Britannica CONCISE Encyclopedia

COMPACT EDITION

ENCYCLOPÆDIA
Britannica®
大英®

不列颠简明百科全书

精粹本

中国大百科全书出版社

图书在版编目(CIP)数据:

不列颠简明百科全书精粹本/美国不列颠百科公司编著;中国大百科全书出版社编译.—北京:中国大百科全书出版社,2014.7
ISBN 978-7-5000-9397-8

Ⅰ.①不… Ⅱ.①美… Ⅲ.①百科全书—美国 Ⅳ.①Z271.2

中国版本图书馆CIP数据核字(2014)第156843号

著作权登记号:图字01-2014-2729

不列颠简明百科全书

精粹本

Britannica Concise Encyclopedia (Compact Edition)

中国大百科全书出版社编译

中国大百科全书出版社出版发行

(北京阜成门北大街17号 邮政编码:100037 电话:010-68316510)

http://www.ecph.com.cn

北京盛通印刷股份有限公司印刷

新华书店经销

2014年9月第1版 2014年9月第1次印刷

开本:889毫米×1194毫米 1/16 印张:81.5

字数:4 500千字 插图:1 000幅

印数:1～10 000套

ISBN 978-7-5000-9397-8 定价:588.00元

前　　言

一

《不列颠简明百科全书》(精粹本)是中国大百科全书出版社和美国不列颠百科全书公司最新合作翻译出版的百科全书。全书共收条目13 500余条,总字数约450万字,附有图表1 000余幅;条目正文按中文标题汉语拼音顺序排列,书后设有条目中文标题笔画索引和条目外文标题与条目中文标题对照索引。《不列颠简明百科全书》(精粹本)是从美国不列颠百科全书公司的《不列颠简明百科全书》(*Britannica Concise Encyclopedia*)中精选条目翻译而成,条目内容主要来自于《不列颠百科全书》。

二

《不列颠百科全书》旧称《大英百科全书》,第一版于1768年创始于苏格兰爱丁堡。20世纪初该书版权归美国人所有,现由总部设在美国芝加哥的不列颠百科全书公司出版。该书素以学术性强、权威性高著称,也是中国知识界最熟悉的英文百科全书。该书第15版于1974年问世,共30卷,1985年增至32卷,分为4个部分:《索引》2卷;《百科类目》1卷,是全书知识分类目录;《百科简编》12卷,有短条目80 000余条,又是一部可供单独使用的简明百科全书;《百科详编》17卷,有长条目670余条,系统地介绍各学科知识、重要人物、历史、地理等。《不列颠百科全书》除英文版外,还有法文、日文、土耳其文、希腊文、西班牙文、葡萄牙文、中文、韩文、匈牙利文和波兰文等多种外文版。

三

1979年1月中美建交后,不列颠百科全书公司和中国大百科全书出版社就出版《不列颠百科全书》中文版一事开始商谈。同年11月,以不列颠百科全书公司编委会副主席吉布尼先生为首的代表团应邀访华,受到邓小平同志的接见。当谈到双方合作出版《不列颠百科全书》中文版时,小平同志说:"这是个好事情。"他同时指出:"外国的部分搬你们的就是了。将来中国的部分我们自己来写。"1980年8月,双方签订了合作编译出版中文版《简明不列颠百科全书》(下称《简编》)的协议书。为解决编译中的歧见和争议,保证《简编》内所有条目符合双方都能接受的质量和客观性标准,协议规定成立中方以刘尊棋为首、美方以吉布尼为首的中美联合编审委员会,另成立《简编》编辑部负责全书的编辑工作。

在各有关部门的大力支持下,有500多位专家学者、翻译和编辑人员参加了《简编》的工作。中美联合编审委员会先后召开了3次全体会议和10多次工作会议,解决了所出现的各种问题。经过全体人员持续5年的紧张工作,包括约71 000余个条目、5 000余幅图片、约2 400万字的10卷《简编》终于在1986年9月全部出版,在国内及国外同时发行。在该书编辑、出版和发行过程中,中国领导人邓小平、胡耀邦和江泽民同志(时任上海市长)等曾多次会见参与有关工作的中美双方负责人。在海外,美方先后主持了在新加坡、美国和香港举行的《简编》出版发行仪式和讨论会等。到1997年,《简编》在国内外共发行约17万套,受到广大读者的欢迎,在国外特别是在美国,产生了良好的影响。

1996年9月中美双方签署合作出版新版《不列颠百科全书》国际中文版的备忘录。1999年《不列颠百科全书》国际中文版出版。较之《简编》,国际中文版在数量与质量方面有重大改进。全书共20卷,4 300万字,共收条目81 600余条,附有15 000余幅图表。全部条目按照英文版原书条目标题的外文词的字母顺序编排。《不列颠百科全书》国际中文版自出版以来,受到社会各界的好评,先后获得第四届国家辞书奖特别奖和第五届国家图书奖荣誉奖。

2003年中美双方签订出版《不列颠简明百科全书》中文简体字版(下称《简明版》)的合同。中文版根据英文版《不列颠简明百科全书》翻译而成。全书共收条目28 000余条,总字数900万字,附有图表2 000余幅,地图170幅。中文版于2005年出版后,受到读者的广泛欢迎和好评,已再版多次。

四

《不列颠简明百科全书》(精粹本)是从《不列颠简明百科全书》中选取高检索率、具普遍性和典型性的条目,针对大众读者推出的一部案头工具书。该书的所有条目包括文、图、表等均照译原书,凡文、图、表中涉及领土、疆界和其他政治性问题,均为原书观点,不代表中国大百科全书出版社。为了在有限的篇幅内,向读者介绍更多的国外知识,除中国国家概述条外,其他有关中国内容均未设条。

《不列颠简明百科全书》(精粹本)注重介绍具有普遍性、典型性和高检索率的知识,注重资料和数据的准确性和权威性。重要的资料和数据一般收录到2014年3月,充分反映21世纪出现的知识和事件,适于中等以上文化程度的读者使用,是机关团体、企业、图书馆和家庭的必备案头工具书。

《不列颠简明百科全书》(精粹本)涉及古今各个知识领域,编译工作十分浩繁,由于编辑人员的知识和能力有限,本书中不免存在着差错和缺点。我们热诚期待着读者的批评和建议,以便下次修订时改正。

中国大百科全书出版社《不列颠简明百科全书》编辑部

2014年7月

凡　　例

一、编排

1. 本书条目按中文标题汉语拼音字母顺序排列。第一字同音时，按四声顺序排列；同音同调时按笔画多少和笔顺排列；如完全相同，则按第二字，余类推。

2. 人、地、物的译名相同时，按原文字母顺序排列，先人名，后地名，再物名。

3. 以拉丁字母开头的条目，排在该字母的开头部分；以希腊字母开头的，按其习惯发音，排在汉语拼音的相应位置。

4. 每单页右上角注明该页内最末条目的第一个汉字和拼音；每双页左上角注明该页内第一个条目的第一个汉字和拼音。

二、中外文

5. 本书汉字一律采用国家语言文字工作委员会重新发布的《简化字总表》所列的简化字。

6. 外文字母的大小写和标音，均根据英文版原书《不列颠简明百科全书》(*Britannica Concise Encyclopedia*)。

三、条目标题

7. 按中文标题在前，外文或拉丁拼音标题在后的次序排列。

8. 西方人物一般只译外文标题第一个逗号前的姓，部分宗教人物、封有爵位的人物，译出尊称"圣"或爵位名称，后附原文全名；日本、朝鲜、越南等东方国家的人物，译全名。其他条目名称全译。

四、释文

9. 每个条目(特别是人物条目)释文开头均有概括性定性叙述，一般不重复条目标题。

10. 人物条目在外文标题后均括注其生卒年。

例如：**麦迪逊 Madison, James**(1751～1836)

11. 释文中的外文专名一般不附原文，个别情况例外。

12. 计量单位从原书，英制、公制均照译，原则上不进行换算。

13. 一个条目的内容涉及其他条目并需由其他条目的释文补充的，一般采用"参阅"的方式。所参阅的条目标题在本条释文中出现的，用楷体字排印。例如"阿伽门农和克吕泰涅斯特拉的女儿"。所参阅的条目未在本条释文中出现的，可在释文中或释文结尾用楷体括注或直接写明被参阅条目的标题。例如："血液中的胆固醇含量过高会加快胆固醇在血管内壁上的堆积(参阅动脉硬化)"，"这种人工心脏只作为等待移植心脏的病人使用的临时替代品。参阅起搏器。"

五、专名

14. 外国人名大多数根据新华社译名室编辑的《世界人名翻译大辞典》译写并统一；有少数采取"名从主人、约定俗成"，各学科中已有定译的人名采取"名从主科、遵从定译"，数名通用时从众等原则；特殊情况可一名数译。

15. 外国地名根据中国地名委员会审定的《世界地名录》统一。该书未收的地名，根据通用的译名表译出。

16. 学术专名、作品名和机构团体名，参照专业工具书、《中国大百科全书》以及通用译名统一。

17. 科学技术名词以全国科学技术名词审定委员会及各学科有关部门审定公布的为准，尚未统一的从习惯。

18. 为避免混淆，在特殊情况下，同名不同译。

六、插图

19. 本书在条目释文中配有与条目内容相关的插图（示意图、图片等），并加图题、图注及供图者等说明文字。

七、索引

20. 本书书后附有条目中文标题笔画索引和条目外文标题与条目中文标题对照索引。

A

阿巴多　Abbado, Claudio（1933 ～ 2014）意大利指挥家，出生于米兰。在米兰音乐学院主修钢琴，后赴维也纳担任指挥。曾长期（1968 ～ 1986）任米兰**拉斯卡拉歌剧院**首席指挥，后为艺术总监，并在维也纳爱乐管弦乐团兼任同样职务。1989 年继 H. von **卡拉扬**为柏林爱乐管弦乐团首席指挥和艺术总监，直至 2002 年。以接受有挑战性的曲目（包括许多现代音乐）而闻名。

阿巴拉契亚国家风景小道　Appalachian National Scenic Trail　阿巴拉契亚山脉步行小路，全长3 200千米。从美国缅因州的卡塔丁山，沿着阿巴拉契亚山脉的山脊一直到佐治亚州的斯普林吉山，这条路线共经过 14 个州、8 个国家森林和 2 个国家公园。由徒步旅行者及志愿者维护小道中的遮雨篷及营地。最高点在大雾山脉的克林曼山（海拔2 025米）。这一风景小道于 1923 年开放第一路段，1937 年全路段开放，是美国国会 1968 年设置的国家小道系统之一。

阿巴拉契亚山脉　Appalachian Mountains　北美洲东部山系，世界上最古老的山系之一。从加拿大纽芬兰省和东北部的拉布拉多地区起，向西南到美国亚拉巴马州中部为止，全长3 200千米。包括新罕布什尔州的怀特山脉、佛蒙特州的格林山脉、纽约州的卡茨基尔山脉、宾夕法尼亚州的**阿勒格尼山脉**、弗吉尼亚州和北卡罗来纳州的**蓝岭**山脉、北卡罗来纳州和田纳西州的大雾山脉，以及从西弗吉尼亚州延伸至亚拉巴马州的坎伯兰高原。最高点在北卡罗来纳州的**米切尔峰**。参阅**阿巴拉契亚国家风景小道**。

阿巴斯　Abbas, Mahmoud（1953 ～　　）又名阿布·马赞。巴勒斯坦领导人。生于巴勒斯坦萨法德（今属以色列）。曾先后获得大马士革大学法学学士学位和莫斯科国立大学历史学博士学位。20 世纪 50 年代后期成为法塔赫的创立者之一。作为巴勒斯坦人民武装斗争的先锋，法塔赫是巴勒斯坦解放组织中的中坚力量。20 世纪 90 年代阿巴斯制定了巴方在巴以和平谈判中的策略，该和谈最终促使双方于 1993 年签署了《奥斯陆协议》，以色列和巴勒斯坦都增加了各自对对方的承认，协议还要求以色列把西岸和加沙地带的部分控制权交给巴方。2003 年曾一度出任巴勒斯坦总理，2005 年当选为巴勒斯坦民族权力机构主席。

阿拜多斯　Abydos　古安纳托利亚城镇，在**达达尼尔海峡**东岸今土耳其的恰纳卡莱市的东北。公元前 670 年成为米利都人的殖民地（参阅**米利都**）。公元前 480 年薛西斯一世在此搭舟为桥，横渡海峡入侵希腊。阿拜多斯以公元前 200 年时力抗马其顿的腓力五世进攻以及有关海洛和利安得的传说而闻名。

阿贝奥库塔　Abeokuta　尼日利亚西南部城市，南距拉各斯约 80 千米。1830 年建城，当时是躲避部族之间战乱的避难所。为埃格巴人的主要城镇，他们与英国有长期的工作关系。直到 1914 年才并入英属尼日利亚。现在是农业和出口中心。人口约529 700（2002）。

阿比多斯　Abydos　古埃及圣城，最重要的考古遗址之一。是埃及最初两个王朝的王室陵墓地，后来成为崇拜**俄赛里斯**（王室丧葬之神）的圣地。法老们（包括图特摩斯三世和**拉美西斯三世**）为俄赛里斯建造了神庙，有些法老在此仅有纪念碑。其中最美的一座是塞提一世神庙，对解读埃及史很有帮助，这里有一条浮雕长廊，上面有所谓的“阿比多斯国王名录”，表现了塞提及其儿子拉美西斯向 76 位祖先的牌位奉献祭品。

阿比剧院　Abbey Theatre　都柏林剧院。其前身是爱尔兰文学剧院，该剧院由 W. B. **叶芝**和 A. **格雷戈里**于 1899 年创建，旨在繁荣爱尔兰戏剧。1904 年剧团迁至阿比大街的一所新改建的剧院，他们和 J. M. **辛格**合作导演剧院的剧作，上演他们自己的剧本并向 S. **奥凯西**和其他剧作家约稿。重要的首演剧目有辛格的《西方世界的花花公子》（1907）、奥凯西的《犁与星》（1926）。1924 年阿比剧院成为讲英语诸国中第一个由国家补助的剧院。1951 年剧场被大火烧毁，新的阿比剧院于 1966 年在原址重建。

阿比让　Abidjan　科特迪瓦（象牙海岸）最大城市和主要港口。1904 年起为铁路终点站，1950 年建运河使潟湖通海，不久即成为法属的金融中心。曾是科特迪瓦首都，政府所在地仍留此，但正式首都已在 1983 年迁往**亚穆苏克罗**。阿比让有象牙艺术博物馆、国家图书馆和一些研究机构。人口约3 576 000（2005）。

阿比西尼亚猫　Abyssinian cat　一种家猫，被认为是现存的血统最接近古埃及圣猫的品种。体柔软，腿细长，尾长，从尾根向尾尖渐细。毛短，美观，棕红色，背部、体侧、胸部及尾部夹杂少数上面或尖端有明显黑或棕色条带的毛。鼻红，尾尖及后腿背面呈黑色。以对主人亲切、性情安详著称，但一般怕见生人。

阿庇亚大道　Appian Way　拉丁语作 Via Appia。最早和最有名的古罗马大道，从罗马通往坎帕尼亚和意大利南部。阿庇亚大道在公元前 312 年由监察官 A. 克劳狄（失明的）开始督造。最初这条路只连接古代的卡普阿，全长 212 千米。到公元前 244 年，它又延长了 370 千米，到达意大利“靴跟”的布伦迪休姆（今布林迪西）港。这条路的路面稍微凸起，使它易于排水。路基以石灰泥黏合大石块来建造，形成了这条路良好的表面，是运送货物到海港（再输出至希腊和东地中海各地）的主要大道。在罗马城外现仍可看见这条道路的遗迹。

阿波火山　Apo, Mount　菲律宾棉兰老岛活火山。在达沃市以西，海拔2 954米，为菲律宾最高点。1939 年开辟的阿波火山国家公园有多个山峰和山谷，以及马拉西塔瀑布、锡布劳湖等名胜。

阿波里耐　Apollinaire, Guillaume（1880 ～ 1918）　原名 Guillelmus（or Wilhelm）Apollinaris de Kostrowitzky。意大利裔（?）法国诗人，20岁抵达巴黎，他对早年生活很少提及。

阿波里耐，P. 毕加索于1918年绘于诗集《美好的文字》中的卷头插画

H. Roger-Viollet

在其短暂的一生中，参与了 20 世纪初法国文艺领域中风靡一时的所有先锋派运动，并把诗歌引向未曾探索过的途径。大胆、暴力是其诗作的特点，由于他运用语言的特殊组合，创造出令人惊讶的效果，可被称为是超现实主义的先驱。他的诗歌杰作是《醇酒集》（1913）。第一次世界大战时脑部受的伤是导致他日后死亡的原因。

阿波罗　Apollo　希腊神话中被崇奉得最广泛的神。他传达父亲宙斯的意旨，使人们认识到自己的罪恶，并为他们洗刷罪恶；他主管宗教法和城邦法；还能预言未来。他的弓

《观景殿的阿波罗》，罗马时期摹制品，据公元前 4 世纪希腊莱奥卡雷斯的作品所作；现藏罗马梵蒂冈博物馆

Alinari-Art Resource/EB. Inc.

象征距离、死亡、恐怖和敬畏；而他的里拉琴则象征音乐、诗歌和舞蹈。身为艺术的保护神，他常被与缪斯女神联想在一起。他还是谷物与畜群之神，人们通常认为他同太阳有联系，甚至认为他就是太阳神赫利俄斯。他被与治疗联想在一起，因为他是阿斯克勒庇俄斯的父亲。传说他和他的孪生兄弟阿耳忒弥斯诞生在提洛岛上。阿波罗的神示所建于德尔斐。皮托竞技会是为了纪念他杀了邪恶的巨蛇以夺取圣坛而举办的。虽然他有许多爱情故事，但大多是不幸的：达佛涅想尽力摆脱他，但被他变成月桂树——他的圣树；科罗尼斯在证明自己不贞时，被他的孪生兄弟阿耳忒弥斯射死；卡桑德拉因拒绝他的求爱，被罚讲出真实但无人相信的预言。

“阿波罗”计划　Apollo　美国国家航空和航天局（NASA）在20世纪60～70年代完成的登月计划。“阿波罗”宇宙飞船本身装有较小的火箭引擎，当它接近月球时，能使宇宙飞船减速进入绕月轨道。而且，宇宙飞船装有火箭引擎的登月小艇能脱离宇宙飞船，载着航天员登上月球，并返回绕月轨道与“阿波罗”宇宙飞船结合。1969年7月“阿波罗”11号首次在月球着陆［参阅 E. E. 奥尔德林（小）、N. 阿姆斯特朗］。1970年“阿波罗”13号因氧气瓶爆炸发生事故，但仍然安全返回地球。此后“阿波罗”飞船对月球表面进行了广泛的考察，搜集了大量的月球岩石标本，并且把许多仪器安装在月球上进行科学研究，如太阳风实验和月震测量等。1972年的“阿波罗”17号是“阿波罗”计划的最后一次飞行。

阿波罗尼奥斯（佩尔吉的）　Apollonius of Perga（公元前262？～约前190）　希腊数学家，当时以“大几何学家”闻名，其专著《圆锥曲线》是古代科学巨著之一。该书是以欧几里得的理论为基础写成的，介绍了抛物线、椭圆和双曲线，他还证明了阿基米德圆周率π的近似值。其他著作大都失传，仅标题和内容提示得以流传下来。

阿波马托克斯县府　Appomattox Court House　美国弗吉尼亚州中南部旧镇，是1865年4月9日R. E. 李将军向U. S. 格兰特将军投降、南北战争结束的地点。自1892年建立新城后，此地已成废墟。1940年辟为国家历史纪念地，1954年成为国家历史公园。

阿伯丁　Aberdeen　苏格兰东部北海沿岸城市和商港。位于迪河和唐河河口，是苏格兰北部主要港口。12世纪起为皇家自治市，12～14世纪为苏格兰皇室驻地。曾支持罗伯特一世争取苏格兰独立的战争，有一段时期还是爱德华一世的总部所在地。20世纪70年代起，阿伯丁迅速发展为英国北海石油工业和相关服务业、供应业的主要中心，现为格兰扁行政区中心。人口约212 125（2001）。

阿伯丁伯爵　Aberdeen, Earl of（1784～1860）　原名George Gordon或George Hamilton-Gordon。英国外相、首相（1852～1855）。1813年出任奥地利特使时，协助成立反法联盟打败了拿破仑，1828～1830和1841～1846年出任外相期间，缔结《韦伯斯特-阿什伯顿条约》和《俄勒冈条约》，解决了加拿大和美国之间的边界争端。担任首相时，组成联合内阁，但因优柔寡断阻碍了维持和平的努力，导致英国卷入克里米亚战争。根据宪法他应为英国将军们在战争中的失误负责，故于1855年引咎辞职。

阿伯哈特　Aberhart, William（1878～1943）　加拿大政治家，社会信用党出任的第1位省长（艾伯塔，1935～1943）。生于安大略省基彭。1915～1935年在卡尔加里任高中校长。作为活跃的世俗传道者，他于1918年创办卡尔加里旧约圣经学院，1932年鼓吹社会信用党的货币改革理论以解决艾伯塔省大萧条时期的经济问题，并主张按照省的实际财务状况向每个公民分配股利（社会信用）。1935年社会信用党赢得省内大选，他出任省长兼教育部长，但其社会信用的主张未获联邦政府批准。

阿伯拉尔　Abelard, Peter（1079～1142）　法国神学家和哲学家。骑士的儿子，但他放弃继承权，专研哲学。1114年左右担任一位巴黎教士的侄女埃罗伊兹的私人教师。结果两人相恋，并秘密结婚。埃罗伊兹的叔叔在盛怒之下派人阉割了阿伯拉尔。此后，阿伯拉尔成为修士，埃罗伊兹则当了修女。阿伯拉尔的著作《神学》于1121年被判为异端。1125年他被选为布列塔尼的一间修道院院长，但他与教会的关系恶化，不得不逃亡。约从1135年起，他在蒙圣热内维耶沃教书和写作，著有《道德规范》，他在书中分析了罪恶这个概念。1140年又被判为异端，使他避居克吕尼的修道院。其他著作有《是与非》，收录了教会神甫所著与教义相抵触的作品。

阿伯里斯特威斯　Aberystwyth　威尔士西部城镇，位于卡迪根湾岸边。为有墙的中世纪城市，围绕着一座13世纪的堡垒兴建而成。后来是繁荣一时的铅矿外运口岸。为威尔士文化重镇，现发展为海滨度假地。人口约11 607（2001）。

阿卜杜勒哈米德二世　Abdülhamid II（1842～1918）　奥斯曼苏丹（1876～1909），在位期间坦志麦特改革运动达到最高潮。在颁布第1部奥斯曼宪法（旨在阻止外国干涉内政）14个月后，他暂停实施该宪法。此后开始了他的暴君政治。他利用泛伊斯兰主义集聚帝国外部的穆斯林舆论。汉志铁路就是由外国捐款修成。由于人民对他的专横统治不满，又愤于欧洲人干涉巴尔干半岛诸国的事务，1908年爆发青年土耳其党的革命，推翻其统治。参阅凯末尔（土耳其之父）和恩维尔帕夏。

阿卜杜勒·萨马德　'Abd al-Samad（活动时期16世纪）　波斯细密画画家。出生于伊朗，后至印度旅行，并成为印度首批皇家画室的成员之一。他与同胞乡绅米尔·赛伊德·阿里通过在印度讲学，在奠定莫卧儿绘画学派方面扮演了重要角色。《艾米尔汉斋故事集》中有约1 400幅插图，绝大部分是在阿卜杜勒·萨马德的督导下完成的。他在宫廷中相当受宠，1576年被指派为铸币厂厂长，1584年任木尔坦的税务官。

阿布·哈尼法　Abu Hanifah（al-Numan ibn Thabit）（699～767）　伊斯兰教法学家和教义学家。伊拉克库费一位商人的儿子，年轻时从事丝绸贸易而致富，后来师从著名的法学家哈马德学法律。738年哈马德死后，阿布·哈尼法成为其继承人。他是第1个从大量传统伊斯兰教法理系统整理法律教义的人。最初，作为一个学者，他拒绝接受法官职位且不直接参与宫廷政治，但后来支持统治伍麦叶和阿拔斯王朝的阿里继承人。他整理的伊斯兰教法系统被公认是伊斯兰4个教会法学派之一，现仍在印度、巴基斯坦、土耳其以及中亚和阿拉伯国家广为使用。

阿布贾　Abuja　尼日利亚首都。在旧首都拉各斯东北约480千米处，因气候宜人和地处全国中央而被选为新都。1976年在日本建筑师丹下健三的主持下开始建造。1991年正式取代拉各斯为首都。人口约452 000（2003）。

阿布鲁齐　Abruzzi　意大利中部自治区，首府拉奎拉。境内多山，包括亚平宁山脉。古时，该地区的意大利部落曾长期抵抗罗马人的征服。12世纪诺曼人在这里建立家园，此区后来靠向霍恩斯陶芬王朝这边，反对教皇国。1861年阿布鲁齐-莫利塞区归属意大利王国。1965年划分为阿布鲁齐与莫利塞两区。经济以农业为主。2009年4月6日，首府拉奎拉发生地震，造成该市多处中世纪建筑被毁，死亡约275人。人口约1 305 307（2006）。

阿布辛拜勒　Abu Simbel　埃及法老拉美西斯二世在公元前13世纪所建造的两座神庙遗址。坐落于古埃及南部边境，靠近现今的埃及与苏丹的边境。直至1813年才被发现而为世人熟知。较大的神庙前有4座20米高的拉美西斯坐姿雕像，较小的那座则是献给妮菲塔莉皇后的。20世纪60年代初期建立阿斯旺高坝时，由于遗址受到被淹没的威

埃及阿斯旺附近的阿布辛拜勒主庙前的拉美西斯二世石雕像

By courtesy of Air France

胁，所以组成一支国际团队合作拆除这两座神庙，并把它们重建在高于原址60米的高地上。

阿布扎比 Abu Dhabi 阿拉伯联合酋长国阿布扎比酋长国首府，也是阿拉伯联合酋长国首都。市区占阿布扎比小岛的大部分，有桥梁与大陆相连。1761年始有人定居。1958年发现丰富的油田后发展迅速。石油的开采彻底改变了阿布扎比的政治、经济地位，也使该市发展为现代化的城市和地区中心。人口约633 136（2005）。

阿达尔伯特，圣 Adalbert, St.（956～997）原名Vojtech。捷克主教。出身波希米亚王公贵族，曾在德国马格德堡受神学教育。982年被选任为布拉格的第1位本土主教，把教会的势力扩充到捷克王国境外，有利于波希米亚王公的政治目的。988年因推行人民改奉基督教失败而引退至罗马附近的一座修道院。992年他奉教皇命令返回，以寻求小幅度改革，但大失所望，遂于994年再次离开波西米亚，在波罗的海沿海传教，997年在那里殉教。他的朋友兼信徒圣布鲁诺（奎尔富特的）曾为他写下传记。

阿达纳 Adana 土耳其中南部城市，濒塞伊汉河。为工农业的重要中心，也是土耳其最大的城市之一。该城下面很可能是一个公元前1400年时赫梯人居住区的废墟。公元前335～前334年被亚历山大大帝征服，后来成为罗马的兵站。公元7世纪末受阿拉伯阿拔斯王朝统治。其后反复易手，直到14世纪末被并入土库曼王朝的版图。该王朝的影响一直延续到1516年该城被奥斯曼帝国占领之后。该城后面有肥沃的谷地，又居安纳托利亚-阿拉伯半岛商路的要冲，因而一直富庶繁荣。人口约1 091 000（2000）。

阿德莱德 Adelaide 南澳大利亚首府。位于洛夫蒂岭山麓，濒托伦斯河，近阿德莱德港的港口设施。建于1836年，1840年设建制，是澳大利亚第1个市政府。早期为农贸中心，附近地区丰富的天然矿藏带动经济的发展。现为工业中心，有一些炼油厂，并有输油管接至天然气田。有历史意义的建筑物有阿德莱德大学、议会大厦、政府大厦和两座大教堂。人口约1 124 315（2004）。

阿德勒 Adler, Alfred（1870～1937） 奥地利精神病学家。于维也纳获得医学学位。一开始行医即强调应把患者放在其整个环境中去考虑。1902～1911年为S. 弗洛伊德的学生和助理，但两人后来在儿童早期的性冲突在精神病理学方面的重要性问题上产生分歧。他及其追随者建立了个体心理学学派，将欲望、感情、情绪和记忆放在患者整个生命期的背景下进行人道主义的研究。他提出用自卑情结理论来解释精神病理学的许多病例。他的心理疗法旨在指导有自卑感的情绪障碍患者达到成熟，明白人情事理，成为对社会有用的人。1921年在维也纳建立第1个儿童指导所。1927年起一直到去世前，先后任教于哥伦比亚大学和长岛医学院。著作包括《理解人性》（1927）、《生活对你应意味着什么》（1931）。

阿德里安堡战役 Adrianople, Battle of（378） 又作Battle of Hadrianopolis。战场在现土耳其的埃迪尔内。罗马皇帝瓦林斯率领的军队在这里和日耳曼西哥特人、东哥特人和其他部落的骑兵交战。哥特人全歼罗马军队，瓦林斯阵亡。标志着日耳曼人大举侵犯罗马领土的开端。瓦林斯的继任者狄奥多西一世和哥特人在382年谈和，哥特人答应帮助皇帝防卫罗马疆界以交换粮食给养。这项条约成为后来野蛮人入侵的模式。

阿德里安四世 Adrian IV（1100?～1159） 原名Nicholas Breakspear。历史上唯一的英格兰籍教皇（1154～1159）。由于在斯堪的纳维亚成功地传教而当选为教皇，此前曾在法国、意大利等国服务。1155年主持神圣罗马帝国皇帝红胡子腓特烈一世的加冕礼，但阿德里安倾向意大利南部诺曼人的政策很快便激起腓特烈的反感。阿德里安备受争议的一份文书，被认为是将爱尔兰赠与英格兰国王亨利二世，后来这份文书被认为无效。阿德里安拒绝承认西西里国王威廉一世，并因此引发了坎佩尼亚的叛乱。

阿德利 Adderley, Cannonball（1928～1975） 原名Julian Edwin。美国萨克斯管演奏家，20世纪50年代和60年代最受欢迎的爵士音乐家之一。生于佛罗里达州坦帕。1955年移居纽约以前是一位音乐老师。到达纽约时，C. 帕克刚刚过世，他便被拥戴为帕克乐风的接班人。1957～1959年与M. 戴维斯一同演出，而后带领着他的兄弟小号手纳特（1931～2000）组成一支室内乐团。由于同时受到B. 卡特的影响，阿德利的演奏展现出强烈的布鲁斯精神，20世纪60年代的音乐反映出他引进了福音音乐的和弦。46岁中风，旋即过世。

阿德默勒尔蒂群岛 Admiralty Islands 巴布亚新几内亚岛屿。为俾斯麦群岛的延伸部分，包括约40座岛屿，位于南太平洋中，离巴布亚新几内亚北岸约300千米。马努斯岛占群岛的大部分陆地面积，也是群岛主要聚落洛伦高的所在地。1616年荷兰航海家W. 斯考滕第1次对它进行观测，1767年英国船长P. 卡特里特给群岛命名。后来为德国人、澳大利亚人、日本人先后占据，1946年成为联合国新几内亚托管地的一部分。1975年巴布亚新几内亚获得独立后，便成为该国的组成部分。

阿登 Ardennes 又称Forest of Ardennes（阿登森林）。欧洲西北部森林高原。面积逾1万平方千米，范围包括比利时和卢森堡的一部分，以及法国的默兹河谷地，平均高度约488米。1/2以上地面为森林所覆盖，土地贫瘠，只生长石楠属植物。位于人口稠密的巴黎-布鲁塞尔-科隆三角地带中间。第一次和第二次世界大战期间，此区是1914、1918和1944年激战的战场（参阅楔入战役）。

阿登纳 Adenauer, Konrad（1876～1967） 德国政治家，德意志联邦共和国（西德）第1任总理。1906年选入科隆市议会，1917～1933年任科隆市长，1920年起是普鲁士省议

阿登纳

© Karsh-Woodfin Camp and Associates

会的成员，1928～1933年担任议长。纳粹执政后，他被免除一切职务，1944年被关入集中营。第二次世界大战结束时，他在筹组基督教民主联盟方面扮演重要角色。1949年就任总理，在法制条件下强调个人主义。由于害怕苏维埃势力扩张，他竭力支持北大西洋公约组织，并尽最大努力使联邦德国和它的前敌国和解，尤其是法国。1963年引退。

阿迪杰河 Adige River 意大利的第2大河，仅次于波河，全长410千米。源出雷西亚山口的下方，向东南流经韦诺斯塔谷地，在博尔扎诺接纳伊萨尔科河后，转向南流，在进入波河低地后，在基奥贾南方注入亚得里亚海。上游建有水力发电站，灌溉了威尼托。洪灾（包括1951、1966年两场洪灾）给当地造成很大损失，河岸需要经常加固。阿迪杰河曾是诸多战役的发生地，特别是1916年的奥地利-意大利战争。

阿迪朗达克山脉 Adirondack Mountains 美国纽约州东北部山脉。由圣劳伦斯河河谷及尚普兰湖向南延伸至莫霍克河河谷。面积24 300平方千米，有40多座山峰高于1 219米。最高峰马西山海拔1 629米，是纽约州最高的山峰。第1个发现阿迪朗达克山脉的欧洲人是法国探险家S. de 尚普兰（于1609年）。1892年州议会创办阿迪朗达克公园时该地区居民很少。后来公园面积逐步扩大，成为美国除阿拉斯加以外最大的州立或国家公园。

《阿底·格兰特》 Adi Granth 旁遮普语，意为“第一书”。印度锡克教圣典，收录锡克教古鲁（祖师）以及印度教、伊斯兰教圣人所作将近6 000首歌偈，是所有寺庙崇拜的宗旨。每天仪式性地打开和合上，在特殊场合上则持续诵念。此经初版于1604年由锡克教第5代古鲁阿尔琼编成，所收内容包括他本人著作、前4代古鲁的祈祷诗和圣人们的圣诗。1704年第10代（末代）古鲁哥宾德·辛格增加更多的赞歌，并嘱信徒在他死后即以《阿底·格兰特》为祖师，从中求得指引。歌偈按照乐曲类别编排，所用语言多为旁遮普语或印地语，内容包括基本祈祷文、最重要的经

文(由纳拿克所著)及根据拉加曲调编写、可供唱颂的歌偈。

阿蒂加斯 Artigas, José Gervasio(1764～1850) 乌拉圭军人和革命领导人,人称"乌拉圭独立之父"。年少时为高楚人,高楚即为现今的乌拉圭,之后成为领导反西独立运动的布宜诺斯艾利斯执政委员会委员。在拉斯彼德拉斯取得辉煌胜利。他鼓吹联邦主义,反对布宜诺斯艾利斯对整个地区实行中央集权统治而引发内战。他占领了今乌拉圭和阿根廷中部的地域。后来,他被入侵的葡萄牙人击败,并于1820年被流放。乌拉圭于1828年获得独立。

阿蒂特兰湖 Atitlán, Lake 危地马拉西南部湖泊。位于海拔1 560米的中央高地上。深300米,长19千米,宽10千米,湖岸有3座锥形火山:阿蒂特兰、托利曼和圣佩卓。沿岸城镇包括阿蒂特兰及圣卢卡斯,为旅游业提供服务。

阿多尼斯 Adonis 希腊神话中的美少年,深受阿佛洛狄忒女神的宠爱。孩提时,由冥后珀耳塞福涅看护,后来冥后却拒绝把他交出。众神之王宙斯裁定阿多尼斯一年分别与珀耳塞福涅和阿佛洛狄忒各待4个月,其余时间则由阿多尼斯自己支配。阿多尼斯成为一个猎人,后来被野猪咬死。宙斯应阿佛洛狄忒的请求,特准阿多尼斯半年陪伴阿佛洛狄忒,半年待在冥府。在神话传说中,阿多尼斯在冬天的死亡和在春天的再生表示自然的循环。他也被视为巴比伦神坦木兹。

阿尔巴尼亚 Albania 全称Republic of Albania(阿尔巴尼亚共和国)。东南欧巴尔干半岛国家。面积:28 703平方千米。人口:约2 774 000(2013)。首都:地拉那。语言:阿尔巴尼亚语(官方语言)。居民多为盖格人和托斯克人。宗教:伊斯兰教和基督教。货币:列克。地形可划分为两大地区:多山高地区和西部沿亚得里亚海低地区(全国耕地和大部分人口多集中于此)。1991年以前实施国有的社会主义制度,之后发展自由市场经济。阿尔巴尼亚为单一制多党制共和国,一院制。国家元首为总统,政府首脑为总理。阿尔巴尼亚人是古代印欧民族伊利里亚人的后裔,他们居住在欧洲中部,铁器时代初期向南迁移(参阅伊利里亚)。其中盖格人定居在北部,托斯克人与希腊殖民者一起定居在南部。公元前1世纪该地区受罗马人统治;公元395年并入拜占廷帝国版图。14世纪时土耳其人开始入侵,并持续到15世纪;虽然民族英雄斯坎德培抵抗了一段时间,但在他死后(1468),土耳其人巩固了统治。1912年该国获得独立,1920年被国际联盟承认。经过短暂的共和国(1925～1928)后成为索古一世统治下的君主国。索古一世最初与意大利结盟却引来了1939年意大利的入侵。战后,阿尔巴尼亚在E.霍查领导下建立了社会主义政府,逐渐与非社会主义的国际社会脱离关系,并最终与所有国家都断绝了关系,包括它最后一个政治盟友中国。1990年,由于经济困难导致了多次反政府示威,1992年建立非共产主义的政府,结束了在国际上的孤立地位。20世纪末至21世纪初,经济不稳定,民族骚乱不断,之后又波及塞尔维亚(参阅科索沃冲突)和马其顿国内的阿族。阿尔巴尼亚于1972年首次参加在慕尼黑举办的夏季奥运会。

阿尔巴尼亚语 Albanian language 一种印欧语系语言。操该种语言的有500万～600万人,主要居住在阿尔巴尼亚、科索沃、马其顿西部等地区,另有人散居在意大利南部、西西里岛以及希腊南部的一些村庄。阿尔巴尼亚语有两种主要方言:通行于北部(包括科索沃和马其顿)的盖格方言,和通行于南部的托斯克方言。阿尔巴尼亚语言为唯一现存的印欧语系分支,其古罗马巴尔干语的根据已不可考。最早文献可溯至公元15世纪。阿尔巴尼亚语为印欧诸语言的独立语族。其语法范畴跟其他欧洲语言很相似。阿尔巴尼亚语于1909年采用拉丁字母。其核心词汇是本土的,但在历史演进过程中有许多借词来自希腊语、拉丁语和巴尔干罗马尼亚语(参阅土耳其语)。

阿尔巴斯 Arbus, Diane(1923～1971) 原名Diane Nemerov。美国摄影家,生于纽约市,是诗人及评论家H.内梅罗夫之妹。她和丈夫艾伦·阿尔巴斯在20世纪50年代以时尚摄影师的身份工作。1960年为《绅士》杂志拍摄个人最早的摄影报道。她以拍摄不同寻常、怪异、奇特的人物照片而闻名,包括裸体主义者、插科打诨的畸形人、精神病院病人和易装癖者,所造成的影像使观者产生同情与共鸣,且每每激发强烈的回响。后因长期忧郁而自杀身亡。

阿尔班山 Monte Albán 古萨波特克人文化中心遗址的山脊遗迹,位于墨西哥瓦哈卡州附近。该遗址约始建于公元前8世纪,公元250～700年达到鼎盛时期。包括大型广场、平顶金字塔、球场、地下通道和约170座坟墓,是新大陆迄今为止发现的最复杂的遗址。在最高峰发现的广场侧翼有4个广场,南广场上有两座庙宇。在最后时期米斯特克人在此生活。

阿尔卑斯山脉 Alps 欧洲中南部山系,起自西南地中海,呈弧形向东北绵亘约1 200千米,由法国、意大利之间的地中海海岸至维也纳,面积逾207 000平方千米。有若干山峰海拔超过3 000米,勃朗峰为最高峰。阿尔卑斯山是大西洋、地中海和黑海的分水岭,也是隆河、莱茵河、多瑙河和波河等欧洲大河的发源地。在海拔3 000米以上处有总面积约3 900平方千米的冰川覆盖地区。瑞士南部圣哥达山口为阿尔卑斯山闻名的公路隧道之一。山区主要城市有格勒诺布尔、因斯布鲁克和博尔扎诺。

阿尔卑斯山南共和国 Cisalpine Republic 意大利北部的前共和国,为1797年拿破仑征服此地后建立。此共和国以波河河谷为中心,包括米兰和博洛尼亚附近的土地。1805年并入意大利王国。

阿尔贝蒂 Alberti, Leon Battista(1404～1472) 意大利文艺复兴时期人文主义者、建筑师和理论家。在接任罗马教廷秘书后,1438年受人鼓励将他的天分转向建筑领域。其所设计的佛罗伦萨卢彻来府邸(约1445～1451)和新圣玛利亚教堂(1456～1470)的正面以比例和谐著称于世。曼图亚圣安德烈亚教堂(1472年动工)的凯旋拱门样式,是文艺复兴初期的经典作品。阿尔贝蒂不注重建筑物的实用方面,是走在文艺复兴建筑和艺术前端的理论家,以整理直线透视原理而闻名(《论绘画》,1436)。他是文艺复兴时期的全才型人物,也致力于道德哲学、制图学和密码学方面的研究。

阿尔贝尼斯 Albéniz, Isaac (Manuel Francisco)(1860～1909) 西班牙作曲家。4岁即以演奏钢琴闻名,曾到莱比锡和布鲁塞尔学习。后返回西班牙,在巴塞罗那和马德里教书。1893年迁往法国。以钢琴作品出名,受到F.佩德雷尔的影响,多采用西班牙民间音乐的旋律风格、节奏与和声。以《伊比利亚》组曲(1905～1909)最著名,共包括12首技巧难度极大的钢琴曲;其他钢琴作品还有《西班牙组曲》、《西班牙旋律》以及5首奏鸣曲。他还写有几部歌剧。

阿尔贝特一世 Albert I(1875～1934) 比利时国王(1909～1934)。1909年继承叔父利奥波德二世的王位。努力加强军队战斗力,1914年8月2日重申比利时的中立立场,拒绝德皇威廉二世要求允许德军自由通过比境。同年8月5日德国入侵比利时,他随即领导陆军在第一次世界大战期间进行抗战。战后领导国家进行重建工作,历时15年。

阿尔比 Albee, Edward (Franklin)(1928～) 美国剧作家。生于弗吉尼亚州,被一知名的同姓杂耍剧经理收养为孙。他的早期独幕剧《动物园的故事》(1959)和其他初期剧作《沙箱》(1959)、《美国梦》(1961)使他成为美国价值观敏锐的批判者。他的第一部多幕剧《谁怕弗吉尼亚·吴尔夫?》(1962;1966年改编成电影)广获好评。《微妙的平衡》(1966)、《海景》(1975)和《三个高女人》(1994)三剧获得普利策奖。他还把其他作家的作品改写成舞台剧,包括V.纳巴科夫的《洛莉塔》(1981)。

阿尔比诺尼 Albinoni, Tomaso (Giovanni)(1671～1751) 意大利作曲家。为威尼斯一个富商之子,终身不愁生计,是一位多产作曲家。1694～1741年间有50余部歌剧在威尼斯演出,但作品很少留存下来。所作的60多首协奏曲非常受人欢迎。还写过80多种各式乐器的奏鸣曲,以及40多部清唱剧。这些作品都以优美的旋律而著称。

阿尔比派十字军 Albigensian Crusade(1209～1229) 教皇英诺森三世征召的十

字军，用来讨伐法国南部的清洁派异端。此战争致使法国南、北方的贵族互相争斗，最后法国国王在南方确立了权威。但十字军也造成了大量的破坏和不公，英诺森三世为此十分悔恨。1229 年签订《巴黎条约》，南方诸侯丧失独立，也基本上毁掉了普罗旺斯的文化。但异端并未完全被消灭，拖至 13 ～ 14 世纪，成为异端裁判所的打击目标。

阿尔茨海默氏病　Alzheimer disease　大脑退化的疾病，病发于中老年人。该症主要病变是大脑皮质中的神经细胞和中性接合坏死。阿尔茨海默氏病是痴呆的最常见形式，症状有：从短期记忆受损发展到记忆力丧失，语言、感觉、运动技巧变差，情绪不稳定，最后病人会变得没有反应、失去活动能力和身体功能的控制能力，终至死亡。时间是2 ～20 年。该病最早由德国神经病理学家阿尔茨海默（1864 ～ 1915）在 1906 年提出。他在一个 55 岁死于严重痴呆的尸检病例中发现。阿尔茨海默氏病被认为是造成老年性痴呆的病因，过去被认为是老化引起的正常情况。家族性阿尔茨海默氏病约占总数的 10%，发病年龄在 60 岁以下。多发性灶状神经炎和神经原纤维缠结是尸检病理诊断根据。对于这个病，目前尚无有效治疗方法，主要是对症治疗，如抗抑郁、纠正行为障碍、安眠等。

阿尔法西　Alfasi，Isaac ben Jacob（1013 ～ 1103）　摩洛哥籍犹太学者。阿尔法西一生大部分时间居于摩洛哥境内非斯。1088 年被人向政府告发，于是他逃往西班牙。成为卢塞纳犹太人社区的领袖，并成立著名的塔木德学院，促成《塔木德》研究的复兴。所撰研究希伯来律法的《律法之书》与 M. 迈蒙尼德和卡洛的著作齐名。在建立巴比伦塔木德对巴勒斯坦塔木德的优势上发挥了重要作用。

阿尔菲耶里　Alfieri，Vittorio，conte（Count）（1749 ～ 1803）　意大利悲剧诗人和戏剧作家。以其抒情诗及戏剧促进意大利民族精神的复兴。曾周游欧洲。在英国，他体验到政治自由；还研究 C.-L. 孟德斯鸠和其他法国作家的作品。离开军界后开始写作，创作的悲剧内容多半描写自由战士与暴君之间的斗争。1787 ～ 1789 年在巴黎出版了 19 部作品，其中《腓力》、《安蒂戈涅》、《俄瑞斯忒》、《弥拉》与《扫罗》被认为是最具震撼力的意大利戏剧。1804 年出版的自传为其主要散文作品。

阿尔弗烈德　Alfred（849 ～ 899）　别名 Alfred the Great（阿尔弗烈德大王）。英格兰西南部韦塞克斯国王（871 ～ 899）。868 年随其兄艾特尔雷德一世前去麦西亚对抗丹麦军队。阿尔弗烈德继承王位后，于871 和878 年两度与丹麦人作战，当时他是唯一拒绝承认丹麦权威的西萨克逊领袖，阿尔弗烈德在埃丁顿战役中打败丹麦人。885 年丹麦军队又入侵肯特，阿尔弗烈德将其击退。886 年阿尔弗烈德进占伦敦，所有不接受丹麦统治的英格兰人都拥戴他为国王。他的后继者遵循他的战略征服了丹麦区。他曾制定了一部重要的法典，且推广文化和知识，他还将拉丁语著作译成英语。《盎格鲁-萨克逊编年史》即自他的统治时期开始编纂。

阿尔戈斯　Árgos　希腊伯罗奔尼撒东北部古城邦。公元前 7 世纪时，在国王菲敦的统治下，成为伯罗奔尼撒半岛上第一大城邦，一直到斯巴达兴起才衰落。在经历多次侵扰，尤其是马其顿人的侵略之后，阿尔戈斯于公元前 229 年加入亚该亚同盟。后来受罗马人统治。拜占廷时期城市一度繁荣，但在 16 世纪还是落入奥斯曼帝国手中。1821 ～ 1829 年希腊独立战争期间，第一次的自由希腊国会在此召开。该城现为农业中心。人口约 24 700（2001）。

阿尔戈英雄　Argonauts　希腊传说中同伊阿宋一道乘快船“阿尔戈”号去科尔基斯的阿瑞斯圣林取金羊毛的 50 位英雄。他们包括像赫拉克勒斯、俄尔甫斯和忒修斯这样的

阿尔戈英雄，L. 科斯塔绘；现藏意大利帕多瓦公民博物馆
SCALA-Art Resource

人物。在抵达科尔基斯之前，他们经历了许多冒险故事，最后被美狄亚的父亲埃厄忒斯所逼而逃走。“阿尔戈”号后来终于回到伊阿宋的国家伊俄尔科斯，并被放置在一处圣林里献祭给波塞冬；伊阿宋最后死于船首下，当时他躺在那里的阴凉处休息，不料船首突然倾倒。

阿尔格伦　Algren，Nelson（1909 ～ 1981）　原名 Nelson Ahlgren Abraham。美国作家。生于底特律，为机械师之子，在芝加哥长大，大萧条时期靠做工读完伊利诺伊大学。由于对穷人的自尊心、秉性以及他们对生活执着的渴望的敏锐观察，使他反映穷人的小说摆脱了自然主义的描写。他还以富有诗意的写作技巧，掌握了城市下层社会的基调。他受欢迎的作品有《金臂人》（1949；1956 年拍成电影）和《漫步荒野》（1956；1962 年拍成电影）。他还出版有广受欢迎的短篇小说集《霓虹荒野》（1947）。

阿尔汉格尔斯克　Arkhangelsk　英语作 Archangel。俄罗斯西北部城市。位于北德维纳河河口，是大型海港，冬天以破冰船保持其开放。10 世纪时有北欧人定居于此，1553 年英国人为勘探东北航道而来到这里。1584 年创立米迦勒大天使修道院，成为莫斯科公司的贸易站。沙皇 B. 戈东诺夫对欧洲开放贸易，该市因为是俄国唯一的海港而繁荣起来，直到 1703 年圣彼得堡建立。1918 ～1920 年阿尔汉格尔斯克也是英、法、美支持俄国北部政府对抗布尔什维克的地点。第二次世界大战期间，接纳来自英美的租借货物的船队（1941 ～ 1945）。现为俄罗斯主要的木材出口港，同时还建有大量的造船设施。人口约 355 500（2002）。

阿尔赫西拉斯会议　Algeciras Conference（1906）　欧洲列强与美国在西班牙阿尔赫西拉斯举行的一次国际会议，缓解了第 1 次摩洛哥危机。1905 年威廉二世反对法国加强对摩洛哥的影响，而于 1906 年邀请欧洲各国和美国召开阿尔赫西拉斯会议，《阿尔赫西拉斯条约》（1906）似乎限制了法国的侵入，但会议的真实意义在于英美两国都支持法国，而摩洛哥危机不过是第一次世界大战的先导。

阿尔及尔　Algiers　法语作 Alger。阿尔及利亚首都和主要海港，位于阿尔及尔湾。是腓尼基人作为其众多北非殖民地之一建立起来的，后被罗马人统治。5 世纪时被汪达尔人摧毁，10 世纪时柏柏尔人将其恢复。16 世纪初受到西班牙的威胁，当地的酋长请求巴尔巴罗萨赶走了西班牙人，并把阿尔及尔置于奥斯曼苏丹统辖之下。他的努力使阿尔及尔在此后的 300 年间变成了柏柏里海盗的主要基地。他们的活动一直到 1815 年才被 S. 德凯特领导的美国军队削弱。1830 年法国占领该城，把它变成了其非洲殖民帝国总部。第二次世界大战期间，阿尔及尔成了盟军在北非的指挥部，一度还是法国临时首都。在 20 世纪 50 年代，阿尔及利亚独立战争时，这座首都城市就成了斗争的焦点。独立后，阿尔及尔成为全国的政治、经济和文化中心。人口约2 800 000（2010）。

阿尔及利亚　Algeria　全称 People's Democratic Republic of Algeria（阿尔及利亚民主人民共和国）。非洲北部国家。面积：2 381 741 平方千米。人口：约38 152 000（2013）。首都：阿尔及尔。多数人为阿拉伯人，柏柏尔人是主要的少数民族。语言：阿拉伯语（官方语言）、塔马塞特语（母语）和法语。宗教：伊斯兰教（国教，以逊尼派为主）。货币：阿尔及利亚第纳尔。阿尔及利亚是非洲大陆上国土面积第二大的国家（次于苏丹）。海岸线上有多处小海湾，河流皆小且属季节性。北方为山区，有阿特拉斯山脉东西向横贯，最高峰为谢利亚山，海拔2 328米。阿尔及利亚中部和南部占撒哈拉沙漠北部的大部地区。阿尔及利亚的经济以石油和天然气的生产和出口贸易为主。自取得独立后，将大部分经济活动归为国有，但自 20 世纪 80 年代以来部分经济私有化。阿尔及利亚为共和国，两院制。总统是国家元首，总理为政府首脑。腓尼基商人在公元前 1 千纪早期即在这一带活动。数世纪后罗马人侵略此地，在公元 40 年时控制地中海沿岸。5 世纪罗马帝国势衰，导致汪达尔人入侵及拜占廷帝国的重新占领。7

世纪阿拉伯人也开始侵略此地，到了711年北非全部处于伍麦叶王朝哈里发的控制之下。后来建立几个伊斯兰教柏柏尔帝国，最著名的是将其领土延伸至西班牙的阿尔摩拉维德王朝（1054～1130），和阿尔摩哈德王朝（1130～1269）。在海上活动的*柏柏里海岸*海盗威胁地中海的贸易达数世纪，1830年法国人借口平定海盗占领阿尔及利亚。到1847法国已实际控制该地，到19世纪末期已有有秩序的统治。群众的反抗运动导致了1954～1961年间的血腥阿尔及利亚战争；1962年举行公投，获得独立。20世纪90年代初反政府的伊斯兰激进分子导致军队与不同伊斯兰激进组织间的内战。1964年阿尔及利亚首次参加在东京举办的夏季奥运会。在此之前，该国运动员作为法国运动员参赛。

阿尔卡特拉斯岛　Alcatraz Island　美国加利福尼亚州*旧金山湾*内的一座岩石岛，距*旧金山*市2千米，面积9公顷。该岛有加州沿海第1座灯塔（1854），1859年成为一座兵营，1868年为军事监狱，1934～1963年为监禁最危险的平民重犯的联邦监狱。在其所监禁的众多犯人中，著名的有A.*卡彭*、G.“机关枪”凯利和阿尔卡特拉斯的禽学家斯特劳德。现已向公众开放。

阿尔康　Archon　*诺斯替教*教义中统治世界的诸力之一，与物质世界同为*巨匠造物主*所创造。诺斯替教是以物质为恶而精神为善的二元宗教，阿尔康被视为邪恶势力，是谬误的产物。其数为7或12，分别对应于七大行星和黄道十二宫。据说在物质世界创始时他们禁锢代表人类灵魂的神火。神光世界派来的“诺斯”（神传知识）靠耶稣能使诺斯替教初学者通过阿尔康的领域进入光明世界。

阿尔克迈翁　Alcmaeon　又作Alcmeon。*希腊神话*中先知安菲阿拉俄斯的儿子。安菲阿拉俄斯接受其妻的劝说，加入七将攻第比斯。他知道此去凶多吉少，吩咐阿尔克迈翁和其他的儿子们为他报仇。阿尔克迈翁率领七将之子摧毁第比斯后，遵照父嘱杀死了自己的母亲，但也因此发疯并被*复仇女神*四处追逐。普索菲斯国王斐勾斯帮他洗涤罪恶。他的女儿嫁给了阿尔克迈翁，但后来被杀。阿尔克迈翁遵照神谕的劝告，定居到阿谢洛奥斯河口的一座岛上，他在那里再婚，但最后被斐勾斯及其儿子们杀害。

阿尔昆　Alcuin（约732～804）　盎格鲁-拉丁语诗人、教育家和教士，查理曼在亚琛创建的巴拉丁学校的校长。他把盎格鲁-撒克逊的人文主义传统介绍到西欧，是所谓“加洛林王朝文艺复兴”最杰出的学者，对天主教的礼拜仪式进行了重要改革，留下的300多封拉丁文书信，是研究他那个时代的宝贵史料。

阿尔勒　Arles　法国东南部城市。公元前1世纪由罗马人建立，通过商业贸易，阿尔勒成为罗马帝国的主要大城市。10世纪成为勃艮第王国都城，后成为阿尔勒王国。现存有公元前1世纪建的罗马竞技场（现仍用于斗牛和演戏）和环绕旧城的围墙。V.凡·高在他创作力最旺盛的时期曾居住于此。现仍为河港，但经济主要靠旅游业和农业。人口约54 712（2006）。

阿尔马格罗　Almagro, Diego de（1475～1538）　西班牙军人，在西班牙征服秘鲁过程中发挥了重要作用。曾在西班牙海军服役，1524年去南美，同密友F.*皮萨罗*率军征服了印加帝国（今秘鲁）。不久两人发生仇隙，在一场印第安人叛变中，他囚禁了皮萨罗的两个兄弟（因不服从命令），后被皮萨罗击败、俘虏并处死。

阿尔诺河　Arno River　意大利中部河流。从亚平宁山向西流经佛罗伦萨，最后在比萨附近注入利古里亚海。全长240千米。在阿雷佐附近通过被改造成运河的支流查尼河与台伯河相连接。常水患成灾，1966年阿尔诺河淹没佛罗伦萨，损失惨重。

阿尔普　Arp, Jean（1886～1966）　又称Hans Arp。法国画家、雕刻家和诗人，在德国魏玛及巴黎朱利昂学院学习后，陆续参与了20世纪初期最重要的艺术运动：慕尼黑的蓝骑士（1912）、巴黎的立体主义（1914）、第一次世界大战期间苏黎世的达达主义、超现实主义（1925）和抽象-创作艺术（1931）。他在木头上雕刻彩色浮雕，用碎纸作画，20世纪30年代他最著名的雕塑作品是以抽象形式来表现动物和植物。

阿尔琼　Arjan（1563～1606）　印度锡克教第5代*古鲁*（祖师，1581～1606），也是该教第一位殉难者。他编成该教经典*《阿底·格兰特》*，又建成阿姆利则的*金寺*。第一代古鲁兼管圣俗两界，他把阿姆利则建成商业中心，同时扩大了教会的作用。他还是一位多产的诗人和赞美诗作家。莫卧儿帝国皇帝阿克巴迫害锡克教，要求他删除《本初经》中触犯吠檀多或伊斯兰教的部分。阿尔琼拒绝这种要求，受酷刑而死。

阿尔萨斯-洛林　Alsace-Lorraine　法国东部地区，现通常认为包括今法国上莱茵、下莱茵和摩泽尔省。*普法战争*后法国于1871年将该地区割让给德国。第一次世界大战后，这块土地归还法国。第二次世界大战期间被德国占领，战后又归还法国。法国修改了许多战前与当地独立主义相抵触的政府政策。称为阿尔萨斯语的日耳曼方言仍为当地的通用语。学校里既教法语，也教德语。

阿尔斯特　Ulster　爱尔兰北部的历史省份。现在成为北爱尔兰以及爱尔兰的阿尔斯特省。这个古代省是天主教徒奥尼尔（蒂龙伯爵）的老家，他们在约1600年起义反对英国人的统治。他们逃亡之后，大部分土地被英王詹姆斯一世下令没收，随后信奉新教的苏格兰人、威尔士人和英格兰人迁居此地。17世纪中叶克伦威尔的移民到此定居后人数倍增。20世纪初，该地区对爱尔兰自治运动的对抗导致北爱尔兰的形成。

阿尔塔米拉洞窟　Altamira　西班牙北部*桑坦德*市附近洞穴，因有优美的史前绘画和雕刻而闻名，年代可溯至公元前14 000～前12 000年。1880年第1次公布于世。洞窟长270米，主洞窟的洞顶布满壁画，画面主要是野牛，栩栩如生，着以鲜艳的红、黑、紫3色。还有野猪、几匹野马、一头雌鹿，以及其他一些较简单的形象；此外还有镌刻的8个拟人的形象、各种手印以及人手的轮廓图形。这些刻像和其他物品遗存显示这里曾是季节性集会场所。参阅*岩画艺术*。

阿尔泰山脉　Altai Mountains　俄语作Altay，蒙古语作Altayn Nuruu。亚洲中部山系。东南自*戈壁沙漠*起向西北延伸，经中国、蒙古、俄罗斯、哈萨克斯坦，最后进入西伯利亚西部平原，全长2 000千米。最高峰为俄罗斯的别卢哈峰，海拔4 506米。为额尔齐斯河和鄂毕河的源头。以矿产和水力发电潜能闻名。

阿尔泰诸语言　Altaic languages　约40种语言，包含*突厥诸语言*、*蒙古诸语言*和满语-通古斯语等分支语系，欧亚大陆使用者超过1.4亿人（其中操突厥语的人占绝大多数）。大多数学者认为阿尔泰诸语言本身即为一语族，有着已证明存在的亲缘关系，但少数人把诸语言中的相似性归因于词语借用和地域趋同。有些人认为*朝鲜语*、*日语*与阿尔泰诸语言有亲缘关系，但至今尚未有定论。而有人则认为阿尔泰语为广大的诺斯特拉提克语群的一支。

阿尔特多费尔　Altdorfer, Albrecht（约1480～1538）　德国画家和版画家，多瑙河画派的领导人。大部分作品以宗教题材为主，但他是第一个将风景画发展成一独立的艺术样式的画家，特别擅长描绘在薄暮中的日落和废墟景致。他的画表现了在暗色纸上运用黑白亮光的纯熟技巧。在小型雕刻和木刻画方面，明显受A.*丢勒*的影响。从1526年到他去世，他一直是雷根斯堡的城镇建筑师，目前所知，他的建筑作品没有一件留存下来。

阿尔特吉尔德　Altgeld, John Peter（1847～1902）　德国出生的美国政治家，曾任伊利诺伊州州长（1893～1897）。幼年时即由德国移居至美国，19世纪70年代移居芝加哥，在此以从事不动产业致富，并活跃于民主党政治舞台。1892年他作为改革派竞选人当选州长。1893年发生秣市骚乱，在C.*达罗*和劳工领袖们的坚决要求下，他赦免了几名骚乱参加者，但引发保守派的强烈反对，并导致他在1896年寻求连任失败，不过，阿尔特吉尔德的做法后来在司法圈内得到普遍的肯定。

阿尔特米西娅二世　Artemisia II（？～约公元前350）　卡里亚（位于安纳托利亚西南部）国王摩索拉斯（约公元前377～约前353）的妹妹及王后。国王死后，她独自主持

阿尔特米西娅二世雕像；现藏那不勒斯国立考古博物馆
Anderson-Alinari from Art Resource

朝政3年。她在首都哈利卡纳苏斯为丈夫修建了宏伟的摩索拉斯陵墓，为**世界七大奇观**之一。她以研究植物和医学闻名，植物中的“蒿属”（*Artemisia*）就是以她的名字命名的。

阿尔托 Aalto, (Hugo) Alvar (Henrik)（1898～1976） 芬兰建筑师和设计师。毕业于赫尔辛基工学院，1925年与其事业伙伴A. 马尔肖（1949年去世）结婚。他的声望来自于其混合了典型的现代主义、当地特有的材料（特别是木材）和个人表现方式的独特风格。其作品“赛于奈察洛”市政厅建筑（1950～1952），造型简约，用红砖、木材和铜材建成，最能体现其融合现代主义和地方特色的独特性。阿尔托是现代运动中著名的建筑师之一。在世界各地均可见到其设计的曲木家具的仿制品。

阿尔瓦公爵 Alba, Fernando Álvarez de Toledo (y Pimentel), duque (Duke) de（1507～1582） 西班牙军人。1547年指挥查理五世的帝国军队打败施马尔卡尔登同

阿尔瓦公爵，油画，A. 莫尔绘于1549年；现藏布鲁塞尔皇家美术馆
By courtesy of the Musees Royaux des Beaux-Arts, Brussels

盟，1556～1559年任那不勒斯总督。后来成为腓力二世的主要大臣，1567～1573年任荷兰总督。他建立新的法庭“戡乱委员会”，无视当地法律，判决12 000名起义者有罪，以暴虐闻名。1573年腓力将他召回。1580年对葡萄牙进行了一次辉煌的战役，但已不再受腓力恩宠。

阿尔西品科 Archipenko, Alexander（1887～1964） 乌克兰裔美国雕塑家及画家。1908年移居巴黎在美术学院学习，积极参加立体派运动。其抽象雕塑把人体变成空洞、凹陷的几何形式，创造了以“空虚”和“实体”的形式组合表现人体的新风格，这种方法改革了现代雕塑。1923年他迁往纽约市，在那里教书和工作，度过了大半生。

阿耳忒弥斯 Artemis 希腊宗教中掌管野生动物、狩猎和植物生长的女神，也是贞操和分娩的女神。**宙斯**和**勒托**的女儿，**阿波罗**的孪生姐姐。她通常在仙女的陪伴下，在山间

女猎神装扮的阿耳忒弥斯，古典塑像；现藏巴黎卢浮宫
Alinari-Art Resource

或林中翩翩起舞。阿耳忒弥斯既杀死猎物又保护它们，所以有**兽主**之称。故事常讲述陪伴阿耳忒弥斯的仙女们的风流韵事，有些人推测，这些故事的主角原是女神本身。然而，荷马以后的诗人们却强调阿耳忒弥斯的贞洁。当被激怒时，阿耳忒弥斯的无情愤怒是众所周知的。东方的伊什塔尔女神可能是从阿耳忒弥斯发展而来的，在罗马神话中她与**狄安娜**融为一体。

阿方索十二世 Alfonso XII（1857～1885） 西班牙国王（1874～1885），执政期间致力于建立君主立宪政体。女王伊莎贝拉二世的长子。1868年伊莎贝拉二世被推翻以后，他随母亲流亡国外，1874年宣布他为西班牙国王，翌年返回西班牙。在他统治时期，西班牙国泰民安。1876年结束了卡洛斯分子发动的内战（参阅**拥护卡洛斯运动**），并制定宪法。阿方索十二世广为人民所爱戴，但因结核病而早逝，令渴望君主立宪政体的人们颇为失望。

阿方索十三世 Alfonso XIII（1886～1941） 西班牙国王（1886～1931）。他是阿方索十二世的遗腹子，出生后立即即位，由母后摄政，16岁时才拥有全部王权。在第一次世界大战以后，他极力推行极权制度，设法使自己不受议会的约束。1923～1930年与普里莫·德里维拉的独裁政府合作，但后者垮台后，共和党在选举中取得胜利的时候要求国王退位，阿方索十三世于1931年被迫离开西班牙。

阿方索十世 Alfonso X（1221～1284） 别名Alfonso the Wise（智者阿方索）。卡斯蒂利亚和莱昂国王（1252～1284）。他摧毁了穆斯林（1252）和贵族（1254）的反叛，在击退了摩洛哥、格拉纳达和莫尔西亚的入侵（1264）后，兼并了莫尔西亚。他要求神圣罗马帝国皇帝的称号（1256），但格列高利十世说服他放弃这一要求。他的第2个儿子成为他的继承人，为桑乔四世。阿方索的宫廷是一个文化中心，曾产生出一部具有影响力的法典《七法全书》，并确立了现代卡斯蒂利亚西班牙语的形式。

阿方辛 Alfonsín (Foulkes), Raúl (Ricardo)（1927～2009） 阿根廷非军人总统（1983～1989）。获有法学学位，曾创立一家报社，后于1953年开始其政治生涯。阿根廷在**福克兰群岛战争**失败之后，声名狼藉的军事政权承诺开放自由选举，阿方辛击败**庇隆主义者**候选人当选总统。上台之后，他的政府以侵犯人权等罪名起诉许多军方人士，但军方压力（其中包括数起武装叛变）迫使其赦免大部分已定罪的军官。由于高通货膨胀、庞大的政府负债、劳资纠纷以及军队体系的不满，阿方辛政权十分困窘。他任期未满，提前6个月辞职。后由庇隆主义者C. **梅内姆**继任为总统。

阿非利加 Africa, Roman 罗马总督行省。公元前146年罗马消灭**迦太基**后取得。后来疆界陆续扩至**努米底亚**和现今利比亚北部。公元前30～公元180年，非洲北部其他部分，包括**昔兰尼加**、马尔马里卡和毛里塔尼亚，变成罗马帝国的一部分。5世纪时**汪达尔人**夺取了这个地区，641年穆斯林征服此地区。

阿非利堪斯语 Afrikaans language 南非共和国语言，由欧洲殖民者后裔、操科伊桑语土著科人，以及荷兰好望角殖民地的非洲和亚洲奴隶根据17世纪的荷兰语发展而来。在发音上，语法简化和词汇方面与标准的荷兰语相异。南非以此语言为第一语言者众多，约有600万人，包括阿非利堪人和不同种族混居的民族均有使用。其余数百万人将阿非利堪斯语当作第2或第3语言使用，在纳米比亚还有约15万人使用。1925年标准阿非利堪斯语正式从荷兰语分离出来，成为南非的官方语言；今日已是南非11种官方语言之一。

阿丰索一世 Afonso I（约1110～1185） 绰号Afonso the Conqueror（征服者阿丰索）。葡萄牙第1位国王（1139～1185）。1128年打败其母，取得王位，刚开始是其堂兄弟莱昂的阿丰索七世的属国，但后来葡萄牙取得独立，他也取得国王的头衔（1139）。阿丰索一世击败附近的穆斯林，使他们不得不向他纳贡。1147年在十字军帮助下，夺取里斯本，最后把国土扩张到**塔古斯河**以远。后来与儿

子桑乔一世分享权力,留给他一个稳定而独立的君主国家。

阿丰索三世 Afonso III(1210 ～ 1279) 葡萄牙国王(1248 ～ 1279)。早年移居法国,并因联姻成为布洛涅伯爵。罗马教皇废黜其兄桑乔二世,指定他为国王。1249 年他收复法鲁地区,并再度征服原由穆斯林侵占的阿尔加维地区。在位期间,葡萄牙平民首次可进议会。他主张王室有权重新占有教会领地,因而被开除教籍。

阿佛洛狄忒 Aphrodite 古希腊性爱与美貌之女神。她广泛地被崇祀为海与航海女神,根据传说,她是由乌拉诺斯外生殖器周围形成的海水泡沫生成的;在斯巴达、第比斯、塞浦路斯等地,她也被奉祀为战争女神。多数学者相信闪族人对她的膜拜,比源起的希腊更甚。据荷马的说法,她是宙斯和狄俄涅的女儿。她同赫菲斯托斯成婚,但她却同英俊的战神阿瑞斯厮混在一起。她还有许多凡人情人。崇祀的主要中心是塞浦路斯、基西拉和科林斯等岛屿。作为多产的神祇,她和厄洛斯、美惠女神及时序女神均有关联。她相当于罗马的维纳斯。

阿伏伽德罗数 Avogadro's number 任何物质 1 摩尔(以克为它的分子量来定义)的单位数,相当于 $6.022\,141\,29 \times 10^{23}$。这些单位可能是电子、原子、离子或分子,视物质的性质和反应的特征(如果有的话)而定。

阿富汗 Afghanistan 全称 Islamic State of Afghanistan(阿富汗伊斯兰共和国)。亚洲中南部国家。面积:652 864平方千米。人口:约 27 522 000(2013)。首都:喀布尔。约 2/5 居民为普什图人,其他种族包括塔吉克人、乌兹别克人和哈萨克人。语言:普什图语和波斯语(官方语言)。宗教:伊斯兰教(国教,以逊尼派为主)、琐罗亚斯德教。货币:阿富汗尼。地形主要分成 3 个地理区:北部平原是主要的农业区;西南高原主要由沙漠和半干旱区域组成;中部的中央高地,包括兴都库什山,把这两个地区分开。经济上是发展中国家,以农业生产为主,矿产资源虽丰,但因 20 世纪 80 年代的阿富汗战争以及接下来的连年战争而多未开发。传统手工艺品仍很重要,羊毛地毯是主要出口产品。阿富汗为伊斯兰共和国,有两个立法机构。总统为国家和政府首脑。公元前 6 世纪时,该地区是波斯帝国阿契美尼德王朝的一部分。公元前4世纪被亚历山大大帝征服。印度的影响随着哌哒人和萨珊人一起进入;公元 870 年前后萨法尔王朝统治期间伊斯兰教确立了牢固地位。此后阿富汗分属印度的莫卧儿王朝和波斯的萨非帝国,直至 18 世纪纳迪尔·沙阿领导下的其他波斯人取得了控制权。19 世纪时,英国在该地区发动了数次战争。20 世纪 30 年代起,这个国家有了一个稳定的君主政权;20 世纪 70 年代被推翻。后因试图实行马克思主义的改革而激起暴动,导致苏联军队侵入。阿富汗游击队占据了优势,1989 年苏联撤军。1992 年反叛力量推翻了政府,建立起一个伊斯兰共和国。1996 年塔利班民兵组织取得了政权,推行严苛的伊斯兰秩序。2001 年 9 月 11 日,恐怖分子袭击美国的世界贸易中心和五角大楼。此后塔利班武装不愿引渡极端主义分子首领本·拉登及其基地组织成员,引发了塔利班与美国及其盟国之间的武装冲突,并导致塔利班政权被推翻和临时政府成立。阿富汗于 1936 年首次参加在柏林举办的夏季奥运会。

阿富汗猎狗 Afghan hound 在阿富汗丘陵地区培育成的一个猎犬品种。19 世纪晚期,参与印度-阿富汗边境战争的英国士兵返国时将该品种带到欧洲。阿富汗猎狗靠视力

阿富汗猎狗
Sally Anne Thompson

行猎,在阿富汗被用以捕猎豹及瞪羚。臀骨高而宽,非常适应在崎岖的山地奔跑。肩高 61 ～ 71 厘米,体重 23 ～ 27 千克。耳松软,顶毛长,被毛长而有光泽,可为各种颜色。

阿富汗战争 Afghan wars 19、20 世纪及 21 世纪初发生在阿富汗的几次战争。19 世纪期间,英、俄为了争夺在中亚的势力而两次开战(1839 ～1844、1878 ～ 1880),但双方皆无法完全镇压这里的人民。20 世纪时,第 3 次阿富汗战争导致阿富汗取得完全的独立(《拉瓦尔品第条约》,1919)。从 1978 年开始,阿富汗就陷入内战,结果引起苏联的军事干预。苏联曾派出最多 10 万大军参与战事(1979 ～ 1989)。苏联撤军后,各种反叛集团又开始为夺权而互相争战。1994 年塔利班崛起,并迅速控制全国大部分地区,1996 年攻陷首都喀布尔。2001 年塔利班政权因支持国际恐怖主义,在美军的军事打击下垮台。

阿格拉 Agra 印度北方邦中西部城市。16 世纪初由锡坎德尔·劳蒂建于德里东南的朱木拿河畔,曾几度为莫卧儿帝国首都。18 世纪后期,相继受贾特人、马拉塔人统治,最后于 1803 年被英国吞并。有泰姬陵和阿克巴皇陵。人口1 275 134(2001)。

阿格里科拉 Agricola, Gnaeus Julius(公元 40 ～公元 93) 罗马将军。在不列颠和亚洲任保民官和度支官后,被韦斯巴芗任命为不列颠总督(77/78 ～ 84)。他征服部分威尔士及英格兰北部,然后进入苏格兰,在克莱德河和福斯河间建立起一道临时边界线。公元 83 年跨越福斯河在蒙斯格劳皮尤斯打败喀里多尼亚人,占领了苏格兰,直到高地边缘,在主要通道设置关隘,在因奇图西尔设置军团要塞。被召回到罗马后他被任命为亚洲总督,但是他选择了解甲退隐。他的生平通过女婿塔西佗的作品而广为人知。

阿格里帕 Agrippa, Marcus Vipsanius(约公元前 63 ～前 12) 罗马帝国第 1 代皇帝奥古斯都强而有力的副手。在公元前 44 年凯撒被刺后,他协助屋大维(后来的奥古斯都)于公

公元前 1 世纪初的阿格里帕大理石胸像;现藏巴黎卢浮宫
Cliche Musees Nationaux, Paris

元前 36 年击败庞培,又在公元前 31 年亚克兴角战役中击败 M.安东尼。他平定叛乱、开拓殖民地、治理帝国部分地区,还提供罗马兴建公共设施和建筑物的经费。公元前 23 年奥古斯都欲立其为王位继承人,他与屋大维之女朱莉亚结婚。公元前 15 年认识犹太国王希律,并与之结盟,他在行政和军事方面的技巧直接影响到帝国的东方事务。他的作品(今已佚失)曾对斯特拉博和老普林尼具有影响。他的女儿大阿格丽品娜(约公元前 14? ～公元 33)是格马尼库斯·凯撒的妻子,卡利古拉和阿格丽品娜(小)的母亲,也是尼禄的外祖母。

阿格丽品娜(小) Agrippina the Younger(公元 15 ～公元 59) 罗马皇帝尼禄的母亲,在尼禄当政早年具有极大影响力。她是大阿格丽品娜(约公元前 14? ～公元 33)的女儿、卡利古拉的妹妹,但因谋反卡利古拉而在公元 39 ～ 41 年被放逐,与第 1 任丈夫阿赫诺巴布斯生下尼禄。公元 49 年她被控毒死第二个丈夫又与其舅父克劳狄皇帝结婚。婚后,她唆使克劳狄废了自己的亲生儿子,改立尼禄为皇位继承人。她毒死了儿子的敌手,公元 54 年克劳狄死时,也疑为被其毒杀。尼禄即皇位,时年仅 16 岁,由阿格丽品娜摄政。她的权势逐渐削弱,尼禄曾试图在她反对一项政事时将其谋杀,最后将其处死在她的乡村居所。

阿格农 Agnon, S. Y.(1888 ～ 1970) 原名 Shmuel Yosef Halevi Czaczkes。乌克兰裔以色列作家。出身于波兰犹太商人家庭,1907 年移居巴勒斯坦,并开始用希伯来文写作。《前天》(1945)可能是他最杰出的小说,阐述西方化的犹太人移居以色列后所面临的问题。其他作品还有:《新娘的华盖》(1919)、《宿夜的客人》(1938)。他被誉为最杰出的现代希伯来文小说家和短篇故事作家。1966 年与萨克斯共获诺贝尔文学奖。

阿格西劳斯二世 Agesilaus II（公元前444？～前360） 斯巴达国王（公元前399～前360）。在斯巴达称霸整个希腊的时期（公元前404～前371），他几乎一直统率着军队。他是欧里庞提德家族的一员，在斯巴达与波斯作战时，因来山得的帮助而取得王位。他在科林斯战争（公元前395～前387）中击败了第比斯、雅典、阿戈斯和科林斯的联盟，却在公元前394年被波斯海军击败，并失掉了希腊中部的一些领地。他迫使彼奥提亚同盟解散，但后来又对彼奥提亚（公元前371）和第比斯（公元前370、公元前361）发动战争。这两次战役的失败，造成斯巴达优势的结束。阿格西劳斯二世后去埃及当雇佣兵，在归国途中去世。

阿根廷 Argentina 全称 Argentine Republic（阿根廷共和国）。南美洲南部的国家。面积：2 780 400平方千米。人口：约41 348 000（2013）。首都：布宜诺斯艾利斯。人口多数为欧洲人后裔，其中以西班牙裔为主，还有少数梅斯蒂索人。语言：西班牙语（官方语言）。宗教：基督教（主要为天主教，也有新教）、伊斯兰教和犹太教。货币：阿根廷比索。地形常被分为4大区：北方地区、潘帕斯草原、巴塔哥尼亚高原和安第斯山脉。东北部的亚热带平原被巴拉那河分割为西部与北部的大查科和东部美索不达米亚区。潘帕斯草原位于巴拉那河西部和南部，是世界上农产最富饶的地区之一，也是全国人口最密集的地区。巴塔哥尼亚高原位于科罗拉多河以南。阿根廷的安第斯山脉包括了南美大陆最高峰阿空加瓜山。境内主要河流有巴拉那河、乌拉圭河和皮科马约河，最后都注入拉普拉塔河。阿根廷的经济以制造业和农业为主，是拉丁美洲最大的牛肉和牛肉产品出口国。阿根廷是共和国，两院制。总统是国家元首暨政府首脑。欧洲人来到之前人们对当地人的情况知之甚少。1526年，S.卡伯特为西班牙到该地区探险考察；到1580年，亚松森、圣菲以及布宜诺斯艾利斯等地都已有人定居。17世纪初期依附于秘鲁总督辖区，1776年建为拉普拉塔总督辖区，首府布宜诺斯艾利斯把现今的乌拉圭、巴拉圭和玻利维亚等地区一起都包括进去（1776）。随着1816年成立了拉普拉塔河地区联合省，阿根廷脱离西班牙而实现独立，但它的边界直到20世纪初才确定下来。1943年军方推翻了政府；1946年J.庇隆上校掌权。1955年庇隆又被推翻。经过近20年的混乱，1973年他重执政权。1974年庇隆死后，他的第3任妻子伊莎贝尔成为总统，1976年在一场军事政变中她失去了权力。1982年军事政府试图夺取福克兰群岛，但被英国军队打败，结果在1983年政府回到文职人员手中。R.阿方辛政府努力结束前任统治者对人权的肆意践踏。极度的通货膨胀导致了公众的骚乱，1989年阿方辛所在的党派在大选中失败；他的继承人C.梅内姆是个庇隆主义者，实行放任主义的经济政策。1999年反对党联盟的F.德拉鲁亚当选总统，他的政府面对的是日益升高的失业率、外债和政府腐败等问题。他在一片反政府的抗议声中辞去总统职务。在继任的临时总统的统治下，阿根廷在21世纪初经历了最严重的经济危机之一。2003年N.基什内尔当选总统，着力稳定国家经济。4年后，基什内尔的夫人成为阿根廷历史上首位民选女总统。阿根廷于1924年首次参加在巴黎举办的夏季奥运会。

阿瓜斯卡连特斯 Aguascalientes 墨西哥中部州。位于中央高原，是该国最小的州之一（5 471平方千米）。16世纪由西班牙人发现，开发成一煤矿中心。1910～1920年内战期间是激战的战场。现该州农业发达，也有矿产和葡萄酒业。经济以服务业为主。首府为阿瓜斯卡连特斯。人口约1 184 996（2010）。

阿瓜斯卡连特斯 Aguascalientes 墨西哥阿瓜斯卡连特斯州首府。临阿瓜斯卡连特斯河。1575年初建时为矿工居住区，19世纪50年代成为州首府。又称 La Ciudad Perforada（有孔的城市），因其城下留有不知名的前哥伦比亚人所建的地下隧道迷宫。为农业中心，还有数种工业。市内许多著名的教堂藏有殖民时期宗教艺术品。人口约722 250（2010）。

阿赫马托娃 Akhmatova, Anna（1889～1966） 原名 Anna Andreyevna Gorenko。俄罗斯诗人，以最初的两部诗集《黄昏》（1912）和《念珠》（1914）而成名。1917年俄国革命后不久，苏维埃当局批评她的作品专写狭隘的爱情和上帝题材。1923年她的前夫以阴谋案被处决，就此在文坛沉寂了一段时间。第二次世界大战后又遭到抨击，并被苏联作家协会开除。1953年在J.斯大林死后的文化解冻时期，阿赫马托娃的声誉渐渐得到恢复，晚年是俄罗斯年轻诗人圈里颇具影响的人物。最长的诗《没有主角的诗》被公认是20世纪最伟大的诗作之一。现在她被认为是俄罗斯最伟大的诗人之一。此外，她翻译的诗作和其自传也受到了赞扬。

阿赫默德·伊本·罕百里 Ahmad ibn Hanbal（780～855） 伊斯兰教义学家、教法学家。生于巴格达。15岁开始学习圣训（哈底斯）。他在各地旅行追随大师学习，曾5次到麦加朝圣。833～835年因拒不承认穆尔太齐赖派关于《古兰经》是被造之物的主张而遭到鞭打并被监禁。他的教义构成伊斯兰教两大教派中较大的逊尼派的4个正统教法学派别之一罕百里派的基础。一般认为，罕百里派是四派中最为严谨地研究《圣训》的派别。他认为，法学家应有较大的自由从《古兰经》和逊奈找出合法的解释。他被奉为“伊斯兰教法创始人之一”。

阿赫默底亚教派 Aḥmadiyyah 伊斯兰教现代教派。1889年由古拉姆·阿赫默德创立于印度，认为耶稣是假装死亡，复活后逃至印度，而圣战是对教外人士发动的和平战争。1914年，阿赫默德的继任者死后，阿赫默德教派分化。卡迪安派基地在巴基斯坦的拉布瓦，尊古拉姆·阿赫默德为先知；他们热衷于传教，将他的信仰视为真正的伊斯兰教。拉合尔派则仅承认古拉姆·阿赫默德是改革者；力求人们普遍皈依伊斯兰教。阿赫默底亚教派又指各种苏非派教团（参阅苏非主义），特别是巴达维（卒于1276年）创立的巴达维派。阿赫默底亚教派是埃及最流行的教派之一。号称此教派支派的小教团散见于穆斯林世界。

阿赫萨尔 Ahsai, Ahmad al-（1753～1826） 全名 Shaykh Ahmad ibn Zayn al-Din Ibrahim al-Ahsai。阿拉伯人，伊朗伊斯兰教什叶派的非正统支派谢赫教团创立者。早年致力于伊斯兰教研究并周游了波斯和中东。1808年定居于波斯的亚兹德，在该地宣讲教旨。他对什叶派教义的解释，很快吸引了大批信徒，但却在当时的正统派宗教领袖内部引起争论。他断言知识来自穆罕默德和伊玛目的观察，并认为伊玛目原是蒙真主光照的人，曾参与了创世过程。1824年什叶派正统派教义学家把他逐出教派，宣告他是异教徒。两年后阿赫萨尔死于前往麦加朝圣途中。但是谢赫教派在他死后依然存在。

阿胡拉·玛兹达 Ahura Mazda 古代伊朗宗教，特别是琐罗亚斯德教和帕西人的宗教所奉的至高之神。波斯国王大流士一世及其后各代国王都崇拜阿胡拉·玛兹达，认为他是最伟大的神，而且是贤明国王的保护神。琐罗亚斯德教教徒认为阿胡拉·玛兹达创造了宇宙并维持着宇宙秩序，他还创造了行善的神灵斯彭塔·曼纽和破坏的神灵安格拉·曼纽，世界的历史就是由这两个神灵之间的争斗构成的。《波斯古经》认为阿胡拉·玛兹达本身就是行善之神，把他当作善良、智慧和好事创造者的化身。在后来的资料（从3世纪起）中，佐尔文（“时间”）是奥尔玛兹达（阿胡拉·玛兹达）和阿里曼（安格拉·曼纽）这对孪生兄弟的父亲，在正统的玛兹达教（琐罗亚斯德教和印度袄教）中，这对孪生子交替统治着世界，直到阿胡拉·玛兹达取得最后胜利。

阿基米德 Archimedes（约公元前290～前212） 古希腊数学家和发明家。最主要的发明是阿基米德螺旋泵（提水的巧妙装置）和阿基米德原理（流体静力学原理）。他主要的兴趣是在光学、机械、纯粹数学和天文学方面。阿基米德的数学验证显示了其大胆假设和精确程度达到了现代几何学的最高水平。他的π近似值一直到中世纪以后才有更进一步的发展，他的翻译作品对9世纪的阿拉伯数学家和16～17世纪欧洲的数学家产生重大影响。阿基米德在家乡锡拉库萨是出了名的机械天才，发明了守城和围城的武器，但最后锡拉库萨被攻陷后，为罗马士兵所杀。

阿基米德螺旋泵 Archimedean screw 又作 Archimedes' screw。一种提升水的机器，据说是古希腊科学家阿基米德为了将水从大船的船舱中排出而发明的。其中一种形式是一根圆管，内有螺旋。圆管在水平方向倾斜约45°，下端浸入水中，旋转时使水在管内升高。其他形式则是在固定的泵缸内装旋转的螺杆或在轴上绕螺旋形管。

阿基坦 Aquitaine 法国西南部历史区域。大致是高卢西南部的罗马行政区阿基塔尼亚,原是从比利牛斯山脉延伸至加龙河的大片区域。公元507年被克洛维征服,8世纪成为查理大帝统治下的一个王国。加洛林王朝没落后,阿基坦在10世纪时成为一强盛的公爵领地,控制了法国南部的卢瓦尔河流域。阿基坦的埃莱亚诺与路易七世结婚(1137)后,阿基坦归属卡佩王朝。在她第2次婚姻嫁给英格兰的亨利二世(1152)后,阿基坦就归金雀花王室所有。10世纪时这里称为吉耶讷,是阿基坦的讹误。阿基坦后来的历史融入了加斯科涅和吉耶讷的历史。

阿吉巴·本·约瑟 Akiba ben Joseph(约公元40～约135) 犹太哲人,拉比犹太教主要缔造者之一。生于巴勒斯坦凯撒里亚。相传原是不识字的牧人,40岁以后才开始学习。他认为经文里面除了明显的意义外,还含有许多暗示,成文法(托拉)和口传法规(哈拉卡)终归是一样的。他搜集编纂与耶稣社会和宗教生活有关的口头传说,从而奠定了《密西拿》的基础。可能参与巴尔·科赫巴领导的反叛罗马人事件,后来被罗马人囚禁,公元135年左右因公开传教的罪名而被处死。参阅以实马利·本·以利沙。

阿加迪尔 Agadir 摩洛哥西南部大西洋沿岸的港口城市。16世纪曾被葡萄牙人占领,后成摩洛哥的一个独立港口。1911年摩洛哥危机后,又被法国军队占领(1913)。1914年因兴建港口而逐渐现代化,并发展渔业。1960年的地震、海啸和大火使城市几乎全部被毁。后在老城以南重建新市区。这里也是附近农业区的农产品市场。人口约678 596(2004)。

阿加尼亚 Agaña 美国关岛的首府。临该岛西岸的阿加纳湾。1940年居民曾多达一万人,第二次世界大战中被毁坏殆尽,战后人口增长缓慢。古迹有拉条石公园(有史前拉条石文化建筑的石柱)。人口约1 122(2000)。

阿加西 Agassiz, Alexander (Emmanuel Rodolphe)(1835～1910) 瑞士裔美国海洋动物学家、海洋学家、采矿工程师。瑞士博物学家L. 阿加西之子,于1849年随父移民美国。早期系统研究棘皮动物(如星鱼)。密歇根州的卡柳梅特铜矿在他的监督和开发下成为世界第一流的铜矿。他还研究海洋和珊瑚礁。根据在1875年沿南美洲西海岸旅行途中对珊瑚礁的观察,提出与C. 达尔文的珊瑚礁形成理论相抵触的看法。

阿加西 Agassiz, (Jean) Louis (Rodolphe)(1807～1873) 瑞士裔美国博物学家、地质学家及教师。在瑞士和德国就学后,于1848年移居美国。在研究冰川活动和绝种鱼类方面做出了里程碑式的工作。阿加西又因创新教学方法而声名大噪,主张直接观察大自然。他在哈佛大学任动物学教授期间引起美国博物学史研究的一场大革命。19世纪晚期美国所有著名的博物学史教师均受教于他或他的学生。此外,他还是杰出的科学行政官员、创办者及基金筹集者,毕生致力于反对达尔文进化论。他的第2位妻子阿加西兹(1822～1907),拉德克利夫学院的创办者之一和首任院长,和儿子亚历山大(1835～1910)都是著名的博物学家。

阿伽门农 Agamemnon 希腊传说中迈锡尼国王,迈锡尼国王阿特柔斯的儿子,墨涅拉俄斯的兄弟,攻击特洛伊的希腊统帅。他和妻子克吕泰涅斯特拉生有一个儿子俄瑞斯忒斯和3个女儿。当帕里斯把墨涅拉俄斯的妻子海伦拐走之后,阿伽门农便号召国内的王公们团结起来对特洛伊人展开一场复仇之战。但由于女神阿耳忒弥斯送来的是逆风,使得舰队无法起程。为了平息阿耳忒弥斯的怒气,阿伽门农不得不将自己的女儿伊菲革涅亚作为牺牲以祭神。特洛伊战争结束,阿伽门农回家后,其妻和情夫埃癸斯托斯勾结将其杀害。俄瑞斯忒斯为父亲复了仇。希腊诗人埃斯库罗斯著名的悲剧三部曲《俄瑞斯忒亚》便是根据这个故事写成的。

阿迦汗 Aga Khan 伊斯兰教什叶派中的伊斯玛依派分支尼查尔支派的伊玛目的称号。这个头衔是伊朗沙在1818年首次授予哈桑·阿里·沙(1800～1881)。阿迦汗一世后来发动暴动反对伊朗国王(1838),失败后逃至印度。他的长子阿里·沙(1885年卒)短暂继承他成为阿迦汗二世。阿里·沙的儿子苏丹·绥尔·穆罕默德·沙(1877～1957)成为阿迦汗三世。他是印度穆斯林的领袖,担任全印穆斯林联盟的主席,在关于印度宪法改革(1930～1932)的圆桌会议上发挥重要作用。1937年他被指派担任国际联盟主席。他选择孙子卡里姆·侯赛因·沙(生于1937年)继承他,成为阿迦汗四世。他是位强有力的领导者,成立阿迦汗基金会和其他机构,在南亚和东非提供教育等服务。

阿喀琉斯 Achilles 希腊神话里特洛伊战争中希腊军队中最勇敢、最强壮的战士。传说在他年幼时,母亲曾把他浸在冥河水中,使他除了没沾到河水的脚跟以外,周身刀枪不入。在特洛伊战争期间,他拿下了特洛伊附近地区12个城市,但在和阿伽门农发生争吵后,便不再替他效命。后来他让心爱的侄儿帕特洛克罗斯穿上自己的盔甲出阵,结果赫克托耳杀死了帕特洛克罗斯。后来阿喀琉斯重返战场杀死了赫克托耳,并拖着他的尸体绕行特洛伊城墙一周。《荷马史诗》中提到了阿喀琉斯的葬礼,但没提到死亡细节。后来的诗人阿克提努斯则叙及他被帕里斯用阿波罗引导的箭射死。

阿卡 Acre 又拼ʿAkko。以色列西北部港口,濒地中海。最早记载见于公元前19世纪的埃及咒文。曾受埃及人、罗马人、波斯人和阿拉伯人的统治。在腓尼基人统治时期曾改名托勒密。1104年十字军攻占该城,在塞尔柱土耳其人统治下成为叙利亚城镇;十字军后又将其改名为圣冉·达克,为其最后一个首都(参阅十字军)。1516年起主要为奥斯曼土耳其人统治,直到1918年被英军占领。曾是英属巴勒斯坦托管地的一部分,1948年成为以色列的一部分。著名建筑有大清真寺和圣约翰墓窟。人口约46 500(2011)。

阿卡得语 Akkadian language 又作Assyro-Babylonian language(亚述-巴比伦语)。公元前3000～前1000年流行于美索不达米亚的闪米特语,从大量的碑文、印玺和黏土板上所书写的楔形文字中可窥见其貌。至约公元前2000年时,阿卡得语已取代苏美尔语而成为流行于美索不达米亚南部的语言。约在此同时,它分化为流行于美索不达米亚东北部的亚述方言和流行于美索不达米亚南部的巴比伦方言。后来逐渐成为地方方言,被阿拉米语取代,到公元1世纪完全消亡。

阿卡迪亚 Acadia 17～18世纪法国在北美洲大西洋沿岸的领地,大致以现在的新斯科舍为中心,很可能原打算包括加拿大滨海诸省及缅因州和魁北克的部分地区。1604年法国殖民官员S. 尚普兰和P. 迪·加斯特在此建立第1个欧洲人屯垦区。英国有时也会提出对此领土的要求,18世纪经常爆发殖民战争。1713年新斯科舍归英国治理,1755年许多讲法语的阿卡迪亚居民被英国人强行迁走,因为与法国即将开战。有几千人迁移到法国人统治的路易斯安那,其后裔称卡津人。这一事件是H. W. 朗费罗的长篇叙事诗《伊文格琳》的主题。

阿卡迪亚 Arcadia 希腊伯罗奔尼撒半岛中部地区。由于它与希腊大陆的其他部分隔绝,多里安人入侵希腊时(公元前1100～前1000)没被占领。因为与世隔绝而过着牧歌式生活,所以希腊和罗马的田园诗将其描绘成世外桃源。1821～1829年希腊独立战争期间,阿卡迪亚成为战场。现今希腊的阿卡迪亚省范围与古代的阿卡迪亚地区几乎相同。

阿卡尔寺 Akal Takht 印度锡克教徒的教权中心,也是锡克教主要政党阿卡尔党的总部。位于阿姆利则城内金寺对面。自1708年古鲁的传承结束后,锡克教团已多次在阿卡尔寺前集会解决宗教和政治纷争。在20世纪,当地的教徒圣会开始通过关于教义解释或行为准则的决议,有争议的决议可诉请阿卡尔寺裁决。1984年印度军队在攻击金寺时,阿卡尔寺也受到严重损毁,而不得不进行重建。参阅锡克教。

阿卡纳尼亚 Acarnania 古希腊地区名,四周以爱奥尼亚海、安布拉基亚湾和阿谢洛奥斯河为界。公元前7世纪～前6世纪首次建立殖民地,到公元前5世纪末发展为城邦,首都为斯特拉托斯城。后来受雅典、第比斯和马其顿统治。公元前231年一部分领土重新独立,与马其顿的腓力五世结为同盟。公元前167年罗马人推翻马其顿王朝的统治,但阿卡纳尼亚得以幸免。后来,奥古斯都把大批阿卡纳尼亚人迁入他的新城亚克兴胜利城。

阿卡普尔科 Acapulco (de Juárez) 墨西哥西南部海港。濒临半圆形深海湾,为墨西哥太平洋沿岸最优良的海港。1531年为

H. 科尔特斯发现，1550 年开始有人定居。1815 年之前一直是西班牙殖民舰队前往东亚尤其是到马尼拉的主要补给站。由于该地风景优美、气候宜人并且拥有出色的海滩，现已成为世界闻名的主要旅游景点。人口 619 253(2000)。

阿克巴 Akbar(1542～1605) 全名 Abū-ul-Fath Jalal-ud-Din Muhammad Akbar。印度莫卧儿王朝最伟大的皇帝(1556～1605)。其祖先包括帖木儿及成吉思汗，年轻时即位。最初，他的统治只限于旁遮普和德里周围地区。1562 年安贝尔(斋浦尔)的拉杰普特王公承认阿克巴的宗主权，其他拉杰普特人首领也跟进。阿克巴在其政府高层中吸纳了拉杰普特王公和其他印度教人士，并且减少对非穆斯林居民的歧视。阿克巴继续自己的征服。1573 年征服了西面的古吉拉特，1576 年吞并东面的孟加拉。在其统治末期先后征服了克什米尔(1586)，并往南进入德干地区。在行政上，阿克巴采取中央集权政策，所有的文武官员都由他指派。他提倡学术研究、诗歌、绘画、音乐，使宫廷成为一个文化中心。他还命人把梵语经典著作翻译成波斯文，对耶稣会教士呈给他的欧洲绘画作品也极感兴趣。其统治时期经常被后来的政府视为强盛、仁慈、容忍和开明的典范。参阅巴伯尔。

阿克顿 Acton(of Aldenham),Baron(1834～1902) 原名 John Emerich Edward Dalberg Acton。英国历史学家，1859～1865 年担任下议院议员。曾在天主教月刊《徘徊者》任编辑(1859～1864)，后因教会批评他用科学方法论证历史而辞职。1865 年起为 W. E. 格莱斯顿的顾问，1869 年格莱斯顿保举他为贵族。1895 年任剑桥大学近代史钦定讲座教授，后来主编《剑桥近代史》这一客观而详尽的巨著。他是国家主义的批判者，其论点"权力会产生腐败；绝对的权力，绝对的腐败"已成为当今名言。

阿克拉 Accra 加纳首都和最大城市，濒临几内亚湾。葡萄牙人最早于 1482 年在加纳海岸拓居，当时那里有加纳部落居住的几个村庄。1650～1680 年欧洲人在此地沿岸建立了 3 个要塞式贸易据点，分别由英国人、丹麦人和荷兰人赞助。丹麦人和荷兰人分别于 1850 年和 1872 年离开这一地区，1877 年阿克拉成为英属黄金海岸殖民地的首府。20 世纪后期，阿克拉已成为加纳的行政、经济和教育中心。位于阿克拉东部 27 千米处的泰马已取代阿克拉先前的港口功能。人口约 1 551 200(2001)。

阿克赖特 Arkwright,Richard(1732～1792) 后称 Sir Richard。英国纺织工业家和发明家。1769 年第一次获得纺纱机的专利权。他用水力纺纱机(因为用水力运转而得名)生产出适合做经纱的棉纱线，比只适合做纬纱的多锭纺纱机所生产的棉纱耐用。1773 年他发明全棉印花平布。他开设了几家机器纺纱工厂。这些工厂从梳棉到纺纱的全部工序都使用机器操作。

阿克苏姆 Aksum 又作 Axum。埃塞俄比亚北部古王国。公元 3～6 世纪为其鼎盛时期，阿克苏姆商贾的贸易远至亚历山大和尼罗河流域以外。现代的阿克苏姆镇人口约 22 000(1989)，曾是此王国的首都，现为宗教中心，以古文物闻名。长久以来一直是埃塞俄比亚正教会的圣城。根据传说，国王曼涅里克一世(所罗门和示巴女王的儿子)从耶路撒冷把约柜带到这里来。现为旅游中心。

阿肯那顿 Akhenaton(公元前1353～前1336年在位) 亦作 Akhnaton，原名 Amenhotep IV(阿孟霍特普四世)。埃及第十八王朝(公元前1539～前1292)法老，继任时埃及已经征服巴勒斯坦、腓尼基、努比亚。即位没多久就开始鼓励人专一信奉较不为人知的太阳神阿吞，认为它是所有幸福之源。他还把姓氏由阿孟霍特普改为阿肯那顿("对阿吞有益者")，把首都从底比斯迁至现在的阿马纳，以躲避既有宗教势力，并在这里开始营造一座新城。一种新的艺术风格于是诞生，其焦点放在描述真实生活，而不是千篇一律的情况。阿肯那顿在统治方面虽想重掌以往统治者的大权(当时大部分落入官僚和官员手中)，但他一头栽进新宗教的崇拜迷思中，无暇顾及朝政和边防，以致埃及的亚洲帝国分裂。死后由两个女婿斯曼赫卡拉和图特安哈门继位，但图特安哈门早死，军队接掌政权，废除了阿肯那顿的新宗教信仰。

公元前 1370 年左右卡尔纳克阿吞神庙里的阿肯那顿砂岩柱状雕像；现藏开罗埃及博物馆
Hirmer Fotoarchiv, Munchen

阿肯色 Arkansas 美国中南部一州，与密苏里、田纳西、密西西比、路易斯安那、得克萨斯和俄克拉何马 6 州接壤，面积 137 733 平方千米，首府小石城。全州的最高点是马加津山，海拔 839 米。最早来此定居的居民是大约公元 500 年住在密西西比河沿岸悬崖峭壁上的印第安人，筑墩文化也在沿河地区留下坟墩。西班牙和法国的拓荒者在 16～17 世纪横跨了整个地区；1686 年第 1 批欧洲人在阿肯色波斯特定居。作为美国取得的路易斯安那购地的一部分，阿肯色准州于 1819 年成立；1828 年该州的现有边界划定完成。1836 年成为美国第 25 个州。美国南北战争期间，阿肯色州于 1861 年脱离联邦，加入南方联盟，后于 1868 年获准重新加入联邦。重建时期之后，实施严格的种族隔离政策，一直延续至 1957 年法院下令废除学校的种族歧视政策。该州过去以农业为主，现在经济还包括采矿业和制造业，旅游业也因温泉国家公园的矿泉和欧扎克山脉的景点而兴盛。人口约2 949 131(2012)。

阿肯色河 Arkansas River 源出科罗拉多州中部的河流，全长2 333千米，大致向东南偏东流，经堪萨斯、俄克拉何马和阿肯色等州，在阿肯色市东北汇入密西西比河。约有 1 046千米可通航，最大的支流有加拿大河、锡马龙河等。据说，1541 年西班牙探险家 F. V. de 科罗纳多曾渡过阿肯色河，到达堪萨斯州的道奇城近郊，1806 年美国探险家 Z. 派克穿过此河上游。

阿空加瓜山 Aconcagua, Mount 阿根廷西部山峰。靠近智利边界，海拔6 960米，是安第斯山脉的最高点，也是西半球最高峰。山体起源于火山，但本身不是火山。1897 年首次有人登上峰顶。

阿奎那，圣托马斯 Aquinas, St. Thomas 参阅托马斯·阿奎那，圣。

阿奎纳多 Aguinaldo,Emilio(1869～1964) 菲律宾独立革命领袖。华人和他加禄人后裔。早年在马尼拉的圣托马斯大学接受教育，后来成为打击西班牙人的革命团体"卡蒂普南"的领袖。1898 年菲律宾宣布脱离西班牙而独立，他被推选为总统。但数个月后，西班牙与美国签订条约，将菲律宾割让给美国。阿奎纳多继续与美国作战，直到 1901 年被捕为止。他在立誓效忠美国后隐退。第二次世界大战期间与日本勾结，战后被短暂监禁，后因总统特赦获释。1950 年被任命为议会议员。晚年致力于发扬菲律宾民族精神和民主，以及改善菲美关系。

阿奎纳多
Brown Brothers

阿拉伯半岛 Arabian Peninsula 又作 Arabia。西南亚半岛地区。包含沿岸的岛屿，面积约260 万平方千米。分别属于巴林、科威特、阿曼、卡塔尔、阿联酋、也门以及国土面积最大的沙特阿拉伯。气候干旱，境内绝大部分为阿拉伯沙漠。现代经济以石油和天然气生产为主。是世界上已探明的最大石油储藏地。

7世纪时是伊斯兰教的发祥地。该区政治上的统一始于穆罕默德且持续到他死后。直到661年这里一直是正统哈里发帝国的中心，后来被大马士革的伍麦叶帝国取代。1517年以后这里大部分地区被奥斯曼土耳其人统治，这里的部族和游牧部落直至第一次世界大战（1914～1918）奥斯曼帝国崩溃时还常常发生暴动。之后，各个国家纷纷成立，但许多国家仍与欧洲列强保持密切的关系，比如与英国。

阿拉伯国家联盟 Arab League 又作League of Arab States。1945年在开罗成立的区域组织。成立时的成员国为埃及、叙利亚、黎巴嫩、伊拉克、外约旦（今约旦）、沙特阿拉伯和也门。以后加入的成员国有利比亚、苏丹、突尼斯、摩洛哥、科威特、阿尔及利亚、巴林、阿曼、卡塔尔、阿拉伯联合酋长国、毛里塔尼亚、索马里、巴勒斯坦解放组织、吉布提和科摩多。联盟成立时的目的是为了加强与协调成员国的政治、文化、经济和社会规划及调解成员国之间或成员国与第3方之间的纠纷，后来增加了协调军事防御措施的义务。成员国常因政治问题而分裂；埃及因与以色列签订和平协议而被中止成员国资格10年（1979～1989），而波斯湾战争也造成了联盟严重分裂。

阿拉伯海 Arabian Sea 印度洋西北部水域。介于印度和阿拉伯半岛之间，面积3 862 000平方千米，平均深度2 734米。向北由阿曼湾经过霍尔木兹海峡连接波斯湾，向西由亚丁湾通过曼德海峡进入红海。印度河是流入阿拉伯海的最大河流。海中有索科特拉岛、拉克沙群岛。主要港口有孟买、卡拉奇和亚丁。许多世纪以来，阿拉伯海一直是欧洲与印度间主要的贸易航线。

阿拉伯河 Shatt al Arab 伊拉克东南部河流。由底格里斯河和幼发拉底河汇流而成。流向东南，经伊拉克的巴士拉港和伊朗的阿巴丹港，注入波斯湾，全程193千米。其水道后半部形成伊拉克和伊朗的边界。20世纪80年代阿拉伯河曾是两伊战争长期作战的战场。

阿拉伯联合酋长国 United Arab Emirates 旧称Trucial States。简称阿联酋。亚洲西南部的中东地区国家，阿拉伯半岛东海岸7个酋长国组成的联邦。这些酋长国分别为阿布扎比、迪拜、阿治曼、沙迦、乌姆盖万、哈伊马角和富查伊拉。面积：83 600平方千米。人口：约8 208 000（2013）。首都：阿布扎比。当地居民为阿拉伯人，但南亚和伊朗的移民劳工占有相当大的比例。语言：阿拉伯语（官方语言）、英语、波斯语、乌尔都语和印地语。宗教：伊斯兰教（国教，以逊尼派为主）、基督教和印度教。货币：阿联酋迪拉姆。土地主要为低平的沙漠平原，哈杰尔山余脉沿东部的穆桑代姆半岛伸入境内。3个天然深水港位于阿曼湾东部海岸。石油储量（主要在阿布扎比）约占世界总量的10%，天然气储量丰富，石油和天然气的生产是该国的主要工业。其他重要经济活动包括渔业、畜牧业和海枣种植。该联邦有一个任命的顾问委员会；国家元首为总统，政府首脑为总理。1820年英国人与沿海的地方统治者强行签订了一个和平条约。该地区旧称海盗海岸，后改称停战海岸（特鲁西尔海岸）。1892年统治者们同意只与英国保持外交关系。尽管英国人自1843年就管理该地区，但他们从未夺得主权；每个酋长国都对内部保持着完全的控制。1960年这些酋长国成立了停战诸国委员会。1971年酋长们终止了与英国签订的防御条约，建立由6个成员组成的联邦。哈伊马角于1972年加入联邦。在波斯湾战争（1990～1991）中阿联酋曾协助联军打击伊拉克。阿联酋于1984年首次参加在洛杉矶举办的夏季奥运会。

阿拉伯马 Arabian horse 最早的改良马品种。因速度快、力量大、形体美、聪明、温驯而备受人珍爱。其历史并无明确记载，公元7世纪时在阿拉伯半岛一带已有繁殖。许多现代轻型马的优良品质均可溯源到阿拉伯马。阿拉伯马身材较小而坚实。头小，眼突出，鼻孔宽大，肩隆明显，背短。肩高约152厘米，体重360～450千克。毛色多种多样，但以灰色为主。

阿拉伯人 Arab 在中东和北非讲阿拉伯语的民族。在7世纪30年代伊斯兰教广为传播以前，"阿拉伯人"系指阿拉伯半岛上以游牧为生的闪米特居民。近代则包括接纳并推广伊斯兰教之后，从非洲的毛里塔尼亚及摩洛哥到东面的伊拉克和阿拉伯半岛，南到苏丹北部地区操阿拉伯语的诸民族。传统上有的阿拉伯人是指在荒漠上放牧的游牧民族（参阅贝都因人）；其他则是定居在绿洲和狭小而孤立的村庄中。大部分阿拉伯人信仰伊斯兰教，少数信奉基督教。Arab一词也用以表示民族（阿拉伯国家）或社会语言。

阿拉伯三角帆船 dhow 红海及印度洋上常见的独桅或双桅阿拉伯帆船。通常用斜三角帆，大型阿拉伯三角帆船的主帆远大于后桅帆，船首呈尖形，向前上方突出，船尾有的开有窗户，并加装饰。

阿拉伯沙漠 Arabian Desert 阿拉伯半岛的沙漠区。面积2 330 000平方千米，几乎占有整个半岛。地跨沙特阿拉伯、约旦、也门、阿曼、阿拉伯联合酋长国、卡塔尔、科威特和伊拉克。虽然全区有1/3被沙漠覆盖，东北部的底格里斯-幼发拉底河和也门的哈杰尔河两大水系却是终年不竭。这里曾发现更新世人类文化的遗迹。

阿拉伯文学复兴 Arabic literary renaissance 由于同西方接触和对伟大的古典文学重新产生兴趣而立意创造现代阿拉伯文学的19世纪运动。该运动始于埃及，因许多叙利亚和黎巴嫩作家都挑选该地自由的环境。在第一次世界大战后奥斯曼帝国解体和第二次世界大战后独立运动不断兴起的影响下，复兴运动遍及其他阿拉伯国家。它能成功改变阿拉伯文学的方向与教育的普及和现代化以及阿拉伯文出版社的出现有关。

阿拉伯语 Arabic language 通行于南亚、北非（从埃及、苏丹起，西至摩洛哥和毛里塔尼亚）广大地区的闪米特语。尽管阿拉伯字和特有的姓名早在古代巴尔米拉和纳巴泰王国（以佩特拉附近为中心）的阿拉米语手稿中出现，但一直到伊斯兰教崛起后才开始有大量的阿拉伯语文件。8世纪起文法学者把阿拉伯语编撰成古典阿拉伯语形式。19～20世纪古典阿拉伯语格式范围和词汇的扩展形成了现代标准的阿拉伯语，成为现代阿拉伯人使用的通用语。口语阿拉伯语与古典阿拉伯语的差别很大，目前有超过2亿人使用许多各不相同的阿拉伯语方言，且相互难以理解。参阅阿拉伯字母系统。

阿拉伯字母系统 Arabic alphabet 书写阿拉伯语的书写体，以及皈依了伊斯兰教人们使用的其他多种语言的书写体。阿拉伯字母系统的28个字母由纳巴泰阿拉米语衍生而来。由于阿拉伯字母的辅音比阿拉米字母的多，有的字母会加上区别性的点以避免阅读时的混淆，这也成了其书写体的特点。书写时自右向左。字母只表示辅音，虽然表示w、y和喉塞音（从历史的观点来说）的字母还同时用来代表长元音u、a和i。另外代表短元音和双辅音读音符号通常仅仅被用于书写《古兰经》的经文。阿拉伯书写体基本上是草书体，阿拉伯字母的书写形式，各依其在单词中所处位置（词首、词中或词尾）而有所不同。使用阿拉伯字母系统的非闪米特语系包括：波斯语、库尔德语、普什图语、乌尔都语、土耳其语、马来语、斯瓦希里语和豪萨语。

阿拉伯宗教（古代） Arabian religions, ancient 伊斯兰教兴起之前阿拉伯的多神宗教。阿拉伯部族的神祇大部分是与日、月等天体有关的天神，它们拥有确保生殖、庇护或报复的力量。阿拉伯南部众神之首是雷神暨雨神阿斯塔尔。每个王国也都有一个护国之神，该国即自称为其后裔。圣所凿于高处的岩石，在透空的圈围处供奉着凸石或神像，仅仅式上洁净的人可以抵达。在阿拉伯北部，圣所包括一个墙围的地方，有覆盖或圈围的神坛，类似伊斯兰教的克尔白。奠酒、动物牺牲等奉献给神，祭司诠释神谕并进行占卜。崇拜者每年到重要神龛朝圣，参与净身、着礼服、禁欲、禁绝流血、绕行圣物等仪式。

阿拉法特 Arafat, Yasir（1929～2004） 原名Muhammad Abd al-Rauf al-Qudwah al-Husayni。巴勒斯坦领袖，生于耶路撒冷。曾就读于开罗大学，毕业后成为一名土木工程师。1956年对以色列的战争中在埃及军队服役。同年阿拉法特在科威特以工程师身份工作。与他人共同成立了游击组织法塔赫——后来成为巴勒斯坦解放组织主要的军事组成部分。1969年以后提任巴解组织主席。1974年巴解组织正式被联合国承认。阿拉法特成为第1位在联合国大会发表演说的非政府组织的代表。1988年他正式承认以色列的生存权。1993年在有关六日战争以后以色列占领土地的直接谈判期间，阿拉法特正式承认以色列。1994年阿拉法特与

Y. 拉宾和 S. 佩雷斯共获诺贝尔和平奖，1996年成为巴勒斯坦政府领导机构的总统。2004年11月在法国巴黎去世。

阿拉贡　Aragon, Louis（1897～1982）原名Louis Andrieux。法国诗人、小说家和散文家。通过超现实主义诗人A. 勃勒东的介绍进入前卫派的圈子，1919年和勃勒东一起创办超现实主义刊物《文学》。从1927年开始渐渐成为政治上的活跃分子和共产主义的发言人，因政治理念不同而与超现实主义者决裂。作品包括描写无产阶级走向社会主义革命阶级斗争的长篇小说《现实世界》（4卷；1933～1944）、《共产党员们》（6卷，1949～1951）、部分隐含自传性的小说，以及几册表现其爱国主义思想和对妻子的爱的诗集。1953～1972年担任共产党文艺周刊《法兰西文艺报》的主编。

阿拉贡地区　Aragon　西班牙东北部自治区，首府萨拉戈萨。面积约47 651平方千米，范围大致相当于历史上阿拉贡王国。境内有中比利牛斯和伊比利亚山区，埃布罗河流经大部分地区。1035年拉米罗一世建立阿拉贡王国，后被摩尔人占领。1118年当时的阿尔摩拉维德王国的首都萨拉戈萨为阿拉贡的阿方索一世所占，现在阿拉贡的版图大致在12世纪末确定。13～14世纪时，其统治了西西里、撒丁、那不勒斯和纳瓦拉。15世纪费迪南德五世与卡斯提尔的伊莎贝拉一世结婚，阿拉贡和卡斯提尔王国合并，为近代的西班牙奠定了初步基础。1833年阿拉贡被划为几个省。经济以农业、采矿和工业为主，工业集中在萨拉戈萨。人口约1 204 215（2001）。

阿拉瓜亚河　Araguaia River　巴西中部河流，源出巴西利亚高地，流向偏北方向，在阿拉瓜亚河畔圣若昂汇入托坎廷斯河，全长2 620千米。中游分成两条水道，通向巴纳纳尔岛两侧，岛长320千米左右，岛上有阿拉瓜亚国家公园。虽然阿拉瓜亚河吸收了巴西内地大部分地区的水，但是因瀑布急流太多，很少能通航。

阿拉克斯河　Araks River　又称Aras River（阿拉斯河）。流经土耳其、亚美尼亚和阿塞拜疆的河流。源自土耳其埃尔祖鲁姆南端的山脉，往东流，最后汇入阿塞拜疆的库拉河，此段约120千米。自1897年河水泛滥后，多出一条支流注入里海，全长1 070千米，形成亚美尼亚、阿塞拜疆（北）和土耳其、伊朗（南）之间的疆界。阿尔塔克萨塔在河中的一个岛上，是公元前180年到公元50年的亚美尼亚首府。

阿拉里克　Alaric I（约370～410）　西哥特人领袖（395～410）。曾在罗马人军队中指挥哥特人部队。后当选为西哥特人首领。他借口进军希腊，洗劫许多城市，直至397年东罗马皇帝提出条件和解。后来两度入侵意大利，虽然第2次入侵以失败告终，但罗马元老院终于付给西哥特人一笔巨额补偿。当罗马人屠杀在罗马军队里服务的西哥特人妻小时，阿拉里克率兵围攻罗马（408、409），支持P. 阿特卢斯为西罗马帝国皇帝。410年阿拉里克围攻罗马，终于攻陷，这是罗马800年来首次落入外国人手中。

阿拉曼战役　El Alamein, Battles of（1942-06～07；1942-10-23～11-06）　第二次世界大战期间，英军与轴心国军队在埃及进行的两次战役。1942年1月轴心国军队在德国将领E. 隆美尔的带领下沿北非沿海向东推进，虽然开始时为英国军队阻止，但他们仍于6月30日抵达阿拉曼。第一次交战在7月中旬结束，隆美尔所部仍被阻在该处，但被迫采取守势。10月，英军在B. L. 蒙哥马利率领下自阿拉曼发动了一次歼灭性进攻，隆美尔兵力虽大大超过英军但仍被击溃。到11月6日，英军已迫使德军退至利比亚。

阿拉莫　Alamo　美国得克萨斯州圣安东尼奥市的18世纪天主教礼拜堂，1836年墨西哥战争期间一小群得克萨斯人被墨西哥军队包围而进行的一场历史性抵抗的地点。这个被废弃的教堂偶然被西班牙军队占领，他们根据周围的树林把它取名为阿拉莫（“三角叶杨”）。1835年12月得克萨斯独立战争开始，一支志愿军占领了阿拉莫，并誓死要为保卫它而战斗到底。1836年2月一支几千人的墨西哥军队开始围攻阿拉莫，持续13日之久。得克萨斯守军只有约180人，由J. 鲍伊领导，包括D. 克罗克特，还有一些妇女和墨西哥人，最后终究寡不敌众，悉数被歼。“记取阿拉莫！”成为得克萨斯人为独立而战的口号。

阿拉木图　Almaty　又作Alma-Ata。哈萨克斯坦东南部城市。昔为哈萨克首都，1995年政府决定把首都迁往阿克莫拉（今阿斯塔纳）。现城市建于1854年，当时俄罗斯人在阿拉木图古城址（13世纪为蒙古人所毁）上建立一个军事要塞。1930年通铁路，人口迅速增长。第二次世界大战期间，由于苏联欧洲部分的工厂大批迁移至此，于是广泛发展重工业。现仍为大工业中心。人口约1 324 739（2008）。

阿拉斯加　Alaska　美国最大的州，位于北美洲西北角，面积1 529 888平方千米。东和东南与加拿大接壤，隔白令海峡、白令海，西与西伯利亚相望。麦金利山是北美大陆最高峰。首府朱诺。原始居民据说是1万多年前从北极经白令陆桥迁移到此。1784年由俄国的毛皮商在科迪亚克岛建立第1个欧洲人殖民地。哈得孙湾公司的贸易商也对此区很有兴趣，俄国和加拿大的贸易竞争持续至19世纪。1867年经W. 西沃德交涉俄国把阿拉斯加卖给美国，后来该地发现金矿，才促使美国人移民于此。1912年建立阿拉斯加准州，1959年正式加入联邦，成为美国第49州。经济主要仰赖服务业（研发和旅游业），自1977年泛阿拉斯加输油管营运后，其原油产量约占全国的1/5。20世纪中叶以来，发展与保护的矛盾在企业界和环保者之间争论不休。全球变暖严重影响阿拉斯加的气候，造成永久冻土解冻和海冰融化。人口约731 449（2012）。

阿拉斯加公路　Alaska Highway　旧称Alcan Highway（阿尔康公路）。经过育空地区连接加拿大道森·克里克、不列颠哥伦比亚与阿拉斯加费尔班克斯的公路，长2 451千米。由美国工程兵部队在1942年建造，是一项紧急战时措施，为阿拉斯加提供了一条陆上军事供应线。现在已成为全年开放的风景游览路线。

阿拉斯加马拉缪特狗　Alaskan malamute　爱斯基摩马拉缪特部落培育的拖橇狗。体壮，头宽，耳竖，尾羽状，卷在背上，被毛厚，多为灰白或黑白相间，色斑常在头顶形成帽状或罩状斑纹。肩高58～64厘米，体重34～39千克。对人忠实友善，曾用于南极探险。

阿拉斯加山脉　Alaska Range　美国阿拉斯加州南部山脉，为海岸山脉的一部分。从阿拉斯加半岛的阿留申山脉呈弧形绵亘至育空边界。位于迪纳利国家公园的麦金利山，地处山脉中段附近，为北美最高峰，周围多4 000米以上的高峰，包括银王座山、猎人山、海斯山及福雷克山。泛阿拉斯加输油管在伊莎贝尔山口穿过该山脉。

阿拉瓦克人　Arawak　大安的列斯群岛和南美的美洲印第安人，操阿拉瓦克语群诸语言。泰诺人是其中一支，他们是C. 哥伦布在1492年第1次遇到的民族。群岛阿拉瓦克人因为疾病而死绝。部分南美阿拉瓦克人居住在亚马孙盆地的北部和西部，得以幸存。21世纪初阿拉瓦克人主要居住在圭亚那，占该国印第安人人口的1/3。在苏里南、法属圭亚那和委内瑞拉亦有少数阿拉瓦克人。

阿莱曼　Alemán, Mateo（1547～1614?）　西班牙小说家。出身于被迫改信罗马天主教的犹太家庭。作品表现出16世纪西班牙新教教徒的多方面经历和情感。最主要的文学作品《古斯曼·德·阿尔法拉切的生平》（第1部1599年；第2部1604年）是最早的流浪汉小说之一，使他闻名全欧，但是经济上收益甚微。

阿莱亚　Alea, Tomás Gutiérrez（1928～1996）古巴电影导演。在古巴取得法律学位之后，前往罗马学电影制作（1951～1953）。他是F. 卡斯特罗的支持者，1959年以后协助发展古巴的电影工业，并且完成了共产主义体制下的第1部官方故事片《革命的故事》（1960）。后来在这个体制的限制下工作，讽刺并揭发后革命时期古巴人民生活的方方面面，拍成国际知名的电影，诸如《官僚之死》（1966）、《未开发的记忆》（1968）、《生还者》（1978）和《草莓与巧克力》（1993）等影片。他被公认为古巴最优秀的导演。

阿勒格尼河　Allegheny River　源出美国宾夕法尼亚州波特县。西北流进入纽约州，流回宾夕法尼亚州与莫农加希拉河在匹兹堡汇成俄亥俄河。全长523千米，主要支流有基思基米内塔斯河、克拉里恩河和弗伦奇河等。由匹兹堡至东布兰迪间河系多水坝，可航运。

阿勒格尼山脉 Allegheny Mountains 绵亘于美国宾夕法尼亚、马里兰、弗吉尼亚和西弗吉尼亚等州的阿帕拉契山系支脉，在蓝岭山脉之西，并大致与其平行。部分阿勒格尼高原横跨从坎伯兰高原到纽约摩和克河河谷的整个高地地区。呈南-西南走向，绵延约800千米，高度超过1 460米。东坡有时叫做阿勒格尼前岭。

阿勒河 Aare River 又作Aar River。流经瑞士中部和北部的河流。全部在瑞士境内的最长河流。从伯尔尼兹山往西北流，经阿勒峡谷和伯尔尼市惑向东北奔流，在科布伦茨注入莱茵河，全长294千米。

阿勒卡莱 Alkalai, Judah ben Solomon Hai（1798～1878） 波斯尼亚出生的犹太教拉比。在耶路撒冷长大，受宗教教育。在克罗地亚境内塞姆林任拉比。阿勒卡莱提出如果犹太人希望获得救赎，先决条件是实际上重返圣地而不是依靠悔改和返回上帝之道象征性地重返故国，这种观点使他和犹太教正统人士不和。他视1840年发生的大马士革反犹事件为上帝计划的一部分，借以唤醒犹太人面对流亡的现实问题。由于移民计划未获支持，1871年他本人赴巴勒斯坦定居。阿勒卡莱的著作为后来的犹太复国主义铺平道路。

阿勒曼德舞 allemande 列队行进的男女对舞。舞步端庄流畅，流行于16世纪贵族社会，特别是法国。舞蹈时男女成对排成一列，互相执手前伸，沿舞厅纵向来回行进。18世纪时再度流行，变为4对男女表演，舞者手臂交叉，并作错综复杂的回旋式舞步，这种姿势后来在美国方块舞的"阿勒曼德"中仍可窥见一二。17世纪后期，这种舞蹈的4/4拍音乐形式开始被作曲家用来写组曲中的第一乐章。

阿勒努 alenu 希伯来语，意为"这是我们的责任"。极为古老的一篇犹太教祷文的开场白。自中世纪以来，犹太教徒每天3次祈祷结束时都要诵这段祷文。阿勒努第一部分是为以色列人蒙选侍奉上帝而谢恩，第二部分是期望弥赛亚时代的到来。古代传说阿勒努是约书亚所撰，一般学者则认为它是公元3世纪巴比伦的犹太学者A.阿里卡所作。

阿勒颇 Aleppo 阿拉伯语作Halab（哈拉普）。叙利亚最大城市。位于该国西北距土耳其南部边界约48千米处，是数条重要商路的交会点，很早以前便有人居住，公元前3000年末首见记载。长期以来，受许多王国统治，如赫梯人（公元前17～前14世纪），公元前6～前4世纪受波斯人控制。后来落入塞琉西王朝之手，得到重建，并更名为贝罗伊。公元前1世纪时并入罗马帝国叙利亚行省，繁荣了数百年之久。637年被阿拉伯人征服，在其统治下恢复了旧名哈拉普。1124年成功地阻挡了十字军围攻，1260年被蒙古人占领。最后于1516年并入土耳其奥斯曼帝国。现代阿勒颇是一座与大马士革不相上下的工业和文化中心。市内的古迹于1986年被联合国教科文组织列入世界遗产目录。人口约1 975 200（2004）。

阿雷奥帕古斯 Areopagus 古代雅典的最高法庭，名称取自召开会议的阿瑞斯山。原是国王的咨询会议，后来根据德拉古的法典（约公元前621），由几个卸任的执政官组成议会，但梭伦（约前594）开放给任何市民参选。其拥有广大的司法权。公元前6世纪中叶到前4世纪中叶期间，其威信已起了变化，后来又恢复权力，延续到罗马时代，并拥有广泛的行政权力。

阿雷蒂诺 Aretino, Pietro（1492～1556） 意大利诗人、散文家和剧作家。因敢于用傲慢的文字攻击权贵而受到全欧洲人的赞扬。他写的猛烈批评的书信和对话具有很大的传记性和时事性价值。他的剧作摆脱了恶意的中伤风格，包括5部喜剧和一部悲剧《奥拉齐亚》（1546），后者可能是16世纪意大利最好的悲剧作品。

阿雷格里港 Pôrto Alegre 巴西南部靠大西洋海岸的海港城市。约1742年由亚速群岛的移民建成，原名为卡塞斯港。19世纪有很多德国人和意大利人来此定居。滨瓜伊巴河是内陆航运中心。现为巴西圣保罗以南最重要的商业中心，出口产品包括稻米、烟草和兽皮。工业包括造船、纺织业、制药和化学制品。这里还是教育中心。人口：都会区约3 765 500（2002）。

阿雷基帕 Arequipa 秘鲁南部城市。位于安第斯山脉米斯蒂火山（高达5 821米）山麓，海拔约2 303米。通常因火山活动而发生地震，1868年发生的地震毁坏了城市的一大部分。印加帝国时为库斯科通往海岸道路上的重镇，现为秘鲁南部的商业中心。人口60 007（2005）。

阿里 Ali, Muhammad（1942～ ） 原名Cassius（Marcellus）Clay。美国职业拳击手。1960年赢得奥林匹克运动会的重量级冠军而广受瞩目。转入职业拳击界后，在1964年击倒S.利斯顿而获得第1个重量级世界冠军。1965～1967年9次卫冕成功。他在参加伊斯兰民族教派后拒绝入伍服役，因而被取消冠军头衔。1974年击败J.弗雷泽和G.福尔曼，重获世界重量级冠军。1978年败给L.史宾克斯，但同年又从史宾克斯手中夺回冠军，成为第1个3次获得世界重量级冠军的拳击手。1979年宣布退休，在59场比赛中只败3场。1980与1981年的对擂都败北。他在拳击事业的一生中以其进攻的魔力、隐蔽的姿态和有刺激性的吹嘘而闻名，并且常以拙劣的言辞来吹嘘自己的胜利，自我夸耀为"最伟大的拳击手"。1984年阿里被诊断出罹患帕金森氏症，但他仍是受到喜爱的公众人物。

1967年M.阿里（右）与E.特雷尔的对抗赛

UPI Compix

阿里奥斯托 Ariosto, Ludovico（1474～1533） 意大利诗人。代表作《疯狂的罗兰》（1516）被公认是意大利文艺复兴时期的不朽巨著，并风靡了整个欧洲，影响远大。他还在古典拉丁文的基础上，受当代生活的启发写了5部喜剧，虽然不算重要，但却是第一个用地方方言模仿拉丁文的喜剧，后来欧洲的喜剧就是以各地方言写作为特色。在1517～1525年间，他还模仿罗马诗人贺拉斯的笔法写了7篇讽刺诗。

阿里奥斯托，木版画，据《疯狂的罗兰》（第三版，1532）中提香之素描复制

By courtesy of the trustees of the British Museum; photograph, J. R. Freeman & Co., Ltd.

阿里斯蒂德 Aristide, Jean-Bertrand（1953～ ） 以自由民主选举方式产生的海地第1位总统（1991、1994～1996、2001～2004）。原为天主教撒肋爵会牧师，与穷人站在同一阵线，反对F.杜瓦利埃之子J.-G.杜瓦利埃的苛政，常与教会的阶级制度及军方发生冲突，1988年被撒肋爵会驱逐，1994年恢复其神职。1990年进步中间力量团结起来，把他推向权力顶峰。他推动戏剧性改革，但仅在位7个月即被军事政变推翻。1994年虽在美国占领军帮助下复位，却在对付国内地方疫病方面获得很少援助。由于海地宪法规定不得连任，他在1996年下台，但仍是海地最有影响力的政治人物。2000年虽被控选举舞弊，仍再度当选为总统。2004年下台。

阿里斯提得斯 Aristides（活动时期2世纪） 雅典哲学家，基督教最早的护教士之一，所著《为基督教教义辩护》是现存此类文献中最古老者。他论述了宇宙万物的和谐与神性，认为野蛮人、希腊人和犹太人在神的概念和宗教实践上都不适当。原本以为《为基督教教义辩护》已失佚许久，却在19世纪末重现。

阿里斯托芬 Aristophanes(约公元前450～前388?) 希腊剧作家,雅典人。公元前427年以喜剧剧作家开始其戏剧写作生涯,一生大约写了40部剧本,只有11部流传下来,其中包括《云》(公元前423)、《黄蜂》(公元前422)、《鸟》(公元前414)、《地母节妇女》(公元前411)和《蛙》(公元前405)。大部分是“旧喜剧”的典型代表,“旧喜剧”是指喜剧演出法的一个阶段,在这个阶段里,合唱队、模拟表演、滑稽模仿在演出中占有较重分量。他的讽刺、机智和无情的主题呈现方式使他成为古希腊最伟大的喜剧作家。

阿里乌 Arius(约250～336) 基督教司铎和异端分子,倡导阿里乌主义。他是埃及亚历山大附近一个基督教社团的领袖。在那里他把新柏拉图主义和有关《圣经》的自由而理性的考证结合起来,而加以广为传播。他认为上帝是绝对唯一至善的。因此他质疑基督是否具有神性。他的观点经由其主要著作《宴会》(323)而公开于世。325年尼西亚会议宣布他为异端分子,处以绝罚。阿里乌在同教会商谈和解期间,猝死于君士坦丁堡街头。阿里乌派异端威胁到基督教正统,持续了几个世纪。

阿里乌主义 Arianism 基督教的一种异端,认为基督是受造者,并没有真正的神性。按照亚历山大教会长老阿里乌(4世纪)的说法,圣父是不可改变并自我存在的,而圣子并不是神,而是最初的创造者。325年的尼西亚会议谴责阿里乌和阿里乌主义,宣称圣子与圣父同体。此后50年,有许多阿里乌主义的捍卫者前仆后继,但最后还是瓦解了。381年君士坦丁堡会议承认《尼西亚信经》并宣布取缔阿里乌主义。但阿里乌主义在一些日耳曼部族中却持续到7世纪末。现代的耶和华见证人和一些信奉上帝一位论的人士坚持信奉阿里乌主义。

阿里亚斯·桑切斯 Arias Sánchez, Óscar(1941～) 哥斯达黎加总统(1986～1990、2006～2010),出身富有家庭,为温和的社会主义者,20世纪60年代开始为民族解放党工作。他首次担任总统期间正逢大部分中美洲国家处于内战纷乱时期。1987年他提出中美洲国家地区和平计划,该计划规定停火日期,确保大赦政治犯,举行自由和民主选举,危地马拉、萨尔瓦多、洪都拉斯和尼加拉瓜的领导人均签署了这一计划。1987年获诺贝尔和平奖。2006年再次当选总统。

阿历克塞一世康尼努斯 Alexius I Comnenus(1048～1118) 拜占廷皇帝(1081～1118),经验丰富的军事领袖,1081年取得拜占廷王位。后击败入侵的诺曼人和突厥人,建立康尼努斯王朝。阿历克塞加强拜占廷在安纳托利亚及地中海东岸水域的实力地位,但未能控制住过去曾使帝国分裂、现已处于困境的权贵势力。他保护东正教会。为了解决财政困难,他毫不迟疑地掠夺教会的财产。1095年向西方请求援助,这就是教皇乌尔班

阿历克塞一世康尼努斯,装饰画,据希腊手稿绘制;现藏梵蒂冈图书馆
By courtesy of the Biblioteca Apostolica Vaticana

二世所称的第一次十字军。但是他和十字军的关系无法长久,1097年以后十字军渐渐挫败他的对外政策。

阿利坎特 Alicante 西班牙东南部城市。濒临地中海的阿利坎特湾,公元前325年由希腊人创建,前201年被罗马人攻占,并称之为路坎敦。公元718～1249年由摩尔人统治,1265年归属L. 阿拉贡王国。1709年为法国人围攻,1873年又被卡塔赫纳的联邦分子围困。经济以旅游业和葡萄酒的生产及外销为主。人口约284 580(2001)。

阿连德 Allende(Gossens),Salvador(1908～1973) 智利社会主义总统(1970～1973)。出身于中上层阶级家庭,在智利大学获医学学士学位,1933年参加创建智利社会党。曾参与3次总统大选,在1970年才以微弱优势当选总统。阿连德得30.4%的选票,右翼得29.3%的选票,基督教民主党得23.3%的选票。国会必须在两个得票最多者中选出总统,而阿连德因获得基督教民主党的支持而当选。他试图以社会主义路线改造智利社会。他致力于财富重新分配和企业国有化,结果导致生产停滞、食物短缺、通货膨胀,引起全国性的罢工浪潮。由于无法控制他的激进左翼支持者,他更招致中产阶级的敌视。其政策使外债高筑,导致中央情报局(CIA)准备暗中策反来破坏政府的稳定。1973年9月他在一次军事政变中被推翻,遭到枪杀,亦有一说是自尽。其位置由A. 皮诺切特将军取代。参阅E. 弗雷(蒙塔尔瓦)。

阿列克谢耶夫 Alexeyev, Vasiliy(1942～2011)苏联举重选手。他是超重量级举重选手,1970～1977年80次打破世界纪录,并于1972及1976年两度赢得奥林匹克运动会金牌。他是在挺举项目中举起227千克的第1人。1980年未能夺得第3枚奥运金牌,之后退休。1993年入选棒球名人堂。

阿留申群岛 Aleutian Islands 阿拉斯加的小岛岛链。自阿拉斯加半岛尖端向西弧形延伸至阿图岛,长达1 800千米,形成白令海的边界。主要岛群由东至西为福克斯群岛(包括乌尼马克岛及乌那拉斯卡岛)、四山群岛、安德列亚诺夫群岛(包括埃达克岛)、尼尔群岛(包括阿图岛)。乌那拉斯卡和埃达克岛上建有大居民点。阿留申人是这里的原始居民。1741年俄国派遣船只作探险航行。西伯利亚毛皮猎人越过该群岛向东,为俄国在北美找到了立足点。由于俄国人的征服和屠杀,土著阿留申人几乎灭绝。1867年俄国将阿拉斯加连同该群岛卖给美国。

阿隆索 Alonso, Alicia(1921～) 原名Alicia Martínez Hoyo。古巴芭蕾舞蹈家、编舞家和导演。曾在哈瓦那与纽约求学,并在纽约参与芭蕾舞剧团(后来的美国芭蕾舞剧院)演出(1940～1941,1943～1948,1950～1955,1958～1959)。她在1948年建立了自己的舞团“阿莉琪亚·阿隆索芭蕾舞团”(1959年更名为古巴国家芭蕾舞团),并在拉丁美洲频繁地巡回演出。她不顾视力恶化,持续多年在美国芭蕾舞剧团及其他舞团以客座艺术家的身份演出主要角色。

阿鲁巴 Aruba 委内瑞拉西北方小安的列斯群岛的一个岛屿。人口约105 000(2013)。为荷兰一个单独的自治领地。面积193平方千米。首府:奥拉涅斯塔德。居民大多为混血种族,常混杂有美洲印第安人、西班牙人和荷兰人、非洲人血统。语言:荷兰语(官方语言),而日常用语为帕皮亚门托语,是一种混合语。宗教:多信奉天主教。货币:阿鲁巴弗罗林。水源缺乏严重限制了农业发展。当地的大型炼油厂曾是阿鲁巴的主要就业来源,于20世纪80年代中期一度关闭,后又重新开业。至今,旅游业成为当地主要的经济项目。阿拉瓦克印第安人是这里最早的居民,他们的洞穴绘画至今依然可见。虽然1636年即被荷兰占据,但直到1816年才开始积极开发此地。荷兰控制阿鲁巴的国防与外交事务,但内政如其本身的司法和通货则由岛上政府主持。1986年脱离荷属安的列斯联邦,朝独立跨出了一步。政府正式首脑是荷兰在位君主任命的总督。部长委员会由总理领导,拥有行政权,对一院制议会负责。该国于1988年首次参加在韩国汉城(今首尔)举办的夏季奥运会。

阿鲁纳恰尔邦 Arunachal Pradesh 印度东北部的邦(中国政府不予承认),邻中国西藏、缅甸和不丹。面积83 743平方千米,首府伊达那加。16世纪时该地区的部分土地被阿萨姆所吞并。1826年英国将阿萨姆划归英属印度,1954年这里成为东北边区,属于阿萨姆邦的一部分。1987年成为一个独立的邦。该邦有喜马拉雅山脉山麓丘陵的主要山地,地形崎岖。居民包括讲藏缅语族方言的许多部族。人口约1 382 611(2011)。

阿罗 Arrow,Kenneth J(oseph)(1921～) 美国经济学家。生于纽约市,在哥伦比亚大学获得博士学位,先后在斯坦福大学和哈佛大学任教。著作包括《社会选择和个人价值》(1951)。他最令人耳目一新的论题(利

用初等数学)是"不可能论"。他认为,在某些有理性和平等的条件下,要保证社会偏好的排列顺序与个人偏好(当涉及两个以上个人和可取舍的选择时)的排列顺序互相吻合是不可能的。1972 年和 J. R. **希克斯**共获诺贝尔经济学奖。

阿罗汉　arhat　又作 arahant。佛教用语,指已悟得万物真实性质而证得涅槃的完善人物。**上座部**认为,阿罗汉已解脱欲的束缚,不再转世。阿罗汉境界是佛教徒谋求的正当目标。**大乘佛教**反对以阿罗汉为理想,认为**菩萨**才是更高的完美目标,因为菩萨虽已能成佛,但为了他人的好处留在生死轮回之中。这种意见分歧是上座部和大乘佛教之间的基本差异之一。

阿马尔菲　Amalfi　意大利南部城镇,邻萨莱诺湾。6 世纪中叶起被拜占廷控制后稍显重要性,9 世纪时为首批意大利沿海共和国之一。成为**热那亚**和**威尼斯**的竞争对手。1131 年被西西里的罗杰二世吞并,1135 和 1137 年被比萨人洗掠,地位迅速下降,但它的航海法《阿马尔菲塔诺法典》一直到 1570 年都为地中海海域所采纳。现为著名的旅游胜地。人口约5 527(2000)。

阿玛尼　Armani, Giorgio(1934 ～　)意大利时装设计师。他放弃了医学院的学业,从事百货公司采购员工作(1957 ～ 1964),后来受训为时装设计师。1974 ～ 1975 年推出自己的男女套装商标,1980 ～ 1981 年创立乔治亚·阿玛尼美国、恩坡里欧·阿玛尼和阿玛尼牛仔等时装店,1989 年在伦敦开店。他是男装修边无系统剪影方面的领导人,也有功于管理阶层女性的宽肩服装。他的设计特点常是适于城市生活的低调魅力和豪华质地。

阿曼　Oman　全称 Sultanate of Oman(阿曼苏丹国)。旧称 Muscat and Oman(马斯喀特和阿曼)。亚洲西南部的中东地区国家,位于阿拉伯半岛东南沿海。面积:309 500平方千米。人口:约2 950 000(2013)。首都:马斯喀特。大部分人口是阿拉伯人并形成部落,然而还有许多来自南亚和东非的人在此工作。语言:阿拉伯语(官方语言)及其他语言。宗教:伊斯兰教(国教)、印度教和基督教。货币:阿曼里亚尔。阿曼炎热干旱,沿海地区湿度较高。哈杰尔山脉与阿曼湾海岸平行,高度逾3 000米。辽阔的砾质沙漠向西南延伸,占阿曼全境的大部分。阿曼属于发展中的混合型经济,石油的生产和出口在该国经济中所占比重最大。政府形式为君主制,有顾问会议辅佐统治。国家元首暨政府首脑为苏丹。人类3 000年以前在阿曼定居。阿曼的部族制度始于 2 世纪时阿拉伯人迁徙于此之时。阿曼一直受伊玛目统治,直到 12 世纪王朝建立为止。约 1507 ～ 1650 年葡萄牙人占据阿曼海岸,后被驱逐。布·赛义德王朝创建于 18 世纪中叶,一直统治着阿曼。18 ～ 19 世纪向东非扩张版图,以桑给巴尔为首都。1964 年发现石油。1970 年苏丹被其子推翻,后者实施现代化的政策并加入**阿拉伯国家联盟**和**联合国**。海湾战争期间与多国部队合作对抗伊拉克。20 世纪 90 年代继续拓展外交关系。阿曼于 1984 年首次参加在洛杉矶举办的夏季奥运会。

阿曼门诺派　Amish　北美洲的基督教保守派别成员。该派别称老派阿曼门诺会。该派创立于 1693 ～ 1697 年间,为欧洲门诺宗长老 J. 阿曼(1644? ～约 1730)在瑞士、阿尔萨斯及德国南部的信徒。阿曼主张说谎的人应该遭到绝罚,门诺宗信徒一经绝罚,其他门诺宗信徒一律不得与之接近;服装应统一,胡须不许修剪,并不得去州教堂。该派信徒于 19、20 世纪迁居北美洲,另有许多人为门诺宗其他各派所吸收,因此该派逐渐在欧洲绝迹。18 世纪他们在宾夕法尼亚定居。1850 年后分裂成传统的"老派"和"新派"(现在的门诺派教会)。老阿曼派定居在俄亥俄、宾夕法尼亚、印第安纳、艾奥瓦、伊利诺伊及堪萨斯等州。成年人受洗礼,17 ～ 20 岁被吸收为正式教派成员。仪式上用宾夕法尼亚德语(一种德国方言)和几句英语。该派衣着朴素,不从时俗,且拒绝现代技术,包括汽车和电话。

阿曼湾　Oman, Gulf of　阿拉伯海西北部海湾,位于阿拉伯半岛东部的阿曼与伊朗之间。宽 320 千米,长 560 千米。以霍尔木兹海峡连接西北方的波斯湾。是由阿拉伯海和印度洋进入波斯湾的唯一入口,其重要性在于它是波斯湾沿岸石油产区的运输航道。

阿蒙　Amon　又作 Amen。被崇奉为诸神之王的埃及的神。阿蒙最初可能是赫玛波利特神话中的八神之一。对他的崇拜传到了底比斯,在门图荷太普一世统治时期(公元前 2008 ～前 1957)成为底比斯法老的保护神。大约在那时,他又被认为和太阳神瑞融为一体,称阿蒙-瑞。阿蒙-瑞被表现为人形,有时为一个公羊,或两者兼备。阿蒙-瑞是作为底比斯三神之一而受到崇拜的。其他两位神是他的妻子穆特和儿童神柯恩斯。法老**阿肯那顿**曾进行反对崇拜阿蒙的宗教改革,但成效有限。公元前 14 ～前 13 世纪时阿蒙逐渐又被恢复了帝国之神和法老的保护神的地位。在新王国时期,阿蒙被认为是三神(**卜塔**、**瑞**和**阿蒙**)之一。公元前 11 ～前 10 世纪时阿蒙演变成为全世界的神,他通过神谕干预国家事务。

阿蒙森　Amundsen, Roald (Engelbregt Gravning)(1872 ～ 1928?)　挪威探险家,第 1 个到达南极的探险队队长。1897 年参加一支比利时探险队,探险队船是第一艘在南极过冬的船。1903 ～ 1905 年第 1 个乘船穿过**西北航道**。在计划一次横穿北极的漂流时,得知美国人 R. E. 皮里已经到达那里,便改为准备于 1910 年去南极。他精心准备行程,1911 年 10 月出发,带了 4 个人、52 条狗和 4 个雪橇。1911 年 12 月抵达南极,比 R. F. **斯科特**的艰辛努力早一个月。此后他返回挪威成立了一家成功的船运公司。1926年

R. 阿蒙森,摄于 1923 年

UPI/Bettmann

同U. 诺毕尔(1885 ～ 1978)乘飞艇飞越北极。1928 年诺毕尔所乘飞艇失事,阿蒙森飞往营救,不幸失踪。

阿孟霍特普三世　Amenhotep III　埃及繁荣时期法老(公元前1390～前1353年在位)。在位初期在埃及南部发动战争,其余时间则是太平无事。他极力发展与叙利亚、

公元前 1390 年左右,在西底比斯出土的阿孟霍特普三世的头部塑像

Reproduced by courtesy of the trustees of the British Museum

塞浦路斯、巴比伦和亚述的外交关系,并在底比斯、孟斐斯和努比亚兴建许多公共建筑,包括卢克索和凯尔奈克的庙宇。他打破传统与平民泰伊结婚,并和她分享王权。后由其子阿肯那顿继任。

阿米巴　amoeba　根足纲阿米巴目单细胞**原生动物**,能形成临时的细胞质延伸(伪足)而运动。有些阿米巴见于淡水小溪和池底。其他的阿米巴生活在人体消化道中;有一种能在人体内引起阿米巴**痢疾**。阿米巴含有少量胶状胞质,内有液泡和1个核。食物的摄

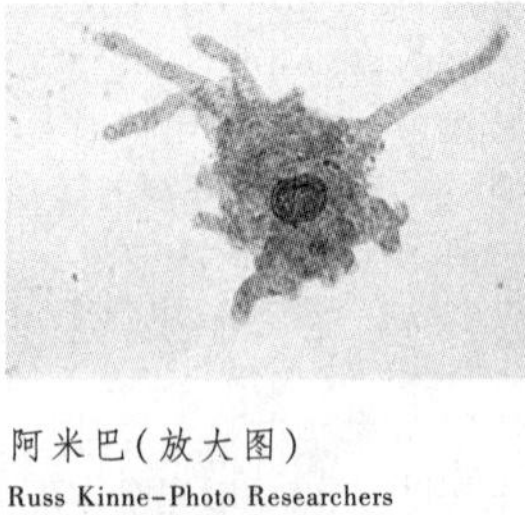

阿米巴(放大图)

Russ Kinne-Photo Researchers

取和废物的排泄从细胞表面的任何一处进行。阿米巴被广泛用于细胞研究来确定胞核和胞质的相对功能以及相互作用。

阿明　Amin (Dada Oumee), Idi(1924/1925～2003)　乌干达军官和总统(1971～1979)。卡克瓦族人,伊斯兰教徒。他与乌干达第一任总理和总统M.奥博特关系密切。

阿明
Janet Griffith/Black Star

1971年发动了反对奥博特的军事政变,1972年把所有的亚洲人从乌干达驱逐出去,改变了乌干达与以色列的友好关系。他个人还涉入巴勒斯坦人和西德激进分子挟持法国客机至恩德培的事件。他共迫害和杀害了10万～30万乌干达人。1978年他下令进攻坦桑尼亚,但是被乌干达民族主义者和坦桑尼亚军队击败。当二者的部队逼进首都坎帕拉时,他逃到利比亚,最后隐居在沙特阿拉伯。

阿摩司　Amos(活动时期公元前8世纪)　最早的希伯来先知,为12位小先知中的一位,《圣经》中有一卷书以他的名字命名。生于犹大国的提哥亚村,原为牧羊人。根据《阿摩司书》中记载,他旅行到更富有、更强大的以色列王国,去宣讲神将毁灭该地的幻象和以下信息:上帝是人类的绝对主宰,要求不分贫富公正对待,即使上帝的选民也不能例外,都要遵守道德秩序。他预言北部以色列王国即将灭亡,提前发布了后来《旧约全书》的先知们的预言。

阿默拉沃蒂雕刻　Amaravati sculpture　约公元前2世纪到公元3世纪末,在印度东南部安得拉地区风行的雕刻。这些淡绿色石灰石上的浮雕,主要描绘佛陀本生故事。雕刻栩栩如生,充满对因果报应的悟觉以及对大千世界的眷恋。而且形象重叠,层次分明,很有立体感。这种雕刻除在阿默拉沃蒂等地大塔遗迹可以见到外,还向西流传于马哈施特拉邦、斯里兰卡(锡兰)以及南亚大片地区。阿默拉沃蒂大塔是印度佛教地区最大的塔之一,19世纪时因建筑承包商在此采石灰砂浆遭到大规模的破坏。

阿默斯特　Amherst, Jeffrey(1717～1797)　后称Baron Amherst。英国陆军指挥官。在法英北美殖民地争夺战中,率军攻克布雷顿角岛路易斯堡的法军要塞,后晋升美洲英军总司令(1758)。1760年他率军攻下了魁北克及蒙特利尔,1761年平定庞蒂亚克领导的印第安人起义。加拿大落入英国之手后,阿默斯特留在加拿大担任总督至1763年,返英后1772～1795年一直担任英国陆军总司令,但因对美洲殖民地的战争失败和军队中弊端严重,任期内未取得成就。1776年封男爵,1796年晋升陆军元帅。有数个美国城镇及阿默斯特学院均以其名命名。

阿姆河　Amu Darya　古称Oxus River(奥克苏斯河或乌浒河)。中亚最长的河流之一,从最长的喷赤河源头算起,全长2 540千米。其另一源头是瓦赫什河。向西北偏西流,注入咸海。为阿富汗与塔吉克斯坦、乌兹别克斯坦、土库曼斯坦等国间的界河,也是乌兹别克斯坦与土库曼斯坦两国间的界河。

阿姆斯特丹　Amsterdam　荷兰西部城市。位于艾瑟尔湖源头,为荷兰名义上的首都和最大城市,政府所在地在海牙。原是个渔村,1306年获特许状设镇,1369年加入汉萨同盟,14～15世纪稳步发展。16世纪晚期安特卫普衰落后,阿姆斯特丹成为荷兰成长中的商业和海军中心。这里是荷属东印度公司和荷属西印度公司的中心,并且成为欧洲贸易中心。后来成为荷兰王国的一部分,而荷兰王国又于1815年并入尼德兰王国。18世纪局部衰落,但在19世纪末疏浚北海运河后,经济又开始恢复。第二次世界大战时曾被德军占领,战后因包容及自由主义而广为人知。该城今日是欧洲重要港口和国际金融贸易中心。人口约767 457(2010)。

阿姆斯特朗　Armstrong, Edwin H(oward)(1890～1954)　美国发明家。生于纽约。在哥伦比亚大学学习时,设计出反馈线路(1912),可把信号放大上千倍,当放大倍数极高时,这个线路不再接收信号,成为无线电波的原发生器,为此这种线路至今仍是无线电和电视播放设备的心脏。由于这项发明,他获得美国科学最高荣誉奖——富兰克林奖章。1933年能够产生调频载波的发明使高保真度广播成为可能。

阿姆斯特朗　Armstrong, Gillian(1950～　)　澳大利亚电影导演。1976年她以一部短片在悉尼影展中获奖,在《我的灿烂生涯》(1979)一片中担任导演再度获得国际人士赞赏与无数的奖项。后续的作品包括澳大利亚电影如《我们最后的时光》(1993)、《奥斯卡与露辛达》(1997),以及美国电影如《铁窗外的春天》(1984)、《小妇人》(1994)等。

阿姆斯特朗　Armstrong, Lance(1971～　)　美国自行车选手,首位环法自行车赛7次冠军得主(1999～2005)。1992年加入摩托罗拉队,开始自行车职业生涯。1993年和1995年赢得了环法自行车赛分站比赛,但退出了1993～1996年的4次比赛。1996年比赛之后,阿姆斯特朗罹患睾丸癌,当时已经扩散到肺和脑。随后是几个月的治疗,直到他能够复出为止。1998年赢得卢森堡自行车赛,这是他病后第1个重要的竞赛。1999年7月25日,他成为有史以来第2位赢得环法自行车赛的美国人,也是第一位为美国队赢得比赛的选手(3届冠军得主G.勒蒙德随欧洲队伍出赛)。2003年阿姆斯特朗五度获胜,追平了M.安杜兰的纪录。次年,他六获冠军,打破了安杜兰的记录。2005年他七获环法大赛冠军后,宣布退役。2009年复出获得当年的环法自行车赛第三名。2011年2月第二次宣布退役。2012年美国反兴奋剂机构曝出阿姆斯特朗自20世纪90年代末以来长达十年服用兴奋剂的消息,并宣布剥夺其1998年8月以来获得的所有奖项,包括7个环法自行车赛冠军头衔,并且终身禁赛。

阿姆斯特朗　Armstrong, Louis(1901～1971)　美国首位重要的小号演奏家及歌手,也是最受欢迎的公众人物。生于新奥尔良,曾在游行乐队、密西西比内河船上和夜总会

L.阿姆斯特朗
AP/Wide World Photos

的乐队吹奏小号(儿时小名为Satchelmouth,后来缩短为Satchmo,沿用一生)。1922年移居芝加哥,加入K.奥利弗的"克里奥尔爵士乐队"(参阅迪克西兰),次年首次灌录了一些唱片。1924年加入纽约F.亨德森管弦乐团,并和B.史密斯、M.雷尼共同录制唱片。1925年他由短号演奏转为小号演奏,并开始用他自己的名字与他的"热五人组"、"热七人组重奏"(类似奥利弗和K.奥赖的新奥尔良乐队)录制唱片,在这些唱片中,先前强调的集体即兴式演奏已被他发展的独奏和独唱效果所取代。随着1928年《西端布鲁斯》的推出,阿姆斯特朗建立了在爵士乐中音乐独奏名家的突出地位。其强有力的旋律、和声即席创作及摇摆节奏的概念树立了爵士乐的本土性特点。其强有力的音调和飞快的演奏速率成为新的演奏技术标准。同时他也是第一位拟声歌手,用号角来改进无意义的音节。他不仅是爵士音乐家,还具有独奏魅力,还是乐队领队、电影演员和国际明星。后来录制的唱片及他身为世界音乐大使的角色使其一生声名不辍。

阿姆斯特朗　Armstrong, Neil (Alden)(1930～2012)　美国航天员。16岁时成为

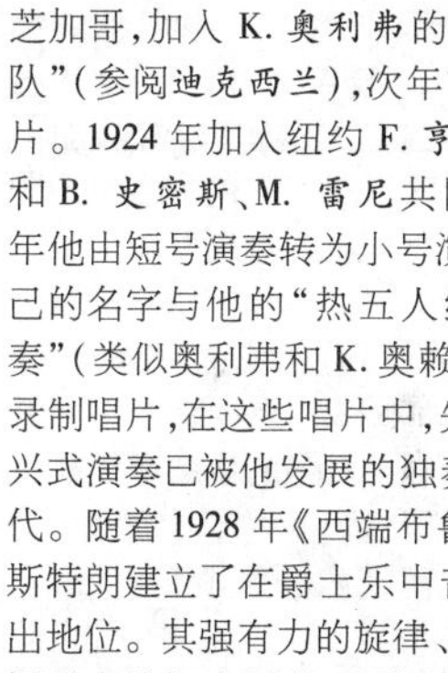

N.阿姆斯特朗,摄于1969年
AP/Wide World

有执照的飞行员，朝鲜战争中3次获得空军奖章。1955年成为国家航空和航天局前身的民用飞机研究飞行员。1962年加入航天计划。1966年阿姆斯特朗作为"双子座"8号的指挥舱驾驶员与D. 斯科特一起同"阿金纳"无人驾驶火箭会合，第一次完成了手控空间对接机动飞行。1969年7月20日作为"阿波罗"11号的任务执行者之一，他成为第一个踏上月球的人，并说："对于一个人来说，这只是一小步，但对全人类来说，却是一次巨大的飞跃。"

阿慕尔·伊本·阿斯 Amr ibn al-As（？～663） 征服埃及的阿拉伯将领。约630年成为伊斯兰教徒。曾被派往阿曼，使阿曼国王皈依伊斯兰教。7世纪30年代他夺取了巴勒斯坦南部，后又开始出兵埃及。两年后他取得了成功（642）。他不仅是一名成功的将领，亦是精明能干的政治家。后因全力效忠叙利亚统治者穆阿威叶一世，共同反抗伊斯兰第4代哈里发阿里，穆阿威叶遂于伍麦叶王朝初期（661）授他埃及总督的职位，以为酬报。

阿穆尔 Armour, Philip Danforth（1832～1901） 美国企业家和革新家。最初在加利福尼亚州开矿累积了一些资本，1875年大规模扩充其家族式经营的中西部谷物交易与肉类加工业，并开创了农副产品的利用和肉类罐头的销售。19世纪80年代发明了铁路有轨冷藏车（参阅G. F. 斯威夫特）后，使其在东部各州建起了分销工厂，并开始对欧洲出口阿穆尔牌肉类产品。他的阿穆尔公司企业使芝加哥成为世界肉类加工业的中心。

阿那克里翁 Anacreon（公元前582？～前485？） 又作Anakreon。希腊亚洲部分最后一个伟大的抒情诗人。他的诗作现仅存片段。虽然他很可能写过严肃的诗篇，后来的作家引用的诗句大都是歌颂爱情和美酒的。他的观点和风格被广泛模仿，诗体中的"阿那克里翁诗体"即以其名命名。

阿纳姆地 Arnhem Land 澳大利亚北部地方的东北部地区。从范迪门湾向南延伸至卡奔塔利亚湾和格鲁特岛，未经完全开发，面积约96 000平方千米，拥有重要的铝矾土和铀矿资源。自更新世晚期以来，该地区一直为澳大利亚土著民族所占领，1623年荷兰探险家J. 卡尔斯滕兹发现该地区，并以他的探险船名称为该地命名。阿纳姆地现在主要是指其大片的土著保留地。

阿纳斯塔西娅 Anastasia（1901～1918） 俄语作Anastasiya Nikolayevna。俄国公主，俄国末代沙皇尼古拉二世之幼女。俄国1917年革命后，她17岁时与几个亲近的家人一起被布尔什维克处死。其后在国外有若干女人自称是阿纳斯塔西娅，使得她不时成为流行与猜测的题材。有人还要求继承罗曼诺夫王朝在瑞士银行中的巨额遗产。其中最著名的是一个叫安娜·安德森的女人（卒于1984年），波兰人，后来嫁给一位美国历史学教授。她的请求在1970年终被否决。后来经过基因测试，证明她与罗曼诺夫家族一点关系都没有。

阿努伊 Anouilh, Jean (-Marie-Lucien-Pierre)（1910～1987） 法国剧作家。曾研读法律，所写的第1出戏是《白鼬》（1932），后来的《没有行李的旅客》（1937）给他带来成功。最脍炙人口的作品有《安提哥尼》（1944）、《云雀》（1953）和《上帝的光荣》（1959），他在这些剧中运用了戏中戏、倒叙、正叙及角色变换的技巧。他是佳构剧的技巧型代表人物，不赞同自然主义和写实主义，而喜欢风格化演出法。

阿诺德 Arnold, Benedict（1741～1801） 美国军官，叛国者。生于康涅狄格州诺威奇。1775年加入美国革命军，他帮助赢得泰孔德罗加堡的战斗。后又领导了斯坦尼克斯堡和

B. 阿诺德，版画；H. D. 霍尔绘于1865年
By courtesy of the Library of Congress, Washington, D. C.

萨拉托加战斗的胜利，但亦身负重伤。他成为少将，后被安排到费城司令部，他在那里过着奢侈的生活，与一些富有的亲英分子同情者交往。因司令部财务上违规行为而受到申斥，他开始同英国人秘密交易。在1780年获得的纽约西点的指挥权计划败露，他向英国人索取了2万英镑。当他的英国联络人J. 安德雷被美国人捉获后，他提出把西点交给英国人，而后逃到一艘英国船上去了英国，郁郁度过余生。

阿诺德 Arnold, Matthew（1822～1888） 英国维多利亚时代优秀诗人、文学与社会评论家。教育家T. 阿诺德的儿子，受教于牛津大学，后终生担任督学。他的诗作包括：高度哲理性的《多佛滩》；史诗般的《邵莱布和罗斯托》；完美而壮丽的《吉普赛学者》和《色希斯》。《文化与无政府状态》（1869）是他重要的评论作品，它集中攻击了维多利亚时代英国人的自满、庸俗和拜金主义，社会缺乏准则和方向感，陷入无政府状态。在他后来的短文《诗的研究》中提到，诗可能取代宗教，所以读者要懂得如何分辨诗的好坏。

阿帕卢萨马 Appaloosa 美国常见的马品种，据说具有北美洲内兹佩尔塞印第安人保留区内野马的血统，而这些保留区的野马又是西班牙探险家的马的后代。阿帕卢萨马呈习见的数种毛色，可为纯色，仅于臀部有一白斑，上有与体毛同色的多数小圆点；或全身散

阿帕卢萨马
Sally Anne Thompson

布小白点；亦可为白色、上缀色点。肩高约144～163厘米，体重450～500千克。体轻而强健，可供多种用途。

阿帕切人 Apache 美国西南部的北美印第安人。大部分居住在亚利桑那和新墨西哥等地的5个居留区内。族名出自祖尼语，意思是"敌人"。在文化上可分为：东阿帕切人，包括梅斯卡莱罗人、吉卡里拉人、奇里卡瓦人、利潘人；西阿帕切人，包括西贝奎人。东阿帕切人生活以狩猎和采集野生植物为主，西阿帕切人似乎较东阿帕切人更安于种植。从阿帕切人的语言当中可以明显地看出其祖先来自北方。阿帕切语属加拿大的阿萨帕斯卡诸语言的一个远支。他们居住在大平原，但在引进马匹之后，曾被科曼奇人和犹他人逼迫迁往南方和西方。他们曾试着与西班牙、墨西哥及后来的美国修好，但自1861年起爆发了与美国军队持续1/4世纪之久的战争。阿帕切战争于边界激烈地展开。最后一次阿帕切战争在1886年结束，杰罗尼莫及其残部投降，奇里卡瓦人被逐出西部地区，连续囚禁在佛罗里达、亚拉巴马和俄克拉何马。21世纪初有人口约10万人。参阅科奇斯。

阿皮亚 Apia 萨摩亚首都和港市，位于乌波卢岛北岸。其经济支柱是出口货物至美属萨摩亚岛。英国著名作家R. L. 斯蒂文森故居现为国家元首府；他被葬于瓦埃阿山附近。人口约38 836（2001）。

阿匹斯 Apis 古埃及宗教中在孟菲斯被崇拜的神圣公牛神。祭祀礼仪最早起源于第一王朝（公元前2925～前2775）之前。阿匹

绘于公元前700年左右木棺底部的阿匹斯公牛神；现藏德国希尔德斯海姆勒梅尔-佩利察奥伊斯博物馆
Bavaria Verlag

斯起初大概是丰产神，后来与孟菲斯的主神卜塔有关，又与死神俄赛里斯和索卡里斯有关联。一头阿匹斯神牛死亡时，将获得盛大的葬礼，而小牛将成为其继承者被供奉于孟菲斯。阿匹斯的祭司从神牛的举止可观察出预兆，其神谕具有公信力。公元前3世纪，塞拉皮斯神（俄赛里斯和阿匹斯的化身）在孟菲斯受到崇拜；后在罗马帝国时期成为最广泛崇祀的东方仪礼之一。

阿普加评分系统　Apgar Score System　鉴定那些需要维生药物救助之新生儿的分级方法。由V.阿普加（1909～1974）在1952年发展出来，依外貌（肤色）、脉搏、怪相（反射过敏）、活动（肌肉紧张度）、呼吸测出新生儿离开子宫后的适应性变化，这5个关键信号的英文首字母恰好拼成“阿普加”。最高分10分，如出生后第1分钟和第5分钟的总分少于7分，婴儿在20分钟内每5分钟要重新评分一次，或直到连续2次获得7分或更多分为止。

阿普拉　APRA　全名Alianza Popular Revolucionaria Americana（美洲人民革命联盟）。1924年由V. R.阿亚·德拉托雷创立的政党，曾支配秘鲁政治几十年之久。大致与所谓阿普里斯塔运动同义，该党致力于拉丁美洲的统一、外资企业的国有化、停止剥削印第安人。受到工人及中产阶级自由派支持，该党拥有巨大的力量，但保守力量采取不寻常的手段阻止德拉托雷登上总统之位。最后，美洲人民革命联盟候选人A.加西亚在1985年成为总统。

阿普列乌斯　Apuleius, Lucius（124？～170？以后）　罗马柏拉图派哲学家、修辞学家及作家。因著《金驴记》一书而成名。这部记述一个被魔法变成驴的青年之经历的散文叙事作品对后世影响深远。从此书可以看到古代习俗，对古代宗教秘密仪式的描述特别有价值。阿普列乌斯还写过有关柏拉图的3卷书，其中2卷尚存。

阿奇姆博多　Arcimboldo, Giuseppe（1527？～1593）　意大利画家。起初从事米兰大教堂彩色玻璃窗的绘画和设计工作。1562年搬至布拉格，任皇帝费迪南德一世和鲁道夫二世的宫廷画家，同时为宫廷剧院绘制布景。其作品寓意深远，有双关立意，富有机趣。以象征意义的怪诞构图著称，用水果、蔬菜、动物、景观及其他物品来拼成人形。这种绘画风格一直被认为是低级趣味，直到20世纪20年代超现实主义才复兴了这种视觉双关艺术。

阿耆尼　Agni　印度教信奉的火神，仅次于吠陀教神话中的因陀罗。阿耆尼既是太阳之火、闪电之火，又是祭神灶火。因而是人与神意之间的信使，据印度教经典载，阿耆尼通身血红，有两张脸：一张慈爱可亲，一张狰狞可憎。《黎俱吠陀》有时把他与湿婆的前身楼陀罗当作同一位神。

阿契贝　Achebe, (Albert) Chinua (iumogu)（1930～2013）　尼日利亚伊博族小说家。他关心正处于危机时刻的新兴非洲，因描写把西方的风俗和价值观强加于传统的非洲社会而产生的迷惘而享有盛誉。小说题材多样。《瓦解》（1958）和《神箭》（1964）描写伊博人传统生活与殖民主义之间的冲突。《动荡》（1960）、《人民公仆》（1966）和《荒原蚁丘》（1987）描述后殖民地时期的非洲人生活的堕落和其他方面。2007年获布克国际文学奖。

阿契塔　Archytas（活动时期约公元前430～前350）　希腊科学家、哲学家和毕达哥拉斯学派数学家。有时被称为数学力学的奠基人。柏拉图是他的挚友，并引用他的数学著作。有证据表明，欧几里得在其《几何原本》第八篇中，借用了他的成果。他也是颇具影响力的公众人物，曾任格兰图姆（今意大利塔兰托）军队总司令7年之久。

阿让库尔战役　Agincourt, Battle of（1415-10-25）　百年战争中期，英国战胜法国的关键性战役。英王亨利五世为占有法国王位，于1415年8月率领11 000大军进攻诺曼底。9月占领阿夫勒尔，后因战斗和疾病伤亡殆半，决定撤军回英，但在阿让库尔遭到配有重甲骑兵的20 000～30 000法军围攻。法国骑兵首先发起攻击，但被英国弓箭手击退。当身穿甲胄的法国士兵越过田野发动总攻时，亨利以有限的装备巧妙应战，最后法军惨败，阵亡6 000余人，英军则死伤不到450人。

阿瑞斯　Ares　希腊神话中的战神。阿瑞斯同罗马神话中与之对等的神马尔斯不同，在希腊对他的崇拜不广泛。从荷马时代起，他已是奥林波斯山诸神之一，他是宙斯及赫拉的儿子，但其他的神都不喜欢他。崇拜阿瑞斯主要在希腊北部。早期人们把他同阿佛洛狄忒联系在一起，她有时被当作是阿瑞斯的正式妻子，有时被当作是他的情人。在战斗中陪伴他的有他的姊妹厄里斯（争吵女神）和他同阿佛洛狄忒生的两个儿子福玻斯和得伊摩斯。

阿瑞斯，古代雕刻；现藏罗马国立罗马博物馆

Anderson-Alinari from Art Resource

阿萨德　Assad, Hafiz al-（1930～2000）　叙利亚总统（1971～2000）。1946年加入复兴党，1955年成为空军飞行员。1963年担任空军司令，协助复兴党取得政权。1966年参与一场军事政变，之后担任国防部长。1970年阿萨德领导了一场政变，取代了他的政治导师杰迪德，成为叙利亚领袖。1973年他联合埃及对以色列发动了一场突然袭击，但在将近20年后（1991）他参加了与以色列的和谈，试图重新收回戈兰高地（1967年在六日战争中为以色列所夺）。阿萨德长久以来一直是萨达姆·侯赛因的死敌，波斯湾战争爆发时，他支持西方联盟反对伊拉克。死后其子巴夏尔继位。

阿萨姆　Assam　印度东北部一邦，与不丹王国及孟加拉国接壤，首府迪斯普尔。13世纪时由来自缅甸的入侵者建立了一个强大的独立王国，18世纪初国力达到巅峰。19世纪初为英国人控制。1947年印度分治中，阿萨姆的一部分土地划归巴基斯坦。20世纪60年代又从阿萨姆划分出4个新邦：那加兰、梅加拉亚、阿鲁纳恰尔邦和米佐拉姆。布拉马普特拉河河谷为其主要自然特色。居民主要属于印度-伊朗及亚洲人种，广泛使用的语言为阿萨姆语。面积78 438平方千米。人口约31 169 272（2011）。

阿萨辛派　Assassin　11～13世纪以暗杀敌人为宗教义务的伊斯兰教派。此派首领哈桑·萨巴哈，卒于1124年攻占伊朗的阿剌模忒城堡，他以此为大本营，指挥一群狂热的恐怖分子专门暗杀阿拔斯王朝的许多文武官员。1256年蒙古人攻陷阿剌模忒，捣毁了阿萨辛派的巢穴。现代的伊斯玛仪派乃承自阿萨辛派。

阿塞拜疆　Azerbaijan　全称Republic of Azerbaijan（阿塞拜疆共和国），西亚国家。面积：86 600平方千米。人口：约9 424 000（2013）。首都：巴库。大多数阿塞拜疆人具有突厥血统，最早可追溯至11世纪。塞尔柱王朝时期的移民带来更进一步的种族混合，包括讲波斯语的移民；俄罗斯人占少数，且人口逐渐减少。语言：阿塞拜疆语（官方语言）和俄语。宗教：伊斯兰教（大多数为什叶派）。货币：马纳特。多种不同的地貌是该国的特征，2/5以上的土地为低地，而全国约有10%的土地海拔在1 500米以上。中央部分是库拉河及其支流（包括阿拉斯河）流贯的平原，其上游形成与伊朗的部分疆界。里海是巴库的贸易出口。经济以农业、炼油业和轻工业为主。该国为共和国，一院制。总统为国家和政府首脑，总理辅助总统工作。阿塞拜疆居民与毗邻的伊朗同名地区的居民原为同一民族。9世纪时处于土耳其的影响下，在以后的几个世纪中阿拉伯人、蒙古人、土耳其人和伊朗人曾先后夺取该地区。19世纪初，俄国占领了现在独立的阿塞拜疆地区。俄国1917年革命之后，阿塞拜疆宣布独立；1920年被苏联红军征服，成为一个苏维埃社会主义共和国。1991年苏联解体,阿塞拜疆宣布独立。其在地理上有两个独特之处:在亚美尼亚领土内的飞地纳希切万与阿塞拜疆完全分隔开来,而在阿塞拜疆境内并在行政上由它管理的纳戈尔诺-卡拉巴赫却以信奉基督教的亚美尼亚人占多数。20世纪90年代阿塞拜疆和亚美尼亚为了双方的领土而开战,造成巨大的人员伤亡和经济混乱。尽管经过调停,但政治问题仍未解决。阿塞拜疆于1996年首次参加在亚特兰大举办的夏季奥运会。之前其运动员是以苏联运动员的身份参加奥运会。

阿散蒂人 Ashanti 又作Asante。住在加纳南部以及同多哥和科特迪瓦毗邻地区的居民,阿坎人的一支,操特维语(属克瓦语族),人口约500万。现虽有少数阿散蒂人在城市居住和工作,但多数仍住在农村以农业生产为主。阿散蒂人联盟的象征是金凳,以前是最高首领的王座。阿散蒂人以奴隶向英国和荷兰商人换取火器,从而在18～19世纪建立起庞大的帝国。他们先后与英国进行了数次战争(1824、1863、1869、1874),但最终在1896年其首都库马西失守。随后,该帝国的残余势力走向衰败。阿散蒂人的黄金工艺和肯特布是重要的商品。参阅芳蒂人。

阿瑟 Arthur, Chester A(lan)(1829～1886) 美国第21任总统(1881～1885)。出生于佛蒙特州北费尔德。1854年进入纽约律师界,积极参加共和党的地方政治活动,与纽约共和党首领参议员R.康克林关系密切。1871～1878年被任命为纽约港的税收官员。该职位长期以来即以滥用政党分赃制而著称,阿瑟秉公处理海关业务,但仍然让忠于康克林的人在海关挂名领取工资。1880年以共和党候选人资格当选为副总统,J.加菲尔德总统被暗杀后,他接任总统职务。作为总统,阿瑟否决了各种奖赏政治赞助的措施,表现出料想不到的独立性。他还签署了《彭德尔顿法》,该法制定了择优录用的文官考试制度。他和当时的海军部长提出了一项拨款,着手重建美国的海军,使海军力量达到美西战争中的水平。后来争取总统连任但未获得党内提名。

阿舍利文化期工艺 Acheulian industry 旧石器时代晚期的石器工艺,特征是两面石具切割边缘呈圆形,最典型的是一种核仁形状燧石手斧,长约20～25厘米,整个表面削成薄片。其他器具包括切割器、穿口器、刀子和斧头。名称取自靠近法国北部首次发现此种器具的圣阿舍尔的遗址。阿舍利文化期工艺存续的时间特别长(150万年前～11万年前),与直立人及早期的智人有关。

阿施 Asch, Sholem(1880～1957) 波兰裔美国小说家和剧作家,大部分作品描写东欧犹太人的经历或者他们作为移民在美国生活的故事(他本人于1914年移民美国)。其中包括了剧本《复仇之神》(1907)和小说《窃贼莫特克》(1916)、《摩西叔叔》(1918)、《不要指责》(1926)和《哈依姆·莱德勒的归来》(1927)。由于他试图强调犹太教与基督教的共通性,后来的作品受到较多争议,是现代意第绪语文坛上最有争议和颇负盛名的作家。

阿什顿 Ashton, Frederick (William Mallandaine)(1904～1988) 英国皇家芭蕾舞团总编导和艺术指导。1925年起为芭蕾舞俱乐部(后来的兰伯特芭蕾舞团)创作舞剧,

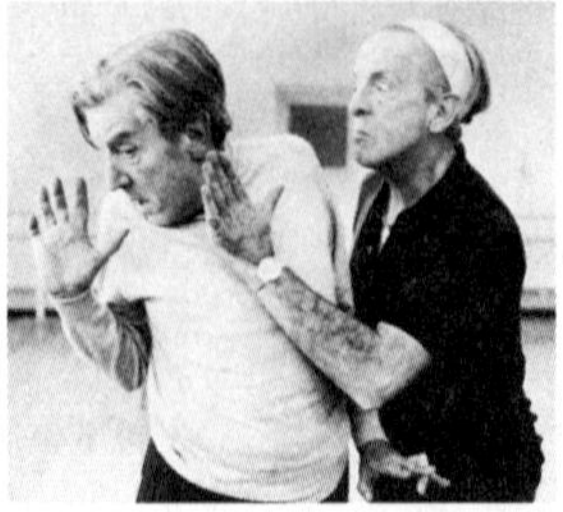

阿什顿(左)和R.赫尔普曼在《灰姑娘》(1965)一剧的排练中饰演丑姊妹
Central Press-Pictorial Parade

1933年加入维克-韦尔斯芭蕾舞团(后为皇家芭蕾舞团),成为总编导(1963～1970)和副导演(1953～1963)。该团的保留剧目中约有30部舞剧系他所编,其中包括:《正门》(1931)、《交响变奏》(1946)、《生日献礼》(1956)。他还曾为丹麦皇家芭蕾舞团[《罗密欧与朱丽叶》(1955)]和纽约市芭蕾舞团[《光明》(1950)]等剧团编舞。

阿什哈巴德 Ashgabat 又作Ashkhabad。土库曼斯坦首都。位于科佩特山脉北麓的绿洲上,邻近伊朗边界。1881年原为俄国军事要塞,1924～1990年是苏联土库曼斯坦共和国的首府,1948年毁于一场地震,后按原样重建。现为行政、工业、运输和文化中心。人口约743 000(2002)。

阿什克罗夫特 Ashcroft, Peggy(1907～1991) 原名Edith Margaret Emily。后称Dame Peggy。英国女演员,1927年初次登台,1932年加入老维克剧团,逐渐崭露头角,特别是在《罗密欧与朱丽叶》(1935)中饰演朱丽叶一角为她赢得盛誉。她在100多个剧目中出演主角,无论饰演喜剧或悲剧角色都同样成功。她还是皇家莎士比亚剧团(1961)创始人之一。曾演出《三十九级台阶》(1935)和《印度之旅》(1984,获奥斯卡奖)等电影及电视连续剧《皇冠上的珠宝》(1984)。

阿室罗摩 ashram 又作ashrama。印度教"再生族"(参阅入法礼)教徒一生按照理想经历的4个行期的统称。这4个行期分别是梵行期,即服从其教师;家住期,即支持他的家庭和祭司,履行对神和先祖的职责;林栖期,即退出社会进行苦行和瑜伽修行;遁世期,即断绝一切尘缘,以乞讨为生。在英语中,该词变为追求精神或宗教修炼(通常在古鲁的指导下)的修道地。

阿司匹林 aspirin 乙酰水杨酸的俗称,1899年发现的一种有机化合物。系水杨酸和醋酸的酯,可抑制前列腺素的生成。阿司匹林是一种缓和的非麻醉性解热镇痛药,可治疗头痛、肌肉痛、关节痛、退热、消炎、消肿。阿司匹林还能抑制血小板凝聚,是一种有效的抗凝血药,可让罹患冠状动脉心脏病的病人预防心肌梗塞。长期使用可能会导致胃出血和消化性溃疡,已经证明如给发烧的儿童服用可能引发瑞氏综合征。

阿斯加尔德 Asgard 古斯堪的纳维亚神话中诸神的住所。传说阿斯加尔德分成12个或更多的领域,其中瓦尔哈拉是奥丁的家和在尘世阵亡的英雄的住所;特鲁德海姆是托尔的领域;布莱达布利克是巴尔德尔的家。每一重要的神都在那里有自己的殿堂;只有通过虹桥才能从人间到达阿斯加尔德的诸神宅邸。

阿斯克勒庇俄斯 Asclepius 拉丁语作Aesculapius。希腊-罗马的医药神。他是阿波罗和仙女科洛尼斯的儿子。半人半马怪喀戎教给他医治的技艺,但是宙斯担心他会使

阿斯克勒庇俄斯,取自公元5世纪的一个象牙质记事板;现藏英国利物浦市立博物馆
The Bridgeman Art Library/Art Resouce, NY

所有的人长生不死,于是就用雷霆把他击死。对他的崇拜始于色萨利,后来传到希腊许多地方。由于人们认为他能在梦中治病并给病人开药方,所以通常都睡在他的神殿里。他的表征是一个有蛇缠绕的手杖。

阿斯奎斯 Asquith, H(erbert) H(enry)(1852～1928) 后称牛津和阿斯奎斯伯爵。英国政治家和首相(1908～1916)。1886年入选下议院,1892～1895年任职于内政部,1908年为自由党领袖,当选为首相。《1911年议会法》通过了他的限制上议院权限的计划。第一次世界大战初期,他曾领导英国,但因国内危机和英国在战场上的接连失利导致广泛的不满。1916年被迫辞职,但继续担任自由党领袖到1926年。

阿斯马拉 Asmara 厄立特里亚首都。位于埃塞比亚高原北部,海拔2 325米,东北有濒临红海的港口马萨瓦。原为提格雷人的村庄,

1900 年成为意大利殖民地厄立特里亚的首府。1941～1952 年由英国管辖，后并入埃塞俄比亚。1993 年成为独立的厄立特里亚首都。现为农业市场。人口约500 600（2002）。

阿斯帕西娅 Aspasia（公元前 5 世纪） 雅典政治家伯里克利的情妇、当时雅典社会的活跃人物。原为米利都人，自公元前 445 年左右开始与伯里克利同居，直到公元前 429 年伯里克利去世。因为她不是雅典公民，所以与伯里克利所生的儿子原本没有公民权。其智慧为苏格拉底所赏识，但长期受公众攻击，常常成为希腊喜剧讽刺的对象，这是因为她的私生活和据说她对伯里克利的外交政策的影响。

阿斯普角蝰 asp aspis 的英语化形式。西方古典文学中所指的毒蛇，可能是埃及眼镜蛇（*Naja haje*，参阅眼镜蛇）。在埃及是王位的象征，希腊、罗马时代用眼镜蛇来执行死刑。据说克娄巴特拉即是让阿斯普角蝰咬啮而自杀。

阿斯塔纳 Astana 旧称 Aqmola 或 Akmola（阿克摩拉，1992～1998）、切利诺格勒（1961～1992）。哈萨克斯坦首都。位于哈萨克斯坦中北部，濒临伊希姆河。1824 年始建时为俄国军事前哨。因地处横穿哈萨克和南西伯利亚两条铁路的交叉点，所以该市地位重要。位居矿产丰富的干草原地区中心。1994 年哈萨克斯坦政府开始将国家首都从阿拉木图迁移至此，1998 年改为现名。人口约510 533（2004）。

阿斯塔特 Astarte 又作 Ashtart。古代近东地区所崇拜的女神，地中海主要海港提尔、西顿和埃拉特等地把她奉为主神。阿斯塔特和她的姊妹安娜特有许多共同之处，并被认为可能同起一源。为爱情和战争女神，在埃及、迦南和赫梯人中被崇奉。她在阿卡德地区相对应的女神是伊什塔尔。在《圣经》上提及的名字是阿什脱雷思，后来，阿斯塔特的神坛被约西亚所毁。在埃及，她被伊希斯和哈托尔所同化，而在希腊罗马人的世界中，她化身为阿佛洛狄忒、阿耳忒弥斯和朱诺。

阿斯泰尔 Astaire, Fred（1899～1987） 原名弗雷德利克·奥斯特利茨。美国舞台与电影歌手、舞蹈家。生于奥马哈。7 岁时即和姐姐阿德尔开始表演轻松歌舞剧，大受欢

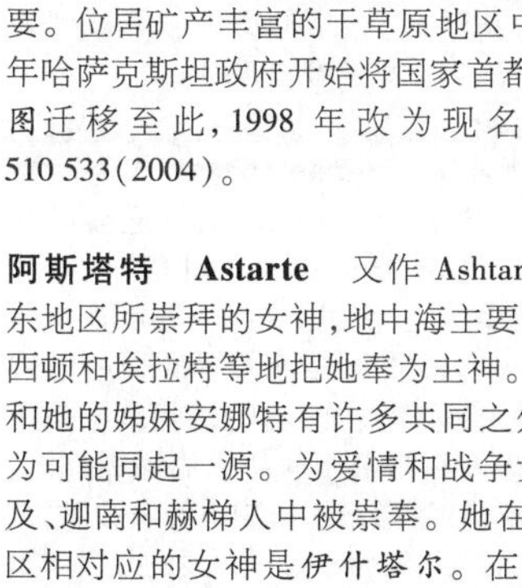

阿斯泰尔在《大礼帽》（1935）中的演出
Corbis-Bettmann

迎。1917 年首度登上百老汇演出，他们继续在热门舞台剧中表演，直到 1932 年阿德尔退休。在《飞向里约》（1933）中与 G. 罗杰斯第 1 次合作拍电影，十分轰动，随后他们合演了一批影片，直到 1939 年止。20 世纪 40 和 50 年代他在银幕上分别与 J. 嘉兰、E. 鲍威尔和 C. 沙里塞合作。他的嗓音虽未受过训练，但广受当时最好的作曲家推崇。1971 年退休，但仍偶尔出现在电视和影片中。他的表演与精湛技巧相结合，老练而复杂，轻松且优雅，革新了音乐喜剧表演形式。

阿斯特拉罕 Astrakhan 俄罗斯西南部城市。位于伏尔加河三角洲的几个岛屿上。13 世纪时是后来独立为金帐汗国的鞑靼汗国首都。由于地处旅行商路和水路上而成为贸易中心。伊凡雷帝在 1556 年征服阿斯特拉罕，俄国从而控制了伏尔加河。1569 年土耳其人焚毁了此城。曾是彼得大帝抗波斯人的战役的基地，之后被赐予贸易特权。观光景点包括城堡和教堂。人口约506 400（2002）。

阿斯图里亚斯 Asturias, Miguel Ángel（1899～1974） 危地马拉诗人、小说家和外交家。1923 年阿斯图里亚斯移居巴黎，受 A. 勃勒东的影响，成为超现实主义者。第1

M. Á. 阿斯图里亚斯
Camera Press

部重要作品于 20 世纪 30 年代问世。1946 年开始外交官生涯，1966～1970 年担任危地马拉驻法大使。他的作品混合了马雅文明的神秘主义和一股社会抗议的巨大冲动，特别是针对美国和寡头政治势力。《玉米人》（1949）被认为是他的杰作，描写印第安农民似乎难以改变的惨状。其他的重要小说作品有：《总统先生》（1946），强烈谴责危地马拉独裁者卡夫雷拉；《飓风》（1950）；《绿色教皇》（1954）；《被埋葬者的眼睛》（1960）。1967 年获诺贝尔文学奖。

阿斯图里亚斯 Asturias 西班牙西北部自治区和省份，濒临比斯开湾，首府奥维耶多。与历史上的阿斯图里亚斯公国范围一致，大部分是山区，与西班牙其他省份隔绝。现在人口和工业集中在纳隆河谷地，有大片煤田，使该省成为全国的采煤中心。公元前 25 年奥古斯都率罗马人征服此区，后来受西哥特人统治。公元 866 年在阿方索三世即位后，成为莱昂王国的一部分。1388 年为公国，1838 年设省，1981 年成为一个自治区。面积10 565平方千米。人口约1 062 998（2001）。

阿斯旺 Aswan 埃及东南部城市。濒尼罗河，位于纳赛尔水库北部。古代为埃及法老国南部边境，后来名为 Syene。是对付古罗马、奥斯曼帝国和英国的前沿哨站。现代阿斯旺位于旧的阿斯旺水坝（1902 年建成）和阿斯旺高坝附近。人口约266 013（2006）。

阿斯旺高坝 Aswan High Dam 横跨尼罗河的填石坝，位于埃及阿斯旺市附近。建在旧有的阿斯旺水坝上游 6 千米处。坝高 111 米，顶长3 830米。由于 G. A. 纳赛尔总统与英美两国不和，1956 年两国撤销对建坝计划的财经援助，纳赛尔于是转向苏联求援。该坝于 1970 年竣工，将纳赛尔湖水库围起并控制每年的尼罗河洪水，需要时把水放出灌溉土地，同时可用来发电。高坝的建设使阿布辛拜勒神庙遗迹被迫迁移。

阿塔卡马沙漠 Atacama Desert 智利中北部干旱地区。自北边的科皮亚波起，绝大部分在安托法加斯塔省和阿塔卡马省境内。在 19 世纪大部分时间里，该沙漠是智利、玻利维亚和秘鲁的冲突焦点。1883 年的太平洋战争结束，智利获胜，遂永久占有这块地区。开采硝酸盐多年，在人工合成氨未发明以前垄断世界市场。为世界最干燥的地区之一。

阿塔纳索夫 Atanasoff, John V(incent)（1903～1995） 美国物理学家。在威斯康星大学获得博士学位。1937～1942 年与 C. 贝里研究出阿塔纳索夫-贝里计算器，这种机器能够解决那些使用二进制数的微分方程式，其设计组件已经成为计算机的基本构造。1941 年加入海军军械实验室，参与比基尼环礁的原子弹试验（1946）。1952 年成立军械工程公司，后来卖给航空喷气工程公司。1973 年在判决取消斯派里-兰德公司拥有的电子数值积分计算机（ENIAC）专利后，阿塔纳索夫-贝里计算器被视为第 1 种电子数字计算机。

阿特拉斯 Atlas 希腊神话中以肩顶天的壮汉。提坦巨人伊阿珀托斯和仙女克吕墨涅（或亚细亚）之子，普罗米修斯的兄弟。据希腊诗人赫西奥德的说法，阿特拉斯是提坦巨人之一，曾参加过反对宙斯的战争，为此他受到惩罚，被判将天空高高举起。

阿特拉斯山脉 Atlas Mountains 非洲西北部山系。从摩洛哥的德拉角一直延伸到突尼斯的邦角，长2 000千米。由几座山脉组成，包括摩洛哥的大阿特拉斯山脉、从摩洛哥到突尼斯的泰勒阿特拉斯山脉（滨海阿特拉斯山脉），以及阿尔及利亚的撒哈拉阿特拉斯山脉。最高峰是摩洛哥的图卜卡勒山，海拔4 165米。

阿特热 Atget, (Jean-) Eugène (-Auguste)（1857～1927） 又译阿杰。法国摄影家。曾为巡回剧团演员，约 30 岁时定居巴黎，成为摄影家。以一种怪异、未定影像的眼光来记录橱窗、雕像、树木、喷泉、建筑物、纪念碑和穷苦的零售商。第一次世界大战后阿特热接受一项委托，即巴黎妓院的纪实工作。1926 年身居巴黎的美国艺术家和摄影家 M. 雷在《超现实主义革命》上刊出阿特热的 4

幅照片。这是阿特热一生中作品所受的仅有认同。在他去世后，美国摄影家**艾博特**和纽约艺术经纪人 J. 利维买下他遗留下的收藏，现存纽约市现代艺术博物馆。

阿特伍德　Atwood, Margaret (Eleanor)(1939～　)　加拿大诗人、小说家、评论家。生于渥太华，曾在多伦多大学和哈佛大学学习。在诗集《循环游戏》(1964，获总督文学奖)中，她歌颂自然世界，谴责人的实利主义。写过数本畅销小说，如《浮现》(1972)、《女祭司》(1976)、《成为男人之前》(1979)、《肉体伤害》(1981)、《女仆的故事》(1985，获总督文学奖)、《猫眼》(1988)、《强盗新娘》(1993)及《又名葛莉丝》(1996)。她还是加拿大著名的国家主义者和女权主义者。

阿腾伯勒　Attenborough, David (Frederick)(1926～　)　后称Sir David。英国电视编剧。在1952年加入英国广播公司(BBC)后，制作了受欢迎的电视节目《动物园探秘》(1954～1964)。后担任英国广播公司新开的第2电视频道的管理人(1965～1968)和电视节目的董事(1968～1972)，他协助制作了《福赛特故事》、《人类的发展》和《文明》等文化教育系列作品。身为独立制作人，他还制作了《地球上的生命》(1979)和《有生命的行星》(1984)等创新的教育性节目。他是电影制作人兼演员 R. 阿腾伯勒的兄弟。

阿提卡　Attica　希腊语作 Attiki。希腊中东部古代地区。东面和南面濒临爱琴海，包括萨拉米斯岛；主要城市有**雅典**、**比雷埃夫斯**和**埃莱夫西斯**。其沿海地区因海上贸易而繁荣。最早的居民是佩拉斯吉人，公元前2000年是迈锡尼文明的中心。约公元前1300年爱奥尼亚希腊人入侵。公元前700年在**忒修斯**王的努力下，该地区并入雅典。

阿提拉　Attila(？～453)　匈奴王(434～453年在位，与其兄共治到445年左右)，是进攻罗马帝国的最伟大的蛮族统治者之一。匈奴是来自中亚北部的一支游牧民族，阿提拉与其兄布莱达所继承的帝国似乎已经从西方的阿尔卑斯山和波罗的海延伸至东方的里海沿岸。当东罗马帝国的军队忙于边界战事而无暇他顾的时候，阿提拉于441年和443年对东罗马帝国的多瑙河一线发起大规模的进攻。445年左右阿提拉害死兄长，成为匈奴帝国的独裁君主。两年后入侵巴尔干各省和希腊，东罗马帝国在严重受创后与之签订停战条约。451年阿提拉入侵高卢，但因罗马大将埃提乌斯与西哥特国王狄奥多里克一世联合抗击匈奴而失败，这是阿提拉唯一的一次失败。452年匈奴人入侵意大利，四处劫掠，后因意大利大闹饥荒和瘟疫，这场侵略才告结束。阿提拉在新婚之夜突然死去，大抵为其妻子所弑。后由其子继位。他的帝国由诸子分割继承。类似上天的惩罚的阿提拉劫掠使阿提拉获得了"上帝之鞭"的绰号。

阿吞　Aton　又作 Aten。古代埃及宗教所信奉的一位太阳神。其像为一轮日盘，光芒四射，末梢呈人手状。法老阿肯那顿(公元前1353～前1336年在位)宣布阿吞是唯一的神，阿肯那顿反对底比斯的阿蒙-瑞神祭司集团，建埃赫塔吞城作为阿吞崇拜的中心。但是这个宗教不易为一般人所接受。因此阿肯那顿死后，昔日所奉诸神再兴。

祭坛浮雕，约公元前14世纪中期之作品。图中法老阿肯那顿(左)与王后娜芙儿提蒂及3个女儿在太阳神阿吞的光芒照耀下；现藏柏林国立博物馆

Foto Marburg–Art Resource

阿瓦尔人　Avar　来源未能确定的一个民族。6～9世纪曾在亚得里亚海和波罗的海、易北河与第聂伯河之间的东欧地区建立一个帝国。可能是来自中亚骑马的游牧部落，以匈牙利平原为中心建立帝国，后来介入日耳曼人的部族战争，帮助伦巴第人推翻拜占廷联盟，626年几乎成功占领君士坦丁堡。他们也与墨洛温王朝作战，并帮助向南驱逐塞尔维亚人和克罗地亚人。后来国力为叛乱和内部纷争所削弱，805年臣服于查理曼。

阿威罗伊　Averroës(1126～1198)　阿拉伯语作 Ibn Rushd。全称 Abū al-Walīd Muḥammad ibn Aḥmad ibn Muḥammad ibn Rushd。西班牙阿拉伯裔哲学家。曾在哥多华、塞维尔和摩洛哥担任法官和医生。他对**亚里士多德**的诠释(通常用来反驳**阿维森纳**论点)由三部评注组成：①"小评注"，分析论文的简短摘要；②"中评注"，解释原文的字面意思；③"大评注"，更为高级和深刻的注解。阿威罗伊主要忠于亚里士多德的思想，也结合**柏罗丁**的思想、伊斯兰教超自然的神、宇宙造物主等特点，以及部分撷取希腊、阿拉伯人的哲学思想，而赋予亚里士多德主义"原动力"。

阿维拉的圣德肋撒　Teresa of Avila, St.(1515～1582)　原名 Teresa de Cepeda y Ahumada。西班牙加尔默罗会奥秘神学家、圣妇。20岁进入修道院，并患重病。1555年她经历了一场宗教觉醒运动，尽管身体虚弱，但她仍然极力倡导加尔默罗会改革，并引导教会回到原始的严格实践活动中，包括接受贫穷的生活并与世隔绝。为了与反对者对抗，她创办了新的女修道院(第一座修道院于1562年创建)，在西班牙实行她的改革。十字架的圣约翰也加入她的行列，并建立了改革派加尔默罗会修道院。她主张的教义因对教徒祈祷生活作出经典的阐述而被接受，她的神学作品今天仍被广泛传诵，其中包括《内部的城堡》(1588)。1970年她成为世界上第一位获得教义师称谓的女性。

阿维尼翁　Avignon　古称 Avennio(阿维尼奥)。法国东南部城市。原为高卢人当中的卡瓦雷斯人所建，后被罗马人征服。早期曾是众多征服者的争夺之地。西派教会大分裂时期，阿维尼翁是教皇国都城(1309～1377)和教皇驻地，地位显赫。1791年法国兼并此城。著名建筑包括罗马式大教堂、教皇宫殿，以及因歌曲《阿维尼翁桥上》而出名的圣贝内泽拱桥。1995年，该市的历史城区被列为世界遗产。人口约89 400(2004)。

阿维尼翁画派　Avignon school　后期哥特式画派，形成于法国东南部阿维尼翁城及其附近地区。在**阿维尼翁教廷**时期，许多意大利艺术家聚集在该地。在 S. **马尔蒂尼**的主持下，教皇宫殿以及附近城镇的一些世俗建筑物都用壁画作装饰，当时的阿维尼翁市是14世纪意大利艺术传往法国的通道之一。到15世纪初，佛兰德斯的影响也波及该城，把意大利和北部风格结为一体。画派的代表作是未署名的《阿维尼翁的哀悼基督图》(约1460年)，有人认为是 E. 夏龙通所作。阿维尼翁的艺术成果对15世纪后期至16世纪的法国绘画主流产生了影响。参阅**哥特式艺术**。

阿维尼翁教廷　Avignon papacy　1309～1377年教皇驻在阿维尼翁时期的天主教教廷。**克雷芒五世**是通过法国国王腓力四世的策划才当选教皇的，4年后出于政治考虑，把教廷迁往阿维尼翁。这段时期的7代教皇全部都是法兰西人，所封的枢机主教也大部分是法兰西人，这引起英国和德国人的憎恨。在此期间，枢机主教开始在教廷政府中扮演更强大的角色，改革了教会和神职人员，传道的成效扩大了，教皇努力安抚那些效忠的死对头，以建立和平。法兰西势力的严重介入损害了教廷的威望，1377年格列高利十一世决定重返罗马。那些枢机主教另外选了一位新教皇来填补阿维尼翁教廷的空缺，成为第1个**敌对教皇**，西派教会大分裂从此开始。

阿维森纳　Avicenna(980～1037)　阿拉伯语作 Ibn Sina。全称 Abu Ali aL-Husayn ibn

Abd Allah ibn Sina。伊斯兰教哲学家和科学家。出生于布哈拉(今乌兹别克斯坦),曾为几位苏丹的御医,并两度出任大臣。其著作《医典》长期以来一直是医学方面的权威之作,《治疗论》则是一部哲学和科学百科全书。其他作品包括《救世书》、《指导和评论》。他的思想(特别是对亚里士多德哲学的诠释)对中世纪欧洲的经院哲学派影响很大,其理论体系基于上帝必须存在的观念:只有在上帝身上本体和存在才能重叠。

阿西莫夫　Asimov, Isaac(1920 ～ 1992) 美国作家、生物化学家。出生于俄罗斯,3 岁时被带到美国。在哥伦比亚大学获得博士学位,后在波士顿大学执教。开始为科幻小说杂志撰写小说,《夜幕低垂》(1941)被许多人认为是迄今最好的科幻短篇小说。《我是机器人》(1950)对后来撰写人工智能机器题材的作家影响很大。1951 ～ 1953 年陆续出版的小说三部曲:《基地》、《基地与帝国》、《第二基地》,奠定其大师级地位。他以清晰和幽默的风格来撰写各种科学普及读物,是一位极有成就的多产作家,著书约300 册。

阿谢姆　Ascham, Roger(1515 ～ 1568)　英国人文主义者、学者、作家。14 岁入剑桥大学学习希腊文。曾任后来的伊丽莎白一世的希腊语和拉丁语教师(1548 ～ 1550),伊丽莎白登基后,他仍留在她的朝中服务。其遗著《校长》(1570)是他最广为人知的作品,内容谈的是学习心理学、全面发展的完人教育及教育应该养成的理想道德及智慧人格。他亦因简约明了的散文风格及推广本国语而闻名。

阿亚图拉　ayatollah　伊斯兰教什叶派中高级的宗教权威,被追随者视为同一年龄层中最博学的人。阿亚图拉的权威在于不会犯错的**伊玛目**,他的法律判决被他的追随者及现今广大社会视为是必须遵守的。

阿耶波多(第一)　Aryabhatr　I(476 ～?) 印度天文学家,以及有作品存留至今的最早的印度数学家。他至少编写了两部著作:《阿耶波提亚》(约 499)和现已失传的《阿耶波多悉檀多》,主要流传于印度的西北部,影响了伊斯兰教天文学的发展。《阿耶波提亚》用对句诗体写成,讨论的是数学和天文学。论题包括对日蚀和月蚀的预报,阐明星体视觉上向西运动是由于地球围绕它的轴转动引起的。阿耶波多还正确地把月球和行星的发光区归因于反射过来的阳光。印度政府为了纪念他,把本国的第一颗人造卫星(1975 年发射)命名为阿耶波多。

阿以莎　Aisha(bint Abi Bakr)(614 ～ 678) 穆罕默德的第 3 位夫人,也是最得宠的夫人。穆罕默德的支持者艾卜·伯克尔的女儿。她从 18 岁开始过着无子女的孀居生活,至第 3 位哈里发奥斯曼在位期间积极参与政事,领导起事反对奥斯曼。奥斯曼于 656 年被害。她率军攻击奥斯曼的继位者阿里,失败被捕,但得以默默无闻地在麦地那度过余年,据信她曾传达一千多条**圣训**。

阿以战争　Arab-Israeli Wars　以色列和阿拉伯国家的一系列军事冲突,发生于 1948 ～ 1949、1956、1967、1969 ～ 1970、1973 和 1982 年。第一次战争(1948 ～ 1949)起因于以色列在联合国分割巴勒斯坦后宣布成立独立国家。阿拉伯 5 国(埃及、伊拉克、约旦、黎巴嫩和叙利亚)为了抗议这项行动,向以色列发动了进攻。在以色列获得许多领土后,冲突宣布结束。1956 年埃及宣布苏伊士运河国有化后,爆发了**苏伊士危机**。一支由法国、英国和以色列组成的盟军向埃及发动进攻并占领了苏伊士运河区域,但不久就在国际压力下撤军。1967 年六日战争爆发,以色列向埃及、约旦和叙利亚发起进攻,战争在以色列占领大量阿拉伯国家土地后结束。1969 ～1970 年由于埃及与以色列之间的摩擦,一次未宣而战的战争再度爆发,战斗发生在苏伊士运河沿岸,后在国际外交调解下结束。1973 年埃及和叙利亚对以色列开战(斋月战争),尽管战争初期阿拉伯国家取得胜利,但最后仍胜负未分地结束了。1979 年埃及与以色列达成和平协议。1982 年以色列为了驱逐巴勒斯坦游击队而入侵黎巴嫩。1985 年以色列军队从黎巴嫩大部分领土上撤出,但直到 2000 年始终保留一块狭窄的缓冲区。参阅《**戴维营协议**》、**M. 达扬**、**Y. 阿拉法特**、**阿萨德**、**M. 贝京**、**D. 本-古里安**、**G. A. 纳赛尔**、**Y. 拉宾**、**萨达特**和**真主党**。

阿尤布·汗　Ayub Khan, Mohammad(1907 ～ 1974)　巴基斯坦总统(1958 ～ 1969)。曾就读于阿里格尔穆斯林大学和英国皇家军事学院,1928 年任印度陆军军官,第二次世界大战时在缅甸当营长,在巴基斯坦陆军中迅速晋升。1958 年米尔扎总统在陆军支持下,废除宪法,任命他为军法管制首席执行官。不久,他自任总统,将米尔扎流放。他在外交上同中国建立友好关系,1965 年与印度为争夺查谟与克什米尔而爆发战争。由于未能获得克什米尔且未能平息学生反对选举限制而掀起的骚动,他在 1969 年辞职。

阿育王　Ashoka(? ～约公元前 238)　又称 Asoka。印度**孔雀帝国**最后一位皇帝及佛教的布施人。他即位后的第 8 年血腥征服了羯陵伽(Kalinga)国,宣布从此不再率军征伐,决定根据"达摩"指示,解决民生问题。他对佛教徒宣扬佛法,并尊重其他宗教。他经常向人们说法,并把讲义镌刻在岩石和石柱上。常告诫官员们要不断地了解平民疾苦,任命一批"达摩监察官"去解危济困,照顾妇女、边地居民、邻国人民和各宗教区居民的特殊需要。他命人建造了许多印度塔和寺院,制止佛教内部的分裂活动,规定佛教徒所应学习的经典,并曾派使者前往锡兰宣讲佛经。阿育王被视为一个理想的佛教徒统治者。

阿月浑子属　pistachio　漆树科阿月浑子属 9 种原产于欧亚的植物的统称,另在北美西南部和加那利群岛各有 1 种,多为芳香乔木或灌木,有些为观赏植物。商业用的阿月浑子树坚果为普通阿月浑子树 *P. vera* 果实的种子,带有愉悦温和的树脂香味,广泛用作食品及黄绿色糖果的着色剂。树冠展开,有宽厚的革质羽状小叶,小型果簇生。

阿周那　Arjuna　印度叙事诗《**摩诃婆罗多**》中的主人公,般度族五兄弟之一。阿周那临阵犹豫不决,他的友人和驭手大神**黑天**晓之以责任即做人之道的大义。这段诗歌类似黑天和阿周那的对话,称为《**薄伽梵歌**》。阿周那是一个技术高超、有责任感和同情心的典范,也是追求真知的人,在印度神话和神学中是个中心人物。

阿兹拉伊来　Izrail　伊斯兰教的死亡天使。为四大天使之一(另外三个分别是**吉布里勒**、米卡伊来和伊斯拉非来)。他体大无边,生有4 000个翅膀,身上遍布眼与舌。为了给真主带回造人的材料,他是唯一敢于下降人间并面对**易卜劣厮**的天使。为此他被命为死亡天使,掌管人类的登记簿,其中列出了受保佑者与被诅咒者。

阿兹特克人　Aztec　操纳瓦特尔语的民族,15 世纪和 16 世纪初,曾在今墨西哥的中部和南部统治过一个庞大帝国。他们可能源于今墨西哥北部高原,后来又迁徙至别处。他们的迁徙可能与**托尔特克人**文明的没落有关。他们的帝国在鼎盛时期,人口多达 500 万～600 万,幅员 20 万平方千米,主要归功于成功的农业方法,包括密集耕种、灌溉和湿地的开垦等。阿兹特克国实行专制体制,奉行军国主义,根据阶级和社会地位明确划分社会阶层。阿兹特克的宗教是混合了各种不同的信仰,尤其是**马雅人**的信仰。阿兹特克人实行**人祭**,在一个特别令人毛骨悚然的事件中,据说有20 000～80 000名囚犯在 4 天之内全被杀死。**H. 科尔特斯**俘虏阿兹特克皇帝蒙提祖马二世并征服大城市特诺奇蒂特兰(今墨西哥城)后,该帝国灭亡。

哀鸽　mourning dove　鸽形目北美洲产普通野鸽。尾长而尖,颈侧紫粉色相间。名称来自它们的叫声哀凄,令人难忘。有迁徙习

哀鸽(*Zenaida macroura*)
Alvin E. Staffan-The National Audubon Society Collection/Photo Researchers

性,可从最北方迁徙到最南方过冬。是一种常见的猎鸟。参阅**鸽**。

哀歌　elegy　冥想抒情诗。在古典文学中,所谓哀歌是指任何用哀歌格律(诗行交替使用长短格的六音步句和五音步句)写成的诗。在现代文学中,哀歌一词只指这种格律,而不是指诗歌的内容。但在英国文学中,自 16 世纪以来,哀歌是指任何格律表现哀伤的诗。田园哀歌是另一种截然不同的哀歌形式,如 **J. 弥尔顿**的《利西达斯》(1638)。18

世纪，英国的“墓园诗派”诗人在他们的作品中写到对死亡和永生所进行的概括性思索，最有名的是T.格雷的《墓园挽歌》(1751)。

埃奥利群岛 Eolie, Isole 又称 Lipari Islands(利帕里群岛)。地中海中西部第勒尼安海中的火山岛群，位于西西里岛北岸外，有7个较大岛屿和一些小岛，陆地总面积88平方千米。主要岛屿有阿利库迪、艾尔库迪、利帕里、帕纳雷阿、萨利纳、斯特龙博利和武尔卡诺。武尔卡诺和斯特龙博利是活火山。希腊人相信这些岛屿是风神埃俄罗斯的家。自新石器时代起即相继有希腊人、迦太基人、罗马人、萨拉森人、诺曼人、安茹人和阿拉贡人在此居住。

埃贝尔 Hébert, Jacques (-René) (1757～1794) 笔名 Père Duchesne(杜歇老爷)。法国大革命期间的政治新闻工作者，巴黎“无套裤汉”(极端激进的革命分子)的主要发言人。他以笔名写了一些政治讽刺作品，他的《杜歇老爷报》广为人阅读。埃贝尔成为科德利埃俱乐部里有影响的人士，追随他的人叫做埃贝尔派，1792年协助推翻了君主政体。埃贝尔将巴黎圣母院和其他约2 000座教堂改为理智崇拜。埃贝尔成为“无套裤汉”的喉舌，他迫使雅各宾政权制定了恐怖统治。到1794年，他被视为危险的极端分子，被公安委员会逮捕，后被送上断头台。

埃博拉病毒 Ebola 能引起严重且常常致命的出血热的病毒。有报告表明在灵长目动物和人类中已多次爆发流行。初期症状为高热、头痛难忍、肌肉疼痛、不思饮食，几天内即可出现弥漫性血管内凝血，进而造成大出血。随后的症状有恶心、呕吐、腹泻等。患者多在病后8～17天死于大出血，死亡率高达50%～90%。目前尚无治疗方法。因1976年首次在刚果北部(扎伊尔)的埃博拉河地区发现而得名。埃博拉病毒呈微丝状，偶有分支或盘绕。病毒体为单链核糖核酸(RNA)。确切致病机制尚不清楚，可通过接触体液传染，不卫生的环境和缺乏医疗设施都是造成扩散的原因。

埃布罗河 Ebro River 古称 Iberus 河。西班牙东北部河流。源出坎塔布连山脉，向东南在巴塞罗那和巴伦西亚之间流过，注入地中海，全长910千米。为西班牙第二大河，但流量最大，流域面积最广。仅三角洲以上25千米河段可通航。

《埃达》 Edda 古冰岛文学作品。见于13世纪的两部作品之中，为现代研究日耳曼神话的最完整和最详细的材料来源。《散文埃达》(又称《新埃达》;约1222)是冰岛酋长、诗人和历史学家斯诺里·斯图鲁松撰写的一部诗学手册，讲解了北欧吟唱诗和埃达诗体的措辞和格律，并讲述了北欧神话中的故事。《诗体埃达》又称《旧埃达》(约1250～1300)，是一部神话诗和英雄诗的集子，作者不详，创作于约800～1100年间。这些质朴的短诗是现存《尼贝龙根之歌》最古老的前身。

埃德尔 Ederle, Gertrude (Caroline) (1906～2003) 美国游泳选手。为首位横渡英吉利海峡的女性。生于纽约市。20世纪20年代初期她刷新了女子自由式游泳世界纪录。1924年在奥运会上获得金牌(400米接力)。1926年横渡全程56千米的海峡，以14小时31分打破男子纪录(少1小时59分)，这个纪录直到1950年才被F.查特威克以13小时20分打破。

埃德蒙顿 Edmonton 加拿大艾伯塔省省会。位于该省中部，濒萨斯喀彻温河。最初为1795年开始建立的皮货贸易站。19世纪末铁路修通后，移民蜂拥而至，埃德蒙顿的经济开始繁荣起来。1905年成为新成立的艾伯塔省省会。1947年在该地区发现石油，大大促进了城市的发展，至今经济仍以农业和石油工业为基础。现为加拿大西北部的物资集散中心，有艾伯塔大学(1906)等文化教育机构。都会区人口约1 159 869(2011)。

埃蒂安纳 Estienne, Henri II (1528～1598) 法国学者兼印刷商。年轻时旅行欧洲，研究古代手稿并走访学界，之后返回父亲于日内瓦开设的印刷公司，最早出版了数种希腊文本。1566年他出版了希罗多德著作的拉丁文版，篇末附有辩解性文章和法译文。在经典学术成就方面，他编著了希腊文版和拉丁文版的普卢塔克的著作(13卷,1572)和《希腊语词典》(5卷,1572)。这部不朽杰作到19世纪仍有新版发行。

埃多姆 Edom 古代国家，在今死海南方。埃多姆人约公元前13世纪在此居住，虽与以色列人关系密切，但常发生冲突，可能曾从属于以色列人的王国(公元前11～前10世纪)。地处阿拉比亚和地中海的商道上，以铜业著名。埃多姆人后被纳巴泰人征服，移居犹太南部。该地区与附近的摩押在马加比和罗马时期称为以土买。

埃尔埃斯科里亚尔 El Escorial 西班牙马德里市西北部皇家隐修院。1563～1567年为腓力二世兴建，是历代西班牙君主的墓地，也是世界最大宗教建筑之一。1563年由托莱多的J.包蒂斯塔(1530～1597)设计，后来由J. de 埃雷拉(约1530?～1597)完成，其建筑风格受到公认。建筑平面为一巨大长方形，中间为圆顶教堂，两侧为宫殿、寺院、学院、图书馆、回廊和庭院。围墙高大，只衬以一系列朴素的窗户和多立斯式壁柱，没有华丽的装饰，创造出意大利文艺复兴时期所未曾有的肃穆感。

埃尔贡山 Elgon, Mount 肯尼亚-乌干达边界上的死火山。位于维多利亚湖东北，火山口直径约8千米，有数座山峰，其中瓦加加伊峰最高，为4 321米。说班图语的吉舒人占据该山的西坡。

埃尔哈特 Earhart, Amelia (Mary) (1897～1937) 美国飞行员，第一个单独飞越大西洋的妇女。生于堪萨斯州艾奇逊。第一次世界大战期间在加拿大军队任护士，战后在波士顿从事社会工作。1928年她成为第一个飞越大西洋的女乘客。1932年她单独飞越大西洋，为女界第一、全世界第二人。1935年她单独从夏威夷飞往加利福尼亚。1937年她和领航员一起作环球飞行，当他们完成2/3航程时，飞机在中太平洋国际日期变更线附近突然失踪，至今下落不明。

埃尔加 Elgar, Edward (William) (1857～1934) 后称 Sir Edward。英国作曲家。父亲是钢琴调音师。他精通小提琴和管风琴。早期作品经常被人演奏，逐渐建立起名声。管弦乐《谜变奏曲》(1899)给他带来声誉，后来成为全国知名人物，被认为是20世纪复兴英国音乐的先驱者，自G.F.韩德尔死后英国作曲界经过一段长期的黯淡时代开始振兴。其主要作品包括:5首《威仪堂堂进行曲》(1901～1907),2首交响曲(1908,1911)，小提琴协奏曲(1910)，大提琴协奏曲(1919)，清唱剧《杰隆修斯之梦》(1900)，交响诗《想象中的乐土》(1901)和《法尔斯塔夫》(1913)。

埃尔金伯爵 Elgin, Earl of (1811～1863) 原名 James Bruce。英属加拿大总督。1842年任牙买加总督。1847～1854年任英属北美总督，负责在加拿大建立责任制或内阁制政府，这是德拉姆勋爵建议的。他支持新政府的《暴乱损失赔偿法》(1849)，对在1837年下加拿大暴乱中所有受损失的加拿大人给予赔偿。该立场引起英格兰的托利党人和蒙特利尔法裔加拿大暴民的强烈反对。他曾谈判订立加拿大各殖民地与美国间的《互惠条约》(1854)。1857年离开加拿大先后出使中国、日本和印度。

埃尔金大理石雕刻艺术品 Elgin Marbles 伦敦不列颠博物馆收藏的古希腊大理石雕刻和建筑物残片。这些收藏品是在英国驻奥斯曼帝国大使埃尔金伯爵托马斯·布鲁斯(1766～1841)的安排下，从雅典帕台农神庙和其他古代建筑物上拆下来后，于1802～1811年间运回英国。埃尔金认为他拯救了这些作品，使其免遭土耳其人破坏，因为希腊后来受奥斯曼帝国统治。他获得土耳其人的允许，可以“拿走任何上面有古老铭刻或图像的石块”。埃尔金把这些宝物纳为私人收藏，逐渐引起强烈的抗议，直到1816年王室

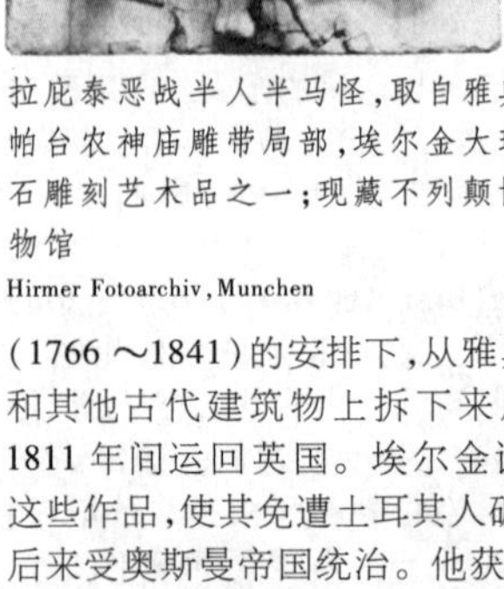

拉庇泰恶战半人半马怪，取自雅典帕台农神庙雕带局部，埃尔金大理石雕刻艺术品之一；现藏不列颠博物馆

Hirmer Fotoarchiv, Munchen

购买了他的全部藏品。但争议一直持续着，希腊政府屡次要求归还这些收藏品。

埃尔利希　Ehrlich, Paul(1854～1915)　德国医学家。早期在对外来物质在体内分布及细胞营养方面的研究后，发现可将染色剂用于诊断疾病(包括结核病)及治疗。他也对伤寒、解热剂和眼科病进行研究。在一篇论文中曾指出组织中不同的氧消耗量反映其细胞病变的不同程度。他研究出为动物注射加量毒素以刺激产生抗毒素的方法。他的工作对创制白喉抗毒素至为关键。1908年他与É. 梅奇尼科夫共获诺贝尔生理学或医学奖。1910年，在秦佐八郎(1837～1938)协助下，发明疗效甚佳的抗梅毒药胂凡纳明。

埃尔利希　Ehrlich, Paul R(alph)(1932～　)　美国生物学家。生于美国宾夕法尼亚州费城。在堪萨斯大学先后取得硕士(1955)和博士(1957)学位，1959年起在斯坦福大学任教。虽然他的研究工作主要在昆虫学方面，但他最关心的却是不受控制的人口增长。他最有影响的著作是《人口炸弹》(1968)。1990年与生物学家E. O. 威尔逊共获瑞典的克拉福德奖。

埃尔丝勒　Elssler, Fanny(1810～1884)　奥地利芭蕾舞蹈家，在芭蕾中采用性格舞蹈。早年在维也纳学舞，1834年在巴黎歌剧院首次登台演出前，一直在欧洲巡回演出。她的演出立即获得成功，因为她热情而自然的舞蹈与当时流行的**M. 塔利奥尼**的冷漠学院派风格恰好形成鲜明的对比。1840～1842年在美国巡回演出，博得观众高度赞扬并赚了一大笔钱。之后返回欧洲巡回表演，直到1851年在维也纳退休。

埃尔泰　Erté(1892～1990)　原名Roman Tertov，后称Romain de Tertoff。俄裔法国时装绘图及设计师。1912年离开故乡圣彼得堡来到巴黎。曾一度为女服装商P. 普瓦雷工作。1916～1937年在《哈珀市场》杂志刊登时装画像，其所绘模特儿风格高雅，以室内艺术装饰为背景，姿态优美。他也为巴黎贝尔热游乐场设计戏剧布景和服装(1919～1930)。20世纪20年代为美国音乐剧设计表演服装，最著名的是《齐格飞活报剧》。他的设计一直被广泛复制。

埃尔泰于1924年为《哈珀市场》杂志设计的黑白缎下午女装
© Sevenarts Limited

埃尔泽菲尔家族　Elzevir family　又作Elsevier family。荷兰世代经营书店、出版业和印刷厂的家族。从1587～1681年共有15个家族成员从事经营。家族的其他成员在海牙、乌得勒支和阿姆斯特丹设立分支机构。以销售希腊文版的《新约》和古典书籍闻名。出版的书籍印刷精美、设计讲究，昔日备受赞誉，现在被认为是代表了当时荷兰图书的高质量。

埃菲尔铁塔　Eiffel Tower　巴黎的标志性建筑，1889年为筹备法国革命一百周年博览会而建。由桥梁工程师G. 埃菲尔(1832～1923)设计，为高300米的露空结构铁塔，是科技上的杰作。设计方案利用了关于金属拱和桁架在受力(包括风力)情况下发生变化的先进知识，预示了土木工程和建筑设计的一次革命。在1929年纽约市的**克莱斯勒大厦**建成以前，为世界最高建筑。

巴黎埃菲尔铁塔；G. 埃菲尔设计，建于1887～1889
Giraudon-Art Resource

埃弗格莱兹　Everglades　又译大沼泽地。美国佛罗里达州南部亚热带锯齿草沼泽地区，面积11 100平方千米。水流从奥基乔比湖口缓慢地通过该沼泽地流入西临墨西哥湾和佛罗里达湾的红树沼泽。埃弗格莱兹国家公园于1947年建立，涵盖整个西南部沼泽区，面积6 105平方千米。是美国最大的亚热带荒漠区。气候温暖，为大量鸟类、短吻鳄、蛇和海龟提供了一个良好的生存环境。在这片沼泽地中大片地区修建了排水沟渠，改变了多种动物的栖息地。

埃弗特　Evert, Chris(tine Marie)(1954～　)　原名Chris Evert Lloyd。美国女子网球运动员。出生于佛罗里达州劳德代尔堡。1971年她成为进入美国锦标赛半决赛的最年轻的选手。曾6次赢得美国公开赛女子单打冠军(1975～1978、1980、1982)并屡次获得温布尔登赛单打冠军(1974、1976、1981)、法国公开赛单打冠军(1974、1975、1979、1980、1983、1985、1986)及澳大利亚公开赛单打冠军(1982、1984)，总共赢得了18个"大满贯"。1989年退出网坛。

埃及　Egypt　全称Arab Republic of Egypt(阿拉伯埃及共和国)，旧称United Arab Republic(联合阿拉伯共和国)。阿拉伯语作Misr，古称Aegyptus。非洲东北部的中东地区国家。面积：996 603平方千米。人口：约85 017 000(2013)。首都：**开罗**。居民多为埃及阿拉伯人。语言：阿拉伯语(官方语言)。宗教：伊斯兰教(国教，以逊尼派为主)、基督教。货币：埃及镑。地处非洲、欧洲和亚洲之间的交叉点。具有国家形象的**尼罗河**纵贯全境，大多数土地位于干旱的西部沙漠和东部沙漠。尼罗河形成的平底河谷宽8～16千米，至开罗以北人口密集的三角洲低地呈扇形散开。尼罗河谷(上埃及)、三角洲(下埃及)和稀疏的绿洲为埃及全部的农业区，埃及人口的绝大多数居住于此。埃及主要实行的是发展中的社会主义经济，但兼有企业自由经营成分，主要为包括石油在内的工业和农业。埃及为共和国，两院制。自2011年2月起，军方在总统下台后掌控国家政权。2011和2012年举行议会和总统选举。2012年通过新宪法。此后不到一年，军方罢黜新总统穆罕默德·穆尔西，新宪法被中止。国家元首是总统，政府首脑为总理。埃及是拥有世界上延续至今最古老文明的国家之一。公元前3000年上埃及和下埃及统一后，埃及进入了一个文化兴盛时期，并由埃及人一脉相承持续统治了将近3 000年。埃及的古代史分为古王国、中王国和新王国3个时期，历经31个朝代，止于公元前332年。金字塔的建造可追溯至古王国时期，精致的雕刻术和对主神**俄赛里斯**的崇拜始于中王国时期，而帝国时代和犹太人出埃及(参阅《**出埃及记**》)则发生于新王国时期。公元前671年亚述人入侵，前525年波斯人建立起阿契美尼德王朝。前332年**亚历山大大帝**入侵，开创了马其顿托勒密时期，奠定了**亚历山大**作为希腊化文化与知识中心的显赫地位。公元前30～公元395年罗马人统治着埃及，其后在行政上受君士坦丁堡的控制。313年**君士坦丁一世**特准容纳基督徒，使正式的埃及教会得以成立(参阅**科普特正教会**)。642年埃及处于阿拉伯人控制之下，最后终于变为一个讲阿拉伯语的国家，并将**伊斯兰教**奉为主要宗教。埃及曾受伍麦叶王朝和阿拔斯王朝的统治，969年成为**法蒂玛王朝**的中心。1250年马木路克人建立王朝，一直统治到1517年埃及被奥斯曼土耳其人占领。在马木路克王朝后期，埃及的经济衰退，文化衰落。1914年成为英国的一个保护国。1922年君主立宪制建立后，埃及在名义上独立。1952年以**G. A. 纳赛尔**为首的一批军官推翻君主政府。埃及与叙利亚联合组成的阿拉伯联合共和国(1958～1961)以失败告终。在经过对以色列的三次以战败告终的战争后(参阅阿以战争),其继任者萨达特与以色列媾和,此举使埃及与其阿拉伯盟友关系疏远。1981年萨达特被伊斯兰极端分子暗杀,由其继任者穆巴拉克继续和平谈判。波斯湾战争期间(1991),埃及虽加入反对伊拉克的联盟,战后却开始与该地区国家谋取和平。对政治、经济和社会改革的愿望使埃及在2011年爆发了前所未有的民众起义,迫使穆巴拉克总统下台,之后军方控制了国家。2012年权力移交给民选总统穆罕默德·穆尔西,但他很快面临公众对埃及经济状况和其试图独揽大权的不满。2013年军方罢黜他的职位。埃及于1912年首次参加在斯德哥尔摩举办的夏季奥运会。

埃及建筑 Egyptian architecture 古埃及的房屋、宫殿、寺庙、陵墓和其他建筑。大多数的埃及城镇曾因位于洪水泛滥的平原而消失,但建在较高地面的宗教建筑物却以许多形式留存下来。陵墓建筑往往宏大壮观。陵墓不只是安放遗体的场所,而且是死者的家,备有物品以保证死后继续存在下去。泥砖和木材是标准的家居建筑材料,不过从古王国(约公元前2575～约前2130)开始,则用石块来建筑陵墓和寺庙。埃及的石匠使用石块复制出木材和砖块的建筑形式。他们用石室坟墓和梯形金字塔作为陵墓的上部结构,但古王国最具特色的形式是真正的金字塔。其中最精美的是在吉萨的纪念碑式的胡夫大金字塔。非王陵的墓地则是简单的带有石碑的殡葬室,离王陵有一段距离。在新王国时期(公元前1539～前1075),王陵嵌入峭壁之内以防偷盗;在底比斯的国王谷地中修建了一些精美的陵墓和停尸寺庙的建筑。寺庙主要分为两类:拜神用的祭祀寺庙,以及殡葬或停尸用的寺庙。最引人注目的是大石块砌成的祭祀寺庙;在卢克索、凯尔纳克、阿比多斯和阿布辛拜勒等地可看到令人印象深刻的残留建筑。

埃及艺术 Egyptian art 公元前3000～前1000年的埃及王朝时期,在埃及与努比亚的尼罗河流域产生的古代雕刻、绘画和装饰工艺品。埃及艺术成为当权者维护其现有社会结构的有力宣传工具。很大一部分艺术品是由古墓保存下来的。埃及艺术的发展历程大致与国家的政治历程平行并进,分为三个时期:古王国时期(约公元前2575～约前2130)、中王国时期(约公元前1938～约前1630)和新王国时期(约公元前1539～约前1075)。石墓与古王国的庙宇都以色彩鲜明的浮雕装饰,生动而真实地描绘人们的日常生活;对人像的绘制已有规定,标明正确的比例、姿态及细节的配置,通常均与所阐释主体的社会地位有关。古王国末期艺术品质衰退。中王国时期政治情况稍有稳定,艺术随之复兴,特别值得注意的是,国王们的雕像、浮雕及绘画都臻于高水平的艺术境界。新王国时期艺术进入百花齐放期,巨型花岗岩人像及墙上的浮雕为统治者与众神歌功颂德;绘画成为独立的艺术,装饰的手工艺品达到新的高峰,图特安哈门的陵墓所发现的宝藏,是各种奢侈艺术品的典型。参阅埃及建筑。

埃及宗教 Egyptian religion 公元前第4千纪到公元初的几个世纪间古埃及的多神信仰体系,包括民间传统和宫廷宗教。源于尼罗河谷地的地方神既有人形的,也有动物形的。公元前2925年政治上统一后,常被合成全国性的神来崇拜。这些神并非全能或全知,但相比人类要神通广大得多。关于他们的性格并无清楚的界定,许多地方也有所重叠,特别是那些主神。何露斯是最重要的神之一,是统治宇宙的众神之王,代表着俗世的埃及国王。其他重要的神还有太阳神瑞、创世之神卜塔和阿吞,以及伊希斯和俄赛里斯。玛亚特(意思是"秩序")的概念是基本的:国王在社会与宇宙的层次维持玛亚特。对来世的信仰与专注弥漫于埃及宗教,现存的坟墓和金字塔可以证明。人们相信埋葬在国王之旁,有国王做伴,才能顺利抵达冥界。《死者书》的口令和咒语可以超渡死者。

埃科 Eco, Umberto(1932～) 意大利评论家、小说家。1971年起在博洛尼亚大学任教授。在著作《开放的作品》(1962)中提出,有些文学和现代音乐基本是含混不清的,因而吸引读者参与诠释和创作过程。他在其著作《符号学理论》(1976)、《符号学与语言哲学》(1984)以及《诠释的限度》(1991)中,继续探讨和传播符号学的其他领域。他的小说包括了学术价值极高但内容谈的是神秘谋杀案的畅销书《玫瑰的名字》(1980;1986年改编为电影),其他作品还有《傅科摆》(1988)、《昨日之岛》(1995)。

埃克 Eck, Johann(1486～1543) 原名Johann Maier(迈埃尔)。德国天主教神学家。1508年受祝圣为司铎,1510年获神学博士学位,同年任因戈尔施塔特大学神学教授,开始他一生的教书生涯。原与路德交好,但之后埃克攻击路德的《九十五条论纲》,将之视为异端。1519年埃克与路德及A.卡尔施塔特(约1480～1541)进行辩论,其后教皇利奥十世委派埃克出版并强力推行谴责该论纲的教皇训谕。埃克所撰《反路德派便览》(1525)概括列出引起争论的天主教教义、新教的反对意见以及对争论的解答。此书成为埃克最著名的著作,也是16世纪最著名的天主教辩论手册。

埃克龙 Ekron 旧译以革伦。古代迦南和非利士人城市,为非利士五城邦之一。位于现今以色列中部。虽然在被以色列族征服后归犹大支派,但仍为大卫王时期的非利士人要塞。后来与崇拜别西卜神有关。约公元前918年被埃及攻占。公元前7世纪臣服于亚述王国。希腊化以后被称为阿卡龙。至中世纪晚期城市不复存在。

埃克塞特 Exeter 古称Isca Dumnoniorum。英格兰德文郡首府。濒埃克斯河,距英吉利海峡16千米。地处渡口。原为英国早期部族杜姆诺尼人的聚居中心,后被罗马人侵占,名之为埃斯卡杜姆诺尼欧。为中世纪英格兰西南部的主要城镇,曾屡被围攻。阿尔弗烈德大王曾两度在该处坚守抗击丹麦大军(877和约894);1003年被丹麦人占领,1068年又归征服者威廉统治。埃克塞特的诺曼大教堂祝圣于1133年。教堂内的《埃克塞特诗集》为现存最大的古英语诗集。该市为轻工业中心和所在广袤地区的服务业中心。人口约111 078(2001)。

埃克森公司 Exxon Corp. 前称Standard Oil Co. (New Jersey)(新泽西标准石油公司)。全世界销售量最大的公司之一。其投资和经营范围包括石油和天然气、煤、核燃料、化学品,还有铜、铅、锌等矿产。它还经营输油管道和一支包括油轮和其他船只的船队(全世界最大的船队之一)。埃克森公司参与石油工业的每个层面,从油田到加油站无所不包。该公司在1882年由标准石油托拉斯创立。后成为一个跨国公司。它控制了在英国、德国、加拿大、南美洲和中东的石油公司。1926年新泽西公司推出商标名"埃索",后其他标准石油公司对此名称提出异议,新泽西标准石油公司遂在1972年改名为埃克森公司。1999年与美孚公司合并,成为埃克森美孚公司。

埃克脱(小) Eckert, J(ohn) Presper, Jr.(1919～1995) 美国工程师。生于美国费城,就读于宾夕法尼亚大学。1946年与J.W.莫奇利一起制成数字计算机(ENIAC),它实际上包含了当今高速数字计算机上用的全部电路。1949年他们宣布制成二进制自动计算机(BINAC)。他们设计的第三种机型是为处理商业数据而设计的通用自动计算机(UNIVAC I),在商业上有广泛的用途。埃克脱共获得85项专利,1969年获得美国国家科学奖章。

埃拉加巴卢斯 Elagabalus(203～222) 又称Heliogabalus,正式名称Caesar Marcus Aurelius Antoninus Augustus,原名Varius Avitus Bassianus。罗马皇帝(218～222年在位),以其反常的淫乱行为臭名昭著。谎称为卡拉卡拉的私生子,在军队拥护下成为皇帝。即位后将自己所信仰的叙利亚巴力的宗教强加于

埃拉加巴卢斯,大理石胸像;现藏罗马卡皮托利尼博物馆

Alinari-Art Resource

罗马世界，处决异己，提拔亲信，大搞同性恋放荡聚会，激怒了罗马的舆论。他宣布立堂兄弟亚历山大为继承人，后来又改变主意，引起禁卫军哗变。禁卫军将其杀死，拥立亚历山大为帝。

埃莱夫西斯 Eleusis 希腊语作 Elevsís。希腊东部城市，有一座古代城市废墟。以*埃莱夫西斯秘仪*的发祥地闻名。位于雅典以西约23千米处。原来独立，公元前7世纪被雅典兼并，雅典后来把埃莱夫西斯秘仪变成了它的一个主要宗教节日。公元395年为哥特人领袖*阿拉里克*所毁，此后便无人居住。直到18世纪才恢复为今埃莱夫西斯镇（希腊语：列普西那），现为雅典市郊的工业区。这里已发掘一些废墟，出土的有人教厅，年代可追溯到3 000年前的迈锡尼时代晚期。

埃莱夫西斯秘仪 Eleusinian Mysteries 古希腊最有名的*秘传宗教*。以大地女神*得墨忒耳*的故事为背景，她的女儿珀耳塞福涅被冥王哈得斯拐走。她在寻找女儿时，在*埃莱夫西斯*停留，得墨忒耳向王室暴露了她的身份，并叫他们建神庙供她隐居，向他们传授她的仪式。大秘仪在秋天举办，仪式开始时，以庄严的前进行列从雅典行至埃莱夫西斯的神庙，接下来在海水中作浸浴仪式，连续3天斋戒，然后完成秘密仪式。正式人教后表示获得拯救并享有身后福祉。

埃莱亚诺（阿基坦的） Eleanor of Aquitaine（1122？～1204） 法国路易七世的王后（1137～1204）和英格兰亨利二世的王后，是12世纪欧洲最有权势的女人。她继承了阿基坦公爵领地，并嫁给了法国王储。她美丽、任性而意志坚强。1147～1149年随路易进行第二次十字军东征，她的行径令路易心生不满。虽然与路易生有两个女儿，还是在1152年与他离婚，后来又与亨利（金雀花）结婚。不久亨利继承英格兰王位，为亨利二世。这次婚姻使英格兰、诺曼底和法国西部纳人亨利的统治范围。她为亨利生了5子3女，其中包括狮心王理查一世和约翰（拉克兰）。3个女儿都嫁给其他的欧洲王室。她在普瓦捷的宫廷成为一个文化中心，游吟诗人的诗盛行一时。1173年她可能支持诸子反对父王亨利，因事败露而被捕，并遭囚禁，一直到亨利过世（1189）。理查一世在位期间，她活跃于政坛，在他率领十字军东征期间执掌朝政，并从奥地利公爵手中赎回理查。1199年理查死后，约翰继位，她为约翰挡住了法国的威胁，拯救了安茹和阿基坦，后来隐退到一所修道院。

埃兰 Elam 中东地区的古国，在今伊朗西南部，位于巴比伦以东的波斯湾头。首府为苏萨（有时埃兰又称苏萨）。埃兰文化与美索不达米亚有密切联系，约公元前2700年开始就与苏美尔人和阿卡德人发生冲突。公元前13世纪成为一个强国，范围包括底格里斯河以东的美索不达米亚大部分地区，几乎快到达*波斯波利斯*。但当巴比伦的尼布甲尼撒一世（公元前1124～前1103年在位）占领苏萨以后，埃兰的光辉时期告终。后来埃兰成为波斯帝国阿契美尼斯王朝的一个总督辖区，苏萨成为波斯首府之一。

埃雷克 Erech 又称 Uruk（乌鲁克）。美索不达米亚古城，位于伊拉克吾珥城西北，幼发拉底河畔。为苏美尔最大城市之一，围着该城的砖城墙据说是神话英雄吉尔伽美什所建。在墙内发掘出历代城市的遗迹，年代始于约公元前5000年史前的欧贝德时期，至安息时代（公元前126～公元224）为止。在公元前70年前后尚有古代培养抄写员的学校使用楔形文字。在埃雷克-詹达特·纳斯尔时代（约公元前3500～前2900），埃雷克的都市生活比任何美索不达米亚其他城市都更有光彩。

埃里克森 Ericsson, John（1803～1889） 瑞典裔美国造船工程师和发明家。1826年移居伦敦，建造了一台蒸汽机车（1829），后来还设计了热力引擎并取得螺旋桨的专利权。1839年移民到美国。内战期间自请负责设计和建造了军舰"监视者"号，在和"梅里马克"号战斗中展现优势，使得政府当局向埃里克森订购大量同型军舰。这款军舰全部为蒸汽推动，有螺旋桨和装甲旋转炮塔，为美国战舰设定崭新形式，一直沿用至20世纪。他在晚年还研制一种鱼雷，并研究太阳能发动机。

埃里克松 Erikson, Erik Hcomburger（1902～1994） 德国出生的美国精神分析学家。原在维也纳师从*A.弗洛伊德*，1933年移民美国，在波士顿从事儿童精神分析工作并在哈佛医学院执教。1936年到耶鲁大学任教，1938年开始研究文化对心理发展的影响，对象包括了苏族儿童和后来的尤罗克印第安人。他后来在加州大学伯克利分校教书；1950年因拒绝在忠诚宣誓上签字而离开。以埃里克松的观点来看，一个人必须克服和内化一系列认同危机才能取得人格的发展，以为下一个发展阶段作准备。他假定人格发展分为8个阶段。他还研究社会心理学和心理学与历史、政治、文化的相互作用。他的著作有《儿童时期与社会》（1950）、《青年路德》（1958）、《甘地的真理》（1969）和《生命历史和历史的瞬间》（1975）。

埃里温 Yerevan 旧作 Erivan。亚美尼亚首都。公元前8世纪建要塞。公元前6世纪起成为亚美尼亚王国一部分。作为商队重要集散中心，该城不断发展。数百年间先后被罗马、阿拉伯、土耳其和俄国统治。1827年归属俄国。1920年以来，在独立的亚美尼亚时期、苏联统治时期及重新独立之后，一直是亚美尼亚的首都。工业主要包括化工产品、铝、汽车和电机等。人口约1 101 900（2004）。

埃利奥特 Eliot, Charles William（1834～1926） 美国教育家，生于波士顿。曾就读于哈佛大学，并留校教数学及化学（1858～1863），后到麻省理工学院任教（1865～1869）。在研究欧洲教育系统后，1869年就任哈佛大学校长，开始一个重大的改革计划。他认为健全的通才教育计划必须给予自然科学与人文科学相同的地位，取消本科生必修课程，代之以选修制度。1890年创立艺术和科学学院，1894年建立拉德克利夫学院，提高专科学院的品质，使哈佛大学成为世界闻名的学府。他的改革对美国的高等教育也产生了广泛的影响。1909年退休后，主编了50卷《哈佛古典作品》（1909～1910），写了几部书，并献身于公共事务。

埃利奥特 Eliot, John（1604～1690） 英格兰基督教清教派传教士，在美洲马萨诸塞湾殖民地印第安人中间传教。1631年移居波士顿，后任该市附近罗克斯伯里教堂牧师，终其一生。他在信徒和其他教牧人员的支持下向印第安人传教，1649年创立第一个真正的传教团体（其经费主要来源于英格兰）。他的方式树立了以后两个世纪印第安传教团的模式。他所翻译的阿尔冈昆语《圣经》是在北美洲第一部印行的《圣经》。

埃利蒂斯 Elytis, Odysseus（1911～1996） 原名 Odysseus Alepoudhelis。希腊诗人。出身于莱斯沃斯岛一个富裕家庭，20世纪30年代受法国超现实主义的影响开始发表诗歌，最早的两部诗集表露了他对希腊美景和爱琴海的眷爱。第二次世界大战期间，加入阿尔巴尼亚反意大利的抵抗运动，成为年轻希腊人中稍有名气的吟游诗人。后来的作品有《太阳王》（1971）和《小水手》（1986）。1979年获诺贝尔文学奖。

埃利都 Eridu 苏美尔古城，临波斯湾。当时是苏美尔和巴比伦的主要港口，位于吾珥河和幼发拉底河附近，淤积使得海岸线南移，该城遗址在今伊拉克，距海已有相当距离。它是苏美尔最古老的城市，庇护神为恩基（埃阿）。公元前5千纪在沙丘上建立。有许多有文字记载前的欧贝德文明各时期的遗迹。其连绵的层叠庙宇描绘出一幅复杂的泥砖结构建筑的发展景象。直至公元前600年该城仍有人居住。

埃利孔山 Helicon, Mt. 希腊中东部山峰。是较高的帕尔纳索斯山脉的延伸部分埃利孔山脉的一部分。靠近科林斯湾，海拔1 749米。因古希腊人视这里为*缪斯*女神的故乡而闻名，山上有阿加尼佩泉和希波克林泉，即传说中诗人灵感的来源。

埃利森 Ellison, Ralph (Waldo)（1914～1994） 美国作家。出生于美国俄克拉何马州俄克拉何马城。在加入联邦作家计划之前于塔斯基吉学院学习音乐。他以小说《隐身人》（1952）一炮走红，以一位无名年轻黑人叙述的故事为主轴，苦涩地反映出美国的种族关系。此书被公认为第二次世界大战以来美国最杰出的小说之一。后来发表了2本散文集《影子和动作》（1964）和《前往领地》（1986），并四处演讲和教书。他未完成的第二部小说《六一九节》在他去世后由他的版权代理人J.卡拉汉于1999年出版。

埃利斯岛 Ellis Island 美国纽约东南部

上纽约湾的一个岛,位于纽约市曼哈顿岛西南,面积约11公顷。1808年纽约州政府把该岛售予联邦政府。1892～1924年间是美国主要的移民检查站,之后该站迁往纽约市区。1965年成为自由女神像国家纪念地的一部分。岛上的主要大厦为埃利斯岛移民博物馆。

埃利亚代　Eliade, Mircea(1907～1986)罗马尼亚裔美国宗教史学家。曾在加尔各答大学攻读梵文及印度哲学,后来返回布加勒斯特大学获博士学位,并任教于该大学,直至1939年。1945年移居巴黎,于巴黎大学任教,1956年在芝加哥大学任教。埃利亚代认为宗教体验是一种可信的现象,称其为世上的"圣兆",并研究了古今全世界所出现的圣兆的种种形式。1961年创办《宗教史》期刊。著作包括:《关于永久回归的神话》(1949)和《宗教思想史》(3卷,1978～1985),并编有16卷的《宗教百科全书》。

埃莉诺(卡斯蒂利亚的)　Eleanor of Castile(1246～1290)　英格兰爱德华一世的王后。卡斯蒂利亚国王之女。1254年与爱德华结婚,并得到加斯科涅的领地权。1264～1265年间当诸侯反叛时,为了安全起见,爱德华把她送往法国。1270～1273年她陪同爱德华参加十字军。据传说当爱德华受剑伤时,她曾从创口吸出毒液,拯救了爱德华的性命。她死后,爱德华在她的灵柩运往伦敦途中的每一停留处均竖立了十字架。

埃林顿　Ellington, Duke(1899～1974)原名Edward Kennedy。美国作曲家、管乐队领队和钢琴家,美国音乐史上的重要人物。1924年在故乡华盛顿特区组成自己的乐队,

D.埃林顿
Reprinted with permission of Down Beat Magazine

到1927年经常在哈勒姆的棉花俱乐部演出。终其一生,埃林顿的乐队一直在爵士乐界享有极高的职业和艺术评价。首先最出名的是那种加活塞弱音器的咆哮声而形成的"丛林"风格,埃林顿还结合布鲁斯使之成为他音乐里恒久的一部分。他按照各乐器演奏者的特殊风格来作曲,许多演奏者一生的事业大都在这个乐队,如萨克斯管手J.霍奇斯和H.卡尼、低音提琴手J.布兰顿、长号手T.S.南顿和L.布朗,以及小号手B.迈利和C.威廉斯。B.斯特雷霍恩是埃林顿音乐上的密友与经常的搭档。他常作有大型的音乐作品,其中包括舞蹈音乐、流行歌曲、大型音乐会作品、音乐剧歌曲以及电影谱曲。最有名的作品包括《靛蓝色心情》、《丝绸娃娃》、《别再奔波了》和《复杂的女人》。

埃律西昂　Elysium　又称Elysian Fields。在希腊神话中原指被诸神授以不朽生命的英雄所去的乐园。荷马曾描述埃律西昂平原在世界的尽头,是濒临俄刻阿诺斯河的一个极乐世界。从品达罗斯时代(约公元前500年)起,只有一生过正直生活的人才能来到这里。

埃米尔　emir　在中东穆斯林地区,指军事首领、省长或高级军官。自称埃米尔的第一个领袖是第二代哈里发欧麦尔·伊本·哈塔布,这个头衔由他的继承者一直沿用到1924年哈里发制被废除为止。10世纪时,巴格达的哈里发军队指挥官也用了这个头衔。后来中亚的一些独立国家(尤其是布哈拉和阿富汗)的统治者也采用这个称号。阿拉伯联合酋长国则全由舍赫统治。

埃莫西约　Hermosillo　墨西哥西北部索诺拉州首府。位于沿海平原,索诺拉河和圣米格尔河汇合处,诺加莱斯以南。除了是行政中心外,它还是附近农业灌溉区的商业和制造业中心。市内设有索诺拉大学(1938)。这里也是冬季旅游胜地。人口约715 061(2010)。

埃姆斯夫妇　Eames, Charles and Ray(查尔斯1907～1978;雷1916～1988)　美国设计师。查尔斯生于圣路易斯,为训练有素的建筑师;雷的娘家姓为凯泽,生于萨克拉门托,曾随H.霍夫曼(1933～1939)习画。两人于1941年结婚后迁居加利福尼亚州,为电影设计布景,并从事胶合板家具的研究。1946年查尔斯应现代艺术馆之邀,举行家具设计展,自此赫尔曼·米勒家具公司开始大量生产由他们设计的模压胶合板椅,他们的家具因美观、舒适及典雅等特色而著称。1955年起他们制作教育影片,最著名的是《十的威力》(1969)。他们也担任美国大型公司的设计顾问,包括国际商用机器公司(IBM)。

埃姆斯河　Ems River　古称Amisia。德国西北部河流。源出莱茵-威斯特法伦东北部的条顿堡林山南坡,向西及西北流入北海。全长371千米。河口毗邻荷兰形成宽广的河湾。1892～1899年建成的多条运河将其与多特蒙德-埃姆斯运河及鲁尔河工业区连通。

埃涅阿斯　Aeneas　神话中特洛伊和罗马的英雄人物。是女神阿佛洛狄忒和特洛伊王室成员安喀塞斯所生之子。根据荷马所述,他在特洛伊战争中功绩卓著,仅次于堂兄弟赫克托耳。罗马诗人维吉尔的《埃涅阿斯纪》中叙述了埃涅阿斯在特洛伊城沦陷之后,背着他年迈的父亲逃出来,前往意大利,其后裔后来成为罗马的统治者。

埃奇沃思　Edgeworth, Maria(1767～1849)英裔爱尔兰作家。15岁时即协助父亲管理田产,从中得知农村经济和爱尔兰农民的许多实际情况。她早期的儿童故事《双亲的助手》(1796)中的孩童是莎士比亚之后最具信服力的人物形象。《拉克伦特堡》(1800)是她的首部小说,表现了她在社会观察和对话写实方面的才能。其他著名作品有:《贝林达》(1801);《上流社会生活传闻》(1809～1812)6卷,当中收录了小说《不在地主》,描写英国地主长年在外寄居的生活;《庇护》(1814)和《奥蒙德》(1817)。

埃切加赖-埃萨吉雷　Echegaray (y Eizaguirre), José(1832～1916)　西班牙剧作家。早年为数学教授,后在政府中任职,曾出任财政部长,并协助组建西班牙银行。第一部剧作《单据簿》(1874)问世时他已42岁;后来他平均每年写两部剧本。这些情节剧现多被人遗忘,但在当时却颇受欢迎,他丰富的想象力和舞台技巧备受推崇。1904年与F.米斯特拉尔共获诺贝尔文学奖。

埃萨·德·克罗兹　Eça de Queirós, José Maria de(1845～1900)　又作José Maria de Eça de Queiroz。葡萄牙小说家。一位地方法官的私生子,起初从事法律工作,后转而写作,并几次出任外交职务。他与被称为"七十年代派"的一群主张社会改革和艺术改革的青年知识分子建立了密切的联系。他的小说为葡萄牙文学引进了自然主义和写实主义,作品有《阿马罗神甫的罪恶》(1876)、《堂兄巴济利奥》(1878)、《马亚一家》(1888)等,后者是他的杰作,为揭露葡萄牙社会道德沦丧的讽喻之作。他常被认为是葡萄牙最伟大的小说家。

埃塞俄比亚　Ethiopia　全称Federal Democratic Republic of Ethiopia(埃塞俄比亚联邦民主共和国),旧称Abyssinia(阿比西尼亚)。非洲东部国家,位于非洲大陆最东端的"非洲之角"。面积:1 063 652平方千米。人口:约86 600 000(2013)。首都:亚的斯亚贝巴。居民中约1/3是阿姆哈拉人,1/3是奥罗莫人,其余的则是提格雷人、阿法尔人、索马里人、萨霍人和阿古人。语言:阿姆哈拉语、奥罗莫语。宗教:基督教(埃塞俄比亚正教徒占大多数,还有新教)、伊斯兰教和传统宗教。货币:比尔。埃塞俄比亚为一内陆国家。北部多山,东西部为低地。中部埃塞俄比亚高原,由大裂谷分成东、西高地。高地气候温和,主要为稀树草原;而干旱低地则炎热。因集约农业和过度伐木引起严重侵蚀,再加上周期性的干旱,时而导致食物短缺。埃塞俄比亚一度多野生动物,现已大批死亡,许多物种濒危。埃塞俄比亚现为世界上最贫穷的国家之一。经济以农业为主,属生存型,主要生产谷物。畜牧业也重要。咖啡为主要出口作物,其次是兽皮。1995年建立新的联邦共和国,为两院制。国家元首是总统,政府首脑为总理。《圣经》中称埃塞俄比亚为库施,早在古代就有人居住,曾被埃及人统治。公元前7世纪,讲吉兹语的农民建立了达阿马蒂王国。公元前300年后被阿克苏姆王国取代,根据传说,阿克苏姆国王曼涅里克一世是所罗门王与

示巴王后所生之子。公元4世纪时基督教传入,随即广为传布(参阅埃塞俄比亚正教会)。与地中海地区繁荣的贸易活动于7～8世纪间因阿拉伯的穆斯林而中断,该地区转向南方发展。至15世纪晚期葡萄牙人来此后恢复了与欧洲的联系。现代埃塞俄比亚始于特沃德罗斯二世的统治,他统一了这个国家。随着欧洲人的入侵,1889年沿海地区成为意大利的殖民地。皇帝梅尼莱克二世将意大利人击败并逐出。在他的统治下,埃塞俄比亚繁荣起来,20世纪30年代海尔·塞拉西皇帝继续实行他的现代化计划。1936年意大利再次取得对该国的控制,将其作为意属东非的一部分,一直到1941年被英国人占领。1952年埃塞俄比亚合并了厄立特里亚。1974年海尔·塞拉西被废黜,马克思主义政府成立,屡遭内战与饥荒,一直执政到1991年。1993年厄立特里亚获得独立,但与埃塞俄比亚及邻国索马里的边界冲突持续不断。埃塞俄比亚于1956年首次参加在墨尔本举办的夏季奥运会。

埃塞俄比亚正教会　Ethiopian Orthodox Church　埃塞俄比亚独立的基督教牧首区。4世纪时由圣弗鲁孟提乌斯和他的兄弟埃德修斯共同创立,并以亚的斯亚贝巴为基地;教会信奉基督一性论派的教义。以埃及科普特正教会亚历山大牧首为名誉首脑。从12世纪起直至1959年自治的埃塞俄比亚牧首区建立前,埃塞俄比亚大主教一职都由亚历山大牧首任命。它的风俗包括割礼、严格的斋戒及其信徒参与的德卜特拉(debtera),他们演奏仪式音乐和表演舞蹈,并在其中作占星家、抄写员及算命卖卜者。其信徒多是北部和中部高地的阿姆哈拉人和提格雷人。参阅科普特正教会。

埃塞俄比亚主义　Ethiopianism　殖民时代撒哈拉沙漠以南非洲人中间的宗教运动。始于19世纪80年代,当时南非传教人员着手组织纯非洲人基督教会,如滕布族教会和非洲人教会。1892年M.莫科内建立埃塞俄比亚教会时,首先使用这个名词。埃塞俄比亚主义的主要起因之一在于非洲人不满欧洲殖民者露骨的种族歧视,不让他们在宗教和政治的等级中得到晋升的机会。非洲信徒也希望有更加非洲化、更加适应当地条件的基督教会和恢复部落生活。尼日利亚、喀麦隆、加纳、肯尼亚都有类似的活动。埃塞俄比亚宗教运动对于1906年的祖鲁起义和1915年的尼亚萨兰暴动都起了相当作用。到20世纪20年代,政治抱负不再与宗教关联,而与政党和工会结合在一起。

埃塞克斯　Essex　英格兰东部一郡。沿北海沿岸从泰晤士河口延伸至斯陶尔河口。切姆斯福德为郡首府。古郡原向西延伸远至米德尔塞克斯,但其西南角现已纳入大伦敦境内。5世纪撒克逊人入侵之前为罗马的一个中心,又是以伦敦为中心的七王国中的盎格鲁-撒克逊王国,9世纪时归丹麦人统治。后重被韦塞克斯夺回。尽管距伦敦很近,该郡许多地区仍以农耕为业。该郡是沿泰晤士河的石油设施所在地,建有核电厂。人口约1 310 922(2001)。

埃塞克斯伯爵(第二)　Essex, 2nd Earl of(1567～1601)　原名Robert Devereux。英格兰军人和廷臣。第一位埃塞克斯伯爵之子。年少时即为伊丽莎白一世的宠臣,但两

埃塞克斯伯爵(第二),据M.吉拉兹(小)之画作绘于16世纪末;现藏伦敦国立肖像画陈列馆
By courtesy of the National Portrait Gallery, London

人时有争吵。1591～1592年指挥在法国的英格兰军队,协助亨利四世对天主教徒作战。1596年他率领军队洗劫西班牙加的斯港。1599年伊丽莎白派他去爱尔兰任总督。他被爱尔兰叛乱分子打败,屈膝言和,因之1600年6月被伊丽莎白撤销了一切职务。1601年企图在伦敦煽动平民暴动反对伊丽莎白,但失败被捕,由其师F.培根审判,处斩。

埃塞克斯伯爵(第三)　Essex, 3rd Earl of(1591～1646)　原名Robert Devereux。英军指挥官。第二位埃塞克斯伯爵之子。1620年从军,为查理一世指挥军队,直到查理的众大臣被长期国会罢免为止(1640)。英国内战爆发,他开始指挥议会军。1642年在埃奇丘陵战役中勇猛冲杀保皇军队。1643年他向伦敦进军。1644年8月他的军队在康沃尔郡洛斯特威西尔被包围,全军投降,埃塞克斯只身从海上逃走。1645年辞去军队指挥职务。

埃塞奎博河　Essequibo River　圭亚那中东部河流。亚马孙河和奥利诺科河之间最大河流,也是圭亚那最长河流。源出巴西边界的阿卡拉伊山脉,向北流1 010千米,在距乔治敦21千米处注入大西洋。河口宽32千米,多岛屿浅滩,小海轮可上行80千米至巴提卡。

埃森　Essen　德国西部北莱茵-威斯特伐利亚州城市。位于鲁尔河畔,为欧洲最大的钢铁工业区。原为一座贵族隐修院(建于852)所在地,现仍存有15世纪兴建的大教堂。10世纪设市;原有自主权,1802年划归普鲁士。19世纪钢铁厂和煤矿的发展刺激了该城市的发展。第二次世界大战期间,由于这里是德国战争工业的中心而受到严重破坏。后重建起大型、现代化大楼,包括音乐厅、经济研究所、艺术研究所等。人口约591 889(2002)。

埃思里奇　Etherege, George(约1635～1692?)　后称Sir George。英国剧作家,被认为是王政复辟时期社会风俗喜剧的创作者。第一部喜剧作品《盆中之爱》(又名《滑稽的报复》,1664)一上演即获得成功,它生动刻画了当时社会的种种喜剧场面。他还写了《如果她能,她就肯》(1668)和颇受欢迎的《摩登人物》(1676)。虽然他的戏剧到18世纪便不再演出,他的喜剧风格却被后来的剧作家继承并保持至现代。

埃斯德赖隆平原　Esdraelon, Plain of　希伯来语作Emeq Yizreel。以色列北部平原。长约40千米。北依加利利丘陵,南邻撒马利亚地区。为埃及和肥沃新月间的古老通道,自古即为贸易通道和兵家必争之地。其西北部是古代美吉多城所在地。由于自然排水条件差,许多世纪以来一直人烟稀少,但自1920年以来得以开垦,有多处兼营集约农业和轻工业的定居点。中心城市为阿富拉。

埃斯科菲耶　Escoffier, (Georges-) Auguste(1846～1935)　法国烹饪大师,以首创"高级烹饪法"著称。因执掌蒙特卡罗贵宾饭店、伦敦的萨伏依(1890～1899)和卡尔登饭店(1899～1922)的厨房而誉满全球。他协助改良名菜,以简化及精制的方式使备宴更有效率。著有《烹饪术》(1903)、《我的烹饪法》(1934),并有其他经典作品,常被称作永世名厨。

埃斯库罗斯　Aeschylus(公元前525～前456)　希腊悲剧作家。公元前490年曾参与雅典人的马拉松战役。公元前484年赢得雅典第1次戏剧比赛的冠军。所写剧作约有80部以上,但仅有7部存留下来,其中最早的一部是《波斯人》,在公元前472年上演。其余为《奥瑞斯忒亚》三部曲(《阿伽门农》、《奠酒人》、《降福女神》)、《七将出征第比斯》、《乞援人》和《被缚的普罗米修斯》。他被公认是希腊悲剧之父,他在表演中加进第2个演员,这种创新手法使后来的舞台对话开始发展,创造真正的戏剧动作。埃斯库罗斯是希腊三大悲剧作家之首,活动时期在索福克勒斯和欧里庇得斯之前。

埃斯泰尔哈吉家族　Esterházy family　马扎尔贵族世家。其家族可追溯至15世纪,许多匈牙利外交官、军官和艺术爱好者出自这个家族。18世纪时,埃斯泰尔哈吉家族已成为匈牙利最大的地主。他们拥有的私人财富甚至大于他们所支持的哈布斯堡王朝。雄伟的埃斯泰尔哈吉宫建于新锡德尔湖畔的艾森施塔特,F.J.海登大部分的时间在这里担任音乐总监。家族的许多成员先后在匈牙利的政府、教会、外交界和军界中担任要职直至20世纪。

埃斯特家族　Este family　中世纪及文艺复兴时期意大利王公世家,是古代伦巴第贵族的后裔。姓氏起源于帕多瓦近郊埃斯特镇和埃斯特古堡,原为10世纪奥柏坦吉王朝的一支,始祖是阿尔贝托·阿佐二世(卒于1097),其子福尔科一世(卒于1136?)为家族继承人。曾参与归尔甫派与吉伯林派的战争,而成为归尔甫派的领袖。该家族13～16世纪末统治费拉拉。第五代及最后一代

费拉拉公爵阿方索二世(1533 ～ 1597)去世后,因无子嗣,由教皇直接统治费拉拉(1598),埃斯特家族的主系从此断嗣。中世纪后期至18世纪末该家族还统治摩德纳和雷焦。除了政治成就外,埃斯特家族成员在促进艺术和文化方面也扮演重要角色。

埃斯特朗 Ångström,Anders Jonas(1814 ～ 1874) 瑞典物理学家,从1839年开始任教于乌普萨拉大学。他设计了一种测量热导率的方法,证明热导率与电导率成正比,并推导出白炽气体放出的光线与该气体所能吸收的光线具有相同的折射率。作为光谱学的奠基者,他发现太阳大气中有氢,并发表了巨幅的太阳正常光谱图,且最先研究了北极光的光谱,探查并测量了它的黄绿带的标志亮线。长度单位埃(Å,1埃 = 10^{-10}米)就是以他的姓氏命名。

埃斯特雷马杜拉 Extremadura 西班牙中西部历史区域及自治区。面积41 634平方千米,包括西南部卡塞雷斯和巴达霍斯两省,首府为梅里达。基督徒再度征服伊比利亚半岛之后,这个地名曾指摩尔人领土以外的区域。中世纪以后,大体上指的就是现在这片区域。农村地区还保留着成片的农田。小麦、葡萄和橄榄是该地区主要农作物。人口约1 058 503(2001)。

埃特鲁斯坎人 Etruscans 意大利埃特鲁里亚古代民族,公元前6世纪时其都市文明达于顶峰。埃特鲁斯坎人的起源自古以来就有争论。前7世纪时他们已将全部托斯卡纳置于其统治之下,在前6世纪中期推进到波河流域并成为罗马的统治者。埃特鲁斯坎人在罗马修建了多项公共工程,包括城墙和下水道系统。在前6世纪结束时,因受到该地区包括希腊、罗马和高卢等民族的威胁,埃特鲁里亚逐渐衰落。前509年埃特鲁斯坎人被罗马人驱逐。他们曾建立了繁荣的商业和农业文明,并留下许多文化遗产,包括从墓葬中发现的壁画和形态逼真的赤陶雕像的艺术作品。有许多文化也被罗马人继承下来。

埃特鲁斯坎艺术 Etruscan art 埃特鲁里亚居民埃特鲁斯坎人的艺术(公元前8世纪～前4世纪)。埃特鲁斯坎艺术可分为三类:陵墓、城市建筑、宗教祭典。由于埃特鲁斯坎人对来生充满向往,因此目前仅存的艺术品中大多与陵墓相关。最有特色的艺术成就是壁画(都是二度空间的作品)和陵墓中具写实主义风格的赤陶雕像。青铜浮雕与雕刻也很普遍。在塞雷出土的陵墓似房屋,位于地下,用柔软的火山岩雕饰而成。城市建筑也是埃特鲁斯坎人所擅长;埃特鲁斯坎是地中海一带第一个以棋盘格式规划城市的地区。这项设计后来广为罗马人所运用。宗教祭典方面,埃特鲁斯坎神庙有宽深的前檐柱廊,上有布满赤陶雕刻的屋顶,如维爱城(6世纪晚期)神庙。埃特鲁斯坎艺术深受希腊艺术影响,转而又影响了意大利写实主义肖像的发展。

埃特纳火山 Etna, Mt. 意大利西西里岛东岸活火山。为欧洲最高活火山。海拔3 200米以上;基座周长约150千米。数世纪以来有多次喷发记录,其中以1669年最为猛烈,当时熔岩流摧毁山麓村庄,淹没卡塔尼亚城西部,破坏十分严重。1971年以后的10年里多次喷发,1983年的喷发持续了4个月,当局曾引爆炸药企图使熔岩流转向。

埃托利亚 Aetolia 古希腊地区,在科林斯湾以北。古埃托利亚在早期传说中极负盛名。公元前367年由各个部落组成联邦国家埃托利亚同盟。在罗马统治下,公元前27年奥古斯都把埃托利亚纳入亚该亚省(参阅亚该亚同盟)。后来先后被阿尔巴尼亚人、威尼斯人统治。1450年为土耳其人统治,希腊独立战争时期(1821 ～ 1829),这里是鏖战的沙场。现与阿卡纳尼亚合并为希腊一州。

埃托利亚同盟 Aetolian League 古希腊中部埃托利亚的联邦国家。原本可能只是个松散的部落集团,但到公元前340年左右成为军事强国。公元前322年和前314 ～前311年曾击退马其顿的入侵,并把版图扩展到德尔斐,公元前300年左右与维奥蒂亚结盟。公元前279年击退高卢人的进犯,在约公元前270 ～前240年与马其顿结盟。公元前245年打败维奥蒂亚人,确立了同盟在希腊中部的霸权。公元前3世纪末开始衰落,领土被马其顿夺取。公元前220年马其顿的腓力五世将同盟首府塞尔莫姆洗劫一空。后来埃托利亚人与罗马人结盟反抗马其顿。公元前197年埃托利亚在库诺斯克法莱大败腓力。但罗马人后来强迫埃托利亚成为其永久同盟(公元前189),最终使它丧失了领土、权力和独立。

埃瓦尔 Ewald, Johannes(1743～1781) 丹麦诗人和剧作家。19岁成为作家。30岁嗜酒无度,离群索居,开始创作成熟的作品,包括《巴尔德尔之死》(1774)。在这篇诗作中,他成为最早以斯堪的纳维亚的神话和英雄传说题材入诗的丹麦诗人。在其作品中,只有小歌剧《渔夫》(1779)至今仍在上演。他的声誉主要来自颂诗以及一些谣曲,其中有《克里斯蒂安国王站在高高的桅杆旁》(被定为丹麦国歌之一),以及丹麦第一篇"罗曼诗"《李尔·贡佛尔》。他被认为是丹麦最伟大的抒情诗人之一。他的回忆录(1804年出版)是他最出色的散文作品。

埃维亚 Euboea 希腊语作 Évvoia。爱琴海岛屿,为希腊最大岛之一。长180千米,宽6 ～ 48千米。该岛多山,山岭之间有利拉斯河流经的肥沃平原,在古代是著名的养马区。哈尔基斯人曾修筑连接维奥蒂亚的桥梁。公元前5世纪被雅典人侵占,两个主要城市哈尔基斯和埃雷特里亚卷入波斯和伯罗奔尼撒战争。从公元前146年起成为罗马马其顿行省的一部分。1366年受威尼斯人统治,1470年又被土耳其人征服,1830年归属希腊。

埃文河畔斯特拉特福 Stratford-upon-Avon 英国中部沃里克郡城镇,临埃文河。该城第一个特许状颁发于1553年,几百年来一直是一个集贸城镇,后因是莎士比亚诞生和去世的地方而成为旅游胜地,其墓地在圣三一堂区教堂中。当地的莎士比亚中心包括图书馆、艺术画廊(1881年开放)和剧院(1932年开放)。每年3 ～ 10月皇家莎士比亚剧院都会演出莎士比亚的剧作。人口约22 187(2001)。

埃文斯 Evans,Arthur (John)(1851～1941) 后称 Sir Arthur。英国考古学家,考古学家约翰·埃文斯爵士(1823 ～ 1908)之子。曾任牛津大学阿什莫尔博物馆馆长(1884 ～ 1908),1899年开始投入数十年时间,发掘克里特岛上的克诺索斯古城,揭示青铜时代文明,名之为弥诺斯人。其著作对欧洲及东地中海史前史的研究影响极大。埃文斯在其《弥诺斯王宫》(4卷,1921 ～1936)一书中曾有明确论述。

埃文斯 Evans,Bill(1929 ～ 1980) 原名 William John。美国钢琴家与作曲家。对现代爵士乐具有重要影响的音乐家之一。他受钢琴家B.鲍威尔、H.西尔弗和L.特里斯坦诺的影响。他开发了基于调式的爵士乐即兴演奏方式,如具有里程碑作用的M.戴维斯录制的《几分忧思》歌曲集(1959)所示。作为三重奏的领导者,他和他的同僚音乐家之间建立了极为特殊的交流方式,创造了有深度和内省的杰出音乐。他最著名的作曲是《给黛比的华尔兹》。

埃文斯 Evans,Frederick H(enry)(1853 ～ 1943) 英国摄影家。最初以受欢迎的伦敦书商和萧伯纳、A.比尔兹利作品的推崇者身份而引人注目。1890年左右开始拍摄英国和法国的大教堂照片,1898年起他完全致力于拍摄照片。他认为只有静止的具有理想化的美的景物才值得拍摄,与20世纪初期拍摄转瞬即逝的情境的倾向相冲突。他的建筑摄影作品被认为属世界最佳作品之列。

埃文斯 Evans,Oliver(1755 ～ 1819) 美国发明家。生于特拉华州纽波特。他很早开始专心致力于工业问题。他研制改进了用于纺织业新兴的机械化生产中的梳理装置。1784年创办了一家面粉厂,采用传送带、升运机、称重机等机器连续作业,这是他创造的粮食加工生产线。工厂的全部工序都实现了自动化,仅用人力启动,然后由水轮机提供动力;一端填料,由传送带和滑槽组成的系统运送,经过碾磨和筛净,另一端则出成品面粉。他制造了高压蒸汽机(1790年获专利),人们通常认为这种蒸汽机是R.特里维西克发明的,其实他也有一份功劳。其新型蒸汽机平底驳船即水陆两用挖掘机(1805)装上轮子后,便可在陆地及水上行驶,这就是美国第一辆机动的公路车。埃文斯的马尔斯铁工厂(1806年创办)制造出100余台与螺旋压力机配合使用的加工棉花、烟草和纸张的蒸汽机。

埃文斯 Evans, Walker(1903 ～ 1975) 美国摄影家。生于密苏里州圣路易斯。早年受摄影家E.阿特热的影响。1934年其新英格兰建筑照片在纽约市现代艺术馆展出,这是该馆第一次为摄影家举办个人作品展。1935年开始为美国政府农庄安全管理处拍摄经济大萧条时期农村的受害者。这些照片收集在《美国的照片》(1938)一书中。和作家J.艾吉一起到亚拉巴马旅行,拍摄南方佃农的生活。其作品以书本形式发表,如《让我们来歌颂那些著名的人们》(1941)。后任《幸福》杂志编辑(1945～1965)和耶鲁大学教授(1965～1974)。

埃文斯-普里查德　Evans-Pritchard, E(dward) E(van)(1902～1973)　后称Sir Edward。英国社会人类学家。他对非洲信仰、巫术、宗教、政治和口传制度的研究仍为研究非洲社会和非西方思想制度的基础。自B.马林诺夫斯基和A.R.拉德克利夫-布朗以来最具影响力的英国社会人类学家。1946年继后者任牛津大学教授,辅导了一代莘莘学子。他的主要著作有:《阿赞德人的巫术、神谕和魔法》(1937)、《努埃尔人》(1940)和《非洲政治制度》(1940,与福蒂斯合著)。

埃歇尔　Escher, M(aurits) C(ornelius)(1898～1972)　荷兰版画艺术家,以运用细部写实达到特异视觉效果闻名。如楼梯从同一平面看起来既是上行又是下行,随着他开

M.C.埃歇尔的《邂逅》(1944),平版画;收藏于美国纽约市现代艺术博物馆
Collection, the Museum of Modern Art, New York City; gift of the International Graphic Arts Society

始绘出宇宙万物令人意想不到的形变,他的作品又表现出超现实主义的情趣。他的作品颇令数学家与实证心理学家感兴趣,也为一般大众所喜爱,20世纪60年代和70年代曾被大量复制。

埃伊纳岛　Aegina　希腊萨罗尼克群岛中的岛屿。位于比雷埃夫斯西南26千米处,面积83平方千米。其西海岸主要城市和港口埃伊纳建在古代同名城市遗址上。约自公元

希腊埃伊纳岛阿帕伊亚神庙
Susan McCartney-Photo Researchers

前3000年起就有居民,公元前7世纪后成为海上强国。公元前5世纪为其辉煌时期,这点从品达尔的诗中可看出。因经济上与雅典的竞争而导致多次战争,公元前431年雅典人驱逐岛上所有的居民。公元前133年落入罗马人之手。希腊独立后一度为其临时首都(1826～1828)。

癌基因　oncogene　能够诱发恶性肿瘤的基因。它是脱氧核糖核酸(DNA)的一种序列,已从原本形式(原致癌基因)发生变化或突变。原致癌基因(参阅突变)促进了正常细胞的特化与分裂。细胞中基因序列的改变会造成细胞生长失控,最后导致恶性肿瘤的形成。在人体中,原致癌基因可借以下三种方式转化为癌基因:点突变(单一核酸基对的改变)、移位(其中染色体的片段脱落而附着于另一染色体)或扩大(原致癌基因复制品的数量增加)。癌基因首先发现于特定的反转录病毒,后来在许多动物中被认定为致癌因子。约60种人类癌基因已被辨识出来,包括一些导致乳癌和肺癌的基因。

矮牵牛　petunia　茄科矮牵牛属所有显花植物的统称,原产南美洲。具有艳丽呈喇叭状花朵的无数变种,相当受欢迎。可分为两类:一类为密集直立型,适植于夏季花床;一类为匍匐长茎的阳台型,常植于垂吊花篮及窗台。花由初夏怒放至霜降,有单瓣与重瓣的变种,花朵易碎、有裂瓣或具褶边,其色泽令人叹为观止,由纯白到深红或紫色不等,并常带有色彩对比的斑点或脉纹。叶质软弱,被覆细硬毛。矮牵牛在学术上虽属多年生,但一般常当做一年生植物栽培。

矮星　dwarf star　指质量、半径和光度都是中等或偏小的恒星。比较重要的是白矮星和红矮星,还包括大量的所谓主序星(参阅赫罗图),太阳就是其中之一。矮星的颜色可以是从蓝到红的任何一种颜色,相应的温度从1万摄氏度以上到几千度。

矮妖　leprechaun　爱尔兰民间传说中一个外形为小老头的妖精,头戴三角帽,系皮围裙。他天性孤独,居住在遥远的地方,是个鞋匠。据说他藏有一罐黄金。若被抓获并受到威胁,只要不把他的眼睛挖出来,矮妖就会说出藏金之处。通常抓到他的人都会受骗而分散注意力,矮妖就乘机逃之夭夭。矮妖一词源自古爱尔兰语luchorpan,意为"小身材"。

艾奥瓦　Iowa　美国中西部一州,首府得梅因。与明尼苏达州、威斯康星州、伊利诺伊州、密苏里州、内布拉斯加州和南达科他州接壤。得梅因河由西北向东南流贯该州。密西西比河为其东部边界,密苏里河和大苏河构成部分西部边界。1673年法国探险家L.若利埃和J.马奎特来到此地时,这里居住着索克人、福克斯人、艾奥瓦人和苏人等印第安民族。1803年美国在路易斯安那购地时获得艾奥瓦。在19世纪30年代,黑鹰战争结束以及从索克人及福克斯人手中购得艾奥瓦东部土地后,白人定居点迅速发展。1838年成为准州,1846年成为美国第29州。美国南北战争后,铁路的发展吸引了大批来自美国东部和欧洲的移民。第一次世界大战后人口增长缓慢。是美国农业生产最发达的诸州之一,玉米、大豆和生猪产量居全国第一。20世纪80年代农业危机后,被迫转向多样化经济,服务业为经济主业。面积145 746平方千米。人口约3 074 186(2013)。

艾芭迪　Ebadi, Shirin(1947～　)　伊朗律师、作家和教师。出生于哈马丹。在德黑兰大学获得法学学位(1969)后,成为伊朗首批女法官之一,但在1979年革命和伊斯兰共和国成立后被迫辞职。此后她当过律师,在德黑兰大学教过课,并因努力倡导民主和人权、特别是伊朗妇女和儿童的权利而闻名。后因散发政府官员与1999年杀害大学生事件有牵连的证据,2000年被短暂关押。因"扰乱公共舆论"被判有罪入狱,禁止从事律师业5年并被处以罚金,但此判决后来被暂缓执行。2003年获诺贝尔和平奖,成为荣获这个奖项的第一位穆斯林妇女和第一位伊朗人。

艾宾豪斯　Ebbinghaus, Hermann(1850～1909)　德国心理学家。首先设计了测量机械学习和记忆的实验方法,证实了记忆是基于联想。他著名的"遗忘曲线"将遗忘归因于时间流逝。主要著作有《论记忆》(1885)和《心理学原理》(1902)。

艾伯斯　Albers, Josef(1888～1976)　德裔美国画家、诗人、教师和理论家。曾在包豪斯学校读书并教学,1933年成为首批赴美的教师之一,在黑山学院任教,之后任教于耶鲁

J.艾伯斯,A.纽曼摄于1948年
Arnold Newman

大学。他发展了一种特殊的画风,以抽象的直线模式和黑白原色构图。最著名的系列绘画作品是《正方形的礼赞》,始作于1950年。他撰写的《色彩的相互作用》(1963)是关于色彩的理论研究,影响颇巨。

艾伯塔　Alberta　加拿大南部草原3省中最西的省份。面积661 848平方千米。东与萨斯喀彻温省为邻,西接不列颠哥伦比亚省,北接西北地区,南与美国为界。长久以来就有印第安人居住。18世纪50年代欧洲人抵达该地区进行开发。最后由哈得孙海湾公司管辖,1870年转为加拿大自治领。1882年成为西北地区的一部分,后来因铁路的开通和小麦种植面积的扩大,人口逐渐增加。1905年成为加拿大一个省。经济一

度仰赖农业,20世纪发现大型石油和天然气矿藏,经济随即迅速发展。人口约3 645 257(2011)。

艾伯特 Albert(1819～1861) 原名Franz Albrecht August Karl Emanuel, Prinz (Prince) von Sachsen-Coburg-Gotha。又称Prince Albert(艾伯特亲王)。英国维多利亚女王的丈夫、英王爱德华七世之父。维多利亚和艾伯特原为亲表兄妹,1840年两人结为夫妇。艾伯特实际成为女王的私人秘书和首席顾问。他们幸福的婚姻有助于延续君主政权的稳定。虽然德裔的艾伯特不大得人缘,但在他42岁罹患伤寒病逝后,英国人民才体认到他的重要性。接下来的几年,哀伤的女王常以她认为艾伯特会怎么做来决策。

艾伯特 Ebert, Friedrich(1871～1925) 德国政治人物。当过马具工人,不久成为工会主义者,1913年任德国社会民主党主席,在他的领导下,该党在国家政治中的影响力日益增强。1918年革命爆发后,组成社会党人联合政府。1919年他协助制定魏玛宪法,并被推选为魏玛共和国首任总统。由于新政府面对数项威胁,艾伯特在自由军团的协助下发动了内战,以对抗社会党和共产党,镇压了卡普暴动。但1923年又发生了鲁尔煤矿区占领事件的危机,使得艾伯特威望受损,在A.希特勒不成功的啤酒店暴动事件后,艾伯特的政党从联合政府全面退出。

艾伯特湖 Albert, Lake 中非洲东部湖泊。海拔616米,长160千米,平均宽度32千米。西南部有塞姆利基河带来爱德华湖的湖水注入,东北端默奇森瀑布下有来自维多利亚湖的维多利亚尼罗河注入。1864年欧洲人S.贝克首先抵达此湖,以维多利亚女王配偶之名命名。原属乌干达,现为乌干达和刚果(民)的界湖。

艾博特 Abbott, John (Joseph Caldwell)(1821～1893) 后称Sir John。加拿大总理(1891～1892)。生于下加拿大圣安德鲁斯(今加拿大魁北克省东圣安德烈)。1847年取得律师资格,1855～1880年任麦吉尔大学法学院院长,1857～1874年和1880～1887年两度选入联合省立法议会。1887年任参议员,在参议院中为执政党领袖。J.麦克唐纳去世后出任总理,1892年因病辞职。

艾卜·伯克尔 Abu Bakr(573?～634) 穆罕默德的岳父、顾问和挚友。据部分穆斯林传说,他是第一个追随穆罕默德信奉伊斯兰教的男子。632年穆罕默德去世后,他成为第一任哈里发。在其任哈里发的两年中,曾镇压反抗穆斯林政权的叛乱分子,将阿拉伯半岛中部置于穆斯林控制之下。他还认识到如果要维持阿拉伯部落之间的和平,就必须迅速向外扩大穆斯林的统治。

艾德礼 Attlee, Clement (Richard)(1883～1967) 后称Earl Attlee (of Walthamstow)。英国工党领袖(1935～1955)、首相(1945～

艾德礼,Y.卡什摄

© Karsh from Rapho/Photo Researchers

1951)。致力于社会改革,1907～1922年间大部分时间住在伦敦贫民区。1922年当选为下院议员。在历届工党政府中任职,第二次世界大战期间在W.丘吉尔的联合政府中任职,并于1945年接任首相。艾德礼促使英国成为一个福利国家,将英国主要工业实行国有化,给予印度以独立。这是大英帝国向英联邦转变过程中重要的一步。1951年保守党以微弱的优势赢得选举后,艾德礼辞去首相职务。

艾德里安 Adrian, Edgar Douglas(1889～1977) 后称Baron Adrian of Cambridge。英国电生理学家。他起先研究从感觉器官传出的神经冲动,将电位的变化加以放大,记录下以前难以测出的微小电位变化。后记录了单个感觉神经末稍及单个运动神经纤维发出的神经脉冲,进一步阐明了感觉的物理基础及肌肉收缩的机制。后他对脑的电活动的研究包括癫痫研究及脑疾患的定位。1932年与C.谢灵顿共获诺贝尔生理学或医学奖。

艾登 Eden, (Robert) Anthony(1897～1977) 后称Earl of Avon。英国政治家。第一次世界大战中曾在军中服役,1923年选入下议院,1935年任外交大臣,1938年因反对N.张

艾登,Y.卡什摄

© Karsh from Rapho/Photo Researchers

伯伦首相的"绥靖"政策辞职。1940～1945年、1951～1955年再次出任外交大臣,参与解决英国与伊朗的石油纠纷,调停达成印度支那的休战。1955年继W.丘吉尔任首相,试图通过欢迎N.赫鲁晓夫和N.A.布尔加宁访英国来缓和国际紧张局势。后来因埃及把苏伊士运河收为国有,他支持英法联合出兵埃及(参阅苏伊士危机)而开始声望下滑。1957年以健康为由辞职。

艾迪 Aydid, Muhammad Farah(约1930～1996) 索马里派系领袖。索马里内战(1991～1995)中最主要的氏族领袖。他在意大利和苏联受过军事训练,1978～1989年间在M.西亚·巴雷总统手下担任多个职务,后来在1991年将其推翻。艾迪的临时总统职位后来又被另一名派系领袖夺走,随后又继续与其他氏族交战。联合国与美国的部队到达索马里时(1992),艾迪因伏击一个联合国兵团而被通缉。为了逮捕他导致许多人死亡,外国部队也撤离当地。他随之加强了对敌手的攻势,但后来据说在一次战役中受伤后死于心脏病发作。

艾迪 Eddy, Mary Baker(1821～1910) 原名Mary Morse Baker。美国宗教领袖、基督教科学派创立人,生于美国新罕布什尔州康科德附近,1843年结婚,但丈夫不久即辞世,

M.B.艾迪

By courtesy of the Library of Congress, Washington, D. C.

1853年再婚。她终生为疾病所苦。19世纪60年代早期,她因脊椎病四处求医,P.P.昆比(1802～1866)竟不用药物为她医好疾病。昆比死后,她旧病复发,1866年又严重跌伤,自认必死无疑。但在阅读《新约》后,当年便痊愈,于是自信已发现基督教科学,花了许多年研究,并于1875年出版《科学与健康》,她的追随者认为是出于神授。她于1873年离婚,1877年嫁给她的一位追随者A.G.艾迪(1882年卒)。1879年她在波士顿成立基督教科学第一教会,两年后又开办马萨诸塞玄学学院。她共创办了3种杂志,其中最有名的是1908年创办的《基督教科学箴言报》。

艾迪生 Addison, Joseph(1672～1719) 英国散文家、诗人和剧作家。以歌颂布伦海姆战役的诗歌《战役》(1705)闻名,因而受到辉格党的注意,并为他在政坛上铺平道路(成为国务秘书)和博得文坛美名。他和R.斯梯尔是期刊《闲谈者》(1709～1711)、《旁观者》(1711～1712和1714)的主要撰稿人,并指导期刊的办刊精神。他把散文的艺术发展到完美的境地,成为英语散文最有影响的大师之一。《卡托》(1713)是其评价最高的政治性剧作,为18世纪杰出的悲剧之一。

艾恩德霍芬 Eindhoven 荷兰南部城市。临多默尔河,位于鹿特丹东南部。1232年由布拉班特公爵亨利一世设市,1900年后由一个小村庄发展为荷兰最大的工业中心之一。1920年合并邻近5个市镇。市内有科技大学,菲利浦电器公司总部也设在该市。人口

约213 809(2010)。

艾尔 Ayer,A(lfred) J(ules)(1910～1989) 英国哲学家,逻辑实证主义的倡导者。曾在伦敦大学学院(1946～1959)和牛津大学(1959～1978)任教。1936年因著《语言、真理、逻辑》一书而蜚声国际,他推崇维也纳学派的观点并确立经验主义的哲学理论。其研究的方向反映在他后期出版的书名上,如《经验主义的基础》(1940)、《知识问题》(1956)、《实用主义的起源》(1968)、《罗素和穆尔》(1971)、《哲学的中心问题》(1973)和《维特根斯坦》(1985)。

艾尔谷㹴狗 Airedale terrier 最大型的㹴狗,可能系出猎水獭狗和已绝种的老英格兰㹴狗。肩高约58厘米,体重18～23千克。体呈方形,吻长而方。被毛致密坚韧,背

艾尔谷㹴狗
Walter Chandoha

脊黑色,腿、口、鼻及体下侧棕色。聪明勇敢,强而有力且和善,但会怕生。战时可用于运输急件和警卫,也可用以猎取大型猎物。

艾尔湖 Eyre,Lake 南澳大利亚东北部盐湖,总面积9 600平方千米。该湖位于澳大利亚大陆的最低部位,最深处达1米。最低部分低于海平面约15米,分南北两湖,北艾尔湖144千米长,65千米宽;南艾尔湖65千米长,约24千米宽。正常情况下艾尔湖是干涸的,平均一个世纪内只有2次注满了水。湖中满水后,约经过2年又完全干涸。湖区在艾尔湖国家公园内。

艾尔郡牛 Ayrshire 壮健的乳牛品种,18世纪后叶源于苏格兰的艾尔郡。被认为是唯一起源于英伦诸岛的乳牛品种。毛色由几乎纯白到近于全部樱桃红或褐色。已出口到许多国家,常见于英国、加拿大和美国。

艾尔斯伯里 Aylesbury 英格兰东南部城镇,白金汉郡首府。位于伦敦西北泰晤士河一处名为艾尔斯伯里谷的河谷,以富含肥沃黏土而闻名。曾为重要的贸易集镇,现为工业中心。古建筑包括一座18世纪的郡府和一所15世纪的旅馆。人口约61 000(1995)。

艾尔斯岩 Ayers Rock 澳大利亚北部地方西南部巨大的独体岩,澳洲土著称其为乌卢鲁,可能是目前世界上最大的独体岩。由砾岩构成。能随太阳照射角度不同而变色。呈椭圆形,高出周围荒漠平原335米。位于乌卢鲁-卡塔楚塔国家公园内。底部有一些浅洞穴,被某些土著部族视为圣地,洞内有雕刻和绘画,1985年艾尔斯岩的正式所有权授予当地土著。1987年,国家公园被联合国教科文组织列为世界遗产。

艾夫登 Avedon, Richard(1923～2004) 美国摄影家。在美国商船队学习摄影,1945年成为时尚杂志《哈勃市场》的正式撰稿人,后成为《时尚》的摄影师。他以人像和时尚摄影而闻名,所拍摄的时尚照以强烈的黑白对比为特点,创造出一种严谨的精巧效果。他在名人肖像中以空洞、全白之类的背景和正面、对冲的姿态等效果使被拍者的人格呈现戏剧化。艾夫登的作品众多,包括《观察》(1959,由T.卡波特撰文)、《并非个人》(1964,由J.鲍德温撰文)、《人像》(1976)、《证据》(1994)和《60年代》(1999)。

艾甫斯 Ives,Charles E(dward)(1874～1954) 美国作曲家。出生于康涅狄格州丹伯里。他的成就得益于其父乔治(一个极有想象力的管乐队领队)的严格调教,他打下了牢固的古典音乐基础,很早便开始作曲和表演。曾和H.帕克(1863～1919)一起就读耶鲁大学,并在这段时期写了他的首部交响曲。受超验主义的影响,他决定放弃音乐事业,1907年他成立了一家成功的保险公司。由于把音乐当作一个"副业",他感到可以自由地追求他的不同寻常的兴趣,尽管他被人批评只有业余水平和缺乏悟性。1918年他的心脏病发作,所有活动被迫取消,大约从1926年起不再谱曲。他的音乐是调性的,尽管有诸多不协和音,并且涉及许多方面,从伤感的或怪诞幽默的歌曲到令人激动的交响诗(《美国独立日》,1913)以及严肃的冥思曲(《协和奏鸣曲》,1915),应有尽有。他显然作了很多调性革新,尽管他后期作品的误导印象引起了一些质疑。他的音乐到了其晚年才再次引起人们注意;他的第三首交响乐于1947年获普利策奖。

艾哈德 Erhard,Ludwig(1897～1977) 德国经济学家和政治家。在担任经济部长期间(1949～1963),是第二次世界大战后西德经济恢复的总设计师。他以"社会市场制"解决经济迅速复苏问题,效果显著,出现德国的"经济奇迹"。他的体制以自由市场资本主义为基础,但包括了住房、农业和社会纲领等特别条款。1957年他被任命为联邦副总理,1963年继K.阿登纳担任总理,他的政府受困于经济萎缩和财政赤字,再加上他自身领导乏力,导致他1966年被迫辞职。

艾哈迈达巴德 Ahmadabad 印度中西部古吉拉特邦城市。位于孟买南方440千米,傍萨巴尔马蒂河。由苏丹阿赫默德沙初建于1411年,15世纪末发展达到顶峰,此后逐渐没落。17世纪在莫卧儿统治下逐渐恢复繁荣,1818年起受英国统治。19世纪中期第一座棉纺织厂设立,成为印度最大的内陆工业中心。该市和印度人的民族主义有关,1930年M.K.甘地在这里开始他的政治鼓动。2001年此地发生强烈地震,导致许多人丧生。人口:都会区约4 525 013(2001)。

艾克伯恩 Ayckbourn, Alan(1939～) 后称艾兰爵士。英国剧作家。加入斯蒂芬·约瑟夫公司(位于约克夏斯卡伯勒市)后,开始演艺生涯。在此他也以罗兰·艾伦(1959～1961)的笔名写下了早期的剧本。他的作品在伦敦和纽约赢得好评之前,大多数剧本都是在他的剧场首演(20世纪70年起他在此担任艺术总监)。他共写了50多部剧本,大多数是探讨婚姻或阶级矛盾的闹剧和喜剧,包括《相对说来》(1967)、《荒谬的个人》(1972)、《诺曼征服》三部曲(1973)、《亲密交易》(1982),以及《相通的大门》(1995)。

艾克罗夫 Akerlof, George A.(1940～) 美国经济学家。就读于耶鲁大学(文学士,1962)和麻省理工学院(哲学博士,1966)。1966年他开始在加州大学伯克利分校任教,1980年成为戈德曼经济学教授。他的研究往往取自其他学科领域,包括心理学、人类学和社会学,在发展行为经济学方面他起了重要的作用。他对二手车市场上不对称信息的里程碑式的研究,说明了当卖方比买方掌握更多的信息时,市场是如何失灵的。艾克罗夫与A.M.斯彭斯和J.E.史蒂格利兹分享了2001年的诺贝尔经济学奖。

艾克斯拉沙佩勒会议 Aix-la-Chapelle, Congress of(1818) 由英国、奥地利、普鲁士、俄国和法国举行的商讨拿破仑战争之后欧洲问题的4次会议中的第1次。在艾克斯拉沙佩勒(现今德国亚琛)会议上,法国答应尽快清偿所欠各盟国的战争赔款的大部,其交换条件是盟国占领军应限期撤出,这一提议得到盟国同意。法国并被允许参加了新的五国同盟。

艾肯 Aiken,Howard H(athaway)(1900～1973) 美国数学家及发明家。曾获哈佛大学博士学位。1939年与其他3位工程师开始研究能执行任意选择的5种算术运算程序(加、减、乘、除和参照以前的运算结果)而不需要人工干预的自动计算器。第一台哈佛·马克Ⅰ型机于1944年完成,长15米,高2.4米,重31 500千克。

艾利 Ailey, Alvin, Jr.(1931～1989) 美国舞蹈家、编舞。生于得克萨斯州罗杰斯市,1942年迁居洛杉矶,1949～1954年在当地学习舞蹈和编舞。后来移居纽约市,举办了几场演出。1958年创立艾利美国舞剧团,成员以黑人为主。该舞团的著名作品《启

艾利,摄于1960年
By courtesy of Zachary Freyman

示》(1960)很有气势,是以黑人灵歌为配乐的舞段。20 世纪 60 ~ 80 年代艾利舞剧团在世界各大洲巡回演出,获得极大成功,使他成为国外最知名的美国编舞之一。死于艾滋病。其后由 J. 贾米森出任舞剧团长。

艾略特　Eliot, George(1819 ~ 1880)　原名 Mary Ann Evans。后称 Marian Evans。英国小说家。生于英格兰沃里克郡。自小受宗教影响很深,为虔诚的福音派信仰者。但在

G. 艾略特, F. W. Burton 绘于 1865 年;现藏伦敦国立肖像画陈列馆

By courtesy of the National Portrait Gallery, London

20 多岁时与宗教断然决裂。她专心从事翻译、评论,1851 ~ 1854 年担任《威斯敏斯特评论》副总编辑。之后转向写小说,采用男性笔名,避免人们对妇女的偏见。第一部作品是《教区生活场景》(1858),后来的经典之作包括:《亚当·比德》(1859)、《弗洛斯河上的磨坊》(1860)、《织工马南》(1861)、《罗慕拉》(1862 ~ 1863)、《菲利克斯·霍尔特》(1866)和《但尼尔·狄隆达》(1876)。杰作《米德尔马奇》(1871 ~ 1872)提供了对地方社会各个阶层的全面研究。她开创了现代小说通常采用的心理分析的创作方法。她与已婚男人 G. H. 刘易斯(1817 ~ 1878;新闻记者、哲学家和评论家)相恋虽然是一个丑闻,但他们共享了一段长期和幸福的时光;他们的周日午后沙龙是维多利亚式生活璀璨的一面。

艾略特　Eliot, T(homas) S(tearns)(1888 ~ 1965)　美裔英籍诗人、剧作家和文学评论家。出生于美国密苏里州圣路易斯。毕业于哈佛大学,1914 年迁往英格兰,从 20 世纪 20 年代初开始任编辑,一直到去世。第一首重要的诗作,也是英语文学第一首现代主义杰作,是前卫实验作品《J. 阿尔弗烈德·普鲁弗洛克的情歌》(1915)。《荒原》(1922)以惊人的力量表达了战后岁月的觉醒,为他奠定了国际声誉。他的第一部评论集是《圣林》(1920),为后来的批评理论引进新观念,引起许多讨论。1915 年结婚,后来他的妻子罹患精神疾病,1933 年两人分居(1957 年他再婚,婚姻幸福)。1927 年改信英国国教,影响了后来的作品。最后一部伟大的作品是《四个四重奏》(1936 ~ 1942),这是 4 首关于精神革新的诗作,表现个人和历史的现在与过去的联结。后来具有影响力的论文有《怎样才算是一个基督教社会》(1939)、《关于文化的定义的手记》(1948)。他的剧作《大教堂凶杀案》(1935)是以诗来处理 T. 贝克特殉教的故事。其他的剧作如《鸡尾酒会》(1950)等较不重要。从 20 世纪 20 年代起,他就已是最有影响力的现代主义英语诗人。1948 年获得诺贝尔文学奖;此后直至去世,他的声望如日中天,其地位非其他 20 世纪诗人所能比拟。

艾伦　Allen, Ethan(1738 ~ 1789)　美国军人和拓荒者。出生于康涅狄格州利奇菲尔德市,参加法英北美殖民地争夺战(1754 ~ 1763)之后,定居于今之佛蒙特州。1770 年他募集一支军队,称为"格林山兄弟会",在美国独立战争中协助打赢泰孔德罗加战役(1775)。后来他志愿参加 P. 斯凯勒将军军队,执行攻占蒙特利尔的任务,后被英军逮捕并被监禁到 1778 年。获释后重返佛蒙特,致力于佛蒙特州的地方事务。

艾伦　Allen, Richard(1760 ~ 1831)　美国宗教领袖。生于费城,父母都是奴隶,出生后不久随全家被卖给特拉华州一家农户。17 岁时信奉美以美会,5 年后升为牧师。1786 年赎身后定居费城,参加美以美会圣乔治教堂。1787 年因种族差别待遇问题而退出,把一个锻工车间改作美国黑人的第一所教堂。后来艾伦和他的信徒成立非英国国教的非洲人美以美会,1799 年被指派为该会牧师。1816 年他召开一次黑人领袖会议,成立非洲人美以美会,并当选为第一任主教。

艾伦　Allen, Woody(1935 ~ 　)　原名 Allen Stewart Konigsberg。美国电影导演、编剧和演员。艾伦喜剧中的笑料,大多来源于他布鲁克林的犹太中产阶级家庭背景和习惯性的神经质。曾替夜总会撰写喜剧并在夜总会当喜剧演员,后开始替百老汇写剧本,其第 1 部剧作《别喝这水》于 1966 年在百老汇上演。《风流绅士》(1965)是他拍的第 1 部电影,后来陆续拍摄《傻瓜入狱记》(1969)、《香蕉》(1971)和《傻瓜大闹科学城》(1973),把卖弄知识和低俗闹剧结合为一种风格,主要受马克斯兄弟的影响。后来的浪漫喜剧如《安妮·霍尔》(1977),为他赢得 3 项奥斯卡奖;《曼哈顿》(1979)则是纽约生活的甘苦谈。其他影片包括《变色龙》(1983)、《汉娜姐妹》(1986,获奥斯卡奖)、《犯罪与恶行》(1989)、《百老汇上空子弹》(1994)和《甜蜜与卑微》(1999)。

艾伦比　Allenby, Edmund Henry Hynman(1861 ~ 1936)　后受封为 Viscount Allenby (of Megiddo and of Felixstowe)。英国陆军元帅。曾在南非战争中作战,并于 1910 ~ 1914 年任骑兵监察长。第一次世界大战期间在中东指挥作战,战功显赫,1917 年在加沙取得对土耳其人的胜利,继而攻克耶路撒冷,后来又在美吉多取得胜利,占领大马士革和阿勒颇,从而结束奥斯曼帝国对叙利亚的控制。他的成功部分是因为他首创使用骑兵及其他机动部队,是英国最后一位伟大的骑兵将军。他在任英国驻埃及高级专员时(1919 ~ 1925),使埃及平息了政治动乱,于 1922 年成为一个主权国家。

艾马拉人　Aymara　庞大的南美印第安人群体,居住在今秘鲁和玻利维亚安第斯山脉中部的的的喀喀高原。曾被印加人和西班牙人征服,尽管他们反抗过。居住在这个土地贫瘠、气候恶劣的地区的人基本上是农民和牧民,他们放牧美洲驼和羊驼,种植庄稼,使用巨大的香蒲-芦苇筏捕鱼,约有 150 万 ~ 200 万人,艾马拉人属于这个半球最贫困的人群。

艾米利亚-罗马涅　Emilia-Romagna　意大利北部自治区。濒亚得里亚海,北至波河,西部和南部至托斯卡纳亚平宁山脉。区名源出古罗马建于公元前 187 年左右的艾米利亚大道。博洛尼亚为此区的主要城市暨首府。此区以前的范围包括帕尔马公国、摩德纳公国和教皇辖区罗马涅。1861 年并入意大利王国。1948 年始建为现在的政治区。北部肥沃的艾米利亚平原使该自治区成为全国主要农业区之一。牧业和乳品业分布广泛,有大型食品加工厂。人口约3 960 549(2001)。

艾米斯　Amis, Kingsley (William)(1922 ~ 1995)　后称 Sir Kingsley。英国小说家、评论家、诗人和教师,其第 1 部小说《幸运的吉姆》(1954;1957 年拍成电影)为极成功的喜剧杰作。一般来说,他属于愤怒的青年作家之列,但他拒绝接受这个标签。艾米斯的 40 余部作品(包括 4 部诗集)中有著名的尖酸幽默的小说:《模糊的感情》(1955;1962 年改编成电影,名为 Only Two Can Play)、《绿人》(1959;1957 年拍成电影)、《杰克的东西》(1978)和《老恶魔》(1986,获布克奖)。马丁·艾米斯为其子。

艾敏帕夏　Emin Pasha, Mehmed(1840 ~ 1892)　原名 Eduard Schnitzer(爱德华·施尼策尔)。德国医生、探险家和埃及苏丹行政长官。曾任土耳其军医,后来担任奥斯曼帝国行政长官,取土耳其名施尼策尔。1876 年在喀土穆任英国将军 C. G. 戈登部队的军医。1878 年被指派为赤道省省长。马赫迪派信徒起义时,埃及政府曾放弃苏丹(1884),已升为帕夏的艾敏陷入孤立,1888 年著名探险家 H. M. 斯坦利前来营救他。后来在一次远征赤道非洲途中被阿拉伯奴隶贩子杀害。他的学术报告和采集的标本,对了解非洲的地理、自然史、人种学和语言学有很大贡献。

艾奇逊　Acheson, Dean (Gooderham)(1893 ~ 1971)　美国国务卿(1949 ~ 1953)。生于康涅狄格州米德尔敦。耶鲁大学和哈佛大学法学院毕业后,在华盛顿特区当律师,1941 年进入国务院。1945 ~ 1947 年任副国务卿,1947 年协助制定杜鲁门主义和马歇尔计划。在杜鲁门任总统期间担任国务卿,促进北大西洋公约组织(NATO)的形成,冷战初期是美国外交政策的主导者。在参议员 J. 麦卡锡就颠覆活动问题举行的国会听证会(1949 ~ 1950)上,艾奇逊拒绝解雇他在国务院的任何下属,包括 A. 希斯。艾奇逊也制定了不承认新中国和援助台湾蒋介石政权的政策。他还支持美国援助印度支那的

法国殖民政权的政策。离职之后继续担任几届总统的外交政策顾问。他的回忆录《参与创造世界》获1970年普利策奖。

艾赛尼派　Essene　公元前2世纪～公元1世纪活跃于巴勒斯坦的犹太教派。该教派结成小型修道团体,会员恪遵摩西律法,严守安息日,财产共有,与世隔绝,在耶路撒冷不参加圣殿礼拜,靠自己的劳动自给。通常将妇女排除在外。《死海古卷》可能是艾赛尼派所编写、抄录和收集的。

艾瑟尔河　IJssel River　荷兰河流。莱茵河主要支流。在阿纳姆东南流出下莱茵地区,向东北流113千米后注入艾瑟尔湖。沿河主要城市有聚特芬、代芬特尔和兹沃勒。

艾瑟尔湖　IJsselmeer　英语作Lake Ijssel。荷兰中北部的浅淡水湖。靠引入艾瑟尔河河水,在前须得海南部筑堤而成。堤坝使该河与瓦登海、北海隔开。排水开垦计划使荷兰增加了1 600平方千米的土地,湖水面积(3 440平方千米)已被缩小。水闸可调节湖水,从艾瑟尔河引入的淡水已取代从前的盐湖水,并且建造了鳗鱼养鱼场。

艾森豪威尔　Eisenhower,Dwight D(avid)(1890～1969)　美国第34任总统(1953～1961)。生于美国得克萨斯州丹尼森。1915年自西点军校毕业。1922～1924年到巴拿

D.D.艾森豪威尔,摄于1952年
Fabian Bachrach

马运河区服役,1935～1939年在菲律宾D.麦克阿瑟将军麾下服役。第二次世界大战时,G.马歇尔将军指派他到作战计划处任职(1941)。1942年选派他为驻欧美军司令。在计划进攻北非、西西里和意大利之后,就任盟国远征军最高司令官(1943)。他策划了诺曼底登陆(1944),并在欧洲指挥作战直至1945年德国投降。1944年晋升为五星上将,1945年任陆军参谋长。1948年任哥伦比亚大学校长,直至1951年被任命为北大西洋公约组织最高司令。当时民主党和共和党均怂恿他为总统候选人。1952年他代表共和党参加总统大选,以绝对多数票击败对手A.史蒂文森;1956年再度以压倒性多数票击败史蒂文森,获得连任。任内致力于以"艾森豪威尔主义"抑制共产主义。他曾派联邦军队到阿肯色州的小石城强制一所市立高中实施无种族差别待遇的政策(1957)。同年当苏联发射"人造卫星1号"(1957)时,他被人批评疏于发展美国太空计划,因而建立了美国国家航空航天局(NASA;1958)。在他卸任前几个星期,美国中断了与古巴的外交关系。

艾森施塔特　Eisenstaedt, Alfred(1898～1995)　德裔美国新闻摄影记者。1929年在柏林成为职业摄影师,受到抓拍摄影先驱E.萨洛蒙的影响。20世纪30年代他的作品出现在许多欧洲画报上。1935年移民纽约,成为最早受雇于《生活》画报(1936)的4名摄影师之一。他为该画报拍摄了2 500多幅新闻图片和90幅封面照片,包括国王、独裁者、电影明星和普通人的杰出肖像。摄影集包括《为我们的时代作证》(1966)和《艾森施塔特所见》(1969)。

艾什尔里　Ashari, Abū al-Hasan al-(873或874～935或936)　阿拉伯伊斯兰教教义学家。大多数人认为他属于撒哈比(圣门弟子)之一,艾布·穆萨·艾什尔里家族。原属穆尔太齐赖派,他搜集了各派教义学家对伊斯兰教诸神学问题的各种观点编写成《伊斯兰教学派言论集》。40岁时,他转而支持更传统或更正统观点的伊斯兰教教义。他逐渐清楚地看出,在他以前的论辩中,真主的实在和人类的实在变得毫无作用和极其枯竭,以致变为与理性操纵的物质几乎没有区别。他修改了《伊斯兰教学派言论集》,并撰写《灿烂经书》。通过对神秘主义者穆哈西比及其他神学家的见解的思考与质疑,创立了他自己的学派,称为呼罗珊学派或艾什尔里派。

艾什尔里派　Ashʿariyyah　公元10世纪艾什尔里所创立的伊斯兰教神学。该派支持利用理智和思辩教义(凯拉姆)来捍卫信仰,但在理性主义方面不像穆尔太齐赖派那么极端。追随者试图用理性辩论来证实上帝的存在和本质,同时坚信《古兰经》永恒而非创造的本质。穆尔太齐赖派指责他们相信宿命论,因为他们宣称人类的行动能力仅在行动瞬间获得。

艾斯特福德　eisteddfod　威尔士游方艺人与吟游诗人的正式聚会,起源于中世纪宫廷吟游诗人的传统。以前的聚会是乐师(特别是竖琴师)和诗人的赛会,由此产生音乐、文学和演说术的新形式。1451年在卡马森的聚会因确立了至今仍具有权威性的威尔士诗歌的严格格律结构形式而著称。现代的全国性"艾斯特福德"在19世纪始得恢复,每年夏季轮流在南、北威尔士的一个场所举行,现已扩大到包括对音乐、散文、戏剧和艺术等授奖。但是,用椅子抬起获胜诗人和授予荣誉,仍然是大会的高潮。

艾特尔雷德二世　Ethelred II(约968～1016)　别名Ethelred the Unready或Aethelred Unraed。英格兰国王(978～1013,1014～1016年在位)。他的异母兄弟爱德华被刺后即位,人们怀疑他与谋杀有关。他是个无能的统治者,980年丹麦人入侵时几无防御可言;后来他大批屠杀丹麦移民(1002),从而引起了丹麦人的再度侵犯。1013年末,丹麦国王斯韦恩一世被公认为英格兰国王,艾特尔雷德逃往诺曼底。1014年斯韦恩去世,艾特尔雷德复位,但他死后又由丹麦人克努特继位。他的绰号Unraed意为"邪恶顾问",但曾被错译为"还没准备好的"。

艾希曼　Eichmann,(Karl) Adolf(1906～1962)　德国纳粹军官。1932年加入纳粹党,成为H.希姆莱党卫军冲锋队队员。第二次世界大战时,他组织对全欧被占领地区的犹太人进行鉴定、集中和运送的工作,把他们运送至奥斯威辛死亡集中营。1945年被美军俘获,但成功脱逃,最后在阿根廷定居。1960年在布宜诺斯艾利斯附近被以色列特工人员逮捕,然后被偷运出阿根廷,送到以色列,以战犯身份受审。审讯受到全世界的瞩目,因曾参与大屠杀而被判处绞刑。

艾因哈德　Einhard(约770～840)　又作Eginhard。法兰克历史学家、学者。曾经是查理曼和虔诚者路易一世的顾问。艾因哈德被指派担任多个隐修院的院长,由国王恩赐大片土地。所作《查理大帝传》(约830)分析了查理曼的家世、成就、政绩以及死亡,反映了当时加洛林宫廷的古典文艺复兴。

艾鼬　polecat　鼬科数种主要的哺乳类食肉动物的统称,栖息于欧亚大陆和非洲。夜间捕食小型哺乳动物、鸟类、爬虫类、蛙、鱼和卵。不同种类的艾鼬,其大小和体色各异。欧洲艾鼬(*Mustela putorius*)因有臭味,又名臭貂,体重0.5～1.4千克,体长35～53厘米,尾长13～20厘米,毛长而粗,上部褐色,下部黑色。在美国,北美臭鼬常被称为艾鼬。

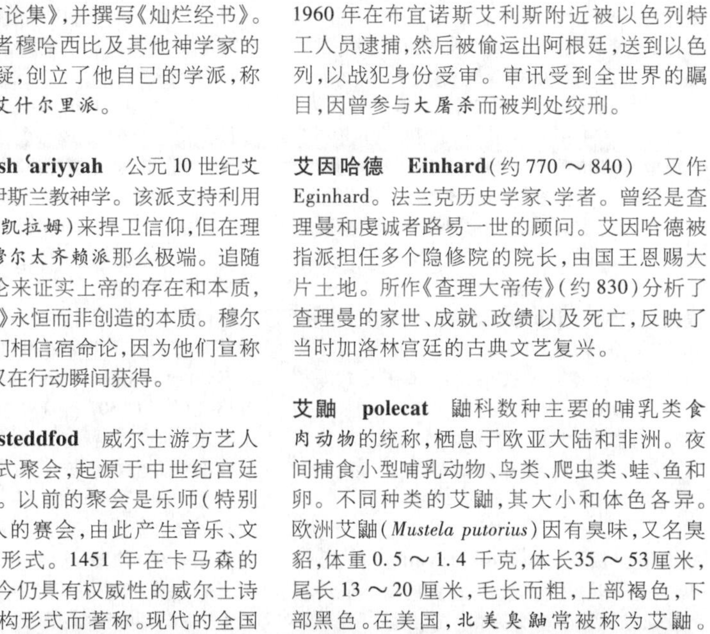

欧洲艾鼬(*Mustela putorius*)
Russ Kinne–Photo Researchers

参阅雪貂。

艾滋病 AIDS 全名 acquired immunodeficiency syndrome（获得性免疫缺陷综合征）。一种由人类免疫缺陷病毒（HIV）引起的致命传染性疾病。艾滋病是 HIV 病毒感染的最后阶段，期间患者通常患有致命疾病和癌症，包括卡氏肺囊虫性肺炎、巨细胞病毒、淋巴瘤或卡波西氏肉瘤等疾病。1981 年首次确认艾滋病，1983 年分离出 HIV 病毒，到 1985 年开始应用血液检验的方法。据联合国 2004 年有关艾滋病的报告，全世界已有3 800万人携带 HIV 病毒，每年有 500 万人感染，有 300 万人死于艾滋病，自 1981 年以来约有 2 000 万人死于艾滋病。世界上 70% 左右的 HIV 感染者在撒哈拉沙漠以南的非洲，在其他地区的感染率较低，但在东欧、印度、南亚、东南亚、拉丁美洲和加勒比地区的感染人数也在以惊人的速度增长。

爱奥尼亚 Ionia 古代地区，在小亚细亚（今土耳其）西岸临爱琴海一带。这个海滨狭长地带从赫尔莫斯河延伸至哈利卡纳苏斯半岛，全长 160 千米。公元前 8 世纪起，有 12 个希腊重要城市在此地区，包括大陆上的福西亚、埃利色雷、科洛丰和米利都，及在岛屿上的希俄斯和萨摩斯。在公元前 500 年之前，这是个繁荣地区，爱奥尼亚的哲学、建筑和爱奥尼亚方言在希腊影响很大。公元前 6 世纪中叶它先败于吕底亚，后又败给波斯人。从公元前 334 年开始有一段短时期的独立，之后成为塞琉西王国的一部分。公元前 133 年，它转到罗马人的手中，成为罗马亚洲行省的一部分。土耳其人征服小亚细亚期间，该地区被荒废。

爱奥尼亚海 Ionian Sea 地中海的一部分，位于希腊、西西里岛和意大利之间。虽然由于它通过奥特朗托海峡与亚得里亚海相连，而一度把它当作亚得里亚海的一部分，但现在则把它看作是一个独立的水域。在希腊以南的爱奥尼亚，地中海的最深度达到4 900 米。它的东海岸有爱奥尼亚群岛。

爱奥尼亚叛乱 Ionian revolt 公元前 499 ～前 494 年一些小亚细亚的爱奥尼亚城邦反抗波斯宗主国的叛乱。这些城邦在雅典的帮助下，罢黜了它们自己的专制君主，企图摆脱波斯的控制，但未成功。波斯的大流士一世利用雅典的介入当作他公元前 490 年入侵希腊的借口，从而引发波斯战争，结果雅典在安纳托利亚西部的影响力得到加强。

爱奥尼亚群岛 Ionian Islands 古称 Heptanesos（七岛）。爱奥尼亚海上由 7 个岛屿组成的希腊岛。它们分别是科孚岛、凯法利尼亚岛、扎金索斯岛、莱夫卡斯岛、伊萨卡岛、基西拉岛和帕克西岛，陆地面积约为2 307平方千米。15 ～ 16 世纪受威尼斯人控制，1799 年又被俄罗斯人和土耳其人的势力所征服。1815 年《巴黎条约》将此地区划归于英国，1864 年英国将其归还给希腊。人口约 214 274（2001）。

爱奥尼亚人 Ionians 从迈锡尼倒坍之时起，居住在爱奥尼亚的古希腊人。约从公元前 700 年前起，爱奥尼亚人的城市占据了意大利的南部，并打开了黑海的通道。他们对希腊文化的贡献包括荷马史诗以及最早的挽歌对句和抑扬格诗歌。6 世纪时，他们开始研究地理、哲学和修史工作。在亚历山大大帝以后的年代，他们的文字语言成为希腊共同语的基础，至今实际上仍为所有希腊语著作的语言。

爱比克泰德 Epictetus（公元 55 ～ 135）与斯多葛派有联系的希腊哲学家。原名不详，*epiktetos* 意思是“获得”。本身并无著作，其学说由学生阿利安（卒于 180）在两部书中传述：《谈话录》和《手册》。他认为真正的教育在于认识到只有一件事完全属于个人，即其意志或决心。人们对出现在其意识中的思想不能负责，但对如何利用这些思想却要负完全责任。

爱达荷 Idaho 美国西北部一州，面积 216 443平方千米。首府博伊西。最高部分是落基山脉，此山脉自加拿大边境一直延伸到爱达荷中南部，以及怀俄明州边界。州内最广阔的谷地位于斯内克河周围，斯内克河流经北美洲最深的峡谷赫尔峡谷。此区原由美洲印第安人居住，1805 年刘易斯和克拉克远征到此勘查。原属有争端的俄勒冈地区，1846 年当英国签订条约放弃领土要求时，该地区归属美国。1860 年当地发现黄金，引发了移民潮。1863 年成为爱达荷准州，1890 年加入联邦，成为美国第 43 州。1890 ～ 1910 年该州经常发生与世界产业工人联盟有牵连的劳工抗议事件。20 世纪末，该州发展农业和工业，并改善了它的自然荒芜。人口约 1 595 728（2010）。

爱德华二世 Edward II（1284 ～ 1327） 别名 Edward of Caernarvon（卡那封的爱德华）。英格兰国王（1307 ～ 1327），爱德华一世之子。由于他把康沃尔伯爵领地赐给佞臣 P. 加弗斯顿而引起贵族们的不满，1311 年贵族委员会起草了一个“法令”，限制国王的财政权和任免权，翌年将加弗斯顿处决。1314 年爱德华率兵入侵苏格兰，但在班诺克本战役（1314）被企图摆脱英格兰霸权的苏格兰国王罗伯特一世彻底击败，苏格兰最终获得独立。爱德华从此只好听从以兰开斯特伯爵托马斯为首的一派贵族的摆布。1322 年他打败并处决了兰开斯特伯爵，终于摆脱了贵族的控制，废除了贵族委员会起草的“法令”。1325 年王后伊莎贝拉协助情夫 R. 莫蒂默与其他心怀不满的贵族们一起兴兵入侵英格兰，废黜爱德华二世，让他的儿子继位，称爱德华三世。爱德华二世被囚禁，可能于狱中被杀害。

爱德华三世 Edward III（1312～1377） 别名 Edward of Windsor（温莎的爱德华）。英格兰国王（1327 ～ 1377），他的母亲法国的伊莎贝拉罢黜其父爱德华二世，让 15 岁的爱德华加冕为王。伊莎贝拉和情夫 R. 莫蒂默暗中操纵朝政 4 年，他们说服爱德华承认苏格兰的独立（1328）。1330 年将莫蒂默处死后，爱德华成为英格兰唯一的统治者。因自称为法国国王而揭开了百年战争的序幕。1342 年，他设立嘉德勋位。1346 年在克雷西战役击败法国军队，翌年占领加来。后因财力不济，被迫停战。1348 年黑死病袭击英格兰，战事仍持续进行。1356 年苏格兰投降，同年他的儿子爱德华（黑太子）在普瓦捷战役获胜。1360 年爱德华放弃对法国王位的要求，以换取阿基坦，但之后查理五世拒绝接受《加来条约》，战事再度展开；爱德华丢失了阿基坦，1375 年重新与法国订立停战协议。爱德华晚年昏聩，完全被情妇佩雷尔斯和儿子约翰（冈特的）所左右。

爱德华（忏悔者），圣 Edward the Confessor, St.（1003？～1066） 英格兰国王（1042 ～ 1066），艾特尔雷德二世之子。1016 年父王死后，丹麦人控制英格兰（参阅克努特大帝），他流亡到诺曼底，直到 1041 年才回伦敦，翌年继承王位。当政初期的 11 年中，由韦塞克斯伯爵戈德温掌握实权。1051 年爱德华放逐戈德温家族。由于他将政府中的高官职位给予诺曼人，为诺曼底公爵威廉（后来的威廉一世）征服英格兰铺平了道路（参阅诺曼征服）。戈德温继续与其对抗，1053 年后其子哈罗德（参阅哈罗德二世）成为左右王国的人物，正是哈罗德而不是爱德华于 1063 年征服了威尔士。爱德华临死前指定哈罗德为他的继承人，但诺曼底公爵声称爱德华早已答应由他继承。作为君王，爱德华一生碌碌无为，大权旁落，但以虔诚著称，遂得其别名。

爱德华四世 Edward IV（1442～1483） 英格兰国王（1461 ～ 1470，1471 ～ 1483）。他的父亲本有权继承王位，于 1461 年被杀害，爱德华被加冕为王，主要仰赖堂兄沃里克伯爵。但两人的合作关系并不长，在多次密谋和争斗后，爱德华于 1470 年被罢黜，开始流亡生涯。翌年爱德华返回英格兰，领导玫瑰战争，击败并杀死沃里克，且几乎将所有兰开斯特家族的领袖一并歼灭。在谋害了亨利六世和击退对伦敦的攻击后，爱德华稳居王位直至去世。他曾率领大军入侵亨利所继承但大部分国土都已丧失的法国，虽未果，但签定了条件优厚的条约。他的成功治理造就了他在位时的盛世。爱德华身后留有七名子女，其中两个儿子据说在伦敦塔被谋杀，长女则嫁给亨利七世。

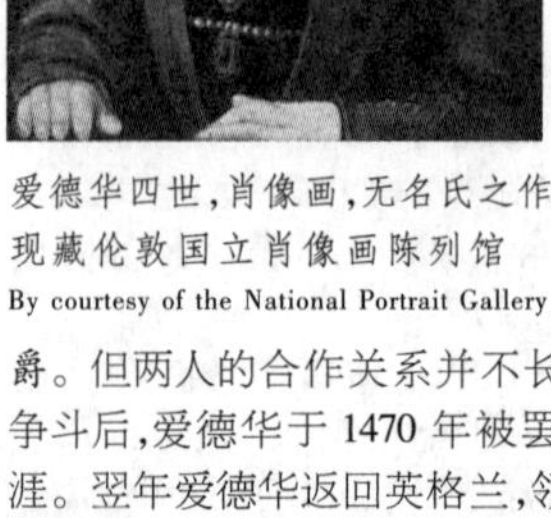

爱德华四世，肖像画，无名氏之作；现藏伦敦国立肖像画陈列馆

By courtesy of the National Portrait Gallery, London

爱德华王子岛　Prince Edward Island　加拿大一省。加拿大滨海诸省之一,是全国最小的省,位于圣罗伦斯湾南部的一座岛屿,诺森伯兰海峡将其与新斯科舍省和新不伦瑞克省分开。省会是夏洛特敦。1534 年由 J. 卡蒂埃发现,是印第安部落米克马克人捕鱼和狩猎的地方。1720 年法国人在此拓殖,1763 年该岛割让给英国。1864 年在此召开夏洛特敦会议,为加拿大联邦奠定了基础,故该岛有“联邦摇篮”之称。1873 年建省。其东侧和南侧有天然良港。很少开发工业,该岛的大部分地区用于农业。渔业和旅游业在经济上很重要。1997 年开通了一条连接爱德华王子岛和大陆的路桥。人口约140 204(2011)。

爱德华一世　Edward I(1239 ～ 1307)　别名 Edward Longshanks(长腿爱德华)。英格兰国王(1272 ～ 1307),亨利三世的长子。他支持父亲对贵族发动内战,他的残暴性格致使亨利在刘易斯战役(1264)中败北。次年,爱德华成功地平定叛乱,并将其首领斩首在伊夫舍姆。1271 ～ 1272 年参加法王路易九世发起的十字军(第八次十字军)东征但并无所获,之后返国继位。在位期间民族意识日益高涨,他加强王室力量,反对旧封建贵族;他鼓励议会发展,在确立英格兰习惯法上发挥了重要作用。1277 年爱德华一世征服威尔士,粉碎了威尔士反抗英格兰统治的数次起义;1296 年又征服苏格兰,包括击败 W. 华莱士,但战争旷日持久,未能制服反叛。1290 年爱德华一世驱逐英格兰境内的犹太人,直至 1655 年以前都不予其入境。因罗伯特一世于前一年自封为苏格兰王,爱德华遂展开征战,但在此期间去世。

爱德华兹　Edwards,Jonathan(1703 ～ 1758)　美国神学家。生于美国康涅狄格州东温萨一个戒律严谨的清教徒家庭,家中共有 11 个孩子,他排行第五。13 岁入耶鲁学院就读,1727 年在祖父于马萨诸塞州北安普敦的教堂担任牧师。爱德华兹布道宣讲“唯因信而称义”,结果在康涅狄格河谷掀起了奋兴运动(1734),同时也在 18 世纪 40 年代影响了大觉醒运动。1750 年他因在何人应领圣餐上持有不同见解而被北安普敦教堂解聘,1751 年在斯托克布里奇任牧师。他在接任新泽西学院(现为普林斯顿大学)校长一职后不久即死于天花。身为坚定的加尔文教派信仰者,他强调原罪、宿命论及皈依的需要。他最著名的题为“落在愤怒之神手中的罪人”的布道,生动地道出了地狱中不悔的罪人们的命运。

爱迪生　Edison,Thomas Alva (1847 ～1931)　美国发明家。生于美国俄亥俄州米兰。他受到的正式教育极少。10 岁时他在父亲的地下室设了一个实验室;12 岁时在火车上卖报纸和糖果谋生。1862 ～ 1868 年做电报员,后来决定致力于发明和企业经营,并克服了部分耳聋的缺陷。他为西部联合公司研制出一种机器,能够在单线发送 4 份电报,最后却以超过 10 万美元的价钱卖给西部联合公司的对手 J. 古尔德。他在新泽西州门洛帕克创立世界最早的工业实验室。在那里,他发明了碳精按键送话器(1877),至今仍用于电话话筒和扩音器中;他还发明了留声机(1877)和白炽灯泡(1879)。为了开发白炽灯泡,J. P. 摩根、范德比尔兹等金融财团预付给他30 000美元。1882 年他亲自指挥在曼哈顿市区安装了世界第一座永久性商用中心电力系统。第一位妻子死后(1884),他在新泽西州西奥兰治建立了新的实验室。首要任务是留声机的商业化,在这方面,A. G. 贝尔已对爱迪生的发明有所改进。在新的实验室中,爱迪生和他的小组也研制出早期的电影摄影机和观看电影的仪器,还研制出碱性蓄电池。虽然他后来的发明不像早期那么成功,但是 80 高龄的爱迪生仍在持续工作。包括独自或与人合伙,他一共获得 1 093件专利,创造了世界记录,其中约 400 件是关于电灯和电力的。他总是为了需要而发明,总想要设计一些新东西去制造。他为现代电力世界奠定了技术革命的基础,其成就无人可比。

爱丁堡　Edinburgh　苏格兰首府。位于苏格兰东南部,旧有的自治市,即现在的旧城,11 世纪兴起,爱丁堡城堡为马尔科姆三世的皇室宅邸。1329 年苏格兰国王布鲁斯的罗伯特颁赐爱丁堡城镇建制,1437 年成为苏格兰王国的首都。1544 年在与英格兰的边界战争中被摧毁,重建时改为石质结构。到 18 世纪,苏格兰出现了文化和知识复兴。爱丁堡是 D. 休谟、A. 斯密、R. 彭斯、W. 司各特等著名学者的家乡,也是《不列颠百科全书》(1768)、《爱丁堡评论》(1802)的诞生地。18 世纪后期,爱丁堡随着以乔治风格发展的新城不断扩展,新城与旧城之间被一河谷隔开。爱丁堡为苏格兰文化和教育中心,设有爱丁堡大学、国立图书馆、国立美术馆、皇家苏格兰博物馆等。这里也是苏格兰议会所在地。人口约448 624(2001)。

爱丁堡大学　Edinburgh, University of　苏格兰爱丁堡的私立大学。1583 年在长老会赞助下成立,当时为学院,约 1621 年将神学院并入后始升格为大学。18 世纪初增设医学院和法学院,其后相继增设了音乐、自然科学、艺术、社会科学、兽医等院系。爱丁堡大学造就了大批文化名人,其中包括 W. 司各特、J. S. 穆勒、T. 卡莱尔、C. 达尔文、R. L. 斯蒂文森和 A. G. 贝尔。现有注册学生约18 000人。

爱丁堡艺术节　Edinburgh Festival　突显音乐与戏剧的国际艺术盛会。由 R. 宾于 1947 年开创,每年夏天持续举行 3 个星期。戏剧表演内容包括国际知名戏剧团体演出的剧目,T. S. 艾略特的《鸡尾酒会》(1949)、T. 怀尔德的《媒人》(1954)。爱丁堡周边的小剧场也颇受业余戏剧团体青睐,曾演出过《边缘之外》(1960)和 T. 斯托帕特的《罗森克兰茨和吉尔登斯特恩都已死去》(1966)等。音乐方面则常有国际演出团体、乐团和名家演出的音乐会、独奏独唱和歌剧。

爱儿啤酒　ale　经发酵的麦芽饮料。酒味浓郁,略苦,有强烈啤酒花味。17 世纪以前,爱儿啤酒不加啤酒花,用酵母、水及麦芽酿成。现代的爱儿啤酒(现在基本上等同于啤酒)往往用极度发酵的酵母和较高的温度酿成。浅色爱儿啤酒含酒精达 5%,深色爱儿啤酒含酒精可达 6. 5%。

爱尔兰　Ireland　爱尔兰语作 Éire。欧洲西部国家,据有英国西边爱尔兰岛的大部分地区。面积:70 273 平方千米。人口:约 4 594 000(2013)。首都:都柏林。岛的东北部是北爱尔兰。爱尔兰虽然在历史上曾先后受到凯尔特人、北欧人、诺曼人、英格兰人和苏格兰人的入侵和殖民,但民族和种族差异在今日的共和国却几乎并不存在。语言:爱尔兰语和英语(均为官方语言)。宗教:基督教(以罗马天主教为主,亦有新教)。货币:欧元。爱尔兰为广阔的低地区,有香农河流经。沿海为山缘。全国有约 3/5 的人口居住在城市。农业只占用了很小百分比的劳动力。高科技产业、旅游业和其他服务业是核心经济,采矿业、制造业和建筑业仍为重要的行业。该国为共和国,两院制。国家元首是总统,政府首脑为总理。公元前 6000 年,开始有人类在爱尔兰定居。凯尔特人的迁入始于公元前 300 年。圣巴特里克于 5 世纪将基督教传播到该国,深受当地人崇敬。挪威人的统治始于 795 年,止于 1014 年,是年挪威人被布赖恩·博鲁击败。由于爱尔兰国王奥康纳承认英国国王亨利二世是最高君主,盖尔人爱尔兰的独立于 1175 年告终。16 世纪始,爱尔兰的天主教地主就因英国的宗教迫害而逃离,取而代之的是英格兰和苏格兰的基督教移民。1801 年大不列颠及爱尔兰联合王国成立。19 世纪 40 年代的爱尔兰马铃薯饥荒导致 150 多万人出走他乡,政府的救助不力又引发了爱尔兰自治运动。复活节起义(1916)结束后,爆发了内战(1919 ～ 1921)。在内战中,爱尔兰共和军采取游击战术,迫使英国政府与之谈判。南爱尔兰占多数的天主教想要完全独立,北爱尔兰占多数的基督教则愿意继续与不列颠联合。1921 年南爱尔兰被授予自治地位,次年成为爱尔兰自由邦,1937 年它改名为爱尔兰,成为一个独立的主权国家。第二次世界大战期间保持中立。1949 年不列颠承认了爱尔兰的地位,但是宣称未经北爱尔兰议会的同意,北方 6 郡(参阅北爱尔兰)不得割让。1973 年该国加入欧洲经济共同体(后改为欧洲共同体),现为欧洲联盟的成员。20 世纪后期,这个岛国的天主教与基督教之间就北爱尔兰地位问题频繁发生教派战争。爱尔兰政府起了重要的协调作用,并赢得公众对《贝尔法斯特协定》(1998)的支持。该协定给予爱尔兰政府对北爱尔兰事务的咨议权,同时,修改爱尔兰宪法中对爱尔兰全岛拥有主权的内容。1924 年爱尔兰首次参加在巴黎举办的夏季奥运会,但从 1896 年起其运动员代表英国参赛。

爱尔兰㹴狗　Irish terrier　最古老的㹴狗品种之一,在爱尔兰培育而成。肩高 41. 5 ～ 46 厘米,体重 10 ～ 12 千克。被毛卷曲,金红色至红棕色。绰号“蛮勇狗”,适应能力强、

爱尔兰㹴狗

Sally Anne Thompson

忠实、活泼、勇敢。在第一次世界大战中用作通信狗和放哨狗。可用于狩猎。

爱尔兰共和军　Irish Republican Army (IRA)　爱尔兰共和国的准军事组织。1919年成立,旨在摆脱英国在北爱尔兰的统治以及争取爱尔兰对北爱尔兰的统一。爱尔兰共和军想用武力达到和新芬党同样的目标,但两派始终是独立行动。1922年爱尔兰自由邦成立后,该组织拒绝接受一个分离的北爱尔兰,继续采取暴力活动。1931年爱尔兰共和军被宣布为非法组织,爱尔兰立法机关规定不需经过审判就可拘留其成员。爱尔兰共和军在20世纪60年代获得广泛支持,当时北爱尔兰的天主教教徒开始了一场争取民权的运动,反对占多数的基督教教徒对他们的歧视。1969年爱尔兰共和军分裂为两派:正式派是马克思主义官方派,主张避免使用武力;临时派是乌尔斯特天主教徒,坚决主张使用恐怖手段来对付乌尔斯特基督教徒和英国军人,其中包括1979年暗杀L.蒙巴顿,以及至90年代初期杀死1 800多人。1994年爱尔兰共和军宣布停火,其政治代表参加了自1997年始的多方和谈。谈判结果为1998年的《贝尔法斯特协定》,其中爱尔兰共和军同意解除武装。在之后的几年里,销毁了部分武器,但拒绝销毁全部武器,因此阻碍了和平协定的落实。2005年7月,爱尔兰共和军宣布停止武装斗争,只采取和平手段以实现其目的。

爱尔兰海　Irish Sea　将爱尔兰与大不列颠分隔开的北大西洋属海。经北海峡和圣乔治海峡与大西洋相连。长约210千米,宽约240千米。总面积约10万平方千米。最深处约175米。马恩岛和安格尔西岛是爱尔兰海的两个主要岛屿。

爱尔兰猎狼狗　Irish wolfhound　体形最高、视力敏锐的猎狗,在爱尔兰用以追猎狼和其他猎物,以速度和力量著称。一种古老的狗品种,最早记录见于公元2世纪。体形与灵猩相似,但比灵猩更强壮。雌性体形比雄性小得多,肩高76厘米以上,体重50千克或以上。被毛粗糙,眉和下颌有长毛,毛色包括灰色、带深色斑纹的灰色、红棕色、黑色和白色。性驯顺、温和,可与人为伴。

爱尔兰马铃薯饥荒　Irish Potato Famine (1845～1849)　1845～1849年爱尔兰因马铃薯连年歉收而发生的饥荒。19世纪40年代初,爱尔兰有近一半人口(主要是农村的穷人)几乎要完全靠马铃薯度日。对一两种高产马铃薯品种的依赖,降低了这种作物对疾病(包括晚疫病真菌)的抵抗力,因而破坏了作物。英国政府对饥饿的爱尔兰人提供的救助很少,仅限于设置粥棚及提供贷款。此次饥荒成为爱尔兰人口史上的一个转折点:逾100万人死于饥饿或饥荒造成的其他疾病,移民北美和英国的爱尔兰人可能多达150万。此后人口继续下降,到1921年独立时,爱尔兰的人口还不到发生饥荒前840万人口的一半。

爱尔兰曲棍球　hurling　爱尔兰的一种娱乐活动,类似曲棍球和兜网球,每队15人。公元前13世纪的爱尔兰手稿上即曾提到这种活动。所用球棍圆锥形,稍微有点弯曲,顶端有一杯形击板,称作曲棍。球从对方球门横梁上方通过记1分,从横梁下方通过记3分。为爱尔兰国民所喜爱的活动。

爱尔兰统一党　Fine Gael　爱尔兰语,意为"盖尔民族党"。爱尔兰主要政党之一。1933年合并数个党而成立,包括由接受1921年《英国-爱尔兰条约》条款的议会议员所组成的爱尔兰协会。该党于1948年曾短期执政,但替天行道士兵党支配爱尔兰政治一直到1973年。此后这两个政党继续竞争执政权,爱尔兰统一党的联合政府在1973～1977、1981～1982、1982～1987和1994～1997年(2011～　)执政。

爱尔兰王室警吏团　Black and Tan　1920年至1921年英国在爱尔兰雇用的镇压共和军的辅助警吏。第一次世界大战后,爱尔兰共和军大力展开宣传活动,许多爱尔兰籍警吏辞职,而由这些临时募集的英格兰人代替,由于缺乏制服,他们身穿黑与棕的杂色服装。这群人挫败了爱尔兰共和军的恐怖行动,而他们自己也遭到残酷的报复。

爱尔兰自治运动　Home Rule, Irish　争取爱尔兰在英帝国内部实行自治的运动。1870年当地方自治协会(后称爱尔兰自治同盟)要求成立一个爱尔兰议会时,"Home Rule(内部自治)"的口号到处可见。1877年起由C. S.巴涅尔领导,他在英格兰议会采取阻碍议案通过的策略公开表达爱尔兰的不满。1886和1893年英国首相W. E.格莱斯顿曾两次提出爱尔兰自治法案,但都遭议会否决。1914年第三次提出的自治法案成为正式的法律,但受到好战的阿尔斯特合并派和爱尔兰共和派的反对。1921年一种与内部自治相似的制度在阿尔斯特(北爱尔兰)6个郡建立。1922年其余的南方26个郡获得自治领地位,而在1949年脱离了英联邦。

爱尔米塔什博物馆　Hermitage (museum)　俄罗斯最大的博物馆,也是世界最重要的博物馆之一。坐落在圣彼得堡,名称取自毗连冬宫的"爱尔米塔什"侧馆,建于1764～1767年,是叶卡捷琳娜二世收藏其私人珍品的画廊。1796年这位女沙皇过世时,皇室的藏画估计有4 000多幅。1837年冬宫被火焚毁后,重建了爱尔米塔什,并在1852年尼古拉一世准予其对外开放。布尔什维克革命后,藏品转为公有。此座博物馆现在由5栋相连的建筑物构成,包括冬宫、小爱尔米塔什、旧爱尔米塔什和新爱尔米塔什。此博物馆不仅收藏了西方绘画的杰出作品,还另藏有大量来自中亚、印度、中国、埃及、前哥伦布时期的美洲、希腊和罗马的艺术品。自史前时期以来的考古文物展示了俄罗斯历史。

爱克　Eyck, Jan van (1395～1441)　佛兰德斯画家。1422年任荷兰伯爵,巴伐利亚的约翰的室内侍从和宫廷画师。后为勃艮地公爵善良的腓力三世服务。现存确系他的画作只有属于他艺术生涯最后十年的作品,其中10幅有他的签名与日期,这个数目在这个时期已不寻常。爱克的绘画以肖像和宗教为主题,他的画作才华横溢,极富理性,又充满象征意义。代表作品有《羔羊受崇敬》(1432),与其兄休伯特(约1370～1426)合作,该作品以《根特祭坛画》闻名遐迩。他通常被认为是15世纪北欧最伟大的画家。他的作品被大量复制和收藏。

爱克哈特　Eckhart, Meister (约1260～1327/1328?)　原名Johannes。德国神学家和神秘主义者。15岁加入多明我会,并在科隆和巴黎学习神学,后来成为受欢迎的传道者和教师。30余岁时被任命为图林吉亚代理主教。他的神秘主义著作研究了上帝和人类间的关系;他描绘出人的心灵如何与上帝完全结合,并提出某些东西(神性)是超越上帝的。爱克哈特于60岁时在科隆担任教授,但旋即因其著作中的数项论点而被指控为异端分子,他于驳斥第二次指控前辞世。

爱利亚学派　Eleatics　盛行于公元前5世纪的哲学派别。为前苏格拉底主要学派之一,取名于意大利南部希腊人聚居地爱利亚(又译埃利亚)城。以激进的一元论为特色,认为世界的本源是"存在",一切存在必然为"一",并且是静止的,没有与存在对立或矛盾的事物。千变万化的世界只是人们的假想,是"非存在"或"无",既不能被认识,也不能被表述。主要代表人物有色诺芬尼(克洛丰的)、巴门尼德和芝诺(埃利亚的)等。文字资料只剩一些断简残篇(大部分少于10行),有19篇属巴门尼德,4篇属其学生芝诺,还有10篇属其另一个学生墨利索斯(活动时期为公元前5世纪)。

爱伦堡　Ehrenburg, Ilya (Grigoryevich) (1891～1967)　苏联作家和新闻工作者。青年时曾因参加革命活动被捕,后移居巴黎。曾任战地记者,后返回苏联为几家报纸撰稿。1922年发表第一部小说也是最好的作品《胡里奥·胡伦尼多及其门徒奇遇记》。不久成为苏维埃制度的拥护者,最后成为对西方世界最有影响的发言人之一。1941年出版攻击西方的《巴黎的陷落》,接着发表《暴风雨》(1946～1947)和《九级浪》(1951～1952)。斯大林去世后他发表了长篇小说《解冻》

(1954)和自传《人、岁月、生活》(6卷,1960～1966),转向批评斯大林遗留的影响。

“爱米斯塔特”号暴动 Amistad Mutiny 1839年在古巴附近的纵型帆船“爱米斯塔特”号上,由53名非洲的奴隶所发动的暴动。这群从非洲被诱拐来的奴隶夺取了船上的控制权,杀死船长和厨师,命令航海长驶向非洲。航海长假装服从,却转而向北航行,这艘船于是在纽约外被拦截。尽管范布伦总统试图将这群非洲人送往古巴,但废奴主义者要求审判,坚决主张这群人在国际法的规范下拥有自由。一位联邦法官同意这项主张,政府部门则上诉至美国最高法院。1841年,在最高法院的审判中,辩护律师J. Q. 亚当斯辩护成功,这群人应予释放。1842年35名幸存者抵达塞拉利昂。

爱默生 Emerson, Ralph Waldo(1803～1882) 美国散文作家、诗人和演说家。生于美国波士顿。哈佛神学院毕业,1829年任基督教一位论派牧师并开始布道。3年后,他对传统

R. W. 爱默生,石印像;L. 格罗泽利耶制于1859年
By courtesy of The Library of Congress, Washington, D. C.

的教义产生怀疑,因而辞去牧师职务。1836年发表《论自然》,阐释他的理论。这本书开创了新英格兰超验主义运动,不久他就成为该运动的领导人物。1834年定居于马萨诸塞州康科德,这里是他的朋友H. D. 梭罗的家乡。他的演说是有关学者应该扮演的合适角色,以及基督教传统的衰弱导致相当多的争论。1840年他和M. 富勒协助创办了超验主义杂志《日规》,借以广泛宣扬超验主义的新观点。《论文集》(1841,1844)为他赢得国际知名度,其中收有《论自助》篇。《代表人物》(1850)包含了历史人物的传记。《人生的行为》(1860)是他最成熟的作品,主要反映了作者全面的人文主义思想,他充分意识到人的局限性。《诗集》(1847)和《五月节》(1867)使他获得了美国重要诗人的声誉。

爱泼斯坦 Epstein, Jacob(1880～1959) 后称Sir Jacob。美国出生的英国雕刻家。生于纽约市。曾赴巴黎学习,1905年在伦敦定居。他的18个人像作品,即著名的河滨雕像系列(1907～1908),因是裸体像而引起公众愤怒;他在O. 王尔德的巴黎坟墓(1912)上所雕的裸体天使也被斥为下流。1913年成为旋涡派的创始人,这种风格的特色是形体极端简化和表面平整,常以石头为雕刻素材,并常保留部分石材的原形,或用石膏塑造,如《岩钻》(1913～1914)即是这一时期的最佳作品。其最著名的作品是在巨石上雕刻的宗教性及寓言性人像和铜雕的名人半身像。有时也作纪念性铜雕群像,如为考文垂大教堂作的《圣米迦勒和魔王》(1958)。

爱泼斯坦-巴尔二氏病毒 Epstein-Barr virus 又称EBvirus(EB病毒)。以两位发现者的名字命名的疱疹病毒。主要引起急性传染性单核细胞增多症。病毒仅感染唾液腺细胞和一种白血球。现已证明唾液是人体内唯一可载感染性EB病毒颗粒的体液。在一些不发达国家,EB病毒感染几乎累及全部5岁以下的儿童,而患者几乎全无症状。若EB病毒感染发生在青少年或年轻的成人身上时,身体通常会呈不同的反应,即出现感染性单核细胞增多症。其他有些较少见的病症也和爱泼斯坦-巴尔二氏病毒有关,包括某些癌症。目前EB病毒感染尚无特定疗法,疫苗也尚未问世。

爱琴海 Aegean Sea 地中海的一个大海湾,位于希腊和土耳其之间。长约610千米,宽约300千米,总面积约214 000平方千米,最深处达3 543米。东北通过达达尼尔海峡、马尔马拉海和博斯普鲁斯海峡与黑海相连。为伟大的克里特和希腊早期文明的摇篮。著名的岛屿之一锡拉岛曾经与传说的大西岛相连。

爱琴海诸文明 Aegean civilizations 青铜器时代文明,约公元前3000～前1000年之际在爱琴海地区臻于盛期。范围包括克里特岛、基克拉泽斯以及色萨利以南的希腊本土,还包括伯罗奔尼撒半岛、马其顿、色雷斯以及安纳托利亚西部地区。其中最重要的是弥诺斯人和迈锡尼文明。爱琴海诸文明一词有时也指约公元前7000～前3000年在此地区的新石器时代文明。

爱琴群岛 Aegean Islands 爱琴海上的希腊群岛,特别是基克拉泽斯、斯波拉泽斯和佐泽卡尼索斯群岛。基克拉泽斯群岛包含约30个岛屿。佐泽卡尼索斯亦称南斯波拉泽斯,包括卡林诺斯、卡尔帕索斯、科斯、莱罗斯、帕特莫斯、罗得岛、西米等岛。斯波拉泽斯亦称北斯波拉泽斯,包括斯基罗斯、斯科佩洛斯和斯基亚索斯等岛。

爱森斯坦 Eisenstein, Sergei (Mikhailovich)(1898～1948) 俄罗斯电影导演和电影理论家。1920年进入莫斯科工人剧院工作,设计服装与舞台背景。在随V. 迈耶霍尔德学习舞台剧导演后,他转向电影制作。1924年他的第一部影片《罢工》问世,引进电影蒙太奇的观念(指不拘泥于剧情而任意选定影像和谐的画面,以能产生最大心理冲击为原则),影响很大。1925年由他导演的政治宣传影片《波将金号战舰》进一步发展了这一风格,至今仍被视为不朽之作。爱森斯坦其他的影片包括《十月》(或《震撼世界的十天》;1928)和《总路线》(1929)。在好莱坞和墨西哥经过一段失意时期(1930～1933)后,他回到俄罗斯拍摄了《亚历山大·涅夫斯基》(1938)和《伊凡雷帝》(两部;1945～1946)等影片。

爱沙尼亚 Estonia 全称Republic of Estonia(爱沙尼亚共和国)。爱沙尼亚语作Eesti。欧洲东北部国家。由大陆地区和波罗的海中的1 500多个大小岛屿组成。面积:45 227平方千米。人口:约1 285 000(2013)。首都:塔林。人口中近2/3为爱沙尼亚人,俄罗斯人约占1/3,另有少数乌克兰人、芬兰人和白俄罗斯人。语言:爱沙尼亚语(官方语言)。宗教:爱沙尼亚东正教、新教。货币:欧元。地势低洼有小丘,多湖泊、森林与河流。气候凉爽潮湿。经济以工业为主,产品包括油页岩、机械、金属加工产品以及建筑材料。该国以纺织品著称,木材加工是重要的传统工业。爱沙尼亚是一院制共和国;国家元首是总统,政府首脑为总理。公元9世纪时该地区遭北欧海盗侵袭,后来又遭到丹麦人、瑞典人和俄罗斯人的入侵。但爱沙尼亚人都抵挡住了袭击,直到1219年被丹麦人控制。1346年丹麦将其对爱沙尼亚的主权卖给当时占领利沃尼亚(爱沙尼亚南部和拉脱维亚)的条顿骑士团。16世纪中叶,爱沙尼亚再次被瓜分,爱沙尼亚北部臣服瑞典,波兰赢得利沃尼亚,1629年又将利沃尼亚割让给瑞典。1721年俄罗斯取得利沃尼亚和爱沙尼亚。约一个世纪以后,农奴制度被废除,从1881年开始爱沙尼亚彻底走向俄罗斯化。1918年爱沙尼亚脱离俄罗斯而独立,直到1940年被苏联占领,后被迫加入苏维埃社会主义共和国联盟(又称苏联)。第二次世界大战期间,德国曾经占领该地区(1941～1944),但1944年苏联又恢复了对爱沙尼亚的统治。此后,爱沙尼亚的经济实行了集体化,成为苏联经济的一个组成部分。1991年宣布独立,随即举行大选。至21世纪初期,爱沙尼亚仍在继续与俄罗斯谈判以解决双方共同边界问题。2004年爱沙尼亚与其他波罗的海国家一起加入欧盟。爱沙尼亚于1920年首次参加在安特卫普举办的夏季奥运会。

爱斯基摩-阿留申诸语言 Eskimo-Aleut languages 格陵兰、阿拉斯加、加拿大以至西伯利亚东部爱斯基摩人和阿留申人所使用的语言。它们一起构成爱斯基摩-阿留申语系,虽有亲属关系,但很不相同。阿留申语现存两种可以互通的方言:东阿留申语和西阿留申语,今日,使用者均不足400人。爱斯基摩语包含两个语支:尤皮克语(包含5种语言),通行于西伯利亚的楚克奇半岛和阿拉斯加西南部;因努皮亚克-因努克提图特语,通行于近北极的阿拉斯加和加拿大至格陵兰和拉布拉多沿岸。今日,讲尤皮克语的人数约13 000,讲因努皮亚克-因努克提图特语的人数则逾100 000,格陵兰近半数的人讲此语。

爱斯基摩狗 Eskimo dog 一种用于拉雪橇和打猎的狗,产于北极圈附近。或认为是历史长达25 000～50 000年的纯品种,或认为

是狼的后裔。其身体强壮有力,骨骼粗大。外层被毛长,里层绒毛厚似羊毛。毛色多种。肩高约51～64厘米,体重30～39千克。参阅**狐狸狗**。

爱斯基摩人　Eskimo　与阿留申人的族源关系最近,两者共同构成北极地区及亚北极地区土著居民之主要成分,其范围自格陵兰、美国的阿拉斯加、加拿大以至俄罗斯的西伯利亚最东端。爱斯基摩人在不同的方言中称谓各异,如:因努伊特人、因务皮亚特人、尤皮克人及阿鲁提伊特人等,其意均为"人民"。爱斯基摩一名可能源出因努语(蒙塔格奈语),意为"雪鞋",欧洲人最早用以指称北极居民;阿拉斯加北极居民喜欢这一称谓,加拿大和格陵兰的北极居民则宁愿自称为因努伊特人。爱斯基摩人与美洲印地安人同属亚洲民族,其与美洲印第安人不同之处在于对气候的适应、B型血型和语言(爱斯基摩-阿留申诸语言),这一切都表示他们的族源有别。爱斯基摩人的传统文化完全是为适应一种极其寒冷的冰雪覆盖的环境,这里几乎没有蔬菜类食品,树木极少,主要食物来源为驯鹿、鱼类及海洋哺乳类动物。海上捕捞时常使用渔叉和单人乘坐的海豹皮船或较大的爱斯基摩蒙皮船。爱斯基摩人的衣着以驯鹿毛皮和海豹皮为主。住房在冬季有两种:一种是雪块砌成的圆顶小屋,名为伊格鲁;另一种则是半地下的石块或草块小屋,夏季则架设兽皮帐篷。狗拉雪橇是爱斯基摩人的主要陆上交通工具。他们的宗教信仰与萨满教和崇奉泛灵论的风习相似。20世纪末,雪上摩托车大体上已经替代了狗拉雪橇,同时步枪也取代了原先的鱼叉。许多爱斯基摩人早已放弃他们的流动性很大的狩猎行当,而移入北部的城镇或都市。有些爱斯基摩人已组成合作社以兜售他们的手工艺品和其他货品。21世纪初期爱斯基摩人口共约135 000人,在北美约有85 000人,在格陵兰约有50 000人,其余的人口在西伯利亚。

爱娃·布劳恩　Braun, Eva(1912～1945)　A.**希特勒**的情妇,在和希特勒一起自杀前一刻成为希特勒的妻子。她和希特勒在20世纪30年代初相遇,当时她是希特勒的照相师

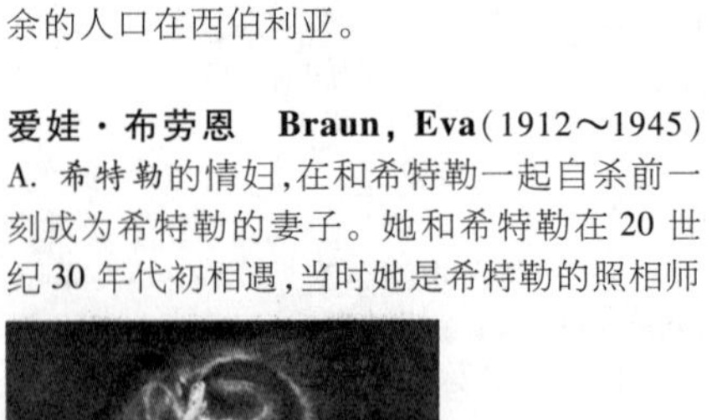

爱娃·布劳恩,摄于1944年
Heinrich Hoffmann, Munich

霍夫曼在慕尼黑所设商店的女店员。起初住在慕尼黑希特勒所提供的宅邸,后来住在贝希特斯加登的小别墅里。希特勒从未允许她和自己一起公开露面,她对希特勒的政治生活也无影响。1945年4月她违背他的命令来到柏林,决心与希特勒共死。举行婚礼后次日服毒自尽,她的丈夫伴其身侧,或是服毒或是举枪自尽。二人的尸体同被焚毁。

爱因斯坦　Einstein, Albert(1879～1955)　德裔瑞士籍美籍科学家。出生于德国的犹太家庭,在慕尼黑长大,1894年迁居瑞士的阿劳。他求学于苏黎世的一所工业大学(1900年毕业),在此期间声明放弃德国国籍,成为无国籍人士。1901年获得瑞士国籍。1902年他成为瑞士专利局的初级检验员,开始进行独创的理论工作,为20世纪物理学奠定了许多理论基础。1905年获得苏黎世大学博士学位,同年一连发表3篇论文从而赢得国际声誉:一篇论述**布朗运动**,证实了分子运动能量;一篇论述光电效应,证实了光的粒子性质;一篇论述他特有的**相对论**,包括物质的质量与能量的等效性($E=mc^2$)。他拥有数个教授职位,1913年出任柏林威廉皇帝物理研究所主任。1915年发表了广义相对论,在1919年一次日食中观察太阳近处光的偏离,获得实验上的肯定。1921年因在光电效应方面的工作而获颁诺贝尔物理学奖,而在相对论方面的工作仍有争议。他对**量子场论**有重要的贡献,几十年来致力于找出电磁作用与万有**引力**之间的数学关系,他相信这是找到宇宙中统御物体行为之共同定律的第一步,但这样的**统一场论**并未被研究出来。他在相对论和引力方面的理论远胜过老式的牛顿物理学,对科学和哲学的探讨掀起了一场革命。当A.希特勒掌权时,他辞去普鲁士科学院的职位,迁居美国新泽西州普林斯顿,到高级研究院工作。虽然长期奉行和平主义,却在1939年出面说服F.罗斯福总统启动曼哈顿计划,以制造原子弹。虽然他并没有亲自参与这项工作,他的理论却大大推进了这项技术。1940年成为美国公民,但他保留了瑞士国籍。身为战后世界最赫赫有名的科学家,他拒绝出任以色列第一任总理,而成为倡导核裁军的有影响力的人士。

爱因斯坦质能关系　Einstein's mass-energy relation　在A.**爱因斯坦**的狭义**相对论**中用公式$E=mc^2$表示的质量(m)和能量(E)之间的关系。式中c为光速,即每秒300 000千米。在狭义相对论以前的物理学中,质量和能量被看成是截然不同的,但在狭义相对论中,物体的质量可以按爱因斯坦的公式转换成能量。由于这种能量的释出,物体的质量将减少。参阅**守恒定律**。

爱资哈尔大学　Azhar University, al-　全世界伊斯兰学和阿拉伯学的主要研究中心,位于开罗中世纪区爱资哈尔清真寺内,970年由法蒂玛王朝创办。基础课程有伊斯兰律法、神学和阿拉伯语,迄今仍为主要研习内容。中世纪期间又增加了哲学课和医学研究课,但由于太有助于独立思考最终被撤销。19世纪末又恢复了哲学课。20世纪这所大学推行现代化,在奈斯尔城新建的分校内增开了社会科学方面的课程。1962年起开始招收女生。现有注册学生约90 000人。

安布勒　Ambler, Eric(1909～1998)　英国间谍和犯罪小说家。早期的作品有《黑暗的边界》(1936)、《一个间谍的墓志铭》(1938)、《迪米特里奥斯的假面具》(1939)和《进入恐惧的旅行》(1940;1942年拍成电影)等。第二次世界大战时以电影导演的身份在英国陆军服役。所写的电影剧本和小说有《对德尔切夫的审判》(1951)、《光天化日》(1962)和《肮脏的故事》(1967)。

安达卢西亚　Andalusia　西班牙南部自治地区和历史地区,首府**塞维利亚**。莫雷纳山、内华达山脉等山脉横贯其境,主要河流是瓜达尔基维尔河。很久以前即有人在此居住,分别有腓尼基人(公元前9世纪)、迦太基人(公元前5世纪)和罗马人(公元前3世纪)来此定居。摩尔人占领西班牙以后,用阿拉伯语称整个伊比利亚半岛为安达卢斯(今安达卢西亚)。伍麦叶王朝在**科尔多瓦**建立其宫廷后,此地变成半岛的学术和政治中心。1492年重归西班牙人统治,建为省份,直至1833年才划分成现在的8个省。为采矿和农业地区,太阳海岸的沙滩吸引游客前往观光。面积约87 597平方千米。人口约7 357 558(2001)。

安达曼海　Andaman Sea　孟加拉湾东部的一部分,四周分别与**安达曼-尼科巴群岛**、**缅甸**、**马来半岛**,以及**马六甲海峡**、**苏门答腊**为界。面积约798 000平方千米。自古即是海上贸易主要航道,印度和中国之间的早期沿海贸易路线的一部分。8世纪起形成印度(以及斯里兰卡)和缅甸之间的一条路线。安达曼海域最大的现代化海港是东南部的槟城(马来西亚)和北部的**仰光**(缅甸)。2004年的大地震引发了海啸,致使其沿海地区多处被淹没。

安达曼-尼科巴群岛　Andaman and Nicobar Islands　印度的中央直辖区。位于孟加拉湾,缅甸之西约650千米处,群岛分为两组:主要3岛(即北、中、南安达曼岛)总称大安达曼岛,以及小安达曼岛。南部为尼科巴群岛,包括卡尔尼科巴岛、格莫尔达与楠考里岛及大尼科巴岛。大部分人口集中在安达曼群岛,南安达曼岛上的布莱尔港是欧洲人最早的定居点,现为直辖区首府。在尼科巴群岛上有一些古代居民点遗存,年代可追溯至1050年。人口约411 000(2008)。

安大略　Ontario　加拿大第二大省。位于哈得孙湾和詹姆斯湾与圣罗伦斯水系—大湖区之间。与美国和本国的魁北克省、马尼托巴省接壤。面积1 076 395平方千米。省会多伦多。在欧洲人来此定居之前,该区域最早由易洛魁和阿尔贡金部落居住。17世纪法国探险家和传教士来到此地。1763年法国印第安战争之后,安大略被法国割让给英国。1812年战争中是许多次战役的战场。1791～1841年称上加拿大地区,1841～1867年改为加拿大西部。1867年是新成立的加拿大自治领四省之一。北安大略岩石重叠,地势起伏,森林茂密,多沼泽和湖泊,矿藏丰富。南安大略为农业和工业生产的重要地

区，是加拿大人口和城市发展的中心。首都渥太华即位于该省。人口12 986 857（2009）。

安大略湖　Ontario，Lake　北美洲五大湖最东面和最小的湖泊。北为加拿大安大略省，南为美国纽约州。大致成椭圆形，主轴线近东西向，长311千米，最宽处85千米。尼亚加拉河是该湖的主要水源。湖东端有5处岛屿。湖水于该处注入金斯顿附近的圣劳伦斯河。韦兰运河和尼亚加拉河与西南方向的伊利湖连接。港口城市包括安大略的多伦多、哈米尔顿和纽约州的罗切斯特和奥斯威戈。1615年S. de尚普兰曾来此。

安道尔　Andorra　全称Principality of Andorra（安道尔公国）。欧洲西南部独立共治公国。位于比利牛斯山脉南坡，由一群高山峡谷组成，山间溪流汇成瓦利拉河，与西班牙和法国接壤。面积：约468平方千米。人口：约75 300（2013）。首都：安道尔。居民多为西班牙人，少数为安道尔本地人。语言：加泰罗尼亚语（官方语言）。宗教：天主教。货币：欧元。安道尔公国的独立，传统上应归功于查理曼。他于803年从穆斯林手中将该地区收复。1278年，安道尔被置于法国富瓦伯爵和西班牙乌赫尔主教的联合主权之下，之后安道尔由西班牙乌赫尔主教和法国元首各派代表共同治理。这个欧洲最后的封建体制政府一直未受触动，直到1993年通过宪法，把共治君主的大部分权力转到安道尔最高议会，议员由人民普选产生。安道尔在传统上和加泰罗尼亚地区关系极为密切，其制度是根据加泰罗尼亚法律制定的，公国领地即是西班牙乌赫尔主教辖区的一部分。传统经济以牧羊为主。但从20世纪50年代以来，旅游业变得很重要。至21世纪初期，旅游业为支柱经济。安道尔于1976年首次参加在蒙特利尔举办的夏季奥运会。

安道尔　Andorra la Vella　安道尔公国首都。位于瓦利拉河和北瓦利拉河汇流处附近，长久以来与外界颇为隔绝。第二次世界大战后因附近有运动场，游客开始纷至沓来，人口也开始增加。因实行免税，已成为其他欧洲人的商品零售中心。人口约20 800（2001）。

安得拉邦　Andhra Pradesh　印度东南部一个邦，位于孟加拉湾边上。与泰米尔纳德邦、卡纳塔克邦、马哈拉施特拉邦、切蒂斯格尔邦和奥里萨邦接壤。1953年脱离马德拉邦独立，1956年形成现在的规模。首府海得拉巴。名称取自长期居住在本地区的安得拉人，他们操泰卢固语。许多王朝曾在本地区有过繁荣时期，其历史可追溯到约公元前4世纪，17世纪受英国统治。在19世纪印度民族主义兴起中起过决定性作用。经济以农业为主，但也是全国工业化最发达的地区。面积275 068平方千米。人口约84 665 533（2011）。

安德尔河　Indre River　法国中部河流，卢瓦尔河的支流。源出中央高原北麓，向西北流经农田区后注入卢瓦尔河。全长265千米。

安德拉达-席尔瓦　Andrada e Silva，José Bonifácio de（1763？～1838）　又称José Bonifácio。巴西脱离葡萄牙独立的主要推动者。出生于巴西，但在葡萄牙受教育，并成为葡萄牙知名的学者。1819年回国，投身政治，任摄政王（后为皇帝佩德罗一世）的内阁首脑，摄政王曾经与葡萄牙王室其他成员逃离葡萄牙以脱离拿破仑的控制。安德拉达-席尔瓦成为独立的理智倡导者。1822年佩德罗宣布巴西独立，他成为新帝国的首相，并担任年轻的太子佩德罗二世的老师，佩德罗二世后来成为一个开明君主。

安德里奇　Andrić，Ivo（1892～1975）　波斯尼亚作家。1918年出版的《信》是他的成名之作，是他在第一次世界大战期间因从事民族主义政治活动被当局拘留时写的。后来曾担任南斯拉夫外交官。他的短篇小说集从1920年起陆续出版。第二次世界大战期间写有3部长篇小说，其中两部《波斯尼亚故事》（1945）和《德里纳河之桥》（1945）是有关波斯尼亚历史的小说。1961年获诺贝尔文学奖。

安德烈尼家族　Andreini family　意大利演员世家。弗朗契斯科·安德烈尼（1548～1624）与伊莎贝拉·卡纳利（1562～1604）结婚后创建了杰洛西剧团，它是最早和最知名的即兴喜剧剧团之一。他们的儿子焦万巴提斯塔（1579？～1654）原本在父母所创的剧团表演，到1601年左右自组剧团，名为忠实剧团。后来剧团受邀至巴黎的法国宫廷演出。1613年他就是在那里写了《亚当》一剧，此剧多半是受了J. 弥尔顿的《失乐园》的启发。

安德烈亚（裁缝之子）　Andrea del Sarto（1486～1530）　原名Andrea d'Agnolo。意大利画家，活跃于佛罗伦萨。名字取自父亲的职业裁缝（意大利语*del sarto*，意为“裁缝”）。随皮耶罗·迪·科西莫学画，后来成为佛罗伦萨最出色的画家之一，以文艺复兴盛期风格的湿壁画和祭坛画的作品最有名。他对色彩和气氛的营造是佛罗伦萨画家中的翘楚。最杰出的作品是在赤脚修道院中描绘圣施洗约翰生平的单灰色系列湿壁画（1511～1526）。他的作品以构图精巧与画法完美著称，对佛罗伦萨的风格派美术有较大影响。

安德烈亚的《圣卡特琳娜的订婚》（1512～1513），油画；现藏德国德累斯顿古画陈列馆

Sachsische Landesbibliothek/Abteilung Deutsche Fotothek/A. Rous

安德鲁斯　Andrews，Julie（1935～　）　后作Dame Julie，原名Julia Elzabeth Wells。英裔美国女演员和歌手。12岁那年在伦敦初次登台，演出一出歌舞喜剧，1954年在纽约的《男朋友》一剧中初次登台。她是百老汇音乐剧的重要明星，演活了《窈窕淑女》（1956）剧中的艾莉莎·杜立德和《凤宫劫美录》（1960）剧中的芝内薇儿。她也担纲演出过诸如《欢乐满人间》（1964年，获奥斯卡奖）、《音乐之声》（1965）、《明星！》（1968）以及《雌雄莫辨》（1982）等电影。1995年重回舞台，出演她的丈夫B. 爱德华兹所导演的《雌雄莫辨》的改编电影。

安德罗波夫　Andropov，Yury（Vladimirovich）（1914～1984）　苏联领导人。1939年加入共产党，在党内迅速崛起。1967～1982年任克格勃首脑，以对持不同政见者的镇压而闻名。1982年L. 勃列日涅夫去世，他接任党中央委员会总书记，但健康情况迅速恶化，在位仅15个月即去世，建树不多。

安德罗斯　Andros，Edmund（1637～1714）　后称Sir Edmund。英国驻新英格兰的联邦自治领总督。1674年他被任命为纽约和新泽西殖民地总督，1681年因殖民地有人抱怨而奉召回国。1686年重返美洲任联邦自治领总督，自治领是英国强加于美洲的一种超级殖民地。他再度阻挠逐渐增长的殖民地独立运动，并干预地方政府事务，再次引起移民者的不满。1688年殖民地人民暴动，并把他囚禁起来。安德罗斯被召回英国，但后又回来出任弗吉尼亚（1692）和马里兰（1693～1694）的总督。

安德洛墨达　Andromeda　希腊神话中巴勒斯坦（被称为埃塞俄比亚）约帕的国王赛菲斯及卡西俄珀王后之女，珀尔修斯的妻子。由于她的母亲卡西俄珀夸口说安德洛墨达比海中仙女涅瑞伊得斯更美，海神波塞冬派海怪前去约帕报复。为平息神怒，安德洛墨达作为牺牲被锁到岩石上，任凭海怪吞食。乘飞马珀伽索斯飞过这里的珀尔修斯爱上了她，杀死海怪，救出安德洛墨达。后来他们结了婚，育有6子1女。安德洛墨达死后变成一个星座。

安德森　Anderson，Lindsay（1923～1994）　英国评论家和电影导演。电影杂志《连续的镜头》的创办人之一，并担任编辑，1948年开始执导了一系列纪录片，例如《星期四的孩子们》（1955，获奥斯卡奖）。1956年首创“自由电影”一词，用以指由J. 奥斯本的戏剧《愤怒回顾》在英国电影界激起的运动。其第一部情节片是《超级的男性》（1963），是英国社会现实主义电影的经典之作。在导演了几出戏之后，安德生拍摄了他第一部影片《如果……》（1968）。后来导演了D. 斯托里戏剧的首演，之后执导的影片有《啊，幸运儿！》（1973）和《八月之鲸》（1987）。

安德森 Anderson, Marian(1897 ～ 1993) 美国著名黑人女歌唱家。生于费城。1924年在纽约首演,声音优美,技巧熟练,立刻声名大噪,但由于她是黑人,在美国不可能开演

M. 安德森
By courtesy of RCA Records

唱会或往歌剧界发展。1930 年到伦敦首演然后到斯堪的纳维亚巡回演唱,逐渐在欧洲打开知名度,一直到 1935 年都是一个人独自奋斗。胡鲁克说服她重返美国开创事业,1939 年美国革命女儿会拒绝让她在宪章大厅演唱,后来罗斯福夫人安排她在林肯纪念堂演唱,此演唱会播出后获得极大的反响。1955 年在大都会歌剧院举办首演,成为第 1 位在那里演唱的黑人歌唱家,时年已过半百。

安德森 Anderson, Sherwood (1876 ～1941) 美国作家。生于俄亥俄州卡姆登。出身贫苦,没有接受过正规教育。结婚后,突然离家,抛弃事业,到芝加哥专心写作。《俄亥俄州瓦恩斯堡镇》(1919)是一本相互关联的随笔和故事集,讲述一个小镇百姓鲜为人知的生活,是他第一部成熟的作品,并使他获得声望。短篇小说收集在《鸡蛋的胜利》(1921)、《马和人》(1923)和《森林中的死亡》(1933)。他的散文体奠基于日常讲话,并受G. 斯泰因的实验性写作方式影响,后来又转而影响了 E. 海明威和 W. 福克纳等作家。

安德森维尔 Andersonville 美国佐治亚州中西南部村镇,是美国内战期间 1864 ～ 1865 年设在当地的南部邦联军事监狱所在地。以极糟糕的生活条件臭名昭著,仅提供简陋帐篷给犯人住,结果造成 1/4 以上的战俘死亡。安德森维尔国家公墓包括这座监狱在内,有12 920座死于该地的联邦军战俘的坟墓,1865 年该监狱的指挥官 H. 沃兹上尉受到一个军事委员会审判,后来被处以绞刑。安德森维尔还是美国国家战俘博物馆的所在地。

安的列斯群岛 Antilles, Greater and Lesser 西印度群岛中的两组岛群,分别邻接加勒比海的北部和东部。大安的列斯群岛包括众多大岛(古巴岛、西班牙岛、牙买加岛和波多黎各岛),小安的列斯群岛则包括所有小岛。"安的列斯"一词可追溯到欧洲人发现新大陆以前,指欧洲以西大西洋对岸的半神话式的土地。C. 哥伦布发现西印度群岛后,西班牙语中"安的列斯"一词通常指新大陆。在某些欧洲语言中,常用"安的列斯海"替代加勒比海。

安第斯山脉 Andes Mountains 南美大陆西部的山系,为世界最壮观的自然景观之一。南北延伸约8 900千米。在委内瑞拉境内大致与加勒比海岸平行,然后转向西南进入哥伦比亚。在那里形成 3 大不同地块:东科迪勒拉、中科迪勒拉、西科迪勒拉山。到了厄瓜多尔境内形成两条平行的山脉,一条面向太平洋,另一条往亚马孙盆地的方向倾斜。这些山脉继续往南走,进入秘鲁,其境内最高峰是在布兰卡山的瓦斯卡兰山(海拔6 768米)。在玻利维亚境内,安第斯山脉又形成两个不同地区,介于其间的是阿尔蒂普拉诺高原。沿着智利—阿根廷边界,它们形成复杂的山链,包括海拔 6 959 米的最高峰阿空加瓜山。在智利南部部分山脉陡降入海,形成无数的岛屿。安第斯山地区有多个火山带,形成环太平洋链(又称火环)的一部分。这里也是多条大河的发源地,其中包括亚马孙河和皮科马约河。

安第斯文明 Andean civilization 16 世纪西班牙征服者到来之前,在南美洲西部安第斯山脉地带(参阅安第斯山脉)发展起来的美洲印第安人土著文化。不同于北部的中美洲文明的民族,这些安第斯山的土著民族没有发展出一套文字系统,不过印加人曾发明一套复杂的记数系统。然而此文明文化发展的水准和在艺术、工艺上的专业技巧,使它构成新大陆相当于古埃及、中国和美索不达米亚诸文明相对应的新大陆文明。

安蒂特姆战役 Antietam, Battle of(1862-09-17) 美国南北战争中的一次决定性血战,在马里兰州阻止了南军想取得军事补给的进军。R. E. 李将军在第 2 次布尔溪战役中取胜后,挥师挺进马里兰州,企图攻占华盛顿特区。在马里兰州的安蒂特姆小河边,他们遭到 G. B. 麦克莱伦将军率领的联邦军的堵截。在这场鏖战中,南军死亡13 000人。由于允许李将军的兵力撤退到弗吉尼亚,麦克莱伦遭到了批评,但这一胜利激励了 A. 林肯总统颁布一份预备的《解放敕令》。

安定药 tranquilizer 用于减轻焦虑、恐惧、紧张、激动和其他相关精神病症的药物。大安定药(如抗精神病药物或抗精神分裂病药物)用于治疗精神分裂症和其他精神病。苯基丁氮酮,包括氯丙嗪是人们比较熟悉的药物。这些药物一般认为能够抑制大脑中的神经介质如多巴胺的活动。小安定剂(如抗焦虑药物或镇静剂)用于治疗病人的焦虑或紧张情绪;这类安定剂通常是苯(并)二氮类药物,包括苯甲二氮草制剂和甲氨二氮卓(利眠宁)。这类药物具有缓解情绪的作用,通过增加大脑中神经介质伽玛-氨基丁酸来减轻心理或精神上的焦虑、恐惧或压力。

安东尼 Anthony, Susan B(rownwell) (1820 ～1906) 美国女权运动先驱。曾在寄宿学校就读,后在纽约州北部的学校任教师(1846 ～1849)。因妇女在社会活动中的有限作用而泄气,1852 年加入 E. C. 斯坦顿(夫人)与 A. 布卢默的女权运动行列,协助成立纽约女工联合会。1872 年为要求妇女投票权,两度率一群妇女去投票,因而被捕,被定罪为违反选举法。1892 ～ 1900 年任全国妇女选举权协会主席,为争取通过一项有关妇女选举权的联邦宪法修正案而到全国演讲。

安东尼 Antony, Mark(公元前 82/81 ～前 30) 拉丁语作 Marcus Antonius。罗马将军。在结束了军旅生涯(公元前 57 ～前 54)后成为他的亲戚J. 凯撒的幕僚。公元前49

M. 安东尼,大理石胸像;现藏梵蒂冈博物馆
Alinari—Art Resource/EB Inc.

年协助凯撒将庞培逐出意大利,公元前 44 年出任执政官。凯撒遇刺后,屋大维(后来的奥古斯都)开始反对安东尼,但后来又与安东尼和李必达组成后三头政治。安东尼帮助他击败了共和势力,并主管东方各行省。在赴埃及探究埃及女王克娄巴特拉对罗马的忠诚时,成为她的情夫(公元前 41 ～前 40)。他于公元前 40 年回到意大利,与屋大维重归于好,而且获得东方行省的指挥权。为了强化自己的权力而与屋大维的妹妹屋大维娅结婚。在与屋大维娅的关系破裂后,安东尼前往叙利亚,并寻求克娄巴特拉的援助,屋大维将屋大维娅送至他手上,但安东尼命令她返回罗马,裂痕于是产生了。公元前 32 年后三头政治结束,安东尼在罗马得到的支持很少。他与屋大维娅正式离婚,屋大维向克娄巴特拉宣战。安东尼在亚克兴角战役战败后,和克娄巴特拉逃回埃及。由于看出抵抗无望,双双自尽。

安东尼(埃及的),圣 Anthony of Egypt, St. (251? ～356) 埃及隐士,据传是他创立了基督教隐修制度。20 岁开始禁欲修行,286 ～ 305 年隐居于皮斯皮尔山中。其后重返社会,组织附近地区众隐士的修行生活。313 年《米兰敕令》颁布,基督教徒不再受迫害,安东尼迁居尼罗河与红海之间的沙漠地区。亚大纳西根据他写的文章和发表的谈话,把他的修行规定编纂在《圣安东尼的一生》和《沙漠神父箴言》两本书中,至 20 世纪仍被科普特教会和亚美尼亚教会的修士沿用。他隐居时抗拒魔鬼诱惑的传说,是艺术家们常用的题材。

安东尼奥尼 Antonioni, Michelangelo (1912 ～2007) 意大利电影导演及制片人。

在正式拍摄短纪录片《波河的人们》(1947)前,即撰写影评及研习电影制作。第1部重要电影作品是《女朋友们》(1955),《迷情》(1960)、《蚀》(1962)及《春光乍泄》(1966)使他蜚声国际。其他作品包括《红色沙漠》(1964)、《砂丘》(1970)及《过客》(1974)。其作品的情节安排及对白均从属于视觉形象,后者成为人类存在的一种隐喻方式,而不仅限于记录。

安东尼·庇护　Antoninus Pius(86～161)　全名Caesar Titus Aelius Hadrianus Antoninus Augustus Pius。罗马皇帝(138～161)。原籍高卢,父亲和祖父都担任过执政官。他曾任

安东尼·庇护,大理石胸像;现藏不列颠博物馆

Reproduced by courtesy of the trustees of the British Museum

执政官(120),后来受委派协助处理意大利的司法行政事务。约134年出任亚细亚行省总督,后来成为皇帝哈德良的枢密顾问。138年被指定为皇位继承人。他即位后将先帝神化,并将自己取名为庇护以示敬意。此外他平定了不列颠及其他行省的叛乱,并建造了安东尼墙。

安东尼墙　Antonine Wall　罗马人在不列颠修筑的边境城墙。该城墙横跨苏格兰,位于克莱德河与福斯湾之间,长59千米。由罗马皇帝**安东尼·庇护**下令修建,公元142年由驻不列颠总督监造。墙宽5米,高3米;城墙前面建有一条12米宽、4米深的壕沟,墙后建有一条道路。城墙上有19座碉堡,相隔3千米。城墙将罗马不列颠北部边界移至苏格兰,以防御北部的部落,另有**哈德良长城**坐落于南部。安东尼墙于196年被废置,但残迹仍存。

安哥拉　Angola　全称Republic of Angola(安哥拉共和国)。旧称Portuguese West Africa(葡属西非)。非洲南部国家。最北部领土是卡宾达飞地,与安哥拉本土隔着刚果的一道狭窄走廊。面积:1 246 700平方千米。人口:约18 565 000(2009)。首都:**罗安达**。人口主要由讲班图语的民族构成;主要种族集团是奥文本杜人和姆本杜人。语言:葡萄牙语(官方语言)和土语。宗教:基督教(天主教为主,还有新教)、传统信仰。货币:宽扎。该国包括一系列高原,将境内分成三大水系,东北部河流多注入**刚果河**,东南部属**赞比西河**,其余的河流都向西流入大西洋,提供全国大部分的水电。一半左右的土地是森林,耕地不足10%。虽然蕴藏丰富的石油,但安哥拉因长期内战的破坏,没能很好利用这些资源。名义上为单一制多党制共和国,一院制。国家元首暨政府首脑是总统。公元第1千纪期间,操班图语的民族已进入安哥拉地区,约1500年时统治该区。最重要的班图王国是刚果人;刚果南方则是姆本杜人的恩东加王国。15世纪80年代初葡萄牙探险者到达此地,长期且渐进地扩充了对安哥拉的统治。19世纪时欧洲其他国家决定了安哥拉大部分的疆界,遭到当地人激烈的反抗。因反抗殖民统治而在1961年爆发战争,最终导致1975年获得独立。独立后内部敌对派系之争仍持续,虽在1994年达成和平协议,但J. M. **萨文比**仍继续反抗政府,直至2002年他去世之后签署了永久和平协定,并结束了长达27年的内战。安哥拉于1980年首次参加在莫斯科举办的夏季奥运会。

安哥拉山羊　Angora goat　家山羊品种,古时在小亚细亚安哥拉地区育成。毛柔软如丝,生产商品马海毛。安哥拉山羊比其他家山羊和绵羊体格略小,耳长而下垂。公、母都

安哥拉山羊

Grant Heilman Photography, Inc.

有角。19世纪中叶在南非建立了安哥拉山羊的饲养基地,发展起西方的马海毛工业。不久进口到美国;集中在西南部饲养。其毛弹性甚强,在平滑度和光泽性方面都胜过羊毛。

安格尔　Ingres, Jean-Auguste-Dominique(1780～1867)　法国画家。来到巴黎后曾随J.-L. **大卫**习画,后进入美术学院,并获得一等罗马奖。他的首批公共作品之一,肖像画《戴皇冠的拿破仑》(1806)被批评为生硬、仿古的作品,但这却是他有意创造出来的风格之一。在意大利期间(1806～1824),他因肖像画和历史画出名,他的小幅肖像画的素描特别注重细节。回到巴黎后,他终于以作品《路易十三的宣誓》(1824)受到批评界的赞美,并获得美术学院的认可。他接替大卫成为法国新古典画派的领导人。该派是当时走红的浪漫主义画派的对立画派,如E. **德拉克洛瓦**就是安格尔的主要对手。1825年开设了画室教授学生。该画室后来成为巴黎最大的画室之一,到19世纪40年代中叶,他是法国最受人推崇的上流社会肖像画画家。晚年的佳作有一些是女性裸体画,以体态细长和扭曲为特点。他的学生没有一人能够掌握他的绘画特点,但E. **德加**、A. **雷诺阿**、P. **毕加索**等人的绘画作品显然都受到他的影响。

安格尔西　Anglesey　古称Mona。威尔士岛屿,为英格兰或威尔士地区最大的岛屿,面积715平方千米。以其古老的历史及史前和凯尔特遗迹著称。公元前100年左右,凯尔特人殖民此岛,该岛成为著名的**德鲁伊特**中心,以及后来对抗罗马人的一大据点。公元78年被阿格里科拉征服,7～13世纪为威尔士君王统治,最后被爱德华一世征服。现在经济以旅游业为主。人口约65 400(1998)。

安格斯牛　Angus　黑色无角的肉用牛。旧称阿伯丁安格斯牛,起源于苏格兰东北部,但祖先不明。外貌特征是体躯矮而结实,肉质好,出肉率高。1873年引进到美国,其影响遍及美国以及其他国家。

安赫尔瀑布　Angel Falls　委内瑞拉东南部的瀑布。位于玻利瓦尔城东南的卡罗尼河支流丘伦河上。落差979米,底宽150米,为

委内瑞拉玻利瓦尔州大萨瓦纳地区的安赫尔瀑布

G. De Steinheil-Shostal Assoc(/EB Inc.)

世界最高瀑布。该瀑布以美国人J. 安赫尔的姓氏命名,1937年他的飞机坠落在附近。

安魂曲　Requiem　为死者举行**弥撒**时用的音乐(拉丁文requiem意为"安息",是弥撒的第一个词)。安魂弥撒曲与标准的常规弥撒曲不同。要删去它的欢乐部分,只留下《慈悲经》、《圣哉经》和《羔羊经》,再与其他部分结合在一起,包括《末日经》。第一个留下来的多声部作品是J. 欧克赫姆写的;后来著名的安魂曲作曲家有W. A. **莫扎特**、H. **柏辽兹**、G. **威尔地**、G. **福莱**、J. **勃拉姆斯**和B. **布里顿**。

安吉奥利尼　Angiolini, Gasparo(1731～1803)　又称Angelo Gasparini。意大利舞蹈编导,将舞蹈、音乐和情节融合于戏剧芭蕾中的创始者之一。1757年任维也纳宫廷歌剧院芭蕾教师。1761年和作曲家C. W. **格鲁克**合作创作了《唐璜》,后来根据格鲁克的音乐编了其他的舞剧。1765年任圣彼得堡帝国剧院芭蕾教师。他一向视J.-G. 诺维尔为竞争对手,不赞同他对革新情节舞剧的诠释。

安吉利科　Angelico, Fra(1400～1455)　原名Guido di Piero。意大利画家,活跃于佛罗伦萨的多米尼克会修士。1420～1422年

间的某个时候，他在菲耶索莱成为圣多米尼克修道院的修士，并在那里开始了他的艺术生涯，画手抄本装饰画和祭坛画。他受马萨乔运用建筑透视法的影响很大。最早期的杰作是一巨幅三联画《亚麻布商人祭坛画》（1433～1436），是为亚麻布商人行会绘制的，镶在雕刻家L. 吉贝尔蒂设计的大理石圣坛中。最有名的作品是在佛罗伦萨圣马可隐修院的湿壁画（1440～1445），以及梵蒂冈教皇尼古拉五世礼拜堂里的湿壁画（1448～1449）。他是15世纪最伟大的湿壁画画家之一，影响了一批大师级画家如F. F. 利比；B. 戈佐利是他的学生之一。

安吉洛　Angelou, Maya（1928～　）　原名Marguerite Johnson（玛格丽特·约翰逊）。美国女诗人。生于圣路易斯，8岁遭强暴，度过了一段缄默不语的日子。在成为作家之前，当过招待员、妓女、厨师、舞蹈演员等多种工作。其自传式的作品所探索的主题涵盖经济、种族和性压抑等，包括《我知道笼中鸟为何唱歌》（1970）、《一个女人的心》（1981），以及《上帝的所有孩子都需要旅游鞋》（1986）。她的诗集包括《在我死前给我喝一口冷水就行》（1971）、《我依然站起来》（1978）以及《我不会被改变》（1990）。她为B. 克林顿的第1次就职典礼（1993）朗诵了自己所写的诗，因而提高了她的知名度。

安集延　Andizhan　又作Andijon。乌兹别克斯坦东部城市。最迟建于9世纪以前，因地处丝绸之路，在15世纪是重要的贸易中心。18世纪是浩罕汗的领土，1876年被俄国占领。周围地区是乌兹别克斯坦人口最稠密的地区，也是该国主产石油的地区。人口约288 000（1998）。

安加拉河　Angara River　俄罗斯中部东南方河流。源于贝加尔湖，为叶尼塞河主要支流，在叶尼塞斯克附近注入该河。长1 850千米，沿河有许多湍流，水力资源丰富。在伊尔库次克工业区建有一些大坝和水电站。

安卡拉　Ankara　旧称Angora（安哥拉）。土耳其首都。位于黑海以南约200千米处。自石器时代起即有人居住。公元前334年被亚历山大大帝征服，后被奥古斯都并入罗马帝国。以后成为拜占廷帝国的城市，1073年被突厥人占领。1101年图卢兹的雷蒙四世率十字军驱逐了土耳其人。1403年又被置于奥斯曼帝国统治之下。第一次世界大战后，穆斯塔法·凯末尔（土耳其之父）使其成为反对奥斯曼统治和希腊人侵的抵抗运动中心。1923年成为土耳其首都。现为工业中心，仅次于伊斯坦布尔。其沧桑史展现于安卡拉的罗马、拜占廷和奥斯曼帝国的各式建筑物和多处遗迹以及重要的历史博物馆中。人口约3 203 362（2000）。

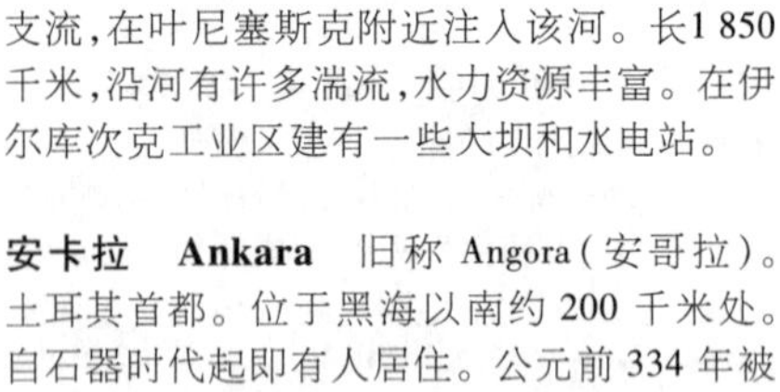

土耳其安卡拉的土耳其之父陵
Robert Harding Picture Library, London

安科纳　Ancona　意大利中部海港，马尔凯区首府。由锡拉库萨移民建于公元前390年左右，公元前2世纪被罗马人占领后成为繁荣港口，特别是在图拉真时期，把港口扩大。12世纪时附属神圣罗马帝国，16世纪归教皇保护，1861年归属意大利。第二次世界大战中受到轰炸，破坏严重，不过，有许多著名的罗马时期和中世纪的历史建筑残留下来。人口约100 402（2001）。

安克雷奇　Anchorage　美国阿拉斯加州的海港、最大的城市及主要商业中心。位于科克湾顶端，靠近基奈半岛基地。1914年为修筑通往费尔班克斯的铁路而建的一个营地。第二次世界大战期间为重要航空港和防空基地，战后为美国至东亚航空线中途站。20世纪末人口增长迅速。1964年遭到一次严重的地震灾害，导致多人死亡，财物受损严重。人口约291 826（2010）。

安拉　Allah　又译真主。阿拉伯语意为"神"。穆斯林和信奉基督教的阿拉伯人均以"安拉"称上帝。根据《古兰经》的说法，安拉是人类的造物主和审判者，他是独一无二的、无所不能的、至仁至慈的。安拉是至高无上的，"无物可与他匹配"。一切事物皆出自安拉的指令，伊斯兰教的基础就是完全顺从神。在《古兰经》和圣训中，虔诚的穆斯林找出了神的99个"最美的名号"，包括独一无二的主、永生的主、实有的主、全聪的主、明察的主、仁慈的主、宽恕的主等。

安拉阿巴德　Allahabad　旧称Praygraj（普拉亚格）。印度北部北方邦中南部的城市，位于恒河与亚穆纳河的汇合处。印度教徒朝圣的古圣城。公元前240年的阿育王柱即建筑在该地。1583莫卧儿王阿克巴在该处建城，1801年被英国吞并。1857年曾在此爆发印度兵变。作为尼赫鲁家族的住地，普拉亚格曾是印度独立运动的中心。这里是安拉阿巴德大学和大麦斯吉德（大清真寺）的所在地。人口1 042 229（2001）。

安曼　Amman　约旦王国首都。西南距死海约40千米，为迄今约旦最大城市。从远古时代起该地就有筑起防御工事的居民区，最早的可追溯至石器和青铜器并用时代（公元前4000～前3000）。后成为当地亚扪人的首府。埃及国王托勒密二世征服该地后，易名为菲拉德尔斐亚，并一直沿用至罗马时代。公元635年阿拉伯人攻占该地，城市逐渐衰微直至彻底消失。1878年奥斯曼土耳其王国重新将该地建为定居点。1921年英国政府建立起一个受保护的外约旦酋长国时，安曼成为这个新国家的首都。1946年外约旦的独立进一步加快了城市的现代化发展进程。与约旦（自1949年起该国的名称）其他地区一样，安曼迄今也接纳了大批阿以战争期间逃离巴勒斯坦的阿拉伯难民。人口约1 036 330（2004）。

安纳波利斯　Annapolis　美国马里兰州首府，濒临切萨皮克湾文河河口。由弗吉尼亚清教徒始建于1649年，初名普罗维登斯，并成为殖民地首府。之后以后来成为皇后的安妮公主之名命名。经济局限于政府各项功能，是美国海军学院所在地。人口约38 394（2010）。

安纳布尔纳峰　Annapurna　尼泊尔山地。山脊长48千米，包括4个主要山峰。法国登山队在1950年首度登上安纳布尔纳第1峰（海拔8 091米），也是第1个被登山者征服的海拔8 000米以上的山峰。1970年一个妇女组成的日本登山队登上了安纳布尔纳第3峰（海拔7 555米）。

安纳托利亚　Anatolia　参阅小亚细亚。

安纳托利亚诸语言　Anatolian languages　印欧语系的一支，公元前第3千纪～前第1千纪在安纳托利亚广泛使用。安纳托利亚诸语言包括赫梯语、巴莱语、楔形文字卢维语、象形文字卢维语、里底亚语、吕西亚语、卡里亚语，或许还有布匿语和西徐亚语。赫梯语是目前证实的这些语族中最丰富的一种，主要是从1906年在哈图沙（今博阿兹柯伊，在土耳其中北部）出土的楔形文字泥板文献中发现的，这里曾是赫梯帝国的首都。赫梯文字可溯源至公元前16～前13世纪。到了罗马帝国晚期、拜占廷时期初期，安纳托利亚诸语言全部都消失。古安纳托利亚的一些非印欧语系语言（全从楔形文字泥板文献中得知）有时也被认作安纳托利亚诸语言，如哈梯语，在赫梯人到来之前流行于安纳托利亚中北部，只能从赫梯语文献中所保存的文字中得知；胡里语，流行于公元前第3～2千纪的美索不达米亚北部和安纳托利亚东南部；乌拉尔图语，从公元前9～前7世纪的安纳托利亚西北部出土的文献中得知。

安娜·康内娜　Anna Comnena（1083～1148？）　拜占廷历史学家，皇帝阿历克塞一世康尼努斯女儿。她联合母亲企图将约翰二世（康尼努斯）废黜，但因密谋败露，被迫入隐修院。她在隐修院写成《阿历克塞传》，是其父的传记，也描述了拜占廷帝国的早期十字军事迹。

安南　Annan, Kofi (Atta)（1938～　）　联合国第7任秘书长（1997～2006），与联合国共获2001年诺贝尔和平奖。出生于加纳，其父为芳蒂族的世袭酋长，曾任省督。安南曾就读于日内瓦的国际进修研究所和麻省理工学院。1962年担任日内瓦世界卫生组织的预算官员，开始其在联合国的职业生涯。1993年擢升至维和任务的副秘书长，在副秘书长任内，于波斯尼亚内战期间表现优异，尤其是在将维和任务从联合国部队手中移交至北大西洋公约组织部队手中一事上处理得当。1996 年 12 月当选为第 1 个来自非洲撒哈拉沙漠以南地区的秘书长，受命改革联合国的官僚作风。他曾批评联合国对于避免或消减卢旺达的种族屠杀(1994)表现不尽职，以及未能解决许多政府违反人权的问题。上任后的首要任务包括推行改革计划、努力恢复该组织的信誉，以及加强联合国的和平与发展运动。2001 年连任秘书长一职。2001 年九一一事件发生后，恐怖主义和全球安全成为主要问题。他还指导实施一系列的改革措施，其中包括许多机构和行政改革。但有的改革未能成功，如扩大安理会等。安南 2006 年离任，继任者为潘基文。

安妮　Anne(1665 ～ 1714)　大不列颠女王(1702 ～ 1714)和斯图亚特王室末代君王。系詹姆斯二世之次女，1688 年詹姆斯二世被威廉三世推翻，1702 年威廉三世去世，安妮继任为女王。她虽想独立统治，但因才智有限和健康不佳而不得不依赖大臣们治理国家，其中包括马尔伯勒公爵。在位期间最主要的政绩是 1707 年与苏格兰订定《联合法》，她当政时也是托利党和辉格党争执最严重的时期。

安妮(克利夫斯的)　Anne of Cleves(1515 ～ 1557)　英格兰国王亨利八世的第 4 位妻子。亨利与安妮结婚的目的是要与她的哥哥克利夫斯公爵威廉(西德意志新教徒领袖)结成政治同盟。这项结盟是通过 T. 克伦威尔安排的，当时看起来似乎是必须的，因为有迹象显示天主教庞大的势力(法国和神圣罗马帝国)意图攻击信奉新教的英格兰。天主教的势力威胁消失后，这次政治婚姻变得很尴尬。1540 年亨利通过圣公会会议解除了这次婚姻。

安妮女王风格　Queen Anne style　安妮女王当政时期(1702 ～ 1714)达到鼎盛的英国装饰艺术风格。安妮女王风格家具的最大特色是家具腿呈动物腿爪样、双曲线造型(上部凸出，下部凹进)，底端是抓球爪或兽爪形。安妮女王椅靠背是按照人的后背曲线而制成的薄板。木料多用胡桃木，配以镶嵌细工、镶嵌装饰、饰面和漆器。装饰纹样的典型主题是扇贝壳、涡卷形纹饰、东方人像和动植物图案等。

安妮女王之战　Queen Anne's War(1702 ～ 1713)　英法两国争夺北美的一系列战争中的第二次军事对抗。西班牙王位继承战争美洲阶段。美洲殖民地纽约-新英格兰与加拿大接壤的边境遭受法军及其同盟印第安人的袭击。1710 年英军攻克罗亚尔港，将法国控制的阿卡迪亚变为英属新斯科舍省。根据《乌得勒支条约》(1713)，英国还从法国手中取得纽芬兰和哈得孙湾地区。

安努毕斯　Anubis　古埃及死神，以豺或豺头人身为象征。在早期的王朝和古王国时期，安努毕斯是死亡之神，卓越不凡，后其光芒被俄赛里斯冥神所遮盖。安努毕斯专司照管死者，相传他发明了尸体保存法，并首次使用这种艺术手法处理俄赛里斯的尸体。后来担任指导灵魂进入冥界的工作，在希腊罗马神话中，该神有时被认为是赫耳墨斯。

安培　Ampère, André-Marie(1775 ～ 1836)　法国物理学家。电磁学的创建人。是个奇才，12 岁时就熟悉当时已有的全部数学知识，成为物理学、化学、数学教授。他提出了一条电磁学定律，通称安培定律公式，来描述两电流之间的磁力。他设计的用以测量电流的仪器，经改进后称为电流计。他的主要著作是《由实验导出的电动力学现象的数学理论文集》(1827)。电流单位安培(A)就是以他的姓氏命名的。

安齐奥　Anzio　意大利罗马东南方的海港和旅游城镇。根据传说是由奥德修斯与喀耳刻的儿子安泰亚斯所创建。公元前 5 世纪时曾为沃尔西人要塞。公元前 338 年被罗马征服后成为罗马富人的游览地。卡利古拉和尼禄在这里出生。9 ～ 10 世纪被萨拉森人摧毁，直到 1698 年教皇英诺森十二世在其附近建立港口前始终为一废弃之地。1944 年盟军在此浴血奋战成功登陆。人口约36 468(2001)。

安茹　Anjou　法国西北部卢瓦尔河下游谷地历史区域。在高卢-罗马时代为安德加文西斯邦，后为安茹伯爵领地，1360 年起为安茹公国，首府昂热。在加洛林王朝时代，安茹名义上由代表法国国王的伯爵统治。1152 年英王亨利二世娶阿基坦的埃莱亚诺为妻，金雀花王朝的盎格鲁-安茹帝国从此建立。1259 年法国人收回安茹。1487 年安茹与法兰西王国结成一体。1790 年建立省制后，安茹行省取消。

安茹王朝　Angevin dynasty　10 世纪安茹伯爵的后代。安茹王朝与金雀花王室重叠，但通常说它包括了英格兰国王亨利二世、理查一世和约翰。亨利控制了诺曼底、安茹、曼恩和阿基坦后建立安茹帝国，于是在 12 世纪晚期将安茹的幅员从苏格兰扩展到比里牛斯山。英国对法国领土提出主权要求，导致了百年战争，到 1558 年英国已失去以前所拥有的所有法国土地。

安申　Anshan　古代埃兰国城市和地区，位于今伊朗设拉子北部。安申在公元前 2350 年开始兴起，公元前 13 世纪～前 12 世纪是最辉煌的时期，当时埃兰的统治者不时侵入巴比伦诸城。公元前 675 年安申为波斯人控制。在城市遗址上发现早期埃兰人书写的文件。

安塔那那利佛　Antananarivo　旧称 Tananarive(塔那那利佛)。马达加斯加首都和城市。位于马达加斯加岛中部，海拔1 431米，建于 17 世纪。18 世纪 90 年代初至 19 世纪末为伊梅里纳国王所统治。19 世纪末法国将此地设为其殖民地首府，并命名为塔那那利佛。1972 年革命后改今名。市内有马达加斯大学(1961)及烟草、食品加工业。有铁路将其与主要港口图阿马西纳相连接。人口约1 403 449(2001)。

安特卫普　Antwerp　法语作 Anvers。佛兰芒语作 Antwerpen。比利时安特卫普省省会，世界主要海港之一。西北距北海 88 千米，由于它位于比利时讲佛兰芒语地区，安特卫普成为佛兰德斯人的非正式首都，1291 年享有市自治权，1315 年成为汉萨同盟一员。由于是西班牙和葡萄牙间贸易的销售中心，16 世纪成为欧洲重要的商业和金融中心。后因受到侵略而逐渐没落，但在 1803 年左右拿破仑将海港整顿后，逐渐恢复了旧日的繁荣。该城原属荷兰王国(1815 ～ 1830)，后让与比利时民族主义者。目前经济活动仍以船运和与海港有关的活动为主，也是重要的制造中心。人口约446 500(2000)。

安藤广重　Hiroshige Ando(1797 ～ 1858)　以 Utagawa Hiroshige(歌川广重)知名，原名 Ando Tokutaro(安藤德太郎)。日本艺术家，彩色木版画大师。1811 年他在江户(现东京)成为浮世绘大师歌川丰广的学生。他 1833 ～ 1834 年间的 55 幅风景画系列《东海道五十三次》确立了他作为有史以来最受欢迎的浮世绘画家之一的地位。由于对他的人物风景画需求太多，大量制作降低了风景画的质量。他创作了 5 000 多幅画，还从他的一些木刻作品上复制出了 1 万幅。他的天赋最先被西方的印象派和后印象派画家认同，广重也从他们那里受到了很大的影响。

安提戈涅　Antigone　希腊传说中俄狄浦斯和他的母亲伊俄卡斯忒由于不知情而乱伦所生的女儿。俄狄浦斯为惩罚自己而弄瞎了自己的眼睛。她和她的姐妹伊斯墨涅为俄狄浦斯带路，陪他从第比斯开始流放，直到他在雅典附近死去。回到底比斯后，她们想使她们的兄弟们——正在保卫这座城市和王位的厄忒俄克勒斯同正在攻打底比斯的波吕尼刻斯和解。但兄弟二人都负伤身死，结果他们的舅父克瑞翁成为国王。他声称波吕尼刻斯是个叛徒，所以下令不许移动他的尸体，让它暴露在光天化日之下。安提戈涅出于对兄弟的爱，并认为这一命令是不公道的，偷偷地掩埋了波吕尼刻斯。为此克瑞翁下令把她处死，她被囚在一个墓穴里，在那里自缢身死。她的故事被索福克勒斯和欧里庇得斯分别写入他们的剧作里(在欧里庇得斯的剧作中，安提戈涅逃跑了，和她所爱的人海蒙过着幸福的生活)。

安提瓜和巴布达　Antigua and Barbuda　加勒比海小安的列斯群岛中的岛国，包括 3 个岛屿：安提瓜、巴布达和雷东达岛。面积：442 平方千米。人口：约88 400(2013)。首都：圣约翰斯(在安提瓜岛上)。居民多为殖民时期带来此地的非洲黑奴后裔。语言：英语(官方语言)。宗教：基督教(主要为新教，亦有天主教)。货币：东加勒比元。最大岛为安提瓜岛(280 平方千米)，因缺乏山脉、森林和河流，易导致干旱。主要锚地为圣约翰斯的一深水港。巴布达位于安提瓜以北 40 千米处，为面积 161 平方千米的保留区，无人居住，有一大型鸟类保护区；唯一的居住地为西岸的科德灵顿。雷东达位于安提瓜西南，为无人居住的岩石区(1.25 平方千米)。旅游业是国家的经济支柱;近海渔业在发展中。1493年C.哥伦布曾到过安提瓜,其名取自西班牙塞维利亚的一座教堂。1632年英国殖民者在此移民;引进非洲奴隶种植烟草和甘蔗。巴布达于1678年被英国拓居移民,1834年解放奴隶。1871年起安提瓜和巴布达成为英国背风群岛殖民地的一部分,1956年该殖民地脱离英联邦。1981年获得完全独立。安提瓜和巴布达于1976年首次参加在蒙特利尔举办的夏季奥运会。

安提柯一世(独眼的)　Antigonus I Monophthalmus("One-Eyed")(公元前382～前301)　又称Antigonus I Cyclops。马其顿安提柯王朝的缔造者。亚历山大大帝属下的将领。经过亚历山大继任者间的阴谋、结盟和战争,他合并且控制了小亚细亚和叙利亚。公元前307年他的儿子德米特里一世成为雅典总督,征服了塞浦路斯岛,安提柯控制了爱琴海、地中海东部和小亚细亚。公元前306年集会的军队宣布他为国王,公元前302年安提柯和他的儿子重新建立大希腊联盟(除斯巴达、麦西尼亚和色萨利以外的希腊各城邦)。这个同盟的宗旨是实现希腊的全面和平。他占领马其顿和前亚历山大大帝整个帝国的梦想,随着他死于唯一一次失败的伊普苏斯之役(公元前301)而破灭。

安提帕特　Antipater(?～公元前43)　巴勒斯坦希罗德(希律)王朝创始人。由于帮助罗马人而获取权力,公元前47年J.凯撒任命他为犹太总督。4年后为政敌所杀,罗马人立其子为犹太国王,称希律大帝。

安条克　Antioch　土耳其语称Antakya(安塔基亚)或Hitay(希塔伊)。土耳其中南部城市。公元前300年由塞琉西王朝建立,直至公元前64年一直为塞琉西王国的中心,曾是罗马共和国与罗马帝国的叙利亚省首府。最早的基督教中心之一,约公元47～55年这里是使徒圣保罗活动的据点。除6世纪时短期受波斯人统治外,至7世纪受阿拉伯人统治之前,一直是拜占廷帝国的领土。969年重归拜占廷统治。1084年为塞尔柱王朝的属地。1098年被十字军占领。1268年被马木路克王朝统治。1517年起隶属奥斯曼土耳其帝国,直至第一次世界大战(1914～1918)。战后归属叙利亚。1939年并入土耳其共和国。现经济以农业和轻工业制造业为主。人口约144 910(2000)。

安条克三世　Antiochus III(公元前242～前187)　别名Antiochus the Great(安条克大帝)。塞琉西王国国王(公元前223～前187)。在平定小亚细亚总督阿凯夫斯的叛乱(公元前213)后,他向东挺进,一直打到印度(公元前212～前205)。与亚美尼亚逐步建立和平的同盟关系,并继续对拒不投降的安息和大夏用武。托勒密四世死后,安条克与马其顿的君主腓力五世订立密约,瓜分托勒密帝国除埃及以外的领地,安条克获得南部和东部的土地,其中包括巴勒斯坦(约公元前202)。后来他出兵埃及,最后于公元前

硬币上的安条克三世像,公元前3世纪末～前2世纪初;现藏不列颠博物馆
By courtesy of the trustees of the British Museum; photograph, J. R. Freeman & Co., Ltd.

195年缔结和约,取得了叙利亚南部和小亚细亚的领土。他允许迦太基的汉尼拔到他的宫廷,此举引起罗马方面的不满,他为了保护埃托利亚同盟而与罗马动武,在马格内西亚战役中被罗马军队彻底打败(公元前189),被迫放弃了欧洲、小亚细亚西部,但仍保有叙利亚、美索不达米亚及伊朗西部地区。安条克最后在苏萨附近强索急需的贡品时被人刺杀。

安条克四世埃皮弗内兹　Antiochus IV Epiphanes(约公元前215～前164)　希腊化叙利亚王国的塞琉西国王(公元前175～前164)。安条克三世之子。他作为人质被软禁于罗马(前189～前175)。被释放回国后,他将篡位者逐出叙利亚。公元前169年,他夺取了除首都亚历山大以外的全部埃及领土,并作为其外甥托勒密六世的保护人来治理埃及。公元前168年罗马打败了他的盟友马其顿并取走了在塞浦路斯和埃及的胜利果实,他被迫离开这两个地区,但仍保有叙利亚南部。公元前167年他从埃及回来的时候,强行占领了耶路撒冷,迫使该城希腊化。犹太仪式被废止,违者以死论处。他下令在犹太教圣殿中建起宙斯的祭坛。犹太人不堪忍受这种亵渎,就在犹大·马加比的领导下展开游击战争,多次打败安条克任命的镇压起义的将领。马加比于公元前164年底捣毁宙斯的祭坛,重建犹太教的圣殿。之后安条克四世为了保卫帝国,在东方抵御安息,重获亚美尼亚,并在其死前直抵阿拉伯海岸。

安徒生　Andersen, Hans Christian(1805～1875)　丹麦童话大师。出生在贫民区,受过大学教育。1835～1872年出版一系列的故事集,打破传统文学形式,运用俚语和通俗语

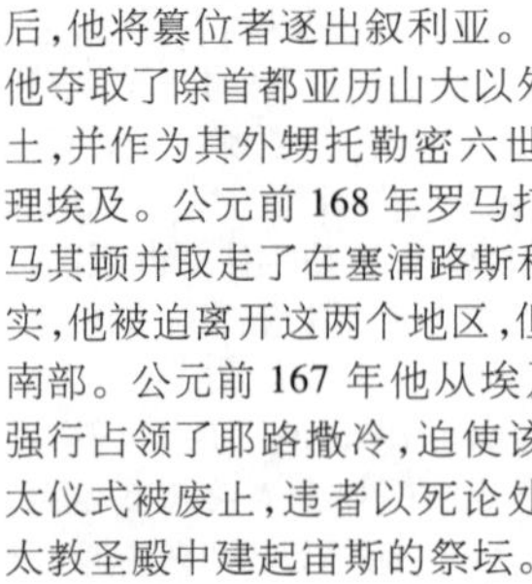

H.C.安徒生
The Bettmann Archive

言来架构故事内容。他撷取民间传说的通俗成分,再加上想象力,创造了诸如《丑小鸭》、《国王的新衣》等脍炙人口的作品。有些故事表现了对善和美必胜的乐观信念(如《白雪公主》),有些则非常悲观,结局极为不幸。他的故事之所以有着强烈吸引力,部分原因是他们同情不幸者和流浪者。他还写过戏剧、小说、诗歌、游记和几本自传。

安托法加斯塔　Antofagasta　智利北部安托法加斯塔区首府、海港。濒临莫雷诺湾。曾为玻利维亚的一个城市,1879年割让予智利。随1866年开发硝石和1870年发现银矿而发展起来,为智利北部最大城市。现经济活动以为矿区服务和出口铜、硫磺为主。地处泛美公路中心。人口约285 255(2002)。

安托内洛(墨西拿的)　Antonello da Messina(约1430～1479)　意大利画家。生于西西里的墨西拿,曾在当时世界性艺术中心——那不勒斯学画,研究过佛兰德斯画家,特别是

安托内洛绘《男子肖像》(约1472),画板画;现藏伦敦国家美术馆
By courtesy of the trustees of the National Gallery, London

J. van爱克。安托内洛把油画引进了威尼斯艺术。他较著名的作品多是祭坛画和肖像画。在威尼斯时,完成了圣卡夏诺教堂的祭坛画。他的肖像画综合了佛兰德斯绘画的细腻和意大利绘画的华丽,在当时蔚然成风。参阅威尼斯画派。

安息　Parthia　古代亚洲西南部地区。大致相当于现在的伊朗东北部。曾是波斯帝国阿契美尼德王朝和亚历山大大帝帝国的一省,公元前250年左右塞琉西王国瓦解以后,阿萨息斯一世建立了新的安息王国,他是阿萨息斯王朝的开国始祖,这个王朝一直到公元224年左右才被波斯推翻。公元前1世纪初,王国势力达到鼎盛,以安息帝国知名,势力范围从伊朗高原至两河流域。后来因内部失序和罗马人进犯而势衰。后来的一个首都是赫卡通皮洛斯。另一座安息的大城市是泰西封,其废墟现存于伊拉克巴格达附近。安息人以擅长骑马和射箭闻名。

安息日　Sabbath　在犹太教和基督教中,每周抽出一天来礼拜和奉行宗教义务。犹太教安息日从星期五日落起到星期六日落止,在这段期间不能进行例行工作和劳动。对大部分的基督教派来说,安息日在星期日,所规

范的行为各异，但所有人都要参加礼拜。在伊斯兰教，星期五是礼拜之日。

安葬 burial 以仪礼方式处理人类遗体，通常是想帮助死者进入死后世界。墓葬可追溯至12.5万年前，坟墓的形式从简单的壕沟到大型土冢，到金字塔那样大的陵墓都有。长久以来也有采用洞穴为坟，如古希伯来人或印度西部、斯里兰卡的成千上万的穴坟。水葬是海盗普遍采用的形式。火葬和往水上撒骨灰也很普遍，特别是在亚洲。在印度，死者遗体被丢入他们的圣河——恒河。有些民族（美洲印第安人、帕西人等）则采取曝尸方式来处理遗体。在许多民族当中还有一种二次葬，通常和肉体腐烂的持续时间一致。这反映了一种死亡观点，即死者自人世通往冥府，中间须历经若干过程。犹太教的习俗则是尽速埋葬，祈祷者站在墓旁诵念祷文。通常在葬礼后一年立墓碑。信奉伊斯兰教的死者埋葬时，脸部需朝向圣地麦加。基督教安葬通常要经过守灵，这是一种"看守"在死者身边的仪式，有时伴有宴客活动。

桉属 eucalyptus 桃金娘科的一个大属，有500多种。原产澳大利亚、新西兰、塔斯马尼亚及其邻近岛屿。该属有多种优良的荫蔽树或造林树种，广泛栽种于世界温暖地区。因生长迅速，多是植株高大种类。许多品种，特别是柳叶桉（*E. salicifolia*）和蓝桉（*E. globulus*）的叶含挥发性芳香油，可用于制药。在澳大利亚，桉树主要用作燃料、建材和围篱。多种桉树的树皮还可造纸和提取丹宁。

氨 ammonia 由氮和氢组成的无色而有刺激性气味的气体，化学式为NH_3。容易液化，所以常被用作冷冻和空气调节设备中的冷却剂，大量制造。工业制氨主要是用哈伯-博施法（参阅哈伯）。主要用于肥料，有的往土壤中直接施用贮罐中的液氨。还有一部分被转化成硝酸铵（易爆）、磷酸铵等盐类，它们也主要用作商品肥料。在其他许多工业上氨被用作原料、催化剂和碱。易溶于水而形成氨水［一种碱性溶液（参阅碱），用作家居清洁剂］。

氨基酸 amino acid 一类有机化合物，其中一个碳原子与一个氨基团（$—NH_2$）、一个羧基团（—COOH）、一个氢原子和一个有机基团—R（或侧链）键合。因此，它们既是羧酸又是胺。它们各自特有的物理和化学性质是由R基团的性质决定的，尤其是它们与水和它们的电荷（如果有的话）相互作用的倾向。氨基酸由肽键（参阅共价键）以特定的次序线性地连接起来组成肽和蛋白质。在100多种天然的氨基酸中，每个都有不同的R基团，其中只有20种组成所有生命组织中的蛋白质。通过它们之间的相互转换，或者从新陈代谢中间过程的其他分子转变而来，人类能够合成10种氨基酸（通过相互转换），但其余的10种必需氨基酸（精氨酸、组氨酸、异亮氨酸、亮氨酸、赖氨酸、甲硫氨酸、苯丙氨酸、羟丁胺酸、色氨酸和缬氨酸）必须从饮食中摄取。

唵 om 印度教和印度其他宗教的咒语。据说其法力超过其他一切经咒。由a阿、u乌、m姆三个音组成（在梵语中a和u连在一起成为o），表示空、天、地三界；也表示梵天、毗湿奴和湿婆三大神；还表示《梨俱吠陀》、《耶柔吠陀》（或译《夜柔吠陀》）、《娑摩吠陀》三部《吠陀》。这样，唵就神秘地包罗了宇宙的精华。印度教信徒在祈祷、诵经和禅思的开头和终结，都要发此咒语，佛教和耆那教的礼仪上也普遍使用。

鹌鹑 quail 雉科小型短尾狩猎鸟类的统称。有些头羽直立或向前弯曲，体长13～33厘米。旧大陆的95种鹌鹑有一些有肉距，新大陆的36种则无。鹌鹑喜欢栖息于开阔的野地和灌木丛边缘。春季约产12枚稍呈圆形的卵，雄鸟可能帮助孵卵。主要以种子和浆果为食，但也吃叶、根和昆虫。欧亚非洲的普通鹌鹑，是鸡形目中唯一的候鸟。鹌鹑一般比山鹑体小。

加州珠颈翎鹑（*Callipepla californica*）
William H. Mullins, the National Audubon Society Collection / Photo Researchers

暗能量 dark energy 宇宙的主要组成部分（约占70%）。其性质尚未充分了解，但与物质不同，它具有引力排斥作用。暗能量因对宇宙膨胀速率的影响而被发现。对于暗能量已提出了许多解释，其中最简单的一种解释是，暗能量是真空空间内在固有的一种能量密度。

暗物质 dark matter 不发光的物质，天文学家无法直接发现，由于宇宙可见物质的质量无法解释观测到的重力效应而假设暗物质存在。有两种暗物质：重子暗物质，约占宇宙的5%；非重子暗物质，约占宇宙的22%。重子暗物质被认为含有重电磁中子，又称弱相互作用重离子。

昂古莱姆 Angouleme 法国西南部城市，濒夏朗德河。507年克洛维从西哥特人手中夺取此镇，9世纪起为伯爵领地中心。英法百年战争时，此地遭受破坏，1360年割让给英格兰，1378年法国又夺回，1394年转给奥尔良家族。这座城市以造纸闻名，也是12世纪的圣皮埃尔教堂所在地。人口46 000（1990）。

昂山素季 Aung San Suu Kyi（1945～ ）缅甸反对派领袖。为昂山的女儿，先后在缅甸、印度和牛津大学就读。在1988年回缅甸之前，过着相当平静的生活。由于军事独裁者吴奈温残暴、无情地大规模屠杀抗议者，促使她发起一场争取民主和人权的非暴力斗争。在1990年的国会大选中，她所属的全国民主联盟大获全胜，但选举结果被吴奈温政府否决，1989～1995年她一直被软禁。被释放后继续从事反对独裁的活动。自2000年始又多次遭受政府软禁，最终于2011年获释。2012年，她当选为缅甸国会下议院议员。1991年获诺贝尔和平奖。

盎格鲁-撒克逊法律 Anglo-Saxon law 从6世纪至诺曼征服（1066）期间在英国流行的一批法律。由于8、9世纪北欧海盗的入侵，盎格鲁-撒克逊法律受到斯堪的纳维亚早期法律的影响，并直接受罗马法的影响（主要通过教会）。盎格鲁-撒克逊法律是由3部分构成的：国王所颁布的法律和法令汇编；对习惯所作的权威性的说明；以及对法律规则和法令的私人编纂。主要将重点放在刑法上，但有些材料是处理公共行政、公共秩序和宗教事务问题。

盎格鲁-撒克逊盟主 bretwalda 又作brytenwalda。盎格鲁-撒克逊王国的几位对他们以外的王国拥有宗主权的国王统称。此词见于《盎格鲁-撒克逊编年史》，这个头衔的意思大概是"不列颠人的统治者"。韦塞克斯的埃格伯特（839年卒）冠此称号，并追溯到更早以前的7代国王：苏塞克斯的艾尔（活动时期5世纪末）、韦塞克斯的塞瓦林（593年卒）、肯特的艾特尔伯赫特（616年卒）、东英吉利的雷德沃尔德（616或627年卒）、诺森布里亚的埃德温（632年卒）、诺森布里亚的奥斯瓦尔德（641年卒）和诺森布里亚的奥斯威（670年卒）。

敖德萨 Odessa 乌克兰西南部城市。14世纪时鞑靼要塞哈吉贝即建于此。1791年并入俄国，成为仅次于圣彼得堡的重要港口，主要出口粮食。是1905年革命（参阅俄国1905年革命）的中心。第二次世界大战中受严重破坏，但仍为主要海港和工业中心，生产机床、起重机、石油冶炼产品等。设有造船厂。也是重要文化教育中心，建有大学、博物馆、歌剧院和芭蕾舞剧院。人口约1 029 000（2001）。

螯虾 crayfish 又称crawfish或crawdad。十足目500多种甲壳动物，与龙虾近缘。半数以上产于北美洲，几乎全部生活在淡水中。常隐蔽在溪、湖的石块下，夜间活跃，主要捕食螺类、昆虫幼虫、蠕虫和蝌蚪，有的吃植物。头部与胸部愈合成头胸部，体分节，沙黄色、绿色或深褐色；额剑尖，眼位于可活动的眼柄上；外骨胳薄而坚韧；第一对足末端成钳状；一般长约7.5厘米，最小的长2.5厘米，最大的长40厘米。

翱翔运动 soaring 又称gliding（滑翔运动）。驾驶滑翔机、翱翔机的运动。其器械由飞机牵引至约600米的高空，然后脱钩。滑翔员利用温暖空气的上升气流，如阳光照射的原野上方的上升暖气流，来保持或上升到一定的高度。使用的仪表包括高度表、空速表、磁罗盘和转弯倾斜仪。每年举行的国家比赛包括高度、速度、距离和定点降落等项目。

奥巴马　Obama, Barack(1961～　)　全名巴拉克·侯赛因·奥巴马(小)。美国总统(2009～　)。生于夏威夷州的火奴鲁鲁。先后毕业于哥伦比亚大学(1983)和哈佛大学法学院(1991),在法学院读书时成为首位担任《哈佛法学评论》主编的非洲裔美国人。后搬到芝加哥,在那里担任社团组织者并在芝加哥大学讲授宪法法律。1996年作为民主党成员当选伊利诺伊州参议员。2004年当选美国参议员,并很快成为全国的重要政治人物。2008年奥巴马意外击败原美国第一夫人希拉里·克林顿,成为美国民主党的总统提名人,同年11月4日击败共和党候选人J.麦凯恩,成为第44任美国总统。奥巴马是第一位当选美国总统的非洲裔美国人。执政后,他试图带领美国走出自大萧条以来最严重的经济危机。2009年获诺贝尔和平奖。同年3月,奥巴马签署了患者保护与平价医疗法案。2012年他击败共和党候选人M.罗姆尼,成功连任。

奥比亚　obia　又拼obeah。西非民间传说中一种体形庞大的动物,它偷偷溜进村里,为女巫诱拐年轻姑娘。在某些加勒比人的文化中,奥比亚用于表示各种形式的巫术,这些巫术通常威力极大而且极端邪恶。蓄意给他人造成伤害而埋藏起来的被施以魔力的物体有时便被称作奥比亚。使用奥比亚之权力的人称作奥比亚马或奥比亚人。

奥勃拉兹佐夫　Obraztsov, Sergey (Vladimirovich)(1901～1992)　苏联木偶戏大师。1922～1931年在莫斯科当演员,曾单独举行歌舞式的木偶剧演出。从1931年起担任第一任莫斯科国立中央木偶剧院院长。其表演的高超技巧和严谨风格,使木偶剧成为苏联的一种艺术形式。多次出国演出,在他的影响下,世界已成立了几座杖头木偶剧院。著名的作品有《阿拉丁的神灯》(1940)、《不平凡的音乐会》(1946)和《唐璜》(1976)。

奥博莫绍　Ogbomosho　尼日利亚西南部城市。17世纪中叶创建,原为奥约帝国的边区村落。19世纪初穆斯林富拉尼人征服奥约,当时有城墙的奥博莫绍是抵抗的中心,有大批奥约难民涌入,逐渐成为尼日利亚最大城镇之一。奥博莫绍位于伊巴丹之东北,是贸易中心和铁路枢纽。人口约941 000(2005)。

奥博特　Obote, (Apollo) Milton(1924～2005)　乌干达第一任总理(1962～1970)和两任总统(1966～1971,1980～1985)。1958年选入立法议会。他在1962年领导国家走向独立。成为总理后,他接受一部给5个传统王国(包括布干达在内)在乌干达内部联邦地位的宪法。1966年,派由阿明领导的军队攻打布干达的穆特萨。1971年被阿明领导的一次军事政变推翻。1979年又推翻了阿明,建立了一个镇压性的政府。1985年再

奥博特
Marion Kaplan

次被迫下台,最终定居赞比亚。

奥布赖恩　O'Brian, Patrick(1914～2000)　原名Richard Patrick Russ。英裔法国作家。在家里9个孩子中排行第八,结婚很早,但以离婚结束;第二次世界大战后再婚,改名,并迁居到靠近西班牙边境一个与外界隔绝的法国海岸小镇。54岁之前很少获得批评界的关注,直到开始发表一系列以18世纪航海为主题、以J.奥布里船长和船医S.马图林为主角的作品。这一系列作品从1969年发表到1999年,最后达到20本,可与H.梅尔维尔、A.特罗洛普和M.普鲁斯特的作品相提并论。奥布赖恩本人最崇敬的作家是J.奥斯汀。

奥布赖恩　O'Brien, Flann(1911～1966)　原名Brian O'Nuallain(布赖恩·奥努亚兰)。爱尔兰小说家、剧作家和报纸专栏作家。曾以迈尔斯·纳·格科帕林之名任《爱尔兰时报》专栏作家达26年。他的小说《双鸟戏水》(1939)最负盛名。该小说是一种意味深长的文学尝试,融民间传说、英雄传奇、幽默、诗歌和语言游戏于一体。其他小说有《艰难的生活》(1961)、《达尔基档案》(1964)。

奥布廉诺维奇王朝　Obrenovich dynasty　1815～1903年间统治塞尔维亚的家族,共5代。王朝的缔造者米洛什于1815～1839年和1858～1860年为大公;长子米兰三世1839年即位仅26天便死去;次子米哈依洛三世于1839～1842年和1860～1868年为大公;堂弟米兰四世于1868年为大公,后为国王(1882～1889);其子亚历山大1889年继位,1903年遇刺身亡。

奥茨　Oz, Amos(1939～　)　原名Amos Klausner。以色列长、短篇小说家,散文作家。第二代以色列人。20世纪50～80年代主要住在基布兹(合作农场)。曾在以色列陆军中服役(1957～1960,1967,1973),后来成为和平主义领导者。他的象征派作品反映了以色列生活中的冲突,如《狼嚎之地及其他故事》(1965)、《我的米迦勒》(1968,可能是他最有名的小说)、《黑盒子》(1987)及《爱与黑暗的故事》。

奥得河　Oder River　又拼Odra River。古称Viadua River。中东欧河流。源出捷克共和国上耶塞尼克山脉的奥得山,向北流经波兰西部形成与德国的界河。作为注入波罗的海的第二大河,它是一条重要的经济运输线。从河口上溯765千米可通航,有运河与维斯杜拉河及西欧航道系统相连。

奥德　Oudh　前英属印度一省,现为印度北方邦东北部的一部分。原为古代科萨拉王国首都阿约提亚,后改名奥德。科萨拉王国的疆域与现代的奥德基本上相等。12世纪为穆斯林入侵者夺取,16世纪成为莫卧儿帝国一部分,1856年被英国占领。1877年与阿格拉合并成为阿格拉与奥德联合省。1947年印度独立后,成为北方邦的一部分。

奥德姆　Odum, Howard W(ashington)(1884～1954)　美国社会学家。专攻美国南部黑人民俗社会学,主张给黑人以同等机会。曾就读于克拉克大学和哥伦比亚大学,1920年到北卡罗来纳大学任教,创办社会系、公共福利系和《社会力量》杂志(1922)。主要著作包括《美国南部地区》(1936)、《美国地区主义》(1938,与H.摩尔合著)和《了解社会》(1947)。

奥德修斯　Odysseus　又拼Ulysses(尤里西斯)。荷马史诗《奥德赛》的主人公。据荷马的说法,他是伊萨基的国王。他的机敏、多谋和毅力使他能够通过木马计攻克特洛伊,并且忍受9年的流浪和冒险,回到伊萨基,在那里他的妻子珀涅罗珀和儿子忒勒马科斯等着他。古希腊作家有时又把他说成是一位肆无忌惮的政客,有时又把他说成是一个明智和可敬的政治家。奥德修斯是西方文学中最常描述的人物之一。以他为题材进行创作的有许多希腊和罗马的诗人,以及后来的作家,如W.莎士比亚(《特洛伊罗斯与克瑞西达》)、N.卡赞扎基斯(《奥德赛:续集》)和使用隐喻的J.乔伊斯(《尤里西斯》)等。

奥德兹　Odets, Clifford(1906～1963)　美国剧作家。1923～1928年,在若干轮演剧目剧院做演员。1931年加入同仁剧团。第一个获巨大成功的剧本是《等待老左》(1935),接着演出《醒来歌唱》(1935)和《有出息的小伙子》(1937)。20世纪30年代末移居好莱坞,写电影剧本并成为导演。作品有《唯有孤独的心》(1944)和《第一页的故事》(1959)。后来的剧作有《大餐刀》(1949)、《乡村姑娘》(1950)和《盛开的桃花》(1954)。

奥登　Auden, W(ystan) H(ugh)(1907～1973)　英裔美籍诗人和文人。曾在牛津大学任教,在该校他对C.戴-刘易斯、L.麦克尼斯和S.斯彭德等产生了强烈的影响。在他的各种作品中,大多涉及公众所关心的学术和道德问题,以及幻想和梦的内心世界。20世纪30年代他指出资本主义的罪恶,同时也反对集权主义者,成为左派英雄。他和C.伊舍伍德合写了3部诗剧。奥登后来的作品反映了他成为美国公民的生活、宗教和学术观点的变化(皈依基督教并对左派的觉

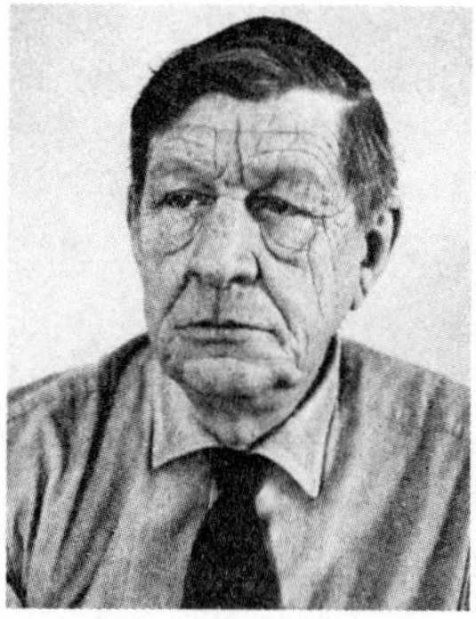

奥登，摄于1965年
Horst Tappe

醒），偶尔也反映出他的同性恋倾向。他的诗歌包括长诗《忧虑的时代》（1947，获普利策奖）、诗集《另一个时代》（1940）和《对克莱欧的敬意》（1960）。奥登一生与C.卡尔曼合作，撰写歌剧脚本，尤其以为I.斯特拉文斯基创作的《浪子的历程》（1951）著称。其他的作品包括纪录片的解说词、散文和评论。在T.S.艾略特死后，奥登被认为是最杰出的英语诗人。

奥地利　Austria　全称Republic of Austria（奥地利共和国）。欧洲中南部的内陆国家。面积：83 879平方千米。人口：约8 496 000（2013）。首都：维也纳。绝大多数人口为奥地利人。语言：德语（官方语言）。宗教：基督教（以天主教为主，亦有新教和东正教）、伊斯兰教。货币：欧元。奥地利境内大部分地区为阿尔卑斯山区，包括东部阿尔卑斯山区内的全国最高点大格洛克纳山。波希米亚森林为一高地地区，往北延伸进捷克境内。低地区，包括东部的维也纳盆地，主要是农业地带。多瑙河及其支流几乎流贯穿整个奥地利。该国已发展出一种混合自由市场和国营的经济模式，以制造业和商业为主，旅游业也很重要。奥地利是共和国，两院制。总统是国家元首，总理是政府首脑。最大的文化资产一直是在音乐方面（参阅F.J.海顿、W.A.莫扎特、F.舒伯特、A.贝尔格和A.von韦伯恩）。其他领域的著名人物包括画家O.考考斯卡、心理学家S.弗洛伊德、哲学家L.维特根斯坦。大约在5 000年前奥地利就有人定居。公元前400年前后凯尔特人入侵，建立了诺里库姆王国。公元前200年以后罗马人到此，并建立腊埃提亚、诺里库姆和潘诺尼亚诸省；随后，该地区就繁荣起来，人口以罗马人为主。公元5世纪，在罗马衰落以前，日耳曼人入侵，其后许多日耳曼人和斯拉夫人进入该地区。最终他们都屈服于查理曼，日耳曼人成为该地区主要民族。976年巴奔堡王室的利奥波德一世任总督时，将奥地利变成一个政治实体。1278年哈布斯堡王朝的鲁道夫四世（德意志国王鲁道夫一世）征服了这一地区；哈布斯堡的统治一直延续到1918年。哈布斯堡王室掌权时，创立了以奥地利、波希米亚和匈牙利为中心的王国。拿破仑战争结束了哈布斯堡王朝控制下的神圣罗马帝国（1806），创立了奥地利帝国。F.von梅特涅伯爵试图保证奥地利在德意志各国中享有霸权，但与普鲁士的战争使奥地利帝国分成奥匈二元帝国。民族主义的情绪折磨着这个王国，1914年一个波斯尼亚的塞尔维亚民族主义分子刺杀了斐迪南，从而触发了第一次世界大战，战争破坏了奥地利帝国。战后奥匈帝国解体，奥地利成为独立的共和国。1938年被纳粹德国兼并（参阅德奥合并），第二次世界大战中加入了轴心国。盟军占领10年后，1955年恢复奥地利共和国。1995年奥地利成为欧洲联盟的正式成员。在经历了半个世纪的军事中立以后，至21世纪初叶，奥地利仍是欧盟国家中少数未加入北约的国家之一。奥地利于1896年首次参加在雅典举办的夏季奥运会。

奥地利经济学派　Austrian school of economics　由一批奥地利经济学家于19世纪末期所提出的经济理论。奥地利经济学家C.门格尔（1840～1921）于1871年发表了有关价值新理论的论文。其价值概念是主观的：产品的价值来源于它能满足人类欲望的能力。产品的实际价值，决定于消费者能从它的最不重要的用途中所得到的效用（边际效用）。边际效用理论不仅用于消费，也用于生产。该派的其他创建者包括F.von维塞尔（1851～1926）、E.von柏姆－巴维克（1815～1914）。参阅机会成本和生产率。

奥地利王位继承战争　Austrian Succession, War of the（1740～1748）　查理六世皇帝1740年去世之后发生的几次有关的战争。争论点是其女儿玛丽亚·特蕾西亚是否有权继承哈布斯堡的土地。1740年战争伊始，普鲁士的腓特烈二世入侵西里西亚。他的胜利表明哈布斯堡领主们无力自卫，促使其他国家也开始蠢蠢欲动。最后签订《艾克斯拉沙佩勒条约》，结束冲突。

奥丁　Odin　又拼Wotan。古斯堪的纳维亚神话中的主神之一。从远古起，奥丁就是战神，在英雄文学中，他以英雄的保护神面目出现；阵亡将士都到瓦尔哈拉庙堂与他作伴。奥丁又是诸神中的大魔法师，并且在如尼文的文学作品中提到。他的神马斯雷普尼尔有8条腿，能驰骋太空，飞越大海。他的外表是一位高大的老人，长髯独眼（另一只被他换取了智慧）。他身穿大氅，戴宽边帽，持矛。人们把狼和乌鸦奉献给他。

奥杜邦　Audubon, John James（1785～1851）　原名Fougére Rabin或Jean Rabin。后称Jean-Jacques Fougère Audubon。美国鸟类学家、画家和博物学家。以绘制北美洲鸟类图而闻名。为法国商人在海地所生的私生子，后随父亲回到法国，18岁移居美国以前曾随J.-L.戴维学画。从其父的宾夕法尼亚州地产，他进行了首次美洲的鸟套环实验。在几次经商失败后，他集中精力于绘画和鸟类研究，并从佛罗里达迁往加拿大拉布拉多。1827～1838年在伦敦出版了4卷本的《美洲鸟类图谱》。1831～1839年又出版5卷本的《鸟类生活史》，而《北美胎生四足动物》（3卷；1842～1854）则是由其儿子完成的。评论家们多认为奥都邦所画的鸟姿有些想象成分（甚至是不可能的），细节也不准确，但很少有人对那些画是艺术精品持有异议。他的研究对新大陆鸟类学很有帮助。

奥杜威峡谷　Olduvai Gorge　坦桑尼亚北部塞伦盖蒂平原东部考古遗址。这个两壁峻峭的峡谷纵长约48千米，深90米。覆盖于陡坡上的堆积，其形成年代约为210万～1.5万年前，提供丰富的动物化石数据，包括50多件人科动物遗骸及最完整的石器工艺品。该遗址经L.S.B.利基一家人在1959年发现第一个南方古猿遗迹之后，才引起公众的注意。此后又陆续发现能人、直立人和智人遗迹。这些发现进一步证实了人类起源于非洲的说法。

奥顿　Orton, Joe（1933～1967）　原名John Kingsley。英国剧作家。原为一个不成功的演员，后转向写作。1964年他的广播剧《楼梯上的恶棍》由英国国家广播公司播出后，奥顿才首度获得成功。他的3部长篇黑色喜剧《款待斯隆先生》（1964）、《掠夺》（1965）和死后出版的《管家所见到的》（1969），以其对道德败坏、暴力和性贪婪的研究使观众感到震惊。奥顿被他的终身密友K.L.哈利韦尔打死，结束了他短暂的一生。哈利韦尔随即自杀。

奥顿伯格　Oldenburg, Claes (Thure)（1929～　）　瑞典裔美国波普艺术雕塑家。瑞典领事之子，早年部分时间在美国度过。耶鲁大学毕业后到芝加哥美术学院学习，后作为自由作家为杂志绘制插画。1956年迁居纽约，兴趣转到雕塑。和其他波普艺术运动的艺术家一样，他选择极为平常的消费品作为题材。然而，为创作《巨型衣夹》（1976）和《巨大的软羽毛球》（1995）等"软雕塑"，他小心选择与人紧密相关的对象。此外，他选用柔软易曲的乙烯基塑料，使物体有人情味，并常带有一种性感情调。

奥多亚塞　Odoacer（约433～493）　又称Odovacar。意大利的第一个蛮族国王（476～493）。为日耳曼武士，参加罗马军队。475年率众反叛篡夺者奥雷斯特斯。476年被军队拥立为王。这一年传统上认为是西罗马帝国灭亡的标志。奥多亚塞效忠东罗马帝国皇帝芝诺，但把意大利的统治权握在自己手里。他征服达尔马提亚（482），打败鲁吉人（487～488），从汪达尔人手里收复了西西里。由于攻打东罗马帝国他疏远了芝诺，在芝诺支持下，东哥特国王狄奥多里克侵入意大利（489），夺取了半岛的大部分地区。奥多亚塞后被西奥多里克邀请赴宴时杀害。

奥尔　Orr, Bobby（1948～　）　原名Robert Gordon。加拿大裔美国冰球队员。12岁时与波士顿熊队签订少年业余球员合约。1966年参加波士顿熊队，在该队参加10个赛季的比赛，帮助该队连续8个赛季打进联盟决赛，并两次获斯坦利杯赛冠军。他是全加冰上曲棍球联盟第一位获最高射门成功率的后卫（1970，1975），连续8年获最有价值的后

奥尔(着4号球衣者),摄于1968年
Canada Wide-Pictorial Parade/EB Inc.

卫的唯一球员(1967/1968～1974/1975)。

奥尔巴尼会议 Albany Congress 1754年在纽约州奥尔巴尼召集号召英国北美殖民地团结的会议。由英国殖民政府于法英北美殖民地争夺战前召开,部分地为了达成团结

《不联合就要灭亡》,第一幅美国知名漫画,B. 富兰克林于1754年在其《宾夕法尼亚报》上发表,以支持在奥尔巴尼会议中所提出的殖民地团结计划。
The Granger Collection

以抵御法国。会上通过了B. 富兰克林所提的7个殖民地联盟计划,但此计划从未被采行,后来成为美国革命时期提案的样本。

奥尔比森 Orbison, Roy(1936～1988) 美国歌手与词曲作家。8岁时就开始在电台弹奏吉他,1956年发表第一支单曲《嗡嘟》后,一连串的畅销之作相继产生,包括《只有寂寞》、《无法停止爱你》、《痛哭》、《在梦中》以及《喔,美丽佳人》。他的音乐生涯在他的妻子1966年死于车祸、两子1968年死于火灾后开始走下坡路。20世纪80年代重整旗鼓,和B. 迪伦、G. 哈里森、T. 佩蒂组成威尔伯理斯旅行乐团。

奥尔波特 Allport, Gordon W(illard)(1897～1967) 美国心理学家。生于印第安纳州蒙特苏马。1930～1967年任教于哈佛大学,以研究人格理论闻名,论点着重于成人本身而非孩童或婴儿时期的情绪和体验,这些观点表现在《人格》(1937)等书中。1954年发表《偏见的本质》,在偏见的分析方面有重要贡献。

奥尔德林(小) Aldrin, Edwin Eugene, Jr.(1930～) 又称Buzz Aldrin。美国航天员。毕业于西点军校,朝鲜战争中进行过66次空中战斗。1963年获得麻省理工学院博士学位,后来被选为航天员。1966年他与J. A. 洛弗尔(小)(1928年生)参加4天的"双子座"12号(参阅"双子座"号飞船)飞行,出舱进行了5.5小时的太空行走,证明人体在宇宙真空中能够有效地活动。1969年7月在"阿波罗"11号的任务中,他成为第2个登上月球的人。

奥尔登 Alden, John(1599?～1687) 1620年乘"五月花"号到达美洲的清教徒之一。原是一名桶匠,被发起此次航程的英国商人雇用。他签署了《五月花公约》。曾担任总督助理(1623～1641、1650～1686),并两次代理总督。据说他是第一个踏上普里茅斯土地的清教徒。根据H. W. 朗费罗的诗,他曾代表友人M. 斯坦迪什向P. 马伦斯求婚未成,而后来自己向她求婚却如愿以偿。1623年他与马伦斯结婚。

奥尔登堡 Oldenburg 前德意志的一个邦,自1946年成为德国下萨克森州的一部分。约1100～1667年为伯爵领地,后归属丹麦;18世纪末被神圣罗马帝国皇帝约瑟夫二世授予奥尔登堡公爵封号的吕贝克主教统治;19世纪初成为大公国,在奥普战争(1866)中支持普鲁士;1871年加入德意志帝国,1918年放弃大公国制度。奥尔登堡市的17世纪大公宫殿现为艺术和文化博物馆。

奥尔夫 Orff, Carl(1895～1982) 德国作曲家及音乐教育家。曾在慕尼黑音乐学院学习,后担任几个与音乐相关的职务。20世纪20年代他开始对巴罗克早期音乐和音乐运动协会产生兴趣,并从1930年起为了与这些兴趣保持一致而重写早期作品。1924年成立一所音乐学校,以他所发明的理解性的音乐教育课程(奥尔夫音乐教学法)教学。该教学法包含以特别设计形似木琴的敲击乐器进行即兴演奏,并为国际音乐界广泛采用。在完成其最著名作品《布尔伦之歌》(1937)后,他收回了所有早期的作品。之后创作的节奏推进感的剧院作品有歌剧《月亮》(1939)和《伶俐姑娘》(1943)。

奥尔霍迈诺斯 Orchomenus 古希腊比奥蒂亚西北部城市,迈锡尼人时代最北的一个设防城镇并控制了比奥蒂亚的大部分区域。约公元前550年为最早铸造钱币的城市之一,并因富裕而出名。经常遭受攻击,最后在前4世纪被第比斯人破坏殆尽。考古发掘证明这是个重要的新石器时代和青铜器时代遗址,有蜂窝式建筑的神庙和宫殿。

奥尔卡尼亚 Orcagna, Andrea(约1315/1320～1368) 原名Andrea di Cione。佛罗伦萨画家、雕塑家和建筑师。金匠之子,为佛罗伦萨画派的主要成员及14世纪中叶佛罗伦萨最著名的艺术家。1354～1357年为佛罗伦萨圣母马利亚教堂的斯特罗齐礼拜堂绘制的祭坛画展现了他善于把多联画作为一个整体处理的能力。作为一位雕塑家,奥尔卡尼亚最著名的作品是奥尔圣米凯莱行会小礼拜堂的神龛(1352～1360)。此装饰性作品架构相当复杂,是黑死病大流行后产生于托斯卡纳的表现艺术中的最佳作品之一。1357年和1364～1367年间受雇为佛罗伦萨大教堂的建筑师。

奥尔科特 Alcott, Louisa May(1832～1888) 美国女作家,以写儿童读物闻名。B. 奥尔科特之女,成长于波士顿和康科德的先验论者圈中,后来从事写作以帮助家计。她是个积

L. M. 奥尔科特,肖像画,C. 希利绘;现藏马萨诸塞州康科德的路易莎·梅·奥尔科特纪念协会
By courtesy of Louisa May Alcott Memorial Association

极的废奴主义者,美国内战期间志愿去当护士,结果染上伤寒,此后一直没有完全康复。她的书信集《医院速写》(1863)的出版使她初露头角。自传体小说《小妇人》(1868～1869)使她大获成功,还清债务。随后,一批以她早年经历为题材的作品相继问世,包括《墨守成规的姑娘》(1870)、《小男儿》(1871)、《乔的男孩们》(1886)。

奥尔良 Orléans 古称Aurelianum。法国中北部城市。公元前52年被J. 凯撒征服,查理曼统治时期为文化中心。中世纪时为主要文化中心,1344年在腓力六世统治下成为皇家领地。1429年百年战争期间遭英军围攻时,由被视为奥尔良姑娘的圣女贞德和其率领的部队解救。位于卢瓦尔河畔富庶谷地中,为重要的商品蔬菜栽培、园艺和纺织品产地。人口约108 000(1990)。

奥尔良公爵 Orléans, Louis-Philippe-Joseph, duc (Duke) d'(1747～1793) 人称Philippe Égalité(平民菲力普)。法国波旁王朝的亲王,在法国大革命中支持人民民主政治。路易十六的堂兄弟,因不满玛丽-安托瓦内特而居住于远离凡尔赛王宫的地方。1787年因对国王的权限表示异议而遭流放。1789年当选为三级会议贵族代表,很快便加入第三等级。1791年加入雅各宾俱乐部后放弃贵族称号(1792),从巴黎公社中接受"平民菲力普"的名字。在国民公会中,他支持激进派,但之后他的儿子路易-菲力普叛投奥军。他被指控为同谋,被捕后送上断头台。

奥尔梅克文化 Olmec 前哥伦布时期中美洲最早的精湛文化。奥尔梅克人住在墨西哥湾沿岸的低地上,他们的文化影响向北扩展到墨西哥河谷,向南及于中美洲。后来中美洲当地宗教和画像艺术显然可以追溯到奥尔梅克。建于公元前1150年的著名圣劳伦佐遗址,以其巨大的人头雕塑引人注目。奥尔梅克艺术的大部分主题是一种兼

具美洲虎和婴儿形态的神像。拉本塔是该文化晚期宗教遗址,建有高大的土冢和狭长的广场,以及另外几处宗教场所。至21世纪,当地又发现了可能属于马雅文化晚期的象形文字石刻。从奥尔梅克人的建筑和雕刻及其艺术风格看来,他们的社会显然是复杂和不平等的。

奥尔尼 Olney, Richard(1835～1917) 美国政治家。G.克利夫兰总统任内任司法部长(1893～1895)。他开创了运用禁制令制止普尔曼公司罢工(1894)的先例。在国务卿任内(1895～1897)处理委内瑞拉在与英国就英属圭亚那边界争端中寻求美国支持的事件。他要求英国交付仲裁以避免战争。他给英国的备忘录称为奥尔尼推论,重申美国在西半球的霸权并加强门罗主义。

奥尔特加-加塞特 Ortega y Gasset, José(1883～1955) 西班牙哲学家。自1911年起在马德里大学任教。1931～1946年居住在海外。虽然受到新康德主义学派的影响,但与新康德主义哲学有不同之处,见于所著《乐园中的亚当》(1910)、《吉诃德的冥思》(1914)和《现代题材》(1923)等书。他将个人的生活看成基本的实在,以每一个人的视角来代替绝对真理。他和他的一代都关心"西班牙问题"。他创办期刊《西班牙》(1915)、《太阳》(1917)和《西方杂志》(1923)。最有名的作品是《没有脊梁骨的西班牙》(1922)和《群众的反抗》(1929),书中预示着西班牙内战。他对20世纪西班牙的文化和文学复兴有重大影响。

奥尔特加·萨维德拉 Ortega (Saavedra), Daniel(1945～) 尼加拉瓜总统(1984～1990;2007～)。1963年参加桑地诺民族解放阵线,负责该阵线反对索摩查家族的城市抵抗运动。后坐牢并被放逐。潜返尼加拉瓜后,他联合不同派系对抗索摩查。1979年桑地诺派获胜。奥尔特加任桑地诺执政委员会协调人,1984年当选为尼加拉瓜的总统。美国力图破坏他的政府,使其陷入经济困境和旷日持久的战争。1990、1996和2001年竞选均失败。2006年竞选获胜后重新执政。参阅查莫罗和尼加拉瓜反抗军。

奥尔特云 Oort cloud 由绕行太阳的小型冰体构成的巨大球形云,距太阳约0.1～1光年,可能是大多数长周期彗星的来源。1950年荷兰天文学家J. H.奥尔特(1900～1992)指出彗星的轨道显示其并非来自星际空间。他提出太阳周围有数十亿个这类物体环绕,只有当它们进入内太阳系才会偶尔被侦测到。一般认为奥尔特云是由太阳系形成(参阅太阳星云)时的原始物体构成。在较里面的区域则与更具有圆盘状的柯伊伯带融合在一起。

奥法莱恩 O'Faolain, Sean(1900～1991) 原名John Francis Whelan。爱尔兰作家。在爱尔兰起义期间(1918～1921)参加反英活动。1926～1933年任教职。第一部短篇小说集《仲夏夜的狂欢》(1932)和长篇小说《一群淳朴的人》(1933)获得成功后,开始全力从事写作。以细腻而抒情地描写爱尔兰下层阶级和中产阶级的短篇小说闻名。他常常探讨民族主义斗争的衰落或爱尔兰天主教的苛刻褊狭。其他著作包括《孤独的鸟》(1936)、《丹尼尔·奥康内尔的生平》(1938)及自传《愿我长寿》(1964)。

奥菲尔斯 Ophüls, Max(1902～1957) 原名Max Oppenheimer。德国电影导演。在德国和奥地利(1921～1930)任演员、舞台导演和制片人。因拍摄《爱情公司》(1933)而闻名。离开纳粹德国后他到过法国、苏联、意大利、荷兰,直到1940年迁往美国。在美国好莱坞他导演了《流放》(1947)、《一个陌生女人的来信》(1948,旧译《巫山云》)和《逮住》(1949)。回到法国后导演《轮舞曲》(1950)、《快乐》(1952)和《洛拉·孟戴兹》(1955),一般认为这是他最优秀的作品。他的儿子马塞(1927～)在法国工作,为纪录片制作人。他的有争议的影片《悲伤与怜悯》(1971)剖视了在德国占领下的法国人的行为。

奥芬巴赫 Offenbach, Jacques(1819～1880) 原名Jacob。德裔法国作曲家。父为犹太教堂祈祷文领颂人。曾进巴黎音乐学院学习,因无钱而辍学。1850年起在法兰西剧院为戏剧谱写乐曲并担任指挥。1855～1858年为自建的剧院写了22部独幕剧。后来编写较长的轻歌剧,轰动一时,其中有《地狱中的奥尔甫斯》(1858)、《美丽的海伦娜》(1864)、《蓝胡子》(1866)、《巴黎的生活》(1866)和《盖罗尔施泰因的大公夫人》(1868)。他的作品虽然被一些严肃的音乐家所不屑,但颇受公众喜爱。普法战争后遭受极大挫折,在最后的三年里致力于他的杰作《霍夫曼的故事》(1881)。

奥夫雷贡 Obregón, Álvaro(1880～1928) 墨西哥总统(1920～1924)。出色的军事领导人,在墨西哥革命期间追随温和的总统F.马德罗和V.卡兰萨战斗,对1917年的自由宪法贡献很大。针对卡兰萨日益反动的政策,奥夫雷贡领导起义,推翻了卡兰萨。1920年当选为总统。他使饱受创伤的国家得到相对的和平与繁荣。1928年再度当选,但在就职前被刺身亡。

奥弗莱厄蒂 O'Flaherty, Liam(1896～1984) 爱尔兰长篇和短篇小说家。他放弃成为神职人员的培训,在第一次世界大战中服役当兵,后到南美洲、北美洲和中东等地做流动工人。后参加爱尔兰革命活动,是爱尔兰文艺复兴的主要作家。他的作品交织着赤裸裸的自然主义、心理分析、诗情画意和辛辣嘲讽,也充满了对爱尔兰人民的崇敬。作品包括《邻居之妻》(1923)、《告密者》(1925;1935年拍成电影)、《斯凯里特》(1932)、《饥荒》(1937)和《叛乱》(1950)。

奥格尔索普 Oglethorpe, James (Edward)(1696～1785) 英国殖民官员。1712年入伍。1722年进入议会,在议会中注重监狱改革。1732年获得后来成为佐治亚的殖民地特许状,使穷人开始新的生活,并使受迫害的新教徒得到信仰自由。1733年率首批移民建立萨凡纳。他领导保卫殖民地的战斗,击退西班牙的进攻(1739,1742),1743年回到英格兰。

奥格斯堡 Augsburg 德国南部巴伐利亚州城市。约公元前14年奥古斯都将该地建为罗马殖民地,到公元739年成为主教辖区。1276年成为帝国自由城市,1331年加入士瓦本联盟。15～16世纪富格尔家族和韦尔瑟家族使该城成为欧洲主要的金融和商业中心。1530年在帝国议会宣读《奥格斯堡信纲》;1555年签署《奥格斯堡和约》;1686年组成奥格斯堡联盟;1806年该市成为巴伐利亚的一部分。第二次世界大战中奥格斯堡遭到猛烈轰炸。名胜有世界上最古老的穷人聚居区富格瑞(1519)。人口约257 800(2002)。

《奥格斯堡和约》 Augsburg, Peace of 1555年由神圣罗马帝国议会颁布的和约,是允许信义宗和天主教共存于德意志的第一项永久性法律根据。议会决定:神圣罗马帝国境内各诸侯邦之间不得因宗教原因互相争战。议会仅承认天主教和路德宗两派,并规定在帝国每块领土上只允许一派存在。但是人们可以移居到信奉其信仰的国土上。尽管存在很多缺点,但该合约让帝国结束了长达50年的内乱纷争。参阅宗教改革运动。

奥格斯堡联盟 Augsburg, League of 1686年由神圣罗马帝国皇帝利奥波德一世、瑞典国王、西班牙国王和巴伐利亚、萨克森、巴拉丁选侯所组成的联盟。联盟的组成是为了在大同盟战争之前对抗法国路易十四的扩张计划。后来证实联盟无效,因为有些亲王不愿对抗法国,且缺少联合军事行动的规定。

《奥格斯堡信纲》 Augsburg Confession 信义宗的基本信仰纲要。主要作者是P.梅兰希顿,1530年6月25日在奥格斯堡帝国议会上提交给神圣罗马帝国皇帝查理五世。目的在为路德宗辩护而驳斥种种曲解,提供天主教徒可能接受的神学陈述。由概括路德宗教义的28条教义组成,并且列出了几个世纪以来西方基督教会的弊端。这份未经修改的文件一直是路德宗的权威。1536年译成英语,对圣公会的39条论纲和卫理公会的25条宗教论纲产生了深远影响。

奥古斯丁会 Augustinian 天主教内一修会名称。广义指遵循圣奥古斯丁制定的修道规章的各男女修会,但通常专指奥古斯丁会吏会和奥古斯丁隐修会。奥古斯丁隐修会则是中世纪四大托钵修会之一,该会修士(包括M.路德)活跃于欧洲各大学和教会事务上。奥古斯丁会吏会于11世纪首先提倡神职人员过完全的共同生活,这在天主教各修会中是一种创举。奥古斯丁会在宗教改革运动之后开始衰落,但继续传教、教育和医疗工作。其他较著名的修会是奥古斯丁住院会(创建于16世纪)和修女组成的奥古斯丁第2修会(1264),两者至今仍很活跃。

奥古斯都　Augustus,Caesar(公元前63～公元14)　又称Octavian(屋大维)。原名Gaius Octavius。后称Gaius Julius Caesar Octavianus。罗马帝国第1个皇帝。出身豪门,18岁时过继给舅公J.凯撒。公元前44年凯撒被刺杀,经过一番权力角逐后,屋大维和其他两个劲敌(李必达和M.安东尼)形成后三头政治。他们之间的战争仍持续进行,最后屋大维在公元前32年解决了李必达,翌年在亚克兴角战役又打败安东尼(与埃及克娄巴特拉七世联盟),成为唯一的统治者。他被选定为元首,罗马帝国据说就是从他即位开始。最初他是以执政官身份来统治,维持共和国的体制,但在公元前27年他接受了"奥古斯都"称号,公元前23年接受帝国政权。在位期间(公元前31～公元14)他给罗马人生活的各个方面都带来改变,希腊罗马世界进入一段长时期的和平与繁荣时期。他保护帝国外部省份的安全,修筑道路和兴建公共工程,建立了罗马和平时期,并扶植发展艺术。奥古斯都还矫正罗马人的道德风俗,甚至放逐他的女儿尤莉娅,原因是她通奸。在他死时,罗马帝国的领土西起伊比利亚半岛,东到卡帕多西亚,北起高卢,南达埃及。死后被奉为神明。

奥古斯特二世　Augustus II(1670～1733)　波兰语作August Fryderyk。波兰国王和萨克森选侯。1697年加冕为国王,通过改信天主教想改善运气。亦称强者奥古斯特,他在1700年入侵利沃尼亚,引起第2次北方战争。最后他被瑞典国王查理十二世打败,奥古斯特在1706年被逼退位,但在1710年重又登上王位。在他统治末期,波兰已由一个欧洲大国沦为俄国的保护国。

奥哈拉　O'Hara,John(Henry)(1905～1970)　美国长篇和短篇小说家。曾在纽约市当文艺批评家和记者。这段记者经历的影响在他小说客观、实事求是的风格中可以看出。他的小说可作为一部20世纪20～40年代积极上进的美国人的社会史来解读。其中很受欢迎的小说包括《在萨马拉的约会》(1934)、《坦恩·诺思·弗雷德里克》(1955;1958年拍成电影)、《巴特菲尔德8号》(1935;1960年拍成电影)、《乔伊伙伴》(1940,后成功地改编为音乐剧)和《在凉台上》(1958;1960年拍成电影)。

奥基夫　O'Keeffe,Georgia(1887～1986)　美国画家。曾先后在芝加哥和纽约研习艺术,与摄影家A.施蒂格利茨相遇并结婚。到20世纪20年代初期,其绘画上所独具的高度个人风格便在《黑菖蒲》(1926)等代表作上展露出来。其绘画题材通常为一些放大的头骨、动物骨骼、花卉、植物器官、贝壳、岩石、山脉以及其他自然形式。所画的骨头和花卉多为一些具有神秘暗示意味的图像,引发后人对其作品作出各种情欲的、心理学的或象征性的诠释。1946年丈夫逝世后迁往新墨西哥州。其晚期作品常礼赞新墨西哥州的朗朗长天与沙漠景色。她被认为是美国当代极有独创性的重要画家之一,她的作品非常受欢迎。

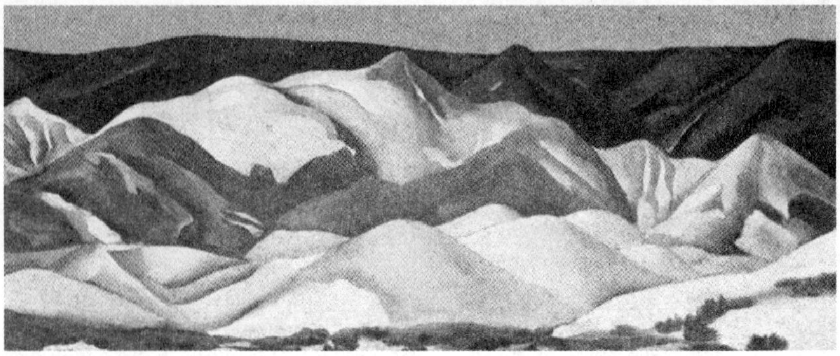

奥基夫绘《新墨西哥州阿比丘附近的景致》(1930);现藏纽约市大都会艺术博物馆

The Metropolitan Museum of Art, New York City, Alfred Stieglitz Collection,1963 (63.204), reproduced by permission of the estate of Georgia O'Keeffe,Copyright © 1984/85 By the Metroplitan Museum of Art; Photograph ty Malcolm Varon

奥基乔比湖　Okeechobee, Lake　美国佛罗里达州东南部湖泊。是全部在本国境内的第三大淡水湖。经由埃弗格莱兹沼泽入海。为史前时期的帕姆利科海的残存部分。"奥基乔比"在塞米诺尔印第安人语中意为"大水"。该湖西北岸现有塞米诺尔人保留地。

奥加农　organum　早期素歌的多声部乐曲(参阅格列高利圣咏),是复调的最初形式。最早的奥加农(约900)有两条同时进行的、逐音相对的旋律线,增加的声部通常以低4度或5度平行于圣咏旋律线,明显反映出当时流行的即兴创作形式。之后,增加的声部开始有更强大的旋律个体性和独立性。一字多音的奥加农(华丽或花唱式的奥加农)出现于12世纪初期。3或4声部奥加农的最早作品是由圣母院乐派的音乐家所写。奥加农随着13世纪经文歌的出现而消失。

奥凯西　O'Casey, Sean(1880～1964)　原名John Casey(约翰·卡西)。爱尔兰剧作家。生于都柏林一个基督教新教的贫穷家庭,自学成才。14岁开始干体力活。后投身

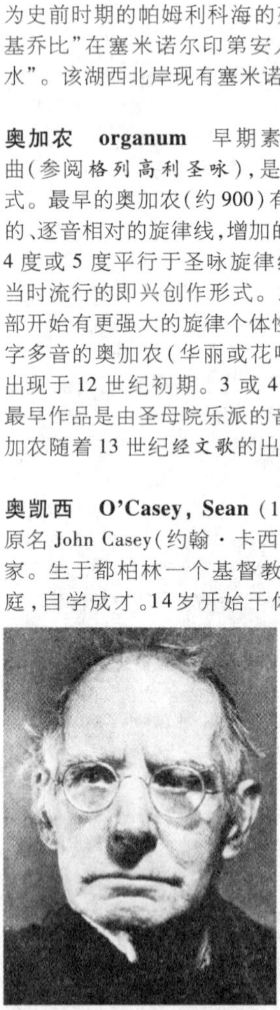

奥凯西,J.鲍恩摄

Camera Press

爱尔兰民族主义事业。他把名字改成爱尔兰样式,积极参加劳工运动和爱尔兰公民军。1915年脱离政治,创作反映战争和革命时期都柏林贫民窟生活的写实主义悲喜剧。阿比剧院上演了他最早、也是最好的三部戏剧:《枪手的影子》(1923)、《朱诺与孔雀》(1924)和《犁与星》(1926),后者演出时曾引起爱尔兰爱国者的骚动。当他的反战题材剧本《小银杯》被拒绝上演后,他移居到英国,该剧于1929年在当地上演。后期戏剧作品有《大门内》(1934)、《星儿变红了》(1940)和《给我红玫瑰》(1946)。1939～1956年间出版6卷奥凯西自传。

奥康姆　Ockham,William of(约1285～1347/1349)　又称William of Occam。方济各会修士、哲学家、神学家、政论家,被认为是晚期经院哲学家中的唯名论的创立者。唯名论认为脱离具体事物的共相没有任何实在性。他偏爱逻辑,极其信赖人类的自然理性;作为一个神学家,他强调教义中上帝的重要性,认为唯有上帝的全能的恩惠才能拯救人类。并认为上帝的恩惠体现在无条件地给与,这在上帝创造自然中已经充分地证明。参阅奥康姆的剃刀。

奥康姆的剃刀　Ockham's razor　方法论中极度节俭原则的科学解释。传说是奥康姆提出的,认为除非必要不应增加实体。实际上是说,如果一种现象不具有实体存在,哲学家和科学家就不应假设实体的存在。科学的历史提供了许多应用这个原则的实例(例如,作为对爱因斯坦狭义相对论的反应,科学家抛弃了发光太空的假说)。参阅唯物主义。

奥康纳　O'Connor, Frank(1903～1966)　原名Michael O'Donovan。爱尔兰作家。自幼家贫,当过图书馆员和都柏林阿比剧院导演。其短篇小说在《纽约人》周刊上发表,善于通过貌似生活琐事的事件来揭示爱尔兰的现实,深受美国读者欢迎。短篇小说集有《国宾》(1931)和《海棠冻》(1944)。他还写过研究爱尔兰生活和文学的评论文章,并翻译了9～20世纪的盖尔语作品,其中包括17世纪讽刺诗《午夜法庭》(1945)。

奥康纳　O'Connor,(Mary) Flannery(1925～1964)　美国作家。她大部分时间住在位于佐治亚州米利奇维尔她母亲的农场上。作品通常以美国南方农村为背景,常常把描写的人物放在离奇偏僻的环境中,探讨个人与上帝之间的关系。第一部长篇小说《聪明血统》(1952),把聆听普通语言的聪敏耳朵和尖刻的宗教想象,以及对荒诞事物

的敏锐感觉结合在一起，这也是她后来作品的特点。短篇小说集《好人难寻》(1955)和《上升的一切必然会合》(1965)，使她被誉为是此种体裁的大师。她的小说还有《狂暴者得胜》(1960)。奥康纳因患红斑狼疮多年而成瘸子，去世时年仅39岁。奥康纳短篇小说奖在美国同类奖项中声誉卓著。

奥康内尔　O'Connell, Daniel(1775～1847)　又称the Liberator(解放者)。爱尔兰民族主义运动领袖。作为律师，逐渐投入天主教徒解放的斗争。在全国组织"聚集会议"，为爱尔兰天主教的合法权利请愿。1823年与人共同建立了天主教协会，获得爱尔兰政治人物和教会领导者的支持。在1829年允许天主教徒进入议会的《解放法》获得通过后，奥康内尔当选为下院议员。为重提爱尔兰改革方案他支持辉格党，但由于政府迟迟不采取行动而不再抱幻想。1839年组织"废除合并法协会"。在爱尔兰境内各地举行一系列群众集会，导致康奥内尔于1843年以阴谋煽动叛乱罪被捕，1844年获释。后来，与奥布赖恩领导的激进"青年爱尔兰"运动产生分歧。

奥克弗诺基沼泽　Okefenokee Swamp　美国佐治亚州东南、佛罗里达州东北部的沼泽和野生动物保护区。面积逾1 550平方千米。距大西洋约80千米。四周为低矮的特雷尔沙脊，使其中的水不致泄入大西洋。区内有许多野生动物。奇异的花草如稀有的兰花极多。1937年沼泽的大片区域(几乎全在佐治亚州)被辟为奥克弗诺基国家野生动物保护区。

奥克兰　Auckland　新西兰北岛的城市，是该国最大城市和最大海港。位于北岛怀特马塔港和马努考港之间狭窄的地峡上。1840年建为殖民政府首府，以奥克兰伯爵G.伊登的封爵地命名。此后一直是首府，直到1865年为惠灵顿市所取代。奥克兰是重要的制造业和航运中心。奥克兰海港桥使城区和北岸迅速建起的住宅区与新西兰的主要海军基地德文波特连成一片。人口：市区约396 000；都会区约1 208 091(2006)。

奥克兰　Oakland　美国加利福尼亚州西部城市，位于圣弗朗西斯科湾东岸。1820年西班牙人在此定居，1854年设市。1869年成为第一条横贯大陆铁路的终点站后，兴建深水海港。1989年发生地震，许多人丧生，通往旧金山的大桥和州际公路均有极大损坏。梅里特湖靠近商业中心区，为野禽保护区，周围有公共用地。设有数所学院。人口约390 724(2010)。

奥克莉　Oakley, Annie(1860～1926)　原名Phoebe Anne Oakley Moses。美国女神枪手。出生于俄亥俄州达克县一个贵格会教徒家庭，她因精于枪法而赢得赞誉，与一流射手F. E.巴特勒结婚后一同参加杂技团巡回演出。1885年他们加入野牛比尔的西大荒演艺会，并在那里工作17年。著名的表演包括击中巴特勒叼着的纸烟烟头，在距离30步远的地方击中纸牌的狭窄边缘，或看着镜子射击远距离目标。

奥克尼群岛　Orkney Islands　在苏格兰北方，由70多个大小岛屿组成的岛群。其中约20个岛上有居民。现设为行政区。奥克尼人即古典文献中的奥凯德人。许多证据显示史前时代此地曾有居民。挪威人8世纪末曾侵入该群岛，9世纪将其占为殖民地。因此直到1472年划归苏格兰前，是在挪威和丹麦统治之下。为农业发达地区。人口约19 245(2001)。

奥克斯　Ochs, Adolph Simon(1858～1935)　美国报纸发行人。曾在田纳西州几个报馆工作过。20岁时筹款250美元，买进濒临破产的《查塔努加时报》的控股权，使其发展成为南部的主要报纸。1896年《纽约时报》发生财务危机，他取得该报控制权。他反对黄色新闻，提出"刊登值得排印的新闻"的口号，强调全面而翔实的报道。《纽约时报》在其控股时期成为世界最著名的报纸之一。1900年起任美联社董事。

奥拉夫二世　Olaf II Haraldsson(约995～1030)　又称St. Olaf(圣奥拉夫)。挪威国王(1016～1028)。北欧海盗战士，1009～1011年对英格兰作战，但在1013年却协助英格兰国王艾特尔雷德二世攻击丹麦人。皈依基督教后返回挪威，到1016年控制了全挪威。他强制推行基督教和他的宗教法典，建立挪威教会。1028年被克努特赶出挪威。1030年率兵欲收复国土，战败阵亡。他被推崇为民族英雄，并被尊为挪威的圣徒。

奥拉夫五世　Olaf V(1903～1991)　挪威语全名为Olav Alexander Edward Christian Frederik。挪威国王(1957～1991)。哈康七世之子，著名运动员，在1928年奥林匹克运动会上曾获得快艇赛金牌。第二次世界大战时与家人一起流亡英国，1944年任挪威武装部队总司令。1955年任摄政。1957年继承王位。与其他立宪君主一样，他的职责大部分是礼仪性的。

奥拉夫五世，摄于1973年
Knudsens Fotosenter

奥拉夫一世　Olaf I Tryggvason(964?～约1000)　挪威国王(995～约1000)。挪威酋长之子，991～994年参加北欧海盗对英格兰的入侵。995年哈康去世，他被拥立为国王。他在所控制的滨海一带推行基督教。他的传教士，包括L.埃里克松，把基督教传入设得兰、法罗、奥克尼等群岛以及冰岛和格陵兰，但对内地影响不大。后在斯伏尔德战役中阵亡。中世纪的斯堪的纳维亚诗歌中有对他的颂扬。

奥兰　Oran　阿尔及利亚西北部城市，位于地中海滨，约在摩洛哥丹吉尔和阿尔及尔的中间位置。加上邻近的凯比尔港，为阿尔及利亚的第二大港口。安达卢西亚人于10世纪建立，初为与非洲北部内陆进行贸易的基地，1509年被西班牙占领直至1708年被奥斯曼帝国占领。在1790年的地震中遭到破坏。1792年土耳其人在此建立了一个犹太人社区。1831年被法国占领后，成为新型港口和海军基地。第二次世界大战(1939～1945)时盟军进驻。大部分以前居于此的欧洲人于1962年阿尔及利亚独立后离开此地。奥兰城现分为码头区、旧城和建于台地上的新城。人口约759 645(2008)。

奥兰多　Orlando　美国佛罗里达州中部城市。约在1844年始有人在当地的美国陆军哨所周围定居。1857年改现名，以纪念在塞米诺尔战争中阵亡的陆军哨兵奥兰多·里夫斯。1950年兴建了卡纳维拉尔角航天基地。1971年建立迪斯尼乐园后，人口激增，经济发展迅速。为美国主要的柑橘种植区。人口约238 300(2010)。

奥兰群岛　Åland Islands　芬兰西南部群岛，位于波的尼亚湾入口处。行政上属阿赫韦南马自治省。由35个有居民的岛、6 000多个无人居住的岛和许多岩礁组成，陆地总面积1 527平方千米。最大岛奥兰岛上的玛丽港为行政首府和主要海港。12世纪时，瑞典传教团把基督教带到此。1917年芬兰宣告独立时，岛民要求有自决权并谋求并入瑞典。1920年芬兰同意群岛自治。人口约26 000(2002)。

奥兰治河　Orange River　非洲南部河流。上游辛古河发源于莱索托高原，西流横贯南非。流过卡拉哈里沙漠南缘，蜿蜒穿过纳米布沙漠后，于南非注入大西洋。该河构成南非和纳米比亚的界河，全长约2 100千米。沿岸有若干灌溉区和许多水坝，但无大城镇。

奥兰治王室　Orange, House of　尼德兰王朝与王室家族。名称始于奥兰治-拿骚的王子沉默者威廉一世，尼德兰的执政(总督)，自此代代相传直至1795年。1815年威廉六世成为尼德兰的国王，称威廉一世。之后他的子孙，皇室家族中的男嗣一直延续至1890年，当时威廉三世的女儿威廉明娜成为女王。1908年她下诏规定她的后嗣应该称为奥兰治-拿骚的亲王和公主。

奥兰治自由邦　Orange Free State　南非共和国中部的旧时省份。在欧洲人到达之前，该地区是操班图诸语言族人的家园。阿非利堪人在19世纪30年代大迁徙中占据了大片地区。1848～1854年受英国统治，之后建立了独立的奥兰治自由邦。南非战争(1902)之后，英国再度统治该地，但后来又恢复自治。1910年成为南非联邦的奥兰治自由邦省(1961年南非联邦变成南非共和国)。1994年南非选举后，改名为自由邦省。其人口组成有80%为黑人，当地大部分白人操阿非利堪斯语。省会为布隆方丹。

奥朗德 Hollande, François(1954～) 法国总统(2012～)。1979年在国家行政学院就读期间加入社会党。1980年毕业后担任过政府职员。1988年当选国民议会议员。1993年失去国民议会席位，但在1997年再度当选并成为社会党第一书记。曾担任蒂勒市市长(2001～2008)。在社会党连续两届总统选举失利后(2002, 2007)，奥朗德辞去社会党第一书记职位。辞职之后的奥朗德给自己赢得了较为温和的竞选环境，在2011年法国首次公开初选中当选为社会党总统候选人，并于次年击败当时的总统萨科齐，成功当选。

奥朗则布 Aurangzeb(1618～1707) 原名Muhi-ud-Din Muhammad。印度莫卧儿帝国的最后一个伟大皇帝(1658～1707)。皇帝沙·贾汗和蒙泰姬(泰姬陵就是为她修建

奥朗则布，莫卧儿细密画，17世纪绘；现藏纽约市大都会艺术博物馆
By courtesy of the Metropolitan Museum of Art, New York, Bequest of George D. Pratt, 1945

的)所生的第3子。早年奥朗则布即显示出军事和行政才能。他与长兄争夺皇位，不惜杀死其他竞争的亲人(包括一个儿子)。在位的前半期，证明了他是印度教徒和穆斯林混杂的大帝国的能干的穆斯林君主，尽管因残暴凶狠而为人民憎恶，但仍受尊敬。大约从1680年以后，他转向宗教控制方面：不准印度教徒担任公职，破坏其寺庙和学校，后来卷入与马拉塔人在南印度的旷日持久战争，处死锡克人的宗教领袖得格·巴哈都尔(1664～1675)，开始了锡克教教徒和穆斯林之间持续至今的世仇。

奥勒利安 Aurelian(约215～275) 拉丁语作Lucius Domitius Aurelianus。罗马皇帝(270～275)。原籍大概是巴尔干半岛，在克劳狄二世去世和其兄弟短暂统治后继承帝位。他使一个四分五裂的帝国重新获得统一，着手恢复罗马在欧洲的霸权，把入侵者逐出，平息叛乱，保障东方省份的安全，并打败北方的日耳曼人，因而赢得"世界光复者"的称号。他在罗马四周修建了一道新城墙，对贫穷者增加食物配给，但其货币政策和宗教改革却未成功。在出征波斯途中，被一批误以为自己被判了死刑的军官所杀害。

奥里萨 Odisha 又称Orissa。印度东部一邦。地处孟加拉湾沿岸，与安得拉邦、切蒂斯格尔邦、贾坎德邦和西孟加拉邦接壤。面积155 707平方千米。首府设在布巴内斯瓦尔，最大城市为克塔克。至迟于公元前2100年已有人类居住。古代及中古时期羯陵伽国的一部分。在1568年被孟加拉国的阿富汗统治者征服，成为莫卧儿帝国的一部分之前，是印度教根据地。1803～1947年印度独立前由英国统治，1950年取得邦的地位。奥里萨位于热带稀树草原，每逢西南季风大雨连绵。大多数人口聚集在农村，主要以务农为生。主要作物包括水稻、油籽、黄麻和甘蔗。奥里萨有丰富的艺术遗产，印度艺术和建筑中的一些最佳典范便出自这里。人口约41 947 358(2011)。

奥利安 Orion 希腊神话中一个有力量的猎人，有一些传说认为他是波塞冬的儿子。他将希俄斯岛上的野兽都赶跑，并爱上了希俄斯国王的女儿梅罗普。国王不喜欢奥利安，派人把他弄瞎，但初升太阳的光芒使奥利安恢复了视力。后来他去克里特岛与阿耳忒弥斯同居和打猎。有的传说称他因阿耳忒弥斯或阿波罗的嫉妒而被害死；有的还说他为一巨蝎螫死。奥利安死后众神将其置于众星之中。

奥利弗 Oliver, King(1885～1938) 原名Joseph。美国短号演奏家和乐队领队，爵士乐早期的重要人物之一。在新奥尔良长大，并成为该市有名的短号手，和长号手K.奥里共同领导一个乐队。1918年迁往芝加哥。1922年后邀请他的门生L.阿姆斯特朗参加他的克里奥尔爵士乐队。他们的录音，其中包括《鸟喙布鲁斯》，是爵士乐的经典之作。

奥利弗 Olivier, Laurence(Kerr)(1907～1989) 后称Baron Olivier (of Brighton)(布赖顿的奥利弗男爵)。英国演员、导演和制作人。1926年开始其职业演员生涯。1937年参加老维克剧团，扮演过许多莎士比亚戏剧人物。1940年与R.理查森共同主持老维克剧团。他表演最成功的莎士比亚戏剧有：《理查三世》、《亨利四世》和《俄狄浦斯王》。1947年受封为爵士。1950年起，在他自己主持的剧团中自导自演，其中比较著名的演出有《安东尼与克娄巴特拉》和《卖艺人》(1957)。1962～1973年成为国家剧院建院的导演，1970年被授予终身爵位，是拥有该荣誉的第一位演员。他拍摄的影片有《呼啸山庄》(1939)、《蝴蝶梦》(1940)、《亨利五世》(1944)、《王子复仇记》(1948，获奥斯卡奖)、《理查三世》(1955)、《卖艺人》(1960)、《奥瑟罗》(1965)、《侦探》(1972)和《纳粹大阴谋》(1978)。他先后与女演员费雯丽和J.普劳赖特(1961年起)结婚。

奥利金 Origen(约185～254?) 原名Oregenes Adamantius。希腊神学家和教会神父。可能为一基督教殉教士之子。曾在亚历山大学习哲学，后在教理学校任校长20年。之后在巴勒斯坦定居并创立哲学和神学学校。以传教士身份旅行过许多地方。其最伟大的作品《六文本合参》系《旧约全书》6种文本对照。奥利金的作品受到新柏拉图主义和斯多噶哲学的影响，强调上帝寻求使所有灵魂重沐幸福和宇宙间道(逻各斯)的向心性。他认为即使是撒旦也不排除在悔罪和救赎之外，并因此观点而受到谴责。

奥利诺科河 Orinoco River 南美洲主要河流。发源于委内瑞拉和巴西交界的帕里马山脉西麓。流程呈一巨大弧形流，经委内瑞拉，全长约2 740千米，在特立尼达岛附近注入大西洋。形成哥伦比亚与委内瑞拉的部分国界。加上支流，奥利诺科河是南美四大水系中最北的一条。水生动物有水虎鱼和奥利诺科鳄。流域盆地大多由土著印第安人居住。

奥林波斯山 Olympus, Mt. 希腊最高峰(2 917米)。位于希腊东北部萨洛尼卡湾附近，是跨马其顿和色萨利边界奥林波斯山脉的一部分。山顶终年积雪，云雾笼罩。在古希腊被认为是众神的居所和宙斯神座的所在地。

奥林匹克运动会 Olympic Games 在古希腊，每4年举行一次泛希腊节，举行运动、音乐和文学竞赛。自1896年起，这个名称用于将古代赛事经修改复兴后形成的4年一届的国际体育比赛。最初奥运会举行赛跑、铁饼、标枪、跳远、拳击、摔跤、五项全能、马车赛等项目，公元400年罗马征服希腊后被取消。19世纪晚期，由于顾拜旦男爵的努力，奥运会得以恢复。第一届现代奥运会在雅典举行。1924年举行首次冬季奥运会。国际奥委会(总部设在瑞士洛桑)负责指导现代奥林匹克运动会并管理比赛。参赛选手原严格规定为业余运动员，20世纪70年代后，允许职业运动员参加。夏季奥运会的比赛项目包括射箭运动、篮球运动、拳击、皮划艇运动、自行车运动、跳水、马术、击剑、曲棍球、英式足球、体操、墙手球、柔道、现代五项全能运动、赛艇运动、帆船、射击、垒球、游泳、乒乓球、网球、田径运动、三项全能、排球、水球运动、举重、摔跤等。冬季奥运会比赛有冬季两项运动(滑雪和射击)、滑雪橇运动、冰球、短雪橇运动、跳台滑雪、山地雪橇、滑雪、单板滑雪运动，以及各项滑冰运动和滑雪运动。定期对比赛项目

现代奥林匹克运动会举办地点

年份	夏季奥运会	冬季奥运会
1896	希腊雅典	*
1900	法国巴黎	*
1904	美国圣路易斯	*
1908	英国伦敦	*
1912	瑞典斯德哥尔摩	*
1916	§	*
1920	比利时安特卫普	*
1924	法国巴黎	法国沙莫尼
1928	荷兰阿姆斯特丹	瑞士圣莫里茨
1932	美国洛杉矶	美国莱克普拉西德
1936	德国柏林	德国加米施-帕滕基奥
1940	§	§
1944	§	§
1948	英国伦敦	瑞士圣莫里茨
1952	芬兰赫尔辛基	挪威奥斯陆
1956	澳大利亚墨尔本	意大利科尔蒂纳
1960	意大利罗马	美国斯阔谷
1964	日本东京	奥地利因斯布鲁克
1968	墨西哥墨西哥城	法国格勒诺布尔
1972	德意志联邦共和国慕尼墨	日本札幌
1976	加拿大蒙特利尔	奥地利因斯布鲁克
1980	苏联莫斯科	美国莱克普拉西德
1984	美国洛杉矶	南斯拉夫萨拉热窝
1988	韩国汉城(今首尔)	加拿大卡加立
1992	西班牙巴塞罗那	法国阿尔贝维尔
1994	△	挪威利勒哈默尔
1996	美国亚特兰大	△
1998	△	日本长野
2000	澳大利亚悉尼	△
2002	△	美国盐湖城
2004	希腊雅典	△
2006	△	意大利都灵
2008	中国北京	△
2010	△	加拿大温哥华
2012	英国伦敦	△
2014	△	俄罗斯索契
2016	巴西里约热内卢※	
2018		韩国平昌※

*冬季奥运会于1924年首次举办。§第一次世界大战和第二次世界大战期间停办。

△自1992年起夏季奥运和冬季奥运相隔2年举行。※尚未举行

进行取消和增添。

奥林匹斯火山　Olympus Mons　火星上的一座大火山。可能是太阳系中最大的火山。由高27千米和直径540千米的中央峰和周围高约10千米的外向陡壁组成。山顶是一个直径85千米的火山口,而地球上最大的夏威夷冒纳罗亚火山底部直径不过120千米,高出海底9千米。

奥林匹亚　Olympia　古代的宗教圣地和奥林匹克运动会遗址,位于希腊南部伯罗奔尼撒半岛西北部,距伊奥尼亚海岸16千米,靠近阿尔菲奥斯河与克拉迪奥斯河汇合点。为希腊宗教祭拜中心。从公元前776年起,为了向宙斯表达敬意而每4年举行一次体育竞赛。宙斯神庙建于公元前460年左右。殿内的宙斯神像出自菲迪亚斯之手,是世界七大奇观之一。考古发掘发现许多遗址,其中包括神庙和竞技场。

奥龙特斯河　Orontes River　中东地区河流。源出黎巴嫩的贝卡谷地。向北穿行于黎巴嫩山脉和东黎巴嫩山脉之间,在叙利亚境内流经霍姆斯省的几个城市,并蓄成霍姆斯湖和哈马湖,在哈马西北入土耳其,折向西,流经安塔基亚(古希腊城市安条克),最后注入地中海。全长400千米。大部河段不能航行,但可作为重要灌溉水源。

奥罗拉　Aurora　美国科罗拉多州中北部城市。1891年因开采银矿而建于丹佛附近,名为弗莱彻。1907年设建制,改为现名。主要为住宅区,巴克利空军国家警卫队基地即设于该地。人口约276 393(2000)。

奥罗兹科　Orozco, José Clemente(1883～1949)　墨西哥壁画家。17岁因工伤失去左手,遂放弃建筑转到绘画,致力于墨西哥的主题。作为报纸讽刺画家,他考察墨西哥城的贫民窟,以娼妓生活为题材,创作水彩组画《泪之屋》。1917年遭到道学家们的反对,奥罗兹科逃往美国。1919年在Á.奥夫雷贡新政府的欢迎下回国,并与D.里维拉和D.A.西凯罗斯等人一起为大型建筑绘制壁画并通过画作继续进行激进的社会评论。1927年被迫再次离开墨西哥,在美国工作到1934年,在那里他的壁画风格更加成熟。1934年确立了国际声誉,回到墨西哥,以精湛的技巧、丰富的感情致力于《净化》(1934)等壁画的创作。他是提升墨西哥艺术至国际崇高地位的领导人之一。

奥曼迪　Ormandy, Eugene(1899～1985)　原名Jenö Blau。匈牙利裔美国指挥家、小提琴天才。17岁即任布达佩斯皇家学院小提琴教授,1921年去纽约,演奏并指挥剧院交响乐团,接着指挥明尼阿波利斯交响乐团(1931～1936)。后与L.斯多科夫斯基共同担任费城管弦乐团指挥。1938年任首席指挥,直到1980年获奖。他作为弦乐演奏者对于保持前人所创造的“费城风格”起极大作用,并且在他的领导下,乐队录制了大量的录音制品。

奥秘修行　mysticism　与神融为一体的精神追求。所有主要宗教中都有奥秘修行的形式。印度教比其他宗教更内在地倾向于神秘体验,其目标是把个人的灵魂融于万有之中。佛教则强调默念,以其作为达到涅槃的方法。伊斯兰教中的苏非主义常以陶醉或新婚夫妇之爱为隐喻,表达与神融为一体的欲望。犹太教中,奥秘修行乃植根于圣经中先知的预言,后来在喀巴拉派和哈西德主义中发展起来。奥秘修行也间断出现于基督教中,最著名的是圣奥古斯丁和阿维拉的圣德肋撒的著述,以及爱克哈特及其14世纪的追随者的作品中。

奥姆斯特德　Olmsted, Frederick Law(1822～1903)　美国园林建筑师。出生于康涅狄格州哈特福德。19世纪50年代遍游美国南部,因出版了几本描写蓄奴文化的著作而赢得盛名。曾在欧洲度长假,英国的风景给他留下深刻印象,这在其著作《美国农夫在英国的见闻》(1852)中有所描述。1857年纽约市计划修建中央公园,他受雇为主管人。他与英国建筑师C.沃克斯(1824～1895)合作的公园设计方案获奖,1858年成为中央公园的总建筑师。公园内有草地、树林、池塘及弯曲的人行步道,是大自然热爱者的乐园。他设计的其他公园有布鲁克莱恩的普罗斯佩克特公园、尼亚加拉瀑布、波士顿广阔的公园及道路绿化系统和芝加哥世界哥伦布博览会(后称杰克逊公园)。他创办了《民族》杂志。作为最早的约塞米蒂委员会的主席,他促使该区域成为一个永久性公园。

奥纳西斯　Onassis, Aristotle (Socrates)(1906～1975)　希腊海运业大王,国际贸易商人。烟草商之子,曾在布宜诺斯艾利斯经营进口烟草业务。为希腊政府谈成一项贸易协定后,希腊政府委任他为总领事。25岁时成为百万富翁。1932年第一次买了货

轮。在20世纪40～50年代他的船队发展得比许多国家的海军还大。他在蒙特卡洛购得公司股权。1957～1974年拥有奥林匹克航空公司。与M.卡拉斯有长期的亲密关系。1968年与J.肯尼迪结婚(参阅J.K.奥纳西斯)。

奥纳西斯　Onassis, Jacqueline Kennedy (1929～1994)　原名Jacqueline Bouvier(杰奎琳·布维尔)。美国著名人物。1953年嫁给参议员J.F.肯尼迪,肯尼迪于1961年成为美国总统。身为第一夫人的杰奎琳将白宫重整为原来共和时期的风格,并进行了一次电视转播的参观总统官邸。她的亲切大方、高贵与美丽,使她深受美国民众的喜爱;她广博的文化素养与流利的西班牙语和法语,则赢得许多外国领袖的好感。在她的丈夫遇刺身亡后,她与子女卡罗琳(1957～)和小约翰(1960～1999)迁居纽约市。1968年与A.奥纳西斯结婚。奥纳西斯1975年逝世后,杰奎琳回到纽约,成为一位有名的图书编辑。

奥尼尔　O'Neill, Eugene (Gladstone) (1888～1953)　美国戏剧家。剧团演员之子。年轻时曾当海员,过着一种漂泊不定的生活,沉迷于酗酒,流浪各地。后患肺结核病,治愈后(1912)开始编写剧本。上演实验性剧目的普罗温斯敦剧团演出了他的独幕剧《东航加的夫》。1916～1920年间这个剧团还上演了奥尼尔其他早期剧作。多幕剧《天边外》于1920年在百老汇上演,为奥尼尔赢得第一个普利策戏剧奖。奥尼尔的写作能力惊人,他的作品常描写关于苦闷家庭的相互关系以及唯心论和唯物论的冲突。很快他就成为一位大戏剧家,其戏剧在全世界被广泛翻译、上演。20世纪20年代他写了很多作品,其中包括《琼斯皇帝》(1921)、《毛猿》(1923)、《安娜·克里斯蒂》(1922,获普利策奖)、《榆树下的欲望》(1925)、《伟大之神布朗》(1926)和《奇妙的插曲》(1928,获普利策奖)。后期的剧作有《哀悼》(1931)、《啊,荒野!》(1933,唯一喜剧)、《卖冰的人来了》(1946),自传性的作品《长夜漫漫路迢迢》(1956,获普利策奖)被认为是他的最佳作品。1936年获诺贝尔文学奖,是第一位获得该荣誉的美国剧作家。

奥涅格　Honegger, Arthur (1892～1955)　法国作曲家。父母都是瑞士出生的法国人,曾在苏黎世和巴黎的音乐学院学习。为六人团员之一,不过他对这个团体的目标并不赞同。他的清唱剧《大卫王》(1921)第一次赢得国际声誉;充满激情的管弦乐曲《太平洋231号》(1923)生动地表现了一个火车头,引起轰动。一生作品丰富,创作了5部交响乐(包括为第二次世界大战结束而写的第三交响曲)、清唱剧《火刑堆上的贞德》(1938)以及为芭蕾舞、戏剧和电影创作的大量配乐(包括冈斯的《拿破仑》)。

奥涅加湖　Onega, Lake　俄罗斯西北部湖泊。位于拉多加湖与白海之间,是欧洲第二大湖。长248千米,面积9 720平方千米。奥涅加湖水泄入斯维里河。每年有一半的时间结冰。通过运河与波罗的海及白海相连,经过海水道与伏尔加流域相通,在国内和国际运输中都有重要意义。

奥普艺术　Op art　又称Optical art(视觉艺术)。20世纪中叶几何化抽象艺术的一支。奥普艺术家利用一些简单的重复图案,如平行线、棋盘格子、同心圆等足以构成错觉的技法,或者利用并列的相同亮度的互补色形成色阶张力来营造复杂而诡谲的视觉空间,从而制造出运动的幻觉。奥普运动兴起于20世纪50年代后期与60年代,重要艺术家为V.瓦萨列里、B.赖利(1931年生)和L.彭斯(1937年生)。

奥属尼德兰　Austrian Netherlands (1713～1795)　低地国家南部省份,大致相当于今比利时和卢森堡。在西班牙王位继承战争结束以后,根据1713年的《乌得勒支和约》,西属尼德兰归神圣罗马帝国皇帝查理六世所有。哈布斯堡的统治者玛丽亚·特蕾西亚和后来的约瑟夫二世继续治理此区,一直到1795年奥属尼德兰并入法国。

奥斯本　Osborne, John (James) (1929～1994)　英国剧作家。原为演员。他的第一部剧作《内心的恶魔》(1950)是与S.林登合著的。他的《愤怒的回顾》(1956,1959年拍成电影)使英国戏剧转向大量朝气勃勃的关于当代英国工人阶级生活的写实剧。奥斯本成为战后第一位愤怒的青年。《卖艺人》(1957,1960年拍成电影)由奥立弗饰演一落魄的音乐厅喜剧演员。他将这两部剧作拍成电影,还将《汤姆·琼斯》改写成电影剧本(1963,获奥斯卡奖)。其他剧作有《路德》(1961)和《难以承认的证据》(1964)。

J.奥斯本
UPI/Bettmann Newsphotos

奥斯蒂亚　Ostia　古罗马城镇。原位于台伯河口,但现处河口以上6千米。现代奥斯蒂亚的海滨胜地靠近古城。奥斯蒂亚可能建于4世纪,后发展成为海军基地、港口和谷物交易中心。2世纪人口5万,臻于全盛。3世纪随罗马的经济衰退而一蹶不振。5世纪被蛮族劫掠。该镇于9世纪废弃,其罗马废墟在中世纪和文艺复兴时曾被凿出充当建筑和雕刻家的大理石材料。19世纪开始挖掘。如今可见到2/3的罗马城镇面貌。

奥斯卡奖　Academy Awards　美国电影艺术与科学学院每年所颁发的功绩奖。1927年L.B.梅耶等人创立美国电影艺术与科学学院,以提高电影制作标准。第1届在1929年颁发。这些奖项(据说是因为该学院的一位图书馆员开玩笑地说,镀金的小塑像看似她的叔叔奥斯卡)肯定了表演、导演、编剧和其他与电影制作相关活动的优秀表现。

奥斯陆　Oslo　原名Christiania或Kristiania(克里斯蒂安尼亚,1624～1925)。挪威的首都和最大城市,又单独形成一个郡,位于该国东南部奥斯陆峡湾北端。1050年前后由国王哈拉尔三世所建。1300年前后国王哈康五世建阿克什胡斯城堡。1624年该城毁于火,其后,丹麦-挪威王国国王克里斯蒂安四世在原址以西建新城,命名为克里斯蒂安尼亚。克里斯蒂安尼亚市人口在19世纪有所增长,其原因之一是该市将周边的许多地区并入,逐渐成为挪威最大而影响力最强的城市,取代了卑尔根。1925年改名为奥斯陆。第二次世界大战以后蓬勃发展,成为挪威主要商业、工业和交通中心。奥斯陆港是挪威规模最大、航运最繁忙的港口。人口约512 589(2002)。

奥斯曼　Haussmann, Georges-Eugène (1809～1891)　后称Baron Haussmann。法国行政官员和城市规划者。1831年进入法国政府机关工作,1853～1870年任塞纳省省长。他开启了一项改善巴黎市区的远大工程计划,包括建立新的供水和下水道系统,把许多杂乱无章的小街拓成宽直的道路,建造布洛涅森林的风景花园,兴建巴黎歌剧院及中央菜市场。尽管对奥斯曼的设计理念有所争议,但是作为一名城市规划者,他对全世界的城市规划设计都有很大影响。

奥斯曼帝国　Ottoman empire　位于安纳托利亚的前土耳其帝国。奥斯曼帝国创始人奥斯曼一世原为比希尼亚的伊斯兰王公,攻占曾一度由塞尔柱王朝控制的邻近地区。于公元1300年左右建立了他自己的王朝。1345年奥斯曼军队第一次入侵欧洲,横扫巴尔干地区。虽在1402年被帖木儿击败,但1453年奥斯曼在穆罕默德二世(征服者)领导下攻陷君士坦丁堡,拜占廷帝国遂亡。君士坦丁堡(后改称伊斯坦布尔)成为奥斯曼帝国的首都。在谢里姆一世(1512～1520年在位)与其子苏莱曼一世(伟大的苏莱曼,1520～1566年在位)的统治下,奥斯曼帝国国力最为强盛。苏莱曼控制了部分波斯地区、近乎阿拉伯全境、匈牙利大部分地区和巴尔干地区。16世纪初,奥斯曼在叙利亚和埃及击败了马木路克政权,海军在巴尔巴罗萨的领导下很快称霸于柏柏里沿海地区。自谢里姆一世起奥斯曼苏丹也拥有哈里发的头衔,成为伊斯兰的精神领袖。16世纪晚期以后,奥斯曼帝国开始由盛转衰。1683年奥斯曼的军队围困维也纳,但他们的战败和嗣后的屡遭挫折导致他们于1699年撤出匈牙利。腐化与颓废使帝国政府逐渐削弱。17世纪末和18世纪的俄土战争以及与奥地利和波兰的战争加速了帝国的衰弱。在19世纪被称为“欧洲的病人”。巴尔干战争(1912～1913)中丧失了在欧洲的大部分领土。第一次世界大战(1914～1918)奥斯曼帝国站在德国一边,战后协定瓦解了帝国。1922年凯末尔(土耳其之父)废除了苏丹制,建立土耳其共和国。参阅禁卫军、土耳其和青年土耳其党。

奥斯曼·伊本·阿凡 Uthman ibn Affan (?～656) 穆罕默德死后的第三代哈里发。出身于麦加势力强大的伍麦叶部族,是一个富有的商人,后皈依伊斯兰教,成为第一个既有社会地位又有经济实力的改变信仰者。他娶了穆罕默德的一个女儿为妻。644年欧麦尔·伊本·哈塔布去世,奥斯曼被选为他的继任者。他作为哈里发当政期间任人唯亲,谋取私利,树敌颇多。他的政绩包括实行中央集权的哈里发政府,确定了正版《古兰经》。他死于叛乱者之手,标志着第一次菲特纳(指异端暴动)开始。

奥斯塔 Aosta 意大利西北部城市,瓦莱达奥斯塔区首府。位于穿越阿尔卑斯山大、小圣伯纳山口的公路交会处,原为萨拉西人要塞。公元前25年凯尔特部落为罗马降服,而公元前24年由奥古斯都在此建立罗马城镇。现有古罗马城墙和两个城门以及一个纪念奥古斯都的凯旋门。奥斯塔为圣安塞姆(坎特伯雷的)的出生地。人口约36 000(1989)。

奥斯特拉西亚 Austrasia 又作Ostrasia。中世纪初期欧洲王国。在墨洛温王朝(6～8世纪)时,这里是东法兰克王国,而纽斯特里亚则是西法兰克王国。范围相当于今法国的东北部和德国中部,首都在梅斯。该地区是王朝宫相的势力范围,其中之一的矮子丕平三世于751年推翻墨洛温王朝的末代国王,建立加洛林王朝。奥斯特拉西亚是王朝的中心地区,并入查理曼的神圣罗马帝国后亦为一重要地区。

奥斯特利茨战役 Austerlitz, Battle of (1805-12-02) 第3次反法联盟战争的首次交锋,为拿破仑最辉煌的胜利之一。此次战役是在摩拉维亚的奥斯特利茨(今捷克共和国布尔诺附近的斯拉夫科夫)附近进行的。拿破仑率约68 000人的军队打败了俄国亚历山大一世和M. 库图佐夫统率的近9万人的俄国和奥地利军队。亦称三皇战役。拿破仑轰动一时的胜利迫使奥皇弗朗西斯一世签订了《普雷斯堡和约》,割让威尼斯给法国在意大利建立的王国,并暂时结束了反法联盟。参阅拿破仑战争。

奥斯特洛夫斯基 Ostrovsky, Aleksandr (Nikolayevich) (1823～1886) 俄国戏剧家。他的第二个剧本《破产者》(1850)揭露了假破产事件,结果被解除公职。后来的剧作大都是刻画俄国商人阶层的,包括《贫非罪》(1853)、《雷雨》(1859)和《雪女》(1873),其中《雪女》由N. 里姆斯基-科萨科夫改编为歌剧。他一共创作了47个剧本,几乎是独自创造了俄国的国家保留剧目,被认为是俄国现实主义时期最伟大的代表。

奥斯汀 Austen, Jane (1775～1817) 英国小说家。出身于牧师家庭,其小说中的背景、人物和题材来自她所生活的小地主乡绅及乡村神职人员组成的世界。她最亲密的伴侣是

J. 奥斯汀,铅笔水彩画,C. 奥斯汀绘于约1810年;现藏伦敦国立肖像馆
By courtesy of the National Portrait Gallery, London

她的姐姐卡桑德拉。她的早期作品多是模仿当时文体之作,尤其是感伤小说。她针对当时英国中产阶级习俗创作的六部喜剧式长篇小说有《理智与情感》(1811)、《傲慢与偏见》(1813)、《曼斯菲尔德花园》(1814)、《爱玛》(1815)、《劝导》(1817)和《诺桑觉寺》(1817年出版,但是最早提笔写作)。她创造了自己生活年代的英国中产阶级生活的社会风情喜剧,作品以慧黠、真实、展现同情及简洁风格著称。她是一位通过描绘日常生活中的普通人而使小说具有鲜明的现代特征的小说家。她的小说都是以匿名方式出版,其中两部是在她41岁后出版,她可能死于艾迪生氏病。

奥斯汀 Austin, J(ohn) L(angshaw) (1911～1960) 英国哲学家。从1945年就一直在牛津大学教书。以对日常语言进行详细研究,从而对人类思维能作出独特分析而闻名。确信语言分析能解答哲学上的疑难,他不赞成形式逻辑的语言,认为它矫揉造作,常常不如日常语言复杂微妙。遗著有论文和演讲集《哲学论文集》(1961)、《理智和情感》(1962)以及《如何用言语办事》(1962)等。参阅分析哲学。

奥斯汀 Austin, Stephen (Fuller) (1793～1836) 操英语的居民在得克萨斯首个殖民点的美国创建者,当时得克萨斯地区还属于墨西哥。生于弗吉尼亚州奥斯汀村,在密苏里边境地区长大,1814～1819年在当地立法机构任职。1819年发生经济恐慌,其父打算到墨西哥政府释出的得克萨斯土地上殖民。1821年前往得克萨斯州,继承父亲的开拓计划,翌年在布拉索斯河畔建立有数百户居民的殖民地。他与墨西哥政府维持良好关系,后来致力于争取得克萨斯独立,参与得克萨斯革命运动,被认为是该州创建者之一。奥斯汀市即以他的姓命名。

奥斯瓦德 Oswald, Lee Harvey (1939～1963) 刺杀美国总统J. F. 肯尼迪的凶手。1956～1959年在美国海军陆战队服役。曾发表亲苏言论,前往苏联,申请入籍,未果。1962年携俄籍妻子与女儿返回美国,仍持激进的政治观点。据说曾于1963年4月企图射杀极保守的退役陆军将军E. 沃克,但未成功。1963年10月进入达拉斯教科书仓库工作。11月22日从仓库第六层楼的窗口,向肯尼迪总统和J. B. 康纳利发射3枪,肯尼迪身亡,康纳利受伤。随即射杀了拟逮捕他的巡逻警员。不久被逮捕审问。11月24日自囚房移送审讯室的途中,遭达拉斯一夜总会老板J. 鲁比枪杀。

奥斯威辛 Auschwitz 又作Auschwitz-Birkenau(奥斯威辛-比克瑙)。纳粹德国最大的集中营和灭绝营,位于波兰奥斯威辛附近。包括3个营地,分别建于1940、1941(比克瑙)和1942年。纳粹把有劳动能力的男女青年送入苦役集中营,而将老弱妇孺杀害。有些犯人则被J. 门格勒用于医学实验。估计在奥斯威辛集中营内惨死的人有100万～250万。参阅大屠杀。

奥太 Horta, Victor, Baron (1861～1947) 比利时建筑师。1892年起在布鲁塞尔设计了多项建筑,成为新艺术风格的杰出代表人物。他设计的塔塞尔饭店(1892～1893)是这一风格的最早范例。主要作品“人民之家”(1896～1899),是比利时第一个运用大型的铁和玻璃组成立面的建筑。1912年任美术学院院长,后来设计了美术宫(1922～1928)。

奥陶纪 Ordovician period 距今4.854亿～4.434亿年前的一段地质年代,是古生代第二个最老的纪,在寒武纪之后,志留纪之前。在奥陶纪期间,许多大陆块在南北热带排成一列。奥陶纪的生物以海生无脊椎动物为主,有些陆生植物在奥陶纪中期可能已经出现。在中奥陶纪的岩石中发现有表明热带陆地环境的几种孢子。在奥陶纪结束时,气候快速变冷、冰川以及海平面大幅度下降等综合因素造成大量生物物种灭绝,其规模仅次于二叠纪。

奥图尔 O'Toole, Peter (1932～2013) 英国演员。赛马赌注经纪人之子。曾入伦敦皇家戏剧艺术学院学习,后在海军服役。1956年首度在伦敦演出,1963年在伦敦国家剧院开幕演出《哈姆雷特》。他的第一部电影是《绑架》(1960)。因《阿拉伯的劳伦斯》(1962)的表演而赢得国际好评,并获英国学院奖。他以机智、奔放闻名。经常演出举止古怪、酗酒的角色。演出的电影有《吉姆爷》(1964)、《冬天的狮子》(1968)、《统治阶级》(1972)、《发育不良的男人》(1980)、《我最得意的一年》(1982)、《末代皇帝》(1987)、《地心骇客》(1998)。他出演的角色从经典到当代,类型宽泛。他因主演《圣女贞德》(1999)中的科雄主教而获艾美奖。他曾8次获奥斯卡奖提名;2003年获奥斯卡终身成就奖。

奥托三世　Otto III(980～1002)　德意志国王(983～1002)、神圣罗马帝国皇帝(996～1002)。3岁时被选为德意志国王，因年幼由母后和祖母摄政，直至994年成年。996年他去罗马平定叛乱，并拥立其堂兄为教皇，称格列高利五世。这是第一个德意志籍教皇。997年再度率兵进入意大利，平定叛乱。以罗马为帝国的行政中心，并以基督教世界的领袖自居，希望在基督教的国家恢复古罗马帝国的荣耀。当罗马再度引发叛乱(1001)时，他向巴伐利亚请求援助，在援助还没有到达之前，他已死亡。

奥托一世　Otto I(912～973)　又称Otto the Great(奥托大帝)。萨克森公爵(奥托二世,936～961)、德意志国王(936～973)和神圣罗马帝国皇帝(962～973)。他拓展德意志帝国的疆域，自东边的斯拉夫赢得领土，迫使波希米亚称臣纳贡(950)并获得在丹麦和勃艮第的影响力。951年成为伦巴第国王，娶意大利女王为妻。955年镇压了他儿子的叛乱，并在莱希费尔德战役中击败了马扎尔人。962年被教皇约翰十二世加冕为神圣罗马帝国皇帝。963年废黜约翰十二世，立利奥八世为教皇。他回师意大利(966～972)，征服罗马。972年使其子奥托二世与拜占廷公主结婚。

奥威尔　Orwell, George(1903～1950)　原名Eric Arthur Blair。英国小说家、散文家和评论家。他拒绝一所大学的奖学金，而于1922年到缅甸，担任印度皇家警察直到1927年。

奥威尔
BBC Copyright

这段经历使他变成一个文学上和政治上的叛逆者。回到欧洲后，自愿过着贫穷生活，根据生活经验写了《巴黎伦敦落魄记》(1933)，并成为社会主义者。1936年去西班牙报道内战，并留下来参加共和军方面的民兵。他根据战争经验写了《向卡塔洛尼亚致敬》(1938)，从此他一生畏惧共产主义(他后来向英国情报部门提供了和他在一起的英国共产党人名单)。他的小说通常描写敏感、有多愁善感良知的孤立个人对苦难和不公正的社会环境的不满。他最著名的作品是反苏讽刺寓言小说《动物农庄》(1945)，以及描写极权社会的《一九八四年》(1949)，在战后有广泛的影响。他的散文也受到人们的赞赏。

奥维德　Ovid(公元前43～公元17)　拉丁语作Publius Ovidius Naso。罗马诗人。他是罗马骑士阶级的成员，做过小官，但不久即弃职致力于诗歌。早期诗作《恋歌》、《列女志》、《论容饰》、《爱的艺术》和《爱的医疗》的共同主题是情爱和情爱诱惑，反映了当时社会的繁华、世故和对声色犬马的追逐。奥维德在当时诗人中的地位稳固之后，便着手写作规模更为宏大的《变形记》，它集神话传说之大成，叙述各种变形的故事。《岁时记》记载罗马年历及其宗教节日。其诗作由于对古典神话作了富于想象力的阐释以及作为技巧成就卓绝的范例而产生巨大影响。公元8年，不明原因就遭奥古斯都放逐至黑海之滨，虽多次请求，但仍未被赦回。自传诗《哀伤》描述了他的生活。在文艺复兴时期，其诗作广为吟诵和模仿。他的古典诗对W.莎士比亚的影响很大。

奥维耶多　Oviedo　古称Asturias。西班牙西北部阿斯图里亚斯省省会。位于群山环绕中一片肥沃平原的小丘上。757年创建。810年成为阿斯图里亚斯王国都城。是中世纪时未被摩尔人占领的仅有几个西班牙城镇之一。有许多中世纪的遗物，包括14世纪的大教堂。西班牙内战时受到严重损害。当地经济以煤矿和铁矿开采为主。人口约201 154(2001)。

奥匈帝国　Austria-Hungary　又作Austro-Hungarian Empire。昔日欧洲中部帝国，统治范围包括奥地利、匈牙利、波希米亚、摩拉维亚、布科维纳、特兰西瓦尼亚、卡尼奥拉、科斯坦兰、达尔马提亚、克罗地亚、阜姆和加利西亚。这个所谓的二元帝国是根据《奥匈协约》(《1867年协约》)成立的，除原来的奥地利皇帝之外，再加上一位匈牙利皇帝，不过，通常是同一人，匈牙利获准拥有自己的国会和相当大的自治权。弗兰西斯·约瑟夫从奥匈帝国一开始就拥有这两个头衔，直至1916年去世。到1914年，奥匈帝国里的许多少数民族之间仍维持着不稳定的平衡关系。这种平衡关系在1914年F.斐迪南大公被塞尔维亚民族主义分子刺杀后瓦解，并导致了第一次世界大战的爆发。1918年因战争失败和各地的革命(捷克、南斯拉夫和匈牙利)造成奥匈帝国崩溃。

奥伊金斯　O'Higgins, Bernardo(1776?～1842)　南美洲革命领袖，智利第一任国家元首(1817～1823)。爱尔兰裔西班牙官员，即后来的智利总督A.奥伊金斯(约1720～1801)的私生子。在秘鲁、西班牙和英格兰受教育。在英格兰的生活激发了他的民族解放思想。1808年拿破仑一世入侵西班牙。西班牙对智利的控制松弛，奥伊金斯任新议会议员。1814年保王派由秘鲁入侵智利，奥伊金斯率军防御，被击败，逃入阿根廷。1817年同圣马丁回到智利，2月大败西班牙人于查卡布科，并开始收复智利全境。当选为智利的最高执政官后，在1818年4月的迈普战役中负伤，该战役是民族独立的决定性战役。在他的领导之下，建立了有效率的政府组织。然而他的改革措施触怒了保守派。1823年辞职，并移居秘鲁。

奥义书　Upanishad　又译优婆尼沙昙。吠陀的108种思辨作品的统称，用散文或韵文写成。据认为这些文献创作于公元前500年之后，以公元前1000年以后传阅的教义为基础。它们代表吠陀口传中的最后阶段，故以此为依据的教义称为吠檀多派。奥义书大多涉及实在的本质、自我的灵魂(我)和普世的灵魂(梵)，以及灵魂转生和道德本质的学说。

奥泽克　Ozick, Cynthia(1928～　)　美国小说家、短篇小说作家。毕业于纽约大学，并在俄亥俄州立大学获得犹太专题的硕士学位。认为艺术创作可和造物者匹敌的观念，在她的作品中非常强烈，如《信任》(1966)、《巨灵》(1982)、《斯德哥尔摩的弥赛亚》(1987)、《披巾》(1990)和《帕特梅瑟报告》(1997)。其论文集有《隐喻与记忆》(1989)和《声名与愚蠢》(1996)。

澳大利亚　Australia　全称Commonwealth of Australia(澳大利亚联邦)。地球上最小的一块大陆和世界第6大国家。位于南半球印度洋和太平洋之间。面积7 692 202平方千米。人口约23 028 000(2013)。首都：堪培拉。大部分澳大利亚人是欧洲人后裔，人数最多的非白人少数民族是澳大利亚土著民族。亚洲人口也因移民政策放宽而逐渐增长。语言：英语(官方语言)。宗教：基督教(以新教为主，也有天主教、东正教，以及其他基督教派)、佛教和伊斯兰教。货币：澳大利亚元。主要分3个地理区：①西澳大利亚高原区，占土地面积一半以上，包括西北部的阿纳姆地和金伯利的岩石露头，以及东部的麦克唐奈山脉。②内陆低地，位于高原的东部。③东部高地，包括大分水岭，是一系列高山、高原和盆地的地形。澳大利亚最高点是澳大利亚阿尔卑斯山的科西阿斯科峰；最低点是艾尔湖。主要河流包括墨累-达令水系、弗林德斯河、斯旺河和柯柏河。该国沿海有许多岛屿和珊瑚礁，如大堡礁、梅尔维尔岛、坎加鲁岛和塔斯马尼亚。澳大利亚矿藏资源丰富，产煤、石油和铀。1979年在西澳大利亚发现大量的钻石矿。经济基本上是自由企业，其最大的组成部分包括金融、制造和贸易。形式上澳大利亚是君主立宪政体，国家元首是代表英国君主的总督。事实上澳大利亚是个两院制议会国家；政府首脑是总理。长期以来，土著人一直居住在澳大利亚(参阅澳大利亚土著民族)。5万年前他们就来到这里。1788年欧洲人来此定居时，这里的人口估计有30万～100多万。随着17世纪的多次探险活动，澳大利亚开始广泛传播欧洲的知识。1616年丹麦人和1688年英国人相继来此，但第一个大规模的探险考察队是1770年J.库克率领的，这次探险确立了英国对澳大利亚的所有权。第一个英国居民点建立在杰克逊港(1788)，居民主要是囚犯和海员；在不断到来的移民中囚犯占了大部分。到1859年，形成了澳大利亚所有各州的殖民核心，但对土著人来说却有着破坏性的作用。随着欧洲疾病带入，土著人口急剧下降。19世纪中叶，英国给予其殖民地有限的自治权，1901年实施法令将这些殖民地组成联邦。第一次世界大战中，澳大利亚与英国并肩作战，著名的是在加利波利的战事。后来又在第二次世界大战中阻止了日本人对它的占领。在朝鲜战争和越南战争中,它均加入到美国一边。自20世纪60年代起,政府寻求更公平地对待土著人,放松了对移民的限制,导致人口更加复杂化。1968年正式废除宪法有关英国可干涉澳洲政府事务的部分,澳大利亚在亚洲和太平洋地区的事务中承担了重要的作用。20世纪90年代,澳大利亚经历了数轮辩论,讨论是否放弃它与英国的联系而成为一个共和国。该国于1896年首次参加在雅典举办的夏季奥运会,并承办了1956年(墨尔本)和2000年(悉尼)的夏季奥运会。

澳大利亚规则足球 Australian Rules football 类似英式橄榄球的运动,两队各有18名球员,场地为椭圆形,长约135～185米,每端有四根门柱。椭圆形的球踢进两内柱之间时得6分,球穿过内柱和外柱之间的后防线时得1"后方"分。该运动最壮观的场面是高标,即由3或4名竞赛的运动员跳起来,有时骑在对手的后背或肩上,以便直接接住另一名队员踢过来的球。如此接球的队员被授予无阻击门球奖。此项运动起源于墨尔本。1896年成立的维多利亚橄榄球联盟是第一个职业联盟赛事。1990年改名为澳大利亚橄榄球联盟,是因为这项运动赛事的举办已大大超出维多利亚州的范围。

澳大利亚国立大学 Australian National University 澳大利亚堪培拉的一所公立大学,建于1946年。该校原来仅限于招收研究生。1960年第1次招收大学本科生,如今该校招收的学科范围更广。该校附属的研究院包括医学、物理和生物科学、社会科学及太平洋研究等。现有注册学生约1万人。

澳大利亚土著民族 Australian Aborigine 澳大利亚土著人种之总称,他们在5万年前就已抵达那里定居。一度分属于约500个部落,各有其疆土,各有其语言或方言。他们以采摘和狩猎为生,活动受到淡水水源远近的限制。宗族由两三个家族构成,成员依男性继承,以水源为中心而居住,水源则为宗族远祖最初定居之所。在梦想期中男人是召唤神话、宗教仪式、远祖定居所、崇拜物等的守护者。在18世纪末欧洲人殖民期间,其人数估计有30万～100万以上,但因疾病和19世纪血腥的"武力安抚"而人数大减。21世纪初期的人口约40多万人。土著民族的传统文化大部分发生了深刻变化,他们全都接触到现代的澳大利亚社会,所有的人现在也是澳大利亚公民。在20和21世纪之交,土著民族对复兴其文化的要求日益强烈。

澳大利亚土著语言 Australian Aboriginal languages 澳大利亚土著语言,大约有500种。在1788年欧洲人开始征服之前约有30万～100万土著居民讲这种语言。现在约有一半以上的语言已经消亡,剩余的土著语言中只有20多种,大部分在北部地区和西澳大利亚北部,那里的大人、小孩仍常使用。大部分的澳大利亚土著语言属于一个单一的帕马-纽恩干大语族,剩余的是一组非常不同的语言,主要分布在西澳大利亚的金伯利地区和北部地方的部分地区,可能与帕马-恩永甘语系也有点关系。

澳大利亚野狗 dingo 犬科野生动物,学名*Canis dingo*。大约在3 500～4 000年前从亚洲引进。身体结实,毛短而柔;尾多毛;耳尖,竖立。长1.2米(包括30厘米的尾长),

澳大利亚野狗(*Canis dingo*)
G. R. Roberts

肩高约60厘米。毛色浅黄或微红褐色,腹部、脚和尾尖为白色。单独或结小群捕食。从前猎食袋鼠,现在主要以兔类或家畜为食,这与澳大利亚本土的袋狼和袋獾绝灭有关。

澳大利亚宗教 Australian religion 澳大利亚土著居民的宗教。在梦想期中可找到依据,包含了与梦中注定生活方式一致的生活,借着仪式的进行和法律的遵守而达成。经由梦和其他变异的意识形态,生者能够接触灵界并从中获得力量。神话、舞蹈和其他仪式使人类世界、灵界、真实世界合为单一的宇宙秩序。他们相信:来自梦的儿童灵魂使胎儿动起来,而成人的灵魂继承比实际上双亲与子女的关联更重要。宗教艺术包括丘林加、沙画和洞穴绘画,还有树皮上的绘画。

澳斯特罗尼西亚诸语言 Austronesian languages 又译南岛诸语言。旧称Malayo-Polynesian languages(马来-波利尼西亚诸语言)。约含1 200种语言,通行于印度尼西亚、菲律宾、马达加斯加、太平洋群岛中南部(不包括新几内亚的大部分地区;参阅巴布亚诸语言)、东南亚大陆的部分地区和中国台湾,使用人口超过2亿人。欧洲殖民扩张之前,它是通行范围最广的语族。此语族以起源来划分,把中国台湾的澳斯特罗尼西亚语和其他语言分开,主要分为西马来-波利尼西亚语和中东马来-波利尼西亚语。西马来-波利尼西亚语包括爪哇语,使用者约7 600万人,占所有澳斯特罗尼西亚语使用者的1/3。东马来-波利尼西亚语包含大洋洲语(是澳斯特罗尼西亚诸语言最明确的语支),并涵盖几乎所有的波利尼西亚、密克罗尼西亚和美拉尼西亚的语言。对澳斯特罗尼西亚语进行分类概括很困难,因为该语言的数量多且差异大,尽管实词都趋向双音节,元音和辅音都很有限,尤其是波利尼西亚语。源自东南亚的手稿文字记录(参阅印度诸文字体系)保存了古爪哇语和占语(占婆王国的语言)等几种语言。

澳斯特罗亚细亚诸语言 Austroasiatic languages 约含150种语言的大语系,为大约有9 000万在形貌和文化背景上迥异的居住在南亚和东南亚地的人民所使用。现今大部分学者认为主要分为两个语族:蒙达语族和孟-高棉语族(参阅孟-高棉诸语言)。澳斯特罗亚细亚诸语言现在之所以零星分散,多半是因为讲印度-雅利安语、汉藏语、傣语和澳斯特罗尼西亚语的人在相对较晚的时期侵入该地区的结果。在史前时代,澳斯特罗亚细亚诸语言很有可能曾扩展到一个更广大和更完整的区域,包括现在的中国东南部许多地方。除了高棉语和越南语之外,没有国家以澳斯特罗亚细亚语为官方语言。

澳新美安全条约 ANZUS Pact 全称Pacific Security Treaty(《太平洋安全条约》)。由澳大利亚、新西兰和美国于1951年签订。美国首先向澳大利亚提出签订该条约,作为对日美安全条约的补救并以防日本重新武装。根据该条约的条款,三国保持协商关系,以便确保三国的集体安全。20世纪80年代,新西兰拒绝携带核武器的美国军舰在新西兰港口停泊。美国拒绝承认自己的核军舰。美国1986年中止了对新西兰承担的条约义务。此后该条约便与新西兰没有任何关系。

澳洲坚果 macadamia 山龙眼科澳洲坚果属常绿观赏乔木,约10种,果实可食用且味道浓郁,可当点心坚果。原产澳洲东北部沿海雨林和灌木林中。在夏威夷和澳大利亚作为商品生产的澳洲坚果主要有两种,即光壳的*Macadamia integrefolia*和粗壳的*M. tetraphylla*。非洲和中、南美洲部分地区均有大面积种植。这种树不易繁殖,结果晚,只在肥沃且排水畅通的土壤中成长,并需要1 300毫米的年降雨量。树叶肥大、有光泽、呈革质,花簇芳香,呈粉红色或白色,每簇可结1～20个果实。这种坚果富含脂肪,但也含有不少矿物质与维生素B。

B

B 细胞　B cell　两种淋巴细胞之一(另一为T 细胞)。所有的淋巴细胞从骨髓开始发育。B 细胞参与所谓的体液免疫;一旦遭遇外来物质(抗原),B 淋巴细胞即分化为浆细胞,由浆细胞分泌出免疫球蛋白(参阅抗体)。

BASIC 语言　BASIC　全名 Beginner's All-purpose Symbolic Instruction Code(初学者通用符号指令码)。20 世纪 60 年代由 J. G. 凯麦尼和 E. 库尔茨(1928 年出生)在达特茅斯学院研发的计算机程序语言。是最简易的高级语言之一,指令类似英语,学童和程序新手也能相当容易地学会。约自 1980 年以来,BASIC 一直普遍用于个人计算机。

八幡神　Hachiman　日本神道教所祀最受欢迎的诸神之一。常称为武神,据说在世时原为日本第 15 代天皇应神。为源氏和武士的守护神。第一座奉祀八幡的神社建于 725 年,今日有一半以上的神道教神社奉祀他。8 世纪时八幡神被佛教接受,称八幡大菩萨。

八国集团　group of 8　英语全称为 Group of Eight;前身为七国集团(G7)。政府间国际组织,为世界主要的工业化国家讨论具有全球重要性的非经济问题提供的一个论坛。该组织始于 1975 ～ 1976 年七国首脑间的非正式高峰会议,具体包括美国、英国、法国、西德(1990 年起德国)、意大利、加拿大和日本。该组织最初称七国集团,直到 1998 年俄罗斯正式成为其第八个成员。没有正式宪章,仅有一个权力有限的办事机构。在每年峰会上,八国首脑讨论诸如恐怖主义、毒品非法交易、人权、区域安全,以及武器控制等议题。集体建议是不具约束性的,但它们可以提交给联合国、国际货币基金组织,或世界银行。在待议事项仅限于经济问题时,七国集团仍起作用。2014 年 3 月,俄罗斯占领并兼并了乌克兰的自治共和国克里米亚,由此引发一场国际冲突。最初的七国集团做出回应,无限期地中止俄罗斯在该组织的成员资格,实际上就是解散扩大了的八国集团。

八正道　Eightfold Path　佛陀在印度鹿野苑第一次说法时宣布的教义。八正道又名中道,因为是在纵欲与苦行之间采取折中。据说遵循八正道可以解脱痛苦,走向涅槃。八正道是:正见(信仰四谛),正思维(决意实行这种信仰),正语(不妄语、不诽谤、不恶语),正业(不杀生、不偷盗、不邪淫),正命(不从事违背佛教原则的职业),正精进(制止恶心、发扬善心),正念(知觉自己的身体、感情与思想),正定(静坐沉思)。

巴巴多斯　Barbados　西印度群岛的岛国,位于加勒比群岛的最东端,圣文森特和格林纳丁斯以东约 160 千米处。面积:430 平方千米。人口:约278 000(2013)。首都:布里奇敦。该国 90% 以上的人口是黑人。语言:英语(官方语言)。宗教:基督教(以新教为主)。货币:巴巴多斯元。巴巴多斯大部分地区为珊瑚层覆盖,除了中北部之外,地势低平;最高点为希拉比山,海拔 340 米。地表水很少。由于几乎为珊瑚礁所包围,布里奇敦是唯一港口。经济以旅游和蔗糖业为主,离岸融资业也开始发展。为君主立宪制国家,两院制。国家元首是英国君主(由总督代表),政府首脑为总理。阿拉瓦克人及之后的加勒比人很可能曾在此居住。西班牙人可能在 1518 年登陆,到 1536 年显然已把印第安人全部消灭。17 世纪 20 年代英国人来此定居。奴隶被运入此地从事甘蔗种植,17、18 世纪是种植园最繁荣的时期。1834 年英帝国废除奴隶制,到 1838 年所有巴巴多斯奴隶全部获得自由。1958 年加入西印度群岛联邦。当 1962 年联邦解散时,巴巴多斯试图脱离英国,1966 年获得独立。巴巴多斯于 1968 年首次参加在墨西哥城举办的夏季奥运会,不过其运动员自 1952 年起即代表牙买加和西印度群岛联邦参加奥运会。

巴贝奇　Babbage, Charles(1791 ～ 1871)　英国数学家和发明家。曾在剑桥大学就读。约从 1812 年开始致力于研究能够计算数学用表的机械装置。他制造的第一台小型计算器能进行 8 位数的某些数学计算。1823 年获得政府的赞助,设计了一台能进行 20 位数运算的计算机。19 世纪 30 年代计划研发一种所谓的分析机,这种分析机能根据穿孔卡(一种储存数字、顺序控制和现代计算机所具有的大多数基本要素的存储器)上的指令来进行算术运算。这种分析机是现代数字计算机的前身,但从未完成。1991 年英国科学家根据 C. 巴贝奇的设计说明书制造了差分机 2 号(能进行 31 位数的精确运算)。巴贝奇的其他贡献是建立英国的现代邮政系统、编写了第一种可信赖的保险统计员用表,并发明了机车排障器。

巴贝奇,油画,S. 劳伦斯绘于 1845 年;现藏伦敦国立肖像画陈列馆

By courtesy of the National Portrait Gallery, London

巴本　Papen, Franz von(1879 ～ 1969)　德国政治人物。曾任德国驻美国华盛顿大使馆武官(1913～1915),但因间谍活动被召回国。1921～1932任德国联邦下议院议员,是位君主主义者。1932 年出任总理,但很快被 K. von 施莱谢尔取代。为了报复,巴本说服 P. von 兴登堡任命 A. 希特勒为总理,任命他本人为副总理。由于无法阻止纳粹党的势力扩张,他于 1934 年辞职。在出任驻奥地利大使期间(1934 ～ 1938),巴本致力于德奥联合。1939 ～ 1944 年任驻土耳其大使。1945 年被捕,接受纽伦堡审判。他被德国法庭以纳粹成员罪名判处监禁,1949 年提出上诉后获释。

巴本

Camera Press

巴比　Barbie, Klaus(1913 ～ 1991)　纳粹头目。1942 ～ 1944 年为法国里昂盖世太保首领,大肆搜捕法国地下抵抗运动的成员,并对数千名囚犯施刑或处死。第二次世界大战后,在德国被美军当局逮捕并招募他于 1947 ～ 1951 年间从事反谍报工作,之后又令他携家离开德国前往玻利维亚。从 1951 年起,他以商人身份在玻利维亚生活,1983 年被引渡回法国接受审判。在整个审判过程中,这个"里昂的屠夫"一直顽固不化并以为纳粹服务为荣。后来法庭以他应对约 4 000人的死亡和约7 500人被放逐承担罪责,判处他无期徒刑。

巴比沟　Baby Yar　乌克兰基辅北郊的万人坑,1941 ～ 1943 年间超过 10 万人在此遭德国纳粹党卫军杀害。其中大多是犹太人,但有一些是共产党官员和苏联战俘。这是犹太人受到大屠杀之苦难的一个象征,此地因 1961 年叶夫图申科诗作《巴比沟》的发表而开始受到世界瞩目。

巴比伦　Babylon　伊拉克幼发拉底河岸著名的古城市。城市废墟在巴格达以南约 89 千米,现今伊拉克希拉城附近。巴比伦是上古时代最著名的城市之一,可能在公元前 3000 年就有人定居,公元前 2000 年左右受阿莫里特人统治。后成为巴比伦王国都城和底格里斯河-幼发拉底河流域的重要商业城市。公元前 689 年被辛那赫里布摧毁,后又重建。在尼布甲尼撒二世(公元前 605 ～前 561 在位)统治下成为强大帝国的首都。公元前 331 年,巴比伦降服于亚历山大大帝,亚历山大最后也死于此地。巴比伦古城的地形通过古迹发掘、楔形文字记载和希腊历史学家希罗多德的记述而得到证实。大部分废墟来自由尼布加尼撒兴建的城市。当时这座世界最大城市有许多神庙,如马尔杜克大神庙和与它相关的塔庙,后者就是著名的巴别塔。著名的空中花园是花木覆盖的一层层平台构成的一座假山,为世界七大奇观之一。

巴比伦囚虏　Babylonian Exile　又作 Babylonian Captivity。犹大王国先后在公元前 598 或前 597 年和公元前 587 或前 586 年被征服后,犹太人被大批掳往巴比伦之事。第一次放逐可能发生在公元前 597 年约雅斤国王被废黜以后,或者是在公元前 586 年尼布甲尼撒二世毁耶路撒冷之后。公元前 539 年波斯居鲁士大帝征服巴比伦,并准许犹太人返回巴勒斯坦。有些犹太人选择留在巴比伦王国,是为海外犹太人之始。被俘期间,尽管在外国领土上有异族文化的压力,但犹太人仍保持其民族精神和宗教信仰,同以西结和其他先知们一起保持希望。

巴比伦王国　Babylonia　底格里斯河和幼发拉底河两河流域的古文化地区。这一地区原来分成两个部分,一是东南部的苏美尔,一是西北部的阿卡得。公元前 2000 年以后首次被阿莫里特人的巴比伦王国第一支系征服,这主要是因为有汉穆拉比(约公元前 1792 ～前 1750)。他死后,统治这一地区的帝国也随之衰落。来自东部山区的喀西特人掌握政权(公元前 1595),建立一个延续了约 400 年的王朝。埃兰征服巴比伦王国(公元前 1157)后,随着一连串战争建立了新的王朝,其中最杰出的国王是尼布加尼撒一世(公元前 1124 ～前 1103 在位)。在他之后发生了亚述、阿拉米和迦勒底为争夺巴比伦王国展开的一场三角斗争。公元前 9 世纪到公元前 7 世纪,统治巴比伦王国的多半为亚述国王。公元前 7 世纪至公元前 6 世纪时,迦勒底人尼布甲尼撒二世(公元前 605 ～前 561)创造了巴比伦王国最辉煌也是最后一个鼎盛的时期,他征服了叙利亚和巴勒斯坦,还重建首都巴比伦。公元前 539 年波斯居鲁士大帝和公元前 331 年亚历山大大帝先后占领巴比伦。之后其王国都城逐渐被废弃。

巴比松画派　Barbizon school　19 世纪的法国风景画画派。是欧洲艺术向自然主义发展的大规模运动的一部分,对法国风景画确立写实主义有重大贡献。该画派以 T. 卢梭和 J.-F. 米勒为首,吸引大批画家聚居于巴黎附近的马比松村,画派因此得名;其中后来颇为出名的有 C.-F. 杜比尼、N.-V. 迪亚兹・德・拉・佩纳(1806 ～ 1876)、J. 杜佩雷(1811 ～1889)、C.-E. 雅克(1813 ～1894)和 C. 特罗容(1810 ～ 1865)。他们各自都有独特的风格,但都着重于户外实地写生,在画中运用简洁的色调,营造出气氛和情绪。

巴比特　Babbitt, Milton (Byron)(1916 ～ 2011)　美国作曲家。在普林斯顿大学求学期间师从 R. 塞欣斯,后在该所大学任教。他是美国最早的 12 音体系作曲家之一,1947 年成为第一位创作全部音列化音乐的作曲家(《三部钢琴曲》)。这种音乐不仅将半音阶按一定顺序进行排列,而且还将节奏和力度进行排列。1957 ～ 1975 年为 RCA 公司的马克 II 合成器作曲,他也是最早创作电子合成音乐的美国人之一。巴比特的作品被认为难于演奏,但令人愉快。1982 年获普利策音乐作曲终身成就奖。

巴比妥酸盐　barbiturate　一类以母体结构尿酸为基础的杂环化合物,用于医药方面。可抑制中枢神经系统,尤其能作用于大脑的某些部分,不过也往往能抑制全身所有组织的功能。长效巴比妥酸盐(如巴比妥和苯巴比妥)用于治疗癫痫;中效类(如异戊巴比妥)用于缓解失眠;短效类(如戊巴比妥)用于克服入睡困难(失眠的一种);超短效类(如硫戊巴比妥钠)用来在使用其他麻醉药之前诱导手术病人意识丧失。长期使用巴比妥酸盐会导致成瘾。突然停止用药会有致命的危险;成瘾者应在医生监督下戒断药物。巴比妥酸盐使用过量会导致昏迷,甚至死亡;如与含酒精饮料同用,即使用量正常也会非常危险。

巴别尔　Babel, Isaak (Emmanuilovich)(1894 ～1940)　苏联短篇小说家。生于乌克兰的一个犹太人家庭,在受迫害的环境中长大,这些情境都反映在他的小说中。M. 高尔基鼓励他出国旅游以扩展视野。根据参加对波兰之战的经历,他创作出《红色骑兵军》(1926)中一系列的短篇小说。《敖德萨的故事》(1931)以写实和幽默手法描写敖德萨市郊的犹太人居住区。起初在苏联声望很高,但 20 世纪 30 年代晚期他的作品被认为不符合官方的文学教条。1939 年被捕,后被处死。他是苏联最伟大的短篇小说家之一。

巴别塔　Babel, Tower of　《旧约》中,在巴比伦王国的示拿建造的高塔。根据《创世记》第 11 章 1 ～ 9 节所载,巴比伦人想建造一座"塔顶通天"的高塔。上帝对他们的放肆感到不快,变乱了工人的语言,使他们互不相通,破坏了此工事。塔未能建成,而人们却分散到世界各地。这一神话或许启发自马尔杜克神庙之北的一座塔形庙宇,该庙名为巴比卢(意为"神门")。

《巴别塔》,油画,P. 勃鲁盖尔(老)绘于 1563 年;现藏维也纳艺术史博物馆
By courtesy of the Kunsthistorisches Museum, Vienna

巴伯　Barber, Samuel(1910 ～ 1981)　美国作曲家。生于宾夕法尼亚州切斯特。曾在柯蒂斯音乐学院学习钢琴、声乐、指挥和作曲,并从此开始了他与 G. C. 梅诺蒂持续一生的友谊。其抒情和新浪漫主义的风格十分受大众喜爱。作品包括《多佛的港湾》(1931)、《弦乐的柔板》(1936)、两首管弦《小品》(1937、1942)、《诺克斯维尔:1915 之夏》(1947)、一首钢琴奏鸣曲(1949)、《隐居者之歌》(1953)、一首钢琴协奏曲(1962,获普利策奖)、歌剧《万涅萨》(1957,获普利策奖)、《一手牌》(1958)以及《安东尼和克娄佩特拉》(1966)。

巴伯尔　Babur(1483 ～ 1530)　原名 Zahirud-Din Muhammad。印度皇帝(1526 ～ 1530),莫卧儿王朝的创建人。他是成吉思汗和帖木儿的后裔。虽来自蒙古部落,却是在土耳其长大,讲土耳其语。年轻时曾花了 10 年(1494 ～1504)时间取得帖木儿的古都撒马尔罕的控制权。这些行动使得他把费尔干纳的公国拱手让人,但随后攻占喀布尔(1504)聊以慰藉。经过四次失败,终于占领德里(1525)。此处敌国环伺,巴伯尔(阿拉伯语,意为"老虎")劝服他思乡严重的部队坚守阵地,在接下来的四年里终于击败敌人。他的孙子阿克巴使这个新帝国更为强盛。巴伯尔也是一位有天赋的诗人,并且热爱大自然,每到一处都要建造花园。他的散文体回忆录《自传》是世界经典自传。

巴布　Bab, the(1819/1820 ～ 1850)　原名 Mirza Ali Muhammad of Shiraz。伊朗宗教领袖,创立巴布教派,是巴哈教派中心人物之一。商人之子,受伊斯兰教什叶派谢赫教派影响。1844 年写成《古兰经》中《优素福》章的诠注,宣布自己是通往隐遁的伊玛目的巴布(阿拉伯语,意为"通路")。后来宣称自己就是伊玛目,最后自称真主化身。同年,他凑集门徒 18 人,在不同波斯省份内传布新信仰。他得到了民众的拥护,但受到宗教阶层的反对,1847 年在德黑兰附近被捕,遭到囚禁。1848 年他的信徒阿札尔派在巴达什特开会,宣布脱离伊斯兰教。1850 年他在大不里士被处以火刑。

巴布教　Babism　在伊朗发展的宗教,主要与米尔扎・阿里・穆罕默德宣称他是巴布(1844 年)有关。其信仰在巴布所写的圣书《巴扬》中阐明,宣称用一种通用的法律取代所有的宗教法规。巴布教原本是伊斯兰教什叶派的一种救世主运动。1867 年该运动分裂,阿札尔派仍然保持对巴布原先教义及其后继者苏贝赫・阿扎尔的教义的忠诚。大部分巴布教徒接受苏贝赫・阿扎尔同父异母哥哥巴哈・乌拉的领导,在其领导下又发展了巴哈教信仰。

巴布亚　Papua　旧称伊里安查亚,英文作 Irian Jaya。印度尼西亚一省。包括新几内亚岛的西半部及其近海岛屿,以及斯考滕和拉贾安帕特岛群。毛克山脉的最高峰是查亚峰,海拔高达5 030米。1511 年葡萄牙人首先发现该岛,1828 年荷兰人声称对该地拥有主权。1963 年整个新几内亚岛西半部移交给印度尼西亚，1969 年成为一个省，首府为查亚普拉。20 世纪 90 年代末叛乱者在当地领导了一场分离主义运动。2001 年获得了更多的自治权。2006 年印度尼西亚政府将该省西部确立为西巴布亚省。人口约2 833 381（2010）。

巴布亚新几内亚 Papua New Guinea 全称 Independent State of Papua New Guinea（巴布亚新几内亚独立国）。西南太平洋岛国。面积：462 840平方千米。人口：约7 275 000（2013）。首都：摩尔斯贝港。大部分人口为巴布亚人（占总人口的 4/5）及美拉尼西亚人，少数民族是波利尼西亚人、华人和欧洲人。语言：英语（官方语言）、托克必辛语、莫图语和土著语言。宗教：基督教（新教和罗马天主教）、传统信仰。货币：基那。新几内亚岛占全国总面积的7/8左右；该国还包括布干维尔岛和俾斯麦群岛。新几内亚岛的地形是南部多沼泽的低地平原，往北是高耸的中央山脉，高地贯穿西北到东南。多数土地被热带雨林所覆盖。外围的岛屿有些是火山岛。该国属发展中的混合型经济，主要依靠农业和矿产出口。该国为君主立宪政体，一院制。国家元首是总督（代表英国君主），政府首脑为总理。该地区在史前时代已有人定居，7 000 年以前已有农耕。1511 年葡萄牙人发现这里的海岸，1526 ～ 1527 年欧洲人首次在该地登陆。1793 年英国人建立了第一个殖民地，1828 年荷兰人宣称该岛的西半部为荷属东印度群岛的一部分。1884 年英国并吞了东南部，而德国占领了东北部。1906 年英国的部分（巴布亚领地）交给澳大利亚管理，第一次世界大战后，澳大利亚也接管了德国占领区。第二次世界大战后，澳大利亚把这两部分合并为巴布亚新几内亚领地。荷属新几内亚在 1969 年并入印度尼西亚。1975 年巴布亚新几内亚取得独立，并加入英联邦。20 世纪 90 年代中期开始解决它与布干维尔岛独立分子的长期冲突问题。2001 年双方达成和平协议，2005 年布干维尔岛成为自治地区。巴布亚新几内亚于 1976 年首次参加在蒙特利尔举办的夏季奥运会。

巴布亚诸语言 Papuan languages 新几内亚及某些周边岛屿的部分地区，包括阿洛尔、布干维尔、哈尔马赫拉、新不列颠、新爱尔兰、帝汶等岛屿的原住民族所使用的大约 800 种语言的统称。约有 300 万～400 万人在使用巴布亚诸语言，它们分属大约几十个语族，这些语言之间更高深的起源关系现在仍难以确认。这种多样性，再加上在新几内亚的一小部分及其邻近岛屿所使用的众多澳斯特罗尼西亚诸语言，使得这个区域成为世界上语言学上最混杂的地区。绝大多数巴布亚诸语言的使用者都不足 10 万人；其中使用人数较多的是在巴布亚新几内亚的高地流行的恩加语，约 20 万人。

巴丹死亡行军 Bataan Death March 第二次世界大战期间（1942 年 4 月），在菲律宾被日军俘虏的 7 万名美国和菲律宾战俘被强迫进行的强行军。这些挨饿、受虐待的战俘从巴丹半岛南端出发，强行军 101 千米，抵达一处战俘营。仅有54 000人活着抵达营地，约有 1 万人死于途中，其余在半途逃入丛林。1946 年，强迫进行这次行军的日本指挥官被美国的一个军事委员会判处死刑。

巴德兰兹 Badlands 美国南达科他州西南部一片崎岖的不渗水黏土层侵蚀地区，面积将近5 200平方千米。地表被冲刷成孤山、溪谷和锯齿状分水岭。多化石层，出土有三趾马、骆驼、剑齿虎和犀牛等的残骸。巴德兰兹国家公园（982 平方千米）主要位于夏延河与怀特河之间。1939 年辟为保护区，1978 年更名为国家公园。

巴登 Baden 德国南部的旧州。Baden（意为“洗澡”）是指温暖的矿泉，尤其是巴登-巴登镇，自罗马时代起就为人们所珍视。1112 年首次成为行政区。此后这块领地多次分裂，直到 1771 年才由查理・腓特烈重新统一。19 世纪时成为自由主义的中心，1848 ～ 1850 年间这里发生多次革命。1871 年巴登加入德意志帝国，1919 年成为魏玛共和国的一部分。第二次世界大战以后成为西德巴登-符腾堡州的一部分。

巴登-鲍威尔男爵 Baden-Powell, Robert (Stephenson Smyth)（1857 ～ 1941） 后称 Baron Baden-Powell（of Gilwell）。英国陆军军官，男童子军和女童子军的创建者。因在非洲战争（1884 ～ 1885）中使用观察气球而闻名。在南非战争中因守住被围困的马弗京而成为全国英雄。巴登-鲍威尔在得知他所写的军事教科书《侦察手册》（1899）被拿来培训男孩森林生活技能后，又写了《童子军教程》（1908）一书，同年还发起了童子军运动。1910 年与妹妹艾格尼丝及妻子奥拉夫共同创建女童子军。

巴蒂克印花法 batik 将纺织品染色的方法，主要是棉织物，将图案部分涂蜡以防着色。将织物浸于沸水，除去前一个图案的蜡，然后按另一种图案涂蜡，重复这一过程可达到多色的效果。该技术源于印度尼西亚，最初用竹片涂蜡。18 世纪中叶，爪哇人开始用有狭小出蜡口的铜制带把小坩埚，19 世纪爪哇人改用一种木板涂蜡器。荷兰商人将这种布料和技术引进欧洲。现在用机器按传统爪哇图案涂蜡，可以重现手工印花的效果。

巴蒂斯塔 Batista (y Zaldívar), Fulgencio（1901 ～ 1973） 古巴军人、总统和独裁者，曾两度统治古巴（1933 ～ 1944、1952 ～ 1959）。原是一个贫苦的黑白混血儿，后来在军队里一路晋升，掌握了权力而成为军事强人。原本通过助手进行治理，1940 年当选总统。在第一届任期中，他努力争取美国、军队、有组织的劳工以及公务人员的支持。在教育体系、公共工程和经济的整体方面有所建树，同时他自己和幕僚们也大发横财。1944 年败选下台，但在 1952 年发动军事政变，重新掌权。他的第二任期已是腐败和野蛮的独裁统治，为 1959 年 1 月 1 日 F. 卡斯特罗推翻其政权打下了基础。

巴丁 Bardeen, John（1908 ～ 1991） 美国物理学家。生于威斯康星州麦迪逊。在普林斯顿大学获数学物理博士学位，第二次世界大战期间，任美国海军军械实验室首席物理学家。战后他加入贝尔电话实验室工作。在那里的研究工作使他与 W. B. 肖克莱和 W. H. 布拉顿因共同发明晶体管而获 1956 年诺贝尔物理学奖。1972 年和 L. 库珀、J. R. 施里弗（1931 年出生）一起因发展超导电性理论（现称 BCS 理论，取自他们三人姓氏的首字母）而再次获诺贝尔物理学奖，以后所有超导理论都建立在这个理论基础上。巴丁也是能解释半导体某些性质的理论的创始人。

巴丁
By courtesy of University of Illinois at Urbana-Champaign

巴顿 Barton, Clara（1821～1912） 原名 Clarissa Harlowe。美国护士，美国红十字会创始人。生于密西西比州牛津。原为教师，南北战争爆发后她组织了一个机构，为伤兵筹募并分发救济物资，后来成立一个档案局，协助寻找下落不明的士兵，被人称为“战场天使”。普法战争爆发时，她又协助救助伤兵，并开始为国际红十字会工作。1881 年创立美国红十字会。她成功地促使美国国会在《日内瓦公约》上签字。她也是美国提出对红十字会章程的修正案的起草人，这个修正案规定不仅在战时，而且要在发生自然灾害时进行救济工作。她担任美国红十字会主席至 1904 年。

巴顿 Patton, George S(mith)（1885～1945） 美国陆军将领。毕业于西点军校，第一次世界大战中在新成立的美国坦克兵团服役。后来升为少将，指挥第二装甲师（1940）。第二次世界大战中领导美军在摩洛哥（1942）和西西里（1943）的军事行动，接着又率领第三军团横扫法国北部（1944），进入德国（1945）。他大胆使用机动的坦克战术，并且领导有方，纪律严明，赢得战士的尊敬，被称为“血胆老将”。曾因殴打一个他怀疑装病的住院士兵而受到批评，后来公开道歉。在德国因车祸意外身亡。

巴尔德尔 Balder 古斯堪的纳维亚神话中，主神奥丁和他的妻子弗丽嘉所生的正直而英俊的儿子。除了槲寄生外，没有任何东西能伤害得了他。诸神知道他不会受伤，所以常向他丢东西寻欢。盲神赫德受到邪恶的洛基的欺骗，把槲寄生投向巴尔德尔，因而杀死了他。女巨人托克（可能是洛基假扮的）不肯哭出眼泪，因为她的泪水会使巴尔德尔死而复生。

巴尔的摩　Baltimore　美国马里兰州中北部城市。在帕塔普斯科河河口湾北部，距切萨皮克湾24千米。为该州最大城市和经济中心。建于1729年，以爱尔兰巴尔的摩男爵（为卡尔弗特家族邸宅、马里兰殖民地领主领地）之名命名。1789年成为美国第一个天主教教区。1827年美国最早的铁路在这里开始运营。第一次世界大战初开始发展工业，从那时起成为一个重要海港。人口约620 961（2010）。

巴尔蒂斯　Balthus（1908～2001）　原名Balthazar Klossowski。法国画家。出生于巴黎的一个波兰裔家庭。幼时即被视为天才儿童，且常受家族的朋友P.勃纳尔和A.德兰的鼓励。在未受过正式训练的情形下，以替人制作舞台布景和绘制肖像画维生。1934年举办了首次个人画展，其作品特色是内景大而神秘，在严肃而荒寂的风景中配以孤独沉思的妙龄少女。1961～1977年任罗马法兰西学院的院长。其令人心动、带有情欲的人像（包括受人中伤的《吉他课》），以及那些精心绘制的人物，使他在国际上享有盛誉。

巴尔福　Balfour, Arthur James（1848～1930）　后称Earl Balfour（of Whittingehame）。英国政治家。其舅父是索尔兹伯里侯爵。1874～1911年间巴尔福任议员，

A. J. 巴尔福，摄于1900年左右
Bassano and Vandyk

1887～1991年在其舅父的政府担任爱尔兰事务大臣。1891年起担任议会中保守党领袖，后继任其舅父的首相职务（1902～1905）。1904年缔结《英法协约》。他最著名的行动是在1917年，在外交大臣任内（1916～1919）写了所谓的《贝尔福宣言》的文件，表达了英国政府支持犹太复国主义的立场。战后两次参加内阁，任枢密大臣（1919～1922，1925～1929）。为确定英国与各自治领间的关系而提出的《贝尔福报告》（1926），体现在《威斯敏斯特条例》中。

巴尔干半岛　Balkan Peninsula　又称Balkans。欧洲东南部半岛，位于亚得里亚海、地中海以及爱琴海和黑海间，居住着不同语言、民族、宗教、国家的人们。其中包括许多国家，有罗马尼亚、摩尔多瓦、保加利亚、希腊、阿尔巴尼亚、塞尔维亚、克罗地亚、斯洛文尼亚、马其顿、波斯尼亚、黑塞哥维那和黑山。对于这一地区的组成，尚未达成共识。有人从文化和历史的角度界定，也有人从地理角度界定，而历史学家和地理学家们对于该地区的定义也存在着很大的分歧。公元前168年至公元107年半岛部分地区并入罗马的行省，包括伊庇鲁斯、莫西亚、潘诺尼亚、色雷斯和达契亚。接下来是斯拉夫人侵者、塞尔维亚人、克罗地亚人、斯洛文尼亚人以及斯洛文尼亚化的保加利亚人来此定居，保加利亚人是在6世纪时进入巴尔干地区的。后来逐渐组成各个王国，14、15世纪时许多王国都曾受到奥斯曼土耳其帝国的蹂躏。20世纪初各派系间的斗争，使得巴尔干半岛上的各国不断地分分合合，英语"balkanize"一词即由此而来。

巴尔干山脉　Balkan Mountains　保加利亚语作Stara Planina。欧洲东南部山脉。东西走向，横穿保加利亚中部，从黑海滨延伸至塞尔维亚边界。最高峰为博泰夫峰（高2 376米）。为多瑙河（在北）和马里查河（在南）主要分水岭，有20处山口（最著名的是希普卡山口）、数条铁路线和伊斯克尔河。

巴尔干同盟　Balkan League（1912～1913）　保加利亚、塞尔维亚、希腊和门的内哥罗组成的同盟，在第一次巴尔干战争中共同对抗奥斯曼帝国。表面上，成立同盟的目的是要限制奥地利王朝在巴尔干日益增长的势力，但是在俄国的引诱下，实际上同盟的组成是为了要把土耳其人赶出巴尔干。第一次巴尔干战争胜利后，同盟成员因瓜分领土发生争吵，于是同盟解体。

巴尔干战争　Balkan Wars（1912～1913）　两次军事冲突，使奥斯曼帝国几乎失去了它在欧洲所有剩余的领土。第一次巴尔干战争中，巴尔干同盟击败奥斯曼帝国。根据和约（1913）的条款，奥斯曼帝国失去了马其顿和阿尔巴尼亚。第二次巴尔干战争则起因于塞尔维亚、希腊和罗马尼亚与保加利亚在瓜分其所共同征服的马其顿领土时发生争吵。结果保加利亚战败，希腊和塞尔维亚瓜分了马其顿的大部分领土。这两场战争加剧了巴尔干半岛紧张局势，并引发了第一次世界大战。

巴尔加斯·略萨　Vargas Llosa, (Jorge) Mario (Pedro)（1936～　）　秘鲁作家。曾为新闻记者和播音员。第一部小说《城市与狗》（1963）问世后受到广泛欢迎。小说以军校为背景，描写青少年在充满险恶的逆境中奋斗求生，其中军校的腐败也反映了秘鲁国家的弊端。致力于社会变革的思想可以从他的早期小说、评论和剧本中看出。在文学创作的同时发表多篇政论文章，其观点从年轻时代的左派转向成熟期的自由派。1990年竞选秘鲁总统。他的著名作品《绿房子》（1965）、《胡莉娅姨妈与作家》（1977）和《世界末日之战》（1981）描写19世纪巴西的宗教运动。1994年获塞万提斯奖，2010年获诺贝尔文学奖。

巴尔喀什湖　Balkhash, Lake　又作Lake Balqash。哈萨克斯坦东南部湖泊。东西长600千米，最深处约25米。水量主要来自伊犁河，该河从西面一片宽阔的三角洲注入湖泊。恶劣的气候对湖泊的面积大小影响很大，湖的面积从15 500平方千米至19 000平方千米不等，视季节性的降水量多少而定。每年11月至翌年4月初湖面结冰。20世纪中叶以来，工业污染使巴尔喀什湖的生态环境遭到严重破坏。

巴尔·科赫巴　Bar Kokhba（？～135）　原名Simeon bar Kosba（西门·巴尔·科斯巴）。犹太人领袖。在巴勒斯坦领导反罗马暴乱，不幸失败。公元131年罗马皇帝哈德良禁止犹太教徒接受割礼，在耶路撒冷圣殿的基址上兴建朱庇特庙，激怒了犹太人。次年由西门·巴尔·科斯巴领导暴乱。据称被阿吉巴·本·约瑟推崇为弥赛亚。他被称为巴尔·科赫巴（意为"星辰之子"），即隐喻救世主。他率军攻陷艾利亚，予敌人重创，但哈德良本人于134年夏亲临战场督战，并调集部队增援，夺回耶路撒冷。135年巴尔·科赫巴战死于贝塔尔，犹太军残部旋遭歼灭，伤亡总数达58万人。幸存的犹太人则被放逐并禁止进入耶路撒冷。

巴尔拉赫　Barlach, Ernst（1870～1938）　德国雕塑家、版画家和作家。曾先后在汉堡、德累斯顿及巴黎学习。20世纪20年代和30年代为魏玛共和国创作了若干战争纪念碑，从而出名。他成为德国表现主义的杰出拥护者，尽管他的版画和雕塑也受到中世纪德国木刻的强烈影响。巴尔拉赫也写了一些表现主义的剧本，书中有他的木刻和石版画插图。在他死后，他在居斯特罗的工作室改成博物馆，对外开放。

巴尔曼　Balmain, Pierre (-Alexandre-Claudius)（1914～1982）　法国时装设计师。他放弃学习建筑，1934年成为一名时装设计师。曾与C.迪奥共事一段时间，第二次世界大战后二人在时装界彼此成为最强劲对手。巴尔曼的公司为客户设计高雅的晚礼服，其顾客包括电影明星和皇室贵族。他还在纽约市与加拉加斯市开设分店，并开始出售香水及饰物配件。

巴尔米拉　Palmyra　叙利亚古城，位于大马士革东北部，在今泰德穆尔城址。相传为所罗门王所建。在公元前3世纪，塞琉西王国建立了横穿巴尔米拉的东西贸易通道，使

叙利亚巴尔米拉的贝勒神庙
H. Roger-Viollet

该城著称于世。公元3世纪,在阿拉伯女王**芝诺比阿**的领导下,当时处于罗马**提比略**统治下的巴尔米拉重新赢得了自治权。该城是连接大马士革和**幼发拉底河**的主要军事战略点,634年被穆斯林占领。阿拉米语记录的文字为我们提供了该城市通过波斯湾和印度、埃及、罗马和叙利亚进行贸易的情形;而城市里的古代废墟则展现出该城当年的规模。

巴尔特　Barthes, Roland (Gérard) (1915～1980)　法国社会评论家及文学评论家,早期著作阐述语言结构的随意性并以同样方法分析大众文化现象。在《神话学》(1957)一书中分析大众文化。《论拉辛》(1963)在法国文学界引起争议,使他与较传统的文论学者形成对立。他后来有关符号学的作品包括更为激进的《S/Z》(1970)、研究日本而写成的《符号帝国》(1970)以及其他一些重要作品。这些作品使他的理论在20世纪70年代受到广泛注目,并促成20世纪重要学术运动之一的结构主义的建立。1976年在法兰西学院担任文学符号学讲座教授,成为这个讲座的第一位学者。

巴尔托克　Bartók, Béla(1881～1945)　匈牙利作曲家、钢琴家和民族音乐学家。自幼即习得出色的钢琴技巧。1904年开始研究匈牙利民间音乐,才发现一般认为属于匈牙利的民间音乐实际上大多是城市吉卜赛音乐。他与**Z. 科达伊**一同从事的实地采风工作为后来所有的采风研究工作奠定了基础,他还出版了有关匈牙利、罗马尼亚和斯洛伐克民间音乐的重要研究著作。巴尔托克一贯坚持把民族音乐主题和节奏融入自己的音乐作品,使其作品既具民族风又彰显个性。他也以卓越钢琴家的身份广泛巡回演出。1940年移居美国后生活非常困难。作品包括歌剧《蓝胡子公爵的城堡》(1911)、6首有名的弦乐四重奏(1908～1939)、一套钢琴教程《小宇宙钢琴集》(1926～1939)、《为弦乐器、打击乐器和钢片琴而作的音乐》(1937)、《双钢琴和打击乐奏鸣曲》(1937)、《管弦乐队协奏曲》(1943)以及3首钢琴协奏曲(1926,1931,1945)。

巴尔沃亚　Balboa, Vasco Núñez de (1475～1519)　西班牙征服者和探险家。1500年到现在的哥伦比亚海岸勘察,后来定居于伊斯帕尼奥拉岛(即海地)。后来被债务所逼逃离,加入一支探险队。他协助在哥伦比亚的殖民者们,说服移民跨越乌拉瓦湾到巴拿马地峡的达连,1511年他们建立了南美洲第一个永久性殖民地。1513年他成为第一个看见太平洋的欧洲人,替西班牙占领了南海(今南太平洋)和邻近地区。后来担任南海地区和巴拿马、科伊瓦省总督,但仍受死敌佩德拉里亚斯(1440?～1531)的管辖。佩德拉里亚斯怕他的影响力越来越大,将他逮捕,指控他犯有叛乱、卖国和虐待印第安人的罪名。在经过一场闹剧似的审讯后,巴尔沃亚被斩首。

巴尔扎克　Balzac, Honoré de(1799～1850)　原名Honoré Balssa。法国作家。生于图尔。

H. de 巴尔扎克,达盖尔式照相法;摄于1848年
J. E. Bulloz

16岁左右开始在巴黎担任办事员。最初曾经商,结果负债累累,使他花了数十年时间改善恶化的经济状况。1829年开始,他的小说和故事集逐渐取得一些成就,接下来发表了几部早期的杰出作品。他结集的一大系列作品集《人间喜剧》中,约有90部长篇小说和中篇小说,巴尔扎克想要以呈现各种不同的人性本质来描绘当时所有的社会现象。其著名作品有:《欧也妮·葛朗台》(1833)、《高老头》(1835)、《幻灭》(1837～1843)、《不分贵贱的妓女》(1843～1847)以及《贝姨》(1846)等。其小说值得称道之处在于文笔优美的叙述,大量生动而不同的人物,以及对生活各方面所表现出的极大关注和审视。最著名的故事集为《滑稽故事》(3卷,1832～1837)。由于债台高筑和几乎不间断的操劳使他过着不安宁的生活,他经常一口气写作15个小时不辍(他的死因就是过度劳累和过度饮用咖啡)。巴尔扎克被公认是对早期小说中的实在论即自然主义产生重要影响的人物,并且是迄今最伟大的小说家之一。

巴伐利亚　Bavaria　德语作Bayern。德国东南部一州。公元1世纪初罗马人征服该地,公元788年为查理曼所夺取,并入其帝国版图。10世纪时为神圣罗马帝国的领土。在18世纪规模更大的战争中,巴伐利亚屡遭征服。1871年加入德意志帝国,但保有王国地位。1918年国王被推翻,经过短暂的动乱时期之后,巴伐利亚于1919年加入魏玛共和国。20世纪20年代希特勒在这里建立了第一个实力基地。依据西德1948年的基本法,巴伐利亚成为德意志联邦共和国的一州。长期以来它一直是德国天主教的大本营。州内大城市有首府**慕尼黑**、**纽伦堡**和**奥格斯堡**。风景名胜有巴伐利亚阿尔卑斯山脉、巴伐利亚森林和**波希米亚森林**。巴伐利亚以其山峦起伏的优美景色和迷人的村庄著称。人口约12 492 658(2006)。

巴菲特　Buffett, Warren (1930～　)　美国商人和投资人。生于奥马哈。曾就读于内布拉斯加大学和哥伦比亚大学,在那里学会投资那些股票市值偏低的公司。回到奥马哈后,他的巴菲特合伙公司(1956～1969)的最初投资额为10.5万美元,到解散时增至10 500万美元。他开始投资企业,把那些企业并入纺织品制造商伯克哈萨威公司。据说他是在股票市场赚进10亿美元的第一人。他的金融报告以精辟的见解被股市生手与专家研读。

巴芬岛　Baffin Island　加拿大最大岛和世界第五大岛,面积476 068平方千米。位于**格陵兰岛**和加拿大大陆之间。东为**巴芬湾**和**戴维斯海峡**,现属纽纳武特省。11世纪时,北欧探险家可能到过此地。**M. 弗罗比舍**在寻找西北航道(1576～1578)时发现了它。除沿岸少数小村落外,岛上无人居住。纳尼斯维克为世界最靠北的矿场。1972年在东岸建立了奥尤伊图克国家公园。

巴芬湾　Baffin Bay　大西洋一大海湾,位于**格陵兰岛**与**巴芬岛**东部之间。从北冰洋往南延伸1 450千米,到大西洋的**戴维斯海峡**,面积689 000平方千米。1615年为英国船长R. 拜洛特发现,以他的副官W. 巴芬的姓氏命名。气候寒冷,即使在8月仍可看到密布的冰山。

巴甫洛夫　Pavlov, Ivan (Petrovich) (1849～1936)　俄国生理学家。主要以条件反射的概念而知名。在其经典的实验中,他发现训练将铃声与食物联系起来的狗,在饥饿情况下,就算没有食物,一听见铃声也会分泌唾液。他扩充了C. 谢林顿的有关脊椎反射的解释,还尝试将其法则应用在人类精神病与语言机能上。他将复杂情境简化为简单实验的能力,以及他把人类行为与神经系统联系在一起的开创性研究,奠定了行为科学分析的基础。在俄国革命之后,他曾多次公开批评当时的苏联政府。他因对消化分泌作用的研究获得1904年诺贝尔生理学或医学奖。

巴甫洛娃　Pavlova, Anna (Pavlovna) (1881～1931)　20世纪初俄国最伟大的芭蕾舞蹈家。1891年入皇家芭蕾舞学校学习,1899年加入**马林斯基剧院**,1906年成为该剧

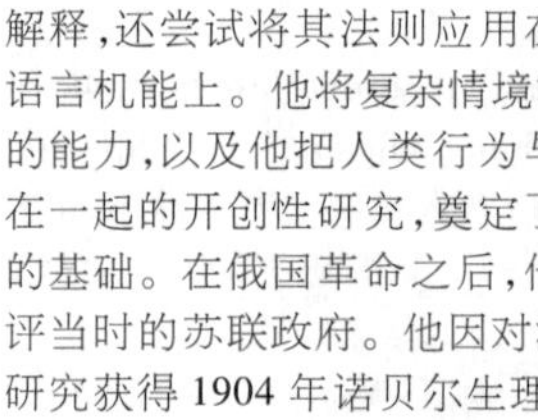

A. 巴甫洛娃
Culver Pictures

院首席芭蕾舞女演员。1908年起担任多家芭蕾舞团的客串艺术家,在欧洲进行巡回演出。1913年率领她自己的舞团到世界各地演出,表演了许多出色的经典芭蕾舞,如

M. 福金的《垂死的天鹅》、《阿尔米德的凉亭》、《仙女》以及各种短小独舞。她的巡回演出使许多国家的观众第一次接触到芭蕾舞,为芭蕾舞的普及做出了重大贡献。

巴干达人 Baganda 参阅干达人。

巴格达 Baghdad 又拼 Bagdad。伊拉克首都。濒临底格里斯河,自古已有人定居。762 年,哈里发曼苏尔(754 ～ 775 年在位)将其定为阿拔斯王朝的首都时,地位开始变得重要。在哈伦·赖世德的统治下,巴格达十分繁荣,是当时世界上最大、最富有的城市之一。以巴格达为背景的《一千零一夜》中很多故事都反映了这一点。作为伊斯兰文化的中心,该城的贸易和文化地位仅次于君士坦丁堡(今伊斯坦布尔)。836 年,首都暂迁萨迈拉,之后时有政治动乱发生。1258 年,旭烈兀率领的蒙古人劫掠了巴格达。1401 年被帖木儿占领。1508 年波斯萨菲王朝夺取该城。1534 年,在苏莱曼一世的统治下,巴格达归属奥斯曼帝国,直到第一次世界大战(1914 ～ 1918)结束。其间,1623 ～ 1638 年,巴格达重归萨菲王朝统治。1920 年,巴格达成为伊拉克王国的首都。1958 年,成为伊拉克共和国的首都。20 世纪,巴格达规模迅速扩大,人口快速增长。两次海湾战争期间(分别发生于 1990 ～ 1991 年和 2003 年),巴格达受到严重破坏。伊拉克战争期间(2003 ～ 2011),以美国为首的联军占领了巴格达。人口约6 150 000(2011)。

巴哈教 Baha'i 19 世纪中叶巴哈·乌拉在伊朗创立的宗教。1863 年从巴布教分裂而来,当时巴哈·乌拉宣称自己是巴布所预言的安拉派来的使者。巴哈·乌拉死于 1892 年,死前已指定长子阿布杜·巴哈领导教团。巴哈教的圣典文献包括巴布、巴哈·乌拉和阿布杜·巴哈三人的著作和言论。礼拜方式是诵读各教经籍。主要教义是万教归一,天下皆为兄弟。讲求社会伦理,不设圣事和专职神职人员。由于原先有 19 个使徒,就认为"19"为神圣数字,他们的历法把一年分为 19 个月,每月 19 天,闰日 4 天。教徒需每天祈祷,每年斋戒 19 天,严守道德戒律。巴哈教自 20 世纪 60 年代迅速弘传,但 1979 年伊斯兰教原教旨主义者在伊朗取得政权后,该教受到迫害。

巴哈马 Bahamas, The 全称 Commonwealth of The Bahamas(巴哈马联邦)。为约 700 座岛屿和许多珊瑚礁组成的群岛国家,位于西印度群岛西北部,即美国佛罗里达州东南方,古巴的北面。面积:13 939 平方千米。人口:约368 000(2013)。首都:拿骚(位于新普罗维登斯岛)。人民多为非洲人和欧洲人混血后裔,为以前奴隶买卖的遗产。语言:英语(官方语言)。宗教:基督教(以新教为主,亦有罗马天主教及其他教派)。货币:巴哈马元。主要岛屿分别为(从北到南):大巴哈马、阿巴科、伊柳塞拉、新普罗维登斯、安德罗斯、卡特和伊纳瓜等,人口多集中在新普罗维登斯岛。地质结构是由珊瑚礁石灰岩组成,地势一般仅高出海平面几英尺,最高点在卡特岛的阿尔弗尼亚山(海拔 63 米)。各岛均无河流。市场经济以旅游业(赌博是吸引游人的主因)和国际金融业为主。大多数食品从美国进口,该国主要出口精炼石油和化学制品。巴哈马是君主立宪国家,采用两院制。国家元首是总督代表的英国君主,政府首脑为总理。原始居民为卢卡扬印第安人中的泰诺人,1492 年 10 月 12 日哥伦布探测该群岛时发现他们。许多学者认为哥伦布是在圣萨尔瓦多岛(即今华特林岛)登陆的,但也有学者认为哥伦布第一次登陆是在萨马纳岛或卡特岛。西班牙人对移民该岛无兴趣,但到此掠走奴隶,使人口锐减。1648 年一批百慕大的英国人移民来到巴哈马时,此地无人居住,成了海盗出没的地方,后来的居民点少见繁荣。美国独立战争之后,带动了该岛的一些繁荣景象,当时有一些保皇党人士逃出美国到此,建立了棉花种植园。美国南北战争期间成为船只偷越封锁线的中心。直到第二次世界大战后,旅游业才开始在当地发展,促进了当地永久性繁荣。1964 年获得内部自治权。1973 年成为独立国家。巴哈马于 1956 年首次参加在墨尔本举办的夏季奥运会,巴哈马运动员自 1948 年起就代表英国参加奥运会。

巴哈·乌拉 Baha Ullah(1817 ～ 1892) 原名 Mirza Hoseyn Ali Nuri。伊朗宗教领袖,创立巴哈教派。原是伊斯兰教什叶派信徒,后与巴布结盟,在巴布被处决后,与异母弟米尔扎·叶海亚(后被尊称为苏贝赫·阿扎尔)共同指挥巴布教派。逊尼派将他流放到巴格达、库尔德斯坦,最后流放到君士坦丁堡。1863 年他公开宣称自己是巴布所预言的安拉派来的"伊玛目-马赫迪",结果造成巴布教分裂为两派:较小的阿扎尔派固守原来的信仰,较大的一派则跟随他成为巴哈教。奥斯曼政府后来将他流放到阿卡。在此地他改名为巴哈·乌拉,他把巴哈教教义发展成为内容广泛的学说,主张万教归一,天下皆为兄弟。

巴赫 Bach, Carl Philipp Emanuel(1714 ～ 1788) 德国作曲家。J. S. 巴赫的次子。他从父亲那里接受了极好的音乐教育。1740 年在腓特烈二世的宫廷中成为拨弦键琴乐手,并在宫廷中生活了 28 年。后来迁居汉堡,成为这座城市的首席乐师。他是表现风格的杰出代表,这一风格强调狂想曲般的自由和情感。他是古典主义风格的创建者,是首先在作品中体现出明显奏鸣曲形式的作曲家之一。他为拨弦键琴、击弦键琴和钢琴创作了约200首乐曲(其中包括几十首奏鸣曲),还创作了约 50 首键盘协奏曲,约 20 首交响曲,以及一些清唱剧和受难曲。所著《论键盘乐器演奏艺术的真谛》(1753)是一篇非常重要的音乐实践性论文。

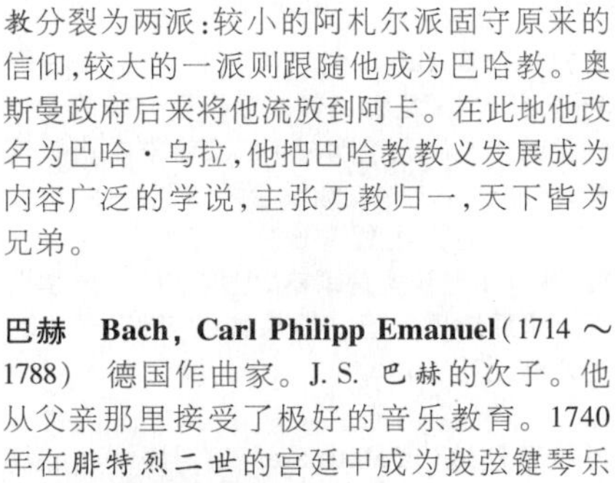

C. P. E. 巴赫,版画;A. 施托特鲁普制
By courtesy of Haags Gementemuseum, The Hague

巴赫 Bach, Johann Sebastian(1685～1750) 德国作曲家。生于爱森纳赫村的音乐世家,后来成为非常全面的音乐家。从 1700 年起,他曾经担任歌手、小提琴师和管风琴师。1708 年首次接受重要的任命,成为魏玛公爵宫廷的风琴师。随后的 1717 ～ 1723 这 6 年期间,他待在克滕亲王宫廷,担任赞礼员,然后奉派为莱比锡圣托马斯大教堂的合唱长,并在那里终老。自幼浸没在德国北部的对位风格里,1710 年左右他接触到生动的意大利风格,尤其是维瓦尔第的作品,自此,他的许多音乐作品体现了这两种风格的完美融合。在圣托马斯大教堂,他写下 200 多首短篇圣乐曲。他的管弦乐作品包括 6 首勃兰登堡协奏曲、4 首管弦乐组曲和许多拨弦键琴协奏曲,而后者是他发明的体裁。他的键盘独奏作品包括伟大的教学套曲《平均律钢琴曲集》、浩大而未完成的《赋格的艺术》、超凡的《戈尔德堡变奏曲》、为数众多的组曲以及许多管风琴前奏曲和赋格曲。除了短篇圣乐曲以外,他现存的合唱作品包括 30 多首世俗短篇乐曲、2 首划时代的受难曲和 b 小调弥撒曲。巴赫的作品在他生前未广为人知,死后几乎完全被埋没,直到 19 世纪早期才备受关注。他也许是当时最伟大的管风琴师和拨弦键琴师。如今,巴赫被视为巴罗克时期最伟大的作曲家,还被很多人视为历史上最伟大的作曲家。

巴赫金 Bakhtin, Mikhail (Mikhailovich)(1895 ～ 1975) 苏联文学理论家和语言哲学家。他的作品经常攻击苏联当局,因而在 1929 年从维杰布斯克被放逐到哈萨克斯坦。最著名的作品是《陀思妥耶夫斯基诗学的问题》(1929),其中提出的理论在《对话想象》(1975)中进一步加以发展。他内容广泛的思想对文化史、语言学、文学理论、美学方面的西方思想影响深远。

巴基斯坦 Pakistan 全称 Islamic Republic of Pakistan(巴基斯坦伊斯兰共和国)。亚洲南部国家。面积:881 889 平方千米。人口:约193 239 000(2013)。首都:伊斯兰堡。人口为各土著民族的复杂组合,已受到来自西北的雅利安人、波斯人、希腊人、普什图人、莫卧儿人和阿拉伯人相继涌入的影响。语言:乌尔都语(官方语言)、英语、旁遮普语、普什图语、信德语和俾路支语。宗教:伊斯兰教(国教,以逊尼派为主)、基督教和印度教。货币:巴基斯坦卢比。地形可划分为 4 个地区:北部山区、俾路支高原、印度河平原和沙漠地区。喜马拉雅山脉和外喜马拉雅山脉构成了广阔的高地,绵亘于该国最北部;其中包括一些世界最高峰,如 K2 峰和南伽山。属发展中的混合型经济,以农业、轻工业和服务业为主。在海外工作的巴基斯坦人汇回国的款项是该国外汇的重要来源。巴基斯坦是军人掌权的立宪国家,两院制。国家元首是总统,政府首脑为总理。早在公元前3000年左右,该地区即有人居住。公元前3世纪到公元2世纪时,分别由孔雀帝国和贵霜王国统治。8世纪时,穆斯林首次征服该地。1757年英国征服了莫卧儿王朝的统治。在英国殖民统治期间,现在的巴基斯坦(穆斯林)属于印度(多数为印度教徒)。1947年英国国会批准巴基斯坦独立。但克什米尔仍是巴基斯坦和印度之间最有争议的地区,最后导致军事冲突,并在1965年全面开战。1971年爆发了东、西巴基斯坦之间的内战,结果于1972年成立了独立的孟加拉国(前东巴基斯坦)。20世纪80年代苏联和阿富汗战争期间许多阿富汗难民逃到巴基斯坦,并且在塔利班政权以及后塔利班时期一直居住在巴基斯坦。1988年B. 布托成为巴基斯坦的第一位女总理,领导这个现代的伊斯兰教国家,但她在1990年被迫下台,同年她的政党在选举中败给了一个保守派联盟。1993～1997年B. 布托重新上台。90年代该国的政局多变,与印度的边界纠纷再起,巴基斯坦进行了核试验。政治状况越来越糟,1999年发生了一起军队政变。巴基斯坦于1948年首次参加在伦敦举办的夏季奥运会。

巴卡拉玻璃制品　Baccarat glass 1765年在法国巴卡拉建立的一个大型玻璃工厂生产的玻璃制品。该厂最初生产窗用钠玻璃和工业用玻璃制品。1816年被一家制造铅水晶玻璃的比利时制造商并购,从此专门生产这种玻璃制品,特别是镇纸。1925年在巴黎的装饰艺术现代工业展览会上展出它的产品。现在巴卡拉制造的餐具,既有古色古香的,也有现代感的。

巴克曼　Parkman, Francis(1823～1893) 美国历史学家。波士顿本地人,哈佛大学毕业,1846年开始西部之旅,根据这次旅行他写出《加利福尼亚及俄勒冈小道》(1849)一书。其最著名的7部史学著作统称为《北美洲的英国和法国》,范围从初始的殖民地时期到1763年。其中包括《新大陆的法国先驱者》(1865);《蒙卡尔姆和沃尔夫》(1884),该书证明了传记能够多么深入地渗透到时代精神中去;以及《半个世纪的战争》(1892),该书表现出他的文学才华。

巴克纳　Buckner, Simon Bolivar(1823～1914) 美国及南部邦联的军事将领。生于肯塔基州曼德福德维尔附近。西点军校毕业,曾参加墨西哥战争。内战爆发后,致力整编肯塔基护卫队,成为邦联的将军。1862年他在奉命增援田纳西多纳尔森堡时,发现战局已不可挽回,遂向U. S. 格兰特将军无条件投降。在战俘交换后,他又回到邦联,身兼数个要职。战后返回肯塔基,1887～1891年任肯塔基州州长。

巴克斯特　Bakst, Leon(1866～1924) 原名Lev Samuilovich Rosenberg。俄国画家和舞美设计家。圣彼得堡皇家艺术学院毕业,后来到巴黎学习。1898年与S. 佳吉列夫共同创办《艺术世界》杂志。1900年开始为一些皇家剧院设计舞台布景。在巴黎开始为佳吉列夫新组建的俄罗斯芭蕾舞团设计舞台布景和服装。在这些设计中,他将富有想象力的设计与华丽的色彩和精雕细琢的细部相结合,表达出一种美丽的东方异国情调。这些设计使他扬名国际。他在俄罗斯芭蕾舞团起到了极为重要的作用,推翻了欧洲的舞美设计形式,极大地影响了欧洲高级时尚风格。

巴枯宁　Bakunin, Mikhail (Aleksandrovich)(1814～1876) 俄国无政府主义者和政论家。曾在西欧游历,并积极参与1848年革命。出席在布拉格召开的斯拉夫人代表大会后,写出宣言书《向斯拉夫人呼吁》(1848)。1849年因参与革命密谋而在德国被捕,后被引渡回俄国,流放到西伯利亚。1861年逃离俄国,回到西欧,他继续宣传好战的无政府主义理论。1872年参加了第一国际,曾与K. 马克思发生过著名的争论,造成欧洲革命运动的分裂。

巴库　Baku 阿塞拜疆首都。位于里海西岸,是里海的最佳港口。自古以来该地即有人居住。公元11世纪时为锡尔万国王所据,12世纪成为其国都。1723年彼得大帝夺取了巴库,但在1735年又归还给波斯。俄国最后还是在1806年夺取了这座城市。1918～1920年成为一度独立的阿塞拜疆国的首都。1920年又成为新的阿塞拜疆苏维埃共和国首都。石油是巴库的经济命脉。该市中心老城于2000年被联合国教科文组织列为世界文化遗产。人口约1 828 800(2003)。

巴拉巴　Barabbas 据《新约》记载,在耶稣钉上十字架之前被释放以取悦暴民的一个囚犯或罪人。巴拉巴在4部福音书中皆被提及,被描述为小偷或造反者。依照习俗,逾越节之前要应人民要求选定一名囚犯予以释放,彼拉多建议宽恕耶稣,但群众抗议此建议并要求释放巴拉巴。结果彼拉多做出让步,把耶稣处死。

巴拉丁领地　Palatinate 德语作Pfalz。德国境内的历史区。指14世纪神圣罗马帝国巴拉丁选侯们的辖地。16、17世纪时这里是新教据点。共分为两部分:下巴拉丁或莱茵巴拉丁领地包括地处美因河南部的莱茵河两岸;上巴拉丁领地则包括安贝格和里根斯堡周围的巴伐利亚北部地区。在18世纪以前,下巴拉丁领地的首府设在海德堡。

巴拉顿湖　Balaton, Lake 匈牙利湖泊,位于布达佩斯西南方。为中欧最大的湖泊,面积601平方千米,最深处11米。该湖包括两个野生动物保护区。周围地区以农业为主,但旅游业也开始发展。南岸的希欧福克和北岸的巴拉顿菲赖德现已成为著名的旅游胜地。

巴拉格尔　Balaguer (y Ricardo), Joaquín (Vidella)(1907～2002) 多米尼加共和国总统(1960～1962、1966～1978、1986～1996)。在R. 特鲁希略(莫利纳)将军实行独裁政权的30年间担任过多种政府职务。后来在其兄弟H. 特鲁希略总统手下担任副总统。特鲁希略辞职后,他宣誓就任总统,但在1961年特鲁希略将军被害前,将军继续掌握实权。巴拉格尔力图实施自由化措施,结果导致他被军人推翻。1965年美国军事干涉后,巴拉格尔当选为总统(1966)。他实现了稳定的经济增长,并推行温和的社会改革。后来多次连任,但在最后一个任期中因政治暴力、贿选和贪污舞弊事件层出不穷而当政两年后就匆匆下台。

巴拉圭　Paraguay 全称Republic of Paraguay(巴拉圭共和国)。南美洲中南部国家。面积:406 752平方千米。人口:约6 623 000(2013)。首都:亚松森。大部分人口是梅斯蒂索人,还有许多较小族群,包括印第安人、黑人、欧洲人和亚洲人。语言:西班牙语和瓜拉尼语(均为官方语言)。宗教:基督教(天主教为主,亦有新教)。货币:瓜拉尼。巴拉圭是个内陆国,地形由平原和沼泽地构成。巴拉圭河北到南流贯全国,把巴拉圭划分为东、西两个地理区:东区是巴西高原的延伸部分;西区构成大查科平原的北部。该国属发展中的市场经济,以农业、贸易和轻工业为主。巴拉圭为多党制共和国,两院制。国家元首暨政府首脑是总统。在16～17世纪西班牙人来此殖民前,一些讲瓜拉尼语的半游牧民族已在这里定居很长一段时间。后来成为拉普拉塔总督辖区的一部分,直到1811年才独立。19世纪建立了独裁政权,1864年和1865～1870年与巴西、阿根廷和乌拉圭交战,损失惨重。该国因大查科领土之争而与玻利维亚展开查科战争(1932～1935),1938年两国签署和约,条件对巴拉圭较为有利。20世纪中叶由军人主政(包括A. 斯特罗斯纳的政府),直到1993年J. C. 瓦斯莫西当选为文人总统。20世纪90年代至21世纪,该国遭受政治动乱和财经危机。巴拉圭于1968年首次参加在墨西哥城举办的夏季奥运会。

巴拉圭河　Paraguay River 南美洲第五大河。全长2 550千米,为巴拉那河的主要支流。发源于巴西的马托格罗索地区,海拔300米,穿过巴拉圭,在靠近阿根廷边界与巴拉那河汇合。大查科平原沿河岸向西延伸。

巴拉基列夫　Balakirev, Mily (Alekseyevich)(1837～1910) 俄国作曲家。早年受教于M. 格林卡,后来自己也教导了C. 居伊(1835～1918)和M. 穆索尔斯基。1861～1862年他们的集团扩大为五人团。1862年与他人共同创办义务音乐学校。1871年精神崩溃后,开始采用正统派热烈而偏执的形式,之后只偶尔涉足音乐。其作品包括两首交响曲、钢琴幻想曲《伊思拉美》(1869)、《李尔王》配乐(1861、1905),以及一首钢琴协奏曲。由于他的音乐极其绚丽,而且运用了民歌素材,他可能是俄国民族乐派最有影响力的支持者。

巴拉莱卡琴 balalaika 俄罗斯一种弦乐器。琴腹呈三角形，有3根弦，琴马可在指板上自由移动。有大、小6种型号，演奏从短笛到低音提琴高低不同的音域。18世纪时从冬不拉琴演变而来。主要是一种为歌舞伴奏的民间独奏乐器，但也用于大型巴拉莱卡乐队。

20世纪俄罗斯次中音巴拉莱卡琴，现藏纽约市大都会艺术博物馆

By courtesy of the Metropolitan Museum of Art, New York City, the Crosby Brown Collection of Musical Instruments, 1889

巴拉马里博 Paramaribo 苏里南首都及港口城市。位于苏里南河畔，临近大西洋。原为印第安人村庄，1640年左右为法国居民点，1651年成为英国殖民地，1667年被割让给荷兰。建于退潮时仅高出水面5米的沙石海滩上，荷兰殖民地时期的大部分独特建筑及一条运河系统仍保留至今。1945年以后旅游业和工业带动了相当大的城市发展。人口约201 000(1993)。

巴拉那伊巴河 Paranaíba River 巴西中南部河流。源于马塔达科尔达山西坡，西南流约1 000千米。其间汇集了8条大支流，最后与格兰德河汇合，形成巴拉那河。20世纪70年代巴西政府为了养牛和农业，开始在河谷实施灌溉工程。

巴拉望 Palawan 菲律宾西南端大岛。岛呈狭长形，在中国海和苏禄海之间由东北斜向西南。岛上有一条纵贯全岛的主干山脉，其最高峰为曼塔灵阿汉山(海拔2 085米)。首府设在普林塞萨港。巴拉望和婆罗洲之间的更新世陆桥的断残部分原为两岛相连处，这也是两岛生物存在相似性的重要原因。沿海平原是巴拉望人的主要居住地和农业区，散居和轮耕农业是其主导生活方式。当地人以稻米为主要粮食作物。1992年在其北部沿海开始进行石油开采。

巴兰基亚 Barranquilla 哥伦比亚西北部城市。建于1629年，距马格达莱纳河河口16千米。原本地位不很重要，直到20世纪30年代清理了沙洲后，才发展为加勒比海沿岸的海港。后来遭到来自太平洋岸港口布埃纳文图拉的竞争，但它仍操纵着来自内地的货物运输，也是来自哥伦比亚北部的天然气管道的终点。人口约1 329 579(2003)。

巴兰钦 Balanchine, George(1904～1983) 原名Georgy (Melitonovich) Balanchivadze。俄裔美籍舞蹈编导，也是纽约市芭蕾舞团的

巴兰钦

© 1983 Martha Swope

创办者和艺术总监(1948～1982)。原在皇家芭蕾舞学校学习，1925年离开苏联加入巴黎的俄罗斯芭蕾舞团。1928年创作的《阿波罗》，具有独特的新古典主义风格，此风格成为他的主要特点。他的突出表现引起美国人L.柯尔斯坦的极大兴趣，1933年柯尔斯坦邀请巴兰钦筹建美国芭蕾舞学校和美国芭蕾舞团。美国芭蕾舞团是纽约市大都会歌剧院的常驻芭蕾舞团体(1935～1938)。1941年这一舞团解散。1946年他成立芭蕾舞协会，1948年发展成为纽约市芭蕾舞团。他为该团创作了150多个节目，其中有全本的《胡桃夹子》(1954)、《唐吉诃德》(1965)和《宝石》(1967)，还编导过音乐剧和歌剧。巴兰钦与作曲家I.斯特拉文斯基合作无间，其舞蹈作品中有30多部是用斯特拉文斯基的音乐。全世界许多芭蕾舞团的保留节目中都有巴兰钦的作品，他堪称是20世纪最伟大的舞蹈编导。

巴兰西阿加 Balenciaga, Cristóbal(1895～1972) 西班牙裔法国时装设计师。从小就学做女装，在一次造访巴黎后受到激励而成为女装设计师。20岁时在西班牙圣塞瓦斯蒂安开设自己的成衣店。1937年西班牙内战使他回到巴黎，其后30年他的事业蓬勃发展。作品多为华贵高雅的连衣裙和套装，在20世纪50年代推动了披肩和无腰线直筒衣服的流行，60年代则带动塑料雨衣的流行。

巴劳尔 Barrault, Jean-Louis(1910～1994) 法国演员和导演。1931年首次在巴黎登台，后来加入法兰西喜剧院(1940～1946)，成为演员和导演。与其妻M.雷诺在马里尼剧院成立自己的剧团(1946～1958)。演出剧目既有法国和外国的经典剧作，又有现代剧作，推动了第二次世界大战后法国戏剧的复兴。1959～1968年担任法兰西剧院院长，后来又在巴黎其他几个剧院执导(1972～1981)。巴劳尔还出演过20多部电影，最著名的是《天国的子女们》(1945)。

巴勒莫 Palermo 古称Panormus。意大利海港城市，西西里首府，临巴勒莫湾。公元前8世纪时由腓尼基商人建立，后成为迦太基人居住地。公元前254年被罗马人占领，公元831年被阿拉伯人征服，因成为与北非贸易往来的中心而繁盛起来。诺曼人统治时期为巴勒莫的黄金时代，1130年成为国王罗杰二世建立的西西里王国的首都。1194年德国霍亨斯陶芬王朝统治者腓特烈二世取得该地统治权。1282年被称为"西西里晚祷"的民众暴动结束了后来的法国的统治。1860年意大利爱国人士G. de加里波第解放该城，使其成为意大利王国的一部分。巴勒莫在第二次世界大战期间遭到严重轰炸，1943年被盟军占领。在诺曼时期及其后修建的著名建筑中还有安置了罗杰二世和腓特烈二世陵墓的大教堂。巴勒莫是西西里的主要港口，轮船修理业是该地的重要行业。人口约686 722(2001)。

巴勒斯 Burroughs, Edgar Rice(1875～1950) 美国小说家，生于芝加哥。在尝试写小说前，曾做过广告撰写员。1914年发表一部丛林探险小说《人猿泰山》，它是25部以"泰山"为主要角色的小说中的第一部，讲一个在婴孩时期就被丢弃在非洲丛林中的英国贵族之子由类人猿哺养长大的故事。他还写了其他43本小说。

巴勒斯 Burroughs, William S(eward)(1855～1898) 美国发明家。生于纽约州奥本。15岁就开始自谋生计。1885年完成了第一台计算器，但这台计算器证明在商业上是不实用的。在经过反复试验和失败后，于1892年获得了实用机型的专利。这台机器在商业上是成功的，但还没赚多少钱他就在43岁去世。在去世前一年获得富兰克林学会的斯科特奖章。1905年成立巴勒斯加法机公司，该公司继承了他所建立的美国四则运算器公司。W. S. 巴勒斯是他的孙子。

巴勒斯 Burroughs, William S(eward)(1914～1997) 美国实验小说家。W. S. 巴勒斯的孙子。毕业于哈佛大学，后成为避世运动核心小组的一员。在故意渲染的色情文字中唤起一种噩梦般的、有时粗野幽默的世界。早期的作品《瘾君》(1953)叙述他作为吸毒成瘾者的经历。《裸体午餐》(1959，1991年拍成电影)是他最著名的作品，其中大量描写同性恋、警察的迫害和吸毒者异乎寻常的狂欢幻境。后来所写的著名小说包括：《柔软的汽车》(1961)、《新星快车》(1964)、《野孩子》(1971)、《红夜城》(1981)和《西部土地》(1987)。他还进一步尝试反面乌托邦的想象和激进的技术手法。

巴勒斯坦 Palestine 《圣经》中称Canaan(迦南)。地中海东端的地区。东迄约旦河，北起以色列和黎巴嫩两国的边界，西抵地中海，南至内盖夫沙漠，延伸至亚喀巴湾。3 000年以来该名词所指区域的政治地位和地理范围变动颇大，东部边界尤其易变，通常涵盖约旦东部地区，有时延伸到阿拉伯沙漠边缘。地形相差也十分悬殊，包括自然海拔最低点的死海和海拔超过610米的山峰。20和21世纪，这里是犹太人和阿拉伯人民族运动冲突的焦点。该地区是犹太教、基督教和

伊斯兰教的圣地所在。早在史前时期就有人定居于此，主要是闪米特人，在《圣经》记载的时代，受以色列王国、犹大王国和犹太王国统治。后来相继为中东各种强权所争夺，包括亚述、波斯、罗马、拜占廷、十字军和奥斯曼人。第一次世界大战末期成为联合国托管地，交由英国人治理，一直到1948年宣布成立以色列国。以色列建国的次日即遭埃及、外约旦、叙利亚和伊拉克军队的攻击，但这些军队全都被以色列军队打败。有关该地区后来的历史，请参阅**以色列**和**约旦**。

巴勒斯坦解放组织　Palestine Liberation Organization(PLO)　阿拉伯语作 Munazzam atal-Tahrir al-Filastiniyyah。在建立巴勒斯坦国的运动中代表巴勒斯坦人的伞式政治组织。1964年成立，以集中领导巴勒斯坦各地下组织。1967年的**六日战争**之后，该组织提出一个独特的巴勒斯坦议程。1969年巴勒斯坦解放组织最大的派别**法塔赫**领导人Y.阿拉法特成为该组织主席。从20世纪60年代开始，巴勒斯坦解放组织以约旦为基地与以色列展开游击战；1971年国王**侯赛因**将他们强行驱逐出境后，该组织将总部转移到了黎巴嫩。1974年阿拉法特主张集中巴勒斯坦解放组织的力量直接攻击以色列。至此，巴勒斯坦解放组织被阿拉伯社会承认是所有巴勒斯坦人的唯一合法代表。1976年该组织被接纳加入**阿拉伯国家联盟**。1982年以色列入侵黎巴嫩，驱散了巴勒斯坦解放组织在该地的武装力量。1988年以突尼斯为基地的巴勒斯坦解放组织宣布成立巴勒斯坦国，并在次年选举阿拉法特为总统。虽然几个军事派别不同意，该组织还是承认了以色列的存在权利。1993年以色列政府承认了巴勒斯坦解放组织，并签订协议，允许巴勒斯坦人在约旦河**西岸**和**加沙地带**的部分地方实行自治。巴勒斯坦解放组织成为巴勒斯坦不可分割的一部分。现任主席为马哈茂德·阿巴斯。

巴雷什尼科夫　Baryshnikov, Mikhail (Nikolayevich)(1948～　)　俄裔美国芭蕾舞蹈家，20世纪70和80年代最出色的男舞蹈家。1963年进入圣彼得堡基洛夫芭蕾舞团的训练学校，1966年进入基洛夫芭蕾舞团成为独舞演员。不久，他就十分受苏联观众喜爱，于1968、1969年分别主演专为他编创的芭蕾舞剧《戈里安卡》和《维斯特里斯夫人》。1974年他在加拿大多伦多巡回演出时逃跑，后来加入**美国芭蕾舞剧院**，一直演出到1978年，赢得许多好评。1980～1989年任美国芭蕾舞剧院艺术指导。除表演芭蕾舞外，他还在多部电影和电视中参加表演。1990年与他人共同创办白橡树舞团。

巴厘　Bali　印度尼西亚小巽他群岛的岛屿，位于**爪哇岛**以东，与邻近小岛一起组成印度尼西亚的一省。岛上两个主要城市是新加拉惹和省会登巴萨。大部分是山地，最高峰阿贡山高3 142米。早期曾受印度统治，16世纪许多人自爪哇移民来此。在印度尼西亚群岛中，巴厘至今仍是以信奉**印度教**为主。16世纪晚期荷兰人来到这里，但直到19世纪末才受其统治。第二次世界大战时被日本占领。1950年成为印度尼西亚的领土。旅游业是当地经济中的支柱产业之一。人口约4 309 600(2005)。

巴厘人　Balinese　印度尼西亚巴厘岛上的民族。虽然文化上深受爪哇人影响，但信奉印度教，这点与其他印度尼西亚人不同。巴厘人聚为村落，各家自有庭院，围以土墙或石墙。各村都有寺庙和一会所。生活以宗教为中心，它是印度**湿婆教**与佛教的混合体，崇拜祖宗、信仰精灵与巫术等。婚姻择偶多在同一宗族中进行，家族关系以父系为主。

巴黎　Paris　法国城市、河港和首都。跨**塞纳河**两岸。鲁特提亚是最原始的居民点，位于塞纳河中一座岛屿，在公元前3世纪末就已存在。公元前52年罗马人夺占此地，并构筑要塞。公元1世纪时，该城已发展到塞纳河左岸。到了4世纪初，这里已被称作巴黎。885～887年抵挡住了几次维京人的围攻，987年巴黎伯爵**于格·卡佩**当上国王，巴黎成为法兰西的首都。腓力二世在位期间，巴黎得到大规模发展，国王在1200年左右正式批准巴黎大学成立。14～15世纪时，因为**黑死病**和**百年战争**巴黎的发展受阻。17～18世纪城市有了进一步的改善并得到美化。1789～1799年法国大革命就是从这里开始的。**拿破仑三世**时，他命令G.-E.**奥斯曼**把整个城市结构现代化，并在塞纳河上搭建几座新桥。第一次世界大战结束后，这里是召开**巴黎和会**的地方。第二次世界大战期间遭德军占领。现为法国的金融、商业、交通、艺术和学术中心。城内的许多景点包括**埃菲尔铁塔**、**巴黎圣母院**、**卢浮宫博物馆**、先贤祠、蓬皮杜中心、**巴黎歌剧院**，以及一些林阴大道、公园和花园。人口：城市2 153 600(2005)；都会区9 854 000(2005)。

巴黎大学　Paris, University of　欧洲第二古老的大学(仅次于**博洛尼亚大学**)，1170年左右建校。由圣母院教会学校发展而成，在教皇的支持下，很快成为正统的基督教教学中心。中世纪时期在此任教的教授包括**圣波拿文都拉**、圣大阿尔伯图斯和圣托马斯·阿奎那。最有名的是索邦学院，建于1257年左右。在宗教改革运动和反宗教改革的冲击下，该大学声望有所衰落。随着法国大革命和拿破仑推行改革，学校教学越来越独立于宗教和政治之外。20世纪中期，巴黎大学再次成为著名的科学和知识中心。1968年5月索邦学院学生发起的抗议活动发展成全国性的严重危机。这次事件导致了一次大变革，从此大学学院不再集中管理，旧有的巴黎大学于1970年被巴黎的一系列院校所取代，其附属的学校称作巴黎第一至第十三大学。现有注册学生约310 000人。

巴黎歌剧院　Paris Opera　又称Opéra Garnier(加尼耶歌剧院)。位于巴黎的歌剧院，由C.加尼耶(1825～1898)设计。这座耗资巨大的建筑始建于1861年，1875年开放，被认为是第二帝国风格(美术风格)的经典之作。其平面图和它的外观一样精细，内部为一巨大的环行空间，包括一个豪华的楼梯和许多装潢华丽的顶层楼座、门厅和走廊。它既是一个可供参观的地方，也是一个豪华的表演场地。

巴黎和会　Paris Peace Conference(1919～1920)　第一次世界大战结束后召开的会议，以解决国际纠纷问题。1919年1月12日召开，有30多国家代表参加。主要的人物代表是法国的G.**克列孟梭**、英国的D.**劳合·乔治**、美国的W.**威尔逊**，以及意大利的V.E.奥兰多，他们与自己的外交部长组成一个最高理事会。所指定的委员会负责研究特定的财政和领土问题，包括赔偿金问题。和会的主要成果是**国际联盟**；《**凡尔赛和约**》，送交德国；《圣日耳曼条约》，送交奥地利；《**纳伊条约**》，送交保加利亚。国际联盟于1920年1月16日正式成立，巴黎和会结束。后来又陆续与匈牙利(1920年的《**特里阿农条约**》)和土耳其(1920年的《塞夫尔条约》和1923年的《**洛桑条约**》)签订条约。

巴黎公社　Paris Commune(1871-03-18～05-28)　又作Commune of Paris。在巴黎爆发的反对法国政府的暴动。法国在经历**普法战争**的失败后，第二帝国也随之崩溃，巴黎的共和党人担心国民议会中占多数的保守派将试图复辟。3月18日巴黎国民自卫军拒绝接受解除武装的命令，并在革命派赢得市政选举后，成立了公社政府。各党派(包括雅各宾派)希望巴黎公社能控制革命(就像在法国大革命中与其同名的公社带头领导一样)；蒲鲁东派，即P.-J.**蒲鲁东**的社会主义追随者，主张建设公社联盟；布朗基派，即L.A.布朗基的社会主义追随者，主张采取暴力行动。政府军队很快镇压了法国各地的公社组织，并于5月21日挺进巴黎。巴黎公社的拥护者筑起街垒，并烧毁公共建筑，包括土伊勒里宫。经过一番战斗后，大约有2万起事者和750名政府军士兵丧生。其后政府采取残酷的镇压手段，逮捕了38 000名嫌疑犯，有7 000多人被流放。

巴黎会议　Paris, Congress of(1856)　为签订结束**克里米亚战争**的条约而在巴黎召开的一次会议。签约国一方为俄国，另一方为法国、英国、萨丁-皮埃蒙特和土耳其。条约保证土耳其的独立和领土完整，并规定俄国必须将比萨拉比亚割让给摩尔达维亚，所有战船不得进入黑海，允许所有国家的船只航行在多瑙河。此次会议还采用了第一次编撰成文的海洋法，该法禁止掳掠商船，并对合法的海军封锁作出定义。

巴黎圣母院　Notre-Dame de Paris(1163～1350)　巴黎斯德岛上的哥特式大教堂。可能是最著名的哥特式大教堂，也是辐射式风格的杰出范例。西立面上盖有两座巨大的早期哥特式塔(1210～1250)，分成3层，

巴黎圣母院
By courtesy of Electa, Milano

每扇门上都装饰着早期哥特式雕刻，顶上是一排《旧约全书》中国王的雕像。东侧的单拱式扶垛以雄健优雅著称。3个巨大的圆花窗还保留着13世纪的玻璃，其美感令人惊叹。

《巴黎条约》 Paris, Treaty of (1763) 结束法英七年战争(包括法英北美殖民地争夺战)的条约，签字双方分别是英国和汉诺威，以及法国和西班牙。据此条约，法国宣布将密西西比河以东的北美大陆完全让给英国，还有法国于1749年以后在印度征服的所有土地以及西印度群岛的4座岛屿。英国则把西印度群岛的另外4座岛屿及在西非的殖民地让给法国作为回报。同时，西班牙收复了哈瓦那和马尼拉，把佛罗里达让给英国，但从法国手中取得路易斯安那以作补偿。

《巴黎条约》 Paris, Treaty of (1814) 1814年在巴黎签订的结束拿破仑战争的条约，以法国为一方，同盟国(奥地利、英国、普鲁士、俄国、瑞典和葡萄牙)为另一方。此时拿破仑已退位，波旁王室也已复辟，故给予法国宽厚的条件。允许法国保持1792年的边界，只割让一些小岛给英国。其他条款留待日后讨论。

《巴黎条约》 Paris, Treaty of (1815) 在拿破仑的百日政变和最终失败后，法国与同盟国之间签订的第二个条约。第二个条约舍弃了第一个《巴黎条约》(1814)的宽大精神，法国需回归到1790年所订立的边界，亦即从法国割走萨尔和萨沃伊区，而且法国必须赔款7亿法郎，并在其国土上供养15万名占领军3～5年。

巴里 Barrie, James (Matthew) (1860～1937) 后称Sir James。英国剧作家和小说家。定居伦敦后写了有关其苏格兰故乡的作品集《古老轻松的田园诗》(1888)，他最畅销的小说《小牧师》(1891)于1897年改编为剧本，《夸利蒂街》(1901)、《可敬的克赖顿》(1902)在伦敦上演都非常受欢迎。在为一友人的儿子们讲述了彼得・潘的故事后，写成剧本《彼得・潘——不肯长大的男孩》(1904)，这部经典儿童剧为他赢得极大的声誉。他的其他剧作还有《妇人皆知》(1908)、《值十二英镑的相貌》(1910)和《亲爱的布鲁特斯》(1917)。

巴里伯爵夫人 Barry, (Marie-) Jeanne Bécu, comtess du (Countess of) (1743～1793) 原作(Marie-) Jeanne Bécu。又称Madame du Barry。法国国王路易十五的情妇。原为巴黎一家商店店员，成为让・迪・巴里的情妇，于是被引入巴黎上流社会。路易十五为她的美貌所倾倒，让她名义上嫁给让・巴里的兄弟(一个贵族)，这样她于1769年进入王宫，从而成为路易十五的情妇。虽然她对政治施加的影响很小，但她的不受欢迎也成了王室特权在18世纪70年代初期衰落的一个原因。1774年路易十五去世，她被逐出宫廷。法国大革命时期，她被判为反革命，送上断头台。

巴里穆尔家族 Barrymore family 美国演员世家。M. 巴里穆尔(1847～1905，原名赫伯特・布莱斯)在伦敦首演舞台剧，后于1875年迁居纽约，取巴里穆尔为艺名。后来加入A. 戴利的剧团，1876年娶G. 德鲁(出身德鲁家族)为妻。他们的大儿子莱昂内尔(1878～1954)后来成为百老汇著名演员，主演过《彼得・依贝特森》(1917)、《铜头蛇》(1918)等戏剧，1926年往好莱坞发展，演出电影《自由的灵魂》(1931，获奥斯卡奖)和《大饭店》(1932)。莱昂内尔以性格演员著称，一共拍过约200部电影，包括15部《基尔代尔博士》系列片。他的妹妹埃塞尔(1879～1959)曾在伦敦演出《钟声》和《彼得大帝》(1898)，1901年在百老汇演出《外行的金克斯上尉》一剧。1928年在纽约创立埃塞尔・巴里穆尔剧院，演出《上帝王国》，后来在《玉米青青》(1940)中领衔主演。曾拍过30多部电影，包括《寂寞芳心》(1944，获奥斯卡奖)和《螺旋梯》(1946)。他们的弟弟约翰(1882～1942)在《公正》(1916)、《理查三世》(1920)，尤其在《哈姆雷特》(1922)等剧中取得名声。所演的电影包括《化身博士》(1920)和《晚宴》(1933)。他是个酗酒者，以行为放荡不羁闻名。约翰的孙女德鲁・巴里穆尔(1975～　)7岁时就在《E. T. 外星人》(1982)中饰演角色而引人注目。

巴力 Baal 古代中东许多民族——特别是迦南人——所崇奉的司生养化育之神。在迦南神话中，巴力与司死亡和不育之神莫特是死敌；巴力战胜则将连续7年丰收，莫特战胜则将连续7年干旱饥馑。巴力也是众神之王，此王位是从海神雅木那里夺取的。巴力崇拜流行于新王国后期到衰亡之时(公元前1400～前1075)的埃及。阿拉米人依巴比伦发音称之为比勒(Bel)；希腊人则称之为贝洛斯，将他与宙斯融合为一。《旧约》往往是指某一特定的地方巴力，或者多个巴力。

巴利阿多利德 Valladolid 西班牙城市，卡斯蒂莱-莱昂自治区首府。1074年首见记载。约1600年以前是卡斯蒂莱法庭所在地。1469年卡斯蒂利亚的伊莎贝拉和阿拉贡的费迪南德两位天主教君主在此结婚。1561年的大火和半岛战争(1808～1814)中被法国人严重破坏。现经济以工业和商业为主。有许多中世纪建筑和一所西班牙最古老的大学(建于1346年)。C. 哥伦布1506年在此去世。人口约316 580(2001)。

巴利阿里群岛 Balearic Islands 西班牙语作Islas Baleares。地中海西部群岛，西班牙的一个自治区和省份。主要岛屿是马霍卡、梅诺卡、伊维萨、福门特拉和卡夫雷拉等。早就有人定居，公元前6世纪时受迦太基统治，公元前120年沦入罗马人手中，公元534年又被拜占廷帝国夺取。后来被阿拉伯人侵扰，10世纪时终于落入科尔多瓦的伍麦叶王朝手中。后为西班牙人征服，1349年并入阿拉贡王国。18世纪时，英国觊觎此地，1802年归属西班牙。现在经济主要以旅游业为主。首府帕尔马。面积4 992平方千米。人口约841 669(2001)。

巴利语 Pali language 公元前5世纪的中古印度-雅利安语言，上座部佛教最重要的文献用该语言写成。从语言学角度来看，巴利语是北部中古印度-雅利诸语言的一种同化，佛陀的教义即以此种语言口述记录和传承。依据斯里兰卡纪年的传统，上座部的经典首先是在公元前1世纪写下，然而口述的传递在此之后仍持续很久。并没有为巴利语发展出单一的写体；抄写者使用他们自己语言的书写形式，以抄录经典文献和注释(参阅印度诸文字体系)，大多数尚存的巴利文贝叶经手稿，都是在相对晚近的时期写成。

巴列维 Pahlavi, Mohammad Reza Shah (1919～1980) 伊朗国王(1941～1979)。以亲西方倾向及施行独裁统治而闻名。初在瑞士就学，后其父被迫流亡，乃承父位，成为伊朗统治者。他统治时的重要事件是与首相M. 摩萨台的权力斗争，后者于1953年几乎成功地将其废黜。由于英美情报部门的干预得以幸免，并于翌年重登王位。他的油田开发和快速现代化的计划赢得广泛支持，但其独裁作风、镇压异己，加上腐败和石油收入的财富分配不均，导致由流亡在外的R. 霍梅尼领导的反对势力日益壮大。1979年被迫逃亡国外，后死于癌症。

巴列维 Pahlavi, Reza Shah(1878～1944) 伊朗国王(1926～1941)。出身于巴列维部族首领家庭。由士兵升为军官,1921年发动政变推翻恺加王朝,以结束伊朗的政治混乱局面,以及英国和苏联在第一次世界大战后对伊朗的影响。他下令兴建公路,学校、医院,创办一所大学,建设横贯全国的铁路。他解放了妇女,禁止带面纱,让若干经济部门国有化。采用压制手段削减神职人员的权力,因此导致其威望锐减。第二次世界大战期间,英美为防止其与德国结盟占领了伊朗,迫其退位,由他的儿子穆罕默德·礼萨·巴列维当国王。

巴列-因克兰 Valle-Inclán, Ramón María del(1866～1936) 原名Romón Valle y Villanueva de Arosa。西班牙小说家、剧作家和诗人。早期受象征主义运动影响,早期的4部作品结集为《奏鸣曲》(1902～1905),以精巧文雅的颓废语调引起人们的共鸣。他后期的小说和剧本则是以荒诞、尖刻的讽刺表达他对西班牙扭曲欧洲文明的看法,如剧本《波希米亚之光》(1921)和小说《神奇的宫廷》(1927)。

巴林 Bahrain 全称Kingdom of Bahrain(巴林王国)。亚洲西南部的中东地区国家。由巴林岛和30多座小岛组成,位于波斯湾内阿拉伯半岛沿海。面积:762平方千米。人口:约1 212 000(2013)。沙特阿拉伯位于巴林岛和卡塔尔半岛以西。首都:麦纳麦。人民多为阿拉伯人。语言:阿拉伯语(官方语言)。宗教:伊斯兰教(国教)。货币:巴林第纳尔。巴林岛长约50千米,宽约16千米,占全国总面积的7/8,与其东北部海岸以外的穆哈拉格岛和锡特拉岛同为该国人口和经济中心。1986年建有一条长达24千米的堤道连接巴林岛和沙特阿拉伯。岛上最高点在杜汉山(海拔134米)。经济属于国营和民营混合的发展中经济形态,以天然气和提炼石油为主。巴林为君主立宪制国家。国家元首是埃米尔,政府首脑为首相。该地区长期以来都是重要的商业中心,有关其文字记载见于波斯、希腊及罗马之史料。7世纪起由阿拉伯人统治,1521～1602年间被葡萄牙人占领。1783年起由哈里发家族统治。后与英国签订一系列条约,让英国负责其国防(1820～1971)。1968年英国从波斯湾撤军之后,巴林于1971年宣布独立。在波斯湾战争期间(1990～1991),是多国联合部队的一个指挥中心。1994年以后历经多次主要由什叶派领导的政治动乱事件。2002年修订宪法,并给予妇女选举权。巴林于1984年首次参加在洛杉矶举办的夏季奥运会。

巴鲁克 Baruch, Bernard (Mannes)(1870～1965) 美国金融家和总统顾问。生于南卡罗来纳州卡姆登。曾在华尔街证券交易所工作,在证券投机中积累了一笔财富。第一次世界大战中W. 威尔逊总统指派他担任军事工业委员会主席。1919年在凡尔赛和会上,任经济委员会委员和威尔逊总统在签订条约方面的私人顾问。第二次世界大战期间作为战时经济动员专家,担任F. 罗斯福总统的非官方顾问。战后在制定联合国国际管制原子能政策方面起了推动作用。

巴伦博伊姆 Barenboim, Daniel(1942～) 以色列(阿根廷出生)钢琴家和指挥家。他是一个神童,8岁即首次登台演出。1952年全家移居以色列。1957年在美国首演,与L. 斯托科夫斯基同台演出。1964～1975年担任英国室内乐团指挥,1975～1989年转任巴黎管弦乐团指挥,同时作为杰出的钢琴独奏家和室内乐音乐家,仍继续取得辉煌的成就。1967年与大提琴家雅克利娜·杜·普雷(1945～1987)结婚。1991年担任芝加哥交响乐团首席指挥。他还致力于促进中东的和平事业。

巴伦西亚 Valencia 西班牙东部的一个自治区。范围包括卡斯特利翁、巴伦西亚和阿利坎特3省。大体为山区,沿海有盐水湖。曾先后被罗马人、西哥特人和摩尔人占领。11世纪时是科尔多瓦哈里发帝国辖地的一部分,后成为独立的摩尔人王国。1094～1099年被西班牙统帅熙德占据,熙德死后又丧失给摩尔人;1238年被阿拉贡的詹姆斯一世夺取。是地中海盆地最富饶的农业地区之一,作物有柑橘、水稻、葡萄和橄榄。工业有家具、鞋靴和玩具等。面积:23 305平方千米。首府为巴伦西亚市。人口约4 162 776(2001)。

巴伦西亚 Valencia 西班牙东部巴伦西亚自治区城市和首府。公元前138年由罗马人创建。413年被西哥特人占领,714年为摩尔人所夺,1021年成为独立的巴伦西亚摩尔人王国。1238年后是阿拉贡领土的一部分。1474年在此建立西班牙最早的印刷所,在此后的两个世纪期间为巴伦西亚画派中心。在半岛战争、西班牙内战和1957年水灾中受到严重被坏。港口输出农产品和制造品。人口约738 441(2001)。

巴伦西亚 Valencia 委内瑞拉西北部城市。近巴伦西亚湖西岸。建于1555年。到19世纪一直是与首都加拉卡斯相匹敌的城市。1814年委内瑞拉独立战争中,委内瑞拉士兵与西班牙军队在此浴血奋战。1812、1830和1858年3次设为共和国首都。为委内瑞拉工业运输中心。生产药品、纺织品和汽车等。人口约1 338 833(2000)。

巴伦西亚湖 Valencia, Lake 原名Tacarigua(塔卡里瓜)湖,位于委内瑞拉北部卡拉沃沃和阿拉瓜州。面积364平方千米,是委内瑞拉第二大天然湖,仅次于马拉开波湖。沿岸为农产品区和休养胜地。

巴伦支海 Barents Sea 北冰洋靠近欧洲大陆的一个海域,以荷兰探险家W. 巴伦支的姓氏命名。南邻挪威和俄罗斯西北部陆地,西临挪威海和斯瓦尔巴德,北界法兰士约瑟夫地群岛,东接喀拉海和新地岛。面积1 405 000平方千米,长1 300千米,宽1 050千米,平均深度229米,最深处600米(在熊岛海沟附近)。

巴罗哈-内西 Baroja (y Nessi), Pio(1872～1956) 西班牙巴斯克族作家。著有11部反映当代社会问题的三部曲,其中最著名的是《为生活而斗争》(1904)。他规模最浩大的作品是一部有关19世纪一个起义者及其时代的长篇系列。他写了近百部小说,包括《冒险家萨拉卡因》(1909)。由于他的反基督教观点和顽固坚持不遵奉国教,加上有些悲观主义的情调,他的作品始终未能广为流行,但他被公认是当时最优秀的西班牙小说家。

巴罗克建筑 baroque architecture 源于16世纪晚期意大利的建筑风格,在某些地区,尤其是德国和南美殖民地,延续至18世纪。其渊源来自反宗教改革,当时天主教会极力公然在感情及感官上吸引信徒。偏爱复杂的布局形态(常以椭圆形为主)以及空间的动态对立和互相贯穿,借以提高动感和官能感觉。其他典型特质是宏伟华丽、戏剧性、对比性(尤其在照明方面)、曲线美,以及往往是令人炫目的种种富丽堂皇的表面处理、卷曲缠绕的细部、金碧辉煌的雕像。建筑师毫不掩饰地使用鲜亮的色彩和梦幻般绘制生动的穹顶。这一风格的杰出建筑师在意大利有G. L. 贝尔尼尼、C. 马代尔诺(1556～1629)、F. 博罗米尼和G. 瓜里尼(1624～1683)。在法国,古典主义因素使巴罗克建筑有所缓和。在中欧,巴罗克风格出现较晚,但在奥地利人J. B. 菲舍尔·冯·埃尔拉赫(1656～1723)等建筑师的作品中得到高度表现。它对英国的影响可见于C. 雷恩的作品中。巴罗克晚期风格常被称为洛可可艺术风格,在西班牙和美洲的西班牙殖民地则称为丘里格拉风格。

巴罗克时期 baroque period 艺术史上的一个时代,源于17世纪意大利,盛行于其他各地,延续到18世纪。其范围包括绘画、雕刻、建筑、应用艺术和音乐。该词源于葡萄牙语,意为"形状不规则的珍珠",起初为贬义,久已用于描述从浮夸、古怪到矫揉造作等特征。这一风格被参与反宗教改革的国家所接受;罗马天主教会所委制的艺术作品都公然诉诸情感和感官知觉。这一时期最著名的艺术家有卡拉齐家族、卡拉瓦乔和G. L. 贝尔尼尼。巴罗克艺术最宏伟的典范是凡尔赛宫。音乐上的巴罗克时期通常公认从1600年左右到约1750年,其间出现了声乐和器乐新的重要体裁,如歌剧、清唱剧、短篇圣乐曲、奏鸣曲和协奏曲,杰出的作曲家有C. 蒙特威尔地、J. S. 巴赫和G. F. 韩德尔等。

巴洛米诺马 palomino 马的一个多色品种,呈奶油色、黄色或金色,长有白色或银色鬃毛。适用于娱乐和游行。可与几个轻型马品种(包括阿拉伯马或美国的夸特马)相比拟。

巴马科 Bamako 马里首都。位于马里西南部,临尼日尔河。1880 年被法国人占领时,这里只是一个拥有几百名居民的定居点。1908 年成为前殖民地法属苏丹的首都。该市地跨尼日尔河两岸,设有几所学院,马里大多数工业企业集中于此。20 世纪 60 年代由于农村旱灾造成移民,人口大量涌至都市,其市区规模因而扩大 3 倍。人口:都会区 1 809 106(2009)。

巴门会议 Barmen, Synod of 德国基督教新教领袖为了组织教会抗拒纳粹主义而于 1934 年 5 月在巴门召开的会议。参加会议的有信义宗(路德宗)、归正宗和联合教会的代表。一些教会领袖已决定只从事消极抵抗,另有一些则已同纳粹政权合作。由 M. 尼默勒领导的牧师紧急联盟是积极抵抗的骨干。巴门会议对 K. 巴特等人成立宣信会具有重要意义。

巴门尼德 Parmenides(约公元前 515 ～) 希腊哲学家,爱利亚学派的领袖。他的主要学说已由其最重要著作《关于自然》这篇长诗的仅存残篇中重新整理出来。巴门尼德认为现有事物的多样性、其变化形式和运动,不过是唯一永恒的实体("存在")的表象而已,于是产生了巴门尼德原理"一切是一"。他进一步指出所有有关改变及不存在的说法都是不合逻辑的。因为他提出呈现存在逻辑观的基本声言方法而被公认是形而上学的创立者之一。柏拉图的对话作品《巴门尼德》即专论其思想。

巴拿马 Panama 全称 Republic of Panama(巴拿马共和国)。中美洲国家,北濒加勒比海,南濒太平洋。面积:74 177平方千米。人口:约 3 851 000(2013)。首都:巴拿马城。人口多数为混血(以欧洲人与印第安人混血、欧非混血的梅斯蒂索人为主)。语言:西班牙语(官方语言)、英语和土著印第安语。宗教:基督教(以天主教为主,亦有其他教派)。货币:巴波亚。巴拿马由 3 个迥然不同的地区组成:低地(或称热地),约占国土的 9/10;温地;以及高地(或称冷地)。属市场型经济,以服务业为主,主要是与巴拿马运河有关的运输、通信和仓储业,以及国际金融和旅游业。巴拿马为共和国,一院制。国家元首暨政府首脑是总统(由副总统辅助)。1501 年西班牙人抵此时,就已有美洲印第安人居住在这里。1511 年由 V. N. de 巴尔沃亚建立了第一个成功的西班牙殖民地。后来成为新格林纳达总督辖区的一部分,直到 1821 年宣布脱离西班牙独立,加入哥伦比亚。1903 年当地掀起暴动反抗哥伦比亚,并为美国承认,巴拿马于是把运河区割让给美国。1914 年完工的巴拿马运河正式开放。1979 年运河由美国和巴拿马的共同管理委员会管理。1968 年 O. T. 埃雷拉将军推翻当选总统并实行独裁。他死后 M. 诺列加将军掌控军队,包揽国家政权,成为独裁者。1989 年美军的入侵推翻了 M. 诺列加将军,还政于民主政府。1999 年巴拿马运河由巴拿马全权管理。2006 年政府通过扩建运河计划,于 2007 年开始实施。巴拿马于 1928 年首次参加在阿姆斯特丹举办的夏季奥运会。

巴拿马城 Panama City 巴拿马城市,为该国首都。位于巴拿马湾,在巴拿马运河的太平洋入口处。原为印第安人渔村。旧城建于 1519 年,1671 年英国海盗 H. 摩根爵士将其全部毁掉。1674 年西班牙征服者在旧城以西重建新城。1751 年成为新格拉纳达总督辖区的一部分,之后又成为哥伦比亚的一部分。1903 年成为巴拿马首都,当时它也是巴拿马人反抗哥伦比亚的中心。巴拿马运河建成后(1914),城市迅速发展,成为该国的商业和交通中心。经济很大程度上依靠运河交通和运河工作人员。人口约415 964(2000)。

巴拿马运河 Panama Canal 巴拿马的水闸式运河。横穿过狭窄的巴拿马地峡,连通大西洋与太平洋。长度从大西洋深水处至太平洋深水处约有 82 千米,平均水深 13 米,宽 150 ～ 300 米。1881 年一家法国公司开始挖凿运河,但 1889 年公司解散。巴拿马根据 1903 年签订的一项条约,授予美国开凿运河的权利,以及对运河区的独有经营控制权。1904 年工程开始运作,但障碍重重,1907 年起 G. W. 戈瑟尔斯指导了建造工程,运河终于在 1914 年 8 月 15 日开通。巴拿马运河可使船只不必绕行南美洲即可往来于两大洋之间,从而促进了世界贸易。在主权争议过后,1977 年签订一项条约,决定在 2000 年由巴拿马政府控制运河;1999 年 12 月正式移交。除小型船只外,其他船只皆不能凭自身动力通过巴拿马运河船闸。船只由电力曳引机车拖入,通过运河需 15 ～ 20 小时(包括等待的时间)。船闸是成对的,因此船只可同时双向通行。

巴纳德 Barnard, Christiaan (Neethling)(1922 ～ 2001) 南非外科医师。他指出肠闭锁症是因妊娠期胎儿血液供给不足引起的,从而发展出一种纠正先天重大缺陷的外科手术。他将心脏直视手术引进南非,设计了一种新型人工心脏瓣膜,并做了动物心脏移植实验。1967 年巴纳德的医疗小组用一个在意外事故中丧生者的心脏为沃什坎斯基进行了第一例人体心脏移植手术。移植手术是成功的,但为了预防反应而让沃什坎斯基服用了免疫抑制剂,18 天后患者死于肺炎。

巴纳德 Barnard, Henry(1811 ～ 1900) 美国教育家。生于康涅狄格州哈特福德。他学习法律后进入州议会,参与创建州教育委员会以及第一所师范学院(1839)。他和 H. 曼一起着手改革美国的普通教育;他是制定学校视察制度、教科书审查以及家长-教师组织的创始人。在任罗得岛第一位教育局局长时期(1845 年起),他努力提高教师的薪水,修缮建筑,并争取到用于高等教育的经费。1855 年协助创办了《美国教育杂志》。1858 ～1861 年担任威斯康星大学校长。1867年他成为美国第一位教育局局长,在任期内设立了一个联邦机构,专事搜集国民教育资料。

H. 巴纳德,肖像画;现藏威斯康星大学

By courtesy of the University of Wisconsin, Madison

巴纳德星 Barnard's star 距离太阳约 6 光年,是距太阳第二近的恒星,仅次于半人马座 α 星系,位于蛇夫星座中。1916 年为 E. E. 巴纳德(1857 ～ 1923)所发现,故名。在所有已知的星体中它的自行是最大的。它正在逐渐接近太阳系。天文学家们对巴纳德星特别感兴趣是因它的自行表现出周期性的偏移,这是因有两颗行星的引力而形成的。

巴纳姆 Barnum, P(hineas) T(aylor)(1810 ～ 1891) 美国演出节目经理人。生于康涅狄格州巴瑟尔。1841 年他买下纽约市一个作常规展示的美国展览馆,把它改造成游艺场,搞畸形人展览以及一些古怪的表演节目,并做耸人听闻的广告宣传。他展示侏儒"大拇指汤姆",取得国际性的成功。1850 年聘请林德(被吹捧为"瑞典夜莺")到美国巡回演唱,获利丰厚。他的博物馆在数次失火后于 1868 年关门,此前共吸引了 8 200万观众来此参观。1871 年开始组织马戏团,1881 年与他的竞争对手 J. A. 贝利(1847 ～ 1906)合作,组成有三个马戏场的巴纳姆与贝利马戏团,其中大象姜伯是"人间第一奇观"节目中的一部分。

巴纳伊巴河 Parnaíba River 巴西东北部河流。源出塔巴廷加山,向东北流入大西洋,在入口处形成一个三角洲。全长1 700千米。该河有重大经济价值。吃水浅的船只至少可从河口向南航行到卡宁德河的汇流处。位于河口附近的巴纳伊巴港是一个商业中心。

巴涅尔 Parnell, Charles Stewart(1846 ～ 1891) 爱尔兰民族主义领袖。在剑桥大学受教育后,回到爱尔兰并在英国议会中任职(1875 ～ 1891),引进了蓄意阻挠立法的策略以让人们关注爱尔兰的需要。1877 年成为英国地方自治联盟主席。他因发表反对新土地政策的激烈言论而在 1881 ～ 1882 年间被监禁,后被释放以平息日益增多的恐怖活动。他对凤凰公园暗杀事件的谴责使他团结了爱尔兰的党派，赢得议会法案的支持，如 W. E. 格莱斯顿提出的自治法案。他在爱尔兰一直很受欢迎，直到他被扯进其情妇凯瑟琳·奥谢的离婚事件(1890)。

巴婆树 papaw 又作 pawpaw。又译三裂泡泡树。番荔枝科落叶乔木或灌木，学名 *Asimina triloba*，原产北美东部和中西部。高达 12 米，叶下垂，先端尖，阔长圆形，长达 30 厘米；花具恶臭，紫色，春天展叶前开放；果可食，形似香蕉而较短，熟后果皮变为黑色。某些人接触到巴婆树果实后会产生皮肤反应。巴婆树有时亦指番木瓜。

巴塞尔 Basel 英语又作 Basle。法语作 Bâle。瑞士西北部城市，跨莱茵河两岸，地处法国、德国和瑞士的交界处。原是凯尔特人劳里西部族的一个定居点。巴塞尔大学是瑞士的第一所大学，由教皇庇护二世在参加巴塞尔会议期间(1431～1449)创立。1501 年巴塞尔加入瑞士联邦。1521～1529 年 D. 伊拉斯谟在巴塞尔大学执教，该市乃成为人文主义和宗教改革运动的中心。现为重要的贸易和工业中心，也是重要河港。居民主要讲德语和信仰基督教新教。人口：市区 174 000；都会区404 000(1996)。

巴塞尔会议 Basel, Council of(1431～1449) 天主教会在瑞士巴塞尔举行的一次会议。在西方教会大分裂时期召开，讨论教皇权力问题和胡斯派信徒异端问题。与会人员更新康斯坦茨会议所决定的信纲，宣布会议的权力大于教皇，并投票接纳大部分胡斯派信徒重回教会。1437 年教皇尤金四世命令会议迁往费拉拉进行，但另有几位主教滞留不迁，形成残留会议，尤金对这部分主教判处绝罚。他们于是推选一位新教皇，称菲利克斯五世。1447 年尤金死，经过继任教皇尼古拉五世的努力，迫使菲利克斯五世退位，残留会议结束。

巴塞罗那 Barcelona 西班牙东北部海港城市，加泰罗尼亚自治区首府。为西班牙最大港口和第二大城市，是西班牙的主要工业和商业中心，也是主要的文化和教育中心。据传统说法，该市是公元前 3 世纪由迦太基人或者腓尼基人建立。后来为罗马人和西哥特人统治。公元 715 年被摩尔人占领，801 年又为查理曼大帝率领的法兰克人夺取，定为西班牙边界区(加泰罗尼亚)首府。1137 年加泰罗尼亚与阿拉贡地区统一后，巴塞罗那成为繁荣的商业中心，并足以与意大利港口媲美。19 世纪这里是激进社会运动和加泰罗尼亚分离运动的中心。1937～1939 年为保王派的首都(参阅西班牙内战)，后来 F. 佛朗哥占领这里，导致加泰罗尼亚反抗势力崩溃以及加泰罗尼亚重新并入西班牙。现在的巴塞罗那以其美丽的建筑著称，包括 A. 高迪的建筑作品。1992 年巴塞罗那举办了夏季奥运会。人口：1 593 075(2005)。

巴森吉猎狗 basenji 古老的猎狗品种，原产于非洲中部。当地用来指示、寻回和驱

巴森吉猎狗
Sally Anne Thompson

赶猎物入网。以习性不吠闻名，但能发出许多种不同于犬吠的声音。体型优雅，警觉时前额微皱、耳朵竖起、尾巴盘紧。毛短似丝，呈红棕、黑或黑底褐斑；脚、胸和尾尖为白色。肩高 41～43 厘米，体重 10～11 千克，既干净又温顺。

巴珊 Bashan 巴勒斯坦东部古国，位于现在的叙利亚境内。《旧约》中常常提到这个国家，后来在罗马帝国地位重要。在《新约》时代，巴珊是罗马帝国最大的粮仓之一。其中一座城镇波斯拉(罗马语称波斯特拉)对纳巴泰和罗马都很重要。奥古斯都曾任命希律为巴珊统治者，公元 106 年图拉真把整个纳巴泰王国纳入帝国版图，新建阿拉伯行省，首府设在波斯特拉(参阅布斯拉)。7 世纪以后巴珊开始衰落。

巴湿伐那陀 Parsvanatha(活动期约公元前 8 世纪) 印度耆那教教义中今世第 23 代渡津者。他创立了一个教团，并为其成员立下四个誓言(不杀、不偷、不撒谎、不拥有私人财产，大雄后来又添加了一条保持独身的誓言)。据传说，在一次由苦行者释放的大火中，巴湿伐那陀将一窝困在原木内的毒蛇抢救出来。其中一条毒蛇后来转世为达拉纳，即地下蛇王国的头领，它在一次由敌对恶魔制造的大风暴中保护了巴湿伐那陀。巴湿伐那陀的塑像和画像头上有众蛇盘成的宝盖，这就是他的特殊标记。

巴士底狱 Bastille 巴黎中世纪要塞，后成为专制的象征。17～18 世纪用作法国国家监狱，是关押要犯的地方。1789 年 7 月 14 日(法国大革命之初)，巴黎暴动群众攻占了这座堡垒，并释放了犯人，这场戏剧性行动象征旧政权的结束。后来革命政府拆毁了巴士底狱。1880 年以后 7 月 14 日这一天被定为法国国庆节，即"巴士底日"。

巴士拉 Basra 阿拉伯语作Al-Baṣrah。伊拉克东南部港口和城市。位于阿拉伯河口，距波斯湾约 120 千米。建于 638 年，在阿拔斯王朝时期很有名；在《一千零一夜》中是辛巴德出发的城市。17～18 世纪成为贸易中心。第一次世界大战中英国人占领该市，对城市和港口做了许多改进，提高了其重要性。第二次世界大战后，伊拉克石油工业的增长使巴士拉成为主要的炼油中心。在两伊战争和波斯湾战争中，巴士拉受损严重。21 世纪初经历了伊拉克战争。人口约 1 200 000 (2011)。

巴氏杀菌法 pasteurization 对物质的局部灭菌法，尤其指用加热来消灭微生物而不破坏物质的化学成分的方法，在牛奶或其他饮料杀菌时常用到这种方法。首创者是 L. 巴斯德并以其姓氏命名。牛奶的巴氏杀菌法要求温度达到 63℃(145℉)，杀菌时间在 30 分钟以上，或在更高温下加热，时间稍短。这一方法可以杀死任何致病微生物(主要是结核分枝杆菌)，以及能导致食物腐败的微生物。

巴思 Barth, John(1930～) 原名 John Simmons Barth, Jr.。美国作家。生于马里兰州剑桥。在马里兰州东海岸长大成人，其大部分作品也以此地为背景。1953 年开始主要在约翰斯·霍普金斯大学任教。除他在《迷失在游乐园中》(1968)的试验性短篇以外，他最著名的小说有《流动歌剧院》(1956)、《路的尽头》(1958)、《烟草代理商》(1960)、《山羊孩子贾尔斯》(1966)和《潮水的故事》(1987)。他的小说大多模拟、调侃传统的叙事形式，并把深刻的哲理同辛辣的讽刺、尖刻甚至粗俗的幽默融为一体。

巴斯 Bath 英格兰西南部城市。濒临埃文河。当地的热矿泉吸引罗马人到此建立城镇，取名 Aquae Sulis。6 世纪时盎格鲁-撒克逊人到达此地，接着是 1100 年左右的诺曼人。中世纪时巴斯是繁荣的布匹贸易中心。1755 年发现罗马时期的浴室，巴斯作为矿泉疗养地重新兴盛起来；在 J. 奥斯汀、R. B. 谢里丹和 T. 斯摩莱特等作家的作品中反映了它当时受欢迎的程度。18 世纪期间以帕拉弟奥式风格进行了重建和扩建。当地现仍存有许多 18 世纪的建筑。人口约 90 144 (2001)。

巴斯德 Pasteur, Louis(1822～1895) 法国化学家和微生物学家。在高等师范学校学习后，开始研究极光对化合物的效应。1857 年他成为高等师范学校科研部主任。他研究酒和牛奶(变酸)的发酵，得出的结论显示酵母菌能在无氧的情况下繁殖(巴斯德效应)，因而推论出发酵和食品腐坏肇因于微生物的活动，可借隔绝或摧毁它们的方法来预防。他的工作推翻了自然发生的概念(生命起于没有生命的物质)，并促成了加热式的巴氏杀菌法，在不腐坏的情况下生产和运输醋、酒、啤酒。他在蚕病方面的工作拯救了法国的蚕丝工业。1881 年他改良了一种方法来分离并弱化细菌，仿效 E. 詹纳的做法，在绵羊身上继续研究炭疽疫苗，在鸡身上研究霍乱疫苗。后来他把注意力转向狂犬病，1885 年拯救了一名被狂犬咬伤的男孩，方法是为他注入一种弱化的病毒。1888 年创建巴斯德研究所，专门研究、预防和治疗狂犬病。

巴斯德氏杆菌属 Pasteurella 为纪念L. 巴斯德而命名的杆状细菌属名，可使家畜、家禽

罹患数种严重疾病，并使人类罹患较轻的传染病。其成员为革兰氏阴性，不能运动，也不需要氧气。所引起的传染病总称为巴斯德氏杆菌病，传布颇广，一般通过直接接触传染，偶由蜱与蚤的某些种传播。可用疫苗防治，也可用青霉素或其他抗生素治疗。

巴斯夫公司　BASF AG　德国化学和塑料制造业公司。1865 年成立（德语全名意为"巴登苯胺苏打公司"），1925 ～ 1945 年成为化学联合企业法本化学工业公司的一部分，之后盟军解散法本化学工业公司。1952 年重建巴斯夫公司，现在业务机构遍及约 30 国。产品包括石油、天然气、化肥、合成纤维、染料和颜料、油墨及印刷机附件、电子零件及制药等。总公司设在莱茵河畔路德维希港。

巴斯捷尔纳克　Pasternak, Boris (Leonidovich)（1890 ～ 1960）　俄罗斯诗人和散文家。曾学习过音乐和哲学，1917 年俄国革命以后在苏维埃教育委员会的图书馆工作。早期的诗歌前卫但是很成功。然而 20 世纪 30 年代他的作品与官方文学模式的差距越来越大，不得不以翻译为生。长篇小说《日瓦戈医生》（1957；1965 年拍成电影）描写俄国人在革命期间的徘徊、精神上的孤立、爱情以及革命带来的后果。小说成为国际畅销书，但在苏联境内只能秘密流传。1958 年获诺贝尔文学奖，但由于苏联压制其作品，被迫谢绝领奖。

巴斯金　Baskin, Leonard（1922 ～ 2000）美国雕刻家和版画家。生于新泽西州不伦瑞克。曾在美国和欧洲学习，1939 年在纽约举办首次个人展览。后来在史密斯学院任教多年。以凄楚而感人的人像作品著名。他的青铜、石雕和木雕作品多以死亡、受伤害和心灵毁灭为主题。他的木刻作品具有一种线条分明的独特风格，所刻图像犹如解剖图上那样细致。

巴斯克地区　Basque Country　法语作 Pays Basque。法国西南端一文化区。范围从比利牛斯山的阿尼峰延伸到比斯开湾畔**比亚里茨**周围沿海地区。该区在很大程度上避免了西班牙巴斯克地区的巴斯克人分离运动那样的问题。经济以渔业和旅游业为主。

巴斯克地区　Basque Country　西班牙语作 País Vasco。西班牙北部的一个自治区和历史地区。濒临比斯开湾，由现今的比斯开、阿拉瓦和吉普斯夸三省组成，面积7 235平方千米，首府是维多利亚。比利牛斯山将其与法国的巴斯克地区分开。居民巴斯克人长期以来要求自治。1936 年在短暂的共和政府统治下，一场分离主义运动成功地重获巴斯克自治权，但在 1937 年 F. **佛朗哥**撤销了其自治权。虽于 1979 年获得有限的自治权，但是反西班牙政府的恐怖主义活动仍持续至今。阿拉瓦是农业区，而冶金工业集中在毕尔巴鄂附近。人口约 2 138 453（2008）。

巴斯克人　Basque　西班牙语作 Vasco。居住在西班牙与法国的比斯开湾沿岸和比利牛斯山脉西部巴斯克地区的民族，起源不详。现在约有 85 万纯粹的巴斯克人住在西班牙，另有 13 万人住在法国。巴斯克人体格与其他西欧人并无显著差别。但**巴斯克语**不属于印欧语系。自 19 世纪起，巴斯克人便开始寻求脱离西班牙自治。**西班牙内战**时宣布成立民族政府，经受了残酷的格尔尼卡大轰炸（1937）。战后 F. **佛朗哥**政府取消巴斯克人的全部特权，民族政府和很多巴斯克人出逃。1975 年佛朗哥去世，西班牙开明君主政体建立后，巴斯克人分离主义运动重新燃起。1978 年西班牙政府给予了有限的自治权，但好战的分离主义分子，包括恐怖组织埃塔（ETA），继续寻求脱离西班牙完全独立。

巴斯克维尔　Baskerville, John（1706 ～ 1775）　英国印刷商。1757 年自建印刷厂，印行了第一部印刷品——维吉尔的诗集，后来陆续出版了拉丁古典文集、J. **弥尔顿**的诗集（1758）和对开本的《圣经》（1763），这些印刷品字体清晰、印制精美而装帧朴素。1758 ～ 1768年为剑桥大学的印刷商，所创的巴斯克维尔字体因清晰匀称而广为流传和使用。

巴斯克维尔，仿J. 米勒绘的肖像画，绘于1774年；现藏伦敦国立肖像画陈列馆

By courtesy of the National Portrait Gallery, London

巴斯克语　Basque language　巴斯克人使用的语言，使用人数约有66 万，通用于西班牙中北部和法国西南部的巴斯克地区。巴斯克语是印欧语系的民族进入西欧以前若干语言中唯一留存下来的语言，没有同系的亲缘语言。其语法与所有其他西欧语言明显不同。从类型学上看，它在名词和动词的形态上都是主动格的。16 世纪以前的巴斯克语无从稽考。直到 1545 年才出版了第一本用巴斯克语写的书，但是其文字传统持续至今。

巴斯孔塞洛斯　Vasconcelos, José（1882 ～ 1959）　墨西哥教育家、政治人物、散文作家和哲学家。曾执业律师，为革命派的 F. 马德罗和P. 比利亚进行竞选活动。作为教育部长（1920 ～ 1924），倡导对墨西哥的学校制度进行重大改革，特别是农村学校计划的扩大。1929 年竞选总统失败。他的演讲政治主张迫使他数度流亡。他认为印第安的本土文化优于西方文化。他的自传（5 卷，1935 ～ 1959）缩编本《墨西哥的尤利西斯》（1962）是研究 20 世纪墨西哥社会文化的最优秀作品之一。

巴斯鱼　bass　许多食用和游钓鱼类的统称。多属鲈形目的 3 个科：鮨科（包括**海鲈**、**石斑鱼**等约 400 种）、石鮨科（约 12 种，如欧洲石鮨和条纹石鮨）、日鲈科（**太阳鱼**，包括黑鲈和大嘴鲈）。许多其他种也称巴斯鱼，如海峡巴斯鱼。

巴塔哥尼亚沙漠　Patagonia　阿根廷南部半干燥灌木高原。为美洲最大的沙漠地区，面积673 000平方千米。大致北起科罗拉多河，南至麦哲伦海峡，东临大西洋，西界**安第斯山脉**。这片广阔的不毛之地生活着各种野生动物，包括美洲驼、美洲狮和鹰。天然资源有石油、铁矿石、铜、铀和锰。

巴塔克人　Batak　印度尼西亚苏门答腊中部若干关系极近的种族集团。巴塔克人是强大的原始马来民族的后裔，1825 年以前，生活在相对封闭的苏门答腊多巴湖四周的高地上。有自己的书面语言。传统宗教认为祖先、植物、动物和无生物都具有灵魂或圣灵。现今在约 310 万人口中仍有约 1/3 信奉传统宗教，其余的人则信奉基督教或伊斯兰教。

巴塔里亚会员　Patarine　又作 Patarene。约 1058 年在米兰的手工业者、商人和农民结成的团体的成员，主张改革专横的教会。名称取自集会所在的米兰巴塔里亚区。巴塔里亚会员反对教士娶妻或私通，抨击教廷道德败坏和掌握俗权。他们获得教皇圣格列高利七世和后来革新派教皇的支持，他们参与了宗教改革，后来在 12 世纪继续发展。

巴塔耶　Bataille, Georges（1897 ～ 1962）法国图书管理学家和作家。他受过管理文献档案的训练，后在巴黎国立图书馆和奥尔良图书馆工作。在以真名出版《罪人》（1944）前，曾以假名写有多部小说。他的小说、散文和诗歌显示一种对色情、神秘、暴力和奢靡放纵理想的向往。1946 年创办了颇有影响力的文学评论刊物《批评》，自任主编直至逝世。

巴特　Barth, Karl（1886 ～ 1968）　瑞士基督教神学家。生于巴塞尔。在德国柏林、图宾根和马尔堡等地读大学，1911 ～ 1921 年在瑞士沙芬威尔任牧师。第一次世界大战的悲剧，使他对基于后启蒙时代观念的自由派神学产生疑问，他的《〈罗马书〉注释》（1919），在新教的思想观念上发动了一次激进的转变，掀起了一场新正统运动的浪潮。这部著作使他被聘任为格丁根（1921）、明斯特（1925）和波恩（1930）等大学的教授。他创立**宣信会**，反对纳粹统治。巴特拒绝宣誓效忠希特勒,因此失去波恩的教职,回到巴塞尔。1948 年他在世界宗教堂议的开幕典礼上发表演说,并在第二次梵蒂冈会议后访问罗马。

巴特拉姆　Bartram, John(1699 ～ 1777)　美国博物学家和探险家,被誉为“美国植物学之父”。靠自学成才,是 B. 富兰克林的朋友,乔治三世时期北美殖民地的植物学家。第一个在北美进行显花植物的杂交实验,他在费城附近建立了一座后来闻名世界的植物园。他考察了阿勒格尼、卡罗来纳地区。1743 年受英国国王委托考察了加拿大安大略湖以北的荒野。1765 ～ 1766 年他和他的儿子 W. 巴特拉姆一起在佛罗里达进行了广泛的考察。

巴特勒　Butler, Nicholas M(urray)(1862 ～ 1947)　美国教育家。生于新泽西州伊丽莎白。曾在哥伦比亚大学取得博士学位。是今日的哥伦比亚师范学院的首任院长(1886 ～ 1891)。作为哥伦比亚大学校长(1901 ～ 1945),他把哥伦比亚大学发展成为世界著名的大学。青年时代曾强烈批评当时的教育方法,但后来又批评教育改革本身,猛烈攻击教育中的职业主义和心理学中的行为主义。巴特勒努力促进国际相互了解,1910 年协助建立卡内基国际和平基金会,并担任主席(1925 ～1945)。1931 年他和 J. J. 亚当斯共获诺贝尔和平奖。

巴特勒特　Bartlett, Frederic C(harles)(1886 ～1969)　后称 Sir Frederic。英国心理学家,以其对于记忆的研究而著称。是剑桥大学第一位实验心理学教授(1931 ～ 1952),同时主持该校的心理学实验室。其主要作品《回忆》(1932)认为记忆并不是直接的回想,而是带有文化观念和个人习惯色彩的心理重建。

巴特勒特　Bartlett, John(1820 ～ 1905)　美国书商和编辑。生于马萨诸塞州普利茅斯。原本受雇于哈佛大学书店,后来成为该书店的主人。1855 年出版了他最为闻名的著

J. 巴特勒特
By courtesy of Little, Brown and Co.

作《常用妙语辞典》(1855),大多根据他为顾客摘抄的笔记而写成。后来各版在篇幅上大为扩充,1992 年出版了第 16 版。巴特勒特还编写了一本《莎士比亚戏剧诗歌词语索引大全》(1894),该书以引语的丰富和完整而著称。

巴特列-奥多涅斯　Batlle y Ordóñez, José(1856 ～ 1929)　乌拉圭总统(1903 ～ 1907、1911 ～ 1915)。乌拉圭前总统之子,19 世纪 80 年代进入政界。1903 年以微弱多数当选总统,结果引发短暂的内战。1905 年重新举行大选,他再度获胜。1907 年任期届满卸职。1911 年再度当选。他进行了劳工改革,限制外国企业的利润,鼓励移民,发展公共工程并将之国有化,废除死刑,保护非婚生儿童。他被认为是把乌拉圭变成稳定、民主的福利国家的总统。

巴吞鲁日　Baton Rouge　美国路易斯安那州首府。位于密西西比河河畔,是该州第二大城市。1719 年法国人在此定居,用红色的柏木杆当作与印第安部落分界的标志,这就是它的名称由来。1763 年割让给英国,在美国独立战争期间被西班牙人占领。1800 年西班牙将路易斯安那割让给法国,但在路易斯安那购地(1803)中试图保留巴吞鲁日。1810 年该市并入美国,1849 年成为州首府。南北战争期间巴吞鲁日被联邦军占领,首府移到其他城镇;1882 年重新获得首府地位。现建有深水港设施,也是重要的炼油中心。人口约229 493(2010)。

巴托尔迪　Bartholdi, Frédéric-Auguste(1834 ～1904)　法国雕塑家,巴托尔迪曾在巴黎学习雕塑和绘画。1865 年,他与几位友人提出为 1778 年的法美联盟制作纪念像的构想,就是后来由他设计并完成的自由女神像国家纪念地(1875 ～ 1886)。他的杰作是“贝尔福之狮”(1871 ～ 1880),该作品坐落在法国东部贝尔福城,是在俯瞰该城的小山的红色砂岩上开凿雕刻而成的。

巴西　Brazil　全称 Federative Republic of Brazil(巴西联邦共和国)。南美洲中东部国家。面积:约 8 515 692 平方千米。人口:约 195 976 000(2013)。首都:巴西利亚。大部分人口为欧洲人或混血(欧洲人和印第安人的混血,或欧非混血)。巴西的种族在殖民时期早期就已开始混合,未混血的人种极少,这些印第安人多半居住在亚马孙河平原最僻远地区。语言:葡萄牙语(官方语言)。宗教:基督教(以天主教为主,亦有新教)、传统宗教信仰。货币:雷阿尔。巴西可分为几个地形区,但主要是亚马孙河盆地和巴西高地(通常称为中部高原)。巴西高原平均海拔 1 000米,主要位于东南部,而位于北部的亚马孙盆地海拔不到 250 米。亚马孙盆地(已知约有1 000多条支流)占有该国面积的一半左右。境内其他的河流包括圣弗朗西斯科河、巴纳伊巴河、巴拉圭河、上巴拉那河和乌拉圭河。沿大西洋的海岸线7 400千米外除了亚马孙河河口的马拉若岛、卡维亚纳岛以及北部的马拉卡岛之外,没有大的岛屿。优良港口有贝伦、萨尔瓦多、里约热内卢、圣多斯和阿雷格里港。巴西广大的森林是许多产品的来源,而稀树草原是饲养牛只的优良场地。农业占有重要地位,矿物资源也十分丰富。巴西属开发中的市场经济,以制造、金融服务和贸易业为主。巴西为联邦共和国,两院制。国家元首暨政府首脑是总统。对于巴西早期土著居民的情况知之甚少。虽然从理论上讲,根据 1494 年的《托德西利亚斯条约》该地区归属葡萄牙,但直到 1500 年 P. A. 卡布拉尔偶然到达这块土地后才正式宣布对它的所有权。16 世纪 30 年代初葡萄牙人首先在东北海岸和圣维森特(今圣保罗附近)定居;在下一个世纪里,法国人和荷兰人也建立了一些小的居民点。1640 年建立了总督辖区,1763 年里约热内卢成为首都。1808 年当拿破仑入侵葡萄牙时,巴西成为葡萄牙国王约翰六世的避难所及政府所在地;最终宣布成立葡萄牙、巴西和阿尔加维联合王国。1815 ～ 1821 年约翰在巴西实行统治。约翰回到葡萄牙后,佩德罗一世宣布巴西独立。1889 年他的继承人佩德罗二世被废黜,采用托管联邦共和国的宪法。自 20 世纪起移民增加,制造业成长,同时又经常发生军事政变并中断人民的自由。在巴西利亚建设新首都,意在促进内陆地区的发展,却加剧了通货膨胀。1979 年以后,军人政府逐渐采取民主措施,1989 年举行 29 年来的第一次总统大选。20 世纪 90 年代末遭遇严重的经济危机。巴西于 1920 年首次参加在安特卫普举办的夏季奥运会。

巴西果　Brazil nut　玉蕊科高大乔木。学名 *Bertholletia excelsa*。产于南美洲,在世界贸易中是主要的坚果产品之一。果皮坚硬,形似大椰子,内含种子 8 ～ 24 枚,分室排列,如柑橘。种子具三角形,种皮极为坚硬。种子含脂高,并富含蛋白质,味似杏仁或椰子。植株野生于亚马孙河流域,高可达 45 米以上。

巴西利卡　basilica　原为古罗马一种公共建筑物,通常是一座大型长方形建筑,里面有一开放式大厅,在一端或两端设有高台。一种形式是中间为大厅,两侧为列柱廊高台,后面是一个后堂。早期基督教徒采用了这种形式建造教堂。在早期基督教的巴西利卡中,以列柱把中堂与较低的侧廊隔开,侧廊或有拱顶或有檐部,其上为有侧窗的墙面以支撑屋顶。长形中堂正好在后堂前方与一较短的耳堂相交,构成十字形的平面,这种形式成为标准的教堂形式,一直维持到现在。“巴西利卡”也是一种荣誉头衔,专门颁给一些以年代久远或因成为国际礼拜的中心而闻名的天主教或希腊正教的教堂。

巴西利卡塔　Basilicata　意大利南部自治区。西部为山区,东部为低矮丘陵和宽阔谷地,首府波坦察。古代称卢卡尼亚,中世纪初由伦巴第联盟统治。在霍亨斯陶芬王朝衰微(1254)之前,巴西利卡塔在意大利南部的事务中起过重要作用;后来随同那不勒斯王国经历了多变的命运,直到 1861 年归属意大利。在 1980 年灾难性地震中遭受严重破坏。经济以农业为主。人口约595 727(2001)。

巴西利亚　Brasília　巴西首都。位于托坎廷斯河、巴拉那河和圣弗朗西斯科河的源头

处。虽然1789年便有计划要将首都迁到内陆,但巴西利亚的建设直到1956年才开始。新城市由建筑师L. 科斯塔和O. 尼迈耶尔负责设计。1960年联邦政府开始从里约热内卢迁此。这个城市是政治中心而不是工业中心,但许多全国性的大公司的总部都设在该市。附近还有巴西利亚国家公园。人口约2 476 249(2010)。

巴锡"伯爵" Basie, Count(1904～1984) 原名William Allen。美国爵士乐钢琴家和乐队领队,他的乐队是摇摆乐最杰出的代表。生于新泽西州雷德邦克。受哈勒姆区钢琴家

巴锡"伯爵",摄于1969年
Ron Joy-Globe Photos

J. P. 约翰逊和F. 沃勒的影响,并非正式地师从后者学习管风琴。1936年在堪萨斯城自组乐队,其节奏乐器组包括吉他手F. 格林、贝司手W. 佩基和鼓手J. 琼斯,很快以轻快、精准和令人放松而引人注目。在这种基础上,铜管和木管乐器组展开一种由反复乐节和主题组成的语汇(如唱片《一点钟的跳跃》和《在林边跳跃》中那样)。贝锡的钢琴风格也变得更加简朴,提炼出超越演奏传统的精华,成为简练风格的典型。独唱和独奏者包括歌手J. 拉欣、小号手B. 克莱顿和H. "甜甜"爱迪生,以及萨克斯管手L. 杨。20世纪50年代改组后的巴锡乐队,更加注重整体演出效果,由编曲家N. 赫夫提和E. 威尔金兹利用早期乐队的反复乐节和热烈节奏形成一种更强有力的风格。乐队因录制唱片推出歌手J. 威廉斯而再度走红,并被公认是爵士乐的典型代表。

巴亚尔塔港 Puerto Vallarta 墨西哥中西部城市。滨班德拉斯湾,位于太平洋沿岸低地,阿美卡河河口南部。为哈利斯科州主要港口,出口香蕉、椰子油和其他内地产品。当地还是国际旅游胜地,以水上运动、捕鱼和狩猎闻名。人口约203 342(2010)。

巴伊亚 Bahia 巴西东部一州。面积564 693平方千米。首府萨尔瓦多。最大的河流是圣弗朗西斯科河。1501年葡萄牙人最早经过萨尔瓦多所在的海湾进入此区,沿海地区开始殖民化,18世纪在迪亚曼蒂纳高地发现黄金和宝石后,吸引了更多移民来此。1889年成为巴西联邦一州。州内矿物资源丰富,有石油、天然气、铅、铜、镍、锡等矿藏。主要产业包括炼油、炼铁工业和旅游业。农产品也很丰富。人口约14 016 906(2010)。

巴约挂毯 Bayeux Tapestry 中世纪刺绣的壁毯,描绘诺曼征服英格兰的情景。用8种颜色的绒线在粗糙的亚麻布上织出,长68.4米,宽50厘米,由79个连续的图景组成,有拉丁铭文和装饰性花边。在风格上类似英国的装饰画手抄本。大约织成于1066年,可能是威廉一世(征服者)之弟拜约主教奥多委托制作的。这一最著名的刺绣作品,几个世纪以来一直悬挂于拜约大教堂(诺曼底),现藏当地的挂毯博物馆。

芭铎 Bardot, Brigitte(1934～　　) 法国电影女演员。15岁那年登上杂志封面,因而被R. 瓦丹发现,1952年让她首度登上大银幕。瓦丹在电影《上帝创造了女人》(1956)和《天堂倒塌之夜》(1958)中把她精心打造成"性感小猫"的形象,不仅创下票房纪录,也让她成为国际巨星。她在《真理》(1960)、《蔑视》(1963),以及《万福马利亚!》(1965)等片中展现了她的演技。她也是一位保护动物运动人士,1987年创立了一个动物福利机构。

芭蕉 Basho(1644～1694) 全名Matsuo Basho(松尾芭蕉),原名Matsuo Munefusa(松尾宗房)。被认为是日本俳句最伟大的诗人。研究禅宗哲学,试图根据这种哲学,用自己俳句的简单模式来概括世界的意义,通过琐细事物揭示隐秘的希望,并表明一切事物都是相互依赖的。记述他在日本北部旅行的《奥州小路》(1694),是日本文学中最优美的作品之一。

芭蕾 ballet 一种把正规的学院派舞蹈技巧结合音乐、服装和舞台布景等其他艺术要素的戏剧性舞蹈。从文艺复兴时期宫廷的表演发展而来,芭蕾在路易十四时期重新复兴,

大剧院芭蕾舞团的N. 别斯梅尔特诺娃和N. 法杰厄切夫在《天鹅湖》中展现的阿拉贝斯克舞姿
Novosti-Sovfoto

1661年他成立皇家舞蹈研究院,任命P. 博尚为院长,P. 博尚发展出5个芭蕾舞位置。早期的芭蕾常伴随着歌唱,往往合并入诸如J.-B. 吕里这样的作曲家们的歌剧芭蕾中。18世纪时,J.-G. 诺维尔和G. 安吉奥利尼分别创作了情节芭蕾,通过舞步和哑剧来叙述一个故事,这种改革也反映在C. W. 格鲁克的音乐中。19世纪初期芭蕾舞有了重大发展,包括脚尖点地的舞姿(以脚趾尖端保持平衡),以及首席芭蕾女演员的出现,如M. 塔利奥尼和F. 埃尔丝勒。19世纪末和20世纪初,通过S. 佳吉列夫、A. 巴甫洛娃、V. 尼任斯基、M. 佩季帕和M. 福金等人的革新,使俄国成为芭蕾剧的创作和表演中心;大型芭蕾舞剧多由P. I. 柴可夫斯基和I. 斯特拉文斯基作曲。此后,英国和美国的芭蕾舞学校努力将本国的芭蕾舞地位提升到俄国芭蕾的层次,同时欣赏芭蕾舞的观众也增加了许多。参阅美国芭蕾舞剧院、纽约市芭蕾舞团、俄罗斯芭蕾舞团、大剧院芭蕾舞团、纽约市芭蕾舞团和皇家芭蕾舞团。

跋娑 Bhasa(2或3世纪) 印度剧作家。是已知最早的梵文剧作家,原来只是通过其他梵文剧作家的引喻才知道他,直到1912年,才发现并出版了跋娑的13篇剧本原文。他的剧本大多根据《摩诃婆罗多》与《罗摩衍那》中的英雄主义和浪漫的爱情主题改编而成。与当时的传统不同之处在于他描述战斗和杀戮的背景。在迦梨陀娑的作品中可看出他的影响。

钯 palladium 金属化学元素,为过渡元素之一,元素符号Pd,原子序数46。为银白色贵重金属,化学性质类似铂,延展性极好,易于加工,能打造成薄片。钯是一种极好的催化剂,用于涉及氢和氧的化学反应,如不饱和有机化合物的氢化作用等。因为常温下它不会在空气中失去光泽,钯及其合金被用在珠宝装饰和电讯装置的电接点上替代铂。少量钯与金的合金能制成最佳白金。钯还被用于镶牙合金中。因为在高温下氢可以迅速地通过钯而其他气体却无法通过,加热后的钯管可以产生半透膜的作用来隔绝其他气体,用于氢气提纯。

罢工 strike 雇员集体拒绝在雇主设定的条件下工作。罢工可能由有关劳动工资和工作条件的争议引起,也可能起于员工同情其他罢工工人,或起于纯粹的政治目的。许多罢工是由工会计划组织;未经工会授权的罢工(俗称自发罢工)可能是针对工会领导或雇主的。几乎所有工业国家都赋予劳工基本的罢工权,而罢工的历史几乎可溯至19世纪的工会出现。多数罢工和罢工威胁,都是由于雇主不能满足特定的要求而要使雇主承受某种代价所采取的。日本的工会发动的罢工,则大都不打算长期停止生产,因此多倾向采用示威的形式。在西欧及其他地方,工人则会发动大罢工,其目的已不只是要求雇主让步,而甚至是企图赢得政治体系的改变。参阅抵制和闭厂。

霸王龙 tyrannosaur 任何长有高大头颅、强有力的颚和双腿,以及足以撕碎皮肉与骨头的又长又尖牙齿的食肉性恐龙。霸王龙是已知最大和最著名的恐龙,其化石存在于

北美晚白垩纪(约6 500万年前)的沉积物中。走路姿势呈弯腰状,身体前倾,尾巴拖地以平衡身体。成年霸王龙身长12米多,体重超过6吨。有的霸王龙的前肢只有二趾。芝加哥野外陈列馆有一具几乎完整的霸王龙骨架。其他的霸王龙还包括阿尔伯脱龙和塔尔博龙。

白矮星 white dwarf star 一类体小、光度暗弱并处于演化末期,因缺乏足够的质量无法成为中子星或黑洞的恒星。之所以称为白矮星是因为开始发现的几颗都呈白色。白矮星属于致密天体,光度低,质量与太阳属同一量级,半径则与地球相当。白矮星因已耗尽它们的核燃料而再也没有核能源了。它们密实的结构也抵住了进一步的引力坍缩。因此,辐射入星际空间的能量便由构成核心的非简并离子的剩余热能提供。当白矮星能量枯竭时(这一过程需要几十亿年),就停止辐射并到达演化的终点,成为一个冷而无活力的恒星残骸。这种残骸有时被称为黑矮星。在新星的爆发中,白矮星也至关重要。当转换的质量超过太阳质量的1.4倍(称为钱德拉塞卡极限),白矮星便会坍塌和发生超新星大爆炸。

白菜 Chinese cabbage 两种广泛栽培的十字花科植物的统称。北京白菜(*Brassica pekinensis*)又称大白菜,叶浅绿色,有皱,叶球抱合紧密。在美国久已栽培,用作色拉蔬菜。中国白菜(*Brassica chinensis*)又称小白菜,叶深绿色,叶柄白色,不形成叶球。所有白菜均味美鲜嫩,能与许多种食物搭配食用。普通的韩国泡菜常选用白菜制作。

白炽灯 incandescent lamp 将适当的材料加热到高温而产生光的装置。电白炽灯(灯泡)中的灯丝被罩在一个玻璃壳内,内部抽成真空或充满惰性气体。通电流加热时,灯丝就会发光。J.斯旺和T.A.爱迪生两人分别在19世纪70年代末首先独自制成实用白炽灯。爱迪生的功劳为主,因为他还研究出照明系统所需的电力线和其他设备。同荧光灯和放电灯相比,白炽灯的效率不高,现今主要还是家用。

白癜风 vitiligo 又称leukoderma(白斑病)。皮肤上出现光滑乳白斑点,分布在身体各部位的皮肤病。虽然患者的黑素细胞结构完整,但失去合成黑素的能力。病因不明。在成年人中发病率约为1%。患者一般健康状况良好,但影响美观,对肤色较黑的人来说更为严重。皮损颜色很难恢复正常。无特殊疗法。

白俄罗斯 Belarus 欧洲东部共和国。面积:207 595平方千米。人口:约9 441 000(2013)。首都明斯克。居民以白俄罗斯人为主,俄罗斯人、波兰人和乌克兰人占少数。语言:白俄罗斯语和俄罗斯语(均为官方语言)。宗教:基督教(以东正教为主,亦有天主教,约一半人口无宗教信仰)。货币:白俄罗斯卢布。西德维纳河流经该国北部,第聂伯河则流经东部,南部沿普里皮亚季河为大片沼泽地区。涅曼河上游流经西部。布格河穿过西南部,形成一段与波兰的边界。主要城市除明斯克外,还有戈梅利、莫吉廖夫和维捷布斯克。经济原以农业为主,现农业已失去其重要地位,制造业与服务业得以发展。白俄罗斯为两院制共和国。总统为国家元首和实际上的政府首脑,总理为名义上的政府首脑。白俄罗斯人虽有自己的民族和语言,但在以前从未享有政治主权。现今的白俄罗斯领土以前常遭瓜分并经常易手,因此其历史与邻国历史是纠结在一起的。中世纪时,曾为立陶宛和波兰人统治。波兰遭第三次瓜分后,俄罗斯统治该地区。第一次世界大战后,西部划归波兰,东部成为苏联的领土。第二次世界大战后,苏联吞并了部分波兰领土,扩大了白俄罗斯苏维埃社会主义共和国的疆域。1986年切尔诺贝利事故中该地区大部分遭受污染,迫使许多人撤离家园。1991年白俄罗斯宣布独立,后加入独立国家联合体。在20世纪90年代日益严重的政治动乱中,白俄罗斯提出与俄罗斯联盟。21世纪初该国政治、经济面临困境。白俄罗斯于1996年首次参加在亚特兰大举办的夏季奥运会。但自1952年起,该国运动员一直代表苏联参加奥运会。

白垩 chalk 各种软的、细颗粒的、易被磨成粉末的白色至浅灰色的石灰岩,由微小的海洋生物贝壳组成。最纯的白垩中的碳酸钙含量高达99%,以方解石的矿物成分而存在。这种矿层广见于瑞典以南的西欧和英格兰,特别是英吉利海峡沿岸的多佛尔白垩峭壁中。其他大面积白垩矿层见于美国,从南达科他州向南至得克萨斯州,向东至亚拉巴马州。白垩可用于制造石灰和普通水泥,并可作为一种土壤添加剂。磨成细粉并已提纯的白垩叫白垩粉,在许多材料中,包括陶瓷、油灰、化妆品、蜡笔、塑料、橡胶、纸张、油漆和油毡,作为填充剂、增量剂或涂料。在教室里常用的粉笔是一种工业制品,而不是天然的白垩。

白垩纪 Cretaceous Period 距今约1.45亿~0.66亿年前的地质年代。白垩纪的气候比现在温暖。海生无脊椎动物继续繁盛并向前演化,硬骨鱼类蓬勃发展。在陆地上,被子植物(显花植物)有了发展;昆虫,特别是蜂类,开始与被子植物共同繁盛;而哺乳类和鸟类在整个白垩纪都不太显著。爬行动物继续占主导地位。这个时期,恐龙的演化已达到巅峰,却在白垩纪末突然灭绝。

白宫 White House 美国总统在华盛顿的正式官邸,坐落在哥伦比亚特区。主楼是从J.亚当斯起历任美国总统的住宅。1791年,爱尔兰裔美国建筑师J.霍本(1762~1831)以A.帕拉弟奥格的乔治式大厦的设计图赢得了委托任务。该建筑物有3层楼,100多个房间,用灰白色的砂岩营造。白宫在1814年英国人入侵时被焚毁,但是由霍本监工进行重建和扩建。霍本于19世纪20年代在主楼两侧增加了东西露台,又加修半圆形南门廊和带廊柱北门廊。后又增加西侧厅(1902)和东侧厅(1942)以提供更多的办公场所。1902年T.罗斯福总统采用"白宫"作为这一建筑物的正式名称。每年约有150万游客参观白宫对外开放的部分。

白鲑 whitefish 鲑科(或白鲑科)几种银白色食用鱼的统称。产于欧、亚、北美洲北部冷水湖泊,常栖于深水中。平均体重约1~2千克,以昆虫幼虫及其他小动物为食。鲱形白鲑(*Coregonus clupeaformis*)又称苏必利尔湖白鲑、白鱼,产于北美大湖区,是最大且名贵品种。湖白鲑(*Leucichthys artedi*)有时也作大口白鲑(*C. artedi*),形似鲱,为食用和游钓鱼。落基山柱白鲑(*Prosopium williamsoni*)是该科最佳的游钓鱼之一。

白海 White Sea 北冰洋伸入俄罗斯西北部海岸几乎被陆地围住的海域。它与更北面的巴伦支海之间由狭长的"咽喉"海峡相连。白海面积约90 000平方千米,最深处在坎达拉克沙湾东北部,达340米。注入白海的河流包括北杜味拿河、奥涅加河等。白海是重要的运输航道,冬季借助于破冰船,全年可通航。阿尔汉格尔斯克是主要海港之一。

白喉 diphtheria 白喉棒状杆菌引起的急性传染病。侵入门户多为扁桃体、鼻和咽部,通常在这些部位停留繁殖形成一厚层膜,与组织紧密粘连,有时堵住气管,要求紧急处理。细菌产生外毒素,引起其他症状。包括发烧、发冷、咽痛,若累及心肌和周围神经组织,造成心力衰竭及瘫痪,可致死亡。治疗方式为及时注射白喉抗毒素,产生长期的免疫。在欧洲和北美采用白喉类毒素预防接种,因此该病发病率明显降低。

白化病 albinism 双眼、皮肤、毛发、鳞片、羽毛等缺乏黑色素的情况。白化病是遗传缺陷所致,见于人和其他脊椎动物。患白化病动物难以在野外生存,因为它们缺乏色素提供的保护色和对阳光紫外线的屏障功能。人类长期定向选育特定的白化动物(如兔)供观赏。人类白化病可分为两类:眼皮肤白化病和眼白化病。第一类患者的皮肤和头发呈乳白色。这两类患者的眼虹膜都呈粉色而瞳孔呈红色,眼部异常如散光、眼震颤(眼球的快速不自主的摆动)和畏光都很常见。在全世界,眼皮肤白化病患病率为两万分之一,眼白化病患病率为五万分之一。

白金汉宫 Buckingham Palace 英国君主在伦敦的王宫。因18世纪初为白金汉公爵建造的宅第而得名。维多利亚女王是居住在这里的第一位君主。1821年J.纳什把它重建为一座新古典式宫殿,但未获准完成。他的前花园一直保持不变,但前庭广场在1913年由A.韦布(1849~1930)爵士重新设计,以维多利亚女王纪念雕像为背景。

白金汉郡 Buckinghamshire 英格兰南部的郡。南濒泰晤士河,东南达伦敦外围,北接大乌斯河谷地。首府是艾尔斯伯里。从新石器时代到撒克逊人时代，白金汉郡历史上受英格兰人殖民每一时期的影响。在撒克逊人麦西亚王国统治时期，抵挡了丹麦人的入侵，开始繁荣起来。20世纪以前为一片乡野。伦敦现代化的成长，伴随铁路、公路的通达，使该郡人口明显增长。人口约479 028（2001）。

白鲸　beluga　又作white whale。分布于北冰洋以及邻近海域的一种鲸，学名*Delphinapterus leucas*。栖息在近海深水区及沿岸水域，也游入注入远北诸海的河流中。是一种

白鲸（*Delphinapterus leucas*）
E. R. Degginger

前额圆形、无背鳍的齿鲸，通常体长4米。初生时体色深蓝灰或黑灰色，4～5岁时褪成白色或乳白色。白鲸以鱼、头足纲和甲壳纲动物为食，通常5～10只为一群。常被猎捕以取其油、皮和肉，在北极用作人和狗的食物。

白兰地　brandy　用葡萄酒或其他发酵果醪蒸馏的酒精饮料，该名称是从荷兰语*brandewijn*（烧过的酒）转化而来。用木桶陈酿的白兰地，酒液呈琥珀色；酒精含量约50%（容量）。通常属餐后酒，但有时也会用于调配混和饮料和作糕点调味剂，在餐桌上点燃烧制某些风味食品，如橘子黄油薄饼卷和点缀有黑樱桃的冰淇淋（端上时均浇上烈酒并点燃），也用作泡制甜酒的酒基。法国产的科尼亚克酒是公认的最佳品种。

白兰度　Brando (Jr.), Marlon（1924～2004）　美国戏剧和电影演员。生于奥马哈。早年学习戏剧并扮演一些小角色，1947年因演出百老汇戏剧《欲望号街车》而一举成名。为演员排演场早期成员之一，他把在这里学的表演风格带到他的第一部电影《男儿本色》（1950）中。他含混不清、喃喃自语的说话方式代表了他反对传统戏剧训练，而他真实、热情的表演更证明他是当代伟大演员之一。演出的电影有：《欲望号街车》（1951）、《萨巴达万岁》（1952）、《凯撒传》（1953）、《飞车党》（1954）、《码头风云》（1954，获奥斯卡奖）、《教父》（1972，获奥斯卡奖）、《巴黎最后的探戈》（1972）、《现代启示录》（1979）和《干旱季节》（1989）等。

白里安　Briand, Aristide（1862～1932）　法国政治家。1901年担任法国社会党总书记。1902～1932年为众议员。1909～1929年当过11次法国总理。在1906～1932年间，担任过26个内阁职务。最杰出的成就是签订《洛迦诺公约》（1925）和《凯洛格-白里安公约》（1928）。白里安为国际合作、国际联盟与世界和平所做的努力，使他在1926年与G.斯特来斯曼共获诺贝尔和平奖。

白蛉　sand fly　白蛉科（或归为毛蠓科的一部分）双翅目昆虫的统称。幼虫水生，生活在沿岸的潮间带、泥中或潮湿的有机碎屑中。白蛉属传播白蛉热病毒；其他则在南美洲、非洲和亚洲传播引起黑热病、东方疖、美洲莱什曼病和巴尔通氏体病等的寄生原生动物。英语sand fly一词又指蚋及蠓科昆虫。

白令　Bering, Vitus (Jonassen)（1681～1741）　丹麦裔俄国航海家。他参加俄国沙皇彼得大帝的舰队，1724年彼得大帝命他率一支探险队，考察亚洲与北美洲是否有陆地相连。1728年他从堪察加的西伯利亚半岛出航，并且穿过一条海峡（后称白令海峡）进入北冰洋。白令计划进行第二次探险，被扩大为俄罗斯北方大探险（1733～1743），把西伯利亚靠北冰洋的大部分海岸地区绘制成图。白令勘察了阿拉斯加沿岸，但后患坏血病，因船沉而死。他的探险活动为俄国立足北美洲铺平了道路。

白令海　Bering Sea　太平洋最北端的水域。周围是阿拉斯加、阿留申群岛、堪察加半岛和西伯利亚东部。面积2 304 000平方千米。海中岛屿很多，有卡拉金岛、努尼瓦克岛、圣劳伦斯岛、阿留申群岛和科曼多尔群岛。国际日期变更线斜穿过白令海。白令海经白令海峡可连接北冰洋，将亚洲大陆与北美洲大陆分隔开，据信在冰河时期两大陆之间曾有陆桥，亚洲人经此移民到北美洲。V.白令船长在1728和1741年勘探了这里的海域，俄罗斯据此对阿拉斯加提出领土要求。

白鹭　egret　鹳形目鹭科的几种涉水禽鸟，尤指白鹭属的种类。外形似鹭和麻鸭，生活于沼泽地、湖泊、潮湿的森林和其他湿地环境，捕食浅水中的小鱼和两栖类、爬行类、哺

大白鹭（*Egretta alba*）
R. F. Head from The National Audubon Society Collection/Photo Researchers

乳动物及甲壳动物。在乔木或灌木上，或者在地面筑巢。羽衣多为白色，繁殖期有颀长的婚饰羽。由于白鹭的羽毛价值高，被人类滥捕而一度濒于绝灭，后因服饰潮流改变，加上人们采取了严格的保护措施，数量才又有所增加。大白鹭体长约90厘米，其他常见种类平均50～60厘米。

白洛嘉　Broca, Paul（1824～1880）　法国外科医生。他研究脑损伤，对了解失语症有重大贡献。其研究范围大部涉及比较各人种的颅骨，有助于现代生理人类学的发展。他开创了研究脑部形状、结构和表面征状，以及史前颅骨各部分的方法。1861年他宣布在大脑左前区发现了清晰言语区，该脑区后被命名为白洛嘉脑回，首次用解剖学证明大脑功能的分布区位。

白奈蒂　Burnett, Frances (Eliza)（1849～1924）　原称Frances Eliza Hodgson。英裔美国女剧作家和作家。她最著名的作品是儿童小说《方特勒罗伊小爵爷》（1886），讲一个美国男孩成为一位英国伯爵继承人的故事。《秘密花园》（1911）被认为是她最杰出的作品，是儿童文学的经典之作。其他作品还有小说《通过一个行政机关》（1883），以首都华盛顿的腐败为题材，以及《萨拉·克鲁》（1888；1905年改编成剧本，取名《小公主》）、《贵妇》（1896）。

白南准　Paik, Nam June（1932～　）　出生在韩国的美国雕刻家及录像和表演艺术家。曾在东京大学和慕尼黑大学学习音乐，1964年前往美国。他受到J.博伊斯和J.凯奇的激发，加入福鲁克萨斯团体。他被视为录像艺术之父。他精致的录像展示，如1974年的《电视佛陀》，就是一次以佛陀本人在电视上沉思自我的安排。这件作品被视为独到地切合于信息时代。在这个时代，对电子媒介物的沉迷已取代灵性，成为生活的焦点。

白内障　cataract　表现为眼内晶体混浊的眼科病。白内障导致的视野缺损多半会损害视力。白内障也可能发生在新生儿和婴儿身上。糖尿病、长期接触紫外线或外伤都会导致成年人患白内障，但多数发生在老年人身上，这是晶体随着年龄的增长密度增加的结果。治疗方法是外科手术摘除晶体，换上人工晶体。

白欧石楠　brier　又作white heath或tree heath。欧石楠属植物，学名*Erica arborea*，见于法国南部和地中海地区。根和节茎用来制造欧石楠木烟斗，叶呈针状，花朵接近白色。此名称也普遍用于木质、带刺或多刺的任何植物，例如蔷薇属、悬钩子属、菝葜属植物。

白沙瓦　Peshawar　巴基斯坦西北边境省首府。位于开伯尔山口附近的巴拉河以西，曾经是古代佛教王国犍陀罗的都城，也曾是来往于阿富汗和中亚一带的商旅贸易大中心。历史上曾被不同王国统治，988年遭穆斯林人入侵，到16世纪该地为阿富汗人统治，1849～1947年为英国殖民地和重要的军事基地，现仍具重要军事价值。其古老的集市至今仍是外国商人和贸易商的交易场所。人口约1 240 000（2005）。

白隼 gyrfalcon 北极的隼科猛禽，世界上最大的隼，学名为 *Falco rusticolus*。体长达 60 厘米。只在极地（和某些中亚高原）繁殖。缺乏食物时也曾被见到飞到较低纬度地方。

白隼（*Falco rusticolus*）和猎物
Shelly Grossman-Woodfin Camp

羽色从纯白缀以黑色条纹到暗灰色具横斑。腿上长满羽毛。白隼靠近地面飞翔，以猎食苔原和海滨的野兔、啮齿类和鸟类。在传统的鹰猎中，白隼是鸟中之王。

白头雕 bald eagle 一种海雕，学名 *Haliaeetus leucocephalus*。分布于内陆的江河和大湖附近。体形非常优美，是原产于北美洲的唯一的雕，自1782年起成为美国的国鸟。成

白头雕（*Haliaeetus leucocephalus*）
Alexander Sprunt, IV

鸟体长约1米，体羽暗褐，尾和头白色，喙、眼和脚黄色，羽翼宽 2 米。白头雕常掠过水面捕鱼，并抢夺鹗抓到的鱼，也吃腐肉。常于江河岛上的孤树上筑巢。尽管自 1940 年被美国列为保护动物，但因河水污染、杀虫剂的使用及营巢地的丧失，白头雕的数量现已大为减少。

白尾鹿 white-tailed deer 又称 Virginia deer（弗吉尼亚鹿）。偶蹄目鹿科常见的林地鹿类。学名 *Odocoileus virginianus*。分布在加拿大南部到南美洲一带，是重要的狩猎鹿种，独栖或成小群。尾下侧有白毛，受惊或奔跑时，尾高竖若旗。雄鹿的角向前弯曲，有很多

白尾鹿（*Odocoileus virginianus*）
Karl H. Maslowski

尖。北方白尾鹿成年鹿肩高 107 厘米，重可达 180 千克。白尾鹿栖于开阔的林地、砍伐后的森林和城市边缘小林地，也常见于果园和耕地。食物包括叶、细枝、果实和坚果，以及地衣和其他真菌。

白沃尔特河 White Volta River 西非布基纳法索和加纳河流，沃尔特河的源头河之一。发源于布基纳法索的那坎比地区，南流约 640 千米注入加纳境内的沃尔特湖。沿途有无数河湾。落差较小，流域降雨量也较少。

白细胞 leukocyte 又作 white blood cell 或 white corpuscle。防卫身体免于感染的数种血球细胞的统称。成熟型白细胞可分为粒细胞［包括嗜中性白血球（亦称嗜异白血球）、嗜碱性白血球和嗜酸性白血球］、单核球（包括巨噬细胞）和淋巴细胞。其功能因种类而不同，包括吸入细菌、原生动物或受感染和死亡的细胞；制造抗体和调节其他白细胞的活动。白细胞主要在机体组织内行使功能，只在运送过程出现在血流中。正常成人血液中的白细胞数为 5 000 ～ 10 000 个/毫米^3。

白细胞间素 interleukin 对淋巴细胞功能的调节很重要的任何一种天然蛋白质。几种已知的类型被认为是身体免疫系统（参阅豁免）的重要组成成分。抗原与微生物刺激白细胞间素的生成，以复杂的反应序列诱发不同种类的淋巴细胞生成，确保有充足的 T 细胞对抗特定的传染媒介。

白血病 leukemia 白细胞大量增生的造血组织恶性肿瘤。暴露在辐射中和遗传因素是某些病例的致病因子。急性白血病进展迅速，症状有贫血、发热、出血、淋巴结肿大等。急性淋巴细胞性白血病是儿童中最常见的白血病类型，一度曾有 90% 以上的患者于发病 6 个月内死亡，如今使用药物可治疗半数以上的儿童患者。急性髓细胞性（粒细胞性）白血病多见于成人，病情经常于缓解后再度复发，只有少数病人存活期较长。慢性髓细胞性白血病的发病高峰年龄为 40 ～ 49 岁，出现消瘦、低热、软弱和其他非立即出现症状。化学疗法可减轻症状，但不会延长存活期。慢性淋巴细胞性白血病多见于老人，可潜伏数年，存活率高于髓细胞性白血病，但患者易因严重感染或出血而死亡。

白羊座 Aries 又称白羊宫。双鱼座和金牛座之间的一个黄道星座。在占星术中，白羊宫是黄道十二宫中的第一宫，被看做是主宰 3 月 21 日到 4 月 19 日前后的命宫。白羊宫的形象是一只公羊，有时被视为埃及的阿蒙神，在希腊神话中，弗里克修斯王子伏在它的背上，平安地从色萨利逃到科尔基斯，他把这只羊献给宙斯，宙斯便把它放在天上成为一个星座。它的金羊毛后被伊阿宋取回。

白蚁 termite 等翅目中约2 750种昆虫的统称，大多数生长在热带，是以纤维素为食的群居的昆虫，通常体软、无翅。它们的肠道微组织能够消化纤维素。白蚁群中包括一个生育的蚁后和一个蚁王（有繁殖能力）、工蚁（最多的）和兵蚁（参阅等级）。蚁王体长1 ～2 厘米，而蚁后可以长到超过 11 厘米。工蚁和兵蚁都不能生育，而且是没有视力的。它们能活 2 ～ 5 年；有繁殖能力的白蚁能活60 ～70 年。白蚁生活在木头或地下的封闭、潮湿的巢里。地下的巢可能堆积成土丘。周期性地发育出一批带翅翼的、有视力的成蚁，它们离开原来的蚁巢而开始组成新的蚁群。白蚁主要以木为食。居住在土壤里的白蚁啃咬与地接触的木头；比起居住在土壤里的白蚁来，居住在木头中的白蚁对湿度的要求较低，它们啃咬树木、木柱以及木建筑。

白鼬 ermine 鼬科鼬属中几个北方种的鼬，尤指其冬季白色色型，其白色的毛皮就是皮毛业中的白鼬皮。白鼬分布于北美洲北部、欧亚和北非，在灌木丛、林地、半森林地区

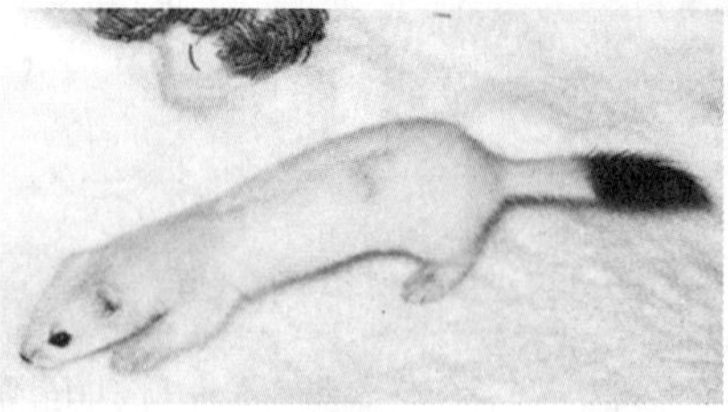

白鼬（*Mustela erminea*）
© Charlie Ott-The National Audubon Society Collection/Photo Researchers

数量最多。在夏季，白鼬毛皮为褐色，喉、胸及腹部为白色。在气候冷的地方，冬季毛皮为白色，仅尾尖为黑色；在气候稍冷的地方，冬季皮毛仅在一定程度上呈白色。头和体共长 13 ～ 29 厘米，尾长 5 ～ 12 厘米。体重不足 0.3 千克。白鼬食小型哺乳动物、鸟类及卵、蛙等，偶食无脊椎动物。中世纪时，制作王族长袍所用的白鼬皮特指扫雪（stoat, *M. erminea*）的皮。

白云岩 dolomite 石灰岩的一类，其碳酸盐组分以钙镁碳酸盐［$CaMg(CO_3)_2$］白云石矿物为主。矿物白云石存在于大理岩、滑石片岩以及其他富含镁的变质岩中。还存在于热液矿脉中和碳酸盐岩内的孔穴中，偶尔作为各种沉积岩的胶结物。在碳酸盐岩中，是最常见的一种造岩矿物。

百合科 lily family 百合目的一科，为开花草本植物或灌木，约 16 属，635 余种。百合属包括纯种百合。原产于温带和亚热带地区。这些单子叶植物的花瓣通常为 6 片，3 室蒴果，叶脉平行。在培育的最古老品种中，纯种百合是笔直的多年生植物，鳞茎多叶，叶通常细窄，花单生或簇生，有些十分芳香，颜色多样。大部分种类把养分储藏在地下的根状茎、鳞茎和球茎内。重要的庭园观赏植物和家中的室内植物有黄精、郁金香和贝母。郁金香种和百合属的一些品种中可食用的有洋葱、蒜和芦笋等。

百科全书 encyclopedia 一种包括各门类知识的或全面介绍某一门类知识的工具书。

是一种完备的工具书,在内容解释上较**词典**更详尽。百科全书与历书不同,历书的资料只涉及过去;百科全书与教科书也不相同,它易于检索,并容易为一般人所理解。虽然百科全书一般写成许多独立的词条,但格式和内容差异很大。通常大家公认 E. 钱伯斯的《百科全书》(1728)是现代百科全书的原型,而第一部现代百科全书是法国的《百科全书》(1751 ～ 1765)。最早的英语综合性百科全书是《**不列颠百科全书**》。

百老汇　Broadway　纽约市剧院区,以贯通**曼哈顿**区中心时代广场的一条大街为名,聚集了多家较大的剧院。19 世纪中期起吸引了剧团经理或主持人。百老汇剧院的数目和规模随着纽约的繁荣而不断增长,至 19 世纪 90 年代,这条灯火辉煌的大街以“伟大的白色大道”著称。1925 年的最繁荣时期约有 80 家剧院位于百老汇或靠近百老汇,至 1980 年只剩下 40 家。20 世纪 90 年代时代广场街区再度复苏,吸引了较多的观众,而高生产成本限制了百老汇剧院严肃剧目的生存,所以通常选择了大型音乐剧和其他讨人喜欢的商业剧来表演。

百里香　thyme　唇形科薄荷属芳香草本植物,学名为 *Thymus vulgaris*,原产欧洲南部、地中海地区、小亚细亚和中亚,也栽培于北美地区。为一种低矮的小灌木,叶小,弯曲,揉碎

百里香(*Thymus vulgaris*)
Walter Chandoha

有香气。干叶和花蓬常用作多种食品的调味剂。蜜蜂喜爱百里香花,数百年来,西西里的百里香蜜一直驰名。所含精油有防腐和麻醉功效,现在用作内服药,也被用于香水和牙膏。

百灵　lark　百灵科鸣禽的统称,约有 90 种。分布在整个旧大陆,只有角百灵产于新大陆。喙的形状或小而呈窄圆锥形,或长而向下弯曲。后爪长而直。羽衣素色或有条

角百灵(*Eremophila alpestris*)
Herbert Clarke

纹,颜色与土壤相似。体长 13 ～ 23 厘米。集群在地上寻食昆虫和种子。所有种类的百灵鸣声皆尖细而优美。

百慕大　Bermuda　大西洋西部的英属自治殖民地。由 7 个主岛和 170 个小岛或岛礁组成。位于美国北卡罗来纳州哈特勒斯角东南 920 千米处。群岛总陆地面积约 54 平方千米。首府哈密尔敦,位于梅恩岛。1503 年胡安·百慕德斯可能到过此群岛,故而得名。1612 年英国人开始移民于此,1684 年成为英国直辖殖民地,2002 年成为自治殖民地。经济以旅游业和国际金融业为主。当地的人均国民生产总值位居世界前列。百慕大于 1936 年首次参加在柏林举办的夏季奥运会。人口约65 000(2008)。

百慕大三角区　Bermuda Triangle　北大西洋中的三角区,通常把**百慕大**、美国的南部海岸和大安的列斯群岛当作它的三条边界。这里曾有许多船只和飞机神秘失踪,因而引起国际关注。有关该地区无法解释的事件报道也广为传播。至 20 世纪晚期,大多数的百慕大谜团已被破解。

百年战争　Hundred Years' War(1337 ～ 1453)　英国和法国之间因领土主权和法国王位继承等问题所发生的长期武力冲突。始于 1337 年英格兰国王爱德华三世为其对法国王位的要求而入侵佛兰德斯。爱德华在**克雷西战役**(1346)赢得胜利;随后其子爱德华(黑太子)在**普瓦捷战役**(1356)俘虏**约翰二世**,法国签署《布雷蒂尼条约》和《加来条约》(1360),被迫放弃领土主权。约翰二世在监禁中死去后,其子查理五世拒绝履行条约,冲突再起,并使英国采取守势。1380 年查理五世去世后,两国都忙于国内权力斗争,而获得暂时的和平。1415 年英格兰国王**亨利五世**决定在法国境内发动战争,以坚持英国对法国王位的主张(参阅**阿让库尔战役**)。1422 年英国和其勃艮第盟友控制了阿基坦和整个法国北部的卢瓦尔河流域,包括巴黎。1429 年是一个转折点,圣女**贞德**解除了英国的奥尔良之围。法国国王查理七世征服了诺曼底,后来又于 1453 年夺回阿基坦,使英国的势力仅存加来一地。这场战争使法国国力严重消耗并造成巨大痛苦,它实际上将封建贵族摧毁并带来新的社会秩序。英国在欧洲大陆势力的削弱,导致其向海上扩张及发展成海上强权国家。

百日　Hundred Days(1815)　法语作 Cent Jours。法国历史上指**拿破仑**自厄尔巴岛逃回巴黎至路易十八返回巴黎之间的时间。拿破仑于 3 月 1 日登陆法国,3 月 20 日抵达巴黎。奥地利、英国、普鲁士和俄国迅速结成反拿破仑联盟,发动一系列军事行动,导致**滑铁卢战役**。6 月 22 日拿破仑再次退位,被送到圣赫勒拿岛;7 月 8 日路易返回巴黎。

百日菊　zinnia　菊科百日菊属约 22 种草本植物或灌木的统称,原产地主要在北美。在原产地为多年生,但在其他地区为一年生。百日菊的茎直立,被柔毛。叶广椭圆形或披

雅致百日菊(*Z. elegans*)
Kenneth and Brenda Formanek

针形,对生,通常抱茎。雅致百日菊(*Z. elegans*)有许多庭园花卉品种,栽培以观赏其艳丽的花。庭园百日菊大小不一,矮的高度不足 0.3 米,花序直径 2.5 厘米;高的可达 1 米,花序直径 15 厘米。

百日咳　whooping cough　又作 pertussis。具有高度传染性的急性呼吸道传染病,多见于儿童。典型表现为发作性咳嗽,继之以深长的吸气(吼声),发作终了时排出清亮的黏痰,并常伴有呕吐。致病菌为百日咳博尔德氏杆菌,潜伏期一周,类似普通感冒,伴有短促的干咳。1 ～ 2 周后,进入具特征性的发作期,持续时间不定,通常为 4 ～ 6 周。严重的并发症包括支气管肺炎、窒息发作,偶致惊厥及脑损害。治疗包括:多次少量地哺喂,以补充因呕吐而丢失的营养;给予镇静剂以保证休息和睡眠;有时需使用吸引器吸出黏稠的痰液,使呼吸通畅。抗生素对百日咳杆菌几乎无效,但可用于治疗继发感染。百日咳疫苗通常与破伤风及白喉类毒素结合起来使用,作为儿童常规免疫的一部分。

百事可乐公司　PepsiCo, Inc.　美国跨行业联合企业。**软饮料**百事可乐由药剂师 C. D. 布雷汉姆于 1898 年制成,他为他的饮料取名百事可乐(源自希腊语 pepsis,意为“消化”),并在 1902 年成立百事可乐公司。在经历两次破产和几次合并之后,百事可乐的商标和资产在 1931 年被 C. G. 古思购买,他将配方改良,以 5 美分的价格在市场销售 12 盎司一瓶的饮料,取得了巨大成功。百事可乐在 1941 年与洛夫特苏打水连锁公司合并,1965 年与弗里托-莱公司合并,并采用了其目前的名字百事可乐公司。在 20 世纪 70 和 80 年代,百事可乐购买了连锁食品店(如必胜客比萨店)、塔科贝尔公司和肯德基炸鸡公司,但 1997 年公司将其餐饮业分离为独立的公司,即百胜全球餐饮公司。百事可乐公司总部设在纽约州珀切斯。

柏树　cypress　柏科柏属约 20 种供观赏和材用常绿针叶树的统称。柏科包含 130 余种常绿灌木或乔木,分布全世界。叶对生或三叶轮生,幼叶针状,成熟后鳞片状。柏科多数属种为重要的材用和观赏树种,如柏属、崖柏属、翠柏属、刺柏属等,其中尤以崖柏、**柏和刺柏**为最重要的材用树及观赏树,并可提取芳香油、树脂和单宁。

摆　pendulum　悬挂于定点的物体,在万

有引力影响下能往复摆动。单摆由悬在一条绳线下端的摆锤(重量)构成。摆的周期运动是恒久不变的,但可通过加减绳的长度来使摆的周期变长或变短。摆锤质量的变化对周期无影响。由于其永恒性,长久以来摆被用于调控时钟的运动。其他特殊的摆可用于测量重力加速度的 g 值,以及用于显示地球绕轴自转。参阅*傅科摆*。

败血症　septicemia　又称 blood poisoning(血中毒)。手术或感染性疾病后由多种微生物(典型的是革兰氏阴性)以及它们所释放的毒素侵入血液系统而引起。毒素会激发免疫反应和血管中广泛的血块凝结。发病时先是高热、寒战、虚弱和盗汗,然后血压降低。败血症通常由多种感染引起,故须使用广谱抗生素以及用外科手术引流感染病灶。如不及时处理,败血症会恶化成败血性休克,其死亡率高达 50% 以上。微生物会停留在黏膜中,造成*脓肿*并形成脓液。医院中侵入性技术以及抗药性细菌的增加使败血症变得更为严重和普遍。

拜登　Biden, Joe(1942～　　)　全名 Joseph Robinette Biden。美国政治人物。1968年毕业于纽约锡拉丘兹大学,获法学学位,曾短期在特拉华州担任律师,不久后从政。1972年作为民主党代表当选联邦参议院议员,此后6度连选连任,成为特拉华州担任联邦参议员时间最长的人(1973～2009)。在担任参议员期间,他专注于美国的外交关系、刑法和毒品政策等领域。两次参选民主党总统候选人(1988、2008)未能成功之后,2008年他作为奥巴马的副总统竞选搭档参选成功,于2009年宣誓就任美国副总统。

拜耳公司　Bayer AG　德国化学医药公司。1863年由F.拜耳(1825～1880)创立,现在在30多个国家设有工厂。许多药品、化学产品和合成材料都是拜耳首先研制的。最著名的是它首先研制和销售*阿司匹林*(1899)、第一个磺胺药百浪多息(1935),以及聚氨基甲酸乙酯(1937)。1925～1945年拜耳公司是化学联合企业法本化学工业公司的一部分,1945年后者被盟军解散。1951年重建为独立的公司。20世纪90年代最有名的药品是抗生素赛普洛。公司总部设在莱沃库森。

拜里基　Bairiki　基里巴斯的小岛与行政中心。位于*吉尔伯特群岛*部的塔拉瓦环礁。拥有港湾及南太平洋大学分校。人口:大都会区36 717(2000)。

拜伦　Byron, George (Gordon), Baron(1788～1824)　又作 Lord Byron。英国浪漫派诗人和讽刺作家。先天跛足,对此十分敏感,10岁时意外继承了爵位和产业。在剑桥大学受的教育,以讽刺诗《英国诗人和苏格兰评论家》(1809)受到注目,该诗是回应评论家对他第一部作品《闲暇的时刻》(1807)所作的评论。21岁时开始到欧洲旅行。沿途所见均写在《恰尔德·哈罗尔德游记》(1812～1818)一诗中,该诗吐露了他的悲郁心情与幻想破灭,而他复杂的个性、风度翩翩的外表以及许多爱情绯闻事件博得了欧洲人的好感。拜伦在日内瓦附近定居下来后,写了诗寓言《希永之囚》(1816),是对自由的赞美和对暴政的控诉;还写了一部诗剧《曼弗雷德》(1817),其主人翁反映了拜伦自己的内疚和挫折。他最伟大的诗篇《唐璜》(1819～1824)是用八行诗写的一部传奇式流浪冒险讽刺诗,生前未完成。在其他大量的作品中,还有诗寓言和诗剧。后来赴希腊协助希腊人为独立而奋斗,结果患热病而死,成为希腊的民族英雄。

拜罗伊特　Bayreuth　德国中东部城市,位于*纽伦堡*东北方。建于1194年,为班贝格主教奥托二世管辖。1248～1398年归纽伦堡世袭城主统治,1603～1769年受勃兰登堡-库尔姆巴赫总督统治。历任总督赞助艺术,委托建造了许多巴罗克式建筑,现仍存在。1791年割让给普鲁士,1806年为拿破仑攻占,1810年转归巴伐利亚。作曲家*R.瓦格纳*于1872年定居于此,并设计了节日剧院,瓦格纳音乐节自从1876年开幕以来一直在此举行。制造业包括机械、纺织、化工、钢琴、陶瓷器和玻璃器皿。人口约74 500(2001)。

拜物　fetish　被相信具有神奇的力量,并能够保护或帮助拥有者的物件,也可以是迷信物或崇拜物。18世纪时西非的护身符就是一个例子;美洲印第安宗教中也有很多这样的东西。在心理学中,拜物是以某个物体来取代对某个人的性渴望。参阅*恋物癖*。

拜占廷帝国　Byzantine Empire　位于欧洲东南部和南部及亚洲西部的帝国。源于古代希腊在博斯普鲁斯海峡欧洲岸边的一个殖民地——拜占廷城。公元330年罗马皇帝*君*

拜占廷皇帝*

芝诺	474～491
阿纳斯塔修斯一世	491～518
查士丁一世	518～527
查士丁尼一世	527～565
查士丁二世	565～578
提比略二世·君士坦丁	578～582
莫里斯·提比略	582～602
福卡斯	602～610
希拉克略	610～641
希拉克略·君士坦丁	641
赫拉克洛纳斯(或希拉克略)	641
君士坦斯二世(君士坦丁·波戈纳图斯)	641～668
君士坦丁四世	668～685
查士丁尼二世·来诺特美图斯	685～695
莱昂提乌斯	695～698
提比略三世	698～705
查士丁尼二世·莱诺特美图斯(复位)	705～711
腓力比库斯	711～713
阿纳斯塔修斯二世	713～715
狄奥多西三世	715～717
利奥三世	717～741
君士坦丁五世·科普罗尼姆斯	741～775
	续表 1
利奥四世	775～780
君士坦丁六世	780～797
伊林娜(女皇)	797～802
尼斯福鲁斯一世	802～811
施陶拉修斯	811
迈克尔一世·兰伽柏	811～813
利奥五世	813～820
迈克尔二世·巴尔布斯	820～829
狄奥斐卢斯	829～842
迈克尔三世	842～867
巴西尔一世	867～886
利奥六世	886～912
亚历山大	912～913
君士坦丁七世·波菲罗格尼图斯	913～959
罗曼努斯一世·莱卡佩努斯	920～944
罗曼努斯二世	959～963
尼斯福鲁斯二世·福卡斯	963～969
约翰一世·齐米斯西斯	969～976
巴西尔二世·保加洛克托努斯	976～1025
君士坦丁八世	1025～1028
罗曼努斯三世·阿尔吉鲁斯	1028～1034
迈克尔四世	1034～1041
迈克尔五世·卡拉法提斯	1041～1042
佐伊(女皇)	1042～1056
君士坦丁九世·莫诺马库斯	1042～1055
狄奥多拉(女皇)	1055～1056
迈克尔六世·斯特拉提奥提卡斯	1056～1057
伊萨克一世·康尼努斯	1057～1059
君士坦丁十世·杜卡斯	1059～1067
罗曼努斯四世·第欧根尼	1067～1071
迈克尔七世·杜卡斯	1071～1078
尼斯福鲁斯三世·波坦尼亚特斯	1078～1081
阿历克赛一世·康尼努斯	1081～1118
约翰二世·康尼努斯	1118～1143
马努埃尔一世·康尼努斯	1143～1180
阿历克赛二世·康尼努斯	1180～1183
安德鲁尼卡一世·康尼努斯	1183～1185
伊萨克二世·安基卢斯	1185～1195
阿历克赛三世·安基卢斯	1195～1203
伊萨克二世·安基卢斯(复位)和阿历克赛四世·安基卢斯(共治)	1203～1204
阿历克赛五世·杜卡斯·穆泽弗卢斯	1204
拉丁皇帝	
鲍德温一世	1204～1205
亨利	1206～1216
彼得	1217
约兰德(女皇)	1217～1219
罗伯特	1219～1228
鲍得温二世	1228～1261

续表 2

约翰	1231 ～ 1237
尼西亚皇帝	
君士坦丁(十一世)拉斯卡里斯	1204 ～ 1205?
狄奥多一世·拉斯卡里斯	1205? ～ 1222
约翰三世·杜卡斯·瓦塔特泽斯	1222 ～ 1254
狄奥多二世·拉斯卡里斯	1254 ～ 1258
约翰四世·拉斯卡里斯	1258 ～ 1261
希腊复位皇帝	
迈克尔八世·帕里奥洛加斯	1261 ～ 1282
安德罗尼卡二世·帕里奥洛加斯	1282 ～ 1328
安德罗尼卡三世·帕里奥洛加斯	1328 ～ 1341
约翰五世·帕里奥洛加斯	1341 ～ 1376
约翰六世·坎塔库泽努斯	1347 ～ 1354
安德罗尼卡四世·帕里奥洛加斯	1376 ～ 1379
约翰五世·帕里奥洛加斯(复位)	1379 ～ 1390
约翰七世·帕里奥洛加斯	1390
约翰五世·帕里奥洛加斯(复位)	1390 ～ 1391
曼努埃尔二世·帕里奥洛加斯	1391 ～ 1425
约翰八世·帕里奥洛加斯	1421 ～ 1448
君士坦丁十一世·帕里奥洛加斯	1449 ～ 1453

*罗马衰亡以前在君士坦丁堡的东罗马帝国历代皇帝,参阅罗马共和国与罗马帝国。

士坦丁一世占领这个城市,易名为伊斯坦布尔。此时该地区通称东罗马帝国。476 年西罗马帝国灭亡,东半部的罗马帝国延续下来,成为拜占廷帝国,以君士坦丁堡为其首都。东部地区在许多方面有别于西部:它继承了希腊化时代的文明,因此人口稠密,商业繁荣,城市化程度更高。在它最伟大的皇帝查士丁尼一世(527 ～ 565 年在位)掌权后,重新征服了一些西欧地区,兴建圣索非亚教堂,并公布了以罗马法律为基础的法典。他死后,帝国逐渐衰落。虽然在查士丁尼死后很久,其统治者仍以"罗马"自居,但"拜占廷"则更能适切地形容这个中世纪帝国。长时期因破坏圣像主张的争论,使得东方教堂和罗马教会决裂(参阅 1054 年教会分裂)。在东西方教会相对抗时期,阿拉伯和塞尔柱突厥人在这个地区加强了他们的力量。11 世纪晚期,阿历克塞一世康尼努斯向威尼斯和罗马教皇寻求帮助,随着这个结盟继之而来的是十字军的掠夺。在第四次十字军东征时,威尼斯人占领了君士坦丁堡,并建立一个拉丁帝国。1261 年拜占廷重新复国,但领土大为缩小,像是一个以君士坦丁堡为中心的城邦国家。14 世纪奥斯曼土耳其开始入侵,1453 年他们对君士坦丁堡的长期围困结束,最后一位皇帝在城墙上奋战后丧命,奥斯曼帝国取代了拜占廷帝国。

拜占廷建筑　Byzantine architecture　公元 330 年以后的君士坦丁堡(今伊斯坦布尔,即为古代的拜占廷)建筑风格。拜占廷建筑是兼收并蓄的,起初着重于模仿罗马寺庙的特点。它们的巴西利卡(长方形教堂)与对称性的十字中心式(圆形或多边形)宗教结构结合起来,促成了典型的拜占廷希腊十字形教堂,带有方形中央主体和 4 个等长的翼。最独特的特点是穹顶,要让穹隆安置于方形基础上,可利用内角拱(方形基础每个角落的拱门变为八角形)或穹隅。拜占廷结构主要是高挑的空间和华丽的装饰:大理石柱和镶嵌物、拱顶上的马赛克、镶嵌石头的路面,以及有时是黄金花格的天花板。君士坦丁堡建筑扩及整个东正教地区,而在某些地方,特别是俄罗斯,在君士坦丁堡陷落(1453)后仍然使用。参阅圣索非亚教堂。

拜占廷艺术　Byzantine art　与拜占廷帝国相关的艺术。具有拜占廷艺术特征的风格最早形成于 6 世纪,这种风格直到 1453 年土耳其人攻占君士坦丁堡后才告终止。拜占廷艺术几乎全都与宗教有关,倾向反映强烈的等级宇宙观。这种艺术依靠线条的力量和色彩的明度,缺乏个人特色,形式平坦,缺乏透视。墙面、拱顶和圆顶都用镶嵌图案覆盖,壁画的装饰整体融合了建筑和绘画的表现。拜占廷的雕刻大多局限于小型象牙浮雕。拜占廷艺术对欧洲宗教艺术的影响是深远的;这种艺术风格经由贸易和征服传播到地中海地区、东欧的各个中心地区,尤其是俄罗斯。参阅拜占廷建筑。

班达　Banda, Hastings (Kamuzu) (1902? ～ 1997)　马拉维第一任总统(1963 ～ 1994)。1949 年当该地区的白人居民要求罗得西亚与尼亚萨兰(即后来的马拉维)组成联邦时,班达首次卷入了他本国的政治。20 世纪 50 年代,他周游全国,到处发表演说反对联邦制度,因此被英国殖民当局逮捕入狱。1963 年联邦解散后,他出任总理。班达集中一切力量建设国家的基础设施和增加农业生产。1971 年宣布为终身总统后,他的统治愈来愈独裁和严厉。1994 年因选举失利下台。

班达拉奈克　Bandaranaike, S(olomon) W(est) R(idgeway) D(ias) (1899 ～ 1959)　锡兰(今斯里兰卡)政治家和总理(1956 ～ 1959)。毕业于牛津大学,后成为亲西方的统一国民党的重要成员。1952年创立民族主义的斯里兰卡自由党,成为立法机构中反对党的领袖。后来与 4 个民族主义和社会主义党派结成联盟,在 1956 年选举中大获全胜,他当选总理。在班达拉奈克的统治下,僧伽罗语取代英语成为该国官方语言;佛教(大多数人信仰)在国家事务中被赋予重要地位;锡兰也与共产主义国家建立起外交关系。1959 年被暗杀。其遗孀班达拉奈克夫人(1916 ～ 2000)1960 年当选为世界上第一位女总理,她担任该职直到 1965 年,此后还两次当选为总理(1970 ～ 1977、1994 ～ 2000)。在任内她通过一部新宪法,宣布成立共和国(1972),并改国名为斯里兰卡。当她的女儿 C.班达拉奈克·库马拉通加(1945 年出生)1994 年成为斯里兰卡总统时,班达拉奈克夫人第三次担任总理之职。

S. W. R. D. 班达拉奈克
Camera Press

班夫国家公园　Banff National Park　加拿大艾伯塔省西南部公园。1885 年建立,1887 年建为加拿大第一座国家公园。地处加拿大落基山东麓,内有数处矿泉、大冰原和冰川湖,包括路易斯湖。现在面积扩大到 6 641平方千米。以景色壮丽闻名,因游客过多,与其说是自然保护区倒不如说是一个游乐区。1984 年成为加拿大落基山公园的一部分,该公园被列为世界文化遗产。

班吉　Bangui　中非共和国首都。位于乌班吉河河畔,是该河主要港口,一条长达 1 800千米的河流和铁路运输系统将其连接到刚果城市黑角和布拉柴维尔。为商业和行政中心。设有班吉大学和几所研究机构。人口约622 771(2003)。

班加罗尔　Bangalore　印度南部城市,卡纳塔克邦首府。为坎纳达、泰卢固与泰米尔语族文化的交会处。建于 16 世纪。1760 年成为印度统治者海德尔·阿里的封邑,后为英国人所夺。1831 ～1881 年成为英国行政首府,当时它已恢复为迈索尔(今卡纳塔克)的王侯所辖。如今是印度大城市之一,为工业和教育中心。人口:市4 301 326;都会区 5 701 446(2001)。

班加西　Benghazi　又拼 Banghazi。利比亚东北沿海城市,临锡德拉湾,是利比亚第二大城市,并一度为其首都。最早由希腊人建立,名赫斯珀里得斯,后托勒密三世用他妻子名字贝勒奈西作为该城别名。公元 3 世纪以后该城取代昔兰尼和巴尔切成为地区首府。后来其重要地位渐渐丧失,沦为一小城镇,直至意大利占领利比亚期间(1912 ～ 1942)才迅速发展起来。第二次世界大战期间遭受严重破坏,1942 年为英军占领。该市现为行政和商业中心,建有世界最大的海水淡化工厂之一。人口685 367(2005)。

班克斯　Banks, Joseph(1743 ～ 1820)　后称 Sir Joseph。英国探险家和博物学家。在牛津大学学习之后,从其父手中继承了一笔数量可观的财产,供其到处旅行,搜集植物和博物学标本,1768 ～ 1771 年随同 J.库克船长作环球旅行。班克斯对经济植物及其在各国间引进的问题特别感兴趣。他第一个提出小麦锈菌和小檗真菌是同一菌种(1805),并首次证明有袋类哺乳动物比有胎盘哺乳动物更为原始。他于1778～1820年间担任皇家学会会长,并以基尤植物园非官方园长身份将该园改造成重要的植物学研究机构。他的标本圃(是现存最重要的标本圃之一)和藏书(主要收藏自然博物史学论著)现属于不列颠博物馆。

班尼斯特　Bannister, Roger (Gilbert) (1929～　) 后称Sir Roger。英国赛跑健将。曾就读于牛津大学,获得医学学位。1954年成为第一个在4分钟内(3分59.4秒)跑完1英里的运动员。许多权威人士曾认为4分钟1英里是一个无法逾越的"极限"。作为神经学家,他曾写过多篇运动生理学论文,据说他是通过科学的训练方法才达到他的速度的。

班图人　Bantu peoples　分布在非洲南部的、操近500种不同的班图诸语言的2亿多人。由于操班图语各族的文化类型极为不同,民族主要依据语言区分。其中包括本巴人、贝纳人、查加人、切瓦人、恩布人、芳人、干达人、古西人、赫赫人、赫雷罗人、胡图人、卡格威人、基库尤人、卢巴人、卢赫雅人、隆达人、马孔德人、梅鲁人、纳扬维西人、恩德比勒、恩科勒人、尼亚库萨人、尼奥罗人、佩迪人、绍纳人、索托人、斯威士人、聪加人、茨瓦纳人、图西人、文达人、科萨人、尧人、扎拉莫人和祖鲁人。

班图斯坦　Bantustan　20世纪中叶至末叶南非政府为境内黑人指定的10个前居住区的统称。亦称"南非家园"、"班图家园"、"黑人家园"或"黑人邦"。该地是当时白人政府实行种族隔离政策之下的产物。具体包括加赞库卢、夸祖鲁、莱博瓦、宽德贝莱、卡恩格瓦、夸夸、特兰斯凯、博普塔茨瓦纳、文达和西斯凯。位列最后的4个还曾由南非政府宣布"独立",但它们的独立从未获得国际社会承认。尽管班图斯坦的建立是由先前的一些立法造成的,但1970年的《班图家园公民法》规定居住在南非境内的黑人只有在为他们的特定种族群体指定的家园内才是合法公民,从而剥夺了他们的南非公民资格。20世纪60～80年代,南非政府持续不断地将仍旧在南非境内"白人居住区"生活的黑人迁移出去,并强迫他们重新在班图斯坦定居。1994年终止种族隔离政策之后,南非政府将境内设定为9个新的省,其中包括过去的省也包括前班图斯坦地区。

班图诸语言　Bantu languages　通行于非洲向西凸出部分以下直至最南端的近500种语言,使用者有2亿多人。其中使用者达百万以上的约35种,包括刚果语(或基孔戈语)、隆迪语(或基隆迪语)、卢旺达语(或基尼亚卢旺达语)、肯尼亚语(或基库尤语)、切瓦语(或奇切瓦语)、南北索托语、祖鲁语和科萨语。班图语族属于尼日尔-刚果语系贝努埃-刚果语支。最显著的语法特征是名词的归类(参阅性)部分以语义为基础,部分则是任意的,以名词前缀为标志,而且要与名词支配的其他词类如形容词和动词的前缀相一致。

班韦乌卢湖　Bangweulu, Lake　赞比亚北部湖泊。位于姆韦鲁湖东南部和坦噶尼喀湖西南边,海拔1 140米,长约72千米,面积约9 840平方千米(包括周围的沼泽)。湖水的出口是卢阿普拉河,系刚果河的一个源头。湖中有3座岛屿有人居住。第一个考察湖区的是D. 利文斯敦,1873年他在班韦乌卢湖逝世。

班扬　Bunyan, John (1628～1688)　英国清教徒牧师和传道士。生于农村,家境贫寒。内战爆发时,被征召入国会军,接触了克伦威尔军队中左翼教派沸腾的宗教生活,对

J. 班扬,R. 怀特绘于皮纸上的铅笔画;现藏不列颠博物馆
By courtesy of the trustees of the British Museum

清教徒的主导思想开始熟悉起来。他经历了一段精神的折磨,最后改信了清教主义,并成为传道士。查理二世复辟后,他因是不从国教派而被关了12年,在狱中他撰写了描述他的灵魂的自传《罪人受恩记》(1666)。其最有名的著作《天路历程》(1678～1684)是一部宗教寓言,表达了清教主义的宗教观,叙述一个基督徒生死存亡的惊险故事。书一出版后其受到平民百姓欢迎的程度仅次于《圣经》。除了履行牧师的职责外,在其生命的最后10年中他还出版了大量作品。

班珠尔　Banjul　旧称Bathurst(1816～1973)。冈比亚首都和海港,为该国最大城市。位于冈比亚河河口圣玛丽岛上。1816年为英国人所建,以镇压奴隶买卖,后来成为英国冈比亚殖民地的首府。1965年冈比亚独立后成为国家首都。该市成为连接内陆地区和塞内加尔的转运中心,旅游业日渐重要。人口:都会区523 589(2003)。

班卓琴　banjo　源自非洲的一种弹拨弦乐器。有铃鼓式的琴身,四五根弦,琴颈细长。第五根弦(如果有的话)拴紧在第五个品上,主要是由拇指拨奏出低音。最早的班卓琴只有4根弦,没有品。原由奴隶引入美国,19世纪在黑脸歌唱团表演中特别盛行,后传入欧洲。现在已是美国一种重要的民谣乐器(特别是蓝草音乐),早期的爵士乐也使用它。

斑鸠　turtledove　鸠鸽科几种欧洲候鸟,在非洲北部越冬,学名*Streptopelia turtur*。体长约28厘米,体淡红褐色,头蓝灰色,尾尖白色。在地面觅食,吃大量小粒种子。斑鸠这个名字也用于旧大陆温带和热带的斑鸠属品种,它们都是身体细长、飞行速度快的猎禽。环颈斑鸠或环颈鸽在加利福尼亚州和佛罗里达州有野生种群;笑鸽和斑鸽也已引至原产地以外的地方。

斑马　zebra　几乎完全靠吃草生存的3种黑白斑纹相间的马科动物的统称。肩高120～140厘米。白切尔氏斑马(*E. quagga*)产于非洲东部和南部富饶的草原,斑纹

白切尔氏斑马(*Equus quagga*)
Leonard Lee Rue Ⅲ

宽,黑白斑纹的间距亦宽;格雷维氏斑马(*E. grevyi*)产于肯尼亚、埃塞俄比亚和索马里树木稀少的干燥地区,斑纹窄,黑白斑纹的间距亦窄,腹部白色。体形小的山斑马(*E. zebra*)见于纳米比亚干燥的高地平原和南非的西部,在臀部有一个格栅形斑纹。小的斑马群里有一匹牡马、数匹牝马以及许多斑马驹子,几个小的斑马群可结成大群,但仍保持其独立性。

斑马贝　zebra mussel　饰贝属2种小贻贝的统称,为主要的淡水有害生物。繁殖速度极快,能大量吸附于几乎各种物体表面。此种能消耗大量食物的斑马贝,往往将浮游植物群落一扫而空,从而破坏了食物网。它们大量聚集在吸水阀和水管、桥墩,以及其他结构上,能造成严重经济损失。19世纪初首次在欧洲给人类造成损害,约1986年被带到北美(可能通过船上的压舱水);现已侵入整个五大湖区,对湖区本身的贻贝和鱼类产生了毁灭性影响。

斑疹伤寒　typhus　因不同种类的立克次氏体释放毒素至血液中而引起的一系列相关疾病。发病急,初始症状为头痛、畏寒、发热、全身痛,随即出现皮疹。不同种类的细菌靠虱、蚤、螨和蜱传播。由体虱传播的流行性斑疹伤寒是最严重的一型,为人类史上的一大灾难,与拥挤、肮脏的人们形影相随。卫生条件的改进使该病在欧洲几乎绝迹,但即使有现代疫苗和杀有害生物剂,斑疹伤寒仍存在于许多国家。地方性斑疹伤寒由鼠和其他啮齿动物身上的蚤而传播,其症状较轻,病死率不足5%。病原体为螨的丛林型斑疹伤寒通常被分类为一种独立的疾病。参阅落基山斑疹热。

板块构造学　plate tectonics　将地球岩石圈(地壳与上部地幔)分为12大块及几个小块,漂浮并独立在软流圈上移动的学说。这个学说是地质科学的革命,20世纪60年代

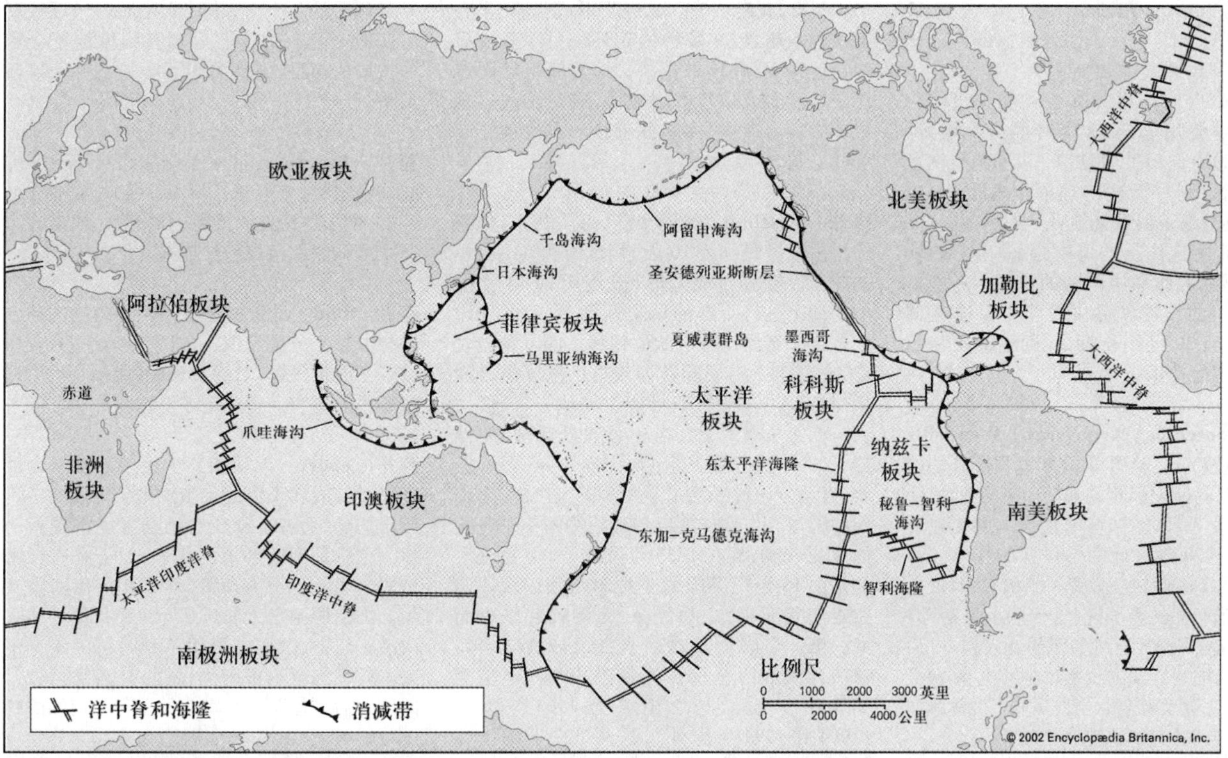

地球岩石圈主要的构造板块。新的岩石圈在特定的板块边界涌出岩浆生成，称为扩张中心或洋脊，在此处板块分离。在称为潜没带的板块边界，板块聚合，直到其中一块潜没入地球内部。几个大陆牢牢地连在各自的板块上，并随着板块每年移动数英寸。

结合较早期的大陆漂移想法与新的海底扩张概念成为连贯的整体。每个板块是由洋脊处上涌的岩浆所生成的坚硬岩石组成，在洋脊处板块分离。两个板块聚合处形成潜没带，其中一个板块被迫向下进入地幔。地球表面主要的地震和火山是沿着构造板块的边界产生。板块内部移动就像刚体，仅有少量的收缩、少许的地震和较少的火山活动。

板球 cricket 在一个中央有击球员守卫着的两座"三柱门"的大场地上进行，两队各11名球员，以船桨式木棒击球。起源不详，第一次有记载的比赛是在16世纪末的英格兰，1744年写出第一套规则，在英国殖民时期传向世界各地。投球手用直臂肩上手法投出球，旨在击中三柱门，这是让对方击球手出局的一种方法。击球手每次交换位置而没有被击出局，便得分。板球比赛按回合计算。每队都有一轮击球(10名运动员)；可赛前协议，这场比赛是打1个回合还是2个回合。板球国际锦标赛由标准及外场板球委员会(TCCB)主办。

板岩 slate 细粒的黏土质*变质岩*，极易劈或裂成具有很大的抗张强度和坚固性的薄板。薄层产出的其他岩石由于能当作盖屋顶的石料和用于类似的目的而被错误地叫做板岩。真正的板岩一般不沿层理面而沿劈理面裂开，劈理面可以高角度与层理面相交。板岩可以是黑色、蓝色、紫色、红色、绿色或灰色的。供销售的板岩有时要做成一定尺寸的石板，主要用作配电板、实验室台面、屋顶、地板，或者是破碎板岩，用于屋顶、骨料和填充料。

板垣退助 Itagaki Taisuke(1837～1919) 日本第一个政党——自由党的创立者。19世纪60年代他成为土佐藩的军队领导人，在他的命令下，土佐的部队加入了明治维新。他不定期在新政府任职，由于不满足而成立第一个政治俱乐部，后又创立一个全国性的"爱国公党"以支持更多的民主。1881年他成立自由党。虽然他于1900年退休，但他仍然是该党象征性的领袖。

半导体 semiconductor 一类晶体材料，其电导率介于*导体*和*绝缘体*之间。这类材料经过化学处理后可以传输和控制电流。半导体用于制作像二极管、*晶体管*以及*集成电路*等电子器件。本征半导体的化学纯度很高，而电导率很低。非本征半导体含有杂质，电导率要高得多。常用的本征半导体是*硅*、*锗*以及砷化镓等的单晶；这些材料在技术上可以通过加入少量的杂质(这个过程称作掺杂)转化成更重要的非本征半导体。近年来半导体技术的发展与*计算机*运算速度的增加同步增长。

半岛电视台 Jazeera, Al- 阿拉伯语有线新闻网，1996年在卡塔尔成立。该电视台由卡塔尔的埃米尔建立，从卡塔尔的首都多哈以及世界各地的分社传送新闻。1999年开始连续播送节目。该电视台奉行的编辑自由方针在中东地区是独一无二的，其广播有时会遭其他阿拉伯国家封杀。在2001年美国领导的阿富汗战争中，它是唯一从喀布尔提供电视节目的新闻网。

半岛战争 Peninsular War(1808～1814) *拿破仑战争*的一部分，在伊比利亚半岛进行。法国军队占领葡萄牙(1807)和*拿破仑*将其兄*J.波拿巴*立为西班牙国王(1808)后，马德里发生叛乱，开始了所谓的西班牙"独立战争"，很快其他城市也发生叛乱。到1810年法国平定了马德里和西班牙其他地方的叛乱。与此同时，英国军队在未来的*威灵顿公爵*的率领下登陆葡萄牙(1808)，并与法国持续作战到1812年。拿破仑撤军以集中力量入侵俄国后，威灵顿开始向西班牙进军。英军在维多利亚战役(1813)的胜利和他们向法国西南部的进军迫使法国人从西班牙撤军，并且重新立*费迪南德七世*为国王(1814)。

半人马星 Centaur object 冰质的天体，大小近似于*小行星*，成分与*彗星*相近，其绕行太阳的轨道主要介于木星与海王星轨道之间。最早发现的半人马星是1977年发现的*卡戎*，但直到10多年后人们才认识到它与彗星的相似性。随后又记录到数十个半人马星。天文学家认为这些半人马星源于*柯伊伯带*，即*海王星*轨道外侧庞大的彗核来源。

半人马座ω星团 Omega Centauri 最亮的球状星团。位于南天星座半人马座中。*星等*为3.7等，用肉眼看是一微弱的光斑。半人马座ω星团是距地球约17 000光年，因而是距地球较近的球状星团之一。据估计有恒星数十万颗，已观测到数百颗变星。J.赫歇尔(参阅*赫歇尔家族*)首先发现它是星团而非*星云*。

半衰期 half-life 放射性样品的原子核衰变(放射性核素通过发射粒子和能量，自发地变成其他核素)一半所需的时间，或放射性材料每秒蜕变数减少一半所需的时间。半衰期是各种不稳定原子核的特性，是它们衰变的特殊方式。α衰变和β衰变一般比γ衰变的长。

半音应用 chromaticism 音乐中全部12个音的应用，专门是为了加强表达能力。一个标准的调或调式主要使用7个音，其余5个音则可以自由使用。18世纪和19世纪，一件作品中使用全部12个音的情况增多。严格控制的半音运用，如在F.肖邦的装饰音中，并不威胁到对调性的理解。然而，从19世纪中叶起，越来越频繁地听到人们抱怨：很难理解一个特定作品的调中心，最出名的就是R.瓦格纳的作品中半音的使用。一些标新立异的作曲家的作品中事实上已摒弃调性，最后导致20世纪初期A.勋柏格及其追随者的无调性音乐。

邦当 Bontemps, Arna(ud)(Wendell) (1902～1973) 美国哈勒姆文艺复兴的作家。生于路易斯安那州的亚历山德里亚，发生种族事件后3年，他随全家移居加利福尼亚州。20世纪20年代他的诗作开始在黑人杂志《危机》和《机遇》上发表。他和C.卡伦共同将他的第一部长篇小说《上帝赐予星期天》(1931)改编成剧本《圣路易斯的女人》。以后的两部小说描写奴隶的反叛。他和L.休斯合编选集，为儿童读者合写了许多非小说体裁作品，内容都与美国黑人、黑人历史有关。成年后大部分时间是在菲斯克大学工作。

邦角 Bon, Cape 阿拉伯语拉丁字母转写作Ras at Tib。突尼斯的半岛。从突尼斯的东北端向东北方伸展，长约80千米。第二次世界大战期间，德军从埃及和利比亚撤退途中曾占领此地(1943)，不久他们就在当地向盟军投降。

邦克山战役 Bunker Hill, Battle of 又称布里德山战役(1775-06-17)。美国独立战争初期，殖民地人民取得的一次重要胜利。在列克星敦和康科德战役之后两个月，1.5万多名大陆军集结在波士顿附近，阻止英军占领城市周围的几个山头（包括邦克山和布里德山）。他们在查尔斯河对岸的布里德山加强工事。他们顶住了波士顿港内英国舰队的炮击，还击退了2 300名英军的进攻，但最后被迫撤离。尽管英军获胜，但是得不偿失，反而极大地鼓舞了殖民地人民的士气。英军的死伤（约1 000人）和殖民地人民的激烈抵抗使英国人相信要征服反抗力量将会是很困难的。

蚌 mussel 世界性分布的海生贻贝科或主要分布于美国及东南亚的淡水珠蚌超科双壳类软体动物的统称。海生的蚌类一般为楔

大西洋有肋贻贝(*Modiolus demissus*)
Walter Dawn

形或梨形，长5～15厘米，壳平滑或肋状，多有毛状的角质层，许多种的壳外表呈深蓝或深绿褐色，内面有珍珠光泽。蚌常以足丝固着于硬物表面或相互依附成团，有时钻入软泥或木中。为鸟类、海星的食物。有些种有商业性养殖，供食用。

棒球 baseball 由两个队（每队9人，如有指定击球员时则为10人）用球棒和拳头大小的球在设有分布成方形（或菱形）的4个垒的场地上进行比赛的球类运动，方形的4边就是跑垒者为得分应跑的路线。两队轮流攻守，攻方3人出局即转为守方。击球员设法把球打到防守队员不易捕获的地方，以便依次跑完4垒得1分。在9局（9次攻垒）中得分多的一方即是胜者。如出现平局，则再加赛，直至分出胜负为止。棒球一向被视为美国的国球。人们一度以为是纽约州库珀斯敦的A.道布尔戴在1839年发明的，但更有可能是由18世纪英国的一种名叫圆场棒球的游戏演变而来，之后经A.卡特赖特修改而成。第一个职业棒球协会成立于1871年；1876年发展为全国棒球联盟。1900年美国棒球联盟成立，与之相抗衡；1903年以来（1904和1994年除外），这两个联盟的优胜队伍之间进行季后锦标赛，名为世界系列赛。棒球名人堂设在库珀斯敦。职业棒球联盟赛也在一些拉丁美洲国家举办。每年2月，多米尼加、墨西哥、波多黎各、委内瑞拉参加加勒比系列赛。在亚洲，日本、韩国和中国台湾均有职业棒球联赛。日本的两大联赛为中央联盟和太平洋联盟，每年10月两大联盟争夺日本系列赛。

棒状病毒 rhabdovirus 一类病毒的统称，可引起狂犬病和水泡性口炎（牛、马的一种急性疾病，其特征为口内及四周的水泡，似口蹄疫）。子弹形的病毒颗粒包裹在脂膜中，内含核糖核酸。

包茨 Bouts, Dirck（约1415～1475） 尼德兰画家。出生于哈勒姆，定居卢万，在此地受R. van der韦登影响。最有名的作品有：1464年为卢万的圣·彼得教堂绘制的三联祭坛画，主要是描写最后的晚餐和《旧约圣经》中的4幅场景；为卢万城市政府绘制的两大幅世俗审判之作(1470～1475)，意向作为卢万市政厅的司法典范。所画人物仪态端庄，题材庄严，富有寓意。

包豪斯 Bauhaus 影响深远、思想前卫的德国建筑设计与工艺美术学校(1919～1933)，由W.格罗皮厄斯创立，他的理想是把艺术、手工艺和技术统合为一体。该校认为，在机器时代，大规模生产是成功设计的先决条件，所以他们摈弃工艺美术运动注重个人创作精致作品的取向。包豪斯往往主张用极简约的手段体现严峻然而优雅的几何风格，尽管事实上该校成员的作品是十分丰富多彩的。曾在该校任教的有J.艾伯斯、L.莫霍伊-纳吉、L.法宁格、P.克利、V.康定斯基和M.布罗伊尔。该校始建于魏玛，1925年迁往德绍直到1932年，后在柏林度过其最后的几个月，其时该校最后一任校长L.密斯·范·德·罗厄预料到纳粹不会容许该校的存在，主动关闭了学校。参阅国际风格。

苞片 bract 通常位于花朵或花序下方的装饰性结构，一般呈小叶状。有时常被视为花瓣，例如圣诞红大而艳丽的苞片，或者狗木花朵耀眼的白色或粉红色苞片。

苞芽 bud 维管植物茎部侧边或尾端的小凸起。起于分生组织，可以发展为花、叶或嫩枝。在温带气候下，乔木形成休眠的苞芽，能抗冬季的霜害。花苞是变形的叶片。

孢子 spore 无须和其他生殖细胞结合就能够发育成新个体的生殖细胞。因此孢子不同于配子，后者必须成对结合才能创造新个体。孢子是无性繁殖的代表，配子是有性繁殖的代表。孢子由细菌、真菌和绿色植物产生。细菌的孢子大部分处于生命周期的休眠或静止状态，以便在条件不利时可以保存下来。许多细菌孢子耐力极强，甚至经过数年的休眠后仍能萌发。真菌的孢子和植物的种子功能类似；在适宜的湿度、温度和营养供应的条件下生长发育成新个体。在绿色植物里（都有世代交替的生命周期特征），孢子是无性世代的生殖代表（孢子体），萌发生成有性世代（配子体）。

胞族 phratry 在古希腊，有血缘关系的家庭组成的宗族分支。每个胞族的最高首领都是有某种世袭权的贵族氏族，如举行祭祀的权力。胞族和氏族基本都是父系的。雅典的胞族十分有名。每个土生土长的雅典男人都属于一个胞族。他们关心诸如血统的合法性和遗产之类的问题。

褒曼 Bergman, Ingrid(1915～1982) 瑞典电影和舞台剧女演员。曾在斯德哥尔摩皇家剧院学习。1939年去美国在英语片中当演员。她个人独具魅力，演技自然，使她成为一代巨星，所演影片有《卡萨布兰卡》(1942)、《战地钟声》(1943)、《煤气灯下》(1944，获奥斯卡最佳女主角奖)，以及A.希区柯克的《迷魂咒》(1945)和《声名狼藉》(1946)。1949年因和导演R.罗塞里尼传出绯闻而离开美国回到欧洲拍电影。7年后，重返好莱坞，拍摄《阿娜斯塔茜娅公主》(1956)，这部影片使她第二次获得奥斯卡奖。后来所拍的影片包括《钓金龟》(1958)、《仙人掌花》(1969)、《东方快车谋杀案》(1974，获奥斯卡最佳女配角奖)和《秋天奏鸣曲》(1978)。

雹 hail 直径为0.5～15厘米的落向地面的冰球或冰块，直径小于0.5厘米的小冰雹又称冻雨或冰丸。雹对建筑物和农作物有极大的破坏性；如果雹很大，能危及露天的动物。美国中西部在雷暴时曾落下直径15厘米的雹块。雹暴在中纬度地区最常见，往往能持续15分钟左右，一般出现在中午到傍晚，并常伴有雷暴。

饱和　saturation　有机化合物所有的碳子都以单价键相连的状态。饱和也指溶液或蒸汽被溶化或被蒸发的物质在一定的压力或温度下达到最高浓度的状态。虽然有时可以让溶液达到过饱和状态（超过平衡的浓度），但这样的溶液或蒸汽是不稳定的，且可以在瞬间变回饱和状态。参阅脂肪酸。

宝贝　cowrie　腹足纲前鳃亚纲宝贝科宝贝属海产螺类，主要分布于印度洋和太平洋沿岸水域。壳坚厚，小圆丘状，颜色艳丽，有光

宝贝（*Cypraea*）
Bucky Reeves from the National Audubon Society Collection/Photo Researchers-EB Inc.

泽，常有斑点。金黄宝贝长10厘米，是太平洋岛屿王族的传统饰物。黄色的钱宝贝（*C. moneta*）长2.5厘米，在非洲等地作货币用。

宝莱坞　Bollywood　印度电影制片工业中的印地语电影产业，20世纪30年代始于孟买并发展成一个巨大的电影帝国。喜曼苏·赖1934年开创孟买有声电影，带动了印度电影的成长。多年来，几种典型的体裁从宝莱坞崭露头角：史诗电影，特别是《莫卧儿王朝》（1960）；印度的西部电影，如《修雷》（1975）；描写妓女的电影，如《纯洁的心灵》（1972），精彩呈现了令人目眩神迷的电影艺术以及充满感官刺激的舞蹈编舞；还有以《欢迎赎罪之母》（1975）为代表的神话电影。与其说是电影本身还不如说是明星演员成为票房成功的重要原因。宝莱坞电影的标准特色包括程式化的剧情发展、走位技巧熟练的打斗场景、壮观的歌舞场面、赚人热泪的情节剧，以及不食人间烟火的英雄人物等。21世纪之初，印度电影业每年推出1 000部剧情片，其中宝莱坞所占份额最大。在英国与美国的亚裔人口中开始拥有越来越多的国际观众。

宝瓶座　Aquarius　在天文学中，位于摩羯座和双鱼座之间；在占星术中，为黄道十二宫的第十一宫，掌管1月20日到2月18日左右的命宫。宝瓶座的形象是一个人从水瓶里倒出一条水流，这可能是因为在古代时，宝瓶座从东方升起，同中东地区洪水泛滥的季节和雨季巧合之故。从占星术"大年"的概念来看，地球在25 000年期间通过整个黄道十二宫并受其影响，19世纪初是宝瓶座年代的开始。

宝石　gemstone　各种因美丽、耐久和稀少而价格昂贵的矿物总称。少数源于生物的非晶态物质（如珍珠、红珊瑚和琥珀）也归入宝石类。在已经鉴定的3 500多种天然矿物中，能作宝石的矿物不足100种，其中

几种传统的宝石款式
© 2002 MERRIAM-WEBSTER INC.

只有16种是重要的，它们是：绿柱石、金绿宝石、刚玉、钻石、长石、石榴子石、玉、青金石、橄榄石、蛋白石、石英、尖晶石、黄玉、电气石、绿松石和锆石。这些矿物中有些（如绿柱石和刚玉）可提供不止一种宝石。实际上这些矿物均须经琢磨和抛光后才能用作珠宝饰品。

保大　Bao Dai（1913～1997）　原名Nguyen Vinh Thuy（阮永瑞）。越南末代皇帝（1926～1945，1949～1955）。曾在法国受教育。1926年继承王位，受法国人支配。第二次世界大战期间成为日本人控制之下的傀儡皇帝。在越盟赶走日本人后逃离越南。1949年法国人在承认越南独立的原则之后，邀他回国担任君主。他上任后作为甚少，因公民投票要求成立共和国，保大1955年退位，移居法国。

保护关系　protectorate　一国对另一国或地区实行某些决定性控制的关系。控制的程度从保护国承诺保护另一国安全到变相吞并，情况不一。虽然此种关系古已有之，但采用"保护关系"这个术语却始于19世纪。在现代，大多数保护关系都以条约形式建立，要求弱国将其国际关系的管理权交出，因此丧失该国部分主权。

保护主义　protectionism　利用关税、补贴、进口配额或其他对进口商品设置的障碍来保护本国经济、防止国外竞争的政策。主要的保护性措施是政府征收的关税，它提高了进口商品价格，使它们较之国内低廉的产品不再具有消费吸引力。进口配额限制进口商品的数量，这也是保护措施之一。历史上的战争和经济萧条往往导致保护主义增多，而和平和经济繁荣则会鼓励自由贸易。保护主义政策在17～18世纪重商主义的欧洲很常见。英国在19世纪放弃了该国的很多保护性政策，在第一次世界大战之前，整个西方世界的关税都很低。经济和政治上的混乱导致欧洲在20世纪20年代提升关税壁垒，而大萧条造成的保护措施急剧增加，结果世界贸易急剧紧缩。美国有较长的保护主义历史，其关税在19世纪20年代和大萧条时期大幅提高，但在1947年成为签订《关税及贸易总协定》（GATT）的23个国家之一，关税因此大大降低。尽管有GATT这样的协议，但当许多国家的经济受到国外竞争对手的强烈冲击时，采用保护主义的呼声仍然会响起。参阅世界贸易组织。

保加利亚　Bulgaria　全称Republic of Bulgaria（保加利亚共和国）。欧洲东南部国家。面积：111 002平方千米。人口：约7 268 000（2013）。首都：索非亚。人口以保加利亚人为主，其他少数民族包括土耳其人、罗姆人（吉卜赛人）和马其顿人。语言：保加利亚语（官方语言）和地区方言。宗教：基督教（以东正教为主，亦有其他教派）和伊斯兰教。货币：列夫。地形主要分为3大区：最北端是多瑙河平原，是全国最肥沃的地区，占总面积1/3。平原南部紧接着巴尔干山脉。西南和南部是罗多彼山脉，全国最高峰穆萨拉峰（高度2 925米）即位于此。另外有一块狭窄的黑海沿岸地区，小于上述3大区，是东欧最热门的滨海度假胜地。主要河系属黑海和爱琴海。1946～1989年实施苏联式的计划经济。1991年起非共产党政府一直在致力于把某些经济部门民营化，包括农业。该国为共和国，一院制。国家元首是总统，政府首脑为总理。史前时代就有人类居住，色雷斯人是最早有记载的居民，年代可追溯到公元前3500年，他们约在公元前5世纪建立了第一个自己的城邦。后来此区受罗马人统治，罗马人把它划分为莫西亚和色雷斯两行省。公元7世纪保加利亚人控制了多瑙河以南的地区。681年拜占廷帝国正式承认保加利亚人对巴尔干山脉和多瑙河之间地区实施统治。11世纪初至12世纪末，拜占廷重新控制了保加利亚。14世纪末保加利亚落入奥斯曼土耳其人之手，最后丧失独立地位。俄土战争（1877～1878）结束后，保加利亚开始反叛，接下来订立的《圣斯特凡诺条约》不为几个强权国家所接受，于是召开柏林会议（1878）。1908年保加利亚统治者斐迪南宣布独立。后来卷入巴尔干战争（1912～1913），被迫割让领土。第一次世界大战期间加入同盟国。第二次世界大战则站在德国这一边。1944年共产主义联盟取得政权。1946年宣布成立人民共和国。80年代晚期与东欧其他几个国家一样经历了政局的动

荡,1989 年共产党丧失执政地位。1991 年制定新宪法,建立共和国。进入 21 世纪后陷入经济混乱。为寻求政治稳定,保加利亚于 2004 年加入北约。保加利亚于 1924 年首次参加在巴黎举办的夏季奥运会。

保健组织 health maintenance organization (HMO) 为自愿参加者提供综合性医疗服务的组织,分公立和私营,参加者必须预先付款,并签订契约。保健组织将多种多样的医疗机构组织起来,按事先商定的、固定的标准向这些机构支付酬金。保健组织有两种主要类型:①预先付款联合诊疗型。医师们组织起来,联合开业,并包含一家保险公司。②医疗基金会(MCF),或个人医师组成的松散的组织,通常还有一些保险公司参加。医疗基金会采取按劳付酬的办法,酬金从参加者预付的费用中支付。原本认为保健组织为可以控制医疗成本,并可迎合公众对医疗服务需求的提高,但保健组织由于受某些医疗项目的限制,拒绝支付他们自己医生所建议的检验或治疗费用的做法已引起争议。

保利 Paoli, Pasquale(1725 ～ 1807) 科西嘉的爱国者。乔新托·保利之子,其父 1735 年领导过科西嘉人反对热那亚的统治。1739 ～1755 年被流放期间他与其父居住在那不勒斯。返回科西嘉后,他在与热那亚人的派系斗争中取得胜利并开始执掌政权。他压制了家族间的仇杀行径,颁布新的法令和制度,并兴办学校。他继续领导独立斗争,但 1769 年法国人侵科西嘉后,他逃到英国,一直住到 1790 年。他以军队司令身份重返科西嘉,在英国海军的支援下赶走了法国人(1794),并将该岛的主权交给了英国。离任后于 1795 年再次来到英国。

保龄球 bowling 又称地滚球。把一个重球投滚到一条长而窄的滑道上以击倒一组 10 个木瓶柱的游戏。该游戏历史悠久,自古就有各种不同的玩法。九柱戏保龄球由荷兰移民于 17 世纪带到美国,这种游戏十分流行,赌博成分居多,以致为许多州所禁止。传说在 18 世纪初,人们把瓶柱增至 10 个,借此规避游戏法则。20 世纪开始大为风行,既是娱乐活动(1958 年始),也是职业运动。一局比赛分 10 轮,每人每轮可投两个球。如果第一个球就把所有的瓶柱击倒,叫作“全击倒”,记为 10 分。如果还有瓶柱没倒,投第二球时才把它们全部击倒,叫作“补全倒”,也记为 10 分。一轮当中如有一次全倒,下两球击倒的瓶柱数也要算进那一轮中。一次补全倒后,下一球的分数也要计算进补全倒的那一轮。一轮最高 30 分,一局 10 轮满分为 300 分,即 12 次全倒。另有几种类似的保龄球,如烛柱球、鸭柱球、撞柱戏。

保罗 Paul, Lewis(? ～1759) 英国发明家。约 1730 年起与 J. 怀亚特合作,发明了第一台动力纺纱机,并于 1738 年获得专利。纺纱机操作时通过几对连续快转的滚轮从棉花或羊毛中抽出线来。这种机器最后被 R. 阿克赖特的水力纺纱机所取代。1748 年保罗还获得一台梳理机的专利。

保罗 Paul(1754 ～ 1801) 俄语作 Pavel Peterovich。俄国沙皇(1796 ～ 1801),是彼得三世与叶卡捷琳娜二世的儿子,1796 年继承王位。他改变了凯瑟琳的很多政策,加强了独裁,并建立了罗曼诺夫王朝男系的继承权法。他残暴的统治和反复无常的外交政策(导致俄国与法国开战)引起贵族和军队的仇视。保罗在贵族策划废黜他并立其子亚历山大(后来的亚历山大一世)为帝的阴谋中遭暗杀。

保罗三世 Paul III(1468 ～ 1549) 原名 Alessandro Farnese。教皇(1534 ～ 1549)。出身于托斯卡纳贵族家族。1493 年担任枢机助祭,在利奥十世任命他为枢机学院校长前,还担任过帕尔马和奥斯蒂亚的主教。但他到了 1519 年才正式受神职。1534 年以全票当选为教皇。虽然早年在道德方面有瑕疵(与情妇生有 3 男 1 女),他当上教皇后还是锐意整顿教会,促成 1545 年特伦托会议的召开,并开始了反宗教改革运动。他也支持新成立的耶稣会会士并且是一个艺术赞助者,为最后一位文艺复兴时期教皇。

保民官 tribune 罗马古代各种军事和民政官员的总称。军事保民官原指步兵司令。在早期的共和国,每个军团有 6 名保民官,其中几名由执政官或军队指挥官任命,其他则由人民选举。在罗马帝国时期(公元前 27 年后),军事保民官的职位是进入元老院或当骑兵军官的初步阶梯,由皇帝指派(参阅罗马骑士)。平民保民官是保民官中最重要的官职(参阅平民),由平民会议选举而出。到公元前 450 年为止,共有 10 名平民保民官。他们的职责是反对执政官或地方官员不公正合理的行为。他们大权在握,但后来权力遭到罗马独裁者苏拉的削弱,庞培掌权以后又得到恢复。到罗马帝国时期,平民保民官的权力转至皇帝手中。

保萨尼阿斯 Pausanias(活动时期 143 ～ 176) 希腊旅行家和地理学家。所著《希腊述记》是古遗迹的珍贵指南。他描述了奥林匹亚和德尔斐的宗教艺术和建筑、雅典的绘画和碑铭、卫城的雅典娜雕像,以及(城外)名人和雅典阵亡战士的纪念碑。引述 J. G. 弗雷泽的说法:“如果没有保萨尼阿斯,这些希腊废墟多半会成为没有线索的迷宫,没有解答的谜团。”

保守派犹太教 Conservative Judaism 介于改革派犹太教和正统派犹太教之间的一种犹太教形式。19 世纪成立于德国,称为历史学派;肇因于一些德裔犹太人思想家致力于改革但又发现改革派思想太过极端。他们接受对重要的学问的改革重点,但希望更严格遵守犹太律(如饮食戒律),并继续相信弥赛亚会来到人间。1886 年温和派别的拉比创建美国犹太教神学院(纽约),导致保守派犹太教这一宗教运动的发展。

保守主义 conservatism 政治态度或意识形态倾向于维护历史形成的、代表着连续性和稳定性的事物。最早在现代意义上明确地表达保守主义思想的,是 E. 伯克在其有关法国大革命的作品中提到。伯克认为,法国革命所采用的暴力的做法,玷污了革命所要实现的那些自由的理想。著名的保守主义政党有:英国的保守党、德国的基督教民主联盟、美国的共和党和日本的自由民主党。参阅自由主义。

保险 insurance 通过在大批人当中分摊风险,减少个人遭受意外损失的合同。作为对合同规定的保险费的回报,保险公司同意如果投保人在保单涵盖的范围内蒙受损失,赔付给投保人或受益人一笔合同中规定的金额。通过把大批投保人的保费和风险集中在一起,保险公司通常能够比大量未投保的个人更容易承担在任何特定时期造成的损失。保险公司可以为有能力付保费的任何个人提供保险,也可以与团体(例如公司的雇员)签约,为团体保险提供优惠费率。海洋保险涵盖船体与航程,是保险的最古老形式;它在古代最初以船主贷款的形式出现,这笔钱只在平安驶完全程的情况下才可以付清,并在中世纪欧洲成为正式的做法。火灾保险出现在 17 世纪,而其他的财产保险形式随着 19 世纪工业化的扩展而日益普及。现在,投保任何品种的财产险都是可能的,包括家庭保险、企业保险、机动车辆保险、货物运输保险等。参阅健康保险。

报酬递减律 diminishing returns, law of 经济法则,表明在其他生产投资固定不变的情况下,增加商品生产的一项投资时终会达到某一点,超过此点,则追加投资所得收益必会渐趋减少。在这个法则的典型范例中,农场主会发现一定数目的劳动者可使每人产量达到最大。若他雇用更多人,每个工人的产量就会下降。

报春花 primrose 报春花科 28 属中的报春花属 500 多种显花植物的统称,主要产于北半球凉爽地区或山区。多数为多年生低矮草本,少数二年生。通常高 25 ～ 50 厘米,也有的矮至 5 厘米和高达 120 厘米。许多种类因其漂亮的花朵而作为栽培花卉,花为五瓣,有红、粉红、紫、蓝、白、黄诸色。报春花科中还包括仙客来属和海绿属植物。柳叶菜科的月见草实际上并不是真正的报春花。

报纸 newspaper 通常每天、每周,或者在其他有规律的时间发行,提供新闻、观点、特别报道和其他有关公共利益信息的出版物,通常刊登广告。现代报纸的前身早在古代的罗马就已经出现。以活字印刷、较为固定出版的报纸则于 17 世纪早期,在德国、意大利和荷兰出现。第一份英语日报是从 1702 年发行至 1735 年的《时事日报》。虽然已有官方报纸在前,但 J. 富兰克林的《新英格兰时事新闻》(出版于 1721 年)还是英国殖民地第一份独立的报纸。到 1800 年之前,出版自由的原则及报纸的严肃性与大众性相结合的基本准则，已在大部分的欧洲和美国生根。在19世纪，美国报纸的数量及其发行量急剧增加，这主要归因于识字率的扩大、吸引力的提升、价位低廉，以及在排字、印刷、通讯和运输等科技上的进步。到19世纪晚期，报纸已经取得极庞大的力量。争取读者经常导致追求轰动效应；而在20世纪，还兴起了所谓的小报。自1900年起，全世界出版的报纸大幅扩张；在许多大国，报业经历了合并为大企业，较小的报社被并入大报社。

豹 leopard 又称 panther。生活在灌丛和森林中的大型猫科动物，学名 *Leo pardus*，又称 *Panthera pardus*。分布在撒哈拉以南的整个非洲，以及北非和亚洲一带地区。平均体

豹(*Panthera pardus*)
Leonard Lee Rue III

长210厘米(不含尾长)，尾长90厘米，肩高60～70厘米，体重50～90千克。体色背面通常为浅黄，腹面为白色，身上大部分区域排列着玫瑰花形黑斑，但没有美洲豹特有的中心点。喜欢独栖，主要为夜行性。攀缘敏捷，常把吃剩下的猎物藏在树枝上。一般以羚羊和鹿为食，也捕食犬类，非洲的豹则会捕食狒狒。有时捕杀家畜，也可能伤人。某些种类的豹已被列为濒危物种。参阅猎豹、美洲狮和雪豹。

豹猫 ocelot 猫科动物，分布在由美国得克萨斯向南到阿根廷北部一带。成体长90～130厘米(不含尾长30～40厘米)，肩高约45厘米，体重11～16千克。背部毛色有

豹猫(*Felis pardalis* 或 *Leopardis pardalis*)
Warren Garst-Tom Stack and Associates

白、灰和深褐，头部有小黑斑点，面颊有两条黑纹，颈上有4～5条纵向黑纹。体上有些黑缘斑点，排列成长形的链状条带。尾上面有些黑条或黑斑。主要于夜晚猎食小型哺乳动物、爬虫和鱼类。在美国已被列为濒危物种。

豹形海豹 leopard seal 又作 sea leopard。南极和亚南极地区的一种海豹科动物，学名 *Hydrurga leptonyx*，独栖，无外耳。是唯一以企鹅、幼海豹和其他温血动物为食的海豹科动物。体细长，头长，有长的三尖颊牙，以其灰色外皮上的黑色斑点而得名，体长可达3.5米，体重可达380千克(雌性较大)。豹形海豹以凶残著称，但未见无端伤人的报道。

鲍 Bow, Clara(1905～1965) 美国电影女演员。生于纽约布鲁克林。出身贫寒，16岁时在一次杂志选美活动中获胜，获得一次电影演出的机会。1925年受雇于派拉蒙电

C. 鲍
Brown Brothers

影公司，在《陷阱》(1926)、《羔皮靴》(1926)中担任较重要的角色。1927年在无声电影《它》中成功扮演了轻佻女子的角色后，被称作"它姑娘"，成为当代自由开放的妙龄女郎化身。曾主演过20多部电影(1927～1930)，但是绯闻缠身和多次精神崩溃影响了她的事业。1933年退出影坛，其后的岁月一直在精神病院度过。

鲍 abalone 鲍科鲍属蜗牛种的全球暖海域海产贝类。贝壳呈盘状，外缘有一列小孔。为单壳的软体动物，其豌缘列孔的第5到第9个孔通常始终保持畅通，为排泄口。其大小长约10～25厘米，高约8厘米，以红鲍(*H. rufescens*)最大，长30厘米。鲍鱼贝壳具有光泽，内面呈红色，可以加工为装饰品。腹足肥大，味美。商业渔场分布于美国加利福尼亚州、墨西哥、日本及南非。

鲍德勒 Bowdler, Thomas(1754～1825) 英国医师、慈善家和文人，以所著《家藏莎士比亚戏剧集》(1818)闻名。他对莎士比亚戏剧加以删节和阐释，使家长对子女朗读时不致引发他们的不快或毒害其心灵。第一辑(1807)选了20部戏剧，可能由鲍德勒的姊妹哈丽特删节。

鲍德利 Powderly, Terence V(incent)(1849～1924) 美国劳工领袖。父亲是一名爱尔兰移民，他在13岁时成为一名铁路工人，17岁时当机械师徒工。1871年加入机械师与锻工联合会，三年后加入劳动骑士团秘密社团，1879年被选至最高领导职位，即大师傅。他在该工会成员最多的时期担任领导人，但反对派如J.古尔德等人的抨击，导致会员人数下降。鲍德利开始卷入内部纷争，最后在1893年辞职。

鲍德温 Baldwin, James (Arthur)(1924～1987) 美国小说家、随笔作家和剧作家。在纽约市哈勒姆黑人贫民区长大。十几岁时利用课余时间在奋兴派小教堂布道。1948年

J. 鲍德温
UPI

起往返于法国和美国。半自传性的第一部小说《向苍天呼吁》(1953)，被公认是他最好的一部小说，接着出版随笔集《土生子的札记》(1955)、《没人知道我的名字》(1961)，以及小说《乔凡尼的房间》(1956，探讨同性恋问题)、《另一个国家》(1962)。畅销书《下一次将是烈火》(1963)原是一篇冗长的论文，预示将遍及各处的种族暴力问题。另外还写有一部讽刺种族压迫的戏剧《查理先生的忧郁》(1964)。他善于辩论，并热衷种族问题，这使他成为也许是当时美国最杰出的黑人作家。

鲍德温 Baldwin, Stanley(1867～1947) 后称 Earl Baldwin (of Bewdley)。英国政治家。曾多年经营其家族的各种重工业，1908～1937年担任众议院的保守党议员。1917～1921

S. 鲍德温，摄于1932年
Bassano and Vandyk

年任财政部财务次官，1921～1922年任贸易委员会主席。后来曾3次出任首相(1923～1924、1924～1929、1935～1937)。1926年发生大罢工事件，鲍德温宣布国家进入紧急状态，后来他确保通过反工会的《行业争端法》。1935年再次出任首相，开始加强英国军事力量，在公开场合对德国和意大利的侵略政策极少予以关注。他因未对意大利占领埃塞俄比亚提出抗议而受到批评。1936年

鲍德温设法促使国王爱德华八世退位，因为国王一心想与辛普森夫人结婚，鲍德温认为这威胁到君主制的尊严。

鲍德温一世　Baldwin I（1058？～1118）　别名 Baldwin of Boulogne（布洛涅的鲍德温）。耶路撒冷国王（1100～1118）。法兰克伯爵之子，曾参加第一次十字军东征。1098 年占据埃泽萨（今土耳其境内）。1100 年他的兄弟戈弗瑞死于耶路撒冷，鲍德温被贵族们拥戴为这个十字军国家的国王，并成为圣墓的保护人。他开始扩张领土，夺取沿海城市（如艾尔苏夫和凯撒城），并建立一套行政体制，奠定以后 200 年法兰克人统治叙利亚和巴勒斯坦的基础。

鲍德温一世　Baldwin I（1172～1205）　君士坦丁堡第一位拉丁皇帝（1204～1205）。原为佛兰德和埃诺伯爵，也是反对拜占廷基督徒的第四次十字军领袖。他协助攻下君士坦丁堡，并安置了一个亲拉丁的皇帝（1203）。当十字军与他们的威尼斯盟军夺取了权力后，1204 年他当上了皇帝，并获得教皇承认。即位后按照西欧的封建模式创建政府，将希腊的土地分封给他的骑士，但后来被入侵的保加利亚人打败，并遭杀害。

鲍恩　Bowen，Elizabeth（Dorothea Cole）（1899～1973）　爱尔兰出生的英国女小说家。长篇小说包括《在巴黎的屋子》（1935）、《心之死》（1938）、《一天中最热的时候》（1949）。短篇小说集有《魔鬼情人》（1945）。小说具有精练的散文风格，通常详细描写中上流社会中那种不安定和未履行的关系。散文有《印象集》（1950）和《回味》（1962）。

鲍尔　Ball，Lucille（Désirée）（1911～1989）美国女演员和电视喜剧明星。出生于纽约州詹姆斯敦。曾在戏剧学校学习，从事过模特儿工作，1933年起开始在电影中担任小角色。

L. 鲍尔和 D. 阿纳慈
Photofest

1947 年起她主演一部广播连续喜剧。后来与其乐团领导人、丈夫 D. 阿纳慈（1917～1986）非常成功地合作创制电视喜剧连续剧《我爱露西》（1951～1957）和后来的《露西-戴西喜剧时刻》（1957～1960）。二人于 1960 年离异，鲍尔参加《露西剧场》（1962～1968）和《露西在这儿》（1968～1974）的演出。她特有的红头发、刺耳的嗓音和滑稽的表情再加上俗丽和女性的温柔，使得她成为早期电视界超群的女星。

鲍尔斯　Bowles，Paul（Frederick）（1910～1999）　美裔摩洛哥作曲家、作家和翻译家。生于纽约市。曾与 A. 科普兰一同学习作曲，并为 30 多出戏剧及电影写作音乐。20 世纪 40 年代移居摩洛哥。以丹吉尔为背景完成了最著名的小说《遮蔽的天空》（1948；1990 年拍成电影）；如同这部小说，他常以西方人作为故事主角，他们在接触到令他们迷惑的传统文化时受到伤害，暴力事件与心理崩溃却在异化而精致的风格中被重新评估。他的妻子珍·鲍尔斯（1917～1973）因小说《两位严肃的小姐》（1943）以及戏剧《避暑别墅》（1953）而知名。

鲍格米勒派　Bogomils　10～15 世纪盛行于巴尔干地区的宗教派别。10 世纪时由保加利亚司祭鲍格米勒创立，该派信仰糅合了新摩尼教教义的二元论（主要来自亚美尼亚和小亚细亚的保罗派），以及当地旨在改革新保加利亚正教堂的斯拉夫运动。该派的中心教义认为，有形的物质世界为魔鬼所创造。该派否认道成肉身之说，反对关于上帝透过物质施恩于人的基督教教义，并抛弃正教会的全部组织体系。11～12 世纪鲍格米勒派在拜占廷帝国的许多欧洲和亚洲省份内传播开来，后来又向西方传播。14 世纪末以前在保加利亚一直保持强大的势力。15 世纪时，随着奥斯曼征服了欧洲的东南部，该派的影响力衰退。参阅二元论。

鲍里斯一世　Boris I（？～907）　原名 Mikhail。保加利亚汗（852～889）。他原打算以天主教来统一其种族分裂的国家，但由于与拜占廷战争失利而在 864 年皈依东正教。因为强迫人民受洗，遭到无宗教信仰者的反抗，他平息了叛乱，协助建立了保加利亚教会。鲍里斯还赞助传教士们创建斯拉夫学术中心，并使用古教会斯拉夫语。889 年退位，到隐修院当僧侣，由长子弗拉基米尔继位，但后来又将这个反动的儿子赶下台。立另一个儿子西美昂一世为汗之后，重返隐修院。死后，正教会追谥他为圣徒。

鲍罗丁　Borodin，Aleksandr（Porfiryevich）（1833～1887）　俄罗斯作曲家。1862 年从 M. 巴拉基列夫习乐，由于民族情绪的激发，两人成为五人团的核心分子。因为大部分时间从事教授化学工作，音乐作品不多，作品有交响诗《在中亚西亚草原上》（1880）、两部弦乐四重奏、三部交响曲，其中第二部交响曲一直很流行。歌剧《伊戈尔王子》断断续续写了 18 年，生前未完成。

鲍姆　Baum，L（yman）Frank（1856～1919）美国儿童读物作家。他的第一本书《鹅爸爸》（1899）就获得商业上的成功，次年出版的《绿野仙踪》更受欢迎。他又写了 13 部有关奥兹国的书，赢得了庞大的读者群。他去世后，由 R. P. 汤普森把这个系列故事续写下去。

鲍斯　Bose，Subhas Chandra（1897～1945）印度革命者。原准备当一名印度文官，当他得知印度发生民族主义骚动后，放弃文官资格，从英国匆匆返国。M. K. 甘地后来让鲍斯去孟加拉组织活动，有好几次被驱逐出境和监禁。他赞同国家工业化，这与甘地的以纺车为象征的经济思想不合。1938 和 1939 年两度被选为印度国大党主席，但由于未获甘地的支持，被迫辞职。1941 年他乔装逃出印度，到达德国。先后接受纳粹德国和东南亚独立运动人士的资助，继续反抗英国统治。1944 年他所率的印度国民军随日本军队从缅甸进入印度境内，但不久被迫后撤。1945 年日本投降后，他逃离东南亚，途中飞机坠毁，因烧伤过重而死。

鲍斯韦尔　Boswell，James（1740～1795）S. 约翰逊的苏格兰朋友和传记作家。原为律师，1763 年结识约翰逊，1772～1784 年常去拜访他，在他的日记里详尽记录了与约翰逊

鲍斯韦尔，油画，J. 雷诺兹爵士画室于1786年所绘；现藏伦敦国立肖像画陈列馆
By courtesy of the National Portrait Gallery，London

之间的对话。1791 年两卷本的《约翰逊传》出版，被公认是英国最伟大的传记。他的《赫布里底群岛游记》（1785）主要记述1773 年他们同游苏格兰期间约翰逊的反应。20 世纪时出版了鲍斯韦尔的大量日记，表明他也是世界上最伟大的日记作家之一。

鲍威尔　Powell，Anthony（Dymoke）（1905～2000）　英国小说家。在伦敦一家出版社工作期间出版了他的第一部小说《下午的人们》（1931）。后转入新闻界，并参加了第二次世界大战。战后出版了其自传体讽刺系列小说

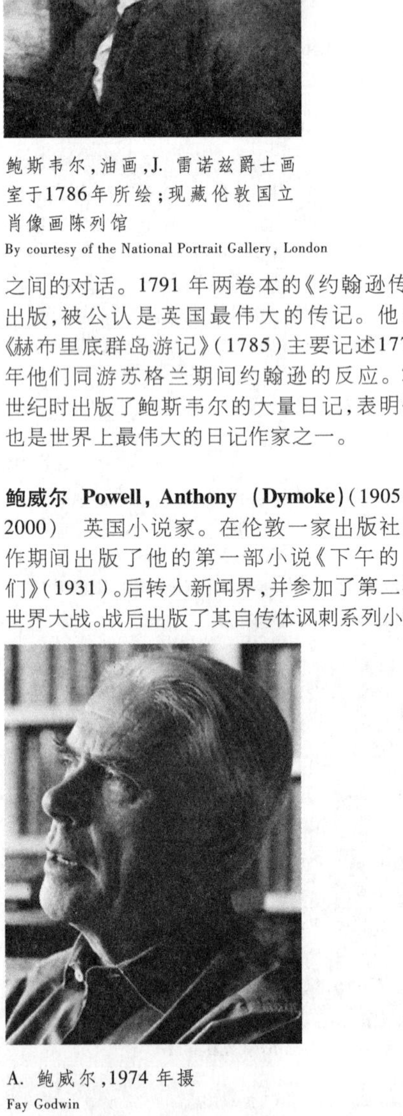

A. 鲍威尔，1974 年摄
Fay Godwin

《与时代合拍的舞蹈》(1951～1975)12本中的第一本。这是他最著名的小说,反映了他对战前战后几十年英国社会的见解和其自身经历。后来的小说包括《渔业大王》(1986)。

鲍威尔 Powell, Bud(1924～1966) 原名Earl Rudolph。美国钢琴家和作曲家。出生于纽约市。最具影响力的现代爵士乐钢琴独奏家之一。20世纪40年代晚期在加入萌芽状态的比博普活动前,曾与威廉斯的大乐队合作演出(1942～1944)。他的风格在后摇摆时代的钢琴家中卓绝出色。他不让左手发挥其常见功能,而只是让它弹奏简短切分的和弦音以衬托右手单一的长旋律线。1959年迁往巴黎,1964年返回美国。1945年受到激进分子的一次袭击,因此留下脑部伤害,使其事业因神经受损而几度中断。

鲍威尔 Powell, Colin(Luther)(1937～) 美国将军和政治家。出身于牙买加移民家庭。大学毕业后入伍服役,曾参加过越南战争(1962～1963,1968～1969)。后来在美国国防部担任过多个职务,并在1983年成为国防部长的高级军事助理。1987年加入国家安全委员会,R.里根总统任命他为国家安全事务助理(1988)。1989年晋升为四星上将,担任G.布什总统的参谋长联席会议主席,是第一位担任该职位的黑人军官。他曾领导策划入侵巴拿马(1989),并参与波斯湾战争的运作。2001～2005年在G.W.布什的政府中担任美国国务卿,成为首位黑人国务卿。

鲍威尔 Powell, John Wesley(1834～1902) 美国地质学家和人种学家。出生于纽约州芒特莫里斯。1881年担任美国地质测量局局长,大力绘制水源图和推进灌溉工程。他发展了美国印第安语的第一个分类方案(1877),是史密森学会美国人种局首任局长(1879～1902)。他把在科罗拉多河多次探险(1871～1879)的一些内容记录在《对西部科罗拉多河及其支流的考察》(1875)一书中。

鲍威尔 Powell, Michael (Latham)(1905～1990) 英国电影导演。1931年执导他的第一部电影《拥挤的两小时》,此外还拍了20多部低成本电影,后来,A.柯尔达与他和电影编剧E.普雷斯伯格(1902～1988)合作制作成功的《U-潜艇29》(1939)。他们成立了电影公司,拍摄出《巴格达窃贼》(1940)、《老军官的生与死》(1943)、《通往天堂的楼梯》(1946)、《黑水仙》(1947)、《红鞋》(1948;经常被认为是他们最好的作品)、《霍夫曼故事》(1951),以及有争议的《偷窥狂》(1960)。鲍威尔的电影以色彩艳丽、富于幻想与实验性著称。

鲍伊 Bowie, Jim(1796?～1836) 原名James。美国军人。生于肯塔基州洛根县。幼年随父母迁居路易斯安那州,拥有一片甘蔗种植园,曾任州议员。1828年定居得克萨斯,入墨西哥籍,分得土地,与副州长的女儿结婚。由于反对墨西哥限制白人移民流入的法规,他投身得克萨斯革命运动,任得克萨斯军上校。以率军坚守阿拉莫阵亡而闻名。他发明了一种以他为名的刀子,并且通过西部歌曲和民谣成为传奇人物。

卑尔根 Bergen 挪威西南部城市。挪威最大的城市和最重要的港口。1070年由奥拉夫三世所建。12～13世纪时卑尔根曾是挪威首都。14世纪德国汉萨商人控制了该城的贸易,其势力在衰弱的挪威一直持续到16世纪。尽管多次遭到大火(尤其是1702年和1916年)的破坏,但每回卑尔根都重又复苏。现代的卑尔根发展了多样化经济,以渔业、造船业为主。卑尔根是作曲家E.格里格和小提琴家O.布尔的诞生地。人口约229 496(2000)。

悲剧 tragedy 具有严肃和庄严特征的戏剧形式,主要描述英雄人物与超强力量(如命运、环境或社会)之间冲突的发展,最终以痛苦或灾难的结局收场。高品位的悲剧大致在三个不同地方的三个不同时期形成,每个时期都有各自的特点和风格:公元前5世纪希腊的阿提卡;伊丽莎白一世和詹姆斯一世时代的英国(1558～1625);17世纪的法国。悲剧的概念在其他文学形式中也有所体现,尤其是小说。参阅喜剧。

悲喜剧 tragicomedy 兼有悲剧和喜剧色彩的文学形式。普劳图斯杜撰了拉丁词tragicocomoedia,用以表明一种神和凡人、主子和奴仆彻底改变了传统上分派给他们的角色的戏剧。文艺复兴及之后的时期,悲喜剧以喜剧为主,不过伊丽莎白一世和詹姆斯一世时代的悲剧总有一些喜剧或荒诞的色彩。现代的悲喜剧有时也被当作是荒谬剧,也就是说笑声是留给面对空虚和毫无意义的生活的人们的唯一反应。

北爱尔兰 Northern Ireland 大不列颠及北爱尔兰联合王国的一部分,位于爱尔兰岛的东北部。周边连接爱尔兰共和国、爱尔兰海、北海海峡和大西洋。北爱尔兰常被指称为乌尔斯特省。面积14 135平方千米。人口约1 810 863(2011)。首府:贝尔法斯特。居民是当地的爱尔兰人以及英格兰和苏格兰移民的后裔。语言:英语(官方语言)。宗教:新教(多数人)、天主教(少数人)。货币:英镑。北爱尔兰的行业包括工程、造船、汽车制造、纺织、食品和饮料加工、服装。服务业雇佣了约3/4的劳动力,而制造业雇佣的劳动力则不足1/5。农业在该国很重要,大部分农民的收入来源于畜牧。北爱尔兰的历史基本上与爱尔兰共和国的历史相同,尽管16～17世纪移民此地的英格兰和苏格兰新教徒打算在乌尔斯特定居。1801年,《联合法令》缔造了联合王国,把大不列颠与爱尔兰合并在一起。由于爱尔兰人支持爱尔兰自治运动的情绪不断高涨,1920年通过了《爱尔兰政府法》,规定在爱尔兰有两个部分自治的单位:即构成北爱尔兰的北方6郡,以及现在组成爱尔兰共和国的南部各郡。1968年天主教徒发起的民权抗议引起与新教徒的暴力冲突,并导致英国军队在20世纪70年代初占领了乌尔斯特省。爱尔兰共和军(IRA)发起了一场旷日持久的恐怖主义活动,旨在迫使英国军队撤走,实现爱尔兰与北爱尔兰的联合。1972年北爱尔兰的宪法和议会被中止,北爱尔兰由英国直接统治。暴力冲突持续了30年,直至20世纪90年代中期才逐渐减少。1998年,爱尔兰、北爱尔兰多个政治派别和英国政府三方代表举行多次会谈,签署了一项和平协议,规定在北爱尔兰实行广泛自治。1999年,权力移交给一个选举产生的议会,但它受阻于内部多个派系之间的意见分歧,于2002年被终止。2005年,爱尔兰共和军宣布已结束武装战斗,并解除大部分武装,寻求以和平方式达到其目的。2007年北爱尔兰成立联合政府,重新获得自治。

北安普敦 Northampton 英格兰北安普敦郡的行政中心。1100年前后是一个带城墙和城堡的城镇,1189年获得自治市特许状。1460年的玫瑰战争中,国王亨利六世在此被约克党人抓获。城墙一直保留到王政复辟时期,国王查理二世为惩罚该城镇支持国会议员而拆毁了城墙。现为零售和集市中心,轻工业也有所发展。人口194 477(2001)。

北安普敦郡 Northamptonshire 英格兰东米德兰行政区的一个郡。有早期居民点遗址,包括前凯尔特人和罗马人。早在13世纪的宅邸和行政用房中即有诺曼和早期英格兰建筑的风格。英国内战时期该郡大部分人赞成议会制。在行政中心北安普敦和科比等中心城镇中,传统的乡村生活与多种工业的现代经济结合在一起。人口629 676(2001)。

北冰洋 Arctic Ocean 大致以北极为中心的海洋。为世界最小的洋,几乎全部由北美和欧亚大陆的陆地所环绕,特征是被冰覆盖。这里的土地和邻近的土地包括阿拉斯加的巴洛角、北极群岛、格陵兰、斯瓦尔巴、法兰士约瑟夫地群岛和西伯利亚北部。北冰洋面积14 090 000平方千米,最深处达5 502米。其边缘海域包括巴伦支海、波弗特海、楚克奇海、东西伯利亚海、格陵兰海、喀拉海、拉普海、捷夫海和白海。9世纪北欧人首度来到北极圈探险。16～17世纪探险家们为了寻求西北航道而来到此区。1576～1578年M.弗罗比舍发现巴芬岛南部,1610～1611年H.哈得孙航行到哈得孙湾的东部海岸。后来的探险家包括R.阿蒙森、F.南森、R.E.皮里和R.E.伯德。20世纪60年代在阿拉斯加发现石油后,带动了该地区自然资源的发展。现在所有的北极区都已绘制成图。

北部地方 Northern Territory 又译澳北区。澳大利亚北部自治领地。面积1 349 129平方千米。首府达尔文,是艾丽斯斯普林斯以外唯一人口稍多的城市。当地人口大部分是欧洲移民的后代,约1/5为澳大利亚土著民族。主要由台地组成,东南是辛普森沙漠,北部是阿纳姆地高原。土著民族在此已经居住了数千年,乌卢鲁/艾尔斯岩为其文化中心。荷兰人于 17 世纪探险时到过这里，19 世纪初 M. 弗林德斯对此地作了调查。最初为新南威尔士的一部分，1863 年并入南澳大利亚，1911 年由澳大利亚联邦直接管辖。北部有部分地区在第二次世界大战中曾遭日本轰炸，后被盟军占领。1978 年取得在联邦范围内的自治权。当地人口稀少，经济以牧牛、矿业、政府服务业和不断发展的旅游业为主。人口219 900（2008）。

北达科他　North Dakota　美国中北部一州，与加拿大和美国的明尼苏达、南达科他和蒙大拿三州接壤。面积约183 107平方千米。首府俾斯麦。密苏里河流经该州，雷德河形成该州东部边界。全州均发现有史前人类活动遗迹。在欧洲人到来时，这里的居民是印第安人各个部落。1803 年的路易斯安那购地使它成为美国的一部分。其东北角则是 1818 年与英国交易的产物。1804 ～ 1805 年刘易斯和克拉克远征的人员在曼丹人中度过了一个冬天。1861 年该地成为达科他准州的一部分。在与南达科他州分离后，1889 年被接纳加入美利坚合众国，成为第 39 个州。20 世纪北达科他州的历史是以日益增加的农业机械化、逐步扩大的农场以及农村人口的减少为标志的，50 年代石油生产在当地起步，60 年代一系列空军机场和导弹基地在此建设。较大的城市有法戈、大福克斯和米诺特。人口699 628（2012）。

北岛　North Island　新西兰岛屿。为该国两个主要岛屿中较小的一个，与南岛之间相隔库克海峡。面积115 777平方千米，岛上人口占全国半数以上，并不断增加，主要集中于惠灵顿和奥克兰。人口约3 120 303（2006）。

北德维纳河　Northern Dvina River,　俄语作 Severnaya Dvina。俄罗斯北部河流。由苏霍纳尔河和尤格河汇合而成，是俄国欧洲部分北部最大的最重要的河流之一。向西北流，在阿尔汉格尔斯克城南注入白海的德维纳湾。全长 744 千米。大部河道均可通航，早期猎人和殖民地使用这条河，在河流的重要汇合处建起修道院和城镇。仍保持其经济上的重要性，是通过苏霍纳河和伏尔加-波罗的海重要水道。

北方邦　Uttar Pradesh　旧称 United Provinces（联合省）。印度中北部的一个邦。与尼泊尔和印度的比哈尔邦、贾坎德邦、切蒂斯格尔邦、中央邦、拉贾斯坦邦、哈里亚纳邦、北阿肯德邦和德里首都中央直辖区接壤。面积：243 286平方千米；首府：勒克瑙。北方邦为印度人口最多的一个邦。其大部分地区位于恒河和亚穆纳河形成的平原。该地区是两部伟大的梵文史诗《摩诃婆罗多》和《罗摩衍那》描绘的背景，也是公元前 6 世纪后佛教产生的地点。公元前 3 世纪中叶被孔雀王朝创建者阿育王统治；4 ～ 6 世纪被笈多王朝统治；606 ～ 647 年被戒日王统治。莫卧儿人在 16 世纪取得对该地区的控制，当时阿格拉城成为一个主要中心。英国人于 18 世纪后期来到此地；到 19 世纪 30 年代他们控制并最终建成了西北省（以后又称阿格拉和奥德省，后又简称联合省）。1857 ～ 1858 年的印度兵变就主要发生在北方邦。1947 年印度独立后成为北方邦。2000 年该邦的北部地区被划入乌多安查邦（今北阿肯德邦）。农业在该邦经济中占有最重要的地位。当地著名旅游胜地为阿格拉和瓦拉纳西。人口约 199 581 477（2011）。

北海　North Sea　古称 Mare Germanicum。大西洋海湾。从挪威与不列颠群岛之间的挪威海向南延伸，以英吉利海峡与斯卡格拉克海峡连接。面积约570 000平方千米，深度约 37 ～ 91 米。西南部较浅的地方深度不足 30 米，而北部和西部一些深海区则深达 300 米。部分海域有深沟，其他地方则是极佳的渔场，以渔业和丰富的石油、天然气资源闻名。

北海道　Hokkaido　旧称 Yezo（虾夷）。日本北方岛屿和省。为日本 4 个主要岛屿中最北的岛屿，被日本海（东海）、鄂霍茨克海和太平洋环绕，面积 83 453 平方千米。行政首府札幌。岛上有几座高山，包括旭岳（海拔 2 290米）；石狩川是日本最长的河。在很长时期里是土著阿依努人的领地，1869 年以后吸引大批日本人来此定居。经济多样化，主要依赖钢铁，也是日本最大的煤矿储藏地。1988 年完工的海底隧道横跨津轻海峡以连接本州岛。人口约 5 506 419（2010）。

北回归线　Tropic of Cancer　赤道地区以北约 23°27′的平行纬线。它是热带地区的北部分界线，标志着太阳可以在正午垂直照射的最北端纬度。

北极　North Pole　地球地理轴心的北端，在北纬 90° 处，是所有经线北端的出发点。位于北冰洋内，为漂移的浮冰覆盖。一年中 6 个月全为白昼，6 个月全是黑夜。美国探险家 R. E. 皮里宣称曾在 1909 年乘狗拉雪橇到达北极，但现在对此尚有争论。1926 年 R. 阿蒙森，可能还有 R. E. 伯德，乘飞机到达这里。地理北极与罗盘磁针所指的北磁极并不一致，21 世纪初测得的北磁极大约在北纬 82°45′，西经 114°25′。地理北极与地球磁场的北极也不一致，后者约在北纬 79°45′，西经 71°45′。

北极群岛　Arctic Archipelage　北冰洋中加拿大岛屿群，位于加拿大大陆北部，面积约 1 424 500平方千米。其东南部岛屿群是加拿大地盾的延伸部分，群岛其余部分是北极低地，北部是因纽特山脉。该岛屿群包括数座大岛，如巴芬岛、埃尔斯米尔岛、维多利亚岛、班克斯岛和威尔士王子岛。

北极星　Polaris　又称 North Star。地球目前的北方指极星（在北半球可见的地轴所指向的星）。位于小熊星座的小熊座的尾的末端。北极星实际上是一颗三合星，由一个分光双星和一颗造父变星组成，地球地轴的旋进使得12 000年后古埃及时代的天龙星座的紫微右垣（天龙座 α）成为新的北极星，而地球北极将指向天琴座的织女星。

北极熊　polar bear　白色、半水栖的熊，学名 *Ursus maritimus*。分布在整个北极地区，通常见于漂流的大块浮冰上。行动迅速，活动范围广，善于游泳，悄悄跟踪并捕捉猎物。主

北极熊（*Ursus maritimus*）
Roger Evans/Robert Harding Picture Library

要以海豹为食，也吃鱼、海藻、草、鸟和驯鹿。公熊重 410 ～ 720 千克，肩高约 1.6 米，体长 2.2 ～ 2.5 米，尾短。宽大的脚掌多毛，除保暖外，还能有助于冰上行走。北极熊虽易受惊吓，但人与其相遇时仍具危险性。

北九州　Kitakyushu　日本九州岛北部的城市，1963 年由几个城市合并而成。该市有很长的海岸线，部分划归内海国家公园。为日本几个居领先地位的制造业中心之一，有海底隧道和跨海大桥连接本州岛的下关。人口976 846（2010）。

北卡罗来纳　North Carolina　美国大西洋沿岸南部一州。临大西洋，与弗吉尼亚、南卡罗来纳和田纳西三州接壤。面积约 136 397平方千米。首府洛利。该州西部为阿巴拉契亚山脉的山岭，包括大雾山；东部则有蓝岭。在欧洲人到来之前，有一些印第安人部落居住于此。G. 韦拉扎诺在 1524 年的探险中到达其海岸地区，新大陆的第一个英国殖民地于 1585 年在罗厄诺克岛建立，1663 年成为卡罗来纳特许地的一部分。1776 年的州国民议会第一次赋予一块美洲殖民地以明确的认可，但 1780 年这里又被英国军队占领。作为美利坚合众国的发起者之一，北卡罗来纳是第 12 个批准美国宪法的州。该州 18 世纪以奴隶劳作为基础的农业经济一直持续到 19 世纪。1861 年退出合众国。美国南北战争结束后，该州推翻了退出合众国的决定，也放弃了奴隶制，1868 年被重新接纳加入美利坚合众国。20 世纪 40 年代随着一些大型军事设施如布拉格堡等在当地建设，经济情况得以改善。该州农村人口多，但在附近地区内是一个工业较为发达的州，且高技术工业正在罗利-达勒姆地区扩展。主要产品有烟草、玉米和家具。人口约9 752 073（2012）。

北卡内丁河　North Canadian River　美国俄克拉何马州中南部河流。发源于新墨西哥州的一个高原，向东穿越得克萨斯州和俄克拉何马州狭长地带，经俄克拉何马城，在尤福拉水库汇入加拿大人河。全长1 287千米。沃尔河是其支流，自该支流汇流处以上的河段称比弗河。

北马里亚纳群岛 Northern Mariana Islands 与美国结成政治联盟的自治政区。位于西太平洋。由关岛以北的22座岛屿组成（不包括关岛），长720千米，陆地面积约457.1平方千米。首府：国会山（行政和立法）和苏苏佩（司法）。塞班岛、蒂尼安岛、罗塔岛为主要有人居住的岛屿，其他还有阿拉马甘岛和阿格里汉岛。帕甘岛上的居民在1981年火山爆发后已全部撤出。土著居民是密克罗尼西亚人，其余为查莫罗人和菲律宾人，1521年由F.麦哲伦发现，1668年西班牙占领此地，1899年被卖给德国。1914年被日本占领，1919年后成为国际联盟的日本托管地。第二次世界大战中在这里曾发生过激战，蒂尼安岛成为美国空军基地，轰炸广岛和长崎的飞机就是从这里起飞的。1947年成为联合国授予美国的太平洋岛屿托管地的一部分，1978年取得自治地位，1986年成为美国的一个自治政区，居民全部成为美国公民。1986年结束联合国托管。人口约49 700（2013）。

北美臭鼬 skunk 鼬科数种新大陆食肉动物的统称，皮毛颜色均为黑白相间，受到威胁时能分泌一种恶臭的气味（最远可达3.7米）。该液体转变成细微的烟雾，可致流泪

加拿大臭鼬（*Mephitis mephitis*）
E. R. Degginger

和呛倒。臭腺分泌物可用于香水中。不同种类的体色和大小各异。多数体长为46～93厘米（含毛蓬松的尾），体重1～6千克。斑臭鼬属中的两种斑纹臭鼬体型则小得多。以啮齿动物、昆虫、卵、鸟和植物为食。条纹臭鼬（*M. mephitis*，又称加拿大臭鼬）见于北美大部分地区。猪吻鼬属中7种白背北美臭鼬则具裸出的长吻。冠臭鼬（*M. macroura*）颈上有绉领状颈毛。普通北美臭鼬为夜间进食的动物。臭腺移除后，有时也被当作宠物饲养。

北美椴木 basswood 北美常见的几种椴树的统称，尤指广布于北美东部、集中于大湖区的美洲椴，以及分布于美国东南部的卡罗来纳椴、佐治亚椴。

北美驯鹿 caribou 冻原、泰加群落和森林中的北极鹿（*Rangifer tarandus*），原产北美洲，直到最近才从斯堪的纳维亚分布到西伯利亚东部。雌性和雄性驯鹿都有角。肩高0.7～1.4米，体重可达300千克；驯化种的体形大小和驴差不多。被毛从灰白至几乎黑色，多为浅灰或浅褐色；腹部颜色较浅。在夏冬两季之间作季节性迁徙。冬季主要食物是石蕊属地衣，此种植物通常称为驯鹿苔，它们要用蹄把雪刨去才能吃到食物。在夏季，它们吃青草和嫩枝。参阅驯鹿。

北美印第安宗教 American Indian religions, North 北美洲土著的宗教信仰和社会风俗。他们的信仰特征是，确信这世界上所有的东西（包括有生命的和无生命的）都是受神灵所驱动，而活着的人则与亡魂密切联系在一起。他们不但在动物、植物和树木这些自然生物中发现可辨认的灵魂，就连高山、湖泊和云朵这些自然景物中也有。由于北美洲宗教已经高度本土化，而他们的信仰也有了大幅度的改变，因此不可能界定有多少宗教。在易洛魁族长老的心目中，造物主是一位善良又有智慧的宇宙设计者，而科宇刚族则把造物主想象成一位强盗、骗子，而且只是众多能力非凡的神明之一。至于纳瓦霍人的宗教仪式，所代表的几乎都是个人特殊的需求，而普韦布洛人的仪式则是根据自然的周期，以整个群体通过特定的程序来举行。不过，所有的北美洲的本土宗教都有一些共同的特点：祖先的土地和当地的圣地，都具有非凡的重要性；想获得某些特定的知识，必须先经过入会的仪式；对亲属的义务是信仰的中心；他们的口述传统中，都有一些记录人类与非人类力量之间互动的故事；慷慨是一种虔诚的表现。在他们与欧洲人接触之后，又发展出一些新的宗教活动，包括鬼舞道门传统和美洲土著教会。参阅中美洲宗教。

北美洲 North America 位于西半球的世界第三大洲。全洲绝大部分位于北极圈和北回归线之间，周边几乎完全被水域包围，包括太平洋、白令海峡、北冰洋、大西洋、加勒比海以及墨西哥湾。面积：24 247 039平方千米。人口：约424 225 000（2001）。北美洲显然是最早取得其近似于目前面积和形状的大陆板块，其外形就像是一个倒悬的三角形，地质构造围绕被称为加拿大地盾的前寒武纪岩稳固台地形成。东南为阿巴拉契亚山脉，西部则是年轻高耸的科迪勒拉山脉。这些山脉纵贯整个北美大陆，约占该洲总面积的1/3。落基山脉构成东科迪勒拉山脉，最高点为麦金利山。密西西比河流域，包括其主要支流密苏里河和俄亥俄河，约占全洲总面积的1/8。全洲气候总的说来以温带气候为主。可耕地约占总面积的1/8，森林面积约占总面积的1/3。英语（美国的官方语言）为最主要的语言，其次是西班牙语，加拿大部分地区流行法语。大部分欧洲移民的后代集中在美国和加拿大。在墨西哥，白人与印第安人通婚的情况很普遍，其后代梅斯蒂索人约占该国人口的3/5。该洲的经济有发达经济、部分发达经济，也有发展中经济。金属矿产资源充足，镉、铜、铅、钼、银和锌的储量居世界首位。粮食生产也领先于世界，主要是因为美国与加拿大的农业生产已机械化和科学化。该洲实行民主制的国家有加拿大、墨西哥、哥斯达黎加和美国。北美各国与南美洲国家一样，加入美洲国家组织旨在增强西半球的统一。当地最早的居民为美洲印第安人，大约在2万年前从亚洲迁移至此。在前哥伦布时期，最重要的文明出现于中美洲（参阅中美洲文明），包括奥尔梅克文化、马雅人、托尔特克人以及阿兹特克人。阿兹特克人后来被西班牙人所征服。北美大陆在很长的历史时期内人口稀少，相当落后。直到17世纪，随着欧洲人以及作为奴隶引入的非洲人到来，情况才发生了根本的变化。在格兰德河以南地区，生活习俗转为拉丁化，以北地区则以盎格鲁文化为主，只有加拿大与美国路易斯安那州的局部地区流行法国文化。盛行于16～19世纪的奴隶制，为本地区带来了具有明显非洲色彩的少数民族文化，尤其是在美国以及加勒比海地区（参阅西印度群岛）。美国庞大的工业经济、丰富的资源及其军事力量，使北美洲在世界事务中具有重要的影响力。

《北美自由贸易协议》 North American Free Trade Agreement（NAFTA） 由加拿大、美国和墨西哥签署的贸易条约。1992年签署，1994年起正式生效。受欧洲共同体在其成员国之间成功地减少贸易障碍的启示，北美自由贸易协议创立了世界上最大的自由贸易区。该协议大体上是将1988年加拿大与美国签署的自由贸易协议条款扩展至墨西哥，主张在一个以15年为期的时段内取消所有的贸易壁垒，允许美国和加拿大的企业进入墨西哥的相关市场。协议条款同时也将有关的劳工和环境问题列入其中。参阅《关税及贸易总协定》和世界贸易组织。

北欧海盗 Viking 又译维京人，又称Norsemen（古斯堪的纳维亚人）。指9～11世纪进行侵袭和在欧洲广大地区开拓殖民地的斯堪的纳维亚航海武士。可能是由于本国人口过剩，国外受害者相对软弱，以及他们在造船与航海方面的非凡才能，促使他们从事冒险。865年征服了东英吉利亚和诺森伯里亚，并蚕食麦西亚大部。878年与阿尔弗烈德大王达成停战协议，承认英格兰的大部分落入丹麦人的手中。892～899年阿尔弗烈德击败他们，阿尔弗烈德之子于924年收复了麦西亚和东英吉利亚。诺森伯里亚的北欧海盗于954年被一扫而光。980年，北欧海盗再次开始袭击英格兰，该国最后成为克努特大帝的帝国的一部分。当地的王室于1042年恢复统治。北欧海盗对英格兰的社会结构、方言及人名、地名方面产生了深远的影响。在西方的海洋上，北欧海盗在900年左右移居冰岛，又前往格陵兰和北美。795年入侵爱尔兰，在都柏林、利默里克和沃特福德建立了王国。爱尔兰人在克朗塔夫战役（1014）大胜，结束了北欧海盗统治的威胁。北欧海盗时时侵袭法国，但并没有进行统治。在俄国，虽然北欧海盗一度在诺夫哥罗德、基辅以及其他一些中心区占有统治地位，但是他们很快就被斯拉夫人同化了。作为商人他们与拜占廷（912，945）签订商业条约。他们还在君士坦丁堡当佣兵。11世纪北欧海盗的活动结束。

北欧海盗船 longship 又称Viking ship。北欧1 500多年广泛使用的一种桨帆船。船

身长14～23米，一侧最多有10个桨，帆方形，能容纳50～60人。不分船首、船尾，用木板叠接而成，经得住惊涛骇浪。已经发现公元前300年就有这种船型。公元9世纪的北欧海盗就乘坐这种船进行海盗袭击，公元1000年莱弗·埃里克松（幸运者）坐这种船到达美洲。荷兰、法国、英国和德国商人和斗士也都用过这种船。

北欧滑雪 Nordic skiing 起源于斯堪的纳维亚地区的滑雪技术和比赛项目，包括越野滑雪和跳台滑雪。1924年列入首届冬季奥运会比赛项目。参阅高山滑雪。

北普拉特河 North Platte River 美国科罗拉多州、怀俄明州和内布拉斯加州河流。为普拉特河两条主要支流之一，发源于科罗拉多州北部，向北流入怀俄明州，然后转向东和东南，穿越内布拉斯加州边界与南普拉特河汇合而成普拉特河。全长1 094千米。为密苏里河流域灌溉、水力发电及防洪工程的组成部分，有大型水库和水坝。

北山羊 ibex 几种步履稳健、强壮的野山羊的统称，栖息在欧洲、亚洲和非洲北部的山区。通常肩高约90厘米，毛浅褐灰色，腹部颜色更深。公羊有须和半圆形大角。

北上山地 Kitakami Mountains 日本本州岛东北部山岭。平行于太平洋海岸，长约250千米，止于牡鹿半岛。最高峰海拔1 914米。常被称为"日本的西藏"，是本州岛文化上最封闭的地区，直到20世纪中期仍沿用旧农业生产方式，包括农奴（日本称名子）制。

北条家族 Hojo family 日本镰仓幕府世袭摄政家族，是1199～1333年日本的实际统治者。北条时政（1138～1215）协同源赖朝一起反抗当时的日本统治者平清盛，他们取得了成功，源赖朝成为日本新的统治者，称为幕府。时政的女儿嫁给了源赖朝，1199年源赖朝去世，时政成为源赖朝的后裔即自己外孙的摄政。而后这种幕府的摄政位置变成世袭的，其职务是监管幕府设在每个省的警察和税收人员。13世纪前半叶，这个体制运转尚佳，但为抵抗蒙古人两次入侵日本而消耗了资财，再加上最后一个北条摄政者的个人弱点致使北条体系衰落。后来足利尊氏以当时后醍醐天皇的名义占领了京都，北条的统治就此结束，由足利家族取得幕府的称号。

北约 NATO 全称North Atlantic Treaty Organization（北大西洋公约组织）。保护欧洲西部不受苏联侵犯的国际军事联盟。英国、法国、荷兰、比利时和卢森堡在1948年组成了一个集体防御联盟，但被认为不足以抵御苏联入侵。1949年，美国和加拿大同意与其欧洲盟国一起组成一个扩大的联盟，即北约。该组织设有一个集中管理机构，下设3个指挥部，分别负责欧洲、大西洋和英吉利海峡（1994年撤销）的事务。1955年联邦德国的加入导致由苏联主导的华沙公约组织（《华沙条约》）的产生，与北约相抗衡。1966年法国退出北约的军事合作。由于北约地面部队的力量弱于华约，因此北约更注重保持武器方面的优势，包括中程核武器。1991年华约解体和冷战结束后，北约撤除了核武器，并试图重新界定自己的地位。该组织介入了20世纪90年代的巴尔干冲突。北大西洋公约第五条声明，任一签约国受到的攻击都将被视作对其他所有成员国的攻击。该条款在2001年针对美国的九一一恐怖袭击事件后首次被援用。1999、2004和2009年分别有新成员国加入，使北约成员国增加到28个。2009年法国宣布其重返北约军事一体化机构的计划。

北约克郡 North Yorkshire 英格兰北部行政和地理郡，行政中心设于诺萨勒顿。史前遗址表明该地曾被罗马军队占领；中世纪时属英格兰的周边地区，有许多世袭家族的城堡。修士会（包括西多会士）靠放养绵羊致富。在玫瑰战争和英国内战中，北约克郡都起了重要作用。现代经济以农业为主。人口约569 660（2001）。

北斋 Hokusai（1760～1849） 原名Katsushika Hokusai（葛饰北斋）。日本画家、制图家、版画家和图书插图画家。15岁开始学习木刻，1778年成为浮世绘大师胜川春章的学生。第二年发表第一批作品，是关于歌舞伎演员的版画。不久转向历史和风景题材以及关于儿童的版画。他发展出一种折中的风格，在图书插图和折物（一种为特殊场合制作的印刷品，例如卡片、信笺等）、绘画书籍和小说、色情书籍和相册、版画和素描等方面都取得了成功。他还实验过西方的透视法和着色，后来着重画日本武士和中国的题材。其《富岳三十六景》（1826～1833）是在创意和技法上不可逾越的一幅极品。他有许多追随者，但他们当中没有一人具有北斋那样的能力和多样性。

贝安 Behan, Brendan (Francis)（1923～1964） 爱尔兰作家。8岁开始酗酒，是一位反英志士，曾多次被捕入狱。《管教所的少年》（1958）写他身陷英国少年犯管教所的情况，将率直的讽刺与有力的政治评论结合在一起。第一部剧本《怪人》（1954）强烈谴责死刑刑罚和监狱生活。第二部剧本《人质》（1958年上演）被公认是他的杰作。他的作品还有诗歌、短篇小说、广播剧、轶事、回忆录和一部长篇小说。

《贝奥武甫》 Beowulf 英雄史诗。被认为是古英语文学的最高成就和最早用欧洲地方语言写成的史诗。讲述6世纪初期发生的事件，据信约于700～750年间写成。叙述一位斯堪的纳维亚英雄贝奥武甫，年轻时因杀死了一个叫格伦德尔巨妖及其母亲而成名。后来成为老国王，又杀死了一条龙，但不久自己也去世，受人尊敬和哀悼。从韵律上、风格上和主题上看，贝奥武甫都属于日耳曼英雄传统，但还是显示了受到基督教的影响。

贝当 Pétain, (Henri-) Philippe（1856～1951） 法国将军。1876年开始在法国军队服役，后在军事学院任教，1916年凡尔登战役中的杰出表现使他成为民族英雄，1918年任总司令和法国元帅，战后被任命为最高作战委员会副主席（1920～1930）和陆军部长（1934）。1940年德军侵入法国后，贝当以84岁高龄被任命为总理。他与德国达成停战协议，作为维希法国的元首，他试图通过与德国合作来获得让步。1942年德国人强迫他接受P. 赖伐尔为总理，作为国家元首的他则有名无实。盟军攻入法国后他逃往德国，1945年受审，被判死刑，后减判为终生监禁，95岁时死于狱中。

贝德贝克 Beiderbecke, Bix（1903～1931） 原名Leon。美国爵士乐短号演奏家和作曲家，以优雅、清澈的音调和内省式的表演方法著称。生于艾奥瓦州达文波特。他创造了一

B. 贝德贝克
Brown Brothers

种摆脱L. 阿姆斯特朗影响的独特风格，成为20世纪20年代芝加哥式爵士乐的主要演奏家。他对印象派作曲家如C. 德彪西的和声法深感兴趣，这既反映在他的演奏上，也反映在作曲中。他与萨克斯管手F. 特朗博尔一起在J. 戈德凯特和P. 怀特曼的乐队工作。他因酗酒而早逝，这使他成为早期爵士乐的传奇人物。

贝德福德 Bedford 英格兰中部偏东南的城市。为贝德福德郡行政中心，位于伦敦西北乌斯河畔。曾为罗马渡口站和撒克逊人城镇。914年盎格鲁-撒克逊人从丹麦人手中夺回。据说J. 班扬的著作《天路历程》就是他17世纪在这里坐牢时写的。人口约82 488（2001）。

贝德福德郡 Bedfordshire 英格兰中部偏东南的郡，大部分处于乌斯河谷地。首府贝德福德。约公元前1800年就有宽口陶器文化，公元1～5世纪罗马人在此定居。1010年首见记载，当时是一政治单位，现今的郡界几乎原封不动地延续下来。郡内著名古建筑有沃本隐修院、贝德福德郡公爵的居所。人口约381 571（2001）。

贝德克尔 Baedeker, Karl（1801～1859） 德国出版商。其父是印刷工和书商。1827年在科布伦茨创建一家出版社，后来以出版

旅游手册而闻名。其目的是提供旅游者必要的实用信息，免得花钱雇用导游。其书籍的一大特色是用星号标示重要景点，并载明可靠的投宿旅店。到他去世时，他的旅游手册

K. 贝德克尔，油画
Popperfoto

已涉及欧洲许多地区。他去世后，在其子的经营下，出版社日益发展，还出版了英、法文版的书籍。

贝德灵顿㹴狗 Bedlington terrier 19 世纪初在英格兰的诺森伯兰培育出来的狗品种，因该处一个矿区——贝德灵顿而得名。最初用作斗狗和捕猎害兽，后普遍作为宠物。

贝德灵顿㹴狗
Sally Anne Thompson-EB Inc.

貌似羊羔，背弓形，有顶毛，被毛厚而卷曲，蓝灰色、深红棕色或淡沙色，常带棕色斑点。肩高 38 ～ 40 厘米，体重 10 ～ 11 千克。

贝蒂 Betti, Ugo(1892 ～ 1952) 意大利剧作家。从事法律职务，在罗马担任法官和司法部的图书管理员。他写了 3 本诗集、3 部短篇小说集和 26 部剧本。第一部剧本《房东太太》(1927)，反应是毁誉参半，但后来的作品较为成功。有几部被翻译成法文和英文，并在巴黎、伦敦和纽约等地上演，包括《北部山崩》(1933)、《法庭的腐败》(1949)、《女王与叛逆者》(1951)和《亡命者》(1953)等。

贝都因人 Bedouin 中东沙漠地区操阿拉伯语的游牧民族。在种族上贝都因人与其他阿拉伯人相同。贝都因人的社会地位依他们饲养的动物而定：最高贵的是牧放骆驼的牧人，其次是牧放绵羊和山羊的牧人，最后是牧放牛群的游牧人。传统上，贝都因人在雨季迁徙到沙漠地区，旱季返回农垦地区，但从第二次世界大战后，有些国家的政府把他们的牧场土地收归国有，争夺土地使用权的冲突不断发生，许多族群已经定居。不过大多数人仍以保留游牧传

卡塔尔中部抱羊羔的贝都因人
M. Ericson-Ostman Agency

统而感到自豪。

贝多芬 Beethoven, Ludwig van(1770 ～ 1827) 德裔奥地利作曲家。生于波恩的一个音乐世家，自幼就是天赋绝佳的钢琴师和中提琴手。在波恩担任 9 年的宫廷乐师后，迁居维也纳，受教于 F. J. 海顿门下，并在那里终老。他很快成为尽人皆知的演奏大师和作曲家，并成为第一位放弃教堂或宫廷雇用而成功维生的重要作曲家。他以独特方式跨越古典时期和浪漫时期。他令人震撼的《第三交响曲》(1804)就是宣布浪漫时代来临的一声霹雳，此曲体现了气势磅礴但又精密把握的能量，成为贝多芬风格的标记。他身材矮小，容貌平平，而且随着年龄的增长性情越来越变得古怪。约 1795 年起耳朵渐聋，导致了几乎自杀的忧郁症，约从 1819 年起完全失聪。虽有过几次无果的爱情，但终生未娶。在世的最后 15 年里，他是无与伦比的世界最闻名的作曲家。毕生作品包括著名的 9 部交响曲，16 首弦乐四重奏，32 首钢琴奏鸣曲，歌剧《菲岱里奥》(1805；1814 年修订)，两首弥撒曲(包括《庄严弥撒曲》，1823)，5 首钢琴协奏曲，1 首小提琴协奏曲(1806)，6 首钢琴三重奏，10 首小提琴奏鸣曲，5 首大提琴奏鸣曲，以及几首音乐会序曲。

贝恩 Behn, Aphra(1640 ～ 1689) 英国戏剧家、小说家和诗人，第一位已知以写作为生的英国妇女。早期生活情况不明(也不知其娘家姓)，只知道她早年在南美洲度过。1658 年嫁给英国商人贝恩。她的小说《奥鲁诺科》(1688)写的是她在南美结识的一个沦为奴隶的非洲王子，此书影响了英国小说的发展。她的第一部剧本《逼婚》上演于 1671 年。后来她写了一些机智诙谐的喜剧，如《流浪者》(分上、下两部，分别发表于 1677、1681 年)，十分成功。晚年写了许多颇受欢迎的小说。

贝尔 Bell, Alexander Graham(1847 ～ 1922) 苏格兰裔美国听觉学家和发明家。生于爱丁堡。1871 年移居美国，讲解他父亲 A. M. 贝尔(1819 ～ 1905)发明的可见读音系统。1872 年在波士顿开办他自己的聋人教师培训学校，并推广这种教会聋人说话的方法。1875 年成为第一个用电线传输语音的人(他跟助手 T. 沃森通话说：“沃森，到这里来，我需要你。”)。次年取得电话机的专利权，1877 年与人合资建立贝尔电话公司。他利用伏打奖金的收益在华盛顿特区建立伏打实验室。他的实验产生了许多发明：光电话机(用光束传声)、测听计(测量听觉的敏锐性)、格拉弗风留声机(一种早期的录音机)，

A. G. 贝尔
Culver Pictures

以及供格拉弗风留声机录音用的蜡筒及蜡盘。他还负责创建《科学》杂志、美国聋人教学语言促进协会(1890)，并终其一生继续对失聪进行重大研究。

贝尔 Bell, Gertrude(1868 ～ 1926) 英国女旅行家、作家和殖民地行政官员。从牛津大学毕业后，遍游了中东地区。第一次世界大战以后，她写了一篇广为接受的报告，内容关于从战争结束到 1920 年伊拉克叛乱之间美索不达米亚的行政管理，后来又参与确定战后的边界。1921 年她协助麦加谢里夫的儿子费萨尔一世登上伊拉克王位。在协助创立伊拉克国家博物馆的过程中，她主张发掘出的古物应留在原来的国家。

贝尔法斯特 Belfast 北爱尔兰的区、海港和首府。位于拉根河畔，在石器和铜器时代已有人居住，铁器时代堡垒的遗址至今可见。贝尔法斯特的现代史始于 17 世纪初，当时奇切斯特伯爵提出计划，让英格兰和苏格兰移民到此定居。1641 年经历了爱尔兰起义，后来在经济上取得重要地位，特别是在 1685 年南特敕令取消以后，大批法国胡格诺派难民迁居此地，大大促进了亚麻贸易的发展。后来成为爱尔兰基督教新教的中心，开始了19 ～20 世纪连续不断的教派冲突。最近的冲突发生在 20 世纪 60 年代，并持续到 90 年代。1998 年达成一项临时和平协议。该市是北爱尔兰的教育和商业中心。人口约348 291(2001)。

《贝尔福宣言》 Balfour Declaration(1917-11-02) 在俄国犹太复国主义领袖 C. 魏茨曼和 N. 索科洛夫(1861 ～ 1936)的驱策下，英国外交大臣 A. J. 巴尔福在写给英国犹太人领袖 L. W. 罗思柴尔德(1868 ～ 1937)的一封信中所提出的陈述。在宣言中他答允为犹太人在巴勒斯坦建立家园而不干扰已定居在那里的非犹太民族。第一次世界大战后，英国抢先获得巴勒斯坦的托管权，并希望赢得犹太人舆论的支持站在同盟国这一边。他

们也希望亲英国的定居者能帮忙保护通向苏伊士运河的通道。

贝尔格 Berg, Alban (Maria Johannes) (1885 ～ 1935) 奥地利作曲家。生于维也纳。在音乐上主要靠自修,直至19岁时才师承A.勋伯格。这是他一生中的转折点,他师从勋伯格8年。在勋伯格的影响下,贝尔格从早期的后浪漫主义风格转变为无调主义,最后(1925)创作了12音作品。他的表现主义歌剧《沃伊采克》(1922)是最受赞扬的后浪漫主义歌剧。第二部歌剧《卢卢》的创作时间达6年之久,直到他50岁因脓肿转成败血病而去世时仍未完成。其他的作品包括《抒情组曲》(1926)在内的两部弦乐四重奏、《三首管弦乐小品》(1915)和一首小提琴协奏曲(1935)。

贝尔格莱德 Belgrade 塞尔维亚语作Beograd。塞尔维亚首都。位于多瑙河与萨瓦河汇合处。是巴尔干半岛上最重要的商业和交通运输中心之一。公元前4世纪凯尔特人在此定居,后被罗马人占领,称之为辛吉杜努姆。5世纪时被匈奴人摧毁。11世纪成为拜占廷的边境城市。13世纪由塞尔维亚统治。15世纪奥斯曼土耳其人包围这座城市,1521年苏莱曼一世的军队终于攻克该城,土耳其人的统治几乎一直持续到19世纪。1867年成为塞尔维亚王国的首都。第一次世界大战后为新的塞尔维亚-克罗地亚-斯洛文尼亚王国(1929年更名为南斯拉夫)首都。1941～1944年在纳粹占领下遭到严重破坏。1999年在科索沃冲突中遭北大西洋公约组织轰炸,破坏十分严重。20世纪90年代南斯拉夫解体时,贝尔格莱德成为该国余下部分的首都。2003年改国名为塞尔维亚和黑山。2006年塞尔维亚与黑山分别宣布独立。人口约1 120 092(2002)。

贝尔根-贝尔森 Bergen-Belsen 又称Belsen(贝尔森)。贝尔根和贝尔森两村附近的纳粹德国集中营,位于当时德国普鲁士的汉诺威附近。1943年建立,部分当作战俘营,部分为犹太人转运营。设计容量为1万人,但最后关押了4.1万人。这个集中营虽然没有毒气室,但仍有3.7万人死于其中,包括A.弗兰克。由于它是被西方同盟国解放的第一个集中营(1945-04-15),所以马上变得臭名远扬。

贝尔吉卡 Belgica 高卢东北部古国,奥古斯都将高卢分成的4个行省之一,疆域从塞纳河至莱茵河,包括低地国家在内。首府是杜罗科托鲁姆·雷摩伦(今法国兰斯)。在图密善统治时期,部分地区成为上、下日耳曼两省;后来在戴克里先统治时期,余下的部分又分成主贝尔吉卡和次贝尔吉卡。5世纪时贝尔吉卡被法兰克人的王国吞并。参阅比利时。

贝尔蒙多 Belmondo, Jean-Paul (1933 ～) 法国电影演员。在巴黎学习并在外省剧团演出,后在电影里演了一些小角色,因主演J.-L.戈达尔执导的《筋疲力尽》(1960)而获得国际声誉。虽然长相不是很英俊,但在新浪潮影片中,成为主要的反英雄人物。到1963年已出演了25部电影,以后又出演了国际知名影片如《狂人皮埃罗》(1965)、《密西西比美人鱼》(1969)和《悲惨世界》(1995)等。贝尔蒙多2001年患中风,2008年重返影坛,主演《一名男子和他的狗》。

贝尔莫潘 Belmopan 伯利兹首都。地处伯利兹河河谷,比旧都伯利兹城向内地迁移约80千米。在地势低洼的原首都伯利兹城遭一次飓风严重破坏后,新都选址深入内地,以免再受洪水之害。1966年开始兴建,1970年正式成为首都。人口约8 130(2000)。

贝尔纳诺斯 Bernanos, Georges (1888 ～ 1948) 法国小说家和政论作家。为当时最富独创性和独立性的天主教作家之一,也是个富于幽默感和人情味的人,厌恶实利主义,反对向邪恶妥协。其杰作《一个乡村教士的日记》(1936)描写一个年轻教士与罪恶抗争的故事。电影剧本《加尔默罗会修女的对话》(1949)描写在法国大革命时期牺牲的16个修女,后为F.普朗克改编为歌剧(1957)。

贝尔尼尼 Bernini, Gian Lorenzo (1598 ～ 1680) 意大利建筑师和艺术家,是巴罗克雕塑的创始人。从小就跟随雕塑家父亲工作。早期的雕塑作品有《阿波罗和达佛涅》

G.L.贝尔尼尼的《阿波罗和达佛涅》(1622～1624),大理石雕刻;现藏罗马博盖塞艺廊

Scala/Art Resource, New York City

(1622～1624)和充满活力的《大卫》(1623～1624)。教皇乌尔班八世是贝尔尼尼最早的资助人,也是他曾为之服务的8位教皇中的第一位,受其委托在罗马圣彼得大教堂内的圣彼得墓上创作了华盖。1629年被任命为圣彼得大教堂和巴尔贝里尼宫的建筑师。他的作品常混合了建筑与雕塑艺术,最杰出的范例是罗马维多利亚圣母堂的科尔纳罗小礼拜堂,上面有他著名的戏剧雕塑《圣特雷萨的沉迷》(1645～1652)。贝尔尼尼最伟大的建筑成就是圣彼得大教堂前环绕广场的柱廊。在许多他为罗马而作的作品中包括大理石喷泉,以它们的建筑构思和细节著称。

贝尔托卢奇 Bertolucci, Bernardo (1940 ～) 意大利电影导演。在写了一些诗和一本得奖著作后,1961年参与电影制作,担任P.巴索里尼的助理导演。他导演的第一批电影是《死神》(1962)和《革命之前》(1964),接着是票房不错的《蜘蛛的谋略》(1970)和《随波逐流的人》(1970)。色情片《巴黎最后的探戈》(1972)在国际上和商业上都引起轰动。后来他执导的电影有《1900年》(1976)、《末代皇帝》(1987,获奥斯卡奖)、《小活佛》(1994)、《偷香》(1996)和《围困》(1998)。

贝尔托亚 Bertoia, Harry (1915 ～ 1978) 意大利裔美国雕刻家和设计师。曾在克兰布鲁克艺术学会学习,并于1937～1943年在该院任教。后来赴加利福尼亚州与C.埃姆

H.贝尔托亚于1952年设计的"钻石椅"

By courtesy of the Knoll Group

斯共事,1950年赴纽约任职于诺尔公司。他完成"钻石椅"的设计,椅子采用抛光的钢丝作椅架,配合弹性的诺格海德软垫装潢而成。他还制作出一种用风带动的"发声雕刻",并为一些公司和公共场合制作了大量作品。

贝尔谢巴 Beersheba 以色列南部城市。历史上是巴勒斯坦南端的界限,所以《圣经》上有"从但到贝尔谢巴"的说法("但"是以色列的最北端)。7世纪时被阿拉伯人攻陷,16世纪为土耳其人夺取。它是内盖夫沙漠地区贝都因人游牧部落的水源。1917年由英军攻占,1948年以色列占领,从此发展为内盖夫地区行政、文化及工业中心。人口约185 300(2006)。

贝弗里奇 Beveridge, William Henry (1879 ～ 1963) 后称Baron Beveridge (of Tuggal)。英国经济学家。毕生研究失业问题,1909～1916年担任劳工介绍所所长。1919～1937年任伦敦经济政治学院院长,1937～1945年任牛津大学的大学学院院长。后来受政府之邀出任规划新的英国福利国家的设计师,他通过"贝弗里奇报告"(1942)制订出英国的社会政策和机构。著作包括《全民保险》(1924)、《自由社会的充分就业》(1944)和《安全保障的支柱》(1948)。

贝弗利希尔斯 Beverly Hills 美国加利福尼亚州西南部城市。四周是洛杉矶,且与好莱坞相邻。1906年设为住宅区,取名贝弗利。1912年贝弗利希尔斯旅馆建成。1919年电影明星M.璧克馥和费尔班克斯在山上

建起他们的庄园，开了好莱坞名流在贝弗利希尔斯建筑华丽豪宅的先河。面积14.8平方千米，有3条东西向的主要大道横贯该市，即日落大道、圣大莫尼卡大道和竞技场路。人口约34 109(2010)。

贝加尔湖　Baikal, Lake　俄语拉丁字母转写作Ozero Baykal。俄罗斯**西伯利亚**南部湖泊，位于亚洲。长636千米，面积约31 500平方千米，为欧亚大陆最大的淡水湖，也是世界最深的湖泊(1 620米)。湖水容量约占地球表面淡水总容量的1/5。有330多条河流注入该湖，东部接纳了巴尔古津河和**色楞格河**等河。湖水大部分由北端的**安加拉河**排出。湖心有一座岛屿，即奥尔洪岛。湖里的动植物数量和种类繁多，其中1 500多种为该湖所特有。由于湖岸地区不断发展工业，湖水污染问题日益严重。1996年贝加尔湖沿岸保护区被列为世界遗产。

贝京　Begin, Menachem (Wolfovitch)(1913～1992)　以色列总理(1977～1983)。出生于俄罗斯，在华沙大学获得法学学位。第二次世界大战期间，贝京被苏联

M. 贝京，摄于1987年
Ralph Crane/Camera Press from Globe Photos

当局抓捕并于1940年放逐到西伯利亚。1941年获释，参加流亡的波兰军队。他逃往巴勒斯坦，1943年成为武装组织国民军组织的领袖。1948～1977年间，除了有3年在民族联合政府中任职(1967～1970)外，一直是以色列议会中反对党领袖。1977年以**利库德集团**领袖身份出任总理。由于与埃及总统**萨达特**进行谈判，两人在1978年共获诺贝尔和平奖。最后双方在1979年签署了《以埃和平条约》。1982年以色列入侵黎巴嫩，招致世界舆论反对，贝京遂于1983年辞职。参阅**阿以战争**。

贝壳币　wampum　由贝壳珠制作而成的线串、织物或绣品等装饰物。阿尔冈昆语wampumpeag的简称，译为"贝壳念珠"。在白人移民到达美洲之前，主要被印第安原住居民用于仪式或作为礼物进行交换。17世纪早期，欧洲货币尚未在美洲流通，出于与白人移民交易的需要被用做货币。

贝克　Baker, Josephine(1906～1975)　原名Freda Josephine McDonald。美裔法国演艺人员。出生于密苏里州圣路易斯，16岁加入一舞蹈团，不久来到纽约，在哈勒姆夜总会

J. 贝克
H. Roger-Viollet

表演，并在百老汇演出《巧克力纨绔子》一剧(1924)。1925年来到巴黎，在《黑人活报剧》中表演舞蹈。对法国观众而言，她象征非洲-美国文化的异国情调与活力，成为巴黎最受欢迎的歌舞厅演艺人员，以及女神游乐厅的明星。在第二次世界大战期间参与红十字会工作，并为**自由法国**的军队慰劳演出。1950年开始收养世界各国的孤儿，称之为"博爱的实验"。后来曾定期返回美国，促进民权事业。

贝克尔　Becker, Gary S(tanley)(1930～　)　美国经济学家。生于宾夕法尼亚州波茨维尔。曾就读于普林斯顿大学和芝加哥大学。后来担任哥伦比亚大学和芝加哥大学教授，他将经济学方法运用于研究人类行为，这在以前被认为是属于社会学和人口学的研究领域。在《人力资本》(1964)和《论家庭》(1981)等著作中，提出了一种理论，认为基于自身利益的理性经济选择控制着大多数人类行为，甚至包括明显的非经济活动，如家庭的组成。1992年获诺贝尔奖。

贝克福德　Beckford, William(1760～1844)　英国艺术爱好者、小说家和怪人。以哥特式小说《瓦提克》(1786)出名，写的是一个不敬神的酒色之徒，他修建了一座极高的高塔，向天堂里的穆罕默德挑战，但跌入了黑暗王子的王国。尽管写得很不周密，但故事充满奇思妙想和稀奇古怪的细节。由于与一年轻人发生丑闻，贝克福德和家人被迫离开英格兰10年。回国后他建造了丰希尔隐修院，是英国**仿哥特式建筑**最耸人听闻之作，有一座高82米的塔楼，后来曾两度倒塌。

贝克勒尔　Becquerel, (Antoine-) Henri(1852～1908)　法国物理学家。他的祖父A.-C.贝可勒尔(1788～1878)是电化学领域的奠基者之一，其父A.-E.贝可勒尔(1820～1891)则在光现象方面做了重要的研究。亨利主要研究磷光材料和铀化合物，并在实验中运用了照相术。他以发现**放射性**而闻名，他发现元素铀(沥青铀矿样品)发射出能使照相底版变黑的不可见的射线。1901年他被装在他内衣口袋里的**居里夫人**的镭样品灼伤，他就此发表的报告激起物理学家们的广泛研究，最后促成放射性物质在医学上的应用。1903年贝可勒尔和居里夫妇共获诺贝

贝克勒尔
Archives Photographiques

尔奖。放射性单位becquerel(Bq)就是以他的姓氏命名的。

贝克曼　Beckmann, Max(1884～1950)　德国表现主义油画家和版画家。曾在保守的魏玛学院就读。1903年移居柏林，加入柏林分离派。第一次世界大战中当看护兵的经历改变了他的观点，他的作品变得充满令人恐怖的形象，故意使用让人不快的色彩和不稳定的构图。他认为自己的作品是结合了残酷的现实与社会批判。1933年纳粹党宣称贝克曼的美术"颓废"，迫使他辞去法兰克福的施塔德尔美术学校教授职务。1937年他逃至阿姆斯特丹，1947年移居美国，在圣路易斯和纽约任教。

贝克特　Becket, St. Thomas(1118～1170；1173年被追谥为圣徒；圣徒日12月29日)　又作Thomas à Becket。坎特伯雷大主教(1162～1170)。诺曼商人之子。在英格兰

T. 贝克特被杀，选自1200年左右的英国的诗篇歌集插画；现藏英国图书馆
By courtesy of the trustees of the British Library

国王**亨利二世**手下任枢密大臣(1155～1162)，深受其信任。他是位出色的行政、外交及军事战略专家，曾协助国王扩大王权。亨利二世为反对鼓吹教会自治的格列高利改革运动，于1162年指派贝克特为坎特伯雷大主教，希望借此加强对教会的控制。但贝克

特却全心全意地投入这项新职务，反对国王在教会中的权力，特别是宣布教士有罪应由教会法庭审判。亨利二世发布《克拉伦登宪法》(1164)，提出一系列国王对教会的权力，并传唤贝克特接受审讯。贝克特逃往法国，流亡至1170年，当他回到坎特伯雷后在教堂内被亨利二世的4名骑士杀害，据说是因为亨利二世的一句气话。亨利二世曾去他的墓地以示悔罪，墓地后来成为人们朝拜的圣地。

贝克特 Beckett, Samuel (Barclay)(1906～1989) 爱尔兰剧作家。在爱尔兰学习和在各地游历后，于1937年定居巴黎。第二次世界大战期间以做农工糊口并参加地下抵抗组

S.贝克特，摄于1965年
© Gisele Freund

织。战后年代，他用法文写了叙事性三部曲《马洛伊》(1951)、《马洛纳之死》(1951)和《无名的人》(1953)。他的剧本《等待戈多》(1952)在巴黎一举成名，由他译成英语后立即获得国际声誉。这部以情节和动作极度简单为特点的剧本，成为**荒诞派戏剧**的典型代表。他后来的剧本包括《结局》(1957)、《克拉普的最后一盘录音带》(1958)和《快乐的日子》(1961)等抽象作品，以喜剧的精神探讨人类存在的神秘和绝望。1969年贝克特获诺贝尔文学奖。

贝克韦尔 Bakewell, Robert(1725～1795) 英国农业家，采用合理选择、近亲繁殖、去劣等方法，使英国的牛羊培育发生了根本变化。他是肉用牛羊最早的培育家之一。他最先

贝克韦尔，版画
The Mansell Collection

大规模培养种畜，使他的农场成为著名的科学管理的典型。

贝肯鲍尔 Becklenbauer Franz(1945～) 德国足球运动员。生于慕尼黑。以发明现代攻击型自由中卫的位置闻名。绰号"凯撒"，他是唯一一位分别于1974年和1990年担任世界杯冠军队队长和经理的人。其大部分职业生涯效力于拜仁慕尼黑队(1958～1977)，率领该队赢得3次欧洲杯冠军(1974～1976)，以及4次全国冠军。1972年和1976年当选欧洲足球先生。在纽约和汉堡短期工作之后，1984年退出运动生涯，转为经理人。

贝拉 Beira 莫桑比克中部沿海城市，位于莫桑比克海峡的蓬圭河与布济河河口处。为莫桑比克中部地区以及内陆国家津巴布韦和马拉维的主要出海口。1891年建立之初为一家贸易公司总部，1942年归葡萄牙政府管理。1975年归属于独立后的莫桑比克。它是通南非、津巴布韦、刚果(金)、赞比亚和马拉维各条铁路的终点站。人口约436 240(2007)。

贝拉尔 Berar 印度中西部历史地区。在今**马哈拉施特拉**邦的北部。13世纪穆斯林军队入侵后，贝拉尔作为一个独立的政治实体崛起。后来为几个穆斯林王国的一部分，直到莫卧儿帝国瓦解后，落入海得拉巴统治者的手中。1853年起受英国统治，陆续归属于几个省;1960年起成为马哈拉施特拉邦的一部分。该地区包括布尔纳河盆地的富饶产棉区。

贝拉方特 Belafonte, Harry(1927～) 原名Harold (George) Belafonte, Jr.。美国歌手、演员和制作人。为来自马提尼克与牙买加的移民之子。1935～1940年与母亲一同住在牙买加。20世纪50年代初，他以《嗲-哦》(香蕉船之歌)以及《再会牙买加》等歌曲开创了流行的**卡利普索**音乐。他曾主演电影《卡门·琼斯》(1954)和《阳光岛屿》(1957)，后来成为第一位黑人电视制作人。20世纪60、70年代成为著名的民权运动人士。

贝拉基主义 Pelagianism 5世纪基督教的**异端**，强调自由意志和人性本善。英国教士贝拉基(约354～418年以后)在410年定居非洲，热心于提高基督教的道德水准。他反对那些将罪恶归为人类弱点的观点，认为上帝予人以选择善恶的自由，犯罪完全是一种自愿的行为。他的门徒塞莱斯蒂乌斯否认关于**原罪**的教义，并宣称没有必要为**婴儿洗礼**。418年贝拉基和塞莱斯蒂乌斯同被逐出教会，但仍有人为他们的观点作辩护，直至431年以弗所会议谴责了贝拉基主义。

贝拉米 Bellamy, Edward(1850～1898) 美国作家。生于马萨诸塞州奇科皮福尔斯。18岁时在德国求学，开始认识到城市贫民的困苦境遇。他一生从事进步事业，写了好几本反映他的关注和忧虑的书，但使他出名的主要还是乌托邦式小说《回顾》(1888)，把2000年的美国描写成一个以合作、友爱以及工业为人类需要服务的理想社会主义国度。

贝拉米
By courtesy of the Library of Congress, Washington, D. C.

这部小说的销售量超过百万册，续集《平等》(1897)受欢迎程度稍差。

贝朗瑞(图尔的) Berengar of Tours(999?～1088) 法兰西神学家。任图尔大教堂司铎，1040年左右在昂热任大助祭。他反对**兰弗朗克**拥护的占压倒优势的**变体论**，他赞成饼和酒的转化是象征意义，1050年被教皇圣利奥九世逐出教堂。韦尔切利会议(1050)和巴黎宗教堂议(1051)宣判他有罪。经过一次妥协后，他于1076、1078、1079和1080年又数度受到谴责，在孤寂苦行中终了余生。

贝里 Berry 法国中部历史地区和旧省。最初是比图里热族的库比人家乡，他们反对**韦辛格托里克斯**。在罗马统治下，该地区是阿基坦-普里马的一部分。在加洛林枢机主教时期曾为伯爵领地，12世纪时落入法兰西王室手中。英国的亨利二世取得阿基坦后，贝里成为英法两国争端的焦点。曾是贝里公爵统治下的公国，贝里公爵是重要的艺术资助者。1601年重归法国，1790年以前一直是法国的一个省。

贝里曼 Berryman, John(1914～1972) 美国诗人。生于俄克拉何马州麦卡莱斯特。曾就读于哥伦比亚大学和剑桥大学，后来先后在几所大学任教。1956年发表他第一部

J.贝里曼
By courtesy of the University of Minnesota

实验性长诗《对布雷兹特里特太太的敬意》，确立了他在文学界的重要地位。《梦歌77首》(1964，获普利策奖)展现其大胆、创新的手法，加上他在1968年发表的《他的玩具、他的梦、他的休息》，扩大为有385首梦歌的组

诗。后来的作品包括欺骗性的即兴创作《爱情与名声》(1970)和《复原》(1973),后者是他对抗酗酒的陈述。他的诗以直率中带着幽默而著称。由于他患有严重的抑郁症,后来跳桥自杀身亡。

贝利 Pelé(1940～) 原名 Edson Arantes do Nascimento。巴西足球运动员,他可能是他那个时代世界最著名、报酬最高的运动员。1956年加入桑托斯足球俱乐部,1962年

贝利
A. F. P. -Pictorial Parade

率该俱乐部获得世界俱乐部锦标赛冠军。他曾率领巴西国家队赢得3次世界杯冠军(1958、1962、1970)。1969年在其第909次比赛中射进第1 000个球。贝利中等身材,脚法出众,射门准确,有高超的预判能力。1975年加入北美足球联盟纽约宇宙队,1977年带领宇宙队获得联盟赛冠军后退役。1978年荣获国际和平奖,1980年被誉为"本世纪最佳运动员"。

贝利奥 Berio, Luciano(1925～2003) 意大利作曲家。他在电子音乐、现场与已录制的音乐的结合、偶然音乐、图形记谱、利用借来材料的音乐"大杂烩",以及(或许是最重要的)音乐的"演奏作品"等方面都是重要的发明人。他的妻子,即歌手C.贝瑞安(1925～1983),是他主要的合作者。最知名的作品包括《向乔伊斯致意》(1958)、《面容》(1961)、《交响曲》(1968)、《歌剧院》(1970)以及《序列曲》系列(1958～1975)。

贝利尼 Bellini, Vincenzo(1801～1835) 意大利作曲家。出身西西里音乐世家,在那不勒斯音乐学院受教育。24岁时写了第一部歌剧,33岁去世前共完成了9部歌剧。最著名的是《海盗》(1827)、《卡普列蒂家族和蒙太基家族》(1830)、《梦游女》(1831)、《诺尔马》(1831)和《清教徒》(1835)。他的作品主要依靠优美的声乐旋律("美声唱法"),受欢迎的程度可与同时代的G.罗西尼和G.唐尼采蒂相媲美。

贝利萨留 Belisarius(约505～565) 拜占廷帝国将军。原为皇帝查士丁尼一世的贴身侍卫,公元525年左右被任命为东部军队司令,530年在达拉战役打败波斯人。533年率远征军捣毁了北非的汪达尔王国。535～537年从东哥特人手中收复意大利南部和西西里。537～538年保卫了罗马。哥特人向他提供王位,引起查士丁尼不满,把他从意大利召回。544～548年再度受命前往罗马,但兵力不足,548年被纳尔塞斯替换下来。贝利萨留对查士丁尼仍忠心耿耿,559年再次被起用,驱逐入侵的匈奴人。

贝利亚 Beria, Lavrenty (Pavlovich)(1899～1953) 苏联政治人物和秘密警察首脑。1921年开始从事情报与反情报活动。1932～1938年作为外高加索各共和国的共产党领导人,他亲自监督J.斯大林发动的政治清洗(参阅清党审判)。1938～1953年担任苏联秘密警察首脑。斯大林死后,他任苏联部长会议副主席(共有4位副主席)和内务部长。之后他被指控企图继斯大林之后成为独裁者而被捕并被处决。

贝卢斯科尼 Berlusconi, Silvio(1936～) 意大利媒体大亨和总理(1994;2001～2006;2008～2011)。自米兰大学毕业后,从事房地产投资,在20世纪70年代累积了一笔可观的财富。到了90年代,他拥有的公司逾150家,其中包括三家电视网和一家意大利最大的出版公司。1994年成立了一个保守派政党"意大利前进党",并当选为总理。由于利益冲突和其他各种指控,贝卢斯科尼于1994年12月辞去总理职位。虽然后来罪名没有成立,他仍被判犯诈骗和贪污罪。尽管被指控,且因控制意大利许多媒体而备受批评,他仍是意大利前进党党魁,并于2001年再度出任总理。他因为支持对伊拉克的战争而遭到民众反对。在位期间他努力改善国内经济。在2006年的大选中,他的联合政府被以R.普罗迪为首的中左派集团击败。2008年普罗迪辞职后,贝卢斯科尼第三次出任总理。然而一系列的个人丑闻和意大利经济的不稳定造成了贝卢斯科尼的支持率下降。他在2011年11月辞职。

贝鲁特 Beirut 黎巴嫩首都、主要港口和最大城市,地处黎巴嫩山山麓。最早是腓尼基人的居民点,公元前1世纪在罗马统治下崛起。公元635年为阿拉伯人占领。1110～1291年间基督教十字军控制了贝鲁特,后来受马木路克王朝统治。1516年属奥斯曼帝国。1920年成为新国家黎巴嫩(受法国托管)的首都,1943年成为独立的黎巴嫩首都。贝鲁特继续繁荣发展,为中东地区的主要银行业和文化中心。在黎巴嫩内战(1975～1990)中、1982年以色列军队与巴勒斯坦解放组织的交战中,以及2006年中期以色列军队围困真主党的战斗中,贝鲁特遭受重创。1990和2006年的内战停战以及以色列围困后,城市开始缓慢重建。人口:大都会区约1 777 000(2005)。

贝伦 Belém 巴西北部城市,帕拉州首府和港口。贝伦港位于亚马孙河大三角洲的帕拉河畔,离大西洋145千米。1616年始建为要塞居民点,随着它的逐渐发展,使葡萄牙人巩固了在巴西北部的势力。1772年设为州首府。19世纪末,因是亚马孙地区橡胶业的主要出口中心而一度繁荣。1912年橡胶业衰落以后,贝伦仍是巴西北部的商业中心和亚马孙河航运的主要港口。人口:都会区约1 271 615(2000)。

贝伦斯 Behrens, Peter(1868～1940) 德国建筑师。1903年任杜塞尔多夫工艺美术学校校长。1907年成为大型企业通用电气公司的艺术顾问。1909～1912年为该公司

贝伦斯,M.李伯曼绘
Archiv fur Kunst und Geschichte, Berlin

设计的装有玻璃幕墙的涡轮机车间(在柏林)成为当时德国最壮观的建筑物。他是现代主义最具影响的先驱,当时W.格罗皮厄斯、L.科比西埃和L.密斯·范·德·罗厄都曾在他的设计室工作过。

贝洛 Bellow, Saul(1915～2005) 又译索尔·贝娄。加拿大出生的美国小说家,是第二次世界大战后活跃于美国文坛的犹太裔美国作家的代表人物。他的作品刻画那些尽管为社会所鄙弃但精神不屈的现代城市居民。出生于加拿大魁北克省蒙特利尔市郊区的拉欣,在一个贫穷的犹太社区度过童年。1924年,全家移民芝加哥,贝洛认为这里才是他的家乡。他在芝加哥大学读书,1937年毕业于美国西北大学,并很快获得人类学专业硕士学位。毕业后,他为联邦作家规划写自传和书评。20世纪40年代,他的处女作得以出版,包括《晃来晃去的人》(1944)和《受害者》(1947)。在欧洲居住时,他曾获古根海姆学者奖,并开始《奥吉·马奇历险记》(1953)的创作。这部书后来成为他的第一部颇受欢迎的著作。他的作品还包括《雨王亨德森》(1959)、《赫索格》(1964)、《赛姆勒先生的行星》(1970)、《洪堡的礼物》(1975)、《院长的十二月》(1982)、《更多的人死于心碎》(1987)、《偷窃》(1989)、《贝拉-罗莎的联系》(1989)和《实际》(1997)。后期创作的作品中非正统派主角是犹太知识分子,他们的内心独白有高尚的也有荒谬的。同时,贝洛还在美国的几所大学任教,包括芝加哥大学和普林斯顿大学。1976年获得诺贝尔文学奖。他还获得过普利策奖,并三次获得全国图书奖。其他作品还包括小说集《争此朝夕》(1956)、剧本《最后的分析》(1964)、小说《莫斯比的回忆》(1968)和非小说作品《耶路撒冷去来》(1976)。2000年出版《拉维尔斯坦》。

贝洛奥里藏特 Belo Horizonte 巴西东南部城市。米纳斯吉拉斯州首府,位于埃斯皮尼亚苏山的西坡,海拔830米。19世纪末被选为首府,以解决旧首府无法再扩大的问题。是巴西第一个按规划建设的城市,该市呈棋盘式,格局仿照美国华盛顿(哥伦比亚特区)和阿根廷的拉普拉塔市。贝洛奥里

藏特是大农业地区的中心，也是该地区的工商业中心。人口：市区2 375 444（2010）。

贝洛克 Belloc, (Joseph-Pierre) Hilaire（1870～1953） 法裔英国诗人、史学家、天主教辩护士和散文作家。是一位极多才多艺的作家，但以轻松诗，特别是为儿童写的轻松诗，以及浅显优美的散文最为著名。作品包括《韵文和十四行诗》（1895）、《坏孩子的动物故事书》（1896）、《现代旅行家》（1898）、《伯登先生》（1904）和《警世故事》（1907）等。还写过几部历史作品，包括4卷《英国史》（1925～1931）。

贝洛斯 Bellows, George Wesley（1882～1925） 美国油画家和版画家。生于俄亥俄州哥伦布。曾在纽约美术学院师从R.亨利学画，与垃圾箱画派画家交往密切。以所画

G.W.贝洛斯绘的《夏基俱乐部的男人聚会》（1909），油画；现藏俄亥俄州克利夫兰艺术博物馆
By courtesy of the Cleveland Museum of Art, Ohio, Hinman B. Hurlbut Collection

拳击场景最为闻名，油画《夏基俱乐部的男人聚会》（1909）描绘一场违规的拳击赛，引起轰动。他是军械库展览会的组织者之一。从1916年到他去世，共创作了200多幅系列版画，包括人们熟知的《登普西和费尔波》（1924）。

贝纳多特 Bernadotte (af Wisborg), Folke, Greve (Count)（1895～1948） 瑞典军人、人道主义者和外交官。他是国王古斯塔夫五世的侄子，第二次世界大战（1939～1945）期间任瑞典红十字会会长，从德国集中营里救出大约2万人。1948年他被联合国安全理事会任命为巴勒斯坦的调停人，他使阿拉伯国家和以色列接受停火协议。他提出应允许阿拉伯难民返回已被以色列人占有的家园，因此遭到敌视。最后被犹太极端分子杀害。贝纳多特的努力为联合国停战监督组织和联合国巴勒斯坦难民救济和工程处的建立奠定了基础。

贝纳文特-马丁内斯 Benavente y Martínez, Jacinto（1866～1954） 西班牙剧作家。《利害关系》（1907）是他最著名的作品，以意大利即兴喜剧为基础写成。1913年写的悲剧《不吉祥的姑娘》也很有名。西班牙内战时期曾遭当局拘留，但以《不可信的》（1941）一剧重新赢得官方好感。他是20世纪西班牙最重要的剧作家之一，一生写作不辍直到去世，写有150多部剧本。1922年获诺贝尔文学奖。

贝奈斯 Beneš, Edvard（1884～1948） 捷克斯洛伐克政治家。作为T.马萨里克的追随者，他是现代捷克斯洛伐克的创建者之一。担任首任外交部长（1918～1935）和总统（1935～1938）。因被迫屈服于希特勒对苏台德地区的要求而辞去总统职务。1940～1945年在英国成立捷克斯洛伐克流亡政府，1945年在本国领土上重建新政府。他虽认识到有必要与苏联合作，但拒绝签署共产党提出的新宪法，1948年辞职，不久之后逝世。

贝内 Benét, Stephen Vincent（1898～1943） 美国诗人、小说家和短篇故事作家。生于宾夕法尼亚州伯利恒。以关于美国南北战争的叙事长诗《约翰·布朗的遗体》（1928，获普利策奖）闻名于世。与他的妻子（婚前称罗斯玛丽·卡尔）合写的诗集《一本美国人的书》（1933）为美国的学童们生动描述了许多历史人物。短篇小说《魔鬼和丹尼尔·韦伯斯特》（1937）被改编成戏剧、歌剧（道格拉斯·穆尔作曲）和电影。

贝内特 Bennett, Richard B(edford)（1870～1947） 后称Viscount Bennett (of Mickleham and of Calgary and Hopewell)。加拿大总理（1930～1935）。生于新不伦瑞克省霍普威尔。曾担任西北地区和艾伯塔省立法会议议员，1911年为加拿大众议院议员。1916年任全国兵役局局长，1921年任司法部长。1927年贝内特当选为保守党领袖，1930年大选时许诺要消除大萧条的后果，当选总理。但是贝内特低估了大萧条的严重性，他所采取的一些措施也都是表面化的。后来败在自由党领袖W.L.M.金手下。1939年退休，前往英国，1941年受封为子爵。

贝内特 Bennett, Tony（1926～ ） 原名Anthony (Dominick) Benedetto。美国流行歌手。纽约昆斯一位杂货商之子，他的第一个工作是唱歌的服务生，后来便以乔·巴里的艺名演唱。1949年P.贝利邀请他加入她在夜总会的歌舞剧表演，1950年B.霍普给他取了新名字。他在20世纪50年代出了多张专辑，代表作是1962年的《我把心遗落在圣弗朗西斯科》。随着年岁的增长，他的风格越来越趋向于爵士乐，90年代中期，他在MTV的特别出演宣告了他的复出。

贝尼河 Beni River 玻利维亚河流。源出安第斯山脉的东部，向北流，在贝拉镇与马莫雷河汇合形成马德拉河，近山口处接纳马德雷德迪奥斯河。全长1 599千米。

贝宁 Benin 全称Republic of Benin（贝宁共和国）。旧称Dahomey（达荷美）。西非国家。面积：约114 763平方千米。人口：约9 607 000（2013）。首都：波多诺伏（正式首都）、科托努（事实上的首都）。丰人和与其有血缘关系的族群占全国人口的2/5，其他少数民族包括约鲁巴人、富拉尼人和阿贾拉人。语言：法语（官方语言）和丰语。宗教：传统宗教、伊斯兰教和基督教。该国从几内亚湾向内陆延伸约675千米，西北部为丘陵区，最高海拔641米。东部和北部是平原，南部是沼泽区，海岸线长约120千米。境内最长的河流韦梅河流入波多诺伏潟湖，全长450千米，可通航200千米。属发展中的混合型经济，以农业为主，亦开发其近海油田。贝宁为共和国，一院制。国家元首暨政府首脑是总统，由总理辅佐。17世纪初叶达荷美人（即丰人）在贝宁南部建立了阿波美王国。18世纪王国势力扩张到包括安拉达和维达王国，17世纪法国人曾在那里建有要塞。1882年法国人重新在此地区建立势力，并引起法国人与非洲人之间的战争。1894年达荷美成为法国的保护地，1904年并入法属西非。1960年取得独立。1975年达荷美改名为贝宁。20世纪末至21世纪初，经济长期的不景气是该国主要问题。贝宁（当时称达荷美）于1972年首次参加在西德慕尼黑举办的夏季奥运会。

贝宁湾 Benin, Bight of 几内亚湾北部的海湾。沿西非海岸延伸640千米，从加纳的圣保罗角经过多哥和贝宁至尼日利亚的尼日尔河河口。沿海湾主要港口有洛美、科托努和拉各斯。16～19世纪时，贝宁湾为奴隶贸易盛行的场所，尼日尔河三角洲以西的沿海环礁湖地区有“奴隶海岸”之称。到了19世纪30年代，棕榈油贸易成为贝宁湾主要的经济活动。20世纪50年代尼日尔河三角洲发现有石油。

贝努埃河 Benue River 又作Bénoué River。非洲西部河流。发源于喀麦隆北部，流向西，穿过尼日利亚的中部偏东地区。全长约1 400千米，是尼日尔河的主要支流，运送着大量物资。

贝塞麦 Bessemer, Henry（1813～1898） 英国发明家和工程师。冶金学家之子，17岁时创办了自己的铸造生意。当时只有两种铁基结构材料，即铸铁和熟铁。所谓钢是在纯

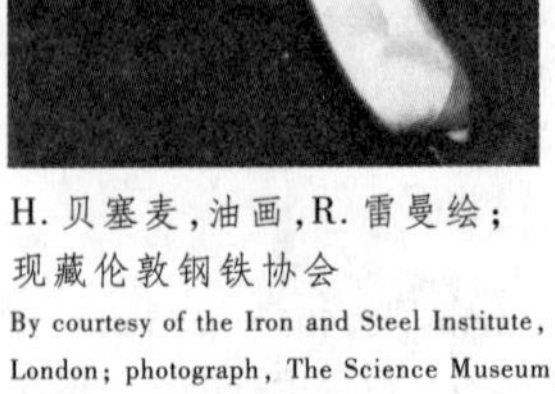

H.贝塞麦，油画，R.雷曼绘；现藏伦敦钢铁协会
By courtesy of the Iron and Steel Institute, London; photograph, The Science Museum, London

粹的熟铁中加入碳而制成的；这样得到的材料几乎全部用于制作切削工具。在克里米亚战争中，贝塞麦为大炮设计更强的铸铁。他发明出一种能低成本地生产大型、无渣的钢锭，还可以像任何熟铁一样加工的方法。最后他还发现了如何从铁中除去过多的氧。由贝塞麦炼钢法（1856）发展出贝塞麦炼钢炉。

参阅碱性贝塞麦炼钢法。

贝塞麦炼钢法 Bessemer process 1856年由英国的H.贝塞麦发明的将生铁转变成钢的技术，1860年由他把该技术投入商业生产。将空气吹到耐火的炼钢炉中的熔融铁水中，使铁中的碳和硅发生氧化。氧化过程中释放出来热量还能使金属保持熔化状态。R.F.马希特又提供了将转变后的金属退氧化的技术，使该过程得以成功。1856～1860年W.凯利在肯塔基和宾夕法尼亚做了一个气吹式转炉的实验，但没有炼出钢来。1865年A.L.霍利在美国建立了第一家成功的贝塞麦炼钢厂。用贝塞麦炼钢法在英国和美国进行了低成本的钢铁生产，很快革新了建筑的结构，并为铁轨和其他应用方面提供钢以取代铁。贝塞麦炼钢法最终被平炉炼钢法取代。参阅碱性贝塞麦炼钢法。

贝斯特 Bastet 又作Bast。埃及宗教中的一位女神，其形象先是母狮，后成为母猫。其凶猛的天性在约公元前1500年猫被驯养后发生了变化。她在尼罗河三角洲的布巴斯提斯以及孟菲斯受到崇拜。在新王国时期和托勒密时期，两地修建了大型干尸猫的墓地，放置了数以千计的青铜女神像作为还愿献物。贝斯特的形象是一头母狮，或一个猫头女子，通常手持一袋、一片护胸甲以及一个叉铃（一种金属响器）。罗马人将对贝斯特的膜拜带到意大利。

贝坦科尔特 Betancourt, Rómulo（1908～1981） 委内瑞拉总统（1945～1948，1959～1964）。青年时代积极参与反对戈麦斯（1857/1864～1935）独裁统治的活动。短期加入共产党后，又转而反对它，并协助创立左翼反共的民主行动党，该党在一次政变后于1945年取得执政权。他任临时总统时，实施温和的社会改革政策，后辞职而同意选举一个继承人。1959年再次当选总统，在亲古巴的共产主义者和被吓坏的保守派之间走中间路线，提出庞大的公共工程建设规划，并促进了工业的发展（以大量的石油出口来筹措资金）。1964年退休。

贝特 Bethe, Hans (Albrecht)（1906～2005） 德国出生的美国理论物理学家。他的研究有助于量子力学的形成，并提高了人们对控制原子核结构的各种力的理解。1933年逃离德国，1937～1975年间在美国康奈尔大学任教。他说明了晶体中原子周围的电场是如何影响原子的能态。1939年首先提出碳循环是星体中产生能的来源。他领导曼哈顿工程的理论物理小组，但战后贝特却经常发表有关核战威胁的言论。1955年获普朗克奖，1961年获费米奖，1967年获诺贝尔物理学奖。

贝特尔海姆 Bettelheim, Bruno（1903～1990） 奥地利裔美国心理学家。曾在维也纳学习，1938～1939年被纳粹逮捕，囚于集中营。后来移居美国，1944年起任芝加哥大学为有精神障碍儿童设立的实验性矫治学校校长，尤其以他在研究自闭症儿童方面的工作著称。他应用精神分析原理来解决社会问题，尤其是在培育儿童方面。著作包括有关适应极端压力的一篇很有影响的论文《极端情境中个人及群众行为》（1943）、《爱还不够》（1950）、《明达的心》（1960）、《空虚的堡垒》（1967）、《梦中的孩子》（1967）和《魔法的种种用场》（1976）等。后来因妻子亡故和身患中风而十分抑郁，最后自杀身亡。后来有人揭露他捏造他的学术证书，并在他的学校里虐待和误诊儿童，使他的名誉受损。

贝特曼·霍尔韦格 Bethmann Hollweg, Theobald von（1856～1921） 德国政治家和首相（1909～1917）。为文职官员，1905年担任普鲁士内政大臣。1909年任德国首

贝特曼·霍尔韦格，肖像画；
布兰特绘于1909年
Archiv fur Kunst und Geschichte, West Berlin

相。第一次世界大战以前，他任由好战的党派控制政府；1914年对于奥匈帝国向塞尔维亚采取的行动表示无限制的支持。1916年试图要求美国进行调解来结束战争，但他未能限制潜艇战争。1917年允诺在普鲁士实行选举改革，触怒了保守派而被迫辞职。

贝希特斯加登 Berchtesgaden 德国南部城镇。位于萨尔茨堡以南的巴代利亚阿尔卑斯山脉，三面都被奥地利的领土包围。曾经是奥地利的一部分，19世纪初归属巴伐利亚。第二次世界大战以前和战争期间，这里是希特勒隐避的别墅所在地。1938年A.希特勒在这里会见N.张伯伦。1945年毁于空袭，1952年那栋别墅被夷平。该山区是登山和滑雪的知名场所。人口约7 690（2007）。

贝休恩 Bethune, Mary (Jane) McLeod（1875～1955） 原名Mary Jane McLeod。美国女教育家。出生于南卡罗来纳州梅斯维尔的奴隶家庭，靠自己努力完成了大学教育，1904年开办一所学校，该校后来成为佛罗里达州代托纳比奇的贝休恩-库克曼学院的一部分。1923～1942年和1946～1947年担任该学院的院长，也同时担任罗斯福总统的特别顾问。在非洲裔美国人各组织，尤其是在妇女团体中表现突出，1936～1944年任全国青少年局黑人事务处处长。

贝亚特丽克丝 Beatrix (Wilhelmina Armgard)（1938～ ） 荷兰女王（1980～2013）。第二次世界大战期间纳粹德军入侵荷兰时随

贝亚特丽克丝
By courtesy of the Royal Netherlands Embassy; photograph, Max Koot

王室流亡到英国和加拿大。1965年与一名德国外交官订婚，举国哗然，因为他曾加入希特勒青年团和德军。1966年他们结婚，直到生下第一个男孩后，举国的敌意才渐消，因自1890年起奥兰治王室一直无男嗣。1980年她母亲朱丽安娜退位后，她继承王位。2013年她传位于其子威廉·亚历山大。

贝聿铭 Pei, I(eoh) M(ing)（1917～ ） 美籍华裔建筑师。1935年移民美国，曾就读于麻省理工学院和哈佛大学。在韦布与纳普公司工作一段时间后，于1955年自办公司。他早年设计的科罗拉多州博尔德的美国国家大气研究中心梅萨实验室（1968），仿照周围群峰起伏的轮廓。美国国家艺术馆东馆（1978）的创新设计被公认是他最优秀的建筑之一。其他作品还包括波士顿的约翰·汉考克大楼（1973）、北京香山饭店（1982）、巴黎卢浮宫博物馆广场上的玻璃金字塔（1989）和苏州博物馆（2006）。贝聿铭的设计大量采用长方形和不规则轮廓线，代表了一种国际潮流，其独到之处更在于与周边地势协调的构思以及巧妙使用各种材料以营造建筑物空间和表面。他所设计的日本滋贺县美和博物馆（1997）大部分位于地下，建筑物与周围群山融为一体。1983年贝聿铭获得普利兹克建筑奖。

贝兹 Baez, Joan (Chandos)（1941～ ） 美国民歌手和政治活动家。出生于纽约州斯塔滕岛，幼年时因经常搬迁而极少受过正规的音乐训练。十几岁时就因清亮的高音而成为20世纪60年代民歌复兴的先锋。在60和70年代积极参与抗争运动，为民权组织、反对越南战争联盟的音乐会举行义演。1964年因拒缴用于战争经费的联邦税而在1967年两度入狱。曾出版两部回忆录。

钡 barium 碱土金属中的一个化学元素，化学符号Ba，原子序数56。活性很强，在化合物中始终呈二价。在自然界里主要存在于重晶石（硫酸钡）和毒重石（碳酸钡）矿中。钡元素用于冶金工业，其化合物则用于制造烟火、石油开采和放射学中，也被用作颜料和试剂。所有可溶性的钡化合物都是有毒的。硫酸钡是已知最不易溶解的盐之一，在“钡

餐”中用作消化道 X 射线检查时的对比剂。

倍倍尔 Bebel, August(1840 ～ 1913) 德国社会主义者和作家。旋工出身，1861 年加入莱比锡工人教育协会，1865 年成为该协会主席。思想上受 W. 李卜克内西的影响，于 1869 年协助成立德国社会民主工党(即后来的德国社会民主党)，为该党最具影响及最得人心的领袖达 40 余年之久。1867 年进入帝国议会，1871 ～ 1881 年和 1883 ～ 1913 年一直担任议员。曾因被控“诽谤俾斯麦”等罪名先后共度过将近 5 年的铁窗生涯。写过多部著作，其中《妇女与社会主义》(1883)是社会民主党有力的宣传作品。

β阻滞药 beta-blocker 全称 β -肾上腺素能阻滞药。又称 β 受体阻断药。是用以治疗多种交感神经系统(参阅自主神经系统)疾病的合成药。它们阻断心脏和其他平滑肌细胞中的 β -肾上腺素能受体，这些受体在接受肾上腺素后会使交感神经系统兴奋。为了避免这种兴奋，用 β 阻滞药能控制焦虑、高血压病，以及治疗多种心脏疾病，能有效地减少再次发作心肌梗塞的危险。

被解放黑奴事务管理局 Freedmen's Bureau(1865 ～ 1872) 美国南北战争结束后重建时期为新解放黑人成为自由民而提供帮助的机构。正式名称为难民、自由民和被遗弃者管理局，由 O. O. 霍华德主持。它设立医院，向 100 多万黑人提供医药；并向2 100万黑人和白人发放配给。创办黑人学校1 000多所，并协助创办黑人学院和师资训练学院。但在保卫人权和促进土地重新分配方面未见成效。国会受到来自南方白人的压力，撤销了该局。

奔宁山脉 Pennines 又称 Pennine Chain。英格兰北部山脉，从苏格兰边界向南延伸至德比郡。最高峰是克罗斯费尔峰，海拔 893 米。水流运动形成山脉石灰石中的地下大岩洞，石灰石现在被广泛开采。绵羊饲养也很重要。该地区考古遗址包括罗马时代的哈德良长城。

本·贝拉 Ben Bella, Ahmed (1918? ～ 2012)阿尔及利亚第一位民选总统。在法国受教育，后加入军队服役，第二次世界大战(1939 ～ 1945)中获得法国人授予的勋章。战后他拿起武器反抗法国统治。1954 年协助成立民族解放阵线(FLN)，并成为该组织政治领袖。民族解放阵线在为驱逐法国人而战斗时，1956 ～ 1962 年本·贝拉被捕入狱。出狱后，他控制了民族解放阵线的政治局，于 1963 年当选为总统。1965 年在一次政变中被废黜，被监禁至 1980 年。接着在国外流亡 10 年，至 1990 年才回国。他还是阿尔及利亚民主运动政党的领导人(1984 年在流亡期间建立)，直至 1997 年该党被取缔。参阅 M. 布迪亚夫。

本茨 Benz, Karl(Friedrich)(1844 ～ 1929) 又译奔驰。德国机械工程师，设计并制造了世界上第一辆实用的内燃机汽车。最早的汽车是三轮的摩托车，1885 年首次试车成功。1893 年本茨公司制造出第一辆四轮汽车，1899 年生产出第一辆赛车。1906 年本茨离开公司，与他的几个儿子另组一个公司。1926 年本茨公司并入 G. 戴姆勒创建的公司。

本地治里 Puducherry 印度中央直辖区。首府：本地治里。1962 年由本地治里、加里加尔、亚南和马埃 4 个前法国殖民地组成。前三者沿着东部(孟加拉湾)海岸分布，马埃则位于西部(阿拉伯海)海岸。四地只是因共同的殖民地背景和重点发展旅游业而合并为一区。人口约1 244 464(2011)。

本都 Pontus 古代地区，位于小亚细亚东北部与黑海的毗邻区。为一独立王国，首都在阿马塞亚，建于公元前 4 世纪。之后国土疆域不断扩大，直到公元前 66 年它的最后一任国王米特拉达梯六世被庞培打败。公元前 63 年并入罗马帝国。

本笃会会士 Benedictine 天主教神职人员和在俗信徒修会本笃会的成员。他们遵循由努尔西亚的圣本尼狄克在 6 世纪时制定的本笃会规章。该规章逐渐在意大利和高卢等地传播开来。到了 9 世纪时本笃会规章几乎已为西欧和北欧普遍采用，本笃会隐修院成为学术、经籍和财富的中心。12 ～ 15 世纪期间本笃会呈现衰落，后来实施改革，院长的任期改为固定期限，修士要对会众而不是某一会所宣誓等，使本笃会获得新生。宗教改革运动使本笃会在北欧几乎绝迹，在其他地方也衰退下来。19 世纪又一次复兴行动加强了欧洲的本笃会，尤其是法国和德国的本笃会，随后在世界各地重新建立会所。

本顿 Benton, Thomas Hart(1782～1858) 美国政治家。生于北卡罗来纳州希尔斯伯勒。1815 年移居圣路易斯，曾主编《圣路易斯探询者》。为农民和商业的利益呼吁，1820 年当选美国参议员，为把公共土地分配给开拓民而奋斗，很快在参议院里被视为民主党早期的主要发言人。他反对将奴隶制扩展到

T. H. 本顿，约摄于 1845 ～ 1850 年

By courtesy of the Library of Congress, Washington, D. C.

西部，因此在 1851 年失去了参议员席位，不过后来他又当选为众议院议员(1853 ～ 1855)。他的侄孙是一位艺术家，与他同名(参阅 T. H. 本顿)。

本顿 Benton, Thomas Hart(1889 ～ 1975) 美国画家和壁画家。生于密苏里州尼欧肖。曾在芝加哥艺术学院和巴黎朱利昂学院学习，在巴黎他接触到色彩复合主义(并置主义)和立体主义。1912 年他回到纽约，但尝试现代主义失败，他出发旅游到乡村地带，素描人物和景色。20 世纪 30 年代，他画了几幅著名的壁画，包括社会研究新学院的《今日美国》(1930 ～ 1931)。他常常把圣经和古典的故事画成美国式的乡村壁画，如《苏珊娜与长者》(1938)。他的风格很快就具有影响力，特点是波浪起伏的形式、漫画式的人物以及鲜艳明亮的色彩。曾在纽约艺术学生同盟任教，J. 波洛克是他执教时最著名的学生。

本-古里安 Ben-Gurion, David(1886～1973) 原作 David Gruen。以色列首任总理。生于波兰，父亲是犹太复国主义者。1906 年移居土耳其统治下的巴勒斯坦，为实现重建犹太人国家而奋斗。第一次世界大战爆发时被奥斯曼政府逐出巴勒斯坦，他到达纽约市，在那里结了婚。英政府发表《贝尔福宣言》后他加入英军的犹太军团回到中东。在 20 世纪 20 和 30 年代，他领导了数个政治组织，包括世界犹太复国主义最高指导机构——犹太代办处。后来英国变得更多同情巴勒斯坦阿拉伯人，对犹太人向巴勒斯坦移民实行限制，本-古里安于是号召犹太人反英。以色列国成立后，他出任第一任总理兼国防部长。他把抗击英军的地下部队改编为以色列国防军，成功地抵御了阿拉伯人的攻击。虽然不受英、美的欢迎，但他在阿尔及利亚战争和苏伊士危机时均得到法国的大力支持。本-古里安于 1963 年辞职。参阅阿以战争。

本杰明 Benjamin, Judah P(hilip)(1811 ～ 1884) 英裔美国律师和美国南部邦联政府内阁成员。出生于圣克罗伊岛，后来随父母移居南卡罗来纳州。1832年在新奥尔良开

J. P. 本杰明

By courtesy of the Library of Congress, Washington, D. C.

始经营成功的律师业务。他是被选入美国参议院(1853 ～ 1861)的第一个犹太人，以发表主张蓄奴的演说而闻名。在南方脱离联邦后，J. 戴维斯先后任命他为南部邦联政府司法部长(1861)、陆军部长(1861 ～ 1862)和国务卿(1862 ～ 1865)。由于他竭力主张招募黑人加入南部邦联军而触怒许多人，迫使他于 1865 年逃至英国。

本·拉登 bin Laden, Osama(1957 ～ 2011) 基础广泛的伊斯兰教极端主义运动领袖，该

运动涉及对美国及其他西方国家发动多次恐怖主义攻击。出生在沙特阿拉伯一个富裕家庭，1979年苏联入侵阿富汗后加入该国的伊斯兰教抵抗运动。回国后对波斯湾战争期间美国军队出现于沙特阿拉伯感到愤怒，20世纪90年代早期组成意向相近的伊斯兰武装团体网——以盖达(阿拉伯语意为“基地”)，发动一连串的恐怖袭击，包括1993年纽约市世界贸易中心、1998年肯尼亚和坦桑尼亚的美国大使馆和2000年也门亚丁湾美国军舰“柯尔”号的爆炸案。2001年再度攻击纽约市世界贸易中心并将之摧毁，同时攻击华盛顿的五角大楼，导致他在全世界被追捕。他曾被好几个国家驱逐出境，最后回到阿富汗，受到该国塔利班武装民兵保护。由于塔利班拒绝美国在2001年袭击事件后引渡本·拉登的要求，致使美国对塔利班采取军事行动，试图逮捕本·拉登并解散他的组织。2011年5月本·拉登在巴基斯坦被美军击毙。

本能 instinct 动物对外界刺激作出的无意识的应答，表现为一种可预见的、相对固定的行为模式。本能行为是一种遗传机制以维持动物或物种的生存。以格斗和性行为最为常见。反射活动是最简单的形式。所有动物都具有本能，但一般来说，进化程度越高的动物，行为就越灵活。在哺乳动物中，学习得来的行为常超过本能行为。

本尼狄克(努尔西亚的)，圣 Benedict of Nursia, St. (约480～547?) 意大利蒙特卡西诺本笃会隐修院的创办人，也是西方基督教隐修制度的创始人。出身于意大利中部努尔西亚的显赫家庭，因厌恶富人荒淫无度的生活而隐居在罗马城外，并吸引追随者前来。他在卡西诺山隐修院中制定的本笃会规章后来成为欧洲各隐修院的标准。规章规定修士在入隐修院以后必须经过一年时间的观察期，然后发愿遵守规章，终身只能居于一所隐修院；不得拥有私人财物；通过选举产生终身院长，由院长指定所有其他干事；日常生活要遵守严格的作息制度，包括祈祷礼拜5～6小时，劳动5小时，读经、读灵修书籍4小时。

本尼狄克十六世 Benedict XVI(1927～) 又译本笃十六世；原名Joseph Alois Ratzinger(约瑟夫·阿莱士·拉辛格)。罗马天主教教皇(2005～2013)。1951年受神职为神父。1953年获慕尼黑大学神学博士学位。此后以神学家和教师的身份在多所大学任教。在第二次梵蒂冈会议(1962～1965)期间，他充当建言专家和革新倡导者。1977年他被任命为慕尼黑大主教，三个月之后成为枢机。在1981年至2005年担任教义部部长期间，他在教会实施教义统一，成为教皇约翰·保罗二世的亲密顾问。在他本人成为教皇之后，他面临着众多问题的挑战，包括教会信众人数和新神父数量的下降、有关教会去向的深刻分歧以及世界各地涉及神父性侵丑闻久久不去的影响。2013年他以年事过高且健康不佳为由辞职。

本尼狄克十五世 Benedict XV(1854～1922) 原名Giacomo Della Chiesa(基耶萨)。教皇(1914～1922)。1878年受神职为教士，任教皇国的外交工作。1907年任博洛尼亚大主教，1914年任枢机主教。第一次世界大战爆发后一个月当选为教皇，他力图采取严守中立政策，把教会的力量集中于救济工作。后来他对重建和平作了积极的努力，尽管他最主要的调解活动(1917)并没有取得成功。

本尼狄克十五世，摄于1921年
UPI

本尼迪克特 Benedict, Ruth(1887～1948) 原名Ruth Fulton。美国人类学家。生于纽约市。1923年在F.博厄斯的指导下获得哥伦比亚大学博士学位，1930年起在哥伦比亚大学任教直至去世。《文化模式》(1934)是她最著名的著作，强调任一社会中人类可能有的种种行为范畴，只有多么小的一部分得到阐释或受到重视。她还描述了这些行为方式怎样演变成固定的模式和状态，她赞成文化相关论，即把文化现象放在它们所发生的文化背景中去评价。在《菊花和剑》(1946)一书中，她把她的方法运用于研究日本文化。她的理论对文化人类学有深远的影响。

R.本尼迪克特
By courtesy of Columbia University, New York

本尼维斯山 Ben Nevis 不列颠群岛中最高的山。位于苏格兰高地，海拔1 343米，为一面积约40公顷的高原。部分山峦终年积雪。此山的上层结构是火山岩，覆盖在高地古老片岩之上。

本尼以色列人 Bene-Israel 印度犹太人3支派之一(希伯来语意为“以色列的子孙”)。本尼以色列人渊源不详，但因其奉行某些传统，排斥其他传统，据信是在公元前200年以前因在加利利受迫害而出逃，后在印度沿岸遭遇船只失事，只有7对夫妇幸免于难，但已一无所有。在与其他犹太人完全隔绝的情况下，他们已基本上同化于印度的种姓制度，但仍遵守犹太人的饮食规则，男婴出生第8天实行割礼，以及礼拜六不工作。现今的本尼以色列人外貌与马拉塔人无异，操马拉塔语和英语。许多人已移居以色列。

本涅特 Bennett, (Enoch) Arnold(1867～1931) 英国小说家、剧作家、批评家和散文作家。在G.福楼拜和巴尔扎克的影响启发下，他的主要作品构成英国小说与欧洲现实主义主流之间的重要纽带。以细致入微的“五镇”(他的故乡斯塔福德郡的陶瓷之都)小说最为闻名，以此为背景写的小说有《五镇的安娜》(1902)、《老妇人的故事》(1908)和组成《克莱汉格家族》(1925)的三部小说。他还是著名的评论家。

本奇利 Benchley, Robert (Charles)(1889～1945) 美国戏剧评论家、演员和幽默作家。生于马萨诸塞州伍斯特。毕业于哈佛大学，1920年进《生活》杂志工作。是阿尔贡金圆桌会议的常任成员，曾为《纽约人》杂志撰写剧评(1929～1940)，还曾以笔名盖伊·福克斯为该杂志撰写“恣意妄为的报界”专栏。曾经演出46部短片，包括《怎样睡觉》(1934，获奥斯卡奖)。其作品温馨幽默，尽管讽刺尖锐，却不刻薄伤人。

本体论 ontology 探讨存在本身的一种学说。它和亚里士多德的形而上学的含义相同。由于形而上学研究的对象还涉及其他学科(如哲学的宇宙论和心理学)，在探讨存在这一命题时就采用了本体论这一术语。18世纪时，C.沃尔弗把本体论看成是一种导致有关存在本质的必然真理的演绎法。他的继承者I.康德提出过有影响的驳斥，认为本体论是一种假设的认识体系。20世纪本体论再度受到重视，包括M.海德格尔在内的现象学者和存在主义者的论述尤其如此。

本体论论证 ontological argument 从神的观念开始到神的实在的论证。这个论证首先由圣安塞姆(坎特伯雷的)在他的《关于上帝存在的谈话》(1007～1078)中清楚地进行系统阐述。之后R.笛卡儿提出更为著名的说法。安塞姆是以无法构想出比神更为伟大的概念作为起点。若认为这种存在只存在于思想而不存在于现实中，将导致自相矛盾。因为一个缺乏真实存在的存在，不是一个无法构想比其更伟大的存在物。而更伟大的存在将拥有存在的另外性质。因此，无法超越的完美存在必定存在，否则它将不能被称为无法超越的完美。这是在思想史上讨论最热烈和备受争议的论证之一。

本田技研工业公司 Honda Motor Co. 日本摩托车和汽车制造商。1946年由工程师本田宗一郎创办，制造高效率的小型发动机。1948年改组为本田技研工业公司。1953年研制出本田 C-100 型小引擎摩托车，到 1959 年已成为世界销量第一的摩托车。同年在美国设立分公司。1963 年开始制造汽车，现在该公司的销售额大部分来自汽车，最著名的是轻型、省油的客车，如思域和雅阁。现为世界上最大的汽车公司之一，总部设在东京。

本我　id　又译“伊德”、“原我”。在弗洛伊德精神分析学说中，本我与自我(ego)、超我(superego)分别为人类人格的三个方面之一。本我是本能的冲动之源，例如性和攻击，以及一些与生俱来的原始需要。本我是完全非理性的，根据趋乐避痛原则发挥作用，在冲动时，无论何时都要寻求立即的满足。本我为有意识的精神生活提供能量，尽管对成人来说这完全是无意识的。它在具有非理性因素的表达模式中所扮演的角色特别重要，例如艺术创作。根据弗洛伊德的说法，揭示本我内容的主要方法，是对梦的分析和自由联想。

本亚明　Benjamin, Walter(1892 ～ 1940)　德国文学评论家。出身于犹太望族。1920 ～ 1933 年在柏林攻读哲学，从事文学评论及翻译工作，1933 年逃至法国躲避纳粹的迫害。1940 年纳粹攻占法国后，他再度逃亡，在西班牙边境听说将被解送给盖世太保，遂自杀身亡。死后遗作问世，使他赢得 20 世纪前半叶德国主要文学评论家的声誉，也是最早认真探讨电影和摄影的作家之一。他的文集《启迪》(1961)和《反思》(1979)充分显示了他的独立性和独创性。他的艺术评论反映了他对 K. 马克思理论的理解以及与 B. 布莱希特和 T. 阿多诺的友谊。

本州岛　Honshu　日本 4 个主要岛屿中最大的一个岛屿，海岸线长达 10 084 千米，面积 227 950 平方千米。该岛被视为日本的大陆。日本的早期历史大都发生于该岛西南部地区。太平洋沿岸是日本主要经济中心，与东京-横滨和大阪-神户都会区相连接。岛上有日本最高的山富士山，以及最大的湖琵琶湖。人口约103 152 000(2004)。

苯胺　aniline　一种重要的有机碱，是制造染料、药物的母体。纯苯胺有剧毒，为油状无色液体，具有特殊的气味。苯胺是在 1826 年从靛蓝分解蒸馏首次制得，现在是用合成法制备。苯胺是伯芳胺，呈弱碱性，与其他化合物会产生多种反应。可制得化学品，用来生产橡胶、染料和中间产物、照相用化学品、橡胶助剂、药物、炸药、除莠剂、杀菌剂，以及用于炼油。

苯丙胺　amphetamine　又译安非他命。一系列对中枢神经系统具有刺激作用的合成药物(如苯齐巨林、右旋苯丙胺和脱氧黄麻碱)的原型，1887 年首次合成。所有苯丙胺类都可引起深度精神作用，包括清醒感、欣快感、疲劳感减低和注意力集中。在饭前服用可降低食欲，所以常被用作减肥药。苯丙胺通常被称为“速度”，飞行员、卡车驾驶员和士兵等人常服用本药(通常是非法的)以保持清醒。在治疗儿童注意力缺乏(或多动)症方面，苯丙胺具有镇静作用，使他们能集中注意力。苯丙胺引起的不良作用有：过度兴奋；不安、失眠、震颤和烦躁等症状；当药力消失时会表现出深度精神抑郁。随着耐药性的迅速发展，患者会要求加大服药量，结果会产生毒瘾，其症状类似偏执型精神分裂症。

苯丙酮尿症　phenylketonuria (PKU)　又称 phenylpyruvic oligophrenia(苯丙酮酸性精神幼稚病)。该病是苯丙氨酸不能进行正常代谢时的症状，而它的堆积会妨碍孩童的正常发育。对中枢神经系统影响的后果包括智力迟钝和精神病发作(参阅癫痫)，在 4 ～ 6 个月大小时就可以看见该种病的行为特征。反常的新陈代谢也导致黑素含量偏低，使得头发、眼睛和皮肤的颜色很浅。据试验检测每 1 万个新生儿中即有一个苯丙氨酸含量过高，其中 2/3 为隐性遗传紊乱。饮食要排除苯丙氨酸的摄取(完全避免肉类、乳制品、高蛋白质食物和含有天门冬氨酰苯丙氨酸甲酯成分的食物)，并一直控制到青春期，以确保正常发育。蛋白质可以在无苯丙氨酸的配制成的婴儿喂养奶中供给。患有此症的怀孕妇女必须控制饮食，防止严重损害胎儿。

《笨拙周刊》　Punch　英国插图期刊，1841 ～1992 年期间出版，1996 年改版后重新发行，2002 年停刊。最初是一份激进的周刊，以其讽刺性幽默、漫画和卡通著称。早期著名的职员有 W. 萨克雷和 J. 坦涅尔。1849 ～ 1956 年一直使用 R. 多伊尔的封面图画，虽然《笨拙周刊》的传统人物和他的狗托比总会出现在某处，但每期的封面却都不尽相同。

崩塌　avalanche　大量岩石碎片或雪顺山坡向下急剧运动，所过之处将一切扫荡和碾碎净尽。当一堆物质超过了坡面的摩擦阻力时，崩塌就开始了，常在其基底为雨水所松动或为焚风迅速化冻之后。其他可导致崩塌的天气情况包括大雪和大风。目前对雪崩的控制，大多是将炸药高抛到雪崩带的上段，故意在雪的堆积量还不是过大之前，就使雪堆滑动。

蹦床　trampoline　通过弹簧把帆布或网(通常用尼龙制成)固定在金属框架上，供翻跳时弹起和落下时用。蹦床运动是一种个人运动，即从蹦床弹起在空中表演特技。1955 年泛美运动会首次将蹦床运动列为比赛项目，世界锦标赛则始于 1964 年。比赛按难度、完成情况和姿势优美程度给参赛者计分。

鼻　nose　两眼之间下方的突出结构。鼻后有形状复杂的鼻腔，功能为通过空气并司嗅觉。在包括鼻孔的前部(前庭)后，有 3 个卷曲的脊状突起(鼻甲)垂直地将气道分隔。最上方为嗅区，嗅区的小部分表面黏膜含有神经元，上面仅覆以薄层液体，空气中的微粒溶解在液体中，对嗅神经细胞产生化学刺激作用。鼻腔的其余部分则温暖并润湿吸入的空气，并阻挡尘埃和细菌。位于鼻两侧颅骨内的窦腔开于气道两侧。吞咽时腭封闭鼻咽通路，因此食物不会达到鼻后部。

鼻病毒　rhinovirus　一群能引起人类普通感冒的小核糖核酸病毒的统称。鼻病毒被猜测是以空气中的微粒为介体传播到上呼吸道。由于感冒病毒数量众多，几乎不可能开发用以对抗的疫苗。参阅腺病毒。

鼻窦炎　sinusitis　鼻窦的炎症。急性鼻窦炎通常是因诸如普通感冒的感染而引发，导致局部疼痛与压痛、鼻塞、流涕和全身不适。鼻滴剂或含有可收缩血管的药物成分的吸入剂帮助鼻窦畅通。细菌感染时可使用抗生素。慢性鼻窦炎，症状为易感冒、流脓性鼻涕、呼吸不畅、丧失嗅觉和有时头痛，发生在急性鼻窦炎反复发作或治疗不及时之后，特别是因为鼻塞而通气、引流受阻时。如抗生素治疗或反复灌洗鼻腔无效，可能需手术治疗以打开吸入通道。

比阿夫　Piaf, Edith(1915 ～ 1963)　原名 Edith Giovanna Gassion。法国女歌唱家。其母为咖啡馆歌手。她一出生即遭遗弃。3 岁时因脑膜炎而失明，但 4 年后视力重新恢复。其父为马戏杂技演员，曾带她四处巡回演出，并鼓励她唱歌。她在巴黎街头唱歌数年，过着卑微的生活，直到有一个夜总会老板建议她改名为比阿夫，这是巴黎人称麻雀的俚语。不久她就在巴黎的大音乐厅唱歌。第二次世界大战期间，她为法国战犯表演，并协助其中一些人逃跑。战后，她到各地巡回演出，以《玫瑰人生》和《不，我丝毫不后悔》等歌曲闻名于世。20 世纪 50 年代她成为世界上酬金最高的表演者之一。尽管事业上取得巨大成功，但她的生活却遭到疾病、事故和不愉快事情的打扰，47 岁那年去世。

比昂松　Bjørnson, Bjørnstjerne (Martinius)(1832 ～ 1910)　挪威作家、编辑和戏剧导演。他将挪威历史和传说结合上现代的理想，激发人们的民族自豪感。与 H. 易卜生、A. 谢朗和约纳斯·李 4 人常被称为 19 世纪挪威的文坛四杰。1903 年获诺贝尔奖。诗作《是的，我们永远爱此乡土》是现在挪威国歌的歌词。

比奥蒂亚　Boeotia　希腊中东部一地区和古代共和国。与阿提卡和科林斯湾为邻，境内主要城市有奥尔霍迈诺斯和第比斯。原由比奥蒂亚人居住(来自色萨利的一支埃托利亚民族)，约公元前 600 年到前 550 年，在第比斯的领导下建立了比奥蒂亚联盟，因而政治地位变得较为重要。该联盟与雅典人为敌，约公元前 447 年联盟发起暴动对抗雅典人。在伯罗奔尼撒战争中，比奥蒂亚人于公元前 424 年在迪里乌姆击败了雅典人。后由第比斯人领导，统治希腊，一直到公元前 335 年左右第比斯城才被亚历山大大帝摧毁。

比奥科　Bioko　旧称 Fernando Póo(费尔南多波)。非洲西部比夫拉湾的岛屿。位于赤道几内亚大陆的西北 160 千米处，是赤道几内亚的一部分。1979 年才有了比奥科这个正式名称。原为火山，面积2 018平方千米，从海上突然升起；最高点圣伊莎贝尔峰，海拔 3 008米。赤道几内亚首都马拉博就位于此岛上。可能在1472年为葡萄牙探险家F. 波所发现。1778年以后西班牙虽宣称主权所有,但到了1858年才首度企图控制此地。原始居民是布比人,为来自非洲大陆的班图语系后裔。有许多芳人从大陆移民来此。人口约260 462(2001)。

比博普 bebop 又称bop(博普)。一种爵士乐,特点是和声复杂,旋律回旋多变,节奏重音经常转移。20世纪40年代中期,包括D. 吉莱斯皮、T. 蒙克和C. 帕克等人在内的一部分音乐家抛弃摇摆乐的常规,开创一种强调自我意识的即兴爵士乐艺术表现,树立一种新的速度与和声韵味的技巧。50年代从比博普发展出两种样式:一种是精致、平淡、轻柔的表现方式,被称为冷爵士,另一种则是气势张扬的、带有布鲁斯情调的乡土风味的硬派比博普。

比布鲁斯 Byblos 现名Jbail或Jubayl(朱拜勒)。地中海东岸古城,位于今黎巴嫩的贝鲁特市北部。至少在新石器时代即有人居住;公元前4千纪时扩大为大居民区。后成为向埃及输出雪松的主要港口,也是大贸易中心。纸莎草——产于古埃及的用于书写的材料——最初的希腊名字即为比布鲁斯(*byblos*),因为它通过该地出口到爱琴海;《圣经》(Bible)的原意即指"(纸莎草的)书"。比布鲁斯几乎产生出全部已知的早期腓尼基铭文,大部分来自公元前10世纪。在那个时期,提尔在腓尼基的地位已崛起,比布鲁斯虽然一直繁荣到罗马时期,但再也恢复不了以前的霸主地位。1984年比布鲁斯被联合国教科文组织列为世界文化遗产。

比才 Bizet, Georges(1838～1875) 原名Alexandre-César-Léopold。法国作曲家。音乐教师之子,9岁便进入巴黎音乐学院,17岁即写成早熟的《C大调交响曲》。他试图在歌剧院舞台上取得成就,创作了《采珠者》(1863)、《贝城丽姝》(1866)和《贾米雷》(1871)等歌剧。因厌恶法国轻歌剧的轻浮,决心改造喜歌剧。1875年他的杰作《卡门》首演。虽然这部严厉的现实主义作品引起许多流言蜚语,但在国际上却大受赞扬,被认为是喜歌剧的优秀代表作之一。《卡门》首演后不久,比才突然辞世,终止了他短暂而卓越的音乐生涯,享年37岁。

比得哥什 Bydgoszcz 波兰北部城市。原为条顿骑士团所占领的商业城市。1346年建镇。原为繁荣的谷物和木材中心,在17世纪瑞典战争期间被毁。18世纪由于建成连接维斯图拉河和奥得河的比得哥什运河又显重要,成为该城的主要内陆港口。1772～1919年受普鲁士统治。第二次世界大战期间受纳粹控制,1939年纳粹入侵,该市以顽强抵抗闻名。现仍是连接上西里西亚和波罗的海海港航运的重要枢纽。人口约384 500(2000)。

比德 Bede, St.(672或673～735) 又称the Venerable Bede(尊敬的比德)。盎格鲁-撒克逊神学家、历史学家和年代学家。在隐修院里长大,30岁时受神职为教士。以所著《英格兰人教会史》(732?)闻名,记述自公元前55年至公元597年间不列颠的历史,是研究不列颠盎格鲁-撒克逊各部族信奉基督教历史的重要资料。他以基督的生年作为纪元,通过《教会史》和另外两部年代学著作的传播,这一纪年方式已为世界通用。

比德迈风格 Biedermeier style 1815年左右到1848年在德国和奥地利发展起来的艺术、家具和装饰风格。"比德迈"一词源自漫画《比德迈老爹》里一个虚构的人物,是中产阶级贪图安逸、注重家庭生活、追求业余嗜好的诙谐形象。比德迈风格绘画的主题有世态的,也有历史的,但都被处理得很有感情色彩。最有名的比德迈风格画家是C. 施皮茨威格(1808～1885)。比德迈风格家具的简洁和实用衍生于帝国风格和督政府时期风格,但它的特点是更严谨的几何形状。20世纪60年代这种风格一度复兴。

比尔博姆 Beerbohm, (Henry) Max-(imilian)(1872～1956) 后称Sir Max。英国漫画家、作家和花花公子。他的精美漫画和诙谐文章以独特手法入木三分地刻画同时代名人趾高气扬、装模作样和愚蠢可笑的神态,但却从不带恶意。1896年出版第一部文集《比尔博姆作品集》和第一部画集《二十五个绅士的漫画》,接着又出版极为有趣的寓言《快乐的伪君子》(1897)和他唯一的小说《朱莱卡·多布森》(1911),后者是对牛津生活的讽刺故事。短篇小说集《七个人》(1919)被公认为杰作。

比尔德 Beard, Charles A(ustin)(1874～1948) 美国历史学家。在印第安纳州出生和长大。1904～1917年在哥伦比亚大学执教,1919年参与创办纽约市社会研究新学院。他因在美国政治制度发展的研究中破除传统观念而享盛名,强调社会经济冲突和变化起着动力作用,分析了制度建立中的推动因素。著作包括《从经济角度解释美国宪法》(1913),声称宪法是为了制定者的经济利益而制定的;《杰斐逊民主制度的经济根源》(1915);并与他的妻子玛丽·比尔德(1876～1958)一起合著了《美国文明的兴起》(1927)。

比尔德 Beard, James(1903～1985) 美国厨师和食谱作者。生于俄勒冈州波特兰。因为找不到当演员的正式工作,开始承办酒席业务。1945年成为第一位在电视上示范烹饪的主厨。通过他的格林尼治村烹饪学校,影响了后来的名厨J. 蔡尔德和C. 克莱本(1920～2000)。他积极倡导简单的美英菜肴,并写下最早的户外烹饪工具书。著有食谱20多本,其中包括《比尔德美国烹饪术》(1972)与《比尔德面包食谱》(1973)。

比尔敦 Bearden, Romare (Howard)(1911～1988) 美国画家。生于北卡罗来纳州夏洛特。曾在纽约艺术学生联合会师从G. 格罗兹,后在哥伦比亚大学学习。第二次世界大战期间在军队服役,战后曾到巴黎大学读书,并游历欧洲。这一时期他的半抽象风格的照片与彩纸拼贴画赢得了认可。他的作品叙事性结构简练,主要以非洲裔美国文化的各种因素,包括仪式、音乐和家庭生活为题材。到20世纪60年代,比尔敦已被公认为美国最重要的拼贴画家。他被视为20世纪最重要的非洲裔美国艺术家之一。

比夫拉 Biafra 以前宣布脱离尼日利亚独立的西非国家。由尼日利亚的前东区组成,主要居民是伊格博人。20世纪60年代政治和经济不稳定时期,北部豪萨人对比较富裕的伊格博人表示不满,爆发战斗和大屠杀,导致东区于1967年宣布独立,定名比夫拉共和国。后因内战和饥荒造成近百万人死亡,比夫拉瓦解,1970年重新归属尼日利亚。

比夫拉湾 Biafra, Bight of 西非的大西洋海湾。是几内亚湾最深入陆地的海湾,四周是尼日利亚、喀麦隆、赤道几内亚和加蓬,并接纳了尼日尔河和奥果韦河。湾内有若干岛屿,包括比奥科岛。主要港口有马拉博、卡拉巴尔和杜阿拉。16～19世纪时湾区有大规模奴隶贸易。到了19世纪30年代棕榈油贸易超过了奴隶贸易。如今石油是主要的经济来源。

比格尔海峡 Beagle Channel 南美洲南端海峡,处于火地岛与一组智利岛屿之间。长约240千米,宽5～13千米。东段为智利一阿根廷边界的一部,西段完全在智利境内。海峡名称取自达尔文考察该地时所乘船只"比格尔"号。

比格霍恩河 Bighorn River 美国怀俄明州和蒙大拿州的河流。由怀俄明州中西部的波波阿杰河和温德河汇合而成,往北流541千米,在蒙大拿州的东南部汇入黄石河。小比格霍恩河在蒙大拿州的哈丁注入比格霍恩河主流。比格霍恩峡谷国家游览区沿怀俄明和蒙大拿两州边界延伸。参阅小比格霍恩河战役。

比格霍恩山脉 Bighorn Mountains 美国蒙大拿州南部和怀俄明州北部的落基山脉段,绵延193千米,从大平原和大角盆地上突然拔高1 200～1 500米。最高峰克劳德峰(海拔4 013米),位于怀俄明州境内。比格霍恩国家森林位于其中。梅迪辛山中的"梅迪辛石轮"是史前遗物,这个由粗石排列的环形轮直径有20米。

比哈尔 Bihar 印度东北部的邦,与尼泊尔和西孟加拉邦、贾坎德邦和北方邦接壤。范围大致相当于古代的维泰哈及摩揭陀两个王国的版图,其时代可溯至公元前2000～前1000年。4世纪时为笈多王朝统治,首都设在巴特里普特拉(即巴特那)。1200年前后被穆斯林占领。1765年受英国统治后,成为孟加拉的一部分。19世纪中叶是反抗英国统治的暴乱地,也是20世纪初圣雄M. K. 甘地发起非暴力运动的地点。1936年成为英属印度的一个省,印度独立后于1950年成为新国家的一个邦。为印度都市化程度最低、人口密度最高的邦之一,大部分人从事农业。

2000 年从比哈尔的南部地区分出一个新的邦,称贾坎德邦。首府巴特那。面积99 200 平方千米。人口约103 804 637(2011)。

比荷卢经济联盟 Benelux Economic Union 比利时、荷兰和卢森堡的经济联盟。1948 年三国组成关税同盟,1958 年签订《比荷卢经济联盟条约》,1960 年开始生效。该联盟成为第一个完全自由的国际劳工市场,促进了欧洲经济共同体的建立。

比基尼 Bikini 太平洋中部马绍尔群岛西部 20 座小型珊瑚岛组成的环礁。1947 年起由联合国委托美国管理,为美国太平洋岛屿托管地的一个组成部分。1946 ~ 1958 年间为美国的核试验基地。试验前先将岛上 166 名居民迁出,1969 年迁回,但在 1978 年又撤出,原因是辐射量还是太高。后来继续清理,20 世纪 90 年代末宣称已符合安全居住条件。1979 年这座环礁成为马绍尔群岛共和国的一部分。

比较利益 comparative advantage 由 D. 李嘉图首先提出来的经济理论。该理论从相对机会成本的差异角度分析国际贸易。该理论认为各国应专门生产其能高效生产的产品,而不要追求自给自足,并且强力支持自由国际贸易。

比较心理学 comparative psychology 心理学的分支,研究所有生物在行为结构上的相似与差异,特别将人的心理性质与其他动物作比较。产生于 19 世纪后半期,到 20 世纪迅速发展。试验研究人类和动物脑的功能、学习和动机等。这类著名的研究包括:I. 巴甫洛夫对实验室的狗做的条件反射研究;H. 哈洛(1905 ~ 1981)研究缺少社会性对猴子造成的影响及许多不同的研究者对类人猿语言能力的研究。

比卡 Biko, Stephen(1946 ~ 1977) 南非政治活动家。原为医学院学生,1969 年成立黑人觉醒运动组织,目的是提高黑人的自觉意识,反抗种族隔离政策。1973 年被南非政府正式"封禁",1976 ~ 1977 年数度被捕。在被警察拘留期间头部受伤身亡,成为南非黑人民族主义的国际烈士。初审时赦免警察的过失,但在 1997 年有 5 名前任警官承认谋杀了他。

比勒 Bel 古阿卡德人崇奉的大气之神,与安努和埃阿共称联立三神。苏美尔人称其为恩利勒。他的气息可成为强烈风暴或和煦的春风。他是司农事之神,因此比众神之首的安努更为重要。作为比勒,他被奉为秩序和命运之神。而作为恩利勒,据一个关于季节循环的神话传说,他因强暴其配偶宁利尔(比利特)而被放逐到地狱。

比勒费尔德 Bielefeld 德国西北部城市。旧城约建于 1214 年,新城则可能于 13 世纪末在圣马利亚教堂附近的宗教居民点上发展起来。14 世纪加入汉萨同盟,1647 年归属勃兰登堡。1851 年建立德国第一座机械纺织厂。第二次世界大战时遭到严重破坏,之后开始重建。现为亚麻工业中心,还有丝绸和长毛绒纺织厂。人口约323 400(2002)。

比勒陀利乌斯 Pretorius, Andries(1798 ~ 1853) 南非布尔人大迁徙中的著名领袖,来自英国控制的开普殖民地,后成为纳塔尔和特兰斯瓦地区的军事与政治统治人物。比勒陀利乌斯的军队 1838 年在血河战役、1840 年在马格诺战役两次打败祖鲁人。1842 年他在反对英国吞并纳塔尔的战斗中失利。1848 年英国吞并特兰斯瓦之后,他的军队再次发起进攻但又遭失败。1852 年他参加了桑德河会议,在这次会议上特兰斯瓦的独立获得承认。他还领导了争取奥兰治河主权国独立的谈判,并于 1854 年的布隆方丹会议上得到最终承认。其子马西纳斯·维塞尔·比勒陀利乌斯(1819 ~ 1901)是南非共和国的第一位总统(1857、1864、1869),也是奥兰治自由邦的总统(1859 ~ 1863)。英国吞并特兰斯瓦后,马西纳斯加入反叛的布尔人领袖之列,帮助赢得了独立。直到 1883 年 P. 克鲁格当选总统之前,马西纳斯一直是执政的三人委员会的一员。

比勒陀利亚 Pretoria 南非共和国的行政首都。2005 年大都会区人口约为 1 282 000。1855 年建立,1860 年成为特兰斯瓦首府,1910 年设为南非行政首都,1931 年设市。1899 年南非战争(1899 ~ 1902)期间,W. 丘吉尔被囚禁于此直至越狱成功。比勒陀利亚主要是政府机构所在地,大多数人口都从事服务业。该市也是重要的铁路中心,其工业经济以炼钢业为基础。教育机构包括南非大学(1873)和比勒陀利亚大学(1908)。2000 年成为茨瓦内大都会区的一部分。参阅布隆方丹和开普敦。

比雷埃夫斯 Piraeus 希腊城市和雅典的港口。该港口和它的"长城",构筑起将比雷埃夫斯和雅典连接起来的防御工事,是在公元前 5 世纪中期建成的。长城在伯罗奔尼撒战争结束时被斯巴达人毁坏,公元前 393 年在雅典人领袖科农的带领下重建。公元前 86 年罗马独裁官 L. C. 苏拉摧毁该城。直到 1834 年雅典成为新独立的希腊首都,该城的重要性才得以恢复。现为希腊最大的港口,是希腊各岛海上交通的中心。人口约175 697(2001)。

比里当 Buridan, Jean(1300 ~ 1358) 法国哲学家、逻辑学家和科学理论家。曾在巴黎大学随 W. 奥康姆研究哲学,后来在该校授课。他提出一种对传统的道德决定论的修正说法。在力学方面他们的成就之一是修正了亚里士多德有关运动的理论。他提出原动力理论:动者把一种与速度和质量成比例的力量传给被动者,使之保持运动。他对光学映像的研究预示了现代电影制作技术的发展。在逻辑学上,他解释了亚里士多德和西班牙的彼得(约 1210 ~ 1277)的学说。他的著作包括《辩证法概要》(1487)和《归纳》(1493)。

比利牛斯山脉 Pyrenees 欧洲西南部山脉。东起地中海,西迄大西洋的比斯开湾,绵延 430 千米,为法国和西班牙之间的天然屏障,通常它的山脊就是两国的分界线。在山峰顶端有一个很小的自治公国安道尔。最高点为阿内托峰,海拔 3 404 米。山上少有通道,只有龙塞斯瓦列斯山口因在 12 世纪根据龙塞斯瓦列斯战役(778)写成的《罗兰之歌》中提到而出名。

比利其人 Belgae 指塞夸纳河(今塞纳河)和马特罗纳河(今马恩河)以北的高卢居民。此词显然由凯撒首先使用,他胜利取得高卢(公元前 54 ~前 51)后,将许多比利其人遣往不列颠建立王国,其中最重要的建在科尔切斯特、圣阿尔班斯和锡尔切斯特。

比利时 Belgium 全称 Kindom of Belgium(比利时王国)。欧洲西北部国家。面积:30 528 平方千米。人口:约 11 237 000(2013)。首都:布鲁塞尔。居民大部分是佛兰芒人和瓦隆人。北半部操佛兰芒语(通行于比利时的荷兰语)的佛兰芒人占人口一半以上,住在南半部操法语的瓦隆人约占人口的 1/3。语言:荷兰语、法语和德语(均为官方语言)。宗教:基督教(以天主教为主)和伊斯兰教。货币:欧元。比利时可划分为几个地理区域,东南部是森林茂密的阿登高原,延伸到默兹河河谷之南部,包括比利时最高峰博特朗日山(海拔 694 米)。中比利时是一土地肥沃地区,斯海尔德河的支流穿越其间。下比利时包括西北部低平的佛兰德平原以及多条运河。滨海地区佛兰德滨临北海,农业发达。主要的北海港口是奥斯坦德,但是靠近斯海尔德河河口的安特卫普贸易量更大。比利时天然资源稀少,所以用进口原料生产产品的制造业在经济上扮演重要的角色,工业化程度很高。政体为君主制,有两院制议会。国家元首是国王,政府首脑为首相。古代有比利其人(凯尔特人一支)在该地定居。公元前 57 年凯撒征服该区,在奥古斯都时代设为罗马帝国的贝尔吉卡行省。后来被法兰克人征服,分裂为几个半独立的公国,包括布拉班特和卢森堡。15 世纪末,包括未来的比利时在内的尼德兰逐渐统一并归入哈布斯堡王朝。16 世纪比利时成为欧洲商业中心。1579 年的乌得勒支联盟之后(参阅荷兰)南部信奉天主教的各省与北部诸省分裂,形成现代比利时的基础。1795 年被法国吞并。1815 年再被并入荷兰,同年和荷兰一起成为独立的荷兰王国。1830 年公民暴动过后,成立独立的比利时王国。利奥波德二世统治时期在非洲取得大片土地。第一次和第二次世界大战时都曾被德军占领,成为楔入战役(1944 ~ 1945)的战场。内部不和导致在 20 世纪 70 和 80 年代制定许多法令,根据语言分布情况创立 3 个近于自治的区域:佛兰德(佛兰芒语)、瓦隆(法语)和布鲁塞尔(双语)。1993 年成为包括这 3 个区的联邦。21 世纪初 3 个区获得更大的自治权力。现为欧盟的成员国。比利时于 1896 年参加了在雅典举办的首届夏季奥运会。安特卫普于 1920 年举办夏季奥运会。

比利小子 Billy the Kid(1859? ～1881) 原名William H. Bonney, Jr.或Henry McCarty。美国不法之徒。生于纽约市。自幼随双亲移居堪萨斯州,1868年左右移居新墨西哥州。从早年起就在整个西南部地区从事非法活动,1880年被P.加勒特警长捕获之前,据说已杀害了27人。1881年在新墨西哥州出庭受审,被裁决犯谋杀罪,判处绞刑。他杀死两名狱吏后越狱,其后一直逍遥法外,直到加勒特警长找到他的藏身之地,将他击毙。

比利亚 Villa, Pancho(1878～1923) 原名Doroteo Arango(多罗特奥·阿朗戈)。墨西哥游击队领导人。幼年失去双亲。青年时期因杀死强奸他姐姐的主人而逃到山区。加入F.**马德罗**领导的反对P.**迪亚斯**独裁统治的起义。他的"北方师"与V.卡兰萨联合推翻V.**韦尔塔**(1854～1916)。1914年与卡兰萨分裂,迫使他与E.**萨帕塔**一起逃亡。1916年袭击新墨西哥的一个城镇,以表明卡兰萨没有控制北方地区。美国派J.潘兴将军率兵前往征伐。但是,比利亚深得民心,熟悉地形,所以无法抓到他。在推翻卡兰萨(1920)后,他被赦免,但3年后被暗杀。参阅**墨西哥革命**和A.**奥夫雷贡**。

比例代表制 proportional representation 一种选举制度,在此种选举制度中,一个政党在议会所占有的席位基本上与全民投票总数的得票比例相当。这种制度出现于19世纪中期的欧洲,以保证少数人团体比在过半数当选或多数票当选的制度下更有代表性。支持者认为这种制度能更准确地反映民意;反对者则认为议会中多党派并存会产生一个比较软弱和不太稳定的政府。按比例分配席位有两种方法:一种是"单一可转移投票法",投票者依据偏好对候选人排序;另一种是"名单投票法",投票者不是对个别候选人投票,而是对政党的候选人名单投票。

比洛 Bülow, Hans (Guido), Freiherr (Baron) von(1830～1894) 德国钢琴家和指挥家。幼时师从C.舒曼之父学习钢琴。原本攻读法律,在遇上F.**李斯特**(1849)和R.**瓦格纳**(1850)之后,改学音乐,并在他们的帮助下,开始了享有盛誉的指挥和钢琴家生涯。1851年起跟随李斯特学习钢琴,1857年与李斯特的女儿科西玛结婚。他任路德维希二世的宫廷指挥,后任慕尼黑音乐学院院长。他指挥瓦格纳的歌剧《特里斯丹和绮瑟》(1859)和《名歌手》(1868)的首演。在1869年和瓦格纳合作过程中,科西玛弃他而改嫁给瓦格纳,但他仍善待他们俩。

比目鱼 flatfish 鲽形目约600种卵圆形扁平鱼类(如偏口鱼、大菱鲆等)的统称。见于热带到寒带水域,多为海产,生活于沿大陆架中等深度的海水中,但有些则进入或永久生活于淡水。肉食性,底栖,静止时一侧伏卧,部分身体经常埋在泥沙中。有些能随环境的颜色而改变体色。比目鱼最显著的特征之一是,两眼完全在头的一侧;另一特征为体色,有眼的一侧(静止时的上面)有颜色,但下面无眼的一侧为白色。比目鱼体型各异,体长从10厘米到2米不等,重量可达325千克(如大西洋的庸鲽类)。许多品种是名贵的食用鱼。

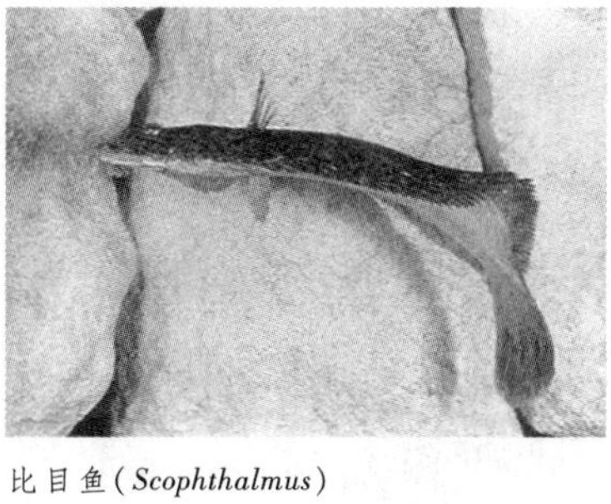

比目鱼(*Scophthalmus*)
Jacques Six

比奈 Binet, Alfred(1857～1911) 法国心理学家。对J.-M.**夏尔科**有关催眠术的研究十分感兴趣,故放弃法律生涯,转而在巴黎的萨尔佩特里耶尔医院从事医学科学研究(1878～1891)。1895～1911任巴黎大学研究实验室主任。是法国实验心理学发展中的重要人物,1895年创办了法国第一份心理学杂志《心理学年报》。他开发实验技术来测量推理能力;1905～1911年间与T.西蒙设计出很有影响的测验儿童智力的量表。重要著作是《智力的实验研究》(1903)和《测量幼童智力发育的方法》(1915)。

比尼亚德尔马 Viña del Mar 智利中部城市。为瓦尔帕莱索的市郊居住区。临太平洋,为游览胜地,有大赌场、海滩、博物馆和剧院。当地陆海驻军、石油库和制造加工业也有利于经济发展。人口约330 000(2002)。

比诺-瓦里亚 Bunau-Varilla, Philippe (-Jean)(1859～1940) 法国工程师。1884年在法国巴拿马运河公司任职。1889年公司倒闭,他受美国政府委托与哥伦比亚谈判(当时巴拿马是哥伦比亚的一部分)。谈判失败后参与鼓动革命,使巴拿马独立。巴拿马临时政府任命他为全权公使,与美国国务卿**海约翰**签订了条约,保证在美国控制下开凿运河(1903)。

比丘 bhiksu 巴利文作bhikku。佛教中的**僧伽**,由佛陀确立的男性神职等级(在某些大乘佛教传统中存在女性等级)。起初他们是佛陀的托钵追随者,他们传授佛教教义作为乞得食物的回报。如今,儿童可以以见习的身份进入寺院生活,但受戒者必须年满21岁。有200多条戒规,发生性关系、杀生、偷盗或妄称本人有精神成就者都要开除。比丘应剃除须发,只许保存几件最低限度的物品,每天靠行乞取食。上座部佛教禁止僧侣掌理钱财,也禁止体力劳动。禅宗则要求僧侣劳动。参阅**律藏**。

比热 specific heat 物体温度升高1度所需的热量与将相同质量的水温度提高1℃所需热量的比值。也可用来表示1克物质温度升高1℃所需的热量(卡路里)。

比萨 Pisa 古称Pisae。意大利中部城市。位于**阿尔诺河**畔。当地早期居民可能是埃特鲁斯坎人。约公元前180年成为罗马殖民地,到了公元313年成为一个基督教主教辖区。中世纪时作为**托斯卡纳**的主要都市中心而繁荣起来。由于参与**十字军**活动而成为**热那亚**和**威尼斯**的竞争对手。1860年成为意大利王国的一部分。该城在第二次世界大战中发生过激战。现为重要的铁路枢纽。市内许多古迹,包括大教堂和**比萨斜塔**,吸引了众多游客。该市有比萨大学(1343年建),也是**伽利略**的出生地。人口约85 379(2001)。

比萨饼 pizza 源于那不勒斯地区的食物,在一张扁平的面饼上涂橄榄油,放上西红柿和莫萨里拉干酪,快速焙烤,并趁热食用。现在意大利各地都吃比萨饼,饼上面的馅料随地区不同而有所变化。比萨饼随意大利移民来到美国;1905年美国第一家比萨饼店开业,第二次世界大战后比萨饼成为美国人最喜爱的食物之一。饼上面的馅料还可以加上一些不寻常的东西,如牡蛎和菠萝。

比萨拉比亚 Bessarabia 东欧一地区,四周为普鲁特河和**德涅斯特河**、**黑海**和**多瑙河**三角洲。公元前7世纪黑海沿岸已建有希腊人殖民地。公元2世纪,此地可能是**达契亚**王国的一部分。15世纪整个地区并入**摩尔达维亚**。其后不久,土耳其人将比萨拉比亚南部并入奥斯曼帝国。16世纪摩尔达维亚臣服土耳其,比萨拉比亚的其他地区也归土耳其统治,直至19世纪。1812年俄国攫取了比萨拉比亚全部和摩尔达维亚一半的土地,对它们的控制一直到第一次世界大战为止。该地区发展起民族主义的运动,**俄国1917年革命**后,比萨拉比亚宣布独立,并投票决定和罗马尼亚合并。苏联从未承认过罗马尼亚对该省的权利,1940年要求割让比萨拉比亚;罗马尼亚表示依允,苏联遂建立起摩尔达维亚苏维埃社会主义共和国(参阅**摩尔多瓦**),并将其北部地区并入乌克兰苏维埃社会主义共和国。1991年乌克兰和摩尔达维亚宣布独立后,比萨拉比亚仍分属这两个国家。

比萨斜塔 Leaning Tower of Pisa 意大利比萨的一座白色大理石钟塔,由于基座沉陷不平均造成偏离垂直方向5.5°(约4.5米),因而名扬天下。钟塔是比萨市大教堂建筑群中的第三个也是最后一个工程,1173年开始兴建,设计高度为56米。工程师们为了寻求解决方案而几次停建;14世纪终于还是在倾斜状态下完工。它每年还以1.2毫米的速度继续倾斜,一直处于倒塌的危险中。1990年关闭,由工程师们采取加固措施,使倾斜度减少44厘米,减到只倾斜约4.1米。2001年5月这项工程完成。

比什凯克 Bishkek 又称Pishpek(皮什佩

克),旧称 Frunze(伏龙芝)(1926～1991)。吉尔吉斯斯坦共和国首都。位于哈萨克斯坦边境吉尔吉斯山以北的楚河河畔。1825年乌兹别克斯坦的浩罕汗国在此建立要塞,1862年要塞为俄罗斯人占领,误称此地为皮什佩克。1926年成立吉尔吉斯苏维埃社会主义自治共和国,该市成为其首都,更名为伏龙芝,以纪念出生于该地的红军领袖伏龙芝。后来发展成一个工业城市,尤其是在第二次世界大战(1939～1945)期间,当时把重工业从苏联西部搬迁至此。人口约794 300(2008)。

比斯开湾　Biscay, Bay of　又作 Gulf of Gascony。法语作 Golfe de Gascogne。西班牙语作 Golfo de Vizcaya。大西洋海湾,位于法国西南海岸和西班牙西北海岸之间。面积223 000平方千米,最大深度4 735米。比斯开湾以多风暴著名。注入海湾的河流有卢瓦尔河、阿杜尔河和加龙河。海港有布雷斯特、南特和波尔多(以上在法国),还有毕尔巴鄂、桑坦德和阿维莱斯(以上在西班牙),但没有一个港口可容纳大型船只。法国沿海著名度假胜地有拉博勒、比亚里茨和圣让-德吕兹。

比希尼亚　Bithynia　亚洲西北部古国。濒临马尔马拉海、博斯普鲁斯海峡和黑海,公元前2000年末色雷斯人定居于此。他们从未屈服于亚历山大大帝,到公元前3世纪时,这一地区已经建立起强大的古希腊王国。接下来的一个世纪由于领导阶层的无能,很快就衰落下来。比希尼亚的最后一代国王是尼肯米达斯四世,公元前74年他把王国拱手让给了罗马人。

比亚埃尔莫萨　Villahermosa　墨西哥东南部塔瓦斯科州首府。1596年建。当时称费利佩第二镇,又名圣胡安-德比亚埃尔莫萨镇,或圣胡安包蒂斯塔,1915年改为现名。大教堂建于1614年,市考古博物馆是墨西哥最好的博物馆之一。是政治中心和该州主要的农产品加工及集散地。周围地区有马雅考古遗迹。人口353 577(2010)。

比亚里茨　Biarritz　法国西南部城镇。濒临比斯开湾,靠近巴约讷,距西班牙边界18千米。原为小渔村,1854年拿破仑三世造访此地后成为时髦的夏日度假区,英国王室也曾来过此地,后又发展成为一个王室的冬季驻地。当地气候温和,海滨风景多样,还有当地巴斯克人的民间艺术和传统,使比亚里茨继续吸引着国际旅客。人口26 690(2006)。

比尤伊克　Bewick, Thomas(1753～1828)　英国木刻家。14岁随金属雕版师学艺,后与其师在纽卡斯尔合伙经营,在该地度过大半生。他重新发掘了木刻技术,当时的木刻已衰退为一种复制技术,而比尤伊克把它加以创新,如使用并行线取代交叉阴影线,以实现大范围的色调和结构。他还开发出一种印刷灰色背景的方法,以提高大气云雾和空间层

《灰林鸮》,木版画;选自《英国鸟类史》(1797～1804)

By courtesy of the trustees of the British Museum; photograph, J. R. Freeman & Co., Ltd.

次的效果。他最好的一些作品都是关于自然历史的书籍插图。他在纽卡斯尔创建了一所版画学校。

比重　specific gravity　又称 relative density(相对密度)。是物质的密度与标准物质的密度之比。对固体和液体来说,通常以4℃的水为标准物质,其密度为1千克/分米^3。气体则通常与干燥空气比较,后者在0℃、1个大气压下的密度为1.29克/分米^3。因为比重为两个同样量纲(每单位体积的质量)量的比值,因此比重没有量纲。举例来说,液态水银的比重为13.6,因为其实际密度为13.6千克/分米^3,是水的密度的13.6倍。

彼得(伦巴第的)　Peter Lombard(约1100～1160)　法国主教和神学家。曾在波隆那求学,后在巴黎圣母大学教授神学。1159年成为巴黎祝圣主教。所编纂的《教父名言集》[四卷(1148～1151)]在中世纪是标准神学教材,收录了早期基督教教父的教导和中世纪诸神学家的见解,论及各种教义问题,从上帝、三位一体到"最后四事"(死亡、审判、地狱和天堂)。他认为圣事不仅是"无形恩惠的有形象征",而且还是"它所象征的恩惠的起因",判断人的行为是善还是恶,要看原因和动机。

彼得(隐修士)　Peter the Hermit(约1050～1115)　法国宗教领袖。一位魅力非凡的苦行者。为支持第一次十字军东征,他在欧洲四处传道,并于1096年带领其狂热的信徒到达了君士坦丁堡。他们继续行进到了尼科美底亚(今土耳其伊士麦),但是那时彼得已经无法维持信徒们的纪律,于是他返回君士坦丁堡向阿历克塞一世康尼努斯寻求帮助。但就在这段时间里,他的团体被土耳其人消灭。1099年彼得到达耶路撒冷,后来返回法国,成为法国一所奥古斯丁会隐修院的院长。

彼得(尊敬的)　Peter the Venerable(1092～1156)　法国克吕尼修道院院长(1122年起)。与圣伯尔纳(明谷的)一同支持教皇英诺森二世,削弱敌对教皇阿纳克莱图斯二世的地位。他对P.阿伯拉尔以朋友相待,帮助他与伯尔纳及教皇和解。彼得对克吕尼修道院的整顿使这所修道院在整个欧洲的教会中闻名遐迩。

彼得大帝　Peter the Great(1672～1725)　俄语作 Pyotr Alekseyevich。又称 Peter I(彼得一世)。俄国沙皇(1682～1725)。阿列克谢沙皇之子,1682～1696年与同父异母兄伊凡五世共同统治,1696年起才开始独自统治。他对西欧先进的有影响的事物很有兴趣,1697～1698访问了几个西欧国家。回到俄国后,他引进了西方的技术,让政府及军队体系现代化,并把首都迁到新城市圣彼得堡(1703)。他进一步削弱贵族和俄罗斯正教会势力,增强君王的权力。某些改革的实施过于粗暴,造成相当多的人丧命。由于怀疑儿子阿列克谢密谋造反,1718年对阿列克谢行刑至死。他奉行能够使俄国通达波罗的海和黑海的对外政策,1695～1696年与奥斯曼帝国开战,并与瑞典爆发第二次北方战争(1700～1721)。他对波斯发动的战争(1722～1723),为俄国巩固了里海南岸和西岸。1721年被尊为皇帝,后由他的妻子继位,成为叶卡捷琳娜一世。由于让俄罗斯跻身欧洲强国,彼得大帝被广泛视为俄国历史上杰出的统治者和改革者之一,但也受到民族主义者谴责,因为他抛弃了许多俄罗斯独特的文化。

彼得二世　Peter II(1923～1970)　南斯拉夫末代国王。亚历山大一世之子,1934年父王遇刺后即位,王位有名无实,由叔父保罗亲王(1893～1976)摄政。1941年保罗在一次政变中被废。彼得亲政不过数周,德国军队的入侵就迫使他逃亡伦敦。1945年南斯拉夫废除君主政体之前他一直在领导一个流亡政府。后来他移居美国,从事公共关系方面的工作。

彼得奉金　Peter's Pence　中世纪的英格兰土地所有者每年向罗马的教皇国库缴纳的1便士税金。彼得奉金在7或8世纪时形成制度,并持续到16世纪。该制度也曾在北欧一些王国存在过。

彼得三世　Peter III(1728～1762)　俄语作 Pyotr Fyodorovich。原名 Karl Peter Ulrich, Herzog(Duke) von Holstein-Gottorp。俄国沙皇(1762)。彼得大帝之孙。其姨母伊丽莎白在成为俄国女沙皇(1741)后就把年轻的公爵带到俄罗斯。他被宣布为俄国皇位继承人,但其亲普鲁士的态度在宫廷中很不得人心。1762年继承伊丽莎白之位后,他改变伊丽莎白的外交政策,与普鲁士媾和并退出七年战争。由于迫使俄罗斯正教会采用路德教的宗教仪式而得罪了俄罗斯正教会。6个月后,在其妻叶卡捷琳娜(后来的叶卡捷琳娜二世)、奥尔洛夫伯爵及一群贵族逼迫下退位,并在叛乱者的监管下被谋杀。

彼得森　Peterson, Oscar(Emmanuel)(1925～2007)　加拿大爵士乐钢琴家和作曲家。成长于加拿大蒙特利尔,曾学习古典

钢琴。其爵士乐演奏受到A. 塔特姆和N. K. 科尔的影响,经常出现一连串的音符和有激情的摇摆。1949年在卡内基音乐厅首演后,成为最繁忙的爵士钢琴家之一,或是伴奏,或是独奏,并且是他自己组成的三重奏小组的指挥。他是一位卓越的、外向的即兴演奏家,也是一个敏感的伴奏家。他的演奏既体现出他的摇摆乐根底,又具有比博普派传统。

彼得一世 Peter I(1844～1921) 塞尔维亚国王(1903～1918),1918年起为塞尔维亚-克罗地亚-斯洛文尼亚王国(后来的南斯拉夫)国王。亚历山大·卡拉乔尔杰维奇大公之子,其父在1858年被迫退位后,他与家人一起流亡国外。普法战争期间与法军并肩作战,并与塞尔维亚人一起对抗土耳其人(1875)。1903年亚历山大·奥布雷诺维奇遇刺,他当选为塞尔维亚国王。他主张建立君主立宪政府,其自由政策也获得认同。第一次世界大战期间与法国、俄国联合,但被同盟国打败。1918年返回贝尔格莱德,就任塞尔维亚-克罗地亚-斯洛文尼亚王国国王。

彼拉多 Pilate, Pontius(?～36) 犹太总督(26～36),主持对耶稣之审判,并下令将耶稣钉十字架上。照《新约》所述,他是个软弱且优柔寡断的人。他并不认为耶稣有错,但为了取悦那些要致耶稣于死地的人而宣判了他的死刑。后来他奉命返回罗马受审,罪名是酷行与压迫百姓。根据传说,他在公元39年被卡利古拉赐死。另一种说法是,彼拉多和他的妻子后来皈依基督教。

波普尔 Popper, Karl (Raimund)(1902～1994) 后称Sir Karl。奥地利籍的英国自然科学和社会科学的哲学家。他在《科学发现之逻辑》(1934)一书中反对传统的认为科学的假设可能因观察的累积而发生改变的归纳法,坚持科学假设最多可能是捏造的。后期作品包括《开放的社会及其敌人》(1945)、《历史主义的贫困》(1957)、《科学发现之逻辑补遗》(3卷;1981～1982)。

彼特拉克 Petrarch(1304～1374) 意大利语作Francesco Petrarca。意大利学者、诗人和人文主义者。1326年后放弃学法律,转向其真正爱好的文学和宗教生活。他接受了一个不重要的神职职位,搬到亚威农。1327年他在那儿第一次遇见劳拉,成为他写作纯洁爱情和著名意大利爱情抒情诗的理想化主题。其主要的十四行诗和颂诗作品写了20多年,大多数收录在他的《歌集》(1360)中。彼特拉克是当时最伟大的学者,尤其在古典拉丁语方面。他遍游各地,遍访名士,搜集手稿,并从事外交使命。他极力倡导古典文化和基督教启示合一,在结合这两种理念上他被认为是人文主义的奠基人和伟大代表。他的拉丁语著作反映了他的宗教和哲学兴趣,包括《名人传》(约始作于1337年)、叙事诗《阿非利加》(约始作于1338年)、自传体《彼特拉克的秘密》(1342～1358)、《孤独生活》(1345～1347)和《诗体书简》(约始作于1345年)。1367年后他住在帕多瓦市或其附近。他对欧洲文学的影响是巨大和持久的,他对古典历史的深刻认知成为现在的文学和哲学意义的源头,为文艺复兴奠定了重要的基础。

俾格米人 Pygmy 身高不足1.5米的赤道非洲民族的统称。俾格米人有时也可指南部非洲的桑人或亚洲所谓的尼格利陀人(如菲律宾伊朗格特人)。除了身材矮小外,俾格米人还因他们拥有世界上最高的基础代谢率和镰状细胞性贫血的高发病率而出名。住在伊图里森林的姆布蒂人是研究俾格米人最佳的实例。参阅种族。

俾路支 Baluchistan 又拼Balochistan。巴基斯坦西南部一省。首府奎达。人口560 307(1998)。地貌可分为:山脉,如苏莱曼山和吉特尔山;低平原;荒漠和沼泽地。在古代,这里是格德罗西亚的一部分。公元前325年亚历山大大帝曾横越此区。原属大夏,7～10世纪受阿拉伯人统治,此后的数百年间受波斯人统治,只有在1594～1638年间受莫卧儿帝国控制。1876年成为英国的属地,1887年并入英属印度的一省,1947～1948年间归属巴基斯坦,至1970年成为单独的一省。主要农作物有小麦、稻米、高粱;工业则有棉纺织和毛纺织业。人口约6 511 000(1998)。

俾路支人 Baluch 又拼Baloch。操俾路支语的部落集团,分别居住在巴基斯坦的俾路支省以及与之毗邻的伊朗、阿富汗、巴林、印度旁遮普邦等地区。约70%的俾路支人居住在巴基斯坦,他们分成两个群体,即苏莱曼人与莫克兰人。发祥地大概在伊朗高原。10世纪的阿拉伯编年史中曾提到俾路支人。传统上俾路支人是游牧部落,但定居务农的生活方式也正为更多的人所接受。饲养骆驼等牲畜,还从事地毯编织及手工刺绣等行业。

俾斯麦 Bismarck, Otto (Eduard Leopold) von(1815～1898) 后封为Fürst (Prince) von Bismarck。普鲁士政治家,于1871年建立德意志帝国,并且担任首相长达19年。出身普鲁士地主贵族阶级。他攻读法律,1849年当选普鲁士国会议员。1851年担任法兰克福联邦议会的普鲁士代表。在出任驻俄罗斯大使(1859～1862)和法国大使(1862)后,他成为普鲁士首相兼外相(1862～1871)。他就任时,普鲁士被普遍视为欧洲五大强国中最弱的,但在他的领导下,普鲁士在1864年战胜丹麦,又打赢七周战争(1866)和普法战争(1870～1871)。通过这些战争,他达到了以普鲁士控制德意志帝国的政治统一目标。帝国一建立,他即成为宰相。这位"铁血宰相"借着反法联盟(参阅三帝同盟和三国同盟)巧妙地保持着欧洲的和平。在国内,他实施行政及经济改革,但致力于保持原状,反对社会民主党和天主教堂。1890年俾斯麦离职时,欧洲版图已经大为改观。然而,德意志帝国(他最大的成就)在他身后仅存在了20年,因为他并未缔造出内部团结一致的民族。

俾斯麦群岛 Bismarck Archipelago 太平洋西部的岛群。位于新几内亚岛的西北方,为巴布亚新几内亚的一部分。总陆地面积约48 200平方千米;最大的成员包括新不列颠岛、新爱尔兰、阿德默勒尔蒂群岛和拉翁艾岛(新汉诺威岛)等。1884年被德国并吞,以O. von俾斯麦的姓氏命名。1914年澳大利亚占领该岛,1920年成为澳大利亚的托管地。第二次世界大战后成为新几内亚的联合国托管地,1975年归属独立的巴布亚新几内亚。

毕奥 Pio, Padre(1887～1968) 原名Francesco Forgione。意大利神父,出身于一个虔诚的天主教家庭。5岁时即被奉献给耶稣,15岁加入嘉布遣会并取名毕奥。1910年成为神父,同年他身上首次出现了与耶稣相同的受难伤痕。虽然曾被治愈,但1918年又再度出现,自此伴随他终生。这些与他的其他神迹(如散发香气和据称具有同时在两地现身的能力)致使他的信徒与日俱增。2002年被封为圣徒。

毕达哥拉斯 Pythagoras(约公元前570～约前490) 希腊哲学家和数学家。在科罗敦他创建了一个社团,拥有一大批坚持他所描绘的生活方式的追随者。他的哲学学派将所有的意义都归结于数字关系,并且认为所有现存的物体根本上说都是由形式而非物质实体组成。毕达哥拉斯主义的原则包括相信永生、灵魂的重生以及节欲和禁欲的解放力量。该派影响了柏拉图和亚里士多德的思想,促进了数学和西方理性哲学的发展。毕达哥拉斯最先研究了音乐的音程与音阶之间的比例关系。他还是第一位影响深远的西方素食主义者。他的著作无一保存下来,而且很难把他自己的思想与他弟子们的想法区分开来。勾股定理使人们对他还保有部分记忆。该定理可能是在他死后由他的学派发展出来的。

毕达哥拉斯主义 Pythagoreanism 哲学流派,可能是由毕达哥拉斯创立于约公元前525年。原本是旨在改革社会道德的一种宗教兄弟会或同盟,会友发誓恪守严格的忠诚和保密。该同盟与俄尔甫斯主义教团有很多相似之处,后者试图通过仪式和节欲来净化信徒的灵魂,从而逃脱"生死轮回"。毕达哥拉斯主义声称现实的最深层是数学的,哲学可以用于灵魂的净化,灵魂可以升华至与神合而为一,并且还称某些符号具有神秘的意义。它是西方思想体系中第一个宣扬素食主义的重要学派。该学派在公元4世纪中叶消亡。

毕尔巴鄂 Bilbao 西班牙北部港口城市。距比斯开湾11千米。为巴斯克地区最大城市,初为海员和铁矿工人居住地,1300年获特许状。18世纪随着西属美洲殖民地的贸易而繁荣起来。在半岛战争(1808)中法国军队洗劫了这座城市,而在卡洛斯战争(参阅拥护卡洛斯运动)中,曾受到围困。现为西班牙的重要港口，以及冶金业和造船业的中心，也是金融中心。名胜古迹有14世纪的圣地亚哥大教堂以及古根海姆博物馆。人口约349 972(2001)。

毕尔巴鄂古根海姆博物馆 Guggenheim Museum Bilbao 西班牙北部毕尔巴鄂的艺术博物馆。1997年开幕，是古根海姆基金会与西班牙西北部巴斯克地方政府之间的合作项目。这个博物馆综合体由F.格里设计，包含彼此相连的建筑物，各建筑物具有非凡的自由形式钛金属包覆主体，可说是大型的抽象雕塑作品。内部空间由大型回廊围绕而成，主要展出现代艺术和当代艺术。

毕弗布鲁克男爵 Beaverbrook (of Beaverbrook and of Cherkley), Baron(1879～1964) 原名William Maxwell Aitken。又称Lord Beaverbrook(毕弗布鲁克勋爵)。加拿大裔英国政治人物和报纸业主。原为蒙特利尔证券经纪人，经商致富后移居英国，成为活跃的保守党人。1916年开始经营报业，他接手或创建的报社包括伦敦《每日快报》、《星期日快报》和《标准晚报》。由于作风独特、事业非常成功，他成为"新闻界巨头"，并成为个人企业结合英国皇室利益的领军人物。曾担任各种政府要职，两次世界大战期间均在英国内阁任职，但始终未能完全实现他所追求的政治权力。

毕加索 Picasso, Pablo (Ruiz y)(1881～1973) 西班牙裔法国画家、雕塑家、版画家、陶瓷家和舞台设计师。由于受到担任素描教授的父亲的训练，13岁时就首度展出作品。1904年永久迁居巴黎后，他以"粉红色时期"(1904～1906)的陶瓷和肉体色调取代所谓"蓝色时期"(1901～1904)的支配性蓝色调。他的首件杰作《亚威农的少女》(1907)具有争议性，因为画中粗暴地处理女性身体，并有源自非洲艺术习作的面具一样的脸庞。翌年，他与友人G.布拉克从P.塞尚身上找到灵感，然后开始实验立体主义。1912年他把上胶的纸等材料贴在画布上，进一步发展了立体主义。1917～1924年毕加索为S.佳吉列夫的俄罗斯芭蕾舞团设计舞台布景。20世纪20和30年代超现实主义者刺激他去探索新的题材，特别是希腊神话中半人半牛怪物米诺陶的形象。西班牙内战可能启发他创作出最伟大作品，即巨幅的《格尔尼卡》(1937)，其中暴力的画像谴责了生命遭受摧残的情形。第二次世界大战后，他加入了共产党，并献身于雕塑、陶瓷、平版画和油画。晚年他创作了早期艺术家作品的变体画，其中最著名的是以委拉斯开兹的《小公主玛格丽特》为基础的58幅系列画。80年的生涯皆是革新者的毕加索似乎逾越了批评，使20世纪每一位艺术家都几乎感受到他的影响。

毕沙罗 Pissarro, (Jacob-Abraham-) Camille(1830～1903) 西印度群岛出生的法国印象派画家。丹麦属地西印度群岛的犹太富商之子。1855年迁居巴黎。最早的油画是大量的人物画和表现出对大自然的精细观察的风景画，这成为他艺术的一个特色。1871年他在巴黎郊外的蓬图瓦兹买下一栋房子定居下来。日后约有30年其周围的景物成为他艺术创作的题材。尽管他患有急性眼病，晚年的创作还是最多的。这段时期有关巴黎和外省的画作有《法兰西剧院广场》(1898)和《布鲁日的桥》(1903)。毕沙罗是唯一参加过所有8次集体展览的印象派画家。

C. 毕沙罗《自画像》(1903)，油画；现藏伦敦泰特画廊

By courtesy of the trustees of the Tate Gallery, London

毕苏斯基 Pilsudski, Józef (Klemens)(1867～1935) 波兰革命者和政治家。从小就对俄罗斯人的压迫产生憎恨。因参与社会主义活动被流放到西伯利亚(1887～1892)。回国后，他加入波兰社会主义党，成为该党领袖。1908年创建秘密军事行动联盟。在第一次世界大战期间，该组织在奥匈帝国指挥下与俄国作战。1916年他提出波兰独立，1918年得以允许。在1922年制定宪法以前，他担任波兰第一任国家首脑。在1926年策动政变之后，他任总理(1926～1928)和国防部长(1926～1935)。由于后来几位总理都经他挑选，他实际上是波兰的独裁者。

毕希纳 Büchner, Georg(1813～1837) 德国剧作家。原为医科学生，后来卷入革命运动，被迫逃至苏黎世。他所写的作品以丰富的想象力和非传统结构为特色，结合极端的自然主义和视觉力量，被公认是表现主义运动的先锋。第一部剧本《丹东之死》(1835)是一出关于法国大革命的戏剧，充满了深沉的悲观情绪。《莱翁采和莱娜》(1836)是对迷雾般的浪漫主义思想的一个讽刺。最后一部作品《沃伊采克》(1836)是未完成稿。由于对穷苦人和受压迫者表示同情，这部作品成了19世纪90年代社会戏剧的先声，也是A.贝尔格一著名戏剧的基础。24岁时死于伤寒。

毕晓普 Bishop, Billy(1894～1956) 原名William Avery。第一次世界大战中加拿大王牌战斗机飞行员。生于安大略省欧文桑德。曾在皇家军事学院学习。1915年从骑兵队奉调至皇家飞行队。1917年在法国服役，击落敌机总数达72架，其中有25架是在10天内击落的。后来毕晓普被指派到英国空军部，并协助成立加拿大皇家空军，使其成为一个独立旅。大战结束后，他成为一名商人，并从事写作。

毕晓普 Bishop, Elizabeth(1911～1979) 美国女诗人。生于马萨诸塞州伍斯特。自小父亲去世，母亲遭禁闭，她是由新斯科舍的亲戚养大的。20世纪50～60年代大部分时间住在巴西，与她热爱的那位巴西妇女生活在一起。第一部诗作(1946)中，她的新英格兰出身和对炎热气候的热爱构成对比，该书于1955年增补重印，名为《北方和南方：寒冷的春天》，并获得普利策奖。她的作品以形式的辉煌和对日常生活的密切观察而受到好评，并以引用其他诗人的赞誉著称。身后出版的作品包括《散文集》(1984)和《一种艺术》(1994)，后者是她最受欢迎的书信集。

毕晓普大学 Bishop's University 位于加拿大魁北克省兰诺克斯韦尔的一所私立大学，成立于1843年。设有人文科学、社会科学、自然科学、商学、教育等方面的大学及研究生部课程。现有注册学生约1 800人。

毕星团 Hyades 由数百颗恒星组成的疏散星团，位于金牛座中。亮星毕宿五像是该星团的成员，但实际上它比距地球约130光年的毕星团要近得多。有5个真正的毕星团星肉眼可见。

闭厂 lockout 在劳资纠纷中，雇主把员工关在工作场所以外，或者拒绝雇用员工的策略。19世纪80和90年代，工厂主经常使用闭厂来对付劳工骑士团，因为他们组织肉品包装和雪茄制造等行业的工人起来斗争。现代很少采用闭厂，通常只是作为雇主协会成员之间协议的一部分，关闭一些工作设施以对付罢工，挫败工会。

闭经 amenorrhea 无月经来潮的一种妇科情况。原发性闭经(16岁仍无月经来潮)患者症状有：生殖器保持幼稚型，乳房不发育，无阴毛，身材矮小，肌肉发育不全。继发性闭经(有过月经周期而后异常停止)则可见生殖器萎缩、阴毛减少。闭经本身并非一种疾病，它反映了下视丘、脑下垂体、卵巢及子宫之间相互平衡的失调。肿瘤、受伤或疾病亦有可能造成闭经。其他引起闭经的原因还有：系统性疾病；精神上的创伤、焦虑、恐惧；激素分泌过量或不足；全身性肥胖；阴道闭锁及妊娠、哺乳和绝经等。非器质性病变引起的闭经及稀发月经对身体并无损害。

庇护 asylum 一个国家或具有外交官豁免权的大使馆对流亡者、难民给予保护，以使其免受引渡或逮捕。受庇护者并无要求这种庇护的法律权利，而给予庇护的国家虽然有给予庇护的法律权利，但无承担给予庇护的义务。因此，庇护权属于国家，而不属于个人。它主要用于保护被指控犯有叛国、叛逃、煽动叛乱、间谍活动等政治罪的人。20世纪末，只要能够提出受祖国政治迫害的合理担忧理由，也可获得庇护。

庇护九世 Pius IX(1792～1878) 原名Giovanni Maria Mastai-Ferretti。罗马教皇(1846～1878；被行宣福礼2000-09-03；宗

庇护九世
Felici

教节日2月7日)。1827年成为大主教,1840年成为枢机主教,格列高利十六世(1831～1846年在位)死后任教皇。他开始着手进行自由主义改革,但被1848年的革命热情吓坏,转而成为极端保守派。他宣布了圣母无原罪始胎的教义(1854),召集第一次梵蒂冈会议(1869～1870),该会议发布了教皇永无谬误论的教义。在意大利统一后,意大利国王维克托·伊曼纽尔二世夺取了教皇的世俗权力。他把自己看作是梵蒂冈的囚犯,拒绝和意大利政府进行任何接触。庇护是历史上在位期间最长的教皇。2000年,约翰·保罗二世(1978～2005)为其行宣福礼。

庇护十二世　Pius XII(1876～1958)　原名 Eugenio Maria Giuseppe Giovanni Pacelli。罗马教皇(1939～1958)。出生于罗马,曾服务于教廷的外交部门,担任教廷国务卿之职,

庇护十二世,Y. 卡什摄
Karsh-Woodfin Camp and Associates

1939年继庇护十一世之后成为教皇。第二次世界大战中他积极参加与囚犯和难民有关的人道主义工作,但因没有公然抨击大屠杀而备受批评。战后他保护了在共产主义国家受迫害的天主教徒。以其严厉的保守主义闻名,1950年他明确了圣母马利亚肉体升天的教义。

庇护五世,圣　Pius V, St.(1504～1572)原名 Antonio 或 Michele Ghislieri。罗马教皇(1566～1572)。14岁加入多明我会,1528年任牧师,以对异端分子严酷而著称,1551年任异端裁判所的宗教审判官,1556年任枢机主教,1566年当选教皇。他狂热推行教会改革,成功地将新教驱逐出意大利。1570年宣布绝罚英国女王伊丽莎白一世,使得天主教徒在英国的地位更加糟糕。1571年勒班陀战役中,他组织了这场战役,使西班牙、威尼斯和教皇的舰队战胜土耳其人。

庇隆　Perón, Juan (Domingo)(1895～1974)阿根廷总统(1946～1955、1973～1974)。在上完军事学校后,他于20世纪30年代在意大利服兵役,在那里见识到法西斯政权的成功。1943年协助推翻了阿根廷无效率的文官政府,后任劳动与社会福利部长,在工人中拥有了一群衷心拥护他的人士,1946年他们帮助他当选总统。庇隆的政治观点既偏极左又偏极右,他在对劳工提供过多的福利的同时,又严厉钳制人民的自由。他的妻子庇隆夫人(爱娃)的魅力使他的政权越来越受欢迎。1951年再次当选总统,但严重的经济衰退和社会上逐渐形成的不满因素使他在1955年被一群具有民主思想的军官推翻。庇隆在西班牙流亡20年,但对阿根廷事务的影响仍持续不断。当庇隆主义党成为合法党派后,他缺席当选为总统,回国掌权后不到1年便去世。参阅庇隆夫人(伊莎贝尔)。

庇隆夫人(爱娃)　Perón, Eva (Duarte de)(1919～1952)　别名 Evita(埃维塔),原名 María Eva Duarte。阿根廷总统 J. 庇隆的第二位妻子。她虽不是正式的政治领袖,但握有实权。出身贫寒,与庇隆结婚时是一名演员。为庇隆首次竞选总统获胜立下汗马功劳,并赢得群众拥护。她虽未担任公职,但实际行使了卫生与劳工部长的职责,对工人慷慨地增加工资。由于企业、工会以及社会精英的"自愿"捐助,她建立了许多医院、学校和孤儿院。33岁时死于癌症,拥护她的哀伤的工人阶层曾试图追封其为圣徒。

庇隆夫人(伊莎贝尔)　Perón, Isabel (Martínez de)(1931～　)　原名 María Estela Martínez Cartas。阿根廷总统(1974～1976),J. 庇隆总统的第三位妻子。出身中下层家庭,1955或1956年当舞蹈演员时结识庇隆。后随庇隆流亡,1961年两人结婚。1973年庇隆竞选总统时,她成为其竞选伙伴。1974年7月庇隆去世,她继任总统,面临社会上的通货膨胀、政治暴力等问题,她试图用印制钞票和宣布紧急状态等措施来解决,但均无效。1976年被废黜,遭5年软禁后,被判犯有贪污罪。但允许流亡西班牙。

庇隆主义者　Peronist　阿根廷民族正义运动的参与者。他们支持 J. 庇隆,附和庇隆所鼓吹的平民主义和民族主义政策。庇隆主义为一种没有明确定义的政治哲学。它包括左、右翼的意识形态,结合独裁的民族主义进行财富再分配,无视民权的存在。1974年庇隆死后,正义运动因派别纷争而被削弱,但在阿根廷政治中仍起着重要作用,在其他地方也有拥护者。参阅 C. 梅内姆。

庇西特拉图　Peisistratus(公元前6世纪初～前527)　雅典僭主(约公元前560～前559、前556～前555、前546～前527)。出身于贵族家庭,早年因军事上的杰出成就而闻名。公元前560年第一次当上僭主。之前庇西特拉图就有野心,他恳请人民同意他拥有一支卫队,他就是靠这支卫队夺取了雅典卫城。不过其统治时间很短暂,但在前556年再度夺取政权,仍为时短暂。后被赖库尔戈斯和麦加克勒斯赶下台。庇西特拉图度过几年的流亡生活后,带领一支军队在前546年重返雅典,再次夺得政权,并一直维持到他去世。他资助艺术发展,完成了许多公共工程,并尽力协助小农。他还统一了阿提卡并促进了雅典的繁荣,使该市成为希腊当时最卓越的城市。

铋　bismuth　半金属到金属之间的化学元素。化学符号 Bi,原子序数83。铋性硬、脆,有光泽,颜色灰白并带独特的浅红色彩。在自然界,铋常以游离态存在,也存在于化合物以及混合的矿石中。铋合金熔点低,可用于金属铸造、特种焊料、自动喷水头、引信以及许多防火设备。磷钼酸铋是一种催化剂,用于丙烯腈的生产过程,丙烯腈是生产纤维和塑料的重要原料。铋的盐类可制作治疗消化功能紊乱的镇静剂(尤其是亚水杨酸铋);铋盐也可用于治疗皮肤感染和皮肤外伤;还可用于口红、指甲油和眼影中,产生珍珠般的光泽。

秘鲁　Peru　全称 Republic of Peru(秘鲁共和国)。位于南美洲西部,面积:1 285 216平方千米。人口:约29 849 000(2013)。首都:利马。几乎有一半的人口是克丘亚印第安人,近1/3是梅斯蒂索人(印第安人和西班牙人的混血后裔),其余人口中以艾马拉印第安人和欧洲人为主。语言:西班牙语、克丘亚语和艾马拉语(均为官方语言)。宗教:基督教[以天主教为主(官方宗教)和新教]。货币:新索尔。秘鲁是南美洲第三大国,可划分为3个地理区(由西到东):沿海区,为狭长的沙漠低地地带;高地区,主要是安第斯山脉的一部分;广阔的、有森林覆盖的东部山麓和平原区,主要由亚马孙河流域的热带雨林构成。秘鲁属发展中的混合型经济,以服务业、制造业、农业和矿业为基础,大多数行业(包括石油)已在20世纪60年代末和70年代初实行国有化,不过在90年代许多企业再度实行私有化。秘鲁是一院制共和国。国家元首暨政府首脑是总统。秘鲁曾是印加帝国的中心,与其首都库斯科一起建于11或12世纪。1533年为西班牙冒险家 F. 皮萨罗所征服,此后作为西班牙的秘鲁总督管辖区被统治了近300年。1821年宣布独立,1824年获得自由。1879～1883年在太平洋战争中被智利打败。该国与厄瓜多尔的边界纠纷导致1941年爆发了战争,结果秘鲁控制了亚马孙河流域的一大部分;进一步的纷争持续下去,直至1998年划定边界为止。1968年该国政府为一军事执政团推翻,1980年恢复文人统治。1992年藤森政府解散了议会,次年颁布新宪法。后来成功战胜了光辉道路派和图帕克·阿马鲁的叛乱活动。1995年藤森成功连任,但在2000年大选时,被控有欺诈嫌疑,同年年底他的政府垮台。2001年 A. 托莱多成为

秘鲁第一位民选的克丘亚族总统（2001～2006）。秘鲁于1936年首次参加在柏林举办的夏季奥运会。

蓖麻 castor-oil plant 大戟科植物，学名*Ricinus communis*。可能原产自非洲，已在世界热带地区归化。商业种植用以提取医药及工业用油，由于叶大美观也用作绿化植物。果呈现古铜色到红色，生有硬毛和刺，簇生，美观，通常成熟前就采收。种子外形似大豆，表面有花斑，成熟后含有毒的蓖麻碱。蓖麻油用作润滑油及缓泻药。该属仅蓖麻一种，但有数百个自然类型和许多园艺品种。

辟尔唐骗局 Piltdown hoax 人类化石的赝品，阻碍了20世纪初对人类进化的研究。在英国刘易斯区附近的辟尔唐公地发现的显然已变成化石的颅骨，于1912年被首次提出是史前人类的一个新种（“辟尔唐人”）。1954年才发现这个颅骨是用一块人的头盖骨巧妙地接上一个猩猩的颌骨形成的。这一骗局有可能是这块颅骨的发现者C. 道森施行的。

壁虎 gecko 壁虎科所有蜥蜴的通称，约1 000种。对人无害，但叫声扰人。为小型爬虫类，多属夜行性。皮肤柔软，体肥短，头大，四肢软弱且常具趾垫。趾上肉垫覆有小盘，盘上依序被有微小的毛状突起。这些突起可抓附于平面，使壁虎能攀爬极平滑并垂直的面，甚至横穿光滑的天花板。大部分体长3～15厘米（包括尾）。体通常为暗黄褐色，带灰、棕、污白斑。栖息于全世界各温暖地区，从沙漠到雨林。有人把壁虎养在房子或公寓里当宠物，以不受欢迎的昆虫为食。

壁画 mural 描绘在建筑物墙壁或天花板上并与其成为一体的绘画。其起源可追溯到原始人在洞穴内的绘画创作——这些作品体现出他们渴望装饰居住环境的愿望，同时也反映出他们的理想和信仰。罗马人在庞贝和奥斯蒂亚创作了大量壁画。在文艺复兴时期，壁画（与湿壁画不同义）创作取得了空前绝后的创造性成就。这一时期涌现出马萨乔、F. 安吉利科、莱奥纳多·达·芬奇、米开朗琪罗和拉斐尔等大师。20世纪，创作壁画的有巴黎立体派和野兽派艺术家、墨西哥革命派艺术家（如D. 里维拉、J. C. 奥罗兹科和D. A. 西凯罗斯）及美国政府赞助下的大萧条时期艺术家（如B. 沙恩和T. H. 本顿）。

壁炉 fireplace 住宅内烧火取暖装置，有时也用于炊事。构筑于烟囱底部，其上常有装饰用的壁炉台。中世纪时取代用来取暖和炊煮的开放式炉床中心的壁炉，有时大到要占据一个安置空间称为炉边。早期的壁炉多用石头砌成，后来用砖。1624年L. 萨沃特造出一种壁炉，空气通过炉堂下部的通道，经由格栅进入房间，至20世纪仍在沿用这种设计。

壁球 rackets 又译网拍式墙球。2或4名运动员在四面有墙的场地上用球拍击球的一种运动。与软式墙网球和短柄墙球不同，壁球用的球是硬球，场地也较大（大约9×18米）。与其他类似游戏一样，壁球的目的是让球从前面或其他几面墙上弹回而不让对手接到并击弹回来。19世纪初，此项运动从英国开始发展起来。

壁毯 tapestry 厚重、可两面使用、有图案或图形的手工编织品，通常作为悬挂或帷帘织物。壁毯通常设计成单片的，或是按照主题和风格的要求，设计成套的壁毯，悬挂在一起。最早的壁毯是古埃及人利用亚麻做的。壁毯的编织法是6世纪时在秘鲁确立的，而精美的丝壁毯则始于中国的唐朝（618～907）。在西欧，从13世纪起将其做得豪华富丽。在欧洲最美妙的壁毯中，包括15世纪的《仕女与独角兽》以及16世纪的《使徒行传》，后者是以拉斐尔的讽刺画为蓝本。壁毯艺术在19世纪晚期的英国随着工艺美术运动恢复生机。在20世纪，抽象壁毯在包豪斯产生，同时，包括P. 毕加索及H. 马蒂斯等许多画家也允许他们的画用作壁毯艺术的底图。

避世运动 Beat movement 又译垮掉的一代。20世纪50年代和60年代美国的社会和文学运动，和圣弗朗西斯科、洛杉矶和纽约的一些放荡不羁的艺术家团体关系密切。其追随者们表达了与传统社会决裂，提倡个性解放，用提高感官觉醒和改变意识状态来获得心灵启示。避世诗人如L. 弗林格蒂、A. 金斯堡、G. 柯尔索（1930～2001）和G. 斯奈德等，试图把诗从学院派追求辞藻华丽中解放出来。他们创作的诗句往往混乱不堪，随意掺杂一些淫秽的词句，但有些却强劲有力，富有感染力。其他主要作家如J. 凯鲁亚克和W. S. 巴勒斯则提倡一种结构松散、随意的、有时是幻觉般的散文体，记录瞬间的感受。大约到1970年这一派已经衰退，但此运动为另一些非正统和先前被忽视的作家的兴起铺平了道路。

避役 chameleon 俗名变色龙。蜥蜴亚目避役科爬虫类，产于东半球，主要树栖，特征为能改变体色。每2～3趾并合为二组对趾，端生牙，舌细长，可伸展。约有150种，其中约有一半的种仅分布在马达加斯加，其他大部分分布在撒哈拉以南的非洲，在其他地方则很少见。多数体长17～25厘米。两侧扁平，尾常卷曲。眼凸出，两眼可独立转动。各种的体色变化不同，有许多种能变成绿色、黄色、米色或深棕色，常带浅色或深色斑点。主要以昆虫为食，但较大种也食鸟类。

避孕 contraception 指有意防止怀孕的措施。最常见的方法是绝育术。最有效的临时措施如坚持使用并方法得当，有效率超过99%。许多避孕方法会损害健康。最安全的方法包括使用阻隔式避孕器以及危险期推算法。避孕药是利用雌激素、孕酮或两者来抑制卵巢排卵。“事后丸”是含有大剂量的雌激素和孕激素或仅有后者的药片，即使在性交后使用也有效。口服避孕药最严重的副作用就是可能会造成血栓疾病。子宫内避孕器（IUD）是植入子宫内的器械，引起子宫内膜发生轻度炎症，从而抑制排卵，防止受精，或防止受精卵着床。20世纪70年代和80年代，有些避孕器被禁止贩卖，因为发现它们的副作用是高危险性的盆腔炎症、异位妊娠和自发性败血性流产等疾病。保险套、阴道海绵条、阴道隔膜和子宫帽等阻隔式避孕器，阻止精子进入子宫。保险套还可以预防性传播疾病的流传。和杀精剂一起使用，保险套的有效率接近100%。危险期推算法是估算排卵期（参阅月经），这样就可在每月中妇女最易受孕的几天内避免性交。除记录个人月经周期外，还可每日测体温，因为基础体温升高时就意味排卵。这两种方法还常再结合第三种方法，即观察子宫颈黏液的变化，有效率可超过80%。正在实验中的节育法还有男性口服避孕药。

璧克馥 Pickford, Mary（1893～1979）
原名Gladys Mary Smith。美国女电影演员。5岁时随一个轮演剧团登台表演，8岁时巡回演出，18岁时开始在百老汇的舞台上表演。1909年在D. W. 格里菲思的影片《寂寞的别墅》中担任主角。1913年专事拍摄电影。她是首批电影明星之一，被塑造成天真的形象，并被称为“美国甜心”。其无声电影包括《暴风雨之乡的苔丝》（1914）、《可怜的小姑娘》（1917）、《太阳溪农庄的丽蓓卡》（1917）和《波利亚娜》（1920）。她善于做生意，和第二位丈夫费尔班克斯及其他演员一起建立了联艺公司（1919）。1929年因其首部有声电影《风情女子》获学院奖。1933年退出影坛，1975年获得奥斯卡特别奖。

鸊鷉 grebe 鸊鷉科约18种潜水鸟类。分布于大部分的热带和温带地区，也常见于亚北极区。大多数种类可飞行，有些为候鸟。喙尖，翅短而窄，尾退化；腿位于身体后部，故

角鸊鷉（*Podiceps auritus*）
Ingmar Holmasen

步履蹒跚。主要以鱼和无脊椎动物为食。在求偶或面对竞争对手时，会成对表演复杂多姿的水中舞蹈。不同种类体长各异，约21～73厘米。

边境科利牧羊狗 border collie 约300年前育种成功的长毛牧羊犬，用于英格兰和苏格兰边境。通常是黑白色，肩高50厘米，体重14～23千克。为不列颠群岛最受欢迎的使役狗。

边沁 Bentham, Jeremy（1748～1832）
英国社会和政治理论家。自幼聪明，15岁就从牛津大学毕业。他是一个无神论者，拥护A. 斯密和D. 李嘉图的新自由经济学。作为功利主义最早的重要鼓吹者，他认为政府应

J. 边沁，油画局部，H. W. 皮克斯吉尔绘于1829年；现藏伦敦国立肖像画陈列馆

By courtesy of the National Portrait Gallery, London

该做的是促进人类“最大的幸福”。他极力鼓吹立法改革，特别是监狱的改革，并大力鼓吹民主，但他抨击关于社会契约和自然法的观念是过分的奢望。他相信社会能通过计算快乐和痛苦而进步，他试图比较健康、财富、权力、友谊和善行的相对满意度，以及“暴躁欲望”和“厌恶心理”的感受。他认为惩罚只是一种威慑，并对犯罪只根据其对快乐所造成的伤害程度进行分级。他参与创办了激进的《威斯敏斯特评论》(1823)。他的遗愿是将他的骸骨穿上衣服永久陈列于伦敦大学学院内。

边维尔　Bienville, Jean-Baptiste Le Moyne de(1680～1767)　加拿大裔法国探险家、新奥尔良的建立者。生于蒙特利尔。威廉王之战时曾在法国海军服役。他与兄弟P. 伊贝维尔结伴到密西西比河口探查。1699年建立一个居民点，1701～1712年和1717～1723年间任路易斯安那殖民地总督。1718年建立新奥尔良，1722年定其为该殖民地的首府。1723年被召回法国，1733～1743年又回到路易斯安那任总督。

编译器　compiler　计算机软件，将高级语言(如C++语言)写成的原始码翻译(编译)成一组*机器语言*指令，让数字计算机的中央处理机(CPU)能够理解。编译器是极大的程序，具有错误检查等功能。有些编译器将高级语言翻译成中间的*汇编语言*，然后利用汇编程序或组译器翻译(组译)成机械码。其余的编译器则直接产生机械语言。

编织工艺　basketry　指利用韧性较好的植物纤维(如细枝、柳条、竹、蒲草)以手工方法编织容器或其他物件的技能和艺术。编织工艺主要是实用性而非装饰性艺术。编织的类型取决于一定地区内可用的原料。亚洲、非洲、大洋洲和美洲土著等多种文化在编织工艺上皆有出色的表现。

蝙蝠　bat　会飞的哺乳动物，超过1 100种，属翼手目。是唯一演化出真正飞翔能力的哺乳动物。蝙蝠的翼是由前肢演化而来，有一片翼膜从极度延长的指向下与体侧相连。大多数蝙蝠借回声定位辨认方向和寻找猎物。蝙蝠呈世界性分布，但在热带地区尤其多。蝙蝠的体型大小差异极大，翼展从15厘米～1.5米都有。几乎所有的蝙蝠均于白天憩息(在山洞、罅隙、地洞、房屋或树木等处)，夜间捕食。大多数以昆虫为食，因捕食大量昆虫，足以对昆虫种群平衡产生影响。某些蝙蝠亦食果实、花粉、花蜜，或血液(*吸血蝠*)。有些蝙蝠可活20多年。蝙蝠粪长久以来在农业上用作肥料。参阅*果蝠*。

鞭笞派　flagellants　中世纪宗教派别，他们为了惩戒或修行而进行公开的鞭笞。鞭笞派兴起于意大利北部，约1260年扩展蔓延。鞭身团和鞭身游行队在欧洲许多城市徒步行走号召人们悔悟。14世纪中叶欧洲鼠疫大流行时，信徒大量增加，他们企图靠自己努力减轻迫在眉睫的天罚。鞭笞的做法后来虽然受到当局的压制，但在16世纪时再度零星出现。

鞭毛　flagellum　见于许多生物体细胞的毛状结构，主要用作运动小器官。鞭毛是鞭毛超纲原生动物的特征，又见于*藻类*、*真菌*类、苔藓类、*黏菌*等的配子上。*海绵*和*刺胞动*

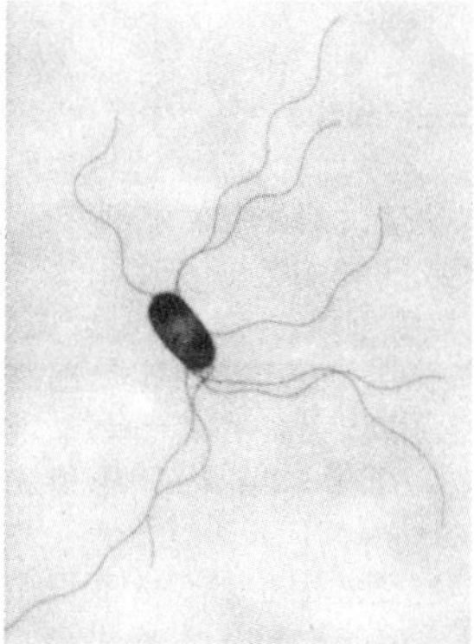

普通变形杆菌(*Proteus vulgaris*)，经高度放大可见其鞭毛

Lee D. Simon-Photo Researchers

*物*借鞭毛运动引起水的流动，以完成呼吸和循环功能。大部分能运动的细菌都借鞭毛运动。原核生物与真核生物的鞭毛，结构和运动方式均不同。

扁平足　flatfoot　先天性或后天性足纵弓平坦的一种外科病。足和足跟向外侧旋转，足弓消失，形成八字脚。在该病早期，由于韧带牵张变松和肌肉软弱无力，足变扁平，但仍柔软灵活；在晚期，足骨的形状改变，足变僵硬。在有些病例中似与体重过高或外伤有关。扁平足的症状甚多，如疼痛、肿胀、肌肉痉挛、足僵硬及步态笨拙等。许多有扁平足的人可全无症状。治疗在于穿用加托或不加托的特制平足鞋来恢复足弓和足跟的正确位置，并加强肌肉的力量，使足弓和足跟保持于改正后的位置。疼痛严重或容易疲劳的病例可用扁平足托，但久用可使肌力减弱。少数患者的疼痛十分严重，需要手术治疗。

扁桃　almond　原产于南亚的一种蔷薇科乔木，也指其可食的种子，即杏仁。学名*Prunus dulcis*。扁桃植株较*桃*树大，寿命也较长，开花时十分绚丽。坚果有甜仁型和苦仁型。甜仁型通常作为干果，也可烹食。苦仁型扁桃可榨油用作食品和甜露酒的香料。扁桃含少量蛋白质、铁、钙、磷、B族维生素，脂肪含量高，通常用于制糕点或是传统欧洲糖果杏仁糖浆。

扁桃体　tonsil　咽喉壁内的小块*淋巴组织*。该词通常指口*咽*部两侧的颚扁桃体。扁桃体被认为可产生抗体，杀灭感染源，有防止呼吸道和消化道感染的功能，但扁桃体亦常成为感染病灶(参阅*扁桃体炎*)，尤其是儿童。另外还有咽扁桃体，常称为*腺样体*，以及舌扁桃体，位于舌根部。后者较其他扁桃体引流通畅，罕见感染。

扁桃体炎　tonsillitis　炎症性感染，通常由溶血性链球菌(参阅*链球菌*)或病毒引起。症状有咽痛、吞咽困难、发热及颈部*淋巴结*肿大。感染时间通常持续约5天。治疗方法包括卧床休息和用消毒液漱口。重症可用磺胺药和其他抗生素以预防并发症。链球菌性炎能向邻近组织播散。并发症包括：*脓肿*、*肾炎*和*风湿热*。形成慢性炎症及肥大的扁桃体需手术切除(扁桃体切除)。

变态　metamorphosis　生物学中，动物形态或结构发生显著变化的现象，而且生理、生物化学和行为也随之改变。最明显的例子是昆虫，它们有完全或不完全的变态(参阅*若虫*)。蝴蝶、蛾和其他昆虫的完全变态有四个阶段：*卵*、*幼体*、*蛹*和成虫。从*蝌蚪*变成青蛙是两栖动物变态的例子。一些棘皮动物、甲壳动物、软体动物和尾索动物也会变态。

变态反应　allergy　身体对外来物质(过敏原或*抗原*)过敏性反应，如*花粉*、*药物*、灰尘和食物，这些物质对大部分人并不造成伤害。速发型变态反应是因遗传或先前暴露于过敏原环境下所造成，会使血管扩张、气管收缩。严重的*过敏反应*会造成呼吸障碍，甚至死亡。迟发型变态反应为暴露于过敏原下12小时或更长时间后始发病，如接触性*皮炎*。避免接触过敏原和服用*抗组织胺药*能防止或治疗过敏。这些治疗都没办法缓解症状时，还可尝试用脱敏来治疗。

变态心理学　abnormal psychology　又作psychopathology。研究心理及情感障碍(如神经官能症、精神变态和精神发育不全)和某些尚不完全理解的正常现象(如梦和催眠状态)的心理学分支。用以区分各种心理病理障碍的主要工具是美国精神病学会编的《精神病诊断及统计手册》第4版(*DSM*-Ⅳ)。

变体　transubstantiation　*基督教*认为，*圣餐*的饼和酒从本质上变成基督的临在，也就是他的肉和血，尽管饼和酒并没有改变它们的形态。这个变体成为耶稣来到参拜者面前的文字依据。该教义在13世纪经神学家详细论述后，写进*特伦托会议*的正式文献。20世纪中期，有些罗马天主教神学家重新将其诠释为意义变化而非本质变化，但1965年教皇保罗六世发布通谕，再次要求保持原来的教义。

变质岩 metamorphic rock 由先存岩石变质所产生的岩石。这种变质是由于温度、压力和机械应力等地质条件的变化而引起的。先存岩石可以是火成岩、沉积岩或其他变质岩。其结构和矿物反映了产生这种岩石和母岩石构成的特殊变质作用型。变质岩通常根据岩相形式分类，这是与某种温度和压力条件有关的可断定的矿物集合。

辨喜 Vivekananda（1863 ～ 1902） 原名Narendranath Datta（纳伦德拉纳特·达塔）。印度教精神领袖、改革家。生于加尔各答，接受西方教育。他参加梵社，强调吠陀中的普世一家精神和人本主义，重服务而轻教条，力图振兴印度教思想，曾在美国和英国讲学，劝人参加吠檀多运动。1897 年回到印度，创办罗摩克里希纳教会，从事普及教育和慈善事业。

标点符号 punctuation 用于书写和印刷文本的一套标准符号，为使意思更加清楚并分开句子、词和词组。它经常标明论述特点，如声调的高低和停顿。它也能传达与讲话方式无关的某词语的信息（如复合词里的连字符号）。在英语里，句号（.）表示一个句子或缩写词的结尾。逗号（,）通常隔开从句、短语或一系列的项目。冒号（:）常引入一个解释或一系列例子。分号（;）通常隔开独立的从句。破折号（——）表示一个突然的转折。感叹号（!）表示惊讶。问号（?）表示疑问。省字号（'）表示所有格或字母的省略。引号（“”）或限定引用的词语，或表示具有特殊意义的词语。插入句子中的文句用方括号[ ]或圆括号( )表示。

标准时 standard time 一地区或国家的法定当地时间。当地的平均太阳时由经度确定，每向东进一度，时间也前进 4 分钟。地球就这样分为 24 个标准时区，每个时区约有 15°经度。时区间的准确分界线是由当地官方确定的，因此有的时区和 15°经度相差较远。不同时区间的时间通常差的是整小时数，分、秒相同。参阅格林尼治平时。

标准种马 Standardbred 在美国育成的种马，主要用于马车赛跑。以 1788 年输入美国的英国纯血马为种马育成。其后代之善小跑者又与其他品种（尤其是摩尔根马）杂交，育成能快速小跑及溜蹄的品种。标准种马一般肩高 152 ～ 163 厘米，体重 410 ～ 450 千克，毛色各异，但以枣红色居多。“标准种”指自 1871 年起实行的一项规定。该规定要求只有符合特定速度标准（如小跑速度为 2.5 分钟达 1 英里）的马匹才可以登记于官方的血统记录簿上。

镖鲈 darter 鲈形目鲈科镖鲈亚科约 100 种小型细长淡水鱼的统称。原产北美东部。生活于清澈溪流的近底层，觅食或受惊扰时，机敏地冲来窜去。以其他小型水生动物为食。具 2 背鳍，体长多为 5 ～ 7 厘米，有些长为 23 厘米。有些种类是北美颜色最鲜艳的鱼类之一，春季生殖季节的雄鱼尤为艳丽。产卵习性不一，有些种类把卵产下或埋好即弃之不顾；另一些种类则雄鱼筑巢护卵，直至孵化。

表面张力 surface tension 液体表面的性质，使液体表面表现为像一张展开的弹性膜（参阅弹性）。其力量取决于给定液体内部微粒间的引力，也取决于与该液体所接触的气体、固体或液体。表面张力使得某些昆虫能够站立在水面上，也能够水平托起刮胡子刀片，即使刀片的密度比液体大并且不能漂浮。表面张力使滴液呈球状，因为液体趋向于表面积为最小。

表现型 phenotype 可观察到的生物体的所有性状，如形状、大小、颜色、行为等。这些性状是它的基因型（整个基因构造）对环境反应的结果。一组形体相似的生物体的共同类型有时也称作表现型。在个体的一生中，由于环境的变化和年龄增长而出现的变化，其表现型也会变化。不同的环境可以影响遗传性状的发展（如大小会受可获得食物供应情况的影响），相似的基因型在不同环境中也会改变表现形式（如在不同家庭环境中成长的孪生子长大时可能不同）。此外，基因型中不是所有的遗传可能性都会出现在表现型中，因为有些是惰性的、隐性的或受控基因存在的结果。

表现主义 Expressionism 一种艺术风格，艺术家不描绘客观现实，而描绘事物所唤起的主观感情。通过对形体的扭曲和夸张以及应用生动或狂暴的色彩而达到这一目的。表现主义植根于 V. 凡·高、E. 蒙克、J. 恩索尔等人的作品。1905 年该运动随着被称为“桥社”的一群德国艺术家而兴起，他们的作品影响了 G. 鲁奥、C. 苏蒂恩、M. 贝克曼、K. 珂勒惠支、E. 巴尔拉赫等艺术家。称为“青骑士”的一群艺术家也被视为表现主义者。表现主义是第一次世界大战后德国的主要艺术风格。战后的表现主义者包括 G. 格罗茨和 O. 迪克斯。其感情品质后来被 20 世纪其他艺术运动采用。参阅抽象表现主义。

宾厄姆 Bingham, George Caleb（1811 ～ 1879） 美国画家和边远地区政治家。生于弗吉尼亚州。曾在宾夕法尼亚美术学院短期学过画，但大部分凭自学。后来进入密苏里州政界，并以巡回肖像画家为业，后来转向描绘富有生气的边疆生活。他以刻画人物性格、采用金色明亮的光线以及构思人物众多的巨幅画面的天分著称。著名画作有《密苏里河上的皮毛商》（1845）和《港口上的快乐船工》（1846）。

宾夕法尼亚 Pennsylvania 美国一州，位于美国中部濒大西洋地区。北界伊利湖和纽约州，东邻纽约州和新泽西州，南连特拉华州、马里兰州和西弗吉尼亚州，西接西弗吉尼亚州的狭长地带和俄亥俄州。特拉华河为其东部州界。阿勒格尼河和莫农加希拉河在匹兹堡汇流成俄亥俄河。17 世纪欧洲人抵此时，原由印第安人占据，包括肖尼人和特拉华人。1664 年英国人夺取该地区，1681 年英王把这一地区授予 W. 佩恩，他在 1682 年根据宗教宽容的政策建立了一块贵格会殖民地。法英北美殖民地争夺战的大部分战斗是在该州进行的。第一次和第二次大陆会议在费城召开，1776 年在那里签署了《独立宣言》。它是最初 13 州之一，1787 年加入联邦，成为美国第二个州。南北战争期间是军事活动中心（参阅葛底斯堡战役）。战后出现了经济、工业和人口的大幅增长，巩固了该州的强大商业势力。为美国经济最繁荣的一个州，以农业、矿业、制造业和高科技产业为主。该州现在还继续生产全国大部分的特种钢材，煤的储量亦丰。费城和匹兹堡是重要港口，拥有高水平的教育、文化和音乐机构。面积119 282平方千米。首府哈里斯堡。人口约12 763 536（2012）。

宾夕法尼亚大学 Pennsylvania, University of 设在费城的私立大学，为常春藤联合会的传统成员。1740 年初创时是一所慈善学校，1753 年成为学院，B. 富兰克林任第一届董事会主席。由于 1765 年创办北美地区第一所医学院，该校升格为大学。如今，除文、理学院和医学院外，该校还包括普通研究学院、商学院（沃顿学院）、传播学院（安能堡大众传播学院）、教育、工程、美术、法律、护理、牙医、兽医药和社会工作等学院。研究机构包括威斯塔解剖学和生物研究所，以及菲利普斯遗传学和公共疾病学研究所。它的大学博物馆是一个关于考古学和人种学的教学和科研机构。现有注册学生约21 000 人。

滨海绍森德 Southend-on-Sea 英格兰东南部埃塞克斯的旅游胜地。濒临泰晤士河河口湾和北海，为距伦敦最近的海滨胜地，吸引了数百万游客，还有许多住在这里的通勤者。该镇以其长达 2 千米的防波堤以及海滩、花园闻名，游艇比赛也很受欢迎。一座 12 世纪的小修道院已成为博物馆。人口约 176 000（1998）。

槟榔 betel 两种不同植物的统称，在南亚和东印度群岛人们广泛把它们拿来咀嚼。槟榔子是棕榈科槟榔树（*Areca catechu*）的种子；而槟榔叶是胡椒科蒟（*Piper betle*）的叶。咀嚼时，卷少许于蒟叶内，加少量酸橙共嚼，

槟榔子（*Areca catechu*）
Wayne Lukas-Group IV-The Nationat Audubon Society Collection/Photo Researchers

以促使唾液分泌和放出刺激性的生物碱。咀嚼结果产生大量砖红色的唾液，会暂时地把口腔、嘴唇和牙龈都染成橘红色。槟榔子产生生物碱，兽医把它拿来作驱虫药。

槟榔屿 Penang 马来西亚岛屿，位于西马来西亚西北部海岸外的马六甲海峡，槟榔屿州

的一部分。位于东北部的乔治市是其首府和主要港口[人口约180 573(2000)]。1786年英国开始在此建立殖民地。1826年槟榔屿(1867年以前称为威尔士亲王岛)与马六甲、新加坡合组为海峡殖民地。19世纪中叶起,槟榔屿是锡和橡胶市场。1948年槟榔屿成为马来亚联邦的一部分,后来成为马来西亚的一部分。20世纪晚期槟榔屿成为马来西亚主要的旅游中心,主要在北海岸巴都菲宁宜建有豪华的度假饭店。人口约1 468 800(2005)。

濒危物种　endangered　species　任何受到绝灭威胁的动物或植物物种。许多国际与国家机构都致力于确定濒危物种名录,保护和保存天然栖息地,以及推动各项恢复这些物种的计划。这类机构之一为"国际自然和自然资源保护联合会"(IUCN)所属"孑遗物种服务委员会",该会发表的网上《红皮书》,公布有关全世界濒危物种的信息。也分别出版有关动植物物种的书籍。在美国,由内政部的"美国鱼类及野生动物署"负责保护和管理鱼类及野生动物(包括濒危物种)的资源与栖息地。至今该署已编列出将近1 200种国内濒临绝灭或受威胁的动植物名录,约有200个恢复计划正在进行。

冰　ice　水或水蒸气的固体形式,当温度低于0℃时,液态水变成固态,地面的水汽便结成霜而云中的水汽则变成雪片。水与大多数液体不同,水在形成冰时会膨胀,所以冰的密度比液态的水要小,能漂浮在水面上。冰由许多晶体(六边形对称性)紧密聚集而成,但水结成冰时并没有正常的晶面。晶体内诸分子由氢键结合在一起(参阅氢键)。冰具有很高的介电常数,它的电导率远高于大多数非金属晶体。在非常高的压强下,至少会产生5种其他冰晶体形式。

冰川　glacier　任何通过积雪重结晶作用在地面上形成并在其自身重量压迫下向前运动的大规模冰体。冰盖这个术语通常用于占有广大区域的相对水平地面并显示出自中心向四外流动的一种冰川。冰川出现在冬季降雪量超过夏季融化量之处,这种条件现在主要只存在于高山区和两极区。冰川只占有地球陆地面积的11%左右,但却大约持有地球淡水量的3/4,将近99%的这种冰川冰集中在南极洲和格陵兰。

冰川湾国家公园和保护地　Glacier Bay National Park and Preserve　美国阿拉斯加州东南部国家公园。临阿拉斯加湾,1925年辟为国家纪念地,1980年建为国家公园和保护地,1992年被联合国教科文组织列为世界遗产。面积13 053平方千米。包括冰川湾、费尔韦瑟山西北坡以及在美国境内的阿尔塞克河。公园的著名景观之一为潮水域地区的巨大冰川,其中缪尔冰川高于海面81米,近3千米宽。公园内有许多种类的植物和野生动物,如棕熊、黑熊、山羊、鲸、海豹和鹰。

冰岛　Iceland　全称Republic of Iceland(冰岛共和国)。北大西洋北部岛国,位于挪威和格陵兰之间。面积:103 022平方千米。人口:约323 000(2013)。首都:雷克雅未克。国民大都是北欧人。语言:冰岛语(官方语言)。宗教:基督教(福音信义宗为国教)。货币:冰岛克朗。冰岛是世界上火山最活跃的地区之一,有200多座火山,产生的熔岩流占全球总量的1/3。该国1/10的陆地覆盖着冷却的熔岩床和冰川,其中包括瓦特纳冰原。海岸线崎岖,长达4 800千米。经济以渔业和鱼产品为主,但是水力发电、畜牧业和铝加工业也很重要。冰岛为单一制多党制共和国,议会一院制。国家元首是总统,政府首脑是总理。9世纪时挪威海员就在冰岛定居,到1000年冰岛已基督教化。930年创立的立法机构艾尔辛是世界上历史最悠久的立法机构之一。冰岛1262年并入挪威,1380年并入丹麦。1918年成为丹麦一个独立的州,但在1944年断绝这些关系,成为一个独立的共和国。V. 芬博阿多蒂尔连任四届冰岛总统(1980～1996),成为世界上第一位民选的国家女总统。冰岛于1908年首次参加在伦敦举办的夏季奥运会。

冰岛家族萨迦　Icelanders' sagas　又称family sagas(家族萨迦)。英雄散文故事中的一类,写于13世纪,叙述930～1030年间住在冰岛的大家族。家族萨迦代表了冰岛古典时代萨迦作品的鼎盛时期,这些作品的特点是写实主义,风格克制,人物刻画生动,充满悲剧性的庄严精神,使之远胜于任何同时期的中世纪文学作品。它们在艺术上的完整、长度和复杂性,表明这些故事是作家们写的作品而不是口头作品。正义(而不是勇气)是它经常要提到的美德,如最伟大的一部家族萨迦尼雅尔萨迦中所述。

冰壶　curling　又称掷冰壶、冰上溜石。冰上比赛运动项目。由两队比赛,每队4人,溜掷冰壶(上方带柄的扁圆石球),使之在冰道上朝若干同心圆(称为"圆垒")滑行。冰道

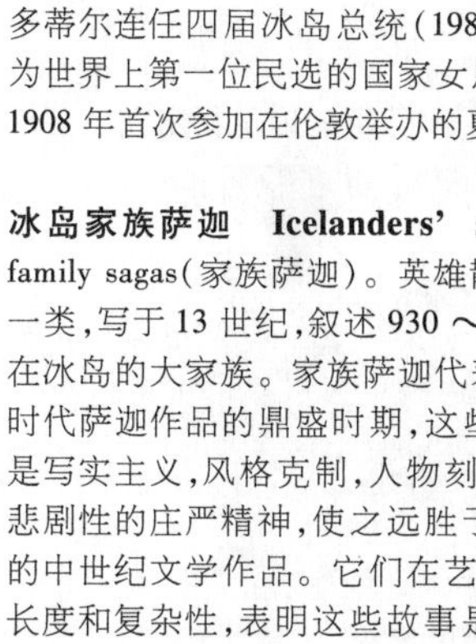

当队员的冰壶接近圆垒时,队员用冰刷使劲摩擦冰道

Malak from Miller Services Ltd.

长42米,垒圈直径3.7米,冰壶平均重18.1千克。比赛时两队队员轮流掷冰壶两次,最接近圆心的一方得分。队员推掷冰壶后,其队友(刷冰员)可以用冰刷清扫前面的冰道,以增加滑行距离或调整行进的曲度。策略的运用十分重要。主要的策略有:阻碍对方的冰壶进入圆垒、撞击对方已在圆垒中的冰壶使之出局。早在16世纪初期苏格兰就有这种冰壶运动。1959年起举办冰壶世界锦标赛,通常由加拿大人和斯堪的纳维亚人占优势。1998年冰壶成为冬季奥运会的正式比赛项目。

冰期　ice age　又作glacial age。大面积陆地被巨厚的冰盖所覆盖的地质时期。大规模冰川作用可以持续数百万年,并且可以使整个大陆的面貌发生剧烈变形。在地球的整个历史上曾出现过多次大冰期。最近的几次是在更新世(160万年前～1万年前)。

冰淇淋　ice cream　冷冻乳制品。由稀奶油、牛奶、糖及若干调味剂制成。水果冰糕(非乳制的水果味冰冻甜点)是从东方传至欧洲的,大约是在马可·波罗在其游记里首次提到以后。最早制成真正的冰淇淋的人应该是18世纪末巴黎一家咖啡馆的老板托尔托尼。在密苏里州圣路易斯城举办的1904年世界博览会上第一次出现了蛋卷冰淇淋。商品冰淇淋的制作是将所有的配料加热并混合在一起,然后再经过杀菌及均质等工序。混合物置于冰箱内熟化数小时,在冷冻过程中还要进行搅拌以混入空气;质量越高的冰淇淋混入的空气越少。现在,市场上的冰淇淋口味如果没有上千种,至少也要有数百种。

冰碛　moraine　由冰川搬运或沉积的岩屑堆积体。冰碛物粒径大至块石、巨砾,小至砂和黏土。被冰川撂下时为非成层沉积,无分选,无

瑞士采尔马特附近彭尼内山戈尔纳冰川中的冰碛

Jerome Wyckoff

层理。根据冰川沉积的方式,冰碛分为不同类型,其中包括冰川边缘的侧碛和前缘终碛。

冰球　ice hockey　由两支球队(每队6个穿冰鞋的队员)在冰球场上进行的运动,球员的目标是用冰球棍把冰球(硬橡胶制成的扁圆形小球)击进对方球门,这样算得一分。1875年在蒙特利尔的麦吉尔大学,两个学生队按比赛规则进行了第一场真正的冰球比赛。1917年成立由美国和加拿大职业球队加盟的全国冰球联盟(NHL)。1920年冰球正式成为奥运会的比赛项目。冰球是一项极富攻击性的运动,球员常靠撞击对方的身体来抢球,尽管有些撞击方式是犯规的,并要被判罚。冰球比赛分三局,每局20分钟。(图见下页)

冰人　Iceman, The　1991年在蒂罗尔的阿尔卑斯山厄茨河谷的冰川里发现的被冰封存的男性尸体,年代测定为公元前3300年。这一发现揭示了新石器时代人们重要的生活细节。冰人(又称锡米拉温人或厄茨人)身上有文身,头发修剪过,而原先却认为欧洲人文身和理发的时间开始得要晚得多。冰人穿着熟练缝制的鹿

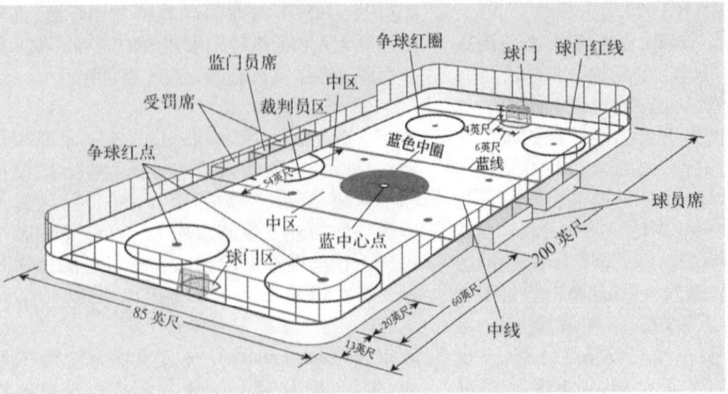

典型的北美洲职业冰球场。美国大学的冰球场通常比较宽(100英尺),国际冰球则长宽各有不同。蓝线标记各自的越位区;在两条蓝线之间称为中立区。把橡皮冰球丢到在开球位置的两名队员之间,比赛开始;除了开球员之外,所有球员都必须站在开球区外。主要的判罚是要求球员到受罚席待上5分钟,让他所属的球队以寡敌众。

皮袍和一件草编披肩,脚上穿着皮制的鞋,里面还塞着草来保温。他在皮带上挂着两个蘑菇(可能是医用),一个桦树皮盒中装有食物。其他装备还包括一把铜斧、一把燧石短剑、一张紫杉木弓和一个装有精巧加工的若干箭的鹿皮箭囊。原先以为他是冻死的,但在2001年的X光检查时发现他的左肩膀里留有一个箭头,表明他可能是中箭后流血过多死亡。

冰山 iceberg 从冰川或极地冰盖临海一端破裂开的大块漂浮冰。通常见于外海,尤其是格陵兰和南极洲周围。冰山多在南北半球的春夏两季形成,那时较暖的天气提高了格陵兰冰盖、南极洲冰盖以及冰盖范围以外较小冰川的边缘崩解(分离出)冰山的速率。在北半球,每年从格陵兰的冰川就能形成大约1万座冰山,平均有473座会漂进北大西洋的航道。这些冰山成为航海的危害,主要因为每座冰山只有约10%露出海面。

冰上舞蹈 ice dancing 一对滑冰选手随着音乐节奏在冰上表演的运动,类似**舞厅舞**。裁判根据表演者舞步的难度和独创性、他们对音乐的诠释以及他们的时间掌握和协调性

世界冰上舞蹈锦标赛参赛的法国选手

Duomo Photography

来评分。冰上舞蹈不像**花样滑冰**,不允许出现与舞蹈不协调的力量或技巧动作(特别是托举、跳跃和超过一周半的旋转)。自1976年以来,冰上舞蹈一直是奥林匹克运动会的比赛项目。

冰隙 crevasse 由于冰川运动而产生的应力所造成的裂缝。宽可达20米,深可达45米,长数百米。冰隙可能为积雪所充填而成

华盛顿贝克山莫萨马冰川的冰隙

Bob and Ira Spring

为暗冰隙,当冰川在平缓坡度上移动时,冰隙可能弥合。

丙烷 propane 无色、易液化的气态**烃**(C_3H_8,完整形式为$CH_3CH_2CH_3$)。能从天然气、轻质原油和炼油厂气体中大量分离出来,以液化丙烷的形式或作为液化石油气(LPGF)的主要组分而供应。它是乙烯和**石油化学制品**工业的重要原料,也用作制冷剂、提取剂、溶剂和气溶胶推进剂,并用在气泡室的混合物中。

病毒 virus 微小、简单的传染因子,仅能在动物、植物、细菌的活细胞中繁殖。病毒比细菌小得多,包含一个单链或双链的**核酸**(DNA或RNA,脱氧核糖核酸或核糖核酸),周围是称为"衣壳"的**蛋白质**硬壳,有些病毒还具有脂质和蛋白质所组成的包膜。病毒形状各不相同。主要的两类是RNA病毒(参阅**反转录病毒**)和DNA病毒。在活细胞之外,病毒是不活跃的粒子,但在适当的宿主细胞内,病毒变得活跃起来,能够接管细胞的代谢机制,以生产新的**病毒粒子**。有些动物病毒产生潜伏的感染,其时病毒保持静止状,周期性地变得活跃引起急性感染症状,实例如**单纯疱疹**病。动物对病毒感染的反应各不相同,包括发热、分泌干扰素、由免疫系统发动攻击等。包括流行性感冒、普通感冒和艾滋病在内的许多人类疾病,还有许多具有经济重要性的植物及动物疾病,都是由病毒引起的。为了与麻疹、流行性腮腺炎、脊髓原质

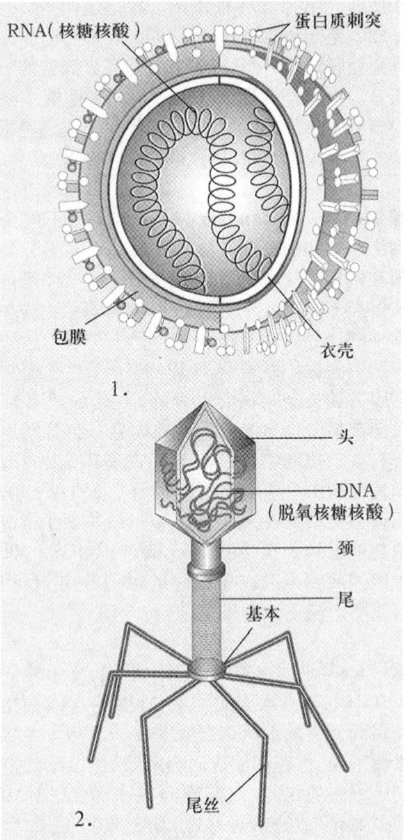

图1.流行性感冒病毒。流行性感冒病毒具有蛋白质外壳(衣壳)以及含有脂质和蛋白质的包膜。包膜上的蛋白质刺突有助于依附并进入宿主细胞。衣壳的蛋白质决定流行性感冒的类型(A、B、C),而在每种类型之中,刺突包膜的蛋白质的差异造成不同的株种。图2.噬菌体(细菌病毒)。这个噬菌体的衣壳形状近似二十面体,尾丝将病毒附着在细菌上,将基片接触其表面。尾收缩将头的DNA(脱氧核糖核酸)注入宿主。

炎、天花、风疹等病毒疾病作斗争,已经成功研制出多种疫苗。药物疗法在控制已确认的病毒感染方面通常没有作用,因为抑制病毒发育的药物也抑制了宿主细胞的功能。参阅**腺病毒**、**节肢介体病毒**和**疸病毒**。

病毒粒子 virion 指成熟病毒,包括由蛋白质外壳(衣壳)及核酸(核糖核酸或脱氧核糖核酸)内芯组成的完整病毒颗粒。内芯使病毒具有侵染性,而衣壳则决定病毒的专一性(确定哪些机体可以侵染)。乙醚和氯仿可以使病毒失活。许多病毒衣壳有20个三角形的面。核酸则紧密地卷曲在衣壳内。有些病毒粒子的衣壳表面有数目不定的钉状突起,核酸松散地卷曲于衣壳内。多数植物病毒结构略异。

拨弦键琴 harpsichord 键盘乐器,拨弦使之振动而发声。后来的大键琴是以羽毛(有时是皮革)制成的琴拨固定于垂直木柄上,由键盘驱动。当演奏者放开键盘时,由毛

H. 吕克斯(阿姆斯特丹的)于 1612 年制作的带音板的拨弦键琴

From the National Trust Property, Fenton Hoase, Hampstead, London; By gracious permission of Her Majesty Queen Elizabeth, The Queen Mother.

织品制成的制音器触碰琴弦。拨弦键琴通常有两组水平排列的键盘(或手键盘)和两套或两套以上的琴弦,它能同步发出高 8 度或低 8 度的音调,胜过敲击不同键所发出的音色(由不同材质制造的琴拨弹奏琴弦的不同部位所造成),还可凭借被称做音栓的球状物放开或关闭音区。音量的大小并非是受敲击键盘力量大小的影响,而且当放开键盘后就不能再维系乐声。拨弦键琴最早出现于 15 世纪中叶,17 ～ 18 世纪成为重要的独奏、伴奏和合奏乐器。约自 1750 年起,功能更强的钢琴开始取代了拨弦键琴,到 1820 年拨弦键琴大多已销声匿迹,直至 20 世纪方由学者、演奏者和琴师将之重现。

波波卡特佩特　Popocatépetl　墨西哥中部偏东南普埃布拉州的火山,位于普埃布拉市西部。顶峰终年积雪,对称型火山锥高达 5 465米。西班牙人于 1519 年第一次攀登该山。在沉寂 50 多年后,该火山于 1994 年喷发,1996 年再次喷发。

波长　wavelength　波的相邻两对应点之间的距离。"对应点"是指处于相同相位的点,即完成了一个整周期运动的两点。通常,在横波中波长是以波峰与波峰或波谷与波谷之间的距离来量度的;在纵波中波长是以密波与密波或疏波与疏波之间的距离来量度的。波长通常以希腊字母 λ 表示;波长等于以波的频率 f 除媒质中波列的速率 ν,即 $\lambda=\nu/f$。

波茨坦　Potsdam　德国勃兰登堡州首府。位于柏林西南的哈弗尔河河岸。公元 993 年首见记载,当时为斯拉夫人居民点,1317 年获特许状。1640 年在大选侯腓特烈·威廉统治时期成为勃兰登堡边疆伯爵的选侯驻地。在腓特烈二世在位期间为皇室住地和普鲁士文化、军事中心。该城市在第二次世界大战期间遭到严重破坏,但许多纪念碑仍存留了下来,另外一些则被修复。1945 年在此召开了波茨坦会议。该市工业包括机车、机械制造和纺织业。还设有几所科学和技术研究所。人口约130 435(2002)。

波茨坦会议　Potsdam Conference(1945 - 07 - 17 ～ 08 - 02)　第二次世界大战中德国投降后,在柏林郊外波茨坦举行的盟国会议。H. 杜鲁门、J. 斯大林和 W. 丘吉尔(后被 C. R. 艾德礼取代)聚首讨论恢复欧洲和平、德国和奥地利战后管理、赔款、东欧的政治和领土计划以及继续对日本作战等问题。在会议中,法国被许可参与对德国的占领,德国和波兰边境被重新划分,斯大林拒绝让西方势力干涉他对东欧的控制。

波得定则　Bode's law　表示行星到太阳近似距离的经验规则。该定则是德国天文学家 J. D. 提丢斯(1729 ～ 1796)于 1766 年最早公布的,1772 年起经他的同胞 J. E. 波得(1747 ～1826)的推广才为人所熟知。这一定则可表述如下:写出数列 0,3,6,12,24,……,在每个数上加上 4,并把所得的结果除以 10。所得结果就接近于用天文单位(AU)表示的行星到太阳的距离(海王星除外),由此可推测在火星与木星之间应该还有一颗行星,后来发现那里有一条小行星带。

波德戈尔内　Podgorny, Nikolay (Viktorovich)(1903 ～ 1983)　苏联政治人物。曾在糖厂当工程师,后于 1940 年担任苏联食品工业副人民委员。他在共产党党内曾升任乌克兰共产党委员会第一书记(1957 ～ 1963)、苏共中央政治局委员(1960)和苏联共产党中央委员会书记(1963 ～ 1965)。在与 L. 勃列日涅夫的政治斗争中被降职,成为没有实权的苏联最高苏维埃主席团主席(1965 ～ 1977)。

波德戈里察　Podgorica　旧称 Titograd(铁托格勒,1946 ～ 1992)。黑山共和国首都。中世纪初期为封建邦国首府,称为里布尼察。1326 年起称波德戈里察。1474 年落入土耳其人之手,1878 年为门的内哥罗收复。1916 年被奥地利人占领。1941 年被意大利人占领。1943 年被德国人占领。1946 年改称铁托格勒,以纪念南斯拉夫领导人铁托元帅。1992 年共产党垮台后恢复旧名波德戈里察。市内有一所大学(1974 年建成)。人口约 169 132(2003)。

波德莱尔　Baudelaire, Charles(-Pierre)(1821 ～ 1867)　法国诗人。在还是法律系学生时就对鸦片和大麻成瘾,并染上梅毒。早期他在衣着和家具方面十分考究,挥金如

波德莱尔,E. 卡里亚特摄于 1863 年

By courtesy of the Bibliotheque Nationale, Paris

土,最后只能举债度日。1844 年他与一名黑人女子 J. 杜瓦交往,激发灵感写了一些优秀的诗作。1847 年出版唯一的一本小说《芳法洛》。1852 年发现爱伦·坡的作品,之后几年他潜心研究爱伦·坡,因而创作出许多著名的翻译和评论文章。他的名声主要来自 1857 年出版的不同凡响的诗集《恶之花》,书中处理色情、审美和社会题材的方式使许多中产阶级读者大为惊骇,因而被指控为海淫和亵渎。虽然这个书名成为人们形容堕落的代名词,然而这本书可能是 19 世纪欧洲出版的最具影响力的抒情诗集。他的《散文诗集》(1868)对散文诗作了重要的和革新性的尝试。波德莱尔还写了一些引起争议的艺术评论文章。晚年因幻想破灭、绝望和债台高筑而变得十分郁闷,46 岁死于梅毒。他被视为法国最早的和最优秀的现代派诗人。

波德斯塔　podesta　中世纪意大利城邦最高地方司法和军事长官。此职系神圣罗马皇帝腓特烈一世为治理反叛的各个伦巴第城邦而设。从 12 世纪末起,各城邦纷纷开始选举自己的波德斯塔,通常为一个受过法律训练的贵族。波德斯塔任期 6 个月或 1 年,负责召开城邦议会、统率城邦军队、审理民事和刑事案件。

波动　wave　扰动有规律和条理地从一处到另一处的传播过程。人们最熟悉的是水的表面波,声和光也像波的扰动那样传播,而所有亚原子粒子的运动都表现出像波那样的性质。在一些最简单的波中,扰动周期性地振动,有固定的频率和波长。机械波,比如声波,需要通过媒质传播,而电磁波(参阅电磁辐射)不需要媒质,它们可在真空中传播,因而与声波不同,电磁波不是任何媒质中的扰动。波在媒质中的传播取决于媒质的性质。参阅地震波。

波多黎各　Puerto Rico　全称 Commonwealth of Puerto Rico(波多黎各自治地区)。加勒比海东北部西印度群岛的一个自治岛屿联邦,并入美国。面积:8 868平方千米。人口约:3 674 000(2013)。首府:圣胡安。居民主要是西班牙裔、非洲裔以及黑白混血。语言:西班牙语和英语(均为官方语言)。宗教:基督教(以天主教为主,亦有新教)。货币:美元。波多黎各是个多山的岛,可分为 3 个地理区:内陆山脉区、北部高原区和沿海平原区。属发展中的自由市场经济,以制造业、金融业和贸易(大多是和美国)为主。旅游业也是重要的收入来源。国家元首是美国总统,政府首脑为联邦总督。16 世纪初西班牙人到此定居时,岛上已居住着阿拉瓦克印第安人。18 世纪末以前,岛上的经济大致未经开发。1830 年以后逐渐发展以甘蔗、咖啡和烟草等出口作物为基础的种植园经济。19 世纪晚期开始独立运动,1898 年美西战争后,西班牙将该岛割让给了美国。1917 年波多黎各人获得美国公民身份,1952 年该岛成为美国一个自治政区,在内部事务上享有自治权。1967、1993 和 1998 年全民公投批准自治政区地位,其国家地位问题遗留至 21 世纪初叶。波多黎各于 1948 年首次参加在伦敦举办的夏

季奥运会。

波多马克河　Potomac River　美国中东部河流，发源于西弗吉尼亚州阿巴拉契亚山脉，全长462千米。向东南流经哥伦比亚特区，注入切萨皮克湾。航船可经该河到达华盛顿特区，之后水流湍急，多瀑布，包括尼亚加拉大瀑布。波多马克河沿河风光秀丽，多历史名胜。G. 华盛顿故乡芒特弗农在该河位于华盛顿特区南部的河岸，切萨皮克和俄亥俄运河国家历史公园与该河平行。

波多诺伏　Porto-Novo　贝宁首都和港口城市，濒临西非几内亚湾。位于该国东南部沿海礁湖上，可能是在16世纪末建立，成为波多诺伏王国的中心。葡萄牙人在17世纪在此修建商站，成为大西洋奴隶买卖的中心。1863年曾一度成为法国的保护地，1882年又恢复为法国保护地。该市现在还有非洲的古老宫殿废墟和殖民地时期风格的建筑，包括古老的葡萄牙人大教堂。波多诺伏为法定首都，但仅有立法机构。总统、大部分政府部门和立法机构均在科托努。人口约234 300（2004）。

波恩　Bonn　德国城市。临莱茵河，在科隆以南。1949～1990年为西德首都。原居民点公元前1世纪后不久便消失，其名称“波恩”却因罗马人兴建波恩西亚城堡而保存下来。9世纪建为法兰克人的波恩堡，13世纪获得发展，成为科隆选侯区首府。1815年维也纳会议决定将其并入普鲁士。19世纪下半叶成为居民城镇。第二次世界大战中受到严重轰炸。1949年被定为西德的首都后，城市重建加速。1990年德国统一后，国家首都迁到柏林。波恩是音乐家L. van 贝多芬的出生地。人口约306 000（2002）。

波尔布特　Pol Pot（约1925～1998）　原名Saloth Sar。柬埔寨总理（1975～1979）。出生在农村，曾就读过中等专业学校。1949到法国学习无线电技术，在那里认识了胡志明并加入了柬埔寨共产党。1953年回国教授法语直到1963年受到警察怀疑。他在以后的12年时间里组建共产党。美国在柬埔寨的反共活动，包括推翻诺罗敦·西哈努克和对乡村的轰炸，促使很多人加入他的组织。1975年他领导的红色高棉武装组织占领了金边，他命令全城人全部撤出，即使是病人也用病床拉出。据估计仅在头几个星期就有数万人死亡。为了追求回到“零年”，建立一个人种很纯的农业的共产主义国家，他实行残酷的统治，估计导致200万人死亡。1979年他被越南人推翻，转而领导了一场反抗越南的游击战，直至他被红色高棉批判并判决终身入狱（1997）。入狱第二年去世。

波尔多　Bordeaux　法国西南部城市，临加龙河，位于加龙河与多尔多涅河汇合处。长期以来以生产葡萄酒闻名。原名布尔迪加拉，是塞尔特人比图里吉部落的分支维维西人的重镇。罗马时期为阿基塔尼亚省首府。埃莱亚诺（阿基坦的）继承了阿基坦公爵领地，1154年其夫登位为英王亨利二世，波尔多也归属英国。英国人统治期间，该城享有极大自由，与英国各港口间贸易兴旺。百年战争（1453）英国战败，该市并入法国。由于是吉伦特派的中心，在法国大革命期间受到严重破坏。1870年普法战争期间及1914年第一次世界大战爆发时，法国两度将政府迁于此地。波尔多大学成立于1441年，C.-L. 孟德斯鸠曾在该校学习。该市经济以服务业为主。人口：市约232 360；都会区约803 117（2006）。

波尔卡　polka　一种起源于波希米亚民间的轻快活泼的双人舞蹈。它的特点是合着双拍子的音乐做3个快踏步和1个跳踏步。起源于19世纪初，在欧洲、北美、南美的舞厅中极为盛行。在20世纪波尔卡既是民族舞蹈，也是舞厅舞蹈，仍然十分流行。

波尔克　Polk, James K(nox)（1795～1849）美国第11任总统（1845～1849）。出生于北卡罗来纳州梅克伦堡县。原为田纳西州律师，A. 杰克逊的朋友及支持者。在A.

J. K. 波尔克，达盖尔式照相法；
由M. 布雷迪摄于1849年
By courtesy of the Library of Congress, Washington, D. C.

杰克逊的帮助下他当选众议员（1825～1839）。后离开众议院任田纳西州州长（1839～1841）。在1844年民主党大会出现僵局时，他被提名为折中候选人，被视为总统大选中的第一匹“黑马”。他支持西进运动，提出“Fifty-four Forty or Fight”（意为“不达54°40′就开战”，因北纬54度40分为俄勒冈北界）的口号展开竞选活动以解决俄勒冈问题。49岁时当选总统，是当时最年轻的总统。他成功地解决了与英国之间的俄勒冈边界纠纷（1846），并在同年通过《沃克关税法案》，该法案降低了进口关税，促进了美国对外贸易的发展。领导了对墨西哥战争的诉讼，虽使美国在领土上获益不小，但也重新引发了扩展奴隶制的讨论。在执政期间他还设立了内政部，创办了美国海军军官学院和史密森学会，监督对财政制度的修改，宣布门罗主义的合法性。尽管他是一位能力出众的总统，在处理国会事务方面游刃有余，但终因精力不支而没有争取连任。退休后3个月便去世。

波伏瓦　Beauvoir, Simone (Lucie-Ernestine-Marie-Bertrand) de（1908～1986）　法国女作家及女权主义者。在巴黎大学就读时，认识了J.-P. 萨特，同他形成终生的思想和情感的伙伴关系。她主要以专著《第二性》（1949）闻名，书中以严密论点和热烈激情呼吁取消她称作的“永恒的女性柔弱”的荒诞说法，成为女权主义文学中的经典之作。她还写了4卷广受好评的自传（1958～1972）、若干探讨存在主义的哲学著作以及小说，其中最著名的是《名流》（1954，获龚古尔奖）。她有感于社会对老年人的漠不关心而发表《暮年》（1970），对这一现象作了深刻的思考。

波哥大　Bogotá　哥伦比亚城市、首都。这个首都区的正式名称为圣菲波哥大。位于安第斯山脉以东的高原上。1538年欧洲人开始定居波哥大，当时西班牙人征服了印第安部族奇布查人的主要基地巴卡大，不久此名被转讹为“波哥大”。后来成为新格拉纳达总督辖区的首府，并很快成为西班牙殖民势力在南美洲的中心。波哥大市民在1810～1811年起义反对西班牙统治，1819年S. 玻利瓦尔攻占这座城市。后来被定为大哥伦比亚联邦的首都，1830年联邦解体，它仍是新格拉纳达（后来成为哥伦比亚共和国）的首都。现为工业、商业、教育和文化中心。人口约6 850 505（2003）。

波河　Po River　古称Padus。意大利北部河流。为该国最长的河流，全长约652千米。源出西部边境的科蒂安阿尔卑斯山脉，向北流至都灵，然后向东流经皮埃蒙特区和伦巴第区汇入亚得里亚海。拥有全欧洲最复杂的河流三角洲之一，其三角洲内有至少14个河口。从河口上溯到帕维亚河段均可通航。流域内的工业城市包括米兰、帕多瓦和维罗纳。该河经历过数次破坏性的秋季洪水泛滥，包括589年、1438年、1951年和1966年的大洪水。

波将金　Potemkin, Grigory (Aleksandrovich)（1739～1791）　俄国陆军军官。1755年参加骑兵卫队，帮助叶卡捷琳娜二世当权（1762）。他在俄土战争（1768～1774）

波将金，版画；J. 瓦克尔据J. B. 兰皮的肖像画于1789年复制
Reproduced by courtesy of the trustees of the British Museum; photograph, J. R. Freeman & Co., Ltd.

中英勇奋战，后成为叶卡捷琳娜二世的情夫（1774～1776），被任命为“新俄罗斯”（乌克兰南部）的总督。1783年叶卡捷琳娜二世封他为陶里斯亲王。他从1784年起担任陆军元帅，在军队中进行了一些改革，建立了塞瓦斯托波尔港,并在黑海建立了一支舰队。他试图将乌克兰平原变为殖民地未遂,并低估了所需费用,使许多工程未能完工。他成功地掩饰了他管理上的弱点,使人们认为是他建立了"波将金村",并在叶卡捷琳娜二世经过该地区时向其展示。他曾在第二次俄土战争期间指挥俄军。

波卡洪塔斯　Pocahontas(1596～1617)　波瓦坦族印第安妇女,为有权势的波瓦坦人酋长之女。在弗吉尼亚州的詹姆斯敦善待殖民者,从而维护了英国殖民者与美洲土著之间的和平。她插手营救了被她父亲手下的人俘获的殖民地创建者 J. 史密斯。其后她改信了基督教,并与殖民地开拓者 J. 罗尔夫结婚,进一步确保了双方的和平。她后来到英国旅行,获国王接见,但不久即去世,可能死于肺病。

波卡洪塔斯,肖像画(1616)
By courtesy of the Library of Congress, Washington, D. C.

波凯利尼　Boccherini, Luigi (Rodolfo)(1743～1805)　意大利作曲家。音乐家之子,从小接受良好的音乐训练,并在欧洲各地巡回表演大提琴。后来在马德里和普鲁士宫廷占有一席之地。室内乐作品极多,包括约125首弦乐五重奏(比其他任何一个作曲家都多)、约90首弦乐四重奏和50首左右弦乐三重奏。此外,他还写有25部交响曲和11首大提琴协奏曲。其音乐优雅、动人,很久以来一直受人喜爱。

波拉约洛兄弟　Pollaiuolo, Antonio del and Piero del(安东尼奥约1431/1432～1498;皮耶罗约1443～1496)　原名 Antonio and Piero di Jacopo d'Antonio Benci。意大利雕刻家、画家、雕工和金饰工。安东尼奥很可能师从 L. 吉贝尔蒂学习金工,而皮耶罗可能师从 A. del 卡斯塔尼奥学画。1460年后,两兄弟始终共同合作,他们的作品都采用组合式签名,很难区分哪件作品是哪一个人的。安东尼奥被认为是一名杰出的图案设计者,也是将解剖学用于人体形态研究的第一人。皮耶罗的个人作品在艺术上的意义不及安东尼奥的作品。他们在佛罗伦萨的作品包括:圣米尼亚托蒙地礼拜堂内的祭坛雕刻和圣母领报堂内普奇小教堂的《圣·塞巴斯蒂安殉教》雕刻(1475)。两人在罗马共同创作的作品包括西克斯图斯四世之墓和教皇英诺森八世之墓。安东尼奥的杰作《裸体者的战斗》是15世纪意大利最大和最重要的雕刻作品之一。

波兰　Poland　全称 Republic of Poland(波兰共和国)。欧洲中部国家。面积:312 679平方千米。人口:约38 542 000(2013)。首都:华沙。居民大部分是波兰人,其他少数民族是乌克兰人、德国人和白俄罗斯人。语言:波兰语(官方语言)。宗教:基督教(以天主教为主,亦有东正教)。货币:兹罗提(zl)。波兰的北部和中部地区几乎全是低地。苏台德山脉和喀尔巴阡山脉形成该国南部大部分的疆界。主要河系维斯图拉河和奥得河均注入波罗的海。工业包括采矿、制造业和公共事业。该国为单一制共和国,两院制。国家元首是总统,政府首脑为总理。公元922年在梅什科一世统治下建立王国,1386年在亚盖沃王朝(1386～1572)统治下,波兰与立陶宛联合,成为欧洲中东部的主要强权国家,享有一段繁荣昌盛的黄金时期。1466年从条顿骑士团手中夺取了普鲁士西部和东部,其领土最后扩展到了黑海。17世纪后期与瑞典和俄国的战争使该国丧失了相当多的领土。1697年萨克森的选侯们当上波兰的国王,从而在实际上结束了波兰的独立地位。18世纪末,波兰被普鲁士、俄国和奥地利瓜分(参阅瓜分波兰),国家已不复存在。1815年以后,前波兰的土地划归俄国统治,从1863年起,波兰成为俄国的一省,社会全面俄罗斯化。第一次世界大战后,同盟国建立了一个独立的波兰。1939年波兰遭苏联和德国入侵,促使第二次世界大战爆发。大战期间,纳粹对波兰的文化以及大量的犹太人进行整肃。1945年苏联再度占领波兰,从1947年起受一个由苏联控制的政府统治。20世纪80年代,由 L. 瓦文萨领导的团结工会工人运动完成了重大的政治改革,1989年举行自由选举。1990年实施经济紧缩计划,加速向市场经济的过渡。1999年波兰加入北大西洋公约组织,2004年加入欧盟。波兰于1924年首次参加在法国沙莫尼举办的冬季奥运会。在此之前,波兰运动员曾代表其他国家参赛,主要是俄国。

波兰斯基　Polanski, Roman(1933～　)　波兰裔法国电影导演。生于巴黎一个波兰与犹太人联姻的家庭。在波兰成长,于纳粹统治下度过了饱受创伤的战争童年。1962年他的第一部长片《水中刀》令他蜚声国际。同年他离开波兰前往英国拍摄《厌恶》(1965),后又来到美国,所拍摄的《罗斯玛丽的婴儿》(1968)获得巨大的成功。1969年他的新婚妻子,也就是女演员 S. 泰特,被马歇尔的追随者谋杀。1971年他执导了《森林复活记》(1971),即莎士比亚的《麦克白》图解改编版,1974年又执导了受到盛赞的惊悚片《唐人街》。1977年他因强奸罪被捕,在保释期内逃到法国,在法国他执导了《黛丝姑娘》(1979)、《惊狂记》(1988)、《苦月亮》(亦译《偷月迷情》,1922)和《死亡与处女》(1994)。

波兰王位继承战争　Polish Succession, War of the(1733～1738)　一场欧洲冲突战争,表面上是为了决定波兰国王奥古斯特二世的继承人。奥古斯特死后,奥地利和俄国支持他的儿子奥古斯特三世为波兰国王。但大多数的波兰人和法国、西班牙却支持斯坦尼斯瓦夫一世,此人曾在1704～1709年任波兰国王,是法国国王路易十五的岳父。斯坦尼斯瓦夫于1733年当选为国王,但俄国的恐吓迫使他逃离波兰,国王王位由奥古斯特取得。1733年法国与撒丁王国和西班牙结盟,向奥地利宣战,要求奥地利归还在意大利控制的领地。1735年签订了初步的《维也纳条约》,重新划分了有争议的意大利领土,承认奥古斯特为波兰国王,从而结束了一场不确定的战争。该条约最终于1738年签订。

波兰走廊　Polish Corridor　波兰通向波罗的海的狭长地带。根据《凡尔赛和约》(1919),该地区被移交给新成立的波兰。走廊宽30～110千米,将东普鲁士与德国本土分割开来。德国人对此十分愤怒。然而该地区在"瓜分波兰"之前的历史上确属于波兰,且大部分居民为波兰人。1939年 A. 希特勒要求收回自由港口城市但泽及越过波兰走廊建造一条享有治外法权的德国公路,波兰对此予以拒绝,德国抓住这一借口侵入波兰(1939),由此开始了第二次世界大战。

波利比奥斯　Polybius(约公元前200～前118?)　希腊政治家和历史学家。亚该亚政治家之子。公元前168年1 000名显赫的亚该亚人因被怀疑对罗马人不忠,被遣送到罗马,波利比奥斯也在其中。在那里,他成为西庇阿(小)的良师益友,波利比奥斯的政治滞留结束后不久,便随西庇阿远征迦太基,亲眼目睹了迦太基被摧毁。当罗马和亚该亚之间爆发冲突时,他代表其同胞与罗马进行谈判,并力图恢复秩序。他的名声建立在记录罗马崛起的40卷史书上,但其中仅有5卷被完整保留下来。

波利克里托斯　Polyclitus(活动时期公元前5世纪)　又拼 Polycleitus 或 Polykleitos。希腊雕刻家。其作品《荷矛者》(约公元前440)俗称《法式》,因为它是这本同名书的图解。在该书中他进一步阐述了他的有关人体的理想的数学比例理论,并且指出雕刻家所追求的,就是使人体放松的拉紧的躯干部分以及它们的运动方向达到生动的平衡。他制作的年轻运动员青铜雕像,如《束发的运动员》(约公元前420),具有平衡性和节奏感,是对其理论最好的论证。他使希腊雕刻家从表现刚性的正面姿势的传统中解放出来。与菲迪亚斯同为他那个时代最重要的希腊雕刻家。

波利尼西亚　Polynesia　位于中东部太平洋海面一个巨大三角形地带的岛屿群。作为大洋洲的一部分,波利尼西亚包括新西兰、夏威夷群岛、萨摩亚群岛、莱恩群岛、法属波利尼西亚、库克群岛、菲尼克斯岛、图瓦卢、汤加、托克劳群岛、瓦利斯和富图纳群岛、皮特凯恩岛和复活节岛。斐济因生活着很多波利尼西亚人,有时也被并入波利尼西亚的范围内。大部分岛屿都是小型环状珊瑚岛,有些是因火山爆发形成的。岛上大部分居民都是波利尼西亚人,他们当中有些还和马来人有亲缘关系。他们所操语言属于澳斯特罗尼西亚语系。18 世纪末因西班牙冒险者的到来而开始接触到欧洲文化,波利尼西亚的生活也随之发生根本改变。强行推行西方信仰体系及文化方式的殖民者对当地传统和风俗造成了极大冲击。而今,萨摩亚群岛和汤加群岛比其他群岛保留了更多的当地传统文化。

波利齐亚诺 Politian(1454 ～ 1494) 原名 Angelo Poliziano 或 Angelo Ambrogini。意大利诗人和人文主义者。他很早便表现出诗歌方面的才华,后成为梅迪契(罗伦佐)的朋友,并受其赞助。他是文艺复兴时期古典文学研究先驱之一。1473 ～ 1478 年间用拉丁文和希腊文创作诗歌,这些诗歌成为人文主义诗歌的最佳典范。曾与罗伦佐一起领导对意大利文学重新评价的活动。他用意大利语创作的作品包括《比武篇》(1475 ～ 1478)以及剧本《奥菲欧》(1480),前者是八行诗中的杰作。

波粒二象性 wave-particle duality 光和电子之类物理实体既有波动性又有粒子性。1905 年 A. 爱因斯坦依据实验证据,首次说明曾被看作是电磁波形式的光,又必须被认为是一种粒子状客体,或把它看作是分立的定域能包。1924 年法国物理学家 L.-V. 德布罗意提出电子和物质的离散小单元,在被想象为只是物质粒子时,也具有波长和频率之类的波的特征。1927 年电子的波动性经实验证实。1928 年提出并协原理,弄清了同一现象的波动性和粒子性之间的并协关系。

波罗的海 Baltic Sea 欧洲北部海洋,属大西洋海湾,与北海相连。长1 600千米,面积386 000平方千米,最深处达 450 米。维斯图拉河和奥得河及四周河流向波罗的海注入大量淡水。四周有丹麦、瑞典、芬兰、爱沙尼亚、拉脱维亚、立陶宛、波兰、德国和俄罗斯围绕。有波的尼亚湾和芬兰湾两个大海湾。北大西洋水流的修正效应,在波罗的海几乎感觉不到。由于这里的海水所含盐分只有其他海洋的 1/4,因而比较容易冰冻。

波罗的海国家 Baltic States 指现今的立陶宛、拉脱维亚和爱沙尼亚三国,位于波罗的海东岸,有时包括芬兰和波兰。1917 年,这三国脱离俄罗斯波罗的海诸行省成立独立共和国,统治着考纳斯和受波兰管理的韦尔纽斯(后属立陶宛)。1919 年在德国及协约国的协助下击退了布尔什维克的入侵;1940 年被强行并入苏联成为其加盟共和国,1941 年被德国军队占领,1944 年苏联军队再次占领这里。1991 年苏联解体后重新获得独立。

波罗的诸语言 Baltic languages 印欧语系的一个语族,经考证有 3 种语言:立陶宛语、拉脱维亚语,以及古普鲁士语。曾经或现在通行于波罗的海东岸和东南沿岸,以及内陆。中世纪文献记载,该地区还有其他 4 种操波罗的语种族,但至 16 世纪时已完全被同化。波罗的语与斯拉夫诸语言有某些惊人的相似之处,包括音节响音的发展,名词重音体系的相似之处,形容词明确分类的起源,以及某些相同的词汇。不过在波罗的语内部本身也存在很大的分歧,加上其他一些因素,使得波罗的-斯拉夫语原始母语相同的假说难以成立。

波罗的宗教 Baltic religion 古代东欧波罗的人的宗教信仰和习俗。据信波罗的宗教与吠陀教、伊朗宗教有相同的起源。最重要的波罗的神是天上诸神:天神迪夫斯、雷神皮尔孔、太阳女神少勒和月神米内斯。所有波罗的人都信仰森林之神(即森林之母),并将此神区分成代表自然各个方面的女神。命运女神或幸运之神为女神莱马,她在每个人出生之时决定其命运。人们认为死者会成为善灵或恶灵重返人间;恶魔韦尔恩、类似狼人的韦尔卡西斯或韦尔卡塔斯都会做恶。世界的构造(世界树位于中央)以及少勒和米内斯之间的憎恨是此宗教重要的主题。夏至、收获、结婚和安葬都有节庆。崇拜仪式在圣林和小山丘上进行。考古发掘有圆形的木造庙宇。

波洛克 Pollock, (Paul) Jackson (1912 ～ 1956) 美国画家。在加利福尼亚州和亚利桑那州长大。20 世纪 30 年代初在纽约师从 T. H. 本顿学习绘画。后来受聘为公共事业振兴署联邦艺术计划工作。在通过心理疗法的刺激进行过几年半抽象画的创作之后,他于 1947 年开始了一种新的绘画方法,即将帆布平放在地板上,再分阶段将颜料泼撒或溅到帆布上。采用这一方法的作品包括《第十号》(1949)、黑白画《第三十号》(1950)以及壁画大小的《薰衣草薄雾》(1950)。尽管他的"溅画"的新颖性使得其个人技巧赋予画作的个人表现力黯然失色,但他在生前一直被认为是抽象表现主义的先驱,尤其是以被称作行动绘画的绘画形式著称。在 C. 格林伯格和其他人的拥护下,他名声大振。与同是艺术家的妻子 L. 克雷斯纳(1908 ～ 1984)离异后,44 岁死于一场车祸。

波洛克,1950 年摄于纽约长岛的画室
Hans Namuth

波洛内兹 polonaise 庄严的庆典舞蹈,采用3/4 拍,并常伴有打点的节奏。17 ～ 19 世纪宫廷舞会通常以此舞开场。原先可能是武士的凯旋舞。约 1573 年波兰皇宫即以此舞作为正式的队列行进。滑步行进时重拍在每个第三步,跳舞者到此微微一屈膝。常见于芭蕾舞剧中。L. van 贝多芬、G. F. 韩德尔,特别是 F. 肖邦都采用过这种舞曲形式,肖邦创作的用钢琴演奏的波洛内兹带有尚武英雄主义的色彩。

波美拉尼亚 Pomerania 欧洲东北部的历史地区,濒临波罗的海,在奥得河与维斯杜拉河之间。居民为斯拉夫人和其他一些民族。10 世纪时受波兰王子的统治。12 世纪末德国移民开始来到波美拉尼亚的西部和中部。直到 17 世纪,这一地区都由波兰公爵以神圣罗马帝国的名义进行统治。1308 年起东部波美拉尼亚就由条顿骑士团的爵士进行统治,直至 1466 年被波兰再度占领。1637 年公爵领地由勃兰登堡侯获得。1815 年普鲁士统一了波美拉尼亚的中西部,并设波美拉尼亚省。波美拉尼亚的大部分地区现在都属于波兰,只有最西部地区位于德国东部。

波美拉尼亚狗 Pomeranian 玩赏狗的一种,与凯斯狗、萨莫耶德狗和挪威猎犸狗都育种自同一种雪橇狗。据说为 19 世纪初在波美拉尼亚公国从一种重 14 千克的狗所培育而成。活泼驯顺,头似狐,耳小而直立。被毛长,颈和胸部尤甚,颜色各异,包括白、黑、棕和红棕色。肩高约 14 ～ 18 厘米,体重约 1.5 ～3 千克。

波拿巴 Bonaparte, Jérôme(1784 ～ 1860) 法国贵族。拿破仑的幼弟,1803 年未经拿破仑同意而娶了个美国妻子,这使他与拿破仑的关系疏远;后来他自称婚姻无效。拿破仑后来安排他与符腾堡的卡特琳公主结婚,并立他为威斯特伐利亚国王(1807 ～1813)。1812 年他远征俄国,并参与了滑铁卢战役。拿破仑垮台后,他移居佛罗伦萨;他的侄子拿破仑三世当政后才回到法国,被任命为法国元帅和参议院议长。

波帕尔 Bhopal 印度中央邦城市、首府。位于那格浦尔西北,主要是一工业城市与重要的铁路交汇点。市内有印度最大清真寺和几所学院。1984 年曾发生一次历史上最严重的工业意外事件:当时从联合碳化钙厂的一家杀虫剂制造工厂中外泄了几十吨有毒气体,在人口稠密地区散布开来,估计有 1.5 万～ 2 万人死亡,另有近 50 万幸存者患有不同疾病。人口1 437 354(2001)。

波帕尔 Bhopal 位于印度中部的旧王国。宾陀山脉贯穿此地,讷尔默达河为其南部边界。1723 年一位阿富汗部族领袖建立了波帕尔。由于和马拉塔人发生争斗,波帕尔对英国相当友善,并于 1817 年与英国签订条约。此地是波帕尔特别行政区的主要组成部分,以及大英帝国中第二大的穆斯林侯国。当印度独立时,波帕尔仍维持为分开的印度省份。1956年并入中央邦，波帕尔市成为邦首府。

波旁家族 Bourbon, House of 欧洲过去最重要的统治家族之一。此家族系出波旁公爵路易一世(1327～1342)，他是法王路易九世之孙。这个家族先后统治了法国(1589～1792,1814～1848)、西班牙(1700～1868,1870～1873,1874～1931,1975～)、那不勒斯和西西里(1735～1861)。家族中最著名的成员有：亨利四世、路易十三、路易十四、路易十五、路易十六和腓力五世。

波旁王朝复辟 Bourbon Restoration(1814～1830) 法国历史上拿破仑退位而波旁王朝君主恢复王位的时期。第一次复辟出现于拿破仑下台而路易十八成为国王的时候，后因拿破仑回到法国而被打断(参阅百日)，但拿破仑被迫再度退位，促成第二次复辟。这段时期的特色是温和统治的立宪君主制(1816～1820)，随后是路易的兄弟查理十世统治时期(1824～1830)极端保王派的再兴。反动政策使反对派自由主义者及中庸派再起，导致七月革命查理一世退位和波旁王朝复辟的结束。

波普艺术 Pop art 以通俗文化中常见的事物，如连环漫画、肉汁罐头盒、路标、汉堡包等为题材的艺术。波普艺术同其他艺术形式相比，更追求客观的、非个人的和非精英的艺术而不是像抽象表现主义那样追求高度主观、个人和带威胁性的艺术。源于达达主义和M. 杜尚的画作，最开始的代表人物有J. J. 约翰斯、L. 里弗斯和R. 劳申伯格。虽然它通常被认为是美国20世纪50年代后期和60年代的现象，并以R. 利希滕斯坦、A. 沃霍尔、C. 奥顿伯格、R. 印第安纳和G. 西格尔的作品为代表，但其影响，包括它对“高”和“低”等艺术形式之间的界限的破坏，至今仍可在视觉艺术中有强烈感受。

波丘尼 Boccioni, Umberto(1882～1916) 意大利画家、雕刻家和理论家。曾在罗马的G. 巴拉(1871～1958)的画室学绘画。他是未来派(参阅未来主义)中最富活力的成员，1910年与其他画家一起发表《未来派画家技术宣言》，提倡表现现代科技、力量、时间、运动和速度。这些构想表现在他早期的现代雕塑代表作《空间连续的唯一形体》(1913)中。画作《城市的兴起》(1910)是在一个破碎拥挤的场景中夹杂着纷乱的人物形象的动态作品。

波塞冬 Poseidon 希腊宗教中的水神和海神，是克洛诺斯和瑞亚的儿子。他的兄弟有宙斯和哈得斯。当他们三兄弟废黜他们的父亲后，海之王国统治权落入波塞冬手中。他的性格不可预测，有时很暴戾，同时还是地震之神，与马有密切的联系。他的子嗣大部分是巨人和野人。他与墨杜萨生下了飞马珀伽索斯。地峡运动会是崇祀他的主要比赛节日。在艺术表现形式中，他常被描绘为手持三叉戟、有海豚和金枪鱼相伴的神。罗马人把他当作海神，等同于尼普顿。

波士顿 Boston 美国马萨诸塞州首府和海港城市。濒临大西洋的马萨诸塞湾，位于查尔斯河和米斯蒂克河的河口，是州内最大城市。1630年由波士顿湾公司的清教徒拓居，之后成为半自治的、以J. 温思罗普总督为首的波士顿湾公司的中心地。波士顿是反对英国限制美洲殖民地贸易的领导中心，导致美国独立革命的一些事件就发生于此，如波士顿惨案(1770)和波士顿茶党案(1773)。1830～1865年曾是反奴运动的中心。当产业革命传至美国时，波士顿一跃成为重要的制造业和纺织业中心。如今波士顿地区的经济以金融和高科技产业为主。有不少高等学府位于此地，包括波士顿大学。参阅剑桥。人口约617 594(2010)。

波士顿惨案 Boston Massacre 1770年3月5日英军与波士顿群众之间的一次小规模冲突。英国驻军被殖民地人民激怒后，开枪向市民射击，造成5人丧生，其中包括C. 阿塔克斯。这次意外事件被S. 亚当斯、里维尔和其他一些人广为传播，发展成为美国人为自由而奋斗的一场战役，也导致在美国独立战争前几年中英国的统治不得民心。

波士顿㹴狗 Boston terrier 19世纪后半叶在波士顿培育成的一种狗品种。是英格兰的斗牛狗与白色的英格兰㹴狗的杂交品种，也是少数起源于美国的品种之一。体形似㹴，眼深色，嘴短，被毛短细，黑色或带斑纹，面、胸、颈和腿带白色。肩高36～43厘米，体重约7～11千克。其特点是温顺热情。

波斯 Persia 历史上指位于南亚的伊朗王国。几个世纪以来被广泛使用，尤其在西方。该名称起源于伊朗南部的波西斯或帕尔萨地区。帕尔萨是一个印欧语系的游牧民族，约于公元前1000年移居这一地区。由于古希腊人和其他西方民族把“波斯”用于指整个伊朗高原，这个名称的使用就逐渐广泛起来。伊朗人民一直称呼他们的国家为伊朗，1935年伊朗政府要求人们使用“伊朗”来取代“波斯”的称呼。

波斯波利斯 Persepolis 波斯古城，位于伊朗西南部设拉子东北处。这座位于偏远山区的城市为大流士一世所建，定为波斯国都，以取代旧都帕萨尔加德。公元前330年遭亚历山大大帝劫掠，并焚毁了薛西斯一世的宫殿。现仅存一大片废墟和一些石柱建筑，包括早期波斯国王的宫殿、大片楼梯、一座观众厅席和珠宝库。遗址于1979年被联合国教科文组织列为世界遗产。

《波斯古经》 Avesta 又称Zend-Avesta。即《阿维斯陀》，琐罗亚斯德教的经典。其内容有宇宙起源传说、法律和礼拜仪式以及先知琐罗亚斯德的教诲。原作手稿据说毁于亚历山大征服波斯之时，现有的《波斯古经》是在萨珊王朝(3～7世纪)期间搜集辑订而成的。该书共分5部分：耶斯那，是献祭时所唱的赞歌，其中“加塔”(神歌)是整个经文最古老的部分，据说是琐罗亚斯德本人的教诲；维斯柏拉特，包含对一些精神领袖的礼赞；文提达德，琐罗亚斯德教主要律法的出处；耶斯特，对天使和古代英雄的21首颂歌；库尔达-阿维斯陀，短篇赞歌。

波斯猫 Persian cat 矮胖圆头的家猫品种，丝质长毛(颜色众多)，圆形大眼，短鼻，襟毛浓密。该品种一般被当作长毛猫的典型。

波斯尼亚和黑塞哥维那 Bosnia and Herzegovina 东南欧巴尔干半岛国家，与塞尔维亚、黑山和克罗地亚为邻，有一狭长地带延伸入亚得里亚海。面积：51 209平方千米。人口：约3 843 000(2013)。首都：萨拉热窝。主要民族是波斯尼亚穆斯林(约占人口的2/5)、塞尔维亚人(约占1/3)和克罗地亚人(约占1/5)。语言：波斯尼亚语、塞尔维亚语、克罗地亚语(均为官方语言)。宗教：基督教(以东正教为主，亦有天主教)和伊斯兰教。货币：可兑换马克。该国地形主要是山地，一般高度在1 800米以上。主要河流有萨瓦、德里纳和内雷特瓦等河及其支流。虽然拥有多种自然资源，并有一段重要的工业制造历史，但仍是前南斯拉夫地区最贫穷的国家之一。该国为两院制共和国。国家元首是由三方面组成的主席团主席，政府首脑是总理(部长会议的主席)。在罗马统治时期以前很久就已有人居住，当时该国的大部分地区都被包括在达尔马提亚省内。公元6世纪时斯拉夫人开始在此定居。接下来几个世纪里，该地区的一部分先后落入塞尔维亚人、克罗地亚人、匈牙利人、威尼斯人和拜占廷人手里。14世纪时奥斯曼土耳其人入侵波斯尼亚，经过多次战役后，1463年成为土耳其的一个省。1482年黑塞哥维那(当时称胡姆)也被土耳其占有。16～17世纪，该地区是土耳其的重要出口港，不断与哈布斯堡王朝和威尼斯进行战争。在这个时期，许多本地居民都转而信奉伊斯兰教。1877～1878年俄土战争后，在柏林会议上，将波斯尼亚和黑塞哥维那划归奥匈帝国，1908年合并。塞尔维亚人的民族主义情绪不断增长，1914年一个波斯尼亚的塞尔维亚人在萨拉热窝刺杀了奥地利王朝大公费迪南德，爆发了第一次世界大战。战后，该地区并入塞尔维亚-克罗地亚-斯洛文尼亚王国。第二次世界大战后，这片由两个部分组成的领土成为共产主义南斯拉夫的一个共和国。随着东欧共产主义政权的解体，波斯尼亚和黑塞哥维那在1992年宣布独立，但它的塞尔维亚人反对，于是在塞尔维亚人、克罗地亚人以及穆斯林之间发生了冲突。1995年的和平协议建立了一个松散的联邦政府，大概划分为一个穆斯林、克罗地亚人的联邦——波斯尼亚和黑塞哥维那联邦及一个塞尔维亚人的共和国。1996年北大西洋公约组织的维和部队驻扎在该地。到21世纪初，战时被摧毁的很多基础设施已重建，但种族关系仍很紧张。波斯尼亚和黑塞哥维那于1992年首次参加在西班牙巴塞罗那举办的夏季奥运会，波斯尼亚的运动员在此前代表南斯拉夫参赛。1984年的冬季奥运会在南斯拉夫的萨拉热窝举办。

波斯特 Post, C(harles) W(illiam)(1854～1914) 美国早餐谷类食品制造商。在伊利诺伊州斯普林菲尔德长大，曾担任旅行推销员。19世纪80年代他在密歇根州巴特克里健康疗养院成为J. H. 凯洛格的一个病人，在那里他对生产凯洛格提供的那一类健康食品产生了兴趣。1895年他成立了波斯塔姆谷类公司，即通用食品公司的前身。他的第一种产品波斯塔姆谷物饮料问世后，还生产了葡萄坚果和波斯特烤面包片。

波斯特 Post, Emily(1872～1960) 原名Emily Price。美国有关社交礼仪的权威。出生于波士顿一个富裕的上流社会家庭，在经历一次离婚后陷入一种窘迫的环境，开始写

E. 波斯特
Brown Brothers

轻松小说和杂志文章。在出版商建议下，她开始撰写她的主要作品《礼节：社交惯例蓝皮书》(原名为《社会、商场、政界和家庭礼仪》)，书中为普通中等收入的人们提供了常识性的建议，而不像以前的作家那样来处理同样的主题。该书在1922年首次出版，在她一生中再版10次。大量读者来信激发和鼓励了波斯特的报纸专栏创作，后被结集出版。

波斯湾 Persian Gulf 阿拉伯海海湾。长990千米，深度一般不超过90米，通过霍尔木兹海峡与阿曼湾和阿拉伯海相连。海湾中有岛国巴林，濒临此湾的国家有伊朗、阿拉伯联合酋长国、阿曼、沙特阿拉伯、卡塔尔、科威特和伊拉克。波斯湾一直是中东与南亚之间的海上贸易通道。现今海湾地区的经济以石油生产为主。

波斯湾战争 Persian Gulf War(1990～1991) 又称Gulf War(海湾战争)。因1990年8月伊拉克人入侵科威特而引发的国际冲突。尽管伊拉克领袖萨达姆·侯赛因称这次入侵主要是因为科威特历史上曾是伊拉克的领土，但实际上，此次入侵主要是以夺取科威特大片的油田为目的。美国担心伊拉克有更广泛的战略目的，便在联合国的支持下组成广泛的联盟，其中包括几个阿拉伯国家，并开始在沙特阿拉伯北部集结军队。当伊拉克无视联合国安理会设定的最后撤离期限时，多国盟军发动了大规模的空袭(1991年1月16～17日)。对此，萨达姆向邻国以及以色列发射弹道导弹作为还击。2月24～28日，多国联军的地面部队很快取得胜利。据估计，伊拉克军队的伤亡人数达到100 000人，多国联军损失约300人。此次战争对该地区的环境造成严重损害。之后，萨达姆政府面临着广泛的人民起义，但这些起义都被其镇压下去。战后，联合国批准的贸易禁令仍然有效，要求伊拉克遵循停战协议。其中的首要条件就是要求伊拉克取消核武器以及生化武器的计划。该禁令执行至21世纪初，2003年伊拉克战争开始后废弃。

波斯语 Persian language 又称Farsi language(法尔斯语)。一种伊朗语，在伊朗有2 500多万人把它当作母语，并有数百万人把波斯语当作第二语言。现代波斯语是由7～9世纪伊朗西南部的方言发展而来的共同语，在引进伊斯兰教后从阿拉伯语吸收了不少外来词汇。11～12世纪波斯语在东北部波斯和亚洲中部得以标准化和文学化。波斯以外的国家(如莫卧儿王朝的印度和奥斯曼土耳其)都曾在一定历史时期扮演文化中心的角色。波斯语在这些国家的地位对乌尔都语和奥斯曼土耳其语都产生了较大影响。突厥诸语言和印度-雅利安诸语言、高加索诸语言以及伊朗诸语言都曾大量借用波斯语。如其他现代伊朗语一样，波斯语在声音结构上也与古伊朗语有明显不同，动词形式大量减少，名词和形容词已不再有格的变化。书写形式与阿拉伯字母系统稍有不同。

波坦察 Potenza 古称Potentia。意大利南部城市，巴西利卡塔首府。位于亚平宁山脉，海拔819米，公元前2世纪，罗马人初建该市，成为一个重要的道路枢纽和繁荣地区。中世纪时为贵族封地。1860年成为意大利南部第一个将两西西里王国的波旁统治者赶出的城镇。该城多次遭地震毁坏并得以重建。现为农业中心，输出大量蔬果。人口69 295(2001)。

波特 Porter, Cole (Albert)(1891～1964) 美国作曲家和歌词作者。出生在印第安纳州珀鲁一个富裕家庭，孩提时学过小提琴和钢琴，10岁时创作了一部轻歌剧。在耶鲁大学期间曾创作了约300首歌，包括《硬汉》。后来在哈佛学习法律和音乐。1916年在百老汇首演《先看美国》，一举成名。之后，他来到法国，成为一个到处游荡的花花公子。虽然他公开承认是同性恋，但他仍同一个富裕的离婚女子结婚。他为百老汇写的歌曲《巴黎》(1928)取得了成功，其后的作品包括《快活的离婚者》(1932)、《什么都行》(1934)、《红的、热的、蓝的》(1934)、优秀作品《吻我，凯蒂》(1948)、《康康舞》(1953)和《长丝袜》(1955)。他同时还创作了一些电影歌曲，包括《高等社会》(1956)。波特个人创作歌词并谱曲的充满智慧的复杂歌曲还包括《夜与日》、《我从你那里得到乐趣》、《跳起比金舞》、《我爱巴黎》和《你乃至上》等。1937年一场骑马事故导致他半残，他动过30次手术，最后不得不截去一条腿。

波特 Porter, Katherine Anne(1890～1980) 美国女作家。出生于得克萨斯州印第安克里克。曾在芝加哥和丹佛当新闻记者，1920年前往墨西哥，并以该地为背景写了一些小说。作品集包括《开花的紫荆树》(1930)，她的第一部也是最受欢迎的作品；《灰色骑士，灰色马》(1939)，包括3篇中篇小说；以及《短篇小说集》(1965，获普利策奖及国家图书奖)。其作品结构严谨，描绘了只有在小说中才存在的复杂人物性格。《愚人船》(1962)是她唯一的长篇小说。

波特 Potter, (Helen) Beatrix(1866～1943) 英国作家和儿童读物插图画家。其童年时期主要在苏格兰和英格兰湖区度过假期，由此激发了她对动物的特别爱心，也激励她创作富于想象、技巧精湛的水彩画。27岁时她送了一些带插图的故事给一个生病孩子，后被出版发行，名为《兔子彼得的故事》(1902)，成为有史以来最畅销的儿童书籍。之后又有20多部续集出版，书中继续讲述了原有的角色小鱼杰瑞米、小鸭杰迈玛和泰吉·温克勒夫人的故事。

波特兰 Portland 美国缅因州西南部海港城市。1633年始有人定居，1676年遭印第安人破坏，1690年被法国人和印第安人破坏。1786年设为镇，1820～1831年是该州首府。1866年的一场大火毁坏了市中心的大部分地方，但后来重建。现为该州第一大城市，是南波特兰和西布鲁克大都会区及周边城镇的中心。主要修建在两个多山的半岛上，可俯视卡斯科湾。该市多样化的制造业包括半导体、食品、不锈钢、印刷材料，造船业和商用渔业亦重要。H. W. 朗费罗诞生在此地。人口约583 776(2010)。

波特兰花瓶 Portland Vase 公元1世纪在深蓝色玻璃上饰以白色图案的罗马花瓶，是现存最精美的古罗马宝石玻璃制品。18世纪时属波特兰公爵所有，后被人多次仿制，

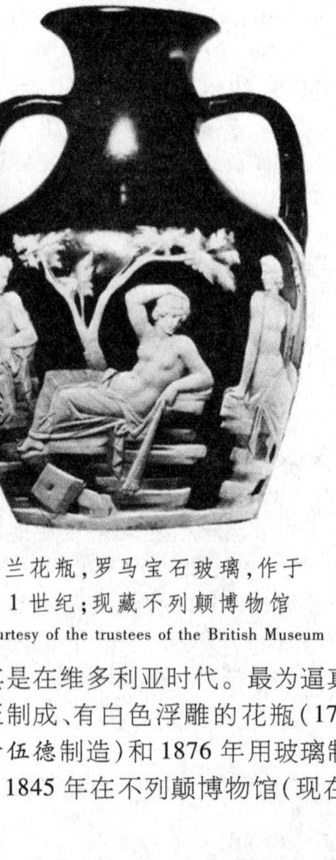

波特兰花瓶，罗马宝石玻璃，作于公元1世纪；现藏不列颠博物馆
By courtesy of the trustees of the British Museum

尤其是在维多利亚时代。最为逼真的要数用碧玉制成、有白色浮雕的花瓶(1790年由J. 韦奇伍德制造)和1876年用玻璃制成的仿制品。1845年在不列颠博物馆(现在仍存放在

那里)时,原始花瓶被打碎,不得不费心修复。

波提切利 Botticelli, Sandro(1445～1510) 原名Alessandro di Mariano Filipepi。意大利文艺复兴时期的画家。幼年可能随金银匠学过艺,后成为僧侣画家F. F. 利比的门徒。1470年已发展出独特的风格,成为大师级人物。1481年与一批佛罗伦萨、翁布里亚画家被召至罗马装饰西斯廷礼拜堂,在那里可看到他的3幅最好的宗教湿壁画作品(1482年完成)。虽然绘有诸多宗教画,但他最著名的还是神话题材的画作。其杰出的肖像画作品显然受到当代佛兰德斯艺术的影响,即人物置于风景之前。主要的作品包括《春》、《阿西娜和半人半马怪》、《维纳斯和战神》、《维纳斯的诞生》,全部作于1477～1490年。至今约有75幅画作留存,有许多收藏在佛罗伦萨的乌菲齐美术馆。19世纪世人对他的作品再度产生兴趣,如今他是最受人推崇的意大利文艺复兴时期的画家之一。

波托西 Potosí 玻利维亚西南部城市。1545年附近山区发现银矿后建市,后发展为拉丁美洲人口最多的城市。其人口在1650年左右达到顶峰(160 000)后开始衰退,尤其是在银矿产量减少后更是骤减。但在19和20世纪,随着包括锡矿开采在内的各种工业的引进,人口又开始回升。它是世界上海拔最高的城市之一,高约4 176米,现是玻利维亚主要的工业中心。人口约132 966(2001)。

波希米亚 Bohemia 欧洲中部历史上的王国。5世纪时捷克人在此定居,后来成为查理曼帝国的属国。870年为摩拉维亚王国的一部分。王国解体后,成为以布拉格为重要中心的公国。10世纪时势力扩张到西里西亚、斯洛伐克和克拉科夫的部分地区。1526年斐迪南一世选为国王,波希米亚一直在哈布斯堡王朝的统治下直到1918年。第一次世界大战后,波希米亚与摩拉维亚、斯洛伐克一起宣布独立。1939年德国入侵就是以它的人口大部分是日耳曼人为借口。第二次世界大战后被划为捷克斯洛伐克的一个省(后来的捷克社会主义共和国)。东欧集团解体后,1993年波希米亚成为独立的捷克共和国的一部分。

波希米亚森林 Bohemian Forest 德语作Böhmer Wald。欧洲中部山脉。沿巴伐利亚(德国)和波希米亚(捷克共和国)的边境延伸,自奥赫热河至奥地利境内的多瑙河河谷,走向为从西北到东南。最高峰是阿尔贝峰(高1 457米)。伏尔塔瓦河发源于此。

波希米亚学派 Bohemian school 14世纪后期在布拉格及其近郊兴盛起来的视觉艺术流派。查理四世从欧洲各地礼聘艺术家和学者来布拉格。法国和意大利的手抄本画家带动了当地的书本插画学派。虽说大部分画家默默无闻,但他们在画板画和湿壁画方面的成就却对德国的哥特式艺术产生了十分重

《耶稣复活》(约1380～1390),画板画,维廷高画师绘;现藏布拉格国家画廊
Giraudon-Art Resource

大的影响。建筑上充满活力的波希米亚传统也影响了15世纪伟大的德国哥特式建筑。

波希战争 Persian Wars(公元前492～前449) 又称Greco-Persian Wars(波斯战争)。希腊诸城邦与波斯的一系列战争,尤指公元前490及公元前480～前479年波斯对希腊的两次入侵。公元前522年大流士一世在波斯当政后,安纳托利亚的爱奥尼亚希腊诸城邦处于波斯的控制之下,他们在爱奥尼亚叛乱(公元前499～前494)中曾起而反抗但遭失败。由于阿森斯曾支持叛乱,大流士以此为借口进攻希腊本土(公元前492),由于大部分部队被大风暴摧毁而撤回。公元前490年他又组织一支人数众多的部队在阿森斯附近登陆,在马拉松战役大败后撤退。公元前480年在薛西斯一世的率领下,波斯人再度侵略希腊以为上次的失败雪恨。这次所有的希腊人都团结起来,由斯巴达统领陆军,阿森斯统领海军。莱奥尼达斯率领的斯巴达部队在温泉关一役中大败,使波斯军队前进到阿森斯,并将其洗劫一空(公元前480)。波斯舰队在萨拉米斯之战彻底失败后,薛西斯撤回波斯。公元前479年薛西斯的军队在普拉蒂亚战败,被赶出希腊,海军在安纳托利亚海岸的米克利也遭到同样的命运。此后零星的战役又持续了30年,其间阿森斯人成立提洛同盟以解放爱奥尼亚诸城邦。公元前449年《卡利亚斯和约》使敌对状态结束。

波雅尔 boyars 中世纪俄国社会和国家政权机关中的上层分子。在基辅罗斯时代(10～12世纪),他们在军政部门身居高位,并组成杜马,就国家大事向大公出谋献策。13～14世纪时,波雅尔构成俄罗斯东北部富有地主的特权阶级。在15～17世纪,莫斯科的波雅尔与大公(后来的沙皇)一起治理国家,通过波雅尔会议来立法。17世纪,波雅尔的重要性下降。18世纪初彼得大帝废除了此称号。

波伊斯 Powys 威尔士中东部地区。现为威尔士郡,首府在兰德林多德韦尔斯。因位于威尔士和英格兰边界的波伊斯韦尔斯王子领地而得名。在12世纪最强盛时期,该王子领地因过于靠近威尔士和英格兰边界区(当地两种文化混合)而没能在威尔士获得优势。其主要地标是通向什鲁斯伯里和赫里福德的山谷低地。这里还残存着铁器时代和罗马人居住地的遗迹。

波音公司 Boeing Co. 美国的主要企业,是世界最大的航空公司,以及最先进的商用喷气式客机的制造商。1916年由W. E. 波音(1881～1956)创建,当时名为航空产品公司。20世纪20年代末,该公司成为联合飞机和运输公司的一员,但到1934年,遵照联邦反托拉斯法,联合飞机和运输公司被分拆,它又成为一个独立的实体。30年代波音公司是发展单翼飞机的先锋,它的B-17"飞行堡垒"(1935年首航)和B-29"超级空中堡垒"(1942年首航)在第二次世界大战中都起到了重要作用。战后波音公司研制的B-52远程重型轰炸机,长久以来一直是美国战略空中力量的支柱。公司生产了美国第一架喷气式客机波音707(1958年服役),接着又开发出一系列极成功的商用喷气式客机。到21世纪初已发展出7个系列:737和757窄体客机,747、767和777宽体客机,717(以前为麦克唐纳-道格拉斯公司的MD-95),以及MD-11型。20世纪60年代波音公司为美国的"阿波罗"计划建造了绕月轨道器、月面车以及"土星V"运载火箭的第一级。从1993年开始,公司成为美国国家航天航空局的国际空间站主要签约制造商。1996年它买下罗克韦尔国际公司的航空航天和国防飞机制造部门,一年后又购并麦道公司。2000年获得休斯电子公司的卫星订单生意。

波兹南 Poznań 德语作Posen。波兰中西部城市,濒临瓦尔塔河。波兰最古老的城市之一,公元9世纪起就已存在,15～17世纪作为一个贸易中心达到最繁荣时期。但在第二次北方战争之后开始衰落。1793年并入普鲁士版图,使其在13世纪开始的德国化趋势得到加强。1918年归还给波兰。第二次世界大战期间被德国人占领并遭到严重破坏。战后重建,成为波兰西部的一个行政、工业和文化中心。同时也是一个研究中心,建有很多科学和文学机构。其多样化的工业包括纺织厂、冶金厂和化工厂等。人口约574 896(2000)。

玻尔 Bohr, Niels (Henrik David)(1885～1962) 丹麦物理学家。曾在剑桥大学和曼彻斯特大学跟随J. J. 汤姆孙和E. 卢瑟福研究原子结构。他是首先认识到元素的原子序数重要性的学者之一,并设想任何原子只能具有一组离散的稳定(状)态或定态,每个稳定态的能是一个定值。他也是第一个把量子理论应用到原子和分子结构上的人,他的原子核概念对理解核裂变的过程是关键的一步。1920～1962年担任哥本哈根大学新成立的理论物理研究所所长。1922年获得诺贝尔物理学奖,以表彰他在原子理论方面的工作。1939年出任皇家丹麦学院的院长,直至去世。第二次世界大战期间虽对美国的原子弹研究有所贡献,但后来致力于限制核武的事业。1957年获得第一届"美国和平利用原子能奖"。化学元素107号bohrium(𬭛)就是以他的名字命名的。1975年他的儿子

A. N. 玻尔(1922 年生)同 B. 莫特森(1926 年生)和 J. 雷恩沃特(1917 ～ 1986)因致力于研究原子核而共获诺贝尔奖。

玻璃 glass 硬的物质,其典型为无机化合物的混合物,通常为透明或半透明,坚硬,易碎和不能为自然元素所穿透(玻璃特性)。由高温液态快速转变为固态制成玻璃,如此可避免形成肉眼可看到的结晶体。是电和热的不良导体;混合物中含有某些金属氧化物时,玻璃会呈现出不同的颜色。大多数种类的玻璃容易破碎。黑曜岩是一种自然生成的玻璃。普通玻璃(钠钙玻璃、钠钙硅玻璃)是以硅(二氧化硅)、苏打(碳酸钠)和石灰岩(碳酸钙)为原料,加入镁(氧化镁)可制成平板玻璃,或加入铝(氧化铝)可制造瓶玻璃。熔硅玻璃是极佳的玻璃,但由于纯硅的熔点极高,所以制造费用昂贵。硼硅酸盐玻璃(派热克斯耐热硬质玻璃)因为热膨胀极小,所以被用于制造厨具和实验室用具。铅水晶玻璃则被用于制作高级餐具,不但有沉重的触感,还因折射率高而光彩夺目。特种玻璃还包括有光学玻璃、光敏玻璃、金属玻璃和光学纤维。由于玻璃没有明确的熔点,因此大多数种类的玻璃可以在烧热时使用多种技术来塑形,以吹制和模具浇铸两种方法为主。

玻里沙利欧 Polisario 全称 Popular Front for the Liberation of Saguia el Hamra and Río de Oro(萨吉亚阿姆拉与里奥德奥罗人民解放阵线)。萨拉威人的政治和军事团体。最初是反抗西班牙控制西撒哈拉的叛乱行动,1976 年西班牙撤离后变成反对摩洛哥与毛里塔尼亚瓜分该地区的运动。毛里塔尼亚于 1979 年与玻里沙利欧媾和,但摩洛哥却乘机吞并了整个西撒哈拉地区。玻里沙利欧继续其抵抗运动。1991 年同意停火及进行公民投票以决定政治前景,但被摩洛哥一再延期。参阅哈桑二世。

玻利瓦尔 Bolívar, Simón(1783 ～ 1830) 别名 The Liberator(解放者)。南美洲军事家和政治家,在新格拉纳达总督辖区(今哥伦比亚、委内瑞拉和厄瓜多尔)、秘鲁和上秘鲁

玻利瓦尔,C. G. 蔡尔兹所作雕版局部
By courtesy of the Library of Congress, Washington, D. C.

(今玻利维亚)领导了反西班牙统治的革命。是委内瑞拉贵族的儿子,在欧洲受教育。他受到欧洲唯理论的影响,加入委内瑞拉独立运动,成为杰出的政治和军事领袖。1810 年革命者们将西班牙总督逐出委内瑞拉,1811 年委内瑞拉宣布独立。1814 年这个年轻的共和国被西班牙打败,玻利瓦尔流亡出境。1819 年他带领约2 500名士兵通过人们认为不可能通过的路线,大胆突袭新格拉纳达。突然出现在西班牙人面前,从而迅速击败了他们。在A. 苏克雷的帮助下,1822年他实现了厄瓜多尔的独立。1824 年在秘鲁完成了 J. de 圣马丁的革命工作,解放了那个国家。根据玻利瓦尔的命令,1825 年苏克雷解放了上秘鲁。玻利瓦尔担任了哥伦比亚总统(1821 ～1830)和秘鲁总统(1823 ～1829),监管了 1826 年拉丁美洲国家联盟的创立,但不久这些新国家就互相开战。解放容易,治国难,他最后自我流亡,在前往欧洲途中去世。

玻利维亚 Bolivia 全称 Republic of Bolivia(玻利维亚共和国)。南美洲中西部国家。面积:1 098 581平方千米。人口:10 516 000(2009)。首都:拉巴斯(行政);苏克雷(法定)。人口主要由 3 个种族集团构成:印第安人(主要为艾马拉人和克丘亚人后裔)、梅斯蒂索人以及欧洲人后裔。语言:西班牙语和 36 种土著语(均为官方语言)。宗教:基督教(以天主教为主,亦有新教),还有一些前哥伦布时期的残存宗教。货币:玻利维亚诺。可分为 3 个主要地理区:西南部高地(或称阿尔蒂普拉诺),的的喀喀湖就位于此,延伸到该国整个西南部。第二地区是安第斯山脉的东、西两个分支,环绕在第一区周围;东部支脉是森林密布的地带,有许多深谷,西部支脉是一座高原,邻近多座火山,其中包括该国最高峰萨哈马山(海拔6 542米)。第三地区是该国北部和东部的低地区,面积占国土2/3以上,其河流包括瓜波雷、马莫雷、贝尼及皮科马约河上游。经济属发展中的混合型经济,以生产天然气和粮食作物为主。该国为实行多党制的单一制共和国,两院制。国家元首暨政府首脑是总统。7 ～11 世纪时,玻利维亚高地是先进的蒂亚瓦纳科文化的所在地,15 世纪成为被印加人征服的印第安民族艾马拉人的家园。16 世纪 30 年代,F. 皮萨罗带领西班牙人入侵,推翻了印加帝国。到 1600 年,西班牙人已经建立了查尔卡斯(今苏克雷)、拉巴斯、圣克鲁斯以及后来的城市科恰班巴,并开始开采波托西的银矿。17 世纪时玻利维亚繁荣起来,在一段时期里波托西是美洲最大的城市。到该世纪末,矿藏财富已经干涸。早在 1809 年玻利维亚就已开始要求独立,但直到 1825 年才打败西班牙军队。1884 年太平洋战争结束时,把阿塔卡马省割让给智利,1938 年又把大查科的一大部分割让给了巴拉圭,玻利维亚的版图一再缩小。玻利维亚是南美洲最穷的国家之一,在 20 世纪大部分时间里政府都处于不稳定状态。该国社会与经济的紧张状况一直延续至 21 世纪初叶,原因是贫苦农民反对政府根除古柯(从古柯中可提取可卡因)种植的措施,还因为印第安部族间的不稳定,再有就是对本国丰富的天然气资源的开发持不同意见。玻利维亚于 1936 年首次参加在柏林举办的夏季奥运会。

玻色子 boson 遵循玻色-爱因斯坦统计法,具有整数自旋角动量的亚原子粒子。玻色子包括介子偶质量数的原子核以及体现量子场论中需要的粒子。玻色子与费米子不同,占有同一量子态的粒子数目不受限制,这一性状引发氦-4 的超流性。

钵啰惹 Prajapati 古代印度吠陀时代所信奉的创世之神。早期吠陀文化中,该名称指的是很多原始的人物。后来专指一个神灵,即"创世者",他被认为是在苦修后创造了宇宙和所有生灵的神。其他传说认为他是从原始的水中创造出世界的。他的女性化身是 Vac,是此词的人化形象。黎明女神被认为是他的女伴或女儿。在后吠陀时代,钵啰惹与梵天被混为一体。

剥离法开采 strip mining 又称 surface mining。露天开采。移去煤层上面的表土和岩石并开采显露的矿物。此法在煤层薄而埋藏不深的地方应用最为合适(较厚和较深的煤层则以露天采矿或地下采矿来开采)。剥离法开采在平坦地带和水平延展的矿层进行大范围的剥离是最经济的方法。在起伏的山岭地区则采用沿等高线剥离,当建立台阶,其一侧是山坡,另一侧几乎是垂直的峭壁。现在使用各种设备来开采,包括推土机、铲运机、水压铲子、拉铲挖掘机和斗轮开采机。因剥离法开采会对环境造成影响,在美国有人提出要求填筑已开采挖掘的土地。

菠菜 spinach 藜科耐寒、多叶的一年生蔬菜作物,学名为 *Spinacia oleracea*。叶可食,略呈三角形,平展或多皱,莲座状丛生,其后从叶丛中生出种柄。菠菜在凉爽的气候条件下和富含石灰质的肥沃深土中生长快,且叶可达最大面积。自早春至晚秋,每隔两星期即可播种一次以提供稳定的供给。菠菜富含铁、维生素 A 和 C,为有营养的蔬菜。

菠萝 pineapple 菠萝科产果实的植物,学名 *Ananas comosus*,原产美洲热带和亚热带,后传播到世界其他地方。在产地可鲜食,并制成罐头销至世界各地。菠萝为波利尼西亚

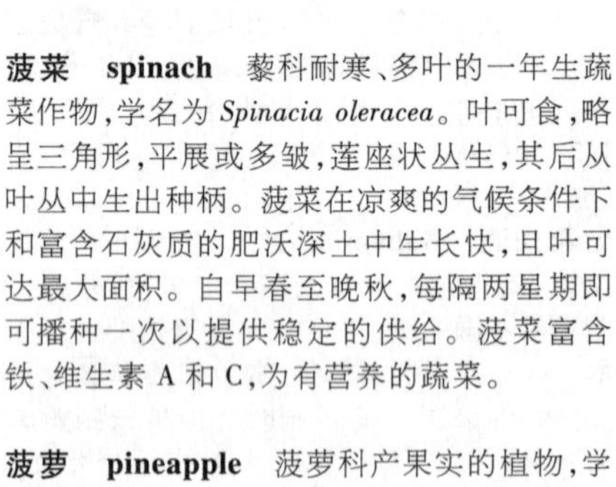

菠萝(*Ananas comosus*)
By courtesy of Dole Company

菜肴中的主要材料。植株外表像龙舌兰科或某些丝兰属植物,有 30 ～ 40 片肉质硬叶紧密丛生于一肥厚肉质茎上。种植约 15 ～ 20 个月后,在花轴上长出一有限花序。受精后,许多淡紫色花肉质化后聚合成 1 ～ 2 千克重的果实,始花后 5 ～ 6 个月成熟。

伯班克 Burbank, Luther(1849 ～ 1926) 美国植物育种家。生长在马萨诸塞州兰开斯特的一家农场,只受过中等教育,但 C. 达尔文有关动植物在驯化中的变异理论对他影响

伯班克
Courtesy of Hunt Institute for Botanical Documentation, Carnegie-Mellon University, Pittsburgh, PA.

很深。21 岁时开始植物育种生涯，很快育出了伯班克马铃薯。后来移居加利福尼亚州圣罗莎，在那里建立了一个苗圃、一个温室和若干个实验农场。他育出 800 多个新的和有用的果实、花卉、蔬菜、谷类和草的品种，其中有些至今仍具重要的商业价值。他的实验室因而闻名世界，也促使植物育种发展成一门现代科学。曾出版两部多卷本著作和一系列描述性的编目丛书。

伯比奇　Burbage, Richard（1567？～1619）　英国演员。20 岁时就已是受人喜爱的名演员，曾是莱斯特伯爵剧团和宫内大臣供奉剧团（后来的国王供奉剧团）的成员。与 W. 莎士比亚关系密切，是最早扮演莎士比亚剧中角色的人，如理查三世、罗密欧、亨利五世、哈姆雷特、麦克白、奥赛罗和李尔王。也曾在 T. 基德、B. 琼森和 J. 韦伯斯特的剧作中扮演角色。曾是寰球剧院和黑衣修士剧院的主要股东，这些剧院是他的父亲詹姆斯·伯比奇所创办的，他父亲是演员、经理，经营工作由其兄弟负责。

伯朝拉河　Pechora River　俄罗斯东北部河流。源自乌拉尔山脉北部，初向南流，然后再折向西、北，后从三角洲注入巴伦支海。全长1 809千米，结冰期从 11 月初到翌年 5 月初。流域内有大型煤田、油田和天然气田。

伯德　Byrd, Richard E(velyn)（1888～1957）　美国海军少将、航空先驱和极地探险家。生于弗吉尼亚州温切斯特。第一次世界大战后致力于发展飞行器的航行装备。1926 年他和 F. 贝内特一起声称飞越北极成功。1928 年伯德开始在南极的探险活动，先在罗斯陆缘冰上建立称为“小亚美利加”的基地。次年，和 3 个同伴从“小亚美利加”飞往南极极地后飞还。又是首航南极。随后伯德率探险队发现了南极极地大片陆地，并绘制了地图。他的著作有《发现》（1935）和《独处》（1938），是他独自在南极极地附近扎营的数个月的生活日志。他的哥哥 H. F. 伯德（1887～1966）是弗吉尼亚州选出的参议员（1933～1965）。

伯德　Byrd, William（1543～1623）　英国作曲家。曾随作曲家 T. 塔里斯学习，20 岁时便被指定为林肯大教堂的管风琴师。1572 年与塔里斯同任皇家礼拜堂的管风琴师。1575 年英国女王伊丽莎白一世准许他们两人在英国独家经营印刷和销售音乐作品。由于笃信天主教而屡遭迫害，但伯德本人始终获得英国女王的好感。显然他还教育了其下一代大多数的重要作曲家。他以英国最好的赞美诗以及键盘音乐和歌曲作曲家著称。作品包括 3 首弥撒曲（三声部、四声部和五声部）、220 多首拉丁经文歌、4 首重要的圣公会礼拜歌曲、近 60 首颂歌，以及约 100 首维金纳琴曲（许多保存在《帕特尼亚曲集》和《费兹威廉维金纳琴集》两本集子里）。他被公认为当时英国最伟大的作曲家。

伯顿　Burton, Richard（1925～1984）　原名 Richard Walter Jenkins, Jr.。英裔美国戏剧和电影演员。首次登台表演，所演舞台剧《不能烧这个女人》在伦敦（1949）和百老汇（1950）均大获成功。在参与好莱坞影片《雷切尔表姐》（1952）演出后，又演了《圣袍千秋》（1953）和《亚历山大大帝》（1956）。在拍摄《埃及艳后》（1963）期间，与伊丽莎白·泰勒的恋情受到公众的注目，他和泰勒有两次婚姻关系。后来又回到百老汇演出《卡默洛特》（1960）和《哈姆雷特》（1964）。他的其他电影还有《巫山风雨夜》（1964）、《柏林谍魂》（1965）、《灵欲春宵》（1966）和《大法师续集》（1977）。

伯顿　Burton, Sir Richard F(rancis)（1821～1890）　英国学者、探险家和东方专家。1842 年被牛津大学开除，去印度任低级军官。在那里，他把自己装扮成穆斯林，把商人集市和城市妓院的情形详细记录下来。后来旅行到阿拉伯，再次扮成穆斯林，成为第一位非穆斯林而能进入圣城禁地的欧洲人。他将这些冒险纪实写成《麦地那和麦加朝圣记》（1855～1856），对穆斯林的生活进行详细的论述。1857～1858 年他带领一支探险队与 J. H. 斯皮克前往勘探尼罗河的源头。历尽艰辛，成为欧洲第一个到达坦噶尼喀湖的欧洲人。他去世界各地旅行，对摩门教教徒、西非各族人民、巴西高原、冰岛和伊特鲁里亚的波伦亚均有详尽的著述，共写了 43 卷。学会了 25 种语言及许多方言。译著近 30 卷，其中以翻译出版的《天方夜谭》最为著名，译文忠实、文笔流畅。其妻伊莎贝拉为虔诚的天主教徒，在他死后，将他 40 年来的日记和日志全部烧毁。

伯顿　Burton, Robert（1577～1640）　英格兰学者和作家。一生的大部分时间在牛津任教区主教。他的巨著《忧郁的剖析》发表于 1621 年，以生动、高雅，有时还不失幽默的风格描述了忧郁症的种类、病因、症状以及治疗方法，是经典学识和奇闻的宝库，也是当时一部哲学和心理学思想的索引。他的拉丁文喜剧《假哲学家》（1606）是揭穿吹牛者伎俩的一出轻快喜剧。

伯恩哈特　Bernhardt, Sarah（1844～1923）　原名 Henriette-Rosine Bernard。法国女演员。她是一名妓女的私生女，其母的情人之一莫尔尼公爵鼓励她当演员。1862～1863年在法兰西喜剧院作短暂演出，1866～1872 年加入奥德翁剧院，曾在大仲马的作品《凯恩》和V. 雨果的诗剧《吕伊·布拉斯》中担任角色，以其迷人的“金嗓子”令观众倾倒。后来重返法兰西喜剧院（1872～1880），主演《菲德拉》一剧轰动巴黎和伦敦。1880 年自己组建剧团，在世界巡回演出，所演的剧目包括小仲马的《茶花女》、《阿特利叶娜·勒库弗勒》、V. 萨尔都专门为她编的 4 部剧以及 E. 罗斯丹的《鹰》等。后来腿部受伤，被迫截肢（1915），但她仍绑着木制假腿饰演主要坐着表演的角色。她是舞台史上最知名的人物之一，1914 年获法国荣誉勋章。

S. 伯恩哈特，N. 萨罗尼摄于 1880 年
By courtesy of the Library of Congress, Washington, D. C.

伯恩茅斯　Bournemouth　英格兰南部多西特郡的一个政区和海滨度假胜地，濒临英吉利海峡。1810 年建立，但一直到 1870 年通铁路后才迅速发展。现在主要是度假胜地和住宅区，也是英格兰地区退休人士最喜欢居住的地方和本国主要会议中心之一。人口约 163 441（2001）。

伯恩-琼斯　Burne-Jones, Edward (Coley)（1833～1898）　后称 Sir Edward。英国画家、插图作者和工艺设计家。在牛津大学学习时认识了他后来的合作者 W. 莫里斯。1856 年与艺术家 D. G. 罗塞蒂的结识是其生平的转折点。其绘画仿中世纪浪漫主义作品，明显地体现了前拉斐尔派兄弟会的后期风格。其独特的梦的境界，充满浪漫主义的神秘情绪，则是受意大利画家 F. F. 利比和 S. 波提切利的影响。首度成功之作是 1877 年展出的油画《默林的诱惑》（1873～1877）。他是莫里斯公司（1861）的创办人之一。主要是作为着色玻璃和织锦的设计师，还为 1896 年出版的G. 乔叟著作创作过 87 幅素描插图，该书是世界上装帧最精致的书籍之一。他的作品对法国象征主义运动有极大的影响，作为复兴“美术-工艺设计”思想的先驱，他对 20 世纪工业美术设计有广泛的影响和推动作用。

伯恩斯坦　Bernstein, Leonard（1918～1990）　美国指挥家、作曲家和作家。出生于马萨诸塞州劳伦斯。哈佛大学毕业后才决定从事音

L. 伯恩斯坦

Lauterwasser, courtesy Deutsche Grammophon

乐工作。在柯蒂斯音乐学院学习指挥，师从F. 赖纳后，成为坦格伍德夏季音乐节（在马萨诸塞州莱诺克斯举办）的固定演员，在那里他认识了A. 科普兰，并成为S. 库塞维茨基的助理。1943年在一次音乐会广播中，临时决定让他代人指挥，不料一举成名。1944年他为J. 罗宾斯的芭蕾舞剧《自由的想象》和热门的百老汇剧《锦城春色》配乐，取得巨大的成功。在指挥方面，与他合作最密切的是以色列、纽约和维也纳的爱乐乐团；他首演了许多当代音乐，并在复兴G. 马勒的音乐方面扮演重要角色。最著名的作品是轰动一时的音乐剧《西城故事》（1957）；其他作品包括音乐剧《奇妙的小镇》（1952）和《天真汉》（1956）、三部交响乐、《奇切斯特伯爵诗篇》（1965），以及舞台剧《弥撒曲》（1971）。他还是一个知名的电视演说者和卓越的政治活动家。

伯尔　Böll, Heinrich (Theodor)（1917～1985）　德国作家。第二次世界大战时被征召入伍，在前线经历过几场战斗，形成其反战和不妥协的观点。他的讽刺性小说叙述德国人在战争期间和战后的艰苦生活，抓住了德国人民的心理变化。后来成了德国左派的主要代言人。主要作品包括《与夜晚熟悉》（1953）、《九点半钟的台球》（1959）、《一个小丑的看法》（1963）、《一位女士及众生相》（1971），以及《卡塔琳娜·勃罗姆失去的荣誉》（1974）等。1972年获得诺贝尔文学奖。

伯尔　Burr, Aaron（1756～1836）　美国政治家，第3任美国副总统（1801～1805）。生于新泽西州纽瓦克。美国独立战争期间在G. 华盛顿将军麾下当参谋至1779年。1782年起在纽约当律师，事业成功。1789～1791年担任州检察长，1791～1797年任美国参议员。1800年竞选总统。投票结果与T. 杰斐逊不相上下，于是让众议院定夺；由于A. 汉密尔顿坚决反对伯尔，遂使杰斐逊当选为总统，伯尔居副总统之位。伯尔对A. 汉密尔顿的行为感到愤恨，加上1804年A. 汉密尔顿又阻止提名伯尔为纽约州州长，在A. 汉密尔顿发表了有损伯尔名声的一些言论后，伯尔向A. 汉密尔顿提出决斗。结果汉密尔顿受了致命重伤，伯尔逃往费城。他在那里和J. 威尔金森将军有所接触，后来与之策划入侵墨西哥。1807年因叛国罪接受J. 马歇尔审讯，马歇尔对宪法的狭义解释使伯尔无罪释放。由于处在阴云笼罩下，伯尔前往欧洲，他企图说服英国和法国当局去征服佛罗里达，但没有成功。1812年返回纽约，重执律师业。

伯尔尼　Bern　瑞士首都。沿阿勒河呈一环形，1191年由策林根公国的贝托尔德五世建为军事哨所。1218年成为一个自由城市。此后势力逐渐扩张，变成一个独立的邦，1353年加入瑞士联邦。1528年天主教和宗教改革派在此发生争吵，导致它后来接受并捍卫基督教教义。后来成为海尔维第共和国的成员，1848年设为瑞士联邦首都。万国邮政联盟、国际铁路联盟和国际版权同盟的总部都设在该市。人口：市约128 600；都会区约317 300（2000）。

伯尔尼兹山地狗　Bernese mountain dog　一种瑞士役用狗，2 000多年前罗马人入侵时引入瑞士。这种强壮耐劳的狗广泛用于拉车、驱赶牛群来回于草原间。胸宽，耳悬垂呈V字形。被毛黑色，长而发亮。胸部、前肢和眼上部有棕色斑点，有时胸部、鼻端、脚和尾尖有白色斑点。肩高53～70厘米，体重约40千克。

伯戈因　Burgoyne, John（1722～1792）　英国将军。七年战争中战功卓著，在1761、1768年先后当选下院议员。1776年以少将身份被派往加拿大，参与英军对新英格兰的攻击。英军分北、南、西三路夹击，以孤立新英格兰反叛的殖民地。1777年他的部队攻陷纽约州的泰孔德罗要塞，但在抵达哈得孙河后，遭到H. 盖茨和B. 阿诺德率领的殖民地军队的阻击。在坚持7个月的战斗之后，在纽约州萨拉托加温泉向盖茨投降。返回英国后，因战绩不佳而备受批评。

伯格曼　Bergman, (Ernst) Ingmar（1918～2007）　又译贝里曼。瑞典电影剧作家、导演。为路德派牧师之子，叛逆成性。在1945年获得机会自编自导电影《危机》，此前曾醉心于戏剧。因为《第七封印》（1957）、《野草莓》（1957）等片赢得国际声誉，成为世界级电影大师之一。他建立了一群演员班底（如M. von 叙多、L. 乌曼等），并雇用摄影师S. 尼奎斯特，影片通常以凄凉的描述呈现人类的孤寂感，极具震撼力，如《穿过黑暗的玻璃》（1961）、《呼喊与细语》（1972）、《秋光奏鸣曲》（1978）和《芬妮和亚历山大》（1982）。后来还写了两部剧本《善意的背叛》（1992）、《私密告解》（1996）。他还执导了多部电视剧，最著名的是《萨拉邦德》（2003）。伯格曼仍继续导演舞台作品，通常在斯德哥尔摩的皇家剧院上演。

伯吉斯　Burgess, Anthony（1917～1993）　原名John Anthony Burgess Wilson。英国小说家、批评家和作曲家。他将自己在东南亚的经历写成小说三部曲《长日将尽》（1956～1959）。《装有发条的橘子》（1962；1971年拍成电影）是他最具独创性的作品，讽刺极端的政治体系。在其他小说中，他将讽刺性的机智、道德严肃、用词精巧和怪诞的作风结合在一起，如《不合格的种子》（1962）、《恩德比先生的内心》（1963）、《人间幽灵》（1980），他还撰有文学批评、传记、语言学和音乐等方面的著作。此外，他还谱写了大约65首乐曲。

伯克　Burke, Edmund（1729～1797）　英国（爱尔兰）政治家、演说家和政治思想家。律师之子，原本学法律，但后来失去兴趣。1757～1758年他发表了几篇论文，开始受到D. 狄德罗、I. 康德、G. 莱辛等人的注意。后来被雇创办《纪事年鉴》（1758～1788）。1765年进入下院，担任辉格党领袖的秘书，不久卷入乔治三世时代的宪法争论，即究竟该由国王还是议会控制行政部门。1770年他指出乔治三世企图让王室扮演较积极的角色违背了宪法精神。1774～1780年当选为议会议员，他主张议员应对政务作出判断，而不是单纯听从选民的愿望。虽然是宪政体制的强力拥护者，但伯克并不是纯民主的拥护者；虽然是保守派，但也拥护美国殖民地人民的事业，他认为英政府对殖民地的管理不善，他还支持废除国际间的奴隶买卖。伯克曾极力主张英国应放宽对爱尔兰的经济控制，以及改革对印度的统治方式，但都不成功。他并不赞同法国大革命，认为那些领导人行动太过草率，以及他们反贵族的活动太过血腥。伯克通常被视为现代保守主义的奠基人。

伯克－怀特　Bourke-White, Margaret（1904～1971）　美国女摄影家。生于纽约市。1927年从事工业摄影和建筑摄影，开始其专业生涯，不久就以其独创风格赢得声誉。1929年出版商H. R. 卢斯雇用她为新创办的《财富》杂志工作。第二次世界大战爆发后，她为《生活》杂志采访战地消息，是美国第一个随军女摄影师。出版过一些摄影集，包括描写美国南部分成制佃农的《你看到了他们的面容》（1937）。

伯克郡　Berkshire　英格兰南部郡。建立于1974年。地处泰晤士河谷地，紧邻伦敦西面。铁器时代就有人定居，锡尔恰斯特的贝尔吉克遗址后来成为古罗马人的道路中心。诺曼征服后，泰晤士河谷战略地位得到认可，当地修建了第一座温莎城堡。郡东边境的温莎城堡和伊顿公学建有本郡最著名的建筑。首府为雷丁。人口约800 200（1998）。

伯克利　Berkeley, Busby（1895～1976）　原名William Berkeley Enos。美国电影导演和编舞家。生于洛杉矶。父母亲为巡回演员，从5岁起就在喜剧中表演和跳舞。后来为20多部百老汇音乐剧编舞，曾应聘到好莱坞为《喧闹》（1930）指导舞蹈韵律。他导演电影《掘金女郎》（1933）和《舞台巡礼》（1933），采用优美的韵律、创造性的摄影技术，以及丰富壮观的布景，革新了音乐剧，并为大萧条时期的电影观众带来松一口气的感觉。当制作成本上升使得这种奢华显得不现实时，他就导演一些较少创新但还是很受欢迎的影片，如《惊魂24小时》（1943）。

伯克利　Berkeley, George（1685～1753）　又称Bishop Berkeley（伯克利主教）。爱尔兰主教、哲学家和社会活动家。1713年以前主要在都柏林三一学院工作，1734～1752年担任克罗因区主教。以他的论点出名：对于物质的客体，存在就是被感知。他的宗教天职可能方便他胜任这个职位,因为他声称即使人类对一个客体没有感知,然而上帝能感知,因而在不被任何有限的存在所感知时,也能保证物理世界的继续存在。他与J.洛克和D.休姆一起,是现代经验主义的创始人。与洛克不同的是,他不相信在思维之外存在任何物质的东西,客体只是感觉-数据的存在。他的作品包括《视觉新论》(1709)、《人类和知识原理》(1710)以及《希勒斯和斐洛诺斯三篇对话》(1713)。有一段时期他待在美洲,在那里鼓吹教育印第安人和黑人。加利福尼亚州的伯克利就是以他的姓氏命名的。

伯克利 Berkeley, William(1606～1677) 后称Sir William。英国驻弗吉尼亚殖民地总督。1641年派任总督,任内成功引进作物多样化计划,鼓励工业生产,并与印第安人和平相处。由于对英国王室忠心耿耿,在英国内战期间(1652～1659)被迫卸职。1660年官复原职,但在这一任内,他面对的是印第安人袭击边境以及农作物歉收。1676年N.培根率领远征军攻击印第安人,违反伯克利的温和政策。伯克利乃率军讨伐培根,最后重新控制了殖民地。

伯克利 Berkeley 美国加利福尼亚州中西部城市。位于旧金山湾,1853年建立,称"海景",后来被加利福尼亚学院(后改为大学)选为校址。学院以哲学家G.伯克利的姓氏命名,成立于1873年。参阅加利福尼亚大学。人口112 580(2010)。

伯克希尔山 Berkshire Hills 美国马萨诸塞州西部阿巴拉契亚山脉的一部分。有许多高逾600米的山峰,其中包括格雷洛克山,海拔1 064米,为全州最高点。林木繁茂的山丘是佛蒙特州格林山的延续,包括胡塞克岭和塔科尼克岭。有阿巴拉契亚国家风景小道经过伯克希尔山,沿途可欣赏国家公园和森林景色。伯克希尔山也是坦格尔伍德夏季音乐节的举办地(在莱诺克斯)。

伯里克利 Pericles(约公元前495～前429) 雅典的将军和政治家,对雅典民主和雅典帝国的全面发展曾作出重大贡献。因与深具影响力的阿尔克迈翁家族有亲戚关系,他在公元前461年之后获选当权,之后很快协助进行了基本的民主改革。他声称雅典有权控制提洛同盟,并使用联盟的资金重建了遭受波斯人破坏的雅典卫城。其很有影响力的配偶阿斯帕西娅为他生了一个儿子,当他的几个婚生儿子都死后,这个非婚生儿子被立为合法继承人。公元前447～前446年雅典失去了麦加拉,使得斯巴达能长驱直入阿提卡。虽然雅典和斯巴达同意签订一个《三十年和平协议》(公元前446～前445),但伯里克利仍加强了从雅典到比雷埃夫斯港的长墙防御工事。当战争在公元前431年爆发时,他依靠海军供应城市所需物品。阿提卡的人口被安置于长墙内,留下乡村任由斯巴达人蹂躏。当瘟疫爆发,夺去四分之一人口的性命之后,他被迫下台并被处以罚款。后来虽再度当选,但他也死于这场瘟疫。其伟大的葬礼演说(约前430年)至今仍是最著名的捍卫民主的文章之一,而他所生活的那个时代也被认为是雅典的黄金时期。

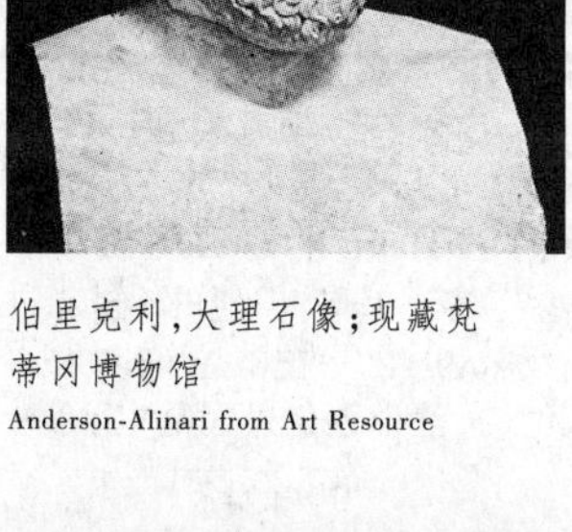

伯里克利,大理石像;现藏梵蒂冈博物馆

Anderson-Alinari from Art Resource

伯利恒 Bethlehem 阿拉伯语Bayt Laḥm。耶路撒冷以南约旦河西岸的城镇。是犹太的古镇,大卫王的早年居住地。在第二次犹太起义期间(135),罗马人在那里驻防。基督徒把这里视作耶稣诞生的地方,4世纪初建的耶稣圣诞堂被认定是耶稣的诞生处。1923～1948年间该镇为英国的巴勒斯坦托管地的一部分;第一次阿以战争(1948～1949)后,于1950年并入约旦。1967年的六日战争后,划入以色列所辖的西岸地区。1995年根据以-巴自治协议转归巴勒斯坦。长期以来该镇一直是重要的朝圣和旅游中心,也是与耶路撒冷密切相关的农业中心。人口约74 982(2010)。

伯利恒 Bethlehem 美国宾夕法尼亚州东部城市。与阿伦敦和伊斯顿组成城市工业联合城。1741年由摩拉维亚传教士建立,在美国独立战争期间为大陆士兵医院的所在地。城市工业化随着利哈伊运河的通航(1829)和伯利恒钢铁公司前身的建立(1857)而起步;该市成为主要的钢铁生产中心。此后当地工业朝多样化发展,包括纺织品、金属制品、家具和化工品。人口约71 329(2000)。

伯利兹 Belize 旧称英属洪都拉斯(1840～1973)。中美洲国家。面积:22 965平方千米。人口:约340 000(2012)。首都:贝尔莫潘。居民大多是不同种族的混血种人(马雅人和西班牙人混血、黑人和英国人混血),以及少量马雅人和加勒比黑人。语言:英语(官方语言)、克里奥尔语和西班牙语。宗教:基督教(天主教和新教)。货币:伯利兹元。北邻墨西哥,东临加勒比海,南边和西边与危地马拉接壤。境内多山地、沼泽和热带丛林。北半部包括由伯利兹河和翁多河等河流形成的低沼泽地,翁多河在北部构成与墨西哥相连的界河。南半部多山,有全国最高点维多利亚峰,海拔1 122米。近海岸的伯利兹珊瑚堡礁是世界上第二大珊瑚堡礁。伯利兹相当繁荣,属有政府参与的发展中自由市场经济。为君主立宪制国家,议会为两院制。国家元首是英国君主,由总督为其代表,政府首脑为总理。公元前300～公元900年马雅人定居于此,其祭典中心的遗址至今犹存,其中包括卡拉科尔和苏南土尼奇。西班牙人从16世纪起就对伯利兹拥有主权,但从未移民于此,但他们把来此定居的英国人视为闯入者。英国人约在17世纪中叶来此地砍伐洋苏木。1798年英国人终于击败西班牙人的反对。而当移民开始进入内陆时,他们又遭到印第安人的反抗。1871年英属洪都拉斯成为英国殖民地,但英国与危地马拉在1859年签订的条约中有一项未实现的条款使得危地马拉声称拥有洪都拉斯的主权。此状况一直持续到1981年9月21日伯利兹获准独立。尽管危地马拉于1991年正式承认伯利兹的独立,但英国原本留有驻军保护该国安全,直至1994年撤出。伯利兹于1984年首次参加在洛杉矶举办的夏季奥运会。之前,于1968～1976年以英属洪都拉斯的名义参加夏季奥运会。

伯利兹城 Belize City 伯利兹的城市。为伯利兹前首都和主要海港,位于伯利兹河河口,10世纪以前伯利兹河一直是马雅帝国一条人口稠密的贸易干线。17世纪英国人在此定居。城市的地势低平,仅略高于海平面,经常遭到飓风的严重破坏,所以在1970年迁都贝尔莫潘。人口约49 050(2000)。

伯林 Berlin, Irving(1888～1989) 原名Israel Baline。美国歌曲作家。出身于一个俄罗斯犹太人唱诗班领唱人家庭,1893年全家移居纽约。伯林只受过两年正规教育,童年时是个街头卖唱和歌唱侍者。1907年发表第一首歌《来自阳光意大利的玛丽》;出版人员误把他的名字写为Irving Berlin。他不会读谱或写谱,全凭耳朵来学习和演唱。1911年写了《亚历山大雷格泰姆乐队》一曲,立即在廷潘胡同流行的雷格泰姆风造成轰动。1919年创建伯林音乐出版社。一生写了1 500多首歌曲,包括《噢,我多恨在早晨起床》、《总是》、《贴面而舞》、《正在丽池上演》以及《天佑美国》。他为《黑色大礼帽》(1935)、《复活节游行》(1948)和《白色圣诞节》(1954)等电影配过乐曲。他还为《假日饭店》(1942)写了一首《白色圣诞节》,这是有史以来最畅销的歌曲之一。一生共为19部百老汇歌舞剧和18部电影配过乐。享年101岁。

伯林 Berlin, Isaiah(1909～1997) 后称Sir Isaiah。英国(出生于拉脱维亚)历史学家和作家。1920年与家人移居英国。受教育于牛津大学,后来任教于此(1950～1967),1966～1975年任沃尔夫森学院院长,后来到万灵学院当教授。以有关政治哲学的论著闻名,最重要的作品是《卡尔·马克思:他的生平和环境》(1939)、《刺猬与狐狸》(1953)、《历史必然性》(1955)、《启蒙时代》(1956)和《论自由的四篇论文》(1969)。

伯罗奔尼撒 Peloponnese 希腊大陆南部半岛。辽阔、多山,向南延伸到地中海。面积21 439平方千米,通过科林斯地峡与希腊其他大陆地区相连。公元前第 2 千纪时，迈锡尼文明在此处的迈锡尼和皮洛斯繁荣起来。当时的主要城市有科林斯和斯巴达。在罗马统治下，从公元前 146 年至公元 4 世纪左右，伯罗奔尼撒是亚该亚省的一部分。后成为拜占廷帝国的一部分，13 ～ 15 世纪被法兰克人占领，称作莫雷亚。现在半岛北部的帕特拉斯是重要的商业中心。

伯罗奔尼撒同盟 Peloponnesian League 又称 Spartan Alliance(斯巴达联盟)。斯巴达领导的希腊城邦联盟，公元前 6 世纪建立。在由斯巴达人召开的议会中该同盟决定有关战争、和平和联盟之类的问题。伯罗奔尼撒同盟是希腊事务中的主要力量，是抵抗公元前 490 年和公元前 480 年波斯人入侵以及在伯罗奔尼撒战争中与雅典人作战的核心。公元前 371 年该同盟势力在留克特拉战役中失败后开始衰退，并于公元前 366 或前 365 年解散。

伯罗奔尼撒战争 Peloponnesian War 古希腊两大城邦斯巴达和雅典之间爆发的战争(公元前 431 ～前 404)，再加上各自的盟国，几乎包括了希腊所有其他城邦。主要起因是害怕雅典的势力扩张。雅典同盟依恃的是其强大的海军，而斯巴达这边靠的是强势陆军。战争分为两个阶段，中间有一段 6 年的休战期。公元前 431 年爆发战争，伯里克利负责指挥雅典军。前 10 年由阿希达穆斯率领斯巴达人进攻雅典，但屡遭失败。公元前 429 年雅典遭到鼠疫的侵袭，佩里克利斯死于此次瘟疫，大批军队也损失过半。公元前 428 年克里昂几乎说服雅典人屠杀叛离雅典的莱斯沃斯的米蒂利尼叛民，所幸雅典人临时收回成命。公元前 421 年两国同意缔结《尼西亚斯和约》。双方休养生息了 6 年，直到雅典人又发动了灾难性的西西里岛远征。到了公元前 413 年，雅典军队几乎全部被摧垮。公元前 411 年一个寡头政权短暂接管政府。同年底，当海军恢复民主领导人时，他们拒绝了斯巴达人和谈的提议，战争于是继续进行到公元前 405 年，当时斯巴达在波斯人的帮助下，在伊哥斯波塔米战役摧毁雅典海军。公元前 404 年，雅典城在遭封锁的情况下受到围攻。雅典帝国自此瓦解，斯巴达安置了三十僭主统治雅典。

伯纳姆 Burnham, Daniel H(udson)(1846 ～ 1912) 美国建筑师和城市规划师。生于纽约州亨德森。与其合伙人 J. W. 鲁特(1850 ～ 1891)同为采用钢框架结构的芝加哥商业建筑的先驱。1962 年有三栋他们设计的大楼被定为芝加哥的地标，分别是鲁克雷大厦(1886)、信任大厦(1890)和 16 层的莫纳德诺克大厦(1891)，这最后一栋是最高的、也是最后的一栋砖石结构摩天楼。他曾任 1893 年芝加哥世界哥伦比亚博览会全部工程的顾问设计师。他挑选与芝加哥学派的设计风格相对立的折中主义建筑设计的事务所承担主要设计。结果，博览会场被称为“白城”，其林荫大道、花园和古典式样的建筑在美国各地产生了一定的影响。1907 ～ 1909 年他制定的芝加哥城市规划，是美国城市规划中的一个经典范例。

伯奈斯 Bernays, Edward L.(1891～1995) 美国舆论界人士，人称“公共关系之父”。他是 S. 弗洛伊德的外甥，出生于维也纳，但在纽约长大。早期曾组织签名支持一出以性病这个禁忌问题为主题的戏剧。他成立了公共关系事务所，首批客户包括美国国防部和立陶宛政府。他替妇女争取可在公共场所抽烟，自夸他写的书受到纳粹宣传家 J. 戈培尔的支持，并声称已说服美国政府推翻 1954 年危地马拉的民选政府。编有《如何取得一致意见》(1955)一书，书名就是他常常引用的公共关系的定义。享年 103 岁。

伯尼 Burney (d'Arblay), Fanny(1752 ～ 1840) 本名 Frances 。英国女小说家，音乐家 C. 伯尼之女。她自学成才，由于受父亲的音乐社交生活影响而练就鲜活的写作风格。

F. 伯尼，油画，她的兄弟 E. F. 伯尼绘；现藏伦敦国立肖像画陈列馆
By courtesy of the National Portrait Gallery, London

她对上流社会的观察和记录，导致《埃维莉娜》(1778)的问世，这部书信体小说描写一个没有自信心的少女的社交成长。该书的风格对 J. 奥斯汀的小说有很大的帮助。她后来的作品还有《塞西莉亚》(1782)和为维持生活所写的《卡米拉》(1796)。

伯努利家族 Bernoulli family 瑞士知名的两代数学家家族。雅各布(1655 ～ 1705)和约翰(1667 ～ 1748)是药材商的儿子，父亲希望一个儿子学神学，另一个学医。但两个儿子不顾他的反对，都醉心于数学，在微积分、变分法和微分方程方面有重大的发现。兄弟俩有时工作在一起，时有争辩，但非不和。约翰的儿子丹尼尔(1700 ～ 1782)则对流体动力学和概率论有重要贡献。他扬名整个欧洲，也从事医学、物理、天文和植物的研究和演讲。

伯沙撒 Belshazzar(? ～约公元前 539) 巴比伦王国共同摄政之一。伯沙撒一名起初见于《但以理书》中，记载他是尼布加尼撒的儿子，而巴比伦铭文则说他是国王拿波尼度的长子。公元前 550 年拿波尼度在外流亡时，曾把王位及其军队主力交给了伯沙撒。但据《但以理书》所载，伯沙撒在最后一次摆设盛筵时，忽然看见有一只手在墙上写下：“弥尼，弥尼，提克勒，乌法珥新”等语，先知但以理对此解释为上帝的审判，预言巴比伦即将沦亡。公元前 539 年巴比伦落入波斯人之手后，伯沙撒去世。

伯斯力 Paisley, Ian (Richard Kyle) (1926 ～) 北爱尔兰新教领袖，北爱尔兰第一部长(2007 ～ 2008)。受按立为归正长老会牧师之后(1946)，他与人共同创建阿尔斯特自由长老会。该会发展迅速，很快就拥有了 30 多座教堂。从 20 世纪 60 年代起，伯斯力就是新教极端派的代言人，反对以任何形式对罗马天主教做出让步。并在北爱尔兰各地领导示威。他多次因非法集会而被监禁。1970 年当选为英国下议院议员，1971 年参与创建民主联邦党，并组成新教准军事组织，称为“第三势力”。1998 年他反对贝尔法斯特协议，该协议提出由天主教和新教两派共组政府。在当选北爱尔兰议会议员后，仍坚持不与新芬党(北爱尔兰共和军的政治派别)协商。21 世纪初，北爱尔兰共和军放弃暴力行动，新芬党的政治势力增强。伯斯力对其态度有所转变。2007 年的选举之后，民主联邦党获 36 席，新芬党获 28 席。两派在历史上第一次达成共建政府的协议。2007 年 5 月 8 日伯斯力出任北爱尔兰的第一部长。次年 6 月卸任，担任民主联邦党主席。2010 年，他不再继续参选下议院议员。

伯特利 Bethel 巴勒斯坦古城。现在是以色列占领领土上的一个考古场地和城镇，位于耶路撒冷以北 16 千米处。据《圣经·旧约》所载，与亚伯拉罕和雅各有关，在当时占有重要地位。以色列国分裂后，伯特利成了北部王国(以色列)的主要圣地，后世先知阿摩司以此地为活动中心。

伯宰 Birdseye, Clarence(1886 ～ 1956) 美国实业家和发明家。生于纽约市。以研制出适于零售的小包装冷冻食品而成名。他将包装好的食品(包括鱼、水果和蔬果)放置在两片致冷过的金属板之间。虽然他不是第一个发明致冷食品的人，但他高效率的处理方法，保存了食品的大部分原味。1929 年波斯塔姆公司购买他的公司，后来改成通用食品公司。伯宰在该公司担任总经理至 1938 年。

柏柏里海岸 Barbary Coast 北非地中海沿海地区，范围从埃及延伸至大西洋。该地区 5 世纪时为汪达尔人蹂躏，533 年左右为拜占廷人征服，7 世纪时被阿拉伯人夺占，最后分裂为几个独立的穆斯林国家，称柏柏里国家(摩洛哥、阿尔及利亚、突尼斯和利比亚)。几个世纪以来，该海岸因海盗劫掠船只和向欧洲大国强索贡赋而恶名昭彰。经过美国与的黎波里之战(参阅的黎波里战争)、美国远征军到达阿尔及尔(1815)，以及英国人炮轰阿尔及尔(1816)之后，海盗们不再强取贡赋。

柏格森 Bergson, Henri (-Louis)(1859 ～ 1941) 法国哲学家。1907 年他的《创造进化论》问世，他承认进化是被科学证明的事实，但非机械论的，整个进化过程是“生命冲

柏格森,摄于 1928 年
Archiv fur Kunst und Geschichte, West Berlin

动"的绵延。他是倡导**过程哲学**的第一人,反对静止价值,而主张动态价值(如移动、改变和进化)。由于他的作品文字优美而浅显易懂,1927 年获诺贝尔奖。他在当时十分受欢迎,至今仍对法国影响极大。

柏格兹特胡德　Buxtehude, Dietrich(1637? ～1707)　丹麦裔德国作曲家。曾担任过两处地方的管风琴师,后任吕贝克重要的圣马利亚教堂的管风琴师达 40 年之久。在那里他恢复了每年一度的教堂音乐会系列夜晚音乐会的传统。1705 年青年 **J. S. 巴赫**曾徒步 200 英里去听他的演奏,并在那里待了 3 个月。他留存下来的约 130 部声乐作品,通常称为康塔塔,可以分类为协奏曲、众赞歌组曲和咏叹调。他留下了约 100 部管风琴作品、约 20 部键盘组曲,以及 20 多部室内奏鸣曲。

柏拉图　Plato(公元前 428? ～前 347?)　原名 Aristocles。希腊哲学家,其学说和著作成为西方哲学中不可或缺的一部分。家族十分显赫,父亲自称是雅典最后一位国王的后裔,母亲与公元前 404 年寡头恐怖政治的极端派领袖克里蒂亚斯和夏尔米德斯有亲属关系。柏拉图(此名意指他额头宽,后亦指他知识广博)从幼年即认识**苏格拉底**。苏格拉底死后,他从雅典逃到麦加拉,在以后的 12 年到处旅行。公元前 387 年回到雅典,不久创立著名的哲学学校,称为学园,并在那里教过**亚里士多德**。他以苏格拉底的生活和思想为本,发展出深刻而浩瀚的哲学体系(参阅**柏拉图主义**)。其思想包含逻辑、认识论、玄学各个方面,但许多基本的动机是道德的。其思想见于众多的对话中,其中苏格拉底大多起主要作用,如申辩篇、普罗塔哥拉篇、美诺篇、会饮篇、理想国、智者篇、提麦奥斯篇和法律篇。

柏拉图主义　Platonism　体现柏拉图主要思想的任何哲学,特别是把抽象形式视为比物质更基本。虽然古代有柏拉图"不成文学说"的传统,但是当时和后来柏拉图主义却主要以对话为依据。其特色是对人生的本质给予特别的关注——始终是伦理的,经常是宗教的,有时也是政治的,其基础是相信不变的永恒事实(柏拉图式形式),它们脱离感官所感知的变动世界而独立存在。正是由于相信绝对价值根植于一个永恒的世界,才使柏拉图主义与柏拉图的前辈和后继者区分开来,也使它不同于后来得以阐发的种种哲学。

柏辽兹　Berlioz, (Louis-) Hector(1803 ～ 1869)　法国作曲家。早年学习吉他,但经过一番奋斗后才获准认真学习音乐。1830 年 27 岁时用疯狂的迷恋激情写成《幻想交响曲》,初演即引起轰动,成为浪漫主义时期的里程碑之作。他是个才华横溢的指挥,对于管弦乐的知识无人匹敌。他冲动而热情,是个好争论的评论家,不断地像牛虻那样挑战音乐界的成规。虽然他是当时最受人惊叹的法国音乐人物,但特异的作曲风格几乎使他所有的音乐作品在 20 世纪中叶之前都被排除在节目单之外。作品包括《本维努托 · 契里尼》(1837)、《特洛伊人》(1858)和《贝雅特丽丝和本尼狄克》(1862);交响曲《哈罗德在意大利》(1834)和《罗密欧与朱丽叶》(1839);合唱《安魂曲》(1837)、《浮士德的劫罚》(1846)、《赞美颂》(1849)和《基督的童年》(1854)。他的著作《配器法》(1843)是当时这类著作中最具影响力的,他的《回忆录》(1870)也广泛被人阅读。

柏林　Berlin　德国城市、州和首都。建于 13 世纪初,14 世纪为**汉萨同盟**的一员。后来成为**霍亨索伦王朝**的王室驻地和勃兰登堡的首府。又相继成为普鲁士(1701 年起)、德意志帝国(1871 ～ 1918)、魏玛共和国(1919 ～ 1932)和**第三帝国**(1933 ～ 1945)的首都。第二次世界大战中该市几乎完全毁于联军的轰炸。1945 年被划分为 4 个占领区,由美国、英国、法国和苏联分别占领。1948 年 3 个西方强国把他们的占领区合并为一个经济实体,苏联则以封锁柏林作为响应。1949 年当东、西德各自建立政府后,东柏林成为东德首都,而西柏林(虽被东德包围)则成为西德的一部分。50 年代由于东德移民不断涌进西柏林,遂在 1961 年筑起了**柏林墙**。该地区马上成为**冷战**中最受人瞩目的焦点。1989 年戏剧性地拆除柏林墙,标志伴随苏联解体而来的国际剧变。1991 年德国统一,柏林成为德国的正式首都,1999 年政府完成从波恩搬迁到柏林的工作。柏林市内有柏林大学、夏洛滕堡宫、勃兰登堡门和柏林动物园,也是柏林歌剧院和柏林爱乐乐团的所在地。人口约3 388 000(2002)。

柏林大学　Berlin, University of　又称 Humboldt University of Berlin(柏林洪堡大学)。柏林的公立大学,1809 ～ 1810 年由威廉创办,当时称腓特烈 · 威廉大学。到 19 世纪中叶,该校的现代教学课程和科学研究机构使它成为世界名校。曾在该校任教的著名教授包括 G. W. F. **黑格尔**、J. G. **费希特**、A. **叔本华**、L. **兰克**、H. von 亥姆霍兹、F. 施莱艾尔马赫和**格林兄弟**。20 世纪 30 年代学校被置于纳粹控制之下,许多教授逃往国外。第二次世界大战后,该校在德意志民主共和国(东德)的控制之下,改名为洪堡大学,并确定了马列主义的教学方向。1990 年德国统一后,大学重组。现有注册学生约23 000人。

柏林画家　Berlin Painter(活动时期公元前 500 ～前 460)　希腊陶瓶画家,是古代晚期杰出的陶瓶画家。最出名的是现藏柏林的一个双耳陶瓶装饰品。按照传统,需将陶瓶每侧的人物群用图案带框起来,然而柏林画家摈弃了传统的边框,使人物占主要地位,并在黑色的背景上凸显出来。约有 300 个陶瓶被认为是柏林画家所绘。

柏林会议　Berlin, Congress of(1878)　欧洲几个强权国家的外交会议,签署了《柏林条约》以取代《**圣斯特凡诺条约**》。会议由 O. von **俾斯麦**操纵,修改和平条约,以满足英国和奥匈帝国的利益,从而缓解了一场国际危机。由于使俄国的利益受损并且未能充分考虑巴尔干半岛各民族的意愿,从而埋下巴尔干半岛的危机。

柏林墙　Berlin Wall　围绕西柏林修建的屏障,它从 1961 ～ 1989 年封闭了东德人前往柏林的通道,成为东、西德**冷战**分界线的象征。1949 ～1961 年间有大约 250 万东德人逃往西德,为阻止他们而建起了这一屏障。1961 年 8 月 12 ～ 13 日夜间开始建造,后来发展成一道混凝土墙,顶部有带刺铁丝网,沿墙修起了岗楼、架起了机枪并且布有地雷。在 1989 年席卷东欧的民主化浪潮中,柏林墙终于被拆除。

柏罗丁　Plotinus(205 ～ 270)　罗马帝国时期埃及哲学家。可能出生在埃及,曾在波斯学习,公元 224 年迁往罗马。在罗马,他成为一群有影响力的知识分子的核心人物。约 265 年在坎佩尼亚建立柏拉图式共和国的努力因**加列努斯**而终止。他是新柏拉图主义的创始人。他的文集《九之书》由 6 组论文组成,每组 9 篇,由他的弟子波菲利(约 232 ～约 305)编写而成。《九之书》是第一部也是最伟大的新柏拉图派著述。柏罗丁认为哲学不仅是一种抽象思考,也是一种生活方式和宗教。他的著作极大地影响了早期的基督教神学,其哲学也被广泛地研究和仿效长达数个世纪。

勃艮第　Burgundy　法语作 Bourgogne。法国历史地区。西北部有巴黎盆地延入,南面为中央高原。勃艮第原指勃艮第人在罗讷河河谷和瑞士西部建立的王国,他们是日耳曼民族的一支,5 世纪时逃离德国。公元 534 年左右被墨洛温王朝征服,后被并入法兰克帝国。843 年的《**凡尔登条约**》把它分给神圣罗马帝国洛泰尔一世统治的中部法兰克王国。后来被划分为侏罗(上)勃艮第(建于 888 年)和下勃艮第,或称普罗旺斯(建于 879 年)。933 年统一为勃艮第王国。13 世纪以后称**阿尔勒王国**。勃艮第公国则形成于 9 世纪,由原来王国的西北部土地构成。1361 年勃艮第公爵去世,公国转入法国王室手中。后来赐给**腓力二世**,到了 1477 年领土已扩张到**低地国家**。后来为路易十一所占,被并入王室,在法国大革命以前一直是个行省。现在为一行政区,首府**第戎**。葡萄酿酒业是当地经济的重要部分。

勃拉姆斯　Brahms, Johannes(1833 ～ 1897)　德裔奥地利作曲家。为汉堡乐师之子，为钢琴神童。1853 年认识作曲家 R. 舒曼和 C. 舒曼夫妇；R. 舒曼立即宣告他是一个天才，C. 舒曼则成为他终身爱慕的对象。1863 年移居维也纳，这里成为他去世前的主要住所。曾经担任过合唱团和乐团指挥、独奏乐师等职务。《日耳曼安魂曲》(1868)的成功为他带来国际声誉。1876 年完成的第一首交响乐，使他更为出名。小提琴协奏曲(1879)和第二首钢琴协奏曲(1882)则使他获得当代最伟大作曲家之名。他这些基于古典风格的作品被认为是守旧的，尤其是与 F. 李斯特和 R. 瓦格纳的作品相比时更是如此。他的弦乐作品包括 4 首交响乐(1876、1877、1883、1885)、2 首钢琴协奏曲(1858、1881)、1 首小提琴协奏曲(1878)、1 首双协奏曲(1887)、2 首小夜曲(1858、1859)和 2 首序曲(1880)。他的大型室内乐作品有 4 首弦乐四重奏、2 首弦乐六重奏、2 首弦乐五重奏、3 首钢琴四重奏、3 首钢琴三重奏、3 首小提琴奏鸣曲，2 首大提琴奏鸣曲、2 首单簧管和 3 首钢琴奏鸣曲等。他还写了一些合唱曲和 250 多首民谣歌曲。

勃兰登堡 Brandenburg 普鲁士的历史地区和州，位于德国东北的低地。最早占据这里的人是森农人，后被斯拉夫人取代，12 世纪时又被北部边境侯爵大熊阿尔贝特一世统治。1356 年成为神圣罗马帝国 7 个选侯国之一。在选侯腓特烈·威廉(1640 ～ 1688)统治下，勃兰登堡-普鲁士成为权力核心所在。1815 年成为普鲁士的一个行省，1871 年德国统一后依然是一行省，这种状态一直维持到第二次世界大战结束为止。战后，其东部地区划归波兰，西部地区则属东德。1991 年德国统一后，西部地区成为德国的州。勃兰登堡市(又称哈佛尔河畔勃兰登堡，1992 年人口89 000)原是普鲁士统治家族的住地。

勃兰特 Brandt, Willy(1913 ～ 1992) 原名 Herbert Ernst Karl Frahm。德国政治家。年轻时即为社会民主党人，20 世纪 30 年代因纳粹上台而流亡挪威，化名W. 勃兰特，从

W. 勃兰特
Authenticated News International

事新闻工作。第二次世界大战结束后回到德国，1949 年选入联邦议会，1957 ～ 1966 年出任西柏林市长，该职位为他带来世界声誉。1969 ～1974 年间任德意志联邦共和国联合政府总理。担任总理期间，他致力于改善与东德、东欧其他社会主义国家和苏联的关系；协助加强欧洲共同体。1987 年前一直是社会民主党领袖。由于致力于东西方和解而获得 1971 年诺贝尔和平奖。

勃朗 Blanc, (Jean-Joseph-Charles-) Louis(1811 ～ 1882) 法国空想社会主义者和新闻工作者。1839 年创办《进步评论》报社，并连续发表他的最重要著作《劳动组织》，阐述

L. 勃朗
H. Roger-Viollet

其理论："社会工厂"由工人自己掌握，这种工厂会逐步接管大部分的生产，直到出现社会主义社会。他是 1848 年第二共和国的临时政府成员，但在 6 月工人暴动失败后，勃朗逃亡英国。流亡期间(1848 ～ 1870)著有关于法国大革命历史和政治类论述。

勃朗峰 Blanc, Mont 意大利语作 Monte Bianco(比安科峰)。欧洲的山岳，位于法国、意大利和瑞士边界上的阿尔卑斯山脉。是欧洲最高峰，海拔4 807米。1786 年帕卡德及其脚夫巴尔马特第一次攀登征服了这座高峰。勃朗峰隧道全长 13 千米，连接法国与意大利，是世界上最长的交通隧道之一。勃朗峰地区现已是阿尔卑斯山脉最大的旅游和冬季运动中心。

勃朗特姐妹 Brontë sisters 英国作家家族。安立甘宗牧师的女儿们，生长于约克郡的霍沃恩。母亲早逝，夏洛蒂·勃朗特(1816 ～1855)与妹妹爱米丽就读于牧师女子学校，夏洛蒂后来在该校任教，还曾担任家庭教师。她和爱米丽曾计划办学校但未能如愿。她的小说《简·爱》(1847)讲了一个与自己的愿望和社会地位发生冲突的女子的故事。这部小说的成功之处是它给予维多利亚时期的小说以新的真实感。后来她又发表了《雪莉》(1849)和《维莱特》(1853)两本小说。1854 年嫁给父亲的助理牧师，不久去世，时年 38 岁。爱米丽·勃朗特(1818 ～ 1848)可能是 3 姐妹中最伟大的作家。3 姐妹联合出版的诗集《柯勒、艾利斯及阿克顿·贝尔诗集》(1846)中有 21 篇是她的作品。许多评论家认为只有爱米丽的诗显示出真正的诗人的天赋。她的小说《呼啸山庄》(1847)以约克郡旷野为背景，描绘激情和仇恨，具有高度的想象力。刚出版时并不被看好，以后才被认为是最佳英语小说之一。小说出版后不久，她的身体开始迅速衰弱，最后死于肺结核，年仅 30 岁。在诗集《柯勒、艾利斯及阿克顿·贝尔诗集》中有 21 篇是安妮·勃朗特(1820 ～ 1849)的作品，此外，她还写了《艾格尼丝·格雷》(1847)和《怀佛庄的房客》(1848)两部小说。29 岁时死于肺结核。

勃勒东 Breton, André(1896 ～ 1966) 法国作家、评论家和编辑。1919 年与人共创达达主义杂志《文学》。受精神病学和象征主义运动影响，以自动写作法来写诗。1924 年发表《超现实主义宣言》，定义了超现实主义，并成为超现实主义的提倡者。20 世纪 30 年代曾加入共产党，后与之决裂。1938 年与 L. 托洛茨基在墨西哥创立革命艺术独立联盟。第二次世界大战期间移居美国，1946 年返法。1948 年出版《诗集》。曾写过评论文章和小说(《娜佳》，1928)。

勃列日涅夫 Brezhnev, Leonid (Ilich)(1906 ～ 1982) 苏联领袖。曾在乌克兰担任工程师和技术学校校长，并在地方担任各种党职。1939 年任地区党委书记。第二次世界大战期间，他在红军中任政治委员，官至少将(1943)。20 世纪 50 年代，他因支持 N. 赫鲁晓夫而升任苏共中央政治局委员。1964 年参加了逼迫赫鲁晓夫下台的联盟，后来取代赫鲁晓夫自任苏共第一书记(1966 年后为总书记)。他发展了所谓的勃列日涅夫主义，主张苏联有权干涉《华沙条约》各国，这一主张成了 1968 年苏军入侵捷克斯洛伐克的理论根据。在 20 世纪 70 年代，勃列日涅夫力图与西方国家关系正常化，尤其是与美国的关系。1976 年被授予苏联元帅称号，1977 年当选最高苏维埃主席团主席，成为身兼党和国家领袖的第一人。他全力发展苏联的军事工业，但牺牲了其他经济。尽管他健康情况不佳，但仍握有大权，直到去世。

勃鲁盖尔(大) Bruegel, Pieter, the Elder(约 1525 ～ 1569) 16 世纪尼德兰最伟大的画家。人们对他早年生涯知之甚少，只知他于 1551 年前往意大利旅行，在那里创作了他早期的签名画作《基督和使徒们在太巴利的海上》(约 1553)。1555 年回到佛兰德斯，受安特卫普一位雕刻师的委托，创作了一系列以讽刺性道德说教题材的作品，这些受 H. 博斯梦幻、怪诞风格影响的作品为他赢得了一些名声。他的著名作品大多描绘尼德兰的谚语、季节性的风景、农民生活和民间传说以及宗教主题。他常以俯瞰的手法用全景描绘圣经中的事件。他有许多赞助者，其画作多是受收藏者委托绘成的。他的素描、版画作品有很多，约 40 幅真迹保存下来。他的两个儿子和模仿者将他的风格延续到 18 世纪。他的两个儿子恢复了姓氏中被父亲略去的 h。

勃鲁盖尔(大) Brueghel, Jan, the Elder(1568 ～ 1625) 佛兰德斯画家，P. 勃鲁盖尔(大)的第二个儿子。青年时期曾到意大利学习，在枢机主教圣博罗梅奥的赞助下绘图。1596 年回到安特卫普，开始了极为成功且广受赞誉的事业。1608 年成为南尼德兰摄政哈布斯堡大公的宫廷画师。他以花卉、静物和风景画知名，所有画作都是小型的铜版画和画板画。他善于描绘出细腻的神韵，

故人们送他绰号“天鹅绒”。常与其他艺术家合作,包括他的朋友 P. P. 鲁本斯。他的两个儿子小勃鲁盖尔和安布罗西厄斯都是画家。

勃洛克 Blok, Aleksandr (Aleksandrovich) (1880 ～ 1921) 俄国诗人和剧作家。是俄罗斯象征派的主要代表人物(参阅象征主义运动)。后来反对他所谓的“枯燥无味的资产阶级理智主义”,投身布尔什维克运动,认为这对拯救俄罗斯人民才是根本的。受到 19 世纪早期浪漫主义诗作的影响,所写的乐诗音调美妙悦耳。他卓越的印象主义诗作《十二个》(1918)如谜一般的歌谣,以天启的观点将俄国革命与基督教精神统一了起来。在革命后的困难时期,他患有身心两方面的疾病,可能得了性病,享年 40 岁。

勃纳尔 Bonnard, Pierre (1867 ～ 1947) 法国画家和版画家。1888 ～1889 年就读于朱利昂学院和美术学校。19 世纪 90 年代成为美术家团体纳比画派的主要成员,受“新艺术”和日本版画的影响。与他的朋友 E. 维亚尔一起发展了亲切的室内场景画,称为“描绘内心派”,专门描绘第一次世界大战前时尚的巴黎生活。他也画静物、自画像、海景以及大幅的装饰画。1910 年到法国南方,绘成一系列地中海地区的风景画。他很喜爱透视画法,在《餐室》(1913)等作品中就运用了透视法。从 20 世纪 20 年代起,画题主要是风景、室内画、花园以及浴女等。曾为 P. 魏尔兰的象征主义诗集《平行集》作装饰画(1900)。他是现代艺术中运用色彩的伟大画家之一。

勃特勒 Butler, Samuel (1612 ～ 1680) 英国诗人和讽刺作家。曾担任过各种文职工作,使他能观察到怪人、狂徒和恶棍的奇异、滑稽行为,这些都成为他著名诗篇的题材。《休迪布拉斯》(1663 ～ 1678)是他著名的作品,是一部嘲笑英雄的诗篇,将他在好斗的清教徒中所看到的狂热、自负、迂腐和虚伪串接了起来。这是一部最令人难忘的英语诙谐诗,也是第一部抨击思想而不是人格的英语讽刺作品。

勃特勒 Butler, Samuel (1835 ～ 1902) 英国小说家、随笔作家和批评家。著名的牧师家族的后代。许多年来,他把注意力集中在宗教和进化论问题上,其作品先是拥护后又舍弃了 C. 达尔文的理论。最著名的作品《众生之路》(1903)是一部自传体讽刺小说,叙述他从令人在精神上感到窒息的家庭气氛中出走的故事。在他一生中,他的乌托邦式讽刺作品《埃瑞洪》(1872)使他获得盛誉,在这部作品中预示了维多利亚时代永恒进步的幻想的破灭。

S. 勃特勒,油画,C. 戈金绘于 1896年;现藏伦敦国立肖像画陈列馆

By courtesy of the National Portrait Gallery, London

钹 cymbal 打击乐器。由金属制成的圆盘,演奏时可用鼓槌敲击或两片互击。为相当古老(至少可追溯至公元前 1200 年)且普遍的乐器,自古以来就流传于中东一带,主要用作舞蹈者的乐器。13 世纪以前传入欧洲,西方管弦乐队中用的钹源自 18 世纪盛行的土耳其军乐队。亚洲的钹通常较扁平,中东和西方的钹中间常有一穹顶或突起,碰击时只有边缘接触。长久以来土耳其以精密的技术制造出最好的钹。流行音乐中,钹不用手敲击,而是悬挂在棒状架上轻触或打击,水平放置的踩钹可以用踏板轻轻碰击。

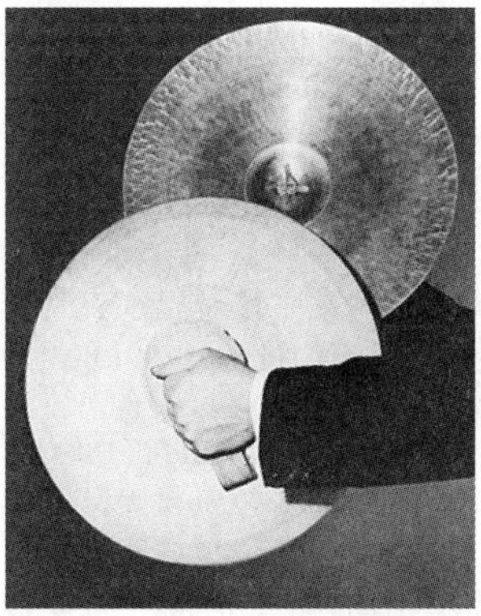

现代交响乐团使用的一对手持钹

By courtesy of Avedis Zildjian Company

铂 platinum 金属化学元素,化学符号 Pt。过渡元素之一,原子序数 78。是一种非常重的银白色贵金属,质地软,具延展性,熔点很高(1 769°C),耐腐蚀和抗化学反应。一般加入少量的铱形成更硬、更强的合金,而又包括了铂的优点。通常铂在砂矿中以合金形式存在,其中包含 80% ～ 90% 的纯铂,或者不多见的是与砷或硫结合在一起。在高温实验室的工作中它有不可取代的地位,用作电极、容器以及电接触,即使在非常热的情况下仍然能抗化学作用。铂还用作补牙的合金以及外科手术用的别针。铂被称为“白金”,用作贵重的首饰,比黄金要贵得多。重量和长度的国际标准原器用 90% 的铂,10% 的铱制成。76.7% 铂与 23.3% 钴的合金是已知最强的永久磁体。铂在它的化合价里有 2 价或 4 价。这些化合物中有许多是配位化合物。铂与它的某些化合物都是有用的催化剂,尤其是用于氢化作用以及催化转化剂。

博阿尔内 Beauharnais, (Eugénie-) Hortense de (1783 ～ 1837) 通常称奥尔唐斯。法国出生的荷兰王后(1806 ～ 1810)。她是约瑟芬和博阿尔内子爵的女儿,拿破仑一世的养女,她与拿破仑之弟路易·波拿巴结婚。路易成为荷兰国王,她遂立为王后。他们的婚姻并不幸福,但育有三个孩子,其中之一便是未来的拿破仑三世。1814 年拿破仑被流放后,奥尔唐斯成为亲拿破仑分子密谋的核心人物。拿破仑返回大陆时她极力给予支持,为此于 1815 年被逐出法国,之后定居瑞士。

博阿兹柯伊 Boğazköy 又拼 Boğazkale。土耳其中北部村庄。位于首都安卡拉以东 145 千米、古代赫梯帝国都城哈图沙什的遗址上。现址留有多处考古遗址,包括寺庙、城门,以及约公元前 16 ～前 12 世纪的统治者赫梯王朝宏大的城墙,后来希罗多德曾对它作过描述。在整个 20 世纪的挖掘工作中,发现了数以百计的楔形文字泥板,证实了这座古城的重要性。博阿兹柯伊于 1986 年被联合国教科文组织列为世界遗产。

博茨瓦纳 Botswana 全称 Republic of Botswana(博茨瓦纳共和国)。非洲南部国家。面积:581 730 平方千米。人口:约 2 096 000(2013)。首都:哈博罗内。茨瓦纳人占人口总数约 2/3,其他较大的种族有卡拉哈里人、恩瓜托人、茨瓦蓬人、比尔瓦人和卡兰加人。还有一小群游牧民族(科伊科伊人和桑人)。语言:英语(官方语言)和茨瓦纳语。宗教:基督教(多数为独立的基督教教会,亦包括新教)。货币:普拉。地形基本上是沙漠覆盖的盆地,平均高度约1 000米。西部和西南部是卡拉哈里沙漠的一部分,北部是奥卡万戈河三角洲沼泽地带。常年不断的地表水源为乔贝河(与纳米比亚的界河)、西北端的奥卡万戈河,以及东南部与南非的界河林波波河。经济传统上依赖牲畜饲养;20 世纪 80 年代钻石矿的开发已为国家带来财富。该国为多党制共和国,设有一个立法机构和咨询机构。国家元首暨政府首脑是总统。最早的居民是科伊科伊人和桑人。早在公元 190 年就有人定居于此,当时是操班图语的农民往南迁徙的时期。13 ～ 14 世纪在德兰士瓦西部兴起茨瓦纳诸王朝,18 世纪移至博茨瓦纳,并建立几个强大国家。19 世纪初欧洲传教士抵此,但直到 1867 年当地发现金矿后才引起欧洲人的兴趣。1885 年成为英属贝专纳兰保护地,直至 20 世纪 60 年代。1966 年贝专纳兰共和国宣布为英联邦的独立成员国,后来改名博茨瓦纳。独立后的博茨瓦纳力图在南非(经济上所仰赖的国家)和邻近黑人国家之间保持微妙的平衡关系。1990 年纳米比亚独立和南非放弃种族隔离政策才缓和了紧张关系。博茨瓦纳于 1980 年首次参加在莫斯科举办的夏季奥运会。

博丹 Bodin, Jean (1530 ～ 1596) 法国政治哲学家。在图卢兹大学攻读法律,后来留校任教(1551 ～ 1561)。1571 年任国王的兄弟阿朗松公爵弗朗索瓦的顾问。他主张与胡格诺派和解(当时政府正与之陷入内战),并反对出售王室领地。他的《共和六书》(1576)使他声名鹊起。书中提出保障国家秩序和权威的关键在于承认国家的主权,他不认为这种权力的有效性会取决于臣民。他认为政府受命于神权,把政治制度划分为 3 种:君主制(他赞同)、贵族制和民主制。

博登　Borden, Lizzie (Andrew)(1860～1927)　轰动美国的杀害父亲和继母的女嫌疑人。生于马萨诸塞州福尔里费。利齐·博登3岁丧母,其父富有,以严厉和吝啬闻名,于1865年续弦。1892年8月4日博登先生与其妻被利齐发现死于家中,其父头部被利器重创致死,又在楼上发现其继母的尸体被肢解。利齐和佣人承认案发时他们二人均在家中。后来利齐被捕,以双重杀人罪受审,佣人也被认为是共犯,不利于利齐的证据包括案发前一天她曾企图购买氢氰酸。地下室发现一把斧子。后根据现场的证据宣告无罪。利齐一直住在福尔里弗直到去世,基本上被社区摒弃。

博杜安一世　Baudouin I(1930～1993)　比利时国王(1951～1993)。国王利奥波德三世之子。第二次世界大战时德国占领比利时期间与家人一起被软禁,战后流亡瑞士。利奥波德三世退位(1951)后,他继任国王。在经历过其父粗暴的统治后,他努力使人们对君主制恢复信心,并团结了讲佛兰芒语和讲法语的居民,使国家免于分裂。由于他和妻子法比奥拉没有子嗣,所以传位给其弟阿尔贝特二世。

博多尼　Bodoni, Giambattista(1740～1813)　意大利印刷家。印刷家之子,曾在罗马天主教教堂的印刷所学艺。1768年在帕尔马公爵的皇家印刷厂担任管理工作。到18世纪80年代他设计了自己的字体;1790年博多尼字体问世,至今还在使用。他成为国际知名人物,收藏家们竞相收购他的书籍。他的许多重要作品包括贺拉斯诗集(1791)、维吉尔诗集(1793)和荷马的《伊利亚特》(1808)等的精装版。

博厄斯　Boas, Franz(1858～1942)　德裔美国人类学家,其重大贡献是在美国把人类学建立为一学术科目。博厄斯原本攻读物理和地理(1881年获博士学位),1883～

博厄斯,摄于1941年
AP/Wide World Photos

1884年参加到巴芬岛的科学探险活动,开始转而研究爱斯基摩人文化。后来对不列颠哥伦比亚的原土著居民(包括夸扣特尔人)进行研究。1896～1905年指导耶苏普北太平洋探险队,调查西伯利亚人和北美洲的原土著居民之间的关系。博厄斯在人类学方面的成就无人能超越。在他之前,大部分的人类学家固守社会文化进化这种相当粗浅的理论,主张有些民族在遗传上就比其他民族更为文明或较为发达。博厄斯认为持这种观点的人是种族优越感在作祟,他认为所有的人种都同样地经过进化,只是进化的方式不同。现在的人类学家主要受他的观点影响,相信种族之间的差异是历史文化因素而非遗传因素造成的。他1896年起在哥伦比亚大学任教,一直到去世。在美国,他是这门专业学问的主要组织者,也是R.本尼迪克特、A.L.克罗伯、M.米德和E.萨丕尔人的良师益友。其主要著作有《原始人的心灵》(1911)、《原始艺术》(1927)和《人种、语言和文化》(1940)。

博恩霍尔姆　Bornholm　丹麦岛屿。位于瑞典南部波罗的海中。首府在伦讷。一度为北欧海盗的要塞,1510年为汉萨同盟所控制。后来在瑞典和丹麦人之间屡次易手,1660年归属丹麦。现在是旅游胜地。面积为588平方千米。人口约44 126(2001)。

博尔顿　Bolton, Guy (Reginald)(1884～1979)　英裔美国剧作家和歌词作者。出生于英格兰,父母都是美国人。他的第一部剧作于1911年在百老汇上演。他和P.G.沃德豪斯等人合作,写出几十部脚本,由作曲家J.克恩(《噢,年轻人!》,1917)、G.格什温(《女士,好好干!》,1924;《疯狂的女孩》,1930)和C.波特(《随便什么都行》,1934)等人配乐。

博尔顿　Boulton, Matthew(1728～1809)　英国制造商和工程师,在J.瓦特和W.默多克(1754～1839)的帮助下,装配大量排水泵发动机来抽康沃尔锡矿的水,从而建立了蒸汽机工业。他预见到工业上将大量需要蒸汽动力,因而极力催促瓦特改良各种设计形式的发动机。博尔顿将蒸汽动力用在造币机械上,为东印度公司铸造了大量硬币,也提供机械设备给皇家造币厂。到1800年,在不列颠群岛和国外所安装的蒸汽机已经接近500台。

博尔赫斯　Borges, Jorge Luis(1899～1986)　阿根廷诗人、散文作家和短篇小说家。曾在瑞士受教育,很早就知道将来会走上文学之

J.L.博尔赫斯
By courtesy of Wellesley College, Wellesley, Massachusetts

路。20世纪20年代开始得遗传性失明症,视力逐渐减退。1938年头部受重伤感染,似乎释放了他心灵最深处的创作力。50年代中期完全失明,迫使他放弃撰写长篇文章,开始靠口述写些短篇作品。1955年起任阿根廷国家图书馆名誉馆长。大部分作品想象力十分丰富,以文字讽刺现实,其中故事集《伪装》(1944)为他赢得国际声誉,而《阿莱夫》(1949)、《梦虎》(1960)以及《虚构的人之书》(1967)等作品几乎抹平了散文和诗歌之间的区别。虽然他后来拒绝接受这种观点,但他还是被奉为建立南美洲现代极端主义运动的祖师,这是反"1898年一代"作家们颓废作风的一派。

博尔曼　Bormann, Martin(1900～1945?)　德国纳粹领导人。1925年加入纳粹党。1933～1941年任副元首R.赫斯的参谋长。1941年被A.希特勒指派接掌纳粹党秘书长,成为希特勒最亲信的副手之一,并因而成为第三帝国极具权势的影子领袖,控制所有的立法法案和党内一切升迁与任命,还控制其他人员晋见希特勒的渠道。他在希特勒死后不久失踪,据说逃到了南美,西德政府已正式宣布博尔曼死亡。

博尔西珀　Borsippa　巴比伦王国古城,位于巴比伦西南,因紧邻首都而成为重要的宗教中心。汉穆拉比在此建造或重建寺庙,供奉马尔杜克神。尼布甲尼撒二世在位时期,此城最为繁盛。公元前5世纪初,博尔西珀被薛西斯一世摧毁,再也没有完全恢复。废墟位于现在的希拉之南。

博格　Borg, Björn (Rune)(1956～　)　瑞典网球运动名将。博格自幼学打网球,14岁进入职业网坛。以强有力的发球和双手反拍击球而著名。他是继多尔蒂(1902～1906)之后第一位连获5次温布尔登锦标赛单打冠军(1976～1980)的运动员,还史无前例地接连4次赢得法国公开赛的男子单打冠军,前后总共6次获此项荣誉(1974～1975、1978～1981)。直到1981年春他在温布尔登网球赛中败给J.麦肯罗为止,他已创下了赢得41场该项赛事单打比赛的空前纪录。其他创下的连续保持纪录还有戴维斯杯(33次)和法国公开赛(28次),一生赢得11次大满贯赛冠军。1983年退役。

博格勒姆　Borglum, (John) Gutzon (de la Mothe)(1867～1941)　美国雕刻家。以在巨大岩石的自然结构上刻制庞大的政治人物雕像而闻名。生于爱达荷州贝尔湖,父母为丹麦移民,曾就读于巴黎朱利昂学院。1901年在纽约成立工作室,雕刻了名为《狄俄墨得斯的母马》的青铜群像,是纽约大都会博物馆收购的第一件美国雕刻。曾雕制了林肯总统的巨型头像,置于华盛顿美国国会大厦圆形大厅内。1916年受委托在佐治亚州斯通山雕刻纪念南部邦联的一些雕像,但后来与资助人争吵而于1924年放弃整个计划,由他人接手。最著名的作品是南达科他州的拉什莫尔山国家纪念碑。

博格勒姆
By courtesy of the Library of Congress, Washington, D. C.

博加特 Bogart, Humphrey (DeForest) (1899～1957) 美国演员。生于纽约市。开始时在舞台剧中和好莱坞饰演一些小角色,1935年在百老汇的《化石林》中扮演杀人

电影《撒哈拉》(1943)中的H.博加特
The Bettmann Arhive

凶手芒特公爵一炮走红,1936年演出同名的电影,这个角色使他再次受到好评。他参演的电影超过25部,通常都演强盗,1941年出演《高高的山岭》使他获得了明星地位。他常常扮演讽刺性的恋爱着的单身汉,演出的电影有《马耳他之鹰》(1941)、《卡萨布兰卡》(1942)、《碧血金沙》(1948)、《主要乐章》(1948)、《非洲皇后》(1951,获奥斯卡奖)以及《凯恩舰事件》(1954)。曾与第四个妻子L.巴考尔合演过4部电影,第一部是《江湖侠侣》(1945)。

博卡萨 Bokassa, Eddine Ahmed (1921～1996) 原名Jean-Bédel。中非共和国总统(1966～1977),自封中非帝国皇帝(1977～1979)。酋长之子,1939年加入法国军队,在印度支那服役时获英勇十字勋章。1961年返国,担任新独立的中非共和国的军队总司令,5年后推翻总统(即他的表兄弟达科)。1977年自己加冕为皇帝。当发现他曾参与屠杀100名学童,并有人指控他食人肉后,法国伞兵部队发动军事政变,将其政权推翻,重建共和国。博卡萨逃亡到科特迪瓦。虽在1980年他被宣判死刑,但后来被减刑。在他死后的2010年罪行被赫免。

博克 Bok, Edward (William) (1863～1930) 美国编辑。在纽约市布鲁克林区一个贫困的

E.博克,P.麦克唐纳摄于1909年
By courtesy of the Library of Congress, Washington, D. C.

荷兰移民家庭长大,一生从事书籍和杂志的出版工作。1889～1919年担任《妇女家庭杂志》主编,他建议各部门从各方面报道和妇女相关的题材,并开辟公共卫生和美化环境的专题。他拒绝刊登专卖药的广告,促使政府颁布《纯洁食物和药品法》(1906)。他还打破不许刊登提及性病题材的清规戒律。晚年致力于改善公民权与世界和平的工作。著名的自传《博克的美国化》(1920)获普利策奖。

博劳格 Borlaug, Norman (Ernest) (1914～2009) 美国农业科学家、植物病理学家。生于艾奥瓦州克雷斯科。在明尼苏达大学获得博士学位。1944～1960年在墨西哥的洛克菲勒基金会担任研究员,培育出谷物新品种,使该国小麦产量增加了两倍。后来为巴基斯坦和印度引进"矮秆"小麦,使这两个国家的收成增加60%,解决了20世纪60年代次大陆粮食短缺的问题。由于为绿色革命打下根基,于1970年获诺贝尔和平奖。后来致力于改进非洲农作物生产,并参与许多其他项目的计划,自1984年起在得克萨斯农工大学任教。

博雷加德 Beauregard, P(ierre) G(ustave) T(outant) (1818～1893) 美国军事领袖。生于新奥尔良附近。西点军校毕业(1838)。曾在墨西哥战争中服役。1861年路易斯安那州脱离联邦后,他辞职而在南部邦联军队中担任将军。曾指挥部队炮轰南卡罗来纳州的萨姆特堡,在布尔溪战役和夏洛战役中任指挥。他还指挥过南卡罗来纳州查尔斯顿以及弗吉尼亚州里士满的保卫战。他是一个颇具争议性的指挥官,常常质疑上司的命令,战后他还与其他将领就他在战争中的作用而争吵。

博林 Boleyn, Anne (1507?～1536) 英王亨利八世的妻子。在法国度过她的部分童年,住在亨利八世宫中时,亨利八世很快爱上了她,随即开始了解除和王后(第一位妻子)阿拉贡的凯瑟琳的婚姻的秘密程序。教皇克雷芒七世连续6年拒不批准。1533年亨利八世和安妮·博林秘密结婚,并使坎特伯雷主教T.克兰默宣布他和凯瑟琳的婚姻无效。安妮生有一女,即未来的伊丽莎白一世,但没有生下亨利所希望的儿子,他便对安妮失去兴趣。1536年以安妮犯下通奸、乱伦等有争议的罪行将其监禁。她被判有罪,并被斩首。

博罗米尼 Borromini, Francesco (1599～1667) 原名Francesco Castelli。意大利巴罗克风格的建筑大师。与G.L.贝尔尼尼共同设计了著名的圣彼得大教堂华盖,但后来两

罗马圣伊沃(萨皮恩扎的)教堂穹顶内部,F.博罗米尼设计于1642～1660年间
GEKS

人成为死敌。他首次独立接下的工程是圣卡洛教堂(1638～1641),因教堂内部空间狭小,他善用连结三段式的设计,底层以古怪波浪式的几何形体处理,中层采撷典型希腊式设计,上层是新颖的圆顶设计,突破了传统的组合,可见交织的美感,其中圆顶由教堂内部高耸直上,起拱点及采光口皆位于该层底部。他的作品具幻觉效果,如罗马圣伊沃(萨皮恩扎的)教堂(1642～1660)。晚年命途多舛,1667年自杀。其影响遍及意大利北部及中欧一带。

博洛尼亚 Bologna 意大利北部艾米利亚-罗马涅区城市、首府,位于佛罗伦萨以北,亚平宁山脉北部山脚下。原为埃特鲁斯坎人的费尔西纳镇,公元前190年成为罗马的军事殖民地。从公元6世纪起属拜占廷拉韦纳督管区管辖。12世纪时成为一自由行政区。1506年并入教皇国,1530年查理五世在此加冕。经过法国的短期占领后,1815年恢复为教皇国辖地,1860年归属意大利王国。博洛尼亚大学是欧洲最古老的大学。该市是南、北意大利间的公路和铁路交通中心。这里有中世纪和文艺复兴时期最优良的建筑,并以美食著称。20世纪后50年代,该地政府一直由左派掌权。人口373 539(2004)。

博洛尼亚大学 Bologna, University of 欧洲最古老的大学,1088年建于意大利的博洛尼亚。12～13世纪时成为研究民法和教会法规的主要中心,是欧洲各大学的组织模型。约在1200年设医学系和哲学系。理科各系则在17世纪发展起来。18世纪时招收女生并聘任女教师。该校现有法学、政治学、经济学、文学和哲学、自然科学、农学、医学和工程学等系。现有注册学生约64 000人。

博洛尼亚画派 Bolognese school 1582年前后由卡拉齐家族的洛多维科、阿戈斯蒂诺和安尼巴莱成立的进步学院所制作的作品及阐述的理论。他们为反对风格主义而提倡直

接从生活提取作画题材。其所教导的优秀学生中有多梅尼基诺和G. 雷尼。他们的画明快、单纯,很符合反宗教改革运动的艺术要求,即要求艺术作品能让人立即理解。开始时只是一种地区性活动,后来成为17世纪艺术中最有影响的一派。

博马舍　Beaumarchais, Pierre-Augustin Caron de(1732～1799)　法国剧作家。钟表匠之子,发明了一种擒纵机构,但因专利权问题而官司缠身。为了在诉讼中进行辩护,

P. 博马舍,油画;J.-M. 纳蒂埃绘
Giraudon-Art Resource

他写了一系列才气横溢的辩驳性文章,因而树立作家的名声。他写的喜剧《塞维尔的理发师》(1772)因抨击贵族被禁演3年。他的《费加罗的婚礼》(1784)刚开始也因批评贵族而遭禁演。这两出喜剧后来分别由G. 罗西尼和W. A. 莫扎特改编成著名的歌剧。1777年他组建著作人协会让剧作家能得到王室的酬劳。据说他的剧本是受法国大革命的启发而创作,但滑稽的是,在法国大革命期间他却因过于富有而短期入狱。

博姆　Böhm, Karl(1894～1981)　奥地利指挥家。在格拉茨从演奏钢琴手升任到首席指挥,1921年被华尔特邀请到慕尼黑任指挥。1934～1942年在德累斯顿国家歌剧院担任指挥,博姆指挥过无数的初次公演作品,包括R. 施特劳斯的两部作品,他对施特劳斯的作品有强烈的共鸣。他与萨尔茨堡音乐节有着长期的合作关系(始自1938年),尤其以指挥莫扎特的作品受到称赞。

博纳尔　Bonheur, Rosa(1822～1899)　法国动物画女画家,以能准确而又细致地塑造动物的形象闻名。受教于担任艺术教师的父亲,1841年起参加巴黎历届画展。有关狮子、老虎、马和其他动物的绘画都极受欢迎。其中作品《马市》(1853)使她赢得国际声誉。个性丰富,她女扮男装去巴黎真正的马市上研究马匹,并获得警察正式批准。1865年成为第一个获得大十字荣誉勋章的女性。

博奈尔岛　Bonaire　小安的列斯群岛岛屿。位于加勒比海北部。原为荷属安的列斯群岛的一部分,2010年成为荷兰直辖市。面积:288平方千米。南距委内瑞拉海岸线80千米,西距库拉索岛东岸32千米。克拉伦代克为其主要城镇。作为曾经的奴隶市场,该岛主要居民为非洲奴隶后裔。表面约70%的面积被珊瑚石灰岩覆盖。其丰富盐滩使盐的出口成为该岛的主要收入来源。旅游业也成为日益繁荣的产业。人口约12 877(2009)。

博普塔茨瓦纳　Bophuthatswana　南非共和国的前班图斯坦。包含若干个不相邻的黑人地区。原是南非当局为茨瓦纳人建立的"家园"。1977年南非宣布其独立,定姆马巴托为首都。但从未获得国际承认。1994年南非放弃种族隔离政策后,博普塔茨瓦纳解体,重新并入南非。其250万居民及各区分别成为奥兰治自由邦省(现名为自由邦省)以及新成立的西、北、东德兰士瓦省(现名为姆普马兰加省)的一部分。

博若莱　Beaujolais　法国中东部大区,位于罗讷省北部和卢瓦尔省东北部。地处中央高原以东,索恩河以西。境内多林木,为当地林业之本。最高点圣里戈峰,海拔1 009米。山峰以东是博若莱高地的石灰岩陡坡,是世界闻名的红葡萄酒产地。

博什(加维尼奥)　Bosch (Gaviño), Juan(1909～2001)　多米尼加共和国诗人、学者及总统(1963)。生于拉贝加,出身中下阶层,早年反对R. 特鲁希略(莫利纳)的独裁政权。被流放24年,特鲁希略死后才返国,想建立一个左派反共产主义运动。博什能言善辩,长于演讲,在大选中以压倒优势获胜。他是第一个在38年中直接寻求一向被忽视的农民支持的政治家,这使他在大选中获得压倒的多数。但博什倡导的自由民主宪法使这个国家的既得利益集团感到不安,仅7个月,军方便推翻了博什。1965年他的支持者反叛在任的统治集团,美国总统C. B. 约翰逊声明博什的支持者是共产主义者,并派兵镇压。后来的30多年,他曾多次竞选总统,但均告失败。

博士　Magi　基督教传说中,来自东方的智者向婴儿耶稣敬拜。根据《马太福音》第2章第1～12节,他们靠神奇的导星引路来到了伯利恒,并带来"黄金、乳香和没药"。希

《博士来朝》(1504),油画,A. 丢勒绘;现藏佛罗伦萨乌菲兹美术馆
SCALA-Art Resource

律王要他们在归途中报告基督出生的地点,但是一个天使警告了他们希律王的恶意。在后来的基督教传说中,他们被说成是国王,分别名为梅尔齐奥尔、巴尔塔萨尔和加斯帕尔。他们的来访被认为证明了不管是外邦人还是犹太人,都应该信奉耶稣基督。这一朝拜在显现节上被庆祝。参阅麻葛。

博斯　Bosch, Hieronymus(约1450～1516)　原名Jeroen van Aken或Jerome van Aken。荷兰画家。祖父和父亲都是有成就的画家,他的名字便是取自家乡Hertogenbosch之名。他的事业极成功,作品广被模仿。有许多幅画被认为是他的作品,但所有作品都没有年代。作品在具有启示意义的场景中混合了幻想与现实,在富有想象力的建筑和地形中呈现了半人、半动物、魔鬼和邪神等与人物互动的情景。《人间乐园》是博斯成熟时期的代表作,以丰富的想象力表现了夏娃的创造、最初的诱惑和堕落的人间欢乐之情。他是中世纪晚期北欧最具独创性的画家之一,也是杰出的素描画家和首先将素描提高成独立的画种的人。他还制作装饰画、祭坛画和设计彩画玻璃。

博斯普鲁斯海峡　Bosporus　土耳其语作Karadeniz Bogazi。沟通黑海和马尔马拉海,并将土耳其亚洲部分和欧洲部分隔开的海峡。全长31千米,最宽处3.7千米。博斯普鲁斯字面意思为"牛涉水之地",据说曾有传奇人物伊俄化身为一小母牛,漫游越过色雷斯国博斯普鲁斯海峡。鉴于海峡的重要战略地位,为了保卫跨越海峡南端的君士坦丁堡(今伊斯坦布尔),拜占廷诸皇帝和以后的奥斯曼帝国诸苏丹沿海峡两岸先后修建了许多城堡。19世纪时由于欧洲强国的影响日益增长,先后订立了通过海峡船只的管理条例。第一次世界大战后,海峡的控制权由国际委员会接管,1936年重归土耳其管理。跨越海峡并连接伊斯坦布尔两部分的两座大桥先后于1973、1988年建成,2004年开始建海底隧道。

博斯沃思原野战役　Bosworth Field, Battle of(1485-08-22)　英国玫瑰战争中的最后一次战役。发生在约克王理查三世与王位竞争者兰开斯特的亨利·都铎(即后来的亨利七世)之间。亨利从流放中归来,带了军队在米尔福德港登陆,在莱斯特郡以西19千米处遇到了理查的队伍,于是发生了战斗。结果国王的军队被打垮,纷纷逃命,理查坠马后在沼泽中战死(莎士比亚的《理查三世》中曾描写了这一场景)。这次战争奠定了英国王位由都铎王朝掌控的基础。

博塔　Botha, Louis(1862～1919)　南非联邦第一任总理(1910～1919)。1897年选入南非共和国议会,属于温和派,反对P. 克鲁格总统敌视外国人(主要指英国移民)的政策。南非战争爆发后,指挥南部军队包围莱迪史密斯,后来努力保卫德兰士瓦,但未成功。1910年担任总理时,他主张与英国人和平相处,但受到阿非利堪人民族主义分子的严厉抨击。第一次世界大战爆发后,博塔应英国的要求占领了德属西南非洲(今纳米比亚)。

博塔 Botha, P(ieter) W(illem)(1916～2006) 南非总理(1978～1984)及第一任总统(1984～1989)。1948年代表国民党被选入议会。曾在各部任职,1978年J.沃斯特辞职后,他接任总理。当时政府面临内政外交的严重困难,包括莫桑比克、安哥拉和津巴布韦黑人政府相继执政,西南非洲(纳米比亚)政治动乱,国内也发生黑人学生和劳工动乱。他派南非军队各处出击,以配合邻邦国内反政府组织的行动,在国内则压制叛乱。1989年面临来自党内外的反对声浪,放弃总统职位。

博希蒙德一世 Bohemond I(约1050～1111) 原名Marc(马克)。奥特朗托公爵(1089～1111)和安条克公爵(1098～1101、1103～1104)。支配意大利东南部的公爵之子,他的外号是一个传奇巨人的名字。后来加入父亲的军队,与拜占廷皇帝阿历克塞一世康尼努斯争夺拜占廷帝国领土。1095年加入第1次十字军东征,从土耳其人手中再次征服拜占廷,1098年攻克安条克。他留守该城,没有参加进攻耶路撒冷的战役,因而建立了安条克公国。他努力获取法国和意大利的支持以对付阿历克塞和拜占廷帝国,但最后未能成功。

博伊森莓 boysenberry 一种果形很大的莓。和罗甘莓以及杨氏杂交莓一起,被认为是黑莓(*Rubus urisinus*)的一个品种。果暗红黑色,是制作罐头、蜜饯的上等佳品。主要生长于美国南部和西南部,以及从加利福尼亚南部至俄勒冈的太平洋沿岸地区。博伊森莓于20世纪20年代初期由加利福尼亚州纳帕的R.博伊森(1895～1950)培育成功,故名。

博伊斯 Beuys, Joseph(1921～1986) 德国先锋派雕刻家及戏剧表演艺术家。第二次世界大战期间服役于空军,1947～1951年在杜塞尔多夫学习艺术,1961年在当地艺术学院任雕刻教授。20世纪60年代,博伊斯加入名为福鲁克萨斯的国际团体,他们强调的不是一个艺术家做了什么,而是强调艺术家的个性、行动和观点。他最著名也最受争议的行动之一是《如何给死兔讲解图画》(1965),博伊斯以蜂蜜和金叶覆头,在画廊里走动,对着一只死兔讲述有关人类和动物的意识。他成功地创造了一个流行的个人神话,是20世纪晚期最有影响的艺术家和教师之一。

博伊托 Boito, Arrigo(1842～1918) 原名Enrico Giuseppe Giovanni。意大利作曲家和歌词作家。在作曲方面,以歌剧《梅菲斯托费尔》(1868)最为闻名。他为G.威尔地《列国赞歌》(1862)写歌词,并改写他的《西蒙·博卡内格拉》(1881)歌词,这两项任务使他能为威尔地的杰作《奥瑟罗》(1887)和《法尔斯塔夫》(1893)写出著名的台本。他也是蓬基耶利的歌剧《乔孔达》(1876)的歌词作者。而他自己的歌剧《尼禄》在生前未能完成。

《薄伽梵歌》 Bhagavadgita 梵文的意思是"天神之歌"。印度教最伟大的经籍之一,是《摩诃婆罗多》的一部分。其体裁是武士阿周那亲王与为他驱车的黑天(毗湿奴大神的化身)之间的对话。可能在公元1世纪或2世纪写成,比《摩诃婆罗多》的许多篇章要晚。阿周那考虑到即将发生的战斗所带来的伤害而犹豫不决,但克里希纳向他解释说:不考虑个人胜败得失,冷静地履行天职,才更为高尚。《薄伽梵歌》看重的是神的性质和最终的现实,为超越这个世纪的极限提供了三条纪律:智(知识或智能)、业(冷静的行动)和守贞专奉(对神的爱)。千百年来,《薄伽梵歌》引申出无数的注释,包括罗摩奴阇和M.K.甘地所作。

薄伽丘 Boccaccio, Giovanni(1313～1375) 意大利诗人和学者。一生坎坷,有时甚至一贫如洗。早期作品包括《为爱所苦》(约1336),是一部5卷散文作品;《苔塞伊达》(约1340),

薄伽丘,湿壁画,A. del 卡斯塔尼奥绘;现藏佛罗伦萨圣阿波罗尼亚艺术中心
Alinari–Art Resource

是包含12个诗章的雄心勃勃的史诗。最著名的是《十日谈》,为意大利古典诗文经典之作,对整个欧洲文学的影响极为深远。他用一个框架故事把100个朴实的故事串联起来,可能写成于1348～1353年间。此后转向人文主义的学术研究,并改用拉丁文写作。他和彼特拉克一起奠定了文艺复兴时代的人文主义基础,并通过意大利文撰写的作品把方言文学提高到古代古典文学的层次。

薄荷醇 menthol 类异戊二烯化合物的结晶有机化合物。具有强烈的薄荷清凉气味。是从日本薄荷油萃取的,用于卷烟、化妆品、按摩膏、止咳片及香料中。在它的两种旋光异构体中,只有左旋薄荷醇具有适意的清凉效应。

卜尼法斯八世 Boniface VIII(约1235～1303) 原名Benedict Caetani。意大利籍教皇(1294～1303)。出生于罗马显贵家庭,曾在博洛尼亚学习法律,之后在教廷任职,最后成为枢机主教(1281)及教皇。由于英格兰爱德华一世和法兰西腓力四世互相角逐,用度浩繁,不经教皇同意而擅自纷纷向神职人员征税,1296年卜尼法斯发布通谕,禁止这种行为。腓力遂禁止财富出境,切断教廷财政来源。1301年双方的关系因腓力将一主教判刑而更恶化。当听说卜尼法斯将对腓力行绝罚处分时,腓力的拥护者将他拘捕,虽两天后便被救出,但返回罗马不久后便去世。

卜塔 Ptah 埃及宗教中的造物神。为手工艺人尤其是雕塑家的保护人,被希腊人看作是赫菲斯托斯,即神圣的铁匠。形如一个干瘪模样的常人,戴着无边便帽,蓄有短直的

握着生命与权力象征的卜塔,孟斐斯的青铜小塑像,约作于公元前600～前100年;现藏不列颠博物馆
By courtesy of the trustees of the British Museum

假胡须。他最初是孟斐斯的地方神,孟斐斯城自第一代王朝起即为埃及的首都。它的政治重要性使得卜塔的信徒扩展到埃及全境。他和塞赫迈特、奈费尔特姆同为孟斐斯三联神。

补贴 subsidy 为了达到某种公共目的而提供的资金援助,常常通过直接支付或间接的方法,如降价或优惠政策等来实现。为交通、住房、农业、采矿以及其他工业提供补贴的依据,使这些事业的保留或扩展符合大众利益。对艺术、科学、人文和宗教的补贴也在很多私有经济难以维持的国家得到采用。补贴可以是:直接以现金或实物支付;政府提供低于市场价格的物质或服务;政府用高于市场的价格采购货物或服务或者减税。虽然发放补贴的目的在于提高社会福利,但却可能引起高税收或消费品价格的提升。它们还可能鼓励保护效率低的制造商。补贴只是在提高公共利益而不是提高价格方面产生作用时才达到其理想效果(参阅成本-效益分析)。

捕鲸 whaling 猎取鲸类以充当食物和提取油脂的行为。捕鲸活动可追溯到史前时期,当时北极区的人们利用石器来捕鲸。整只动物都被利用,这项技术一直到20世纪浮动工厂出现才被西方商业捕鲸者完善起来。巴斯克捕鲸者是最早从事商业捕鲸的欧洲人,他们冒着风浪行驶很长距离到纽芬兰及冰岛沿岸。这样的

横渡大西洋的航行早在14～16世纪就已开始。在17世纪内,荷兰人及英格兰人均组成庞大的捕鲸船队。18世纪,因捕鲸船上安装了提炼炉,捕鲸者在海上就能把宝贵的鲸脂提炼成油,并把鲸油贮存在桶里,不必把捕到的鲸拖回岸上再加工。有了这样的加工能力,捕鲸船通常能在海上停留4年之久。由于石油的发现(1859)、过度捕杀等原因,捕鲸业在19世纪末日趋衰落。20世纪,人们发现了鲸产品的新用途,于是捕鲸业又稍有振兴,然而鲸的种群却面临绝灭的危险。1900～1911年间捕杀的鲸从2 000头增加到20 000头以上。挪威和英国在20世纪中期之前是主要的捕鲸国。此时大多数国家意识到过度捕鲸的危害,不过日本和苏联例外——这时它们成了主要的捕鲸国。对多种鲸濒临灭绝的忧虑,导致1946年建立了国际捕鲸委员会(IWC)。从1986年开始商业捕鲸被全部禁止。但少数国家(如日本、挪威和苏联)起初拒绝执行该禁令。

捕蝇草 Venus's-flytrap 又作Venus fly-trap。茅膏菜科捕蝇草属的唯一种,学名为*Dionaea muscipula*。多年生显花植物,以能捕捉昆虫等小动物而著名(参阅食肉植物)。原

捕蝇草(*Dionaea muscipula*)
Jack Dermid

产南、北卡罗来纳湿润而多苔的小区域。由鳞茎状根茎发出高20～30厘米的直立茎。花小白色,聚成顶生圆形花簇。叶呈裂片,边缘有尖齿,在正常日温下,昆虫一旦接触,裂片在半秒之内就合拢,叶面的腺体分泌一种红色消化液,使整个叶宛如一朵红花。约10天左右消化完毕,叶又张开。捕蝇草的捕捉器通常在捕捉3只或4只昆虫后即死去。

哺乳类 mammal 哺乳纲温血脊椎动物之统称。四肢(有些水生物种除外),与脊索动物门其他各纲动物的区别在于雌性有分泌乳汁的腺体,在发育的一些阶段有毛被覆。其他独有特征还包括:下巴直接铰接在头骨上,借着中耳的骨头听声音,肌肉的横膈分开胸腔与腹腔,以及成熟红血球细胞无核。哺乳动物小如鼩鼱,大至蓝鲸。单孔目(鸭嘴兽和针鼹)动物产卵,其他所有的哺乳动物都是直接产下幼雏。有袋类的新生幼子在子宫外面完成发育,有时候是在类似袋囊的构造之中。胎盘哺乳动物(参阅胎盘)出生于较为高等的发育阶段。最早的哺乳动物可追溯至三叠纪晚期(在2.06亿年前结束)。直系祖先是兽孔目爬行动物。7 000万年来,哺乳动物一直是地球生态系统中占优势的动物,主要有两个原因:哺乳动物幼仔向长辈学习的能力(依靠母亲养育的结果)使其具有强大的行为适应性;温血的身体可适应各种气候与环境。参阅食肉动物、鲸类、食草动物、食虫类、杂食动物、灵长类和啮齿类。

不从国教派 Nonconformist 英格兰基督教徒中不遵从英国圣公会的教义或习俗的人。该词首见于1660年王政复辟后用来描述与国教分离的成员。这类成员,也被称为分离派或不顺从派,通常拒绝接受与天主教过于接近的安立甘宗礼拜仪式和教义。19世纪末,各教派中的不从国教派联合起来成立自由教会联合会。此词在英格兰和威尔士泛指所有不信奉圣公会的基督教各派,包括浸礼宗、公理宗、上帝一位论派、长老宗、循道宗、贵格会和基督会。

不丹 Bhutan 全名不丹王国。亚洲中南部国家。面积:38 394平方千米。人口:约762 000(2013)。首都:廷布。人民分为三大种族:东部的佛教徒沙缚人(阿萨姆人);信奉藏传佛教的菩提亚人,约占全国人口的一半,分布于北部、中部和西部;以及西南部信奉印度教的尼泊尔人。语言:宗卡语(官方语言)、尼泊尔语和其他汉藏诸语言。宗教:藏传佛教和印度教。货币:努尔特鲁姆。北部是大喜马拉雅山脉,山峰高达7 300米以上,峻谷也在海拔3 700～5 500米之间。大喜马拉雅山脉往南呈放射状延伸为小喜马拉雅山脉,有若干肥沃的谷地位于其间,海拔为1 500～2 700米,人口稠密,已广为垦植。山脉以南是杜阿尔斯平原,控制了山脉入口要道,战略地位重要,但气候大多十分炎热,终日烟雾蒸腾,森林密布。经济以农业为主,所有的出口货物几乎都销往印度。该国为君主立宪政体,两院制。国家元首为国王,政府首脑为总理。由于山脉和森林的阻碍使不丹长期与外界隔离,其封建君主禁绝外人抵此一直维持到20世纪。虽然如此,它还是不能免于成为外来侵略者的觊觎目标,1865年受英国势力的统辖,1910年与英国订约同意由英国负责其外交事务。后来它一直从于英属印度,但主要还是和中国西藏做贸易。1949年印度取代了英国的地位。不丹与印度的关系得到加强。20世纪末,国家领导人认识到增强国际交流与提高生活水平的迫切性,推行修筑公路、建立医院和兴办教育等政策。国王亦逐步放弃其权力。2008年3月完成从绝对君主制到立宪君主制的过渡,当年7月通过新宪法。不丹于1984年首次参加在洛杉矶举办的夏季奥运会。

不二论 Advaita 梵语,意为"非二元论"。吠檀多派各派中最有影响的一派。起源于公元7世纪的思想家乔荼波陀对《蛙氏奥义书》所作的注释。他在大乘佛教的基础上建立起佛教的空观哲学,认为并不存在二元性。人们的心灵无论是醒着还是在做梦,都在幻觉中活动,心灵的无知掩盖了这样一个真相:生成、个人的自我灵魂并不存在,存在的只是我[阿特曼(世界灵魂)]的短暂的勾画轮廓。8世纪的印度哲学家商羯罗进一步发挥不二论的论点,认为奥义书教给人们的是梵的本质,只有梵是真实的,而世界是虚无的。不二论的著作十分浩繁,现代印度思想仍然受其影响。

不公正地划分选区 gerrymandering 美国政治中一种划分选区的方法,使一党较其对手处于不公正的有利地位。这个词来自马萨诸塞州州长E.格里的名字。他提交一项计划,在该州重新划分参议员选举区。使联邦党的选票仅集中在少数几个选区,从而使民主-共和党人的代表得到的席位数超过比例。这些选区的形状奇特,有一个选区的形状酷似蝾螈,于是人们轻蔑地称这种做法为gerrymander。这种做法延续至今,各州议会重新划分选区经常不得不交法院裁决。

不害 ahimsa 耆那教的基本伦理美德,也为印度教和佛教所崇尚。耆那教以不害为判断一切行为的准则。对受持小戒的在家信徒来说,不害就是不杀害任何动物,对受持大戒的苦行者来说,不害就是防止有意或无意伤害任何生命。阻碍其他生命的灵性发展,就会增加自己的业,而推迟自己解脱生死轮回的时间。20世纪,印度圣雄M.K.甘地将不害原则推行到政治领域,提出不合作主义。

不合作主义 satyagraha 非暴力反抗或被动抵抗的哲学。M.K.甘地首次将它介绍到非洲南部(1906),并从1917年起开始在印度试图脱离英国政府独立的时期发展这种哲学。不合作主义寻求通过谦恭来获胜。它包括拒绝投降或与任何认为不对的事情合作,但坚守非暴力的原则来保持心灵的宁静以获取洞察力和理解力。该原则在M.L.金领导的美国民权运动中起了重要作用。参阅非暴力反抗。

不结盟运动 nonalignment movement 又称neutralism(中立)。和平时期的一种政策,即政治上或意识形态上不依附于任何主要国家集团。20世纪,主要是亚洲和非洲一些国家采取不结盟政策。这些国家绝大多数曾经是西方列强的殖民地,他们怕再次被西方或共产主义集团拉入一种新的依附形式。由J.尼赫鲁、G.A.纳赛尔及其他人发起的不结盟运动于1961年召开了第一次正式会议,有25个国家参加。以后每3年召开一次会议。苏联还存在的时候,这些国家希望能从西方及共产主义集团都得到发展的援助,但又谨慎地保持着不与任何一方结成政治或军事联盟。1991年苏联解体。如今这个运动已有110多个成员。它们目前关心的问题是免除债务以及公平的贸易关系。

不可接触者 untouchable 又称"贱民"。过去指印度社会中各种地位低下和不属于印度种姓制度的那些人。现在印度社会对这些人称达利特,他们的处境得到了印度宪法和法律的承认。传统上认为不可接触者的群体包括这样一些人,他们的职业或生活习惯涉及一些被认为会沾染污物的活动,例如为生计杀生(如渔民)、屠宰或销毁死牛或用牛皮制革、接触人体粪便(如清洁工)以及食用牛肉、猪肉或鸡肉等。许多不可接触者为躲避歧

视而皈依其他宗教。现行印度法律将他们归入表列种姓,并赋予他们某些特殊权利。

不可知论 agnosticism 认为人不可能知道在经验现象以外任何事物的存在的理论,一般视为同于宗教怀疑论,特别在现代科学思想的影响下否定传统基督教信仰。T. H. 赫胥黎于1869年首先杜撰 agnostie(不可知的)一词,与 gnostic(知的)相对,用以表明那些反对传统犹太教-基督教有神论、但并不是教条主义的无神论者(参阅无神论)。不可知论可能由于缺少充分的证据而仅仅搁置了对终极问题的判断,或形成对传统基督教教义的反对。

不来梅 Bremen 德国西北部城市,位于威悉河畔。神圣罗马皇帝查理曼于787年建立不来梅主教辖区,845年起成为大主教管辖区。10世纪成为德国北部经济中心,1358年加入汉萨同盟后更为兴盛。1815年加入日耳曼联邦,1871年加入德意志帝国。第二次世界大战中受到严重破坏。战后,与附近的不来梅港(人口2002年约195 863)联合组成西德的一个州。现在,该州已占有德国经济的重要地位,许多公司的总部都设于此。人口约540 950(2002)。

不列颠 Britain 历史上适用于大不列颠岛的名称。特别是用在提到前罗马时期和罗马时期的时候,以及盎格鲁-撒克逊时期之初。此词是拉丁语 Britannia 的英语化形式。参阅大不列颠及北爱尔兰联合王国。

《不列颠百科全书》 Encyclopædia Britannica 最古老、最大型的英语综合性百科全书。1768～1771年在苏格兰爱丁堡推出第1版3卷本。后来在篇幅与范围上不断扩增,声誉日隆。最出名的版本包括:第9版(1875～1889),有"学者百科全书"之称;第11版(1910～1911),聘请了全球1 500名以上的著名专家撰稿,并将传统上长而详尽的论文分割成多个逐一叙述的条目;从第14版(1929)开始,每年修订和再版。第15版(1974)整个架构做了大变动,分为《详编》(大条目)和《简编》(短条目)。纸质版于2012年停印。20世纪90年代制成CD-ROM形式,1994年发布第一部网络百科。到21世纪初,其在线版本的多种数字化形式已经成为公司的主打产品。其公司所有权经过一连串的易手,在1901年由美国出版商购得,20世纪40年代后开始在芝加哥发行。

不列颠博物馆 British Museum 英国综合性的国家博物馆,在考古学和人种志方面有特别出色的收藏,1753年建于伦敦。当时政府买下三大私人的收藏品,其中包括书籍、手稿、印刷书、画稿、画作、奖章、硬币、封印、雕刻和天然珍宝等。1881年原自然史收藏品转移至另一栋新建筑,成为自然史博物馆。1973年图书馆的收藏品并入不列颠图书馆。最出名的藏品是:埃尔金大理石雕刻艺术品、罗塞塔石碑、波特兰花瓶和中国陶器。1808年印书和绘画部门开放,展示2 000多幅画。现在是世界最大、藏品最丰富的博物馆之一。

不列颠哥伦比亚 British Columbia 加拿大西部一省,西临太平洋和美国阿拉斯加州,北接育空地区和西北地区,东连艾伯塔省,南邻美国西北部。面积944 735平方千米。省会维多利亚。原由印第安人土著居住,如沿海萨利什人、努特卡人、夸扣特尔人和海达人等。1578年F. 德雷克爵士最先发现此地,1778年J. 库克船长在勘探西北航道时也经过此地。1792～1794年温哥华船长探测了沿海地区,后来有一些探险家做了几次横跨陆地的考察,如A. 麦肯齐、M. 刘易斯、W. 克拉克和S. 弗雷泽。英国人和美国人曾为温哥华岛争议多年,直至划归英国为止,1849年设为皇家殖民地。1858年此片大陆地区成为不列颠哥伦比亚殖民地。1871年与温哥华岛殖民地一起加入加拿大,成为不列颠哥伦比亚省。该省现在繁荣的经济基础基于各种丰富的资源,包括林业、采矿业、农业和服务业(包括航运和旅游)。人口约4 400 057(2011)。

不列颠哥伦比亚大学 British Columbia, University of 位于加拿大不列颠哥伦比亚省温哥华市的一所公立大学。为加拿大最大的大学之一(学生人数约3.5万人),也是该省最古老的一所大学(成立于1908年)。该校设有农业科学、应用科学、人文艺术、商业和企业管理、牙医、教育、林业、法律、医学、药学、自然科学。有多种留学和进修教育课程。

不列颠图书馆 British Library 又称大英图书馆。英国的国家图书馆,根据1972年颁布的《英国图书馆法》于1973年7月1日建立。它由前不列颠博物馆的图书馆、国立中央图书馆、国立外借科技图书馆以及英国全国书目出版社等单位组成。不列颠博物馆图书馆成立于1753年,以早期收藏品和后来皇家图书馆赠书为基础,该馆有权免费获得全国所有的出版书籍一份。收藏品中有丰富的各种宪章(包括盎格鲁-撒克逊诸王时期的宪章)、古抄本、诗篇、歌集和其他文件数据,时间从公元前3世纪至现代。

不列颠战役 Britain, Battle of(1940-06～1941-04) 第二次世界大战期间,德国空军对不列颠的连续猛烈轰炸,始于1940年6月法国全境沦陷,迄于1941年4月。德军空袭原为进犯不列颠作准备,开始时针对英国各港口,后来便指向英国皇家空军基地。1940年9月德军空袭转向伦敦和各城市,历时长达57个夜晚,后来开始断断续续地空袭,直到1941年4月。德国的飞机数量虽远超英国皇家空军,但英国皇家空军以高超的战术、加强防空力量和破译德军密码而成功拦截了德国空军。

不伦瑞克 Brunswick 德语作 Braunschweig。德国中部旧公国。原是韦尔夫家族的公爵领地(不伦瑞克-吕讷堡公国),该公国是1235年腓特烈二世皇帝所设,包括不伦瑞克镇(9世纪末建立)附近地区。1692年汉诺威选侯国也包括在内,其统治者后来建立了英国的汉诺威王室。1871年公国成为德意志帝国的一部分,1919年以后成为德国一个邦。第二次世界大战后,此区被并入下萨克森州。不伦瑞克市(人口1996年约252 544)现今是一个重要的工业中心。

不明飞行物 unidentified flying object (UFO) 无法立即向观测者解释清楚的空中物体或光学现象。第二次世界大战以后,随着航空航天事业的发展,人们对不明飞行物的关注倍增。20世纪50年代一个调查异常现象的美国政府科学小组报告,不明飞行物中有90%是天文或气候现象,或者看到的是飞机、鸟类或热气,有时则是由于异常的天气条件造成的。有些现象仍然无法解释,在20世纪60年代中期,个别科学家认为少数报告显示有天外来客的出现。这种耸人听闻的假说在报刊发表后,立即遭到其他科学家的反对。始于1968年的美国空军不明飞行物研究报告坚决摒弃天外来客说,但美国大部分公众和少数科学家仍然支持此种假说。不明飞行物报告在可靠性方面有很大差别。肉眼很容易产生错觉,雷达对不明飞行物的探测虽然在某些方面较为可靠,但可能无法将有形物体与流星余迹、雨水或热跃变的径迹区分开,并且还会受到电波干扰。参阅塞提计划。

不锈钢 stainless steel 一种合金钢,其中铬含量为10%～30%。铬以及少量的碳使该合金具有显著的耐腐蚀性和耐热性。加入铌、镍、钼、磷、硒、铝、硫、铜、钛和氮之类的元素也可获得特殊性能的不锈钢,具有对特殊环境耐腐蚀性及较强的抗氧化性(参阅氧化-还原反应)。

不育 infertility 一对配偶没有怀孕生育的能力,指在未采取任何避孕措施的情况下一年中正常性交而未怀孕。生育(参阅人类生殖系统)的任何一个阶段中有缺陷都会导致不孕。约每八对夫妻就有一对不育。多数情况与女性有关,约30%～40%与男性有关,另有10%则原因不明。造成女性不育的原因包括:排卵或激素的问题、输卵管疾病和化学平衡对精子不适宜;在男性方面,则包括性无能、精子数量少和精子缺陷。若精子在男性或女性体内运行的通道受阻,则常可通过手术治疗。情绪因素可能有影响,只需咨询大夫,即可恢复正常生育力。生育药可刺激排卵(常造成一次排卵多枚,引起多胎产)。若男性精子数量不足,就要减少性交次数并把性交时间安排在女性生育力最旺盛的时期(即女性排卵期)。如果这些方法均不成功,则配偶还可以通过人工授精、试管受精、义母代孕法或领养等方法得到孩子。

布贝尔 Buber, Martin(1878～1965) 德国犹太教哲学家、《圣经》翻译家。在林堡(今乌克兰的利沃夫)长大,曾在维也纳、柏林、莱比锡和苏黎世等地读书。F. 尼采的英雄虚无主义引导不太虔诚的犹太教徒布贝尔走向犹太复国主义。他鼓吹犹太-阿拉伯人在巴勒斯坦合作,并认为哈西德主义可以治愈现代犹太教的不适之症。在纳粹的逼迫下,1938年布贝尔迁往巴勒斯坦,在希伯来

布贝尔
By courtesy of Israel Information Services

大学任教到1951年。《我与您》(1923)表达了他的信仰:认为人类(我)是遇到上帝(您)这个不同的存在体,而不是合并为神秘的统一体。对布贝尔来说,《圣经》是从上帝与他的子民之间相遇交谈中提取出来的,但他反驳《塔木德》的许多教规,认为它们显现出一种把上帝具体化而不是真正从上帝口中说出来的关系。

布勃卡 Bubka, Sergey(1963～) 又称鸟人布勃卡。乌克兰撑杆跳选手。生于伏罗希洛夫格勒(今卢汉斯克)。9岁开始练撑杆跳。1985年在巴黎跳过了长久以来被视为撑杆跳不可能达到的高度——6米。1991年他跳过6.1米,这一纪录目前还没有被打破。1988年他在奥运会中赢得金牌,但在1992年的奥运会中铩羽而归。1994年在意大利的塞斯特列雷,他将纪录又提升到6.14米,这是他第17次的室外纪录,也是他生涯中的第35次世界纪录。

布达佩斯 Budapest 匈牙利首都,横跨多瑙河两岸。1873年由河右岸的布达镇、老布达镇与左岸的佩斯镇两部分组成,故得此名。新石器时代起便有人类居住,布达在公元2世纪时是罗马的军营。到了13世纪,布达和佩斯已有日耳曼居民。15世纪时,马提亚一世修建了布达,成为匈牙利首都。1541～1686年为土耳其人所占,后为洛林公爵查理五世夺占。1848～1849年两镇爆发民族主义暴动,佩斯成为L.科苏特革命政府的首都。1918年是争取匈牙利独立的起义中心。第二次世界大战后由共产党统治。1956年是起义的中心地,但被武力镇压。20世纪80年代末的反政府动荡导致1989年匈牙利共和国的成立。布达佩斯是匈牙利重要的运输中心,经济包括重工业和制造业(从电信到电子业)。人口约1 708 000(2004)。

布狄卡 Boudicca(?～60) 又作Boadicea。古不列颠的爱西尼王国王后,曾带头反抗罗马人的统治。公元60年国王去世,因无男嗣,即指定两个女儿和罗马皇帝尼禄为继承人以求保护她的家族。罗马人却趁机吞并了爱西尼王国,并虐待其家人和族人。布狄卡于是在东英吉利发动叛变,焚毁了科尔切斯特、圣阿本斯、伦敦一部分和几个军事哨所,她的军队杀死罗马人和亲罗马的不列颠人达7万名(根据塔西佗的《编年史》),并击溃了罗马第九军团。后来罗马总督率军支援,摧毁布狄卡的大军,她最后服毒(一说中风)而死。

布迪亚夫 Boudiaf, Muhammad(1919～1992) 阿尔及利亚政治领袖。他与本·贝拉一起创立阿尔及利亚国家解放阵线(FLN),并带头为阿尔及利亚从法国获得独立而战斗(1954～1962)。1956年起遭到监禁,直到1962年阿尔及利亚独立为止,此后他成为本·贝拉的副总理。他反对本·贝拉的独裁作风,导致流亡27年。1992年应邀回国领导政府,并处理政治事务中渐增的宗教影响力。此后不久,他遭到保镖暗杀。

布恩 Boone, Daniel(1734?～约1820) 美国边民、传奇式英雄。生于宾夕法尼亚州伯克斯县。多次穿越坎伯兰山口进入肯塔基州东部(1767、1769～1771),1775年受雇开拓一条永久道路,称之为"荒漠路"。一生大部分时间住在北卡罗来纳,从事游猎和捕兽。他建立了布恩斯伯勒和哈罗兹堡两个居民点。作为民兵队长,他保卫布恩斯伯勒使之不受印第安人攻击。1778年他被肖尼人俘虏,但5个月后逃出,警告布恩斯伯勒即将被攻击。18世纪80年代失去他的肯塔基地产后,他移居密苏里准州。在广为流传的肯塔基州史中,他的英勇行为扮演着重要的角色,在英国诗人拜伦的名作《唐璜》中也有叙述。

布尔 Boole, George(1815～1864) 英国数学家。尽管是自学成才,也没有大学学位,但他还是在1849年成为爱尔兰皇后学院数学教授。他在《思维规律的研究》(1854)中

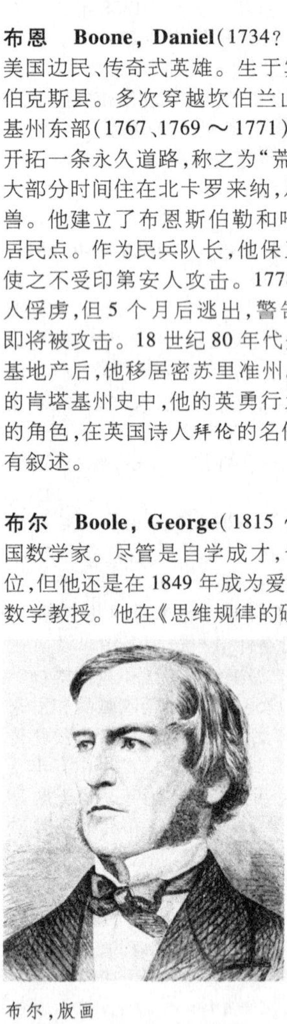

布尔,版画
By courtesy of the trustees of the British Museum; photograph, J. R. Freeman & Co., Ltd.

完整地叙述了他所独创的逻辑推理的一般符号方法。布尔有说服力地争辩说逻辑应和数学连在一起,而不是和哲学。布尔的两本著作开创了逻辑代数,即今称为布尔代数的这门学科。他的观点被成功地应用于电话机转换和数字计算机。

布尔代数 Boolean algebra 用来设计回路和数字计算机网络的一种符号系统。它主要是代表一种真实价值的陈述,而非一般代数只是数字的处理。将二段式应用到数字计算机,把代表真正价值的"真"和"假"改成"0"和"1"。计算机存储器的回路要"开"或"关",全由指定给它的价值来控制,而回路的整合工作赋予计算机以计算能力。布尔逻辑的基本方法常称为布尔法,即"和"、"或"、"否",组合起来共有另外13种布尔法。

布尔迪厄 Bourdieu, Pierre(1930～2002) 法国社会学家和人类学家,以文化及教育上的批判研究而闻名。布尔迪厄基于社会地位及教育的财富,引进了文化资本论的概念,指出统治阶级在学校和社会的成功大部分仰赖个人所处阶层的文化信仰或习惯。他受到结构主义的影响,提出习惯类似一种语言,而且比语言更基本。著有:《实践理论概要》(1977)、《教育、社会、文化再生产》(1977)、《区别》(1984)。

布尔芬奇 Bulfinch, Charles(1763～1844) 美国最早的开业建筑师。布尔芬奇生于波士顿。曾在哈佛大学求学,后游历欧洲。参观了法国和意大利的许多主要建筑物。大部分作品都采用古典柱式,显示出熟练的比例处理手法。布尔芬奇以设计政府行政建筑为主,是华盛顿国会大厦的第4任建筑师(1817～1830),大厦两翼仍采用前任建筑师B.H.拉特罗布的方案,但重新设计了圆厅。布尔芬奇的儿子T.布尔芬奇(1796～1867)写了一部著名的《布尔芬奇神话》,为其立传。

布尔吉巴 Bourguiba, Habib (ibn Ali)(1903～2000) 突尼斯总统(1957～1987)。在巴黎大学学习,从而与阿尔及利亚、摩洛哥从事独立事业的人有了接触。1932年在法国创办民族主义的法文报纸,1934年创建新宪政党,成为突尼斯解放运动的中心人物。曾为此多次遭法国当局监禁,1956年与法国达成协议,签订独立条约。1957年突尼斯废除君主制,当选为总统。执政30年间,他缩编军队,国家预算大多花费在教育和医疗保健上。1975年国会通过总统终身制,但到1987年,由于健康状况不佳,布尔吉巴被免除总统职务。由本·阿里继任。

布尔加科夫 Bulgakov, Mikhail (Afanasyevich)(1891～1940) 苏联剧作家、小说家和短篇小说家。弃医从文,1925～1929年间撰写并策划好几部受欢迎的戏剧,包括把自己的小说改编成剧本。到1930年,他的作品因对苏联社会阴暗面的尖锐批评日益为当局所不容,终至禁止他出书。其作品以幽默和辛辣的讽刺著称,其中包括《狗心》(1925年写),这本书对伪科学作了尖刻而诙谐的讽刺,但直到1987年后才在苏联公开发表;《大师和玛格丽特》是一部令人眼花缭乱的幻想小说,一直到1973年才以完整面貌出版。

布尔加宁 Bulganin, Nikolay (Aleksandrovich)(1895～1975) 苏联政治家、工业和经济官员。在N.赫鲁晓夫与G.马林科夫进行权力斗争时,他支持赫鲁晓夫,1955～1958年担任苏联部长会议主席。虽同赫鲁

晓夫关系密切，但他后来参加了“反党集团”，1957 年试图把赫鲁晓夫赶下台，但却使自己失势。

布尔穆尔学院　Bryn Mawr College　美国一所私立女子文科学院，位于宾夕法尼亚州费城附近的布尔穆尔。尽管该校是由贵格会教徒于 1885 年创立，但长期以来它在运作上并无宗教色彩。作为一所文科学院，它提供了众多人文艺术与科学方面的大学部和研究所课程，以及社会福利工作方面的博士课程。它和邻近的哈弗福德学院、斯沃斯莫尔学院和宾夕法尼亚大学等校有良好的学术交流关系。现有注册学生约1 900人。

布尔诺　Brno　德语作 Brünn（布吕恩）。捷克共和国东南部城市，位于布拉格东南部。考古证明在史前时期就有人类住在附近。当地还有凯尔特人以及自 5～6 世纪以来斯拉夫人的聚居点遗址。13 世纪为日耳曼人殖民地，自此开始繁荣。1243 年建市。15～19 世纪发生过多次战争，先后为瑞典、普鲁士和法国人占领。第一次世界大战前是奥地利皇家领地摩拉维亚的首府。第二次世界大战前的主要居民是日耳曼人，现在则是捷克人。遗传学家 G. 孟德尔曾在此地的隐修院进行遗传理论的研究（1865）。人口约379 185（2001）。

布尔茹瓦　Bourgeois, Léon(-Victor-Auguste)（1851～1925）　法国政治家。1876 年成为文官。1888 年选入国民议会。担任过几届部长和出任总理（1895～1896）。1905～1923 年选入参议院，1920 年起任参议院议长。主张国际合作，1903 年任海牙国际法院法官。1919 年代表法国出席国际联盟，成为其支持者。1920 年获诺贝尔和平奖。

布尔茹瓦　Bourgeois, Louise（1911～2010）　法裔美国女雕刻家。生于巴黎。曾短暂在 F. 莱热的画室学习艺术，原本是画家和版画家。20 世纪 40 年代末与美国丈夫迁往纽约后，开始转向雕刻创作。50 年代以黑白、大小一致的木雕作品受到肯定。另外还创作了许多大理石、石膏、胶乳和玻璃材料的作品。作品虽抽象，但让人联想到人形，表达出叛逆、焦虑、孤独的主题。

布尔萨　Bursa　旧称 Brusa（布鲁萨），古称 Prusa（普鲁萨）。土耳其西北部城市。公元前 3 世纪时建于马尔马拉海东南岸附近的古代密西亚国奥林波斯山脚下，作为比希尼亚国王的领地。罗马（共和时期与帝国时期）及拜占廷时代颇繁华。1204 年君士坦丁堡被十字军攻陷后，该城是拜占廷的抵抗中心。14 世纪初期奥斯曼人夺取该城，建为最早的国都。15 世纪初为帖木儿征服，后又被奥斯曼夺回。其后奥斯曼迁都君士坦丁堡，但布尔萨仍持续繁荣。在土耳其共和国的统治下，成为农业中心，以生产地毯闻名，城里还有很多 15 世纪遗留下来的清真寺。人口约1 431 172（2007）。

布尔什维克　Bolshevik　俄语意为“多数派”，俄国社会民主工党的一派，在 V. I. 列宁领导下，于 1917 年俄国革命中夺取政权。这一派兴起于 1903 年，当时列宁的追随者坚持主张党员应限于职业或全职的革命家。虽然他们与对手孟什维克（意为“少数派”）共同参加了 1905 年俄国革命，但后来两派分裂，列宁在 1912 年自组政党。在第一次世界大战中吸引城市工人和士兵而日益壮大。

布尔特曼　Bultmann, Rudolf (Karl)（1884～1976）　德国新教神学家和基督教《新约》学者。布尔特曼出身于信义会牧师家庭。曾在蒂宾根大学研究神学，后来在马尔堡大学任教多年（1921～1951）。1921 年在《对观福音书的传统历史》一书中分析福音书，建立他的声誉。受到 M. 海德格尔的影响，他认为基督教教理不注重作为历史人物的耶稣，而着眼于超物质的基督，并主张《新约》经文本质上是神话。在纳粹时期，布尔特曼支持德国宣信会反对纳粹宗教政策。战后主要作品有：《宣示福音书和神话》（1953）、《历史和末世论》（1957）、《耶稣基督和神话》（1960）。

布尔沃　Bulwer, (William) Henry Lytton (Earle)（1801～1872）　后称 Baron Dalling and Bulwer (of Dalling)。世称亨利・布尔沃爵士。英国外交家。1829 年进入外交界。1838 年与土耳其签订《庞森比条约》，使英国在奥斯曼帝国的贸易获得重大利益。他在担任驻美大使（1849～1852）时与美国签订了引起争论的《克莱顿-布尔沃条约》，意在解决（实际加剧了）英美在拉丁美洲的各种争端。1856 年在克里米亚战争之后举行的谈判中起过重大作用。他的弟弟是著名小说家 E. 布尔沃-李顿。

布法罗　Buffalo　美国纽约州西部港市。位于伊利湖东北端，濒尼亚加拉河，是纽约州驳船运河的终点。1780 年美国印第安人在此定居。19 世纪初设镇。1812 年战争时是个军事哨站，后被英军焚毁。1814～1815 年变成伊利运河的西端终点站，给此地带来经济繁荣。现为圣劳伦斯航道的主要港口，是美国通往加拿大安大略省多伦多-哈密尔顿工业区的主要门户，美加贸易大部分通过此地。布法罗也是教育和医学研究中心。人口约292 648（2000）。

布丰　Buffon, G(eorges)-L(ouis) Leclerc（1707～1788）　后称 comte (Count) de Buffon。法国博物学家。曾攻读医学、植物学和数学，后来一次决斗迫使他中断学习过程。他在家族庄园定居下来后，开始钻研概率的演算、自然科学和森林管理。1739 年任皇家植物园的管理人，并担负皇家自然史藏品的分类工作，后来编成巨著《自然史》（1749～1804），企图说明所有已知的植物和动物群系，全书原计划 50 卷，生前仅出版 36 卷。1773 年封爵。

布干达　Buganda　19 世纪强大的东非王国，在今乌干达共和国境内，维多利亚湖北岸。由干达人的首领统治，1900 年正式成为英国保护地。干达人后来在协助英国人管理东非方面扮演了重要角色。1962 年乌干达独立后，布干达为国内的一个联邦，但因与中央政府之间关系恶化而引起战争。1967 年终于废除布干达王国，该地区并入乌干达。

布干维尔　Bougainville, Louis-Antoine de（1729～1811）　法国航海家。1764 年在福克兰群岛建立了一个法国殖民地。他受法国政府委派，进行过一次环球考察旅行。1766 年起航，经过萨摩亚、新赫布里底群岛后继续西行，进入欧洲船只以前从未航行过的海域。他到达大堡礁边缘，转而北行，故没看到澳大利亚。后来停泊过摩鹿加和爪哇。1769 年回到布列塔尼。著有《环球航行》（1771），该书帮助推广一种信念：要相信人在自然状态下的精神价值。1772 年担任路易十五的秘书，曾带领法国舰队支持美国独立战争。后来拿破仑授予其荣誉勋位勋章。叶子花属植物即以他的姓氏命名。

布干维尔岛　Bougainville　巴布亚新几内亚岛屿，所罗门群岛最大岛，位近群岛北端，陆地面积8 500平方千米。北半部是皇帝岭，最高峰巴尔比峰（海拔2 743米），南半部有克朗普林斯岭。沿岸有珊瑚礁。1768 年为 L.-A. de 布干维尔发现。19 世纪末归德国。第一次世界大战后为澳大利亚托管地。第二次世界大战后为联合国新几内亚托管地。1975 年归独立后的巴布亚新几内亚。2001 年签署了该岛的自治条约，2005 年获得自治。人口约175 160（2000）。

布格河　Bug River　又称 Western Bug River（西布格河）。欧洲东部河流。发源于乌克兰西部高原山坡，向北流经波兰-乌克兰和波兰-白俄罗斯边界至布雷斯特，然后折向西流入波兰境内，在华沙北方汇入维斯图拉河。全长 830 千米。布雷斯特以下可通航。第一次世界大战期间有多场战役沿该河河段进行（1915）。中游河段约 322 千米形成寇松线的一部分，相同的一段在 20 世纪的大多数时期为苏联和波兰之间的边界。

布哈里　Bukhari, (Abu Abd Allah Muhammad ibn Ismail) al-（810～870）　穆斯林圣训编撰者和学者。童年时开始在中亚学习，旅游远达麦加和开罗去收集穆罕默德的资料和遗训。先后共收集传说约 60 万条，从中选出他认为绝对可靠的7 275条收入《圣训实录》。他的《伟大的历史》一书包含了从预言时代到布哈里当时那些提供口头传说的人的传记。

布哈林　Bukharin, Nikolay (Ivanovich)（1888～1938）　苏联共产党领袖和经济学家。在布尔什维克掌权后，他成为《真理报》主编（1917～1929）。是苏共政治局委员，后来曾担任共产国际执行委员会主席。他也出版了几部经济学理论著作。1938 年在公开的清党审判后期被指控进行反革命活动和间谍活动,被定罪处死。

布痕瓦尔德 Buchenwald 纳粹德国所设置的最早和最大的集中营之一,在魏玛西北处山林中,1937 年建立。在第二次世界大战期间关押约 2 万人,大部分人在附近工厂当奴工。这里虽然没有毒气室,但每月都有许多人死于疾病、毒打、营养不良,以及被处决。集中营的医务人员也利用犯人试验病毒的传染和疫苗的效果。党卫军司令官之妻伊尔萨·科赫(1906? ～1967)又称"布痕瓦尔德的女巫",是臭名昭著的虐淫狂。参阅大屠杀。

布基纳法索 Burkina Faso 旧称 Upper Volta(上沃尔特)。西非国家。撒哈拉沙漠之南的内陆国。面积:270 764平方千米。人口:约18 012 000(2013)。首都:瓦加杜古。种族集团有:莫西人、富拉尼人、曼德人、博博人、塞努福人和豪萨人。语言:法语(官方语言)、莫瑞语、迪尤拉语和其他语言。宗教:伊斯兰教、传统宗教、基督教。货币:非洲金融共同体法郎。该国由一个辽阔的高原组成,北部是稀树草原,南部则是散布着一些森林。高原被黑沃尔特、红沃尔特及白沃尔特 3 条主要河流深深切割,这些河流都向南流入加纳。经济以农业为主。该国为多党制共和国,有一个立法机构。国家元首是总统,政府首脑为总理。大约在公元 15 世纪,莫西人和古尔马人在东部和中部地区建立了自己的王国,亚滕加和瓦加杜古的莫西王国还一直持续到 20 世纪初。1895～1897 年成为法国的保护地。1898 年英法协商解决了南部边界问题。最初属上塞内加尔-尼日尔殖民地一部分,1919 年单独成为上沃尔特殖民地。1947 年上沃尔特又成为法兰西联邦的海外领地。1958 年底成为法兰西共同体内的自治共和国。1960 年完全独立。此后主要由军人统治,并发生多次政变,1984 年改国名为布基纳法索。1991 年采用新宪法,恢复多党统治。90 年代恢复民选政府。21 世纪初该国受经济难题困扰。布基纳法索(当时称上沃尔特)于 1972 年首次参加在西德慕尼黑举办的夏季奥运会,其运动员最早在 1928 年就已代表法国队参赛。

布加勒斯特 Bucharest 罗马尼亚语作 Bucuresti。罗马尼亚首都。位于罗马尼亚平原中部,在多瑙河北岸小支流登博维察河两岸。考古发掘显示史前即有人类居住,14 世纪时瓦拉几亚的统治者搬至那里后,地位开始重要。15 世纪弗拉德三世在此修筑了布加勒斯特要塞,目的是阻止土耳其人的入侵,但是土耳其人最后还是夺占了此地,1659 年设为奥斯曼帝国下瓦拉几亚的首府。19 世纪内部的不安迫使瓦拉几亚和摩尔多瓦合并,1862 年布加勒斯特成为新成立的罗马尼亚首都。第二次世界大战后,为苏联军队占领,成为共产党国家。20 世纪 80 年代末东欧各国兴起暴动风潮,人民要求政治民主,反抗 N. 齐奥塞斯库的政权,最后他被推翻并被处死。布加勒斯特现为罗马尼亚的经济、行政和文化中心。人口约1 931 838(2007)。

布坎南 Buchanan, James(1791～1868) 美国第 15 任总统(1857～1861)。生于宾夕法尼亚州默瑟斯堡。原为律师,曾任宾夕法尼亚州议员,后来进入美国众议院(1821～

J. 布坎南,M. 布雷迪摄
By courtesy of the Library of Congress, Washington, D. C.

1831),任驻俄国公使(1832～1834),参议员(1834～1845),J. 波尔克总统政府的国务卿(1845～1849)。1853～1856 年任驻英国公使期间,曾协助起草《奥斯坦德宣言》。1856 年取得民主党的总统提名,并击败 J. C. 弗里蒙特当选为美国总统。虽然布坎南富有法律知识和行政经验,却缺少道德上的勇气来有效处理奴隶制问题引起的危机。他卷入了堪萨斯作为奴隶州地位的问题。民主党因而分裂,让共和党的 A. 林肯于 1860 年赢得大选。选举结束后,他抨击南卡罗来纳州脱离联邦,并派兵到萨姆特堡增援,但无力处理后续加深的危机。

布拉班特 Brabant 古代欧洲西北部的封建公国。位于现在的荷兰南部和比利时中北部,公元 9 世纪时属洛泰尔王国的一部分。12 世纪末独立,最后在 1430 年落入勃艮第手中,1477 年由哈布斯堡王朝继承,成为一个文化和商业中心(参阅安特卫普和布鲁塞尔)。后来北部开始叛乱,企图脱离西班牙统治,1609 年准予成立联合省,而南部仍归西班牙(后归奥地利)统治。北部形成了今荷兰的北布拉班特省;南部最后成为比利时的一部分,并被划分为佛兰芒布拉班特和瓦隆布拉班特两省。

布拉柴 Brazza, Pierre(-Paul-François-Camille) Savorgnan de(1852～1905) 意大利出生的法国探险家和殖民地总督管理员。生于巴西一个意大利贵族家庭。他参加了法国海军。1875～1878 年在赤道非洲勘测奥果韦河(即奥戈韦河,位于今加蓬)。为了打击 H. M. 斯坦利,他被派至刚果河上游。他建立法国保护地(1897 年成为法属刚果),至加蓬探险,还建立布拉柴维尔城(1883),使得法国殖民地面积增加了50 万平方千米。1886～1897 年间他在那里管理一片殖民地。

布拉柴维尔 Brazzaville 刚果(布)首都,刚果河北岸河港。与刚果(金)的金沙萨隔河相望。1883 年后由法国人 P. S. de 布拉柴建立,成为欧洲式的行政和住宅中心。被法国后来用作对东北部土地提出领土要求的基地,成为法属赤道非洲的首都。该河港形成刚果通海上运输系统的终点,汽船能到达刚果河上游,铁路通 394 千米以西大西洋沿岸的黑角。人口约1 355 000(2007)。

布拉德利 Bradley, F(rancis) H(erbert)(1846～1924) 英国唯心主义哲学家。受 G. W. F. 黑格尔影响,他认为精神较之物质更为基本。在《伦理学研究》(1876)一书中,他试图揭露功利主义学说的混乱观点。在《逻辑原理》(1883)一书中,他谴责经验主义者的心理学。其最有雄心的著作是《现象和实在:形而上学论稿》(1893),他坚持认为实在确实是精神的,但由于人类的思想是极为抽象的,所以无法透过演示来证明上述观点。他建议感觉而不是思想,因为感觉的直觉性可以接受实在的和谐性质。他是第一个获得功绩勋章的英国哲学家。他的弟弟是著名的诗评论家 A. C. 布拉德利(1851～1935)。

布拉迪斯拉发 Bratislava 德语作 Pressburg(普雷斯堡),匈牙利语作 Pozsony(波若尼)。斯洛伐克首都、城市,濒多瑙河。凯尔特人和罗马人首先来此定居。8 世纪斯拉夫人在此定居。普雷斯堡时期为一贸易中心,1291 年成为皇家自由镇。匈牙利统治后于 1467 年设立第一所大学。1541～1784 年为匈牙利首都,1848 年前是帝国议会所在地。奥斯特利茨战役后,拿破仑和弗朗西斯二世在这里签订《普雷斯堡条约》(1805)。第一次世界大战后成为捷克斯洛伐克共和国斯洛伐克首府,1993 年斯洛伐克独立,仍为其首都。人口约428 672(2001)。

布拉顿 Brattain, Walter H(ouser)(1902～1987) 美国科学家,出生于中国,在美国受教育,1929 年成为贝尔电话实验室的研究员。他和 J. 巴丁和 W. B. 肖克莱一起由于研究制造晶体管的材料半导体的特性,以及研制出晶体管,共获 1956 年诺贝尔物理学奖。他的主要研究领域包括固体表面特性,特别是物质表面的原子结构(它往往和物质内部的原子结构不同)。

布拉厄 Brahe, Tycho(1546～1601) 丹麦天文学家。幼时被有钱而无子的叔父拐

T. 布拉厄,版画;霍尔齐厄斯约制于 1586 年
By courtesy of Det Nationalhistoriske Museum Paa Frederiksborg, Denmark

骗,在其城堡长大,并在哥本哈根和莱比锡大学受教育。1565～1570年到欧洲各地游学,获得一些数学和天文学仪器,在继承了父亲和叔父的遗产后,他建造了一座小型天文台。1573年报告他发现了一颗新星,消息一传出,动摇了宇宙永恒不变的信念。后来由于丹麦国王腓特烈二世的赞助,他新建了一座更大的天文台(天文堡),成为北欧天文研究和发现的中心。他在此广泛研究太阳系,并绘出777多颗恒星的精确位置。在他死后,他的学生和助手J. 开普勒利用他留下的观测资料,为I. 牛顿发现万有引力定律奠定了基础。

布拉格　Prague　捷克共和国首都,位于伏尔塔瓦河两岸。现址最早的居民点始于9世纪。到14世纪这里已是欧洲主要的文化和贸易中心。17世纪初这里是反对哈布斯堡王室统治的中心。1866年在此签署条约结束普奥战争。1918年成为独立的捷克斯洛伐克首都。第二次世界大战期间被德军占领,1968年被苏联和其他华沙公约组织的军队占领(参阅布拉格之春)。1989年成为一个导致和平推翻共产主义政府运动的中心。现为全国主要的经济和文化中心。人口约1 178 576(2001)。

布拉格之春　Prague Spring(1968)　在A. 杜布切克领导下,捷克斯洛伐克出现的短暂的自由化时期。1968年4月杜布切克提出农业与工业改革,修改宪法保障民权,允许斯洛伐克自治,并推动政府与共产党的民主化。到了6月,许多捷克人开始要求加快走向真正民主的步伐。虽然杜布切克自信他可以控制局面,但苏联和《华沙条约》组织的成员国却担心受到一个社会民主主义的捷克斯洛伐克的威胁,在8月举兵侵入捷克,免除杜布切克的职务,通过重新任用持强硬路线的共产党员为领导而逐渐再度恢复控制。

布拉克　Braque, Georges(1882～1963)　法国画家。在勒弗尔学习绘画,后来进入巴黎一所私立美术学院学习,并在公立美术学院学过很短一个时期。他早期的作品受到印象派影响,而他第一批重要作品(1905～1907)则受到野兽派的先驱A. 德兰、H. 马蒂斯的影响。1907年在巴黎独立沙龙展出的6幅画全部售出。同年,放弃野兽主义后,又和P. 毕加索创立称为立体主义的新绘画风格。他的绘画大多是静物,以几何形状和柔和的色彩来表现。1912年,他把3张壁纸剪碎贴到素描《水果盘与玻璃杯》上,创造了普遍认为是破天荒第一张"粘贴画"。20年代时他已是一位大走红运、地位牢固的当代大师。1923和1925年他两次受到俄罗斯芭蕾舞团团长S. 佳吉列夫的委托,设计舞台布景。布拉克在世的最后几年,世界各地纷纷为他举行盛大的回顾展。1961年,他成为第一位生前能在卢浮宫展出作品的艺术家。

布拉马普特拉河　Brahmaputra River　中亚和南亚的河流。源头在中国西藏自治区(称雅鲁藏布江),流经西藏南部,在大坎宁中(当地称底杭峡)穿过喜马拉雅山。向西南流经阿萨姆谷地后向南穿过孟加拉国(当地称贾木纳河)。在那里与恒河汇合形成一处广阔的三角洲。全长约2 900千米,是重要的灌溉和运输资源。长期以来并不知道它的上游情况,直到1884～1886年间的探险考察才确定它的上游是雅鲁藏布江。

布拉曼特　Bramante, Donato(1444～1514)　意大利文艺复兴时期建筑师和透视法画家。农民之子,1477年以画图为生。圣萨提罗教堂(1480)是他早期的建筑作品,他特别在唱

罗马的蒙托里奥的圣彼得罗教堂内的坦庇埃托礼拜堂,布拉曼特于1502年设计

Anderson-Alinari from Art Resource

诗班席上利用透视法的绘画以造成空间广阔的感觉。1499年移居罗马,并在此终其一生。坦庇埃托礼拜堂是他在文艺复兴盛期的第一个杰作。在教皇尤里乌斯二世赞助下,布拉曼特开始设计了观景楼面积庞大的院落(始于1505年)和罗马圣彼得大教堂中的新巴西尔利卡式(长方形)教堂(始于1506年),这是他最伟大的设计作品。这些雄心勃勃的计划,到他去世时都还未完成。除了圣彼得大教堂外,他在尤里乌斯二世重建罗马的计划中亦起到重要作用。

布拉尼　Blarney　爱尔兰科克郡村庄。位于科克市西北部,因布拉尼城堡(建于1446年)而著名。城堡南墙城垛下有一块布拉尼石,传说谁吻了它就会得到雄辩口才。人口约2 146(2000)。

布拉斯科·伊巴内斯　Blasco Ibáñez, Vicente(1867～1928)　西班牙作家和政治家。为热情的共和派拥护者,后来当选为议员。因他反对军事独裁者普里莫·德里维拉而流亡国外,定居法国里维埃拉。早期小说主要是对巴伦西亚生活的热情描绘。以描写第一次世界大战的小说获得世界声誉,最著名的是《启示录四骑士》(1916)。

布拉索夫　Brasov　又作Brashov。德语作Kronstadt(喀琅施塔得)。罗马尼亚城市。在特兰西瓦尼亚阿尔卑斯山脉的山麓,在布加勒斯特之北。1211年为条顿骑士团建立,是撒克逊人与瓦拉几亚和摩尔多瓦进行布匹和金属制品贸易的中心。由于他们独立的国民地位被取消,当地德国居民的大部分自主权于1876年终止。现在布拉索夫是罗马尼亚重工业的中心。人口约588 366(2002)。

布拉瓦约　Bulawayo　津巴布韦西南部城市,为该国最大城市之一。海拔1 340米。原为恩德比勒人王国的首府所在地,1893年被英国占领。现为津巴布韦主要的工业中心及全国铁路枢纽站,是货物进出南非的主要转运点。人口约676 787(2002)。

布拉耶盲字　Braille　当今国际通用的盲文符号,由法国盲人L. 布拉耶于1824年发明。利用纸上的凸点通过触觉最灵敏的手指尖来摸读。布拉耶盲字6个凸点组成一个单元,分成两栏。这6个点可以组合成63种形式,分别表示字母表、数字、标点符号和一般常用的字(如and, the)。直到1932年英语国家才普遍接受了布拉耶盲字。其他的语言、数学和技术数据、音乐符号都可用布拉耶盲字来表示。书写时自右往左在夹在金属板间的纸上扎点;纸翻过来后,扎过的点便成凸

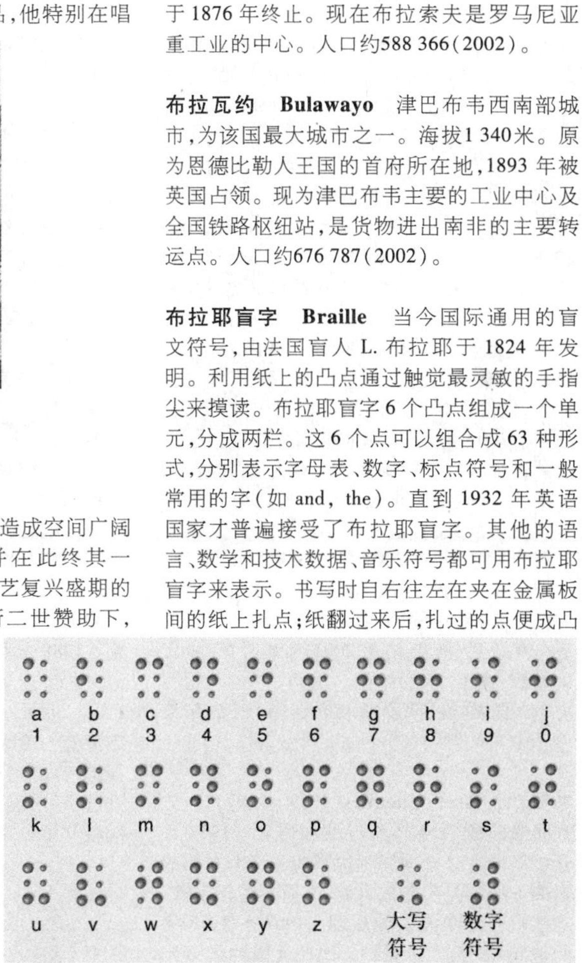

现在布拉耶系统的字母表和数字0～9。每个字母或数字由6个凸点组成,突起或空白,构成独特的图案。大的点表示凸点,小的点代表空白。

点,可自左往右摸读。布拉耶盲字可以使用带有6个键的打字机,近来还有电动凸版机的发明,类似电动打字机。

布莱　Bligh, William(1754～1817)　英国海军将领。7岁即开始其航海生涯,1770年加入海军。在J. 库克最后一次航行(1776～1780)中担任航海官。1787年任科学考察船"邦蒂"号船长。该船从塔希提航行到牙买加后,突然被大副克里斯琴强行劫持,布莱和其他忠于他的船员被放在救生艇中随波逐流,约2个月后他们漂到帝汶岛。这次哗变对布莱的事业影响不大,虽然后来又发生两次哗变,其中有一次当时他担任澳大利亚新南威尔士总督(1805～1808)。由于个性傲慢自大,他当指挥官时极不受人爱戴,但勇气过人,航海技巧也十分出色。

布莱 Bly, Nellie(1864～1922) 原名 Elizabeth Cochrane。美国新闻作家。生于宾夕法尼亚州科克伦斯米尔斯。1885 年担任《匹兹堡电讯报》的撰稿人,撰写了一系列有关离婚和贫民窟生活的报道。加入《纽约世界报》后,佯装发疯,进入疯人院,揭发黑暗内幕,促使当局改革。1889 年开始,试图打破 J. 凡尔纳小说《八十天环游全球》的虚构纪录,她用了 72 天 6 小时完成环球旅行。这趟旅行使她远近闻名,成为一个女明星记者。

布莱尔 Blair, Tony(1953～) 原名 Anthony Charles Lynton 。英国政治家,首相(1997～2007)。生于苏格兰的爱丁堡,父亲是律师。他是英国历史上最年轻的首相之一,也是工党任职时间最长的首相。原为律师,1983 年当选下议院议员。1988 年,年仅 35 岁布莱尔成为工党影子内阁成员,力主工党进入政治中心,淡化对某些经济部门实行国家控制和公有制的传统主张。1994 年起担任工党领袖并修改了政纲。在 1997、2001 和 2005 年大选中,他领导工党取得胜利。布莱尔促成北爱尔兰统一党和共和军达成和平协议,对威尔士和苏格兰议会下放权力,并对英国议会进行改革。2001 年美国九一一事件之后,布莱尔与美国总统 G. W. 布什达成协议,促使英国与美国联合在全球开展反恐战争。2002 年末,布莱尔和布什指控伊拉克的萨达姆政权继续制造并持有生化武器与核武器,违反联合国规定。尽管党内分歧加剧以及民众反战强烈,布莱尔和布什还是领导了对伊战争,并在 2003 年 3～4 月推翻了萨达姆政权。他对伊战不断支持的立场使得他的公众支持率持续下降。在宣布将要下台的近一年之后,布莱尔于 2007 年 6 月 27 号正式离职,由 G. 布朗继任。随后,中东问题四方(美国、欧盟、俄罗斯和联合国)任命布莱尔为中东问题特使。

布莱尔 Brel, Jacques(1929～1978) 比利时裔法国歌手与流行歌曲作者。1953 年开始第一次公开演唱他以真实生活为主题的歌曲。经常是尖锐的讽刺,有时更暗指宗教,这些歌曲在欧洲大受欢迎。1967～1973 年间他导、演了几部电影。他在美国的名声则是得自于讽刺时事的滑稽剧《贾克・布莱尔活着而且在巴黎活得好好的》(1968)。

布莱基 Blakey, Art(1919～1990) 后称 Abdullah Ibn Buhaina。美国爵士鼓手。生于匹兹堡。先与 F. 亨德森的大乐队合作,后来加入 B. 埃克斯坦较有前景的乐队(1944～1947)。其非凡的技巧和雷鸣般的击鼓奠定了他成为一位现代爵士乐主要风格鼓手的地位。1954 年与 H. 西尔弗携手创办爵士乐信使乐队,该乐队以受布鲁斯影响的精力充沛的演奏方法成为一种原始模型的"硬性博普爵士乐"(参阅比博普)。乐队的许多成员都成了著名人物,该团体也成为现代爵士乐中最持久的一支乐队。

布莱克 Blake, Eubie(1883～1983) 原名 James Hubert。美国歌曲作家和钢琴家。生于巴尔的摩。少时曾在咖啡馆和妓院等场所弹钢琴以糊口,1899 年创作了第一首雷格泰姆乐曲《非洲之音》。他与他的搭档,抒情诗人兼声乐家 N. 西斯尔(1889～1975)是首批登台不加化装的黑人演员。1921 年推出歌舞剧《曳步舞》是全由黑人作曲、演出和指挥的第一批音乐剧之一,此剧亦向人们介绍了 P. 罗伯逊及 J. 贝克。1925 年与人合写著名的歌曲《1930 年的黑鸟》。1946 年退休。1978 年一部以其作品为蓝本的歌舞剧《尤比》在百老汇上演,使其声誉臻至巅峰。1981 年获得自由奖章。1982 年举办个人最后一场演唱会。享年 100 岁。

布莱克 Black, Hugo(La Fayette)(1886～1971) 美国最高法院法官(1937～1971)。生于亚拉巴马州克莱县。自 1906 年起在亚拉巴马州执律师业。1927～1937 年担任美国参议员,坚决支持"新政"立法。F. D. 罗斯福总统任命他为最高法院法官,他帮助扭转了先前法院对新政立法的投票结果。20 世纪 60 年代,在最高法院的自由派多数法官中占显要地位,他们坚决取消学校里强制性的祈祷,保证嫌疑犯能得到法律咨询。他以坚决主张《人权法案》确保人民自由而闻名。1971 年公开支持《纽约时报》有权发表五角大楼文件。

布莱克 Black, James (Whyte)(1924～) 后称 Sir James。苏格兰药理学家。通过系统研究体内细胞受体和血流中结合受体的药物之间的相互作用,布拉克发现了第一种能阻断 β 受体的药物,来缓解心绞痛。他通过相似的途径又制成治疗胃和十二指肠溃疡的药物。1988 年和 G. H. 希钦斯、G. 埃利翁共获诺贝尔生理学或医学奖。

布莱克 Blake, William(1757～1827) 英国诗人、画家、雕刻师和空想家。虽然没有进过学校,但在皇家学会学雕刻,1784 年在伦敦开了一家版画店。他以创新的技巧制作

W. 布莱克,水彩肖像画,J. 林内尔绘;现藏伦敦国立肖像画陈列馆
By courtesy of the National Portrait Gallery, London

彩色雕刻,并用他的"插画印刷"为自己制作带插画的诗集,包括《天真之歌》(1789)、《天堂与地狱的婚姻》(1793)和《经验之歌》(1794)。他的第三部大型史诗《耶路撒冷》(1804～1820)写的是人性的堕落与拯救,是他装饰最丰富的书籍。其他主要著作包括《四个生物》(1795～1804)和《弥尔顿》(1804～1808)。在《乔布记》的启发下,后来创作了 22 幅水彩系列画,其中包括了他的一些最有名的画作。由于对人率真、不善言语而被人称为疯子。其一生贫困,死时默默无闻。在西方文化传统上,他的作品具有惊人的原创性和独立性。他同时代的人当时不予理睬,而现在布莱克被誉为最早和最伟大的浪漫主义人物之一。

布莱克山 Black Hills 美国南达科他州西部和怀俄明州东北部的群山。面积约 15 540平方千米,位于夏延河与贝尔富什河之间,最高峰哈尼峰海拔2 207米。从远处看来,许多滚圆的山顶,森林密茂的山坡呈现出一片黑色,以此而得名。苏族印第安人的权利受到 1868 年的条约保障,然而 1874 年发现金矿后,大量白人矿工涌入该区,导致 1876 年的布莱克山战争,包括小比格霍恩河战役。布莱克山的游览胜地包括戴德伍德矿山城镇、拉什莫尔山国家纪念碑以及朱厄尔洞穴国家保护区、温德岩洞国家公园和卡斯特州立公园,它们全都在南达科他州境内,位于怀俄明州境内的有魔塔国家保护区。

布莱克斯通 Blackstone, William(1723～1780) 后称 Sir William。英国法学家。12 岁时成为孤儿,在当外科医生的叔父教育下,成为律师。他担任大法官法庭的陪审推事,后来取得民法博士学位,专心教授法律,并在牛津郡附近从事法律工作。他在大学中首次开讲英国普通法,1756 年为学生出版了一个纲要。1758 年当选为第一位普通法教授。其经典之作《英国法释义》(1765～1769)是对英国法条文的最著名的阐述,成为英国和北美大学法律教育的基础。1761～1770 年担任下议院议员,1763 年起任皇家副总检察长,1770～1780 年被任命为民事法院法官。

布莱克韦尔 Blackwell, Elizabeth(1821～1910) 英国出生的美国女医生。1832 年随家人移民美国,没过几年父亲即去世。她阅读医学书籍并聘请私人教师习医。曾申请就读医学院,但都遭到拒绝,直到 1847 年才被杰尼瓦医学院(后来的霍巴特医学院)接受。虽遭排挤,但 1849 年她还是以全班第一名的成绩毕业,成为第一个现代女医生和第一个取得美国医学院学位的妇女。1857 年力排众议,开办纽约医院,全部录用女职工,后在该院为妇女开设全部医学课程。她也是伦敦女子医学院的创始人。其妹爱米丽(1826～1910)接管纽约医院多年,并担任其附属医学院的校长和教授。

布莱希特 Brecht, Bertolt(1898～1956) 原名 Eugen Berthold Friedrich 。德国诗人和剧作家。他的语言简练、精确、直率,是现代德语大师之一。在写出包括《巴尔》(1922)在内的第一批剧作之前,曾在慕尼黑学医(1917～1921)。其后陆续有作品发表,包括《人就是人》(1926)以及大量诗歌。他和K.

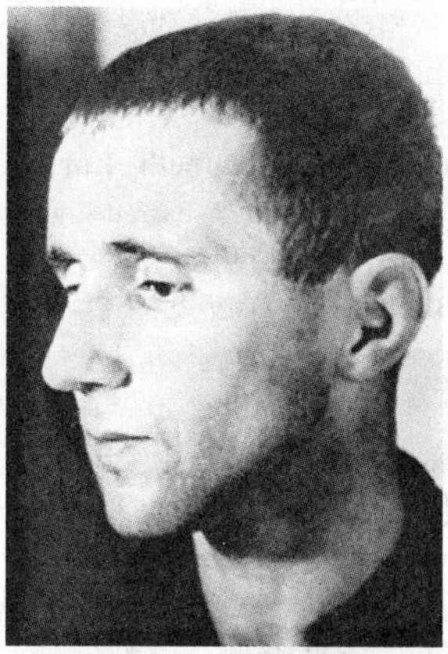

B. 布莱希特，摄于 1931 年
Ullstein Bilderdienst

韦尔合写的有讽刺音乐剧《三分钱歌剧》(1928 年首演，1931 年拍成电影)，这是他获得的第一次巨大成功；还有歌剧《马哈哥尼城的兴衰》(1930)及舞剧《七死罪》(1933)。在这期间，他成为马克思主义者，并发展出他的**叙事剧**理论。随着纳粹得势，他开始流亡生涯。最初到斯堪的纳维亚(1933～1941)，后来到美国，在这里完成他重要的随笔和戏剧作品，包括了《大胆妈妈和她的孩子们》(1941)、《伽利略传》(1943)、《四川好人》(1943)和《高加索灰阑记》(1948)。由于政治因素，他在 1949 年回到东德，在那里组织了柏林剧团，演出自己的戏剧，如《阿图罗·魏的有限发迹》(1957)。1949 年完成有关戏剧理论的著作《戏剧小工具篇》。

布莱兹 Boulez, Pierre(1925～) 法国作曲家和指挥家。原主修数学，后在巴黎音乐学院师承 O. **梅西昂**。1946～1956 年在雷诺-巴劳尔剧院任音乐指挥。受 A. von **韦伯恩**作品的激励，1951 年开始以完全的序列主义实验创作音乐。1954 年创办新音乐团体“音乐天地”，并持续指挥至 1967 年。1971～1978 年任纽约交响乐团指挥。1976 年在拜罗伊特音乐节指挥 R. **瓦格纳**的《尼贝龙的环》，1979 年初次公演贝尔格的《露露》完整版。1974 年创建法国国家实验工作室 IRCAM(音乐与音响协调研究学会)。重要作品包括《水太阳》(1948)、《结构》第一集(1952)、《结构》第二集(1961)、《无主的槌》(1957)、《重重褶裥》(1962)，以及 3 首钢琴奏鸣曲(1946、1948、1957)等。由于他参与的活动十分多样，包括经常打破常规的著述，因而他是战后享誉国际的音乐前卫派重要人物。

布赖顿 Brighton 英格兰南部城镇。位于伦敦以南，濒**英吉利海峡**。几世纪以来一直是个小渔村，18 世纪末叶在威尔士亲王(后来的乔治四世)首次来访(他曾多次来访)后提高了知名度。他的惠顾给这个城镇留下的明显特点可从**英国摄政时期风格**的广场看出。1841 年与伦敦通铁路后发展迅速。人口约134 293(2001)。

布赖恩 Bryan, William Jennings(1860～1925) 美国民主党领袖和演说家。生于伊

W. J. 布赖恩，约摄于 1908 年
By courtesy of the Library of Congress, Washington, D. C.

利诺伊州塞勒姆。曾在内布拉斯加州开业当律师。1891～1895年担任众议员，成为自由铸造银币运动(复本位制)的全国领袖，在“黄金十字架”演说中鼓吹这种运动，因而在 1896 年赢得民主党总统候选人的提名；1900 和 1908 年又两次被提名。1901 年创办《平民报》，并到处演讲，人们十分赞赏他的演说技巧，被称为“伟大的平民”。1912 年帮助 W. **威尔逊**赢得总统候选人的提名，威尔逊当选后任命他为国务卿(1913～1915)。他支持通过仲裁来避免战争。他也是主张对《圣经》作字面解释的信奉者。1925 年在**斯科普斯审判案**中任检察官，C. **达罗**是首席辩护律师，双方就进化问题进行辩论。布赖恩在法庭论战中过分疲劳，审理结束后不久即病逝。

布赖恩特 Bryant, William Cullen(1794～1878) 美国诗人。早期清教徒移民的后代，生于马萨诸塞州卡明顿。17 岁写成《死亡观》，这是对自然和死亡的沉思，是他写的最

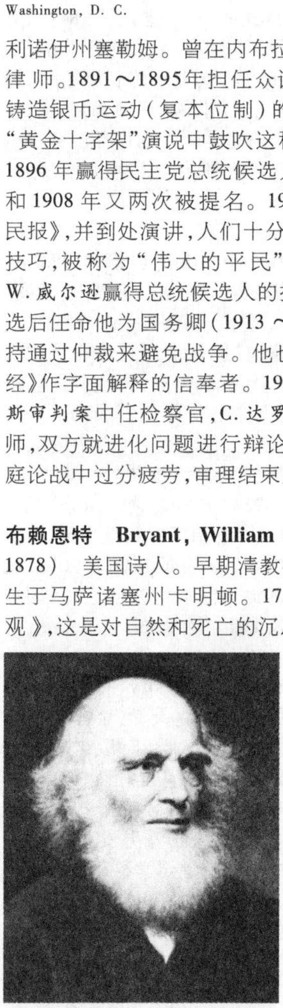

W. C. 布赖恩特，油画，D. 亨丁顿绘于 1866 年；现藏布鲁克林博物馆
By courtesy of the Brooklyn Museum, New York

好的诗作，受了自然神论的影响，反过来又影响了R. W. 埃默森和H. D. 梭罗。21岁时获准开业，当律师近10年，该职业为他终身所厌。《诗集》(1821)包括“致水鸟”一诗，确立了他的名声。1825 年迁居纽约，在那生活近 50 年(1829～1878)，任《晚邮报》总编辑，他把报社改变为一个鼓吹进步思想的机构。

布兰代斯 Brandes, Georg (Morris Cohen)(1842～1927) 丹麦文学评论家和学者。毕业于哥本哈根大学，他开始在该校授课，讲稿以《19 世纪文学的主流》(1872～1890；6 卷)书名出版。这些课程促进了丹麦文学从浪漫主义向现实主义突破。布兰代斯号召作家为进步思想和现代社会改革写作。剧作家 H. **易卜生**和 A. **斯特林堡**都是他的拥护者，他成了斯堪的纳维亚文学中自然主义运动最重要的领导者，但在国内却遭到保守分子的强烈反对。他的评论作品还有：《现代突破者》(1883)和《丹麦的诗人》(1877)。

布兰太尔 Blantyre 马拉维南部城市，是该国最大城市之一和司法机构驻地。1876 年苏格兰长老会建为传教据点，并以 D. **利文斯敦**的苏格兰出生地命名。1883 年为英国领事馆所在地，1895 年设市，是马拉维最早的自治市。殖民时代的贸易为今天成为重要的商业中心奠定了基础。1956 年与附近的林贝合并。人口约661 444(2008)。

布兰特 Brandt, Bill(1904～1983) 原名 William。英国摄影家。1929 年在 M. 雷的巴黎摄影室里工作。1931 年回到英国，当一名自由职业新闻摄影师。拍摄 20 世纪 30 年代英国工业劳动者和第二次世界大战期间国内大后方的情景。他的作品深受 E. **阿特热**、布拉赛和 H. **卡蒂埃-布勒松**的影响。他最著名的作品是拍摄英国生活和一系列非传统的人像照。用视角极大的大型照相机，在极近的距离拍摄，使人体变形，而成为抽象的影像。

布朗 Brown, Charles Brockden(1771～1810) 美国作家。生于费城。攻读法律，后改从事写作。其以美国为背景的哥特式传奇小说，后被美国早期大文豪 E. A. **坡**和 N. **霍桑**所采用。第一部小说《威兰》(1798)是美国小说中的杰作，说明当常识不足以应付新奇经验时，心理将会失去平衡而慌乱。他的作品利用恐怖，但反映出一种经过深思熟虑的自由主义思想。有“美国小说之父”的称号。

布朗 Brown, Ford Madox(1821～1893) 英国画家，曾在布鲁日、安特卫普、巴黎和罗马学习。1845 年访问意大利期间，认识了拿撒勒派画家 P. von 科内利乌斯，影响到他对色彩的使用和风格。他对明亮色彩的使用、细密的处理手法和对文学主题的爱好强烈影响到前拉斐尔派，其中最著名的是 D. G. **罗塞蒂**。他著名的作品有《向英国告别》(1852～1855)和《工作》(1852～1863，对维多利亚时代社会的写照)。1861 年成为 W. 莫里斯的公司的创办人之一，曾设计过彩色玻璃和家具。

布朗 Brown, Gordon(1951～) 英国政治家、首相(2007～2010)。出生于苏格兰格拉斯哥。曾当过教师和记者，1983 年作为工党成员人选英国下议院。他随后与 T. 布莱尔成为朋友，两人很快成为旨在改进工党政治哲学运动的先锋，主张以一种更加注重实际、有利市场运作的战略来取代国家社会主义的目标。1997 年工党在大选中获得压倒性胜利之后，布莱尔成为首相，布朗被任

命为财政大臣。在布朗的领导下，英国经历了一段相对稳定的经济成长期，但不断增加的公共开支和政府借贷在英国社会引起的关注越来越大。2007 年 6 月，布莱尔卸任首相和工党领袖之职，布朗继任了这两项职务。2010 年 5 月布朗辞去英国首相职务，接替他的是 D. 卡梅伦。

布朗　Brown, James（1933 ～ 2006）　美国歌手与歌曲作家。大萧条时期在佐治亚州长大，初在街头以卖唱和跳舞糊口。后来组成了一个三重唱小组，在南方一些小型夜总会里演唱。他逐渐发展起一种高度个人化的风格，将布鲁斯和福音音乐传统中的要素与他本人充满激情和极具节奏化的表演方式相结合，并着重加强表演意识。《请，请，请》（1956）是他的第一首畅销曲，接着是其销售量百万的金唱片，包括《爸爸有了一只崭新的包》。他的风格特点是强烈的舞蹈节奏以及大量的切分音，后来发展为早期爵士音乐。其动荡不安的生活包括被指控吸毒、因 1988 年在高速路上开车逃避警察追捕而入狱等。1986 年布朗被选入摇滚音乐的名人堂，他的绰号包括“娱乐圈里最辛苦的劳动者”和“灵魂乐教父”。

布朗　Brown, Jim（1936 ～　　）　原名 James Nathaniel 。美国橄榄球运动员，常被公认是史上最杰出的后卫。生于佐治亚州圣西蒙斯。在锡拉丘兹大学时就是全美橄榄球队队员。1957 ～ 1965 年在克利夫兰布朗队参加 9 个赛季的比赛中，创造了抱球冲破对方防线以及联合的码数记录，并一直保持到 1984 年。他保持着职业选手最高的抱球跑平均数（5.22 码），以及在联盟中触底线次数最多的赛季数记录（1957 ～ 1959、1963、1965）。在他参加的 9 年中，其抱球跑的次数有 8 年都居全国橄榄球联盟（NFL）之首，该纪录至今无人能及。退出橄榄球界后，布朗成为一名电影演员。

布朗　Brown, John（1800 ～ 1859）　美国废奴主义者。生于康涅狄格州托灵顿。在俄亥俄州长大，8 岁时母亲死于神经错乱。他在各州到处流浪，从事各种行业，育有子女 20 人。他长期以来反对奴隶制度，1855 年带领 5 个儿子来到堪萨斯，向洗劫劳伦斯城拥护奴隶制的暴徒寻仇。他和他的同党杀死了 5 名拥护奴隶制的居民。1858 年他提议由废奴主义者出资，在马里兰州山区建立一个收容逃亡奴隶的根据地。他希望夺取西弗吉尼亚州哈珀斯费里的联邦军火库能激励奴隶们来参加他的“解放军”。1859 年他的一小股部队战胜了军火库的卫兵，两天后被 R. E. 李上校领导的联邦军击败。布朗以叛乱罪受审，处绞刑。他的袭击行动使他成为北方废奴主义者的烈士，同时也增强了地区性的仇恨，导致南北战争爆发。

布朗　Brown, Robert（1773 ～ 1858）　苏格兰植物学家。教士的儿子，曾在阿伯丁和爱丁堡学医，后在英军中任助理外科医生（1795）。1801 年以博物学家的资格登船远航，去考察澳大利亚沿岸，旅途中收集了近 3 900种植物标本。他把这次旅行获得的一些成果发表在 1810 年的经典著作《澳洲植物志》一书中，为澳大利亚的植物学以及改进植物分类系统奠定了基础。1827 年他把 J. 班克斯的植物收藏转移到了不列颠博物馆，并成为博物馆新成立的植物部门的管理员。第二年他发表了观察到的称为布朗运动现象。1831 年他注意到植物细胞中他称之为“核”的存在。他是最早认识到裸子植物和显花植物之间有区别的人。

布朗　Brown, William Wells（1814？～ 1884）　美国作家。生于肯塔基州列克星敦的奴隶家庭。他逃离家园刻苦自修，在波士顿地区安家。他写成了一部大受欢迎的自传《威廉·威尔士·布朗的故事：一个逃奴》（1847），并以废奴运动与温和改革为主题发表演说。《克罗特尔》（1853）是他唯一的长篇小说，描述 T. 杰斐逊与一位奴隶的子孙们的故事，是历史上第一部非洲裔美国人的作品。他唯一的剧本《逃亡》（1858）则是描述两位秘密结婚的奴隶的故事。

布朗（夫人）　Brown, Molly（1867 ～ 1932）　原名 Margaret Tobin。美国一名普通妇女。生于密苏里州汉尼拔。1884 年左右随兄长到了科罗拉多州，在那儿认识并嫁给了矿工 J. 布朗。1894 年他找到金矿后，他们移居丹佛，她企图进入上流社交界但不成功。夫妻离异后，她便到纽约、纽波特旅行，她健谈的天赋使她逐渐崭露头角。她是“泰坦尼克”号客轮处女航（1912）的旅客之一，客轮沉没时，茉莉·布朗曾协助指挥一艘救生艇，美国报界称赞她为“永不沉没的布朗太太”。她的故事是一种事实与虚构的杂糅之作，因被编成音乐剧和电影而广为人知。

布朗大学　Brown University　美国罗得岛普罗维登斯的一所私立大学，常春藤联合会的传统成员。1764 年建校时取名罗得岛学院，1804 年改以捐助人尼古拉斯·布朗的姓氏命名。1971 年与女子学院彭布罗克学院（1891 年成立）合并，成为男女合校的大学。如今该校提供所有主要学科领域的本科和研究生课程，它的医学院设有医学博士学位，研究机构包括地质、天文和教育研究中心。现有注册学生约7 600人。

布朗库西　Brancusi, Constantin（1876 ～ 1957）　罗马尼亚裔法国雕刻家。小时学过木雕，曾在布加勒斯特和慕尼黑学习美术，他基本上是从慕尼黑徒步前往巴黎，后入巴黎美术学院。1906 年首次在巴黎展出作品。《睡中的缪斯》（1908）还带有 A. 罗丹的影响。同年又作《吻》，首次显示出其个人风格。他发展了一种用几何图形来表现的风格，将自然界的形态简化成极端抽象的图形，这成了他的特征。1913 年的军械库展览会他展出了 5 件作品，包括《波加涅小姐》。飞行中的鸟是他的另一喜爱的主题，他最著名的作品是杰出的青铜抛光像《空间的鸟》（1919）。由于多次参加美国和欧洲的展览会为他带来声名和成就，他被认为是现代抽象艺术雕刻的先驱。

布朗宁　Browning, Elizabeth Barrett（1806 ～1861）　原名 Elizabeth Barrett。英国女诗人。虽然她是一个怕见生人的病残之人，但是在1838年和1844年发表了诗集后，

E. B. 布朗宁，油画，M. 戈尔迪贾尼绘于 1858 年；现藏伦敦国立肖像画陈列馆

By courtesy of The National Portrait Gallery, London

她的诗在文学界广为人知。1845 年认识 R. 布朗宁，为了逃避她的专制父亲的耳目，他们秘密地相恋了一段时间后才结婚，婚后在佛罗伦萨定居。她的声誉主要来自恋爱期间所写的爱情诗《葡萄牙十四行诗》（1850）。她最有雄心的作品是无韵诗小说《奥罗拉·利》（1857），这是她最成功的作品。

布朗宁　Browning, Robert（1812 ～ 1889）　英国诗人。早期作品包括一些诗剧，最出名的有《皮帕走过了》（1841），还有一些长诗，如《索尔戴洛》（1840）。他和女诗人 E. B. 布朗宁结婚后，定居意大利（1846 ～ 1861）。这个时期除了《男人和女人》（1855）就几乎没有创作，这部集子里包含了一些戏剧性的抒情诗，如《凋零的爱情》以及长篇独白《利比》和《布罗格兰主教的辩解》。1864 年出版的《剧中人》包括了《埃兹拉拉比》和《在塞特珀斯上的卡利班》，使他最终赢得了普遍的认可。长诗《指环和书》（1868 ～ 1869）是以 1698 年发生在罗马的一起谋杀案的审判为基础写成的。他发展出来的戏剧性独白（重点放在刻画人的心理），以及他用同代人感到难以应用的语言成功地描写当代生活的各个层面，这些都影响了许多当代诗人。

布朗宁　Browning, Tod（1882 ～ 1962）　美国电影导演。生于肯塔基州路易斯维尔。1915 年进入传记电影工作室之前，曾当过马戏演员以及轻歌舞剧的喜剧演员。他写过几部剧本，后来导演过音乐剧以及冒险电影（1917 ～ 1925）。他导演过恐怖电影《不神圣的三个》（1925），由 L. 钱尼主演。后来的作品则有《吸血鬼》（1931）与《怪胎》（1932），这些电影建立了他在怪异风格恐怖电影方面的名声。1939 年退休。

布朗热　Boulanger, Nadia(-Juliette)（1887 ～ 1979）　法国女音乐教师和指挥家。曾随维多尔（1844 ～ 1937）和 G. 福莱学习作曲，因

妹妹早逝而不再作曲，毕生奉献给指挥工作、表演管风琴，并任教于诺默尔学校（1920～1939）、巴黎音乐学院（1946年起），尤其是自1921年起在枫丹白露的美国音乐学院长期任教。她是20世纪最杰出的教授作曲的老师，学生包括A.科普兰、R.哈里斯、D.米尧、V.汤姆森、E.卡特、L.伯恩斯坦和P.格拉斯等。她的妹妹莉莉（1893～1918）是第一个赢得罗马大奖（1913）的女作曲家，但只活到25岁，写有不少出色的声乐和其他音乐作品。

布朗诉托皮卡教育局案　Brown v. Board of Education (of Topeka)　1954年美国最高法院的判例。它一致裁决：公立学校的种族隔离违反宪法第14次修正案。该修正案规定任何一州都无权在其管辖范围内无视每个人的平等法律保护。法院决定宣布：隔离措施从一开始就是不平等的。此项判决推翻了最高法院在1896年关于"普莱西诉弗格森"一案的裁决。布朗案的决定只限于公立学校，但人们认为，该项决定也包含着在其他公共设施方面，隔离措施同样是不被允许的。当局提出结束种族隔离的指导方针，并忠告学校董事会以"审慎的速度"进行。

布朗夏尔　Blanchard, Jean-Pierre-François（1753～1809）　法国气球飞行家。1785年他和美国医生J.杰弗里斯第一次成功飞越了英吉利海峡。同年他还发明了降落伞。

J.-P.-F.布朗夏尔，雕版1785年J.牛顿据R.李夫西所绘油画制作

By courtesy of the Library of Congress, Washington, D. C.

后来到其他欧洲国家作气球飞行表演，1793年到美国表演，引发人们对气球飞行的兴趣。他和妻子在欧洲各地的博览会表演，后来两人分别死于一次意外气球事故。

布朗运动　Brownian motion　在各种物理现象中，有些量经常所作的小而无规则的涨落，以最早研究这种涨落（1827）的苏格兰植物学家R.布朗的姓氏命名。布朗记述了他注意到花粉内有微粒运动，他将无机和有机物质粉末悬浮在水中试验时，发现悬浮微粒的无规则运动。他后来又发现悬浮在空气中和其他流体中的烟或尘粒子中都可以看到类似的运动。流体的分子恒动的观念是物理学家J.C.麦克斯韦、L.玻耳兹曼和R.克劳修斯（1822～1888）在阐明热现象时所提出的气体分子运动理论的主要内容。

布劳德尔　Braudel, (Paul Achille) Fernand（1902～1985）　法国历史学家和教育家。第二次世界大战被监禁期间，他凭着记忆撰写成论16世纪地中海地区历史的论文，后于1949年以"腓力二世时代的地中海与地中海世界"为名印行。布劳德尔和L.费夫尔与M.布洛克共同主导年鉴，强调历史事件所依存的各种客观条件，如气候、地理、人口统计等。《15至18世纪文明与资本主义》（1967，1979）是他的第二本重要著作。

布劳恩　Braun, Wernher von（1912～1977）　德裔美国工程师，在火箭技术和太空探测等方面都有光辉的成就。出生于贵族家庭，自柏林大学获得博士学位，1936年纳粹德国在佩讷明德（这是纳粹德国重新武装的主要中心，为《凡尔赛和约》所禁止）建立大型军用火箭试验场，布劳恩任技术主任，研制出液体火箭发动机的飞机、起飞助推器、远程弹道导弹（V-2火箭）和超音速防空导弹"瀑布"。1944年他们在火箭和导弹技术方面所达到的水平，在许多年内都领先于其他任何国家。大战结束时他和整个研制小组投降美军，并立即为美军研制导弹，1952年起担任美国陆军弹道导弹计划的技术主任（后为负责人）。在他的领导下，研制成红石、丘比特-C、潘兴等导弹。1958年他的小组成功地发射了美国第一颗人造卫星"探险者"1号。美国国家航空和航天局成立后，他随其机构归该局领导，担任马歇尔太空中心主任，研制"土星"Ⅰ号、"土星"ⅠB和"土星"Ⅴ型运载火箭，其工艺水平在火箭史上仍无可比拟。

布劳尔　Brouwer, Adriaen（1605/1606～1638）　佛兰德画家。根据其传记作家A.豪布拉肯所述，他1623年左右到哈勒姆，师从F.哈尔斯学画。另有说法为他跟父亲学画。1631年回到佛兰德，在安特卫普定居。他的画作大部分是小幅的，画在画板上，内容以描绘农民们在小饭馆里喝酒和喧闹的情景为主。粗俗的主题与雅致的画风形成强烈的对比；他那艺术名家的画法和在色调上熟练而明暗相称的风格是无与伦比的。他在佛兰德和荷兰普及推广了风俗画。A. van奥斯塔德和D.小特尼尔斯是他众多追随者中的两人。

布雷德伯里　Bradbury, Ray (Douglas)（1920～2012）　美国作家。生于伊利诺伊州沃基根。他那些想象力丰富的科学幻想小说将社会批判与对失控的技术灾难意识熔于一炉。1950年出版的《火星人编年史》（1980年拍成电视连续剧）通常被认为是一部经典科幻作品。其他重要短篇小说集有：《用图解说明的人》（1951；1969年拍成电影）、《十月的乡村》（1955）、《我歌颂带电的物体》（1969；1981年拍成电视剧）和《温柔的谋杀》（1996）。长篇小说包括《华氏451度》（1953；1966年拍成电影）、《蒲公英酒》（1957；1977年拍成电影）及其续篇《再见夏天》（2006）、《死亡是孤独的》（1985）等。

布雷德福　Bradford, William（1590～1657）　美洲普利茅斯殖民地总督，任职30年。作为清教主义内的分离派运动成员，1609年加入追寻宗教自由的基督教团体迁居荷兰，因那里缺乏经济机会而在1620年协助组织约100名清教徒移民前往新大陆。在海船上他参与起草了《五月花公约》。1621年他被一致推举为新大陆居民地总督，一直任职到1656年（其间只有5年没有任总督）。他协助建立和培育了日后自治政府的原则，并实行宗教自由政策，成为日后美洲殖民地政府的特色。所著《普利茅斯开发史，1620～1647年》是一部无比珍贵的资料，既详尽记载了"五月花"号航行的情况，也描述了移民者所面临的种种挑战。

布雷德利　Bradley, Bill（1943～　）　原名William Warren。美国职业篮球运动员和政治家。生于密苏里州克里斯特尔城。他在普林斯顿大学求学时（1961～1965），身高196厘米，为球队前锋，是主要得分手。为1964～1965年度大学联赛最佳运动员。在一场半决赛中他拿下58分，创美国大学联赛季后赛记录。1964年美国篮球队在奥运会比赛中夺得金牌，其时布雷德利为该队队员。获罗得斯奖学金去牛津大学求学。1967～1968年赛季加入尼克斯队，为该队打球直到1977年退役。在他任该队队员期间，该队共两次获全国篮球协会冠军（1970，1973）。1979～1997年担任新泽西州参议员，致力于提高公众对种族关系和贫穷的了解，并反对竞选融资常规。1999～2000年角逐民主党总统候选人提名未成。

布雷德曼　Bradman, Don（1908～2001）　澳大利亚板球选手。为此项运动历史上最伟大的得分手之一，在国际比赛中，他总共为澳大利亚国家队拿下6 996分，并创下每场比赛平均得99.94分的记录。1948年任队长，率领澳大利亚国家队以4：0横扫英国队。1949年自甲级板球赛后退休，同年受封为爵士。布雷德曼经常被视为20世纪最伟大的板球运动员。

布雷迪　Brady, Mathew B.（1823～1896）　美国摄影师。生于纽约州莱克乔治附近。曾师从S.F.B.莫尔斯学习银板照相术。先后在纽约市、华盛顿（1847）开设了三家照相馆。1844年着手拍摄当代名人肖像，包括D.韦伯斯特、E.A.坡以及H.克莱等。1847年开始拍摄、复制和收藏美国历届总统肖像。1850年《美国名人像集》使他名扬四海。美国内战爆发后（1861），他决定拍摄整个战争场面，雇用了20多名摄影师（其中最著名的摄影师包括T.H.奥沙利文和A.加德纳），分赴各战区，他本人还可能拍摄过布尔溪战役、安蒂特姆战役和葛底斯堡战役等战争场面的照片。

布雷顿角岛　Cape Breton Island　加拿大新斯科舍省东北部岛屿。西南隔坎索海峡与加拿大大陆相望，长175千米，宽120千米，面积10 311平方千米。北接圣劳伦斯湾和卡伯特海峡，东和南濒大西洋，西临诺森伯兰海峡。全岛海岸线曲折，大部分地区是森林丘陵，北部为布雷顿角高地。岛中部有布拉多尔湖。该岛最早是法国殖民地，1763 年割让给英国，属新斯科舍。1784 年成为直属英国王室的殖民地，1820 年又划归新斯科舍。1955 年跨越坎索海峡的大堤竣工，使该岛能够直通大陆，成为横贯加拿大公路和加拿大国家铁路的东端终点站。人口 109 330（2001）。

布雷多克 Braddock, Edward（1695 ～ 1755） 在法英北美殖民地争夺战中的英国指挥官。原在欧洲服役，1755 年赴弗吉尼亚统帅驻北美的英军对法国人作战。经过数月准备后，他远征法国人占据的迪凯纳堡（今匹兹堡）。他率领英国正规军和地方民兵（乔治·华盛顿也在其中）开辟了第一条跨越阿勒格尼山脉的道路。布雷多克的军队顺利渡过莫农加希拉河，到达迪凯纳堡附近。但因缺乏敌情侦察，前列纵队的1 400多名官兵在一个深谷里遭到 254 名法军和 600 名印第安人的伏击。在随后的混战中，他身负重伤而死。

布雷肯里奇 Breckinridge, John C(abell)（1821 ～ 1875） 美国副总统（1857 ～ 1861），南部邦联军官。生于肯塔基州列克星敦附近。原为律师，后担任美国众议员（1851 ～ 1855）。1856 年当选副总统，总统为 J. 布坎南。1860 年夏在全国代表大会上，民主党内部因奴隶问题发生分裂，南方派拥护布雷肯里奇为总统候选人。在 11 月的大选中，布雷肯里奇被共和党的 A. 林肯击败。他曾谋求妥协，但在萨姆特堡开火后，他敦促肯塔基州脱离联邦。任南部邦联的旅长，曾参加维克斯堡、莽原、谢南多厄河谷多次战役。1865 年任南部邦联的陆军部长，战争结束时逃往英国，3 年后回到肯塔基继续执律师业。

布雷斯 Blass, Bill（1922 ～ ） 美国时尚设计师。生于印第安纳州韦恩堡。17 岁离家进入位于纽约市的帕尔森斯设计学院。第二次世界大战期间在美国陆军服役，战后回到纽约，1959 年成为莫瑞斯·润特纳公司的首席设计师。基于对欧洲设计师如 G. 夏内尔的革新设计，布雷斯设计的服装让女性穿得轻松舒适，又能展现帅气的现代感。他的作品在纽约上流社会女性之间受到欢迎。1970 年布雷斯成为润特纳公司的老板，并将公司名称改为自己的名字。他是运用授权商业策略的先驱，即把他的设计与名字运用在大量的流行服饰配件上。

布雷松 Bresson, Robert（1901 ～ 1999） 法国电影导演。在 1934 年执导第一部电影之前曾担任过画家和摄影师。其第一部剧情片《罪恶的天使》（1943）树立了简朴、理性的风格。以探索紧张的心理过程和视觉想象重于情节安排而闻名，所拍的电影包括：《一个乡村牧师的日记》（1950）、《死囚犯的越狱》（1956）、《扒手》（1959）、《巴尔塔扎尔》（1966）、《湖上朗斯洛》（1974）和《金钱》（1983）。

布雷兹特里特 Bradstreet, Anne（1612？～ 1672） 原名 Anne Dudley。英裔美国女诗人，也是美洲殖民地最早的一批诗人之一。18 岁时随清教徒从英格兰出发，渡海至马萨诸塞湾定居。在养育 8 个孩子的同时仍写了许多诗。她的姐夫未经她的同意，就将她的诗带回英国出版（1650）。她的诗受到 20 世纪文学批评界的重视，特别是《冥想集》这部宗教组诗，但至 19 世纪中叶始刊行。散文集《沉思》中有许多简洁有力的警句。

布里顿 Britten, (Edward) Benjamin（1913 ～1976） 后称 Baron Britten of Aldeburgh。英国作曲家。曾入皇家音乐学院就读，在那里结识了男高音P. 皮尔斯（1910 ～

布里顿，摄于 1960 年
Camera Press

1986），两人成为终身好友。1937 年写弦乐曲《弗兰克·布里奇主题变奏曲》，获国际声誉，接着是《安魂交响曲》（1940）和《小夜曲》（1943）。1945 年的歌剧《彼得·格赖姆斯》奠定其为大师级歌剧作曲家的地位。1948年在其居住的小镇与人创办奥尔德堡音乐节，余生精力都奉献给这个音乐节，常在节日里担任指挥和演奏钢琴。他的歌剧包括《卢克莱修受辱记》（1946）、《阿尔贝特·海令》（1947）、《比利·巴德》（1951）、《螺丝的转动》（1954）、《仲夏夜之梦》（1960）和《威尼斯惨剧》（1973）等。他的《战争安魂曲》（1961）引起极大的反响。其他的声乐作品包括《卡洛祭典》（1942）和《春天交响曲》（1949）。他最著名的管弦乐作品是《青少年管弦乐入门》（1946）。1976 年成为英国历史上第一位受封爵位的作曲家，通常认为他是继 W. 伯德和 H. 普赛尔之后最伟大的英国作曲家。

布里奇斯 Bridges, Harry（1901 ～ 1990） 原名 Alfred Bryant Renton。澳大利亚裔美国劳工领袖。1920 年抵达美国，当过海员和码头工人。不久定居旧金山，当过码头装卸工，活跃于国际码头工人协会（ILA）地方支会。1937 年他与协会领导不和，遂带领他的太平洋海岸支会退出该会，重组成国际码头工人和仓库工人联合会（ILWU），隶属于产业工会联合会。他的攻击性劳工策略和他同共产党的关系导致 1950 年产业工会联合会在整肃所谓共产党控制的联盟活动中，将他的联合会开除出会，保守派虽千方百计地想驱逐他出境，但未能成功。1977 年退休，他在此之前一直是国际码头工人和仓库工人联合会主席。

布里斯班 Brisbane 澳大利亚昆士兰州首府和港口。位于布里斯班河北岸，出河口是莫顿湾。1823 年被英国人首度发现，1824 年建为流放地。1834 年设镇，取名布里斯班是为了纪念新南威尔士州前州长汤马斯·布里斯班爵士。1859 年成立自治市，同年成为新独立的昆士兰州首府。20 世纪 20 年代同南布里斯班合并成大布里斯班市。有桥梁和轮渡连接两岸市区，是澳大利亚第三大城市。现为铁路和公路中心以及繁忙的港口，也是昆士兰文化中心所在地，设有一所大学。城市人口约1 774 890（2004）。

布里斯托尔 Bristol 英格兰西南部城市。位于埃文河和弗罗姆河交汇处。1155 年设镇，长期以来是商业中心，1497 年 J. 卡伯特就是从这里起航去新大陆。17 ～ 18 世纪因西非、西印度群岛和美洲殖民地的三角奴隶贸易而繁荣。19 世纪初贸易开始衰落，但不久即因铁路的通车而复苏。第二次世界大战遭严重轰炸破坏，现已重建。如今是重要的航运中心，特别是运输石油和食品。人口约 380 615（2001）。

布里斯托尔海峡 Bristol Channel 大西洋海湾。从威尔士南部延伸 135 千米至英格兰西南部，约 8 ～ 69 千米宽。海峡中央的兰迪岛曾是海盗据点，现为全国托管协会所有。通过海峡的船只在英格兰港口布里斯托尔和威尔士港口斯旺西、加的夫停泊。

布利茨坦 Blitzstein, Marc（1905 ～ 1964） 美国作曲家。生于费城。曾在柯蒂斯学院就读，后来在巴黎师从 N. 布朗热，又到柏林随 A. 勋伯格学习。最著名的作品包括戏剧《摇篮将摇起来》（1937），由 O. 韦尔斯和 J. 豪斯曼制作的这些故事场景成为一种传奇；歌剧《里贾纳》（1949）；另外把百老汇的热门歌剧《三分钱歌剧》（1952）改成英语版并谱写音乐。在为大都会歌剧院创作有关萨柯-万泽案的歌剧时，他在马提尼克被谋杀。

布利式样 Buli style 刚果（金）卢巴人制作的非洲木雕刻品。由于风格与其他卢巴人雕刻不同，原本以为是出自一个名叫“布利大师”的艺术家一人之手，后来才发现这些雕刻出自一个木雕作坊。最典型的是古人雕像和当作凳子用的工具（通常雕像用头和指尖支撑凳面，手指分开，掌面向前）。

《布列斯特-立陶夫斯克和约》 Brest-Litovsk, Treaty of（1918-03-03） 同盟国和俄国在布列斯特-立陶夫斯克（今白俄罗斯境内）签订的和平条约，从而结束了第一次世界大战期间这些国家之间的敌对状况。结果俄国失去了乌克兰、芬兰及其在波兰和波罗的海沿岸的领土。但停战协定签字后该和约被废除。

布列塔尼 Brittany 法语作 Bretagne。法国西北部半岛及历史上的行政区。古称阿摩里卡,范围包括塞纳河和罗亚尔河之间的沿海地区。凯尔特人是最早的居民,后被凯撒征服,成为罗马的一个省。5世纪时,不列颠人(来自不列颠的凯尔特人)入侵,所以这块西北端地区称作布列塔尼。后来被克洛维一世征服,但无论是墨洛温王朝还是加洛林王朝都未能有效控制它。13世纪法国提出领土要求,但一直到15世纪,这里还是独立的邦国。1532年才被并为法国的一个省,省的地位一直持续到法国大革命时期。今天的布列塔尼大区略小于历史上的布列塔尼,面积27 209平方千米,人口约3 011 000(2004)。为重要的农业区。首府雷恩。

布龙齐诺 Bronzino, Il(1503～1572) 原名Agnolo di Cosimo或Agniolo di Cosimo。意大利佛罗伦萨画家。是J. da 蓬托莫的学生和养子。其作品缺少当时宗教画的强烈情感

《青年男子肖像》(可能是乌尔比诺公爵吉多保尔多二世),油画,布龙齐诺绘;现藏纽约市大都会艺术博物馆

The Metropolitan Museum of Art, New York City, bequest of Mrs. H. O. Havemeyer, 1929, the H. O. Havemeyer Collection (29. 100. 16), copyright © 1981

特征,但他是一位出色的肖像画家,在大部分职业生涯里,充任梅迪契家族的宫廷画家。他所画的肖像通常不表露情感,而是以其高雅优美和装饰质量见长,体现了梅迪契公爵统治下的宫廷理念。他的作品影响了17世纪的欧洲宫廷肖像画,而他那鲜明光亮、精致优美的宗教和神话画作也集中体现了当代风格主义的风格。1563年参与创建绘画学院。

布隆迪 Burundi 全称Republic of Burundi(布隆迪共和国)。非洲中部国家。面积:27 816平方千米。人口:约8 911 000(2013)。首都:布琼布拉。主要种族是胡图人和图西人,分别约占人口总数的80%和20%。最早的居民是特瓦俾格米人,目前约占总人口的1%。语言:隆迪语、法语(均为官方语言)以及斯瓦希里语。宗教:基督教(天主教为主,亦有新教等)和地方传统宗教。货币:布隆迪法郎。布隆迪位于高原上,跨越尼罗河和刚果河的分水岭,分水岭呈南北走向,最高点达2 600米。高原包括了鲁武布河流域,是尼罗河流域最南端的延伸部分。在西部,鲁济济河北连基伍湖,南接坦噶尼喀湖。属发展中的经济,以农业为主。现为两院制共和国。国家元首暨政府首脑是总统(由副总统辅助)。最早是特瓦人定居于此,后来胡图人来此定居,逐步地超过特瓦人,到11世纪才完全取代其地位。图西人是更晚的年代才抵达此地,他们虽是少数民族,但在16世纪建立了布隆迪王国。19世纪该区属于德国的控制范围,但图西人仍握有权力。第一次世界大战后归属比利时。殖民时期已加深胡图人和图西人之间的种族憎恶关系,在接近独立时更引爆了仇视情绪。1962年获准独立,采取以图西人统治的王国形式。1965年胡图族发动叛乱,但被粗暴地镇压下去。20世纪其余的年代中两族之间的暴力冲突不断,有近百万人被杀。2001年成立过渡政府,2005年通过选举成立新政府。布隆迪于1996年首次参加在亚特兰大举办的夏季奥运会。

布隆方丹 Bloemfontein 南非共和国司法首都。也是自由邦省的首府。1846年建为城堡,曾是英属奥兰治河领地(1848～1854)和奥兰治自由邦(独立的布尔人共和国,成立于1854年)的中心。1899年布隆方丹会议的失败导致南非战争的爆发。20世纪时该市成为地理上的交通枢纽。2000年成为曼加翁地区市的一部分。人口约379 000(2005)。参阅比勒陀利亚和开普敦。

布隆希尔德 Brunhild(534?～613) 法兰克的奥斯特拉西亚国王的妻子。她是西哥特国的公主,567年嫁给奥斯特拉西亚国王西吉贝尔特一世。后来成为墨洛温王朝最有权势的人物之一,在布隆希尔德的怂恿下,西吉贝尔特向异母兄弟希尔佩里克一世索回她妹妹(被谋杀)陪嫁的领地。575年西吉贝尔特被暗杀,她被囚于鲁昂。后来避难到梅斯,她的儿子希尔德贝尔特二世已在那里称王。此后30年间,她在奥斯特拉西亚的权贵面前作威作福。其子过世后,她落入这些政敌之手,最后被严刑拷打,捆在马尾上拖死。

布卢姆斯伯里团体 Bloomsbury group 1907～1930年间经常在伦敦布卢姆斯伯里区一些人家里聚会讨论美学和哲学问题的一批英国作家、哲学家和艺术家。主要成员有E. M. 福斯特、L. 斯特雷奇、C. 贝尔、画家V. 贝尔(1879～1961)和D. 格兰特(1885～1978)、J. M. 凯恩斯、费边社作家L. 吴尔夫(1880～1969)和吴尔夫(夫人)。

布鲁贝克 Brubeck, Dave(1920～2012) 原名David Warren。美国爵士钢琴家和作曲家,在成为爵士乐钢琴师之前,曾随D. 米尧学习作曲。1951年和萨克斯管演奏家P. 德斯蒙德成立四重奏团。他使用的节拍不落俗套,具有巨大的感染力。他和德斯蒙德合作的录音作品《休息五分钟》成为首张销售量超过100万张的爵士乐唱片。这次的成功为爵士乐带来许多新的听众,特别是20世纪50年代和60年代的大学生。

布鲁克 Brook, Peter (Stephen Paul)(1925～) 后称Sir Peter。英国导演和制作人。在埃文河畔斯特拉特福导演几出戏后,成为科文特加登皇家歌剧院的导演(1947～1950)。他执导了几出莎士比亚的作品,但因手法前卫而引起争议。1962年起担任皇家莎士比亚剧团的合作导演,执导了《李尔王》(1962)和《仲夏夜之梦》(1970),受到评论界的赞誉。1964年他用前卫手法导演了P. 魏斯的《马拉被杀记》,赢得了国际声誉。他执导的电影有《苍蝇王》(1962)、《李尔王》(1969)以及长达6小时的《摩诃婆罗多》(1989)。1970年他与J.-L. 巴劳尔共创国际戏剧研究中心。

布鲁克 Brooke, Alan Francis(1883～1963) 后称Viscount Alanbrooke (of Brookeborough)(布鲁克伯勒的阿兰布鲁克子爵)。英国陆军元帅。曾受教于法国和英国皇家军事学院。第一次世界大战时担任军事训练指导(1936～1937),也是一个射击专家。第二次世界大战期间任驻法国的英军军长,1940年5～6月负责掩护敦克尔克撤退。1940～1941年任英国国内部队司令。1941～1946年升任英国陆军参谋长,他与美军建立了良好的关系,对联军的战略有极大影响力。1944年晋升陆军元帅。1946年受封子爵。

布鲁克 Brooke, Rupert(1887～1915) 英国诗人。最著名的作品是十四行诗组诗《一九一四年》(1915),包括流行的十四行诗《士兵》,表达了面对死亡时的理想主义,与

R. 布鲁克,身后肖像画,J. H. 托马斯绘;现藏伦敦国立肖像画陈列馆

By courtesy of the National Portrait Gallery, London

他后来在战壕里写的诗形成强烈的对比。死于第一次世界大战,年仅27岁,确立了他在两次战争之间的理想化形象。

布鲁克林 Brooklyn 美国纽约市的一个行政区,与曼哈顿隔东河相望,以数座桥梁(包括布鲁克林桥)、汽车隧道及快速运输系统来连接。南濒大西洋。1636年荷兰农民建立第一个定居点不久,其他定居点相继出现,包括布鲁克林(1645)。1776年在此进行独立战争中的长岛战役。1898年成为纽约市一个行政区。布鲁克林既是住宅区又是工业区,而且经营大量远洋运输业务。区内设有普拉特学院等教育机构。科尼艾兰游览区也在该区。人口2 465 326(2000)。

布鲁克林桥 Brooklyn Bridge 横跨纽约市东河连接布鲁克林和曼哈顿岛的悬索桥,建于1869～1883年。由钢索制造商J. A. 罗

布林和他的儿子W.罗布林共同设计。这是19世纪工程上的光辉业绩，是首次使用钢索的桥，也是建造中首次在气压沉箱中使用炸药的工程。施工过程中至少发生过27次重大建筑事故，1869年约翰死于其中的一次事故，后来由他的儿子监督这项工程的完成。桥的主跨长486米，是迄今世界上最长的。建成后夸称24小时内约有25万人通过该桥，人行道设计得比汽车路面高，使行人能俯瞰城市千变万化的景观。

布鲁克纳　Bruckner，(Joseph) Anton（1824～1896）　奥地利作曲家。乡村学校校长之子，幼年丧父，他被隐修院义养，加入唱诗班，在那里他学会了演奏管风琴。他天资聪慧，1855年起任林茨大教堂管风琴师；在他的作曲生涯中，他的管弦乐谱曲可与其管风琴的洪亮声相媲美。1865年他在慕尼黑听到《崔斯坦与伊梭德》，此后R.瓦格纳便成了他的崇拜对象，不过他自己的作品受贝多芬的影响很大。1868年任维也纳音乐学院教授，从此定居维也纳。60岁时才因《第七交响曲》成名。在社交上他比较笨拙和古怪，至死笃信基督教。著名作品包括9部成熟的交响曲（1866～1896）、3首弥撒曲（1864、1866、1868），以及《赞美颂》（1884）。

布鲁克斯　Brooks，Gwendolyn (Elizabeth)（1917～2000）　美国女诗人，作品主要描写都市黑人的日常生活。生于堪萨斯州托皮卡。在芝加哥贫民区长大，13岁时完成第一首诗。《安妮・艾伦》（1949）是一组结构松散的诗篇，讲一个黑人姑娘在芝加哥成长的故事，这本诗集使她成为第一位获普利策奖的黑人诗人。《食豆人》（1960）中收有一些她的最好诗作。其他著作还有：《在麦加》（1968）、自传《来自第一篇的报告》（1972）、《黑人初级读本》（1980）、《青年诗人初级》（1981）和《儿童返乡》（1991）等。

布鲁内莱斯基　Brunelleschi，Filippo（1377～1446）　意大利佛罗伦萨的建筑师及工程师。幼年学习金匠及雕塑，在与L.吉贝尔蒂一起竞标佛罗伦萨洗礼堂大门的铜门浮雕制作而

F.布鲁内莱斯基设计的佛罗伦萨圣斯皮里托教堂内景。1436年开工
Alinari-Art Resource

未能得手后，把注意力转向建筑。他阐述了直线透视结构定理（后来由L.B.阿尔贝蒂有系统地编写出来）。到15世纪20年代初期已成为佛罗伦萨最杰出的建筑师。主要作品是佛罗伦萨大教堂（1420～1436）的八角形穹隆顶，他用自己发明的机械来建造。梅迪契家族曾委托他设计圣洛伦佐修士教堂的老圣室和巴西尔法典（1421年开始），被公认是早期文艺复兴建筑的奠基石，他保留传统形式，加上他自己对古代设计的新的诠释，如柱顶、壁柱、檐壁和柱子。其后来纪念碑式的作品预示了将来L.B.阿尔贝蒂和D.布拉曼特所创造的雄浑外形和宏伟庄严的建筑风格。

布鲁塞尔　Brussels　法语作Bruxelles。比利时首都，隶属该国3大自治区之一的布鲁塞尔首都区。位于斯海尔德河一小支流塞讷河的河谷中。最初是塞讷河一个岛上的贸易交流地，最终被布拉班特公爵控制。16世纪上半叶它成为低地国家的首都，为哈布斯堡控制。16世纪末低地国家被分裂，布鲁塞尔所在的南部省份先后被西班牙、奥地利和法国控制。在1815年低地国家统一为荷兰联合王国后，布鲁塞尔与海牙同为荷兰首府。1815年起为荷兰的一部分。曾是比利时人叛乱的中心，1830年比利时独立时成为首都。现为重要的工业和商业中心，也是北大西洋公约组织和欧洲联盟的总部所在地。人口：市约148 873；布鲁塞尔首都区约1 048 491（2008）。

《布鲁塞尔条约》　Brussels Treaty（1948）　英国、法国、比利时、荷兰和卢森堡所签订的条约，缔结成一个共同防御的同盟。后来发展成北大西洋公约组织和西欧联盟。此条约的一项目的是宣示西欧国家有能力合作，借此鼓动美国参与西欧的安全体系。

布鲁斯　blues　一种世俗的音乐形式，将重复的和声结构及对音阶中降音或“蓝色”的第三音和第七音的强调相结合。布鲁斯的具体起源不清，但以前的奴隶音乐元素包括了呼应模式以及灵歌和劳动歌曲的切分旋律。20世纪初布鲁斯的结构开始定型，最常用的是12小节曲式，使用大音阶中的第一、第四和第五度和弦。最初起源于人的歌声，乐器演奏者用“压弦滑奏”的音调来模仿人声。通常采用三行诗节，第二行的歌词一般都是重复第一行的。来自得克萨斯州和密西西比三角洲的农村布鲁斯的精致建立了抒情歌唱和乐器演奏的传统，其特点往往是像说话似的变化音调，并加上吉他的伴奏。W.C.汉迪的作曲将布鲁斯元素带入了20世纪头10年的流行音乐中。20世纪20年代初歌手M.雷尼和B.史密斯录制了第一批布鲁斯唱片，用爵士乐伴奏，她们的演唱风格就成为古典布鲁斯风格。布鲁斯的高度个性化诠释和即兴表演结合了它的结构和变调要素，成为爵士乐、节奏与布鲁斯、摇滚乐的基础。

布鲁斯氏杆菌病　brucellosis　又称Malta fever（马耳他热）或Mediterranean fever（地中海热）和undulant fever（波浪热）。人和家畜的一种传染病。特征为隐袭发病，发热、寒战、多汗、虚弱和全身疼痛；全部症状通常于6个月内消退。布鲁斯氏杆菌病是以英国陆军军医D.布鲁斯（1855～1931）的姓氏命名。1887年他首次分离并发现导致此传染病的病原。3种主要的布鲁斯氏杆菌通常为人患此病的病原，人是从受感染的动物（山羊、绵羊、猪、牛）处感染此病的。布鲁斯氏杆菌在人与人之间的传播罕见，但可在牲畜间迅速传播，造成严重的经济损失。对动物布鲁斯氏杆菌病尚无切实可行的药物治疗。为了建立无布鲁斯氏杆菌病的畜群，凡已感染的牲畜必须移走；对幼畜进行预防接种也是一种有用的措施。抗生素对人的布鲁斯氏杆菌病的治疗有效。若不治疗，会引起肝脏和心脏问题。

布鲁图　Brutus，Marcus Junius（公元前85～前42）　又作Quintus Caepio Brutus。罗马政治家，是公元前44年刺死J.凯撒的密谋集团头领。公元前49年罗马发生内战时，他加入

M.J.布鲁图，大理石胸像；现藏罗马卡皮托利尼综合博物馆
Alinari-Art Resource

庞培的军队，反对凯撒。庞培死后，凯撒宽恕了他，还委以重任。然而，他仍企图恢复共和政体，因而参加刺杀凯撒的密谋。凯撒死后，他和G.卡修斯在马其顿组织一支军队，在第一次腓立比战役中打败屋大维（奥古斯都）所率的凯撒派军队，但在第二次交锋中，被安东尼和屋大维的联军彻底击溃。布鲁图眼见共和大势已去，最后自杀。

布吕赫　Brugge　又作Bruges。比利时西北部城市。7世纪时首见记载。9世纪时最早的佛兰德斯伯爵在此建成一座城堡以抵御诺曼人侵者，13世纪加入汉萨同盟并成为一主要的交易市场。后成为佛兰德斯织布工业中心，曾是欧洲北部的商业中心。15世纪为画家J.van爱克的故乡和佛兰德斯画派（参阅佛兰德斯艺术）的艺术中心。兴建连接北海的运河后，使得原本已逐渐没落的港口和纺织业中心的地位得以恢复。造船、食品加工、化学工业、电子和旅游是主要工业。人口约116 200（2000）。

布吕歇尔　Blücher，Gebhard von（1742～1819）　后称Fürst (Prince) von Wahlstatt。普鲁士军事领袖。1760年加入普鲁士军队，1793～1794年在对法国作战和拿破仑战争中指挥军队。后来退休，1813年复出指挥普鲁士军队与法军作战，在瓦尔施塔特战役中

击败法军，并在莱比锡战役中帮助盟军取得胜利。1815年布吕歇尔又亲率普军，配合威灵顿公爵统率的联军作战，在滑铁卢战役中大败拿破仑率领的法军。

布伦坦诺 Brentano, Clemens（1778～1842） 德国诗人、小说家和剧作家，海德堡浪漫派的创立者之一，该派着重点为德国民间文学和历史。布伦坦诺和其妹婿A. von阿尔尼姆（1781～1831）合作出版了德国民歌集《男童的神奇号》（1805～1808），该书对于以后的德国抒情诗人和G. 马勒等作曲家有很大启发。他最成功的作品还有童话故事，以《哥克尔和亨克尔的童话》（1838）最为著名。

布伦坦诺 Brentano, Franz (Clemens)（1838～1917） 德国哲学家。诗人C. 布伦坦诺之侄。1864年任天主教司铎，1866～1873年在维尔兹堡大学任教。由于对宗教的怀疑而于1873年辞去神职。1874年发表《从经验观点看心理学》，试图提出一种或许可以说是心灵科学的系统心理学。他创立了动作心理学。他认为，在心理现象中存在一种"心理对客体的指向性"（例如观念、判断、爱和恨）。1874～1880年和1881～1895年间在维也纳大学任教。他的其他重要著作有《感官心理学研究》（1907）和《论心理现象的分类》（1911）。

布伦特 Blunt, Anthony (Frederick)（1907～1983） 英国美术史学家和间谍。20世纪30年代在剑桥大学结识了G. 伯吉思后就当了苏联的间谍。1937年起布伦特已是一位颇有才华的美术史学家，发表了几十篇学术论文和著作，奠定了美术史研究在英国的地位。第二次世界大战期间，他在英国军事情报机关服役，也向苏联人提供机密情报。1945年任英国国王（后为女王）的绘画鉴定人，1947年担任极负声望的考陶尔德学院院长。虽然他停止了间谍活动，但于1951年安排伯吉思和麦克莱恩（1913～1983）两人逃离英国。1964年K. 菲尔比叛变后，他被英国当局召去对质，才私下供出他同苏联的关系。1979年公开他过去是这一间谍网中的"第四号人物"，并撤销了1956年对他所封的爵位。

布伦特兰 Brundtland, Gro Harlem（1939～ ） 原名Gro Harlem。挪威政治家，第一位女总理（1981，1986～1989，1990～1996）。受训为医师，曾在政府卫生部门中任多种职务。1974～1979年出任环境部长，1977～1997年任挪威国会议员。身为议会工党领袖，曾3次出任总理。1987年任联合国世界环境与发展委员会主席，1998年被选为世界卫生组织总干事。

布伦希尔德 Brunhild 又作Brunhilda或Brynhild。古代日耳曼英雄文学里的一个美貌而有男子气概的公主。她的主要事迹是从北欧传说（《埃达》诗和神话萨迦）以及德文的《尼贝龙根之歌》中得知。这个角色也曾出现在瓦格纳的歌剧《尼贝龙的环》中。故事中，她发誓只嫁给不仅力气胜过自己而且具有最优秀品德的男子。一个名叫齐格弗里德的男子符合这个条件，向她求爱并赢得她。但是，他这样做只是为了别人。布伦希尔德发觉这一骗局后，坚决要报复，齐格弗里德被杀。在某些北欧传说中，她具有超自然力，被认为是一个瓦尔基里。

布罗茨基 Brodsky, Joseph（1940～1996） 原名Iosip Aleksandrovich Brodsky。俄裔美国诗人。因其不羁的心灵和无定的工作记录导致他被苏联当局判处5年劳役。1972年遭苏联驱逐出境，后定居纽约。为1991～1992年美国桂冠诗人。布罗茨基的诗抒发个人的感受，并以一种沉思而有力的形式处理对生、死和生存意义的普遍关注。他的诗集包括了《词类之一》（1980）、《二十世纪史》（1986）和《致乌拉尼亚》（1988）。1987年获诺贝尔文学奖。

布罗伊尔 Breuer, Marcel (Lajos)（1902～1981） 匈牙利裔美国建筑师和家具设计师。1920～1928年在包豪斯设计学校学习和执教，他在那里发明了金属管椅子（1925）。1937年布罗伊尔迁居美国马萨诸塞州剑桥，在那里教书，并与W. 格罗皮厄斯合作。他们所设计的木结构建筑，融合了包豪斯国际风格与新英格兰地方风格，对美国各地的住宅建筑产生很大的影响。他也是国际风格最具影响力的代表人物之一。主要承揽的设计工程有：巴黎的联合国教科文组织总部大厦（1953～1958）、惠特尼美国艺术博物馆（1966）。

布洛芬 ibuprofen 镇痛药，非类固醇抗炎药的一种，对治疗痛经、牙痛和类风湿性关节炎的疼痛特别有效。因具有抑制前列腺素合成的功能，故能减轻疼痛、发烧和发炎症状。该药具有胃肠刺激性，对阿司匹林过敏者不能服用，服用抗凝血药者也不能同时服用此药。商品名有Advil, Motrin和Nuprin。参阅对乙酰氨基酚。

布洛克 Bloch, Ernest（1880～1959） 瑞士裔美国作曲家。在日内瓦音乐学院任指挥并任教，1916年移居美国，任圣弗朗西斯科（旧金山）音乐学院院长（1925～1930），1942～1952年在加利福尼亚大学伯克利分校任教。作品有调性的、无调性的以及序列性的各种风格。许多作品受犹太主题启发创作，包括歌剧《麦克白》（1910）、大提琴与管弦乐的《所罗门》（1916）、大型合唱作品《亚美利加》（1926）和《神圣的礼拜曲》（1933）和一首小提琴协奏曲（1938）。

布匿战争 Punic Wars 又称Carthaginian Wars（迦太基战争）。罗马和迦太基之间进行的3次战争（公元前264～前241、公元前218～前201、公元前149～前146）。第一次是争夺西西里和地中海西部的海上航道的控制权，以罗马人获胜结束，但双方都损失了大量的船只和人员。公元前218年汉尼拔袭击罗马领土，从西班牙出发，军队和象群从陆上进军意大利。在迦太基获得初始胜利后，他去任何地方都受到费边·马克西穆斯的阻扰，却又不和他战斗。罗马人放弃这种策略后，在坎尼战役（前216）中大受损失。这次失败将罗马人团结在一起，虽然已经疲惫不堪，但他们仍重整旗鼓，最终在扎马战役中打败汉尼拔（前202）。第三次布匿战争基本上是对迦太基的围攻，导致迦太基的毁灭和其民族受奴役，以及建立起罗马在地中海西部的霸权。迦太基的领土成为罗马的非洲行省。

布宁 Bunin, Ivan (Alekseyevich)（1870～1953） 俄国诗人和小说家。原为记者和职员，业余时间从事写作和翻译诗。因《旧金山来的绅士》（1916）等杰作而享有短篇小说家的盛名。其他作品包括长篇小说《米佳的爱情》（1925）、故事集《暗径和其他故事》（1943），以及虚构式自传、回忆录和论述L. 托尔斯泰和A. 契诃夫的著作。他是第一个获得诺贝尔文学奖（1933）的俄国人，也是最优秀的俄国文体家之一。

布农维尔 Bournonville, August（1805～1879） 丹麦舞蹈演员和编导。主持丹麦皇家芭蕾舞团近50年。在巴黎和哥本哈根习舞和表演后，1830年担任丹麦皇家芭蕾舞团的导演和编舞家，并继续舞蹈表演至1848年。他和一些丹麦作曲家合作，吸取巡回欧洲表演时所观察到的经验，把它融入个人独特的风格里，其风格以技巧精湛的舞蹈和表现力丰富的哑剧表演为基础。他的许多作品，包括《仙女》（1836）、《那波利》（1842）、《一个民间故事》（1854）等，现仍为丹麦皇家芭蕾舞团的上演剧目。

布努埃尔 Buñuel, Luis（1900～1983） 西班牙电影导演。在马德里大学学习时，结识画家S. 达利，并创立一个电影社。1925年去巴黎从影，1928年与达利合作导演第一部

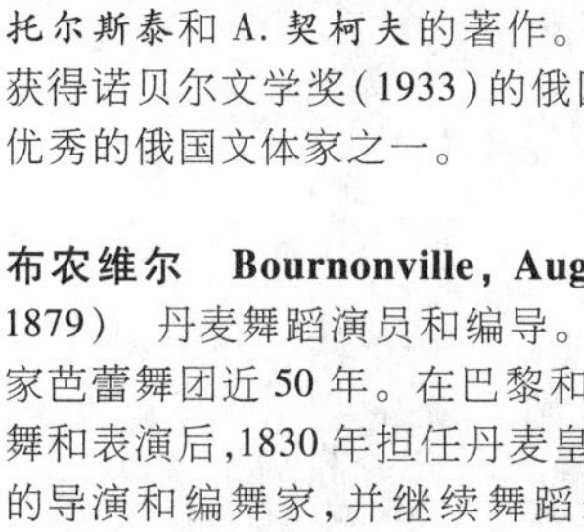

布努埃尔
Camera Press

影片《一条安达鲁狗》，这部超现实主义的先驱作品立即引起轰动。随后又导演反教会的《黄金年代》（1930）和纪录片《无粮的土地》（1932）。在担任西班牙的商业片制作人和好莱坞的技术顾问后，他迁往墨西哥，导演了《被遗忘的人》（1950）和《纳扎兰》（1958）。之后他回西班牙拍摄《维里迪安娜》（1961），后发现有反教堂的内容而被禁，但在国际上赢得声誉。他后来的影片抨击传统的道德，如《青楼怨妇》（1967）、《特里斯塔纳》（1970）、《资产阶级的审慎的魅力》（1972）和《欲望的不可捉摸的对象》（1977）。

布琼布拉 Bujumbura 旧称Usumbura(乌松布拉)。布隆迪首都。位于坦噶尼喀湖北端。为该国主要的港口和最大都市中心。19世纪90年代德国军队占领此区时,名为乌松布拉,德国把它并入德属东非,包括在图西人王国内。1962年布隆迪取得独立,该市改为现名。工业以纺织业和农产品加工为主。大部分外贸是与坦桑尼亚的基戈马之间的船运生意。人口约346 000(2001)。

布什 Bush, George (Herbert Walker) (1924～) 美国第41任总统(1989～1993)。生于马萨诸塞州米尔顿。美国康涅狄格州参议员P. 布什之子。第二次世界大战期间,加入美国海军预备队服役。自耶鲁大学毕业后,迁往得克萨斯州开始其石油事业。1966～1970年担任共和党众议员。后来分别担任驻联合国大使(1971～1972)、美国驻北京联络处主任(1974～1976)、中央情报局局长(1976～1977)。1980年参加竞选共和党总统候选人提名,但败给R. 里根,最后与里根搭档,成为里根的副总统(1981～1988)。后击败M. 杜卡基斯,成为总统继任者。他对里根的政策未作重大改变。1989年下令对巴拿马进行短暂的军事入侵,推翻巴拿马领导人M. 诺列加。1990年伊拉克入侵并占领科威特,布什领导了由联合国批准的全世界对伊拉克的禁运,以迫使伊拉克撤出。当伊拉克拒绝后,他又发动波斯湾战争,从空中发动攻击。尽管他的外交政策得到普遍赞同,但他的经济政策使得他声望下降,导致他在1992年的总统大选中败给了B. 克林顿。他的儿子G. W. 布什在1994年当选得克萨斯州州长,2000年当选美国总统,2004再次当选。另一个儿子J. 布什在1998年当选佛罗里达州州长。

G. 布什,摄于1988年

AFP Photo/Pearson

布什 Bush, George W(alker) (1946～) 美国第43任总统(2001～2009)。得克萨斯州州长(1995～2000),美国第41任总统(1989～1993)乔治·布什的长子。曾在耶鲁大学和哈佛商学院学习。在经营十几年的石油企业后,与人合伙买下得克萨斯州"牧人"职业棒球队。1994年赢得得克萨斯州州长选举,1998年竞选连任成功。2000年获得了共和党的总统候选人提名。选举中,虽然在全国普选票数输给A. 戈尔50余万票,但因美国最高法院撤销佛罗里达州最高法院的重新计票命令,使得布什以微弱的多数(271对266)赢得了总统宝座。为应对2001年本·拉登及其基地组织对美国发动的九一一恐怖袭击,布什下令在阿富汗采取军事行动,以推翻窝藏本·拉登的塔利班政权。之后美国因在古巴关塔那摩基地虐囚事件而遭到批评。2003年3月布什和布莱尔带头发动了一场对伊拉克的战争,推翻了萨达姆政权。美英指责该政权藏有大规模杀伤性武器,但是事后并没有发现所谓的武器(参阅伊拉克战争)。2002年国会批准了布什政府主张的"不让任何孩子落后"教育法案,这一有争议的法案对公立学校的学生要求常规考试。在2004年的总统竞选中,布什面对民主党参议员J. 克里的强大挑战,最后再次以微弱优势击败对手当选美国总统。布什后期建议用个人养老储蓄账号取代社会保险以及改进移民法的主张没有得到大众支持。布什政府强化对外援助计划,特别是对非洲的援助,其计划旨在推广所宣称的世界民主政治。

布什 Bush, Vannevar (1890～1974) 美国电气工程师和行政官员。生于马萨诸塞州埃弗里特。曾在麻省理工学院任教(1919～1938、1955～1971)。20世纪20年代末和30年代,他和学生发明了几种解微分方程用的电子模拟计算机。他帮助建立了雷锡昂公司,1939～1955年担任卡内基学院院长。1941年成为美国科学研究与发展办公室主任,他帮助组织了曼哈顿计划。该机构为大学的科学研究提供政府的支助,为联邦政府支持战后基础科学研究铺平了道路。他是F. 罗斯福总统的顾问,为国家科学基金的建立(1950)打下了基础。他曾经提到一种信息检索和注释系统,后来成为超文本的理论原始模型和万维网(WWW)的基础。

布思 Booth, Edwin (Thomas) (1833～1893) 美国演员,生于马里兰州贝莱尔附近,出身著名的戏剧世家。1857年在波士顿和纽约演出,初露头角。以主演莎士比亚的《哈姆雷特》而闻名。曾在1864～1865年连续主演100场《哈姆雷特》。其兄弟J. W. 布思刺杀A. 林肯总统,对他刺激很大,他退出舞台,直至1866年才又开始舞台演出。1869年他自办的剧院开张,但经营不善,1873年被迫出售。他在英国和德国演出时扮演哈姆雷特、伊阿古(又译"埃古")、李尔王获得极大声誉。1888年在纽约成立演员俱乐部。

E. 布思,布莱德雷和鲁洛夫森拍摄

By courtesy of the Theatre Collection, the New York Public Library at Lincoln Center, Astor, Lenox and Tilden Foundations

布思 Booth, John Wilkes (1838～1865) 美国演员,刺杀A. 林肯总统的凶手。生于马里兰州贝莱尔附近,出身著名的戏剧世家。他扮演莎士比亚戏剧的角色取得成功,但憎恨其兄E. 布思取得的更大的成就。他积极支持南部各州,公开主张实行奴隶制,毫不隐讳他对林肯的憎恨。开始密谋劫持林肯总统,并找到几名同谋者。几次尝试失败后,他决定不惜任何代价刺杀林肯总统。1865年4月14日晚在首都福特剧院将来此看表演的林肯总统刺杀后,从包厢跳下,虽然折断左腿骨,但仍夺门而出,骑马逃到弗吉尼亚州的一个农庄。被追捕到后,他拒绝投降,后被击毙(不是被一名士兵就是被他自己)。

布思 Booth, William (1829～1912) 英国基督教救世军的创始人和首任将军(1878～1912)。15岁改变信仰而成为奋兴运动的传道者。1849年去伦敦,在循道宗的新教派(1852～1861)受按立为教堂牧师,后成独立的奋兴运动的布道者,1864年在其妻子凯瑟琳(1829～1890,同为传道者和社会工作者)协助下,他成立基督徒传教会,1878年改名为救世军,并向海外发展。布思对社会问题提出的种种解决方法终于被广泛接受,并受到爱德华七世的积极赞助。

布斯拉 Busra 又作Bosra。叙利亚西南部荒城。位于大马士革以南,起初是纳巴泰人(Nabataean)的城市,后来被图拉真征服,成为罗马帝国阿拉伯省的首府,称为波斯拉,也是约旦河以东的重要堡垒。4世纪初成为主教区,但在7世纪落入穆斯林之手,十字军在12世纪将之收回,但未能守住,该市很快衰落。现存有寺庙、凯旋拱门、水道、教堂、清真寺等遗址。

布特莱齐 Buthelezi, Mangosuthu G(atsha) (1928～) 祖鲁人酋长和因卡塔自由党领袖,塞奇瓦约王室的后裔。1953年成为布特莱齐部落世袭酋长。1972年被选为非独立的夸祖鲁领袖,在与非洲人国民大会(ANC)决裂后,于1974年重组因卡塔运动。布特莱齐拒绝夸祖鲁完全独立,同时又在白人确立的体制内继续为停止种族隔离政策而奋斗。1990～1994年为争取非洲民族议会的领导权而展开激烈的斗争,数千人在因卡塔和非洲民族议会的暴动中丧生。在1994年的大选后,出任N. 曼德拉组织的联合政府的内政部长。

布特罗斯-加利 Boutros-Ghali, Boutros (1922～) 埃及学者、政治家,曾为联合国第6任秘书长(1992～1996),是首次担任这一职务的阿拉伯人和非洲人。布特罗斯-加利为埃及最有名望的科普特家族后裔,曾就读于开罗大学和巴黎大学,在世界各地的大学任教。1977年被任命为埃及外交部长,曾陪同萨达特总统前往耶路撒冷。1991年成为副总理。1992年担任联合国秘书长,任职期间执行波斯尼亚、索马里和卢旺达的维持和平行动,主持联合国成立50周年的纪念活动。1996年由于美国不支持他继续连任,黯然下台。

布托 Bhutto, Benazir(1953 ～ 2007) 巴基斯坦政治家,为近代史上穆斯林国家的第一位女性领袖。曾在哈佛大学和牛津大学受教育,在其父Z. A. 布托于1979年被处决后,她领导反对齐亚·哈克总统的在野党派。1979～1984年屡遭软禁。1984～1986年流亡国外。1988年齐亚死于空难,布托出任联合政府的总理。她对巴基斯坦普遍贫困、政府腐败和日益增多的犯罪等遗留下来的问题未能有多大作为,1990年她被控犯有贪污腐败和其他渎职的罪名,因而她的政府被解散。第二个任期(1993～1996)也以类似的下场结束。1999年被判定收取瑞士一家公司的回扣,缺席审判被判刑5年。2007年10月被赦免后回国,12月在参加竞选集会上被刺杀。

布托 Bhutto, Zulfikar Ali(1928～1979) 巴基斯坦总统(1971～1973)和总理(1973～1977)。著名政治家的儿子,曾在印度、美国和英国受教育。在阿尤布·汗(1907～1974)的政府里工作了8年,然后辞职,1967年组建巴基斯坦人民党。后来,阿尤布·汗的政权被推翻,巴基斯坦发生内战,1971年布托出任总统。他把几项关键性的工业收归国有,并向土地占有者征税。1973年改任总理,保持军事管制法,开始了伊斯兰化的过程。1977年布托的政党赢得选举,但反对党指控他选举舞弊。齐亚·哈克将军夺取了政权,把布托监禁,后来将他处死。B. 布托是他的女儿。

布瓦洛 Boileau (-Despréaux), Nicolas(1636～1711) 法国诗人和文学评论家。1674年发表《诗艺》,这是一部用韵文写成的说教式论著,规定了古典传统诗歌的写作准则,对当时的文学争论提供了有价值的见解。他还翻译了据传是朗吉努斯著的经典论著《论崇高》,具有讽刺意味的是,它成为浪漫主义美学的主要来源。其论著树立了法国和英国文学的古典标准。

布汶战役 Bouvines, Battle of(1214-07-27) 法国国王腓力二世大败由神圣罗马帝国皇帝奥托四世、英格兰国王约翰以及一些法国强势诸侯等组成的国际联军的决定性战役。双方在布汶和佛兰德的图尔奈之间的沼泽平原上进行决战。战斗十分激烈。结果是法军大获全胜。这次胜利巩固了腓力所占有的英属法国领地,也大大提高了法国君主在欧洲的声望。约翰的战败增强了国内贵族的反对势力。

布歇 Boucher, François(1703 ～ 1770) 法国画家、版画家和设计师。可能自幼随其父(一个小画家)学画,1723年获罗马大奖,但一直到1728年才有能力到意大利游览。布歇为了完成第一个重要委托,把A. 华托的125幅素描制成版画。后来在凡尔赛替庞巴度侯爵夫人完成几项重要的装饰工作。他那顽皮的风格及轻浮的主题是洛可可风格的例证,并且体现了18世纪中期法国宫廷的浮华。1734年成为皇家学院院士,并为皇家陶瓷厂的主要设计者,也是戈布兰挂毯厂的厂长。1765年当上皇家学院院长,并担任路易十五的首席画师。为18世纪伟大的画家和工匠之一,精通各种装饰画和插画的画法。

布宜诺斯艾利斯 Buenos Aires 阿根廷首都。位于阿根廷中东部拉普拉塔河西岸,离大西洋约240千米,但却是主要的港口。1536年西班牙人第一次来殖民,但直到1580年才有永久居民点。1776年成为拉普拉塔总督辖区的首府。1853年,该市与周围地区成立布宜诺斯艾利斯省,拒绝采用其他省份已通过的新宪法,并开始与它们发生断断续续的冲突以争夺政府的控制权。1880年该市成为联邦区和阿根廷首都,与其他省的战争才停止。到第一次世界大战(1914～1918)时,它已变成一个繁荣的港口。布宜诺斯艾利斯现在是该国最大和最具影响力的城市,也是重要的工业和交通运输中心。人口:市2 890 151(2010);都会区13 361 000(2010)。

布祖基琴 bouzouki 希腊流行音乐中用的长颈弦乐器。20世纪初从一种土耳其乐器发展而来,琴体梨形,指板有回纹装饰。现代的这种乐器有4排弦,用拨子弹拨,典型的风格是刚健有力和敏捷灵活。

步枪 rifle 有线膛(即枪管内壁刻有螺旋槽,能使子弹产生旋转)的枪支。步枪一词通常是指肩射武器,也可能代表线膛火炮。至少在15世纪就有了线膛枪,那时发现使子弹旋转后能增加射程和准确度。最早的前装步枪装弹比滑膛枪困难,但金属子弹的发明促进了后膛装弹装置的发展。有枪栓的步枪由手动的栓筒将子弹推入弹膛,是打猎用的最普通的类型。

钚 plutonium 放射性(参阅放射性)的金属化学元素,元素符号Pu,原子序数94。锕系元素过渡元素及其化合物,是最重要的铀后元素,可用作核反应堆燃料和核武器中的一种成分。原生性的钚仅在铀矿石中有痕量发现,由自然的中子辐射作用产生,造成这种中子辐射的是铀-238。钚为银白色金属,在空气中会失去光泽。因α衰变释放的能量使得钚是温暖的。它的所有同位素都是放射性的,因其放出的α粒子易于被骨髓吸收而具有高度的放射性毒性。尽管具有潜在的致命性,但它的毒性通常还是被夸大了。

部落 tribe 由有共同血统的宗系遗传组成的社会团体。超越家庭或氏族水平,在政治上暂时或永久地结成一体,有共同的语言、文化和意识形态。部落通常由若干较小的地区村社(例如宗族、村落)组成,并且可以聚集成更高层次的集团,称为民族。有共同的部落名称,领土相邻;共同从事贸易、农业、建筑房屋、战争以及举行各种宗教仪式活动。尽管今天使用部落这个术语比殖民主义时期要谨慎一些,但部落仍然是美国政府对美国印第安人的官方用语,即使在部落内部也广泛使用这一术语。

部落 tribes 希腊语作phylai。拉丁语作tribus。古罗马和希腊时期,从政治上和人口统计上对人口进行划分的单位。希腊严格按照位置、方言和传统来划分部落,包括爱奥尼亚人、多里安人、亚该亚人、埃托利亚人等部落。在阿提卡,克利斯提尼的10个新的部落取代了4个爱奥尼亚部落,每个都以当地的英雄的名字命名。这些部落在政治和文明上得到逐渐发展,包括选举地方官员。他们的发展超出了部落系统。在罗马,部落形成最早的罗马居民,原先是3个单元(后来变为4个,最后发展至35个)。部落是课税、征兵和进行人口调查的基本单位。

簿记 bookkeeping 业务交易中钱数的登录。簿记提供做账的信息,但不同于会计。簿记提供的信息数据包括企业的现行价值或衡平法产净值;某一段时期内企业价值的变动(由于获利或亏损)。管理人员要利用这些数据来考察经营的结果,并编制预算;投资人需要这些信息来决定买进还是卖出企业股票;贷款人则用以决定是否要给该企业发放贷款。早在巴比伦、古希腊和罗马时代就已有账目记录。随着15世纪意大利各商业城市的发展,开始采用复式簿记。产业革命刺激了簿记的推广,20世纪的税收制度以及政府的管理更使得簿记成为一种必需工作。虽然簿记已日益走向计算机化,但簿记主要还是分成两类,即日记账与总账。日记账记载每日交易(如销售、进货等);总账则登录各个账户的数额。每月月终都须在总账中编制损益表及资产负债表。

C

C 语言　C　高级计算机程序语言，具有许多低级语言的特征，包括处理存储地址和位的能力。它在平台上可以轻松移植，所以在工业和计算机专业人士当中得到广泛应用。C 语言是由贝尔实验室的 D. M. 里奇（1941 年出生）于 1972 年开发出来的。UNIX 操作系统几乎都是用 C 语言写成的，C 语言现在已被标准化，作为 POSIX（UNIX 的可移植操作系统界面）的一部分。

COBOL 语言　COBOL　全称 Common Business-Oriented Language（通用商业导向语言）。高阶计算机程序语言，最早广泛运用的语言之一，多年来一直是商业界最通用的计算机程序语言。从 1959 年召开的数据系统语言会议发展而来，结合美国政府和民营公司的提议。COBOL 语言的主要设计理念有二：可移植性（在不同制造商的计算机上执行只需最小程度的修改）和可读性（程序可当成普通英文轻易阅读）。在 20 世纪 90 年代逐渐减少使用。

材料科学　materials science　从宏观和微观上研究固体材料的性质以及材料的组织、结构如何决定这些性质的学科。材料科学产生于固体物理学、冶金学、制陶术和化学，因为无数材料性质的理解不可能由其中任何一个单一的学科来完成。对材料原始性质有了基本的理解，材料可被选择或设计用作各种不同的功用，从建筑钢材到计算机芯片都可使用。材料科学因此对很多工程领域都很重要，包括电子学、航空学、通信、信息处理、核能和能量转换等。参阅力学和金相学。

财产　property　法律上指人拥有或占有的东西。财产的概念在不同文化中的含义有很大不同。在西方社会，通常被认为是可以有形的（如土地和货物），也可以是无形的（如股份、债券或专利）。西方强调财产个人所有权，而许多非西方的社会则不强调财产所有权或认为财产是公众所有的。财产的使用在西方社会得到广泛的规范。在英美国家中，土地所有者因毗邻的土地使用而蒙受损失，那他可以妨害行为提出起诉。相似的法令在民法国家中也存在。在西方国家，财产可以通过不同的方式获得。“占有”允许一个人成为原先不归任何人所有的财产的所有者。一种更常见的获得财产的方式是从以前的主人手中转让。这样的转让包括出售、捐赠和遗产继承。

财阀　zaibatsu　第二次世界大战前日本的大型资本主义企业，与卡特尔或托拉斯近似，但通常以一个家族为中心组成。一个财阀可能在几乎所有重要的经济活动领域中开办公司。所有的财阀都拥有自己的银行，以此作为调动资本的工具。第二次世界大战结束后，财阀被解散。总公司拥有的股票被拿出来拍卖，各下属公司也摆脱了总公司的控制。1951 年签订和约后，许多公司开始联合，组成所谓的“企业集团”。这些集团与旧财阀最主要的不同点有两个：一是每个集团的政策协调不具有强迫性质；二是各成员公司之间在财政上相互依赖的程度很小。现在的 keiretsu（经连会）一词与之有相近的含义。

财政政策　fiscal policy　政府为稳定经济，尤其为控制税收和政府开支的水平和分配而采取的措施。经济不景气时，政府可以降低个人的税收，使纳税人有余钱可用而使消费增长。兴办公共工程增加政府开支，也会为经济注入资金而产生类似扩张效果。相反，如果降低政府开支或增加税收，就会使经济紧缩。财政政策经常用于配合货币政策。20 世纪 30 年代以前，财政政策的目标是维持预算平衡；后来按经济学家 J. M. 凯恩斯的建议，财政政策被用于抵消经济扩张和紧缩的周期波动。财政政策对刺激经济衰退更为有效，而作为一项抑制通货膨胀的工具则并不特别奏效。其原因，部分是由于削减政府开支和增加税收并不受人欢迎，部分是由于所谓的经济稳定器在发挥作用。参阅经济周期。

裁减战略武器谈判　START　全称 Strategic Arms Reduction Talks。美国与苏联为了削减双方核武器及其运送系统而展开的谈判。该谈判包括两轮协议（1982 ～ 1983，1985 ～ 1991），最终达成协议，由 G. 布什和 M. 戈尔巴乔夫签订，规定苏联将其核武器由 11 000 件减少到 8 000 件，而美国则由 12 000 件减少到 10 000 件。苏联解体（1991）后，一个补充协议（1992）规定乌克兰、白俄罗斯与哈萨克斯坦将其核武器在本土销毁或交给俄罗斯。现在美国对反导弹防御系统的支持在武器控制方面引起了新的复杂情况。参阅限制战略武器谈判。

裁军　disarmament　由一国或多国裁减武装。武装裁减可能是战胜国加诸于战败国的手段（如第一次世界大战后战败的德国被要求裁军）。双边裁军协议适用于某一特定地区（这一协议自 1817 年以来一直使五大湖区处于无军队状态）。最常见的是多国的裁减军备和限制武器协议，特别是在核武器方面。参阅军备控制。

采法特　Zefat　以色列北部城市。位于太巴列湖（加利利海）附近，是犹太教四大圣城之一。该地为公元 1 世纪 F. 约瑟夫斯的要塞，也是中世纪十字军的驻守之地。16 世纪时为重要的“喀巴拉”犹太神学中心。1948 年成为以色列国的领土。现为艺术家的聚居地，当地经济以轻工业及旅游业为主。人口约 30 400（2010）。

采矿　mining　从地壳中挖掘原料，包括有机来源的矿物在内，如煤和石油之类。现代采矿业成本很高，过程也很复杂。首先必须找到一条能够出产一定预期矿藏并使投入能够回收的矿脉，然后确定该矿脉的蕴藏量，并由采矿专家确定最佳开采方法。世界上大多数矿产为表层开采。如果矿体距离地表很深，就必须考虑地下开采。开采和提炼矿物涉及凿岩、爆破、提升和运输方法的效益组合，以及健康和安全的措施，减少环境的影响。

采煤　coal mining　从地面或地下挖掘煤矿层。过去由于煤是基本能源，它为产业革命提供燃料，促进工业发展，因而鼓励了煤的大规模开采。20 世纪末，工业国家露天开采已取代地下开采，成为煤的主要来源。如今不论从地面或地下开采煤层都已是高生产力、机械化的生产。

彩色沙漠　Painted Desert　美国亚利桑那州中北部地区。自大峡谷延伸约 240 千米至石化林国家公园，占地约 19 425 平方千米。1858 年一位官方探险者首次用这个名字来形容该地区因风化形成的艳丽岩石表面。该沙漠的大部分为印第安纳瓦霍人和霍皮人的居留地。纳瓦霍人部落用于礼仪场合的沙画即以各色沙砾为材料制成。

彩线十字网　thread cross　由两根木条扎成十字形，再以彩线围绕木条两头捆成蛛网形，在中国西藏巫术中用以捕捉妖魔的物品。在南非、秘鲁、澳大利亚和瑞典也有类似的东西，但形状各不相同，有简单的菱形，还有高达 3 米的复杂轮形或盒形。通常缀有羊毛、鸟羽或纸片。

蔡司　Zeiss, Carl（1816 ～ 1888）　德国实业家。1846 年在耶拿开设制造显微镜及其他光学仪器的工厂。后来与物理学家和数学家 E. 阿贝（1840 ～ 1905）成为公司合伙人。化学家 O. 肖特在该公司研制出大约 100 种新的光学玻璃和许多种耐热玻璃。蔡司去世后，阿贝把蔡司公司及其在玻璃厂的股金捐赠给卡尔・蔡司基金会。1923 年，肖特也将他在玻璃厂的股金捐出。

蔡斯　Chase, William Merritt（1849 ～ 1916）　美国画家和教师。出生于印第安纳州威廉斯堡（今尼尼微），曾在纽约学习，后在慕尼黑学画 6 年。他成为他那一代最重要的美国教师，开始在纽约的艺术学生联合会，后在他自己开办的学校教画，这所学校创办于 1896 年，对 20 世纪初美国绘画课的影响非常大。他的学生包括 G. 奥基夫和 C. 德穆思。他是一个多产画家；2 000 多幅作品中包括肖像画、油画、水彩画、粉笔画和蚀刻版画。

参谋部　general staff　由军队里的一批军官组成，他们协助师级以上或较大单位的指挥官制订作战和训练计划，下达命令并监督命令的执行。但是在性质和功能上，不同于美国陆军里的特种兵参谋(由医疗、宪兵、通信、补给等方面的技术专家组成)。参谋部最初于19世纪初期在普鲁士陆军部里设立,其他欧洲国家在1870年以后才设立参谋部。美国陆军在1903年设立参谋部。

参孙 Samson 《旧约全书·士师记》中的以色列英雄。在参孙出生前,天使曾告诉他的母亲,她将生下一子,并应将其子献于上帝,一生不能为他剃须发。参孙力大无比,曾杀死一头狮子和搬走迦萨城门。在他向一位非利士妇女大利拉透露了头发是他的力量之源这一秘密后,大利拉趁他熟睡时剪掉他的头发,使他失去了力量。非利士人还弄瞎了他的眼睛,使他成为奴隶。但后来参孙重新获得了力量,他将寺庙内的立柱推倒,当时有3 000非利士人聚集在寺庙中,他们与参孙一同被砸死。

餐馆 restaurant 向付钱的顾客提供茶点或正餐的场所。虽然许多世纪以来,小旅馆和小饭店一直向过路人提供简单的食品,然而,第一家可以让顾客根据菜单点菜的现代餐馆据说是卖肉汤的商人A. 布朗热开的。1765年他在巴黎开店,招牌上写的就是restoratives或restaurant,指的是他的各类肉汤。到1804年巴黎已有500多家餐馆,法国也以它的烹调技术享誉国际。其他的欧洲餐馆包括意大利的trattorie(小酒店),是有当地特色的小饭店;德国的Weinstuben(酒馆)是非正规的餐馆,经营各种酒类;西班牙的tapas(酒吧)提供各种开胃小吃;还有英国的酒店。亚洲的餐馆有日本的清酒酒吧和提供正式的怀石料理的茶馆,还有中国的面馆。大多数美国餐馆以快餐为主。1849年旧金山淘金热时出现了自助式餐馆,其特点是自我服务,并在柜台上摆出许多种食物。美国也是快餐业的先驱,如白堡(建于1921年)和麦当劳(参阅R. 克罗克),通常采取连锁经营,提供品种有限的菜单。

残酷戏剧 cruelty, theater of 法国诗人、演员和理论家A. 阿尔托倡导的实验性戏剧计划。他认为,戏剧的真正功用就是使人摆脱文明给予的压抑,并把天生的能力解放出来。他主张用咒文、呻吟和尖叫、脉动式的灯光效应、异常的舞台木偶和道具等神秘的奇景使观众受到震撼。这些理论都收集在他的论文集《戏剧及其替身》(1938)中。其剧作虽然只有《桑西》曾上演过,但其观点对20世纪前卫派戏剧有重大影响,如生活剧团、荒诞派戏剧。

仓鼠 hamster 仓鼠科多种短粗的旧大陆啮齿类动物的统称。尾短、毛软,以大颊囊运送食物。仓鼠栖居地穴,夜间活动;以果实、谷类和植物为食,不过有些也吃昆虫和其他小动物。栖息在欧洲和西亚的普通仓鼠体长20～30厘米,加上尾长3～6厘米;毛上体褐色下体黑色,体两侧各有几块白斑。产于叙利亚的金仓鼠是最受欢迎的宠物,广泛用于实验,毛微红褐色,腹部为白色,体长15～20厘米(包括尾巴在内)。

金仓鼠(*Mesocricetus auratus*)
John Markham

操纵子 operon 单细胞有机体(原核生物)及其病毒的遗传调节系统,编码一组功能上互相关联的蛋白质基因在脱氧核糖核酸(DNA)上聚拢在一起,使其表现能够根据细胞的需要而调节。借着仅在需要的时候和地方提供制造蛋白质的方法,操纵子可让细胞节约能量。典型的操纵子包含一组结构基因,编码某一代谢通路(例如氨基酸的生物合成)上的酶。由操纵子转录出一个单一的信使核糖核酸(RNA),然后再翻译为几个分别的蛋白质。操纵子由应环境变化的各式各样调节元素控制。20世纪60年代早期,操纵子系统首先由F. 雅各布和J. 莫诺提出。

操作系统 operating system(OS) 管理计算机的操作,引导数据的输入与输出,保持档案的轨迹,控制计算机程序处理过程的软件。其任务包括:管理计算机硬件的运转,执行应用程序,用作计算机与用户之间的接口,为各种目的配置计算机资源。计算机同时执行几项作业和共享资源(多任务处理)时,操作系统即分别依次分配一定的中央处理机时间和存储,或容许各项作业,如读取数据、写入打印、进行运算等同时进行。大型计算机可以通过称作分时的程序,与几百个用户同时交互活动,使每个用户都认为自己是唯一用户。现代计算机的操作系统正变得越来越与机器无关,能在任何一种硬件平台运作。目前最广泛使用的一种不拘平台的操作系统是UNIX。大多数个人计算机所使用的操作系统是微软公司的"视窗"(Windows)。这个系统由MS-DOS发展而来,最后取代了MS-DOS。

糙皮病 pellagra 主要因缺乏烟酸而引起的一种营养性疾病,以皮肤损害、胃肠和神经功能障碍为特征。皮炎是最初症状,且皮肤对日光异常过敏。初看似严重的晒斑,后呈红褐色,粗糙并有鳞屑。胃肠道症状通常为便秘与腹泻交替,伴有口、舌发炎,唇与口角皲裂并有鳞屑。以后会出现精神障碍症状,可能包括紧张、抑郁和精神错乱。轻症或烟碱酸缺乏症疑似者只用均衡饮食治疗即可收到满意效果。如果饮食主要是含烟碱酸和色氨酸(在体内能转变成烟碱酸)很低的玉米而没有或只有少量蛋白质含量丰富的食物,也有可能出现糙皮病。糙皮病亦可能是慢性酒精中毒的一种副作用。

草本沼泽 marsh 淡水或海洋湿地生态系统的一种,特征是有排水不良的矿物质土壤,植物以草类占优势。与水源丰富但不过剩的土地相比,草本沼泽上生长的植物种类少得多,以草、莎草、芦苇及灯心草最为常见。从商业用途上来说,水稻是目前为止最重要的淡水草本沼泽植物,它是世界上粮食的主要来源。海水涌起落下,在高潮线与低潮线之间的陆地上形成盐碱滩。长期被冲刷的平地上不会生长盐碱滩草类植物。参阅森林沼泽。

草地鹨 meadowlark 拟黄鹂科草地鹨属鸣禽。体丰满,嘴尖,体长20～28厘米。北美洲的两个种外貌类似:背部褐色而有条纹;胸黄色,有一黑色V字纹;尾短,外羽为鲜明的白色。东美或普通草地鹨分布在加拿大东部到巴西,啭鸣为简单的四声;西美草地鹨分布在加拿大西部到墨西哥,鸣声复杂似奏笛。草地鹨夏季食昆虫,秋冬吃草籽。巢隐蔽在田野中,用草筑成,圆顶。

草蛉 lacewing 多种脉翅目昆虫,尤指草蛉科及褐蛉科昆虫的通称。绿草蛉有长而细软的触角,体细长,淡绿色,眼金色或铜色,有两对带网状脉的翅膀。世界性分布,飞行于草丛和灌木附近。能发出一种难闻的气味,所以也称为臭蝇。幼虫的嘴部突出成吸管状,吸食蚜虫和其他软件昆虫的体液。褐草蛉与绿草蛉相似,只是体形较小,呈褐色。

草履虫 paramecium 草履虫属(*paramecium*)独立生活的单细胞原生动物,大多数种类就如同英语的句号一样大。形态各异,易于实验室培养。身体表面有坚固的蛋白质层

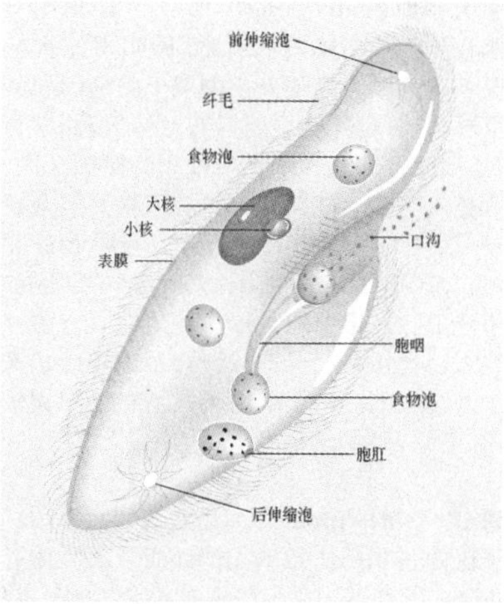

草履虫的一般特征

(表膜),其上覆以数以百计的纤毛,纤毛有节奏地拍打而推动身体前进,并将细菌和其他食物颗粒送入口中。食物被收集后进入液泡,在该处进行消化作用。细胞尖端处有两个(偶有3个)伸缩泡,以伸缩方式排出代谢废物和多余的水分。草履虫有两种核:一个椭圆形的大核(代谢活动中心)及一至多个小核(储存有性生殖时必需的遗传基因)。

草莓 strawberry 蔷薇科草莓属8种主要

水果植物的统称。现栽植的变种主要有原产于美洲的弗吉尼亚草莓(*virginiana*)及智利草莓(*F. chiloensis*)两种。植株为低矮草本,须根系,基生叶从根部生出。复叶,小叶3枚,叶缘齿裂,叶面被毛。花通常白色,簇生于纤细的花柄上。从园艺学而言,草莓果并不是真正的浆果,而是由许多瘦果部分嵌入膨大的茎端(花托)而形成,俗称种子。成熟的匍匐枝可用于草莓繁殖。草莓极易腐烂,适于低温干燥储存。宜新鲜食用,常用作餐后水果和果馅。富含维生素C、铁及其他矿物质。

草原风格 Prairie school 约1900～1917年由F. L. 赖特、G. G. 埃尔姆斯利(1871～1952)和B. 伯恩(1883～1967)等人在美国中西部开创的建筑风格。此种风格的房屋主要由砖、木头和灰泥建成,有灰泥的墙以及带扁带饰框的窗户。草原建筑师强调水平的线条,修建起低矮的屋顶和宽阔、突出的屋檐。他们放弃了精致的地板结构和环绕中央火炉的流线型室内空间的细节构建。由此得出的是低矮扩展开的建筑结构和光线良好的空间。它们亲近自然,而不是其他的建筑。

草原鸡 prairie chicken 草原榛鸡属2种北美松鸡类的统称,以群体求偶表演而闻名。较大型的草原鸡体长约45厘米,重约1千克。体羽褐色,下部有很多横斑。尾短圆,暗色。分布在从萨斯喀彻温到得克萨斯和路易斯安那的海滨地区,分布在最北方的种群稍有迁徙性。大草原鸡的东部亚种,即琴鸡,现已绝灭。小草原鸡体较小,羽色较淡,其分布地限于干旱的中部大平原的西部。尖尾松鸡(*Pedioecetes phasianellus*)在产地俗称草原鸡。

草原犬鼠 prairie dog 草原犬鼠属5种矮胖、腿短、陆生松鼠的统称,因叫声似犬吠而得名。草原犬鼠曾大量繁殖于美国西部和墨西哥北部草原,现主要分布在怀俄明、得克萨斯、俄克拉何马和南达科他州的保护区内。包括长3～12厘米的尾在内,草原犬鼠全长30～43厘米。主要以草为食。有明确的领域,由一只雄鼠、数只雌鼠和未成年的幼鼠占据和守卫。黑尾草原犬鼠居住的地穴有漏斗形的入口土丘,受到细心管理,用来防止水淹和作为观察哨。白尾草原犬鼠栖息处海拔较高,有冬眠习性,较少集群。

侧进蛇 sidewinder 小型夜行性响尾蛇。产于墨西哥和美国西南部的沙质荒漠。体长约45～75厘米,眼上方各有一角状鳞。淡黄、粉红或灰色,背部和身体两侧呈不显眼的斑点。在沙漠上侧向盘绕前进,留下特有的J形痕迹。有毒,但咬人后一般不会致命。

测交 testcross 一种遗传学技术,用基因型未知的生物体与某一性状来说基因型已知的生物体进行交配,以测定前者的基因型。例如,某种狗的黑毛基因为显性,红毛基因为隐性。一只毛色呈黑色的这种狗可能是具有两个黑色基因的纯种,或是具有一个黑毛基因、一个红毛基因的杂种。为确定这只狗的基因型,使这只狗同一只同种的红毛狗交配(红毛狗必定为纯种,因为只有具备两个隐性基因的狗毛色才呈红色)。如果它们的所有子代均为黑毛,则这只黑狗为具有两个黑毛基因的纯种狗,如果有一些子代为红色,则这只黑狗必为具有一个红毛基因和一个黑毛基因的杂种狗。

测量学 surveying 在较大范围内精确测定地球表面的方法,现代主要用于运输、建筑、土地使用以及交通。分为平面测量(测量小块面积)和大地测量(测量地球的大部分面积)。据说罗马人曾使用过平面测量板,主要使用一块放在三角架或其他支撑物上的画板以及一条画线用的直尺。这是第一个能记录或建立角度的装置。随着1620年对数表的发表,可携带的三角测量工具——也称为地形学工具或经纬仪——被投入使用,包括视觉旋转支架,可用于测量水平和垂直角度。20世纪两个具有革命性的发明是照相测量法(通过航天照片绘制)和电子远距离测量法,包括使用激光。

测向运动 orienteering 参赛者沿着不熟悉的路线使用地图和指南针在检查点间测定方位的越野赛跑。1918年始于瑞典,后传遍欧洲各地。世界锦标赛始于1966年。各选手以一定的间隔出发,跑完全程耗时最少者胜。测向运动也可以骑自行车、驾赛艇、骑马或滑雪进行。

层 horizon 又称层位。土壤学中指构成土壤剖面的垂直层序各部分性质不同的土壤层。每个土层在颜色、化学成分、质地与结构上都和上下层次有所区别。土层在土壤发育期间由于环境随深度改变而产生差异。已知的土壤剖面通常有3大层,从地面往下命名为A层、B层和C层。A层通常比其他层含有更多有机质,风化和淋溶也最严重。B层往往是淀积(积聚)层,因为A层溶解掉的矿物质可以全部或部分沉积于B层。C层的物质组成主要源于A层和B层,这些被称为母质的物质,改变度轻微,因为它们一般不受各种土壤形成过程的影响。

叉角羚 pronghorn 叉角羚科唯一的现存种,北美平原和半沙漠地区的反刍动物,学名*Antilocapra americana*。肩高80～100厘米。体呈浅褐红色,生有深褐色的短鬃毛,腹部为白色,喉部有两条白色带条,臀部有一圆形大白斑。两性都长有直立的角,角尖分为两叉,较长的角尖向后弯曲,较短的角尖向前方。

叉角羚(*Antilocapra americana*)
Leonard Lee Rue III

夏天独栖或结成小群,冬季结成大群。叉角羚为北美速度最快的哺乳动物,每小时能跑70千米,跃起可达6米高。虽然过去有数以千万计的叉角羚漫游于西部,但在20世纪初由于猎杀而几近灭绝,如今叉角羚的数量因受到保护而开始增加。

插花 ikebana 日本搭配花枝的艺术。插花于6世纪由中国的高僧传入日本,他们将对佛陀敬献鲜花的仪式形式化。日本最早的花道流派创建于7世纪初。插花艺术是以简单的线条造型的和谐,以及对花和天然材料(花枝、花梗)的淡淡美感的欣赏为基础。几个主要的流派(各有不同的历史和不同的艺术风格理论)一直流传至今。插花的最高境界实际上是崇高纯洁和泰然自若,但在现代日本,达到结婚年龄的年轻女性或年龄较大的妇女都把插花当作一种高雅的情趣。

茶 tea 山茶科植物茶树(*C. sinensis*,属山茶科)的嫩叶和叶芽浸泡在新滚开的水中制成的饮料。茶树包括40种乔木和灌木。公元350年中国的文献《尔雅》中首次提到茶树的栽培;根据传说,大约从公元前2700年中国人就已经知道种茶了。13世纪时在日本确立茶业,19世纪时,茶由荷兰人传播到爪哇,由英国人传播到了印度。如今,茶是世界上消费最广泛的饮料,世界上约有一半人喝茶(热饮或冷饮)。茶根据加工的方法不同而分成几大类:发酵茶,或称红茶,可泡成色如琥珀、味浓而不苦的饮料;半发酵茶,或称乌龙茶,能泡出略带苦味的、浅棕-绿色的液体;非发酵茶,或称绿茶,能泡出味淡、略苦、浅绿-黄色的饮料。茶的兴奋作用来自咖啡因。在远东,人们长期以来认为绿茶有益健康,近年来,以其许多可能的有益功用吸引了许多西方爱好者的注意。许多其他不相关的植物的叶、茎皮和根的浸剂和煎剂作为草药或药茶也被普遍饮用。

茶道 tea ceremony 流行于日本的喝茶方式及仪式化准备。包括主人和一位或多位客人。茶、茶具、准备工作、上茶以及喝茶都有详细的规则。茶由中国宋朝的禅宗高僧荣西(1141～1215)传入日本后,主要是禅宗和尚们喝茶以提神。俗人的品茶竞赛则在15世纪的武士贵族中发展成一种更为精致、沉思的形式。最有名的茶道代表者是千利休(1522～1591),曾供职于丰臣秀吉部下。他首创一种叫做"侘茶"式的饮茶礼仪,提倡乡村简朴的茶具以及闲适简单的环境。现在有三派流行的茶道派别都可以追溯到千利休,除此之外还有其他许多派别存在。在20世纪,掌握茶道是一个有教养的年轻妇女必须会的技艺。

查尔斯(威尔士亲王) Charles (Philip Arthur George),Prince of Wales(1948～) 伊丽莎白二世女王和爱丁堡公爵菲利普亲王的长子,英国王位继承人。1971年在剑桥大学学习,成为第一位获得大学学位的英国王储,后进入皇家空军学院和皇家海军学院学习。1971～1976年在英国海军服役。1981

年娶黛安娜·斯宾塞女士[参阅戴安娜(威尔士王妃)]为妻,育有两个儿子(威廉和亨利)。他们的婚姻因新闻媒体的刨根问底和有关不贞行为的谣传而触礁,1996年俩人离异。查尔斯后来公开陪伴卡米拉·帕克·鲍尔斯(1947年生)出入各种社交场合,2005年两人结婚。他以倡导建造优美的建筑以及其他事业而闻名。

查科战争 Chaco War(1932~1935) 玻利维亚与巴拉圭为争夺查科地区而发生的代价惨重的冲突,查科是荒芜之地,据说地下有石油藏量。太平洋战争以后,玻利维亚成为一个内陆国,试图经拉普拉塔河系开辟一条通往大西洋海岸的通道,而大查科就在这条路线上。这场战争大约死亡10万人,玻利维亚的经济受到严重打击,因此贫困的人民要求改革。在几个邻国及美国的代表调停下达成协议,玻利维亚得到通向巴拉圭河的一条通道和一个港口,巴拉圭获得大部分有争议地区的所有权。

查理(大胆的) Charles the Bold(1433~1477) 勃艮第末代公爵(1466~1477)。作为法王路易十一的反对者,他曾尝试使勃艮第成为一个独立的王国。在1474年以前,他取得了很大的成功,摆脱了法国人的统治,扩大了勃艮第的领土,并建立了一个集权的政府。查理残酷镇压了在列日发生的起义(1468)并侵入了诺曼底(1471)。通过谈判、战争和购买,他试图把领土扩大到莱茵河,但是由瑞士和奥地利组成的联盟以及莱茵河上游的几个城镇阻止了他。1476年他被瑞士军队打败,在南锡城附近的战斗中阵亡。

查理·阿尔贝特 Charles Albert(1798~1849) 意大利语作 Carlo Alberto。撒丁-皮埃蒙特国王(1831~1849)。萨伏依王室旁系,1831年查理·费利切去世之后,查理·阿尔贝特成为国王。他使这个国家的严厉管理有所减轻,并推动了国家的经济和社会发展。革命思想的传播迫使他于1848年批准设置代议制政府。在庇护九世当选教皇和奥地利占领费拉拉之后,他打算领导意大利的民族解放运动。1848年和1849年他两次对奥地利开战,但在诺瓦拉战役失败后宣布退位,让儿子维克托·伊曼纽尔二世即位。

查理八世 Charles VIII (1470~1498) 法国国王(1483~1498)。路易十一世唯一的儿子。他放弃了现在的法国和西班牙的部分领土的拥有权,巩固了法国对布列塔尼的拥有权,为实现他的宏伟事业——远征意大利以维护他对那不勒斯王国的继承权——作好准备。这场劳民伤财的战争打了50多年,结果几乎一无所获。查理在那不勒斯加冕。但是他的对手也已联合起来。他好不容易逃脱但丢失了他征服的领土。他在准备另一次远征时去世。

查理二世 Charles II (823~877) 别名 Charles the Bald(秃头查理)。法国国王(843~877)和神圣罗马帝国皇帝(875~877)。他是皇帝路易一世之子,与几个同父异母兄弟在一连串的内战(829~843)中争斗,直到最后通过《凡尔登条约》解决了继承条件的问题。查理得到了西法兰克人的王国,尽管属国对他不是很忠诚,领土也受到斯勘的纳维亚人、不列塔尼人和日耳曼人的攻击,但他仍统治着这个王国。864年他占据了阿基坦,870年又获得洛林的西部。875年加冕为神圣罗马帝国皇帝,但两年后死于内讧。

查理二世 Charles II (1254?~1309) 别名 Charles of Anjou(安茹的查理)或 Charles the Lame(瘸子查理)。那不勒斯国王和其他一些欧洲领地的统治者。当他的父亲查理一世把西西里从阿拉贡人手中再次夺回时,他负责守护那不勒斯。1284~1288年被西西里人逮捕和囚禁,后来承诺放弃对西西里的领土要求而获释,但教皇解除了他的誓约,他在1302年以前多次为夺取西西里而战,但都未能成功。查理二世通过子女们的婚姻与各方结盟,把势力扩大到皮埃蒙特、普罗旺斯、匈牙利、雅典、阿尔巴尼亚等许多地方。

查理二世 Charles II (1332~1387) 别名 Charles the Bad(坏人查理)。纳瓦拉国王(1349~1387)。他威胁要与英国结盟而从法国约翰二世手中获得诺曼底。1356年因密谋叛乱而被捕,在逃亡了一年后,又重新获得诺曼底。他转向与西班牙结盟以扩张纳瓦拉的势力。查理五世使他获得法国领土的希望落空,他计划毒害这位法国国王的阴谋暴露,使他失去了除瑟堡以外的全部诺曼底领土。

查理九世 Charles IX (1550~1574) 法国国王(1560~1574)。卡特琳·德·梅迪契的儿子,他在其兄弗兰西斯二世死后成为国王,由母后摄政。虽然他于1563年宣布成年,但仍处于母后的控制之下。在位期间天主教徒和胡格诺派教徒之间争斗激烈,尤其不能让人们忘记的是他在母后的怂恿下,于1572年下达了屠杀基督教新教胡格诺派的命令(圣巴托罗谬日惨案),此次屠杀事件显然使查理的余生感到不得安宁。23岁时死于肺结核病。

查理九世 Charles IX (1550~1611) 瑞典语作 Karl。瑞典国王(1604~1611)。古斯塔夫一世(瓦萨)的第三个儿子。他帮助发动了一场反对他的同父异母兄弟埃里克十四世统治的叛乱,结果使他的另一兄弟登上王位,称约翰三世。1592年约翰之子西格蒙德三世(波兰国王,信奉天主教)继承瑞典王位后,查理召开乌普萨拉会议(1593),要求以路德教为瑞典国教。他在内战中反对西吉斯蒙德,后者被逐之后,查理成为瑞典实际上的统治者(1599~1604)。1604年宣布成为国王后,他奉行侵略性的外交政策,导致1605年与波兰开战,1611~1613年与丹麦开战,即卡尔马战争。

查理六世 Charles VI (1685~1740) 德语作 Karl。神圣罗马帝国皇帝(1711~1740)和匈牙利国王(称查理三世)。利奥波德一世的次子。他试图要求继承西班牙王位[称查理三世(王位觊觎者)],但没有成功,此举引发了西班牙王位继承战争(1701)。他于1716~1718年发动了一场对奥斯曼帝国的战争并取得辉煌胜利,但在波兰王位继承战争(1733~1738)中失败,与土耳其发生的新的冲突(1736~1739)最终也以丧失1718年所获得的大部分领土而告结束。他发布了国本诏书,想要确立他的女儿玛丽亚·特蕾西亚的继承人地位,结果导致发生奥地利王位继承战争。

查理·马特 Charles Martel(688?~741) 拉丁语作 Carolus Martellus("Charles the Hammer")。奥斯特拉西亚的宫相(715~741)。他是宫相丕平(埃斯塔勒的)的私生子,当时丕平控制了法兰克王国的部分领土,墨洛温王朝的国王已有名无实。父亲死后,查理战胜了家族中的反对势力和贵族当中的对手,将整个法兰克王国重新统一起来,由他统治。他征服了纽斯特里亚(724),攻打了阿基坦,并与弗里西亚人、撒克逊人和巴伐利亚人作战。他在图尔和普瓦捷战役(732)的胜利阻挡住了穆斯林的入侵,到739年他控制了勃艮第。后来他的几个儿子将王国分割。他的孙子是查理曼。

查理曼 Charlemagne(747~814) 又称 Carolus Magnus("Charles the Great"查理大帝)。法兰克国王(768~814)和皇帝(800~814)。为法兰克国王丕平三世(又称矮子丕平)的长子,他与弟弟卡洛曼共同统治法兰克王国,直到后者于771年去世。那时他成为法兰克人唯一的国王,并开始了一系列的征战,以占领周围的王国并让这些国家的人民信奉基督教。他打败了意大利北部的伦巴第人,并成为他们的国王(774)。他于778年率军进攻西班牙的穆斯林,虽以失败告终,但却成功并吞了巴伐利亚(788)。查理曼对萨克逊人用兵多年,终于在804年将他们打败并使他们信奉基督教。他降服了多瑙河的阿瓦尔人,进而控制了许多斯拉夫国家。除了不列颠群岛、意大利南部以及西班牙的部分地区,他几乎把西欧所有的基督教地区都统一在一个庞大的国家内。帮助教皇利奥三世恢复原位后,他于800年的圣诞节在罗马被加冕为皇帝,这象征着"拉丁欧洲"帝国的复兴,他成为神圣罗马帝国的先驱。查理曼在亚琛建都,在那里兴建了一座富丽堂皇的宫殿,并邀集了许多学者和诗人。他还汇编整理了多部法律,推行宗教,并推动一场称为加洛林文艺复兴的文化复兴活动。参阅加洛林王朝。

查理七世 Charles VII (1403~1461) 法国国王(1422~1461)。虽然其父查理六世曾签约把他排除在王位继承人之外,但他还是在父亲过世时夺取国王头衔。1429年在圣女贞德的协助下,他解除了奥尔良之围。1436年他把英国人赶出法国,逐渐收复法国失地,结束了百年战争。他实施的财政和军事改革加强了王权。

查理七世 Charles VII (1697～1745) 德语作 Karl Albrecht。巴伐利亚选侯(1726～1745)和神圣罗马帝国皇帝(1742～1745)。承认《国事诏书》后,他放弃了继承奥地利王位的要求。不过当查理六世死后,他立即加入反对玛丽亚·特蕾西亚的同盟,并于 1742 年加冕为皇帝。与此同时,巴伐利亚受到奥地利军队的蹂躏。他依靠普鲁士和法国的势力在 1744 年收复巴伐利亚,但不久之后去世。

查理三世 Charles III (879～929) 别名 Charles the Simple(傻瓜查理)。法国国王(893～922)。911 年,他根据条约将领土(即后来所称的诺曼底)割让给维京人以结束他们的骚扰;他们的后代成为诺曼人。加洛林王朝的最后一位国王去世后,洛林的权贵们立即接受了查理的统治。查理对洛林事务的干预引起法国贵族的不满,922 年他们拥立罗贝尔一世为国王。

查理三世 Charles III (1716～1788) 西班牙语作 Carlos。西班牙国王(1759～1788)。腓力五世与帕尔马的伊莎贝拉的长子。在成为西班牙国王之前,他是帕尔马公爵(1732～1734)、那不勒斯国王(称查理七世,1734～1759)。查理三世确信他负有改革西班牙、使它再度成为一流强国的使命,但他的外交政策并不成功。西班牙在七年战争中的重大损失暴露出海军和陆军的弱点。他在巩固国家内政方面还较为成功,在位期间西班牙实施了商业改革,重新调整了行政区划以利于国防,并引进了现代的管理系统。作为 18 世纪的开明君主之一,他带领西班牙实现了一段短暂的文化和经济复兴。

查理十世 Charles X (1757～1836) 法国国王(1824～1830)。王太子路易的第 5 个儿子,路易十五的孙子。1824 年以前称查理-菲力普,阿图瓦伯爵。法国大革命期间流亡海外,成为流亡贵族的领袖。1814 年返回法国,在波旁王室复辟期间领导极端保王派。其兄路易十八死后,查理成为国王。由于他的政权变得日益反动,逐渐失去民心。他的执政生动地说明了波旁王室想把君权神授的传统观念与法国大革命后产生的民主精神调和一致的失败。

查理十世古斯塔夫 Charles X Gustav (1622～1660) 瑞典语作 Karl Gustav。瑞典国王(1654～1660)。古斯塔夫二世(阿道夫)的侄子,他曾想娶瑞典女王克里斯蒂娜为妻,却未能如愿,但克里斯蒂娜指定他为王位继承人。作为国王,他曾想恢复公共财政,但却不得不把大部分精力放在军队事务上。他指挥了第一次北方战争(1655～1660),以对抗旨在建立一个统一的北方大国的联盟(包括波兰、俄国、勃兰登堡、荷兰和丹麦)。征服波兰(1655～1656)之后,查理转而进攻丹麦,根据签署的《罗斯基勒条约》(1658),他夺回了瑞典南部的土地。

查理十二世 Charles XII (1682～1718) 瑞典语作 Karl。瑞典国王(1697～1718)。查理十一世的儿子,15 岁时成为专制君主。在第二次北方战争中,他捍卫国家疆土长达 18 年,逐渐成为策划和执行军事行动的关键人物。1707～1709 年查理挥师大举进攻俄国,结果瑞典军队遭到惨败,丧失了一个大国的地位。作为早期开明时代的统治者,他积极促进国内的改革。他在入侵挪威的过程中被杀害。

查理十三世 Charles XIII (1748～1818) 瑞典语作 Karl。瑞典国王(1809～1818)。瑞典和挪威联合王国的第一代国王(1814～1818)。瑞典国王阿道夫·腓特烈(1710～1771)的次子,在俄瑞战争中任海军上将。1792 年其兄古斯塔夫三世去世,查理成为他的侄子古斯塔夫四世(阿道夫)的摄政。1809 年古斯塔夫四世遭废黜,查理被推举为国王。他未老先衰且膝下无子。1809 年底他的健康情况急剧恶化。1810 年让-巴蒂斯特·贝纳多特(后来成为查理十四世约翰)被任命为当然继承人。从此以后,查理的大权就控制在这个王储手中。

查理十四世约翰 Charles XIV John(1763～1844) 瑞典语作 Karl Johan。原名 Jean-Baptiste Bernadotte(让-巴蒂斯特·贝纳多特)。瑞典和挪威的国王(1818～1844)。生于法国,为法国大革命的热情拥护者,在军队中被迅速擢升为准将(1794)。1804 年任法国元帅,他在 1805～1809 年的几场战役中都支持拿破仑,但后来却改变了他的忠诚。1810 年他被选为瑞典王储,取名查理·约翰,他控制了瑞典政府。在莱比锡战役中,他出兵帮助打败了拿破仑,然后又乘势战胜了法国的同盟国丹麦,迫使该国将挪威交给瑞典王室。1818 年查理十三世去世,他立即成为瑞典和挪威的国王。他采取的外交政策使瑞典出现了一段长期的有利于国家发展的和平时期。

查理十一世 Charles XI (1655～1697)瑞典语作 Karl。瑞典国王(1660～1697)。在 5 岁时继承了他的父亲查理十世古斯塔夫的王位,王国当时由一帮贵族组成的摄政院统治,直到 1672 年查理成年。摄政院使瑞典卷入 1672～1678 年的荷兰战争,但查理控制了军队,并通过签署《奈梅亨条约》为瑞典赢得了许多好处,此后他一直保持中立的外交政策。在瑞典国内,查理为扩大王权不惜牺牲上层贵族的利益,建立了一个专制主义的君主政体。

查理四世 Charles IV (1294～1328) 别名 Charles the Fair(美男子查理)。1322～1328 年为法国国王和纳瓦拉国王(称查理一世)。作为卡佩王朝嫡系的最后一人,他在其兄腓力五世死后立即取得王位。他打算获得德国王位和兼并佛兰德斯的阴谋都未能成功。他通过入侵阿基坦与英国重启战端,并在 1327 年的和约中获得大量赔偿。

查理四世 Charles IV (1316～1378) 原名 Wenceslas(瓦茨拉夫)。别名 Charles of Luxembourg(卢森堡的查理)。德意志人和波希米亚的国王(1346～1378),神圣罗马帝国皇帝(1355～1378)。1346 年被推举为德意志国王,取代了路易四世。同年他父亲在与英军作战中阵亡,他成为波希米亚国王。他率兵攻入意大利,夺得伦巴第王冠以及罗马的帝国王冠。查理通过外交手腕扩大了他的王朝势力,使布拉格成为神圣罗马帝国的政治和文化中心。他颁布《1356 年金玺诏书》并为其子瓦茨拉夫一世赢得德意志国王的继承权。

查理四世 Charles IV (1748～1819) 西班牙语作 Carlos。法国大革命动荡时期的西班牙国王(1788～1808)。作为查理三世之子,他缺乏领导才干并将朝政交给 M. de 戈多伊管理。1794 年法国军队入侵后,西班牙降为法国的附庸国。当拿破仑于 1807 年重新占领西班牙北部时,查理被迫退位(1808),在流亡中度过余生。

查理五世 Charles V (1338～1380) 别名 Charles the Wise(英明的查理)。法国国王(1364～1380)。他根据《布雷蒂尼条约》的条款筹集资金从英国人手中赎回了他的父亲约翰二世。1364 年其父去世,查理即位。他采取休养生息的策略,让国家从百年战争第一阶段造成的损失中恢复过来。当 1369 年与英国重启战端时,他带领法军屡战屡胜,实际上废除了 1360 年的各项不平等条约。他的敌人查理二世(纳瓦拉的)的阴谋促使他没收了这个国王在法国的大部分领地。他对教皇克雷芒七世的支持是导致西派教会大分裂的原因之一。

查理五世 Charles V (1500～1558) 德语作 Karl。神圣罗马帝国皇帝(1519～1556)和西班牙国王(称查理一世,1516～1556)。卡斯蒂利亚国王腓力一世之子,神圣罗马帝国皇帝马克西米连一世之孙。1516 年成为西班牙国王。1519 年成为神圣罗马帝国皇帝。他在位期间发生的重大事件包括:在沃尔姆斯召开帝国议会,从此宗教改革运动开始;打败弗兰西斯一世,确保西班牙在意大利的统治;率军与土耳其苏莱曼一世的军队作战;施马尔卡尔登同盟的形成;召开特伦托会议以及签订《奥格斯堡和约》。他努力将他的庞大的西班牙和哈布斯堡帝国结合在一起,以对抗新教徒的新兴势力以及土耳其和法国的压力,甚至来自教皇阿德里安六世的敌视。1555～1556 年查理把尼德兰和西班牙赐给儿子腓力二世,而把神圣罗马帝国的封号给了他的弟弟斐迪南一世。1557 年退位,在西班牙的一座修道院隐居。

查理一世 Charles I(1288～1342) 匈牙利语作 Karoly。别名 Charles Robert of Anjou。匈牙利国王(1301,1308～1342)。他得到教皇批准,要求继承匈牙利王位,并于 1301 年加冕。但他的要求引起了争议,王位直到 1308 年才被承认。他个性谦和,笃信宗教,把匈牙利恢复为一个强国。与波兰结盟使他能够打败神圣罗马帝国和奥地利人。他未能使匈牙利和那不勒斯联合起来,但通过协商达成了一个协议，确保他的长子将来能成为波兰国王。

查理一世 Charles I（1600～1649） 大不列颠和爱尔兰国王（1625～1649）。詹姆斯一世之子。他从父亲那里继承了君权神授的观念，在他尚存的早期书信中可以看出他对下议院的不信任。1625年成为国王，不久之后与亨丽埃塔·玛丽亚结婚。因宗教问题、与西班牙进行的战争以及对他的顾问白金汉公爵的不信任，他与他的第一届议会发生了冲突。在连续解散几次议会之后，查理统治了他的王国11年，在此期间从未召开议会。为了不再依赖国会的拨款，他采取了多种手段，其中包括征收所谓的造船费。1639年他与苏格兰开战，为了募集军饷，他仓促召开了短期议会和长期议会。他的独断专行和与议会的争吵最终引发了英国内战。他的军队在第二次内战被打败后，军队指责查理为"制造这场混乱的罪魁祸首"，要求以叛国罪对查理进行审讯。1649年法庭判他有罪，并将其处决，O.克伦威尔宣布英伦三岛共和国成立。

查谟和克什米尔 Jammu and Kashmir 又作Kashmir。印度实际控制区。印度北部一邦（中国政府不予承认）。这个地区自1947年印巴分治以来一直是印度、巴基斯坦和中国之间一片有争议的区域。位于印度次大陆西北部克什米尔地区南部，与希马偕尔邦和旁遮普邦接壤。该邦以山脉为主要地形，包括哈拉和林山和喜马拉雅山脉的片断。克什米尔的拉达克区大半位于此邦内。另有两块低地区：查谟平原和肥沃而人口稠密的克什米尔谷地。该邦人民大多数是穆斯林，不过，查谟区东南部主要是印度教区，拉达克区东北部人民大多信仰佛教。以前是一个王邦，1947年成为印度一邦，当时印度和巴基斯坦为争夺整个克什米尔地区的控制权而交战。面积101 387平方千米。人口约12 366 000（2008）。

查莫罗 Chamorro, Violeta (Barrios de)（1929～ ） 尼加拉瓜总统（1990～1996）。她出身富裕家庭，与反对A.索摩查独裁的报纸《新闻报》的出版商结婚。她丈夫1978年遭暗杀后，查莫罗接管了丈夫的公司。桑地诺主义者推翻索摩查政权后，她一度为当政的文职军人集团服务，但她的报纸不久便开始指责奥尔特加·萨维德拉，对美国的各项政策表示拥护，其中包括向反桑地诺主义者的反政府武装提供广泛支持。查莫罗因主张结束与美国在军事和经济上的冲突，1990年当选为总统。她在总统任期内不断受到政见分歧的困扰，重大权力仍掌握在桑地诺主义者手中。

查帕拉湖 Chapala, Lake 墨西哥哈利斯科州的湖泊。为墨西哥最大湖，长81千米，面积1 686平方千米。为旅游胜地，圣地亚哥河从该湖流过，注入该河的部分称莱尔马河。

查普曼 Chapman, Maria Weston（1806～1885） 原名Maria Weston。美国废奴主义者。出生于马萨诸塞州的韦茅斯。1830年嫁给了波士顿商人亨利·查普曼。1832年她帮助成立了波士顿妇女反奴隶制协会。不久她在马萨诸塞州反奴隶制协会中成为W. L. 加里森的主要助手。1839年她出版了一本小册子，指出废奴运动的分裂原因是由于大家对妇女的权利认识不一致。

查普特佩克 Chapultepec 墨西哥墨西哥城西南的多岩山丘。14世纪初阿兹特克人在此修筑要塞，为他们的统治者建造了一个宗教中心和一处宅邸。1554年西班牙征服者在此建了一座教堂，18世纪80年代西班牙总督在此兴建了一座夏宫，1841年夏宫成为国家军事学院。在墨西哥战争期间，美军于1847发动突袭，占领了该山丘。19世纪60年代墨西哥皇帝马克西米连在此重修城堡。在1940年以前它一直是墨西哥历届总统的官邸，后被辟为博物馆。

《查士丁尼法典》 Justinian, Code of 指拜占廷皇帝查士丁尼一世主持下于529～565年完成的法律和法律解释的汇编。严格说来，它并不构成一部新法典，只不过是查士丁尼法学家委员会搜集的两部参考文献：过去法律的汇编和对罗马大法学家意见的摘录。此外还有法律基本纲要以及查士丁尼自己所立新法的汇编。

查士丁尼一世 Justinian I（483～565） 原名为Petrus Sabbatius。拜占廷皇帝（527～565）。致力夺回在蛮族入侵时失去的罗马各省，他征服了汪达尔人的北非（534）并击败

查士丁尼一世，6世纪镶嵌画；现藏拉韦纳圣维塔莱的教堂
Alinari-Giraudon from Art Resource

意大利的东哥特人（540）。直到562年他才完全控制意大利，但他无法控制保加尔人、斯拉夫人、匈奴人和阿瓦尔人在帝国北部发动的战事。他还对波斯发动间歇式的战争直到561年。他重组政府，赞助著名的《查士丁尼法典》的编纂工作。他扫除贪污的努力引起532年君士坦丁堡爆发了不成功的暴动，他的妻子狄奥多拉协助他平定了这场暴动。圣索非亚教堂是他最重要的公共工程之一。

查斯丁（殉教士），圣 Justin Martyr, St.（约100～约165） 基督教早期教父。生于巴勒斯坦的蒲甘，132年改奉基督教之前可能在以弗所研究哲学。在后来的几年里担任巡回的传教士和教师。为基督教第一位护教士，他第一次把基督教义与希腊哲学结合起来。他写了两篇《护教文》给罗马皇帝，文中主张基督教义可与人的理性和谐，所以基督教是真理的化身，而异教的哲学只是其一鳞半爪。在他的《与犹太人特里风谈话录》中，他试图向有学问的犹太人特里风证明基督教是真理。住在罗马时以阴谋破坏罪被判处死刑。

查特顿 Chatterton, Thomas（1752～1770） 英国诗人。11岁时就在一张旧羊皮纸上写了一首田园牧歌《埃利努和朱佳》，并成功地让世人相信这是一首写于15世纪的作品。此后他又以同样的风格写了一些诗歌，作者均假托一个虚构的僧侣托马斯·罗利。在一次以假自杀相威胁使他摆脱了当见习律师的工作后，他起程前往伦敦。在那里他写了一部滑稽剧《报复》，并获得一些成功，但当一位可能成为他的赞助商的人突然去世时，他发现自己身无分文，前途无望，17岁时自杀。他被认为是浪漫主义的先驱，死后受到S. T. 柯尔律治、J. 济慈、拜伦勋爵和W. 华兹华斯等著名诗人的赞美。

查特吉 Chatterjee, Bankim Chandra（1838～1894） 原称Bankim Chandra Cattopadhyay。印度小说家。出生于孟加拉，曾在加尔各答学习并在当地的行政部门任代理执法官多年。《将军的女儿》（1865）是他的第一部著名的孟加拉语小说。他的具有划时代意义的报纸《孟加拉之镜》于1872年创刊，陆续刊登了他后期写的一些小说。尽管他的小说在结构上不够完美，但他的同时代人仍把他看作是一位先知，他所描绘的勇敢的印度主人公激发起极大的自豪感和爱国热情。他帮助建立了印度的小说流派，并确立了孟加拉语散文作为一种文学语言的地位。查特吉被认为是最伟大的孟加拉语小说家。

查维斯 Chávez (y Ramírez), Carlos (Antonio de Padua)（1899～1978） 墨西哥作曲家和乐队指挥家。他接受过专业的钢琴训练，但作曲主要是靠自学。1928年墨西哥第一个永久性的交响乐团成立，他成为该交响乐团的指挥；他担任此职务长达20年，带团出访过世界各地，并在许多首次演出中任指挥。作为墨西哥国家音乐学院的院长（1928～1934），他改革了教学大纲并组织了多次系列音乐会。他是墨西哥20世纪最具影响力和最受人尊重的音乐家。其作品采用墨西哥印第安音乐中打击乐的手法、原始的节奏、古代的和声与旋律，以及大幅度的强烈变化，有7首交响曲，其中包括《安蒂戈那交响乐》（1933）与《印第安交响乐》（1936），5首芭蕾舞曲，1首钢琴协奏曲（1940），1首小提琴协奏曲（1950），以及歌剧《访客》（1956）。

查亚峰 Jaya, Puncak 又称Jaya Peak。旧称Mount Sukarno（苏加诺山）。印度尼西亚伊里安查亚省山峰。位于新几内亚岛，海拔5 030米，是南太平洋最高峰，也是世界上最高的岛峰。

查伊塔尼亚运动 Caitanya movement 16世纪形成的印度教情感形式，由查伊塔尼亚立

的崇拜方式而引起，故名。该运动主要在孟加拉流行，由查伊塔尼亚的两个追随者组织。**守贞专奉**是该运动最重要的因素，形式为唱歌数小时，并有伴奏、赞美诗（即反复诵念神的名字）。查伊塔尼亚本人作为黑天和他所爱之人罗陀的化身也逐渐被崇拜。查伊塔尼亚的6名追随者总结出该运动的神学理论并撰写出用于祈祷的经文。现在的领导者大多是该运动早期追随者的直系后代。参阅**国际黑天觉悟会**。

檫树　sassafras　北美樟科的树木，学名*Sassafras albidum*。其带香味的树叶、树皮和根被用作香料，也是传统的家庭药物和茶叶。其带香味的根可以产出2%的檫树油，曾经是根汁汽水的独有配料。该树最初种植在缅因到安大略和爱荷华、南到佛罗里达和得克萨斯的沙壤土。树木通常很小，但可达到20米高或更高。它有带皱纹的树皮、鲜绿色的树干和簇状小黄花，结深蓝色的浆果，叶形有三种：三裂、二裂（断裂的形状）及完整的叶片，不同形状的叶常生于同一小枝上。

柴郡　Cheshire　英格兰西北部的地理、历史、旧行政郡。郡首府是切斯特。与威尔士交界，西北濒迪河和默西河两个河口湾，部分地方位于皮克区国家公园范围之内。当地发现有铜器时代和铁器时代建造的山堡痕迹，以及罗马人占领时期的建筑遗址。

柴可夫斯基　Tchaikovsky，Pyotr Ilyich（1840～1893）　俄国作曲家。从幼年时代就对音乐敏感，并产生浓厚的兴趣。14岁时母亲去世，此后开始认真作曲。1862年在新创办的圣彼得堡音乐学院学习。1863年成为自由作曲家。从1866年开始在莫斯科音乐学院任教。他的《一号钢琴协奏曲》（1875）由**H. 比洛**在波士顿初次公演，获得极大成功。1875年受**大剧院芭蕾舞团**委托创作《天鹅湖》。1877年接受富有的N. von梅克夫人（1831～1894）的委托作曲，梅克后来成为他的资助人和长期有商业关系的人（1877～1890），尽管他们同意从不见面。接着柴可夫斯基创作了歌剧《叶甫盖尼·奥涅金》（1878）。尽管是同性恋者，但他仍有短暂的婚姻；经过3个月的不幸婚姻以后，他试图自杀。以后的创作也因为他个人的危机而多年没有起色。后来的创作有芭蕾舞剧《睡美人》（1889）、歌剧《黑桃皇后》（1890）以及伟大的芭蕾舞剧《胡桃夹子》（1892）。他的《悲怆交响曲》（1893）在他死于霍乱的前4天首次公演。一种说法是他的性关系激怒了贵族，他被迫自杀，但这种说法毫无根据。他的芭蕾舞剧是19世纪最伟大的，他的交响乐也经久不衰。柴科夫斯基的音乐和谐，旋律优美、和谐感人，管弦乐曲多彩、独特。

蝉　cicada　同翅目蝉科的中型到大型昆虫，约1 500种。多分布于热带，栖于热带沙漠、草原和森林。有两对膜翅，复眼突出，单眼3个。雄蝉近腹基的振动膜能发出很大的噪音。卵常产在木质组织内，幼虫一孵出即钻入地下，吸食多年生植物根中的汁液。一般经5次蜕皮，需几年才能成熟。有些种从鸣声、行为和形态上较易鉴别。多数北美蝉发出有节奏的滴答声或呜呜声，但某些种的声音甚为动听。周期蝉有17年蝉（常被误称为17年蝗）和13年蝉，隔一定时间在一定地区发生一次。

新生成的蝉的成体（*Tibicen pruinosa*）
Richard Parker

蟾蜍　toad　无尾目中26种动物的统称，主要是陆栖、夜出、无尾的**两栖类**。蟾蜍的身体矮胖，腿短，体外受精，上颚有牙。它们捕食昆虫或小动物。真蟾蜍有300多种，分布于世界各地。体长2～25厘米，皮肤厚而干燥，往往有疣。分泌毒液的毒腺在背部的疣内，毒液能刺激掠食者的眼睛和黏膜。有些品种的毒液能够麻痹或杀死狗一样大的动物，但蟾蜍不会造成疣。繁殖时，蟾蜍在水中产下两根长胶状管，其中包含了600～30 000颗卵。南非泳蟾属包括仅有的一种卵胎生无尾目动物。参阅**蛙**。

美洲蟾蜍（*Bufo americanus*）
George Porter–The National Audubon Society Collection/Photo Researchers

产褥热　puerperal fever　又称childbed fever。分娩或流产后女性生殖系统受到感染，最初10天内体温可达到或超过38℃。子宫的内面最常受到感染，但阴道任一部分的伤口都可导致**细菌**（常为酿脓性链球菌）进入血管和淋巴系统，引起**败血症**、蜂窝性组织炎（细胞发炎）和骨盆或一般的**腹膜炎**。严重程度不一，产褥热在发达国家已极少见，但在不卫生的环境条件下实施堕胎仍可能发生。

产业革命　Industrial Revolution　又称工业革命。指从农业和手工业经济转变到以工业和机器生产为主的变化过程。始于18世纪的英国。技术上的改变包括：钢铁和新能源的使用、提高产量的新机器的发明（包括蒸汽机、**多锭纺纱机**）、工厂体系的发展、交通和通信的重要发展（包括**铁路**和电报机），1760～1830年间产业革命基本上仅发生在英国，后来又传播到比利时和法国。其他国家则滞后一些，但德国、美国和日本产业革命开始后，取得的成就则超过了英国最初的成功。东欧各国则延迟到20世纪，直到20世纪中叶，产业革命才传到中国和印度。工业化带来经济、政治和社会结构的变化，其中包括更加广泛的财富分配和国际贸易的增长，以经济实力重新排位造成的政治变化，巨大社会变革当中崛起的工人阶级运动，等级管理制度的发展及其对劳动分工的监督，新权力模式的产生，以及与其客观衍生的工业污染和城市人口猛增等的斗争。

颤音琴　vibraphone　又作vibraharp。打击乐器，形似键盘式木琴，装有定音的金属条，用小音锤敲击。每个键条下面都有一个管状定音共鸣管。共鸣管上有一套电动扇，通过迅速开启和关闭共鸣管而产生颤音。发明于1920年前后，不久便在爵士乐中普遍采用。

昌昌　Chan Chan　秘鲁北部古城，位于现在的利马以北480千米处，过去是奇穆人的首都，即盛极一时的前印加文明（约1200～1400）。废墟遗址面积近36平方千米，包括一些有围墙的护城城堡，内有庙宇、墓地和庭园。奇穆人是**莫切文化**的继承者，约1465～1470年被**印加人**统治。

饰有铜眼、铜耳，用金银合金制成的死者面具，属于约1000～约1465年以昌昌为中心的奇穆文化；私人收藏
Ferdinand Anton

昌迪加尔　Chandigarh　印度北部城市，为哈里亚纳邦和旁遮普邦的联合首府和中央直辖区。直辖区位于两邦之间，面积114平方千米。该市地处西瓦利克山南部。1947年印度与巴基斯坦分治，原来的首府**拉合尔**划归巴基斯坦，故昌迪加尔成为原首府的替代城市。该市在20世纪50年代由**勒科比西埃**与印度建筑师合作规划。现今以其教育与文化机构著称。人口：市区960 787（2011）；中央直辖区约1 054 686（2011）。

长臂猿　gibbon　长臂猿科长臂猿属约6种小型**类人猿**的统称。栖息于印度-马来亚的森林中。长臂猿在树枝间用臂荡着前进。在地面直立行走，小群体生活。以嫩枝、果实

长臂猿(*Hylobates*)
Edmund Appel-Photo Researchers

和一些昆虫、鸟蛋和幼鸟为食。长臂猿长毛无尾,体长约为40～65厘米,毛色从棕褐或有银光到褐色或黑色不等。具大犬齿,声音在音量、音色和传送能力方面都有特点。

长岛 Long Island 美国纽约州东南端岛屿,位于长岛海峡和大西洋之间。岛上包括4个县:金斯、昆斯、拿骚和萨福克。金斯县(即布鲁克林区)和昆斯县(即昆斯)成为纽约市的一部分。在西端与布朗克斯、曼哈顿之间隔着伊斯特河,与斯塔滕岛隔着纳罗斯水道。岛长约190千米,宽19～37千米,面积约3 629平方千米。东部有许多沙滩,为纽约市的娱乐地区。南部沿岸几乎是一连串成行不断的沙洲和沙嘴,成为杰梅卡湾等若干海湾的屏障。长岛原为印第安人居住之地,大多属特拉华族。原为普利茅斯公司管辖的土地。后来荷兰人和英国人来此殖民,但在1664年整个岛成为英国纽约殖民地的一部分。美国独立战争期间,这里发生长岛战役(1776-08-27),结果美国人战败。人口7 568 304(2010)。

长岛海峡 Long Island Sound 美国康涅狄格州南部海岸与纽约州长岛北部海岸之间的水域。它连接东河与布洛克岛海峡。面积3 056平方千米,长145千米,宽5～32千米。海岸边有许多居民社区和夏日度假胜地。

长笛 flute 木管乐器。向笛的锋利边缘吹气,在其上形成旋涡,有规律地交替在边缘的上下,使封闭在笛内的空气振动而发声。广义而言,长笛可以是竖笛形的,由一端吹奏,或呈球形如埙。就其狭义而言,则是西方音乐特有的横笛,公元前2世纪的古希腊和伊特鲁里亚国就有横笛。16世纪时欧洲的长笛全用黄杨木制造,有指孔但无键。17世纪晚期开始加上键。19世纪时长笛演奏者和发明家T.博姆发明了现代的长笛,其优点是每个音均匀,整个音域的力度都能充分表现,技术的灵活性几乎不受限制。现代博姆型装置的长笛(C调,音域为约C次中音至C三度音)有木制或金属(贵金属或合金)制的两种。长笛家族还包括短笛(高一度音)、中音长笛和鲜见的低音长笛等。

长弓 longbow 14～16世纪英格兰的一种重要的投射武器。可能起源于威尔士,通常高2米,所射的箭有近1米长。最好的长弓用红豆杉类木材制成,需要的开弓力约45千克,有效射程为180米。在百年战争中,英格兰的弓箭手们就使用长弓,在克雷西战役、普瓦捷战役和阿让库尔战役中都发挥了重要作用。参阅弩弓。

长管烟斗 calumet 又称sacred pipe(神烟斗)或peace pipe(和平烟斗)。许多美洲印第安人部落的主要庆典供奉物之一。印第安人把它看作是一个微缩的宇宙,它的各个组成部分、装饰颜色和基本图形据说与宇宙的主要构成相对应。在个人祷告和集体仪式上都要抽一口长管烟斗里的烟。由于烟草的尼古丁作用和吞烟吐雾的象征意义,长管烟斗被用来当作人类与精神世界相互沟通的工具。

长号 trombone 装有可移动的伸缩管来调节号管长度的低音乐器。通常有一个圆柱形的管和一个杯子形的发音口。伸缩管的作用与其他低音乐器的活塞相同。活塞长号有的有伸缩管,有的则没有伸缩管,在19世纪早期得到发展。它们的活动性更强,但是声音效果不佳。长号的型号很多,次中音长号是标准的长号,但低音长号也在乐队中使用。长号(或称低音喇叭)在15世纪发展起来,在以后的400年间没有很大的变化。到16世纪为止,它已经在城镇、教堂和军乐队中广泛使用。它在早期的歌剧乐团中也有使用,但在1800年左右开始只在交响乐团中使用。在20世纪,长号成为舞蹈乐队和爵士乐队中的主要乐器。

长脚爷叔 daddy longlegs 又作harvestman(收割蛛)。盲蛛目3 400种蜘蛛类动物的统称。与蜘蛛不同之处为足极细长;身躯球形或卵形,并无一细缢部将其分为两部分。

收割蛛
E. S. Ross

体长1～22毫米,足细长,可为体长的20倍。雄体较雌体小,成体头胸部两侧共有一对腺体,可分泌臭味的液体。分布广泛,两半球温带和热带地区均可见。美国和加拿大约有150种。食小昆虫、螨、蜘蛛、腐肉和植物。参阅大蚊。

长颈鹿 giraffe 长颈鹿科的反刍动物,是哺乳动物中最高的兽类,总高度5.5米或更高。腿和颈部极长,体相对较短。尾上有丛毛,颈上有短鬃。两性都有2～4只短而有皮肤覆盖的角。背向后下方倾斜。毛浅黄色,有浅褐红色斑点。主要以金合欢属植物的叶为食,生活在稀树草原和开阔的灌木地区。原产于非洲撒哈拉沙漠以南大部分地区。在东

长颈鹿(*Giraffa camelopardalis*)
© Animals Animals, 1971

非受到保护,数量依然很多,但在其他地区,由于捕猎过量,致使数量减少。獾伽狓是该科仅有的另一成员。

长毛猫 longhair 一种家猫,以毛长、软、平滑著称。种类包括巴厘猫、缅甸猫、金丽克猫、喜马拉雅猫、爪哇猫、挪威森林猫、缅因浣熊猫、波斯猫、布偶猫、索马里猫和土耳其安哥拉猫。虽然一般认为不如短毛猫活泼,但与短毛猫一样喜好嬉戏,对人亲切,必要时也能自卫。

长矛 pike 古代和中世纪步兵的武器,由金属制成的尖而长的矛头和3～6米长的木质重矛杆组成。14世纪瑞士步兵使用长矛导致封建骑士衰落。骑马斗牛士在斗牛时也使用长矛。

长篇小说 novel 一种小说体裁,有相当的长度及完整性,把想象出来的一群人物的前后相关事件连接起来,表达人类的生活经验。这类作品有着众多的种类和风格,有流浪汉小说、书信体小说、哥特式的、浪漫主义的、写实主义的以及历史小说等。虽然最早的小说出现在不同的地方,包括古罗马,但通常认为欧洲的小说开始于M. de塞万提斯的《堂吉诃德》。通过D.笛福、S.理查森和H.费尔丁等人的作品,18世纪时小说在英国被确立为文学的一种形式。由于小说能提供日常生活的真实形象,因此一直受到欢迎。20世纪时,作家们追求捕捉经验中难以理解的一些本质的东西,扩展了常规小说的范围,这一过程或许在反小说中达到了顶峰。

长期议会 Long Parliament 查理一世在1640年11月召开的英国议会,为了与1640年4～5月召开的短期议会相区别,故名。查理召开这次议会是为对苏格兰的战争筹集资金。议会拒绝查理的要求,让国王顾问辞职,并通过法令,要求未经议员的同意不得解散议会。国王与议会之间的紧张关系日益加重,直到1642年英国内战爆发。1646年国王被打败后,T.普赖德领导的军队执政,1648年他赶走了大部分议员,只留下大约60名。留下的这些人称"残余议会",他们审判了查理并将其处以死刑(1649)。1653年他们被强行免职。O.克伦威尔当上护国公后,1659年重新成立议会,1648年被赶走的人又回到议会。1660年自行解散。

长崎 Nagasaki 日本长崎县西部城市，是九州岛长崎湾浦上川河口的海港和商城。1639～1859年间日本港口皆闭关时，这里是唯一为德川政权允许开放的港口。1639年葡萄牙和英国的商人被驱逐后，长崎的贸易对象便仅限于荷兰人、华人和朝鲜人。19世纪，长崎是东亚重要的船舶加煤站，1903年之前一直为俄国亚洲舰队的冬港。20世纪初成为造船业的重要中心，1945年美国对日本投下第二枚原子弹，摧毁长崎的最中心部分。造成40 000多人当即死亡，约40 000多人之后很快死亡，还有更多的人受伤，大约40%的城市建筑被毁。战后长崎重建，成为禁止核武器运动的精神中心。人口约443 766(2010)。

长鳍金枪鱼 albacore 大型远洋性金枪鱼，以其肉质精美而闻名。这些贪食的掠夺者身体呈流线型，以便能迅速而持续地游动。分布于大西洋和太平洋，能作长距离的迁徙。蓝鳍金枪鱼有时也叫长鳍金枪鱼。

长鬈毛白狮子狗 bichon frise 一种小狗，以皮毛蓬松和兴高采烈的性情而闻名。为泅水猎狗的后裔，肩高约23～30.5厘米，吻部短而钝，耳部光洁而下垂，皮毛蓬松柔亮而卷曲，还有下层绒毛。大部分呈白色，但许多头部呈奶油色、灰色或杏黄色调。原产地中海地区。

长枪党 Falange 西班牙极端民族主义政治团体。1933年由J. A. 普里莫·德里维拉创建，并受到意大利法西斯主义的影响，1936年在反对人民阵线政府运动中一举成名。1937年F. 佛朗哥将军根据法令，把长枪党和其他右翼党派合并，他成为长枪党的绝对领袖。西班牙内战时，佛朗哥的军队有15万名长枪党党员。取得胜利后，长枪党的法西斯主义从属于佛朗哥政权的保守主义。1975年佛朗哥去世后，通过一条法律允许其他"政治团体"存在，1977年长枪党被正式取缔。

长滩 Long Beach 美国加利福尼亚州西南部城市。原是印第安人的经商营地，18世纪时是西班牙人经营牧场的一部分。1880年规划为威尔莫尔城，1888年建市，以它的13.5千米长的海滩而重新命名。1921年该市附近发现石油，使之迅速发展。1933年的一场地震造成大规模的破坏。有塞里托斯水道与洛杉矶港口相连。英国邮船"玛丽皇后"号自1969年以来就一直停靠在这个港口。人口462 257(2010)。

长尾鲨 thresher shark 长尾鲨科5种鲨鱼的统称，其镰形长尾几乎为体长的一半。广布于世界热带和温带海洋。以乌贼和集群性鱼类为食，先把猎物圈赶成几个小群，然后再进行掠食。有时以尾击晕猎物，或击打水面以恐吓猎物。通常不会攻击人类。狐鲨(*A. vulpinus*)为深色的大型鱼，体长可达6米。

长尾鹦鹉 parakeet 鹦鹉亚科小型、体细长、具锥形长尾、以种子为食的鹦鹉，有30

虎皮鹦鹉(*Melopsittacus undulatus*)
Bruce Coleman Ltd.

属，约115种。见于全球温暖地区，常结成大群，大多数种类产4～8枚卵于树洞中。最著名的笼养种是虎皮鹦鹉(*Melopsittacus undulatus*)，常被误称为情侣鹦鹉，体长约19厘米，任何体色都有可能，但通常上体都有颊斑和紧密的横斑。

长沼 bayou 沼泽地静止或缓慢的水流，通常是小溪、小水道或小河，为另一河川或水道的支流，可能以牛轭湖的形式出现。长沼是路易斯安那州密西西比河三角洲的特色。

常春藤 ivy 又称爬墙虎。五加科常春藤(*Hedera*)属约5种常绿木质藤本(稀为灌木)的统称。尤指借助茎生气根的吸盘攀缘的洋常春藤(*Hedera helix*)。不育枝上的叶3～5裂。茎攀缘到支持物顶部后即水平伸展或下垂。在英语里有些与常春藤无亲缘关系的植物也称为ivy，包括爬山虎(*Parthenocissus tricuspidata* 或 *Ampelopsis tricuspidata*)，葡萄科攀缘木质藤本植物，叶秋季变为鲜红色，以及毒常春藤。

常春藤联合会 Ivy League 美国东北部在学术上和社会上享有盛名的8所高等学府。原指始于19世纪70年代的校际橄榄球比赛体育联合会的成员。这些学校分别是哈佛大学、耶鲁大学、宾夕法尼亚大学、普林斯顿大学、哥伦比亚大学、布朗大学、达特茅斯学院和康奈尔大学。

常绿植物 evergreen 树叶可越冬不落并存留到翌年夏天或数年的任何植物。许多热带阔叶显花植物皆属常绿植物，而寒温带和北极地区的常绿植物多为结球果的灌木或乔木(球果植物)，如松和冷杉。常绿植物的叶通常比落叶树的叶厚且坚韧，而结球果的乔木树叶常呈针状或鳞片状。常绿树上的叶(或针叶)可存留2年或2年以上，并可于任何季节脱落。

常微分方程 ordinary differential equation 含有单变量函数导数的方程式。方程式的阶数就是所含最高阶导数的阶数(例如，一阶微分方程式仅含有函数的一阶导数)。由于导数是变化率，因此这种方程式描述函数如何改变，却没有具体说明函数本身。不过要是有充足的初始条件，如特定的函数值，有许多方法可以求得函数，大多是根据积分。

唱片音乐节目主持人 disc jockey (DJ) 负责在电台、电视或夜总会播放音乐的人。这种节目始于20世纪40年代，当留声机唱盘越来越普遍时，这类节目成了许多电台的重要支柱。任何一张唱片的成功与否都要看它是否得到唱片音乐节目主持人的喜爱。为了赢得播放时间，唱片公司开始给他们送去大量金钱、股票或礼物。1959年，美国联邦调查局在全国范围内揭露了这种范围极广的商业收买行为，但在80年代，贿赂又重新出现。70年代迪斯科兴起，夜总会的DJ成为创造混录音乐的高手，使得舞曲可以长时间播放。

唱诗班 choir 一个声部至少由两位演唱员组成的演唱团。许多世纪以来，宗教唱诗班只唱素歌(参阅格列高利圣咏)。早期的复调音乐比较复杂，需要有独唱的歌唱才能，而不是合唱表演，但到了15世纪，复调音乐开始由合唱来表现。世俗唱诗班(合唱团)的发展，大体上与歌剧同时出现，因为歌剧一般都需要有专业的合唱队。清唱剧则与之相反，传统上主要由业余歌手演唱。

超导电性 superconductivity 某些材料当冷却到接近绝对零度的温度时出现电阻几乎完全消失的现象。超导材料的特点是低能耗、高运转速率和高灵敏度，它们还有阻止外部磁场进入其内部的能力，是完善的抗磁体。1911年H. 开默林·昂内斯首先在水银中发现超导电性，目前已在大约25种其他化学元素及数千种合金和化合物中发现类似的现象。超导体的应用包括：医疗成像、磁储能系统、发动机、发电机、变压器、计算机部件以及灵敏的磁场测量仪器。

超感官知觉 extrasensory perception (ESP) 不受已知感觉过程的支配而发生的知觉。通常包括传心术、千里眼及预知等。这种知觉的存在没有任何确实的证据，相信这种现象的却大有人在。有人利用那些自称具有这种能力的人去寻找失物或查找失踪的人。

超级杯 Super Bowl 美国全国橄榄球联盟每年举行的锦标赛，参赛者为美国橄榄球协会和全国橄榄球协会中的优胜队。第一届超级杯赛于1967年举行。比赛通常在1月的最后一个星期天进行。该比赛的观众比任何其他赛事的观众都要多。

超级机密 Ultra 同盟国的情报系统，通过窃听德国军队与日本军队之间的绝密通信对盟军在第二次世界大战中的胜利作出了贡献。20世纪30年代初，波兰的密码专家首次破译了德国密码机谜语机的密码。1939年，他们把情报交给了盟军，英国在布莱奇利公园制订了超级机密计划，目的是窃听和破译谜语机的信号。日本也有一台经过改进的谜语机，美军称为"紫色"，美国在珍珠港事件之前就能够将其完全复制出来。信号窃听有助于同盟军赢得不列颠之战、珊瑚海战役和中途岛战役，使得盟军在诺曼底登陆后歼灭了大量德军。

超巨星 supergiant star 体积和真实光度都极大的恒星，明显比巨星亮几个星等，并大好几倍。如同其他星系，超巨星在实践中通常通过鉴定其光谱中的某些特定谱线而鉴别它们之间的差别（参阅**光谱学**）。超巨星的直径一般比太阳大好几百倍，光度大近百万倍。其寿命也许只有几百万年，为极为短暂的恒星。

超流性　superfluidity　液态氦冷却到 -270.97°C以下时出现的异常性质。在这样的低温下，氦的热导率大大增加，能迅速流过毛细管或沿容器的边缘扩展成薄膜。为了解释这些现象，便以"二流体"混合模型来描述这种物质，混合物中有正常氦和超流氦。正常氦中的原子处于激发状态，而超流氦中的原子则处于基态。当温度降到低于 -270.97°C时，更多的氦变成超流氦。这种超流成分能够无摩擦地流过容器，从而解释了这种异常行为。

超声波　ultrasonics　弹性介质中的应力波，频率在2万赫以上，这是人耳能够察觉到的最高声波频率。超声波可以通过压电换能器产生或探测。高功率超声波在传导体中产生畸变；应用方式包括超声波焊接、超声波钻孔、超声波辐照流体悬浮物（如在葡萄酒的澄清中）、工件表面清洗（如珠宝首饰）以及生物结构的破坏。低功率超声波不造成畸变，主要用于声纳、结构测试，以及医学成像和诊断。有些动物，包括蝙蝠也利用超声波回声定位机能来辨别方向。

超声检查　ultrasound　又作 ultrasonography。利用超声波来形成人体结构的影像。超声波穿过人体组织并在密度不同的地方（如一个内脏器官的壁与器官内部之间的界限）反射回来。此种反射回声被一个电子装置接收后，可以计算出它们的强度和反射超声波的人体组织的位置。检查结果能够以静态影像或人体内部动态画面展示出来。与X光照射或其他致电离辐射不同，超声检查几乎没有任何危险。除了经常用于怀孕期检查胎儿外，超声检查还可用于内部器官、眼睛、胸腔以及主要血管的检查。

超文本　hypertext　又称 hyperlink（超级链接），指通过电子联系将相关的信息片断连接起来，以便用户可以方便地取用。1945年V. 布什提出这一概念，20世纪60年代由D. 恩格尔巴特发明。超文本是某些计算机程序的特色，允许用户选择一个词语并得到附加的信息，如该词的释义或相关资料。在互联网的浏览器中，超文本链接热链通常用不同的字体或颜色把词或短语凸显出来。超文本链接创设了一种分支的或网状的结构，可以直接地、无须中间步骤就得到有关的信息。超文本已经极其成功地用作万维网（参阅**超文本标记语言**、**超文本传输协议**）的一个主要特色。超级链接还可以包括文字以外的对象，例如选择一幅小图片就可以链接到同一图片的放大图像。

超现实主义　Surrealism　第一次和第二次世界大战之间兴起于欧洲的视觉艺术与文学运动，因反对导致第一次世界大战的"理性主义"而发展起来。诗人和批评家A. **勃勒东**于1924年首创"超现实主义"一词，主张将梦和幻想同日常生活的现实结合起来，作为一种中介来形成"一种绝对的现实、一种超现实"。勃勒东借用了S. **弗洛伊德**的理论，把无意识视作想象力的源泉。勃勒东本人是位诗人，但超现实主义的成就主要是在绘画领域。超现实主义绘画流派众多，受到**达达主义**和H. **博斯**、O. **雷东**以及G. **de 希里科**等人的影响。超现实主义画家们在实践中有的推崇器官的、象征的或绝对的超现实主义，通过含有某种暗示却又很不确定的生物形象来表达无意识冲动，诸如J. **阿尔普**、M. **恩斯特**、A. **马松**和J. **米罗**等人。其他人则选择了另一种方式，将较为真实的形象置于一种好像完全不相关的背景中，构成一种荒诞的乃至惊世骇俗的组合，例如S. **达利**和R. **马格里特**等。

超新星　supernova　一类猛烈爆发的恒星，其光度在爆发后比平常猛增数百万倍。与**新星**不同的是，超新星的光度急遽上升并维持数周之久，随后缓慢变暗；光谱上有蓝移的发射线，表明有炽热气体往外喷发。超新星爆发是恒星的一场灾难，导致恒星瓦解成**中子星**或**黑洞**。爆发时相当于几个太阳的物质被突然抛入太空，爆炸所释放的能量能将其所在的整个星系全部照亮。17世纪以前历史上只记载过7颗超新星，最著名的一颗出现在1054年，此次爆发的残留物就是现在我们看到的**蟹状星云**。最近的一次且研究最多的超新星是"SN 1987A"，它是1987年在大麦哲伦星云中出现的。超新星爆发不但释放出大量的射电和**X射线**，还释放出**宇宙线**。此外，还向星际空间抛射组成宇宙（包括太阳系）天体成分的重元素。

超验主义　Transcendentalism　19世纪新英格兰哲学家与作家的运动，他们因信奉一套唯心论的思想体系而松散地结合在一起；这套思想基于以下信念：宇宙万物实质上具有统一性，人类固有善良天性，以及在揭示最深刻的真理方面，内在的洞察力优于逻辑和经验。该思想运动属于浪漫主义的一部分，是从美国马萨诸塞州康科德附近发展起来的，吸引了诸如R. W. **爱默生**、H. D. **梭罗**、M. **富勒**、B. 奥尔科特这些个人主义的主要人物的注意。超验主义者的作家与其同时代人展现了美国艺术天才的首度成熟，并且将美国文艺复兴引入文学之中。影响较小的超验主义者所写的部分优秀作品出现在《日晷》（1840～1844）文学杂志中。

超越障碍比赛　show jumping　马术比赛项目，一次一匹马。要求骑手在规定时间内乘马越过一系列障碍，以其跨越障碍的能力和速度来记分。从1912年起，个人和团体的超越障碍赛就已经被列为奥运会项目。总统杯是该项目的国际团体冠军赛。

超在禅定派　Transcendental Meditation（TM）　M. **马赫西瑜伽师**（曾为印度苦修者）创立并推广的一种修身养性方法。20世纪60年代开始在西方流行。它以特定的**默念**技巧为基础，不与任何严格的宗教传统相联系，不过其理论根源与**吠檀多派**有联系。习演此术须念诵梵文真言，借以平抑杂念，达到深悟。据说习演者可以松心缓性，达到精神愉快、活力焕发、创造力提升。

巢　nest　动物搭建的长久居身之所，或安置和抚育后代的场所。社会性昆虫在地上或地下建筑有一系列巢室和隧道的系统。鱼类的巢形式各异，从沙砾中的浅坑到用植被筑

美洲鸫的巢
Jeff Foott-Bruce Coleman Inc.

成的封闭结构。某些蛙类修建泥盆巢，或者是变硬的浮渣块。鳄鱼用泥和植被，眼镜蛇用树叶和林中碎片为它们的卵筑巢。最常见的鸟巢是杯形或圆顶结构，用细枝、树叶、泥和羽毛筑成。许多哺乳动物，尤其是小型者，都在树上、地面或洞穴中筑巢。

朝觐　hajj　**伊斯兰教**规定，成年的男女穆斯林，凡身体健康、有经济能力者一生中都须至少到**麦加**朝觐一次。朝觐是五功（穆斯林的基本规范和仪式）之一，传统上是在伊斯兰教历最后一个月的第7天开始，第12天结束。在麦加，朝觐者需进行几项仪式，包括绕天房**克尔白**行走7遭；必须拜谒麦加城外的圣地，献祭一只动物以悼念**亚伯拉罕**的献身；最后，他们返回麦加，并再次绕行天房克尔白行告别仪式。

朝圣　pilgrimage　前往圣祠或其他圣地，意在祈求超自然的护持、感恩、表示忏悔或虔诚。中世纪的基督教朝圣者在专门为朝圣者修建的旅馆中过夜，在返途中会佩戴上朝圣地的帽子和徽章。中世纪的主要朝圣地是圣地巴勒斯坦、西班牙的圣地亚哥-德康波斯特拉和罗马。此外还有在若干地区享有盛名的几百处朝圣地，其中有阿西西的圣方济各墓以及坎特伯雷的T. **贝克特**墓。较晚近的朝圣地包括墨西哥的瓜达卢佩圣母马利亚圣地（1531）、法国的卢尔德（1858）、葡萄牙的**法蒂玛**（1917）等圣地。朝圣在佛教中也有重要意义，佛教圣地包括菩提伽耶，这是佛陀受到启迪的地方，以及**瓦拉纳西**，佛陀在这里进行他的首次布道。在伊斯兰教中所有的信徒都被要求**朝觐**，即到麦加朝觐，一生中至少一次。

朝鲜　Korea　朝鲜语作 Choson 或 Taehan。亚洲大陆东岸朝鲜半岛上的历史王国。1948年分裂为两个共和国：**朝鲜**和**韩国**。可能是

在史前时期由讲通古斯语的部落从满洲和西伯利亚迁徙至此。据传统的说法,青铜时代半岛北部建立起了朝鲜古王国。公元前 108 年被中国征服,后来发展为 3 个王国:新罗、高句丽和百济。新罗于公元 7 世纪时征服其他两国,一直统治到 936 年,其时百济王朝势力开始突起。13 世纪在蒙古人侵略中损失惨重,但仍保持其政治与文化。实施土地改革以及新官僚制度崛起后,1392 年建立了朝鲜王国,首都在首尔,由李朝统治(参阅李成桂),直至 1910 年。多次被邻国入侵后,实施锁国政策,不与外国人接触。但在 1873 年以后被迫对日本开放港口。为了争夺朝鲜和满洲,日本与俄国之间爆发了日俄战争(1904 ~ 1905),战后朝鲜成为日本的保护国。1910 年正式被日本并吞,1945 年第二次世界大战后才脱离日本控制。战后被划分为两个占领区,苏军占据北方,美军占据南方。其后的历史请参阅朝鲜、韩国和朝鲜战争。

朝鲜 Korea, North 全称 Democratic People's Republic of Korea(朝鲜民主主义人民共和国)。东亚朝鲜半岛北半部国家。面积:122 762 平方千米。人口:约 24 720 000 (2013)。首都:平壤。在民族上,几乎全是朝鲜人。语言:朝鲜语(官方语言)。宗教:天道教、传统宗教、基督教、佛教。第二次世界大战期间外国传教团皆被逐出。货币:圆。朝鲜大部分的土地是山脉和高地,最高峰是白头山,高2 750米。实施中央计划经济,以重工业(钢铁、机械、化学和纺织业)和农业为基础。合作农场种植作物包括稻米、玉米、大麦和蔬菜。矿产资源也很丰富,包括煤、铁矿和锰。朝鲜是共和国,一院制。国家元首和政府首脑是最高领导人和国防委员会第一委员长。第二次世界大战日本战败后,苏联占领北纬 38°线以北的部分,而美国则占据 38°线以南的地方。朝鲜民主主义人民共和国于 1948 年建立,成为共产党国家。1950 年朝鲜战争爆发。主要由美军组成的联合国军队介入支持韩国一方,战时中国人民志愿军支持朝鲜,1953 年签署停战协议。朝鲜在金日成领导下,成为世界上最严格组织化的社会之一,实施国有经济制度,经常不能保证生产足够的粮食和消费品以供人民所需。20 世纪 90 年代末期,在他的儿子金正日的统治下朝鲜遭遇了一次大饥荒。为结束长期的孤立状态,朝鲜和韩国领袖于 2000 年、朝鲜和日本领导人于 2002 年举行峰会。这种愿望因朝鲜核武器计划而受挫。此后,朝鲜主要致力于改善同韩国停滞不前又时而恶化的双边关系。2011 年金正日去世后,他的儿子金正恩成为朝鲜最高领导人。朝鲜于 1960 年与韩国联合组团首次参加在罗马举办的夏季奥运会,但其运动员早在 1932 年和 1936 年作为日本队队员参加过奥运会。

朝鲜海峡 Korea Strait 韩国和日本西南部之间的通道。连接中国东海和日本海,宽 195 千米,被它中心处的对马岛分开。向东的通道为对马海峡,是对马海峡之战(1905)的战场;向西的称为西通道。

朝鲜语 Korean language 又译韩语。朝鲜、韩国的官方语言,约有7 500万人使用,其中包括世界各地相当多的朝鲜族人。朝鲜语和其他任何一种语言都没有近缘的关系,但有一些学者提出它和日语有较远的亲属关系,甚至可能属于阿尔泰诸语言的一支。朝鲜语最早在 12 世纪就以汉语书写,以表示朝鲜语的各种意义和发音,不过一直到 1443 年发明了一种独特的发音字体,文献上才开始明显大量采用。这种字体现称作"谚文",以排列每个音位的简单符号作为音节组,组成像汉字一样的方块字。在语法上,朝鲜语以主语-谓语-动词的基本排列顺序为主,在要修饰的词语前加上修饰语。

朝鲜战争 Korean War 1950 ~ 1953 年朝鲜和韩国之间爆发的一场战争。第二次世界大战末期,苏军在北纬 38°线以北、美军在该线以南接受日军投降。后来在协商两半地区统一时失败,北半部在苏联支持下建立起一个共产党国家(朝鲜),南半部(韩国)则由美国在背后支持。1950 年 6 月 25 日,朝鲜战争爆发。联合国安理会在苏联代表缺席的情况下,通过一项决议要求所有联合国成员共同阻止朝鲜人南进。美国总统 H. 杜鲁门下令美国军队支持韩国。刚开始朝鲜军队势如破竹,把韩国军队和联合国部队一路进逼到朝鲜半岛的南端,但 D. 麦克阿瑟将军运用战略扭转了联合国部队的劣势,甚至把联合国军队推进到朝鲜与中国交界处附近。中国此时开始参战,并把联合国部队逼退到南部。战线最后沿 38°线稳定下来。此时麦克阿瑟主张轰炸中国的东北基地,但杜鲁门拒绝了该项建议,并解除了麦克阿瑟的指挥权。D. D. 艾森豪威尔当选总统后,与朝鲜缔结了停战协议,双方实际接触线被接受为朝鲜与韩国事实上的分界线。朝鲜战争的死亡人数估计如下:韩国约 130 万人,中国 100 万人,朝鲜 50 万人,美国约3.7 万人,以及联合国军里的少数其他国家的人员。

嘲鸫 mockingbird 雀形目嘲鸫科几种擅长模仿的鸣禽的统称。产于西半球。小嘲鸫可在 10 分钟内模仿 20 多种鸟类的鸣声。体长约 27 厘米,色灰,翼和尾色深并均具白斑。分布于美国北部到巴西,并已引入夏威夷,大量栖息于城郊,于栖息处鸣啭,甚至在夜间也鸣叫,会有力地保卫其地盘。其他小嘲鸫属的种分布在中美洲到巴塔哥尼亚高原;蓝嘲鸫分布于墨西哥大部。加拉帕戈斯嘲鸫(三斑嘲鸫属)在不同岛屿上有不同的亚种。

潮汐 tide 海水表面规则的、周期性的起落,在大多数地方一天发生两次。潮汐是由于其他星体(如月亮)在地球表面的不同点所施加的引力不同而产生的。虽然任何天体(如木星)都可以产生瞬间的潮汐效果,地球表面的大部分潮汐都是由太阳(由于其巨大的质量)和月亮(离地球最近)引起的。事实上,月亮引起的潮汐要比太阳引起的强两倍。最大的潮汐(春潮,高潮和低潮之间落差很大)发生在新月和满月的时候,这时地球、月亮和太阳排成一线,太阳引起的潮汐同时增加到月亮潮汐上。最小的潮汐(小潮)发生在太阳和月亮成直角的时候(与地球),此时的日潮部分被月潮所抵消。海岸线以及水域盆地的地形也会影响潮汐大小。

车臣 Chechnya 俄罗斯联邦西南部的共和国。苏联的车臣-印古什自治共和国的一部分,1992 年车臣与印古什一样,都成为属于俄罗斯的共和国。当地居民主要是车臣人(一个穆斯林民族)。1992 年车臣要求脱离俄罗斯独立,导致俄罗斯军队 1993 ~ 1994 年进入车臣。战争对地区造成严重破坏。1996 年达成停火协议,但 1999 年烽烟又起。首府格罗兹尼(人口 1992 年约388 000)是主要的炼油中心,有油管连接里海和黑海的油田,在两次战争期间损失惨重。

车城唱片公司 Motown 美国唱片公司,因 20 世纪 60 年代创造的流行灵魂音乐而闻名。1959 年由词曲作者 B. 戈迪(小)创立于底特律(Motown 是 Motortown 的简写,意指底特律的汽车工业)。第一张全国畅销单曲是"奇迹"乐队(参阅 B. 罗宾逊)的《到处逛街》(1960)和"惊艳"的《请等一等! 邮差先生》(1961)。后来旗下艺人包括"诱惑"乐队、"四顶尖"乐队、至上合唱团、M. 盖伊和 S. 汪德等。这些人幕后有一些杰出的编词作曲家团队如霍兰-多齐尔-霍兰、N. 阿什福德和 V. 辛普森,他们共同创造了"车城之声",以抒情歌谣的形式和具有渲染力的伴奏为其典型特色。该公司是美国历史上最成功的黑人唱片公司之一,也是最有影响力的独立唱片公司之一。后来车城旗下有"艾斯利兄弟"、"G. 奈特与种子",以及 1969 年加入的"杰克逊五兄弟"(参阅 M. 杰克逊)。进入 20 世纪 80 年代后,车城继续推出新人(如 L. 里奇)录制的畅销唱片。1971 年戈迪将公司总部迁往洛杉矶,后来在 1988 年把公司品牌卖给 MCA 公司。

车里雅宾斯克 Chelyabinsk 俄罗斯中西部城市,东南距西伯利亚大铁路上的叶卡捷琳堡 200 千米,是车里雅宾斯克州首府。始于 1736 年在巴什基尔村建成的要塞,当地的发展主要得益于第二次世界大战期间苏联工业向东转移带来的刺激。人口约1 078 300 (2002)。

车前属 plantain 车前科车前属约 265 种常见的庭园、草坪和路边杂株的统称。缺乏叶片固有的叶身为其独特之处。其看起来像叶身的部分则为延长的柄(叶茎),加上数条平行的主要叶脉,簇生于茎基部。穗状或头状花序,顶生于长且无叶茎上,花小。大车前(*P. major*)的成熟籽穗可作鸟食。长叶车前,或英国车前(助叶车前 *P. lanceolata*)和中型车前(灰白车前 *P. media*)是令人讨厌的杂草。有些种类可用于药物(例如缓泻药中的成分)。

车轴草 clover 豆科车轴草属植物,一年生或多年生草本,300 种以上。主要产于温带和亚热带地区。复叶互生,小叶3枚,齿

车轴草属(*Trifolium*)植物
Ken Brate-Photo Researchers

裂。花小,芳香,聚生成头状或穗状花序。车轴草富含蛋白质、磷和钙,青贮和干藏均富有营养,是优良饲料。此外还有保持和改良土壤的作用,不仅能使土地增加氮素,还有利于下一季作物利用其他营养元素。最重要的栽培种有:红车轴草(*Trifolium pratense*)、白车轴草(*T. repens*)和杂种车轴草(*T. hybridum*)。

沉积岩 sedimentary rock 在地表或靠近地表由于先前存在的岩石的碎片的堆积和岩化作用形成的岩石,或由于溶液在正常地表温度下的沉淀所形成的岩石。只有在沉积物沉淀很长时间,并紧密结合在一起形成坚硬矿床或地层的地方,才能形成沉积岩。沉积岩是地表出露的最普遍的岩石,但它只占整个地壳组成的一小部分。其重要特征是成层形成的,每层都有反映其沉积条件、源岩性质(经常还能反映其中的生物体的性质)和搬运方式的特征。

沉箱 caisson 水下施工用的箱形结构物,或直接用作基础。平面多为矩形或圆形,约2层楼高,顶部敞开,底部封闭。通常在陆地上建造好后,再沉入水中放在预先准备好的地基上。四壁高出水面,用作桥墩、防波堤等项工程的外壳,永久留在基底上。开口沉箱又称沉井,两端开口,底边有刃便于沉入软土中。工人在井内进行挖掘。沉井随着挖掘而下沉,上部再接高井壳,直到沉箱到达预定深度为止。用混凝土封底,最后用混凝土将沉井全部填满成为结构。

陈纳德 Chennault, Claire L(ee) (1890～1958) 美国准将。在美国陆军航空队服役20年,1937年因耳聋退役。曾任蒋介石的空军军事顾问,并成立了一支由美国志愿飞行员组成的"飞虎队"与日本空军作战。第二次世界大战中成为美国现役空军飞行员,1942～1945年任美国驻华陆军航空队司令。他与他的中国妻子陈香梅一直都是蒋介石的有影响力的支持者。

梣 ash 木犀科梣属植物统称。约70种。包括乔木和灌木,多产于北半球。美国引以为傲的18种梣中,有5种可做材用,最重要的是白色梣(*Fraxinus americana*, 美国白腊树)和绿色梣(*F. pennsylvanica*),不易弯曲、坚硬、有弹性且轻。白色梣常用来制造棒球球棒、曲棍球的曲棍、桨和橹、网球拍和其他球拍的框架、农具的把手等。黑色梣(*F. nigra*)、蓝色梣(*F. quadrangulata*)和橙色梣(*F. latifolia*)的用途较广,可用来制造家具、室内镶板和桶。

梣叶槭 box elder 又作 ash-leaved maple。槭科(槭树科)速生耐寒乔木,学名 *Acer negundo*。原产美国中部及东部。复叶(为枫树类中所少见),有小叶片3、5或7枚,叶缘有粗锯齿。翅果,内有种子一粒。因梣叶槭速生并抗旱,北美草原地区的早期移民广泛种植作为荫蔽树。树液可制糖浆或糖,木材供制条板箱、家具、纸浆及烧炭用。

称义 justification 在基督教神学中,指个人脱离罪恶而进入恩典的过程。有的神学家将该词用来指忏悔的罪人蒙上帝恩赦而取得义人的身份,其他人则将它解释为获得恩典的罪人的改变。圣保罗用该词来解释人如何才能在上帝面前算为义人。他认为,人们经由基督的死亡和复活才能从罪人变成义人,而不是经过任何人的努力。圣奥古斯丁将它视为上帝使罪人变得正直的行为,而M.路德则强调因信称义。

撑杆跳高 pole vault 田径运动项目,借助一根长杆跳越高处的横杆。19世纪中期成为体育运动比赛项目并被纳入第一届现代奥林匹克运动会。通常是男运动员的竞赛。比赛时,运动员对每一个高度试跳3次。横杆高度逐步上升直到决出第一名。现在也有女运动员的撑杆跳高比赛。

成本-效益分析 cost-benefit analysis 指在政府的计划和预算工作中试图以货币来表示某项规划的社会效益,并使之与其成本相比较。法国工程师杜普伊在1844年首先提出,但直到1936年才为美国防洪计划所采用,该项计划要求防洪工程的效益要超过成本。成本-效益率是由规划的预计效益除以预计成本而得。各种各样变量必须考虑进去,因为效益值也许是间接的,也许要规划到遥远的未来。

成人期 adulthood 生理和智力都充分发育成熟后的人生阶段,一般认为20或21岁为成人早期的起点,40岁左右开始中年(期),60岁左右起为老年(期)。约30岁时为巅峰期,过了巅峰期某些生理功能即开始缓慢但持续地退化,如意识的敏锐度降低、肌肉和骨骼的质量减少、胆固醇在动脉内膜沉积减少、心肌功能减弱、男女性激素水平逐渐减少。中枢神经系统的处理速度也在中年开始趋缓,但保存实用信息的能力和应用积累的文化知识的能力却得到增强,一般可以弥补这方面的不足。到了老年,大部分人在生理功能上会有明显的退化,许多人最后在心理功能方面也受损害。

成猪 hog 19世纪末20世纪初美国培养的一种体重很重、多脂肪的家猪。随着人们越来越普遍使用较便宜的植物油,猪油作为脂肪的一种来源的重要性就降低了。肉品加工业者寻求有更多瘦肉而较少脂肪的肉类,养猪人(多为欧洲人)开始利用杂交培育出瘦肉型、强壮的牲畜。如今成猪这个词常常用于任何体重超过54千克的猪。

城邦 city-state 一个独立城市构成的一种政治体系,对其固定的周围地区享有主权,并为其宗教、政治、经济和文化生活的中心。这个名词是在19世纪创造出来的,专指古希腊、腓尼基等殖民地,就其规模、独占性、爱国精神以及拒绝被别的社区合并的能力等方面而言,都与部落或国家制度有所不同。也许源自部落制度瓦解和各分裂集团在公元前1000～前800年组成独立的城邦核心。到公元前5世纪时,城邦数目有好几百个,雅典、斯巴达和第比斯是其中最重要的几个。由于不能组成永久性的联盟或联邦,它们就成了马其顿王国、迦太基和罗马帝国的牺牲品。到11世纪,在意大利的城邦有复兴之势。中世纪意大利城邦的成功归因于与东方贸易的繁荣,这些城邦包括比萨、佛罗伦萨、威尼斯和热那亚,一些城邦残存至19世纪。中世纪日耳曼城邦包括汉堡、不来梅、吕贝克。现今唯一还存在的城邦是梵蒂冈城。

城邦 polis 古代希腊的独立城市,与周围地区共同由一个统一的政府管辖。城邦可以源于山脉和海洋的自然地理分区,也可依当地部落和宗教祭祀来划分。通常城镇建有围墙,内有位于高地的卫城和广场。政府集中于城内,通常有市民集会、议会和行政官员。理想中的城邦应是全体公民都参与政府管理、宗教仪式、防御和经济。非公民包括妇女、未成年人、外侨和奴隶。在希腊化时代,城邦制度曾传到中东大部分地区。参阅雅典、城邦、斯巴达和第比斯。

城堡 castle 中世纪欧洲要塞,一般为国王或领主建有防御工事的住所。9世纪起在欧洲西部迅速兴起。外墙常由一道或数道护城河作防御,只在城门外的护城河上架有吊桥,吊桥从城堡内拉起时护城河便无法通过。大门防守严密,设有望楼防卫。城堡主塔周围有一道或多道城郭或木栅。15～16世纪,由于枪炮的使用迅速普及,中世纪城堡的时代随之结束。

城市 city 较永久性和高度组织的人口集中地,比城镇或村庄规模大,地位也更重要。第一批城市在新石器时代出现,那时农业技术的发展已能生产出大量剩余谷物,足以供应一群永久性的非农业工人。希腊化时期创立了城邦,在罗马帝国出现时也是一种重要的组织,在中世纪的一些城市,如意大利的大贸易中心威尼斯、热那亚和佛罗伦萨也很重要。中世纪以后由于民族国家权力的增大,各城市越来越受中央集权政府的政治控制,为城邦的利益服务。产业革命进一步改变了城市生活,在英国、西北欧以及美国东北部,工厂林立的城市迅速蓬勃发展起来。到了20世纪中叶,一个国家人口约有30%～60%可能居住在大都市中心。20世纪的运输技术(尤其是汽车)导致郊区和住宅区的成立。工业扩展初期所建的工厂和住宅，许多已经年久成为废物。今天许多城市面临住房、卫生设备、娱乐空间和交通运输设备不足，以及市中心区衰落或棚户区迅速增长等问题。地方政府试图通过城市规划来解决这些问题。

城市规划 urban planning 绝大多数工业化国家为达到改善生活环境和某些社会与经济目标而制订的计划。在古代城市遗迹中，可以找到城市规划的证据，如整齐的街道系统、供水与排水设施等。在文艺复兴时期，欧洲的城市区曾有意识地进行规划，以满足交通需求，为了抵抗入侵还修筑了防御设施。这种规划思想传播到美国以后，W. 佩恩设计了方格状街道规划、街道布局和能适应土地用途迅速转变的小块地皮。工业革命所形成的贫民区脏乱现象，引发了现代的城市规划和改建运动。城市规划师们制定了住房、卫生、供水、排水和公共卫生标准，还在拥挤的城区内开辟出公园和游戏场地。20 世纪城市规划的主要思想是城市分区，即规定房屋的性质，限制其高度与密度，以及保护业已建成的居民点。

城市政府 city government 一种行政机构体系，为一个都市地区或都市自治体服务。所有的城市政府都是从一个较大的政治实体（州政府或国家政府）下分而来。市政府通常包括一个行政首长（市长或市政经理）和一个立法机构（议会或委员会）。两者均可能由普选产生。他们最重要的功能是监督市政，包括公共安全、医疗、教育、娱乐、住宅、公共设施、交通运输和文化机构。收入来自地方税和收费，或来自上属的州或国家政府的补助金。

城镇会议 town meeting 美国城镇的立法会议，与会的所有选民或部分选民有权管理社区事务。城镇会议最早出现于殖民地时期的新英格兰，在那里至今仍是一种普遍现象，原因之一是这里的城镇往往被赋予别处的县所享有的权力。该会议通常每年选举一次。执行机构一般是由三五个选民组成的委员会。公开的城镇会议常被看作是极为纯粹的一种民主形式，它允许所有注册选民就议程所列条款或授权进行投票表决。议制城镇会议只允许当选的成员投票。

乘船出逃者 boat people 靠船只逃离的人。原指 1975 年南越政府垮台时逃离国家的成千上万的越南人，他们挤在小船上，成为海盗的猎物，饱受脱水、饥饿、溺水之苦。后来也指从古巴及海地试图乘船来到美国的难民潮。

痴呆 dementia 慢性、进行性的智力功能衰退。最常见于老年人，通常最初的症状是短期记忆丧失，大家曾经以为是年老的正常现象，但现在才知道是肇因于**阿尔茨海默氏病**。其他的病因有皮克氏病和脑动脉硬化。痴呆也常发生在患有亨廷顿氏**舞蹈病**、麻痹性痴呆（参阅**瘫痪**）和几种类型**脑炎**的病患身上。发生在甲状腺功能减退、某些新陈代谢性疾病和某些恶性肿瘤病人身上的痴呆症是几种可治疗和控制的情况。治疗原发病可以控制痴呆的发展，但通常不能逆转。

池大雅 Ike no Taiga（1723 ～ 1776） 原名 Matajiro（又次郎）。日本画家。自幼习书法和中国的经籍。他帮助建立了源于中国风格的文人画画派。作品包括风景画和肖像画，其中包括《五百罗汉》屏画，以及根据清朝李笠翁的诗而作的画集《十便帖》（1771）。池大雅是日本江户时代的大书法家之一。

齿条和小齿轮 rack and pinion 一种机械装置，由一条矩形截面的杆（齿条）和一个与齿条上的齿相啮合的小齿轮组成。如果小齿轮绕固定轴转动，齿条则沿直线运动。某些**汽车**在以这种方式运转的转向机构中就有齿条和小齿轮传动装置。如果齿条固定，小齿轮装在工作台的轴承上，而工作台所在的导轨与齿条平行，那么小齿轮的轴转动时，就会带动工作台平行于齿条移动。机床上就用这个原理来使工作台快速移动。

赤潮 red tide 腰鞭毛虫周期性大量增殖时引起的海水变色。这些腰鞭毛虫释放有毒物质到水中，能致鱼和其他海洋生物于死命，刺激人的呼吸系统。海滨游憩区有时会因浪花飞溅将毒物释入空气中而暂时关闭。赤潮的成因不明，可能是数种自然现象的综合结果，而人类也许起了作用。

赤道 equator 指围绕地球的一个大圆。这个圆所在的平面与地轴垂直，与地球南北两极距离相等。赤道将地球分为南半球和北半球，并成为地球表面上的假想参考线，纬度即由赤道起算。在天文学上，天球赤道是地球赤道面和天球相交的大圆，它与天球两极距离相等。当太阳位于天球赤道平面时，昼夜是等长的，这种现象发生在**二分点**即春、秋分之时。

赤道几内亚 Equatorial Guinea 全称 Republic of Equatorial Guinea（赤道几内亚共和国）。旧称 Spanish Guinea（西属几内亚）。赤道非洲西海岸国家，包括**比奥科岛**。面积：28 051平方千米。人口：约761 000（2013）。首都：**马拉博**。人口大多为操班图语的**芳人**，还有其他少数部落。比奥科岛土著居民为布比人，他们是从大陆迁移来的班图人的后裔。语言：西班牙语和法语（均为官方语言），以及芳语、布比语等。宗教：基督教（以天主教为主，亦有其他教派）、伊斯兰教和传统宗教。货币：非洲金融共同体法郎。与喀麦隆和加蓬交界。赤道几内亚的大陆地区隔**比夫拉湾**与其西北面的比奥科岛相望。大陆沿海平原为 20 千米宽，有很长的海滩；南面有低陡崖；东面有丘陵和高原。姆比尼河（贝尼托河）贯穿大陆区域。比奥科岛由 3 座死火山锥构成，有火口湖和肥沃的熔岩土壤。浓密的热带雨林遍布大陆，包括有价值的硬木。长期以来可可、木材和咖啡为主要出口产品，自 20 世纪 90 年代始石油为主要出口产品。赤道几内亚是一院制共和国。国家元首是总统，政府首脑是总理。18 世纪末，赤道几内亚从葡萄牙转手到西班牙。奴隶贩卖商以及英国等国商人常来此地。比奥科岛在 19 世纪初期至中期受英国统治，1858 年由西班牙正式接管。大陆部分至 19 世纪后半叶才由西班牙人有效统治。1968 年宣布独立后，独裁总统 F. M. 恩圭马实行恐怖统治，造成经济混乱，在 1979 年一次政变中被推翻，后被处死。1979 年 T. O. N. 姆巴索戈任国家元首。1982 年通过新宪法（1991 年修订），但政权依然集中在总统手中。21 世纪初叶绝大多数人的生活水平低下，尽管国家有石油财富。赤道几内亚于 1984 年首次参加在落杉矶举办的夏季奥运会。

赤狐 red fox 又作 common fox。狐属（*Vulpes*）两种**狐**类的统称：遍布于欧洲、亚洲温带与非洲北部的赤狐（*Vulpes vulpes*）和分布于北美洲的美洲赤狐（*V. fulva*）。毛微红褐色，尾尖白色，耳和腿黑色。全长约 90 ～ 105 厘米（包括 38 厘米的尾），肩高约 40 厘米，重约 7 千克。食物包括小型哺乳动物、蛋、果实和鸟类。人们因娱乐和取其毛皮而猎杀赤狐，并饲养以取其毛皮作为商业用途。美洲赤狐则有黑狐和银狐色型。

赤鹿 red deer 原产于欧洲、亚洲和北非的**鹿**类，有时又称**猝**，学名 *Cervus elaphus*。栖于林地，人们猎杀赤鹿为乐或取食其肉。雌雄分群饲养，繁殖季节则除外，雄鹿（hart）会互相格斗与雌鹿（hinds）交配。肩高约 1.2 米。毛浅褐红色，腹部颜色较淡，臀部浅色。雄鹿角长，生长匀称的鹿角上有 10 个或以上的分叉。有些种类已濒于绝灭。参阅**美洲赤鹿**。

赤陶 terra-cotta 经烧制后其颜色从淡赭到红色不等的粗而多孔的黏土。通常不上釉，是最具实用价值的一种陶器，价格低廉，用途广泛，经久耐用。在希腊曾发现公元前 3000 年的小型赤陶塑像，其后一直到公元前 4 世纪的赤陶制品也有发现。赤陶的使用曾随罗马帝国的崩溃而一度绝迹，直到15世纪

《童贞女与圣婴》（约 1470），多彩上釉赤陶浮雕，A. del 韦罗基奥作；现藏纽约市大都会艺术博物馆

By courtesy of the Metropolitan Museum of Art, Rogers Fund, 1909

才在意大利和德国再次兴起。

翅膀 wing 某些动物用以飞行的一种成对的结构。脊椎动物翅膀由前肢演变而来。在鸟类,前肢的指数减少,前臂延长而成翅膀。飞行中,位于翅膀远端部位的初级飞羽主要产生推进力,次级飞羽位于不太活动的翅膀上部,主要提供上升力。蝙蝠前肢骨纤细而延长,附有飞膜,用以飞翔。绝大多数昆虫都具有两对翅膀,但双翅目昆虫只有一对翅发达(另一对退化),甲虫有两对翅,但飞行时只用一对。同侧的两个翅膀通常一起运动,但是蜻蜓的翅膀则单独地运动。

充血性心力衰竭 congestive heart failure 远离心脏的症状所造成的心脏衰竭,主要是与组织内盐分与水分的滞留有关,而非直接降低血液流动。病情差异极大,从最微不足道的症状乃至突发的肺水肿或快速致命类似休克的状态(参阅休克)。慢性状态严重程度不同,可能维持数年。当身体尝试弥补病症时会变成恶性循环,症状就会恶化。病人最初只在费力的时候呼吸困难,之后连休息时亦然。液体积聚在身体的最低点,最后可能出现在腹腔和胸腔。心脏未能有效地抽吸回流,血液因而集中在血管内(血管充血)。

冲伯 Tshombe, Moise(-Kapenda)(1919～1969) 非洲分离主义国家加丹加总统(1960～1963),统一的刚果共和国的总理(1964～1965)。在1960年全国普选中败给P.卢蒙巴后,冲伯宣布加丹加省独立。联合国1963年对此干涉后,他被迫流亡。1964年回国担任J.卡萨武布政府的总理,但1965年被免职。参阅蒙博托。

冲锋枪 submachine gun 使用能量较低的手枪子弹并可从腰部或肩部射击的轻型自动武器。冲锋枪通常有10～50发的盒形弹匣或是有能装更多子弹的盘式弹匣。冲锋枪属短程武器,有效射程很少超过180米。射速可达每分钟650发或更高,重量2.5～4.5千克。重要的冲锋枪型号包括汤姆逊式冲锋枪或称汤米枪(1920年获得专利),第二次世界大战中英国的司登冲锋枪,以及后来以色列的乌齐冲锋枪。

冲击试验 impact test 测试材料承受冲击能力的试验,工程师用此种方法来预测材料在实际使用时的性能。许多材料在受到冲击后会突然损坏,产生裂隙、破裂或凹痕。最常见的冲击试验是利用摆动的摆锤去撞击刻有凹口的棒,撞击之前和撞击之后的高度可用来计算断裂材料棒所需的能量。沙尔皮试验的试样水平置放,由两根垂直金属条夹住,很像门梁。伊佐德试验中的样本则垂直放置,就像篱笆桩。

冲积层 alluvial deposit 指河流沉积的物质。由粉砂、砂、黏土和砾石组成,并常含大量有机物。通常在河流下游广泛堆积,形成冲积平原和三角洲,但凡是河流漫出河岸的地方或是河水流速突然降低之处都可能沉积。冲积层是非常肥沃的土壤,如密西西比河三角洲、尼罗河三角洲、恒河三角洲、布拉马普特拉三角洲、黄河三角洲等。河流冲积层中含有占世界供应量大部分的锡矿石。在有些地区,河流冲积物中含有金、铂或各种宝石。

冲浪运动 surfing 驾驭冲浪板在激浪中冲向海岸的一种运动。冲浪运动起源于史前时代的南太平洋地区。1777和1778年J.库克船长最先描述了塔希提岛和瓦胡岛的冲浪者。1821年传教士认为冲浪运动有伤风化而加以禁止,至20世纪20年代夏威夷著名游泳家D.卡哈纳莫古(1890～1968)使冲浪运动复兴。今天世界各地的冲浪者都在海滩享受冲浪运动,并有几项国际锦标赛。其目标是在起伏的波浪上尽可能地驶向波峰(波管)。除了冲浪板,冲浪者也可以使用腹板、跪板或皮船,也可以不用任何工具进行人体冲浪。

冲绳 Okinawa 日本岛屿,在东海琉球群岛。为琉球群岛中最大的岛,长约112千米,宽11千米,面积1 206平方千米。第二次世界大战中,美国和日本曾在此地激烈交战。1945年4月美军登上冲绳岛,经过长达3个月的战斗,双方伤亡惨重,最终该地被美军占领。1972年美国将冲绳交还给日本,但现在仍保留着美军基地。

重建时期 Reconstruction(1865～1877) 美国南北战争后解决前邦联州问题的时期。A.林肯总统首先面临的是将南部11个州重组的问题。他计划将至少有10%的选民同意忠于联邦的州重新纳入联邦。这一宽厚的态度遭到通过《韦德-戴维斯法案》的激进派共和党人的反对。J.约翰逊总统延续了林肯的温和政策,但是在南部制定了《黑人法令》,而在北部则要求实行更严格的立法制度,从而引出了1867年的《重建法案》。该法案在南部建设军事区,要求南部接受宪法的第14和15次修正案来保证被解放黑奴的民权。南方人仇恨强加给他们的政府(由共和党人、提包客、南方佬组成)和被解放黑奴事务管理局的工作,导致了三K党和白山茶花骑士团等恐怖组织的出现。到了19世纪70年代,保守的民主党人再度控制了几乎所有的南部州政府。尽管重建时期往往被认为是一个腐败的时期,但还是实行了许多建设性的法律和教育改革。

重建政策 perestroika 20世纪80年代中期M.戈尔巴乔夫在苏维埃联邦实施的政治与经济重建方案。戈尔巴乔夫提议共产党减少对政府的直接干预,提高地方政府的实权。戈尔巴乔夫希望提升苏联的经济能力,追赶上德、日、美等资本主义国家的水平,因此对经济控制实行权力下放,鼓励企业财务自负盈亏。经济官僚担心失去权力与特权,对他的计划多进行阻挠。

重建主义 Reconstructionism 20世纪20年代在美国兴起的犹太教运动。认为犹太教只是一种特殊的人类文化,反对超然的上帝与他的选民立约的传统说法,不相信《圣经》是上帝的启示。它的原则正如M. M.卡普兰阐明的那样,是基于犹太人可以在不恪守宗教法则的条件下,享受一个有特点的犹太文化生活。现在的重建主义者约有60 000人。

重言式 tautology 逻辑中的一个陈述,否定之则产生矛盾。例如"所有的单身者是男人或不是男人",是对单身者而断言,指无论是什么样的单身者,他必然或者是男人,或者不是男人。在命题演算中,如$[(A\supset B)\wedge(C\supset\neg B)]\supset(C\supset\neg A)$这样的复杂表达式也可表明是重言式,方法是用一张真值表显示出它的主目A、B、C的T(真)和F(假)的一切可能组合。A的重复是一种纯粹形式的重言(一种陈述胜于另一种陈述),在一些用法中仅仅这种形式的真实性是重言。

崇拜礼仪改革运动 Liturgical Movement 基督教会内19世纪和20世纪兴起的一种运动,目的是创造出更符合早期基督教传统、与现代生活更相称的、更简单的仪式,来鼓励俗人(非教徒)参加礼拜仪式。这项运动开始于19世纪中期的罗马天主教会,后来扩展到欧洲和美国的其他基督教教会。第二次梵蒂冈会议(1962～1965)建议将拉丁文的礼拜仪式转换成用各个国家的地方语言,并改革所有的圣礼仪式。1978年信义会修改了《信义会礼拜书》,1979年圣公会采用了修改后的《公祷书》。

宠物 pet 任何被人类饲养用来作伴或为了取乐而非为了实用的动物。宠物与驯养的家畜间的主要区别在于它们和主人的接触程度不同。主人对宠物的喜爱也与驯养的家畜不一样,这种喜爱多能得到回报。狗自从史前时代就已是人类的宠物,猫自从公元前16世纪成为宠物,马至少在公元前2000年就成为了宠物。其他常见的宠物包括鸟、野兔、啮齿目动物、浣熊、爬行动物、两栖动物,甚至昆虫。现在把外来的动物(如猴子和豹猫)当作宠物的趋势令人忧心,因为主人几乎不能满足这类宠物的需要,此外这些动物被当作宠物出售,它们业已岌岌可危的数量会进一步减少。

抽搐 tic 肌肉的突然快速反复收缩。常表现为眨眼、喷鼻、肌肉抽搐或肩膀耸动。发作通常短暂,难以控制,且局限于身体的某个部位。发生的频率从头到脚逐渐降低。与痛性痉挛、舞蹈病及癫痫不同的是,抽搐的发作不影响其他活动,并可有意识地控制一会儿。但若反复发作亦可形成习惯,且患者本人(常为5～12岁且神经质的少年)意识不到。大部分的抽搐可能是心理性的,但某些机体失调(如严重的脑炎)也可能导致这类动作。患有抽搐症的人往往知道自己在一定程度上可以控制抽搐,但却不愿去控制,因为这样做了才觉得舒服。紧张会增加抽搐的发生,注意力分散则会导致抽搐减少。心理疗法、松弛训练以及生物反馈技术在治疗抽搐方面有一定功效。

抽象表现主义 Abstract Expressionism 20世纪40年代末在美国画坛上掀起的运

动。两位著名的先驱者是 A. 高尔基和 H. 霍夫曼。时因 20 世纪 30 年代末和 40 年代初有一大批欧洲的前卫派艺术家来到美国，对纽约画家影响极大，其中最杰出的是 J. 波洛克、W. 德·库宁、F. 克兰和 M. 罗思科。抽象表现主义风格虽然五花八门，但主要有几个特征。它们基本上是抽象的，也就是说，他们描绘的各种形状不是取自自然界。它们强调自由的情绪表达，运用技巧和手法自由挥洒，以一种统一、没有明显差别的底色、网络或在非结构空间存在的其他意象来显示。这些油画都画在巨大的画布上，既加强了视觉效果，也凸显其宏伟的气魄。20 世纪 50 年代，此运动对美国和欧洲的艺术界产生巨大的冲击，也象征了现代绘画的创作中心从巴黎移转到纽约。参阅行动绘画。

筹资 finance 为任何一种开支筹措资金或资本的过程。消费者、工商企业和政府部门在需要开支、还债或完成其他交易时往往没有现成的资金，而不得不借贷或出售产权以获得所需的资金。而储蓄者和投资者积累的资金，如投入生产，也能够赚取利息或股息。筹资是利用信贷、贷款或投资资本的形式，引导这些基金流向那些最需要它们或能使它们用于最有生产效益的经济实体的过程。这些将基金从储户引导到用户的机构，人们称之为金融中介，包括：商业银行、储蓄与贷款协会以及非银行机构如信贷协会和投资公司等。筹资分成三大领域：企业筹资、个人筹资和公共筹资；三者都有各自的预算和管理资金以取得最大效果。

丑角 clown 哑剧与童话剧以及马戏中的喜剧人物。源自古希腊闹剧和哑剧中一些头上无毛发、脚步笨重的小丑，以及中世纪专业的喜剧演员。意大利的即兴喜剧发展出一种定型角色哈乐根，而丑角的白脸装扮是跟着 17 世纪法国的皮埃罗出现的。德国最受欢迎的丑角皮克尔赫林建立了丑角的特殊装扮形象：尺寸过大的鞋、背心和帽子，脖子上围着巨大的打褶领口。最早的马戏表演丑角当推 J. 格里马尔迪，他于 1805 年在英国首次登台，被昵称为“乔伊”，他特别擅长古典的形体特技以及翻腾摔打和动作激烈、滑稽的跳动等。20 世纪最著名的丑角包括瑞士童话剧演员格洛克和美国的马戏明星E. 凯利。

臭虫 bedbug 臭虫科（*Cimicidae*）夜行性昆虫，约75种，吸食人和其他温血动物的血液。成虫红褐色，体扁宽，长 4 ～ 5 毫米。是分布最广泛的人类寄生虫之一，在每一类居所中都能找到。它们消化很慢，成虫能耐饥一年以上。臭虫虽吸食人血并致痒，但还未发现传染疾病。

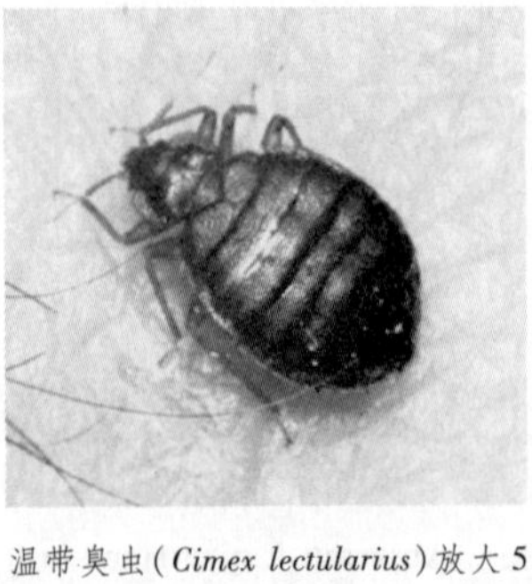

温带臭虫（*Cimex lectularius*）放大 5 倍
William E. Ferguson

臭氧 ozone 氧的三原子同素异形体（分子含有 3 个原子，而普通氧分子含两个原子）。化学符号 O_3。能在雷雨过后或电气设备周围形成，使空气带有特殊的臭味。具有刺激性气味的淡蓝色气体，易爆炸，有毒。通常利用在氧气流或干燥空气流中放电的方法来制得臭氧。臭氧反应性比氧强得多，因此是一种极强的氧化剂。能使许多种物质脱色，在工业上用作有机化合物的漂白剂；也用于饮水消毒和杀菌以及各种需要强氧化剂的化学反应中。地球大气同温层中天然存在的少量臭氧，能吸收太阳的紫外辐射。否则，这种辐射会严重伤害地面上活着的有机体。臭氧也会造成空气污染，阳光照射下自然散发的臭氧是烟雾中的有害成分，可以加速橡胶的变质。

臭氧层 ozone layer 又作 ozonosphere。距地表约 15 ～ 35 千米的高层大气。其中臭氧浓度相当高，温度分布大多取决于臭氧的辐射性质。地球大气中总有微量臭氧存在，而以臭氧层的浓度最大，它主要是由太阳紫外辐射的作用形成的。臭氧强烈吸收太阳紫外辐射，使层顶上的大气温度上升至 1℃（30℉），并有效地阻止了许多太阳辐射到达地球表面，否则这种紫外辐射会损害多数生物。氯氟烃和其他空气污染物质，常向臭氧层扩散，加速臭氧的破坏。20 世纪 80 年代中期科学家发现南极洲上空周期性出现臭氧洞，臭氧层也比正常浓度稀薄了 40% 以上。区域性臭氧减少原被认为是一种自然现象，但可能是氯氟烃的作用使臭氧层进一步遭到破坏。紫外辐射可能会引发皮癌。1978 年国际上强迫限制生产和使用氯氟烃和其他臭氧破坏污染物质。

《出埃及记》 Exodus 《圣经·旧约》的第二卷。叙述公元前 13 世纪以色列人在摩西率领下离开埃及之事。该卷开始讲述的是以色列人如何在埃及受奴役，及上帝召唤摩西成为先知。讲述石板传书劝说法老准许以色列人自由，并忆及以色列人渡过利兹海（或红海）与他们在西奈沙漠的 40 年流浪生涯。也叙述上帝如何与以色列人在西奈山立约，并颁赐十诫。在《出埃及记》中，上帝将成为以色列可靠的保护者和救世主，并要求人们服从和效忠。

出版业 publishing 传统上，指选稿、编辑和发行印刷品——包括书籍、报纸、杂志及宣传小册的行业。当代出版业还包括制作数字格式的资料，例如只读光盘，以及为了上网、电子发行而制作的资料。出版已经从古代小规模、与法律或宗教有关的行业，演化成今日庞大的企业，能够散播所能想象到的每一种信息。按照现代一个提供大众读者信息的翻制行业的观点而言，出版业始于古代希腊、罗马和中国。在纸张于 11 世纪从中国传至西方后，西方出版业最重要的革新就是由 J. 谷登堡发明的活体印刷。在 19 和 20 世纪，科技进步、识字率与休闲时间的增多，以及不断增加的信息需求都让出版业的发展突飞猛进。现代出版业面临的挑战包括审查制度、版税法、作者版税及版权代理的中介费、竞争的营销技术、影响编辑独立性的广告商压力、大公司对独立出版公司的兼并以及竞争媒体如电视和因特网的发展。

出血热 hemorrhagic fever 伴随高热、体内器官出血、皮肤出现小点、高血压病和休克的疾病，有时还有神经方面的影响。由数种病毒（最著名的是埃博拉病毒）造成，有些病毒是由壁虱或蚊子携带，有些似乎是由动物携带。一种亚型即流行性出血热会造成头、肌肉、关节与腹部疼痛，恶心呕吐，发汗口渴和类似感冒的症状。出血热突如其来并会造成严重的肾脏损害。

出云神社 Izumo shrine 日本最古老的神道教神社（目前的建筑据说建于1346 年）。位于本州岛出云市西北。寺庙总体面积 40 公顷。藏有珍贵艺术品。神社三面环山，苍松夹道。现在的建筑物大部分建于 19 世纪。

初传福音与口授教理 kerygma and catechesis 在基督教神学中，字面上指的是传道和教授。初传福音意即福音书，主要内容是《新约》所载的使徒教义。在早期教会中，口授教理指的是对那些已接受救赎讯息的人在受洗前给予口头上的指导（配合一般文字所缺乏的）。当婴儿受洗礼逐渐普遍时，转而对那些已受过洗而准备成人的人口授教理，而教会已发展了一种基本教条的论述，称为教理问答。

初选 primary election 选择一个政党担任公职的候选人的选举方式。正式的初选制度最早仅见于美国，20 世纪初期开始被广泛运用。美国大部分的州利用初选制度在全州挑选担任公职的人员。在总统大选前大部分州都会举行初选，选出支持某位总统候选人的代表去参加全国大会，在会上他们投票选举总统候选人。封闭式初选只限党员参加，开放式初选则对选区内所有选民开放。被提名者名单的产生方式有：合格公民宣布参选即可；在初选之前的集会被提名；或规定数量的选民联署请愿。

樗 ailanthus 苦木科樗属（*Ailanthus*）显花植物的统称。原产于东亚、南亚和澳大利亚北部，并已适应其他亚热带及温带地区。樗叶在茎上轮生，多数小叶排列于轴上。最常见的品种是臭椿。

雏菊 daisy 菊科数种庭园植物的统称。尤指牛眼雏菊（*Chrysanthemum leucanthemum*）和英国雏菊（*Bellis perennis*，又称真雏菊）。两者原产于欧洲，但在美国已成常见的野生植物。这两种和其他雏菊的特征是头状花序，由 15 ～ 30 朵白色的边花围绕一朵鲜黄色的盘花组成。栽培的沙斯塔雏菊（*C. maxi-*

mum)似牛眼雏菊,但花序较大。英国雏菊常用作花坛植物。

储蓄 saving 将手头的部分收入留下以备将来使用的过程,或指通过这种方法在一定时间内积蓄起来的资金。储蓄可以通过银行存款、保存现款或购买证券来实现。个人储蓄的多少受个人对未来消费的偏好以及他们对未来收入的期望影响。如果个人消费超过了他们的收入,那么他们的储蓄则为负数,被称为反储蓄。个人储蓄可以通过估算可供储蓄的资金量减去目前消费支出来得出其数额。商业储蓄的测量方法可通过计算资产负债表上的净产值来实现。国民储蓄总额被认为是国家收入超出消费和税收后的余值。储蓄因与投资有关而对国家经济发展起到重大作用。生产性财富的增长需要一些个人不能把总收入都消费,要保留一部分进行投资。

储蓄与贷款协会 savings and loan association 接受存款人的储蓄并把这些资金主要用来借贷给购屋者的金融机构。储蓄与贷款协会(S&Ls)起源于18世纪的英国建筑协会,协会的工人们联合起来集资修建他们的房屋。美国的第一家储蓄与贷款协会1831年成立于费城。储蓄与贷款协会最初是协会股东的合作机构,股东根据利润提取红利。但今天的储蓄与贷款协会已经成为双方的机构,可提供多种储蓄方案。它们因可以向其他金融机构贷款来经营抵押证券、货币市场票证和股票,所以不一定要依靠个人储蓄来提供资金。由于20世纪70年代的高通货膨胀和不断提高的利率已使固定利率的抵押贷款变得无利可图,储蓄与贷款协会的条规作了变更,它们获准对抵押进行改动。20世纪80年代后期,大量储蓄与贷款协会因对抵押的不当调整导致的投资风险和诈骗而倒闭。政府不得不提供2 000多亿美元来赔偿损失,1989年联邦储蓄与贷款保险集团破产。其保险功能被一个由联邦储蓄保险公司管的新组织接手管理,后成立了一个清债信托公司来处理破产的储蓄与贷款协会的紧急援助问题。

触角 antenna 动物学用语,指昆虫、多足类(如蜈蚣和马陆)和甲壳动物头部成对、细细分段的感觉器官。昆虫的触角可自由运动,充当触觉和嗅觉的接收器。在某些物种身上,触角长出繁复的羽毛和刷状尾端,暗示着它们也能够听声。有人认为,触角连着特殊的结构,由触角骨干的振动牵引,但仅在蚊子身上有证据支持这种观点。在社会昆虫中(如蚂蚁),触角的运动可能用于通信。

川端康成 Kawabata,Yasunari(1899~1972) 日本小说家。他的写作风格反映出古代日本的散文形式,并受到第一次世界大战后法国文学潮流如达达主义和表现主义的影响。最著名的小说是《雪国》(1948),描写一个可怜艺妓的故事。另外的重要作品有《千只鹤》和《山之音》(1952年一起发表)。在他成熟期的许多作品中笼罩着的孤独感和死亡阴影可能源自他从小就失去所有的亲人。1968年获诺贝尔奖。死于自杀。

川崎 Kawasaki 日本本州岛中东部港口城市。濒东京湾,位于东京和横滨之间。在第二次世界大战中几乎完全被毁,战后重建。现为机械制造和化学工业的主要中心,还有大型造船设施。市内有一座12世纪的佛寺。人口约1 425 512(2010)。

氚 tritium 氢的同位素,化学符号为T或^3H,原子序数1,但原子量近似为3。它的原子核包含1个质子和2个中子。氚具有放射性(参阅放射性),半衰期为12.32年。在天然水中天然氢的10^{-18}是氚,可能是由于宇宙射线的作用而形成的。有些氚用作自发发光的磷光剂和钟表面盘,在化学和生物研究中作为放射性示踪剂。高温下氘和氚的核聚变释放巨大的能量。核武器中已经用了这样的反应。

穿索针鱼 marlin 旗鱼科4种深蓝到深绿色海产鱼类的统称。体长,背鳍长,吻延长呈圆头镖枪状(用来击打食用的鱼),通常有发白的竖直条纹。是具有较高垂钓和食用价值的鱼类。各品种的体重从45千克左右到700千克以上。印度洋-太平洋黑穿索针鱼与众不同之处是直挺的胸鳍同鱼体相交成一锐角。

传承 Smrti 印度教经籍,根据人的记忆写成,与由神灵启示而写成的吠陀不同。传承用以详述、解释并综合归纳吠陀的教义,其权威性被认为略逊于吠陀,但流传却更为广泛。这一词汇已被用于特指属于法律和社会规范方面的书籍,包括劫波经、《往世书》、《薄伽梵歌》、《罗摩衍那》和《摩诃婆罗多》。

传承派 Smarta 印度教正统派。由崇拜印度教教义中的全部神祇、恪守古经所规定的仪礼和行为准则的上等种姓成员组成。由商羯罗创立。他在斯灵盖里建立的庙宇之主为传承派教徒的精神权威及印度主要的宗教人物。传承派教徒以五神为主:湿婆、毗湿奴、萨克蒂、苏利耶、象头神。他们积极研究各种学术,并已获得"学者"这一荣誉称号。

传粉 pollination 种子植物的花粉粒在雄蕊处形成后传递到雌蕊的过程。传粉是受精制造种子的先决条件。花粉粒萌发于雌蕊表面(参阅萌发),并形成花粉管向下正常至胚珠处。受精时,花粉中的精细胞与胚珠中的卵细胞结合,导致植物胚胎的生成,胚珠之后形成种子。由于雄蕊上含花粉的部分鲜少能与雌蕊直接接触,所以植物通常需依靠外来媒介传递花粉。昆虫(尤其是蜜蜂类)和风是最重要的花粉传播者,其他媒介则包括鸟和一些哺乳动物(尤其是某些蝙蝠)。以水作为传粉媒介则十分罕见。卵细胞的受精方式有自花传粉(从同一朵花或同一植株的另一朵花获得精细胞而受精)或异花传粉(与不同株的花粉粒的精细胞结合而受精)。

传票 summons 法律上通知某人出席法庭的文书。在民事(非刑事)法庭中,传票告知被告人,他或她必须在特定的时间内出庭为自己辩护(如作出答辩),否则将为原告作出缺席判决。传票在较轻的刑事案件(如交通违规)中也可使用,目的是通知被告出庭回答受到控诉的问题。参阅传证令。

传奇故事 romance 12世纪中叶以来在法国贵族宫廷中发展起来的文学样式。12世纪中叶到13世纪中叶在法国和德国达到鼎盛,当时的传奇故事大师包括克雷蒂安·德·特罗亚和戈特夫里德(斯特拉斯堡的)等人。其主要题材为骑士的冒险经历(参阅骑士团),有时也以爱情故事和宗教寓言为题材。大部分传奇故事根据古典历史和传说来构思情节,如亚瑟王传奇以及查理曼和其骑士的冒险经历 。虽用本国语创作,但却带有异国情调,给人以遥远、神奇之感。在以后的几个世纪中也发现有人使用这一形式,如在18～19世纪时的浪漫主义和现今流行的浪漫小说中。

传染性单核细胞增多症 mononucleosis, infectious 又称glandular fever(腺热)。爱泼斯坦-巴尔二氏病毒引起的人类常见传染病。主要发病年龄为10～35岁,但低龄儿童受感染后症状轻微或没有什么症状且产生免疫。该病主要通过口的接触、以交换唾液的方式来传播,故俗称"接吻病"。通常可持续7～14天。最常见的症状是不适、咽喉痛、发烧和淋巴结肿大。肝脏受累较为普遍,但严重肝脏损害者罕见。患者通常脾脏肿大,但因脾破裂至死的病例罕见。较少见的症状为皮疹、肺炎、脑炎(有时可致死)、脑脊髓膜炎和周围神经炎。复发和第二次感染者少见。可能需由验血来诊断,此病尚无特效疗法。

传说 legend 有关某人或某地的一个或一组传统故事。以前该词指的是关于圣徒的故事。传说在内容上像民间故事,可能包括超自然的存在、神话因素或对自然现象的解释,但传说总是与一个特定的地点或人物有关联。传说都是从过去流传下来的,虽然不能完全证实,但被普遍看作是历史事实。

传证令 subpoena 在法律上通知某人出席法庭、国民公会、大陪审团或其他机关,对不出庭的则予以惩罚的令状。同法院传票不同的是,这样的传票可能要求收受人提供某种解决法律问题或争端的证据。

船舶 ship 能在大洋中航行的大型漂浮船只。以前船舶这个词用于带三根以上船桅的航行船只;在现代,通常是指排水量大于500吨的船只。如今最大的船舶是巨型油轮,有的排水量可达50万吨。其他一些专用的船舶(如货柜船)以标准的货柜载运一般的货物,很容易装卸和转运。参阅战列舰、横帆双桅船、快帆船、小型护卫舰、阿拉伯三角帆船、北欧海盗船、定期远洋船、斯库纳纵帆船和帆船。

窗花格 tracery 窗上用于装饰的棂条或肋材,尤其是哥特式窗户上的装饰性网状细工。最初采用花格窗时,是在一个大拱下面把两三扇狭长的拱窗紧密组合在一起,大小拱之间的墙面上有空心的圆圈或四条裂缝。板状窗花格的复杂性不断增加，在**沙特尔大教堂**的窗上达到顶峰。约在1220年以后，开始用直棂或直棒把窗户分为细格，它们在窗户顶端出现分支，形成棂条窗花格的图案。精心制作的棂条窗花格很快成为**哥特式建筑**最重要的组成部分之一，也是其最精美的成就之一，法国辐射式风格中的**圆花窗**上的窗花格就是如此。平行的英国装饰风格的棂条窗花格以圆圈、拱形、三叶形和四叶形为基础，形成网状图案。到14世纪末，**垂直式风格**建筑采用延展至主要拱形顶端的直线棂条来代替曲线花格，中间有横向的棂条相连。

创价学会 Soka-gakkai 日本宗教和政治团体，与日莲正宗有联系（参阅**日莲宗**）。是20世纪日本新兴教派中最成功者，以13世纪**日莲**的教义来招揽信徒。和其他**日莲宗**运动一样，将《**妙法莲华经**》作为主要经籍。该学会成立于1930年，20世纪末达到高峰，拥有信徒600多万人。1964年成立公明党，80年代发展为日本第三大政党。该学会还从事教育与文化活动。

创伤 wound 又作 trauma。由外力（包括手术）引起的身体组织的破坏。它可能属于闭合性（钝器损伤）或开放性（穿通性损伤）。血管、神经、肌肉、骨骼、关节、体内器官可能受损。闭合性创伤可能由撞击、扭曲、弯折、减速（例如车祸）引起。其范围从小型挫伤或扭伤到大脑受损的头颅裂开或麻痹性脊椎伤害。在开放性创伤中，进入破损皮肤或黏膜的细菌、脏物、布屑等外物会导致**感染**。影响伤势的其他因素包括深度、表皮区域、撕裂程度和受损的结构。小伤仅需要急救。至于其他创伤，在检查和必需的诊断性显影和探索性手术之后，疗法可能包括替换或排放体液、灭菌和使用抗生素、修复受损的结构。闭合性创伤可能需要割开，开放性创伤也可能需要加以缝合。

创伤后压力症候群 post-traumatic stress disorder 发生严重压力事件后的心理反应，症状为沮丧、焦虑、景象重现、反复梦魇、逃避回忆事件等。创伤事件可能包括车祸、强奸或凌辱、战争、虐待、集中营监禁，以及洪水、火灾、地震等自然灾害。这种症候群的长期影响会造成婚姻及家庭问题、就业困难以及酗酒和滥用药物。较常使用的治疗方法为心理治疗，包括集体治疗。

《创世记》 Genesis 《圣经》的首卷。卷名取自第一节，意为"开始"。记述犹太教和基督教创始的故事，以及以色列民族的历史渊源。除了叙述上帝创造世界外，还包括**亚当和夏娃**、该隐和亚伯、**挪亚**和洪水、**巴别塔**以及上帝如何应许**亚伯拉罕**、以撒和**雅各**的故事，最后以雅各之子**约瑟**的故事结束。传统上认为是**摩西**所作，但现代学者已验明书中至少有3种文字语调，年代可溯自公元前950年至公元前5世纪，但其中还混杂有更早的资料。此卷是构成《**摩西五经**》的《旧约》的五书之一（参阅**托拉**）。

创世神话 creation myth 又称 cosmogony。某一种文化传统根据自己的理解对世界起源的象征的叙述。并不是所有创世神话都有一个创世者，但普遍认为在创世前就有至高无上的创世神。创世的神话都逐渐强调大地的潜在的能力。另外一些创世神话中，有的认为世界是由原始亲体产生的，有的认为源自宇宙卵，或是由动物或魔鬼从原始海洋中捞出的。人类则可能由神安置在大地上，或来自地球深处，或来自一块膜拜的岩石或一棵树。这些神话通常包含了3个阶段：最原始的存在物或神、具神性的人类祖先以及人类。创世神话解释了人类的宗教信仰基础、生活方式和文化形态。在一些确认社群组织与阶级的仪式中，尤其是入会式，常以戏剧的方式呈现这些神话。

创造力 creativity 通过想象的技巧实现创新的能力，可以是提出解决问题的新途径、新设计或新方法，或是创造一种新的艺术形式等。通常表现为想象力丰富、思维有创造性。心理学研究指出，许多有创造性的人对明显的异常、矛盾和不平衡表现出浓厚兴趣，并认为这是一种挑战。因此他们具有特别深刻、广泛和灵活的自我意识。研究也指出，智力和创造力之间似乎没有什么相关，智力水平高者未必有很高的创造力。参阅**天才**。

创造论 creation science 又称 creationism（创造科学）。物质、各种生命形态和世界，都是由上帝从无到有创造出来的理论。1859年**C. 达尔文**发表《物种起源》后，进化论明显得势，于是创造论起而与之抗衡。20年间大多数科学家都承认了某种形式的有机进化论，但是许多宗教界领导者认为，进化论有断送信仰之虞。有关这个问题的争论，最著名的是1925年的**斯科普斯审判案**。美国最高法院于1987年裁定，各州不得以提倡宗教信仰为由要求公立学校在传授进化论的同时讲授上帝创造人类的理论，创造论在美国受挫。

吹炼法 bloomery process 熔炼铁的方法。在古代，熔炼是指在炉内制造红热焦炭床，然后加入一定比例的混合焦炭的铁矿石，使矿石产生化学还原反应（参阅**氧化-还原反应**）。由于旧式的熔炉无法达到铁的熔化温度，产品质地松软，且混合着半液体熔渣，呈金属球块状。这几乎不能用的产品称为熟铁坯，熔重可达5千克。熟铁坯需一再反复加热和锤打，除去大部分熔渣，制成熟铁后才是较好的产品。到了15世纪，许多吹炼法使用低胸炉，以水力带动风箱吹氧，坯在炉胸顶部可提炼重逾100千克的熟铁。这种吹炼炉在19世纪的西班牙还在沿用。另一种设计称为高吹炼炉，具有较高的炉胸，所生产的熟铁坯极大，必须从炉前面的开口处才能将之移出。

垂体 pituitary gland 又作 hypophysis。位于脑下方的内分泌**腺体**。对内分泌系统的调节起重要作用。它的前叶分泌6种垂体激素，促进生长（参阅**生长激素**）、卵和精子发育、乳汁分泌、释放由甲状腺、肾上腺和**生殖系统**分泌的其他激素和产生色素。后叶存储和释放下丘脑分泌的2种激素，控制垂体功能，使子宫收缩和乳汁释放，达到血压和血流平衡。

垂直式风格 Perpendicular style 英格兰晚期哥特式建筑的一个阶段，时间上大约与法国的**火焰式风格**平行。这种风格主要是通过装饰创造出富丽的视觉效果，其特色是在石制窗户的窗花格（窗花格将窗户扩充至更大的比例）中，垂直线居于主导的地位，以及将内部楼层空间转化为单一、统一的垂直的广阔区域。源于细长圆柱或悬垂装饰的扇形拱顶变得普及。这种风格现存最古老的范例可能是格洛斯特教堂（约始建于1335年）内唱诗班的座位；其他主要的遗迹包括剑桥国王学院的小礼拜堂（建于1446～1515年），以及西敏寺内亨利七世的小礼拜堂。在16世纪，由于将文艺复兴的特点转接至垂直式风格，结果形成了**都铎风格**。

槌球 croquet 在草坪或地面上用长柄木槌击球穿过一连串铁环门的室外游戏。最先穿过所有铁环门或较多铁环门者胜。早在13世纪法国就有槌球戏。在美国和英国由管理部门组织冠军赛。

锤头鲨 hammerhead shark 又称双髻鲨。双髻鲨科快速、凶猛的鲨鱼类的统称。头宽而平扁，呈锤或铲形；两眼及两鼻孔分别位于头侧凸出部分的两端。广布于热、温带各海洋。以刺鱼、鳐、其他鲨类及其他鱼类为食。一些锤头鲨品种被捕获，用于制革和炼油。三种锤头鲨被认为对人类特别危险：大锤头鲨（最大的可长达4.5米以上）、卢因氏双髻鲨和平滑锤头鲨。三种均为淡灰色，分布遍及热带海洋。

纯合子和杂合子 homozygote and heterozygote 一个受精卵的两种可能基因。如果在**受精**期间两个性细胞（配子）结合，携带某一特定性状的相同基因形式，这种生物体就叫作纯合子。如果两个配子携带不同的基因形式，则结合产生的生物体称为杂合子。由于基因可为**显性**，又可为隐性，因此生物体的基因型并不总能通过其外表（**表现型**）来确定。

纯血马 Thoroughbred 1689～1724年间引进到英格兰的三匹沙漠种**马**的后代，为用于赛马和障碍赛的轻捷品种。纯血马头形优美，躯体修长，胸阔，背短。大多数为枣红色、栗色、棕色、黑色或灰色。体高约163厘米，体重约450千克。它们灵敏、烈性，常被用来改良其他品种。

醇 alcohol 在**烃**链上的一个或多个碳原子上连接一个或多个羟基(-OH)的一类有机化合物。在那个碳原子上其他置换基团(R)的数目决定了这种醇类是一级醇(RCH_2OH)、二级醇(R_2CHOH)，还是三级醇(R_3COH)。自然界里有许多醇，在其他化合物的合成过程中是有价值的中间物，这主要是出于羟基的**化学反应**特性。一级醇可被氧化（参阅**氧化-**

还原反应)成醛和(如果进一步氧化)羧酸,二级醇可被氧化成酮,三级醇经氧化则分解。醇通常与羧酸反应形成酯。醇又能转化为醚和烯烃。这多种化学反应的产物包括脂肪和蜡类、洗涤剂、增塑剂、乳化剂、润滑剂、软化剂以及起泡剂。乙醇(酒精)和甲醇是最有名的醇类,含有一个羟基。二醇(如乙烯甘醇或防冻剂)有两个羟基,丙三醇有三个羟基,多元醇则有三个或三个以上羟基。参阅酒精饮料和酒精中毒。

词典 dictionary 按字母顺序列出单词并附有释义的工具书,通常还提供诸如发音、词源以及不同拼法等方面的信息。希腊人在公元1世纪编纂的最早的词典强调解释词义的演变。欧洲有许多的语言紧密地并列在一起,因此自中世纪早期起就出现了许多双语乃至多语词典。编纂英语词典的运动部分起因于想让更多人具有读写能力这一愿望,使得一般大众也能读《圣经》;部分起因于一种挫折感,觉得英语的拼写没有规则。第一本纯英语词典是R.考德里编的《单词表》(1604),收录了约3 000个单词。1746～1747年间,S.约翰逊从事了一项到当时为止规模最为庞大的英语词典编纂工作,共收录43 500个英语单词。N.韦伯斯特意识到语言内部有变化和变异,促使他在19世纪初编纂了美国英语词典。巨著《牛津英语大词典》于19世纪末开始编纂。现在有各种不同水平的词典,通用词典最为常见。词典学家(词典编纂者)描述当代和过去的语言,但极少规定该如何使用。

词素 morpheme 语言学术语,指最小语法单位。它可以是一个词,如cat(猫);也可以是词的一个成分,如reappeared(重现)中的re-和-ed。在所谓的孤立语中,如越南语,每个词都包含一个词素;在英语这类语言中,单词通常包括多个词素。词素的研究属形态学。

茨万吉拉伊 Tsvangirai, Morgan(1952～)津巴布韦反对党领袖、工会运动领袖、津巴布韦总理(2009～2013)。1974年到"特洛伊"镍矿工作,并在那里成长为活跃的工会成员。1988年担任津巴布韦工会联盟秘书长。1999年,他组建政党民主变革运动,反对长期执政的穆加贝政权。2008年,穆加贝政权和茨万吉拉伊的民主变革运动之间长期酝酿的政治紧张局势终于引发了一场竞争激烈的总统选举。2008年9月,双方达成协议建立联合政府,由穆加贝继续担任总统,茨万吉拉伊担任总理,于2009年2月正式就职。2013年7月,他再度与穆加贝一同竞选总统,茨万吉拉伊惨败,但他以此次选举受到人为操纵为由,拒绝承认选举结果。

茨韦格 Zweig, Arnold(1887～1968)德国作家。因为是犹太人,1933年被纳粹逐出德国,作为移民住在巴勒斯坦,直到1948年才回到东德。最著名的小说是《格里沙中士案件》(1927),该书通过一个俄国战俘与普鲁士军事官僚机构的悲剧性冲突,描写第一次世界大战时的德国军队。包括《凡尔登之前的教育》(1935)和《国王登位》(1937)在内的后期作品,都是《格里沙中士案件》的续篇。

茨韦格 Zweig, Stefan(1881～1942) 德国作家。他对心理学和S.弗洛伊德学说的兴趣,反映在他对作品人物性格的细微刻画上。他的短论包括对下列人物的研究:H. de巴尔扎克、C.狄更斯和F.陀思妥耶夫斯基[《三位大师》(1920)],以及F.荷尔德林、H.克莱斯特和F.尼采[《营造大师》(1925)]。他因在《人生际遇》(1928)一书中对5位历史人物所作的精辟描述而名噪一时。他还著有一些传记、诗歌、短篇小说、戏剧以及一部长篇小说。1934年被纳粹驱逐国外,茨韦格和妻子先移居英国,后又前往巴西,由于在当地感到孤寂与失望,夫妻二人自杀身亡。

茨维塔耶娃 Tsvetayeva, Marina (Ivanovna)(1892～1941) 俄国女诗人。少年时期主要在莫斯科度过,16岁入巴黎大学的索邦学院学习。1910年出版了她的第一部诗歌集。她的有关俄国革命的诗作赞颂了反布尔什维克的抵抗运动(她丈夫也参与其中)。1922～1939年间在国外居住,主要是在巴黎,写作各种作品,但以诗歌为主,并持续反映了对家乡的思念。长篇童话诗《少女之王》充分显示出她的写作技巧(1922)。虽然在俄国境外不大出名,但她仍被认为是俄国20世纪最杰出的诗人之一。

茨温利 Zwingli, Huldrych(1484～1531)瑞士新教宗教改革运动的主要领袖。曾在维也纳和巴塞尔接受教育,1506年被授以司铎职。由于受到与他同时代的M.路德的思想影响,他于1518年在苏黎世开始宣讲宗教改革思想,并逐渐开始对重礼主义、堕落和天主教会的统治集团发起挑战。他的《六十七条论纲》(1523)一书中的主要论点被苏黎世的大多数司铎所采纳。由于他的宗教改革运动迅速扩展。他提出了一些非正统的主张,宣布教会只侍奉耶稣;弥撒是对基督的一种侮慢;福音书中找不到炼狱的根据。他还驳斥了变体论(这使他和路德产生争执)以及神职人员独身的说法。作为随军牧师,他在新教教徒与天主教教徒之间的一场战斗中被打死。

茨温利,油画(局部),H.阿斯珀绘于1531年;现藏瑞士温特图尔艺术博物馆

By courtesy of the Kunstmuseum Winterthur, Switz.; photograph, Schweizerisches Institut fur Kunstwissenschaft

瓷器 porcelain 用白色细颗粒材料制成的玻璃化陶瓷,通常为半透明的。最先在中国的唐代(618～907)生产,在元代(1279～1368)烧瓷技术得到改进。主要的3种瓷器有硬质瓷(真瓷)、人工瓷(软质瓷)以及骨质瓷。中世纪欧洲工匠在试图模仿制造硬质瓷的过程中发现了可以用锉刀切割的软陶。硬质瓷的秘密1707年在萨克森被发现。当J.斯波德二世(1754～1827)将一种煅烧后的骨头加到硬瓷配方中后,1800年制出了标准的英国骨质瓷。硬质瓷虽然坚硬,但比骨质瓷易碎。参阅迈森瓷器和炻器。

磁层 magnetosphere 行星四周的一个区域,其中电离作用所引起的磁现象和高层大气导电率,对带电粒子的性状有强烈的影响(参阅电荷)。行星的磁场与其重力场一样,在离行星越远的地方越弱。太阳风将磁层扫离太阳,磁"尾"远远地拖曳在行星背离太阳的方向。

磁场 magnetic field 磁体、电流或可以观测到磁力变化的电场周围的区域。在永磁体或有稳定的直流电通过的导线周围的磁场是静磁场,而在交流电或变化的直流电周围的磁场则不断在变化。一般用连续的力线,或称磁通量,来表示磁场。磁力线从指北的磁极出来,并从指南的磁极进去。线的密度表示磁场的强度,磁场强的地方磁力线就密集。磁通量的国际单位是韦伯。

磁共振成像 magnetic resonance imaging (MRI) 从磁共振产生的计算机影像。所提供的结构与生物化学信息有助于诊断出异常的情况,而不像X射线和γ射线可能会造成伤害。在侦测与描绘肿瘤,提供脑部、心脏及其他软组织器官的影像等方面极有价值。磁共振成像可能会使病人产生焦虑,因为病人必须经常静静地躺在狭窄的圆筒之中。另一个缺点是较其他计算机辅助的扫描方式需要较长的扫描时间,因此对于动作很敏感,用它来扫描胸腔和腹腔的价值不高。比起其他计算机辅助成像的影像,磁共振成像提供的影像在正常组织与患病的组织之间提供较佳的对比。

磁力 magnetic force 运动着的带电粒子间的吸引力或排斥力。静止电荷之间只有电力,而运动电荷之间既有电力又有磁力。两个运动电荷之间的磁力,是通过一个电荷所产生的磁场作用到另一个电荷上去的。如果第二个电荷沿第一个电荷所产生的磁场方向运动,则磁力为零;当它在与磁场垂直的方向上运动时,磁力最大。磁力是电机运转的基础,也是磁体与铁相互吸引的原因。

磁学 magnetism 与磁场及其效应以及电荷运动相关的现象,包括抗磁性、顺磁性、铁磁性和亚铁磁性。磁场对运动的电荷产生作用,这样的作用对阴极射线管电子束的弯曲和载流导体的电动机力能产生明显的影响。磁场的其他功用还包括简单的磁门、医学成像设备和高能粒子加速器中用的电磁体。

雌激素 estrogen 有机化合物，主要影响雌性生殖系统的发育、成熟及其功能的性激素。主要有3种：雌二醇、雌酮及雌三醇。其中以雌二醇数量最多。雌激素主要由卵巢及胎盘分泌，肾上腺及睾丸也能分泌少量。雌激素可影响卵巢、阴道、输卵管、子宫和乳腺，对发身期、月经、妊娠和分娩都有重要作用。雌激素又使女性的身体器官组织构造不同于男性。动物实验表明，缺乏雌激素则交配欲望及其他性行为均减少。

雌雄同体 hermaphroditism 同时具有雄性和雌性生殖器官之状态。在多数显花植物和某些无脊椎动物中，雌雄同体是正常现象。真正的雌雄同体，在人类中极为罕见（称作两性畸形），卵巢两种性腺可能分开存在，也可能结合在一起，患者的外生殖器可能兼具两性的特征，而且同时具有男性XY和女性XX两种性染色体对。如果婴儿出生时发现这种情况，婴儿的性别可以选择，通常以外生殖器官形似何性为准，决定后，以手术除去另一性的性腺。一个人如果照一个性别长大，在青春期却倾向发展另一性的特征时，可根据他们习惯的性别认同角色来施以外科手术和施用性激素来帮助他们。

刺柏 juniper 又称桧柏。柏科刺柏属植物，约60～70种芳香常绿乔木或灌木，广泛分布北半球。幼叶呈针状，成熟叶呈锥状，成对或3叶轮生。欧洲刺柏（*J. communis*）为蔓

欧洲刺柏（*Juniperus communis*）
Ingmar Holmasen

生灌木，味香辣的果实用于食品和酒精饮料调味，特别是杜松子酒。气味芳香的东方红柏（*J. virginiana*）用于制造家具、围篱和铅笔。北美东部所产的平铺刺柏（*J. horizontalis*）是常见的观赏种。腓尼基桧（*J. phoenicea*）的木材可制焚香。

刺魟 stingray 又称whip-tailed ray。尾部呈细长鞭状、通常带有锯齿形毒刺的各种魟科（*Dasyatidae*）鱼类。大多数种类生活于温暖海域，但南美的河流中也有少量生存。体宽从25厘米到2米不等。以蠕虫、软体动物及其他无脊椎动物为食。刺魟均底栖，常常将部分躯体埋于浅滩，受打扰时摇动尾部驱打。大型刺魟的尾刺足以钉入木船。毒刺伤人可致剧痛，如果伤在腹部，可致人死亡。

刺莓 bramble 蔷薇科悬钩子属（*Pubus*）植物的统称。通常为有刺的灌木，包括悬钩子和黑莓。生长于整个北美洲的野地，也见于欧洲和亚洲，因其果实而得到广泛栽培。

刺山柑 caper 白花菜科山柑属低矮多刺灌木的统称，分布在地中海地区。欧洲山柑（*Capparis spinosa*）的花蕾可泡在醋中用作辛辣调味品。凋落山柑（*C. decidua*）的蓓蕾可当作野菜煮食。锡兰山柑（*C. zeylanica*）的种子和果实可制成咖喱。

刺尾鱼 surgeonfish 又称外科医生鱼。又作tang。鲈形目刺尾鱼科约75种体高而薄的热带海生鱼类的统称。鳞细小，一个背鳍，尾柄基部两侧各具一个或多个锐刺。刺

镶白刺尾鱼（*Acanthurus leucosternon*）
Jane Burton-Bruce Coleman Ltd.

类似外科医生的手术刀，或为固定或后部有一铰合关节，可以向外张开，并指向前方。刺尾鱼多以藻类为食，体长一般不超过50厘米。黄鳍刺尾鱼（*Zebrasoma flavescens*）为印度洋-太平洋种，蓝刺尾鱼（*Acanthurus coeruleus*）产于大西洋及加勒比海。

刺绣 embroidery 用针和线来装饰纺织品的艺术。最基本的技艺是十字绣和绗缝绣。波斯人和希腊人就知道多层布的绗缝绣，并用以缝成盔甲。现存最早的刺绣制品

1800～1825年代法国刺绣背心细部；现藏纽约市大都会艺术博物馆
By courtesy of the Metropolitan Museum of Art, New York City, gift of United Piece Dye Works. 1936

大约是公元前5世纪至前3世纪时西徐亚人所制。而尚存的最著名的中国刺绣则为清朝（1644～1911）的丝质皇袍。16和17世纪的伊斯兰刺绣制品，具有根据动植物形状而来的各种风格的几何图形。北欧的刺绣制品直到文艺复兴时期大部分是教会式的。17和18世纪北美的刺绣反映出欧洲的传统和技巧。美洲土著则在兽皮或树皮上用染色的豪猪刺进行刺绣，后来用交易来的珠子取代豪猪刺。中美洲土著则生产一种羽毛绣制的装饰品。巴约挂毯是现存最有名的刺绣制品。

刺绣制品 needlepoint 一种绣制品，做法是用针数出帆布布丝或网格数后下针绣制。19世纪初期以前都是帆布制品。如果帆布的每英寸长度上有16个以上的网孔，这样的绣品称点绣。16～18世纪时，大多数的刺绣制品都是点绣。今日知道的刺绣制品起源于17世纪，当时的时尚是用绣制织物覆盖在家具上作为装饰，因而促成用更耐用的材料来作绣品的底料。一般使用毛质纤维作刺绣制品，丝质纤维用得不太多。早在18世纪中叶，已有针绣套件出售，包括印好图案的网格粗布以及刺绣所需的全套材料。

葱 allium 百合科葱属有洋葱味或大蒜味球茎草本植物的统称，包括洋葱、大蒜、细香葱、韭菜、青葱。葱属植物分布在世界大部分地区，仅热带地区、新西兰和澳大利亚除外。有些作为观赏性带状植物种植。

丛林狼 coyote 犬科美洲种动物，学名*Canis latrans*，分布范围从阿拉斯加经整个美国大陆向南到哥斯达黎加。体型较其他狼瘦小，体重9～23千克，身长1～1.3米（包括30～40厘米长的尾巴）。毛长而粗糙，背部灰黄色，腹部灰白色，腿部带红色。尾蓬松，尖端黑色。主要以啮齿动物和野兔为食，有时也吃其他动物、植物和腐肉。因偶尔捕食家畜和猎物而造成一定危害，这种危害被大大地夸大，因而遭到人类残杀。尽管如此，丛林狼仍能适应人类的环境，包括人口稠密的郊区。它与家犬杂交生的后代称为科伊狗。

促蛋白合成类固醇 anabolic steroids 一种可以增进体内组织生长的类固醇激素。常用来给手术后的病人和年老病人吃，可以促进肌肉生长和组织再生。为了促进肌肉发展和增强体力，一些运动员已经在滥用激素。这会产生严重的后果，如冠心病、性与生殖失调、免疫不全、肝损伤、成长受阻、攻击性行为、结缔组织易受损伤，以及（女性）不可逆的男性化。

醋 vinegar 用各种含酒精度低的溶液经发酵产生醋酸而制成的酸液。醋最初可能由葡萄酒制成（法文vinaigre的意思就是“酸酒”）。醋也可用大麦芽、稻米和其他原料制成。原料中必含糖，经酵母菌发酵后生成酒精，酒精受醋酸杆菌的作用，即生成醋酸、水和各种其他化合物。醋用作腌渍鱼、肉、水果和蔬菜，并可制成浸渍调味液、调料和其他调味汁。

催化 catalysis 通过添加催化剂而改变化学反应速率（通常是加速）的现象，催化剂通常与反应物作用，但最后会再生，因此量保持不变，不会影响化学反应的平衡情况。催化剂会减少反应物和产物之间的活化能障碍。在两个或两个以上的联立反应中，相同的反应物和化合反应可以得到不同的产物，而且产物的分布受所选用的催化剂影响，催化剂可以选择性地加速其中某一反应。为降低化学反应的速度向反应中添加的另外物质称为抑制剂。在均相催化反应中，催化剂是以分子形式分散在与反应物相同的相中（一般是

气相或液相)。而非均相催化反应则是反应物与催化剂在不同的相中,其间被相界面隔开。绝大多数非均相催化剂是固体,而反应物则是气体或液体。非均相(多相)催化一般都是通过至少一种反应物在催化剂表面的化学吸附(与表面形成键合)来进行的,催化反应的位置就是这吸附层。为使表面积达到最大化,这种催化剂通常是磨成细粉状或是高度透气的固体。催化对现代的化学工业极为重要。参阅酶。

催泪毒气 tear gas 又译催泪瓦斯。能刺激眼睛黏膜引起疼痛和流泪的一类物质的总称,大部分是合成的有机卤化物。有些也能刺激上呼吸道,引起咳嗽、窒息和全身虚弱感。催泪毒气最初在第一次世界大战中使用,后来由于持续效果短,几乎没有杀伤力,被执法机构用作非致命武器以驱散暴徒、闹事者和武装嫌疑犯。

催眠 hypnosis 类似睡眠的状态,由人(催眠师)诱导进入,其暗示催眠对象立即接受。受催眠的个体似乎以一种自动的毫无判断力的方式做出响应,不顾催眠师没有指明的四周状态(如景象、声音)。即使是受催眠者的记忆和自觉也都可以用暗示来修改,暗示的效果可能延伸(催眠后)到受催眠者其后的清醒活动。催眠术与巫术、魔术一样古老。18 世纪由梅斯梅尔推广普及,19 世纪苏格兰外科医师 J. 布雷德(1795 ~ 1860)加以研究。S. 弗洛伊德曾用以探索潜意识,最后受到医学与心理学认可,有助于安抚或麻醉病患,缓和有害的行为,并揭露压抑的记忆。催眠仍旧没有被普遍接受的解释,尽管有一种重要的学说把问题集中到不相关联的分离状态影响部分意识的可能性上。

催欲 aphrodisiac 各种能挑起性欲冲动意识的刺激的形式。可分成两类:生理心理性催欲和药物性催欲。前者指的是因各种视、听、触、嗅觉刺激引起的性心理感受;而后者则是指因酒足饭饱、服用春药、其他药物或制剂引起的性欲躁动。大部分传统食品都没有催欲的化学成分,但"色情食品"说法的起源,大概是原始信念中的所谓外形似外生殖器一类的概念(人参、犀牛角)。除酒精和大麻一类药物可通过解除精神抑制来刺激性欲冲动外,有催欲作用的药品并不多。部分学者认为,少数被认为有催欲作用的东西实际上对健康危害很大。

淬火 quenching 金属物体成形后从高温浸入油或水中进行迅速冷却。淬火通常是为了保持与晶体结构或相分布有关的而在缓冷时会丧失掉的机械性能。淬火一般用于钢件,使之具有高硬度。淬火选择适当的淬火剂和砺磁类型,以获得特定的物理性能,保持最低限度的内应力和变形。油是最温和的淬火介质,浓盐水则有最强的效果。在特殊情况,将钢浸泡在炙热的盐水池中相当时间进行冷却,盐水保持略高或略低于开始形成马氏体的温度。这两种热处理方法叫做分级淬火(马氏体回火)和等温淬火(奥氏体淬火)。金属都只会有极小的变形。此外,铜件在常温下经锤击或其他形变而硬化时,可通过加热和淬火恢复到韧性状态。参阅回火。

翠鸟 kingfisher 翠鸟科约 90 种鸟类的统称,大多以鱼为食。独栖,广泛分布于世界各地,但主要在热带地区。头大,喙长而窄,体结实,腿短,大多数尾短或适中。体长 10 ~ 43 厘米,多数羽衣鲜艳,有鲜明的斑纹,许多种类有羽冠。会发出咯咯声或尖叫声,钻入水中捕捉小鱼和其他水生动物。唯一一种分布广泛的北美洲品种带翠鸟(*Megaceryle alcyon*)背部呈蓝灰色,腹部白色。森林里的翠鸟(如笑翠鸟)的喙较宽。

村神 gramadevata 印度农村民间广为崇拜的神。多为女神,可能是从农神演化而来,被供以牲畜等祭品以求祛除瘟疫、歉收或其他天灾。许多村神纯粹是地方性的,为一地方之神灵(如路口神)或夭折的亡灵。陶偶或者怪石都可用以代表村神,供奉在简陋的神龛里或是树下高台上。

存储器 memory 电子数字计算机使用的物理设备,用以临时性或永久性存储数据或程序。多数数字计算机都有两种存储器——主存储器和一个或多个辅助存储器。多数情况下,主存储器是一个高速的随机存取存储器(RAM)。辅助存储器包括硬盘、软磁盘和磁带驱动器。除了主存储器和辅助存储器外,其他形式的存储器有只读存储器(ROM)和光盘,如影碟和小型光盘。

存货 inventory 商业上指企业储存的任何财物,包括待售的成品、半成品、原材料以及在生产可售商品的过程中将被消耗掉的物品。在公司资产负债表中,存货是作为资产列在表上的。存货周转率表示商品转换成现金的比率,是评估一个企业财务状况的关键因素。在财务报表上,存货可以按成本或市价来定价。

存在主义 existentialism 针对人类存在的分析和人类选择的中心地位两大主题的哲学运动。存在主义理论主要致力于研究本体论和决定方面的问题。它可以追溯到 S. 克尔恺郭尔和 F. 尼采的作品。作为人类存在的哲学,20 世纪最佳的存在主义代表人物是 K. 雅斯贝斯;作为人类决定的哲学,它最极致的代表是 J. -P. 萨特。萨特认为人类存在的精髓在于自由——自我决定的责任和选择的自由,因而花费许多时间来描述人类"背信"的趋向,这反映于人们试图恶意否认自己的责任并避开其无法逃避之自由这一真理。

痤疮 acne 皮脂腺的炎症性疾病,有近 50 种类型。青春痘可说是最常见的慢性皮肤病,由遗传因素、内分泌因素和细菌相互影响而造成。易感者于青春期开始发病,病因为青春期血液中雄激素水平增高,皮脂腺过分活跃。其原发伤口为粉刺,分为开放性(黑头)粉刺和闭锁性粉刺,由充塞毛囊的皮脂和细胞碎屑及微生物组成。痤疮的严重程度依扩散、发炎、生脓和炎性结疖的增加情况而分为 4 等。轻度患者的治疗方法包括局部药物治疗、日光照射、使用抗生素及激素等。不少病例可自愈。

错误 bug 计算机程序中的编码错误,使之无法发挥原先设计的功能。大部分软件公司拥有质量保证部门,在研发程序时负责找出错误(调试),也常常经由 β 测试(上市前由消费者实际使用所做的测试)检测出来。bug 一词源于 1945 年,当时一只飞蛾闯入并阻断哈佛马克 II 型计算机的继电器,使计算机无法正常运作。工程师发现后在记录簿上写着:"发现错误的第一个实例"(原指其他种类的机械缺陷)。

D

达达尼尔海峡 Dardanelles 旧称 Hellespont(赫勒斯滂)。位于欧洲加利波利半岛和土耳其的亚洲本土之间的狭长海峡。长61千米,宽1～6千米,连接爱琴海和马尔马拉海。自古以来战略地位一直很重要。公元前480年波斯国王薛西斯一世用船搭桥渡过此峡入侵希腊,希腊国王**亚历山大大帝**于公元前334年出征波斯,也以此法渡过海峡。先后为拜占廷帝国和奥斯曼土耳其人控制,是从黑海进入伊斯坦布尔和地中海的门户,具有重要的战略地位和经济地位。参阅**加利波利**。

达达尼尔海峡战役 Dardanelles Campaign (1915～1916) 又称 Gallipoli Campaign(加利波利战役)。**第一次世界大战**中,由英国所主导对抗土耳其的一场失败的军事行动,旨在夺取**达达尼尔海峡**,并攻占君士坦丁堡(伊斯坦布尔)。英国政府响应俄国的吁请,为了减轻俄国人在高加索一线所受的压力,同意出兵土耳其,并选定达达尼尔海峡作为攻击目标。当海军单独炮击失败时,1915年4月,英国、澳大利亚、新西兰军队登陆加利波利半岛,在那里遭遇**凯末尔(土耳其之父)**所率领的土耳其援军的顽强抵抗。经过6个月的战斗,彼此平分秋色,后协约国在困难重重的情况下撤退。协约国死伤人数约250 000人。此役在政治上影响极大,让全世界的人感到协约国在军事上无能。这次军事冒险的主要支持者 W. **丘吉尔**也因而辞去海军大臣职务。

达达主义 Dada 1916年源于苏黎世的一种虚无主义艺术运动,而后在20世纪初盛行于纽约、柏林、科伦、巴黎和德国汉诺威等地。"dada"一词的法语意为"木马",是由一群青年艺术家以一种随机的方式选用的,借以象征他们对不合逻辑与荒诞之事物的强调,其思想根源是对资产阶级价值观念的憎恨及对第一次世界大战的绝望。这些艺术家包括 J. **阿尔普**、M. **杜尚**、M. 雷和 F. **皮卡比阿**等。原型达达主义的表现形式是无意义的打油诗和运用一些现成取材作品。它对20世纪的艺术产生了深远影响,其追求偶然性和机遇性的创作技巧后来为**超现实主义**和**抽象表现主义**、**概念艺术**和**波普艺术**所采用。

达德拉-纳加尔哈维利 Dadra and Nagar Haveli 印度西部的中央直辖区,位于古吉拉特邦与**马哈拉施特拉**邦之间,由达德拉和纳加尔哈维利两块飞地组成,面积491平方千米。首府锡尔瓦萨。部分地区为森林覆盖,其余地区多用于耕种和放牧。工业不甚发达。1783～1785年此地区受葡萄牙人控制。1954年当地居民发起自由运动,迫使葡萄牙人放弃控制权,将该地区归还给印度。1961年成为中央直辖区。居民主要为印度人。人口约342 853(2011)。

达德利 Dudley, Dud(1599～1684) 英国铁器制造商,通常把首先用焦炭熔化铁矿的方法归功于他。在达德利开始实验用焦炭之前,木炭曾只用于熔化铁,这使森林木材用作燃料,森林遭到迅速破坏。因而实验受到英国政府的鼓励,他的发明于1621年获得专利。但因品质不佳使得销售情况不好。

达尔富尔 Darfur 苏丹西部历史地区和旧省。约公元前2500年起为一独立王国,传说第一代统治者达朱人可能与古埃及人有贸易关系。达尔富尔的基督教时代(约900～1200)随着**卡内姆-博尔努**帝国的伊斯兰教扩张而结束。19世纪70年代达尔富尔由埃及人统治,1916年成为苏丹的一个省。20世纪80年代阿拉伯游牧民族与富尔人及其他农业部族之间长期关系紧张,之后是不断的暴力冲突。冲突至2003年升级,其时农业部族的叛军袭击政府机构,以抗议政府对非阿拉伯人以及西部地区的忽视。政府则组织阿拉伯民兵武装,以攻击农业部族。2004年双方达成停火协议,之后又有国际维和部队入驻。至2007年,已有成千上万的人被杀,有200多万人流离失所。

达尔豪西大学 Dalhousie University 位于加拿大新斯科舍省哈利法克斯的一所私立大学。1818年任新斯科舍副总督的达尔豪西(第九)伯爵创办达尔豪西学院,1863年升为大学。该大学设有人文学科、科学、管理、建筑、工程、计算机科学、法律、医学、牙科学、卫生专业等学院和研究所。现有注册学生约13 000人。

达尔豪西侯爵 Dalhousie, Marquess of (1812～1860) 原名 James Andrew Broun Ramsay。英国驻印度总督(1847～1856)。1837年进入议会,以后担任贸易委员会主席,以善于管理著称。担任印度总督期间,以和平或军事手段获得大批领土。他将印度各独立省份一一兼并,奠定了现代印度的行政区划的基础,但最大的成就是把各省改造成为现代的集权的邦。他还开发了现代化的交通运输系统,制定社会改革政策。1856年离开印度。有人认为他的兼并政策引发不满,最后导致**印度兵变**(1857)。

达尔豪西侯爵,油画,J.沃森-戈登绘于1847年;现藏伦敦国立肖像画陈列馆
By courtesy of the National Portrait Gallery, London

达尔马提亚 Dalmatia 塞尔维亚-克罗地亚语作 Dalmacija。克罗地亚的一个区,包括中部沿海地带和沿亚得里亚海的一系列岛屿。迪纳拉山脉把达尔马提亚与内陆分开。由于风景优美,观光业已是该地区的主要经济来源。**杜布罗夫尼克**和**斯普利特**为地中海旅游热点。伊利里亚人约自公元前1000年占领此区,公元前4世纪开始被希腊人殖民化,公元2～5世纪为罗马人控制。1420年受威尼斯人统治,拿破仑垮台后,落入奥地利人手中。1920年达尔马提亚的大部分划归南斯拉夫,但在第二次世界大战期间,为意大利人吞并。1947年作为克罗地亚共和国,全部归属南斯拉夫。

达尔马提亚狗 dalmatian 以亚得里亚海沿岸**达尔马提亚**地区而得名的狗品种。原产地不明,已知最早见于达尔马提亚。用于放哨、军事、消防、狩猎、牧羊和表演马戏,不过最知名的用途是拖车,伴行于马车旁以提供保护。体壮,毛短,特征为白色带深色斑点。肩高48～58.5厘米,体重23～25千克。性情安稳、友善。

达尔文 Darwin, Charles (Robert) (1809～1882) 英国博物学家。其祖父 E. 达尔文是一位名医,外祖父是 J. **韦奇伍德**。曾在爱丁堡大学攻读医学,在剑桥大学攻读生物学。后来被推荐为考察船"比格尔号"的博物学家,前往南美洲及南部海域进行长期的科学考察之旅(1831～1836)。他把旅途中在动物学及地质学上的发现记录下来,汇编成许多重要的出版物,并形成他的进化论的基础。他观察到同一物种个体间的竞争,例如,在同一地区的鸟群中,喙较尖的个体比较有机会生存及繁殖,而且,如果这样的特征传给新的一代,就会在未来的世代中占优势。他把这种**自然选择**视为有利变异传递给后代而不利特征逐渐消失的机制。达尔文研究他的理论20余年,之后将其研究成果发表在著名的《物种起源》(1859)一书中,该书一经出版即供不应求,而达尔文具有强烈争议性的理论很快就被大部分科学界人士所接受。主要的反对来自宗教领袖。虽然达尔文的理念后来被遗传学及分子生物学的发展所修正,但他的著作对现代进化论依然很重要。其他许多重要著作包括《驯化动植物的变异》(1868)和《人类的由来及性选择》(1871)。他死后葬于威斯敏斯特教堂。

达尔文 Darwin 旧称 Palmerston(帕默斯顿)。澳大利亚**北部地方**首府和海港。位于达尔文港入口处东北面的低半岛上,达尔文港是帝汶海克拉伦斯海峡的一个深水湾,是澳大利亚的良港之一。港口1839年以 C. 达尔文的姓氏命名。1869年始有人定居,当时称作帕默斯顿,直至1911年。达尔文地处大片未开发的地区,是澳大利亚北部的补给和船运中心。第二次世界大战期间为军事基地,1942 年遭到日本军队的轰炸,后经大规模修复重建。1974 年一场飓风几乎将城市全部破坏,经第二次重建后,现已成为澳大利亚最现代化的城市之一。人口:市区66 291;大都会区105 991(2006)。

达尔文雀 Darwin's finch 又作 Galápagos finch(加拉帕戈斯地雀)。新大陆鹀科地雀属、树雀属和莺雀属等 3 属 14 种鸣禽的统称,它们对加拉帕戈斯群岛和科科斯群岛中几个生态小生境的适应,给 C. 达尔文的"物种不是永远不变的"理论提供了证据。这些物种体长全都是 10 ～ 20 厘米,浅褐色或黑色,但鸟嘴的形状为适应各自不同的食性而有很大区别。

达盖尔 Daguerre, Louis-Jacques-Mandé(1787 ～ 1851) 法国发明家。原为歌剧舞台背景画家。1822 年在巴黎办透景画展览,这是一种用灯光的变化产生各种效果的画片景色展览。1826 年,J. -N. 尼埃普斯得知达盖尔利用阳光以获得永久影像的实验后,两人合作发展尼埃普斯的阳光照相法,直到 1833 年尼埃普斯去世。达盖尔继续进行实验后发现,如果将碘化银板置于相机中曝光,再将板上潜在的影像加以显影和定影,就可以获得永久影像。1839 年,他的达盖尔式照相法在法国科学院发表。

达盖尔式照相法 daguerreotype 世界上第一种成功的摄影方法。是由 L. -J. -M. 达盖尔与 J. -N. 尼埃普斯合作发明的。他们发现如果让一块涂有碘化银的铜版在照相机中曝光,然后熏以水银蒸气,并用普通食盐溶液定影,就能形成永久影像。1837 年达盖尔式影像首次产生,不过当时尼埃普斯已过世,所以这种摄影方法就以达盖尔的姓氏命名。19 世纪中期,有大量的达盖尔式影像,特别是肖像摄影。达盖尔式照相法后来逐渐被 1851 年出现的湿珂罗琔照相法所取代。

达豪 Dachau 德国第一个纳粹集中营。1933 年建立,是党卫军组建的所有集中营中的典范和训练中心。在第二次世界大战期间,除了主营以外,还有约 150 个支营分散于德国南部和奥地利,统称达豪集中营。它是第一个也是最重要的一个设立实验室以犯人做医学试验的集中营。虽然它并不是作为灭绝营来设计的,但这些人体实验和恶劣的生活环境使它成为最恶名昭彰的集中营之一。

达喀尔 Dakar 塞内加尔首都,非洲西岸主要海港之一。位于冈比亚河和塞内加尔河两河河口的中间处。1857 年由法国人建立,1886 年西非第一条铁路圣路易—达喀尔铁路通车,推动了达喀尔的发展。1902 年成为法属西非的首都。1960 年成为塞内加尔共和国的首都。该市是热带非洲主要的工业和服务业中心之一。建有人类学和考古学博物馆,戈雷附近有海洋博物馆和历史博物馆。人口:市区约1 009 256;大都会区约2 098 648(2004)。

达卡 Dhaka 又作 Dacca。孟加拉国首都。其历史可追溯到公元第 1 千纪,17 世纪成为莫卧儿帝国孟加拉省首府时地位开始重要。1765年受英国人统治,1905 ～ 1912年被定为

孟加拉国达卡市内的巴伊穆卡拉姆清真寺及大型购物中心
Frederic Ohringer from the Nancy Palmer Agency

东孟加拉国和阿萨姆省首府。后来成为东孟加拉省省会(1947)和东巴基斯坦首府(1956)。1971 年在独立战争期间受严重破坏。达卡及其港口是全国主要的工业中心。历史建筑物包括寺庙、教堂和 700 多座清真寺(其中一些的历史可溯至 15 世纪)。人口:市区约 5 644 235;都会区约10 403 597(2001)。

达拉第 Daladier, douard(1884 ～ 1970) 法国政治家。1919 年作为激进党人当选众议员,后来历任各种部长职务。1933 年和 1934 年两次短暂组阁。担任总理时(1938 ～ 1940),为避免战争而与德国签订《慕尼黑协定》。第二次世界大战法国沦陷后被捕,德国人将其囚禁至 1945 年。战后重返众议院(1946 ～ 1958)。

达拉斯 Dallas 美国得克萨斯州中北部城市。临特里尼蒂河,1841 年开始有人定居,该城很可能是以 J. 达拉斯或者 G. M. 达拉斯的名字命名。最初达拉斯的经济支柱为棉花,1930 年发现东得克萨斯大油田后,该市变成石油工业重镇。第二次世界大战后,有一些大型的飞机制造公司设在这一地区,经济出现惊人的增长。后又设有电子工厂和汽车组装厂。现有多家保险公司将总部设于该市,是美国西南部的主要金融中心,同时也是交通枢纽。教育机构有南方卫理公会大学(成立于 1911 年)等多所院校。该市以歌剧、芭蕾和交响乐等文化活动著称。由著名建筑师 F. L. 赖特设计的卡利塔·汉弗莱斯剧院位于该市。人口约1 197 816(2010)。

达朗伯 Alembert, Jean Le Rond d'(1717 ～1783) 法国数学家、科学家、哲学家和作家。1743 年发表的有关动力学的著作中提到的"达朗伯原理"和 I. 牛顿的运动定律有关。他发展了偏微分方程式,还发表研究积分学的成果。1746 年左右担任 D. 狄德罗百科全书的编辑,负责撰写数学和科学方面的条目。他还编写音乐条目,发表声学方面的论文。1754 年当选为法兰西学院院士。

达勒姆 Durham 撒克逊语作 Dunholme。英格兰东北部城市。达勒姆郡的首府。位于威尔河湾的半岛上。威廉一世选此地为抵抗苏格兰人的要塞和堡垒,后成为达勒姆的封建亲王兼主教驻地。中世纪为朝圣地,大教堂(1093 年始建)中有圣库思伯特教士的遗物,当地主教协助将该城建成教育中心。古尔本凯厄恩东方艺术和考古博物馆是达勒姆大学东方研究院的一部分。人口87 725(2001)。

达勒姆 Durham 英格兰东北部一郡,濒临北海。西部为奔宁山脉石灰岩高地,土壤瘠薄,只有谷地才有畜牧业;东部为东达勒姆高原,主要从事综合性农业,特别是乳品业;北部为威尔河和蒂斯河谷,南部则为蒂斯河谷低地贯穿。古罗马时代设有军事哨所,与哈德良长城相连接,后并入诺森布里亚的撒克逊王国。19 世纪以前达勒姆郡的经济地位一直不具重要性,直到产业革命时煤田的开发(现已开采殆尽)使其成为不列颠工业发展的关键地区之一,现为轻工业中心。达勒姆市为该郡首府。人口493 470(2001)。

达雷尔 Durrell, Lawrence (George)(1912 ～1990) 印度出生的英国作家。一生大部分时间在地中海国家度过,常在外交部门任职。最著名的作品是亚历山大四部曲——《贾斯廷》(1957)、《巴尔瑟札》(1958)、《蒙托利弗》(1958)和《克利》(1960),描绘第二次世界大战之前在埃及亚历山大一群来自外国的人物的色情生活。他的诗作《城市、平原和人民》(1946)以及《普鲁斯佩罗的小屋》(1945)、《对一个海上美女的沉思》(1953)和《苦柠檬》(1957,描写三个希腊人的海岛)等非小说著作常被认为是他的力作。

达累斯萨拉姆 Dar es Salaam 坦桑尼亚首都、最大的城市和主要港口。1862 年由桑给巴尔岛苏丹建立。1887 年德属东非公司在此建立锚地,1891 ～ 1916 年为德属东非的首府。1961 ～1964 年为坦噶尼喀首都,后成为坦桑尼亚首都。现为工业中心,也是坦桑尼亚输出农产品和矿产品的主要港口。达累斯萨拉姆大学(1961)位于该市。人口约 2 336 055(2002)。

达里奥 Darío, Rubén(1867～1916) 原名 Félix Rubén García Sarmiento。尼加拉瓜诗人、新闻记者和外交家。19 岁时开始在欧洲和美洲游历,后来一生都在美洲旅行。1888 年出版第一本重要作品《蓝》,这是一本创新风格的散文诗歌作品,文句简洁、直接。1893 年他受聘任哥伦比亚驻布宜诺斯艾利斯领事,成为现代主义运动的领袖。《亵渎的圣诗》(1896)受法国象征主义的影响。到欧洲担任报社记者,越来越关心帝国主义和民族主义的问题。《生命与希望之歌》(1905)表现出他在技巧实验和艺术上正处于得心应手、挥洒自如的巅峰。除了诗之外,达里奥还创作了 100 多篇短篇小说。后因贫病交迫,49 岁因罹患肺炎而死。

达利 Dalí (y Domenech), Salvador (Felipe Jacinto)(1904 ～ 1989) 西班牙画家、雕刻家、版画家和设计家。曾在马德里和巴塞罗纳求学,后来迁居巴黎。20世纪20年代末期,拜读了 S. 弗洛伊德关于性爱对于潜意识意象的重要性的著作后,加入超现实主

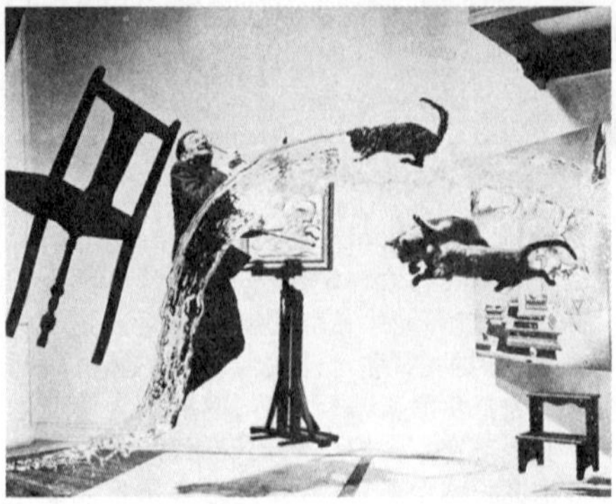

《原子达利》，又称《达利与一切东西悬浮空中》，P.哈斯曼摄于1948年

义者的行列当中（参阅**超现实主义**）。在他所描绘的梦境中，以一种怪诞的方式，将画得甚为逼真的普通物象并置、扭曲或者变形。在他最有名的画作《记忆守恒》（1931）里，几只柔软的表在神秘古怪的风景中融化。达利还与L.**布努埃尔**共同制作两部超现实主义影片：《安达卢西亚的狗》（1928）和《黄金时代》（1930）。由于达利的绘画转趋比较古典的风格而被超现实派开除。此后，他开始设计舞台布景、珠宝饰物、室内装饰和书籍插画。其浅显易懂的艺术以及他一生刻意营造的一种标新立异、喜出风头和华丽的风格所带来的公众知名度使他极为富有。

达令河　Darling River　澳大利亚东南部河流，是墨累-达令河系中最长的河流。由源于**大分水岭**的几条溪流汇流而成，向西南流经**新南威尔士**，在**维多利亚**边界注入**墨累河**，全长2 739千米。

达罗　Darrow, Clarence（Seward）（1857～1938）　美国律师和演说家。1887年赴芝加哥，立即投入到为被控在秣市骚乱中犯谋杀罪的无政府主义者辩护的工作。1890年任芝加哥市政机关法律顾问，后担任芝加哥和西北铁路法律事务总代理人。离开西北铁路后，曾为普尔曼罢工（1894）中的E. V. **德布兹**辩护，从而成为闻名全国的工会和刑事律师。曾代表举行罢工的宾夕法尼亚州煤矿工人出庭，让世人了解到矿工恶劣的工作条件和**童工**的使用；使被控1907年暗杀爱达荷州州长F. R.斯托伦堡的W. D.海伍德无罪开释；1911年为麦克纳马拉兄弟辩护，他们被控炸毁《洛杉矶时报》大楼。1925～1926年间他还救了被控谋杀14岁的R.法兰克斯而被判死刑的R.洛布和N.利奥波德，并为一个底特律黑人家庭辩护，这个家庭为了抵抗想赶走他们的白人邻居而与一群暴徒进行格斗（1925～1926）。最著名的案子可能是**斯科普斯审判案**（1925）。

达罗毗荼诸语言　Dravidian languages　有24种语言、主要通行于南亚地区、使用人数超过2.14亿的语族。印度南部4种主要的达罗毗荼语有**泰米尔语**、**泰卢固语**、**坎纳达语**和**马拉雅拉姆语**，它们各有其独特的字母和文学发展的历史；其使用者占达罗毗荼诸语言使用者的绝大多数。是安得拉邦、泰米尔纳德邦、卡纳塔克邦、喀拉拉邦的主要语言。其中有许多是梵语的借词。布拉灰语是达罗毗荼语族中唯一不在印度境内流通的语言，在巴基斯坦和阿富汗有220多万人讲该语言。达罗毗荼诸语言中的泰米尔语使用地域分布最广，也是最古老、最丰富的文学语言，其在印度的重要性可与梵文相比。虽然没有证据显示达罗毗荼诸语言和其他语系有关，但多数学者确认操达罗毗荼语言的人过去一定分布于南亚的广大地区，包括现在以印度-雅利安诸语言为主的印度北部在内，因为它是早期印度-雅利安诸语言的方言中借词的来源。

达马拉兰　Damaraland　纳米比亚中北部历史地区。西、东在**纳米布沙漠**和**卡拉哈里沙漠**之间，北、南在奥万博兰和大纳马夸兰之间；以**温得和克**为中心。该区主要为草原，适于发展牧业。1791年始有欧洲人到此，至20世纪初期逐渐取代了当地的土著人。

达米安　Damien, of Molokai, Saint（1840～1889）　又称Father Damien。原名Joseph de Veuster。比利时天主教神父。在白恩尼大学接受培训后，1858年在卢万加入耶稣和马利亚圣心会，1863年到桑威奇群岛（夏威夷群岛）传教，1864年正式成为神父。1873年自愿到莫洛凯岛去照顾麻风患者。他在那里身兼医生和神职工作，使当地的生活环境大为改善，并建立两家孤儿院。1884年染上麻风，但因不想离开工作岗位接受医疗而在5年后去世。

达纳　Dana, Charles A（nderson）（1819～1897）　美国新闻工作者。19世纪40年代在乌托邦式的布鲁克农场生活5年后，到H.**格里利**的《纽约论坛报》当编辑，在报上积极倡导解放奴隶。后成为全国知名的编辑和《纽约太阳报》的股东（1868～1897），在他的主持下，《纽约太阳报》受到广泛称赞和仿效。曾与G.里普利合编《美国新百科辞典》（1857～1863），并编过一本诗选，极受读者欢迎。还著有《办报艺术》（1895）等书。

达纳　Dana, Richard Henry（1815～1882）　美国律师和作家。原在哈佛学院读书，后因视力减退辍学去当水手。恢复健康后复学，并取得律师资格。他的自传《两年水手生涯》（1840），如实地记述了一个普通水手的海上生活，描绘了水手们所受的屈辱。《海员之友》（1841）成为公认的阐明海员的合法权利和义务的权威性指南。他还编有H.惠顿的学术著作《国际法原理》（1866），并为因逃跑而被捕的黑奴给予免费的法律援助。

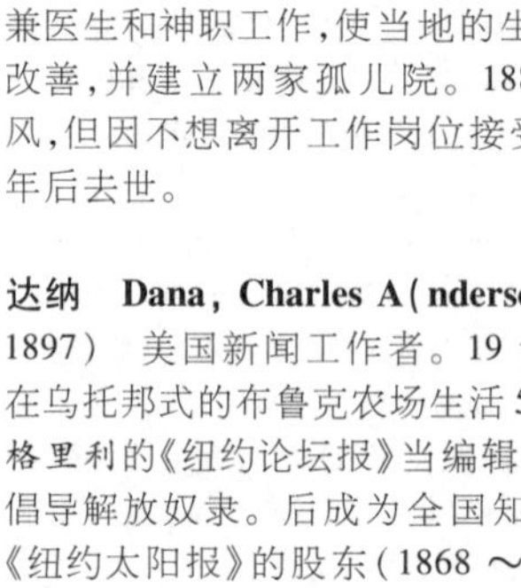

R. H. 达纳

达涅尔　Tanner, Henry Ossawa（1859～1937）　美裔法国画家。出生于匹兹堡。在宾夕法尼亚美术学院师从T.**伊肯斯**，是该校当时唯一的黑人学生。1891年移居巴黎，1894年作品在一年一度的巴黎美术展览会展出，1896年以《狮洞里的丹尼尔》荣获此展荣誉奖，并在1897年以《病人复苏》赢得奖章。以风景画与圣经的主题绘画获得国际赞赏及众多奖项。1923年获颁法国荣誉勋位骑士，1927年成为国家设计学院第一位非洲裔美国人正式会员。

达契亚　Dacia　中欧古地区，大约相当于现在的罗马尼亚。已知最早的居民是色雷斯族的盖塔人和达契亚人。以盛产银、铁和金矿而闻名。在与罗马人对峙了2个世纪之后，公元107年成为罗马帝国的一个行省。270年被放弃给哥特人，最后被分成**瓦拉几亚**和**摩拉维亚**两个公国。

达·桑迦洛（小）　da Sangallo the Younger, Antonio（Giamberti）（1483～1546）　意大利建筑师。是建筑师朱利亚诺·达·桑迦洛（1445～1516）和老安东尼奥·达·桑迦洛（1455～1535）的侄子。一生致力于**圣彼得大教堂**的建造，刚开始时当D.**布拉曼特**的助手，1520年升任总建筑师。还建有法尔内塞府邸（1534～1546），这是一座16世纪佛罗伦萨风格的城堡式建筑，对19世纪前的建筑有很大的影响。他所制作的圣彼得大教堂木制模型（1539～1546）现仍陈列在梵蒂冈博物馆中。

达舒尔　Dahshur　古埃及金字塔遗址。位于尼罗河西岸，邻近**孟斐斯**。在诸金字塔中，有两个是第四王朝国王斯奈夫鲁（公元前2575～前2551年在位）所建，其中较小的金字塔被认为是第一座真正的金字塔；有3个属第十二王朝（公元前1938～前1756年）。这些金字塔附近的陵墓中有很多珍贵的珠宝首饰。

埃及达舒尔的斯奈夫鲁国王的菱形金字塔遗址

达特茅斯学院　Dartmouth College　美国新罕布什尔州汉诺威的私立高等学府，为常春藤联合会的成员之一。该校一直被认为是美国最好的文学院之一。1769年由E.惠洛克（1711～1779）牧师创办，旨在为"印第安部落的年轻人……英国青年和其他人"提供教育。

最初办学许可证由乔治三世批准。1972年第一次允许女性入学。除了提供多学科的大学课程外，该校还授予商业、工程、医学以及艺术和科学方面的硕士学位和专修学位。现有注册学生约5 300人。

达沃斯 Davos 瑞士东部城市，由达沃斯普拉茨和达沃斯多尔夫两个村镇组成。位于阿尔卑斯山谷。当地最早的居民是讲罗曼什语的民族，13世纪讲德语的居民来此定居。1436年成为10个司法区联盟的首府。1477～1649年由奥地利人统治。19世纪60年代以后成为著名的疗养地。20世纪发展为滑雪和其他冬季运动的中心。20世纪90年代成为著名的世界经济论坛年会会址，国际上的政治和财经方面的精英人物每年来此聚会。人口11 417(2000)。

达扬 Dayan, Moshe(1915～1981) 以色列军人及政治人物。生于以色列建立的第一个**集体农庄**(合作农场)，后来成为对抗阿拉伯入侵者的游击战士。曾参加非法的犹太人防御部队**哈加纳**。第二次世界大战期间，在叙利亚与法国维希政府的军队作战时丧失左眼。**苏伊士危机**(1956)期间任以色列军队的参谋长，后担任农业部长(1959～1964)。六日战争之前不久被任命为国防部长，以色列的胜利让他广受人民爱戴，一直任职到1974年。他加入反对派**利库德集团**，1977年该党执政时任外交部长，帮助促成1978年《**戴维营协议**》。参阅**阿以战争**。

打闹剧 slapstick 以滑稽幽默、情境荒诞、动作激烈有力为特征的喜剧。由一种像滑浆的装置而得名，可能是16世纪演出**即兴喜剧**的剧团引入的。喜剧演员在剧中用这种装置互相鞭打时发出一种响亮的重击声。打闹剧流行于19世纪的音乐厅和歌舞杂耍剧院，并由无声电影的喜剧演员引入20世纪，如C.**卓别麟**、H.劳埃德、M.塞纳特的启斯东警察，以及后来的**劳莱和哈代**、**马克斯兄弟**和三个傻瓜。

大阿尔伯图斯，圣 Albertus Magnus, St.(约1200～1280) 德国天主教多明我会主教和哲学家。是一位富有的德国贵族之子，1223年在帕多瓦学习并加入天主教多明我会。他在巴黎大学开始接触亚里士多德著作新译

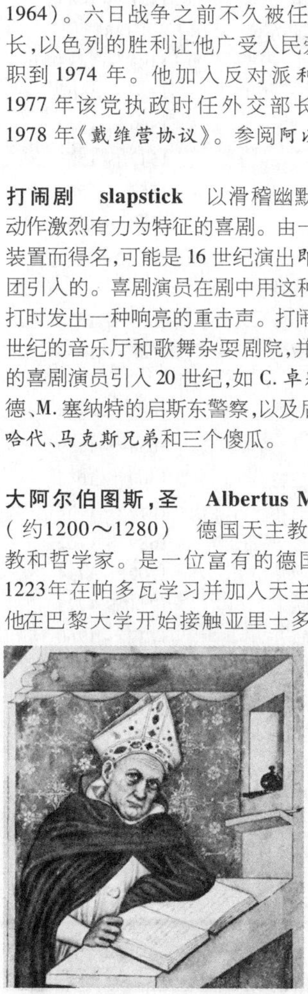

大阿尔伯图斯壁画，T. da 莫德纳绘于1352年左右；现藏特雷维索的圣尼古拉教堂
Alinari-Art Resource

本以及**阿威罗伊**的注释。他花费大约20年时间完成《物理学》这部巨著，内容包含自然科学、逻辑学、修辞学、数学、天文学、伦理学、经济学、政治学和玄学等。他认为基督教有些教义是信仰和理性都可以承认的。1248年阿尔伯图斯在科隆建立德国第1个多明我会研究院。当时其主要门徒是圣托马斯·阿奎那。阿尔伯图斯的著作代表着他那个时代的全部欧洲知识，且对自然科学贡献卓著。

大澳大利亚湾 Great Australian Bight 澳大利亚南岸的印度洋海湾。通常认定的范围是从西澳大利亚州的帕斯利角到南澳大利亚州的卡宽诺特角，宽1 160千米。湾头紧邻干燥的**纳拉伯平原**，60～120米高的悬崖为其界限。海岸线上靠近尤克拉的地方是纽茨兰自然保护区。处于冬季西风带的控制之下，素以风大浪高闻名。

大白鲨 great white shark 又称White Shark(白鲨)。鲭鲨科大型进攻性鲨鱼。学名*Carcharodon carcharias*。被认为是对人类最有危害的鲨类。分布于各大洋热带及温带区，以食量大著称。食物包括鱼类、海龟、鸟类、海狮和海船上所弃杂物等。体硕重，尾呈新月形，牙大且有呈三角形的锯齿缘。最长可达11米左右。一般呈灰、淡蓝或淡褐色，至腹部突然成淡白色。虽然人们普遍害怕白鲨，但至今已知被白鲨吃掉的只有几百人。

大阪 Ōsaka 古名Naniwa(难波)，日本本州岛中西部城市和海港。位于大阪湾东北岸，为历史悠久的城市和港口。16世纪丰臣秀吉兴建城堡难波。江户时代为日本主要商业中心，自19世纪末为工业中心。第二次世界大战期间遭美军轰炸，受到严重破坏。曾以大型纺织工业著称，今主要为金融和重工业中心，包括机械、钢铁和化工业，与神户、京都合为日本第二大城市工业综合区。大阪也是文化和教育中心。设有一些大学和剧院。人口2 665 314(2010)。

大堡礁 Great Barrier Reef 连绵一片的**珊瑚礁**。延伸于澳大利亚**昆士兰**东北岸外，为世界最大的**珊瑚**聚集区。沿着澳大利亚海岸绵延逾2 000千米，面积达207 000平方千米，是数百万年来由珊瑚虫的钙质硬壳与碎片堆积胶结而成。除了有350种珊瑚外，还有丰富的海洋生物，包括海葵、管虫、腹足类、大螯虾、螯虾、匙指虾、蟹和许多鱼类。红藻分泌的骨骼硬壳形成的带紫色红藻脊是珊瑚礁的特色之一。

大爆炸 big bang 宇宙起源的一种模型，认为宇宙是从温度和密度都极高的状态中由一次大爆炸性的膨胀而产生的，发生在150亿～100亿年前。它有两个基本假设：第一是A.**爱因斯坦**提出的，能正确描述宇宙物质的引力作用的广义**相对论**；第二是观测者所看到的宇宙同观测的方向和所处的位置都无关。有了这两个假设，就能计算出宇宙从某一确定时间(称普朗克时间)起始的历史。按照20世纪40年代G.伽莫夫所提出的模型，宇宙从早期高度压缩的状态迅速膨胀，同时其密度和温度稳定地降低。在数秒钟之内，**物质**远多于**反物质**，形成某些原子核。再经过数百万年原子就可以形成，且辐射可以在空间自由地传播。氢、氦和锂的丰度以及宇宙背景辐射的发现支持了这种模型理论，它还解释了星系的**红移**是空间膨胀的结果。

大本钟 Big Ben 贝克特(1816～1905)男爵设计的时钟，安装在英国议会大厦东端的塔楼内。以时间精准和重达13吨的铸钟

贝克特设计的大本钟
A. F. Kersting

而著名。大本钟因本杰明·霍尔而得名，他是1859年主持钟的安装工作的专员。最初，大本钟仅指那个铸钟，后来包括了时钟本身。

大般若波罗蜜多经 Prajnaparamita 佛经主体以及对**大乘**佛法的阐释。其主要典籍写于公元前100年到公元150年，代表智慧和最高完美境界以及通向涅槃的主要道路。这

"诸佛之母"，东爪哇石雕，作于13世纪；现藏印度尼西亚雅加达普萨特博物馆
By courtesy of the Rijksmuseum voor Volkenkunde, Leiden, Neth.

一智慧的内容是彻悟一切现象(包括此世界和超经验世界)皆是虚妄。该词还指将文学或智慧拟人化为"诸佛之母"，通常被描绘为手呈教导姿势或手持莲花和经文的女性。

大不里士 Tabriz 伊朗西北部城市。阿拉伯人、土耳其人、蒙古人的入侵以及地震曾无数次毁灭了这个城市。1392年土耳其统治者**帖木儿**征服该城。此后的200年里政权

数次在伊朗和奥斯曼帝国之间易手。19～20世纪间，奥斯曼帝国和俄国轮流占领该城，两国还在第一次世界大战(1914～1918)中展开对该地的争夺。19世纪50年代，**巴布**与其4万余名追随者在此地被处决。该城在**两伊战争**(1980～1988)中遭到轰炸。著名古迹包括以璀璨的蓝色瓷砖装饰而闻名的15世纪的蓝色清真寺和合赞的十二边陵墓遗址。人口1 398 060(2006)。

大不里士画派　Tabriz school　14世纪初蒙古伊尔汗国创立的一个细密画画派。早期的大不里士派作品笔法轻淡如羽毛，色调柔和，试图营造一种空旷的幻觉，反映了东亚传统对伊斯兰绘画的渗透。在伊尔汗国被伊斯兰的帖木儿王国征服时该画派达到了顶峰。尽管其重要性不及设拉子和赫拉特的绘画作坊，大不里士画派在这一时期仍很活跃。

大不列颠　Great Britain　又称Britain(不列颠)。欧洲西部岛屿。由**英格兰**、**苏格兰**和**威尔士**组成，是欧洲最大的岛屿，面积为229 957平方千米。加上北爱尔兰组成大不列颠及北爱尔兰联合王国。大不列颠或不列颠也被用来指联合王国，是较不正式的说法。

大不列颠及北爱尔兰联合王国　United Kingdom of Great Britain and Northern Ireland　通常简称United Kingdom(联合王国或英国)或Great Britain(大不列颠)。欧洲西部大西洋北部的岛国，领土包括大不列颠(**英格兰**、**苏格兰**和**威尔士**)和北爱尔兰。面积：243 073平方千米。人口：约64 229 000(2013)。首都：**伦敦**。人口包括英格兰人(主要族群)、苏格兰人、爱尔兰人和威尔士人，以及来自印度、西印度群岛、巴基斯坦、孟加拉国和非洲的移民及其后裔。语言：英语(官方语言)，以及威尔士语和苏格兰盖尔语。宗教：基督教[英国圣公会和苏格兰长老会(国教)以及天主教、新教各教派]、伊斯兰教、印度教、锡克教和犹太教。货币：英镑。境内地形有丘陵、低地、高地、高原及山区。锡矿和铁矿层曾对该国经济起到重要作用，现已枯竭或不再具有开采价值。煤炭工业从20世纪50年代初开始持续衰退，至80年代煤井关闭时情况更为恶化。近海石油和天然气储量极为丰富。主要作物有大麦、小麦、甜菜和马铃薯。主要产品包括机动车辆、航天设备、电子数据处理设备、电信设备和石油化学制品。渔业和出版业也是重要的经济活动。英国是两院制的君主立宪国家，国家元

不列颠的君主

名称	王朝(王室)	在位时间
韦塞克斯诸国王		
埃格伯特	撒克逊	802～839
艾特尔伍尔夫	撒克逊	839～856/858
艾特尔鲍尔德	撒克逊	855/856～860
艾特尔伯赫特	撒克逊	860～865/866
艾特尔雷德一世	撒克逊	865/866～871
阿尔弗烈德大王	撒克逊	871～899
爱德华	撒克逊	899～924
英格兰的君主		
艾特尔斯坦[1]	撒克逊	925～939
埃德蒙一世	撒克逊	939～946
伊德雷德	撒克逊	946～955
埃德威格	撒克逊	955～959
埃德加	撒克逊	959～975
爱德华(殉道者)	撒克逊	975～978
艾特尔雷德二世(迟钝的)	撒克逊	978～1013
斯韦恩	丹麦	1013～1014
艾特尔雷德二世(迟钝的[2])	撒克逊	1014～1016
埃德蒙二世	撒克逊	1016
克努特	丹麦	1016～1035
哈罗德一世	丹麦	1035～1040
哈迪克努特	丹麦	1040～1042
爱德华(忏悔者)	撒克逊	1042～1066
哈罗德二世	撒克逊	1066
威廉一世(征服者)	诺曼	1066～1087
威廉二世	诺曼	1087～1100
亨利一世	诺曼	1100～1135
斯蒂芬	布卢瓦	1135～1154
亨利二世	金雀花	1154～1189
理查一世	金雀花	1189～1199
约翰	金雀花	1199～1216
亨利三世	金雀花	1216～1272
爱德华一世	金雀花	1272～1307
爱德华二世	金雀花	1307～1327
爱德华三世	金雀花	1327～1377
理查二世	金雀花	1377～1399
亨利四世	金雀花:兰开斯特	1399～1413
亨利五世	金雀花:兰开斯特	1413～1422
亨利六世	金雀花:兰开斯特	1422～1461
爱德华四世	金雀花:约克	1461～1470
亨利六世[2]	金雀花:兰开斯特	1470～1471
爱德华四世[2]	金雀花:约克	1471～1483
爱德华五世	金雀花:约克	1483
理查三世	金雀花:约克	1483～1485
亨利七世	都铎	1483～1509
亨利八世	都铎	1509～1547
爱德华六世	都铎	1547～1553
玛丽一世	都铎	1553～1588
伊丽莎白一世	都铎	1588～1603
大不列颠及联合王国的君主		
詹姆斯一世	斯图亚特	
(在苏格兰称詹姆斯六世)		1603～1625
查理一世	斯图亚特	1625～1649
英联邦		
O. R. 克伦威尔		1653～1658
O. R. 克伦威尔		1658～1659
查理二世	斯图亚特	1660～1685
詹姆斯二世	斯图亚特	1685～1688
威廉三世和玛丽二世	奥兰治/斯图亚特	1689～1702[3]
安妮	斯图亚特	1702～1714
乔治一世	汉诺威	1714～1727
乔治二世	汉诺威	1727～1760
乔治三世	汉诺威	1760～1820
乔治四世	汉诺威	1820～1830
威廉四世	汉诺威	1830～1837
维多利亚	汉诺威	1837～1901
爱德华七世	萨克斯-科堡-哥达	1901～1910
乔治五世	温莎	1910～1936
爱德华八世	温莎	1936[4]
乔治六世	温莎	1936～1952
伊丽莎白二世	温莎	1952～

[1] 艾特尔斯坦为韦塞克斯国王和全英格兰的第一位国王。

[2] 复位的。

[3] 威廉和玛丽作为夫妇共同执政，直至1694年玛丽去世。

[4] 爱德华八世在其父1936年1月20日去世后继承王位，但在他加冕之前于12月11日退位。

首是君主，政府首脑是首相。前罗马时期不列颠的早期居民（参阅**巨石阵**）是讲凯尔特语的民族，包括威尔士的布里索尼人、苏格兰的匹克特人和不列颠的布立吞人。约公元前500年，凯尔特人也定居在爱尔兰。J. 凯撒在公元前55～前54年入侵并控制了该地区。罗马的不列颠行省持续至5世纪，包括今日的英格兰和威尔士。5世纪时日耳曼人（包括盎格鲁人、撒克逊人和朱特人）的部族都入侵过不列颠。这些入侵对威尔士和苏格兰的凯尔特民族几乎没有任何影响。基督教在6世纪开始蓬勃发展。在8～9世纪期间，维京人，尤其是丹麦人，曾侵扰过不列颠海岸。9世纪末叶，**阿尔弗烈德**大王击退丹麦人的入侵，此次胜利有助于使整个英格兰由艾特尔斯坦统治。苏格兰人在苏格兰居统治地位，**马尔科姆二世**（1005～1034）最后完成对苏格兰的统一。1066年诺曼底的威廉占领了英格兰。诺曼诸国王建立起一个强大的中央政府和封建国家。诺曼统治者使用的法语最终与平民使用的盎格鲁-撒克逊方言相融合形成了英语。从11世纪起，苏格兰便处于英格兰国王的势力范围之内。**亨利二世**在12世纪末叶征服了爱尔兰。他的儿子查理一世和**约翰**与教士和贵族发生冲突，最后约翰被迫在《**大宪章**》（1215）中对贵族作出一些让步。王国共同体的概念在13世纪期间得到发展，为议会制政府奠定了基础。爱德华一世（1272～1307）统治期间，成文法得以发展以补充英格兰的习惯法，并召开了第一届**议会**。1314年R. 布鲁斯为苏格兰赢得独立地位。**玫瑰战争**（1455～1485）后，**都铎王室**成为英格兰的统治王室。**亨利八世**（1509～1547）建立了英国国教会，并将威尔士并入英格兰版图。**伊丽莎白一世**（1558～1603）在位期间开始了殖民地扩张时期，1588年英军击败**无敌舰队（西班牙）**。1603年苏格兰的詹姆斯六世登上英格兰王位，成为詹姆斯一世，以个人身份将两个王国联合在一起。1642年英国内战在保皇党和议会党之间爆发，最后以处死查理一世（1649）宣告结束。经过**O. 克伦威尔**父子11年的清教徒统治（1649～1660）之后，查理二世恢复了君主制。光荣革命之后，1689年国会宣布威廉三世与玛丽二世共享王位，两人接受《权利法案》。1707年英格兰和苏格兰签订《**联合法**》，成立大不列颠王国。1714年汉诺威家族登上英国王位，汉诺威选侯乔治·路易斯成为大不列颠的乔治一世。乔治三世在位时期，大不列颠的美洲殖民地于1783年纷纷赢得独立。接着英国又先与大革命的法国、后与拿破仑帝国发生多年战争（1789～1815）。1801年，法律的建立将大不列颠和爱尔兰联合起来，成立了大不列颠及爱尔兰联合王国。英国是18世纪末**产业革命**的诞生地，直到19世纪末它一直是世界上最大的经济强国。在维多利亚女王（1837～1901）执政期间英国的殖民地扩张达到鼎盛时期，然而一些较老的领地，包括加拿大和澳大利亚，则分别于1867和1901年被允许独立。英国与法国和俄国结盟于1914年，成为第一次世界大战的参战国。战后爱尔兰爆发革命，1921年爱尔兰自由邦（参阅**爱尔兰**）被授予自治领地位。然而，阿尔斯特的6个郡仍保留在联合王国的版图内，称北爱尔兰。英国于1939年参加第二次世界大战。战后爱尔兰自由邦成为爱尔兰共和国，并且脱离了英联邦。印度也摆脱英国统治获得独立。从第二次世界大战结束一直到20世纪70年代，英国不断丧失其在海外的殖民地和属地。英国军队与联合国部队一起参加了朝鲜战争（1950～1953）。苏伊士危机期间英国于1956年派兵进入埃及。1973年英国加入欧洲经济共同体（欧盟前身）。1982年英国在**福克兰群岛战争**中打败阿根廷。由于北爱尔兰持续不断的社会抗争，英国与爱尔兰联合签署了几项和平倡议，结果双方最终同意在北爱尔兰成立一个议会。1997年在苏格兰和威尔士通过的公民复决投票决定收回各自的权力，但它们仍然属于英国的一部分。1991年英国加入联合国军队对伊拉克占领科威特采取的军事行动（参阅**波斯湾战争**）。2003年英国与美国出兵进攻伊拉克，并推翻了萨达姆政权。在2005年7月的伦敦恐怖爆炸案中有50多人丧生。英国于1896年参加首届在雅典举办的夏季奥运会，英国伦敦于1908、1948、2012年举办过夏季奥运会。

大查科　Gran Chaco　西班牙语作Chaco或El Chaco。南美洲中南部低地冲积平原。为一干旱低地，西邻**安第斯山脉**，东濒巴拉圭河、巴拉那河，南、北边界尚未明确界定，通常认为是玻利维亚的沼泽地和阿根廷境内的**萨拉多河**。面积约725 000平方千米。该区的中心区域位于巴拉圭河与**皮科马约河**岔口处，即1932～1935年**查科战争**中玻利维亚和巴拉圭两国所争之地。根据1938年的条约，面积较大的东边区域归巴拉圭所有，而面积较小的西边区域归玻利维亚。峡谷的野生生物种类丰富，至少有60种已知的蛇类生存于此。牧牛业为主要的经济活动。该地区仍是人口稀少的偏远地区。

大肠杆菌　E. coli　全称Escherichia coli。通常存在于胃肠的细菌物种。大肠杆菌可经由水、牛奶、食物、苍蝇及其他昆虫传播，可以引起肠胃疾病。突变产生的菌株品种放出毒素、侵袭肠黏膜或粘在肠壁上造成腹泻。尽管特效药适用某些病例，但主要治疗方法还是补充水分。病程通常自限，没有长期影响的证据。不过一种具有危险性的菌株会造成出血性腹泻、肾脏衰竭，最严重时导致死亡。正确地烹煮肉类与清洗农产品可以预防因食用受到污染的食物而感染上大肠杆菌。

大肠激躁病　Irritable bowel syndrome（IBS）　一种慢性病，病状是腹痛、胀气、腹泻或便秘，或腹泻和便秘都有。其他症状包括：在排便之后腹痛减轻，或是感觉直肠没有完全排泄干净。病因是肠道蠕动失常，可能是对肠道膨胀的感觉增加所致。压力或是食用油腻食物、乳制品、某些水果或蔬菜（如青花菜、包心菜）、酒类或咖啡因均可能造成类似症状。治疗方法包括精神放松、运动，以及避免食用刺激性食物。止泻药或补充纤维质可能有助于减轻症状。虽然大肠激躁症会造成不适和情绪苦恼，但并不会造成任何永久性肠道损害。

大臣　chancellor　在西欧，指许多政府高官的头衔。德国总理和奥地利总理都被称作chancellor。在英国，the chancellor of the exchequer就是指内阁中的财政大臣。在美国，该词通常指大学校长。

大乘　Mahayana　佛教三大派别之一。兴起于公元1世纪，今日在中国、朝鲜、韩国和日本有广大信徒。大乘信徒自认有别于斯里兰卡、缅甸、泰国、老挝与柬埔寨的较保守的小乘佛教**上座部**教徒。上座部信徒认为历史上的佛陀是人身的真理导师，大乘信徒则将佛陀视为天界佛陀临凡。大乘信徒尊崇**菩萨**，认为他们是普度的关键人物。菩萨的主要美德"慈悲"被推崇为与智慧——古代佛教徒强调的功德——具有一样高的价值。大乘佛教中的一些支派重视神秘修行（如**真言宗**、藏传佛教）。参阅**华严宗**和**日莲宗**。

大斗兽场　Colosseum　又译大竞技场。弗拉维王朝韦斯巴芗和提图斯皇帝修建的罗马大竞技场（约公元70～82）。8世纪之后才叫现名，因其面积宏大，能容纳5万观众。此前竞技场多在山麓处开挖后围成，而大竞技场则是在平地上用石料和混凝土类材料建成。在大竞技场可进行上千名角斗士的徒手拼斗或人兽搏斗，甚至可模拟海战。中世纪曾遭受雷击和地震损毁以及人为的破坏，20世纪90年代开始进行修复，2000年在此上演了一系列话剧，标志着1 500多年以来首度在此进行现场表演。

大豆　soybean　一年生豆科植物（参阅**荚果**）及其可食的种子，学名为*Glycine max*或*G. soja*。大豆植株直立，有分枝，花白到紫色，每个荚果含1～4粒种子。大豆被认为是

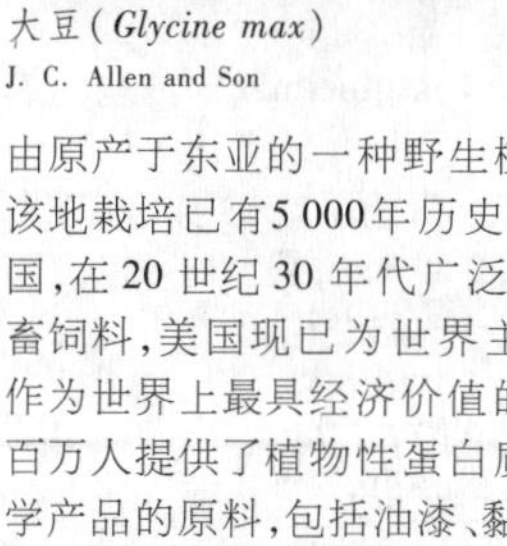

大豆（*Glycine max*）
J. C. Allen and Son

由原产于东亚的一种野生植物演化而来，在该地栽培已有5 000年历史。1804年引入美国，在20世纪30年代广泛栽种大豆用作牲畜饲料，美国现已为世界主要大豆生产国。作为世界上最具经济价值的**豆类**，大豆为数百万人提供了植物性蛋白质，并是数百种化学产品的原料，包括油漆、黏合剂、化肥、杀虫剂和灭火剂。因为大豆不含淀粉，所以为糖尿病患者提供良好的蛋白质来源。豆油可加工成人造奶油、起酥油、人造奶酪和人造肉类。豆粉是代替肉类的高蛋白食物，可制作多种食品，包括婴儿食品。其他豆制食品则

有豆浆、豆腐、豆芽色拉和酱油。

大都会歌剧院 Metropolitan Opera 纽约最古老的歌剧公司，成立于1883年。最初由一些未能在音乐学院取得包厢的百万富翁成立，后来地位逐渐提高，宛如美国的拉斯卡拉歌剧院，并吸引了世界上一流的歌唱家来此演唱。最初坐落于百老汇和39街交汇处，1966年迁至纽约林肯表演艺术中心。

大都会艺术博物馆 Metropolitan Museum of Art 美国收藏最全面的艺术博物馆，也是世界最重要的博物馆之一。1870年在纽约市成立，现在位于第五大街中央公园的建筑是在1880年开放的。大部分中世纪艺术品陈列于曼哈顿特赖恩堡公园的隐修院，其建筑（1938年开放）由中世纪的修道院和教堂两部分组成。大都会艺术博物馆原由富商捐赠而建成，现为纽约市所有，但主要由私人捐款维持运作。藏有埃及、美索不达米亚、远东和近东、希腊和罗马、欧洲、前哥伦布时期和美国的重要艺术品，包括绘画、雕刻、素描、版画、建筑、玻璃器皿、陶瓷器、纺织品、金属制品、家具、武器、盔甲和乐器。还设有一个服装馆和托马斯·J.沃森图书馆，是全世界收藏艺术和考古书籍最完善的图书馆之一。

大分水岭 Great Dividing Range 又称Great Divide。澳大利亚东部地区的主要分水岭。包括大致与昆士兰、新南威尔士和维多利亚3州海岸线平行的绵延3 700千米的一系列高原和山岭。北起昆士兰州约克角半岛，向南延伸，在新南威尔士和维多利亚两州交界处的一段称澳大利亚阿尔卑斯山；在维多利亚州折向西，止于格兰扁；从这里开始有一支向南的支脉自巴斯海峡浮出，形成塔斯马尼亚的中央高地。最先由欧洲人（1813）横越并定居于澳大利亚内地。现重要经济活动有农、林、矿业，并设有国家公园和其他自然景区吸引观光客。

大哥伦比亚 Gran Colombia 前南美洲共和国（1819～1830）。疆域为原新格拉纳达总督辖区，大体包括今哥伦比亚、巴拿马、委内瑞拉和厄瓜多尔。建于1819年欲脱离西班牙的独立战争期间，首都波哥大。S.玻利瓦尔为创建人及第一任总统。大哥伦比亚在战时即存在，1830年随着委内瑞拉和厄瓜多尔的脱离而解散。

大格洛克纳山 Grossglockner 奥地利最高山峰，位于上陶恩山。海拔达3 798米。1800年首次有人登顶。山上冰川以帕斯泰岑冰川最为壮观，长8千米，宽5千米。山区秀丽的风景、冬季运动和登山已使其成为著名的旅游地。

大管 bassoon 又称巴松。大型双簧片木管乐器，其孔管对折于管体（使其长度便于操作）。是管弦乐木管组中的主要次中音和低音乐器，17世纪从古老的科塔尔管发展而来。其音域包括3个半八度，从中央C以下两个八度的降B开始。大管是一种音调柔和的灵敏乐器。低音大管为大型金属乐器，管体4次折回，音域比大管低八度。

大海鲢 tarpon 海鲢目大海鲢科海鱼的统称，背鳍的最后一根鳍条延长，突出的下颚两侧之间有一骨质喉片。鳞大而厚，银白色。大西洋大海鲢（*T. atlanticus*或*M. atlanticus*）

大西洋大海鲢（*Tarpon atlanticus*）
By courtesy of Miami Seaquarium

产于大西洋热带近海岸和中美太平洋沿岸，有时也见于河中。常浮出水面吞空气。体长可达1.8米，重可逾45千克，是受人喜爱的游钓鱼类。太平洋大海鲢（*M. cyprinoides*）为一近似种。

大号 tuba 发音低沉、装有活塞和粗的圆锥形管体的铜管乐器。号音在大小和音律上变化很大。管子呈长形，有弯曲，喇叭口向下或向上。1835年在柏林取得专利，取代了低音号，成为交响乐团和军乐队低音乐器部分的基础。参阅尤风宁号。

大红斑 Great Red Spot 位于木星赤道以南约22°处的一个风暴系统的名称。呈椭圆形的高压中心南北延伸约1.2万千米，相当于地球的直径，东西宽度约为2万千米。自1878年以来被接连观测到。它的颜色从砖红色过渡到褐色，并随年代的推移而有所变化。

大黄 rhubarb 蓼科大黄属几种植物的统称，尤指食用大黄，一种耐寒的多年生植物，其叶柄巨大、多汁、可食。大黄最适合生长于寒温带地区。其肉质、辛辣和极酸的叶柄用

食用大黄（*Rheum rhaponticum*）
Derek Fell

在做馅、水果羹和蜜饯中，也用于制甜酒和开胃酒。根耐寒力强。早春期间伸展的巨叶对牲畜和人有毒，晚春时大的中心花茎可以长满无数小的、绿白色的花和有角的翅果。大黄根一直被认为有导泻和通便的作用。

大吉岭 Darjeeling 又作Darjiling。印度东北部西孟加拉邦的城市。该城系1835年英国向锡金首领购买而得，后发展成为英军休养地。海拔约2 100米，晴天时可观赏到干城章嘉峰的壮丽景色，也可见到珠穆朗玛峰。当地经济以种茶和旅游业为基础，有大片茶叶种植园。人口约107 197（2001）。

大祭司 pontifex 古罗马大祭司团的成员。负责掌管民法（有关宗教实践的法律）。在君主政体下大祭司团由3人组成，到了J.凯撒时期已达16人。其中一人任牧师长或祭司长。维斯太贞女也是大祭司的执行管理委员。大祭司的职责包括制定历法，组织赎罪典礼、献祭仪式，安排祭祀对象，监督婚姻与家庭以及执行收养法和继承法。

大江健三郎 Oe, Kenzaburo （1935～　）日本小说家。在东京大学读书时便显露出其写作才华。他的作品有一种粗糙的散文风格，有时近于违背日文的正常韵律，表现的是第二次世界大战后一代人的醒悟与叛逆精神。作品包括：《个人的体验》（1964），用一个畸形婴儿的诞生，探讨被剥夺了文化遗产的青年问题；《广岛札记》（1965）、《万延元年的足球赛》（1967）。1994年获诺贝尔文学奖。

大奖赛 Grand Prix racing 一种使用方程式赛车（车轮外露、无座舱罩式驾驶舱、后置引擎）在封闭的公路或类似路况的道路上举行的汽车赛，使用的车子（称为一级方程式赛车）通常比跑道赛（例如印第安纳波利斯500英里赛）使用的车还要小。大奖赛始于1906年，至今每年在世界各地举行15次以上比赛。自20世纪50年代成立世界冠军赛后，大奖赛成为国际盛行的一种比赛。

大蕉 plantain 芭蕉科的高大植物，学名*Musa paradisiaca*。与普通香蕉（*M. sapientum*）近缘。据说大蕉原产于东南亚，株高3～10米，假"茎"圆锥形，由螺旋形排列、长而薄的叶片所组成的叶鞘构成。果绿色，大于香蕉，所含的淀粉比香蕉多。因淀粉在果实成熟前含量最高，所以果实不生食而是煮食或用油煎食，加入椰汁或糖调味。大蕉也可晒干以后用于烹调或磨成粉，更可进一步制成精粉。大蕉为东非人的主食及制造啤酒的原料，在加勒比和拉丁美洲等地人们也食用大蕉。

大角鸮 great horned owl 学名为*Bubo virginianus*，分布自北极树限到麦哲伦海峡。强壮，为斑驳褐色的猛禽，体长60厘米以上，翅展几乎可达200厘米。主要食小型啮齿动物和鸟类，但也能捕食比较大型的猎物。适应沙漠和森林的生活，仅在食物短缺时才迁徙。

大角羊 bighorn 两种相似的北美绵羊的统称：加拿大大角羊（*Ovis canadensis*）和多尔氏绵羊（*O. dalli*）。体型结实，肌肉发达；耳短而尖；尾极短。雌雄均具角，雄体的角可能弯曲成螺旋形，可长1米以上。毛通常呈褐色，臀部有灰白色斑。两种品种肩高均约1米，加拿大大角羊较重。生活在偏僻山地悬崖峭壁上，主要以草为食。加拿大大角羊以前分布于墨西哥北部到加拿大一带，而现在仅存一小群，躲在人类难以接近的环境。多

加拿大大角羊(*Ovis canadensis*)

Harry Engels-The National Audubon Society Collection/Photo Researchers

尔氏绵羊则分布于阿拉斯加到不列颠哥伦比亚一带。

大津巴布韦　Great Zimbabwe　参阅**津巴布韦遗迹**。

大久保利通　Okubo Toshimichi(1830～1878)　日本政治家,武士领袖之一。1866年和萨摩藩另一主要人物**西乡隆盛**决定与长州结成联盟,共同推翻德川幕府,支持天皇维新。1868年明治维新后,成为明治新政府中举足轻重的人物。曾到西方考察,认识到日本只有迅速发展经济,进行现代化才能生存。为此,他提倡创办技术学校,主张政府一方面向私人企业发放贷款,一方面开办国营工厂。1873年反对进攻朝鲜,结果他的意见占了上风。1878年被对其不满的一名武士刺死。参阅**木户孝允**。

大剧院　Bolshoi　俄语意为"大"。莫斯科的综合性剧场,在那里上演音乐会、歌剧、芭蕾舞和戏剧等。该机构成立于1776年,当时**叶卡捷琳娜二世**批准一家剧团在莫斯科演出所有形式的舞台表演,不久其演出范围就扩大到歌剧和舞蹈,还有话剧。最初的综合性剧场建筑建于1825年,1853年毁于大火后重建。演出公司虽常有变动,但大剧院这个机构和数次重建的建筑都得以保存下来。

大剧院芭蕾舞团　Bolshoi Ballet　俄罗斯主要芭蕾舞团,以精心制作19世纪古典芭蕾舞蹈闻名于世。该团成立于1776年,1825年起以莫斯科大剧院的名称为其团名。该团有影响的编舞家有M.**佩季帕**、C.布拉西斯、A.高斯基和R.扎哈罗夫。1964～1995年Y.格里戈洛维奇担任舞团的艺术总监。在许多次巡回演出中向全世界的观众介绍了其杰出的舞者,包括Y.格尔采尔、V.季霍米罗夫、G.**乌兰诺娃**和M.**普利谢茨卡娅**等。

大觉醒　Great Awakening　1720年至18世纪40年代英国殖民时期在北美洲兴起的宗教奋兴运动。原为欧洲大陆**虔敬主义**或寂静主义以及英格兰福音派运动的一部分,17世纪末至18世纪初在J.**卫斯理**等牧师的领导之下席卷西欧。北美洲的大觉醒运动是新教徒对抗宗教上形式主义和唯理论的福音运动,带有强烈的卡尔文主义成分。奋兴布道家强调罪人恐惧惩罚和希望从神处得到未获得的**恩典**的需要。怀特菲尔德(1714～1770)是最受欢迎的牧师之一,1739～1740年在整个殖民地向广大群众布道。J.**爱德华兹**协助启发了大觉醒运动,也是当时最重要的神学家。印第安人传教及学院的设立(包括普林斯顿大学)都是大觉醒运动带来的结果。18世纪90年代在新英格兰和肯塔基兴起另一个奋兴运动,称为第二次大觉醒。

大莱普提斯　Leptis Magna　现称Labdah(莱卜代)。古代的**黎波里塔尼亚**最大城,位于现代利比亚胡姆斯附近。公元前7世纪由腓尼基人建立,公元前202年归属努米底亚王国,公元前111年转而与罗马结盟。**图拉真**使它成为罗马的殖民地。罗马帝国的衰落使它随之没落,公元642年被阿拉伯人占领后大部分荒废。城内尚有一些在北非保存最好的罗马遗址。1982年被联合国教科文组织列为世界遗产。

大理石　marble　在热力、压力和水溶液影响下再结晶的颗粒状**石灰岩**或**白云岩**。大理石的主要矿物质是方解石。在商业上,任何可以抛光用作装饰的富钙岩石和蛇纹石都被称为大理石。大理石主要用于建筑、纪念碑、室内装饰、雕像、桌面和新奇物品。颜色和外观是它们最重要的素质。雕像用大理石最为贵重,必须是纯白色,颗粒大小也要均匀。

大理院　Parlement　法国旧制度下的最高法院,从**卡佩王朝**时期国王定期召集大臣和高级教士商讨封邑和朝廷政事的君主法院发展而来。到13世纪中期这一司法机构便被称为大理院,其作用是审理对皇家法官判决不服的申诉。后来大理院也对皇帝颁布的法令进行复审,以判定它们是否公正合法。高级大理院设在巴黎,其他大理院则设在各省。大理院在法国大革命期间被废除。

大力神火箭　Titan rocket　美国液体燃料火箭系列的统称,最初作为洲际弹道导弹开发,但也当作太空发射运载火箭。大力神Ⅰ导弹(1962～1965年使用)设计投射400万吨级核弹头,射程超过8 000千米,用来对准苏联的目标。后被更大的大力神Ⅱ所取代,此型火箭可带有900万吨级弹头,一直是美国陆基核武器库的主要武器。20世纪80年代被固体燃料洲际弹道导弹(如**民兵导弹**)取代。美国航空航天局在20世纪60年代利用大力神Ⅱ发射双子星宇宙飞船。卸除了爆炸装置的大力神Ⅱ火箭用作运载火箭。大力神Ⅲ是以大力神Ⅱ为基础的运载火箭,主要在20世纪70年代用于运载空间探测器。通常装配有捆绑式助推器和上一级的飞行器。大力神Ⅳ号在80年代晚期开发成功,其发动机更大,载送货物的重量与航天飞机相当。该火箭装配有助推器和上一级的半人马座飞行器,至2005年退役以前是美国最大型的运载火箭。

大量生产　mass production　采用劳动分工和专业化的原则,并使产品的部件标准化的大批量生产方式。这种现代生产方式的应用,已起到降低生产成本,提高产品质量、数量和品种多样化的作用,并使有史以来全球最庞大的人口保持最高的生活水准。对某种产品进行大量生产的必要条件是:存在对这类商品需求量很大的市场,值得进行大量投资;适于采用标准化部件和工序的产品设计(参阅**可替换零件**);尽量降低物料装卸和运转时间的结构方案;可将劳动分解为简单重复的动作;可进行连续的流水作业;可用专门设计的工具进行加工。

大裂谷　Great Rift Valley　又称Rift Valley(裂谷)或East African Rift System(东非裂谷系)。此裂谷系(参阅**裂谷**)从中东的约旦向南延伸,止于南部非洲的莫桑比克。总长约6 400千米,平均宽度48～64千米。该裂谷自非洲和阿拉伯半岛分离起已存在约3 000万年,已形成乞力马扎罗和肯尼亚等山峰。该裂谷系的主要分岔——东裂谷——在北部被约旦河、死海和阿喀巴湾所占。它沿红海继续向南,到达肯尼亚的几个湖泊。坦桑尼亚境内一段东缘因受侵蚀已不太明显。裂谷向南到达莫桑比克的贝拉附近的印度洋沿岸。西面一岔裂谷从马拉维湖北端呈弧形向北延伸,经过鲁夸湖、坦噶尼喀湖、基伍湖、爱德华湖和艾伯特湖。

大流士一世　Darius　I(公元前550～前486)　别名Darius the Great(大流士大帝)。波斯国王(公元前522～前486)。安息总督希斯塔斯普之子。有关他的生平大多是通过

大流士一世坐在两个香炉前,波斯波利斯金库北庭的浅浮雕,作于公元前6世纪末～前5世纪初;现藏德黑兰考古学博物馆

By courtesy of the Oriental Institute, the University of Chicago

碑文整理。他用武力夺得政权,杀了**居鲁士大帝**的儿子巴尔狄亚。即位后,接续前人未完成的征服大业,降服色雷斯、马其顿以及一些爱琴海岛屿,并把势力延伸至印度河流域。公元前513年,他进攻里海东岸的西徐亚人未果,但平息了爱奥尼亚人的叛乱(公元前499),这起叛乱有雅典和埃雷特里亚在背后支持。曾两度远征希腊,公元前492年其舰队为飓风所毁,公元前490年在**马拉松战役**中被雅典人击败。他在准备进行第三次远征之前去世。他是**阿契美尼德王朝**最伟大的统治者之一,以行政管理天才和建筑规划闻名,特别是建设陪都**波斯波利斯**。

大陆 continent 较大的连续地块。按面积大小依次为亚洲、非洲、北美洲、南美洲、南极洲、欧洲及澳大利亚大陆。有时将欧亚两洲看作一个大陆,称欧亚大陆。各大陆面积和海岸线与总面积的比例相差悬殊。地球上2/3以上的陆地位于赤道以北,除南极洲外,其他各大陆都呈楔形,北部皆比南部宽。参阅大陆漂移。

大陆分水岭 Continental Divide 北美大陆非常显著的分水岭。其山脉大致南北走向,将本大陆水系分为东向(在加拿大入哈得孙湾或在美国入密西西比河)和西向(入太平洋)两部分。分水岭大部由落基山脉构成。北起加拿大不列颠哥伦比亚省、美国蒙大拿、怀俄明、科罗拉多和新墨西哥州,其中心点是科罗拉多。该州有许多海拔超过3 962米的高山。南至墨西哥(大致和马德雷山脉平行走向)和中美洲。

大陆封锁政策 Continental System 拿破仑战争时期,拿破仑破坏英国贸易的行动。他以《柏林法令》(1806)和《米兰法令》(1807)宣布实行大陆封锁,不准中立国和法国的盟国同英国人进行贸易。英国也发布紧急命令,对法国和一切与拿破仑结盟的国家实行反封锁。这间接导致1812年战争的爆发。但由于英国在海上拥有压倒优势,大陆封锁对拿破仑危害极大。

大陆会议 Continental Congress 美国独立战争期间及战后,殖民地各州人民的代表机构,其代表为各州人民说话并采取集体行动。1774年9月在费城召开第一届大陆会议,由殖民地通信委员会倡议召开。会议中通过了人权宣言。宣言中也反对不经代表们同意便向殖民地征税,请求英国政府补偿殖民地蒙受的损失,并号召殖民地人民抵制英货。第二次大陆会议于1775年5月召开,会上任命G. 华盛顿为美军总司令,后又通过了《独立宣言》(1776),也准备了《联邦条约》(1781),该条例授予国会某些权力。

大陆架 continental shelf 形成大陆边缘的宽阔且较浅的水下台地。大陆架一般从海岸伸展到100～200米深处,宽度平均约为65千米。大陆架几乎在所有地方都不过是大陆块体在大洋边沿下面的延续部分。因此,在多山的海岸附近海面下,大陆架狭窄、凹凸不平而且陡峭,但平原延伸的滨海区则宽广且较平坦。大陆架上通常覆盖着一层砂、粉砂和粉砂质淤泥。其表面具有小丘陵和小山脊与浅的洼地和河谷样的沟槽交替出现的地形。少数情况下,两壁陡峭的"V"字形的海底狭谷既深深地切入大陆架,也深深地切入大陆坡。

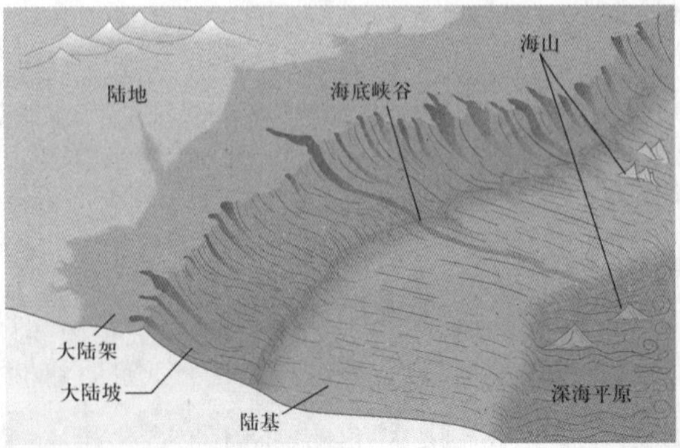

大陆架的宽阔、平缓的倾斜让位于相对陡峭的大陆坡。向深海平原的过渡更平缓,是一片充满沉积物的地区,称作陆基。大陆架、大陆坡和陆基,统称为大陆边缘。为了加深印象,此处对其深度作了夸张。

大陆漂移 continental drift 地质年代中大陆之间或大陆相对于大洋盆地的大尺度的水平位移。第一个完整的大陆漂移理论是由德国气象学家A. 韦格纳于1912年提出的。他假设整个地质年代的大多数时期只有一块大陆。他将此大陆称为盘古大陆。后来到了三叠纪(2.5亿年前～2亿年前)泛大陆分裂了,开始相互分开。他提出美洲和非洲的岩层相似来支持他的假定。海底扩张假说及20世纪60年代开始的板块构造说进一步证明了韦格纳的观点。现代学说提出美洲大陆最早是与非洲和欧洲连在一起的,直到距今1.9亿年前一条裂缝沿着现在的大西洋中脊将它们分开。后来的板块运动把这些大陆带到了它们现在的位置。

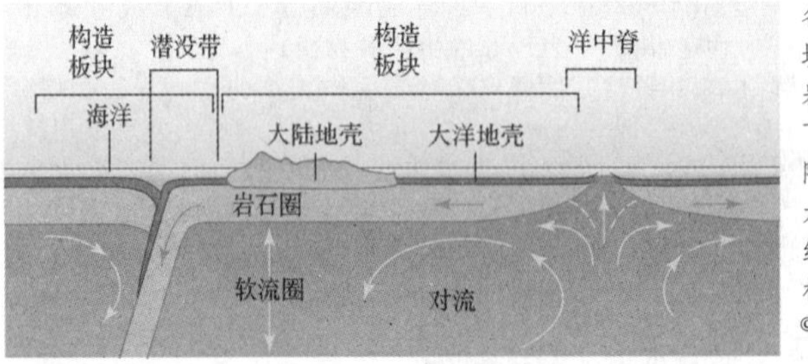

各大陆深深地嵌入地壳构造板块。当某一板块边缘出现新的岩石圈,并下降到另一板块之下时,这一板块连同其上的大陆一起移动到底层地幔之上。大陆每年只"漂移"几英寸,但经过了几亿年,它将各大陆的相对位置改变了几千英里。

大陆哲学 Continental philosophy 这是对康德时期以来的欧洲大陆(特别是法国和德国)产生重大影响的各种哲学传统、方法和风格的一个集合性名词。在一般的理解中,大陆哲学通常与分析哲学也叫英美哲学对立。在20世纪它包含的学派有现象学、存在主义、结构主义和解构分析理论,包含的思想家有M. 海德格尔、J.-P. 萨特、梅洛-庞蒂、M. 福柯和J. 德里达。参阅结构主义和后结构主义。

大麻 hemp 大麻科大麻属粗壮、芳香和笔直的一年生草本植物,为获取纤维和种子而种植,其种子含30%的油分,可食用。大麻发源于中亚,现已广植于温带地区。栽种一种高大而类似甘蔗的品种以取用其纤维。大麻纤维牢固耐用,多用于制作绳索和人造海绵,以及粗织物如麻袋布(粗麻布)和帆布。由于其四氢大麻酚(THC)含量较少而不同于为获取大麻毒品而种植的大麻属植物(marijuana)。

大麻(*Cannabis sativa*)

John Kohout from Root Resources

大麻 marijuana 印度大麻植物(*Cannabis sativa*),或用其花、叶经干燥、切碎后制成的生药。有效成分是四氢大麻酚(THC)。有许多英文俗名,如pot、grass和weed等,长期用于镇静和止痛。到公元前3000年时就已经在中国使用,公元500年传到欧洲。如今大麻已在全世界广泛使用,尽管至少自1925年《国际鸦片公约》以来使用大麻一般是违法的。其心理和生理效应,如中度兴奋、视觉和判断力的改变,会随着药力、用量、环境以及使用者的经验而变化。长期使用在生理上不会上瘾,但是在心理上有可能略微上瘾。大麻也可用于医治青光眼、艾滋病以及化学疗法所出现的副作用。支持大麻合法化的人提出,与酒精相比,大麻是一种良性药物;反对的人则认为大麻可以成瘾,并可导致吸食更为严重的毒品。大麻麻醉剂就来源于大麻的树脂(大麻脂)。

大麻麻醉剂 hashish 从大麻属植物花的树脂中提取出的致幻药。大麻植物还可提取大麻(marijuana),它的药效要低得多。吸或食大麻麻醉剂均产生作用,其中的有效成分四氢大麻酚(THC)占大麻麻醉剂的10%～15%。

大麻属 Cannabis 大麻属植物的统称。在温带广泛栽培。从一种像甘蔗一样高大的变种可提取大麻纤维。从一种比较矮小的变种可提取大麻(marijuana)和大麻麻醉剂(hashish)。为提取大麻纤维所种植的品种由于四氢大麻酚含量相对较低而不同于可提取大麻毒品的品种。大麻属植物也有食用和药用价值。

大马士革　Damascus　阿拉伯语作 Dimashq。叙利亚首都。位于前黎巴嫩山脉山脚的绿洲，自古以来一直是重要的人口稠密地区。公元前 4 千纪即有人定居于此，许多学者认为它是世界上最古老的城市之一。公元前 15 世纪在埃及碑文中首见记载，《圣经》上称这里为阿拉米人的首都，一些阿拉伯文文献认为在《古兰经》中对其亦有所提及。其后几个世纪遭人侵略，几度易手，先后为亚述人（公元前 8 世纪）、巴比伦人、波斯人、希腊人和罗马人所占。之后一直为罗马人和其后的拜占廷人占据，635 年落入阿拉伯人手中。伍麦叶王朝在此定都后开始繁荣，宏伟的大清真寺屹立至今。1516 年为奥斯曼帝国所夺，之后被奥斯曼帝国统治，直至 1918 年。1920 年被法国人占领，1946 年成为独立的叙利亚的一部分。如今该市为繁华的大都会，设有许多教育和科学机构。1979 年该市老城中心区被联合国教科文组织列为世界遗产。人口约1 614 500（2004）。

《大马士革文献》　Damascus Document　又作 Zadokite Fragments（《扎多基特残卷》）。库姆兰古代犹太教派文献。此派人士在安条克四世埃皮弗内兹迫害他们时（公元前 175 ～前 164/前 163），逃往沙漠。文献的编纂年代不详，但不会迟于 66 ～ 70 年的犹太人起义，因为该教派其后即被解散。在库姆兰的洞穴中人们找到该文献残片，以及10 ～ 12 世纪的手稿。文献主要分两部分，第一部分揭示该派教义，强调忠于上帝与以色列人所立之约以及严守安息日等问题，还介绍了该派领袖"正义之师"。第二部分列出许多典章，涉及发愿、净身、集会、推选审判官以及卫教师的职权等事项。参阅《死海古卷》。

大麦　barley　早熟禾科（即禾本科）大麦属谷类植物及其可食的谷粒。栽培大麦有 3 种：普通大麦（*Hordeum vulgare*）、二行大麦（*H. distichum*）、不规则型大麦（*H. irregulare*）。大麦的气候适应范围比任何其他谷物都大。全球产量中约有一半用作饲料，其余供人类食用或制作麦芽。大多数啤酒就是由大麦芽制成，大麦芽也用于制造蒸馏饮料（参阅麦芽）。大麦具有坚果香味，碳水化合物含量较高，蛋白质、钙、磷含量中等。大麦面粉可用于做不发酵的面饼和麦片粥。珍珠麦是世界上多数地方最常见的大麦，常加入汤内煮食。

大曼彻斯特　Greater Manchester　英格兰西北部都市郡，1986 年起已无行政功能，如今只剩下大曼彻斯特这个名字。为英国主要的集合城市之一，包括曼彻斯特市和数个自治市。面积1 287平方千米。为英国主要的商业和运输中心。人口约2 482 352（2001）。

大男子主义　machismo　对男性骄傲的过度夸大，并将之理解为能力，经常伴随着缺乏责任感、不顾后果。大男子主义通常带有强烈尊崇男性、贬抑女性的文化特质。几个世纪以来，大男子主义一直是拉丁美洲的政治及社会主流。在拉丁美洲历史上层出不穷的军事独裁者，即很典型地表达了大男子主义掌握政府的粗鲁和极权倾向，以及乐于使用武力来达到目的的做法。

大脑　cerebrum　脑的最大部分。由大脑半球组成，占脑总量的 2/3。大脑是意识过程进行的处所，内有整合感觉和控制随意运动及高级智能功能（包括言语及抽象思维）等的神经中枢。大脑半球的中心是有髓神经纤维，即白质；皮质有很多沟回，即灰质。人类的大脑皮质十分发达，这使人脑不同于其他哺乳动物的大脑。虽然某些白质结构也具有独立的重要功能，但白质中的神经纤维主要用以联结大脑皮质各功能区。由前到后有一条深裂沟将大脑分为两个半球，每个半球调控其对侧躯体的活动。其中一个半球在功能上占优势，它集中了一些特化的神经中枢，如言语、思维的中枢，决定右利还是左利等决定空间趋向的中枢。另一侧半球则支配更微妙、复杂的知觉，如识别不同的面孔。两侧大脑半球由胼胝体连接，它是一块白质的厚板，可联系来自身体两侧的感觉信息和功能应答。大脑的其他重要结构有下丘脑和视丘。下视丘控制代谢和内环境稳定。视丘是一个主要的感觉传递中枢，与情绪和本能有关。

大脑性麻痹　cerebral palsy　由于出生前或出生后不久发育不正常或者脑受损而引起的瘫痪。该病分为 4 种类型：①痉挛型，四肢痉挛性挛缩，通常伴有心智迟缓和癫痫。②手足徐动型，表现为脸、颈和四肢肌肉不断做出缓慢、多变的痉挛性动作，脸部常扭曲做出怪相及言语不清（构音障碍）。③共济失调型。表现为协调能力差、肌肉无力、步态不稳，无法完成快速或精准的动作。④混合型。指兼有两三种类型症状者。

大陪审团　grand jury　调查对嫌疑犯的指控，若结果属实，则将嫌疑犯交付审判的陪审团。大陪审团并不决定被告是否有罪，仅依据是否有"合理根据"相信被告犯罪而选择要不要起诉。公职人员（检察官和警察）为陪审团提供资料和传唤证人。大陪审团的审查通常是保密的。美国有些州已经废除大陪审团，而将起诉的职权转移给检察官。

大平原　Great Plains　北美洲中部大陆斜坡。其范围南起美、墨边境的格兰德河，北至北冰洋岸的马更些河三角洲，东为美国中央低地和加拿大地盾，西达落基山脉，涵盖了美国 10 个州和加拿大 3 个省，面积约2 900 000平方千米。所谓大平原，实际上是一个广阔的半干旱草地高原，是美国和加拿大两国的主要小麦产区，也是重要的牛、羊畜牧区。部分地区蕴含煤、褐煤、石油和天然气等资源。

大清真寺　Masjid-i-Jami　又作 Great Mosque of Esfahan。位于伊朗伊斯法罕境内主要是塞尔柱时期的综合建筑群。清真寺（完成于 1130 年左右）的中央庭院由 4 个大型拱顶壁龛围成。该寺因其精美的砌砖、拱顶结构和两个圆顶圣所而闻名。中央圣所（约 1070 ～ 1075）坐落在庭院的南部，大的砖砌圆顶由 12 根大方柱支撑着；较小的圆顶屋，上部由许多拱架所支撑，以比例匀称而闻名，是建筑结构的杰作。圆顶和拱顶壁龛成为塞尔柱清真寺的标准形式。

大邱　Taegu　韩国东南部都会城市，庆尚北道首府。李朝（1392 ～1910）期间发展成为全国三大商业城市之一。数个世纪一直是朝鲜半岛东南部国的政治、经济和文化中心。拥有重要的纺织工业，但以其周边地区的苹果种植最为闻名，产品出口到整个东亚和东南亚。该地区的若干公园、古塔和始建于 9 世纪藏有高丽大藏经的佛教寺院海印寺吸引了很多游人。城内有多所大学和专科院校。人口约2 446 418（2010）。

大赦　amnesty　刑法中，撤销或不追究罪犯过去行为的最高法令。源自希腊语 amnestia，意为"宽恕"。由政府颁布，通常是对政治犯。条件是罪犯必须在一定的时期内服从命令，并尽义务。参阅赦免。

大赦国际　Amnesty International（AI）　国际性人权组织。1961 年在伦敦律师 P. 贝南森的努力下创立，贝南森曾发起以释放"良心犯"为目的的写信运动。大赦国际组织的宗旨是向世人通报有关违反人权（尤其是侵犯言论与宗教信仰自由）和监禁与虐待持不同政见者的情形，以及积极寻求释放政治犯，必要时救济他们的家属。成立 50 多年来，它的会员和支持者约有 300 万人，分散在世界约 150 个国家。该会首任主席 S. 麦克布赖德是 1974 年诺贝尔和平奖获得者，而该会也在 1977 年获得了诺贝尔和平奖。

大圣伯纳德山口　Great St. Bernard Pass　古称 Mons Jovis。阿尔卑斯山脉山口。海拔 2 469米，为阿尔卑斯山脉边境最高山口之一。在意-瑞边界勃朗峰东边，连接瑞士的马蒂尼和意大利的奥斯塔。是历史上跨越阿尔卑斯山脉的最重要路线，过去朝圣者和中世纪的军队常由此前往罗马。1800 年拿破仑率领4 万大军跨越此山口到达意大利北部。在山口上有一著名的旅客招待所，为 11 世纪孟松的圣伯纳德所建，至今仍由奥古斯丁会的修士和他们养的圣贝尔纳德狗为旅行者提供服务。该古道一年只开放 5 个月，现在已部分为山口底下的一条全年畅通的隧道所取代。

大鼠　rat　鼠科家鼠属 500 余种亚洲啮齿类动物的统称，遍布于世界各地。"家鼠"一般指黑家鼠（*Rattus rattus*）和挪威家鼠（*R. norvegicus*），是富攻击性的杂食动物。因

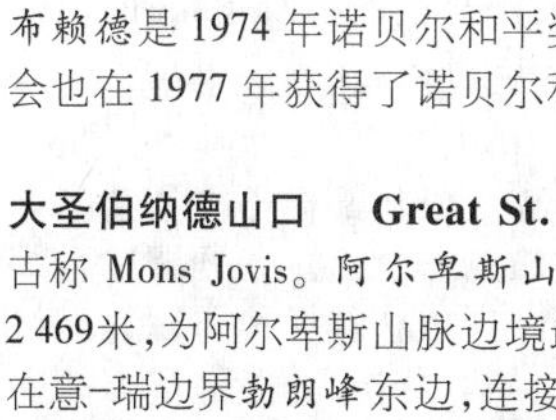

挪威家鼠（*Rattus norvegicus*）
John H. Gerard

觅食容易，所以喜居住于人类分布的区域。感官特别发达，可攀缘、跳跃、挖洞或啃咬出一条通往似乎无法到达之处的通路。繁殖速度极快（一年内可产150只幼崽），天敌种类少。大鼠可传播多种人类疾病，经常破坏谷物供应。黑家鼠体长20厘米（不含较长的尾）。挪威家鼠（又称褐家鼠、仓家鼠、阴沟鼠或码头鼠）的耳和尾在比例上来说较小和短。实验用大鼠就是由褐家鼠驯化的品种。未特别指明时，大鼠一词也可指其他啮齿类动物（例如更格卢鼠、林鼠）。

大提琴　cello　又作 violoncello。弓形弦乐器，是提琴族的低音成员。它的比例与小提琴的比例相似。演奏时放在两条腿之间，下部有一个金属尖状物支在地板上。有4根弦，定弦由中央C以下两个8度起向上的C-G-D-A。与小提琴、中提琴一样，大提琴最早出现在16世纪初，后经过改进加强了低音。18世纪大提琴作为一种低音乐器逐渐替代了低音中提琴。250年以来，大提琴一直是室内乐合奏必不可少的乐器。现代管弦乐团有6～12个大提琴手。19～20世纪逐渐成为一种独奏乐器。

大同盟战争　Grand Alliance, War of the（1689～1697）　法国路易十四发动的第三次重要战争，在此战争中，其扩张计划遭到英国、荷兰共和国和奥地利哈布斯堡家族所领导的同盟阻挠。掀起这场战争的根本原因是波旁家族和哈布斯堡王朝敌对力量的互相抗衡。路易十四在17世纪80年代为了使波旁王室获得西班牙王位的继承权而掀起战争。为了对抗他，哈布斯堡皇帝利奥波德一世加入其他欧洲国家组成的奥格斯堡联盟。虽然最后失败了，但1690年不列颠、勃兰登堡、萨克森、巴伐利亚和西班牙都担心路易十四会成功，而与利奥波德一世组成大同盟。当战争在欧洲和海外殖民地（包括美洲）爆发时，路易十四发现他的军队准备不足，在海战中遭到严重的挫败。1695年路易十四展开秘密和平谈判，后来签订《赖斯韦克条约》（1697）。然而此条约并未解决法国波旁王朝统治者和哈布斯堡家族间及英法之间的冲突。4年后，这些冲突在西班牙王位继承战争中又开始抬头。

大统一理论　grand unified theory　又称 grand unification theory（GUT）。尝试将电弱力与强力结合的理论。将4种基本相互作用用统一的理论有时也称为统一场论。这些理论预测质子会衰退成较轻的粒子。迄今为止，大统一理论仍然没有被成功地证实。

大屠杀　Holocaust　希伯来语作 Sho'ah。第二次世界大战期间纳粹德国及其附属国有组织地对犹太人及其他人士进行屠杀。1933年A.希特勒出任首相后不久，即开始迫害德国境内的犹太人，包括抵制犹太商人和开除犹太公职人员。根据纽伦堡法令（1935），犹太人失去了公民资格。而在1938年的“水晶之夜”大屠杀中，约7 500个犹太人商店被洗劫，德国境内的约1000座犹太会堂被毁，此后犹太人被关进集中营或犹太人区。第二次世界大战（1939～1945）初期，德军的胜利使欧洲大部分犹太人处于纳粹分子及其附属国的统治之下。随着德军东进波兰、巴尔干半岛和苏联，被称为特遣部队的行刑队开始围捕和杀戮犹太人、罗姆人（吉卜赛人）、共产党员、政治领导人和知识分子，其他被纳粹围捕的团体包括同性恋者、心智迟缓者、身体残障者以及精神异常者。万塞会议（1942）的“最后解决”企图消灭欧洲犹太人，欧洲各占领区的犹太人被有系统地转移至集中营和灭绝营被杀或被强制劳动。地下抵抗运动在几个国家展开，而在波兰的犹太人聚居区则爆发了反抗占压倒优势的纳粹的起义（参阅华沙犹太区起义）。R.瓦伦贝里等人以一己之力拯救了成千上万的人，但各同盟国政府及罗马教廷是否为犹太人提供有效的援助至今仍是个有争议的问题。到战争结束为止，约有600万犹太人以及数百万的其他人士被纳粹德国及其附属国杀害。

大屠杀纪念日　Holocaust Remembrance days　对因纳粹德国种族灭绝政策而丧生的数百万受害者的国际性纪念。不同国家的纪念活动日各不相同，通常为纪念受害者抵抗的努力，特别是当时对仇犹和排犹主义的斗争。自1951年起，犹太人依据犹太历将逾越节后不久的尼散月第27日定为大屠杀纪念日。以色列国会还宣布该日为“纪念大屠杀和英雄气概日”，铭记的不只是毁灭，还有抵抗。

大隈重信　Ōkuma Shigenobu（1838～1922）　明治时期日本政治家，两度担任日本首相。早期贡献是主持改革日本的财政制度。后来，由于制定日本新宪法的激进主张，以及揭发在出售国家财产时营私舞弊的丑闻，被逐出政府。1882年组建主张英国议会政治模式的改进党。1898年与板垣退助合作，建立宪政党。他们组织了一个以大隈重信为首相的短命内阁。1914年再次任首相，颇为成功。1882年在东京创办早稻田大学。

大卫　David（？～约公元前962）　古以色列国第二代国王（约公元前1000～约前962年）。最初在扫罗的宫廷中当侍从，因作战英勇深受百姓爱戴，后引起扫罗的猜忌而成为逃犯。扫罗死后，他被拥立为王。大卫从耶布斯人手中夺得耶路撒冷，并把该地建为都城；他打败了非利士人，并控制了许多边界王国。他统一了以色列所有的派别，建立一个王国，并使耶路撒冷成为政教中心。他把对上帝的各种名称和称号都变成以色列的上帝、征服者耶和华的定语或称号，并使其在耶路撒冷受到供奉。虽然王国在大卫的儿子和继位者所罗门的手中分裂，但宗教统一仍延续下来，大卫的王室象征上帝与以色列人之间的联结。messiah（弥赛亚）一词源出 *hameshiach*（“膏立者”），这是大卫世系国王的称号。

大卫　David, Jacques-Louis（1748～1825）　法国画家。18岁时入皇家绘画雕刻学院深造。1775年前往罗马，成为新古典主义风格的杰出画家，但也吸取了17世纪画家N.普桑和卡拉瓦乔的艺术精华。不久，他成为以画历史事件和古典题材为主的成功画家，也是法国大革命时期最优秀的画家，后被指派为拿破仑的宫廷首席画师。他是法兰西协会的创始会员，此协会取代了皇家艺术院。他还创作了许多纪念章及其他革命宣传品。诸杰作之中的《马拉之死》（1793），呈现一种普遍的悲剧，也描述了法国大革命的一个关键事件。他擅于描述神话和历史题材，也是一位伟大的肖像画家和新古典主义画家的翘楚。对欧洲美术产生普遍影响。他的学生包括A.-J.格罗和S.-A.D.安格尔。

J.-L.大卫《自画像》（1794），油画；现藏巴黎卢浮宫
Alinari-Art Resource/EB INC.

大卫之盾　David, Star of　希伯来语作 Magen David。犹太人标志，由两个等边三角形重叠为六角星形。见于犹太教会堂、犹太人墓碑和以色列国旗。大卫之盾这一古老的标志在中世纪以前并不常使用，它后来被喀巴拉派推广，用以驱除恶魔。布拉格的犹太人社区采用大卫之盾为正式标志，大卫之盾17世纪时普遍流行。虽然它不具有《圣经》或《塔木德》所规定的权威，但是19世纪时已广为犹太人所采用。在纳粹控制下的欧洲，犹太人被迫佩带黄色徽章，于是大卫之盾又象征殉教和英勇。

大蚊　crane fly　美国以外的英语国家俗称长脚爷叔（在美国指一种蜘蛛）。双翅目大蚊科昆虫。体细长似蚊，足极长。有的很小，长的可达2.5厘米。飞行速度慢，常见于水边或植物丛中，无害。牧场大蚊（*Tipula simplex*）孵出的幼虫皮坚韧而褐色。在北方高纬度地区的雪上发现一种无翅、缓慢爬行的大蚊。

大雾山　Great Smoky Mountains　美国阿巴拉契亚山脉西部山岭。沿北卡罗来纳州和田纳西州边界延伸，东接蓝岭山脉。最高部分在大雾山国家公园内，包括高2 025米的最高峰克灵曼斯峰。为森林所覆盖，早期由切罗基人占据，现有切罗基印第安人保护区和皮斯加、切罗基国家森林的一部分。现为著名游览区，有阿巴拉契亚国家风景小道的一部分和蓝岭公路。

大西岛　Atlantis　传说中位于直布罗陀海峡以西大西洋中已经沉没的一个岛屿。传说的主要来源是柏拉图《蒂迈欧篇》和《克利蒂亚篇》两篇对话。根据柏拉图的说法，大西岛是一个物产丰富的海岛，岛上有权势的王公曾经征服地中海的许多地区，后来该岛被地震摧毁，又被海水吞没。柏拉图也提供了大西岛人理想国的历史，大西岛可能只是一个传说。大西岛的故事实际上可能是反映了古埃及人对于公元前约1500年**锡拉岛**上火山喷发的记载。这次喷发是有史以来最惊人的一次大喷发，伴有一连串的地震和海啸。

大西洋　Atlantic Ocean　将南、北美洲与欧洲和非洲分隔开来的海洋。为世界第2大洋，面积82 440 000平方千米。其属海包括东部的**波罗的海**、**北海**、**黑海**和**地中海**，西部的**巴芬湾**、**哈得孙湾**、圣劳伦斯湾、**墨西哥湾**以及**加勒比海**，总面积106 450 000平方千米。包括其属海在内，大西洋的平均深度为3 330米。波多黎各海沟的最大深度为8 380米。最强大的洋流为**湾流**。

大西洋城　Atlantic City　美国新泽西州东南部游览胜地。位于狭长的阿布西肯岛上，令人愉悦的长堤和海滨木板人行道于1870年建成。19世纪中期发展成旅游城市，1921年开始在这里举行美国小姐选美比赛。第二次世界大战后开始没落，1976年该州批准赌博合法化，促进了大西洋城的发展，但附近地区仍很贫穷。人口约39 559(2010)。

《大西洋宪章》　Atlantic Charter　第二次世界大战期间，英国首相W. **丘吉尔**与美国总统F.D. **罗斯福**于1941年8月14日发表的联合声明，当时美国尚未参战。宪章声称：两国均不奉行扩张政策，两国尊重每个民族选择自己政府形式的权利，并且双方支持被剥夺主权和自治权的民族恢复其权利。《大西洋宪章》的要点后被收入《联合国宣言》(1942)。

大西洋与太平洋茶叶公司　Great Atlantic & Pacific Tea Co.(A&P)　美国公司。在进入食品杂货连锁店业务之前经营茶叶进口与分销。公司历史可追溯到1859年在纽约市创建的大美洲茶叶公司，主要经营邮购业务，贩卖从快速帆船收购来的茶叶。1869年以大西洋与太平洋茶叶公司为名组成第一批零售商店，到1925年成为最大的美国食品杂货连锁店。1936年第一家A&P超级市场开业，到1969年已经是美国最大的超级市场连锁店，但之后走向衰退。1979年德国一家超级市场巨头滕格尔曼公司购买了具有控制力数额的A&P公司已发行的股票。

大西洋战役　Atlantic, Battle of the　第二次世界大战时，英国(后来还有美国)和德国之间为控制海上通路而进行的一场争夺战。英法联合舰队将德国商船逐出大西洋海域，保持了一条长而有效的封锁线。但随着1940年法国全境沦陷，英国失去了法国海军的支持。美国后来以护航计划协助英国。1942年初，轴心国对其水域的船舶进行大规模的潜艇袭击。德国的U潜艇在通向印度和中东地区的南大西洋航道上也频频出击。盟军几乎全部依靠海上补给，而海上补给则需通过潜艇骚扰的海域。盟军对轴心国的欧洲部分加强封锁，而且海战能力也日见增长。到1943年年中协约国再度取得对大西洋海路的控制。

大峡谷　Grand Canyon　美国亚利桑那州西北部由**科罗拉多河**切成的峡谷，以其形态奇特、色彩斑斓著称。宽约0.2～29千米，从亚利桑那州北部延伸到内华达州边界附近的大瓦士崖，长约446千米。最深的一段在大峡谷国家公园内，长90千米，包括科罗拉多河从鲍威尔湖到**米德湖**之间一段。附近高原海拔1 800～2 750米，大峡谷有些地方深度超过1.6千米。大峡谷国家公园建于1919年，占地4 931平方千米。1932年建立的大峡谷国家保护区，在1975年和其他邻近地带一并列入大峡谷国家公园中。1979年大峡谷被联合国教科文组织列为世界遗产。

大夏　Bactria　南亚古国名。在**兴都库什山脉**与**阿姆河**之间，即今阿富汗、乌兹别克斯坦和塔吉克斯坦一带。首都为巴克特拉。公元前6世纪起大夏被**阿契美尼德王朝**所控制，后为**亚历山大大帝**征服，他死后(公元前323)，大夏归塞琉古一世管辖。大约在公元前250年成为一个独立的王国。大夏是东西方贸易、宗教和艺术交流的重要地区。7世纪此地区最终被穆斯林征服。

《大宪章》　Magna Carta　赋予英国人民政治自由的文件。在泰晤士河畔的兰尼米德草坪起草，1215年英王**约翰**在闹事的贵族的压力下签署了该宪章。由于痛恨英王的高额税金并意识到他们的权力在消退，英国的贵族们在坎特伯雷大主教S.兰顿的鼓动下要求得到他们应有的权利。宪章包括承认教会自由、改革法律和司法、限制皇家官吏行动的条款。1216、1217和1225年经修订重新颁布。虽然《大宪章》反映的是封建的而非民主的要求，仍一向被认为是英国立宪制度的基础。

大萧条　Great Depression　西方世界所经历的时间最长和最严重的经济萧条。始于美国纽约发生的1929年股票市场大崩溃后不久，持续至1939年左右。到1932年末，股价跌到只有之前市值的20%左右；而到1933年，美国2.5万家银行中有1.1万家因财产价值不断下跌、恐慌的客户带来的取款潮及借贷违约等多种原因而宣告破产，这种局面更由于错误的货币政策、坚持金本位制及通过国家复兴管理局引入自愿的工资-价格控制而进一步加剧，导致需求和产出水平大大下降，造成高失业率(至1932年失业率达25%～30%)。由于美国是战后欧洲的主要债权人和资金融通者，美国经济陷入萧条，欧洲各国经济也随之崩溃，特别是英国和德国。孤立主义政策盛行一时，各国均采取提高关税、对外贸进口规定配额的方式保护自己国内的贸易。到1932年，世界贸易总值减少一半以上。大萧条在政治领域也产生了重大的后果。在美国，经济危机导致F.D. **罗斯福**当选为总统，他就任当天即宣布全国银行停业整顿，直至政府查账结束。他的**新政**使美国的经济结构产生若干重大变革。在德国，经济灾难直接导致了A. **希特勒**的崛起，于1933年夺取政权。在欧洲其他国家，大萧条增强了极端主义势力。在大萧条以前，各国政府依赖客观的市场力量去纠正经济偏差；而在大萧条以后，政府开始承担主要的作用，以确保经济稳定。

大协奏曲　concerto grosso　巴罗克时期主要的管弦乐体裁，以独奏小组与全乐队之间的对比为特性。其典型的配器与当时流行的室内乐体裁**三重奏鸣曲**相同，即用两把小提琴和通奏低音演奏。用管乐器写的大协奏曲也很普遍。乐团部分通常由一个弦乐团与通奏低音(由大提琴演奏)组成。A.斯特拉代拉写了第一首著名的大协奏曲(约1675)，A.科莱利写过《12首大协奏曲》(约1680～1690)，J.S.巴赫写过6首布兰登堡大协奏曲(约1720)，G.F.韩德尔写过《12首大协奏曲》(作品第6号，约1740)。这些都是最杰出的范例。从1750年以后，大协奏曲逐渐被独奏协奏曲所取代。

大猩猩　gorilla　最大的**类人猿**。原产于非洲赤道地区、粗壮有力的林栖动物，属猩猩科，仅一个种。皮肤和被毛黑色，鼻孔大，眉脊突出。成体臂部长而有力，腿短而粗壮，胸部极厚且强壮，腹部突出。雄性成体头顶有一突出的骨冠，在下背部有一"片"灰色或银白色毛。重135～275千克，约比雌体重一倍，身高可达1.7米。主要在地面活动，通常四肢着地行走。在稳定的家庭小组中生活，该小组由6～20头大猩猩组成，由1～2头银背雄体带领。以植物的叶、柄和幼茎等为食。大猩猩并不爱寻衅，甚至胆怯，除非受到骚扰。与黑猩猩相比，大猩猩更镇静且固执，适应能力虽不及黑猩猩，但具有很高的智能和解决问题的能力。因为人类的猎食，大猩猩的栖息地在消失，大猩猩在其全部生活区为濒危动物，山地大猩猩则列为濒危的亚种。

雄性大猩猩(*Gorilla gorilla*)
Kenneth W. Fink-Root Resources

大型褐藻　kelp　海带目大型海藻(褐藻)，约有30属，见于较冷的海域中。太平洋沿岸和英国许多小岛上丰富的海带属藻类，是商用**碘**的来源。它的柄(类似茎的结构)有

1～3米长。巨藻属是已知的最大褐藻，长65米。它的主体部分有一个大的根状固着器固着于海底，有一个中空的柄和有中空气囊的分支出去的叶片，很像是更高等的植物。它富含矿物质和褐藻胶。褐藻胶是一种碳氢化合物，可用作乳化剂，在制作冰淇淋时防止冰晶的形成。在东亚广泛食用各类褐藻。

大雄　Mahavira（公元前599？～前527）原名Vardhamana（筏驮摩那）。印度**耆那教**僧团改革者，第24代也是最后一代**渡津者**，创立了耆那教。出身于武士种姓（刹帝利），

大雄登基图，细密画，选自15世纪西印度学派之《劫波经》；现藏华盛顿特区弗里尔画廊
By courtesy of the Smithsonian Institution, Freer Gallery of Art, Washington, D. C.

30岁时与世隔绝，追求极度禁欲的生活。他没有任何财产，几乎连蔽体的破布和化缘的碗都没有，12年后达到感知的最高境界——大圆镜智。身为非暴力和素食主义的倡导者，他改良并重建了耆那教教义，制定教徒的行为规范。其信众必须遵从五戒。

大熊湖　Great Bear Lake　加拿大西北地区湖泊。跨北极圈，1800年前由西北公司商人发现，之后以居住在岸边的熊来命名。湖中有许多小岛，大熊湖长约320千米，宽40～175千米，最深处413米。为完全在加拿大境内的最大湖泊和北美第四大湖。湖中多游鱼，包括溪鲑。

大学预科　gymnasium　在德国，使学生准备升入高等学校的一种国立中等学校。这种类型的9年制学校于1537年创立于施特拉斯堡。学生离校年龄虽通常为19或20岁，但他可在16岁结束学习，进入职业学校。中等学校、师范学院和商业学院也提供一般中等教育。

大驯犬　mastiff　又称獒犬。一种大型使役狗，力壮但性温顺。在欧洲和亚洲的记录中可追溯到公元前3000年。古罗马人将其带到角斗场使之与熊、狮、虎、牛及角斗士等搏斗，后在英格兰用于斗牛和熊。肩高70～75厘米，体重75～84千克。头宽，口鼻部

大驯犬
Sally Anne Thompson

短，颜色较深；耳悬垂，色亦深；被毛短，杏黄色、银灰浅黄褐色或有斑纹。斗牛大驯犬为杂交培育而成，肩高61～69厘米，重45～59千克，用作警犬和守卫狗。

大盐湖　Great Salt Lake　美国犹他州北部湖泊。为西半球最大的内陆咸水湖，也是世界上含盐度最高的湖泊之一。由于蒸发量和注入的河水流量的变动，湖的面积变化极大，面积最大时为1873年和20世纪80年代中期的大约6 200平方千米，1963年时面积小到只有2 460平方千米。中等水量时，深度通常小于4.5米。虽然近年来计划开发湖区的丰富矿产和发展水上体育活动，并建立野生动物保护区，使大盐湖的地位日益重要，但因为周围被大片沙丘、盐碱地和沼泽所包围，至今仍处于隔绝状态。

大眼鰤鲈　walleye　又作walleyed pike。学名*Stizostedion vitreum*，狗鱼鲈的一种类型，肉食型，垂钓鱼。产于北美东部澄清凉爽的湖泊江河中，具暗色斑点。有两个背鳍。一般体重不足4.5千克，但有的可重达11千克。体长最长可达约90厘米。鼓眼鱼不是纯种的狗鱼。

大扬琴　dulcimer　又作hammered dulcimer。弦乐器，**齐特琴**的一种。琴弦用小槌敲击，音箱扁平，通常为梯形。每对琴弦发一个音，琴弦交替向左上方和右上方倾斜，以便用于快速击奏。匈牙利钦巴龙琴是一种大型大扬琴，有琴腿和制音器踏板，在吉普赛乐队中用得很多。阿巴拉契亚大扬琴是一种狭窄的齐特琴，有一饰以回纹的指板和3～5根琴弦，用一手止音，另一手戴上拨子用以弹拨。

大洋洲　Oceania　太平洋大部分水域的岛屿总称。特指太平洋中部和南部的岛屿，包括美拉尼西亚、密克罗尼西亚和波利尼西亚，通常把新西兰包括在内，有时还包括澳大利亚。严格地讲，不包括澳大利亚，但包括巴布亚新几内亚。总共1万多个岛屿，陆地总面积约821 000平方千米。

大洋洲艺术　Oceanic arts　指澳大利亚、波利尼西亚、美拉尼西亚和密克罗尼西亚等大洋洲太平洋诸岛的视觉艺术。这些岛屿相互隔绝，其多样的环境条件，使他们的艺术风格丰富多彩。整个大洋洲的超自然事物给予那些主要艺术创作以灵感。木材是主要艺术创作材料，次要的材料有黏土、贝壳和石头。现存的作品包括木面具、击棍、宗教肖像、石雕、羽毛斗篷、头盔以及印有浓密醒目几何图案的树皮布。最著名的大洋洲艺术的不朽作品是复活节岛上的巨大石像。

大洋洲宗教　Oceanic religions　在大洋洲中流行的非基督教宗教。传统美拉尼西亚宗教（在资本主义与基督教的压力下逐渐衰微）认为祖先的魂灵与其他精灵都是日常生活的参与者。他们会在梦境、占卜以及人类的成败中出现，显示他们的存在与影响。魔法被广泛采用，法道被视为引起死亡和疾厄的主要原因。大部分已经消失的密克罗尼西亚传统宗教，信奉几位崇高的神祇和其他的精灵，包括祖先以及死者的魂灵。魔法扮演着重要的角色。在波利尼西亚，每位神祇，不论是高高在上或地方性的，都有各自的仪式规则，而通常由各派祭司们来执行这些仪式。一般相信，所有的事物都具有**马那**，且必定有复杂的规则和禁戒来保护。波利尼西亚人常在重要的场合以人为牺牲，例如在正式册立祭司或酋长之时。随着现代商品的输入，所有这些岛民都易受货物崇拜的影响。

大隐修院　abbey　以修道院或教堂组成，由修道院院长管理的建筑群，以供教会组织自给自足的需要。最早的大隐修院位于意大利的卡西诺山修道院，529年由努尔西亚的

英国北约克郡里彭附近的一处西多会隐修院废墟，该隐修院建于12世纪
Andy Williams

圣本尼狄克创建。回廊把大隐修院最主要的建筑连接在一起。修士宿舍通常与靠近回廊东面的餐厅相连，并与中央教堂相连。回廊西面为宾客接待厅及庭院，并有门房控制公共庭院这一通向外面的唯一出口。南面是中央厨房、酿造所和各种作坊。见习修士的住房和医务室安排在另外一栋建筑里，有专用的小教堂、浴室、饭厅、厨房和花园等。12～13世纪欧洲各地建造了许多大隐修院，特别是在法国。

大英帝国　British Empire　在英国政府宗主权管辖下遍布世界的属地系统，大约持续了3个世纪，其中包括殖民地、保护国和其他领地。17世纪初由于人民移居北美洲、西印度群岛、南亚和非洲贸易站而开始获取领土，这些领土有的是私人建立的，有的则是贸易公司建立的。18世纪时，英国夺得直布罗陀，建立沿大西洋海岸的北美殖民地和加勒比地区的殖民地，也开始在印度扩张领土。1763年在**法英北美殖民地争夺战**中取得胜

利，获得加拿大和密西西比河河谷以东的领土，也取得印度的宗主权。18世纪末期开始在马来亚建立势力，并夺取了好望角、锡兰（参阅**斯里兰卡**）和马耳他。1788年英国人殖民澳大利亚，然后是新西兰。1839年取得亚丁，1841年取得香港。接着在1875～1956年间控制了苏伊士运河。19世纪欧洲人割据了非洲，英国获得了尼日利亚和埃及（英属东非）以及后来成为南非联邦的一部分（后为南非共和国）。第一次世界大战后，英国获得德属东非、喀麦隆一部分、多哥一部分、德属西南非、美索不达米亚、巴勒斯坦和一部分德属太平洋岛屿的托管权。美国获得独立之后，英国才逐渐让某些殖民地实行自治，如1839年达勒姆勋爵所建议的"责任政府"。加拿大（1867）、澳大利亚（1901）、新西兰（1907）、南非联邦（1910）和爱尔兰自由邦（1921）分别获得自治领地位。1914年英国代表整个帝国向德国宣战。第一次世界大战后这些自治领自己签订和约，并以独立国家身份加入**国际联盟**。1931年《**威斯敏斯特条例**》承认他们是"大英帝国"内的独立国家，并提到"英联邦"的概念。20世纪中叶更名为联邦，即包括英国及前附属国在内的主权国家联盟。

大斋节　Lent　在基督教里为准备**复活节**而进行悔罪的一段时间，这是从使徒时期就有的传统节期。西方的教会曾经规定过40天斋戒（星期日除外），以模仿**耶稣**当年在旷野禁食。一天只准在傍晚时分进一餐，禁食肉类、鱼、蛋和黄油。后来这些规定逐渐放松，现在只有圣灰星期三（西方教会大斋期的第一天，传统上悔罪者这一天要在前额抹上灰）和**耶稣受难节**还保持为斋日。东方教会的斋戒规矩要更加严格一些。

大钟琴　carillon　用至少23个铸铜钟铃悬挂组成的乐器，按半音依次定音，在一起鸣响时能构成和声。通常设置在钟楼上，在键盘装置上演奏。大多数大钟琴有3到4个8

大钟琴
Gillett & Johnston (Croydon) Limited

度。大钟琴约1480年首创于佛兰德斯，大钟琴制造技术在17世纪的荷兰达到顶峰，当时钟的调音已十分精准。

大仲马　Dumas, Alexandre（1802～1870）又称Dumas père。法国剧作家和小说家。以戏剧创作开始文学生涯，获得好评，包括《拿破仑·波拿巴》（1831）和《安东尼》（1831）。他那些极受欢迎的小说是以丰富多彩的史实为背景。最著名的作品有《三剑客》（1844），描写黎塞留出任首相期间4个闹事英雄的故事；续集《二十年后》（1845），以及《基督山恩仇记》（1844～1845）和《黑色郁金香》（1850）。他的私生子小仲马（1824～1895）也是作家，以剧作《茶花女》（1848）闻名，G.威尔第的歌剧《茶花女》便是由该剧本改编而成，后来还拍成好几部电影。

大众部　Mahasanghika　印度早期佛教部派，后世**大乘**佛教的先驱。产生于公元前4世纪，此时**佛陀**已去世约100年，代表佛教内部的初次分裂。虽然佛教的第二次结集大会认为这次分裂的原因来自戒律上的分歧，但后来的典籍强调大众部和**上座部**在佛性和果位问题上的区别。大众部认为佛有很多个，而现世中存在的佛陀只是幻化之身。

大众汽车公司　Volkswagen AG　德国主要的汽车制造公司。1937年纳粹政府为大量生产廉价的"大众车"（*Volkslvageh*）而创立。第二次世界大战后，在同盟国的帮助下，不到10年间该公司生产的汽车已占联邦德国机动车辆的一半。因车身小、外表圆，在美国起初销售不佳。但在20世纪60年代的广告宣传活动中为其取名"甲壳虫"，使其销路扩大，是美国进口量最大的汽车。到1974年由于其他外国小型汽车的竞争，该公司濒于破产。此后，开发生产新式的华丽小汽车，如"野兔"。1998年推出新款"甲壳虫"。大众公司及其联营公司在世界多数地区设有工厂。它还拥有其他几家汽车公司，如奥迪公司和宾利公司。

大主教　archbishop　基督教会职称，即除担任本教区**主教**外，通常兼管辖区内其他主教区，但不享有更高地位的主教。4世纪时东方教会开始有这种荣誉头衔，西方教会一直到9世纪才开始普及。现在已普遍用于罗马天主教和东正教会。新教很少有大主教一职，但英国圣公会教务分由坎特伯雷大主教和约克大主教管理，瑞典和芬兰的信义会也有一个大主教。

大嘴雀　grosbeak　红鸟科和燕雀科中数种鸟类的统称。特征是喙圆锥形、特大。多以种子为食。大嘴雀产于北美洲（例如玫瑰胸大嘴雀、黑头大嘴雀、蓝雀和黄昏大嘴雀）

黄昏大嘴雀（*Hesperiphona vespertina*）
Karl H. Maslowski

和欧亚北部（例如松大嘴雀）。参阅**红衣主教雀**。

傣语诸语言　Tai languages　彼此关系紧密的一组语言，在东南亚与中国南部有超过8 000万人使用。依据一种广泛使用的分类，傣语共有三个分支。西南语组包括泰语，是泰国的国语；东北傣语和老挝语用于泰国东部和老挝；南傣语用于泰国南部；掸语用于缅甸的东部和北部；黑傣与白傣主要用于越南北部。中部语组有龙安族与南壮族语，为分布越南北部与中国广西壮族自治区的方言；齐族语分布在同一地区。北部语组有布依语与北壮族语，为分布于中国广西、贵州和云南的方言。傣语全都是声调语言。多数学者相信傣语一组语言与中国南部与越南北部少数民族所操的其他语言有关。与傣语一起，整个语群命名为卡岱或傣-卡岱。

代　era　很长的一段地质时期，正规使用时是第二大地质时期划分单位（"世"更长）。公认有3个代：**古生代**、**中生代**和**新生代**。由于最早的前寒武纪很难建立准确的年代表，它的几个代被单独划分出来。一个代由一个或更多的地质**纪**组成。

代表制　representation　在政治学中指让选民通过他们选举的代表来参与立法和制定政府政策的方法或程序。在现代政治中，因为所辖人口太多不能允许直接集会，所以代表制是必要的。参阅**比例代表制**。

代达罗斯　Daedalus　**希腊神话**中的建筑师、雕刻家和发明家。据说，曾为克里特国王**弥诺斯**建造迷宫，里面放置一只怪物**弥诺陶洛斯**。失去国王宠爱后，他被投入监狱。他偷偷为自己和儿子伊卡洛斯做了翅膀，企图逃往西西里。但伊卡洛斯不听父亲的警告，离太阳过近，结果将羽毛固定在翅膀上的蜡被熔化，掉入大海里淹死。

代达罗斯雕刻　Daedalic sculpture　又作Daidalic sculpture。一种人物雕刻类型，古希腊人认为是由传说中的艺术家**代达罗斯**所创，与克里特青铜时代及希腊古风时期早期雕刻风格有关系。代达罗斯雕刻显现出东方的影响：假发发式，眼睛很大，鼻子突出。女像的躯体富有曲线，腰部较高，衣着轮廓模糊。此种风格见于小塑像、泥雕板和花瓶浮雕。

代尔夫特　Delft　荷兰西南部城市。1075年建立，1246年设市。16～17世纪为贸易中心，以**代尔夫特陶器**闻名。为法学家**H.格劳秀斯**和画家**J.弗美尔**的出生地。现生产陶瓷、酒精、盘尼西林和机器。古建筑包括中世纪哥特式大教堂、文艺复兴风格的市政厅和17世纪的军机库。人口约96 180（2001）。

代尔夫特陶器　delftware　又作delft。17世纪早期首先在荷兰代尔夫特生产的一种蓝白或多色锡釉陶器。后来荷兰陶工将锡釉技术连同代尔夫特的名字一起传到英格兰。现在代尔夫特陶器一词指在荷兰和英格兰制作的陶器，以便与法国、德国、西班牙和斯堪的纳维亚国家出产的彩陶，以及意大利生产的马约利卡陶器区别开来。

代理 agency 一种法律关系，一方（代理人）代理另一方（委托人），并在其控制下跟第三方打交道。源于古代主-仆间的关系。当代理人伤害或冤枉到第三方时，代理就成为法律问题。在英美法中，委托人受到股票经纪人、商业代理人、承包商、不动产经纪人、辩护律师、工会代表、合伙人和私家侦探的行为约束并对他们的行为负责。

代数几何 algebraic geometry 用代数的方法研究几何对象的一门学科，以坐标系来表示。它和欧几里得几何不同，代数几何是用代数方程来表示几何对象（如，一个圆的半径 r 可以以 $x^2+y^2=r^2$ 来确定）。如此确定的几何对象可以解析成对称、截距和其他不需以坐标图来表示的特性。

代数拓扑 algebraic topology 动用代数结构研究几何对象变换的数学领域。代数拓扑使用函数（在这个领域常被称为映射）来表示连续变换（参阅拓扑学）。一组映像和对象一起组成一个代数群，可以用群论的方法来分析。代数拓扑中广为人知的一个题目就是四色地图问题。

代托纳比奇 Daytona Beach 美国佛罗里达州东北部沿海城市。位于杰克逊维尔南部，建于1870年，1876年设市。1926年西布利兹、代托纳和代托纳比奇三市合并为代托纳比奇市。1903年起，著名的奥蒙德-代托纳海滩（沙白而硬）被用于车速实验场。该市还以代托纳比奇国际赛车场而闻名。人口61 005（2010）。

代谢派 Metabolist school 日本20世纪60年代的建筑运动，结合了高科技的想象、野兽主义以及对巨型大厦（近乎自给自足的多功能复合体）的兴趣。丹下健三以1959年波士顿港口工程设计发起这项运动。在这个设计中，它包含两个巨大的金字顶式建筑物，上头悬挂着作为住家与其他建筑物的"棚架"。在矶崎新和丹下健三、菊竹清训（生于1928年）和黑川纪章（1934）的带领下，代谢主义派专注在结构松散、功能多元的工程上。这些建筑带有破碎的空中轮廓线、粗糙的表面以及动态的科幻特质。代谢主义者在1960年的世界设计大会上所发表的宣言，为它在后来诸如索勒里的阿科桑蒂的工程上开拓了先路。在地表的城市之上使用人工土地平台这样的设计，是出于节约使用土地的想法。这种做法革命性地颠覆了建筑界的思想。

代孕法 surrogate motherhood 由一位妇女替代一对不能正常生育的夫妇来怀孕并生育的做法，通常是因为夫妇中的女方不育或不能正常怀孕到分娩期。代孕法或采取人工授精的方法用男方精子使代孕母亲受精，或采集不孕夫妇的精子和卵子在体外授精后，再将胚胎植入代孕母亲体内。按以往传统，不论采用哪种方法，代孕母亲都将放弃一切作为母亲的权利，但近年来这种做法已受到法律责难。

带状疱疹 shingles 又作 herpes zoster。一种侵犯皮肤和神经的急性病毒性传染病。沿着某些神经节段出现成群的小水泡，最常见于背部，有时在患部有轻微疼痛之后出现。水泡破后，疼痛加剧。病原病毒同水痘相同。可能是具有免疫力的人体内看似不活跃的病毒又被激活所致。通常两周内便可自愈，但愈后神经痛会持续数月至数年。

贷款公司 finance company 对购买消费品和劳务提供信贷的专门性的金融机构。他们按折扣价从商家买入消费者的赊购账，到期时向消费者收款。他们也直接向消费者提供小额贷款，以赚取高额利息。

袋貂 possum 又称 phalanger（结趾鼰）。澳大利亚和新几内亚多种结趾鼰科夜间活动的树栖有袋动物的统称。身长55～125厘米，尾长可卷缠，毛茸厚。以水果、树叶和花为食，也有食昆虫和小型脊椎动物的。飞袋貂以后爪攀抓树枝，大多数结趾鼰借助树洞或鸟类弃巢育幼仔，少数以树叶筑巢。有几种因人类诱捕及受到栖息地减少的威胁而濒临灭绝。但普通的帚尾袋貂被人们当作宠物。参阅负鼠。

袋獾 Tasmanian devil 袋鼬科有袋类哺乳动物，学名为 *Sarcophilus harrisii* 或 *S. ursinus*。在澳大利亚大陆已灭绝，仅残存于塔斯马尼亚的边远岩石地带。体长75～100厘

袋獾（*Sarcophilus harrisii*）
John Yates-Shostal

米，身体矮壮，头和下颌大，尾长呈帚状。毛色黑或褐，胸部有白斑。外貌凶恶，嘎声嗥叫，故俗名塔斯马尼亚恶魔。主要觅食沙袋鼠和山羊的腐肉，但也吃甲虫的幼体，偶尔也捕食家禽。幼崽3～4只，会在母体的袋里生活约5个月。

袋狼 Tasmanian wolf 又称 Tasmanian tiger（塔斯马尼亚狼或塔斯马尼亚虎）。袋鼬科（*Dasyuridae*）已灭绝的有袋类食肉动物，学名为 *Thylacinus cynocephalus*，体细长，面似狐，体长100～130厘米。被毛浅黄褐色，背部和臀部有多条黑色条纹。夜出捕食沙袋鼠和鸟类。雌兽将幼兽置于一个浅腹袋中。曾见于澳大利亚大陆及新几内亚，但在很早以前已局限于塔斯马尼亚。因竞争不过引进的澳大利亚野狗，在澳大利亚大陆已绝迹。移居于塔斯马尼亚的欧洲人认为袋狼对羊是个威胁而大量捕杀。最后为人所见的袋狼1936年在囚禁中死去。

袋狸 bandicoot 袋狸科大约22种有袋哺乳动物的统称（参阅有袋类），产于澳大利亚、塔斯马尼亚、新几内亚及其附近岛屿。体长30～80厘米，包括长10～30厘米覆毛

长鼻袋狸（*Perameles nasuta*）
Warren Garst-Tom Stack and Associates

稀疏的尾。躯体肥胖，被毛皮粗糙，吻锥形。后肢比前肢长，两个后趾愈合。与其他有袋动物不同之处是袋狸有胎座。是陆栖独居动物。挖掘漏斗形的地洞以寻找昆虫和植物为食。农民认为它们是害兽而加以捕杀。各种袋狸的数量均已减少，有些种已濒危。

袋鼠 kangaroo 袋鼠科6大澳大利亚有袋兽类的统称。也泛指65个品种中任一种。大部分生活于澳大利亚平原上。一般有长而有力的后腿和足部，以及一条尾基粗壮的长尾

灰袋鼠（*Macropus canguru*）
Warren Garst - Tom Stack and Associates

巴。后腿可使它们跳跃得很高，也用来自卫。尾巴则用来平衡。头小，耳大而圆，毛柔软像羊毛。母袋鼠通常每年产一崽，袋鼠幼崽在育儿袋内发育，为时6个月，之后也常回到育儿袋内和母兽生活。灰袋鼠是最有名、也是第二大的袋鼠，一跳可达9米。红大袋鼠是最大的一种，雄袋鼠站立有1.8米高，重达90千克。树袋鼠栖息于树上，它们在树上攀爬，跳跃于树枝间。人类每年杀死上百万袋鼠以取用其肉和毛皮，也因为它们与牲畜争食粮草。参阅沙袋鼠。

逮捕 arrest 在合法权限下，由某人（如警官）执法拘留或羁押一个人的行动。警官在一个人正在犯罪或企图犯罪时的现场，可以进行逮捕。如果警官合理地确信犯罪已经发生，而且被捕人就是犯罪人，也准予逮捕。只有存在确实诉因，法庭或司法官员才能签发逮捕证。大部分国家都限

制和禁止民事诉讼中的逮捕，除非如债务人企图潜逃，即可予以逮捕拘留。在美国，嫌疑犯被逮捕时，必须告知其自身的权利。非法逮捕通常被认为是错误关押，通常会使与逮捕相关联的证据失效。参阅**大陪审团**和**起诉书**。

戴 Day, Dorothy（1897～1980） 美国女记者与社会改革者。出生于纽约市布鲁克林，成长于芝加哥，返回纽约之后为立场激进的《呼唤》与《群众》等刊物工作。随着女儿的出生（1927），她改变了激进主义的作风并皈依天主教。曾为自由派天主教期刊《共和国》执笔，后与P.莫林（1877～1949）于1933年共同创立《天主教工人》期刊，该刊物表达了她的"人格主义"观点。她在市区建立慈善之家来帮助贫困的人，作为这场天主教工人运动的活动之一。莫林死后，她仍继续出版这份刊物并经营慈善之家。虽然她的和平主义言论受到保守派天主教徒的批评，但也影响了一些自由派天主教徒如T.默顿和贝里根兄弟丹尼尔和菲利普。

戴阿克 Deák, Ferenc（1803～1876） 匈牙利政治家。1833年进入匈牙利议会，成为要求匈牙利政治解放和内部革新的领袖。1848年出任司法大臣，任内主要负责起草进行改革的《四月法案》。19世纪60年代，他提出匈牙利要在有条件的情况下与奥地利达成和解，结果促成了1867年的《奥匈协约》，建立了二元君主制的**奥匈帝国**，并协助完成了基于协约原则的立法。

戴安娜（威尔士王妃） Diana, Princess of Wales（1961～1997） 原名Lady Diana Frances Spencer。**查尔斯（威尔士亲王）**之前妻（1981～1996）。奥尔索普子爵斯潘塞（后为斯潘塞伯爵）的女儿。与查尔斯订婚时是幼儿园老师，1981年7月29日与查尔斯结婚，这场世纪婚礼曾在全球作电视转播。两人婚后生有两子，威廉亲王（1982）和哈利亲王（1984）。她的美貌和作为王室成员受欢迎的程度无人能及，吸引了大批媒体的注意，成为世界最常被拍摄的女人之一。戴安娜与查尔斯的婚姻决裂后，两人于1992年分居，1996年离婚。离婚后，戴安娜依旧是高知名度人物，并继续进行她早先即已从事的许多慈善活动。1997年她在巴黎的一场车祸中意外身亡，同行的还有她的伴侣法伊德（1955～1997）和司机。戴安娜死后，人们纷纷表示对她的哀悼，这使英国王室大为惊讶，于是英国王室安排了一次国际电视转播的葬礼。

戴尔 Dare, Virginia（1587～?） 英国移民美洲的第一名新生儿。1587年，120名移民来到罗阿诺克岛，她的父母便在其中。她的祖父J.怀特是该殖民地的总督。她出生9天后怀特离岛去英国收集物资。1590年，这一百多人连同这名婴儿神秘消失，来调查此事的考察队只在一棵树上发现刻有奇怪的croatoan一词。除此之外，未找到这个神秘事件的任何线索。

戴夫南特爵士 Davenant, Sir William（1606～1668） 又称William D'Avenant。英国诗人、剧作家和剧院经理。早期作品包括喜剧《众才子》（1634获准演出）和一卷诗集《马达加斯卡》（1638）。1638年，他被授予桂冠诗人。由于在英国内战期间涉嫌阴谋罪，他被囚于伦敦塔，在那里他创作出了对句体史诗《冈狄伯特》（1651）。出狱后，他最先尝试恢复英国戏剧（在克伦威尔政权时期被禁演）并首次将歌剧、画布舞台布景和女歌唱演员带到英国的公共舞台上。王室复辟之后，他继续剧本创作并成立了一家剧院。

戴高乐 de Gaulle, Charles (-André-Marie-Joseph)（1890～1970） 法国军人、政治人物和法兰西第五共和国的创建者。1913年参军，在第一次世界大战中表现英勇。1925年被提拔为最高作战会议参谋。1940年晋升中校，短暂出任P.雷诺政府的陆军部副部长。法国被德国占领后，他前往英国，开展**自由法国**运动。他致力于法国的解放事业，1943年搬到阿尔及尔，就任法国民族解放委员会主席（第一次与H.H.吉罗同任主席）。巴黎解放后回国，接连两届担任临时政府首脑，1946年辞职。他反对第四共和国，1947年成立法国人民联盟（RPF），但在1953年脱离与该组织的关系。他退出政治舞台后，开始撰写回忆录。1958年阿尔及利亚爆发动乱使法国处于内战边缘时，他再度复出就任总理，拥有权力修改宪法。同年当选法国新的第五共和国总统，成为一位强势的总统。他结束了阿尔及利亚战争，并让法属非洲领地独立为12个国家。他让法国退出北大西洋公约组织，在越战时政策保持中立，许多人认为这是反对美国的举措。他开始奉行缓和与铁幕国家关系的政策，并周游各地与法语国家广泛结盟。1968年5月爆发学生和工人引起的内乱后，他在1969年举行宪法修正案公投失利后辞职。

戴克里先 Diocletian（245～316） 拉丁语全名为Gaius Aurelius Valerius Diocletianus。原名Diocles。罗马皇帝（284～305）。他在公元3世纪近乎无政府状态中重建有效

戴克里先半身像，现藏罗马卡皮托利尼博物馆
Alinari-Art Resource

率的帝国政府。卡里努斯的兄弟、共治皇帝努梅里安被杀死时他正在罗马皇帝卡里努斯（283～285年在位）手下工作。戴克里先的部下拥护他为皇帝。但在他初即帝位时，他的实权仅限于他的军队所控制的地区——小亚细亚，可能还有叙利亚。卡里努斯攻击戴克里先（285），但在获胜前遭到暗杀，使戴克里先成为唯一的皇帝。他决心使军队脱离政治，重新建立国内秩序。实行四帝并治以分散他的影响力和平定国内叛乱。他为其统治披上一层神权政治外衣。他改组了帝国财政、行政和军事组织，为东方的拜占廷帝国奠定了基础，暂时制止了西方帝国的衰落。303～304年颁布4项敕令对基督徒进行了最后一次大规模迫害。他于305年退位。

戴-刘易斯 Day-Lewis, C(ecil)（1904～1972） 爱尔兰裔英国诗人。父亲为神职人员。曾就读于牛津大学，20世纪30年代加入以W.H.奥登为首的左翼诗人圈子，不过后来转向以传统形式写个人抒情诗。作品包括翻译**维吉尔**的《农事诗》（1940）、《埃涅阿斯纪》（1952）和《牧歌》（1963）；诗集有《房屋》（1965）和《窃窃私语的根》（1970）。还写有自传《被埋葬的日子》（1960）以及用N.布莱克的笔名写的一些侦探小说。1968年成为英格兰桂冠诗人。他是D.戴-刘易斯的父亲。

戴流士 Delius, Frederick (Theodore Albert)（1862～1934） 英裔法国作曲家。生于英国，父母为德国人，曾在莱比锡等地学习音乐。1887年挪威作曲家**E.格里格**说服他的父母让他从事音乐创作。后来到巴黎附近一个村庄定居。第一次世界大战后因罹患梅毒而逐渐陷于瘫痪和失明。他的作品受**C.德彪西**的影响，包括歌剧《罗密欧与朱丽叶的乡村》（1901）与《芬尼莫尔与格达》（1910）；管弦乐曲《布里格集市》（1907）、《春日初听布谷鸟鸣叫》（1912）；合唱曲《阿巴拉契亚》（1903）、《生命弥撒曲》（1908）。

戴明 Deming, W(illam) Edwards（1900～1993） 美国统计学家、教育家，提倡工业生产的质量管理法。生于艾奥瓦州苏城。1928年在耶鲁大学获数学物理博士学位。后来在纽约大学任教长达46年。在20世纪30年代戴明研究用统计分析的方法来达到更佳的质量管理效果，1950年他受邀到日本向该国的总经理和工程师讲授新法。他的观念就是系统地检查产品的瑕疵，分析缺点的成因并加以修正，并记录随后质量改变的效果，他的这些观念被日本公司急切地采纳，结果使日本产品攻占了世界的许多市场。1951年日本设立戴明奖，以奖励在严格的质量管理竞赛中获得优胜的公司。20世纪80年代，美国各公司也采纳了戴明的观念，尤其是在**全面质量管理**规范下。

戴姆勒 Daimler, Gottlieb (Wilhelm)（1834～1900） 德国汽车发明家。曾受训为工程师，1882年与他人合办一家发动机制造公司。1885年获最早的高速**内燃机**的专利，是最早研发成功的高速内燃机之一，并首度用汽油发动机来驱动自行车（参阅**摩托车**）。1889年设计成功可供商业生产的四轮汽车。1890年戴姆勒汽车公司在坎斯塔特成立，1899年制造出第一批梅塞德斯汽车。

1926 年戴姆勒汽车公司与 K. 本茨创建的公司合并。参阅戴姆勒有限公司。

戴姆勒有限公司 Daimler AG 德国汽车制造公司。其前身为 G. 戴姆勒和 K. 本茨(中文又译"奔驰")分别创办的两家汽车公司,1926 年这两家公司合并。1901 年由戴姆勒的公司首先出产的梅塞德斯-奔驰豪华型轿车仍是戴姆勒-奔驰有限公司的支柱车型。也生产重型卡车、巴士、喷气式飞机发动机和机动车辆发动机。第二次世界大战期间,其发动机广泛应用于德国坦克和飞机。1998 年戴姆勒-奔驰有限公司与美国的克莱斯勒汽车公司合并,组建成戴姆勒克莱斯勒汽车公司。新公司生产客车、卡车和商用车辆,使用"梅塞德斯"、"道奇"、"克莱斯勒"、"吉普"等品牌。2007 年戴姆勒克莱斯勒公司子公司克莱斯勒的控股权出售给美国的一家私募基金公司。

戴维丝 Davis, Bette(1908 ～ 1989) 原名 Ruth Elizabeth。美国电影女演员。起初扮演舞台小角色。1931 年到好莱坞发展,扮演次要角色,直到演出《人性的枷锁》(1934)和《危险》(1935,获奥斯卡金像奖)才建立名声,以饰演女强人的强烈性格特征闻名,演技逼真而具有感染力。她出演的其他知名影片还有:《化石林》(1936)、《无赖荡妇》(1938,旧译《红衫泪痕》,获奥斯卡金像奖)、《昏暗的胜利》(1939)、《伟大的谎言》(1941)、《夏娃的故事》(1950)和《处女皇后》(1955)。后期影片有《婴儿简会发生何事?》(1962)和《暴雨鲸变》(1987)。

戴维斯 Davies, Sir Peter Maxwell(1934 ～) 英国作曲家。曾在英国、意大利和美国求学。与他人共同创立"伦敦之火演奏团",1970 ～ 1987 年担任该团指挥,并为之创作许多作品。1970 年以后移居苏格兰偏僻的奥克尼群岛生活并作曲。他写了许多音乐剧作品,并以指挥管弦乐团而闻名世界。最有名的作品是《疯狂国王歌曲八首》(1969)、《奥克尼婚礼与日出》(1985)。其他作品包括《多尼松小姐的狂想》(1974);歌剧《塔弗纳》(1968)、《圣马格努斯的殉难》(1976)和《灯塔》(1980);8 首交响曲以及多首协奏曲。

戴维斯 Davies, (William) Robertson(1913 ～ 1995) 加拿大小说家和剧作家。曾就读于英国牛津大学。在彼得伯勒(安大略省)《观察家》当主编多年,后在多伦多大学教书。戴维斯的 3 个小说三部曲为他赢得了加拿大最杰出作家的声誉:萨尔特顿三部曲都是以加拿大地方大学城为背景的风格喜剧;德特福德三部曲包含《第五件事务》(1970)、《人头狮身蛇尾兽》(1972)和《奇异的世界》(1975),探讨来自加拿大小镇德特福德的 3 名男子相互交往的生活;康沃尔三部曲包含《叛逆天使》(1981)、《骨头里长了什么》(1985)和《奥尔甫斯的里拉琴》(1988)。

戴维斯 Davis, Angela (Yvonne)(1944 ～) 美国政治活动家。出生于亚拉巴马州伯明翰。曾在加利福尼亚大学由 H. 马库泽指导攻读博士学位。由于她的政治观念,她在学院的教书工作没有续聘。她致力于争取黑人罪犯获得公正待遇,1970 年发生一起索来达德兄弟会企图绑架法官逃离法庭未遂的事件,共有 4 人被杀(包括法官),戴维斯因涉嫌同谋而被捕。一个完全由白人组成的陪审团宣布戴维斯无罪。1980 年她曾作为美国共产党的候选人竞选副总统。

戴维斯 Davis, Sir Colin (Rex)(1927～2013) 英国指挥家。自学指挥,1958 年指挥莫扎特的歌剧《后宫诱逃》,初获好评。第二年因临时代替 O. 克伦佩雷尔指挥而建立声誉。1971 ～ 1986 年任科文特加登剧院音乐总监。1983 ～ 1992 年任巴伐利亚无线电交响乐团首席指挥。1995 年起任伦敦交响乐团的首席指挥。他特别擅长诠释 H. 柏辽兹和 J. 西贝柳斯的作品。

戴维斯 Davis, Jefferson(1808 ～ 1889) 美国政治领袖,南部邦联的总统(1861 ～ 1865)。毕业于西点军校,后派驻威斯康星准州,不久参加黑鹰战争。1835 年退役,在密西西比州经营种植园。1845 ～ 1846 年选入美国国会,后辞去议员职务参加墨西哥战争,在布埃纳维斯塔战役中表现优异。作为民族英雄,他进入参议院(1847 ～ 1851)。1853 年F. 皮尔斯总统任命他为陆军部长。1857 年重返参议院,提倡州权,但不赞成南北分裂。1861 年密西西比州脱离联邦后,他辞职并被南部邦联大会选为总统。他在面对缺少人力、物资和金钱的情况下,领导南方对抗北方的战争,而且受到他的政府内部激进派不同政见的限制。R. E. 李将军向北方投降以后,戴维斯逃离里奇蒙,希望继续战斗直到他能从北方争取较好的谈判条件。后被俘,因叛国罪被起诉,但未审判。1867 年因健康不佳而获释。他回到密西西比州,从没有寻求特赦或恢复公民权。死后其公民权在 1978 年得以恢复。

戴维斯 Davis, Miles (Dewey)(1926 ～1991) 美国爵士乐小号演奏员、乐队领队。在东圣路易斯长大,1944 年就读于纽约朱利亚学院。1946 ～ 1948 年与 C. 帕克一起工作。早

M. 戴维斯,摄于 1969 年
Votavafoto from London Daily Express–Pictorial Parade

期主要是当乐队领队,1949 年至 1950 年灌制了一系列唱片,1957 年唱片集《冷静爵士乐的诞生》出版,其中一种轻松的美感取代了比博普的狂热风格,开创了 20 世纪 50 年代的"冷静"爵士乐派。1955 年起,戴维斯的乐队采用他的简洁、抒情的做法,与那些萨克管演奏家(如 J. 科尔特兰和 W. 萧特)极难懂的曲风正好相反。其深沉忧郁的曲调、有条不紊的即兴演奏,以及经常使用金属消音器对爵士小号独奏者的影响很大。1959 年推出的专辑唱片《类似蓝调》是典型和声爵士开创性的代表作。60 年代期间,他的音乐变得越来越前卫,60 年代末使用了电子乐器(如 1969 年的《酿造泼妇》),因而在 70 年代促使爵士乐和摇滚乐融合。戴维斯是最早演奏爵士乐和对爵士乐最有影响的音乐人士之一。2006 年他的名字入选摇滚名人堂。

戴维斯 Davis, Stuart(1894 ～ 1964) 美国抽象派画家。1909 ～ 1912 年在纽约师从 R. 亨利学画,并为《大众》周刊作画,与垃圾箱画派来往密切。曾在著名的军械库展览会上展出水彩画。1928 ～1929 年访问巴黎,开拓了他的立体主义的视野,创造出一种新的风格,即以色彩单调的几何形有节奏地交相掩映为一方,用直线透视法画出轮廓清晰的物像为另一方,进行二者之间的对比。他被认为是美国最出色的立体派画家。

戴维斯(小) Davis, Benjamin O(liver), Jr.(1912 ～ 2002) 美国飞行员和行政官,是美国空军第一位黑人将军。出生于华盛顿特区。毕业于西点军校,1941 年进入陆军空中兵团。他组建了第 99 战斗机中队,这是第一个全部由黑人组成的空军作战单位。1943 年组建并指挥塔斯基吉飞行员大队。他共执行过 60 次战斗任务。1948 年协助制定空军的取消种族隔离法。后在朝鲜战争中指挥一支战斗机联队。1970 年以中将职位退休,1971 ～1975 年担任交通部副部长。

戴维斯杯 Davis Cup 颁发给男子国际草地网球比赛获胜队的奖杯。该奖杯 1900 年由 D. F. 戴维斯捐赠,他本人参加了美英两队之间最初的两场比赛。从那时起,这种比赛发展成真正具有国际规模的赛事。每年约有 100 多个国家参加,但美国、英国、澳大利亚、南非和几个欧洲国家选手在比赛中一直占据优势。

戴维斯海峡 Davis Strait 北大西洋海峡。位于巴芬岛东南部和格陵兰西南部之间,将巴芬湾(北)和拉布拉多海(南)隔开,形成穿越加拿大北极群岛沟通大西洋和太平洋的西北航道的一部分。南北长约 650 千米,东西宽约 325 ～ 650 千米。海峡于 1585 年由英国航海家 J. 戴维斯发现,故名。西格陵兰洋流的较暖海水沿格陵兰岸向北流,拉布拉多寒流则挟带大量冰块沿巴芬岛东岸向南流注入拉布拉多海和大西洋。

戴维营 Camp David 美国总统的休养地。位于马里兰州北部,为一片景色秀美的林区,面积 81 公顷,不向公众开放。1942 年由F. 罗斯福总统建立,称"香格里拉"(Shangri-La,即"世外桃源"之意)。1945 年 H. 杜鲁门总统将此地正式定为总统休养地。1953 年D. D. 艾森豪威尔总统以他孙子的名字将此地改名为戴维营。美国总统经常在戴维营与外国元首举行高层会谈。

《戴维营协议》 Camp David Accords(1978) 以色列总理贝京与埃及总统萨达特在美国总统J.卡特的帮助下,在戴维营签订的两项协议。一项协议提出了谈判框架,使埃以两国最后达成一项和平协议,正式结束约30年的战争状态。另一项协议为该地区更加广泛的和平提出一个框架,包括巴勒斯坦在西岸和加沙地带实现自治的计划。这些条款没有被执行。参阅M.达扬。

黛德丽 Dietrich, Marlene(1901～1992) 原名Maria Magdalene。德裔美国电影女演员和歌手。1922年加入戏剧导演M.赖恩哈特的剧团后,参与德国电影的演出,她在J. von

M.黛德丽
Pictorial Parade

斯登堡导演的影片《蓝天使》(1930)中饰演性感而厌世的夜总会艺人洛拉-洛拉,确立了她的国际影星地位。斯登堡把她带到美国好莱坞,两人合作了《摩洛哥》(1930)、《上海快车》(1932)、《红色女皇》(1934)和《魔鬼是个女人》(1935)等。她那饱经世故、娇媚倦怠的神情,使她成为最富有魅力的影星之一。第二次世界大战期间曾为盟军作了500多场劳军表演。后来还演了《德斯特里重跨骏马》(1939)、《海外恋情》(1948)、《控方证人》(1957)和《邪恶的接触》(1958)等片。20世纪60年代曾在夜总会演出,她的招牌歌曲是《再陷情网》。

黛莱达 Deledda, Grazia(1871～1936) 意大利小说家。17岁时受真实主义流派的影响,写了第一本故事集。在她的近50部小说中,包括《离婚之后》(1902)、《埃里亚斯·波尔托卢》(1903)和《灰烬》(1904),多描写她的故乡撒丁的古老生活方式与现代习俗的冲突。后期的小说《母亲》(1920)和去世后才出版的自传小说《科西玛》(1937)广受赞扬。1926年获诺贝尔文学奖。

丹迪·丁蒙㹴狗 Dandie Dinmont terrier 在英格兰和苏格兰边境地区培育的狗品种。约1700年首次作为一个独立的品种被人提及。后因W.司各特的小说《盖伊·曼纳林》(1815)中的一个人物而得名。有长而曲线柔和的身体,腿短,头大而圆,头顶毛发柔软光亮并呈冠状。被毛卷曲,软硬杂生,呈胡椒色或芥末色。肩高20～28厘米,体重8～11千克。

丹第 Indy, (Paul Marie Theodore) Vincent d'(1851～1931) 法国作曲家和教师。在管风琴和作曲方面受过训练后,他通过与德国的音乐传统作比较,摒弃了流行的法国风格,认为它轻浮。他写出几部重要的舞台作品,其中包括《费尔瓦尔》(1895)和《圣克里斯托弗传说》(1915),但像《法国山歌交响曲》(1886)、《山间夏日》(1905)和《伊斯塔尔》(1896)等交响乐作品则更为人们所熟知。1894年他成为巴黎圣歌合唱学校的创办人之一,法国许多一流作曲家和音乐家都曾在这里接受培训。

丹东 Danton, Georges (-Jacques)(1759～1794) 法国革命领袖。原在巴黎当律师,法国大革命后,创立科德利埃俱乐部(1790),经常在此以及雅各宾俱乐部发表激动人心的演说。1792年担任司法部长。1793年4月任第一届救国委员会委员。他有效地行使政府首脑的权利3个多月后,开始寻求政治上的妥协和沟通。7月任期过后,他没有再当

丹东,肖像画,C.-M.夏庞蒂埃夫人绘;现藏巴黎卡尔纳瓦莱博物馆
J. E. Bulloz

选救国委员会委员,成为宽容派,即从科德利埃俱乐部派生出来的温和派的领袖。他的温和作风及反对恐怖统治的立场最后把他自己送上了断头台。

丹佛 Denver 美国科罗拉多州首府。位于落基山脉东侧,濒临南普拉特河。海拔1 609米,故外号"一英里高的城市"。早期是印第安人和捕猎者的休息站,1858年拓居时称圣查理,并曾一度改名为丹佛市。1860年奥勒里和圣查理镇合并成丹佛,1867年后成为首府。19世纪70和80年代爆发一股银矿热潮,1893年结束,但新发现的金矿使它避免了衰落的命运。现为工商业和交通运输中心,有美国最大牲畜市场之一。丹佛也是冬季运动中心,附近有多个滑雪场。美国造币局丹佛分部(1906年设)大约生产美国钱币的50%,也是美国的第二大金库。人口约600 158(2010)。

丹吉尔 Tangier 法语作Tanger,阿拉伯语作Ṭanjah,古称Tingis。摩洛哥北部海港城市。位于直布罗陀海峡西端,已知最初为腓尼基人的贸易点,后来相继成为迦太基人和罗马人的居住地。罗马人统治5个世纪之后,先后被汪达尔人、拜占廷人和阿拉伯人占领。1471年落入葡萄牙人之手。后来转让给英国。1684年英国人放弃该地归还给摩洛哥。1912年摩洛哥其他地区成为法国的保护国时,丹吉尔被赋予特殊地位。1923年正式成为一个国际城市,由一个国际共管委员会管理。此后长期为国际共管地,直至1956年并入独立的摩洛哥王国。20世纪60年代成为自由港和王室避暑地。这个古老城镇由一座城堡和大清真寺构成。为繁忙的港口和贸易中心,产业包括旅游业、渔业和纺织业(尤其是地毯)。人口669 685(2004)。

丹麦 Denmark 全称Kingdom of Denmark(丹麦王国)。欧洲中北部国家。面积:43 098平方千米。领土包括格陵兰和法罗群岛,它们是自治领地。人口:约5 638 000(2013)。首都:哥本哈根。人口中大多数是丹麦人。语言:丹麦语(官方语言)。宗教:基督教[以福音派路德教(国教)为主],亦有伊斯兰教。货币:丹麦克朗。丹麦位于北海和波罗的海之间,拥有日德兰半岛和东边的一个群岛。两个最大岛屿为西兰岛和菲英岛,约占全国陆地总面积的1/4。海岸线长达7 300千米。气候温和潮湿。丹麦为混合型经济,以服务行业和制造业为主,并号称拥有世界最古老和最详尽的社会福利制度之一。生活水平属世界最高之列。丹麦为立宪君主国,国家元首是丹麦国王,政府首脑为首相。早在1.2万年前即有人类在此活动。在北欧海盗时期,丹麦人扩张其领土。到11世纪时,统一的丹麦王国的领土包括现在的瑞典、英格兰和挪威的部分地区。1397年丹麦统治了斯堪的纳维亚地区,直到1523年瑞典独立。17世纪为争夺波罗的海霸权,丹麦与瑞典发动许多次消耗国力的战争,因作战多次失利,最后签订《哥本哈根和约》(1660),划定了现代斯堪的纳维亚疆界。19～20世纪,丹麦取得和失去一些领土,包括挪威。1849～1915年通过3部宪法,1940～1945为纳粹德国占领。北约(1949)的发起国之一。1953年通过新宪法。1973年成为欧洲经济共同体成员,1993年成为欧洲联盟成员。但对欧盟的环境保护与社会福利条款协商保留丹麦的特殊性。21世纪初丹麦的移民政策引发激烈的争论。丹麦于1896年参加首次在雅典举办的夏季奥运会。

丹麦大狗 Great Dane 至少400年前已在德国培育成的使役狗,当时用于捕猎野猪。为使役狗种类中最高的,肩高71～81厘米,重54～68千克。头粗大,下颌方形,躯体线条优美。被毛短,黑色、金棕色、棕色带深色斑、蓝灰色或白色带黑斑。敏捷机警,勇敢,驯顺,可信赖。为何称丹麦大狗,原因不详。

丹麦税 Danegeld 英国历史上,指艾特尔雷德二世时期(978～1016)盎格鲁-撒克逊英格兰为向丹麦侵略者行贿而征收的税金,该词也指11～12世纪盎格鲁-诺曼诸国王多次征收的捐税或赋税。

丹尼洛娃 Danilova, Alexandra (Dionisyevna)(1903～1997) 俄国出生的美国芭蕾舞女演员和舞蹈老师,将俄罗斯古典芭蕾和俄国现代芭蕾剧目的训练方法和传统带进美国芭蕾。曾在圣彼得堡的俄罗斯帝国芭蕾舞学校和苏联国家芭蕾舞学校学舞,当过马林斯基剧院独舞演员。1924年加入俄罗斯

丹尼洛娃出演《天鹅湖》的剧照
Penguin Photo Collection

芭蕾舞团。1938～1952年成为蒙特卡洛俄罗斯芭蕾舞团首席女演员，曾到世界各地巡回表演。她在《海神尼普顿的胜利》、《巴黎人的欢乐》和《天鹅湖》中塑造了主要角色。1957年退休后在美国芭蕾舞学校专心任教(1964～1989)。

丹皮尔 Dampier, William(1651～1715) 英国海盗和探险家。早年主要在南美洲西部沿岸和太平洋进行海盗劫掠活动。1697年出版一本颇受人喜爱的书《环球新航行》。1699～1701年为英国海军部在澳大利亚、新几内亚和新不列颠沿海地区探险。因手段残酷，曾被军事法庭审判，但后又领导私掠船远征南海(1703～1707)。他对自然现象观察敏锐，他的航海日志中有欧洲人对台风的最早记载。

丹奇 Dench, Judi(th Olivia)(1934～) 后称Dame Judi。英国女演员。1957年首次登台即演出《哈姆雷特》剧中的欧菲莉雅一角，从此演出莎士比亚的戏剧便成为她的专业。由于对音乐剧中的角色也十分娴熟，1968年她领衔演出《酒店》在伦敦的首演。在她诸多重要荣誉中，包括1981～1984年的电视连续剧《一段美好的浪漫史》，以及电影《查令十字路84号》(1986)、《布朗夫人》(1997，她在本片中饰演维多利亚女王)和《莎翁情史》(1998，获奥斯卡奖)，尽管如此，舞台演出仍是她的最爱。

丹下健三 Tange Kenzo(1913～2005) 日本建筑师。在建立自己的工作室之前一直在前川国男事务所工作。他的第一个重大设计项目是关于广岛市的重建设计，此外他还帮助设计了广岛和平纪念公园、广岛和平中心(1950)和原子弹爆炸纪念馆(1952)等早期最著名的作品。高松市的香川县厅舍(1958)被视为现代建筑和传统建筑相结合的典范。1959年他和学生一起发表了波士顿海港计划，开创了代谢派。20世纪60年代的作品采用更大胆的戏剧化模式，他同时还是熟练运用复杂几何学的专家。他为1964年东京奥运会设计的代代木国立综合体育馆堪称楷模。1966～1970年他设计了大阪万博会场址(1970年的大阪世博会)。近期的作品有新东京都厅(1991)和东京穹隆大酒店(2000)。他也是一位具有影响力的作家、教师和城镇规划者。1987年获普利策建筑奖。

担状真菌 bracket fungus 又作shelf fungus。形成架状孢子体(制造孢子器官)的担子菌。通常生长于潮湿林地的乔木或倒地的木头上，会严重损害切断的木头和木架。直径40厘米或以上的种类并不少见。

单板滑雪运动 snowboarding 用一块滑雪板以冲浪姿势从高山上滑下的运动。从冲浪运动演化而来，并同时受到滑板运动和滑雪的影响。20世纪80年代中期首先在美国年轻人中兴起，1998年正式成为冬季奥林匹克运动会项目。主要的两种形式为大回转(类似阿尔卑斯大回转)和使用一个大型的积雪覆盖的通道(半管)的半管道式，后者主要是要反复腾到空中作出各种花样表演。

单纯疱疹 herpes simplex 又称感冒疮或发热性疱疹。由单纯疱疹病毒引起的感染疾病。Ⅰ型单纯疱疹病毒的典型特征为皮肤出现成簇的小水疱(有刺痛及灼热感)，常发生于唇或脸部，又可感染眼部。Ⅱ型单纯疱疹病毒多经性交传染，导致生殖器起水疱，皮损后会剧烈灼痛。口交会使这两种类型疱疹感染他人。此病毒也会感染神经。在这两种类型中，即使症状结束后病毒仍存在，并会复发，导致水疱一再出现。患活动性生殖器疱疹感染的孕妇分娩时，胎儿可能受到感染，进行剖腹产可免受感染。目前无根治方法，但服用药物可减轻病症，避免病毒转移。

单轨铁路 monorail 在轨道车上面或下面的单轨电气铁路。单轨铁路在20世纪早期首次出现，最早投入使用的是1901年在德国的伍珀塔尔。短程的单轨铁路曾在东京和西雅图修建，但由于与普通火车相比成本高、速度慢，因此未能得到广泛应用。利用磁悬浮的高速单轨铁路已研究多年。

单簧管 clarinet 单簧片木管乐器，用于管弦乐队、军乐队、铜管乐队。通常用非洲黑檀木制造，管体呈圆筒形，下端为张开的喇叭口。普通的单簧管为B^b调，管长约66厘米，吹出的音比记谱低一个全音。高音区采用第五和第七泛音，而将音域扩展到从中央C以下的D音(记谱为E)向上的3½个8度。低音区圆润，高音区华丽。单簧管的前身为2键的芦管，据说单簧管于18世纪初由德国著名长笛制造家J. C.登纳(1655～1707)发明。B^b调单簧管是今日标准单簧管；遇升半音的调时则常用A调单簧管替代。在美国、英国和法国，标准的单簧管采用T.博姆创用的指法体系。德国和俄国则采用一种早期的指法体系。B^b调低音单簧管的音色圆润，在单簧管家族中的使用频率居第二。巴塞管是一种有角度的单簧管，音高比标准B^b单簧管低4度；也许是1770年左右在巴伐利亚发明的，到1850年已基本不再使用。

单声部音乐 monophony 指由单一的无伴奏旋律线构成的音乐，通常包括由低沉的鼓声伴奏的曲子。在与西方复调音乐接触以前，世界上多数民间音乐都是单声部音乐。

单体法 simplex method 解答最佳化问题的线性规划标准方法，通常包括一个函数以及几个用不等式表示的限制条件。不等式定义一个多边形区域，最佳解通常是其中一个顶点。单体法是有计划的步骤，测试每个顶点当作可能的解。

单旋律独唱曲 monody 17世纪早期带伴奏的独唱歌曲风格。它反对16世纪牧歌和经文歌的对位风格，试图通过仿效古希腊音乐来达到希腊歌词对应的理想的表达方式。这最终使旋律和伴奏有了明显的区别，并和早期数字低音的出现偶合。最早的单旋律独唱曲集1602年由G.卡契尼出版。参阅歌剧和宣叙调。

单一税 single tax 只对土地价值征收一种税作为政府收入的唯一来源，用以代替一切现有的赋税。H.乔治在《进步与贫穷》(1879)一书中提出了这一名词。这一建议在以后数十年间获得了强大的支持，但却从未被付诸实施。支持者们认为，既然土地是一种固定资产，那么其收入应为经济增长的产物，而非得自个人力量。因此应适当收取税金资助政府。批评家则认为单一税没有考虑个人支付能力，因为土地所有权与总财富或收益之间并无关联。

胆固醇 cholesterol 在血液和所有动物组织内存在的一种蜡状有机化合物。为一种类固醇，化学分子式为$C_{27}H_{46}O$，在其结构里有4个环。胆固醇为生命所必需，它是细胞膜的重要成分，是体内合成胆汁酸、类固醇激素和维生素D的起始原料或中间化合物。胆固醇在肝脏和一些其他器官中合成，其含量的多少取决于近期饮食的摄取量。胆固醇在血液中以称作脂蛋白的化合物形式循环，因为它不单独溶于水。血液中的胆固醇含量过高会加快胆固醇在血管内壁上的堆积(参阅动脉硬化)，能导致冠状动脉硬化性心脏病。M.布朗(1941年出生)和J.戈尔茨坦(1940年出生)因发现此过程而共同获得1985年诺贝尔医学或生理学奖。由于胆固醇存在于动物脂肪，降低血液中的胆固醇不能只通过限制饮食中的胆固醇含量，而动物脂肪的摄取量特别是饱和脂肪也必须减少。

胆囊 gallbladder 见于许多脊椎动物的肌性膜性囊，用以储存及浓缩胆汁。梨形，可以扩张，容量50毫升。其内壁黏膜细胞吸收肝胆汁的水及无机盐，使之离开肝脏时浓缩5～18倍。胆囊收缩，胆汁通过胆管流入十二指肠。胆囊罹患的疾病包括胆石和炎症(如胆囊炎)。切除胆囊对身体无严重不良影响。

胆石 gallstone 在胆囊中形成的大量晶体化物质。最常见的形式是发生在肝脏分泌的胆汁含胆固醇过多时。肝病、慢性胆囊疾患或胆管癌可诱发胆石症。胆囊结石可无症状,亦可致急性胆囊炎,胆管结石时阻塞部位上方压力增加,可致剧痛(胆绞痛)。结石一般必须手术摘除胆囊,或用超声波打碎。某些病例可行内科治疗,如口服胆盐以溶解结石。如果必须摘除胆囊,现在多选择以腹腔镜手术来移除。

但丁 Dante Alighieri(1265～1321) 意大利诗人。出身于佛罗伦萨的贵族世家,一生都在教皇和皇帝两派党羽(归尔甫派与吉伯林派)之间的冲突中度过。1302年当敌对的政治派系获得优势时,但丁被逐出佛罗伦萨,流亡在外,此后不再回来。他对贝雅特里齐(1290年卒)精神上的爱情使生活有了方向,并为她题献了大部分的诗歌。与G.卡瓦尔坎蒂的伟大友谊影响了他日后的写作。他在《新生》(1293?)这一诗集中歌颂了贝雅特里齐,抒发了诗人对少女深挚的感情。在流亡的艰难岁月里,创作了《飨宴》(约1304～1307)、第一部关于意大利文学语言的理论性著作《论俗语》(1304～1307)以及论述中世纪政治哲学的重要拉丁论文《帝制论》(1313?)。他最闻名的作品是划时代的史诗《神曲》(作于约1310～1314;原名"喜剧"),从深刻的基督教观点来看待人类暂时和永远的归宿。书中以朝圣者由罗马诗人维吉尔带领,行经地狱和炼狱,再由贝雅特里齐带到天堂的故事,讲述了关于普世人类宿命的寓言。但丁更多地以意大利文而非拉丁文写作,使意大利语成为一种文学语言,而他也成为欧洲文学史上的巨擘之一。

但以理 Daniel(约公元前6世纪) 《圣经·旧约》先知之一,《但以理书》的中心人物。《但以理书》是用希伯来文、阿拉米文撰写的合编作品,前6章描述但以理和他在巴比伦的遭遇,包括他陷入狮圈安然脱险、犹太人被投入火炉的故事,以及在伯沙撒摆设盛筵时墙上出现文字等。其余部分以启示观点来看待末世和最后审判的来临。此书虽提到公元前6世纪的统治者,但许多学者认为它成书于公元前2世纪的前半叶,反映犹太人在塞琉西国王安条克四世埃皮弗内兹统治下所受的迫害。但以理的正义形象使他成为受迫害的犹太人社会的典范人物。

蛋白石 opal 广泛用作宝石的含水、非晶质硅氧矿物。化学成分与石英类似,但具有不定的含水量。纯蛋白石是无色的,一般浸染各种杂质的则有各种暗色,由黄色和红色到黑色。黑蛋白石是罕见、价值很高的宝石。白蛋白石和以黄色、橙色或红色体色为特征的火蛋白石较常见。各种形式的普通蛋白石被广泛开采,用作研磨材料、绝缘体和陶瓷配料。蛋白石在火山岩中最丰富,尤其在热泉活动的地区。最好的蛋白石宝石产自澳大利亚,日本、墨西哥、洪都拉斯、印度、新西兰和美国也出产宝石蛋白石原料。

产自澳大利亚的黑蛋白石,现藏美国密苏里州圣路易华盛顿大学地球科学博物馆

John H. Gerard

蛋白质 protein 许多生物化学作用所需的蛋白质是复杂氨基酸聚合物的统称。蛋白质中存在的氨基酸有20种,由数百个到数千个单元链组合起来。活性蛋白质分子具有三级重要结构:一级结构(氨基酸序列)由基因决定;二级结构(几何形状,通常是螺旋)由氨基酸之间或内部共价键的角度来决定;三级结构(环状或折叠的整体形状)由与氨基酸侧链间的氢键来决定。三级结构具有突起、裂缝或囊穴的球形或片状,掌握蛋白质生物活动的关键。蛋白质可作为结构性原料(如在结缔组织和毛发、胶原蛋白及角蛋白中),可作为酶和激素,可运输氧(血红蛋白)等基本物质,可作为抗体,也可进行基因表达调控。蛋白质有单纯蛋白质(仅含氨基酸)与接合蛋白质,接合对象通常是饮食中微量需求的维生素或金属原子。视紫红质和血红素是接合蛋白质。蛋白质会与糖类(糖蛋白)、磷(磷蛋白)或硫(硫蛋白)等其他原子或分子共价连接。蛋白质是人体基本的营养物质,可从动植物食品中摄取。蛋白质在工业上可用于黏着剂、塑料和纤维,但主要还是用于食品。

氮 nitrogen 气态化学元素,化学符号N,原子序数7。无色、无味的气体,占地球大气体积的78%。所有生命物质都含氮。它是极为稳定的双原子分子N_2,可用作惰性气氛,或用于稀释其他气体。工业上通过蒸馏液化空气来生产氮气。自然界通过土壤中的微生物来固定氮,而工业上则利用哈伯-博施法将它转化成水溶性化合物(包括氨和硝酸盐)来固定氮。氨是其他氮化合物(尤其是硝酸盐和亚硝酸盐)的原料,这些化合物主要用于农业肥料和炸药。氮能生成几种氧化物:一氧化二氮;氧化氮(NO),最近发现它在生理过程中起关键作用;二氧化氮以及其他形式(包括N_2O_3和N_2O_5)。它们会造成空气污染(尤其在日光照射下)。其他的化合物包括氮化物,如由氮和金属生成的异常坚硬的材料;氰化物;叠氮化物,用作引爆剂和雷管;还有数千种含氮的有机化合物,以官能团、线性或环状结构的形式存在。

党卫军 SS 全名为Schutzstaffel。德国纳粹党的半军事性部队。1925年A.希特勒作为个人卫队建立,1929年起由H.希姆莱领导。他把一支不足300人的队伍发展到25万多人。他们身着黑色制服,佩戴特殊徽章(闪电式的如尼字母S,骷髅头徽章,银色匕首)。1934年希特勒利用党卫军整肃冲锋队,党卫军也自感优于冲锋队。主要分为普通党卫军和武装党卫军。普通党卫军负责警察事务,包括秘密警察盖世太保。武装党卫军包括集中营的看守部队以及第二次世界大战中的39个团,作为精锐战斗部队。党卫军成员的受训内容是培养种族仇恨和对希特勒的绝对服从,他们曾大批屠杀政治上的反对派、吉卜赛人、犹太人、共产党党员、敌后游击队队员和苏联战俘。1946年纽伦堡盟军军事法庭宣布党卫军为犯罪组织。

档案馆 archives 由政府机关、半官方机构、社会事业及商业部门保存其所收发文件的处所。现代化档案馆的建立和档案管理制度可追溯到18世纪末,当时法国建立了国家档案馆及行省档案馆。1934年美国建立了国家档案馆,以保存国家政府过去的档案。1950年《联邦记录法》批准地区的记录存放机构。各州都有自己的档案机构。20世纪档案管理人员逐渐以新的技术管理这些档案,如用计算机保存档案,以及商业档案、公共机构档案和个人档案。

氘 deuterium 又作heavy hydrogen(重氢)。氢的同位素,化学符号D或^2H,原子序数1(但原子量约为2)。1931年H.C.尤里发现氘并分离出它而获得诺贝尔奖。氘核由1个质子和1个中子构成,为稳定原子,在普通氢中占0.015%。可用蒸馏液氢或电解水的方法分离出氘。氘能参与普通氢所特有的各种化学反应;它形成与氢分子相似的分子形式的同位素氘(D_2)和氘化氢分子(HD),以及和水(H_2O)相似的氧化氘(D_2O,重水)。因氘有这种性质,在涉及氢的化学反应和生物化学反应研究中,广泛用它作示踪原子,在氘原子或氘与氚的高温核聚变过程中释放出大量的能,这类反应已用于核武器中。

导弹 guided missile 脱离发射装置后能够变换方向的射弹。几乎所有现代导弹的动力装置是火箭和喷气发动机,都装有导航装置,通常包括传感器,以帮助导弹找到目标。例如红外线自导的导弹装有红外传感头,使导弹能根据喷气发动机排出的热气来寻找目标。

导航 navigation 通过测定位置、航向和距离引导运载工具航行的科学。早期的航海靠船员注视着岸边可见的标志物并研究惯常的风向作为方向的指引。腓尼基人和波利尼西亚人航行看不到陆地时,利用恒星来校正路线。罗盘(中国人于1100年左右最早使用)是第一种导航的辅助工具,可作为固定的参考点,不过精度有限,特别是在波涛汹涌的海面。现代的罗盘由陀螺仪加以稳定,放在补偿船舰颠簸效应的罗盘柜内。船的速度最早的计算方法是往船外丢一截木头，上面绑着一捆绳子，绳上每隔固定的间距打个绳结，根据木头漂浮起来时露出的绳结数目，结合沙漏的时间，便可得到船的速度，称为节（海里/小时）。航海图是另一项必备的导航工具。定位需要航海图上详细的已知位置，加上仪器计算相对于这些点的方位。早期测定纬度的仪器是象限仪，测量北极星或正午太阳的高度。另外的早期仪器还有六分仪和星盘。确定纬度（17～18世纪逐渐成功地用于导航）是利用精密时计（经线仪）以及显示全年天体位置的表格。20世纪，飞机和船舰利用无线电信标台与卫星网络确定其位置。航迹是从陀螺仪得到航向，通过操作计算机测量飞机和舰船的加速度得到速率，将整个精确航程绘制而成。参阅全球定位系统。

导数　derivative　数学中微分算子的基本概念，代表函数的瞬间变化率。函数的第一导数是其数值能以切线到原函数图形某一点之斜率来表示的函数。导数的导数（称为第二导数）描述了变化率的变化率，物理上可视为加速度。求导数的过程称为微分法。

导体　conductor　任何允许电流和热能流动的物质。导体可说是不良绝缘体，因为它的电阻很低。电导体用来导电，例如一个电路中的金属线。电导体一般是用金属制成的。热导体能使热能流动，因为它无法吸收辐射热；这类物质包括金属和玻璃。

导演　directing　协调及控制舞台剧表演和电影制作的所有要素的艺术。19世纪中期以前多由资深演员或公司的演出经理来指导其他成员。今日，剧场导演要结合剧本、演员、舞台美术、服装、灯光等要素来诠释剧作者笔下那富有想象力的表演。导演需深谙表演艺术，选出适合演出该角色的演员。他要构思"舞台画面"，使台词得到加强。现代电影导演除需负责和剧场导演一样的要素外，还要监督摄影、剪辑和录音等技术因素。参阅电影导演作者论。

岛屿　island　面积比大陆小并完全被水域环绕的陆地，出现在大洋、大海、湖泊或河流中。成群的岛屿称作群岛。大陆岛屿简单地说就是大陆块被水包围而未被淹没的部分，世界上最大的岛格陵兰就是大陆岛屿。海洋岛屿由于火山活动而产生，火山爆发时岩浆逐渐堆积到很厚的高度，直到最终露出洋面成为岛屿。形成夏威夷群岛的岩浆堆就高出大洋底9 700米。

蹈火　fire walking　一种宗教仪式，在热煤炭、炽热的石头和燃烧的木头上行走。实行于世界许多地方，包括古希腊、印度、日本、中国、塔希提、新西兰、保加利亚和西班牙。蹈火最普通的形式是在一条浅沟底部铺一层薄薄的余烬，然后在上面迅速地走过。较少的情况是信徒须走过熊熊燃烧的柴火。蹈火有时用于净化，有时用于神明裁判，以证明信徒的清白无辜。信徒相信只有无诚心者才会被烧伤，而许多蹈火者确实安全通过。

盗窃　theft　法律用语，指未经同意而取走他人财物或服务的犯罪行为。在众多法律条例中，盗窃包括偷窃、抢劫和入室行窃等犯罪行为。偷窃是有意窃取而擅自拿取并带走他人物品的罪行。重大偷窃，或是重大财产的偷窃都是重罪。反之，小规模偷窃，或是少量价值财产的偷窃是轻罪。与此相同的原则也适用于重大盗窃和小规模盗窃，盗窃不一定是涉及财物的"拿走"，可能包括服务的偷窃。通常与盗窃有区别的两种罪行是盗用和诈骗行为。

道　Dow, Herbert H(enry)（1866～1930）　加拿大出生的美国发明家和制造商。生于安大略省贝勒维尔。曾在克利夫兰的学院求学。他发明了从浓缩的盐水中提取溴的电解法并获得了专利权。1895年建立道氏化学公司，他从盐水中提取的产物应用于杀虫剂。在美国他是碘（也是从盐水中提取的）的第一个生产者。他的公司已成为世界主要化工制造商之一，最终获得大约65项专利权。

道成肉身　Incarnation　基督教的主要教义。指天主取得人的性质并成为人，其形式为耶稣基督即上帝的儿子和三位一体中的第二位（圣子）。耶稣的神人二性是结合为一的，但任何一种性质都没有改变或减弱。这种艰深的教义造成异端纷起，有些人否认耶稣的神性，有些人则否认他的人性。对正统教徒来说，这种冲突在尼西亚会议（325）和卡尔西顿会议（451）中已获得解决。

道乘　tariqa　在伊斯兰教苏非主义中指信徒在直接认识真主或实在之前所经历的路途。对早期的苏非派神秘主义者而言，道乘指个别苏非派信徒的灵性修善路途。后来道乘指苏非派中某一派别所提倡的修善途径，最后乃指教团本身。每一个此类神秘主义教派都宣称其教义精神源于穆罕默德。今天的苏非道乘教派的数量多达数百个。

道格拉斯　Douglas, Aaron（1899～1979）　美国画家暨书画雕刻艺术家。出生于堪萨斯州托皮卡，1925年移居纽约市。在此加入了在哈勒姆区发展蓬勃的艺术现场，后来演变成为知名的哈勒姆文艺复兴。在他的杂志插图与壁画中，他以取自非洲艺术格式化的几何图形合成立体派的形式。最著名的作品或许要算是一组四幅壁画，整组作品被命名为《黑人生活的诸方面》，是为纽约公立图书馆第135街分馆而作。他的插画以色调的逐渐变化与装饰派艺术风格剪影而广为人知。1939～1966年在费斯克大学任教。

道格拉斯　Douglas, James（1803～1877）　后称Sir James。加拿大政治家。以"不列颠哥伦比亚之父"闻名。生于英属圭亚那德梅拉拉。1821年加入哈得孙湾公司，负责落基山脉以西的业务活动。1849年将公司总部从俄勒冈迁至温哥华岛。1851～1864年任温哥华岛总督。1858年在弗雷泽河流域发现黄金以后，他把所辖区域扩展到大陆上以保存英国在太平洋的立足点。在英国政府创建不列颠哥伦比亚殖民地时，他出任该殖民地总督（1858～1864）。

道格拉斯　Douglas, Stephen A(rnold)（1813～1861）　美国政治家。生于佛蒙特州布兰登。在成为联邦众议员（1843～1847）和参议员（1847～1861）之前，曾在伊利诺伊州的高等法院工作，他强烈支持国家领土完整和美国扩张政策。为解决奴隶问题造成的分裂，他主张人民主权论，并影响到《1850年妥协案》、《堪萨斯-内布拉斯加法案》的通过。因能言善辩且身体矮胖，人称"小巨人"。A. 林肯曾和他竞选参议员的席位，从而引发林肯-道格拉斯辩论。1860年北部的民主党提名他为总统候选人，但南方的民主党人则支持J. C. 布雷肯里奇，使得民主党的选票分散，因而败于林肯。1861年代表林肯到边疆州和西北部鼓吹联邦主义精神，在当地死于伤寒。

道格拉斯　Douglass, Frederick（1817～1895）　原名Frederick Augustus Washington Bailey。美国废奴运动者。生于马里兰州塔卡霍。父亲为白人，母亲为黑人奴隶。他被主人送到巴尔的摩当仆人，学会阅读。16岁被遣返原种植园，后被租借出去当捻船缝工人。1838年逃至纽约，后移居马萨诸塞的新贝德福德，改名为道格拉斯以躲避搜捕奴隶的人。1841年，在马萨诸塞的一次反奴隶制大会上，道格拉斯的口才使他成为马萨诸塞州反奴隶制协会的代理人。从那时起，经常受到侮辱和激烈的个人攻击。1845年他写了自传，现在被视为经典之作。他前往英格兰和爱尔兰演说（1845～1847），后创办反奴隶制报纸《北极星报》，1847～1860年在纽约的罗切斯特出版。1851年与激进的废奴运动领袖W. L. 加里森分道扬镳，而与J. 伯尼领导的温和派结盟。内战时期担任A. 林肯总统的顾问。在重建时期，他为使被解放了的奴隶获得充分公民权而坚决地战斗。并有力地支持妇女权利运动。此后，曾任华盛顿特区几个政府职务（1877～1886）及美国驻海地公使（1889～1891）。

道格拉斯-霍姆　Douglas-Home, Sir Alec（1903～1995）　原名Alexander Frederick。后称Baron Home (of The Hirsel of Coldstream)。英国首相。原为下院议员（1931～1945，1950～1951）。1951年继承霍姆伯爵爵位后入上院。1951～1955年任苏格兰事务大臣。1957～1960年任上院议长。1960～1963年任外交大臣。1963年接替H. 麦克米伦任首相，放弃了继承的爵位。但未能改善英国收支平衡日益恶化的局面。他支持反对限定物价的立法，遭到保守派人士的反对，但因他反共，得到美国的赞赏。1964年他的政府倒台，他成为反对党保守派在下院的外交事务发言人，后再次出任外交大臣（1970～1974）。1974年受封终身贵族。

道格拉斯氏杉　Douglas fir　又称道格拉斯杉。松科黄杉属植物，约6种针叶常绿材用乔木的统称，原产北美西部和亚洲东部。其针叶扁长，螺旋排列，直接从分枝上长出，

花旗松(*Pseudotsuga menziesii*)的球果
Grant Heilman

黄绿或蓝绿色。北美称为道格拉斯氏杉的是花旗松(*Pseudotsuga menziesii* 或 *P. douglasii*),高可达 75 米,胸径 2.4 米,是北美最好的材用树之一,也常作为观赏树和圣诞树,太平洋沿岸用于人工造林。

道兰德　Dowland, John(1563 ～ 1626)　英国作曲家,诗琴演奏家。生于伦敦,曾就读于牛津大学。1594 年因皈依天主教而未获准担任一宫廷职务。为此,他离英赴欧洲大陆旅行。后任丹麦宫廷演奏师。1612 年当他的作品成名后,终于获英国宫廷邀请成为宫廷诗琴演奏家。他为诗琴创作了约 80 首独奏曲和 80 首诗琴歌曲,包括《流吧我的泪》及《悲伤的泉水,不要再哭泣》。《拉克里梅耶》是供维奥尔琴和诗琴合奏的曲集。

道路　road　人、畜或车辆行走的交通道。最早的道路是在公元前 3000 年带轮子的交通工具发明后从小路和小道发展而来的。道路系统在早期文明中是为了适应商业发展,

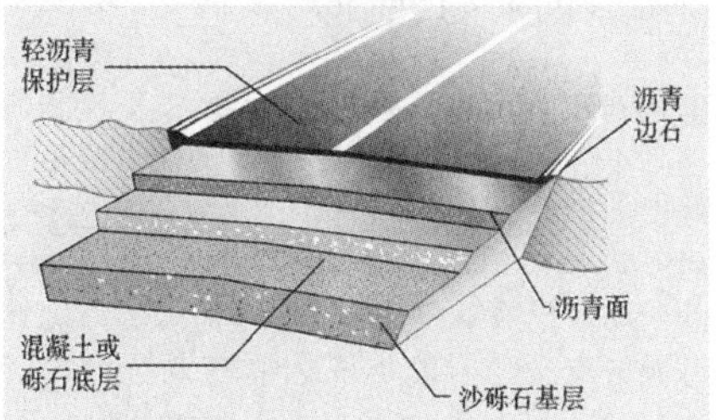

现代沥青路的组成部分
© 2002 MERRIAM-WEBSTER INC.

第一条大道是从波斯湾到爱琴海的长 2 857 千米的道路,于公元前约 3500 ～前 300 年间使用。罗马人用道路来保持他们对其帝国的控制,在其领地上有85 000千米以上的道路。罗马人的建筑技术和设计在 18 世纪末期以前一直处于领先地位。19 世纪早期,碎石路修建技术的发明提供了一种快速持久的修路方法,沥青和水泥也开始使用。20 世纪的机动车促进了限制进入的高速公路的产生,第一条高速公路在纽约市的公园大道(1925)。高速公路 20 世纪 30 年代也在意大利和德国产生。20 世纪 50 年代,美国州际高速道路系统将全国各主要城市连接起来。

道-琼斯平均指数　Dow Jones average　由道-琼斯公司计算得出的股票价格平均数。1882 年 C. H. 道(1851 ～ 1902)和 E. D. 琼斯(1856 ～1920)成立道-琼斯公司,1889 年开始发行《华尔街日报》,1897 年开始每日计算工业股票价格平均数。今日发表的平均指数还包括以 20 种运输业股票为基础的平均指数、以 15 种公用事业股票为基础的平均指数、以 30 种工业股票为基础的平均指数、以所有 65 种股票为基础的综合平均指数。其工业股票平均指数为美国及国际投资商普遍密切注意。公司还发行几种债券的平均指数。参阅**证券交易所**。

道氏化学公司　Dow Chemical Co.　美国的大型石油化学公司,生产化学品、药品、消费品、油漆以及其他许多工业及家庭用品。1897 年由化学家 H. H. **道**成立,原本是因为他需要一座漂白厂,以利用米德兰化学公司在提取溴的过程中所产生的剩余物。1900 年,道氏化学公司合并了米德兰化学公司和道氏工艺公司。道氏化学公司生产各种工业化学品、金属材料、塑料和包装材料、生物制品、芥子气、凝固汽油、橙剂以及硅酮隆胸片。

《道威斯计划》　Dawes Plan(1924)　第一次世界大战后为德国战争**赔款**所作的一项安排,由 C. 道威斯主持的专家委员会提出报告。虽未确定赔款总数,但第一年将赔偿 10 亿金马克,以后逐年增加,到 1928 年增至 25 亿。这项计划促使德国重组国家银行并为德国提供了第一笔 8 亿马克的贷款,后来被条件更优惠的**扬计划**取代。

道元　Dogen(1200 ～ 1253)　将中国的曹洞宗传入日本的日本高僧。7 岁父母去世,13 岁出家。1223 ～ 1227 年间留学中国,在如净禅师指导下悟道。回国广传曹洞宗禅学。晚年住在他创建的永平寺。

稻荷神　Inari　日本神话中的护稻神和财神。特别受商人和工匠的崇拜,也是刀剑匠人、妓院和艺人的守护神。稻荷神有时被描述为骑狐长须老人,有时则为手执稻捆的披发妇人。那只狐狸有时被当作他的使者。京都附近的伏见稻荷神神社是此神最著名的

稻荷神木雕像,作于德川时代(1603 ～ 1867);现藏巴黎吉梅博物馆
By courtesy of the Musee Guimet, Paris

神社。

得救预定论　predestination　基督教中认为凡得救之人和要受处罚之人都早已为上帝预先选定的教义。基督教教义史上先后出现过三种得救预定论。一种理论认为,上帝的预知是预定何人得救的根据,因为他预先见到了这个人的优点。另一种理论(通常同 J. **加尔文**的说法混淆)认为上帝从亘古已预定拯救什么人与诅咒什么人,根本不考虑他们有无善行。第三种教义则由圣托马斯·阿奎那和 M. **路德**提出,认为人得救是蒙受自己本来没有资格享受的恩典,但将善行的缺乏同罪过相联系。在伊斯兰教中,得救预定论和自由意志得到了广泛的讨论。**穆尔太齐赖派**认为安拉如果拯救所有人的行为,那将是不公正的。而**艾什尔里派**提倡的严格的得救预定论则成为了伊斯兰教的主流观点。

得克萨斯　Texas　美国中南部一州。面积691 094平方千米,按面积和人口来说都是美国的第二大州。该州的多数地段因河海而成州界。北部的雷德河构成其与俄克拉何马州 2/3 的边界,阿肯色河形成其东段界河,而萨宾河是其与东边的路易斯安那州的主要界河,墨西哥湾形成其东南端的海岸线,西南部的格兰德河是其与墨西哥的边境线,北部的潘汉德尔河是其与俄克拉何马州的西边界河。该州的西邻为新墨西哥州。首府奥斯汀。全州以平原和丘陵为主,依次为**墨西哥湾**畔肥沃的沿海平原,中部大平原的草场,一直到西北突出部干旱的高原。早在37 000年前,得克萨斯西部就有美洲土著居民先驱的足迹。其中一些部落以后形成了卡多人的松散联盟。当西班牙人在 1528 年到来时,美洲土著居民,包括**阿帕切人**居住于此。1685 年法国人最早尝试在此定居,声称该地为路易斯安那的一部分。美国通过 1803 年的**路易斯安那购地**案从法国手中得到此地,但 1819 年又出让给了西班牙。1821 年墨西哥独立使这里成为墨西哥的一部分。1836 年得克萨斯人宣布从墨西哥独立,成立得克萨斯共和国(参阅 S. **奥斯汀**、S. **休斯敦**)。历经 10 年挣扎的共和国最终在 1845 年成为美国的第 28 个州。1848 年的**墨西哥战争**后,其与墨西哥之间的边界才算正式划定。在**美国南北战争**中,它于 1861 年脱离联邦,然后于 1870 年重新被接纳。南北战争以后,铁路的建设以及海运的增加促进了经济成长,1901 年石油的发现更是给该州带来了根本变化。至今得克萨斯的石油和天然气生产以及提炼石油的能力依然在美国领先,电子、航天以及其他高科技的制造业也占有越来越重要的地位。棉花生产、肉牛和绵羊的饲养量居全国首位。人口约26 448 193(2013)。

得墨忒耳　Demeter　希腊宗教中,**宙斯**的配偶,是农业女神(特别是谷物)。虽然希腊诗人**荷马**很少提及她,她也不属于奥林匹亚诸神,但她可能是古老的神祇。得墨忒耳最有名的传说是在珀耳塞福涅故事中的角色,在这个故事里,她因没有注意到收割而导致一场饥荒。除了是农业女神外,她还被视为

尼多斯的得墨忒耳,雕像,
作于公元前4世纪中期;现
藏不列颠博物馆
By courtesy of the trustees of the British Museum

健康、生育和婚姻之神以及冥府之神受到崇拜。

锝 technetium 金属化学元素,为过渡元素之一,化学符号 Tc,原子序数 43。锝的所有同位素都是放射性的(参阅放射性)。有些作为铀的原子核裂变产物在自然界有微量存在。它的同位素锝 97 是第一个人工制造的元素(1937;参阅回旋加速器)。锝 99 是核反应堆的裂变产物,是原子核医学中最有用的同位素。锝在外观上像铂,而化学行为像锰和铼。锝在冶金中用作示踪剂,还用于低温化学及抗腐蚀产品中。

德 virtue 指符合美德标准或理性原则的实践意向。在基督教教义中,指选定作为基督教伦理学的七种基本美德中的任何一种。七德包括四种"自然"美德,即旧的异教所传而源出人类共通秉性的德行;还包括三种"神学"美德,它们是基督教教义中特别规定的,源出上帝的特别恩赐。自然德行是审慎、节制、坚毅、公正。据说这种说法可以追溯到苏格拉底、柏拉图和亚里士多德。使徒圣保罗增加了神学美德:信、望、爱。根据基督教教义,神学德行不是来源于自然人,它们是上帝通过基督颁赐给信徒而由信徒践行的。

德埃利 Ailly, Pierre d'(1350 ～ 1420)
法国神学家和枢机主教。致力于结束西派教会大分裂,鼓吹公会议主义(参阅公会议运动)。1409 年在比萨会议扮演重要角色,该次会议废黜敌对教皇和罗马当局的新教皇,另推由会议选出的教皇亚历山大五世。1414 ～ 1418 年召开的康斯坦茨会议中,要求约翰二十三世退位,选出新教皇马丁五世。其地理著作《世界形象》为 C. 哥伦布所采用。

德奥合并 Anschluss 希特勒吞并奥地利后实行的德奥政治合并。1938 年希特勒威逼奥地利总理 K. von 舒施尼格取消就德奥合并问题举行的公民投票。舒施尼格无奈辞职,命令奥军不准抵抗德国人。3 月 12 日德军长驱直入奥地利,奥地利人的抗击促使希特勒翌日干脆宣布吞并奥地利。虽然英、法两国抗议希特勒的做法,但他们和其他国家也只能接受既成的事实。

德班 Durban 南非城市和南非主要海港。濒临印度洋纳塔尔湾,1824 年起为欧洲贸易站,由商人命名为纳塔尔港,土地由祖鲁国王沙卡割让,建立旧城堡(现为博物馆)。1835 年在纳塔尔港建德班。19 世纪 40 年代布尔人和英国人就对德班的控制权发生过冲突。为世界主要商港之一。现为南非蔗糖业总公司所在地和各种制造业的中心,靠近夸祖鲁-纳塔尔禁猎区和海滩,旅游业占重要地位。人口:都会区约2 643 000(2005)。

德比伯爵 Derby, Earl of(1799 ～ 1869)
原名 Edward (George Geoffrey Smith) Stanley。英国政治家。1820 年以辉格党人身份进入议会,后来加入保守派,并成为保守党党魁(1846 ～ 1868),1852 年、1858 年和 1866 ～ 1868 年 3 次出任首相。任职期间通过的立法有:在议员中废除对犹太人的歧视;把印度的行政管理权从东印度公司移交给国王;1867 年的《改革法案》。他是英国议会中最出色的辩论家之一。

德比郡 Derbyshire 又作 Derby。英格兰中部的郡,北部为荒原,南部为特伦特低地区,南北景色差别很大。有海皮克区的旅游业以及东部和南部煤田的采煤业和机械制造业。除了从柴郡划过来廷特威斯特尔农村地区以外,1974 年重划行政区中未有其他变化。行政中心设于马特洛克。人口734 581(2001)。

德比马赛 Derby 英国传统马赛之一(始于 1780 年)。每年 6 月在萨里郡埃普瑟姆唐斯举行。赛道长约2 400米。此后许多马赛均以"德比"为名(如肯塔基赛马会),Derby 现已用来泛指任何类型的马赛。

德彪西 Debussy, (Achille-) Claude (1862 ～ 1918) 法国作曲家。出身贫寒,很早就显示出钢琴方面的才能,1873 年入巴黎音乐学院学习钢琴与作曲,不久即受聘为俄国女富豪梅克夫人的钢琴师。受印象派诗人和象征派画家的影响,他创造了一种十分独特的和声与音乐结构体系。他反对传统的配器规则,认为弦乐不必以抒情为主,木管也具有人声一样的丰富色彩。他被公认是音乐的印象派创建者。他在削弱紧抱着调性和谐的传统方面的地位等同于 F. 李斯特、R. 瓦格纳和 A. 勋伯格。受其影响的作曲家包括 M. 拉威尔、I. 斯特拉文斯基、B. 巴尔托克、A. 贝尔格、A. von 韦伯恩和 P. 布莱兹。他被视为近 3 个世纪来最有影响力的法国作曲家。作品包括歌剧《佩莱雅斯与梅丽桑德》(1902);管弦乐作品《牧神午后序曲》(1894)、《月光》(1899)、《海》(1905)、《意象》(1912)和芭蕾舞曲《嬉戏》(1913);一首管弦四重奏(1893);钢琴组曲《埃斯唐皮》(1903)、《意象》(1905、1907)、《儿童乐园》(1908)、24 首《前奏曲》(1910、1913)、《练习曲 12 首》(1915),以及许多歌曲。

德彪西,M. 巴谢绘于 1884 年;
现藏凡尔赛博物馆
Giraudon-Art Resource

德布勒森 Debrecen 匈牙利东部重要城市,长久以来一直是贸易中心,在宗教、政治、文化等方面也很活跃。14 世纪设市,在土耳其占领期间及以后颇为著名。1849 年革命政府领袖曾在此宣布匈牙利脱离哈布斯堡王朝统治而独立,但为时短暂,后被奥地利控制。第二次世界大战期间一度成为匈牙利临时政府所在地。现今仍是商业和文化中心,市内矗立着引人注目的归正会大教堂,另有拉约什·科苏特大学(1912)。人口211 034(2000)。

德布雷 Debré, Michel (-Jean-Pierre) (1912 ～1996) 法国政治人物。在政府中任职后步步高升。第二次世界大战时,从德国监狱逃出,加入抵抗运动,在法国的德国占领区中从事地下工作。1945 年加入 C. 戴高乐的临时政府。1948 ～ 1958 年担任参议员。他是第五共和国宪法的主要起草人和首任总理(1959 ～ 1962)。1963 ～ 1968 年被选入国民议会,之后历任各种内阁职位,其中包括国防部长(1969 ～ 1973)。

德布林 Döblin, Alfred(1878 ～ 1957)
德国小说家和短论作家。曾在柏林大学和弗赖堡大学习医,攻读精神病学。《王伦三跃》(1915)是他第一部成功的小说。描写中国的一场暴动被镇压之事。在他最著名和最具有表现主义色彩的小说《柏林,亚历山大广场》(1929)中,他把内心独白同摄影机似的技巧结合起来,创造出一种节奏,把一个正在解体的世界中的工人阶级的苦难像演戏似的表现出来。其犹太裔的出身和社会主义观点使他在纳粹上台后逃至法国(1933),后又转到美国(1940),20 世纪 50 年代初重回巴黎定居。

德布兹 Debs, Eugene V(ictor) (1855 ～ 1926) 美国劳工组织者。14 岁离家到铁路工厂做工,后成为机车司炉。他是最早鼓吹工业工会制的人,1893年任美国铁路联盟主席。1895年因普尔曼罢工中的领导作用而被判处半年徒刑。1898 年协助建立美国社会党,曾 5 次以该党总统候选人身份参选(1900 ～1920)。1905 年参加建立世界产业工人联盟。1917 年公然抨击《间谍法案》之后在 1918 年被控煽动叛乱。他的最后一次总统选举活动是在狱中进行的,获选票91.5

E. V. 德布兹

By courtesy of the Library of Congress, Washington, D. C.

万张,1921 年因总统令被释放。

德处 gunasthana 耆那教名词。指人的灵性修炼到达解脱境界以前所经历的 14 个阶段。其目的是逐渐净化灵魂,摆脱生死轮回。第 13 个阶段为阿罗汉。最后阶段灵魂脱离肉身,谓之解脱。参阅八正道。

德尔斐 Delphi 希腊古代神庙所在地,也是阿波罗神谕的发布地点。位于帕尔纳索斯山低处陡坡之上,是古希腊宗教中的世界中心。根据传说,神谕本来是由大地女神该亚发布的,后来阿波罗杀了她的孩子巨蟒皮同,自建其神谕于该处。公元前 582 年起皮托竞技会每 4 年在该地举行一次。人们不仅为私事求祷于神谕,遇有国家大事也来问卜,如开拓新的殖民地。

德尔图良 Tertullian(约 155 ~ 220 以后) 古代基督教神学家、伦理学家。在迦太基出生并受教育,他深受虔信上帝的基督教殉教者的勇气和宗教道德所影响而皈依基督教。后成为非洲教会的领导者,也是早期的护教者之一。他花费 20 年时间进行写作,作品主要包括对宗教信仰的维护、祷告词、宗教虔诚和宗教道德以及基督教第一部关于施洗礼的书。后来,因目睹教会的松懈(尤其是同时期正统教会的松懈)而深为失望,他参加了孟他努教派运动,以后又自立新派,该派在非洲一直延续到 5 世纪。

德尔维希 dervish 伊斯兰教苏非派教团的成员。这些神秘主义者强调通过狂喜、舞蹈和旋转表达献身的情感。德尔维希可以集体生活,也可以在俗。云游四方的托钵德尔维希叫做 fakir(托钵僧),常被视为具有神奇力量的圣人。多数穆斯林将他们视为非正统和极端分子,但该运动已持续至今。参阅苏非主义。

德福雷斯特 De Forest, Lee(1873 ~ 1961) 美国发明家。13 岁时就发明了许多东西,其中包括一种实用的镀银仪器。从耶鲁大学获哲学博士学位后,创建了德福雷斯特无线电报公司(1902),公开演示用于商业、新闻、军事的无线电报通信装置。1907 年取得真空三极管的专利权,1923 ~ 1927 年期间他发明在影片边上录上声音信号的有声影片。几年后普遍使用的有声影片在原理上和他发明的基本一样。他没有生意头脑,加上识人不清,两度被合伙人诈骗。最后对做生意或制造业感到失望,把专利权以低价卖给像美国电话电报公司之类的公司,这些公司后来在商业上的成功发展获利极高。虽然没有获得经济利益,但他仍被普遍尊为"无线电之父"和"电视之祖"。

德国 Germany 全称 Federal Republic of Germany(德意志联邦共和国)。欧洲中北部国家。面积:357 104 平方千米。人口:约 80 667 000(2013)。首都:柏林。人口中大多数是德国人。语言:德语(官方语言)。宗教:基督教(新教、天主教和其他教派),亦有伊斯兰教。货币:欧元。地形上,北部多为平原,东北部及中部多丘陵,南部为巴伐利亚高原。中部和西部地区主要属莱茵河流域,其他重要的河流还有易北河、多瑙河和奥得河。德国属发达的自由市场经济,以服务业和制造业为主,是世界上最富有的国家之一。出口包括汽车和钢铁制品。德国是多党制联邦共和国,两院制。国家元首是总统,政府首脑为总理。日耳曼部族在公元前 2 世纪末进入德国,赶走了凯尔特人。罗马人征服该地区,遭失败。9 世纪加洛林王朝解体,该地区仅为一政治实体。君主政权的统治软弱,权力遂落入贵族之手,于是组成了封建邦国。10 世纪在撒克逊人的统治下恢复了君主政权的权威,重振神圣罗马帝国。其领土集中在德意志和意大利北部。神圣罗马帝国皇帝与天主教教皇之间的持续矛盾削弱了皇室的权力。1517 年 M. 路德对教会的批评加速了帝国的分裂,三十年战争(1618 ~ 1648)的爆发达顶点,使德意志分裂,欧洲最后分为基督教和天主教两大阵营。德意志的人口和疆域逐渐减少。德意志的众多封建诸侯取得了实际上的完全主权。1862 年 O. von 俾斯麦逐渐控制普鲁士,在 1871 年统一了德国,建立了德意志帝国。1918 年第一次世界大战后,德国战败,帝国被瓦解,建立魏玛共和国,被迫割让诸多领土和全部海外殖民地。A. 希特勒在 1933 年成为德国总理,并建立独裁的第三帝国,受纳粹党控制。1939 年希特勒入侵波兰引发了第二次世界大战。战争期间,希特勒进行了大屠杀,即有组织地杀害 600 万犹太人和数以百万计的其他人士。1945 年战败后,德国被同盟国分成 4 个占领区。由于这些占领区的重新统一问题未能与苏联取得一致,促使 1949 年德意志联邦共和国(西德)和德意志民主共和国(东德)的成立。德国前首都柏林仍分为两个区域。西德成为一个繁荣的议会制民主国家。东德成为在苏联控制下的一个一党专政的国家。1952 年西德成为欧洲煤钢共同体(欧盟前身)创始国之一。1989 年东德共产党政府以和平的方式被推翻。1990 年东、西德复归统一。在庆祝统一之际,西德在政治和经济上寻求合并前东德,导致较富裕的西德人民背上沉重的财政负担。然而,由于德国为欧洲联盟会员之一,该国与西欧就更深一层的政治和经济持续进行结合。德国于 1896 年参加首届在雅典举办的夏季奥运会。柏林和慕尼黑分别于 1936 年和 1972 年举办过夏季奥运会,加米施-帕滕基奥于 1936 年举办过冬季奥运会。

德国历史学派(经济) German historical school of economics 19 世纪后半叶,主要在德国发展起来的经济思想流派。历史学派认为一国的经济状况就是它的全部历史发展的结果。他们反对古典经济学所演绎推理的经济法则,主张用归纳方法来考虑整个社会秩序的发展,而经济动机和决策不过是其发展中的一个组成部分。他们认为国家干预经济生活是一种积极和必需的力量。历史学派的早期创始人,包括 W. 罗雪尔和 B. 希尔德布兰德在内,发展这样一个思想:用历史的方法来确定所有国家都要经历的共同的经济发展阶段。新历史学派的成员主要是 G. 冯·施穆勒,他作了更详尽的历史研究,力图通过历史调查来发现文化趋势。

德国牧羊狗 German shepherd 又称 Alsatian(阿尔萨斯狗)。在德国由传统的放牧狗和农家狗培育成的一种使役狗。体壮而长。肩高 58 ~ 64 厘米,体重 34 ~ 43 千克。

德国牧羊狗

Sally Anne Thompson–EB Inc.

被毛粗糙,外层毛中等长度,内层毛较短而厚。毛色从白色或淡灰到黑色,通常是灰黑或黑黄褐色。以聪明、机警、忠实著称。适于导盲、看家,也可作警犬和军犬。

德国装甲师 panzer division 德国陆军独立作战的军事建制单位,其编制与作战任务由装甲车辆的作战能力来决定。第二次世界大战期间德国装甲师的编制为:1 个坦克旅,辖 4 个营;1 个摩托化步兵旅,辖 4 个步兵营;1 个炮兵团;以及侦察营、反坦克营、工兵营和勤务部队。1939 年德国共有 6 个装甲师,到 1941 年增加为 20 个。装甲师始终是德国陆军的主要进攻力量。

德·哈维兰 De Havilland, Geoffrey(1882 ~ 1965) 后称 Sir Geoffrey。英国飞机设计师和制造人。1910 年他制造的装有 50 马力引擎的飞机试飞成功。1920 年组建德·哈维兰飞机公司,生产"飞蛾式"轻型双座飞机获得成功。第二次世界大战期间,该公司最成功的产品是双引擎的"蚊式"飞机。战后他率先制造彗星喷气式客机以及鬼怪式、毒刺式喷气战斗机。

德黑兰 Tehrān 又称 Teheran。伊朗首都。位于厄尔布尔士山脉南麓。原是古赖城的郊区,古城于 1220 年遭蒙古人摧毁后,德黑兰成为波斯萨菲王朝的几个统治者的首都(16～18世纪)。后被卡扎尔王朝的建立者阿迦穆罕默德可汗占领,定为首都(1785),德黑兰也由此名声大振。1925年以后德黑兰现代化进程加快,尤其是在第二次世界大战(1939～1945)之后。1943年在此召开了德黑兰会议。在1979年伊朗的伊斯兰革命中,美国驻伊朗大使馆被占,其工作人员也成为伊朗好战者的人质。德黑兰是伊朗的交通和工业中心,生产伊朗一半以上的工业品。市内建有数所教育机构,包括德黑兰大学(1934)。人口7 797 520(2006)。

德加 Degas, (Hilaire-Germain-) Edgar(1834～1917) 法国画家、图像艺术家和雕刻家。父亲为富有的银行家。1855年进入巴黎美术学校学画。他花了很多时间在意大利学习,模仿古代大师的绘画,并成为一个技术优良的画匠,绘制历史画和肖像画。19世纪60年代受到E.马奈的印象主义的影响,放弃了学院派理想,将绘画主题转向巴黎行色匆匆的生活,特别是芭蕾、戏剧、马戏团、赛马场和咖啡馆。他还受到日本版画和新摄影手法的影响,他运用动态的人群和不常见的透视画法来创造那种看起来动作很平常自在的人物群,类似快拍的效果(如《协和广场》)。德加出于兴趣对芭蕾和赛马很着迷,他特别喜欢画那些专注于自己职业的人们。色彩画是他最喜欢的表现方式,画了一系列的女人、浴女、芭蕾舞女演员和赛马。德加约从1880年开始制造蜡像,这些蜡像在他死后被铸成铜像。他是第一个获得认同的印象派画家。

德·加斯贝利 De Gasperi, Alcide(1881～1954) 意大利总理(1945～1953)。生于奥匈帝国统治下的蒂罗尔南部,1911～1919年被选入奥地利国会,谋求把特伦蒂诺并入意大利。1921～1927年当选意大利议会议员。他是意大利人民党的创建者之一。后因敌视法西斯党而被捕,服刑16个月后获释,1929年成为梵蒂冈教廷的图书馆馆长。第二次世界大战期间,积极从事抵抗运动,法西斯政权倒台后,重返意大利政治舞台,担任新成立的天主教民主党的领导。1945年组阁,颁布新宪法,实施土地改革计划,监督意大利战后的经济重建工作。在他的领导下,意大利于1949年加入北大西洋公约组织。他帮助组建了欧洲委员会和欧洲煤钢共同体(欧盟前身)。

德卡拉瓦 DeCarava, Roy(1919～2009) 美国摄影师。20世纪40年代末开始摄影。1952年获古根海姆研究基金支持,完成拍摄哈勒姆区当地人物的计划。这些照片大多被收入专书《甜蜜的生命捕蝇纸》(1955),并配有诗人L.休斯所写的文字。对教育的兴趣使德卡拉瓦于1955年创立了一间"摄影师艺廊",希望教育大众有关摄影的知识,又于1963年创办了黑人摄影师协会。他最为人知的作品可能是他为一群爵士乐音乐家拍摄的人像。

德克勒克 de Klerk, F(rederik) W(illem)(1936～) 南非总统(1989～1994)。他结束了南非的种族隔离制度,议定了向多数派执政的过渡。取代P.W.博塔成为南非国民党主席后,德克勒克迅速释放了所有的政治要犯,其中包括N.曼德拉,并取消了对南非非洲人国民大会(ANC)的禁令。1993年与曼德拉共同获得诺贝尔和平奖。1994年在南非举行的第一次各种族都参加的选举中,曼德拉当选总统,他被任命为第二副总统。1997年退出政界。

德库拉 Dracula B.斯多克于1897年创作的同名小说中的吸血鬼。德库拉这一会施催眠术的冷酷无情的吸血鬼激起了公众的想象力,B.卢格西在1931年由T.勃朗宁导演的恐怖片中扮演的温文尔雅而又令人毛骨悚然的吸血鬼尤为让人印象深刻。斯多克以恶名昭著的瓦拉几亚统治者弗拉德三世·特佩斯命名这一人物。据说弗拉德将2万名男人、女人和小孩以细柱笔直穿刺而过,折磨他们至死。德库拉已成为恐怖片中让人既同情又害怕的常见人物。

德·库宁 de Kooning, Willem(1904～1997) 荷兰出生的美国画家。曾在鹿特丹学习美术,1926年偷渡到美国。原在新泽西州霍博肯当房屋装潢画家,后来前往纽约市,开始受画家A.高尔基的影响。后来为公共事业振兴署联邦艺术计划工作。20世纪30和40年代他的作品既含具象也含抽象艺术的形式,这两种倾向最终以有机抽象形式和几何图形融合成影像。40年代成为抽象表现主义的杰出画家,特别是行动绘画。最有名的作品是一系列复杂而粗俗的女人形象,使用的颜料和原色十分粗犷,如《女人1号》(1950～1952)和《女人与自行车》(1953)。1963年迁往纽约州东汉普顿,晚年制作黏土雕刻,再铸造成铜制品。

德·昆西 De Quincey, Thomas(1785～1859) 英国散文作家和评论家。在牛津大学就读时,为减轻颜面神经病痛而开始吸鸦片,后来吸食成瘾,也使他写出最好的作品,即《一个英国鸦片吸食者的自白》(1822)。这部散文作品充满诗意和想象力,成为英国文学的杰作。文学评论以《论〈麦克白〉剧中的敲门声》(1823)最为有名。

德拉布尔 Drabble, Margaret(1939～) 英国女小说家。毕业于剑桥大学。长篇小说有《黄金王国》(1975)、《光辉大道》1987)、《象牙之门》(1991)、《白桦尺蛾》(2000)和《大海夫人》(2007)。她还写了一些文学传记(和她丈夫M.霍尔劳埃德一样)、一些文学研究并编辑《牛津英国文学指南》。作家A.S.拜亚特是她的姐姐。

德拉古 Draco(活动时期约公元前7世纪) 又作Dracon。雅典立法者,生平不详。所制定的法典(公元前621)极为残酷,规定罪无论轻重,一律判处死刑。梭伦废除其中的所有条文,只保留有关谋杀的部分。

德拉瓜湾 Delagoa Bay 海湾,位于莫桑比克东南部海岸。长31千米,宽26千米。湾口有旅游胜地伊尼亚卡岛,湾头附近为莫桑比克首都马普托港。1544年葡萄牙人首度来此开发,原为输出象牙和奴隶的重要口岸,印度洋贸易的中间站,通往南非钻石和黄金产地之路。葡萄牙人、荷兰人、英国人和布尔人皆欲据为己有,竞相争夺。1875年以仲裁方式划归葡萄牙。

德拉克洛瓦 Delacroix, (Ferdinand-) Eugène (-Victor)(1798～1863) 法国画家。年轻时受英国画家R.P.波宁顿、J.康斯太布尔和J.M.W.特纳的影响很大,但他画的大部分是历史或当代发生的事件,以及源自文学的场景。1822年展示了《但丁和维吉尔共渡冥河》,是19世纪法国浪漫主义发展的一个里程碑。他在巴黎沙龙举办的展览十分成功,后来受委托为市政建筑作装饰,成为法国艺术史上最杰出的巨幅壁画画家之一。他开发了石版画的新素材,1827年为歌德的《浮士德》作了一组17幅石版插图。1830年画《自由领导人民》以纪念把路易-菲力普推上王位的7月革命。1832年到摩洛哥旅行,激发了他往后一生运用丰富色调而具异国情调的视觉想象来作画。他是位多产画家,去世后,在他的巴黎画室中发现有9 000多幅油画、粉彩画、素描和水彩画(现为一博物馆)。

《自由领导人民》,E.德拉克洛瓦绘(1830),油画;现藏巴黎卢浮宫
Giraudon/Art Resource, New York City

他对色彩的运用影响了印象主义的发展。

德·拉·伦塔　de la Renta, Oscar（1932～　）美国出生的多米尼加服装设计师。曾在圣多明各与马德里求学，之后在马德里成为C. 巴兰西阿加的设计师。1962年移居纽约并开设了他自己的公司，制作女性时装。1973年创办奥斯卡·德·拉·伦塔女装设计公司，业务扩展至家用亚麻布、男装以及香水。20世纪70年代他引进了有吉普赛与俄罗斯主题的异族时装。近几年他又运用塔夫绸、雪纺绸、天鹅绒、锦缎以及毛皮制作浪漫的晚礼服。1993～2002年他一直担任P. 巴尔曼的女装设计师。

德拉·罗比亚家族　della Robbia family　意大利佛罗伦萨艺术世家。路加·德拉·罗比亚（1399/1400～1482）的第一批作品是弹球浮雕，其中最有名的是佛罗伦萨大教堂（1432～1437）北面圣器收藏室门上的《圣诗班》。他主要是以发明加釉赤陶作为雕刻材料而闻名，主要的加釉赤陶作品是F. 布鲁内莱斯基设计的帕齐小礼拜堂（位于圣克洛齐修道院内）的《耶稣门徒》圆壁龛（1444）。最终他的作坊成为陶器用品工厂，尤其是以蓝底白釉的圣母和圣子形象最出名。安德烈亚·德拉·罗比亚（1435～1525）为路加·德拉·罗比亚之侄。1470年接管家族作坊。受过大理石雕刻的训练，最有名的作品是佛罗伦萨儿童医院正面的10个圆形弃婴壁龛（1487）。乔凡尼·德拉·罗比亚（1469～1529）是安德烈亚·德拉·罗比亚的孩子当中最杰出的。其父死后接管家族作坊。早期最著名的作品是佛罗伦萨新圣马利亚教堂的洗手所（1497）和圣保罗教堂（1493～1495）凉廊的图形装饰，两者皆与其父合作。

德·拉·罗奇　de la Roche, Mazo（1879～1961）加拿大女作家。因一系列有关贾尔纳山庄的怀特奥克家族的长篇小说而闻名。虽然小说以她的故乡安大略的一处庄园为背景，但这部家族史故事在欧洲和美国却比在加拿大更受欢迎，后来小说还拍成电影《贾尔纳》（1935）并改编为戏剧《怀特奥克家族》（1936）。其他作品包括儿童故事、游记、剧本和一本自传。

德拉瓦河　Drava River　德语作Drau。中欧南部河流。源出意大利卡尔尼克山脉，向东流经奥地利，形成阿尔卑斯山脉最长的纵向河谷。该河从此折向东南流经斯洛文尼亚和克罗地亚北部，并形成克罗地亚-匈牙利边界之一段，全长719千米，为多瑙河右岸主要支流。该河谷是历史上入侵阿尔卑斯山诸国的必经之地。

德莱顿　Dryden, John（1631～1700）英国诗人、剧作家和文学评论家。乡村士绅之子，曾在剑桥大学学习。他写诗称颂王政复辟，赢得查理二世欢心，后被封为桂冠诗人（1668）；两年后被任命为皇家史官。1688年威廉三世继位，德莱顿桂冠诗人的头衔被剥夺。以其许多作品成功地支配了文学舞台，其中许多是为配合政治和公职生活所作。他写了近30部悲、喜剧和歌剧，如《奥伦-蔡比》（1675）、《一切为了爱》（1677）等都非常成功。《论戏剧诗》（1668）是第一部内容丰富的近代戏剧评论作品。后来，德莱顿转而写诗讽喻时事，成为英国最伟大的讽喻诗人。写了著名的《押沙龙与阿奇托菲尔》（1681）和《奖章》（1682）。他还翻译了许多拉丁语诗作，包括维吉尔的《埃涅阿斯纪》。

德莱厄尔　Dreyer, Carl Theodor（1889～1968）丹麦电影导演。作为一个字幕作者进入电影界，最终成为一位著名的电影编剧和剪辑师。他执导的第一部影片是《大总统》

C. 德莱厄尔
By courtesy of the Museum of Modern Art Film Stills Archive, New York

（1919）。在拍了几部片子后，他拍了他最著名的无声片《圣女贞德的受难》（1928）。他所独有的导演风格是以运用逼真的布景和大量的特写镜头为基础的。其他的电影作品还有：《女吸血鬼》（1932）、著名的《愤怒的日子》（1943）、《诺言》（1955）和《日特鲁德》（1964）。他被认为是丹麦电影界最重要的人物。

德莱塞　Dreiser, Theodore (Herman Albert)（1871～1945）美国小说家。生于印第安纳州特雷霍特。父母是贫穷的德国移民，他15岁便离家至芝加哥。曾担任记者，1894年来到纽约，当杂志编辑和出版商，很成功。他的第一部小说《嘉莉妹妹》（1900），由于书中年轻情妇的“越轨”行为并没有受到惩处，而受到抨击。他接下来的小说更使他成为美国杰出的自然主义实践者。在《珍妮姑娘》（1911）获得成功后，他开始全职写作，作品有：三部曲《金融家》（1912）、《巨人》（1914）和《斯多葛》（1947），《天才》（1915）

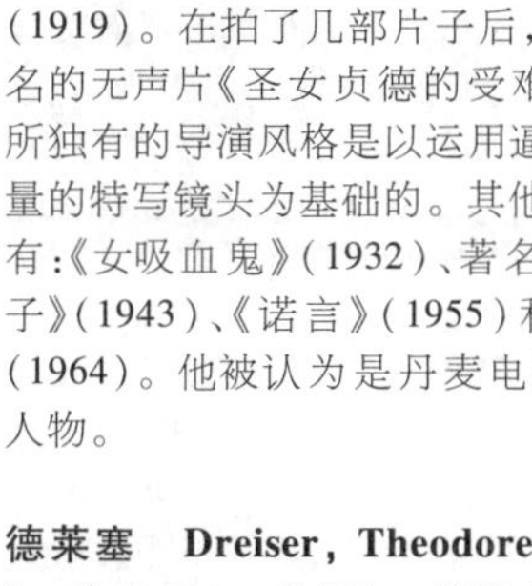

T. 德莱塞
The Granger Collection, New York City

及其续集《堡垒》（1946）。《美国悲剧》（1925）是以一桩著名谋杀案为基础写成的，使他成为社会改革者的英雄。他还著有短篇故事、剧本、散文和回忆录。

德兰　Derain, André（1880～1954）法国画家、书画刻印艺术家和设计师。曾在巴黎卡里埃学院和朱利昂美术学院学习。因与M. de 弗拉曼克和H. 马蒂斯交往密切而发展了早期的风格，此3人成为野兽主义的主要代表人物。作品多属风景、人物，用色明亮、随意，用笔自然、有断有续。但到了20世纪20年代后其作品风格转向新古典主义。他画了很多书籍插图，并作过舞台设计，尤以为S. 佳吉列夫的俄罗斯芭蕾舞团作的设计而闻名。

德雷德·斯科特裁决　Dred Scott decision　全称（Dred）Scott vs. Sandford（“斯科特诉桑福德案”）。1857年美国最高法院使奴隶制在所有准州合法化的裁决。斯科特是一个奴隶。1834年主人将他从密苏里州（蓄奴州）带到自由州和自由准州，最后又回到密苏里州。1846年斯科特向密苏里州法院起诉，要求得到自由，理由是在自由州和自由准州的居留已使他成为一个自由人。大法官R. B. 坦尼裁决，斯科特不具有与美国公民一样要求权利的资格（实际上是“无权享受任何白人应有的权利”）。首席大法官坦尼和六名法官还宣称：国会无权在准州禁止奴隶制，所以密苏里妥协案是不符合宪法的（参阅州权）。这项裁决尽管在南方取得完全胜利，但却激起北方反奴隶制的情绪，加强了新共和党的力量，终于在1861年爆发为一场公开的内战。

德雷福斯　Dreyfus, Alfred（1859～1935）法国军官、著名的德雷福斯事件的当事人。犹太纺织机制造商之子，曾在巴黎综合工科学校读书，后进入军界，并升至上尉（1889）。

德雷福斯，1894年以前摄
H. Roger-Viollet

1894年调任国防部，被指控向德国武官出卖军事机密。同年被判处在法属圭亚那附近著名的魔岛终身监禁。此案证据不足，程序混乱，但因为德雷福斯是个犹太人，由排犹集团领导的法国媒体、社会大众都相信他是有罪的。后来有证据证明C. F. 埃斯特哈齐（1847～1923）才是真正的叛徒，引起大众对德雷福斯案件的注意，认为他被误判。小说家E. 左拉为了反对这一判决，曾写一封题为

《我控诉》的公开信，指控法国军方在此案件中掩盖错误。1899 年一个新的军事法庭再次认定德雷福斯有罪，但共和总统为了消除争端，实行赦免。1906 年民事上诉法院撤销了军事法庭的判决，为德雷福斯恢复名誉，并授予他荣誉军团勋章。第一次世界大战期间被征召。该案件导致 1905 年教会和国家的分离。

德雷克 Drake, Sir Francis（约 1540 ～ 1596） 英国海军上将。伊丽莎白时代最著名的航海家。在普利茅斯富有的亲戚霍金斯家庭（参阅 J. 霍金斯）中长大，18 岁就到海船

F. 德雷克，油画，不知名画家绘；现藏伦敦国立肖像画陈列馆
By courtesy of the National Portrait Gallery, London

上充当徒工，后成为一名杰出的海员，因入侵西班牙殖民地而致富。1577 年率领 5 艘船同行，但最后只剩下他所乘的“金鹿”号旗舰穿过麦哲伦海峡进入太平洋。他沿着南、北美洲海岸航行，转向南航行。他向北航行最远至今天的旧金山，宣称该地区为伊丽莎白女王领地。后改向西航，经过菲律宾群岛绕好望角回到大西洋，1580 年带着财宝回到普利茅斯，成为驾驶自己船只环航世界的第一个船长。1581 年被赐予爵士头衔。1588 年任英国舰队副司令。烧毁无敌舰队（西班牙）的补给船，从而使无敌舰队的进犯时间推迟了一年。他本人在击败无敌舰队的战役中的作用无从可知。在他的有生之年，在国内的声望令人质疑，但有关他的传闻却不胫而走。他在最后一次远航时染上热病身亡，海葬于巴拿马海域。

德雷克海峡 Drake Passage 南美洲火地岛区和南设得兰群岛之间的深水航道，位于南极洲半岛以北 660 千米处，宽约 1 000 千米，连接大西洋和太平洋。这个地区气候变化很大，从副极地气候的凉爽湿润，到南极洲的冰天雪地。19 世纪到 20 世纪初为重要的贸易航线，由于海域多暴风雨、覆盖着冰，使得从合恩角附近穿过德雷克海峡成为一段艰辛的航程。

德肋撒（利雪的），圣 Theresa of Lisieux, St.（1873 ～ 1897） 原名 Marie-Françoise Thérèse Martin。法国加尔默罗会修女，罗马天主教教会神学博士。出生于一个宗教家庭，15 岁进入利雪的加尔默罗女修道院。在那里，她虽然持续承受沮丧与莫名的罪恶感之苦，但却始终保持和颜悦色的态度。在修道院长的坚持下，她写出一部关于其心灵成长的书信散文集，其中她号召对上帝要持有绝对信赖和臣服的态度，并称之为“小道”。她 24 岁时死于肺结核。她的散文集《灵魂经历》（1898）在其死后出版，并广受欢迎，她在利雪的墓地后来成为一个朝圣地。

德累斯顿 Dresden 德国东部城市。位于易北河畔。原为斯拉夫居民点，13 世纪初为迈森的侯爵住地。德累斯顿瓷器工业原肇始于德累斯顿，但在 1710 年移至迈森（参阅迈森瓷器）。1813 年拿破仑一世以此城为军事行动的中心，在这里赢得他最后一次胜利。德累斯顿在 1866 年被普鲁士占领。第二次世界大战期间，1945 年因盟军轰炸受到严重破坏。数座历史建筑得以恢复或重建。该市建有许多美术馆、博物馆和文化机构。制造业发达，可生产精密仪器和光学仪器。人口约478 600（2002）。

德累斯顿刻本 Dresden Codex 拉丁语作 Codex Dresdensis。前哥伦布时期马雅象形文字几种古代典范刻本之一，是历经西班牙传教士焚书之劫而仅存于世的珍贵文物。德累斯顿刻本载有计算异常精确的天文数据，如日月食预测表及金星会合周期等。马雅人精于天文历算的声誉，大体上都源于这些数字。

德里 Delhi 印度中北部联邦区。邻北方邦和哈里亚纳邦，面积 1 483 平方千米，包括德里（通常指旧德里）、新德里（印度首都）和邻近的农业区。从 1206 年起为穆斯林王朝的首都，1398 年被帖木儿洗劫。莫卧儿王朝统治者巴伯尔于 1526 年定都德里。虽然莫卧儿王朝首都大部分时间在阿格拉，但德里在沙·贾汗的整治下，于 1638 年开始变得美轮美奂。1739 年受纳迪尔·沙阿掠夺，1771 年向马拉塔人投降。1803 年受英国统治，1857 年成为印度兵变的中心。1911 年德里取代加尔各答成为英属印度的首都，同时开始建造部分城区为新德里，后为政府机关集中区。1931 年首都迁往新德里，1947 年成为独立后印度的首都。该区的经济和人口大多集中在旧德里。服务业（包括政府机构）是当地最大的就业行业。联邦区也是印度中北部运输网的中心。人口约16 753 235（2011）。

德里达 Derrida, Jacques（1930 ～ 2004） 阿尔及利亚出生的法国哲学家。在法国巴黎高等师范学院任教（1965 ～ 1984）。他对西方哲学的评论范围包括文学、语言学及精神分析学。其思想基础在于不赞成西方哲学中大部分人一味追究深奥理论的明确性或意义的来源，而提出解构这种阅读哲学著作的方式，想要用一种试图传达它们意思的缜密语言分析来让人弄明白那些隐晦理论的推测和假说。其解构理论及方法见于《语言与现象》（1967）、《写作与差异》（1967）及《关于语法学》（1967）。

德利布 Delibes, (Clément-Philibert-) Léo（1836 ～ 1891） 法国作曲家。曾在巴黎音乐学院就读，后来在教堂担任风琴师，并在巴黎歌剧院担任伴奏和合唱长。一生著有近 30 部歌剧、轻歌剧和芭蕾舞剧，还有许多合唱作品，但现今人们印象最深的作品有 3 部：芭蕾舞剧《葛蓓莉亚》（1870）、《西尔维亚》（1876），以及歌剧《拉克梅》（1883）。

德鲁苏斯·日耳曼尼库斯 Drusus Germanicus, Nero Claudius（公元前38～前9） 古罗马将军，皇帝提比略之弟，驻日耳曼人地区的罗马军队统帅。被认为是屋大维（后为奥古斯都）之子，他被允许比旧的法定年龄提前 5 年任官职。公元前 13 年被任命为高卢三省总督。在高卢，他做了一次人口统计，并为奥古斯都建立祭坛。公元前 12 年率远征军进入日耳曼，3 年后抵达易北河。在那些年里他被任命为行政长官（公元前 11 年）和执政官（公元前 9 年）。公元前 9 年不慎坠马受伤，不久去世。其子克劳狄后来成为皇帝。

德鲁伊特 Druid 古代凯尔特人中一批担任祭司、教师和法官等职的有学识的人。德鲁伊特司掌公私祭礼并教育青年；他们审理公私争执，因罪量刑；他们没有服兵役和纳贡的义务。他们学习古诗文、自然哲学、天文学和宗教知识。德鲁伊特所传的主要教义是灵魂不死，人死则灵魂转投。为治疗病危之人或保护战斗中的武士，德鲁伊特即为他献人祭。高卢地区的德鲁伊特于 1 世纪时被罗马政府取缔，不列颠地区的德鲁伊特稍后也被取缔。基督教传入爱尔兰以后，该地德鲁伊特就不再从事宗教活动而以作诗、记叙史实和断案为业。参阅凯尔特宗教。

德鲁兹教派 Druze 又作 Druse。一个高度秘而不宣的中东宗教派别。1017 年源于埃及，名称则是从其创始人之一达拉齐（？～1019/1020）的姓名衍生而来的。严谨的一神论者，以伊斯兰教义为其基础。其宗教信仰融合了犹太教、诺思替教、新柏拉图主义和伊朗宗教的成分。这一信仰体系相信埃及法蒂玛王朝第六代哈里发（985 ～ 1021？）哈基姆的救世神学神性的学说，并期待他有朝一日回来开创一个黄金时代。德鲁兹教派不容许信仰的改变，不论是脱离还是皈依该教派，而且禁止与外部通婚。他们的宗教体系对外部世界保密；当信徒的生命受到威胁时，他可以对外否认自己的信仰。今日，信徒约 100 万，大多集中在叙利亚和黎巴嫩。

德罗特宁霍尔摩宫 Drottningholm Palace 瑞典斯德哥尔摩附近的皇宫。由建筑师 N. 泰辛（1615 ～ 1681）设计和兴建（1662 ～ 1686）。运用意大利古典元素，顶部则采用北欧的“塞特里”式屋顶，其平面、花园及内部都流露出法国巴罗克式风味。附设的剧院建于 18 世纪 60 年代，作为一个戏剧博物馆，保存有其原始布景和舞台机械。德罗特宁霍尔摩宫是昔日瑞典皇室的夏宫。

德洛尔 Delors, Jacques (Lucien Jean)（1925 ～ ） 法国政治家。1962 年离开银行界步入政坛，历任各种官职，包括经济和财政部长。1985 年任欧洲委员会主席。他使长期停滞的欧洲委员会获得了新的活力，

促进改革,并说服会员国同意于1993年建立单一市场,成为迈向经济和政治全部一体化的第一步。

德洛内 Delaunay, Robert(1885～1941) 法国画家。早期为兼职的舞台背景设计师,受新印象主义、野兽主义和立体主义的影响。1909～1911年他的色彩实验在一系列埃菲尔铁塔的画作中达到巅峰,结合立体主义的零碎片断形式,以及生动的动感和亮丽的色彩。他把明亮的色彩引进立体主义而形成所谓的俄尔甫斯主义,使他的作品有别于较正统的立体主义画家,对青骑士派画家的作品有直接影响。他与妻子索妮亚·特克·德洛内(1885～1979,乌克兰出生的画家和纺织品图案设计师)为1937年巴黎博览会画了几幅引人注目的大型抽象装饰壁画。

R. 德洛内《埃菲尔铁塔》(1910～1911),油画;现藏瑞士巴塞尔艺术馆

Deposited by Emanuel Hoffmann-Foundation in Kunstmuseum Basel, Switzerland photograph, Hans Hinz

德曼 de Man, Paul(1919～1983) 比利时出生的美国文学评论家。1947年移民美国,进入哈佛大学,1970年在耶鲁大学任教,并在此度过余生。他的开创性作品《盲目与洞见》(1971)就是在耶鲁大学美国中心完成的解构性文学评论(参阅解构)。其他作品包括《阅读的寓言》(1979)、《浪漫主义修辞学》(1984),以及《美学的意识形态》(1988)。死后被揭露在战时曾为支持纳粹的比利时报纸《晚报》撰写反犹作品,这使他声望下降。

德米尔 de Mille, Agnes (George)(1905～1993) 美国舞蹈演员和编导。她发展了舞蹈的情节部分,并创新应用了美洲主题、民间舞蹈和手势。毕业于加利福尼亚大学洛杉矶分校后,回到出生地纽约市。1929～1940年在美国作巡回演出,举办她自己创作的哑剧表演会。后来为芭蕾舞剧团(后来的美国芭蕾舞剧院)编舞;《竞技表演》(1942)是含有踢踏舞的第一出芭蕾舞剧。她还为百老汇的许多音乐剧编舞,其中包括《俄克拉何马!》(1943)、《骑马舞蹈表演》(1945)、《南海天堂》(1947)、《装饰你的小客车》(1951)。她还著有一些舞蹈书籍和一本自传。

德谟 deme 希腊语作demos。古代希腊的农村地区或村庄,以区别于城邦。在克利斯提尼(雅典的)的民主改革(公元前508～前507)中,阿提卡的德谟(雅典周围地区)在地方和国家的行政机构中具有自己的地位。阿提卡的德谟有自己的警察权力、祭礼和官员。满18岁的男子就可在当地的德谟登记,获得公民身份和权利。成员集会决定德谟的事务,并且掌握财产纪录以便征税。五百人会议是由各德谟依地区大小按比例选派代表的。德谟一词在希腊化和罗马时期仍指地方上小的区域。

德谟克利特 Democritus(约公元前460～前370) 希腊哲学家。虽然残留下来的作品不多,但他显然是描述看不见的"原子"是所有物质的基础的第一人。他的理论是:原子是永恒存在的,不可分割,不能压缩,且是固定不变的,相互间只有形状、排列、位置和大小的区别。20世纪的科学家现在发现他的这些假设惊人地精确。由于常以人类的弱点自我揶揄,故被称为"谈笑哲学家"。参阅原子论。

德穆兰 Desmoulins, (Lucie-Simplice-) Camille (-Benoist)(1760～1794) 法国大革命时期有影响的新闻记者。原为律师,因口吃不能顺利工作。但在大革命爆发时,他却突然成为一个能激励人心的演说家,煽动民众参加巴士底狱暴动。在他所写的小册子和报刊言论中,主张废除国王,建立共和。德穆兰被选入国民公会,和山岳派一起对抗吉伦特派。后来他和G.丹东成为温和派领导人。他在抨击救国委员会实行恐怖统治后,与丹东等人一起被送上断头台。

德穆思 Demuth, Charles(1883～1935) 美国画家。生于宾夕法尼亚州兰开斯特。早期在宾夕法尼亚学画,后去欧洲学习。回国后,把欧洲现代派各种艺术运动引进美国,是精确主义绘画的主要代表。后来画了一系列以花卉、马戏团和咖啡馆为题材的水彩画,这些作品使他成为当代第一流水彩画家。晚年把广告和张贴栏上的字画进轮廓分明、抽象的市景画中,如《兰开斯特,建筑物》(1930)等。在其最有名的作品中是一批他所谓的"招贴画肖像画",如《我看见金色的数字5》(1928),是描绘美国诗人W.C.威廉斯的象征性作品。

C.德穆思《我看见金色的数字5》(1928),油画;现藏纽约市大都会艺术博物馆

By courtesy of the Metropolitan Museum of Art, New York City, The Alfred Stieglitz Collection, 1949

德纳芙 Deneuve, Catherine(1943～) 原名Catherine Dorléac。法国电影女演员。13岁时便演电影,并以在《秋水伊人》(1964)中扮演的角色打开知名度。她在R.波兰斯基的《厌恶》(1965)和L.布努埃尔的《白日美人》(1967)与《特里斯塔纳》(1970)中冷酷的金发美女形象与熟练的演技,使她成为国际巨星。她演过的其他电影包括《最后一班地铁》(1980)和《印度支那》(1992)。

德·尼罗 De Niro, Robert(1943～) 美国电影演员。父亲为艺术家。1968年初登银幕,后在一些次要影片中扮演主角和配角,1973年在影片《战鼓轻敲》中的表演获得好评。后主演了《穷街陋巷》(1973)以及多部由M.斯柯席斯执导的电影,包括《出租车司机》(1976)、《愤怒的公牛》(1980,获奥斯卡奖)和《好人》(1990)。在这些影片中,德·尼罗典型地扮演了个性强、具有吸引力,却又情绪不平衡的人。他在其他一些影片中扮演较为克制却同样令人难忘的角色。这些影片包括《教父(续集)》(1974,获奥斯卡奖)、《猎鹿人》(1978)、《真正的忏悔》(1981)和《摇摆狗》(1997)。1993年亲自导演第一部电影《四海情深》。

德尼,圣 Denis, St.(?～258?) 又作St. Denys。法兰西主保圣人,巴黎首任基督教主教。可能出生于罗马,罗马皇帝德西乌斯曾派遣7位主教到高卢地区传教,他是其中之一。生平不详,据说是在罗马皇帝瓦莱里安迫害基督教徒时殉难。据9世纪的一个传说,德尼在蒙马特尔被斩首之后,无头尸体将他的头带到巴黎东北部后来修建圣德尼隐修院教堂的地方。

德聂斯特河 Dniester River 俄语作Dnestr。古称Tyras。欧洲中南部河流。源出喀尔巴阡山脉北坡,向南再向东流至敖德萨附近的黑海,全长1 352千米。德聂斯特河既是乌克兰的第二大河,也是摩尔多瓦的主要水运干线。约有1 200千米河道可通航。

德帕迪厄 Depardieu, Gérard(1948～) 法国电影演员。1965年初登银幕,后来接演一些小角色。直到在《远行他方》(1974)的表现获B.贝尔托卢奇青睐而获邀主演《1900年》(1976)。20世纪80年代成为法国当红的男影星,也到欧美拍电影。他以在银幕上塑造男性魁梧雄壮而又温文尔雅及富于感情的形象著名。电影作品包括《最后一班地铁》(1980)、《马丁·盖雷的归来》(1981)、《男人的野心》(1986)、《甘泉马侬》(1986)、《大鼻子情圣》(1990)和《世上的每个早晨》(1992)。

德萨利讷 Dessalines, Jean-Jacques(1758?～1806) 海地皇帝。1804年把法国人逐出海地。早年在圣多明各(海地)一黑人家中当奴隶,1791年参加奴隶暴动。由于屡建战功,成为黑人领袖图森·路维杜尔的副手。但图森·路维杜尔在1802年被法国远征军推翻。次年拿破仑决定恢复奴隶制,德萨利纳等人再次起义,他们在英国的帮助下将法国人赶走。1804年德萨利纳宣布此岛独立,依照阿拉瓦克语定国名为"海地",第二年自立为帝。他立法,不准白人拥有财产,杀了数千白人;他也歧视黑白混血种人。德萨利纳最后在一次黑白混血种人暴动中被杀。

德赛 Desai, Morarji (Ranchhodji) (1896～1995) 印度总理(1977～1979)。乡村教师之子,1918年在孟买邦政府当小官吏。1930年加入M. K. 甘地的非暴力、不合作运动。在20世纪30～40年代曾在英国监狱中被关了10年。1969年成为反对甘地(夫人)派系的领袖。1975～1977年因政治活动而被捕。1977年举行大选,德赛出任总理。因其联合政府解散而于1979年辞职。

德属东非 German East Africa 原德意志帝国的属地,包括现在的卢旺达、布隆迪、坦桑尼亚的大陆部分和莫桑比克的一小部分。1884年德国商人开始进入该地区,1891年德国帝国政府控制了该地区行政。第一次世界大战中被英国人占领。根据《凡尔赛和约》(1919),其大部分委由英国托管(坦噶尼喀领地),一小部分(卢旺达-乌隆迪)交给比利时托管。

《德苏互不侵犯条约》 German-Soviet Non-aggression Pact (1939) 德国与苏联缔结的互不侵犯条约。苏联屡次试图加入英、法两国反纳粹德国的集体安全协议,均未能如愿,遂转向德国。条约的主要条款有:两国同意互不进攻;此项条约附有一项秘密议定书,议定书中决定两国瓜分波兰;并将立陶宛、拉脱维亚、爱沙尼亚和芬兰划入苏联的势力范围。苏联希望争取时间建立其武装力量以对抗德国的扩张;德国则希望在不需担心红军的情况下进行对波兰及其西部国家的入侵行动。此事一公开后,引起世界的震惊与恐惧。在条约签订9日后,德国发动第二次世界大战。1941年德国进攻苏联后,该条约遂成废纸。

德索托 de Soto, Hernando (1496?～1542) 西班牙探险家和征服者。1514年参加P. 阿里亚斯·达维拉(1440～1531)前往西印度群岛的探险,在巴拿马他很快成为一名贸易商和远征者。到1520年他通过在尼加拉瓜和巴拿马地峡的奴隶贸易积累了一小笔钱财。1532年和F. 皮萨罗一起远征秘鲁,1536年携大量财物返回西班牙。曾受西班牙王室之命征服现在的佛罗里达,1538年率领10只船和700人出发。在这次探险途中他发现了后来成为美国东南部的大片土地和密西西比河。由于染上风寒,死于路易斯安那,被安葬在密西西比。

德·瓦勒拉 de Valera, Eamon (1882～1975) 爱尔兰政治领袖。生于纽约市。父亲是西班牙人,母亲是爱尔兰人,2岁时父亲去世后被

德·瓦勒拉,摄于约1965年
By courtesy of the Irish Embassy; photograph, Lensmen Ltd. Press Photo Agency, Dublin

送回母亲的家乡爱尔兰。1913年加入爱尔兰志愿军并参与领导了复活节起义。1918年被推选为新芬党主席。他不接受成立爱尔兰自由邦的条约,因为条约提出分割爱尔兰领土。在随后发生的内战中,他支持共和主义者的抵抗运动。1924年创建替天行道士兵党,1932年赢得爱尔兰大选。当选总理(1932～1948)后,他带领爱尔兰自由邦脱离英联邦,并宣布爱尔兰为主权国家,称爱尔兰(或Éire)。第二次世界大战爆发,他宣布爱尔兰中立。在后来又两次任总理(1951～1954、1957～1959)以后,成为爱尔兰总统(1959～1973)。

德·瓦卢娃 de Valois, Ninette (1898～2001) 后称Dame Ninette。原名Edris Stannus。英国舞蹈演员和编舞家,皇家芭蕾舞团的创始人。1914年起在时事讽刺剧和童话剧中表演。1923年加入俄罗斯芭蕾舞团,任独舞演员。1926年在伦敦创办舞蹈艺术学院,教导演员舞蹈动作。1930年与人合办卡玛戈学会。1931年创办并指导维克-韦尔斯芭蕾舞团,后成为萨德勒的韦尔斯芭蕾舞团(1946～1956),之后又改为皇家芭蕾舞团(1956),她一直指导至1963年。她在20世纪30～40年代编了许多芭蕾舞,1971年以前相当活跃。

德文 Devon 英格兰西南部的一个郡。位于康沃尔、多西特和萨默塞特郡之间,濒临布里斯托尔海峡和英吉利海峡。埃克塞特是郡行政中心。郡内包括达特穆尔高沼地,史前时代即有人居住。经济以农业(以畜牧为基础)为主,现仍生产德文郡浓缩奶油,也是著名的旅游地。

德沃尔夫 de Wolfe, Elsie (1865～1950) 原名Ella Anderson de Wolfe。美国室内装潢设计师。为纽约社交名媛,1890～1904年为职业演员。后来开始以室内装潢为业。她的主要设计原则是简单、明快和视觉的统一,促进了室内装潢流行款式从暗色调、极度装饰的维多利亚风格向现代派的改变。她是美国首位室内装潢女设计师。还是一位著名的沙龙女主人,曾长期居住在法国,第一次世界大战期间曾护理过士兵,因而获得十字军功章和荣誉勋位。

德沃夏克 Dvořák, Antonín (Leopold) (1841～1904) 波希米亚(捷克)作曲家。1857年他父亲把他送到布拉格一所管风琴学校就读,后在一家剧院乐队拉中提琴,经常是由B. 斯美塔那指挥。最终他有充裕时间作曲。J. 勃拉姆斯帮他出版了几部作品,到1880年,他的名声已传遍欧洲。曾10次访问英国。1892～1895年任纽约新成立的国家音乐学院院长。这期间他创作出了《自新大陆》交响曲(1893)。他的音乐频繁采用民间曲调,被认为是捷克民族主义的一种表达方式。他的作品极多,主要以弦乐和室内乐闻名。他的作品包括9部交响曲,钢琴协奏曲、小提琴协奏曲和大提琴协奏曲,2首小夜曲,几首音诗,14首弦乐四重奏,2首钢琴四重奏和2首钢琴五重奏。他有多首钢琴作品,其中有四手联弹的《斯拉夫舞曲》(1878,1886)。他写的圣乐包括《圣母悼歌》(1877)、《安魂弥撒》(1890)和《赞美颂》(1892)。他写的13部歌剧,现只有《水仙女》(1900)仍在演出。

德·西卡 De Sica, Vittorio (1902～1974) 意大利电影导演和演员。于1923年加入一个表演团体,不久成为早场演出的走红演员。后登上银幕主演了一系列轻松喜剧片,最出色的是在R. 罗塞里尼执导的电影《罗维尔将军》(1959)中扮演的角色。1940年执导他的第一部电影,并与编剧C. 萨瓦提尼合作,对战后意大利电影的新写实主义贡献很大,他拍摄了《擦鞋童》(1946,获奥斯卡奖)、《偷自行车的人》(1948,获奥斯卡奖)。后来拍摄的影片包括《风烛泪》(1952)、《烽火母女情》(1961)、《昨天、今天和明天》(1963,获奥斯卡奖)和《芬氏花园》(1971,获奥斯卡奖)。

德西乌斯 Decius, Gaius Messius Quintus Trajanus (201?～251) 罗马皇帝(249～251)。曾任元老院议员、执政官和地方军事指挥官,后取代腓力(阿拉比亚)成为皇帝。在位期间抵抗哥特人入侵莫西亚,并在全国第一次有组织地迫害基督徒(250),结果适得其反,壮大了基督教势力,他在251年被哥特人打败并战死的前不久才结束迫害行动。

德系犹太人 Ashkenazi 历史上居住在欧洲中部和北部操意第绪语的欧洲犹太人或其后裔。原先居住在莱茵河流域,Ashkenazi一词源于希伯来语"Ashkenaz"(德国)。11世纪末期十字军兴起后,他们向东迁往波兰、立陶宛、俄罗斯以躲避迫害。后来几个世纪凡采用德系犹太教堂礼拜仪式的犹太人通称德系犹太人,以区别于西班牙系犹太人。在讲希伯来语的口音、文化传统、礼拜祷词,以及意第绪语的使用(在20世纪以前)方面,两系各有特色。现在全世界的犹太人有80%以上是德系犹太人。

德行伦理学 virtue ethics 以德行(一般认为的美德)为基础的伦理学。德行伦理学探讨的主要是人类繁衍不可或缺的品格特质,而非列举责任。传统上伦理学分为两类:义务学和结果主义,而德行伦理学则似乎是

在这两者之外。它同意结果论对于行为对错的道德标准,是该行为所导致的结果是否具备真正价值;但它与义务学更接近的部分则是,一个道德上正确的行为本身即为目的,而非另一个目的的手段。

德语 German language 德国和奥地利的官方语言,也是瑞士3种官方语言之一,使用人数超过1亿。属于日耳曼诸语言的西日耳曼语支。德语的名词有4种格、3种性(阳性、阴性和中性)。存在许多方言,其中多属高地德语方言群或低地德语方言群。现代高地德语使用于德国中部和南部的高地地区、奥地利和瑞士,是目前标准的书面德语,是高地、低地两德语区的行政语言、高等学校教学语言、文学语言、大众传播媒体使用的语言。

的的喀喀湖 Titicaca,Lake 秘鲁和玻利维亚边界的湖泊。世界上最高的可通航湖泊,海拔3 810米,位于安第斯山脉。为南美洲第二大湖,面积8 300平方千米,长190千米,宽80千米。湖中水域狭窄处将湖体分为两部分,湖中有41个岛屿,有些岛屿上人口密集。在此发现了最古老的美洲文明的遗址之一。的的喀喀岛神庙废墟为传说中的印加创建者被太阳从天上送到地球的所在地。

的黎波里 Tripoli 阿拉伯语作Tarabulus al-Gharb(西的黎波里)。利比亚首都,位于地中海沿岸,是该国最大的城市和主要海港。由腓尼基人在公元前7世纪建立,在古代被称为奥伊阿,是的黎波里塔尼亚地区的三个城市之一。它从公元前1世纪起受到罗马人控制,后来则受拜占廷人的控制。645年遭阿拉伯人侵占。1551年被奥斯曼帝国占领,此后作为帝国的一个殖民都城。1911～1943年间,被意大利控制,此后直至1951年利比亚独立之前该地一直被英国人统治。1983年美国轰炸的黎波里的市内目标,作为对恐怖活动的一种反击。其历史建筑包括许多清真寺和一个罗马凯旋门。1973年创办的法提大学取代了原来的利比亚大学。人口:市区约1 150 000;都会区约2 006 000(2003)。

的黎波里塔尼亚 Tripolitania 北非历史地区,在今利比亚西北部。该地区在公元前7世纪成为腓尼基人殖民地,因其三个主要城市大莱普提斯、奥伊阿(的黎波里)和萨布拉塔而得名。公元前3世纪之前组成迦太基的东部地区。公元前2世纪中叶受努米底亚酋长统治。努米底亚战争(公元前46)后,并入了罗马新阿非利加行省(参阅阿非利加)。7世纪时为穆斯林哈里发统治地。1551年成为奥斯曼帝国的一部分之前,该地区相继受到阿拉伯和柏柏尔王朝的统治。1711年独立。作为北非海岸柏柏里海岸的一个国家,其私掠船对地中海中的航船进行掠夺,并导致与美国之间的的黎波里战争(1801～1805)。它在1835年再为土耳其管辖地。意大利人在1912年获得该地区。1942～1943年的北非战役中,英国和德国军队在此激战。1951年与昔兰尼加和费赞一起并入独立的利比亚王国。1963在建制上取消了这些地区。

的黎波里战争 Tripolitan War(1801～1805) 美国与的黎波里(今利比亚境内)之间的冲突。由于美国拒绝向北非海岸的柏柏里海岸提供货物而引起地中海地区的海盗袭击。的黎波里的帕夏要求得到更多的货物,并在后来对美国宣战(1801)。美国派遣一支海军中队到达的黎波里海域,与的黎波里展开了几次海战,其中包括S.迪凯特领导的袭击。美国通过使用海军对的黎波里封锁和从埃及登陆进行远征作战赢得此次战争,并签订了一个有利于美国的和约。

的里雅斯特 Trieste 旧称Tergeste。弗留利-威尼斯朱利亚区首府和海港城市。该地区位于亚得里亚海的里雅斯特湾,从公元前2世纪起一直受罗马人控制,直到罗马帝国崩溃为止。948～1202年曾受主教统治。它在1382年划属哈布斯堡王朝的保护之下,并成为奥匈帝国主要的繁荣港口。第一次世界大战后,它被割让给了意大利。第二次世界大战期间曾被德国军队占领,1945年被南斯拉夫夺取,1947年成为的里雅斯特自由区。1954年归还意大利以后,1963年该城市成为地区首府。人口约209 520(2001)。

的里雅斯特 Trieste 全称Free Territory of Trieste(的里雅斯特自由区)。原南欧包括的里雅斯特城及周边地区在内的前伊斯特拉半岛西部地区。在1945年被南斯拉夫占领。1947年联合国在此建立自由区。后按行政功能的不同被分割成两个地带:A地带为包括的里雅斯特在内的北部地区,受英国和美国人控制;B地区为南部地区,受南斯拉夫人统治。1954年北部的大部分地区归意大利,南部则归属南斯拉夫。

灯塔 lighthouse 建于海岸或海床上的建筑(通常是一座塔),用于发出危险信号或帮助船员航行。已知最早的一座灯塔是亚历山大的法罗斯岛灯塔。现代灯塔始于18世纪初,原先的灯塔为木制,往往在暴风雨中被冲走。第一座用石块砌成的灯塔在1759年建于英国普利茅斯港近海危险的埃迪斯通礁石上。互相扣住的嵌砌石块一直是主要的灯塔建筑材料,直到20世纪才被钢筋混凝土取代。现代建筑方法也促进了近岸灯塔建筑的发展。最普遍使用的光源是电丝灯,而利用透镜(如菲涅尔透镜)和反光镜的辅助设备可使灯光强度倍增。无线电和卫星导航系统已大为降低了在可视的陆地范围内建大型灯塔的需求。

灯心草 bulrush 莎草科藨草属(*Scirpus*)(特别是席草,*S. lacustris*)一年生或多年生禾草植物的统称。带有单一或成团的小穗花序,生于潮湿的地方如池塘、沼泽、湖泊,茎常用来编织强韧的垫子、篮子、椅座。灯心草可以充当过滤器,吸收有毒的金属及毒性微生物,进而帮助减少水污染。在英国,灯心草一词指宽叶香蒲(*Typha latifolia*)或狭叶香蒲(*T. angustifolia*,水烛)。

灯心草 rush 数种具圆柱形柄或空心、秆茎状叶的显花植物的通称。见于温带地区,特别是潮湿或多阴处。灯心草科包括灯心草属(*Tancus*,俗称普通灯心草)和地杨梅属(*Luzula*,俗称木灯心草)。普通灯心草在世界许多地方供织椅垫、席和编成篮子。髓部则作开放式油灯的灯心或用于制做灯心草蜡烛。其他灯心草种类包括灯心草(香蒲科)、木贼(亦称擦磨灯心草)、花灯心草。

登革热 dengue 又作breakbone fever(断骨热)或dandy fever(花花公子热)。由蚊传播的急性、出血性发热的传染病,患者短期内卧床不起,但罕有致死者。其他症状为关节剧痛、僵直,眼球后剧痛,短暂缓解后体温再度上升,特殊皮疹等。主要是由一种带有病毒的伊蚊属(*Aedes*)病媒蚊传染所致,通常是埃及伊蚊(*A. aegypti*),它也会导致黄热病。登革热病毒有4种血清型,彼此间无法相互免疫。治疗主要在缓解症状。患者在发病头三天内要隔离,以免蚊子再次叮咬而传染他人。根本性的预防措施为灭蚊。

登京格·诺尔盖 Tenzing Norgay(1914～1986) 尼泊尔夏尔巴人登山运动员。在与E.希拉里合作之前,曾参与多次登山探险工作。1953年登京格·诺尔盖和希拉里一起首次登上珠穆朗玛峰最高峰。作为一名佛教徒,他还在珠穆朗玛峰祭祀神灵。

登普西 Dempsey, Jack(1895～1983) 原名William Harrison。美国拳击手。生于科罗拉多州马纳萨。1914年用"黑小子"的名字(意指他曾在铜矿坑做粗活)开始参加拳击

登普西

UPI

赛。他取得令人瞩目的战果,常常在第一回合就把对手击倒,1919年赢得了与世界重量级冠军J.威拉德交手的机会,他在三个回合内就把威拉德击倒。此后一直到1926年经过10个回合按得分被判败给G.滕尼才失去冠军头衔。1927年他俩再次在著名的"长呼数之战"中相遇,比赛期间,他曾把滕尼打倒在地以后,没有再走到中立角去,让滕尼有额外时间恢复过来击败他。登普西的拳击风格是几乎连续不断地进攻。在30年代期间,登普西在许多表演赛中亮相,1940年退休。后来开餐馆十分成功。总共参加过84场比赛,

赢 62 场,其中有 51 场把对手击倒在地。

《登山宝训》 Sermon on the Mount 《新约·马太福音》中记录的宗教教义和耶稣发表的伦理演说。这是耶稣对其门徒和许多人做的训诫,他教导大家生活的准则。这一准则是以爱(甚至对敌人)的新律法为基础,取代了单讲果报的旧律法。许多类似的基督教布道词和常从《圣经》中引用的段落都源于此,包括耶稣福祉和《主祷文》。常被看作是基督教生活的蓝图。

登山运动 mountaineering 又称 mountain climbing(爬山运动)。登高的运动。是一项集体运动,每名成员都对集体成就作出贡献,同时也受到集体成就的鼓舞。对登山者来说,登山运动的乐趣不仅在于“征服”一座山峰,而且在于通过个人的艰苦努力,日益提高攀登的熟练程度以及和壮丽的自然界相接触所获得的身心满足。不过虽有这么多的收获,但还是要考虑到其所冒的危险。现代第一个被征服的高峰是勃朗峰,1786 年被人攀登。1865 年马特峰被攀登后,其他的阿尔卑斯山山峰也陆续被人类征服。到 1910 年左右,安第斯山脉、落基山脉和其他西半球的大多数山峰都已被人类攀登,其中包括麦金利山(1913)。20 世纪 30 年代开始在喜马拉雅山出现了一系列成功的登山者,1953 年达到顶点,珠穆朗玛峰被 E.希拉里和登京格·诺尔盖征服。20 世纪 60 年代登山运动越来越成为一项技术性运动,注重在攀登垂直岩石或冰面时使用专门的锚钉、系绳和钩抓装置。

登霄 miraj 先知穆罕默德升上天园之事。一天夜里两个大天使拜访穆罕默德,并打开他的躯体,清除所有怀疑、谬误和异教信仰,净化他的心。他被带到了天国,在那儿他攀登七重天,到达了安拉座前。沿途他和大天使吉布里勒遇到了阿丹(亚当)、叶海亚[圣约翰(使徒)]、尔撒(耶稣)、优素福(圣约瑟)、易德里斯、哈伦(亚伦)、穆萨(摩西)和易卜拉欣(亚伯拉罕)等先知,参观了地狱和天堂。他得知比起其他先知他更为安拉看重。伊斯兰历 7 月 27 日流行诵读有关的传述用来庆祝登霄,称为登霄夜。

等持 samadhi 意识高度集中的状态,由冥思产生。在印度教中,等持是通过瑜伽实现的。在练瑜伽的过程中,意识集中于冥思的物件。在佛教中,等持是与洞察力发展不同的心志发展结果,佛教徒和非佛教徒都能实现。在禅宗里,等持允许冥思者通过与冥思对象的结合而克服主客体的二元意识。

等级 caste 在生物学中,群居动物(主要是蚁、蜜蜂类、白蚁和黄蜂)群体内部的类群,它们有特殊的功能并在形态和结构上与其他类群相异。典型的昆虫等级是蜂王(专门负责生育的雌蜂)、工蜂(通常为不生育雌蜂,负责照料蜂王、蜂卵和幼体)、兵蜂(负责保卫群体;也是不生育的雌蜂)以及雄蜂(短命,与蜂王交配后即死去)。幼体分化成不同的等级经常取决于饮食,尽管激素和环境因素也能起作用。

等离子体 plasma 气体中的原子电离后产生的导电介质,其中带正电的粒子数与带负电的粒子数大体相等。有时把等离子体称作物质的第四态(前面三态是固态、液态和气态)。等离子体以独特的方式与它自己、与电场和磁场以及与它的环境相互作用。可以认为它是离子、电子、中性原子和分子以及光子的集合体,其中有些原子正在电离,与此同时,有些电子正与其他的离子结合而形成中性粒子,光子则在不断地产生和被吸收。据估计,宇宙中 99% 以上的物质以等离子体的状态存在。

等位基因 allele 可能出现在染色体某特定位置上的基因的两个或多个形式中的任一个。等位基因可成对出现,或可有影响特定性状表达的多个等位基因。若一组等位基因中,两个成员完全相同,则该个体称为纯合子;若不同,则为杂合子。在杂合子中,显性等位基因的性状表现出来,而隐性等位基因则不表现(参阅显性)。某些成对基因的两个成员可能为共显性的,即彼此间没有显性和隐性的关系。一个个体只有两个等位基因附着于一给定的基因座位上。所有遗传性状均为等位基因相互作用的结果。

邓巴 Dunbar, Paul Laurence (1872～1906) 美国作家。生于俄亥俄州代顿。父母都是奴隶。他是第一个以写作为生并在国内取得显赫地位的黑人作家,他使用黑人方言,以田园诗般、农村的情调描绘南北战争前的南方生活,读者群主要是白人。他的诗集有《橡树和常春藤》(1893)、《老老少少》(1895)以及《下层生活抒情诗》(1896)。他的诗读者广泛,在美国及英国举行过朗读会。他还出版过 4 本短篇小说集和 4 部长篇小说,包括《诸神的娱乐》(1902)。

P. L. 邓巴,摄于 1906 年
By courtesy of the Library of Congress, Washington, D. C.

邓巴 Dunbar, William(1460/1465～1530 年前) 苏格兰诗人。曾在詹姆斯四世宫廷中服务,是苏格兰诗歌黄金时代宫廷诗人。归属邓巴名下的 100 多首诗大多是应景短诗,从辛辣的讽刺诗到宗教热情昂扬的赞歌都有。他的较长诗篇包括了梦一般迷人的寓言诗《金色的盾牌》、婚礼之歌《蓟与玫瑰》,而《邓巴和肯尼迪的争吵》精彩地表现了他对诗坛对手 W.肯尼迪的人身攻击。

邓波儿 Temple, Shirley(1928～2014) 后称 Shirley Temple Black。美国电影女童星。生于加利福尼亚州圣莫尼卡。最初从舞蹈班里被挑选出来试镜头,初上银幕时才 4 岁。因演《起来,欢呼》(1934)一片而受到重视,接着又主演了《小麻烦》(1934)和《明亮的眼睛》(1934),且在后一部影片中演唱了《在愉快的洛利波普轮船上》。邓波儿是一名早熟的演员,其脸上的酒窝和金色的鬈发尤其让人喜爱。在美国大萧条的年代里,她成了全国最受欢迎的女明星。1934 年获奥斯卡特别奖。其后的影片有《小上校》(1935)、《威·威利·温季》(1937)和《小公主》(1939)等。成年后她于 1974～1976 年任美国驻加纳大使,1989～1992 年任美国驻捷克大使。

S. 邓波儿
Brown Brothers

邓迪 Dundee 苏格兰泰赛德行政区的主要工业城市和重要的海港,位处北海泰湾的北岸。最早的历史记载见于 12 世纪末。其后几百年间,该城屡遭劫掠,居民惨遭英格兰人的杀戮。保存下来的古建筑物中有市教堂,是在同一屋顶下的 3 座堂区教堂的集成建筑物,现在仍是现代化市中心的焦点。19 世纪起已是世界重要的黄麻纺织业中心。现该地仍生产纺织品,但第二次世界大战后,轻工业已成为主要工业。市内的邓迪大学创办于 1881 年。人口145 663(2001)。

邓弗里斯 Dumfries 苏格兰西南部邓弗里斯-洛韦行政区皇家自治市和行政中心,位于与英格兰交界的尼思河左岸。为广大畜牧业地区的主要贸易中心。苏格兰民族诗人 R.彭斯从 1791 年开始居此,直至 1796 年去世。彭斯葬于此地,他的家现为博物馆。人口约30 970(2004)。

邓翰 Dunham, Katherine(1909～2006) 美国舞蹈家、编舞家和人类学者,以其对部族舞蹈和民族舞蹈富有革新精神的解释而著称。1931 年在家乡芝加哥创办她的第一所学校。1940年组织了一个全部由黑人组成的舞蹈团,演出以她在加勒比海地区作的人类学研究为基础而编的舞蹈,包括《热带地区》和《爵士热》。后来获芝加哥大学的人类学博士学位。1945～1955年负责纽约的一

K. 邓翰在《热带舞蹈》(1945～1946)中的舞姿
By courtesy of the Dance Collection, New York Public Library, Astor, Lenox and Tilden Foundations

所舞蹈学校。许多重要的黑人舞蹈家都出自于她在芝加哥和纽约的学校。50 年代率舞团赴欧洲演出。她还为百老汇的舞台演出、歌剧和电影设计过舞蹈。邓翰还参加过民权运动。

邓杰内斯蟹 Dungeness crab 可食用的动物,学名 *Cancer magister*。分布于从阿拉斯加到加利福尼亚南部的太平洋沿岸。是该海岸地区最大、最有商业价值的蟹类之一。雄蟹宽18～23 厘米,长 10～13 厘米。背面红棕色,向后稍淡,足和腹面淡黄。生活于低潮线下的沙质海底。北美的近缘种有大西洋沿岸的岩蟹、新英格兰到加拿大沿海的约拿蟹、太平洋沿岸的红蟹和太平洋岩蟹。以上各种都是食用蟹,但商业价值不同。

邓肯 Duncan, Isadora(1877～1927) 原名 Angela。美国舞蹈家,生于旧金山。她是最早将诠释性舞蹈提升至创造艺术地位的舞者之一。她对古典芭蕾的刻板程式反感,而她把舞蹈基于较自然的节奏和来自古希腊雕刻动作的灵感,舞蹈时赤足,只穿着森林女神般的衣服。在美国没有获得多少成就,于 1898 年移居欧洲。在欧洲巡回演出受到热烈的欢迎。她因经常反抗常规而名声不好并创办了几所舞蹈学校。她因长围巾卷入她所乘坐的汽车后轮而被勒死。她强调"自由舞蹈"使之成为现代舞蹈的先驱者之一,对前卫艺术家也是一种鼓舞。

邓南特 Dunant,(Jean-) Henri(1828～1910) 瑞士人道主义者。曾目睹索尔费里诺战役,组织紧急救护队为奥地利和法国伤员进行救急服务。1862 年他建议在世界各国组织志愿救济团体,还提议订立一项救护战争中伤员的国际协定。1864 年创立红十字会,《日内瓦公约》同时产生。后继续致力于改善战俘待遇、废除奴隶制度、提倡国际仲裁、裁军以及建立犹太人国家。1901 年和 F. 帕西(1822～1921)共同获得第一届诺贝尔和平奖。

邓南遮 D'Annunzio, Gabriele(1863～1938) 意大利作家和军事英雄。曾担任记者,后转向写诗和小说。其自传小说《纵情声色者》(1898)塑造了邓南遮笔下第一个尼采式充满激情的超人主角。到他最出色的小说《死的胜利》(1894)问世时,他已是驰名作家。《阿尔奇恩尼》(1904)是他最伟大的诗作,而写得最成功的剧本是《约里奥的女儿》(1904)。作品特色是自我中心观点很强,文笔流畅而音韵铿锵,以及过分强调感官的欢娱。第一次世界大战爆发后,竭力敦促意大利参战。意大利宣战后,他亲自参战。1919 年邓南遮率领支持者违反《凡尔赛和约》的规定,占据了原本要并入南斯拉夫的阜姆港城。他统治该城,犹如一独裁者。直至 1920 年意大利军队强迫他下台为止。后成为狂热的法西斯分子。他的能言善辩、过人胆识、政治领导能力,以及不断的绯闻事件(特别是与女演员 E. 杜丝),使他成为当时最引人瞩目的人物。

邓斯·司各脱 Duns Scotus, John(1266?～1308) 中世纪苏格兰经院哲学家和神学家。曾在牛津大学学习,后在牛津大学执教,在此他加入了圣方济各会。后执教于巴黎大学。因支持教皇卜尼法斯八世和国王腓力四世的争论,而遭短期流放。1307 年他任科隆大学神学教授,也许是为了躲避因捍卫无沾成胎说而遭到的异端指控,因为多明我会和世俗国王反对无沾成胎说。主要作品《体系》和《各种问题》生前均未完成。

低地国家 Low Countries 欧洲西北部沿海地区,包括比利时、荷兰和卢森堡。称为低地国家是因为沿北海的这些地方大部分低于海平面,或与海平面持平。它们常被称为比荷卢国家,Benelux(比荷卢)由三国名称的几个首字母组成。

低级歌舞表演 burlesque show 专为男人设计的舞台娱乐节目。1868 年由英国歌舞女郎引进美国,后来发展为黑脸歌唱团表演,主要分成 3 部分:(1)一系列粗俗幽默的歌曲、打闹剧和喜剧单口相声;(2)大杂烩表演(如特技表演、魔术表演或唱歌);(3)合唱歌曲或模仿秀,或针对政治、时事的诙谐作品。这种表演以异国风味的舞者或拳击压轴。20 世纪初,F. 布赖斯、A. 乔尔森和 W. C. 菲尔兹开展了诙谐作品的事业。20 世纪 20 年代加上脱衣舞表演造就了像吉卜赛女郎 R. 李这种明星,但政府当局的检查及电影的竞争,使得低级歌舞表演逐渐衰退。

低温技术 cryogenics 研究低温现象的产生和应用的技术。低温范围被定为从-150℃至绝对零度。在低温条件下,物质出现奇异的性质。低温学始于 1877 年,这一年首次将氧冷却到-183℃,变成液体。1911 年发现许多过冷金属倾向于失去全部电阻,这一现象称为超导电性。低温技术的应用包括液化天然气的储存和运输、食物保存、低温医学、火箭燃料和超导电磁体。

低血糖 hypoglycemia 血清中葡萄糖浓度降低到正常水平以下的现象,立即口服葡萄糖与静脉注射葡萄糖可减轻病人的症状。甚至血清中葡萄糖水平短暂的下降也会产生严重的脑功能障碍。空腹时的低血糖可对生命造成威胁,最常见于糖尿病病人未按时注射胰岛素或病人未进食。另外,患有产生胰岛素的肿瘤、饥饿或其他代谢性疾病也会使低血糖发生。当体内制造过多胰岛素而致低血糖发生时可直接口服糖来应对。低血糖的症状是由中枢神经系统能量不足引起的,包括情感障碍、精神错乱、嗜睡和癫痫发作,严重时可引起昏迷和死亡。

低血压 hypotension 又作 low blood pressure。血压低于正常的一种疾病。原因为血量减少(如大量出血或大面积烧伤而丢失血浆)或血管容量增加(如晕厥)。起立性低血压——起立时血压降低——其原因是站立时使肌肉和血管收缩以抵消重力的反射机制失灵。在脊髓灰质炎、休克和巴比土酸盐中毒时也会出现低血压。

低氧 hypoxia 身体组织得不到充分氧气的一种状态。最严重的情况是缺氧(完全得不到氧气)。低氧有 4 种类型:①低氧血型,即血液里含氧量低,如高原病;②贫血型,血液携氧能力低,如一氧化碳中毒;③郁积型,血流量低,又分为全身型(参阅休克)及局部型(参阅动脉硬化);④组织中毒型,由于中毒(如氰化物)使细胞不能利用氧。如果不尽快治愈,缺氧会导致坏死(组织死亡),例如心肌梗塞。

低音 bass 最低的音乐声部或音域。在声乐中,其音域大致为中央 C 下面第二个 E 至中央 C。庄严男低音侧重较低的音域,抒情男低音音域稍高。在俄罗斯以外,男低音独唱通常分配给某些固定的歌剧角色。大多数乐器家族的最低音乐器通常称作低音乐器(如低音单簧管或低音提琴等)。在西方的调性音乐中,低音部分的重要性通常仅次于旋律,是决定和声展开的主要因素,这一趋势自 1600 年左右出现通奏低音后更加显著。

低音提琴 double bass 提琴族里最低音的乐器,比大提琴的音域还要低一个 8 度。大小不一,最大的可达 2 米高。形状也各异,其颈部与琴身连接部的坡度比小题琴的大,反映出它是维奥尔琴和小提琴的混合物(其名就来自低音维奥尔琴)。文艺复兴晚期归入提琴族,其形式大小亦不像小提琴族那样规格化。一般有 4 根粗弦;爵士乐队使用的低音提琴有时会加上一条高音弦,而交响乐团用的低音提琴有时也会加上第五条弦。弦乐团演奏时使用弓,而爵士乐几乎完全使用拨奏。在摇滚乐团和某些爵士乐团中,常以电子低音琴来替代。

滴滴涕 DDT 全称 dichlorodiphenyltrichloroethane(二氯二苯基三氯乙烷)。一种合成的有机卤化物杀虫剂。1939 年,其广泛的杀虫性能被发现(由瑞士化学家 P. H. 米勒发现,他因此获得 1948 年诺贝尔奖),可有效对抗许多疾病传染媒介。但到了 20 世纪 60 年代,许多种昆虫能迅速繁殖抗 DDT 的种群,而且 DDT 高度稳定,能累存在昆虫体内,通过食物链对各种鸟类和鱼类造成毒害。20

世纪 60 年代，发现 DDT 与一些类似的化合物已严重减少了许多鸟类的数量，包括白头鹰。现在美国已严格控制滴滴涕的使用。

狄安娜 Diana 古罗马宗教中的女神。司掌自然、野兽与狩猎。她是化育之神，因此，妇女祈求她保佑怀孕顺产。她与希腊女神阿耳忒弥斯为同一女神。崇拜她的罗马人认为狄安娜保佑低阶层成员，特别是奴隶。

狄奥多拉 Theodora(497? ～548) 拜占廷皇后，查士丁尼一世皇帝之妻。其父为君士坦丁堡马戏团的驯熊师。曾是一名演员，后成为查士丁尼一世的情妇。525年查士丁

狄奥多拉，意大利拉韦纳圣维塔莱教堂中的拜占廷镶嵌画(局部)
Andre Held-J. P. Ziolo

尼一世与她正式结婚。527 年查士丁尼继承皇位，她被加冕为皇后。狄奥多拉可能是拜占廷历史上最具权势的女人，她是查士丁尼一世最信任的顾问，发起法律改革并在外交和国内政治事务中发挥重要影响。同时她也建议对尼卡暴动(532)予以镇压。狄奥多拉承认妇女权利，并终止对基督一性论派的严刑苛法。

狄奥多里克 Theodoric(454? ～526) 绰号 Theodoric the Great(狄奥多里克大帝)。意大利的东哥特王国的创建者，东哥特王国国王。488 年拜占廷皇帝芝诺令其人侵意大利，到 493 年他通过叛变杀害了奥多亚塞，使自己成为唯一的统治者。他以拉韦纳为首府，继而扩展其势力范围至法兰克和保加利亚，并控制了一个政局动荡的王国，该王国包括西西里、达尔马提亚和德国的部分土地。作为一名阿里乌派教徒(参阅阿里乌主义)，他容忍天主教教义，并促进哥特人与罗马人之间的和平。

狄奥多西一世 Theodosius I(347 ～395) 绰号 Theodosius the Great(狄奥多西大帝)，全名 Flavius Theodosius。东罗马帝国皇帝(379 ～392)和东西罗马帝国皇帝(392 ～395)。出生于西班牙，父母均为基督教信徒，后随父从军，其父当时是一名将军。在与萨尔马特人作战中战功显赫，遂被皇帝格拉提安任命为共治皇帝，统治罗马帝国东部地区(379)。狄奥多西一世对真正的基督教教义举行讨论，后决定采用《尼西亚信经》作为基督教教义的标准(380)。387 年，狄奥多西一世还与西哥特人签署了一项协定。同年，西班牙人马克西穆斯推翻了罗马帝国西部地区的新帝，马克西穆斯后被狄奥多西一世打败(388)，此后狄奥多西一世在整个罗马帝国拥有了至高无上的权力(392)。狄奥多西一世与圣安布罗斯曾就教会在帝国事务中的作用问题展开辩论，不同意教会拥有政治权力。392 年由阿波加斯特和尤吉尼乌斯发起的提倡异教运动在罗马影响日益扩大，后被狄奥多西一世镇压(394)，狄奥多西一世宣称，这是基督教的神战胜了异教的神。

狄本孔 Diebenkorn, Richard(1922 ～1993) 美国画家。在斯坦福大学完成学业之后，在卡拉茨执教(1947 ～ 1950)，并在画家 C. 斯提尔和 M. 罗思科的影响下，形成一种抽象的风格。到 20 世纪 50 年代中期，他已经获得商业上的一些成功，但又转向一种表现主义的象征风格。他创作熟练的人物画、静物、风景，以及存在于现代主义者传统中的内在心灵。终其生涯，交替于具象与抽象之间。他最知名的作品就是《海洋公园》系列，始于 20 世纪 60 年代，包括 140 多幅大型抽象画作，其中还是保留了风景的暗示。

狄德罗 Diderot, Denis(1713 ～ 1784) 法国文学家和哲学家。受业于耶稣会，后来获巴黎大学学位。1745 ～ 1772 年间编纂 35 卷的《百科全书》，为启蒙运动时期的重要著

狄德罗，油画，L. -M. 范洛绘于 1767 年；现藏巴黎卢浮宫
Giraudon-Art Resource

作。他影响深远的著作《论聋哑人的书简》(1751)讨论语言的功能；《对自然的解释》(1754)被誉为是探索 18 世纪哲学的方法。作为第一位伟大的艺术评论家，他的作品《画论》(写于 1765 年)在他身后受到格外的推崇。他的小说作品有《修女》(写于 1760 年)、《拉摩的侄儿》(1774 年完成)；他还写了一些剧本和戏剧理论著作。参阅 J. L. R. 达朗伯。

狄俄尼索斯 Dionysus 希腊宗教中丰产与植物的自然神，特别以酒和狂欢之神著称。相当于罗马的巴克斯。他是古代迈锡尼人的神灵，后成为希腊最重要的神之一。根据标准的传统说法，他是宙斯和塞墨勒的儿子，后来被迈纳德或巴康特抚养长大。他发明了葡萄酒，四处旅行，广泛传播制酒技术。在他的追随者当中有半人半兽的森林神、小森林元神和仙女。狄俄尼索斯节或酒神节(罗马人的)就是为纪念他而举办的，在早年这是紊乱、狂欢的机会，也常是艺术表演的主题。狄俄尼索斯最初被描绘为蓄须男子，但后来更多地被描绘成一个瘦高的青年男子。他的主要标志是缠着长青藤的酒神杖。赞美酒神的合唱诗经常被视作西方戏剧的基础。

狄俄斯库里兄弟 Dioscuri 又称 Castor and Pollux(卡斯托耳与波鲁克斯，希腊语作 *dioskouroi*，意为“宙斯之子”)。古希腊古罗马神话中的孪生神灵。他们援救遇难船员，受人间祭礼以赐顺风。卡斯托耳会死而波鲁克斯则是永生的。后卡斯托耳被杀，波鲁克斯也不愿永生，要与卡斯托耳一起死。两兄弟是优秀的骑手，据说他们曾参加对卡莱敦野猪的猎杀、“阿戈”号的金羊毛之寻，以及对其妹海伦(被忒修斯所虏)的拯救。他们被认为在古罗马人初期历史上一次重要的战役中帮助过罗马，在古罗马广场遗址中建有二者的神庙。

狄尔泰 Dilthey, Wilhelm(1833 ～ 1911) 德国历史哲学家。反对人文科学受自然科学的普遍影响，他设法建立人文科学——历史、哲学、宗教、心理学、艺术、文学、法律、政治和经济学——作为名副其实的解释性的科学。他认为人类的本质不能靠反省来认知，而必须了解历史的全部知识。主要著作有《人类科学导言》(1883)；两篇有影响的文章为《有关描写性和分析性心理学的诸想法》(1894)和《人文科学中历史世界的结构》(1910)。他的著作对文学研究曾有过重要影响。

狄更生 Dickinson, Emily (Elizabeth)(1830 ～ 1886) 美国诗人。祖父是阿默斯特学院的创办人之一，父亲是一位受尊敬的律师，曾担任过一届国会议员。狄更生曾在马萨诸塞州阿默斯特学院和芒特霍利奥克女子神学院求学。终其一生几乎都隐居在阿默斯特家中。19 世纪 50 年代开始写作；到 60 年代，开始在文字与韵律方面有了创新。她常用的诗体是四行诗抑扬格和新教赞美诗的音步。她的警句简练，没有多余的辞藻，生动、准确。她的诗用简单亲切的词句描写了爱情、死亡和自然。她安静隐居的家庭生活和她诗作中深沉和强烈的词句所形成的对比，引起人们猜测她的性格和她与别人之间的关系。从 1870 年开始她在家只穿白色服装，很少会客。遗留下来的近1 800 首诗，生前仅发表了 10 首。去世后出版的作品，使她的声望和读者都大为增加。1955 年她的作品全部出版，并被普遍认为是最伟大的美国诗人之一。

狄更斯 Dickens, Charles (John Huffam)(1812 ～ 1870) 英国小说家，公认为维多利亚时代最伟大的小说家。生于朴次茅斯。影响他一生的关键时刻是他 12 岁那年。父亲因债务而入狱，他被迫辍学到工厂劳动。这段经历铭刻在小狄更斯敏感的心灵当中。他 13 岁复学，但 15 岁时就结束了自己的学生

生涯。年轻时从事过记者工作。他的创作生涯始于重印的短篇文集《"博兹"特写集》(1836)。他显示出惊人的文学创作天赋,并用连载方式发表喜剧小说《匹克威克外传》(1837),这使得他成为当时最受欢迎的英国作家。随后以连载方式发表的小说有《奥利佛·特维斯特》(1838)和《老古玩店》(1841)等。他到美国旅行后,在数周内写下《圣诞颂歌》(1843)。从《董贝父子》(1848)开始,他的小说表现出对维多利亚工业社会罪恶的极度不安,而在半自传作品《大卫·科波菲尔》(1850)和《荒凉山庄》(1853)、《小杜丽》(1857)、《远大前程》(1861)中变得更为强烈。《双城记》(1859)出现于他极受读者欢迎的时期。狄更斯作品的特征是:对伦敦的全面知晓、悲天悯人、令人毛骨悚然的笔触、仁慈与亲切的心胸、源源不绝的人物创造力、角色特有的说辞、高度个人化及独创的散文风格。

狄克森　Dixon, Willie(1915～1992)　原名William James。美国音乐家,他对电子**布鲁斯**及**摇滚乐**的出现有所影响。1936年狄克森从故乡密西西比移居芝加哥,赢得了伊利诺伊州金手套拳击冠军,同时开始推销他的歌曲。在加入切斯录音公司之前,曾在几个乐队演奏低音提琴。他那充满活力的歌曲作品,曾以30美元的代价卖出,其中包括《小小红公鸡》、《你让我心烦意乱》和《后门男人》;许多作品后来都被冠上其他作者的名字,如M.**沃特斯**、猫王E.**普雷斯利**,以及**滚石乐队**等。狄克森巡回演出的足迹遍及全美及欧洲。

狄摩西尼　Demosthenes(公元前384～前322)　雅典政治家,古代希腊最伟大的雄辩家。根据**普卢塔克**所载,他幼时口吃,为了改善这个毛病,他把一些小石子塞到嘴里,在镜

狄摩西尼,大理石雕像,约作于公元前280年。现藏于哥本哈根尼卡尔斯伯格雕像馆
By courtesy of the Ny Carlsberg Glyptotek, Copenhagen

子前面练习讲话。自小即显露天分,有权有势人家请他撰写状纸。终其一生,他拥护民主原则。曾发表多篇《反腓力辞》,号召雅典人起而反抗**腓力二世**,后来继续反对腓力的儿子**亚历山大大帝**。他斥责埃斯基涅斯媚敌,埃斯基涅斯认为腓力是爱好和平的。公元前330年狄摩西尼成功使埃斯基涅斯遭流放,但后来他也被迫流亡(公元前324)。亚历山大死后(公元前323),他奉召回国,但当亚历山大的继承人进军雅典时,他弃城而逃,服毒自尽。

狄塞耳　Diesel, Rudolf Christian Karl(1858～1913)　德国热机工程师。19世纪90年代他发明了以他的名字命名的**内燃机**,生产了一系列越来越成功的不同型号的柴油机,1897年展示的25马力、4冲程、单缸立式压缩柴油机是他发明的顶峰。

狄特斯多夫　Dittersdorf, Carl Ditters von(1739～1799)　原名Carl Ditters。奥地利作曲家。他是一位天才小提琴家,1770～1795年在布雷斯劳亲王兼主教的宫廷任乐师。1773年封为贵族,他显然拒绝了维也纳宫廷乐师职务。他的作品极多,包括约120首交响乐、约40首协奏曲(有许多是为小提琴而作)、宗教合唱曲和许多室内乐作品。他最著名的是40部舞台作品,特别是他的歌唱剧,包括《医生与药剂师》(1786)和《疯人院里的爱情》(1787)。

迪安　Dean, James (Byron)(1931～1955)　美国电影演员。在尝试到百老汇舞台表演前,他曾在4部电影中扮演小角色。1954年在纽约上演的话剧《不道德的人》中初露头

J.迪安在《巨人》(1956)中的剧照
© 1956 Giant Productions, courtesy Of Warner Bros.; Phogograph, Culver Pictures

角,获得大银幕试镜机会,展开灿烂但短暂的电影生涯。在影片《伊甸园东》(1955)中主演一个忧郁、急躁的青年角色,获奥斯卡提名。后又主演影片《无因的反叛》(1955),扮演一个被误解的青少年。他以50年代惶惑、急躁、空想的青年典型而受到崇拜。在影片《巨人》(1956)中,扮演一个粗野的、不守习俗的牧场工人。这3部影片使迪安成为受挫青年人的化身,因此成为美国青年的崇拜对象。但他在《巨人》公映以前因车祸惨死,引起全国青年的哀悼。

迪奥　Dior, Christian(1905～1957)　法国时装设计师。曾受法国外交部门培训,因20世纪30年代的财政危机而开始为时尚周刊绘制时装插图。1942年加入巴黎时装设计师L.勒隆(1889～1958)的公司。1947年推出他完全创新的"新款",小肩膀、宽松的

迪奥,摄于1957年
Popperfoto

长裙子,与第二次世界大战时加衬的肩和短裙(由于战时物资匮乏所致)相比有巨大变化。50年代松身短上衣样式或H线条,是他的设计特有的外型。他对巴黎时装流行于全世界起了重要作用。

迪拜　Dubayy　又作Dubai。阿拉伯联合酋长国中人口与面积第二大成员国,周围有阿布扎比和沙迦。面积3 900平方千米。沿波斯湾长约72千米。首都迪拜城为最大城镇,大部分居民住在首都和附近地区。已知1799年起就有来自阿布扎比的人在此居住。19世纪初期迪拜已是当地强盛的酋长国,20世纪30年代前以出口珍珠闻名。今日迪拜因石油而致富,阿拉伯联合酋长国的多数银行和保险公司都集中在该地。酋长国人口约1 200 309(2005);迪拜城人口约1 225 137(2007)。

迪比费　Dubuffet, Jean(-Philippe-Arthur)(1901～1985)　法国画家、雕塑家和版画家。曾在巴黎学绘画,但1929后做酒商维持生计。20世纪40年代初起专门从事绘画。成为巴黎主要画家之一。20世纪40年代末形成他自己的风格,称为**涩艺术**。用清漆和胶将沥青、砂砾、炉灰、灰烬和沙粘在一起作底子,上面经常用油画色厚厚地涂上一层,再在这粗糙的表面上刻出粗糙的形象。后来转向用废料雕刻创作。这些作品未完成的外貌激起公众的愤怒。20世纪60年代他用音乐结构和建筑环境进行实验。晚年为不同的公共场所创作了几座黑白涂料玻璃纤维的大型雕塑。

迪茨　Dietz, Howard(1896～1983)　美国歌词作家。生于纽约市。从哥伦比亚大学毕业后,进入一家广告公司,在那里他为高德温电影公司(后称米高梅电影制片公司)设计了"吼狮"商标。1919年加入该公司,不久任广告部主任,直至1957年退休。1923年开始在业余时间写歌词,1929年他与作曲家A.施瓦茨(1900～1984)合作,两人以音乐讽刺剧《小戏》成名。两人继续合作,写出通俗的百老汇音乐剧和讽刺剧,如《三人成群》(1930)、《乐队车》(1931)、《大获全胜》(1932)、《以音乐复仇》(1934)、《户外家庭招待会》(1935)、《美国内幕》(1941)和《快乐的生活》(1961)等。他一共写了约

500首歌；迪茨和施瓦茨合作的歌包括《记住你的厉害》、《在黑暗中跳舞》和《你、黑夜和音乐》。

迪尔 Deere, John（1804～1886） 美国农具发明家及制造者的先驱。17岁时做铁匠学徒，后来自己开店做铁匠生意，1837年迁居伊利诺伊州。迪尔在其频繁的修理工作中发现，美国东部自19世纪20年代以来使用的木-铸铁结构的犁不适用于中西部草原的黏重土壤。他开始实验，到1838年已售出3具新式铁犁。他继续进行实验改进。到1846年，年产铁犁约达1 000具。1857年迪尔的钢犁年产量已高达10 000具。1868年正式组建迪尔公司，逐渐开始制造耕耘机和其他农机具。

迪尔伯恩 Dearborn, Henry（1751～1829） 美国军官和陆军部长（1801～1809）。曾参加美国独立战争，后来指派为缅因地区的陆军元帅（1789～1793）。1793～1797年为国会议员（代表马萨诸塞州），后来在T.杰斐逊总统政府中任陆军部长，1803年下令在芝加哥市建立迪尔伯恩堡。1812年战争中，指挥过几次试图入侵加拿大的行动，但都失败，后来被J.麦迪逊总统召回。

迪尔伯恩 Dearborn 美国密歇根州东南部城市。1795年建居民点。原是底特律和芝加哥之间的驿马站。H.福特诞生于此，后来的福特汽车公司总部也设于此。1917年建福特汽车装配厂和后续相关汽车工业后，工业开始发展。1927年合并为城市。人口约98 153（2010）。

迪费 Dufay, Guillaume（约1400～1474） 法国当时最伟大的作曲家，以创作宗教音乐及世俗歌曲而成名。幼年为康布雷大教堂唱诗班一员。被立为牧师后，以博学获得很高的声誉。1428年成为教皇的歌手之一，这时他的作品已出名。1440年左右回到康布雷定居，后半生一直监督大教堂的音乐事务，曾短期离开为萨伏依公爵工作（1451～1458）。许多音乐家到他门下学习，他享有在世最伟大的作曲家的美誉。作品高度和谐统一。留传至今的有约90首歌曲、13首等同节奏的经文歌，还有至少6部完整的弥撒曲，包括早期固定曲调的弥撒曲，如《武装的人》和《脸色苍白》。

迪凯特 Decatur, Stephen（1779～1820） 美国海军军官。1798年参加海军。1804年曾在的黎波里战争中率领一支远征队大胆攻入的黎波里港，焚毁被俘的美国炮舰"费城"号。在1812年的战争中，他的战舰"合众国"号俘获英舰"马其顿人"号。1815年在地中海指挥一支舰队，迫使柏柏里国家按照美国的条件和谈。1815年升任海军部长。后在决斗中丧生。

迪克斯 Dix, Dorothea (Lynde)（1802～1887） 美国社会改革家，致力于为精神病患者争取福利。生于马萨诸塞州汉普登（今属缅因州）。1821年在波士顿开办了一所女子学校，1841年开始在监狱的主日学校教课，在那里看到精神病患者和男女罪犯关在一起，非常苦恼。在以后的18个月中，她参观了马萨诸塞州禁闭精神病患者的公共机构。1843年她给州立法机构写报告，揭露她所见到的令人震惊的情景。上述情况获得改善之后，她又将注意力转到其他各州。由于她的努力，在美国15个州和加拿大有专为精神病患者建立的医院。

迪克西兰 Dixieland 又称New Orleans Jazz（新奥尔良爵士乐）。由一个小合奏组演奏的爵士乐，以集体和独自即兴表演为特色。最早的爵士乐合奏组产生于雷格泰姆爵士乐和新奥尔良的铜管乐团，加入了布鲁斯音乐元素。早期由K.奥利弗和J.-R.莫顿领导的爵士乐合奏组，由小号、短号演奏主旋律，单簧管、长号负责和声部分，独奏演员制造出的紧张和重叠句部分的淡释构成对比，加上与众不同的二拍节奏，赋予迪克西兰一种特色。不论是快节奏的歌曲或慢节奏的悲伤挽歌都常伴有欢乐的非谐音。迪克西兰乐队通常还使用班卓琴、大号和鼓等乐器。

迪克西民主党人 Dixiecrat 又称States' Rights Democrats（州权民主党人）。1948年美国总统选举期间民主党的一个右翼分裂团体。他们反对民主党的民权纲领。迪克西民主党人在亚拉巴马州的伯明翰集会，提名南卡罗来纳州长S.瑟蒙德为总统候选人。他在1948年的大选中获选票100多万张并在4个州领先。

迪拉斯 Duras, Marguerite（1914～1996） 原名Marguerite Donnadieu。印度支那出生的法国小说家、剧作家、电影导演和剧本作者。因电影剧本《广岛之恋》（1959）和《印度之歌》（1975）而闻名世界。第一部成名作品为《太平洋大坝》（1950），描写印度支那一个法国穷人之家。《情人》（1984）是半自传体小说，叙述一个十几岁的法国少女与一个比她大的中国男子的恋爱故事，为她赢得龚古尔奖，1992年改编成电影。其他主要作品有：《昂德马先生的下午》（1962）、《史坦因的狂喜》（1964）、《爱情》（1971）等。

迪林杰 Dillinger, John (Herbert)（1903？～1934） 美国银行抢劫犯。生于印第安纳波利斯。1924年因抢劫一杂货铺被捕，在狱中向一些惯犯学会了抢劫银行的技巧。1933年假释出狱后，伙同他人在4个月内抢劫了印第安纳州和俄亥俄州的5家银行，被捕后入狱，后为其同伙救出重操旧业，直到再一次被捕，1934年他用假的木制手枪从印第安纳监狱成功越狱。他继续抢劫银行，最后联邦调查局、印第安纳警方和他认识的妓院鸨母（"红衣女士"）设下圈套，将他诱往芝加哥的拜奥格拉夫影剧院。他刚一露面，即遭枪击丧命。

迪伦 Dylan, Bob（1941～ ） 原名Robert Zimmerman（罗伯特·齐默尔曼）。美国歌手和作曲家，可能是同时代美国歌手中最令人赞叹、最具影响力的。曾在明尼苏达州德卢斯和铁矿城希宾度过游荡不定的童年，后以迪伦为姓（取自诗人迪伦·托马斯之名）到全国各地旅行，刻意模仿民谣歌手W.格思里。在纽约市格林威治村的咖啡屋中开始其职业演唱生涯。20世纪60年代早期录制的几张唱片使他获得认同，其中《在风中吹拂》和《时代在改变》两首曲子成为民权运动之歌。《坦布林·曼先生》被理解为对制幻剂的一首赞歌。1965年迪伦采用与过去截然有别的许多摇滚乐节奏和电子扩音乐器，具有里程碑意义的专辑唱片有《重访61号公路》（1965）和《金发碧眼》（1966），奠定了他作为摇滚乐带头人的地位，盛名达到顶峰。随着1966年的摩托车意外之后，迪伦做了另一次音乐转向，发表了数张专辑（最有名的是1969年的《纳什维尔地平线》），以轻柔、沉思的声调及使用乡村音乐要素使公众为之惊讶。后期的专辑有《轨道血迹》（1975）和《被遗忘的时光》（1997）等。

迪伦马特 Dürrenmatt, Friedrich（1921～1990） 瑞士剧作家，他的悲喜剧是第二次世界大战后德语戏剧复兴的主要作品。其写作技巧显然受德国流亡作家B.布莱希特和荒诞派戏剧的影响。在他的第一个剧本《立此存照》（1947）和后来的《密西西比先生的婚事》（1952）、《一位天使来到巴比伦》（1953）中，对历史事实采取滑稽的自由处理手法。《老妇返乡》（1956）和关于科学的现代道德剧《物理学家》（1962）为他赢得国际声誉。迪伦马特于1970年后改编名作、写侦探小说、广播剧和评论文章。他的著作已被翻译成50多种文字。

迪蒙·迪尔韦尔 Dumont d'Urville, Jules-Sébastien-César（1790～1842） 法国航海家。曾考察南太平洋（1826～1829）。这次航行的结果，大规模地修订了南海海图，重新标出美拉尼西亚、密克罗尼西亚、波利尼西亚和马来西亚群岛。1830年运送流放的国王查理十世去英格兰。1837年去南极洲，虽遇浮冰无法穿越，但他在麦哲伦海峡进行测量，发现了茹安维尔岛和路易菲利普地，观测到了阿黛利海岸（以其妻的名字命名），1840年回到法国。

迪内森 Dinesen, Isak（1885～1962） 原名Karen Christence Dinesen。后称Baroness Blixen-Finecke。丹麦女作家。与表兄（一位男爵）结婚后同往肯尼亚，作品《走出非洲》（1937，电影1985）回忆了他们经营咖啡种植园的生活（1914～1931），流露出她对非洲和当地人民有很深的情感。她的短篇小说描写细腻，以历史为背景，并充满超自然主义的情调，包含了性爱和梦境的主题。作品包括《哥特式故事七篇》（1934）和《冬天的故事》（1942）。她唯一的小说《天使般的复仇者》（1944），是一部描写纳粹占领丹麦的讽刺作品。

迪斯科 disco 20世纪70年代中期兴起

的舞蹈音乐风格，以催眠的节奏、重复的歌词，以及电子产生的音响为特色。其名为discotheque的缩写，主要由纽约地下夜总会演变而来。在夜总会里，唱片音乐节目主持人(DJ)会数小时连续播放舞蹈唱片，所以一定要让节拍做到同步，这样换唱片时就可以做到天衣无缝。重要的艺人D.萨默、“时髦”和“比吉斯”创造了许多畅销曲，随着电影《周末的狂热》(1977)的上演达到另一高峰。1980年后迪斯科迅速没落，但对流行音乐仍具有一定影响，特别是它连续的电子节拍。

迪斯累里 Disraeli, Benjamin(1804～1881) 后称Earl of Beaconsfield。英国政治家和作家，两度任首相(1868,1874～1880)。意大利犹太人后裔。幼年便受洗为基督徒，此举对他日后的政治生涯有重大影响(1858年以前，犹太教徒被排斥于议会之外)。《维维安·格雷》(1826～1827)是他第一部作品，后来还写了小说《康宁斯比》(1844)和《西比尔》(1845)。1837年当选保守党议员。1845年他发表了一系列精彩的演说，反对R.皮尔及其取消《谷物法》的决定，并成为议会保守党领袖。他3次担任财政大臣(1852,1858～1859,1865～1868)，为通过1867年《改革法案》起到重要作用。1868年短暂出任首相，再次担任此职务(1874～1880)时则致力于社会改革。他主张强硬的外交政策，解决了苏伊士运河公司的股份问题，并在柏林召开的欧洲会议上又取得各国对英国的全面让步。作为维多利亚女王信赖的朋友，他提出法案，授予维多利亚女王印度女皇的称号。1880年大选中保守党大败后，他仍担任该党议会领袖，并完成了政治小说《恩迪米昂》(1880)。

迪斯默尔沼泽 Dismal Swamp 又称Great Dismal Swamp(大迪斯默尔沼泽)。美国弗吉尼亚州东南和北卡罗来纳州东北部的沼泽区。虽经大面积砍伐和大火烧毁，但仍长有茂密森林。长约48千米，宽约16千米，境内多珍贵鸟类和毒蛇及供渔猎的动物。有迪斯默尔沼泽运河通过，该运河属大西洋沿岸水道。

迪斯尼 Disney, Walt(er Elias)(1901～1966) 美国动画作家和娱乐产业执行人。20世纪20年代与哥哥罗伊和朋友U.伊沃克斯(1901～1971)一起创建了动画工作室(参阅**动画**)。他们一起创作了“米老鼠”。伊沃克斯画出欢快、活跃和淘气的米老鼠，迪斯尼为它配上声音和音乐，拍摄了第一部有声动画片《威里号轮船》(1928)，引起轰动。1929年兄弟二人合办沃尔特·迪斯尼制作公司(后改名迪斯尼公司)。“米老鼠”风靡全国使他们又构思出其他动物角色，如唐老鸭、布鲁托、高飞等，同时又制作了几部较短的卡通影片，包括《三只小猪》(1933)。他们制作的第一部未经删节的电影《白雪公主和七个小矮人》(1937)获得成功，很快又制作出《木偶奇遇记》(1940)、《幻想曲》(1940)和《灰姑娘》(1950)等经典动画片。迪斯尼是求全型的创造者和精明的商人。他全权掌控公司的艺术创作与经营管理。他将公司业务扩展到动画片制作、电视节目、主题公园和大众推销等领域。至1966年他去世时，迪斯尼改革了家族式的娱乐产业，并且其产品影响了几代美国儿童。

迪亚斯 Dias, Bartolomeu(约1450～1500) 又作Bartholomew Diaz。葡萄牙航海家和探险家。1487年率领探险队去确定非洲的南端，他的航行比以往探险家还要靠南，成为第一个绕过好望角(1488)的欧洲人，从而开辟了由大西洋和印度洋到亚洲的海路。他后来在P.A.卡布拉尔指挥的探险队中担任船长，也是发现巴西的参与者。抵达好望角时，船队发觉他在大海中失踪。

迪亚斯 Díaz, Porfirio(1830～1915) 墨西哥军人、总统(1877～1880,1884～1911)。在接受教士训练后，开始军旅生涯。在B.胡亚雷斯领导下墨西哥恢复和平后，他辞去军

P.迪亚斯
By courtesy of the Library of Congress, Washington, D. C.

职，但很快便对政府产生不满。在领导两次暴动后，1877年当选总统。他鼓励外国人投资，以此加强出口经济。同时以独裁者的姿态领导全国；镇压反对派、操纵选举、运用权力以获得各团体的合作。1910年爆发的墨西哥革命结束了他的独裁，也彻底改变了他的政策。参阅**F.马德罗**。

迪耶普 Dieppe 法国北部城镇和海港。临英吉利海峡。法国国王意识到该城的战略重要性，曾授予它许多特权。1668年这里有近万人死于瘟疫。1694年该城几乎被英、荷两国炮舰完全炸毁。第二次世界大战中，盟军突击队曾企图在此登陆但未成功(1942)。这里是英吉利海峡最安全的港口之一，但由于水位浅给现代航运造成困难。人口约33 618(2006)。

敌对教皇 antipope 在罗马天主教会内，指反对通过合法方式选出的罗马主教并力图攫取教皇宝座的人。会出现敌对教皇的原因不一，例如，教义上的分歧，在世俗权力裁断下出现重复选举，甚至导致产生第3位候选人。14世纪教皇官邸由罗马被迁往法兰西境内阿维尼翁(参阅**阿维尼翁教廷**)，引起1378～1417年开始的西方教会大分裂，罗马教廷(被认为正统)和阿维尼翁教廷(被认为敌对)并立。

敌基督 Antichrist 统治末世的基督的主要敌人，在《约翰书》里首次提到。关于一个强大的统治者在末世出现而同善良力量斗争的思想来自于犹太教。犹太教的末世论受到伊朗和巴比伦关于上帝与魔鬼争斗的神话的影响，在《但以理书》中，这个魔鬼就是以安条克四世·伊庇芬尼为原型，是他处死了犹太人。《新约》许多书中，敌基督是以神迹和奇迹诱惑人，并寻求神圣荣誉。在中世纪基督教中是很有说服力的概念，并得到了注释者的注意，包括蒙捷昂代尔的阿德索，他的著作成为关于敌基督的中世纪基本论文。在中世纪，当教皇和皇帝争权时，便互指对手为敌基督。在宗教改革时期，M.路德等新教领袖认为教皇制本身为敌基督。

笛福 Defoe, Daniel(1660～1731) 原名Daniel Foe。英国小说家、报纸撰稿人和小册子写作者。为受过良好教育的伦敦商人，后成为观察敏锐的经济理论家，并开始针对公共事务撰写雄辩、机智和大胆的小册子。1703年因发表一首讽刺诗而被关进监狱，同时生意也垮了。此后一边写作，一边担任政府的秘密情报员周游各地。1704～1713年一手包办《评论》周报的稿件，《评论》是一份严肃、有影响力的报纸，笛福的文章极大地影响了后来刊物的文章和报纸的发展，如《**旁观者**》。在几次游历了苏格兰之后，出版了《不列颠全岛记游》(3卷，1724～1726)。晚年转写小说。长篇小说《鲁滨孙漂流记》(1719)为他取得不朽的名声，这是根据一些

笛福，版画，M.范·德尔·古特据J.塔弗纳的肖像画制于18世纪上半叶
By courtesy of the National Portrait Gallery, London

航海家和流亡者的经历撰写的。他也以生动描写歹徒的《摩尔·佛兰德斯》(1722)而闻名，还著有描述1664～1665年发生的**伦敦大瘟疫**的非小说《大疫年日记》(1722)，以及被誉为现代小说原型的《罗克亚娜》(1724)。

笛卡儿 Descartes, René(1596～1650) 法国数学家、科学家和哲学家，人称近代哲学之父。出生于图尔附近，受教于耶稣会会士学院，1618年参加军队。1619～1628年游览各地。1628年定居荷兰，直至1649年。笛卡儿的理想目标是把数学的严密、条理清晰的特点运用到哲学当中。从《沉思录》(1641)开始，他以方法论对基于权威、感官和推论的知识提出质疑，希望最终能获得不容置疑的真理。这一点表达在他的一句名言“我思故我在”中。他的工作即建立在该基础之上，从这里再推演出一系列其他的命题，每一种都有相同自明的证据，于是产生一套人们完全认同的哲学体系，就如人们相信欧

几里得的几何一样。他还发展了一套二元论体系(参阅**二元论**),将精神和物质严格分开,认为精神的本质是思维,物质的本质是三维的广延。笛卡儿的形而上学体系是理性主义的(参阅**唯理论**),而他的物理学和生理学则是以感官知识为基础,又是属于机械论和经验论(参阅**经验主义**)的。在数学方面,他创立了**解析几何**,并改进了代数的记数法。

笛卡儿主义 Cartesianism 源于现代哲学创始人 R. **笛卡儿**的哲学传统。作为一种**唯理论**形式,笛卡儿主义还赞成关于两种有限的物质(即精神和物质)的形而上学的二元论。精神的本质是思维;物质的本质是三维的广延。上帝是第三者,即无限的物质,其本质是必要存在。上帝将心灵和肉体结合以创造第四者——混合物质,即人类。身心二元论产生了有关因果相互作用和知识的问题,而笛卡儿主义的不同分支从对这些问题的不同答案中发展起来。最具有影响力的笛卡儿理论认为动物基本上都是机器,甚至缺少感觉疼痛的能力。参阅 N. de **马勒伯朗士**。

抵制 boycott 指在劳工、经济、政治或社会关系中为反对被认为不公正的做法而采取的集体的、有组织的抵制行动。这个名词在 1880 年爱尔兰土地骚动期间由 C. S. **巴涅尔**首创。当时佃农为抗议田庄管理人 C. C. 杯葛(1832 ～ 1897)征收高额地租和收回土地而进行了抵制行动。现在抵制主要被劳工组织用作向资方争取提高工资和改善工作条件的一种手段,或是消费者用来向公司施压,以改善它们的工资、劳工、环境或投资策略。美国法律把抵制分为一级(雇员拒绝购买雇主的货物或服务)和二级(请求第三方也避开抵制的目标)两种,第二种抵制被联邦法律所禁止。在 20 世纪 50 和 60 年代民权运动期间,人们也用抵制做手段。近年来也被用来影响那些跨国企业的经营方针。

底比斯 Thebes 《圣经》中名为 No。埃及古城,遗址位于**尼罗河**河两岸。早期的底比斯还包括卡那克和卢克索,列王山谷就位于该城附近地区。底比斯城内最早的遗迹始于公元前 21 世纪的第 11 王朝,当时底比斯的统治者统一了埃及,并将底比斯立为其首都,一直保持到中王国的末期(公元前 18 世纪)。后该城被多位入侵者统治,此间记载不详。公元前 16 世纪底比斯国王重新收复埃及,并再次立底比斯为其首都。在新王国时期,底比斯作为埃及的政治和宗教中心而繁荣一时,并以雕塑和建筑物方面的成就而闻名。公元前 12 世纪时,底比斯开始衰败。公元前 7 世纪中期,底比斯遭到亚述人的劫掠,公元前 6 世纪～前 4 世纪被波斯人占领,公元前 30 年罗马人又洗劫该城。底比斯的遗址有许多神殿和古墓,其中包括卡那克的亚蒙神神殿(公元前 20 世纪)、列王山谷的**图特安哈门**墓陵及宏伟的拉美西斯二世和**哈特谢普苏特**的殡葬神殿。1979 年被联合国教科文组织列为世界遗产。

底波拉 Deborah(约公元前 1150 ～约前 1050) 古以色列的女先知和政治领袖。在《旧约·士师记》中记载了她的事迹。据载,底波拉和她的将军巴拉打败了西西拉所率的迦南人军队。当时以色列人在她的鼓舞下团结一致,突然下的一场大雷雨让以色列人认为是上帝从西奈山降临,因而帮助他们打败了迦南人。《底波拉之歌》就是庆祝此事,据考证是她所作,可能是《**圣经**》中最古老的章节。

底格里斯河 Tigris River 阿拉伯语作 Shatt Dijla,《圣经》中称 Hiddekel。土耳其和伊拉克东南部河流。全长 1 900 千米,发源于托罗斯山库尔德斯坦哈扎尔湖,向东南方向流经土耳其和巴格达,并与伊拉克东南部的**幼发拉底河**汇流成阿拉伯河。底格里斯河和幼发拉底河被定义为**美索不达米亚**古代地区。由于该河在农业生产中具有重要作用,从而为该地区的文明发展带来积极作用。该河的两岸保存有许多古城遗址,其中包括**尼尼微**、**亚述**、**泰西封**、塞琉西亚(底格里斯河畔)。

底特律 Detroit 美国密歇根州最大的城市。濒底特律河。1701 年由法国人创建,后成为五大湖区的贸易中心。在**法英北美殖民地争夺战**中,底特律向英国人投降。1796 年受美国控制。1805 ～ 1847 年成为密歇根地区首府,发展为该州的一个船运和磨粉业中心。20 世纪,得益于 H. **福特**成为世界汽车之都。该市的工业繁荣吸引了众多移民,先是欧洲人,后是南方黑人,1990 年黑人人口已占该市人口的 3/4。20 世纪末该地区汽车工业的衰落带来经济困境。市内有州立韦恩大学(1868),是底特律最古老的大学。人口约713 777(2010)。

地板 floor 刚性的建筑构件,将空间水平划分成楼层。地板构成房间的底部。组成可能是格栅支撑的木条或木板,木梁或钢梁支撑的底板,地面上的石板或混凝土板,抑或是混凝土梁柱承重的钢筋混凝土板。地板构件必须能够支撑自重加上居住人员、活动与家具的荷重。在顶面下方的水平支撑以及框架的垂直支撑必须足够,同时要间隔紧密以防止构件压弯。

地磁场 geomagnetic field 伴随地球的磁场。地磁场在地球表面上主要是偶极子场(地磁场有两个磁极:北磁极和南磁极)。离开地球表面,磁偶极子场就变得扭曲了。大部分地磁学家以发电机理论来解释地磁场,根据这种理论,地核中的某种能源会产生一个自持的磁场。在这种发电机理论中,地核的流体运动涉及在一个现有磁场内的导电性物质的运动,从而产生一股电流和一个自我强制的场。

地垛 butte 顶部平坦、四周为向平原倾斜的陡崖的小山,从陡崖底到平原之间为缓坡。该术语有时用于比丘陵高而比山岳低的高地。具有坚硬岩石平顶的地垛,是美国西部干旱高原的代表性地形。地垛和**桌子山**类似,但通常较小,二者都是由侵蚀作用形成的。

地核 core 在地球科学中,指自地表下约 2 900千米处开始并向下延伸的那部分。主要由富铁合金组成,被认为具有二元结构:外核为流体区域,内核为极密的固体区域,内核直径大约只有2 400千米。合金成分主要是铁和少量的镍,这是由陨铁的化学组分推断而来,陨石可能是也含铁内核的一个行星体破裂而来。参阅**地壳**和**地幔**。

地拉那 Tiranë 又作 Tirana。阿尔巴尼亚首都。17 世纪初由一位土耳其将军建立,后因交通发展和商队来往而成为一个贸易中心。1920 年定为阿尔巴尼亚首都。第二次世界大战期间,轴心国部队占领该城(1939 ～ 1944)。现为该国最大城市、主要的工业和文化中心。市内建有国家图书馆、剧院和地拉那大学(1957)。人口约343 078(2001)。

地雷 land mine 埋于地表下面的爆炸装置,在军事行动中用来对付军队和车辆。车辆或军队压在地雷上面的重量会引爆,也可以通过定时或遥控引爆。尽管第一次世界大战时曾使用过临时地雷(掩埋炮弹),但地雷只是在第二次世界大战中才成为重要的武器,以后就被广泛应用。大多数早期地雷使用金属壳体,后为防止磁力探测而改用其他材料。地雷通常用于妨碍或阻止坦克及(或)步兵的大规模进攻,但在第二次世界大战后的冲突中地雷也用于使一地区不能被敌方平民所利用。1997 年通过一项禁止使用地雷的条约,美国、俄罗斯和中国没有在条约上签字。

地理信息系统 geographic information system(GIS) 计算机化系统,从地图形式的地理材料搜集数据,加以关联与显示。地理信息系统的功能是以新的信息覆盖现存的数据,并以彩色显示在计算机屏幕上,主要用于进行地质、生态、土地利用、人口统计、运输及其他领域的分析与决策,大多与人类利用自然环境相关。借由地理编码的过程,将数据库的地理数据转换成为地图的影像。

地理学 geography 研究地球表面的科学,描述和分析发生在地表上自然、生物和人文现象的空间变化,并探讨它们之间的相互关系及其重要的区域模式。以往地理学仅指地球的绘制和勘探,现在这个领域的范围已扩大,地理学家从众多的学科领域中学得使用各种不同的方法和技巧来作研究。地理学可分为自然地理学、人文地理学和区域地理学等三大分支,区域地理学的研究范围可以是全世界,也可以是一个洲、一个国家或一座城市。

地幔 mantle 地球**地壳**以下、**地核**之上的部分。地幔是从地面向下平均 35 千米处开始,一直到深约2 900千米处止。主要的岩石是橄榄石、辉石和硅酸盐钙钛矿,后者是一种密度很大的顽辉石。

地米斯托克利 Themistocles(公元前524? ～约前 460) 雅典政治家和海军战略家。作为一个统治者,他在比雷埃夫斯建立了可防御的海港。公元前 483 年他说服公民大会提高海军实力,他相信此举将是防御波斯人侵略的最好机会。当波斯国王薛西斯一世前来进犯时,希腊的一支海军军队在阿提密喜安首先被打败，但地米斯托克利却引诱波斯国王薛西斯一世的舰队并在萨拉米斯将其摧毁。尽管地米斯托克利取得了胜利，但雅典人最终还是将其作为一名政治反动分子而驱逐（公元前472）。后来斯巴达人指责其与波斯人合谋，地米斯托克利最后逃亡到伯罗奔尼撒半岛，成为波斯人控制的一些亚洲希腊人城市的管理者直到去世。

地壳　crust　地球最外层固体部分，基本由一系列火成岩和变质岩组成。大陆地区的地壳主要由花岗岩组成，而海底地壳主要由玄武岩和辉长岩组成。平均而言，地壳从地表向下延伸35千米到达下伏的地幔。地壳与地幔以莫霍洛维奇不连续面（简称莫霍面）分开。地壳和地幔顶层组成岩石圈。

地球　earth　按从太阳向外距离算第三远的行星，据信已有45.6亿年。距太阳约149 600 000千米，绕太阳公转一周需365.25日；当地球绕太阳公转时，也绕自己的轴旋转，每23小时56分4秒自转一周。为太阳系第五大行星，赤道圆周长40 076千米，表面积约509 600 000平方千米，其中约71%为水域。地球的大气层由气体混合物组成，主要

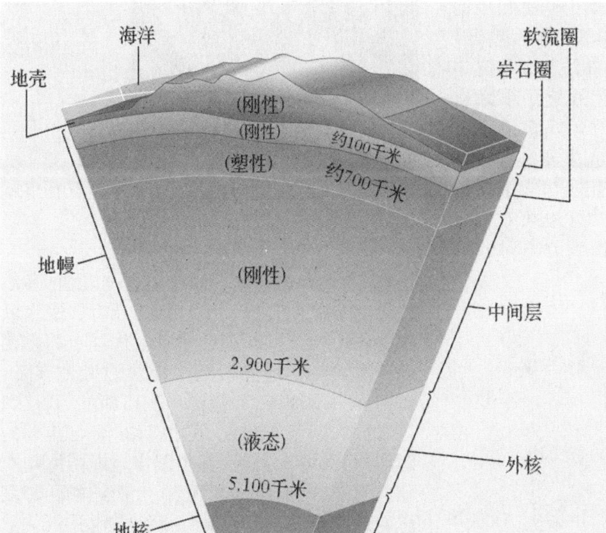

地球的分层可以用两种不同的方式。以化学成分分层岩石主要有三层（左）：地壳由花岗岩及玄武岩质的岩石构成；地幔是硅酸盐物质；地核主要是镍和铁。以物理性质分层将地球分为四层（右）：岩石圈是坚硬（刚性）的外层；软流圈是薄层的塑性变形物质，在应力作用下流动；中间层是坚硬的岩层，向下延伸到地核；外核是黏滞的流体，一般认为地球磁场起源于此；内核是固态。图中的分层并未遵照实际大小比例。

是氮和氧。地球只有一个自然卫星——月球，距地球约384 400千米。地球表面划分为7个大陆块：非洲、南极洲、亚洲、澳大利亚、欧洲、北美洲和南美洲。大陆块被世界4个主要水体所环绕，即北冰洋、大西洋、太平洋和印度洋。地球内部大致可分为两部分：地核和岩石层。地核是由熔化的、富含铁的金属合金组成；岩石层由硅酸盐矿物构成，包括地幔和地壳（莫霍面；岩石圈）。外核是黏滞的流体，一般认为地球磁场源于此，范艾伦辐射带就是由地球磁场俘获的带电粒子形成的。根据板块构造理论，地壳由很多大小不一的板块构成。这些板块在地幔上漂移。板块运动导致大陆漂移、海底扩张、火山爆发和地震。

地球高峰会议　Earth Summit　正式名称为 United Nations Conference on Environment and Development（联合国环境和发展会议）。1992年6月3～14日在巴西里约热内卢举行的国际会议，试图将世界范围的经济发展和环境保护协调起来。共有178个国家的代表和117位国家首脑出席，是历史上集最多国家首脑的世界会议。讨论主题包括：生物多样性、全球暖化、整治环境与合理开发环境，以及热带雨林的保护。由于南半球较贫穷的发展中国家不同意北半球富裕的工业化国家强加于他们的环境限制，除非北半球国家增加对他们的财政援助，因而最后签订了5个国际协议。之后，1997年在纽约联合国大会和2002年在南非的约翰内斯堡相继举行了地球高峰会议。

地球物理学　geophysics　地球科学的主要分支，它运用物理学的方法和原理研究地球。研究范围有地质现象，包括地球内部的温度分布；地磁场的起源、结构和变化；地球地壳上大尺度的特征，如裂谷、大陆缝合线和海洋中脊。现代地球物理学的研究范围延伸到地球大气层外部的现象，甚至延伸到其他行星和其卫星的物理性质。

地热能　geothermal energy　利用地球内部的热而获取的能源。多数地热资源都存在于活火山区域。温泉、间歇泉、沸泥浆池以及喷口是最容易开发的资源。古罗马人用温泉来加热浴池和房屋，在冰岛、土耳其和日本等地至今仍保留类似做法。然而地热能的最大利用潜力在于发电。意大利于1904年首先使用地热能来发电。现代在新西兰、日本、冰岛、墨西哥、美国和世界各地都有地热电站在发电。

地松鼠　ground squirrel　松鼠科为数众多腿较短的地栖啮齿类动物的统称。分布于北美洲、墨西哥、非洲、欧洲和亚洲。此名称常用于花鼠。地松鼠属于羚黄鼠属、非洲地

加利福尼亚地松鼠（*Spermophilus beecheyi*）

Kenneth W. Fink from Root Resources-EB Inc.

松鼠属、旱地松鼠属和地松鼠属。黄鼠生活于地洞内，有时集群生活。主要吃植物，有些种类嗜吃昆虫及其他小动物和腐肉。许多种类收集食物，用颊囊将食物运到地道里储存起来。寒冷地区的种类在冬季冬眠；干燥地区的则在夏天休眠。体长17～52厘米，包括尾部。

地毯　rug and carpet　通常指用较厚原料制成的用以覆盖地板的装饰性纺织品。用织成辫的灯芯草做成的地板覆盖物可追溯到公元前5000～前4000年。中亚和西亚首先制作地毯，作为泥土地面的覆盖物；它们也用作毯子、鞍盖、存储包、帐篷门和坟墓覆盖物。祈祷用地毯设计成可随身携带。东方的地毯在16～17世纪进口到欧洲，由于认为太过珍贵而没有铺在地上，经常被用作装饰物。在俄国它们还是流行的墙壁装饰物。地毯编织在16世纪的波斯达到其艺术顶峰。在西方，出色的地毯是在17世纪的法国和18世纪的英国的工厂里生产出来的。大多数手工地毯都是羊毛做成，羊毛由天然染料进行染色，直到19世纪有了化学染料。

地图　map　在一个平面上，按比例尺对地球某一地区的特征，通常为地理的、地质的、地缘政治的特征，或对某一天体的特征所作的图解表示。地球仪是在球体表面上表现的地图。地图学是绘制各种地图的艺术和科学。地图的主要类型有：表现地球陆地表面特征的地形图、表示海岸和海洋地区的航海图、说明海洋深度及洋流的水文图、详述地表特征和空中航线的航空图。

地图集　atlas　地图或航图的集成，通常都装订成册。此词源自16世纪G.墨卡托首创的习惯做法——用肩负地球的阿特拉斯的图案作为地图集的卷首插图。人们通常认为奥特利乌斯所著的《世界概观》（1570）是第一本近代的地图集。地图集通常还附有图片、表格式数据、各地实况及注有经纬度的地名索引。

地下墓窟　catacomb　设于地下的墓地，由露天或隐蔽的墓道以及凹入墓道两侧的墓室构成。该词可能源自最初似用于圣塞巴斯蒂亚诺教堂的地下墓地，3世纪末曾为圣彼得（使徒）和圣保罗临时停放遗体，但后来词义扩大，变成罗马周围所有地下墓地的通称。早期天主教的地下墓窟除埋葬尸体外，在殡葬之日或周年纪念之时也可供家祭使用。在发生政治迫害之时，这里则可当作藏身之所；据说公元258年罗马皇帝瓦莱里安对基督教徒大肆迫害时，教皇西克斯图斯

罗马拉丁大道旁的地下墓窟，其中筑有一拱形墓室壁龛，饰以早期基督教绘画；题材取自《旧约》和《新约》。
Pont. Comm. di Arch. Sacra/M. Grimoldi

二世就是在圣塞巴斯蒂亚诺教堂的地下墓窟中被捕并遭杀害的。西西里和意大利的其他地方以及埃及、黎巴嫩都曾发现有地下墓窟。

地下水 groundwater 又作 subsurface water。埋藏在地表以下的水，它在地下占据了土壤和地层的空间。大多数地下水来自降水，它逐渐渗入地面。降水量的 10% ～ 20% 通常进入到*含水层*。大多数地下水不含致病的有机物，如供民用和工业用，不需要纯化。并且，地下水源不会受短期干旱的严重影响，在很多没有可靠的地表水源的地区都可以得到地下水。

地下水位 water table 又称 groundwater table（潜水面）。是一个地下水体的水面，其下的土壤或岩石长期浸泡在此水体内。该面介于潜水带与上面的包气带之间。地下水位随季节与年度而波动，因为它受气候和植被所利用的降水量的影响，也受水井抽水过度和人工回灌的影响。参阅*含水层*。

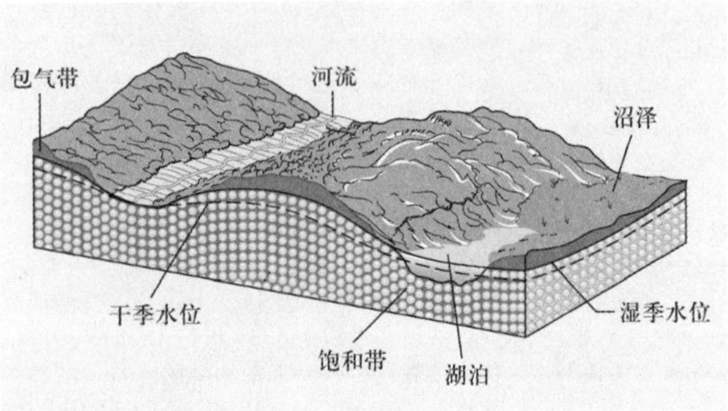

因降雨或干旱而产生的地下水位季节性上升或下降
© 2002 MERRIAM-WEBSTER INC.

地下铁道 subway 城市及其郊区运送乘客的地下铁道系统。首条地下铁道 1863 年在伦敦开通，全长 6 千米，第一年载运旅客 950 万名。1890 年第一条电气化地铁在伦敦开始营运（当地人称地铁为 underground 或 tube）。1896 年布达佩斯地铁线路开通，这是欧洲大陆的第一条地下铁道。1897 在波士顿，1900 在巴黎（当地人称之为 métro），1902 在柏林，1904 在纽约，以及其后在马德里（1919）、东京（1927）和莫斯科（1935）都有地下铁道开通。从 20 世纪 70 年代开始，地铁系统有了重大改进，利用计算机技术来遥控火车运行（如在旧金山、华盛顿特区以及洛杉矶），轨道和车厢的设计和建造更为精致，以使地铁能更快、更平稳地运行，噪声也更小。

“地下铁道” Underground Railroad 美国北方各州帮助逃亡奴隶的秘密渠道。它之所以称为“地下铁道”是出于保密的需要，因为逃亡活动要在黑夜或伪装下进行，并使用铁路术语。14 个州不同的逃亡路线被称为铁路线，沿途还设有安全的休息地点（称为车站），供指挥者（称为列车员）和他们协助逃往美国北方或加拿大的黑奴（称为包裹）使用。该渠道在与《逃亡奴隶法》的对抗中发展起来，在 1830 ～ 1860 年间起了很大作用。估计大约有 4 万～ 10 万名奴隶使用过这个逃亡路线。提供帮助的人主要是黑人自由民，包括 H. 塔布曼，以及慈善家、教会首领和废奴主义者。它的存在激发了社会对废奴运动的支持，并使南方人认识到北方对奴隶制决不会坐视不管。

地衣 lichen 约 15 000 种由*藻*（通常是绿藻）和*真菌*共生而形成的微小、色彩鲜艳、鳞片状植物的统称。非常耐寒，成长缓慢，常常是在贫瘠环境中，如山巅和极北地区，最先生长的物种。真菌细胞以毛发状的结构（假根）固着于基物上，形成基底。在其体内（原植体），数量很多的藻类细胞散布于数量较少的真菌细胞之间。藻类细胞借*光合作用*提供单糖和维生素给这两个共生的伙伴。真菌细胞保护藻类细胞免受极端恶劣环境的侵害。地衣可能形成壳状的薄层，紧附于基物上（如岩石的裂缝），或者可能形成一层细小叶片，松散地附着于基物上。其颜色从棕色到亮橘色或黄色都有。在欧洲、亚洲的极北地区，地衣为驯鹿提供 2/3 的食物。人类也一直把它们当作药物和染料的来源。

地狱 hell 宗教用语。死后恶鬼或受罚亡灵所在之处或所处状况。多数古老宗教都有善和恶或生和死分处两地的概念（如希腊宗教中*哈得斯*管辖的黑暗地下冥府，以及古斯堪的纳维亚神话中尼弗尔海姆或*海尔*的寒冷黑暗的地下世界）。琐罗亚斯德教、犹太教、基督教、伊斯兰教这些宗教都认为地狱是亡灵经过最后审判而受处罚的最终所在。犹太教认为地狱是惩罚恶人的火焚谷，基督教据此认为地狱是撒旦及其邪恶的使者的烈火之境，那些死不悔罪的人死后会在那里永受刑罚。印度教认为地狱只是灵魂投胎转世的一个阶段。佛教各派有各种不同的地狱观，通常使人永久处于某种惩罚或炼狱中。耆那教认为地狱是恶魔折磨罪人的地方，直到罪人一生的积恶全然清除才罢休。

地照 earthshine 地球反射的太阳光，特别是指反射到月球黑暗面的部分。在新月前后的几天内，这种来回两次反射的地照很强，足以使人看见整个月面。这时的新月看来就像“新月抱旧月”。

月球上的地照
By courtesy of Yerkes Observatory, Wisconsin

地震 earthquake 地球内部的任何突然震动。多数地震的发生是因为沿断层边缘紧凑的岩块突然间断裂或滑动。地球上的主要地震多发生在地壳构造中板块边缘地震带。包括环太平洋带，其范围影响新西兰、新几内亚、日本、阿留申群岛、阿拉斯加南北美洲的西海岸；海岭地震带，其范围穿越地中海向东延伸至亚洲；北极地区洋脊、大西洋和西印度洋的地震带；以及东非大裂谷的地震带。地震的规模通常以*里氏震级*表示，从里氏 1.0（最低）到 8.0 级或 8.0 级以上。有记载的最高级地震是 1960 年智利沿岸地区的 9.5 级地震。地震的烈度以麦加利震级计量。近现代破坏性最大的地震是 1976 年中国唐山的大地震，有 25 万多人丧生。参阅*地震波*。

地震波 seismic wave *地震*、爆炸或类似现象产生的振动，在地球内部或沿地表传播。地震主要产生两种波：在地球内部传播的体波和沿地表传播的面波。震动图（记录振幅轨迹和地震波频率）能提供地球及其地下构造的信息。人工产生的地震波用于石油和天然气勘探。

地质时期 geologic time 划分地球地质史的间隔时期，时间从39亿年前（与已知最古老的岩石年代相当）到现在。实际上，地质时期是纪录岩石地层的地质史的一部分，而地质年表则是根据各个不同的地质和生物

地质时期

宙	代	纪(系)	世(统)	开始时期*	生物进化
显生宙	新生代	第四纪	全新世	0.01	早期人类
			更新世	1.8	
		第三纪	上新世	5	
			中新世	24	早期人类
			渐新世	34	
			始新世	55	早期草本植物
			古新世	65	早期大型哺乳动物
	白垩纪-三叠纪(65 百万年前):恐龙类绝灭				
	中生代	白垩纪	晚	99	
			早	144	早期开花植物;恐龙全盛时期
		侏罗纪		206	早期鸟类和哺乳动物
		三叠纪		248	恐龙时代开始
	古生代	二叠纪		290	
		石炭纪			
		宾夕法尼亚纪		323	早期爬行动物
		密西西比纪		354	早期有翅类昆虫
		泥盆纪		417	早期维管植物(包括蕨类和苔藓和两栖动物)
		志留纪		443	早期陆生植物和昆虫
		奥陶纪		490	早期珊瑚
		寒武纪		543	早期鱼类
元古宙	前寒武纪			2 500	早期藻类群体无脊椎动物
太古宙				4 000	生命出现;早期藻类和原始细菌

* 距今百万年以前

特征的发生时期来分类。这些间隔时期从最长的到最短的持续时间分别是宙、代、纪和世。

地质学 geology 对地球的成分、构造、物理特性和历史的科学研究。通常被划分成若干分科:与地球的化学成分有关的分科,包括对矿物的研究(矿物学)和对岩石的研究(岩石学);同地球的构造(构造地质学)有关的分科,以及关于火山现象的科学(火山学);关于各种地形以及造成这些地形的各种作用过程的分科(地貌学和冰川学);涉及地质史的分科,包括对化石的研究(古生物学)、对沉积岩层的形成的研究(地层学),以及对行星体及其卫星的演化的研究(天体地质学);经济地质学及其各个分支,如采矿地质学和石油地质学。同地质学紧密相联的一些主要研究领域是大地测量学、地球物理学和地球化学。

地中海 Mediterranean Sea 位于欧洲、非洲和亚洲之间的内陆海。东西长约4 000千米,南北平均宽度约800千米,面积约2 510 000平方千米。最深处约4 900米。西部的直布罗陀海峡可连接大西洋,东北部通过马尔马拉海、达达尼尔海峡和博斯普鲁斯海峡可通抵黑海,东南部的苏伊士运河则可连通红海。西西里和非洲之间有一座海岭将地中海划分为东西两部分,再细分为亚得里亚海、爱琴海、第勒尼安海、爱奥尼亚海和利古里亚海。最大的岛屿有马霍卡、科西嘉、撒丁、西西里、克里特、塞浦路斯和罗得岛。罗讷河、波河和尼罗河构成了地中海地区几个大三角洲。

地中海果蝇 Mediterranean fruit fly 又作Med Fly。一种实蝇,经证实对柑橘类作物危害尤甚,会造成巨大的经济损失。地中海果蝇会在柑橘类果实上(除了柠檬和酸橙)产下近500个卵,卵变成幼虫后开始蛀食果实,人们无法食用。世界各国都因这种害虫而制定了防疫法以管制水果进口。

帝国大厦 Empire State Building 位于美国纽约市曼哈顿中心区的一幢102层钢框架建筑。由施里夫、兰姆与哈蒙公司设计,1931年建成。高381米,当时超过克莱斯勒大厦成为世界上最高的建筑物(一直保持到1954年)。以采用收进的建筑手法闻名。

帝国风格 Empire style 法国第一帝国时期(1804～1814)盛行的一种室内装潢和家具风格。与英国摄政时期风格相呼应。建筑师C. 柏西埃(1764～1838)和P. 方丹(1762～1853)为迎合拿破仑渴求像罗马帝国时代的风格,以古典的家具和复古图案来装饰其寝宫,再加上人面狮身像和棕榈叶饰物以彰显他征服埃及的战绩。这种风格影响了艺术(如在绘画方面影响了J.-L. 大卫,在雕刻方面影响了A. 卡诺瓦,还有凯旋门),变成了流行时尚,并很快传遍整个欧洲。

帝国主义 imperialism 国家扩张势力与领土的政策、行为和主张,特别是经由直接占领土地或对其他地区进行政治与经济控制来实现。由于帝国主义通常与强权联系在一起,无论是用武力或使诡计,人们通常认为在道义上都应予谴责。20世纪,帝国主义这个词常被用来公开谴责或诋毁对方的外交政策。经济学家也曾对帝国主义是否有利和谁从中获利进行过讨论。N. 马基雅弗利、A. 希特勒等人的理论认为,天生优越的民族注定要统治所有其他民族。有些观点与战略有关,认为帝国主义是基于安全上的理由而产生的。第二次世界大战后,通过直接征服实行的帝国主义已被所谓的政治、经济和文化的帝国主义所取代。参阅殖民主义和势力范围。

帝力 Dili 东帝汶城市和首都。位于帝汶岛北海岸,临奥拜海峡。自1520年左右葡萄牙人拓居后,帝力一直是帝汶岛东半部的首府、主要港口和商业中心。除第二次世界大战期间被日本占领外,一直受葡萄牙管辖,直到1975年。之后印度尼西亚将东帝汶划为自己的一个省。1999年东帝汶获得独立后,帝力遭东帝汶民兵严重破坏。2002年东帝汶取得完整主权,帝力成为该国首都。人口约51 700(2004)。

帝汶 Timor 马来群岛南部岛屿。位于小巽他群岛最东端。该岛沿岸为印度尼西亚人和马来人居住,并有美拉尼西亚土著人居住于山中。岛上居民讲巴布亚语和马来语,岛屿东部居民讲葡萄牙语,而西部居民则讲印度尼西亚语。葡萄牙1520年开始与帝汶通商。1613年荷兰人开始在该岛的西南角定居,葡萄牙人后来也定居于该岛的北部和东部。荷兰人与葡萄牙人于1860年和1914年签署协议,将该岛分割。该岛在第二次世界大战时被日本占领。1950年荷兰人将荷属帝汶(西帝汶)移交给印度尼西亚。东帝汶一直被葡萄牙人占有,直到1975年印度尼西亚军队侵入并强行占有该地区。2002年东帝汶取得完整主权。

第比利斯 Tbilisi 旧称Tiflis。格鲁吉亚共和国首都,临库拉河。建于458年,作为格鲁吉亚王国的都城。第比利斯在欧亚贸易通道上的战略位置极为重要,因此经常被占领,曾先后被波斯、拜占廷、阿拉伯、蒙古和土耳其人统治,约1801年被俄国人占领。1922年成为外高加索联盟首都,1936年成为格鲁吉亚苏维埃社会主义共和国首都,1991年成为独立的格鲁吉亚共和国首都。市中心还有一些百年的老建筑,该市现在是主要的文化、教育、研究、工业中心。人口约1 122 300(2010)。

第比斯 Thebes 希腊语作Thívai(锡韦)。希腊中东部比奥蒂亚古城、重要的希腊城邦之一。传说第比斯由卡德摩斯神创建,为伊底帕斯国王的住地,并且是许多希腊著名悲剧的发生地。城内著名建筑七门墙通常被认为是安菲翁神的特征。在青铜器时代(公元前1500～前1200)第比斯是迈锡尼政权的一个中心。由于与雅典存在利益冲突,它在波斯战争和伯罗奔尼撒战争中分别与波斯人和斯巴达人合作。后来,第比斯人和斯巴达人之间爆发冲突,斯巴达人取胜并占领该地。公元前380年,第比斯人起义并在泰伊拉(公元前375)和留克特拉(公元前371)战役中打败斯巴达人。

在随后的10年时间里，第比斯成为希腊主要的军事力量。公元前338年它与雅典共同对抗马其顿的腓力二世，后在喀罗尼亚战役中败北。公元前336年第比斯被亚历山大大帝劫掠，公元前1世纪最终被罗马统治。第比斯为数不多的历史遗址中包括古城墙遗迹、迈锡尼宫殿（公元前1450～前1350）和一座阿波罗神庙。

第二次梵蒂冈会议　Vatican Council, Second（1962～1965）　天主教会第21次普世会议。由教皇约翰二十三世召开。这次会议表明天主教会已经愿意承认现代的世界环境。会议通过的16个文件中最主要的是：《关于教会教义的决议》，阐明了教会的等级制度，规定俗信徒可以在教会中起更大的作用；《关于上帝启示的决议》，对圣经的学术性研究采取开放的态度；《关于神圣礼仪的决议》，规定在弥撒中可以用通俗的语言代替拉丁语；以及《关于教会如何对待今日世界的决议》，承认在现今世界上人类所经历的深刻变化，设法使教会适应当代文明。会议还以普世教会运动的姿态邀请其他基督教教会派人以观察员的身份参加。

第二次马恩河会战　Marne, Second Battle of the（1918-07-15～18）　第一次世界大战中德军最后一次大规模进攻。分散法国军队是德军最后进攻计划的一个组成部分，德军在E.鲁登道夫的率领下渡过马恩河，但是遭到F.福煦率领的法军的顽强抵抗。联军的反攻，尤其是在马恩角的反攻，迫使德军退守埃纳河-韦勒河一线。

第二次世界大战　World War II（1939～1945）　又作Second World War。1939～1945年发生的国际冲突。交战国为轴心国（德国、意大利和日本）与同盟国（法国、英国、美国、苏联以及中国）。德国对第一次世界大战失败的怨恨、《凡尔赛和约》的严酷条款导致A.希特勒和纳粹党的崛起。20世纪30年代中期，希特勒开始秘密重新武装德国。德国、意大利与日本缔结反共产国际协定，并干预西班牙内战。1938年，希特勒派兵占领奥地利（参阅德奥合并）。1939年，吞并捷克斯洛伐克。在签订《德苏互不侵犯条约》后，1939年9月1日德国入侵波兰。两天后，英法对德国宣战。1940年初，德国与苏联将波兰瓜分，苏联占领巴尔干国家，此外还进攻芬兰。在海上，德国对驶往英国的商船进行有效的潜艇战。1940年4月，德国占领了挪威港口和整个丹麦。5月，德国以闪电战越过荷兰与比利时进入法国。6月迫使法国投降，建立维希法国政权。接着德国空军大规模轰炸英国，准备实行横渡英吉利海峡的入侵。英国获得不列颠战役的胜利。1941年希特勒将匈牙利、保加利亚、罗马尼亚和斯洛伐克拉入轴心国；6月，希特勒废除《德苏互不侵犯条约》，向苏联发动大规模的突袭。德国机械化部队深入苏联领土，一度到达莫斯科郊外。在东亚，日本因对华战争旷日持久而无结果，决定利用欧洲局势以夺取欧洲国家在远东的殖民地。1941年日本袭击夏威夷珍珠港和菲律宾。美国遂对日宣战，当所有轴心国亦对美宣战时，战争成为真正意义的世界大战。日本迅速占领菲律宾、东南亚大部地区和缅甸、荷属东印度群岛及许多大平洋岛屿，但于1942年中途岛战役中惨败。美国逐岛进攻，向日本逼近。在北非战役中，1943年英国和美国击败意大利和德国。盟军从北非登陆西西里岛，入侵意大利，法西斯政权被推翻。德军进攻斯大林格勒而未获胜。红军开始将德军逐出苏联。1944年，盟军在法国北部进行诺曼底战役。盟军拥有制空权，迅速向东逼近，占领德国本土。同时苏军将德军完全逐出苏联，进入波兰、捷克斯洛伐克、匈牙利和罗马尼亚。1945年德军投降。在太平洋地区，盟军于1944年占领菲律宾。莱特湾战役几乎消灭了日本海军。1945年美军占领硫磺岛与冲绳，同年8月对广岛和长崎投放原子弹。9月2日，日本签署了正式投降条约。据估计，此次战争中死亡人数为3 500万～6 000万，其中包括600万死于大屠杀的犹太人。在欧洲和东亚有数百万平民受伤和无家可归。参阅《大西洋宪章》、阿拉曼战役、楔入战役、瓜达尔卡纳尔、卡萨布兰卡会议、波茨坦会议、雅尔塔会议、敦刻尔克撤退、《慕尼黑协定》、纽伦堡审判、列宁格勒之围、W.丘吉尔、D.D.艾森豪威尔、D.麦克阿瑟、B.L.蒙哥马利、B.墨索里尼、G.巴顿、E.隆美尔、F.D.罗斯福、J.斯大林、山本五十六和G.K.朱可夫。

第二国际　Second International（1889～1914）　又作Socialist International（社会党国际）。是社会党和工会的联盟。对欧洲工人运动有很大影响。它支持议会民主，反对无政府主义。和中央集权的第一国际不同的是，它是一个松散的联盟。代表大会不定期在各城市召开。到1912年，第二国际已代表了欧洲各国、美国、加拿大和日本的社会党，会员约900万。它重新肯定马克思主义学说，但是它主要关心的是防止一场欧洲的全面战争。结果没有成功，第二国际遂于1914年停止活动。

第勒尼安海　Tyrrhenian Sea　意大利语作Mare Tirreno。地中海的一个海湾。位于意大利西部海岸线和科西嘉岛、撒丁岛和西西里岛之间。通过西北部的托斯卡纳群岛与利古里亚海相连，并通过东南部的墨西拿海峡与爱奥尼亚海连接。其主要海湾包括那不勒斯湾。

第聂伯河　Dnieper River　俄语作Dnepr。古称Borysthenes。欧洲中东部河流。欧洲最长的河之一，源自莫斯科西部，经白俄罗斯和乌克兰向南流，然后注入黑海，全长2 200千米。第聂伯河流域有几座大型水坝用于水电发电。几乎全河道可以通航，是欧洲东部重要的运输干道。

第聂伯罗彼得罗夫斯克　Dnipropetrovsk　原名Ekaterinoslav（叶卡捷琳诺斯拉夫）。乌克兰中南部城市，临第聂伯河。1783年建市时以叶卡捷琳娜大帝的名字命名，19世纪80年代随铁路的修建而发展起来，至1926年改现名。作为铁路的交叉点和小麦贸易中心，第聂伯罗彼得罗夫斯克发展成为乌克兰最大工业城市之一，形成大规模的钢铁工业。该市也是高等教育机构所在地，文化设施有若干所剧院。人口约3 567 600（2001）。

第戎　Dijon　法国中东部城市。前罗马时期一直有人居住。1015年成为勃艮第公爵领地首府，在瓦卢瓦王朝（1364～1477）时期繁荣起来。15世纪末被路易十一吞并。历史性建筑物包括一座13世纪的教堂和14世纪的市政厅（以前为勃艮第公爵的府邸），有铸造和汽车工业、机械工业、电器制造业等。现为一集镇及旅游中心，著名食品有芥末、醋和姜饼。有建于1722年的大学。人口约149 000（2004）。

第三等级　Third Estate　法语作Tiers État。法国历史中指法国大革命前与贵族、教士并列的三个等级之一，即无特权等级，代表广大平民阶层。1789年第三等级的网球场宣誓转变为国民会议，标志着法国大革命的开始。

第三帝国　Third Reich　1933年1月至1945年5月德国纳粹党政权的官方称谓。作为神圣罗马帝国（800～1806，第一帝国）和霍亨索伦王朝统治下的德意志帝国（1871～1918，第二帝国）的假定继承者，这个名称反映了A.希特勒的扩张主义政权的思想，他曾预言第三帝国将持续1 000年。

第三共和国　Third Republic　1870～1940年的法国政府。在第二帝国倒台和巴黎公社被镇压后，1875年的新的宪法法律被通过，允许建立一个以议会制为基础的政权。尽管成立过许多短期的政府，但第三共和国还是以社会稳定（除了德雷福斯事件）、工业化发展和专业的文职部门的设立为标志。1940年德军入侵法国导致其垮台。第三共和国的总统包括A.梯也尔（1871～1873）、麦克马洪伯爵（1873～1879）、J.格雷维（1879～1887）、S.卡诺（1887～1894）、F.福尔（1895～1899）、É.卢贝（1899～1906）、A.法利埃（1906～1913）、R.庞加莱（1913～1920）、A.米勒兰（1920～1924）、G.杜梅格（1924～1931）及A.勒布伦（1932～1940）。其他著名的领导人包括L.布鲁姆、G.布朗热、A.白里安、G.克列孟梭、E.达拉第、J.费里、L.甘必大、E.赫里欧、J.饶勒斯、P.赖伐尔、P.贝当和P.雷诺。

第三国际　Comintern　又称Communist International或Third International。各国共产党的联合组织，成立于1919年。列宁召开第三国际第一次代表大会以削弱企图恢复第二国际的活动。要加入第三国际，各党必须按苏联模式建立自己的组织，并把温和的社会党人和和平主义者开除出去。虽然第三国际陈述其目的在于促进世界革命，但其主要功能却成了苏联控制国际共产主义运动的机关。第二次世界大战期间，斯大林为使盟国消除对共产党颠覆活动的疑虑，于1943年正式解散第三国际。

第三纪 Tertiary Period 自6 550万年前持续到260万年前的一段地质时期。在地质学中为早第三纪(6 550万年前～2 300万年前)和晚第三纪(2 300万年前～260万年前)所取代。构成了新生代的两个纪中的第一个纪,第二个是第四纪。第三纪分为五个世,从老到新依次为:古新世、始新世、渐新世、中新世、上新世。在大部分第三纪期间,几个主要大陆的空间分布情况在很大程度上与现在相似。大陆间陆桥的显露和沉没对陆地和海洋动植物的分布都起了关键性的影响。实际上一切现有的主要大山脉——部分或全部——都是在第三纪形成的。

第四纪 Quaternary Period 一段地质时期,260万年前至现代。第四纪继晚第三纪之后,是两个新生代中较近的一个。划分为更新世和全新世。第四纪的特征是气候在全球规模上有大的周期变化。这些变化引起了广大地区遭到冰盖的反复侵袭。从生物学看,第四纪的主要特点是人类的进化和扩散。第四纪气候和环境的激烈变化引起了特别是哺乳类的迅速演化和灭绝。大型哺乳动物的灭绝可能也同当时人类领土的迅速扩大有关。

第一次马恩河会战 Marne, First Battle of the(1914-09-06～12) 第一次世界大战中法国和英国军队的军事进攻。入侵的德军行进到距巴黎不到50千米的马恩河时,J. J. C. 霞飞将军进行反击,并阻止了德军的前进。法国援军由600辆巴黎出租汽车运往前线,这是战争史上的首次汽车运输部队。法军和英军迫使德军后退到埃纳河北岸,德军挖壕固守,揭开了三年堑壕战的序幕。联军因此挫败了德军在西线速胜的计划。

第一次世界大战 World War I(1914～1918) 又作First World War。1914～1918年发生的国际冲突,交战双方为同盟国(主要为德国、奥匈帝国和土耳其)与协约国(主要为法国、英国、俄国、意大利、日本,1917年起还有美国)。1914年6月,一名塞尔维亚民族主义者刺杀了奥地利的弗兰西斯·斐迪南。随即发生了一系列威胁、最后通牒和军事动员,终于在两个联盟间爆发了全面战争。德国长期以来准备在两条战线上进行陆地战,在西线,其军队迂回绕过法国主要防御部队,向西穿过比利时南下,直扑巴黎。法国英国远征军得到增援,使巴黎幸免于被占领。由于现代大炮和机枪的巨大火力,战争迅速转为消耗战,1916年索姆河战役与凡尔登战役以及德国的大规模反攻均未能打破这一局面。在东线,1914年俄国早期的反攻深入东普鲁士和德属波兰,但俄军被德奥部队截住。1915年在德军一次惊人的反击中俄军被赶回本国领土。虽然俄军又发动了几次反攻,却无法突破德方防线。俄国作战不力,伤亡惨重,引起国内广泛不满,导致俄国1917年革命。其他战场包括加利波利和达达内尔,高加索和伊朗(波斯),美索不达米亚和埃及,的里雅斯特西北的伊松佐河谷。在海上,德国与英国舰队间展开了日德兰半岛之战,但未分胜负,德国使用潜艇,阻断英伦三岛的海上供应线,最终促使美国于1917年参战。1917年12月俄国与德国签订和约,退出战争。德军从东线撤往西线,但因美军抵达法国,将其力量抵消。1918年秋,德国对西线的大反攻遭到失败。协约国军队收复了德军占领的法国领土及比利时部分地区。11月德国与协约国签订停战协议。据估计,此次战争中死亡人数为1 000万,受伤人数为2 100万,770万人失踪或被囚禁。参阅十四点和平纲领、"卢西塔尼亚"号、巴黎和会、《布列斯特-立陶夫斯克和约》、《纳伊条约》、《特里阿农条约》、《凡尔赛条约》、E. H. H. 艾伦比、F. 福煦、D. 黑格、P. von兴登堡、J. J. C. 霞飞和E. 鲁登道夫。

蒂尔索·德·莫利纳 Tirso de Molina(1584～1648) 原名Gabriel Téllez(加夫里埃尔·特列斯)。西班牙剧作家。1601年起成为梅塞德会修士,他撰写该教派的正史(1637)。后受到L. de维加的启发,创作了大批作品,其中仅有约80部流传下来。其最著名的剧作是悲剧《塞维利亚的嘲弄者》(1630),其中引用了唐璜的传奇。他最擅长描绘主要人物心理的冲突和矛盾,他也写了《因不相信上帝而下地狱的人》(1635)和《安东那·加西亚》(1635)等悲剧作品,剖析了暴徒的情绪。尽管他在喜剧创作方面也很杰出,但他仍是他那个时代最伟大的西班牙悲剧作家。

蒂法尼 Tiffany, Louis Comfort(1848～1933) 美国画家、工匠、慈善家、装饰家和设计师。出生于纽约市。著名珠宝商C. L. 蒂法尼(1812～1902)之子,在纽约师从G. 英尼斯,后又到巴黎学画,成为公认的画家。1875年开始试验彩染玻璃。1878年在纽约皇后区成立了一个玻璃制造厂。他发明一种名为"法夫里尔"的虹彩玻璃,在欧洲受到广泛欢迎。1900年以后他的公司又开始经营灯具、珠宝、陶器和小装饰品。国际上普遍认为他是新艺术派风格最重要的人物之一。

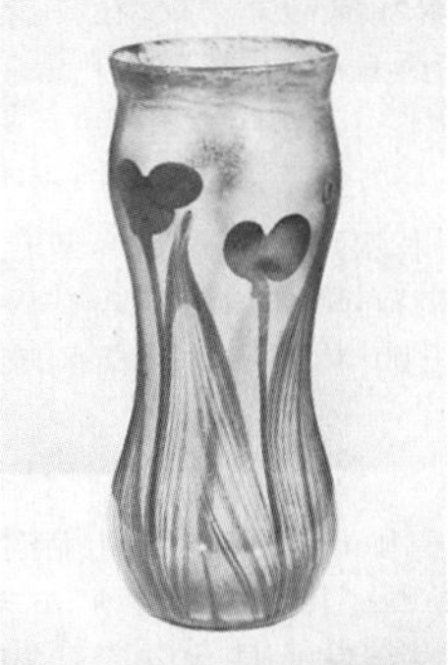

"法夫里尔"虹彩玻璃花瓶,L. C. 蒂法尼作于1896年;现藏伦敦维多利亚和艾伯特博物馆

By courtesy of the Victoria and Albert Museum, London

蒂华纳 Tijuana 墨西哥下加利福尼亚州西北部城市。濒临特卡特河畔,近太平洋,距美国加利福尼亚州的圣迭戈以南19千米。1862年该城获准成为牧场居民点,后成为边境赌场游乐地。20世纪该城为美国游客进入墨西哥的主要入口。该城建有许多美国投资的工厂、食品加工厂和酿酒厂等。人口约1 300 983(2010)。

蒂加登 Teagarden, Jack(1905～1964) 原名Weldon Leo。美国长号手和歌唱家,是他那个时代最伟大的爵士乐长号演奏家。出生于得克萨斯。曾与摇摆乐时代早期最流行的两支乐队——B. 波拉克乐队(1928～1933)和P. 怀特曼乐队(1933～1938)——合作。1938～1947年领导自己的乐队与L. 阿姆斯特朗合作演出,录制唱片并与他们在国际上巡回演出,直到1951年。他的标志是放松的布鲁斯手法,在其演奏和演唱中表现得都很明显。他的迷人的得克萨斯州口音给他的演奏和歌曲增添了更多色彩。

蒂卡尔 Tikal 危地马拉北部马雅人古城。约公元前900～前300年,该城是热带雨林地区的小村庄,后发展成为重要的商业中心。约公元600～900年是该城的鼎盛时期,出现了规模宏大的广场、金字塔和宫殿建筑,同时在雕刻和花瓶彩绘中显现出马雅文化艺术。在其全盛时期,该城成为马雅南部地区最大的城市中心,其市内居民达到1万人,城郊居民约5万人。该城主要的建筑覆盖面积都达到2.5平方千米。到公元10世纪,该城已湮没无闻。1956年该城多数遗址古物被挖掘出土,成为蒂卡尔国家公园的一部分。

蒂克 Tieck, (Johann) Ludwig(1773～1853) 德国作家、评论家。先后就读于哈雷、格丁根和埃朗根大学。他最初的作品与早期的浪漫主义有关,注重感情而不是理智。《民间童话集》(1797)一书收录了他最好的短篇小说《金发的艾克贝尔特》。这一时期在他的奇异、抒情的剧作《圣热内维埃芙的生与死》(1800)和《屋大维皇帝》(1804)中达到顶点。他的作品后来转向写实主义。蒂克担任德累斯顿剧院(1825～1842)的顾问和评论员时成为著名的文学权威,写有40多部短篇小说。

蒂雷纳 Turenne, vicomte (Viscount) de(1611～1675) 原名Henri de La Tour d'Auvergne。法国军事领袖。在三十年战争中表现突出,尤其是因占领都灵(1640)而赢得声誉。1643年晋为元帅,曾在德国指挥法

蒂雷纳,肖像画,C. 勒布伦绘;现藏特里阿农国立凡尔赛博物馆

Cliche des Musees Nationaux, Paris

国军队作战,后来还与瑞典军队一起征服巴伐利亚。在法国,他加入投石党运动的贵族阶层(1649),但后来指挥皇家军队打败了由孔代亲王(第四)(与西班牙人结为同盟)率领的军队,最后签订《比利牛斯和约》(1659),结束了西班牙同法国之间的战争。被任命为大元帅后(1660),他同路易十四并肩作战,在权力转移战争(1667～1668)中共同担任法国军队的指挥。他大胆采用的战略打败了在德国的帝国军队,赢得无数次胜利,但他在萨斯巴赫的战场上被杀。他被安葬在法国国王的安葬地圣德尼,后来被拿破仑移入巴黎残老军人院,尊其为历史上最伟大的军事领袖。

蒂利 Tilly, Graf(Count) von(1559～1632) 原名 Johann Tserclaes。三十年战争中巴伐利亚将军。出生于西属尼德兰。1585 年在 A. 法尔内塞麾下任职。1594 年加入皇帝鲁道夫二世的军队,与土耳其人作战。后受命于巴伐利亚的马克西米连一世重新组建巴伐利亚军队(1610)。蒂利创建了一支有效的军队,成为三十年战争中天主教联盟的先锋部队。他后来率领天主教联盟部队在白山战役(1620)和卢特战役(1626)中获得胜利。1630 年他又把帝国军队纳入其领导之下。1631 年他率兵围攻新教城市马格德堡,但是该城被毁对他造成很大损失。由于没能阻止瑞典人进攻德国,他在布赖滕费尔德战役(1631)中被瑞典人打败,后在一次战役中受重伤身亡。

蒂利希 Tillich, Paul (Johannes)(1886～1965) 德裔美国新教神学家。曾就读于柏林图宾根大学和哈雷大学,第一次世界大战期间任随军牧师。后来又陆续在马尔堡、德累斯顿、莱比锡、法兰克福等大学任教。1933 年纳粹党接管德国促使他移民美国。他在 R. 尼布尔的帮助下在纽约协和神学院任教。由于其讲道清晰并著有《系统神学》(3 卷,1951～1963)而备受尊敬。1955 年,他任哈佛大学教授,后于 1962 年前往芝加哥大学任教。他的神学体系是对《圣经》、存在主义与超自然主义的因素不同寻常的结合,他还试图既不依靠启示也不依靠科学来传达一种对神的理解。他的其他著作包括《存在的勇气》(1952)和《信仰的动力》(1957)。

蒂龙 Tyrone 北爱尔兰中西部的旧郡。1973 年北爱尔兰重新规划行政区域后,蒂龙郡被划分为几个较小的区域。此前自 5 世纪到 16 世纪这里是奥尼尔家族统治区。此后这里的大片区域由英国皇家接管,并按阿尔斯特移民计划由国王加以划分和赠予。保皇党人纷纷建造城堡,这一地区被殖民化。

蒂罗尔 Tirol 又作 Tyrol。奥地利西部一州。包括北蒂罗尔和东蒂罗尔,被萨尔斯堡州和意大利的特伦蒂诺-上阿迪杰地区分开。该州为山区地带,与巴伐利亚和欧兹塔勒的阿尔卑斯山交界。公元前 1 世纪该地为罗马管辖。中世纪时,先后被多个伯爵和主教所统治,直至 1363 年为哈布斯堡王朝并吞。在宗教改革运动期间当地发生不少暴乱事件(1525),1809 年又成为反对法国及巴伐利亚统治运动的所在地。蒂罗尔南部地区于 1919 年并入意大利。该州现为滑雪胜地,每年吸引大批游客。首府为因斯布鲁克。人口约 658 000(1995)。

蒂米什瓦拉 Timisoara 罗马尼亚西部城市,位于蒂米什河附近。新石器时代和罗马时代开始有人定居。13 世纪遭鞑靼人洗劫。其堡垒于 14 世纪重建,匈牙利国王查尔斯一世曾在此居住。1552 年土耳其人占领此地,1716 年又为奥地利所统治。1919 年该地为塞尔维亚人所占,1920 年的《特里阿农条约》将其划归罗马尼亚。1989 年在当地发生的反政府运动导致 N. 齐奥塞斯库总统被处决以及罗马尼亚共产党统治的结束。该城现为制造业、商业和文化中心。人口307 347(2007)。

蒂萨河 Tisza River 又作 Tisa River。乌克兰西部、匈牙利东部和塞尔维亚北部的河流。发源于乌克兰西部的喀尔巴阡山,向西流,形成乌克兰和罗马尼亚的部分国界,然后折向西南穿过匈牙利进入塞尔维亚,最后在贝尔格莱德以北注入多瑙河。全长 996 千米。蒂萨勒克水坝(1954)形成匈牙利最大的水库。吃水浅的河船在该河可通航 727 千米。

蒂沃利 Tivoli 古称 Tibur。意大利中部拉齐奥区城镇。从史前时期以来,该地就不断地被人占领。原为拉丁同盟的成员和罗马的宿敌,但于公元前 4 世纪纳入罗马的势力范围。公元前 90 年取得罗马公民权,在古罗马帝国初期为繁荣的避暑胜地。许多有钱的罗马人在附近建别墅和小寺院,这些残存至今的建筑令人印象十分深刻。其中包括哈德良别墅和贺拉斯的萨宾农场。它也是埃斯泰别墅(始建于 1550 年)的所在地,其内有极美的花园和无以伦比的文艺复兴时期的喷泉。人口 46 364(2001)。

癫痫 epilepsy 又称 cerebral seizures(脑性发作)、convulsive disorder(惊厥性疾病)。一组综合征(而非特定的疾病),是由阵发性脑(皮质)神经细胞机能障碍引起的。精神功能、意识、感觉或运动突然紊乱,可反复发作。癫痫可分成突然神志丧失伴有跌倒和四肢抖动的全身性惊厥(大发作)、瞬间的意识中断(小发作)和躯体某些部位的局限性运动和感觉性发作(局灶性发作)。神经病学家对癫痫病例从三个方面进行分类:临床类型、脑内病灶的部位(常以脑电描记法来找出位置)及脑功能障碍的原因。可治愈的病例包括一些脑肿瘤和感染、代谢和内分泌异常、外伤引起的脑部癫痫病灶等。脑部手术可将少数患者的脑部癫痫病灶切除。大部分患者必须以各种抗惊厥药来达到一定程度的控制。

典当业 pawnbroking 对有动产或私人物品抵押的顾客提供借款的行业。当铺交易是最古老的行业之一,大约 3 000 年前在中国即已存在,而在古希腊和古罗马也有。在欧洲中古时代,虽然法律反对高利贷行为,但典当业仍然十分常见。私营当铺,尤其是犹太人开设的当铺,经常由法律豁免税赋。1462 年方济各会曾设立敬虔钱庄,对穷人提供无息借贷,不过为避免基金过早用罄,后来仍被迫收取利息。国营当铺在中世纪曾短暂出现过,到了 18 世纪又重新开设,以缓解借款者遭受私营当铺的高利息剥削之苦。国营当铺在大部分的欧洲国家至今仍维持运作;而在美国现在只有私营当铺。社会福利计划和信用贷款的日益便利,使得当铺的重要性日趋式微。

典雅爱情 courtly love 中世纪晚期对爱情的一种观念。贵妇人与其情人的关系酷似领主与家臣,情夫对他的神圣的情妇表现出完全的尊重、忠贞和崇拜。这个名词最早出现于 11 世纪末法国游吟诗人的诗作中,并迅速传遍全欧洲。典雅爱情永远是通奸行为。当时的婚姻通常只是事务方面的权宜之计,或为巩固权势联盟的一种保证。一般认为其文学根源来自阿拉伯文学,通过阿拉伯统治时期的西班牙传到欧洲。此外,玛利亚的宗教仪式日益兴盛,是另一影响因素。从典雅爱情得到灵感的作品有《玫瑰传奇》、彼特拉克的十四行诗、但丁的《神曲》以及行吟诗人和恋诗歌手的抒情诗。参阅骑士团。

点彩画法 pointillism 作画时在画面上点很小的色线或明暗对比强烈的色点,使人从一定的距离观看时具有融为一体的效果。该名词(同义词为分光法)最早被用来形容G. 修拉的画作。参阅 C. 毕沙罗和 P. 西涅克。

点火系统 ignition system 在汽油机中,用来产生电火花以点燃汽缸内的燃料-空气混合气,使它燃烧产生动力的装置。点火系统由发电机充电的蓄电池、感应线圈、使感应线圈产生定时高压放电的器件、分电器和一组火花塞组成。蓄电池供给低压电流(通常是 12 伏),由此系统将它转变成约 4 万伏。分电器将相继突发的高压电流,按正确的点火顺序,分别配送到各个火花塞。

碘 iodine 非金属化学元素,化学符号 I,原子序数 53。最重的非放射性卤素,为几近黑色的晶体(双原子分子 I_2),升华后变为深紫色刺激性蒸气,在自然界从不以元素状态存在。其来源(大部分在海水和海草中)和化合物通常都是碘化物,也有碘盐(硝石中含有少量)和高碘酸盐。食用碘对甲状腺功能很重要,所以食盐中通常都加有碘化钾(化学式 KI),以防止碘缺乏。元素碘用于医药、合成有机化学物、制造染料,以及在分析化学中测量饱和和检测淀粉,还用于摄影。放射性同位素碘-131 的半衰期为 8 天,在医学和其他应用中都很有用。

电 electricity 与静止或运动的电荷有关的现象。希腊人发现用毛皮摩擦琥珀后,能吸住羽毛类轻物,该词源自希腊词 *elektron*(琥珀)。这种因静电引起的效应,为最早研究的电现象。一直到 19 世纪初,静电和电流才被证明是同一现象的不同表现形式。电子(带有负电荷)的发现,显示电的各种表现形式是电子积累或运动的结果。1879 年 T. A. **爱迪生**发明白炽灯,并于 1881 年在纽约市建立第一个中心发电站和配电系统。此后,电力开始被迅速地在工厂和家庭中推广。参阅 J. C. **麦克斯韦**。

电场 electric field **电荷**周围有电力作用于其他电荷的区域。任意点的电场强度 E 定义为电场施加于该点的单位正电荷 q 上的力 F,即 $E=F/q$。电场既有大小,也有方向。电场可用电力线或场线表示,电力线从正电荷出发而终止于负电荷。在线某点的切线就是该点电场的方向。电力线密表示电场强,电力线稀表示电场弱。电场值的量纲为力除以电荷。适用单位为牛顿/库仑。

电池 battery 一种将化学能转换成电能的装置,由一组电部件组成。湿电池(如汽车电池)中有自由流动的液态电解质;干电池(如手电筒电池)内的电解质含在吸收性

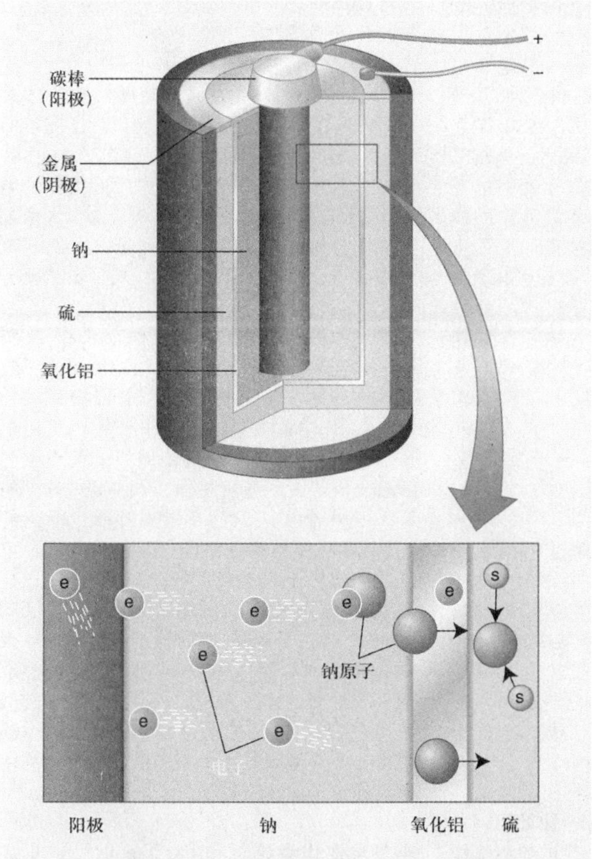

尚在研制中的钠硫(NaS)电池,已用于某些电动汽车。放电时,钠与陶瓷的氧化铝电解质反应失去电子,电子通过阳极到达用此电池供电的电路。然后钠离子与从阴极获得电子的硫结合。这一反应是可逆的,所以此电池可以重新充电。这种电池较之其他可充电电池(如铅酸电池、镍镉电池或镍混合金属电池)的优点在于,在供电量相同时,电池体积较小、重量较轻。但由于其中的化学物质须加热至熔融状态,纯钠反应极强,电池外壳或陶瓷电解质的故障会造成极大危险。

材料中。化学物质经恰当配置使电池的负电极释放电子,通过电池外的电路(在以电池为电源的装置中)流向正电极(参阅**电流**)。电压取决于所用的化学物质以及串联的电池数量;电流取决于总电路的电阻(包括电池本身,也就是取决于电极的大小)。多个电池可以串联(一个电池的正极连到下一个电池的负极),以增加总电压;或者也可以并联(正极连正极,负极连负极),以增加总电流。手电筒用的标准干电池以及在海上、矿井、公路和军事上用的某些湿电池是不能反复充电的;汽车电池和无电源线的装置中用的多种干电池,以及某些军用和飞行器用的电池是可以反复充电的。

电磁波谱 electromagnetic spectrum 电磁辐射(波)按其**频率**或**波长**的整体排列。波谱的范围从长波(低频)到短波(高频),以下按渐增的频率(或递减的波长)来排序:从超

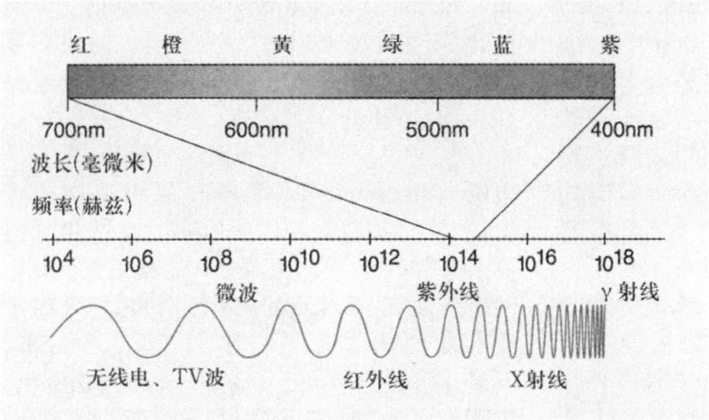

电磁波谱,从低频的无线电波到高频的γ射线。人类肉眼可见的波长约在 400 ~ 700 纳米之间,只是波谱的一小部分。

低频到超高频的无线电波、**微波**、**红外辐射**、可见光、**紫外辐射**、**X 射线**和**γ射线**。在真空状态下,电磁波谱上所有的波以相同的速度(299 792 458米/秒)行进。

电磁场 electromagnetic field 由于**电荷**的运动所造成的一种空间特性。静止电荷只在其周围空间产生电场;运动电荷则同时产生**磁场**,磁场的变化也能产生电场。电场和磁场相互作用产生电磁场。电磁场被认为是离开电荷或电流在空间独立存在的。在某些情况下,电磁场可以被描述为一种输送电磁能量的波。

电磁辐射 electromagnetic radiation 以电磁波形式在自由空间或实物介质中传播的能量,例如无线电波、红外线、可见光、紫外线、**X 射线**和**γ射线**。电磁辐射具有和其他波动相同的性质,如反射、折射、衍射和干涉,但电磁辐射还有像粒子那样的性质,在离散的量子中产生能量。虽然所有形式的电磁辐射都以同一速率行进,但在**频率**和**波长**方面各不相同,并与物质有不同的相互作用。真空是唯一完全透明的介质,一切实物介质都强烈地吸收电磁波谱的一些波段。

电磁铁 electromagnet 通常含有一个磁性物质构成的铁芯,其外绕以线圈,线圈内通入电流将铁心磁化。电流中止时,铁心即不再磁化。电磁铁通常在需要有可控制的磁铁时使用,例如用于一些电器,其中的磁场需可变、可反向或可开启闭合。适当设计的电磁铁可举起数倍于它自身重量的重物,常用于钢铁厂或废铁场。其他利用电磁铁的装置有粒子加速器、电话听筒、扬声器和电视。

电镀 electroplating 利用**电流**镀敷金属的过程。金属可镀在导体(如金属)或非导体(如塑料、木材、皮革)表面。过程一般是利用电流将一定数量的金属沉积在阴极上,而阳极则溶解同样数量的金属,保持溶液基本上均匀。镀银用于餐具、电子接触器和引擎轴承。用途最广的是镀金,用于珠宝首饰和表盖。镀锌通常是防止钢件腐锈,而汽车和家用电器通常镀有一层镍和铬。

电荷 electric charge **电流**中流动的电量,或不同的非金属物质相互用力快速摩擦后积聚在表面上的电量。电荷以离散的固有单位存在,等于一个电子或一个质子的电荷,不能创生,也不会消灭。电荷分为正、负电荷。正、负电荷结合的结果为零电荷。具多余同号电荷的两个物体靠近时互相排斥;具多余异号电荷的两个物体靠近时互相吸引。电荷的单位为库仑,1库仑电量包含6.2410^{18}电荷固有单位。

电击疗法 electroconvulsive therapy 旧称休克疗法。用电流诱发休克从而治疗某些精神疾病的方法。电击疗法是在双颞部各放置一块电极板,通上交流电,使意识立即丧失并引起抽搐发作。该疗法被用来治疗**两极性精神病**和其他类型的**抑郁症**。最早是给患者注射剂量逐渐增加的大剂量胰岛素,使其出现暂时昏迷。胰岛素休克疗法曾被用来治疗**精神分裂症**。这两种休克疗法都产生于 20 世纪 30 年代;发明了镇静剂和抗抑郁剂之后,它们的用途减弱。

电机工程 electrical engineering 工程学

的一个分支，涉及电学包括电子学的所有形式的实际应用。电机工程处理的是用电照明和电源系统以及各种电气设备；电子工程处理的是有线和无线通信、贮存着程序的计算机、雷达以及自动控制系统。电学的第一个实际应用例子是电报机（1837）。1864年，当J. C. 麦克斯韦以数学形式总结了电学的基本规律，并预言电磁能量的辐射会以一种形式发生，即后来所称的无线电波时，电机工程才形成一个学术领域。但直到发明电话机（1876）和白炽灯（1878）后，人们才感到需要电机工程师。

电解 electrolysis 电流通过物质而引起化学变化的过程。化学变化是物质失去或获得电子（氧化或还原）的过程。电解过程是在电解池中进行的。电解池是由分别浸没在含有正、负离子的溶液或熔融的离子化合物中的正、负两个电极（分别称为阳极和阴极）构成。负极发生还原反应，电流（即电子）流进负电极（阴极），在溶液中与带正电荷的正离子结合，正极发生氧化反应，带负电荷的负离子迁移到另一电极（阳极），给出电子。这样，正负离子都变成中性的元素或分子。由于历史原因，通常认为电流方向与电子方向相反。因此，尽管电子从正极流向负极，但却认为电流从负极流向正极。电解广泛应用于冶金工业中，如从矿石或化合物提取金属（电解冶金）或提纯金属（电解提纯），以及从溶液中沉积出金属（电镀）。金属钠和氯气是由电解溶融氯化钠生成的；电解氯化钠的水溶液则产生氢气、氧化钠和氯气。电解水（需少量溶解氯化钠或其他电解质）产生氢气和氧气。

电介质 dielectric 电绝缘材料或极不良的导体。电介质与金属不同。它没有束缚得很松的或自由的电子，所以没有电流流过。当电介质被置于电场中时，正电荷顺电场方向、负电荷逆电场方向作微小的位移，使电介质内的电场减弱。电介质包括玻璃、塑料和陶瓷。

电离 ionization 在电中性的原子或分子中取走或加入带负电的电子，使它们转变为带电的原子或分子（离子）的过程。这个过程是辐射转换成物质能量，从而成为检测辐射的主要方法之一。一般来说，只要有能量足够的带电粒子或辐射能穿过气体、液体或固体，都会引起电离。由于地球的大气层不断吸收来自太空的宇宙线和太阳的紫外辐射，所以大气层中存在微弱的电离。

电离层 ionosphere 地球大气层的区域，其中离子或带电粒子的数量多到足以影响无线电波的传播。电离层开始于距地面约50千米处，大约在80千米以上最为显著。造成电离的原因主要是来自太阳的X射线和紫外波长的辐射。电离层能够反射短波段和广播波段的无线电信号，使它们能够远距离传播。

电流 electric current 载荷子的运动。导线中以电子为载荷子的电流是单位时间内通过导线任意一点的电荷量的量度。气体和液体中的电流一般包含正离子流动和负离子的反向流动。通常取正载荷子的流动方向为电流方向。在交流电（AC）中，电荷流动会定时反向，而在直流电（DC）中则不会。电流的单位为安培，1安培等于每秒1库仑电量或每秒6.2410[18]个电子的流动。

电鳗 electric eel 电鳗科的鳗形南美鱼类，学名*Electrophorus electricus*。能产生足以将人击昏的电流。电鳗（不是真正的鳗）行动迟缓，栖息于缓流的淡水水体中，并不时上浮水面，吞入空气，进行呼吸。体长，圆柱形，无鳞，灰褐色。可长达2.75米，重22千克。尾部的下缘有一长形臀鳍，依靠臀鳍的波动而游动。尾部具发电器，能随意发出电压高达650伏特的电流，所发电流主要用以麻痹鱼类等猎物。

电瓶车 electric automobile 由电池驱动的机动车。源于19世纪80年代，用作私人轿车、载重卡车和城市公共交通车。电瓶车的低速度、充电里程有限并不是缺点，而其无噪音、维修费低使其得以普及。1920年之前，电瓶车一直在和汽油车竞争，后来电瓶车开始减少，因为电动起动器使汽油动力车变得更具吸引力，加上大量生产使汽油车的成本降低。在欧洲，电动车一直被用作短程货运车。从70年代开始，各国又重新对电动车产生兴趣，尤其是受到不应依赖外国石油和环境问题的影响，导致一再改进电瓶车的速度和行驶距离。近来的法律已授权进行商业性生产，特别是在加利福尼亚州。"混合驱动车"使用电力和内燃机引擎，并具有这两种技术的最佳特点，近来已在市场上销售。实验车已使用太阳能燃料电池。

电视福音 televangelism 通过电视宗教节目所传播的福音。这种节目通常由一位原教旨主义的新教牧师主持，他主持礼拜仪式，并经常要求捐款。B. 格雷厄姆从20世纪50年代起通过他的电视特别节目成为世界知名人士。其他的电视福音传道者包括O. 罗伯茨、R. 舒勒（生于1926年）、J. 法威尔、J. 斯华格（生于1935年）以及P. 罗伯逊。

电信学 telecommunications 彼此相隔一段距离的各方之间的通信。现代电信系统能够传送电话机、传真、数据、无线电或电视信号，可以长距离地传送大量的信息。为了实现高可靠性，无杂音或干扰，采用了数字传输，而且数字传输系统的费用要比模拟系统低得多。为使用数字传输，模拟信号必须经过模拟到数字转换的处理。在数据传输中，信号已经是数字形式的；大多数的电视、无线电以及语音通信都是模拟的，在传输之前必须先数字化。传输可以通过电缆、无线的无线电中继系统或者卫星来实现。

电刑 electrocution 一种行刑方法，用强烈电流将死刑犯电击致死。因犯被绑坐在电椅上，将电极固定在他的头部和一条腿上，使电流通过全身。一次电击可能不足以使人致死。如医生未能确认其已死亡，可施行多次电击。1890年首次使用电椅。该词也指其他原因的电击致死（如意外触及高压线）。

电鳐 electric ray 电鳐科、单鳍电鳐科、无鳍电鳐科鱼类的统称，能产生电击。见于世界热、温带水域。种类多，多栖于浅水，但深电鳐属等可生活于900米以下的深水。活

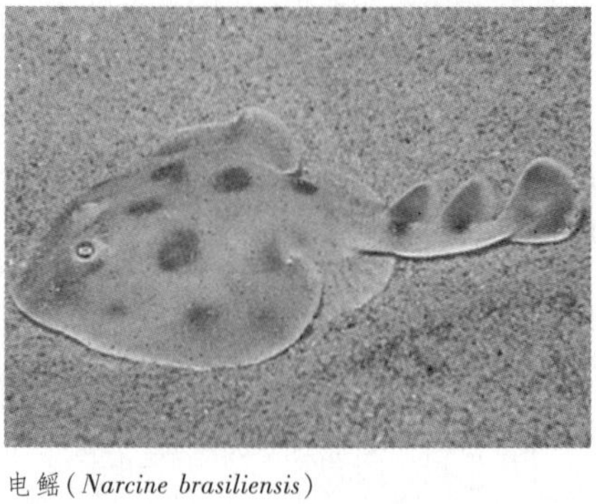

电鳐（*Narcine brasiliensis*）
Douglas Faulkner

动缓慢，底栖，以鱼类及无脊椎动物为食。长约30厘米～1.8米，尾部短而结实。体柔软，皮肤光滑，头与胸鳍形成圆或近于圆形的体盘。如果不被触及则对人无害。发电器由变态的肌肉组织构成，位于体盘近头部的地方，用于防御、感应位置和捕获猎物。大型电鳐发出的电流可达220伏特，足以击倒一个成人。

电影 motion picture 又作movie。将胶片上一连串静态的照片以很快速度接续不断放映在银幕上。电影通常用电影摄影机拍摄，对动作中的人和物迅速进行曝光；再由电影放映机放映，通常以同步的方式使影像与声音重现。发明电影机器的人主要是美国的T. A. 爱迪生和法国的吕米埃兄弟。20世纪初，电影制作集中在法国，但到了20年代美国成为电影业的主宰。导演和明星纷纷迁往好莱坞，电影制片厂一家又一家开设，在30和40年代达至巅峰，同时他们一般都拥有大规模的连锁影院。50和60年代时，拍摄电影有一种新的国际性，独立制片也开始兴起。70年代以来，使用的特技越来越复杂。美国电影业挟其庞大的技术资源至今仍继续主宰着世界市场。

电影导演作者论 auteur theory 电影制作的一种理论，认为导演在影片中是主要的创作力量。源自20世纪50年代晚期的法国，主要由F. 特吕福和J.-L. 戈达尔，以及期刊《电影手册》推动。他们主张：较之编剧，全面监视电影中所有视听要素的导演更应被视为影片的"作者"。电影导演作者论的拥护者进一步辩称，最成功的影片势必要留下导演个人鲜明的印记。

电影剧本 screenplay 为电影制作提供基础的文稿。通常不仅包括角色对话，还包括简要的剧情拍摄大纲。电影剧本可以由小说或舞台剧改编而成，也可以由电影剧作家及其合作者创作完成。通常要经过多次修改，

剧作家也要听取导演、制片人以及电影拍摄过程中其他人员的意见。初稿一般只包括计划拍摄的简要提示,但到拍摄之时,剧本已成为一个详细的拍摄脚本,其中的动作和姿势都要有明确说明。

电影摄影术 cinematography 电影摄影的艺术和技术。它包括场景的总的结构、布景和演员的照明、摄影机的选择、摄影机的角度和移动以及特殊效果的结合等,以达成导演希望得到的影片图像和效果。电影摄影要处理好各个镜头之间和各组镜头之间的关系,以产生影片的效果。现代知名的摄影师包括 N. 阿尔门都斯、G. 托兰德和 S. 尼奎斯特。

电子 electron 已知最轻的稳定亚原子粒子,带有一个负的基本电荷。电子的质量小,不到原子质量的 0.1%。在正常条件下,电子因正负电荷间的引力,被带正电的原子核所束缚。电子循有序排布的电子云轨函数绕原子核运动,最靠近原子核的轨道上的电子被束缚得最紧。电子是最早发现的亚原子粒子,1897 年被英国物理学家 J. J. 汤姆孙在研究阴极射线中确认。

电子商务 e-commerce 全名 electronic commerce。通过因特网或其他电子网络进行企业对消费者和企业对企业的商业活动,以及支持这些活动的内部组织交易。电子商务起源于供应者与其企业顾客之间订单或发票等企业文件的交换标准。这个标准始于 1948 ～1949 年的柏林封锁与空运。在以后几十年中,各种不同的行业都致力于这个体系,后在 1975 年公布第一个通用标准。所产生的国家电子数据交换(EDI)标准毫不含糊,不依赖任何特定的机器,而其弹性足以处理大部分简单的电子交易。电子商务如企业对企业的交易标准形式也一样重要,它包含的活动更加广泛。例如,敏感信息的安全电子传送是电子商务持续增长的必要条件。企业经常会部署私密的网络(企业网络),以在公司内部分享信息和进行合作,通常以所谓的"防火墙"计算机防护系统隔离周围的网络。企业也经常信赖外部网络,即公司企业网络的延伸,允许合作企业联机至公司内部网络的一部分。现在流行一种叫做"虚拟公司"的新的公司合作形式,其实就是许多公司的一个网络,每家公司负责产品制造或服务提供所需程序的一部分。

电子数字积分器与计算器 ENIAC 全称 Electronic Numerical Integrator and Computer。1945 年由埃克脱(小)和 J. W. 莫奇利在美国建造的早期电子数字计算机。ENIAC 十分庞大,重达 30 吨,塞满一整个房间,大约用掉 18 000个真空管,7 万个电阻器和 1 万个电容器。1945 年 12 月解决了第一个问题,即为制造氢弹做计算。1946 年正式公诸于世之后,用来制作炮弹弹道的表格,并进行其他军事和科学的计算。

电子显微技术 electron microscopy 能够检视光学显微镜无法看见之细微标本的技术。电子的波长比可见光小得多,因此解析能力较高。为了能够观察,标本必须用金属涂抹或染色做成电子密度。有两种不同的电子显微仪器:一种是扫描式电子显微镜,由一个移动的电子束扫描通过由磁透镜对焦的物体,产生物体表面的影像,类似电视屏幕的影像。照片看起来是 3 维立体的,可能是小型生物体或其部分,可能是如脱氧核糖核酸(DNA)等分子,或者甚至是大的单个原子(如铀、钍);另一种是穿透式电子显微镜,电子束穿过极薄而小心制备的标本,在屏幕或照相板上对焦,呈现出细胞、组织等标本的内部构造。

电子学 electronics 物理学的一个分支,研究电子的发射、行为和效果,以及电子器件。电子学的研究是从电学实验开始的。19 世纪 80 年代 T. A. 爱迪生等人观察抽空的玻璃管中电极间的电流。后来 J. A. 夫累明(1849 ～ 1945)制造了一种二极真空管(电子管),产生了一种有用的输出电流。1907 年 L. 德福雷斯特发明了三极管,接下来又有了进一步的改进。1947 年贝尔实验室发明了晶体管,因而促进电子元件向小型化发展。到了 20 世纪 80 年代中期诞生了高密度的微处理机,从而使计算器(计算机)科技和以计算器为基础的自动化系统取得惊人的进展。参阅半导体和超导电性。

电子音乐 electronic music 经过电子处理(录音或磁带编辑)的,以及在扩音器中反复播放的音乐。20 世纪 40 年代末开始使用磁带来修改自然的声音(倒带、变速等),特别是在法国,产生的音乐类型称为具象音乐。在 50 年代初,德国和美国的作曲家运用振荡器、滤波器及其他装置产生全新的声音。电压控制振荡器与滤波器的发展,导致在 50 年代出现最早的合成器,将此类装置标准化并使其更具弹性。电声音乐不再仰赖磁带编辑,目前可以实时创作。70 年代末个人计算机已被用来控制合成器。数字取样(音乐合成和其他录音的电子提取)现已大部取代利用振荡器作为声源。

电阻 resistance 材料或电路对电流流动的阻碍。它是电路的一种性质,在它阻碍电流流动的过程中把电能转换成热能。电阻 R、电动势或电压 V 和电流 I 三者之间的关系由欧姆定律表明。电导体的电阻通常随温度的升高而增加。在电灯和加热器中就要利用电阻。电阻的常用单位是欧姆(Ω),1 欧姆等于 1 伏特/安培。

奠边府战役 Dien Bien Phu, Battle of (1953 ～ 1954) 第一次印度支那战争(1946 ～1954)中的决定性战斗,法军和越盟军队为控制靠近老挝山区的一个小阵地激战。法国军队占领了奠边府城,但越盟军队切断了通向奠边府的所有道路,法军只得依靠空运。后来,武元甲将军以 4 万兵力包围奠边府,并用重炮粉碎法军防线。尽管法军得到美国的大量支援,但奠边府还是被越盟攻下。

貂 marten 鼬科貂属几种林栖食肉动物的统称。各品种的身材和毛色各异,但在总体比例上都与鼬相似,毛皮都很有价值。总长为50～100厘米;重可达1～2.5千克或

石貂(*Martes foina*)
Reinhard/Reiser-Bavaria-Verlag

更重。单独猎食,以小动物、果实和腐肉为食。北美北部美洲貂的毛皮有时当作紫貂皮出售。其他的品种包括欧洲和中亚的松貂、林貂或甜貂以及南亚的黄喉貂或蜜狗(因它爱吃甜食而得名)。参阅艾鼬。

雕 eagle 隼形目鹰科多种体大、喙厚、脚大的猛禽。世界性分布,一般比鹰大且更强壮有力,体型和飞行特征与秃鹫相似,但雕的头上长满羽毛(常有冠羽),脚健壮,上有大的

白腹海雕(*Haliaeetus leucogaster*)
Mary Plage/Bruce Coleman Ltd

钩爪。以活猎物为食,能出其不意地猎取地面上的动物。因为雕强壮有力,自巴比伦时代以来一直被作为战争和皇权的象征。终生单配偶,年年使用同一个巢,筑在其他动物无法攀登处。体长0.6～1米。海雕(有时叫渔雕)属海雕属,以白头雕有名。参阅金雕。

雕版 engraving 在金属或木制的片状或块状物上刻出设计图案的过程。用雕刻刀或推刀在铜、锌、铝或镁的板块上刻画,然后将油墨涂入刻痕,再用压滚将图案印出。木雕是由木版画而来,但木雕用的素材是硬而滑的黄杨木,通常以铜制版雕刻者使用的推刀雕刻,制作出完善、更细致的形象。与金属雕刻相较,木雕的印制是在木片或木块的表面进行,而在制作中不需印出的部分则将之切除。参阅蚀刻法。

雕刻 sculpture 一种三维空间艺术,尤其是指通过雕刻和仿模将硬质或塑料材料制成三维空间艺术品。设计可在独立式物体(如圆雕)上、浮雕上或外界进行。可运用各种材料,如泥、蜡、石头、金属、纤维、木材、石膏、橡胶,以及偶然发现的物品。可利用雕刻、仿型、模塑、铸造、锻冶、焊接、缝合、组装或多种方法结合等手段。实际上,纵观历史,每种文化都曾出现了多种多样的雕刻艺术品。20 世纪前雕刻一直被看作一种具象艺术,但是自 20 世纪初也产生了一些抽象作品。20 世

纪下半叶，雕刻一词的含义变得更加宽泛。现在，雕塑家能使用任何材料、采用任何制造方法来完成他的作品。因此，雕刻艺术不再认为是一种特殊材料或技术的艺术。

钓鱼 fishing 又称 sport fishing。一种捕鱼的娱乐活动，基本工具有鱼竿、线和鱼钩。钓鱼是人类最早的一种使用工具的猎捕方法。现代最重要的创新首见于17世纪晚期和18世纪初期，包括使用卷盘、鱼竿的导线圈和鱼钩分叉。鱼竿由木制和竹制，发展成由玻璃纤维和其他合成材料制成。鱼线由19世纪中叶前使用马尾发展到后来的纺织线，20世纪30年代又由尼龙线取代。今日钓鱼的方法包括：蝇钓法（淡水），即将似蝇的鱼钩反复抛向水面以吸引鱼上钩；饵钓法（淡水及咸水），即将活饵或人造鱼饵附在鱼钩上，放至水底或任何深度；大鱼钓法（咸水），即在摩托艇上用起重滑车钓大的海洋鱼类（包括金枪鱼、大马林鱼和箭鱼等）。

调 key 由七个乐音音阶所产生的音调与和弦的体系，其中一个乐音音阶位居主要地位。调是调性的基本元素，是调式音乐自然发展的结果。一篇乐曲注明为"C调"，C即为其"主音"或主要音调。大约在1700～1900年的西洋音乐中，大多数的乐曲不是用12个大调就是用12个小调来编写。

调式 mode 在音乐中，任何用于划分音阶与旋律的概念都可以称为调式。在西方音乐中，特指中世纪的教会调式。根据全音阶中第三个音的不同，调性音乐的调通常确定为大调或小调。调式的概念恐怕远远不只是简单的音阶分类，它还涵盖一整套旋律程序语言甚至其他伴随某套特定程序而来的各种音乐特性。不过调式也曾用来特指一些纯粹的节奏模式，如以古希腊诗歌格律为基础的旧艺术调式。

调性 tonality 围绕一个中心音组织音乐作品的原则；更具体地说，是指由17世纪文艺复兴时期调式音乐发展出来的西方曲调体系。调性一词用于指在一个特定调的7个主要音中固有的关系网，通过转调，其中的每个音都可能成为临时性的主音，从而形成一个新的关系网。由于它具有以听觉能理解的方法将音调关系扩展到很大范围的能力，因此调性体系可以让作曲家创作出极复杂的作品。

丁卡人 Dinka 苏丹南部尼罗河盆地的牧牛民族。操苏丹东部语，属尼罗-撒哈拉语系，与努埃尔语关系极近。人口约400万，分为若干个独立部落，人口各在1 000～30 000人之间。由祭司-酋长任领袖。

丁尼生 Tennyson, Alfred（1809～1892） 后称 Baron Tennyson（of Aldworth and Freshwater）。绰号 Alfred, Lord Tennyson。英国维多利亚时代最杰出的诗人。被称为丁尼生勋爵。就读于剑桥大学期间，与A.哈勒姆建立了深厚的友谊，1830年发表了抒情诗集。1833年发表另一诗集，其中包括《食荷花人》、《夏洛蒂小姐》等。同年，哈勒姆的不期而亡沉重打击了丁尼生，促使他写成后来收到《悼念》（1850）里的一些诗篇，以及后来出现在他最喜爱的诗集《莫德》（1855）里的一些抒情诗。接着他又于1842年创作了《诗集》，其中包括《尤利西斯》、《亚瑟王之死》、《洛克斯利堂》，1847年创作了长篇反女性主义的奇幻故事《公主》，其中包括抒情诗《甜美与粗俗》、《泪水，无用的泪水》等。1850年结婚并被封为英国桂冠诗人。其后主要作品有《轻骑兵冲锋》（1855）、描述亚瑟王传奇故事的《国王叙事集》（1859）、《伊诺克·阿登》（1864）。丁尼生是一位造诣极高的诗人，有种忧郁诗人气质，还被视为英国中产阶级的代言人。他的作品常常反映科学的进步对当时社会的传统思想所带来的冲击。

丁托列托 Tintoretto（1519～1594） 原名 Jacopo Robusti（雅各布·罗布斯提）。意大利威尼斯画派画家。其父为丝绸染匠，因此有"丁托列托"（即小染匠）的绰号。早年受到米开朗琪罗和提香等人的影响。在作品《基督与淫妇》（约1545）中，他以奇异多变的透视法把人物置放在巨大的空间里，表现出一种特殊的风格主义。1548年因作品《圣马可拯救奴隶》而引起威尼斯文艺界的注意，这幅后米开朗基罗罗马艺术作品的结构成分是如此地丰富，而让人惊叹的是他从未到过罗马。到1555年，因其作品具有轻快流畅的手法、大量活泼的色彩、喜用富于变化的透视画法和动态的空间概念，他成为艺术界名画家和后起之秀。其受委托的最重要工作是装饰威尼斯的斯库奥拉·迪圣罗科（1564～1588）的工作，他展现出其热情的风格和深厚的宗教信仰。他的技术和想象完全源自个人，并不断地发展。现代艺术史学家公认他是风格主义最伟大的代表，按照威尼斯的伟大传统来诠释作品。

丁香 clove 桃金娘科热带常绿乔木丁子香（*Syzygium aromaticum* 或 *Eugenia caryophyllata*）的红褐色小花蕾，最早期香料贸易的重要商品，原产于印度尼西亚摩鹿加群岛。香气馥郁，味辛辣，常用于食品调味。丁香油用于制作显微镜观物载片和治牙痛的局部麻醉药。其主要配料丁香粉用于杀菌药、香料、漱口剂、合成香草醛，还可做增香剂和增强剂。

丁香花 lilac 木犀科丁香花属植物的统称，约30种，包括多种产于北方庭园、春季开花、花香而艳丽的灌木或小乔木。原产东欧和亚洲温带。叶深绿色，花簇生，花序椭圆形而大，有深紫、淡紫、蓝、红、桃红、白、灰白和奶黄等色，通常十分芳香。果为革质蒴果。一般西洋丁香（*S. vulgaris*）株高约6米，从茎和根生出许多吸根。英语 syringa 一词以前是指虎耳草科的山梅花（假橘），醉鱼草一般也称作夏丁香。

叮人小虫 gnat 数种叮咬和骚扰人的双翅目昆虫小虫的统称。摇蚊有时也被称为叮人小虫。在北美常指蚋和实蝇及在人和动物眼前盘旋的其他小虫。

钉十字架 crucifixion 公元前6世纪～公元4世纪期间主要流行于波斯、塞琉西、犹太、迦太基和罗马的一种极刑。通常先鞭打罪犯，命令他拖拉十字架的横梁前往刑场，十字架的竖柱早已立在那里。犯人的两臂伸平绑在横梁上，或在腕部用钉子固定，然后把横梁固定在竖柱上，距地面2.5～3.5米，再把两脚绑或钉在竖柱上。犯人死亡显然是由于筋疲力尽或心力衰竭所致。这种刑罚主要用于处分煽动政治或宗教动乱的闹事者、海盗、奴隶或被剥夺公民权利的人。第一位信奉基督教的罗马皇帝君士坦丁一世于公元337年宣布废除此刑。现在提到钉死于十字架，绝大多数与耶稣有关。参阅圣痕。

定期远洋船 ocean liner 在指定的港口间，按规定的时间表航行的运送货物和旅客的商船。因创办人英国的S.丘纳德而闻名的第一批北大西洋定期远洋船于1840年始航。其全盛期由19世纪后期延续到20世纪中期。许多远洋船非常豪华。最著名的有："毛里塔尼亚"号、"玛丽皇后"号；德国的"祖国"号（后改名为"利维坦"号），许多年来一直是最大的船；还有不幸的"泰坦尼克"号和"美国"号。20世纪60年代，由于空中旅行的兴起，定期远洋船的时代才渐告结束。不过，仍有定期远洋船存在，其范围从游轮至冷冻货轮。

定义 definition 在哲学上指确切说明一种语言的一个词语的意义。定义可以分为词典式、用例证说明的以及规约式。语言词典式定义就是以其他已知意义的字词来表达未知意义的字词（如母羊就是雌性的羊）。用实例说明的定义就是以该字词的实例应用来传达这个字词的意义（如绿色就是草、酸橙、荷叶或是绿宝石的颜色）。规约式定义就是直接赋予一个词一个新的意义（或赋予一个新词一个意义），这个被赋予意义的词语（被定义的词语）可以是第一次被引入该语言的新词语，也可以是业已通用的词语。

定音鼓 timpani 又作 kettledrums。大型碗状鼓，由脚踏板控制鼓面紧度的现代定音鼓。定音鼓是管弦乐团中主要的打击乐器。定音鼓通常排列在乐队的第5列，成对进行

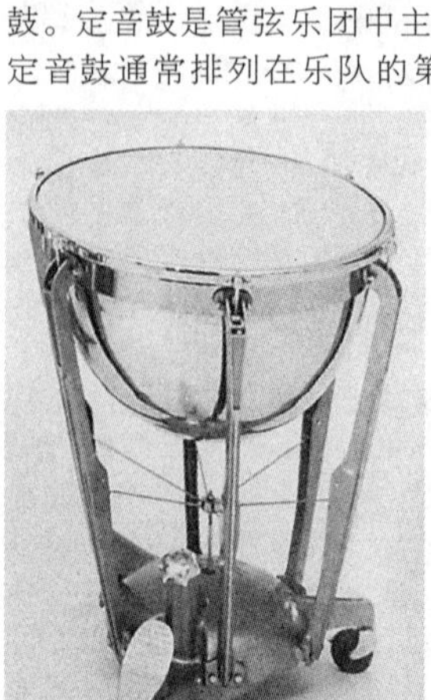

由脚踏板控制鼓面紧度的现代定音鼓

By courtesy of Ludwig Industries, Chicago

演奏。直到1800年左右,每个定音鼓才被调为单一的定调(通常为基音或第5音),这种定调在演奏时不能被改变。原始的半球形铜鼓或蛇皮鼓曾由中东地区的骑兵在马背上演奏。在欧洲,大鼓前后带有喇叭并常用于朝廷仪式或军事庆典。17世纪中期,它们开始进入管弦乐队。

丢勒 Dürer, Albrecht(1471 ~ 1528) 德国画家和版画家,被推崇为文艺复兴时期欧洲北部最伟大的艺术家,有许多学生和模仿者。幼时在父亲的金饰作坊学习图案设

丢勒《穿皮大衣的自画像》(1500),木板上的油画;现藏慕尼黑旧绘画陈列馆
Alte Pinakothek, Munich; photograph, Blauel/Gnamm-artothek

计,15岁时在家乡纽伦堡跟随画家和木刻插画家学习。约1494年成立自己的画坊,开始生产木刻及铜版画。曾两度到意大利旅行,受到A.曼特尼亚、波拉约洛兄弟和贝利尼家族等艺术家作品的启发,他的作品,例如《四女巫》(约1497)、《亚当与夏娃》(1504)等,都反映出意大利艺术的强烈影响。他以有穿透力的半身肖像画和自画像闻名。1506年在威尼斯为圣巴托罗缪教堂的德国人安葬教堂完成了他的伟大祭坛画《玫瑰花冠的宴会》,1507 ~1513年完成一系列《基督受难》铜版组画,并于1509 ~ 1511年创作《小苦难》木刻。1513 ~ 1514年创作了他最重要的铜版画:《圣杰罗姆在书斋中》、《梅伦科利亚一世》和《骑士、死神和魔鬼》。1512 ~ 1519年回纽伦堡受神圣罗马帝国皇帝马克西米连一世聘任为御前画师。到1515年,丢勒已成为具国际声誉的艺术家。1518年成为马丁·路德的虔诚追随者。1526年完成其力作——《四圣图》。

丢尼修(大法官) Dionysius the Areopagite(活动时期1世纪) 《圣经》人物。在雅典由圣保罗施洗入教(《使徒行传》第17:34)。他身后之所以闻名,主要是由于与后世同名的其他基督教徒混淆不清。公元500年前后,一位作者,大概是叙利亚修士,现在人称伪丢尼修,以他的名字撰写了一系列将新柏拉图主义和基督教神学联结在一起的有影响力的希腊文论文。

东半球 Eastern Hemisphere 大西洋以东的地球部分。包括欧洲、亚洲、澳洲和非洲。通常以西经20°和东经160°作为界限。

东北航道 Northeast Passage 沿欧亚大陆北岸的海上航道。位于大西洋和太平洋之间,大部分在俄罗斯西伯利亚北部岸外。早期的探险家有W.巴伦支、O.布鲁奈尔和H.哈得孙。1778年J.库克船长看到了海峡两岸,证明亚洲和北美洲是两块分开的大陆。1878 ~1879年A. E.诺登舍尔德首次航行通过这条航道。自20世纪60年代后期以来,靠破冰船使这条航道在夏季保持通航。

东德 Germany, East 全称German Democratic Republic(德意志民主共和国)。欧洲中北部前共和国(1945 ~ 1990)。现为德意志联邦共和国的东部。1945年被占领的德国被划分为美、英、法、苏四个占领区。1949年美、英、法三个占领区合并为西德,而苏占区成立东德——一个共产党国家。1955年成为主权国,成为华沙条约组织一个创始国。1961年在东西柏林边界修造柏林墙以阻止东德人逃往西德。1989 ~ 1990年共产党政府解体。1990年10月东德、西德统一,采用德意志联邦共和国的宪法和正式国名。

东帝汶 East Timor 全称Democratic Republic of Timor-Leste(东帝汶民主共和国)。东南亚国家,位于帝汶岛东半部。濒帝汶海,与帝汶岛西半部接壤,领土还包括安伯诺飞地(帝汶西北海岸围绕着的潘特马卡萨镇)以及阿陶罗(坎宾)和雅可两岛。面积:14 919平方千米。人口:约1 172 000(2013)。首都帝力。语言:德顿语、葡萄牙语(均为官方语言)。宗教:基督教(天主教为主,亦有新教),还有伊斯兰教和传统宗教。货币:美元。1520年葡萄牙人首先到帝汶定居,1860年获准统治帝汶的东半部。1975年帝汶政党弗莱提林在葡萄牙人撤军后宣布独立。1976年印度尼西亚军队入侵后并入印度尼西亚。这次行动在之后的大约20年造成数千名东帝汶人的死亡,并引起联合国的争议。1999年举行独立公投获胜,尽管印度尼西亚官方承认公投,但在选举前后,反对派民兵仍杀戮了上千人,并在公投前后将上万人遣送到帝汶岛西部。一个联合国管理的临时机构介入恢复了秩序,并监督选举,制定宪法,遣返难民。2002年东帝汶成为一个具有独立主权的国家。为一院制共和国。总统为国家元首,总理为政府首脑。东帝汶于2004年首次参加在雅典举办的夏季奥运会,但帝汶运动员已作为非会员国身份参加2000年夏季奥运会。

“东方”号 Vostok 苏联于1961 ~ 1963年发射的6艘载人航天飞船系列。“东方”1号(1961)第一次将人送入太空(航天员Y. A.加加林)。“东方”3号创造了太空飞行94小时的新纪录,“东方”5号发射两天后“东方”6号载着第一名女航天员V.捷列什科娃发射升空。这两艘航天飞船非常接近,有时只相距5千米,为以后轨道飞行器的太空对接奠定了基础。

东京 Tokyo 1868年以前称作江户(Edo)。日本最大城市,首都,位于东京湾前方的本州岛中东部。自古以来便有人居住。1603年被选作德川幕府的首府之前,江户作为一个小渔村已存在了数百年。到19世纪这里已成为世界最大的城市之一,人口超过100万。在明治维新时期,江户于1868年改名东京,并取代京都成为帝国首都。1923年一次毁灭性地震摧毁了城市的大部,导致10多万人死亡,但到1930年城市已大部分完成重建。第二次世界大战中美国的轰炸又使东京不得不在战后再次重建。1964年的夏季奥运会在这里举行。东京如今是日本的政治、文化、经济、商业和教育中心,同时也是其周边城市群(其中包括川崎和横滨)的中心城市。当地的旅游景点主要有由石砌的护城河以及宽敞的庭园所围护的皇苑,此外还有众多庙宇和神庙。东京有大约150所高等院校,其中包括1877年创立的东京大学。人口:市区约8 945 695;都会区约13 159 388(2010)。

东京 Tonkin 原法国保护领地,位于东南亚,现为越南北部重要的组成部分。从公元前2世纪起,该地一直为中国的一部分,直到10世纪越南人才获得独立。1883年,法国人侵占该地区,使其成为保护国。1887年,东京与其他被法国控制的地区共同组成法属印度支那(参阅印度支那)。第二次世界大战以后,东京成为反法斗争地区的主要中心。

东京大学 Tokyo, University of 东京的一所国立大学,也是日本规模最大和最具声望的一所大学。创办于1877年,以西方大学的模式建制,1923年,东京大学毁于地震和火灾,在第二次世界大战后得以重建。今天的东京大学设有农业、经济、教育、工程、法律、文学、医学、药理学及自然科学等学院,还有一所文理科学院和一个研究生学院。在所设的众多研究学科中,分子及细胞生物学、地震学、固态物理学、宇宙放射学、海洋学和亚洲文化等都是东京大学的重点学科。现有注册学生约27 000人。

东京湾 Tokyo Bay 西太平洋的海湾。位于日本本州岛的中东部沿岸,长约48千米,宽约32千米。东京湾为包括东京、横滨和川崎等在内的几个城市提供了一个大型海港。1997年东京湾两岸之间还建起了一条川崎至木更津市[人口:122 766(2000)]的高速公路,该工程包括一座跨海大桥及一条长9 500米的海底隧道。

东京湾 Tonkin, Gulf of 中国海的海湾,位于越南北部与中国海南岛之间。长500千米,宽250千米。1964年,北越军队据说在东京湾向美国舰艇开火,促使美国国会通过《东京湾决议案》,支持美国进一步介入越南战争。

东马派 Dönme 又作Dönmeh。17世纪后期成立于萨洛尼卡(今希腊塞萨洛尼基)的犹太教派别。犹太人沙贝塔伊·泽维自称弥赛亚。1666年初,沙贝塔伊被奥斯曼帝国逮捕,

为保命而于同年年底改信伊斯兰教。东马派相信,他这样做是为了实现有关弥赛亚的预言,于是也纷纷改信伊斯兰教,但秘密举行犹太教仪式,保留一些希伯来的知识,并拒绝和穆斯林通婚。20世纪初该会移至土耳其,后逐步被异族同化。该派拒绝重返犹太教。

东南亚 Southeast Asia 位于印度次大陆以东、中国以南的一大片亚洲土地。包括东南亚大陆(又称印度支那)以及大陆南面和东面的一系列群岛。主要国家有缅甸、泰国、柬埔寨、老挝、越南、马来西亚、新加坡、印度尼西亚、文莱以及菲律宾。几个世纪以来,大陆部分一直是许多土著王朝的领地。但在19世纪,除了泰国(暹罗)其他部分都被欧洲列强控制,特别是被法国(法属印度支那)控制。1945年后所有地区都独立了。

东南亚国家联盟 Association of Southeast Asian Nations(ASEAN) 简称东盟。印度尼西亚、马来西亚、菲律宾、新加坡和泰国政府于1967年建立的国际组织,旨在加快经济增长、社会进步以及文化发展,并促进该地区的和平与安全。文莱于1984年成为东盟成员,越南于1995年、老挝和缅甸于1997年、柬埔寨于1999年分别成为东盟成员。东盟在20世纪90年代成为有关区域贸易和安全问题的主要代言人。1992年该组织成员国建立了东盟自由贸易区。

东南亚条约组织 Southeast Asia Treaty Organization(SEATO) 地区性防御组织(1955～1977),由澳大利亚、法国、新西兰、巴基斯坦、菲律宾、泰国、英国及美国组成。为了防止该地区陷入共产主义的威胁,根据《东南亚集体防御条约》设置,该组织为条约的一部分。越南、柬埔寨和老挝未被接纳为成员国,而该地区其他国家宁可采取不结盟运动政策。东南亚条约组织没有常设军队,但其成员国须参与联合军事演习。1968年巴基斯坦退出该组织,1975年法国也中止财政支持,1977年该组织正式解散。

东南亚艺术 Southeast Asian arts 指柬埔寨、缅甸、泰国、越南、老挝和印度尼西亚的视觉艺术。以超自然的或动物形象为特征的木雕是这一地区最早的艺术形式,由不同部落民族共同发展起来。公元1世纪印度的艺术家和手艺人随商人来到东南亚,其后出现第二种艺术传统。在很短的时间里,东南亚人制造了他们当地独特的印度风格的款式,他们在巨雕上体现出来的技术、技巧和创新,有时甚至与印度艺术家的水平难分伯仲。随着印度教和佛教的传入,1～13世纪寺庙建筑、雕塑和绘画非常繁荣。尽管受到一些外界影响,东南亚诸艺术仍然保持了一种独特的风格,这种风格混合了奇幻、现实主义的元素,着重表达人类生活的欢乐。

东普鲁士 East Prussia 德语作Ostpreussen。波美拉尼亚东面一历史区,原为普鲁士的一个省。1815年起,东普鲁士专指普鲁士王国最东的一省,到19世纪成为普鲁士容克(年轻贵族军官)的要塞。在第一次世界大战期间成功抵挡俄国的侵略。战后该地区被波兰走廊与德国其余部分隔开(1919);1939年德国攻占波兰后重新并入纳粹德国。第二次世界大战结束时为苏联军队占据,1945年被苏联和波兰分割。

东萨塞克斯 East Sussex 英格兰东南部一郡。濒临英吉利海峡,行政中心是刘易斯。南唐斯丘陵沿海岸线穿过该郡,沿岸有一系列悬崖,最著名的是比奇角。东南部有被开垦了的沼泽地佩文西莱弗尔斯,在历史上是外族入侵的重要入口。发现有新石器时代的居民点遗址、铁器时代的山寨以及罗马人占据的遗迹。南撒克逊人曾一度统治过该地区,但后来被韦塞克斯人占据。1066年诺曼底的威廉在佩文西登陆,发生黑斯廷斯战役。今日沿海区域随布赖顿滨海旅游胜地的兴起而渐趋繁荣。人口约483 000(1995)。

东条英机 Tojo Hideki(1884～1948) 日本陆军将领,第二次世界大战期间大部分时间任首相(1941～1944)。第二次世界大战初期,在东条英机的指示下,日本最初席卷东南亚和太平洋地区,但是太平洋战役的拖延致使局势扭转,美国从马里亚纳群岛成功入侵日本导致东条英机于1944年垮台。日本宣布投降后,东条英机曾试图自杀,但被救回,后来作为战犯接受审判并被处决。参阅战争罪。

东西高止山脉 Ghats, Eastern and Western 印度南部德干高原的东、西边缘山地。东高止山沿东南和东部海岸向北延伸约1 100千米到默哈讷迪河河口,平均海拔约600米。西高止山沿西南和西部海岸向北,延伸约1 300千米到达布蒂河河口。平均高度900～1 500米。季风季节西高止山接受充沛雨量,组成印度半岛的主要分水岭。

东亚艺术 East Asian arts 指中国、朝鲜和日本的音乐、视觉艺术和表演艺术。而中国是大部分朝鲜和日本艺术的根源。在中国,绘画和书法是主要的艺术,朝鲜着重于石块于建筑及雕塑上的使用,且在青瓷的创作上有杰出的表现。日本艺术深受中国绘画、书法、固有的题材和佛教圣像的影响。在东亚诸国,音乐、舞蹈和戏剧通常是联系在一起的。

东仪教会 Eastern Rite Church 又称Eastern Catholic Church(东仪天主教会)。东方几类基督教会的统称。其渊源可溯至古代东方民族或国家,与罗马教廷(天主教)建立组织关系或教会法关系的基督教会。个别教会在12世纪就已经和罗马联合,大部分则在16世纪或稍后加入。东仪教会承认教皇权威,但这些教会仍沿用各自旧有的礼拜仪式并保有东正教的礼仪和习俗,如允许教士结婚及婴儿接受圣餐。东仪教会包括乌克兰东正教会、马龙派教会,以及亚美尼亚派、罗塞尼亚派和麦尔基派(在叙利亚)。目前全世界东仪教会共有信徒1 200万。

东印度公司 East India Co. 又称English East India Co.(英属东印度公司)。英国特许公司。1600年成立,其目的在于发展英国对东亚、东南亚和印度的贸易。成立之初是垄断性的贸易团体,在苏拉特、马德拉斯(今称清奈)、孟买和加尔各答设有贸易站。原先主要是为了分享东印度的香料贸易,后扩展至棉花、丝绸及其他货物。1708年合并一家竞争公司后,把名称从原来的英国贸易商联合公司改为东印度公司。后来参与政治,18～19世纪成为大英帝国在印度的代理,在次大陆上行使实质权力。19世纪该公司在中国的活动成为扩展英国影响力的催化剂,他们在茶叶贸易中以非法输出鸦片来偿付,终于导致1839～1842年的第一次鸦片战争。18世纪末期东印度公司逐渐失去了商业上和政治上的控制权,其自治权在两次议会法案(1773和1774年)建立起专对议会负责的管理局后被削弱,尽管该法案授予其在领域范围内享有高度权限。1873年该公司的法人地位终止。参阅东印度公司(荷兰)。

东印度公司(荷兰) East India Co., Dutch 荷兰为保护其在印度洋上的贸易,援助自己从西班牙统治下争取独立的战争,于1602年创立的贸易公司。荷兰政府允许公司垄断从好望角到麦哲伦海峡之间的航运贸易。在其强有力的总督的管理下,该公司打败了英国的舰队,并取代葡萄牙人在东印度群岛的地位。17世纪末该公司的贸易和海上霸权开始衰落,1799年不复存在。参阅东印度公司。

东印度铜像 Eastern Indian bronze 又称Pala bronze(巴拉铜像)。9世纪后在今印度比哈尔和西孟加拉一带、今孟加拉国生产的一种金属雕像。采用8种金属的合金,用脱蜡浇铸铸成,如佛教后期的多种佛像(例如湿婆、毗湿奴)。由于小巧,携带方便,适合于私宅奉祀。产于各大佛教寺院,输出到南亚各地,其形式影响到缅甸、泰国和爪哇。

东英吉利亚 East Anglia 英格兰传统地区。由诺福克、萨福克两郡和剑桥郡、埃塞克斯郡的一部分组成,传统的中心城镇为诺威奇。为英格兰最东的区域,数千年来均有人居住。科尔切斯特是英格兰有记载的最古老城镇,在前罗马时期和罗马时期均为要冲。东英吉利亚为盎格鲁-撒克逊英格兰诸王国之一,9世纪时由丹麦人统治。中世纪时以盛产羊毛及毛织品闻名,现代经济则以农业为主,沿岸有重要的渔港和度假胜地。

东正教 Eastern Orthodoxy 正式名称Orthodox Catholic Church。基督教三大主要支派之一。其信徒主要集中于希腊、俄罗斯、巴尔干地区、乌克兰和中东,在北美洲和澳大利亚也有大批追随者。东正教包含许多由主教或牧首所领导的自主教会(包括俄罗斯正教会、希腊正教会),他们以君士坦丁堡(伊斯坦布尔)普世牧首为名义上的领袖(他们必须是未婚或丧偶,而其他低阶牧师可以结婚)。东正教还拥有强大的修道传统。造成东正教与西方或拉丁宗教分裂的原因,是罗马帝国在君士坦丁一世的指示下分裂为两部分,而正式分裂是在1054年(参阅**1054年教会分裂**)。在教义上东正教与罗马天主教的不同之处在于他们不接受以教皇为尊,且不接受西方教条所声明之**圣灵**源自于圣父(上帝)和圣子(耶稣)。东正教接受七个大公会议和后来的一些决议。坚守七大圣礼,并在宗教仪式上注重体现神学和精神内涵。在21世纪初,东正教拥有信徒2亿多人,广布世界各地。

冬绿 wintergreen 杜鹃花目一些常绿植物的俗名。鹿蹄草属约12种,为多年生匍匐植物,叶通常呈莲座状丛生于茎基部。花穗顶生。平铺白珠树(茶白珠树,*Gaultheria procumbens*)果实形似鲜红色浆果,原产于沙质土壤林荫地,叶味涩,但因含冬绿油而有香气。冬绿油为挥发油,味辛辣,可用于糖果及口香糖调味、治疗肌肉疼痛。

平铺白珠树(*Gaultheria procumbens*)
Roger and Joy Spur-Bruce Coleman Inc./EB. INC.

冬眠 hibernation 某些动物为适应恶劣的冬季环境而代谢活动极度降低和体温下降的状态。真正冬眠的动物包括冷血动物和少数的哺乳动物(如蝙蝠、猬等),它们几乎接近死亡状态,体温接近冰点,呼吸非常缓慢,心跳极轻缓。哺乳动物如熊在洞穴中冬眠时体温仅稍低于平常,很容易清醒,所以不算是真正的冬眠动物。冬眠动物需要事先在体内贮存脂肪,巢内贮藏食物。在冬眠时会苏醒几次和摄食。冷血动物在气候降到冰点以下时必须冬眠。在炎热气候下与冬眠一词相对应的是夏眠。

冬青 holly 冬青科冬青属约400种有红色或黑色浆果灌木或乔木的统称,包括广为人知的圣诞冬青。英国冬青(*I. aquifolium*)的叶发亮,带刺,色深绿,终年常青;美洲冬青(*I. opaca*)叶长圆形,多刺。这两种冬青的果实通常都为红色,但也有不带刺、果实为黄色的品种。

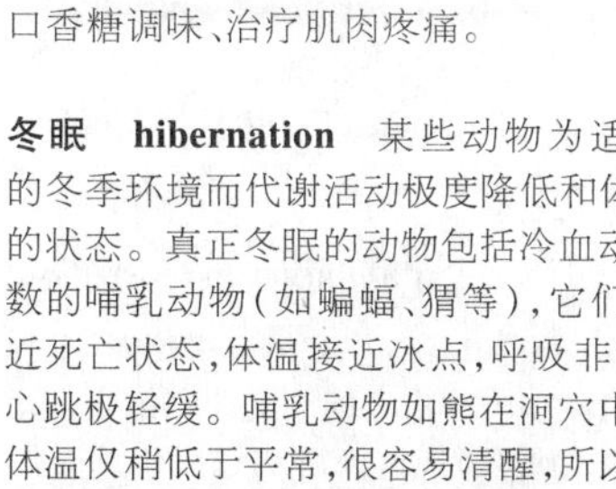

美洲冬青(*Ilex opaca*)
Noble Proctor from the National Audubon Society Collection/Photo Researchers

氡 radon 化学元素,化学符号Rn,原子序数86。最重的稀有气体,无色,无臭,无味,有**放射性**,相对不活泼(只与**氟**成化合物)。在自然界很稀少,因为它所有的**同位素**都是短寿命的,还因为它的来源**镭**是稀有的。它从某些土壤和岩石(如花岗岩)中渗漏出来进入大气,会在地面附近通风不好的空间里(包括地下室)积聚起来。长期处于这样的空间里,会增加罹患**肺癌**的危险,除了吸烟以外,其影响比其他常见的因素都要严重。氡用于放射疗法、射线照相以及研究。

鸫 thrush 鸫科很多鸣禽的统称,通常有细长的喙和带"靴"的下腿(下腿前面覆以单片长鳞,而非多片短鳞)。鸫体长13～30厘米。多数鸫的羽色不鲜艳,往往带有鲜明的黄、红或蓝色的斑纹。鸫为世界性分布,但旧大陆(尤其非洲)种类最多。北方品种是强健的候鸟。鸫广泛占据树上和地上的栖所,食昆虫和果实,少数吃蜗牛或蚯蚓。筑敞口的杯形巢,少数占洞为巢,产卵3～6枚。有些鸫,包括隐居鸫和黄褐森鸫,都能发出动听的鸣声。参阅**乌鸫**、**蓝鸲**和**知更鸟**。

动画 animation 使图画、模型或无生命物体产生栩栩如生的动态错觉的过程。19世纪50年代起,像旋转画筒这种视觉装置会产生动态的错觉。停格摄影产生卡通影片。W.**迪斯尼**的创新和组合技巧马上把他推到动画工业的前沿,他制作了一系列经典动画片,开篇是《白雪公主和七个小矮人》(1937)。一群艺术家排斥迪斯尼卡通的自然风格,他们组建成美国联合制片公司(UPA),创作了"脱线先生"、"胡迪·都迪"等卡通人物。第1部完全靠计算机制作的动画影片是《玩具总动员》(1995),把动画艺术推到一个新水平。

动画 animé 日本电影中流行的动画风格。动画电影一词原本用在日本市场,指采用许多日本独特文化的电影,如动画人物的大眼睛,这在日本十分常见,代表多才多艺的"灵魂之窗"。这种造型多数是针对儿童市场,但动画电影有时候也会以成人所关心的议题或主题为主。现代动画电影始于1956年,直到1961年现代漫画的领导人物手冢治虫建立了虫制片公司,才取得了持续的成就。一些动画如《光明战士阿基拉》(1988)、《魔法公主》(1997)以及《口袋怪物》系列等,已经在国际上流行。

动量 momentum 质点的质量与其速度的乘积。牛顿第二运动定律阐明,动量的变化率与作用在质点上的力成正比。A.**爱因斯坦**指出当质点的速度接近光速时,其质量会增大。在经典力学所处理的速度下,速度对质量的影响可以忽略,动量的变化只是由速度的变化引起的。如果一个恒定力在一个质点上作用一段时间,那么力与这段时间间隔的乘积,即冲量,就等于动量的变化。对于任何一种多个物体的阵列而言,它的总动量是每个个体的动量之和。

动脉 artery 将血液从心脏带到身体其他部位的血管。动脉中的血携带氧及营养物质到组织,唯一的例外是肺动脉,它将乏氧血带到肺部进行氧合,并排出过多的二氧化碳。动脉是血液在心脏泵动所产生的压力下所流经的有弹性的肌肉管道。心脏泵动的压力可以通过脉搏被感知。大动脉从主动脉分出来,并分支出更小的动脉,直至微小动脉。后者进入毛细血管。动脉壁内层(内膜)由内皮、纤细的结缔组织网及一层紧密交织呈膜状、多孔隙的弹性组织所组成;中层(中膜)主要成分为平滑肌细胞;外层(外膜)主要由坚韧的胶原纤维构成。

动脉瘤 aneurysm 指血管壁(一般为动脉,特别是主动脉)充血膨出。疾病或受伤会使血管壁变得薄弱,以致正常血压会使管壁向外鼓起。典型情况是内部两层破裂,外层鼓起。假性动脉瘤是所有3层破裂,血液流出积聚于周围组织而成。症状依其大小、所在部位而异。动脉瘤形成后有增大的趋势,而且年纪越大血管壁越薄弱,许多动脉瘤最后会破裂,造成严重甚至大量的内出血。主动脉瘤破裂会导致剧烈疼痛或立即虚脱。脑部动脉瘤破裂是造成**中风**的主要原因。病情简单的治疗方式是结扎小血管,较严重的就要手术切除病变部位,代之以人造血管。

动脉硬化 atherosclerosis 又作hardening of the arteries。慢性血管疾病,其特点是动脉壁异常增厚。动脉硬化的主要类型是脂肪沉积在血管内壁上形成斑块(称为动脉粥样硬化)。那些脂肪变得浓稠起来,形成了斑块使血管腔变狭窄,影响血液流动;瘢痕和钙化使血管壁弹性消失,血压增高。粥样斑块最后可能完全堵塞血管腔。或者一个血块(血栓)会堵塞狭窄的血管。一条或几条冠状动脉的动脉硬化,即可减少心肌的血液供应,引起心肌梗塞。完全的堵塞引起心肌炎血管堵塞。可以采取冠状动脉分流术和气囊成型术来治疗。在脑部,动脉硬化会导致脑卒中。在腿部,动脉硬化可导致间歇性跛行、疼痛和溃疡,也容易增大感染的危险。

动能 kinetic energy 物体由于运动而具有的能量形式。运动可以是平移(沿着一条路径从一个地方到另一个地方)、绕轴转动、振动或者几种运动的组合。物体或物体系的总动能等于每种运动方式的动能之和,取决于**质量**和**速度**。例如,平移运动的动能KE,等于质量m与速度v的平方的乘积之半,即$KE=1/2mv^2$,只要速度低于光速时都可以成立。在较高的速度下,**相对论**会改变这个关系。

动物 animal 动物界的多细胞生物,与其他两个多细胞生物界的种类(**植物**和**真菌**)在许多方面完全不同。动物有发达的肌肉,因此能够自然地运动;有精巧的感觉和神经系统;以及在整体上更为复杂的结构。动物不能像植物那样制造自己的食物,而是要主动摄取和消化食物。动物无细胞壁，或者与植物的细胞壁的组成材料不同。约有3/4的动物是活的物种。有些单细胞生物兼具动植物的特征。参阅藻、节肢动物、细菌、无脊椎动物、原生动物和脊椎动物。

动物标本剥制术　taxidermy　一种将动物（通常是鸟类和哺乳类）的皮加工，填充以各种支撑物，真实地表现出其生前外形的技术。其应用可追溯到古代保藏猎物的风俗。18世纪初，随着人们对博物学兴趣的增长，而开始收集和展示鸟类、兽类及珍品。运用化学方法保存动物的皮、毛和羽翎以免腐坏，再用干草和麦秆填充动物皮张，将皮缝合起来，就可以栩栩如生地表现出动物的外貌。用黏土和石膏塑造解剖结构准确的模型，这种技术仍是现代动物标本剥制术的基础。

动物毒液　venom　由动物体内有特殊腺体产生的毒性分泌物，这些腺体常常和动物的骨刺、牙、尾刺和其他锐利器官相连接。这些毒液分泌腺可能主要是为了杀死或麻醉猎物，也可能纯粹为了防卫。有些动物毒液还兼有消化液功能。动物毒液轻的只是引起局部皮肤炎症，重的可能使人立时毙命。包括神经系统症状，如抽搐、呕吐和躁动（以上是兴奋型）；又如麻痹、呼吸或心跳暂停等（神经抑制）、外出血、破坏正常的凝血机制及过敏反应（包括荨麻疹和炎症）。自然界的绝大多数动物门含有毒种属，但真正对人类构成危害的并不多。常见的有：某些蛇（如眼镜蛇、树眼镜蛇、窄头眼镜蛇、蝰蛇、颊窝毒蛇）；某些鱼类（如刺魟、河豚、棘鲨、某些鲶鱼）；几种蜥蜴（希拉毒蜥）；蝎；几种蜘蛛（黑寡妇、褐隐士蛛）；某些群居昆虫（如蜜蜂类、黄蜂、某些种类的蚁）；有毒的海生无脊椎动物（海葵、火珊瑚、水母、锥形螺、球海胆等）。

动物学　zoology　生物学的分支学科，研究动物界的种类以及一切称为动物的生物体。希波克拉底、亚里士多德、普林尼等人的著作记载了许多有关动物学的内容。W. 哈维（血液循环）、C. 林奈（命名系统）、G.-L. de 布丰（博物学）和 G. 居维叶（比较解剖学）等著名人物的研究成果又进一步促进了该领域的发展。1859年C. 达尔文的《物种起源》一书的出版是一个重大转折点。从那时起，遗传学研究就成为动物学研究中必不可少的学科。

动物寓言　bestiary　欧洲中世纪时的一种散文或诗体作品，往往带插图，由故事集组成，每篇都以描写一只动物或一棵植物的某些特性为基础。故事都是些寓言，给人以道德和宗教方面的教导和告诫。它们大都源自希腊的《博物学家》，那是2世纪中叶前由一位不知名的作者编写的一本教科书。许多真实的或虚构的动物传统象征均源自动物寓言，如长生鸟自焚以再生；塘鹅有双亲之爱，据说它们剖开自己的胸脯来喂养子女，成为基督精神的象征。

动物园　zoo　又作 zoological garden。能看到野生的有时还有驯养的动物在小范围内活动的场所。海洋动物园称为水族馆。最早出现的动物园可能与动物驯养有关。早在公元前4500年人类就已养鸽；其他动物（如象和羚羊）也自古以来就有人驯养。查理大帝和其他欧洲君主都有豢养各种动物的习惯。H. 科尔特斯曾描述过一个在墨西哥的动物园（1519），其规模之大需要雇佣300名工作人员。现代意义的动物园始于1752年，当时在维也纳的申布伦宫建立了帝国动物园。开放式动物园最早建于20世纪30年代初，有些还非常之大，参观者需要驾车进入观看，就好像在非洲游猎。现在全世界共有1 000多个动物园（包括美国的布朗克斯动物园和圣迭戈动物园）对公众开放。

冻伤　frostbite　在冰点下的天气里活组织遭到冰冻的病变。强劲的风、潮湿的皮肤、紧身的衣服和饮酒会增加冻伤的危险性。因冷冻和解冻引起的细胞损伤、组织脱水、缺氧会导致血红细胞瓦解、毛细管内结块和坏疽。脚趾、手指、耳朵、鼻子通常最早受到侵袭，会变冷、变硬、变白或缺血。不觉疼痛是危险的。在温水（46°C以下）中快速解冻之前，伤部的温度应该提升至正常情况。建议进行类毒素强化注射。短暂冻伤是最好医治的，快速加温即可解冻，但冻伤部位的顶端会发展成大型水泡。解冻后再度冷冻的组织几乎是必须切除。受过冻的部位更容易再冻。冻伤最好的预防方法是穿着干燥、多层、宽松的衣服而且保持警惕。参阅体温过低。

冻原　tundra　极地区泰加林带以上（北极冻原）或高山上（高山冻原）的无树的平地或滑地，特征是裸露的地面和岩石，或者有苔藓、地衣、小草以及矮灌木等植被。由于环境恶劣，所以动物种类有限。在北极冻原有旅鼠、北极狐、北极狼、北美驯鹿、驯鹿以及麝香牛等。高山冻原上的许多动物，包括山羊和野猫，冬季里就下到较温暖的区域。比起北极冻原来，高山冻原的气候要温和，雨量也多。北极冻原冰冷的气候产生了一层永久性的冻土层（永久冻土）。覆盖在上面的土壤层则随着季节温度的变化而在冻结与融化之间交替。高山冻原有冻结-融化交替层，但没有永冻土。由于北极冻土接受极长时间的日光与黑暗（持续在1到4个月之间），所以生物节律更多地要按温度的变化而不是日光的变化来调节。北极冻原覆盖了大约地球表面的十分之一。在云杉和冷杉的树木线以上开始出现高山冻原。由于冻原区域动植物的种类稀少，食物链很脆弱，所以对它们生活区的任何一点破坏都会影响整个生态系统。

洞穴　cave　天然形成的地洞。通常由许多地下洞室组成，构成一系列洞窟。这些洞窟由较小的通道连接起来，就构成一个洞穴系统。原生洞穴于主岩体固结时期形成，如熔岩管和珊瑚洞。次生洞穴则起源于主岩体沉积和硬结之后，如海蚀洞。大部分洞穴属于后者，包括那些已被断裂和机械侵蚀作用削弱了的主岩体再遭化学溶蚀作用而形成的洞穴，马默斯洞穴和卡尔斯巴德洞窟是这类溶蚀洞的典型实例。

兜网球　lacrosse　加拿大地区法语称 la crosse，意为“主教权杖”。户外团队运动，运动员使用一种顶端有呈三角形网兜的长柄来接球、带球、掷球，以将橡胶硬球射入对方球门为目标（可得1分）。兜网球是定居于加拿大的法国移民将古老的北美洲印第安人巴加他维游戏演变而成，该游戏过去曾为一种运动、战斗训练和神秘的仪式。兜网球在19世纪晚期成为一种有组织的运动。现代的球队队员人数为10人。一场比赛分4节，每节15分钟。兜网球是大学相当流行的运动，有男子和女子比赛。

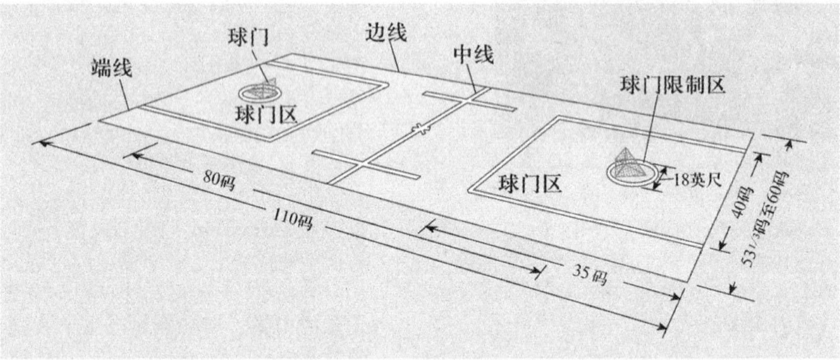

典型的男子兜网球场。女子组赛事通常在更大的场地（长120码、宽82码），双方球门距离100码，通常没有标示界外线。在球场中间争球开始比赛，除了进球、犯规和暂停之外，比赛不中断进行。球员可以踢球，但只有守门员可以用手。

兜状荷包牡丹　Dutchman's-breeches　荷包牡丹科植物，学名 *Dicentra cucullaria*。花白

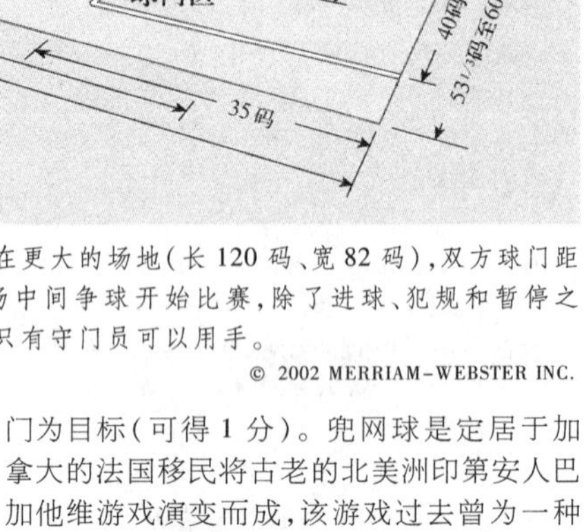

兜状荷包牡丹（*Dicentra cucullaria*）
John H. Gerard

色、尖端黄色,着生于花枝上,随风摇曳,颇似倒挂着的荷兰人的马裤,故俗名荷兰人灯笼裤。原产于北美东部和中西部开阔林地。叶灰绿色,从白色的地下块茎生出;花柄高出叶片之上,也从地下茎直接抽出。在荫蔽无风的荒园内生长良好。

斗牛 bullfighting 流行于西班牙、葡萄牙和拉丁美洲的一种壮观的大众性活动。斗牛士按仪式惯例在圆形竞技场上逗弄牛,通常最后杀死牛。这种斗牛运动在古代的克里

斗牛士马诺来特用左手甩动红布挑逗牛
Barnaby Conrad

特、色萨利和罗马很普遍。现代人重建并美化了罗马圆形竞技场,用作牛圈。最大的场地在马德里、巴塞罗那和墨西哥城。每次斗牛通常包括6场不同的斗牛活动,开始时,斗牛士率其随从进场。每场开始,一个助手(斗牛者)进行准备性调动,让斗牛士试探牛的特性。然后斗牛士甩动他的斗篷,将牛尽量吸引到身边而又不让牛抵着。然后是骑马斗牛士进场,他们将矛刺向牛的颈部及肩部,以削弱牛的肌肉力量。此时斗牛士以一定的仪式用剑将牛杀死。葡萄牙斗牛采用骑马来斗,不在竞技场杀牛。斗牛在当今时代受到了来自动物权利保护者的强烈批评。

斗牛㹴狗 bull terrier 19世纪在英国育成的狗品种,由斗牛狗和今已灭绝的白色英格兰㹴狗育成。后又引入西班牙指示猎狗的血统,以增大其体型。斗牛㹴狗被育成大胆的斗狗,但并不擅于将对方激怒,一般对人友善。肌肉发达,从体重来看,是最健壮的狗。被毛短,尾基部较尾尖粗,耳直立。眼深陷。肩高48～56厘米,体重约23～27千克。它们有两种类型,斑驳色和白色。

斗牛狗 bulldog 又称 English bulldog(英国斗牛狗)。数世纪前为了斗牛而在大不列颠培育成的狗品种。强壮有力,勇猛,能耐疼痛。1835年斗牛狗被宣布为非法后,该品种几乎消失。但斗牛狗育种家使该品种保存下来,并通过育种使之不再那么凶狠。大多性温驯,可信赖。头大,叠耳,嘴扁,下颌突出。皮肤松弛,头、脸部有皱褶。被毛短而细,棕褐色、有斑纹或色彩斑驳。肩高34～38厘米,体重18～23千克。

斗拳狗 boxer 被毛平滑的使役狗,因开始争斗时举起强壮的前爪似拳击而得名。在德国育成,兼具斗牛狗和㹴的血缘。勇敢、善斗、聪明,适于做警犬。亦用于守门或与人做

斗拳狗
Sally Anne Thompson-EB Inc.

伴。体呈方形,吻部扁方形,脸上毛色似黑色面罩,被毛光滑而短,红棕色或杂花色。肩高53～61厘米,体重27～32千克。

斗兽场斗牛㹴狗 pit bull terrier 又作 Staffordshire terrier。19世纪在英格兰育成的用于斗兽场与其他狗争头的㹴犬。其为斗牛狗(当时这种狗腿更长、更敏捷)和㹴狗(可能是猎狐㹴狗)的杂交犬。一度被称为斗牛㹴狗、对半㹴狗、斗兽场斗牛㹴狗。狗体低矮而结实,强壮有力,肩高43～48厘米,体重14～23千克。被毛硬而短,毛色多样,或单一色,或杂色。

豆 bean 某些豆科植物的种子或荚果(参阅荚果)。除大豆外,主要食用豆类成熟种子的成分都很相似,尽管食用品质极不相同。它们富含蛋白质及相当数量的铁和维生素B_1、B_2,鲜豆或干豆在全世界广泛用于烹饪。各个品种嫩荚的大小、形状、色泽和嫩软程度差别很大。菜豆(*Phaseolus vulgaris*)起源于中美和南美,是美国主要的食用豆荚,其重要性仅次于大豆。蚕豆(*Vicia faba*)的重要性占第三位,是欧洲的主要豆种。原产中美洲的利马豆(*P. limensis*)在美洲以外极少国家有商业性生产。红花菜豆(*P. coccineus*)原产热带美洲,花色艳丽,嫩荚肥厚,现栽培于欧洲。绿豆(*P. aureus*)原产印度,在东方广泛种植作为粮食。

豆腐 tofu 用大豆制成的柔软、滑润的蛋羹状食品。始于中国的汉朝(公元前206～公元220),如今它已成为东亚及东南亚国家菜肴中蛋白质的重要来源。制作时先将干大豆浸泡后磨碎,将所得混合物煮沸,使其分为豆渣与豆浆,再将凝固剂加入豆浆,使凝乳与乳清分离。由此生成的柔软饼块即为豆腐,可切成方形贮存于水中。

痘病毒 poxvirus 引起人体及其他动物多种痘病的病毒的统称。痘病毒能引起天花(人体水痘则是由水痘性带状疱疹病毒引起)。病毒颗粒有外膜,砖形,表面有空心的钉状突起,含脱氧核糖核酸。痘病毒与其他DNA病毒不同,似乎完全生活于受染细胞的细胞质中。在澳大利亚曾较好地用兔痘病毒来控制野兔的数量。

窦 sinus 身体的腔或凹陷。鼻窦,常简称为窦,指鼻腔周围的4对骨性含气窦:上额窦,容积最大,位于眼窝与腭和上颚之间;额窦位于眼窝之间和其上方;筛窦由鼻腔和眼窝之间的3～18个薄壁窦室构成;蝶窦位于鼻腔之后。这些鼻窦在刚出生时不是还没出现,就是很小,青春期前缓慢发育,青春期后迅速扩大。鼻窦能影响发声,而且可能还有助于

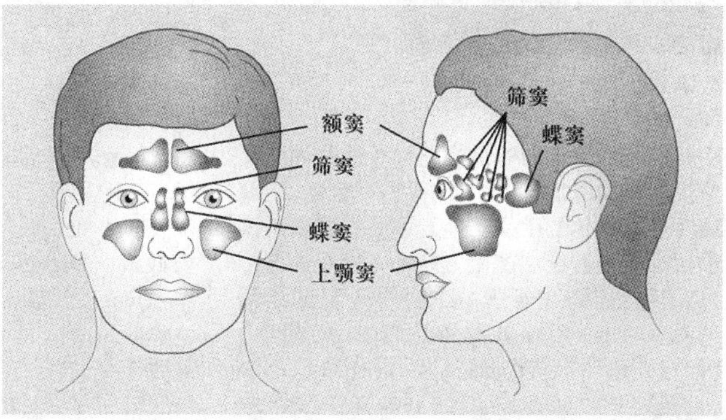

鼻窦
© 2002 MERRIAM-WEBSTER INC.

加热吸入的空气。鼻窦黏膜产生的黏液则被排入鼻腔。因肿胀(因变态反应或感染造成,参阅鼻窦炎)、息肉或结构问题造成的鼻窦出口堵塞可影响鼻的呼吸并导致严重感染。严重梗阻可能需要手术治疗,且手术时需极仔细以免伤害到附近的脑部构造或眼部。

都柏林 Dublin 古名 Eblana。爱尔兰共和国首都。位于利菲河畔。9世纪北欧人在利菲河南岸定居,他们控制该地直到11世纪爱尔兰人占领为止。12世纪时受英国人统治,亨利二世授予特许状,成为政府所在地。18世纪时因成为布料贸易中心及重要港口而繁荣。19～20世纪国家主义者发动了几次暴力事件,包括了1867年的芬尼叛乱和1916年的复活节起义,但均未成功。都柏林是爱尔兰的主要港口、金融和商业中心,也是文化重镇。教育和文化机构有都柏林大学、国家图书馆和国家博物馆,伦斯特府邸(1748)现为爱尔兰议会所在地。人口城区527 612(2011)。

都柏林大学 Dublin, University of 又作 Trinity College(三一学院)。爱尔兰最古老的大学。1591年伊丽莎白一世设立,都柏林市捐赠。三一学院原为都柏林大学众多学院中第一个学院,但后来没有建其他学院,故两校名通用。该校一切好处(学位、研究员基金、奖学金等)多年来只授予英国圣公会教徒,1873年取消一切宗教上的要求。大学设有艺术、古典文学、商业和经济、工程、医学

和牙科、科学等系和研究生课程。图书馆藏有许多保存完好的手稿，包括有名的《凯尔斯书》。现有注册学生约 12 000 人。

都德　Daudet, Alphonse（1840 ～ 1897）　法国小说作家。14 岁就写过第一部小说，后因父母丧失全部财产而中断学业，到一位公爵家当秘书。后应征入伍，但在1871年巴黎

A. 都德
H. Roger-Viollet

公社实行恐怖统治时逃离巴黎。他的健康受早年贫困和以后性病的影响开始恶化，性病最终夺去了他的生命。他的作品主要以其富于幽默感和描绘法国南方风土人情而为人难忘，这些特点来源于其在各社会阶层的生活经验。作品有故事集《月曜日故事集》（1873）、剧作《阿莱城的姑娘》（1872）、小说《富豪》（1877）和《萨福》（1884），以及多卷回忆录。他的儿子 L. 都德（1867 ～ 1942）与 C. 莫拉斯合编了反动派的《法国行动报》，是一个喜欢针对医学、心理学和公共事务作恶意讽刺和品头论足的人。

都铎风格　Tudor style　英国建筑风格（1485 ～ 1558），大量应用露木构造以及凸肚窗、山墙、装饰性的砖墙和富丽的石膏粉。无遮蔽的对角结构用在建筑角落，第二层通常有悬挂的图样，与横梁上的复杂结构相对应。

都铎王室　Tudor, House of　出过 5 位英格兰国王的英国王室（1485 ～ 1603）。该家族起源于 13 世纪，但它成为王族的机遇则是由威尔士冒险家欧文·都铎（约 1400 ～ 1461）所创。他为亨利五世效劳，并娶了亨利的遗孀瓦卢瓦的卡特琳（1401 ～ 1437）为妻。欧文和卡特琳的儿子埃德蒙·都铎（约 1430 ～ 1456）被封为里士满伯爵，并与兰开斯特王室的玛格丽特·博福（1443 ～ 1509）结婚。他们的儿子亨利·都铎于 1485 年登上英国王位，他遂称亨利七世，他还通过与爱德华四世的女儿、约克王室的伊丽莎白结婚强化了他对王位的继承权。兰开斯特家族的标记红玫瑰加在约克家族的标记白玫瑰上，组成都铎家族的标记，象征这一联合。都铎王室于 16 世纪仍为亨利八世同其子女爱德华六世、玛丽一世、伊丽莎白一世的统治期。1603 年该王室由斯图亚特王室继承。

都灵　Turin　意大利语作 Torino（托里诺）。意大利皮埃蒙特区城市。临波河，最初为都灵人修建。公元前 218 年部分遭汉尼拔破坏，后成为奥古斯都帝国管辖下的军事殖民地。公元 6 世纪为伦巴第公爵领地，成为查理曼政府的首府（742 ～ 814）。1046 年转由萨伏依统治，1720 年成为撒丁亚王国首都，后在拿破仑战争中被法国人占领。它是争取意大利复兴运动期的政治和文化中心，也是统一后的意大利的第一个首都（1861 ～ 1865）。在第二次世界大战期间，该市遭到盟军轰炸，但后被重建。它是意大利汽车工业的中心，也是国际时装中心。自 16 世纪起，都灵尸衣就一直被存放在该市 15 世纪的大教堂中。人口约857 433（2001）。

都灵尸衣　Turin, Shroud of　据说是包裹耶稣遗体尸衣的亚麻布碎片。从 1578 年起一直保存在意大利都灵市圣乔凡尼-巴蒂斯塔大教堂的皇家小礼拜堂内。长 4.42 米，宽 1.13 米，像有一个瘦削且眼睛凹陷的圣痕。上有污泥和被表明是血迹的斑点。出现于 1354 年，1389 年被当作真正的尸衣展示，最后被视为真品。1988 年独立的碳-14测试表明该布匹制造于 1260 ～ 1390 年。之后的化学测试和其他测试表明其制造年代更为久远，可能是公元 1 世纪。

督政府　Directory（1795 ～ 1799）　法语作 Directoire。法国大革命时期根据 1795 年宪法建立的政体。立法权掌握在五百人院和元老院手中，老元院从五百人院中遴选出 5 个督政官。虽然督政府继承了救国委员会的许多权力，但既没有资金为其项目提供经费，又没有法院来强制执行其意旨。该体制是旺代暴乱后行政混乱和腐败的标志。最后被拿破仑的雾月 18 ～ 19 日政变推翻。

毒常春藤　poison ivy　漆树科两种具有白色果实的木质藤本或灌木，原产北美洲。发现于北美东部的毒常春藤（*Toxicodendron radicans*）极为普遍，西部的毒栎则较不常见。

毒常春藤（Toxicodendron radicans）
Walter Chandoha

分类学家将两者归于漆树属或盐肤木属。经由接触而中毒，皮肤上会产生严重的皮炎和水泡。辨别的关键是由 3 枚连指手套形状小叶组成的叶。主要毒性物质为漆酚，可以经由接触过毒常春藤的衣服、鞋子、工具或土壤，经由动物或经由燃烧植株产生的烟传播。由于漆酚几乎不具挥发性，故衣服接触毒葛一年之后再穿时，仍可能带有毒性。

毒栎　poison oak　漆树科毒常春藤（*Toxicodendron diversilobum*）植物种类，原产北美洲西部。与其他许多通常被称为栎树（又译橡树）的圆裂片植物一样，毒栎其实并不是栎属的一种栎树。

毒参　poison hemlock　伞形科几种有毒草本植物的统称，尤指斑叶毒参（*Conium maculatum*），传说苏格拉底就是被这种植物毒死。斑叶毒参如今在美国已像它在欧洲一样普遍。二年生，植株高，茎绿色，有红色或紫色斑点，大型复叶，花白色。虽然有毒物质多集中于种子，但新鲜植物的全株对家畜仍有危险性。毒参并非球果植物（参阅铁杉）。水毒参（毒芹属植物）与本科种类相像且具危险性。

毒素　toxin　任何对有机体产生毒害的物质。但经常仅指生物体自然产生的毒物。除由细菌、双鞭甲藻和海藻等微生物产生的毒素外，还有一些毒素存在于真菌（真菌毒素；参阅蘑菇中毒）、高等植物（植物毒素）和动物体（动物园毒素或动物毒液）。这些植物包括茄属植物，毒芹、洋地黄、槲寄生和毒常春藤。许多植物毒素（比如除虫菊酯、毒芹、洋地黄、槲寄生和毒葛）显然能保护产生它们的植物不受动物（尤其是昆虫）或真菌的侵害。在动物体中也有许多类似的防御性分泌物，或广泛分布全身，或集中于某一组织，常长有某种释放系统（如刺或毒牙）。蜘蛛和蛇一类的动物用毒液来捕食，也兼用于防御。许多常见的食用鱼和贝类吃了有毒植物或海藻后也变得具有毒性。参阅食物中毒。

毒物　poison　任何在一定剂量会损害活组织、致伤或致死的物质（自然物或合成物）。由活的生物机体自然产生的毒物通常被称为毒素，若由动物产生则称为动物毒液。毒物可能是被咽下、注射、吸入或由皮肤吸收。毒物不总是具有"全或无"效应；中毒程度会因为一些毒物的毒性比另一些毒物要大得多而不同，如少量氰化钾就足以使人致命，而一次服用大量普通食盐也会致命。毒性可以是急性的（摄入一剂之后立刻出现症状）或者是慢性的（反复或持续摄入毒物后最终出现症状，摄入化学性的致癌物质就是这样）。中毒反应可以是局部的（麻疹、水泡、发炎）或是全身的（全身出血、抽搐、呕吐、腹泻、感觉模糊、麻痹、呼吸或心跳停止）。农业杀虫剂通常对人类是有毒的。一些工业化学品具有高度毒性或致癌物质。大多数治疗药剂和保健品在不恰当服用或超量服用情况下都是毒物。大多数形式的放射线也是有毒的。参阅食物中毒、铅中毒、汞中毒和蘑菇中毒。

独白　soliloquy　戏剧中由一个人物直接向观众陈述或高声诉说其思想的台词。独白在 16 ～ 17 世纪成为戏剧传统，被 W. 莎士比亚用来表达人物的内心思想。P. 高乃依强调其抒情诗体，而 J. 拉辛则偏爱其戏剧效果。在英国文艺复兴（1660 ～ 1685）的戏剧中使用过多，后来受到冷落。H. 易卜生等散文剧作家拒绝这种方式，所以在 19 世纪晚期的自然主义戏剧中很少得到应用。许多 20 世纪的剧作家也避免用到独白，尽管 T. 威廉斯和

A. 米勒等剧作家采用它介绍叙述者，这些叙述者会间或沉思，间或参与。现代剧作家如J. 格瑞和B. 弗里尔使用独白，使角色能够说服观众的设想已被证明，它可以被习惯看采访与记录片的观众接受。

独裁官 dictator 罗马共和国中握有非常权力的临时官吏。在国家危急时刻由领事提名，参议院保举，由库里亚大会（人民会议）批准。任期6个月或根据危机时间长短决定。领事和其他官吏必须听从独裁官的命令。公元前300年独裁官权力受到限制，公元前202年以后废除此职。共和国末年苏拉、J. 凯撒曾获得独裁权，但与独裁官不同，拥有几乎无限的权力。凯撒在被暗杀前不久才获得终身的独裁权，之后此职务被废除。

独角鲸 narwhal 又拼narwal或narwhale。独角鲸科的一种齿鲸，学名为*Monodon monoceros*。栖息近海，有时深入北极河流，通常15～20只群居。灰色，有斑点，体长约3.5～5米，无背鳍。齿仅两枚，生于上颚前端。雄鲸的左齿发育成一根直的獠牙，从上唇下伸出，长可达2.7米，表面有左旋螺线。在中世纪以为是独角兽的角。獠牙的功能不明，据信是性选择的结果。独角鲸以鱼类、头足类、甲壳类动物为食。因其獠牙和肉而遭人类捕杀。

独角鲸（*Monodon monoceros*）
Painting by Richard Ellis

独角兽 unicorn 神话动物，外形像一匹额头长有独角的白马。出现于美索不达米亚艺术品中，在印度和中国的古代神话中也被提及。在希腊文学中的最早的描述可追溯到大约公元前400年，大概是指印度的犀牛。独角兽被认为很凶狠、难以捕捉，但如果把一名处女带到它的面前，它就会把头放入少女怀中。独角兽的角过去认为可以防毒。中世纪作家把独角兽与基督联系在一起，在中世纪艺术作品中常有狩猎独角兽的画面。

独角兽，《女人和独角兽》挂毯（局部），制于15世纪晚期；现藏巴黎克吕尼博物馆
Giraudon-Art Resource

独立国家联合体 Commonwealth of Independent States 简称独联体。主权国家的自由联盟，1991年组成，包括前苏联所属的俄罗斯及其他11个共和国。成员国有俄罗斯、乌克兰、白俄罗斯、哈萨克斯坦、吉尔吉斯斯坦、塔吉克斯坦、土库曼斯坦、乌兹别克斯坦、亚美尼亚、阿塞拜疆、摩尔多瓦和格鲁吉亚。行政中心设在白俄罗斯的明斯克。成立宗旨是协调各成员国的经济政策、对外关系、防务、移民政策、环境保护和法律实施。

《独立宣言》 Declaration of Independence 1776年7月4日由大陆会议批准的文件，宣布北美13个英属殖民地脱离英国独立。美国革命期间的武装冲突使殖民地居民逐渐意识到必须脱离英国独立。一些殖民地指示参加大陆会议的代表投票赞成独立。1776年6月7日弗吉尼亚代表R. H. 李提交了一个独立决议案。会议委派T. 杰斐逊、J. 亚当斯、B. 富兰克林、R. 谢尔曼和R. R. 利文斯顿等人共同起草一个宣言。他们说服杰斐逊撰写初稿，6月28日只经过几处修改的宣言被提交给了大陆会议。宣言的开始部分宣示了个人的权利，然后又列举了乔治三世种种暴虐的行为，以致不得不寻求独立等内容。经过辩论和考虑到各地区利益而做的几处修改（包括删去谴责奴隶制的内容）之后，7月4日该宣言作为"美国十三州代表全体一致赞成的宣言"而获得通过。由会议主席J. 汉考克签字，用印刷体写好后，大声朗读给聚集在会议外面的群众听，后来以草体形式书写在羊皮纸上，由56位代表在上面签名。

独身 celibacy 未婚状态，通常与宗教缘故或习俗有关。世界上的大部分宗教都存在某种形式的独身。它可能指一个人仪式上的洁净（性生活被认为是污秽的），或者可能出于对促进精神升华而采取的措施（家庭被看作是缠身的分心事物）。在萨满教中，萨满教僧通常是独身者。在印度教中，远离尘世寻求最终解脱的"圣男"（或圣女）是独身者。佛教开始有独身的规定，但后来许多支派放弃了独身。中国的道教有出家道士和独立的独身炼师。伊斯兰教并无独身的规定，但个人若为追求精神升华也可以独身。犹太教规定在某些时候要禁欲，但不要求长期独身。早期基督教教会往往认为独身要好于婚姻。从12世纪以后天主教的神职人员就必须独身，而新教则从不采用此种规定。

读写能力 literacy 读与写的能力。此词汇也指通过书面文字而熟悉文学和获得教育的基本素养。如在古老文明时的苏美尔人和巴比伦人，读写能力是学者和祭司等上层群体的研究领域；在古希腊和罗马时代，虽然读写能力较为普及，但通常也仅限于上层阶级的成员；在中世纪欧洲，有证据显示读写能力已更广泛传播，因为以前由口说来完成的一些事情逐渐改用书写，例如奴隶卖身契、审判的证人供词等。在欧洲，读写能力的普及与社会剧变有紧密关联，尤其是带动一般民众研读圣经的宗教改革和现代科学的发展。宗教改革和文艺复兴期间，活字印刷术的发展，以及各地语言取代拉丁文都极大地促进了读写能力的普及。19世纪起源于英国和欧美的义务教育更促成了现代工业社会读写能力的高普及率。

髑髅地 Calvary 又称Golgotha（各各他）。耶路撒冷的山丘，耶稣被钉死在十字架的地方。这个山丘位于耶路撒冷城墙外，靠近耶稣下葬的墓穴。其确切位置至今不明，但多数学者认为该地点不是在圣墓教堂的下面，就是在位于大马士革门以北一个称作戈登髑髅地的小丘下面。

髑髅派和黑脸派 Kapalika and Kalamukha 8～13世纪活跃于印度的两个讲求极端苦行的印度教僧侣集团。他们是从湿婆教的一个支派分化出来的，最恶名昭彰的是他们实行人祭。他们把婆罗门和社会阶级高的人士献祭后，发愿坚守12年的誓愿，包括以献祭者的髑髅为食器，并有裸行、吃死人肉和用骨灰涂身墨面等习俗。髑髅派的现代继承者是阿戈罗派。

杜阿拉 Douala 喀麦隆主要港口城市。濒临比夫拉湾。曾先后为德属喀麦隆和法属喀麦隆首都。1914年从德国人手中夺回。现为该国人口最多的城市。作为非洲中部主要工业中心之一，本国外贸货物大部分在此深水港装运。建有各种农业、商业和工业学校。市内的博物馆和手工艺中心旨在鼓励生产和保存喀麦隆艺术品。人口约1 532 800（2004）。

杜邦公司 Du Pont Co. 全名E. I. du Pont de Nemours & Co.。美国公司，主要从事化工产品、塑料和合成纤维的制造。总公司设在特拉华州威尔明顿附近，1802年由年轻的法国移民E. I. 杜邦创立。其父为著名经济学家皮埃尔-萨米埃尔·杜邦（1739～1817）。20世纪以前，主要产品为火药和其他炸药；经过近一个世纪的合股经营之后，于1899年改组成股份有限公司。之后开始产品的多样化经营，一部分是通过广泛收购而来。1915年生产硝化塑料，1931年首创氯丁合成橡胶，后来开发出尼龙、奥纶、涤纶、纤维B、莱克拉弹性纤维纱、密拉薄膜、特氟隆树脂以及许多其他合成产品。第二次世界大战以前该公司都由杜邦家族的人管理。今日，杜邦公司包括电子、汽车和制药等各个不同的分支机构。

杜比尼 Daubigny, Charles-François （1817～1878） 法国风景画家，属巴比松画

派。师从画家父亲学画。开始作画时以历史和宗教画作品为主，但不久便转向风景画，描绘河流、海滩和运河等风光。以经过精确分析的色彩运用和描绘自然光为追求目标。他是最早倡议直接从大自然中取材的画家之一，被认为是将19世纪中叶的自然主义和印象派相衔接的画家。

杜波伊斯　Du Bois, W(illiam) E(dward) B(urghardt)(1868～1963)　美国社会学家和黑人民权领袖。生于马萨诸塞州大巴灵顿。获哈佛大学博士学位后，开始深入美国黑人环境领导实地的调查工作。他认为社会改革只能通过鼓动和反抗来实现，这和当时黑人领袖B.T.华盛顿的理论相冲突。其名著《黑人的灵魂》于1903年出版。1905年杜波伊斯发起组织尼加拉瓜运动，即全国有色人种协进协会(NAACP)的前身。后担任NAACP的研究主任和会刊《危机》的主编(1910～1934)。曾在亚特兰大大学教书，并写了数部著作。从20世纪40年代起支持亲苏联的运动，对美国彻底绝望。1961年加入共产党，移居加纳，并放弃他的美国国籍。

杜伯曼　Tubman, William V(acanarat) S(hadrach)(1895～1971)　利比亚总统(1944～1971)。自学法律，后担任公职，最终进入最高法院(1937～1944)。自1944年任总统以来，他提倡赋予妇女选举权和财产权；准许所有部落人民参加政府，以及在全国兴办公立学校。

杜布雷　Dupleix, Joseph-François(1697～1763)　法国殖民官员、法属印度总督。其父为法属东印度公司董事，1720年其父为他谋得法属印度首府高级参事的任命，1742年后任法国在印一切机构的总督。奥地利王位继承战争期间，他在印度与英军作战。后来他试图摧毁英国在南印度的势力，结果使法国的财力耗尽。1754年被召回巴黎，不再受信任。

杜布罗夫尼克　Dubrovnik　克罗地亚港市。位于亚得里亚海岸的南部，萨拉热窝西南方。7世纪时罗马难民所建，罗马陷落之后，归拜占廷统治。1205～1358年间受威尼斯统治，但保留了许多独立性，并成为一支强大的贸易力量。15～17世纪成为斯拉夫文学和艺术中心。1808年被拿破仑征服，1815年归奥地利；1918年并入南斯拉夫版图。在1991～1992年克罗地亚要求独立的战争中，受到塞族的轰炸。在中世纪城墙包围的旧城内有14世纪建造的女隐修院和建于15世纪的教区长宅邸。人口43 770(2001)。

杜布切克　Dubček, Alexander(1921～1992)　捷克政治家。第二次世界大战期间，曾参加地下活动，反抗纳粹占领。战后，他在共产党内青云直上，1962年任中央委员会主席团委员。1968年A.诺沃提尼(1904～1975)被迫辞去第一书记职务，由杜布切克替代。杜布切克上台后曾进行短暂的自由主义改革，史称布拉格之春，最后因苏联于1968年8月入侵捷克斯洛伐克而告结束。他被降职，最后于1970年被开除党籍。1989年该国共产党放弃对权力的垄断后，杜布切克重新在国家事务中居重要地位，并当选为捷克议会议长。

杜尔　Touré, (Ahmed) Sékou(1922～1984)　几内亚共和国第一任总统(1958～1984)，非洲的主要政治人物。自称是萨摩利的后代。曾于1958年参与领导几内亚的独立运动。他积极支持K.恩克鲁玛提出的统一非洲计划，并在恩克鲁玛被罢黜(1966)后给予他政治避难权。作为非洲统一组织的成员，他被认为是温和的伊斯兰领导者。1971年邻近的葡属几内亚(今几内亚比绍)进犯几内亚失败之后，他在国内采取了严格的措施，实行铁腕统治。

杜飞　Dufy, Raoul(1877～1953)　法国画家和设计师，以色彩鲜艳、装饰性强和场面豪华欢快而著称。1900年去巴黎美术学院学习，试验印象派的画法。1905年受H.马蒂斯的影响转向野兽派风格。其独特风格的特色是在白色的底子上薄薄地涂上一层明亮的装饰性颜色，简略地用引起美感的波状线条勾勒出物像的轮廓。他的主题是游乐场面，诸如赛马、阅兵式和音乐会。他还为书籍做大量插图、设计纺织品。他那些非常易懂的作品对普及现代艺术有很多贡献。

杜河　Doubs River　旧名Dubis。法国东部和瑞士西部河流。发源侏罗山地。向东北流，形成法瑞部分边界。再向东流入瑞士，后急转回法国，最后注入索恩河。全长435千米，但离源头仅90千米。

杜黑　Douhet, Giulio(1869～1930)　意大利将军。1912～1915年任意大利第一支空军部队司令。第一次世界大战时，他因强烈批评意大利统帅部的战争指导原则，而遭军法审判入狱并退役。1917年一项调查证明杜黑的批评是正确的，因而平反，并出任航空部部长。其最著名的著作是《制空权》(1921)一书，书中提出建立战略空军的思想，并提出战略轰炸的重要性。他还主张创建独立的空军，削减陆军和海军以及统一全部武装力量的指挥权，尽管人们对这些思想持有异议，但仍有些为各大国所接受。

杜鹃　cuckoo　鹃形目杜鹃科约60种树栖鸟类的统称。分布于全球的温带和热带地区，在旧大陆热带种类尤多。体长16～90厘米，多数种类为灰褐或褐色，少数种类部分躯体或全身色彩鲜艳或呈彩虹色。除了人们熟知的欧洲杜鹃的两声叫法外，杜鹃最为人熟知的特性是孵卵寄生性(参阅牛鹂)，杜鹃的卵常形似寄主的卵(拟态)；杜鹃成鸟会移走寄主的一个或更多的卵，以免被寄主看出；杜鹃幼雏也会将同巢的寄主的

杜鹃
Graeme Chapman-Ardea, London

卵和幼雏推出巢外。

杜鹃花　rhododendron　杜鹃花科杜鹃花属(*Rholodendron*)约800种木本植物的统称，种类极富变化，花叶均美观。主要原产于北温带，特别是南亚和马来西亚。杜鹃花的习性由常绿到落叶，由低矮的地表覆盖植物到高大的乔木不等。花通常管状至漏斗状，颜色变异颇大，有白、黄、粉红、绯红、紫及蓝等色。参阅映山红。

杜卡　Dukas, Paul(Abraham)(1865～1935)　法国作曲家。出身于一个音乐世家，曾在巴黎音乐学院学习。因为《波里耶克特》谱写的序曲(1892年首演)首获成功。因为过于追求完美，许多作品都毁掉了，所以作品留存不多。他的声名几乎完全来自一首管弦乐作品《魔法师的弟子》(1897)；其他留存下来的作品还有歌剧《阿丽安与蓝胡子》(1906)、芭蕾舞剧《仙女》(1912)和《C大调交响曲》(1896)。

杜克　Duke, Vernon(1903～1969)　原名Vladimir (Aleksandrovich) Dukelsky。俄裔美国作曲家。16岁时逃离俄国，定居君士坦丁堡。1921年赴美国，结识G.格什温。格什温建议他改用新名，并劝他不妨写些“低档次的”作品。但杜克返回欧洲专心写作古典音乐，为俄罗斯芭蕾舞团创作了芭蕾舞剧《和风与花神》(1925)及两首交响乐。1929年定居美国，与哈E.Y.博格以及H.迪茨等抒情诗人一起为电影和戏剧创作配乐插曲，包括《走快一点》(1932)、电影《天空中的小屋》(1943)和《赛迪·汤普森》(1944)的插曲。歌曲有《四月在巴黎》、《恋爱一次吧》和《Banjo Eyes》等。

杜兰德　Durand, Asher B(rown)(1796～1886)　美国油画家、版画家和插图画家。1823年以雕刻J.特朗布尔的绘画《独立宣言》初露头角，其后刻印美国当代名人肖像。后期致力于风景画的创作，是哈得孙河画派的创始人之一。为在户外大自然中作画的早期美国艺术家之一。杜兰德还是纽约全国设计学会(1826)的创始人之一，1845～1861年任会长。

杜兰戈 Durango 墨西哥中北部州。西部为西马德雷山脉,矿产丰富;东部为半干旱平原,用于放牧。纳萨斯河为该州最长河流,全长约600千米,是种植经济作物的主要水源。下游有著名的拉古纳棉花区,这是州首府杜兰戈市和科汇拉州共有的大型州经营的合作农场。最初在1562年被欧洲人开发,殖民时期与奇瓦瓦州同为新比斯开省的主要部分,1823年各自成为独立的州。首府杜兰戈市。面积123 181平方千米。人口约1 632 934(2010)。

杜兰戈 Durango 全称Victoria de Durango。墨西哥中北部杜兰戈州首府。位于马德雷山脉的富饶谷地,海拔1 890米。城北的塞罗德梅尔卡多山丘有品位极高的铁矿,是世界最大铁矿矿床之一。1556年始建,1823年以前是新比斯开省(包括杜兰戈和奇瓦瓦两州)政治和教会首府,以疗养地闻名。现为重要商业和矿业中心。人口518 709(2010)。

杜勒斯 Dulles, John Foster(1888～1959) 美国国务卿(1953～1959)。生于华盛顿特区。曾担任出席凡尔赛和会美国代表团的法律顾问,接着在战后赔偿委员会工作。他协助起草《联合国宪章》,后任联合国大会代表(1946～1949)。在签订复杂的对日和约问题上,他做了大量谈判和磋商工作(1949～1951)。D. D. 艾森豪威尔总统任命他为国务卿,杜勒斯的外交政策以极端反共为特点。由于他反对苏联的行动,因而发展出艾森豪威尔主义。批评者认为杜勒斯粗暴、僵硬,推行边缘政策;后来的评价则称赞他在扼制共产主义发展方面的坚定性。

杜里埃兄弟 Duryea, Charles E(dgar) and J(ames) Frank(查尔斯1861～1938;弗兰克1869～1967) 美国汽车发明家,生于伊利诺伊州坎顿。发明并制造了美国第一辆实用的汽车。查尔斯原是自行车技师,在俄亥俄州展览会上看到一台固定式汽油发动机后,设计了一辆汽油发动的汽车。1893年他和兄弟弗兰克组装出美国第一辆汽车,在马萨诸塞州斯普林菲尔德市大街上行驶成功。1895年弗兰克驾驶一种改进型的汽车,在美国第一次汽车竞赛中获胜,并出售了13辆该型号汽车,但后来公司倒闭,兄弟两人分道扬镳。弗兰克研制出昂贵的斯蒂文斯-杜里埃牌高级轿车,一直生产到20世纪20年代。

杜利特尔 Doolittle, Hilda(1886～1961) 世称H. D.。美国女诗人。生于宾夕法尼亚州伯利恒。1911年前往欧洲,其后一直在国外居住。最初的意象主义者之一,受E. 庞德影响很深。她的诗作清晰、优美,结合了古典的主题和现代主义者的技巧。她后来的作品则显得较松散但更热情洋溢,不过仍保持博学和象征派的特点。她的诗集包括了《海花园》(1916)、《婚姻之神》(1921)、《红玫瑰送给布朗泽》(1929)。她还因译著、诗剧和散文作品受到赞扬。

杜鲁门 Truman, Harry S.(1884～1972) 美国第33任总统(1945～1953)。出生于密苏里州拉马尔。曾从事不同的工作,在第一次世界大战中有出色表现。后来成为了堪萨斯城的男子服饰商人的合伙人。当生意失败后,他在T. 彭德格斯特帮助下参加了民主党。他被选为县法官(1922～1924),后任县法院首席法官(1926～1934)。他因诚实和善于管理而得到民主、共和两党的支持。他在美国参议院(1935～1945)期间,领导一个委员会对辩护中的欺骗行为进行了揭露。他在1944年被选举替代当时在职的H. A. 华莱士为副总统提名人,与F. D. 罗斯福一起当选。担任副总统82天后罗斯福去世,他继任总统(1945年4月)。他很快同意了为制定联合国宪章而召开的旧金山会议作最后安排;第二次世界大战欧洲战场结束后,部署德国在5月8日无条件投降事宜;7月参加波茨坦会议。他下令在广岛和长崎投下原子弹后,于9月2日正式结束太平洋战争。他的判断得自一个报告,该报告指出如果动用常规军入侵日本将会造成50万美国军人的伤亡。他宣布了杜鲁门主义来对希腊和土耳其进行援助(1947),并建立了中央情报局,批准恢复西欧经济的马歇尔计划。他于1948年在很多人期望他下台的情况下击败T. 杜威。他发展了遏制性的外交政策来限制苏联的势力,并实现他的第四点计划,并提出对柏林进行空运,1949年签订了《北太平洋公约组织公约》。在朝鲜战争期间,他任命D. 麦克阿瑟率领联合国军。纠缠于战争问题占据了他整个的政府管理,直到他退休为止。虽然在总统任期内他受到抨击,但他的名誉在后来数年中仍持续上升。

杜罗河 Douro River 古称Durius。西班牙语作Duero。西班牙和葡萄牙河流,为伊比利亚半岛第三长河。源出西班牙中部乌尔维翁山脉,穿过努曼提亚高原后折向西,流经895千米过西班牙和葡萄牙北部,后注入大西洋。葡萄牙境内可行驳船。该河还广泛开发用于发电。

杜马 Duma 全称国家杜马。俄国经选举产生的立法机构,与议会一起构成俄罗斯帝国立法机构(1906～1917)。其对政府大臣和国家预算的控制权及立法权都受到限制。杜马共有4届(1906, 1907, 1907～1912, 1912～1917),极少得到大臣和皇帝的信任或合作,他们在非开会期间发布法令使其权力得以保存。在苏维埃时期,苏维埃是政府的基本单位。苏联解体(1991)后,俄罗斯议会(由人民代表会议和最高苏维埃组成)拥有立法权,直到1993年与总统B. 叶利钦间的冲突造成危机为止。议会暴动由军队制止,在新宪法下产生的新议会包含了联邦会议(由俄罗斯共和国和地区的89个代表组成,拥有平等的代表权)及杜马。杜马有450名通过政党基础上的比例代表制和通过单一代表选区经选举产生的成员。在特殊情况下,总统有权废除或解散该立法机构。

杜梅特 Dummett, Sir Michael A(nthony) E(ardley)(1925～2011) 英国哲学家,其在语言哲学、形而上学、逻辑学和数学哲学方面的研究影响颇大。他是最早阐述G. 弗雷格学说的哲学家之一。他因坚持反现实主义(参阅现实主义)和力图依据"假定事件"而不是真实条件诠释句意而闻名。他的主要著作包括《弗雷格:语言的哲学》(1973)、《真理与谜》(1978)、《形而上学的逻辑基础》(1991)和《语言的大海》(1993)。

杜米埃 Daumier, Honoré (-Victorin)(1808～1879) 法国油画家、雕刻家和讽刺画家。出身于一个艺术世家。13岁时就做工谋生,最初给法庭监守官当信差,后到书店当店员,在书店他观察到了人生百态。学会石版画法之后,1829年开始画漫画和素描,讽刺19世纪法国政治和社会现象,逐渐获得名望。作有4 000多幅石版画和4 000多幅素描。他的绘画描绘了文艺主题,记录了当代人的生活和态度,表现出一种活泼的写生风格,但他很少展示他的绘画作品,一直是个不出名的画家。在雕刻方面,他擅长雕塑滑稽的头像和人像,约有15尊小黏土半身像在雕刻史上占有重要地位。

杜莫里哀 du Maurier, Daphne(1907～1989) 后称Dame Daphne。英国小说家和剧作家。G. 杜莫里哀的孙女,演员兼剧团经理的杜莫里哀爵士(1873～1934)的女儿。以长篇小说《蝴蝶梦》(1938)闻名,这也是她一系列浪漫主义作品之一,作品均以荒凉的康沃尔海岸为背景。其他作品还有《牙买加客栈》(1936)、《法国人的小港湾》(1942)和《丽秋表妹》(1951)。她写的故事《鸟》及《牙买加客栈》、《蝴蝶梦》都被A. 希区柯克拍成电影。

杜莫里哀 du Maurier, George (Louis Palmella Busson)(1834～1896) 英国漫画家和小说家。由于一眼失明,他被迫放弃油画改画素描。他画技精湛、个性动人,很快就成了名。曾在《笨拙》、《周刊》和《闲暇之时》等杂志上发表许多素描,是维多利亚时期情景的尖刻的写照。他写的小说《软毡帽》(1894)获得极大成功,描写一个艺术家的模特,她被音乐家斯万加里所吸引。这本小说已进入大众欢迎的神话。另外还写过2部小说:《彼得·伊伯森》(1891)和《火星人》(1897)。他的孙女达芙妮·杜莫里哀将他的书信编辑成书,于1951年出版。

杜乔·第·博尼塞纳 Duccio (di Buoninsegna)(活动时期约1278～1318/1319) 意大利画家,锡耶纳画派创始人。生平不详,但有几个作品留存下来。1285年受委托为佛罗伦萨新圣母堂绘制的祭坛画《鲁塞莱圣母》,及锡耶纳主教堂以圣母子进入天国为主体的主祭坛画(1308～1311),二者都是意大利绘画史的划时代的作品。杜乔的风格反映出契马布埃和拜占廷艺术的影响,但是他导入了一丝人类感情的暖意,此点可以和佛罗伦萨画派的主多相提并论。

杜塞尔多夫 Düsseldorf 德国西部北莱

茵-威斯特法伦州首府。位于莱茵河畔，是莱茵-鲁尔综合工业区的行政和文化中心。1288年由贝格伯爵建制，1609年转属巴拉丁-诺伊贝格家族。虽然在三十年战争及西班牙王位继承战争期受到相当严重的破坏，但后来得到恢复。1815年归属普鲁士。19世纪70年代建立钢铁工业，贸易与经济迅速发展。第二次世界大战中受到极大破坏，战后许多古建筑物已修复，又建起不少新的建筑物，威廉-马克思大厦(1924)是全德最高的摩天大楼。诗人H.海涅出生于此。人口约572 000(1996)。

杜尚　Duchamp, Marcel(1887～1968)　法国画家和艺术革新者。1904年来到巴黎，为一些娱乐性杂志作漫画。1913年他的画作《下楼梯的裸体，第二号》(1912)在军械库展览会造成轰动，该画综合了立体派和未来派的要素。后来他抛弃了常规的表现方式，成为纽约达达艺术的领导人。这一时期他发明所谓"现成取材法"，著名作品是以一个尿器当作现成取材的艺术品，名为《泉》(1917)。他蔑视传统的艺术价值观，确信生命无意义、生命可笑。虽然他是当时最有天赋的画家之一，但他对艺术本身却缺乏信心，总想用积极进取的追求学问的精神和对讲究实际的世界的不恭来取代美学价值观。他对超现实主义有着深远的影响，对艺术和社会的态度引导着波普艺术和其他现代及后现代运动。他的一生是个传奇，被认为是20世纪艺术的重要人物之一。

杜尚别　Dushanbe　1929年以前称Dyushambe。1929～1961年称Stalinabad(斯大林纳巴德)。塔吉克斯坦共和国首都。位于塔吉克斯坦西南部瓦尔佐布河畔。苏联时期由原有的3个居民点合并建成，其中最大的一个居民点曾是布哈拉汗国的一部分。在1920年苏联接管期间受到严重破坏，1924年成为新成立的塔吉克苏维埃社会主义自治共和国的首都，工业和人口均快速增长。现为重要交通枢纽，工业产值占全国工业产值的很大部分。人口约575 900(2002)。

杜丝　Duse, Eleonora(1858～1924)　意大利女戏剧演员。出身于一个巡回剧团家庭，首次登台时年仅4岁，1878年主演几出法国戏剧获空前成功。1885年后成立自己的剧团，到欧洲和美国演出。19世纪90年代她与青年诗人G.邓南遮相恋，邓南遮为她写了许多剧本，如著名的《弗兰契斯卡·达·里米妮》。和同时代的S.贝因哈特不同的是，她不企图给角色注入自己的个性，而是设法使自己融入角色中。是当时表演最优美自然、最有表现力的女演员。她还演出挪威剧作家H.易卜生的作品，并以此闻名。1909年退出舞台，1921年复出，后在美国的巡回演出中过世。

E. 杜丝
By courtesy of the Library of Congress, Washington, D. C.

杜斯堡　Doesburg, Theo van(1883～1931)　Christian Emil Maries Kupper的笔名。荷兰画家、装饰家和艺术理论家。他原本从事戏剧，后约于1900年受后期印象派和野兽派的影响，开始绘画。1915年认识P.蒙德里安后，转为创作几何图形抽象绘画。在创立风格派团体时和前卫派艺术评论《风格》期刊方面曾发挥主要作用。他提倡的风格派几何图形画风在包豪斯建筑学校被很好采纳。他在此曾短期执教，并对现代派建筑师勒科比西埃、W.格罗皮厄斯和L.密斯·范·德·罗厄颇有影响。1926年写了《风格派》宣言，1930年迁至巴黎，开办了一家艺术工作室，该工作室成了风格派运动的活动中心。

杜松子酒　gin　香料型蒸馏酒，无色。一般用粮食醪蒸馏的酒为酒基，以杜松子和其他香料(如茴芹和葛缕子)调味。由17世纪荷兰医学研究员F.西尔维乌斯发明。供应市场的主要为两种酒：一种为大麦芽发酵及醇厚的荷兰型，其酒精含量约35%；另一种为干、高纯度的英美琴酒，其酒精浓度约40%～47%。这种干式琴酒添加的香料比荷兰型杜松子酒更多，可单独饮用或做成鸡尾酒。荷兰型杜松子酒通常是单独或同水混合饮用。

杜瓦利埃　Duvalier, François(1907～1971)　又称Papa Doc。海地总统(1957～1971)。1934年于海地大学医学院毕业后一直当医生，1946年D.埃斯蒂梅总统任命他为卫生局总局长及其他政府职务。埃斯蒂梅被推翻后，他开始领导反对新总统P.马格卢瓦尔的活动。1956年马格卢瓦尔辞职，杜瓦利埃当选为总统。为了巩固自己的地位，他削减了国家的军队，成立一个通称为"恶魔"的秘密武装组织，以整肃政敌；并利用伏都教来恐吓反对他的人，宣扬个人迷信，俨然成为海地民族半神化的象征。1964年成为终身总统。他政权的腐化和专制使海地这个北半球最贫穷的国家在世界上完全陷于孤立。他死后其19岁的儿子尚-克洛德(生于1951年，别名Baby Doc)继任为总统，由其母亲及妻子进行独裁。虽然尚-克洛德进行了一些改革，但社会动乱日益加剧，迫使他在1986年逃往法国。

杜威　Dewey, George(1837～1917)　美国海军指挥官。生于佛蒙特州蒙彼利埃。1858年毕业于海军学院，南北战争期间在联邦海军中服役。1897年指挥美国亚洲海军中队。1898年美西战争爆发，他从香港驶向

G. 杜威
Brown Brothers

菲律宾，在马尼拉湾战役中击败了西班牙舰队，他开火的命令是："格里德利，准备好了就可以开火。"由于他的胜利，美国舰艇毫无损失，使美国攫取了菲律宾。1899年国会授予他海军上将军衔。

杜威　Dewey, John(1859～1952)　美国哲学家、心理学家和教育家，是实用主义的创立者之一、实用心理学派的开路先锋和美国教育促进运动的领袖。1884年获约翰斯·霍普金斯大学博士学位。之后到密歇根大学执教10年，然后转往芝加哥大学任教。杜威受到G.S.霍尔和W.詹姆斯的影响，发展出一种知识工具论，认为思想是一种工具，用来解决所遇到的问题。相信用现代科学的实验方法解决社会和伦理方面的问题，他还把这种观点应用到民主和自由主义的研究上。他认为民主为公民提供机会去做最大限度的实验，并促进个人成长。教育方面最有名的著作是《学校与社会》(1899)、《儿童与课程》(1902)，强调儿童的兴趣，并利用教室来培养思考和体验之间的相互影响。他在芝加哥创建实验学校来测试他的理论。杜威在心理学方面的著作集中在整个体系努力去适应环境的问题。1904年杜威在哥伦比亚大学任教。1925年出版其经典之作《经验和自然》。

杜威　Dewey, Melvil(le Louis Kossuth)(1851～1931)　美国图书馆专家。生于纽约州亚当斯中心。1874年在阿默斯特学院毕业，留校任图书馆代理馆长。1876年发表《图书目录分类法和分科索引及图书馆图书的排列法》，文中概述了杜威十进分类法。他是《图书馆杂志》(1876)和美国图书馆联合会(1876)创立人之一。他还创办了第一所训练图书馆馆员的图书馆管理学校。他还重组了纽约州立图书馆(1889～1906)，建立了流动图书馆和图片收集制度。杜威还与他人共同创办拼写改革协会，并为此重新拼写了他自己的名字。

杜威十进分类法　Dewey Decimal Classification　又作Dewey Decimal System(杜威十进系统)。图书馆编目系统，根据这种系统把知识划分为十大类，每一类配有100个数码。以后再以十进制细分，如英格兰历史位于942，斯图亚特时期的历史为942.06，英联邦史则为942.063。这种分类法由M.杜威于1873年首次编制。许多图书馆还加上

一个图书号码，这号码是从卡特或卡特-桑伯恩所编的著者号码表中采用来的，它可进一步明确书的著者和类型。近几十年国会图书馆分类系统已大部分取代杜威系统。

杜伊斯堡 Duisburg 德国西部北莱茵-威斯特伐利亚州城市。在鲁尔河与莱茵河交汇处，经莱茵-黑尔讷运河通北海港口。罗马时代称卡斯特鲁姆德乌托尼斯。740 年首见记载，当时名为杜伊斯帕格姆，是法兰克国王的一个活动中心。1290 年归克莱沃，1614 年和克莱沃一起归勃兰登堡。三十年战争时这里受到严重破坏，1655 ～ 1818 年作为基督教大学所在地复兴起来，现为世界最大内陆港之一。人口约478 600(2002)。

度量衡 weights and measures 将被测量的对象与已知数量的同类对象进行比较所用的一些标准量。度量衡对科学、工程、建筑和其他技术事务及许多日常活动都非常重要。参阅英尺和国际单位制。

度量衡[1]（英国度量衡制/美国度量衡制）

单位	缩写或符号	换算成同系统的其他单位	换算成公制单位
质　量			
常衡制[2]			
吨			
短吨		20 短担，2 000 磅	0.907 吨
长吨		20 长担，2 240 磅	1.016 吨
担	cwt		
短担		100 磅，0.05 短吨	45.359 千克
长担		112 磅，0.05 长吨	50.802 千克
磅	lb 或 lb avdp 或#	16 盎司，7 000 克	0.454 千克
盎司	oz 或 oz avdp	16 打兰，437.5 格令，0.062 5 磅	28.350 克
打兰	dr 或 dr avdp	27.344 格令，0.062 5 盎司	1.772 克
格令	gr	0.037 打兰，0.002 286 盎司	0.064 8 克
金衡制			
磅	lbt	12 盎司，240 金衡盎司，5 760格令	0.373 千克
盎司	ozt	20 金衡盎司，480 格令，0.083 磅	31.103 克
金衡盎司	dwt 及 pwt	24 格令，0.05 盎司	1.555 克
格令	gr	0.042 金衡盎司，0.002 083 盎司	0.064 8 克
药衡制			
磅	lb ap	12 盎司，5 760 格令	0.373 千克
盎司	oz ap	8 打兰，480 格令，0.083 磅	31.103 克
打兰	dr ap	3 常衡盎司，60 格令	3.888 克
常衡盎司	s ap	20 格令，0.333 打兰	1.296 克
格令	gr	0.05 常衡盎司，0.002 083 盎司，0.016 6 打兰	0.064 8 克
容　积			
美制液量			
加仑	gal	4 夸脱(231 立方英寸)	3.785 升
夸脱	qt	2 品脱(57.75 立方英寸)	0.946 升
品脱	pt	4 及耳(28.875 立方英寸)	473.176 毫升
及耳	gi	4 液盎司(7.219 立方英寸)	118.294 毫升
液盎斯	fl oz	8 液打兰(1.805 立方英寸)	29.573 毫升
液打兰	fo dr	60 量滴(0.226 立方英寸)	3.697 毫升
量滴	min	1/60 液打兰(0.003 760 立方英寸)	0.061 610 毫升
美制干量			
蒲式耳	bu	4 配克(2 150.42 立方英寸)	35.239 升
配克	pk	8 夸脱(537.605 立方英寸)	8.810 升
夸脱	qt	2 品脱(67.201 立方英寸)	1.101 升
品脱	pt	1/2 夸脱(33.600 立方英寸)	0.551 升
英制液量和干量			
蒲式耳	bu	4 配克(2 219.36 立方英寸)	36.369 升
配克	pk	2 加仑(554.84 立方英寸)	9.092 升
加仑	gal	4 夸脱(277.420 立方英寸)	4.546 升
夸脱	qt	2 品脱(69.355 立方英寸)	1.136 升
品脱	pt	4 及耳(34.678 立方英寸)	568.26 毫升
及耳	gi	5 液盎司(8.669 立方英寸)	142.066 毫升
液盎司	fl oz	8 液打兰(1.733 9 立方英寸)	28.412 毫升
液打兰	fo dr	60 量滴(0.216 734 立方英寸)	3.551 6 毫升
量滴	min	1/60 液打兰(0.003 612 立方英寸)	0.059 194 毫升
长　度			
英里	mi	5 280 英尺，1 760 码，320 竿	1.609 千米
竿	rd	5.50 码，16.5 英尺	5.029 米
码	yd	3 英尺，36 英寸	0.914 4 米
英尺	ft 或′	12 英寸，0.333 码	30.48 厘米
英寸	in 或″	0.083 英尺，0.028 码	2.54 厘米
面　积			
平方英里	sq mi 或 mi^2	640 英亩，102 400 平方竿	2.590 平方千米
英亩		4 840 平方码，43 560 平方英尺	0.405 公顷，4 047 平方米
平方竿	sq rd 或 rd^2	30.35 平方码，0.006 25 英亩	25.293 平方米
平方码	sq ya 或 ya^2	1 296 平方英寸，9 平方英尺	0.836 平方米
平方英尺	sq ft 或 ft^2	144 平方英寸，0.111 平方码	0.093 平方米
平方英寸	sq in 或 in^2	0.006 9 平方英尺，0.000 77 平方码	6.452 平方厘米
体　积			
立方码	cu ya 或 ya^3	27 立方英尺，46 656 立方英寸	0.765 立方米
立方英尺	cu ft 或 ft^3	1 728 立方英寸，0.037 0 立方码	0.028 立方米
立方英寸	cu in 或 in^3	0.000 58 立方英尺，0.000 021 立方码	16.387 立方厘米

[1] 美制换算成公制单位见公制单位表。[2] 美国较通用的常衡单位。

度支官　quaestor　拉丁语意为"审查者"。在古罗马是执政官指定的副手。公元前450年前后政体肇建，成为行政官员，属于执政官、行政长官和各类长官。度支官为最低一级，由平民选举产生。公元前421年以后，度支官为4名，两名协助执政官作战，负责军需和粮饷；另外两名负责管理公库财务。自奥古斯都时代起度支官有20人，大多数负责财政和担任省长的助理。

渡渡鸟　dodo　鸽形目（有时划为孤鸽目）孤鸽科鸟类，学名 *Raphus cucullatus*。原产毛里求斯，1507年为葡萄牙船员发现，1681年因人类及其引进的动物使其绝灭。重达23

渡渡鸟（*Raphus cucullatus*）的复原模型

By courtesy of the Peabody Museum of Natural History, Yale University

千克左右。体羽蓝灰色、头大。嘴长23厘米，淡黑色，具淡红色鞘形成钩尖。翅小而不能飞。脚强壮，黄色，脚后端高处有一束弯曲的羽毛。留尼汪孤鸽亦已绝灭，留尼汪孤鸽可能是渡渡鸟的白化变种。部分博物馆中保存的标本和骨骼便是渡渡鸟留下的全部了。

渡津者　Tirthankara　又作 Jina。印度耆那教名词，指已渡过生死轮回之津，并为他人开辟得救之途的救世主。每一宇宙纪都有24代渡津者。第一个渡津者是巨人，但当年代持续下去时，他们的身躯开始缩小，彼此相隔的时间也逐渐缩短。在所记载的24个渡津者中，每个人由不同的颜色符号和象征代表，仅巴湿伐那陀和大雄被认为是真正的历史人物。渡津者不会像神那样受人崇拜，但他们被视为榜样而受人敬仰。参阅阿罗汉、菩萨和轮回。

渡鸦　raven　鸦科（Corvidae）鸦属（*Corvus*）数种喙厚、通常独居的鸣禽的统称。曾大量分布于北半球，现仅分布于不受干扰的区域。普通渡鸦（*C. corax*）是最大的雀形类，体长可达66厘米，翅展可达1.3米以上。其暗色具虹彩的羽衣，尤其喉部的羽毛颇为蓬松。以啮齿动物、昆虫、谷粒、鸟卵等为食，在冬季则食腐肉和垃圾。被捕捉的雏鸟能学会模仿少数单词。由枯枝粗糙搭建的大巢，筑于悬崖或大树顶上。

短柄墙球　racquetball　又称短拍壁球。与壁球相似的一种比赛，在一个四面都是墙的球场中，拿一支短柄的网球拍打一个比壁球更大一些的球。这种运动是J. G. 索贝克（1918～1998）因为对壁球不满意而在1950年发明的。到21世纪早期，全世界超过90个国家中共有1 000万短柄墙球运动人口。

短号　cornet　有活瓣的低音铜管乐器，19世纪20年代从驿车喇叭演变而来。与小号一样，它也有三个活瓣，但其号管多少更呈圆锥形。它是移调乐器，通常用降B调，但也使用更高的降E调。其音域可与小号相比。非常灵活，所以成了极受欢迎的独奏乐器；在19世纪的管弦乐队中常取代小号。在现代舞蹈和爵士乐队中它的地位高于小号。近年来的发展使这两样乐器非常相似，结果，短号已不再像以前那样受欢迎了。

短脚猎狗　basset hound　数世纪前在法国育成的狗品种。多见于法国和比利时，贵族饲为猎狗。原用以追踪兔、野兔及鹿，也用于猎捕鸟、狐及其他猎物。动作慢而优雅，吠

短脚猎狗

Sally Anne Thompson

声低沉。嗅觉灵敏度仅次于寻血猎狗。腿短，骨骼健壮，耳悬垂而长。毛短，黑、棕和白色相间。肩高30～38厘米，体重18～27千克。

短毛家猫　shorthair cat　一种家猫。按展出标准，短毛家猫应腿粗壮、头圆、耳尖亦圆。毛应短，颜色或花纹则可随意。某些颜色（如蓝奶酪色）少见，而虎斑色（银、棕、蓝及红色条纹和杂色花纹）较为普遍。

短篇小说　short story　简短的虚构散文叙述。通常只叙述一个重要事件或场景。涉及人物有限。这种形式要求背景简明，叙述简洁；人物性格通过行动和戏剧性冲突展示出来，但很少充分展开。短篇小说的主要目的在于制造气氛，而不在于讲述故事。尽管有许多先例，短篇小说作为一种独特文学类型直到19世纪才真正出现，比如在E. T. A. 霍夫曼、H. 克莱斯特、E. A. 坡、P. 梅里美、G. de 莫泊桑和A. 契诃夫等人的作品中。

短期国库券　treasury bill　美国政府发行的短期证券，期限从一个月到一年不等。短期国库券通常按贴现方式拍卖出售，购者收益等于买价与到期值的差额。因为短期国库券流动性高（现金受冻结的时间较短），其收益率一般要比期限较长的证券低一些。短期国库券的价格通常不像其他政府证券价格那样波动幅度大，但可能要受中央银行大量买进和卖出的影响。短期国库券在第一次世界大战期间最先广泛应用，当初被视作一种应急财源；但由于它们的利息成本比较低且灵活性较大，某些国家已将它们作为公债的永久构成部分。1970～1998年，短期国库券的最小订购额为10 000美元，之后减至1 000美元。

短尾猫　bobcat　猫科短尾、长腿的北美猫，学名 *Felis rufa*，分布于加拿大南部到墨西哥南部一带的森林和荒漠中。与猞猁和狞猫近缘。短尾猫的爪大，耳具丛毛；体长60～

短尾猫（*Felis rufa*）

Joe Van Wormer-Photo Researchers

100厘米（不包括尾长10～20厘米），肩高50～60厘米，体重约7～15千克。毛色淡褐到浅红，有黑点。夜出活动，一般独居。以小动物和某些鸟类为食，对控制啮齿动物和野兔的数量有重要作用。有时在市郊地区也能发现它们。

短雪橇运动　lugeing　一种小型雪橇运动，运动员仰卧在雪橇上，用双脚和挽绳来控制方向。起源于16世纪，是奥地利的传统冬季运动，在其他国家也流行。所用的赛道与滑雪橇运动的类似，100千米以上的时速是常有的。1964年短雪橇运动成为冬季奥林匹克运动会的比赛项目。

断层　fault　在地质学上，指地壳中岩石的断裂，地壳的挤压力或张力使断裂两侧的岩块发生相对位移。断层的长度可由几厘米到数百千米，沿断裂面（断层面）的位移也可由不到几厘米到数百千米。大部分地震是沿断层的快速运动引起的。断层在世界各地到处可见到。靠近美国西海岸的圣安德列亚斯断层是最有名的例子，在最近几百万年期间，沿这条大断层的总错距足有数十千米。

断口　fracture　在矿物学中指沿非解理面方向破裂的面。有几种类型：贝壳状断口（凹面弯曲，有如贝壳，像在玻璃中那样）；平整断口（粗糙而近似于平面）；不平整断口（粗糙而有完全不规则的表面，为最常见的断口类型）；锯齿状断口（具尖锐边缘且呈锯齿状起伏，如大多数金属）；碎片状断口（有部分裂开的碎片或纤维）。

断头台　guillotine　处以死刑执行斩首的器械。为一小型木结构，上架一把刀，刀背很重，松开后，刀沿竖槽落下，把受刑者的首级砍下。法国大革命期间于1792年引进法国。不过类似的装置曾在苏格兰、英格兰和其他欧洲国家使用——常用于执行贵族出身罪犯的死刑。法国医生和国民议会议员J.-I. 吉

约坦(1738～1814)曾致力于通过一项法律,要求对所有死刑都要"用机械"来执行。这项法律的通过使以斩首来执行死刑的特别处理办法不再限于贵族,并使行刑过程的痛苦减至最低。断头台在法国到1977年执行最后一个死刑。

椴树 linden 椴树科椴树属乔木的统称,约30种,原产于北半球。有些为极出色的观赏与遮荫树,叶片为心形,具粗齿缘;花朵芬芳,呈乳白色;果实为小球形。美洲椴树(*T. americana*)亦称北美椴木或白木树,高达40米,木材可制蜂房、板条箱、家具及细刨花;如其他椴树种类一样,它也是一种很受欢迎的蜂树,产生的椴树蜂蜜色淡而风味独特。

锻造 forging 在冶金学中,指用锤击或压制方式使金属成形并提高其强度的方法。大部分的锻造是上模或锻锤向放置在固定下模上的热工件加压。为了增加冲击力,有时采用动力以增加下落物的重力。操作者要严格控制冲击次数,使模具在最小磨损条件下发挥最大效能。锻压采用液压或机械压力代替锤锻的冲击力。大部分锻压机只施加几百吨压力,但用于锻造喷气式飞机零件的巨型锻压机,压力可达5万吨。

堆肥 compost 来自植物分解或废弃的植物残余聚集而成的腐烂有机物。用于农业和园艺,通常用以改进土壤结构更甚于当作肥料,因为其含有植物养分少。若正确处理的话,不会有恶臭产生。堆肥通常含有2%左右的氮,0.5%～1%的磷,以及约2%的钾。可以加入石灰、氮肥和粪肥以加速分解作用。堆肥的氮可缓慢地被植物吸收但量小。因为养分含量低,堆肥需要大量施用。

对策论 game theory 又称博弈论。应用数学的一个分支,用来分析可能拥有类似、相反或混合利益的关系者之间存在着交互作用的特定情况。对策论最初由J.冯·诺伊曼和O.莫根施特恩在他们的著作《对策论与经济行为》(1944)中发展起来。在典型的对策中,做出决定的"局中人"(有各自的目标)试图预先考虑其他人的决定而打败另一人,最后,对策被当作这些决定的后果而获得解决。对策的解法指示了局中人应该做出的决定,也描述了对策的适当结果。参阅决策理论和囚犯的两难。

对句 couplet 通常指语义完整、节奏一致的两行尾韵相谐的诗句。这两行诗可以是独立的诗,但通常作为其他诗式的一部分,如莎士比亚的十四行诗就是以对句结束。意思不完整的对句称作开式对句;意思相对独立的对句称作闭合对句。

对流 convection 随着空气或水之类受热流体的运动而传递热量的过程。大多数流体受热膨胀,这时流体变得较稀薄,所受浮力增大而浮起;受热分子变冷后再一次相互趋近,密度增大而向下沉。这个反复过程产生了对流气流,从而解释了室内空气或壶内水的均匀加热现象。用风扇驱动空气和用泵抽运水都是强制造成空气和水的对流。大气对流可由太阳辐射或与巨大的冷面接触这样一些局部热效应来形成。这种对流基本上是沿垂直方向移动,因而可以解释云和雷雨等许多大气现象。

对流层 troposphere 大气的最低层,夹在地面和平流层之间,上层离地表约10～13千米。对流层温度随高度的增加而降低,使之同平流层相区别。许多云和天气系统都发生在对流层中。

对数 logarithm 在数学上指的是,为了产生一个给定的数,一个底数必须自乘的次数(例如,9对于底数3的对数,即$\log_3 9$是2,因为$3^2=9$)。常用对数是对于底数为10的对数。于是,100的常用对数(log100)是2,因为$10^2=100$。对于底数为e(e=2.718 28……)的对数叫做自然对数(ln),在微积分中特别有用。发明对数是为了简化繁琐的计算,因为用幂指数的相加或相减可以等同于它们的基数的相乘或相除。将对数函数加进数字计算器和计算机后,这些过程得到进一步简化。参阅J.内皮尔。

对位 counterpoint 源自拉丁文*punctus contra punctum*,意思是"一个音符对一个音符"。将两行或更多旋律结合在一起的艺术,也是控制同步演奏各行关系的技术。使用两行旋律同步演奏的记载最早见于9世纪的论文中,其中显示了"奥加农"的例子,虽然即兴演奏的对位——其中各声部很可能大都互相平行移动,因此无法表达出各独立声部的印象——可能还要上溯到几个世纪之前。即兴演奏时确保愉快的协和音和避免不愉快的不协和音(参阅协和音与不协和音),这要求遵循各声部同时移动(声部进行)的原则。由于靠近和离开给定音程的声部的相对移动被认为会产生多少令人喜悦的效果,规则逐渐将这些种类的相对移动调节为平行移动、相对移动(一个声部向上,另一个向下)和斜向移动(只有一个声部移动)。教学上一个伟大的进步便是发明了系统的教学法,即18世纪J.富克斯(1660～1741)提出的类对位。对位的"垂直"方面逐渐被作为和声来研究,尤其是18世纪以后。虽然和声和对位紧密相连,中世纪和文艺复兴时期的多声部音乐大部分被认为本质上还是属于复调音乐或是对位的——即由相对独立的和完整的旋律结合而成。在巴罗克时代,由于发明了数字低音,这种平衡开始转移到一个和声的方向。

对乙酰氨基酚 acetaminophen 即扑热息痛。有机化合物,用于缓解轻度头痛及关节、肌肉疼痛和退烧的药物。乙酰氨基酚通过提高身体痛阈来缓解疼痛,并对脑内体温调节中枢产生作用从而消退发热症状。对乙酰氨基酚不像阿司匹林那样有抗炎作用,不大可能刺激胃和产生溃疡,和雷氏综合征也没有关联,因此服用抗凝血药者或对阿司匹林过敏者皆可服用,但过量服用可引起致死性肝损伤。世界上最常见的药名是泰诺和普拿疼。参阅布洛芬。

敦刻尔克撤退 Dunkirk Evacuation(1940) 第二次世界大战中,英国远征军和其他联军部队由于遭德国围困,从法国的敦刻尔克港(法语作Dunkerque)向英格兰撤退。这场撤退始于5月26日,征用了海军舰艇以及数以百计的民用船只。行动于6月4日结束,约有19.8万名的英军、14万名法军以及比利时的部队获救。这项军事行动的成功,一是归功于英国皇家空军战斗机的掩护,二是由于A.希特勒于5月24日下令德国装甲部队停止进入敦刻尔克。

蹲伏猎狗 setter 由中世纪的猎狗培育出来的三种猎狗的统称,当它发现鸟时,即蹲伏不动,等待猎人撒网将自己与猎物一齐罩住。耳、胸、腿和尾上有长毛。体重20～32千

爱尔兰蹲伏猎狗
Sally Anne Thompson

克,肩高58～69厘米。15世纪培育的英格兰蹲伏猎狗可以是全白色、黑色与白、棕色相间,或白色带深色斑点。戈登蹲伏猎狗源于17世纪的苏格兰;被毛软似波浪,黑色带棕褐色斑点。18世纪在爱尔兰培育的爱尔兰蹲伏猎狗被毛直而红。

钝吻鳄 alligator 鳄目钝吻鳄科钝吻鳄属(*Alligator*)两种长吻爬行动物的统称。与鳄不同之处为吻的形状和牙齿的布局。栖于较开阔的水域如湖泊、沼泽和江河的岸边。食

密西西比鳄(*Alligator mississippiensis*)
P. Morris-Woodfin Camp and Associates

肉动物,形似晰蜴。尾粗壮有力,用于自卫和游泳。头长,眼、耳、鼻孔均位于头顶,游泳时头稍露出水面。能挖洞,在洞内躲避危险和冬眠。一度濒危的美国东南部钝吻鳄最大体长可达5.7米,一般体长2～3.5米。中国扬子鳄体型较小,最大体长仅约1.5米,已被列为濒危物种。

盾形纹章 arms, coat of 又作shield of arms。12世纪欧洲的纹章。原来是佩戴或缝

在盔甲某处的紧身短上衣上面，主要用来规定战斗中的身份。由一个盾和一个底组成，共分成9个部分或点。常饰以头盔、箴言、王冠、花环或符号。整个纹章原本标示个人或家族历史、财产所有或职业，但后来也成为学校、教堂、行会和企业的象征，以反映出它们的历史。参阅**纹章学**。

顿河 Don River 鞑靼语作Duna。古称Tanais。俄罗斯西南部河流。源出俄罗斯高地中部莫斯科南部，大致向南流，注入**亚速海**的塔甘罗格湾。全长1 870千米。在中游，顿河流入齐姆良水库，水库控制着顿河的下游。流域大部分为良田及林区。为重要的运输干道，自亚速海沿顿河上溯1 584千米，春季可通航。

顿涅茨河 Donets River 俄罗斯西南部和乌克兰东部河流，为**顿河**的一条支流。长1 050千米。源于中俄罗斯高地。向南向东流经俄罗斯和乌克兰，在康斯坦丁诺夫卡汇入顿河。流经顿涅茨工业区的北部，工业区使用顿涅茨河运输原料和产品，运输量很大，河水严重污染。因顿涅茨河水量不足，20世纪70年代建了一条运河将**第聂伯河**水引入顿涅茨河。河上的六道拦河坝使航运能上溯到顿涅茨克。

顿涅茨克 Donetsk 1924～1961年间称Stalino（斯大林诺）。乌克兰东南部城市。1872年威尔士人约翰·休斯在当地开办铁工厂。为不断发展的俄国铁路网生产铁轨。由于顿涅茨煤田储量丰富，当地煤矿和钢铁工业迅速发展。第二次世界大战中遭严重破坏，战后经现代化建设，工业规模扩大。为乌克兰最大冶金中心之一。人口约1 016 000（2001）。

顿涅茨煤田 Donets Basin 别名Donbas（顿巴斯）。位于乌克兰东南部和俄罗斯西南部的大产煤区和工业区。以其丰富的煤、铁储量闻名。开采区为顿涅茨河以南大约23 300平方千米的地带，但煤矿床向西延伸至更大的顿涅茨盆地内的第聂伯河。19世纪初开始采掘，至1913年顿涅茨盆地煤产量占俄罗斯总产量的87%。与顿涅茨连接的克里沃罗格有丰富的铁矿蕴藏，1872年顿涅茨开始发展钢铁工业，至1913年，生铁产量占全俄产量的74%。今为乌克兰最大的钢铁产地，也是世界主要的重工业地区之一。

遁世者 sannyasi **印度教**名词，指与家庭和社会完全断绝联系、追求精神解放的修行者。遁世者为**婆庋和士伐明**，他们不在群体中生活，过着一种流浪乞讨般的生活。被认为已完全获得自知的遁世者免受所有世俗惯例的支配，超越世袭阶级的限制，也不必进行膜拜和祭祀神像。遁世者死后一般以坐禅姿势土葬而不用火葬。

多比 Tobit 《圣经》外典，《多比传》中的主要人物。多比是一名流亡到**尼尼微**的虔诚犹太教徒，恪守希伯来律法，广行施舍，掩埋死人，热心行善，但突然双目失明。多比一个近亲之女撒拉，曾经七次出嫁，但是每个新郎都在新婚之夜被一个魔鬼所杀。多比和撒拉向上帝祷告，天使**拉斐尔**为他们进行调解。随后，多比双眼复明，撒拉也嫁给了多比之子多比亚司。《多比传》一书旨在强调上帝的公正可以化解世间邪恶的力量。参阅**外典**。

多伯曼氏短尾狗 Doberman pinscher 19世纪后期德国阿波尔达地方守夜人路易斯·多伯曼培育成的狗品种。线条优美，敏捷，有力。肩高61～71厘米，体重27～40千克。被毛短，黑、蓝、红或浅褐色，头、喉、胸、尾根和脚带棕褐色斑点。以勇敢、机警、忠诚和聪明闻名，可用作警犬、军犬、看门犬及导盲犬。

多重处理 multiprocessing 计算机的一种工作方式，指计算机中的两个或多个处理器同时处理同一程序（指令集）的两个或多个不同部分的运行状态。在这样一个系统中，每个处理器都在执行一个不同的程序或一系列指令，因此比只有一个处理器的系统（也就是说只有一个处理器在执行指令）处理速度更快。由于处理器有时必须使用相同的资源（如两个处理器必须同时写入同一个磁盘时），名为任务管理器的系统程序必须协调处理器的工作。

多重人格障碍 multiple personality disorder 又称dissociative identity disorder。一种罕见的精神障碍，即在同一人身上发展出两种或两种以上明确而独立的**人格**特点。其中每一种人格皆可交替主导个人意识，以排除其他人格；在多重人格的常见型中，有一个通常为主导占据着个体的意识。通常不同的人格彼此对事情的看法及气质、身体语言皆明显相异，并会为自己取不同的名字。多重人格通常认为是源于心理过程的分裂，即当个体面对使其感到痛苦、不安和无法接受的情境时，脱离了意识对其思想、情感、记忆和其他心理获得的控制所产生的反应。治疗时必须将分离的人格重新整合为一个整体。

多弹头分导重返大气层运载工具 MIRV 全称Multiple Independently Targeted Reentry Vehicle。指多核弹头弹道导弹的末级火箭。这一技术使不同目标的核弹头可以独立点火，各弹头可以不同速度发射，并沿其弹道飞向不同目标。该技术的发展始于美国。现今美国和俄罗斯的洲际导弹和潜艇发射的弹道导弹都可使用多弹头分导重返大气层运载工具。

多锭纺纱机 spinning jenny 早期的多轴机械，用以精纺羊毛或棉花。手动的多锭纺纱机是J.**哈格里夫斯**在1770年取得专利的。纺车发展成多锭纺纱机是纺织工业化的重要因素，虽然其成品要逊于R.**阿克赖特**的水力纺纱机。

多多马 Dodoma 坦桑尼亚城市。该市位于人烟稀少的农业区，海拔1 135米。为附近地区农产品集散中心。工业生产有木材，家具、饮料、食品、肥皂和油等。1974年，该市被选为新都，政府机构将由现在的首都达累斯萨拉姆分期迁入。人口约149 180（2002）。

多多纳 Dodona 希腊主神**宙斯**的古神殿，位于希腊的伊庇鲁斯。最早提到它的是**荷马**。是**神谕**的所在地。有一棵树（或几棵树）被认为能通过树叶的沙沙声和其他声音传达神谕。多多纳还有一面大锣，每当有微风吹动，铜锣就会作响。

多恩 Donne, John（1572～1631） 英国抽象诗派诗人。出生于天主教徒家庭，12岁时进入牛津大学，后转至剑桥大学，接着又学习法律。年轻时参加冒险活动，渴望得到高级公职，但由于与雇主的女儿秘密结婚，自毁前程。他改信国教，1615年受按立，不久晋升为王室牧师。1621年任圣保罗大教堂教长。身为英国最伟大的玄学派诗人（参阅**玄学派诗歌**），他写了许多爱情诗、宗教诗、论文及讲道稿。大部分写于早年的世俗诗直率、感情炽热、非常诙谐、极富想像力。后来的作品显得较晦暗，如《周年纪念日》（1611～1612），是对这个世界的衰落的冥想写成的两首长诗。有19首著名的十四行诗（写于1607～1613）在他死后出版。《紧急时刻祈祷文》（1624）是他最重要的散文作品。其散文和他的诗一样富于戏剧性和亲切感。

多恩，油画，佚名画家根据I.奥利弗约绘于1616年的原画临摹；现藏伦敦国立肖像画陈列馆

By courtesy of the National Portrait Gallery, London

多尔顿兄弟 Dalton brothers 美国罪犯。他们最初都在俄克拉何马州当牛仔，1889年左右开始盗马。1890～1891年结伙抢劫赌场、火车和银行。1892年鲍勃、格拉顿、埃米特兄弟三人伙同其他两个抢匪骑马到堪萨斯州科菲维尔城抢劫银行。有人认出了他们，维持治安的公民向他们开枪。除埃米特一人受伤被囚禁14年外，其余的人均当场被击毙。排行老四的威廉在这之前已回到俄克拉何马州，后另组匪帮，1894年在家中陪女儿玩耍时被警察击毙。

多尔梅奇 Dolmetsch, (Eugène) Arnold（1858～1940） 法国出生的英国音乐家和演奏家。师从H.维厄唐（1820～1881）学习小提琴后移居英国，开始收集、修理并学着演奏古乐器。他仿制了多把诗琴、击弦键琴、拨弦键琴、竖笛等乐器,最后他和他的妻子、孩子一起表演和传播早期音乐。所著《如何演奏17和18世纪的音乐》(1915)一书影响极大,被视为20世纪早期音乐复兴之父。

多尔西 Dorsey, Thomas A(ndrew)(1899～1993) 美国流行歌曲作家、歌手与钢琴家,有"福音音乐之父"的称号。生于佐治亚州里卡镇,福音传教士之子,童年在佐治亚州的亚特兰大地区受布鲁斯钢琴演奏者的影响;从事世俗"无聊噱头"音乐工作,人称"佐治亚汤姆"。1926年移居芝加哥,并随M.雷尼和他自己的乐团巡回演出。1929年起专门从事宗教配曲,有意识地将布鲁斯旋律与节奏应用到宗教音乐中(在20世纪20年代初他创立"福音音乐"一词),其中包括《至爱的主,请握住我的手》、《峡谷中的宁静》和《如果我们以前需要过上帝的话》。30年代初,大量灌录唱片,出版自己的单张乐谱与歌词。他的许多歌曲被M.杰克逊采用。他创办全国福音唱诗班和合唱团,并担任该团主席。

多尔西 Dorsey, Tommy(1905～1956) 原名Thomas。美国长号演奏家及最受欢迎的大型摇摆乐乐队的队长。生于宾夕法尼亚州谢南多厄。1934年与其擅长萨克斯管和单簧管的哥哥吉米(1904～1957)合组多尔西兄弟乐团。后来二人又各自组成乐团并获巨大成功。汤米的乐团将柔和的民歌表演和即兴改编的爵士乐结合起来,拥有那个时期几个最优秀的音乐家,包括B.里奇、F.辛那特拉和音乐改编家S.奥利弗。多尔西的长号演奏在技术上无懈可击,对乐段分句的处理天衣无缝,音色甜美,这些对歌手和铜管演奏家都有深刻影响。

多发性硬化 multiple sclerosis(MS) 一种脑和脊髓的疾病,发病机制为一种致病因子逐渐地、局部地侵袭神经纤维髓鞘,导致神经冲动暂时中断或传导紊乱。早期症状可能包括肢体虚弱或颤抖,视力问题,感觉障碍,步态不稳,尿潴留或失禁等。这些症状发作和消失没有规律。随着病情加重,有些症状会困扰病人终生,最后导致完全瘫痪。患者患病后平均仍可活25年,但某些急性病人的病情在数月内即急剧恶化。病因不详,目前还未找到有效的治疗方法。肾上腺皮质类固醇可缓解症状。病因有可能是神经纤维髓鞘被侵袭致免疫系统反应迟缓;目前已知病因为多种常见病毒。饮食因素也会造成多发性硬化。

多芬 dauphin 一个法国国王的长子的称号,他从1350～1830年为法国王位的当然继承人。1349年未来的查理五世购得一块称为多菲内的土地后设立了该称号。

多佛 Dover 美国特拉华州首府。临圣琼斯河。建于1717年,W.佩恩下令在此设立县立法院及监狱,起名为多佛。1777年成为州首府。市内有许多殖民时期建筑,包括旧州议会厅(重建于1787～1792)。1933年一直为州议会大楼。在此展出的有查理二世的土地授予证书原件和佩恩的购买特拉华土地证书(1682)。现为农贸中心、水果运输点,有少数轻工业。人口约32 135(2000)。

多佛尔海峡 Dover, Strait of 法语作Pas de Calais(加来海峡)。古称Fretum Gallicum。英国东南部和法国西北部之间的狭窄水道。连接英吉利海峡和北海。最窄处仅约32千米。英国一侧为著名的白色悬崖,由松软的白垩组成。为世界最繁忙的海上航道之一。主要港口有英国的多佛尔和福克斯通以及法国的加来和布洛涅。历史上多次著名的海战在海峡内进行,包括1588年英国击败西班牙的无敌舰队和1940年盟军穿越多佛尔的敦刻尔克大撤退。

多哥 Togo 全称Togolese Republic(多哥共和国)。非洲西部国家。面积:56 600平方千米。人口:约6 665 000(2013)。首都:洛美。全国约有30多个族群;其中埃维人最大。语言:法语(官方语言)、维埃语及其他种族的语言。宗教:基督教(天主教为主)、传统宗教和伊斯兰教。货币:非洲金融共同体法郎。多哥占据几内亚湾沿岸一块长515千米、宽115千米的狭长地区,有多沼泽的沿海平原、北部草原和中部山地。发展中的经济大部分是以农业为基础,主要作物有木薯、山药、谷物、棉花、咖啡、可可和椰仁干。为世界主要磷酸盐产国之一,食品加工、饮料和水泥也很重要。多哥为共和国,一院制。国家元首是总统,政府首脑为总理。1884年前,多哥所在的地方是阿散蒂帝国和达荷美王国之间的缓冲地带,其众多的民族处于相互孤立的状态。1884年成为多哥兰德国保护地的一部分,1914年该保护地被英国和法国军队占领。1922年国际联盟指定将多哥东部归法国,西部归英国。1946年英国和法国政府将这些托管地置于联合国的托管之下。10年后,英属托管区合并到黄金海岸,法属托管区成为法兰西联邦的一个自治共和国。1960年多哥获得独立。1967～1980年间它中止了宪法。1992年通过一部多党制宪法,但政治仍然处于一种不稳定状态。多哥于1972年首次参加在慕尼黑举办的夏季奥运会。

多哥兰 Togoland 原为德国在西非的保护国,现分属多哥和加纳。多哥兰占地面积基于英国黄金海岸殖民地和法属达荷美共和国(今贝宁)之间。多哥兰的居民由埃维人和其他种族人组成,其沿海地区在1884年归属德国统治。1897年建立腹地边界,1914年多哥兰被英法联军占领,并将其瓜分为两个管辖区:英国管辖区域受黄金海岸殖民地(现在的加纳)控制,该区域于1957年并入加纳的领土;法国管辖区域于1960年宣布独立,并成立多哥共和国。多哥兰居民,特别是加纳的埃维人对于多哥兰重新统一的渴望,偶尔使得加纳和多哥之间在独立后关系紧张。

多哈 Doha 阿拉伯语拉丁字母转写作Ad-Dawhah。卡塔尔首都。位于卡塔尔半岛东岸。该市人口约占全国总人口的3/5。长期以来一直是波斯湾海盗活动的中心。原为小村庄,1971年末成为新独立的卡塔尔的首都。该市已完全现代化,政府大楼(1969)建在新填筑滨海陆地上,淡水供应靠蒸馏海水制取。20世纪70年代修建的深水港能停泊远洋轮。人口约339 847(2004)。

多雷 Doré, Gustave(-Paul)(1832～1883) 法国版画家。生于斯特拉斯堡。1847年前往巴黎,1847～1854年每周为《笑》等刊物绘制石版画并出版几本石印画集。他赢得了名声,他的木版插图极受欢迎。最精致的版本有《圣经》(1866)和但丁《神曲》的《地狱篇》(1861)。他的生动的作品以怪诞风格和古怪形象为特征。

多里安人 Dorians 古代希腊一主要民族,来自希腊北部和西北部。约公元前1100～前1000年间征服了伯罗奔尼撒,扫荡了希腊南部已衰落的迈锡尼和米诺思文明的残余,把这个地区投入黑暗时代,因而使得希腊城邦的出现几乎推迟了3个世纪。多里安人有自己的方言,分成三个部族。定居的格局决定了他们在以后的希腊各次冲突中的联盟格局。对希腊文化的贡献有多里安柱式建筑、希腊悲剧中的合唱诗和军事独裁政府。在某些地方他们和希腊社会融为一体,但在斯巴达和克里特他们握有实权并且拒绝文化上的进步。

多里亚 Doria, Andrea(1466～1560) 热那亚政治家、雇佣军首领、舰队司令,是当时最杰出的海军将领。出身贵族世家,幼年父母双亡,后沦为雇佣军人。1522年多里亚转

多里亚,肖像画,塞巴斯蒂亚诺绘;现藏罗马多里亚宫
Alinari-Art Resource/EB Inc.

而受雇于在意大利与查理五世作战的法王弗兰西斯一世。多里亚后来又转而投效查理五世,1528年将法军逐出热那亚。他成为新的热那亚统治者,并将其重组为一个有效和稳定的寡头政府。身为帝国舰队司令,他指挥了几次对土耳其人的海上远征,协助查理五世将控制权延伸到意大利半岛。尽管贪婪和独裁,但他也是个无畏的指挥官,有出色的战略战术才能。

多连灯烛台 menorah 再献圣殿节期间燃烛使用的多支形烛台。有9支蜡烛(或9个盛灯油的容器)。8支蜡烛象征再献圣殿节的8天:第一支在第一天点燃,第二支第二天点燃,以此类推。第9支蜡烛或称*shammash*(意为"仆人")之光,用来点燃其他的

公元70年罗马士兵从耶路撒冷神殿搬走多连灯烛台；罗马提图斯拱门上浮雕

Alinari-Art Resource

蜡烛，通常位于烛台正中，高于周围的蜡烛。多连灯烛台仿犹太圣所中的七连金烛台而作，七连烛台象征创世纪的7天。

多林 Dolin, Anton(1904～1983) 原名 Sydney F. P. C. Healey-Kay。英国芭蕾舞蹈家、编舞家。1921年加入俄罗斯芭蕾舞团开始他的芭蕾生涯，后成为该舞团的一个独舞演员。20世纪30和40年代协助成立多个芭蕾舞团，1949年与其搭档A. 玛尔科娃成立了伦敦节日芭蕾舞团的前身，由他担任艺术总监和首席舞蹈演员，直至1961年。曾在《蓝色列车》、《蓝胡子》中创造主要角色。芭蕾创作有《随想曲》(1940)、《浪漫时代》(1942)和《四人变奏舞》(1957)。还写了几本有关舞蹈的书。

多瘤病毒 polyoma virus 存在于野鼠身上、数量极少、致病力不强的一种感染性小病原体。此病毒若生长在组织培养基中并以相当数量注射于新生鼠、幼田鼠、天竺鼠或兔等动物体内时，可能产生恶性肿瘤。属于乳多空病毒组。

多氯联苯 PCB 全名 polychlorinated biphenyl。由氯和联苯(一种二环化合物)反应生成的非常稳定的有机化合物的总称。商用的联苯氯化产物(各种异体混合物)为无色黏性液体，不溶于水，在高温下不分解。20世纪30和40年代多氯联苯广泛用作滑润剂、传热介质以及变压器和电容器中的耐火绝缘介质。70年代中期，由于发现该化合物会引起人的肝功能异常，被疑为致癌物，它的生产与应用在美国和许多其他国家受到限制。但生产商仍在非法倾销。它们持续储留于环境中，并进入食物链，对鱼类和无脊椎动物造成极大危害。

多伦多 Toronto 加拿大城市，安大略省省会。加拿大人口最多的大都会区。位于安大略湖北岸。最早有塞尼卡人部落居住，18世纪中叶法国人在此建立了一个贸易站。1793年忠于英国统治的美国移民在此建立了约克城。1812年战争中美国军队洗劫此地。1834年城市获得特许状，恢复了多伦多的名称。1867年成为安大略省省会。1953～1954年与周围的埃托比科克、东约克、北约克、斯卡伯勒以及约克等城镇一起构成一个大多伦多自治区。1998年6个行政区合并成多伦多都市区。使这里成为加拿大人口最为稠密的大都会区。多伦多是加拿大的金融及商业中心。多伦多证券交易所就位于该市。这里也是主要的国际贸易中心之一。船只经圣罗伦斯航道可由该市前往大西洋，经五大湖航线则可通达美国的主要港口。加拿大产品的一半以上来自这里。大量外国移民(20世纪50年代至70年代)带来了各种不同的文化，使多伦多成为北美大陆最为活跃的城市之一。这里有加拿大国家电视塔(高553米)、冰球名人堂，每年的加拿大全国博览会也在这里举行。高等学府包括创办于1827年的多伦多大学。人口：市区约2 503 281；都会区约5 113 149(2006)。

多伦多大学 Toronto, University of 多伦多公立大学。1843年建校，分别于1853年和1887年重组。包括9所本科学院，3所以前独立但现已成为联合体的大学，另有3所分设的神学院和众多学术机构。能够为各主要专业提供本科、硕士以及职业学位。著名的研究机构包括中世纪文化和社会研究所、宗教研究所、俄罗斯与东欧研究所、国际关系研究所、戏剧研究所、比较文学研究所、生物医学工程所、科学技术史研究所以及航天科学研究所。现有注册学生约55 000人。

多洛米蒂山 Dolomites 意大利语作 Alpi Dolomitiche。意大利阿尔卑斯山脉北部东段的山群。有许多高峰，其中18座山峰海拔逾3 050米。18世纪法国地质学家D. 多洛米厄对该地区及其地质进行过首次科学考察。山体由浅色石灰岩构成，受侵蚀作用影响，山脊形状怪异。该地区受旅游者及登山者喜爱，有一些旅游城镇。

多梅尼基诺 Domenichino(1581～1641) 原名 Domenico Zampieri。意大利画家。曾在

多梅尼基诺的《圣热罗姆的临终圣餐》(1614)，油画；现藏梵蒂冈博物馆

SCALA-Art Resource

博洛尼亚的卡拉齐家族的美术学院学画。1602年到罗马。与博洛尼亚画家一起在卡拉齐家族领导下为法尔内赛宫画装饰画。其画作以田园诗般的气氛和柔和的色彩著称，与其重要的古典主义派的壁画完全不同。他成为罗马重要画家，负责几项重要的装饰工作。他是一位出色的画家及肖像画家。在整个17～18世纪间，他的作品被认为仅次于拉斐尔的作品；他对N. 普桑和克劳德·洛兰亦有大影响。

多米尼加共和国 Dominican Republic 西印度群岛国家。与海地共有的伊斯帕尼奥拉岛占其东部2/3地区。面积：48 671平方千米。人口：约9 744 000(2013)。首都：圣多明各。居民大多数为欧洲人和非洲人的混血种后裔，其余的大部分为非洲人或欧洲人的后裔。语言：西班牙语(官方语言)。宗教：基督教(天主教为主，亦有新教)。货币：多米尼加比索。该国境内多山，呈西北-东南走向。中部高地的杜阿尔特峰海拔3 175米，是西印度群岛最高点。北部的锡瓦奥谷地土地肥沃。西南部为大片沙漠，较干旱。属混合型经济，很大程度上依赖传统的蔗糖生产。20世纪后半叶其经济多样化加速，成为世界上经济增长最快的国家之一。国内中产阶级逐渐兴起，但大多数人依然贫困。该国是多党制共和国，两院制。国家元首暨政府首脑是总统。多米尼加共和国原先是伊斯帕尼奥拉的西班牙殖民地的一部分。1697年该岛西部1/3的土地(后来成为海地)割让给法国。1795年该岛其余部分归法国所有。1809年该岛东部2/3的土地归还西班牙。1821年该殖民地宣布独立。但在数周内，该共和国被海地军队占领，直到1844年。此后，除有过短暂的民主政府外，这个国家连续被几个独裁者统治。美国频繁卷入该国事务。1961年终结了R. 特鲁希略(莫利纳)独裁政权，引起1965年内战和美国军事干预。之后的政局由连续7任的总统J. 巴拉格尔掌控。1979和1998年该国遭强烈飓风侵袭。多米尼加共和国于1964年首次参加在东京举办的夏季奥运会。

多米尼克 Dominica 全称 Commonwealth of Dominica(旧译多米尼克联邦)。加勒比海小安的列斯群岛中的岛国。位于法属瓜德罗普和法属马提尼克岛之间。面积：751平方千米。人口：约71 700(2013)。首都：罗索。居民多为非洲人后裔或欧非混血人种的后裔。语言：英语(官方语言)和法语方言。宗教：基督教(主要信奉天主教，亦有新教)。货币：东加勒比元。该国为多山岛屿，山脉中段被一平原隔断，有拉尤河流经。为温暖的热带气候，雨量充沛。是加勒比海各国中最贫穷的国家之一。主要农作物是香蕉。1975年建立特鲁瓦峰山国家公园，是一独具特色的热带山林国家公园，旅游业得到发展。但1979和1980年遭飓风侵袭，该国受到严重损失。在英国的经济帮助下，该国试着保护它的海岸线。多米尼克是共和国，一院制。国家元首是总统，政府首脑为总理。1493年C. 哥伦布到达该地时，加勒比

人居住在该岛。因为沿海遍布悬崖峭壁，山脉无路攀援。18 世纪之前，一直由加勒比人占领，接着法国人在此定居，1783 年最终由英国人夺得。以后殖民者与岛上土著居民间的相互敌视使得加勒比人几乎灭绝。1833 年合并到**背风群岛**，1940 年划归向风群岛。1958 年成为西印度联邦一员。多米尼克于 1978 年独立（参阅**西印度群岛**）。20 世纪晚期多米尼克的经济因外国银行的设立而一度繁荣，至 21 世纪初这一有争议的现象终止。多米尼克于 1996 年首次参加在亚特兰大举办的夏季奥运会。

多米诺骨牌　dominoes　一种游戏。骨牌呈小方块状，正面有数量不等的点。每张骨牌的正面有一直线或凸纹，分成两个方区，并排标出 1～6 的号码，有一些方区则空着（用“0”表示）。一副牌有 28 张。中国骨牌的渊源可追溯至公元 12 世纪；爱斯基摩人也玩一种类似的骨牌游戏。18 世纪中期以前欧洲还没有玩骨牌的记载。现代各种多米诺骨牌游戏原理大致相同，即把尾数相同或相对者相配。可设 50 分或 100 分一局。

多明戈　Domingo, Plácido（1941～　）西班牙歌剧院**男高音**、指挥和歌剧院管理人。生于马德里。其父母均为西班牙轻歌剧“萨苏埃拉”演员。1949 年随双亲移居墨西哥。他学习声乐、钢琴和指挥，1961 年在墨西哥城第一次登台演出，之后不久，在美国首次登台演出。在特拉维夫演唱三年后，1965 年前往纽约城市歌剧团，1968 年首次在大都会歌剧院演出并成为其独唱演员。他用歌声诠释了 120 多个角色，并且成为 20 世纪后半叶最著名的男高音之一。多明戈先后进入华盛顿歌剧院公司（自 1996 年始）和洛杉矶歌剧院公司（自 2000 年始）的管理层。

多明我会　Dominican　天主教四大托钵修会之一。由圣**多明我**创立。虽然多明我会 1216 年获教皇洪诺留三世批准，但至少在 10 年前它就开始建立了。多明我会员们并不要求住在自主的修道院宿舍，但是整体加入修道会，并可被派往任何一处教会宿舍或任一行省从事修道会的活动。早期传教中心在博洛尼亚、巴黎、科隆和牛津。多明我会修道士公然反对卡特里派教徒、摩尔人和犹太人。在西班牙、葡萄牙以及法国探险家进行“扩张欧洲”的过程中，多明我会修士积极带头随行传教。**异端裁判所**成立后，教廷委托多明我会负责掌握。圣托马斯·阿奎那可能是该会最著名的成员。

多明我，圣　Dominic, St.（约 1170～1221）原名 Domingo de Guzmán。生于西班牙。西班牙天主教布道托钵修会**多明我会**创始人。约 1196 年参加奥斯马隐修院。1203 年前往法国南部旅行，注意到法国南部阿尔比派异端所构成的威胁（参阅**清洁派**），决定与之斗争。他募集一群布教者，赤足走路，甘于贫寒，多明我会从此诞生。1206 年多明我成立一所女隐修院，收容一度受阿尔比派迷惑的妇女。在设计献身布道的戒规时，他可能首

圣多明我，画板画，15 世纪墨西拿（?）画派作；现藏意大利国立巴勒莫考古博物馆
Anderson-Alinari from Art Resource

次遇到圣弗朗丽斯（阿西西的），两人成为好友。1216 年他定的戒规获教皇洪诺留三世的批准。他把分别位于巴黎大学和博洛尼亚大学附近的两处房产献出创办神学院。

多那太罗　Donatello（约 1386～1466）　原名 Donato di Niccolò。意大利雕刻家，活跃于佛罗伦萨。曾随佛罗伦萨大教堂的雕刻师学习石雕（约 1400），1404 年加入著名雕刻家 L. 吉

多那太罗《加塔梅拉塔骑马像》（1447～1453），青铜雕像；现藏意大利帕多瓦
Anderson-Alinari from Art Resource/EB Inc.

贝尔蒂的作坊。他从古典和中世纪的作品中吸取灵感。他为佛罗伦萨的教堂作的《圣乔治》（1415）和《圣马可》（1411～1413）大理石雕像，革新了雕刻的概念；自古以来，人体雕刻就没有自然，没有这么强烈的情感冲击。在浮雕《圣乔治杀死屠龙》（约 1417）中首创大理石板上自己的浮雕风格。他的铜雕作品《大卫》是文艺复兴中第一个大型独立的裸体像，也是其最富于古典主义之作。在佛罗伦萨，他为梅迪契家族工作（1433～1443），为梅迪契家族的教堂圣器收藏室和帕多瓦的圣安东尼教堂创作雕像。他是 15 世纪欧洲最伟大的雕刻家，对后世绘画家和雕刻家具有深远影响，他还是文艺复兴风格的创始人。

多纳图派教义　Donatism　4 世纪时北非基督教分裂运动。在基督教徒受迫害时期，就为和罗马政府有牵连的教堂领袖的地位而发生争执。该派领袖迦太基主教多纳图（?～约 355）拒绝这种人来领导教堂，坚持叛教的基督教徒得不到上帝的宽恕，因此没有资格主持圣事。311 年塞西瑞安被一叛教的主教任命为迦太基主教，这使罗马教会和多纳图派异端的斗争达到顶峰。多纳图派宣布该项任命无效，而康士坦丁一世却作了有利于塞西瑞安的决定，促使多纳图派于 312 年脱离罗马教会。虽然长期受到迫害，但多纳图斯派却一直在北非存留下来，直到伊斯兰教在北非兴起（7 世纪）为止。

多瑙河　Danube River　德语为 Donau，斯洛伐克语作 Dunaj，塞尔维亚语-克罗地亚语和保加利亚语为 Dunav，罗马尼亚语为 Dunarea，乌克兰语为 Dunay。欧洲中部河流，为欧洲第二大河（仅次于**伏尔加河**）。源于德国的**黑林山**，流经德国、奥地利、斯洛伐克、匈牙利、克罗地亚、塞尔维亚、保加利亚、罗马尼亚、乌克兰和摩尔多瓦等国，注入黑海。全长 2 850 千米。有大小支流 300 多条，其中以**德拉瓦河**、**蒂萨河**和**萨瓦河**等最重要。自古以来一直是中欧到东欧的重要河道，下游是重要的水上运输通道，上游则是重要的水力发电来源。1948 年沿河岸各国一起成立一个管理机构，以监督河流的使用情况。20 世纪 70 年代在罗马尼亚的铁门峡建立了一座大型水电站。1992 年竣工的一条运河从多瑙河畔的克尔海姆连接到**美因河**的班贝格，使北海和黑海得以通航。

多年生植物　perennial　持续生长数年的植物的统称，通常在季节更迭时存活下来的植物部位长出新的叶子。乔木和灌木是多年生植物，有些草本开花植物与植被同样也是多年生。多年生植物的花期有限，但在整个生长季都会开，提供造园的花木繁茂的景观。常见的开花多年生植物包括风铃草、菊、耧斗菜、锁针花、蜀葵、夹竹桃、石竹、罂粟和樱草。参阅**一年生植物**。

多偶婚制　polygamy　同时有一个以上配偶的婚姻。尽管也可指一妻多夫制，但该名词常被用作是一夫多妻制（有不只一个妻子的婚姻）的同义词。一夫多妻制曾广泛流行于世界很多地区，至今还在某些文化中普遍存在。这一制度似乎使丈夫获得更多的特权、经济稳定性，以及在某些文化中怀孕和哺乳期要求节欲的性的伴侣关系。同时也使妻子们能分担劳动负担，并从制度上解决了未婚妇女过剩的问题。性方面的嫉妒和争执是一夫多妻制家庭中的普遍问题。为了求得和谐，通常是第一个妻子有较高的地位。每个妻子和她的孩子都有各自的住处。一妻多夫制（有不只一个丈夫的婚姻）相对较少，在喜马拉雅山脉的部分地区，兄弟们有可能会娶同一女子为妻。这一做法是为了限制子孙的数目，保留家庭内部有限的土地。

多普勒效应　Doppler effect　由于观察者和波源的相对运动使波（包括光波、声波和射电波）离开波源时的频率和波到达观察者时的频率发生了变化。奥地利物理学家 C. 多普勒（1803～1853）首先解释了这一效应。以声为例，当听者倾听一辆开近的车上按响的喇叭时，他听到的音调变高；车辆后退时，听到的音调变低。它用于雷达，并可通过观测天体光谱频率的变化来计算天体的运行速度。

多切斯特 Dorchester 古称 Durnovaria。英格兰城镇,多西特郡首府。临弗罗姆河,是一座古镇,保存有新石器时代、铁器时代遗迹和罗马时期建筑。罗马-不列颠时期已有相当规模。1086 年成为皇家自治市。12 世纪建一城堡。1331 年前建立的方济各会隐修院被认为是在其废墟上修建的。现为一广袤农区服务的集镇。英国作家T.哈代出生在该镇附近,他的小说《卡斯特桥市长》即以此为背景。人口约16 171(2001)。

多任务处理 multitasking 计算机的运创模式,计算机在同一时间执行多项工作。一项工作是计算机可以独立运行的程序(或程序的一部分)。在单处理器系统,中央处理器可以进行先占式(亦称时间切分或分时)多重任务处理,执行某个程序的一部分,接下来切换到另外一个程序,然后再回到第一个程序上面。在多重处理系统上,每个处理器可以处理一项独立的工作。

多神论 polytheism 信奉诸多神灵的信仰。尽管犹太教、基督教和伊斯兰是一神教(参阅一神论),但其他宗教在历史上都一直是多神论的。这些众多神祇中往往由一个主神或一些强大的神所控制。这些神最初是作为自然力量的抽象概念出现的,如天空或大海;也有作为人类和社会功能的抽象概念出现的,如爱情、战争、婚姻或艺术。在很多宗教中,天神是力量之神和全知之神(如迪夫斯),地神具有母性,并和丰产联系在一起。死神和阴间也同样重要(如俄赛里斯和海尔)。除了有众多神灵之外,多神论的宗教中还往往有代表善良和邪恶的精神力量。参阅神和女神。

多斯·帕索斯 Dos Passos, John(Roderigo) (1896～1970) 美国作家。一个富裕的葡裔芝加哥律师之子,毕业于哈佛大学。第一次世界大战时担任救护车司机,后又担任记者。这些经历使他见识到了两个美国:一个是有钱有势的美国,一个是无钱无势的美国。他是社会历史学家,是对美式生活激进的批评家,是第一次世界大战后美国迷惘的一代的主要小说家之一。他的声誉主要来自《美国》三部曲:《北纬四十二度》(1930)、《一九一九年》(1932)和《赚大钱》(1936)。在他晚期的作品《哥伦比亚特区》三部曲中,显示出他创作精力的衰退和思想逐渐趋于保守。

多胎产 multiple birth 一次妊娠产一个胎儿以上的分娩。最常见的是双胎。大约 80 例中就有一例。双胎由同一受精卵发育而来。该受精卵分裂成两个相同的胚胎(尽管其生理特征在发育过程中会发生变化);孪生的发生没有规律性,但在年长母亲中出现较多。合子若分裂不完全,或分裂太晚,则将形成联体双胎。异卵双胎由两个卵子分别与两个精子结合受精后发育所得,从遗传上不比别的兄弟姐妹更相像。异卵双胎在黑人中最常见,亚裔人中最少见,也易出现在有孪生兄弟的家族里。医学上和心理上对双胞胎的研究是对同卵双胎和异卵双胎进行对比,以研究基因对性格和疾病的影响。其他类型的多胎包括同卵、异卵或二者结合。助孕药的使用,增大了多胎的出现。

多态现象 polymorphism 不连续的基因变异。能使同一性状产生几种不同的个体类型。多态现象最明显的例子就是在高级生物体中出现了雌、雄两性的分化。另一例子就是人的血型具有不同类型。持续了几代的多态现象往往会维持下去,因为没有一种形式在自然选择的过程中有压倒性优势或劣势。有的多态现象并无明显的现象。在群居昆虫中出现的等级是一种特殊的多态现象,更多是出于营养的原因,而不是基因方面的原因。

多特蒙德 Dortmund 古称 Throtmannia。德国西部北莱茵-威斯特伐利亚州城市。885 年首见记载。1220 年成为自由城市。后加入汉萨同盟。14 世纪贸易极为繁荣。三十年战争后衰落。1803 年丧失了帝国城市的权利。19 世纪煤矿和铁矿的开发以及多特蒙德-埃默斯运河的完工(1899)又刺激了城市的快速发展。第二次世界大战中破坏严重,战后已大幅重建。是鲁尔地区重要的运输和工业中心。人口约589 200(2002)。

多头市场 bull market 又称牛市。指有价证券和商品交易中行市不断上涨的市场。多头是认为价格将要上涨而买进有价证券或商品,希望随后再卖出时能获得利润的投资者。参阅空头市场。

多西特 Dorset 英格兰西南部的一郡。濒临英吉利海峡。首府是多切斯特。境内多新石器、青铜器和铁器时代遗迹。包括就在多切斯特外面的巨大的土建梅登城堡。历史上曾为西撒克逊王国一部分。英国小说家T.哈代曾在其作品中描写过此地区。人口约 390 986(2001)。

多香果 allspice 桃金娘科热带常绿树,学名 *Pimenta dioica*。原产于西印度群岛和中美洲,浆果可提取高级香料。因其干燥的浆果具有类似丁香、桂皮和肉豆蔻的综合香味,故得此名。广泛用作烘烤香料。另有几种其他

多香果(*Pimenta diocia*)

J. E. Cruise

芳香灌木也称多香果,如卡罗来纳多香果(*Calycanthus floridus*)、日本多香果(*Chimonanthus praecox*)和野多香果,即香灌木。

多向飞碟射击 trapshooting 射手在一定距离用滑膛枪(通常是 12 口径)向由抛靶器抛向空中的黏土碟靶(称为鸽子)射击。后来演变成双向飞碟射击。多向飞碟射击在 18 世纪末起源于英国,当时是由弩手射击从笼子或箱子里放飞的鸽子。现代多向飞碟射击运动于 1900 年起列入奥运会比赛项目。规定每个选手打 4 轮,从不同角度射击,每 25 个靶为一轮。

多元论 pluralism 在形而上学中,与一元论相对的信条。鉴于一元论者如巴门尼德、B. de 斯宾诺莎及 G. W. F. 黑格尔主张真实仅包括单一基本要义,多元主义者则力陈真实包括许多不同类型的多样实体,且不同事物要比单一个体来得更显著且重要。W. 詹姆斯在《多元论的宇宙》(1909)中特别提出它以实际经验为依据的特征,试图让思想家注意事物的可变性、存在的多样性和相互之间的关联,以及处于发展过程中的世界未经修饰的性质。

多元主义 pluralism 在社会和政治思想中,一个社会内部不同群体享有的自主权,或指认为这些不同群体的存在是有益的学说。在多元主义的社会里,没有哪个单独的利益集团或阶级占有统治地位。大力提倡多元主义的作家包括 20 世纪初期的 F. W. 梅特兰、H. J. 拉斯基和 20 世纪末的 R. 达尔和 D. B. 杜鲁门。

E

阿弥陀佛 Amitabha 日语作 Amida。日本净土宗佛教信徒所崇奉的佛。据《净土经》载，法藏比丘在许多年前曾发大誓愿，他成佛后，凡信仰他并称念他的名号者，便能往

日本镰仓的阿弥陀佛铜像，建于1252年
Asuka-en

生极乐世界，享受乐境，直到证得涅槃。对此佛的崇拜在650年盛行于中国，后自中国传入日本，促成日本净土宗和净土真宗成立。在中国西藏和尼泊尔，阿弥陀佛被认为是五尊永恒的佛之一，不被看成是救世主。该佛显身为释迦牟尼佛和观世音菩萨。

《俄巴底亚书》 Obadiah 《旧约》中《十二小先知书》之一。是《旧约》中最短者，仅1章21节。是较大的犹太教经典《十二先知书》的一部分。传说其作者为俄巴底亚，生平不详，仅知其名意为"雅赫维的仆人"。他严责以东不援助以色列抵抗外来入侵者，并宣告审判万国的日子临近。书中最后几节预言犹太人必将重返故土。

俄狄浦斯 Oedipus 据希腊神话，他是无意中杀死亲生父亲并娶生身母亲为妻的第比斯国王。传说第比斯国王拉伊俄斯得到神谕警告说，他的儿子将把他杀死。因此当他的妻子伊俄卡斯忒生下一个儿子时，他就把婴儿遗弃在山中。但是婴儿被一个牧人救起，并成为科林斯国王的养子。俄狄浦斯长大后去第比斯时，与拉伊俄斯相遇，发生口角，在打架中拉伊俄斯被杀死。他继续赶路时，正值斯芬克斯降灾第比斯。俄狄浦斯说破她的谜底。为了报答他，第比斯人立他为新王并让他娶孀居的王后，即他的母亲。他们生下4个孩子，包括安提戈涅。当后来真相大白时，伊俄卡斯忒自杀身亡。俄狄浦斯弄瞎自己的眼睛之后，把自己流放国外。俄狄浦斯是许多悲剧作品中的主角，其中最著名的是索福克勒斯的《俄狄浦斯王》和《俄狄浦斯在科洛诺斯》。

俄尔甫斯 Orpheus 古希腊传说中的英雄。他的歌声和琴韵十分优美动听，各种鸟兽木石都围绕着他翩翩起舞。他的妻子欧律狄刻被蛇咬死后，他前去阴间寻找她。他的音乐和悲伤之情感动了冥王哈得斯，冥王允许他把妻子带回光明的人世。但哈得斯提出一个条件，即离开阴间时不得回顾。俄尔甫斯在重新见到太阳时，转身想与妻子分享这种快乐，结果欧律狄刻已经不见了。俄尔甫斯后来被迈那得斯撕成碎片，仍在歌唱的头向莱斯沃斯岛飘去，那里有为俄尔甫斯建立的神所。到公元前5世纪，希腊一种秘传宗教（俄尔甫斯教）即是基于俄尔甫斯的歌曲和箴言兴起的。俄尔甫斯的故事成为一些早期歌剧的题材。

俄尔甫斯主义 Orphism 立体主义绘画中的一种倾向，强调色彩的优先性。1912年由G.阿波里耐命名。俄尔甫斯主义一词使人联想到希腊神话中的俄尔甫斯，以及象征主义画家在形容P.高庚的色彩协调结合时所用的"俄尔甫斯艺术"一词。以这种风格作画的画家还有R.德洛内、F.莱热和M.杜尚等。著名的例子是德洛内的抽象作品《同时构成：日轮》（1912～1913），其色环的重叠显出了本身的动感和节奏。

俄国灵猩 borzoi 俄国培育的用以追捕狼和兔的猎狗。是阿拉伯灵猩和形似柯利牧羊犬的一种俄罗斯牧羊犬的后代。以体态优美著名，壮实，敏捷。肩高66～79厘米，体重25～48千克。头长而窄，耳小，胸深而窄，后肢长，肌肉发达。尾长而卷曲。被毛发亮，平坦或稍卷曲，白色带暗条纹。

俄国1905年革命 Russian Revolution of 1905 俄国反对沙皇专制独裁的起义，但未成功。1905年以前的几年间不满日益增长，沙皇尼古拉二世的军队在流血星期日对和平示威群众进行屠杀，致使在圣彼得堡和其他工业城市相继进行大罢工。起义扩展到非俄罗斯人地区，包括波兰、芬兰和格鲁吉亚。反革命团体，包括黑帮分子，血腥镇压社会主义者，并对犹太人进行集体迫害，以对抗起义。1905年10月，大罢工扩展到所有大城市，工人代表会议，或称苏维埃（通常由孟什维克领导）成为革命政府。罢工的强大使得尼古拉二世接受S.维特的提议，颁布了《十月宣言》，许诺成立选举的立法机构。让步使得中产阶级满意了，但更多的激烈的革命者拒绝妥协，政府重掌权力后，对波兰、格鲁吉亚和其他地方的一系列起义进行了残酷镇压。虽然多数革命领袖包括L.托洛茨基被捕，但革命迫使沙皇开始了新宪法和杜马等改革，然而他没有完全实现各种许诺的改革。

俄国1917年革命 Russian Revolution of 1917 推翻了沙皇的统治、使得布尔什维克夺取了政权的革命。日益严重的政府腐败、尼古拉二世的反动政策和第一次世界大战中俄国的惨败导致了广泛的不满和经济困难。1917年2月，在彼得格勒（圣彼得堡）因食物缺乏发生骚乱。当军队加入叛乱时，尼古拉二世被迫退位。由G.Y.李沃夫领导的临时政府于3月成立，力图使俄国在第一次世界大战中继续参战，但被强大的彼得格勒工人苏维埃反对，后者主张俄国从战争中撤军。在其他城市和城镇形成了另一些苏维埃，由工厂和军队人员组成。社会革命党主导了苏维埃运动，其次是孟什维克和布尔什维克。从3月到10月，临时政府重组4次。A.克伦斯基在7月成为领导人，镇压了L.科尔尼洛夫发起的政变，但没能阻止俄国陷入政治和军事混乱。9月，布尔什维克在V.I.列宁的领导下，在彼得格勒和莫斯科苏维埃成为多数，得到越来越多的饥饿城市工人和士兵的支持。10月他们进行了几乎是没有流血的政变（"十月革命"），占领了政府大楼和战略点。克伦斯基试图组织反抗，但未能成功，之后逃离了俄国。苏维埃大会批准了新政府的形成，主要由布尔什维克组成。参阅七月危机。

俄亥俄 Ohio 美国中西部州。面积：116 096平方千米。首府哥伦布。人口约11 544 225（2012）。北临伊利湖，与密歇根州、宾夕法尼亚州、西弗吉尼亚州、肯塔基州和印第安纳州接壤。俄亥俄河形成东南部和南部的边界的一部分。原住居民为霍普韦尔印第安人，约公元400年从该地消失。17、18世纪时大部分地区住有迈阿密人、肖尼人和其他印第安部落。法英北美殖民地争夺战后，该地区割让给英国。1803年成为美国第17州，是第一个从西北地区（参阅《西北法令》）分离出来的州。优越的地理位置，完善的运输设施以及丰富的自然资源，包括煤、石油和天然气，使俄亥俄成为美国最早的工业大州之一。制造业是重要的经济支柱，但州内仍有近2/3的土地是农田。俄亥俄州是美国8位总统的出生地或居住地。他们分别是：W.H.哈里森、U.S.格兰特、R.B.海斯、J.加菲尔德、B.哈里森、W.麦金利、W.H.塔夫脱和W.G.哈定。主要城市有哥伦布、克利夫兰、辛辛那提、托莱多、阿克伦和代顿。

俄亥俄河 Ohio River 美国中东部主要河流。由阿勒格尼和莫农加希拉河汇成。西北流，出宾夕法尼亚州折向西南，至伊利诺伊州的开罗注入密西西比河。为俄亥俄-西弗吉尼亚、俄亥俄-肯塔基、印第安纳-肯塔基、伊利诺伊-肯塔基之边界。全长1 569千米。可通航，从殖民时期开始至今一直为重要商业通道。在18世纪50年代具有战略意义。法国印第安人战争后，英国人控制了该河周围地区。

俄克拉何马 Oklahoma 美国西南部偏中地区一州，与科罗拉多州、堪萨斯州、密苏里州、阿肯色州、得克萨斯州及新墨西哥州接壤，面积181 038平方千米。首府俄克拉何马城。红河为该州南部边界，阿肯色河穿越该州东北部。最高点是位于潘汉德尔的布拉克台地（1516米）。发现距今大约9 500年以前的克洛维斯文化和弗尔萨姆文化遗迹。直到1541年F.V.de科罗纳多远征的时候，这一地区至少有3个印第安大语群。后被西班牙人统治，直至1800年落入法国人手中。1803

年根据“路易斯安那购地”协议归美国所有，1828年美国国会将该区设为印第安保留地。1907年印第安准州剩余的地区和俄克拉何马准州（1890年设立）合并为俄克拉何马州，加入联邦成为第46州。从一些印第安人和牛仔的博物馆展览中，可看到该州的文化传统。农业和石油生产历来是经济支柱。主要矿产有石油、天然气、煤和石材等。从塔尔萨到墨西哥湾有一条通过阿肯色河上的水闸和水坝的驳船运输线。人口约3 814 820（2012）。

俄克喜林库斯 Oxyrhynchus 埃及考古遗址，位于尼罗河西岸。19世纪末期和20世纪初期发现大量约属公元前250～公元700年的纸莎草古文书，这些古文书主要用希腊文和拉丁文书写。其内容包括宗教经文和希腊古典文学名作。在纸莎草古文书中还有曾经认为失传的品达罗斯和卡利马科斯的作品。现为拜赫奈萨村所在地。

俄勒冈 Oregon 美国西北部地区一州。面积251 353平方千米，首府塞勒姆。位于太平洋，与华盛顿州、爱达荷州、内华达州、加利福尼亚州接壤。哥伦比亚河形成俄勒冈州北边边界，斯内克河则形成其东部北段边界。喀斯喀特山脉胡德山位于俄勒冈州中西部。最初由西班牙探险者发现，F. 德雷克在1579年和J. 库克在1778年都曾来到此地。1792年船长K. 格雷驶过哥伦比亚河时许多印第安人居住在此区域，美国凭借格雷的发现对此地区提出主权要求。1805年M. 刘易斯和W. 克拉克远征队抵达哥伦比亚河河口。第一位白人移民为皮毛贸易商J. J. 阿斯特，1811年在阿斯托里亚建立贸易据点，约从1843年起，大批移民经俄勒冈小道到此，加速了定居在此区域人数的增长速度。后成为俄勒冈准州的一部分，1859年联邦承认其为第33州。俄勒冈州的经济依赖当地的森林、农庄和牲畜。鲑鱼和水生有壳动物是当地渔业的基础。波特兰、尤金和梅德福是人口、艺术和教育中心。人口约3 899 353（2012）。

俄勒冈小道 Oregon Trail 19世纪通往美国西北地区的主要路线。起点为密苏里州的独立城，终点为俄勒冈州的哥伦比亚河地区，全长约3 200千米。最初是毛皮商人和传教士使用，19世纪40年代突然繁忙起来，旅行者经由小道前往俄勒冈，包括在大迁移中由M. 惠特曼率领的移民。在所有西部小道中，俄勒冈小道的使用期最长，并作为向东驱送牛、羊的路线，在铁路的竞争中留存下来。

俄罗斯 Russia 全称Russian Federation（俄罗斯联邦）。欧洲东部及亚洲北部国家，从前是苏联的主要共和国。面积：17 098 200平方千米。人口：约143 304 000（2013）。首都：莫斯科。人民主要为俄罗斯人，其他少数民族包括鞑靼人、乌克兰人。语言：俄语（官方语言）、突厥和乌拉尔诸语言。宗教：基督教（主要是东正教，亦有新教）和伊斯兰教，但约1/3的人民没有宗教信仰。货币：卢布。俄罗斯的地形和环境多种多样，包括乌拉尔山脉和西伯利亚东部山脉，最高峰位于堪察加半岛。俄罗斯平原有大伏尔加河和北德维纳河流域，西伯利亚则有鄂毕河、叶尼塞河和勒拿河等流域。北部广阔地区为冻土带覆盖，南部为森林、大草原和肥沃地区。经济上1917～1945年实现了工业化，但到20世纪80年代经济严重衰退。政府于1992年下令彻底改革，由中央计划经济转向以私人企业为基础的市场经济。俄罗斯为联邦共和国，两院制。国家元首为总统，政府首脑是总理。自古以来就有许多民族居住于现在俄罗斯这片领土，包括斯拉夫人。公元前8世纪到公元6世纪期间，该地区主要活动着一些游牧民族，先后有西蒂安人、萨尔马特人、哥特人、匈奴人以及阿瓦尔人。10世纪，出现了来自基辅的基辅罗斯公国邦联的统治。11～12世纪基辅罗斯的霸权落入几个独立的公国手中，包括诺夫哥罗德和弗拉基米尔。诺夫哥罗德在北部崛起，成为13世纪躲过蒙古金帐汗国统治的唯一俄罗斯公国。14～15世纪时，莫斯科诸大公逐渐推翻了蒙古人；在伊凡四世（伊凡雷帝）的领导下，俄罗斯开始扩张。1613年形成罗曼诺夫王朝。彼得大帝和叶卡捷琳娜二世时期继续扩张。1812年拿破仑侵入该地区；拿破仑战败后，1815年俄罗斯接收了大部分华沙公国的领地。19世纪里，俄罗斯吞并了格鲁吉亚、亚美尼亚以及高加索的领土。俄罗斯向南挺进对抗奥斯曼帝国，这对欧洲至关重要。克里米亚战争（1853～1856）中俄罗斯被打败。1858年后俄罗斯在东亚地区扩张。1867年俄罗斯把阿拉斯加卖给了美国（参阅阿拉斯加购买）。日俄战争中俄罗斯的失败导致了1905年不成功的起义（参阅俄国1905年革命）。第一次世界大战中与同盟国作战。1917年民众推翻了沙皇的统治，标志着苏维埃政府的开始（参阅俄国1917年革命）。布尔什维克将前帝国的主要部分都置于其统治之下，并组成俄罗斯苏维埃联邦社会主义共和国（范围与今日的俄罗斯相同）。1922年俄罗斯苏维埃联邦社会主义共和国与其他的苏维埃共和国一起组成苏维埃社会主义共和国联盟。1991年苏联解体后改为今名，并成为独立国家联合体的最重要成员。1993年通过新宪法。20世纪90年代和21世纪初俄罗斯在数条战线上奋斗，受到经济困难、政治腐败以及独立运动等方面的困扰（参阅车臣）。1900年首次参加在巴黎举办的夏季奥运会。1980年在莫斯科举办了夏季奥运会。

俄罗斯芭蕾舞团 Ballets Russes 1909年由S. 佳吉列夫在巴黎组建的芭蕾舞团。该团被认为是现代芭蕾之源，聘请了当时最杰出的创作天才。其编舞家有M. 福金、L. 马辛、B. 尼金斯卡和G. 巴兰钦，舞者则有Y. 格尔采尔、T. 卡尔萨温娜和V. 尼任斯基。该团聘请I. 斯特拉文斯基、M. 拉威尔、D. 米尧、S. 普罗科菲耶夫和C. 德彪西等名家作曲，还请A. 贝努瓦、P. 毕加索、G. 鲁奥、H. 马蒂斯和A. 德兰担任舞台美术设计。所制作的舞剧中，有许多具有深远的影响，其中包括《若虫们》（1909）、《火鸟》（1910）、《春之祭》（1913）、《游行》（1917）、《婚礼》（1923）和《浪子》（1929）等。这个前卫的舞团改变了20世纪的芭蕾舞，即使该团于1929年佳吉列夫逝世后解散，它的影响力仍在持续。

俄罗斯正教会 Russian Orthodox Church 俄国东正教教会，实际上是它的国教。988年基辅的弗拉基米尔大公（后来的弗拉基米尔一世）支持拜占廷东正教，命令他的国民进行洗礼。到14世纪，基辅和整个俄罗斯的都主教（俄罗斯教会的首脑）移驻莫斯科；不满意的西部俄国公国获得了暂时的单独的都主教，但权力后来重新集于莫斯科大公国之下。15世纪该教会放弃接受都主教伊西多尔和西部教会的联合（参阅费拉拉-佛罗伦萨会议），指定了它们自己独立的都主教。莫斯科视自己为“第三个罗马”和真正东正教的最后堡垒；1589年俄罗斯教会的领导者获得牧首的称号，使他具有君士坦丁堡、亚历山大、安提阿和耶路撒冷牧首的同等地匣。尼康的改革在教会里引起了分裂（参阅旧礼仪派），彼得大帝在1721年废除了牧首统治，使教会管理成为国家的一个部门。牧首统治重建于1917年，即布尔什维克革命的两个月前。但是苏维埃政府成立以后不久，即宣布政教分离，将教会地产全部收归国有。随着苏联的解体（1991），它经历了巨大的复兴。美洲的俄罗斯正教会在1970年从莫斯科独立出来，成为自主教会。

俄赛里斯 Osiris 古埃及冥府之神。俄赛里斯被塞特神杀害，塞特将其尸体肢解，掷到埃及全国各地。根据一些描述，俄赛里斯的配偶伊希斯和她的妹妹奈弗台斯将其尸骨拾回，给予俄赛里斯新的生命，俄赛里斯后来成为冥府的统治者。伊希斯和俄赛里斯怀了何露斯。埃及的王权神授观念认为：国王死时成为俄赛里斯，现任国王等同于何露斯。俄赛里斯也代表赐予万物生命的力量，体现俄赛里斯命运的节日每年都在埃及各地举行。

俄斯特拉发 Ostrava 捷克共和国东北部城市。位于奥帕瓦河和奥得河汇流处，近摩拉维亚峡谷。为奥洛莫乌茨主教布鲁诺于1267年前后为了守卫摩拉维亚北方入口而兴建的防御城镇。1495年城堡被毁。历史建筑物有13世纪教堂。主要工业是采矿。人口约319 293（2001）。

俄土战争 Russo-Turkish Wars 1676～1878年俄国和奥斯曼帝国进行的一系列12场战争。俄国发起了早期战争，试图在黑海建立不冻港。在1695～1696年的战争中，彼得大帝占领了亚速海要塞，但18世纪早期试图占领巴尔干半岛却失败了。在叶卡捷琳娜二世统治期间，第一次主要的俄土战争（1768～1774）将俄国边境向南推进，使俄国获得对奥斯曼苏丹的基督教国民的模糊保护权。1783年凯瑟琳又加上了克里米亚半岛，1792年俄国还获得整个乌克兰西部黑海海岸。19世纪在达达尼尔海峡、博斯普鲁斯海峡、高加索山脉和克里米亚半岛进行了战争（参阅克里米亚战争）。1877～1878年的俄土战争中，俄国和塞尔维亚与奥斯曼争夺波斯尼亚和黑塞哥维那。俄国获胜，但它获得的权益受到焦急的英国和奥匈帝国在柏林会议中的限制(1878)。

俄语　Russian language　东斯拉夫语，有俄罗斯、苏联各共和国和移民社区内的约1.7亿人使用。对同时代的俄国内外的非俄罗斯民族群体而言，俄语是共有的第二语言和通用语。从中世纪起，俄国逐渐将语言地区从它的历史所在地向北和向东扩展到伏尔加河上游和第聂伯河流域。操俄语者在16世纪深入到西伯利亚，于17世纪到达太平洋岸。俄罗斯在18世纪成为充分发展的文学语言国家，最终取代了教会斯拉夫语。

字母	英语发音	字母	英语发音	字母	英语发音
А а	a	К к	k	Х х	kh
Б б	b	Л л	l	Ц ц	ts
В в	v	М м	m	Ч ч	ch
Г г	g	Н н	n	Ш ш	sh
Д д	d	О о	o	Щ щ	shch
Е е	e 或 ye	П п	p	Ъ ъ	(清音)
Ё ё	o 或 yo	Р р	r	Ы ы	y
Ж ж	zh	С с	s	Ь ь	(浊音)
З з	z	Т т	t	Э э	e
И и	i	У у	u	Ю ю	yu
Й й	y	Ф ф	f	Я я	ya

俄语西里尔字母与英语发音对照。这种字母原用于古教会斯拉夫语，其各种现代写法用于书写几种斯拉夫语，以及苏联的一些非斯拉夫语。

就俄语使用的巨大领域而言，俄语中的方言差别不大，而20世纪的剧变使这些存在的区别减小。俄语是许多斯拉夫语言的典型，有精细的格系统，在完成体和未完成体的动词形式上也有差别，以前缀和后缀的结合来表达。

鹅膏属　amanita　又称毒伞属。伞菌目鹅膏科(即毒伞科)的一属菌类蘑菇的统称，学名*Amanita*。约100种，某些种对人有毒。具簪鹅膏(*A. bisponqera*)、赭鹅膏(*A. ocreata*)、春生鹅膏(*A. verna*)、鳞柄白鹅膏(*A. virosa*)均有剧毒。夏秋天气潮湿时产于森林。毒鹅膏(*A. phalloides*)在夏季或初秋出现于林地，伞盖绿或褐色，有毒。毒蝇鹅膏(*A. muscaria*；曾用以杀蝇，故名)均有毒，夏季见于田野和牧场。常见可食种类包括橙盖鹅膏(*A. caesarea*)、赭盖鹅膏(*A. rubescens*)及灰鹅膏(*A. vaginata*)。

毒蝇鹅膏(*Amanita muscaria*)

Larry C. Moon–Tom Stack & Associates

鹅妈妈　Mother Goose　一个虚构的老婆婆，被认为是传统的儿歌和被称为童谣的诗歌之源。往往被描绘成鹰钩鼻、尖下巴，骑在飞行的雄鹅背上，最早出现在J. 纽伯里的后代出版的儿歌《鹅妈妈歌》(1781)中。其名字显然源于C. 佩罗的童话故事集《我的鹅妈妈》(1697)。一直传说鹅妈妈实际上是波士顿人，但这种说法并不确切。

蛾　moth　鳞翅目昆虫。约15万多种，除南北极外，广布全世界。一般为夜行性。蛾体比蝴蝶粗壮，色较暗，翅较小，触角呈羽状，休止时翅覆于体背，或向两侧伸展。翅展从大约4毫米到30厘米。生活周期分为4期，即卵、幼体、蛹和成虫。多数种类的幼虫和成虫吃植物，造成森林、农作物和建筑的严重损害。参阅舞毒娥、天蛾、月形天蚕蛾和桑蚕。

额外雇工　featherbedding　工会要求雇主对他认为没有必要的工作支付费用或雇用不必要的工人的习惯做法。有的劳动规则过去很有用，但由于技艺的改进，现已过时，然而现在劳动合同中仍延续使用这类规则，就成了额外雇工条款。工会为了保障会员的就业，可能仍坚持要求继续使用这种劳动规则。参阅集体谈判。

恶心　nausea　胃部的不适感，伴有厌食和想呕吐的感觉，事实上常接着发生呕吐。恶心起自胃或十二指肠中的神经末梢受到刺激，从而刺激了大脑控制恶心和呕吐的中枢。轻微或严重的疾病都可能出现恶心的症状。常见的原因包括消化不良(吃得太快或进食时紧张)、食物中毒、晕动病和妊娠反应。任何导致食欲异常缺乏的原因也会引发恶心，例如休克、疼痛、流行性感冒、假牙安装不合适、肝脏或肾脏疾病等。单纯性的恶心经呕吐后即可缓解。

厄巴坎　Erbakan, Necmettin(1926～2011)　第一个赢得土耳其大选(1995)的伊斯兰政党领袖。父亲是奥斯曼时代的宗教法庭法官，他主修机械工程，于1969年入选国民议会。1970年组建了一个伊斯兰政党，1972年组建了另一个政党，两度出任副总理。他第三次成立的政党是福利党，该党于1995年选举时获得最多席位。他在1996年组成联合政府，但福利党于1997年被宣告不合法，同时他本人也被禁止参与政治。

厄多斯　Erdös, Paul(1913～1996)　匈牙利数学家。证明古典数论原理(1933)，与A. 温特纳、M. 卡茨建立概率数论的研究，与P. 图兰对近似理论进行重要论证，并与A. 瑟尔伯格提出惊人的质数定理的基本证明(1949)。以脾气古怪闻名，后40年几乎马不停蹄地旅行，就众多问题与数百名数学家进行合作。

厄尔巴岛　Elba　意大利西部第勒尼安海中的岛屿。面积223平方千米，是托斯卡纳群岛中最大的岛屿。1802年法国人从罗马手中获得该岛。1814年5月拿破仑被放逐于此。该岛的独立公国地位自拿破仑为统治者始，直到1815年2月拿破仑返回法国开始发动百日政变止。之后厄尔巴岛恢复隶属于托斯卡纳。人口29 000(1991)。

厄尔布尔士山脉　Elburz Mountains　伊朗北部山脉。沿里海南岸绵延达900千米，呈弧形走向，为一狭长沿海低地分割。包括伊朗最高山峰达马万德山(5 671米)。整个山区天然林大约32 400平方千米。该地区一种有名的希尔卡尼亚虎现已罕见，但其他野猫类如豹和猞猁仍大量存在。

厄尔布鲁士山　Elbrus, Mount　高加索山脉最高山峰，位于俄罗斯西南部。它是高加索最高峰，是由一对火山锥组成的死火山，海拔分别为5 642米和5 595米，有许多矿泉和22条冰川，总面积138平方千米。为主要的登山和旅游中心。

厄尔尼诺　El Niño　在海洋学和气候学中，指南美洲西海岸海温异常升高的现象，它每隔数年发生一次。这种现象对渔业、农业和局部气候都有不利的影响，其范围从厄瓜多尔到智利，并在赤道太平洋、亚洲和北美洲引起远场气候异常。厄尔尼诺这一名称(西班牙语意为"圣婴")原是19世纪秘鲁北部渔民使用的，当时是指每年圣诞节前后出现向南流动的赤道暖流。秘鲁科学家后来注意到在正常干旱的沿海地区每隔数年就会发生持续一年或一年以上的重大变化，与雨量大增有关。到20世纪，几次更为反常的厄尔尼诺现象引起世界的关注，原来名称中每年的含意也被异常出现的含意所取代。参阅拉尼娜现象。

厄瓜多尔　Ecuador　全称Republic of Ecuador(厄瓜多尔共和国)。南美洲西北部国家。面积：256 370平方千米(包括加拉帕戈斯群岛)。人口:约15 568 000(2013)。首都:**基多**。人口中约2/5为印第安人(大部分是**克丘亚人**),2/5为梅斯蒂索人(印第安人与西班牙人的混血儿),其余大部分是西班牙人后裔。语言:西班牙语(官方语言),以及克丘亚语和舒阿尔语(均为地区和官方语言)。宗教:基督教(主要为罗马天主教,亦有新教)。货币:美元。太平洋沿岸低地升高,成为安第斯山脉的山峰和高地,将东面热带亚马孙河盆地在厄瓜多尔的部分隔开。安第斯山脉在从北向南的两个山脉上陡起,并被高高的山谷阻断,最高峰是钦博拉索山,海拔6 310米。附近的科托帕希火山高5 897米,是世界最高的活火山。该国地处地震频发地区,容易受到强烈地震活动的破坏。几乎2/5的土地被森林覆盖,东部有热带雨林。厄瓜多尔横跨赤道。该国气候多样,低地区为热带,高地区为温带。经济处于发展当中,主要以采矿、制造业、服务业和农业为主。主要出口产品包括原油、香蕉和有壳类水产品。厄瓜多尔为单一制的多党派共和国,有一个立法机构,总统为国家元首和政府首脑。15世纪后半叶被印加帝国征服,1534年又被西班牙人控制。原为秘鲁总督辖区的一部分,直到1740年后才成为新格拉纳达总督辖区的一部分。1822年脱离西班牙获得独立,成为**大哥伦比亚**共和国的一部分。1830年成为主权国家。直至20世纪中叶,历届政府均实行独裁统治,军人在政治中扮演了重要角色。1941年因边界争端与秘鲁交战,此后双方不时发生战斗,直到1998年最终完成划界。20世纪70年代,石油的利润为厄瓜多尔的经济带来繁荣。80年代由于油价降低经济又转向低迷。90年代社会动荡导致政治上的不稳定,国家元首数度更换。为稳定经济政府采取了一项有争议的措施,在2000年用美元取代苏克雷作为国家货币。21世纪初继续与政治动荡、人权和经济政策引发的社会动乱,以及经济表现欠佳等问题做斗争。1924年首次参加在巴黎举办的夏季奥运会。

厄加勒斯角　Agulhas, Cape　非洲大陆最南端,其名葡语意为"针",可能因那里尖尖的岩礁曾使许多船只失事,另一种解释是葡萄牙航海家发现在那里他们的指南针没有磁偏。当地子午线(东经20°)为印度洋与大西洋的正式分界。

厄拉多塞(昔兰尼的)　Eratosthenes of Cyrene(公元前276?～前194?)　希腊科学作家、天文学家和诗人。约公元前255年定居亚历山大,任该城大图书馆馆长。他是已知测量过地球周长的第一人,虽然无法确知他所用的单位究竟多长。他还精确测量过黄赤交角(实际上是地轴倾角)并编制了一本星表。他研究出一种包含闰年的历法并企图确定从特洛伊城被困以后在文学上记载的和发生的政治事件的日期。

厄勒　El　西闪米特人所信奉的主神。叙利亚沙姆拉角发现的文献称厄勒为神母阿舍拉之夫,也是除**巴力**以外的众神之父。厄勒之像多为长须老者,生有两翼。在《旧约》中厄勒既泛指神灵,又专指雅赫维(以色列之神)。

厄勒海峡　Øresund　英文作The Sound,亦称松德海峡。位于丹麦西兰岛与瑞典斯科讷地区之间,连接卡特加特海峡和波罗的海,几乎没有潮汐涨落,是世界上最繁忙的海上通道之一,但隆冬封冻,不能航行。峡内有三个大岛将水域分成几段航道,在丹麦一方的重要海港有哥本哈根和赫尔辛格,在瑞典一方有马尔默和赫尔辛堡。

厄勒克特拉　Electra　希腊传说中,**阿伽门农**和克吕泰涅斯特拉的女儿。当阿伽门农被克吕泰涅斯特拉和她的情夫埃吉斯托斯谋害时,厄勒克特拉把弟弟俄瑞斯忒斯送走,挽救了他的性命。后来俄瑞斯忒斯返回时,她帮助他杀死他们的母亲和奸夫。她后来与俄瑞斯忒斯的朋友皮拉得斯结婚。埃斯库罗斯、欧里庇得斯及索福克勒斯的剧本都曾以此故事为题材。

厄立特里亚　Eritrea　全称State of Eritrea(厄立特里亚国)。非洲东部国家。沿红海延伸约1 000千米,包括达赫拉克群岛。面积:121 144平方千米。人口:约5 748 000(2013)。首都:**阿斯马拉**。没有官方的宗教和语言。多种族居民,讲提格里尼亚语的基督徒约占一半,此外有为数众多的穆斯林少数民族及其他各族人民。也讲阿拉伯语、英语和意大利语。货币:纳夫卡。厄立特里亚的地形多变,从温带的中央高地到沿海沙漠平原,及至西部低地的热带稀树草原。经济以畜牧业和自给农业为基础。工业集中在阿斯马拉,包括食品加工、纺织品和皮革制品。政府为过渡形式,有一临时立法机构。国家元首与政府首脑是总统。由于是阿克苏姆帝国主要港口所在,故该地区与埃塞俄比亚王国早期阶段有联系,但它仍在很大程度上保持独立,直到16世纪才受奥斯曼统治。从17～19世纪,埃塞俄比亚、奥斯曼、提格雷王国、埃及和意大利之间对该地区的控制一直存有争议。1890年成为意大利的殖民地。厄立特里亚在意大利入侵埃塞俄比亚时曾被用作主要基地(1896、1935～1936),1936年成为意属东非的一部分。1941年被英国占领,1952年与埃塞俄比亚组成联邦,1962年成为埃塞俄比亚的一省。此举导致厄立特里亚的分离主义者叛乱,展开长达30年的游击战争。1991年埃塞俄比亚政府被推翻后,厄立特里亚成立临时政府,1993年正式独立。1997年新宪法获批准,但从未执行。1998年与埃塞俄比亚爆发边境战争,2000年结束,但边境争端一直持续到21世纪。2000年首次参加在悉尼举办的夏季奥运会。

厄洛斯　Eros　希腊爱神。赫西奥德称他是混沌之子,后来又被说成是阿佛洛狄忒的儿子。相当于在罗马神话中的**丘比特**。厄洛斯被描述成手持弓箭、长着翅膀的美貌青年。在后来的文学和艺术中,他变得越来越年轻,最后变成一个婴儿。他的主要崇拜中心是塞斯比阿,而在雅典是和阿佛洛狄忒共享一处圣坛。

厄普　Earp, Wyatt (Berry Stapp)(1848～1929)　美国边疆开拓者。19世纪70年代在威奇托、道奇市任警官,并结交D.霍利德、B.马斯特森等枪手。之后在韦尔斯-法戈公司当警卫。1881年在亚利桑那州的汤姆斯通落脚,成了镇上的赌徒兼酒店保镖,他的哥哥维吉尔则成为该镇警长,其他的兄弟詹姆斯、摩根和沃伦购置了些许房地产并拥有部分产业。他与I.克兰顿一帮恶徒结仇,在O.K.科拉尔进行了一场有名的枪战,克兰顿帮伙中3人死亡。1882年摩根被杀,怀特、沃伦伙同一些朋友杀死了2个嫌犯。由于被控谋杀,怀特开始逃亡,先到科罗拉多州,后到西部若干新兴城镇,最后在加州定居。S.莱克在其合作下写了《边疆警长怀特·厄普》(1931)一书,把他塑造成一个大无畏的执法者。

厄普代克　Updike, John (Hoyer)(1932～2009)　美国作家。出生于宾夕法尼亚州希灵顿。曾在哈佛大学就读,1955年开始与《纽约人》进行长期合作。他的作品以文笔细致和对美国中产阶级生活的微妙描述而闻名。他著名的"兔子"系列——《兔子,跑吧》(1960)、《兔子回来了》(1971)、《兔子发财了》(1981,获普利策奖)和《兔子安息了》(1990,获普利策奖)——在20世纪最后的几十年里一直伴随着最普通的美国人。《被怀念的兔子》(2001)重点描写兔子死后之前图书中的那些人物。一个名叫比奇的犹太小说家是他的另外三部小说所描写的人。厄普代克的其他小说类作品包括《半人半马怪》(1963)、《来自农场》(1965)、《夫妻们》(1968)、《伊斯特威克的女巫们》(1984;1987年拍成电影)、《美丽的百合》(1996)、《恐怖主义者》(2006)和《伊斯特威克的遗孀》(2008)。他还出版过短篇故事集,包括《鸽羽》(1962),几部评论和散文集,以及轻松诗。

厄乌德琴　ud　中世纪和现代伊斯兰音乐中著名的弦乐器,为欧洲诗琴的前身。最早出现于公元7世纪,琴身呈梨形,指板上无品,琴颈较短,向后弯曲的弦轴箱两边装有调音弦轴。琴弦用羊肠线制成,通常有四对弦,用拨子弹奏。

厄扎尔　Özal, Turgut(1927～1993)　土耳其总理(1983～1989)和总统(1989～1993)。曾学习电机工程,20世纪50年代和60年代主持土耳其的电气化计划。70年代大部时间以经济学家身份在世界银行工作。1983年当选祖国党主席,并出任总理。1987年连任。1989年由议会选举为总统,该职位传统上被认为是超出党派关系的,他随即领导土耳其参加海湾战争(1990～1991)。

厄扎尔　ghazel　又作ghazal或gazel。伊斯兰文学中的一种抒情诗。一般为短篇,笔触典雅,主要以爱情为题材。渊源于7世纪晚期的阿拉伯文学。厄扎尔以押韵的两行诗开始,随后所有的偶数行都要押此韵,而奇数行则不押韵。有两种主要形式:一种是希贾兹的厄扎尔;一种是伊拉克的厄扎尔。厄扎尔在哈菲兹的作品中达到了最高水平。A.里奇等美国诗人用过这种诗体的变体。

呃逆 hiccup 膈肌(分隔胸腔与腹腔的肌肉)的痉挛性收缩,造成突然的吸气,吸气被声门不自主的闭合所中断,因而产生一个特殊的声响。呃逆的原因包括胃过度膨胀、胃刺激和胃神经痉挛等。有各种民间疗法可阻断膈肌痉挛的节律而中止呃逆,最常用、有效的方法是尽可能长地屏气。呃逆常在几分钟内停止,但也可能持续几天到几周甚至更长。可用神经传导阻滞或用手术切断支配膈肌的膈神经以治疗持续的严重呃逆。

恶目 evil eye 一种迷信,认为目光可以伤人并致人于死。这种信念在古希腊和罗马以及全球民间文化中广泛流传,甚至持续到现代。儿童和动物被认为特别容易受伤。恶目常被人认为是出于对财产和美貌的妒忌和怨恨。因此在许多文明中,一个人的物品或孩子不留神受到夸赞是不祥之事,保护方法有佩戴经文、护身符或符咒。亚洲儿童有时把脸涂黑,作为一种保护方法。

恶性贫血 pernicious anemia 一种慢性疾病,由于维生素B_{12}(参阅维生素B复合体)不足而引起红血球减少。恶性贫血可能是食物中缺乏维生素B_{12}所引起,也可能由于胃底壁细胞内因子(该因子为肠内吸收维生素所必需)缺乏或其无法与维生素结合,而影响食物中维生素B_{12}的吸收。该病会引起虚弱,蜡样苍白,舌光滑以及胃部、肠内和神经方面的病症。其慢性发展可能会使病人在诊断时贫血已非常严重。每月对肌肉注射维生素B_{12}可迅速改善贫血,但这种注射必须终身持续下去。

恶性肿瘤 cancer 以无法控制的异常细胞增生为特征的100多种疾病中的任意一种。恶性肿瘤细胞和组织具有异常的生长速度、形状和大小以及功能。恶性肿瘤可以从一个局部的肿瘤发展到向周围组织浸润性生长和癌细胞转移。这种恶性的生长模式把恶性肿瘤与良性肿瘤区分开。恶性肿瘤可以根据期(即病的严重程度)来划分。阶段和病的严重程度都会影响到存活的机会。基因因素和免疫状况影响易患疾病性。激素、病毒、吸烟、饮食和辐射都有可能引发恶性肿瘤。恶性肿瘤可以在几乎任何组织中生长,包括血液(参阅白血病)和淋巴(参阅淋巴瘤)。当癌细胞转移时,它仍然是一个具有最初病变组织的细胞。早期诊断和治疗增加了治愈的机会。治疗方式可以包括化学疗法、手术和放射疗法。参阅膀胱癌、乳腺癌、卡波西氏肉瘤、喉癌、肺癌、卵巢癌、胰腺癌、前列腺癌和皮肤癌。

鄂毕河 Ob River 俄罗斯中西部河流。源出中亚阿尔泰山,向西北穿越西伯利亚西部,经鄂毕湾,注入北冰洋的喀拉海。长3 650千米;中游穿越泰加林带,内有大片沼泽地的针叶林;北部为冰天雪地的没有树木的辽阔冻原。鄂毕河是水力发电的重要来源,在半年的无冰期期间是西伯利亚主要运输线路之一。

鄂霍茨克海 Okhotsk, Sea of 太平洋西北部的边缘海,以西伯利亚海岸、堪察加半岛和千岛群岛、北海道、库页岛为界。鄂霍茨克海面积1 580 000平方千米,有定期航运沟通俄罗斯远东各港口。冬季有大块浮冰妨碍航运,夏季有浓雾阻碍交通。

鄂木斯克 Omsk 俄罗斯中西部城市。位于西伯利亚西南额尔齐斯河与鄂木河汇流处。1716年建为要塞,1804年设市,19世纪末之前为西伯利亚哥萨克人军事重镇。1918～1919年,鄂木斯克为以A.高尔察克为首的反布尔什维克政府所在地。19世纪90年代西伯利亚大铁路的建设和第二次世界大战促进了该城发展。从伏尔加-乌拉尔油田和西西伯利亚油田有管道通往该市的炼油厂,石化工业也占有重要地位。人口约1 133 900(2002)。

遏制 containment 美国于20世纪40年代末期和50年代初期所奉行的一项战略方针,目的在于遏制苏联在经济、军事、外交和政治等方面的扩张主义的企图。第二次世界大战刚结束,G.肯纳便提出此主张。早期的遏制措施是杜鲁门主义(1947),当时美国对希腊和土耳其提供经济和军事紧急援助。

腭 palate 口的顶盖,用以分隔口腔与鼻腔。前部的三分之二,即硬腭,是一片覆盖着黏膜的骨头。它给舌头一个顶层,与它顶撞,可以发出话音,咀嚼时可调整食物,同时可以通过闭塞鼻腔通道保持口腔内的压力。后面的那片灵活的软腭由肌肉、结缔组织组成,止于悬雍垂——一段肉质突出部分。向上可以将鼻腔(参阅鼻)和上咽挡在口腔和下咽外,以便吞咽食物或饮水时造成口腔真空。裂腭是一种先天性疾病,即腭中间有一条缝隙,可通过手术矫正。

腭裂 cleft palate 一种常见的先天性疾病——口腔顶部形成的裂隙。可仅表现为软腭裂,又可累及硬腭,使口腔与鼻腔相通,伴鼻中隔、犁骨缺损。伴有唇裂,鼻下唇中的裂隙,或其他畸形。患腭裂的婴儿吸吮困难可能导致营养不良,其后又出现言语困难。约于18个月时可行手术以关闭口腔与鼻腔的通道,并应辅以言语训练。鼻、耳及鼻窦感染的风险会很高。

鹗 osprey 又称fish hawk(鱼鹰)。鹗科海雕属鸟类。体大,翅长。生活在海滨和面积更大的内陆水域中。体长约65厘米。上体褐色,下体白色,头上有白羽。鹗飞越水面,在猎物上盘旋,然后伸脚向下冲去,用钩状长爪抓鱼。其繁殖范围包括所有大陆(南美除外,但冬天可见于南美)。单独或成群在高树上或悬崖筑巢。20世纪中叶因受杀虫剂残留物的影响,鹗的数量大为减少。现在数量又有回升。

鳄 crocodile 鳄目鳄科约12种热带爬虫类的统称,产于亚洲、澳大利亚、非洲、马达加斯加和美洲的热带地区。长吻,形似蜥蜴,肉食性,多以鱼类、龟类、鸟类和小型哺乳动物为食;个别大鳄也可能攻击人畜。在水中游泳和捕食,常浮在水面等待猎物,但喜欢上岸晒太阳取暖和繁殖。比钝吻鳄活跃,更可能攻击人类,吻较钝吻鳄窄,闭嘴时下颌两边的第四齿外露。

鳄梨 avocado 学名*Persea americana*。樟科的乔木,原产西半球大陆,从墨西哥向南至安第斯地区。果的大小、形状、颜色各异(绿色至暗紫色)。外果皮有的较薄,有的粗糙并

鳄梨(*Persea americana*)
S. A. Scibor-Shostal

木质化。果肉淡绿色或淡黄色,似奶油一样黏稠,具浓烈坚果味。有些品种的果肉含不饱和油达25%。鳄梨泥是一种独特的墨西哥食品鳄梨色拉的主要配料。鳄梨含维生素B_1、B_2和维生素A。

恩典 grace 在基督教神学中,指上帝无条件赐予罪人的救恩。恩典这个概念,引发了关于人堕落的本性,以及个人可能通过自由意志自我救赎的神学争辩。虽然在原则上功德和恩典是互相抵触的,但究竟人是因行善而获得恩典回报,抑或单靠信念即可获得恩典,在新教宗教改革运动中一直是个重要的问题。此外,对于领受恩典的方式也有所争论:天主教、东正教和某些新教教派相信,须借由圣事领受上帝的恩典;而其他一些新教教派(如浸礼宗)则主张只要靠个人的信念即可蒙受恩典。参阅称义和原罪。

恩东加 Ndongo 非洲历史上姆本杜人的王国。约1500年建立于今安哥拉境内,16世纪与圣多美的葡萄牙人建立了贸易关系。后因葡萄牙人试图夺取它,引发了长达100多年的战争。约1670年时被并入安哥拉。

恩格尔巴特 Engelbart, Douglas (Carl) (1925～2013) 美国计算机科学家。出生于波特兰附近。1955年从加州大学伯克利分校获得电子工程博士学位。20世纪60年代在斯坦福研究所设立增强研究中心。发明了超文本、多窗口显示、鼠标和群组软件。1968年他在旧金山说明这些功能,开启了发展进程,导致微软视窗操作系统的诞生。恩格尔巴特在斯坦福研究所的小组是ARPANET的四个创始成员之一,这是因特网的前

身。退休之后，领导启动系统研究所，研究支持计算机合作的方式。1997年获颁图灵奖。

恩格斯 Engels, Friedrich（1820～1895）德国社会主义哲学家。父亲是纺织厂的厂主，后来他自己成为成功的生意人，从来不让他的共产主义原则和对资本主义方式的批判妨碍其公司的赢利业务活动。年轻时对"青年黑格尔派"所阐述的G. W. F. 黑格尔哲学开始有兴趣，后来被人说服，相信共产主义是黑格尔哲学和辩证法的合乎逻辑的结论。1844年恩格斯出版《英国工人阶级状况》。他在科隆结识了K. 马克思，两人建立了恒久的伙伴关系，一起促进社会主义运动。他们两人说服伦敦第二次共产主义者同盟代表大会接受他们的观点，大会乃授权他们两人起草《共产党宣言》（1848）。马克思去世（1883）后，恩格斯成为关于马克思和马克思主义的最高权威。除了自己的著作外，他还以马克思未完成的手稿和笔记为基础完成了《资本论》第2卷和第3卷。

恩古吉 Ngugi wa Thiong'o（1938～ ）原名James Thiong'o Ngugi。肯尼亚小说家。曾在乌干达和英国受教育。他的名著《孩子别哭》（1964）是东非人写的第一部英语小说，描写一个卷入肯尼亚独立斗争的家庭的故事。其他小说还有《一粒麦种》（1967）、《血的花瓣》（1977）和《乌鸦向导》（2004）。随着对殖民主义的影响越来越敏感，他使用了自己传统的名字，并用基库尤人的班图语写作。他还写剧本以及关于文学、文化和政治的许多散文。

恩贾梅纳 N'Djamena 旧称Fort-Lamy（拉密堡）。乍得共和国首都。位于沙里河东岸，与喀麦隆接壤。沙里河在恩贾梅纳汇入洛贡河。1900年成立时称拉密堡，在1960年乍得独立前一直是个小居民点。1973年更名为恩贾梅纳。20世纪60年代开始内战，1980～1981年间被利比亚军队占领。它是棉花、牛和鱼类的重要贸易地。乍得国内唯一的大学乍得大学（建于1971年）就在恩贾梅纳。都会区人口约531 000（1993）。

恩科莫 Nkomo, Joshua (Mqabuko Nyongolo)（1917～1999） 津巴布韦（前罗得西亚）的黑人民族主义者。恩科莫参与领导了反对罗得西亚白人统治的游击队，但其影响力不如R. 穆加贝。作为津巴布韦非洲人民联盟的领袖，他是穆加贝的长期竞争对手。1980～1982年间他们都参加了联合政府，但二人关系破裂后，恩科莫离开了联合政府。1987年津巴布韦非洲人民联盟与穆加贝的津巴布韦非洲民族联盟合并为津巴布韦非洲民族联盟-爱国者阵线。1990年恩科莫任穆加贝政府的副总统。

恩克彗星 Encke's Comet 在已知彗星中公转周期（约3.3年）最短的一颗暗弱彗星，在1786年首次被观测到。它也是第二颗（继哈雷彗星之后）被算出周期的彗星，1819年由J. F. 恩克（1791～1865）计算出来。他还发现该彗星的周期在每公转一周时将减少约2.5小时，并指出，行星的万有引力影响不能说明这一效应。恩克彗星的周期还在继续缩短，但变短的速率在减慢，而这显然和释气效应有关。

恩克鲁玛 Nkrumah, Kwame（1909～1972）加纳民族主义领袖，他领导黄金海岸迈向独立，并成为加纳这个新国家的首领。在前往美国研究文学和社会主义学说（1935～1945）之

恩克鲁玛，摄于1962年
Marc and Evelyne Bernheim-Woodfin Camp and Associates

前曾当过教师。1949年他创立人民大会党，提倡非暴力抗议、罢工以及与英国殖民当局不合作的运动。当选黄金海岸总理（1952～1960）和独立后的加纳总统（1960～1966）后，他实行非洲化政策，并修建公路、学校和医院。1960年后致力于泛非运动，忽视了加纳的经济。1962年发生一场未遂的政变后，恩克鲁玛加强了极权控制，深居简出，增加与共产党国家的接触，并撰写有关政治哲学的作品。由于加纳面临严重经济危机，他在1966年访问北京时被罢免。

恩尼乌斯 Ennius, Quintus（公元前239～前169） 罗马诗人、戏剧家兼讽刺作家。为早期拉丁诗人中最有影响者，公认为罗马文学之父。其叙事诗《编年纪》从埃涅阿斯的漂流写到诗人自己所处时代的罗马。它也是一部民族史诗，直到罗马诗人维吉尔写的《埃涅阿斯纪》出现，才黯然失色。恩尼乌斯擅长写悲剧。从希腊剧本中改编过来的戏剧有19个剧目，仅留存约420行。

恩培多克勒 Empedocles（约公元前490～前430） 希腊哲学家、政治家、诗人和生理学家。作品现仅留存两首诗中的500行字。他认为一切物质由4种主要成分（火、空气、水、土）构成。他和赫拉克利特一样，认为有两种力量，即爱和争斗，它们相互作用，使4种物质结合或分散。他还坚信灵魂转生之说，声称要得救就要禁食动物的肉，因为它们的灵魂可能曾一度寄生在人体之内。

恩奇杜 Enkidu 美索不达米亚英雄吉尔伽美什的朋友与伙伴。在古代的吉尔伽美什史诗中，恩奇杜是由安努神创造出来的野人。遭吉尔伽美什击败后，两人成为好友（有些版本为恩奇杜成为吉尔伽美什的仆人），并联手打败由女神伊什塔尔派来毁灭他们的神牛。众神杀死恩奇杜作为报复，吉尔伽美什乃去寻求永生。

恩斯特 Ernst, Max（1891～1976） 德裔法国画家和雕刻家。放弃在波恩大学哲学和心理学的学业，改习绘画。在第一次世界大战结束服役后，成为科隆达达主义运动的领

M. 恩斯特，Y. 卡什摄于1965年
Karsh from Rapho/Photo Researchers

导人（1919），其作品有拼贴画和集成照片。1922年定居巴黎，后成为超现实主义创始人之一。他的作品富于想象力，是实验主义的；他最早使用摩拓法技术。1934年后，他在绘画中表现出来的非理性的异想天开的意象派手法同样显现于他的雕刻上。1941年迁居纽约，与佩姬·古根海姆结婚，并开始与M. 杜尚合作。1953年回到法国，继续从事奔放且抽象的创作。

恩索尔 Ensor, James (Sidney)（1860～1949） 后称Baron Ensor。比利时画家和版画家。曾在布鲁塞尔学习绘画，大半生时间在家乡奥斯坦德度过。1883年加入一个进步画家的组织"二十人画派"，开始描写幻想形象，如骷髅、幽灵和可怕的假面具等作为社会写照。其作品《基督降临布鲁塞尔》（1888），以炫目色彩涂抹，引起愤慨。一些负面的评论使得他变得更为愤世嫉俗，最后终于使他成为隐士。1929年《基督降临布鲁塞尔》第一次公开展出时，国王阿尔贝特授封他为从男爵。他是对表现主义构成影响的人物之一。

恩图曼 Omdurman 苏丹中东部城市。位于青、白尼罗河汇合处紧下方左岸。1885年马赫迪战胜英国人前仅为一小村庄，马赫迪及其继承人阿布杜拉将其定为首都后迅速

恩图曼的马赫迪陵墓
Charles Beery-Shostal/EB Inc

发展。1898年被英埃军队占领，但仍继续发展成苏丹文化、宗教和商业中心。名胜有阿

卜杜拉故居(现已改为博物馆)和马赫迪陵墓。人口约4 518 000(2005)。

恩维尔帕夏　Enver Pasa(1881～1922)　土耳其军人和政治家。曾参与1908年青年土耳其党废除奥斯曼苏丹阿卜杜勒-哈米德二世的行动。1912年在利比亚任班加西行政长官。在第二次巴尔干战争(1913)中,任奥斯曼帝国陆军总参谋长。第一次世界大战时任国防部长。战后,作为凯末尔(土耳其之父)的竞争对手,他请求苏联帮助他推翻凯末尔政权,未能如愿(1920)。苏联答应帮助他组建突厥和穆斯林的中亚共和国,但他却参加了反对苏联的巴斯马赤暴乱,作战中被红军击毙。

儿歌　nursery rhyme　讲或唱给儿童听的诗歌。自古就有儿歌流传,但数量最大的儿歌产生在16、17和18世纪。很明显,大多数儿歌开始时是为成人娱乐的,许多像民谣和民歌。已知最早出版的合集是《汤姆歌曲集》(伦敦,1744),其中包括《小汤姆·塔克》、《唱一支六便士的歌》和《谁杀了雄知更鸟?》。影响最大的儿歌集是《鹅妈妈歌》(1781),其中包括《杰克和吉尔》、《丁当铃》和《让树梢上的宝宝快入梦乡》等。

儿童十字军　Children's Crusade(1212)　欧洲的宗教运动。在此次运动中有数千人,其中包括许多儿童和年轻人,准备用爱而不是靠武力从穆斯林手中夺回圣地。此次十字军的活动众说纷纭。根据一种说法(只有部分内容是准确的),一个叫斯特凡的法国牧童带领第一批大约3万名儿童,他曾在梦中见到了耶稣显灵;在马赛,他们被海运到北非的奴隶市场。一个德国男孩带领第二批十字军越过了阿尔卑斯山;仅有少数活下来的人到达罗马,罗马教皇英诺森三世解除了他们的誓言。虽然该运动以惨剧告终,但它激发起了宗教热情,促使进行第五次十字军东征(1217～1221)。

儿童文学　children's literature　为使儿童得到娱乐或教益而创作的文字作品。此类文学题材广泛,包括公认的世界文学经典、画册和浅显易懂的故事,以及童话、摇篮曲、寓言、民歌和其他重要的口传资料。作为一种有特点和独立的文学形式,儿童文学到了18世纪下半叶才开始出现,19世纪变得繁荣起来。在20世纪,由于大多数发达国家的教育普及,儿童读物几乎要与成人大众文学的多样性一决高下。

儿童心理学　child psychology　对儿童心理过程的研究。该领域有时被纳入发展心理学的范畴。数据的收集是通过观察、交谈、测验和实验方法得来的。主要的研究课题包括语言掌握和发展、运动技能、人格发展,以及社交、情感和智力的发展。19世纪末通过德国心理生理学专家W.普赖尔、美国心理学家G.S.霍尔和其他人的努力,该领域开始萌芽。在20世纪,心理分析学家A.弗洛伊德和克莱恩(夫人)置身于儿童心理学的研究,但影响最大的人物还是J.皮亚杰,他系统研究了童年学习的几个不同阶段,并描述出儿童的自我感知以及在每个阶段的阅历特征。

鸸鹋　emu　澳大利亚的平胸类鸟,是仅次于鸵鸟的现存第二大鸟类。身高超过1.5米,体重常超过45千克。普通鸸鹋(*Dromaius novaehollandiae* 或 *Dromiceius novaehollandiae*)

鸸鹋(*Dromaius novaehollandiae*)
V. Serventy-Bruce Coleman Inc./EB Inc.

是由殖民者所造成的几个绝灭类型中唯一的幸存者,体健壮,腿长。两性体羽均为褐色,头和颈暗灰。鸸鹋的跑速每小时可达50千米,被困时用三趾的大脚踢。鸸鹋终生配对,成小群取食果实和昆虫,有时会毁坏庄稼。

耳　ear　听觉和平衡觉器官。外耳通过耳道将声波振动传至张于耳道末端的鼓室。声波振动由此传至中耳。该处有三个听小骨连成的听骨链,将振动导至内耳。内耳耳蜗中

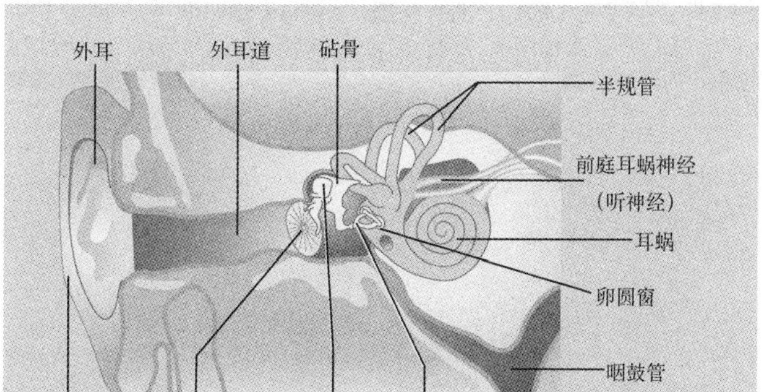

软骨的耳廓和耳道将声波导引至中耳。鼓膜张于耳道末端,随着抵达的声波一同振动。振动经由3块小骨(锤骨、砧骨、镫骨)传递至连接中耳与内耳的膜状卵圆窗。耳蜗是盘绕的管,里面充满液体,管的内壁衬以感受性毛细胞。卵圆窗的振动使耳蜗内的流体产生移动,刺激毛细胞的纤毛产生冲动,沿着听觉神经的分支前往大脑。咽鼓管从中耳通到鼻咽,使中耳和外耳的压力均等。充满液体的半规管参与身体的平衡作用,管内的细毛对身体运动造成的液体的改变作出应答,产生冲动传往大脑。
© 2002 MERRIAM-WEBSTER INC.

的液体刺激感觉毛细胞,产生神经冲动,并由听神经传至脑。内耳还是一个平衡觉器官:旋转后感到晕眩是因为身体静止后内耳半规管内的液体仍在运动,不停地刺激感觉毛细胞。咽鼓管连接中耳与鼻咽,因此感冒可由鼻咽通过咽鼓管扩散至中耳,婴幼儿尤其有此可能。最常见的失聪原因是耳硬化,此时中耳的耳骨之一失去振动能力,可用手术治疗。参阅聋和耳炎。

耳炎　otitis　耳的炎症。外耳炎是外耳道(有时也包括外耳)的皮炎,通常是细菌感染。临床表现为局部疼痛,分泌物有臭味,发热,阵发性耳聋。中耳炎是中耳因为变态反应或病毒、细菌感染而引起。细菌性中耳炎有急性和慢性。急性细菌性中耳炎的症状为耳痛、发热及耳道流脓。若侵蚀骨质(参阅乳突炎),则需手术治疗。内耳炎,常为上呼吸道感染、梅毒或中耳炎的并发症。症状包括眩晕、呕吐、听力丧失。若无化脓则常于数天后恢复,若已化脓则可能破坏内耳结构,以致该耳听力永久丧失。

二叠纪　Permian period　距今2.989亿～2.522亿年的一段地质年代。为古生代6个纪中最后的一个纪,在石炭纪之后。二叠纪时期,各大陆组合成了一个单一的超级大陆板块盘古大陆。干热的环境遍布大地,沙漠大面积扩展。生物沿着既成的路线继续进化。海生无脊椎动物进化成若干谱系。海水和淡水鱼类以及两栖动物茁壮生长。爬虫类进化为3个明显不同的类别:杯龙类、盘龙类和兽孔类。陆地植物从蕨类和种子蕨类进化为球果植物并适应了稍为干燥和排水良好的陆地条件。在二叠纪末期,发生了地球历史上最大规模的灭绝。

二噁英　dioxin　一类化合物的通称,是制造除草剂(如药剂橙)、消毒剂及其他药剂的不良副产品。由一对氧原子相连的两个苯环组成,环上的取代基是氯原子时,这个分子便带有毒性。其中著名的一种是2,3,7,8-TCDD。它的化学性质十分稳定,不溶于水但溶于油(因此积聚在人体脂肪中)。二噁英毒性对人体影响尚未定论,仍是一个继续研究的课题。

二分点　equinox　天文学名词,指一年中太阳恰在赤道上空,全世界昼夜等长的两个时刻,也指黄道(太阳的周年视轨迹)与天赤

道在天空相交的两点。春分点象征北半球春季的开始，大约在每年3月21日，这时太阳穿过天赤道向北运行。秋分点大约在每年9月23日，这时太阳穿过天赤道向南运行。有些天文坐标（如天体的赤经和黄经）是从春分点开始计量的（参阅**天球**）。参阅**至点**。

二甲基亚砜 dimethyl sulfoxide（DMSO） 无色几乎无味流体有机化合物，能以任何比例与水、乙醇及大多数有机溶剂混合。可溶解许多化合物（烃类除外）。二甲基亚砜轻易穿透皮肤和其他组织，用以携带药物和抗毒素渗透皮肤。它有许多工业用途：作溶剂、清洁剂、杀虫剂、洗涤剂、液力剂、低温下的电池防腐剂以及金属化合剂。

二进码 binary code 用于数字计算机的编码，以二进制数系为基础，只有两种可能的状态：开和关，通常以1和0表示。十进制系统用的是10个数字，每个数字位置代表10的次方（100、1 000等）；二进制系统每个数字位置代表2的次方（4、8、16等）。二进码符号是一连串代表数字、字符和执行运算的电子脉冲。一种叫做"时钟"的装置送出规律的脉冲，而由**晶体管**之类的组件负责切换开（1）或关（0）来接通或阻断脉冲。在二进码中，每个十进制数字（0～9）可用一组4个二进数字（或位）表示。四种基本的算术运算（加、减、乘、除）在二进制数中可全部简化为基本的布尔代数运算（参阅**布尔代数**）。

二十国集团 group of 20 英语简称G20。1999年成立的政府间国际组织，为工业化国家和发展中国家之间战略性的经济交流提供一个论坛。其兴起最初是对20世纪90年代晚期经济危机的反应。成员包括19个国家（阿根廷、澳大利亚、巴西、加拿大、中国、法国、德国、印度、印度尼西亚、意大利、日本、墨西哥、俄罗斯、沙特阿拉伯、南非、韩国、土耳其、英国和美国）以及欧洲联盟。每年的峰会由一个不同的成员轮流主办和主持。此外，也有可能另行举办突发事件峰会。类似于七国集团，二十国集团将其议题限于经济事务。

二十一点 blackjack 又称twenty-one。一种**扑克牌**游戏，参加者尽量使手中牌的总点数达到21点，或是接近21点，但不能超过，再和庄家比较总点数的大小以定输赢。使用52张一副或两副或更多的牌，放在一个牌盒里，A可当做1点或11点，有人头的牌一律算10点。根据所定规则，可于发牌前先下注；每个参加者拿到一张牌面向下的牌后即可下注；或在每个参加者拿到两张牌面向下的牌，而庄家摊开他的一张牌后下注。

二项式定理 binomial theorem 代数中指任意正整数幂的二项式$(x+y)$展开公式。简单的例子是$(x+y)^2$的展开式为$x^2+2xy+y^2$。一般来说，$(x+y)^n$展开为$(n+1)$项，其中各项中x的幂数从n递减至0，而y的幂数从0递增至n。这些项可以用分数$[n!/((n-r)!r!)]x^{n-r}y^r$来表示，其中$r$为从0到$n$的整数。

二氧化碳 carbon dioxide 一种无机化合物，无色略带刺鼻气味和酸味的气体。化学分子式CO_2。地球大气层次要组分（按体积约占0.03%）。在含碳物质燃烧、发酵和动物呼吸作用中形成。植物利用它进行碳水化合物的光合作用。大气层中的二氧化碳能避免地球所接收的辐射能的一部分返回空间，因而产生所谓**温室效应**。二氧化碳稍溶于水，生成弱酸性溶液。氨与二氧化碳在压力作用下反应形成氨基甲酸铵，然后转变成尿素。各种工业上应用的二氧化碳，是从烟道气中回收或作为制备氢气（用于合成氨）的副产品，或从石灰窑以及其他来源回收得到。二氧化碳可用作冷冻剂，用于灭火器，充气救生筏和救生衣、爆破采煤、泡沫橡胶和泡沫塑料。它能促进温室中植物生长，使动物在被屠宰前丧失活动能力，以及用于碳酸饮料中。点燃的镁可在二氧化碳中继续燃烧，但二氧化碳对大多数物质来说是不助燃的。人在二氧化碳浓度为5%的空气中长时间停留会昏迷或死亡。让液态二氧化碳膨胀到大气压力时，则自行冷却并有一部分冻结成干冰。

二元论 dualism 在哲学中，指以两类最基本的原则（有时是相互抵触的，有时是相互补充的）分析认识过程（认识论方面的二元论），或者解释所有现实或其主要方面（形而上学的二元论）。认识论方面的二元论包括：存在和思维、主体和客体等。形而上学的二元论包括：上帝和世界、物质和精神、身体和心灵、善和恶等。二元论和一元论及多元论都有所不同。一元论只承认一种原则，多元论则援用两种以上的基本原则。**琐罗亚斯德教**和**帕西人的宗教**和**摩尼教**是宗教二元论的最佳例子；东亚的阴阳理论则属相互补充的二元论。

F

F-15战斗机　F-15　又称 Eagle（鹰式战斗机）。麦道公司制造的美国双引擎喷气式战斗机。F-15战斗机在1974～1994年交付美国空军使用，也曾卖给美国的中东盟国。F-15战斗机的动力来自两具涡轮风扇发动机，可使飞机加速到音速的2倍。单座F-15战斗机装配一门20毫米旋转火炮，还有一排中、短程空对空导弹。在战斗轰炸机种（称为“击鹰式”飞机）里，另装一武器军官座，由其控制导弹及炸弹的释放。波斯湾战争期间，“击鹰式”飞机对伊拉克据点执行了多次夜间轰炸任务，实施了精确的打击。

F-16战斗机　F-16　又称 Fighting Falcon（隼式战斗机）。通用动力公司制造的单座、单发动机喷气式战斗机。1978年首先交付美国空军，现已卖给十几个国家。为满足军方所需生产的一种成本合算的轻型空对空战斗机。机身长15米，翼展9.5米。可加速至音速的2倍以上。武器装备包括一门20毫米旋转火炮，以及机翼和机身下携带的多种炸弹和导弹。

发光　luminescence　物质在不单是因温度升高而受激发光的过程。通常用紫外辐射、X射线、电子、α粒子、电场或化学能来引起激发。发射光的颜色（波长）是由材料决定的，而光强则取决于材料以及输入的能量两个方面。发光的实例有氖灯的发光、发光的表盘、电视和计算机的屏幕、荧光灯以及萤火虫。参阅荧光。

发光虫　glowworm　能连续或较长时间发光的爬行昆虫。与大多数萤火虫短时间发闪光有别。包括萤火虫的幼虫和雌虫（常是无翅）及某些蠓属的幼虫。分布广泛。其生物发光器的大小、数目、位置和构造各不相同，表明各品种的发光能力的演化起源亦不同。

发光二极管　light-emitting diode（LED）　在一定的电流之下，受电致发光的作用，能产生可见光或红外线的半导体二极管。可见光LED在许多电子装置里用作指示灯（如开关显示器），并且排列成矩阵，可以在字母数字显示屏上拼写出字母和数字。红外线LED可用于光电器件（如自动聚焦照相机和电视遥控器）和在一些远程光纤通信系统中作为光源。LED是与马砷化镓相近的所谓Ⅲ-Ⅴ族化合物半导体构成的。耗电极少，耐用且价廉。

发酵　fermentation　在无氧情况下可使呼吸出现的过程。在生物学上，这个过程中如葡萄糖之类的燃料分子进行无氧分解可使细胞获得能量。“酵解”（葡萄糖的分解）是发酵的一种形式。酒类发酵是酵母菌细胞把碳水化合物转化成乙醇和二氧化碳。在肌肉细胞、酵母菌、某些细菌和植物体内，发酵反应是常见的。糖转化过程中生成丙酮酸的反应都是相同的。参阅啤酒和葡萄酒。

发热　fever　又作 pyrexia。体温异常升高的现象，或以体温异常升高为特征的疾病。发热常与感染同时出现。口测的正常体温不会超过37.2℃，发热升至40.6℃时可使病人虚弱，最好使用阿司匹林、对乙酰氨基酚或其他退热药。体温达到或超过42.2℃时会引起惊厥，甚至危及生命。治疗发热首先要查明病因，然后对症下药。发热表现为对传染性疾病的防御，可刺激白血球和增加抗体的产生，并可能杀死或抑制那些生存温度范围很窄的致病细菌和病毒。

发身期　puberty　人类生理学指开始能够有性生殖能力的时期。女孩约出现在12岁，男孩约出现在14岁，以生殖器官的成熟、第二性特征的发育和女孩开始来月经为特征。男性和女性都会经历身高快速增长和体形与气质的变化。发身期标志着青春期的开始。

发音　articulation　语音学中指通过声道上下部位（喉、咽、口腔和鼻腔）的活动器官（如舌）与其他不活动器官（如上颚）的接近或接触所构成的声道形状。这种形状限制气流的通过而产生语音。发音部位包括舌、唇、牙齿和上齿龈、硬颚和软颚、小舌、咽壁和声门。主发音指发音部位如何通过收缩封闭来产生辅音，或是通过舌、唇形及喉的高度决定元音的发音。其他的发音可能用于产生次发音，如颚化音（舌前部接近硬颚）、闭塞音（全部或是部分封闭元音发音）和鼻化音（同时通过鼻腔和口腔排出空气）。

发育异常　dysplasia　某种身体结构或组织的畸形，一般多指可能发生于身体任何部位的骨骼畸形。有几种见于人类的发育异常就是已经确知的疾病。骨骺发育异常是在儿童发育期最常见的骨骺疾患，患儿骨骺的生长及骨化非常缓慢，常导致侏儒症，亦可能只见下肢短小，到中年常发展为退行性关节疾患。髋部发育异常是犬类的遗传性疾患，患犬股骨头及髋臼可表现一系列畸形。

发展心理学　developmental psychology　心理学的一个分支。研究发生在人生全过程的认知、动机、心理生理功能和社会功能的变化。在19世纪末和20世纪初，发展心理学家主要致力于儿童心理学，到20世纪50年代发展心理学家开始对人格变量与儿童教养之间关系的问题发生兴趣，还对青春期本身的问题发生兴趣。到20世纪末，发展心理学家对心理发展的所有层面和整个人生过程的变化进行探究。

发作性睡病　narcolepsy　一种睡眠失调的疾病，白天会突然不可遏制地入睡，而夜间睡眠则有障碍。此病通常开始于青少年期，或刚进入成年期。可能由某些脑的机能障碍引起。患者可能会在任何地方和任何时间入睡。例如，正在说话、吃东西或者开车时就突然入睡。这种睡眠通常只持续很短时间，很少超过1小时，病人很容易被唤醒。发作性睡病患者在入睡或苏醒过程中可能出现睡眠性麻痹，发作时病人头脑清醒，但在短时间内会完全不能活动。

伐林　deforestation　采伐林木的过程。伐林的速率在热带地区特别高，该处土壤质劣，只好采用定期采伐来获得新的土壤作为农耕之用。伐林会导致侵蚀、干旱、动植物物种绝灭，造成生物多样性流失、大气二氧化碳增加。许多国家进行无林地造林或重新造林计划来逆转伐林效应，或是增加可使用的林木。参阅温室效应。

法　dharma　即达摩。根据印度教义，法是支配个人和集体行为的宗教伦理规范，在《法经》（印度最古老的法律汇集）和《法圣典》（法律及习俗的汇编）中都有论述。佛教认为，法是佛陀所揭示的适用于任何时代任何人的普遍原理和真谛。法被视为构成佛教信仰要素的三宝之一。在耆那教哲学中，法象征道德和永恒的生活力量。

法贝尔　Faber, Lothar von（1817～1896）德国文具和美术用品制造商。他接手经营在巴伐利亚的祖传铅笔厂，把它发展为全球性的大公司，陆续在欧洲各地和美国设立分厂，1856年与俄国签订合同独家垄断当时西伯利亚东部开采的所有石墨。1849年弟弟约翰·埃贝哈德·法贝尔（1822～1879）移居美国，于1898年成立埃贝哈德·法贝尔铅笔公司。

法贝热　Fabergé,（Peter）Carl（1846～1920）原名 Karl Gustavovich。俄国金匠、珠宝首饰匠人和工艺美术设计家。曾留学欧洲和英国。父为圣彼得堡珠宝首饰商，1870年继承父业。不久，其设计的作品为欧洲各国及俄罗斯皇家争相购买。他专门加工金、银、孔雀石、翠玉、天青石和各种宝石等珍贵材料，风格大胆革新，不仅制造传统首饰，还创造不少光怪陆离的艺术品，多数具有法国路易十六时代的装饰艺术风格。他在莫斯科、基辅和伦敦都开设了独立作坊，最著名的是为亚历山大三世和尼古拉二世制作的珠宝饰复活节彩蛋。1917年十月革命后，他的作坊倒闭，他流亡国外，客死他乡。

法蒂玛　Fatima（约605～633）　又作 Fatimah。伊斯兰教创始人穆罕默德之女，后来受什叶派的崇敬。622年她随父亲从麦加迁移到麦地那，在那里嫁给表兄阿里。什叶派以他们所生之子哈桑和侯赛因·伊本·阿里为穆罕默德传统的合法继承人。法蒂玛的婚姻并不幸福，但在先知的调解下和好，她照顾生病的父亲直到他去世（632）。她与继任穆斯林领袖的艾卜·伯克尔在遗产问题上发生尖锐冲突,一年后她也过世。后来的传说增大了她一生的威严,法蒂玛王朝就是得自于她的名字。

法蒂玛 Fátima 葡萄牙中部村庄,圣母马利亚显灵的一个宗教圣地。自1917年5月到10月,3名村童报告说曾6次看见一个妇人幻影,自称为圣母。10月13日,就在那些小孩看见幻影后没多久,约有7万人见证到一种惊人的光影现象。1927年举行首次全国性朝圣仪式,1928年建教堂。教堂两侧为静修室和医院,面对建有显圣小教堂的广场,这里曾传出许多奇迹病愈的案例。

法蒂玛王朝 Fatimid dynasty(909~1171) 曾在北非和中东建立的一个政教合一的什叶派王朝。王朝成员自诩系出法蒂玛。他们是什叶派信徒,拒绝承认逊尼派阿拔斯王朝的哈里发,所以决定取而代之。他们把势力从也门扩张至北非和西西里,909年他们的伊玛目公开露面宣称成立新王朝。前四代法蒂玛王朝的哈里发的首都设在突尼斯,969年征服埃及后,修筑开罗城作为帝国新都。王朝在鼎盛时期控制了麦加、麦地那、叙利亚、巴勒斯坦和非洲红海沿岸。为了推翻阿拔斯王朝,法蒂玛王朝在阿拔斯领土内维系了一个宣教士和间谍网络。1057～1059年阿拔斯首都巴格达曾短时期宣称拥护法蒂玛的哈里发,但法蒂玛帝国的国运自此走向下坡,伊斯玛仪什叶教派最终证明并没有融于逊尼派穆斯林。哈里发的权势因十字军、土耳其人和拜占廷人的进攻,以及军队内部派系斗争而削弱了。阿萨辛派的崛起决定了帝国的命运,1171年最后一个哈里发去世。参阅萨拉丁。

法俄同盟 Franco-Russian Alliance(1894) 又作Dual Alliance。法俄政治、军事盟约,是第一次世界大战前欧洲基本联盟之一。发生战争时,法国在对德作战中需要支援,俄国对奥匈帝国的战争也需要援助。为了保密,同盟是通过书信交换签订的,只要对方的三国同盟存在,就一直生效。法俄同盟于1899和1912年两次续订,并得到进一步加强。

法厄同 Phaethon 希腊神话中,太阳神赫利俄斯和仙女的儿子。由于他被人说成是私生子而感到受了嘲弄,于是向父亲请求允许他驾驭天车遨游天空一日,以证明赫利俄斯是他的父亲。结果法厄同无法控制马匹,在天空中画下一道裂缝成为银河后,又把车驶近地球,几乎把地球烧毁。宙斯为了防止他酿成更大的灾祸,掷出一道雷电将其击死。

法恩斯沃思 Farnsworth, Philo T(aylor)(1906～1971) 美国工程师,发明电视机的先驱。1927年成功地利用电子设备传输了第一张图片。到1930年一直在改进一种电子显像管——析像管,并向其竞争对手美国无线电公司(RCA)的发明家V.兹沃尔金展示。在20世纪30年代,法恩斯沃思陷入了与RCA的法律纠纷之中,双方都坚称电子电视是自己的发明。1939年,RCA同意向其支付版税,作为专利许可协议的部分条款。同年,RCA引入了首套成功的电视系统。法恩斯沃思继续申请了许多其他的专利,但他一直未能在经济上取得成功,也未被看作是电视机的主要发明者。

法尔内塞家族 Farnese family 意大利贵族世家,1545～1731年统治帕尔马和皮亚琴察公国。以族中政治家和军人辈出而著名,特别是在14、15世纪,也以善用政治联姻而出名。1545年教皇保罗三世(法尔内塞家族的一员)从教皇领地中把帕尔马和皮亚琴察独立出来,建为公国。第一代公爵皮耶尔·卢伊季·法尔内塞(1503～1547)是他的私生子。其继承人奥塔维奥·法尔内塞(第二代公爵,1542～1586)定帕尔马为首府,巩固了家族势力。第三代公爵A.法尔内塞曾任西属尼德兰的摄政,也只是名义上的公爵。他的儿子拉努乔一世(1569～1622)和孙子奥多阿尔多一世(1612～1646)因在三十年战争中参与多次毫无决定意义的战役和外交活动而欠下沉重的债务。1649年教皇英诺森十世指责法尔内塞家族的人谋害一位教士,并没收这块封地。拉努乔二世(1630～1694)于是宣战,但被打败,公国苟延残喘地留了下来。弗朗西斯科·法尔内塞(1678～1727)力图挽救公国没落的命运,但唯一获得重要成功的是把他的侄女伊丽莎白·法尔内塞嫁给西班牙国王腓力五世(1714)。1731年公国自末代公爵安东尼奥(1679～1731)手中传给伊丽莎白的儿子,即未来的西班牙国王查理三世。

法夫 Fife 苏格兰东部行政区和历史区域。古代为匹克特人的王国,后为苏格兰王国主要省份之一和7个伯爵领地之一。现代的法夫东北部为农业区,西南为工业区。法夫的工业长期以来依赖采煤业,但现在已有制造业和轻工业。行政中心是格伦罗西斯。人口约349 249(2001)。

法国 France 全称French Republic(法兰西共和国)。西北欧国家,包括科西嘉岛。面积:543 965平方千米。人口:约63 853 000(2013)。首都:巴黎。主要人口为法兰西人。语言:法语(官方语言)。宗教:基督教(主要是罗马天主教,亦有新教)、伊斯兰教和犹太教。货币:欧元。有广袤的平原、河流和数座山脉,包括比利牛斯山脉和阿尔卑斯山脉。法国的气候大体温和。约有一多半土地适于农耕。森林约占土地面积的1/4,多未经开发。法国经济发达,为混合型经济,多为小企业。法国是世界上主要经济强国之一。为欧洲共同体(参阅欧洲联盟)创始会员国之一。两院制。国家元首是总统,政府首脑为总理。自中世纪起法国就对世界文化的发展发挥着重要作用。考古发掘显示自旧石器时代起法国即有人类居住。公元前5世纪,高卢人从莱茵河谷向南进入到现在法国的地中海海岸。约公元前600年,爱奥尼亚的希腊人在今马赛等地建立了一些定居点。公元前50年,J.凯撒完成了对高卢的征服。6世纪时,受萨利安法兰克人统治。至8世纪,大权落入加洛林王朝之手,其最伟大的人物是查理曼。百年战争(1337～1453)后法国收回曾被英国占领的领土。至15世纪末,法国疆界已大体与现代法国相同。16世纪的标志是新教徒(胡格诺派教徒)与天主教徒之间的宗教战争。亨利四世颁布南特敕令(1598),给予实质上的宗教自由,但于1685年被路易十四撤销,将王权至上制度在法国推向新的高度。1789年法国大革命宣布人权并消灭了旧政权。拿破仑统治法国时期(1799～1814/1815)版图得以扩大。之后,君主政体得到恢复,再后为第二共和国(1848～1852)。而拿破仑三世的统治则一直延续到1871年第三共和国建立。第一次世界大战(1914～1918)破坏了法国北部地区。第二次世界大战期间,纳粹德国侵入法国后,在维希成立了以贝当元帅为首的傀儡政府。法国在1944年被盟军及自由法国军队解放。第四共和国建立后,法国又恢复了议会民主政治。20世纪50年代,印度支那耗资巨大的战争和法国殖民地民族主义的兴起,使第四共和国穷于应付。1959年1月,C.戴高乐成为第五共和国的首位总统,他主持解决了大多数法国海外殖民地问题(参阅法属赤道非洲和法属西非)。1981年法国选出第一位社会党总统F.密特朗。从1986年到21世纪初法国政府多次共同执政,即总统和总理分别来自不同的政党。1896年首次参加在雅典举办的夏季奥运会。巴黎分别在1900和1924年两次举办夏季奥运会。该国举办过冬季奥运会的城市分别为沙莫尼(1924)、格勒诺布尔(1968)和阿尔贝维尔(1992)。

法国国王(至1795年)

加洛林王朝	
查理曼	768～814
路易一世	814～840
查理二世	843～877
路易二世	877～879
路易三世	879～882
卡洛曼	879～884
查理三世	884～887
罗贝尔(卡佩)王朝	
厄德	888～898
加洛林王朝	
查理三世	893/898～922
罗贝尔(卡佩)王朝	
罗尔尔一世	922～923
鲁道夫	923～936
加洛林王朝	
路易四世	936～954
洛泰尔	954～986
路易五世	986～987
卡佩王朝	
卡佩	987～996
罗贝尔二世	996～1031
亨利一世	1031～1060
腓力一世	1059/1060～1108
路易六世	1108～1137
路易七世	1137～1180

续表

腓力二世	1179 ～ 1223
路易八世	1223 ～ 1226
路易九世(圣路易)	1226 ～ 1270
腓力三世	1270 ～ 1285
腓力四世	1285 ～ 1314
路易十世	1314 ～ 1316
约翰一世	1316
腓力五世	1316 ～ 1322
查理四世	1322 ～ 1328
瓦卢瓦王朝	
腓力六世	1328 ～ 1350
约翰二世	1350 ～ 1364
查理五世	1364 ～ 1380
查理六世	1380 ～ 1422
查理七世	1422 ～ 1461
路易十一	1461 ～ 1483
查理八世	1483 ～ 1498
瓦卢瓦王朝(奥尔良旁支)	
路易十二	1498 ～ 1515
瓦卢瓦王朝(安古莱姆旁支)	
弗兰西斯一世	1515 ～ 1547
亨利二世	1547 ～ 1559
弗兰西斯二世	1559 ～ 1560
查理九世	1560 ～ 1574
亨利三世	1574 ～ 1589
波旁王朝	
亨利四世	1589 ～ 1610
路易十三	1610 ～ 1643
路易十四	1643 ～ 1715
路易十五	1715 ～ 1774
路易十六	1774 ～ 1792
路易十七	1793 ～ 1795

法国大革命　French Revolution　1787 ～ 1799 年间震撼法国的革命运动，这场革命结束了法国的旧秩序。革命的起因包括不能充分供养的人口太多；将日益扩大的资产阶级排除在政治权力之外；农民不愿支持封建制度；法国参加美国独立战争，而战争使经济危机更加严重。1787 年增加特权者赋税，酿成了危急的局势。1789 年路易十六召开三级会议，由教士、贵族和第三等级组成。第三等级力图通过改革，并在网球场集合，宣誓如不制定新宪法，他们绝不离开。国王终于作出让步，成立国民议会，但是“贵族阴谋”的消息引起 1789 年 7 月的大恐慌；7 月 14 日，巴黎民众攻进巴士底狱。国民议会拟订新的宪法，发表《人权和公民权利宣言》，声明自由、平等、博爱。1791 年的宪法建立了一个短命的君主立宪政府。国民议会将教会地产收归国有以清偿公共债务，并改组教会。路易十六企图逃出法国，但在瓦雷讷被截，押回巴黎。新民族主义的法国于 1792 年 4 月向奥地利和普鲁士宣战，开始了法国革命战争。1792 年革命者在土伊勒里把王族关入监狱，杀死贵族和教士。新的议会，即国民公会分裂成吉伦特派和极端分子的山岳派，于 1792 年 9 月宣布废除君主制，建立第一共和国。路易十六受到国民公会审讯，以叛国罪判处死刑，并于 1793 年 1 月 21 日处决。山岳派夺得权力，他们实行极端的经济和社会政策，引起了强烈的反抗，包括旺代战争和市民暴乱。但是恐怖统治把反抗分子镇压下去。1794 年的军事胜利改变了公众的情绪，M. 罗伯斯比尔于共和 2 年热月 9 日在国民公会中被推翻，次日被送上断头台。保王党想在巴黎夺权，但是共和 4 年葡月 13 日(1795)被拿破仑粉碎。国民公会通过的宪法规定：行政权由 5 人督政府行使。督政府内部的斗争与分裂形成对立。后来通过政变(主要是果月十八日政变和雾月 18 ～ 19 日政变)才得到解决。拿破仑推翻了督政府，并成为第一执政官。参阅救国委员会、《1795 年宪法》、C. 科黛、科德利埃俱乐部、G. 丹东、斐扬俱乐部、雅各宾俱乐部、J.-P. 马拉、玛丽-安托瓦内特和 L. de 圣茹斯特。

法国共和历　French republican calendar　法国大革命时期采用的一种记日系统，始用于 1793 年。它试图用一种更科学、更合理的历法系统来取代格列高利历，并割断同基督教的联系。历元定在格列高利历的 1792 年 9 月 22 日秋分。在法国共和历的 12 个月中，每月都包含 3 旬(以代替星期)，每旬 10 日，年末是集中在一起的 5 个增日(闰年是 6 个增日)。12 个月的名称依次是：葡月、雾月、霜月、雪月、雨月、风月、芽月、花月、牧月、获月、热月、果月(所有的名称取自自然现象)。1806 年 1 月 1 日，拿破仑政权又恢复格列高利历。

法国国家图书馆　Bibliothèque Nationale de France　法国最重要的图书馆，也是世界上最古老的图书馆之一。是法国第一所皇家图书馆，国王图书馆建自查理五世(1364 ～ 1380 年在位)时期，但后来解散；另一个在路易十一(1461 ～ 1483 年在位)时期建立。自 1537 年起，法国每出一种出版物都要送一本给该图书馆。16 世纪晚期从枫丹白露迁移至巴黎，1692 年对外开放。1795 年更名为法国国家图书馆，通过大革命时期的拨款和拿破仑的强取豪夺，其藏书得以扩增。1995 年搬到新址，新馆的设计颇具争议性，现在那里存放了国家图书馆的全部书籍(逾1 200万册)、期刊和杂志。

法国摄政时期风格　Régence style　约 1710 ～1730 年间法国风格的装饰艺术，奥尔良公爵腓力二世在法国摄政期间发展起来。它标志着从庞大直角式家具的路易十四风格过渡到洛可可式的路易十五风格。作为对路易十四宫廷浮华奢侈的反应，更小的、更亲切的房间取代正式的国家大厅，但也要求更雅致的风格。精巧的摄政时期家具避免了笨重而平淡的雕琢装饰，而代之以曲线纹饰，往往带叶簇和花束，四周是飘动的缎带和蝴蝶结。胡桃木、红木和桃花心木作饰面，对比之下显得富丽风雅。新品味中还采用了复杂的黄铜窗花格以及乌木上用玳瑁壳镶嵌的细工。有屉柜和写字台都是在这个时期开始有的。

法国新闻社　Agence France-Presse (AFP)　简称法新社。法国合作新闻社，以巴黎为基地，它的前身是 1832 年创建的哈瓦斯编译事务所。1835 年事务所改为哈瓦斯通讯社，成为世界上第一家真正的通讯社。在 1940 年德国占领法国前，哈瓦斯通讯社一直很活跃，德国占领后新闻社大批工作人员转入地下。1944 年巴黎解放后，地下新闻工作者出来组建法新社。战后法国政府把哈瓦斯通讯社财产转交给法新社，使得法新社很快就成为世界主要通讯社之一。

法拉比　Farabi, al-(878？ ～约 950)　全名 Muhammad ibn Muhammad ibn Tarkhan ibn Uzalagh al-Farabi，拉丁名 Alpharabius 或 Avennasar。中世纪穆斯林伟大的哲学家之一。出生于突厥斯坦，他的父亲可能是哈里发的一个贴身突厥卫士，幼年在巴格达长大。自 942 年起随赛义夫・达拉亲王任职，终其一生。法拉比的哲学思想受到当时巴格达学术界盛行的希腊哲学影响，尤其是亚里士多德学说，认为人的理性优于天启，宗教是用象征的方法向他们灌输真理。他像柏拉图一样认为哲学家的工作是指引治国之道。著作超过 100 多部，最有名的是《道德城市市民的理念》。

法拉格特　Farragut, David G(lasgow)(1801 ～ 1870)　美国海军军官。出生于田纳西州诺克斯维尔附近。早年参加 1812 年战争，1824年第一次担任指挥官。南北战争

法拉格特

By courtesy of the Library of Congress, Washington, D. C.

期间，他指挥联邦舰队封锁墨西哥湾西部；在新奥尔良战役中夺得该港，切断南方邦联的补给线。1863 年为维克斯堡战役取得胜利给予重要帮助，使密西西比河纳入北方联邦控制。1864 年在莫比尔湾战役攻击成功，率领他的船舰突破水雷或鱼雷的封锁，下令“鱼雷去他的，全速前进！”直逼湾内要塞。1866 年晋升海军上将。

法拉坎　Farrakhan, Louis(1933～　　)　原名 Louis Eugene Walcott。美国宗教领袖。生于纽约市。1955 年加入伊斯兰民族组织，一度曾在波士顿协助马尔科姆・艾克斯。后来马尔科姆・艾克斯皈依伊斯兰教的逊尼派，法拉坎指责并取代马尔科姆成为哈勒姆区第七号清真寺的神职领袖。马尔科姆 1965 年被暗杀，法拉坎后来对他自己的敌对行为表示懊悔。直到 W. 狄恩・穆罕默德继任 E. 穆罕默德的位置，成为伊斯兰民族组织

的领袖,逐渐将各种组织整合为正统的穆斯林社群之后,法拉坎脱离出来,并于1978年成立他自己的组织,也取名为"伊斯兰民族组织"。他是一位令人信服的演说家,鼓励黑人自立和团结。他也是1995年在华盛顿举行的"百万人踏步走"活动的主要组织者。2000年法拉坎和穆罕默德相互承认为穆斯林兄弟,随后法拉坎领导的组织更靠近正统的穆斯林并使他的种族言论变得比较温和。

法拉沙人 Falasha 信奉犹太教的埃塞俄比亚人。法拉沙人自称系出以色列王室,是示巴女王与所罗门王之子曼涅里克一世的后裔。但实际上他们的祖先可能是埃塞俄比亚当地的阿高人,是阿拉伯半岛南部的犹太人使他们改变信仰。4世纪时,埃塞俄比亚王国皈依基督教后,法拉沙人仍保持虔诚的犹太教信仰,因此受到迫害,不得不撤至埃塞俄比亚北部的塔纳湖周围地区。尽管他们并不知道《塔木德》,但信徒严格遵守摩西律法并信守犹太教节日传统。1975年以色列犹太教法师确认法拉沙人是犹太教徒,1980～1992年,约有4.5万法拉沙人迁徙至以色列,可能只有几千人还留在埃塞俄比亚。

法兰克福(美因河畔) Frankfurt (am Main) 德国西部美因河畔城市。公元1世纪曾是罗马人军事据点。9世纪为加洛林王朝宫邸直到中世纪。1372～1806年成为帝国自由城市。在拿破仑统治下曾失去地位,1815年恢复为自由城市。1816～1866年为德国首都。1866年被普鲁士兼并。第二次世界大战中,一度为中世纪德国最大城市的旧城大部被破坏,但有些具有历史意义的建筑物地标未受损,包括红砂岩教堂(1239)。自1240年,法兰克福开始举办国际贸易博览会,现代每年举办的图书博览会、汽车博览会和计算机博览会很受欢迎。在该城的产品中除机械、印刷器材外,还有著名的法兰克福高质量香肠。这里是W. von歌德的出生地。人口约641 076(2002)。

法兰克福学派 Frankfurt School 德国美因河畔法兰克福社会研究所的一群研究人员。该所于1923年由F. J. 韦伊、C. 格林贝格、M. 霍克海默以及F. 波洛克创建。曾被纳粹关闭,1949年恢复。虽然原先设想为新马克思主义社会研究的中心,但所有参加的人并没有共同的信条。在学术上他们尽最大力量研究的是G. W. F. 黑格尔和青年黑格尔派(参阅黑格尔主义),以及I. 康德、K. 马克思、W. 狄尔泰、F. 尼采和S. 弗洛伊德的著作。法兰克福学派的主要思想家有T. 阿多诺、W. 本亚明、H. 马库泽和J. 哈伯玛斯。参阅批判理论。

法兰克尼亚 Franconia 德语作Franken。德国中南部的前德意志公国。中世纪时期为公国,843年后成为前加洛林帝国的德意志部分。加洛林家族断续后,其公爵当选为第一个德意志国王,称康拉德一世。后划分为莱茵法兰克尼亚(西部)和东法兰克尼亚。在12世纪,法兰克尼亚仅指东法兰克尼亚。该名称曾于1806年废除。1837年巴伐利亚国王恢复旧名,将其分为几个省。现为巴伐利亚州的一部分。

法兰克人 Frank 5世纪时入侵西罗马帝国的操日耳曼语的民族。3世纪时生活在莱茵河东岸,受到罗马文明的影响。于494年征服北部高卢,507年又降服南部高卢。他们的领袖克洛维一世皈依基督教后,促使各部族团结为一个民族。法兰克人建立了中世纪初最强大的王国之一,统治范围包括现法国(以此得名)、比利时和德国西部的地区。法兰克王国于10世纪解体。

法兰士约瑟夫地群岛 Franz Josef Land 俄语作Zemlya Frantsalosifa。巴伦支海东北部191个岛屿组成的群岛。是俄罗斯最北端的领土,也是东半球最北端的陆地。面积20 720平方千米,有一系列低地。85%的地面为冰所覆盖。气候严寒,动物有北极熊和北极狐,以及大量鸟类。1926年被苏联兼并,建有常设气象站。

法兰西喜剧院 Comédie-Française 法国国家剧院,世界上最早建立的国家剧院。成立于1680年,是将巴黎两所剧院合并而成,其中一所是莫里哀领导过的剧院。法国大革命引起剧院内部分裂,其中一组于1791年在杰出演员C.-J. 塔尔玛领导下,在法兰西喜剧院现址另建总部。1803年,法兰西喜剧院再次改组。1812年由拿破仑组建,在剧院组织领导下,剧院成员分享责任和利润。剧院的杰出演员包括S. 伯恩哈特、J.-L. 巴劳尔等人。该剧院虽然以演出法国古典剧种闻名,但也表演当代戏剧。

法兰西行动 Action Française 20世纪初法国一个有影响力的右翼反共和团体,由同名报纸《法兰西行动》推展其观点。在C. 莫拉斯的带领下,他们展开运动,反议会制、反犹太人,并在A. 德雷福斯事件的启发下强烈拥护民族主义。第一次世界大战期间民族主义情绪高涨,故战后法兰西行动臻于鼎盛。但到1926年,它受到教皇的公开谴责,遭到严重的挫折。后因与通敌的维希政府有联系而名誉扫地,第二次世界大战后不复存在。

法兰西学院 Académie Française 法国文学院。1634年由枢机主教黎塞留建立,目的是维护文学鉴赏标准,并确立文学语言。在现代,它一直在努力(有点可笑地)将法语中的外来词清除出去。院士人数以40人为限。虽然文学院很保守,但院士中却包括法国文学中许多名人,如P. 高乃依、J. 拉辛、伏尔泰和V. 雨果等。

法兰西银行 Banque de France 法国的国家银行,1800年成立,旨在法国革命时期的金融动荡结束后恢复人们对银行系统的信心。拿破仑为创办的股东之一。主要负责制定和实施法国的货币和信贷政策以及银行系统的正规运作。该行也被特许发行钞票。参阅中央银行。

法朗士 France, Anatole(1844～1924) 原名Jacques-Anatole-François Thibault(雅克-阿纳托尔-弗朗索瓦·蒂波)。法国小说家和评论家。其讽刺和文雅的怀疑主义特征,在他的早期作品中即有所反映,如《希尔维斯特·波纳尔的罪行》(1881)和《蹼掌女皇烤肉店》(1893)。他的尖锐讽刺和人道关怀呈现在后来的许多作品中,如4卷集《现代史话》(1897～1901)。其最后一卷《贝日莱先生在巴黎》(1901)反映了他对A. 德雷福斯的支持。喜剧《克兰克比尔》(1903)表明他仇视资产阶级秩序,这导致他拥护社会主义。最后接受了共产主义。1921年获诺贝尔奖。

法老 pharaoh 从大约公元前1500年开始用于埃及国王的称谓。法老被看作是神,甚至在死后也保持着他们神圣的地位。法老的旨意是至高无上的,在维齐的帮助下,他根据王室法令进行统治。然而普通百姓仍依据其所作所为来评价一个法老;许多法老受到批评、被密谋反对,甚至被废和被杀。参阅阿肯那顿、阿孟霍特普三世和图特安哈门。

法里内利 Farinelli(1705～1782) 原名Carlo Broschi。意大利阉人歌手。在被阉割后,拜作曲家N. 波尔波拉(1686～1768)为师,学声乐,1720年初次登台演唱。以清纯有力的嗓音和精湛熟练的技巧闻名,1734年波尔波拉说服他前往伦敦发展,他在那里成为当时最伟大的歌剧巨星。1747年放弃舞台表演,到马德里为害病的国王腓力五世演唱歌曲以解其忧。法里内利掌管宫廷音乐的事务,投身于花费高昂的项目。1759年退休到博洛尼亚,常在他的豪宅内接待显赫人士,其中包括约瑟夫二世和W. A. 莫扎特。

法里雅 Falla, Manuel de(1876～1946) 西班牙作曲家。曾随F. 佩德雷尔学作曲,怀有强烈的音乐民族主义。第一部成功作品是歌剧《人生短暂》(1905)。1907～1914年在巴黎生活,受到C. 德彪西、M. 拉威尔等音乐家的影响。1915年写出节奏强烈的西班牙芭蕾舞剧《爱情魔法师》,使他名噪一时。1938年左右因西班牙内战而远走阿根廷,从此一去不回。其他作品包括《西班牙庭园之夜》(1915)组曲、《三角帽》(1919)、木偶歌剧《彼德罗先生的木偶剧》(1923)、《拨弦键琴协奏曲》(1926),以及一部未完成的圣乐。他被认为是近几个世纪以来西班牙最伟大的作曲家。

法理学 jurisprudence 有关法律的科学或哲学。法理学可区分为3个支派:分析的、社会学的和理论的。分析派阐明公理、定义名词及规定方法,以使人们将法律秩序视为内在一致的逻辑系统。社会学派检视法律在社会中的实际影响,并检视社会现象对法律的实质面及程序面的影响。理论派则在为法律设定的理想或目的方面对法律进行评估以及作出批判。

法利赛人 Pharisee 巴勒斯坦犹太教一派的成员,大约出现在公元前160年,是撒都该人的对立面。法利赛人主张犹太教的口头戒条和托拉一样有效。他们为犹太教大众化而奋斗,认为对上帝的崇拜不能只局限于耶路撒冷圣殿,力主犹太会堂也可成为宗教礼拜场所。他们坚信必须用理智来诠释托拉,并将之运用于当代问题上,现在这已成为犹太神学的基础。

法隆寺 Hōryū-ji 又作 Hōryū Temple。日本奈良附近的佛教寺院,里面有世界上最古老的木结构建筑。飞鸟时代由圣德太子于607年建立,670年毁于大火,约680～708年重建,保留了有屋顶的封闭式长方形回廊的中门、五重佛塔和金堂(大殿)。

法鲁克一世 Farouk I(1920～1965) 阿拉伯语作 Faruq Al-Awwal。埃及国王(1936～1952)。福阿德一世(1868～1936)之子,曾在埃及和英国求学,1936年即位。施政时受到国内政敌的多方阻挠。他与军方关系疏离,尤其是在被以色列打败之后(1948),这是导致他垮台的原因。1952年G. A.纳赛尔领导的一次军事政变迫使他退位。他的尚在襁褓中的儿子福阿德二世继承了王位。但1953年,埃及就成为一个共和国。

法律 law 被社会公认具有约束力的社会习俗、惯例和行为法规构成的学科与专业,规则主体的强制性是法典由具有控制权的当权者,如长老、摄政、法庭、陪审团等施行。比较法学则是研究不同法律体系之间的差异、相似及相互关系。法律施行及研究的重要领域包括:行政法、反托拉斯法、商业法、宪法、刑法、环境法、家庭法、医疗法、移民法、知识产权法、国际法、劳动法、海事法、程序法、财产法、公共利益法、税法、信托与资产、侵权行为等。参阅盎格鲁-撒克逊法律、教会法、民法、普通法、日耳曼法、印度法、伊斯兰教法、以色列法、日本法、法理学、军法、罗马法和苏格兰法。

法律冲突 laws, conflict of 在案件中,不同国家或管辖区有关当事人双方权利可适用的法律相互抵触或矛盾。为了有助于解决哪一套法律可用于某特定案件,哪一种司法系统最适合审判该案件,以及外国应尊重或执行审判结果的程度,如今已制定出规则。

法罗群岛 Faeroe Island 又作 Faroe Islands。大西洋岛群,位于不列颠群岛北方,为丹麦王国一自治区。由17个有居民的岛和众多小岛和岩礁组成,面积1 399平方千米。最大岛是斯特勒姆岛,首府托尔斯港位于此岛。岛屿地势高耸崎岖,海岸线非常曲折,有峡湾。经济以捕鱼和牧羊业为主。约公元700年,爱尔兰僧侣最早移居这里。公元800年左右,为北欧海盗的殖民地。11世纪起受挪威统治,1380年转属丹麦。1946年寻求独立未果,但于1948年获得自治。人口约45 000(2000)。

法洛皮奥 Fallopius, Gabriel(1523～1562) 意大利语作 Gabriello Fallopio。意大利解剖学家。对耳和生殖器官的认知作出重大贡献。他对尸体解剖的观察,概括在《解剖学观察》(1561)一书中。他发现了连接卵巢与子宫的输卵管和脑与面部的几处主要神经。他描述了耳内的半规管,并命名了阴道、胎盘、阴蒂、腭及耳蜗。他和A.维萨里推翻许多加伦理论,对文艺复兴时期的医学发展有着重要贡献。

法明顿河 Farmington River 利比里亚西部河流,是该国唯一具有商业价值的河流。发源于邦山,向西南流经120千米注入大西洋。从河口至哈贝尔16千米一段可通航,橡胶经哈贝尔港转运至蒙罗维亚出口。

法默 Farmer, Fannie(Merritt)(1857～1915) 美国烹饪专家。生于波士顿。1894年成为波士顿烹饪学校的教务长,1896年出版《波士顿烹饪学校烹饪手册》。由于将烹制方法与计量标准化,该书成为最畅销的烹饪书之一。该书的现代版本取名《范妮·法默烹饪手册》。1902年创办法默女士烹饪学校,课程设计是为了家庭主妇而非烹饪老师。

法宁格 Feininger, Lyonel (Charles Adrian)(1871～1956) 美裔德籍画家。出生于纽约市,1887年到德国学音乐,后来反而学绘画。1910年前后在立体主义的影响下,形成个人独特风格,利用绚丽的色彩画出互相渗透的色面,用以描绘建筑或海洋主题。1913年在柏林曾与青骑士派一起展出作品。后来成为包豪斯设计学校具有影响的教师(1919～1933)。其作品是艺术、科学和技术的结合,最有名的是为德国表现主义带来新的构图法则和抒情的着色方法。在纳粹掌权后,他回到美国。他是摄影家A.法宁格的父亲。

法农 Fanon, Frantz (Omar)(1925～1961) 法国(西印度)精神分析学家和社会哲学家。出生于马提尼克岛。第二次世界大战期间在法军中服役,后取得医学学位。在阿尔及利亚医院任精神病科主任,并主编民族解放阵线的机关报(1956年起)。1960年被反抗法国当局的临时政府任命为驻加纳大使。曾发表《大地的不幸者》(1961),鼓励殖民地人民用暴力反对欧洲压迫者以达到"集体净化",摆脱屈辱处境。36岁时死于白血病。

法然 Honen(1133～1212) 原名 Seishimaru(势至丸)。日本佛教领袖。在天台宗中心比叡山受业,接触到中国佛教的净土教义,宣称专念阿弥陀佛即可往生西方净土,后来成为日本净土宗的创始人。法然认为实际上人不可能靠己力解悟圣道,1175年他宣称专念阿弥陀佛是往生西方净土唯一途径。法然后来在京都定居,并收授门徒(包括亲鸾)。后来被其他佛教徒陷害,于1207年被逐往四国,但在1211年重返京都。

法属波利尼西亚 French Polynesia 原称 French Oceania。法国海外领地。位于太平洋中南部,面积4 000平方千米。由130个岛屿组成,分为5个群岛:社会群岛、土阿莫土群岛、甘比尔群岛、马克萨斯群岛和南方群岛(即土布艾群岛)。社会群岛的塔希提岛最大。首府是位于塔希提岛的帕皮提。2/3以上人口居住在塔希提岛。19世纪40年代为法国所控制,80年代成为法国大洋洲殖民地。第二次世界大战后成为法国的海外领地。1977年允许部分自治。人口约263 000(2008)。

法属赤道非洲 French Equatorial Africa 前称 French Congo(法属刚果)。非洲中西部前法国属地的联邦,存在于1910～1959年间,首都布拉柴维尔。1960年独立,其中的乌班吉-沙里(乍得在1920年并入乌班吉-沙里)成为中非共和国和乍得共和国;中刚果成为刚果共和国;加蓬成为加蓬共和国。

法属圭亚那 French Guiana 法语作 Guyane Française。法国的海外省,位于南美洲的东北海岸。面积86 534平方千米。临大西洋,与巴西、苏里南接壤。首府为卡宴。人口约241 000(2013)。法属圭亚那大部分地势较低。南边为高山和一片沼泽海岸平原,马罗尼河形成法属圭亚那同苏里南的边界,法属圭亚那人口中主要是克里奥尔人。主要语言为法语(官方语言)和克里奥尔语。90%的人口信奉天主教。原由西班牙人、法国人和荷兰人定居在此地。1667年该地归属法国,1877年该地居民成为法国公民,1852年,法国开始把该地用作罪犯的服刑地,特别是臭名昭著的魔鬼岛。1946年成为法国的一个省。1953年服刑地被废除。

法属西非 French West Africa 非洲西部前法国属地的联邦。包括今独立的贝宁、布基纳法索、几内亚、科特迪瓦、马里、毛里塔尼亚、尼日尔和塞内加尔。首都为达喀尔。1895年建立,1958～1959年解散。1960年前后这些殖民地都成为独立的共和国。

法属印度支那 French Indochina 1950年以前东南亚印度支那半岛东部地区的旧称。1893年法国占据该地区,建立印度支那联邦进行统治。第二次世界大战期间被日本占领,1945年越南成为自治国。日本投降后,越盟在胡志明领导下宣告成立越南共和国。法国重又占领老挝和柬埔寨,成立印度支那联邦。不久爆发了第一次印度支那战争,法国正式批准了1949～1950年签订的条约,承认越南、老挝和柬埔寨是法兰西联邦内的独立国家。这个地区在1954年日内瓦会议后才真正独立。

法术 magic 据说可以动员某种超自然的力量以影响自然力的仪式或活动(如符咒或咒语)。它是许多宗教的核心,在许多无文字的文化形态中扮演着重要的社会角色。法术与宗教的区别在于法术较为非人格化,有较多机械性,更强调技巧。其技巧一般认为是达到某种目的的手段(例如使敌军溃败、下雨等),但也有一种观点认为这种活动具有更为象征性和更有表现力的特征。因此求雨的仪式往往既是祈求降雨,又强调雨的象征意义及与此相关的农业活动。术士和法术仪式经常都是围绕着禁忌、净化程序和其他活动进行的,吸引参与者进入法术的境界。在西方传统中一直都有法术,过去一直都是和异教徒、炼金术士、女巫和魔法师等连在一起的，而现在则和撒旦崇拜等活动有关。魔术表演（有时称为戏法）靠的就是手法敏捷和类似的其他方法。参阅萨满、伏都教、巫术和法道。

法斯宾德 Fassbinder, Rainer Werner（1946～1982） 德国电影导演、作家、演员。曾参加慕尼黑的先锋派戏剧运动。1967年与人合办"反戏剧"剧团。1969年拍摄了第一部大型影片，后来在短期内拍摄了40多部影片，这些影片包括《彼得拉·冯·康德的辛酸泪》（1972）、《玛丽亚·布劳恩的婚姻》（1979）、长达15个小时的《柏林亚历山大广场》（1980）、《洛拉》（1981）和《薇罗尼卡·福斯》（1982）。他被公认是德国新浪潮运动的领袖之一，为20世纪70和80年代的德国电影注入了一股活力。他是个大胆的同性恋者和充满争议性的人物，生活放荡，36岁时因嗜毒过量而死。

法塔赫 Fatah Harakat al-Tahrir al-Watani al-Filastini（巴勒斯坦民族解放运动）倒过来后由首字母组成的缩写。巴勒斯坦游击队组织和政党，阿拉伯语意为"征服"。20世纪50年代末由阿拉法特和哈利勒·瓦济尔创建。该组织主要靠游击战和零星的恐怖行动来达到解放巴勒斯坦、脱离以色列控制的目的。后来成为巴勒斯坦解放组织中最大的派别，并在世界各地攻击以色列人。总部原设在大马士革，后来被迫迁移了多次，直至1993年与以色列达成一项政治协议。法塔赫内部也出现了派系斗争，有些派别反对与以色列实现和平的目标，并最终脱离了这个主要的组织。1994年巴勒斯坦民族权力机构成立，法塔赫控制该机构长达10年以上。2006年在巴勒斯坦议会选举中，该组织意外败给对立组织哈马斯。

法西斯主义 fascism 一种政体哲学，强调国家至高无上的地位和国家荣耀，对国家领袖绝对服从，个人的意志要屈从于国家政权，以及严厉镇压异己分子。他们歌颂军事美德而诋毁自由民主。20世纪20至30年代法西斯主义兴起的原因部分是出于对工人阶级势力崛起的恐惧，但不同于当时共产主义（如J.斯大林实施的），因它保护商业和地主权力，并保存阶级制度。意大利（1922～1943）、德国（1933～1945）和西班牙（1939～1975）的法西斯主义政府领导人（B.墨索里尼、A.希特勒和F.佛朗哥），对人民展现了一种可解救国家摆脱政治经济混乱状况的能力。日本的法西斯主义者（1936～1945）所抱持的信仰是大和精神是独一无二的，并教导人民服从国家和牺牲小我的美德。参阅极权主义和新法西斯主义。

法伊夫 Phyfe, Duncan（1768～1854） 原名Duncan Fife。苏格兰出生的美国家具设计师。约1784年随家人移居美国纽约州的奥尔巴尼；开始学做家具，后自办工厂。1792年他迁居纽约市，改了名字，事业蒸蒸日上，雇用了100个雕工和家具师。他是最先采用工厂生产方式制造家具的美国人之一。他不

桃花心木无扶手单人椅，法伊夫设计于1807年；现藏德拉瓦州温特图尔博物馆

By courtesy of The Henry Francis du Pont Winterthur Museum, Delaware

开创新的家具样式，而是诠释流行的欧洲款式——谢拉顿式、英国摄政时期风格、督政府时期风格、帝国风格。这些产品十分优雅，使他成为新古典主义风格家具的代表人物。他的家具都有典型时期的装饰，如竖琴和叶形，都由优质桃花心木制作。

法医心理学 forensic psychology 应用于法律案件上的心理学，通常是为了在法庭上提供专家证词。在民事和刑事案件中，法医心理学家可以对有关个人进行评定，以鉴定其是否有作证能力、精神错乱与事故或犯罪的关系，以及未来危险行为的可能性。除进行谈话和心理测验之外，他们通常收集包括医院病历、违警记录、证人陈述等资料作为法医史料。人们也期待法医心理学家把握住有关的法律问题。在儿童监护案件上，可以要求法医心理学家对家庭环境、父母和儿童的性格进行评定以便作出对儿童最有利的裁定。

法医学 forensic medicine 应用医学知识解决法律问题的科学。自19世纪初被视为专科。尸体剖检是法医学的主要手段，通常用于辨认死者（如飞机失事的遇难者）或确定死因，对保险和继承的审判有很大关系。法医精神病学鉴定有关个人在接受审讯时精神是否健全；法医遗传学可以确定人的父系血统，鉴定血液或组织样本是否来自某一特定的人；法医毒理学则涉及有意施毒和药物使用等问题，而且在工业和环境污染问题上的重要性与日俱增。

法英北美殖民地争夺战 French and Indian War 法英两国为争夺对殖民地区的控治权而进行战争的北美洲阶段（1754～1763）。这个战争更复杂的欧洲阶段是七年战争。这场争夺海外统治权的较量的更早阶段是威廉王之战（1689～1697）、安妮女王之战（1702～1713）和乔治王之战（1744～1748）。北美洲的争论是，究竟俄亥俄河上游河谷是属于大英帝国，还是属于法兰西帝国；而更大的问题则是，北美心脏地区将以哪个民族的文化为主。在这个双方觊觎的地区，英国血统的居民是多数，但法国在勘探、贸易及其与印第安人的联盟上占优势。1754年，法国人逐走了英国军队，包括G.华盛顿上校率领的在宾夕法尼亚州尼塞西蒂堡的民兵。到1757年法国仍占优势，但在1758年英国增加了援军，并在刘易斯堡、弗隆特纳克堡及迪凯纳堡（今匹兹堡）获得胜利。最后，英国在魁北克战役（1759）取得胜利，导致新法兰西失陷（1760）。根据《巴黎条约》（1763），法国把北美属地割让给英国。

法语 French language 属罗曼语族，通行于法国、比利时、瑞士、加拿大（主要在魁北克）及其他从前由法国统治的地区。是超过25个国家的官方语言。最早的法语书面文献可溯至公元9世纪。法兰西岛方言，即巴黎方言，从16世纪中叶以来就是标准语，在很大程度上取代了曾通用于法国北部和中部的所谓奥依语（*oïl*，意思同"yes"）的其他地区方言。标准法语也大大缩小了法国南部奥克西坦语的使用范围。若干方言大多只能保存于文化落后的农村地区。语法方面，法语比拉丁语简单很多。名词已无变格。阳性和阴性不由名词表示，而由冠词和形容词表示。动词变化有3个人称和单、复数形式，可是某些形式仍只是在拼写上有区别，发音却完全相同。

法院 court 又译法庭。指进行司法审判程序的建筑物或场所。在早期司法法庭，法官坐的审判席设在围栏内，辩护人、律师和公众坐在法官席的外侧。英国的法院依以下表征分为：一是区分为审理刑事案件的法院和审理民事案件的法院；二是区分为进行初审司法程序的初审法院和复审初审法院判决的高等法院和上诉法院。在美国，各州有各州独立的法院系统，包括受理上诉的州最高法院、一般司法管辖权的审判法院和专门的法庭（如遗嘱检验法庭）。同时设有联邦法院系统，处理属于全国性的或不适于州法院审理的问题和案件。分为3级：第一级是美国最高法院，第二级是美国上诉法院，第三级是美国地方法院。此外还有审判军职人员或其他被控触犯军法人员的军事法庭。在过去，教会法庭也拥有极大的司法管辖权。参阅国际法院和司法机关。

珐琅制品 enamelwork 把玻璃质釉料烧附在金属表面作装饰的金属制品。珐琅工艺品富有色彩，表面坚硬光亮。最适合作珐琅制品的是以铜、黄铜、青铜和黄金等金属材质制成的小巧物品（如珠宝首饰、鼻烟壶、香瓶和表）。最有名的制作方法是景泰蓝和錾胎珐琅。早在公元前13世纪开始就已生产珐琅制品，在拜占廷帝国达到巅峰，到中世纪和文艺复兴时期盛行于整个欧洲。20世纪初，俄国著名金匠C.法贝热制作了一些十分精美的黄金、陶瓷和珠宝首饰的珐琅制品。

帆板运动 windsurfing 由单人驾驶帆板，把航海和冲浪结合起来的运动。帆板行驶速度不是很快，通常只在近岸的海面上使用。帆板运动于20世纪60年代始于美国，很快受到欢迎。1984年成为奥运会比赛

项目。

帆船　yacht　用风帆或发动机推动的船只，供比赛或娱乐之用。此词普遍用于内燃机推动的巨型船舶。以风帆为动力供比赛用的艇，通常船体较小而轻盈。直至 19 世纪中叶，双桅（或三桅）纵帆船和独桅帆船等都是仿照海军船艇的造型。大型帆船的设计最初显然是受到 1851 年“美洲号”帆船（参阅**美洲杯**）在比赛中成功的影响。到 20 世纪特别是第二次世界大战之后，小型比赛和娱乐用船变得更加普通。参阅**帆船运动**。

帆船运动　sailing　又作 yachting。让一艘艇参加比赛的运动或消遣。一种现代的游艇（yacht 来自荷兰语，意为“追击之船”）被用于竞赛的帆船。17世纪荷兰君王驾驶早期的游艇取乐。查理二世将此运动带到英国，18 世纪中叶开始在泰晤士河举办帆船赛。荷兰人于 17 世纪在纽约开启了北美洲的帆船运动，后由英国人延续下去。第一个美国游艇俱乐部建于 19 世纪中叶。帆船比赛以两种以上的路线举行，一种是定点的，一种为循环式的。游艇比赛自从 1900 年以来已经成为**奥林匹克运动会**的比赛项目之一。**美洲杯**是帆船运动杰出的奖项。参阅**插图**。

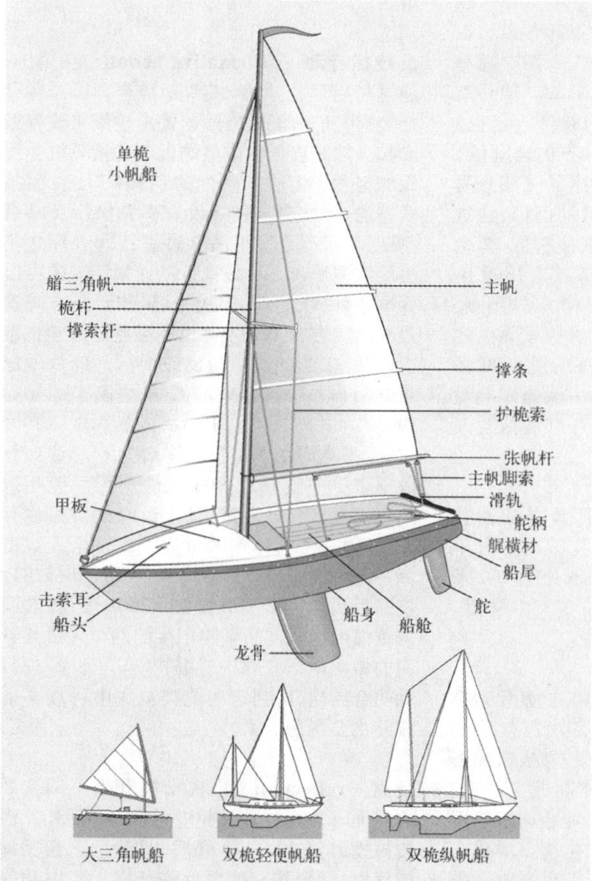

一艘简单帆船的主要部件。龙骨的重量帮助船只保持直立；舵为驾驶船只提供控制。主要的帆叫主帆；船首三角帆是较小的艏斜帆。侧支索为桅杆提供侧面支持。
© 2002 MERRIAM-WEBSTER INC.

番红花　saffron　*鸢尾科*具鳞茎的多年生植物。其辛辣的金色柱头很名贵，干制后用于食品调味和上色，又用作染料。0.45 千克番红花需要用75 000朵花，所以它是世界上最名贵的香料。番红花的颜色和气味在地中海地区和东方菜肴以及英国、斯堪的纳维亚和

番红花（*Crocus sativus*）
Emil Muench-Ostman Agency

巴尔干的面包中作调色和调味作料。自古以来，番红花就是佛教高僧的法衣以及在几种文化中皇家服装用的正式颜色。在古希腊和罗马，番红花被当作香料撒在会堂、宫廷、剧场和浴室。

番红花属　crocus　鸢尾科的一属，约 75 种，矮生，具球茎。原产于阿尔卑斯山脉、欧洲南部和地中海地区。花杯状，在早春或秋季开放，广泛栽作观赏植物。早春开花的种花冠管甚长，子房埋于地下因而不受气候变化影响。栽培番红花（*C. sativus*，即番红花）原产于亚洲西部。高山种春番红花（*C. vernus*）是普通庭园栽培种的主要祖先。荷兰黄花番红花（*C. flavus*）和二花番红花（*C. biflorus*）是常见的春季开花型番红花。

番木瓜　papaya　番木瓜科一种大型、似棕榈的植物和其多汁的果实，学名 *Carica papaya*。栽培于热带和温暖的亚热带地区。在许多国家是人们喜爱的早餐水果，也可用于做色拉、馅饼、果子露、果汁和蜜饯等。未成熟果的汁液里含有一种酶，可用于治疗消化不良的各种药品和肉类嫩化剂。

番石榴　guava　桃金娘科番石榴属众多乔木或灌木的统称，原产热带美洲。两个重要的种是番石榴（*P. guajava*）和草莓番石榴（*P. cattleianum*或 *P. littorale*）。番石榴果肉具麝香味，有时具辛辣味。草莓番石榴果肉柔软，味如草莓。可制果酱、果冻和蜜饯；鲜果富含维生素 A、B 和 C，可直接食用或切片后作为点心。

番薯　sweet potato　旋花科植物，学名为 *Ipomoea batatas*。块根可食。原产于热带美洲，广泛栽培于热带及暖温带地区，与白色（或爱尔兰）**马铃薯**及**薯蓣**无亲缘关系。番薯为椭圆形或带尖的卵圆形块根，外皮由淡黄色到棕色到紫红色，果肉则由白色（含淀粉最多）到橙色（富含胡萝卜素）直到紫色。茎长，蔓生；花冠漏斗状，粉红色或玫瑰紫色。块根可供烤食或制成甘薯泥作饼馅。

凡勃伦　Veblen, Thorstein (Bunde)（1857～1929）　美国经济学家。获耶鲁大学哲学博士学位。在芝加哥大学和其他大学教经济学。其独创性的思想观念和私生活不检，使他的每项工作都无法持久。1899 年发表他的第一部著作《有闲阶级论》。他力图用达尔文进化论来研究现代经济生活，强调商业界的竞争与掠夺本性。他认为工业体制要求人们勤劳、讲究效率和合作，然而，那些统治企业界的人们所关心的却是赚钱和炫耀财富。他在描写富人生活时所创造的“炫耀性消费”一词现仍被广泛应用。20 世纪 30 年代经济萧条使许多人信服凡勃伦批评企业体制的观念，此时他的声誉达到高峰。

凡城　Van　土耳其东部城市。位于凡湖东岸。山顶有古城堡遗迹。从公元前 8 世纪起为乌拉尔图王国重要中心。尼尼微被毁（前 612）后，相继为米底人、本都王国、阿拉伯人（公元 7 世纪）和亚美尼亚人（8 世纪）占据。1071 年被塞尔柱土耳其人占领。1543 年并入奥斯曼帝国。第一次世界大战中于 1915～1917 年间被俄军占领。居民以库尔德人为多。过去有许多亚美尼亚人，但在战后被逐赶。凡城是毛皮、谷物、水果和蔬菜的转运站。人口：约331 986（2007）。

凡·戴克　Van Dyck, Anthony（1599～1641）　后称 Sir Anthony。佛兰德斯画家。出身于富裕的丝绸商家庭。10 岁时师从安特卫普一位画家当学徒。在 P. P. 鲁本斯的影响下，他早期的作品具有鲁本斯的夸张风格，运用灰性、温暖的色调，明暗对照强烈，多是骨瘦嶙峋的形象。19 岁已成为安特卫普画家公会中优秀的画家。1621～1627 年在意大利度过。回到安特卫普，接到大批祭坛画和肖像画定货，还制作了大批铜版肖像画。1632 年来到英国，被英王查理一世指定为宫廷画师。他画了大量在英国史上具有重

大作用的人物肖像画。凡·戴克的艺术成就不仅影响了佛兰德斯、德国和荷兰的肖像画家,同时对英国18世纪重要的肖像画家,特别是T.庚斯博罗和J.雷诺兹的艺术风格也产生了很大影响。

《凡尔登条约》 Verdun, Treaty of(843) 将加洛林帝国分给虔诚者路易一世的3个儿子的条约。这一条约是查理曼帝国瓦解的第一阶段,预示近代西欧国家的形成。洛泰尔一世称帝,获得中法兰西亚,即包括意大利大部以及现在欧洲其他国家的一部分。日耳曼人路易获得东法兰西亚,即莱茵河以东的地区。秃头查理二世获得西法兰西亚,即今法国的剩余部分。

凡尔登战役 Verdun, Battle of(1916-02-21～1916-07) 第一次世界大战中法国与德国之间的主要战役。德国采取消耗战略,选中凡尔登要塞为攻击点,认为法国会保卫该地直至最后一人。在大规模的轰炸之后,德军向前推进4天,未遇抵抗。法国援军在P.贝当指挥下阻挡了德军。在默兹河以西、凡尔登以北地区持续了2个月的轰炸、进攻和反攻。到7月,德军因还在进行索姆河战役,放弃了消耗战略,法国重新夺回要塞与领土。双方人力物力损失惨重,法军和德军死伤均在40万人以上。

凡尔纳 Verne, Jules(1828～1905) 法国作家。最初学法律,后转而从事文学创作。1863年出版了他的系列小说《奇妙的漫游》的第一部《气球上的五星期》,获得巨大成功,促使他以浪漫而奇险的游记为题材创作出更多的作品,以更加娴熟的笔法描绘出既神奇又严谨的科学幻想奇迹。作品包括《地心游记》(1864)、《从地球到月球》(1865)、《海底两万里》(1870)、《八十天环游地球》(1873)和《神秘岛》(1874)。凡尔纳为现代科幻小说的重要奠基人。

凡尔赛宫 Versailles, Palace of 巴黎西南方巴罗克宫廷,主体建于路易十四统治时期。1682～1789年是法国王室住所和政府中心,有1 000名廷臣和4 000名侍从居住在这里。原本为狩猎居所,路易十三和路易十四予以扩建。L.勒沃(1612～1670)、C.勒布朗和A.勒诺特尔于17世纪60年代开始设计。奢华的建筑体,每个细节都在彰显法国的昌隆;作为宫殿的典范,凡尔赛宫名扬欧洲和美国。勒诺特尔设计了开阔、优美、精致、有华丽喷泉的花园。勒沃去世后,J.阿杜安-芒萨尔(1646～1708)承担了凡尔赛宫的扩建工程,以及橘园、大特里阿农宫和凡尔赛宫的南北翼的建造。1761～1764年又为路易十五和蓬巴杜夫人建造了小特里阿农宫。法国大革命的第一幕即始于此,凡尔赛宫成为王室奢华的象征。1837年路易-菲力普修复宫廷并建造了博物馆。

《凡尔赛和约》 Versailles, Treaty of 结束第一次世界大战,于1919年协约国与德国在法国凡尔赛宫签署的和平条约。条约的主要谈判者为英国、法国和美国。战败国不得参与。条约规定,德国负责向协约国赔偿在战争中遭受的损失。德国的人口和领土均减少约10%。没收海外属地,缩减军备。虽然和约的一些条款于20世纪20年代放宽,但苛刻的条款所造成的怨懑,导致在意大利法西斯主义的兴起,和德国纳粹党的抬头。《凡尔赛和约》还组建国际联盟、国际劳工组织和常设的国际法庭(后来的国际法院)。参阅十四点和平纲领。

凡·高 van Gogh, Vincent (Willem)(1853～1890) 荷兰画家。16岁时在海牙一家画店当店员,1873～1876年间在伦敦、巴黎分店工作。几经波折后,1880年开始画素描和水彩画。曾入布鲁塞尔学院学习,后在海牙师从A.莫夫。因性好绘画,遂去巴黎找其弟画商特奥,得以了解印象主义和后印象主义。1888年前往法国南方的阿尔勒,在15个月里画了200多幅油画。他喜欢画静物、风景和在田间劳动的农民形象。他最有名的绘画有《吃土豆的人们》(1885)、《星夜》(1889)、《吸着烟斗耳朵绑着纱布的自画像》(1888,和P.高庚争吵之后削掉了一部分耳朵)。他生活贫困,周期性地精神抑郁,住进了精神病院,但仍继续作画,在住院的12个月中(1889)画了150幅画和素描。1890年迁往瓦兹河畔欧韦,又出现另一次创作高潮,但不久旧病复发,7月开枪自杀身亡。他的10年艺术生涯共创作了800多幅画,700多张素描,但生前只卖出一幅画。他的作品对现代绘画有极大影响,是伦勃朗以后荷兰最伟大的画家。

凡湖 Van, Lake 亚洲土耳其东部的盐湖。为土耳其最大湖泊。面积3 713平方千米,湖面最宽处逾119千米,最深处达100米以上。没有泄水道,致使凡湖变为内陆湖。其湖水微咸,不宜饮用或灌溉。

钒 vanadium 金属化学元素,过渡元素之一,化学符号V,原子序数23。银白色软金属。存在于(常为化合物)各种矿物、煤和石油中。它与钢和铁的合金用作高速工具钢、高强度低合金钢和耐磨铸铁。纯金属钒适用于高温,如X射线的目标和催化剂。其化合物中钒有各种不同的化合价,在溶液中呈美丽的颜色,可用作催化剂和媒染剂。

反弹道导弹 antiballistic missile (ABM) 设计用以拦截并摧毁弹道导弹的武器。弹道导弹在高拱轨道上升阶段受到导引,但下降时自由落下。20世纪60年代晚期,美国与苏联都发展出两节式核武器反弹道导弹系统,结合了高空拦截导弹(美国斯巴达拦截导弹和苏联卡洛修反弹道导弹)与终端阶段拦截导弹(美国飞毛腿导弹与苏联瞪羚式拦截导弹)。这样的系统后来由1972年《反弹道导弹系统条约》加以限制,在条约之下,双方可拥有配备100枚拦截导弹的一个反弹道导弹系统基地。1999年美国对条约的重新协商表示出兴趣,认为有必要设置新的反导弹防御系统(参阅战略防御倡议)。

反谷物法同盟 Anti-Corn Law League 成立于1839年的英国组织,旨在反对英国管理粮食进出口的规章《谷物法》。为R.科布登领导。科布登认识到《谷物法》造成道德败坏和经济损失,于是,同盟发动工业中产阶级反对地主,科布登战胜了R.皮尔首相。1846年《谷物法》被废除。

反论 paradox 看起来明显自相矛盾的陈述,其言下之意需经仔细思考才能体会。反论的主要目的是引起注意和激发新的见解,成语"少便是多"(Less is more)便是一个例子。在诗歌里,反论为一种同时兼有谬误和真理的紧张感的手法,不必去用惊人的对比,只要把普通词义加以细微而连续的修饰即可。如果把一个反论压缩为两个词,如"虽生犹死"(living death),则称为矛盾形容法。

反歧视行动 affirmative action 在美国,通过在用工、上大学、签订政府合同以及各种社会福利的分配等方面的优惠政策来改善妇女和少数民族群体成员的就业和教育机会所做的努力。可成为判例的《1964年民权法》获得通过后,美国联邦政府率先执行反歧视行动,该行动是为了消除过去几代人挥之不去的歧视影响。反歧视行动计划涵盖的主要标准是种族、性别、宗教、残障和年龄。美国最高法院在其1978年"加利福尼亚大学董事诉巴基案"的裁决中对反歧视行动计划做出重要限制;几个后来的最高法院判决(如1995年的"阿达兰建筑公司诉彭达案"、1996年的"得克萨斯诉霍普伍德案")也对该计划做出了更多限制。1996年加利福尼亚州选民通过了209号提案,禁止政府机构根据种族、性别、肤色、种族本源或国籍对个人或群体进行歧视或给予优惠待遇。美国其他州政府随后也通过了类似提案。2003年,在涉及密歇根大学及其法学院招生的两个可成为判例的裁决中,美国最高法院重申了反歧视行动的合宪性,但判定在此类裁决中种族不能成为主要考虑因素。

反射 reflection 当波动投射到不同介质边界而不能通过时改变传播方向的现象。当波被投射到这样一个介质边界时,它会反弹或反射,就像球在地面反弹一样。入射角等于波的传播方向与该平面垂线之间的夹角。而反射角则是同一条垂线和反射波方向之间的夹角。所有反射波都遵从反射定律:反射角与入射角相等。一种材料的反射率是该材料的反射波能量与入射波能量的比值。

反射 reflex 生物学中对刺激的一种直接的本能反应,刺激包括通过神经细胞传向肌肉或腺体的非意识性神经脉冲。简单的反射包括咀嚼、吞咽、眨眼、搔痒和膝跳。多数反射都由许多相关肌肉的运动组成的复杂的模式构成,并形成许多动物的条件反射。例如:行走、站立、猫的翻正反射以及基本的性动作等。

反射炉 reverberatory furnace 用于熔炼、

精炼或熔化的炉子。燃料不与熔炼对象直接接触，而是从另一个腔室吹来火焰将它们加热。反射炉用于铜、锡和镍的生产，用于某些混凝土和水泥的生产以及回收铝的过程中。在炼钢中，这种过程（现在大部分已经废弃）称作平炉炼钢法。热量通过炉膛，然后再辐射回到（反射）熔炼对象上。炉顶呈拱形，最高点在燃烧室的上方。它向下朝挡火墙的方向倾斜，从而使火焰转向而反射回去。

反托拉斯法　antitrust law　限制被认为是不公平或垄断性的商业活动的法案。美国有利用各种法律以维护企业间竞争的长期不变的政策，最著名的是1890年的《谢尔曼反托拉斯法》。该法宣布："凡限制贸易或商业的合同、合并……或暗中策划"都是非法的。1914年的《克莱顿反托拉斯法》于1936年由《罗宾逊-帕特曼法》作了修正，禁止在消费者之间利用价格或其他手法进行歧视；也禁止公司合并或一公司吞并另一公司，以免严重削弱彼此间的竞争。工会也是反托拉斯法的一种方式。

反物质　antimatter　物质是由带电荷具一定质量的电子、质子与中子的基本粒子所构成；而反物质所带电荷及相应的磁性符号相反。反物质的观念在分析正负电荷间的对偶性中首先被提出。P. A. M. 狄拉克作电子能量状态的研究得此预测，1932年在宇宙射线中检测到了正电子（反电子），随后使用粒子加速器产生了反质子和反中子。反电子、反质子和反中子总称为反粒子，分别是电子、质子、中子的反粒子。当物质和反物质靠近时，在零点几秒内发生湮没，释放出大量能量。

反小说　antinovel　先锋派小说，标志着彻底背离传统小说的常规，忽视诸如情节、对话及人物兴趣等。反小说家努力克服读者的习惯，并向读者的期望提出挑战。为此，他们有意识地破坏传统文学所期望的东西，完全避免表达作者的个性、爱好或准则。这一名词虽然是J.-P.萨特在1948年提出，但早在18世纪，作家L.斯特恩的作品就已接近这种风格。著名的作家还包括N.萨罗特、U.约翰逊、C.西蒙和R.赫彭斯托尔等。

反应热　reaction, heat of　在化学反应期间，为了保持所有参与物质处于同一温度而必须加入或除去的热量。如果这个热量是正的（必须加入热量），则这个反应是吸热的；如果反应热是负的（放出热量），那就是放热反应。为了正确设计化学过程中所用的设备，需要知道反应热的精确值。通常查阅汇编好的热力学资料表（许多已知材料的生成热和燃烧热）来估计反应热。活化能与反应热无关。

反应停　thalidomide　曾用作镇静剂和妊娠时防止孕妇晨吐使用的药物。合成于1954年，包括西德和英国在内的约50个国家引进了该药物，由于有效且使用过量不会致死而受到欢迎。1961年发现该药物可导致先天性疾病，在妊娠早期服用反应停，约20%的胎儿可发生海豹肢畸形及其他畸形，有5 000～10 000名这种畸形儿出生。在美国临床从未用过此药。此药可用于治疗麻风和某些艾滋病晚期症状，在一些国家已准许使用反应停治疗这些疾病。

反语　irony　语言表达方式，其中真正的意向被文字或情境的字面意义所隐藏或有抵触。词语反语不论是说的还是写的，都由事情的状况与应有的状况之间的对比意识产生。戏剧反语则是戏剧作品中期待的事情与发生的事情之间的一种不一致，取决于一部戏剧的结构而不是它所使用的文字，通常由观众对角色将有一个怎样的命运的感觉所创造，而角色自身对此并没有察觉。

反照率　albedo　一物体或一表面反射光的分数值。一般用于天文学，用来描述行星、天然卫星和小行星的反射率。"正常"反照率（直接从上方照射和观测时，物体表面的相对亮度）通常可用来测定卫星和小行星的表面成分。这种物体的反照率、直径和距离是决定其亮度的因素。

反转录病毒　retrovirus　一类病毒的统称。不像其他多数的病毒和所有的细胞有机体，此类病毒基因模本以核糖核酸（RNA）的形式存在。能引起某些动物癌症和病毒感染，并引发至少一种人类癌症。反转录人类免疫缺陷病毒是人类艾滋病的致病原因。其名称指出反转录病毒利用核糖核酸合成脱氧核糖核酸，与平常的细胞过程相反。此过程使反转录病毒的遗传物质可进入并成为受感染细胞基因中永久的一部分。

反宗教改革　Counter-Reformation　又称Catholic Reformation（天主教改革）。指16～17世纪初天主教教会为反对新教改革和改革天主教教会而进行的努力。改革始于批判文艺复兴时期历代教皇和许多神职人员的世俗化生活态度和政策。保罗三世（1534～1549在位）是作出响应的第一位教皇，他召开特伦托会议（1545～1563），对新教的信仰、恩赐和圣礼方面的教喻作出回应，并试图对教士的训练作出改革。1542年建立的罗马异端裁判所想把异端邪说控制在天主教范围内，在圣依纳爵的领导下，耶稣会会士承担旨在皈依和重新皈依的教育和传教工作。查理五世和腓力二世对新教的成长采取了军事行动。反宗教改革的教皇还有庇护五世、格列高利十三世和西克斯图斯五世，圣博罗梅奥、P.内里、圣约翰、阿维拉的德肋撒、塞尔斯的方济各和圣味增爵是最有影响力的人物。

犯罪　crime　为公共法规所禁止、一般认为会危害社会或具危险性的行为，通常必须接受特定的惩罚（例如入狱或罚款）。依据普通法传统，起初主要是由法官裁定是否犯罪，现在大多已编成法典。一般的原则是"无法律即不构成犯罪"，也就是说，没有法律就不会有罪。犯罪的构成包含两方面：一是行为的（犯罪行为），一是伴随的心理状态（犯罪意图）。主要的犯罪行为有：纵火、威胁罪和伤害罪、贿赂、夜入私宅罪、虐待儿童、伪造货币罪、盗用、勒索、伪造文书、诈骗、劫持、杀人、绑架、伪证罪、海盗行为、强奸、煽动叛乱、走私、叛国罪、盗窃和高利贷。参阅逮捕、刑法、犯罪学、重罪和轻罪、起诉书、诉讼时效法规、判决和战争罪。

犯罪学　criminology　指对罪行的各种不合法的方面，包括其原因和预防的科学研究。犯罪学起源于18世纪，当时社会改革者对于用刑罚而不是用威慑和改造来对待罪犯开始提出质疑。19世纪，开始应用科学的方法来研究罪行。今天犯罪学家普遍使用统计学、案例记录、官方审讯记录和社会心理场等方法来研究罪犯和犯罪行为。包括在各地理区域内犯罪的频率和种类。他们的研究结果被律师、法官、验证官员、执法官和监狱官员、立法机关成员和学者用来更好地了解罪犯、更好地懂得法律处分和预防的效果。参阅未成年人犯罪和刑罚学。

泛函分析　functional analysis　数学分析的分支，研究泛函或函数的函数。在20世纪成为一个专门的领域，因为数学家认识到不同的数学过程，从算术到微积分步骤存在极为类似的性质。泛函就像函数一样，是物体之间的一种关系，但是这些物体可以是数、向量或函数。这类物体的聚集称为空间。微分就是泛函的一个例子，因为它定义函数与另外一个函数（导数）的关系。积分是一个泛函。泛函分析注重函数的类别，例如那些可以微分或积分的函数。

泛灵论　animism　对分离于自然物体的神灵存在的信仰。虽然世界主要的宗教也会有这些信仰，但这些信仰传统上与小规模社会（原始社会）有关。E. B.泰勒在《原始文化》（1871）中第一个对泛灵论的信仰做了认真考察。古典泛灵论（根据泰勒的说法）包含有自觉的生命起于自然物体或自然现象，这种信仰最后产生了灵魂的概念。参阅萨满。

泛美高速公路　Pan-American Highway　连接北美洲与南美洲的国际高速公路网。1923年最初构想为单一路线，其后发展成为包括参与国境内许多指定的高速公路。从墨西哥的新拉雷多至巴拿马城的美洲洲内高速公路，即泛美高速公路的一部分。全路从阿拉斯加和加拿大到智利、阿根廷和巴西，全长近48 000千米。目前仅在巴拿马和哥伦比亚两国交界处有约400千米的路段尚未完工。

泛日耳曼主义　Pan-Germanism　在政治上把所有操德语的人民统一起来的运动。实现德意志统一的愿望产生于19世纪初，当时由E.阿恩特和其他早期民族主义者提出。1894年E.哈塞（1846～1908）建立了泛日耳曼同盟，其宗旨是提高日耳曼人（特别是德国境外的德语民族）的民族意识。这一运动鼓吹德国在欧洲实行帝国主义扩张。在第一次世界大战后的魏玛共和国时期，A.希特勒以及纳粹党大肆宣扬泛日耳曼主义。1945

年德国战败,被逐出其原先在东欧的领地,泛日耳曼主义的影响日趋衰落。

泛神论 pantheism 认为宇宙即上帝的信条,从另一方面来看,即认为除了宇宙中所显露的实体、力量及法则之外不存在神。泛神论具有许多佛教和印度教信条的特点,可见于印度教著作《吠陀》和《薄伽梵歌》。许多希腊哲人对建立西方泛神论贡献了心力。在中世纪及文艺复兴时期,新柏拉图主义和犹太-基督教奥秘修行仍保留有泛神论传统。17 世纪,B. de 斯宾诺莎确切地阐述了最彻底的泛神论哲学体系,认为神与自然界仅仅只是一个实体的两个名称。

泛斯拉夫主义 Pan-Slavism 19 世纪初由斯拉夫知识分子发起的研究斯拉夫人共同文化,旨在联合中、东欧斯拉夫人的运动。1848 年 F. 帕拉茨基在布拉格组织召开斯拉夫人代表大会,要求在奥地利人的统治下取得平等的权利,斯拉夫联盟的政治意义也随之得以提升。19 世纪 60 年代这一运动在俄国风靡一时,在奥匈帝国和土耳其人统治下的许多泛斯拉夫主义者都向俄国寻求保护,因而导致了 1876 ～ 1877 年间俄国及塞尔维亚与奥斯曼帝国之间的战争。20 世纪,斯拉夫各民族之间民族主义者的对立妨碍了他们的有效合作。

泛音 overtone 又称 harmonic(谐音)。声学中指几乎任何乐音都包含的系列上方分音。H. von 亥姆霍兹首次证明了一个长期被怀疑的事实:产生乐调的物体(如绷紧的弦或管乐器的空气柱)不仅以整数振动,而且同时以分数(1/2、1/3 等)振动,这样就在基音的基础上产生一系列的泛音。这些上方分音对特定音源的音色影响很大,虽然很少有人能听出基音(即 1 号谐音)以外的音。2 号谐音听起来比基音高 8 度,3 号谐音比 2 号谐音高 5 度,4 号谐音比 3 号谐音高 4 度(即比基音高 2 个八度),5 号谐音比 4 号谐音高大 3 度,依次类推。一般认为,8 度和 5 度甚至大 3 度的协和都源于它们在泛音列中的强度。参阅协和音与不协和音。

范艾伦辐射带 Van Allen radiation belts 在地球磁场两条高处捕获的高能带电粒子(参阅电荷)组成的环状带。由美国物理学家 J. A. 范艾伦(1914 ～ 2006)于 1958 年发现,并以其姓氏命名。范艾伦辐射带在赤道上空是最强的,而在两极上空实际上并不存在。内外两个辐射带实际上是逐渐过渡的,具有带电粒子流,显示着最大密度的两个区域。内区的质子是当高能宇宙射线与地球大气层相撞击时产生的。大约集中在地表上空约6 000千米;外区包含来自太阳风的氦离子。集中在地表上空大约20 000千米之处。强烈的太阳活动(参阅太阳活动周)引起范艾伦辐射带破裂,而这种破裂又和极光和磁暴等现象有关。

范布勒 Vanbrugh, John(1664 ～ 1726)后称 Sir John。英国建筑师、剧作家,参加步兵团时即开始写作。他在王政复辟时期的成功风俗喜剧包括《故态复萌》(1696)和《河东狮吼》(1697)。1700 年后自由而生动地改编一系列法国作品,其中闹剧多于喜剧,包括《别墅》(1703 年首演)和《合谋》(1705)。1702 年,与 N. 霍克斯穆尔(1661 ～ 1736)合作设计约克夏的霍华德堡。他的杰作是再次与霍克斯穆尔合作设计的牛津郡的布伦海姆宫(1705 ～ 1716),使英国的巴罗克风格达到了顶峰。

范布伦 Van Buren, Martin(1782～1862)美国第 8 任总统(1837 ～ 1841)。原执律师业,1812 ～ 1820 年为纽约州参议员,兼任州司法部长(1816 ～ 1819)。当时成为一个叫做奥尔巴尼摄政团的非正式政治组织的领袖,其所以称作摄政团是因为即使范布伦到华盛顿去任职他们也在支配州的政治。1821 年选入参议院。支持州权,反对中央集权政府。J. Q. 亚当斯当选总统后,他和 A. 杰克逊等人建立新的政治团体,即后来的民主党。1828 年当选为纽约州长。不久即辞职,担任国务卿(1829 ～ 1831),1832 年当选为副总统,在杰克逊执政时(1833 ～ 1837)任职。1836 年,击败 W. H. 哈里森继任总统,任期内的大事有经济衰退、佛罗里达塞米诺尔战争、兼并得克萨斯建议的争论及缅因-加拿大边界的冲突。他竞选连任失败,而由于他反对奴隶制的观点,1844 年未获民主党提名。1848 年由自由土壤党提名竞选总统,但在大选中失利,后退休。

范范尼 Fanfani, Amintore(1908 ～ 1999)意大利总理,建立并领导 20 世纪 50 年代后期和 60 年代控制意大利政治的中左联合政府。1946 年当选参议院议员。以总理身份短暂组阁失败后,1954 年当选为天主教民主党总书记。该党在 1958 年大选中获胜,他当选总理(1958 ～ 1959),其政策强调温和的社会改革。继公众普遍反对新法西斯主义活动,他又出任总理(1960 ～ 1963),并再次提出改革计划。1958 年他使意大利人选联合国安全理事会,1965 年任联合国大会主席。1982 ～1983 和 1987 年他再次任总理。

范朋克 Fairbanks, Douglas(1883～1939)原名 Douglas Elton Ulman。美国电影演员。出生于丹弗市。1910 年以前为百老汇明星,以表情丰富、身手敏捷闻名。他拍的第一部影片是《绵羊》(1915)。1919 年与人合创联艺公司,自任制片人,并自导自演了一些影片,如《佐罗的标记》(1920)、《罗宾汉》(1922)、《巴格达窃贼》(1924)。这些影片备受欢迎,在 20 年代被誉为"好莱坞之王"。他与 M. 璧克馥的 15 年婚姻于 1935 年告终。他与第一个妻子所生的儿子小范朋克(1902 ～2000),在美国和英国电影中是扮演风流文雅角色的主力演员,主演了《叶卡捷琳娜大帝》(1934)、《古堡藏龙》(1937)、《国家机密》(1950)等片。20 世纪 60 年代,他主持并有时出演英国电视连续剧《道格拉斯·范朋克节目》。

范思哲 Versace, Gianni(1946 ～ 1997)意大利服装设计师。母亲是裁缝。他在数个米兰的工作室工作后,1978 年成立了自己的公司范思哲时装设计公司。20 世纪 80 和 90 年代,以追求感官和性感的服装建立了流行装帝国。在每季的服装发布会上,位于米兰的豪华设计总部总像在举办摇滚音乐会一样热闹。1997 年 7 月 15 日,范思哲在佛罗里达迈阿密住处门外遭人开枪击毙。据说是连续杀人犯 A. 库纳南所为。很多人认为,他死亡时正值他 25 年设计生涯的高峰。

梵 Brahman 《奥义书》中认为梵是永恒的、可意识的、无制约的、无限的、无所不在的,是有限和变化的宇宙的精神泉源。吠檀多派对于梵的阐释明显不同。根据不二论学派的说法,梵显然不同于任何现象性的事物,而人类对于不同现象的感知,只是投射在这一真实上的幻觉而已。异同派则认为梵与其所生的世界没什么不同。适任不二论学派则强调现象乃是梵之一种"大而化之"的显现。二论学派则坚持灵魂与物质是从梵中分离而来的,并从属于梵。

梵蒂冈博物馆和美术馆 Vatican Museums and Galleries 15 世纪初以来历代教皇搜集的艺术品收藏馆和教皇皇宫。其中有许多单独的博物馆,包括:庇护-克雷芒博物馆,展出尤里乌斯二世在 1503 ～ 1513 年间所保存的经典雕塑;梵蒂冈图书馆的展出室和西斯廷礼拜堂。梵蒂冈的收藏中以古典雕像(包括阿波罗观景台、观景殿躯干、拉奥孔雕像)最为有名,但也收藏埃及和早期基督教艺术的重要样品。1797 年由庇护六世建立的绘画陈列馆,藏有意大利的宗教画以及俄罗斯拜占廷的艺术品。1956 年开始收藏现代艺术品,有 A. 雷诺阿、G. 修拉、V. 凡·高、H. 马蒂斯和 P. 毕加索等艺术家的世俗作品。梵蒂冈的收藏是世界上最丰富和最重要的收藏之一。

梵蒂冈城 Vatican City 全称 State of the Vatican City(梵蒂冈城国)。欧洲南部的教会国家。位于意大利罗马市内。面积:44 公顷。人口:约 800(2013)。先后建于中世纪和文艺复兴时代的城墙起讫于东南角的圣彼得广场。城墙内是世界上最小的独立国家。有自己的外交使团、报纸、邮局、广播电台,有瑞士卫兵 100 名,还有自己的银行系统和印刷厂。其治外法权及于甘多尔福堡和罗马市的几座教堂与宫殿。1929 年的《拉特兰条约》承认梵蒂冈城的独立主权。教皇拥有绝对的行政、立法和司法权。教皇任命与罗马教廷分开的梵蒂冈政府机构成员。有数座气势宏伟的建筑,包括圣彼得大教堂、梵蒂冈教皇宫及梵蒂冈博物馆。还有西斯廷礼拜堂内米开朗琪罗的壁画以及平图里乔的壁画和拉斐尔陈列馆。梵蒂冈图书馆藏有公元前和公元后的稀世手稿。教皇和其他代表经常出访各国以保持国际关系。

梵蒂冈教皇宫 Vatican Palace 自 14 世纪末起的教皇府邸,位于梵蒂冈圣彼得大教堂以北。庭院是公元 850 年围起来的,其中有花园、中庭、住宅区、美术馆和博物馆、图书馆和其他设施，住宅有1 400个房间。建筑由教皇尼古拉三世于13世纪开始建造。尼古拉五世建造了梵蒂冈图书馆，尤里乌斯二世时由G. dei多尔奇设计的**西斯廷礼拜堂**，以米开朗琪罗的天顶画等华丽的内部艺术作品闻名。D. 布拉曼特完成了宫殿北面的立面，并设计了宏伟的贝尔维迪宫，而拉斐尔则在宫中画了他的壁画杰作。保罗三世时期建造了累基亚厅和圣保罗礼拜堂，均由**达·桑迦洛（小）**设计，圣保罗礼拜堂中有米开朗基罗所绘壁画。现存的几座礼拜堂和O. 马斯凯里诺设计的著名地图馆建于16世纪末。D. 塔纳设计的侧厅和现在的图书馆则是在西克斯图斯五世时建造的。巴罗克时期乌尔班八世建造了现在的马提尔达礼拜堂，亚历山大七世时，G. L. 贝尔尼尼建筑了累基亚阶梯。

梵天　Brahma　吠陀时代晚期（约公元前500～约公元500年）**印度教**三大神之一。后来各教派崇拜对象纷纭，他逐渐为另外两大神**毗湿奴**和**湿婆**所取代。在古典时期，**三相神**的教义中认为这三位神明为一体，为至高无上的神。后世认为梵就是创造之神**钵啰蔥**。所有的毗湿奴和湿婆的庙宇都有一尊梵神像，但现今还没有一个宗派或仪式单独奉祀她。

梵语　Sanskrit language　古印度-雅利安语，印度教徒的古典文学语言。始于公元前第2千纪末，其最早的形式为吠陀梵语，始见于《梨俱吠陀》。约前5世纪帕尼尼在一本语法书中对梵语进行描写和规范。文学作品使用所谓“古典梵语”，与帕尼尼记写的语言在许多方面比较相近。古典梵语盛行于公元前500年至公元1000年，并延续至今。目前通行的梵语（通常用天城体写成），是婆罗门的学者语言和交际用语。梵语属古代**印欧诸语言**，名词、动词的屈折变化繁复。

方丹-拉图尔　Fantin-Latour, (Ignace-) Henri (-Jean-Théodore)（1836～1904）　法国油画家和版画家。最初随作为肖像画家的父亲学画，后入巴黎美术学院学习。虽然与当时的进步画家（如G. **库尔贝**、E. **德拉克洛瓦**和E. **马奈**）交往密切，但他是传统学院派画家，

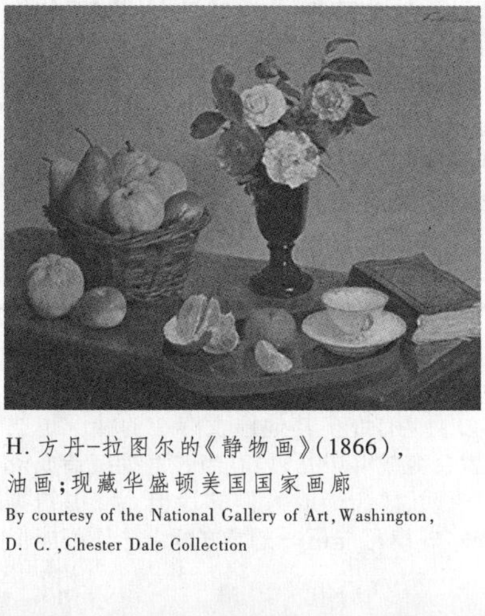

H. 方丹-拉图尔的《静物画》（1866），油画；现藏华盛顿美国国家画廊

By courtesy of the National Gallery of Art, Washington, D. C., Chester Dale Collection

以肖像画、花卉静物画闻名。他的人物群像画让人忆起17世纪的荷兰同业公会的肖像画，描绘了当时的文艺界人士；花卉作品在英格兰更受到特别欢迎，也多亏J. M. **惠斯勒**和J. E. **密莱司**帮他找到赞助人。后期主要从事石版画创作。

方济各（阿西西的），圣　Francis of Assisi, St.（1181/1182～1226）　原名Francesco di Pietro di Bernardone。天主教方济各会和方济各女修会的创始人，出生于富裕家庭。20来

阿西西的圣方济各；13世纪末，契马布埃作于意大利阿西西圣方济各下教堂的湿壁画局部

岁皈依天主教，此前曾是军人和战俘。他变卖了财产，把收益交给教会，开始隐修过清贫生活。他在欧洲各地讲道，许多人从他修道。1209年方济各会获得教皇英诺森三世批准。方济各会的教规强调学习耶稣精神的必要。该会在许多方面是神秘的，认为所有的天性都是上帝的镜子，称所有的人为弟兄和姐妹。1212年协助成立女修会，称克拉雷安贫会。1219年去埃及，向苏丹传教，并造访圣地耶路撒冷。1224年见到显圣后，他是第一位身上有圣痕的人。他的影响有助于在被政治和财富所腐化的教会中恢复人们的信仰。

方尖碑　obelisk　最早成对地耸立在古埃及神庙前的锥形石碑，通常用整块花岗石凿成，刻有象形文字。平面为正方或长方形，下大上小，有的高30多米。在罗马帝国时期，埃及的许多方尖碑被运到了意大利，美国华盛顿特区的华盛顿纪念碑就是一座著名的现代方尖碑。

方言　dialect　一种语言的变体，由一群人使用并具有词汇、语法和（或）发音方面的特征，从而与同一语言的其他变体相区别。通常方言的发展是操同一语言的不同人群之间存在语言障碍的结果，这些障碍可能是地理的、社会的、政治的或经济的。当变体语言演变得互相之间难以理解时，它们就成为一种真正的语言，拉丁语就是这样，它的不同变体演变成罗马诸语言。参阅**共同语**。

芳蒂人　Fante　又作Fanti。居住在加纳南部海岸的阿坎人，讲一种克瓦语支的阿坎方言。在殖民地时代是北部阿散蒂人和南部欧洲人的贸易中介，芳蒂人建立了多个独立王国，17世纪末形成一个联邦。19世纪这个联邦在英国与阿散蒂帝国发生战争时帮助英国，但1873年却在英国施压下解散。如今芳蒂人约有25万人。其军事组织“阿萨弗”（*asafo*）还具有政治、社会和宗教的功能。

芳人　Fang　讲班图语的民族。居住在加蓬北半部、赤道几内亚的大陆和喀麦隆南部地区。芳人现在约有360万人。在殖民统治之下，他们从事象牙贸易，第一次世界大战后转为大规模种植可可。到1939年大部分人信仰基督教，但在1945年后，调合教派在该民族中迅速发展。现在芳人在政治上已很有影响力，特别是在加蓬。

芳廷　Fonteyn, Margot（1919～1991）后称Dame Margot。原名Margaret Hookham。英国芭蕾舞女演员。1934年参加维克-韦尔斯芭蕾舞团（后来的**皇家芭蕾舞团**）首次演出，不久即成为该舞团的主要女演员，在F. **阿什顿**创作的芭蕾舞剧（如《算命天宫图》、《交响乐变奏曲》、《翁金娜》）中扮演过许多角色。20世纪60年代，她和R. **努里耶夫**合作演出《天鹅湖》、《雷蒙达》、《海侠》等而远近闻名。70年代中期她以特邀艺术家身份继续参与演出。被公认为20世纪最杰出的舞蹈家之一。

防冻剂　antifreeze　降低水的**凝固点**的物质，能够保护系统免受冰冻之害。在汽车的冷却系统中，把水与乙二醇或丙二醇混合，能够把凝固点降至-17.8℃（0℉）而不损坏散热器。防止汽油中水分冰冻的添加物（例如贫气）通常包含甲醇或异丙醇。必须在冰冻温度下存活的生物使用各种不同的化学品：昆虫利用丙三醇或二甲亚砜，其他无脊椎动物（线虫、轮虫等）利用丙三醇或海藻糖，南极鱼类利用蛋白质。

防腐剂　antiseptic　用于消灭传染微生物或抑制其在生命组织中发育的药剂。消毒剂通常用于消灭表面存在的微生物；抗生素及其他抗菌剂则往往通过注射或口服，用于消灭感染物质，这些药剂也可局部外用。一种人体消毒剂的功效取决于其浓度、时间和温度。大多数人体消毒剂只能消灭特定类型的微生物（如有些可消灭**细菌**但不能消灭**孢子**）。主要的人体消毒剂有酒精、酚、氯和碘化合物、水银基酊剂、特定的吖啶混合物和某些精油等。

防火　fireproofing　在建筑物中使用耐火材料防止结构坍塌，万一发生火灾时住户可以从安全出口逃生。各种不同材料与建筑物的耐火等级要由实验室试验来确立，通常以材料或组件预期可以经受大火燃烧几个小时来表示。建筑法规要求在结构钢架上使用水泥材料或绝缘材料，在出口四周采用耐火构造（例如使用混凝土块），对装饰材料如地毯和墙饰要有火势蔓延评定，要使用原本耐火的材料如钢筋混凝土和不易燃的

材料。

防火墙 firewall 计算机安全系统,可控制计算机或网络之间的数据流。防火墙主要用来保护个人网络资源,使之避免外部网络的使用者直接进入,特别是通过因特网。个人网络内部的使用者也可防止直接进入外部计算机。为达到这个目的,所有的通信都必须经由"代理服务器"来决定一个短信或文件是否能够进出个人网络。

防御机制 defense mechanism 在精神分析的理论中,防御机制是指当人遇到不能解决的问题时,能够在精神上达成某种妥协的一种心理过程。这种过程常常是无意识的,但这种妥协通常表现为人们试图自我遮抑那些因担心自己的尊严会受到贬抑以及焦虑不断发生时出现的内驱力和情感。该名词最早于 1894 年由 S. 弗洛伊德提出。主要的防御机制包括:① 压抑,即把一种非分有害的想法或冲动意识退缩到无意识部分去;②反应形成,表现出的一种心理或情绪的反应,但通常与真正的感觉相反;③投射,把一种不好的想法、感情或态度(特别是责备、罪过或责任感)转移到另外一个人身上;④退化,转回到早期的心理和行为阶段;⑤ 升华,一些本能性的驱动力(通常为性本能)朝一些非本能性方向偏转;⑥否认,指有意识地否认已感知到痛苦事实的存在;⑦ 掩饰,把动机合理化,取得人信赖,以掩盖真正的(但受到威胁)的原因。参阅自我和精神分析。

《防止核扩散条约》 Nuclear Non-proliferation Treaty(NPT) 防止核武器扩散的正式条约,旨在防止核技术扩散的国际协议。1968 年 7 月 1 日由英国、美国、苏联和其他 59 国签订。其中 3 个主要签约国同意不帮助无核武器国家取得或制造核武器。无核签约国同意不试图获得核武器,以换取和平利用核能源的帮助。法国和中国两大核国家于 1992 年加入该条约。而其他拥有核武器的国家,例如以色列和巴基斯坦,则从未签署该项协议。1995 年条约即将期满之际,174 个国家在联合国一致投票通过将该条约无限期延长。参阅《禁止核试验条约》。

房屋建造 building construction 装配和修筑建筑物的技术和工业。早期人类主要用简单的方式来建造遮风避雨的处所。建筑材料来自土地,建造受限于材料和施工者的技巧。施工的第一步是打地基,施工者安装结构系统,结构材料(砖石、泥或原木)可用作结构骨架和围墙。传统的承重墙和梁柱系统最后被框架建筑所取代,施工者改用封填和各种覆面(骨架外墙)、最后加工的耐火方法。钢骨建筑物通常用幕墙围盖。在现代建筑中,包覆建筑物骨架只是个开始,专家们自那时起就开始在内部大量施工,如安装室内给排水设施、电子管线、HVAC[即供暖(H)、通风(V)和空气调节(AC)]设备、窗、楼面覆面层、抹灰泥工作、线脚(装饰线条)、陶瓷砖和隔间等等。参阅建筑学。

仿哥特式建筑 Gothic Revival 与浪漫主义关系极为密切的建筑风潮(约 1730 ~约 1930)。对哥特式建筑的怀旧模仿最早出现于 18 世纪,当时英国建造了数十栋带有堡垒风格城垛的住宅,但直到 19 世纪中期,真正的仿哥特式建筑才发展起来。当时,哥特式外形及细节的纯粹模仿成为最不重要的一面,因为建筑师着重于在哥特式原则之下所建造出来的原创作品。最早想到把哥特式骨架结构应用于现代建筑的是法国建筑师,特别是 E.-E. 维奥莱-勒-杜克。虽然这个潮流在该世纪末开始失去力量,但进入 20 世纪以后相当长的一段时间里,英国和美国仍继续建造哥特式教堂与学院建筑。

纺织品 textile 用于制造织物或布料的长丝、短纤维、纱及其制成品。原仅指机织物,现亦包括织物、黏合织物、毡和簇绒织物。制作纺织品使用的基本原料是纤维,这些纤维可以从天然资源中(如羊毛)获得,也可从化学材料中(如尼龙和聚酯)获得。纺织品用于制造服装、家庭用仿亚麻制品和床上用品、帷帘织物、帷幕和窗帘、墙面涂料、地毯以及书籍装帧用布,此外,还被广泛用于工业生产。

放射疗法 radiation therapy 又作 radiotherapy 或 therapeutic radiology。利用辐射源来治疗或缓解疾病,通常用于恶性肿瘤(包括白血病)。主要利用电离辐射来破坏疾病细胞,因为辐射对快速生长的癌细胞作用最大。然而,辐射也会引起癌症,所以不再用于良性肿瘤。其他并发症包括头晕、脱发、体重减轻以及虚弱。可以把放射性物质植入肿瘤。外部的辐射疗法一般在几个月内做 10 ~ 20 个疗程,可以在手术切除后进行,或者在不可能做手术的情况下使用。外部源比植入的源可以对体内深处的肿瘤提供更大的照射剂量。红外辐射和紫外辐射可用来缓解炎症。

放射性 radioactivity 某些类型的物质所显示的自发地辐射的特性。1896 年 H. 贝克勒尔第一个报告在铀盐中发现了这一现象,不久发现由于铀有放射性,所以所有的铀化合物都是放射性的。1898 年居里夫人和她的丈夫发现了另外两种天然存在的强放射性元素,镭和钋。不稳定的原子核在试图变得更稳定的过程中辐射。放射性的主要过程有 α 衰变、β 衰变和 γ 衰变。1934 年发现普通物质通过人工方法也能诱导出放射性。

放射性沉降 fallout 放射性物质由大气向地球的沉积。大气的放射性可能来自宇宙线、原子弹或热核弹爆炸,以及原子反应堆运转产生的放射性和裂变产物。核武器爆炸发出的放射性有三种类型的沉降:局部、对流层和平流层。局部沉降是爆炸地点附近较大的放射性粒子的沉降,这种沉降很强但时间较短;对流层沉降是在较细粒子进入对流层后,随后在较大面积沉降,通常,对流层沉降发生于爆炸后 1 个月内,在爆炸地点的周围地区出现;平流层沉降由平流层中极细的粒子构成,可能在爆炸后延续多年,而且几乎遍及全世界。核爆炸时形成许多不同的放射性同位素,但是只有长寿命同位素(如铯 137 和锶 90)才在平流层沉降。

放射学 radiology 利用辐射来诊断(影像诊断学)和治疗(放射疗法)疾病的医学分支学科。最初只是用 X 射线来诊断,用 X 射线、γ 射线以及其他的电离辐射来治疗。现在的诊断方法包括同位素扫描、使用非离子射线,如超声检查和核磁共振成像,还有放射免疫测定(激素抗体中的放射性同位素能检测出微量的激素以诊断内分泌紊乱)。现在治疗癌症的辐射疗法还包括放射性激素以及化学治疗药物。

飞标 boomerang 又译飞去来器。弯曲形投掷尖刺武器。澳大利亚土著居民多在狩猎及战争中使用。长约 30 ~ 75 厘米,其形状有大弯、小弯以至平直的两个边成一角度,在制作时或在灰烬中加热之后,将两端各扭向相反方向。掷时执其一端,从肩后上方掷出,飞标迅速旋转飞向前。在撒手前,掷者轻抖手腕以加强旋转,飞标转一圈后返回掷者。可飞回的飞标曾在东澳大利亚及西澳大利亚流行,有时作为玩具,用于比赛,有时猎手用它模拟飞鹰,以驱逐鸟群,使之进入悬挂在树上的网里。不飞回的飞标比可飞回的飞标更长、更直也更重。用于狩猎,动物被击中后非死即伤;在战争中也会造成人员伤亡。

飞扶垛 flying buttress 石造建筑结构,半拱(飞)从墙的上部延伸到远处的支柱,并承受拱顶的压力。通常在柱顶有小尖塔(金字塔形或圆锥形的垂直装饰),增加重量与稳定性。飞扶垛在哥特时代从早期较简单隐藏的支撑发展出来。此设计增加扶垛的支撑力,并产生典型的高天花板的哥特式建筑。

飞虎队 Flying Tigers 又称 American Volunteer Group(美国志愿飞行团)。1941 ~ 1942 年应陈纳德上校招募、在缅甸和中国对日本人作战的美国民间志愿飞行员。出其不意、机动灵活、飞行动作精确和战术独特,使飞虎队得以斗智克敌,重创日本的空军和地面部队。

飞蝗类 locust 蝗科短角的蚱蜢,数量往往大量增加,作成群长距离迁徙,造成毁灭性灾害。在北美洲,locust 和 grasshopper 可指任何蝗科昆虫;蝉也可称为飞蝗。在欧洲,locust 指的是体型较大的蝗科昆虫,体型较小的称 grasshopper。飞蝗分布于世界各大陆。飞蝗群的零散出现可以用群集种类有散居型(常态)和群居型的理论来解释。蝗蝻(若虫)如果在有许多其他蝗虫存在的情况下成熟,就会变成群居型;只有当过度拥挤造成资源缺乏时,才会形成大群的迁徙。飞蝗结集成群的规模可能超乎想象的大,并且可能形成巨塔形式,高达1 500米。1889 年一次红海的蝗群估计范围约有5 000平方千米。蝗灾对农作物造成极大损害。

飞机 airplane 用螺旋桨或高速喷气发动机推进、借空气升力支持的各种密度大于空气的固定翼航空器。飞机的主要组件为支持飞行的机翼,平衡机身的尾翼,控制飞行姿态的机翼活动部分(副翼、襟翼降舵和方向舵),推进飞机运动的动力装置,承载空勤人员、乘客和货物的机身,驾驶员、领航员使用的控制及导航仪器,以及飞机的着陆系统。19 世纪 40 年代一些英国、法国的发明家开始设计以发动机为动力的飞机,但第 1 个用动力作持续而可控制的飞机是由莱特兄弟在 1903 年制造的。后来飞机设计受喷气发动机的发展影响,大部分现代的飞机有一个长鼻机头,后掠机翼挂载喷气发动机安置在飞机中段部分,尾部是起稳定作用的尾翼。大部分飞机是从陆地起飞,水上飞机适合在水面上稍作停留,运输机则可作高速而短暂的起降动作。参阅**航空**、**滑翔机**和**直升机**。

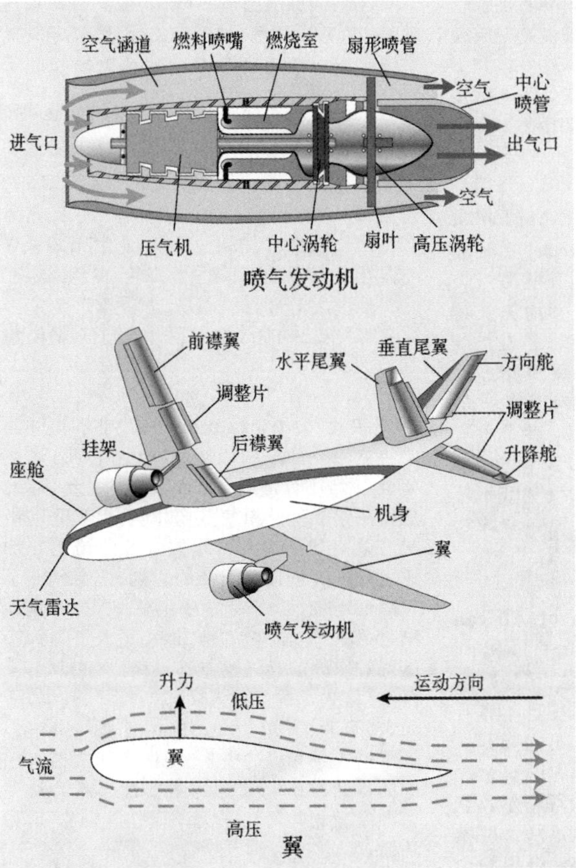

飞机飞行时有四种作用力:重力(重量)、推力、升力和阻力。喷射发动机如图所示的涡轮风扇发动机,借由向后方排出的喷射气流提供推力。空气从发动机前方吸入,压缩并在燃烧室内燃烧燃料。高温的废气和空气从后方以高速喷流形式排出,提供向前的推力。升力是由机翼的形状与其对迎面空气的夹角产生。由于机翼的形状,空气流过机翼上方的速度比流过机翼下方要快,因此上方的空气作用在机翼上的压力比下方的空气低,在机翼上产生向上的力。

飞鼠 flying squirrel 两类远缘的**啮齿类**动物的统称。它们用身体两侧连接前后肢的降落伞似的皮膜作滑翔跳跃。北美和欧亚大陆的飞鼠组成一类,即松鼠科,体修长,肢长,林栖,皮毛柔软,眼大。体长 8 ~ 60 厘米,长尾扁平。在树洞里筑巢,以水果、坚果、其他植物和昆虫为食。很少下地。树间滑翔纪录达到 60 米或更远。非洲的飞鼠属鳞尾松鼠科,其毛尾下侧有一排排的鳞片帮助攀缘,并帮助滑翔后依附在树上。鳞尾松鼠和松鼠科的松鼠外形和取吃习性类似,体长约 10 ~ 40 厘米(不计尾长)。

飞鱼 flying fish 银汉鱼目飞鱼科约 40 种海洋鱼类的统称。广布于全世界的温暖水域,以能飞而著名。体型皆小,最大约长 45 厘米,具翼状硬鳍和不对称的叉状尾部。有些种类具双翼而仅胸鳍较大,有些则有四翼,胸、腹鳍皆大。飞鱼不能飞翔,感觉上好像是在拍打翼状鳍,其实只是滑翔。飞鱼可做连续滑翔;较强壮的飞鱼一次滑翔可达 180 米,连续几次的滑翔距离可远至 400 米。飞鱼的飞动主要是逃离捕食者。

非暴力反抗 civil disobedience 又称 passive resistance(消极抵抗)。指拒绝服从政府当局的要求或命令,也不抵抗政府后续的逮捕和惩罚。特别用作一种非暴力和通常是集体运动的手段,以迫使政府让步,它已成为非洲和印度民族运动、美国民权运动和许多国家的工人运动和反战运动的重要手段。非暴力反抗者认为自己有责任以更高的原则来打破某特定的法律。这种哲学思想根源于**西塞罗**、**圣托马斯·阿奎那**和**H. D. 梭罗**;**M. K. 甘地**是现代最明确地表达非暴力反抗观念的代表。在美国,马丁·路德·金最充分表达和运用非暴力反抗的策略和哲学。

非法侵入 trespass 在法律上,指未经许可进入土地。非法侵入原先是指直接造成伤害或损失的违法行为,现在非法侵入一般限于涉及不动产的争讼。一旦非法侵入被证实,侵入者通常要对造成的任何损害负责,不论他是否出于过失,也不论是否可以预见到损害。法律法规所禁止的刑法或财产上的非法侵入,均按犯罪处罚。

非利士人 Philistine 起源于爱琴海的一个民族。约公元前 12 世纪在以色列人到达时定居于**巴勒斯坦**南部海岸地带。他们居住在 5 座城市,这些城市构成了"非利士国",这是希腊人把它们取名为巴勒斯坦的由来。公元前 11 世纪他们首次和以色列人交战。公元前 10 世纪时被以色列国王大卫打败,《圣经》描述他杀了他们的勇士,即巨人歌利亚。后来他们相继被亚述、埃及、巴比伦、波斯、希腊和罗马统治。他们没有留下文字记载。

非欧几里得几何 non-Euclidean geometry 简称非欧氏几何。涉及**欧几里得**时代以来异于传统观点的几何空间性质的理论统称。这些几何学崛起于 19 世纪,当时几位数学家独立探索着摈弃欧几里得平行公设的可能性。有关通过已知直线以外一点的多少直线会与该线平行的不同假定,促成了双曲几何和椭圆几何。数学家们被迫放弃单一正确几何的信念;他们的任务不是发现数学体系,而是通过选择相容的公理和研究可由之推导的定理来创立数学体系。由此这些非正统几何的发展对空间观念产生深远的影响,并为**相对论**的理论铺路。参阅**罗巴切夫斯基**和**B. 黎曼**。

非斯 Fès 又作 Fez,阿拉伯语作 Fas。摩洛哥北部城市。为该国四座帝国城市中最古老的一座。跨非斯河,东岸部分由伊德里斯一世建于 789 年左右,西岸部分由伊德里斯二世约建于 809 年,11 世纪由穆拉比特人把两部分合并,成为主要的伊斯兰教城市。14 世纪中叶在马里尼德王朝统治下成为学术、商业中心,此后一直保持着其宗教上的优势地位。这里有北非最古老的清真寺,还有一所建于 859 年的伊斯兰教大学。该市为贸易和传统手工业中心,在 19 世纪末以前是世界上唯一制作非斯帽(圆筒形无边红毡帽)的地方。人口约946 815(2004)。

非政府组织 nongovernmental organization (NGO) 不隶属于任何单一政府的组织。非政府组织的宗旨涵盖全人类的利益,活动领域可以是跨国的,也可以只在单一国家之内,且多为非营利组织。其中部分组织可以为不具国家身份的民族执行准政府的功能。非政府组织的财源来自于私人、国际组织、各国政府的捐赠。在英国,一些准自治性的管理机构,通常拥有非选举产生的董事会,并接受公共基金的捐助。

非洲 Africa 世界第二大洲。以地中海、大西洋、红海和印度洋为界;大陆几乎被赤道等分。面积:30 348 110平方千米。人口:约816 524 000(2001)。非洲大多以坚硬的古老岩石台地为基底,形成内陆大片高原区。平均海拔约 670 米,最高点为坦桑尼亚的**乞力**

马扎罗山,高5 895米,最低点是吉布提的阿萨勒湖,低于海平面 157 米。世界最大的撒哈拉沙漠占非洲大陆1/4 以上的面积。非洲水系以北部尼罗河、西部尼日尔河和中部刚果河三河系为主。可耕地面积不足 1/10,近1/4 的土地是森林或林地。非洲民族所讲的语言堪称是世界最多样的,从埃及到毛里塔尼亚和苏丹主要通行的是阿拉伯语。北非居民讲亚非诸语言。撒哈拉以南的居民大多讲尼日尔-刚果语族的班图诸语言,而有一小部分中非居民操尼罗-撒哈拉诸语言,而南非民族操科伊桑诸语言。欧洲人后裔大多集中于非洲南部,荷兰移民(布尔人)始自 17 世纪,19 世纪英国人最先定居在现今的肯尼亚和津巴布韦。整个非洲属发展中地区,在多数国家,农业是重要的经济部门。钻石和黄金的开采在南部特别重要,西部则生产石油和天然气。大部分的非洲政府是由军队或单一党派控制,许多立法制度基于殖民时期欧洲强权所引进的法律和传统的法律,不过北非国家的法律多衍生于伊斯兰教。非洲领袖已通过非洲统一组织和非洲联盟寻求发展一个泛非体系来协调非洲大陆的政治、军事事务。非洲被广泛视为人类的摇篮。考古发掘表明早在大约 400 万年前非洲大陆就是人类和他们的人科祖先生活的地方。从解剖学上认定的现代人类被认为出现在距今大约 10 万年前的撒哈拉以南非洲的东部地区。后来这些早期人类迁移到北非和中东地区,最终散布到世界各地。非洲第 1 大文明古国埃及在公元前 3000 年崛起于尼罗河畔,之后繁荣了将近3 000年。腓尼基人在迦太基建立了殖民地,并控制地中海西部将近 600 年。在北部非洲由罗马人统治几个世纪的同时,西非第 1 个已知帝国是加纳帝国(5 ～11 世纪)。穆斯林帝国包括马里帝国(1250 ～ 1400)和加奥的桑海帝国(1400 ～ 1591)。东部、中部非洲当时则与阿拉伯人发展了贸易关系,建立起一些有势力的城邦,如摩加迪沙和蒙巴萨。15 世纪时,葡萄牙人探勘了西海岸地区。一直到 19 世纪末之前,欧洲人对殖民非洲没什么兴趣。但到了 1884 年,欧洲国家开始争先恐后抢着瓜分这块大陆,到 1920 年大部分非洲土地落入殖民者手中。该洲反殖民的情绪逐渐发展,1950 年后变得较为广泛,殖民地一个接着一个独立,1990 年最后一个殖民地宣布独立。21 世纪初非洲面临的主要问题是政治不稳定、难民问题、饥饿和艾滋病。

非洲白莲 African lily 亦称 lily of the Nile(尼罗河白莲)。葱科多年生常绿草本植物,学名 *Agapanthus africanus*,原产于非洲。在夏季,长长的茎上有许多漏斗状花朵,迷人的深绿色厚叶呈剑形。变种很多,有些具有白花或紫花,有些具有定形的叶片。若生长于有雾的气候,必须放在容器里,天气寒冷时要移到室内。

非洲人国民大会 African National Congress(ANC) 南非政党和黑人民族主义组织。1912 年成立,原名“南非土著人国民大会”。长期致力于消除南非白人当局推行的种族隔离政策。因抗议南非政府在沙佩维尔(1960)和索维托(1976)对示威者的屠杀行动,该组织转而进行破坏和游击活动。这项运动基本上不起作用。1960 ～ 1990 年南非政府迫于国内安全的考虑,对非洲人国民大会下达禁令。1991 年撤销禁令,N. 曼德拉继 O. 坦博任主席职务,并于1994 年在全国第一次普选中一举获胜。非洲人国民大会领导的联合政府中最初包括宿敌南非国民党的成员,曼德拉成为南非首届多种族政府的总统。1999 年 T. 姆贝基接替曼德拉成为非洲人国民大会的主席和南非总统。在该党历史上最有争议的选举战中,J. 祖马于 2007 年接替姆贝基成为非国大主席。参阅因卡塔自由党和 A. 卢图利。

非洲人美以美会 African Methodist Episcopal Church(AME Church) 美国黑人基督教循道宗教会。1787 年一批黑人信徒因反对种族歧视退出费城圣乔治美以美会,1816 年正式组成该教会,当时名为非英国国教之非洲人美以美会(参阅循道宗)。1799 年 R. 艾伦当该会牧师,1816 年他被定为新成立的非洲人美以美会主教。南北战争前仅限于北方各州,战后迅速传到南方。该会设立了许多学院及神学院,如俄亥俄州著名的威尔伯福斯大学(1856)。现在全球约有3 600处教会,信徒逾百万。

非洲统一组织 Organization of African Unity(OAU) 政府间组织,成立于 1963 年,旨在促进非洲国家的统一与团结,清除殖民主义残余。由于政治争端,成员国历年有所不同。总部设于埃塞俄比亚的亚的斯亚贝巴。主要决策机构为每年召开的国家及政府首脑会议。其主要成就有:调解阿尔及利亚和摩洛哥的争端(1964 ～ 1965),调解索马里和埃塞俄比亚及肯尼亚和索马里的边境争端(1965 ～ 1967)。但对比拉夫问题(1968 ～ 1970)的调解未获成功。非洲统一组织自 20 世纪 70 年代起致力于经济合作与人权问题。

非洲艺术 African arts 撒哈拉沙漠以南地区的非洲艺术。这个地区有各种不同的文化,数世纪以来一直受到外来的影响。非洲视觉艺术的最早遗迹是约公元前 3000 年撒哈拉沙漠岩石上的雕刻与绘画。建筑是北非和东非沿岸地区重要的视觉艺术,受当地盛行伊斯兰教与东方正教影响深远。非洲东部的游牧文化,强调的是个人的装饰。西非和南非都属农业区,雕塑是最重要的视觉艺术。在尼日利亚发现的陶瓷人头与人像可追溯到公元前 500 年。金属品的制造始于 9 世纪。16 ～ 17 世纪开始利用石头、木头、象牙等素材来雕刻,然而,最好的木雕作品迟至 20 世纪 20 年代才出现。参阅布利式样和代布勒。

非洲之角 Horn of Africa 非洲东部地区。位于印度洋和亚丁湾之间的非洲陆地最东端,范围包括埃塞俄比亚、厄立特里亚、索马里和吉布提,其文化与它们久远的历史有关。

非洲诸语言 African languages 非洲撒哈拉沙漠以南地区的各种语言,包括尼日尔-刚果诸语言、尼罗-撒哈拉诸语言、科伊桑诸语言和含米特-闪米特诸语言等语系。非洲是世界上语言种类最多的大陆,据估计约有1 000～1 200种之多,其中许多语言还分出了各种方言。声调的区别在几乎所有非洲语言中都起着重要的作用。为了便于不同语言的人们沟通而发展出通用语,如东非的斯瓦希里语、刚果河盆地的林加拉语(参阅班图诸语言)、中非共和国的桑戈语和萨赫勒许多地区的阿拉伯语。

非洲紫罗兰 African violet 苦苣苔科非洲紫苣苔属(*Saintpaulia*)植物,尤指非洲苦苣苔(*S. ionantha*)。原产热带非洲东部高海拔地区。植株小,被毛,草本,通常无茎。叶密集簇生,具长柄。花呈紫绛色、白色或粉红色,全年大部分时间开花。为受欢迎的室内盆栽植物,已培育了数以百计的园艺品种,包括微型品种。

非洲宗教 African religions 非洲大陆的本土宗教。外来的伊斯兰教(北非洲)和基督教(南非洲)是现今非洲大陆的主要宗教,但传统宗教仍然扮演重要角色,尤其是在撒哈拉以南非洲内地。为数众多的传统非洲宗教同样有创造者上帝的思想,上帝创造了世界而退隐,远离人间的事务。祈祷和牺牲奉献经常针对次要的神,他们是人类与神圣国度的媒介。祖先也充当媒介(参阅祖先崇拜)。仪式上的工作人员包括牧师、长老、祈雨者、圣者、先知。仪式的主旨是与宇宙力量维持一种和谐的关系,而许多仪式拥有相关的神话来解释它们的重要性。泛灵论是非洲宗教的共同特征,而不幸常起于巫术和法道。

菲茨杰拉德 Fitzgerald, F(rancis) Scott (Key)(1896～1940) 美国小说家。出生于明尼苏达州圣保罗。曾在普林斯顿大学学习,但因成绩不好而退学。1920 年与亚拉巴马州一位受人尊敬的法官的女儿姗尔达·赛瑞(1900 ～ 1948)结婚。他的作品包括早期的《人间天堂》(1920)、《漂亮的冤家》(1922)、故事集《爵士乐时代的故事》(1922)和《所有悲伤的年轻人》(1926),充分展示了爵士时代的粗犷和灿烂的前景。他最杰出的作品《了不起的盖茨比》(1925)是一部描述美国人财富和堕落的故事,被誉为 20 世纪最伟大的小说之一。1924 年他和姗尔达移居法国,其生活融入法国里维埃拉游憩胜地。1934 年发表的《夜色温柔》就是以这里为场景。他的名声和幸福使他们夫妇二人都有些迷惘,他开始酗酒,妻子于 1932 年患精神病后一直未愈,于疗养院中终其一生。1937 年菲茨杰拉德移居好莱坞从事电影剧本写作,1941 年开始写《最后的大亨》,一部描写希望与理想但未完成的故事。44 岁时因心脏病去世。

菲茨杰拉德 Fitzgerald, Ella(1917 ～ 1996) 美国歌唱家,在美国流行音乐和爵士乐坛占重要地位的女歌手。出生于弗吉尼亚州纽波特纽斯。1934 年在哈勒姆的阿波罗剧院举行的业余比赛中获奖，并于次年成为鼓手奇克·韦布大乐队的歌星。20 世纪 40 年代由于爵士乐节目主持人 N. 格兰茨做她的经理，地位陡然上升，使她能在交响乐团的爵士乐伴奏下演出，并灌录《歌曲集》系列唱片，其中每一首歌都代表一位通俗歌曲作曲家的作品。她吐字清晰，声音娇美，技巧熟练，是最伟大的爵士乐即兴歌唱家之一，也是有史以来声乐唱片销路最好的艺术家之一。

菲德勒　Fiedler, Arthur(1894 ～ 1979)　美国指挥大师。出生于波士顿，为著名小提琴家之子。在柏林学习后于 1915 年加入波士顿交响乐团。20 世纪 20 年代指挥自组的小型乐团及不同的合唱团并灌录唱片，1929 年组织波士顿广场露天音乐会。任波士顿流行音乐管弦乐队指挥，自此与流行音乐结下不解之缘，享有盛名。

菲狄斯　Fides　古罗马女神。象征信与诚，监督罗马人的品德。同朱庇特关系密切。她的庙于公元前 254 年建在卡皮托利尼山朱庇特神殿旁。她在罗马时代后期通称公信女神，保护条约和其他公文，这些文件都存放在她的庙里。

菲迪亚斯　Phidias(活动时期约公元前 490 ～前 430 年)　又作 Pheidias。希腊雕刻家。由于奉命主管伯里克利在雅典提出的帕台农神庙这个伟大的建筑工程，他监督并可

菲迪亚斯《赫丘利斯》，大理石雕像，雅典帕台农神庙的山花，约作于公元前 5 世纪；现藏不列颠博物馆

By courtesy of the trustees of the British Museum; photograph, J. R. Freeman & Co., Ltd.

能设计了庙中全部的装饰雕刻。他还创作了里面最重要的神像，包括巨大的雅典娜雕像(公元前 438 ～前 436)。帕台农神庙的许多雕像(埃尔金大理石雕刻艺术品)现存于不列颠博物馆。古代作家认为他的代表作是位于奥林匹亚的宙斯神庙中的宙斯雕像(约公元前 430 年)。他首创了理想主义的古典风格，使希腊艺术在公元前 5 世纪晚期和公元前 4 世纪闻名于世。

菲尔比　Philby, Kim(1912 ～ 1988)　原名 Harold Adrian Russell。英国情报人员和苏联间谍。20 世纪 30 年代在剑桥大学就读时加入共产党，1933 年成为苏联间谍。1940 年被 G. 伯吉斯吸收到英国情报机构军情 6 处，成为反间谍任务的负责人。1949 年被调派至华盛顿特区担任英美情报机构之间的最高联络官。他将最高机密泄漏给苏联，并于 1951 年警告伯吉斯和 D. 麦克莱恩(1913 ～ 1983)，说他们正遭怀疑，授意他们潜逃。后来菲尔比本人也遭到怀疑，1955 年被开除出军情 6 处。后来他在贝鲁特担任记者，1963 年逃往苏联。在苏联他为克格勃工作，升至上校军衔。作为冷战时期最成功的苏联双重间谍，他对许多西方间谍的死负有责任。

菲尔德　Field, Marshall(1834 ～ 1906)　美国百货商店店主。生于马萨诸塞州康韦。16 岁在一绸布店当差。到芝加哥后，1856 年受雇于一商号，后成为正式合伙人。1867 年他与两年前同时入股的一个合伙人取得该商号的完全所有权；1888 年他购得其合伙人的股份，成立马歇尔·菲尔德公司。他强调为顾客服务，可任意赊购、不讲价和包退包换。他的百货公司是第一家为顾客设餐厅的百货公司。

菲尔丁　Fielding, Henry(1707 ～ 1754)　英国小说家和剧作家。曾就读于伊顿公学，但很早失学，并失去家庭的支持。一生共写了 25 部剧本，全部都是早期的作品，内容均为讽刺当时的政治腐败现象。由于语言犀利，后被逐出戏剧界，所以他开始学习法律。1748 年被任命为地方治安法官，他在伦敦地区建立了新的司法传统，有力地打击了当地的犯罪活动。他可能写了《夏美勒·安德鲁斯夫人生平的辩护》(1741)以讽刺 S. 理查森的小说《帕美勒》，其中嘲笑了理查森的温情主义和谨小慎微的道德观。《约瑟夫·安德鲁斯》(1742)也是一部嘲笑理查森的小说。《汤姆·琼斯》(1749)是他最受欢迎的作品，书中洋溢着喜剧情调，刻画了众多人物，描写伦敦和外省上、下层社会鲜明对照的生活。而朴实无华的《阿米丽亚》(1751)则是维多利亚时代家庭小说的开山之作。这些作品发展了英国小说的那种全面反映当代社会的写实主义传统。

菲尔多西　Ferdowsi(935？～1020/1026？)　又作 Firdusi 或 Firdousi。原名 Abu ol-Qasem Mansur。波斯诗人。虽然关于这位诗人的名字有许多传说，但对他的真实生平却少有人知悉。他所写的最后一部并永垂不朽的波斯民族史诗《王书》(约 1010 年完成)是以早年写的同名散文体历史为基础，由近 6 万对句组成，以夸耀波斯光荣的历史为主的著作。据说他为了筹措独生女的嫁妆，耗费了 35 年的时间来完成这本巨著。

菲弗　Feiffer, Jules(1929 ～　　)　美国漫画家和剧作家。出生于纽约市。在担任连环漫画艺术家的助理时，学得手艺。他以讽刺连环画《菲弗》闻名，画中的讲话者常以独白形式说话(有时感伤，有时傲慢)，表露出他(或她)的担心。他的漫画从 1959 年开始为报业辛迪加采用，后又把这些漫画集结成书，其第一部连环漫画集是《咬他，咬他，咬他》(1958)。1986 年获普利策奖。他的剧作，如《小凶杀案》(1967；1971 年拍成电影)，一如其连环漫画，将闹剧与辛辣的社会批评融于一体。其他作品尚有小说、电影剧本，以及儿童读物(20 世纪 90 年代)。

菲格雷斯(·费雷尔)　Figueres, (Ferrer) José(1906 ～ 1990)　哥斯达黎加政治家，曾任总统(1948 ～ 1949，1953 ～ 1958，1970 ～ 1974)。曾在哥斯达黎加、墨西哥及美国受教育。因批评卡尔德隆的右翼政府而被流放，1948 年领导一次起义，迫使卡尔德隆让位于民选的乌特拉。菲格雷斯领导的军政府制订了新宪法，废除军队，给予妇女选举权。1949 年乌拉特再次执政。菲格雷斯于 1953 年以压倒多数当选总统。他是个温和的社会主义者，主张亲美，并坚决反对共产党。1970 年再次当选总统，他成为"民主左派"的象征，并使哥斯达黎加成为该地区稳定和民主的国家。

菲利浦电器公司　Philips Electronics NV　荷兰语作 Philips' Gloeilampenfabrieken, NV。生产电子消费品、家用电器、照明设备以及计算机设备的荷兰大公司。由荷兰工程师 G. 菲利浦成立于 1891 年，生产白炽灯，1912 年组成现在的菲利浦电器公司。1914 年成立菲利浦研究实验室这个独立组织，使得其强大的研究成果更为巩固。20 世纪 20 年代开始制造收音机，第二次世界大战后从事立体音响设备、电视和其他产品的生产，以菲利浦、马格纳沃克斯、诺雷尔科等商标售卖。菲利浦公司还协助制造了激光唱片、录音带和录像机。它在全世界许多国家和地区设有制造和销售的子公司。

菲利普·莫里斯公司　Philip Morris tobacco companies　世界最大的两家烟草公司。包括菲利普·莫里斯国际公司和菲利普·莫里斯美国公司，均由美国奥驰亚集团控股。公司得名于 19 世纪中期伦敦的一名烟草商，1902 年作为一家英美合资公司在纽约注册，1919 年所有权移交给美国股东，并重命名为菲利普·莫里斯公司。20 世纪 30 和 40 年代成为一家制造香烟的大公司，其万宝路牌香烟的品牌随着 50 年代中期公司使用牛仔形象进行宣传而更加为人所知。公司其他的香烟品牌有班森与赫奇、维珍妮和美里特，现在是世界上最大的烟草公司。其在海外的香烟生产和营销公司发展成为了菲利普·莫里斯国际公司，至 1972 年在包括前苏联的世界许多地方销售其产品。其国际品牌包括契斯特菲尔德和云雀。

菲利普亲王　Philip, duke of Edinburgh(1921 ～　)　又称 Prince Philip。英国女王伊丽莎白二世的丈夫。他的父亲安德鲁亲王是希腊和丹麦的王子，母亲艾丽斯郡主是维多利亚女王的曾外孙女。从小在英国长大，第二次世界大战期间在英国皇家海军服役。1947 年他宣布放弃希腊和丹麦的王位继承权，成为英国臣民，改随母姓蒙巴顿，与伊丽莎白公主完婚并继续在海军服役，直到 1952 年伊丽莎白继承王位。威尔士亲王查尔斯是他和女王的儿子。

菲利普斯 Phillips, Wendell(1811 ～ 1884) 美国废奴运动者和改革家。原在他的出生地波士顿当律师,后来加入反对奴隶制的运动。为抗议E. 洛夫乔伊的谋杀事件(1837),在废

W. 菲利普斯
By courtesy of the Library of Congress, Washington, D. C.

奴运动集会上发表演说,从而建立起能鼓励士气的演说家名声。他成为W. L. 加里森的助手,在美国反奴隶制协会的会议上广泛发表演说,并于 1865 ～ 1870 年任主席。他还支持禁酒、妇女选举权、监狱改革、企业规则和工会改革等。

菲利普王战争 King Philip's War(1675 ～ 1676) 17 世纪在新英格兰地区发生的美洲殖民者与印第安人之间最激烈的冲突。1660 年不再依靠印第安人生存的英国移民大批涌入马萨诸塞、康涅狄格和罗得岛的印第安人领地。为了保护自己的土地,万帕诺亚格人的首领菲利普王(米塔科姆)组织了部落联盟,于 1675 年摧毁数个边境移民点。出于报复,殖民地民兵焚烧印第安人的村庄和作物。1676 年菲利普王去世后,印第安人的抵抗瓦解。在这场冲突中,估计有 600 名移民和3 000名印第安人丧生。

菲律宾 Philippines 全称 Republic of the Philippines(菲律宾共和国)。西太平洋岛国,位于亚洲东南海岸的群岛。面积:300 000平方千米。人口:约94 982 000(2013)。首都:马尼拉;奎松市是指定的国家政府中心。菲律宾人的祖先主要属马来人的后裔,通常还有中国-菲律宾、菲律宾-美国或西班牙-菲律宾混血人群。语言:菲律宾语和英语(均为官方语言);其他主要的语族有宿务语、伊洛卡诺语、希利盖农语和比科尔语。宗教:基督教(主要是罗马天主教,也有新教和其他基督教派)和伊斯兰教。货币:菲律宾比索。该国约由7 100个大小岛屿组成。两座主岛是吕宋(北部)和棉兰老(南部)。米沙鄢群岛位于菲律宾中部,民都洛位于吕宋岛正南方,而巴拉望为一个西部孤岛。菲律宾地形多样,休眠火山和山峦为多数较大岛屿的显著特色。该国为市场经济国家,主要以农业、轻工业和服务业为基础。菲律宾为两院制共和国。国家元首暨政府首脑是总统。1521 年由 F. 麦哲伦首先发现,西班牙人在该群岛殖民,并一直控制到 1898 年美西战争后才把它割让给了美国。1935 年建立菲律宾联邦,为该国在政治和经济上的独立作准备,但因第二次世界大战和日本军队入侵而使国家独立推迟。1944 ～ 1945 年美国军队解放了这个群岛,1946 年宣布成立菲律宾共和国,按照美国模式成立政府。1965 年 F. F. 马科斯当选总统。1972 年他宣布实施戒严法,并持续到 1981 年。经过 20 年的专制统治后,1986 年马科斯被赶下了台。科拉松·阿基诺成为总统,实施民主统治,之后的当选总统仍继续民主统治。菲律宾政府一直试图与南部诸岛的穆斯林独立斗士议和,在西南棉兰老和附近岛屿建立了棉兰老穆斯林自治区。1924 年首次参加在巴黎举办的夏季奥运会。

菲美战争 Philippine-American War(1899 ～ 1902) 又称 Philippine Insurrection。美国和菲律宾革命者之间的战争,可以看作是反对西班牙统治的菲律宾革命的延续。《巴黎条约》(1898)把菲律宾的主权从西班牙人手中移交到美国人手上,但未得到菲律宾的领袖们的承认,他们的军队控制了首都马尼拉以外的整个群岛。到 1902 年美国军队已经镇压了起义,但零星战斗仍持续到 1906 年。美国保持对群岛的控制权,直到 1946 年。

菲舍尔-迪斯科 Fischer-Dieskau, Dietrich (1925 ～ 2012) 德国歌剧男中音和乐队指挥。出生于柏林。曾参与第二次世界大战,在意大利沦为战犯。1947 年开始其职业演出生涯。菲舍尔-迪斯科是他那个时代最杰出的歌唱家之一,不论是浪漫歌曲或歌剧都很成功。他的录音作品很多,包括大部分艺术歌曲曲目和许多当代的作品,他的首次公演包括 B. 布里顿的《战争安魂曲》(1962)。他在后来的年月里失去了美妙的歌喉,但他的音乐家才能和智慧足以为人所倾倒。

菲什 Fish, Hamilton(1808 ～ 1893) 美国国务卿(1869 ～ 1877)。出生于纽约市。原为律师。曾担任副州长(1847 ～ 1848)、州长(1849～1850)和美国参议员(1851～1857)。

菲什
By courtesy of the Library of Congress, Washington, D. C.

由 U. S. 格兰特总统任命为国务卿。处事机敏,缓和了与英国间的争端,包括"亚拉巴马"号索赔案,及西班牙扣押古巴船只"弗吉尼厄斯"号的事件。他与英国外交官合作,召开签订《华盛顿条约》的会议(1871),开创了近代历史上第一个重要的国际仲裁实例。作为受人尊敬的格兰特内阁成员,他致力于反对贪污,但用人不当并侵犯黑人公民权利。

菲斯克 Fisk, James(1834 ～ 1872) 美国金融家。出生于佛蒙特州贝宁顿。先后当过马戏团雇工、餐厅服务员、布店推销员、证券经纪人和公司高级职员。开办菲斯克-贝尔登经纪商行。次年联合 D. 德鲁和 J. 古尔德来对抗 C. 范德比尔特,他们三人合谋用发行假股票的办法争夺伊利铁路公司的控股权。他们也曾试图哄抬市价,垄断黄金市场,结果酿成 1869 年的大恐慌。他被称为"华尔街的巴纳姆"。菲斯克制作戏剧节目,还与歌舞女郎胡搞。37 岁时,一次为了生意和情妇等事与人争吵,被他的助手刺杀身亡。

菲亚特公司 Fiat SpA 跨国控股公司和意大利汽车、卡车、工业车辆和部件的主要制造商。为世界第六大汽车制造商。1899 年由 G. 阿涅利(1866 ～ 1945)创建,1906 年改组为其继承公司,取现名;他一直领导公司直至去世。他的孙子 G. 阿涅利(1921 ～ 2003)1966 ～ 1996 任董事长,此后成为荣誉董事长。1979 年公司转型成控股公司;1986 年购得制造跑车的阿尔法·罗密欧汽车公司。它所生产的汽车知名品牌是阿尔法·罗密欧、克莱斯勒、法拉利、玛莎拉蒂和兰西雅。

菲英 Funen 丹麦岛屿。位于西兰岛和日德兰半岛之间,面积3 486平方千米。其行政中心和最大城市为欧登塞。是肥沃的农业和水果种植地区。有公路和铁路桥以及渡船连接丹麦其余部分。

鲱鱼 herring 鲱形目鲱科体形侧扁的北方鱼类,学名 *Clupea harengus*,既指大西洋鲱,也指太平洋鲱,两者曾被认为是两个种,现则作为亚种。鲱鱼头小,体呈流线形,体侧银色闪亮,背部深蓝金属色。herring 一词也指鲱科的其他成员。成鱼长 20 ～ 38 厘米,是世界上数量最多的鱼类之一,成大群游动,以浮游的甲壳动物和鱼类幼体为食。在欧洲被加工并制成熏鱼出售。在加拿大东部和美国东北部,供食用的鲱鱼大部分是幼鱼,制成沙丁鱼罐头。在太平洋捕到的鲱鱼主要用于制造鱼油和鱼粉。

肥料 fertilizer 含有促进植物生长和增产的化学元素的天然或人造物质。肥料能提高土壤的肥力,或补充土壤中被以前作物吸收的化学元素。粪肥和混合肥料的使用几乎与农业同样古老。现代的化学肥料含有作物所需的三大元素(氮、磷、钾)中的一种或多种,次要元素为硫、镁和钙。

肥美的星期二 Mardi Gras 在忏悔星期二当天或结束时庆祝的狂欢节,在圣灰星期三大斋节首日的前一天。按照传统,当天各家各户会吃掉所有大斋期禁食的食物(如鸡蛋)。在法国,这个节日只有一天,但在美国新奥尔良则要持续几天,伴随着游行、街道庆

祝活动和夸张的服装。

肥胖症 obesity 人体脂肪过多，体重超过标准度的20%以上。通常因不爱运动和进食热量过高所致。摄入的热量没有消耗掉就会作为脂肪贮存。罕见的原因包括激素平衡失调和内分泌腺缺陷。肥胖症有引起心脏病和糖尿病的危险。肥胖的治疗方法是减少热量的摄人和增加运动，最好在医务人员指导下进行。

肥沃新月 Fertile Crescent 中东一个地区。该术语形容一块肥沃的新月形地带，在古代这里的农业生产力可能比现在高很多。历史上，这块区域是从地中海东南部沿岸（阿拉伯半岛北部叙利亚沙漠附近）延伸到波斯湾一带，通常尼罗河流域也包括在内。最早在肥沃新月定居的农业村落可追溯到公元前8 000年左右。这里曾是早期已知民族奋斗、迁徙的发生地，这些民族包括苏美尔人、亚述人、阿卡德人、巴比伦人、腓尼基人，以及一些闪米特部族。

肥皂剧 soap opera 广播连续剧，特点是：使用固定的演员组，故事有连续性，交织的人物关系，以及一直用情感的或情节剧的方式处理。由于这种节目的主要赞助者多年来一直是肥皂和洗涤剂生产厂家，因此得名。肥皂剧开始于20世纪30年代早期，是15分钟的广播片断；50年代早期为电视所继承，并扩展到30分钟，后延长至1小时。通常在日间播放，针对家庭主妇，最初关注中产阶级家庭生活。但在20世纪70年代，其内容扩展到包括更多类型的人物和场景，在性表述方面也更加直率。到了20世纪80年代，类似的连续剧开始在每晚的黄金时段播放（例如《朱门恩怨》、《朝代》）。

腓力二世 Philip II（公元前382～前336） 绰号Philip of Macedonia（马其顿的腓力）。马其顿的第18位国王（公元前359～前336）。亚历山大大帝之父。原为其侄子的摄政王，结果篡位。起初与邻国保持和平，利用这段时间建立军队，采用新型装备和战略，加强训练并巩固西部防线。他在东部边界上的活动激怒了希腊人，从而组成了反腓力同盟。腓力插手圣战，支持德尔斐脱离培奥尼亚，与第比斯和色萨利同盟结成盟友，并在同盟中成为领导者。狄摩西尼通过抨击腓力的演说《反腓力辞》（公元前346～前342），使雅典人与腓力为敌，同时第比斯人也开始视腓力为威胁。腓力在喀罗尼亚战役中击败了雅典人和第比斯人，成为整个希腊的领导者。他将希腊城邦组成科林斯同盟以攻击波斯人，但因为家族政治而取消。因为再娶，他的第一任妻子奥林匹亚斯带着亚历山大离开了他。腓力后来被一名马其顿贵族刺杀，这很可能是与奥林匹亚斯和亚历山大共谋策划的。

腓力二世 Philip II（1342～1404） 法语作Philippe。绰号Philip the Bold（大胆者腓力）。勃艮地公爵（1363～1404）。父亲约翰二世授予腓力以勃艮地公国。他通过联姻和购买，获得法国中部和北部、佛兰德斯和尼德兰的若干土地。在其侄查理六世未成年期间，腓力和他的兄长们共同治理法国，与英国、德意志保持友邦关系。到1392年查理精神错乱时，腓力成为法国的实际统治者。他与英国结盟（1396），并撤销了对阿维尼翁教廷的支持（1398）。

腓力三世 Philip III（1396～1467） 法语作Philippe。绰号Philip the Good（善良的腓力）。勃艮地公爵（1419～1467）。勃艮地瓦卢瓦家族的公爵中最重要的一个，15世纪他建立了勃艮地公国，与法国分庭抗礼。他还与英国的亨利五世签订《特鲁瓦条约》（1420），承认他对勃艮地的权利，并维持和英国的结盟关系，但在他试图侵占加莱（1435～1439）未果时，就破坏了这种关系。腓力避免和法国的冲突，反而攻击它的邻近小国，到了1443年已征服了埃诺、布拉班特、荷兰、泽兰和卢森堡。他也是著名的艺术赞助者，建造了一座欧洲最豪华的宫廷。

腓力四世 Philip IV（1605～1665） 西班牙语作Felipe。西班牙国王（1621～1665）和葡萄牙国王（称腓力二世，1621～1640）。他继承其父腓力三世的王位，将统治的行政权交给心腹大臣奥利瓦雷斯公爵（1621～1643）和公爵的侄子哈罗（1643～1661）。西班牙的工业和商业衰落了，而对荷兰、法国和德国的战争又进一步削弱了西班牙的经济。葡萄牙重获独立（1640），在《威斯特伐利亚和约》（1648）中又丧失荷兰。腓力是一个诗人，也赞助艺术，他是画家D. 委拉斯开兹的朋友，常成为其作画的对象。

腓力五世 Philip V（1683～1746） 西班牙语作Felipe。原称Philippe, duc（Duke）d'Anjou（安茹公爵腓力）。西班牙国王（1700～1746）。法国国王路易十四的孙子，西班牙腓力四世的曾孙，为继承无子嗣的查理二世王位而取名腓力，1700年当上国王。路易拒绝将腓力排除在法国王位继承者名单之外，引起了西班牙王位继承战争。结果缔结的乌得勒支条约（1713）剥夺了腓力对西属尼德兰以及部分意大利领地的继承权，但留给他西班牙和西属美洲地区。最初通过他的妻子（萨伏依的玛丽亚·路易丝）受到他的法国顾问的影响。在她死后（1714），他又受到第二个妻子（伊丽莎白·法尔内塞）和她的意大利顾问的影响。他因试图保护在意大利的领土而促成反法的四国同盟成立（1718）。腓力后来使西班牙卷人奥地利王位继承战争中。他的统治标志着西班牙波旁王朝的开始（参阅波旁家族）。

腓立比 Philippi 希腊马其顿中北部地区的废墟山城。约公元前357年腓力二世在此设防，以控制附近的金矿。公元前42年这里是一场罗马战役的决战地点，M. 安东尼和屋大维在此击败了刺杀J. 凯撒的主谋布鲁图和卡修斯·隆吉努斯。现存许多基督教的废墟，尤其是公元5～6世纪的古迹。圣保罗曾在这里向皈依基督教者传播福音。

腓尼基 Phoenicia 范围大致相当于现今黎巴嫩的古国，与现在的叙利亚和以色列的一部分接壤。主要城市有西顿、提尔和贝汝特（今贝鲁特）。腓尼基人是公元前第1千纪地中海地区最著名的商人、贸易者和殖民者。该国陆续被亚述人、巴比伦人、波斯人和亚历山大大帝征服。公元前64年并人罗马的叙利亚行省。

腓尼基人 Phoenician 古代腓尼基地区的民族。可能在约公元前3000年时来自波斯湾地区，大多是商人、贸易者和殖民者。到公元前第2千纪时他们已经在黎凡特、北非、安纳托利亚和塞浦路斯建立了殖民地。他们从事木材、布匹、染料、刺绣品、酒类和装饰品的买卖。象牙雕刻和木雕品是腓尼基的特产，黄金饰品和金属制品也很有名。他们使用的字母成为希腊字母的基础。

腓特烈二世 Frederick II（1194～1250） 德语作Friedrich。西西里国王（1197～1250）、士瓦本公爵（1228～1235）、德意志国王（1212～1250）和神圣罗马帝国皇帝（1220～1250）。红胡子腓特烈一世之孙。3岁时加冕为西西里国王，但直到1212年国家纷争解除后才取得控制权。1214年击败他的对手奥托四世。西西里和德意志计划联盟使教皇不安，通过谈判订立妥协方案，腓特烈加冕为神圣罗马帝国皇帝。因第六次十字军东征延期起程被绝罚（1227），后来撤销。1229年加冕为耶路撒冷国王。腓特烈返回后平定了他的儿子亨利联合伦巴第同盟进行的一次叛乱。教皇格列高利九世鉴于腓特烈对教皇权力的威胁日益增长，于1239年第二次将他绝罚。他率兵进入教皇国。腓特烈试图与教皇英诺森四世和谈，未能成功，他和教廷的斗争仍然继续。到腓特烈死时已丧失了意大利中部的大片领土，在德意志也失去了支持。

腓特烈二世 Frederick II（1712～1786） 德语作Friedrich。别称Frederick the Great（腓特烈大帝）。普鲁士国王（1740～1786）。腓特烈·威廉一世之子，由于父亲的粗暴和任意凌辱，早年生活得并不愉快。1730年试图逃跑未遂，屈服于父亲，但继续研究学问和学习艺术。1740年他的父亲去世，腓特烈即位并巩固了领导地位。在奥地利王位继承战争期间占据了部分西里西亚，加强了普鲁士势力。1756年人侵萨克森，推进至波希米亚。腓特烈在七年战争（1756～1763）中几乎被击败，直到他的崇拜者彼得三世签订了俄普条约，该条约一直延续到1780年。1772年第一次瓜分波兰，使普鲁士得到大片土地。奥普之间的对抗，导致巴伐利亚王位继承战争（1778～1779）。腓特烈虽然取得外交胜利，但对哈布斯堡野心的忧虑促使他建立德意志邦国的联盟以对抗约瑟夫二世。在他的领导下普鲁士成为欧洲大国之一，国土大增，军事力量引人注目。除了军事现代化外，腓特烈也拥护启蒙运动的思想，实行行政、经济及社会改革。

腓特烈·亨利　Frederick Henry(1584～1647)　荷兰语作 Frederik Hendrik。荷兰共和国第三世袭总督(1625～1647),继承其兄莫里斯(拿骚的)为奥兰治亲王和拿骚公爵。像他的父亲沉默的威廉一世,继续进行脱离西班牙的独立战争。为奥兰治王室确立了继承权,实行半君主政权。他是一位成功的战略家,负责联合省的外交政策,通过与西班牙谈判,于1648年促成了一个对国家十分有利的条约的签订。

腓特烈七世　Frederick VII(1808～1863)　丹麦语作 Frederik。丹麦国王(1848～1863)。在1848年一次群众示威之后,他任命了一个自由党的内阁,废弃专制统治,实行代议制政体。他在石勒苏益格的政策结果是将公国并入丹麦,并在他死后不久,使丹麦与奥地利和普鲁士发生战争。腓特烈无嗣,克里斯蒂安九世为继承人。

腓特烈三世　Frederick III(1415～1493)　德语作 Friedrich。神圣罗马帝国皇帝(1452～1493),德意志国王(称腓特烈四世;1440年起)。到1439年他是哈布斯堡王朝的高级成员。他统一了为奥地利所拥有的哈布斯堡王朝的两个敌对分支(1379年分裂),为哈布斯堡王朝在欧洲事务中的丰功伟绩奠定基础。腓特烈最大的成就是他为儿子马克西米连(后为马克西米连一世)娶了大胆的查理的女儿玛丽,使哈布斯堡王朝获得勃艮第的大部分领地,也使奥地利跻身于欧洲强国之林。他是由教皇在罗马加冕的最后一位神圣罗马帝国皇帝。

腓特烈·威廉　Frederick William(1620～1688)　德语作 Friedrich Wilhelm。别名 the Great Elector(大选侯)。勃兰登堡选侯(1640～1688),他在三十年战争后恢复了遭受破坏的霍亨索伦王朝领地。在他继位为选侯的时候,勃兰登堡是一块被外国军队占领和蹂躏的土地。在瑞典与哈布斯堡之间的战争中,他小心翼翼地采取中立,并开始着手组织自己的正规军。在威斯特伐利亚和会(1648)上增加了他的领土。在第一次北方战争(1655～1660)中他取得了普鲁士公国的主权。自1661年始,在欧洲复杂的权力争夺中,他总是转而和较弱的一方联合,希望能保持力量的平衡。1685年他颁布波茨坦诏书,给予被法国放逐的胡格派庇护。在他死的时候,留下了一个中央集权的政府、稳固的财政和强大的军队,并且为后来的普鲁士君主国奠定了基础。

腓特烈·威廉二世　Frederick William II(1744～1797)　德语作 Friedrich Wilhelm。普鲁士国王(1786年起)。他继承他的伯父腓特烈大帝王位之后,普鲁士的版图继续扩大。波兰第二次(1793)和第三次(1795)被瓜分时,取得大片领土,并且得到额外的普鲁士领土。他参加普奥联盟,共同反对法国革命,但在法国革命的战争中失败后,于1795年单独同法国缔结条约,退出联盟。在其统治期间,普鲁士的文化事业尤其是音乐十分繁荣。W. A. 莫扎特和 L. van 贝多芬都曾为他演奏。

腓特烈·威廉三世　Frederick William III(1770～1840)　德语作 Friedrich Wilhelm。普鲁士国王(1797～1840)。腓特烈·威廉二世之子。在拿破仑战争的早期,他采取中立政策,导致普鲁士的国际威望迅速下降。1806年普鲁士加入第三次联盟攻击法国,在耶拿和奥尔斯泰特战役中被击溃。战败使他终于认识到普鲁士必须进行彻底改革。他批准了由 K. 奥古斯特、F. von 哈登贝格和施泰因等政治家进行内政改革,不过仍然保持专制政体。维也纳会议使普鲁士获得威斯特伐利亚和萨克森的大部。但腓特烈·威廉三世在位的最后25年间,普鲁士的国势日蹙。

腓特烈·威廉四世　Frederick William IV(1795～1861)　德语作 Friedrich Wilhelm。普鲁士国王(1840～1861)。腓特烈·威廉三世之子。他是德意志浪漫主义运动的一个崇奉者,对艺术很感兴趣,但他的保守政策触发了1848年革命。1849年他拒绝法兰克福国民议会拥护他即帝位。他欲建立在普鲁士领导下的德意志同盟国,但遭到奥地利的反对。1857年因中风而瘫痪。1858年由其弟(即后来的威廉一世)摄政。

腓特烈·威廉一世　Frederick William I(1688～1740)　德语作 Friedrich Wilhelm。普鲁士国王(1713～1740)。腓特烈一世之子。在西班牙王位继承战争中获得了宝贵的军事经验。认识到普鲁士在军事和财政上的孱弱,不得不仰赖于各大国间力量的消长。毕生致力于建设普鲁士陆军,使普鲁士成为欧洲大陆军事强国。他厉行经济和财政改革,加强中央集权,提倡工业和制造业,实施小学义务教育(1717),并解放自己领地的农奴(1719)。他的儿子腓特烈二世(腓特烈大帝)继其位。

腓特烈五世　Frederick V(1596～1632)　莱茵的巴拉丁选侯(1610～1623)、波希米亚国王(称腓特烈一世,1619～1620)。新教的波希米亚贵族们反对天主教国王腓特烈二世发动暴乱后,加冕腓特烈为国王,使他成为三十年战争初期与信天主教的奥地利对抗的基督教新教联盟的领袖。不久就被他的同盟者废黜,并在白山战役中被击败。1622年腓特烈流亡荷兰。1623年他的选侯权力被剥夺。1628年巴伐利亚吞并了上巴拉丁。

腓特烈一世　Frederick I(1123?～1190)　德语作 Friedrich。别名 Frederick Barbarossa(红胡子腓特烈)。士瓦本公爵(1147～1190)、德意志国王和神圣罗马帝国皇帝(1152～1190)。1153年他签订《康斯坦茨条约》。该条约承诺立他为皇帝,作为他拥戴教皇的回报。1154年腓特烈发动对意大利北部的6次战役中的第一次战役,1158年发动第二次战役征服了米兰。他支持敌对教皇对抗亚历山大三世,1160年被亚历山大三世革出教门。他再次发动对意大利的远征,遭到伦巴第联盟的对抗。在1177年《威尼斯和约》中,他承认亚历山大三世为真正的教皇。1183年与伦巴第签订和约。1180年征服了吕贝克,废黜了他的主要对手狮子亨利。他加强了封建体制以约束诸侯的势力。1189年他发动了第三次十字军东征,在土耳其渡河时溺死。

腓特烈一世　Frederick I(1657～1713)　德语作 Friedrich。普鲁士国王(1701～1713)。1688年继承其父腓特烈·威廉,成为勃兰登堡选侯(称腓特烈三世)。在欧洲的政治上,他联合奥地利、英国和荷兰对抗法国。在大同盟战争和西班牙王位继承战争中,普鲁士军到处表现得很出色。奥地利与普鲁士签订秘密条约,允许腓特烈自立为普鲁士国王。奥地利之所以这样做,是在王位继承问题上和在奥地利军事上得到普鲁士的帮助。普鲁士成为君主国后,将分散的霍亨索伦王朝领地改为省。腓特烈使新成立的国家摆脱帝国的控制,并致力于增加王国的收入。

斐波那契数列　Fibonacci numbers　数学中的数列,在植物学和其他自然科学中用处极大。始于两个1,每个新项出自前两项的和:1,1,2,3,5,8,13,……。13世纪数学家比萨的莱奥纳尔多(1170～1240后,又称斐波那契)发现这个序列,但没有探索其用途——后来证实是广泛而多样的。举例来说,大部分花朵的花瓣数目和涉及分枝模式、种子形成模式的数目源于斐波那契数列。任何两个连续项的比率在项数变大时接近黄金比的值。

斐迪南　Ferdinand(1793～1875)　奥地利皇帝(1835～1848)。神圣罗马帝国皇帝弗兰西斯二世的长子。斐迪南虽然意志薄弱并患癫痫病,但弗兰西斯为了保卫王朝传位原则,坚持主张斐迪南为继承人。1830年加冕为匈牙利国王。1835年继承奥地利的皇位,朝政由一群顾问组成的"国务会议"掌管,首相 F. von 梅特涅在其中起决定性作用。1836年斐迪南加冕为波希米亚国王,1838年又加冕为伦巴第和威尼斯国王。1848年革命间逊位,由其侄弗兰西斯·约瑟夫继任。

斐迪南　Ferdinand (Karl Leopold Maria)(1861～1948)　保加利亚国王(1908～1918)。1887年当选为保加利亚大公。1908年宣布保加利亚脱离奥斯曼帝国完全独立,自立为国王。1912年他带头与其他国家结成巴尔干同盟(1912),导致第一次巴尔干战争。保加利亚在第二次巴尔干战争时被打败(1913)。他对先前的同盟国家怀恨在心,于是站在同盟国一方参加第一次世界大战。1918年战败,被迫退位给儿子鲍里斯三世。

斐迪南二世　Ferdinand II(1578～1637)　神圣罗马帝国皇帝(1619～1637)、奥地利大

公、波希米亚国王(1617～1619、1620～1627)和匈牙利国王(1618～1625)。波希米亚议会确认他为国王,1年后又废黜他,另选腓特烈五世为王,三十年战争实际从此开始。1620年歼灭反叛军后,他剥夺了议会的大部分权力,并强制波希米亚人民改奉天主教,而且在全国各地镇压新教教徒。由于A. W. E. von 华伦斯坦的军队屡屡得胜使他得以维持了大部分的权势,后来还是与新教王公达成和解。他是天主教反宗教改革的领袖,又是三十年战争中的独裁者。

斐迪南二世　Ferdinand II(1810～1859)　两西西里王国国王(1830～1859)。继父亲弗朗西斯一世之位为王,执政初期颇为开明,后渐趋独裁,对自由和民族主义者的暴乱严厉镇压。1848年斐迪南二世下令猛烈炮击西西里城市,博得"炸弹国王"之名。由于他的政府逐渐趋向专制,使两西西里王国无由参与复兴运动,并导致它的瓦解,1860年并入意大利。

斐迪南三世　Ferdinand III(1608～1657)　神圣罗马帝国皇帝(1637～1657)、奥地利大公(1621～1657)、匈牙利国王(1625～1657)和波希米亚国王(1627～1657)。在三十年战争中拒绝出任哈布斯堡军队的指挥,阴谋推翻华伦斯坦将军后取而代之(1634～1635)。他是奥地利宫廷中的主和派首领,曾力促签订《布拉格和约》(1635)。1637年成为皇帝时,规定在自己的领土内不容许宗教自由,但却与欧洲的基督教新教强国妥协,并同意《威斯特伐利亚和约》,以结束中欧30年以来的宗教纷争。

斐迪南一世　Ferdinand I(1503～1564)　神圣罗马帝国皇帝(1558～1564),波希米亚和匈牙利国王(1526年起)。神圣罗马帝国皇帝查理五世之弟。他是查理在哈布斯堡王朝德意志领地的代表(1522～1558)。1526年轻易取得波希米亚,但面临着匈牙利竞争对手的权利要求,并几度与奥斯曼帝国发生战争。最后终于在1562年为奥地利拥有的匈牙利部分向苏丹纳贡。他曾帮助查理打败新教的施马尔卡尔登同盟,后来在新教问题上妥协,并签署《奥格斯堡和约》(1555),结束了德意志的宗教纷争。查理退位后,斐迪南当选皇帝,他把哈布斯堡王室的领土分成奥地利和西班牙两个部分,实行中央集权制。

斐迪南一世　Ferdinand I(1751～1825)　两西西里王国国王(1816～1825)。1759年当他的父亲继承西班牙王位(称查理三世)时,他成为那不勒斯国王(称斐迪南四世)。他是个软弱的统治者,受其妻子奥地利的玛丽亚·卡罗莱娜(1752～1814)影响很大。1793年加入奥地利和英国联盟,一起反对法国大革命。后来法国军队入侵那不勒斯,他逃往西西里(1798～1799、1806～1816)。在拿破仑垮台后,他于1816年回到那不勒斯,同时成为两西西里王国的国王。他的专制统治导致1820年的暴动,之后被迫颁布一部宪法。由于奥地利的帮助,他在1821年推翻了立宪政府。

斐济　Fiji　全称Republic of Fiji(斐济共和国)。南太平洋的国家和群岛。位于瓦努阿图以东,萨摩亚西南。面积:18 272平方千米。人口:约860 000(2013)。首都:苏瓦。斐济人大多数为美拉尼西亚人和波利尼西亚人的混血种族,少数民族来自南亚。语言:英语(官方语言)和斐济语。宗教:基督教(主要为新教,亦有其他教派和天主教)、印度教和伊斯兰教。货币:斐济元。位于新西兰以北2 100千米,由大约540个小岛和300个岛屿组成,其中约100个岛屿有人居住。主要岛屿是维提岛和瓦努阿岛,还包括罗图马岛,该岛位于苏瓦西北640千米处。两个最大的岛屿原来都是多山或火山地形,由人口稠密的沿海地区突然上升至中部山区。较小的岛也是火山岛,多由岩石海滩和珊瑚礁组成。主要河流所形成的海岸三角洲,含有斐济大部分肥沃的可耕地。属热带海洋性气候。经济属市场经济,大部分依赖农业(特别是糖制品)、旅游业和轻工业,也有金、银等矿产。斐济是共和国,两院制。国家元首是总统,政府首脑为总理。岛上最早的居民大约在3 500年前来自美拉尼西亚。最早发现此地的欧洲人是17世纪的荷兰人。1774年英国的J. 库克船长和W. 布莱船长也看到斐济,后者于1792年返回,登岛探险。1835年始有商人和传教士到达此地。19世纪60年代始有欧洲移民定居。1874年斐济成为英国直辖殖民地。1970年斐济独立,为英联邦成员国。1987年经过军事政变后,宣布成立斐济共和国。1992年恢复文人政府。1997年新宪法获得通过。2000和2006年发生政变,造成该国在21世纪初政治不稳定。1956年首次参加在墨尔本举办的夏季奥运会。

斐洛　Philo Judaeus(公元前15/10～公元45/50)　又称Philo of Alexandria(亚历山大里亚的斐洛)。讲希腊语的犹太哲学家。他是埃及亚历山大里亚的犹太人集团领袖,约公元40年曾代表犹太人向卡利古拉要求不要强迫犹太人崇拜他。他的著作清楚表达了海外犹太人的犹太教发展。其哲学受柏拉图、亚里士多德、新毕达哥拉斯主义、犬儒学派和斯多葛哲学的影响。在上帝观上他是第一个坚持有一个能够让自然界规律不起作用的上帝的存在,这和当时盛行的希腊观点相反,后者坚信宇宙的上帝自己是服从于自然规律的。他第一个尝试将宗教信仰与哲学理性相结合,在哲学历史上占有独特地位,被视为希腊化时代的犹太教代表人物,也是基督教神学的先驱。

斐扬俱乐部　Feuillants, Club of the　法国大革命时期保守的政治俱乐部,以在巴黎土伊勒里宫附近的前斐扬隐修院集会得名。1791年由一批离开雅各宾俱乐部的议员组成,他们对要求更换国王的请愿书表示抗议。这些议员害怕革命持续下去,终将摧毁君主制和私有财产。斐扬派在立法议会中成为一个有实力的集团,反对民主运动,主张君主立宪。但随着1792年君主制被推翻,斐扬俱乐部也随之消亡。

吠舍　Vaishya　印度教4个瓦尔纳或社会等级中的第三等级,历来是指普通平民。他们从事生产劳动,如贸易、农业和牧业。据说他们生自钵罗葸的大腿。在4个等级中排在婆罗门和刹帝利之后,首陀罗之前。和比他们高的两个等级一样,他们是"转世的"(参阅入法礼)。在历史上,吠舍种姓以曾支持佛教和耆那教的兴起为荣。现在吠舍阶级已成为中产阶级社会地位的一种象征,有些人升到更高的等级。

吠檀多派　Vedanta　印度六派正统哲学体系之一,是构成大多数现代印度教派别的基础。3种基本的吠檀多经典是奥义书、《薄伽梵歌》和《梵经》。《梵经》是对《奥义书》教义的简要阐释。对这些经典,根据对个人自我(我)和绝对(梵)之间的关系和同一程度的不同认识,发展出好几个吠檀多派。但都信仰轮回和吠陀的权威,并且相信梵是世界的物因和动因,而灵魂是自己行为的动因,因此是行为后果的接受者(参阅业)。

吠陀　Veda　古梵文创作的颂神诗歌和韵文。吠陀的写作年代不详,估计为公元前1500～前1200年间。吠陀颂神诗歌为崇拜礼仪的主体,其中一部分适用于苏摩崇拜和祭祀。这些诗歌赞颂传统受崇拜的诸神,这些神大多代表自然现象。吠陀文献的总体包括《奥义书》,被奉为天启。在写成文字之前它们是靠口传保存下来的。直到今天,人们在诵读本集时还保留着来自印度吠陀教早期沿袭下来的特殊音调和节奏。参阅《黎俱吠陀》和吠檀多派。

吠陀教　Vedic religion　又作Vedism。印度古代宗教,与吠陀的写作年代同期,也是印度教的前身。公元前1500年左右从现伊朗地区进入印度,成为印欧语系民族所信奉的宗教。吠陀教是多神教,地位最高的神是因陀罗。吠陀教崇拜许多与天空和自然现象有关的男性神祇。吠陀教祭礼以宰牲献祭为中心内容,同时还要饮用苏摩以达到类似入定的状态。开始时比较简单,后来变得越来越复杂繁冗,只有受过训练的婆罗门才能做到准确无误。由吠陀教教义产生了灵魂与梵的哲学观念。公元前8～前5世纪,灵魂再生(轮回)的观念、因果报应(业)的观念以及通过冥思苦想而不是通过祭祀来摆脱轮回再生的观念广为流传,这一事实标示着吠陀教时代的结束和印度教的兴起。印度教的成年礼(入法礼)就直接来自吠陀教传统。

肺　lung　胸腔里两个轻软、海绵状、有弹性的器官组织,用于呼吸。每侧肺外都裹有一层膜(胸膜)。横膈膜以及肋骨间肌肉的收缩把空气通过气管吸入肺内,气管分成两根主支气管分别通向两侧的肺。每根支气管再分成二级支气管(每肺叶一组)、三级支气管(每段肺叶一组)以及许多通向肺泡的细支气管。吸入的氧气就在肺泡里与来自周围毛细血管血液中的二氧化碳进行交换。身体组织里适当的氧的供应取决于肺内空气(换气)和血液(渗透)的充足分配。肺受伤或患病(例如肺气肿、栓塞、肺炎)可能影响一侧,也可能影响两侧。

肺癌 lung cancer 肺组织中的恶性肿瘤,在美国是癌症致死的主要原因。主要有两种基本类型:小细胞肺癌(约占10%～20%)和非小细胞肺癌(约占80%～90%)的流行程度大体上相同。大部分的病例是长期吸烟所致。吸烟多和较早开始吸烟的人患病率较高。被动吸烟(吸二手烟)也与肺癌发病有关。其他的致癌因素还有氡和石棉粉尘的吸入。症状包括咳嗽(有时带血)、胸痛,以及呼吸短促,这些症状直到肺癌晚期才出现。此时手术切除、化学治疗和放射线治疗,或三者合一已没有什么疗效。大部分患者在确诊后一年内死去。

肺气肿 emphysema 又作 pulmonary emphysema。一种病理状态,肺脏充气过度而产生的异常扩张,通常和抽烟、慢性支气管炎有关。病理变化为肺的弹性组织退化或变性严重影响呼气。毛细血管壁消失,肺组织显得干燥而苍白。因肺泡壁损坏,肺脏因此逐渐充满大量空气。临床症状如用力时气急、体重减轻、紫绀、胸闷,常有喘鸣。大泡性肺气肿是肺气肿的一个类型,此时在一侧或两侧肺内膨胀的肺泡形成了大的气囊,有时气囊破裂,引起肺萎陷,或需手术治疗。肺气肿是没办法好转的,即使在戒烟之后,病况仍继续恶化,可能导致死亡。参阅肺原性心脏病。

肺炎 pneumonia 肺组织因感染、吸入异物或受照射而产生的炎症和病变,但最常见者由细菌所引起。肺炎支原体是健康人体内最常见的致病原因。支气管和肺泡有可能发炎。咳嗽成为主要症状,痰中可带血斑。该病症状严重,但致死率低。肺炎链球菌较常见,一般来说病情也较严重,但通常只影响抵抗力较弱者,尤其是医院内的病人。克雷伯斯菌引起的肺炎,几乎只在免疫力低下的住院病患中发生,致死率很高。其他细菌性肺炎包括卡氏肺囊虫性肺炎(很少见,艾滋病患者除外)和退伍军人协会会员病许多种类的肺炎可以抗生素治疗。病毒借削弱个体的免疫系统提供细菌性肺炎病原体滋生的环境,而非直接导致肺炎。真菌性肺炎通常发生于抵抗力低的住院病人身上,但经由受污染的尘埃也可感染健康的人。发病急并可能致死。胸内组织经 X 射线治疗(参阅放射疗法)可导致暂时性肺炎。

肺炎球菌 pneumococcus 一种球状细菌,学名 *Streptococcus pneumoniae*。可导致人罹患肺炎、鼻窦炎、耳朵感染和脑膜炎。通常发生于上呼吸道,此革兰氏阳性球菌,常呈链状排列,外包由多醣组成的荚膜。肺炎球菌根据其荚膜多醣的特性而分型。肺炎球菌的致病力在于荚膜可以阻止或延迟血液中吞噬外来物的细胞对细菌的破坏作用。

肺原性心脏病 pulmonary heart disease 又作 cor pulmonale。因肺部疾病、肺血管疾病或胸壁畸形而致右心室扩大,最后发生右心衰竭。慢性肺原性心脏病通常是由慢性支气管炎或肺气肿所导致。症状包括慢性咳嗽、活动后呼吸困难、哮喘、衰弱、下肢水肿、右上腹痛和颈静脉怒张。肺部毛细血管网被缓慢破坏,肺动脉血压增高导致右心室肥大,若不改善,可导致心脏衰竭。治疗方式包括利用呼吸机、低钠饮食、利尿药、洋地黄,应用抗生素对抗呼吸道感染。因肺栓塞而造成的急性病则需通过切除阻塞部位治疗。

狒狒 baboon 猴科狒狒属 5 种健壮动物的统称,分布于阿拉伯半岛和非洲撒哈拉以南地区。狒狒头部硕大,有颊囊,鼻口部狭长似狗。以四肢行走,行走时尾巴呈特有拱形。

狒狒属(*Papio anubis*)的一种
Norman Myers-Photo Researchers

体重 14 ～ 40 千克,体长 50 ～ 115 厘米,尾长 45 ～ 70 厘米。主要生存在干燥的稀树草原和岩石地区,以多种植物和动物为食。具有高社群性和高智力,成群迁徙时大声喧嚣,以叫声沟通。狒狒可能会破坏农作物,其巨大的犬齿和有力的四肢,使它们成为冲突中的危险对手。

废奴主义 abolitionism 又称废奴运动(约 1783 ～ 1888)。在西欧和美洲发起的结束贩奴和解放奴隶的运动。18 世纪反对奴隶制度舆论在英格兰渐获支持,但在那些奴隶制度中心(西印度群岛、南美洲及美国南部各州)起初并未获得回响。1807 年英国和美国的废奴主义者成功禁止非洲奴隶的输入,并把注意力转向解放那些已被捕的奴隶。不过,美国南部 11 州仍抱守奴隶制度是一种社会和经济基础的观念。美国反奴隶制协会在北方发起废奴运动,著名人物包括 W. L. 加里森、F. 道格拉斯、H. B. 斯托。A. 林肯反对把奴隶制扩展到西部,他当选总统成了整个运动的转折点,结果导致南方各州脱离联邦引起美国南北战争。后来在 1863 年发布《解放敕令》,1865 年又通过宪法第 13 修正案,解放美国的所有奴隶。1888 年拉丁美洲的奴隶制最终也被废除。

沸点 boiling point 加热时,液体转变为水蒸气时的温度。到达沸点后若进一步加热,其结果是使液体转化为蒸汽而温度并不升高。液体的沸点随液体的特性和所加的压强而不同。在标准海平面的大气压强下,水的沸点为 100°C,而乙醇的沸点为 78°C。在高海拔处,沸点降低,食物需要煮更长的时间。可以用高压锅来增加压强,从而提高沸点。

沸石 zeolite 一族含水的硅铝酸盐矿物。它具有架状结构,其中有连通的空腔,为大的金属阳离子钠、钾、镁、钙、钡和水分子所占据。离子和水分子在骨架内容易运动,使脱水作用和离子交换可逆。商业用途包括:①在提炼石油时,分离碳氢化合物;②使气体和液体干燥;③通过选择性分子吸附作用,控制污染;④通过离子交换软化硬水。

沸石相 zeolitic facies 变质岩矿物相分类的主要类型之一,此相岩石是在与区域变质作用有关的最低温度和压力下形成的。在这些条件下出现的典型矿物有沸石、钠长石、石英和葡萄石。

费边社 Fabian Society 1883 ～ 1884 年成立于伦敦的社会主义团体,其宗旨是在英国建立民主的社会主义国家。费边社之名来自古罗马将军费边・马克西穆斯,他沉着冷静,避敌锋芒,不与敌人死争,终于以弱制强,取得最后胜利。费边社同仁信仰渐进社会主义,不主张革命。他们利用举办会议、演讲、研究和出版来教育民众。早期重要成员有萧伯纳和韦布夫妇。他们协助组织了一个独立的党,该党在 1906 年成为工党,议会中的工党议员多为费边社员。

费城 Philadelphia 美国宾夕法尼亚州东南部的城市和港口,位于特拉华河和斯库尔基尔河的汇流处。1682 年 W. 佩恩建市以前,这里居住着特拉华印第安人。1683 ～ 1799 年为宾夕法尼亚州首府,1790 ～ 1800 年是美国首都。费城在反对英国的政策中扮演过重要角色,这里是第一和第二次大陆会议的召开地,也是签署美国《独立宣言》和召开美国制宪会议的地方。18 世纪时该市人口增长,有许多是来自苏格兰、爱尔兰和德国的移民。19 世纪时这里是美国最大和最重要的城市,也是反对奴隶制运动的中心。1876 年美国独立百年博览会在费城举办。费城拥有美国最古老的美术馆(宾夕法尼亚美术学会,1805)及第一家美国医院(宾夕法尼亚州立医院,1751)。现为宾夕法尼亚州最大城市和商业、金融、工业以及文化中心。有许多教育机构,包括宾夕法尼亚大学。人口 1 562 006(2010)。

费迪南德七世 Ferdinand Ⅶ(1784 ～1833) 西班牙语作 Fernando。西班牙国王(1808、1813 ～1833)。1808 年法军入侵西班牙时,曾逼他父亲查理四世退位,暂时立他为王。不久,拿破仑立他的长兄约瑟夫・波拿巴为王,把费迪南德扣留在法国(1808 ～ 1813)。后来西班牙民众以费迪南德的名义(称其为"全民渴望者")号召人民反抗法国入侵者。1812 年独立的西班牙人通过了一部自由宪法,但 1813 年费迪南德回国当上国王后推翻了这部宪法,实施独裁统治。在位时期逐渐丧失大部分的西属美洲殖民地。后来他废除萨利克法，允许他的女儿（未来的伊莎贝拉二世）继承王位，而不是由他的弟弟唐·卡洛斯（1788～1855）继承，结果导致拥护卡洛斯运动。

费迪南德五世　Ferdinand V（1452～1516）　别名Ferdinand the Catholic（天主教徒费迪南德），西班牙语作Fernando el Católico。卡斯蒂利亚国王（从1474年起与王后伊莎贝拉一世联合统治到1504年）、阿拉贡国王（称费迪南德二世，1479年起）、西西里国王（称斐迪南二世，1468～1516），以及那不勒斯国王（称斐迪南三世，1503～1516年）。阿拉贡国王约翰二世（1398～1479）之子。1469年与卡斯蒂利亚的伊莎贝拉结婚，为了压制两个王国的贵族势力而与之斗争。作为卡斯蒂利亚革新的一部分，他们下令取缔天主教以外的一切宗教，设立异端裁判所（1478），逐出犹太人（1492）。1492年征服了格拉纳达，从而支持C. 哥伦布横渡大西洋寻找新大陆。他还把势力扩张到地中海地区和非洲。1503年征服那不勒斯后，在意大利战争期间，西班牙与欧洲最强大的国家法国对抗。费迪南德将各西班牙王国统一为西班牙国家，开始把西班牙带入帝国扩张的现代时期。

费多尔一世　Fyodor I（1557～1598）　俄语名为Fyodor Ivanovich。俄国沙皇（1584～1598），他的去世结束了留里克王朝的统治。伊凡四世之子，他头脑鲁钝，不问朝政，一切由妻兄B. 戈东诺夫主持，包括将俄国的大都市提升为主教牧首区（1589）、收复临近芬兰湾的领土（1595）以及加强俄国对西西伯利亚和高加索地区的统治。费多尔死时无嗣，由戈东诺夫继位。

费尔巴哈　Feuerbach, Ludwig (Andreas)（1804～1872）　德国哲学家。著名法学家的儿子。曾在柏林随G. W. F. 黑格尔学习，但后来放弃了黑格尔的唯心主义，转而追求自然唯物主义。在其第一部作品《论死与不朽》（1830）中，他抨击个人不朽的概念。继《阿伯拉尔和赫罗伊丝》（1834）和《比埃尔·拜勒》（1838）之后，他又发表了《论哲学和基督教》（1839）。在该书中，他宣称"基督教事实上不仅早已从理性中消失，而且也从人类生活中消失，它只不过是一个固定不变的观念"。在《基督教的实质》（1841）中，他提出上帝不过是人内在本性的向外投射。他的某些观点后来得到K. 马克思、F. 恩格斯和其他领导劳工反对资本主义的人们的赞同。

费尔德　Velde, Henri van de（1863～1957）　比利时教师、建筑师和设计师。他对设计的最大贡献是在德国的教学工作。1897年在德累斯顿的展览会上展出其室内设计作品，因而声名大噪。他赞同W. 莫里斯和英国工艺美术运动的观点。1902年到魏玛，并以此观点在魏玛工艺美术学校和美术学院执教，在这两所学院树立起包豪斯的地位。1914年设计了科隆联盟博览会的剧场，还设计了巴黎（1937）和纽约（1939）世界博览会的比利时展馆。

费尔法克斯（卡梅伦的）　Fairfax (of Cameron), Baron（1612～1671）　原名Thomas Fairfax。英国内战时期议会派军队的总司令。他善用谋略，英勇过人，带领议会派打过多次胜仗，包括马斯顿荒原之战。任新模范军总司令时，在内兹比战役中打败查理一世。1648年不赞成由他的士兵整肃议会，并拒绝担任委员会委员判决查理死刑。1650年为抗议入侵苏格兰辞去总司令职务。1658年协助G. 蒙克将军面对军队的反对恢复议会的权威。他是迎立查理的儿子（查理二世）重返英格兰的议会议员之一。

费尔莫尔　Fillmore, Millard（1800～1874）　美国第13任总统（1850～1853）。出生于纽约州洛克。家境贫寒，15岁时被送去当梳理羊毛工学徒。后随一位地方法官学习法律，

M. 费尔莫尔

By courtesy of the Library of Congress, Washington, D. C.

1823年开始在布法罗做执业律师。1828～1834年支持标榜民主和自由的反共济党，后追随他的政治导师威德参加辉格党，不久即成为该党北方派的杰出领袖。他担任众议员（1833～1835，1837～1843），并成为参议员亨利·克莱的忠实追随者。1848年辉格党提名他为副总统候选人，后来与Z. 泰勒一起当选。1850年总统泰勒去世后，他成为美国总统。费尔莫尔虽然自己对奴隶制深恶痛绝，但支持《1850年妥协方案》，觉得在能够取消奴隶制而又不破坏国家统一之前，必须容忍奴隶制存在，并给予宪法的保障；坚持联邦政府要执行《逃亡奴隶法》。由于这样的立场，使他在北方地区极度不得人心，导致他在1852年辉格党提名大会上被W. 斯科特击败，实际上导致整个政党的消亡。在整个从政时期，他一直鼓吹美国国内的发展，并且很早就支持向太平洋扩张，1853年派遣海军准将M. 佩理率美国舰队前往日本，强迫日本政府改变闭关锁国的传统政策，与西方发生贸易和外交关系。他回到布法罗，1856年一无所知党提名他竞选总统，惨败后退隐。

费拉拉　Ferrara　意大利北部城市。靠近波河。753年首见记载，当时为伦巴第人夺自拉韦纳。后来成为文化中心和一个公国首府，但在1598年并入教皇国后，政治、经济地位下降。从1832年起，为奥地利军队的驻扎要塞，1861年归属意大利。第二次世界大战时遭严重破坏。该市重要古迹包括一座12世纪的大教堂、14世纪有壕堑的城堡和费拉拉大学（建于1391年）。人口约130 461（2001）。

费拉拉-佛罗伦萨会议　Ferrara-Florence, Council of（1438～1454）　基督教会召开的普世公会议，罗马教会和希腊教会在会上谋求克服教义分歧以结束分裂。此次公会议是由教皇尤金四世召开的，东正教的代表是约翰八世（帕里奥洛加斯）和其他主教。东正教与会人士由于害怕如果没有西方国家的支持，就要单独面对土耳其人的威胁，所以签下《联合法令》（1439），但他们中的大多数回到君士坦丁堡后又反悔，否认这项决议。1452年在圣索菲亚教堂正式宣布两教会联合，但次年奥斯曼帝国占领了君士坦丁堡，主张联合的一些人逃离。1448年东方主教们曾召开一次会议，正式宣告费拉拉-佛罗伦萨会议无效。

费利尼　Fellini, Federico（1920～1994）　意大利电影导演。与导演R. 罗塞里尼在电影编剧上合作拍摄《不设防城市》（1945）和《游击队》（1946）后，1952年第一次独自执导

F. 费利尼，摄于1965年

Paris Match-Pictorial Parade

电影，虽然票房失败，但他的下一部电影《浪荡儿》（1953）却博得好评。后来拍摄的《道路》（1954；获奥斯卡奖）、《卡比利亚之夜》（1957；获奥斯卡奖）和《甜蜜的生活》（1960）等片为他赢得国际声誉。他继续发展自己与众不同的典型自传体影片风格，这是一种诗意的超现实主义风格，营造出一种怪诞但又引人共鸣的感觉，如《八部半》（1963；获奥斯卡奖），但是他后来转向制作华丽大场面的电影，如《精灵朱丽叶》（1965）和《费利尼·萨蒂利孔》（1969）。之后拍摄的最佳影片是《往事》（1973，获奥斯卡奖）和怀旧的《琴逑与弗雷德》（1985）。他的妻子G. 玛茜娜（1920～1994）曾在他所拍的几部影片中担任主角。1992年获颁奥斯卡终身成就奖。

费马　Fermat, Pierre de（1601～1665）　法国数学家。为巴斯克人，曾在图卢兹学习法律，后来对外国语言、古典文学、古代科学和数学产生兴趣。他以律师为业，独自或与人合作在数学上突破了一些概念。他与R. 笛卡儿同时代，他独立发现了解析几何的基本原理，但因为作品在死后才发表，所以这个领域以笛卡儿的几何知名。他通过相当于微分法和积分法的算法求出了曲线的切线方程。

费马，肖像画，R. 勒菲弗尔绘；现藏法国纳博讷市博物馆
By courtesy of the Musees de la Ville de Narbonne, France

并与B. 帕斯卡同为概率论的创立者。他在数论方面的研究（尤其是整除性）得到一些重要的定理。由于他很少论证其研究成果，使别人花了好几个世纪去求证费马认为是很容易表明的一项著名的推测（参阅费马大定理）。

费马大定理　Fermat's last theorem　在n为大于2的自然数的情况下，不存在使$x^n+y^n=z^n$成立的自然数x、y、z。对此问题，法国数学家P. de 费马于1637年在他那本丢番图《算术》中写道："我已发现了一个确实非凡的证明，但页边太小，写不下。"数学家们长期对这个说法感到困惑，因为他们既不能证明它成立，也不能证明它不成立，虽然已经证实可用于许多n的特定值。1994年，英国数学家A. 怀尔斯（1953年生）和他以前的学生R. 泰勒（1962年生）宣称完成了费马大定理的证明，终于解决了这个世界最著名的数学难题。

费米　Fermi, Enrico（1901～1954）　意大利出生的美籍物理学家。毕业于比萨大学。任罗马大学理论物理学教授时开始从事研究工作（后来由P. A. M. 狄拉克发展完备），提出著名的费米-狄拉克统计法。他发展β衰变的一种理论，可通过弱核力应用到其他的核反应，但这个理论一直到1957年以前还未完善，当时发现弱核力不能保持宇称。费米发现了诱发人工放射性的方法，因此获得1938年诺贝尔物理学奖。他赴瑞典受奖后，再也没有回到法西斯主义的意大利，而直接去了美国，他在哥伦比亚大学任教，不久成为实践核物理学理论的主要创始者之一。作为曼哈顿工程的成员之一，他是发展原子弹的重要人物，1942年主持实现可控制的自持链式核反应。1946年获得美国国会功勋奖章。1954年他荣获美国能源部首次颁发的费米奖。为纪念费米的不平凡成就，原子序数为100的元素镄（fermium）即以他的名字命名。

费萨尔一世　Faisal I（1885～1933）　阿拉伯政治家和伊拉克国王（1921～1933）。侯赛因·伊本·阿里之子。第一次世界大战期间协助父亲策划组织阿拉伯爱国人士反抗奥斯曼帝国的活动。1916年阿拉伯人揭竿而起时，他在抗击奥斯曼的军事战役中扮演了重要角色。1918年阿拉伯军占领大马士革，宣布他为叙利亚国王。1920年法国侵入伊拉克，他前往伦敦避难。英国支持他当伊拉克国王，拟在一项条约中应允伊拉克独立。他于1921年登基。1932年伊拉克获得独立。

费萨拉巴德　Faisalabad　1979年以前称莱亚尔普尔。巴基斯坦东部旁遮普省城市。位于雷杰纳河间区高地上。1890年设县，为下杰纳布殖民地首府，1898年设市。为旁遮普中部平原的销售中心，生产化肥、合成纤维、纺织品和食品。设有西巴基斯坦农业大学（1961）和旁遮普大学等几所学院。人口约2 494 000（2005）。

费森登　Fessenden, William Pitt（1806～1869）　美国政治家。出生于新罕布什尔州博斯考恩。先在缅因州开业当律师，1841～1843年担任众议员，1854～1864年和1865～1869年为参议员。原为辉格党人士，反对把奴隶制扩张到新准州，曾协助创立共和党（1854）来推广他的观点。虽然他不喜欢A. 约翰逊总统，但在参议院审查案中是投票反对弹劾总统的决定性人物。

费雯丽　Leigh, Vivien（1913～1967）　原名Vivian Mary Hartley。英国女演员。1934年首次拍电影，并首次在伦敦登台演出《道德的面具》（1935）。经多方寻找演出者之后，费雯丽入选演出《乱世佳人》（1939，获奥斯卡奖）的郝思嘉，并以此片成名。以其绝顶美貌，她还主演过《魂断蓝桥》（1940）、《汉密尔顿夫人》（1941）、《安娜·卡列尼娜》（1948）和《欲望号街车》（1951，获奥斯卡奖）。1940～1960年嫁给L. 奥利弗，两人一起在一系列成功的伦敦舞台剧中演出。

费希尔　Fischer, Bobby（1943～2008）　原名Robert James Fischer。美国出生的国际象棋大师。15岁获得特级大师称号，是当时最年轻棋手。1972年在冰岛雷克雅未克击败

B. 费希尔，摄于1971年
AP/Wide World Photos

当时的世界冠军B. 斯帕斯基（苏联），成为被授予国际象棋世界冠军的唯一美国棋手。性格认真古怪，是虔诚的基督教原教旨主义者，谴责苏联的不信神。1975年拒绝与苏联挑战者A. 卡尔波夫比赛，国际棋联以缺席为由免去其世界冠军称号，由卡尔波夫取代。此后，费希尔很久未参加重大比赛。1992年他在南斯拉夫一次由私人举办的比赛中再次击败斯帕斯基。此次比赛违反了美国对南斯拉夫的制裁。费希尔留居海外，2005年成为冰岛公民。

费希尔　Fisher, John Arbuthnot（1841～1920）　后称Baron Fisher（of Kilverstone）。英国海军上将，第一海军军务大臣。13岁进入海军，经历了在克里米亚、中国和埃及的战斗。1892年任海军部第三海务大臣兼军需署长，1904年任第一海军军务大臣。他重组并加强了英国海军以对付迅速扩大的德国海军，他建造"无畏号"战舰，使海军造舰工作发生根本性的改革。这些改革和创新保证了皇家海军在第一次世界大战中的主宰地位。他于1910年退役，1914年应召在W. 丘吉尔的海军部任第一海务大臣，翌年因对达达尼尔海峡战役持反对态度而辞职。

费希纳　Fechner, Gustav Theodor（1801～1887）　德国物理学家和哲学家，为心理物理学的创始人。1834～1840年任教于莱比锡大学，后因健康不佳而离职。他设计的实验方法在实验心理学中至今仍用来测量感觉与刺激的物理量的关系，认定物理刺激按对数增加，感觉即按算数增加。最重要的是，他设计了一个方程式来表示韦伯定律。他钻研实验美学，力求用实际测量的方法去确定什么形状和尺寸在美学上最令人满意。主要科学著作是《心理物理学原理》（1860）。

费希特　Fichte, Johann Gottlieb（1762～1814）　德国哲学家及爱国者。受I. 康德的批判哲学尤其是其著作《实践理性批判》（1788）的激励，写了《论学者的使命》（1794）

费希特，平版画；F. A. 齐默尔曼根据H. A. 戴林的画作复制
Deutsche Fotothek, Dresden, Ger.

一书，这是他的重要代表作。他从一个最高原理——"自我"——出发，假定自我是独立自主的，所以其他一切知识皆出于此，由此证明实践的（道德的）理性是一切知识和整个人类的绝对基础。在他著名的《对德意志民族的演讲》（1807～1808）文章中，他企图团结德国民族主义者来对抗拿破仑。他是一位最伟大的先验唯心主义者。他的儿子I. H. von 费希特（1796～1879）也是一位哲学家。

费赞　Fezzan　阿拉伯语作Fazzan，古称Phazania。利比亚西南部历史地区，为撒哈拉沙漠的一部分。大部分人居住在中央绿洲中，费赞中部和南部以生产椰枣著称。公元前1世纪为罗马人征服，7世纪时为阿拉伯人占领，1842年成为奥斯曼帝国的一部分。1912年费赞被意大利人占领，与昔兰尼加和的黎波里合并，后来成为利比亚联合王国的一个省（1951～1963）。此后，属于利比亚。

分贝 decibel(dB) 表示声音的相对强度或两个电功率或声功率之间比率的单位。它需要大约增加10倍的功率才能使人类耳朵听到的声音大一倍,一个对数标度可用于比较声音强度。因此,人类听觉的阈值(绝对安静)被设在0分贝,每增加10分贝就等同于强度增加10倍,响度增加1倍。声音强度的"痛感阈"在人与人之间有差异,差别大约在120～130分贝之间。一个相关的单位是贝尔,1贝尔=10分贝。

非线性(分贝)和线性(强度)表

分贝	强度*	声音种类
130	10	近处的开炮声(痛感阈值)
120	1	声音放大了的摇滚乐;附近的喷射发动机
110	10—1**	在听众席上听到的大声交响乐
100	10—2	电锯
90	10—3	在大客车或卡车里面
80	10—4	小汽车里面
70	10—5	街道平时的吵嚷声;大声的电话铃声
60	10—6	一般的谈话;业务办公室
50	10—7	餐馆;私人办公室
40	10—8	家庭中安静的室内
30	10—9	安静的课堂;卧室
20	10—10	广播电台、电视台或录音室
10	10—11	隔音室
0	10—12	绝对安静(听觉阈值)

*单位为瓦特/平方米　**表示强度数字的取幂

分类学 taxonomy 生物学上指将有机体从一般到特殊分成不同的层次组,以反映进化和通常的形态关联,依次为界、门、纲、目、科、属、种。例如,黑顶山雀是一种有着脊柱神经索(脊索动物门)和羽毛(鸟纲)的动物(界:动物类),栖息(雀形目),喙小且短(山雀科),声音听起来像"chik-a-dee"(山雀属),黑头(黑顶种)。现代多数权威将所有生物归入五界分类系统:**原核生物**、**原生生物**、**真菌**、**植物**和**动物**界。18世纪中期C.**林奈**建立了用拉丁文作属名和种名给生物命名的方案,他的分类工作被后来的生物学家广泛修正。

分离派 Sezession 由一些进步画家组成的几个团体的名字,该派与在奥地利和德国的已经成名并且保守的画家组织分离。第一个分离派团体于1892年在慕尼黑组成。接着是1892年由M.李卜曼(1847～1935)所组织的柏林分离派运动,其中包括艺术家L.柯林特。其中最负盛名的是1897年在维也纳由G.**克里木特**所组成的团体,崇尚高度装饰性的**新艺术**风格,而非当时主流的学院主义。稍后,克里木特为维也纳大学礼堂天井所绘的壁画,由于其中的情色象征主义被认为有伤风化而遭到拒绝。分离派运动影响了包括E.**希勒**与J.**霍夫曼**等画家和建筑师。参阅**摄影分离派**。

分离主义者联盟 Sonderbund 1845年瑞士7个信奉天主教的州组成的联盟。新教行政区试图阻止耶稣会士接管卢塞恩州的宗教教育,后来天主教行政区建立了分离主义者联盟,这进一步激怒了自由行政区。1847年改革多数派在瑞士会议中投票决定解散分离主义者联盟,并驱逐耶稣会士。1847年11月该联盟采取武装行动,但很快就被镇压。1848年通过的新的瑞士宪法加强了中央政府的力量。

分期偿付或摊销 amortization 在财务中,有计划地偿还债款叫分期偿付;在会计中,对某项账目有计划地在几年内冲销,叫摊销。前者如房屋贷款,借款人按月分期归还,包括利息和逐渐减少的本金。这种按计划逐步减少的偿还方式对贷方更安全,而对借方来说,偿付一系列的小额款比一次性偿还一笔巨款要更容易些。后者如建筑物、机器或矿山之类资产在有效使用期限内的摊销,是指企业逐渐减少其资产负债表上的估值。美国政府不时地允许加速资产的摊销,可减轻资产购置后最初几年的所得税负担,从而鼓励工业的发展。

分区制 zoning 通过为一些要考虑的事(如即将盖起的是什么样的高楼以及人口密度等)制定规章,控制土地使用的立法措施。19世纪末德国和瑞典的一些城市率先实行分区制,以对付城市拥挤和建筑高度等问题。美国最早的分区制法令颁布于20世纪初,当时出台这个法令是因为需要规划商业活动和工业活动的位置。纽约市的1916年法令是第一个综合性的分区制法律,该法律和其他已出台的规定是为了保护地产价值,保留阳光与空气。现代的分区规则将土地的使用分成三个方面:居住区、商业区和工业区。在每个区的范围之内,还制定了更为具体的发展规划(如建筑与建筑之间的距离、建筑高度和建筑类型)。分区制经常被用来保留一座城镇的地方特色,此种分区制的不利影响是经济分离。美国最高法院1977年否定了此种分区制,当时该法院宣布芝加哥一个近郊住宅区的分区制规定不公平。

分析学 analysis 数学名词,即数学分析。结合代数基本定理和**微积分**(按**极限**、连续和**无穷级数**的种类)的方法来分析具有一般属性(如可微性)的函数和方程式种类。分析是由G.W.**莱布尼兹**与I.**牛顿**探究导数和积分应用而建立起来的,因而发展出一些不同但相关的分支领域,包括变分法、微分方程、傅里叶分析、复分析、向量和张量分析、实数分析和函数分析。参阅**计算数学**。

分析哲学 analytic philosophy 英美的哲学运动,其特点在于使用方法偏重观念的分析和用来表达思想的语言的分析。作为占主导地位的英美传统,分析哲学一般反对**大陆哲学**,但其反对的意义在于公开强烈的质疑。分析哲学家们原本研究的课题是逻辑、语言、**认识论**和精神哲学,但也把其观念应用到其他领域,如元伦理学(参阅**伦理学**)、**形而上学**和**宗教哲学**。分析哲学传统源自英国的**经验主义**,开始于20世纪初,由B.**罗素**、G.E.**穆尔**和A.N.**怀德海**等人鼓吹起来。与**维也纳学派**、**逻辑实证主义**、G.**弗雷格**和L.**维特根斯坦**早期的研究也有密切的关系。后来主要的贡献者包括A.J.**艾尔**、G.**赖尔**、W.V.O.**奎因**和J.L.**奥斯汀**。

分形几何学 fractal geometry 研究具有自相似性的复杂形状的数学分支学科。一个自相似物体的各组成部分当被放大后与整体相似。这种现象见于雪花和树皮等物体中。"分形"一词是B.B.曼德尔布罗特于1975年首创的。几何学的这个新体系对于物理化学、生理学和流体力学等许多不同的领域有显著的影响。分形可描述无法用**欧几里得几何**描述的不规则物体或者空间上不均匀的现象。分形模拟已用于描绘银河星团的分布和制出复杂、不规则自然物体的生动图像,包括崎岖地带和分支图形。参阅**混沌理论**。

分枝杆菌属 mycobacterium 放线菌目分枝杆菌科一些杆状**细菌**组成的属。最重要的两种引起人类的**结核病**和**麻风**,另一种造成牛和人类的结核病。某些分枝杆菌生活于腐烂的有机物中,其他则是寄生性。多数自由生活于土壤和水中,或在动物的患病组织中。多种抗生素已能成功治疗分枝杆菌感染。

分子 molecule 可从纯物质中分割出来并保持其组成和化学特性的最小可辨认单位。再分成更小的部分,最终为**原子**,那就要破坏将分子结合在一起的**键合**。对于稀有气体来说,分子就是单原子;所有其他物质的分子中都有两个(双原子)或多个(多原子)原子。单质中的原子都是相同的,比如氢气(H_2)。化合物分子中的原子是不同的,比如葡萄糖($C_6H_{12}O_6$)。原子总是按固定的比例结成分子。不同物质的分子可以有相同的组成原子,但可能它们的比例不同,像一氧化碳(CO)和二氧化碳(CO_2),或者是以不同的方式结合(参阅**同分异构体**)。分子中的**共价键**决定了分子的形状和大部分性质。对于以**离子键**结合的固体,分子的概念并不重要。用现代技术及计算机进行分析,可以确定并显示出分子的大小、形状以及构型,即各原子核和电子云的位置、键长和键角等细节。**电子显微技术**甚至可以提供个别分子和原子的

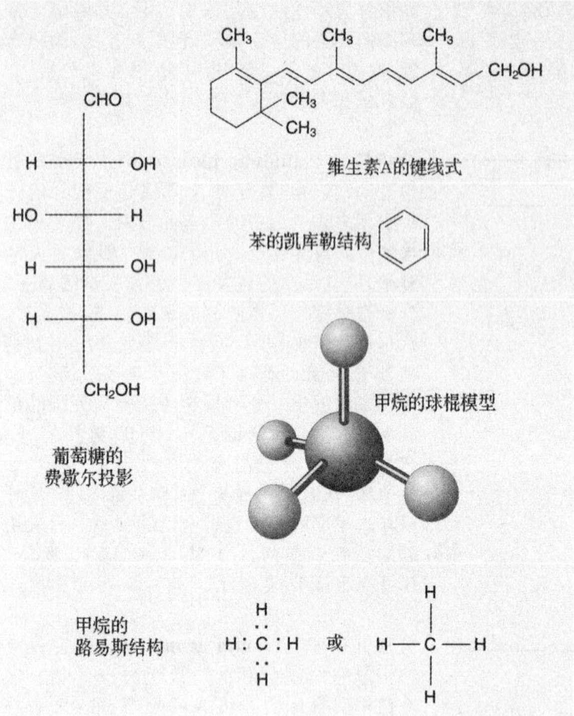

表示分子结构的几种方法。在路易斯结构中，元素符号代表原子，点代表围绕原子的电子，一对共享电子（共价键）也可能显示为一划。球棍型结构图示原子的空间分布。芳香族化合物则常用凯库勒结构表示，一划代表一个键，两条或更多的线相交处暗示碳原子，氢原子通常省略。键线分子式和凯库勒结构相似，常用来表示复合式非芳香族有机化合物。糖常画成费歇尔投影，其中碳“柱”画成一条竖的直线，碳原子暗示于横线和竖线交叉处。

图像。参阅**分子量**。

分子量 molecular weight 物质的分子质量，依据的事实是1 **摩尔**碳12的质量是12克。实际计算中是把组成该物质分子式各原子的**原子量**求和而得。氢气（化学分子式 H_2）的分子量是2（经四舍五入后）。对于许多复杂的有机分子（例如**蛋白质**、**聚合物**），其分子量可达几百万。

芬博阿多蒂尔 Finnbogadóttir, Vigdís (1930～) 冰岛教师、总统（1980～1996）。1949年毕业于雷克雅未克学院，后来到法国的格勒诺布尔大学、巴黎大学及瑞典乌普萨拉大学就读。她也曾在丹麦和冰岛大学求学，之后在冰岛大学任教。1972～1980年担任雷克雅未克剧团总监期间，曾在冰岛国家电视台主持法语教学和文化节目。1980年她被提名为冰岛总统候选人，结果以微弱优势击败3位男性对手，成为世界上第一位由全国大选选出来的女国家元首。1996年退休之前，曾连任3届总统（1984、1988、1992）。

芬格湖群 Finger Lakes 美国纽约州西部一群狭窄的冰川湖。位于锡拉丘兹（东）与杰纳西奥（西）之间的几处南北向山谷内。境内拥有20余座州立公园，以风景优美著称，多游览胜地，产水果（特别是葡萄）、蔬菜。塞尼卡湖面积最大（174平方千米）。

芬克 Fink, Mike (1770？～1823) 美国旧西部龙骨船船员和传奇英雄。可能出生于宾夕法尼亚州皮特堡（今匹兹堡）。年轻时即在当地以神射手和印第安侦察员著称。其后，当龙骨船成为俄亥俄和密西西比河上的主要商用船时，他就有“龙骨船船员之王”之称。他是有名的神射手、恶作剧者和出类拔萃的混战斗士，他的名声使他成为美国荒诞不经的传奇故事的英雄。当时，他的名字成为西部拓荒者自吹自擂的代名词。后来成为一位捕兽师，在一次参与落基山的远征活动时被杀身亡。

芬兰 Finland 全称 Republic of Finland（芬兰共和国）。北欧国家。面积：390 903平方千米。人口：约5 439 000（2013）。首都：**赫尔辛基**。人口中大多数是芬兰人，**拉普兰**地区有少数的**萨米人**。语言：芬兰语和瑞典语（均为官方语言）；萨米人操芬兰－乌戈尔语。宗教：基督教（主要为新教，也有东正教）。货币：欧元。芬兰是世界最北部和地理位置最偏远的国家之一，约有1/3领土位于北极圈以内。多森林，境内有数千个湖泊、众多河流和大片的沼泽。除西北端一小片高地外，全境地形变化不大。南部天气温和，北部冬季酷寒漫长，而夏季很短。经济属发达的自由市场经济，只有一些数量很少的重要产业属于国有，是欧洲乃至全世界最富有的国家之一。伐木业是一个主要产业，制造业高度发达，服务业也处于显著地位。芬兰是共和国，一院制。国家元首是总统，政府首脑为总理。近期的考古发现使考古学家认为，人类在芬兰居住至少可以追溯到10万年前。萨米人的祖先可能在公元前7000年左右即已在芬兰定居。今日芬兰人的祖先来自于公元前1千纪的芬兰湾南岸。自11世纪起基督教已在这一地区流行。自12世纪起，俄罗斯与瑞典开始争夺在芬兰的统治地位。1323年起瑞典统治了该国的大部分地区。1721年瑞典割让了部分地区予俄国。1808年俄国的**亚历山大一世**入侵芬兰，1809年芬兰正式归属俄国。从此，芬兰的民族主义情绪日渐高涨。俄国在第一次世界大战中的失败和**俄国1917年革命**为芬兰于1917年的独立创造了条件。在**苏芬战争**（1939～1940）中芬兰被苏联击败，但随即在1941年德国进攻苏联之后重新与苏联开战（继续战争）。由于1944年再次面临战败，芬兰与苏联签署了一项和平协议，割地赔款。芬兰经济在第二次世界大战后恢复，1995年加入**欧洲联盟**。1908年首次参加在伦敦举办的夏季奥运会，1952年举办赫尔辛基夏季奥运会。

芬兰-乌戈尔诸语言 Finno-Ugric languages 乌拉尔语系两语族中较大的一个语族。通行于东北欧、北亚和北美（移民）约2 500万人民中。其中操芬兰语和匈牙利语的超过2 000万人。乌戈尔语支包括匈牙利语和鄂毕-乌戈尔语。后者为西西伯利亚语的两种混合语，即汉提语（奥斯加克语）和曼西语（沃古尔语），操此语者不到15 000人。芬兰语支包括萨米（拉普）诸语言、波罗的-芬兰（芬尼）诸语言、莫尔多维亚语、马里语和彼尔姆诸语言。操萨米语者约两万人，分布于斯堪的纳维亚北部和相邻的俄罗斯。波罗的-芬兰语分支包括芬兰语、爱沙尼亚语（全球有110万人操此语）和在拉脱维亚与俄罗斯已趋衰落的若干种语言。操彼尔姆语的人遍及俄罗斯欧洲部分的东北部，由科米语（操此语者不到40万人，但有两种书写形式）和乌德穆尔特语（操此语者约50万人）组成。操马里语（切烈米斯语）者约60万人，散居于俄罗斯中部乌拉尔山以东各地区，有两种主要方言。操莫尔多维亚语者有110万人，散处于俄罗斯欧洲部分的中部各地。芬兰-乌戈尔诸语言的书写文字，在俄罗斯境内使用西里尔字母的变体，而在俄罗斯以外地区则使用拉丁字母。

芬里尔 Fenrir 北欧神话中的怪狼。魔神**洛基**和一个女巨人所生的儿子。诸神用一副魔链把它绑在岩石上，直到**世界末日**，到那时它将挣脱锁链，向诸神进攻。又一说为芬里尔将吞噬太阳，并吞掉主神**奥丁**，后来被奥丁的儿子维达尔刺杀。在10～11世纪挪威和冰岛的诗歌里，芬里尔具有显要的地位。

芬尼运动 Fenian movement 爱尔兰民族主义社团，主要活跃于爱尔兰、美国和英国，尤其是在19世纪60年代。团名取自传说中由芬恩·麦库尔所率领的一个爱尔兰勇士团伙“芬尼亚”。他们计划在爱尔兰组织群众反对英国的统治，但没有成功。在美国，芬尼运动成员曾3次越境袭击英属加拿大，均告流产，不过却造成美国与英国政府之间的摩擦。该组织的一翼有时又称爱尔兰共和兄弟会，在19世纪70年代初期芬尼主义逐渐消失后，它们继续活动。参阅**新芬党**。

粉彩笔 pastel 一种易碎、如手指粗细的绘画粉笔，采用粉状颜料与最低量的非油脂胶调制而成（通常是用托拉甘树胶，从20世纪中叶起，改用甲基纤维素调制）。由于粉彩笔所用的颜料在色彩值上并未改变，效果立可显现。色粉浮在纸上，如果不加玻璃或喷胶（或树胶溶液）防护就很容易被擦掉。

粉彩笔用于短笔画或线条画时通常归为素描。如果加以打磨、涂抹或是混合以取得绘画效果时通常被看作是绘画工具。

粉蚧 mealybug 同翅目粉蚧科昆虫的统称。粉蚧不是真正的小虫，因其体外有似玉米粉的白色黏粉而得名。雌虫（长约1厘米）和"爬行者"（活跃的幼体）群集在叶脉处和叶背，尤其喜欢在柑橘树及盆栽植物上；雄虫有两翅，能飞。常见品种有橘粉蚧和柑栖粉蚧。

粉虱 whitefly 同翅目粉虱科吸汁昆虫的统称。若虫形似介壳虫，扁卵圆形，常被有棉花状物质。成虫长2～3毫米，被有白粉，形似小蛾。多分布于温暖地区。柑橘粉虱和柑橘黑粉虱是大害虫，吸橘、枣树汁液，分泌蜜露，使烟霉菌生长，从而毁坏果实。温室粉虱是本科中数量最大、危害最烈的一种，它使植物活力减退，引起萎缩、变黄和枯萎。

奋兴运动 revivalism 再度唤起基督教价值及忠诚的运动。唤起宗教热忱的奋兴式的布道，主要通过巡回式、具领袖魅力的传教士对大批聚众演说，被认为是将背离者拉回正轨的极有力方式。许多新教派别自17世纪起都在不同阶段经历了奋兴运动，其中许多就产生于奋兴时期，最著名的即为循道宗。他们的一般主题在更为严谨地诠释《圣经》，拒绝对圣经做文学性或历史性研究，着重于皈依经验和倡导虔诚生活。奋兴运动可视为20世纪基督教基要主义的先驱。参阅大觉醒。

愤怒的青年 angry young men 20世纪中期的一批年轻英国作家团体，其作品表达了下层阶级对既定社会政治制度所感受的痛苦，以及中上阶层的平庸和伪善。名称源自一家新闻媒体对J.奥斯本的描述，奥斯本的《愤怒的回顾》(1956)成为这一运动的代表作。其他的代表人物有J.韦恩(1925～1994)、K.艾米斯、A.西利托和B.科普斯(生于1926)。这一运动在20世纪50年代成为主要文学力量，60年代初已衰退。

丰臣秀吉 Toyotomi Hideyoshi(1536/1537～1598) 完成日本统一大业的三个人之一（另外两人分别是织田信长和德川家康），他们结束了日本的战国时期。出生在一个农民家庭，在织田信长的军队中被升为侍。织田死后，他被任命为关白（尽忠于皇帝的大臣）。在与昔日的对手德川家康缔结同盟以后，于1590年成为大名联盟的首领，统一国家的政府就是由该联盟组成的。为实现社会稳定，他严格划分了武士、农民、手工艺者和商人之间的阶级界限（采用了古代中国社会阶级的划分办法），没收了除武士以外所有人的剑。抱着建立帝国的想法，曾两次向朝鲜发动破坏性进攻（1592、1597），但均未果。他死后，权力移交给了德川家康。

丰塞卡湾 Fonseca, Gulf of 中美洲的太平洋水湾，在萨尔瓦多、洪都拉斯和尼加拉瓜之间。深入内陆约65千米，宽约80千米，湾口有萨尔瓦多的阿马帕拉角和尼加拉瓜的科西圭纳角，宽约32千米。西部海岸耸立着孔查瓜火山。

丰田汽车公司 Toyota Motor Corp. 日本最大的汽车制造商，丰田集团的母公司。创立于1933年，最初只是丰田自动织机制作所的一个部门。1937年合并成丰田汽车有限公司。此后丰田建立了数家相关公司，包括丰田机械有限公司(1941)和丰田车体有限公司(1945)。20世纪60和70年代该公司快速扩展，将汽车大量销售到国外市场。1982年公司取现名。如今该公司在许多国家设有汽车装配厂和经销商，还拥有生产汽车及汽车部件、橡胶和软木塞材料、钢铁、合成树脂、自动织布机及棉毛织品的子公司。公司总部设在丰田市。

风 wind 相对于地球表面的空气运动。风是决定和控制气候和天气的重要因素。它也是多数海浪和淡水波浪的发生力。风的产生是由水平和垂直的大气气压差异而引起。地球上空风的一般模式被称作大气循环，具体的风则以风刮来的方向命名（如自西向东吹的风称为西风）。风速分类通常根据蒲福风级。

风笛 bagpipes 由两个或两个以上单簧或双簧的管组成的管乐器；簧片由手臂加压于兽皮（或布）口袋供风而振动。管子装在几个与袋相连的木座上。口袋用嘴或用风箱（用带系在身上）充气，旋律由手指按旋律管（或指管）的指孔奏出，其余的管（称为单音管）则发出与指管相配的单音。早在公元100年已有关于风笛的记载。最早风笛的风袋是用动物膀胱或几乎整张绵羊皮或山羊皮制成的。另一种重要的相关乐器是爱尔兰联合风笛。

风格化演出法 theatricalism 20世纪在西方戏剧中出现的强调反对19世纪自然主义技巧的运动。风格化演出的突出标志是，一个可伸入观众席的演出平台，不加掩饰的舞台布景技巧和创造。它并不刻意创造真实的幻觉，但要使观众意识到他们作为观赏者和台上文艺作品的批评者的作用。风格化演出法出现于20世纪早期的表现主义、达达主义和超现实主义戏剧中，并继续流行于现代戏剧的表现手法中。

风格派 Stijl, De 创立于1917年的荷兰艺术派别，包括T.杜斯堡和P.蒙德里安。该派宣扬一种乌托邦式的"全宇宙的生命和谐"，该派追求艺术以及生活和社会的纯洁有

《玩牌者》，油画，风格派画家T. van 杜斯堡绘于1917年；现藏海牙格门特博物馆

By courtesy of the Haags Gemeente Museum, The Hague

序，这反映了其成员的卡尔文主义的背景。透过《风格派》这本杂志，风格派的影响遍及绘画、装潢艺术（包括家具设计）、印刷尤其是建筑，因为通过包豪斯和国际风格，风格派

蒲福风级表

蒲福风力等级	风的名称	风速		海表面状况
		海里/小时	千米/小时	
0	无风	<1	<1	海平如镜
1	软风	1～3	1～5	仅见涟漪，没有浪峰
2	轻风	4～6	6～11	小波较短，浪峰稍高，闪亮但不破碎
3	微风	7～10	12～19	小波大，浪峰开始破碎，泡沫如玻璃，有时出现白浪沫
4	和风	11～16	20～28	小浪变长，具白浪沫
5	清风	17～21	29～38	中浪，浪形更长，具许多白浪沫，有时出现飞沫
6	强风	22～27	39～49	大浪开始形成，普遍出现带白沫的浪峰，有些飞沫
7	疾风	28～33	50～61	海浪卷起，碎浪成沫，沿风向呈条状，开始出现海浪溅沫
8	大风	34～40	62～74	海浪更高更长，碎浪峰巅碎成溅沫，沿风向更明显地呈条状
9	烈风	41～47	75～88	高浪，沿风向浪沫呈密集条状，海水开始翻腾，飞沫影响能见度
10	狂风	48～55	89～102	极高浪，带有长悬垂峰，浪沫成团，沿风向呈密集白条状，海面泛白，翻腾程度更大，能见度受影响
11	暴风	56～63	103～117	罕见的高浪，能挡住中小型船只，海面被长的浪沫团覆盖着，浪峰被吹成沫，能见度受影响
12～17	飓风	≥64	≥117	空气中充满飞沫，海面全为汹涌的浪沫，能见度严重受影响

实现了他们的美学观点。

风格主义 Mannerism 从16世纪20年代文艺复兴全盛期结束到1590年左右巴罗克风格兴起为止盛行于意大利的一种艺术风格。源于佛罗伦萨和罗马,后来扩展到中欧和北欧。风格主义反抗文艺复兴全盛期所营造的那种和谐的古典主义和理想化的自然主义,注重解决错综复杂的艺术问题,如描绘复杂的裸体姿势。风格主义艺术家有意磨炼技巧的娴熟,并造作地沉溺于怪异的事物,由此发展出一种以矫揉造作为特色的风格。巴罗克风格将其取代后,风格主义被视为颓废堕落。20世纪,风格主义由于技术上的大胆尝试和优雅,重新受到重视。

风滚草 tumbleweed 一种茎与根部分离,成为随风滚动的一小团物体,并同时散播种子的植物。该类植物包括猪草(*Amaranth retroflexus*,广布于美国西部的杂草)和其他苋科植物、芥、俄罗斯蓟、大草原上的鲁螵槐和印度尼西亚海岸与澳大利亚干草原上的禾草类滨刺麦。

风寒 wind chill 与温度和风速相关,在裸露皮肤上的空气冷却率的度量。当风速增加时,风寒相等温度会减少。例如:气温-1.1℃,风速32.2千米/小时,会产生-8℃的风寒。发布天气预报时,风寒常被用来描述天气寒冷的程度。

温度 (°F)

风速 (mph)	无风 40	35	30	25	20	15	10	5	0	-5	-10	-15	-20	-25	-30	-35	-40	-45
5	36	31	25	19	13	7	1	-5	-11	-16	-22	-28	-34	-40	-46	-52	-57	-63
10	34	27	21	15	9	3	-4	-10	-16	-22	-28	-35	-41	-47	-53	-59	-66	-72
15	32	25	19	13	6	0	-7	-13	-19	-26	-32	-39	-45	-51	-58	-64	-71	-77
20	30	24	17	11	4	-2	-9	-15	-22	-29	-35	-42	-48	-55	-61	-68	-74	-81
25	29	23	16	9	3	-4	-11	-17	-24	-31	-37	-44	-51	-58	-64	-71	-78	-84
30	28	22	15	8	1	-5	-12	-19	-26	-33	-39	-46	-53	-60	-67	-73	-80	-87
35	28	21	14	7	0	-7	-14	-21	-27	-34	-41	-48	-55	-62	-69	-76	-82	-89
40	27	20	13	6	-1	-8	-15	-22	-29	-36	-43	-50	-57	-64	-71	-78	-84	-91
45	26	19	12	5	-2	-9	-16	-23	-30	-37	-44	-51	-58	-65	-72	-79	-86	-93
50	26	19	12	4	-3	-10	-17	-24	-31	-38	-45	-52	-60	-67	-74	-81	-88	-95
55	25	18	11	4	-3	-11	-18	-25	-32	-39	-46	-54	-61	-68	-75	-82	-89	-97
60	25	17	10	3	-4	-11	-19	-26	-33	-40	-48	-55	-62	-69	-76	-84	-91	-98

风寒 (°F) $= 35.74 + 0.6215T - 35.75(V^{0.16}) + 0.4275T(V^{0.16})$　T = 气温 (°F)

霜害时间　30分钟　10分钟　5分钟　V = 风速 (mph)

资料来源:美国国家气象局、加拿大气象局。

风化 weathering 岩石在地表或接近地表的天然位置或原始位置上,通过由风、水和气候所引起或改变的物理作用过程、化学作用过程以及生物作用过程而发生的崩解与蚀变。风化与侵蚀的不同之处在于后者通常包括崩解的岩石或土壤被从剥蚀的地点搬运走。但侵蚀的广泛运用则包括了风化作用。风化和变质作用亦不同,后者通常发生在地壳深处相当高的温度和压力条件下。

风力 wind power 利用风的能量来产生动力。虽然风不规则且分散,但其中蕴涵的能量相当惊人。人们开发出了精密的风力涡轮将风的能量转为电能。利用风力发电的系统在20世纪80与90年代成长可观。目前德国生产的风力能超过其他任何国家。美国加利福尼亚州约有15 000个风涡轮正在运转。

风鸣琴 Aeolian harp 由风力鸣响的弦乐器,名称源自希腊风神埃俄罗斯。由一长窄的木质音箱构成,上面纵向张以10或12根羊肠弦,弦线长度相同,但粗细不一,所有弦线调成同度音。风力使其振动,依次发出更高的和音。可悬挂起来或水平置于窗框下。第1架已知的风鸣琴系由A. 基歇尔(1601～1680)在1650年左右制造。

风切变 wind shear 在垂直风向的方向上风速随距离的变化率。风速发生突变的非常狭窄的地带称为切变线。风切变在近地表面可以观测到,在急流里也可以观测到。在急流里,它可能与晴空湍流有关。风的垂直切变与动量、热量和水汽的垂直通量有密切关系。

风尚喜剧 comedy of manners 一种机智而具讽刺意味的戏剧形式,常讥讽某一特定社会阶级或社会背景的世态和时尚。风尚喜剧一般是由饱经世故的作家就他们自己的社会阶级来写的,通常着墨的地方是社会习俗和某些人物能否符合社会标准的问题,这种社会标准常是严苛的,但在道德教训上又太过琐细。情节通常涉及偷情或类似的丑闻,剧中气氛易变,对话机智,对人类怪癖性格的评论辛辣。代表作家有W. 康格里夫、O. 哥尔德斯密斯、R. B. 谢里丹、O. 王尔德和N. 科沃德。

风湿热 rheumatic fever 由某些形式的链球菌引起的全身性疾病,主要见于儿童及青年。症状为温和或急性发热、关节痛和炎症,出现于链球菌感染后数日至数周内,通常为咽部感染(参阅咽炎),体征为皮下小结、皮疹、舞蹈病、腹痛、鼻出血和体重减轻。心脏的炎症,伴随心率加快、心脏杂音和心脏扩大,可致心脏瓣膜瘢痕,寿命明显缩短。存活者治愈后易再次复发。初期感染经诊断使用青霉素治疗后可预防风湿热发作。此外,水杨酸衍生物或类固醇可帮助缓解症状。

风俗画 genre painting 取材自日常生活,一般用写实手法描绘普通人工作或娱乐的图画。"风俗"(genre)一词起源于18世纪的法国,指专门画一种东西,如花卉、动物或中产阶级生活的画家,带有贬义。到19世纪中叶,此词增加了褒义,人们也极普遍地使用此词来指17世纪荷兰和佛兰德斯画家的作品,如J. 斯滕、G. 泰尔博赫、A. von奥斯塔德和J. 弗美尔等人,后来的风俗画大师包括法国的J.-B.-S. 夏尔丹、意大利的P. 隆吉和美国的G. C. 宾厄姆。

风信子 hyacinth 百合科风信子属(*Hyacinthus*)约30种观赏植物的统称,原产地中海地区和热带非洲。常见的花园栽培品种由东方风信子(*H. orientalis*)选育。多数种叶窄,基生,全缘。花芳香(通常蓝色,栽培变种有粉红色、白色等),簇生于无叶的花葶顶端。

风疹 rubella 又称German measles(德国麻疹)。一种病情较轻的病毒性疾病,但对怀孕不足20星期的妇女例外,可能引起胎儿发育不良(眼、心脏、大脑和大动脉)或死亡。起先喉咙痛和发热,随后腺体肿胀、起疹子。多达30%的感染在没有症状的情况下出现。一旦感染,终生免疫。脑炎是少见的并发症。19世纪以前无法区分风疹和麻疹,在1941年前不知道其危险性。1962年病毒被分离出来,1969年制造出疫苗。

风筝 kite 糊有纸或布的一个轻框架,常带有一条平衡尾,下系长线,任由风将它托起而飞于空中。其名称来自鹰科一种称为鸢的鸟。亚洲自古以来就有风筝,某些庆典性的放风筝活动还与宗教意义有关。1752年有一个著名的实验:B. 富兰克林把一个金属钥匙挂在风筝的线上,在雷雨中引电。在气球和飞机出现之前,风筝被用来把气象记录设备带上天空。如今普遍使用的风筝类型有六角形(或三个尖角)、马来式(修改过的菱形)以及19世纪90年代发明的箱形风筝。较新式的翅形风筝有一对控制绳,可以非常灵活地操纵风筝。

枫丹白露 Fontainebleau 法国北部城堡。位于枫丹白露镇东南,是法国国王修造的最大行宫之一。原为中世纪王家狩猎驻留地,弗兰西斯一世时重建(1528年起),其中许多新创意显示出从文艺复兴早期至风格主义(文艺复兴晚期)的转变。城堡由5个形状不同的庭院连贯而成。其中最别致的是弗兰西斯一世长廊(约1533～1545),那是一个长而窄的空间,装饰有石粉壁饰浮雕和R. 菲奥伦蒂诺的绘画。

枫丹白露画派 Fontainebleau, school of 指16世纪一批与枫丹白露有关的法国和外来艺术家。1528年弗兰西斯一世开始重建枫丹白露,聘请R. 菲奥伦蒂诺、F. 普利马蒂乔等艺术家到宫中作壁画装饰、灰泥粉饰、雕刻浮雕,其中还有意大利艺术家B. 切利尼。当时创作的许多雕版、壁画、雕塑作品保存至今。意大利艺术大师们成功地将他们自己的艺术风格与法国风格融于一炉,并且在法国和佛兰芒艺术家的协助下形成风格主义的独

《狩猎女神狄安娜》(约1550),油画,枫丹白露画派佚名画家作;现藏巴黎卢浮宫
Giraudon-Art Resource

特形式。他们把粉饰灰泥与壁画装饰合成一体的新做法,对当时的法国艺术影响极大。

封建主义 feudalism 17世纪时出现的名词,用以说明欧洲**中世纪**的经济、法律、政治和社会关系。该词出自拉丁语*feudum*(**领地**),但并不为中世纪的人们所知,大多数情况下泛指整个中世纪社会,这样就可以将其理解为常被叫做**庄园制度**的一种社会经济制度。它一直被狭义地用于描述小领主与封臣间以土地换军役的关系,在此意义上,封建主义被认为是11世纪政治动乱时期作为恢复秩序的手段出现的。后来就成为建立强大的君主国家的主要因素。"封建主义"也常被不正确地用来指一些非西方社会,认为那里也存在与中世纪欧洲类似的体制,然而"封建主义"的解释方法有多种,已经使其失去了其特定的意义,因此有些学者已不认为它是理解中世纪社会的有用概念。

封锁 blockade 一种战争行动,指交战国一方阻止进入或离开敌国某一部分,常为海岸地区。封锁受国际法和惯例的约束,封锁之前必须通知所有中立国,而且必须无偏袒地对所有国家的船只加以适用。对破坏封锁的惩罚是扣押船只和货物,也可能实行没收,但不得摧毁破坏封锁的中立国船只。

疯马 Crazy Horse(1843? ~ 1877) 美国奥格拉拉部落的苏族印第安人首领。疯马拒绝遵守1868年一项条约(规定苏族人住到黑山一片很大的保留地),率领战士们不断和白人以及敌对部族作战。1876年他与夏延族合作,在蒙大拿南部对G.克鲁克展开突然袭击,迫使克鲁克后撤。然后又与**坐牛**联合,于**小比格霍恩河战役**灭**G.A.卡斯特**的部队。此后,族众备受饥寒之苦,1877年终于向宿敌克鲁克投降。他被监禁在内布拉斯加的一处军事哨所,在一次和士兵扭打中被杀害。

疯牛病 mad cow disease 又称bovine spongiform encephalopathy(BSE,牛海绵状脑病)。牛的一种致命性神经变性疾病。症状包括行为改变(如狂躁不安)、肌肉协调性及行动功能逐渐丧失。晚期症状表现为体重减轻、肌肉挛缩、行走异常以及大脑组织穿孔,呈海绵状。通常在病发一年内死亡。目前还没有医治方法。该病类似羊的神经变性疾病(称为痒病)。20世纪80年代中期在英国爆发的疯牛病被认为是由于使用反刍动物的尸体和杂肉制成的补给性饲料引起的。结果数十万头受到感染的病牛全被宰杀,并禁止使用取自动物蛋白质的补给性饲料。疯牛病以及痒病都是由一种叫做**普利子**的畸变传染蛋白质引起的。20世纪90年代中期,年轻人中开始爆发一种不寻常的**克罗伊茨菲尔德-雅各布二氏病**(另一种与普利昂有关的疾病),病因可能是由于患者食用患有疯牛病的牛肉引起的。

峰峦俱乐部 Sierra Club 美国自然资源保护组织,总部设在旧金山。该组织由包括**J.缪尔**在内的一群加州人在1892年创设,旨在提倡在太平洋沿岸山区开展野外远足活动。其第一任主席缪尔以自然保护的名义将该组织带入了政治活动。峰峦俱乐部在全美50个州均设有分部,从事大众环保教育,并力图说服地方、州及联邦政府立法保护环境。

锋 front 在气象学中,两个密度和温度不同的气团之间的界面或过渡带。锋区经常伴有低气压,并有显著的风向变化和相对湿度变化,以及相当大的云量和降水。

蜂蜡 beeswax 工蜂在营造蜂巢壁时所分泌的有商业价值的蜡质。蜜蜂产生0.45千克蜡需消耗约3 ~4.5千克的蜂蜜,蜂蜡由蜜蜂腹下腺体分泌,呈细小薄片状。提取蜂蜜后的蜂巢加热熔化而制取蜂蜡,其颜色从黄色到近于黑色不等。蜂蜡用于制作蜡烛(多供教堂使用)、蜡果、蜡花、蜡像,也是制造家具蜡和地板蜡、皮革蜡、蜡纸、印刷油墨、化妆品、软膏等的成分。

蜂蜜 honey 蜜蜂吸取的各种花蜜通过蜂的蜜囊而制成的甜而黏的液体食物,颜色为深金黄色。自古以来,蜂蜜在供给人类营养方面扮演相当重要的角色。约在250年以前,蜂蜜几乎是唯一的甜味添加剂。具有商业价值的蜂蜜通常产自家养**蜜蜂**所采的**车轴草**蜜。花蜜的主要成分蔗糖转化为**果糖**和**葡萄糖**,除去多余的水分,即变成蜂蜜。蜂蜜贮存在蜂箱里,或贮存在工蜂用**蜂蜡**和蜂胶营造的等边六角形的双层蜂巢里。幼虫和蜂巢中其他成员以蜂蜜和蜂巢为食过冬。为了提取人们可食用的蜂蜜,通常把蜂蜜加热以破坏发酵所产生的酵母,然后再过滤。参阅**养蜂**。

蜂鸟 hummingbird 蜂鸟科约320种新大陆鸟类,羽毛鲜艳华丽。在南美洲种类极多,约有12种常见于美国和加拿大。体长约5 ~20厘米,重约2 ~ 20克,嘴细长。古巴蜂鸟是现存最小的鸟。蜂鸟能敏捷地上下飞、侧飞和倒飞,还能原位不动地停留在花前

艾伦蜂鸟(*Selasphorus sasin*)
Arvil L. Parker

取食花蜜和昆虫。小型蜂鸟每秒可快速扇翅80下。

冯德尔 Vondel, Joost van den(1587~1679) 荷兰诗人和剧作家。父母是门诺派教徒。早期就喜欢用基督教的神话做戏剧的主要内容。他也写讽刺荷兰教会和政府的文章和诗。然而,他最重要的艺术成就则在悲剧方面,有着抒情的语言和宏伟的构思。《逾越节》(1612)是他早期最重要的作品。他从仿效拉丁戏剧转向希腊戏剧。最伟大的杰作《晨星》(1654)、《流放中的亚当》(1664)及《诺亚》(1667)三部曲,对J.弥尔顿的《失乐园》有很大影响。

冯内古特 Vonnegut, Kurt, Jr.(1922 ~ 2007) 美国小说家。曾就读于康奈尔大学和芝加哥大学。第二次世界大战期间被德军俘虏,在盟军空袭德累斯顿时幸免于难,后来将此经历表现在《第五号屠宰场》(1969;1972年拍成影片)。他的悲观讽刺小说以科幻虚构方式突出20世纪文明的恐怖与反常。著有小说《自动钢琴》(1952)、《猫的摇篮》(1963)、《胜利者的早餐》(1973)、《加拉帕戈斯》(1985)和《时震》(1997)。《一个没有国家的人》(2005)是一部散文和演讲集。亦创作剧本和短篇小说。

冯·诺伊曼 von Neumann, John(1903 ~ 1957) 原名János Neumann。匈牙利裔美国数学家。在布达佩斯大学获得哲学博士学位。后移居美国,在普林斯顿大学(1930)教学。1933年起一直任普林斯顿高等研究院教授。他解决了**D.希尔伯特**所提出的23个基本理论问题中的一个问题,并与人合作研发算子环,这是研究量子物理的强有力的工具之一。第二次世界大战期间,参与研制原子弹。战后主要贡献是发展高速计算机,其中一台计算机在氢弹的制造上起了至关重要的作用。与人合著《对策论与经济行为》(1944)。他是**对策论**的创立者之一。

冯塔纳 Fontane, Theodor(1819 ~ 1898) 德国作家。早年当记者,写过几本旅行的记述,晚年才转向写小说。《风暴之前》(1878)一书被认为是历史小说的杰作。《埃菲·布利斯特》(1895)以对故乡勃兰登堡所做的高超的特写和精巧的描绘而著名,是他就妇女的家庭生活做国情描述的几部著作之一。他

被认为是德国现代写实主义的第一位大师。

冯特 Wundt, Wilhelm（1832 ～ 1920） 德国生理学家和心理学家，实验心理学奠基人。在取得医学学位后，曾为 J. P. 弥勒的学生，后成为 H. von 亥姆霍兹的助手。在出版《对感官知觉理论的贡献》（1858 ～ 1862）后，1862 年在海德堡大学首次讲授科学心理学。在《生理心理学纲要》（2 卷，1873 ～ 1874）一书中，提出一种研究直接意识经验（包括感觉、情感、意志和观念）的心理学体系，又包含统觉或有意识知觉的概念。在莱比锡大学教书时（1875 ～ 1917），创建了第一个心理学实验室（1879），创办了第一本心理学杂志《哲学研究》（1881）。晚期著作包括《心理学大纲》（1896）和《民族心理学》（10 卷，1900 ～ 1920）。

讽刺画 caricature 平面造型艺术中喜剧性扭曲的图像或肖像，作画的主旨是讽刺或嘲讽其主题。源自意大利语 caricare，意为"使负荷"或"使超负荷"，可能是由卡拉齐家族杜撰的，他们把它当作是理想化事物的一种相对立的角色。18 世纪时，讽刺画与报刊杂志结合在一起，被政治评论家用来进行恶意讽喻。19 世纪 80 年代发明照相制版印刷术以后，使得低成本出版带插图的日报成为可能，讽刺画因此开始流行。重要的讽刺画画家有：J. 卡洛、G. 克鲁克香克、H. 杜米埃和 G. 多雷。

讽刺作品 satire 通过讽刺、嘲笑、戏弄和挖苦等手法来表现人类或个人的邪恶、愚蠢、陋习或其他缺点的艺术形式，有时也有促其改进的意图。文学和戏剧是其常用的表现手段，但也在电影、视觉艺术（如讽刺画）以及政治漫画等媒体中出现。虽然讽刺在希腊尤其是阿里斯托芬的作品中也有体现，但通常是仿效贺拉斯或尤维纳利斯的范例。对贺拉斯来说，讽刺家是一名在各地都能看见种种蠢行的城市居民，但对这样的愚蠢通常采取嘲笑而不是气愤的态度。尤维纳利斯眼中的讽刺家则是一名正直的人，并为腐败堕落现象感到震惊和气愤。他们不同的观点产生了讽刺作品的分支体裁，后被 J. 德莱顿称为喜剧性讽刺和悲剧性讽刺。

讽喻 allegory 一种书面的、口头的或视觉上的表现手法，利用象征性的人物、物体和情节来表达人的行为或体验的实况或概括。其包括寓言和比喻这类形式。人物通常是抽象概念或形式的化身，故事情节经常以含糊的陈述来表示某种事物。在象征式的讽喻里，除了表达他们所传达的信息外，也可能具有真实身份，通常被利用来象征其政治和历史地位，而长久以来用讽刺作品的手法最受人欢迎。E. 斯宾塞的长篇讽喻诗《仙后》是有名的例子。

凤蝶 swallowtail butterfly 凤蝶科凤蝶属 500 余种蝴蝶的统称。除北极外，遍布世界各地。部分种的后翅有一尾状突。色彩因种、性、季节而异，有时候也随不同地点而改变。成虫通常在含闪光的黑、蓝、绿等底色上有黄、橙、红、绿或蓝色花纹，一般有两性及季节的色彩差异。幼虫色彩鲜艳，食叶为生。有的胸部有黑、黄色眼状斑，形似蛇头。许多种在受惊时会散发臭气。大凤蝶（*P. cresphontes*）翼展可达 10 ～ 14 厘米，为美国及加拿大最大的蝴蝶。

凤凰 phoenix 在古埃及和古代传说中的一种鸟，同太阳崇拜有关。据说埃及的凤凰和鹰一样大，有红金两色艳丽的羽毛，鸣声悦耳动听。凤凰通常只有一只，寿命不低于 500 年。快要死亡时，它便用芳香的树枝和香料造巢，然后点燃，把自己烧死在里面。从柴火堆里再新生出一只凤凰，将其前身的骨灰放到没药蛋里，并带着骨灰飞到埃及的赫利奥波利斯，把骨灰存放在太阳神殿的祭坛上。因此，凤凰成为不朽的象征。

凤凰城 Phoenix 美国亚利桑那州首府城市，濒索尔特河。该河谷早在公元 1300 年被史前印第安人占领，即现在称之的霍霍坎文化，他们在 15 世纪初突然消失。现代凤凰城建于 1867 年，1881 年设市。1889 年成为该准州首府，1912 年正式成为州首府。第二次世界大战后城市范围扩大，1950 ～ 1960 年间人口增长了 4 倍。地处山脉、良田环绕的半干旱河谷，经济以农业、制造业、采矿业和旅游业为主。人口约1 445 632（2010）。

凤头鹦鹉 cockatoo 又称葵花鹦鹉。凤头鹦鹉亚科 21 种有冠鹦鹉的统称。分布于澳大利亚，以及自新几内亚到所罗门群岛。多数呈白色，略带红或黄色，有些为黑色。嘴镰刀形

黄（带微绿）冠凤头鹦鹉（*Cacatuagalerita*）
Warren Garst-Tom Stack & Associates

而坚实，用以咬碎坚果、挖掘树根，或从树木中撬出蛴螬。舌蠕虫状，有助于觅寻食物。栖于树顶，于树洞中做巢。有时形成吵噪的大群，危害庄稼。最大的种类是大黑凤头鹦鹉，体长达 65 ～ 75 厘米。有些种类的寿命超过 50 岁。

凤仙花属 impatiens 凤仙花科的一个属，草本植物，约 900 种。由于果荚一经触摸即爆裂，故名。园艺凤仙花（*I. balsamina*）原产于亚洲热带地区。美国庭园中最爱种的艳丽的一年生植物。花形不整，单生或簇生，除蓝色外几乎各色均见。在北美洲东部常见的亲缘杂草是具斑点的凤仙花（*I. biflora* 或 *I. capensis*）以及苍白凤仙花。大部分凤仙花的茎中空、易折断，需要很潮湿。近缘种类是老鹳草和旱金莲。

佛得角 Cape Verde 全称 Republic of Cape Verde（佛得角共和国）。大西洋中东部的岛国，距塞内加尔西岸约 620 千米。由 10 个大岛和 5 个小岛组成。面积：4 033平方千米。人口：约511 000（2013）。首都：普拉亚。人口有 2/3 以上为黑白混血种，其余为欧洲人和非洲人。语言：葡萄牙语（官方语言）、克里奥尔语（民族语言）。宗教：基督教（主要为罗马天主教）、伊斯兰教。货币：佛得角埃斯库多。多山的西部岛群地形崎岖，由于受到侵蚀形成许多深沟；东部岛群地势平坦，多为平原和低地。群岛最初均为火山岛。福古岛有一座活火山。全国最高峰（2 829米）也位于该岛。最大岛屿包括圣安唐岛、博阿维斯塔岛、圣地亚哥岛。佛得角主要为服务型经济，旅游业比较发达。佛得角是多党制的一院制共和国。国家元首是总统，政府首脑为总理。1460 年葡萄牙人来到此地时，岛上还没有人居住。1460 年 D. 戈麦斯发现并为马尤岛和圣地亚哥岛取名。1462 年第一批拓居者登上圣地亚哥岛，建了大里贝拉市。随着贩奴贸易的发展，该市的重要性日益显现。由于海盗经常出没此地劫掠财富，1712 年该市被废弃。19 世纪贩奴贸易一蹶不振，葡萄牙人控制的各岛失去了往日的繁荣，这些岛屿成为一个补给站和海底电缆站。1951 年葡萄牙将殖民地改为一个海外省。许多岛民要求完全独立，1975 年终于获准。该国一度与几内亚-比绍达成政治联合，1981 年几内亚-比绍发生政变，两国分离。1996 年首次参加在亚特兰大举办的夏季奥运会。

佛教 Buddhism 世界主要宗教和哲学，公元前 6 世纪到公元前 4 世纪之间创立于印度东北部，以悉达多·乔答摩（又称佛陀）的教诲为基础，为世界主要宗教之一。佛教的目的在于助人摆脱生死轮回之苦和获得涅槃，即无业力无生死轮回的境界。佛陀的指示都是由弟子口传，在他有生之年建立了佛教僧团（僧伽）。他采用同时代的印度教某些思想，特别是业教义，但也不苟同印度教的许多教义及其所供奉的神。在印度，公元前 3 世纪时阿育王大力提倡佛教，但在接下来的几个世纪开始衰落，到了 13 世纪几近灭绝。佛教往南传播并在斯里兰卡和东南亚兴起，后来又传播到中亚、中国（包括西藏）、朝鲜和日本。19 世纪，佛教传播到欧洲和美国，20 世纪后半叶在西方影响增大。佛教的主要教义可归纳为四谛，第四谛即为八正道。佛教的两大分支大乘和上座部，均发展出各自不同的习规。21 世纪初，佛教各种不同圣传总共有信众大约3.75亿人。

佛教结集大会 Buddhist councils 在大多数佛教传统中，指早期两次关于教义和实践的大会。多数现代学者对第一次集结大会的历史真实性不予接受。第一次大会号称是在佛陀死后的第一个雨季，在印度的王舍城召开的，目的是把大家记住的佛陀的讲话编纂成册，包括经和寺院的规则。第二次集结大会被认为是历史事实，是在 100 多年后于印度的吠舍离举行的，主要是解决僧众之间的争论问题。小乘佛教认为还有第三次集结

大会，由阿育王在公元前247年左右召开，会上按小乘教的理念解决了有关教义的争端，而其他宗派的争端持续到20世纪中叶。其他的佛教传统则承认其他的一些重要集结大会，在那些大会上，他们分别确立或编纂了自己的宗教法规。

佛兰德(斯) Flanders 佛兰芒语作 Vlaanderen。中世纪时欧洲低地国家沿岸公国。其土地现分属法国、比利时和荷兰。862年博杜安一世统治时，因位居地中海、斯堪的纳维亚半岛和波罗的海各国的中枢地带，很快便发展成商业中心。1384年受勃艮第统治，后又受奥地利的勃艮第控制(1477)。到17世纪时，属荷兰的部分受西班牙统治。这里也是两次世界大战中的战场。20世纪80年代比利时属佛兰德获得有限的自治权，1993年成为比利时新联邦中3个区之一。

佛兰德斯艺术 Flemish art 佛兰德斯15世纪到17世纪初期的艺术，以生气蓬勃的写实主义和高超的技术造诣而著称。佛兰德斯画派的先驱一般都住在勃艮第大公国的第一个首都第戎。这些大公在1363～1482年间建立了强大的佛兰德斯和勃艮第政治联盟。善良的腓力三世迁都于布鲁日，1425年正式任命J. van 爱克(1390～1441)为宫廷画师。他的画作代表着早期佛兰德斯绘画的开端，又象征着它的全盛时期。15世纪末，爱克后一代的画家并未一味仿效他，而是面向意大利以求得画面形象结构的发展。R. van der 韦登、P. 赫里斯特斯、D. 包茨、H. van der 胡斯、H. 梅姆灵和G. 戴维等人的画作虽着重创新，但其视觉艺术效果却与爱克相去甚远。16世纪，在H. 博斯的影响下，P. 勃鲁盖尔(大)将当时的残酷性反映在他的那些生动地描绘了农民生活的作品里。17世纪的大师P. P. 鲁本斯精通油画艺术，他的成熟的寓言风格与巴罗克时期的奢华趣味完全吻合。

佛朗哥 Franco, Francisco(1892～1975) 全名 Francisco Paulino Hermenegildo Teódulo Franco Bahamonde。西班牙将军和西班牙政府的首脑(1939～1975)。职业军人，以其统领部队的才能赢得声誉，1935年任陆军总参谋长。西班牙内战时参加暴动，被任命为国民军领袖(1936)。1937年，他重组法西斯长枪党，将其改组成为更加多元的团体，并使其成为政权的正式政党运动。在第二次世界大战中，西班牙虽然同情轴心国，但仍保持表面中立；战后，佛朗哥作为"仅存的法西斯独裁者"而遭到排斥。随着冷战的开始，他的政府与其他国家的关系开始正常化。这时他被视为反对共产主义的政治家。20世纪50和60年代，他的国内政策变得温和，西班牙在经济上取得很大进步。1947年他通过全民投票，使西班牙成为君主国，并批准他成为终生摄政者。1969年指定胡安·卡洛斯一世王子为他的继承人。

佛罗里达 Florida 美国东南部一州。位于东南海岸突出的半岛上，并连接大陆部分，与亚拉巴马州和佐治亚州交界，西有墨西哥湾，东有大西洋。面积152 747平方千米。首府塔拉哈西。远在1万年以前，古印第安族群便从北部进入佛罗里达。1513年J. 庞塞·德莱昂来此探险，1565年西班牙人建立圣奥古斯丁。1763年法英北美殖民地争夺战后佛罗里达归英国人所有，美国独立战争后(1783)这个地区重归西班牙控制，但1812年战争期间，又被英国人当作基地。在第一次与塞米诺尔印第安人的战争中，A. 杰克逊率军攻占彭萨科拉。1819年佛罗里达被割让给美国。佛罗里达于1845年成为美国的州。1861年脱离联邦，1868年又重新加入。20世纪末成为美国发展最快的州，全国约75%的柑橘产于该州，是仅次于加利福尼亚州的第二大蔬菜生产地。旅游业是主要产业，迪斯尼世界(参阅迪斯尼世界与迪斯尼乐园)是重要景点。电子制造业也居重要地位；以肯尼迪航天中心(参阅卡纳维拉尔角)为首的航天工业，雇用了数以千计的员工。该州特别是迈阿密市有许多古巴人，他们对加勒比海区的经济起重要作用。该州还有埃弗格莱兹国家公园以及其他许多旅游胜地。人口约19 317 568(2012)。

佛罗伦萨 Florence 意大利语作 Firenze(翡冷翠)。意大利中部城市，托斯卡纳区首府。沿着阿尔诺河两岸兴建，该城历史悠久，曾作为共和国、托斯卡纳公国首府和意大利首都(1865～1871)。约公元前1世纪建立，当时为罗马军队驻扎地。后来相继被哥特人、拜占廷人和伦巴第人统治。12世纪晚期成为托斯卡纳的主要城市，1434年开始受势力强大的梅迪契家族统治。宗教改革家G. 萨伏那洛拉使佛罗伦萨成为一共和国，在他失势后，梅迪契恢复佛罗伦萨公爵的地位(1531)。佛罗伦萨土语成为意大利语言。公元14～16世纪佛罗伦萨成为欧洲最伟大的城市之一，商业、金融业、学术和艺术均达到突出水准。随着时间的推移，许多著名人物都在这里大显身手，其中有莱奥纳多·达·芬奇、米开朗琪罗、F. 布鲁内莱斯基、但丁、N. 马基雅弗利和伽利略。该城的建筑物，如圣约翰洗礼堂、哥特式的多莫大教堂及乌菲齐美术馆，其本身就是艺术作品，而且其中还包含了更多的艺术品。重要的宫殿和公园有皮蒂宫和菩菩利花园。佛罗伦萨大学建于1321年。经济以旅游业为主，但也致力于信息技术和高级服饰等新行业的发展。该市周围地区还有以小型工业生产和优良出口产品生产为主的具有活力的现代经济。人口约352 227(2001)。

佛洛顿战役 Flodden, Battle of(1513-09-09) 英格兰人在诺森伯兰郡布兰克斯顿附近的佛洛顿打败苏格兰人的战役。8月22日苏格兰国王詹姆斯四世为了实践他与法国联盟的诺言，并转移当时在法国作战的由亨利八世率领的英军主力，亲自率领30 000大军，配有炮队，越过边界。英王亨利八世的大臣、后来的第三位诺福克公爵调集兵力20 000迎拒。双方于9月9日举行会战。战斗到天黑时，苏格兰军队被彻底击溃，詹姆斯及其上万名部下阵亡。

佛蒙特 Vermont 美国东北部新英格兰州之一。面积24 908平方千米。首府蒙彼利埃。北与加拿大魁北克省接壤，南邻马萨诸塞州，西连纽约州，东与新罕布尔州以康涅狄格河为界。格林山脉自北而南纵贯佛蒙特州中部，曼斯菲尔德山海拔1 339米，是州内最高点。大部分河流注入尚普兰湖。原住民为阿布纳基印第安人，1609年法国探险家S. de 尚普兰来到此地发现该湖。1666年在拉莫特岛建立法国殖民地。18世纪时荷兰人和英国人也建有居民点，1763年英国占领了该地区。1770年E. 艾伦组织格林山兄弟会击退纽约人的侵犯。美国独立战争中，他们参加战斗，1775年攻克泰孔德罗加堡。1777年成立佛蒙特共和国。1791年加入联邦，成为美国第14州。1864年这里是南北战争中宾夕法尼亚以北的唯一战场。乳品业和采石业(花岗岩和大理石)在经济中占显著地位。20世纪30年代第一条滑雪跑道建成，60年代冬季旅游业发展起来。人口约626 011(2012)。

佛手瓜 chayote 葫芦科多年生藤本植物。学名*Sechium edule*。原产热带美洲，果可食，在当地广为栽培，在温带也可作一年生植物

佛手瓜(*Sechium edule*)
Eugene Belt-Shostal

种植。藤蔓生长迅速，有卷须。花小，白色。果梨形，绿色，上有凹槽。每果仅一枚种子。果可煮食或生食，嫩茎块的食法同马铃薯。

佛塔 pagoda 用石、砖或木头等材料建造的塔状多层建筑，常与佛寺建筑群相连，用来祀奉圣人遗骨。源于印度的窣堵波。佛塔的最高装饰物在缅甸、泰国、柬埔寨和老挝是金字塔形或圆锥形的装饰物，在中国的西藏自治区是瓶状装饰物。在中国其他地方、朝鲜和日本，佛塔为高塔状，在一个基础楼面往上层层重叠并逐层收缩，塔层可建成圆形、方形或多边形。佛塔被故意设计为纪念碑形式，内部可使用的空间很小。

佛陀 Buddha(活动时期公元前6世纪～前4世纪) 原称 Siddhartha Gautama(悉达多·乔答摩)。佛教的精神领袖和创始人。佛陀一词为梵语，意为"觉悟者"，是他的称号而不是名字，佛教徒相信有无限多个过去的和未来的佛陀。历史上的佛陀(指佛陀乔答摩或简称佛陀)是印度-尼泊尔边境地区的释迦族公国的亲王。据说青年时代的悉达多养尊处优，直到有一天他出宫游玩，分别遇见一老人、一病人和一具死尸。他放弃王公贵族的生活，花了6年时间寻找老师，尝试各

种极端的苦修生活,包括绝食以求悟道,但结果都不能令他满意。有一天他坐在**菩提树**下深思默念,在抗拒了**魔罗**的诱惑后,意识到**四谛**,并因而顿悟。佛陀到鹿野苑向他的同伴第一次说法,提纲挈领地宣讲**八正道**,以此提供一条自我放纵与自我禁欲之间的中间道路,引向涅槃解脱。听了这次说法的5个苦行僧不仅成了他的第一批门徒,还成为了阿罗汉,死后会达到涅槃。佛陀的使命完成了,意外吃了名为苏迦罗·摩达伐的食物(一说为变质猪肉,一说为有毒蘑菇)的食物之后过世,逃脱了再生的轮回。后人将佛陀遗体火化,在他的遗物上建塔供奉。

夫琅和费线 Fraunhofer lines 在天文光谱学中,指恒星光谱中的暗线。这些暗线是由于恒星所发的具有一定波长的光在该恒星周围的大气中被各种化学元素选择吸收而形成的。1802年首先观测到这种线,以德国物理学家J. von夫琅和费(1787～1826)的姓氏命名,他从1814年前后起就绘制了500多条光谱线并把其中一些最明显的线用字母从A到G表示,这种谱线的分类体系一直沿用至今。现已知在太阳光谱中,从波长2 950～10 000埃的一段中就有约25 000条夫琅和费线。

麸皮 bran 小麦、黑麦或其他谷类种仁分离后得到的可食的破碎种皮(保护层)。通常是将磨碎的谷粒倒入旋转的、用齿轮啮合的圆桶形框架里,麸皮即被筛选出来,全谷场面粉则保留麸皮。小麦麸皮中含16%的蛋白质、11%的自然纤维及50%的碳水化合物。大部分麸皮碾得较粗,用作饲料;碾得较细的可用作早餐麦片、面包和松饼,因为作为纤维素,麸皮对消化系统有益。

弗吉尼亚 Virginia 美国东南部一州。位于大西洋沿岸中部。东北接马里兰州,南连北卡罗来纳州、田纳西州,西邻肯塔基州,西北与西弗吉尼亚州交界,东临大西洋。面积105 151平方千米。首府里士满。人口约8 185 867(2012)。东部为滨海平原地区(也称潮水区),中部为皮德蒙特高原,西有蓝岭山脉和阿巴拉契亚山脉。波托马克河、谢南多厄河、詹姆斯河和罗厄诺克河贯穿全州。原住民为美洲印第安人。1607年英国在詹姆斯敦建立第一块殖民地。独立战争期间的多位领导人均是弗吉尼亚州人,美国建国初期的5位总统中的4位来自该州。1788年成为批准美国宪法的第10州。奴隶制是该州农业经济的基础,1831年爆发特纳领导的奴隶起义。1861年在美国南北战争开始不久后退出联邦,但西部不同意退出,1863年建成西弗吉尼亚。里士满仍为弗吉尼亚首府,也是南部邦联的首都。弗吉尼亚成为美国内战的主要战场。1870年重新被接纳为联邦的一州。接着的10年期间,州的债务问题成为政治生活中的突出大事。第一次世界大战后,该州日益繁荣。第二次世界大战数千名士兵被送入该州军营,使诺福克地区迅速发展。联邦政府是弗吉尼亚的最大雇主,制造业是第二大重要部门。汉普顿锚地是美国主要港口之一。旅游业很重要,有许多历史遗迹,包括殖民时期的威廉斯堡、G.华盛顿的芒特弗农故居、T.杰斐逊的蒙提萨罗故居、南北战争战场以及R.E.李将军故居(现在阿灵顿国家公墓之内)。威廉和玛丽学院(1693年建立)是美国第二古老的学院,弗吉尼亚大学的组织结构与建筑物和场地的设计主要是T.杰斐逊的创作。

弗拉戈纳尔 Fragonard, Jean-Honoré (1732～1806) 法国画家。约1749年在巴黎随F.**布歇**学习,获得罗马奖学金,1756～1761年间漫游意大利,做了许多乡野速写,尤其是蒂沃利埃斯泰别墅的花园。对G.B.**提埃坡罗**的作品极其钦佩。他的大幅历史画《科列苏斯舍身救卡里尔荷》被路易十五购得,并被选为法兰西皇家美术学院院士。不久转而专心作J. van雷斯达尔风格的风景画和肖像画、装饰画以及色情的户外游乐图,而尤以后者而著名(如《秋千》,约1766)。1767年后不再参加正式的沙龙美展而为私人赞助者作画。他曾尝试采用较流行的新古典主义风格,但是由于他与王室来往密切,使得他的作品在法国大革命期间不被接受,并且失去了赞助者,生活陷入困境。他和布歇的作品代表了洛可可时期的艺术风格。

J.-H.弗拉戈纳尔绘《秋千》(约1766),油画局部;现藏伦敦华莱士收藏馆
By courtesy of the trustees of the Wallace Collection, London

弗拉基米尔一世,圣 Vladimir I, St. (956?～1015) 俄语称Vladimir Svyatoslavich。基辅大公(980～1015)。970年成为诺夫哥罗德侯。972年其父去世,从其兄手中夺得基辅,980年他已把从乌克兰到波罗的海的俄国土地统一起来。他原是异教徒,当巴西尔二世向他求援时,他要求以娶巴西尔的妹妹为妻及同意成为基督教徒作为交换条件提供军事援助,约987年双方达成协议。他命令基辅和诺夫哥罗德的居民改信基督教,把异教的神像扔进第聂伯河。

弗拉曼克 Vlaminck, Maurice de(1876～1958) 法国画家。1895年开始学习素描并研究印象派。1900年和童年时的朋友A.德兰同在一个画室作画。1905年其用色豪放的作品首次在巴黎独立沙龙展出。曾尝试用强烈的厚涂纯色作画,和**野兽主义**画风接近。1908年转向用厚涂的灰色、白色和深蓝色作风景画,画风更接近P.塞尚。约在1915年,其艺术开始形成一种个人的、强烈的法国**表现主义**风格。

弗拉米尼乌斯 Flaminius, Gaius(?～公元前217) 罗马政治领袖。在担任**保民官**时(公元前232),他支持罗马在意大利北部进行扩张;他促使一项在平民当中分配土地的法律获得通过,因而获得广大人民的爱戴。但人们也认为他应为公元前225年高卢入侵(于前223年被击退)负责,据说与该法律的通过有关。公元前223和前217年两次当选执政官。在担任监察官期间(前220),他在罗马修建了弗拉米尼乌斯竞技场和通至阿里米尼(里米尼)的弗拉米尼乌斯大道。第二次**布匿战争**时死于与**汉尼拔**的战争中。

弗拉明科 flamenco 歌曲、舞蹈和器乐(主要为吉他)的表现形式,通常与西班牙南部的安达卢西亚吉卜赛人有关。弗拉明科的本源虽然有些神秘,但似乎源于9至14世纪从印度西北部的拉贾斯坦向西班牙迁移的吉卜赛人。弗拉明科的精华是"坎特"(*cante*)或称"歌",常有即兴舞蹈和吉他音乐相伴。"深沉的歌"(*cante jondo*)被认为是最古老的形式,表现情感动人,述说的主题为死亡、痛苦、绝望或宗教疑惑。19世纪中叶之后,弗拉明科歌曲通常由吉他音乐和一根干木棍(用于敲击地板以保持节拍)伴奏,并有一名舞者跳起专为此歌曲设计的系列舞步和即兴舞蹈。从那时起,"舞"(*baile*)就成为弗拉明科的主要构成,但没有伴奏绝不起舞。对传统的弗拉明科来说,最主要的是要有"杜安德"(*duende*),即表演者情绪受音乐和舞蹈感染而处于一种沉迷的状态。弗拉明科的演出效果通常也会因观众有节奏的鼓掌声和演出同伴的鼓励语言而得到加强。

弗来明 Fleming, Peggy(Gale)(1948～) 美国花样滑冰女运动员。出生于加利福尼亚州圣何塞。她在15岁时就获得美国成年女子锦标赛的桂冠。1965年在北美洲冠军赛中获第二名,1967年获冠军。1966～1968年连续3次获世界冠军。在1968年奥运会上获得金牌。同年转为职业滑冰运动员。

弗莱厄蒂 Flaherty, Robert (Joseph) (1884～1951) 美国电影制片家,被称为**纪录电影之父**。出生于密歇根州艾恩山,在加拿大北部边远地区长大,后来该地区广为摄入镜头(1910～1916)。他的第一部影片《北方的纳努克》(1922)对爱斯基摩人的生活方式作了生动有趣的介绍,而为了拍摄他们的生活,他同他们共同生活了16个月。这部影片蜚声国际,并为摄制纪录电影确立了一种优良的模式。他后来的影片有《摩阿拿》(1926)、《阿兰岛人》(1934)、《土地》(1942)和《路易斯安那的故事》(1948)。

弗莱河 Fly River 新几内亚中南部河流。该河为岛上几条主要河流之一,几乎流贯全国。除了中部一小段,该河为巴布亚新几内亚与印度尼西亚的边界。源出中部的维克托伊曼纽尔岭,向南、转东南注入珊瑚海的巴布亚湾。全长逾1 100千米。大部可通航。

弗莱明　Fleming, Alexander(1881～1955)　后称 Sir Alexander。苏格兰细菌学家。第一次世界大战时任军医，研究对人体无毒的抗菌物质。1928 年当他用点青霉的孢子污染了葡萄球菌培养物后，霉菌菌落周围有一圈无细菌生长，因而发现青霉素。1945 年与 E. B. 钱恩和 H. W. 弗洛里共获诺贝尔奖，钱恩和弗洛里从 1939 年起，根据他的发现进一步分离、纯化、试验并大量生产了青霉素。

弗莱明　Fleming, Ian (Lancaster)(1908～1964)　英国悬念小说作家，所塑造的代号为 007 的英国谍报人员詹姆斯·邦德，乃成为 20 世纪通俗小说家竞相模仿的一个人物。曾从事各种行业：莫斯科记者、银行家、证券经纪人、英国海军情报机关高级官员，在出版《皇家夜总会》(1953)以前担任报社经理。《皇家夜总会》是以邦德为主角的 12 部长篇小说中的第一部，每一部都充满惊险、恐怖活动和国际间谍阴谋以及色情。所有 12 部作品，包括《俄国来的情人》(1957)、《诺博士》(1958)、《金手指》(1959)和《霹雳弹》(1961)，均拍成电影，轰动一时。

弗莱谢尔兄弟　Fleischer, brothers(马克斯 1883～1972；戴维 1894～1979)　美国动画家。马克斯出生于维也纳，戴维出生于纽约市。1921 年成立工作室并投入动画卡通前，两兄弟专门为报纸画卡通漫画。20 世纪 20 年代中期他们推出了第一部有声的电影动画。后来创作的知名卡通系列有《可爱贝蒂》(1931～1939)、《大力水手》(1929～1942)、《超人》(1941～1942)和卡通长片《格列佛游记》(1939)。

弗赖　Fry, Roger (Eliot)(1866～1934)　英国艺术家和艺术评论家。他放弃科学事业到意大利攻读艺术。担任大都会艺术博物馆的馆长(1906～1910)时，他发掘了后印象派的作品，并在 1910 年举办极为重要的两个展览的第一个，把后印象派引进英国。他与 C. 贝尔一起宣扬艺术品内容之"有意义的形式"的重要性。他与布卢姆斯伯里团体联合，并在 1913 年与几位团体成员共同创立艺术与工艺的欧米加作坊。他以才华洋溢的演说而闻名，也是众多书籍的作者。

弗赖堡(布赖斯高)　Freiburg (im Breisgau)　德国西南部城市。在黑林山西麓。1120 年设建制，1218 年转归乌拉赫伯爵(后称布赖堡伯爵)。1368～1806 年由哈布斯堡王朝统治，后转归巴登大公国。第二次世界大战中旧城几被夷平。重建后现已成为黑林山地区经济文化中心，建有阿尔伯特-路德维希大学(1457)。人口约208 294(2002)。

弗赖伊　Frye, (Herman) Northrop(1912～1991)　加拿大文学批评家。曾在加拿大和英国受教育。1939 年执教于维多利亚学院，《文学批评剖析》(1957)是他最具影响的著作。着重论列文学批评中的不同流派及其模式，并强调各种象征性原型重复出现于文学作品中的重要意义。其他文学批评论著有颇具影响的《极端的对称：威廉·布莱克研究》(1947)、《好脾气的批评家》(1963)、《世俗圣经》(1976)、《伟大的记载：圣经与文学》(1982)及《论莎士比亚》(1986)。

弗兰格尔　Wrangel, Pyotr (Nikolayevich), Baron(1878～1928)　俄国内战最后阶段的白军将领。第一次世界大战时期任哥萨克师师长。1917 年十月革命胜利后，加入 A. 邓尼金的白军，1919 年攻占察里津(现名伏尔加格勒)，1920 年 4 月任白军总司令，6 月在乌克兰发动新的进攻。11 月被红军击败。白军溃退至克里米亚，乘船逃往君士坦丁堡。他在离开俄国后亡命西欧。

弗兰克　Frank, Anne (lies Marie)(1929～1945)　德国日记作者。她是一位犹太少女，其日记记述了她的家庭为逃避纳粹迫害而在阿姆斯特丹隐匿两年的生活。1944 年盖世太保发现他们后，将其全家送往集中营。安妮·弗兰克在贝尔根-贝尔森死于斑疹伤寒。朋友们在其藏身之处找到了日记，并交给安妮的父亲。其父于 1947 年发表了她的日记，题名《一个少女的日记》。为战争文学名著。这部少女日记无论在文字或思想上都显示出作者的早熟，反映出一个生活在逆境中的少女在感情方面的成长过程。

弗兰克　Frank, Jacob(1726～1791)　原名 Jacob Leibowicz。犹太教假弥赛亚。生于加利西亚，是一个无知的幻想者，自称为沙贝塔伊·泽维转世。1751 年始自称弥赛亚。他以《光辉之书》为基础，取代托拉，创弗兰克派，又称佐哈尔派。该教派摈弃传统的犹太教，他们的活动，包括秘密的宗教仪式，导致社区于 1756 年将他们开除教籍。天主教当局认为可以利用该派教义劝诱犹太人改奉天主教，遂予以保护。他和他的信徒在波兰集体受洗礼，1760 年宗教法庭监禁弗兰克，认为弗兰克的信徒只信仰弗兰克为弥赛亚，而不是上帝。1773 年俄军占领波兰，将他释放。他定居德国，自号男爵直至去世。

弗兰克　Frank, Robert(1924～　　)　瑞士裔美籍摄影家。20 世纪 40 年代成为巴黎《哈泼时尚》杂志的时装摄影师。1947 年放弃时装摄影，赴美国和南美洲，探索 35 厘米相机的表现技巧。他的摄影作品集《美国人》(1959)，作品构图大胆，针砭时弊，影响极大，从而建立起一个重要摄影家的地位。1959 年后从事电影拍摄。与 J. 克鲁亚克合制的短片《拔出雏菊》(1959)为一部非正统电影的名作。后期的主要作品集是《罗伯特·弗兰克：继续前进》(1994)。

弗兰肯特勒　Frankenthaler, Helen(1928～2011)　美国画家。中学时从 R. 塔马约学画，曾在本宁顿学院学习，毕业后回纽约，加入第二代抽象表现派的青年美术家团体。深受 J. 波洛克和 A. 高尔基的影响，她创造出在光画布上以浓重色彩混合为特点的风格，把稀薄油彩吸进画布使其有透明感。60 年代初，她开始采用丙烯酸树脂绘画。她的许多作品尽管抽象地描绘风景(如《海洋沙漠》，1975)，但仍以富有诗意而著名。她的着色技巧对大色域抽象派画家 M. 路易斯和 K. 诺兰德有重要影响。1958 年与 R. 马瑟韦尔结婚，1971 年离异。

弗兰西斯二世　Francis II(1544～1560)　法语称 François(弗朗索瓦)。法国国王(1559～1560)。亨利二世和卡特琳·德·梅迪契之子。1558 年与玛丽·斯图亚特(后来的苏格兰女王玛丽)结婚，她是有权势的吉斯家族的亲戚。弗兰西斯体弱多病，意志薄弱，朝政为吉斯家族把持，利用他打击胡格诺派势力。他的早逝暂时结束了吉斯家族的把持，其弟查理九世继位。

弗兰西斯二世　Francis II(1768～1835)　德语称 Franz(弗兰茨)。神圣罗马帝国末代皇帝(1792～1806)、奥地利皇帝(1804～1835，称弗兰茨一世)。他还是匈牙利国王(1792～1835)和波希米亚国王(1792～1835)。他于 1792 年继承其父利奥波德二世的王位。他是一个专制主义者，憎恶立宪制度。他支持奥地利发动的第一次反法联盟战争(1792～1797)，曾两度被法国打败。拿破仑自立为法兰西皇帝后，他立即提升奥地利为帝国(1804)。拿破仑命令解散神圣罗马帝国，弗兰西斯二世放弃神圣罗马帝国皇帝的称号(1806)。尽管弗兰西斯二世瞧不起拿破仑，但由于考虑到国家的利益，不得不于 1810 年将女儿玛丽·路易丝嫁给拿破仑。在1813～1814 年的多次战役中他协助击溃了拿破仑的军队。维也纳会议(1815)以后，他支持他的首相 F. von 梅特涅在德意志和欧洲建立保守的有约束的政治体制。

弗兰西斯·斐迪南　Francis Ferdinand(1863～1914)　德语称 Franz Ferdinand。奥地利大公，他的遇刺是第一次世界大战爆发的起因。弗兰西斯·约瑟夫的侄子，1896 年成为皇储。由于想与霍泰克伯爵夫人索菲结婚，他与皇帝和宫廷发生了尖锐的冲突。只是在他声明放弃他未来的子女对皇位的继承权后，这桩婚事才得到允准。1906 年起，弗兰西斯·斐迪南在军事方面的影响增大，1913 年任陆军总监。1914 年 6 月，他和妻子在萨拉热窝被塞尔维亚民族主义分子 G. 普林西普暗杀。7 月奥地利对塞尔维亚宣战，第一次世界大战自此开始。

弗兰西斯一世　Francis I(1494～1547)　法语称 François(弗朗索瓦)。法国国王(1515～1547)。路易十二的堂弟与女婿。1515年继承王位。加冕后匆匆进军意大利(1515～1516)，收复了米兰公国。他是文艺复兴时期的艺术与学术提倡者，人文主义者。经常到全国各地游历，颇受爱戴。他制止贵族滥用司法权，并为当地人民举行运动会。1519 年当查理五世在选举中赢得帝位后，这一切都画上句点。已经是西班牙国王的查理五世，其领土包围着法国。弗兰西斯一世在金缕地寻求与亨利八世结盟，未成。随后自1521年开始向查理五世发动一系列

弗兰西斯一世，肖像画，P.迪蒙斯蒂耶据J.克卢埃的素描所绘；现藏巴黎国家图书馆

By courtesy of the Bibliotheque Nationale, Paris

战争。1525年弗兰西斯一世被俘，在狱中受尽折磨。他拒绝接受查理五世的苛刻要求。1526年法国大使缔结了条约，弗兰西斯一世获释。1536年弗兰西斯一世对查理五世重新开战，并与土耳其人结成反对查理的同盟。

弗兰西斯一世　Francis I（1708～1765）　德语称Franz（弗兰茨）。神圣罗马帝国皇帝（1745～1765）。洛林公爵之子，1729继承洛林公国（称弗兰茨·斯特凡）。同查理六世的女继承人玛丽亚·特蕾西亚结婚。查理同意结婚的条件是弗兰茨将洛林割让给斯坦尼斯瓦夫一世，而封给他托斯卡纳（1737）作为补偿。与玛丽亚·特蕾西亚共同摄政（1740～1745）。奥地利王位继承战争时期，他被选为皇帝。在他统治期间，他的名声不如他的妻子，但对文化的关注令人怀念。

弗兰西斯·约瑟夫　Francis Joseph（1830～1916）　奥地利皇帝（1848～1916）、匈牙利国王（1867～1916）。1848年革命期间，他的伯父斐迪南被迫退位，他登位称帝。他与首

弗兰西斯·约瑟夫，摄于1908年

By courtesy of the trustees of the British Museum; photograph, J. R. Freeman & Co. Ltd.

相施瓦岑贝格一起为奥地利取得强势地位，特别是在1850年《奥尔米茨条约》的签订。他在奥地利的粗暴统治形成了中央集权制，但也引发了暴动和密谋行刺事件。1866年在七周战争中被普鲁士打败。他为了应付匈牙利的全国动乱接受了《奥匈协约》（1867）。他支持三帝同盟，与普鲁士领导的德国结盟，导致1882年的三国同盟。1898年他的妻子被暗杀。1889年他的儿子、皇储鲁道夫死于自杀。1914年由于假定继承人弗兰西斯·斐迪南被暗杀，他向塞尔维亚发出最后通牒，把奥地利和德国推入第一次世界大战。

弗朗奇亚　Francia, Francesco（1450～1517）　原名Francesco di Marco di Giacomo Raibolini（拉伊博利尼）。意大利文艺复兴时期艺术家，15世纪末和16世纪初博洛尼亚画派主要画家。原为金匠。早期作品受到费拉拉画派画家L.科斯塔（约1460～1535）的影响，但对他的风格影响最大的还是佩鲁吉诺和拉斐尔的作品。他的画室制作了大量面容温和、极为精致的圣母像。他还擅长于肖像画。

弗朗什孔泰　Franche-Comté　法国中东部大区。包括5世纪的原勃艮第王国，后来成为勃艮第郡以区别于勃艮第公国。11世纪为神圣罗马帝国的一部分。1384年受勇敢者腓力二世统治。15世纪转给马克西米连一世，由他再让给西班牙哈布斯堡王朝。1678年西班牙割让给路易十四。直到1789年法国大革命时成为法国一个省，后被划分为几个省。

弗雷（蒙塔尔瓦）　Frei（Montalva），Eduardo（1911～1982）　智利政治人物、总统（1964～1970）。1933年获法律学位。虽然作为年轻人显得保守，但在1964年的总统竞选中，提出温和的政纲，主张土地改革，将美国拥有的铜业股份"智利化"，稳定经济和公平分配财富。结果，获得胜利。他的政府由于工潮和通货膨胀而困难重重。虽然期望做到大的改革，在使贫民得到受教育的机会方面取得显著进展，但大多数改革努力都失败了，未能达到目的。他的儿子弗雷·鲁伊斯-塔勒自1994年担任总统。

弗雷格　Frege,（Friedrich Ludwig）Gottlob（1848～1925）　德国数学家、逻辑学家，现代数理逻辑奠基人。1871～1917年执教于耶拿大学。在他的《概念演算》（1879）中，他首次提供了现代意义下的数理逻辑的一个体系。由于提出了量词和变项的概念，他创建了整个这门学科。他对语言哲学也作了重要贡献，包括了产生重大影响的区别感觉和指涉的理论。

弗雷姆　Frame（Clutha），Janet（Paterson）（1924～2004）　新西兰小说家、短篇故事作家和诗人。童年生活穷苦，后经学习当教师。第一部作品《潟湖》（1951）是短篇小说集。曾几次进出精神病医院，勉强逃过一次前额叶切断手术。这些成为激励她写作的源泉。她的小说《猫头鹰在叫》（1957）探索神智正常与疯狂之间的界线，既有诗歌，又有散文。她的许多小说，其中有些取材于毛利人的传说，有《盲人的香园》（1963）、《喀尔巴阡山》（1988）等。她的3卷本回忆录之一《伏案天使》（1984）由J.坎皮恩拍成电影。

弗雷斯科巴尔第　Frescobaldi, Girolamo（1583～1643）　意大利管风琴家和作曲家。1608年在罗马圣彼得教堂任管风琴师，其后除有6年时间在佛罗伦萨任宫廷管风琴师外，一直在圣彼得教堂直至去世。弗雷斯科巴尔第以其演奏和多彩多姿、巧夺天工的作曲树立了声誉。他为管风琴和拨弦键琴做了许多托卡塔、利车卡尔和坎佐纳。还有很多是宗教声乐作品和世俗歌曲。他最著名的作品是《音乐之花》（1635），其中含有为做弥撒用的管风琴乐曲。

弗雷泽　Fraser, Dawn（1937～　）　澳大利亚女游泳运动员。1956～1964年间连续9次打破女子100米自由式世界纪录。连获3届奥运会金牌的第一个女游泳选手。1964年创造58.9秒的世界纪录，保持了8年。她以6种不同距离的自由泳创世界纪录（后来全被打破）。

弗雷泽　Fraser, Simon（1776～1862）　加拿大毛皮商和探险家。生于美国纽约州本宁顿，1784年迁至加拿大。1791年入西北公司当办事员，1801年成为公司合伙人。1805年负责毛皮业务的商路，他发现一条河（后称弗雷泽河），误认为是哥伦比亚河，一年后才发现错了。1817年弗雷泽以该公司的红河谷分部主管的身份被指控参与七株橡树大屠杀，遭逮捕。他被释放后退休，在今安大略省经营农场。西蒙·弗雷泽大学以他的名字命名。

弗雷泽　Frazer, James George（1854～1941）　后称Sir James。英国人类学家、民俗学家和古典学者。因他的著作《金枝》享有崇高声誉。在格拉斯哥大学和剑桥大学学习，并在剑桥大学任教终生。弗雷泽在《金枝》（1890；1911～1915年间扩展到12卷）一书中考查了人类思想从巫术到宗教，最后发展为科学的发展模式。尽管这一演化序列已不再为学者所接受，他结合传统人文主义的关联对文化人类学这门新学科的演绎推理，以及关于外来文化信念与习俗的生动描述，在文人中间有着广泛的影响。他还著有《图腾崇拜和族外婚》（1910）和《旧约中的民间传说》（1918）。

弗雷泽　Frazier, E(dward) Franklin（1894～1962）　美国社会学家。在哈佛大学和克拉克大学学习。任教于莫尔豪斯学院时，在那里组建了亚特兰大大学社会工作学院（面向黑人），在杂志上发表的《种族偏见的病理》（1927）一文引起争论，他被迫离开莫尔豪斯学院。1931年获得了芝加哥大学的博士学位。后在菲斯克大学（1929～1934）和哈佛大学（1934～1959）任教。他的著作《美国黑人家庭》（1939），是由黑人研究并写作的关于黑人问题的最早著作之一。

弗蕾德贡德　Fredegund（？～597）　法兰克人国王希尔佩里克一世的王后。原为女侍，希尔佩里克杀害他的妻子（约568）后，她成为国王的情妇。这次谋杀引起他和同父异母兄弟西吉伯特一世长达40年的仇恨，西吉伯特于575年在弗蕾德贡德操纵下被暗杀。

以残酷无情和好施诡计闻名的弗蕾德贡德还企图置他的妻子和儿子于死地。希尔佩里克被暗杀(584)后,弗蕾德贡德攫取他的财富,逃往巴黎。

弗蕾娅 Freyja 斯堪的纳维亚神话中最重要的女神。丰产之神瓦尼尔神族之一神。其父是海神尼约尔德。她的兄弟和对应的男性是弗雷。她掌管爱情、繁衍、战争和死亡。阵亡英雄的一半来到她的领地福尔克万格尔,另一半则被带到奥丁神的瓦尔哈拉。弗蕾娅把巫术传授给埃西尔,可能涉及性欲。

弗里德里希 Friedrich, Caspar David (1774～1840) 德国画家。曾在哥本哈根学院学习,1798年后定居在德累斯顿,开始了以铅笔或淡乌贼墨描绘地貌的画家事业。弗里德里希第一幅重要油画《山上的十字架》(1807～1808),表现了强烈的孤独感。1824年,任德累斯顿学院教授。其广漠而不可思议的风景画和海景画,表现出人在自然界威力前的孤立无援,在把庄严宏伟作为浪漫主义运动的基本重点方面起着重要作用。20世纪初,象征主义的兴起使他的作品重新受到重视。

弗里德曼 Friedman, Milton(1912～2006) 美国经济学家。曾在拉特格斯大学和哥伦比亚大学学习,1946年在芝加哥大学任教。是美国经济学界货币主义的主要倡导人之一。S.阿连德垮台后曾指导智利的经济转型。20世纪80年代R.里根总统和英国的M.撒切尔接受他的理论。他与夫人罗丝合著《消费函数原理》(1957)、《资本主义与自由》(1962)。另著有《1867～1960年美国币制史》(1963)和《美国和英国的货币趋势》(1981,与经济学家A.施瓦茨合著)。1976年获诺贝尔经济学奖。

弗里敦 Freetown 塞拉利昂首都和最大城市。濒塞拉利昂河口,是西部非洲最优良的港口。1787年由英国废奴主义者G.夏普为从英格兰获得自由的非洲奴隶所建立。后来从新斯科舍来的奴隶和牙买加的逃亡奴隶也定居在此地。这些奴隶的后代称作克里奥尔人,其人数已被从内地移居来的门德人和滕内人超过。1821年为英国西非属地的行政中心,1893年设市。1961年为国家首都。为全国商业、教育和交通运输中心。人口约818 700(2006)。

弗里吉亚 Phrygia 小亚细亚中西部的古国。得名于被希腊人称为弗里吉的民族,他们曾于公元前12世纪赫梯人衰败之后控制小亚细亚,直到公元前7世纪吕底亚兴起。弗里吉亚人的祖先可能是色雷斯人(参阅色雷斯),他们在戈尔迪乌姆建都。传说中弥达斯的王国在公元前700年随着辛梅里安人的入侵并烧毁了首都而结束。弗里吉亚人的金属工艺、木雕、地毯制造和刺绣是非常出色的。他们的宗教仪式是“众神之母”,后传给了希腊人。1945年以后,美国考古学家在当地发现了有雕刻的石墓和神殿遗址。

弗里克 Frick, Henry Clay(1849～1919) 美国工业家。1870年开始建造与经营炼焦炉,1871年组建弗里克公司。1889年被任命为世界上最大的钢铁焦炭制造商卡内基兄弟公司董事长。他在1892年宾夕法尼亚州霍姆斯特德激烈的钢铁工人罢工中的态度导致一名无政府主义者对他射击,但幸免于死。1901年成立美国钢铁公司时他起过重要作用。以美术品收藏家和慈善家而闻名。他把弗里克收藏馆遗赠给纽约市。参阅A.卡内基。

弗里蒙特 Frémont, John C(harles) (1813～1890) 美国探险家。1838年协助J.-N.尼科莱(1786～1843)测绘密西西比河上游和密苏里河。他曾得到T.H.本顿的有力支持,本顿后来成为他的保护人,并于1841年成为他的岳父。由于本顿在政府中的权威,弗里蒙特得以完成他对密西西比河流域与太平洋之间的大片领土的地图绘制工作。1845年勘探加利福尼亚时(他可能携带应付战争的秘密作战指示),他支持熊旗暴动。在美国对墨西哥的战争中,他被委任为少校,和R.F.斯多克顿一起征服加利福尼亚,因而被任命为军事长官。由于反对S.卡尼将军而被捕接受军法审判。后来辞去军职,在淘金热潮中成为大富翁,后又当选为加利福尼亚的第一位美国参议员(1850～1851)。1856年他被新的共和党提名为总统候选人,但败于J.布坎南。19世纪70年代从事铁路投资,财产尽失。1878～1883年任亚利桑那准州州长。

弗里施 Frisch, Max(Rudolf) (1911～1991) 瑞士剧作家和小说家。原先是记者,后担任建筑师。1955年放弃建筑而从事写作。以表现主义手法描写20世纪生活的道德困境而闻名于世。他的早期剧本《圣克鲁兹》(1947)确立了贯穿他以后作品的一个中心主题:现代社会中复杂和猜疑的个人困境。其他的剧作有《中国长城》(1947)、《纵火犯》(1958)和《安多拉》(1961)。他的小说有《斯蒂勒》(1954)、《认为技术决定一切的人》(1957)、《我就用甘滕拜因这个名字吧》(1964)和《霍洛森的人》(1979)。

弗里西亚群岛 Frisian Islands 北海岛群,距北欧大陆5～32千米。沿荷兰与德国海岸和丹麦的日德兰半岛南部海岸延伸。虽在地理上构成一个单元,但人们习惯分为东弗里西亚群岛(属德国)、西弗里西亚群岛(属荷兰)和北弗里西亚群岛(分属德国与丹麦)。群岛与大陆之间是浅水域或潮泥滩。荷兰和德国政府已投入大笔款项保护这些岛屿的海岸,并改造为农田。其沙滩和休养胜地吸引了许多游客。

弗里希 Frisch, Ragnar (Anton Kittil) (1895～1973) 挪威经济学家。获奥斯陆大学博士学位。1931～1965年任该校教授。弗里希是计量经济学先驱,是计量经济学学会的创始人,他因开发出与经济计划和国民收入会计有关的大型计量经济学模型而享有盛名。1969年与J.廷伯根共同获得诺贝尔经济学奖。

弗丽嘉 Frigg 又作Friia。古斯堪的纳维亚女神,弗丽嘉是奥丁的妻子、巴尔德尔的母亲。她是婚姻和生育的推动者。某些冰岛神话把她描述成慈母,另一些神话又强调她的放荡。弗丽嘉也为日耳曼民族所共知。她的名字残留在英语Friia's day一词中。

弗利克 Flick, Friedrich(1883～1972) 德国实业家。第二次世界大战前已建立起他的工业帝国,包括铁矿和煤矿、钢铁厂以及卡车、飞机和军火工厂,成为A.希特勒最大的工业供货商。因在矿区和工厂使用奴隶劳动而在纽伦堡受审。尽管战后企业被没收,但后来在经营煤矿与钢铁厂时再次聚集了大量财富,他死时可能是全德国最富有的人。

弗林 Flynn, Errol (Leslie Thomson) (1909～1959) 澳大利亚裔美国电影演员。1935年华纳兄弟影片公司把他带到好莱坞,因身材健美、相貌英俊而受欢迎,在《侠盗罗宾汉》(1938)、《海鹰》(1940)、《绅士吉姆》(1942)等影片中主演硬汉式英雄。因丑闻和演出失败而沉寂一段时间,以《妾似朝阳又照君》(1957)重新获得评论界及大众的称赞。

弗林德斯 Flinders, Matthew(1774～1814) 英国航海家和水文学家。测绘了澳大利亚大部分海岸。在两次探险航行(1795～1799、1801～1803)中,绕着澳大利亚和塔斯马尼亚岛航行,并测绘其沿岸及海域。《澳大利亚大陆旅行记》(1814)记录了他的探险经过。澳大利亚有几处地名是以他的名字命名的。F.皮特里是他的孙子。

弗林德斯河 Flinders River 澳大利亚昆士兰州最长河流。源出格雷戈里山脉西南坡。向西转北,分为两支注入卡奔塔利亚湾。全长837千米,仅下游约113千米为常年河。1864年河谷始有人定居,沿河部分地区饲养牛羊。

弗隆特纳克伯爵 Frontenac, Comte(Count) (de Palluau et) de (1622～1698) 原名Louis de Buade。法国侍臣和加拿大新法兰西总督(1672～1682, 1689～1698),尽管管理不善,但鼓励探险,使法兰西帝国在加拿大得以扩展。他建立毛皮贸易点导致与蒙特利尔毛皮贸易商发生冲突,随后开发西部贸易点。他又与新法兰西的官员和牧师发生争论。1675年以前,易洛魁联盟与法国保持友好关系,转而反对法国,而殖民地则处于毫无防御的地位。1682年被路易十四召回法国。1689年法英北美殖民地争夺战爆发后复职。他在魁北克击败英军,功勋卓著。

弗伦奇 French, Daniel Chester(1850～1931) 美国雕刻家。其第一件重要创作是为纪念马萨诸塞州康科德镇所做的著名《民兵》(1874)雕像。他是19世纪末20世纪初美国主要的雕刻家。在波士顿、康科德、华盛顿和纽约设有工作室。他最著名的作品林肯大理石巨型像于 1922 年完成，立于林肯纪念堂内。其他作品有费城的 U. S. 格兰特将军骑马雕像（1898）、巴黎的 G. 华盛顿骑马雕像（1900）和纽约市海关前的组雕“四大洲”（1907）。

弗罗比舍　Frobisher, Martin（1535?～1594）后称 Sir Martin。英国航海家和加拿大东北部海岸早期探险家。为寻找通往太平洋的西北航线，1576 年他越过大西洋，到达了拉布拉多和巴芬岛，并发现了弗罗比舍湾。他带着描述可能是找到了金矿的报告回到英格兰，因而获得皇家资助，于 1577 和 1578 年又进行两次探险。但由于没有带回任何有价值的信息，失去了资助。1585 年，他任 F. 德雷克的西印度群岛探险队副队长。1588 年他在抗击西班牙无敌舰队的战斗中起了显赫的作用。

弗罗茨瓦夫　Wroclaw　德语称 Breslau（布雷斯劳）。波兰西南部城市，临奥得河。城市建于 10 世纪，位于连接黑海通往西欧的贸易路线上。1138 年成为西里西亚首府，1241 年被鞑靼人摧毁。后重建，1335 年与西里西亚其他地区沦入波希米亚人手中，1526 年归于哈布斯堡王朝。1741 年成为普鲁士腓特烈二世的属地，最终成为德国的疆土。第二次世界大战期间，受到苏联军队围攻（1945），后在波茨坦会议（1945）时划归波兰。战争期间受到严重破坏，经过重建，现为重要的商业城市。人口约633 857（2000）。

弗罗斯特　Frost, Robert (Lee)（1874～1963）美国诗人。生于旧金山，不久举家迁往新英格兰。在达特茅斯学院和哈佛大学辍学，又度过经营农场和教学的困难时期之后，他带

R. 弗罗斯特，摄于 1954 年
Ruohomaa-Black Star

领全家迁居英国。在伦敦出版了他的第一本诗集《少年的意志》（1913）和《波士顿以北》（1914）。第一次世界大战开始后，弗罗斯特返回新英格兰经营农场，力求在阿默斯特和达特茅斯等学院的教学中有杰出表现。他对乡村生活的细节进行了敏锐的观察，并在他的诗作中赋予普遍的乃至哲学的意义，以通俗上口的语言、人们熟知的韵律、日常生活中常见的比喻和象征手法，描写新英格兰地区田园风光的理想及复杂的黑暗状况。他的其他作品有：诗集《山间》（1916）、《新罕布什尔》（1923，获普利策奖）、《西去的溪流》（1928）、《诗集》（1930，获普利策奖）、《又一片牧场》（1936，获普利策奖）、《为树木作证》（1942，获普利策奖）、《幼小的灌木》（1947）和《林间空地》（1962）。他是 20 世纪美国诗人中唯一同时广受大众和评论家们赞赏的诗人。

弗洛伊德　Freud, Anna（1895～1982）奥地利裔英国心理学家。儿童精神分析创始人。她是 S. 弗洛伊德之女，发展精神分析的理论和实践的先驱。1936年发表《自我与防

A. 弗洛伊德，约摄于 1970 年
Archiv fur Kunst und Geschichte, West Berlin

御机制》，指出人类的最重要的防御机制是压抑，大大促进了自我在心理学中的作用。1938 年与其晚年多病的父亲一同逃离纳粹统治下的奥地利，到伦敦定居。她与同事合著有 3 本关于战争对儿童影响的书。1968 年出版《儿童期的正常和异常精神表现》，全面总结了她的思想。

弗洛伊德　Freud, Sigmund（1856～1939）　奥地利神经心理学家，精神分析的创立者，也是 20 世纪重要的知识分子。弗洛伊德在维也纳受神经专科教育，1885 年前往巴黎随 J.-M. 夏尔科学习，后者在歇斯底里症方面的工作让弗洛伊德归结出：精神疾病的病因可能纯粹是心理因素，而非器官因素。回到维也纳后（1886），弗洛伊德与 J. 布罗伊尔（1842～1925）医师合作，进一步研究歇斯底里症，在一些关键性精神分析概念与技术方面有所发展，包括自由联想、无意识、抗拒（后来的防卫机制）、神经官能症等。1899 年他出版《梦的释义》，在书中分析梦的形成背后复杂的象征性过程，他提出，梦是无意识期望的伪装表现。在有争议的《性论三篇》（1905）中，他描述了精神性欲的复杂阶段（口腔期、肛门期、性器期），以及恋母情结的形成。第一次世界大战期间，他写报告来厘正他对心灵意识部分与无意识部分二者关系的理解，和本我、自我、超我的作用。弗洛伊德最后把精神分析的洞察力应用于玩笑、口误、种族资料、宗教与神话、现代文明等各种不同的现象。值得注意的作品有《图腾与禁忌》（1913）、《超越快乐原则》（1920）、《错觉的未来》（1927）、《文明及其不满》（1930）。1938 年当纳粹党吞并奥地利时，弗洛伊德逃到英国，不久在那里死去。尽管人们对他的理念不断（通常是）强加指责，弗洛伊德生时和身后都是当代思想中最有影响力的人物。

弗美尔　Vermeer, Johannes（1632～1675）又称 Jan Vermeer。荷兰画家。出生于代尔夫特一个小业主家庭。他一生都生活在那里，主要靠当画商，而不是靠出卖自己的画来维持全家生活。弗美尔的绘画题材主要是他周围的生活，内容大多是荷兰贵族和上层中产阶级社会人物。他的绘画差不多有一半是日常生活中单个的妇女形象。其内景结合对物品的细微观察和在形状与外观上阳光变化的细腻描绘。著名的作品有《代尔夫特风景》、《绘画的比喻》和《读信的少女》等，表现出是个独特的荷兰风俗画画家。他的作品在生前一直默默无闻，直到 1866 年才被视为历史上最伟大的画家之一。

弗瓦迪斯瓦夫二世　Wladyslaw II Jagiello（1351?～1434）　立陶宛大公（1377～1401）、波兰国王（1386～1434）、亚盖沃王朝的建立者。为了巩固在立陶宛的统治，他击败了对手，其中包括他的堂兄维陶塔斯。在同意立陶宛人信奉天主教和与波兰合并后，与波兰女王雅德维加结婚（1386）。1387 年从匈牙利人手中恢复了罗塞尼亚，且使摩尔多瓦的王公称臣纳贡。1401 年订立《维尔纽斯条约》，条件是波兰和立陶宛实行共同的外交政策。恢复与条顿骑士团对等的地位。

伏打　Volta, Alessandro (Giuseppe Antonio Anastasio)（1745～1827）　意大利科学家。1775 年发明用来产生静电的仪器起电盘。1779～1804 年任帕维亚大学物理学教授。1780 年 L. 伽伐尼发现两种不同的金属与蛙的肌肉接触就产生电流，1794 年他开始单用金属实验，发现产生电流并不需要动物组织。1800 年他展示第一个电池。1801 年他把电池表演给拿破仑看，拿破仑封他为伯爵和伦巴第王国参议员。1815 年任命他为帕多瓦大学哲学院院长。1881 年将电动势的单位命名伏特，以表示对他的纪念。

伏都教　vodun　又作 voodoo。海地的民间宗教。它糅合天主教仪式成分与非洲宗教的教义和巫术成分。伏都教徒自称信奉至尊上帝，但是更注重称作“洛阿”的很多神祇，其中有地方神灵、非洲神灵、神化祖先和天主教的圣人。洛阿要求人们礼拜他们，个人或家族可以通过礼拜某位洛阿而受到他的保佑、帮助和指导。在伏都教礼拜中，一群信徒聚会在圣殿，由祭司主持，内容有唱歌、击鼓、跳舞、祈祷、准备食品和宰牲献祭。伏都教徒相信洛阿护持人、保佑人、指引前程。洛阿在礼拜中向他人提出奥秘忠告，给人治病或表演特殊技艺。伏都教中一种最引人注意的特殊现象是还魂尸。参阅马库姆巴教和桑蒂利亚教。

伏尔甘　Vulcan　古罗马的火神，等同希腊的赫菲斯托斯。伏尔甘专门象征破坏性的火，如火山爆发或火灾。因此他的神庙通常位于城郊。他的主要节期是伏尔甘节，届时罗马家庭之长行祭礼，向火中投小鱼。人们常向伏尔甘祈求免除火灾。

伏尔加格勒 Volgograd 前称Tsaritsyn(察里津,至1925年)、Stalingrad(斯大林格勒,1925～1961)。俄罗斯西南部城市。位于伏尔加河畔。1589年建察里津要塞。1918～1920年国内战争中,J.斯大林曾在此指挥部队与白俄军队激战,后以其姓氏重新命名。在第二次世界大战的斯大林格勒战役中成为废墟。战后重建城市。主要工业产品有钢、铝、机械、木材、建材和食品。为主要铁路枢纽和河港,也是伏尔加-顿河运河的东部终点。人口约999 122(2006)。

伏尔加河 Volga River 俄罗斯西部河流。欧洲最长的河流和俄罗斯西部的主要水道。源自莫斯科西北面的瓦尔代丘陵,东南流,注入里海,全长3 530千米。伏尔加河主要用于发电、灌溉、防洪和运输。该河在俄罗斯人的生活中扮演着重要角色,在俄罗斯的民间传说中,特别称它为"母亲伏尔加河"。

伏尔塔瓦河 Vltava River 德语称Moldau(莫尔道河)。捷克共和国河流。源出波希米亚西南部,上游为波希米亚森林中的两支河流。先向东南而后向北穿越波希米亚,注入易北河。长435千米,为境内最长的河流。

伏尔泰 Voltaire(1694～1778) 原名François-Marie Arouet(弗朗索瓦-玛丽·阿鲁埃)。法国作家,18世纪欧洲最伟大的作家之一。伏尔泰攻读法律,但后来放弃此业而成为作家。他靠古典悲剧成名,一生不断为剧院写作。他因批评时政而两度被送进巴士底狱,1726年被流放至英格兰,在那里,他对哲学的兴趣更深。1728年或1729年回到法国。他的史诗《亨利亚德》(1728)大受欢迎,但他对摄政体制的奚落和他的自由宗教观点遭致攻击。他在《哲学书简》(1734)中对当时的宗教及政治体系出言不逊,引起众怒。他逃出巴黎,与夏特莱夫人(她成为伏尔泰的赞助者暨情妇)定居在香槟地区的锡雷,在那里转向科学研究和对宗教及文化的系统性探究。在她死后,伏尔泰曾在柏林和日内瓦生活过,1754年定居于瑞士。除了论述哲学及道德问题的许多著作以外,他也撰写故事,包括《查第格》(1747)、《米克罗梅加斯》(1752)和他最著名的作品《老实人》(1759),后者是对哲学乐观主义的讽刺作品。他与多人通信,对任何不公的事件都关心,特别是起于宗教偏见的事件。他以反暴政和反盲从的侠肝义胆而留名后世,也因其睿智、讽刺和批判能力而闻名。

伏特加 vodka 蒸馏酒。无色透明,没有独特的香气和风味。通常用谷糠(一般是黑麦或小麦)制成。伏特加酒源于14世纪的俄国。现在多由谷粒蒸馏。因为在加工时除去了香味成分,质地非常纯粹。经木炭过滤提纯后,加蒸馏水稀释装瓶,不经陈酿制成。伏特加含酒精40%～43%(酒精度80～86),伏特加不与其他酒混合,经冷藏后,用小杯饮用。美国和其他国家一般用作混合饮料。

伏伊伏丁那 Vojvodina 塞尔维亚共和国境内的一个省份。面积:21 536平方千米,主要城市是诺维萨特。公元6～7世纪,斯拉夫人定居该省,匈牙利游牧民族在9～10世纪抵达那里。奥斯曼土耳其人从16世纪到18世纪控制了这一地区,直到成为奥地利哈布斯堡帝国的一部分。这里也是塞尔维亚东正教中心。1849年部分巴奇卡和巴纳特历史地区联合成为克罗地亚-斯拉沃尼亚王国的伏伊伏丁那。1873年复归匈牙利。1918年成为塞尔维亚-克罗地亚-斯洛文尼亚王国(后来的南斯拉夫)的一部分。1945年成为塞尔维亚共和国的自治省。但在1989年被S.米洛舍维奇废止。1999年收留了来自科索沃的10万名塞尔维亚难民后,要求恢复自治。尽管未能获得完全自治,但2002年塞尔维亚议会还是授予该地区一些自治权。人口约2 022 257(2004)。

氟 fluorine 非金属化学元素,化学符号为F,原子序数9。浅黄绿色有毒气体,有刺鼻气味。除非浓度极低,否则吸入氟是危险的。氟是最轻的卤素,也是最活泼的元素,能与几乎所有其他元素(氦、氖和氩除外)化合。其在F_2和氟化物中的唯一化合价是1。氟在特殊的情况下可以电解方式取得。氟以化合物形式存在于分布广泛的萤石(氟化钙)中,在冰晶石、氟磷灰石、海水、骨骼与牙齿中,也存在少量氟。氟化氢是许多其他氟化物的主要原料。其水溶液叫作氢氟酸,大量的氢氟酸在工业上用于清洗金属以及蚀刻玻璃等。其他氟化物可用作催化剂和原材料。氟化钠用于治疗龋齿,并在缺氟饮水中加入少量氟化钠以防止儿童牙齿败坏。碳氟化合物是碳氢化合物中的一些氢元素被氟取代,如氟利昂和特氟龙。

氟利昂 Freon 含氯(碳氟化合物)和有时含氯(氯氟烃)的几种有机化合物的商品名。不可燃、无毒、无腐蚀以及低沸点的特性,使氟利昂被用作冷冻剂。20世纪70年代中期,氟利昂广泛用于冷冻和空气调节系统,作为起泡剂用于泡沫塑料,用作灭火剂以及气溶胶喷雾器。证据显示分解的氟利昂在平流层积累起来会破坏臭氧。因此用氟利昂的多数产品被禁用。许多工业国家签署国际协议,停止使用含氯氟烃。

祓 harai 日本神道教净身礼仪,净身后个人才能接近神祇或神力。盐、水或火是主要的净身物质,仪式等级从在寒冷的海中净身至进入神社前洗手。参与公开仪式的僧侣要经过更长的净身期,以调适身、心、境、灵。在日本,每年分别于6月30日和12月31日举行两次大祓。

浮雕 relief 又作rilievo。在雕塑中,图像从支撑背景(通常为平面)凸起的作品。浅(低)浮雕的图案只稍有凸起,常见于古代埃及、亚述以及中东其他地区的石壁上。高浮雕的图像至少凸起它们周线的一半以上,首先由古希腊人采用。意大利文艺复兴时期的雕塑家们结合高、低两种浮雕产生令人惊叹的幻觉效果,就像L.吉贝尔蒂在佛罗伦萨所

雅典娜哀悼,公元前5世纪雅典卫城的中浮雕;现藏雅典卫城博物馆
Alinari-Art Resource

做的青铜门就是实例。巴罗克时期的雕塑家们继续这些尝试,而常以更大的规模出现,例如A.阿尔加迪的《阿迪拉和教皇利奥相会》(1646～1653)。文艺复兴时期浮雕概念的非凡价值被后人应用的例子有F.吕德的《马赛曲》(1833～1836)和A.罗丹的《地狱之门》。

浮士德 Faust 传说中的一个德国巫师或星相家,他把自己的灵魂出卖给魔鬼以换取知识和权力。历史上有一个浮士德(实际上或许是两个,两个都死于1540年左右),他到

浮士德,选自C.马洛的《浮士德博士悲史》扉页,1616年版
By courtesy of the trustees of the British Library; photograph, R. B. Fleming

处旅行表演魔法,把恶魔称作密友,自己则是恶名昭彰。有一部据称是浮士德写的《浮士德书》(1587),这是一部故事集,叙述一些著名术士如墨林、A.马格努斯等的故事。整个欧洲很快竞相翻译《浮士德书》,C.马洛在英国散文译本的鼓舞下,写成《浮士德博士悲史》(1604),强调浮士德永远下地狱的命运。出版冠以浮士德名字的魔法手册成为一种赚钱的生意,《天然的和人工的魔法》是这类手册中的佼佼者,J.W.von歌德曾经过目。歌德和G.莱辛都认为浮士德对知识的追求是崇高的,于是在歌德的伟大著作《浮士德》中,这位主人公得到拯救。许多艺术家为歌德所感动,也拾起这个故事,其中包括H.柏辽兹(创作了合唱剧《浮士德的沉沦》)和C.古诺(他写了歌剧《浮士德》)。

浮世绘 ukiyo-e 日本江户时代最重要的

艺术流派。浮世绘屏风画是该派最早的作品,主要描绘江户(今东京)和其他城市娱乐区的生活。此种表现方式被木版画复制匠以及安藤广重、北斋和歌麿等著名画家充分利用。经常表现的主题多为名妓和普通娼妓、歌舞伎名角和色情艺术;制作时采用不鲜明和装饰性的色彩,以及富有表现力的形式。一种对都市生活的新兴趣使为普通百姓设计的浮世绘版画得到迅速发展。这种版画在19世纪的欧洲引起极大关注,并对法国前卫派艺术家产生极大影响。

浮游生物 plankton 淡水和海水中所有悬浮生活的生物统称,无活动能力,或因太小太弱而无力逆流活动。浮游生物是海水和淡水生态系统繁殖力的基础,为较大的动物提供食物,因为养鱼业依靠浮游生物,所以也间接地为人类提供食物来源。作为一种人类资源,对浮游生物的研究和利用才刚刚起步。形似植物的种类被称为浮游植物,而形似动物者则被称为浮游动物,但对许多浮游生物而言,更好的称呼则是原生生物。多数的浮游植物为浮游动物的食物来源,但有些浮游植物则处于有光层之下。浮游动物则为鱼类(包括鲱)或哺乳动物(包括鲸鱼)的直接食物来源,但食物链中的数个环节通常在浮游生物可供人类消费之前已经跳过。

符号 symbol 用于表示或象征人、物、集团、过程或概念的信息基元。符号可以是图形(例如基督教的十字架,或是黑白对分圆的阴阳);可以是描绘性的(例如山姆大叔代表美国,狮子代表英勇);符号也可以是字母(例如C代表化学元素碳);也可以是任意指定的(例如数学的无限符号或是货币符号)。符号本身不是一种语言,不如说是用来将过于复杂或激烈、无法用普通语言清楚表达的概念,在共同文化的人与人之间传递。每个社会都发展一套符号系统,反映特殊的文化逻辑,而且每个符号使用的功能在文化的成员之间传播信息,方式很像普通的语言,但是更为巧妙。虽然符号可能是结婚戒指或图腾柱的抽象形式,但它倾向于成群出现,并取决于彼此之间的含意与价值的累加。参阅符号学。

符号学 semiotics 又称semiology。研究符号及符号应用行为的学科,尤其是在语言学中。这门学科是于19世纪末20世纪初随着F. de 索绪尔及C. S. 皮尔斯的著作的出版而产生的,它当时是一种检查不同领域的现象的方法。现代符号学应用于美学、人类学、通信、心理学、语义学等领域。对于一些特殊符号之应用所依赖的那个结构产生的兴趣,使符号学和结构主义的方法结合在一起。索绪尔的学说对后结构主义也非常重要。

符拉迪沃斯托克 Vladivostok 又称海参崴。俄罗斯东南端位于亚洲的海港城市。1860年建成俄国的军事基地,1872年,成为俄国在太平洋上的主要海军基地。约1900年成为自由商业港口。1917年俄国革命爆发后,快速发展为军事基地。由于是苏联太平洋舰队基地,自20世纪50年代对外国商船不再开放。1991年苏联解体后,重新成为商业港口。主要工业有修船、渔业和肉类加工。作为文化中心,是西伯利亚大铁路的东部终点。人口约583 673(2006)。

符腾堡 Württemberg 古代德意志邦国,首府是斯图加特。最早的居民是凯尔特人,后来接连被斯维比人、罗马人、阿勒曼尼人和法兰克人统治。中世纪时符腾堡为士瓦本的一部分。1803年成为一选侯国,1806年成为王国。1819～1918年间实行君主立宪政体,后于1918年成为独立共和国,并于1919年与魏玛共和国合并。1934年纳入第三帝国管辖。第二次世界大战期间受到破坏(1945)。1952年成为巴登-符腾堡州的一部分。

辐射 radiation 指能量从一个来源发射出来,并通过周围的媒质传播的过程,或者指这个过程中所涉及的能量。辐射由原子、亚原子粒子流或者由波组成。熟悉的例子有光(电磁辐射的一种形式)和声(声辐射的形式)。电磁辐射和声辐射都可以用一定范围频率和强度的波来描述。电磁辐射也常被视为一些离散的能束,称作光子。所有物质都不断地受到来自宇宙或者地面源的辐射。放射性元素发射几种类型的辐射(参阅放射性)。参阅霍金辐射、红外辐射、同步加速器辐射和紫外辐射。

蜉蝣 mayfly 蜉蝣目昆虫的统称,栖于水溪和池塘中。约2 000种,最长4厘米,前翅膜质,三角形;后翅较小,圆形,有2或3条线状长尾。停歇时翅直立。幼虫水生,咀嚼口器在成体时退化。成虫在交配和繁殖后即死亡。雄虫成群飞舞以吸引雌虫。成虫的整个存活期通常只有几个小时(虽说至少有一种最长可活到两天),诗人们把蜉蝣喻为生命短暂的象征。

福 Fo, Dario(1926～　) 意大利剧作家。他和妻子F. 拉梅成立了一个剧团,发展出一种政治上左倾的戏剧,后由意大利共产党资助成立剧团。1970年又创立了一个巡回演出团到工厂和其他公共场所演出。他最受欢迎的独角戏《神秘的丑角》(1973)受到梵蒂冈的指责。他编了70多部戏剧,包括讽刺剧《一个无政府主义者的意外死亡》(1974)和《教皇与巫师》(1989)。1997年获诺贝尔文学奖。

福尔 Faure, (François-) Félix(1841～1899) 法兰西第三共和国第六任总统(1895～1899)。原是勒阿弗尔的成功实业家,1881年选入众议院。后来担任一些内阁职位,直至在意料之外当选法国总统,使左派人士大受挫折。福尔坚决反对重审A. 德雷福斯这个被诬控的陆军上尉的冤案,成为其任期内的主要争议,他的立场受到左右两派的夹击。他猝然逝世,他的葬礼成为支持和反对德雷福斯的两派冲突的场合。

福尔斯 Fowles, John (Robert)(1926～2005) 英国小说家,其隐喻暗示描写细腻的作品把心理探索(主要是有关性和爱情的探索)和对人类行为在社会及哲学问题来龙去脉的关注巧妙地结合起来。第一部长篇小说《收藏家》(1963;1965年拍成电影)描述一个羞怯的男人诱拐了一位姑娘,徒劳无益地企图获得她的爱情。其后又写了《占星家》(1965;1968年拍成电影)、《法国中尉的女人》(1969;1981年拍成电影)。他的这些著名作品都是以维多利亚时代的英国为背景。后来的作品有中篇小说集《乌木塔》(1974;1984年拍成电视剧)、《丹尼尔·马丁》(1977)和《一个怪念头》(1985)。

福冈 Fukuoka 日本九州西北部城市和港口。它合并了前博多市,位于博多湾南海岸。福冈自古以来为海港,是13世纪忽必烈企图入侵的地方。现为地区的工商、行政和文化中心。该市有一繁昌的渔港,还有九州岛大学(1911)。这里制作博多"人形"(偶人),即在大多数日本家庭中均可见到的施以精美色彩的黏土小人像。人口约1 463 743(2010)。

福基思 Phocis 希腊中部的古地区。由科林斯湾向北延伸,越过帕尔纳索斯山到洛克里安山脉,形成北部边界。其主要城镇是伊拉提亚、德尔斐和多利斯。主要是放牧地区,早期历史不详。传说福基思人曾控制德尔斐的神殿和神示所,但在约公元前590年的一场和临近希腊城邦的战争中丧失控制权。在伯罗奔尼撒战争中和斯巴达联盟,公元前346年被马其顿国王腓力二世征服。

福金 Fokine, Michel(1880～1942) 原名Mikhail Mikhaylovich。俄裔美国芭蕾舞蹈家和编导。就学于圣彼得堡皇家芭蕾舞学校,18岁时在马林斯基剧院首次演出。1905年为A. 巴甫洛娃创作《天鹅之死》,随即被任为编导。他根据《达佛尼斯与克洛厄》的故事雄心勃勃地编写了一部芭蕾舞剧脚本,但未被采用。1909年S. 佳吉列夫聘请他到俄罗斯芭蕾舞团,他创作了风格一致的《火鸟》(1910)、《彼得鲁什卡》(1911)、《玫瑰仙子》(1911)、《达佛尼斯与克洛厄》(1912)等名

福金在《墨杜萨》中饰珀尔修斯

By courtesy of the Dance Collection, the New York Public Library at Lincoln Center, Astor, Lenox and Tilden Foundations

作。1914 年返回俄国,1918 年又开始巡回演出,1923 年到纽约,先后为美国和欧洲一些芭蕾舞团编导了 60 多部新剧。

福克尔　Fokker, Anthony(1890 ～ 1939)　原名 Anton Herman Gerard。荷兰裔美国飞机设计师和制造商。他在 1910 年制造第一架飞机,并自学飞行。1912年在柏林附近创办

A. 福克尔
Ullstein Bilderdienst

小型飞机制造厂,第一次世界大战期间为德国生产了 40 多种型号的飞机,起初他是把设计提供给双方的。他研制了一种齿轮系统,可使机枪子弹穿过旋转着的螺旋桨桨叶之间的空隙发射出去。1922 年移居美国经营飞机制造厂,生产了许多商业飞机,用于正在发展的新兴民航业务。

福克兰群岛　Falkland Islands　西班牙语作 Islas Malvinas(马尔维纳斯群岛)。位于南大西洋西南的英国海外领地。在南美洲南端的东北方约 480 千米。由两个主要岛屿东福克兰和西福克兰以及约 200 个小岛组成,群岛面积约12 200平方千米。首府为斯坦利,位于东福克兰岛上。居民多为英国人的后裔,操英语。经济以牧羊为主。1764 年法国人首先在东福克兰岛建立居民点。1765 年英国人在西福克兰岛上定居。1770 年西班牙人买下法国居民点并逐出英国人,但后者的居民点于 1771 年被保留下来。1820 年阿根廷宣称对福克兰群岛拥有主权,但英国在 1833 年把阿根廷人逐出。1982 年阿根廷入侵福克兰群岛,经过一场短暂的冲突后,英国重新获得该群岛(参阅福克兰群岛战争)。人口约2 491(2001)。

福克兰群岛战争　Falkland Islands War(1982)　又称 Malvinas War(马尔维纳斯战争)。1982 年阿根廷与英国为管辖福克兰群岛及相关属岛而发生的一场短暂的未经宣战的战争。两国长久以来对福克兰群岛的主权问题相争不下。1982 年阿根廷放弃与英国就此事旷日持久的谈判,派遣 1 万名军人入侵福克兰群岛。撒切尔夫人派遣一支海军特遣舰队作为回应,在 3 个月内英国人重新占领了该群岛。英国损伤 250 人左右,阿根廷则伤亡 700 人。阿根廷的失败使军政府的威信扫地,导致该国在 1983 年恢复文人统治。

福克纳　Faulkner, William (Cuthbert)(1897 ～ 1962)　原名 William Cuthbert Falkner。美国作家。出生于密西西比州新奥尔巴尼。只上过两年高中和一年大学。但他博览群书,一生大部分在密西西比州的牛津度过。最有名的是以虚构的约克纳帕塔法县为背景的一系列小说,成为美国南方及其悲剧性历史的象征。他的第一部主要小说是《声音与疯狂》(1929),以最初的试验性创作技巧,包括意识流手法,受人瞩目。他原本在欧洲的知名度比美国还高,直到出版了《在我弥留之际》(1930)、《八月之光》(1932)、《押沙龙,押沙龙!》(1936)和《去吧! 摩西》(1942)(包括"熊"的故事)之后,在国内的名声才开始提高。1946 年出版《袖珍本福克纳选集》,终于打开他的作品销路,并在 1949 年获得诺贝尔文学奖。1950 年的《小说集》获国家图书奖。他还写有电影剧本、一部戏剧和两卷诗集。无论在美国或外国(尤其是拉丁美洲),他都是 20 世纪影响力最大的作家之一。

福克斯　Fawkes, Guy(1570 ～ 1606)　英国阴谋者。出身显要,后来改宗天主教,是个宗教狂。1593 年参加西班牙驻尼德兰的军队,以军事才干著称。1604 年参加了一桩天主教领袖策划的炸毁国会大厦阴谋,即火药阴谋案,后来风声泄露,福克斯被捕,受刑后供出同谋,1606 年 11 月 5 日在国会大厦对面被处决。英格兰人后来有燃放烟火纪念"盖伊·福克斯日"(11 月 5 日)的习俗,届时头戴面具的儿童"为盖伊讨一便士",并焚烧福克斯的模拟像。

福克斯　Fox, Charles James(1749 ～ 1806)　英国政治家。1768 年当选为国会议员,成为辉格党下院领袖,以杰出的口才强烈反对英国的美洲殖民地政策。福克斯似乎总是处于反对派的地位,长期反对乔治三世,后来成为 W. 皮特的政敌。福克斯是英国历史上第一个外交大臣(1782、1783、1806)。他实现了两项重要改革:一是废除奴隶贸易;二是 1792 年促使国会通过《诽谤法》,规定陪审团有权确定构成诽谤罪的范围和确定被告是否犯有诽谤罪。他作为自由的捍卫者而名留青史。

福克斯　Fox, George(1624 ～ 1691)　英格兰传教士,基督教公谊会(或称贵格会)创始人。出身于织工家庭,18 岁时为探索个人宗教生活中所面临的问题而离开家乡。起初可能是清教徒,但他比当时清教徒都更加激烈反对英国圣公会的传统,认为人的宗教经验是威信的真正来源。他把得自上帝的"内心之光"(灵感)置于教条和经文之上。他徒步行于乡间向小的团体传教,和其他男女传教士组织信徒团体。到 17 世纪 50 年代,公谊会兴起,当时通称贵格会。他们反对各教会的牧师,不尊重官员,不起誓,不纳什一税,因此遭到迫害,福克斯在 1649 ～ 1673 年 8 次入狱。他巡回到爱尔兰、加勒比海各岛、北美洲和北欧讲道。他的《忆记》对他的生平和贵格会兴起作了叙述。

福克斯　Fox, Vicente (Quesada)(1942 ～)　墨西哥总统(2000 ～ 2006)。他的当选结束了革命制度党(PRI)连续 71 年的统治。福克斯在墨西哥城伊比利亚-美洲大学获企业管理学位。1975 ～ 1979 年任可口可乐公司墨西哥地区总裁。1987 年参加国家行动党(PAN),翌年当选联邦议会议员。1995 年当选瓜纳华托州州长,1998 年辞职专注于总统选举。任总统后,他致力于改善与美国的关系和平抚恰帕斯等地的动乱。

福莱　Fauré, Gabriel (Urbain)(1845～1924)　法国作曲家。出生于一个小贵族家庭,9 岁入巴黎音乐学校,随 C. 圣-桑学习,前后达 11年。曾在圣苏尔皮西教堂(1871～1874)和

G. 福莱,肖像画;J. S. 萨尔金特绘
Giraudon-Art Resource/EB Inc.

马德莱娜教堂(1896 ～ 1905)担任管风琴师,极具声望。1896 年任巴黎音乐学院作曲教授。他的学生中有 M. 拉威尔和 N. 布朗热等。1905 ～ 1920 年任该院院长。他不仅擅长歌曲,还创作各种形式的室内乐。他曾为几出戏剧配过音乐,其中包括《普罗米修斯》(1900)、《珀涅罗珀》(1913)以及《假面剧》(1919)。管弦乐组曲《普莱雅斯和梅丽桑德》(1898)、两首钢琴四重奏(1879,1886)、多首钢琴曲《夜曲和船歌》、一首著名的《安魂曲》(1900)和许多美妙的歌曲。

福雷斯特　Forester, C(ecil) S(cott)(1899 ～1966)　英国小说家和新闻工作者。原本习医,后弃医从文。1926 年发表第一部小说《延期付款》,一举成名。1937 ～ 1967 年出版了 12 部小说,塑造了一位在与拿破仑交战的历次战争中由海军候补少尉擢升至海军上将并封为贵族的军官 H. 霍恩布洛尔,因而闻名。他的许多小说经改编搬上银幕,著名的有《非洲皇后》(1935;1951 年拍成电影)。

福利　welfare　又作 social welfare(社会福利)。政府提供的各种协助需要帮助者的方案。包括退休金、伤残及失业保险、家庭补助、遗属津贴,以及国民健康保险。现代最早的社会福利法颁行于 19 世纪 80 年代的德国(参阅社会保险),到 20 世纪二三十年代时,大部分的西方国家都已实行相似的方案。大部分的工业化国家都要求公司为员工保伤残险,以确保不论是暂时的或永久的伤害发生时员工仍有收入。对那些由疾病引起而非工作导致的残废,大部分的国家会给予短期补贴以及长期的养老津贴。许多国家都提供家庭补助,以避免大家庭所导致的贫穷,或是用

以提高出生率。遗属津贴提供给未达老人津贴补助年龄且有未成年子女的遗孀。各国规定有所不同，但一般于该妇女再婚后即停止补贴。在比较富裕的国家中，只有美国未能施行全面性的国民健康保险，目前保险对象仅限于老人与贫穷者。

福利国家　welfare state　国家在保护和提高其公民的经济福利和社会福利方面发挥主要作用的一种政治体制概念。福利国家的概念基于下述各原则：机会均等，财富公平分配以及对于收入过低、生活困难的公共责任。这个名词包含多种经济的和社会的组织。福利国家的一个基本特点是推行社会保险，以提供某个时期最大的需要（如老年、疾病、失业）。它通常还提供包括基础教育、保健服务以及住房等方面的公益救助措施。在这方面，西欧各国实施的福利国家计划的规模要比美国为大。此种情况可见于多种范畴，包括广泛的健康保险项目和政府补助的高等教育助学金。社会主义各国的福利国家计划包括就业和对消费品价格的管理。20世纪时自由放任主义的概念逐渐废弃，几乎所有国家都设法制定与福利国家有关的某些保险措施。1948年英国所采取的范围广泛的社会保险措施、美国的新政和公平施政的社会政策，都是以福利国家的原则为基础的。在斯堪的纳维亚各国，由国家为个人提供的资助几乎贯穿其生活的各个时期。

福楼拜　Flaubert, Gustave（1821～1880）　法国小说家。出生于鲁昂。曾学习法律，22岁开始写作事业。他的杰出作品《包法利夫人》（1857），把一个普普通通的桃色事件写成

福楼拜，画像细部，E. F. von 利法特绘于1880年；现藏法国鲁昂市立图书馆

By courtesy of the Bibliotheque Municipale, Rouen; photograph, Ellebe

了一部充满人情味的作品，极其客观地刻画了人物的心理状态和他们扮演的角色，从而开创了文学史上一个新纪元，但却因此被指控为伤风败俗，险被问罪。其他作品有《萨朗宝》（1862），描述迦太基雇佣兵的故事；《情感教育》（1869），一部优秀的描写在社会和政治变动时代觉醒的早期成长教育小说；《圣安东的诱惑》（1874），叙述圣安东克服魔鬼种种诱惑的传奇故事；《三故事》（1877），题材各异，包含了古代、中世纪和现代3个时期。他的书信集可能是这类作品中最杰出的。他以简洁优雅的风格而出名，被认为是法国写实主义文学大师。

福禄培尔　Froebel, Friedrich (Wilhelm August)（1782～1852）　德国教育家，幼儿园的创始人。受理论家J. H. 裴斯泰洛齐的影响。1837年开设了一所后来称作幼儿园的幼儿学校。他认为"自我活动"和游戏是儿童教育的基本因素。教师的作用不是训练或教训儿童，而是通过游戏鼓励他们自我表现。现代幼儿园和学前教育的方法和J. 杜威的观念都深受他的影响。

福罗拉　Flora　古罗马宗教所信奉的司花女神。最早由萨宾人的国王提图斯·塔提奥斯把对此女神的崇拜引进罗马。女神庙在罗马的大竞技场附近。其节日花神节于公元前238年设立。

福曼　Forman, Milos（1932～　　）　捷克裔美国电影导演。起先担任编剧，1964年执导第一部故事片。后以拍摄讽刺喜剧《金发女郎之恋》（1965）和《消防队员的舞会》（1967）获得成功。1969年移居美国。并在《起飞》（1971）中以轻快的手法表现代沟问题。后又以《飞越疯人院》（1975，获奥斯卡奖）赢得赞誉。他导演了由音乐剧改编的影片《毛发》（1979）和《爵士年代》（1981），获得极大推崇。晚期的作品有《阿玛迪斯》（1984，获奥斯卡奖）、《维尔蒙情史》（1989）、《情色风暴》（1996）等。

福赛　Fossey, Dian（1932～1985）　美国动物学家。起先为职业治疗师，1963年到东非旅行，遇到利基一家人，利基说服她转而研究在自然生态环境中的大猩猩。为了使卢旺达维龙加山中的大猩猩习惯于她的存在，她收集关于大猩猩生活习性、交往和社会结构的详细知识。1974年获得剑桥大学动物学博士学位，同年到纽约州康奈尔大学授课，但仍过问在非洲的卡里索凯研究中心的工作，那是她1967年创办的。根据观察，她写出《迷雾中的大猩猩》（1983；1988年拍成电影）一书。为防止维龙加大猩猩受到偷猎者或周围的非洲农民的侵害，福赛采取了严厉的措施，她后来在营地被人谋杀显然与这有关。

福斯科洛　Foscolo, Ugo（1778～1827）　原名Niccolò Foscolo。意大利诗人、小说家，其作品清楚地表达了许多意大利人在法国大革命、拿破仑战争及奥地利重新统治等动乱时期的心情。1814年奥地利重新占领意大利之后，他逃往瑞士，后又往英国。他脍炙人口的小说《雅科波·奥尔蒂斯的最后书简》（1802），尖锐抨击拿破仑将威尼斯割让给奥地利。他的诗作有爱国主义诗歌《冢》（1807）和深获赞誉但没有全部完成的《感谢》（1803，1818，1822）。

福斯特　Forster, E(dward) M(organ)（1879～1970）　英国作家。出身于中上阶层家庭，曾在剑桥大学就读，约1907年成为非正式的布卢姆斯伯里团体的一员。他的早期作品，包括《天使不敢涉足的地方》（1905）、《最长的旅行》（1907）、《一间可以看到风景的房间》（1908）等，以及成名作《霍华兹恩

E. M. 福斯特

BBC Hulton Picture Library

德》（1910），都展现出他对中产阶级生活及其价值观的敏锐观察。结束印度和亚历山大的访问后，写出了他最好的小说《印度之旅》（1924），探讨在英国统治下种族及社会集团之间何以不能相互理解。《莫里斯》是以同性恋为主题的小说，写于1913年，直到他去世后才出版。《小说面面观》（1927）则是一部讨论美学和创作过程的杰出之作。1946年被剑桥大学聘为荣誉研究员，他在剑桥定居，直到去世。

福斯特　Foster, Stephen (Collins)（1826～1864）　美国作曲家。虽从未受过正规音乐训练，但童年即开始创作歌曲。他的音乐灵感部分来自他随家里的佣人去参加的黑人教堂集会，部分来自黑人工人所唱的歌曲。1842年发表歌曲《打开你的窗户，亲爱的！》；1848年以100美元售出了他的歌曲《哦！苏珊娜》，在国际上取得成功。后来与纽约弗思·庞德公司签订合同，还受托为E. P. 克里斯蒂的滑稽说唱团谱写歌曲，其中《家园亲人》为19世纪最受欢迎的歌曲之一。1857年由于酗酒及经济拮据，他以约1 900美元将未来所有歌曲的版权卖给了出版商。1860年移居纽约，在穷困潦倒中在鲍厄里饭店跌倒而去世，享年仅37岁。他留下了约200首歌曲，有《坎普顿赛马》、《我的肯塔基老家》、《金发的珍妮》和《美丽的梦中人》等。普遍认为他是19世纪美国最伟大的歌曲作家。

福塔莱萨　Fortaleza　巴西东北部港口城市。位于帕热乌河河口，原为一小村庄，靠近葡萄牙要塞，其名称于1654年即取自阿松桑的要塞村（Villa do Forte da Assumpção）。1810年成为塞阿拉州首府，1823年建市，以布拉干萨新福塔莱萨之名成为省会。现为纺织机械制造中心，港口出口多种货物。人口约2 452 185（2010）。

福特　Ford, Ford Madox（1873～1939）　又称Ford Madox Hueffer（福特·马多克斯·许弗），原名Ford Hermann Hueffer（福特·赫尔曼·许弗）。英国小说家、编辑和文学评论家。与J. 康拉德合写《继承者》（1901）和《罗曼斯》（1903）。1908年创办《英语评论》，经常慷慨资助年轻作家。曾参加第一次世界大战，中过毒气，并被炮弹震伤，战后把姓氏改为福特。在他发表的70多部作品

中,最著名的是《好兵》(1915),描写英国上流阶层的崩溃;以及四部曲《行进的目的》,包括《持异见者》(1924)、《停止行进》(1925)、《鼓起余勇》(1926)和《最后的岗位》(1928),探究爱德华时期文化的衰退与新价值观的出现。

福特 Ford, Gerald R. (1913 ~ 2006) 全名 Gerald Rudolph Ford, Jr.,原名 Leslie Lynch King, Jr.。美国第38任总统(1974 ~ 1977)。幼年时父母离婚,母亲改嫁 G. R. 福特。曾在密歇根大学(1935)和耶鲁大学(1941)学习并获得学位。第二次世界大战中参加海军,在南太平洋上服役,获海军少校军衔。1948 年选入美国众议院,当议员 25 年(1948 ~ 1973)。1965 年成为少数派的共和党领袖。1973 年 S. T. 阿格纽辞职后,R. 尼克松提名他为副总统;1974 年尼克松因水门丑闻被迫辞职,由他继任总统,成为美国历史上第一位未经选举而担任副总统、总统的人。一个月后他赦免尼克松;为了安抚越来越扩大的愤怒情绪,他主动向国会小组委员会说明理由。他的政府通过减缓经济增长速度逐步降低了尼克松政府留下来的高通货膨胀,但导致了一次严重的萧条(1974 ~ 1975)和高失业率。福特在任内共行使了 50 多次否决权,其中有 40 多次成立,由此可以看出他与民主党主控的国会之间的紧张关系。1975 年 9 月他两次成为暗杀目标。在越战最后几天,他下令空运反共的越南难民,总数达237 000人,大部分运至美国。由于对水门丑闻的处理引起公众反感,他在 1976 年竞选连任时败给了 J. 卡特。

福特 Ford, Henry(1863 ~ 1947) 美国实业家和汽车制造业的先驱。他努力工作,从机工学徒(15 岁)升至底特律爱迪生公司的总工程师。1896 年他制造出第一部实验汽车。1903 年与几名伙伴共组福特汽车公司。1908 年设计了 T 型汽车,由于需求量很大,福特发展出新的大量生产方法,包括 1913 年第一条流动装配线。1928 年开发出 A 型汽车以取代 T 型汽车,1932 年采用 V-8 引擎。他遵守每个工作日工作 8 小时,付给员工远高于平均水平的工资,坚持认为得到优厚报酬的劳工,会成为实业家所需的消费者,但强烈反对工会。身为第一位使大多数美国人皆能拥有汽车的人,他对美国生活有着巨大而永久的影响。

福特 Ford, John(1586 ~ 1639?) 英国剧作家。早年学法律,还与其他一些剧作家合写剧本。关于他的生平所知有限,他的许多作品的创作时间也无法确定。他的复仇悲剧洞悉人间激情,用词诗意高雅,有严峻之美。福特的声誉主要建立在他独自创作的前四部作品:《破碎的心》、《情人的忧郁》(1628)、《可惜她是妓女》、《珀金·沃贝克》上。其中《可惜她是妓女》是叙述一对兄妹的乱伦爱情,是他最知名的作品。

福特 Ford, John(1895 ~ 1973) 原名 Sean Aloysius O'Feeney(肖恩·阿洛伊修斯·奥菲尼)或 Sean Aloysius O'Fearna(肖恩·阿洛伊修斯·奥费尔纳)。美国电影导演。1914 年和他的兄弟一起在好莱坞从影,后导演西部影片,以《铁骑》(1924)一片而大获成功。他与众不同的风格是动作与各具特色的性格协调一致,并且表现出他的历史意识和创造气氛的技巧。他最为人熟知的西部片作品有:《驿车》(1939)、《我亲爱的克莱门丁》(1946)、《她系着一条黄丝带》(1949)、《射杀利伯蒂·瓦兰斯的人》(1962)。他也导演一些历史剧,如《玛丽女王》(1936)、《少年林肯》(1939)。他因执导《告密者》(1935)、《怒火之花》(1940)、《青山翠谷》(1941)、《沉默的人》(1952)而获得奥斯卡最佳导演奖,他的战争纪录片《中途岛之役》(1942)、《12 月 7 日》(1943)也同样获奖。

福特汽车公司 Ford Motor Co. 美国汽车制造公司。1903 年由 H. 福特一批投资人在密歇根州底特律建立,1908 年开始生产 T 型汽车获得巨大成功,创设了全世界第一条汽车流水装配线。到 1923 年,该公司生产的汽车超过全美国汽车产量的一半。1922 年购入林肯汽车公司,生产林肯牌和大陆牌的豪华汽车。由于销售量逐年减少,1927 年停止生产 T 型汽车,改为制造 A 型汽车;其他汽车制造公司(如通用汽车公司)开始趁机侵袭福特的优势。1919 年公司改组,福特和他的家人获得公司的全部股权,由他的儿子埃德塞尔·福特担任总经理,直到 1943 年去世;1945 年公司大权移交给其孙亨利·福特第二,直到 1979 年,使公司得到较大复兴。1956 年公司股票首次公开上市。1989 ~ 1990 年购入英国的捷豹汽车公司。1994 年买下汽车租赁公司赫兹公司。1999 年购入沃尔沃公司的汽车分厂。以后的公司兼并还包括阿斯顿·马丁轿车和 SUV 品牌陆虎。福特汽车公司还拥有马自达汽车公司的很大一部分股份。由于在 21 世纪初公司遇到财政危机,2007 年卖掉了阿斯顿·马丁轿车品牌,2008 年又卖掉了捷豹和陆虎。公司还生产小客车、卡车、拖拉机及零附件。

福特文格勒 Furtwängler, (Gustav Heinrich Ernst Martin) Wilhelm(1886~1954) 德国指挥家和作曲家。曾从 J. 赖因伯格(1839 ~ 1901)学习作曲。1906 年首次登台指挥。他修改了《赞美颂》(1910),从而确立了作曲家的地位。1917 年在柏林担任客座指挥期间,他赢得了"福特文格勒奇迹"之说。继 R. 施特劳斯任柏林歌剧院管弦乐团指挥。1922 年接替 A. 尼基施(1855 ~ 1922)担任莱比锡音乐厅和柏林爱乐管弦乐团指挥,并且特别演奏 L. von 贝多芬和 R. 瓦格纳的音乐。虽因纳粹执政时期留在德国受到批评,但他并不支持纳粹政权,继续演奏现代乐曲,并帮助犹太音乐家逃走。福特文格勒几乎卷入 1944 年暗杀 A. 希特勒的密谋。

福煦 Foch, Ferdinand(1851 ~ 1929) 法国元帅,第一次世界大战协约国军总司令。1873 年入炮兵部队。1885 年定期在军事学院讲授军事战略。1908 年晋升准将。第一次世界大战爆发后,他指挥一支陆军特遣部队并制订作战计划使 J. J. C. 霞飞赢得第一次马恩河会战的胜利。在指挥了伊普尔战役和索姆河战役后,被任命为法国陆军总参谋长(1917),并兼任协约国军顾问;随即于 1918 年 5 月被任命为协约国军总司令,在意志的较量上他战胜了 E. 鲁登道夫。德国被迫请求停战,由升任元帅的福煦制定强制性条款。由于为协约国的胜利立下卓著功勋,战后他享有多项极高荣誉。死后葬在荣军院拿破仑墓旁。

福音书 Gospel 《新约》中的 4 卷,记叙耶稣基督的生平和受难。即《马太福音》、《马可福音》、《路加福音》和《约翰福音》4 卷,排在《新约》之首,约占全书一半篇幅。前 3 卷常又称为同观福音,因为叙述耶稣一生的业绩大同小异,语言也常一致。

福音音乐 gospel music 源于 19 世纪五旬节派教会的礼拜仪式、灵歌和布鲁斯的美国黑人音乐形式。五旬节派教会牧师讲道的唱片在 20 世纪 20 年代的美国黑人中流传极广。五旬节派教会以《圣经》的教义"凡有气息的,都要赞美耶和华"(《旧约:诗篇》第 150 篇)为指导,欢迎人们把铃鼓、钢琴、班卓琴、吉他和其他弦乐器,甚至铜管乐器用于礼拜仪式之中,其合唱常以女声音域两端的声音为特征,与传教者的讲道作应答式的应对。福音音乐以即兴的朗诵式乐段、一字多音的唱法和过分的表现为特色,其他形式有:街道巡回传教士的歌唱与不用电扩音的吉他演奏、声音和谐的男声四重唱(演出时伴有舞蹈动作,身穿符合当时风尚的服装)等。主要的作曲家和演奏家有:T. 多尔西,他最早使用这个名称;C. A. 廷德利(1851 ~ 1933)牧师;失明的 G. 戴维斯(1896 ~ 1972)牧师;撒普修女,用她的演出在 20 世纪 30 年代把福音引进了夜总会和剧场;以及 M. 杰克逊。福音音乐对节奏与布鲁斯和灵乐有重要影响,这两种音乐又转而强烈地影响着当代的福音音乐。

福音主义 evangelicalism 新教运动,强调改信基督教的经验,以《圣经》为唯一信仰基础,并积极从事国内外传教事业。18 世纪发生于欧洲和美洲的宗教复兴运动一般称为福音派的复兴。其中包括欧洲的虔敬派、英格兰的循道宗以及美国的大觉醒运动。1846 年,分属福音派基督教不同派别的教会和国家,在伦敦成立福音联盟。在美国 1942 年成立全国福音派联合会。福音派不重视基要主义,而期望于普世。参阅五旬节派。

釜山 Pusan 又拼 Busan。韩国港口和城市,位于朝鲜半岛东南端。该市 1876 年被迫与日本通商,1883 年被迫向世界开放口岸。在日本统治时期(1910 ~ 1945)发展成一个主要的港口城市。朝鲜战争期间该市成为临时首都。现在是韩国最大的港口及第二大城市。釜山为直辖市,行政地位与道相等。主要工业包括造船业和制造业。在该市东北郊有许多温泉。人口约3 414 950(2010)。

辅音 consonant 发音时声道部分或全部

阻塞，使气流完全或部分受阻而发出的任何语音，也指代表这样一个音的字母或符号。辅音通常按声道受阻部位（如颚、齿、唇）；声道受阻的方式，如爆破音（口腔通道完全阻塞，气流突然释放）、摩擦音（迫使气流通过收紧的通道）和颤音（舌尖或小舌震动）；以及是否发成浊音、鼻音、送气音和其他音来分类。

腐蚀 corrosion 因化学反应而耗损，以氧化作用为主（参阅氧化-还原反应）。腐蚀无时无刻不在发生，只要表面（通常是金属）暴露就会受到气体或液体以化学作用侵袭，高温、酸、盐分都会加速腐蚀。一般腐蚀产物（例如锈、铜绿）会停留在金属表面，具保护作用。除去这些锈蚀物让表面重新暴露，腐蚀会继续进行。有些材料天生抗腐蚀，其他的可以加工处理加以保护（例如披覆、油漆、镀锌或阳极氧化）。

腐殖质 humus 土壤中无生命的、细小的有机物。由动植物遗体经微生物分解而成，颜色从褐色到黑色。主要成分是碳，也有氮和少量的磷和硫。分解时，各种成分转化成植物可以利用的形式。根据腐殖质与矿物质土壤的结合程度、分解作用中所含的有机物类型以及原有的植被，腐殖质可区分为几个类型。它对农民和园丁很有价值，因为它为植物的生长提供了必不可少的养料，提高土壤的吸水能力，并改善土壤的可使用性。

负鼠 opossum 有袋总目负鼠科约 66 种美洲哺乳动物的统称。大多树栖，夜间活动，有袋。适应性极强，且繁殖很快，几百万年来变化很小。北美洲的一种为普通负鼠，即弗

普通负鼠（*Didelphis marsupialis*）
Robert J. Ellison-The National Audubon Society Collection/Photo Researchers

吉尼亚负鼠（*Didelphis marsupialis*，有袋负鼠），体肥壮，长可达 100 厘米，大多为白色。尾无毛，能缠卷。后足最内侧的趾无爪，可与其他趾相对。其食物包括昆虫、小型哺乳动物及各种果实，有时还食家禽、庄稼。受惊时会装死。每窝产崽 25 只，初生幼崽重仅 2 克。幼崽本能地爬进育儿袋寻找乳头（常有 13 只乳头），存活下来的幼崽在袋里生活 4～5个星期，再骑乘在母背上随母体行动 8～9 个星期。

妇产科学 obstetrics and gynecology 有关妊娠、分娩和女性生殖系统健康的内、外科专业。产科起初是接生婆的工作，在 17～19 世纪发展成为医学的一个专科，使用产钳、麻醉和消毒等手段。后两种方法使剖腹产成为可能。产科医生负责证实怀孕、诊断异位妊娠、孕期护理、婴儿娩出、施行流产。20 世纪后期强烈反对以过度医学方法处理分娩，再度流行助产，鼓励自然分娩。妇科医生负责例行骨盆检查、为巴氏染色取样、指导避孕，并治疗生殖系统疾病（如子宫内膜异位、内分泌失调、月经与更年期问题）。他们施行外科手术以防止怀孕（输卵管结扎），治疗骨盆损伤，切除子宫、宫颈和卵巢的囊肿与肿瘤。妇科和产科都包括诊断及治疗不育。参阅子宫切除术。

妇女运动 women's movement 又称 feminist movement（女权运动）。分头并进的社会运动，大致以美国为基地，寻求经济活动、个人生活、政治中妇女的权利及机会平等。它被视为较大型女性主义运动的第二波。19 世纪和 20 世纪早期第一波女性主义侧重投票权等妇女的合法权利，而妇女运动的第二波女性主义在 20 世纪 60 和 70 年代达到高潮，也触及女性经验的每个范畴，包括家庭、性别、工作。包括国家妇女组织在内的各式各样的美国妇女团体致力于推翻那些在契约权、财产权、雇用和报酬等方面施加差别待遇的法律。该运动也致力于扩展女性的自觉，并挑战传统中妇女被动、依赖、不理性的刻板印象。20 世纪 70 年代为通过《权利平等修正案》的努力失败，但到了 20 世纪末，其目标大致已通过其他方法而实现。

附鬼 dybbuk 犹太民间传说中的游魂。谓人生前有罪，死后其魂到处飘荡，最后附在活人身上。关于这种鬼魂的传说在 16～17 世纪流行于东欧。当一个人被鬼魂附身，必须带到美名大师那里举行驱魔仪式，才能把附体的鬼魂赶走。奥秘修行者 I. 卢里亚曾提出灵魂转世之说。民间传说学家 S. 安斯基以意第绪语写成的剧本《附鬼》（约 1916）中就描绘了这样一个游魂。

附生植物 epiphyte 为获得支撑而生长或附着在其他植物或物体上的植物。主要分布于热带。因为它们不与地面或其他明显的养料源相连接，所以也常称为气生植物。它们从雨水中获得水分和矿物质，也可以从积聚于支持它们的植物体上的碎屑中获取。兰花、蕨和菠萝科植物是常见的热带附生植物，地衣、苔藓、地钱和藻类是温带地区的附生植物。槲寄生部分地寄生于宿主植物上，有时也被认为是附生植物。

复仇女神 Furies 希腊罗马神话中的复仇女神。她们生活在阴间，专到世上来追踪恶人。希腊人称她们为厄里倪厄斯，但那些害怕说她们名字的人则称她们为欧墨尼德斯（降福女神）。据希腊诗人赫西奥德的说法，她们是大地女神该亚的女儿。在埃斯库罗斯的悲剧《降福女神》中，她们是恐怖的歌唱队。欧里庇得斯第一个指出她们是 3 个人。

复活节 Easter 基督教会的重大节日，纪念耶稣基督钉十字架后第三天复活。根据西方教会传统，应在过了春分见到满月之后即 3 月 22 日和 4 月 25 日之间的第一个星期日。这一规则是在尼西亚会议（公元 325）之后确定的。东正教的历法计算方式稍有不同，通常会稍迟些。复活节为一欢庆及救赎节日，为长期的大斋节的终结。此词源于日尔曼语春之女神欧斯特，而一些民间习俗（如装饰彩蛋以象征新生）则可能源于异教祖先们的春日庆典。自 2 世纪晚期开始，复活节也是行洗礼之时。

复活节岛 Easter Island 西班牙语作 Isla de Pascua，当地语称 Rapa Nui（拉帕努伊岛）。太平洋东部岛屿，位于智利西方3 600千米，面积 163 平方千米。公元 400 年，来自马克萨斯群岛的波利尼西亚人定居于此。长久以来一直以其用整块巨石雕成的人像闻名于世。石像大约高 3～12 米，最重的达 82 吨，可能矗立于公元1000～1600年。战争和疾病造成几个世纪以来岛上人口急遽减少，石像来源已被人遗忘。1888 年被并入智利的版图。1995 年被联合国教科文组织列为世界遗产。人口约3 791（2002）。

复活节起义 Easter Rising（1916） 又作 Easter Rebellion。4 月 24 日星期一复活节爱尔兰共和派反对英国的起义。由 P. 皮尔斯、T. 克拉克领导，约有1 560名爱尔兰义勇军成员和 200 名爱尔兰市民军占领了都柏林邮政总局和都柏林市中心的一些战略据点。战斗只维持了 5 天，即被英国军队镇压。15 名起义领袖随后被审判及处决。虽然起义本身并不受大多数爱尔兰人支持，但处决却引起人们对英国当局的反感。这次起义预示了爱尔兰民主革命的开始。

复兴党 Ba'th Party 阿拉伯政党，主张成立一个单一的阿拉伯社会主义国家。1943 年由阿弗拉克和比塔尔创建于大马士革，1953 年与叙利亚社会党合并为阿拉伯复兴社会党。该党奉行不结盟主义，反对帝国主义和殖民主义。在与埃及的短暂联盟失败后，复兴党于 1963 年在叙利亚取得政权，并在一连串的政变之后于 1968 年在伊拉克取得政权。该党在许多中东国家也设有支部。

复兴运动 Risorgimento 19 世纪的意大利统一运动。拿破仑时期由法国人引入其意大利各邦的改革，一直维持到 1815 年意大利各邦的旧统治者复辟之后，并推动了该运动。青年意大利党等秘密组织鼓吹意大利统一，创办《复兴运动报》（1847）的 C. 加富尔和 G. de 加里波第、G. 马志尼等领导人要求进行自由改革，建立统一的意大利。1848 年革命失败后，领导权转到了加富尔和皮埃蒙特手中，他们同法国结为反抗奥地利的联盟（1859）。1861 年意大利大部分领土统一，后吞并威尼斯（1866）和罗马教廷（1870），象征复兴运动的结束。

副官 aide-de-camp 陆海空军将官或其

他高级指挥官的私人助理军官，是处理日常事务的机要秘书。在现代，他们的军衔一般比较低，任务多半是社交性的。任国王或总统等国家元首的助手的陆海空军官，也叫副官，他们的军衔往往很高。

赋格 fugue 又译遁走曲。以系统性模仿对位中一个或多个主题为特点的音乐创作。赋格在实际形式方面彼此差异很大。主要的主题在所谓呈示部中受到模仿，也就是在不同音域中由不同的声部或声音以类似形式一再重复。相对主题是主题的延续，在其他声音中伴随着主题后面的项目。插曲使用变形主题，常与主题的项目区分开来。13世纪以来，赋格逐渐从模仿性多声部音乐中崛起。J. S. 巴赫的键盘赋格是古往今来最著名的。巴赫和G. F. 韩德尔的作品启发了W. A. 莫扎特、L. van 贝多芬和其他人后来的赋格，其中通常包括许多交响曲、弦乐四重奏、奏鸣曲最后一个乐章里的赋格。

傅华萨 Froissart, Jean（1333～1400） 法国诗人和宫廷史官。他作为学者，四处游历，生活在若干欧洲宫廷的达官显贵之中。他的《闻见录》是叙述1325～1400年间百年

傅华萨（坐者）正在写他的《闻见录》；细密画，选自15世纪中叶的手稿
By courtesy of the Bibliotheque de l'Arsenal, Paris; photograph, Studio STA Photo

战争的第一手资料，包括在佛兰德斯、西班牙、葡萄牙、法国和英格兰的大事。《闻见录》是封建时代最重要和最详尽的文献材料，也是对当时骑士与宫廷事物的真实记述。他也写谣曲、回旋诗和寓言诗赞颂典雅的爱情。

傅科 Foucault, Jean (-Bernard-Léon)（1819～1868） 法国物理学家。原学医，因兴趣而转向物理学。1850年极精确地测量了光速。他发明了傅科摆，为地球绕轴旋转提供了实验证明。他还发现在强磁场中运动的铜盘存在涡电流（或傅科电流），并于1859年发明一种简单而极精确的方法检验望远镜镜面的缺陷。

傅科 Foucault, Michel (Paul)（1926～1984） 法国结构主义哲学家和历史学家。自1970年起在法兰西学院任教。研究社会运作所凭依的道德规范与观念，特别是一个社会自我界定所依据的"排除原则"（例如心智健全与精神失常之间的区别）。他提出这样一个命题：收容所、精神病医院和监狱这类机构都是社会实行"排除原则"的手段，而通过观察社会对这类机构的态度，便可以对权力的发展与运用状况进行考察。著作有：《疯狂与文明》（1961）、《事物之秩序》（1966）、《知识考古学》（1969）、《纪律与惩罚》（1975）和《性史》（3卷，1976～1984），确立了他作为那个时代法国最著名学者之一的地位。他坦然承认自己是同性恋者，后死于艾滋病。

傅科摆 Foucault pendulum 摆动不限制在任一特定方向的大型摆。当大摆前后摆动时其下面的地球在转动，因此大摆的垂直摆动面，相对于地球的表面，也在摆动。J.-B.-L. 傅科在1851年设计发明的摆第一次从实验上证实地球绕轴自转。在北半球，傅科摆总是顺时针旋转；而在南半球，则作逆时针转动（受科里奥利力影响所致）。摆的转动速率决定于纬度，越靠近赤道速率越小；在赤道上，也就是纬度为0°处，傅科摆不转动。

傅里叶 Fourier, (Jean-Baptiste-) Joseph（1768～1830） 后称Baron Fourier。法国数学家、埃及学学者。1798～1801年随拿破仑远征队去埃及，任工程师，指导人类学方面的调查研究，主持重要巨著《埃及情况》的出版（1809～1828）并为之写序。1808年被拿破仑封为男爵。主要以关于热的传导、利

J. 傅里叶，平版画，J. 布瓦利作于1823年；现藏巴黎科学院
Giraudon-Art Resource

用傅里叶级数解决微分方程以及有关傅里叶变换的相关概念等研究而闻名。身为科学家和人文主义者，他体现了革命时期法国理智主义的精神。

傅里叶级数 Fourier series 数学上用于解特殊类型微分方程的一种无穷级数。傅里叶级数由无穷的正弦和余弦组成，而由于它是周期性的（即，它的值在固定的区间重复），所以是解析周期函数的有用手段。这个级数虽然是由L. 欧拉和其他人研究出来的，但是由于J. 傅里叶充分研究了它的因果关系，包括在工程上特别是在热传导方面的重要应用，所以命名为傅里叶级数。

傅立叶 Fourier, (François-Marie-) Charles（1772～1837） 法国社会理论家。主张以称作"法郎吉"的生产者联合会为基础重建

C. 傅立叶，版画；S. 萨尔坦据J.-F. 吉古的画复制
Culver Pictures

社会，后人称为傅立叶主义。他认为"法郎吉"比资本主义制度更能公平地分配财富，有助于分工合作的生活方式以及个人的自我实现。1812年傅立叶继承了母亲的财产，便专心从事著述，改进他的理论。按照傅立叶的学说，法国和美国都建立起了合作居民点，包括布鲁克农场。

富布赖特 Fulbright, J(ames) William（1905～1995） 美国政治人物。在阿肯色大学毕业后，去英国牛津大学深造；回国后在阿肯色大学任教，1939～1941年任该校校长。1942年当选众议员。1943年支持美国参加联合国。在参议院（1945～1975）通过了他提出的建立国际交流计划富布赖特奖学金。任参议院外交委员会主席（1959～1974），1966年他所主持的外交委员会举行关于美国对越南政策的电视听证会，是结束对越南轰炸和开启和平谈判的主要提倡者。1974年竞选失败，失去参议员席位。

富布赖特奖学金 Fulbright scholarship 根据国际交流计划而设置的教育资助金，旨在增进美国和各国之间的相互了解。此计划由参议员J. W. 富布赖特提出，通过1946年的《富布赖特法案》和《富布赖特-海斯法案》付诸实施。交流学者多为研究生，但也包括教师、高级研究人员、接受培训者及观察员。此计划由美国国务院执行。

富恩特斯 Fuentes, Carlos（1928～2012） 墨西哥作家和外交官。职业外交官之子。在攻读法律、进入外交界以前曾广游各地。他根据经验创作的小说最为驰名。第一部长篇小说《最明净的地区》（1958），严厉地指控墨西哥社会，从此闻名全国。《阿尔特米奥·克鲁斯之死》（1962）表现了墨西哥革命的幸存者弥留时的痛苦，使他成为国际闻名的大作家。后期作品有《我们的土地》（1975）、《七头蛇的头》（1978）、《老外国人》（1985）、《与劳拉·迪亚斯在一起的岁月》（1999）。《埋葬的镜子》（1992）是有关拉丁美洲文化的长篇论著。他1987年获塞万提斯奖。

富尔顿 Fulton, Robert（1765～1815） 美国发明家、工程师。父母为爱尔兰移民。在伦敦随B. 韦斯特学习绘画，不久转学工

程。在设计内陆水运系统后，他的潜水艇和鱼雷的模型未能引起英法的兴趣。1801 年受 R. R. 利文斯顿委托建造汽船，1807 年，他的"克莱蒙特"号汽船沿哈得孙河由纽约驶往奥尔巴尼，航行 240 千米历 32 小时，比往常的航行缩短 64 小时，成为美国第一艘成功的商用汽船。他后来又设计了数艘其他汽船，其中包括世界上第一艘蒸汽驱动军舰(1812)。富尔顿是倡议兴建伊利运河委员会成员。

富尔内隆 Fourneyron, Benoît(1802 ～1867) 法国水轮机发明家。他起初研制了一台 6 马力的小型装置，水从中央管道向外流出，冲击装在转轴上有一定角度的轮叶。后来制造出一台转速为 2 300 转/分、机械效率 80%、功率 60 马力、叶轮直径 30 厘米、重量 18 千克的涡轮机。这台涡轮机除了比水轮具有许多显著的优点之外，还能水平安装使轴垂直于地面。它很快就在国际上取得成功，为欧洲大陆和美国的工业，特别是新英格兰的纺织工业提供动力。1895 年，在尼亚加拉瀑布的美国一侧安装了富尔内隆的涡轮机发电。

富格尔家族 Fugger family 德意志商业和银行业王朝，曾统治 15、16 世纪欧洲工商业。家族的创立者汉斯·富格尔(1348 ～1409)是奥格斯堡的织工。在他的孙子乌尔利希(1441 ～ 1510)、乔治(1453 ～ 1506)，特别是雅科布(1459 ～ 1525)的经营下公司开展国际贸易，包括香料生意和奴隶贸易，并在开采铜矿和银矿上获得大量财富。富格尔家族给予各国国王和皇帝贷款，并参与教皇免罪罚的贩售，使家族对欧洲政治具有很大的影响。因而，招致 M. 路德的批评。16 世纪后家族衰落，但 3 个有爵位的族系一直延续到 20 世纪。

富加德 Fugard, Athol (Harold Lannigan) (1932 ～) 南非剧作家、演员、导演。在《血缘》(1963)之前，曾写过两部剧本，前者是一部深入剖析种族隔离的作品，为他赢得了国际声誉。同样的主题也出现在《你好，再见》(1965)和《伯斯曼和莉娜》(1969)。在《奥雷斯第斯》(1978)和其他三部作品中，他试着将意象派创作方法应用在戏剧上，后来又转回到更加具有传统结构的戏剧。此外，他的《哈罗德老师及孩子们》(1982)、《通往麦加之路》(1985)在伦敦、纽约上演时也颇得好评。随后发表的剧作有《乐园》(1997)、《船长的老虎》(1997)和《悲伤与快乐》(2002)。他自己主演的电影有《玛丽戈尔茨在 8 月》(1980)和《战火屠城》(1984)。

富凯 Fouquet, Jean(约 1420 ～ 1481) 法国画家。早年生平鲜为人知，15 世纪 40 年代曾到罗马旅行，从而接触意大利的文艺复兴艺术，这影响了他自己本土的北欧风格。他最著名的作品是为查理七世的王室秘书É. 舍瓦利耶画的一部包括近 60 幅全页细密画的大型《祈祷书》和为默伦圣母院画的双连画(约 1450)：一面是舍瓦利耶肖像，另一面是圣母与圣婴。努昂教堂的大祭坛画《哀悼基督》是其唯一的巨幅画。1475 年成为路易十一的宫廷画师。他扩展了细密画的范围，以涵括大片的建筑和全景景观，使用明亮的透视画法和鲜明的色调。他是 15 世纪卓越的法国画家。

富克斯 Fuchs, (Emil) Klaus (Julius) (1911 ～1988) 德国物理学家、间谍。1930 年加入德国共产党。1933 年纳粹上台后逃离德国，后定居英国，在爱丁堡大学获博士学位。1942 年成为英国公民。1943 年在英国和美国从事原子弹研制工作。1943 年开始将科学机密提供给苏联，为苏联研究原子弹至少节省了一年的时间。1950 年事发，服刑至 1959 年。获释后去东德，并被任命为罗森多夫中央核研究所副所长。

富拉尼人 Fulani 穆斯林早期民族，人口约180 万，散居在乍得湖西部至大西洋沿岸的西非很多地区。操富拉语(属尼日尔-刚果语族大西洋语支)。富拉尼人原是牧民，

在尼日利亚北部，富拉尼人的酋长在穆斯林赖买丹月节结束时骑在马上向卡齐纳的埃米尔致敬

Ken Heyman-Rapho/Photo Researchers

由于与外族交往受到很深的文化影响。18 世纪 90 年代，富拉尼教士奥斯曼·丹·弗迪奥领导进行圣战，建立了一个大帝国，于 19 世纪衰落，使英国人得以在尼日利亚北部建立统治。尼日利亚的许多富拉尼人接受了豪萨人的语言和文化，使该民族成为一个城市里的特权阶级。

富兰克林 Franklin, Aretha(1942 ～) 美国流行女歌星。两岁时随全家自孟菲斯迁居底特律。其父为著名的奋兴布道家，他所主持的教会和家里聚集了许多有名的黑人歌星，如她的婶婶 C. 沃德、M. 杰克逊、B. B. 金和 D. 华盛顿。她 12 岁时灌制了第一张唱片。刚开始她只在福音会和黑人聚集的夜总会演唱。1967 年推出一系列的歌曲，包括《我从未爱过男人》、《尊重》、《愚人的链子》、《思考》和《自然妇女》，其有力和热情的歌声风靡全国。她后期发行的唱片包括《奇异恩典》(1972)、《火花》(1976)和《上帝、信仰、洗礼》(1989)。她是第一位选入摇滚名人堂的女艺人。

富兰克林 Franklin, Benjamin(1706 ～1790) 美国印刷商和出版商，作家、科学家、发明家和外交官。出生于波士顿。12 岁时成为哥哥(当地的印刷商)的学徒。他自学写作，1723 年迁居费城，在那里创立《宾夕法尼亚报》(1729 ～ 1748)，并为《穷理查年鉴》写稿(1732 ～ 1757)，其中的箴言和强调谨慎、勤奋、诚实的警句让人难以忘怀。他变得富足，并在费城促进公益事业，包括图书馆、消防队、医院、保险公司和后来成为宾夕法尼亚大学的学院。他的发明包括富兰克林炉和双焦眼镜，而他的实验为理解电的探索做出贡献。他担任殖民地立法局的成员(1736 ～1751)，并成为奥尔巴尼会议的代表(1754)，提出了殖民地联盟计划。在英国，他代表殖民地参与土地和税捐的辩论(1757 ～1762)，1764 年回到英国。课税议题逐渐使他改变立场，放弃了对美洲殖民地成员身份归属英帝国的长期支持。认为课税应当是立法机构的职权，他反对《印花税法条例》。他担任第二次大陆会议的代表，也是起草《独立宣言》的委员会成员。1776 年为美国独立战争到法国寻求帮助。他受到法国人的尊重，签署了一个提供美国所需贷款和军援的条约。1783 年他协助签订了一个与英国之间的最终和约。作为 1787 年宪法会议的成员，他为美国宪法获得通过起了很大作用。他被视为美国历史上最出色和才华横溢的公仆之一。

富兰克林 Franklin, Rosalind (Elsie) (1920 ～1958) 英国生物学家。她曾在剑桥大学学习，为炼焦工业做了重要实验。她创造了 X 射线衍射成像技术，从而使 J. D. 沃森和 F. 克里克得以推断 DNA 的三维形状是双螺旋。在研究烟草花叶病毒中帮助证实，这种病毒中的核糖核酸(RNA)并不在它的中腔，而是留在它的蛋白质内；还发现这种 RNA 是单螺旋结构，不同于细菌病毒和高级生物体 DNA 的双螺旋结构。37 岁时死于癌症，否则她可能与沃森、克里克和 M. 威尔金斯共获 1962 年诺贝尔奖。

富勒 Fuller, J(ohn) F(rederick) C(harles) (1878 ～ 1966) 英国军事理论家、战争史学家。第一次世界大战时任英国坦克部队参谋长。1917 年 11 月 20 日的康布雷战役中以 381 辆坦克发动突击，为战争史上首次大规模坦克战。战后，他发起一场使英国陆军机械化和现代化的运动。他的装甲进攻战术遭到英国军事战术家们的反对。但他的理论在第二次世界大战中证明大部分是正确的，他的著作有《大战中的坦克》(1920)、《机械战》(1942)和《西方世界军事史》(1954 ～ 1956)。

富勒 Fuller, Loie(1862 ～ 1928) 原名 Marie Louise Fuller。美国舞蹈家、现代舞蹈先驱。她 4 岁首次登台演出，在专业剧团表演轻歌舞剧。自1892年起在巴黎以她的"蛇舞"(用一段段绸子放在不同色彩灯光的

L. 富勒
By courtesy of the Dance Collection, the New York Public Libraryat Lincoln Center

照射下）引起关注。她还添加了"火焰舞"（在一块灯光流动的玻璃板上跳舞）和其他动作，受到盛赞，特别是在欧洲。

富勒　Fuller,（Sarah）Margaret（1810～1850）　美国评论家、教师和文学家。因与R. W. 爱默生的交往，促使她参加超验主义者的活动，并成为超验主义作家创办的《日晷》杂志编辑（1840～1842）。她的《1843年，湖上的夏天》（1844）是研究边境生活的。1845年发表《19世纪的妇女》，不仅要求妇女在政治上平等，而且呼吁使妇女得到感情和精神文化上的满足。1846年赴欧洲，作为《纽约论坛报》通讯员。在意大利和一位参加革命的侯爵结婚。被迫流亡，与丈夫、孩子乘船前往美国。船在法尔岛附近失事，全家遇难。

富勒　Fuller, R（ichard） Buckminster（1895～1983）　美国建筑师、发明家、未来学家和作家。M. 富勒的侄孙。曾两次被哈佛大学开除，未能完成正规教育。在经营预制构件失败后投身研究，设计能够最大限度地使世界能源用于人类的福利。他的发明包括在工厂装配的住宅和最大限度利用能源的汽车。他发展了一种几何学的向量系统，称为"高能聚合几何学"。该系统的基本单元为四面体，与八面体聚合后可以成为最经济的覆盖空间的结构。这种几何学应用在建筑学上成为多面体圆顶。

富勒烯　fullerene　1985年发现的一种其分子有12个五角平面和不同数目的六角平面的碳的同素异形体所构成的闭合而中空的化合物。最有名的是C_{60}（巴克敏斯特富勒烯或称巴克球），其网格球顶的花纹与其分子结构相似。这种分子异常稳定，可耐高温和压力。某些分子可被捕集到其中空的内部——一种唯一的特征。

富纳富提　Funafuti　太平洋中西部图瓦卢的珊瑚环礁，为图瓦卢首都的所在地。由大约30个小岛组成，总陆地面积2.4平方千米。环抱一个潟湖，为优良锚地。1943年建美军基地。1983年美国放弃对该岛的主权。丰阿法莱村设有一个旅馆、一个医院及一个简易机场。人口约4 492（2002）。

富农　kulak　俄国富裕的地农。俄国1917年革命以前，富农是俄国农村中的主要人物，他们通常出借金钱，并在社会和行政事务中扮演重要角色。在战时共产主义时期（1918～1921），苏维埃政府组织贫农委员会管理农村和监督征收富裕农民手中的粮食，从而削弱了富农的地位。1921年实行新经济政策时富农重新取得地位，但1929年苏联开始加速农业集体化运动，并且发动了"消灭富农阶级"的运动。到1934年时，大多数富农或被放逐到边远地区或被捕，其土地财产则一律充公。

富士山　Fuji, Mt.　日语作Fujisan。日本最高山，海拔3 776米，位于本州岛中段，接近太平洋岸，是座火山（自1707年处于休眠状态）。山体呈优美的圆锥形，闻名于世，是日本的神圣象征。每年夏季成千上万的日本人登至山顶神社进行朝拜。此山也是富士-箱根-伊豆国家公园（1936年成立）的主要风景区。

富特　Foot, Michael（1913～2010）　英国工党领袖（1980～1983）。1937～1974年任报纸编辑和专栏作家，1945～1955和1960～1992年为议会中的工党议员。1974～1976年在H. 威尔逊内阁中任就业大臣，1976～1979年为下院领袖。1980年击败右翼候选人D. 希利当选为党主席。这次选举以及党内的左倾趋势，使一些工党党员脱离该党另组社会民主党。富特是左翼社会主义者，著有《比万传》（2卷；1962，1973）。

富歇　Fouché, Joseph（1758？～1820）　后称duc（Duke） d'Otrante。法国警察组织的建立者。法国大革命时当选为国民公会议员，在审判路易十六时投票赞成判处国王死刑。受命前往各省以确保他们的忠诚，在里昂下令屠杀叛乱分子。1799年任警务部长；支持拿破仑的雾月18～19日政变，其后组织秘密警察。虽然拿破仑封他为奥特朗特公爵（1809），他自1807年起即阴谋反对拿破仑。1809年任警务部长和内务部长，由于下令在全国招募国民自卫军被免职，但几度被召回执行关于拿破仑的使命。百日统治期间再任警务部长。1816年被宣布为弑君党人予以流放。

腹膜炎　peritonitis　腹膜的炎症。特点为腹膜腔内积存脓液，症状为腹痛、腹胀、呕吐和发热。可分急性或慢性，弥漫性或局部性。急性腹膜炎常继发于体内其他部位的炎症（如由细菌感染散布）。胃肠道穿孔，尤其是阑尾穿孔，是腹膜炎的常见原因。感染控制后，腹膜炎症可得以缓和，或有粘连形成而闭合腹腔，或形成局部性脓肿（抗生素治疗后其发生率可大为降低）。

腹腔镜检查　laparoscopy　又作peritoneoscopy。通过腹腔镜检查腹腔的程序；也指需使用腹腔镜的手术。腹腔镜使用光导纤维电视和微型电视摄像机，将组织和器官的情形显示在监视器上。使用腹腔镜的手术有切除胆囊、阑尾和肿瘤，以及输卵管结扎和子宫切除术。在灌注二氧化碳气体到腹部使腹腔扩张能使腹腔镜操作后，切开一个小切口并插入腹腔镜和手术器械。腹腔镜检查比传统（开腔）手术较少侵入，且可减轻术后疼痛，缩短术后恢复和住院的时间。

腹泻　diarrhea　一种大便稀薄的症状，因食物残渣异常迅速地通过大肠所致。发作时可伴以腹部绞痛。病因甚多，如阿米巴性或细菌性痢疾、进食粗糙食物或厚味食物、大量饮酒、中毒（包括食物中毒）、药物反应、格雷夫斯氏病和精神神经病等。症状较轻的可用次水杨酸铋（药品商标名称为Pepto-Bismol）治疗，严重时要补充体液和电解质。在发展中国家旅行，约一半的人会罹患旅行者腹泻。预防的方法有：服用次水杨酸铋锭、只饮用瓶装或罐装饮料、食用去皮的水果和罐头食品、在餐厅食用滚热食物。腹泻严重时可服用抗生素。当极度营养不良时，腹泻也会致命，是欠发达国家每年数十万人死亡的原因。

G

伽勃 Gabo, Naum(1890～1977) 原名 Naum Pevsner(诺姆·佩夫斯纳)。俄罗斯裔美国雕刻家。曾在慕尼黑大学就读,1913年他的哥哥A.佩夫斯纳向他介绍巴黎前卫艺术。1920年兄弟俩回到俄国,发表《现实主义宣言》,说明了欧洲构成主义的原则。他使用玻璃、塑料、金属线等非传统材料来制作抽象作品。在欧洲各地度过一些岁月后,1946年定居美国,在哈佛大学建筑研究院任教。作品得过许多奖,也受托制作许多公共作品。他是构成主义运动的先锋,也是最早实验动态雕刻的艺术家之一。

伽伐尼 Galvani, Luigi(1737～1798) 意大利医生和物理学家。早年研究集中在比较解剖学方面,如肾细管和中耳等的构造。他在解剖死青蛙时,发现青蛙被挂到铁杆晾干时肌肉会抽动,因此引发了他研究电学的兴趣。他开始用电刺激肌肉的实验,使用一种静电机和莱顿瓶。自18世纪80年代起,"动物电"一直是他主要的研究范畴。他的发现导致了伏打电堆的发明,这是一种能产生恒定电流的电池组。

伽马 Gama, Vasco da(约1460～1524) 后称conde (Count) da Vidigueira(维迪盖拉的伯爵)。葡萄牙航海家。1497～1499年进行第一次到印度的航行,率领4艘船绕过好望角,途中造访了莫桑比克和肯尼亚的贸易城镇。葡萄牙国王曼努埃尔一世迅速采取行动要开辟与印度的贸易路线,但印度屠杀了留下的葡萄牙人,于是他在1502年派遣伽马率领一支舰队(20艘船)前往报复,并建立葡萄牙在印度洋上的霸权。他此时已升任元帅,沿途逼迫所经过的地方统治者归顺葡萄牙,并攻击阿拉伯人商船。经过一些战役后,终于巩固了葡萄牙的统治地位,他才班师回国。1524年受命为印度总督,但在到达果阿不久染疾而死。他到印度的几次航行打开了西欧到东方的海路。

γ射线 gamma ray 穿透性电磁辐射,性质与X射线相似,但波长很短,能量较高,由某些放射性物质(参阅放射性)自发发射。γ辐射有时来自某些亚原子粒子的衰变及粒子与反粒子的湮没(参阅反物质)。γ射线可引发核裂变,γ射线光子通过自由电子散射而丧失能量,或通过从原子射出电子而完全被吸收。

γ射线天文学 gamma-ray astronomy 研究发射γ射线的天体。γ射线望远镜被设计来研究高能的天体物理系统,包括日冕、白矮星、中子星、黑洞、超新星残骸、星系团以及漫射γ射线的宇宙背景辐射。令人困惑的γ射线爆炸最早在20世纪60年代被发现。普遍假设是由银河系的中子星所产生,但是从其均匀的分布(不像星系内的恒星分布)推断起源可能是星系外的。在20世纪70年代早期,第一枚γ射线观测卫星发射升空,在大气层(会吸收γ射线)的上方搜集数据,发现一明亮的γ射线源而没有明显的可见光对应。直到1992年才揭开它的性质,在发现周期性发射的X光和γ射线后,认为这是一颗脉冲星,这是已找到的最靠近的一个。

戛纳 Cannes 法国东南部城市。位于地中海沿岸尼斯的西南,是一个国际度假胜地。利古里亚人大概最早在此定居,先后被福西亚人、凯尔特人和罗马人占领。10世纪莱兰的修士们在此修建防御工事,以抵御穆斯林的海上侵入者。拿破仑1815年从厄尔巴返回时,曾在戛纳附近扎营。从19世纪起,这里就是度假胜地,为戛纳电影节的举办地。人口约70 610(2006)。

该尼墨得斯 Ganymede 希腊传说中特洛伊国王特洛斯(或拉俄墨东)的儿子。由于俊美非凡,被化作老鹰的宙斯掠去作诸神的侍酒童子。其他的说法则是他被其他的神

该尼墨得斯和化为老鹰的宙斯,古大理石雕像;现藏梵蒂冈博物馆
Anderson-Alinari from Art Resource/EB Inc.

或克里特国王弥诺斯诱拐。这个故事长久以来含有同性恋的意味,catamite(娈童)这个词就是源自他的拉丁文名字Catamitus。

该亚 Gaea 希腊大地女神。天神乌拉诺斯的母亲和妻子。她的儿子提坦克洛诺斯把她和乌拉诺斯分隔开来。根据赫西奥德的说法,她是12个提坦的母亲,也是复仇女神和库克罗普斯的母亲。该亚最初可能是希腊人

塔纳格拉出土的该亚赤陶塑像;现藏马赛博雷利博物馆
Giraudon-Art Resource/EB Inc.

在引入宙斯的崇拜以前就奉祀的一位母亲女神。

该隐和亚伯 Cain and Abel 《旧约》中的人物,亚当和夏娃的两个儿子。根据《创世记》的说法,老大该隐种田,老二亚伯牧羊。由于上帝喜欢亚伯的祭牲羊,而不是该隐的供品谷物,该隐怒杀亚伯。当上帝询问亚伯在何处时,该隐假装不知,说道:"我是我兄弟的监护人吗?"上帝惩罚该隐,把他从定居地赶走,但又在他身上留下记号以警告别人不要伤害他,承诺凡杀该隐者必遭报应。

钙 calcium 元素周期表Ⅱa主族碱土金属元素,原子序数20。为人体内含量最多的金属元素,存在于骨骼和牙齿之中,具有许多功能。在地壳中的丰度居第5位,但在自然界不能以游离状态存在。钙以方解石(碳酸钙)的形式存在于石灰岩、白垩、大理石、白云石、蛋壳、珍珠、珊瑚、钟乳石、石笋和许多海洋动物的壳体中。在自然界以磷灰石矿形式存在,还存在于许多其他矿物中。可作为合金添加剂应用在冶金方面。与铅组成的合金可用作电话电缆的包皮和蓄电池铅板。方解石可作为石灰的原料,用作填料、中和剂和混合剂。合成的碳酸钙常用于纯度要求很高的医药上(抗酸剂、饮食补充钙、牙膏)和食物中(做发酵粉),以及实验室的化学合成等。氧化钙(又称石灰或生石灰)加水后及其产品,即氢氧化钙(熟石灰)在工业应用上很重要。其他重要的化合物包括氯化钙(干燥剂)、次氯酸钙(漂白剂)、硫酸钙(石膏、熟石膏),以及磷酸钙(主要用作植物养料和塑料稳定剂)。

盖博 Gable, (William) Clark(1901～1960) 美国电影演员。生于俄亥俄州加的斯。1928年在百老汇初次登台演出,1930年前往好莱坞发展。第一次遭拒绝,后米高梅

电影公司与他签约，在一年内尽演浪漫的男主角。《一夜风流》（1934）使他一夜成名，获奥斯卡奖。他带有嘲讽意味的男子气和满不在乎的魅力在当时迷倒观众，博得“国王”的美名。共拍过70多部电影，其中包括《叛舰喋血记》（1935）、《火烧旧金山》（1936）、《欢喜冤家》（1937），以及最有名的《乱世佳人》（1939）。他在第三个妻子C.隆巴德过世后，加入美国空军，在战时因执行轰炸任务成功而荣获空军奖章。后来在一些影片《广告员》（1947）、《红尘》（1953）和《不合时宜的人》（1961）中领衔主演。

盖布　Geb　古埃及宗教中，支撑世界的大地之神。他和其姊妹努特属于在赫利奥波利斯城的第二代神祇。在埃及艺术中，他通常被描绘为卧在空气之神舒的脚下，苍天女神努特则覆在他们之上。他是天上第三世法老，人间法老是他的后裔。

盖茨　Gates, Bill（1955～　）　全名William Henry Gates III。美国计算机程序设计师和企业家。出生于华盛顿州西雅图。十几岁时曾协助组建了一个计算机程序设计人员小组，把高中学校的薪资系统计算机化，并创办了一家公司向当地政府出售交通量计算系统。19岁从哈佛大学辍学，与P. G.艾伦合伙成立微软公司。当微软授权国际商业机器公司（IBM）在其第一批个人电脑上使用MS-DOS（微软磁盘操作系统）时，盖茨在刚萌芽的微电脑业中开始发挥支配力量。作为微软的最大股东，1986年成为亿万富翁。10年后成为全球首富。1995年他领导公司再度重点开发互联网软件，同时进军计算机硬件和Xbox游戏市场。1999年他和妻子成立了一个美国最大的慈善基金会。2008年盖茨不再负责公司日常管理，而把更多时间用于慈善事业，但他依然保留公司董事会主席的职位，直到2014年。

盖茨　Gates, Horatio（1728？～1806）　英裔美国将领。在法国印第安人战争期间，服役于英军。1772年移居弗吉尼亚，在此他站在殖民地利益的一边。1775年任大陆军副官长，1777年继P.斯凯勒将军之后任纽约州北部军司令。他在B.阿诺德协助下，于萨拉托加战役（1777）中迫使英军将领J.伯戈因将军投降。国会因而挑选盖茨担任战争委员会主席。其支持者（包括T.康韦）企图拥护他来取代乔治·华盛顿的总司令之位，但计划失败，盖茨回到纽约当司令。1780年被调至南方试图驱赶英国将领C.康华里所率的军队，但在南卡罗来纳州康登战役中败北。战后遭到正式彻查追究，但从未加以控诉。退休回到弗吉尼亚，在1790年释放自己的黑奴，然后移居纽约。

盖茨　Getz, Stan(ley)（1927～1991）　美国爵士乐次中音萨克斯管演奏家。生于费城。受L.扬的影响，后来加入W.赫尔曼的第二支乐队，成为其“四兄弟”的一员，因使用无颤音的“冷”声而闻名。20世纪50年代以萨克斯管的“冷”声爵士乐演奏在流行排行榜上一直独占鳌头。60年代初把巴西的新鲍萨音乐加入他的爵士乐，使他赢得更广大的听众和商业上的成功。

盖茨克尔　Gaitskell, Hugh (Todd Naylor)（1906～1963）　英国政治家。曾在伦敦大学讲授政治经济学，第二次世界大战期间在战时经济部工作。1945年当选下院议员，1947～1950年任燃料动力大臣，1950～1951年任财政大臣。1955年接替C. R.艾德礼当选为工党领袖。他使工党重新团结起来，并推行温和政策，可惜他突然过世。

盖革计数器　Geiger counter　又称Geiger-Müller counter（盖格-弥勒计数器）。用来探测和计量单个辐射粒子的仪器。由德国物理学家H.盖革（1882～1945）发明，后来由W.弥勒帮忙改进。这种装置是一个充气金属管，连接着一条电线穿过其轴心，然后输入高压电。当粒子进入金属管时，在气体内会造成离子大崩离，然后放电，造成短暂的电脉冲。不同种类不同能量的单个粒子进入计数器会产生大小基本相同的输出脉冲，于是这一仪器就成为最优良的计量单个粒子的计数器。因此它比其他类型的探测器更可能侦测到较低的辐射。

盖格　Geiger, Abraham（1810～1874）　犹太裔德国神学家。1832年起在威斯巴登担任拉比，1838～1863年调往布雷斯劳任拉比。1835年协助创办一份神学期刊，并担任编辑。他主张要简化礼拜仪式，念祷告文时使用各自的母语，并强调以预言性著作为犹太教的核心，他还注重犹太人宗教意识的演变过程和成长，这是犹太人改革派的基本思想。

盖利克足球　Gaelic football　爱尔兰式足球，中世纪极猛烈的混战球戏的一种。现代盖利克足球比赛每方限15人。球不能用手掷，可用手或脚带，用拳头击打或抛球，将球凌空踢入球门。球从门柱之间、球门横梁上方通过记1分；从门柱之间、横梁下方入网记3分。除爱尔兰和美国外，其他国家很少踢这种足球。

盖洛普　Gallup, George (Horace)（1901～1984）　美国民意抽样调查的统计学家。生于艾奥瓦州杰斐逊。1932年以前在德雷克大学和西北大学教授新闻学。1932年受雇于纽约市一家广告公司，为公司的客户进行民意调查。他开创了民意测验要以科学采样为准的先河，1936年由于准确预言了F.罗斯福将会赢得美国总统选举，而使盖洛普民意测验和其他的民意测验受到人们的信赖。1935年创建美国民意学会。1936年创建了英国民意研究所。1939年建立听众调查研究所。

盖世太保　Gestapo　德语全称Geheime Staatspolizei（国家秘密警察）。纳粹德国政治警察。1933年由H.戈林组成，1934年交由H.希姆莱指挥。盖世太保执行勤务时不受民法约束；其行动不受制于司法上诉。成千上万的左派人士、知识分子、犹太人、工会运动者、过问政治的教士及同性恋者，遭其逮捕后便消失于集中营。第二次世界大战期间，盖世太保在占领区内镇压游击活动。A.艾希曼还成立了一支盖世太保分队，将各占领国内犹太人流放至波兰灭绝营。

盖伊　Gay, John（1685～1732）　英国诗人兼戏剧作家。出身于德文郡一古老的已破落家族，曾在伦敦从绸缎商当学徒，但很早就放弃。不久与人合办《英国阿波罗》期刊。

盖伊，油画，W.艾克曼绘；现藏爱丁堡苏格兰国家肖像画陈列馆
By courtesy of the Scottish National Portrait Gallery, Edinburgh

诗集包括《乡村运动》（1713）、《琐事》（1716）。最有名的叙事歌剧是《乞丐的歌剧》（1728），前后共演出62场，是到当时为止演出最久的剧目。此剧是一篇小偷和拦路强盗的讽刺故事，意在反映社会道德的堕落，音乐由J. C.佩普什（1667～1752）所作；此剧成为音乐戏剧史上的一个里程碑，后来被B.布莱希特和K.韦尔改编成《三便士歌剧》（1928）。死后葬在威斯敏斯特教堂。

盖泽尔　Geisel, Theodor Seuss（1904～1991）　笔名Dr. Seuss（索伊斯博士）。美国作家和插图画家。生于马萨诸塞斯普林菲尔德。曾就读于达特茅斯学院，后在牛津攻读博士学位。1927年开始成为自由创作的卡通漫画家、插图画家和作家。他用笔名“索伊斯博士”创作了极受人喜爱的一系列儿童读物，书中充斥着他所创造的奇怪动物及没有确切含义的新词语。《想起我在桑树街看见它》（1937）是索伊斯博士系列图书的第一部，接下来出版的《霍顿孵蛋》（1940）、《帽中猫》（1957）、《格林奇是怎么偷走圣诞节的》（1957）、《乌龟大王亚特尔》（1958）和《火腿加绿蛋》（1960）等都为他带来极大的成功。这些长年不断畅销的书籍加上他的遗作《哦！那就是你要去的地方！》（1993），已使他成为全世界最畅销的儿童读物作家之一。

概率论　probability theory　研究随机事件分析的数学分支。概率是对可能性的数字评估，范围从0（不可能）到1（绝对肯定）。概率通常表示为一个事件可能发生的次数与可能发生的事情总数之比（如从52张纸牌中抽出一张方块牌有13种可能，所以抽到一张方块牌的概率就是13/52，或者是1/4）。概率论就是从试图弄清楚纸牌游戏以及赌博的过程中发展起来的。随着科学变得更加严密,某些生物、物理和社会现象与靠运气决定胜负的游戏之间的类比更加明显(如新生婴儿的性别与掷币一样遵循类似的序列)。于是,概率成为现代遗传学以及许多其他学科的一个基本工具。概率论也是保险业的基础,表现形式为精算统计。

概念形成 concept formation 在感觉经验的基础上开发出抽象规则或心理概念的过程。在认知的发展过程中概念形成扮演着重要角色,也是 J. 皮亚热极为重要的研究课题。皮亚热认为学习需要了解一个现象的诸特性以及这些特性在逻辑上是如何关联的。N. 乔姆斯基认为某些认知结构(如基本语法规则)是人类与生俱来的。这两位都认为一个新概念需要经过检验才能成立,如一个儿童对"鸟"的概念的形成要经受特定的鸟的许多实例的检验。人类游戏的能力将各种可能性都考虑进去了,这对完成这一过程作了重要贡献。

概念艺术 conceptual art 各种艺术形式的统称,在这类艺术中,作品的思想被认为比完成的产品更加重要。这种理论是 M. 杜尚于 1910 年前后钻研出来的,但只有到了 20 世纪 50 年代末才由 E. 金霍兹创造出这个名词。在 60 和 70 年代,概念艺术变成一项重要的国际运动,运动的倡导者是 S. 勒威特(1928 年生)和柯苏斯(1945 年生)。运动的依附者们极端地重新定义艺术对象、材料和技巧,并开始质疑艺术的真实存在和用途。它主张的是,艺术的"真正"作品不是艺术家所生产的、供展示或销售的物体,而是由"概念"或"思想"组成。典型的概念作品包括摄影、文本、地图、图形以及图像-文本的结合体,这些作品在视觉上故意呈现出乏味和没有意义,目的就是把注意力转移到它们所表达的"思想"上去。它们的表现形式极端多样,人们熟知的一个例子是柯苏斯的《一把和三把椅子》(1965),其中结合了一把真正的椅子、一把椅子的一幅照片以及词典里词条"椅子"的定义。对于在 20 世纪末产生的艺术品中的多数来说,概念艺术是重要的基石。

干草 hay 农业中用作牲畜饲料的干牧草和其他干叶子。典型的干草有梯牧草、苜蓿和车轴草。通常这类原料在田野中趁青收割,然后置于田野中自然干燥,或用热风强行干燥。压捆机把干草或禾秆压成紧实的长方形或圆柱形的草捆,并用铁丝或细绳捆好。松散的干草也可用机器从田野吸尽,然后在谷仓或其他储存设备中吹送成堆。经适当处理后,含水 20% 以下的牧草可储存数月而不变质。

干城章嘉峰 Kanchenjunga 喜马拉雅山脉的一个山峰。高 8 586 米,是世界第三高峰。位于尼泊尔和印度的边境,大吉岭的西北。19 世纪的探险家 R. 纳姆加尔绘制了此峰的第一张地图。1955 年 C. 埃文斯率领的英国探险队第一次成功登上此峰。

干达人 Ganda 又称 Baganda(巴干达人)。居住在乌干达南部的民族,操卢干达语(为贝努埃-刚果语族的一种班图语)。人口有 370 万,在乌干达是人数最多的民族,干达人传统上从事锄耕农作,还种植棉花和咖啡供出口,也饲养牲畜。19 世纪时曾建立布干达中央集权国家。

干腐病 dry rot 植物真菌病害症状,其特征为茎、干、根、根茎、球茎、鳞茎或果实呈坚实海绵状至皮革状。真菌可消耗木材的纤维素,使其只剩下一个外壳,很容易便化成粉末。

干旱 drought 长期缺雨或雨水不足引起水分严重不平衡,因而造成缺水,作物枯萎,河流的流量减少以及地下水和土壤水分枯竭。当蒸发和蒸腾的水长时期超过降水量时,即发生干旱。在世界上几乎所有地区,干旱都是农业最严重的自然灾害。为了控制干旱,在进行人工降雨方面作了一些努力,但这些试验仅取得有限的成功。

干酪 cheese 从奶分离出来的成熟可吃的凝乳状食品,通常经过凝结和压缩。当奶变酸时,会自然形成凝乳和乳清。通过添加凝乳酶,凝结会很快形成。产生的凝乳再经过分离或捣碎以释出大部分乳清。干酪的熟化和加工制作受湿度、酸度、微生物以及其他因素的影响。牛奶、山羊奶、绵羊奶、水牛奶、美洲驼奶、牦牛奶以及其他动物的奶都可用于制作干酪;在西方,牛奶是制作干酪的主要原料。产品的变化主要取决于奶的脂肪含量、巴氏消毒法,以及酶、霉菌或酵母的添加量。干酪的种类包括硬奶酪(如切德干酪、埃丹干酪、埃曼塔尔干酪、豪达干酪、波罗伏洛干酪、罗马诺干酪和瑞士干酪),半软干酪(如戈尔贡佐拉干酪、林堡干酪、蒙斯特干酪、罗克福尔干酪)以及软奶酪(如布里干酪、卡门培尔干酪、农家鲜干酪、新沙特尔干酪、乳清干酪)。干酪是蛋白质、脂肪、矿物质(钙、磷、硫、铁)以及维生素 A 的来源。

干扰素 interferon 所有脊椎动物和部分无脊椎动物体内产生的几种相关蛋白质的统称。干扰素对身体抗感染起到重要作用。作为身体对病毒最迅速产生和最重要的防卫,干扰素还能够对抗细菌和寄生虫(参阅寄生现象),阻遏细胞分裂,刺激或阻遏细胞分化。干扰素的作用是间接的,它与可疑的细胞起化学作用,使其抵拒病毒繁殖;抗体则是直接与特定的病毒结合而见效。目前依据蛋白质特性及生成细胞区分出不同种类的干扰素。现在有些干扰素通过遗传工程生产。干扰素能像灵丹妙药一样包治百病的最初设想,由于严重的副作用而无法成为现实,但对一些罕见的疾病它仍有较好的效果。

干涉 interference 物理学中,两个以上的波列组合行进在相交或重合的路径上而产生的叠加效应。如果这两列波有相同的频率和相位,它们就发生相长干涉;波的振幅加强。当两列波的位相相差半个周期时发生相消干涉;如果它们的振幅相等,则彼此抵消。行进在同一方向但频率稍有不同的两列波以一定的间隔发生相长干涉,结果产生叫做"拍"的脉动频率。行进在相反方向但频率相等的两列波在某些地方发生相长干涉,而在另一些地方则发生相消干涉,结果得到驻波。

干尸 mummy 又译木乃伊。依照古埃及人的方法用防腐剂涂抹或处理以后埋葬的尸体。在埃及,其方法随时代而变,但总不外乎切除脏腑、用松脂处理并用细麻布包裹尸体(后来改为把脏腑处理后放回原处)。其他民族中也有这样处置尸体的方法,如居住在巴布亚新几内亚附近托雷斯海峡沿岸的各民族以及印加人。

干洗 dry cleaning 用化学溶剂取代水清洗纺织品的方式。化学药品通常是卤化物或有机卤化物(包含卤素原子与碳原子的化合物),可以溶解纤维中的污垢和油渍。四氯化碳曾经被广泛用作干洗液,但因对健康有害而不再使用。目前常用其他的有机卤化物,特别是四氯乙烯,它的稳定性更高,毒性较小。

甘必大 Gambetta, Léon(1838 ~ 1882) 法国共和派政治家。曾协助第三共和国的建立,在一次以辩护律师身份发表捍卫共和、谴责第二帝国的演说之后名噪一时,

甘必大,É. 卡尔雅特摄;现藏巴黎法国国家图书馆
By courtesy of the Bibliotheque Nationale, Paris

1869 年选入立法会议。普法战争时协助指挥法国的国防,1870 年拿破仑三世被俘后在成立临时政府中扮演了重要角色。他以出色的口才说服国会批准《1875 年立宪法律》,该宪法成为新的议会制共和国的基础。1879 ~ 1881 年担任众议院议长,1881 ~ 1882 年被任命为总理。他一直鼓吹民主理念和国家团结的意识。

甘地 Gandhi, Mohandas K(aramchand)(1869 ~ 1948) 世称 Mahatma Gandhi(圣雄甘地)。印度民族主义最重要的领袖,也是 20 世纪非暴力运动的倡导者。出生于宗教气息浓厚的家庭,把不杀生和宗教宽容视为理所当然。他在英国攻读法律,但想要成为成功的律师太难,于是转往南非一家印度公司任职。他在那里热心提倡印度人的权利。1906 年他首先采取不合作主义的行动,即非

暴力抵抗的手段。在南非的成就使他国际知名。1915年回到印度,他在几年内即成为争取印度自治的全国领袖。到1920年,甘地的影响力已经超越印度其他任何政治领袖。他把**印度国民大会党**改造为印度民族主义的有效政治工具,并在1920～1922年、1930～1934年(包括发动人民到海边拾盐以抗议政府垄断的重要游行)和1940～1942年进行非暴力抵抗的大型运动。20世纪30年代发起反歧视印度贱民(甘地称之为"神的子民")的运动,强调教育乡村印度人民,并提升乡村工业。1947年印度获得自治权,但次大陆被分为印度和巴基斯坦的事实让甘地极感失望,因为长期以来他一直为印度教和伊斯兰教的统合而努力。1947年9月以绝食方式结束加尔各答的暴动。甘地赢得数以百万计人民的衷心爱戴,成为圣雄,亦即伟大的灵魂。1948年1月被一名狂热的年轻印度教徒刺杀。

甘地 Gandhi, Rajiv(Ratna)(1944～1991) 印度政治家、总理(1984～1989)。**甘地(夫人)**之子,原在剑桥大学读工程系。1968年开始在一家商业航空公司担任机师。1980年弟弟桑贾伊因飞机失事遇难后,他开始从政。1984年10月31日他的母亲遇刺身亡后,当天即宣誓就任总理。他领导国大党(英迪拉派)在该年取得人民院选举的压倒多数胜利,任内采取严厉措施整顿政府机构,并推行自由化经济。然而甘地试图阻止分裂主义活动的计划却未能如愿,而他的政府也多次卷入财政丑闻。1989年辞去总理职务,但仍担任国大党(英迪拉派)领袖。1991年在国会竞选时被刺杀。

甘地(夫人) Gandhi, Indira(Priyadarshini)(1917～1984) 原名Indira Priyadarshini Nehru。印度总理(1966～1977, 1980～1984)。印度民族主义领袖**J.尼赫鲁**的独生

甘地夫人
AP/Wide World Photos

女。曾在印度和牛津大学求学。1942年与国民大会党员费罗兹・甘地(1960年卒)结婚。1959年当选为党主席,这基本上属于荣誉性质,1966年成为国大党的党魁,后来成为总理,取得实权。她实施了一些重要的改革政策,包括严格控制生育计划。1971年印度军队击败巴基斯坦而导致成立孟加拉国。1974年她监管了锡金的合并。1975年因被控违反选举法而被宣判有罪,她乃宣布国家进入紧急状态,把政治对手关入监狱,并通过许多限制个人自由的法律。在后来的大选中惨败,但在1980年重掌政权。1984年为报复锡克教分离主义者的暴力活动,她派兵攻击锡克教最重要的朝圣中心金寺,造成450多人死亡。后来她被自己身边的锡克教护卫刺杀身亡。

甘蓝 cabbage 原产自欧洲的阔叶园圃植物(*Brassica oleracea*),短茎,中间有一个紧密抱合的叶球,一般为绿色叶。属十字花科植物,是温带地区大多数国家的主要蔬菜。甘蓝一词还泛指从野生甘蓝或海甘蓝(见于英国海岸附近和欧洲大陆)长期培育而成的各种园艺类型的蔬菜和饲料植物。甘蓝的普通园艺类型可以按植物食用部位分为:叶型(如羽衣甘蓝、**宽叶羽衣甘蓝**、普通甘蓝和球芽甘蓝)、花和花茎型(如**花椰菜**和花茎甘蓝),以及茎型(如球茎甘蓝)。甘蓝最适合在温和凉爽的气候下生长,耐霜冻。甘蓝的可食用部分热量不高,但富含维生素C、多种矿物质和粗纤维。

甘托克 Gangtok 印度东北部**锡金**邦首府。海拔1 700米,往下可俯瞰拉尼普尔河。在锡金王国的君主政体被废(1975)和被印度兼并(1976)之前,一直是其政府所在地。曾是印度与中国跨喜马拉雅地区贸易通道上的重要站点,1962年被封闭。旧皇宫和教堂仍矗立于此。著名的佛教寺庙隆德寺也在附近。人口29 354(2001)。

甘蔗 sugarcane 高大粗实的禾本科多年生草本植物。全世界热带和亚热带都有栽培,其甜的汁液是糖和糖蜜的主要来源。甘蔗的实心茎秆紧密丛生,节间隔有规律,每节

甘蔗(*Saccharum officinarum*)
Ray Manley-Shostal Assoc.

有一个芽,可用于无性繁殖。优美的剑形叶类似**玉米**叶,卷曲成叶鞘裹在茎上。成熟的茎秆可高达3～6米,直径2.5～7.5厘米。制糖时将糖液中结晶出来的糖移去后所余的糖浆俗称糖蜜,可用来制兰姆酒和饲养家畜。榨取糖液后所余的蔗渣可用作燃料或用来造纸和压制胶合板。

肝 liver 脊椎动物体内最大的器官,分数叶。肝分泌胆汁代谢蛋白质、碳水化合物和脂肪,贮存**糖原**、维生素和其他物质,合成凝血因子,排除血液中的废物和有毒物质,调节血容量,并破坏陈旧的红血细胞。门静脉携带血液从胃肠道、**胆囊**、胰腺、脾脏,到肝后时行加工处理。肝内的胆道系统把胆汁从肝带到十二指肠和胆囊。肝组织是由大量肝细胞组成,肝细胞间有胆管和血管穿行。肝组织内约有60%是肝细胞,它们比其他细胞具有更大的代谢功能。第二种类型的细胞是库普弗尔氏细胞,在血细胞形成、抗体产生和吞噬异物与细胞碎屑方面起重要作用。肝制造血浆蛋白质,包括白蛋白和凝血因子,并合成酶以改变从血液中滤出的营养物和毒素等物质。肝病包括**黄疸**、**肝炎**、**肝硬变**、**肿瘤**、血管阻塞、**脓肿**和**糖原贮积症**。

肝素 heparin 一种有机化合物、有短期疗效的**抗凝血药**,用于手术中及手术后,并用于多种心、肺和循环系统疾病,以预防危险的**血栓形成**,在这些情况下血凝结的风险增加。肝素是复杂的**碳水化合物**分子(黏多糖)的混合物,天然存在于肝和肺的组织内。1922年被发现,原用于实验室在抽血化验时加入肝素以防血液凝固。

肝炎 hepatitis 肝的炎症。已知有7种病毒型肝炎(A～G型):A型肝炎主要由受粪便感染的食物传播。B型肝炎通过性行为或注射传播,导致**黄疸**和感冒般的症状。C型肝炎病毒大部分因静脉药物注射共用针头而扩散,经漫长潜伏期后会导致**肝硬变**和肝癌;直到最近才有血液测试可以检验出肝炎,许多人经由输血才验出来。D型肝炎仅在B型肝炎出现的情况下才变得活跃,会导致严重的慢性肝脏疾病。E型肝炎类似A型肝炎,经由受感染的食物或水传播,其症状比A型肝炎严重,可能致死。F型肝炎病毒(HFV)首先在1994年见于报道,传播途径类似A型和E型肝炎。G型肝炎病毒(HGV)在1996年被分离出来,人们相信它造成了由性行为传播和血液载送的许多病例。G型肝炎病毒有急性和慢性两种类型,已经患有C型肝炎的人常会受到感染。已有A型和B型肝炎的疫苗(后者也能预防D型肝炎),B型和C型肝炎的药物治疗不是每次都有效,其他类型可能不需要药物治疗。慢性活动性肝炎会导致蜘蛛痣和皮肤斑纹,以及痤疮和毛发的异常生长。当病程进展到肝硬化时,会造成肝脏组织死亡(坏死)。酒精性肝炎起因于长期酗酒,通过戒酒或减少酒量等早期治疗,能够使情况好转,并防止肝硬化。其他药物也能够导致非感染性肝炎。另有一种自身免疫肝炎,主要影响年轻女性,可使用皮质类固醇来缓解症状。

肝硬变 cirrhosis 一种慢性疾病,特征为肝脏发生了不可恢复的病理变化,结果导致正常的有功能的肝细胞变性,代之以纤维结缔组织,最后导致瘢痕。最常见的原因是慢性酒精中毒及营养不良。此外还有胆管障碍、滤过性病毒感染、铁或铜累积在肝细胞,以及梅毒。黄疸、水肿和腹胀是最普遍的症状。通常因内出血或肝昏迷(血液中化学成分失去平衡)而死亡。

坩埚法 crucible process 生产优质钢或工具钢的工艺。约1740年由英国人**B.亨茨曼**发明。将小块碳钢放入封闭耐火黏土

坩埚中，用焦炭加热，在欧洲首次用此法获得1 600℃高温，将钢材熔化，得到化学成分完全一致的均质金属。1870 年后，西门子蓄热式煤气炉代替焦炭炉，所获温度更高。西门子炉设置许多燃烧炉膛，每个能容纳好几个坩埚，能同时加热多达 100 个坩埚。在很长一段时间内，优质工具钢和高速钢都用坩埚法熔炼。到 20 世纪，在许多电能便宜的国家，此法已为电炉所取代。

柑橘 orange 芸香科柑橘属几种小乔木或灌木。生长于热带或亚热带地区，果实近球形，外表质感似皮革，油腺凸出，果肉多汁可食用，富含维生素 C 。最重要的商业种是中国橙（甜橙、普通橙）、柑橘（包含橘）和无籽的脐橙。叶常绿，阔圆形，叶面光滑，中等大小；叶柄有窄翼。花芳香。柑树的产果期达50 ～ 80年。果实从树上摘离后没有后熟现象，故完全熟后方可收获。在美国最重要的柑产品是冰冻浓缩柑橘汁，约占柑产量的40%。其他主要副产品有精油、果胶、陈皮、柑橘酱和牲畜饲料。

感恩节 Thanksgiving Day 美国假日。始于 1621 年的秋天，当时普利茅斯的移民在印第安人的帮助下获得了丰收，总督 W. 布雷德福邀请周边的印第安人参加 3 天的狂欢活动以感谢这个季节的收成。1863 年被正式宣布为全国的假日，每年 11 月的第 4 个星期四举行庆祝活动。传统的感恩节食物为"新世界的食物"（火鸡和南瓜馅饼）。加拿大于 1879 年将感恩节定为全国假日，每年 10 月的第 2 个星期一举行庆祝活动。

感觉 sense 又称 sensory reception 或 sense perception（感官知觉）。接受内外环境信息的机制。神经接受到的刺激（有的情况下是由带有对某一类刺激很敏感的接受细胞的特定器官接受到的刺激）在转换为冲动后，被传送到大脑的特定区域，接受分析。除了"五官"——视觉、听觉、嗅觉、味觉和触觉——人类还有感受肌肉运动、热、冷、压力、疼痛和平衡的感受作用。温度、压力和疼痛属于皮肤感受作用；皮肤的不同部位会对其中某一刺激特别敏感。参阅耳、眼、鼻和舌。

感情依存 codependency 又称互赖症。一人以痴迷状态对另一人产生极度依赖的现象，常见特征包括自尊感低，伴以对赞许的高度需求。不从正式的精神病学诊断角度考虑，这是一种主要见于亲属之间或与酒为伴者及药物滥用者中间的心理症候群。

感染 infection 各种病原体（包括细菌、真菌、原生动物、病毒和蠕虫）对机体的侵入以及机体对它们和它们所产生毒素的反应。在感染还没有明显影响健康之前，称亚临床感染（临床症状不明显），在发展成感染性疾病时就影响健康了。感染可以是局部的（例如脓肿），局限于一个机体系统（如肺炎局限在肺部内）；也可以是全身的（如败血症）。感染病原体可以通过吸入、摄入、性传播、怀孕或分娩时传给胎儿、伤口污染、动物或昆虫叮咬等渠道进入体内。机体对入侵者的攻击作出的反应包括：使白细胞产生抗体或抗毒素；常常还会发烧。抗体会形成短期或终身免疫。尽管在防治感染性疾病方面已经取得重大的进步，但感染还是疾病和死亡的一个主要原因，特别是在卫生条件差、营养不良和人口密集的地区。

橄榄山 Olives, Mount of 耶路撒冷以东的石灰岩山脊。该山为犹太教和基督教的圣山，在《圣经》中屡见记载。行政上隶属大耶路撒冷区，由以色列管辖。数世纪以来，该山坡成为犹太人最神圣的墓地。橄榄山主峰通常指海拔 808 米的南顶。附近有客西马尼园花园遗迹。

干细胞 stem cell 生命有机体中一种尚未分化的细胞，能够产生最终构成特定组织和器官的其他细胞。主要分为两类：胚胎干细胞和成体干细胞。胚胎干细胞位于囊胚泡（初始发育阶段的胚胎）的内层细胞团中，最终会变成成年生物体的各种细胞类型。成体干细胞可在成年机体的某些组织中发现，比如皮肤的表皮、小肠的内壁以及骨髓中等处，它们能重建以替换衰老和受损的组织。在癌症治疗中，通常会从骨髓中抽取造血的成体干细胞储藏起来，然后重新输入患者体内，以替换被化学疗法和放射性治疗损毁的血细胞。替换受损组织的此类潜力已经引起了人们对采用胚胎干细胞来治疗一些其他病症（如帕金森氏病、烧伤和骨髓损伤）的极大兴趣。老鼠的胚胎干细胞被广泛用于培育经基因改造的鼠类，以此作为研究人类疾病的样本。不过，使用人类的胚胎干细胞因为会损毁从中抽取胚胎干细胞的囊胚泡，遭到了将囊胚泡阶段的胚胎视作人类存在的那些人的反对。首例人类干细胞株于 1998 年培育成功，采用的是通过试管受精产生的胚胎获取的细胞。使用人类胚胎干细胞在某些国家得到允许，但在其他国家则遭禁止或受限制。

冈比亚 Gambia 全称冈比亚共和国。非洲西部国家。为塞内加尔境内的一块飞地，国土从大西洋沿着冈比亚河往内陆延伸 475 千米。面积：11 632 平方千米。人口：约 1 883 000（2013）。首都：班珠尔。约有 2/5 的人口是马林克人，其次是富拉尼人（约占 1/5）、沃洛夫人（约占 1/8）和其他种族。语言：英语（官方语言）。宗教：伊斯兰教，亦有基督教。货币：达拉西。境内普遍多山，属雨旱两季的热带气候。高地为稀树草原，低洼地区为沼泽。冈比亚属开发中的市场经济，主要以花生种植和出口为基础。然而全国的可耕地面积仅约 1/4。冈比亚河是主要的运输动脉。旅游业也是重要的岁入来源。冈比亚是多党制共和国，一院制。国家元首暨政府首脑是总统。约公元 13 世纪初，沃洛夫、马林克和富拉尼人已开始在今冈比亚各地定居，并在该地区建立村落，后又建立王国。从 1455 年葡萄牙人发现冈比亚河时起，欧洲人便开始在此地区探险。17 世纪英国和法国在该地区均设居民点，英国在距冈比亚河口 32 千米处的岛上建立英属詹姆斯堡，为奴隶买卖的重要集聚点。1783 年《凡尔赛条约》把冈比亚河划归英国。1807 年英国废除奴隶制度后，在冈比亚河口建立一座城堡，对继续进行的奴隶贩卖实行封锁。1889 年英、法两国划定了冈比亚现在的疆界。1894 年英国宣布该区为其保护地。1965 年冈比亚宣布独立。1970 年成为英联邦内的一个共和国。1982 年与塞内加尔结为有限的联邦，联邦于 1989 年解散。20 世纪 90 年代，冈比亚面临诸多政治问题，但最主要的还是经济贫困，且一直延续至 21 世纪初。冈比亚于 1976 年首次参加在蒙特利尔举办的夏季奥运会。

冈比亚河 Gambia River 西非河流。源出几内亚，向西北流经塞内加尔，再往西流经冈比亚，注入大西洋。全长1 120千米，是西非唯一可以通航海船的河流。自富塔贾隆高地发源后，蜿蜒曲折流向河口，这是淹没山谷形成的海湾，或称沉溺河口。中、上游河段平坦，河旁低地种植稻米和花生，人口也比下游地区密集。

冈斯 Gance, Abel（1889 ～ 1981） 原名 Eugène Alexandre Péréthon。法国电影导演和编剧。1909年从影。因《哀痛的母亲》（1917）和《第十交响乐》（1918）崭露头角。《我控诉》

冈斯，摄于 1954 年
H. Roger-Viollet

（1918）和《车轮》（1923）被推崇为经典之作。他最出名的影片《拿破仑传》（1927），是一部历时 4 年拍成的不朽作品，其中包括为强调电影节奏而使用的实验性技术，用 3 架摄影机拍摄大型战争场面，同时投射在屏幕上，产生三维效果。他也是使用立体音响的先驱。这部片子在欧洲上演十分成功，但在美国因被粗糙地剪辑而反应很差，不过在 1981 年终于可播映完整版。后来拍的影片受到影片公司的控制，不能尽情发挥他的创造天分。

刚果共和国 Congo, Republic of the 又称刚果（布），旧称 Middle Congo（中刚果）。非洲中西部共和国。面积：342 000平方千米。人口：约4 324 000（2013）。首都：布拉柴维尔。约半数人口属刚果各部族。特克人、姆博希人及其他族人数量不多。语言：法语（官方语言）和班图诸语言。宗教：基督教

(以天主教为主,亦有独立教会和新教等)、传统宗教。货币:非洲金融共同体法郎。大西洋沿岸有一块狭窄海岸平原,长160千米。从低矮的山脉和高原起,有一块大平原,地势向东面的**刚果河**倾斜。地跨赤道。热带雨林覆盖刚果总面积的近2/3。野生动物种类繁多。刚果经济属发展中的混合经济。矿产品、原油、汽油和天然气占出口的90%以上。为两院制共和国,总统为国家元首和政府首脑。在前殖民时期,此区已存在几个繁盛的王国,包括始建于14世纪时的刚果王国。15世纪时,随着葡萄牙人的到来开始了奴隶贸易,这种贸易成为各地方王国的主要财源,并主宰了此区经济直到19世纪奴隶贸易被禁止。19世纪中叶法国人也抵达此区,并与两个王国签订条约,使王国置于法国的保护下,后来成为法属刚果殖民地的一部分。1910年改名**法属赤道非洲**,刚果地区以中刚果为名。1946年中刚果变成法国海外领地,1958年通过投票成为法兰西共同体内的一个自治共和国,1960年获得完全独立。独立后政局动荡不安,第一任总统在1963年被逐。后由刚果工党(马克思主义政党)得势。1968年M. 恩古瓦比少校发动另一场军事政变,创立刚果人民共和国,但他在1977年被暗杀。接下来由一连串的军事统治者来治理国家,刚开始时为富于战斗性的社会主义分子,后来则倾向于社会民主政治。1997年各地民兵之间的战斗严重瓦解了国家经济,2003年的和平协议基本上终止了冲突,但暴力行动不断发生。刚果共和国于1964年首次参加在东京举办的夏季奥运会。

刚果河　Congo River　又称 Zaire River(扎伊尔河)。非洲中西部河流。上游为赞比亚境内的谦比西河,河道穿越刚果民主共和国,注入大西洋。长约4 700千米,为非洲第二大河。自源头至河口分上、中、下很不相同的三段。上游的特点多湖泊、瀑布或险滩;中游有7个大瀑布,称为博约马(斯坦利)瀑布;下游分成两支流,形成一片广阔的湖区,称为马莱博(斯坦利)湖。

刚果民主共和国　Congo, Democratic Republic of the　又称刚果(金)。旧称 Republic of Zaire(扎伊尔共和国,1971～1997)。非洲中部国家。面积:2 345 410平方千米。人口:约71 420 000(2013)。首都:**金沙萨**。讲班图语居民形成该国人口的大多数,他们包括芒戈人、刚果人和卢巴人;在非班图语居民中有北部的苏丹族群。语言:法语(官方语言),林加拉语、斯瓦希里语、刚果语、奇卢伯语(均为民族语言)和其他语言。宗教:基督教(天主教、新教和其他教派)、传统宗教和伊斯兰教。货币:刚果法郎。为非洲第三大国,地处**刚果河**流域的中心地段。盆地周围高原耸立。窄长的大西洋沿岸地区是刚果河的入海通道。该国地跨赤道,潮湿热带气候。是世界最贫穷国家之一。经济以采矿和农业为主。出口钻石、石油和咖啡。矿产品包括铜、钴和工业用钻石。为单一制多党制共和国,实行两院制。国家元首为总统,政府首脑为总理。在欧洲人殖民之前,该区出现几个本土的王国,包括16世纪卢巴王国和库巴联盟,库巴联盟18世纪曾达到全盛时期。19世纪后期,比利时国王利奥波德二世资助 H. M. 斯坦利探勘刚果河,欧洲人始加以开发。1884～1885年柏林西非会议承认刚果自由邦,利奥波德为该邦君主。对橡胶需求的日益增加有助于为刚果的经济开发筹措资金,但提取橡胶引起的弊端激怒了西方各国,迫使利奥波德向自由邦颁发作为比属刚果(1908)的殖民许可状。1960年获准独立。独立后内部动荡不安,1965年发生军事政变达到顶点,促使**蒙博托**将军掌权。他于1971年改国名为扎伊尔。管理不当、腐败及逐渐增加的暴力,破坏了扎伊尔的基础设施和经济。1997年蒙博托下台,恢复国名为刚果(金)。邻国动荡不安、卢旺达难民的涌入,以及对刚果的矿产资源的欲望,导致不少非洲国家军事卷入,致使内战加剧。动乱状态在21世纪初一直持续。至2003年成立过渡政府(包括大多数反叛势力的成员)和2006年通过新宪法及正式组建民选政府,动乱有所减少。刚果民主共和国于1968年首次参加在墨西哥城举办的夏季奥运会。

钢鼓　steel drum　一种有固定音高的敲击乐器。用油桶的底端和部分桶壁制成。桶的底面被锤打成凹形,有几个地方都有凿刻的凹槽确定轮廓。将鼓加热锤炼,顶部被锤打成外部轮廓部分;每个凸台的深度、弯曲及其大小决定其音高。复杂的伴奏、旋律和旋律配合都可以使用橡皮头的锤子打击钢鼓奏出。钢鼓源于20世纪40年代的特立尼达岛。通常在合奏中演奏,称为钢鼓乐队,演奏人数不等。

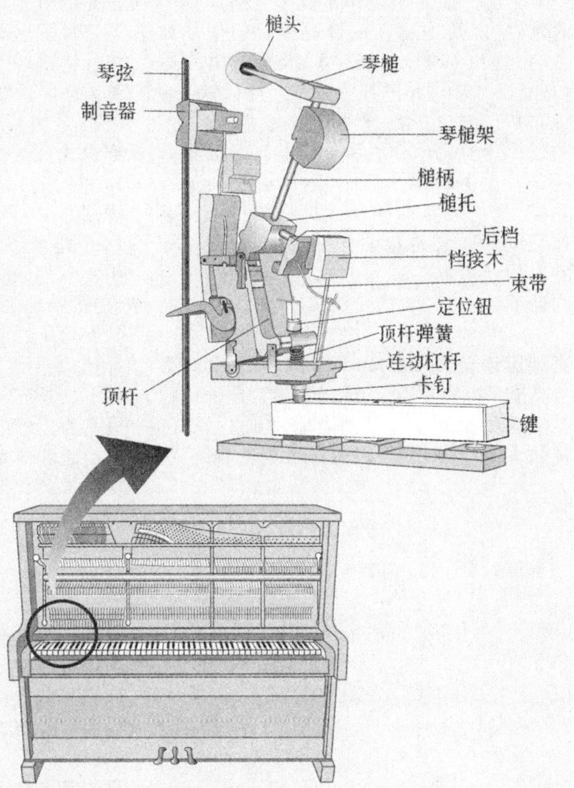

钢琴的每个键都是复杂的机械系统,通过击打紧绷的琴弦产生乐音。依据操作琴键与踏板的不同,机械作用会让同样的音符产生各种不同的效果,从朦胧到明快并从快速到持续。

钢琴　piano　又称 pianoforte。一种装有金属弦的键盘乐器,弹奏键盘使琴槌击弦,弦即发声。钢琴在1720年以前由 **B. 克里斯托福里**在佛罗伦萨发明,目的是表现音符到音符的动态变化(**拨弦键琴**就缺乏这种变化)。它和**击弦键琴**的区别在于其琴槌(而不是击弦金属小片)敲弦并弹回,使受敲击的弦发出响亮的声音,其活动幅度较大。钢琴使用能够承受琴弦巨大能力的铸铁弦框。钢琴有各种形状,原来的大键琴(翼琴)式钢琴现仍以现代的平台式钢琴存在,较便宜的方形钢琴(实际上是矩形的)在19世纪初成为标准形式,后被竖式钢琴取代,该钢琴的琴弦是垂直的。在西方音乐中,钢琴至少有150年都是最重要的乐器。

高德温　Goldwyn, Samuel(1879～1974)　原名 Schmuel Gelbfisz(施姆埃尔·高伯菲什),后称 Samuel Goldfish(塞缪尔·高德菲什)。美国电影制片人。13岁时独自从波兰移民纽约,在一家手套工厂工作,并成为手套推销员。1913年和内兄 J. 拉斯基(1880～1958)及 C. B. 德米尔共同组成电影公司。1917年离开公司,与 E. 赛尔温一起创建高德温影片公司。1924年公司并入米高梅公司时,他已成为独立制片人。一切都由他掌控,他成了伟大的演出经理人,聘请顶尖的电影编剧、导演、演员等拍摄电影,因此他制作的影片始终保持高水平,如《呼啸山庄》(1939)、《小狐狸》(1941)、《我们生活的美好年代》(1946)、《红男绿女》(1955)和《波姬与贝思》(1959)等。

高迪　Gaudí (i Cornet), Antoni(1852～1926)　西班牙语作 Antonio Gaudí y Cornet。西班牙(加泰罗尼亚)建筑师。初期作品的

风格实际上是穆迪扎尔式(西班牙伊斯兰教基督教形式)的,1902年其独树一帜的风格已超越了任何的传统风格。他开始设计一种"平衡"的结构,没有支柱也可以自己站着不倒。他的系统采用能承受斜向推力的墩柱,以及迭层瓦的薄壳拱顶。作品如盖勒公园(1900～1914)、米拉公寓大楼(1905～1910)和巴特罗公寓大楼(1904～1906),以波浪形的外观和多彩的装饰(如碎陶片)为特色。往后大半生都奉献给修建非凡的圣家堂工程,但到他去世时还未完成,他把原本的哥特式风格转变为一种连贯的形式和各种各样细部林立,使用螺旋形的墙垛、拱顶、塔楼,以及双曲抛物面的屋顶。

高地运动会 Highland Games 原为苏格兰高地举行的运动会,现指世界各地举行的类似运动会,通常都是由当地的苏格兰社区赞助举行。比赛项目包括赛跑、跨栏赛跑、跳

布雷马运动会上的抛杆比赛
Aberdeen Journals Ltd.

高、跳远、投掷、链球、抛杆等。抛杆用的杆由杉木制成,一头粗,一头细,长约5米,重约40千克。抛时要让杆翻转,使杆着地时细端指向前方。风笛演奏和高地舞蹈比赛也是运动会的重要项目。

高尔 Gower, John(1330?～1408) 英格兰诗人。他的作品继承了歌颂典雅爱情和道德讽喻诗歌的传统,对当时的诗坛影响极大。其好友G.乔叟称他为"道德的高尔"。《沉思者之镜》(约1374～1378)以法语写成,是罪恶与美德的寓言作品;《呼号者的声音》(1385?)是其主要的拉丁语诗篇,深受罗马诗人奥维德的影响;最著名的英语作品则是《一个情人的忏悔》(约开始写于1386年),是一部规诫性的爱情故事汇编。

高尔顿 Galton, Francis(1822～1911) 后称Sir Francis。英国探险家、人类学家和优生学家,以在许多领域的开创性研究著称。他是C.达尔文的表弟,在剑桥大学学医,但没有拿到学位。年轻时遍游欧洲和非洲,对动物学和地理学做出有益的贡献。他是最早承认达尔文进化论的学者之一,后来创造优生学一词,指出可用科学方法通过选择配偶,提高优质人口的比例。他的目的并不在于制造一个贵族名流阶层,而是在于产生出一大批完全由优秀的男人和女人组成的居民群。他还写了一些有关人类智力、指纹辨识、应用统计学、孪生子、输血、犯罪行为、气象学和计量方面的重要作品。

高尔夫球 golf 选手使用特殊球杆(限于14根以内)试图以最少杆数把表面有无数浅凹的小球依序打进室外球场上的9个或18个连续坑洞的比赛。每个球洞包括:①发球区,最初把球击向实际坑洞(或球穴)的空地;②平坦球道,草皮经彻底剪修而常有弯角的长道;③果岭,包含球洞的平坦绿地;④一个或更多的自然或人工障碍物(例如沙坑)。每个球洞有相关的标准杆,通常为3～5杆。高尔夫球发展于苏格兰,它的起源很难确定,尽管有证据表明高尔夫球的雏形首先是产生在荷兰,之后才是苏格兰。球场原本是成群绵羊以特有的啃食方式把草裁短的草地。高尔夫球最初是木制品,17世纪时改为填入熟羽的皮革,19世纪时采用杜仲胶,到20世纪改为硬橡胶。球杆的传统名称是"铁杆"(主要用于中距离和短程击球)和"木杆"(主要用于长距离击球),如今铁杆大多以不锈钢制成,而木杆的头通常由钢或钛等金属制成。

高尔基 Gorky, Arshile(1904～1948) 原名Vosdanik Adoian(沃斯达尼格·阿多伊安)。土耳其亚美尼亚裔美国画家,是超现实主义与抽象表现主义之间的最重要的直接纽带。1920年移民美国,曾在罗得岛设计学校学画;1925年定居纽约市,在中央美术大学院就读,1926～1931年任教于该校。他长期研习P.塞尚、J.米罗、P.毕加索等艺术家的绘画风格,融会贯通他们的美学观,直到遇见流亡欧洲的超现实主义画家,才发展出自己的抽象主义风格,作品常使人把植物形象描绘成人的内脏,漂浮在色彩柔和的无定形背景里。由于遭到一连串个人悲剧打击——多数作品在画室失火时被毁、遭遇车祸以致残废、罹患癌症、妻子又离他而去,他以自缢形式结束自己的生命。

高尔基 Gorky, Maxim(1868～1936) 原名Aleksey Maksimovich Peshkov(阿列克塞·马克西莫维奇·彼什科夫)。俄国作家。童年生活贫困而悲惨,后成为四处漂泊的流浪者,因此取笔名"高尔基"(意为"惨苦")。早期作品以同情的观点描述俄罗斯社会底层人民的生活,这类作品有小说《切尔卡什》(1895)、《二十六个男人和一个女人》(1899)以及著名的剧作《深渊》(1902)等。由于参与革命活动,在国外度过7年政治放逐生涯(1906～1913)。他的自传三部曲是:《童年》(1913～1914)、《在人间》(1915～1916)和《我的大学》(1923)。虽然早期常公开批评列宁和布尔什维克党人,但1919年以后他与列宁的政府合作。很快便成为苏联作家不容争议的领袖。他作为苏联作家协会的首任主席,协助建立社会现实主义的文艺理论和创作方法。1921～1928年间住在意大利。他在接受治疗期间突然去世,有人认为可能是斯大林下令将他处死。

高尔斯华绥 Galsworthy, John(1867～1933) 英国小说家和剧作家。他放弃律师职业,成为一个作家,许多作品以法律为主题。在写出长篇巨著《福尔赛世家》(1922年完成)的第一部《有产业的人》(1906)之前,已出版了一些作品。他主要因这个家族纪事而闻名,它包含了由两段插曲相连的3本小说。他继续以福尔赛一家的故事为题材,写成另外三部小说,合称《现代喜剧》(1929)。他的剧作用自然主义手法剖析一些道德问题或社会问题,如《银匣》(1906)、《斗争》(1909)、《法网》(1910)和《忠诚》(1922)等。1932年获诺贝尔文学奖。

高庚 Gauguin, (Eugène-Henri-) Paul(1848～1903) 又译高更。法国画家、雕刻家和版画家。出生于巴黎,童年在利马长大(母亲是秘鲁克里奥尔人)。从1872年到1882年他在巴黎是一个事业成功的股票经纪人。19世纪70年代受到印象主义的鼓舞,开始作画。1874年结识C.毕沙罗,19世纪80年代与印象主义画家们一起展览作品。1883年失去工作,成为专职的画家。由于对中产阶级的唯物主义感到幻灭,1886年迁往布列塔尼的阿望桥村专心作画,在当地成为一群画家热衷模仿的对象。在巴黎和V.凡·高的相会(1886)以及到马提尼克岛(1887)的旅行,改变了他的一生:与印象主义决裂,1891年迁居塔希提。他的作品公开抗拒唯物主义。他是一个具有影响力的创新者,野兽主义在用色方面受他的影响最大,P.毕加索也受到他的鼓舞,他的原始主义和质朴的作风使人们开始欣赏非洲艺术,并促进了立体主义的发展。参阅后印象主义。

高加索 Caucasia 又拼Caucasus。俄语作Kavkaz。位于黑海和里海之间的山区。面积440 000平方千米,跨越俄罗斯、格鲁吉亚、阿塞拜疆和亚美尼亚等国境,并形成欧亚之间传统分界线的一部分。该地被高加索山脉一分为二,大高加索山脉以北称北高加索,以南称外高加索。自古即有人居住,18～19世纪俄国人占领之前,该地区是波斯人和土耳其人有名无实的领地。

高加索山脉 Caucasus Mountains 俄语作Kavkazsky Khrebet。位于黑海和里海之间的山脉,有时被视为欧洲的东南界线。原为火山,形成两个明显的山系——北部的大高加索山脉和南部的小高加索山脉。延伸约1 200千米,跨越俄罗斯南部、格鲁吉亚、阿塞拜疆和亚美尼亚。许多山峰超过4 600米,最高峰是厄尔布鲁士山。有几个山口从山脉穿过,其中包括达尔亚山口和马麦森山口。当地有相当丰富的水力资源(包括库拉低地),以及宝贵的石油和天然气储量。高加索自然保护区以及该山脉西部的一些地区于1999年被联合国教科文组织列为世界遗产。

高加索诸语言　Caucasian languages　通行于高加索地区的几种语言，不属于世界任何其他地方通行的语族。有近900万人操高加索诸语言，这些语言可分为3个语支：南高加索语或卡尔特维尔语族、西北高加索语或阿布哈兹-阿迪格诸语言、东北高加索语或纳克赫-达吉斯坦诸语言。卡尔特维尔语族，约有超过450万人操此语言，有4种相对亲缘的语言，包括格鲁吉亚语。西北高加索诸语言包括阿布哈兹语以及统称切尔克斯语的一系列方言。东北高加索诸语言又细分为两个语支，纳克赫和达吉斯坦。纳克赫诸语言包括车臣语、印古什语，通行于车臣、印古什境内，约有100多万人操此种语言。达吉斯坦语支包括25～30种不同的语言，主要通行于阿塞拜疆北部和达吉斯坦共和国，约有170万人操这些语言。达吉斯坦语还包括阿瓦尔语、拉克语、莱兹吉语等，均有数十万人讲这些语言，其他语言只在为数不多的几个村落使用。尽管这些语言有很大差异，但大部分高加索诸语言在庞大的辅音系统，以及格标、动词指示格或句法结构方面都存在共性。除格鲁吉亚语明显不同之外，这些高加索语的标准书写形式都使用西里尔字母。车臣人则想借用拉丁字母来书写车臣语。

高架渠　aqueduct　输水用的人工结构，尤其指通过河谷的高架水道。罗马人修建了古代最宏伟的输水道，从92千米远的地方向城市供水。其中部分是利用石拱结构，大部分是以石头和赤陶造的地下沟渠。现代输水管道多用钢、铁制成。

高利贷　usury　在法律中指索取不合法的高额利率的罪行。在古英语律法中，任何获取此类补偿的行为均称之为高利贷。13世纪随着贸易的扩大，赊欠需求也开始增长，因此有必要对该术语的释义进行修饰。1545年，英国规定了一个法定最高利息。这一做法后来为其他西方国家所仿效。

高粱　sorghum　禾本科**谷物**类作物及其可食的颖果。可能原产于非洲。主要种植用来收取其颖果的类型均属普通高粱，包括谷高粱和供作干草、饲料的草高粱变种以及用来扎扫帚、刷子的帚高粱。高粱是粗壮禾草，通常高0.5～2.5米或更高。其种子较小麦种子小。虽含丰富的碳水化合物，但食用价值低于玉米。高粱耐热抗旱，是非洲的主要谷物之一，美国、印度、巴基斯坦、中国东北部和华北也有栽培。大量种植则是在伊朗、阿拉伯半岛、阿根廷、澳大利亚和南欧。高粱通常碾成粉做粥、小面包干和糕饼。

高隆班，圣　Columban, St.（543？～615）爱尔兰基督教教士和隐修院院长。凯尔特教会最重要的传教士之一，他发起欧洲大陆的灵性复兴运动。约590年偕同12名修士自爱尔兰出发，后定居于高卢的孚日山脉，在邻近的卢索维姆和枫丹设立隐修院。他因谴责勃艮第宫廷腐化堕落和按照凯尔特习俗庆祝基督复活节被惩罚，被迫离开法国进入瑞士，向日耳曼族阿勒曼尼人传教。后来定居意大利，约612年创办博比奥隐修院。

高卢　Gaul　拉丁语为Gallia。欧洲古代国家。大致位于莱茵河以南、以西、阿尔卑斯山脉以西和比利牛斯山以北地区。波河以北的高卢人曾在公元前400年左右蹂躏罗马，到公元前181年时，罗马人已经降服了意大利北部地区，他们称之为山南高卢。到了下一个世纪，罗马人又征服了被称为山外高卢的地区。其范围包括现在的法国和比利时大部分地区，瑞士、德国和荷兰的一部分。公元前58～前50年间，**凯撒**完成对高卢的征服（参阅**高卢战争**），首府设在杜努姆（今里昂）。高卢整个地区在公元1世纪时被划分为几个行省，包括纳尔榜南西斯、阿基塔尼亚、卢格杜南西斯和**贝尔吉卡**。到了公元260年，此区已成为动乱中心。到6世纪时，罗马已放弃所有的高卢领土。

高卢战争　Gallic Wars（公元前58～前50）罗马总督凯撒征服高卢的战役。凯撒率兵踏遍整个高卢地区，全靠高超的战略、战术、纪律和军事工程技术取胜。公元前58年他在罗马西北边界打退了赫尔维蒂人，然后征服北部的高卢民族的比利其人（公元前57），再征服维内蒂人（公元前56），然后跨越莱茵河袭击日耳曼人（公元前55），并跨过英吉利海峡攻击不列颠（公元前55、公元前54）。最主要的一次胜利是在公元前52年击败**韦辛格托里克斯**所率领的高卢军队。凯撒在《高卢战纪》曾记述了这几场战争。

高卢主义　Gallicanism　用来限制教皇权力的法国教会和政府的政策。它肯定法国君主的世俗权力不受干预；普世会议高于教皇；教士与国王联合反对教皇干涉法兰西内部事务。高卢主义反对拥护教皇权威的教皇至上论，这种教条在中世纪政教之争中扮演了重要角色。在经过几次国王和教皇之间的冲突后，查理七世于1438年颁布**布尔日国事诏书**，宣称教皇应服从会议，教皇权限应由国王决定。

高炉　blast furnace　用以生产液体金属的一种竖式筒形炉。方法是向炉底通入加压的空气，以便同从炉顶加进的由矿石、焦炭和溶剂组成的混合料发生反应。高炉可用来从铁矿石生产生铁并随后送去炼钢，也可用于生产铅、铜和其他金属。通过加压空气流来维持迅速的燃烧。早在公元前200年中国已使用高炉，欧洲在13世纪才出现，取代当时的锻铁炉炼钢法。现代高炉的高度约20～35米不等，炉缸直径约6～14米，用焦炭作燃料，每日生产铸铁900～9 000吨。参阅**熔炼**。

高棉人　Khmer　又称Cambodian或Kampuchean（柬埔寨人）。柬埔寨人口中人数最多的种族语言群体。少数高棉人生活在泰国的东南部和越南南方湄公河三角洲地区。传统上是农业人口，以稻米和鱼类为食，生活于农村。手工艺包括纺织、制陶和金属制品。信奉**上座部佛教**，与前佛教时期的万物有灵论信仰并存。从历史上看，印度文化对高棉文化有很大影响。

高棉语　Khmer language　又称Cambodian language（柬埔寨语）。柬埔寨、越南南部和泰国部分地区700多万人使用的孟-高棉语言，是柬埔寨的国语。高棉书写文字是相互分开的，就像缅甸文、泰文和寮文的书写系统一样，源于南亚的帕那瓦文字（参阅**印度诸文字体系**）。最早的古高棉文刻印文字始于7世纪。在**吴哥**时期（9～15世纪），高棉语的大量词汇被泰语、寮语和该地区的其他语言所借用（参阅**傣语诸语言**），而其本身也从**梵语**和**巴利语**借用许多字词。

高鸣鹤　whooping crane　鹤科鸟类，学名*Grus americana*，即美洲鹤。最高的美洲鸟，也是世界稀禽之一，正式列为濒危种。体高约150厘米，翅展约210厘米。体羽白色，翅尖

高鸣鹤（*Grus americana*）
H. William Belknap

黑色，腿黑色，裸露的面部和头顶红色。其高声鸣叫在3千米外都能听到。据信，若干时间以来高鸣鹤之类鸟类的数量之所以下降，主要原因是生态条件的改变，人类的捕猎及垦荒只是部分原因。20世纪末全世界高鸣鹤的数量还不到300只。

高乃依　Corneille, Pierre（1606～1684）法国诗人和剧作家。曾学习法律。1628～1650年任鲁昂王家律师。他的处女作是20岁前写的喜剧《梅丽特》（1629年首演），此后

P. 高乃依油画像（1647），据说为C. Le布兰所绘；现藏凡尔赛国家博物馆
Cliche Musees Nationaux, Paris

又写有多部喜剧。他尝试用一种写古典悲剧的新方法（三一律）写出《梅黛》（1635），接着又写出《熙德》（1637），结果立刻引起轰动，他成为法国古典悲剧的开拓者；此剧被公认

是法国戏剧史上最具意义的一部。后来动笔创作《贺拉斯》(1641)、《西拿》(1643)、《波里耶克特》(1643),与《熙德》一起构成他的“古典主义四部曲”。后来逐渐转向写喜剧,其作品《撒谎者》(1644)在法国古典喜剧中占最重要的地位。1660年以后,高乃依约一年写一部剧本,他最后一部是悲剧《苏莱拿》(1674)。

高清晰度电视 high-definition television (HDTV) 屏幕影像分辨率大于普通525条扫描线(欧洲625条)的电视系统。传统电视以模拟形式传送讯号。而数字高清晰度电视系统是以数值数据的形式传送影像和声音。这些数值数据利用载送模拟电波相同的高无线电波频率来广播,接着由数字电视机里面的计算机处理器将数据解码。数字高清晰度电视可以提供更清晰的画面和声音,干扰噪声极少。更重要的是数字电视机除了接收影像之外,还可以传送、储存及制作影像,具备有电视机和计算机的双重功能。

高山滑雪 Alpine skiing 滑雪竞赛,分回转和速降滑雪两类。后者线路较长,坡度较大,速度快而转弯少,比赛选手每人滑行一次。1936年高山滑雪首次被列入奥林匹克比赛项目。参阅北欧滑雪。

高射炮 antiaircraft gun 从地面或甲板上射击的抵御空袭的火炮。第一次世界大战中首次使用,将野战炮改装成用于防空的炮,但是瞄准手段不够好。20世纪20年代和30年代,测距仪、探照灯都有了巨大的发展。第二次世界大战中,出现了速射自动高射炮,雷达用于跟踪目标,小型无线电近炸引信在弹头接近目标时使之起爆。英、美军队广泛使用40毫米高射炮来对付俯冲轰炸机,它能将炮弹射至3.2千米高。对付高空飞行的轰炸机的重型高炮的口径达到120毫米。高射炮中效果最好的是德制88毫米高射炮(*Fliegerabwehrkanone*),它的缩略语 flak 成为防空火力的通用语。随着20世纪50和60年代间装备地对空导弹,诸如此类的重型高射炮便退役了,不过轻型雷达制导的自动高射炮仍然能有效防御低空飞行的飞机和直升机。

高斯 Gauss, Carl Friedrich(1777～1855) 原名 Johann Friedrich Carl Gauss。德国数学家、天文学家和物理学家。双亲贫穷,他却是令人惊异的神童。十几岁时已做出惊人的证明,在古代语言方面也展现长才。他出版了150本以上的书籍,也做出代数学的基本理论(在他的博士论文中)、最小平方法、高斯-约当消去法(矩阵方程求解)、钟形曲线或高斯错误曲线(参阅正态分布)等重要贡献。在他死后,人们找到他没有出版的许多重要报告——只因这些报告没有达到他的高标准要求。他对非欧几里德几何学的发展在几十年里不曾受到注意。高斯也对物理学和天文学做出重要贡献,并率先把数学应用于引力、电力、磁性。他也发展出电位理论和实分析的领域。他与阿基米德和I.牛顿一样,是古往今来最伟大的数学家之一。

高特利集团 Altria Group, Inc. 美国的控股公司,经营烟草、食品和金融服务业务。旧称菲利普·莫里斯公司,2003年1月该集团更名为高特利。它控股的公司包括卡夫食品公司(包括雷诺-纳比斯科公司)、菲利普·莫里斯国际公司以及菲利普·莫里斯美国公司(参阅菲利普·莫里斯公司),它还拥有南非-米勒啤酒公司(SABMiller PLC)的股份,该公司2002年由南非啤酒公司和米勒啤酒公司合并而成。1969年菲利普·莫里斯公司收购了米勒啤酒公司。后来它又先后收购了通用食品公司(1985)、卡夫食品公司(1988)和纳比斯科公司(2000),从而进一步降低对烟草的依赖。1998年美国46个州起诉菲利普·莫里斯公司和其他卷烟制造商,作为法庭和解内容的一部分,该公司同意与其他公司一起支付给这些州2 000多亿美元,赔偿与吸烟有关的医疗费用。

高文 Gawain 亚瑟王的圆桌骑士。亚瑟王的侄子,以完美骑士的典范出现于早期亚瑟王传奇里。但在后来的传奇故事里,他的形象因傲慢和看不出圣杯的重要意义而受损。14世纪时,在中古英文诗《高文爵士和绿衣骑士》中,他接受一位神秘绿衣骑士的挑战,绿衣骑士提议让高文砍下他的头,他在一年后会予以还击。当高文砍下他的头时,他拾起自己的头就离开宫殿,高文于是开始到处找他。经过一连串的试探后,高文遭到绿衣骑士的还击,不过仅受了一点伤,因为他的脖子有一条神奇的绿色饰带保护。

高血压病 hypertension 又作 high blood pressure。血压偏高的病症。随着时间的推移会伤害肾脏、脑、眼睛和心脏。高血压加速动脉硬化,增加心肌梗塞、中风与肾衰竭的风险。在老年人及黑人较为常见,通常没有征候,只能定期进行血压检查及早发现。继发性高血压是由其他疾病造成(肾脏疾病或激素失衡最常见),约占10%。其他90%没有特别的病因(原发性高血压)。低盐饮食、减重、戒烟、限制酒精摄取、适当运动可以预防或治疗高血压,或是在证明药物疗法不可少时减少药物。恶性高血压是严重快速发展的形式,须用药物扩张血管的紧急治疗。

高原 plateau 平坦高地的广阔区域,通常四周全是陡崖,但有时周围是高山。高原分布甚广,连同所包围的盆地一起,大约共占地球陆地面积的45%。高原最基本的特征是地势相对高差低而海拔相当高。地势高差低将高原和高山区别开来,虽然它们的起源可能相似。高原由于海拔高,常产生独有的局部性气候,高原和它们周围环境的地貌经常产生干旱和半干旱的情况。

高原病 altitude sickness 又称 mountain sickness(高山病)。从海平面或海拔较低的地区进入海拔2 400米以上的地区时发生的急性反应。虽然多数人能逐渐适应,但有些人反应甚为严重,若不返回低地则可能致死。机体对高海拔低氧会产生正常的适应性变化(如气喘和心跳加快等)被夸张了。其他表现为头痛、胃肠功能紊乱和软弱无力等。肺水肿是一种较严重的高原反应,给氧或返回低地后,症状即迅速消退。

羔羊肉 lamb 出生不到一年的小羊和此种小羊的肉。一年以上的成熟公羊或母羊的肉称羊肉;12～20个月大的羊的肉可称一龄羊肉。6～10周大的羊的肉通常作为乳羊肉出售,5～6个月大的羊的肉称仔羊肉。羔羊肉和羊肉的主要消费国(按人均计算)是新西兰和澳大利亚。

睾丸炎 orchitis 因感染(通常是流行性腮腺炎感染)或化学、物理损伤所致的睾丸炎症和水肿。睾丸内丰富的血液及淋巴循环阻挡了大部分非因严重损伤造成的感染。常见症状为高热、睾丸突然疼痛、恶心、呕吐、肿胀、坠胀感及睾丸触痛。脓性和血性液体存积在阴囊内通常会造成阴囊发红变厚。治疗方式包括使用抗生素、卧床休息、托起阴囊、冷敷、手术或引流。

睾丸甾酮 testosterone 睾丸产生的雄性激素能促进男性器官的发育和男性第二性征的形成(如长胡须、男性肌肉、声音粗、男性秃顶)。睾丸甾酮可以通过处理较为廉价的类固醇制成。在医学上它可以用来治疗睾丸机能不全、某些类型的乳腺癌,性感缺失及抑制泌乳。

锆 zirconium 化学元素,化学符号为 Zr。周期表 IVb 族金属,用作核反应堆的结构材料。原子序数40。不纯的锆金属又硬又脆;经高度提纯后变软,有韧性。它的丰度相对较高,以锆石矿和斜锆石矿的形式存在。由于中子可顺利穿过,锆成为20世纪40年代核能应用中的重要材料。此外,还可用于合金、烟花爆竹、闪光泡以及作为氧气和其他气体的净化剂。锆在化合物中以4价为主,它的化合物是重要的工业材料。氧化锆用于压电晶体(参阅压电现象)、高频导线、有色釉和玻璃、耐火纤维,以及治疗因毒漆引起的皮疹的制剂。

锆石 zircon 硅酸盐矿物,是锆的硅酸盐($ZrSiO_4$),锆的主要来源。在酸性火成岩中作为副矿物广泛存在,也产于变质岩,以及碎屑沉积物中。在世界许多地方,特别是澳大

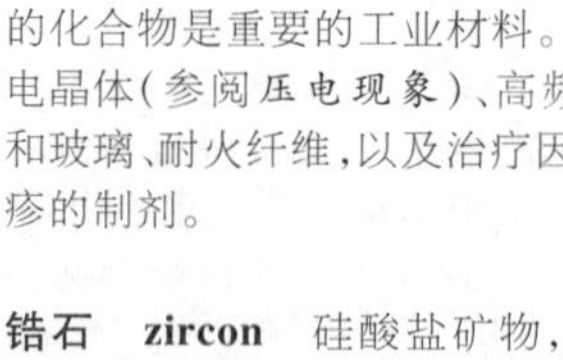

产自科罗拉多州夏延峡谷的石英锆石

By courtesy of the Field Museum of Natural History, Chicago; photograph, John H. Gerard-EB INC.

利亚、印度、巴西和美国佛罗里达州，产在海滩沙中，是沉积岩中常见的重矿物。各种宝石级的锆石产自河流砂砾和碎屑沉积物中，特别是在印度支那和斯里兰卡，但在缅甸、澳大利亚和新西兰也有产出。锆石是挪威南部的正长岩的重要组成部分，在加拿大的魁北克有大型晶体产出。

戈壁沙漠　Gobi Desert　亚洲中部沙漠。世界上巨大的荒漠和半荒漠地区之一。它穿越蒙古和中国大片土地。为一长1 609千米、宽500 ～1 000千米的弧形地带，面积约为130万平方千米。和常与沙漠相连的形象相反，戈壁沙漠大部分地区不是沙，而是裸露岩石。

戈宾诺伯爵　Gobineau, Joseph-Arthur, count de(1816～1882)　法国外交官、作家。在担任外交官(1849～1877)期间，写了《人种不平等论》(4卷；1853～1855)，提出白色人种优越于其他人种，并称“雅利安人”即日耳曼民族代表文明之最高峰。说明雅利安人社会只是在没有黑人和黄种人血缘时才能保持繁荣，而且种族通婚会导致腐败。他书中的种族决定论对于H. S. 张伯伦、A. 希特勒等人的思想有明显影响。

戈布兰家族　Gobelin family　法国染织师家族。15世纪晚期，J. 戈布兰(1476年卒)和P. 戈布兰兄弟发明绯红色颜料，并在巴黎附近开设工厂，一直兴盛至16世纪晚期。1601年将工厂租给亨利四世，亨利四世引进佛兰芒的织工开始生产挂毯。1662年路易十四将工厂重组，指派C. 勒布朗负责监督，专门为皇家生产挂毯和室内装饰品。1694年工厂关闭。18世纪时在J.-B. 乌德里和F. 布歇监督下仅生产挂毯。在法国大革命期间一度关闭，后拿破仑使之重开。自1826年以来一直生产地毯和挂毯。

戈达德　Goddard, Robert Hutchings(1882～1945)　美国发明家，被公认为现代火箭技术之父。生于马萨诸塞伍斯特。在克拉克大学获博士学位，后来大部分时间在该校任教。1908年开始研究火箭，首次证明了真空中存在推力，进而可以产生推进作用的原理。他最先研制用液态燃料(液氧和汽油)的火箭发动机(1926年进行试验)和最早从数学上探讨包括液氧和液氢在内的各种燃料单位重量的能量推力比。1935年第一次发射了一枚超过声速的液体燃料火箭；他还获得火箭飞行器变轨装置和用多级火箭增大发射高度的专利，并研制了首批火箭发动机燃料泵、自冷式火箭发动机和用于进行太空探测的发动机的其他部件。他的许多研究工作走在德国W. von布劳恩之前，直到第二次世界大战结束。他死后才受到美国政府的注意。

戈达尔　Godard, Jean-Luc(1930～　)　法国电影导演。曾为有影响的电影杂志《电影手册》写评论文章，后来拍了他的第一部故事片《精疲力尽》(1960)，使观众大为惊讶。这部电影没有脚本，使用即兴式拍摄手法，建立了他的新浪潮风格。在后来的作品如《唤醒她的人生》(1962)、《狂人皮埃洛》(1965)、《阿尔伐城》(1965)和《周末》(1968)中，他继续探索新技术，创造性地利用摄影机来表达政治批评。在《人人为己》(1979)和《激情》(1982)等片中又表现出对世界的关怀；他表现基督诞生的《圣母玛利亚》(1985)一片震惊了观众和教廷。

戈黛娃夫人　Godiva, Lady(活动时期约1040～1080)　盎格鲁-撒克逊的贵妇，传说因裸体骑马穿过考文垂而闻名于世。戈黛娃是默西亚伯爵利奥弗里克(1057年卒)的妻子，他们在考文垂建立了一处隐修院。没有证据说明骑马者与历史上的戈黛娃有关。据说，她的丈夫由于被她无休止地请求减免考文垂的重税所激怒，宣称只要她裸体骑马通过闹市，就准其所请。她照办了，她的长发披盖全身，只露出双腿。结果，利奥弗里克免去该城除马税外的所有税捐。较晚的一部编年史声称戈黛娃要求全城百姓在她骑马穿过市镇时全部留在屋内。窥望的汤姆是指一个从窗口往外看的市民，显然成了17世纪时此传说的组成部分。在大多数故事中，他顿时瞎了双眼或死去。

戈德马克　Goldmark, Peter Carl(1906～1977)　匈牙利裔美国工程师。在维也纳大学获博士学位，1933年移民美国，1936～1972年在哥伦比亚广播公司实验室工作。1940年首次演示以三色转盘方法为基础的彩色电视系统，该系统在工厂、医院和学校的闭路电视中得到广泛应用，因为它的彩色电视摄影机比最终用于商业电视用的小巧、轻便且易于操作和检修。1948年研制出能长时间放音的密纹唱片，是唱片工业的一大革新。1950年研发一种扫描系统，使美国的月球轨道飞行器(1966年发射)能够从38万千米外的月球把图像转发到地球。

戈德温　Godwin, William(1756～1836)　英国作家。曾担任长老教会的长老，但很快便放弃其信仰。他的著作《有关政治正义之研究》(1793)迷住了S. T. 柯尔律治、W. 华兹华斯、R. 骚赛和P. B. 雪莱(后来成为他的女婿)，谴责婚姻制度和其他事情。小说《卡列布·威廉斯历险记》(1794)是他的杰作。1797年与M. 沃斯通克拉夫特结婚，但其妻在生下女儿(雪莱之妻)后不久去世。

戈登　Gordon, Charles George(1833～1885)　英国将军，因镇压中国太平军和守卫喀土穆时被苏丹起义者杀死而出名。克里米亚战争(1853～1856)期间任军官，表现突出。随后自愿参加第二次鸦片战争(1856～1860)。1862年太平天国起义期间到上海协防。这些功绩使他获得“中国的戈登”之称。1873年，埃及总督伊斯梅尔·帕夏任命他为苏丹南部的赤道省省长(1874～1876)及苏丹总督(1874～1880)，任内镇压叛乱、制止奴隶贸易。1884年受英国政府之命再度出任苏丹总督，接应英-埃部队撤离受马赫迪起义威胁的喀土穆。他到喀土穆不久该城即被围，数月后叛军攻入城内(1885-01-26)，戈登被击毙。

C. G. 戈登，肖像画，J. 阿培克朗比夫人绘；现藏伦敦国家肖像画陈列馆
By courtesy of the National Portrait Gallery, London

戈登　Gordon, Dexter (Keith)(1923～1990)　美国高音萨克斯管乐手，为现代爵士乐最具影响力的萨克斯管乐手之一。生于洛杉矶。曾在20世纪40年代初期在L. 汉普顿和B. 埃克斯坦的大乐团演奏，后来也曾与C. 帕克、T. 达美伦及次中音萨克斯管乐手W. 盖瑞在小乐团工作。曾在50年代初期因持有毒品而入狱，1962年迁居丹麦。在《午夜时分》(1986)中饰演的角色让他的演艺生涯再放青春。

戈登勋爵　Gordon, Lord George(1751～1793)　英格兰反天主教的戈登暴乱的煽动者。第三代戈登公爵的第三子，1774年进入议会。1779年组织并领导新教徒联合会，要求废除1778年的《天主教解救法》。1780年率领群众前往议会呈递反对该法的请愿书，随后爆发持续一个星期的暴乱，损毁大量财物，死伤近500人。他因煽动暴乱而以叛国罪被捕，但又以没有叛国意图被法院宣告无罪。1787年因诽谤法国王后被判处监禁，死于狱中。

戈迪默　Gordimer, Nadine(1923～　)　南非作家。犹太移民之女。第一部作品是短篇小说集《毒蛇温柔的声音》(1952)，其后的作品有：《自然资源保护论者》(1974，获布克奖)、《伯格的女儿》(1979)、《七月的人们》(1981)、《天性使然》(1987)、《我儿子的故事》(1990)、《没有人陪伴我》(1994)和《屋里的枪》(1998)等。她的作品主要以流亡和精神错乱为主题，表现出鲜明、有节制和不带感情色彩的写作手法。她强烈反对南非官方的种族隔离政策，对于黑白种族关系的关心经常在她的小说中出现。1991年获诺贝尔文学奖。

戈蒂埃　Gautier, Théophile(1811～1872)　法国诗人、小说家、评论家和新闻工作者。一生大多在巴黎度过。曾一度学画。他坚持美的至高无上主张，如在小说《模斑小姐》(1835)中所述。他发展了一种准确记录观摩艺术作品时所获得印象的诗法，这类诗见于其最佳诗作《珐琅和玉雕》(1852)。旅游激发他创作了最好的诗，多收录在《西班牙》(1845)以及最好的散文作品《西班牙之行》(1845)中。他也写了很多艺术和戏剧评论。他的作品鼓舞了C. 波德莱尔等诗人,波德莱尔的诗集《恶之花》就是献给他的。其庞杂多样的作品对文学意识的影响有好几十年。

戈东诺夫 Godunov, Boris (Fyodorovich) (1551? ～1605) 俄国沙皇(1598～1605年在位)。最初在伊凡四世的宫廷中任职,被任命为伊凡的傻儿子弗多尔一世的监护人,1584年起成为费多尔一世的主要谋士。当费多尔的弟弟季米特里1791年神秘死亡后,戈东诺夫受到怀疑。1598年费多尔卒,无嗣。缙绅会议推举戈东诺夫为沙皇。他是有才干的统治者,即位后进行许多改革,但继续与贵族阶层波雅尔对立,一次大饥荒(1601～1603)降低了他的声望。伪季米特里领导军队入侵俄国,戈东诺夫的突然死亡导致抵抗垮台。俄国从此进入混乱时期。

戈尔 Gore, Al (1948～) 全名Albert Arnold Gore, Jr.。美国政治家。生于华盛顿特区。自田纳西州选出的参议员A. 戈尔之子,哈佛大学毕业后,曾在神学学校短暂就读,越战期间任军事记者(1969～1971)。1971～1976年在纳什维尔《田纳西人》报当记者,这段时间他先在范德比尔特大学神学院,后在法学院进修。1977～1985年当选美国众议员,1985～1993年当选美国参议员。作为温和派民主党人,1992年作为W. J. 克林顿的竞选伙伴竞选副总统,1993～2001年连任两届克林顿的副总统。在2000年的总统选举中,戈尔在全国普选中比G. W. 布什多50万票,在选举团的投票中以微弱票数(266-271)输给了布什。此后戈尔主要投身于环保事业。他2006年拍摄的有关地球变暖的纪录片《难以忽视的真相》获得奥斯卡最佳纪录片奖。他与联合国政府间气候变化专家小组一起分享了诺贝尔和平奖。2007年他又因与人合建由用户上传节目的交互式有限电视Current TV而获艾美奖。

戈尔巴乔夫 Gorbachev, Mikhail (Sergeyevich) (1931～) 苏联政治家及最后一任总统(1990～1991)。1955年获国立莫斯科大学法学学位,最初在共青团任职,其后

戈尔巴乔夫,摄于1985年
Colton/Picture Search-Black Star

职务不断升迁,1980年成为苏共政治局正式委员,1985～1991年任苏联共产党总书记。戈尔巴乔夫开始对苏联的经济和政治制度实施改革,但他的开放政策和重建政策遭到党政官僚的强力抵制。为了降低他们的权力,戈尔巴乔夫在1988年修改苏联宪法,允许多党选举,1990年取消一党专政。在外交方面,他力图改善与美国的关系。当1989～1990年东欧的苏联集团国家陆续由民主选举的政府取代共产党政权时,他亦表示支持。1990年获得诺贝尔和平奖。国内的经济和政治困境,导致党内持强硬路线者在1991年发动政变。戈尔巴乔夫与叶利钦结盟,脱离共产党,解散中央委员会,将基本政治权力移交各共和国,但之后发生的事件走在了他的前面。在叶利钦领导下成立了一个新的联合政体——独立国家联合体。1991年12月25日戈尔巴乔夫辞去苏联总统职务,同日,苏联正式解体。

戈尔德曼 Goldman, Emma (1869～1940) 立陶宛出生的美国无政府主义者。1885年移民美国,1889年与俄国无政府主义者A. 伯克曼(1870～1936)相识,并建立长期感情联系。1892年,伯克曼因企图暗杀企业家H. C. 弗里克被判徒刑。在他服刑期间,他们定期通信;戈尔德曼则由于1893年在纽约市引起一场骚动而入狱一年。她创建并主编无政府主义杂志《母亲地球》(1906～1917),就无政府主义、女权运动、节育及其他社会问题发表评论。1906年伯克曼提前获释,他们继续从事无政府主义活动,直到1917年他们因阻挠征兵被捕,在监狱服刑两年。1919年她和其他的无政府主义者一起被驱逐至俄国,1921年到英国,后来去加拿大和西班牙,继续在欧洲巡回演讲。

戈尔迪乌姆 Gordium 古城市,弗里吉亚的首都。位于今土耳其西北部,其废墟透露出有关古代弗里吉亚文化的重要信息。近代在这里发掘出青铜时代早期文化和赫梯人的居民点,但主要是因为这里在公元前9～前8世纪是弗里吉亚的繁荣首都而著名。据传说,这个古都是农民戈尔迪乌斯建造的,他发明一种无头结,后被亚历山大大帝用剑砍断。该城一直为弗里吉亚的政治中心,到公元前7世纪初,此城被辛梅里安人焚毁,后虽经波斯人重建,但已无复昔日光辉。

戈尔丁 Golding, William (Gerald) (1911～1993) 后称Sir William。英国小说家,其对社会道德迅速和不可避免的崩溃所作的富于想象的、严峻的描写引起人们广泛的兴趣。在牛津大学受教育,1960年以前任中学校长。第一部长篇小说《蝇王》(1954)描写一群被隔绝在一岛上的孩子回到野蛮人状态的故事,是他最著名的作品。其后的一些小说,例如《继承人》(1955)、《品彻尔·马丁》(1956)、《自由堕落》(1959)、《塔尖》(1964)、《看得见的黑暗》(1979)、《进军仪式》(1980,获布克奖)和《短兵相接》(1987)等,同样也是描述人类脆弱文明的寓言。1983年获诺贝尔文学奖。

戈尔吉 Golgi, Camillo (1843/1844～1926) 意大利医师、细胞学家。他发明了神经组织的硝酸银染色法,因此发现了一种神经元,现在称为戈尔吉氏细胞,这种神经元有许多短

戈尔吉,摄于1906年
By courtesy of the Wellcome Trustees

分枝(树突)与其他神经元连结。这项发现导致证实了神经元是神经系统的基本结构单位。他还发现了戈尔吉氏腱梭(感觉神经纤维在腱内分叉开来的点)和戈尔吉氏体(为了运输而包覆大型分子的小细胞器)。1906年与拉蒙-卡哈尔(1852～1934)共获诺贝尔生理学或医学奖。

戈尔韦郡 Galway 爱尔兰西部康诺特省一郡。西部濒大西洋。首府戈尔韦市,位于戈尔韦湾的湾头。据说在13世纪30年代阿尔斯特伯爵(第二)曾统治这里,其跟随者的后裔以戈尔韦部落闻名。1652年O. 克伦威尔实施的土地政策造就了一批新的地主阶级。现仍主要是一个农业地区。讲爱尔兰语的人口是全国各郡中最多的。面积6 098平方千米(不包括戈尔韦镇)。人口175 124(2011,不包括戈尔韦市)。

戈弗雷(布永的) Godfrey of Bouillon (约1060～1100) 下洛林公爵(1089～1100)和第一次十字军的将领,巴勒斯坦首位拉丁统治者(1099)。1096年参加第一次十字军东征,1099年从穆斯林手中夺占耶路撒冷;成为耶路撒冷国王后,不用国王的称号,而称圣墓保护人。他和附近穆斯林城市达成休战协议,还击退了埃及的攻击,但他渐渐和其他十字军成员疏远,最后导致王国没落。

戈兰高地 Golan Heights 阿拉伯语作Al-Jawlan。叙利亚西南端多山地区,俯瞰上约旦河谷地;海拔最高2 224米。在1967年的阿以战争中被以色列军队占领(参阅六日战争)。1973年阿以战争后,联合国在高地叙、以之间设缓冲地带。1981年以色列单方面兼并其部分占领区。2000年两国开始谈判,以解决高地的归属问题。

戈林 Göring, Hermann (1893～1946) 又作Hermann Goering。德国纳粹党领导人。第一次世界大战期间加入德国空军,1922年

参加纳粹党，担任 A. **希特勒**冲锋队队长。**啤酒店暴动**失败后逃往奥地利，1927 年返回德国，被选为国会议员，1932 年当选国会议长。1933 年希特勒担任总理后，戈林的权势大增。作为希特勒最忠实的支持者，曾担任许多职务，包括普鲁士的内政部长，他在那里建

1933 年担任纳粹冲锋队司令时的戈林
Heinrich Hoffmann, Munich

立起**盖世太保**（秘密警察）；以及纳粹德国空军的首领、经济部长。纳粹德国空军在**不列颠战役**的挫败，令戈林颜面尽失，后退隐到乡间庄园，那里收藏着他自德国占领区的犹太人那里搜刮来的大批艺术品。1946 年在**纽伦堡审判**中被判死刑，执行当天在狱中服毒自杀。

戈麦斯　Gómez, Juan Vicente（1857？～1935）　委内瑞拉独裁者（1908～1935），据说他去世时是南美洲最富有的人。他几乎没有受过正规教育，后来因加入私人军队攻占加拉卡斯和参加政府而掌权。1908 年从前司令手中夺取政权，以总统身份或通过傀儡进行统治，直至去世。虽然他是借由武力和恐怖行动控制全国，但在他执政期间，委内瑞拉取得了一定程度的政治独立和经济进步。

戈梅利　Homyel　又作 Gomel 或 Homel。白俄罗斯东南部戈梅利省首府。1142 年首见记载，称 Gomy。14 世纪时属立陶宛，后归波兰，1772 年被俄国兼并。19 世纪末成为重要的铁路枢纽，工业开始繁荣。该城市位于索日河畔，现在是一个重要的港口，通过河流与**第聂伯河**上的城镇连接；同时也是一个工业中心。人口约490 000（2001）。

戈培尔　Goebbels, (Paul) Joseph（1897～1945）　纳粹德国领袖。在海德堡大学获博士学位后加入**纳粹党**，1926 年被 A. **希特勒**指派为柏林地区的领导人。戈培尔擅长演说，还编辑纳粹党的刊物，竭力神化希特勒，同时制定出一套国社党举行庆祝活动和示威游行的仪式，借以造成气势使群众倾向纳粹。1933 年纳粹当权后，掌握全国宣传机构。第二次世界大战期间，他持续进行个人宣传以图鼓起人们的希望。希特勒在遗嘱中任命他为总理，只有他随侍希特勒到最后。希特勒死后一天，戈培尔与妻子一起杀死自己的六

戈培尔，约摄于 1935 年
Interfoto-Friedrich Rauch, Munich

个孩子，然后自杀。

戈萨尔　Gossart, Jan（约 1478～1532）　又作 Jan Gossaert，世称 Mabuse（马比斯）。佛兰德斯画家。1508～1509 年曾在意大利短期逗留，之后画风由安特卫普派的装饰风格转为文艺复兴盛期的风格。他的作品《海神尼普顿与其妻安菲特律特》（1516）反映出他企图吸收典型的古代艺术和意大利文艺复兴时期的艺术。尽管他努力发展一种充分意大利的风格，但他的裸体人像仍显露出他早期作品中的呆板人体形象。他始终保持类似宝石效果的技法和传统的早期尼德兰艺术的细腻观察。他是最早将意大利文艺复兴风格引进低地国家的画家之一。

戈特夫里德（斯特拉斯堡的）　Gottfried von Strassburg（活动时期 1210 年）　德国中世纪最伟大诗人之一。生平不详，其典雅史诗《特里斯坦与伊索尔德》（1210）是这一著名爱

戈特夫里德（斯特拉斯堡的）（中右），小画像，选自海德堡歌曲手稿；现藏德国海德堡大学图书馆
By courtesy of the Universitätsbibliothek, Heidelberg, Ger.

情故事的古典文本。这首未完成的作品是根据一个来自凯尔特传说的盎格鲁-诺曼的故事译本写成，为描写中世纪典雅精神的最完美的创作之一，以内容精练、语调高雅、诗技精湛而著名。

戈特沙尔克　Gottschalk, Louis Moreau（1829～1869）　美国作曲家及钢琴家。出生于新奥尔良，父亲是英国人，母亲为法国人。新奥尔良是个加勒比海民族和拉丁美洲裔人口混居的城市，因此早年生活阅历丰富。13 岁被送往法国学音乐，很快即成为名闻全欧的钢琴名家及富有异国风格的钢琴作曲家。1853 年回国，在新大陆各地巡回演出，1865 年因一件性丑闻而永久离开美国。他虽写有歌剧和交响曲，但主要以所作的 200 多首钢琴曲闻名，包括《班波拉舞》、《香蕉树》、《班卓琴》、《同盟》及《垂死的诗人》等。他是第一位国际级的美国音乐巨星。

戈雅　Goya (y Lucientes), Francisco (José) de（1746～1828）　西班牙画家和版画家。1775 年为圣巴巴拉皇家壁毯工厂制作约 60 幅漫画的第一批（画至 1792 年）而进入成熟期。1780 年获选进入马德里皇家学院，1786 年被任命为查理三世的御用画家。1799 年在查理四世赞助下，成为西班牙最成功和最时髦的艺术家，他著名的《查理四世一家》即绘于此时（1800）。虽然他欢庆自己的荣耀与成功，他留给恩主及其社会的记录却是尖锐无情的。他著名的《裸体的马雅》和《穿衣的马雅》（约 1800～1805）蕴涵色情，导致他在 1815 年被召唤到异端裁判所。18 世纪 90 年代病后耳聋。他的作品采用了近似讽刺画的夸张写实手法。他的 80 幅《狂想曲》（1799 年出版）是攻击政治、社会、宗教滥权的讽刺版画，成为版画史上卓越的成就。当拿破仑入侵西班牙时（1808～1815），他制作了 82 幅蚀刻连作《战争的灾难》（1810～1820）。1824 年定居于法国的波尔多，1826 年辞去宫廷画家之职，并开始制作平印。他多才多艺且多产，完成了约 500 件油画和壁画、300 件蚀刻画和平版画、数以百计的手绘图、超过 200 件肖像。据说他只承认三位大师：D. **委拉斯开兹**、**伦勃朗**和大自然。他没有实时的追随者，但他的作品对 19 世纪欧洲艺术影响深远。

哥白尼　Copernicus, Nicolaus（1473～1543）　波兰语作 Mikołaj Kopernik。波兰天文学家。曾在克拉科夫、博洛尼亚、帕多瓦受教育，精通当时数学、天文学、医学、神学的所有知识。1497 年获选为弗龙堡大教堂教士后，利用自己在经济上的稳定性，开始进行天文观察。1543 年出版 6 卷本《天体运行论》，标示着西方思想的里程碑（参阅**哥白尼体系**）。哥白尼早在几十年前即想出他的旋转模型，但一直延后出版，因为在它解释行星的逆行运动（并决定其顺序）时，却生出了必须解释的新问题，需要核对旧的观察，表达的方式不能刺激宗教当局。这本书直到他死后才付梓。他指出地球绕着自轴每日旋转一圈，绕着不动的太阳每年旋转一圈，借此发展出让现代科学兴起的深远意义。他主张天文学必须描述世界的真实、自然体系，这与柏拉图的工具主义相对。只有在 J. **开普勒**手中，哥白尼的模型才完全发展为有关宇宙基本结构的新哲学。

哥白尼体系　Copernican system　又称 Copernican principle。天文学名词，指由 N. **哥白尼**提出的太阳系模型，其要点是：太阳位于太阳系的中央，地球和其他行星都绕太阳运转。16 世纪中叶，这一体系由哥白尼创立。太阳中心学说解释了行星相对于固定的星体运动这一明显的现象。与早先的托勒玫地心体系相比，哥白尼体系更接近于实际。从科学角度看，哥白尼体系使人们相信宇宙比从前设想的要大得多，因为如果地球在绕日运动，那么恒

星星体就一定太远,以致无法显出其位置的变化;更广义地看,哥白尼体系被援引来与任何想将太阳星系放在宇宙某一特定位置的理论辩论。地心学说被推翻,带来了巨大的震撼:哥白尼体系向整个古代权威体系进行挑战,要求人们彻底改变对宇宙的哲学观。

哥本哈根　Copenhagen　丹麦语作 København。丹麦首都,工商业和文化中心,全国最大的城市。坐落在西兰岛和阿迈厄岛上。公元10世纪初当地仅有一小村庄,1167年阿布萨隆主教在此建城堡,加固城防。1445年成为丹麦首都及王室住地。宫殿有丹麦王室的住所阿马林恩博格宫、克里斯蒂安斯博格宫(现为国会所在地)。蒂沃利娱乐公园是人民喜欢去游玩的场所。哥本哈根是欧洲重要的文化和教育中心之一,哥本哈根大学建于1479年,是最古老的大学之一。该市既是传统的贸易和船运中心,又是新兴工业城市。主要工业项目有造船、机械制造、罐头和酿酒等。人口:都会区约1 081 673(2001)。

哥宾德·辛格　Gobind Singh(1666～1708)　原名 Gobind Rai。锡克教古鲁(祖师)。特格·巴哈都尔古鲁(1664～1675年在位)之子,在旁遮普学习武术。9岁时父亲被杀,他继任成为锡克教第十代也是最后一代古鲁,在位于阿南德普尔的锡克宫廷进行统治。身为诗人和学者,哥宾德·辛格修订锡克教经典《阿底·格兰特》。他还创建卡尔沙教团(1699),这是提倡平等主义的社团,给锡克教下了政治和宗教定义,并激发其军事能量。他不断地和莫卧儿帝国和山区部族作战。后来莫卧儿帝国和山区部族联合,于1704年将锡克人赶出阿南德普尔,他的4个儿子全部阵亡。奥朗则布死后,他支持巴哈都尔·沙(1643～1712)争取王位。在他劝服巴哈都尔·沙准许锡克教徒重回阿南德普尔之前遭到暗杀。

哥得兰　Gotland　瑞典东南部岛屿。位于波罗的海,面积3 001平方千米。早在青铜器时代便是商业中心,9世纪时成为瑞典的一部分。到12世纪,哥得兰商人控制了俄罗斯与西欧之间的航线。定居于主要城镇维斯比的德国商人促使其加入汉萨同盟。1361年被丹麦人占领时,是它最繁荣的时候,1645年最终归于瑞典。19世纪末,瑞典大力加强了这里的防卫。现代经济以农业、渔业和旅游业为主。人口约57 458(2002)。

哥德尔　Gödel, Kurt(1906～1978)　奥地利裔美国数学家、逻辑学家。20世纪30年代初在维也纳大学任教,提出了著名的哥德尔证明(参阅哥德尔定理)。1940年移民美国,在普林斯顿高等研究院教书。与A.爱因斯坦结为密友,进而接触广义相对论的领域,并解出爱因斯坦的一些方程式。哥德尔个性温和、谦虚,起初并未意识到他的理论的重要性,晚年谢绝了由此带来的许多荣耀。

哥德尔定理　Gödel's theorem　数学基础定律。20世纪数学最重要的发现之一,说明不可能定义一个完整的、也是一致(不会造成矛盾)的公理系统。任何强大到足以产生有意义陈述的正式系统(例如计算机程序或一组数学规则或公理),能够产生意义为真的、但不能在系统内证明或衍生的陈述。其结果是数学无法处于完全严格精确的基础上。此定理以哥德尔命名,他在1931年发表证明,立刻被推演到哲学(特别是逻辑学)与其他领域。原理的旁支还在持续争论中。

哥尔德斯密斯　Goldsmith, Oliver(1730～1774)　爱尔兰裔英国散文作家、诗人、小说家和剧作家。原在都柏林三一学院就读,后到爱丁堡学医。定居伦敦后开始写散文,其

O.哥尔德斯密斯,油画,J.雷诺兹绘于1770年;现藏伦敦国立肖像画陈列馆
By courtesy of the National Portrait Gallery, London

中一些作品收录于《世界公民》(1762)中。1764年成为S.约翰逊著名俱乐部的创始成员,同年发表诗作《旅行者》,获得诗人声誉;所作著名的田园哀歌《荒村》(1770),更确立其诗人的地位。小说《威克菲尔德的牧师》(1766)展现出他作为小说家的娴熟技巧。滑稽喜剧《委曲求全》(1773)是他最成功的剧作。精于各种文体,以其异常优雅、生动的风格闻名,与同时代的许多文学家为友,公认为当时的奇人之一。

哥尔多尼　Goldoni, Carlo(1707～1793)　意大利剧作家。原为律师,但真正的兴趣是编写剧本,第一部作品为《贝利萨里奥》(1734)。他对意大利传统即兴喜剧形式进行改革,以较为真实的人物取代假面人物,以结构紧凑的布局取代经常重复的动作,以欢快自发的新颖情节取代那些一看便知结果如何的闹剧场面。根据S.理查森的小说改编而成的《帕美勒》(1750)就体现了这些改革。他创作的喜剧《女店主》(1753)至今仍在上演。他的对手嘲笑这些改革,于是他带着自己所写的现实主义剧本前往巴黎,导演意大利形式的喜剧,并用法语写了许多剧本。后来为了意大利的观众他又改写出意大利语剧本,其中《扇子》(1763)一剧为其最佳作品之一。

哥兰德　Garand, John C(antius)(1888～1974)　加拿大出生的美国火器工程师。出生于魁北克圣雷米。1898年全家移居康涅狄格州。第一次世界大战期间设计了一种轻型的全自动机枪,该设计未被美国陆军采用。1919年起在斯普林菲尔德兵工厂工作17年之后,他发明了一种0.3英寸口径,长43英寸(109厘米)却仅重4.3千克的气动武器。1936年被采用后,M1成为世界上第一种标准型号的自动装弹陆军步枪。第二次世界大战和朝鲜战争期间,这种武器使美国部队获得了强大的火力优势,G.巴顿将军称之为"历来装备中最伟大的战斗武器"。美国约生产了500多万支M1。哥兰德后来将他的发明的全部专利权签字移交给美国政府。

哥伦比亚　Colombia　全称 Republic of Colombia(哥伦比亚共和国)。南美洲西北部国家。面积:1 141 748平方千米。人口:约45 746 000(2013)。首都:波哥大。半数以上为梅斯蒂索人,其余主要为欧洲人与非洲人的混血后裔、欧洲后裔及非洲后裔。语言:西班牙语(官方语言)。宗教:基督教(以天主教为主)。货币:比索。地形主要是安第斯山脉。东部与南部为广阔的低地,有奥利诺科河和亚马孙河流经。哥伦比亚的发展中经济以服务业、农业和制造业为主,咖啡是主要的经济作物。大规模非法种植和贩运古柯(为生产可卡因)和罂粟(为生产海洛因)。矿产丰富,是世界最大的绿宝石生产国和南美洲最大的黄金生产国之一。哥伦比亚是单一制多党制共和国,两院制。国家元首暨政府首脑是总统。最早居住在该地的是讲奇布查诸语言的印第安人。西班牙人1500年到达,并于1538年征服该地,使其归属秘鲁总督辖区。1740年后,当局迁往新成立的秘鲁总督辖区。1810年哥伦比亚部分地区摆脱西班牙管辖,1819年S.玻利瓦尔击败西班牙,获得完全独立。1840年的内战阻碍了国家的发展。自由党与保守党之间的冲突导致"千日战争"(1899～1903)。经过数十年平静后,1948年又再次爆发战争。1958年两党达成协议,轮流执政。1991年采用新宪法,但因内部不稳定,民主力量仍受到内乱的威胁,且持续至21世纪初期。庞大的贩毒组织、左翼游击队和右翼准军事团体为暴力活动的主要原因。哥伦比亚于1932年首次参加在洛杉矶举办的夏季奥运会。

哥伦比亚大学　Columbia University　纽约市的著名私立大学,常春藤联合会成员。1754年成立时称为国王学院,1784年美国独立战争后当它重新开学时改名为哥伦比亚学院,1912年成为哥伦比亚大学。哥伦比亚本科文科学院于1983年开始招收女生。1889年成立的邻近的巴纳德学院自1900年以来就属该大学一部分,现在仍为该校女生本科文科学院。绝大多数课程都向这两个学院的学生开放。哥伦比亚大学从一开始就不同于其他东部各私立大学,它特别注重自然科学、商业、历史和行政管理等学科。创立了许多力量雄厚的文理科研究生院和几所著名的研究所。它的专业学院包括:医学(在哥伦比亚-长老会医院有一研究中心)、法律、教育(哥伦比亚师范学院)、建筑、工程、新闻、商业、公共卫生、护理、社会工作、国际和公共事务等。现有注册学生约2万人(加上附属学校,学生人数达2.7万人)。

哥伦比亚河 Columbia River 加拿大西南部和美国西北部河流。源于加拿大落基山，进入美国华盛顿州，在俄勒冈的阿斯托里亚注入太平洋。全长2 000千米。在铁路时代到来之前，该河曾是太平洋西北部地区的运输大动脉。20世纪30年代，美国政府在河上建造大古力水坝和邦纳维尔水坝，真正开始了哥伦比亚河干流的开发。50年中，美国境内河段已全由11座水坝形成一系列"阶梯"。沿河各水力发电站系太平洋西北地区电网的骨干。

哥伦比亚特区 District of Columbia 美国联邦政府所在的区域，与华盛顿市（Washington D. C.）的范围相同，周围有马里兰州和弗吉尼亚州。最初面积为259平方千米，1790年经国会批准，由马里兰和弗吉尼亚两州提供土地。现占地179平方千米。这块地方由G.华盛顿总统选定，1800年成为联邦政府所在地。1847年该区的部分地块（弗吉尼亚州亚历山大市）归还弗吉尼亚州。1850年该区禁止贩奴，1862年废除奴隶制。1874年废除准州政府，成立了一个由总统任命的委员会管理的政府。根据美国宪法第23条修正案，1961年全国大选时特区居民获选举权。1967年市长会议的政府形式建立。1973年，原由总统任命的市长和政务会委员改由选举产生。1974年获地方立法权。

哥伦布 Columbus, Christopher（1451～1506）意大利语作 Cristoforo Colombo，西班牙语作 Cristóbal Colón。热那亚航海家和探险家，他跨越大西洋的旅程打开了欧洲人到美洲探险、开发、殖民的道路。他在一艘葡萄牙商船上开始其海员生涯。1492年获得西班牙君主费迪南德二世和伊莎贝拉一世赞助，尝试向西航行通过被认为是开阔海洋的地区，抵达亚洲。在首次航行中，1492年8月他的3艘船（"圣玛丽亚"）号、"尼娜"号和"平塔"号同期起航，10月12日在巴哈马群岛见到陆地。他沿着伊斯帕尼奥拉岛北岸航行，在1493年回到西班牙。第二次航行（1493～1496）至少有17艘船同行，而创建了新大陆第一个欧洲城镇伊莎贝拉（今多米尼加共和国境内）。这次航行也开启了西班牙进一步传播基督教福音的努力。在第三次航行中（1498～1500），他抵达南美洲和奥里诺科河三角洲。人们指控他管理不善，导致他被押解回西班牙。在第四次航行中（1502～1504），他回到南美洲，并沿着今洪都拉斯和巴拿马海岸航行。他无法达到成为贵族和赚大钱的目标。他的人格及成就长久以来备受争议，但学者通常同意他是坚毅而英明的航海家。

哥伦布纲要 Columbus Platform 犹太教改革派于1937年在美国俄亥俄州哥伦布市召开的拉比会议所作的重要宣布。支持使用传统习俗仪典及在礼拜中用希伯来语，并再次重申犹太人民的信念，即对匹兹堡纲要（1885）中改革原则作了引人注目的修正。

哥穆尔卡 Gomulka, Wladyslaw（1905～1982） 波兰共产党领导人（1956～1970）。1926年参加秘密的波兰共产党，并成为工会干部。第二次世界大战期间在华沙建立共产党地下组织。苏联解放波兰后，他在党中晋升迅速，排除了反对共产党统治的一切党派。但他对苏联的一些政策公开提出批评，因而1948年被斯大林指责有"民族主义偏向"，1951年被捕。1956年恢复声誉，被选为党中央第一书记。起初普遍受到支持，但他对改革领导不力，使人们感到失望。1970年由于食品价格上涨，引发工人暴动，他和其他中央领导一起下台。

哥萨克 Cossacks 居住在黑海和里海以北内陆的一个民族。该词源自土耳其词 kazak，意为"自由人"。原指在第聂伯地区形成的半独立的鞑靼族，后又指从波兰、立陶宛和莫斯科等公国逃亡到第聂伯河和顿河地区的农奴。哥萨克人具有独立的传统，并以为俄罗斯提供军事服务而取得自治权。被利用来保卫俄罗斯边疆和作为扩张帝国领土的先头部队。17～18世纪他们的特权受到威胁而时起反抗，较著名的叛乱首领有S.拉辛、Y.普加乔夫。结果他们逐渐失去自治地位。

哥斯达黎加 Costa Rica 全称 Republic of Costa Rica（哥斯达黎加共和国）。中美洲国家。面积：约51 100平方千米。人口：约4 402 000（2013）。首都：圣何塞。大多数人为西班牙人后裔或梅斯蒂索人。语言：西班牙语（官方语言）。宗教：基督教（天主教为国教，亦有新教和其他教派）。货币：科郎。太平洋沿岸陡然升高至中央高地，一条火山链形成该国的主要山脉，其后缓降至加勒比海沿岸平原。气候从温带至热带，动、植物多样，包括南、北美洲的品种。经济为发展中的市场经济，以咖啡、菠萝和香蕉出口为主，其他重要的出口物品有糖和牛肉。该国为单一制多党制共和国，一院制，国家元首暨政府首脑为总统。在C.哥伦布于1502年抵达此地之前，已有几个印第安土著部落定居，不易控制，西班牙人花了将近60年的时间才建立第一个永久居民点。由于缺乏矿产资源，并不受西班牙王室重视，因此殖民地发展缓慢。19世纪咖啡的出口及铁路线的建立，使得经济有所改善。1821年加入为时短暂的墨西哥帝国，1823～1838年属于中美洲联合省的一部分，1871年通过宪法。1890年举行了被认为是中美洲第一次自由且公正的选举，开始了哥斯达黎加有名的民主传统。1987年时任总统阿里亚斯·桑切斯因提出中美洲和平计划而获诺贝尔和平奖。21世纪初多数国民认为扩大与美国的自由贸易是摆脱经济困境的办法。哥斯达黎加于1936年首次参加在柏林举办的夏季奥运会。

哥特堡 Göteborg 又作 Gothenburg。瑞典西南部城市，为该国主要的海港和第二大城市。位于卡特加特海峡上游约8千米处约塔河河口。1603年建立，在1611～1613年与丹麦的卡尔马战争中被毁，1619年重建。早期居民有许多荷兰人，他们建有城市水道，并奠定了市中心布局。第二次繁荣时期始于1832年约塔运河的完工和远洋运输业的兴起。保存有一些历史性的建筑物，护城河至今还环绕着古城区。哥特堡港主要出口汽车（沃尔沃）、滚珠轴承和纸张。人口约471 267（2001）。

哥特人 Goths 日耳曼民族，分为东哥特人和西哥特人两支，曾骚扰罗马帝国数世纪之久。据说起源于斯堪的纳维亚南部，公元2世纪时他们越过波罗的海南岸，迁移到黑海海岸。在3世纪时多次侵扰罗马小亚细亚和巴尔干半岛诸行省，并在奥勒利安统治时期迫使罗马人撤离了多瑙河的达契亚省。形容词 Gothic（哥特的）被后来许多作家用来形容中世纪的建筑，这是带贬义的，也是不恰当的。

哥特式建筑 Gothic architecture 欧洲的建筑风格，从12世纪中期持续到16世纪，特别指以大片墙壁隔开的洞穴式空间、墙壁上镶饰窗花格为特征的砖石建筑风格。12～13世纪，工程上的技术造就了越来越庞大的建筑物。借助拱顶、飞扶垛和尖拱（哥特式）建造极高结构而尽量保持自然光的问题得以解决；彩绘玻璃窗条造成令人惊讶的室内光斑效果。最早把这些元素合为单一连贯风格的建筑物之一是巴黎圣但尼的大修道院（约1135～1144）。由沙特尔大教堂为先驱的哥特式全盛期（约1250～1300）受到法国支配，特别是由于辐射式风格的发展。英国、德国、西班牙产生了这种风格的变体，而意大利哥特式在使用砖块和大理石而非石头方面与众不同。哥特式晚期（15世纪）建筑在德国的拱形厅堂式教堂中达到高峰。其他哥特式晚期风格包括英国的垂直式风格和法国、西班牙的火焰式风格。

哥特式艺术 Gothic art 中世纪盛行于西欧和中欧的建筑、雕塑和绘画艺术。脱胎于罗马式艺术，从12世纪中期开始一直持续到15世纪末期。建筑是哥特式艺术最重要的表现形式，例如北欧的大教堂。雕塑与建筑紧密相关，常用于装饰大教堂和其他宗教建筑的外观。绘画摆脱了呆板、平面的形式，更趋向于自然形式。宗教和世俗的题材常见于手抄本装饰画中。镶嵌画和壁画至15世纪在意大利发展成文艺复兴风格，但在欧洲其他地方，直到16世纪初仍保持着哥特式特点。参阅哥特式建筑。

哥特小说 gothic novel 欧洲浪漫的、拟中世纪的小说，充满神秘和恐怖气氛。这类小说通常描述建有秘密通道、隐蔽的城垛、暗设的窗户和活板门等装置的城堡或修道院，穿插有鬼魂、疯狂、暴虐、邪教、复仇等情节。H.沃波尔的《奥特朗托堡》（1765）首创这类体裁的流行之风，到18世纪90年代最为盛行。A.拉德克利夫的《尤道弗的神秘事迹》（1794）和《意大利人》（1797）为最佳范例，M.G.刘易斯创作的《僧人》（1796）将更恐怖的情节引入英国，在M.雪莱的《弗兰肯斯坦》（1818）、B.斯多克的《吸血鬼》（1897），以及许多重要作家的作品乃至今日数以千计的罗曼史廉价小说中，都可以发现哥特小说的特色。

鸽 dove 鸽形目鸽科的许多种鸟类的统称。在英语中 pigeon 和 dove 这两个词常可换用,虽然 dove 通常是指该科中体型较小而尾长的成员。也有例外:家鸽是一个比较典型的,pigeon 却常被称为 rock dove(岩鸽),因此俗名并不一定表明彼此间准确的生物学关系。

鸽 pigeon 鸠鸽科鸟类的统称,其体型圆胖、小喙,为单配性。遍布世界各地,主要特征为行走的姿势似高视阔步并且会有不停的点头动作。不像其他鸟类,鸽能吮吸液体,并以反刍后的"鸽乳"喂雏。175 种纯种鸽包括遍布世界的鸽属和欧洲大陆的斑鸠属,所有的种皆以种子和果实为食。常见的街鸽或岩鸽,即为欧亚大陆岩鸽(*Columba livia*)的后代。鸽自古以来即被训练出长距离飞行传递信息的能力。约 115 种食果鸽主要分布在非洲、亚洲南部、澳大利亚及太平洋岛屿。凤冠鸠属的 3 种扇形冠羽鸽,产于新几内亚,其体型几乎与火鸡一样大。参阅鸽(dove)、哀鸽、旅鸽和斑鸠。

割礼 circumcision 即切除全部或部分阴茎包皮。在许多文化中都有实行割礼的习俗。有的是在出生后不久进行(如穆斯林和犹太人),或者是出生之后几年,有的则是在青春期进行。根据犹太教教义,受割礼是实践上帝同亚伯拉罕所立之约(《创世记》第 17 章第 10 ~ 14 节)。基督教徒不必受割礼,这种教义最初载于《使徒行传》第 15 章。有关割礼对身体有好处(如减少癌症的患病率)的证据并不是决定性的,实施割礼主要还是出于文化上的原因。参阅阴蒂切开术。

割头俗 headhunting 砍下、展示和(在某些情况下)保存人头的习俗。割头俗起源于某些相信在头内或多或少存有实质灵魂的文化。猎人头者想通过砍下敌人的头颅来把这种灵魂物质转移至自己身上或加入其族群的灵魂群内。在食人俗和人祭的某些形式中有时也发现有割头俗。割头俗在世界各地都存在过,甚至可追溯到旧石器时代。在新西兰的毛利人当中,他们把敌人的头晒干并保存起来,皮肤上的刺花和脸部特征都清晰可见。在南美洲,他们去掉人头的颅骨,然后把头皮内塞满热沙子,使头部缩小。

歌德 Goethe, Johann Wolfgang von(1749 ~ 1832) 德国诗人、小说家、剧作家、政治家和科学家。生于法兰克福。1773 年他把第一部戏剧大作《葛兹·封·贝利欣根》献给狂飙突进,1774 年献出《少年维特之烦恼》,这是当时极受欢迎的作品,他在书中塑造出浪漫主角的原型。1775 年接受魏玛公爵宫廷派任,并在那里终老,而他的出现使魏玛成为文学和知识的中心。他的诗歌包括赞赏自然美景的抒情诗,还有反映民间主题的歌谣。在意大利逗留期间(1786 ~ 1788),接触到古希腊和罗马文化,有助于他后来的创作。1794 年起,F. 席勒成为对他影响最大、最重要的朋友。《威廉·迈斯特的戏剧使命》(1795 ~ 1796)常被称为第一部教育小说;多年以后出现了《威廉·迈斯特的漫游时代》(1821;第二版为 1829)。他的许多作品因对女性的挚爱而创作。他的杰作,戏剧《浮士德》(上卷于 1808;下卷于 1832)塑造了一个悲剧主角,浮士德是当时唯一一个对现状不满的人物形象。他还写过各种论述植物、色彩学和其他科学题目的作品。晚年他成为著名的贤哲,世界闻人相继来访。身为德国浪漫主义最伟大的人物,他被视为世界文学的巨人。

歌剧 opera 由管弦乐伴奏的声乐曲、序曲、间奏曲组成的音乐剧。歌剧发明于 16 世纪末,当时由佛罗伦萨的诗人、音乐家、学者组成的社团卡梅拉塔会社试图模仿古希腊戏剧,其中大部分为吟咏或歌唱。由于真正的希腊音乐无人知晓,作曲家在重新构思时拥有相当的自由。希腊田园诗的模仿作品成为早期歌剧脚本的基础。最早的歌剧由 J. 佩里(《达夫尼》,1598,已亡佚)和 G. G. 卡契尼(《尤丽狄西》,1600)写成,从头到尾都是仿真音调语言的轻度伴随旋律。最伟大的早期歌剧人物 C. 蒙特威尔地在 1607 年写出第一部杰作《奥菲欧》。和先前的歌剧不同,《奥菲欧》为小型管弦乐的演奏而编写,其中的宣叙调开始与咏叹调有明显的区别,这个成就是后来歌剧成功的决定性因素。在法国,J.-B. 吕里创作出宫廷歌剧的原型,他的影响后来支配了 18 世纪中期的法国歌剧。J.-P. 拉莫、C. F. 韩德尔、C. W. 格鲁克是 18 世纪前三分之二时间里最重要的歌剧作曲家,但他们的作品被 W. A. 莫扎特的灿烂歌剧超越。19 世纪早期,G. 罗西尼和 G. 唐尼采蒂主宰着意大利歌剧。19 世纪晚期出现了 G. 威尔地和 R. 瓦格纳的伟大作品,其中后者进行大胆的改革,成为蒙特威尔地以来影响最大的歌剧人物。R. 施特劳斯和 G. 普契尼写下了 20 世纪最受欢迎的歌剧。参阅轻歌剧。

歌麿 Utamaro(1753 ~ 1806) 原名 Kitagawa Nebsuyoshi(北川信美)。日本版画家和画家。年轻时从外省小镇移居江户(现在的东京),早期作品多为书籍插图。他是著名的浮世绘画家之一,尤以精练笔法绘制富有美感的仕女像而著称。与其他画仕女群像的浮世绘画家不同,他主要绘制单个仕女半身像。

歌曲 song 以声音表现的短且通常简单的音乐作品,有伴奏或无伴奏。民歌——以口头而非书面形式相传述的不知作曲者的传统音乐——已经存在数千年,但很少在先人资料中留下记录。实际上,所有已知的文字前社会都有歌曲的曲目。民谣常常与宗教仪式、舞蹈、劳动或求爱伴随,它们可能在于叙述故事或表达情感,而音乐则明显地随着习俗并常常是重复的。由特定的作曲者及诗人所写的歌曲则较复杂,也不附属于什么活动。在西方,世俗艺术歌曲连续不断的传统开始于 12 ~ 13 世纪的游吟诗人、行吟诗人以及恋诗歌手。发源于经文歌的具多音变化的歌曲则在 13 世纪开始出现。14 世纪在固定乐思中产生了规模很大的多音变化歌曲。稍后,意大利牧歌成为最著名的作品。以符号表示伴奏的独唱歌曲在 16 世纪出现。而浪漫的乐章使得 19 世纪成为艺术歌曲的黄金时期,特别是德国利德。20 世纪,大众歌曲取代了较文雅的艺术歌曲。流行音乐在今日与流行歌曲同义。

歌舞伎 kabuki 日本通俗文娱节目,一种综合了音乐、舞蹈和哑剧等高度形式化的表演方式。在现代日语中,此词用 3 个汉字写成:"歌"(读 ka,"唱歌");"舞"(读 bu,"跳舞");"伎"(读 ki,"技艺")。歌舞伎形式起源于 16 世纪末,从贵族的能剧发展而来,并成为供老百姓欣赏的戏剧。早期给人放荡和淫秽的印象是因为其演员经常为妓女,后禁止妇女和年轻男孩演出,所有角色全由成年男子扮演。歌舞伎的台词较能剧台词更易于观众理解。这种抒情、动人甚至夸张的戏剧,以华丽的布景、精巧的服装和醒目化妆取代面具而著名,这些都是演员们用以显示种种不同的演技和唱功的手段。歌舞伎有两个音乐剧团,一是在舞台上,一是在舞台下。其剧目许多是来自文乐。

歌舞杂耍表演 vaudeville 19 世纪后期至 20 世纪初期在美国流行的一种轻松娱乐节目。它包括 10 ~ 15 个彼此互不相关的单独表演,其中有魔术、杂技、喜剧、驯兽、耍把戏、歌舞等。原是小酒馆里常为男顾客表演粗俗、有时甚至是色情的节目。1881 年 T. 帕斯特在他的纽约剧院成功演出了"正派杂耍",影响其他经理人纷纷效仿。至 1900 年,各歌舞杂耍的联号牢固地建立,即一批剧场由一个经理统一经营管理。其中包括 M. 贝克的奥菲厄姆马戏团,贝克还在纽约开设了最为出色的宫廷剧场(1913 ~ 1932)。由杂耍起家的演员有:M. 韦斯特、W. C. 菲尔兹、W. 罗杰斯、B. 基顿、C. 卓别麟、马克斯兄弟、B. 艾博特、L. 科斯蒂洛、M. 伯利、B. 霍普。参阅杂耍戏院和杂耍剧场。

革马拉 Gemara 指对于犹太教律法汇编《密西拿》的考证和评注。约在公元 200 ~ 500 年由巴勒斯坦和巴比伦地区的犹太学者撰写而成,印在《密西拿》里的相关段落附近。参阅《塔木德》。

革命 revolution 对已经建立的秩序作根本性的、快速的、往往是不可逆转的改变。从政治意义上说,革命是政府的根本改变,通常伴随着暴力,结果也可能造成经济体系、社会结构以及文化价值方面的变化。希腊人认为只有当社会崩溃后才有可能发生革命;根深蒂固的价值体系会阻止革命的发生。随着文艺复兴时期人文主义的出现,相信政府的改变有时可能是必须的和有利的,革命就有了更多正面的内涵。J. 弥尔顿认为革命是实现自由的手段。I. 康德相信革命是推动人类前进的动力。G. W. F. 黑格尔认为革命是人类命运的实现。黑格尔的哲学又影响了 K. 马克思。

革命制度党 Institutional Revolutionary Party (PRI) 从 1929 年成立起垄断墨西哥政治时间最长的政党。该党的建立体现了墨西哥革命（1910～1920）后出现的权力转变，军政要人的权力移交给了州执政党的各个机构。在20世纪90年代末以前，革命制度党提名的公职候选人总能赢得选举，但1997年墨西哥城首次选出一位非革命制度党的市长。在国家一级，总统作为该党领导人，通常提名该党的下任总统候选人，实际上就是选出他自己的继任者。1999年E.塞迪略总统打破了这个传统。次年，尽管革命制度党仍在数个州执政，但代表国家行动党的候选人V.福克斯赢得总统选举。

格但斯克　Gdańsk　德语称Danzig（但泽）。波兰北部格但斯克省省会。位于波罗的海海岸附近，维斯图拉河河口。10世纪时以波兰城镇首见记载。13世纪为波美拉尼亚公爵的首府，1308年为条顿骑士团夺占。1466年卡齐米日四世为波兰夺回这块领地，此时的格但斯克大为扩展。1793年起主要为普鲁士所控制，第一次世界大战后成为波兰治理下的自由城市。1938年希特勒要求将格但斯克归还德国，但遭波兰拒绝，于是他在1939年以此作借口对波兰发动进攻，导致第二次世界大战的爆发。大战中城市遭严重破坏，1945年归还波兰。现已全部重建，也更新了港口设施。1980年独立的劳工联盟团结工会在此成立。人口约456 574（2000）。

格蒂　Getty, J(ean) Paul（1892～1976）美国石油界亿万富翁。去世时被誉为世界上最富的人。生于明尼阿波利斯。石油百万富翁之子，1913年开始到俄克拉何马州买卖油田租借权。1932年购得太平洋西方石油公司，后又控制几家独立的大石油公司。1956年将其公司改名格蒂石油康采恩公司。获利最丰的商业冒险是在沙特阿拉伯取得为期60年的石油开采权。他的金融帝国最终包括有近200家企业的控股权。为狂热的艺术收藏者，1953年在加利福尼亚州马利布附近成立格蒂博物馆，以展示他的艺术收藏。

格蒂博物馆　Getty Museum, J. Paul　由美国企业家J. P.格蒂为展示他所收藏的大量艺术品而成立的博物馆。该博物馆原本设在加州马利布他的牧场住宅的一翼。由于藏品增加迅速，那里已不敷使用，于是在1974年移到马利布一处新的建筑物中，这是意大利赫库兰尼姆附近一座古罗马乡间别墅的复制品。至格蒂去世为止，这座博物馆有着世界最丰富的收藏。今日格蒂博物馆是格蒂中心的一部分。格蒂中心位于洛杉矶，是由R.迈耶设计的包含引人注目的6座大楼的复合体，1997年对大众开放，观众极为踊跃。博物馆的收藏包括：1900年以前的欧洲绘画、雕塑、素描画和装饰艺术、装饰手稿、照片等。希腊和罗马的古代文物则仍存放在马利布的别墅中。这些收藏品反映出格蒂对文艺复兴时期和巴罗克时期的绘画及法国家具的喜爱。

格丁根大学　Göttingen, University of　德语全称Georg-August-Universität zu Göttingen。欧洲杰出的大学。1737年建于德国格丁根，是最早、也是最有影响力的非宗教大学之一。18世纪后期是德国浪漫主义先驱诗人格丁根林苑派的集会中心。19世纪后期，它的数学研究所在不同时期曾先后由C. F.高斯、B.黎曼、D.希尔伯特等人任所长，吸引了全世界的学生。20世纪，该校物理系教授有M.玻恩、W.海森伯、M. von劳厄等人。目前注册学生人数约有27 000。

格拉茨　Graz　奥地利东南部城市，施蒂里亚（即施泰尔马克）州首府。为奥地利第二大城，濒施蒂里亚阿尔卑斯山脉山脚下的穆尔河。原为城堡所在地，约1240年建镇，中世纪时成为施泰尔马克州中心，1379年后为利奥波德哈布斯堡王朝所在地。城堡建于15～16世纪，曾多次成功抵御匈牙利人和土耳其人的围攻。城堡在19世纪时辟为公园。天文学家J.开普勒曾在此地的大学（建于1585）教书。现为铁路枢纽和工业中心，农产品交易极为活跃，旅游业也相当重要。人口约226 424（2001）。

格拉夫　Graf, Steffi（1969～　）原名Stephanie Maria。德国女子网球选手。13岁时即成为获国际排名第二的年轻选手。1987年在法国公开赛中赢得第一个大满贯赛冠军，1988年赢得全部4个大满贯赛（法国、澳大利亚、美国、温布尔登锦标赛）冠军，还赢得一枚奥运会金牌。1997年因膝盖手术表现失常，但在1999年又赢得法国公开赛冠军，重回世界顶尖选手之列，这也是她第22次赢得大满贯头衔（包括7次温布尔登锦标赛冠军）。同年稍晚宣布退休。

格拉古　Gracchus, Gaius Sempronius（公元前154？～前121）　罗马护民官（公元前123～前122）。他参与指控元老谋害其兄长提比略·格拉古的抗争活动，并协助实现其兄长所提出的农业法。他联合平民和骑士团的选票通过旨在抑制贵族贪污的改革。他试图将公民权扩大到罗马的意大利盟邦，并使平民获得更多的自由，不过并不获支持。虽然出身于贵族家族，他的政策被极端保守派视为企图摧毁贵族体制。后在阿芬丁山被围时自杀。

格拉古　Gracchus, Tiberius Sempronius（公元前163～前133）　罗马贵族和护民官（公元前133）。他倡导农业改革，主张恢复罗马经济和个体小农阶级，虽然这种传统的土地政策在30年前即有，元老院中的敌对派仍认为他过于激进。他的非正统政治策略激怒了元老院的反对派，发动暴乱，在混乱中他被暗杀。后来他的弟弟盖约·格拉古执行了他的改革计划。

格拉肯斯　Glackens, William (James)（1870～1938）　美国画家。生于费城。曾先后在费城和纽约为报纸画插图。1891年结识R.亨利，之后成为八人画派和垃圾箱画派的成员。他偏好城市中产阶级生活多彩多姿的街景，如《哈默斯坦的屋顶花园》（1902），受印象主义影响颇深。为多产且擅长描绘的美术家，其素描（如《坐着的女人》，1902），表现出在他其他画作中所没有的优雅风格。1912年为了收藏A.巴恩斯的作品前往欧洲买画。1913年协助组织军械库展览会并展出作品。

格拉纳达　Granada　西班牙南部安达卢西亚自治区格拉纳达省省会。位于内华达山脉西北坡，为公元前5世纪伊比利亚人居民点伊利比尔吉及罗马居民点伊利比利斯所在地。作为格拉纳达的摩尔人王国首都，为1492年以前西班牙摩尔人的最后要塞。附近有著名的艾勒汉卜拉宫及护卫它的艾勒卡扎巴城堡。市内有文艺复兴、巴罗克、新古典主义等各式华丽的建筑，为主要的旅游中心。1493年起成为大主教辖区，1526年设立格拉纳达大学。人口约240 661（2001）。

格拉纳多斯　Granados, (y Campiña), Enrique（1867～1916）　西班牙作曲家。在F.佩德雷尔门下学习作曲，并以钢琴家的身份参与演出。1901年开始在其于巴塞罗那创立的格拉纳多斯音乐学院任教。他创作了4部喜剧性小歌剧，包括《玛丽亚德·卡门》（1898）、两出诗曲（也为舞台作品）和一些歌曲与室内乐作品。最出名的作品是钢琴组曲《戈雅之画》（1911），1916年同名歌剧在纽约大都会歌剧院演出成功，但在返回欧洲途中因客轮被德国潜艇击中而遇难。

格拉齐亚尼　Graziani, Roldolfo, marchese (Marquess) di Neghelli（1882～1955）　意大利陆军元帅，B.墨索里尼的信徒。曾任意大利驻利比亚部队总司令（1930～1934）、意属索马里兰总督（1935～1936）和埃塞俄比亚总督（1936～1937）。第二次世界大战爆发时，指挥利比亚驻军进攻埃及，却败给A. P.韦维尔率领的英国军队，因此在1941年辞职。1943年意大利休战后任国防部长，当时的意大利有德国为后盾。1950年被判处19年徒刑，但该年即获释。后来成为意大利新法西斯主义运动的领袖。

格拉斯　Glass, Philip（1937～　）美国作曲家。生于芝加哥。曾在朱利亚德音乐学院学习，在巴黎师从N.布朗热，1966年又先后随R.申卡尔和塔布拉鼓演奏家A.拉卡学习，对他的作曲风格有重大影响。他成为领导“最低限主义”音乐的代表者，坚持使用重复的曲调、和声、变化微妙的音色和没有对位声音引导的旋律。以歌剧《爱因斯坦在海滨》（1975）一举成名，之后继续创作了20多部歌剧，包括《不合作主义》（1980）、《法老王》（1984）和《旅程》（1992）；50多部电影配乐，包括《机械生活》（1983）、《正义难伸》（1988）；还有其他作品如《玻璃》（1981）和《动荡时代的歌》（1986）。合作者有R.威尔逊、A.金斯堡、D.莱辛、D.鲍伊和P.赛门。其作品吸引了摇滚和流行乐的爱好者，而他也许是世界上在世的最出名的作曲家。

格拉斯　Grass, Günter (Wilhelm)（1927～　）德国小说家、诗人和剧作家。生于但泽（今

格拉斯
Authenticated News International

波兰格但斯克）。曾经历希特勒青年团运动，17 岁应征入伍，在战斗中负伤被俘。他那非同寻常的第一本小说《铁皮鼓》（1959），使他在全球知名，而且成为在纳粹时代长大、战后幸存的一代德国人在文学上的代言人；加上之后的《猫与鼠》（1961）和《非人的年月》（1963），构成了他的但泽三部曲。他的其他作品都以政治为主题，包括《比目鱼》（1977）以及描述关于德国重新统一后波兰和德国之间不安定关系的《不祥之声》（1992），认为德国统一是个错误的争议性作品《远方的田野》（1995）和《我的世纪》（1999）。1999 年获诺贝尔文学奖。格拉斯在其 2006 年发表的自传《剥洋葱》中透露了自己在第二次世界大战期间曾经参加冲锋队的事实，引起广泛的争议。

格拉斯哥　Glasgow　苏格兰西部城市和政务会辖区。跨克莱德河，西距该河大西洋河口 32 千米。格拉斯哥政务会辖区在历史上的拉纳克郡境内。这座苏格兰第一大城一直到公元 550 年才开始发展，当时圣肯蒂格尔恩（圣芒戈）来此建立了宗教社区。现在的大教堂（建于 13 世纪）就建在该礼拜堂原址上。1450 年设敕准自治市，繁荣于 18 世纪时，当时格拉斯哥商人在美洲的热带产品（烟草、糖和兰姆酒）交易中大发其财。其经济由于美国独立战争切断了烟草贸易，又由于美国南北战争棉花的供应被打断而消退。产业革命带动采煤、铸铁、特别是造船业的兴起。目前工业有纺织、食品、饮料和化工业。该城是著名的教育中心，拥有众多文化设施，如苏格兰歌剧团、苏格兰芭蕾舞团、皇家苏格兰交响乐团及凯尔温格罗夫美术馆和博物馆。苏格兰科技馆高 140 米的格拉斯哥塔是苏格兰最高的独立建筑，也是世界上唯一能 360°旋转的最高建筑。人口：市约 577 670（2004）；大都会区约 1 168 270（2001）。

格拉斯哥大学　Glasgow, University of　苏格兰格拉斯哥的公立大学。创建于 1451 年，1577 年重新组织。18 世纪时，该大学的教师中有许多杰出的人士，如 A. 斯密和 J. 布莱克；J. 瓦特曾为该校助教。19 世纪该校教师则有 J. 利斯特和开尔文勋爵。该校现有 6 个学院：文学院、神学院、法学院、医学院、理学院和工学院。校长每 3 年由学生选举一次。注册学生人数约 17 000 人。

格拉祖诺夫　Glazunov, Alexander (Konstantinovich)（1865 ～ 1936）　俄国作曲家。是一位作曲天才，16 岁时因完成《第一交响曲》而获得成功。成为艺术赞助人 M. 贝拉埃夫的被保护人，被带到西欧，在那里建立其国际声誉。1905 年成为圣彼得堡音乐学院院长。虽然十月革命后得到政府给予的很大荣誉，1928 年以后大部分时间居于国外。他的音乐既保守又浪漫，作品包括芭蕾舞曲《蕾梦达》（1897）和《四季》（1899），8 首交响曲，钢琴（2 首）、小提琴和萨克斯管协奏曲，以及多首交响诗和组曲。

格莱恩　Grahn, Lucile（1819 ～ 1907）　原名 Lucina Alexia Grahn。丹麦女芭蕾舞演员、教师和编舞。曾在哥本哈根师从 A. 布农维尔。1839 年加入巴黎歌剧院，这标志其作为当时最伟大的浪漫派芭蕾舞演员之一开始步入国际舞台。1846 年后巡回欧洲演出，经常创作有她参演的芭蕾舞，包括她自己原创的作品。1856 年退出舞台生涯。1858 ～ 1875 年在德国担任芭蕾舞教师和导演。她为慕尼黑宫廷歌剧院创作了一些芭蕾舞，也在作曲家 R. 瓦格纳创作的几出歌剧中与他合作。

格莱斯顿　Gladstone, William E(wart)（1809 ～ 1898）　英国政治家和首相（1868 ～ 1874、1880 ～ 1885、1886、1892 ～ 1894）。1833 年以托利党人身份当选为国会议员，但

格莱斯顿
Culver Pictures

在担任多种公职，包括财政大臣（1852 ～ 1855、1859 ～ 1866）之后，逐渐倾向自由党的政策主张，并在 1866 年成为自由党领袖。在第一任首相任内（1868 ～ 1874）监督国家教育改革、选举改革和撤销对爱尔兰新教教会的支持（1869）。1875 ～ 1876 年间指责 B. 迪斯累里政府对保加利亚惨案漠不关心。在第二任期间，保证改革法案的通过（1884）。其内阁授权占领埃及（1882），但解救在喀土穆的 C. G. 戈登失败（1885），使他大失人心并失去政权。1886 年原本可以爱尔兰自治运动重获国会控制权，但因《爱尔兰自治法案》遭议会否决而辞职。此后 6 年致力于说服通过《爱尔兰自治法案》。1892 年大选中自由党赢得多数席次，在第四届内阁中再次提出《爱尔兰自治法案》，但遭上院否决。死后葬于威斯敏斯特教堂。

格兰扁山脉　Grampian　又称 Grampian Mountains。苏格兰山系。横跨苏格兰中部，成为苏格兰高地与苏格兰低地间的自然界限。最高峰本尼维斯山是不列颠最高的山。

格兰德河　Rio Grande　在墨西哥境内称 Rio Bravo（布拉沃河）。北美洲河流，是北美洲最长的河流之一，发源于科罗拉多州西南部落基山脉南部，一直流到墨西哥湾，全长 3 060 千米。在圣胡安山脉地势较高，此后一般往南流，转向东南流经得克萨斯州和墨西哥之间，形成完整的边界线。16 世纪时最早的欧洲人住地是沿着河谷下游地带，但许多普韦布洛印第安人在新墨西哥的居住地可追溯到西班牙征服该地之前。在西班牙统治时期，该河中上游称作北河，下游则称布拉沃河。是灌溉的主要水源，流经大本德国家公园。

格兰杰　Grainger, (George) Percy (Aldridge)（1882 ～ 1961）　澳大利亚裔美国作曲家、钢琴家。在法兰克福学习音乐之后，以钢琴家身份在英国巡回演出，并因为对民族音乐学的兴趣，在英国及丹麦搜集当地民歌。1914 年定居美国后，先后在芝加哥和纽约任教，并投注许多心力在墨尔本大学创立民族音乐学中心。虽然在音品、节奏、和声与和谐统一的领域中锲而不舍地探索，他最为人所知的还是为管弦乐、钢琴和乐团所作的优美短篇作品，包括《乡村花园》、《莫利在岸上》、《莫克·莫里斯》和《林肯郡诗集》。

格兰其运动　Granger movement　美国农民（主要在中西部）的联盟，在 19 世纪 70 年代反对垄断的谷物运输。美国农业部员工 O. H. 凯利（1826 ～ 1913）在 1867 年创办“保护农民社”，希望团结农民学习新的农耕方法。到 70 年代中期，几乎每一个州至少有一个分会或“格兰其”，全国会员超过 80 万。格兰其运动促使某些州通过一项规定铁路运输和谷物储存最高价格的法案。后来的绿背纸币运动和平民党运动都是从格兰其运动发展而来。1880 年格兰其开始衰落，约只剩下 10 万名会员。20 世纪初期一度复兴，但之后再度衰落。

格兰特　Grant, Cary（1904 ～ 1986）　原名 Archibald Alexander Leach。英国出生的美

C. 格兰特，摄于 1957 年
The Museum of Modern Art/Film Stills Archive, New York City

国电影演员。在参加音乐舞台剧演出前，曾在一个英国杂技喜剧团表演。1932 年首度在电影《那一夜》中露面，1933 年与 M. 韦斯特合演《她冤枉了他》，建立明星地位。他那文质彬彬的魅力和帅气的外表，加上特殊的嗓音，使他演出优美深奥的喜剧，如《逍遥鬼侣》（1937）、《育婴奇谭》（1938）、《他的女伴礼拜五》（1940）和《费城故事》（1941）等，受欢迎的程度历久不衰。他也在 A. 希区柯克执导的影片中演出，包括《深闺疑云》（1941）、《美人计》（1946）、《捉贼记》（1955）和《西北偏北》（1959）。1970 年获颁奥斯卡特别奖。

格兰特　Grant, Ulysses S.（1822 ～ 1885）原名为 Hiram Ulysses。美国将军、第 18 任总统（1869 ～ 1877）。生于俄亥俄波因特普莱森特。墨西哥战争中在 Z. 泰勒麾下服役，

U. S. 格兰特
By courtesy of the Library of Congress, Washington, D. C.

1854 年因无法带全家移居西部而退职。他在西部的孤单日子中酗酒的传闻影响了他的声誉，虽然此谣言从未被证实过。曾在密苏里州经营农场以及在伊利诺伊州父亲开办的皮革制品商店工作，但不甚成功。美国南北战争（1861）爆发时晋升为准将，1862 年攻占田纳西州唐奈尔森堡，为北方联邦军第一次大胜仗。他击退了南部邦联军在什勒的袭击，但因联邦军伤亡惨重而受到谴责。1863 年攻占密西西比州的堡垒维克斯堡，将邦联军切成东西两半。1864 年取得查塔努加战役胜利后，晋升为联邦军司令。在 W. T. 谢尔曼横穿佐治亚州进军的同时，袭击 R. E. 李将军在弗吉尼亚的部队，于 1865 年结束了南北战争。其行政管理能力及革新的战略在很大程度上成全了联邦军的胜利。他代表共和党参加总统竞选成功，46 岁当总统，为美国历史上最年轻的总统，并连任两届。但因行政管理上懒散，又加上几起丑闻（信贷公司丑闻和威士忌酒集团行贿案）把几名内阁部长都牵扯进去，结果名声被毁。借国务卿 H. 费什的帮助，他在外交事务上更为成功。他支持对邦联领袖的赦免、支持保护黑人民权。1874 年否决了一项增发货币的法案，从而减少了之后 25 年的货币危机。1881 年移居纽约。不料一个和他儿子合开投资公司的合伙人骗走了公司的钱款，使他的家庭生活陷入拮据。他的回忆录由其朋友马克·吐温出版。

格劳秀斯　Grotius, Hugo（1583 ～ 1645）原名 Huigh de Groot。荷兰法学家、人文主义

格劳秀斯，肖像画，M. J. van 米勒费尔特绘；现藏阿姆斯特丹国家博物馆
By courtesy of the Rijksmuseum, Amsterdam

者和诗人。出生于代尔夫特。11 岁时进入莱顿大学。青少年时随 J. van 奥尔登巴内费尔特出使法国。他留在当地学习法律，并出版了一部政治书（1598）。后担任荷兰的史官，记述荷兰反西班牙的斗争。他逐渐卷入政治，为荷属东印度公司撰写保卫荷兰的贸易权利的文章，主张一切国家都拥有自由出入公海的权利。1607 年任荷兰省检察长。1618 年他的资助人奥尔登巴内费尔特被莫里斯亲王处决，他被监禁。1621 年藏在书箱中得以越狱逃到巴黎。10 年后返回荷兰，此时他已在国际上享有极高的威望。他的法学著作提出国家是由自然法所约束的理念。他的巨著《战争与和平法》（1625）规定了战争行为的准则，是对现代国际法的最早的伟大贡献。他也出版了许多古典学术译著。

格勒诺布尔　Grenoble　法国东南部城市。临伊泽尔河。伊泽尔河将城市分成两部分。旧镇位于河右岸狭窄地带。新镇分布在河左岸平原上。多菲内前首府。第二次世界大战期间，为法国抵抗运动中心。具有意义的遗迹有 13 世纪教堂、15 世纪司法宫以及格勒诺布尔大学（1339 年创立）。人口约157 500（2004）。

格勒兹　Greuze, Jean-Baptiste（1725～1805）法国画家。曾在巴黎皇家学院学画。1755 年首次参加沙龙展出的作品《为孩子们读经的父亲》，立即获得成功。在整个 18 世纪 60 年代以《农村订婚仪式》（1761）和《杰出的儿子》（约 1765）这类感伤的作品赢得赞赏。为取得学院历史画家的许可，他绘了一幅大型历史画；遭拒绝后，在此后的 30 年里他的作品只在自己的画室展出。他以绘制道德画和衣冠不整的纯真女子的画像维持生计，但此时他的声望已下降。由于被归类为风俗画家，使得评论界完全忽略了他在素描和肖像画方面所展现的高超技巧和天分。

格雷　Gray, Asa（1810 ～ 1888）　美国植物学家。生于纽约索夸特。在费尔菲尔德医学院获得医学学位，在学习时即利用闲暇时间研究植物标本。与 J. 托里（1796 ～ 1873）一起撰写《北美植物志》（1838 ～ 1843）。1842 年接受哈佛大学的教授职位，并一直任教至 1873 年。他向该校捐赠了数千本书籍和许多自己收集的植物标本，促成哈佛大学植物系的建立。在统一北美地区的植物分类方面，他的贡献最大。他的著作俗称《格雷手册》（1848），被广泛使用，是这一学科中最具权威的著作。他是 C. 达尔文学说在美国早期的主要支持者。

格雷　Gray, Thomas（1716 ～ 1771）　英国诗人。曾在剑桥求学，后来定居于此，并在这里写诗，这些诗充满依依不舍的哀思，并反映出他用众所周知的语词组成铿锵有力、朗

T. 格雷，油画，J. G. 埃卡特绘；现藏伦敦国立肖像画陈列馆
By courtesy of the National Portrait Gallery, London

朗上口的诗句的成熟技巧。虽然作品不多，他却是当时的主要诗人。最为人熟知的作品《墓园挽歌》（1751）属于英国最著名抒情诗之列，同时也被认为是英国墓园诗歌中最好的作品。在《墓园挽歌》获得极大成功之后，接下来的两首诗作令人失望。此时他实际上已停止写作。

格雷伯爵　Grey, Earl（1764 ～ 1845）　原名 Charles Grey。英国政治家、辉格党领袖、首相（1830 ～ 1834）。1786 年进入议会，很快就成为由 C. J. 福克斯领导的辉格党贵族派中的后起之秀，反对皮特（小）的保守政府。1806 年，格雷出任 G. 格伦维尔勋爵政府的海军大臣。同年福克斯去世，格雷继承他的位置，担任外交大臣，并成为辉格党福克斯派的领袖。1807 年，由于同情天主教徒而被撤职并失去议员席位，无意再任公职。1815 ～ 1830 年格雷仅仅是陷于分裂的辉格党反对派的支持者，而并非其领袖。1830 年任首相，依照自己所提出的条件组阁，并推动大众支持的议会改革。多次争论和冲突后，赢得了《1832 年改革法案》的通过。

格雷茨基　Gretzky, Wayne (Douglas)（1961 ～　　）　加拿大冰球选手，公认是这种运动史上最伟大的球员。生于安大略布兰特福德。1977 年参加少年世界杯比赛，是当时最年轻的选手，也是得分王。1979 ～ 1988 年为埃德蒙顿加油工队的中锋和队长，带领该队赢得 4 次斯坦利杯，也成为第一位单场平均得 2 分以上的球员。1988 年成功转会到洛杉矶国王队。1996 年跳槽到圣路易蓝队。同年较晚时，又转与纽约游骑兵队签约，

1999年在此队退休,此时他已保持了全国冰球联盟(NHL)的61项纪录。他在NHL的生涯总成绩包括射中得分894分、助攻1 963次、得点2 857,以及相应的季赛纪录是:射中得分92分、助攻163次、得点215。他也是第一个连续7年(1980～1987)赢得NHL得分王头衔的球员,也是唯一一位连续8个赛季(1979～1987)赢得最有价值球员的选手。他在这种通常很粗暴的运动中表现得谦和有礼,被尊为运动员精神的最佳楷模。

格雷厄姆　Graham, Billy(1918～　)原名William Franklin Graham, Jr.。美国基督教布道家,生于北卡罗来纳夏洛特。为多位美国总统的宗教顾问。酪农之子,16岁时在一次宗教振兴大会上有过一次转换经历。随即先后进入鲍·伯琼斯学院及佛罗里达圣经学院就读,1939年受按立成为南方浸礼会牧师,后获惠顿学院人类学学士学位。因举办广播讲道、天幕振兴布道大会获得许多追随者而声誉鹊起,到1950年已被公认为基要派的主要发言人。他通过明尼阿波利斯的格雷厄姆福音协进会举行了一系列国际振兴十字军电视布道大会。

格雷厄姆　Graham, Martha(1894～1991)美国舞蹈演员、教师和编舞家,现代舞主要的代表人物。生于匹兹堡。1916年在丹尼肖恩舞蹈学校和舞团跟随T.肖恩学习,1923年离开丹尼肖恩到纽约,在那里成立她自己的学校(1927)和舞团(1929)。由她编舞的作品超过160部,创造出独特的"舞剧",使用各种题材表达人的激情与矛盾冲突,其中许多是以美国生活为题材,如《阿帕拉契之春》(1944);其他作品有《原始的神秘事物》(1931)、《悔罪者》(1940)、《给世界的信》(1940)、《心穴》(1946)、《克莱顿尼斯特拉》(1958)、《菲德拉》(1962)和《湿壁画》(1978)。曾与音乐指挥L.霍斯特及I.野口勇长期合作,后者多次为她设计舞台布景。她在1970年宣布告别舞台,但继续从事舞蹈创作和教学。她的舞蹈技巧是异于古典芭蕾的第一种重要的形式,经由编舞和教学,影响遍及世界各地。

格雷厄姆　Grahame, Kenneth(1859～1932)英国儿童读物作家。生于爱丁堡。在伦敦的银行工作期间,常写文章和故事向杂志投稿,并汇集出版《黄金时代》(1895)、《梦里春秋》(1898)等文集。最有名的代表作品是《杨柳风》(1908),书中的动物角色——特别是鼹鼠、大鼠、獾和蟾蜍——兼具可爱的人类性格和真实的动物习性,1930年由A.A.米尔恩改编为剧本《蟾蜍宫里的蟾蜍》。

格雷夫斯　Graves, Robert (von Ranke)(1895～1985)　英裔西班牙作家。第一次世界大战期间在西方战线担任军官。在此期间首次出版了3卷本诗集,包括一些当时最好的英国情诗。1926年开始与美国诗人L.蓝汀(1901～1991)长达13年的暧昧关系,与她合作成立了一个出版社,并以作家的身份短暂发行一份期刊。1929年后主要住在西班牙马略卡。在他的120余本著作中,最出名的是第一次世界大战回忆录《向那一切告别》(1929)、历史小说《克劳狄一世》(1934,1976年改编成电视剧),以及博学且引起争论的神话学方面的研究,最著名的是《白色女神》(1948)。

格雷夫斯氏病　Graves' disease　又称toxic diffuse goiter(突眼性甲状腺肿)或exophthalmic goiter(毒性弥漫性甲状腺肿)。最常见的甲状腺功能亢进,表现为甲状腺激素分泌过量,常伴有甲状腺肿和突眼症状。甲状腺激素分泌过量可导致心输出量增加、心动过速,还可能造成心脏衰竭。情绪上的应激状态可促使甲状腺危象的发生,可能导致血管运动性虚脱和死亡。格雷夫斯氏病被认为是一种自身免疫性疾病,有时可用药物控制,严重个案则需要切除部分或全部的甲状腺。

格雷戈里　Gregory, Augusta(1852～1932)原名Isabella Augusta Persse,人称Lady Gregorg(格雷戈里夫人)。爱尔兰剧作家和剧院经理。为爱尔兰文艺复兴运动中重要人物。与W.B.叶芝一起,参与创办爱尔兰文艺剧院(1898)和阿比剧院(1904)。她写了许多基于爱尔兰农民生活的方言轻松喜剧,第一部剧作集为《七个短剧》(1909)。她还将莫里哀和其他作家的戏剧翻译成叫做基尔塔滕的盎格鲁-爱尔兰方言。曾整理爱尔兰的传说,并译成英语出版,如《苗塞奈的库丘林》(1902)和《神与战士》(1904)。

格雷郡主　Grey, Lady Jane(1537～1554)英格兰历史上有名无实的"九日女王"(1553)。亨利七世的曾孙女。1553年5月嫁给诺森伯兰公爵之子。诺森伯兰公爵劝说垂死的爱德华六世不指定他的同父异母姐妹,而指定她为王位继承人。7月10日宣布格雷郡主为女王,尽管民众支持的是爱德华之姊玛丽·都铎。19日格雷郡主放弃王位,玛丽被宣布为女王。玛丽即位之初,格雷及其丈夫被关入伦敦塔。被控犯有叛国罪,于1554年判处死刑。起初刑期被推迟。但其父参与怀亚特的叛乱,决定了她的死亡命运,于是她被斩首。

J.格雷郡主,油画,被认为是约翰大师约于1545年所绘;现藏伦敦国立肖像画陈列馆

By courtesy of the National Portrait Gallery, London

格雷罗　Guerrero　墨西哥西南部一州。面积64 281平方千米。临太平洋。首府奇尔潘辛戈。狭长的沿海平原外,大部分为南马德雷山区。山谷土壤肥沃,但交通不便。主要河流有巴尔萨斯河。1849年设州。以墨西哥独立战争领袖维森特·格雷罗(1782～1831)的姓命名。著名的城市有阿卡普尔科和塔斯科(一个殖民时期城镇)。收入来源是农业、采矿业和旅游业。人口约3 388 768(2010)。

格雷维　Grévy, (François-Paul-) Jules(1807～1891)　法国政治家。第三共和国总统(1879～1887)。曾任律师,选入立法团,很快成为自由反对派领袖。后任国民议会的议长(1871～1873)和众议院议长(1876)。1879年当选为总统。在职期间努力缩小总统的权力,坚持要有一个强大的立法机构。普法战争惨败后,抵制向德国复仇的民族主义要求,并反对法国扩大殖民地。1887年因其女婿卷入一场政治丑闻,虽与他本人无涉,却被迫辞职。

格雷欣法则　Gresham's law　经济学中"劣币驱逐良币"的现象。以格雷欣爵士(1519～1579)之名命名。格雷欣是英国女王伊丽莎白一世的财务代理人,他是首先对这种现象作出阐释的人之一(N.哥白尼先于他)。其意为:如两种铸币面值相同,却由价值不同的金属所铸成,则价值低的货币,会使价值高的货币退出流通领域。如果某一种货币有较大的价值,可储藏或购买外汇,而不用作国内交易。

格里　Gehry, Frank(Owen)(1929～　)加拿大裔美国建筑师。出生于多伦多,后来在南加利福尼亚大学和哈佛大学就读。早期所建的建筑物多使用廉价材料(如钢网围篱、胶合板、波纹钢),给人以未完成而随心所欲的感觉。其结构通常使用非传统或歪曲的形状,具有一种雕刻式的或零碎不全、拼贴似的特质。在设计公共建筑物时,他倾向于避免一体成型,偏好在较大空间中集一些小单元,强调人的比例。其最出名的建筑是西班牙毕尔包的古根海姆博物馆(1997),这是一座形状极为扭卷、弯曲、表面镀以钛金属的微亮大型建筑。1989年获颁普利兹克建筑奖。

格里菲思　Griffith, Arthur(1871～1922)爱尔兰新闻工作者和民族主义者。新芬党主要创建人。年轻时曾编辑过政党报纸,并提倡以消极手法抵抗英国统治。因为没有参与复活节起义(1916)而失去对激进民族主义者的影响力,但英国人把他和其他新芬党人监禁在狱中时又重获其影响力。1918年英国下议院的新芬党拒绝接受席位,并在都柏林建立了爱尔兰议会，推举E.德·瓦勒拉为总统，格里菲思为副总统。1921年格里菲思领导爱尔兰代表参加自治条约会议，为第一位同意分离自治的爱尔兰代表，之后签订了《英爱条约》(1921)。爱尔兰议会在1922年以微弱多数通过此条约，德·瓦勒拉因此辞去总统职务，由格里菲思当选总统。由于过度工作导致疲惫，不久后去世。

格里菲思　Griffith, D(avid) W(ark) (1875～1948)　美国电影导演。生于肯塔基州弗洛伊斯福克。在巡回剧团演出后，格里菲思将他的一些电影脚本卖给传记公司，并受雇为该公司导演(1908～1913)。为该公司执导了400多部电影，运用特写、全景镜头、交叉剪接等电影表现技巧将电影制作发展为一种艺术，并与电影摄影师皮采尔合作创造了淡出、淡入和软焦点等摄影技巧。他培育出的明星有M.璧克馥、L.基什、M.塞纳特和L.巴里穆尔。代表作《一个国家的诞生》(1915)和《党同伐异》(1916)对后来的电影制片者有深远的影响。1919年共同成立联艺公司后，导演了《被摧残的花朵》(1919)、《走向东方》(1920)、《乱世孤雏》(1921)等片。其最后作品为《林肯传》(1930)和《奋斗》(1931)。他被认为是电影史上有重大影响力的人物之一。

格里格　Grieg, Edvard (Hagerup) (1843～1907)　挪威作曲家。O.布尔说服其双亲，送他到莱比锡学习音乐。后在哥本哈根随M.加代等学习。在那里曾受挪威民族音乐理想的影响。作为一个钢琴家经常演奏，并常为他的太太在独唱他的歌曲时伴奏。应剧作家易卜生之邀为其《皮尔金》(1875)所写的戏剧音乐以及钢琴协奏曲(1868)，可能是他最受欢迎的作品。他死时已全国知名。现仍被认为是挪威最伟大的作曲家。其他作品包括《交响舞》(1897)、《抒情组曲》(1904)、150首以上的歌曲以及许多钢琴作品，包括66首《抒情曲集》(1867～1901)和《自霍尔堡的时间》(1884)。

格里哈尔瓦河　Grijalva River　墨西哥东南部河流。上游源自于危地马拉马德雷山脉和墨西哥索科努斯科山脉。向西北流经恰帕斯州(在当地被称为里奥恰帕斯)，后流向大致与恰帕斯和塔瓦斯科州界平行，在比亚埃尔莫萨再转向北流，最后注入坎佩切湾。全长约640千米。其中有部分水域可通行吃水浅的船只。

格里利　Greeley, Horace (1811～1872)　美国报纸编辑和政治领袖。生于新罕布什尔阿默斯特。原在佛蒙特当印刷学徒，后迁居纽约市，在一文学杂志和辉格党周刊担任编辑工作。1841年创办极有影响力的《纽约论坛报》，致力于各项改革、经济发展以及人民大众地位的提高。他一直任该报总编辑直到去世，尤其以他在19世纪50年代表达美国反奴隶观点而出名。美国南北战争(1861)爆发后，他在政治上采取动摇不定的路线。他一生希望担任公职但未实现的野心在1872年达到顶点，当时自由共和党提名他为总统候选人，但竞选失败。

格里利
© Archive Photos

格里斯　Gris, Juan (1887～1927)　原名José Victoriano González Pérez。活跃于巴黎的西班牙艺术家。曾在马德里艺术和制造学院学习工程(1902～1904)。1906年迁居巴黎，并开始以新艺术风格为报纸作画。格里斯开始接触立体派艺术家，著名的有P.毕加索，不久后创造了自己的综合立体主义，比其他立体派更精简和重视数学计算。其技巧包括在画面上用纸拼贴。他也替S.佳吉列夫的俄罗斯芭蕾舞剧制作雕刻、书本插画、舞台布景和戏服。

格里西　Grisi, Carlotta (1819～1899)　原名Caronne Adele Josephine Marie Grisi。意大利浪漫主义时代的女芭蕾舞演员。曾在米兰的拉斯卡拉芭蕾舞学校受过训练。1834年成为舞蹈演员兼芭蕾舞教师J.佩罗的门生。后来加入巴黎歌剧院，在那里演出的第一部作品是《吉赛儿》(1841)。1849年以前一直是巴黎歌剧院无可争议的台柱，以看似十分自然和不费力气的风格受到称赞。1853年退休。

格列高利九世　Gregory IX (约1170～1241)　原名Ugo di Segni(乌戈)。教皇(1227～1241年在位)。异端裁判所的创立者。由于腓特烈二世迟迟不如约发动十字军东征行动，1227年格列高利对他处以绝罚，并下令攻击西西里王国；当时，腓特烈二世不在西西里。他的军队后来被腓特烈二世的军队击败。1234年出版《教令集》，直至第一次世界大战，该书仍是天主教教典律法的准则。他袭击在法国和意大利北部的异端，加强异端裁判所。腓特烈二世率军侵入教皇领地撒丁，使他重申对腓特烈的绝罚(1239)。他在意大利北部寻求支持，但死在胜负确定之前。

格列高利历　Gregorian calendar　又译格雷果里历。现今普遍使用的阳历记日系统。由教皇格列高利十三世作为对儒略历的一种改革而于1582年公布。按儒略历，一个太阳年包含365.25日，每4年增加一个闰日，以使历和季节保持一致。但更精确地说，一个微小误差会使历上季节的日期几乎以每一百年一日的速率后移。到格列高利十三世的时代，儒略历和季节差10天；1582年，为了将春分(从而将复活节)回复到正确的日子，把1582年10月4日以后的日期提前10日，即紧接着的日子是10月15日。格列高利历和儒略历只有一点不同：除了正好能被400除尽的世纪年(如1600、2000)外，其他的世纪年都不置闰。此外，能被4 000除尽的年份也是平年(非闰年)。这样就能使格列高利历在2万年内保持误差不超过一天的精确度。

格列高利七世，圣　Gregory VII, St. (约1020～1085)　原名Hildebrand(希尔得布兰德)。教皇(1073～1085年在位)。曾在罗马他的叔叔担任院长的一修道院受教育。后任枢机主教兼罗马助祭长。1073年继位为教皇。为中世纪主要改革者之一。他攻击买卖神职和神职人员结婚，坚持教皇使节拥有的权力高于当地主教。一生以与亨利四世在主教叙任权之争方面的冲突闻名。他对亨利四世处以绝罚，引起激烈的纷争。1077年当亨利四世在意大利卡诺萨令人难忘地要求宽恕后，而结束了纷争。重续的纷争使他于1080年再度对亨利四世处以绝罚。1084年亨利的军队攻陷罗马。他被罗伯特·圭斯卡德救出，但是罗马的破坏迫使教皇撤回萨莱诺，并死于该地。

格列高利(尼斯的)，圣　Gregory of Nyssa, St. (约335～394?)　东正教神学家、神秘主义者。原为修辞学教师，受其兄巴西勒的影响转向宗教。372年被立为尼斯主教。376年被阿里乌派罢黜。378年阿里乌派的皇帝瓦林斯去世，他恢复了主教职务。与纳西昂的格列高利为友人，成为捍卫三位一体教义的领袖。他的著作包括《教理大纲》，概述审查教堂中行圣礼的地方的正统派神学。他信仰基督教柏拉图主义，和奥利金一样，他希望最后人类普世获得救恩。

格列高利圣咏　Gregorian chant　天主教会的礼拜音乐，包含与拉丁词语齐唱的无伴奏旋律。为纪念教皇圣格列高利一世而命名，他对圣咏的搜集与编纂有所贡献，也是传统上直接从圣灵接获所有旋律的代表人物。在中世纪五部拉丁礼拜音乐中，它是支配性的曲目，而其名常用来涵盖全部。显然，它主要源于犹太吟咏，还有来自东正教会和其他地方的其他元素。传统上，圣咏一直用在弥撒和圣祷(传统上修道院中每日举行的八次祈祷)的时候。其文字主要来自《圣经》的赞美诗、韵文圣歌，还有弥撒、圣祷中特有的文字。旋律被视为隶属于八大教会调式。圣咏节奏没有严格的音步，而其谱号并不标出节奏。自第二次梵蒂冈会议以来，圣咏的演出已经大大衰微。参阅固定旋律。

格列高利十三世　Gregory XIII (1502～1585)　原名Ugo Buoncompagni(邦科姆帕格尼)。教

皇(1572 ～ 1585 年在位)。颁布格列高利历。曾在博洛尼亚大学任教,后被指派为特伦托会议代表。1565 年成为枢机主教。1572 年被立为教皇。作为反宗教改革的推动者,他决心执行特伦托会议的改革决议。他核订《教廷禁书目录》,创办多处学院及神学院。他将这些教育机关委托给耶稣会管理。在天文学家和数学家的协助下,他改正儒略历的错误,并颁行格列高利历(1582),即目前世界所通用的公历。

格列高利一世,圣 Gregory I, St. (约540 ～ 604) 别名 Gregory the Great(大格列高利)。教皇(590 ～ 604)和教会的教义师。身为罗马贵族,30 岁时已担任长官,即罗马地位最高的文官。后感到宗教生活的召唤,建造了好几所修道院,并充当教皇代表,后在 590 年当选为教皇,他勉强同意。他成为中世纪教皇制度的建筑师。他实行教皇集权以遏止腐败。598 年与伦巴第人达成暂时的和平,也允许拜占廷篡位者福卡斯在 602 年与他们达成永久的和平。他渴望使俗世人民改宗,派坎特伯雷的圣奥古斯丁出使英格兰(596)。在他任期内,哥特时期阿里乌派西班牙(参阅阿里乌主义)与罗马达成和解。他为教皇国奠定了基础。他强烈反对奴隶制度,也对犹太人和异教徒施予更多宽容。他写下了教会管理指引《神职人员条例》和其他作品。他大幅重修祈祷书和圣咏,导致后来格列高利圣咏取用他名字。对后世而言,他可说是中世纪最伟大的教皇。

格列柯 Greco, El(1541 ～ 1614) 原名 Domenikos Theotokopoulos(多米尼柯·狄奥托科普洛),El Greco 在西班牙语中意为希腊人。克里特裔西班牙画家,西班牙绘画的第一位大师。关于其早期生活的文件资料有限,只知约 1566 ～1570 年在威尼斯,可能在提香的工作室习画。1572 年为罗马圣路加公会成员。他在西班牙的第一件委托作品(1577)是托莱多圣多明各-安蒂戈教堂的祭坛画(1577 ～ 1579),高坛上的《圣母升天图》和《三位一体》,反映出提香及米开朗琪罗的影响。画中拉长的人物造型成为他个人的代表风格。他的杰作《奥尔加斯伯爵下葬》(1586 ～ 1588),以超自然、半抽象的手法描绘天上充满高大鬼魂般的人物轮廓,而地上则是平常的世界。自 1590 年至去世,他的画作数量惊人。主要作品包括替依列斯卡斯的德拉卡里达医院完成的完整祭坛画(1603 ～ 1605),在这项工作中,他也担任建筑师和雕刻师。他还是出色的肖像画家。现存两幅风景画,包括著名的《托莱多风景》(约 1610)。他的工作室生产了其作品的许多复制画,但他的个人风格是如此独特,因而其追随者只有他的儿子及一些已被人遗忘的模仿者。

格林 Green, Hetty(1835 ～ 1916) 原名 Henrietta Howland Robinson。美国金融家,据说是当时美国最富有的妇女。生于马萨诸塞新贝德福德。1865年她的父亲和伯母去世,留给她 1 000 万美元的遗产。她巧于经

H. 格林,摄于 1897 年
By courtesy of the Library of Congress, Washington, D. C.

营,死时财产达 1 亿美元。

格林 Green, Julien(Hartridge) (1900 ～ 1998) 又作 Julian Green。法国出生的美国作家。父母为美国人。虽然有几年在美国教书,大部分的时间都住在法国。其小说以法文写成,通常以法国外省或美国南方为背景。作品塑造出紧张、幽闭恐惧的气氛,描写一些神经过敏的人物处于复杂的关系之中,充斥着秘密、犯罪、背叛、激情和暴力。1970 年获法兰西学院文学大奖,表扬他以清晰、精准、简约著称的杰出的法式散文体写作风格。作品收录于他的《格林全集》(10 卷,1954 ～ 1965)中。

格林 Green, William(1873 ～ 1952) 美国劳工领袖,曾任美国劳工联合会(AFL)主席。生于俄亥俄科肖克顿。16 岁开始当煤矿工人,在工会的等级体系中一路提升,最后在 1924 年被选为美国劳工联合会主席,并担任此职位直到去世。1935 年产业工会联合会(CIO)的成立,造成他与该会领导人 J. L. 刘易斯间的激烈争吵,结果 1936 年劳联将产联开除出去。

格林 Greene, (Henry) Graham(1904 ～ 1991) 英国作家。完成在牛津大学的学业后,于 1926 年改信天主教。1930 年开始,在随后的数十年间,作为一名自由撰稿的新闻记者,到处旅行。惊险小说《斯坦布尔列车》(1932,又名《东方快车》;1934 年拍成电影),是被他称为具有相当复杂、深刻的道德意义的"消遣作品"的系列小说的第一部,其他包括《一支出卖的枪》(1936,又名《此枪出租》;1942 年拍成电影)、《密使》(1939,1945 年拍成电影)和《第三个人》(1949,同年拍成电影)。他最好的小说包括《布赖顿硬糖》(1938,1948 年拍成电影)、《权力与荣耀》(1940,1962 年拍成电影)、《问题的核心》(1948,1954 年拍成电影)以及《爱情的结局》(1951,1999 年拍成电影),均以宗教为主题。以濒临政治动乱的第三世界国家为背景的作品也被拍成电影。

格林 Greene, Nathanael(1742 ～ 1786) 美国将军。生于罗得岛波托沃穆特。曾任罗得岛议员,后当选罗得岛军司令(1775),曾率领大陆军在波士顿及纽约的部队转战特伦顿、布兰迪万和日耳曼敦等地。1778 年接替 H. 盖茨出任南方军总司令。他的战略使英国兵力减弱,C. 康华里不得不放弃征服北卡罗来纳的野心(1781)。此后开始重新占领南卡罗来纳内地,至 6 月底,迫使英军撤至查尔斯敦。1780 年主持对阿诺德事件中牵涉的 J. 安德烈的军事审判。

格林卡 Glinka, Mikhail(Ivanovich)(1804 ～ 1857) 俄国作曲家。曾在意大利和柏林学习音乐,1836 年第一部歌剧《为沙皇献身》演出后,立即为他赢得俄国最杰出的作曲家的声誉。在歌剧《鲁斯兰与柳德米拉》(1842)和弦乐作品《卡玛林斯卡娅》(1848)中俄国民间音乐成分更为清晰。他的作品对以后的作曲家,如 P. I. 柴可夫斯基、N. 里姆斯基-科萨科夫有明显影响。格林卡被认为是俄国民族乐派的奠基人。

格林纳达 Grenada 加勒比海小安的列斯群岛的岛国。面积:344 平方千米。人口:约 103 000(2013)。首都:圣乔治。岛上人口绝大多数为非洲裔及混血人口(主要是欧非混血);剩余其他人口很多是南亚裔。语言:英语(官方语言)。宗教:基督教(多数为天主教,亦有新教)、拉斯塔法里教。货币:东加勒比元。格林纳达为小安的列斯群岛最南端的岛。位于委内瑞拉以北 160 千米处。领土包括格林纳丁斯群岛南部。该岛为火成岛,一条森林茂密的山脉俯临该岛,圣凯瑟琳山海拔高达 840 米。岛的南岸犬牙交错地分布海滩和天然港。岛上为热带海洋性气候,植被非常茂盛。该国以出产肉豆蔻、肉桂、香草以及可可等香料著称,常称香料岛。格林纳达属开发中的市场经济,主要依赖于农业输出和旅游业。国家元首是总督(代表英国君主),政府首脑为总理。1498 年 C. 哥伦布发现该岛时,好战的加勒比印第安人已占据格林纳达。哥伦布为之取名康塞普西翁。在哥伦布之后,加勒比人统治了格林纳达 150 余年。17 世纪 70 年代初期成为法国王室的属地,1762 年英军将其占领。1833 年岛上黑奴获得自由。1885 ～ 1958 年一直为英属向风群岛政府所在地。1958 ～ 1962 年为西印度群岛联邦的一员,1967 年成为联合王国内实行内部自治的联系邦。1974 年独立。1979 年左翼政府发动不流血政变,由于倾向古巴及苏联集团,格林纳达与亲美的拉丁美洲国家的关系趋于紧张。为了抵消这个趋势,1983 年美国入侵格林纳达。1984 年岛上重新建立了民主自治政府。与古巴的关系一度中断,1997 年复合。格林纳达于 1984 年首次参加在洛杉矶举办的夏季奥运会。

格林尼治 Greenwich 旧译格林威治。英格兰大伦敦外围的自治市。在泰晤士河南岸。通过格林尼治的格林尼治子午线,用作世界标准时区系统的基点。1433 年,格洛斯特公爵围建了格林尼治公园。1675 年英国皇家天文台便设于此。其他历史建筑包括女王宫(现为国家海洋博物馆之一部)、皇家海军学院(1873 ～ 1998)。当地的古迹于 1997 年被联合国教科文组织列为世界遗产。20 世纪 90 年代兴建成的千禧圆顶,曾在迎接庆祝千禧年的活动中使用。人口约 214 403(2001)。

格林尼治村 Greenwich Village 美国纽约市下曼哈顿居民区。原为殖民时期村庄。在前后相继几个时期它成为限制很严的居住区、出租房地区。1910年后成为作家、艺术家、大学生、风流名士和骚人墨客汇集之地。20世纪80和90年代建起高层公寓。村中心的华盛顿广场四周耸立着华盛顿拱门和纽约大学建筑群。

格林尼治平时 Greenwich Mean Time (GMT) 英国格林尼治前皇家天文台所在经线(0°)的平太阳时的旧称。这条经线称作格林尼治子午线。使用格林尼治平时系为避免与地方时制(区)为基准所引起的混乱。传统上,格林尼治平时历元0000(表示一个太阳日的起始)出现于正午。1925年格林尼治平时的记数系统改变,使一天从子夜开始。不过这也引起了一些混乱。1928年,国际天文联合会遂将零子午线的标准时改定为目前通用的世界时。在一些英语国家,格林尼治平时一词仍在如航海等领域中继续使用。

格林尼治天文台 Royal Greenwich Observatory 英国的天文台,英国最古老的科学机构。英王查理二世于1675年为航海目的在格林尼治创立。其主要贡献在于航海、计时、恒星定位和天文历书的出版诸方面。1767年开始出版基于格林尼治时间的《航海天文年历》。它在航海者中众望所归导致了1884年格林尼治子午线成为地球的本初子午线和国际时区的起点(参阅格林尼治平时)。

格林山 Green Mountains 美国阿巴拉契亚山脉的一部分。延伸穿过佛蒙特州中央,长达402千米,最宽处50千米。许多山峰高度在900米以上,最高的曼斯菲尔峰高达1 339米。以冬季滑雪设施完善驰名,山间修有供滑雪的长驰道,为阿巴拉契亚国家风景小道的一部分。格林山国家森林占地86 600公顷,建于1932年。

格林斯潘 Greenspan, Alan(1926～) 美国经济学家和联邦储备系统理事会主席(1987～2006)。生于纽约。1977年获纽约大学博士学位。曾任私人经济顾问,于G.福特总统任内出任总统的经济顾问委员会主席。1981～1983年担任两党共同参与的全国社会安全改革会议主席。1987年由R.里根总统任命为联邦储备理事会主席,老布什总统、W.克林顿总统以及小布什总统执政期间他仍任此职。担任联邦储备理事会主席期间,他因果断实施货币政策以遏止通货膨胀和经济衰退而闻名。

格林兄弟 Greene, Charles Sumner and Henry Mather(查理1868～1957;亨利1870～1954) 美国建筑师。生于俄亥俄布赖顿。1894年在加利福尼亚州帕萨迪纳建立合伙关系。他们使用现代主义的方法,把古老的木构式推到从未有过的高度。1904～1911年期间,他们率先建造了影响深远的加利福尼亚式小平房,这是具有低顶的单层房屋。他们的小平房特点是宽敞而低容积,使用阳台和走廊以使室内和室外空间融为一体,使用未加工的木片,宽房檐优雅地探出山头边缘。

格林兄弟 Grimm, Brothers(雅科布1785～1863;威廉1786～1859) 德国民间文学研究者和语文学家。一生中大部分时间都从事文学研究,并在格丁根大学和柏林大学当图书管理员和教授。以《儿童与家庭童话集》(1812～1815)而出名,英语版为《格林童话》,童话集中的200个故事大部分源自口头流传,并帮助了民间文学的建立。不论是一起合作或单独进行,格林兄弟还有许多其他的学术研究或出版物。主要的个人作品有威廉的《德国英雄传说》(1829);雅科布的《德国神话》(1835),该书对研究基督教时代之前的德国信仰和迷信有深远影响。雅科布具有强大影响力的巨著《德语语法》(1819～1837),内容为德国诸语言的语法,详尽叙述如今被称为格林定律的重要语法原则。19世纪40年代时,格林兄弟开始编纂《德语大辞典》的宏伟计划,其内容为将历史上的德语字词汇集于一本词典当中,经过几代人的努力才告完成。

格林兄弟雅科布(右)和威廉(左),油画,E.耶里考-鲍曼绘于1855年;现藏柏林国家画廊

By courtesy of the Staatliche Museen zu Berlin

格陵兰 Greenland 北大西洋中丹麦的岛屿和海外自治行政区。为世界最大岛。面积:2 166 086平方千米。人口:约56 200(2013)。首府努克。该岛2/3的面积在北极圈内,其地貌主要为厚实的格陵兰冰原。当地经济基础为渔业;但也有一些具商业开采价值的矿藏,包括大型金矿,以及近海石油开采。格陵兰原住民约占总人口的4/5,主要为因努伊特人(或称爱斯基摩人)后裔,居住在沿海地区。因努伊特人以加拿大北极区的岛屿为跳板,大概从公元前2500年～公元1100年自北美大陆跨海到达格陵兰西北部。982年,挪威人红头发埃里克来到格陵兰。11世纪时,其子埃里克松将基督教传入格陵兰。原先的诺尔斯殖民地于15世纪消失,但1721年又重新成为丹麦殖民地。1953年格陵兰成为丹麦王国的一部分。1979年获准地方自治。21世纪初要求完全独立的运动开始得到世人支持。

格鲁吉亚 Georgia 中亚共和国。位于高加索山脉地区,黑海的东南岸,包括阿布哈兹和阿扎尔两个自治共和国。面积:69 700平方千米。人口:约4 522 000(2013)(不包括阿布哈兹和南奥塞梯人口)。首都:第比利斯。2/3的人口是格鲁吉亚人,少数民族包括亚美尼亚人、俄罗斯人和阿塞拜疆人。语言:格鲁吉亚语(官方语言)。宗教:基督教(东正教、亚美尼亚使徒教会)及伊斯兰教。货币:格鲁吉亚拉里。境内大部分是山区,许多山峰海拔超过4 600米。高加索山脉构成一道屏障,抵挡了来自北方的冷气团,气候主要是亚热带型。靠近黑海岸边的低地土壤肥沃。已有完好的工业基础,以水力发电、采煤、炼钢、机器制造和纺织业闻名。耕地短缺并难以耕作,作物包括茶叶、柑橘类水果、葡萄、甜菜和烟草。格鲁吉亚为单一制多党制共和国,一院制。国家元首暨政府首脑是总统,总理为辅佐。古代格鲁吉亚是伊比利亚和科尔基斯王国所在地,传说中的这块富饶地区,早为古希腊人所知。公元前65年属罗马共和国,公元337年皈依基督教。此后300年间卷入拜占廷和波斯帝国之间的斗争。654年起,为阿拉伯哈里发控制,他们在第比利斯建立了一个酋长国。8～12世纪归巴格拉提德王朝统治,塔玛拉女王在位期间是格鲁吉亚的国力鼎盛时期,国家版图从阿塞拜疆拓至切尔卡西亚,形成一个大高加索帝国。13～14世纪蒙古人和土耳其人相继入侵,分裂了这个王国,而1453年奥斯曼帝国攻陷君士坦丁堡后,中断了格鲁吉亚与西方基督教世界的联系。其后300年间格鲁吉亚不断遭到亚美尼亚、土耳其和波斯人的侵袭。1783年格鲁吉亚转请俄国人保护,1801年终被俄国吞并。俄国1917年革命后,该地区曾一度独立,1921年建立苏维埃政权,1936年改名为格鲁吉亚苏维埃联邦社会主义共和国,成为苏联的正式成员国。1990年一个非共产主义联盟在格鲁吉亚第一次举办的自由选举中胜出,掌管了政权。1991年格鲁吉亚宣布独立。20世纪90年代,总统E.谢瓦尔德纳泽试图走中间路线,但内部的意见分歧导致阿布哈兹地区的冲突。格鲁吉亚1994年首次参加在挪威利勒哈默尔举办的冬奥会,但其运动员之前曾代表苏联和独立国家联合体参赛。

格鲁克 Gluck, Christoph Willibald(1714～1787) 后称Ritter (Knight) von Gluck。德国歌剧作曲家。林务官之子,曾离家到布拉格攻读音乐。他四处旅行,为不同的城市写作歌剧。1750年定居于维也纳,并在那里度过余生——其中仅有一段时间住在巴黎(1773～1779)。1762年与歌剧脚本作者R.di卡尔扎比吉(1714～1795)合作,写下著名的歌剧《奥菲欧与欧里狄克》,其中借用了法国歌剧的面貌,成就了简化的歌剧风格,毅然与时兴而僵化的意大利风格分道扬镳。他的《阿尔西斯特》(1767)序文策划出"革新歌剧"的歌剧原则。他出任过皇帝的宫廷作曲家。1773年迁居巴黎,他先前的学生玛丽-安托瓦内特即将在那里成为皇后。在那里,他的《伊菲革涅亚在奥里德》(1774)、《阿尔米德》(1777)和《伊菲革涅亚在陶里德》(1779)获得好评。其他歌剧(总数超过40出)包括《帕里德与埃莱娜》(1770)和《厄科与那喀索斯》(1779)。他写过5部芭蕾,其中《唐璜》(1761)是他最早获得成功的情节芭蕾之一。

格吕内瓦尔德 Grünewald, Matthias(约1475/1480～1528) 原名Mathis Gothardt Neithardt或Mathis Gothart Nithart。德国画家。早年生活不详。约1509年成为美因茨的大主教的宫廷画家,开创了成功的生涯,其绘画集中于宗教主题。1511年左右受委托为画家A. 丢勒完成的祭坛画《圣母升天》再画上两个侧翼。1515年接受最重要的委托,在阿尔萨斯南部的安东尼泰隐修院为伊森海姆祭坛的神龛画一组侧翼画(现收藏于法国科尔马的博物馆)。此画被认为是他的代表作品,具扭曲人物形象,极端热情奔放,深沉色彩和展开或折褶的衣褶,为他风格的独特标记。现存的作品约10幅油画和约35幅素描。他没有一个知名的学生,与他那个时代的画家不同的是他不制作木版画和雕版,但他的绘画成就仍然是北欧艺术史上令人惊奇的。

格律 meter 在诗歌中,指一诗行的节奏形式。人们设想出各种不同原则,把诗句组织成有节奏的单元。音量诗体,即古希腊和拉丁诗歌的格律,在朗读音节时只管发音时间的长短,而不管他们是否重读。长短音节的不同配合构成基本的节奏单元。音节诗体最常见于重音不明显的语言,如法语和日语。它以一行诗中固定数量的音节为基础。重音诗体,出现在重音强烈的语言中,如日耳曼语。它只计诗行内重音或重读音节的数目。重音-音节诗体是英文诗的常见格式,它把音节算法和重音算法结合起来。英诗中最常见的格律,即抑扬格五音步格,就是有10个音节或5个抑扬格音步的诗句。每一抑扬格音步都是一个非重读音节后面跟一个重读音节。自由诗则没有遵循规则的韵律形式。参阅韵律学。

格伦(小) Glenn, John H(erschel), Jr.(1921～) 美国宇航员及参议员。生于俄亥俄剑桥。第二次世界大战期间作为海军陆战队飞行员,曾执行59次飞行任务,在朝鲜战争期间执行90次飞行任务。1959年参加水星计划太空训练的7位宇航员中他年龄最大。当A. B. 谢泼德(小)和V. I. 格里索姆(1926～1967)分别进行最早的两次亚轨道太空飞行时,格伦是他们的后备驾驶员。1962年2月乘"友谊7号"宇宙飞船升入太空,飞完3圈后降落。1964年退役后有意从政,1975～1999年被选为美国参议员。1998年,以77岁高龄进行他的第二次太空飞行("发现者"号航天飞机的工作人员之一),成为进入太空的年龄最长者。

格伦维尔 Grenville, George(1712～1770) 英国政治家。1741年进入国会,在担任一些政府职务后,1763～1765年担任首相。根据他的《税收法》(1764)和《印花税法条例》(1765)而实行的北美殖民地税收政策,促发一系列事件,最后导致了美国独立战争。他在职期间不受欢迎。他以煽动性诽谤罪起诉J. 威尔克斯;1765年因国王病重而通过了《摄政法》,结果疏远了国王,导致他的政府垮台。此后处于反对派地位,并促使通过了《汤森条例》(1767)。

格罗 Gros, Antoine-Jean(1771～1835) 法国画家。曾接受其小型绘画画家父亲的训练,后来在巴黎追随J.-L. 大卫学习。18世纪90年代以官方的战争记录画家身份跟随拿破仑赴战场。诸如《拿破仑视察亚法鼠疫病院》(1804)等画作表现出的戏剧性力量影响了T. 热里科和E. 德拉克洛瓦。拿破仑垮台后,大卫被流放,格罗成为大卫画室的领导人,试着用新古典主义的风格作画。1815年后他的最佳作品为肖像画。受到失败感的困扰,最后投于塞纳河自杀。格罗为浪漫主义发展过程中的领导人物。

格罗茨 Grosz, George(1893～1959) 原名Georg。德裔美国画家、制图师、插图画家。在德累斯顿与柏林就读后,开始把讽刺画卖给杂志。第一次世界大战期间在德国陆军服役,1917年因伤残不适合军队而退役,迁居柏林一处顶楼工作室,到战争结束时已经发展出一种绘画风格,把线条的高度表现性与强烈的社会讽刺结合起来。他描述战争与堕落,提供了当代最辛辣的社会批评。1918～1920年他是柏林达达派团体的重要成员。其《统治阶级的面孔》(1921)和《你们看这个人》(1922)等图集呈现出贪婪的资本家、战争获利者和社会的腐败,为他赢得国际声誉。1932年迁居美国,任教于纽约艺术学生联盟,同时继续制作杂志漫画、裸体画、风景画。

格罗皮厄斯 Gropius, Walter (Adolph)(1883～1969) 德国出生的美国建筑师。建筑师之子,曾在慕尼黑及柏林攻读建筑,后于1907年加入P. 贝伦斯建筑事务所工作。1919年受聘为魏玛国立房屋建筑学院主任。1925年曾迁往德绍的包豪斯设计新校舍和教员宿舍。该校舍以他的国际风格构思、不对称的设计图、柔白墙壁加上水平放置的窗户和平坦的屋顶,成为现代主义运动的杰作。1934年自德国流亡到英国,1937年抵达美国,在哈佛大学任教。在包豪斯和任哈佛大学建筑系主任期间(1938～1952),建立了设计教育的一种新典范,结束了200年来法国美术学校的优势地位。他教学的主要原则是:建筑师和设计师必须有系统地研究建筑项目的要求和问题,熟悉现代建筑材料和工作程序,而不是参照过去的形式和风格。

格洛马河 Glåma River 挪威东部河流。为斯堪的纳维亚最长的河流,发源于挪威-瑞典边境附近的一系列小溪流。向南流后折向西注入厄耶伦湖,再向南流至萨尔普斯堡,在腓特烈克斯塔注入奥斯陆峡湾。全长610千米。为水力发电的主要来源。从河口上溯至萨尔普斯堡的萨尔普斯瀑布段可通航。

格洛斯特 Gloucester 古称Glevum。英格兰西南部格洛斯特郡城市。地处塞文河畔,有运河通塞文河口的码头。早为罗马人殖民地,公元96～98年建城;681年建隐修院,该镇后成为盎格鲁-撒克逊麦西亚王国首都。诺曼征服(1066)前在经济上已很重要,亨利二世时首度获颁特许状,1483年确立城市地位。作为贸易中心,继续繁荣。工业多样化,包括制造铁路车辆、飞机和飞机部件、还有轻、重型机械厂。人口约109 888(2001)。

格洛斯特郡 Gloucestershire 英格兰西部一郡。位于威尔士边界上的塞文河口顶端。塞文河由北而南把该郡分为两部分。史前人在当地很活跃;后来罗马人在该郡设军营,格洛斯特是著名的罗马城镇。脱离罗马人后,被撒克逊人占领。整个中世纪当地战争不断,这反映在威尔士边界诺尔曼人建的给人深刻印象的防碉堡。其科茨沃尔德区经济地位重要;东部大部为风景区,一大片土地辟为迪恩森林国家公园。格洛斯特是郡首府。人口约564 559(2001)。

格马尼库斯·凯撒 Germanicus Julius Caesar(公元前16/15～公元19) 罗马皇帝提比略的侄子和养子,克劳狄的兄长,卡利古拉和尤莉娅·阿格丽品娜的父亲。战功卓著的名将。公元14年奥古斯都死后他平息了西部的哗变。尽管人们力劝他登皇位,他却服从于他为之效力的提比略。在东部他与叙利亚总督格奈乌斯·卡尔珀尼厄斯·比索发生冲突。凯撒可能就是比索下令毒死的,不过提比略也可疑。后来比索自尽,使这件事不了了之。如果不是夭折,他可能成为罗马皇帝。

格什温 Gershwin, George(1898～1937) 原名Jacob Gershvin。美国最重要、最受欢迎的作曲家之一。出生于纽约州东纽约一个俄国犹太移民家庭,约6岁时初次听到爵士乐

G. 格什温,在谱写《波吉与贝丝》
Pictorial Parade-EB Inc.

现场演出。孩提时代就有机会接触艺术音乐的音乐会,1914年出版第一首曲子。1918年他的《斯万尼》由歌星A. 乔尔森演出,赢得非凡的成功。《啊呀呀露西尔》(1919)是第一出完全由他完成的音乐剧。在P. 怀特曼的委托下完成了他口碑最好的作品之一《蓝色狂想曲》(1924)。其第一部成功的百老汇力作《女士,发点善心吧!》(1924),是与其兄艾拉·格什温通力合作的第一部作品。不久,他们便成为百老汇戏剧史中主要的歌曲创作组合之一;合作的剧目还有《脚尖》(1925)、《哦,凯!》(1926)、《乐队奏起来》(1927)、《滑稽面孔》(1927)和《疯狂的女孩》(1930)等。讽刺剧《我歌唱您》(1931)是获

得普利策戏剧奖的第一部音乐剧。其歌曲亦用于多部电影。他最成功的大型作品是“民间歌剧”《波吉与贝丝》(1935),海沃德作歌剧剧本,并与艾拉·格什温合写歌词。他的经典音乐作品包括一首钢琴协奏曲(1925)、音诗《一个美国人在巴黎》(1928)。38岁因脑瘤病逝。

格什温　Gershwin, Ira(1896～1983)　原名Israel Gershvin。美国抒情诗人,G.格什温的兄长。曾在纽约市立大学城市学院短暂学习,后打零工,随后应弟弟乔治的要求写作抒情诗。他们合作的第一首歌曲是《真正的美国民歌》(1918),刊登在《女士优先》杂志上。传说格什温兄弟合作完成了许多优美的抒情诗,如《好极了》、《我找到了节拍》、《可拥抱你》、《夏季》和《不一定那样》。乔治死后,他与多人合作写电影和舞台剧:与K.韦尔合写《黑暗中的夫人》(1940)、与J.克恩合写《封面女郎》(1944)还与H.阿伦合写《一个明星的诞生》(1954)。

格式塔心理学　Gestalt psychology　20世纪重要心理学流派,现代知觉理论的基础。现代德语中Gestalt(格式塔)一词指事物被“放置”或“构成整体”的方法;在心理学中,该词常表示“模式”或“完形”。其观点与以往心理学理论的原子主义倾向相反,强调任何事物的整体不等于它的各个部分的总和:任何机体倾向于感觉整体模式或完形,而不是其局部。格式塔学说创始于19世纪末的奥地利和德国,而M.韦尔特海梅尔、W.克勒和K.科夫卡的研究奠定了格式塔学派的基础。K.勒温后来将格式塔原理扩大。与格式塔原理多少有些关系,并受到存在主义和现象学影响的心理治疗是由S.佩尔斯(1893～1970)在20世纪40年代发展起来的。格式塔疗法引导患者去理解他/她的感受和行动的形式、意义和价值。

格思里　Guthrie, Woody(1912～1967)　原名Woodrow Wilson。美国歌手和作曲家。美国民间音乐的传奇人物之一。生于俄克拉何马奥基马。15岁离开家乡,乘货车周游全国。他随身带着吉他与口琴,成为大萧条时期流浪汉及移民营内受欢迎的人。后来成为劳动者和平民主义情绪的代言人。他写了1 000多首歌曲,最著名的歌曲是《再见!认识你很幸运》、《艰难的旅行》和《工会少女》。在纽约参加P.西格等人的阿尔马雷克演唱小组。第二次世界大战中服役。退役后他继续和西格等人的阿尔马雷克演唱小组为农民与工人演唱。《这土地是你的土地》成为非正式的国歌。自传《走向荣誉》(1943)于1976年拍成电影。他的儿子阿罗(1947年生)在作曲和歌唱上也获得成功。

格瓦拉　Guevara, Che(1928～1967)　原名Ernesto Guevara de la Serna。游击战术的理论家和战术家。F.卡斯特罗领导的古巴革命(1956～1959)的杰出人物,出身于阿根廷的一个中产阶级家庭。1953年完成医科学业。漫游南美各地,后定居危地马拉。目睹

C.格瓦拉
Lee Lockwood-Black Star

阿本斯(古斯曼)政府被推翻,这使他相信,美国总是反对进步的左派政府,只有暴力革命才能解决拉美广大群众的贫苦生活,他离开危地马拉去墨西哥,在那里遇到F.卡斯特罗,格瓦拉参加了他的游击队。古巴革命后,为卡斯特罗最信任的助手之一,担任要职;他英俊、迷人,担任革命运动的最能打动群众的代言人。1965年离开古巴。先后到刚果和玻利维亚组织游击队。后被玻利维亚军队拘捕和枪杀。他立即获得国际声誉,并在全世界左派分子中获得受难英雄的地位。

格温特　Gwent　威尔士东南部古地区名。其中心是格温特平原,还包括塞文河河口一带的沿海平原。自古以来一直是英格兰和南威尔士间的门户。罗马人曾在此修建军事指挥部和大碉堡,诺曼底人在此建有碉堡。现为威尔士一行政郡,首府在昆布兰。经济主要依靠农业和工业。

格言　proverb　简洁而精辟的谚语,一般用以表达普遍持有的见解和信念。格言是每一种口头语言和民间文学的组成部分,起源于口述传说。同样的格言经常在世界不同的地方以不同的形式出现。从古埃及开始的文化社会就收集它们的格言。最早的英语格言集之一《艾尔弗雷德的格言》可以追溯到约1150～1180年。在北美最著名的可能是《穷汉理查德的历书》里的格言,这是由B.富兰克林在1732～1757年出版的一本年鉴。

蛤　clam　双壳纲无脊椎动物的统称。严格来说,蛤指具两片相等的壳的双壳类动物。有一束闭壳肌连于两壳之间,用以闭壳。有强大、肌肉质的足。多数蛤类栖于浅水水域

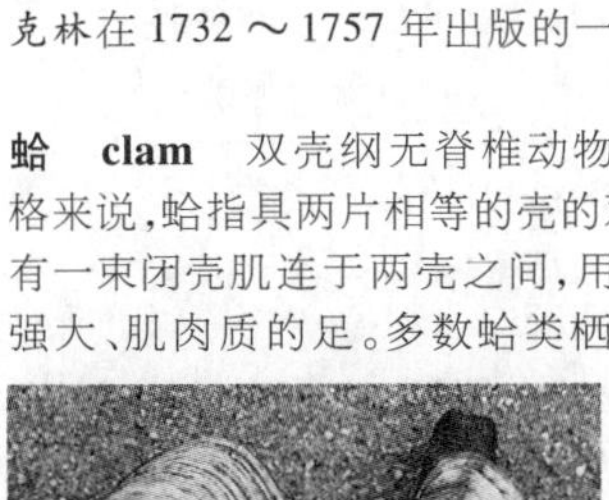

(左)厚蛤(*Mercenaria*);(右)软壳蛤(*Mya*)
Russ Kinne-Photo Researchers

的沙中。蛤将水从进水管吸进,又从出水管排出。体型大小差异极大,从0.1毫米到1.2米都有。许多蛤类可食,包括介壳灰岩蛤、厚蛤、女神蛤和软壳蛤。

隔离　segregation　将个人或群体分离开来的做法。种族隔离是在政治上占优势地位的群体为维持经济利益和较高社会地位的手段,在近代一直主要被白人使用,他们凭借法令和社会的肤色禁令来维护他们对其他群体的优越地位。在美国南部各州,自19世纪末到20世纪50年代在公共设施方面加以隔离(参阅《吉姆·克劳法》)。美国民权运动和《1964年民权法》结束了在教育和公共设施使用方面的隔离政策,但社会上支持的种族歧视仍然存在。参阅种族隔离政策。

膈　diaphragm　哺乳动物体内分隔胸腔和腹腔的由肌肉和膜组成的穹窿形结构。是主要的呼吸肌肉,在咳嗽、喷嚏、呕吐和其他逼出功能中也十分重要。有许多结构从膈穿过,主要是食管、主动脉和下腔静脉。膈肌的痉挛性吸气动作会产生特殊的声响,如打呃。胃突出到膈之上的部分叫做食管裂孔疝。

镉　cadmium　化学元素。周期表Ⅱb族(锌族)的金属,化学符号Cd,原子序数48。通常存在于其他矿物特别是锌矿石中。银白色,可高度抛光,在碱性环境下,不会腐蚀。主要用途之一是电镀其他金属,使成合金以保护这些金属免受腐蚀。由于镉能有效吸收中子,它在某些核反应堆的控制棒中被使用。在化合物中,镉几乎只呈+2氧化态,有毒性。镉的化合物可用于颜料、电视或计算机监视器的荧光剂、杀虫剂,以及照片涂抹剂和分析化学。

葛底斯堡　Gettysburg　美国宾夕法尼亚州南部城镇。是美国南北战争纪念地(参阅葛底斯堡战役)。该镇及其附近地区如今是葛底斯堡国家军事公园,占地1 564公顷,包含了当时的战场。葛底斯堡国家公墓中的无名战士纪念碑坐落在当年林肯发表《葛底斯堡演说》的地方。其中保留有内战时期的历史遗址、标志物和碑1 200多件。人口7 620(2010)。

葛底斯堡战役　Gettysburg, Battle of(1863-07-01～03)　美国南北战争中,在宾夕法尼亚州葛底斯堡进行的一次战役,这是南北战争的一个转折点。在弗吉尼亚州钱瑟勒斯维尔击败联邦军队之后,南军R.E.李将军率7.5万人大军北进,当获悉波托马克河一带联邦军司令换成G.米德时,他亲率部队向葛底斯堡一个战略交叉点进军。第一天,米德的前部在J.布福德的率领下坚守阵地,直到援军到达。第二天,邦联军在小圆顶、公墓山、鬼穴、惠特菲尔德以及皮奇果园等地向联邦军发动进攻。第三天,李将军率领1.5万名士兵进攻由W.S.汉考克率领的1万名联邦军队占领的公墓山脊。一支邦联军的先锋部队冲破了联邦军的炮火防线,但来自三个方面的联邦军猛烈的反攻使其止步。7月4日晚李将军率领部队冒着倾盆大雨撤回弗吉尼亚;事后米德因没有乘势追击而受到批评。此役联邦军8.8万人伤亡约2.3万人;邦联军7.5万人伤亡2万人以上。

葛兰西 Gramsci, Antonio(1891～1937) 意大利知识分子及政治家。进入都灵大学读书后,在1914年参加意大利社会党。1921年脱离社会党,另组意大利共产党,并在苏联旅居两年。1924年成为意大利共产党领导人,并被选入议会。1926年因法西斯政府取缔共产党而被捕入狱,11年后才因病保释,享年46岁。其最有影响力的著作《狱中札记》(1947)及其他作品描绘出一个共产主义的轮廓,与苏联共产主义相比较不那么教条化。其作品对社会学、政治理论及国际关系皆有影响。

葛缕子 caraway 伞形科二年生草本植物,茴蒿(*Carum carvi*)的种子。原产欧洲和亚洲西部,自古就有栽培。其干燥果实有类似茴芹的芳香,味微辣,用于调味。果实淡褐至深褐色,新月形。精油用于酒类饮料调味,医药方面用为芳香性兴奋药及驱风药。

葛罗夫 Grove, Andrew S.(1936～) 匈牙利出生的美国企业家。曾就读于纽约市立大学,1963年在加州大学柏克利分校获博士学位。1963～1967年任职于快捷半导体行业,1968年参与成立**英特尔公司**。1979～1997年担任英特尔总裁、1987～1997担任首席执行官、1997年起任董事会主席,被认为是英特尔制胜的关键人物。1991年起在斯坦福大学授课。他拥有数项半导体设备及科技的专利,亦著有书数册。1997年被《时代》杂志选为年度风云人物。

葛罗夫 Grove, George(1820～1900) 后称Sir George。英国音乐学家。他曾接受土木工程训练,并在牙买加和百慕大建设灯塔。1852年出任水晶宫的秘书,在其后40年中为其音乐会写作节目分析稿。他对威廉·史密斯的《圣经辞典》具有重大贡献,导致他在1865年成立巴勒斯坦探索基金会。1868～1883年担任《麦克米伦杂志》的编辑。1873年开始撰写4卷本《音乐和音乐家辞典》,并在后来的版本中扩充为20卷,如今成为世界最顶尖的音乐百科全书。他出任皇家音乐学院第一任院长(1883～1892),并被封为爵士。这个机构大致由他奠定稳固的专业和物质基础。

葛罗米柯 Gromyko, Andrey (Andreyevich)(1909～1989) 苏联外交部长(1957～1985)、苏联最高苏维埃主席团主席(1985～1988)。虽然从未明显地属于任何派系,但却是一位老练的使者与发言人。曾任驻美国大使(1943～1946),驻联合国安全理事会代表(1946～1948),驻英国大使(1952～1953)。1957年开始长期任外交部长,以其谈判才能著称。**M.戈尔巴乔夫**于1985年初成为苏共的领导人后,他则升任主席一职——一个很有威信但无实权的职务。

葛藤 kudzu vine 豆科葛属生长快速、具缠绕茎的多年生植物野葛(*Pueraria lobata*)或桑伯格葛(*P. thunbergiana*)的俗名(参阅**荚果**)。19世纪70年代作为观赏植物从原产地中国和日本移植到北美洲,可栽种于陡岸土壤里以防止土壤风化。在美国东南部许多地区已变成不易清除的杂草,在树上、灌木上以及裸露的土壤上迅速蔓延覆盖。甚至在北方的冬季,茎虽冻死,根仍能存活。在一个季节之内,其被毛的茎可以长到18米长。叶大,开花较迟,花红紫色。荚果扁平,被毛。在原产地多种植以取食其富含淀粉的根,茎可制成纤维,也用作饲料或覆盖作物。

个人计算机 personal computer (PC) 为供个人使用而设计的微型计算机。一台典型的个人计算机配备包括中央处理器、由随机存取存储器和只读存储器组成的内存、数据储存设备(包括硬盘、软盘或只读光盘)和各种输入/输出设备(包括显示器、键盘、鼠标和打印机)。个人计算机生产始于1977年,当时苹果计算机公司(现在的苹果公司)生产了"苹果二号"计算机。瑞的赛克公司和科姆道尔商业机器公司也在同年推出了个人计算机。**国际商用机器公司**(IBM)在1981年进入个人计算机市场。IBM计算机在内存能力上不断提升,并有公司大规模销售组织的支持,迅速成为该行业的标准。苹果计算机公司推出的麦金托什计算机(1984)对**桌面出版系统**尤其有用。微软公司在1985年推出了MS视窗系统,即一种**图形使用者界面**,提供了比麦金托什计算机更多的兼容性,最初是MS-DOS操作系统的覆盖模式。视窗系统逐渐取代MS-DOS成为个人计算机的主要操作系统。当这种机器功能越来越强大,应用软件层出不穷时,个人计算机的使用也成倍成长。如今,个人计算机已广泛用于文字处理、上网和其他许多日常工作。

个人统治 personalismo 在拉丁美洲指抬高一个领袖人物的做法。通常涉及到牺牲政党、意识形态和立宪政府的利益以效忠一个领袖。拉丁美洲各国的政党往往由一个领袖的一批个人追随者组成,这个事实反映在这些党徒流行的称呼上,如阿根廷的民族正义行动党党员被称为**庇隆主义者**,**F.卡斯特罗**的追随者被称为菲德尔主义者。参阅**军事独裁者**。

个人主义 individualism 重视个人自由的政治和社会哲学。现代个人主义与**A.斯密**和**J.边沁**的观点一起出现在英国,而**A. de托克维尔**则认为这个概念是美国人的秉性中所固有的。个人主义是通过一种价值体系、一种人性理论、一种对某些政治、经济、社会和宗教行为的信念来体现的。个人主义者的一切价值都是以人为中心的;个人本身具有至高无上的价值,所有个人在道德上都是平等的。从消极意义讲,个人主义反对权威和对个人的各种各样的控制,特别是国家对个人的控制。个人主义的人性论认为,对于一个正常的成年人来说,最符合他的利益的,就是让他有最大限度的自由和责任去选择他的目标和达到这些目标的手段。个人主义的基本思想体现为遵循以下原则:个人主义者均认为政府应最小限度地干涉个人生活,政府的职责主要是制定法律和维持秩序,防止个人对其他人干扰,监督执行自愿缔结的协议(合同)。个人主义也指一种财产制度,即每个人(或家庭)都享有最大限度的机会去取得财产,并按照自己的意愿去管理或转让财产。虽然经济个人主义和政治个人主义在民主形式中曾一度并进,在19世纪的过程中二者被证明是不相容的。新拥有选举权的选民日益要求政府应当干预经济进程。在19世纪末和20世纪初,由于大规模社会组织的产生以及一些直接对立思想的出现,特别是**共产主义**和**法西斯主义**,个人主义思想的影响有所减弱,但在20世纪后半叶,随着法西斯主义的毁灭和苏联东欧国家的剧变,个人主义思想又重新获得主导地位。参阅**自由主义**。

铬 chromium 金属化学元素,是过渡元素之一,化学符号Cr,原子序数24。铬是质硬、可高度抛光的青灰色金属。用于合金(如:铁铬合金、钢、不锈钢)中可提高其强度和耐腐蚀性。化合价通常为2、3或6,总是与其他元素,特别是氧,结合成化合物。铬铁矿是唯一的重要工业矿物。红宝石、绿刚玉和蛇纹石的红色均因含铬所致。铬酸钠和重铬酸钠用于鞣革、金属表面处理,以及用作各种工业过程的催化剂。三氧化铬用于镀铬,也用于陶瓷上色。氧化铬、铬酸铅和各种其他铬化合物,广泛用做颜料。二氧化铬具有强磁性,用于录音带和用做催化剂。

根 root 植物学名词,植物在地下起固定作用的部位。在地心引力作用下,根朝下生长,其作用在于吸收水分和溶于水中的矿物质,并储存养分。直根系统具有较深的结实

根的结构。顶端分生组织的细胞活跃地分裂,生成所有根细胞。根冠是一个保护层,帮助根向泥土中进入。细胞在分化带(成熟区)特化,从而具有特定功能。表皮层可以使水和离解的物质通过,进入内部。皮层细胞储存养料并将水分和物质输送到内皮,内皮对其进入含有木质部和韧皮部的维管柱进行调节。

的主根(在裸子植物和双子叶植物)和较小的次生根或侧根,以及根毛。禾草类和其他的单子叶植物长有铺散生长的分布土壤浅处的须根。茎部的分枝也能为植物提供额外的支撑(如玉米和兰花),被称为不定根或支撑根。用来储存养分的肉质根可以是变形的主

根(如胡萝卜、芜菁和甜菜)或变形的不定根(如木薯)。马铃薯一类的**块茎**是变形的肉质地下茎,或根状茎。气根由茎部长出,或经过一段距离后着地,或一直悬在空中。

根特 Ghent 佛兰芒语作 Gent,法语作 Gand。比利时西北部东佛兰德斯省城市和省会,中世纪佛兰德斯省的主要城镇之一,13世纪前便成为北欧最大的城镇之一。其繁荣靠的是织布业,以英国羊毛为原料的豪华织物曾誉满欧洲。16 世纪晚期,当其所生产的布料无法再与英国的布料竞争时,该城市开始没落。引进棉纺机械(特别是从英国走私进口一种动力织机)后,根特成为比利时纺织工业的中心,经济也得以恢复。现为比利时第二大港口,也是园艺中心。人口约 224 180(2000)。

根西 Guernsey 英国皇家属地**海峡群岛**第二大岛。位于**英吉利海峡**,法国诺曼底正西方。面积 78 平方千米。与奥尔德尼、萨克、赫姆、热图以及附近较小岛屿组成根西岛管区。首府圣彼得港[人口约16 448(2001)]。罗马时期该岛名为萨尼亚。1855 ～ 1870 年间为 **V. 雨果**的居住地。根西种牛产自该地。人口约66 000(2013)。

根西牛 Guernsey 一个家牛的品种。原产于英吉利海峡的根西岛,与**泽西牛**一样,可能源于法国乳牛品种。较泽西牛体大,根西牛淡黄褐色带白色斑点,奶色特黄。根西牛于 1830 年首次输出到美国,澳大利亚和加拿大也有饲养。

更格卢鼠 kangaroo rat 更格卢鼠科更格卢鼠属约25种啮齿类动物的统称。它们用后腿跳跃前进,生长在北美洲的干旱地区。头大,眼大,前肢短,后肢长,有嘴旁开口的带

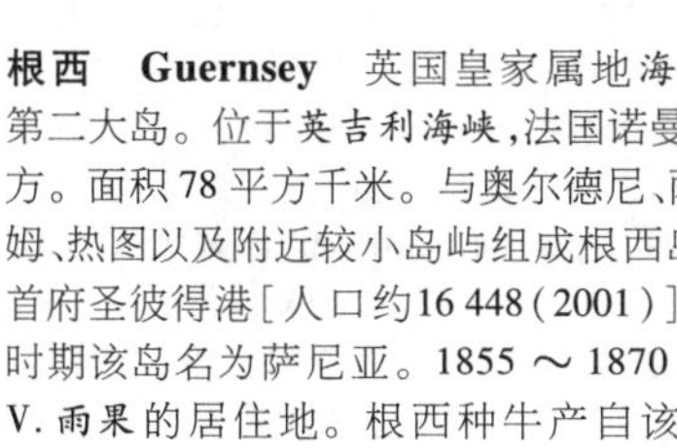

更格卢鼠(*Dipodomys*)
Anthony Mercieca from Root Resources

毛的外颊囊。体长 10 ～ 16 厘米(不包括长尾),尾端通常有丛毛。背部为浅黄到褐色,腹面为白色,臀部两侧各有一条白色条纹。它们夜出觅食种子、树叶和其他植物,把采集到的食物放在颊囊里带回地穴储藏,但很少喝水。

更新世 Pleistocene Epoch 构成地球历史的**第四纪**的两个世中较早的也是较长的一个世。始于 260 万年前,1. 17 万年前结束。前面是**第三纪**的**上新世**,后面是**全新世**。在更新世冰期,地球上超过 30% 的大陆面积被冰川覆盖;在间冰期,大约只有 10% 被覆盖。更新世的动植物开始和现代动植物相似。显花植物增多,出现新的大陆哺乳动物,如人类。该世结束时,出现了生物的大量灭绝:北美有 30 多种大型哺乳动物在2 000年之内消亡。在猜测出的许多原因中,最可能的两个是气候和环境的变化,以及生态模式为早期人类所破坏。

庚斯博罗 Gainsborough, Thomas(1727 ～ 1788) 英国画家。13 岁时离开家乡萨福克到伦敦学画。到 1750 年左右返回萨福克,已在肖像画和风景画方面建立了声誉。他画风

T. 庚斯博罗的《清晨漫步》(1785),
油画;现藏伦敦国立美术馆
By courtesy of the trustees of the National Gallery, London

景画是为了乐趣;画肖像画则是他的职业。1759 年迁往巴斯疗养胜地,有更多和更有钱的人欣赏他的作品。1768 年成为皇家美术院的筹建成员。他受到 **A. 凡·戴克**的影响,发展了一种高雅和严整的肖像画风格,凡·戴克的影响可见于其著名的《蓝衣少年》(1770)等肖像画中。1774 年迁往伦敦,受宠于皇室,地位比正式的宫廷画师 **J. 雷诺兹**还高。他爱画风景画,这是受到 17 世纪的荷兰画家和后来的 **P. P. 鲁本斯**影响,在《饮水处》(1777)里很明显可看出鲁本斯的风格。他的绘画作品数量惊人,用各种材料画了许多风景画,晚年作的画以海景、田园景物和儿童为题材。在当时的大画家中,只有他在风景画方面贡献了极大的心力。

耕耘 cultivation 弄松并打散土壤。在现存植物周围的土壤用锄耘(用手锄,或用耕耘机)除去杂草,使土壤透气与水分入渗来促进生长。准备用以种植作物的土壤则是由耙或犁来整平。

㹴狗 terrier 培育用来寻找并捕杀害兽以及用于猎狐和斗狗的数个犬种的统称,大多数在英国。由于培育用于打斗和捕杀,它们通常性情好斗,但现在也培育出较为友善的品种。因为它们必须钻进啮齿动物的洞穴内,大多数体形小且瘦长,毛皮粗糙而坚硬,不需要花工夫修整。头长、方颌,眼眶深。所有㹴狗都会发出声音并喜欢追逐和对峙。大多数品种是以其育成地命名。参阅**艾尔谷㹴狗、贝德灵顿㹴狗、波士顿㹴狗、斗牛㹴狗、丹迪·丁蒙㹴狗、猎狐㹴狗、爱尔兰㹴狗、苏格兰㹴狗**和**约克夏㹴狗**。

工厂化饲养 factory farming 美国标准化动物饲养系统,目的是在最少的时间与空间,尽可能生产最多的肉、奶、蛋。经常喂食动物吃生长激素、喷洒杀虫剂,并喂食抗生素减轻因为拥挤的饲养环境而恶化的寄生虫与疾病问题。这些和许多其他做法长久以来一直受到批评人士(食品安全保护人士、环境保护人士、动物权利保护人士)的谴责。

工程 engineering 应用科学使自然资源为人类服务的专门技术。工程主要建立在物理、化学和数学的基础上,范围并扩至材料学、固体和流体力学、热力学、转换和速率过程,以及系统分析。工程涉及了一个专门知识的庞大体系,要具备专业的能力就需接受应用这种知识的广泛训练。工程师所利用的自然资源有两类:材料和能源。获得使用的材料反映了其特性:强度、容易制造、轻巧或耐久性;绝缘或传导能力;以及化学、电子和声学上的性质。重要的能源包括矿物燃料(煤、原油和天然气)、风、日光、急流和核裂变。参阅**航空航天工程、遗传工程**和**机械工程**。

工党 Labour Party 英国政党,过去与工会的联系促使其在创造国家经济繁荣和提供社会服务上扮演活跃的角色。工党自 20 世纪初以来一直是英国主要的民主社会党,与保守党处于对立地位。1900 年英国职工大会与独立工党(1893 年成立)联合组成"劳工代表委员会",1906 年改名工党。1918 年成为有民主章程的社会党,1922 年取代**自由党**成为正式的反对党。1924 年 **J. R. 麦克唐纳**在自由党支持下组成第一届工党政府。工党自 1935 年开始丧失权力,直到 1945 年重获选举胜利,由 **C. R. 艾德礼**组成的政府(持续至 1951 年)建立了社会福利体系,包括国民保健服务计划,并广泛施行工业国有化。工党在 **H. 威尔逊**(1964 ～ 1970)和 **J. 卡拉汉**(1974 ～ 1979)的领导下重获政权,但因为经济问题和与其支持者工会间越来越恶劣的关系而崩溃。1983 年 **M. 富特**提出的激进政策使工党大败。N. 金诺克(生于 1942 年)虽将该党的立场移向中庸,但直到 1997 年 **T. 布莱尔**和他的"新工党"计划才成功地使工党重回执政地位。工党在英国连续执政 13 年(T. 布莱尔担任首相至 2007 年,此后由工党领袖 G. 布朗任首相),但在2010 年大选中丢失多数席位,失去执政地位。

工具主义 instrumentalism 又称 experimentalism(实验主义)。**J. 杜威**提出的一种哲学。这种学说认为事物或观念中最重要的是它作为行动工具的价值;一种观念的真理在于它的效用性。杜威喜欢将其教育观点所根据的哲学称为工具主义或实验主义而不愿称为**实用主义**。该学派主张认识的展开不是为了思辨的或形而上学的目的,而是为了进行成功调节的实际目的。观念被理解为工具,可以把遇到问题产生的不安转变成解决问题的满足感。

工模具制作 tool and die making 大量生产固体零件时使用的制造冲压模、塑模和夹具的工艺。工模具制作车间的主要任务是制造冲压模,绝大多数冲压模用于制造诸如

汽车外壳之类的金属板。

工人限期加入工会企业 union shop 非正式协议，根据该协议工人被雇用后就必须限期加入某一工会。此种非正式协议与排外性雇用企业不同，雇主对新雇员的选择并不仅限于工会会员。工人限期加入工会企业的拥护者认为它可以防止那些没有承担费用的工人享有工会制度的福利。工人限期加入工会企业在大多数国家都很少见，但在美国和日本却是合法和常见的。在美国，一家企业的工人通常选择一个通过多数票代表他们的工会，但在有些州《工作权利法》禁止把要求加入工会作为一个雇用条件，因此不准许工人限期加入工会企业和排外性雇用企业存在。

工业管理心理学 industrial-organization psychology 又作 I-0 psychology。将实验心理学、*临床心理学*和*社会心理学*的概念和方法应用于工业的心理学分支。工业心理学家主要关心产业中的个人评价及安置、工作分析、工人管理关系（包括品行和工作满意度）、劳动力的培训和开发（包括领导层的培训）以及生产率的提高。他们可能与企业经理、工业管理人员和人力资源专业人士密切合作。

工业管理学 industrial engineering 应用工程原理和科学管理技术，使企业以最适当的成本保持高水平的生产率。F. W. *泰勒*是对工作进行科学计量的先驱，而弗兰克·吉尔布雷思（1868～1924）和莉莲·吉尔布雷思（1878～1972）则用时间-动作研究进一步完善泰勒的理论。结果，生产过程简化，而工人的产量却提高。工业管理人员选择适当的生产材料与生产工具，使公司最大限度地提高产量和降低成本。工业管理人员可能还要决定生产程序及厂房和生产设施的设计。

工业化 industrialization 转变到以工业与组织关系主导的社会经济体系的过程。18世纪末和19世纪在英国发生的*产业革命*为西欧和北美等早期工业化国家指引了道路。工业化带动了技术进步和深远的社会发展。劳动力从封建和传统的束缚中解放出来，创造了一个劳动力自由市场，其中企业家是关键角色。城市吸引了许多人，大批工人在新的工业城镇和工厂中工作。较晚的工业化国家企图操纵这些要素中的一部分：苏联消灭了企业家；日本则鼓励和支持企业家的作用；丹麦和新西兰实现工业化的方式是首先使农业商业化和机械化。

工业设计 industrial design 大型企业为大量销售所做的产品设计。对于此类产品要考虑构造、操作、外观和适于生产、销售和经销细节；外观是工业设计主要考虑的部分。国际工业设计协会理事会于1957年在伦敦成立，在25年里有40多个国家的会员加入。工业设计有两个重要的倾向：一是流线型，这是20世纪30年代 R. *洛伊*及其他人开创的；二是有计划的淘汰和改变设计，促使消费者在需要更换已有产品之前，频繁购买新的商品。

工业医学 industrial medicine 又称 occupational medicine（职业医学）。医学分支，主要研究工人的健康、工作场所伤病的防治。工作场所的危险包括接触有害物质，如石棉和煤尘、辐射及能够造成大小伤害的机械。工业医学计划规定在机器转动部分的周围要有防护装置、工作区要保持通风、使用低毒材料、严格操作过程、配备保护性设备和工作服。完善的工业医学计划可改善劳资双方关系、增强工人体质、提高生产率以及降低保险费用。

工艺美术运动 Arts and Crafts movement 19世纪后半期英国的社会美学运动，致力于重新确立机械化和批量生产时代手工艺的重要性。名称来自1888年的艺术和工艺品展览协会，由 J. 罗斯金及其他作家对工业化效果的责难所激发。英国诗人、设计家 W. *莫里斯*成立了一家由室内装饰工匠和手艺人组成的公司，生产手工制作的纺织品、印刷的图书、壁纸、家具珠宝首饰和金属制品。该运动受到了批评，在工业社会此种生产方式虽然很好但不切实际，不过在19世纪90年代它越来越受到肯定，并传播到其他国家，其中包括美国。参阅*新艺术*。

工艺学院 Conservatoire des Arts et Métiers 巴黎的公立高等教育机构，致力于应用科学及技术领域的教育，主要颁授工程方面的学位。该机构也是一个专责于测试、度量、标准化的实验室。该院的第三个组成单位是一所国立技术博物馆。1794年由 J. de 沃康松所创，用来存放他自己和其他人的发明，所在地原本是圣马丁修道院。他发明的自动织机在死后于该处被 J.-M. 雅卡尔发现，成为雅卡尔的革命性设计的基础。这座博物馆保存了许多18世纪常见的精巧自动装置和其他机械装置。

工作 work 在经济学和社会学中，指社会生存所必需的活动和劳动。早在公元前40 000年，狩猎者开始集体活动，追踪并捕杀动物。部落中年幼或体弱的成员自然较适合于采集食物。在农业种植代替了简单的采集后，导致食物的少量剩余，同族中的若干成员可以从事较专门的技艺，如陶器制作、纺织和冶金。在城市建立后，新的专业如商业、法律、医学和防御得到了发展。早期文化均带有严格的社会等级的特征。贵族、僧侣、商人、手艺人和农民，从事的职业主要是根据世袭社会阶级加以确定。手艺行会影响着中世纪欧洲的经济发展。行会限制某一行业的劳力供应和控制生产。科技的进步，如蒸汽机的应用，促进了工业革命的到来，极大地改变了工作方式。工厂将以前由单一工匠完成的工作分成不同的工序，由非熟练或半熟练工人（参阅*劳动分工*）完成。19世纪，机床和标准部件的采用促进了制造商的大规模发展，需要空前多的经理、监督、会计、工程师、技术员和推销员等专业人员。20世纪，工作的专业化继续发展，出现了与管理和设计工作有关的许多专业，包括生产管理、劳资关系、人事行政和系统工程师。到21世纪，自动化和技术促进了服务业的巨大发展。

公案 koan 日本佛教禅宗里的一条规矩，在*默念*中用的似是而非的短语或问题。目的是让信徒把注意力集中在解释公案上，消耗他们分析的智慧和愿望，清空头脑以回应直觉。传统公案约有1 700条，出自古代禅师的轶事。广为人知的例子有："双手击掌时会发出声音；倾听单手击掌的声音。"

《公祷书》 Common Prayer, Book of 基督教安立甘宗各教会所用的礼仪书。1549年为英国圣公会正式采用，先后进行过几次修改。1662年版的《公祷书》现仍为联邦各成员国的标准版本（只有小的更改）。英国圣公会和美国圣公会于20世纪70年代采用了用当代语言写的礼拜仪式。

公共关系 public relations (PR) 传播学的一个方面，主要是为寻求引起公众注意的个人或团体塑造一个满意的形象。公共关系最早出现在20世纪初的美国，开拓者是主张公关人员专业化的伯奈斯以及 I. L. 李。英国和美国的政府部门很快就开始聘请专业公关人员，以争取民众对政府的政策和计划的支持，公关行业在第二次世界大战后蓬勃发展。客户可以是个人，例如政治人物、演艺人员和作家，也可以是团体，例如公司、政府机构、慈善团体和宗教社团。诉求的对象，可能只限定在21～30岁男性另类音乐乐迷这样一个窄范围，也可能会是全世界这样一个大范围。公关人员的作用，包括推出令人喜欢的宣传文章、知道什么样的故事会受媒体青睐等。这项工作由于可利用的媒体很多而复杂化：除了报纸、杂志、广播、电视之外，还有专业协会出版物、直接邮件名单、现场推销活动等。公关基本上就是充分利用好消息并抢在坏消息之前采取行动；如果灾难发生，公关人员必须马上评估状况，协助客户响应以将损害减至最低，以及整理和提供信息给媒体。

公共汽车 bus 一种通常用来在规定路线上运送乘客的大型车辆。1895年德国制造了第一辆用汽油引擎驱动的8人座公共汽车。20世纪20年代初期美国制造了第一辆整体车架的公共汽车。30年代柴油机被开发，为更大型的公共汽车提供了更大的动力和更高的燃料效率。随着高速公路系统的发展，北美洲横跨大陆的公共汽车路线亦随之普遍。双层公共汽车见于欧洲某些城市。在大城市里，用挠性接头牵引拖车的铰接式公共汽车很普遍。无轨电车大都用于欧洲城市，车上的电动机由架空电线供给能源。

公共事业振兴署联邦艺术计划 WPA Federal Art Project 大萧条时期罗斯福政府制定的由政府资助美国视觉艺术的第一个重大的，也是最为广泛、影响最大的计划。该计划雇用经验丰富、风格不同的艺术家，鼓励不同流派的艺术并存，对以后的美国艺术影响很大。在1936年高峰时期曾雇用5 000多位艺术家，在该计划实施的8年多时间内雇用的人数大概一倍于此。共创作2 566件壁画、10万多件架上画、约17 700件雕塑、约30万幅版画，还在各地建立了100多个艺术中心和画廊，从而普及了艺术。联邦政府全部投资为3 500万美元。

公共卫生　public health　通过有组织的社区活动来预防疾病、延长寿命、促进健康的科学和艺术。这些工作包括改善环境卫生、传染病的控制、卫生学教育、早期诊断和预防措施以及适当的生活标准。它不仅需要掌握流行病学、营养学和杀菌措施，还需要掌握社会科学。历史上的公共卫生措施包括中世纪麻风病受害者的隔离和14世纪瘟疫流行后提高卫生条件的努力。欧洲人口的增长使得他们对婴儿死亡和医院的快速发展逐渐重视。1848年的英国《公共卫生法》建立了一个专门的公共卫生部门。现今在美国，由疾病控制和预防中心研究公共卫生，并在全国进行协调；世界卫生组织在国际上扮演相同的角色。

公会议运动　Conciliar Movement（1409～1449）　指罗马天主教内要求教会权威高于教皇的努力。公会议运动原意在于结束西派教会大分裂。公会议运动的根子是13世纪的法律界和知识界，但直到1409年比萨会议上才作为一股力量出现。会上选了第三位教皇，企图以此调和拥护现教皇和反对教皇的两派，但未成功。1414～1418年召开的第二次会议（康斯坦茨会议）废黜了所有教皇办公处，又选了新教皇，从而结束了大分裂。会议参加者希望能在教会中起到日益重要的作用，但是教皇继续寻求其最高权威。巴塞尔会议（1431～1449）没有任何收获。

公开市场业务　open-market operation　指由中央银行买卖政府证券和商业票据，以便对货币供应量和信贷状况进行调节。公开市场业务还可稳定政府证券价格。当中央银行在公开市场购进政府证券时，会增加商业银行用于扩大其贷款和投资的准备金；提高政府证券价格，即降低其利率；普遍降低利率从而鼓励企业投资。如中央银行售出政府证券，其结果与上述相反。公开市场业务一般以政府短期证券（如短期国库券）进行。

公理主义　Congregationalism　16世纪末及17世纪初兴起于英格兰新教教会中的一个基督教运动，后发展成为西方基督教内清教主义的一支，强调各个教堂有不从属于任何人间权威而自行决定自己事务的权利和义务。在美国，公理主义在公众影响和信徒人数上达于极致。清教徒在美洲首先建立了普利茅斯殖民地，1662年通过放宽教友资格要求的《半约》，而大觉醒运动使得美国公理宗逐渐脱离卡尔文主义。许多教会加入一位论教派。在公理宗的礼拜中，讲道重于圣事。公理宗与新教大多数派别一样，只承认洗礼和圣餐两种圣礼。大多数英格兰公理宗人士现为联合归正会的一部分；大部分美国的公理宗教会则属联合基督教会。浸礼宗、基督会和一位普救会也奉行公理宗的体制。

公民大会　ecclesia　希腊语作ekklesia，意指"应召而来者聚在一起"。古代希腊城邦公民的全体大会。雅典的公民大会在公元前7世纪即已存在。在梭伦立法的过程中，公民大会由18岁以上的全体男性公民参加，有最终决定政策的权力，并有权在公开法庭听取上诉，参加执政官的选举，对个人授予特权。讨论完毕通常以举手表决，在大多数情况下简单的多数便确定了结果。大会不能提出新的问题，因所有议案都由五百人会议提出。在整个罗马时期希腊大多数城邦都有过公民大会，不过在罗马帝国时期，它们的权力逐步萎缩。

公民投票　plebiscite　由整个国家或地区的全体人民投票决定某些议题。选民不是在几个提议中选择一个，而是表明接受或拒绝一个提议。通过公民投票，政党作为政治媒介的地位下降。因为公民投票提供了不需要允许反对党参与而使统治被接受的方式，极权主义政府用这种方法来使其政权合法化。参阅全民公决和创制权。

公民资格　citizenship　个人和国家之间的关系：个人对国家必须忠诚，国家则有义务保护个人。一般来说，完全的政治权利（包括选举权和担任公职权）是根据公民资格获得的。公民通常应负的责任为忠诚、纳税、服兵役。公民资格的概念最早起于古希腊，通常只给予有财产的人。罗马人最早将公民资格用来作为一种特权，既可授予罗马征服、兼并地的人民也可收回。到公元212年公民资格已普及到帝国内所有的自由民。欧洲的国家公民资格概念在中世纪时期几乎消失。文艺复兴时期才又复苏。获得公民资格的主要条件是出生于特定的领地内、双亲之一是公民、与公民结婚或入籍。

公民自由　civil liberty　在美国法律中，个人得以不受他人或政府的任意干涉之自由，受《人权法案》和美国宪法第13、14和15次修正案所保障。这个词通常是用复数形式。第13次修正案禁止蓄奴和非自愿劳役。第14号修正案禁止任何会造成如下结果的法律：减损美国公民之"特权及豁免权"、"未经由正当程序"而剥夺一个人的"生命、自由或财产"、否定任何人在法律之下受到同等保护权。第15次修正案保障所有美国公民的选举权。而"民权"这个相关的用语，通常是指上述自由权利中的一种或几种，以及由《1964年民权法》所保障的权利。

公平贸易法　fair-trade law　指美国允许有注册商标产品的制造商（有时是该类产品的经销商）有权确定实际或最低转售价格的法律。这种做法在他国称为价格维持。在大萧条时期，许多州制定了类似的法律，借以保护独立零售商免受大型连锁商店削价危害，并防止销售行业遭受失业损失，但后来美国大多数州都废除了公平贸易法。批评者的意见认为，这类法律限制了竞争，第二次世界大战后销售渠道复杂化，也使实施这类法律不再切合实际。少数州虽保留该法，但最终于1975年国会通过法案才废除。

公社　commune　中世纪欧洲实行自治的城镇。大多数公社的特点是：其公民或市民宣誓互相保护和帮助。公社可以拥有财产和签订协议，对其成员有不同程度的司法权，并行使行政的权力。在意大利的北部和中部，由于缺乏强有力的中央集权的政府，允许公社发展成独立的城邦，因而变得特别强大。这种公社在法国和德国常受到地方政府的限制。

公社　commune　一群人住在一起，财产共有且以先到者或团体订下的原则来生活。19世纪初期，乌托邦社会主义者R.欧文和其他人在英国和美国领导一些实验性的公社，如：新和谐公社、布鲁克农场和奥奈达社团。许多公社是从宗教本质得到灵感的，其本质是过修行般的生活（参阅隐修）。受到B.F.斯金纳的《华尔腾第二》（1948）的鼓励，许多美国人尝试公社的生活，特别是在20世纪60年代末和70年代初。参阅集体农庄。

公式翻译语言　FORTRAN　过程性计算机编程语言，1957年J.W.巴克斯和他人在国际商用机器公司（IBM）为数字分析而开发。其名称取自公式翻译之英文FORmula和TRANslation的前面几个字母。多年来一直是科学和工程计算上广泛应用的高水平语言。虽然其他语言，如各种版本的C语言，在这类使用上十分流行，但FORTRAN仍然是数字分析上可供选择的语言。FORTRAN曾经有过多次修订，现在还包括处理结构化数据，动态数据定位，递归，以及其他功能。

公司　corporation　又称股份有限公司。经过国家注册批准，为经营工商业而组合人力和物料资源的一种法定的组织形式。公司与其他两种主要的企业所有制形式——独资企业和合伙企业——不同，具有许多显著的特点，比较灵活，适合于大规模经济活动。其中最主要的特点是：有限责任；股票可转让权（不用依法改组企业，投资人可通过转让股票方便地将其在企业中的权益转让给他人）；法人资格（公司本身就是假想中的"人"，它享有法律地位，可以公司的名义上诉和被起诉、签订合同和拥有财产）；无限持续期（公司具有不受任何创办人参加时间限制的无限寿命）。股东就是公司的所有人，他们通过投资购买了企业收益中的份额，而在名义上具有对公司经理人员使用其投资相应的控制权。然而，20世纪时，直接股东控制已变得越来越不可能了，因为那些大公司的股东已达到数以万计。委托投票经营已被合法化，并被采纳为一种补救的措施，由领薪金的经理人员开始对公司及其资产行使实质上的财产决定权。

公司所得税 corporate income tax 政府机构根据公司收入所课征的税。实际上所有的国家课征的是公司纯利润的税。大部分按统一税率来征收,而不是用累进税。工业国家一般税率约50%,但小公司有时不用缴那么多。1909年美国政府实施了公司所得税制,有3/4以上的州课征公司所得税。参阅资本收益税和所得税。

公用事业 public utility 为公众提供某些方面服务的企业,包括公共运输(公共汽车、飞机、铁路)、电话和电报服务、电力、取暖和照明,以及供水和卫生公共设施。在多数国家,这种企业都是由国家所有和经营的;在美国,这些企业大都属于私人,但在政府的严格控制下经营。从产品的生产技术和分配来考虑,它们被认为是天然垄断性的企业,由于这种企业的资本花费很大,竞争或平行系统的存在会是极度的昂贵和浪费。政府管理(尤其是在州一级),是为了确保安全运行、价格合理和对所有顾客一视同仁。近年来美国一些州试着撤销对电力和天然气经营的管制,以刺激价格下降和通过竞争提高服务水准。

公债 national debt 又称 public debt(国债)。政府的全部举债,尤指向投资者公开发行的证券凭证。若政府预算出现赤字,即政府的年度支出超过收入,国债就会增加。为了募集债务的财源,政府可以发行证券,例如债券或国库券。国债的比例在不同国家各有差异,最低的仅为国内生产总值(GDP)的10%,最高的达GDP的两倍。公共举债被认为会产生通货膨胀,因此通常在经济衰退期使用,以刺激消费、投资和就业。参阅J. M. 凯恩斯。

功 work 物理学中,物体在外力作用下运动而至少有分力加在物体位移的方向时,所发生的能量传递的量度。如果力是恒量,功就可由沿物体路径方向的分力乘以路径的长度得出。对物体做的功,不仅由整个物体的移动来实现,还可以通过压缩气体、转动轮轴,甚至物体内部质点在外部磁力作用下的微小运动来实现。拿一个重物静止不动时并没有把能量传递给它,因为没有位移。对物体做的功等于物体能量的增大。功的单位与能量的单位相同,是焦耳(J)。1焦耳等于1牛顿的力施于1米位移时传递的能量。

功利主义 Utilitarianism 道德准则,其定义为:一个行动如果有助于最大限度增进幸福,不仅是行为当事人的幸福而且是所有受他或她的行为影响之人的幸福,则为正确的。由此,功利主义者注重行为的结果而不是它的内在本质或行为当事人的动机。古典功利主义是快乐论者,但价值而不是快乐(理想功利主义),或除了快乐以外,能够被利用,或者说——更加自然地,以一种经济学中流行的说法——可以认为任何东西都具有看来与一个合理欲望的客体同样的价值(优先功利主义)。功利最大化测试还可以直接运用于单独的行为(行为功利主义),或者运用于仅间接通过某些其他适合的道德评估客体的行为,例如行为规则(规则功利主义)。J. 边沁的《道德及立法原理》(1789)和J. S. 穆勒的《功利主义》(1863)是有关功利主义的重要著作。

功率 power 在科学与工程中,指单位时间内做功或能量释放的大小。功率(P)可以表示为所做的功(W)或所传递的能量除以时间间隔(t):$P=W/t$。一定量的功可以由小功率的发动机在长时间内完成,也可以由一台大功率的发动机在短时间内完成。功率的单位是功(或能量)/每单位时间,如英尺-磅/分、焦耳/秒(称为瓦特),或尔格/秒。功率也可表示为受力物体沿力(f)的方向运动的速度(v)的乘积:$P=fv$。参阅马力。

功能主义 Functionalism 建筑用语,建筑物形式必须由用途、材料、结构方面的实际考量而非设计师心中预想的图案来决定的学说。虽然不是现代才有的概念,却与20世纪上半叶后期的现代派建筑关系密切。人们为L. 沙利文、勒科比西埃和其他人所代表的"诚实"表现方式进行奋斗,这是建筑技术改变、建筑所需要的新形式,以及对19世纪和20世纪初至高无上的历史性复兴不满意的结果。

功能主义 functionalism 一种社会科学理论,强调社会模式与机构的相互倚赖以及它们在维持文化及社会统一方面的交互作用。在社会学中,功能主义始于E. 涂尔干的著作,他把社会视为承载了必须满足之特定需要的一种"有机体"。类似的观点被A. R. 拉德克利夫-布朗的人类学采用,他试图把社会结构解释为适应、融合、统一的持久体系;也被B. 马林诺夫斯基用,他把文化视为个人成就及集体成就的总体表现,在此,"每个习俗、物体、观念和信仰实践了某种重要功能"。美国社会学家T. 帕森斯从社会、心理、文化成分方面分析了大规模社会,并把重点放在社会秩序、整合、均衡的问题。后来的作家则认为:功能主义太死板,无法解释人类社会生活的广度、深度和不测事件,也忽略了历史在塑造社会时的作用。

功能主义 functionalism 又译机能主义。19世纪后期在美国兴起的一个思想广阔的心理学派,着重于陡力调整以适应环境的总的有机组织,试图对抗以E. B. 铁钦纳为首的德国的构造主义学派。功能主义者有W. 詹姆斯、G. H. 米德和J. 杜威。他们强调依靠经验的理性思维而不强调实验哲学和尝试-错误哲学。功能主义运动主要对研究结果的实际应用感兴趣(参阅应用心理学),并对早期行为主义的方式加以批评。

攻城锤 battering ram 一种中世纪武器,主体为一重圆木,顶端为一金属头或锥。用以撞击所围攻的城镇或城堡的城墙或城门。攻城锤常以绳索悬吊在活动支架的大梁上,靠人力推其前后摆动,以捶击所围攻的建筑。支架顶部覆以兽皮,以保护操作者不受镞石或燃烧物的袭击。

供求 supply and demand 生产者能售出的商品量与消费者愿意并有能力购买的商品量之间的关系。需求由商品的价格、相关商品的价格以及消费者的收入及爱好决定。供给则不仅取决于从商品中可获得的价格,也取决于类似产品的价格、生产技术、有效性以及投入的成本。市场的作用就是通过价格机制调节供求关系。如果购买者所需要的某种商品量大于市场上出售的商品量,就会刺激价格上涨;反之,如果出售的商品量大于购买者所需要的数量,价格就会下跌。因此就会出现一个需求量与供给量相等的平衡价格的趋势,供求对价格变化的反应就是供求的弹性。

供应经济学 supply-side economics 一种经济学理论,研究劳动及货物供给的影响,主张减税及削减福利支出,以增加工作及生产货物的诱因。该理论是由美国经济学家A. 拉弗(1940年生)所提出,R. 里根总统于20世纪80年代在美国实施。支持者指出,20世纪80年代的经济增长证明该理论的有效性;反对者则指出,随着经济增长率而来的,却是庞大的联邦赤字和投机心态。

宫内大臣供奉剧团 Chamberlain's Men 又作 Lord Chamberlain's Men。伊丽莎白一世和詹姆斯一世时期英格兰最重要的剧团。总部设在寰球剧院(1599～1608)。1603年剧团得到皇室赞助,改称为"国王供奉剧团"。莎士比亚一生大部分时间与该剧团保持着密切联系。该剧团还演出过B. 琼森、T. 德克、F. 鲍蒙特和J. 弗莱彻等人写的剧本。由于1642年英国内战爆发,剧院纷纷关闭,宫内大臣供奉剧团解散。

龚古尔兄弟 Goncourt, Edmond(-Louis-Antoine Huot de) and Jules(-Alfred Huot de) (埃德蒙1822～1896;茹尔1830～1870) 均为法国作家。兄弟俩靠着寡母留下的遗产得以专心于写作。自1854年起发表一系列社会史著作和大量艺术评论。在他们所著的细节描述精确的自然主义小说中,享誉最久的要数《翟米尼·拉赛特》(1864),这部小说描写工人阶级的生活。龚古尔兄弟自1851年起开始写后来的《日记》。日记纵横交织了社会的各个阶层,既是暴露性的自传,又是关于19世纪巴黎的社会生活和文学生活的历史巨著。龚古尔学会是根据埃德蒙的遗嘱以他的遗产作为基金而建立的,为每年遴选一部杰出的法国文学作品的作者颁发奖金。

龚帕斯 Gompers, Samuel(1850～1924) 又译冈珀斯。在英国出生的美国劳工领袖,美国劳工联合会第一任主席。1863年随家人移民纽约,成为雪茄工人,并担任工会干

S. 龚帕斯，摄于 1911 年

By courtesy of the Library of Congress, Washington, D. C.

部。作为劳工领袖，他以保守闻名，极力使劳联在政治上保持中立，强调工会只能以罢工、怠工等行动来达成经济目标，反对激进主义，主张达成有束缚力的书面劳资协议，并主张成立全国性工会组织以领导地方工会及国际工会分支机构。1886 年他领导全国雪茄工人脱离劳动骑士团另组美国劳工联合会，并任主席（1886～1924，1895 年除外）。

汞　mercury　又称 quicksilver（水银）。金属化学元素，化学符号 Hg，原子序数 80。汞是唯一在常温下呈液态的一种金属元素，冰点为 -39°C，沸点为 356.9℃。银白色，高密度，有毒（参阅**汞中毒**），是电的良导体。在自然界偶尔呈游离态，但通常都存在于硫化物矿石（朱砂）中。汞有许多用途，在牙医和工业上用的汞齐中作催化剂；在电气和测量装置和仪器中；在电解池和汞蒸气灯中作阴极；以及在核电厂中作冷却剂和中子吸收剂。汞的许多化合物（其中汞的化合价是 1 或 2）是颜料、杀虫剂和药物。汞也是个危险的污染物，因为它会积聚在动物组织内，量逐渐增加至超过食物链所允许的量。

汞中毒　mercury poisoning　由各种汞化合物造成的对身体的伤害。生产油漆、各种家庭用品和农药的过程中都会使用到汞，成品和排放到空气和水中的废弃物中可能含有汞。水中**食物链**可能将有机汞聚集到鱼和海洋食品中。如果被人食用，能影响中枢神经系统，损害肌肉、视觉和大脑功能，并由此引发**癫痫**有时甚至是死亡。急性汞中毒可引起消化道的重度炎症。汞在肾脏内的聚集可导致**尿毒症**和死亡。慢性中毒，包括职业性吸入和皮肤吸收，会使口中有金属味，引起口腔炎症、牙龈出现蓝线以及剧烈疼痛和战栗、体重下降和精神上的变化（抑郁和消沉）。含汞药物可引起过敏反应，有时是致命的。儿童的肢痛病（"红皮病"）有可能就是由于有机汞在家中油漆中聚集而造成的。

拱　arch　曲线形结构建筑，跨越两个石墩或圆柱之间，可支撑来自上方的负载。石拱为从柱梁结构到拱顶结构的发展提供了分级的石块，石拱最先被罗马人广泛使用，其建筑依靠一系列楔形木块（拱石）在半圆弯曲或是沿着两个交叉拱形结构（在尖角形拱形结构中）中层层垒起。建筑中心的拱石通常被称

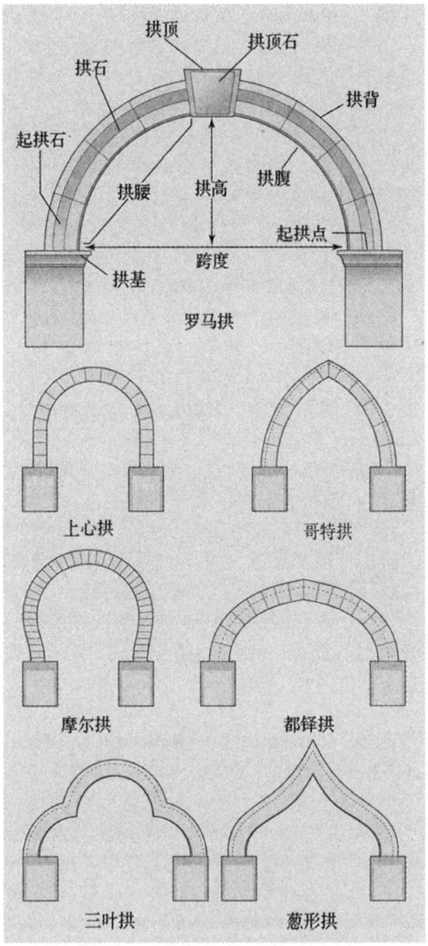

拱支撑垂直重量主要是靠楔形的拱石轴向的压缩。图示的罗马拱，第一个拱石称为起拱石，由桥墩或柱顶的拱基支撑着。拱腰从拱基上升到拱顶（最高点），形状是由拱内部曲线的拱腹与外部曲线的拱背来界定。罗马拱的拱腹是半圆形，上升的高度是跨度的一半。往下的图示，左侧是圆拱，右侧是尖拱。上心拱两侧竖直，摩尔拱在起拱处上方变宽，三叶拱的拱腹有三个凹口，或称为叶。哥特拱是尖拱，通常有两个曲率半径相同的拱腹。都铎拱在起拱石的曲率比尖顶处要大。葱形拱的拱腰是双弯曲线。

© 2002 MERRIAM-WEBSTER INC

为拱顶石，拱靠两个端点（起拱点）来支撑。一个拱比一个同样规格材料建造的水平梁柱更能承受较大载重，因为向下的压力被整个拱所承受，而不只受于一点，从而使拱形结构支撑向外的推力。现代用钢、混凝土或层积材建成的轻型单面拱形结构是非常坚实的，从而把水平推力降到了最小的程度。

共产党和工人党情报局　Cominform　全称 Communist Information Bureau。共产党国际机构，1947 年在苏联支持下成立。最初的成员有苏联、保加利亚、捷克斯洛伐克、匈牙利、波兰、罗马尼亚、南斯拉夫、法国和意大利 9 国共产党。南斯拉夫在 1948 年被开除。主要活动包括出版宣传品以促进国际共产主义的团结。1956 年作为苏联与南斯拉夫和解计划的一部分，苏联解散了情报局。

《共产党宣言》　Communist Manifesto　K. 马克思和 F. 恩格斯 1848 年撰写的小册子，反映了他们对历史就是阶级斗争的历史和对社会发展方向的分析。书中断言工业化加剧了资本主义统治阶级和无产阶级之间的分歧，无产阶级正在日益贫困。书中号召无产阶级起来推翻资本主义、消灭私有财产和接管生产资料。这样最终会产生无阶级的社会，对国家的需要将逐渐缩小。

共产主义　communism　提倡财产公有、全体公民大致按照各自需要分享共同财富的政治经济组织理论。这个理论最早由 **K. 马克思**和 **F. 恩格斯**提出。在他们的《**共产党宣言**》（1848）中，进一步提出"无产阶级专政"，认为无产阶级将建立一个以财富公有为基础、实行"无产阶级专政"统治的社会。马克思称它的过渡时期为**社会主义**，而保留共产主义一词用于真正无私有财产、无阶级、无国家的更高阶段的社会，他断言社会主义仅仅是共产主义的准备阶段。严格地说，共产主义是最终超越阶级分裂、消灭强制性国家的社会发展阶段（参阅**马克思主义**）。但是，这个明确区别很早就已开始混淆。"共产主义者"开始被用于具有特定纲领而非其最终目标的特定的党。V. I. **列宁**认为工人阶级不能依靠本身的力量实现革命，而需要一批职业革命家给予指导。J. **斯大林**统治下的共产主义可以说是极权主义的同义词。毛泽东动员农民而不仅仅是城市无产阶级来进行中国共产党的革命。**欧洲共产主义**在 1991 年苏联瓦解后迅速衰落，已不再是具有活力的思想体系。

共和　republic　一种政府形式，领导人依据宪法任命且有固定任期。起初是与领导人经由世袭产生的政府相反的，但现在已被用于指称：一个国家是由人民选举产生的代表来领导，而且人民是全部拥有投票权的。"共和"可能有别于"直接民主"，不过代议式民主基本上就是共和。

共和党独立派　Mugwumps　美国历史上共和党内奉行改革方针的政治派别。因认为共和党总统候选人 J. **布莱恩**在政治上腐败，1884 年拒绝支持他竞选总统，支持民主党候选人 G. **克利夫兰**，把他视为改革家。Mugwump 一词源于印第安语，意为"战争领导人"。后在政治俚语中指"巨头"，并被一家纽约报纸用来指分离派。后用来泛指独立选举人。

共济会制　Freemasonry　世界上最大的以互助为宗旨的秘密团体共济会所奉行的信条和实践活动。共济会制起源于石匠的行会制度，在 17 和 18 世纪，吸收了古代宗教团体及骑士兄弟会的仪式及服饰。1717 年，共济会的第一个联合组织"共济总会"在英格兰成立，共济会很快传播到英帝国其他国家。共济会在美国独立战争及后来的美国政治上扮演重要的角色。19 世纪人们对共济会势力的畏惧，导致反共济运动。共济会的会员必须是相信上帝的存在并坚信灵魂不灭说的成年男子。在使用拉丁语族诸语言的各国中，共济会制吸引着自由思想家及反对教权

的人士,而在操盎格鲁-撒克逊语的诸国,会员多是白人新教徒。与共济会有关的社会组织有圣地兄弟会等。

共济失调 ataxia 表现为步态不稳的神经系统症状,大多数神经源性运动失调起因于脊髓和小脑的变性。最常见者为弗里德赖希氏共济失调,3～5岁之内可仅见骨骼畸形,到青春期出现步态不稳,本病病程缓慢,但为进行性,通常在20岁时几乎完全病废。无特效疗法,常因其他并发症或心力衰竭而死亡。新陈代谢失调、脑部受伤和毒素可能会引致这种病。

共价键 covalent bond 将分子中的原子结合在一起成为特定的、分离的实体(以区别于,如胶合原子团;参阅键合)的力。在共价键中,一组或几组价电子由2个原子共享,使每个原子具有惰性气体中所发现的那种稳定性。在单键中(如H_2中的H—H)共享1个电子对;在双键中(如O_2中的O＝O,或乙烯中的$H_2C＝CH_2$),共享2个电子对;在三键中(如乙炔中的 HC≡CH),共享3个电子对。在配位共价键中,与另一个原子共享附加的电子对,通常形成一个基,如硫酸盐或磷酸盐。参加每个基(包括任何附加的对电子)的键和原子的数目使分子具有不同的构型;在共价键两端的少量正电荷和负电荷是大多数分子为什么具有某种极性的原因。有机化合物中的碳有4个单键,每键都指着同一个四面体的顶点;使某些分子存在于镜像中。双键呈刚性,导致有可能出现几何异构体。有些类型的键,如将肽中的氨基酸和蛋白质(肽键)相结合的酰胺键合,虽然明显为单键,但因参与原子的电子结构,它有着某些双键的特性。酶及酶作用物的构型由它们的共价键(尤其是肽键)和氢键决定,这些构型对于它们所参加的反应关系重大,这对于所有生命都是不可缺的。参阅离子键。

共生 symbiosis 两种不同生物个体之间任何形式的共同生活。包括偏利共生、互惠共生和寄生现象。共生的个体称为共生体。在偏利共生中,一个个体(共生生物)从宿主那里获取养料、庇护、支援或移动力,而宿主并不受到影响(例如印鱼依附于鲨鱼而移动和获取食物)。在互惠共生中,生物体双方都受益。许多互惠共生关系都是固性的,任何一方都不能离开另一方而生存(例如寄生在白蚁体内的原生动物会消化白蚁吞食的木材)。

共同语 koine 新形成的折中语言,通常产生于一些基准特色,这些特色能把有共同基础语言的几种方言区分开来,或者把紧密相关的几种语言区分开来。因此新语言就不再是地区化的,不反映任何一个语言集团的社会或政治的主流。共同语的古典例子(也是这个词本身的来源)是希腊化希腊语,它是从阿提克希腊语发展来的,用爱奥尼亚或其他方言的特色取代了那些差别最大的阿提克特色而形成的。共同语可以用作通用语,并常常构成一种新的标准语言的基础。

共相 universal 在认识论和逻辑中代表一个固有属性、形式或分类原理的通用名词。共相的问题涉及何种存在应被归属于此种分类原理的难题(例如,是否有一种存在于某个红色东西以外的红色要素的东西)。关于共相之地位的争辩始于柏拉图的形式理论。亚里士多德提出反对柏拉图的理由,认为形式(共相)仅存在于作为例证的殊相之中。尽管两人对共相来说都属于实在论者(参阅实在论),但他们对共相存在的认识却各持己见。柏拉图的信念是"共相在事物之先",亚里士多德的信念则是"共相在事物之中"。

贡戈拉-阿尔戈特 Góngora (y Argote), Luis de (1561～1627) 西班牙诗人,在他那个时代非常有影响力。他发展出一种繁复、晦涩的诗歌风格,被称为贡戈拉主义,招致许多同时代人的轻视和敌意。由于被缺乏才气的模仿者过度夸张,他的声誉受到损害,到20世纪他的诗歌以其冷漠的美开始受到人们的赞赏。长诗《孤独》(1613)也许是这种风格的最杰出的作品。他的短诗——谣、短抒情诗和十四行诗——都获得更大的成功。

贡斯当 Constant (de Rebecque), (Henri-) Benjamin (1767～1830) 法裔瑞士小说家和政治作家。与G. de斯塔尔夫人维持了12年的关系,受她的影响支持法国大革命和反对拿破仑,为此被迫流亡(1803～1814)。后当选为议员(1819～1830)。小说《阿道尔夫》(1816)开现代心理小说之先河。其他作品有对宗教感情做了历史分析的《论宗教的起源、形式及发展》(5卷,1824～1831),以及揭示自我的日记(1952年首次全部出版)。

贡荼利尼 kundalini 一些瑜伽派密宗教义中所谓的存在于每个人体内的宇宙能量。被描绘为一条盘在脊椎基底的蛇,通过一系列的练习,包括姿态、沉思和呼吸,修习者可以驱使贡荼利尼向上穿过躯体而到达头部。这时,平凡的自我融入其永恒的本质我,而带来一种极乐的感觉。

供奉 oblation 基督教中,由信徒所奉献的礼物,通常供教士、教会和贫病者使用。在圣餐礼中,为了祝圣而奉献的面包和酒就是"供奉"。在中世纪,由父母奉献给修道院,并留在修道院中成长的少年称为"修道人"。后来,修道人指的是那些居住在修道院,或与修道院有密切联系但并没有许下宗教誓约的世俗人。某些罗马天主教社群的成员则以"修道人"作为一种称呼(如圣本笃的《修道人守规》)。

勾股定理 Pythagorean theorem 关于直角三角形边长的规则。该定理指明,勾股的平方和等于弦(直角的对边,又称斜边)的平方。表示成$a^2+b^2=c^2$,此处的c是弦的长度。满足这个定理3个一组的整数(如3、4和5),称为毕氏数(商高数)。

佝偻病 rickets 又称 vitamin D deficiency (维生素D缺乏症)。婴幼儿疾病,特征是由于缺乏维生素D,骨骼发育不全。磷酸钙没有恰当地沉积在骨骼上,因而骨骼变得柔软、弯曲且矮小。早期症状包括烦躁、多汗、四肢与腹肌无力,头骨软且发育迟缓。肌肉会痉挛抽搐。若不及早治疗,可能会造成弓腿、膝外翻和肋骨串珠。胸廓与骨盆狭窄将来易出现肺部疾病与难产的敏感性。治疗方法是给予高剂量的维生素D补给、日光照射与平衡饮食。高纬度地区在牛乳中添加维生素D可减少佝偻病,因为在那里皮肤无法产生足够的维生素D。

沟口健二 Mizoguchi Kenji (1898～1956) 日本电影导演。早年学画,1919年成为日活电影公司演员,1922年即开始担任导演。早期电影包括《街头速写》(1925)、《东京进行曲》(1929)、《浪花悲歌》(1936)和《残菊物语》(1939)。他如画般美丽的影片,数量上有80多部,常反映现代和传统观念的冲突。《雨月物语》(1953)为他带来了国际声誉,这部影片对战后日本借古讽今。他也因其女性电影而著称,包括《女演员须磨子之恋》(1947)、《夜的女人》(1948)和《红色地带》(1956)。

狗 dog 食肉目犬科动物,特指已驯化的种类,学名*Canis familiaris*。狗的近期祖先很可能是狼或类似狼的动物。狗是最早的家养动物,大约在1.2万～3.2万年前被驯化。由于人类进行选择育种,育出了许多品种,这可从多方面来区分:大小(小型的奇瓦瓦狗到大型的大驯犬)、外观的形式(如短腿的猎獾狗和扁脸的斗牛狗)、毛色和长度(如光滑的多伯曼氏短尾狗和长毛的阿富汗猎狗)及行为类型(如猎犬、玩赏狗和使役狗)。大多数的肯内尔俱乐部只认定狗的400个品种中的一部分品种。

狗橇比赛 dogsled racing 狗拉雪橇在雪地上进行越野比赛的运动。源于爱斯基摩人的运输方法。现代轻型比赛雪橇多为木(梣木)结构,滑橇外包钢或铝,狗用皮绳索系橇上。狗一般为爱斯基摩狗、西伯利亚哈斯基狗、萨莫耶德狗和阿拉斯加拖橇狗等。约4至10只狗一组。赛程为19～48千米,不过包括艾迪塔罗德小道在内的一些比赛,赛程可能稍长一些。

狗鲨 dogfish 几种小型鲨鱼的统称。角鲨科在两背鳍前各有一强棘,最有名的是白斑角鲨(*S. acanthias*),盛产于北大西洋及北太平洋沿岸。角鲨体灰色,具白色斑点,体长60～120厘米,常结群掠食鱼类和各种无脊椎动物,偷食鱼饵,破坏渔网。出产鱼肝油或磨成粉作肥料。著名的狗鲨还有大斑狗鲨,作为食品在市场出售。玲珑星鲨(*M. canis*)是美国大西洋沿岸最常见的鲨类之一。

枸橼 citron 芸香科常绿灌木或小乔木,学名*Citrus medica*。在地中海沿岸各国及西印度群岛有栽培。分枝不整齐,开展,具刺。叶大,淡绿色,阔长圆形,边缘略有锯齿,叶柄无翅。酸味品种[如钻石(Diamante)]的花外侧紫色,内侧白色;甜味品种[如科西嘉(Corsican)]的花乳白色。果广椭圆形或长圆形,果肉硬,或酸或甜,仅作副产品利用。果皮经盐水浸泡,糖煮,制成蜜饯销售。埃特罗格品种用于犹太教仪式。

构成主义 Constructivism 俄国艺术和建筑运动。最初受立体主义和未来主义的影响,普遍认为是创始于 1914 年 V. 塔特林的抽象几何结构。1920 年 A. 佩夫斯纳和 N. 伽勃加入,他们起草的《现实主义宣言》引导其追随者要“构成”艺术,“构成主义”一词就出自那篇宣言。后来又有 A. 罗琴科、E. 利西茨基等人的加入。构成主义者制作一些抽象作品以反映现代机械和工艺,使用的是塑料、玻璃和其他工业材料。在苏联反对这种艺术运动后,该小组瓦解,但他们将这运动的理想传播到全欧洲,也传到美国,并将这相同的原理运用到建筑学中。参阅包豪斯和风格派。

构成主义 constructivism 又译建构主义。诠释数学叙述的理论,如果有,且只有当有证明时才是真,若有反证就是假。构成主义反对柏拉图学派把数学陈述解释当成永远存在的数学物体国度,独立于我们对其了解之外(参阅形式和柏拉图主义)。对构成主义来说,某些古典逻辑推论有效的形式(例如排中律,双重否定律,无限集合假设)可能不能毫无限制地用于建构数学证明(参阅逻辑)。因此,构成主义人士认可的数学证明与定理要比柏拉图学派少。

孤立主义 isolationism 避免与别的国家进行政治或经济接触的国策。虽然孤立主义在美国历史上曾反复出现,但该词现在通常指 20 世纪 30 年代强烈影响美国社会的情绪。美国总统 W. 威尔逊的国际主义失败、国内的反战情绪,以及经济大萧条的艰苦,都成为了美国人自己不愿关注国外法西斯主义发展的诸多原因。《约翰逊法案》(1934)和《中立法案》(1935)有效地阻止了美国向任何卷入欧洲争端(后来演变成第二次世界大战)的国家提供经济或军事援助。美国的孤立主义还使英国对纳粹德国的进攻采取姑息主义,法国根本无力抵抗,但没能最终阻止美国在 20 世纪 30 年代采取步骤,动员西半球国家与大萧条作斗争并抵抗德国人的侵犯。

菰 wild rice 早熟禾科一种茎叶粗大的一年生禾草,学名 *Zizania aquatica*。英文名中虽有 rice 一词,但与稻(*Oryza sativa*)无亲缘关系。野生菰生长于北美洲中北部沼泽浅水区或溪岸湖畔,现在明尼苏达及加利福尼亚的人造水田中种植着菰的栽培品种,用机械化方式大规模种植及收割。菰株高达 1 ～ 3 米,顶生一大而开展的圆锥花序,成熟种粒细长,深褐或紫黑色,长 1 ～ 2 厘米。

谷氨酸钠 monosodium glutamate (MSG) 味精的化学成分,用于加强肉类和蔬菜鲜味的白色结晶状物质,为一种谷氨酸的钠盐。它能调出一种不同于普通四种味道的滋味。最初从海藻中提取,1908 年首次在日本使用,现已成为中国和日本烹调中不可缺少的重要调味料。大量使用味精可能会引起生理反应,包括常被称作“中国餐馆综合征”的过敏反应。

古巴 Cuba 全称 Republic of Cuba(古巴共和国)。西印度群岛岛国。位于美国佛罗里达之南 145 千米,由古巴岛及其周围小岛组成。面积:109 884 平方千米。人口:约 11 167 325(2012)。首都:哈瓦那。人口主要为欧-非混血后裔或非裔,其余人口中多数为白人。语言:西班牙语(官方语言)。宗教:基督教(以天主教为主,亦有新教)、桑特利亚教,两者以前都是被禁止的。货币:古巴比索。古巴本岛长1 250千米、宽 31 ～ 191 千米,约 1/4 为山地。图尔基诺峰高1 974米,是全国最高峰。其余地区为广阔的平原和盆地。属亚热带气候。其中央计划经济主要依靠蔗糖出口,其次为烟草和镍,所生产的雪茄世界闻名。古巴是西半球第一个单一制社会主义共和国,一院制,国家元首暨政府首脑为总统。首批西班牙人到达这里时,古巴只有西沃内人、阿拉瓦克人等几个印第安人部落。1492 年 C. 哥伦布宣布该岛为西班牙所有,1511 年为西班牙征服,在巴拉科阿建立第一个永久居民点。此后几个世纪,印第安土著几近根绝。自 18 世纪起,由于甘蔗种植的发展,开始自非洲输入大批奴隶,直到 1886 年才废除奴隶制度。第一次古巴独立战争——十年战争(1868 ～ 1878),以失败告终。1895 年爆发第二次独立战争,1898 年美国也卷入其中(参阅美西战争),迫使西班牙终于放弃古巴。此后古巴被美国占领了 3 年,直到 1902 年才独立。20 世纪上半叶,美国大量投资古巴的制糖业,加上观光业和赌博业兴起,使古巴的经济走向繁荣。然而,就像政治腐败一样,古巴的经济中也存在着财富分配的不平等。1958 ～ 1959 年共产主义革命者 F. 卡斯特罗推翻独裁者 F. 巴蒂斯塔,建立一个与苏联结盟的社会主义国家,废除了资本主义,将所有外国企业收归国有。古巴与美国的关系迅速恶化,在 1961 年美国支持的猪湾入侵和 1962 年的古巴导弹危机之后,古美关系降至低点。1980 年约 12.5 万名古巴人,包括许多被正式冠上“不受欢迎”标志的人物,被船运至美国。1991 年苏联解体后,古巴失去最重要的财政后援,经济大受影响,几乎停滞。至 90 年代,由于鼓励发展观光业和允许小企业与私人雇佣合法,经济有所改善;与美国的外交关系仍未恢复。21 世纪初,古巴在与委内瑞拉的石油贸易合作中获益,且放宽某些严紧的经济和社会政策。2008 年卡斯特罗正式辞去国务委员会主席职位,结束了他 49 年最高领导人的生涯。他的弟弟劳尔继任。古巴于 1900 年首次参加在巴黎举办的夏季奥运会。

古巴导弹危机 Cuban missile crisis(1962) 由于苏联在古巴部署核弹,而使美、苏两国濒于战争边缘的一次重大对抗。1962 年 10 月在古巴岛上空飞行的美国 U-2 型间谍飞机发现古巴导弹发射场有一枚弹道导弹。J. F. 肯尼迪总统决定对古巴实行海军封锁。在以后的几天中,两个超级强国接近核战边缘,最后 N. 赫鲁晓夫同意撤走部署在古巴的导弹;肯尼迪以承诺美国永不入侵古巴作为回报,并秘密答应撤走美国前几年原已部署在土耳其的导弹。这一事件刺激了核武器竞赛。参阅 F. 卡斯特罗。

古版书 incunabulum 泛指 1501 年以前印刷的书籍。这个限定日期虽然合适,但有任意性,并未与印刷术的发展发生联系。此术语最早可能出现在 1650 年左右,指早期的印刷物。15 世纪欧洲印刷的出版物,总数约在35 000种以上。此外还有短暂的文学作品(例如活页、民歌和宗教传单),它们有的早已散佚,有的只留下一些碎片残页。

古达米斯 Ghadamis 又作 Ghudamis。利比亚西北部绿洲和城镇。位于利比亚-阿尔及利亚国界附近,古撒哈拉商队必经之地。罗马时代称为昔达穆斯(其废墟仍保存至今),拜占廷统治时是个主教区;基督教教堂的柱子仍保留在清真寺中。整个 19 世纪时是阿拉伯奴隶贸易的中心。现在为通往地中海沿岸的商队住地。人口约30 000(1981)。

古德曼 Goodman, Benny(1909 ～ 1986) 原名 Benjamin David 。美国爵士乐单簧管演奏者和摇摆乐时期最受欢迎的乐队的领队。生于芝加哥。1934 年组建大乐队,演奏由 F. 亨德森改编的乐曲,在 1935 年从洛杉矶的帕洛马舞厅播出的无线电节目轰动全国,被视为摇摆乐时期的开端。乐队的主要成员有喇叭手 S. 贝里根、Z. 艾尔曼、H. 詹姆斯和鼓手 G. 克鲁帕,他们后来都建立了自己的大乐队。其小型乐队是最早的不同种族混合的流行爵士乐小组。古德曼是著名的古典单簧管演奏者,而且是 20 世纪最优秀的单簧管演奏者。他那精湛的演奏技巧与受到广大群众欢迎的程度,使他赢得“摇摆乐之王”的美称。

古德伊尔 Goodyear, Charles(1800～1860) 使橡胶成为在工业上可应用的硫化法的美国发明家。生于康涅狄格纽黑文。他对研究橡胶处理方法很有兴趣,想研究出解决橡胶的黏性和易受冷热影响的问题。1839 年,他无意中把混有硫的橡胶掉在灼热的炉子上,就此发现了硫化法,对未来橡胶的使用十分重要。于 1844 年取得第一个专利,但由于专利屡遭侵犯,不得不在美国和欧洲提出诉讼。他从未在发明中获得利润,死时负债累累。固特异轮胎及橡胶公司(1898 年创立)即以其姓氏命名,以示纪念。

古典建筑 Classical architecture 古希腊和古罗马时期,特别是从公元前 5 世纪的希腊到公元 3 世纪的罗马,强调圆柱和三角墙的建筑。希腊建筑主要基于梁柱式体系,由圆柱支承荷载。木建筑为大理石和石建筑所取代。圆柱是一个单位,在长短粗细比例上似人体,整个庙宇范围内都用圆柱做模数。

多立克柱式很可能是最早的柱式，在希腊大陆和西部殖民地一直受到格外的钟爱。爱奥尼亚柱式在希腊东部得到发展；在希腊大陆主要用于较小的庙宇和内部装饰。希腊最伟大的建筑成就乃是雅典卫城。公元前5世纪，这些柱式用于柱廊和剧院。希腊化时期产生了更为精美、装饰更为富丽堂皇的建筑，通常都是些巨大的建筑物。许多伟大的建筑物不是宗教的，而是世俗的。爱奥尼亚柱式，尤其是较新的科林斯柱式，得到广泛应用。罗马人采用希腊柱式，还加上两种新的柱式（托斯卡纳柱式和混合柱式）；科林斯柱式显然最受欢迎。罗马建筑师使用圆柱，不仅是作为功能性的支撑，也是作为应用性的（附墙的）装饰。虽然罗马人严格追求对称，但他们使用各种空间形式。希腊庙宇都是孤立的，几乎都是东西走向，而罗马的庙宇的朝向都考虑到其他建筑物。罗马圆柱都有拱门和檐部，这样给建筑物留出更大的空间自由。混凝土的出现为建筑采用如万神庙中那种拱门、拱顶和穹顶提供了极大方便。其他建筑物包括巴西利卡教堂、浴室、圆形露天剧场和凯旋门。古典建筑也可能指采用希腊或罗马样式的较晚时期的建筑。

古典经济学　classical economics　以英国为中心的经济学派，由A. 斯密创立，到D. 李嘉图和J. S. 穆勒时臻于成熟。古典经济学主要涉及经济成长动力，反对重商主义；强调经济自由，主要是自由放任主义和自由竞争的思想。其许多基本概念和原理是由斯密在《国富论》（1776）中提出的，主张当人民依照私利行动时，国家所创造的财富是最大的。新古典经济学家如A. 马歇尔表示供求量会分配经济资源，使它们得到最有效的使用。斯密的思想被李嘉图加以阐述和发展，强调在自由竞争条件下生产和销售的产品的价值（价格）总是要同生产中所花费的劳动费用成正比。穆勒在《政治经济学原理》（1848）中重新阐述了李嘉图的一些理论，这一著作标志着古典经济学发展的高峰。后来有人修改古典经济学学说而产生极为不同的结论，其中包括K. 马克思和J. M. 凯恩斯。

古典主义　classicism　在艺术界，指古希腊和罗马时期的艺术原则、历史传统、美学态度或艺术风格。古典主义可指古代创作的作品，也可以指在古代作品的启发下后来创作的作品；新古典主义一词通常指后来创作的，但是在古代艺术启发下的作品。在更广的意义上说，古典主义指的是坚持把一些优点长处看作古典主义的特征，或把它们视作具有普遍适用的和不朽的价值，包括形式高雅以及正确、简单、庄严、节制、秩序和比例。古典主义往往是和浪漫主义对立的。文学、音乐和视觉艺术的古典主义时期在总体上是一致的。

古典主义和新古典主义　Classicism and Neoclassicism　以古代希腊和罗马艺术为基础的历史传统或美学观点。“古典主义”指古代艺术或受古代影响的后期艺术；“新古典主义”则仅指受古代影响的后期艺术，所以包含在更广义的古典主义里。古典主义的特点是和谐、明晰、严谨、普遍性和理想主义。在视觉艺术中，古典主义一般表示偏爱线条过于颜色，偏爱直线过于曲线，以及偏向一般性而非特殊性。意大利文艺复兴是继古代之后第一个彻底的古典主义时期。18世纪末到19世纪初新古典主义成为欧洲美学运动的主流，A. 卡诺瓦和J.-L. 大卫为其中代表。它孕育着一种反抗——偏好主观情感、渴望崇高理想和追求一种奇异风格，也就是所谓的浪漫主义。古典主义和非古典主义理想经常一再轮流浮现，构成西方美学运动的特色。参阅古典建筑。

古多尔　Goodall, Jane（1934～　）　英国动物行为学家，以在坦桑尼亚贡贝溪国家公园内长期对黑猩猩的详尽研究而知名。自幼的志向便是去非洲旅行，高中毕业后不久便实现了这个志向。在非洲她担任L. 利基的助手。利基鼓励她研究黑猩猩。因其研究工作，获剑桥大学博士学位。除短时间离开外，一直居住于她在坦桑尼亚贡贝设立的研究中心，直到1975年为止。历经多年观察，提出黑猩猩是杂食性的，而非草食性；它们会制造并使用工具，它们具有复杂和高度发展的社会行为。她的著作中著名的有《生活在人类的阴影中》（1971）和《贡贝的黑猩猩》（1986）。

古尔德　Gould, Glenn (Herbert)（1932～1982）　加拿大钢琴家。他原本计划专心作曲，但首次录制的J. S. 巴赫《戈尔德堡变奏曲》（1955）获得好评，开启了他的钢琴家国际生涯。他对巴赫（有时是其他作曲家）的诠释在技巧才华和巧妙智性方面奠定了新的标准。他是出了名的怪人，常在演奏时戴着手套，疑病症也极为严重。表演生涯一直不快乐，1964年他永别音乐会舞台，进入录音室。后来写下广播作品《纪实》（包括《北方的信念》），定位在这种体裁与具象音乐的典型范例之间。

古尔德　Gould, Jay（1836～1892）　原名Jason Gould。美国铁路公司总经理、投机者，靠掠夺致富的“强盗大亨”。生出纽约罗克斯伯里。在纽约的中学读过书。最初当勘测员，继而经营一家制革厂，1859年起对小铁路的证券进行投机买卖，1867年成为伊利铁路的董事。次年和D. 德鲁、J. 菲斯克联手以防止C. 范德比尔特夺去他们对该铁路的控制，并向纽约州议员大量行贿以使虚股的发售得到法律认可。他和菲斯克又与W. M. 特威德联手利用股票进一步投机获取暴利。1869年他们企图垄断黄金市场，导致灾难性的黑色星期五。1872年由于公众的强烈抗议，被迫放弃对伊利铁路的控制权，其时已拥有2 500万美元的财富。1874年获得联合太平洋铁路公司的控制权，到1881年已拥有全美国铁路总长的15%。操纵股票获取暴利后，于1882年将联合太平洋铁路股票出售，转投资圣路易西南部的一个铁路系统，到1890年拥有该地区铁路总长的一半。此外，于1881年取得西部联合电报公司的控制权，1879～1883年是纽约《世界报》的所有人。他一向冷酷无情，肆无忌惮，在世时一直没有朋友。

古尔德　Gould, Shane（1956～　）　斐济出生的澳大利亚游泳选手。在1972年的奥运会中，总共赢得5枚奖牌（3金1银1铜）。她刷新了所有五项自由泳（100、200、400、800和1 500米）的世界纪录。1973年以16分59.6秒的成绩成为第一位在女子1 500米自由泳中游进17分的人。

古尔德　Gould, Stephen Jay（1941～2002）　美国古生物学家和进化生物学家。生于纽约市。在哥伦比亚大学获古生物学博士学位，1967年转至哈佛大学任教。他和N. 埃尔德里奇（1943年出生）在1972年共同提出引起争议的间断平衡学说，这是对达尔文主义的一种修正，认为通过进化改变形成新种的过程并不是以缓慢的均速进行的，而是在几千年之内快速跳跃式进行，继之则是长期的稳定状态。他还是广为人知的作家，写有多篇有关生物学、进化论的著作，还为《博物学》杂志撰稿，主要有《熊猫的大趾》（1980）、《人智的错误量度》（1981）和《奇妙的生命》（1989）等。

古尔蒙　Gourmont, Rémy de（1858～1915）　法国小说家、诗人、剧作家和哲学家。曾在国家图书馆任职10年，因在他帮助创建的《法兰西信使报》上发表据说是不爱国的文章而被撤职。后因罹患一种痛苦的皮肤疾病，使他过着半隐居式的生活。作为法国象征主义运动中最明智的评论家之一，他在传播象征派美学理论上扮演着重要角色。其著作有50卷，主要是短论集；小说则有《真正的女人》（1890）、《一个女人的梦》（1899）和《处女的心》（1907）等。

古根海姆　Guggenheim, Solomon (Robert)（1861～1949）　美国企业家和艺术品收藏家。生于费城。他成为其父的瑞士刺绣进口企业的合伙人，也参与家族采矿工业，并领导家族的许多公司。1919年退休后专门搜集现代派绘画。他成立所罗门·古根海姆基金会（1937），为所罗门·古根海姆博物馆（1959）提供资金。

古吉拉特　Gujarat　印度西部的一个邦和历史区。面积为196 024平方千米。临阿拉伯海，海岸线长达1 596千米，包括达曼－第乌中央直辖区的飞地。与巴基斯坦和本国的拉贾斯坦邦、中央邦、马哈拉施特拉邦和达德拉－纳加尔哈维利中央直辖区接壤。首府为甘地讷格尔。公元4～5世纪时，归属笈多帝国，得名于公元8～9世纪统治该地区的瞿折罗。取得一段时期的经济和文化成就后，古吉拉特先后被阿拉伯穆斯林、莫卧儿人和马拉塔人统治；1818年，受英国管辖；1857年后，成为英属印度的一个省。随着印度在1947年宣告独立，古吉拉特的大部地区归入孟买邦；1960年，孟买邦一分为二，成为古吉拉特邦和马哈拉施特拉邦。为印度的重要的工业化邦，石油生产邦。该邦还以艺术品和工艺品闻名。人口约60 383 628（2011）。

古柯　coca　古柯科热带灌木，学名*Erythroxylum coca*。非洲、南美北部、东南亚和台

古柯（*Erythroxylum coca*）
W. H. Hodge

湾均有栽培。其叶为药物**可卡因**和其他几种**生物碱**的原料。古柯在炎热、潮湿的环境，如林中空旷地生长最为繁盛，但生长于小山坡较干燥环境中者其叶质量最好。不同的古柯叶成分差异很大。优质者有强烈的似茶叶的气味，置于口中咀嚼可产生一种热感，并有令人愉快的辛辣味。因其强烈的刺激作用和抑制食欲的作用，好几世纪以来，南美洲农民把它用来舒缓劳累的身躯。

古拉格　Gulag　苏联的劳动营和监狱系统，20世纪20～50年代中期关押苏联政治犯和刑事犯的机构。古拉格拘禁人数最多时达数百万人。在**A.索尔仁尼琴**的《古拉格群岛》（1973）一书发表前，古拉格这个名字（俄语"劳动改造营总管理局"的缩写）在西方很少为人知晓。古拉格有几百个劳动营，由秘密警察控制。囚犯们在此砍伐树木，从事公共工程劳动，或者在矿井中工作。由于劳动条件恶劣、食物不足，以及仓促处决等，每年至少有10%的囚犯死去。古拉格里挤满囚犯的情况有3次高潮：1929～1932年苏联农业集体化的年代里；1936～1938年**J.斯大林**的整肃最严重的时候；第二次世界大战以后的年代里。只是在1953年斯大林死后古拉格才开始缩减。

古拉姆·阿赫默德　Ghulām Aḥmad, Mīrzā（约1835～1908）　印度穆斯林领袖，**阿赫默底亚教派**的创立者。出生在富庶之家，他研究宗教，过着沉思默念的生活。1889年宣称获得安拉启示，招募了一小群信徒。阿赫默德不仅自称玛赫迪（救世主），是穆罕默德重新显现；而且还自称是耶稣基督和印度教大神黑天复临人世。他受到正统的穆斯林教派反对，但他的若干说教成了阿赫默底亚派的基础。他企图建立类似基督教形式的新的宗教组织和教派，但他无意调和基督教与伊斯兰教的学说。

古拉特　Goulart, João（Belchior Marques）（1918～1976）　巴西改良主义总统（1961～1964）。出生于富有的大农场主家庭，取得法律学位，成为**G.瓦加斯**总统的同僚，在他的内阁中担任劳工、工业和商业部部长。1956～1961年任副总统，夸德罗斯总统辞职后由他继任。执政期间推行激进的改革计划，促使通过限制外国公司将利润出口的法令；试图进行土地改革，但未能得到大多数支持他的立法计划。由于通货膨胀严重到令人担忧的地步，生活费用提高3倍，1964年爆发军事政变将他罢黜，后在流亡中去世。

《古兰经》　Quran　又作Koran。伊斯兰教的经典，穆斯林认为是安拉启示给先知穆罕默德的绝对正确的指示。早在7世纪以阿拉伯语汇编的权威性定本包括长短不等的114章。最早的几章是关于审判日的即将来临，要求必须遵守道德和宗教戒律。后面的各章是关于建立社会组织的指示，以支持安拉所规定的道德生活。还详细描述了天园如何幸福，火狱如何痛苦。穆斯林认为，给予穆罕默德启示的安拉就是犹太教和基督教所信奉的上帝，但是那些宗教所受到的启示是不完全的。《古兰经》强调安拉的严格审判常常是与他的仁慈和怜悯有关的。《古兰经》要求绝对服从安拉和他的教诲，它成了伊斯兰戒律的本源。穆斯林认为《古兰经》在内容和形式上都是不可改动的，所以传统上禁止翻译，现在所用的译本是被当做便于理解真实经文的释义。

古鲁　Guru　印度北部**锡克教**地区最初10名领袖之统称。锡克教第一代祖师**那纳克**在1539年逝世前指定继位人选，开祖师承袭制的先例。他的后继者为安格德（1539～1552）、阿马尔·达斯、拉姆·达斯（1574～1581）、**阿尔琼**、**哈尔·哥宾德**、哈里·拉伊、哈尔·克里香（1661～1664）、得格·巴哈都尔（1664～1675）以及**哥宾德·辛格**。古鲁除了依旧担任精神领袖之外，还要执行一部分军事首脑的职责。第十代即末代古鲁哥宾德·辛格1708年逝世，临终宣布古鲁的传承结束。此后古鲁的宗教权力归于**《阿底·格兰特》**。

古鲁　guru　**印度教**中人的心灵教师。在古印度，有关**吠陀**的知识借着古鲁对学生的口头教化而传承下来。**守贞专奉**运动兴起后，进一步增加了古鲁的重要性，他们常被视为灵性真理的化身，也被认定为神祇。他们对信徒规定心灵上的诫律，信徒则在自愿服务和服从的传统中遵守命令。古鲁可能是男人或女人，虽然通常只有男人建立世系。

古罗马广场　forum　古罗马城市中心具有多种用途的露天场地，周围有公共建筑与柱廊，为公众集会的场所。是仿照古希腊**广场**和**卫城**改建的。在罗马，所谓罗马广场原指的是以前帕拉蒂尼山和卡皮托尔山之间的沼泽空地。罗马共和时期是公共集会、法庭和格斗比赛的场所，排列着店铺和露天市场。

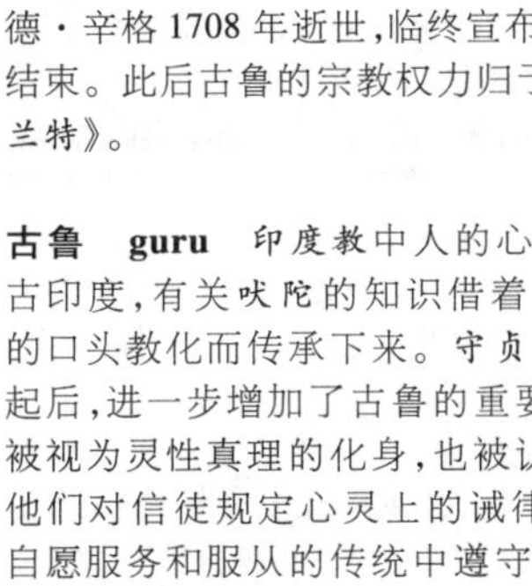
罗马的图拉真广场，公元2世纪初阿波罗多罗斯设计
Fototeca Unione, Rome

罗马帝国时期广场成为举行宗教的或世俗的仪式和演出的地点，有许多极壮丽的寺庙巴西利卡（长方形教堂）和纪念性建筑。后来又建起新的广场用于审判、行政和贸易。2世纪的图拉真广场及其建筑群与庭院以及一层层店铺的优美和谐，对后来的城市规划有很大启发。

古姆星云　Gum Nebula　从地球上看，角直径最大的星云，位于南天的船尾和船帆座中，角直径至少达40°。它是一个弥漫着炽热气体的组合体，光度很暗，肉眼难以辨认。发现于20世纪50年代。古姆星云距地球约1 000光年，可能是古代一颗**超新星**的遗迹。

古诺　Gounod, Charles（François）（1818～1893）　法国作曲家。曾在巴黎音乐学院和罗马研习音乐，也曾攻读神学，并担任教堂管风琴乐师，奔忙于剧院及教堂之间。其声誉主要来自于广受欢迎的歌剧《浮士德》（1859），其他15部歌剧作品有《罗密欧与朱丽叶》（1867）、《屈打成医》（1858）、《菲利门和巴乌希斯》（1860）和《弥洛依》（1864）。他还作有17首弥撒曲、150多首歌曲以及2部交响曲。

古诺尔斯语　Old Norse language　约1150～1350年通行于冰岛的北日耳曼语，曾用它创作**萨迦**、吟唱诗及**《埃达》**。古诺尔斯语文献比任何其他古斯堪的纳维亚语都更丰富、更有价值。古诺尔斯语还包括古挪威语、古瑞典语、古丹麦语和古罗斯语，现代斯堪的纳维亚诸语言就是从这些方言发展而来的。

古生代　Paleozoic Era　又拼Palaeozoic Era。5.42亿年前到2.51亿年前的一大段地质年代。古生代一词源自希腊语，意为"古老的生物"，是**显生宙**的第一个代，下一个是**中生代**。古生代分为6个时期：（从最古老到最年轻的次序排列）**寒武纪**、**奥陶纪**、**志留纪**、**泥盆纪**、**石炭纪**和**二叠纪**。在早古生代时期，北美洲的大部分被温暖的浅海覆盖，还生长着许多珊瑚礁。这一时期的化石有海洋的无脊椎动物和原始鱼类，植物多是藻类，还有一些苔类和蕨类。在晚古生代时期，巨大的沼泽而多森林区覆盖了北半球大部分的陆地。动植物繁荣生长。两生动物离开海洋到陆地生活，爬行类动物进化为完全陆生的形式，昆虫这时也开始出现。蕨类长得像乔木一样大，球果植物的先驱也出现了。

古生物学　paleontology　又拼palaeontology。研究地质古代生命，包括分析保存在岩石中的动植物化石的科学。它涉及古代生命形态生物学的各个方面：它们的外形和结构、演化模式、在分类学上与现代生物物种及彼此之间的关系、地理分布以及与环境之间的相互关系等。古生物学在重现地球历史方面具有重要作用，并为进化论提供了很多依据。此外，由于石油和天然气的形成常与某些古生物形态的残骸有关，因此古生物学研究的资料还有助于石化地理学家确定石油和天然气矿层。

古书手抄本 codex 手抄书本,特别是指经文、早期文学或古代年谱。现代书本形式的最古老手抄本(手写书页用线串联成册)取代了较早些时的纸莎草纸卷轴和蜡板。手抄本的优点是一册紧叠的书页能马上翻到任何一处。手抄本可以在书页的两面写字;由于紧凑,可以容纳较长的篇幅。现存最早的希腊古书手抄本,据称是4世纪用希腊文写的《圣经》。另外独立发展的是哥伦布前的中美洲人,他们在约公元1000年之后也有自己的古书手抄本。

古斯塔夫二世(阿道夫) Gustav II Adolf (1594～1632) 拉丁语作Gustavus Adolphus。瑞典国王(1611～1632年在位)。使瑞典成为一个重要的欧洲强国。查理九世的长子。他继承其父与西格蒙德三世的纠纷。1629年前一直面对波兰支持的正统王权的入侵。1613年结束了与丹麦的战争,但瑞典被迫偿付巨额战争赔款。结束了与俄国的战争(1617),吞并因格里亚和凯克斯霍尔摩。国内的紧张情势,由他的亲信总理大臣乌克森谢纳为之解决。古斯塔夫二世的全面内政改革包括建立有效率的中央政府和改善教育。1621年同西格蒙德重新开战。他征服了波兰的利沃尼亚(拉脱维亚和爱沙尼亚)。他意识到他对波兰战役是新教同反宗教改革斗争的一部分。1630年参与三十年战争,这是防御策略,以确保瑞典国家和教会的安全。他的杰出战术,使军队具有非凡素质。同法国、勃兰登堡和萨克森结盟,使古斯塔夫二世的地位得到加强。在布赖滕费尔德战役中一举击溃德军。随后数月,瑞军如风扫残云,席卷德意志中部地区,德国割让大片领土,尤其是波美拉尼亚(1631)。1632年在吕岑击败A. W. E. von华伦斯坦的军队,但古斯塔夫二世也在作战中阵亡。

古斯塔夫三世 Gustav III (1746～1792) 瑞典国王(1771～1792年在位)。他的统治时期被称作瑞典启蒙运动时期。阿道夫·腓特烈国王(1710～1771)的长子。1771年继承瑞典王位。此时王权已弱,因为没有能力在议会各竞争派别之间斡旋,故于1772年立新宪法以加强王权。他实行许多开明的改革,但遭到贵族的反对。1788～1790年进行俄瑞战争,不受欢迎。这时一群军官哗变,他在新宪法中增强王室权力。古斯塔夫计划成立欧洲君主联盟对抗法国大革命,遭到贵族们反对,后被刺杀。他热情地赞助艺术并编写剧本。

古斯塔夫四世(阿道夫) Gustav IV Adolf (1778～1837) 瑞典国王(1800～1809年在位)。古斯塔夫三世之子。1792年即位。初由叔父南曼兰的公爵查尔斯(后为查理十三世)摄政。1805年他使瑞典加入反对拿破仑的欧洲反法联盟。1807年俄法联合时,他仍继续对法国作战,不过他知道这意味着俄国会进攻芬兰。同年,丹麦和挪威对瑞典宣战,使瑞典丢失更多领土。1809年被推翻,并宣布他的后裔不得继承王位。后举家流亡国外,最后定居于瑞士。

古斯塔夫五世 Gustav V (1858～1950) 原名Oscar Gustaf Adolf(奥斯卡·古斯塔夫·阿道夫)。瑞典国王(1907～1950年在位)。国王奥斯卡二世(1829～1907)的长子。他参加过陆军,并各处旅游。1907年父王死后继位。在瑞典国内民主主义发展时期,他被证明是一位英明的立宪君主。他在两次世界大战期间支持联盟国家,但坚定保持瑞典中立。

古斯塔夫一世(瓦萨) Gustav I Vasa (1496?～1560) 原名Gustav Eriksson Vasa。瑞典国王(1523～1560年在位),瓦萨王朝的创立者,其父为瑞典元老院议员。古斯塔夫加入对丹麦的克里斯蒂安二世的反抗,后者控制了大部分的瑞典地区。他成为起义领袖(1520),并得到富裕自由城市吕贝克关键性的协助。这些协助使古斯塔夫建立独立瑞典,1523年当选为国王。为了偿付吕贝克的借款,加强王权和土地,古斯塔夫征收重税。他没收教会的财富,推动瑞典成为路德教派国家。他是一位独裁统治者。他把瑞典建立成一个强大的君主国家和具有效率的政府。

古细菌 archaebacteria 一组细菌的通称,与真细菌在某些形态、生理及遗传特征上有所不同(如细胞壁的组成物)。古细菌是水生或陆生微生物,形态多样,包括球状、杆状和螺旋状等。古细菌可在一些极端情况下存活,包括极热和高盐环境。古细菌某些好氧,某些厌氧。其他如甲烷菌,则以甲烷为最终产物,另外还有一些则需要硫作为代谢原料。

古新世 Paleocene Epoch 又拼Palaeocene Epoch。第三纪早期的时代划分单元,始于6 550万至5 580万年前。在始新世之前,继白垩纪之后。古新世的特征有:一般来说气候温暖,很少霜冻,甚至无霜;季节变化基本上就是旱季和雨季的交替。到古新世时,最初在白垩纪占优势的恐龙和其他爬行动物群都已完全消失。在这一时期,哺乳动物开始迅速繁殖和进化。

古以色列人 Israelite 早期犹太人历史中以色列十二支派的成员。公元前930年在巴勒斯坦建立了两个犹太人王国(以色列王国和犹大王国),只有组成以色列王国的10个北方支派称为古以色列人。公元前721年以色列王国被亚述人征服,其人口中吸收了其他民族。"古以色列人"一词是指保持民族特征的犹太人,即犹大王国的后裔。按犹太教礼仪的习俗,古以色列人既不是祭司,也不是利未人(参阅利未),而是犹太人。

古英语 Old English 又称Anglo-Saxon(盎格鲁-撒克逊语)。公元1100年以前英国的口头语和书面语,学者把它划入日耳曼诸语言的盎格鲁-弗里西亚语分支。有4种方言:英格兰北部和苏格兰东南部的诺森布里亚语、英格兰中部的默西亚语、英格兰东南部的肯特语、英格兰南部和西南部的西撒克逊语。默西亚语和诺森布里亚语常被视为盎格鲁方言。大多数现存古英语文献都使用西撒克逊方言。9世纪的伟大史诗《贝奥武甫》标志着9世纪古英语文学最早出现的文学创作高潮。古英语名词和形容词有3个"性"(阳性、阴性、中性),名词、形容词和代词都有"格";古英语比现代英语有更多的强动词(不规则动词),其词汇有很多日耳曼语。参阅英语。

谷 valley 地球表面上的狭长凹陷。谷中常有河流宣泄,可能处于比较平坦的平原内,也可能夹于两道丘陵或山岳之间。是河流深切和侧蚀作用的结果,一般呈V字形。原为冰川的谷则呈U字形。谷地演化主要受气候条件和岩石类型制约。切入到坚硬岩石里,并具有直立的陡峭两壁的极为狭窄而深的谷,叫做峡谷(canyon)。外观同峡谷相似而比较小些的谷,则称为峡(gorge)。

谷登堡 Gutenberg, Johannes (Gensfleisch zur Laden zum) (约1395～1468) 德国发明家。美因茨一位贵族之子。曾在美因茨和施特拉斯堡从事切削宝石之类的工艺。1438年致力于活字印刷的发明研究。1450年获富商J.富斯特(约1400～1466)的资助,但富斯特不耐烦,加上其他因素,1455年谷登堡盖的厂房被判给富斯特。1455年完成杰作42行本《圣经》,这是欧洲最早的活字印刷品。第二部杰作于1457年出版,这是在失去了印刷机之后出版的。其他印刷出版的书被认为不太重要。其活字印刷术主要组成部分包括铸字模和冲压字模(可用于精确、大量制版)、铸造活字的合金、新式印刷机(源自制酒、造纸和装订机器)以及油脂性印刷油墨。这些特征在当时中国或朝鲜的印刷术以及欧洲在不同平面上的美术字压印技术或木版印刷术中都是不具备的。他的发明是西方文明发展中最重要的里程碑之一,一直是排字基本部分的源泉,长达500年。

谷类食品 cereal 加工制成的谷类食物,可供人类或动物食用。制造谷类食品的第一个步骤是碾磨,把谷粒磨细以便加工。现代的自动化设备采用钢磨,接着是空气洗净和数道筛选工序,以便把胚乳与外壳、胚芽进行分离。玉米采用的是湿加工研磨。谷类产品包括面粉、米、粗磨粉(粗粉和未细筛的谷粒)、玉米淀粉和意大利面。早餐谷类食品包括粗制谷类,如燕麦片、谷粉(必须煮熟);片状谷类(通常是煮熟,再烘干然后切碎的全麦);块状谷类(通常是把谷物破成粗粒,压榨烹煮时加入调味糖浆,然后再碾压和烘烤);膨化谷类(在高压容器内加热谷粒,使颗粒膨胀数倍);粒状食品(用谷粉调和成较硬的面团,再进行发酵、烘干,然后切碎,再度烘烤之后,磨成粗颗粒状)。所有谷类都含有大量淀粉。

谷崎润一郎 Tanizaki Jun'ichiro (1886～1965) 日本小说家。早期短篇小说受到

E. A. 坡和法国颓废派作品的影响。后来转向探索日本传统之美的理想。其作品以色情描写和讽刺机智为特点。他的小说《食蓼之虫》(1928 ～ 1929)讲述的是关于婚姻的不幸,这种不幸其实是新与旧的冲突,作者暗示旧的必将取胜。《细雪》(1943 ～ 1948)以日本古典文学的闲适风格描述现代社会粗鲁地侵犯传统社会。

谷神星　Ceres　矮行星,太阳系中已知体积最大,也是第一颗被发现(1801)的小行星。以古罗马谷神刻瑞斯之名命名。谷神星每4.61个地球年绕太阳公转一周,每9.1个小时自转一周,直径约为940千米。其质量是小行星带总质量的1/3以上。2006年8月国际天文联合会将其定为矮行星。

谷物　cereal　又作grain。任何适合食用的禾本含淀粉种子的统称。最经常种植的谷物是小麦、稻米、黑麦、燕麦、大麦、玉米和高粱。作为人类的食物,谷物通常以未经加工的形式上市销售;作为饲料,谷物主要供家畜和家禽消耗之用,再转变成肉、奶和禽类产品最终供人类消费。谷物还用于工业生产,产品有葡萄糖、黏合剂、油和酒精等。小麦是世界种植最广泛的谷物,稻米仅随其后。大多数谷物富含碳水化合物和能量值,但蛋白质含量相对较低,本身缺少钙和维生素A。面包通常要添加维生素,以弥补所使用的谷物某些营养成分不足。虽然谷物和谷物副产品往往在产地消费,但在国际贸易中它们也是主要的商品。

谷物法　Corn Laws　在英国,任何管理粮食进出口的规章都叫作谷物法。虽然早在12世纪就有谷物法实施,但是直到18世纪末和19世纪前半叶,英国由于人口不断增加、歉收和拿破仑战争时期的封锁而造成粮食短缺,谷物法才具有重大的政治意义。1846年R.皮尔当首相,最终废除了谷物法。参阅反谷物法同盟。

谷物升运器　grain elevator　储存谷物的建筑,通常由金属或水泥构架组成,构架很高,内部用刮板隔成间隔。亦是运送谷物至谷仓的装置。较普遍的谷物升运器由漏斗、长方形开口式的谷物喂入槽和一条立式环形皮带或刮板链系输送机构组成,能把谷物升运到粮垛顶部。重力使得提升的谷物能够轻易而迅速地从卸料槽卸出。

股份　stock　金融用语,公司或有限责任公司的认购资本,通常被切割为份额,并有可以转移的证券代表。许多公司仅有一类股份,称为普通股。普通股是公司所有权的份额,让持股者有权分得公司利润和资产。股份带有投票权,让持股者能够参与公司运营(除非这样的权利在特定情况下被扣住,例如特殊类型的非投票股份)。支付给普通股的股息常是不稳的,因为它们随利润而异;它们也通常少于利润,这种差异被管理部门用来扩张公司。为了吸引那些想要确定经常收到股息的投资人,有些公司发行优先股——可以优先获得公司所付的股息,而在大部分情况下,如果公司解散,可以优先用分司资产偿还股本。优先股的股息通常调整在固定的年利率,这必须在股息被分配给普通股持有人之前支付。参阅证券和证券交易所。

股息　dividend　公司在股东中按其拥有股票的比例和股票的类别而确定分配的每股业务收益。股息通常以现金支付,但有时也采取增发股票形式来分配。通常优先股东有权按固定股息率优先取得股息;而普通股东,则从发放优先股息后的剩余部分中领取一部分作为股息。

骨　bone　脊椎动物体内一种坚硬的结缔组织,由坚硬的骨基质和嵌在其中的骨细胞构成。骨骼是身体的支撑框架,提供肌肉运动的附着点,保护内部器官,包裹造血系统(红骨髓),也是对许多身体过程有非常重要意义的钙的贮库,全身99%的钙存于此。骨由镶嵌在胶原纤维中的由钙、磷酸盐和碳酸盐晶体构成的基质和骨细胞(少于骨体积的5%)组成,胶原纤维提供强度和弹性。骨的外层为致密的骨皮质,包围着松质骨组成的中心区(除骨髓腔)。骨不是透过细胞分裂来生长的,而是由不同种类的骨细胞产生骨基质,使其分裂并维持它。通过这一过程骨得以重塑,在承受最大压力的地方此过程使骨得以加强,让骨折处愈合,并调节体液里钙的水平。这一过程也会使不常用到的骨头(如不能运动的肢体)发生萎缩。骨病包括类风湿性关节炎、骨关节炎、佝偻病、骨质疏松症和肿瘤等。骨头在重压下会突然或逐渐骨折。

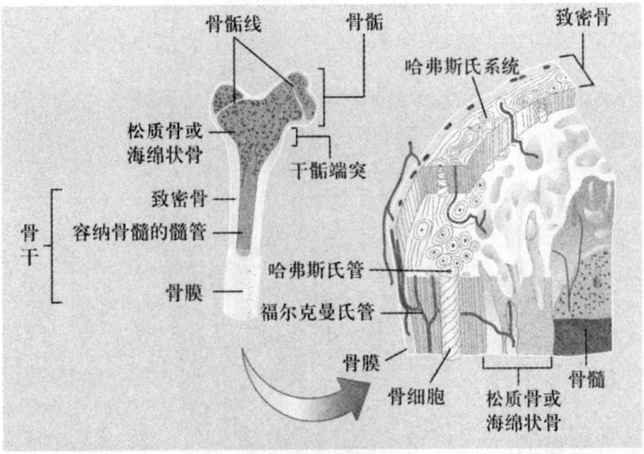

人体长骨的内部构造,图左是内部横剖面的放大图。骨膜是覆盖骨表面的结缔组织鞘。哈弗斯氏系统是由哈弗斯氏管周围同心圆环状排列的无机物质组成给致密骨提供结构支撑,并让骨细胞得以代谢。骨细胞见于同心圆状排列的环之间的微小腔洞。骨小管容纳微血管,微血管带来氧和养分并移除废物。横向的分支称为福尔克曼氏管。

骨的佩吉特氏病　Paget's disease of bone　又称osteitis deformans(变形性骨炎)。以J.佩吉特命名的中年慢性疾病,会有局部的骨头组织遭到破坏(在这种情况下,变软、有血淤积的骨头可能导致心脏或循环方面的问题,而高血钙则会导致肾结石或全身性钙中毒)与骨头结构失常(密集、易碎的骨头和变形部位会挤压内部的结构)交替出现。长骨、脊椎、骨盆和头骨最容易受到影响,较常发生在男性身上。罹患癌症(通常是骨肉瘤)的风险相当高。降血钙素和二磷酸盐是治疗该病的药物。

骨骼　skeleton　人体的骨质支架。包括头颅、脊柱、锁骨、肩胛骨、胸廓、骨盆和手、臂、脚、腿的骨。骨骼支持人体并保护内部器官。

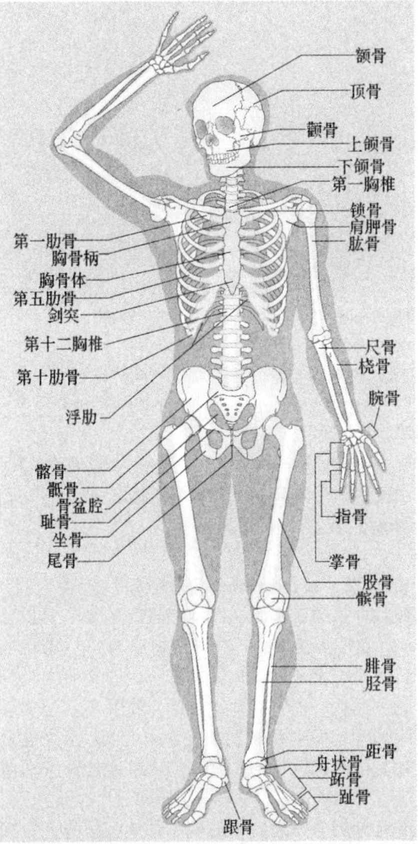

人体主要骨骼

骨骼由韧带连接,肌肉附着其上使骨在关节处活动。不同结构部位的骨骼机械性能不同。骨骼系统包括骨骼和软骨。

骨关节炎　osteoarthritis　又称osteoarthrosis(骨关节病)或degenerative joint disease(关节变性病)。一种关节疾病。年龄70岁的人有80%以上罹患此病。此病并无过渡炎症和其他症状,尤其是在早期,关节软骨变软消失,生出硬骨,关节表面扭曲,引起疼痛僵硬,活动不便。治疗方法包括镇痛药、休息、减肥、注射皮质激素、理疗和锻炼。如需要,髋和膝部可用手术移除不健康组织。

骨灰瓷　bone china　含有骨灰的硬质瓷器。骨灰瓷由英国的J.斯波德(1754 ～ 1827)在1800年前后发展起来。将骨灰加入瓷石和瓷土(硬瓷)中会使骨灰瓷更容易制造;质地也更强,不容易碎裂,而且具有象牙白的颜色,可作装饰。其他工厂(明顿、德比、伍斯特、

1815～1820年斯塔福德郡的韦奇伍德骨灰瓷盘，现藏伦敦维多利亚和艾伯特博物馆

By courtesy of the Victoria and Albert Museum, London; photograph, EB Inc.

韦奇伍德、罗金汉）于19世纪初都采用了这个配方。在英国和美国，骨灰瓷一直是人们喜爱的餐具。参阅**炻器**。

骨疗学 osteopathy 一种保健医疗技术。奠基者是美国医师A. T. 斯提耳（1828～1917）。它主要是针对19世纪时相当原始的药物和外科技术而掀起的一场改革运动。强调肌肉与骨骼的结构和器官功能之间的平衡关系。骨疗学医师学习识别和解决骨骼结构问题，通过推拿和其他治疗方法予以矫正，并需具有骨疗学博士学位（DO）。美国各州都允许骨疗医师执业，而且大部分州政府对他们和其他医学博士一视同仁。骨疗学医院提供一般的和特殊的健康服务，包括产科医院和急诊室等。

骨盆炎症 pelvic inflammatory disease (PID) 女性急性骨盆腔炎症，由生殖系统的杆菌感染（通常是**淋病**或**衣原体**）引起。该病多通过性交传染，通常发生在25岁以下性活动频繁的妇女，而使用子宫内避孕器（IUDs）的妇女更易患此病。骨盆炎症同淋病相似，症状包括腹部及下部盆腔疼痛、寒战、恶心、发烧、阴道分泌物黏稠并有特殊异味。输卵管瘢痕化会引起不育和**异位妊娠**。治疗可使用抗生素，应卧床休息、服用止痛药、戒房事直至感染消失。其性伴侣也应作治疗以防止再度感染。

骨髓 bone marrow 又作myeloid tissue。填充于骨腔中的柔软凝胶状组织。红骨髓由干细胞、祖先细胞和功能性血细胞组成。淋巴细胞在淋巴组织中成熟（参阅**淋巴组织**）。所有其他血细胞形成都在红骨髓中完成，红骨髓还参与破坏衰老的红细胞。黄骨髓主要储存脂肪。由于骨髓产生的**白细胞**与机体的免疫防御有关，所以骨髓移植已用于治疗一些免疫缺乏症。辐射及某些抗癌药物会损伤骨髓，损害免疫。检查骨髓有助于诊断有关血液及造血系统的疾病。

骨质疏松症 osteoporosis 全身性的骨质变松以致骨质脆弱的病症。人到40岁左右，骨吸收作用速度就开始超过骨骼生成的速度。妇女在更年期之后骨质损耗就会加速。当骨的总量低于一定的临界点时，骨头在轻微外力下，或未受创伤就会出现骨折。造成骨质疏松的常见原因有饮食中缺钙和饮食中摄入的钙和磷的比例不当。妇女到停经期因缺乏**雌激素**和其他性激素，骨质丢失的速度更快。防止骨质疏松应始于青年骨体建立时吸食足够的钙。控制体重的运动和维他命D对所有年龄的人都很重要。就妇女而言，激素补充疗法有助于控制骨质疏松，因为雌激素缺乏是造成骨质损耗加速的主要原因。对尚未骨质疏松的人，双膦酸盐类可以抑制骨吸收作用，防止骨质损耗。关于刺激骨骼生长的生长因子，目前正在研究之中。

钴 cobalt 金属化学元素，一种过渡元素，化学符号Co，原子序数27。以微量形式存在于许多矿物和矿石中，这种具有磁性、稍带淡蓝的银白色金属大部分用于精密科技的特种合金（如铝镍钴合金和工具钢）。化合价为2或3，能形成大量配位化合物或络合物，其中一种是维生素B_{12}（钴胺素，参阅**维生素B复合体**）。钴和它的化合物可应用在电镀、陶瓷器、玻璃的染色，制备催化剂、颜料和油漆的干燥剂，以及用作灯丝、肥料中的微量元素等。钴蓝含有各种不同成分，大致是由氧化钴和氧化铝构成。人工放射性同位素钴60的γ射线可用作放射性医疗；曾有人建议用钴的另一种放射性同位素来制造钴弹，但从未发展。

鼓 drum 由绷紧的膜振动而发音的乐器（属于膜鸣乐器）。鼓不外乎圆柱形或碗形两种。是大众化乐器，有悠久历史。摩拉维亚出土的鼓是公元前6 000年制的。在世界

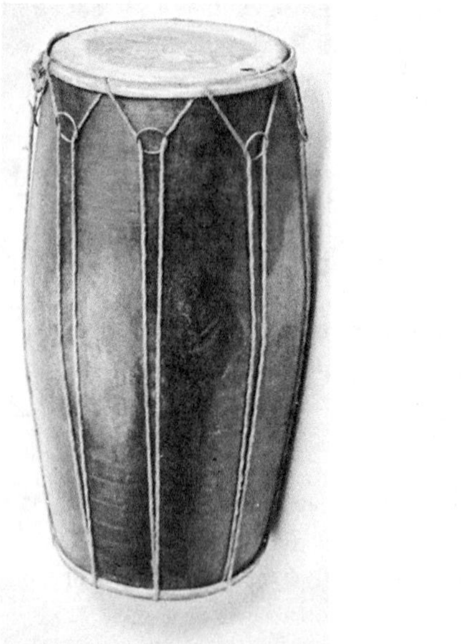

印度绳结构的桶状鼓，现藏纽约市大都会艺术博物馆

By courtesy of the Metropolitan Museum of Art, New York City

各种文化的礼仪中鼓都很重要。鼓可能有固定的音高或没有定音高；非洲、南亚和东南亚的鼓（参阅**塔布拉鼓**）和中东的鼓大部分的音高都是定好的，而西方的鼓更多是未定音高的。击鼓在非洲和印度的发展到了巅峰。13世纪起，欧洲的民间舞蹈常有一位乐师伴奏，他吹着横笛，用一根小棍敲击单面小鼓（一种小型双头小军鼓）。边鼓（小军鼓）的底面缠有金属弦或羊肠弦，上面敲击，下面的弦和鼓面就发生振动。大低音鼓专门用于军乐队。一组定音鼓是弦乐队标准的鼓。17世纪前，西方音乐中，鼓队完全是临时凑合的。流行音乐中使用的一组鼓是由一人演奏，通常包括一个小军鼓、唐唐鼓、踩踏板操作的低音鼓和悬挂的踩钹。

鼓藻 desmid 绿藻门双星藻目一类美丽的单细胞微小绿色藻。细胞形状差异很大。典型者细胞对称性地分为两半，成为在中央联结的两个“半细胞”。鼓藻广泛分布世界

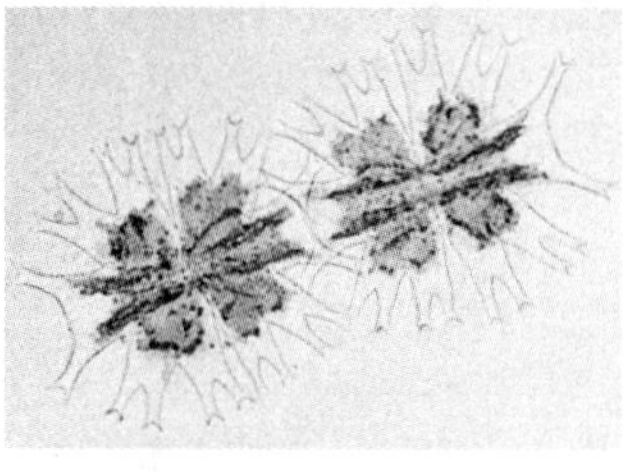

鼓藻（*Micrasterias*），高倍放大

Winton Patnode-Photo Researchers

各地，通常见于酸沼和湖泊中。由于大多数种都限制在一定的分布范围，因而专一鼓藻的存在有助于决定水样的特性。

固定氮 nitrogen fixation 使空气中丰富的不活泼的游离的氮气与其他元素化合而生成较活泼化合物的自然或工业过程。这些化合物通常是氨、硝酸盐或亚硝酸盐。土壤微生物（例如生活在豆科植物根瘤中的根瘤菌）能完成90%以上的氮的固定。虽然氮是所有**蛋白质**的成分，在植物和动物的新陈代谢中非常重要，但动植物不能利用占大气80%的氮气，这种元素状态的氮。共生的固氮菌侵袭宿主植物的根毛，并在此繁殖和促进根瘤的形成、植物细胞和亲密共生细菌的扩大。根瘤内的固氮菌将游离氮转化为硝酸盐，被宿主植物在发育中利用。根瘤中细菌的固氮作用在农业中有重要的意义。在工业化国家使用合成肥料之前，靠粪肥和**轮作**（包括一种带根瘤的作物）来提供可利用的氮。

固定旋律 cantus firmus 以天主教的素歌（参阅**格列高利圣咏**）旋律作为构成复调乐曲的基础，始于10世纪。11、12世纪的**奥加农**是在一个现有的素歌旋律（主要声部）之上加一个简单的第二旋律；至12世纪末，主要声部获得扩展，以便容纳一个华彩旋律。13世纪时复调经文歌的固定旋律则用在男高音声部。文艺复兴时期，弥撒曲和经文歌的固定旋律普遍用于男高音声部。然而，它有时也加以装饰音或出现于最高声部。

固定乐思 formes fixes 14与15世纪法国音乐与诗歌的主要形式。主要有三种形式。回旋曲遵循*ABaAabAB*的格式[*A*（*a*）和*B*（*b*）代表反复的乐句；大写字母表示叠歌中歌词反复，小写表示新的歌词]。叙事曲使用*aabC*的格式。双韵短诗的格式是*AbbaA*。行吟诗人A. de 拉阿尔（约1250年生）写出第一部固定乐思的多声部乐曲。G. de **马肖**以固定乐思为许多单声部及多声部**尚松**的写作歌词与音乐。后来的作曲家如G. **迪费**等则偏好回旋曲。

固体 solid 物质的3种基本状态之一。固体由液体或气体(物质的另两种状态)转变而来,因为当物质中的原子开始处于比较有规则的三维结构时,原子的能量将减少。所有的固体都能承受垂直或平行地加在它某个表面上的载荷(分别为正压力或剪切力)。固体依原子排列的有序度一般分为:晶态(如金属)、非晶态(如塑料)或准晶态(如合金)。

顾拜旦 Coubertin, Pierre, baron de (1863～1937) 法国教育家,在他的努力下,中断近1 500年的奥林匹克运动会于1894年终于得以恢复。生于巴黎。他是最先提倡体育的法国人之一。访问希腊时正值古代奥林匹亚遗址出土,因而兴起举办现代奥运会的想法。顾拜旦任国际奥委会第二任主席(1896～1925)。

瓜达尔卡纳尔 Guadalcanal 南太平洋中西部所罗门群岛的岛屿,为岛群中的最大者,面积5 358平方千米。所罗门群岛的首都霍尼亚拉位于北部海岸。经济上主要依赖渔业和农业,亦有金矿。16世纪西班牙人到此,18世纪晚期英国人到此;1893年被英国兼并,成为所罗门保护国的一部分。第二次世界大战期间,它是美国与日本军队之间长期战斗的场所(1942～1943),结果,同盟国攻下当地一个日本空军基地。该地区还进行了几次海战。第二次世界大战后,瓜达尔卡纳尔岛人与从附近的马莱塔岛来的移民之间的种族紧张局势恶化。1978年获取独立后,种族间对立一触即发,引发20世纪末和21世纪初的暴乱和冲突。人口约109 382(1999)。

瓜达拉哈拉 Guadalajara 墨西哥中西部哈利斯科州城市和首府。为墨西哥第二大城市。濒圣地亚哥大河,海拔1 550米。1531年西班牙人在此建城。由于印第安人的压力,曾数次搬迁。1810年被伊达尔戈-科斯蒂利亚短期占领。1940年起成为主要工业生产中心,同时还是大量农产品的贸易中心。1743年始建的总督大厦是墨西哥的西班牙建筑艺术杰作。设有两所大学。人口约1 495 182(2010)。

瓜达卢佩 Guadalupe 墨西哥东北部新莱昂中部城市。临圣卡塔琳娜河,海拔200米。在蒙特雷以东,为农业区的商业中心。人口673 616(2010)。

《瓜达卢佩伊达尔戈和约》 Guadalupe Hidalgo, Treaty of(1848-02-02) 美国与墨西哥之间结束墨西哥战争的条约,以签约地点墨西哥城邻区为名。和约中划定美、墨边界为格兰德河与希拉河。美国付出1 500万美元取得超过136万平方千米的土地,并同意解决美国公民对墨西哥所提出的300多万美元的索赔。这个条约为墨西哥人留下对国家前途的不确定感,而在割让给美国的大片领土中重新开启奴隶制度扩张的问题,它是两国随后发生内战的因素。

瓜德罗普 Guadeloupe 法国的海外省。在西印度群岛东部。由巴斯特尔、格朗特尔两岛组成,之间有狭窄的萨莱水道相隔。陆地面积1 630平方千米。2007年以前圣巴泰勒米岛和圣马丁岛(北部的2/3地区)为瓜德罗普隶属岛,位于其西北方240千米处。首府巴斯特尔(1643年建)。最大城市区、主要港口和经济中心是格朗特尔岛上的皮特尔角城。在巴斯特尔岛的山上到处生长着茂密的热带森林及其他木本作物,如咖啡,甘蔗种植则广泛地分布在地势低平的格朗特尔岛上。加勒比印第安人在数年内多次击退西班牙人和法国人,但1674年成为法国领地的一部分。18～19世纪被英国人短期占领,1816年正式归法国。1946年成为法国的一省。2003年,圣巴泰勒米岛和圣马丁岛的民众公投要求与瓜德罗普脱离,2007年成为法国海外领地。旅游业为瓜德罗普的主要经济来源。人口约405 000(2013)。

瓜尔迪 Guardi, Francesco(1712～1793) 意大利风景画家。他和他的弟兄三人合作经营威尼斯一个工作室兼工坊,生意兴隆,他们的姊(妹)嫁给画家G. B. 提埃坡罗。到18世纪50年代,瓜尔迪着手制作威尼斯的景观绘画。他对威尼斯的许多浪漫印象不像卡纳莱托的建筑物摄影式纪录那样受到欢迎,他的作品直到印象派兴起之后才受到赏识。

瓜尔内里 Guarneri, Andrea(1626～1698) 意大利乐器制造家。于1641～1654年随N. 阿马蒂学艺。在克雷莫纳建立自己的商店后,除小提琴外,他也制造中提琴和大提琴。他的儿子比埃特罗(1655～1720)和朱塞佩(1666～1740?)与父亲一起工作,到1683年比埃特罗已经迁到曼图亚并建立自己的企业,不过他制作的乐器很少。1698年朱塞佩继承父亲在克雷莫纳的企业。在有生之年,他的名声受到A. 斯特拉迪瓦里盛名的掩盖,但他制作的小提琴和大提琴如今受到高度评价。朱塞佩的儿子彼得罗(1695～1762)和巴多罗买(1698～1744)也是乐器制造者。巴多罗买被人称为耶稣教堂的瓜尔内里,是历史上最佳的制琴师之一,他的小提琴显示出父亲和斯特拉迪瓦里的影响,以完美的音响而闻名。

瓜分波兰 Poland, Partitions of(1772, 1793, 1795) 俄国、普鲁士和奥地利对波兰领土的3次瓜分,使得波兰领土不断减少直到国家不复存在。第一次瓜分(1772)时,被内战和俄国的干涉削弱了的波兰接受了俄普奥三国签订的一项条约,该条约剥夺了波兰一半的人口和几乎三分之一的国土面积。在第二次瓜分(1793)中,波兰被迫割让更多的领土给普鲁士和俄国。在第三次瓜分(1795)中,为镇压T. 柯斯丘什科领导的全国大暴乱,俄国与普鲁士入侵波兰并与奥地利一起瓜分了波兰全部剩余的领土。直到1918年波兰共和国成立,波兰才收回了被瓜分的失地。

瓜拉尼人 Guaraní 南美印第安人。传统上居住在巴拉圭东部以及毗邻的巴西、玻利维亚和阿根廷各地。土著瓜拉尼人勇猛好战,捕捉俘虏用作牺牲(也有人认为是捉来吃掉)。刀耕火种的农业,迫使他们每几年就要迁移一次。瓜拉尼妇女和西班牙农场主人的混血的后代成了现代巴拉圭的乡下人。"纯"瓜拉尼社区只剩下极少数,分散在各地,但现代巴拉圭人依然宣称其具有牢固的瓜拉尼传统。在亚松森周围巴拉圭河沿岸生活的人大多讲一种土著瓜拉尼语,其语言因与西班牙语的接触已发生较大变化。巴拉圭人讲瓜拉尼语的人多于讲西班牙语的人。21世纪初人口约500万。

瓜纳华托 Guanajuato 墨西哥中部瓜纳华托州城市和首府。海拔2 000米。为典型的西班牙殖民城市。1554年始建。为16世纪几个大产银中心之一。该城市的富裕显示在富丽堂皇的教堂,包括拉巴伦西亚纳、圣弗朗西斯科(1671)和圣迭戈(1663)等教堂。瓜纳华托是独立运动领袖伊达尔戈(科斯蒂利亚)于1810年最早占领的大城市。后来城市衰微。直到20世纪30年代,随着旅游业的发展和联邦政府对矿业和农业的扶植,经济才逐渐好转。设有瓜纳华托大学(1945),1988年,瓜纳华托城及附近的矿址被联合国教科文组织列为世界遗产。人口72 237(2010)。

瓜纳华托 Guanajuato 墨西哥中部一州。在内地高原,平均海拔1 800米。面积30 491平方千米。首府为瓜纳华托市。北部多山,南部为肥沃平原,大部分用作农业。境内有莱尔马河及其支流。第一个西班牙居民点设在圣米格尔-德阿伦多(1542)。在殖民地时期为重要的银矿区。1824年设州。主要工业为开采矿产(银、金、锡、铅和蛋白石)。人口5 484 372(2010)。

瓜维亚雷河 Guaviare River 哥伦比亚中部和东部的河流。发源于哥伦比亚中部西南的安第斯山脉,上游称作瓜亚贝鲁河。蜿蜒流向东北方向,在哥伦比亚-委内瑞拉边境,注入奥利诺科河。全长约1 050千米。水流湍急,不宜通航。

瓜亚基尔 Guayaquil 全名Santiago de Guayaquil(圣地亚哥-德瓜亚基尔)。厄瓜多尔最大城市和主要海港,濒临瓜亚斯河。距太平洋72千米。1537年西班牙探险家在现址建镇,经常被海盗骚扰。1822年S. 玻利瓦尔和J. de 圣马丁曾经在此举行协商会议,会议之后玻利瓦尔成为南美洲解放运动的唯一领袖。是厄瓜多尔对外贸易和国内商业中心,为太平洋沿岸主要海港。设有3所大学。人口约2 278 691(2010)。

瓜亚斯河 Guayas River 厄瓜多尔西部河流。二大支流道尔河和巴巴奥约河源于安第斯山脉西坡,并在瓜亚基尔上缘会合。在瓜亚基尔市以下,它流过低地三角洲,并注入瓜亚基尔湾。从最长支流的末端算起,河流长度约320千米。其泛滥平原是厄瓜多尔最肥沃的地区,也是该国几乎所有香蕉收成的来源。

寡头垄断 oligopoly 少数生产商中每一个的活动都能冲击价格和竞争者的市场状况。每个生产者必须考虑价格变动对其他生产者的影响。一家公司削价可能导致其他公司的同等削价;结果,除了利润幅度降低外,各公司仍保持与削价前相近似的市场占有额。寡头垄断企业的竞争,常表现在如广告和产品差异之类的非价格形式上。美国寡头垄断的行业是钢铁、铝和汽车制造业。参阅卡特尔。

怪兽形滴水嘴 gargoyle 建筑中用于女儿墙天沟的排水口。在哥特式建筑时期常作成蹲在檐口上的怪鸟兽形,伸出很长以使滴水远离建筑。该词常用来泛指任何奇形怪状的野兽雕刻,诸如用以装饰巴黎圣母院护墙的虚构怪物。

关岛 Guam 太平洋北部密克罗尼西亚马里亚纳群岛最大和最南端的岛,美国建立组织机构的未合并的领土。面积:561 平方千米。首府阿加尼亚。该岛分为两部分:北部为珊瑚石灰岩高地,南部为低矮的火山山脉。居民以查莫罗人为主,基本上为马来-印度尼西亚血统,也混有西班牙、菲律宾、墨西哥及其他血统。讲查莫罗语和英语,均为官方语言。F. 麦哲伦可能于 1521 年来到该岛,1565 年西班牙正式宣布对该岛拥有主权。1898 年美西战争后被割让给美国。第二次世界大战该岛被日军侵占(1941 ~ 1944),接着成为美国主要的海、空军基地。1950 年归为美国领地,由内政部管辖。该岛的军事基地和旅游业为经济主要来源。关岛于 1984 年首次参加在洛杉矶举办的夏季奥运会。人口约 161 000(2013)。

关节 joint 连接两个或多个骨的骨连结。大部分的关节包括滑液关节(中有关节液)和那些脊椎骨之间的关节(包含椎间盘),可移动。不动关节包括头颅的骨缝。韧带连

髋关节的剖面图。髋关节是滑液关节,球窝关节,股骨头与杯状的髋臼相关节。关节腔是由纤维囊圈住,内壁衬以结缔组织(滑液膜),可产生液体(滑液)以润滑构成关节两骨相对的软骨覆盖的表面。纤维囊由内层的环状纤维与外层的纵纤维组成,由韧带加强,覆以肌肉。

接关节各骨,但使各骨处于适当位置的是肌肉。关节疾病有各种关节炎、损伤(如扭伤、骨折和脱位)、先天性疾病及维生素缺乏。

关节炎 arthritis 关节的炎症。急性关节炎的症状明显,患部红、肿、痛。主要有骨关节炎、类风湿性关节炎、脓毒性关节炎。关节炎的几种类型是自体免疫疾病部分病征。

关税 tariff 又作customs duty。商品通过国间边界时征收的一种税。通常征收关税的对象是进口货物,其中可能是指对所有的外国商品征税或者只对在境外生产的商品征税。关税有可能在边境直接征收,也可以间接地通过要求商家提前购买进口许可证或通过限定进口商品的数量来征收。过境税是指海关对过境商品所征收的一种税。关税为国家财政收入和地方工业保护提供了有力支持。通过提高进口价格,可鼓励国内的生产者提高其商品的价格,或者利用税收优势制定较低的商品价格,从而吸引更多的消费者。关税通常用来保护国家的“新兴产业”和状况不景气的老产业。因为它影响商品价格,造成国内消费者消费升高,且该政策不利于提高国内产业的生产效率,有时关税政策也受到指责。关税价格根据各国之间的协商与签署的协议来制定。参阅《关税及贸易总协定》和世界贸易组织。

《关税及贸易总协定》 General Agreement on Tariffs and Trade (GATT) 简称关贸总协定。一套多边的贸易协议,目的在于使缔约国之间取消配额并降低关税。1947 年由 23 个国家在日内瓦签定,20 世纪后半叶在世界贸易的大规模扩展方面是最有效的工具。1995 年被世界贸易组织(WTO)取代之前,已有 125 个国家缔结协议,这些协议掌管了全世界 90% 的贸易。最重要的原则是无差别待遇的贸易,每个会员国皆站在平等地位互相开放市场。一旦一个国家与其最大贸易伙伴同意降低关税,该关税削减自动延伸到关贸总协定中所有其他会员国。关贸总协定也建立统一的关税条例,并致力于消除进口限额。曾主办多次削减关税的谈判,最后一次是于 1994 年在乌拉圭签定,决定建立世界贸易组织(WTO)。

关税同盟 customs union 几个国家共同缔结的贸易协议,对内彼此实行自由贸易,对世界其他国家则实行共同的关税。它是介于自由贸易区和共同市场之间的部分经济一体化的一种形式。在自由贸易区,各成员国间可以彼此自由贸易,无须共同对外的关税税则;在共同市场,除各成员国具有共同的对外关税率之外,资金和劳动力等资源还可在成员国间自由流动。著名的关税同盟有 19 世纪普鲁士领导下德意志诸邦组成的关税同盟和欧洲经济共同体;后者已经历了关税同盟阶段,正迈向更完全的经济一体化。参阅欧洲共同体、《关税及贸易总协定》、《北美自由贸易协议》和世界贸易组织。

关税同盟 Zollverein 在普鲁士的领导下 1834 年在德国大部分地区建立的自由贸易区。1818 年的普鲁士关税法废除了国内关税,改设关税同盟,1828 年在德国南部巴伐利亚与符腾堡建立了关税同盟。到 1834 年德国其他的州也已纷纷加入,共有 18 个成员,在随后几年又有更多地区加入。关税同盟是德国统一的一个重要举措。参阅 F. 李斯特。

关塔那摩 Guantánamo 古巴东部关塔那摩省城市和省会。位于战略要地关塔那摩湾以北 34 千米的山区。建于 1819 年。来自海地的法国难民促进了这一地区的殖民化。从建筑等许多文化特色中可看出他们的影响。加泰隆人亦为早期殖民者。以生产甘蔗和咖啡为主的农业地区中心。人口约208 145(2006)。

关系 relation 在逻辑学中,关系 R 定义为一组有序的二元组、三元组或四元组等。一组有序的二元组叫做二元关系;一组有序的三元组叫做三元关系;依此类推。一般来说,关系是指一组有序的多元对象。关系的重要属性包括对称性、传递性和自反性。考虑一个二元关系 R。如果关系 R 存在于 x 和 y 之间,也存在于 y 和 x 之间,就说 R 是对称的[用符号表示为:$(\forall x)(\forall y)(Rxy \supset Ryx)$];一个对称性关系的例子是“$x$ 平行于 y”。如果 R 存在于 x 和 y 之间,也存在于 y 和 z 之间,则它存在于 x 和 z 之间,就说 R 是可传递的,用符号表示为:$(\forall x)(\forall y)(\forall z)[(Rxy \wedge Ryz) \supset Rxz]$。一个传递性的例子是“$x$ 大于 y”。如果 R 总存在于任何对象和它自己之间,则 R 具有自反性[用符号表示为:$(\forall x) Rxx$]。一个自反性的例子是“x 至少和 y 一样高”因为 x 总是“至少和自己一样高”。

关孝和 Seki Kōwa(1642 ~ 1708) 又作Seki Takakazu。和算传统中最重要的人物。从 17 世纪初到 19 世纪中叶日本对西方开放,日本的计算传统一直很繁荣。幼年被江户供应局的武士军官关五郎左卫门收养,就取了“关”这个姓氏。曾担任过各种职位,先为伸甲府藩主德川纲重当查账员(直到 1678 年),后又为他的儿子,即未来的幕府将军德川家伸服务。关孝和最富有成果的研究领域是代数学,在这个领域里他创造出强大的新工具,并提供了许多确定的解。在从古代中国资源获取数学知识的过程中他扮演了重要角色。他用列表的符号系统取代了中国计棒数的麻烦方法,因此简化了处理多于一个未知数的方程式的过程。

观鸟 bird-watching 又作 birding。在鸟的自然生境中观察或辨认野鸟的活动。观鸟所需基本设备包括双目望远镜、有助于鉴定鸟类的野外工作手册,以及一本用来记录观察时间和地点的笔记本。地方观鸟学会会员编集的观察记录往往有助于科学家鉴定各种鸟类的散布、生境和迁徙类型。观鸟活动始于 20 世纪;1900 年以前大多数鸟类学者都将鸟猎杀后再去辨认它们。通过观鸟书籍和期刊的出版使观鸟活动越来越风行,特别是 R. T. 彼得森的《鸟类野外观察指南》(始于 1934 年)。

观世音 Avalokitesvara 汉语又称观音(Guanyin)。日语拼作Kannon。大慈大悲的菩

9世纪比哈尔库尔基哈尔的青铜制观世音像，现藏比哈尔巴特那博物馆

By courtesy of Patna Museum, Patna[Bihar]; photograph, Royal Academy of Arts, London

萨，最受大乘佛教信徒爱戴的神。是阿弥陀佛的世俗体现，在历史上的佛陀离世以后，未来佛祖弥勒出现前守护世界。他是现世即第4世界的创造者。在中国和日本，观世音的性别不太明确，有时候被认为是女神。观世音和阿弥陀佛、摩诃婆罗多菩萨一起统治极乐世界的佛教徒。观世音是中国西藏最流行的神，历代达赖喇嘛据说都是观世音转世。

官僚机构 bureaucracy 职业官员团体，按金字塔式的等级制度组成，并按客观的、千篇一律的规章制度办事。其特点首先由德国社会学家M.韦伯系统地加以说明，他看到了官僚机构中高度发展的分工，根据行政法则而不是个人的忠诚或社会习俗来确立权威，是一种“合理的”和客观的机构，其成员的功能更多地是作为“官员”而非个人。在韦伯看来，资本主义制度下的官僚机构是一种不可避免的、墨守成规的“优势”形式。后来的学者则看到了官僚机构把一切权力集中于最上层人士之手而变成独裁统治的趋势，如苏联发生的情形那样。R.K.默顿强调官僚机构因执著于程序规定而变得繁文缛节和缺乏效率。近来的理论则强调在创建以内部冲突的特征的政治化组织的过程中，管理派系、既得利益集团或追求个人利益者的作用。

管风琴 organ 压迫气体经由一系列音管产生乐音的键盘乐器。管风琴是所有乐器中最大和最复杂的一种，音域最广而设计变化最大，还有最古老的曲目和最混杂的历史。最简单的管风琴包含一排音管，分别连至单一的键。它们排列在风箱之上，风箱借着一套阀而连至键盘，并由电力或机械鼓动。演奏者拉出称作音栓的钮，使其他整排的音管连动。它使用二类独特的音管：哨管（开放式和闭合式）借着引导气体至管中的孔缘而发出声音，簧管则经由管中金属簧片傍着一个固定凸出物振动而发出声音。不同的形状和材料会产生不同的音色。大型管风琴可能拥有5排或更多排键的键盘，每个键盘独立控制着一组音管。大部分的管风琴还有脚踩的踏板。大型管风琴的音管长度可能从约2.5厘米～10米不等，造成巨幅的9个8度音阶。最早的管风琴（约公元前250）是希腊

奥地利圣弗洛里安修道院教堂内18世纪的布鲁克纳管风琴

Toni Schneiders

的水风琴，其中气流由水压调节。风箱式管风琴出现于7世纪左右。到10世纪管风琴已经与教堂发生密切关系。随着管风琴的普及，不同地区追求着不同的构造形式和音质理想。巴罗克式德国管风琴非常适合复音音乐，而法国品味的各种音色归结于A.卡瓦耶-科尔的巨大“管弦乐式”管风琴。参阅簧风琴。

管弦乐队 orchestra 各种规模和组合的器乐合奏团体。今管弦乐队一词通常是指由弦乐器加上铜管乐器、木管乐器和打击乐器的典型西方音乐的器乐合奏，其中弦乐的

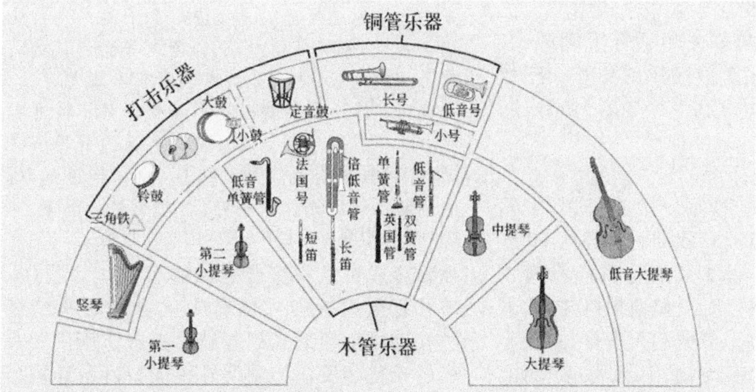

现代交响乐团配置图

© 2002 MERRIAM-WEBSTER INC.

每个声部都会有几位演奏员。管弦乐队的发展与歌剧的早期历史同时。现代管弦乐团的形式主要来自于17世纪中叶法国宫廷，尤其是J.-B.吕里指挥的乐队，主要由24位弓弦乐器演奏家组成，通常会再加入木管乐器演奏。小号、号和定音鼓在18世纪初期常被加入乐队之中，并且在F.J.海顿的时期列入基本编制。19世纪管弦乐队有相当大的扩充，尤其是木管和打击乐器的数量和种类，有时演奏甚至有100多位演奏家。交响乐团在20世纪有些微小的改变。参阅管弦乐法。

管弦乐法 orchestration 选择运用何种乐器表达音乐作品的艺术与技巧。一度完全依赖现有或习惯的方式，但随着18世纪中晚期现代管弦乐队的出现，作曲家开始探索乐器种类组合创造音乐的可能性。在历史上管弦乐队的各部是分开演奏的，弦乐器于室内演奏，木管乐器于室外演奏，号用于打猎时，小号和鼓则用于战争或皇室典礼。有想象力的作曲家先前曾利用不同乐器的组合，但标准化使严谨的知识被置于想象力之前。第一本主要的管弦乐法文本是由H.柏辽兹所著（1843）。

管乐队 band 音乐合奏团体，一般不包括弦乐器。把木管乐器、铜管乐器与打击乐器合奏组成为管乐队，始于15世纪的德国，是军队生活的常备部分；后传至法国、英国，最后传至新大陆。15～18世纪欧洲许多城镇有自己的乐师或歌唱队，在特别的节日表演时，木管乐队常加入肖姆管和长号两项乐器。18～19世纪时英国业余的铜管乐队包含许多新的铜管乐器。代表各种组织，发挥非军事的作用。19世纪中期的美国，以P.吉尔摩的乐队最为著名，他的最伟大的继承人J.P.苏泽为美国海军陆战队乐队指挥和作曲家，创作了许多受欢迎的进行曲。以D.埃林顿和巴锡“伯爵”领导的大乐队是20世纪30年代和40年代美国最受欢迎的乐队。与其他乐队不同的是，弦乐器（如电吉他和电低音提琴）在摇滚乐队中占有极重要的地位。

冠状动脉搭桥术 coronary bypass 冠状动脉硬化性心脏病的一种外科治疗方法，用于减轻心绞痛和预防心肌梗塞。20世纪60年代普遍使用这种手术。手术是移植一条或多条血管，绕过动脉受阻部位，在主动脉和心肌之间构成动脉血流的新通道。移植物常采自患者的胸部动脉或腿部静脉。

冠状动脉硬化性心脏病 coronary heart disease 又称ischemic heart disease（缺血性心脏病）。因冠状动脉狭窄或阻塞，心肌供血不足所致的心脏病（参阅动脉硬化）。短暂缺氧可导致心绞痛，若长期缺氧严重，可致心肌梗塞（心脏病发作）。如果药物及饮食疗法未能控制病情时，可用冠状动脉搭桥术或血管成形术来治疗。

惯性　inertia　物体对抗改变其运动状态的任何一种力的内在属性。静止或运动的物体都会对抗可能产生加速度的力。物体的惯性有两种测量学方法：一是用它的质量，质量决定物体对力的作用的阻抗；二是用物体对指定轴的转动惯量，它决定物体对同一轴上的转矩作用的阻抗。

灌溉　irrigation　人工给田地供水，以保证或增加粮食作物产量，为现代农业的一个关键要素。水从天然池塘、湖泊、河流或井里抽取出来；贮水系统与水坝拦住较大的河流和每年的洪水。在水坝下面，水泥铺设的灌溉水渠的闸门被打开，通过重力流把水输送到田地。较为复杂和造价昂贵的灌溉水渠从大型人工水库流出，确保常年供水。现在移动式轻型铝管灌溉系统被广泛使用。滴灌是一种比较新的方法，用细水管直接把水浇在每棵植物的基土上。农业灌溉、水塔以及发明的水车都是古代的创新。到公元前5000年，古埃及人开始引用尼罗河水灌溉，其他古代文明，如巴比伦和中国，也已基本上形成灌溉农业。

灌木　shrub　有几株茎而没有主茎的木本植物，通常低于3米。如果有许多枝条而且很稠密，则可称为灌丛。介于灌木和乔木之间的称为树状，即乔木状的灌木，高3～6米。乔木一般指高6米以上、具有主茎或树干并有一定冠形的木本植物。然而这些区别也不完全确切，因为有许多灌木，在特别有利的条件下可长成乔木状灌木，甚至长成像小乔木一样。

灌木蒿　sagebrush　菊科蒿属灌木种的统称，原产于北美西部半干旱平原和山坡。这种灌木既适合于干热夏季也适合于潮湿、温和，吹有间歇性太平洋极区风的冬季。三齿蒿（*Artemisia tridentata*）高1～2米，多分枝；叶银灰色，带苦香味。

鹳　stork　鹳科20种不发声的长颈鸟类，主要分布于非洲、亚洲和欧洲。体高约60～150厘米，头和颈的全部或部分可能没有羽毛，但色彩鲜艳。飞行时交替地拍打翅膀，颈向前伸，脚向后伸直。多数白天进食，主要吃浅水滩和田野中的小动物，有些也吃尸体。通常成群结队，哺育期成对活动，双亲共同抱卵。典型鹳嘴直或近乎直，有4种林鹳嘴弯曲。美国仅见一种林鹳，体羽白色，翅和尾黑色，嘴向下弯曲。参阅鹮。

光　light　任何电磁辐射，尤指人眼看得见的光谱波段。它是一种能量形式，以每秒30万千米的速度在空间传播。19世纪初期，光被说成是一种波动，但后来的实验表明它也显示出粒子的性质。光是产生视觉的基础，也是色觉的基础。眼睛根据物体反射或发射的光的颜色来区别物体的颜色。参阅光学和波粒二象性。

光度学　photometry　指对恒星和其他天体亮度、颜色和光谱的精密测量，以获得它们的结构、温度和成分的数据。大约公元前130年，喜帕恰斯使用了一种体系，将星分为6星等，从最亮的到最暗的。在17世纪开始使用望远镜发现了许多更暗的星，使星等尺度扩展。从20世纪40年代起，照相器材和光电设备使天文光度学的灵敏度和波长范围大增。主要的分类体系（UBVRI）使用紫外线、蓝色、可见光、红色和红外线波段范围。更精确的系统可以区分出巨星和矮星，探测恒星的金属形态，以及判定星体表面引力。

光合作用　photosynthesis　绿色植物和某些特定生物体吸收光能并将其转变为化学能的过程。在绿色植物中，叶子中叶绿体所含的叶绿素吸取光能，并将水、二氧化碳和矿物

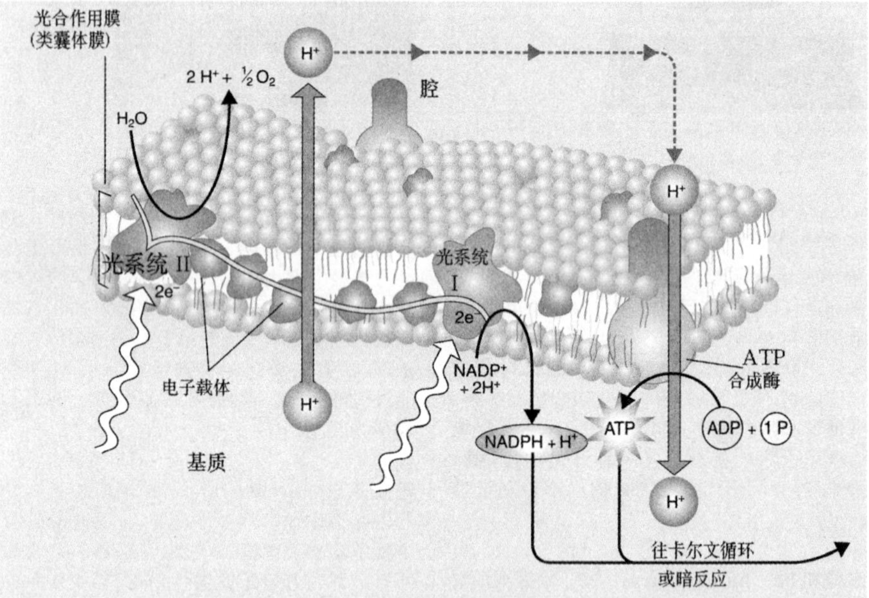

光合作用的光反应。光反应产生于两个光系统（叶绿素分子单位）。光系统Ⅱ吸收光能（用波浪状箭头表示）形成高能电子，沿着电子传递链的一系列受体分子转移到光系统Ⅰ。光系统Ⅱ从水分子取得替换电子，使水分解成氢离子和氧原子。氧原子结合形成氧分子，释放进入大气。氢离子进入腔内。多余的氢离子由电子受体分子抽进腔内，而在腔内形成高浓度的离子。氢离子回流通过光合作用膜提供能量驱动富集能量的分子ATP的合成。光系统Ⅰ吸收光能，放出高能电子用来驱动NADPH的合成。光系统Ⅰ从电子传递链取得替换电子。ATP提供能量而NADPH提供氢原子来驱动后续的光合暗反应，或称卡尔文循环。

质转变成氧气和富含能量的有机化合物（简单和复杂的糖类），该有机化合物为构成植物和动物生命形式的基础。光合作用由一系列的光化学反应和酶反应组成。光合作用分为两阶段。在依赖光照反应的阶段（光阶段）期间，叶绿素吸收的光能将色素分子中的某些电子激发到更高能级，这些电子离开叶绿素并经过一系列的分子，释出能量形成NADPH（酶的一种）和高能量的ATP（腺苷三磷酸）分子。作为光合作用副产物的氧气，由叶片的毛细孔释出至大气层中。NADPH和ATP则进行第二阶段不需要光线的暗反应（或卡尔文循环，由M. 卡尔文所发现）。在暗反应中利用大气中的二氧化碳生成葡萄糖。光合作用对维持地球上的生命是相当重要的，如果停止了光合作用，很快地球上将只有少数食物和有机物质存在，而几乎大部分的生命都会消失。

光辉道路派　Shining Path　西班牙语作Sendero Luminoso。秘鲁共产党的别称。从事游击战和暴力恐怖行动。1970年由哲学教授古斯曼·雷诺索（生于1934年）建立，为秘鲁共产党发生分裂时成立。主张削弱秘鲁传统贵族的势力，而赋予印第安人民权利，这一主张吸引了众多追随者。他们通过暴力和恐吓控制了秘鲁大部分地区。1992年古斯曼被捕入狱，光辉道路派的影响也随之衰退。以前的恐怖活动约造成25 000人死亡，并使秘鲁经济受到严重打击。

《光辉之书》　Sefer ha-zohar　对喀巴拉派具有重要意义的经典著作，影响了犹太教的所有神秘运动。喀巴拉派内许多人认为该书与《托拉》和《塔木德》同样神圣。由于该书大部分为阿拉米语，因此被认为主要由摩西（莱昂的）所著。该书的主要部分是对圣经正文，尤其是对《托拉》、《路得记》的文段以及《雅歌》，进行的神秘的、象征性的解释。其他章节涉及创作物的神秘、罪恶问题，以及从宇宙论角度论述祈祷和善功的意义。

《光明之书》　Sefer ha-bahir　《旧约》的希伯来语注释，对喀巴拉派的发展产生过重大影响。主要是剖析希伯来字母的字形和读音以阐发经文的神秘意义，大体上也影响了犹太教的象征学。该书最早于12世纪出现在法国，尽管喀巴拉派教徒认为它的产生时间远早于此。该书引入了灵魂转附的概念和象征神力流溢的灵性谱系。尽管喀巴拉派教徒视它为权威之作，但主流犹太教仍视它为异端，不予接受。

光年　light-year　指光在真空中1年所移动的距离。它以每秒298 051千米的速度行

进,约相当于 9.46×10¹² 千米,或63 240 天文单位,或0.307 秒差距。

光谱学 spectroscopy 有关光和其他放射线物质的吸收和散射的研究,例如这些变化过程对放射线波长的依赖关系。通常,光谱学主要用于鉴别化学元素和化合物,测量物质在外部能源的激发下,吸收或发射电磁波谱中特征波长的辐射能,从而阐明其原子和分子结构。但是,光谱学也包括对那些按照某种特性的功能归类或区分为一种光谱的粒子(例如,电子和离子)的研究,研究使用的设备是光谱仪。实验包括一个光源、一个用来形成光谱的扩散器、用来观察或记录光谱细节的探测器(视觉的、光电的、测辐射的或摄影的)、测量波长和强度的装置以及对测得的量作出解释以识别它的化学成分,或者给出关于它的原子和分子结构的线索。专门的光谱技术有拉曼光谱、核磁共振(NMR)、原子核四级矩共振(NQR)、微波和 γ 射线光谱,以及电子自旋共振(ESR)。参阅质谱法。

光气 phosgene 又称carbonyl chloride(碳酰氯)。无色剧毒气体,用于化学战以及工业生产过程,包括制造染料和聚氨酯树脂。可单独使用,或和氯混合使用,在第一次世界大战中当作军用毒气。味道闻起来类似发霉的干草。吸入数小时后会对人的肺造成严重伤害。1811 年首次制造,由一氧化碳与氯在催化剂作用下反应产生。气态光气通常被压入钢瓶以液态形式或以甲苯溶液形式贮运。光气与水反应生成二氧化碳和盐酸。

光球 photosphere 肉眼可视的太阳表面,厚约 400 千米。直接照到地球上的太阳光大部分由光球发出。光球的温度范围从底部的10 000°C到顶部的4 000°C;密度约为地球表面空气密度的 1/1 000。太阳黑子是光球上的现象。光球还有颗粒结构。每个颗粒(胞元)都是直径几百千米的热气团,它们从太阳内部升起,放射能量,几分钟后沉下去,其他颗粒又升上来,如此循环往复不止。

光荣革命 Glorious Revolution 又称Bloodless Revolution(不流血革命)或Revolution of 1688(1688 年革命)。指英国历史上 1688 ～ 1689 年间发生的一系列事件,结果是废黜詹姆斯二世并迎立他的女儿玛丽二世和她的丈夫威廉三世。詹姆斯二世公开信奉天主教;中止持异议者的合法权益;王位有可能由天主教徒继承,这些使国民的不满情绪达到顶点。7 位英格兰著名人士请奥兰治的威廉带兵来解除民困。詹姆斯的支持者也转而反对他,詹姆斯逃往法国。议会决定请威廉和玛丽联合执政,同时通过《权利法》。

光学 optics 研究光线的产生与传播、光经历和产生的变化及其他紧密相关现象的一门科学。物理光学主要研究光的本性和其他性质。几何光学则研究反射镜、透镜和其他光学仪器的成像原理。光学数据处理涉及相干(单一波长)的光学系统成像信息量的操作。光学的研究促进了诸如眼镜和接触镜片、望远镜、显微镜、照相机、双目望远镜、激光器和光学纤维(参阅纤维光学)等仪器设施的发展。

光学字符识别 OCR 全称optical character recognition。扫描比较以辨认印刷文字或数字数据的技术。输入现有的印刷数据,无须重新打字。OCR 软件将字符的形状与储存在软件库中的字符进行比较辨别,尝试用接近的字符来找出整个字,重新建立原始的版面设计。对高质量的原件进行灵敏清晰的扫描,可以获得高精确度的结果,但如果原件模糊,质量即随之下降。

光州 Kwangju 韩国西南部城市,全罗南道首府。面积 501 平方千米,自己构成一个都会城市(省)。从三国时期(公元前 57)开始,一直是贸易中心和当地的行政中心;1914 年修建了连接首尔的铁路后开始发展现代工业。1980 年发生民众与政府之间的武装暴动。市内有朝鲜大学(1946)、全南大学(1952)和几所高等教育机构。韩国国家博物馆的分馆建在该市,收藏有三国时期的文物。人口约1 475 745(2010)。

光子 photon 又称 light quantum(光量子)。电磁辐射的微小能包。1900 年 M. 普朗克发现热辐射是以独特单位发射和吸收的,他把这些单位叫做量子。1905 年 A. 爱因斯坦解释了光电效应,认为光也存在分离的能包。1926 年就出现光子这个词来表示这些能包。光子的能量从高能的 γ 射线和 X 射线到低能的红外和无线电波,尽管所有的光子都以同样的速度(光速)运动。光子不带电荷或静止质量,它们是电磁场的携带者。

广场 agora 古希腊城市中供市民从事商业、市政、社交、宗教活动聚会的露天场所,广场的用途常因时代而异。位于城市中央或临近港口。周围通常有公共建筑、开有各种店

雅典的广场石膏模型,可能出现在公元 2 世纪
American School of Classical Studies at Athens

铺的柱列廊以及掩挡阳光和抵御坏天气的柱廊环绕。对公民来说,能在广场上建墓是被给予的最高荣誉。

广岛 Hiroshima 日本本州岛西南部城市。16 世纪建立时为一城堡镇,1868 年起成为军事中心。1945 年成为第一个受到原子弹攻击的城市,这颗原子弹是美国在第二次世界大战最后时期投掷的。1950 年开始重建,现在是该地区最大工业城市。它已经成为禁止原子武器的和平运动的精神中心,并为死于原子弹的人们建起了和平纪念公园,公园内圆顶的原子弹纪念馆则是爆炸后仅存

日本广岛和平纪念公园中的纪念碑,通过拱门可看到原子弹纪念馆
Bob Glaze-Artstreet

的建筑。人口约1 173 843(2010)。

广告 advertising 用于推销产品、劳务或宣传某种观点以引起公众注意,并诱导公众对广告刊登者做出某种反应的技巧和实践。17 世纪伦敦的周报开始刊登广告,到 18 世纪,这种广告已相当繁荣。19 世纪美国率先出现广告代理商,代理的是报纸广告。到 20 世纪初,代理商开始自己制作广告包括版样和艺术设计。多数广告是用于促销商品,但这种方式也常用于提醒人们公共安全,赞助各种慈善事业,或投票支持政党候选人等。在许多国家,刊登广告是传播媒体最重要的收入来源。除了报纸、杂志和传播媒体之外,其他的广告方式包括邮购、户外广告牌和宣传海报、运输交通工具、因特网,以及促销手册如纸板火柴和日历等。广告商在选择刊登媒介时会依广告目标受众的喜好而定。参阅销售。

广告色画 gouache 又称 poster paint、designer's color或body color。一种不透明水彩画,与透明水彩画的差异在于:水彩由稀释用的液态胶包覆,加入白色颜料后,色调转亮而变得不透明。广告色画干时表面无光,如果要求效果,也能使刷痕看不见。它可以薄敷,也可以厚涂。有许多不同的颜色可用,包括荧光色和金属色。许多印度绘画和伊斯兰绘画特有的绒面和轮廓线即由此种媒介制成,它也用于西方的屏饰和扇饰,还被 G. 鲁奥、P. 克利等现代艺术家使用过。

归尔甫派与吉伯林派 Guelphs and Ghibellines 中世纪期间德国与意大利政治中的敌对派别。归尔甫派(参阅韦尔夫王朝)与

吉伯林派(源自"威伯林根"一词,是与韦尔夫敌对的霍亨斯陶芬家族的一个城堡的名称)两个用语的含义源自意大利在霍亨斯陶芬王朝皇帝腓特烈一世统治时期;腓特烈一世试图维护意大利北部的帝权,却遭到教皇亚历山大三世反对。归尔甫派(站在教皇一边)与吉伯林派(同情神圣罗马帝国皇帝)之间的分裂造成13～14世纪意大利北部城市的长期争斗,并反映于但丁的《神曲》中。

归纳 induction 逻辑学名词,指由部分到总体,由特殊到一般,或由个别到普遍的推理方法。传统上,逻辑学家将演绎与归纳区分开,但早期归纳包括的问题通常与自然科学的方法普遍有关,且"逻辑学"通常指的是演绎逻辑。参阅归纳问题和J.S.穆勒科学方法论。

归纳问题 induction, problem of 从一个一般概念的诸被观察事例所具有的特性推论到相同概念的诸未被观察的事例的证明问题。例如,如果我曾见过的所有翡翠都是绿色的,假使我过去的观察并没有全然导出(或在演绎上暗含)所有翡翠都是绿色的话,我有什么权利得出所有翡翠都是绿色的推理呢?我们可以推理说从一部分人口中得到的人口样本的特性就是全部人口的特性吗?一名质量管理工程师在检查由某个制造程序生产出的100个灯泡样本时,发现其中有5个不合格,工程师可以得出结论说该制造程序已经生产的和将要生产的灯泡有5%的次品。为使工程师的推理得到证明,必须满足下述两个标准:①样品的取得是随机的(100个灯泡一批,每批灯泡抽检的概率相等);②样品应该有足够的数量(具有数学上的准确性)。参阅统计学。

归正宗 Reformed church 受加尔文主义深刻影响的几个新教派别的统称。它们通常以国名区分(瑞士归正会、荷兰归正会等)。这一名字最初由各个从16世纪宗教改革运动中产生的新教教会使用,但后来被局限在欧洲大陆的加尔文派教会的范围内,大部分都采用了长老会的教堂管理形式。不列颠群岛的归正宗后来成了所谓的长老宗。

圭多(阿雷佐的) Guido d'Arezzo(991?～1033后) 意大利音乐理论家。身为负责训练阿雷佐大教堂唱诗班歌手的本笃派修士,他有功于二项重要的进步:发明五线谱,以记下确切的音高;使用不同的音节来唱出每个音,即阶名唱法。在他著名的《旋律进行法》(1026～1033)中,他描述了至少二线的线谱,并把音节作为唱出乐音的记忆装置。著名的"圭多之手"利用手的关节来代表不同的音高,有助于从一个六音音列转调至另一个六声音阶,这在他现存的著作中并未提到。

圭尔夫大学 Guelph, University of 加拿大安大略省圭尔夫市的一所公立大学。该校是一个重要的农业科学研究中心,由安大略农业学院(1874年成立)与安大略兽医学院(1862年成立)合并而成(1964),同时也新成立一所文科学院。设有加拿大毒物研究中心网络总部、家畜遗传学研究中心以及老年学研究中心等研究机构。注册学生人数约13 000。

圭内斯 Gwynedd 又拼Gwyneth。威尔士西北部古地区名。圭内斯古地区包括北威尔士大部。诺曼人在卡那封和康威建立大城堡,但他们没有侵入内地。圭内斯于是成为威尔士文化的一个据点,操威尔士语的人口比威尔士其他各郡高出甚多。1974年设为威尔士一郡。首府卡那封,包括斯诺多尼亚国家公园(1951),公园占该郡总面积的一大部分。旅游业在该郡经济上占重要地位。

圭亚那 Guianas, the 位于南美洲北部海岸的地区,北临大西洋与加勒比海,东、南与巴西接壤,西与委内瑞拉交界。面积468 800平方千米。包括圭亚那(前英属圭亚那)、苏里南(前荷属圭亚那)和法属圭亚那。位于奥利诺科、内格罗和亚马孙等河流之间。全区大部分土地为浓密的热带森林所覆盖,包含许多有价值的林木。垦殖定居大都局限于沿海地区与河谷。早期居民为苏里南印第安人。1498年C.哥伦布发现沿岸地区。16世纪初期,西班牙人探险该地区。1580年,荷兰人建立居民点。17世纪初期,法国人、英国人建立居民点。

圭亚那 Guyana 全称为Co-operative Republic of Guyana(圭亚那合作共和国),1966年以前称British Guiana(英属圭亚那)。南美洲东北部的国家。面积:214 999平方千米。人口:约759 000(2013)。首都:乔治敦。圭亚那人口约有2/5以上属南亚人,其次主要为黑人、印第安人或混血人种。语言:英语(官方语言)。宗教:基督教(新教、天主教),印度教和伊斯兰教。货币:圭亚那元。狭窄的大西洋海岸平原向内陆延伸16千米,包括许多由堤坝和排水渠防护的人造陆地。内陆为热带森林区,占全国面积的3/4以上。森林区西部的帕卡赖马山脉成为埃塞奎博河的源头。圭亚那的经济为发展中的市场经济,兼有私营和公营成分,出口以糖、水稻和铝土矿为主。圭亚那是单一制多党制共和国,一院制。国家元首暨政府首脑是总统。美洲印第安人在欧洲人到达之前在此定居,但除了地名之外,对原住居民的情况几乎一无所知。圭亚那在土著语言中意为"多水之乡"。17世纪初,荷兰移民控制了这一地区,但在拿破仑战争期间英国人占领了荷兰殖民地,后又购买了德梅拉拉、伯比斯和埃塞奎博。1831年这三个殖民地合并成为英属圭亚那。1807年奴隶贸易被废止时,该地已有约10万奴隶,这些奴隶直到1838年才被全部解放。从19世纪40年代起,南亚人和华人作为契约工来到种植园工作。至1917年,几乎已有24万南亚人迁移到英属圭亚那。1928年英属圭亚那成为英国直辖殖民地,1953年该殖民地获准内部自治。各种政党也开始出现,发展成以南亚人为主的人民进步党和以黑人为主的人民全国大会党。由人民全国大会党组成的联合政府于1966年领导该国独立,改国名为圭亚那。1970年圭亚那成为英联邦(由英国及其前附属国组成的自由联盟)内的共和国。1980年颁布新宪法。20世纪90年代,圭亚那改变了自独立以来主张的社会主义倾向。21世纪初期,圭亚那一直努力发展经济与稳定政局。圭亚那于1948年以英属圭亚那的名义首次参加在伦敦举办的夏季奥运会。

龟 turtle 约300种龟目爬虫的统称,有骨质的甲壳,上覆角质的保护层,分布于世界绝大部分地区。龟已存在2亿多年,是现存爬虫类动物中最古老的。多数品种都是水生或半水生;有些是陆生的。龟吃植物、动物,或二者兼食。无齿,有角质的嘴,体长范围从不足10厘米到1.5米以上。有结实的爬行四肢,短足或似桨的阔蹼(海龟)。有些品种能将颈部弯向侧面,但多数只能把头和颈缩回到甲壳中去。已知的龟品种中几乎有一半已很稀有,并受到威胁或濒临灭绝。参阅箱龟、啮龟、水龟和陆龟。

硅 silicon 非金属化学元素,化学符号Si,原子序数14。在地壳中的丰度仅次于氧,居第二位。它从不以游离状态存在,但在几乎所有的岩石以及砂、黏土和土壤中,都存在硅的化合物:或与氧化合成二氧化硅(SiO_2),或与氧和金属形成硅酸盐矿物。在很多植物中和某些动物中,也都含有硅的化合物。纯硅是一种质硬的深灰色固体,具有金属光泽,其晶体结构和金刚石相同。硅是一种非常重要的半导体;掺入硼、磷或砷后,可用于各种电路和开关器件,包括计算机芯片、晶体管和二极管。在冶金学上,硅也可用作还原剂(参阅还原反应),并用于钢铁、黄铜和青铜中。在化合物中硅通常为4价。作为砂和黏土的二氧化硅有许多用途;作为石英,可以加热而形成特种玻璃。硅酸盐用于制造玻璃、搪瓷和陶瓷;硅酸钠(水玻璃)用于肥皂、木材处理、水泥和染料。参阅硅酮。

硅肺 silicosis 因长期吸入二氧化硅尘而造成的肺尘埃沉着病。最早在18世纪被发现,最常见于矿工、采石工、磨石工和抛光工,一般在接触10至20年内发病。最小的二氧化硅颗粒往往会对把微粒吸入肺泡的巨噬细胞造成最大的伤害。死亡细胞聚集起来形成纤维组织小结,减小肺的弹性。肺容积的减小和气体交换量的减少导致呼吸急促,然后引起咳嗽和呼吸困难、身体虚弱。病人易患结核病、肺气肿和肺炎。在缺乏有效治疗的情况下,控制硅肺主要在预防,要使用面罩,适当通风,以及定期对工人肺部进行X光检查。

硅化木 petrified wood 天然木质纤维的空隙被矿物渗透而形成的化石,通常被硅氧矿物(二氧化硅,SiO_2)或方解石(碳酸钙,$CaCO_3$)渗透。通常这种由矿物沉积的有机组织的取代极为精确,不仅能如实地体现出外部形状，还体现出内部构造，有时甚至可以确定细胞的构造。

硅酮 silicone 又称 polysiloxane（聚硅氧烷）。可制成液体、树脂和弹性体多种形态的聚合物。其部分组成虽是有机化合物，但分子和大多数聚合物不同，在它的结构主链中没有碳元素作为主体，而是由硅原子和氧原子交替组成。大多数硅酮有两个有机基团，通常为甲基或苯基与每一个硅原子相连。硅酮通常都异常稳定，属惰性聚合物。硅酮液体常被用作液压剂组成成分和乳液分层剂，并可用于黏合剂、润滑剂、防水剂和保护层。硅酮橡胶常用在封装、覆盖物和清漆中做电绝缘材料；绝缘垫圈；特殊管道绝缘层；汽车引擎部件；面罩和气锁的活动玻璃；层压玻璃布；还可用作外科手术膜和移植膜。

硅藻 diatom 硅藻门藻类，一个浮游生物大类，约16 000种，单细胞或群体。分布世界的各种水体。其硅化的细胞壁形成小盒子似的壳体，上有许多复杂细致的花纹，可用于检

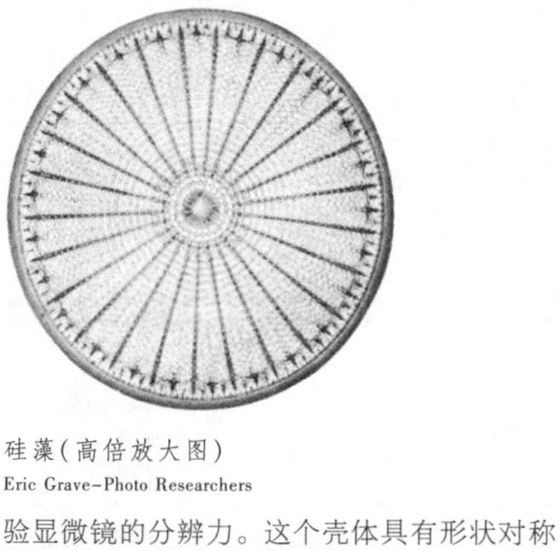

硅藻（高倍放大图）
Eric Grave-Photo Researchers

验显微镜的分辨力。这个壳体具有形状对称性，花纹美丽，故有“海洋宝石”之称。硅藻是许多动物直接或间接的食物。硅藻土为硅藻化石组成，用作过滤剂、绝热材料、研磨料、油漆充填剂、清漆原料及杀虫剂等。

鲑 salmon 原指大西洋鲑鱼，但现在也指6种太平洋鲑：大麻哈鱼、王鲑、细鳞大麻哈鱼、红大麻哈鱼、银大麻哈鱼以及日本的樱桃鲑（*O. masu*）。成年鲑鱼生活于海洋中，然后开始迁移，抗激流，跃水头，到达它们产卵的溪流。太平洋鲑产完卵后很快死亡，但许多大西洋鲑可活到下次产卵。参阅鳟鱼。

鬼 ghost 死者的灵魂或幽灵，自古以来人们普遍信鬼，这种情况在世界各地的民间传说中都有反映。通常认为鬼住在阴间而且能重返人间以活人形象出现，或以死者的模糊身影出现。信鬼的想法，基于古代人们认为人的灵魂可与躯体分开，而在躯体死亡之后，灵魂仍可继续存在这一概念。鬼魂出没之所，被认为是出没幽灵生前有过强烈情感变化的地方，如悔恨、恐惧或对暴死之恐怖等。传统所说的“显灵”包括鬼魂幻象、物体易位或出现怪光等视觉怪异；以及无人的笑声、叫声、敲门声或脚步声等听觉怪异。

贵格麦片公司 Quaker Oats Co. 国际食品杂货制造商。1901 年由俄亥俄和艾奥瓦的三家谷物公司（其中一家是全国最大的）合并组成。最初生产燕麦和小麦谷类食物和婴儿食品等。20 世纪晚期公司增加了数以百计的食品，20 世纪 60 和 70 年代公司发展到经营化工产品、餐馆和玩具。但到 90 年代，贵格公司已将大部分非食品资产售出。总部设在美国芝加哥，在国外设有几家子公司。

贵霜艺术 Kushan art 又称 Kusana art。贵霜王朝（1 世纪末到 3 世纪）期间在包括今中亚、印度北部、巴基斯坦和阿富汗等地区的艺术。这个时期的艺术品有两种主要类型：一种源自伊朗皇家艺术，另一种是希腊-罗马和印度传统混合的佛教艺术。前者的例子有直挺、正面的肖像（包括在钱币上的那种），强调的是个人的权势和财富。后者则更现实，有犍陀罗艺术和秣菟罗艺术两种风格。

贵族 patrician 古罗马时期与平民相对形成特权阶级的一群公民家庭的成员。他们企图垄断所有地方官职、祭司职务和法律、宗教知识，罗马共和国的大规模市民斗争就是那些平民努力想求得平等地位，打破贵族的垄断。贵族逐渐丧失其垄断地位，仅保留对某些祭司职务或临时执政者方面的职务，而在共和国末期（公元前 1 世纪），贵族和平民的区分已失去政治上的重要性。但在公元前 27 年以后，出身贵族阶级是登上帝位的必要条件。君士坦丁大帝统治（337）之后，贵族成为荣誉头衔，并不赋予特别权力。

贵族政治 aristocracy 最初，由少数特权阶级或被认为最具有治理资格的少数人的统治。柏拉图与亚里士多德认为贵族政治是指由在道德与才智上都高于他人的人治理，这种人才适合管理人民的财产。贵族逐渐地被视为一个划分层次的集团的上层。大部分的贵族是世袭的，许多欧洲社会因家族成员正式封侯受爵而形成贵族阶层。因此，这个名词与 nobility（贵族）同义。

桂冠诗人 poet laureate 最早在英国授予优秀诗人的称号。始于 1616 年，该职位于 1668 年被正式确认并从此不断有任命。获此头衔的诗人即成为拿薪俸的英国王室成员。原先桂冠诗人应为宫廷和国家的重大场合创作诗歌，但自 1843 年任命 W. 华兹华斯以来，桂冠诗人这一头衔就已成为诗才卓越的奖赏，不再担负具体的责任。1985 年美国政府也设立了桂冠诗人职位，由国会图书馆的诗歌顾问担当。

滚木球戏 bowls 又称 lawn bowls 或 lawn bowling（草地滚球戏）。一种户外球戏，类似意大利的地掷球和法国的法国式滚球戏，游戏时，玩者在草地上将木球滚向一个靶子球。游戏的目的在于把球滚得比对手更接近靶子球，为达此目的，有时玩者会将对手的球或靶子球撞开。每赢一个球，得一分。根据比赛的规定，球员用 4、3 或 2 个球，比赛分数以 18 或 21 分结束。

滚石乐队 Rolling Stones 英国音乐团体。最初成员为 M. 贾格尔（1943 出生）、K. 理查兹（1943 出生）、B. 琼斯（1944～1969）、B. 怀曼（1936 出生）和 C. 瓦茨（1941 出生）。1969 年 M. 泰勒（1948 出生）替代琼斯，1976 年 R. 伍德（1947 出生）又取代泰勒。滚石乐队建于 1962 年。当时一直断断续续在伦敦某布鲁斯乐团演出的贾格尔、理查兹和琼斯吸收怀曼一起组成自己的乐队。瓦茨于 1963 年加入。贾格尔主唱，琼斯和理查兹弹吉他，怀曼奏低音吉他，瓦茨击鼓。“滚石”这一名称源自 M. 沃特斯的一首歌曲。1966 年一首又一首的优秀歌曲使它成为摇滚乐听众心目中仅次于甲壳虫乐队。演出的歌曲大多出自贾格尔和理查兹笔下。它的音乐的特征是强烈的基调强节奏、一针见血的讽刺性歌词、简单但富有表现力的乐器伴奏。随着《乞丐的宴会》（1968）和《流亡梅因街》（1972）等专辑的发行，滚石乐队声名大噪，达到顶峰。在其他 20 世纪 60 年代的正统摇滚乐队先后解散很久后，滚石乐队仍继续演出。

国会图书馆 Congress, Library of 美国的图书馆，是规模最大的图书馆，也是最大的国家图书馆之一。1800 年建于哥伦比亚特区，馆址最初设在国会大厦内，1814 年这座大厦被英军焚烧，图书馆也被毁。1897 年迁到现址作为永久馆址。除给国会议员和其他政府官员提供图书参考外，国会图书馆已成为世界学术机构中的佼佼者，拥有极丰富的图书、稿本、乐谱、图片和地图等。藏有约 3 500万册图书和其他印刷资料，300 万个音频资料，1 500 万个视频资料，6 800 万件手稿和 500 万幅地图。

国会纵火案 Reichstag fire（1933－02－27） 柏林的德国国会大厦被焚事件。A. 希特勒利用这场火来把公众的视线转移到他的反对派，特别是共产主义者身上，说纵火的凶犯是一名荷兰的共产主义者。他颁布命令暂停对民权的保护，实际上开始了纳粹党的独裁统治。人们普遍认为这场火是纳粹自己策划的，但也有些人认为没有纳粹阴谋的证据。这个问题现在尚有待讨论和研究。

国际单位 international unit 用于测量物理量，如质量、长度和时间（参阅国际单位制），以及照明系统、辐射过程和药理学的几种精确标准的统称。可见光的发光强度用新烛光（坎）表示。秒是根据铯-133 原子发出的辐射频率确定的。在放射性衰变中，国际单位是一个式样中每秒的衰变数。在药理学中，国际单位是一种物质（维生素、荷尔蒙或毒素）的量，当按照国际通常的步骤测试时，此物质会产生一种确定的效果。

国际单位制 International System of Units 法语作 Système International d'Unités。又称 SI system（SI 制）。由米制单位导出并延伸的国际十进位度量衡制。国际单位制于 1960 年在第11届国际计量大会上通过，它的出现是

国际单位制(基本单位)

长 度

单位	缩写	米数	美制近似值
千米	km	1 000	0.62 英里
百米	hm	100	328.08 英尺
十米	dam	10	32.81 英尺
米	m	1	39.37 英寸
分米	dm	0.1	3.94 英寸
厘米	cm	0.01	0.39 英寸
毫米	mm	0.001	0.039 英寸
微米	μm	0.000 001	0.000 039 英寸

面 积

单位	缩写	平方米数	美制近似值
平方千米	sq km 或 km^2	1 000 000	0.386 1 平方英里
公顷	ha	10 000	2.47 英亩
公亩	a	100	119.60 平方码
平方厘米	sq cm 或 cm^2	0.000 1	0.155 平方英寸

体 积

单位	缩写	立方米数	美制近似值
立方米	m^3	1	1.307 立方码
立方分米	m^3	0.001	61.023 立方英寸
立方厘米	cu cm 或 dm^3 及 cc	0.000 001	0.061 立方英寸

容 量

单位	缩写	公升数	美制近似值		
			容量	干量	液量
千公升	kl	1 000	1.31 立方码		
百公升	hl	100	3.53 立方英尺	2.84 蒲式耳	
十公升	dal	10	0.35 立方英尺	1.14 配克	2.64 加仑
公升	l	1	61.02 立方英寸	0.908 夸脱	1.057 夸脱
立方分米	dm^3	1	61.02 立方英寸	0.908 夸脱	1.057 夸脱
分升	dl	0.10	6.1 立方英寸	0.18 品脱	0.21 品脱
厘升	cl	0.01	0.61 立方英寸		0.338 液盎司
毫升	ml	0.001	0.061 立方英寸		0.27 液打兰
微升	μl	0.000 001	0.000 061 立方英寸		0.000 27 液打兰

质 量 和 重 量

单位	缩写	克数	美制近似值
公吨	t	1 000 000	1.102 短吨
千克	kg	1 000	2.204 6 磅
百克	hg	100	3.527 盎司
十克	dag	10	0.353 盎司
克	g	1	0.035 盎司
分克	dg	0.10	1.543 格令
厘克	cg	0.01	0.154 格令
毫克	mg	0.001	0.015 格令
微克	μg	0.000 01	0.000 015 格令

为了取消19～20世纪因科技的快速发展而形成的几种重叠但又有差别的计量单位制。它的基本单位包括长度单位米(m)、质量单位千克(kg)和时间单位秒(s)。导出的单位包括力的单位牛顿(N)、能的单位焦耳(J)和功率单位瓦特(W)。

国际法 international law 以习惯法、条约文书或法规为基础形成的一套法典、规定或法律原则,它控制或影响相互有关国家的权利与义务。国际法的重要元素包括主权、承认(允许一国承认另一国的要求)、同意(允许修正国际条约以符合一个国家的习惯法)、公海自由、自卫(保证可以采取措施打击对一个主权国家犯下的违法行为)、商务自由和保护海外侨民。国际法庭,比如国际法院,解决有关上述元素及其他事务的争端,包括战争罪。参阅**庇护**和**豁免**。

国际法院 International Court of Justice 又称World Court(世界法院)。**联合国**的主要司法机构,总部设在**海牙**。其前身是**国际联盟**司法机构,即常设国际法院。1946年在海牙首次开庭。其司法权仅限于那些愿意接受它作为**国际法**权威的国家之间产生的争端。其判决有约束力,但它没有强制权力;上诉必须向联合国安全理事会提出。国际法院由15位法官组成,每位法官任期9年,由联合国大会根据建院章程选出,不能有两名法官是来自同一个国家。

国际风格 International Style 20世纪20和30年代在欧洲和美国兴起的建筑风格,该风格在20世纪中叶成为西方建筑的主

法国普瓦西的萨瓦住宅(1929～1930),L. 科比西埃设计的国际风格建筑
Pierre Belzeaux-Rapho/Photo Researchers

导趋势。“国际风格”一词为 H.-R.希契科克和 P.约翰逊于 1932 年所创,见于两人合著的《国际风格:1922 年以来的建筑》,该书是现代艺术博物馆举办的建筑展会中的手册。国际风格最普遍的特征为:直线形、毫无图案装饰的光滑表面、宽敞的室内空间、大量使用玻璃、钢铁和钢筋混凝土。与此种风格有关的主要人物包括 W.格罗皮厄斯、L.密斯·范·德·罗厄和 L.科比西埃。参阅包豪斯。

国际关系 international relations 研究国家与国家、国际组织及某些次国家实体(如官僚及政党)之间关系的学科。国际关系与其他多种学科有关,包括政治学、地理学、历史学、经济学、法学、社会学、心理学及哲学等。20 世纪初这个领域开始出现,大多集中在西方国家,尤其是在影响力日益强大的美国。国际关系研究总是被合于规范的想法所影响,如减少武装冲突、增加国际合作的目标。21 世纪初,国际关系研究的课题着重于恐怖主义、宗教与种族冲突、次国家及非国家实体的出现、大规模杀伤性武器扩散和反对核扩散的努力,以及国际机构的发展等。

国际黑天觉悟会 Hare Krishna movement 正式名称为 International Society for Krishna Consciousness(ISKCON)。20 世纪印度教教派,1965 年印度人跋蒂吠檀多(1896 ~ 1977)在美国创立。该教派尊查伊塔尼亚(1485 ~ 1534?)为祖师,认为他是黑天的化身。该教派流行于美国和欧洲 60 ~ 70 年代反传统文化的年轻人中,他们常身着藏红花色长袍出现在公共场所,吟唱、跳舞及募款。会员都为素食者,禁止饮酒和吸毒,每日需诵经数小时。跟随黑天就可以得到平安与喜悦。1977 年创办人去世后,该教派数个公社的会员受一个国际委员会管辖。国际黑天觉悟会从成立至今经历数次分裂,为最初受到反崇拜组织攻击的团体之一。

国际货币基金组织 International Monetary Fund(IMF) 联合国的专门机构。1944 年在布雷顿森林会议上提出设置这样一个组织,1945 年作为一个自愿合作机构正式成立,以协助保障国际买卖货币运作顺畅。该组织现有 180 多个会员国。其主要职能是稳定汇率,向有国际收支赤字的国家提供临时的资金援助,以及向要求贷款的国家提供咨询与技术援助。会员国根据各自的国际贸易额、国民收入和外汇储备,交纳运作基金并得到投票权;美国拥有 1/6 以上的投票权,是其他任何会员国百分比的两倍以上。国际货币基金组织对会员国没有强制力,但是它可以停止贷款给那些拒绝遵守该组织政策的会员,作为最后的手段,还可以要求会员国退出该组织。批评者认为,国际货币基金组织对要求贷款国家的紧缩政策与私有化措施不利于其经济发展,加重和延长了经济危机,并且为世界上最贫穷人口带来严峻的困境。参阅世界银行。

国际空间站 International Space Station(ISS) 利用多国联合企业提供的支持与组件,主要由美国和俄罗斯两国在地球轨道建造的空间站。该计划开始时只是美国独自承担,因为资金和技术问题而长时间拖延。最初由 R.里根总统于 20 世纪 80 年代命名为“自由”号,90 年代又重新设计,以降低成本和扩大国际参与,并于此时重新命名。由于俄罗斯的控制舱“曙光”号和美国的“团结”号连接舱发射升空,航天飞机的航天员在地球轨道将两者对接,入轨建设在 1998 年下半年开始。在 2000 年中,一个居住与控制中心“星辰”舱加入,同年年底时国际空间站接受了它的第一批常驻人员,包括两名俄罗斯人和一名美国人。其他构件陆续添加到空间站,整个计划需要组装一套实验室和居住舱,挂在一个装有 4 组太阳能电池的长架构下。空间站最终至少会有 16 个国家参与,包括加拿大、日本、巴西以及欧洲空间局的 11 个成员国。国际空间站的许多早期工作会集中在失重环境下的长期生命科学与材料科学研究,该空间站预计至少在 21 世纪的前 25 年,可以作为人类在地球轨道活动的基地。

国际联盟 League of Nations 第一次世界大战结束时由协约国建立的国际合作组织。一项体现集体安全原则并决定设立国联大会、理事会和秘书处的盟约,在巴黎和会(1919)上提出,并被纳入凡尔赛和约。该盟约还建立了一个殖民地托管地系统。总部设在日内瓦,国际联盟因得不到美国的支持而遭削弱,美国没有批准《凡尔赛条约》。由于未能阻止日本在中国的扩张、意大利征服埃塞俄比亚和德国攫取奥地利而信誉扫地,国联在第二次世界大战期间停止了活动。1946 年联合国取代了国联。

《国际纽约时报》 International New York Times 巴黎出版的日报。它长期以来一直是欧洲的美国侨民、游客和商人主要的英语新闻来源。该报最初的前身是《巴黎先驱报》(创立于 1887 年);1924 年其母公司《纽约先驱报》与《纽约论坛报》合并,创建了《纽约先驱论坛报》和《巴黎先驱论坛报》。1966 年其母公司转让时巴黎版经营状况良好,《巴黎先驱论坛报》被《纽约时报》、《华盛顿邮报》和《惠特尼通讯》的一个合资企业保留下来,更名为《国际先驱论坛报》。1991 年,纽约时报公司与华盛顿邮报公司各自持 50% 的股份。2003 年,纽约时报公司获得该报全部股份,并于 2013 年将该报更名为《国际纽约时报》。

国际日期变更线 International Date Line 一条从地球北极到南极的假想线,它人为地把每个历日与次日分开。国际日期变更线的大部分长度与 180°经线相一致,只在穿过白令海峡处向东偏移,以避免把西伯利亚分为两个部分,接着又向西偏移,以便把阿留申群岛和阿拉斯加并在一起。在赤道以南,另有一处向东偏移,以便使一些群岛与新西兰有相同的时间。国际日期变更线是全世界普遍使用计时系统的产物,该系统设法使当地的正午与太阳经过当地子午线的时间基本一致。参阅标准时。

国际商用机器公司 IBM Corp. 全称 International Business Machines Corp.。又称 IBM 公司。美国主要的计算机制造公司,总部设在纽约州阿蒙克。该公司于 1911 年由 3 家生产办公用品的小公司合并而成,取名计算-制表-记录公司。1924 年在 T.J.沃森(老)的领导下改现名,他把公司建设成美国主要的穿孔卡片制表机制造商。1933 年国际商用机器公司买下一家电动打字机公司,很快就在打字机市场占有很大份额。20 世纪 50 年代初,公司进入计算机工业,投巨资进行开发并在 60 年代生产了全球计算机的 70%。公司最初的专长是生产主机计算机,但在 1981 年生产了它的首台个人计算机,即 IBM 个人计算机。IBM 公司很快在该领域居于领先地位,但激烈的竞争逐渐影响到其市场占有率,迫使公司于 20 世纪 90 年代大规模缩减。1995 年 IBM 公司购入软件制造商洛特斯发展公司。

国际收支 balance of payments 在一定时期内,一国的居民(包括政府)与其他国家居民(包括各政府)之间所有经济交易的系统记录。这些交易都以复式簿记表示。例如,美国的国际收支记录了通过美国的进口、美国旅游者在国外的消费、向国外贷款等诸多方式使别的国家的人获取了美元。这些支出表示在收支表的借方栏内。贷方栏表示的是外国人使用美元的各种用途,包括支付美国的出口、向美国偿还债务等。别的国家有可能获得比他们花费在美国的货物和服务上所需要的更多的美元,他们可以持有盈余或购买黄金或股票;他们手中的美元也可能少于他们购买美国货物或服务所需的款项,那他们可以变卖黄金、出售在美国的股票以及采取其他的方法。作为解决国外债务的方法,转化资金的某些形式(如大量流出黄金)不如其他一些形式(如通过国际贸易来转化货币)。国际货币基金组织帮助处理与国际收支相关的各种问题。参阅贸易差额。

国际跳棋 checkers 两人对局的棋类游戏。双方各有 12 个棋子摆在有 64 个方格棋盘上的黑色方格里。走法包括按斜线向前方邻格行进,目的是跳吃对方的棋子,将对方棋子全部吃光或封死即为胜方。当一个棋子走到对方最后一排(王位排)时,该棋子上面要加一个同样颜色的棋子(即成为“王”),它可以开始向任何方向移动。类似的游戏出现在不同的文化背景下,并可追溯到古代时期。

国际象棋 chess 2 人在棋盘上对弈的游戏,每人按照下棋规则在棋盘上移动各自的 16 个棋子,并要想办法吃掉或将死对方的王。可能最早在 6 世纪左右源于亚洲地区,后来不断演化,在拜占廷时期传入欧洲。现在的规则于16世纪在欧洲首次为人们普遍

棋子摆在棋盘的起始位置
© 2002 MERRIAM-WEBSTER INC.

接受。每个棋手可以选择黑方或白方，在第一排摆王、后、象、马和车；在第二排摆兵。王可以向任何方向移动，每次走一格。后、车和象为“远程”棋子，只要棋盘上无棋子阻挡，可向任何方向移动，格数不限。后是最强的棋子，可以按除了马以外所有其他棋子的走法移动。马的走法特别，要走L形路线，先直走或横走一格，再斜走一格，可以越过其他棋子前进。兵只能向前移动。任何棋子都可以走到对方的方格里吃掉对方的棋子。在正式比赛中，每位棋手必须在规定的时间内走完规定的步数。国际象棋世界冠军赛在主管机构的主持下举办，并由此产生世界冠军。数十年来，俄罗斯一直是产生冠军最多的国家。锦标赛按不同的年龄段举行，现在通过邮件和因特网下棋也很普遍。

国际刑警组织　Interpol　全称 International Criminal Police Organization（国际刑事警察组织）。该组织旨在促进各成员国警力的最大可能地相互合作以及研究控制一般犯罪的手段来打击国际犯罪。其历史可追溯至1914年由14个国家的代表参加的摩纳哥国际刑警会议。1923年成立于奥地利，当时有20个成员国。第二次世界大战后，总部迁往巴黎，1989年迁至法国里昂。21世纪初，它的成员国已超过180个。国际刑警组织可以追捕在一个以上国家作案的罪犯（例如走私犯）、虽不外出旅行但其罪行却影响到其他国家的罪犯（例如外币的造假者）以及在一国犯罪并逃往另一国的罪犯。

国际刑事法庭　International Criminal Court（ICC）　根据1998年通过的《国际刑事法庭罗马公约》成立的永久性司法机构，专门起诉被控**灭绝种族**、**战争罪**、违反人性等罪状的个人。该法庭在达到法定国家数量（60个国家）签署同意《罗马公约》（已有大约140个国家签署同意）后，于2002年7月1日开始运作。针对某些国家法庭对罪大恶极案件无法起诉或不予起诉的情况，国际刑事法庭的建立为此类案件的审理提供了一个最终选择。其总部设在**海牙**。到2002年，中国、俄罗斯、美国已婉拒参与国际刑事法庭，美国更积极地运作使它自己的公民豁免该法庭的审判。

国际音标　International Phonetic Alphabet（IPA）　计划作为记录言语声音通用系统的一套符号。国际音标的推广和更新一直是1886年在巴黎成立的国际语音协会的一个主要目的。1888年首次公布国际音标表。国际音标符号以阔体**拉丁字母**为基础，修改了部分字母并采用了一些附加符号，其中有些在更早的音标中已经使用过。变音符号主要用于表示各种次要的发音。

国际原子能机构　International Atomic Energy Agency（IAEA）　正式成立于1957年的国际组织，旨在促进核能的和平利用。总部设在维也纳，活动包括：研究核能在医学、农业、寻找水资源及工业中的应用；提供技术援助；辐射防护的开发以及公共关系项目等。**波斯湾战争**后，国际原子能机构的调查人员奉命去伊拉克调查，以证明该国没有生产核武器。2005年，国际原子能机构及总干事M.巴拉迪获得诺贝尔和平奖。

国际纵队　International Brigades　**西班牙内战**（1936～1939）中支援共和军与国民军作战的外国志愿者队伍。由于其成员来自大约50个国家，故称为国际纵队。由总部设在

“国际组织和西班牙人联合起来打击侵略者”招贴画，帕里亚设计，国际纵队发表（1936～1937）
By courtesy of the Abraham Lincoln Brigade Archives, Brandeis University Library

巴黎的**第三国际**招募、组建和指导。美国小分队称自己为亚伯拉罕·林肯营。许多年轻的应召者在准备参战之前就是共产党员；还有更多的人在战争期间加入了共产党。志愿者的总人数约达到6万人。1938年末国际纵队正式从西班牙撤出。

国际组织　international organization　由两个以上的主权国家提供人员并继续保持关系组成的机构。1850年以前只有很少几个这样的组织，而到了2000年已有上千个这样的组织在活动。有些是政府之间的（如**联合国**），有些是非政府的（如**大赦国际**）。有些有世界性或地区性的多重目的（如**欧洲联盟**），而有些只有单一目的。这些组织的增多表明人们更加意识到要相互依存，而这种依存反过来又刺激人们认识到要有系统的国际合作来避免国际危险、解决国际问题和利用国际机会。

国家　state　在政治上组织起来的社会或全体人民，更狭义的说法是指政府机构。国家和其他社会组织不同之处在于它们的目的（建立秩序和安全）、方式（法律及其实施）、领土（管辖范围）和主权。在一些国家（如美国），该术语也指非主权的政治单位，从属于更大的国家即联邦。

国家安全部　Stasi　正式名称为 Staatssicherheit。东德的秘密警察（1950～1990）。第二次世界大战后，德国共产党在苏联的帮助下于德国的苏联占领区内建立，负责国内政治监视和国外间谍活动。在其顶峰时期曾有8.5万名全职官员，利用几十万密探监控整个人口的1/3。其对外监视主要是针对西德（成功地渗入西德统治集团和军事、情报部门）和**北约**盟国。德国统一后被解散。

国家安全委员会　National Security Council（NSC）　美国机构，针对与国家安全有关的

内政、外交和军事政策向总统提出建议。1947年根据国家安全法，与中央情报局一起建立。为白宫提供了一个独立于国务院的外交决策工具。它有四个成员：总统、副总统、国务卿和国防部长。它的班底以国家安全顾问为首。

国家标准技术研究院　National Institute of Standards and Technology(NIST)　前身是国家标准局(National Bureau of Standards)。美国商务部下属的一个机构，负责度量衡、计时以及航运的标准化。1901年通过国会法案成立该机构。与美国海军天文台以及巴黎的国际时间局密切合作，以确保全球标准时间。

国家公园　national park　一国政府为保护自然环境而设置的地区。大多数国家公园都保持它们的自然状态。美国和加拿大的国家公园关心的是土地和野生生物的保护；英国的国家公园主要关注保护土地；非洲的国家公园则侧重于保护动物。美国的黄石国家公园是世界上第一个国家公园，由U.S.格兰特总统于1872年建立。加拿大的第一个国家公园班夫国家公园建于1885年。日本和墨西哥于20世纪30年代建立各自的第一个国家公园；英国则是在1949年。美国的国家公园管理局成立于1916年，现在还负责管理美国国家保护区、保留地、休闲娱乐区、海滩、湖岸、历史遗址、两旁有绿化带的大道、风景优美的小径以及古战场。

国家航空和航天局　NASA　全称National Aeronautics and Space Administration。美国在1958年建立的独立的政府机构，研究和发展航天器和航天活动以探索地球大气层内外的空间。其目标是了解宇宙、太阳系及地球起源，建立由人操纵的航天站。国家航空和航天局前身为国家航空咨询委员会(NACA)，其建立主要是对1957年苏联发射第一枚人造卫星"史泼尼克"号做出的反应。1961年，当J.F.肯尼迪总统提议美国人应在20世纪60年代末以前把人送上月球，国家航空和航天局的组建在进行中(参阅"阿波罗"计划)。其后，一些不载人航天器(诸如"海盗"号探测器、"水手"号探测器、"旅行者"号和"伽利略"号飞船)先后探测了其他行星，而轨道观测(例如哈勃太空望远镜)则研究宇宙整体。国家航空和航天局还负责若干地球应用人造卫星的发展与发射，例如陆地卫星、通信卫星和气象卫星。该机构同时也计划和研发航天飞机。

国家社会主义　National Socialism　又称Nazism(纳粹主义)。由纳粹党(1920～1945)的首领A.希特勒所推行的极权主义运动。其根源在于普鲁士的军事主义、纪律性以及德国浪漫主义的传统，该传统歌颂神秘的过去，宣称特殊个体具有超越所有法规和法律的权利。希特勒相信日耳曼人的优越性以及共产主义的危险性，同时需要一个敌人，这些信仰便形成了国家社会主义的思想体系。国家社会主义摈弃自由主义、民主、法制和人权，强调个人服从国家以及严格服从领袖的必要性。它强调个人与种族之间的不平等，以及强者统治弱者的权利。在政治上，国家社会主义赞成欧洲的日耳曼人地区重新武装，重新统一起来，向非日耳曼人地区扩展，清除那些"不受欢迎的人"，尤其是犹太人。参阅法西斯主义。

国立美术馆　National Gallery of Art　美国华盛顿的美术馆，是史密森学会的一部分。1937年A.W.梅隆把他的欧洲名画収藏品捐献给了国家，于是成立了这个国家画廊。梅隆还捐献了一笔基金用于建造这座新古典风格的建筑。画廊于1941年正式开放。1978年由贝聿铭设计的东楼建成，原有建筑就被称为西楼，两楼之间有广场和地下通道连接。画廊里收藏了从12～20世纪大量美国和欧洲的绘画、雕塑、装饰艺术以及图像艺术。尤其有代表性的作品是包括意大利文艺复兴时期、17世纪的荷兰以及18～19世纪法国艺术家的作品。

国立莫斯科大学　Moscow State University　全名国立莫斯科罗蒙诺索夫大学(Lomonosov Moscow State University)。莫斯科的国立高等学府。1755年，在女皇伊丽莎白的支持下由语言学家M.罗蒙诺索夫创立。是俄罗斯历史最久、规模最大和最有声望的大学。19世纪后期，该校已成为俄国科学研究和学术的最重要中心。现有350多个教研室，若干研究所、实验室、几座天文台以及几座附属博物馆。其图书馆是世界最大的图书馆之一(藏书900万册)。

国民公会　National Convention　法语称Convention nationale。法国大革命的执政议会(1792～1795)。1792年推翻君主制后选举出749名代表组成议会，为法国制定新宪法。激进的山岳派与温和的吉伦特派之间的斗争成为国民公会第一阶段的主要内容。1793年，吉伦特派被清除出去。在山岳派控制议会期间(1793～1794)，已经由国民公会批准的民主宪法一直未能实施。1794年的热月反动后，由平原派维持着国民公会中的权力平衡。吉伦特派被重新召回，通过了《1795年宪法》，决定由督政府代国民公会。

国民议会　National Assembly　法语作Assemblée nationale。法国议会政体。该名称首次使用于法国大革命期间，指称第三等级(1789)代表组成的革命议会，1789～1791年为国民制宪议会。1871～1875年起草的新宪法再度使用该名称。第三共和国(1875～1940)时期，国民议会为参、众两院的总称。第四共和国(1946～1958)和第五共和国(1958年起)，该名称仅指下议院(前众议院)。

国内生产总值　gross domestic product(GDP)　在某个指定时期内，一个国家的经济所生产的货物与劳务的市场总值。通常以一年为单位报告国内生产总额。其定义包括所有最终的货物和劳务，即凡是位于该国内部的经济资源所生产的都包括在内，不管它们的所有权归谁，而且不以任何形式重新出售的。GDP与国民生产总值(GNP)不同，后者的定义是包括由该国国民(不论在国内还是在其他地方)拥有的资源所生产的所有最终货物和劳务。

国外传教事业　mission　指有组织地宣传基督教教义的活动。圣保罗把福音传到小亚细亚和希腊很多地方，这种新兴宗教沿着罗马帝国的商道迅速传播开来。公元500年后基督教推进的步伐随着罗马帝国的瓦解和7～8世纪的阿拉伯人力量的增强而放慢，但凯尔特和英格兰的传教士继续在西欧和北欧传播信仰，同时君士坦丁堡希腊教会的传教士在东欧和俄国发展。对伊斯兰地区和东方诸国的传教事业始于中世纪，并且在16世纪西班牙、葡萄牙和法国建立起海外帝国时，罗马天主教会将传教士派到美洲和菲律宾群岛去。19世纪天主教传教士活动集中在非洲和亚洲。在国外传教事业上新教稍微迟了一些，但在19世纪和20世纪初新教传教活动达到顶点。传教工作今天仍在继续，虽然它经常受到已获得独立的前欧洲殖民地国家政府的阻挠。

国王　king　一个国家或地区的男性统治者，地位仅次于皇帝而高于任何其他统治者。与国王相等的女性统治者称女王(queen)。有些国王是选举产生的，如中世纪的德国，但大多数是世袭的。一个社会的全部精神和政治权力，可以完全集中于统治者手里，也可以通过立宪而与其他政府机构分享。有些国王是国家的首脑，但不是政府的首脑。在过去，有些国王被看作是上帝在地球上的半神化的代表；有些则自称是神，或是死后会变为神的超自然存在(参阅君权神授)。17世纪以来，人们普遍认为君主的权力来自人民。参阅沙皇、汗、君主制和法老。

国王谷　Kings, Valley of the　上埃及的狭窄峡谷，在古城底比斯，是第十八到二十王朝(公元前1539～前1075)从图特摩斯一世到拉美西斯十世的几乎所有法老的墓地所在地。谷地中有62座陵墓，事实上所有陵墓在古代都已被盗过，只有图特安哈门的陵墓逃过掠夺，20世纪20年代发掘后，其中的财宝现存放在开罗的埃及博物馆里。最长的陵墓是哈特谢普苏特女王的，从入口到墓室约有215米。最大的则是拉美西斯二世的儿子建造的陵墓，共有几十个墓室。1979年国王谷作为底比斯的一部分被联合国教科文组织列为世界遗产。

国王清真寺　Masjid-i-Shah　17世纪伊朗伊斯法罕的著名清真寺。这座部分在萨非王朝国王阿拔斯一世手中重建的清真寺，位于伊斯法罕市中心的一条称为梅丹的宏伟中央大道的末端。这座清真寺与其相邻的同时期建筑，以其逻辑上精确的拱顶和彩砖而闻名。

果阿　Goa　印度西南部的一个邦。位于印度西海岸，与马哈拉施特拉和卡纳塔克邦交界，临阿拉伯海，海岸线长105千米，包括果阿外海的岛屿。面积3 702平方千米。首府为帕纳吉。15 世纪晚期以前果阿先后受印度王朝和穆斯林苏丹的统治,1510 年被葡萄牙人征服。他们定居的旧果阿成为葡属印度的首府。1947 年印度获得独立之后,政府要求葡萄牙放弃果阿。印度军队于 1961 年占领果阿。之后果阿并入印度,为果阿-达曼-第乌地区的一部分。1987 年成立邦(达曼-第乌仍为中央直辖区)。经济以农业为主;因当地特殊的建筑物和美丽的海滩而成为观光客常去的旅游胜地。人口1 457 723(2011)。

果蝠 fruit bat 狐蝠科旧大陆热带蝙蝠的统称。广泛分布于非洲至亚洲南部和澳大拉西亚一带。大多数种都依靠视觉,而不是依靠回声定位避开障碍。有些种类独居,有些种类群居。大多数种类在树林中露天栖息,但有些栖息于山洞、岩石或建筑物中。毛色各不相同,有些为红色或黄色,有些具条纹或斑点。吃果实或花(包括花粉和花蜜)。该科中最小的种类是小长舌果蝠,体长约 6 ～ 7 厘米,翼展约 25 厘米。狐蝠科中最大的种类是飞狐,体长可达约 40 厘米,翼展 1.5 米。

果戈理 Gogol, Nikolay (Vasilyevich) (1809 ～ 1852) 俄国作家。生于乌克兰。在圣彼得堡期间曾尝试表演工作,也曾在政府单位任职。以《狄康卡近乡夜话》(1831 ～ 1832)取得成功。他的悲观想法表现在《塔拉斯·布尔巴》(1835)、《狂人日记》(1835)等故事里。喜剧《钦差大臣》(1836)无情地抨击了政府腐败的官僚主义。1836 ～ 1846 年间在意大利居住。他的杰作《死魂灵》(1842),还有《外套》(1842),为 19 世纪俄罗斯的现实主义奠定了基础,讽刺了俄国保存的农奴制和种种官场丑行;他希望在笑声中指引他的同胞。他的文集(1842)广受好评。后来他的创作能力逐渐衰退。他受一个狂热神父的蛊惑,将《死魂灵》第二卷手稿付之一炬。数天后去世,享年 42 岁,可能是濒临疯狂边缘而故意饿死的。

果实 fruit 从严格的植物学意义上讲,是指显花植物成熟的子房(雌蕊的增大部分),肉质或干燥,内含一粒或多粒种子。杏、香蕉、葡萄,以及豆荚、谷粒、西红柿、黄瓜、带壳的橡树子、扁桃等都是果实。但按通俗的说法,该词仅指发育成熟的味甜的多汁或肉质的子房。果实的主要植物学目的是保护并散布种子。果实可分为两大类:肉果和干果。肉果包括浆果,如西红柿、柑、樱桃等,全部果皮及附属部分均为肉质;聚合果,如黑莓、草莓等,由一朵花内的许多雌蕊育成,每枝雌蕊发育为一个小果;聚花果,如菠萝、桑葚,由整个花序中各花的子房发育而成。干果包括荚果、颖果、蒴果、坚果等。果实是饮食纤维素和维生素(尤其是维生素 C)最重要的来源。果实可以鲜吃;可制果汁、果酱及果冻;或脱水、罐装、速冻及腌渍贮藏。

果糖 fructose 又作 fruit sugar,又称 levulose(左旋糖)。有机化合物。单糖的一种。化学式为$C_6H_{12}O_6$。通常与它的同质异能素葡萄糖共存于果汁、蜂蜜、糖浆(尤其是玉米糖浆)及某些蔬菜中。果糖的葡萄糖均为蔗糖(食糖)的组分。蔗糖水解产生“转化糖”,是葡萄糖和果糖 50∶50 的混合物。果糖是一般糖中最甜的,用于食物和药品。

过程哲学 process philosophy 20 世纪西方哲学的一个学派,强调经验实在中的生成、变化和创新等要素,反对传统西方哲学对存在、永久性和一致性的重视。包括自然世界和人类世界在内的实在在此种观点中基本上是历史的,来自(或产生于)过去并前进到新的未来。因此,旧的静止空间概念因忽略在人类经验中的宇宙还有时间和新颖这两个方面而无法了解它。过程哲学最主要的贡献者是 H. 柏格森和 A. N. 怀特海。

过渡礼仪 passage, rite of 众多仪式中的一种,存在于各种社会。它标志着从一种社会或宗教地位向另一种社会或宗教地位的过渡。该术语由法国人类学者 A. van 根纳普(1873 ～ 1957)于 1909 年提出。许多重要的过渡礼仪是和生物学上生命的各个阶段有关:出生、成年、生育、死亡。另有一些仪式则是庆祝那种完全属于文化方面的变化,比如加入某个特殊的社团。在现代社会,从学校毕业也成为一种过渡礼仪。学者通常认为过渡礼仪是一种伴随社会冲突和合并变化的机制,它不会打破对于维系社会秩序所必要的平衡。参阅秘密结社。

过敏反应 anaphylaxis 机体再次接触对之过敏的抗原时迅速发生的一种严重、迅速、常为致命的反应。人类过敏反应少见,可发生于抗血清或抗生素注射后及蚊虫叮咬后。其症状包括全身皮肤发红、支气管痉挛或水肿而致呼吸困难及神志丧失等,可能接着会休克。轻型患者全身散发荨麻疹,常剧烈头痛。发作数分钟内必须开始治疗:注射肾上腺素,随后给予抗组织胺药、可的松等药。过敏反应可在接触极少量抗原后发生。

H

哈巴狗 pug 大概源于中国的玩赏狗品种。由荷兰商人于17世纪末带到英国。体方形，肌肉丰满，口鼻部扁，尾卷曲很紧，头大，眼凸出，耳小而下垂。肩高26～28厘米，体重6～8千克。被毛短而光滑，黑色或似银色，或杏黄褐色，面部黑色如面罩。性机警，对主人忠诚，是一种很好的伴侣狗。

哈巴狗

Sally Anne Thompson

哈巴谷 Habakkuk（公元前6或前7世纪）《旧约》里的12位小先知之一，传统上认为是《哈巴谷书》的作者（他的预言为犹太教法典中《十二先知书》的一部分）。他可能是圣殿乐师和先知。他揭发了犹大的罪，认为他们的敌人迦勒底人（巴比伦人）是神派来惩罚他们的，但也预言最后正义终将胜利。

哈珀 Harper, Stephen（1959～ ）全名斯蒂芬·约瑟夫·哈珀。加拿大总理（2006年起）。生于安大略省多伦多。1991年获得卡尔加里大学经济学硕士学位，此后他把事业转向政治与公共政策分析。1993年他作为西部的改革党成员人选加拿大下议院，但1997年他并未尝试连任。2002年他重返下议院并成为反对党加拿大联盟（其前身为改革党）的领导人，2004年当选加拿大保守党党魁，该党由进步保守党与加拿大联盟党合并而成。2006年他带领保守党取得大选胜利，并出任总理。

哈伯玛斯 Habermas, Jürgen（1929～ ）德国哲学家，属法兰克福学派。主要任教于法兰克福大学，又曾担任施塔恩贝格的马克思·普朗克研究中心主任（1971～1980）。在《交流行为理论》（1981）中，他辩称尽管“工具理性”（起自于此一假定：一个主体面对一个独立客体时，试图理解该客体以便施加控制）主宰着现代社会思想，唯有“交流理由”（假设有一个主体社群，这些主体为了普遍解放之目的而进行沟通）才有可能使得真正民主的社会成型。

哈勃 Hubble, Edwin P(owell)（1889～1953） 美国天文学家。在芝加哥大学获得数学与天文学的学位，曾短时间进入法律界，后又回到天文学界。在获得博士学位之后，开始在威尔逊山天文台工作。1922～1924年他发现含有造父变星的一些星云，测定其在数十万光年之遥（在银河系之外），星云所在的位置显然是在其他的星系中。研究这些星系得出了他的另一个重大发现（1927）：这些星系正在离银河系远去，退行速率随距离而增加。这意味着宇宙正在膨胀，而长久以来一直认为宇宙是不变的；更惊人的是，星系退行的速率相对于距离的比值是常数（参阅哈勃常数）。哈勃计算的常数并不正确，结果使银河系比其他星系都要大，整个宇宙的年龄小于地球推测的形成年代。后来天文学家确定星系更加遥远，纠正了上述的错误之处。

哈勃常数 Hubble's constant 用来表述遥远星系的退行速度与距离（从地球到星系）的比值，为一常数，记作H。以E.哈勃姓氏命名以示纪念。它表示宇宙膨胀的速率，它的实际数值已经争论了几十年，改进的测量现在把它限定在21.5～23.4千米/（秒·百万光年），H的倒数大约在（13～14）×10^9年，给出的是星系彼此开始分离的时间，即宇宙近似年龄。哈勃利用V.斯里弗（1875～1969）测量的远星系红移以及他自己估算的这些星系距离，确立了宇宙学上的速度-距离关系（哈勃定律），即：速度=H距离。根据这个定律，星系的距离越远，退行得越快。哈勃定律虽是从理论上推导出来的，但经过观察证实，膨胀宇宙这一概念已得到确定。

哈勃太空望远镜 Hubble Space Telescope(HST) 置于地球轨道上最精密的光学观察仪器。因为在地球大气干扰的上方，可以得到比地面望远镜更加明亮、清晰、细致的影像。该名称是为了纪念E.哈勃。由美国国家航空和航天局（NASA）监督建造，在1990年的航天飞机任务中安置。大型反射望远镜的镜片收集来自天体的光线，并将此光线导向两台摄像机和两台摄谱仪（参阅光谱学）。刚开始之时主镜片的瑕疵造成影像模糊，1993年另一次太空任务修正了光学系统以及其他问题，这座望远镜自此传回各种宇宙景观的壮观图像。

哈博罗内 Gaborone 1969年以前称Gaberones（加贝罗内斯）。博茨瓦纳首都。位于博茨瓦纳东南部，靠近南非边境。1965年（博茨瓦纳脱离英国独立的前一年）博茨瓦纳政府从南非马弗京迁此。位于开普—津巴布韦铁道线上，有政府办公楼、议会大楼、医院、热电站和机场。设有博茨瓦纳大学（1976）、国家博物和美术馆（1968）。人口231 592（2011）。

《哈布斯堡和约》 Hubertusburg, Peace of（1763） 结束在日耳曼境内的七年战争的条约，由普鲁士与奥地利签订。这项条约在《巴黎条约》缔结后的5天内签订，内容保证腓特烈二世可以保留他在西里西亚的领地，并肯定普鲁士成为欧洲主要强权的地位。

哈茨山脉 Harz Mountains 德国中部的山脉。位于威悉河与易北河之间，长100千米，宽约32千米。西北部也是最高的部分称上哈茨，较开阔的东南部称为下哈茨；分开这两个部分的布罗肯山脉被认为归属上哈茨。最高峰是布罗肯山。10～16世纪期间进行了大规模的采矿开发。最重要的现代产业是旅游业。

哈代 Hardy, Thomas（1840～1928） 英国小说家和诗人。乡村石匠和建筑工人之子，在开始写诗和散文以前曾从事建筑工作。从他的第二部小说《绿林荫下》（1872）开始，他的许多小说都是以假想的英国韦塞克斯郡为背景。《远离尘嚣》（1874）是哈代第一部成功之作，其后的《还乡》（1878）、《卡斯特桥市长》（1886）、《林地居民》（1887）、《德伯家的苔丝》（1891）以及《无名的裘德》（1895），全都表达了作者斯多伊葛式的悲观论及他对生命悲剧不可避免的认识。这些作品持续受到欢迎（大多已被拍成电影），主要是由于丰富多样但容易理解的风格和它们综合了浪漫的情节和有说服力的人物。哈代的作品渐渐开始与维多利亚时代的道德观念发生冲突，《无名的裘德》激起的公众的愤怒使得他十分厌恶，从此他不再写小说。后转而写诗，先后出版了《韦塞克斯诗集》（1898）、《今昔诗篇》（1901）和有关拿破仑战争的长篇诗剧《列王》（1910）。

哈得斯 Hades 希腊神话中的冥王。又称普路托，相当于罗马神话的狄斯。哈得斯是提坦神克洛诺斯和瑞亚的儿子，宙斯和波塞冬的兄弟。他的妻子珀耳塞福涅是得墨忒耳的女儿，他将她从大地劫持到冥界。他被描绘成一个严厉和无情的神，不为祈祷或献祭所动。他监管死后坏人的审判与惩罚。他的名字有时也被用来称为冥界，后来成为地狱的同义词。

哈得孙 Hudson, Henry（1565?～1611） 英国航海家和探险家。曾在为伦敦马斯科维公司远航寻找通往远东的东北航道中途被冰原阻挡。1609年乘“半月号”为荷兰东印度公司寻找类似的通道，但为暴风雨所阻，转而寻找自其他探险者听到的西北航道。他沿着大西洋海岸航行，又上溯哈得孙河。1610年再次代表马斯科维公司和英国的东印度公司出发，结果发现了哈得孙湾。由于找不到通往太平洋的出水道，被困在大西洋中过冬，他和船员们发生了争吵。返航途中船员发动叛变，把哈得孙放在一条小船上任其漂流，从此再也没有见到他。他的发现为荷兰占据哈得孙河殖民地以及为英国取得加拿大大部分地区打下基础。

哈得孙河 Hudson River 美国纽约州境内河流。源出阿迪朗达克山脉，流至纽约市入海，全长约507千米。河名取自英国航海家H.哈得孙，他在1609年勘探了此河。1629年荷兰移民开始在哈得孙河流域定居。美国独立战争期间该河成为一条战略河道，也是许多战役的战场。哈得孙河与五大湖、特拉华河和圣劳伦斯河下游之间有运河相连，现在是一条主要的商业航道，南端河段形成纽约和新泽西州的州界。

哈得孙河画派 Hudson River school 美国几代风景画画家，活跃于约1825～1870

年。第一代是受到纽约州哈得孙河河谷和卡茨基尔山脉自然美景的启迪而有了创意，主要人物有 T. 科尔、A. B. 杜兰德、T. 道蒂（1793～1856），其他还有 F. E. 丘奇、G. 英尼斯等，都曾经在欧洲学习，受到 J. M. W. 特纳宏伟壮观的风景画的启发。到 19 世纪中期，他们都以壮丽秀美的美国自然风光为主题，受到广泛的赞扬。这个作为历史性回顾的名称，已经扩展到持同样观点，描绘落基山脉、大峡谷及约塞米蒂谷地的壮丽景色的所有艺术家。他们是美国第一个本土画派，是主宰整个 19 世纪的风景画派。

哈得孙湾　Hudson Bay　凹进加拿大中东部的内陆海。面积1 243 000平方千米，四周分别为纳武特、马尼托巴、安大略和魁北克。经哈得孙海峡与大西洋连接，经福克斯海峡与北冰洋相接。1610 年 H. 哈得孙航行到东海岸，故以其姓氏命名。海湾及周围地区称为鲁珀特兰德，1821～1869 年由哈得孙湾公司控制。海湾很浅，平均深度为 100 米，沿岸大部分为沼泽低地。湾中岛屿行政上属纳武特地区。出于保护的目的，加拿大政府把整个哈得孙湾划为“封闭海区”。

哈得孙湾公司　Hudson's Bay Co.　在加拿大经济和政治史上占有重要地位的一家公司。1670 年 5 月 2 日在英国设立，目的是寻找欧洲通往太平洋的“西北航道”，占领那些与哈得孙湾毗连的土地以运送商业货物。原先授给哈得孙湾公司的土地，也就是所谓的“鲁珀特兰德”，东起拉布拉多，西到落基山脉，南起加拿大南部边境的红河源头，北至哈得孙湾切斯特菲尔德因莱特。哈得孙湾公司最初从事毛皮贸易，并且在哈得孙湾四周广设驿站，后来在 1783 年出现竞争对手西北公司，双方展开了长期的武装斗争，直到 1821 年两家公司合并。哈得孙湾公司原本享有独家毛皮贸易权，但 1858 年垄断权未获得延期，其他独立公司获准参与毛皮贸易。1870 年哈得孙湾公司将领地卖给加拿大政府，取得 30 万英镑和驿站周围土地采矿权，以及加拿大西部的肥沃区域。1991 年以前，哈得孙湾公司一直是大宗毛皮的采集及销售商，后来事业扩展到房地产及百货业。

哈德良　Hadrian（76～138）　拉丁语全名作 Caesar Traianus Hadrianus Augustus，原名

哈德良，胸像；现藏那不勒斯国立考古博物馆
Anderson-Alinari from Art Resource/EB Inc.

Publius Aelius Hadrianus。罗马皇帝（117～138）。图拉真的侄子和继位人。经过数年的权谋以后，哈德良被图拉真收为养子，并被图拉真在去世前指定为帝位继承人。他处决了元老院的反对者，放弃图拉真在亚美尼亚和美索不达米亚的征服地，又出兵镇压毛里塔尼亚和安息的动乱。他经常旅行，他的许多成就和去国外旅行有关。他兴建哈德良长城，视察阿尔及利亚等地并训练当地的军队。因仰慕希腊文化，他完成雅典的宙斯神庙并建立希腊城市的联盟。他着手进行特尔斐的建筑计划，加入埃莱夫西斯秘仪。在他的年轻同伴安提诺乌斯在尼罗河淹死（130）后，他毫不隐瞒他的哀恸，在帝国领域内竖立这个男孩的雕像，并广泛举行礼拜仪式。哈德良接连指定安东尼·庇护为继承人，还指定马可·奥勒利乌斯为安东尼的继承人。

哈德良长城　Hadrian's Wall　罗马人保卫不列颠省西北边疆的一道连绵不断的屏障，用以防御蛮族（尤其是凯尔特人）入侵者。公元 122 年罗马皇帝哈德良始建。长城由一个海岸延伸到另一个海岸，全长 118 千米，从沃尔森德到鲍内斯。长城上按固定的间隔建有塔、城门及堡垒；城墙的前方有一道沟，其后方则有一道垒墙。哈德良长城曾被短时弃废，而采用安东尼墙，后来哈德良长城又继续使用，直到大约 410 年。部分城墙保存至今。

哈迪　Hardie, J(ames) Keir（1856～1915）英国工人领袖。煤矿工人。他领导罢工并协助成立工会，后从事新闻工作，还创办了两家报纸。1892 年选入议会，参与建立独立工党。1906 年成为下院首位工党领袖。身为和平主义者，他极力要求第二国际宣布一旦战争爆发，各国都要举行总罢工，但未成功。1903 年起他还担任由潘克赫斯特（夫人）领导的活动积极的女权主义者的主要顾问。

哈定　Harding, Warren G(amaliel)（1865～1923）　美国第 29 任总统（1921～1923）。生于俄亥俄州科西嘉。在马里恩成为报纸发行人，在那里与共和党的政治机器联合。他历

W. G. 哈定
By courtesy of the Library of Congress, Washington, D. C.

任州参议员（1899～1902）、副州长（1903～1904）、美国参议员（1915～1921），支持保守政策。在 1920 年陷入僵局的共和党全国代表大会上，成为妥协产生的总统候选人。他以保证在第一次世界大战之后“恢复正常状态”的誓言，得到超过 60% 的选票，从而击败 J. 考克斯。根据他的提议，国会建立联邦政府预算制度，通过了保护关税法、修订战时税法以及限制移民入境法。哈定政府召开了华盛顿会议（1921～1922）。由于他的考虑不当的内阁和分肥性质的任命（包括 A. 福尔的任命在内），导致蒂波特山丑闻，其行政部门以腐化著称。他当时在阿拉斯加，接获贪污将被揭发的消息便立即赶回。在抵达旧金山时已非常疲累，据说是因为食物中毒和其他疾病，8 月 2 日在原因不明的情况下去世。他去世后，副总统 C. 柯立芝接任总统职务。

哈尔·哥宾德　Hargobind（1595～1644）印度锡克教第六代古鲁（祖师，1606～1644）。其父阿尔琼古鲁被莫卧儿帝国统治者处死后，他便继承其父成为古鲁。锡克教曾为一顺服且爱好和平的宗教，但在哈尔·哥宾德的统治时期，为了对抗莫卧儿帝国，他赋予锡克教以军事性。他建立军队，在各城市兴建防御工事，在圣城阿姆利则附近兴建防御营地。为此他被皇帝贾汗季囚禁 12 年。获释后，他击败沙·贾汗的军队，打破莫卧儿不败的神话。其孙哈里·拉伊继承其位。

哈尔科夫　Kharkiv　乌克兰东北部城市。1655 年建为军事要塞以保护俄国的南部边境，1732 年成为省政府所在地，1921～1934 年为乌克兰苏维埃社会主义共和国的首都。现为乌克兰第二大城市及重工业中心，生产农业机械和电子设备。人口约 1 470 000（2001）。

哈尔施塔特　Hallstatt　上奥地利的一处遗址，最早发现有铁器时代早期（约公元前 1100 年开始）的器物。在史前盐矿附近发现了2 000多座墓葬，保存了器具、衣物和矿工

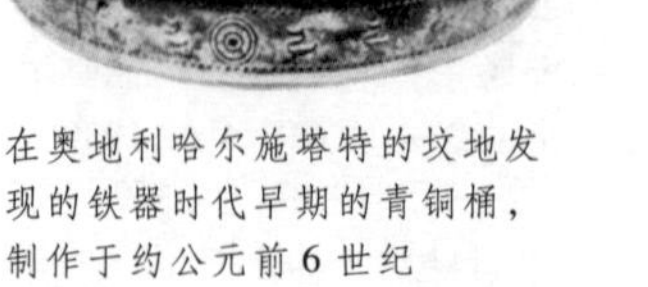

在奥地利哈尔施塔特的坟地发现的铁器时代早期的青铜桶，制作于约公元前 6 世纪
By courtesy of the trustees of the British Museum

的尸体。哈尔施塔特的遗存一般分为 4 期（A、B、C、D），以不同的墓葬方式，有低矮的坟丘或是墓冢，铜器和铁器的相对数量，以及陶器、武器、饰物和衣服的式样为依据。哈尔施塔特的艺术风格一般来讲都是对称的几何纹装饰，且有越来越奢侈的趋向。

哈尔斯　Hals, Frans（1581/1585～1666）荷兰肖像画家。生于安特卫普，但一生都住

F. 哈尔斯《快乐的酒徒》(约1628～1630)，油画
By courtesy of the Rijksmuseum, Amsterdam

在哈勒姆。1610年加入当地的圣路加公会。他的群像画大多是当地行会和军事社团的成员，较著名的《哈勒姆圣乔治市民卫队军官的宴会》(1616)构图松散，近似印象派画法，在当时荷兰艺术中是独特的。作品中流露出的愉悦精神变革了肖像画，使他有别于同时代的画家；主题透出生活情趣，偶尔暗示着悲伤。1650年以后，他为神经质地展现生活火花(即使是一闪即逝)的老人作画，这些肖像都是他的杰作，例如《哈勒姆救济院的女摄政者》(1664)。他的作品极大地影响了É. 马奈、V. 凡·高和R. 亨利。

哈菲兹　Hafez(1325/1326～1389/1390)　又作Hafiz。原名Mohammad Shams od-Din Hafez。波斯诗人。曾受传统宗教教育("哈菲兹"意为能熟背《古兰经》的人)，他曾是几个设拉子统治者的宫廷诗人。他使厄扎尔(抒情诗)成为更臻完善的诗体，由6～15个对句构成统一的主题和象征，而不是依靠连贯的逻辑思想。他的诗因语言简朴、口语化并富音乐性著称，能自然地运用熟悉的意象和格言般的措辞。《诗集》是他最著名的作品。哈菲兹被认为是波斯最伟大的抒情诗人之一。

哈佛大学　Harvard University　美国历史最悠久的高等学府(1636年建立)，或许是美国最具声望的学校。校名是为纪念一位清教徒牧师J. 哈佛(1607～1638)而命名的，他将全部藏书和一半资产捐赠给位于马萨诸塞州剑桥的这所学院。19世纪初相继开设了神学院、法学院和医学院。C. 埃利奥特在长期担任校长期间(1869～1909)，把哈佛办成了一所在美国很有影响力的学府。哈佛已为美国培养出6位总统、一批最高法院大法官、内阁官员和国会领袖，以及许多文学、知识界人物。哈佛的本科生学院哈佛学院的学生人数约占全体在校学员的1/3。拉德克利夫学院(成立于1879年)原是和哈佛同等的一所女子学院。1960年开始有女子毕业于哈佛学院和拉德克利夫学院。1999年拉德克利夫学院并入哈佛大学，名称仅存于拉德克利夫研究所。哈佛大学现拥有医学、法律、商业、神学、教育、行政管理、牙医、建筑与园林设计和公共卫生等门类的研究院或专业学院。隶属于哈佛大学的高级研究机构有比较动物学博物馆、皮博迪考古学与人种学博物馆和福格艺术博物馆。威德纳图书馆(哈佛图书馆)是全世界规模最大和最重要的图书馆之一。现有注册学生约18 000人。

哈弗尔河　Havel River　德国东北部河流。由梅克伦堡向南流至柏林的施潘道区，在此与施普雷河汇合，蜿蜒经过波茨坦和勃兰登堡，转向西北，最后注入易北河。全长343千米。大部分河段构成了连接易北河和奥得河的运河系统的一部分。

哈该　Haggai(活动时期公元前6世纪)　《旧约》里的12位小先知书之一，《哈该书》传说的作者。(《十二先知书》为犹太教正典，他的预言为该书的一部分。)生于巴比伦囚虏时期，囚虏时期结束后他回到以色列，参与动员犹太社区重建耶路撒冷的圣殿。他的书中包含四篇神谕，发表于公元前521年。他认为，人民经济困难是因为圣殿未能及早重建，他还允诺神的新住所将会比原来的大许多。

哈格德　Haggard, H(enry) Rider(1856～1925)　后称Sir Rider。英国小说家。在南非担任数个政府职务(1875～1881)后，开始写以非洲为背景的故事。他的34部精彩的冒险小说中，最著名的是《所罗门王的宝藏》(1885)，其他还包括《她》(1887)、《阿兰·夸特曼》(1887)、《克娄巴特拉》(1889)和《阿伊莎》(1905)。哈格德也是个农夫，他写了《一个农夫的一年》(1899)与《英国乡村》(2卷；1902)。因曾在有关农业的政府委员会工作而于1912年受封为爵士。

哈格里夫斯　Hargreaves, James(约1721～1778)　英国发明家，发明多锭纺纱机。他是一位穷困且未受过教育的纺织工人，据说他从一台碰倒在地的纺车得到灵感：当纱锭继续在垂直位置转动时，哈格里夫斯推论，许多纱锭也可以这样转动。他制造出了一种纺纱机(1770年取得专利权)，一个人可以同时操作几条纱线。

哈加达　Haggadah　又作Haggada。犹太教文献，指欢庆逾越节的家宴中的仪式和祈祷的进行。哈加达重述《出埃及记》的故事并提出评论，为犹太历史提供宗教哲学，并为儿童在逾越节家宴开始时所提出的传统问题提供答案。更广泛地说，哈加达可指拉比文献与法律无关的部分(例如故事、寓言、传说、历史、天文)。

哈加纳　Haganah　犹太复国主义的军事组织(1920～1948)。建立的目的在于与袭击犹太居民区的巴勒斯坦阿拉伯人进行斗争。尽管装备很差，又遭到英国委任统治当局的取缔，这个组织还是有效地保卫了犹太人的居民区。在第二次世界大战(1939～1945)期间，比起更极端的犹太复国主义民兵，哈加纳的活动还是比较克制的。战后，英国不许犹太人向巴勒斯坦无限制地移民，哈加纳开始进行恐怖活动。1947年它与英国军队以及巴勒斯坦的阿拉伯人及其同盟者的军队公开交战。1948年以色列建国后，哈加纳成为该国国家军队的核心。

哈金　Ha Jin(1956～　)　华裔美国作家。生于中国锦州。14岁参军。在美国布兰代斯大学获得博士学位。后留在该校任教。他的短篇故事集《红旗下》(1997)描述的是中国的文化大革命。长篇小说《等待》(1999)则涉及中国社会，获美国国家图书奖，以及美国2000年笔会/福克纳小说奖。

哈克卢特　Hakluyt, Richard(1552?～1616)　英国地理学家及传教士。曾多次公开演说，后来成为牛津大学首位地理学教授。他结识英格兰著名的船长和商人，积极为探险活动作宣传。1583年被派往巴黎任英国大使的牧师，还担任类似情报官的工作，努力搜集加拿大皮毛贸易的情报以及其他在美洲的企业状况。他最主要的巨著《英格兰民族的主要航海、游历和发现》(1589)叙述英国早期去北美洲的航海活动。1600年以后，他向女王伊丽莎白一世提出有关殖民地的建议，1612年成为西北航道公司的一个创始人。

哈拉和林　Karakorum　蒙古帝国古都。遗址在蒙古中北部鄂尔浑河上游。750年建居民点。1220年成吉思汗建都于此。1235年他的儿子和继承人窝阔台筑起了城墙并修建了宫殿。1388年明太祖攻入蒙古，夷平哈拉和林。后来部分重建，但在16世纪再遭废弃。其遗迹2004年被联合国教科文组织列为世界遗产。

哈拉卡　Halakhah　又作Halakha。犹太教名词，指自《圣经》记事年代以来逐步形成的有关犹太人的宗教仪礼、日常生活和行事为人的全部律法和典章。哈拉卡与托拉所载的律法迥然不同，哈拉卡是一种口传材料。这些律法一代代地下传，直至公元1～3世纪《密西拿》编纂完成才形成文字材料。《密西拿》后成为《塔木德》的基本内容。

哈拉雷　Harare　旧称Salisbury(索尔兹伯里)。津巴布韦首都，位于该国东北部。1890年英国人建立，称索尔兹伯里。曾先后为南罗得西亚殖民地的首府、罗得西亚-尼亚萨兰联邦(1953～1963)和罗得西亚(1965～1979)的首都。独立的津巴布韦(1980)新政府将之改名为哈拉雷。为文化和教育中心，有津巴布韦大学(1957)。为全国工商业中心和周围地区农产品集散中心。附近有重要的金矿。人口约1 572 000(2007)。

哈来姆　harem　伊斯兰教国家里指家庭中的妇女住房，未婚男子或非家庭成员的男子不得入内。哈来姆存在于伊斯兰教以前的中东文明；在伊斯兰教以前的亚述、波斯及埃及等国的宫廷中，哈来姆内常常发生阴谋事件，出现敌对宫廷派系。进入20世纪后，阿拉伯国家的富裕家庭里普遍还有为妻子和妾设立的大型哈来姆；土耳其苏丹(15～20世纪)所设的哈来姆可供数百名妇女一起居住，由阉人负责监管。20世纪晚期，完备的哈来姆制度只在阿拉伯社会某些保守的环境中仍可见。在中国、日本、印度及东南亚的宫廷中也曾有哈来姆这样的设置。

哈乐根 Harlequin 意大利即兴喜剧中主要的定型角色。开始出现于16世纪。该角色是一个狡猾、放肆的滑稽男仆,到17世纪时,成为卷入桃色事件的忠实仆从。他的服饰开始时是打了各色补丁的乡巴佬衣服,后来发展成一种紧身服,上面饰有闪亮的三角形和菱形块。他手拿一把丑角用的木刀或敲板,头戴黑色的半面罩。在18世纪中叶的英格兰,J.里奇把哈乐根这个角色引入舞蹈童话剧中(参阅哑剧与童话剧)。哈乐根也是打闹剧形式的主要角色,称"哈乐根式丑角"。

哈勒姆 Haarlem 荷兰西部城市。临斯帕尔讷河,在阿姆斯特丹市西侧。12世纪为一要塞城镇及荷兰伯爵住宅区。1245年成为特许市,1577年并入尼德兰联合省。17世纪臻于鼎盛,成为胡格诺派教徒的避难地和艺术中心。现为工业城市,也是郁金香栽培中心。重要的名胜古迹有13世纪的市政厅和14世纪的大教堂。人口约148 377(2001)。

哈勒姆环球旅行队 Harlem Globetrotters 又译哈勒姆篮球队。美国全黑人职业篮球队。他们到世界各地作表演赛,显露其惊人的控球能力和幽默的滑稽动作。他们通常的对手是另一支旅行队,即华盛顿将军队,哈勒姆队从未让他们赢过。1927年由A.萨珀斯坦出资组织了这个球队,他在1966年去世之前一直是球队老板。

哈勒姆文艺复兴 Harlem Renaissance 非裔美国人文化的一枝奇葩(1918～1937),特别是在创造性艺术方面。集中在纽约市的哈勒姆。作为文学运动,它为以后的所有非裔美国文学奠定了基础,明显刺激了黑人文学和世界范围的认知。它在文学方面的领导人物有J.W.约翰逊、C.麦凯、C.卡伦、L.休斯、Z.N.赫斯顿、J.R.福塞特、J.图默、A.邦当、R.费舍尔、A.洛克(1886～1954)和W.瑟曼(1902～1934)。他们的作品的灵感和滋养来源于创作和商业蓬勃发展的爵士乐以及发展迅速的A.道格拉斯等黑人视觉艺术家的作品。运动的核心是致力于全方位揭示非裔美国人的生活,重塑摆脱白人烙印的"黑人"概念。

哈雷 Halley, Edmond(1656～1742) 英国天文学家和数学家。曾在牛津大学学习,1676年到南大西洋测定南天恒星方位。他的星表(1678)记录了341颗恒星的精确位置。1684年在剑桥结识了I.牛顿,对牛顿(与R.胡克和C.雷恩)发现万有引力定律的发展扮演重要角色。哈雷为牛顿编辑《自然哲学的数学原理》,并于1687年出版。他制作了世界上第一部气象图(1686,载有海洋上盛行风的分布)以及大西洋和太平洋的地磁图(1701)。在天文学方面,他描绘出在1337～1698年间出现的24个彗星的轨道。并指出其中3颗彗星很相似,一定是同一颗彗星的3次回归,并准确预言它将于1758年重现

哈雷,油画,R.菲利普斯绘于1720年前后

By courtesy of the National Portrait Gallery, London

(参阅哈雷彗星)。

哈雷 Halle(an der Saale) 德国中东部城市。位于萨勒河畔,其居民点是以当地盐场附近为中心形成的,公元前1000～前400年左右曾十分繁盛。公元968年连同珍贵的盐场一起归新建的马德堡大主教管区。1281～1478年该市为汉萨同盟成员,1952～1990年为东德哈雷专区首府。为重要的铁路枢纽和主要的商业及工业中心,也是G.F.韩德尔的诞生地。人口约243 045(2002)。

哈雷彗星 Halley's Comet 第一颗预报出回归年份的彗星,这证明至少某些彗星是太阳系成员。1705年英国天文学家E.哈雷证明,1531、1607和1682年观察到的彗星其实是同一颗彗星,并预测该彗星将在1758年回归。后来的测算认定诺曼征服(1066)时所见并织在当时巴约挂毯上的彗星就是哈雷彗星,由公元前240年起每隔76年左右出现的彗星也是哈雷彗星。20世纪(1910,1985～1986),它两次接近地球,很容易便观测到。其彗核直径大约15千米。

哈里发 caliph 阿拉伯语作khalifah,意为"继承人"。继承先知穆罕默德所有权力(除了预言能力),作为穆斯林国家真正的或名义上的统治者的头衔。在挑选第四代哈里发(阿里)时引起的争议,使伊斯兰教分裂为逊尼派和什叶派。阿里的政敌穆阿威叶一世建立了伍麦叶哈里发帝国,产生了14代哈里发(661～750)。阿拔斯王朝(750～945)则有38代哈里发,把首都从大马士革迁到了巴格达。1258年蒙古人征服巴格达,结束了他们的政权。此后其他穆斯林领袖想再建哈里发帝国,但很少成功。法蒂玛王朝在920年宣称是个新的哈里发帝国;西班牙的阿卜杜勒·拉赫曼三世在928年宣布与阿拔斯、法蒂玛王朝为敌。1258～1517年,开罗的马木路克(参阅马木路克政权)有几代阿拔斯王朝出身的有名无实的哈里发。此后奥斯曼帝国的苏丹使用此称号至1924年土耳其共和国成立。

哈里曼 Harriman, Edward H(enry)(1848～1909) 美国金融家和铁路大王。出生于纽约州亨普斯特德,原在办公室当杂工,后来成为华尔街的经纪人。后在伊利诺伊中央铁路公司任高职,开始了其铁路管理生涯。1898年组织财团收购了联合太平洋铁路公司。不久,他使联合太平洋铁路公司脱离破产边缘,进而蓬勃发展。他采用了一些不受人喜欢的商业手段取得一些其他的铁路公司,其中最有名的是南太平洋铁路公司。1901年他与J.J.希尔争购北太平洋铁路公司的控制权失败,导致了华尔街空前严重的一次金融危机。1904年他与J.P.摩根合组的铁路信托公司被最高法院宣判解散。

哈里曼 Harriman, W(illiam) Averell(1891～1986) 美国外交家。生于纽约市。其父为铁路大王E.H.哈里曼。1915年起任职于联合太平洋铁路公司,1932～1946年担任董事长。1934年F.D.罗斯福总统任命他为国家复兴署官员。1941年他前往英国以加快租借援助。后历任驻苏联大使(1943～1946)、驻英国大使(1946)、商务部长(1947～1948),以及美国驻欧洲特别代表,负责监督马歇尔计划(1948～1950)。后来当选纽约州长(1954～1958),1961年被J.F.肯尼迪总统任命为远东事务的助理国务卿,并协助谈判《禁止核试验条约》。后来在L.B.约翰逊总统政府中出任无任所大使,1968～1969年率领美国代表团在巴黎与北越进行和谈。

哈里森 Harrison, Benjamin(1833～1901) 美国第23任总统(1889～1893)。出生于俄亥俄州北本德。为总统W.H.哈里森之孙。19世纪50年代中期起在印第安纳波利斯执

B.哈里森,G.普林斯摄于1888年

By courtesy of the Library of Congress, Washington, D. C.

律师业。在南北战争中,服务于联邦军,升至准将。1881～1887年担任美国参议员,虽然争取连任失败,但被共和党提名为总统候选人。他击败当时寻求连任的总统G.克利夫兰,尽管克利夫兰赢得的选民票数比他还多。担任总统期间,国内政绩以通过《谢尔曼反托拉斯法》最具代表。对外方面极力扩大美国对外影响。他的国务卿J.布莱恩曾召开第一届泛美会议,成立泛美联盟;他抵制了要求放弃美国在萨摩亚群岛利益的压力;在白令海争端(1891)中,与英国谈判,签订一项条约。1892年再次竞选连任,但败给克利夫

兰,此后回印第安纳波利斯重执律师业。1898～1899年为委内瑞拉担任首席律师,解决该国与英国的边界纠纷。

哈里森 Harrison, John(1693～1776) 英国钟表制造商。木匠的儿子,1735年发明了第一台实用的航海精密时计(天文钟)。接着又做了3台,一台比一台小,一台比一台精确。1762年经过从英格兰到牙买加的航行后,发现他的第四台航海天文钟的误差只有5秒(经度差1¼′)。天文钟让海员们第一次通过观察天体来确定他们在海上的位置。

哈里森 Harrison, Rex(1908～1990) 原名Reginald Carey,后称Sir Rex。英国演员。1930年他在电影和伦敦的舞台上初次露面,后来出现在《法兰西没有眼泪》(1936)这样一些成功的剧目中。第二次世界大战后重返银幕,在《快乐的幽灵》(1945)和《名绅》(1945)中扮演温文尔雅的男主角。1946年在美国首次饰演角色的电影是《国王与我》。他最著名的角色是《窈窕淑女》(1956,获托尼奖)中的希金斯教授,该剧于1964年拍成电影后,又赢得奥斯卡奖。在《埃及艳后》(1963)中他饰演的凯撒给人留下深刻的印象。

哈里森 Harrison, William Henry(1773～1841) 美国第9任总统(1841)。生于弗吉尼亚州查尔斯城县,出身于一个政治世家。18岁入伍,在鹿寨战役中担任A.韦恩将军的

W.H.哈里森,油画,A.尼科尔斯绘;现藏马萨诸塞州塞勒姆埃塞克斯协会

By courtesy of Essex Institute, Salem, Massachusetts.

副官。1798年任西北地区的部长,1800年任新设的印第安纳准州州长。为了安抚白人移民的情绪,与印第安人签订条约,从其手中掠夺了数百万英亩土地。1811年特库姆塞发动起义,哈里森率领美军在蒂珀卡努之战中将其击溃。这次胜利在很大程度上树立了他在美国公众心目中的声誉。1812年战争爆发后,哈里森升为准将,在安大略的泰晤士河战役击败英军及其印第安盟军。战后,他定居俄亥俄州,很快成为辉格党的显赫人物。历任美国众议员(1816～1819)、参议员(1825～1828)。1836年辉格党提名他为总统候选人,但票数差那么一点点而失败。1840年与J.泰勒搭档竞选总统,突出宣传哈里森在开辟疆土方面的丰功伟绩,喊出了"蒂珀卡努能胜利,与泰勒合作也能够胜利"的竞选口号,使竞选获胜。举行总统就职典礼时,正值春寒料峭,68岁的哈里森脱掉帽子,不穿大衣发表就职演说,因而引起肺炎,一个月后去世,是美国第一位死于任上的总统。

哈里斯 Harris, Joel Chandler(1848～1908) 美国作家。生于佐治亚州伊滕顿。因在各种报纸(包括1876～1900年为《亚特兰大宪政报》)发表幽默文章而以幽默大师闻名。1879年发表《柏油娃娃》,掀起了一种对特殊形式方言文学的热潮。后来哈里斯写了一些关于民间人物雷穆斯叔叔的故事,描写了一个有智慧、和蔼的老黑人,把他的生活哲学编写到兔兄、狐弟以及其他动物等寓言故事里。

哈里斯 Harris, Roy(1898～1979) 原名LeRoy Ellsworth Harris。美国作曲家。生于俄克拉何马州尚德勒附近。曾经务农并做过各种临时工以支付学习音乐所需费用。第一次世界大战以后,进入加州大学伯克利分校就读。20世纪20年代师从A.法维尔(1872～1952)和N.布朗热,以精湛的技巧和主题严谨闻名。在已完成的16部交响曲中,以《第三交响曲》(1937)最著名。他的音乐无疑是现代的,但却扎根于民歌,常常表现出朴实坦率的风格。

哈里亚纳 Haryana 印度西北部一邦。毗邻拉贾斯坦、旁遮普、喜马偕尔和北方邦,以及昌迪加尔市和联邦属地、德里国家首都辖区,面积44 212平方千米。昌迪加尔市是哈里亚纳邦和旁遮普邦共同的行政首府。这个地区是传说中的印度教的诞生地,这里的节庆吸引了许多朝觐者。哈里亚纳大部分位于平坦的印度恒河平原上,从亚历山大大帝时代起,这个地区经历过多次移民浪潮。1803年为英国东印度公司控制,1858年成为旁遮普邦的一部分,1966年成为一邦。经济以农业为主。人口25 353 081(2011)。

哈利法克斯 Halifax 加拿大新斯科舍省省会城市,位于大西洋岸的哈利法克斯港湾,1749年英国人来此定居,与法国占领的布雷顿角岛抗衡。为英国陆军和海军基地,到1906年其防御工事为加拿大政府接管。1917年发生军需补给船爆炸,近2 000人死亡。在两次世界大战期间,为加拿大最重要的海军基地。哈利法克斯是该省最大的商业和工业中心,为加拿大最繁忙的港口之一。教育机构有达尔豪西大学(1818);历史建筑包括圣保罗大教堂(1750),这是加拿大最古老的新教教堂。人口约119 292(2001)。

新斯科舍哈利法克斯城堡山上的旧城钟

John de Visser

哈利法克斯伯爵 Halifax, Earl of(1881～1959) 原名Edward Frederick Lindley Wood。英国政治家。1910年任议员。担任印度总督(1925～1931)时,与M.K.甘地建立良好的互信关系并加速宪法的制定。他出任N.张伯伦政府的外交大臣期间(1938～1940)是他政治生涯中最受争议的时期,这与张伯伦对希特勒的绥靖政策有关,但哈利法克斯在W.丘吉尔政府中仍留任外交大臣。身为驻美国大使(1941～1946),在第二次世界大战期间,他对同盟国事业做出了重大贡献。1944年受封为哈利法克斯伯爵。

哈利斯科 Jalisco 墨西哥中西部一州。西马德雷山脉纵贯全州,分隔了太平洋沿海平原和高原区。山区大部分为火山带,常发生地震。湖泊众多,其中包括墨西哥最大的湖泊——查帕拉湖。1526年西班牙人首度入侵,哈利斯科被并入新加利西亚。1889年因把特皮克区(今纳亚里特州)从沿海地带划出而面积大为缩小。经济以农业、畜牧业、林产品和采矿业为主。首府瓜达拉哈拉。面积80 836平方千米。人口7 350 682(2010)。

哈伦·赖世德 Harun al-Rashid(约765～809) 阿拔斯王朝的第5代哈里发(786～809年在位),在位时期是其所统治的阿拉伯帝国规模最大和最富裕的时期。其父为阿拔斯王朝第3代哈里发,其母和老师叶海亚协助他取得权力,在他的兄弟(第4代哈里发)神秘死亡后继承哈里发之位。虽有局部性的叛乱,其在位期间,工业大为发展,贸易得以扩大,为哈里发王国创造了大量财富,正如《一千零一夜》中所描述的一样。他把帝国一分为二,交给两个儿子继承,从而确认了波斯和阿拉伯利益之间的分野。

哈罗德二世 Harold II(约1020～1066) 别名Harold Godwineson。英格兰国王(1066)。其父是掌握政治实权的韦塞克斯伯爵戈德温,1053年他继承了父亲的爵位和权力。1066年1月爱德华(忏悔者)去世后,哈罗德的支持者主导了贤人会议(国王的议会),因而选他为王。他遭到了挪威国王哈拉尔三世的反对,同年9月25日哈罗德在约克附近的斯坦福布里奇击败了哈拉尔。然后他挥军南进,与诺曼底公爵威廉遭遇,在黑斯廷斯战役中阵亡。

哈罗公学 Harrow School 位于大伦敦哈罗的教育机构。创始人J.莱昂(1592年卒)是邻近普雷斯顿的小地主,每年提供20个银币用于教育哈罗贫穷的孩子。1571年伊丽莎白一世颁予他建校的特许状,1611年第一栋校舍正式启用。长期以来,哈罗学校一直是英国两三所最好的公学(私立学校)之一,杰出校友包括R.B.谢里丹、拜伦、R.皮尔和W.丘吉尔。

哈马舍尔德 Hammarskjöld, Dag (Hjalmar Agne Carl)（1905～1961） 第二任联合国秘书长（1953～1961）。其父曾担任瑞典首相及诺贝尔奖基金会主席。他曾在乌普萨拉和斯德哥尔摩大学学习法律和经济，在斯德哥尔摩大学教书（1933～1936）。后任瑞典文职官员，在财政部任职，随后成为瑞典银行董事长。进入外交部以后，成为瑞典驻联合国代表团团长（1952）。1953年出任联合国秘书长，1957年再度当选。任期的头三年尚称平静，其后解决了苏伊士危机，黎巴嫩和约旦间的冲突，以及刚果共和国独立后的内部冲突（1960）。哈马舍尔德在赴非洲访问时，因飞机失事罹难。后被追授诺贝尔和平奖（1961）。1963年他的日记《痕迹》出版，显示他是一个宗教信仰坚定的人。

哈马斯 Hamas 阿拉伯语意为"热情"。巴勒斯坦伊斯兰军事组织，以消灭以色列、建立巴勒斯坦人的伊斯兰国家为宗旨。1987年由亚辛创建，领导班底来自"穆斯林兄弟会"成员。哈马斯的任务多为军事性活动，基本立场认为巴勒斯坦不能屈服于非穆斯林。对1993年巴勒斯坦解放组织与以色列签订的和平协议，哈马斯持坚决反对的立场。2000年初，该组织加强了对以色列的暴力攻击，包括许多自杀式人体炸弹。2006年哈马斯参加了巴勒斯坦议会选举，并战胜"法塔赫"，赢得选举。

哈米吉多顿 Armageddon 《圣经·新约》中提到的由鬼魔率领的地上诸王在世界历史结束之时将与上帝的众军作战之处。大决战在《圣经》的《启示录》中只出现一次。此名称也许意指"美吉多山"，巴勒斯坦城市美吉多可能是被用来象征这样一场战斗之处，因为它在巴勒斯坦历史上一向是战略要地。《圣经》其他段落则暗示，这场战斗将在耶路撒冷进行。

哈米特 Hammett, (Samuel) Dashiell（1894～1961） 又译汉密特。美国侦探小说家。生于马里兰州圣玛丽斯县。13岁辍学。在流行杂志上发表小说作品前，曾当过

哈米特
Culver Pictures, Inc.

8年的侦探。最早出版的长篇小说有《红色的收获》（1929）、《戴恩的诅咒》（1929）。《马耳他的猎鹰》（1930；1941年拍成电影）公认是他的最佳作品，他塑造了萨姆·斯佩德这一硬汉侦探角色。接着还写了《大陆侦探社》（1930）和小说《玻璃钥匙》（1931）。《瘦汉》（1934）是叙述机智的侦探夫妇尼克·查尔斯和诺拉·查尔斯的故事，后改编成一系列受欢迎的电影。诺拉是以剧作家L. 海尔曼为原型，1930年起他与她有段浪漫的婚姻，直到哈米特去世为止。哈米特后来从事编剧工作。20世纪50年代因拒绝回答有关他加入共产党的问题并拒绝出卖同事而被判入狱。

哈默 Hammer, Armand（1898～1990） 美国企业家和慈善家。生于纽约市。在取得哥伦比亚大学医学学位之前，曾参与其父的医药公司的经营而首次赚到100万美元。1921年前往苏联，对其灾民给予医药援助，被V. I. 列宁劝服留在苏联。20世纪20年代末期，他的企业，包括一家铅笔工厂在内，全被苏联收购。他回美国时满载无数前罗曼诺夫王朝所拥有的艺术品。后因酿造威士忌酒和经营畜牧业又积聚大量财富，1956年退休，但由于投资石油"野猫"（初探）井使他成为另一事业即西方石油公司的领袖（1957～1990）。长期以来，他提倡拓宽美苏贸易纽带。1990年他在洛杉矶创建了哈默艺术博物馆以收存他的大量艺术珍藏。

哈默费斯特 Hammerfest 欧洲最北部城镇，位于挪威西北部克瓦尔岛上。1789年设镇，1891年大部分毁于大火。在重建时兴建了挪威第一座市政水力发电站。1940～1944年被德国占领；德国人在撤退时炸毁当地设施并疏散居民。该镇后来重建。虽然位于高纬度，但由于北大西洋暖流的影响，港口终年不冻。每年5月17日至7月29日为极昼期；11月21日至次年1月21日为极夜期。旅游业和鱼油加工是当地主要经济项目。人口9 391（2007）。

哈默斯坦 Hammerstein, Oscar, II（1895～1960） 美国抒情诗人、音乐喜剧作家及制作人。歌剧经理人O. 哈默斯坦（1846～1919）的孙子。生于纽约市。在开始其戏剧生涯前在哥伦比亚大学学习法律。早期的音乐剧作品有《罗斯·玛丽》（1924，R. 弗里莫尔谱曲）、《沙漠之歌》（1925，S. 龙伯格 谱曲），以及和J. 克恩合写的歌舞剧《阳光》（1925）及《演出船》（1927），后者被誉为音乐剧划时代的作品。20世纪40年代初他开始与R. 罗杰斯合作，两人很快成为美国音乐剧最著名的人物，共同创作了《俄克拉何马！》（1943，1944年获普利策奖）、《旋转木马》（1945）、《州的集市》（1945）、《快板》（1948）、《南太平洋》（1949，1950年获普利策奖）、《国王与我》（1951）、《我与朱利叶》（1953）、《花鼓歌》（1958）和《音乐之声》（1959）。他们合办了一家威廉逊音乐出版公司，1949年起还担任戏剧的制作人。

哈奴曼 Hanuman 印度教神话中的神猴、印度伟大叙事诗《罗摩衍那》中的主要角色。他是位守护神，为林中仙女从风神得孕而生。他著名的英雄事迹是率领群猴援助罗摩救其妻悉多脱离魔王罗波那之手。哈奴曼飞到喜马拉雅山，扛回大量草药，医治罗摩受重伤的兄弟拉斯麻纳。哈奴曼以猴的形象受人崇拜，他的法力和对罗摩的忠诚使他成为一位重要的神。

哈恰图良 Khachaturian, Aram (Ilyich)（1903～1978） 苏联（亚美尼亚）作曲家。曾师从R. 格里爱尔（1875～1956）和N. 米亚斯科夫斯基（1881～1950）。他的一件作品被S. 普罗科菲耶夫推荐给巴黎音乐会，赢得国际的瞩目。因活跃于这个作曲家联盟（与D. 肖斯塔科维奇、S. 普罗科菲耶夫）而遭到中央批判有"形式主义者倾向"，不过实际上他的音乐作风通常是保守而容易体会的。1953年J. 斯大林逝世后，他公开要求给予艺术家更大的创作自由。他的芭蕾舞剧有《假面舞会》（1944）、《斯巴达克思》（1954）；《加雅涅》（1943）包含了知名的"马刀舞"。其他受欢迎的作品包括他的一些钢琴和小提琴的协奏曲。

哈钦森 Hutchinson, Anne（1591～1643） 原名Anne Marbury。英国出生的美国宗教领袖。1612年嫁给威廉·哈钦森，1634年跟随J. 科顿到马萨诸塞湾殖民地。她组织波士顿妇女的每周宗教聚会，批评清教徒狭隘的正统律法，赞成"宽厚的契约"。反对她的人指责她把对上帝仁慈的信仰变成让基督徒无须遵从已经确立的道德戒律的借口，后以试图"背叛教长"罪判处流放。她拒绝认错，因而被逐出教会。1638年与丈夫在阿基德内克岛上建立移民区，这一地区后来成为罗得岛州的一部分。

哈萨克斯坦 Kazakhstan 又作Kazakstan。全称Republic of Kazakhstan（哈萨克斯坦共和国）。中亚国家。面积：2 724 900平方千米，人口：约17 064 000（2013）。首都：阿斯塔纳。操突厥语的该地区原始居民哈萨克人占人口的一半以上；俄罗斯人占近1/3，还有乌克兰人、乌兹别克人、德意志人及其他少数民族。语言：哈萨克语、俄语。宗教：伊斯兰教（逊尼派为主）、基督教。货币：邓吉。哈萨克的地势从西部和中部的草原及沙漠，逐渐向东南部沿着塔吉克和中国边界的高山升高。最高点是汗腾格里峰，海拔6 995米。为密集农业形式，但大部分地区都用来畜牧，绵羊和山羊是主要牲畜。制造业包括铸铁和轧钢；采矿和钻油亦很重要。哈萨克斯坦政府形式为共和国，两院制。国家元首暨政府首脑是总统，由总理辅佐。13世纪受蒙古人统治。哈萨克人在15～16世纪建立了一游牧帝国。19世纪中期起受俄国的统治，后成为苏联在1920年成立的吉尔吉斯自治共和国的一部分，1925年更名为哈萨克苏维埃社会主义自治共和国。哈萨克斯坦在1991年苏联解体后独立。经济在经历了几年困难时期后，开始了持续增长。虽然以前哈萨克运动员作为统一组队的苏联运动员参赛，但哈萨克斯坦首次在奥林匹克运动会亮相是1994年的利勒哈默尔冬奥会。

哈桑 Hasan（624～680） 全名Hasan ibn Ali ibn Abi Talib。穆罕默德的女儿法蒂玛的长子。他是伊斯兰教什叶派最受人尊敬的五

大哲人之一。661年他的父亲阿里被谋杀后，很多人都认为他是先知的正当继承人。当穆阿威叶一世反对哈桑继承并开始备战时，哈桑招募军队以迎战。然而由于受到生理缺陷的折磨，他在当年打开了和平谈判的大门，并把哈里发之位拱手让给了他的对手。他在麦地那平静度过余年。

哈桑·巴士里 Hasan al-Basri, al-(642～728) 全名Abu Said ibn Abi al-Hasan Yasar al-Basri。穆斯林苦修僧，早期伊斯兰教的主要人物。生于麦地那，年轻时曾参与对伊朗东部的军事行动，后来定居巴士拉。自684年起，他成为一个受欢迎的传道士。他强调实践宗教的自我检查，认为真正的穆斯林必须生活在一种忧患意识中，担忧死后的命运。他驳斥决定论，坚持人们应该对他们的行动负完全的责任。因政敌的迫害，他于705～714年间隐居，但后来他又在巴士拉公开生活。他是早期伊斯兰教逊尼派的两个教派的创始人，即穆尔太齐赖派和艾什尔里派。

哈桑二世 Hassan II(1929～1999) 原名Mawlay Hassan Muhammad ibn Yusuf。摩洛哥国王(1961～1999)。即位后，实行新宪法，并设立一个立法机构，由普选产生，但在1965～1970年实施独裁统治，1970年又制定新宪法。他对前西属撒哈拉提出领土要求，而阿尔及利亚也提出相同的要求，后来摩洛哥强行吞并了它，导致双方持续的敌意。1986年他成为公开与以色列领袖会面的第二位阿拉伯领袖。1990年谴责伊拉克入侵科威特的行为。摩洛哥在他的领导下尽管人权问题尚存，但是政治稳定，经济和社会也得以发展。

哈桑姆 Hassam, (Frederick) Childe(1859～1935) 美国画家和版画家。出生于波士顿，曾在波士顿和巴黎求学，后来在纽约定居。城市生活是他喜爱的题材，但他所画的新英格兰和纽约州农村风景也十分受人欢迎。其画作如《华盛顿拱门之春》(1890)，呈现出清晰、明亮的氛围，用色鲜艳。还作过约400幅蚀刻画和石版画。1898～1918年与一群纽约和波士顿画家(称"十人社")一起展出作品，他们是美国印象主义最具代表性的人物。

哈斯卡拉运动 Haskala 又拼Haskalah。18～19世纪欧洲犹太教的理性运动，致力于加强非宗教性的学科、欧洲语言和希伯来文的教育以补充对传统《塔木德》研究的不足。在很大程度上受欧洲启蒙运动的启发，所以有时又称犹太启蒙运动。起源于一些富裕且有社会地位的"流动犹太人"，他们希望借助改革使犹太人摆脱被隔离的生活，从而进入欧洲社会和文化的主流。也就是说学校的课程中应加入世俗科目，以各地通用语言代替意第绪语，废除传统服装，改革会堂礼拜仪式。M.门德尔松是领导人之一，他开始复兴希伯来文写作。哈斯卡拉运动强调以研究犹太人的历史和古希伯来语作为复兴犹太民族意识的一种手段，从而影响了犹太复国主义，它呼吁宗教仪式现代化，导致产生了犹太教改革派。

哈斯蒙王朝 Hasmonean dynasty 古代犹太王朝，马加比家族的后裔。其名来自他们的祖先哈斯蒙尼斯，但该统治王朝的第一人却是西蒙·马加比。公元前143年左右，西蒙·马加比领导马加比人反抗塞琉西国王的统治，胜利后成为犹太人的祭司长、统治者和总督。最后一任哈斯蒙统治者于公元37年被罗马的M.安东尼罢黜并处死。

哈塔米 Khatami, Muhammad al-(1943～) 又称穆哈默德·哈塔米。伊朗总统(1997～2005)。曾就读于库姆宗教学校，之后进入伊斯法罕大学修习哲学并参加政治活动。伊朗革命(1979)期间在德国领导汉堡伊斯兰教中心，1980年回到伊朗参选国会议员。两伊战争(1980～1988)期间出任政府公职，担任总统H.拉夫桑贾尼的文化顾问，并任国家图书馆馆长(1992～1997)。之后就任总统，由于推进了社会和经济改革，2001年以压倒多数连任。

哈特 Hart, Lorenz (Milton)(1895～1943) 美国歌词作者。为德国诗人H.海涅的后代。出生于纽约市，原从事德文翻译工作。1918年在哥伦比亚大学结识R.罗杰斯，那时罗杰斯只有16岁。他们合作的百老汇歌舞剧包括《加里克的狂欢》(1925)、《一个康涅狄格州的美国人》(1927)、《叙拉古的小伙子》(1938)和《好伙伴宙伊》(1940)。他们的合作长达25年(通常维持得很困难，因哈特酗酒，厌恶截稿线)，创作了约1 000首歌曲，包括《蓝月》(唯一没在舞台剧或电影表演的歌曲)、《我可爱的情人》、《夫人乃流浪者》和《爱情魔咒》等。48岁死于肝衰竭。

哈特 Harte, Bret(1836～1902) 原名Francis Brett Harte。美国作家。出生于纽约州奥尔巴尼，1854年离家前往加利福尼亚州。在加利福尼亚矿区短期实地生活后，成

哈特

By courtesy of the Library of Congress, Washington, D.C.

为报纸和期刊的编辑和撰稿人。他的作品有助于美国小说地方色彩派系的建立，作品包括短篇小说《咆哮营的幸运儿》(1868)和《扑克滩的流浪者》(1869)，诗《粗野的中国佬》(1870)以及剧本《啊！罪恶》(1877；与马克·吐温合作)。当时正流行西部题材，这些作品使他扬名国际。19世纪70年代他的写作消沉下来，接受了驻欧领事之职，再也没有返回美国。

哈特利 Hartley, Marsden(1877～1943) 美国画家。在克利夫兰美术学校学习后，定居纽约，但偶尔也到法国和德国居住。1900年起，他在故乡缅因度过了大多数的夏季，画风景画。1909年首次把这些风景画在A.施蒂格利茨的纽约画廊里展出。1913年他与"青骑士"一起参加柏林和军械库展览会的展出。早期的抽象作品有粗重的轮廓和明亮的色彩，融入个人对表现主义的诠释，最明显的是在缅因风景画里大胆而沉郁的表现手法。1918～1920年间他创作了新墨西哥的大量系列粉彩画和油画，1932年画了一组墨西哥的波波卡特佩特火山的出色风景画。

哈特曼·封·奥厄 Hartmann von Aue(活动时期1160～1210年) 中古高地德语诗人。他显然是士瓦本宫廷的成员，可能参加过十字军东征。以写宫廷史诗著名，他的亚瑟王传奇故事《埃雷克》(1180～1185)和《伊万因》(1200)都是根据克雷蒂安·德·特罗亚的作品改写的。通过《埃雷克》，亚瑟王传奇第一次进入了德国文学。他最好的一首史诗是《可怜的亨利希》，为说教性的宗教史诗。他还写抒情的和带有寓意的爱情诗。

哈特谢普苏特 Hatshepsut 埃及女王(约公元前1472～前1458年)。系国王图特摩斯一世之女，后来与异母兄弟图特摩斯二世结婚。继子图特摩斯三世登基时，她先是担

哈特谢普苏特，石灰岩雕像，约作于公元前1485年；现藏纽约市大都会艺术博物馆

By courtesy of the Metropolitan Museum of Art, New York, Rogers Fund and Contributions from Edward S. Harkness, 1929.

任摄政，但不久自行加冕为法老。她取得前所未有的大权，拥有法老的全部称号和王权，还戴上只有法老才能戴的假胡须。哈特谢普苏特把扩大贸易所得的大部分盈余和贡品都投注在庞大的建筑工程上，其中最著名的是兴建了宏伟的达尔巴赫里神庙。后来图特摩斯三世成为军队首脑，并继承她成为法老。她究竟是寿终正寝还是被废黜后处死，很难确定。

哈托尔 Hathor 古埃及宗教中司掌苍天、女人、生育力和爱情的女神。她的主要动物形象是母牛，象征母性。在赫利奥波利斯，人们对她的崇拜与太阳神瑞有关，据说她是瑞的妻子或女儿。在上埃及，她与何露斯一起受人崇拜，在底比斯的墓地，哈托尔被奉为护佑死者之神。

哈瓦利吉派 Kharijite 伊斯兰教中历史最悠久的派别，出现于7世纪中期教内就哈里发的继承问题产生纠纷时。哈瓦利吉派（分裂派）站在反对阿里（穆罕默德的女婿，他的追随者后来组成什叶派）的这一边，并领导一连串的叛乱，谋杀阿里，也一再攻击阿里的劲敌穆阿威叶一世。后来他们更进一步瓦解了伍麦叶王朝的哈里发势力。他们不断地攻击穆斯林政府，是基于实践他们的信仰，他们认为哈里发应由全体穆斯林社区以民主方式选举出来。他们要求从字面上诠释《古兰经》，并恪遵严格、清苦的宗教生活。该运动的易巴德叶支派今仍存在于北非、阿曼和桑给巴尔等地。

哈瓦那 Havana 西班牙语作 La Habana。古巴首都，也是一个省。位于古巴岛北海岸。它是加勒比海地区最大的城市，古巴的主要港口，也是西半球最好的港口之一。1515 年由西班牙人建立，1519 年迁至现址。在 1553 年前是事实上的古巴首都，是西班牙在新大陆的主要海军基地。1898 年在其港口发生"缅因"号战舰炸毁事件，立即引发了美西战争。在 1959 年 F. 卡斯特罗掌权之前，哈瓦那是美国人的度假天堂，提供赌博和声光艳丽的夜生活。它是古巴的工商业中心。另外，市内有许多西班牙殖民时期风格的建筑，包括 17 世纪的哈瓦那大教堂、哈瓦那城市博物馆和莫罗城堡。哈瓦那老城及其要塞被联合国教科文组织列为世界遗产。人口约2 154 454（2011）。

哈韦尔 Havel, Václav（1936 ～ 2011） 捷克剧作家和持不同政见者，捷克共和国第一任总统（1993 ～ 2003）。1959 年起在布拉格一家剧团工作，至 1968 年升为驻团剧作家。他的剧作（包括《备忘录》，1965）多使用荒谬和讽刺的手法考察官僚体制的僵化作风，探讨了生活在极权制度下的人们如何在道德上作妥协。这些作品遭到共产党政权的查禁，在 20 世纪 70 和 80 年代他一再被捕，1979 ～ 1983 年入狱。1989 年爆发大规模的反政府示威活动，哈韦尔成为"公民论坛"联盟的领袖，该联盟联合各组织，要求民主改革。在共产党退让（不流血的"天鹅绒式革命"）后，与"公民论坛"共组联合政府。同年 12 月哈韦尔当选为捷克斯洛伐克临时总统，1990 年成为总统，1993 年当选为新的捷克共和国总统，1998 年再次当选。由于宪法规定总统任期不得超过两届，哈韦尔于 2003 年下台。

哈维 Harvey, William（1578 ～ 1657） 英国医生。曾在剑桥大学冈维尔与凯斯学院受教育，后来转到帕多瓦大学——当时被视为欧洲最好的医学院校。在获得医师执照后，他被派到圣巴托罗缪医院（1609）。1618 年他成为詹姆斯一世的医师之一，继而为英王查理一世的医师，并成为新国王的好友。哈维对血液循环的阐述推翻了加伦的研究，也超越了 A. 维萨里和 H. 法布里齐乌斯的研究。为了得出他的结论，哈维依据了自己的观察和推理、无数的动物解剖实验和临床观察。他的《关于动物体内心脏和血液运动的解剖实验》（1628）记录了他的发现。然而，虽然哈维了解了心脏将血液从动脉被泵到心室，然后进入其他循环系统，但他却不知道氧在血液中的作用和毛细血管的存在。

哈西德主义 Hasidism 犹太教的一个虔修派和神秘运动，18 世纪起源于波兰犹太人。他们反抗严格的律法主义和《塔木德》学问，而赞成以一种较欢乐的崇拜方式让普通人得到精神慰藉。美名大师托夫最早宣扬哈西德主义的教义，他认为上帝是无所不在的，对神虔敬比做学问更重要，他的门徒被称为哈西德派（忠诚派）。约在 1710 年，D. 贝尔创立第一个哈西德教团，不久在波兰、俄罗斯、立陶宛和巴勒斯坦纷纷成立了无数小社团，每个分社由一个义人领导。其集体礼拜仪式包括大声呼叫、纵情歌舞以达到狂喜入神状态。1772 年正统派犹太教把他们逐出教会，但哈西德派继续蓬勃发展。到了 19 世纪，哈西德主义已变成一种极端保守的运动。在第二次世界大战期间纳粹对犹太人的大屠杀中，大批哈西德派信徒罹难，但残存者在以色列和美国仍积极活动。卢巴维彻派以纽约布鲁克林为基地，信徒人数约有 20 万。

哈耶克 Hayek, Friedrich (August) von（1899 ～ 1992） 奥地利出生的英国经济学家。1931 年移居伦敦，在伦敦大学和伦敦经济学院任职。1938 年加入英国籍。1950 ～ 1962 年在芝加哥大学任教。在其作品中，反对 J. M. 凯恩斯的理论，并批评政府干预自由市场，认为这样会破坏个人价值观，而对通货膨胀、失业、衰退之类的经济失调终究会失去作用。著作有《通向奴役的道路》（1944）、《自由的宪章》（1960）和《自由民的政治秩序》（1979）。他的观点在保守主义者之间产生很大的影响，包括撒切尔夫人。1974 年与 G. 米达尔共获诺贝尔经济学奖。

哈泽泰 Hazeltine, (Louis) Alan（1886 ～ 1964） 美国电机工程师和物理学家。生于新泽西州莫里斯敦。20 世纪 20 年代初期，他发明中和式接收电路，把当时干扰所有无线电收音机的噪声中和掉，从而使无线电商业化成为可能。1927 年采用这种新装置的无线电收音机在1 000万台以上。以后几年哈泽泰任政府顾问，管理无线电广播，第二次世界大战期间任美国国防研究委员会委员。

哈札尔人 Khazars 突厥语部落联盟的成员，6 世纪后期在欧俄建立了一个商业帝国。哈札尔人居住在北高加索地区，7 世纪时与拜占廷人结盟以对抗波斯人，并与阿拉伯人交战直到 8 世纪中叶。他们沿着黑海向西扩张他们的帝国，控制相邻部落的贸易路线，并强迫他们纳贡。统治阶级信奉犹太教，与拜占廷各代皇帝保持密切的关系。10 世纪哈札尔帝国开始衰落，965 年被基辅摧毁。

海岸神庙 Shore Temple 印度庄严的神庙（约建于 700 年），是在泰米尔纳德邦沿岸的默哈巴利布勒姆许多印度教遗迹中的一个。被视为是中世纪印度南方神庙建筑早期最精致的典范。与该地相邻的大多数建筑不同，它是由切割的石块所建成，而非挖凿的洞穴。拥有两间圣殿，其中一座向湿婆致敬，另一座则奉献给毗湿奴。其风格以角锥形的库提那式高塔为特色；这些高塔是由阶梯状的楼层所组成，顶端则为小圆顶和顶端饰，与北印度的藤原家族颇为不同。

海豹 seal 水生，食肉，有网状鳍肢，流线型体形的哺乳动物的统称。无耳（真正无耳或覆毛耳）海豹（海豹科，18 个品种）无外耳。在水中，它们靠划动后肢游水，而用前肢操纵。在陆地上，它们靠腹部扭动，或用前肢拉行。无耳品种包括象海豹、斑海豹、竖琴海豹和豹形海豹。有耳海豹（海狗科，5 种海狮和 9 种海狗）有外耳和更长的鳍肢。在水中，靠前阔鳍推进游水；在陆地上，它们四肢着力在地面四处移动。

海豹皮船 kayak 一种划艇，除划桨者座位外其余均密封。船的头尾呈尖形，无龙骨。桨手面向前方，手握双叶桨，双叶交替地插入两边的水中。通常只供一人乘坐，也可以设计成供 2 ～ 3 人使用。爱斯基摩人传统上用它来捕鱼和狩猎，他们把海豹或其他动物的皮张铺在浮木或鲸骨的骨架上，然后在皮上涂以动物脂肪来防水。桨手穿有一种重叠型保护物，当船翻转时能恢复平稳而不会进水。现在的海豹皮船通常用塑料或玻璃纤维模压制成，广泛用于娱乐活动。

海补血草 sea lavender 300 多种常绿植物，白花丹科，补血草属，学名 *Limonium vulgare*。花小，密生于穗状花序，夏末开花时呈大片紫丁香花色。其花穗因能保持持久品质和色泽经常用作干燥花。

海参 sea cucumber 海参纲棘皮动物的统称，约1 100种，见于所有海洋，多数在浅水区。体圆柱形，柔软，长 2 ～ 200 厘米，厚1 ～ 20 厘米。通常色单调、深暗，往往多肉疣。内骨骼退化为皮肤中的许多微小骨片。多数品种有从口到肛门的 5 排管足。口周围有 10 根或更多能伸缩的触手，用于捕食（含营养物的泥土或水生小动物）或掘穴。海参像蛞蝓一样移动。参阅水生有壳动物。

海盗 buccaneer 17 世纪下半叶在加勒比海地区和南美洲太平洋沿海一带劫掠西班牙人定居地和船舶的英国、法国或荷兰的海盗。虽受 F. 德雷克的武装民船的鼓舞，但他们没有合法的武装民船，也不像 18 世纪时无法无天的海盗。早期的海盗通常是由一些逃亡奴仆、退伍士兵和伐木工组成，他们以民主方式管理，公平分配所掠夺的财物，甚至提供某种形式的意外保险。他们对南海公司的成立产生过影响,其冒险事迹鼓舞了更多人加入探险活动,也使一些重要作家如J.斯威夫特、D.笛福、R.L.斯蒂文森等写出了生动的冒险故事。

“海盗”号探测器　Viking　美国国家航空和航天局在1975年发射的两个无人宇宙飞船。发射10个月之后,“海盗”1号和2号进入绕火星轨道并投下了两个着陆器。着陆器

火星上的“海盗”2号着陆器(前景)
By courtesy of the Jet Propulsion Laboratory/National Aeronautics and Space Administration

把火星土壤和大气特性的测量结果以及表面彩色照片发回了地球,专为寻找火星上的生命迹象而设计的实验则未得明确结果。轨道器向地球发回了火星宽阔表面的照片。

海得拉巴　Hyderabad　早期印度中南部土邦。原为戈尔孔达王国的一部分,1687年成为莫卧儿帝国的一部分。1724年尼扎姆·穆尔克建立独立的海得拉巴王国。1798年王国被置于英国的保护之下,不过尼扎姆王朝仍继续统治这个国家。1947年印巴分治时,尼扎姆王朝意欲维持自己海得拉巴的独立地位,但在翌年被印度占领,加以控制。该地区现在分属安得拉邦、卡纳塔克邦和马哈拉施特拉邦。

海得拉巴　Hyderabad　印度南部安得拉邦首府。16世纪戈尔孔达苏丹建立,1685年被莫卧儿帝国侵占,遭到劫掠破坏,1724年成为独立的海得拉巴王国首都。四周围有城墙,有许多兼具印度和穆斯林风格的建筑。附近的塞康德拉巴德是由英国营区发展而成,有一条1.6千米长的堤防将其与海得拉巴相连。为奥斯曼大学(1918)及海得拉巴大学(1974)所在地。人口3 637 483(2001)。

海德堡　Heidelberg　德国西南部城市,滨临内卡河。1196年首见记载。后为莱茵河的巴拉丁领地的首府,1720年以前一直是巴拉丁选侯的住地。16世纪时是德国加尔文主义的中心。曾在三十年战争期间(1622)遭到破坏,之后又被法国人破坏(1689、1693)。市内有13世纪的海德堡城堡(为观光胜地),以及德国最古老的大学海德堡大学(1386)。人口约141 509(2002)。

海德堡大学　Heidelberg, University of　德语全称 Ruprecht-Karl-Universität Heidelberg。位于德国海德堡的一所自治大学。1386年仿照巴黎大学建立。第一所学院为西多会创立。17～18世纪曾经衰落,但到19世纪初经过一次重整后恢复声望,成为科学、法律和哲学的中心,而其生动的学生生活成为许多浪漫故事的主题。现有注册学生约28 000人。

海德尔·阿里　Hyder Ali(1722～1782)　印度南部迈索尔的穆斯林统治者。他组织第一支由印度人控制、配备西式武器的印度部队,取得迈索尔军队的指挥权后,推翻了迈索尔国王。他征服邻近地区,并与尼查姆·阿里汗及马拉塔人结盟,一起对抗英国人。与英国作战10余年后,临终时承认无法打败英国人,嘱咐其子与英国人讲和。

海德格尔　Heidegger, Martin(1889～1976)　德国哲学家。曾在在马尔堡大学(1923～1927)和弗赖堡大学(1927～1944)任教。1927年出版巨著《存在与时间》,对J.-P.萨特以及

M.海德格尔
Camera Press

其他存在主义者影响非常大。尽管海德格尔本人并不赞同,他还是被列为无神论派存在主义者的领导人物。他声明写该书的意图在于唤起人们对人的存在意义问题的重新关注。他用现象学的方法来初步分析人的存在(Dasein,即“在此”)。20世纪30年代初期,在他的思想发生“转折”后,看得出他在某些方面已放弃《存在与时间》里的问题。1933年他加入纳粹党,并支持希特勒的政策,因而当上弗赖堡大学校长(1933～1934),但在战争终结时不再活跃。由于海德格尔与纳粹为伍(他从未公开否认过),有人开始争论他的哲学是否有内在的“极权主义”倾向。海德格尔的著作对解经原则和后结构主义也有巨大影响。

海德里希　Heydrich, Reinhard (Tristan Eugen)(1904～1942)　德国纳粹官员。1931年从海军退役,加入党卫军(SS)。1934年升任柏林党卫军头子,1939年担任帝国中央安全局主席,并成为H.希姆莱的副手。以残酷毒辣的手段对付“国家敌人”而恶名昭著,第二次世界大战初期,他在德国占领区大量处决无辜,人称“刽子手”。1942年主持万塞会议。后来被指派为波希米亚和摩拉维亚的代理行政首长,最后遭遇捷克爱国志士伏击而死,盖世太保为了报复而摧毁了利迪策村,并屠杀了该村大约200名男子。

海登　Heiden, Eric (Arthur)(1958～　)　美国冰上速滑运动员。生于威斯康星州,是第一个赢得速滑世界冠军的美国人,并保持3年冠军(1977～1979)称号。在1980年冬季奥运会上成了囊括5项速滑金牌的第一人。后转向自行车运动。他的妹妹贝丝也是世界级的滑冰选手。

海登斯塔姆　Heidenstam, (Carl Gustaf) Verner von(1859～1940)　瑞典诗人和小说家。第一本诗集《朝圣和漫游年代》(1888)描写了他在南欧和中东地区生活的日子,使他一举成名。他的论文《文艺复兴》(1889),又使他成为瑞典反对自然主义的先导。他提倡以幻想、美和民族主义为主题的文学的复苏。他根据这种脉络所写的许多首诗已被翻译收录于《瑞典桂冠诗人》(1919)之中。他也写历史小说,包括《查理十二世和他的侍从们》(1897～1898)及《福尔孔世家》(1905～1907)。1916年获诺贝尔文学奖。

海底隧道　Channel Tunnel　又称 Eurotunnel(欧洲隧道)。穿行于英吉利海峡底部的铁路隧道,把英国的福克斯顿(Folkstone)和法国的桑加特(Sangatte,位于加来附近)连为一体。铁路隧道方案是从大型悬索桥、桥梁-隧道连接以及铁路-公路连接等诸方案中胜出而被选中的。隧道长50千米,于1994年正式通车,包括3条分开的隧道,其中两条供铁路运输,中间一条为保障后勤维修与安全。运载汽车和乘客的火车可以每小时160千米的高速穿过隧道。

海地　Haiti　全称 Republic of Haiti(海地共和国)。西印度群岛国家,位于伊斯帕尼奥拉岛西部,占岛1/3土地,东部为多米尼加共和国。面积:27 700平方千米。人口:约9 894 000(2013)。首都:太子港。几乎全部人口都是非洲或非欧后裔。语言:海地克里奥尔语和法语(官方语言)。宗教:基督教(主要是罗马天主教,也有新教)及巫毒教。货币:古德。海地多山而崎岖不平,约2/3的土地在海拔490米以上。山脉间有着富饶但人口过度集中的低地。气候属热带季风气候,但因有山脉变得和缓,常有周期性的干旱和飓风。阿蒂博尼特河是最长的河流。海地是美洲最贫穷的国家,经济为发展中的市场经济,很大程度上以农业和轻工业为主;咖啡是主要经济作物。政府为两院制,为多党制共和国。国家元首为总统,政府首脑是总理。在18世纪90年代图森·路维杜尔领导的、1803年J.-J.德萨利讷领导的前奴隶反抗法国统治运动后,1804年海地获得独立。新共和国包含了整个伊斯帕尼奥拉岛,1809年该岛东部又为西班牙所控制。在布瓦耶总统当政时期(1818～1843)重获统一;他被推翻后,东半部发生暴动,成立了多米尼加共和国。由于政变和暗杀频仍,政府变得不稳定。1915～1934年间被美国占领。1957年独裁的F.杜瓦利埃取得政权,虽然国内经济萧条和政局不安,他一直统治到1971年去世为止。其子让-克洛德继承其位,但1986年被迫逃亡。1990年海地首次举行总统大选,J.-

B.阿里斯蒂德当选。1991 年军事政变将他推翻,后来数万名海地人企图搭小船逃亡至美国。军事政府在 1994 年垮台后,流亡的阿里斯蒂德回国重新当政。1995 年他的同事 R.普雷瓦尔接管政权,2000 年阿里斯蒂德再次取得总统职位。由于海地持续的经济和政治动荡,2004 年他被迫下野并流亡国外。国际稳定特派团进驻,先由美军领导,后由联合国领导,海地政权在其监督下由临时政府执政。2006 年,普雷瓦尔再次当选总统。2010 年 10 月,海地遭受强烈地震,太子港及周边地区大面积受到破坏,死亡人数达 20 万以上。1900 年海地首次参加在巴黎举办的夏季奥运会。

海雕 sea eagle 各种大型食鱼雕(尤指鹰属)的统称,其中最著名的是白头雕。除南美洲外,海雕常见于世界各地的江河、大湖以及潮水附近。有些种体长超过 1 米。所有的海雕都有异常大的、高高拱起的喙以及无毛的下腿。趾的腹面粗糙,适于抓住溜滑的猎物。它们主要以腐肉为食,有时也从水面捕杀、抓取鱼类,并常常掠夺它们主要的竞争对手鹗。亚洲种包括灰头的或较大的捕鱼雕以及较小的捕鱼雕。

海顿 Haydn, Franz Joseph(1732 ~ 1809) 奥地利作曲家。原本想当神职人员,但在 8 岁时就被维也纳圣斯蒂芬大教堂选入唱诗班,学习演奏小提琴和键盘乐器。离开唱诗班后,他开始靠教学和演奏小提琴为生,同时艰苦研究对位及和声方面的理论。引起 P.梅塔斯塔齐奥的注意,把他引荐给作曲家 N.波尔波拉,他帮波尔波拉处理杂务,波尔波拉则以教他音乐来抵换。海顿开始进入上流社会,1761 年成为埃斯泰尔哈吉家族大宫廷里的音乐总监,此后大部分职业生涯都得到该家族的赞助。在这个艺术发展较为孤立但拥有优越资源的职位上,海顿享受了自由创作实验之乐,也不得不成为原创作曲家。到了晚年,他已是国际公认的在世的最伟大的作曲家。他的重要作品几乎涵盖了所有的音乐体裁,其优雅且动人心弦的作品兼具了风趣与严肃、通俗与创新。他是第一个伟大的交响乐作曲家,作有 106 首交响乐,其中包括最后 12 首"伦敦交响曲"(1791 ~ 1795)。他是实际发明弦乐四重奏的人,共作有 68 首弦乐四重奏,奠定了四重奏艺术的基础。合唱作品包括 14 首弥撒曲和清唱剧《创世纪》(1798)、《四季》(1801)。他还作有 47 首钢琴奏鸣曲,并为类似大提琴声的上低音号作了不少于 125 首优美的乐曲。海顿是塑造古典音乐风格的重要人物,他的朋友 W.A.莫扎特和学生 L.van 贝多芬都深受其影响。

海尔 Hel 在古斯堪的纳维亚神话中,原指冥界,后成为死亡女神的名字。她是洛基的女儿。她的王国叫做尼弗尔海姆或黑暗世界,分成几个部分。这里有一座城堡,里面尽是蛇毒,杀人犯、奸夫、伪誓者都要在这里受折磨,一条叫尼德霍格的龙从他们身上把血吸走。据说,上战场阵亡者则去瓦尔哈拉殿堂从而避开了海尔女神。

海尔-波普彗星 Hale-Bopp, Comet 1995 年由业余天文学家 A.海尔与 T.波普发现的彗星,当时距离太阳约 7 个天文单位,在木星轨道外侧,较先前业余人士所发现的彗星都要遥远。天文学家估计彗核的直径至少 30 千米。1997 年 4 月最接近太阳的时候,是数百年来实际亮度最大的彗星之一,不过从地球上看还不算最亮。1997 年 3 月,这颗彗星逼近,引发美国加州圣迭戈附近的一个宗教团体"天堂之门"的 39 名成员集体自杀,教主声称他们将在彗尾后方的宇宙飞船中转世重生。

海尔·塞拉西 Haile Selassie(1892 ~ 1975) 原名 Tafari Makonnen(塔法里·马康南)。埃塞俄比亚皇帝(1930 ~ 1974)。出身贵族,梅尼莱克二世皇帝首席顾问马康南亲王之子。

海尔·塞拉西,摄于 1967 年
AP/Wide World Photos

曼涅里克二世之女扎乌迪图继皇位时(1917),塔法里因与曼涅里克的曾孙女结婚而成为摄政,并被确定为帝位继承人。扎乌迪图死后(1930),塔法里加冕为皇帝,称海尔·塞拉西(意"三位一体的威力")。他力图使其国家现代化,并努力使其进入非洲政治主流。他使埃塞俄比亚进入国际联盟和联合国,并使亚的斯亚贝巴成为非洲统一组织(现非洲联盟)的中心。在他执政大部分期间,一直受到多数基督教徒的欢迎。1974 年由门格斯图·海尔·马里亚姆领导的军事政变将他废黜,他被幽囚宫中度过余年。他显然是被军政府的人所杀。拉斯塔法里运动认为海尔·塞拉西是非洲人的弥赛亚。

海尔维蒂共和国 Helvetic Republic 在法国革命战争时,瑞士被法国征服后于 1798 年 3 月成立的共和国,范围包括瑞士大部分领土。其政府模式仿效法国的督政府。由于派别争端迭起,代表们纷纷要求拿破仑进行调解,拿破仑于是在 1803 年以新的瑞士联盟取代了共和国,迫使它和法国的关系更加密切。

海法 Haifa 以色列西北部城市和主要港口。临地中海海法湾,俯瞰地中海。最早见述于《塔木德》(公元 1 ~ 4 世纪)。1100 年被基督教十字军征服,1799 年被拿破仑攻陷,1839 年被埃及将军易卜拉欣·帕夏占领。1918 年被英军占领,划入巴勒斯坦英国委任统治地。第一次阿以战争期间,于 1948 年被以色列控制。市区建于卡尔迈勒山上,港口区则建于海法湾,是一个旅游胜地和商业中心。海法又是巴哈教的世界总部所在地。人口约269 300(2005)。

海防 Haiphong 越南北部港市。地处红河三角洲,距东京湾约 16 千米。该国第三大城市,为首都河内的输出港,位于河内西面 80 千米处。1874 年建立,发展成商港和铁路终点站。成为工业中心,1954 年后靠苏联集团国家和中国的援助,兴建多座新工厂。越南战争期间,因美国轰炸而遭到严重破坏,其后得以重建。人口约769 739(2009)。

海费兹 Heifetz, Jascha(1901 ~ 1987) 又译海菲兹。俄裔美国小提琴家。5 岁开始随父亲学琴,8 岁时演出 F.门德尔松的协奏曲。1909 ~ 1914 年,尽管由于犹太人身份不能住在圣彼得堡,但却在那里从小提琴家 L.奥尔(1845 ~ 1930)学艺。1917 年迁居美国,与 A.鲁宾斯坦和 G.皮亚季戈尔斯基(1903 ~ 1976)组成三重奏,一起演出多年。虽然台风冷漠,但其演奏技巧和音乐才华无懈可击;他可能是世界最有名的小提琴家。自 1959 年开始在洛杉矶的南加州大学任教,1972 年退休。

海狗 fur seal 海狗科 9 种有耳的海豹的统称。其毛皮珍贵,尤以栗色绒毛为甚。群居,以鱼及海洋动物为食。一度几乎被捕猎殆尽,大多种类今已受到法律保护。北方海狗(*Callorhinus ursinus*,即海熊)是北方海域的移徙动物。成年雄性色深褐,有浅灰色鬃毛,体长约 3 米,重 300 千克;雌性色暗灰,颇小。南方海狗属(南海狮属,*Arctocephalus*)的 8 个种分布在南半球和瓜德罗普岛。南方海狗为灰至褐或黑色,体长平均 1.2 ~ 1.8 米。

海华沙 Hiawatha 奥杰布瓦语意为"他创造了河流"。美国东北部奥农达加人传说中的酋长(约 1450)。据说是易洛魁联盟的创立者。其故事见于 H.W.朗费罗受人欢迎的诗集《海华沙之歌》(1855),不过他沿用了 H.R.斯库克拉夫特的错误,把海华沙当作了中西部的印第安部落人。

海军 navy 一国为在海面上、海面下或海面上空作战所保持的各种军舰和船舶。大型的现代化海军包括航空母舰、巡洋舰、驱逐舰、护卫舰、潜艇、扫雷舰、布雷舰、炮艇以及各种用来支持、供给、修理的船舰,还包括海军基地和港口。海军舰艇是一国赖以在海上施展军事力量的主要手段。其两个主要功能为掌握制海权和海禁。掌握制海权得以使国家和其同盟进行海上贸易、海陆空协同作战和其他可能为战时必要的海上活动。海禁则剥夺敌方商船和战舰航行的权利以确保海上安全。

海葵 sea anemone 海葵目1 000多种刺胞动物的统称,各大洋都有分布,从海潮区到超过10 000米的深处,偶尔也生活于淡咸水中。

海葵，*Tealia*
M. Woodbridge Williams

各种品种的直径从不足3厘米到约1.5米不等。体圆柱状，其上端的口周围有花瓣状，通常为彩色的触手，触手上的刺丝囊用于麻痹鱼类等猎物。有些品种只以微生物为食。多数品种永久性地附着在岩石或蟹背等硬物表面。

海勒　Heller, Joseph（1923～1999）　美国作家。生于纽约市布鲁克林。第二次世界大战时作为一名投弹手执行过60次轰炸任务。后来在哥伦比亚大学和牛津大学就读，然后担任几家杂志的广告文字撰写员。其讽刺小说《第22条军规》（1961）即是根据战时经验写成，为战后“抗议文学”最重要的一部作品，并博得评论界和广大读者的好评。后来写的小说有《出了毛病》（1974）、《像黄金一样好》（1979）、《上帝知道》（1984）和《打烊时间》（1994）。

海鲈　sea bass　鮨科约400种食肉鱼类的统称，大部分生活于温带与热带的浅水海域。海鲈体细长，鳞小，嘴大，尾直边或圆形。背鳍包括前面的棘部与后面的软条部，两部分通常相连，有时则有槽口隔开。各品种体长从3厘米到1.8米不等，重量可达225千克。狼鲈科（有时认为是鮨科的一个亚科）中约12个品种生活在温带水域。参阅**巴斯鱼**。

海伦　Helen　**希腊神话**中是希腊最美丽的女人，**特洛伊战争**的间接起因。她是宙斯同勒达或涅墨西斯所生的女儿，**狄俄斯库里兄弟**的姊妹。她还是**阿伽门农**之妻克吕泰涅斯特拉的姊妹。海伦嫁给阿伽门农的弟弟**墨涅拉俄斯**。根据传说，宙斯要求帕里斯（特洛伊国王**普里阿摩斯**之子）决断三个女神中谁最美，他选择了**阿佛洛狄忒**，她以助其赢得世界上最美丽的女人来回报。在女神的帮助下，他诱拐了海伦，带她逃到特洛伊，希腊人派军追捕他们。战争结束时，帕里斯已负伤去世，海伦随墨涅拉俄斯重返斯巴达。

海洛因　heroin　杂环化合物，一种从**吗啡**衍生而来的高成瘾性**生物碱**（其化学名称为二乙酰吗啡），为非法贩运的**麻醉品**中之大宗。易从吗啡中制得，最初它被研发用作**镇痛药**，但其毒品效应远远大于其药用价值，因此它在许多国家被禁止使用。海洛因经静脉注射后会有飘飘欲仙的反应，然后有一股暖流流过全身，接着导致一种朦胧恍惚的松弛感和满足感。成瘾后若不每天注射两次即会产生不舒服的戒断症候，也会渴望更多。海洛因的耐受性又极高，故施用者必须不断提高剂量才能达到相同的欣快感，导致药物成瘾。街头上非法贩卖的海洛因通常只有2%～5%的浓度，如果注射了高浓度的海洛因便会导致过量，其主要症状为重度呼吸抑制、昏迷，直至死亡。

海马　sea horse　海龙科约24种鱼类，通常生活在温暖沿海，用它们向前弯且能缠卷的尾巴攀缠在植物上。各品种的体长范围4～30厘米。海马身上有骨质的环而无鳞，双

海马的一种（*Hippocampus erectus*）
Des Bartlett-Bruce Coleman Ltd.

眼可各自独立活动。游泳时保持直立状态，用鳍水平推进，靠鳔上升或下沉。用小口快速吸入小生物为食。雌鱼将卵产于雄鱼尾部下面的育儿囊中，幼鱼孵出时，雄鱼将其排出。

海绵　sponge　多孔动物门的**无脊椎动物**，约5 000种，固着生活，多数为海生，独栖或群居，分布自浅水至深水（超过9 000米）水域。简单的海绵呈中空圆柱状，顶端有一大型开

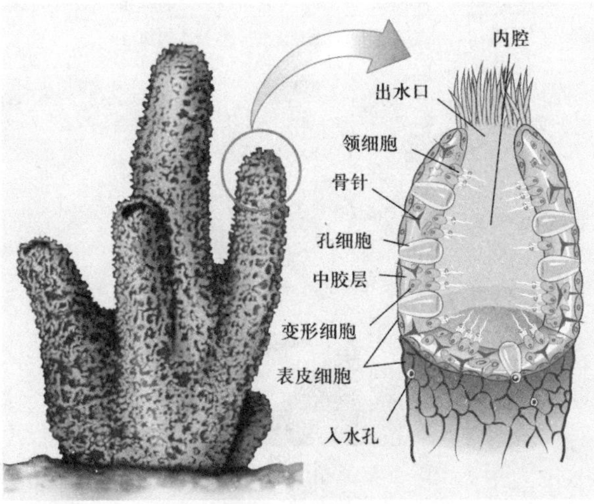

一个简单的囊似的海绵。其表面有管状细胞（多孔细胞）形成的许多小孔（入水管），向内部空腔张开。一个胶状中间层包含像骨骼的成分（骨针和海绵硬蛋白纤维）以及变性细胞，这些变性细胞积极参与消化、废物排泄、以及骨针和海绵硬蛋白的形成。具鞭毛的领细胞排列在内部空腔、产生水流、将含氧和食物的水送入海绵，并大口吞食和消化食物粒子。水和废物通过孔口排出，孔口的大小可以改变，以调节水流通过海绵的速度。
© 2002 MERRIAM-WEBSTER INC.

口，水和废物经此开口排出。薄而穿孔的外表皮层覆盖着多孔的骨骼，骨骼由互相连接的骨针组成，其成分为碳酸钙、硅质或海绵硬蛋白（存在于80%的海绵种类中）。海绵的直径自2.5厘米至数米，可能为手指般大小、树般大小或为没有形状的一团物体。海绵缺乏器官和特化的组织，具鞭毛的细胞将水自孔送入中央腔，各个细胞消化食物（细菌、其他微生物和有机物碎屑），排泄废物和吸收氧气。海绵可行无性或有性生殖。幼体可自由游泳，但所有成体皆固着生活。海绵自古代就被采收，用以吸水、沐浴和洗刷。由于过度采收和更新技术的出现，今日市场出售的海绵多为人工合成海绵。

海明威　Hemingway, Ernest (Miller)（1899～1961）　美国小说家。生于伊利诺伊州奥克帕克。中学毕业后开始当记者。第一次世界大战时，在担任救护车司机时受伤。后来成

海明威，Y.卡什摄于1959年
By courtesy of Mary Hemingway; photograph,
© Karsh From Rapho/Photo Researchers

为侨居巴黎的一批著名美国作家之一，不久他开始过旅行、滑雪、钓鱼和打猎的生活，这些都可在他的作品中看出来。1925年出版短篇小说集《在我们的时代里》，翌年出版小说《太阳照样升起》。后来的小说包括《永别了，武器》（1929）和《有的和没有的》（1937）。他毕生喜爱西班牙（包括着迷于斗牛）。在西班牙内战时，他还以记者身份前往工作，这段经历促其写成小说《战地钟声》（1940）。其他短篇故事集包括《没有女人的男人》（1927）、《胜者无所得》（1933）和《第五纵队》（1938）。约自1940年起，他开始定居于古巴，即中篇小说《老人与海》（1952，获普利策奖）的背景地。1954年获诺贝尔文学奖。1959年古巴革命后不久，海明威离开古巴，一年后，精神沮丧和生病，最后用猎枪自杀。死后出版了叙述他早年在巴黎练习写作的《不散的筵席》（1964）。此后几十年，许多英美作家深受其早期简洁精练的散文风格的影响。

海姆利奇氏法　Heimlich maneuver　从窒息者咽部除去异物的急救法，由美国外科

医师 H. J. 海姆利奇发明。这种手法只有在窒息者呼吸道完全被阻塞而不能说话或呼吸的情况下才能使用。施救者站在窒息者后方，伸出两臂在其胸廓下围抱住他，一只手紧握另一只手腕，然后用力向内上方推压窒息者腹部多次，目的在于压出窒息者肺中的空气，把咽部异物推出。如果窒息者已无意识，就要使他仰卧在地，急救者蹲或跪着从上方推压其腹部。

海涅　Heine,(Christian Johann) Heinrich (1797～1856)　原名 Harry Heine。德裔法国诗人。父母为犹太人，后来因职业关系皈依新教，但对工作他从不认真追求。他的《歌集》(1827)使他获得国际的文学声誉，这是一部苦乐参半的爱情诗集。他的4卷散文作品《旅行记》(1826～1831)为后世作家竞相模仿。1831年以后定居巴黎。他针对社会和政治事件的许多评论文章和许多对德国的保守主义的批判文章，在德国被查禁，德国还派间谍到巴黎监视他。他的第二本诗集《新诗集》(1844)反映了他参与社会的状况。第三本诗集《罗曼采罗》(1851)是在健康恶化、经济上遭受挫折时写成的，情调阴郁，但被极力推崇。他被认为是德国最伟大的抒情诗人之一，他的许多诗被作曲家如 F. 舒伯特、R. 舒曼和 J. 勃拉姆斯谱成歌曲。

海牛　sea cow　又称 Steller's sea cow(斯特勒氏海牛)。已灭绝的水生哺乳动物，学名 *Hydrodamalis gigas*。生活在白令海峡的群岛周围。1741年被发现，并对之加以描述。体长至少有7.5米，无牙，头小，尾叶宽阔平坦、分两叉；皮肤深褐色，有时有白色条纹或斑点。以海草为食。俄国猎海豹者为了食用和取其毛皮，大肆滥捕海牛；整个种群估计曾达5 000头，至1768年时已被捕尽。海牛一词也指儒艮和热带海牛。

海鸥　gull　鸥科40余种体粗壮、脚具蹼的海鸟。在北半球繁殖的种类最多，从温带到北极地区都有。成鸟大多为灰或白色，头部有颜色各异的斑点。喙坚硬，略呈钩状，有

银鸥(*Larus argentatus*)
John Markham

些种还具一个色斑。各种间喙和腿的颜色及翅型都不同。翼展0.6～1.6米。以海滨昆虫、软体动物、甲壳类以及耕地里的蠕虫和蛴螬为食；也捕食岸边小鱼，拾取岸边及船上丢弃的食物下脚。有些大型鸥类掠食其他鸟(包括其同类)的卵和幼雏。

海平面　sea level　气-海界面的位置，陆上高度和水下深度都以它为起算点。任何地点的海平面随着潮汐、大气压力和风的变化而不断改变。长期变化则受地球气候变化的影响。因此，海平面最好是定义为平均海平面，即长期内各种潮汐下海水表面的平均高度。

海雀　auk　鸻形目海雀科22种潜鸟的统称，尤指短翅小海雀和刀嘴海雀。体长15～40厘米，短翅、矮腿、脚有蹼。分布限于北极、亚北极及温带北部地区，少数种向南至下加利福尼亚半岛。成群于近海陡崖突出处及岩石裂缝中筑巢或靠海打洞，许多远离陆地度过暴风雪严寒的冬天。以鱼、甲壳类、软体动物和浮游生物为食。真正的海雀为黑白色，能直立于地上。

海塞　Hesse, Eva(1936～1970)　德国出生的美国雕塑家。她于1939年为逃离纳粹政权而和家人抵达纽约。曾在普拉特学院、库珀学院及耶鲁大学就读。1964年结婚，短时移居德国，并开始她的雕塑工作。她以流畅的线条和不寻常的材质(包括橡皮管、合成树脂、绳子、布料和电线)建立起自己的风格。60年代她在全美举办雕塑展，获得一些评论上的赞许。1969年她因脑瘤而进行手术，计划做3次，但只做了1次，手术即失败。在她去世后她的影响广泛传播。

海塞　Hesse, Hermann(1877～1962)　德国小说家、诗人。曾在神学院读书，但因难以适应那里的生活而辍学。第一部小说是《彼得·卡门青》(又译《乡愁》,1904)，随后著有

H. 海塞，摄于1957年
Wide World Photos

《在轮下》(1906)、《生命之歌》(1910)和《艺术家的命运》(1914)。他反对军国主义，第一次世界大战爆发时定居瑞士。后来的作品大多是关于追求精神上的个人探索，通常用神秘主义的手法来表现。《彷徨少年时》(1919)一书受到他对心理分析的研究的影响，这部书使他一举成名。小说《悉达多》(1922)描述了佛祖早年的生活，反映了他以前访问印度的经历。《草原之狼》(1927)、《纳尔齐斯和戈尔德蒙德》(1930)和《玻璃珠游戏》(1943)等作品探讨了人的双重性格，以及冥想和积极生活之间的冲突。1946年获诺贝尔文学奖。他的神秘主义色彩和呼吁实现自我，使他在去世后成为年轻人崇拜的人物。

海扇　sea fan　柳珊瑚属约500种珊瑚的统称，以佛罗里达、百慕大和西印度群岛的大西洋沿岸浅水区中最多。水螅体组成平面的扇状群体生长。每个水螅体的触手数均为6

海扇
Douglas Faulkner

的倍数，伸出的触手组成一张捕食浮游生物的网。内部的骨架支撑着群体的所有分支。活组织(往往呈红色、黄色或橙色)整体地覆盖着骨架。扇形群体通常向横截水流的方向生长，以提高诱捕猎物的能力。所有种均高达60厘米。

海鳝　moray　海鳝科约80种鳗类的统称。分布于热带和亚热带海洋，生活在浅水，栖于岩礁间并隐在缝穴内。皮厚，光滑，无鳞。通常具鲜艳的体色或斑纹。多数无胸鳍。口

绿海鳝(*Gymnothorax funebris*)
Carleton Ray-Photo Researchers

大，牙坚利，适于捕捉及咬住猎物(主要是其他鱼类)。只有受侵扰时才会攻击人类。体长一般不超过1.5米，但太平洋的长体海鳝可长至3.5米以上。某些地区人们食海鳝肉，但其肉有时有毒，可引起疾病和致死。

海商法　maritime law　又称 admiralty law 或 admiralty。指有关船舶和航运事项的法律规则总体。早期的海商法文献有6世纪的《查士丁尼汇集》。罗马海商法和13世纪的《海事法典》都暂时性地对地中海的海商法作出了统一的规定，但民族主义使一些国家发展了它们自己的海商法条文。海商法主要涉及海船和货物可能蒙受的损失(如碰撞)，保险、事故双方责任追究，碰撞赔偿和救助权。现在使海商法统一的趋势越来越强。监督海商法实施的主要组织是国际海事委员会，由若干国家的海商法协会组成。

海蛇　sea snake　海蛇科约50种海栖毒蛇的统称，身体扁平，尾呈桨状。大多栖于澳大利亚和亚洲的沿海及海湾，有时集大群于海面晒太阳。黄腹海蛇，或称浮游海蛇，在整个

太平洋中都有分布。鼻孔通常在吻的顶端，有瓣膜可开合。有几种海蛇的躯干比头和颈部要粗得多。多数品种的体长1～1.2米；日本的鲜美海味——半环扁尾蛇，体长相当于一般种类的两倍。虽然海蛇通常攻击缓慢，但其毒素可能会致命。

海狮 sea lion 海狗科5种有耳海豹的统称，分布于太平洋两岸，从阿拉斯加到澳大利亚都有。被毛粗短，无明显的绒毛。除加州海狮外，所有雄性都有鬃毛。海狮主要以鱼类、乌贼和章鱼为食。它们结成大群繁殖；一头雄海狮有3～20头雌海狮。加利福尼亚海狮是马戏团和动物园里驯养的海豹。不同品种的雄性体长2.5～3.3米，体重270～1 000千克。

海市蜃楼 mirage 由于光线在不同密度的空气层中发生弯折（折射使远处景物显示出虚幻景象。在特定条件下，比如在铺筑过的路面或沙漠上，受到强烈日光加热后的空气，在高处急剧变冷，从而密度和折射率都增大。由物体的上部向下反射的日光，沿正常路径穿过冷空气；因角度关系这道光通常看不见，但这光在进入地面附近变稀薄的热空气后，就向上弯曲，从而折射到观察者的眼中，好像是从受热曲面之下发出的。当天空成为海市蜃楼的客体时，陆地就被错当成湖面或一片水面。

海斯 Hayes, Rutherford B(irchard)（1822～1893） 美国第19任总统（1877～1881）。生于俄亥俄州特拉华。曾在辛辛那提当律师，在几次逃亡奴隶案件中代表被告进行辩护，

R. B. 海斯，摄于1877年
By courtesy of the Library of Congress, Washington, D. C.

并加入新成立的共和党。在参加联邦军作战后，当选美国众议员（1865～1867），其后当选为俄亥俄州州长（1868～1872，1875～1876），以坚决主张发行有黄金储备可以兑现的通货而引起全国的注意。1876年他被提名为共和党总统候选人。他的对手民主党总统候选人S. J. 蒂尔登赢得较多的大选票数，但海斯的竞选经理争辩有4个州的计票有问题，后由一个特别选举委员会裁定，海斯就任总统。他上台以后，信守在和解谈判期间对南方温和派所作的秘密保证，把剩余的联邦军队撤出南方地区，结束了重建时期，并答应不干涉那里的选举，确保白人民主党重新占优势地位。他以考绩为依据改革了文官制度，结果引发R. 康克林与共和党内保守"顽固派"之间的争论。在1877年铁路大罢工中，海斯应州长们的请求，曾派联邦军队镇压罢工者。1880年拒绝再次被提名为总统候选人，退休后热心从事人道主义工作。

海斯利特 Hazlitt, William（1778～1830） 英国散文家。原本学习当牧师，但为摆脱贫穷而成为多产的评论家、散文家和演讲人。他开始为一些刊物撰稿（尤其是L. 亨特的《检查者》），其论文集以《圆桌》（1817）最为出名。还将一些讲稿收集成书，如《论英国诗人》（1818）、《论英国喜剧作家》（1819）等。另外还写了许多优美的散文，最有名的两部是《席间闲谈》（1821）和《直言者》（1826）。1825年出版的《时代的精神》收有他最感人的作品。

海獭 sea otter 又称great sea otter（大海獭）。罕见的、完全海栖的水獭，分布于北太平洋，通常栖于海底的海藻区。仰卧在水面，胸前压一块石头，把软体动物往石上猛击使其碎裂。后腿粗大，呈鳍肢状。长100～160厘米，体重16～40千克。毛皮厚，有光泽，浅红至深褐色。在1910年以前，人们为了获取它的皮毛而滥捕滥杀，几乎使其绝灭；现在受到充分保护，数量逐渐增加。

海廷克 Haitink, Bernard (Johann Hermann)（1929～　） 荷兰指挥家。原是小提琴家，1956年首次与阿姆斯特丹皇家音乐厅交响乐团联合演出。1961～1988年为该乐团常任指挥，留下大量的录音遗产。由于负责领导格林德包恩歌剧院（1978～1988）和科文特加登皇家歌剧院（自1988年起），他的歌剧事业也受到世人注目。

海豚 dolphin 水生哺乳动物，属小型有齿鲸类，通常有轮廓分明的喙形吻部。它们常被称为鼠海豚，但该名应是指钝吻鲸科。熟知的种是普通海豚（*D. delphis*）和宽吻海豚，

宽吻海豚（*Tursiops truncatus*）
By courtesy of the Miami Seaquarium

这两种都属于海豚科，广泛分布于温带海洋。海豚科约32种，大多数是灰色和灰黑色，或背面褐色腹面浅褐色，体长约1～4米。喙豚科有4种，体小，主要栖于南美和亚洲淡水水域，具细长吻，小眼，视力弱。长吻海豚科有8种。吻细长，分布在热带河流和海洋中；有时列入海豚科。dolphin也指鲯鳅（*C. hippuras*），是一种供食用和垂钓的海鱼，分布在世界各地的热带和温带水域。棘鲯鳅与其相似。

海外犹太人 Diaspora, Jewish 指在以色列以外，散居世界各地的犹太人。由于以色列国土与犹太民族之间有特殊关系，因此，*Diaspora*（希腊语，意为"散布"）还具有历史和宗教的含义。大多数正统犹太人支持犹太复国主义，希望回到以色列。而改革派犹太人仍然普遍认为，犹太人散居各地符合上帝的旨意。在经历了大屠杀后，赞成以色列立国的人们明显增加。公元前586年，犹太人被巴比伦人逐出故土，这是第一次重大的外流。在公元前1世纪，北非亚历山大城40%的居民是犹太人。即使在公元70年耶路撒冷城被毁之前，海外犹太人的人数也远多于巴勒斯坦犹太人。今天，全世界的犹太人约有1 400万，其中约400万在以色列，450万在美国，220万在俄罗斯和前苏联其他共和国。

海湾 bay 又译湾。半圆形或接近圆形的海岸凹入处，类似gulf（海湾），但较小。海湾的大小相差很多，小者仅有数百米宽，大者两岸相距数百千米。海湾多位于易侵蚀之岩石地区，如黏土与砂岩，但其外层则为较硬和较耐侵蚀的花岗岩之类的火成岩，或是大片硬质石灰岩。有些海湾形成优良港湾。

海湾 gulf 任何形海岸线大的凹进区域。与bay（海湾）在形状上类似，但海湾的面积较大。大多数的海湾都是由更新世冰川冰块的融化，海平面上升的结果而形成的。一些明显的海岸凹入是由于地壳的挠曲、褶皱和断陷而形成的，这些作用使得海岸线大段大段地下降到海平面以下，如加利福尼亚湾和阿曼湾。大多数海湾与海之间可有一条或多条海峡相连。一些海湾可能在其出口处有一群岛屿，其他一些海湾则可能向着反方向的另一海湾开口。海湾可能在海水性质及沉积作用过程方面区别于邻近的海。

海湾战争综合征 Gulf War syndrome 参加过波斯湾战争（1990～1991）的美国老兵身上的综合性疾病症候。其特征是多变而非特定性的症状，如疲乏、肌肉和关节疼痛、头痛、记忆丧失以及外伤后的紧张反应等。据信是沾染了称为抗胆碱酯酶的化学物质所致，在神经毒素、杀虫剂和预防性抗神经毒素药物中均有发现。这种病看起来不会致命，但会伴随着相当程度的痛苦和残疾。

海王星 Neptune 太阳系第8颗大行星，1846年发现，用罗马海神的名字命名。与太阳的平均距离为45亿千米，绕太阳一圈需164年，每16.11小时自转一周。海王星的质量约为地球质量的17倍，体积是地球的58倍，它的大气层顶部的引力比地球的强12%。赤道直径约为49 528千米。海王星主要由氢和氦组成。它没有固体表面，内部据信是由岩石、冰和气体流体混合物组成。它的大气中包含了大量的甲烷气体，甲烷吸收红光，使海王星看上去是深蓝绿色的。1989年美国发射的"旅行者"号空间探测器发现了海王星上的一些暗斑，可能是与木星的大红斑相似的风暴。其速度超过每秒700米的风，已知是太阳系行星中最快的。海王星只

能接收到很少的太阳辐射,而它辐射的能量远大于接收的,表明其内部有热源。海王星的弱磁场捕获带电粒子,在其周围形成一条环带。海王星有一个环系,主要由尘埃大小的粒子组成。已知海王星有13颗卫星;最大的是**海卫一**,几乎与地球的卫星月亮相等。

海卫一　Triton　海王星已知卫星中最大的一个。该卫星直径约2 700千米,比月球稍小。海卫一按逆行轨道运行,同海王星公转的方向相对,其运行速度很慢,每个季度要持续40年以上。它的大气很稀薄,由氮和甲烷构成,表面温度为-240℃。其地表覆盖有一层极厚的冰层,并有类似陨石坑的地带点缀其间。"旅行者"号发现的气体可能是海卫一地表在接受阳光照射后发散出的气体。

海伍德　Heywood, John(1497? ～ 1575年以后)　英国剧作家。其机智而又具有讽刺意味的诗文幕间剧(就一指定题材进行的对话),使英国戏剧的喜剧色彩在伊丽莎白时代得到充分发展。他的幕间剧不再写《圣经》的寓言,而是再现日常的生活和风尚。作品包括《气候剧》、《爱情剧》和《智多星与愚人》(皆印于1533年),以及《游方僧、赎罪券推销员、药剂师和小贩》(印于约1544年)。他还作有警句诗、叙事诗和一首讽喻诗《蜘蛛和苍蝇》(1556)。

海峡群岛　Channel Islands　又称Santa Barbara Islands(圣巴巴拉群岛)。美国加利福尼亚州南部的岛链。距太平洋海岸20～115千米,绵延240千米,该群岛分为圣巴巴拉群(圣米格尔、圣罗莎、圣克鲁斯、阿纳卡帕)和圣卡塔利娜群(圣巴巴拉、圣尼古拉斯、圣卡塔利娜、圣克利门蒂)。这些岛屿大小不一,最大的是圣克鲁斯岛(254平方千米),最小的为阿纳卡帕岛。群岛地势崎岖多山,经常有成群的海狮、海豹和鸟类在此栖息,以生长有几百种特有植物而闻名。较大的岛屿上有牧羊场和牧牛场,圣卡塔利娜岛是度假胜地。海峡群岛国家公园建于1938年,包括阿纳卡帕、圣米格尔、圣米格尔、圣米格尔和圣罗莎。

海峡群岛　Channel Islands　英国的岛群。位于英吉利海峡内,距离法国西部海岸16～48千米,面积194平方千米。由泽西岛、根西岛、奥尔得尼岛和萨克岛以及一些小岛屿组成,在行政上独立于英国政府。一些建筑物,包括**史前巨石**,证明史前时期这里已有人居住。海峡群岛10世纪时是诺曼底的一部分,1066年**诺曼征服**时期为英王属地。埃克里豪罗克斯和莱曼基耶两个小岛的主权问题曾使英法两国长期争执不下,直到1953年国际法庭判定英国拥有主权。然而,到20世纪末争执再起,因为主权决定大陆架经济开发(尤其是石油)的权利。第二次世界大战中,海峡群岛是唯一遭德国侵占的英国领土。群岛以所养的牛品种而闻名,如**泽西牛**和**根西牛**。

海峡殖民地　Straits Settlements　英国以前在东南亚**马六甲海峡**的直辖殖民地,包括由英属**东印度公司**建立或管辖的3个贸易中心:**槟榔屿**、**新加坡**和马六甲。1867年成为英国直辖殖民地。20世纪初**科科斯群岛**、圣诞岛和拉布安也成为海峡殖民地的一部分。第二次世界大战期间被日本人占领,1946年新加坡成为独立的殖民地后,海峡殖民地宣告结束。其他地区后归入澳大利亚和马来西亚。

海象　walrus　海象科唯一现存种。大型海兽,形似海豹,学名 *Odobenus rosmarus*。雄体长可达3.7米,重量可达1 270千克。性都有獠牙,雄体的獠牙牙长约1米,重5.4千

大西洋海象(*Odobenus rosmarus*)
Francisco Erize/Bruce Coleman Ltd.

克。无外耳。皮肤浅灰色,肩部折成很深的迭褶。常出没于浮冰上。群居,一群可达100头以上。栖息在欧亚大陆和北美的北极较浅的海域。可潜入深水,捕食蛤肉。因传统上作为当地人食物和毛皮的重要来源而遭受了几个世纪的商业性捕杀,导致数量不断减少。今禁止商业性捕获。

海啸　tsunami　又称seismic sea wave(地震海波)或tidal wave(潮波)。一种灾难性的海浪,通常由海底地震引起。水下或沿岸山崩或火山爆发也可能导致海啸。*tsunami* 来源于日文,指"港波"。而术语潮波是一个误称,因为这样的海浪同潮水没有关系。破坏性最大的可能是2004年在印度尼西亚苏门答腊岛的海底地震引发的印度洋海啸,在印度尼西亚、泰国、印度、斯里兰卡,乃至远在非洲之角的索马里等国共有超过20万人丧生。

海星　sea star　又称starfish(星鱼)。海星纲1 800种棘皮动物的统称,具可再生的腕,围绕在界限不易清楚划分的体盘四周,见于各海洋。辐径1～65厘米,但多数为20～30厘米。其腕通常为5条,中空,并和体盘一样有短刺和叉棘覆盖其上。下面的沟内有管足(有的末端有吸盘),用以爬行或爬上陡峭的表面。有些种类将有机颗粒扫入体盘底部的口中,其他则将胃翻至猎物饵上进行体外消化,或将其整个吞入。

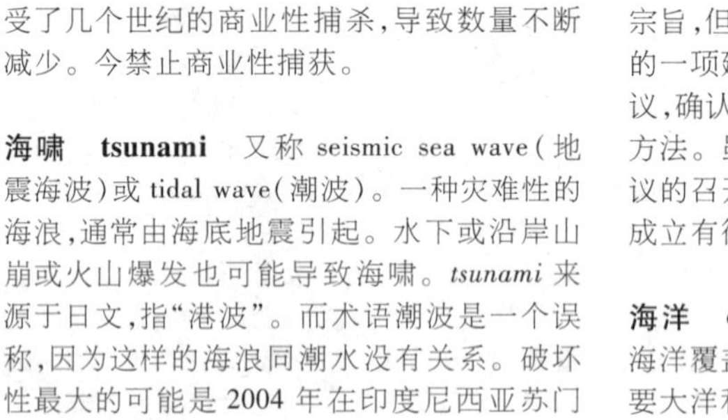

星鱼的主要特征。水管系用的水从筛板进入,传入一环状管,又入腕管和侧管。从管道出来便进入与顶部囊状的壶腹相连的管足。管足收缩,水便进入壶腹,这一抽一吸使管足末端的吸盘固着于一表面;壶腹收缩,水便进入管足,管足伸长,解除了抽吸动作。这些协调的动作使海星有可能运动、袭击和捕获食物。许多海星的贲门胃能从口腔外翻到躯体底部,包住猎物,可能在胃回到体内前,就开始在体外进行消化了。

海牙　Hague, The　荷兰语作Den Haag。荷兰城市,荷兰王国政府所在地。距北海6千米,为荷兰行政首都和法院及政府所在地,而**阿姆斯特丹**是该国的法定首都。1248年荷兰的伯爵在此建造了一座城堡。这些建筑形成今日的旧城部分,称为"内廷",1585年起成为荷兰政府所在地。19和20世纪城市发展迅速,成为政府、国际司法以及各大公司总部的中心,企业多属贸易、银行、保险等服务业。**国际法院**设于和平宫(1913)。该市有许多著名的建筑物,第二次世界大战德国占领期间曾受到严重破坏,但多数幸免于难。人口约488 553(2010)。

《海牙公约》　Hague Conventions　一系列在荷兰海牙签订的国际条约(1899、1907)。第一次海牙会议是应俄国的邀请而召开,目的是讨论限制军备扩张和试图限制武器。会议有26个国家的代表参加并通过了几个建议案,包括禁止使用窒息性毒气(1907年没有续签)和成立常设仲裁法院。1907年的第二次海牙会议,由美国总统**T. 罗斯福**首倡,有44个国家的代表参加,同样以限制武器为宗旨,但还是未能达成协议。此次会议通过的一项建议在8年内召开另一次会议的协议,确认了国际会议是解决国际问题最好的方法。虽然第一次世界大战延迟了下一次会议的召开,但其精神对**国际联盟**和**联合国**的成立有很大影响。参阅**《日内瓦公约》**。

海洋　ocean　庞大连绵的茫茫咸水水域。海洋覆盖着地球表面的71%。海洋分成主要大洋和面积比大洋小的海。太平洋、大西洋和印度洋为主要的三个大洋,它们之间的边界以陆地和海底地形界定。这三大洋都和环绕南极大陆,有时称作南大洋的水域相连。重要的边缘海,主要分布在北半球,部分由大陆或岛弧所围绕。最大的边缘海有北冰洋及附近诸海、加勒比海及附近诸海、地中海、白令海、鄂霍次克海、黄海、中国海和日本海。

《海洋法》　Sea, Law of the　1982年由117个国家签订的以条约形式编定的国际

法，包括领海、航道和各种海洋资源的状况及使用。最初英国、联邦德国、以色列、意大利，以及其他工业化国家没有签署，美国到1998年已接受大部分条款。条约规定，各国主权管辖的水域是从该国海岸起向外延伸12海里（22千米）。每个沿岸国家都独享在离海岸200海里（370千米）范围的水域内捕捞鱼类和其他海洋生物的排他性权利。没有签约的国家则反对这些规定，以及在国际海域（超过200海里范围限制）开采海底矿藏的生产最高限额的决议。

海洋生物学　marine biology　研究在海洋或河口中生活的动植物以及直接从咸水水体中取得食物及其他生存必需品的空中和陆栖生物体的学科。海洋生物学研究海洋现象同生物体的分布及其环境适应性之间的关系。其中尤其要研究生物如何适应海水的化学和物理特性、海洋的运动和洋流、不同深度海水中的光线、构成海底的成分。其他重要的研究领域还包括海洋食物链、重要经济鱼类和甲壳类动物的分布和污染造成的影响。19世纪后半期，研究重点是对海洋生物进行采集和分类，并因此开发了特殊的渔网、捞网和拖网等。在20世纪，经过改进的潜水工具、技术和水下照相机、电视实现了对海洋生物的直接观察。

海因　Hine，Lewis（Wickes）（1874～1940）美国摄影家。生于威斯康星州奥什科什。他被培养成为一名社会学家。1904年他开始拍摄埃利斯岛上的移民以及他们生活和工作的住房和血汗工厂。1911年他受聘于全国童工委员会来记录童工的状况。他走遍了美国东部，拍摄出受剥削儿童的令人震惊的许多照片。在第一次世界大战中，他在红十字会任摄影师。回到纽约后，他拍下了帝国大厦的建造过程。晚年他还拍摄了许多政府的工程项目。

海因茨　Heinz，H（enry）J（ohn）（1844～1919）　美国企业家，大型加工食品企业创办人。出生于匹兹堡，在家乡进入父亲的砖厂工作，并同时创办了一家商号，将匹兹堡当地制造的杂货产品，配送给地区经销商。1876年他和一个弟弟及堂弟三人共同开办一家食品工厂，制造腌渍食物、番茄酱、烘焙豆类及其他特制食品，取名F. & J.海因茨公司，1888年工厂重组，更名为H. J.海因茨公司，1905年再改为股份有限公司，海因茨任总裁，直到去世。

海因莱因　Heinlein，Robert A（nson）（1907～1988）　美国科幻小说家。生于密苏里州巴特勒。曾念研究生，获得物理学和数学学位，20世纪30年代在廉价杂志《惊骇科幻小说》上开始发表作品。第一本书是《伽利略号火箭飞船》（1947），随后是大量小说和故事集。《陌生国土上的陌生人》（1961）是他最著名的作品，吸引了大群崇拜者。其他的书包括《双星》（1956）、《玛土撒哈的子孙们》（1958）、《星舰战将》（1959）、《月球是个粗暴的妇人》（1966）和《不畏邪恶》（1970）。他赢得了4次雨果奖，这是从未有过的。其作品复杂的结构大大促进了科幻文学体裁的发展。

海因斯　Hines，Earl（Kenneth）（1903～1983）别名"Fatha Hines"。美国钢琴家和乐队领队，对爵士钢琴音乐的发展有重要的影响。生于宾夕法尼亚州迪尤肯。他是一位技术精湛和不知疲倦的钢琴家。他打破传统（通常用左手两拍的节奏给右手旋律伴奏），用右手演奏出像小号一样单音乐器的音律。1928～1948年，海因斯成功地领导了芝加哥的一个大乐队。他受到L.阿姆斯特朗的影响，在他们的职业生涯中，两人经常在一起演出。20世纪20年代末以来他们合录的唱片，特别是《候鸟》，成为爵士乐的经典之作。

海约翰　Hay，John（Milton）（1838～1905）美国外交家和作家。生于印第安纳州塞勒姆。在伊利诺伊州斯普林菲尔德学法律时，结识A.林肯。1861～1865年任林肯总统私人秘书。然后赴欧洲出任外交官（1865～1870）。为《纽约论坛报》（1870～1875）撰写社论，于1879～1881年任助理国务卿。1890年与人合编10卷的《林肯传》。W.麦金利总统时代任驻英大使（1897～1898）。后任国务卿（1898～1905），参加结束美西战争的巴黎和平谈判，在谈判中坚持吞并全部菲律宾群岛；力主对中国实行门户开放政策；与英国进行谈判，使美国取得开凿巴拿马运河的独占权。

海藻　seaweed　任何一种红色、绿色以及棕色的海产藻类。通常以根状固着器固着于海底或某种固体结构上，固着器只起固着功能，而不像其他高等植物的根那样要吸收养分。最常见的海藻是棕色海藻；在低潮时能看到成片的苔藓般红色海藻。海藻在浅水中常常生长密集。常见的褐藻包括大型褐藻（最大的海藻就属该类）和马尾藻。有些海藻有空心气囊，使叶状体浮在水面。石莼类海藻，即俗称的海白菜，属于海藻中较少见的绿藻。海藻可用作食用，褐藻被用作肥料。红藻石花菜属被用来生产凝胶状的琼脂。

亥维赛　Heaviside，Oliver（1850～1925）英国物理学家。1902年就预言电离层的存在。A.肯涅利（1861～1939）在他之前已作出类似的预言，因此电离层一直被称为肯涅利-亥维赛层。他对电话理论的贡献促使长途通话得以实现。在《电磁理论》（1893～1912）一书中，他提出电荷的质量将随其速度的增加而增加，预示了A.爱因斯坦狭义相对论的一种概念。他还发展了数学上的变换系统，称为亥维赛微积分。

氦　helium　化学元素。化学符号He，原子序数2。一种稀有气体，无色、无臭、无味，完全不起化学反应，而且无毒。1868年从观察太阳周围的大气光谱时首度发现。氦是宇宙中仅次于氢的第二个最丰富、第二个最轻的元素。在地球大气层中虽只占一小部分，但在天然气中却多达7%。氦是由放射性衰变（参阅放射性）形成的，可用于氦年代测定法还可当作一种惰性气体应用于电弧焊接、火箭推进、气球飞行、高压舱、深海潜水、气相色谱法、发光信号和低温技术。液体的氦仅存在于-268.9℃（在绝对零度之上约4℃），是一种"量子流体"，具有独特的性质，包括超流性、超导电性和近于零的黏性。

犴　elk　一种大型有蹄动物*Alces alces*在欧洲的统称。在北美称为驼鹿。该词又指鹿属（*Cervus*）多种大型动物，尤其是欧洲的赤鹿、克什米尔鹿、喜马拉雅鹿以及美洲赤鹿。犴亦可指已绝灭的爱尔兰麋。

汗　khan　历史上指蒙古部落的统治者或君主。在更早一些时候，汗这个头衔是与可汗或大汗有区别的；后来塞尔柱王朝和花剌子模沙王朝采用汗这个称号作为贵族的最高头衔。逐渐地，任何拥有资产的穆斯林都可以在名字后面加上汗这个称号。现在通常当作姓来使用。

含水层　aquifer　含水的并能释放出可观水量的岩层。岩层内有充满水的孔隙，当它们相连时，水就在岩石中流动。封闭含水层是由无明显水量输送或不透水岩层封闭或覆盖的，但是真正的封闭含水层很少。非封闭含水层上面没有不透水岩层，通过渗透与大气层相通。含水层也被称为载水岩层、载水体或载水区。

含羞草类　mimosa　含羞草科含羞草属植物，有450多种，原产于热带和亚热带，遍布两半球。多为草本、小灌木或木质攀缘植物，少数是小乔木，通常具刺。因其叶片美观，并会对光线和触碰作出有趣的反应，因此在世界范围内广为种植。有几种的叶在黑暗中下垂，受触碰后合拢。它的名字也源于对动物敏感性的"模拟"。某些种类的根有毒，另一些含有刺激皮肤的物质。许多金合欢植物也普遍被误称为含羞草。

韩德尔　Handel，George Frideric（1685～1759）　原名Georg Friederich Händel。德裔英国作曲家。出生在哈雷的一个理发师兼外科医师的家庭，他努力学习管风琴、小提琴和

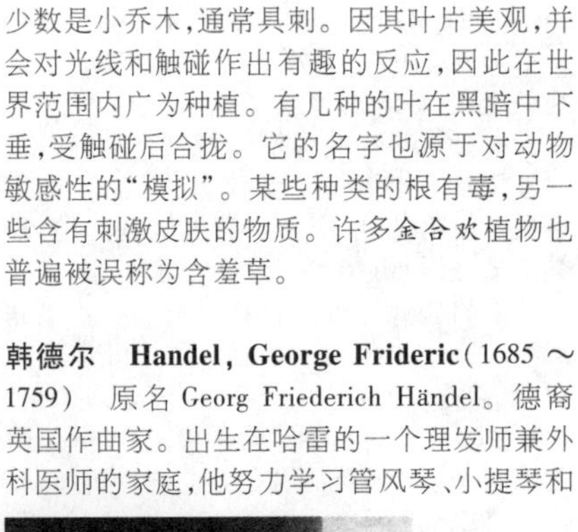

G. F.韩德尔，油画，根据T.赫德森的油画（1756）复制；现藏伦敦国立肖像画陈列馆

By courtesy of the National Portrait Gallery, London

作曲。1703年移居汉堡，在R.凯泽(1674～1739)领导的歌剧乐团演奏，1705年在那里创作了第一部歌剧。一位梅迪契亲王邀请他去佛罗伦萨，在那里及在罗马期间受到枢机主教和贵族的赞助，他完成了多出清唱剧以及康塔塔和歌剧。汉诺威选侯请他任宫廷乐长(1710)，他要求在出任该职之前准许他前往伦敦访问。他的歌剧《里纳尔多》使他一举成名(1711)；此后，他终其余生留在英国，未再回到汉诺威。1714年德国选侯成为英国的乔治一世二人间的误会冰释，国王成了他的一个赞助人，韩德尔出任新成立的皇家音乐学会的音乐总监，这是一家歌剧院，原本生意兴隆直到大众对意大利歌剧的兴趣减低为止。1732年他改编后的清唱剧《以斯帖》公开演出，这是首出在英国演出的清唱剧。其后又演出许多成功的英语清唱剧，包括他伟大的创作《弥赛亚》(1741)。汉德尔实际上是世界上最伟大的管风琴和大键琴演奏家。他去世后，声誉大幅度提高，并支配着英国音乐达一个多世纪。他的作品有近45部意大利歌剧，包括《朱利奥·凯撒》(1723)、《奥兰多》(1733)和《阿尔其纳》(1735)；清唱剧包括《以色列人在埃及》(1739)、《扫罗》(1739)和《耶弗他》(1752)；教堂音乐包括《钱多斯赞美歌》(1718)和《乔治二世加冕赞美歌》(1727)；他的管弦乐作品有著名的《水上音乐》(1717)和《王室焰火音乐》(1749)，第三号《大协奏曲六首》和第六号《大协奏曲12首》及17首管风琴协奏曲。

韩国　Korea, South　全称Republic of Korea(大韩民国)。朝鲜半岛南部国家。位于日本西方，包括北距朝鲜半岛97千米远的济州岛。面积：99 678平方千米。人口：约50 154 000(2013)。首都：首尔。在人种上，几乎全是朝鲜人。语言：朝鲜语(官方语言)。宗教：基督教(新教、罗马天主教及其他基督教派)、传统信仰、佛教、新宗教、儒家学说。货币：圆。绝大部分土地是山地，最高峰是济州岛的汉拿山(1950米)。人口十分稠密的低地地区以种植水稻为主。洛东江和汉江是主要河川。经济大部分以服务业、制造业(包括石化产品、电子产品和钢)和高技术产业为基础。韩国为共和国，一院制。国家元首暨政府首脑为总统，由总理辅佐。第二次世界大战后被美军占领，1948年在朝鲜半岛北纬38°线以南成立大韩民国。1950年朝鲜战争爆发。主要由美军组成的联合国军介入支持韩国一方，中国则站在朝鲜一方，1953年签署停战协议后战争结束。战后这个残破的国家在美国援助下重建，并繁荣起来，由农业经济转化为高度依赖出口的工业经济。始于20世纪90年代中期的经济衰退影响了包括韩国在内的亚洲许多国家。伴随着阶段性的紧张局势，南北朝鲜和解取得一定成果，包括领导人的第一次会晤(2000年)和来自两国的家庭团聚。韩国第一次参加奥运会是1948年伦敦的夏季奥运会，此前1932、1936年有运动员代表日本参加过奥运会比赛。1988年在首尔举办了夏季奥运会。2011年，韩国江原道平昌郡被选为2018年冬季奥运会举办地。

寒武纪　Cambrian Period　古生代最老的一个时间划分单位，延续范围距今5.41亿～4.854亿年。在这段地质时期内，海洋广布，有一些分散的陆块。最大的大陆是冈瓦纳古大陆。一般气候可能比现在暖和，各区之间甚少差异。没有陆生植物或动物，但有海洋生物，它们不是有矿物化的外壳，就是有骨骼。因为主要的动物是三叶虫，所以寒武纪有时也被称为"三叶虫时代"。

汉堡　Hamburg　德国北部城市和州。位于易北河畔，面积755平方千米，是德国最大的港口。9世纪时在汉玛城堡周围发展起来。13世纪中期与吕贝克签订条约，导致汉萨同盟的建立，汉堡为首。1810～1814年并入法兰西帝国，1815年成为德意志联邦的自由市。第二次世界大战时同盟国的轰炸，造成约55 000人死亡，城市被毁。战后迅速重建。汉堡是F.门德尔松和J.勃拉姆斯的出生地，也是汉堡歌剧院所在地，在音乐史上占有一席之地。它是德国最重要的工业城市，也是德国北部主要的经济中心。市区人口约1 726 363(2002)。

汉迪　Handy, W(illiam) C(hristopher)(1873～1958)　美国作曲家、短号手和乐队队长。他把布鲁斯融合于雷格泰姆乐曲中，从而改变了美国流行音乐的发展方向。汉迪生于阿拉斯加州弗洛伦斯。世纪之交，他在数个乐队担任独奏乐师和指挥，后来成为一位活跃于孟菲斯(1908)和纽约(1918)的音乐发行人。汉迪的音乐作品，如《圣路易斯布鲁斯》、《比尔街布鲁斯》和《孟菲斯布鲁斯》，成为20世纪20年代最受歌手和演奏家欢迎的作品。他为布鲁斯旋律加上和声，有助于以布鲁斯作为一种和声框架来进行即兴演奏。

汉弗莱　Humphrey, Doris(1895～1958)　美国舞蹈演员，现代舞编导。1917年加入丹尼斯肖恩剧团，1928年离开，与魏德曼(小)一起创办了一所学校和舞蹈团，该舞蹈团直到1944年仍很活跃。她创作的舞蹈表现出平衡与不平衡、跌倒与恢复之间的革新，作品有《水的研究》(1928)、《震颤教派》(1931)和《新舞》(1935)。1945年汉弗莱告别舞台，但继续担任J.利蒙剧团的艺术指导，创作了《尘寰一日》(1947)和《废墟与幻影》(1953)等作品。

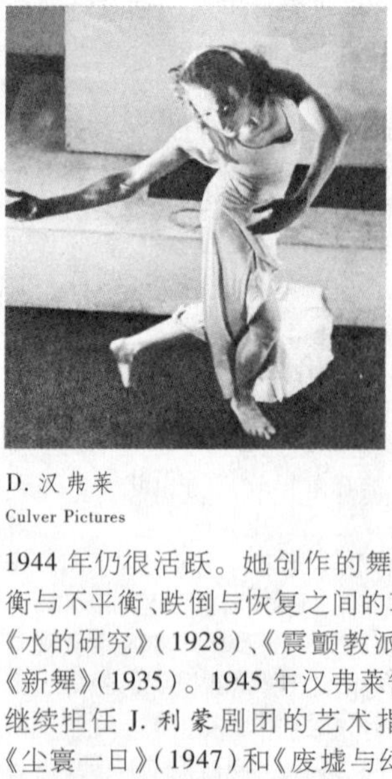

D. 汉弗莱
Culver Pictures

汉考克　Hancock, John(1737～1793)　美国独立战争的领袖。生于马萨诸塞州布伦特里。1754年随富有的叔父在波士顿经商。他因带领商人反对《印花税法条例》而被认为是个爱国者。1769年，就在英国人抢走了他的一条船后，被选入马萨诸塞地方议会，并成为波士顿惨案后成立的波士顿市政委员会主席。他成为地方议会主席(1774～1775)，与S.亚当斯同为马萨诸塞爱国者领袖。1775年二人因英国军队欲以叛国罪逮捕他们被迫逃亡。1775～1780年汉考克是大陆会议的成员，并于1775～1777年担任主席；他以粗的花体字签署《独立宣言》，使得他的名字成为"亲笔签名"的同义词。1780～1785年和1787～1793年担任马萨诸塞州州长，1788年主持该州州制宪会议，批准联邦宪法。

汉密尔顿　Hamilton, Alexander(1755？～1804)　美国政治家。生于西印度群岛背风群岛内维斯。1772年来到新泽西。美国独立战争期间加入大陆军，在特伦顿战役中表现英勇。后任G.华盛顿将军的中校副官(1777～1781)，因法语流利，负责与法国指挥官们联络。战后，在纽约市执律师业。大陆会议时，主张建立强大的中央政府。1786年代表纽约州出席安纳波利斯会议，他写的请愿书导致全国制宪会议的召开。他与J.麦迪逊和J.杰伊为《联邦主义者文集》撰写了一系列解释新宪法的论文并寻求它的通过。后担任首位财政部长(1789)，他提出了建立美国银行和加强中央政府的一系列纲领。由于他的政策受到T.杰斐逊反对，因而导致政党的组成：汉密尔顿成为联邦党的领袖，麦迪逊和杰斐逊建立了民主共和党。汉密尔顿倾向于与英国建立密切联系，并促使华盛顿在法国大革命中保持中立。1796年因反对提名J.亚当斯竞选总统，造成联邦党失和。1800年他试图阻止亚当斯连任，于是散发一份攻击密函，却让长期与他不和的A.伯尔取得并予以刊登。当杰斐逊和伯尔双双击败亚当斯但得票相同时，汉密尔顿出面说服下议院的联邦党人选择杰斐逊。1804年他反对伯尔竞选纽约州州长。这种侮辱和对伯尔人格的质疑，使得伯尔要求与汉密尔顿决斗。汉密尔顿决斗后伤重去世。

A. 汉密尔顿，油画，J.特朗布尔绘；现藏美国华盛顿国家美术馆
By courtesy of the National Gallery of Art, Washington, D. C., Andrew Mellon Collection

汉密尔顿　Hamilton, Edith(1867～1963)　德国出生的美国学者和教育家。在印第安纳州维恩堡长大,以教育为其志业。她自布林莫尔学院毕业,29岁时担任该学院预备学校的校长。与学校行政工作相比她较喜欢研究古典文学,退休后完成了《希腊的道路》(1930)和《罗马的道路》(1932)等历史著作。她的《神话》(1943)则被作为教科书在美国各学校广泛使用。90岁高龄时获雅典市荣誉市民称号。

汉密尔顿夫人　Hamilton, Emma, Lady(1761?～1815)　原名Amy Lyon。英国社会名流,海军上将H.纳尔逊的情妇。1786年成为威廉·汉密尔顿爵士(1730～1803,当时任英国驻那不勒斯王国公使)的情妇,二人于1791年结婚。因容貌美丽,G.罗姆尼常为她画肖像,她成为那不勒斯交际场中的红人。1798年成为纳尔逊的情妇,1801年生下女儿霍雷希亚,汉密尔顿去世(1803)后便与纳尔逊同居。她将两个男人留给她的钱都挥霍殆尽,负债入狱(1813～1814),后死于贫困。

汉姆生　Hamsun, Knut(1859～1952)　原名Knut Pedersen。挪威小说家、剧作家、诗人。农民出身,几乎没有受过正规教育。他的第一部半自传体小说《饥饿》(1890),描写一个挨饿的挪威青年作家,显露出他富有激情的抒情风格。后来,他又写了《神秘》(1892)、《牧羊神》(1894)及《维多利亚》(1898),建立了他在新浪漫主义反对社会写实主义运动中的领导地位。《大地的成长》(1917)和他的许多其他小说都表达了强烈的个人主义和回归自然的哲学思想。1920年获诺贝尔文学奖。由于对西方现代文化的反感,使得他在德国占领挪威期间支持纳粹;战后入狱并被判刑,他的声誉也受到严重影响。

汉穆拉比　Hammurabi(?～约公元前1750)　巴比伦阿莫里特王朝的第6代国王,也是最著名的巴比伦统治者。他的王国是巴比伦尼亚几个主要王国之一。为控制幼发拉

汉穆拉比的石灰石浮雕;现藏不列颠博物馆
By courtesy of the trustees of the British Museum; photograph, J. R. Freeman & Co., Ltd.

底河,而于公元前1787年征服乌鲁克(埃雷克)和伊辛等城市;但他放弃继续在这个地区进行战争,公元前1784年转而向西北和东方进攻。接下来20年的和平以及随后14年几乎未曾停止过的战争,终于统一了美索不达米亚。他借助控制水道(筑坝将河道水位抬高不给敌方用水,或放水造成洪水灾害)来打击他的敌人。他还致力于修建和整修庙宇、城墙、公共建筑及运河。收编在《汉穆拉比法典》中的法律,证明他希望成为一个公正的君主。

《汉穆拉比法典》　Hammurabi, Code of　现存最全面、最完整的巴比伦法律汇编,是汉穆拉比在位时期发展起来的。收录了直到他在位末期他在法律方面做出的282条决定,被篆刻在巴比伦民族神马尔杜克庙内一座闪长岩石柱上。全部以阿卡得文字写成。尽管该法典还有一些有关家庭团结、酷刑审讯和同态复仇(即以眼还眼、以牙还牙)的内容,但和部落习惯相比却进步得多,它不承认血亲复仇、私人报复和抢婚制度。该法典的主要部分现保存在巴黎卢浮宫博物馆。

汉尼拔　Hannibal(公元前247～前183?)　迦太基人,古代最伟大的军事统帅之一。随其父迦太基将军哈米尔卡尔·巴尔卡(?～公元前229或前228)到西班牙,一生与罗马共和国为敌。其父及姐夫去世后,他负责统帅西班牙的迦太基军队(前221)。他保护西班牙,后来越过埃布罗河来到罗马的领地,最后进入高卢。他翻越阿尔卑斯山进入意大利;因大象和马的拖累,他受到来自高卢部落、冬季的严寒以及他自己的西班牙军队叛逃的困扰。他击败弗拉米尼乌斯,但受到费边·马克西姆斯不断的干扰。公元前216年取得坎尼战役的胜利。公元前203年前往北非协助迦太基军队抵抗西庇阿(大)的军队。他在扎马战役中惨败于西庇阿的盟友马西尼萨,但他设法逃脱。约公元前202至公元前195年他是迦太基领袖;后被迫出走,投奔叙利亚王安条克三世,他受命指挥一支舰队抵抗罗马,但遭惨败。马格内西亚战役(前190)后,罗马要求交出汉尼拔;他企图逃走,后自知无法逃脱而服毒自杀。

汉诺威　Hanover　德语作Hannover。德国西北部下萨克森州首府。临莱讷河,1100年首见记载。1386年加入汉萨同盟。1495年开始归属韦尔夫王朝(后来的汉诺威王室)统治。曾是汉诺威王国首都(1815～1866),后被普鲁士吞并。1946年成为下萨克森州首府。第二次世界大战受到严重破坏,现已重建。今日是德国的教育、金融和商业中心,有高度发达的各种工业。人口约516 415(2002)。

汉诺威王室　Hanover, House of　日耳曼血统的英国王室。第一代为汉诺威选侯乔治·路易,1714年继承英国王位,称乔治一世。这个王室产生过6个君主:乔治一世、乔治二世、乔治三世、乔治四世、威廉四世和维多利亚女王。根据《王位继承法》(1701)的规定,斯图亚特王室的安妮就成为推定继承人;如果她没有子女,王位就将传给詹姆斯一世的孙女汉诺威女选侯索菲亚(1665～1714)及其子孙。这个王室由萨克森-科堡-哥达王室继承,该王室1917年改名为温莎王室。

汉普顿　Hampton, Lionel(1909～2002)　美国爵士乐颤音琴演奏家、鼓手和大乐队的队长。出生于肯塔基州路易斯维尔。1930年该乐队与L.阿姆斯特朗一起录制唱片,他成为第一位用颤音琴录音的音乐家。加入B.古德曼的小型乐团(1936～1940),后自组乐队。汉普顿以其演奏的节奏活力和表演才能闻名,也是节奏与布鲁斯的前辈之一。

汉普郡　Hampshire　英格兰中南部一郡。临英吉利海峡。温切斯特为郡首府。泰斯特河与埃文河是其主要河流。考古表明当地有铜器时代到铁器时代的史前居民点。西尔切斯特和温切斯特等镇在罗马统治时期得到发展。该地区后饱受北欧人入侵之苦,中世纪时尚称和平,并开始以羊毛业著称。朴次茅斯和戈斯波特是英国重要海军基地,南安普敦是主要客运港。人口1 240 032(2001)。

汉萨同盟　Hanseatic League　又作Hansa。中世纪晚期由德意志北部城市和德意志海外贸易集团创立的组织,其宗旨是维护相互间的商业利益。13～15世纪,汉萨同盟是北欧的重要经济和政治势力。汉萨同盟通过镇压劫匪和海盗以保护货物运输,并兴建灯塔以保障航行安全。更重要的是,该同盟以获得商业特权垄断,以及通过建立海外贸易基地来寻求组织和控制贸易。在严重情况下其成员还发动了战争,1368年汉萨同盟组织军队击败了丹麦,确保其在波罗的海的霸权。逾150个城镇和该同盟有一定程度的联系,包括不来梅、汉堡和吕贝克。

汉斯贝里　Hansberry, Lorraine(1930～1965)　美国女剧作家。生于芝加哥。童年生活在一个黑人家庭,周围邻居都是持有敌意的白人。她将这段幼时经历写成《阳光下的葡萄干》(1959),这是她的第一部剧作,也是在百老汇上演的第一部由黑人妇女创作的剧本。该剧广获好评,1961年拍成电影。她的第二部作品《西德尼·布鲁斯坦窗口的标记》(1964)在百老汇上演时反应平淡。她的光明前途因患癌症早逝而中断。

汉他病毒　hantavirus　布尼亚病毒科的病毒属,引起肺炎与出血热。由啮齿动物携带,直接传给人类,或被吸入,但似乎不会通过人传染给另一人。20世纪90年代在美国西南部爆发流行,造成类似流行性感冒且经常致命的神秘疾病,原本健康的成人快速呼吸衰竭。元凶就是鼠类携带的汉他病毒,以前在美国与人类疾病没有关联。

汉藏诸语言　Sino-Tibetan languages　包括汉语与藏缅语族两个分支的语系。藏缅语族为数百个差异甚大的、约6 500万人使用的集合体,涵盖地区由巴基斯坦北部,东到越南,由西藏高原到南边马来半岛;包括藏语、缅甸语、克伦语及尼泊尔、印度、缅甸、孟加拉、中国和泰国的许多其他语言。藏语与缅甸语是唯一具有长远文学传统的藏缅语。缅甸语采用了孟语书写文字(参阅孟-高棉诸语言)。

汉志　Hejaz　阿拉伯语作Al-Hijaz。沙特阿拉伯西部地区。北起约旦边境,沿阿拉伯

半岛的红海海岸延伸，南止于阿西尔地区，幅员辽阔。该地北部早在公元前6世纪即有人居住。公元7世纪时，伊斯兰教诞生于此区的城市麦加和麦地那，后来这两座城市一直是伊斯兰教的圣城。1258年落入马木路克王朝手中。1517年归属奥斯曼帝国。1916年侯赛因·伊本·阿里率众叛乱，并在此称王。1926年内志统治者伊本·沙特·阿不杜勒·阿齐兹称汉志王，1932年将汉志、内志和其他地区合并为沙特阿拉伯王国。

旱冰运动　roller-skating　参加者穿上装有一组轮子的鞋在旱冰场上或铺平的地面上滑行的运动。传说旱冰运动是比利时人墨林在18世纪60年代发明的。但是第一双实用的四轮鞋是美国马萨诸塞州梅德福的普林顿于1863年设计的。旱冰速滑在20世纪初开始流行。后来，旱冰速滑队在倾斜的跑道上表演"旱冰比赛"，变成观赏性的运动。20世纪晚期，直列旱冰鞋的势头盖过四轮鞋，直列旱冰鞋的小轮为一排，而不像传统四轮鞋那样呈标准的矩形。

旱獭　marmot　旱獭属约14种矮胖、昼行、地栖松鼠的统称，分布于北美、欧洲和亚洲。体长30～60厘米，不包括短尾，体重3～7.5千克。大多数品种栖息于地穴中或巨

奥林匹克旱獭(*Marmota olympus*)
E. R. Degginger

砾间。常直坐观望，并发出刺耳的啸叫以示警告。几乎完全靠绿色植物为生，储存脂肪以备冬眠。西伯利亚和北美西北部黑白相混的花白旱獭冬眠时间达9个月之久，人们猎取它们作为食物并取其毛皮。黄腹旱獭生活在美国西部及加拿大不列颠哥伦比亚。参阅美洲旱獭。

焊接　welding　用于连接金属零件(经常通过加热)的技术。这种技术是在将铁加工成有用形状的尝试中发现的。在公元第1千纪中发明了焊接刀刃，其中最著名的是叙利亚大马士革的阿拉伯人武器制造者所制造的。当时人们已经知道生产坚硬钢材的铁渗碳法，但是制得的钢很脆。焊接技术，包括在相当软而有韧性的铁上迭加高碳材料夹层，然后再用锤锻打，可生产出高强度而有韧性的刀刃。现代焊接的过程包括气焊、电弧焊、电阻焊。更现代的方法有电子束焊、激光焊，及数种固态方法，如扩散焊、摩擦焊和超音波焊。

行列式　determinant　在线性代数中，与具有相同行、列数的矩阵有关的数值。它在解决(线性)方程式系统和研究向量方面特别有用。如在22的矩阵中，行列式的解答是左上和右下数字的乘积减去左下和右上数字的乘积。较大的矩阵行列式包含更复杂的各项运算组合，通常要用计算器或计算机来解算。

绗缝　quilting　将两层织物缝合在一起的一种工艺。通常在两层织物之间填以软而厚的物料。用羊毛、棉花或其他物料作为填层可隔热；绗缝的针迹使填入物料保持均匀，同时也能在图案和技术方面表现出艺术性。绗缝在世界许多地方久已用于衣着，特别是在远东、中东和非洲穆斯林地区。在美国，将绗逢用于衬裙和盖被，因而得到充分发展。到18世纪末更有各种特殊的样式，例如，以鲜艳(嵌花)的织物作为外层，或者有着效仿嵌花图样的针迹。

航海条例　Navigation Acts　英国17～18世纪时针对英国或殖民地的船只从事英国贸易的法律。目的在于鼓励英国的造船业，并限制英国贸易对手，尤其是荷兰的竞争。18世纪的航海条例逐渐限制了美洲殖民地的贸易，对糖、烟草和糖浆征收附加关税，从而引起殖民地日益增长的不满情绪。

航空　aviation　重于同体积空气的航空器的研制与操作。1783年气球成为第1个载人飞行器。1891年滑翔机的研制成功以及内燃机的改进使得1903年莱特兄弟成功地进行了第1架以发动机为动力的飞机试飞。第一次世界大战加速了航空的发展。20世纪20年代出现了第1批运送邮件和乘客的小型飞机。第二次世界大战中，飞机的大小、速度、航程都有所创新。20世纪40年代晚期，喷气发动机使后来全世界商业航线的发展成为可能。参阅直升机。

航空航天工程　aerospace engineering　研究航空器和航天器的发展、设计、制造、试验和运作有关的工程领域。源自气球飞行、滑翔机和飞艇。20世纪60年代后，航空工程的概念已扩大到宇宙飞船在内的飞行器。它主要包括空气动力学、推进、结构、稳定性和操纵性等技术门类。结合学术界、工业界和政府研究机构的航空工程师合作起来研发出新产品。然后，在原型机试飞成功后就可以批量生产和使用。航空工程上的重要发展包括金属硬壳式机身、悬臂式单翼机机翼、喷气发动机、超音速飞行和太空飞行。

航空航天医学　aerospace medicine　医学的一个分支学科，最先由P. 贝尔提出，所涉及的范围是大气飞行(航空医学)和航天飞行(宇宙医学)。密集的飞行前仿真器训练，以及注重设备、宇宙飞船的设计，可使暴露在飞行重力下的人更为安全和工作更有效率，避免了一些问题的产生。1948年美国建立了世界第1个航空航天医学研究的机构。受过航空航天医学训练的医生称作"飞行外科医生"。

航空母舰　aircraft carrier　备有平台，可供飞机起飞和降落的海军舰船。为了便于起飞，将船转向逆风方向，舰上装有与飞行甲板齐平的弹射器，可帮助飞机弹射起飞；为了降落，飞机上装有可收放的钩子，降落时钩住横系在甲板上的绳索，可使飞机很快停住。英国海军在第一次世界大战快结束时，制造出第1艘真正的航空母舰。第二次世界大战初期，航空母舰第一次用于战斗。日本袭击珍珠港，就是使用以航空母舰为起降基地的飞机。后来在太平洋战区的几次重大海战，如中途岛、珊瑚海之战，航空母舰都起了重要作用。

航空站　airport　飞机起飞和着陆的场地和地面设施。早期的飞机场是一块称之为着陆场的开阔草地，航空站让飞行员直接迎风起飞，可增加飞机的升力，迎风降落可减低飞机的着陆速度。20世纪30年代，飞机越来越重，需要在铺设的跑道平面滑行。较大的飞机需要更长的跑道，现代跑道长达4 500米，可供最大型的喷气飞机起降。空中交通由指挥塔台和地区中心调度。客运和货运终点站包括行李搬运和旅客运送业务。

航天飞机　space shuttle　正式名称Space Transportation System(STS)(航天运输系统)。又译太空梭。由美国国家航空和航天局开发的可部分重复使用的航天器，它通过火箭发射到地球轨道，可以在地球和轨道空间站间运送人员和货物，最后滑行着陆在地球跑道上。航天飞机的首次入轨飞行是在1981年。航天飞机的主要组成部分包括：一个装载人员和货物的有翼轨道飞行器、一个供轨道飞行器、三台主火箭引擎使用的液体燃料和氧化剂的一次性外贮箱以及两个可重复使用的大型固体推进器捆绑式助推火箭。飞行器像一次性的运载火箭一样垂直发射升空。但以类似滑翔机的无动力方式降落。每个飞行器设计为可以重复使用100次。为了处理飞行器外面的货物和其他材料，航天员使用可远程控制的机器人手臂或穿着太空服走出飞行器。执行某些任务时，飞行器要在它的货物舱带着一种称为太空实验室的欧洲人创造的加压研究设施。在1981～1985年间，有4架航天飞机服役，分别是"哥伦比亚"号(第一架进入轨道的)、"挑战者"号、"发现"号和"亚特兰蒂斯"号。1986年"挑战者"号爆炸，7名宇航员全部遇难；1992年"奋进"号取而代之。1995～1998年间，美国国家航空和航天局将飞行器送上太空，和俄罗斯"和平"号航天站连接，为国际太空站(ISS)的建立做准备。从1998年开始，航天飞机广泛用来运送组件、补给品和工作人员到国际空间站。2003年"哥伦比亚"号在完成空间任务返航途中解体，7名机组成员全部遇难。航天飞机最后一次飞行是在2011年。

航天器　spacecraft　在绕地球轨道或外层空间按受控飞行路线运行的载人或不载人的飞行器。由于这种环境的高度真空，流线型并不需要，航天器的外观便根据它的任务来设计(参阅太空探测)。多数航天器不是自我驱动的，通常依靠两级火箭来加速到必要的高速度，而两级火箭在油料用光后便投弃掉。一个主要的例外是航天飞机轨道飞行器，它使用3个携带的液体燃料的主引擎到达宇宙，而这又是由一个可任意使用的外部箱和一对固体燃料后援器来供给的。航

天器进入围绕地球的轨道,如果给予足够的速度,它会继续朝着太空的另一个目的地前进。该机器可以有它自己的小型火箭发动机来定位和发动。至于内在动力,绕地球环绕的航天器使用太阳电池和存储电池、燃料电池,或是两者的结合,而深空探测器经常使用靠放射性元素加热的热电发生器。设计的高度复杂性,尤其是载人的有数百万组件构成的航天器,要求高度微型化和可靠性。

航天站　space station　又译空间站、太空站或轨道站。在固定的轨道上运行的,载人的人造航天器,用作长期天文观测、地球资

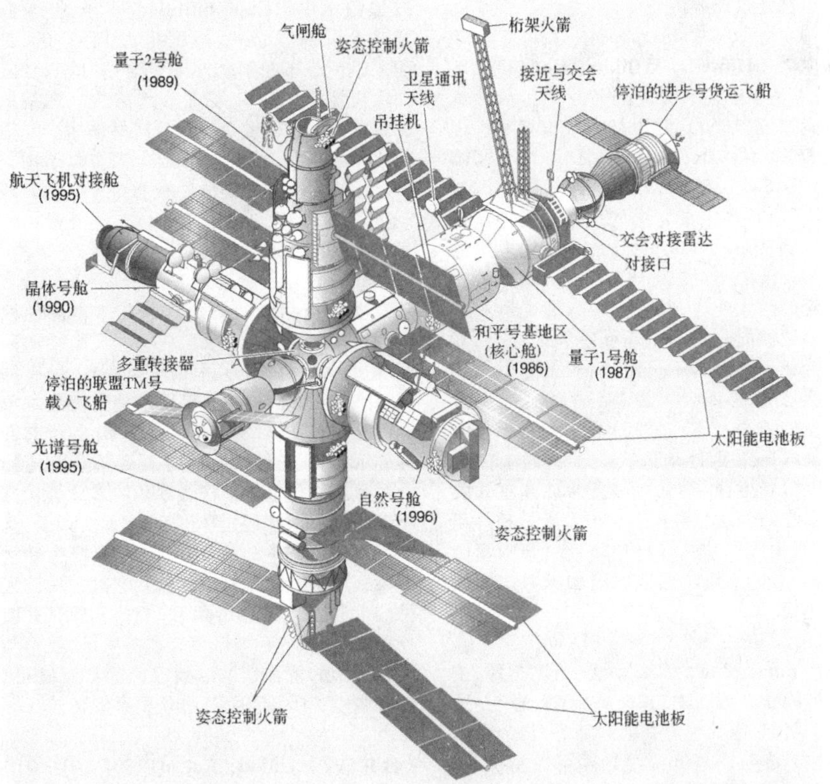

"和平"号航天站的各个舱及其他部件。多个对接舱口将几个舱连接在一起,并使"联盟"号飞船可与之对接。气密室使宇航员可走到"和平"号外工作。太阳电池板提供能源。括号内的日期是每个舱发射的年份。

源与环境研究、军事侦察,以及无重力状况下材料暨生物系统研究的基地。2001 年时,在低地球轨道上已安置有 9 座航天站,运作的时间长短不一。1971 年苏联在地球轨道上建立世界上第一座航天站"礼炮"1号(参阅"礼炮"号航天站)作为科研基地。1974 ～ 1982 年另外 5 座"礼炮"号航天站成功进入轨道,2 座经装备能执行军事侦察任务。1986 年苏联发射"和平"号航天站的核心舱,为科学用航天站,之后 10 年又扩充了 5 个舱。美国在 1973 年第一次发射航天站,称为太空实验室,配备太阳观测平台与医学实验室。1998 年美国与俄罗斯开始在轨道上建造国际太航天站(ISS),为综合实验室与居住舱的综合体,最后至少又有 16 个国家参与。2000 年国际航天站接受第一批常驻的工作人员。

豪　Howe, Elias(1819 ～ 1867)　美国发明家。W. 豪的侄子。他起初是一名机械工。1846 年取得第一台商用缝纫机的专利。最初这种缝纫机无人问津;后赴英国继续改进他的缝纫机,使其能缝纫皮革和其他类似的材料。第二年返回美国后,发现缝纫机正在被广泛制造和销售;1854 年他的专利权最终得到确认。他的发明推动了服装工业的革命。参阅 I. M. 辛格。

豪　Howe, Gordie(1928 ～　)　原名 Gordon。加拿大出生的美国冰球运动员,被视为有史以来最伟大的运动员之一。5 岁就开始打曲棍球。在全国冰球联盟(NHL)的26个赛季(1945～1971)中,有25个赛季担任底特律红翼队的右翼,创下冰球生涯史上得分(801)、助攻(1 049)、得点(1 850)的总积分纪录。(他的纪录后来被 W. 格雷茨基打破,助攻纪录也被 P. 科菲打破。)豪在 1980 年退休以前,也为非美国全国曲棍球联合会(NHL)的球队出赛或经营。

G. 豪,1969 年摄

By courtesy of the National Hockey League

豪　Howe, Julia Ward(1819 ～ 1910)　原名 Julia Ward。美国废奴主义者和社会改革者。早年即参与废奴主义运动,并以爱国诗歌《共和国战歌》(1862)闻名。因有感于南

J. W. 豪,1902 年摄

By courtesy of the Library of Congress, Washington, D. C.

北战争中寡妇的困境,投身于争取妇女平等权利的斗争,成为新英格兰妇女选举权协会的创立者之一,也是第一任主席(1868～1877,1893 ～ 1910)。她还写有游记、传记、剧本、诗歌和童歌,编辑《妇女期刊》(1870 ～1890)。1908 年成为第一位被选人美国艺术与人文学会的女性。1843 年与 S. G. 豪(1801 ～1876)结婚,他是珀金斯盲人学校的第一任校长(1832 ～ 1876),曾为造福盲、聋、精神病患、精神障碍儿童的立法作出极大努力。

豪萨人　Hausa　尼日利亚西北部及尼日尔南部的民族,讲豪萨语人数约有3 000万,为该地区最大种族集团。14 世纪中叶成立豪萨邦联,受马里帝国传播的伊斯兰教的影响。豪萨人的社会传统上一直是以封建制为基础。头目埃米尔之下设有很多有官衔的人员,他们各据村落为采邑,有权派人征收赋税。传统上,经济以农业为主,不过手工艺和贸易也很重要。豪萨人的社会等级分明,官阶和社会等级均遵循礼仪细则行事。参阅富拉尼人。

豪斯　Heuss, Theodor(1884 ～ 1963)　德国政治家和作家。在魏玛共和国时期,他以德国民主党党员资格于 1924 ～ 1928 年和 1930 ～1933 年任联邦下院议员。A. 希特勒上台后,他的政治论著因"反德"而被焚毁。第二次世界大战以后,他帮助创立自由民主党,1948 ～ 1949 年在议会任职,参与了联邦德国宪法的起草工作。1949 年当选联邦德国总统直至 1959 年退休。

豪斯　House, Edward M(andell)(1858 ～ 1938)　别名 Col. House(豪斯上校)。美国外交家。原为富商,后来从政。1892 ～ 1904 年任得克萨斯州历届州长的顾问,其中一位州长赠予他上校荣誉军衔。W. 威尔逊竞选总统期间他积极活动,并成为威尔逊总统的

豪斯，摄于1920年
By courtesy of the Library of Congress, Washington, D. C.

顾问(1912～1919)。第一次世界大战期间，他是总统与盟国之间的首要联络官，协助起草十四点和平纲领和国际联盟盟约，并成为巴黎和会的代表。

豪斯霍弗尔 Haushofer, Karl (Ernst) (1869～1946) 德国陆军军官和地缘政治学的主要倡导者。1908～1910年，作为德国派驻日本的陆军军官，他研究了日本的亚洲扩张政策，后来写了一些著作论述日本在20世纪政治中的角色。1919年退役，创办《地缘政治学杂志》(1924)，并在慕尼黑大学任教(1921～1939)。豪斯霍弗尔在军界颇有影响力，第二次世界大战时期，他企图为德日两国谋求世界霸权辩护。战后，被指控犯有战争罪行而受调查，他与妻子一起自杀。

豪斯曼 Housman, A(lfred) E(dward) (1859～1936) 英国学者和诗人。在专利局工作期间，他研究拉丁文并为杂志写文章，从而得到伦敦大学学院教授之职，后到剑桥

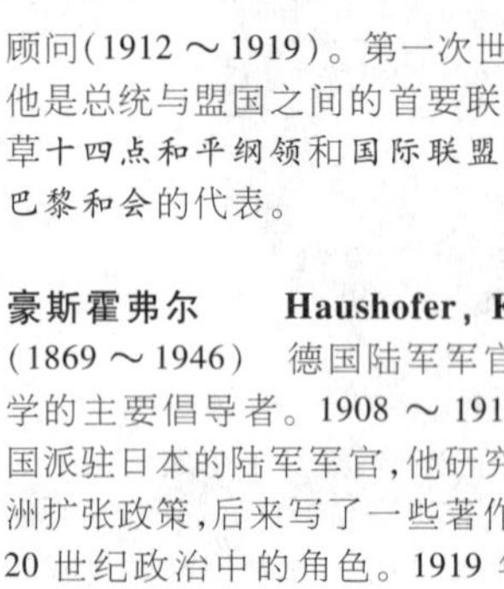

A. E. 豪斯曼，W. 罗森斯坦素描(局部)，绘于1906年，现藏伦敦国立肖像画陈列馆
By courtesy of the National Portrait Gallery, London

大学任教。主要学术成就是编辑马尼利乌斯的诗集(1903～1930)。他的第一本诗集《什罗普少年》(1896)是在古典和传统的模式基础上写成的，该抒情诗以简洁的风格表达一种浪漫的悲观主义。他逐渐有了知名度，第二部作品《最后的诗》(1922)取得了极大成功。其他作品有讲稿《诗歌的名称和性质》(1933)和遗作选《集外诗作》(1936)。他的弟弟劳伦斯(1865～1959)是小说家和剧作家，著名剧作有《天使和大臣》(1921)、《废黜》(1922)和《维多利亚女王》(1934)。

豪斯曼 Houseman, John (1902～1988) 原名Jacques Haussmann。美国制片人和演员。生于罗马尼亚，在英国受教育，1924年移民美国。1934年导演歌剧《三幕戏中的四位圣人》，1937年与O. 韦尔斯一起组建墨丘利剧院。第二次世界大战中，他负责作战部情报处的无线电广播工作。后来制作了19部电影，包括《一位不知名女人的来信》(1948)、《他们生活在夜间》(1949)和《生活欲望》(1956)；还制作、导演百老汇的话剧和电视专辑(曾赢得3次埃米奖)，指导美国莎士比亚戏剧节。他饰演的最著名的角色是在电影《纸上的追逐》(1973，获奥斯卡奖)和后来的电视连续剧中的角色。

豪威尔斯 Howells, William Dean (1837～1920) 美国小说家和评论家。曾为A. 林肯撰写竞选记(1860)，并于林肯政府期间担任威尼斯领事。作为《大西洋月刊》主编(1871～1881)，他成为19世纪后期美国文坛泰斗，是写实主义文学的奠基人。他是最先认识到马克·吐温和H. 詹姆斯的才华的人之一。他的小说(自1872年起)描绘了美国社会的巨大变化，即由一个只要走运并且勇于尝试便能成功的平等而单纯的社会，变成社会和经济鸿沟不可逾越、人生完全由偶然机会主宰的社会。最著名的作品《塞拉斯·拉帕姆的发迹》(1885)写一个白手起家的人怎样千方百计地进入波士顿的上流社会。他冒着生计受损的危险，为被判有罪的秣市骚乱的无政府主义者请求宽大处理。后期小说《安妮·基尔本》(1888)和《新财富的危害》(1890)，反映出他逐渐加深对美国社会的失望。

豪猪 porcupine 体笨，独栖，行动迟缓，夜间活动的啮齿类动物，有豪针(变态的毛)披于背和尾部，在某些冠豪猪的种类，其颈和肩部也披有豪针。豪针一经触碰可轻易掉落。新大陆豪猪(美洲豪猪科4属)为树栖，豪针有倒钩；旧大陆豪猪(豪猪科4属)为地栖，豪针无倒钩。北美豪猪(*Erethizon dorsatum*)体长约75厘米，尾长约20厘米，豪针长约8厘米，以强有力的尾巴抽打来犯者，喜吃树皮下的嫩组织层。冠豪猪，为典型的旧大陆豪猪，遇敌时豪针竖立，向后跑将豪针嵌入攻击者的肉里，以植物根、果实和植物的其他部分为食。非洲冠豪猪是欧洲和非洲最大的地栖啮齿动物，可重达27千克，豪针长达35厘米。

好莱坞 Hollywood 美国佛罗里达州东南部城市，临大西洋海岸。1921年开发者J. W. 杨格把这块地方规划为镇的时候，这里还是一片矮棕榈树林。现主要为度假-住宅城市，有些不同类型的工业。附近是大沼泽地港口(有码头和仓库设施)和塞米诺尔人保留地。人口约139 357(2000)。

好利节 Holi 又译洒红节。印度教的春节，在颇勒窭拿月(公历2～3月)的望日。届时人们不分种姓、年龄、性别和社会地位，互相泼洒彩粉。街道上人声鼎沸，放纵狂欢。这个节日与对黑天的膜拜联系在一起，认为狂欢是仿效黑天与牧牛郎的妻子和女儿们一起玩耍的情景。

好望角 Good Hope, Cape of 南非西开普省西南沿岸的岩石岬角。葡萄牙航海家B. 迪亚斯确定了非洲大陆的最南端后，在返回葡萄牙的航程中，于1488年发现此岬角。以气候恶劣、海浪滔天闻名，是来自印度洋的暖流与来自南极洲水域的寒流汇合之处，现为1939年建立的好望角自然保护区的一部分。1652年在桌湾建立的第一个荷兰居民点即位于此岬角。

好望角水牛 Cape buffalo 水牛的一种，学名*Syncerus caffer*。体型粗大，毛黑色，有角。以前分布在整个非洲撒哈拉以南地区，后由于疾病和狩猎，数量大为减少。在平坦的或灌木林覆盖的平原和开阔林群居。好望角水牛受伤时，是对人类最有危险的动物之一。肩高1.5米。雄体约重900千克。大角向下弯曲，然后向上再向内。有一个亚种栖息在茂密的西非森林中。

禾草类 grass 一群低矮的非木本绿色植物的统称，分属早熟禾科(亦称禾本科)、莎草科(莎草)和灯心草科(灯心草)。只有约8 000～10 000种早熟禾科种类是真正的禾草类。该科分布极广，个体数目最多，谷粒有营养，并具有水土保持的功用，是所有显花植物中最具经济价值的。作为谷物的禾草类包括小麦、玉蜀黍、水稻、黑麦、燕麦、大麦和黍类。禾草类还为畜养动物提供饲料，为野生动物提供蔽所，还可用作建筑材料、家具、用具、人类的食物等。某些种类栽培作花园观赏植物，或作为草皮种植于草坪和游乐场，或作为控制侵蚀的覆盖植物。大部分茎秆呈圆形，节间中空，叶片扁平，纤维状根系发达。

《合并法》 Union, Act of (1801-01-01) 使大不列颠和爱尔兰在大不列颠和爱尔兰联合王国的名义下联合的立法协定。在那次不成功的1798年爱尔兰起义之后，英国首相小皮特认为爱尔兰问题的最佳解决方案是合并，这样可以加强两国之间的联系。爱尔兰议会反对此项提案，结果导致提案废除，但是通过金钱或爵位买到的投票确保该协定于1800年通过。这次合并一直延续到1922年爱尔兰自由邦(爱尔兰)得到承认。

合唱队 chorus 古希腊戏剧中，指用歌唱、舞蹈和朗诵来形容和解释主要剧情的一组演员。合唱队表演起源于酒神赞歌中纪念酒神狄俄尼索斯的演唱，自此一直主宰了希腊戏剧，一直到公元前5世纪中期为止，当时埃斯库罗斯加进第二个演员，并把合唱队队员从50人减到12人。随着个体演员的重要性增加，合唱队逐渐消失。在现代戏剧中再度复苏，如E. 奥尼尔的三部曲《哀悼》(1931年上演)和T. S. 艾略特的《大教堂凶杀案》(1935年上演)。歌舞合唱队在音乐喜剧中变得越来越突出(特别是在20世纪)，原本

只是娱乐性的，后来是为了加强剧情发展。

合成器 synthesizer 指电子装置发声或改变声音的机器，通常借助于数字计算机。它用于电子音乐的创作和现场演出。合成器可产生各种波形，然后改变这些波形的强度、时值、频率和音色。它可以使用减法合成法——从包含基音和所有有关的泛音的信号中除掉不需要的成分；可以用加法合成法——从为纯正弦波泛音设计的信号构造泛音，或其他技术，最重要的为整体声采样——声音的数字记录，通常是采自不用电的乐器。第一台合成器约在1955年由美国无线电公司开发出来。小巧、商品化生产可行的合成器，通常带有类似钢琴的键盘，于20世纪60年代由R.穆格（1934年生）和D.布克拉（1937年生）等人生产出来。由于有了晶体管技术，合成器很快成为便携式，价格便宜，适于实际演出使用，这种合成器就成了摇滚乐队的固定装备，经常取代电子钢琴和电风琴。参阅乐器数字接口。

合恩角 Horn, Cape 南美洲最南端的岬角，位于火地岛群岛南部的合恩岛上，凸入德雷克海峡。以1616年绕过此角的荷兰航海家W.C.斯豪滕的出生地霍伦命名。合恩角洋面波涛汹涌，航行危险，终年强风不断，气候寒冷。

合伙企业 partnership 指两个或两个以上的人或实体，为了分享利润而对企业采取的联合经营方式。有限责任的合伙企业被看作是单个实体，合伙者承担有限责任。但传统的合伙企业往往被视为个人的联合，而并非一个单独的、独立存在的实体。在合伙者去世后，合伙企业不能继续存在。合伙人作为独立个体上缴税款，并要亲自为民事侵权行为和契约义务承担责任。每个合伙者都被看作是其他人的代理，传统上他们是共同地或分别地来对任何一合伙人的侵权行为承担责任。

合同 bond 法律中正式的书面协议，其中一方承担某种行为（如出庭或履行合约的义务）；无法履约时，此人必须支付一笔钱或丧失保证金。合同是对履行义务的激励，也保证在没有履约的情况下提供补偿。通常有担保人，并规定担保人须为义务人的行为后果负责。

合作社 cooperative 由那些享用其服务的人们所拥有并得益而经营的一种组织。合作社在很多领域都是颇有成效的经营活动方式，如农产品加工及销售，原材料及其他各种设备的采购；批发、零售、电力、信贷及银行业务；房建企业等。现代消费合作社，一般都认为始于1844年的大不列颠，其雏形即罗奇代尔公平先锋社。合作社运动很快在欧洲北部发展起来。美国19世纪初曾试办消费合作社及农产品购销合作社，但近年来都市地区的消费合作社及住房合作社都普遍得到发展。参阅信贷协会。

何露斯 Horus 古埃及神祇，头似隼，双目为太阳和月亮。埃及国王被视为何露斯的活化身。在第一王朝期间，何露斯主要作为塞

何露斯祭酒青铜雕像，埃及第22王朝（约公元前800年）制，现藏巴黎卢浮宫
Giraudon-Art Resource

特的对手而为人所知；但到约公元前2350年后，人们普遍崇拜俄赛里斯，而把他当作俄赛里斯的儿子。他击败了杀害俄赛里斯的凶手塞特，成为全埃及的统治者。他的左眼（月亮）被塞特所伤，但被透特治愈。托勒密时期，何露斯战胜塞特成为埃及战胜侵略者的象征。

何西阿 Hosea（活动时期公元前8世纪）《旧约》十二小先知书中的首卷《何西阿书》的作者（他的预言在犹太法典是十二先知的一部分）。何西阿在以色列国王耶罗波安二世在位期间开始预言，其活动一直延续到以色列国灭亡之时（公元前721）。该书的主题以先知娶了一个妓女或荡妇为妻来隐喻耶和华怜悯以色列人。这种混乱关系表示以色列人背弃了上帝，他们"玩弄妓女"等于蔑视了迦南的宗教。

和平队 Peace Corps 美国政府的志愿工作者机构，1961年由J.F.肯尼迪总统建立。目的是协助其他国家进行开发，在教育、农业、卫生、贸易、技术以及社区发展等领域提供专业人员。志愿人员要出国工作两年，搞好睦邻关系，讲当地语言，以及过着与当地居民同样水准的生活。到2011年和平队成立50周年时，已有超过200 000名和平队志愿者在139个国家工作过。

"和平"号航天站 Mir 俄罗斯航天站，其核心舱于1986年发射，其后10年里，5个附加舱分别发射进入太空与核心舱连接，组成了一个多功能大型太空实验室。作为俄罗斯的第三代航天站（参阅"礼炮"号航天站），"和平"号的特点是有6个对接舱口供附加舱或其他航天器对接之用，扩大了生活空间，有更充足的动力供应以及现代化的研究设备。1986～2000年间"和平"号持续有人居留的状态，其间有近十年处于连续使用状态，包括1995年到1998年间接待了一批美国航天员参与的合作项目。1995年V.波利雅可夫（生于1942年）在"和平"号上创造了在太空停留438天的新世界纪录。2001年3月，废弃的航天站受控重返大气层，残存的碎片坠入太平洋。

和平主义 pacifism 一种信念，反对以战争、暴力手段来处理争端。佛教教义中最早出现和平主义者，例如反对战争的阿育王，虽然在不同时间和地点的佛教经典可能未明文禁止统治者进行战争。在希腊，和平的概念是被理解为属于个人的，到了罗马帝国统治的罗马和平时代，和平的概念并不适用于所谓的野蛮人身上。基督教表面上支持和平主义，但到了中世纪，基督教的和平概念，则与罗马承平时代一样，只适用于教徒身上。在17～18世纪的和平主义思潮，主要认为和平必须使权力由统治者转移到人民身上，并宣称战争是统治者的野心与傲慢的产物。19～20世纪和平主义者的主要重点，则转为推动解除军备以及建立国际组织，例如国际联盟和联合国。但是，国家层次的和平主义，对于侵略者如果没有相同道德标准的问题该如何解决，还不能提出令人满意的答案。个人层次的和平主义者，则可能会是拒服兵役者（conscientious objector）。L.托尔斯泰、M.K.甘地、M.L.金，都因为他们的和平主义主张而闻名。

和声 harmony 两个或更多同时听到的音符的结合与关系，以及一段乐曲中两个或更多和弦的结构、关系和进行的科学。和音在较早的音乐中总是以垂直方面存在；对位法的规则是试图控制协合音与不协合音，而这两者即为和声的基本要素。然而，和声感支配个别对位线是随约1600年所发明的数字低音和通奏低音而来的。最具影响力的和声理论由18世纪J.-P.拉莫所提出，运用于数字低音符号。调性为和声的主要概念，不仅是以特定的调中的7度音符为依据，也根据以三和弦（triad，即三音符和弦）为基础范围的和声关系和进程。

和弦 chord 在音乐中指三个或更多单个音调同时发声。C-E-G调构成一个"C大调三和弦"。和弦可以包括许多个单音调，并且可以是极不谐和的。和声一词经常被随意当作和弦的同义词使用。

河口湾 estuary 又称三角湾。海水与河水相混合的半封闭近岸水体。通常，其范围与其说是由地理界限，倒不如说是由盐度所决定。许多海岸地貌虽以其他名称称之，实际上就是河口湾（如切萨皮克湾）。某些延续至今的最古老文明就是在河口湾环境下兴

盛起来的(如底格里斯河和幼发拉底河、尼罗河三角洲、恒河三角洲、黄河下游地区)。伦敦(泰晤士河)、纽约(哈得孙河)、蒙特利尔(圣劳伦斯河)等著名城市都是在河口湾发展成重要的商业中心。

河狸 beaver 两种啮齿目河狸科河狸属(*Castor*)水栖哺乳动物。均以其筑坝行为著称。体壮实,腿短,后足长而有蹼。体长可达1.3米(包括尾长30厘米),体重可达30千

美洲河狸(*Castor canadensis*)
Karl Maslowski

克。河狸在小河、溪流和湖泊中用树枝、石块及软泥筑坝,往往能形成相当大的水池。它们的上下颚有力,牙大,能够啃倒中等大小的树,将其枝条用来筑坝,而食用其嫩的树皮和枝芽。河狸聚居生活,一个或多个家族同居于一个用树枝和软泥在水中修筑的圆顶形洞穴,隧道入口在水面下。美洲河狸分布自墨西哥北部直至北极。它们珍贵的毛皮刺激了北美西部的大规模捕猎,到1900年时已濒临灭绝。欧亚河狸(C. fiber)现仅见于欧洲少数地区,包括易北河和罗讷河流域。太平洋西北部的山狸与河狸无亲缘关系。

河流 river 大体上有固定河岸的自然水道。河流是水分循环基本的环节,在形成地表方面起重要作用。甚至连看上去很干燥的沙漠也在降水季节因洪水通过干涸的河道而受到河流运动的影响。河流因河水的注入和排放之间的差异而保持其水流。河流由陆地的水、地下水和融化的雪原和冰川提供水源。直接的注入对水量的影响很小。河水流量的减少是因为水往多孔的和易浸透的岩石、沙砾或沙地的渗透或蒸发造成,河流最终都流归大海。

河马 hippopotamus 非洲两栖哺乳动物(*Hippopotamus amphibius*),最大的非反刍、偶蹄有蹄类动物。曾遍布于非洲撒哈拉附近,而现在只限于非洲的东部和南部。其体呈桶形,嘴很大,四肢短,每蹄四趾。体长可达4.6米,肩高1.5米,体重3～4.5吨。它的皮很厚,几乎无毛,背部为灰棕色,腹部颜色较浅并带粉红色。当身体浸没在水中时,耳鼻伸出水面。河马生活在靠近河流、湖泊、沼泽等永久性水体附近,通常7～15个为一群。白天它们在水中或在水边睡觉和休息,夜晚则走上陆地用粗硬有茧的嘴唇啃草吃。在水中,它们可以快速游泳,可以在水底步行,也可以潜入水中(闭合耳鼻)达10分钟之久。

河盲症 river blindness 又名 onchocerciasis(盘尾丝虫病)。病原为旋盘尾丝虫,通过黑蝇传播,原分布于非洲,亦见于美洲热带地区。其所以称为河盲症是因为传播疾病的黑蝇在河沟中繁殖,而且患者主要为河流附近的居民。致盲的原因是由于微丝蚴死在眼内,而盘尾丝虫成虫的产卵期长达15～18年。在非洲、危地马拉和墨西哥的稀树草原,河盲症十分常见。1987年世界卫生组织开始分发伊维菌素(原是用于防治牲畜寄生虫的药物),此药虽不能杀死成虫,但能杀灭微丝蚴。

河内 Hanoi 越南首都,位于越南北部,红河西岸。1010年成为李朝首都。1802年以前一直是越南首都。阮朝将首都南迁至顺化。在法国统治下,河内再次成为重要行政中心,1902年成为法属印度支那首府。1954年击败法国后又成为北越首都。越南战争期间,市内许多纪念碑和宫殿被美军炸毁。1976年越南统一后定都于此,已逐步重建,其工业基础也得到发展。2010年10月是河内建市1000周年。人口2 316 722(2009)。

荷尔德林 Hölderlin, (Johann Christian) Friedrich(1770～1843) 德国诗人。虽然有资格担任神职,但他发现自己对希腊神话比对基督教教条的兴趣更大。1793年结识F.

荷尔德林,粉彩画,F. K. 希梅尔绘于1792年;现藏德国马尔巴赫席勒国立博物馆
By courtesy of the Schiller-Nationalmuseum, Marbach, Ger.

席勒,席勒帮助他出版了一些早期诗歌。他的作品热情洋溢,包括唯一的一部小说《许佩里翁》(1797～1799)、未完成的悲剧《恩沛多克勒斯之死》以及不少颂歌、挽歌和翻译诗。在这些作品中,他把古典希腊诗文形式移植到德语中,哀悼失去理想的古典希腊世界。后来他的行为变得古怪起来,1805年精神分裂已无可救药。他生命中的最后36年是在精神失常的情况下,在一间木匠屋里度过的。他生前很少得到赏识,死后几乎被遗忘了近100年,直到20世纪才被列为德国最著名的抒情诗人之一。

荷兰 Holland 尼德兰历史区域,位于今荷兰王国的西北部。最早在12世纪时是神圣罗马帝国的采邑,1299年与埃诺统一。到1433年为止,一直由维特尔斯巴赫家族的成员担任荷兰、泽兰和埃诺伯爵。1433年他们把头衔让给勃艮第公爵腓力三世。1482年属于哈布斯堡王朝,1572年成为反西班牙起义的中心。1579年荷兰和尼德兰北部其他6省宣布脱离西班牙独立。其首都阿姆斯特丹成为18世纪欧洲最重要的商业中心。1806～1810年为拿破仑的荷兰王国占有此地。1840年被分为北荷兰省和南荷兰省。

荷兰 Netherlands 全称 Kingdom of the Netherlands(荷兰王国)。又作 Holland。西北欧国家。面积:41 525平方千米。人口:约15 896 000(2000)。首都:阿姆斯特丹;政府所在地:海牙。绝大多数人为荷兰人。语言:荷兰语(官方语言)、英语。宗教:基督教(罗马天主教、新教),还有伊斯兰教。货币:欧元。荷兰南部和东部地区多为平原及少数山岭;西部和北部地区地势较低,有须德海的圩田及莱茵河、默兹河和斯海尔德河三角洲。沿海地区几乎完全低于海平面,有沙丘及人工堤保护。尽管人口密集,该国的出生率很低。该国发达的市场经济大部分以金融服务业、轻重工业和贸易为主。该国是君主立宪政体,议会分为两院。君主是国家元首,总理是政府首脑。罗马帝国征服时期,该地区居住着凯尔特人和日耳曼人部族。在罗马人的统治下,贸易和工业繁荣发展。3世纪中叶,受到觉醒的日耳曼部族的入侵以及来自海上的侵犯,罗马势力衰落了。406～407年,日耳曼人的入侵结束了罗马的统治。罗马人之后是墨洛温王朝,但在7世纪时被加洛林王朝取代,加洛林王朝将该地区变为基督教地区。814年查理曼死后,该地区成为北欧海盗日益频繁袭击的目标。它成为中世纪洛林王国的一部分,洛林王国授予主教以及具有神圣权力的修道院院长之职,建立起一个帝国教会,从而避免被并入神圣罗马帝国。在12世纪初,大规模地修筑堤坝,填海造地。佛兰德(斯)发展成一个纺织业中心。14世纪末,勃艮第的公爵取得了控制权。到16世纪初,西班牙的哈布斯堡王朝统治了这些低地国家。荷兰人在捕鱼和造船方面取得领先地位,为17世纪荷兰的繁荣昌盛打下了基础。从文化上看,这个时期是J. van爱克、托马斯(肯彭的)以及D. 伊拉斯谟的时期。加尔文主义和再洗礼派的学说和教义吸引了许多追随者。1581年在卡尔文主义者的领导下,7个北部省宣布脱离西班牙而独立。1648年三十年战争结束后,西班牙承认荷兰独立。17世纪是荷兰文明的黄金时期。B. D. 斯宾诺莎和R. 笛卡儿享受到了该国的知识自由,伦勃朗和J. 弗美尔画出了他们的经典之作。荷属东印度公司保障了亚洲的殖民地,国家的生活水准直线上升。18世纪时,荷兰的海上力量衰落;在法国革命战争期间法国占领了这个地区,1806年成为拿破仑统治下的荷兰王国。第一次世界大战中,荷兰一直保持中立,第二次世界大战中虽宣布中立,却被德国占领。战后,它失去了荷属东印度群岛,后者分别成为印度尼西亚(1949)和荷属新几内亚(1962);现为伊里安查亚省。1949年它加入北约,是欧洲经济共同体(后更名为欧洲共同体)的创建成员及欧洲联盟的成员。21世纪初,荷兰从该国实行的强劲和管理严格的混合经济中获益,但受到外来

移民造成的社会和经济问题的困扰。1900年首次参加在巴黎举办的夏季奥运会。1928年的夏季奥运会在阿姆斯特丹举办。

荷兰共和国 Dutch Republic 全称 Republic of the United Netherlands(尼德兰联合省共和国)(1581～1795),疆域约相当于今荷兰王国。1579年荷兰北方7个省联合组成乌得勒支联盟,1581年宣布脱离西班牙独立(1648年才成功),政权更迭于荷兰联合省与奥兰治众亲王之间。17世纪为一世界殖民帝国,其疆域之大,与其资源不成比例,成为国际金融中心和欧洲文化之都。到18世纪,作为殖民帝国,与英国相比已黯然失色。1795年由于国内发生民主革命和法国军队入侵而土崩瓦解。

荷兰牛 Holstein 又称 Holstein-Friesian(荷尔斯泰因-弗里斯牛)。一种大型奶牛。原产于荷兰北部和弗里斯兰地区。它的主要特征是体型大和有黑白鲜明的斑点。被选作乳用可能有大约2 000年的历史,广泛分布于欧洲大陆肥沃的低洼地带,在美国,荷兰牛饲养的数量远大于其他品种,产奶量占供应量的90%。其牛奶乳脂含量相对较低。

荷马 Homer(活动时期公元前9世纪或前8世纪) 希腊诗人,最伟大和最具影响力的作家之一。有关荷马的生平几乎一无所知,据传他是个盲人。古希腊人认为《伊利亚特》和《奥德赛》这两部伟大史诗的作者就是荷马。现代学者一般认为,他很可能以口头传述创作了《伊利亚特》(未必以文字记述),而且至少启发促成了《奥德赛》的创作。《伊利亚特》记述的是*特洛伊战争*期间,*阿喀琉斯*复仇的故事;《奥德赛》则描述*奥德修斯*在战后返乡途中的种种遭遇。这两部史诗奠定了古希腊教育和文化的根基,至今仍是欧洲最重要的诗作之一。

荷属安的列斯 Netherlands Antilles *荷兰*位于*加勒比海*的非都市化岛屿领地(1954～2010)。面积:800平方千米。人口:约202 000(2009)。它包括两个相隔很远的岛群:圣尤斯特歇斯岛、圣马丁岛的南部,以及*萨巴岛*在位于小安的列斯群岛的北端构成了北部岛群;*库拉索岛*和博奈尔岛(1986年前还有阿鲁巴岛)在西南方向大约800千米处形成南部岛群,靠近委内瑞拉海岸。首府是库拉索岛上的威廉斯塔德。岛上最初居住的印第安人是阿拉瓦克人和加勒比人,15世纪晚期被西班牙人偶然发现,并宣布为该国领土。17世纪荷兰人占领该岛群,1845年开始集体管理,首府位于库拉索岛。1954年这些岛屿成为荷兰领土不可分割的一部分,享有内部事务的完全自治权。1986年阿鲁巴岛正式退出岛群联盟。2006年荷兰政府与各岛达成协议,于2010年正式解体荷属安的列斯。圣马丁岛与库拉索岛成为隶属于荷兰王国的自治国,博奈尔岛、萨巴岛和圣尤斯特歇斯岛则成为荷兰的特别行政区。荷属安的列斯1952年首次参加在芬兰赫尔辛基举办的夏季奥运会。

核磁共振 nuclear magnetic resonance (NMR) 在适当强度的稳定磁场作用下某些原子核对甚高频无线电波的选择性吸收。只要原子核内至少有一个不配对的质子或中子,这个核就像一个小磁体。当强磁场作用在这种原子核上时,它就会发生旋进。当旋进的核磁体的固有*频率*与投射在物质上的一个外加的弱无线电波的频率一致时,在这个称作共振频率的频率下,原子核就会吸收能量。核磁共振用于研究各种固体和液体的分子结构。核磁共振在医学上的应用,即*磁共振成像*(MRI),以无伤害、非侵入性方式来观察人体的软组织。

核果 drupe 一种果实,外果皮薄;中果皮厚,常为肉质(但有时坚硬,如*扁桃*;或为纤维状,如椰子);内果皮称为果核,坚硬如石。核内通常有一粒种子。核果见于樱桃、桃、芒果、橄榄、核桃等。木莓、黑莓(非真正的*浆果*)的聚合果由多数小核果聚合而成。

核聚变 nuclear fusion 轻元素之间的核反应形成较重的元素,同时释放巨大能量的过程。1939年H.A.*贝特*提出,太阳以及其他恒星输出的能量是氢原子核之间发生聚变反应的结果。20世纪50年代初期,美国科学家在氢的同位素氘和氚的混合物中诱发聚变反应生成较重的氦原子核,从而制造出了氢弹。虽然在太阳和其他恒星中聚变普遍发生,但人工核聚变却困难且很难控制。如果受控核聚变能实现,那它就能提供廉价的能源,因为核聚变的主要原料氘可以从普通的水里提取。8加仑的水所能提供的能量可相当于2 500加仑汽油提供的能量。

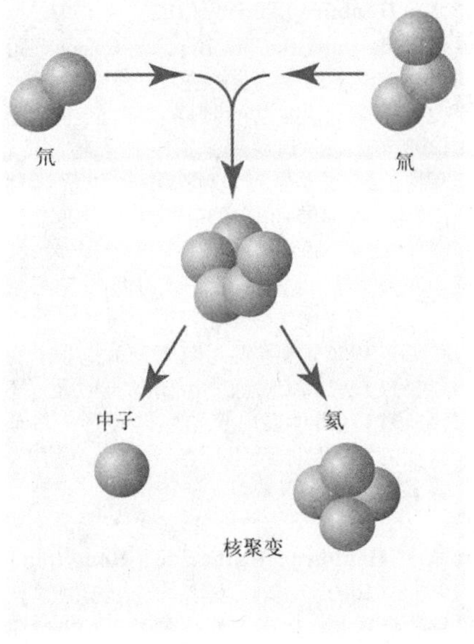

氘和氚结合,形成氦,另有1个中子

核裂变 nuclear fission 一个重原子核分裂为质量相近的两个碎片,同时释放大量能量的过程。这些能量来自亚原子粒子的结合能。一个铀原子核裂变时所释放的能量大约是煤炭燃烧时一个碳原子与一个氧原子结合所释放能量的5 000万倍。这些能量表现为碎片的*动能*。当碎片与物质碰撞时,碎片的动能转化为热能,碎片的运动减速。裂变还释放出2～3个自由中子。自由中子可以轰击其他的核,导致一系列的裂变,称为链式反应。核裂变所释放的能量可用来发电,推动船只或潜水艇,也是*核武器*巨大杀伤力的来源。

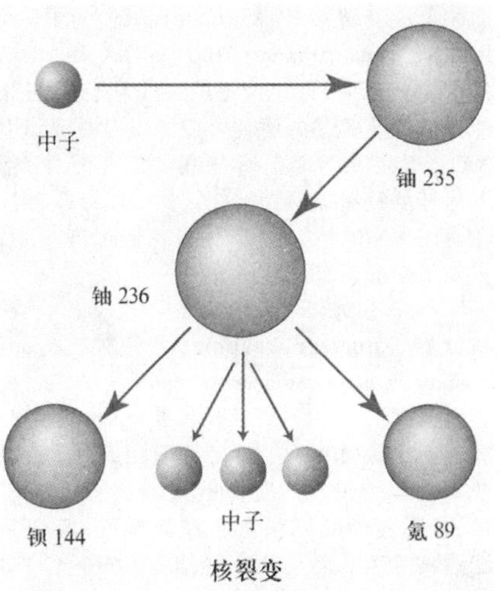

铀235与中子结合形成不稳定的中间物,在核裂变的过程中快速分裂为钡144与氪89,另有3个中子

核能 nuclear energy 又称 atomic energy(原子能)。原子核变化过程中所释放的巨大能量。1919年E.卢瑟福发现α射线能够分裂原子核。这一发现最终导致了发现中子,并发现核裂变过程会释放出大量的能量。核聚变也会释放核能。核能的释放可以是受控的,也可以是不受控的。核反应堆谨慎地控制着能量的释放,而核武器或者核反应堆发生堆芯熔化时所释放的能量就是不受控的。参阅*链式反应*和*放射性*。

核酸 nucleic acid 组成活性细胞遗传物质的有机化合物的统称。可分解产生磷酸、糖和碱基的混合物(嘌呤和嘧啶)。核酸主管着*蛋白质*合成的历程,因此控制着所有细胞的活性。核酸有两种主要类型:*脱氧核糖核酸*和*核糖核酸*。它们的组成材料相似,但结构和功能不同。二者都是许多核苷酸重复组成的长链。在核苷酸中,碱基嘌呤和嘧啶——腺嘌呤(A)、鸟嘌呤(G)、胞嘧啶(C)和胸腺嘧啶(T)或尿嘧啶(U)——以三个为一组(三联体,即密码子)的序列组成了遗传密码。

核糖核酸 RNA 全称 ribonucleic acid。两种主要的*核酸*之一(另一种是DNA *脱氧核糖核酸*),负责生物细胞的蛋白质的合成,并在某些病毒中取代DNA作为遗传信息的载体。与DNA一样,RNA也是由核苷酸而成,只是RNA一般是单链而DNA是双链,且在DNA胸腺嘧啶地方由尿嘧啶取代。信使RNA(mRNA)是从DNA链复制而来的单链,作为模板,携带着来自DNA的遗传信息(*染色体*中)到蛋白质合成的场所(核糖体)。核糖体RNA(rRNA)是核糖体的组成成分,参与蛋白质的合成。转移 RNA(tRNA)是最小的一种 RNA,核苷酸单元少于 100(mRNA 和 rRNA 的数以千计)。mRNA 上的每个核苷酸三联体具体决定氨基酸将要合成的蛋白质,而 tRNA 分子在突出端具有三联体的互补体,指定氨基酸链接成蛋白质的定位。还存在各种较小的 RNA 种类,至少有些有催化剂作用,只知蛋白质有此功能。

核武器 nuclear weapon 又称 atomic weapon 或 thermonuclear weapon(原子武器或热核武器)。能量来源于核裂变、核聚变或兼而有之的炸弹或弹头,可以由飞机、导弹或其他装置投放。裂变武器通常称为原子弹,是通过铀或钚核分裂释放能量;聚变武器通常称为氢弹或热核炸弹,是通过氢的同位素氘或氚聚合释放能量。多数核武器结合了这两个核反应。核武器是已发明的威力最大的爆炸装置。它们的破坏性不仅包括数千吨 TNT 当量的爆炸,还包括致盲的眩光、灼热、致命的放射性尘降。美国 1966 年核武器数量最多,约32 000颗,苏联在 1988 年最多,约为33 000颗。冷战结束后,两国已经废弃或拆除了数千枚核弹头。其他宣布拥有核武器的国家有英国、法国、中国、印度、巴基斯坦和朝鲜。普遍认为以色列也拥有核武器。另一些国家,诸如南非、巴西、阿根廷和伊拉克,据悉过去曾寻求拥有核武器,后放弃了努力。

核物理学 nuclear physics 研究原子核结构以及不稳定原子核发出的辐射的物理学分支。主要的研究手段是用高能粒子束,如质子或电子,轰击原子核。分析反粒子及产生的原子核碎片的方向和能量,可以获知原子核结构,强力将原子核的组成物质束缚在一起的以及从原子核释放的能量。

贺加斯 Hogarth, William(1697 ～ 1764) 英国画家和版画家。15 岁时到银匠店当学徒,22 岁开设了自己的店铺。他一边为图书插图做雕版印刷以维持生计,一边到私人素描学校学习。第一件主要作品《化装舞会与歌剧》,抨击了当时的艺术风格并向艺术权威提出质疑,使他树敌颇多。1728 年创作第一幅油画,取材于《乞丐的歌剧》中的一个场景,表现出他对戏剧和喜剧主题的兴趣。他还为有钱的顾客画了《对话》(非正式的群体肖像)。他以当代道德为主题的雕版画常常以组画形式出现,是给广大民众看的。这些画的成功奠定了他经济独立的基础。为了防止盗版以保证他的生活,他努力争取为保护艺术家的版权立法。1735 年通过了英国的第一部版权法,就在这一年他发表了《浪子生涯》系列(8 幅)讽刺画;其他讽刺画系列还有《妓女生涯》(1730 ～ 1731)和《时髦婚姻》(1743 ～ 1745)。他创建的教育学院促成了皇家美术学院的建立(1768)。

《画家和他的哈巴狗》(1745),贺加斯自画像,油画,现藏伦敦塔特美术馆
By courtesy of the trustees of the Tate Gallery, London

贺拉斯 Horace(公元前 65 ～前 8) 原名 Quintus Horatius Flaccus。拉丁抒情诗人和讽刺作家。其父曾经为奴隶,他在罗马受教育。J. 凯撒被刺后,他在叛乱中为布鲁图作战,后来得到屋大维(后称奥古斯都)的赏识,取得真正的桂冠诗人地位。早期作品有《讽刺诗集》和《长短句集》,但他的名声主要得自抒情诗《歌集》和散文《书札》,后者包括论文《诗艺》,为诗的写作确立了一些规则。《歌集》和《书札》的主题大多是爱情、友谊和哲理,对从文艺复兴到 19 世纪的西方诗歌产生了重大影响。

赫本 Hepburn, Audrey(1929 ～ 1993) 原名 Edda van Heemstra Hepburn-Ruston。比利时裔美国电影女演员。在经历了第二次世界大战纳粹占领荷兰的时期之后,赫本到伦敦学习芭蕾与表演课程。她被科莱特发现,她坚持起用赫本在百老汇领衔主演歌舞剧《金粉世家》(1951)。1953 年赫本演出首部美国电影《罗马假日》(获奥斯卡奖)之后,她再度回到百老汇演出《奥丁》(1954,获托尼奖)。赫本接连在《萨布里娜》(1954)、《战争与和平》(1956)、《甜姐儿》(1957)、《蒂凡尼的早餐》(1961)、《窈窕淑女》(1964)及《等到天黑》(1967)中展现其光华照人而又高雅的容貌。之后赫本致力于慈善事业,并成为联合国儿童基金会亲善大使。

赫本 Hepburn, Katharine (Houghton)(1907 ～ 2003) 美国女演员。生于康涅狄格州哈特福德。1928年首次在百老汇登台演出。《离婚账单》(1932)是她拍摄的第一部影片,该片使她成为电影明星。接着在如下一些影片中饰演个性独立坚强的角色:《牵牛花》(1933,获奥斯卡奖)、《小妇人》(1933)、《育婴奇谭》(1938)。1939 年在百老汇舞台演出《费城故事》(1939,1940 年拍成电影)。其他著名的影片有《"非洲皇后"号》(1951)、《艳阳天》(1955)和《匆匆去夏》(1959)。与亲密恋人 S. 屈赛曾合作 8 部电影,其中包括《本年著名妇女》(1942)、《帕特和迈克》(1952)和《猜猜谁来吃晚餐》(1967,获奥斯卡奖)。《冬之狮》(1968)及《金色池塘》(1981)又使她两度获得奥斯卡奖。

K. 赫本
Brown Brothers

赫伯特 Herbert, George(1593 ～ 1633) 英国玄学派诗人。1620 年在剑桥大学被选为讲演员,这个职位使他与王室的关系亲近。后来被任命为教区长,之后成为一个乡村堂区的牧师,在此慷慨地奉献了一生。死后才出版他的诗集《圣殿》(1633),内容除了个人抒怀以外,尚收有教义诗和宗教仪式,以工于格律、善用讽喻和比拟、充满宗教热忱而闻名。有些是图案诗,以诗句形成主题的形状。

赫伯特 Herbert, Victor (August)(1859 ～ 1924) 爱尔兰裔美国作曲家和大提琴家。在其寡母嫁给一位德国医生以后,他在斯图加特被抚养长大,并在当地的音乐学校就读。1886 年与女高音 T. 弗尔斯特结婚后一起赴美,弗尔斯特在新成立的大都会歌剧院唱歌,他则在该院管弦乐队演奏。不久即担任指挥、大提琴手、作曲家和老师。他扎实的功底、对管弦乐的编曲技巧以及在旋律上的天分,在 40 多部轻歌剧中自然地展现无遗,这些剧目包括:《玩具国的孩子们》(1903)、《莫迪斯特小姐》(1905)、《红磨坊》(1906)和《淘气的玛丽埃塔》(1910)。

赫卜塞德节 Heb-Sed festival 古埃及最古老的节日之一。自国王在位 30 周年纪念日开始,每 3 年庆祝一次。公元前 3000 年左右可能是一种纪念法老美尼斯实现统一埃及的仪式。节庆开始要给神献上牺牲,然后国王被戴上代表上埃及的白色王冠,接着再戴上代表下埃及的红色王冠。然后经过 4 遍例行仪式后,再被带到上、下埃及诸神的礼拜堂。

赫布里底群岛 Hebrides 又称 Western Isles(西部群岛),古称 Ebudae。位于苏格兰西部,分为内赫布里底群岛、外赫布里底群岛(设建制为西部群岛议会区),中间隔有小明奇海峡。由 40 多个岛屿组成,其中大部为荒岛,无人居住,原始居民是凯尔特人。古代北欧人自公元 8 世纪以后就开始侵袭、统治此地,一直持续到 1266 年该群岛割让给苏格兰止。经济以耕种、捕鱼和编织为主,尤以生产哈里斯花呢最为有名。

赫茨尔 Herzl, Theodor(1860 ～ 1904) 匈牙利犹太复国主义的创始人。在匈牙利以犹太人的身份长大,他认为要对付排犹主义的最佳策略是同化。他在巴黎担任记者采访 A. 德雷福斯事件时,已成为犹太复国主义者。1897 年他组织了一个世界犹太复国主义运动代表大会,出席者约 200 人,而后担任大会建立的世界犹太复国主义组织的第一届主席。赫茨尔不屈不挠地组织、宣传,以及他的外交手腕,对犹太复国主义扩展为一种世界性的重要政治运动贡献很大。虽然在以色列国成立之前40多年就英年早逝,但他的遗体在1949年仍被移葬到耶路撒冷的一座山丘,现称赫茨尔山。

赫尔　Hull, Clark L(eonard)(1884～1952)　美国心理学家。1918～1929年任教于威斯康星大学,1929～1952年为耶鲁大学人类关系研究所研究员。他致力于3个独特的研究主题。有关心理测量研究的最大成就是著作《能力倾向测验》一书(1929)。有关催眠的研究结集为《催眠与演示感受性》(1933)。而最常被引证的学术成就是有关密集学习的保存效果,成为20世纪40和50年代居于主导地位的学习理论。1940年出版重要著述《机械学习的数学——演绎理论》,1943年紧接着又出版影响力深远的《行为原理》。后来他结合E. L.桑代克和J. B.沃森的成果,试图发展出一套更基础的学习理论,期望可以解释所有人与动物的行为。他和他的追随者得出大量实验成果及理论概念,并在实验心理学文献中占有支配地位,时间长达20年。不过,他们的地位最后仍被较能解释心智感受的认知心理学派所取代。

赫尔　Hull, Cordell(1871～1955)　美国政治家和外交家。原为律师,后选入美国众议院(1907～1921,1923～1931),起草了第一份所得税法案(1913)和遗产税法(1916)。1931～1933年短期任参议员。在F. D.罗斯福总统任内担任国务卿(1933～1944),提出互惠贸易计划,降低关税,拓展世界贸易。他推行睦邻政策,改善美国与拉丁美洲国家的关系。在1941年的谈判中,他支持中国,敦促日本放弃对中国大陆的军事占领。第二次世界大战期间,他很早就计划了一个战后的国际维和机构。因此,罗斯福称他为"联合国之父";他的工作使他获得了1945年诺贝尔和平奖。

赫尔岑　Herzen, Aleksandr (Ivanovich)(1812～1870)　俄国作家和政治活动家。在莫斯科大学就读时,他加入了一个社会主义团体,因而被流放到外省做工(1834～1842)。回到莫斯科后,他立即加入西欧派阵营,但不久转向无政府主义的社会主义。继承一大笔财产后,他离开了俄国。在巴黎,他宣布西方制度已经"死亡",并提出了一种独特的俄罗斯式的社会主义理论,即农民民粹主义。1852年他迁居伦敦,创办自由俄罗斯印刷所,并在1857年创立具有影响力的报纸《钟声》。这份报纸被偷偷带回俄国,读者包括改革者和革命家。1861年当解放农奴法令制定时,他抨击该法令背叛了农民。之后转而把精力放在写作《往事与随想》(1861～1867)上,被公认为是俄罗斯最伟大的散文作品之一。

赫尔德　Herder, Johann Gottfried von(1744～1803)　德国评论家和哲学家。他受过神学和文学教育,原在里加担任老师和牧师。后来在比克堡当宫廷牧师时,著有一些作品,如《形象性》(1778)、《论语言的起源》(1772),这使他成为文学狂飙突进的领导人物。1770年他结识了J. W. von歌德,后来曾与他共事多年,他们一起奠定了德国浪漫主义的基础。1776年他迁居歌德所住的魏玛,在魏玛时撰写的著作有《散论集》(1785～1797)以及未完成的《人类历史哲学大纲》(1784～1791),在书中试图证明自然和历史服从于一个统一的规律体系,象征了他是历史哲学上的革新者,也是早期"以共同的文化而不是政治疆界来界定一个民族"的思想拥护者。晚期与歌德的关系逐渐疏远,乃至对整个德国诗歌和哲学界的古典派运动都极为仇视。

赫尔曼　Herrmann, Bernard(1911～1975)　美国作曲家。生于纽约市。曾就读于纽约大学及朱利亚德学院,并在20世纪30年代成为C.艾甫斯周围的年轻作曲家团体的一员。赫尔曼自1930年开始活跃于电台,他和O.韦尔斯的合作使他进入电影界。他为韦尔斯的《公民凯恩》(1941)和《安柏森大族》(1942)配乐,其他电影尚有《金钱什么都能买》(1941,获奥斯卡奖)。赫尔曼为A.希区柯克配了8部电影音乐,其中包括《迷魂记》(1958)、《西北偏北》(1959)及《惊魂记》(1960)。

赫尔曼　Herman, Woody(1913～1987)　原名Woodrow Charles。美国竖笛、萨克斯管演奏家和歌手,也是最受欢迎的爵士乐大乐团之一的领队。生于密耳沃基。1936年组成自己的第一个乐团,称为"演奏布鲁斯的乐团",1939年《伐木者的舞会》成为热门单曲。40年代他的乐团"轰隆的牛群"转型为多彩多姿而实力强劲的合奏团,把轻松节奏段落声音与爆炸性的进步编曲方式结合起来。他持续带领乐团近50年以上,许多著名的爵士音乐家在那里获得职业首演的机会。

赫尔蒙山　Hermon, Mount　阿拉伯语作Jabal al-Shaykh。黎巴嫩-叙利亚边界上顶部积雪的山,位于大马士革以西,海拔2 814米,为地中海东岸最高点,有时被认为是前黎巴嫩山脉最南端部分。该山自青铜时代被尊为圣山,显示了这是在摩西和约书亚率领以色列人征服时的西北界限。阿以战争(1967)后西坡和南坡约100平方千米地域成为以色列管辖的戈兰高地的一部分。

赫尔辛基　Helsinki　瑞典语作Helsingfors。芬兰首都。位于芬兰南部一个半岛上,该半岛有很多天然良港。赫尔辛基是全国主要港口。市内建筑多用当地浅色花岗岩建成,有"北方白色城市"之称。1550年由瑞典人创建,1640年南迁至现址。1808年与芬兰一起被俄国人统治。1812年俄国沙皇亚历山大一世把芬兰大公国的首府迁至赫尔辛基,此后这里一直是芬兰的首都。1917年芬兰宣布脱离俄国独立,这里曾发生一场短暂但血腥的内战。此后几十年间,赫尔辛基不断发展,成为重要的贸易中心。第二次世界大战期间遭到苏联的大规模轰炸(参阅苏芬战争),现已重建。1975年一次国际会议在此召开(参阅《赫尔辛基协议》)。人口约559 718(2002)。

《赫尔辛基协议》　Helsinki Accords　1975年签订的国际协议,主要是谋求苏联与西方集团共同承认第二次世界大战后的欧洲现状(包括德国分为两个国家)来缓和双方之间紧张的局势。协议由所有欧洲国家(阿尔巴尼亚除外)以及美国和加拿大签署,此协议没有约束力,不具有条约的地位。苏联的主要兴趣在于获得国际上对它战后在东欧霸权的默认。作为交换条件,美国和其西欧盟国则促其尊重人权,并在经济、科学、人道主义和其他领域进行合作。后续会议分别于1977～1978年在贝尔格莱德,1980～1983年在马德里,1985年在渥太华举行,各国强烈抨击苏联滥用人权,而苏联则针锋相对。1990年在巴黎举行一次会议,正式结束了冷战时代,并认可德国统一。

赫尔佐格　Hertzog, J(ames) B(arry) M(unnik)(1866～1942)　南非联邦总理(1924～1939)。他的政治主张是"南非第一"(即排在英帝国之前)和"并行政策",即要求组成南非白人国家的英国人和阿非利堪人彼此不受对方的支配。1910～1912年参与L.博塔的内阁,但因不满博塔的妥协迁就政策而与他决裂,另组南非国民党。担任总理时,为南非联邦制定国旗,规定阿非利堪斯语也是官方语言,提倡种族隔离政策,确立在联邦制度下英国人和阿非利堪人享有平等权利。1933年被迫接受与J.斯穆茨联合组阁。1939年因主张在第二次世界大战中保持中立遭到反对而辞职下台。

赫耳墨斯　Hermes　希腊神,宙斯和迈亚的儿子。该神最早的奉祀地大概是阿卡迪亚,在那里他被当作丰产神来崇拜。他也常被认为是牛羊的保护神。但在荷马的《奥德赛》里,他主要是神使和引领亡灵去见哈得斯由于身为使者,他还成为道路和门洞之神,且是旅行者的保护神。他也是梦之神。等同于罗马的墨丘利。

带领羊人合唱队的赫耳墨斯,公元前5世纪杜里斯所作的瓮画;现藏不列颠博物馆

By courtesy of the trustees of the British Museum

赫耳墨斯秘义书 Hermetic writings 有关神学和哲学的秘义作品，据称由埃及神透特希腊的赫耳墨斯·特里斯美吉斯托斯（有"最伟大的神赫耳墨斯"之意）撰著。该神传为文字的发明者。这些作品用希腊文和拉丁文写成，始出现于约1世纪中叶到3世纪末之间，采用对话体裁，综合了近东宗教、柏拉图主义、斯多葛哲学和其他的哲学。它也广泛反映了早期罗马帝国在天文学、炼金术和法术等方面的思想和信仰。秘义作品的目的是通过对于一个超验的神的认识（灵知）而求得人的神化。

赫菲斯托斯 Hephaestus 又作Hephaistos。希腊神话中的火神。原是小亚细亚及其附近诸岛（尤其是利姆诺斯岛）的神；在罗马神话中他与伏尔甘相当。因为天生瘸腿，或幼年跛足，被母亲赫拉和父亲宙斯从天上抛下来。他的妻子是爱神阿佛洛狄忒。他是锻冶之神和工匠的保护神，常被描绘为在锻炉上打铁。人们认为火山是他的作坊里的炉火。

赫卡柏 Hecuba 希腊传说中，特洛伊国王普里阿摩斯的妻子，赫克托耳的母亲。特洛伊战争结束时，她被俘。据欧里庇得斯的说法，她曾把小儿子波吕多洛斯托付给色雷斯国王波吕墨斯托耳照管。当她抵达色雷斯时，发现儿子已被谋杀，就弄瞎国王双眼，并杀死他的两个儿子作为报复。其他版本的说法是后来她变成了一只狗，她在赫勒斯滂旁边的坟墓成了航海船只的陆标。

赫克曼 Heckman, James J.（1944～ ） 美国经济学家，对研究个人或家庭经济行为的分析方法贡献卓著，2000年与D.麦克法登共同获得诺贝尔经济学奖。生于芝加哥。1965年在科罗拉多大学数学系获学士学位，1968和1971年在普林斯顿大学先后获得经济学硕士和博士学位，后任教于哥伦比亚大学（1970～1974）及芝加哥大学（1973年起）。他最有名的学术成果是赫克曼修正，这是一种两步骤的统计程序，为统计抽样的误差提供了表述工具。他也是1983年美国经济学会的克拉克奖得主。

赫克特 Hecht, Ben（1894～1964） 美国新闻工作者、小说家、剧作家和电影编剧。出生于纽约市，1910～1922年任职于芝加哥的几家报社。在《芝加哥日报》时，他擅长撰写一种富有人情味的小品文，后来广被仿效。此后，他一半时间在纽约，一半时间在好莱坞度过。1928年与C.麦克阿瑟合著剧本《头版新闻》（影响了大众和报业对报界的观点）、喜剧《20世纪》（1932年上演）以及《女士们，先生们》（1939年上演）。他的电影剧本（通常和麦克阿瑟合著）包括《根嘉丁》（1938）、《呼啸山庄》（1939）、《螺旋梯》（1945）和《美人计》（1946）。

赫克托耳 Hector 希腊传说中特洛伊国王普里阿摩斯和王后赫卡柏的长子。他是安德洛玛刻的丈夫和特洛伊军队的主要战士。在荷马史诗《伊利亚特》中，他不仅骁勇善战，而且情操高尚。他还是阿波罗神的宠儿，阿波罗帮助他在打仗时杀死阿喀琉斯的朋友帕特洛克罗斯，后来阿喀琉斯替朋友报仇，在战斗中刺死赫克托耳，并拖着他赤裸的尸身绕行特洛伊城墙。

赫库兰尼姆 Herculaneum 意大利坎佩尼亚区古城，位于维苏威火山西北麓。公元79年维苏威火山爆发，该城与庞贝城、斯塔比伊城同时被毁。它被埋在一块多孔凝灰岩层下，深达15～18米，这虽给发掘工作带来很大困难，却使该城的许多易损文物得以保存下来。18世纪开始挖掘，发掘出许多古代器物，包括绘画和家具。后来又发现了一座角力场（运动场）及一个大型游泳池。

赫拉 Hera 希腊诸神的王后，宙斯的姊妹和妻子。在罗马，她与朱诺地位相当。她被当作天后和司婚姻及妇女的神来崇拜。她还具有埃雷图亚的头衔，即生育女神。赫拉也是阿戈斯和萨摩斯岛的守护神，在这些地方有纪念她的节庆游行活动。她的圣畜是母牛。在文学中，她常被描绘成一个心怀嫉妒的妻子，对宙斯引诱的女人施以报复。

赫拉克勒斯 Heracles 拉丁语作Hercules（赫丘利斯）。希腊和罗马传说中最著名的英雄，以力大无穷著名。是宙斯和阿尔克墨涅（珀尔修斯的孙女）所生的儿子。宙斯善嫉妒的妻子赫拉差使两条毒蛇去杀在摇篮里的婴儿赫拉克勒斯，毒蛇却反被他扼死。赫拉克勒斯长大后与一位公主结婚，但在一次由赫拉造成的发疯时杀死了自己的妻子，被迫成为希腊国王欧律斯透斯的奴仆。欧律斯透斯命他完成以下12件苦差，其中包括：在一天之内打扫干净奥吉亚斯国王的牛圈；取回在世界尽头由赫斯珀里得斯看守的金苹果；把看守冥界大门生有3个头的恶狗刻耳柏洛斯从冥界带来。赫拉克勒斯后来与得伊阿尼拉结婚，这位妻子送给她丈夫一件她误以为具有爱情魔力的长袍，结果长袍上却涂有剧毒。在狂怒中，他在柴堆上自焚，他的灵魂升上天庭，成为不朽之神，与青春女神赫柏结为夫妻。

赫拉克利特 Heracleitus（约公元前540～约前480） 又作Heraclitus。希腊哲学家。生平不详，显然是他写的唯一一本书已佚，其观点保存在被认为是他写的简短片段中。在他的宇宙观中，认为火是有序宇宙的基本物质要素，他把世界秩序称作是"适度点燃并适度熄灭的永恒的活火"。他将火的各种现象加以扩大，包括大气上层的以太。为了说明变化之中仍然有统一，他有一个著名的比喻，将生命比作河流，他说："踏入同一条河里的人们，流过他们的水是不同的，而且永远是不同的。"

赫里克 Herrick, Robert（1591～1674） 英国诗人。毕业于剑桥大学，后来做牧师，17世纪20年代已成为知名诗人，20年代末任德文郡牧师。他是B.琼森的弟子，他恢复了古典抒情诗的精神，以词句清新及完美的形式和风格而打动人心。唯一出版的书是《西方乐土》（1648），共收诗作约1 400首，大多数极短，其中许多为警句诗。以名句"采撷玫瑰花苞当及时"为人所追怀。

R.赫里克，W.马歇尔的版画局部，选自《西方乐土》的扉页，1648年
By courtesy of the trustees of the British Museum; photograph, J. R. Freeman & Co., Ltd.

赫里欧 Herriot, Édouard（1872～1957） 法国政治家和作家。1905年当里昂市长，此后一生皆任此职。1919年以激进党党员身份入选众议院，1924年他带领左翼联盟对抗民族集团。担任总理（1924～1925）时，他迫使A.米勒兰总统辞职，领导法国接受《道威斯计划》，并承认苏联。1926年再次组阁，但仅维持3天；1932年又当选总理。1940年维希在国民议会赋予P.贝当全权时，他投票弃权，后来被捕，并被押送到德国（1942～1945）。战后当选为新国民议会议长（1947～1954）。在他的长期任内，一共经历了9次组阁。

赫利奥波利斯 Heliopolis 《圣经》中称"安"。埃及古代圣城，现在大部分为废墟，位于开罗的东北部。该城曾经是埃及太阳神瑞的崇拜中心。大瑞神庙的规模仅次于底比斯阿蒙神庙，其祭司发挥了很大的影响力。新王国时期，神庙成为保管皇室档案的库藏地。现存最古老的碑文是塞索斯特里斯一世的方尖碑。图特摩斯三世在那里竖立的一对方尖碑（称克娄巴特拉方尖塔），现在一个立在伦敦泰晤士河畔，另一个在纽约市的中央公园。

赫利俄斯 Helios 古希腊的太阳神。每天白昼驾着一辆四轮马车由东到西在天空中运行；每夜乘着一只巨杯环绕大洋。在罗得岛尤其受到崇拜，至少在公元前5世纪初已被视为统治该岛的主神。在希腊，他的地位后来被阿波罗所取代。罗马人把他当作太阳神索尔来崇拜。

赫鲁晓夫 Khrushchev, Nikita (Sergeyevich)（1894～1971） 苏联领导人。父亲是一名矿工。1918年加入共产党。1934年被选入中央委员会，1935年升任莫斯科党委第一书记。曾参与了J.斯大林整肃党内领导人的活动。1938 年任乌克兰第一书记，1939 年成为政治局委员。1953 年斯大林逝世后，他经历一番苦斗后才成为共产党总书记，而 N. 布尔加宁担任部长会议主席。1955 年第一次离开苏联出国访问，显示出富有弹性，但仓促、轻率的外交风格。1956 年在苏共第 20 次代表大会上，发表秘密演说，揭露了斯大林的“不容异己、残忍和滥用

赫鲁晓夫，摄于 1960 年
Werner Wolf-Black Star

权力”。结果有数千政治犯获释。波兰和匈牙利运用反斯大林化来改革政权，赫鲁晓夫允许波兰人拥有相当程度的自由，但当 1956 年 I. 纳吉想要退出《华沙条约》时，他派军粉碎了匈牙利革命。1957 年党内形成一股反对势力，但他安稳地把政敌打散。1958 年自任总理。主张与资本主义国家和平共存。1959 年访美，但原本预定在次年与 D. D. 艾森豪威尔总统在巴黎举行高峰会议却因 U-2 型飞机事件而取消。1962 年企图在古巴部署苏联导弹，接下来发生了古巴导弹危机，他才打消念头。因为意识形态的歧异和签署了《禁止核试验条约》，导致苏联和中国的关系破裂。1964 年因农业政策的失败而需从西方进口小麦，加上与中共的纷争，以及管理上的独断专行作风导致他下台。

赫罗图　Hertzsprung-Russell diagram　又称 H-R diagram。一种表示恒星绝对星等（恒星固有亮度）和光谱型的关系图。对恒星演化理论极为重要，由丹麦天文学家 E. 赫茨普龙（1873 ～1967）和美国天文学家 H. N. 罗素（1877 ～ 1957）各自于 1911 年创制的图表发展而成。在图上的恒星是按绝对星等的增加（亮度减小）从上到下，按温度（光谱型）的降低从左到右排列的。恒星倾向于群集在赫罗图的某一特定区域，特别是沿着一条对角线，这一区域称为主星序，是质量不同的燃氢恒星的所在地。

赫尼　Henie，Sonja（1912 ～ 1969）　挪威出生的美国女花样滑冰运动员。生于挪威克里斯蒂安尼亚。曾受过芭蕾舞训练，1927 ～ 1936年连续10年获世界女子业余花样滑冰锦标赛冠军。在 1928、1932 和 1936 年 3 届冬季奥运会上均获金牌。由于受过舞蹈训练，她在把原本是一连串平淡无奇的运动改变为场面壮观和受人欢迎的表演方面贡献很

S. 赫尼在 1950 年好莱坞冰上舞蹈中的表演
Pictorial Parade

大。后来因成为职业滑冰运动员和好莱坞女演员而提高了知名度。1941 年加入美国籍。

赫普尔怀特　Hepplewhite，George（？ ～ 1786）　英国家具工匠。曾在兰开斯特随一家具工匠学艺，后至伦敦开设一家店铺。所著《家具制造和室内装潢指南》（1788）一书使他获得崇高声望，书中有 300 多幅设计图。很少见到根据他的设计制作的家具，无一件能被肯定是属于他的店铺制作的，也不能确定是他本人负责设计的，因为这本书的整版插图都没有签名。这些设计图具有优雅的新古典主义风格，以简洁、优美和实用为特色，如椅腿直且呈锥形，椅背多呈卵形线等。T. 谢拉顿和 D. 法伊夫常取材于他的设计。

赫普沃思　Hepworth，(Jocelyn) Barbara（1903 ～ 1975）　后称 Dame Barbara。英国女雕刻家。其最早的作品是自然主义的，至 20 世纪 30 年代，她成为抽象派艺术家，制作出直边的严格几何图形。当她的作品渐趋成熟时，她的雕刻逐渐增加了孔隙，以强调内部空间感。到了 50 年代，她已在国际上知名，接受委托制作了许多有名的作品，如纽约联合国大厦纪念 D. 哈马舍尔德的作品《简单形式》（1963）。她与 H. 穆尔成为英格兰现代运动的领袖，也是 20 世纪中叶最具影响力的雕刻家之一。

赫丘利斯之柱　Pillars of Hercules　直布罗陀海峡东端两个巨大岩石。分别是欧洲的直布罗陀巨岩（位于直布罗陀）及北非的摩西山（位于摩洛哥的休达）。根据希腊神话，这两大巨岩是大力士赫丘利斯所立，为他捕回三体巨妖葛里昂之行留下纪念。

赫斯　Hess，(Walter Richard) Rudolf（1894 ～ 1987）　德国纳粹领导。1920 年加入新成立的纳粹党，很快成为 A. 希特勒的密友。在参与啤酒店暴动（1923）后逃跑，但又自动入狱，他在监狱记录和整理了希特勒口授的《我的奋斗》一书。后升任希特勒的私人秘书，1933 年成为副党魁。第二次世界大战初期，其权势趋于衰落。1941 年赫斯制造了一次轰动世界的行动，他偷偷地跳伞着陆苏格兰，提出英德媾和的建议未果。英国政府把他当作战俘，希特勒也驳斥他这种先斩后奏的做法。战后，赫斯在纽伦堡审判中被判无期徒刑。他在柏林施潘道监狱服刑，1966 年后成为那里唯一的犯人。

赫斯顿　Hurston，Zora Neale（1891～1960）　美国民俗学家和作家。虽然她自称 1903 年生于佛罗里达州的伊顿维尔，实际上她在之前 10 年出生于亚拉巴马州，童年时期随家迁至伊顿维尔。她起初参加一个流动剧团，后来到纽约，在哥伦比亚大学师从 F. 博厄斯学习人类学，并参加哈勒姆文艺复兴运动。她与 L. 休斯合作写了剧本《米尔·博恩》（1931）。继第一部小说《乔纳的葫芦藤》（1934）之后出版《他们的眼睛注视着上帝》（1937），既受到广泛的赞扬，又引起很大争论。她还写有自传《公路尘土飞扬》（1942）。

赫斯特　Hearst，William Randolph（1863 ～ 1951）　美国报纸发行人。生于旧金山。1887 年接掌财政困难的《旧金山考察人报》，他成功地把它改造为深入报道与通俗相结合

W. R. 赫斯特，1906 年
By courtesy of the Library of Congress，Washington，D. C.

的有时尚风格的报纸。1895 年购买《纽约晨报》（后改名《纽约美国人日报》），与其他报社展开激烈竞争，并带头进入黄色新闻时代，所采用的提高发行量策略对美国的报业产生深刻影响。赫斯特的报纸用歪曲夸大的报道煽动反西班牙情绪，挑起了美西战争。后来当选众议员（1903 ～ 1907），但在谋求其他更高的政治地位方面并不成功。20 世纪 20 年代在加利福尼亚州圣西米恩建了一座富丽堂皇的城堡。1935 年在其财富鼎盛时期，拥有 28 家大报、18 种杂志、数家广播电台、电影公司和新闻社。由于生活过度奢侈，以及大萧条，他的财务状况一落千丈。到 1940 年他对自己所创立的新闻王国已失去控制。晚年生活完全与世隔绝。

赫特福德　Hertford　英格兰东南部赫特福德郡城镇（堂区）和郡府。在伦敦北缘。公元 672 年以塔尔苏斯的西奥多主持的一次主教会议举行地而首见记载。现存最古老的建筑是一些 15 世纪的木框架房舍。除了是郡行政中心外，还有轻型机械工业以及许多与农业相关的工业。人口24 460（2001）。

赫特福德郡　Hertfordshire　英格兰南部一郡，与伦敦北侧相临。郡府是赫特福德。郡内有两座早期的“花园城”，即莱奇沃思（1903）和韦林花园城（1920）。第二次世界

大战后伦敦8个新建卫星城有4个位于该郡。有笔直的公路和铁路通往伦敦，设有一些轻工业、办公机构、电影公司并迁入数千名远郊居民。人口1 033 977（2001）。

赫梯人 Hittite 古印欧语系的民族，他们的帝国（老王国公元前1650～前1500年，新王国公元前1350～前1180年）位于安纳托利亚和叙利亚北部。老王国记录了详细的赫梯领土扩张；新王国文献中载有卡叠什战役（参阅卡叠什），这是古代与埃及人交战的最大的一场战役。赫梯国王拥有绝对的权力，据称是天神的代表，死后则成为天神。赫梯是封建农业社会，冶铁技术已经得到发展。该王国的突然垮掉可能是因海上民族和弗里吉亚人大规模移入帝国版图所致。

赫西 Hersey, John (Richard)（1914～1993） 中国出生的美国小说家和记者。生于传教士家庭。1937～1946年曾在远东、意大利和俄国担任驻外记者。早期小说《给亚达诺镇的钟》（1944），描写第二次世界大战时盟军占领下的一个西西里岛城镇，获得了普利策奖。小说《广岛》（1946）客观地叙述了在原子弹爆炸后幸存者的经历；《墙》（1950）描写华沙犹太区反抗的故事，有事实也有虚构。后来的小说包括《万里长江》（1956）、《小孩买主》（1960）和《阴谋》（1972）。

赫西奥德 Hesiod（创作时期约公元前700年） 希腊诗人。是希腊最早的诗人之一，常被称为希腊教诲诗之父。来自希腊中部维奥蒂亚，可能是一个职业的吟诵诗人。现存两部完整的史诗：《神谱》，记述了诸神的历史；《工作与时日》，描述农民的生活，并表达了自己对人们行为的观点。这些作品反映出他对生活基本态度的严肃性，对世界的描述并不如荷马作品引人入胜。在世期间他的诗就已出名，其声名之大使得其他人写的史诗后来也归到他的名下。

赫歇尔家族 Herschel family 英国天文学家家族。德国出生的威廉·赫歇尔（1738～1822）在1757年移民英格兰，原本靠音乐谋生。后来为了研究遥远的天体，开始自己动手研制镜面，终于成功制造了当时最好的望远镜。43岁时，发现了天王星，使他一举成名。他提出所有的星云（现称之为星系）都是由恒星组成的，并发展了一套有关星系的革新理论。他还发现红外线。1816年受封为爵士。他的妹妹卡罗琳·卢克丽霞·赫歇尔（1750～1848），对她哥哥的研究贡献很大，她完成许多必要的计算工作，还用望远镜观察到3个星云和8颗彗星。1787年国王为她提供了研究工作年薪。威廉去世后她仍继续工作了几十年。威廉的儿子约翰·赫歇尔（1792～1871）原本在剑桥大学学数学，1816年开始协助其父的研究工作。后来到南半球研究那里的星空；1838年回国时已记录下了68 948颗恒星的位置。他也是一位很有成就的化学家，发明了感光纸照相法（同时，W. H. F. 塔尔博特也发明了此法）。1831年封爵。他的儿子亚历山大·斯图尔特·赫歇尔（1836～1907）和约翰·赫歇尔（1837～1921）也成为天文学家。

赫胥黎 Huxley, Aldous (Leonard)（1894～1963） 英国小说家和评论家。为T. H. 赫胥黎之孙，J. 赫胥黎的弟弟，孩童时起就部分失明。作品以优雅、风趣和悲观的讥讽著称，包括《克罗姆·耶洛》（1921）、《滑稽的黑伊》（1923）、《针锋相对》（1928）等，前两部奠定了他作为一流小说家的地位。著名的《面对新世界》（1932）是对未来社会梦魇般的看法，表达了他对政治和技术发展趋势的不信任。从《加沙盲人》（1936）开始，显示出对印度哲学和神秘主义的兴趣日增。后期作品包括《卢丹的魔鬼》（1952）和《感受之门》（1954），讲述他服用迷幻药物的体验。

A. 赫胥黎，摄于1959年
Robert M. Quittner-Black Star

赫胥黎 Huxley, T(homas) H(enry)（1825～1895） 英国生物学家。教员之子，取得医学学位。1846～1850年以一名外科医生的身份随考察队去南太平洋，对海洋生物做了大量研究。回国后在伦敦皇家矿工学校任教多年（1854～1885）。19世纪50年代，他通过发表许多重要论文建立起声誉，这些论文论述了动物个性、某些软体动物、古生物学方法、科学和科学教育方法与原理、神经的结构和功能以及脊椎动物颅骨。他是达尔文主义最早也是最有力的支持者，1860年与S. 威尔伯福斯主教的辩论广受瞩目。19世纪60年代赫胥黎在古生物学和分类学方面做了很有价值的研究，尤其是对鸟的分类。后来转向神学，据说"不可知论"一词是他所创造，用以表达自己的观点。在他那一代人中，很少有科学家能像他那样对如此广泛的科学发展领域产生影响，也很少有人能像他那样有效地推动思想和实践的总体行动。

赫伊津哈 Huizinga, Johan（1872～1945） 荷兰历史学家。先后在格罗宁根大学（1905～1915）和莱顿大学任历史教授（至1942年）。1942年被纳粹扣作人质，关押至死。他早期研究印度文学和文化，但使他闻名于世的著作是《中世纪的衰落》（1919），此书生动描绘了14～15世纪法国与荷兰的生活状况。其他著作有《伊拉斯谟》（1924）、《明日即将来临》（1935）、《游戏的人》（1938）等。

赫兹 Hertz, Heinrich (Rudolf)（1857～1894） 德国物理学家。任卡尔斯鲁厄工业学院物理学教授时（1885～1889），在实验室产生了无线电波，并测量了其波长和速度。他指出，无线电波的振动性及其反射和折射的特性，与光波和热波相同。他确凿地肯定：光和热都是电磁辐射。他也是最早播出并接收无线电波的人。1889年任波恩大学教授，在该校继续研究稀有气体中的放电现象。频率单位赫兹（Hz，表示每秒周数）就是以他的姓氏命名的。

褐煤 lignite 褐色到黑色的煤炭，为泥煤在适度的压力下变化而成。它是煤化作用的初级产品，介于泥煤和次烟煤之间。干燥的褐煤含约60%～75%的碳。世界上煤总储量的45%左右是褐煤。由于它的发热值、贮存的稳定性以及其他的性质都不如较高档的煤（例如烟煤），所以这部分储量尚未大规模开采。然而在某些地区由于缺乏燃料，所以也大量开采褐煤。

褐隐士蛛 brown recluse spider 蜘蛛目褐蛛科的节肢动物，学名*Loxosceles reclusa*。分布于美国西部和南部。现正扩展至美国北部部分地区。6眼排成2行。有毒，约7毫米长。肢展约2.5厘米，背部色浅，有形如小提琴的图案，中线上有一明显的沟纹，形成小提琴的"颈"，故本种又称小提琴蛛。常在石下或屋内暗角落。毒素破坏被咬处的血管壁，有时引起皮肤溃疡。伤口愈合缓慢，偶可致命。

鹤 crane 鹤形目鹤科15种体型高大的涉禽。外形与鹭相似但较大，头部分裸露，嘴粗厚，羽衣更致密，后趾较其他趾高。飞行时长颈向前伸，高跷般的长腿向后伸。除南美洲外，分布遍及全世界的沼泽和原野，但许多种群由于狩猎和栖息地被破坏而濒临绝灭。鹤吃各种小型动物以及谷物和嫩草。较熟知的是高鸣鹤和沙丘鹤。

鹤望兰 bird-of-paradise 又作crane flower。旅人蕉科观赏植物。学名*Strelitzia reginae*。鹤望兰属共有5种，原产非洲南部。鹤望兰花大，艳丽，有2枚直立而尖的花瓣，雄蕊5枚。有一舟形佛焰苞，绿色带红边。有许多长茎的橙色和明蓝色花朵，每朵花都像鹤的冠和喙，所以给它取了这个通用的名字。

黑斑羚 impala 奔跑疾速并且姿态优美的羚类（*Aepyceros melampus*）。常大群栖息在非洲中部和南部的稀树草原和开阔林地，近水的地方。善跳跃，受惊吓时跳着逃跑，一跃能达9米远，3米高。体态轻巧，肩高75～100厘米。毛呈金黄色至浅褐红色，腹部白

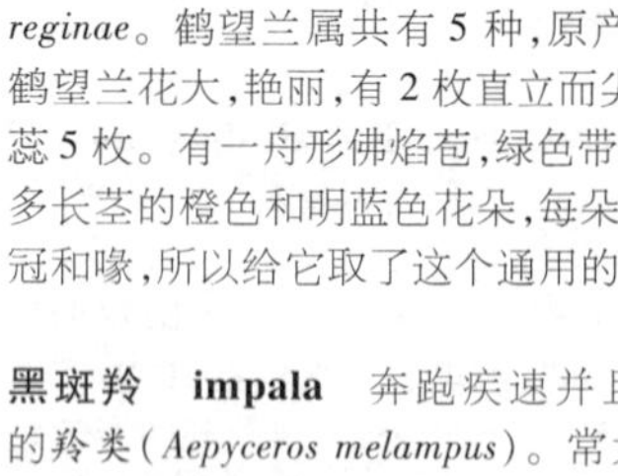

肯尼亚内罗毕国家公园的雄黑斑羚群（*Aepyceros melampus*）
James P. Rowan.

色，大腿上有垂直的黑色条纹，后蹄后侧有黑色簇毛。雄体有里拉琴状长角。

黑豹党 Black Panther Party（for self-Defense） 1966年由H.牛顿和B.西尔（1936年生）在加利福尼亚州的奥克兰创建的美国黑人革命政党，旨在保护黑人居民免受警察暴行。后来发展为一个马克思主义的革命团体，要求武装黑人，黑人免服兵役，释放被监禁的所有黑人，以及要求美国白人赔偿对黑人几个世纪以来的剥削。到20世纪60年代晚期约有成员2 000余人，在几个大城市设有支部；早期的发言人是克利弗（1935～1998）。20世纪60年代末70年代初，与警察之间爆发的冲突包括在加利福尼亚、纽约和芝加哥等地的枪击事件。他们对警察粗暴行为的指控引起国会的调查。20世纪70年代中期，该党失去支持，他们转向提供邻里间的社会福利事业，不久即解散。

黑德尔 Khidr，al- 伊斯兰教传说中的人物。他长生不死，是一个声誉甚高的圣者，特别受海员和苏非神秘主义者的崇敬。关于他的传说源出于《古兰经》，讲一个“安拉的仆人”帮助摩西找鱼，一路上做了些似乎很没意义的事情，比如凿沉一条船、杀死一个年轻人等。摩西质问他，因而失去了他的护卫。阿拉伯注释家们对这个故事加以润色，称那个仆人为黑德尔（意为“绿”），说他潜入生命之泉后全身变绿。在巴基斯坦，人们把他视为保护海员和河上航行者的水神。

黑洞 black hole 一种宇宙体，其引力极大，致使任何东西，甚至连光线也不能从中逸出。科学家们猜想它是在某星体死亡并坍塌后形成的，开始时该星体的质量大约是太阳的十多倍。质量小些的星体演化为白矮星或中子星。黑洞结构的细节已根据A.爱因斯坦的广义相对论计算出来：零体积的“奇点”和无限大的密度将它周围由引力半径所确定的视界之内的所有物质和能都拉了进来。黑洞很小，而且不发射光，所以很难观察。然而，它们巨大的引力场影响着附近的物质，这些物质被拉入黑洞，而在视界外面以高速碰撞时会发射X射线。某些黑洞可能起源于非星体。许多天文学家都推测，在类星体和许多星系中心的超大质量黑洞是观察到的能活动之源。S. W.霍金提出了大量小型黑洞的创生理论，在大爆炸之际，这些黑洞的质量可能比不上一个小行星大。这些原发性的“微型黑洞”会随时间推移而损失质量，也就是霍金辐射的结果，最后消失。从技术上看，黑洞还只是理论性的，但已经观察到符合理论所预期行为的一些现象。

黑尔 Hale，Nathan（1755～1776） 美国独立战争时期的军官。生于康涅狄格州考文垂。耶鲁大学毕业，后成为教师。1775年在康涅狄格州入伍，曾参加围攻波士顿的战役。1776年成为上尉，在长岛协助捕获英军的补给船。他志愿担任侦察任务，在深入长岛英军防线搜集情报返回时被捕，未经审讯即于次日被绞死，死时21岁。据传，他在就义前曾经这样说：“我唯一的憾事就是没有第二个生命献给祖国。”

黑粉病 smut 由多种真菌引致的禾谷类、玉米、禾草、洋葱、高粱的病害。其特征为种子、叶、茎、花器及鳞茎上形成煤烟状的孢子堆。孢子堆开裂，散出黑色粉末状物，易借风力传播。许多黑粉菌进入胚部或苗，随寄主的发育而蔓延全株，直到植株快要成熟时才表现出来。有些黑粉病为局部性，浸染生长旺盛的组织。控制措施包括在未浸染土壤内种植抗病品种，用杀菌剂处理种子，使用无病的移植株，并在孢子释放前消灭受侵植株或受侵部位。

黑格 Haig，Douglas（1861～1928） 后称Earl Haig。第一次世界大战时为英国将军。陆军职业军官，1914年迅速晋升将军，并领导英国军队在法国北部作战。1915年继J.弗伦奇为英国远征军的总司令。由于主张打消耗战略，使得索姆河战役（1916）和伊普尔战役（1917）中英军损失惨重，因而遭到批评。1916年晋升陆军元帅。1918年受F.福煦的委任成为协约国军队的指挥官；二人合作良好，由于黑格成功地阻止了德军的最后进攻，使得协约国于1918年8月取得胜利。

黑格尔 Hegel，Georg Wilhelm Friedrich（1770～1831） 德国哲学家。曾担任教师，后来成为纽伦堡高级中学的校长（1808～1816），接着主要在柏林大学任教（1818～1831）。其事业承袭了I.康德、J. G.费希特和F. W.谢林，标志后康德时期德国唯心主义的发展巅峰。黑格尔是一个绝对唯心主义论者，他受到基督教悟性的启发，并根据自己广博的知识，在辩证架构下为万物——逻辑的、自然的、人类的、宗教的——找到归属。这个架构在正题与反题之间徘徊，随后又回到更高级更丰富的综合。他的全面体系把哲学用于对历史和文化的所有问题的思考，其中没有一样可再被视为不可理解。同时，它剥夺了所有隐含的要素和问题的自主性，将之简化为唯一过程的象征性表现，即绝对精神对自我的追求与征服表现。主要作品有《精神现象学》（1807）、《哲学全书纲要》（1817）、《法哲学》（1821）。黑格尔主义间接的影响——见于S.克尔恺郭尔、K.马克思、G. E.穆尔和维也纳学派——与其直接的影响同样巨大。黑格尔被视为最后一位伟大哲学体系的创建者。

黑格尔主义 Hegelianism 从G. W. F.黑格尔思想体系发展出来的庞大哲学运动。其发展可分为4个阶段：第一个阶段为1827～1850年期间德国的黑格尔学派，该学派又分为三派：①右派（或老黑格尔派），试图使黑格尔主义与福音派正教和保守政策相协调；②左派（或青年黑格尔派），以革命的意义诠释黑格尔的合理性与现实性的统一；③中派，主张回到按起源和意义来解释黑格尔体系。第二个阶段（1850～1904）通常称为新黑格尔主义，中派的著作起了极为重要的作用。20世纪初，当W.狄尔泰发现了黑格尔青年时代未发表的一些文章后，在德国掀起了另一场黑格尔主义运动。第三个阶段称为黑格尔复兴，强调重新探讨黑格尔思想的起源。第四个阶段是在第二次世界大战以后，欧洲重新兴起对马克思主义的研究，终于使黑格尔派遗产对马克思主义的价值凸显出来。

黑寡妇 black widow 球腹蛛科寇蛛属（*Latrodectus*）6种已知蜘蛛品种的统称。螯咬有毒，但很少致人于死。分布于北美洲、南美洲、非洲、南亚和欧洲南部。有3种分布在美国。北美洲最常见的这种蜘蛛的雌体为黑色，有光泽，球形腹部的下面有一个发红的沙漏形图纹，体长约2.5厘米。黑寡妇以昆虫为食。雄体的体形仅为雌体的1/4，交配后雄体常为雌体所食（这也是黑寡妇之名的由来）。

黑海 Black Sea 欧洲和亚洲之间的内海。四周有乌克兰、俄罗斯、格鲁吉亚、土耳其、保加利亚和罗马尼亚等国，面积约422 000平方千米，最大深度2 210米。黑海经由博斯普鲁斯海峡、马尔马拉海和达达尼尔海峡与爱琴海相通，经由刻赤海峡与亚速海相连。有多条河流注入黑海，包括多瑙河、德聂斯特河、布格河、第聂伯河、库班河、克孜勒河和萨卡里亚河。克里米亚半岛（参阅克里米亚）从北面伸入黑海。在小亚细亚地壳上升，使里海盆地从地中海分裂开来，黑海就被逐渐分割开来；现在黑海含盐量少于世界海洋含盐量的一半。虽然长期以来黑海一直是受欢迎的度假胜地，但近数十年来，该海域已受到严重污染。

黑胡椒 black pepper 又作pepper。胡椒科多年生攀缘藤本，学名*Piper nigrum*，原产于印度。又指用其浆果制成的辛辣调料。是人们最早使用的调味料之一，如今胡椒可能是世界上使用最广泛的调味料。很早就是印度和欧洲之间跨陆贸易的重要物品。在印度尼西亚普遍种植这种植物，并已移植到其他热带地区。叶宽阔、有光泽；小花的细穗密生。浆果状果实称作胡椒子。参阅辣椒。

黑胡子 Blackbeard（1680～1718） 原名可能为Edward Teach（蒂奇）。英国海盗。1716年前一直在西印度群岛从事海盗勾当。船上装炮40门，在弗吉尼亚州和卡罗来纳州沿海劫掠，同北卡罗来纳殖民地总督分赃以换取保护。后为一支英国海军所杀。其首级连同大墨胡子悬挂在船首斜桅顶部示众。传说他埋葬了大量财富，但迄今未有发现，也许是子虚乌有之谈。

黑角 Pointe-Noire 刚果共和国西南部城市和港口。1950～1958年为法属赤道非洲中刚果地区首府。1958年刚果独立后，布拉柴维尔取代黑角成为刚果首都，但它在贸易方面仍然十分重要。1939年其港口设施建成，并在第二次世界大战期间扩大。现为全国的第二大城市，也是主要的港口城市和商业中心，石油工业尤为重要。人口约663 400（2005）。

黑脚人 Blackfoot 加拿大艾伯塔省和美国蒙大拿州的操阿尔冈昆语的印第安人族群，

在皮埃甘人的小屋，E.S.柯蒂斯摄于1910年
Courtesy of the Edward E. Ayer Collection, The Newberry Library, Chicago

包括皮埃甘人（皮库尼人）、布卢尔德人（凯纳人）、西克西恰人和正统黑脚人。他们统称为西克西恰人或黑脚人。黑脚人名称据传来源于他们布满灰污的鹿皮软鞋。他们是从林地西迁大草原的第一批阿尔冈昆人，后来又是最早取得马匹和火器的部落。黑脚人是西北平原上力量最强大、最富于攻击性的军事力量，19世纪前半期，他们的势力达于鼎盛，疆土辽阔，北起萨斯喀彻温，西南达蒙大拿州。每一部落又分为若干狩猎群组，由一名或多名首领领导。这些群组在冬天时分散居住，夏天则聚集在一个大型宿营地点，举行**太阳舞**。从1806年以后的30年间，黑脚人不让美国和加拿大人在他们领地里建定居点。1855年首次与美国政府签订条约，此后被迫从事耕作和养牛。21世纪初黑脚人后代人数约有9万人。

黑金镶嵌　niello　用银、铜或铅的硫化黑色合金，来镶嵌金属（通常是银）表面雕刻的图案。将黑色的硫化物碾成粉末，当雕刻好的银表面润湿后，把粉末撒在上面。金属加热后，黑金粉末熔化而流入刻槽。将多余的黑金刮掉，再将表面抛光。黑色镶嵌与明亮表面的反差产生富有魅力的装饰效果。文艺复兴时期，黑色镶嵌最为盛行，这一技术广泛用于礼拜仪式用品以及各种实用品。黑金制品（带黑金镶嵌装饰的物品）由古罗马人和9世纪的英国人制造。在俄国黑金镶嵌制品被称为图拉工艺品。

黑脸山魈　drill　猴科一种大而短尾的猴，学名*Mandrillus leucophaeus*。以前分布在尼日利亚到喀麦隆一带。由于猎捕和砍伐森林，已濒临绝灭。现分布限于喀麦隆边远森林地带。与其亲缘动物**山魈**相似，是身体健壮的四足猴，臀部色彩鲜明，雄性体长约82厘米，脸黑色。下唇绯红色。脸周的毛和耳后的束毛浅黄白色，其余毛色均为橄榄褐。杂食，主要为陆栖，喜群居。发怒时性情极为凶猛。

黑脸山魈（*Mandrillus leucophaeus*）
J. Kohler-Bavaria-Verlag

黑林山　Black Forest　德语作Schwarzwald。德国西南部巴登-符腾堡州山区。其沿着**莱茵河**上游东岸，从**内卡河**延伸到瑞士边境，形成一条相当窄的林带，长约160千米。最高峰是费尔德山，海拔1 493米。其名来自其黝黑的森林内部，较高部分覆盖着浓密的冷杉和松林。这里是内卡河和**多瑙河**的源头。**格林兄弟**的许多童话以此地为背景，以美丽迷人的村庄和起伏的丘陵闻名。该地区的冬季运动也很出名，还有多处矿泉和温泉疗养地，包括巴登-巴登。

黑麦　rye　禾草类谷物和其可食用的谷粒，学名*Secale cereale*，主要用作黑麦面包和黑麦威士忌，作为饲料和牧草。原产于南亚，现广泛种植于欧洲、亚洲和北美，主要因当地气候和土壤条件不利于其他谷物生长，且若以冬**小麦**为冬季作物，则温度又太寒冷。黑麦在高海拔地区生长良好，在所有小粒谷物中，其抗寒力最强。黑麦碳水化合物含量高，含少量蛋白质、钾和B族维生素。只有黑麦和小麦具有适合做面包的质地，但由于黑麦缺乏小麦所具有的弹性，因此常与小麦粉混合使用。其坚韧的纤维质**秸秆**多作为动物用垫草，以及屋顶、床垫、草帽和造纸原料。黑麦也栽培作为绿肥。

黑莓　blackberry　蔷薇科悬钩子属（*Rubus*）灌木，通常多刺，结果，主要原产于北温带地区。北美洲东部和太平洋沿岸盛产黑莓；在欧洲为常见矮林和绿篱植物。通常二年生，多刺，茎直立、半直立或攀缘；叶通常为三或五瓣，椭圆形，叶缘粗齿裂；花序顶生，花白色、粉红色或红色；果为聚合果，黑色或红紫色。有几种在地上爬生的品种一般称露莓。黑莓果含有丰富的铁和维生素C。

黑莓（*Rubus*）
Derek Fell

黑人法令　black code　指美国南北战争后，在以前的南部邦联各州颁行的许多法律，旨在限制以前奴隶的自由，并保证白人的优越地位。黑人法令源自早已实施的奴隶法令，将奴隶定义为财产。有些州的这些法令还包括了对付失业黑人的流浪罪法；便于白人雇用黑人孤儿及其他无自立能力的黑人青年的学徒法；以及将黑人排斥在某些行业之外并限制他们拥有的财产数额的商业法等。美国北部各州对于黑人法令的反应帮助促成激进的**重建时期**，通过《宪法第十四、十五条修正案》，建立了**被解放黑奴事务管理局**。黑人法令的许多条款重新出现在《**吉姆·克劳法**》中，直至通过了《1964年民权法》以后，这项种族隔离法律才最后被废止。

黑人特性运动　Negritude　20世纪30～50年代由生活在巴黎的法语非洲和加勒比海作家发起的文学运动，以示对法国殖民统治和同化政策的抗议。它的领导人物是塞内加尔的L.**桑戈尔**、马提尼克的A.**塞泽尔**以及法属圭亚那的L.达马（1912～1978）。他们开始严格审查西方的价值观，并重新评价非洲文化。这批人认为必须维护非洲传统和人民的价值与尊严，非洲人必须看到他们自己遗产的价值和传统，作家们应该采用非洲的主题和诗歌的传统。20世纪60年代，这项运动的目标在大多数非洲国家都已实现，运动趋于平息。

黑人戏剧　black theatre　美国戏剧运动，以黑人作家为黑人写作有关黑人生活的戏剧为其宗旨。第一部由美国黑人写的著名戏剧是J.布朗写的《金恩·萧特韦》（1823）。美国南北战争后，黑人开始在黑脸歌唱团表演中演出，至20世纪初，已有整个由黑人编写、制作和表演的音乐剧。第一个黑人剧作家的真正成功之作是格里姆凯的《丽秋》（1916）。黑人戏剧是在20世纪20和30年代**哈勒姆文艺复兴**时期兴盛起来的，1940年美国黑人剧院和黑人剧作家公司稳固地建立起来。第二次世界大战后，黑人戏剧逐渐取得更大进步，也更为激进，他们试图创立自己的神话，废除种族陈规，让黑人剧作家汇入主流。1965年黑人戏剧最强的支持者A.巴拉卡建立了黑人艺术轮演剧目剧院。20世纪80和90年代C.富勒和A.**威尔逊**均获得普利策奖。

黑色电影　film noir　呈现现实的黑暗或宿命的电影类型。此术语用于20世纪40年代末50年代初的美国电影。常描写黑社会的丑恶犯罪行为及愤世嫉俗的角色。影片以对比强烈的表现主义用光、形式感的镜头著称，通常表现的是城市场景。这类影片有J.**休斯顿**的《马耳他之鹰》（1941）、J.特纳的《旋涡之外》（1947）、A.**希区柯克**的《迷魂咒》（1945）及B.**怀尔德**的《双重保险》

(1944)、《红楼金粉》(1950)。这股潮流到了50年代中期走向衰落。但其影响仍表现在后来的影片中。典型之作包括:R. 波兰斯基的《唐人街》(1974)和R. 斯科特的《银翼杀手》(1982)。之后的包括《洛城机密》(1997)和《缺席的人》(2001)。

黑色幽默 black humour 使用病态、讽刺或荒诞的喜剧成分来嘲弄人们愚蠢行为的幽默。20世纪60年代常用这个词来描述一批小说家的作品,如J. 海勒,他的《第22条军规》(1961)是一个杰出的范例;K. 冯内古特,特别是他的《第五号屠宰场》(1969);以及T. 平钦的《V》(1963)和《万有引力之虹》(1973)。电影剧本代表作是S. 库勃里克的《斯特兰奇洛夫博士》(1963)。"黑色喜剧"一词则是用来指某些荒诞派戏剧剧本,尤其是E. 尤内斯库的剧本。

黑森 Hesse 德语作Hessen。德国中西部一州。面积21 114平方千米。1945年由几个前普鲁士省份合并而成。首府威斯巴登。黑森人被认为是法兰克部族卡蒂人的后裔,8世纪初,圣卜尼法斯使他们皈依基督教。15世纪曾被两次分割,但菲利普(黑森的)重又统一了这个地区。如今此区广布小型农场,而该州的工业集中在莱茵-美因河地区。威悉河两岸有许多古城堡、教堂及宫殿遗址。人口约6 077 826(2002)。

黑山 Montenegro 欧洲国家,位于巴尔干半岛中西部。面积:13 812平方千米。人口:约620 000(2013)。行政中心是波德戈里察,首都采蒂涅。黑山国名来源于其濒临亚得里亚海和海拔1749米的洛夫岑山的古城堡。黑山既有干旱的山地又有森林和肥沃的谷地。绝大多数人口为黑山族,他们信奉东正教。还有一定数量的波斯尼亚族和阿尔巴尼亚族人。黑山的工业有冶金、矿产、消费品制造业等,农业为种植和畜牧。旅游业是该国的经济支柱。黑山为多党制共和国,一院制。国家元首为总统,政府首脑为总理。在罗马帝国统治下,该地区是伊利里亚行省的一部分。7世纪时斯拉夫人来此定居,12世纪晚期并入塞尔维亚帝国。1389年奥斯曼帝国击败塞尔维亚后该地区重获独立。常与奥斯曼帝国和阿尔巴尼亚人发生战争,18世纪初开始与俄罗斯人结盟。在1912～1913年间的巴尔干战争中与巴尔干国家联合共同与奥斯曼帝国作战。第一次世界大战期间和战后支持塞尔维亚。该国后并入塞尔维亚;成为塞尔维亚-克罗地亚-斯洛文尼亚王国的一部分(1929年起更名为南斯拉夫)。第二次世界大战期间被意大利占领,也是重要战场。1946年新南斯拉夫的联邦宪法使黑山成为6个名义上的自治联邦单位之一。1991年南斯拉夫解体后,黑山和塞尔维亚于1992年组成新的南斯拉夫联邦共和国。2003年在黑山独立骚乱之后,塞尔维亚、黑山和南斯拉夫议会批准了一个维持联邦的新宪法协议,改国名为塞尔维亚和黑山(简称"塞黑")。2006年黑山得以与塞尔维亚完全分离。2008年北京奥运会之前,黑山运动员曾代表塞尔维亚-克罗地亚-斯洛文尼亚王国、南斯拉夫、塞黑参赛。

黑衫党 Blackshirts 意大利语作Camicie Nere。指B. 墨索里尼手下的任何意大利法西斯武装队伍,队员身着黑色衬衫制服。成立于1919年,黑衫党袭击的目标是社会党人、共产党人、共和党人以及其他人士。随着该党日渐壮大,有数百人死于该党手中。1922年,来自意大利全国各地的黑衫党人参加了向罗马进军。1923年民间的黑衫党正式转为国家的军队。1943年墨索里尼垮台后,黑衫党人随即销声匿迹。

黑市 black market 违反诸如配给法、禁止特定物品交易法以及各种通货间的官定汇率等公共法规的交易活动。战争时期黑市活动很普遍,因为那时的商品和服务都匮乏,往往要严格地配给(参阅配给制)。在可兑换外币短缺和外汇管制严格的国家多盛行外汇黑市活动。

黑手党 Mafia 成员主要是意大利人或西西里人的犯罪团体,以及在西西里和美国的犯罪组织。中世纪晚期在西西里兴起,可能是一种秘密结社组织,目的在于推翻外来征服者的统治。他们从地主雇来保护庄园的小型私人武装中吸收成员。到1900年西西里西部的黑手党"家族"控制了当地的经济命脉。20世纪20年代B. 墨索里尼把大多数黑手党分子关入监狱,但他们在第二次世界大战后被盟军释放,再度恢复犯罪活动。70年代黑手党控制了海洛因交易,导致各帮派派系间激烈的火并,以至在80年代,政府再度努力将黑手党领导人绳之以法。在美国,一些西西里移民(包括前黑手党成员)建立了类似的犯罪运作模式。他们的活动从20年代的走私酒类,扩大到开设赌场、贩毒及卖淫。黑手党(或称Cosa Nostra,意为"我们的事业")成为美国最大的犯罪辛迪加。约有24个独立集团,叫做"家族",在美国操纵各类非法活动。势力最大的几个家族的首领(或头领)组成一个委员会,主要功能是裁决,能否决某头领的权力。20世纪晚期,黑手党的势力大为衰落,原因是一些大头目被判罪、变节或内部倾轧谋杀。参阅有组织犯罪。

黑手社 Black Hand 1911年成立的塞尔维亚秘密组织,主要由军官组成,采用恐怖手段,争取便居住国外的塞尔维亚人摆脱哈布斯堡或奥斯曼的统治。它发起宣传攻势,在马其顿组织武装队伍,并在整个波斯尼亚建立革命小组。在塞尔维亚内部他们控制了军队,对政府施加巨大的影响。该组织最臭名昭彰的事件就是1914年暗杀弗兰西斯·斐迪南大公。1917年经过审判后,3个领导人被处以极刑,200多人下狱。黑手社一词也指19世纪90年代到20世纪20年代左右在美国许多大城市的意大利居民区内,西西里和意大利移民中一批专事敲诈勒索行为的歹徒。他们给当地商人和富人送去印有黑手、匕首或其他带有威吓记号的信件,以杀死他们或破坏他们的财产为要挟,大肆勒索金钱。禁酒令和大规模走私酒活动开始后,黑手社便逐渐衰落。

黑斯廷斯 Hastings, Warren(1732～1818) 英国驻印度殖民官员。1750年起在英国东印度公司当职员,1761～1764年升任驻孟加拉的董事,1769年为马德拉斯(今森奈)的

W. 黑斯廷斯,油画,T. 凯特尔绘;现藏伦敦国立肖像画陈列馆
By courtesy of the National Portrait Gallery, London.

董事。1772～1774年任英国驻孟加拉省督,他把中央政府迁到加尔各答,由英国人直接控制,并改造其司法制度。1774年升为总督,负责监督所有在印度其他地方的英国殖民地。他与一个四人理事会分别握有实权,理事中有几人试图抨击他滥用英国人职权。1777～1783年他努力稳定摇摇欲坠的莫卧儿帝国,并试图维持与邻邦的和平关系,但还是卷入了马拉塔战争。这一事件瓦解了公司的贸易,并在英国招致舆论的不满,同时舆论对他从事的几桩可疑的冒险生意取得额外募集资金也感到不满。1785年他离开已实现和平的印度,回到英国过着退休后的生活。1786年E. 伯克指控他贪污而对其进行弹劾,经过长达8年的审判(1788～1795),黑斯廷斯获判无罪。

黑斯廷斯战役 Hastings, Battle of(1066-10-14) 英格兰国王哈罗德二世与诺曼底公爵威廉之间的战争,结果威廉获胜,从此确立了诺曼人对英格兰的统治地位。英王爱德华(忏悔者)无嗣,曾指定威廉为接班人,但在临终前又把王位让给了哈罗德(当时是韦塞克斯伯爵)。威廉率领一支4 000～7 000人的精良部队跨海入侵英格兰,在萨塞克斯的佩文塞登陆,沿着海岸一直东进到黑斯廷斯。哈罗德仓卒成军,率领约7 000人的军队(大多是未受过训练的农民)与之交锋。在长达一天的激战后,英军大败,哈罗德阵亡,威廉后来加冕为王,称威廉一世。参阅诺曼征服。

黑死病 Black Death 14世纪时在整个欧洲暴发流行的鼠疫。此种传染病起源于亚洲,1347年突厥军队围困克里米亚的一个热那亚贸易商埠时,曾将带病的尸体弹射入该镇。1347～1351年该病在地中海各港口及整个欧洲蔓延开来。在1361～1363、1369～1371、1374～1375、1390以及1400年又有几度流行。各市镇所受的伤害较农村更严重,有时整个社区全毁,欧洲的经济也受到重创。欧洲约

有1/3的人口（共2 500万）死于黑死病。

黑素 melanin 几种有机化合物的统称，其黑色生物色素会使皮肤、毛发、羽、鳞、眼和某些内部组织（尤其是脑部黑质）呈现生物色现象（从黄色到褐色）。对人类而言，黑素有利于保护皮肤不受紫外辐射的伤害，但也有可能使产生它的细胞出现黑素瘤。黑素在皮肤中的含量受遗传和环境因素的影响。黑素是从氨基酸酪氨酸产生的；白化病就是因缺乏酶来催化这种反应而引起的（参阅白化病）。

黑素瘤 melanoma 一种一般由黑素的皮肤细胞产生的黑色肿瘤。虽然这种瘤有时也来自机体的其他组织，但因其呈黑色，所以仍称黑素瘤。黑素瘤可为恶性，亦可为良性。可能因色素痣或疣受刺激发展而来。黑素瘤可能发生转移（参阅恶性肿瘤），也同任何最高死亡率的皮肤癌相伴生。如果在早期同周围健康的皮肤一起切除，可能有治愈希望。黑色皮肤的人极少患黑素瘤。

黑天 Krishna 印度教诸神中最广受崇拜的一位神祇，被视为毗湿奴的第八个化身，是诸神之首。许多关于黑天的神话主要源出于《摩诃婆罗多》和《往世书》。出生时有人预言黑天将杀死昏恶的秣菟罗（即马图拉）国王，其父母为躲避国王的报复，带他偷偷逃到格库拉，黑天就在那里被一牧牛人养大。幼年顽皮出众，惹人喜爱，屡行神迹，灭除恶魔。年轻时就被誉为情种。后来，黑天回到秣菟罗杀死昏君，建宫廷于杜瓦尔卡，娶鲁格米尼公主和其他妇女为妻。黑天后因猎人误以他为鹿，一箭射中他的足跟——他身上的致命弱点而毙命。在艺术上，黑天通常被描述为蓝黑色皮肤、身缠腰布、头戴孔雀羽毛王冠的人。他代表极具魅力的情人，因而常以在一群女性爱慕者簇拥下吹笛的牧人形象出现。

黑线鳕 haddock 鳕科（*Melanogrammus aeglefinus*）北大西洋名贵的食用鱼。底栖，肉食性，以无脊椎动物和一些鱼类为食。与鳕鱼相似，同样具1颏须、2臀鳍和3背鳍。其鉴别特征为侧线呈黑色而不是淡色，两侧突肩各具一明显黑斑。体上部灰色或淡褐色，腹侧色淡。体长约90厘米，重11千克。

黑线鳕（*Melanogrammus aeglefinus*）
Painting by Jean Helmer

黑星病 apple scab 苹果树的疾病。由真菌引起，叶片、果实（有时在幼枝上）会产生暗斑。受到感染的植株果实可能在成熟前掉落，造成潜在的农产品严重损失。黑星病见于苹果生长的任何地方，但在春季和夏季湿凉之处最为严重，苹果属所有品种皆受影响。例行喷洒杀真菌剂是控制此病最有效的方法。

黑猩猩 chimpanzee 猩猩科类人猿，生活在赤道非洲的热带雨林及稀树草原，是与人类亲缘关系最近的动物。直立时，身高通常约为1～1.7米，体重约32～60千克，除面

假面黑猩猩（*Pan troglodytes verus*）
Helmut Albrecht-Bruce Coleman Ltd.

部外全身被覆棕色或黑色的毛。黑猩猩的取食活动主要在树上进行，用臂膀在树枝之间荡来荡去；较长距离移动通常在地面进行，多数时间是四肢并用。主要吃水果、浆果、树叶和种子，一些白蚁和蚂蚁，偶尔也捕杀小狒狒和灌丛野猪。它们会解决问题，使用工具，也会欺骗。黑猩猩喜群居，生活在组织松散的群体（约15～100只，或者更多）当中。在野外，平均寿命约45岁，在人工饲养的条件下，平均寿命50岁以上。参阅小黑猩猩。

黑熊 black bear 熊科林栖动物，学名*Ursus americanus*。尽管其数量和分布区业已缩小，但仍是最常见的北美熊类。成年体长约150～180厘米，体重90～270千克。生长发

黑熊（*Ursus americanus*）
Leonard Lee Rue III

育阶段的毛色不同，但脸部一般是棕色的，且常有白色的胸斑。以动物和植物为食，包括松果、浆果和植根。它们经常袭击野营地，攫取任何可食的东西。虽然可驯养并学会演把戏，但长大后往往会造成危害。

黑鹰 Black Hawk（1767～1838） 索克和福克斯部族一支的索克印第安人领袖。他反抗政府要印第安人撤离伊利诺伊州罗

黑鹰，油画，G. 卡特林绘于1832年；现藏华盛顿特区史密森学会国立美国艺术博物馆
By courtesy of National Museum of American Art, Smithsonian Institute, Washington, D. C.

克河沿岸村落的命令，引起1832年一场短暂但悲剧性的黑鹰战争。黑鹰长期对抗白人，1831年他从故乡伊利诺伊州被赶入艾奥瓦州，第二年率领族人越过密西西比河返回老家，但遭到美国军队的攻击，人民惨遭屠杀，黑鹰脱逃。这场惨痛的战争影响了邻近的印第安部落，到1837年大多数印第安人逃到远西地区，将大部分的西北领地让给了白人定居者。

黑泽明 Kurosawa, Akira（1910～1998） 日本电影导演。原本学画，1936～1943年到PCL电影制片厂（东宝前身）担任副导演和编剧。1943年自编自导第一部电影《姿三四郎》，而使他声名大振的是《泥醉天使》（1948），由三船敏郎主演，《罗生门》（1950）使他名扬国际。后来的经典影片包括《七武士》（1954）、《蜘网宫堡》（1957）、《战国英豪》（1958）、《影子武士》（1980）和《乱》（1985）。他擅长把西方对动作与戏剧的感觉同日本的美学和文化因素结合在一起，成为日本一流的电影导演（以西方人的看法）。1990年获奥斯卡终身荣誉成就奖。

黑子 sunspot 又称太阳黑子。与局部强磁活动有关的太阳表面气体温度低于平均值的区域。太阳黑子看上去像是太阳表面的黑点，其实它们只是相对于周围温度高数千度的明亮光球才显得黑。比地球大几倍的黑子，用肉眼（需要加一个滤光镜片）就可看见，小的则用望远镜都难以察觉。它们随太阳活动周而出现或消失，通常成对或成群，可持续存在数月。太阳黑子的出现可能与每11年为一周期的太阳磁场的扰动有关。关于太阳表面有这类明显瑕疵的事实直到大约1611年才被人们普遍接受。太阳黑子活动的高峰期在地球上常伴有更为明亮的极光以及对电子信号的干扰。

亨策 Henze, Hans Werner（1926～2012） 德国作曲家。曾师从W. 福特纳（1907～1987）和R. 莱博维茨（1913～1972）。早年在达姆施塔特受莱博维茨的影响，与前卫派走得较近，后来从福特纳那里接受较传统的作曲基础训练。1953年移居意大利。他以创

作歌剧闻名,作品包括:《鹿王》(1955)、《年轻情侣悲歌》(1961)、《少爷》(1964)、《酒神的伴侣》(1965)。还作有多部大型交响曲和协奏曲。许多作品反映了他长期信奉的马克思主义的观点。虽然在美国没有广泛的知名度,但在欧洲被公认是20世纪后期重要的作曲家之一。

亨茨曼 Huntsman, Benjamin(1704~1776) 英国坩埚法的发明者。原是钟表和仪器制造工,1740年左右在设菲尔德开设工厂,生产钟表发条用钢。他发明的新方法生产出来的铸钢比以前任何一种方法生产的钢成分更均匀,杂质也更少。设菲尔德的钢铁制造商们使用坩埚法生产的工具和其他的优质钢材在全世界占有优势。

亨德里克斯 Hendrix, Jimi(1942~1970) 原名James Marshall。美国布鲁斯和摇滚乐吉他手。出生于西雅图,是印第安切罗基人和黑人的混血儿。左撇子的他自学吉他,把吉他颠倒过来拿。曾在军中担任伞兵,后来为小理查德和其他乐团担任吉他手,在各地巡回演出。1966年前往伦敦,组成了"吉米·亨德里克斯经验"三人乐队,他们在欧洲很快备受欢迎。1967年在加州蒙特雷"国际流行音乐节"中的动人演出,以及同年出版的专辑《你有经验吗?》获得成功,顿时使他跻身摇滚巨星之列。接下来出版的几张专辑都是60年代最具影响力的摇滚唱片。27岁即过世,显然是由于过度服用巴比妥类药物。

亨德森 Henderson, Fletcher (Hamilton, Jr.) 原名James Fletcher Henderson(1897~1952) 美国钢琴家和编曲家,一家影响最大的爵士乐乐队的领队。生于佐治亚州卡斯伯特。1923年在纽约组成一个舞蹈团,该团很快借助两种方式成名:由L.阿姆斯特朗任主奏乐师后,进一步把重点放在摇摆乐的即兴演奏;亨德森与D.雷德曼(1900~1964)改编的乐曲决定了乐团里乐段的角色,取代了早期爵士乐团体的集体即兴演奏。几乎所有的大型乐团都跟随其后。身为贫穷的企业家,他被迫数度解散自己的乐团,但他改编的乐曲在20世纪30年代末对B.古德曼的成功起到了重要的作用,也为摇摆乐时代的许多音乐树立了典范。

亨丽埃塔·玛丽亚 Henrietta Maria(1609~1669) 法语作Henriette-Marie。法国出生的英格兰王后,查理一世的妻子,查理二世和詹姆斯二世的母亲。她原是法国国王亨利四世和玛丽·德·梅迪契所生的女儿,精于政治权谋。她在宫廷中公然从事天主教活动,离间查理的许多下属。英国内战即将爆发时,她曾策动一场军事政变,企图推翻议会派人士,未成。为了查理,她向罗马教廷、法国和荷兰寻求支持,反而激怒了许多英格兰人。后来保王派的地位日渐衰退,她在1644年逃往法国,自此未再见过丈夫,查理在1649年被处死。

亨利 Henley, William Ernest(1849~1903) 英国诗人、评论家和编辑。因儿时患结核病不得不截去一只脚和另一条腿,住院期间开始写的吟咏医院生活的印象派自由诗,使他名声鹊起,后来收集在《诗集》(1888)中。他最有名的一首诗《不可战胜的》(1875)也是这一时期所写。后来自己编辑了几种期刊,办得最出色的是《苏格兰观察家》(后来改名《国民观察家》),曾刊登T.哈代、萧伯纳、H.G.威尔斯、J.M.巴里、R.吉卜林等英国作家的早期作品。

亨利(航海家) Henry the Navigator(1394~1460) 葡萄牙语作Henrique o Navegador,原名Henrique, infante(亲王) de Portugal, duque(公爵) de Viseu, senhor(勋爵) da Covilha。葡萄牙王子,探险家的赞助者。1415年随父若昂一世远征,占领摩洛哥城市休达,并任该地总督,后来改任葡萄牙阿尔加维省总督。他在萨格里什建立自己的小宫廷,海员在其资助下沿非洲西海岸航行探险,发现了马德拉群岛。他被教皇授予教廷在葡萄牙的最高勋位,由勋位获得的基金资助了他的航海探险事业,目的是使异教徒皈依天主教。在他的赞助下,发展了葡萄牙多桅快帆船,并改进了航海仪器和地图绘制法。

亨利八世 Henry VIII(1491~1547) 英格兰国王(1509~1547)。亨利七世之子,1509年即位,不久与寡嫂凯瑟琳(阿拉贡的),玛丽一世之母结婚。他的第一任首相是T.C.沃尔西,在1515~1527年间几乎完全由他掌控政策。1527年亨利想与凯瑟琳离婚,再娶安妮·博林,但教皇克雷芒七世拒不批准,宣告他的婚姻无效。沃尔西因未能帮他解决这件事而被撤职。新任首相T.克伦威尔决定英国教会应脱离罗马独立,因而在1532年开始了一场革命,允许亨利在1533年迎娶安妮。新任主教T.克兰麦则宣布第一次婚姻无效。不久,安妮为亨利产下一女,即后来的伊丽莎白一世。亨利因而成为英国教会的首脑,代表了他最大的成就,但也带来很大的后遗症。因为亨利之前曾对教皇十分地忠实,还被冠上"信仰的捍卫者"的头衔,结果现在被开除教籍,他因此不得不安抚各新兴独立教派的改革情绪。16世纪30年代他的权力大增,特别是在把隐修院的财产收为王室所有和征收新的教士税后。但他早期温文的学者形象已被血腥的杀戮者恶名永久掩盖。许多人因拒绝这种新秩序而被杀,如T.莫尔。亨利后来对安妮逐渐厌倦,1536年以通奸罪将她处死。他很快又和简·西摩结婚,她为他产下一子(爱德华六世),但因分娩而死。3年后,在克伦威尔的唆使下,他与安妮(克利夫斯的)结了婚,但他很讨厌安妮,很快就离了婚,1540年把克伦威尔送上断头台。此时的亨利已变得十分偏执,还变得很胖,身体情况很糟。1540年他与霍华德结婚,她在1542年因通奸罪被他斩首。1542年英格兰与苏格兰开战,在财政上耗费巨大。1543年他娶了凯瑟琳·帕尔。她总算死在亨利之后。亨利死后由他的儿子爱德华继承。

亨利二世 Henry II(973~1024) 又称St. Henry(圣者亨利),德语作Heinrich。巴伐利亚公爵(称亨利四世,995~1005)、德意志国王(1002~1024)和神圣罗马帝国皇帝(1014~1024),是萨克森王朝的最后一个统治者。他发动了对波兰的一系列军事战争,至1018年缔和。1021年为了保护教皇而在意大利与希腊人和伦巴第人作战。他力促教会和国家合作,并任用一些德意志主教为世俗统治者,还封以爵位。

亨利二世 Henry II(1133~1189) 绰号Henry of Anjou(安茹的亨利)或Henry Plantagenet(金雀花王室的亨利)。诺曼底公爵(1150年起)、安茹伯爵(1151年起)、阿基坦公爵(1152年起)和英格兰国王(1154年起)。玛蒂尔达的儿子,亨利一世外孙。1152年与埃莱亚诺(阿基坦的)结婚,获得了法国大片领土。后来入侵英格兰,英王斯蒂芬以同意他为继承人来和解(1153)。亨利继承王位后,把领土扩张到英格兰北部和法国西部,加强王室管理,并改革宫廷制度。他企图在教会的开支上重申王权,导致与老朋友坎特伯雷大主教T.贝克特发生严重龃龉,后来因贝克特被谋害而结束纷争,亨利后来在坎特伯雷忏悔(1174)。在位期间,王室家族成员的纷争不断,尤其是他的几个儿子为了继承优先权而一再发生阋墙之争,其中包括三子理查一世(狮心王理查)和幼子约翰(拉克兰)之间的争斗。理查最后联合法国的腓力二世在1189年把亨利赶下台。

亨利二世 Henry II(1519~1559) 法语作Henri。原称duc (Duke) d'Orléans(奥尔良公爵)。法国国王(1547~1559)。弗兰西斯一世的次子,他与父亲差异极大,在位期间因王后与情妇之间争风吃醋,还有因他倚重廷臣蒙莫朗西公爵(1493~1567)而国运日衰。虽然他承袭父亲的许多政策,但亨利偏袒信奉天主教的吉斯家族,并严厉镇压王国内的新教徒。他实施了一些行政改革。在外交事务上,亨利继续他父亲对抗查理五世的战事直到1559年签下《卡托-康布雷齐和约》。此条约因他把女儿嫁给西班牙的腓力二世而得以巩固。他在一次节日庆典中头部被刺伤,后因伤重而死。

亨利六世 Henry VI(1169~1197) 德语作Heinrich。德意志国王(1169~1197),霍亨斯陶芬王朝的神圣罗马帝国皇帝(1191~1197),他还通过联姻取得西西里王国。1189年他的父亲腓特烈一世率十字军进攻圣地,亨利接管了帝国政权。加冕后不久就面对德意志的狮子亨利和西西里的坦克雷德发动的叛乱,但他在1194年成功地与他们谈和。他要把帝国王位世袭化的努力并不成功,不过其子腓特烈二世在他之后还是接掌了帝位。

亨利三世 Henry III(1017~1056) 德语作Heinrich。巴伐利亚公爵(称亨利六世,1027~1041),士瓦本公爵(称亨利一世,1038~1045),德意志国王(1039~1056)和神圣罗马帝国皇帝(1046~1056)。他获得了波希米亚和摩拉维亚的统治权,并安排了克雷芒二世当选教皇,该教皇为亨利加冕。

亨利是能控制教皇的最后一个皇帝，在后来几年任命了3位教皇。他竭力支持克吕尼和戈尔泽隐修院倡导的宗教改革运动。1054～1055年一场暴乱差点儿推翻亨利。在他统治的后期，他在德意志东北部、匈牙利、意大利南部和洛林的影响衰退。

亨利三世 Henry III（1207～1272） 英格兰国王（1216～1272）。9岁即位，但直到法国暗中支持的叛乱被平定（1234）后才开始执政。由于他行事有违传统，并同意资助英诺森四世以换取西西里的王位，因而与贵族不和。这些贵族后来迫使他接受《牛津条例》（1258），但亨利在1261年废弃这项协议。1264年他以前宠信的S. de 孟福尔发动叛乱，打败并活捉了他。亨利的长子爱德华（后为爱德华一世）在1年后才扭转局面。此时，亨利已年迈体衰，于是让爱德华接掌政权。

亨利三世 Henry III（1551～1589） 法语作Henri，原称duc（Duke） d'Anjou（安茹公爵）。法国国王（1574～1589）。亨利二世和卡特琳·德·梅迪契所生的第三子。他曾奉命在宗教战争中指挥王军与胡格诺派教徒作战。他的哥哥查理九世过世后，他被加冕为国王。在位期间，宗教战争仍在继续，他与胡格诺派妥协，于是天主教徒组成神圣联盟。1584年当新教徒纳瓦拉的亨利（后来的亨利四世）被指定为王位继承人时，天主教徒更加惶恐。亨利三世试图安抚神圣联盟，但因一次暴动被迫逃出巴黎。1588年他差人暗杀了天主教领袖吉斯公爵（第三）和洛林大主教路易二世。1589年他本人被雅各宾托钵修会一个狂热的修士刺死。

亨利四世 Henry IV（1050～1106） 德语作Heinrich。巴伐利亚公爵（1055～1061），德意志国王（1054～1106）和神圣罗马帝国皇帝（1084～1105或1106）。6岁继承德意志王位，由脱离世俗的母后摄政到1062年。1065年开始执政。他重申王权的主张引起了萨克森人的反叛（1073～1075）。曾与教皇圣格列高利七世就主教叙任权问题进行长期的斗争（参阅主教叙任权之争）。格列高利后来开除亨利的教籍，解除臣民对国王的效忠誓约。亨利为求解决问题，被迫在冬天翻越阿尔卑斯山，并根据传统在卡诺萨堡前赤足在雪地中站立3天，向格列高利七世赔罪，因而得以重新取得教籍。但德意志诸侯在1077年废黜亨利，推举鲁道夫一世为国王。1080年教皇格列高利再次开除亨利教籍，承认鲁道夫为国王，亨利因此愤而征服罗马（1084），立了一个新的教皇。晚年，他的儿子康拉德和亨利相继叛乱反对其统治。

亨利四世 Henry IV（1366～1413） 原名Henry Bolingbroke。英格兰国王（1399～1413），15世纪兰开斯特王室3位君王的第一位。约翰（冈特的）之子，他原本支持理查二世，反对格洛斯特公爵，但在1398年被理查放逐后，转而与理查作对。1399年入侵英格兰，迫使理查投降并退位。在篡夺王位后，他对抗了强势贵族的屡次叛乱，成功地巩固了政权。但是，他未能驯服格伦道尔带领的威尔士人暴乱，并被苏格兰人打败，也无力克服财政和管理上的弱点，终于造成兰开斯特王朝的没落。后由其子亨利五世即位。

亨利四世 Henry IV（1553～1610） 别名Henry of Navarre（纳瓦拉的亨利），法语作Henri de Navarre。法国波旁王朝的第一位国王（1589～1610）和纳瓦拉国王（称亨利三世，1572～1589），在法国历史上是最受欢迎的人物之一。从小受新教的洗礼，并在宗教战争从胡格诺派领袖G. de 科利尼那里接受了军事教育。1572年与玛格丽特（瓦卢瓦的）结婚，此桩婚姻在6天后即引发圣巴托罗缪日惨案。1572～1576年被禁锢在宫中，后来逃脱出来加入反对亨利三世的势力。他在三亨利之战中奋战，并取得优势，成为无可匹敌的领袖。1589年亨利三世被刺杀，亨利四世登上王位，被迫与神圣联盟作战，花了9年时间才平定自己的王国。1593年改信天主教以杜绝反抗他统治的所有借口。1594年在一片欢呼声中进入巴黎，但又马不停蹄地和西班牙作战（1595～1598），因为西班牙人暗中支持法国残余的势力来反抗他。1598年亨利签定南特敕令，终于结束了长达40年的内战。由于大臣的辅佐（包括苏利公爵），亨利带给法国秩序和新的繁荣景象。其早期的婚姻被宣布无效，1600年他同玛丽·德·梅迪契结婚。1610年被一个天主教狂热分子刺杀。

亨利五世 Henry V（1387～1422） 英格兰国王（1413～1422），属兰开斯特王室。亨利四世的长子。1403～1408年与威尔士叛乱分子作战。继承王位后，他严厉镇压了一次罗拉德派叛乱（1414）和约克派阴谋（1415）。他提出对法国的大片领土要求，并发动入侵（1415），亨利在阿让库尔战役取得惊人的胜利，使英国成为欧洲强国之一。由于连连告捷，迫使法国签订《特鲁瓦条约》（1420），根据这一条约，他成为法国王位的继承人和摄政。同时，他与法国公主卡特琳结了婚，但还没等他回国就因斑疹伤寒去世。

亨特 Hunt, Richard Morris（1827～1895） 美国建筑师。1843～1854年在欧洲求学，成为巴黎美术学校第一个学建筑的美国学生。回国后确立了美术风格。他的建筑风格属于折中主义，同时擅长装饰华丽的法国文艺复兴初期的装饰风格、雄伟庄严的古典风格，以及景色如画的别墅风格。曾参与美国国会大厦的扩建工程，设计纽约市的论坛报大厦（1873，后被毁）和大都会艺术博物馆的立面（1900～1902）。为新商业贵族设计的宅邸有：为范德比尔特设计的位于罗得岛纽波特的布雷克尔斯豪宅（1892～1895），具有丰富的文艺复兴时期风格。亨特是美国建筑师协会创办人之一。

亨特 Hunt, William Holman（1827～1910） 英国画家，前拉斐尔派兄弟会创始人之一。曾在皇家美术学院附属中学学习。1854年首次展出《世界之光》取得了成功。画作特色是颜色对比强烈，细节处理细腻，强调道德和社会的象征意义。在维多利亚时代的英国，这种道德上的真挚得到极大的推崇。他在叙利亚和巴勒斯坦花了两年时间来画圣经里的场景，例如《替罪羔羊》（1855），描绘死海之滨一只无家可归的羔羊。其自传《前拉斐尔派理论与前拉斐尔派兄弟会》（1905）是这一绘画运动的原始资料集。

亨廷顿 Huntington, Samuel P(hillips)（1927～2008） 美国政治学家。在哈佛大学取得博士学位，大部分时间任教于哈佛大学，专攻防务及国际事务，曾被多个政府组织聘为顾问。他曾出版多部著作，其中《变革社会中的政治秩序》（1968）提出国家的发展未必产生自由民主制度；《文明的冲突与世界秩序的重建》（1996）预言后冷战时期发生在不同文明之间的世界冲突。

亨廷顿氏舞蹈病 Huntington' schorea 一种比较罕见的遗传性神经疾病，其症状是不由自主的无规律肌肉颤动。亨廷顿氏舞蹈病的病源是导致大脑内控制行动的部分神经的遗传性突变。通常在35～50岁之间出现病状。起初是偶尔发生抽搐或扭动，睡眠时不会发作，逐渐发展成不能控制的，并且常常是剧烈的胡乱抽搐与痉挛。后期症状为智力衰退，包括丧失记忆，痴呆，双极神经紊乱，或精神分裂。目前尚无有效的治疗方法，而这种病肯定是不治之症。患者的子女有50%可能生此病。

恒河 Ganges River 印地语作Ganga。印度和孟加拉北部河流。自古为印度教徒奉为圣河。源出乌塔拉坎德邦，由5条源流形成。长2 510千米，往东南流经北方邦、比哈尔和西孟加拉邦。在孟加拉国中部与布拉马普特拉河和梅克纳河汇合后注入孟加拉湾，并形成一个宽达354千米的三角洲，由印度和孟加拉国瓜分。恒河平原是世界上最肥沃、人口最稠密的地区之一。在恒河的一些圣地每年有上百万印度教徒沐浴。许多人把骨灰撒入河中，很多地方沿河岸建了火葬寺庙。

恒河猴 rhesus monkey 广布于南亚和东南亚森林的沙色猕猴，学名*Macaca mulatta*。体长约47～64厘米（不含20～30厘米长的尾部），体重约4.5～11千克。以果实、种子、根、草本植物及昆虫为食。在印度的某些地区恒河猴被视为神圣。恒河猴易豢养，有高

恒河猴（*Macaca mulatta*）

Ylla from Rapho/Photo Researchers-EB Inc.

度智力，性情活泼，幼时是很好的宠物，但成年后脾气也许会变坏。常被用于医学研究。人血中的Rh(来自rhesus一词)因子是由与恒河猴的血发生反应而测定。参阅Rh血型系统。

恒河三角洲 Ganges Delta 又称Ganges-Brahmaputra Delta(恒河-布拉马普特拉河三角洲)。位于印度西孟加拉邦和孟加拉国境内。濒临孟加拉湾一个绵延广达355千米的区域，由恒河和布拉马普特拉河的河口所形成的水网。在孟加拉国，蒂斯塔河汇入布拉马普特拉河，从那里到与恒河交汇处，就是贾木纳河。主流恒河和贾木纳河汇合成博多河。其最西段注入孟加拉湾，称为胡格利河。这个三角洲的许多较小的支流形成一个沼泽湿地，沿海岸绵延约260千米，被称为孙德尔本斯。这个三角洲在1970年曾遭受历史上最严重的一次飓风侵袭。

恒星 star 质量巨大的气体天体，由内部产生的辐射能而发光。银河系拥有数千亿颗恒星，仅有极少量肉眼可见。距地球最近的恒星是太阳，距太阳最近的恒星约4.2光年远；最遥远星系里的恒星则有数十亿光年之遥。单一的恒星如太阳是少数，大多数恒星以成对、多重系统出现(参阅双星)。恒星在互相引力作用下聚成更大的称为星团的群集。星座并不是由这种群集构成，而只是一些从地球上看起来方向相同的恒星。恒星的亮度(星等)、颜色、温度、质量、大小、化学组成及年龄差异极大。几乎在所有的恒星，氢是最多的元素。恒星以光谱来分类，从蓝白到红分为O、B、A、F、G、K、M 7种光谱型，太阳是G型恒星。归纳恒星的性质和演化可以用特性之间的相关性与统计结果(参阅赫罗图)。氢与微尘颗粒构成致密恒星际云的一部分因为自身的重力塌陷，于是形成恒星。随着云气压缩，密度和内部温度增加，直到足以在核心造成核融合(若不成功就成为棕矮星)。在核心的氢因核燃烧耗尽之后，核心收缩并加温，而恒星外层则明显膨胀并冷却，恒星成为红巨星。恒星演化的最后阶段，不再能产生足够的能量对抗本身的重力，就看其质量大小以及是否是密近双星的成员(参阅黑洞、中子星、新星、超新星、白矮星)。已知除太阳外有些恒星也有一个或多个行星(外行星)。参阅矮星、巨星、星族Ⅰ和星族Ⅱ和超巨星。

恒星周期 sidereal period 太阳系天体相对于固定的恒星完成公转一周的时间间隔(从太阳系外某一固定点进行观察时)。行星的恒星周期可以从它的会合周期中计算出来。月球或人造地球卫星的恒星周期是它回到恒星背景同一位置所需的时间间隔。参阅日。

横滨 Yokohama 日本的海港城市，位于本州岛中东部。是国家重要港口和第二大城市。位于东京湾的西海岸，是东京都市工业区的一部分。1854年美国海军军官M.佩里与日本谈判通商可能时，它还是一个小渔村，1859年向国外开放允许通商与住民。1923年为大地震和火灾所毁；第二次世界大战期间，1945年由于美军空袭又遭受严重破坏，但两次都得以重建。主要生产纺织品、化工产品、船舶、机械、石油产品和汽车。人口约3 688 773(2010)。

横帆双桅船 brig 两根桅杆上都悬挂横帆的双桅帆船。用于航海和经商。作为商船，大多在沿海的贸易航线上行驶，但也经常作海洋航行；有些横帆双桅船甚至用于捕鲸和猎海豹。海军中的横帆双桅船在单层甲板上筑一炮台，有10～20门大炮。在18和19世纪庞大的欧洲海军中，横帆双桅船为战斗舰队传递消息，有时又充当培训学员的训练船。在早期的美国海军中，横帆双桅船在1812年战争中功绩显著，在五大湖参加过小型舰队的战斗。由于操作横帆索具需要许多船员，因而横帆双桅船作为商船不太经济，从19世纪开始被斯库纳纵帆船和巴克帆船所取代。

横贯加拿大公路 Trans-Canada Highway 世界上最长的国家公路。西起不列颠哥伦比亚省温哥华岛上的维多利亚，东至纽芬兰的圣约翰斯，全长7 821千米。1965年完工，它把加拿大许多大城市连接在一起，并通向重要的国立和省立公园。

轰炸机 bomber 用来对地面目标投掷炸弹的军用飞机。空中轰炸可追溯到意土战争时(1911)，期间一位意大利飞行员对准两个土耳其目标投下榴弹。第一次世界大战期间，德国人把齐柏林飞艇用作战略轰炸机。20世纪30年代发展出俯冲式轰炸机，这种飞机在西班牙内战中造成巨大的破坏。第二次世界大战中又发展出重型轰炸机，包括美国的B-29，它可携带9 000千克的炸弹。轰炸机是同盟国获胜的一个主要原因。战后，携带核弹的喷气式轰炸机是冷战战略中重要的一环，但从60年代开始，战略轰炸机开始被配备了核装置的弹道导弹所取代。20世纪晚期，为了避开日渐精密的雷达预警系统而研发出隐形轰炸机，但造价昂贵(加上冷战结束)，引起人们质疑战略轰炸机与弹道导弹相比的价值问题。

红斑 erythema 任何不正常的皮肤发红，因皮表毛细管扩张或刺激引起充血。表现为多种类型。多形红斑是几种疾病的综合症状，特点是突然出现斑点，常呈靶环样。严重者危及生命，轻者皮疹易复发。激素治疗有不同程度的疗效。结节红斑常与链球菌感染、药物过敏、瘤样病变有关，为一种过敏反应。特征为小腿外侧皮肤深层及皮下组织的多数红色、痛性结节。结节常在数周后自然消退，复发不常见。糙皮病则是另一种形式的红斑。

红斑狼疮 lupus erythematosus 两种不同的炎症性自体免疫疾病，易发于女性身上。盘形红斑狼疮是一种皮肤病，患者颧弓、鼻梁、头皮、口唇或颊黏膜上出现红色斑块，上覆灰褐色鳞屑。颊及鼻部皮损形如蝴蝶。日晒易使病情加剧，抗疟药有时能改善症状。另一种系统性(弥漫性)红斑狼疮可侵犯身体任何器官组织，尤其是皮肤(有类似盘形狼疮的斑块)、肾、心、神经系统、浆膜(如关节滑膜、腹膜)和淋巴结。该病的病程以各种不同程度的急性发作和缓解为其特征。症状变化很大。牵扯到肾和中枢神经系统的红斑狼疮可能会致死。治疗方式包括止痛、控制炎症及尽可能控制重要器官的损害。

红宝石 ruby 由透明红刚玉构成的宝石。其颜色为深红至淡红，在某些情况下具有紫色色调，依其中刚玉和铁的含量而定，最有价值者呈鸽子血红色。在琢磨和抛光后，红宝石是一种发亮(色散弱)的宝石，但缺乏火彩。红宝石是一种分布很有限的矿物，最有名的产地是在曼德勒东北的上缅甸，在泰国和斯里兰卡及其他地方也有发现。人工生产红宝石曾获得很大成功。含有2.5%铬的氧化物的人造红宝石，具有珍贵的鸽子血红色。

红彩陶器 red-figure pottery 盛行于公元前6世纪末～前4世纪末的希腊陶瓷。约前530年在雅典发展起来，迅速取代了黑彩陶器，成为花瓶图案的主要形式。在红彩陶器工艺中，其背景被涂为黑色，而其图案的轮廓也被涂上(而不是雕刻上)黑色线条，但图案的剩余部分则不上色，仍保持其天然的橘红色。与雕刻相对比，绘画的细部能更生动地表现出人物的形象、运动、表情和透视感。因为大部分装饰都是叙述性的，所以这样的技巧很重要。

雅典的红彩陶杯，布赖格斯画匠绘于约公元前490年；现藏巴黎罗浮宫

J. E. Bulloz

红场 Red Square 位于莫斯科中心的大型公共广场。在莫斯科河以北，毗邻克里姆林宫，面积约7.3公顷。从15世纪后期起，它就是一个繁忙的市场和俄国历史的焦点，也是处死刑、抗议、暴动和游行的地点。周围有国家历史博物馆(建于1875～1881年)、9个塔楼的圣瓦西里柏拉仁教堂(建于1554～1560年)、从前的国营百货公司和列宁墓。1990年联合国教科文组织将红场和克里姆

林宫列为世界遗产。

红鹳 flamingo 鹳形目红鹳科6种高大的涉禽。羽衣粉红杂以朱红色,光面。红鹳具蹼足,体修长,颈细,翅大,尾短。体高约90～150厘米。性喜集群;成队飞行和成群涉水,常有数百只(有时数以百万计)。觅食时步行于浅滩,搅起有机物质特别是微小的软体动物和甲壳类,用其薄筛似的嘴从浑浊的水中过滤食物。在北美洲热带和亚热带大西洋海岸及墨西哥湾沿岸以及南美洲、非洲、欧洲南部、亚洲、马达加斯加和印度都有它们的踪迹。

红海 Red Sea 阿拉伯半岛和非洲之间的狭长内陆海。从埃及苏伊士向东南延伸1 930千米到连接亚丁湾的曼德海峡,然后通向阿拉伯海。西岸有埃及、苏丹、埃塞俄比亚,东岸有沙特阿拉伯和也门。有世界上最温暖和最咸的海水。因通过苏伊士运河与地中海相连而成为世界最繁忙的航道,承担着欧洲和亚洲之间的航运。该名源于其水中颜色的变化。

红河 Red River 中国段称元江,越南语称Song Hong。亚洲东南部的河流。发源于中国西南部云南省中部,向东南流经越南北部,经过河内进入东京湾。它是越南北部主要河流,全长约1 200千米,在河内以东有一个宽阔、肥沃的三角洲。

红花 safflower 菊科一年生显花植物,原产于亚洲、非洲部分地区,现今在美国、澳大利亚、以色列、土耳其和加拿大被当作油料作物而广为栽培。红花油由种子提炼出来,

红花(*Carthamus tinctorius*)
J. C. Allen and Son

含大量不饱和脂肪,具有很高的食用价值,主要用于制作人造奶油、色拉油、食用油。由于红花油不因久置而发黄,现用于清漆和颜料生产。株高0.3～1.2米;花红、橙、黄或白色,以前是一种重要的纺织染料来源。

红色高棉 Khmer Rouge 1975～1979年统治柬埔寨的激进共产主义运动组织。在波尔布特领导下的红色高棉,反对受欢迎的诺罗敦·西哈努克政府。1970年L.朗诺推翻西哈努克,以及20世纪70年代初美国轰炸柬埔寨的农村后,红色高棉得到了支持,在1975年驱逐了朗诺。他们极端野蛮的统治导致多达200万人死于饥饿、困苦以及死刑。1979年被越南人推翻,撤退到边远地区,继续为获得柬埔寨的权力而斗争。1998年最后一名红色高棉游击队员投降。

红色旅 Red Brigades 意大利语作Brigate Rosse。意大利极左派恐怖组织。自称其目标是颠覆意大利国家,为"革命无产阶级"领导下的马克思主义起义铺路。据说由R.库尔乔(1945年出生)建立,1970年以火焰炸弹开始其恐怖活动,后升级到绑架(1971)和谋杀(1974),最著名的是1978年A.莫罗谋杀案。在最活跃时期该组织约有400～500名正式成员,1 000名临时人员和数千名支持者。20世纪80年代有关当局对其领导人和一般成员的大量逮捕极大地削弱了该组织的力量。

红杉 redwood 又作sequoia。杉科常绿针叶材用乔木,学名*Sequoia sempervirens*,分布在美国俄勒冈州西南到加利福尼亚州中部海拔1 000米以下的沿海雾带。其属名是为纪念切罗基印第安人塞阔雅而定。红杉有时称为沿海红木,以区别山红木(亦称巨杉)和日本红木(亦称日本柳杉)。红杉高达90多米,是现存的最高树种,有的甚至高达112米。典型树干直径为3～6米或更大。红杉需400～500年才成熟,已知某些植株树龄在1 500年以上。随着树龄的增大,下部的枝条脱落,露出无丫枝的圆柱树干。其木材普遍用于木器,制作家具、墙面板、篱笆桩、镶板和精致木制品。今日许多现存的红杉分布区已被保护起来。

红十字会 Red Cross 全称International Movement of the Red Cross and Red Crescent(国际红十字和红新月运动)。旧称International Red Cross(国际红十字会)。在世界各国都有分会的国际人道主义机构。为了救护在战争中受伤的人员而建立,现在主要协助防止和减轻人类的磨难。该会由J.-H.邓南特首创,他倡议在所有国家建立志愿救护组织,第一批成立于1864年。1906年由于奥斯曼帝国的坚持,红新月这一名称被采用,在穆斯林国家使用。在和平时期,红十字会帮助遭受自然灾害袭击的人,保持血库供应并提供健康辅助服务。在战争期间,它是交战双方之间的中间人,并走访战俘营,提供救助物资、邮件和与亲属间的信息传递。其工作宗旨是人道、公正和中立。总部设在日内瓦,各国的分支组织则开展社区计划并协调自然灾害救助工作。美国红十字会由C.巴顿成立于1881年,1900年首次获得国会特许令。它管理着世界上最大的献血机构。1901年,邓南特获得第一个诺贝尔和平奖,红十字会则在1917年、1944年和1963年获得该奖项。

红树林植物 mangrove 红树科、爵床科、千屈菜科、棕榈和使君子科一些灌木和乔木的统称。沿感潮河口、盐沼、泥岸形成稠密的灌丛或树林。也指这些植物所形成的灌丛或树林。特征是具有暴露在空气中的支柱根。不少种具有呼吸根或膝根,突出于泥上,有微小的开口,空气通过皮孔经根部柔软的海绵状组织到达泥下的根部。果未脱落时种子就发出胚根迅速向下生长,在果实脱离母株前即已定植于土中。同样地,其枝干也会向下生出不定根,定植后又向上生出新的嫩芽。普通红树高约9米,叶短厚,表面革质,生有短柄;花淡黄色;果实味甜,有益健康。

红隼 kestrel 隼属几种猛禽的统称,以猎食时有翱翔习性著名。捕食大型昆虫、鸟类和小动物。雄鸟的颜色比雌鸟更鲜艳。红隼主要是旧大陆的鸟类,但有一种美洲红隼

雄性普通红隼(*Falco tinnunculus*)
Werner Layer-Bruce Coleman Ltd.

(*F. sparverius*),在美国常被称作雀鹰,普遍分布于南、北美洲。体长约30厘米,下部白色或淡黄色,上部红褐色和石板灰色,头部有彩色斑纹。旧大陆的普通红隼(*F. tinnunculus*)比较大,颜色不太鲜艳。参阅隼。

红头美洲鹫 turkey vulture 又作turkey buzzard。长翅长尾秃鹫(属于新域鹫科)的几个品种,学名*Cathartes aura*。体长约75厘米,羽色暗黑,嘴和腿带白色,红色的头部无毛,上覆有发白的隆起部分。翼展长约1.8米。它利用敏锐的嗅觉寻找腐肉。除加拿大北部外,遍布整个美洲;北方和最南方的种群是迁徙性的。

红外辐射 infrared radiation 电磁波谱的一部分,指从微波到可见光的红端一段。波长约0.7～1 000微米。大部分中等受热表面的辐射是红外辐射,产生的是连续谱。分子激发产生大量的红外辐射,但为不连续的线状或带状光谱。红外波长常用于夜视装置、热寻的导弹、分子光谱学和红外天文学。大气捕获红外辐射也是温室效应形成的基础。

红外天文学 infrared astronomy 通过观察天体发出的红外辐射而进行的天体研究。许多天体都发出波长在电磁波谱红外区的能量,这些能量的温度太低,发出光线很少,或者所发出波长的光线被星际尘粒阻隔,因此从地球上无法察觉到它们,但红外天文学的技术可以帮助观测人员观察它们。红外天文学始于19世纪初赫歇尔家族在研究太阳光时发现了红外辐射。最早有系统地对星体进行红外观测是在20世纪20年代;现代技术,如装在地面望远镜上的特殊干涉滤光器等,都是20世纪60年代初才开始采用的。由于地球大气层的水蒸气吸收了红外线,从宇宙飞船里观测会更有效果。红外天文学使得发现在某些类似行星系的恒星周围的固粒云和棕矮星成为可能。

红衣主教雀　cardinal　又作 redbird。雀形目新大陆燕雀科(或鹀科)鸣禽,学名 *Cardinalis cardinalis*。分布于北美洲落基山以东。长20厘米,具尖冠。雄鸟鲜红色,雌鸟

红衣主教雀(*Cardinalis cardinalis*)
Stephen Collins

大部分淡褐色。整年成对地在花园和开阔林地发出清脆嘹亮的啭鸣,以昆虫、草子和野果为食。在美国东南部尤为多见,已引入夏威夷、南加州和百慕大。也称作红衣主教大嘴雀。

红移　red shift　天体的光谱向长波方向的位移(可见光向光谱的红端移动)。1929年,E. 哈勃认为遥远星系的红移与其距离成正比(参阅哈勃常数)。因为红移可以因物体与观察者之间距离的加大而引起(参阅多普勒效应),哈勃得出结论,认为星系是在远离银河系而去。这成为宇宙膨胀理论的基础。在现代宇宙学理论中,红移是光子在膨胀的宇宙行进时其波长加大所致。

红云　Red Cloud(1822 ～ 1909)　原名 Mahpiua Luta。美国印第安人领袖。奥格拉拉-特顿-达科他族(苏人)的主要首领,1865 ～ 1867 年领导苏人和夏延人反对美国在蒙大拿准州延伸博兹曼小道通往金矿的道路。他们残酷袭击从拉勒米堡(今怀俄明州)到蒙大拿州沿线的工人,拒绝与美国政府协商。直到其停止该工程,他才放下武器并同意定居在内布拉斯加州的红云乡。

宏观经济学　macroeconomics　对商品和劳务的生产总量、总收入、生产资源的配置水平和价格总水平所进行的总体经济研究。在20 世纪 30 年代以前,经济分析大多集中于特定公司和行业。随着 30 年代经济大萧条以及国民收入和生产统计等概念的发展,宏观经济学的研究领域开始扩大。宏观经济政策的目标包括经济增长、价格稳定和充分就业。参阅微观经济学。

虹　rainbow　当来自远距离光源(通常为太阳)的光线投射到水滴(如雨、喷水或雾)上时,可能看到的一系列彩色同心弧。虹的彩色光线是由进入到水滴里的光线经过折射和内部反射而引起的,每种颜色弯曲的角度略有不同。因此,原本合在一起的颜色从水滴中出来时就分开了。最明亮也最常见的虹称为主虹,其形成是光经过一次内部反射从水滴上显现所致。弧的颜色(从外到里)为红、橙、黄、绿、蓝、靛和紫。有时可以看到强度较弱的副虹,它的颜色排序与主虹正好相反。

虹鳉　guppy　体色艳丽的胎生淡水鱼(参

雄性(上)和雌性(下)虹鳉
Jane Burton-Bruce Coleman Ltd.

阅鳉鱼),学名为 *Lebistes reticulatus*,也称 *Poecilia reticulata*。为普通的家养观赏鱼,耐寒、活泼、易养、多产。雄鱼较雌鱼体小,但体色更鲜艳,长约 4 厘米。已经人工培育出许多绚丽多彩的品系,特点表现于颜色或花纹,尾鳍和背鳍的形状与大小也各不相同。

洪都拉斯　Honduras　全称 Republic of Honduras(洪都拉斯共和国)。中美洲国家。面积:112 492平方千米。人口:约8 072 000(2013)。首都:特古西加尔巴。人口中绝大多数是梅斯蒂索人。语言:西班牙语(官方语言)。宗教:基督教(主要是罗马天主教,也有新教)。货币:洪都拉斯伦皮拉。为中美洲第二大国,北部滨加勒比海的海岸线长达近 645 千米,地峡的太平洋一侧仅有以丰塞卡湾为中心的 72 千米的海岸线。3/4 以上的国土为山区和森林。东部低地包括莫斯基托海岸的一部分。大部分人生活在山区腹地相互隔绝的村落。那里气候炎热而多雨。经济以农业为主,香蕉、咖啡和蔗糖是主要出口作物。玉米是国民的主要粮食作物。洪都拉斯是多党制共和国,政府为一院制。国家和政府的首脑为总统。洪都拉斯属马雅文明的一部分,马雅文明在这一地区繁盛于公元第 1 千纪期间,科潘城有公元 465 ～ 800 年举行典礼的中心的建筑和雕刻。1502 年 C. 哥伦布抵此,随后建立了西班牙人定居点。1537 年西班牙人和印第安人之间爆发了一场大战,印第安人由于疾病和沦为奴隶人口锐减,冲突终止。1570 年以后成为危地马拉总督辖区的一部分,直到 1821 年中美洲国家取得独立。之后加入中美洲联邦,1838 年退出,宣布独立。20 世纪时,该国在军人统治下不断发生内战。1981 年选出一个文人政府,但由于左翼游击队活动日益频繁,军方对政府仍有影响力。1998 年飓风带来的水灾,造成数千人死亡,几十万人无家可归。2001 年又遭遇严重的旱灾。之后的几年政府一直致力于国家的恢复和重建。2009 年总统 M. 塞拉亚在军事政变中被驱逐,军方支持的过渡政府掌控了国家。这是冷战结束后中美洲第一起军事政变。洪都拉斯 1968 年首次参加在墨西哥城举办的夏季奥运会。

洪梅尔　Hummel, Johann Nepomuk(1778 ～ 1837)　奥地利作曲家、钢琴家和指挥。为钢琴神童,8 岁时移居维也纳,其父在那里任指挥。曾随 W. A. 莫扎特学习两年。经过 5 年的巡回演出后,他回到维也纳继续深造,放弃公开演出。后代替 F. J. 海顿在埃斯泰尔哈吉宫任音乐指导,但仍靠教学和为剧院作曲维持生计。1814 年重新演出,取得巨大成功,去世时已很富有。写有许多协奏曲和室内乐。

洪水　flood　高水位期,河水漫出天然堤岸或人工堤岸而淹到平时干燥的陆地上,例如河水淹没其泛滥平原。无法控制的洪水,可能引起重大损失,起因一般是暴雨,即短时期内的过量降雨;但也可能由于春汛期间冰的拥塞和海啸引起。控制洪水的一般措施是改善河道、修筑防护堤和蓄洪水库等;间接措施是保护土壤和森林的水土保持,以阻滞和吸收来自暴雨的径流。

魟　ray　鳐目 300 ～ 350 种主要为海生软骨鱼的统称,遍布全世界,并分类为电鳐、锯鳐、鳐鱼和刺魟。许多种类栖于海底,游动缓慢。鳃孔和口位于扁平的身体下侧。翼状的

牛鼻鲼(*Rhinoptera bonasus*),一种刺魟
Painting by Richard Ellis

胸鳍沿头的两侧延伸生长。除电鳐外,所有种类皆尾部细长,上面通常有锯齿缘的毒刺和粗糙有棘的表皮。

侯爵　marquess　又作 marquis。欧洲的一种贵族称号,其地位在近代仅次于公爵而位于伯爵之上。侯爵的妻子被称为侯爵夫人。该词原意为管辖一处边地的伯爵。

侯赛因　Hussein I(1935 ～ 1999)　全名 Hussein ibn Talal。约旦国王(1952 ～ 1999)。在英国受教育,十多岁即继承其父塔拉勒国王的王位。他的国家处于不安定的地理和经

约旦国王侯赛因
Gamma

济位置,并且许多巴勒斯坦人住在那里(就像其他阿拉伯统治者一样,侯赛因使他们成为公民并拥有护照),迫使他对国际关系制订一套计划。尽管他持续与除了 M. 贝京以

外的所有以色列领导人密谈，但在六日战争中他仍然与其他阿拉伯国家一起作战。这次冲突失利后，以约旦为基地的巴勒斯坦解放组织（PLO）威胁到他的统治，他遂将之逐出约旦（1971）。后来他在不与以色列和美国对立的情况下寻求与巴解组织改善关系。1988年侯赛因将约旦对有争议的西岸领土的要求及担任住在约旦的巴勒斯坦人代表的任务交给了巴解组织。1994年侯赛因与以色列签署了和平条约。

侯赛因·伊本·阿里 Husayn ibn Ali, al- （626～680） 先知穆罕默德的外孙和第四代哈里发阿里的儿子。其父被刺杀后，他接受伍麦叶王朝第一代哈里发穆阿威叶一世的统治，但拒绝承认穆阿威叶的儿子耶齐德一世。曾受邀参加反对伍麦叶的叛乱，但被一支伊拉克军队截住，并将其杀害。他在卡尔巴拉战役中的牺牲激发了什叶派穆斯林的复仇情绪，并在伊斯兰教教历1月的前10天里纪念他。参阅什叶派。

喉癌 laryngeal cancer 喉部的恶性肿瘤。喉部肿瘤可为良性，也可能是恶性的。最常见的恶性肿瘤是鳞状细胞癌，与吸烟、酗酒有关，多见于男性。主要症状是声音长期嘶哑而无痛感，应该经常作检查。治疗方法可采用放射疗法或手术切除。

喉炎 laryngitis 造成声音嘶哑的喉部炎症。简单的喉炎通常由普通感冒这类感染引起。其他原因还包括吸进刺激物。喉黏膜变肿并分泌出黏液。由于过度吸烟、饮酒或使用声带而引起的慢性喉炎的症状是喉部干燥并长息肉还有由白喉引起的喉炎，从喉的上部开始蔓延；由结核病细菌引起的喉炎，从肺部扩散过来；晚期梅毒也会造成喉炎。最后一种原因会造成严重的瘢痕和声音永久嘶哑。

猴 monkey 两种热带类人灵长类动物：旧大陆猴和新大陆猴。几乎所有的种都分布在热带和亚热带，几乎都是昼行动物。多数为树栖，以四肢在树间跳跃。可坐直并站立。多数可在树枝上奔跑而不像类人猿那样利用四肢摆荡来移动。猴是高度社会化杂食动物，大的猴群成员可达数百只，由一只老雄猴领导。性成熟后，所有雄猴任何时候均具性能力，未怀孕的雌猴则每月有规则经期。多数猴一胎产一仔，由母猴抚育数年。

猴痘 monkeypox 动物与人均可感染的病毒性疾病，其症状类似于天花，但不如天花严重。猴痘病毒通常见于中非和西非的灵长类和啮齿类动物，但经由受感染的小型哺乳动物的出口已经扩散至世界其他地区。它可以通过动物的啮咬传染给人，也能因长期的近距接触而由人传染给人。其症状包括发烧、头痛、不适和疲惫以及淋巴结肿胀等。受感染者的脸部和躯体会出现皮疹。目前的治疗仅限于减轻其症状。通过隔离病人和控制动物买卖来防止该病蔓延。

猴㹴 affenpinscher 17世纪即已育成的玩赏狗品种。肩高约26厘米，体重3～3.5千克，体健壮，形似㹴狗，耳小直立，眼圆而黑，尾短；被毛粗硬，多黑色，在腿和面部较长，其余部位较短，面部表情似猴，故名（德语*Affe*意为"人猿"）。

猴面包 baobab 锦葵目木棉科乔木，原产于非洲。学名*Adansonia digitata*。树干桶状，高18米，直径可达9米。果大，葫芦状，木质；果肉可口，有黏性。树皮纤维坚韧，当地用来搓绳和织布。树干常被凿空用来贮水或做临时蔽身所。由于猴面包树形状奇特，在佛罗里达等温暖地区作为珍奇植物栽培。近缘种格雷戈里猴面包（*A. gregorii*）产于澳大利亚，当地又称瓶树。

吼猴 howler monkey 几种热带活动缓慢的美洲猴（*Alouatta*吼猴属），因其吼声而得名，吼声可传至3～5千米以外。5种分布广泛的是新大陆最大的猴，体长一般达40～70厘米，尾长50～75厘米。身体强壮，具髯毛，驼背，毛厚，尾能缠卷。其体毛厚而长，黑、褐或红色，依种类而定。吼猴成群生活于其领域内，领域的界限由与邻近种群的吼叫竞赛划定。主要以树叶为食。

后结构主义 poststructuralism 20世纪60年代晚期在法国开始的文学评论运动。这个运动基于F. de索绪尔的语言学理论、C.莱维-斯特劳斯的人类学（参阅结构主义），以及J.德里达的解构主义理论（参阅解构），强调语言并非我们可借以看见"真理"或"真实"的透明体，而是一个本身不可能具备绝对意义的结构或符号。后结构主义者认为，所有的意义存在于"相互校勘"，也就是文本与过去、非文学文本和符号的关系；他们排斥西方传统的坚持文本只有单一正确的解读。与此运动相关的作者有R.巴尔特、J.拉康、J.克丽丝提娃和M.傅科。

后勤学 logistics 军事科学中军事单位支持战斗单位的所有活动，包括运输、供给、通讯、医疗辅助。后勤学一词由H.约米尼、A. T.马汉等人首先使用，第一次世界大战期间被美国军方采用，并在第二次世界大战时通用于其他国家。随着现代战争日趋复杂，其重要性在20世纪日益增加。动员大批人员的能力提高了供应与储备的需求，而尖端的技术增加了武器、通讯系统、医疗的费用和复杂性，因而供应系统需要有一个巨大的网络。例如在第二次世界大战期间，每10个美国军人中大约仅有3个担当战斗任务。

后现代主义 postmodernism 几个艺术运动的统称，挑战自从20世纪60年代开始的现代艺术或文学的哲学与做法。在文学中，这股思潮意味着反对世界有序的观点，因而它也反对有关文本的形式和意义一成不变的观念。在它对现代主义的典范，诸如目的存在于本身的艺术以及原创名著等的反动中，后现代的作品与艺术强调诸如拼凑模仿、讽刺模仿的手段，以及反小说与魔幻写实的程式化技巧。后现代主义也导致批评理论的激增，最为著名的是解构及其相关产物，以及"上层"文化与大众文化之间的细微差别。

后印象主义 postimpressionism 西方绘画运动，代表印象主义的延伸，以及对其局限性的摈弃。这一术语是由R.弗赖所创，用来指P.塞尚、G.修拉、P.高庚和H. de土鲁斯-劳特累克等人的作品。其中大部分画家是印象主义画家，但每个人都摒弃了印象主义来建立自己的独特风格。这些画家的作品为当代艺术潮流和现代艺术奠定了基础。后印象主义画家常共同展出作品，但同印象主义画家不同的是，他们不是一群乐天派的集体作画者，而主要是单独创作自己的作品。

鲎 horseshoe crab 又称马蹄蟹。肢口纲剑尾目海生节肢动物，尚存4种。分布于亚洲东海岸（3种）和北美（1种）。虽然鲎的英文名称中有crab（蟹）字，但鲎不是蟹；鲎和蝎

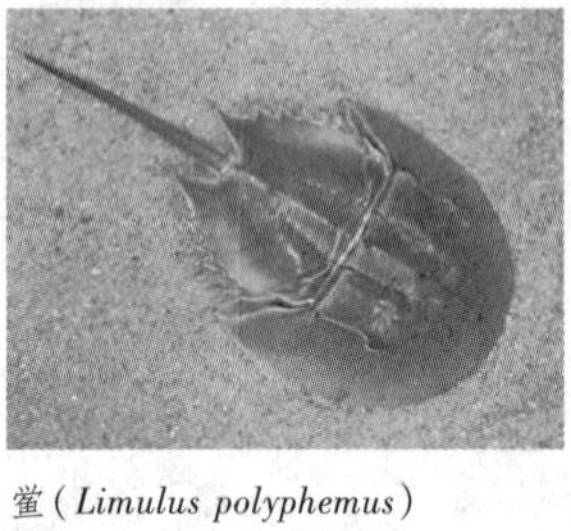

鲎（*Limulus polyphemus*）
Runk/Schoenberger from Grant Heilman

关系较近。鲎化石的年代可追溯到5.05亿年前。在港湾水域数量最多。北美种鲎（*Limulus polyphemus*）体长可达60厘米以上。鲎的身体分为以关节相连的三部分：宽阔马蹄形的头胸部，小得多的分节的腹部和一根长而尖的尾刺。春夏两季在沙滩上繁殖。成体以海生蠕虫为食，幼体则以小生物为食。

呼肠孤病毒 reovirus 小群动物和植物病毒的统称，呈球状并包含核糖核酸的核心。最知名的种类有正呼肠孤病毒、环状病毒、轮状病毒和水稻萎缩病毒。前三类感染动物；最后一类能够破坏稻米、玉米和其他作物。

呼罗珊 Khorasan 又拼Khurasan。位于今伊朗东北部、土库曼斯坦南部及阿富汗北部的历史区域。该地区的名称来自萨珊王朝，在他们的语言里意为"太阳的土地"。650年前后被穆斯林军队征服，大约1220年被成吉思汗占领，约1380年又被帖木儿征服。由于几百年来无数的移民和侵犯，它的人口由许多民族组成。语言有土耳其语、波斯语和库尔德语。

呼吸窘迫综合征 respiratory distress syndrome 又作idiopathic respiratory distress syndrome或hyaline membrane disease（特发性呼吸窘迫综合征或肺透明膜病）。新生儿尤其是早产儿常见的并发症。其症状为呼吸

极端困难、皮肤青紫和动脉血含氧量低。肺泡缺乏表面作用素，使表面张力增加，阻碍肺部扩张。肺泡萎陷，同时肺泡管中出现"玻璃样"透明质膜。该病从前是早产婴儿主要的死因，今日通常使用正气压呼吸机（参阅**呼吸疗法**）施以数日的治疗，并不会留下后遗症。成人呼吸窘迫综合征可随肺部伤害出现。

呼吸疗法　respiratory therapy　又作 inhalation therapy（吸入疗法）。在肺功能受影响时确保患者氧气供给和维持呼吸功能的医学特别疗法。其治疗是通过抽吸把呼吸道内的分泌物清除，使用氧帐和气雾剂（有时含药物成分）帮助呼吸，并倾斜身体以促进引流。较复杂的机械换气是使用正气压呼吸机，可依不同的压力程序设计来运送混合气体。气体可以经由口鼻上的面罩、经口鼻插入至气管的管子（插管）或皮肤上切口（气管切开术，当肿胀或出血阻塞呼吸道时使用）的方式运送。

呼吸系统　respiratory system　与呼吸相关的器官系统。人类的横膈能产生抽吸作用，推动空气通过气道系统进出肺脏，肋间肌在较低的程度上亦有此作用。气道系统可分为上、下气道系统。上气道系统由鼻腔（参阅**鼻**）、**鼻窦炎**与**咽**组成，下气道系统则由喉、气管、支气管、细支气管与肺泡管组成。血液与心血管系统可以认为也是一个有效用的呼吸系统的组织部分。

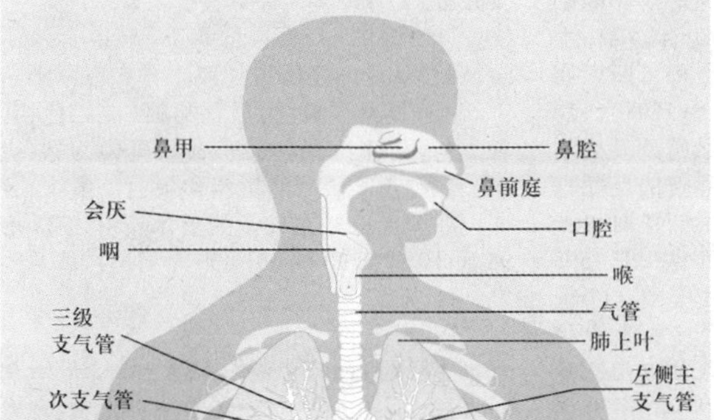

空气经鼻孔进入鼻腔，在进到咽之前由鼻甲骨黏膜予以加温和加湿。鼻孔内的前庭衬有硬毛，用以帮助过滤进入的空气。紧靠鼻腔的鼻窦充满空气，产生黏液。喉连接咽和气管。软骨质的会厌在吞咽时阻止食物进入喉。左右主支气管向肺供应由气管进入的空气。主支气管分出较小的次支气管和三级支气管，最小的分枝细支气管通往一簇簇的杯形薄壁的肺泡（肺泡囊）。氧气和二氧化碳在肺泡与周围毛细血管之间进行交换。左右两肺上的斜裂或沟将肺分为上叶和下叶。右肺的水平（横）裂形成一个中叶。在呼吸时，膈和肋骨以及肋间肌的运动使肺扩张和收缩。

忽布　hop　大麻科葎草属（*Humulus*）的两种植物。一年生或多年生缠绕草本。原产于北美、欧亚大陆及南美温带。普通忽布（*H. lupulus*，即啤酒花）的干燥雌花穗（**球花**）用于啤酒工业。为寿命很长的多年生草本植物，具粗糙的缠绕茎。啤酒花使啤酒带有一种芳醇的苦味和特有的芳香，并有助于啤酒的保存。日本忽布（日本葎草 *H. japonicus*）

普通忽布（*Humulus lupulus*）
Grant Heilman

是一年生速生种类，可用作围篱。

狐　fox　犬科多种动物的统称，与体型小到中等而尾蓬松的狗相似。狐有长毛，尖耳，腿相对较短，吻狭长。常为了娱乐或取其毛皮而遭人类猎捕。严格说来，这个名称乃指狐属约 10 种真狐，特别是新、旧大陆的**赤狐**。参阅**灰狐**。

狐猴　lemur　一般来说，原猴亚目中**灵长类**（包括婴猴）的统称，所有这些动物的特征均为吻端无毛而潮湿；下前牙梳状，指向前方；足部第二趾的甲似爪。严格来说，该词指的是典型的狐猴（狐猴科中的 9 个种类），仅分布于马达加斯加和科摩罗群岛，眼大，面部似狐，身体细长似猴，后肢长。所有的狐猴皆性格温顺，喜欢群居。不同种类的狐猴，其体长为 13～60 厘米不等。狐猴的尾部多毛蓬松，可能比身体更长。绵状的被毛带红、灰、褐或黑色。多在夜间活动，大部分时间生活于树上，食果实、叶、芽、昆虫、小鸟和鸟卵。多种狐猴已被列为濒危物种。

狐狸狗　spitz　数种北方狗类的统称，包括乔乔狗、**波美拉尼亚狗**和**萨莫耶德狗**，特征为被毛厚而长，耳尖而直立，尾卷曲于背上。在美国，该词通常指形状小、白色长毛的狗品种，亦指美洲**爱斯基摩狗**。欧洲称为狐狸狗的品种有被毛亮红棕色的芬兰狐狸狗，和被毛为白、棕或黑色的拉普兰狐狸狗。

狐獴　meerkat　又称 suricate。獴科（Herpestidae）的一个群居物种（*Suricata suricatta*）。这种穴居的獴分布于西南非洲。它们每只脚上有四个脚趾而不同于獴的五个脚趾。狐獴的特点是始终警惕捕食者。放哨行为如群体中一只找较高的地方后腿站立瞭望，发现危险立即向群体报警。体长约 43～60 厘米。常以昆虫和其他小动物为食，也吃植物的球根获取其中的水分。容易驯养而被人类当做宠物。黄獴（*Cynictis penicillata*）有时称为红海猫。

弧菌　vibrio　弧菌科弧菌属细菌的统称。水生，有些种能引起人类及其他动物的严重疾病。革兰氏阴性，运动活泼（一端生有 1～3 根鞭毛），兼性厌氧，单个存在或串成 S 形、螺旋形。对人类重要的两个弧菌是：致霍乱弧菌和致急性肠炎弧菌。

胡安（奥地利的）　Juan de Austria（1547～1578）　神圣罗马帝国皇帝查理五世的私生子。西班牙国王腓力二世的异母兄弟。查理五世去世后，腓力命名他为奥地利的唐·胡安（1559）。他出任西班牙军队的指挥官，1571 年又被指派领导**神圣同盟**的海军对奥斯曼土耳其作战，取得**勒班陀战役**的胜利。1576 年任命为尼德兰总督，后来开始了尼德兰人反对西班牙统治的公开暴动。当他的外交努力失败时，他又继续进行战斗。

胡安·费尔南德斯群岛　Juan Fernández Islands　南太平洋里的一组岛群。位于智利西面 650 千米，由两组群岛和一个小岛组成。1563 年由西班牙航海家胡安·费尔南德斯发现。1704 年苏格兰水手 A. 塞尔扣克到达并独自留在这里直到 1709 年；据说他的冒险经历启发 D. **笛福**创作了《鲁滨逊漂流记》。从 19 世纪初以来该群岛一直归智利所有，常被用作罪犯的流放地。

胡安·卡洛斯一世　Juan Carlos I（1938～　）自 1975 年起的西班牙国王。他是**阿方索十三世**孙子，1947 年以前一直在流亡中。F. **佛朗哥**在废除了共和政体，宣布西班牙为代议制的君主政体后，就准备让胡安·卡洛斯来出任未来的国王，特别看重他受过的军事教育。1969 年胡安·卡洛斯被指定为未来的国王，佛朗哥死后两天他就登上了西班牙的王位。虽然他曾宣誓效忠佛朗哥的"国民运动"，但事实上他是相当开明的，他帮助恢复了议会民主。1981 年他排除了一场潜在的军事政变的危险，保住了民主制度。他是访问美洲国家的第一位西班牙国王，也是正式访问中国的第一位加冕君主。

胡德山　Hood, Mt.　美国俄勒冈州西北部山峰。位于**喀斯喀特山脉**中部，海拔3 425 米。是一座死火山，最后一次喷发约在 1865

年。峰顶积雪，是该州最高的山，也是旅游胜地胡德山国家森林最醒目的景点。

胡佛 Hoover, Herbert (Clark) (1874～1964) 美国第31任总统(1929～1933)。原为采矿工程师，在4大洲管理工业工程项目(1895～1913)，后来在英国和比利时指挥协约国援救工作。第一次世界大战期间，被任命为美国全国粮食行政长官(1917～1919)，制订计划供应协约国和欧洲饥馑地区食品。担任商业部长时(1921～1927)，除了改组部务外，还新设一些管理无线电广播、商业航空等的司局。他还监督建造博尔德水坝(后称胡佛水坝)和圣劳伦斯航道。1928年被共和党提名为总统候选人，击败A.E.史密斯而当选。上台后，他希望开辟一个"新时代"的计划因碰上经济大萧条而破灭。他信奉个人自由，否决了设立联邦失业救济所和投资公共工程计划的法案，而资助私人的慈善机构。1932年终于批准通过复兴金融公司以救济农场主。同年的总统大选，被F.D.罗斯福以压倒优势击败。他继续直言反对救济措施，抨击新政计划。第二次世界大战后他投入欧洲的饥馑救灾工作，并被指派领导胡佛委员会。

胡佛 Hoover, J(ohn) Edgar (1895～1972) 美国联邦调查局局长。原在美国司法部担任律师，后来在驱逐可疑的布尔什维克分子的案件中担任司法部长A.M.帕尔默助手。

J. E. 胡佛
AP/Wide World Photos

1924年任调查局局长，他建立了选拔和培训工作人员的严格制度。20世纪30年代他以逮捕匪徒成绩斐然而成功地打响调查局的名号，后来扩编调查局，改名联邦调查局。他有特权调查共产党和法西斯分子的活动，并进而监视所有的激进派人士和活动家，其中包括三K党和M.L.金。他很少关注有组织的犯罪案件，却建立了许多政治人物的秘密档案，他利用这些把柄使总统和其他人不敢对他的工作和行为有所批评。虽然还是有来自各方的批评声浪，但他仍稳居局长职位48年直至去世。

胡佛水坝 Hoover Dam 原称Boulder Dam(博尔德水坝)。美国最高的混凝土拱坝，位于亚利桑那－内华达州边界的科罗拉多河上，拦水蓄成米德湖。水坝完成于1936年，用于防洪和控制泥沙，还可发电、灌溉、供给家庭和工业用水。坝高221米，顶长379米，发电功率1 345兆瓦，蓄水量336万立方米。

胡佛委员会 Hoover Commission (1947～1949, 1953～1955) 以美国前总统H.胡佛为首的顾问团，任务是考察美国行政部门的组织情况。第一个委员会(正式名称为美国行政部门组织委员会)由H.杜鲁门总统任命，目的在于精简联邦政府部门。这个委员会以及后来由D.D.艾森豪威尔总统任命的第二个委员会所提出的建议大部分都被采纳，有些机构得以强化，另外又建了一些新机构(如卫生、教育、福利部和总务管理局)。

胡格利河 Hugli River 又作Hooghly River。印度东北部河流。恒河西部、商业上最重要的河道，是孟加拉湾到加尔各答的通道。由帕吉勒提河与杰伦吉河汇合而成，向南流约260千米，经过高度工业化地区(人口占西孟加拉邦总人口一半以上)。加尔各答以上河段已淤积，但远洋客轮可航抵该市。注入孟加拉湾处的河口宽5～32千米，架有两座跨河桥梁。

胡格诺派教徒 Huguenots 16～17世纪法国的新教信徒，其中许多人因自身信仰而遭受严重迫害。第一个法国胡格诺派教徒团体建立于1546年，1559年首次集会中草拟的信纲受到了J.加尔文思想的影响。他们的人数迅速增多，成为一股政治力量，由G. de科利尼领导。与天主教会和吉斯家族等的冲突引发宗教战争(1562～1598)。为争取宗教与公民自由，一个胡格诺派教徒的政党于1573年成立。1576年强硬的反胡格诺派组织神圣联盟成立。1593年亨利四世放弃新教，改信天主教，结束了内战，但1598年他颁布南特敕令，授予新教徒权利。17世纪20年代内战再起，胡格诺派丧失政治权力，重新受到折磨并被迫改宗。1685年路易十四废除南特敕令；随后数年内，40多万名法兰西新教徒离开了法国。

胡椒薄荷 peppermint 薄荷科多年生草本植物，学名*Mentha piperita*。具强烈香味，普遍用作调味料。原产欧洲及亚洲，在北美已成功引种。叶具柄，光滑，暗绿色。花淡紫带粉红色，集生成长圆形花簇，两者干制后常用于调味。胡椒薄荷油广泛用于甜食、口香糖、牙膏牙粉及药剂等调味，主要成分是薄荷醇，在医药上长期用作舒缓软膏。

胡克 Hooke, Robert (1635～1703) 英国物理学家。1665年起在牛津大学任教，在各领域的成就和理论贡献多种多样。1660年提出重要的弹性定律——胡克定律，说明固体的伸长量与所受的力成正比。他是最早制作和使用反射望远镜的人之一。他提出木星自轴旋转。他对火星的详细描绘，后来被用来确定火星的旋转速度。他还提出利用摆可以测量重力，并试图证明地球和月球沿椭圆轨道绕太阳转动。他发现衍射现象，建议用光的波动理论来解释这一现象。他也是最先提出进化论的学者之一。他是第一个指出大体上所有物质在受热时都会膨胀，空气是由一些距离较大、相互分开的粒子组成。他发明了海洋气压计，并改良钟表、象限仪以及万向插头，还参与蒸汽机的改进工作。

胡克 Hooker, Thomas (1586～1647) 英裔美洲殖民地传教士。1620～1630年在英格兰任牧师，由于倾向清教而受到攻击。他逃往荷兰，1633年移民马萨诸塞海湾殖民地，成为一批清教徒的牧师。1636年率领信徒迁往康涅狄格州哈特福德。1639年协助创立《基本法》，为后来康涅狄格州宪法的基础。

胡狼 jackal 犬科犬属狼形食肉动物，有3个种。胡狼栖息在开阔地带，独栖、成对或集群。夜晚出去猎食，以小动物、植物或腐尸为食。当结群猎食时，能捕到较大的猎物。

黑背胡狼(*Canis mesomelas*)
Leonard Lee Rue III

金色胡狼(亚细亚行省胡狼)，分布在欧洲东部、北部非洲和南亚；黑背胡狼(赭红色，背部黑色)与侧纹胡狼(浅灰色，尾尖为白色，每一侧有不甚清晰的黑色和灰白色条纹)分布在非洲南部和东部。胡狼体长可达85～95厘米(包括30～35厘米的尾长)，体重约7～11千克。

胡萝卜 carrot 伞形科草本植物，学名*Daucus carota*，原产阿富汗及邻近国家，现栽培于整个温带地区。通常两年生，直根可食。常见品种中，根呈球状或锥状，橘黄色、白色、

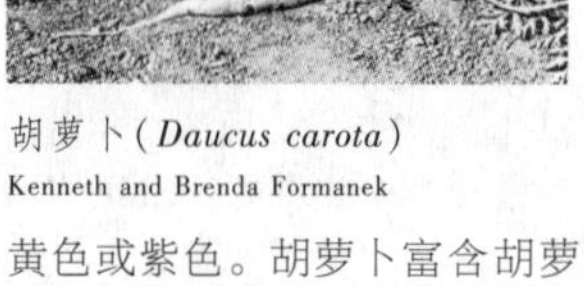

胡萝卜(*Daucus carota*)
Kenneth and Brenda Formanek

黄色或紫色。胡萝卜富含胡萝卜素，20世纪时，人们认识了胡萝卜素(维生素A原)的营养价值，从而提高了胡萝卜的身价。胡萝卜喜凉爽至温和的气候条件，在温暖地区不宜于夏季种植。新鲜胡萝卜甜脆，皮平滑且无污斑。亮橘黄色表示胡萝卜素含量高。可凉拌或烹食。

胡闹诗 nonsense verse 诙谐或怪诞的诗，特点是荒唐的人物和行动，往往包含一些

能引起联想但却是毫无意义的自造词。它与儿童唱着数数的惯常无意义的韵文不同，它的那些自造词听起来好像是有意义的；也与其他的滑稽诗不同，不能对它作任何合理的或比喻的解释。大部分胡闹诗是为儿童写的，又都出自近代，年代从19世纪初起。胡闹诗的例子有E.利尔的《胡闹集》(1846)、L.卡罗尔的《镜中世界》(1871)和H.贝洛克的《坏孩子的野兽故事书》(1896)。参阅五行打油诗。

胡塞尔　Husserl, Edmund(1859～1938)　德国哲学家，现象学的创始人。1886～1901年任哈雷大学讲师。1900～1901年发表《逻辑研究》，书中运用了他称之为“现象学”的分析方法，目的是想解决经验主义与唯理论之间的对立，借助追踪所有哲学和科学的体系和理论发展，追溯其纯经验的来源。1901～1916年到格丁根大学任教，这段时间对他创始现象学的活动是十分重要的。在《观念》(1913)一书中，胡塞尔提出现象学是放之世界而皆准的哲学科学。1916年他到弗赖堡大学是一个新的开始。在《第一哲学》(1923～1924)中，他提出现象学及其还原法是实现人类伦理道德自主的途径。其著作具有很大的影响力，特别是对他在弗赖堡的继承人M.海德格尔。

胡塞尔，约摄于1930年
Archiv fur Kunst und Geschichte, Berlin

胡斯　Goes, Hugo van der(约1440～1482)　佛兰德斯画家。1467年以前成为根特画家基尔特(行会)的大师前，生平不详。1475年在根特接受许多委托(画游行用的旗帜、传令官的盾牌等)。1474年被选为基尔特的负责人。次年，在其事业的最高峰，加入布鲁塞尔附近的修道院成为平信徒，不过仍继续绘画和旅行。1481年因精神崩溃企图自杀，翌年去世。他的杰作及唯一经考证的作品《波提那利祭坛画》(约1473～1478)是一幅巨型三联画，是北部现实主义杰出的早期典范，它所表现出来的心理上的洞察力和强烈的感情是佛兰德斯艺术中前所未有的。画作《圣母之死》表达情感深刻，富有感染力，被认为是他的作品。

胡斯　Hus, Jan(约1370～1415)　又作Jan Huss。波希米亚宗教改革家。他先在布拉格大学学习，后留校任教，在那儿受到J.威克里夫的影响。1402年做大学牧师，成为批评天主教教士腐败的改革派运动领导人。当威克里夫学说受到教会的谴责时该运动也受到威胁，胡斯的地位在两派教皇的权力斗争中受到损害。1411年他被处以绝罚，但仍可讲学。后又批评敌对教皇约翰二十三世重新发售赎罪券，为此，他再次被批为异端。胡斯获邀至康斯坦茨会议解释他的观点；虽得到安全保证，但仍遭逮捕，被控为异端而处以火刑。他的著作对捷克语的发展和教会改革理论有重要影响。他的追随者称为胡斯派。

胡斯派信徒　Hussite　15世纪波希米亚宗教改革组织成员，J.胡斯的追随者。1415年胡斯死后，胡斯派与罗马断绝关系。除了主张圣餐是同时领受饼与酒之外，胡斯派还提倡传教自由、教士清贫、对恶行昭彰的罪人处以世俗刑罚以及征收教会资产。许多胡斯派成员是贵族与骑士。1431年教皇发起十字军征讨失败，1433年和平协商期间，胡斯派分裂为两支：温和的饼酒同领派与激进的塔波尔派。1434年在利帕尼战役中，饼酒同领派加入天主教一方联手击败塔波尔派；他们受到多次迫害直到1620年才被天主教会同化。1467年另一个胡斯派系弟兄联盟建立起独立组织，一直延续到反宗教改革运动。1722年一群胡斯派人士逃往摩拉维亚，定居在亲岑道夫伯爵(1700～1760)位于萨克森的庄园，在黑恩亨特建立社区，并成立摩拉维亚教会。

胡桃　walnut　又称核桃。胡桃科胡桃属植物，约20种落叶乔木的统称。花无瓣，簇生成束。枝条有多隔的髓部。果为木质坚果，包藏于厚的外果壳内。北美东部的黑胡桃(*J. nigra*)及原产于伊朗的英国胡桃(*J. regia*)是材用树，坚果可食。北美东部的灰胡桃(*J. cinerea*)坚果亦可食。

胡特尔派信徒　Hutterite　基督教再洗礼派的成员。其名得自创始人J.胡特尔，他是奥地利人，于1536年被认定为异端，受酷刑后被烧死。他的追随者仍按照初期耶路撒冷教会的模式把教会建成圣善者的集体。为了逃避迫害，他们离开摩拉维亚和蒂罗尔，东移至匈牙利和乌克兰。19世纪70年代许多人移民到美国，后定居南达科他州。该派现仍存在，主要分布在美国西部和加拿大西部地区，他们每60～150人聚居一地，经营集体农场。胡特尔派信徒与外界隔绝，不参与政治。

胡图人　Hutu　卢旺达和布隆迪操班图语的民族，在刚果(金)有大量的难民。人数约950万，占这两个国家人口的绝大多数，但传统上却受图西人统治，在德国和比利时殖民统治时已培养成主从关系。这两种文化深深地相互交错在一起，他们都讲卢旺达语和隆迪语，有相似的宗教信仰(传统宗教和基督教)。1961年以前图西人在卢旺达一直占优势，1961年胡图人赶走大部分图西人，取得政权。1965年布隆迪的胡图人试图发动政变，但没有成功，仍服从于图西人占优势的军事政府。1972、1988、1993年在布隆迪以及1990、1994～1996年在卢旺达，先后发生多起暴力冲突，包括一场由胡图人开始的大屠杀，导致100多万人被杀害，另有100万～200万人被迫逃到扎伊尔[今刚果(金)]和坦桑尼亚的难民营。

胡亚雷斯　Juárez, Benito (Pablo)(1806～1872)　墨西哥民族英雄和总统(1861～1872)。萨波特克印第安人。原本学习当教士，后来取得法学学位而成为议员、法官和内阁部长。他在墨西哥领导了自由政治和社会的革命运动(革新运动)。在1855年自由势力取得了国家政府的控制权后，他就能够把理想付诸实施了。1857年他当选为最高法院首脑，依据宪法，他成为接替总统的第一人选。1858年，保守派驱逐了墨西哥总统，胡亚雷斯接替他并领导了一个自由政府，对抗保守派把持的体制。经过3年的内战，最终自由派获胜，1861年胡亚雷斯当选总统，并两次连任。在他早期任内，拿破仑三世统治下的法国人侵并占领了墨西哥，1864年把奥地利的马克西米连推上权力的宝座。但在拿破仑撤走军队以后，胡亚雷斯打败了马克西米连的武装，并在1867年将他处决。胡亚雷斯在最后几年由于失去民众支持以及个人悲剧而声誉受损，死于任上。

胡亚雷斯
By courtesy of the Library of Congress, Washington, D. C.

胡志明　Ho Chi Minh(1890～1969)　原名Nguyen Sinh Cung(阮必成)。越南民主共和国(北越)主席(1945～1969)。他是一个贫苦读书人的儿子，在农村长大。1911年，他在一条法国轮船上找到一份工作并航行世界。然后在法国生活了6年，在那里他成为一名社会主义者。1923年到苏联；次年到中国，把流亡的越南人组织起来。1930年建立了印度支那共产党，后又于1941年成立越盟。1945年日本侵占印度支那，推翻了法国的殖民统治者。日本向盟军投降后，胡志明和他的越盟取得了河内并宣布越南独立。法国拒绝撤出它以前的殖民地，1946年爆发了第一次印度支那战争。1954年其武装力量在奠边府击败法国，此后这个国家被分隔成北越和南越。胡志明统治着北方，但很快卷入了与美国支持的南方吴庭艳政权的纷争，并引发了越南战争。胡志明死后6年，北越军队取得了胜利。

胡志明市　Ho Chi Minh City　原称Saigon(西贡)。越南南方城市。濒临西贡河，位于湄公河三角洲北侧。17世纪越南人最早进入该地区之时该地是柬埔寨王国的一部分。1862年(包括城镇)割让给了法国。第二次世界大战后,越南宣布独立,但法国军队抓住控制权不放,于是开始了第一次**印度支那战争**。1954年的日内瓦会议将这个国家一分为二,西贡成为南越的首都。在**越南战争**中这里是美军的作战司令部。1975年被北越军队占领,为纪念**胡志明**而改名。战后的重建促进了它的商业重要地位。人口约5 880 615(2009)。

胡志明小道 Ho Chi Minh Trail 以前的山林小路网,从北越通向南越。1959年开通,在**越南战争**中北越把它作为军队的主要补给线。小道的主干从**河内**的南部开始,一路穿过老挝和柬埔寨到达南越,需要步行一个多月。沿线地下有不少辅助设施,包括医院和武器的隐秘储藏处,在1975年是进入南越的主要路线。

葫芦类 gourd 葫芦目葫芦科约700种食用或观赏植物的统称,包括**甜瓜**、**南瓜**(小果)等。大部分具卷须,匍匐或攀缘。为一年生草本植物,原产于温带和热带地区。具重要经济价值的食用葫芦类有南瓜(大果)、**黄瓜**、**西瓜**、**佛手瓜**及南瓜(小果)。葫芦类一般营养价值低,唯一例外的是冬南瓜(笋瓜、南瓜、西葫芦等的某些栽培品种)。许多葫芦类的果实具有硬壳,可以制成有用的容器或家庭用具。由于色彩丰富、形状怪异,常被拿来制成装饰品。

湖泊 lake 内陆盆地中流动缓慢或静止的较大水域。大量的湖泊存在于北半球高纬度地区和山区里,尤其是在最近的地质年代中曾被**冰川**覆盖的区域。湖水的主要来源为融化的冰和雪、泉水、河流、地表径流和直接的降水。湖水的上部有充足的光线、热能、氧气和营养物质,由水流和湍流散布到各地,因而可以在此处发现大量各式各样的水生有机物。最丰富的是**浮游生物**(主要为**硅藻**)、**藻类**和鞭毛虫。在下部和沉积物中,主要的生命形式则是细菌。

湖区 Lake District 英格兰西北部坎布里亚的山区。范围相当于国内最大的湖区公园,占地2 243平方千米。区内有许多湖泊,包括格拉斯米尔、**温德米尔**、科尼斯顿湖。还有全国最高的山,如斯科费尔峰(978米)。这里也是几位英国诗人的居住地,包括**W.华兹华斯**、R.骚赛和**S.T.柯尔律治**,他们都欣赏这里的景色。1951年辟为国家公园。

湖上住宅 Lake Dwellings 位于德国南部、瑞士、法国和意大利**青铜器时代**前后的各种濒湖居住遗址。这些居所似乎是建造在水面或沼泽上由木桩支撑的平台上。在平台上建造一间或两间一套的矩形棚屋,地面用黏土拍打而成。牛羊也在平台上喂养。大部分住宅似乎因意外或受攻击而被烧毁。由于湖上居民通常在旧房遗址上重建新居,考古学家便可构拟出一个文化序列,进一步证实青铜器时代紧接在**石器时代**之后。

槲果 acorn 栎属树的果实。通常长在一个木质壳斗内或为其包围,1～2个季节方成熟,外形因栎属树的种类不同而不同。槲果可用来喂食小猎物,或用来饲养家禽和猪。

槲寄生 mistletoe 桑寄生科和槲寄生科半寄生绿色植物的俗称,尤指槲寄生科的槲寄生属、美洲寄生子属、油杉寄生属所有植物。传统的文学中和圣诞节装饰用的白槲寄生分布整个欧亚大陆。为淡黄的常绿灌木(高0.6～0.9米),生长在寄主枝条上。枝条茂密、分杈、下垂;叶革质,花淡黄色,结有白色毒浆果。种子萌发后长出变态根(吸器)伸入寄主吸收水分和养分。植株虽然生长缓慢,但生活期长。从前以为槲寄生类有药效和魔力,还认为圣诞节时在槲寄生植株下接吻的人婚姻一定成功。

美洲槲寄生的(*Phoradendron serotinam*)叶和果实
John H. Gerard

蝴蝶 butterfly 鳞翅目14 000多种昆虫的统称,几乎分布全世界。与**蛾**不同之处是蝴蝶白天活动,有鲜艳颜色或醒目图案。二者最显著的区别是蝴蝶的触角呈棒状,休止时翅折叠与背垂直。绝大多数种类的幼虫和成虫以植物为食。蝴蝶分为五六个科。灰蝶科的金斑蝶多见于热带美洲;喙蝶属蛱蝶科;其他的种类还有粉蝶科(Pieridae)的白粉蝶与硫磺蝶,凤蝶科的**凤蝶**和绢蝶,灰蝶科的蓝蝶、铜色蝶和燕灰蝶,以及蛱蝶科的海军上将蛱蝶、**王蝶**、斑马蝶和斑赤蛱蝶等。

虎 tiger 大型猫科动物,毛色以棕红或棕黄为主,间有条纹,主要生活于俄罗斯东部、中国部分地区、南亚以及苏门答腊的森林、草原和沼泽地带。虎通常独居,夜间捕食,捕食对象为中型哺乳动物(如鹿等)。不同地区和不同属的虎形体大小、毛色以及条纹多有差异。南方虎(如孟加拉虎)要比北方虎(如西伯利亚虎)体形小,毛色更加鲜艳。雄虎肩高可超过1米,身长可达2.2米,尾长1米,体重达160～290千克。虎的寿命大约为11年。虽然人们在世界各地对虎加以保护,虎的生存仍受到严重威胁。在20世纪虎的数量已经减少了90%以上,其中三个亚种已经灭绝。

孟加拉虎(*Panthera tigris tigris*)
Silvestris/Australasian Nature Transparencies

虎鲨 tiger shark 真鲨科有潜在危险的鲨鱼的种类,学名为 *Galeocerdo cuvieri*。广布于全世界暖水海区,从近海到远海均可见到。最大的体长可达5.5米,呈淡灰色,尾部上叶长而凸出。牙大,一侧深凹。贪食,捕食各种鱼及其他鲨类、海龟、软体动物、海鸟、动物尸体以及过往船只丢弃物,如煤、马口铁罐及衣物等。可作为皮革及鱼肝油的原料。参阅**沙鲨**。

互助会 friendly society 个人自愿组成的互助组织,保护成员免于疾病、死亡或老年造成的负债。互助会兴起于17和18世纪的欧洲和英国,19世纪期间数目最多。可以追溯到希腊和罗马工匠的殡葬社和中世纪欧洲的**基尔特**。为了界定它们所保护的危难之大小,并决定成员必须付出多少来应付危难,互助会使用了现代**保险**的基本原则。

护航 convoy 在武装护卫下行驶的船只。最初,为商船护航是为了防止海盗袭击。17世纪以来中立国要求“护航权”,即中立国商船在中立国战舰护航下可免于搜查或被扣押。第一次世界大战期间,英国组织由一群战舰保护的跨洋护航。第二次世界大战期间,相同的系统保护了同盟国的船只免受德国潜水艇的袭击。

护教士 Apologist 主要活跃于公元2世纪的基督教作家,他们试图维护基督教教义以抵制希腊罗马文化。他们大多数的著作是写给罗马帝国皇帝的,为了辩护基督教的信仰和活动而把意见呈献给政府文书官员。护教士尽力证明基督教古代应验《旧约全书》预言的结果,他们争辩那些对神话中神灵的崇拜者是真正的无神论者。他们也坚持其信仰的哲学特性和高度的道德标准。希腊护教士包括圣查斯丁(殉教士)和圣克雷芒(亚历山大的)。2世纪拉丁护教士包括**德尔图良**。

护理学 nursing 向伤病及残疾者提供身心方面的照顾，并通过研究工作、健康教育和病人咨询服务等活动促进个人健康的医疗保健专业。19世纪E.南丁格尔从事的护理活动使得护理受到重视。许多护士都有其专业项目（例如精神病学、重症看护）。正式护士、诊所专科护士、麻醉护士和助产护士所从事的工作，过去传统上是由医师所执行。护理学位最高为博士学位，并可担任行政管理的职位。除了专门的看护机构外，另有在学校、军队、工厂和私人家庭中工作的护士。社区（公共卫生）护士则教育大众有关营养和预防疾病等主题的知识。

护士鲨 nurse shark 即卷须铰口鲨。须鲨科中唯一的大西洋种，学名为*Ginglymostoma cirratum*。体黄褐或灰褐色，有时具黑点，可长达4米以上。被激怒时，可袭击游泳者。与危险的沙鲨无亲缘关系。

护卫舰 frigate 17～19世纪和第二次世界大战乃至战后的两种不同类型的军舰。称作护卫舰帆船的是一种装备齐全的三桅帆船，常常载有30～40门火炮。比编队舰只小，但能快速航行，可用于执行侦察任务，或护航以保护商船队；护卫舰本身也能在海上游弋袭击敌商船。随着舰船动力装置由风帆转变为蒸汽机，护卫舰一词逐渐被**巡洋舰**所取代。第二次世界大战期间，英国将保护商船不受潜艇袭击的小型护航舰重新定名为护卫舰，装有**声呐**、深水炸弹。战后，护卫舰除反潜装置外，还装备了雷达和航空导弹，用于执行防空任务。现代护卫舰排水量大于3 000吨（2 700公吨），航速在30节以上，乘员约200人。

花 flower 显花植物的繁殖器官，尤指那些繁殖结构有特色或色彩鲜艳者。花的大小、形态、颜色及解剖结构千差万别。有的植物花很小，并聚生成有特色的簇（**花序**）。每朵花有一个花轴，上生重要的繁殖结构（雄蕊和雌蕊）和附属结构（萼片及花瓣）；后者还可吸引传粉的昆虫（参阅**传粉**）和保护雄蕊及雌蕊。花的各部分通常是轮生，但也可螺旋状排列。花的各部分通常排列为四轮：①花萼（位于最外层，由萼片构成）；②花冠（由花瓣组成，位于花萼内方）；③雄蕊；④雌蕊（位于花的中心，紧贴花轴或花托排列）。花萼通常为绿色，外形常似退化的叶片，而花瓣通常美观。花的雄性部分是雄蕊，由花丝和花药组成。花药产生**花粉**。每个雌蕊的顶部有接受花粉的柱头。雌蕊由一个或多个心皮组成，内包子房，子房内有胚珠，或可发育的种子。受精后的胚珠发育成种子，子房膨大发育成果实。在世界上大多数文明中，花一直用来象征美，赠花仍是最流行的社交礼仪之一。

花边 lace 以绕环、编结、绞织（编辫）或捻缠等手法用线织成的装饰性网状镂空织物。几乎所有高质量的艺术花边都是用以下两种技术之一制成的：针织花边，起源于意大利，难度较高；线轴编织花边，起源于佛兰德，是被广泛采用的一种手工艺。花边艺术是欧洲人的一个成就。文艺复兴时期以前，花边技术还没有完全发展起来；到1600年，花边成为一种奢侈的织品，也是重要的商品。19世纪产业革命导致人们使用机器来生产较便宜的棉制花边。后来，花边逐渐从男人和女人的时装上消失，到1920年这个行业已经消亡。比利时、斯洛文尼亚以及其他一些地方现在仍在做一些精细的手工花边，但主要用作纪念品。

花粉 pollen 种子植物的微小**孢子**，常为细微颗粒。每颗花粉粒是一个微小个体，形状、构造各异，由种子植物的雄蕊中产生，经由各种方式（参阅**传粉**）传送到雌蕊，**受精**过程在该处发生。花粉粒的外壁坚固，用剧热、强酸和强碱进行处理也难使其解体。花粉壁的构造相当独特，甚至某些属单用花粉粒就可以鉴定。由于花粉是近代及古代地质沉积物极普通的成分，所以对于陆生植物的起源和地质历史研究能提供许多讯息。由于花粉粒产量很高，所以其成为地球大气层中重要成分。许多花粉粒（如**豚草**和许多**禾草类**）所含的似蛋白质的物质会产生过敏反应，通称为**枯草热**。

花岗岩 granite 富含石英和碱性长石的粗粒或中粒**侵入岩**。是地壳中最常见的深成岩，由**岩浆**冷却而成。花岗岩过去曾被广泛用作铺路石块和建筑石料，今日则主要作为公路建设中的镶边石、建筑物的装饰面料石和砌墓石。花岗岩的特征是规模变化极大的不规则岩体，从最大直径小于8千米到面积通常达数百平方英里的岩基都有。

花卉园艺 floriculture 观赏园艺的分支，与种植和销售花卉与观赏植物有关，还包括插花。由于花卉与盆栽植物主要是在气候温暖的植物栽培大棚内生产的。花卉园艺基本上被视为温室产业，但也有很多花卉栽种在户外。花坛植物的生产和可在温室种植或室内使用的插条的生产通常都被认为是花卉园艺的一部分。

花茎甘蓝 broccoli 十字花科植物**甘蓝**的一种近缘植物，学名*Brassica oleracea*。1年生，生长迅速，直立而多分枝，枝端簇生密集的绿色花芽。原产于地中海东部和小亚细亚，可能是在殖民时期传入美国。生长于温和及凉爽气候下，味似甘蓝而较淡，是普通蔬菜中最有营养的一种。

花茎甘蓝（*Brassica oleracea* variety *italica*）
G. R. Roberts

花拉子密 al-Khwarizmi（约780～约850） 全名Muhammad Ibn Musa al-Khwarizmi。穆斯林数学家和天文学家。伊斯兰科学的第一个黄金时代他生活于巴格达，像**欧几里得**那样，他收集整理了更早期数学家的发现而编写成数学书籍。他的《关于集成和方程式的书》是对解线性方程和二次方程以及几何和成比例等问题的各种法则的汇编，12世纪时被翻译成拉丁文，为印度和阿拉伯的伟大数学家与欧洲学者之间建立了联系。后来由于书名中al-jabr的讹误而产生了algebra（代数学）一词，而作者名字的讹误则演变成algorithm（算法）。

花剌子模 Khwarizm 又拼Khwarezm。古地区名，在今土库曼斯坦和乌兹别克斯坦境内阿姆河两岸地区。公元前6～前4世纪属波斯帝国。7世纪时为阿拉伯人征服。其后数百年间为蒙古人、帖木儿王朝等所统治。16世纪初为希瓦汗国的中心。1873年成为俄国的保护国。1917年俄国革命后，汗国被废除，代之以花剌子模苏维埃人民共和国。后灭亡，并入苏联。

花旗集团 Citigroup 美国控股公司，1998年由花旗公司（本身为1967年成立的控股公司）和旅行家集团公司合并而成。这笔资产总额高达700亿美元的合并案包括美国最大的一家投资银行和所罗门美邦公司，并把目标定在创建一个全球性零售金融服务业。花旗公司的历史可追溯自美国第一银行，其在20世纪70年代率先在各分支银行装设自动出纳机网络。在与旅行家集团公司合并之前，花旗公司是美国最大的银行，也是世界最大的金融公司之一，在全世界约有3 000家分行。

花生 peanut 又称groundnut（落花生）。学名*Arachis hypogaea*。一年生**荚果**和可食用种子，其特征为荚果在地下成熟。花生原产南美热带，很早就传到东半球热带地区。每一豆荚包含1～3粒长椭圆形种子，外覆浅灰到深紫颜色的种皮。花生为浓缩食物，其单位重量内蛋白质、矿物质和维生素含量均高于牛肝，脂肪含量高于奶油，热量高于糖。花生主要用以榨取食用油，磨制成花生酱，当作点心食用，或用于烹调。全株可作饲料。

花式骑术 dressage 对乘用马进行循序渐进的系统训练，使其能准确地完成技巧动作，从最简单的步法，到最复杂的高难度技术。最后，马匹会针对骑师的手、脚和重量的细微动作来做反应，做出慢步、快步和跑步的动作。训练分成初级和高级两种。花式骑术比赛1912年起已是奥林匹克运动会的比赛项目，分设个人赛和团体赛。

花鼠 chipmunk 松鼠科17种地栖小啮齿动物的统称。栖息于北美东部的东美花鼠（*T. striatus*），体长14～19厘米，不包括它多毛的尾巴（8～10厘米）。体为浅红褐色，有5条黑条纹，分别有两条褐色条纹和两条白色条纹相间其中。栖息于北美西部、中亚和东亚的其他种类的花鼠体形较小，条纹式样也不相同。花鼠穴居昼出，吃种子、浆果和嫩植物，有时也吃肉。常用宽大的颊囊把种子运到地下储存起来。叫声为尖锐的唧唧声或发吱喳声。

东美花鼠
(Tamias striatus) Ken Brate-Photo Researchers

花序 inflorescence 一枝或一系列花枝上的花簇,共同构成显眼的大花。花序可按花在主轴(花序梗)或主轴的分枝上的排列方式或开花的时间顺序和位置来分类。在有限花序中,最后开的花位于花序梗的基部或其外侧(如洋葱的花)。在无限花序中,最后开的花在花序梗的顶端或中心(如啮龙花、铃兰和络新妇花)。其他无限花序有:栎树的雄性和雌性柔荑花序、大麦的穗状花序和蒲公英的扁形头状花序。

花样滑冰 figure skating 滑冰者(单人或双人)以优美姿势在冰面上表演各种跳跃、旋转和步法的一项运动。花式冰刀有半弧形浅槽,两边有锋锐的刀刃,前端呈锯齿状。花样滑冰比赛于1908年和1920年举行的奥运会中被列为比赛项目,并成为1924年开创的冬季奥林匹克运动会的正式比赛项目。直到1991年,男女比赛都包括规定图形。个人赛项目包括选手在自选音乐的伴奏下的两次自选动作的表演:短曲部分的表演有难度要求;长曲的表演设计应能使选手的技巧和优美得到最好的发挥。跳跃动作主要分为两类:刀刃跳(如艾克索跳、沙克跳和套跳)是单脚起跳;脚趾跳(如点套跳、菲利普跳和勒兹跳)是在另一只脚脚趾点冰的帮助下用刀刃起跳。双人滑为男女2人共同滑行,包括托举和抛跳。花样滑冰的评分按技术分和艺术表演印象分来评定。参阅冰上舞蹈。

前苏联的Y. 戈尔蒂耶娃与S. 格林科夫在1988年布达佩斯世界花样滑冰锦标赛中表演托举
All-Sport USA/Vandystadt

花样游泳 synchronized swimming 又称水上芭蕾。在音乐伴奏下单人或多位运动员在水中做各种动作以形成各种变化的图案的游泳技巧表演。此项运动20世纪30年代发展于美国,1984年纳入奥林匹克运动会比赛项目(仅个人和双人)。1996年改变规则,只允许一组8位女队员共同表演,依据规定动作和自选动作评分。

花椰菜 cauliflower 又称菜花。十字花科甘蓝的一种类型,学名 *Brassica oleracea*。原始花轴和花蕾变形增厚,在茎顶端形成白色肥大花球块状花序。叶宽而长,高出花团甚多。在收获花团前数天应将叶扎起,包住花团或折断后盖在花团上,以防花团晒得褪色。菜花常做成炒菜,也可做色拉或配菜生食。

花椰菜(*Brassica oleracea*)
Derek Fell

花烛属 anthurium 疆南星科一个美洲热带草本植物属,约600种。许多为观叶植物,少数种由于花鲜艳,花期长而为花农广泛种植。安德烈花烛(*A. andraeanum*)佛焰苞橙红色,心形。色花烛(*A. scherzeranum*)植株较矮,佛焰苞粉红色。

华德 Ward, Barbara (Mary) (1914～1981) 后称 Baroness Jackson (of Lodsworth)。英国经济学家和作家。在牛津大学研读经济学之后成为《经济学家》杂志的撰稿人和编辑(1939年起)。1950年与罗伯特·杰克森爵士结婚。她是梵蒂冈教廷、联合国以及世界银行的重要顾问,撰写过许多文章和书籍,内容涉及第三世界国家的贫穷问题对全世界带来的威胁以及保育的重要性。其著作广受人喜爱,包括《富国与穷国》(1962)、《地球宇宙飞船》(1966)、《地球只有一个》(1972)(与R. 迪博合著)以及《小行星之路》(1980)。

华顿 Wharton, Edith (Newbold) (1862～1937) 原名 Edith Newbold Jones。美国小说和短篇故事女作家,以描写她所处的上层社会的小说而闻名。生于纽约上流社会家庭。1885年结婚后数年才开始写作。她把H. 詹姆斯作为她文学创作上的榜样,其作品显露出詹姆斯对形式和伦理观念的关注。1905年长篇小说《欢乐之家》的成功奠定了她作为第一流作家的地位。她最著名的作品是《伊坦·弗洛美》(1911),描写新英格兰艰苦的农村生活。她一共写了近50部作品,包括《乡村习俗》(1913)、获得普利策奖的《天真的时代》(1920)和《海盗》(1938)等。

《华尔街日报》 Wall Street Journal, The 美国全国性的日报。是美国最具影响力的商业性报纸,也是全世界最受重视的日报之一。1889年由道·琼斯公司的C. H. 道创办,很快获得成功。大萧条时期开始后,《华尔街时报》开始刊登更多有关其他问题的文章、综述和评论。在纽约市发行,在全国印刷发行地区版。是美国发行量最大的全国性报纸之一。在亚洲、欧洲发行,也发行特刊。2007年,R. 默多克新闻集团宣布接替道·琼斯公司出版《华尔街日报》。

华尔兹 waltz 交际舞,由18世纪的伦德莱尔舞演变而来。特点为3/4拍,一走步,一滑步,再一走步。19世纪和20世纪初流行不衰。有快速旋转的维也纳式华尔兹、起伏滑步的波士顿式华尔兹等不同种类。19世纪最著名的华尔兹舞曲作曲家有F. 舒伯特、F. 肖邦、J. 勃拉姆斯和J. 施特劳斯等。

华莱士 Wallace, Alfred Russel (1823～1913) 英国博物学家。虽然受过测绘和建筑方面的专门训练,却对植物学感兴趣。1848年到亚马孙河收集标本。1854～1862年到马来群岛旅行,以补充他的收集品。他在这些岛屿的观察,使他与达尔文同时独立地发展出一套物种通过自然选择而进化的理论。然而。达尔文提出的理论比华莱士要详尽得多,又为此提供了多得多的证据。不同于达尔文,华莱士坚信,人的高智力不是自然选择的结果,而某些非生物学因素一定起了决定作用。华莱士提出在东洋区和澳大拉西亚区两个动物区系分区之间的假设分界线(华莱士线)。许多动物在华莱士线的一侧很丰富,另一侧则稀少。在公共政策方面他支持社会主义、反战论、土地国有化和妇女选举。他的作品包括《自然选择理论文稿》(1870)、《动物的地理区分布》(2册,1876)和《达尔文主义》(1889)。

华莱士 Wallace, (Richard Horatio) Edgar (1875～1932) 英国小说家、剧作家和记者。打过各种零工,参过军。在发表第一部成功之作《四个正直的人》(1905)前,曾是一名记者。其作品包括《河中紫檀》(1911)、《血红的圆圈》(1922)、《警察追捕》(1928)和《恐怖》(1930)等。华莱士实际上发明了现代"惊险小说",这种体裁的作品情节错综复杂,但轮廓清晰,并以紧张的高潮而著称。他洋洋洒洒,下笔千言,传为逸事(有175部小说)。

华莱士 Wallace, Sir William (1279～1305) 苏格兰民族英雄。小地主之子。在1297年爱德华一世宣称自己为苏格兰的统治者后,华莱士组织了一支由平民组成的军队,攻击英格兰驻军。他趁英格兰人渡福斯河时击杀,攻克斯特灵城堡。接着攻入英格兰北部。返回苏格兰后,他被封为爵士,并成为王国的监护人。1298年爱德华一世的军队入侵苏格兰。华莱士的队伍在福尔柯克战役中战败。华莱士辞去监护人的职务,带领游击队在苏格兰进行活动。1305年被英格兰人逮捕,绞死后被切腹取肠,割下头颅,肢解为四块。次年,罗伯特一世起义,为苏格兰赢得独立。

华雷斯　Juárez　又作 Ciudad Juárez。墨西哥奇瓦瓦州北部的城市。位于格兰德河畔，与美国得克萨斯州的埃尔帕索隔岸相望。旧称北埃尔帕索，1865 年 B. 胡亚雷斯在此设指挥部，1888 年改为现名。现今它是一个重要的边境城市，是棉花产区的贸易中心。20 世纪 70 年代以来出口型装配工厂增多，城市发展迅速。城内有瓜达卢佩教堂（1662 年）。人口约1 321 004（2010）。

华伦海特　Fahrenheit, Daniel (Gabriel)（1686 ～ 1736）　荷兰物理学家和仪器制造者。出生于波兰，一生大部分时间在荷兰度过，从事物理学研究和精密气象仪器的制造。华伦海特最重要的发明是酒精温度计（1709）和水银温度计（1714），并创立了在美国和加拿大至今通用的华氏温标，他规定冰和盐的等量混合物的冰点为零度，并发现水在冰点以下仍能保持液态以及液体的沸点随着气压而不同。

华伦斯坦　Wallenstein, Albrecht Wenzel Eusebius von（1583 ～ 1634）　后称 Herzog (Duke) von Mecklenburg。奥地利将军。波希米亚的贵族。1617 年在对抗威尼斯的战役中效忠后来的哈布斯堡皇帝费迪南二世。在波希米亚人反哈布斯堡王朝的起义期间（1618 ～1623），他仍效忠费迪南。费迪南得胜后，他出任波希米亚王国总督。1625 年封弗里德兰公爵。三十年战争期间，任帝国军队最高统帅。丹麦战争（1625 ～ 1629）获胜后，他得到萨冈公国（1627）和梅克伦堡公爵领地（1629）。在德国王公的压力下，费迪南二世解除了华伦斯坦的统帅职务。1631 年被召回，授予统辖帝国所有军队的大权。华伦斯坦迫使瑞典军队从巴伐利亚和法兰克尼亚撤走，但在吕岑战役（1632）中被打败。由于他相信有将军们的支持，1634 年举起叛旗，后被暗杀。

华沙　Warsaw　波兰首都。地处维斯图拉河河畔。创立于约 1300 年，曾作为贸易中心繁华一时。1526 年并入波兰，1596 年成为首都。18 世纪末期，发展迅速。1794 年被俄国破坏。1807 年成为拿破仑创立的华沙公国的首都。1813 年被俄国侵占。1830 ～ 1831 年和 1860 年是波兰民族抵抗运动中心。两次世界大战期间被德国占领。为反抗德国，犹太人于 1943 年爆发了华沙犹太区起义。1944 年华沙起义失败后，城市被德国人夷平。战后，华沙重建。驻有各种政府机构，包括色姆（议会）。也是工业和教育中心。历史建筑有 14 世纪哥特式大教堂和中世纪城堡。人口约1 700 612（2011）。

华沙公国　Warsaw, Duchy of（1807 ～ 1815）　拿破仑（参阅拿破仑）缔造的波兰独立国。在波兰人帮助拿破仑打败普鲁士之后根据《蒂尔西特条约》（1807）而建立，原包括 18 世纪 90 年代被普鲁士吞并的中部波兰各省的大部分。1812 年拿破仑第二次入侵俄国，华沙公国支援了近98 000人，但拿破仑战败也决定了公国的命运。1813 年俄国人控制了公国，后来，维也纳会议将华沙公国分为三个部分：归还普鲁士的波兹南大公国；置于俄国、普鲁士和奥地利保护下的克拉科夫独立共和国；以及加入俄国，并由俄国皇帝为国王的波兰王国。

华沙起义　Warsaw Uprising（1944 - 08 - 10）　第二次世界大战期间波兰人为驱逐德军而在华沙举行的起义。1944 年 7 月末波兰地下组织企图在苏联红军解放华沙之前控制该城，8 月 1 日 5 万名起义大军向占领华沙的德军发动攻击，4 天内就控制了华沙的大部地区。德军随即增援，从空中和地面进行连续 63 天的狂轰滥炸。但是在华沙郊外的苏联红军没有采取支持行动，也拒绝盟国利用苏军机场增援被围困的波兰军队。10 月波兰军因弹尽粮绝被迫投降。

《华沙条约》　Warsaw Pact　又作 Warsaw Treaty Organization。正式名称为《华沙友好合作互助条约》。根据此条约建立一个共同防御组织，即华沙条约组织。该组织成立于 1955 年，最初由苏联、阿尔巴尼亚、保加利亚、捷克斯洛伐克、东德、匈牙利、波兰和罗马尼亚组成。该条约建立了统一的军事指挥机构，允许在其他缔约国领土上保留苏军部队。虽然建立《华沙条约》的直接原因是为了对抗西方列强的北约，但是华沙条约组织的军队在波兰暴动（1956）、匈牙利暴动（1956）、捷克斯洛伐克暴动（1968）时都出兵镇压。1991 年当苏联解体后，这个联盟亦不复存在，原部署的苏联军队逐渐从原卫星国（现在政治上的独立国家）撤出。

华沙犹太区起义　Warsaw Ghetto Uprising（1943 - 04 - 19 ～ 05 - 16）　纳粹德国占领期间波兰犹太人为反抗被运往特雷布林卡所发动的起义。1942 年 7 月纳粹将50 万名犹太人从附近地区集中到华沙犹太区，即使每个月有数千名犹太人因饥饿死亡，纳粹仍每日运送5 000名犹太人至乡村的“劳动营”。当 1943 年初人们知道其目的地是特雷布林卡的毒气室时，犹太人地下武装组织 ZOB 开始发动攻击，4 天的巷战中击毙德国人 50 名，缴获不少枪支弹药。4 月 19 日，党卫军的头子 H. 希姆莱派遣2 000名党卫军及部队进入犹太区，意图收拾剩余的56 000名犹太人。经过 4 周的战斗，ZOB 和游击队用手枪和土制炸弹摧毁坦克，杀死德军数百人，直到弹尽粮绝。所有犹太人不是被杀就是被流放，5 月 16 日，党卫军头目宣布华沙犹太区不复存在。

华盛顿　Washington, Booker T(aliaferro)（1856 ～ 1915）　美国教育家和黑人领袖。出生于弗吉尼亚州富兰克林的一个奴隶家庭，在黑奴解放后举家迁往西弗吉尼亚州。9 岁起即开始工作，后就学于弗吉尼亚州汉普顿师范和农业技术专科学校（1872 ～ 1875），并在该校工作过。1881 年获选担任塔斯基吉师范学校校长，这是一所新设的黑人师范学校。他成功地使该校成为著名的学院（参阅塔斯基吉大学）。在当时他可能是最突出的黑人领袖。他认为其黑人同胞借由受教育以改善经济状况，比争取全面公民权及政治力量更能替黑人赢得平等的公民待遇。这个颇受争议的论点即著名的《亚特兰大种族和解声明》。他的著作有自传《出身奴隶》（1901）。

华盛顿　Washington, George（1732 ～ 1799）　美国独立战争的总司令（1775 ～ 1783）和美国第 1 任总统（1789 ～ 1797）。出生于弗吉尼亚州威斯特摩兰县一富裕家庭。曾受私人教育，14 岁起以测量员身份工作。1752 年继承兄长在弗农山庄的房地产，包括 18 名奴隶。虽然不赞成奴隶制度，到 1760 年时他的奴隶却多达 49 名。在法英北美殖民地争夺战中官拜陆军中校，被派往俄亥俄领地。在 E. 布雷多克被杀之后，成为全弗吉尼亚军队的司令，负责捍卫西部边界（1755 ～ 1758）。他辞去职务以料理自己的庄园，1759 年娶寡妇玛莎 · 丹德里奇 · 柯蒂斯（1731 ～ 1802）为妻。1759 ～1774 年在移民议会服务，支持移民的利益，1774 ～ 1775 年在大陆会议服务。1775 年获选为大陆军的司令。在随后的美国独立战争中，虽然吃了几次败仗，事后证明他是精明的司令和英勇的领袖。约克镇围城战役（1781）之后，战争结束，他辞去职务而回到弗农山庄（1783）。他是宪法会议（1787）的代表暨监督官员，协助宪法在弗吉尼亚州获得批准。当各州选举人集会选举第 1 任总统时（1789），华盛顿是一位没有异议的人选。他成立内阁来平衡地方及政治上的差异，但却进入了一个强力的中央政府。连任后，他遵循政治派别（后来成为联邦党和民主党）之间的中庸路线。1793 年在英国和法国交战时宣布中立政策，1794 年派兵镇压威士忌酒反抗。他拒绝担任第三任总统，为之后 144 年创下了先例，1797 年发表《告别演说》后退休。他被称为“国父”，被举世视为美国历史上最伟大的人物之一。

华盛顿　Washington　美国西北部太平洋沿岸一州。北邻加拿大不列颠哥伦比亚省，东邻爱达荷州，南接俄勒冈州，西濒太平洋。全州分成数个地理区域。西北部濒临太平洋的奥林匹克半岛。浓密的雨林沿着崎岖的奥林匹克山脉西坡延伸，最高点奥林帕斯山高2 428米。西南的乌伊拉帕丘陵地势开阔，有深水良港。普吉湾低地东面的喀斯开山脉有州的最高峰雷尼尔山，高4 392米，是美国本土第 5 高峰。哥伦比亚盆地占有州中部的大部分土地，由哥伦比亚河及其主要支流斯内克河所灌溉。东北部的奥卡诺根高地是落基山脉的延伸，最高峰海拔超过2 100米。从俄勒冈延伸入华盛顿州的蓝山山脉则包括隆起的高原和州东南角的山脉。华盛顿州早期为印第安人居住地。17 ～ 18 世纪，西班牙、英国和美国的探险家、皮毛商、传教士和白人陆续到达这里。1843 年一批移民自俄勒冈小道迁入。1853 年建立华盛顿地区。1889 年 11 月 11 日被批准成为美国第 42 州。水力和森林是该州重要的资源。工业以制造航空器和太空产品为主，此外还有制材、造纸、炼铝、食品加工、造船等。农产品以小麦为大宗，其他还有苹果、马铃薯、玉米、大豆等。旅游业亦重要。面积176 365平方千米，首府奥林匹亚。人口约6 897 102（2012）。

华盛顿(哥伦比亚特区)　Washington, D. C. 美国首都。城市范围与哥伦比亚特区相同。位于马里兰州和弗吉尼亚州之间,地处波多马克河航段上端,面积176平方千米。城市所在地1790年由G.华盛顿选定,作为使南、北各州都满意的一个政治妥协。该市由法国工程师朗方设计,是世界上很少几个专门规划成国家首都的城市之一。联邦政府1800年从费城迁此。1812年战争期间英军放火焚毁了该城(1814)。1871年该市与乔治敦合并,范围与哥伦比亚特区相同。主要建筑包括国会大厦、白宫和国会图书馆。华盛顿纪念碑、林肯纪念堂、杰斐逊纪念堂和越战阵亡将士纪念碑是该市数以百计的纪念碑和雕像中最著名的。史密森学会建在华盛顿,许多其他的文化和教育机构以及外国大使馆也都设在该市。城市经济主要以本国的和国际的政治活动、科研以及旅游为主。人口约591 833(2008)。

华盛顿会议　Washington Conference　正式名称为International Conference on Naval Limitation(限制海军军备国际会议)。在美国华盛顿召开的国际会议(1921～1922),目的在于限制海军军备竞赛和制定保障太平洋地区和平的安全协议。《四国公约》(英、日、法、美4国签署)规定只要其中任两国对"太平洋地区的任何问题"发生争执时,全体签字国都得共同协商。《五国海军条约》(英、日、法、美、意5国签署)宗旨为裁减5个强国所拥有的军舰数目。该条约在日本要求拥有与英美相等的大型军舰被拒绝后,于1936年作废。该5国还签订另一条约,对潜水艇的使用作出了规定,并宣布使用毒气为非法。上列5国,加上荷兰、葡萄牙、比利时和中国签署了《九国公约》,确认中国的主权、独立及领土完整,所有国家与中国贸易通商机会均等。

华盛顿纪念碑　Washington Monument 在美国首都华盛顿,为纪念首任总统G.华盛顿建造的纪念碑。呈方尖碑状,由R.米尔斯(1781～1855)设计,1848～1884年建造。高169米。内壁嵌有192块经过雕刻的石头,分别来自个人、美国50个州和其他国家。坐落于大草坪向西的延长线上,有电梯和内部铁楼梯通往塔顶。

华盛顿山　Washington, Mt.　在美国新罕布什尔州北部总统山区,为怀特山最高峰(海拔1 917米)。以气候条件恶劣而闻名。1934年在此记录有世界最大风速之一(372千米/时)。山顶建有华盛顿山天文台。该地为怀特山国家森林的一部分。

《华盛顿邮报》　Washington Post, The　美国华盛顿出版的晨报,是美国首都的主要报纸,并被公认为美国最大的报纸之一。该报作为民主党的机关报于1877年创立。1933年金融家E.迈耶买下该报社前,该报曾数次改变办报方针和经营者,并且一直面临经济问题。在迈耶(至1946年)、P.L.葛兰姆(1946～1963)、K.葛兰姆(1963～1979)和D.葛兰姆(1979年开始)领导下,逐渐取得国内和国际声誉,以扎实、独立的编辑立场及全面、准确的报道著称。

华特灵大道　Watling Street　英国一条古罗马道路,起自伦敦,终至罗克斯特。为罗马时期英国的道路干线之一。9世纪时,它是麦西亚的分界线,后泛指其他主要道路,包括穿越坎特伯雷的伦敦-多佛公路。

华托　Watteau, (Jean-) Antoine (1684～1721)　法国画家。出生于瓦朗谢讷的一个烧瓦工人家庭,曾在当地一个画家的工作室当学徒。18岁时去巴黎学画,曾为一些艺术家工作,其中之一是剧院舞台布景画家,这使得华托日后的作品以戏剧为主,特别是即兴喜剧和芭蕾。《发舟西苔岛》是他最伟大的作品,同一题材的油画他前后共画了3幅。西苔岛(或爱情岛)取材于法国和意大利一个古老的神话,讲的是旅途之艰难。但在华托的笔下,西苔岛被描绘成一个可望而不可及的地方。其作品突破了路易十四时期古典主义的束缚,画风富于抒情性,具有写实主义倾向;画中人物多带有沉思忧郁之感,反映出当时的法国正从浮华的巴洛克时代进入洛可可时期,笔下的人物不再是神、圣人或武士,而是些平庸的朝臣、求婚者或丑角。

华严宗　Kegon　日本8世纪时从中国传入的佛教哲学宗派。华严(意为"花饰")一名源自梵语的avatamsaka的汉译名称。该宗以《大方广佛华严经》为主要典籍,探讨以毗卢遮那佛为中心的一真法界。该派是6世纪晚期在中国创立,定名华严,740年左右传到日本。华严宗主张,万物为一个和谐的整体,互相关联,互相依存,并以毗卢遮那佛为中心。现今华严宗已不被看作是有特殊教义的活跃宗教信仰派别,但奈良东大寺至今仍由此宗主持。

华兹华斯　Wordsworth, William (1770～1850)　英国诗人。13岁时成为孤儿。进入剑桥大学学习,但仍生计无着,一文不名。直到1795年获得一笔遗产才和妹妹重聚。他与T.柯尔律治相遇,结成挚友,两人合写的《抒情歌谣集》(1798)促进了英国浪漫主义运动的兴起。诗集包括了华兹华斯的《廷特恩教堂》和其他抒情诗。他试图把中下层阶级的口语尽量用于表达诗的乐趣。1798年前后开始写自传诗;《序曲》于1805年完成初稿,1850年他去世时方才出版。他的第二本诗集《诗二卷》(1807)包括《不朽的征兆》和他多数最好的诗。其作品的主要主题是人与大自然的关系。他写出不少优秀作品。晚年诗人的想象力渐衰,缺乏早年的清新感,佳作渐少。1843年被封为桂冠诗人。他被认为是英国浪漫主义的中心人物。

滑板运动　skateboarding　一种年轻人时兴的娱乐项目,人站在一块装有滑轮的滑板上滑行,并保持身体平衡。滑板运动出现在20世纪60年代初,在加利福尼亚海滨的平地,作为冲浪爱好者在风平浪静时临时凑合的一种娱乐。70年代出现了一种速度更快的、合成纤维制的滑轮。后来又出现了滑板运动场,设有各种斜坡和堤面,以供急转弯和特技之用。滑板热引发了冬季青年单板滑雪运动。

滑冰运动　skating　穿上鞋底装冰刀或轮子的鞋在冰上或其他表面滑行的一项娱乐和运动。参阅花样滑冰、冰上舞蹈、冰球、旱冰运动和速度滑冰。

滑膛枪　musket　前装弹的肩射火器,16世纪始于西班牙。为火绳枪的加大型。17世纪研制出燧发机以前,滑膛枪一直利用火绳点火。19世纪初期燧发机又被击发装置所取代。早期的滑膛枪通常由两个人操作,放在轻便支架上进行射击。这种武器一般长1.7米、重约9千克,发射一个球形弹丸的射程约为160米,精度非常差。后来的滑膛枪更小、更轻,可以准确命中75～90米以外的人。19世纪中期滑膛枪被后装弹的步枪取代。

滑铁卢大学　Waterloo, University of　加拿大安大略省滑铁卢的公立大学,创建于1957年。该校设有应用健康科学、人文艺术、工程、环境研究、数学、自然科学等系;也有会计、建筑、验光配镜、城市与区域规划等学院。特别设施包括验光配镜博物馆和游戏博物馆。现有注册学生约22 000人。

滑铁卢战役　Waterloo, Battle of(1815-06-18)　拿破仑和法国军队遭到彻底失败的一次战役。从此,法国与欧洲其他国家之间连续23年的战事宣告结束。这次战役地点在布鲁塞尔南方滑铁卢村附近。一方是拿破仑的军队72 000人,另一方是威灵顿公爵的联盟军(包括英、荷、比、德的部队)68 000人和G. von布吕歇尔领导的普鲁士军约45 000人。拿破仑的元帅,包括M.内伊,击败了普军并将威灵顿阻止在卡特勒布拉,但均未将他们歼灭。拿破仑把开始进攻威灵顿的时间从上午推迟到中午,目的在于让土地干燥,但由此铸成大错。普鲁士军队恰好获得奔赴滑铁卢驰援威灵顿所需的时间。法军的4次主攻都未达到重创联盟军和突破阵线的目的。当内伊成功地夺占联盟军战线中部的农庄,并要求增援步兵时,遭到拿破仑拒绝。此时,威灵顿的军队虽受到重创,但已重整旗鼓,又得到H. E. K. von蔡滕指挥的普鲁士军队的支持。在联盟军展开最后攻击时,法军大乱,惊慌逃窜。此役拿破仑军共伤亡25 000人,威灵顿军则伤亡15 000人,布吕歇尔军伤亡大约8 000人。4天后,拿破仑被迫第二次逊位。

滑翔机　glider　没有动力但能持续飞行的重于空气的航空器。早期滑翔机飞行试验者有1853年研制出第一架载人滑翔机的G.克雷和1891年研制出在第一架实用的载人滑翔机上使用尾部水平安定面的德国的O.利林塔尔(1848～1896)。1896年美国工程师O.夏尼特(1832～1910)和1902年莱特兄弟对滑翔机作出的改进,完善了莱特兄弟1903年研制的有动力装置的飞机所需的操纵部分。滑翔机机翼细长,由飞机或由汽车拖曳起飞。第二次世界大战中滑翔机曾广泛用于运送军队。今日,滑翔机多作娱乐和体育竞赛的工具,制造的轻型滑翔机则利用热气流在上升气流中翱翔。参阅**悬挂式滑翔运动**。

滑雪橇运动　bobsledding　双人或多人(通常为4人)乘坐装有两对滑行器、方向盘和手闸的大金属雪橇(有舵雪橇),在蜿蜒的冰面上滑降的运动。起源于19世纪90年代左右的瑞士,1924年被列为第一届冬季奥运会项目。每年举行一次世界锦标赛。滑道长度通常至少1 500米,有15～20个弯道。4人雪橇滑行时速可接近160千米;双人雪橇滑行时速略低。

滑雪运动　skiing　一种运动和运输方式,采用将一对平滑的长滑板附着在鞋子或靴子底部在雪面上滑动来进行。滑雪最初发生于斯堪的纳维亚地区,在瑞典和芬兰的沼泽地发现的最古老的滑雪板已有4 000～5 000年的历史。早年的滑雪板往往短而宽。公元7世纪时中国北方已有滑雪运动。从13世纪直到20世纪初,滑雪还在斯堪的纳维亚地区被用于战争。滑雪至今还被继续用来运输和旅行。最早出现的滑雪运动是越野滑雪。19世纪40年代挪威已经开始了越野滑雪竞赛,60年代此项运动传入美国加州。大约在1860年前后滑雪运动设施的改善使更多的滑雪娱乐项目相继出现。跳台滑雪最早出现在19世纪70年代。高山滑雪最初受到下落后需要攀爬山峰的限制(在缺少山间索道或者空中缆车的情况下),20世纪30年代专用于滑雪的提升设备开始修建。滑雪板最初是用单片的木料制作的,常见的有山核桃木。20世纪30年代出现了层压板,50年代还增加了塑料的滑行面。最近几十年木质滑雪板已经不再用于高山滑雪。滑雪运动从30年代起日渐商业化,50和60年代更是有了极快的成长。在奥地利、瑞士、意大利的阿尔卑斯山、美国的落基山以及其他高山地区,分布着大量的滑雪运动场。参阅**高山滑雪**。

化合价　valence　一个原子可以形成的键数(参阅**键合**)。氢(H)永远是1价,所以其他元素的化合价等于与它相结合的氢原子数。因此,氧(O)有2价,如水(H_2O);氮(N)有3价,如氨(NH_3);氯(Cl)有1价,如盐酸(HCl)。一个元素的化合价是由其原子最外面(在过渡元素为次外层)层壳中不成对电子的数目决定的。一个化学键中不成对(化合价)电子的共享,就像稀有气体的稳定组态,其外层是满的。以各种不同的化合而得到稳定组态的元素都有一个以上的化合价。

化合致幻药　designer drug　又译设计师药。管制麻醉物质的合成形式。制造化合致幻药是为了生产执法机构没有明确列入违禁品的药物,分子结构与相关的管制物质略微不同。由于是在秘密的实验室制造,作业人员通常是外行人,这类毒品十分危险。最著名的是MDMA(学名3,4亚甲二氧基甲基苯丙胺),是脱氧麻黄碱的变种,市面上俗称"摇头丸"。为了对抗疾病而设计来与特定的蛋白质或酶作用的非麻醉的合成化合物,也称化合致幻药。

化身　avatar　印度教中,指神为了抵制世上某一种邪恶而化作人形或兽形。这个词通常指毗湿奴的10次下凡救世的化身,包括一次化身为**佛陀**。这一说法出现在《**薄伽梵歌**》中黑天神对**阿周那**所说的话中:"每当邪恶出现、正义受到威胁时,我就会出现。"

化石　fossil　过去地质年代的动植物保存在**地壳**内的遗存、印痕或残迹。化石的数据称为化石记录,是地球上生命史料的原始来源。作为化石保存下来的仅是古代有机体的很小部分,通常只有结实的骨架和壳才得以保存下来。得以储存的甲壳和骨头被迅速掩埋,可以保留其有机组织,不过经过一段时间就会被石化(变成石质)。不变的硬质部分,例如蛤蜊的甲壳,在沉积岩中比较常见。而动植物的软质部分则很难保存下来。昆虫嵌在琥珀内和猛犸象的尸体保存在冰层中的现象极为罕见,这是软组织变成化石保存下来的典型例子。有机体的残迹也有可能是足迹、行踪,乃至钻孔。

化学　chemistry　研究物质的性质、组成和结构、物质发生的反应和转化,以及在那些过程当中所释放或吸收的能量的科学。化学经常被称为"中心科学",它涉及作为基础材料的原子(而不是亚原子领域,参阅**核物理学**、**量子力学**),物质世界上的所有东西,以及一切生物。化学的分支学科包括:无机化学;有机化学;物理化学和分析化学;生物化学;电化学;地球化学。化学工程(应用化学)是利用在化学中获得的理论和实验结果,建造化工厂并生产有用的产品。

化学反应　chemical reaction　一些物质转变成另外一些物质的化学过程,与物质所发生的其他类型的变化(位置或形态的变化)不同。化学反应是各原子的重分配——即原结合原子的分解和这些原子以新排列形式的重新结合(参阅**键合**),而原子核的组成不变。所有反应物的原子总质量和数目等于所有产物的原子总质量和数目,而能量通常几乎被消耗掉或释放(参阅**反应热**),反应的速度各异。了解它们的反应机理使化学家们得以改变反应条件,以充分利用特定产物的速率和数量;反应的可逆性以及竞争反应、中间产物的存在使这些研究更加复杂。反应可能是合成、分解,或重分配,或加成、消除,或替代,例如**氧化-还原反应**、**聚合**、电离(参阅**离子**)、燃烧、水解和酸-碱反应。

化学符号　chemical symbol　**化学元素**的科学名称的简单标记,以1或2个字母表示,例如S代表硫,Cl代表氯,Zn代表锌。有时化学符号来自元素的拉丁文名称,例如Au(aurum)代表金,Pb(plumbum)代表铅;另外,用人名和地名来表示,例如Es(锿)代表爱因斯坦。现在使用的化学符号表示了化学中物质的原子理论的系统性。J. 道尔顿曾在炼金术士用图表示元素的基础上,进一步用符号表示单个的原子(不表示数量)。J. J. 贝采利乌斯根据元素的拉丁文名称命名了许多种元素。化合物的化学式写法结合了化学符号和数字以表示其原子比例,使用了各种规则排序和组合。因此,氯化钠要写成NaCl,硫酸要写成H_2SO_4。

化学疗法　chemotherapy　利用化学药品对疾病(包括癌症)进行治疗。有些抗癌药物可以阻止癌细胞扩散,但这些药物有强烈的副作用,会攻击健康细胞并降低人体的抗感染力。某些**类固醇**用于治疗乳腺癌、前列腺癌、白血病和淋巴癌。蔓长春花和红豆杉类等植物的衍生物(如长春新碱和长春花碱)已证明对治疗**霍奇金氏病**、白血病和乳腺癌有效。

化学元素　element, chemical　构成所有物质的基本材料,已知约有118种。构成元

元素周期表

IA	IIA	IIIB	IVB	VB	VIB	VIIB	VIII	VIII	VIII	IB	IIB	IIIA	IVA	VA	VIA	VIIA	零
1 H 氢																	2 He 氦
3 Li 锂	4 Be 铍											5 B 硼	6 C 碳	7 N 氮	8 O 氧	9 F 氟	10 Ne 氖
11 Na 钠	12 Mg 镁											13 Al 铝	14 Si 硅	15 P 磷	16 S 硫	17 Cl 氯	18 Ar 氩
19 K 钾	20 Ca 钙	21 Sc 钪	22 Ti 钛	23 V 钒	24 Cr 铬	25 Mn 锰	26 Fe 铁	27 Co 钴	28 Ni 镍	29 Cu 铜	30 Zn 锌	31 Ga 镓	32 Ge 锗	33 As 砷	34 Se 硒	35 Br 溴	36 Kr 氪
37 Rb 铷	38 Sr 锶	39 Y 钇	40 Zr 锆	41 Nb 铌	42 Mo 钼	43 Tc 锝	44 Ru 钌	45 Rh 铑	46 Pd 钯	47 Ag 银	48 Cd 镉	49 In 铟	50 Sn 锡	51 Sb 锑	52 Te 碲	53 I 碘	54 Xe 氙
55 Cs 铯	56 Ba 钡	57 La 镧	72 Hf 铪	73 Ta 钽	74 W 钨	75 Re 铼	76 Os 锇	77 Ir 铱	78 Pt 铂	79 Au 金	80 Hg 汞	81 Tl 铊	82 Pb 铅	83 Bi 铋	84 Po 钋	85 At 砹	86 Rn 氡
87 Fr 钫	88 Ra 镭	89 Ac 锕	104 Rf 𬬻	105 Db 𬭊	106 Sg 𬭳	107 Bh 𬭛	108 Hs 𬭶	109 Mt 鿏	110 Ds 𫟼	111 Rg 𬬭	112 Cn	113 (Uut)	114 (Uuq)	115 (Uup)	116 (Uuh)	117 (Uus)	118 (Uuo)
		镧系	58 Ce 铈	59 Pr 镨	60 Nd 钕	61 Pm 钷	62 Sm 钐	63 Eu 铕	64 Gd 钆	65 Tb 铽	66 Dy 镝	67 Ho 钬	68 Er 铒	69 Tm 铥	70 Yb 镱	71 Lu 镥	
		锕系	90 Th 钍	91 Pa 镤	92 U 铀	93 Np 镎	94 Pu 钚	95 Am 镅	96 Cm 锔	97 Bk 锫	98 Cf 锎	99 Es 锿	100 Fm 镄	101 Md 钔	102 No 锘	103 Lr 铹	

元素周期表将具有相同物理和化学性质的元素垂直排成若干列,并按递增的原子序数和电子层数将元素水平排列成一定的周期。所有元素在上页以全名形式列出。已宣布发现了113～118号元素系人造元素,尚未命名。

元素名称	元素符号	原子序数	原子量	元素名称	元素符号	原子序数	原子量
锕	Ac	89	227.028	钼	Mo	42	95.94
铝	Al	13	26.981 5	钕	Nd	60	144.24
镅	Am	95	(243)	氖	Ne	10	20.180
锑	Sb	51	121.75	镎	Np	93	237.048 2
氩	Ar	18	39.948	镍	Ni	28	58.69
砷	As	33	74.921 6	铌	Nb	41	92.906 4
砹	At	85	(210)	氮	N	7	14.006 7
钡	Ba	56	137.33	锘	No	102	(259)
锫	Bk	97	(247)	锇	Os	76	190.2
铍	Be	4	9.012 18	氧	O	8	15.999 4
铋	Bi	83	208.980 4	钯	Pd	46	106.42
𨨏	Bh	107	(264)	磷	P	15	30.973 76
硼	B	5	10.81	铂	Pt	78	195.08
溴	Br	35	79.904	钚	Pu	94	(244)
镉	Cd	48	112.41	钋	Po	84	(209)
钙	Ca	20	40.08	钾	K	19	39.098 3
锎	Cf	98	(251)	镨	Pr	59	140.907 7
碳	C	6	12.011	钷	Pm	61	(145)
铈	Ce	58	140.12	镤	Pa	91	231.035 9
铯	Cs	55	132.905 4	镭	Ra	88	226.025 4
氯	Cl	17	35.453	氡	Rn	86	(222)
铬	Cr	24	51.996	铼	Re	75	186.207
钴	Co	27	58.933 2	铑	Rh	45	102.905 5
	Cn	112	(285)	𬬭	Rg	111	(280)
铜	Cu	29	63.546	铷	Rb	37	85.467 8
锔	Cm	96	(247)	钌	Ru	44	101.07
𫟼	Ds	110	(281)	𬬻	Rf	104	(261)
𬭊	Db	105	(262)	钐	Sm	62	150.36
镝	Dy	66	162.50	钪	Sc	21	44.955 9
锿	Es	99	(252)	𬭳	Sg	106	(263)
铒	Er	68	167.26	硒	Se	34	78.96
铕	Eu	63	151.96	硅	Si	14	28.085 5
镄	Fm	100	(257)	银	Ag	47	107.868
氟	F	9	18.998 4	钠	Na	11	22.989 77
钫	Fr	87	(223)	锶	Sr	38	87.62
钆	Gd	64	157.25	硫	S	16	32.07
镓	Ga	31	69.72	钽	Ta	73	180.947 9
锗	Ge	32	72.61	锝	Tc	43	(98)
金	Au	79	196.966 5	碲	Te	52	127.60
铪	Hf	72	178.49	铽	Tb	65	158.925 4
𬭶	Hs	108	(265)	铊	Tl	81	204.383
氦	He	2	4.002 60	钍	Th	90	232.038 1
钬	Ho	67	164.930	铥	Tm	69	168.934 2
氢	H	1	1.007 9	锡	Sn	50	118.71
铟	In	49	114.82	钛	Ti	22	47.867
碘	I	53	126.904 5	钨	W	74	183.85
铱	Ir	77	192.22		Uuh	116	(293)
铁	Fe	26	55.845		Uuo	118	(294)
氪	Kr	36	83.80		Uup	115	(288)
镧	La	57	138.905 5		Uuq	114	(289)
铹	Lr	103	(262)		Uus	117	(292)
铅	Pb	82	207.2		Uut	113	(284)
锂	Li	3	6.941	铀	U	92	238.029
镥	Lu	71	174.967	钒	V	23	50.941 5
镁	Mg	12	24.305	氙	Xe	54	131.29
锰	Mn	25	54.938 0	镱	Yb	70	173.04
鿏	Mt	109	(268)	钇	Y	39	88.905 9
钔	Md	101	(258)	锌	Zn	30	65.39
汞	Hg	80	200.59	锆	Zr	40	91.224

* 括号内数据是放射性元素最稳定的同位素的最大质量数

素最小的单位是原子。一种元素的所有原子的核电荷数(即质子数)和电子数(参阅**原子序数**)是相同的,但如果它们的中子数不一样,质量(原子量)就可能不同(参阅**同位素**)。每一种被正式命名的元素有一或两个字母的**化学符号**。元素能互相化合形成多种复杂的化合物。原子序数大于83(铋)的所有元素和某些较轻元素的同位素都是不稳定、有放射性的。铀后元素(原子序数大于92)是以中子或其他重粒子轰击某些元素而人工产生的,于1940年以后发现。地壳中含量最多的元素分别是氧(46.6%)、硅(27.7%)、铝(8.13%)和铁(5%)。已知元素中在通常状态下有11种呈气态(氢、氮、氧、氟、氯以及6种惰性气体),2种(溴和汞)呈液态(还有2种,铯和镓,比室温稍高即熔为液态),其他是固态。

化学战 chemical warfare 化合剂(通常为有毒制剂)在战争中的使用,以及与此种化合剂斗争的方法。化学战中使用的化合剂可以是致命的或非致命的。人体一旦接触这些化学剂,神经系统会被麻痹(如沙林、VX等神经毒气);造成暂时失明、失聪、恶心或呕吐;导致皮肤、眼睛或肺部的严重灼伤;呼吸困难。化学战还包括为达到军事目的所使用的化学落叶剂、枯死剂。真正使用化学战是在第一次世界大战。1915～1918年德军发明了一系列毒气,如氯气、**光气**和芥子气,协约国随即仿效,同时制造出保护士兵的防毒面具。在这场战争的最后几年里,交战双方均大量使用芥子气。由于世人的普遍反对,禁止化学战的《日内瓦议定书》于1925年签署,该协议在第二次世界大战中基本上能够得到遵守,尽管德国人开发出剧烈的神经毒气,意大利和日本军队使用毒气对付他们的一些敌人。在20世纪80年代的两伊战争中,伊拉克和伊朗都使用过化学武器,在1991年的海湾战争中,伊拉克曾威胁使用化学武器。参阅**生物战**。

化妆品 makeup 在表演艺术中演员用于化妆以有助于使自己符合所扮角色外貌的材料。在希腊和罗马戏剧中,由于演员使用面具,所以不需要化妆品。欧洲中世纪的宗教剧中使用化妆品,天使的脸涂成鲜红色,而饰上帝或基督的演员则把脸涂成白色或金色。英国伊丽莎白女王时期,演员要用白垩涂脸(扮演鬼魂或谋杀者),或用煤烟或炭黑涂脸(演摩尔人)。19世纪舞台灯光技术提高后,戏剧的化妆品更加艺术化。由L.莱希纳在19世纪60年代发明的棒状油彩使演员们能够表现出更加细致的人物性格。舞台用化妆品对电影来说过于浓重。1910年M.法克特研制了一种半液状油彩使化妆品适合早期电影制作。1928年,他创造出全色化妆材料以适应白炽灯和敏感度更高的胶片的发展。化妆品后来又得到进一步改良以适应彩色电影和电视制作的要求。参阅**化妆品**。

桦木 birch 桦木属约40种寿命短的观赏或材用乔木和灌木的统称,是桦木科中最大的属,桦木科还包括桤木、榛木、鹅耳枥属树,以及艾恩伍德属和虎榛属树。桦木分布于北半球凉爽地区;桦木科的其他成员则分布于北半球的温带和近北极地区、热带的山区以及南美洲沿安第斯山脉往南延伸，远至阿根廷。桦木的叶单生，呈锯齿状；雄花与雌花（柔荑花序）生于同一植株上。果实为小坚果或有短翅的坚果（干燥有翅的果实）。桦木能产出有经济价值的木材。从桦木细枝中提取的油的气味和味道都像冬青油，用于鞣制俄罗斯皮革。

怀俄明　Wyoming　美国西部一州。北和西北与蒙大拿州接壤，东与南达科他州和内布拉斯加州交界，南邻科罗拉多州，西南接犹他州，西与爱达荷州毗邻。大平原和布莱克丘陵的一部分在州境内。境内的落基山脉有比格霍恩、蒂顿和温德河岭。怀俄明的最高点是甘尼特峰（4 207米）。大陆分水岭将怀俄明州分为西北和东南两部分，大约3/4的河流向东流入密苏里-密西西比水系。最大的湖泊是黄石湖。18世纪欧洲探险家首次造访时，怀俄明已有包括肖肖尼人在内的平原印第安人居住。俄勒冈小道和横贯小道等从境内穿过。美国通过路易斯安那购地从法国人手中获得了大部分土地。刘易斯和克拉克远征队没有到达这里，但是其成员J. 克尔特脱离了远征队，一度在怀俄明逗留。1868年成立怀俄明准州前这里包括若干美国领地，1869年赋予妇女选举权，并在1889年成为第一个将该项权利载入宪法的州。在建州以前的几年里，当地养牛业就欣欣向荣。1890年它被接纳为美国的第44个州。1924年选出了美国历史上第一位女性州长，N. T. 罗斯。在其现代经济中虽然畜牧业仍很重要，采煤业和旅游业的地位也日渐重要。面积253 334平方千米。首府夏廷。人口约576 412（2012）。

怀尔德　Wilder, Billy（1906～2002）　原名Samuel。奥地利裔美国电影导演、编剧。曾在维也纳和柏林当记者，为德国写电影剧本。1933年逃离德国，一年后来到好莱坞。他和C. 布拉克特合写剧本，以《双重保险》（1944）一片奠定了他导演的声望。他以对争议性的题材作出幽默处理和对美国生活中的伪善提出尖锐谴责的影片著称。他还执导了《失去的周末》（1945，获奥斯卡奖）、《红楼金粉》（1950，获奥斯卡最佳编剧奖）、《战地军魂》（1953）、《公寓春光》（1960，获奥斯卡奖）。怀尔德的一些最成功的影片是喜剧片，包括《龙凤配》（1954）、《7年的骚痒》（1955）、《热情如火》（1959）等。

怀尔德　Wilder, Laura Ingalls（1867～1957）　原名Laura Ingalls。美国儿童文学作家。出生于威斯康星州丕平湖，曾担任《密苏里乡村人》编辑达12年之久，后在她女儿的敦促下才开始创作。所写故事的主题是少年儿童，男孩不守规矩，女孩耐心细腻，赞美他们独特的美国风格和自立精神。著有《村童》（1933）、《大草原上的小屋》（1935）、《漫长的冬天》（1940）等。

怀尔德　Wilder, Thornton (Niven)（1897～1975）　美国剧作家和小说家。其富于创新性的小说和剧本反映出他所相信的普遍人性。出生于威斯康星州麦迪逊，毕业于耶鲁大学。第二部小说《圣路易斯雷伊桥》（1927，获普利策奖）受到广泛注意。《小城风光》（1938）再次获得普利策奖，后成为全美最受欢迎的剧作之一。其他剧本还有《千钧一发》（1942，获普利策奖）。怀尔德的剧本以演员直接向观众讲话和取消道具、布景的手法使观众更有真实感。《媒人》（1954）后改编成喜歌剧《我爱红娘》（1964）。他后期的小说包括《第八天》（1967）和《狄奥菲鲁斯·诺思》（1973）。

怀河　Wye River　又译瓦伊河。英格兰西部和威尔士东部境内的河流。从威尔士中部高沼地向东南流经英格兰，后注入塞文河。长约210千米。沿岸有廷特恩教堂遗址。河中盛产鲑鱼。

怀斯　Wise, Isaac Mayer（1819～1900）　犹太教拉比，美国许多改革派组织的组织者。自波希米亚移居美国，1854年在辛辛那提市任拉比，此后一直担任此职务。1857年编纂标准改革祈祷书《美语惯用法》。虽然没有实现各派犹太人的统一，但使改革派内部达成一致。

怀斯　Wise, Stephen Samuel（1874～1949）　匈牙利出生的美国犹太教改革派拉比、政治活动家、美国犹太复国主义运动的领导人。幼时移民到美国。1901年在哥伦比亚大学获哲学博士学位，受拉比职业培训。因为不能获得在会堂讲台上自由讲话的充分保证，辞而不就，1907年另建自由会堂。1898年参加第二次犹太复国主义运动大会，参与创立美国犹太复国主义组织。怀斯是民主党的重要党员，促成美国政府批准《贝尔福宣言》。1922年创办犹太宗教学院，这是一所培养开明派拉比的神学院。该院于1950年与希伯来协和学院合并。

怀特　White, Byron R(aymond)（1917～2002）　美国最高法院大法官。出生于科罗拉多州科林斯堡。开始学习法律以前，是一名成功的运动员，曾在职业橄榄球队匹兹堡海盗队和底特律狮子队打橄榄球。在进入耶鲁大学法学院前，以罗德斯奖学金学生的身份在牛津大学学习。1961年被J. 肯尼迪总统任命为司法部副部长，次年肯尼迪总统任命他为最高法院大法官。他对法院的观点和判决通常偏于保守。1993年退休。

怀特　White, E(lwyn) B(rooks)（1899～1985）　美国随笔作家和文学文体家。出生于纽约州芒特弗农，曾就读于康奈尔大学，1927年进入《纽约人》杂志工作，后终其余生在该周刊以及《哈珀斯》月刊工作。1929年与J. 瑟伯尔合写了《性为必需吗?》一书。他的《斯图亚特·利特尔》（又译《精灵鼠小弟》，1945）、《夏洛特的网》（1952）和《天鹅的小喇叭》（1970）被列为儿童文学的经典。他的教授W. 司特伦克写的《文体初步》（1959）经他修订后，成为作家的标准文体手册。1978年获普利策特别奖。

怀特　White, Patrick (Victor Martindale)（1912～1990）　澳大利亚作家。年轻时往来于澳大利亚和英国之间，在英国剑桥大学读书，第二次世界大战后返回澳大利亚。他认为澳大利亚正处在一个变化多端的成长和自我认定的过程中。他的小说是要探索在这个过程中有没有野蛮状态存在，包括了《人类之树》（1955）、《沃斯》（1957）、《乘车的人》（1961）、《暴风眼》（1973）和《两次出生事件》（1979）。其他作品还有戏剧和短篇故事集。1973年获诺贝尔文学奖。

怀特　White, Stanford（1853～1906）　美国建筑师。出生于纽约市，曾经追随H. H. 理查森学习建筑。1880年和C. F. 麦金、W. R. 米德合组建筑事务所，该事务所迅即成为全美最受欢迎的建筑公司，特别是木板式的乡村宅邸和海滨公寓最为著名。该事务所后来引导美国建筑潮流向新古典主义风格发展。怀特设计的位于罗得岛纽波特的卡西诺（1881），表现出以细腻的意大利文艺复兴装饰衬托的优雅均衡建筑物。其在纽约市的重要作品有麦迪逊广场花园（1891）、华盛顿纪念拱门（1891）、纽约先驱报大厦（1892）和麦迪逊广场长老会教堂。怀特是一名多才多艺的艺术家，还设计珠宝、家具和各种室内装饰。他生性狂热外向、挥霍无度，最后被广告女郎E. 内斯比特（与怀特有一段韵事）的丈夫H. 索击毙于麦迪逊广场。

怀特岛　Wight, Isle of　英格兰岛郡。位于英国南部海岸以外、英吉利海峡中，与汉普郡隔一名为索伦特海峡的深海峡。面积381平方千米，行政中心在纽波特。怀特岛的地质和地貌多样。主要山脉是一条东起卡尔弗峭壁西至尼德尔斯白垩山脊，为不列颠群岛中最厚的白垩地层。尼德尔斯是该岛最西端海中的三块大白垩石，高出水面约30米。东亚尔河、麦地那河和西亚尔河向北流入索伦特海峡。气候温和、阳光充足使得怀特岛成为重要的观光景点。人口约132 719（2001）。

怀特海　Whitehead, Alfred North（1861～1947）　英国数学家和哲学家。主要在剑桥大学（1885～1911）和哈佛大学（1924～1937）任教。1898年发表《普通代数论》，扩展了布尔教学体系的符号逻辑。与B. 罗素合著的《数学原理》（1910～1913）标示着人类逻辑思维的空前进步。创立了最庞大的形而上学体系。在《过程与实在》（1929）中提出一种思辨假说，即宇宙全部由生成变化所构成。《观念的历险》是其最后一部哲学著作，它透彻、全面地探讨了暴力以及人、上帝和宇宙的观念在西方文明形成过程中所起的作用。其他著作还有《物质世界的数学概念》（1905）、《数学概论》（1911）、《教育的目的》（1916）、《自然知识原理》（1919）、《自然的概念》（1920）和《科学与现代世界》（1925）。1945年获荣誉勋章。

怀特霍斯谷　White Horse, Vale of the　英格兰牛津郡谷地。地名White Horse（白马）是取自一块巨大的史前马形石（114米长),这是一块白垩山丘,其侧边被削去了泥炭。当地还有其他许多史前遗迹,包括称作韦兰铁匠的史前巨立石。谷中的古老集市城镇旺蒂奇据说为阿尔弗烈德大帝的出生地。

怀亚特 Wyatt, Thomas(1503～1542) 英国诗人,是亨利八世宫廷圈子的成员,因风度翩翩,精通音乐、语言和兵器而受赏识。曾多次担任外交使节,但他以诗歌而闻名,把意大利的十四行诗和三行连环韵诗以及法国的回旋曲引进英国文学中。他的诗有强烈的个性,在当时颇不寻常。作品有《赞美诗若干首,依英韵咏作》(1549),三部讽刺诗和歌曲。

怀疑论 skepticism 一种对各个领域提出的见解表示的哲学怀疑。从古到今,怀疑论者对形而上学、科学、伦理学和宗教中的许多问题提出了挑战。希腊怀疑论之父皮朗(公元前约360～前272)不相信任何观点以追求心灵的宁静。他的这种态度导致了公元前1世纪皮朗主义的产生,其支持者主张通过有系统地反对各种知识寻求判断的中正。后来皮朗主义的领导人之一塞克斯都·恩披里柯(公元前2或前3世纪)努力寻求达到一种冷静的状态。现代的怀疑哲学家有M. de蒙田、P.培尔和D.休姆。

坏疽 gangrene 血液供应长期受阻所致的动物软组织局部死亡。容易出现在患有动脉硬化、糖尿病或褥疮者身上,以及严重烧伤或冻伤之后。干性坏疽的病因是患部的血液供应逐渐减少,常发生于肢端。患部可先变色,局部温度降低,后来患部变黑发干。治疗方法为改善到患部的血流。湿性坏疽发生于血液供应突然中断时。细菌感染引起患部肿胀,变色,后发出恶臭味。主要的治疗措施是使用抗生素,辅以清除坏死的组织以阻止感染的蔓延而致死。另有一个更为恶性的类型称为气性坏疽,由梭状芽孢杆菌属细菌感染所致。细菌释出毒素,从而导致皮下出现大量气泡。伤口渗出浅棕色、恶臭的液体。感染会迅速蔓延,终致死亡。治疗包括清除全部死亡的及罹患的组织,并投用抗生素,也可使用抗毒素。

坏血病 scurvy 又称vitamin C deficiency(维生素C缺乏病)。因维生素C缺乏而引起的营养性疾病。维生素C缺乏会干扰组织的合成过程,造成牙龈肿胀、出血、牙齿松动、关节和下肢酸痛、僵直、皮下和深部组织出血、伤口愈合缓慢以及贫血等症状。1753年人们认识到长期在海上航行的海员们所得的坏血病与饮食有关,当时J.林德发现,饮用柑橘类果汁可以治疗并预防坏血病,这才使人们有了营养缺乏疾病的概念。现在,严重的坏血病已经很少见了,即使是严重病例,只要补充足够的维生素C,通常几天内即可治愈。

獾 badger 鼬科中身躯短胖的食肉动物。有8个种,都具肛门臭腺。颌强有力,前爪大而有力。分布于南亚,毛色浅棕至黑或灰色,面和躯体有白色斑点。獾善于挖洞,目的是觅食、营筑地下住穴和逃逋地道。美洲獾(*Taxidea taxus*)是唯一的新大陆种,常栖息在北美洲西部开阔的干燥地区。主要以小动物(特别是啮齿类)为食,肩高23～30厘米,体长33～81厘米,尾长5～23厘米,体重约1～22千克,搏斗时表现很凶猛。

还魂尸 zombi 在伏都教中,指埋葬之后复活并被迫为唤醒者效劳的死人,包括干坏事和重体力劳动。据说还魂尸实际上就是服用了烈性药的活人,包括布隆胆戈(据说为哥伦比亚罪犯使用的迷幻药)以及从毒蟾蜍和河豚体内提取的药物。

还原反应 reduction 使原子或原子团的电子数目增加的一类化学反应的统称。被还原的物质获得的电子由另一种被氧化的物质提供,通常是氢(H_2)。参阅氧化-还原反应。

环法自行车赛 Tour de France 自1903年每年举行一次的自行车赛。赛程为4 000千米,大多在法国和比利时境内,偶尔也有几站穿越邻国。该赛事被认为是世界上水平最高的自行车环程赛,每年有120名或更多的男性职业选手参加。比赛约分为21天的赛程,每日赛程为计时赛,比赛中累计所有赛程用时最少的选手获胜。1984～1989年曾举行女子环法自行车赛。

环礁 atoll 环绕着潟湖的珊瑚礁。也有带状礁群,并非总是呈圆形的,但其边界轮廓是封闭的,直径可达数千米,它所环绕的潟湖深度大约可达50米。环礁一般低于水面,沿着礁体顶部的边缘周围,通常有低平的群岛或较连续的连串低矮平地。

环境论 environmentalism 倡导对自然环境保护或改善的学科,特别是以社会运动来控制环境污染。环境论的其他具体目标有控制人口增长、保护自然资源,以及限制现代技术的负面作用。美国和英国有影响力的环境论学者有:T. R.马尔萨斯、J.缪尔、R.卡森、B.康芒纳、P. R.埃尔利希和E. O.威尔逊等人。社会科学中环境论还包括阐述环境因素在文化和社会发展中的重要性的理论。

环球航空公司 Trans World Airlines, Inc.(TWA) 美国主要的航空公司。1930年由两家小航空公司合并而成,成立时名为横贯大陆西方航空公司。同年,该公司开辟了第一条东西海岸航线,36小时即可从新泽西州纽瓦克飞到洛杉矶。1946年开辟了纽约市与巴黎之间的国际航线。到20世纪50年代,其航线遍及欧洲、中东、非洲及亚洲。1950年改现名。从1939年至1960～1961年间,其主要股东和领导人物为H. R.休斯。1961年后,公司由另一投资集团控股。从20世纪80年代开始公司陷入财务困境,但仍继续运营,尽管在90年代有两次申请破产。2001年公司被美国航空公司收购。

桓武天皇 Kammu(737～806) 日本天皇(781～806)。为了抑制奈良的佛教寺庙的权力,784年他把首都从当时的平城京(奈良)迁到了长冈京,794年又迁到平安京(京都)。在平安京建都标志着平安时代的开始。

寰球剧院 Globe Theatre 伦敦著名的剧院,1599年后上演W.莎士比亚的戏剧。由R.伯比奇和C.伯比奇两兄弟兴建。伯比奇兄弟占有新剧院的一半股份,其余一半平分给莎士比亚和宫内大臣供奉剧团的其他成员。这座木结构剧院外观为O形,中央部分无屋顶,1613年毁于大火,1614年重建,1644年被拆除。后来在原址附近重建,1996年开始其第一个常规演出季。

鹮 ibis 与琵鹭同属一科的约20种中等体形涉禽(鹮亚科 *Threskiornithinae*)的统称。除了南太平洋岛屿之外,分布于所有的温暖地区。涉行于浅潟湖、湖泊、海湾和沼泽,用细长下弯的喙寻找小鱼和软体动物为食。体长55～75厘米。飞行时颈部和后肢伸直,交替拍动翅膀和滑翔。常聚成大群繁殖。

缓步虫 slug 腹足类中壳退化的软体动物的统称。以宽广的锥形足滑行,壳可退化为一体内片状结构、成一列颗粒,或完全消失。多数以套膜腔(参阅软体动物)为肺。其体软,有黏液,生活在陆地上潮湿的场所(淡水产者仅知一种)。皆为雌雄同体。在温带地区,以真菌和腐叶为食。有些热带种类以植物为食,而某些欧洲种类则食其他螺和蚯蚓。

缓刑 probation 在承诺表现良好并同意接受监督和遵守具体规定的要求的情况下,对犯人的判决有条件地暂停执行。与假释的区别在于,缓刑并不要求犯人服刑。对犯有重罪和有前科的犯人不考虑缓刑。在几个国家的研究证明,有70%～80%的缓刑犯圆满地完成了他们的缓刑;另外的有限证据说明累犯可能低于30%。

幻 maya 印度教中,指一种能产生宇宙幻象的巨大力量,将现象世界认作实在世界。"幻"一词原指魔力,神能利用它使人相信实际上是幻象的东西,其哲学含义是这个意思的延伸。这个概念在吠檀多派正统体系不二论派中特别重要,他们认为"幻"是把无限的梵表现为有限的现象世界的一种宇宙力量。

幻想曲 fantasia 一种在曲式上不拘一格,凭灵感自由发挥的音乐作品,通常供独奏用。大部分的幻想曲试图传达即席演奏的印象。第一批幻想曲是意大利鲁特琴(古琵琶)作品(约1530)。16世纪末,键盘乐幻想曲变得十分普遍,17～18世纪在英国、德国和法国风行管风琴和大键琴幻想曲。幻想曲的特色是开头通常是赋格曲式、模仿的结构,有时觉得十分深奥,还经常以流畅的段落和大量半音和弦乐的自由旋律形式交替出现。另外大合奏幻想曲也多有创作。重要的作曲家包括J. P.斯韦林克、G.弗雷斯科巴尔第、J. J.弗洛贝格、H.普赛尔和J. S.巴赫。

换能器 transducer 把能量从一种形式转

换成另一种形式的装置。麦克风是一种音响换能器，它可以把声波转换成电信号。不同类型的换能器作用于热、辐射、声音、形变，振动、压力和加速度，就可以输出机械、电、气动或液动的信号。例如应变仪、扬声器、光电池、变压器和温差电偶都是换能器。

浣熊　raccoon　又称 ringtail（环尾浣熊）。浣熊科浣熊属2～7种杂食性、夜间活动的**食肉动物**的统称，其特征为多毛、环状条纹的尾和脸部眼周有黑色眼圈。北美浣熊*lotor*）

北美浣熊（*Procyon lotor*）
Leonard Lee Rue III

体矮胖，(*P.* 腿短，吻尖，耳小而竖立。全长75～90厘米（包括25厘米尾长），重约10千克。毛粗而蓬松，铁灰至浅黑色。脚细长似人手。浣熊以节肢动物、啮齿类动物、蛙类、浆果、果实和其他植物为食，在城镇中则吃垃圾。喜居于水边的树林，通常居于树洞中。南美的食蟹浣熊（P. cancrivorus）与北美种相似，但毛较短粗。

荒诞派戏剧　absurd, theater of the　20世纪50～60年代戏剧作品的一种体裁，表达人生无意义和荒诞的存在主义哲学。这些剧作家包括 A. 阿达莫夫、E. **阿尔比**、S. **贝克特**、J. **热内**、E. **尤内斯库**和 H. **品特**，他们创作了荒诞派戏剧，没有传统戏剧安排的情节，演员在表演时，反复而无目的地对谈。贝克特的《等待戈多》(1953) 是这种体裁的经典之作，只见两个流浪汉在舞台上晃来晃去，等待一位从未出现的神秘人物。

荒漠　desert　广阔、极度干旱而且植被十分稀少的地区。是地球主要的生态类型之一。常用来划分荒漠区的干燥度是年平均降水量等于或少于250毫米。荒漠集中分布在高纬度极地周围地区，以及人们更熟悉的中低纬度干热地带。荒漠地带可以是由崎岖不平的山脉、高原或平原组成，许多占据了广大山体环绕的盆地。地表物质包括裸露的基岩、卵石和大砾石的平原和流沙的广大地带。风沙通常被认为是荒漠的典型特征，在北美洲荒漠中它只占2%左右，在撒哈拉沙漠占10%，在阿拉伯沙漠占30%。

皇帝　emperor　古罗马帝国君主的称号，并为后来欧洲各种不同的统治者援用，也用以泛指某些非欧洲的君主。**奥古斯都**是第一个罗马皇帝。拜占廷皇帝在君士坦丁堡统治到1453年为止。查理曼在公元800年成为第一位西方皇帝（后来是神圣罗马帝国皇帝）。962年**奥托一世**称帝后，只有德意志国王拥有这个头衔。在欧洲其他地方，统治多个王国的君主（如阿方索六世统治莱昂和卡斯蒂利亚）有时也采用皇帝这个头衔。拿破仑自封皇帝，声称是查理曼的继承人，直接威胁到哈布斯堡王室。英国的**维多利亚**女王采用了印度女皇称号。中国、日本、莫卧儿、印加和阿兹特克等欧洲以外的国家，其统治者也称皇帝。

皇家芭蕾舞团　Royal Ballet　英国芭蕾舞团，并附设舞蹈学校。1931年 N. **德·瓦卢娃**和贝利斯成立了维克-韦尔斯芭蕾舞团，以进行演出的两个剧团（老维克和萨德勒的韦尔斯）的名字命名。20世纪40年代该团以其剧院名而称为萨德勒的韦尔斯芭蕾舞团。1946年移至科文特加登。A. **玛尔科娃**、M. **芳廷**和 R. 赫尔普曼都是该团的早期成员。50年代该团拓展到包括一个自己的学校和一个独立的旅行剧团。1956年重组，受到皇家授权，成为皇家芭蕾舞团。舞者如 R. **努里耶夫**，舞蹈编导如 F. **阿什顿**、K. **麦克米伦**和 B. **尼金斯卡**都曾加入该团。

皇家国立剧院　Royal National Theatre　英国剧团。1962年成立，称国家剧院，1962～1973年由 L. **奥利弗**担任艺术总监，拥有许多来自**老维克剧团**的演员。1976年该剧团从伦敦的老维克剧院移至一座位于泰晤士河南岸新建的拥有3个剧院的建筑。1988年女王伊丽莎白二世特准该剧院冠以“皇家”之名。由政府资助部分经费，该剧院上演了古典和现代混合的保留剧目。它的艺术总监包括 P. 霍尔（1973～1988）、R. 埃尔（1988～1997）、特雷弗爵士纳恩（1997～2003）和 N. 希特纳（2003年起）。

皇家莎士比亚剧团　Royal Shakespeare Co. (RSC)　英国重要的剧团。起初是埃文河畔斯特拉特福镇的莎士比亚纪念剧团，开办于1879年，作为一年一度**莎士比亚**戏剧节的场所。这个常驻的剧团在1961年前被称为莎士比亚纪念剧团，之后该剧团被重新命名并重组为两个部分，一个在斯特拉特福镇，另一个在伦敦。斯特拉特福镇的剧团上演莎士比亚和其他伊丽莎白和詹姆斯时期的作品，而伦敦的剧团以巴比堪综合艺术为基础，也上演现代剧和其他时代的古典作品。

皇家学会　Royal Society (of London for the Promotion of Natural Knowledge)　英国最重要的科学学会，也是世界上最古老的科学学会。成立于1660年，早期的成员包括 R. **胡克**、C. **雷恩**、I. **牛顿**和 E. **哈雷**。它长期推动英国的科学思想和研究，其成就举世瞩目。学会的《哲学学报》自1665年开始发表论文，是连续出版物中历史最悠久的科学刊物。学会颁发若干奖项，最著名的是科普利奖章。截至21世纪初，学会有约1 300名会员和130名外籍会员。

黄疸　jaundice　血流及组织内胆色素积聚过多的一种病理现象，导致皮肤、巩膜和黏膜变为黄色、橙色乃至绿色。胆红素可能因肝脏分泌过多或未能完全清除，或清除后又大量反流入血（回流性黄疸），或直接从受损的胆管反流入血（阻塞性黄疸）。可致黄疸的疾病有**贫血**、**肺炎**和肝脏异常（如感染或肝硬变）。胆红素过多通常不会造成任何伤害，但出现黄疸就说明肝功能受到严重损害。

黄道　ecliptic　太阳一年在星座中穿行的视轨迹的大圆，也可以说是地球围绕太阳运行的轨道在**天球**上的投影，与天赤道有两个交点，即春分和秋分**二分点**。**黄道带**的星座沿黄道排列。

黄道带　zodiac　天球上黄道南北两边各9°宽的环带区域。月球和一些主要行星的轨道都在黄道带中。黄道十二宫的一宫各占整个黄道带的1/12（30°）。据说，当一个人出

占星术图像与黄道带符号
© 2002 MERRIAM-WEBSTER INC.

生时，太阳和其他行星的位置以及它们在这些黄道星座间的运动会对他或她的一生有影响。尽管岁差已使星象向东移动，黄道十二宫与太阳实际所处的黄道星座已不能再对应：白羊座（3月21日～4月19日）；金牛座（4月20日～5月20日）；双子座（5月21日～6月21日）；巨蟹座（6月22日～7月22日）；狮子座（7月23日～8月22日）；处女座（8月23日～9月22日）；天秤座（9月23日～10月23日）；天蝎座（10月24日～11月21日）；人马座（11月22日～12月21日）；摩羯座（12月22日～1月19日）；宝瓶座（1月20日～2月18日）；双鱼座（2月19日～3月20日）。

黄蜂　wasp　又称胡蜂。膜翅目细腰亚目内除蜜蜂类及蚁类之外的能螫刺的昆虫，以及广腰亚目一些不能螫刺的昆虫，逾20 000种。胸腹之间以纤细的“腰”相连，雌体具可怕的螫刺。绝大部分为独栖，社会性的黄蜂仅约1 000种，有的种既非社会性亦非独栖。成虫主要以花蜜为食。绝大多数独栖性黄蜂在地面营巢，在土壤中挖一隧道并产卵于其中，幼虫孵出后即以巢内贮备的麻痹昆虫或蜘蛛为食。社会性黄蜂的纸样的巢，是以咀嚼过的植物材料和唾液混合筑成，内有许多六角形的巢室。雌体在每室产下一卵，孵化

的幼虫以蛾为食。每一代都使得蜂巢越来越大,并负责照顾幼虫。

黄瓜 cucumber 葫芦科一年生攀缘植物,学名 *Cucumis sativus*。可能起源于印度北部,现广泛栽培食用其长条果。植株柔嫩,茎被毛,肉质,多汁;叶被绒毛,具 3 ～ 5 枚裂片;茎上生有分枝的卷须,借此缘架攀爬。黄瓜的营养价值不高,但风味甚佳,很受欢迎,常用做色拉和配菜。

黄金比例 golden ratio 被认为是古典设计中完美典范的数字比例。与其关联的是矩形的长宽比,或是将线段分割成两段,使较短的部分和较长的比值等于较长的部分对全长的比值。结果大约是 1.61803 : 1。以黄金分割(线段用此值)构成的矩形称为黄金矩形。

黄金海岸 Gold Coast 非洲西部几内亚湾一段海岸。从加纳的阿克西姆向东延伸,止于沃尔特河。因是重要的黄金产地而得名。17 世纪起,对当地的殖民争夺激烈。19 世纪被英国占据,名为黄金海岸殖民地,1960 年独立,成为加纳共和国。

黄鹂 oriole 旧大陆的黄鹂科黄鹂属约 30 种鸟类或新大陆的拟黄鹂科拟黄鹂属 30 种鸟类的统称。雄鸟为黑黄相间或黑橙相间,杂有白色。雌鸟较不艳丽。黄鹂不易见到,

金黄鹂(*Oriolus oriolus*)
H. Schrempp-Bruce Coleman Inc.

但能听到其响亮刺耳的鸣声而判知其所在。所有种类于林地、花园中以昆虫为食,某些种亦食果实,主要分布在温暖的地区。欧洲唯一的种为金黄鹂(*O. oriolus*),体长24厘米。其他种类的黄鹂在非洲、亚洲和澳大利亚都可见到。巴尔的摩黄鹂(*I. galbula*)在北美落基山脉东部繁殖。

黄麻 jute 椴树科黄麻属圆果种白黄麻(*C. capsularis*)和长果种长蒴黄麻(*C. olitorius*)两种植物及其纤维。黄麻植株高 3 ～ 4 米;叶长,呈浅绿色,边缘呈锯齿形,末端收尖;开小黄花。从古代起印度(以及现在的孟加拉国)的孟加拉地区便种植黄麻,其最大用途就是制成袋、包,用于运输和储存农产品。高质量的麻布主要用作栽绒地毯和钩编地毯(东方地毯)的底衬。黄麻纤维也用于制作麻绳和粗缆索。

黄热病 yellow fever 热带急性传染病,有时也见于温带。症状出现很急促,头痛、背痛、发热、恶心和呕吐。持续两三天,此后或开始恢复或病情加重,有高热、缓脉,并吐出黑血,可在症状出现一星期内死亡。黄疸是黄热病人的常见症状。16 世纪后 300 年中,黄热病是世界上的大瘟疫之一。C. 芬莱提出,本病病原体是经由某些种类的蚊虫传播。W. 里德证明蚊虫是该病的传播媒介。美国医生 W. 戈尔加斯通过灭蚊几乎消灭了黄热病。对黄热病护理和辅助措施,最重要的是退热。M. 泰勒(1899 ～ 1972)研制了黄热病疫苗,广泛用于黄热病的免疫,他因而获得 1951 年诺贝尔奖。

黄石国家公园 Yellowstone National Park 美国和世界上最早建立的国家公园,位于怀俄明州西北部,蒙大拿州南部和爱达荷州东部。1872 年由美国国会建立。面积8 987平方千米。伸入公园的山脉为加勒廷岭、阿布萨罗卡岭以及蒂顿岭。黄石公园有石林,冲蚀熔岩流,古怪的侵蚀地貌等地质奇观。有10 000多处地热景观,包括温泉、蒸汽孔、喷气孔和间歇泉。最著名的"老实泉"每隔60 ～ 110 分钟喷出一次,平均 90 分钟一次。黄石公园还以它的湖泊与河流闻名,其中有黄石湖、肖肖尼湖、蛇河和黄石河。1988 年,一连串严重的森林大火使公园大部分区域暂时处于荒芜状态,现林木植被在逐渐恢复。

黄石河 Yellowstone River 美国怀俄明州西北、蒙大拿州东部和南部,以及美国北达科他州西北部河流。起源于怀俄明州黄石公园东南,向北流经黄石国家公园,流入黄石湖。之后俯冲而下形成总长 129 米的两个大瀑布,流入黄石公园大峡谷,并继续向北和西北进入蒙大拿州,于此向东北至北达科他州,注入密苏里河。全长1 114千米。已广泛开发用于灌溉。主要支流有比格霍恩河、汤河、保德河。1806 年刘易斯和克拉克远征时首次发现。

黄水仙 daffodil 水仙属具鳞茎的显花植物,学名 *Narcissus pseudonarcissus*。又称普通黄水仙、喇叭水仙。原产于北欧,在该处及北美广泛栽培。植株高达 41 厘米左右。从鳞茎上生出5 或6 片叶,长约 30 厘米。茎上生一朵黄色大花。品种多,亲本为黄色,而变种有各种颜色,这是黄水仙极受欢迎的原因。

黄铁矿 pyrite 亦作 iron pyrite 或 fool's gold(愚人金)。一种天然形成、金色的铁二硫化物矿物。由于颜色的关系常使外行人误以为是发现了金块。纯黄铁矿(FeS_2)含有 47% 的铁和 53% 的硫。在商业上黄铁矿是硫的来源,尤其是用来生产硫酸。由于可获得许多更好的铁矿资源,所以一般不把黄铁矿当作铁矿石来利用。多年以来西班牙一直是黄铁矿的最大产国,其他重要产国分别是日本、美国、加拿大、意大利、挪威、葡萄牙和斯洛伐克。

黄杨 box 黄杨科黄杨属(*Buxus*)植物的常绿灌木和小树,以观赏树种和栽为有用的黄杨木闻名。黄杨科含树木、灌木和草本植物 7 个属,原产北美、欧洲、北非和亚洲。黄杨属植物叶叶草质常青,单叶,对生。无花瓣;花雌雄异株。果蒴果荚或核果,内有1 ～ 2 颗种子。黄杨属有 3 个种可广为栽种成黄杨木:锦熟黄杨(*Buxus sempervirens*, 即普通黄杨、常绿黄杨)用作树篱、花坛和修剪成各种形状,美化环境;小叶黄杨(*B. microphylla*; 即日本黄杨);以及高黄杨树(*B. balearica*)。

黄衣小胡蜂 yellow jacket 35 ～ 40 种社会性土蜂(*Dolichovespula* 或 *Vespula* 属)的统称,主要分布于北半球,名称来源于其黄色腹部的黑色条纹。与其他土蜂不同的是在休息的时候将翅膀纵向折叠。*Dolichovespula* 属的种类通常建造无遮蔽的蜂巢,*Vespula* 属的种类则在地下或有遮蔽的坑洞建造隐蔽的蜂巢;如果踩到蜂巢上面,群体会爆发成狂暴螫刺的蜂群。蜂巢大小变化很大,有些蜂巢用一个手掌就能握住,温暖地区的巢可能重达半吨。

黄油 butter 通过搅拌奶油制成的一种固体乳浊物,含脂肪球、水和无机盐。作为一种食物,可能在史前时期畜牧的人就已知道。黄油长期以来被用来涂敷食物或烹饪,传统上是农场产品,但 19 世纪后期,随着奶油分离器的出现,黄油已可大量生产。黄油是高能量食品,每 100 克约含 715 卡的热量。它的乳脂含量高(80% ～ 85%),但蛋白质含量少。在美国,黄油中常添加色素(胡萝卜素)以增强它的天然黄色。

簧风琴 harmonium 又称 reed organ。活簧键盘乐器,以脚踏风箱产生风而使金属簧片振动发声。它没有音管,音高取决于簧片大小。分开安装的几组簧片产生不同的音

19 世纪 J. 亚历山大所制的簧风琴,现藏巴黎
Behr Photography

色,而包住每个簧片的音室大小和形状决定了音质。簧风琴最早是在 19 世纪初叶至中叶的欧洲和美洲发展起来的,到 20 世纪 30 年代在教堂和一般家庭里十分流行。

灰狐 gray fox 带灰斑的灰色美洲狐,学名 *Urocyon cinereoargenteus*。栖息于加拿大到南美北部的森林、多岩石和灌丛地区。特点是颈、耳和腿微红色;体长约 50 ～ 75 厘米,不包括 30 ～ 40 厘米长的尾巴;体重约 3 ～ 6 千克。常爬树,这与其他狐类不同。夜间活动。吃各种食物,包括小型鸟类和哺乳类动物、昆虫、果实等。

灰胡桃 butternut 胡桃科落叶乔木,学名

Juglans cinerea。原产北美东部。成年树树皮灰色、具深沟。叶子具11～17枚黄绿色、下面被毛的小叶。巧克力色的间隔将枝条的髓部分隔成多室。果卵形,具有黏性的绿褐色外皮。坚硬木质的核果具许多脊,种子甜而含油。但重要经济用途是其食用的核果和从外果壳制取的黄色或橙色染料。还可从根的内皮提取某些药物。

灰熊 grizzly bear 熊科大型北美洲**棕熊**,包括阿拉斯加棕熊,其形体常被认为是棕熊这个种下的亚种。超过80个以上的种类过去曾分布在墨西哥到阿拉斯加的整个北

灰熊(*Ursus arctos*)
Stephen J. Krasemann-Peter Arnold,Inc.

美西部,但现在数量大为减少。灰熊两肩隆起,前额高耸,毛为浅褐至浅黄色。成年体长约2.5米,重约410千克。其中,科迪亚克熊是现存最大的陆生食肉目动物,体长超过3米,体重为750千克。灰熊以兽、鱼、浆果为食,偶尔甚至吃青草。灰熊会袭击人,并被视为珍贵的大猎物。

诙谐曲 scherzo (意大利语,意为"玩笑"。)19世纪在**交响曲**、**奏鸣曲**和**弦乐四重奏**中代替**小步舞**的快速的3/4拍子的乐章。该名称最初用以指巴罗克时期一种轻快的声乐或器乐曲。形式上经常类似小步舞曲,因为二者都为完整的二部形式,在其两个主体部分之间都有对比性的乐段,称为三声中部,但其节奏通常要快得多,风格从游戏性到激烈或怪诞。

诙谐作品 burlesque 文学上依靠主题及其处理之间的极度不协调而对严肃的文学或艺术形式所作的喜剧性的模仿。诙谐作品与**模仿诗文**有密切关系,但诙谐作品范围较广和较低俗。早期的例子如**阿里斯托芬**的喜剧,英国的诙谐作品主要是戏剧。J.盖伊-吕萨克的《乞丐歌剧院》(1728)、H.费尔丁的《汤姆的拇指》(1730)和R.B.**谢里丹**的《批评家》(1779)是当时最受欢迎的模仿作品戏剧形式。维多利亚时代的诙谐作品通常是轻松的音乐娱乐节目,到了19世纪末,已被其他受欢迎的形式所取代,最后几乎完全等同于脱衣表演(参阅**低级歌舞表演**)。

回肠 ileum 小肠最末端和最长的一段,主要担负维生素B_{12}(参阅**维生素B复合体**)的吸收和大约90%结合胆汁盐的重新吸收。约4米长,从空肠(小肠的中段)延伸到回盲瓣,后接大肠。回肠疾病可造成维生素B_{12}缺乏症和剧烈腹泻(胆汁盐干扰大肠水分吸收的结果)。

回归 regression 统计学上,确定最能表示一组数据一般趋势的直线或曲线的方法。线性回归是一条最佳配适的直线,从假定的线到数据集的点垂直距离的平方总和最小(参阅**最小平方法**)。其他类型的回归可能以更高阶的多项式函数或**指数函数**。例如二次回归利用二次函数(二阶多项式函数)做出最佳配适的抛物线。

回归热 relapsing fever 由疏螺旋体属(*Borrelia*)数种疏**螺旋体**引起反复发热的传染病,由虱、蜱和臭虫传播。该病发病急,高热并伴以大汗,持续约一周。约一周后症状再次出现。可能重复出现2～10次,严重程度会逐渐降低。通常病死率是0～6%,饥馑时若发生流行则病死率可达30%。侵犯中枢神经系统可致不同的轻微神经症状。首次以显微镜发现与人类重症相关的病原体(1867～1868),回归热患者对致病螺旋体产生免疫时,新的变异型螺旋体又出现,引致症状回归。青霉素及其他抗生素治疗有效。若用量不足则螺旋体可存活于脑中,停药后可再次侵入血流,引致复发。

回火 tempering 对金属合金,尤其是钢的加热处理以产生某些特有的性能。例如,将硬化钢在400°C中加热一段时间,再用油**淬火**,以减少它的硬度和脆度,生产出坚固有韧性的钢。回炉加**热处理**可用于不同的冷却速率、控制时间以及温度,是一种控制钢的性能的重要方法。

回扣 rebate 退还给以全价购买某种产品或服务的买家的部分货款。公正的回扣不过是激励消费者的一种方法。所谓的延期(或独家惠顾)回扣通常被出售易腐败商品或耐用品的大商家采用。为了得到这一回扣,买家必须同意在一定时期内只从某一个卖家购买某种货物或服务。在19世纪,回扣是常见的一种营销手段,常常被大实业家用来削弱竞争。美国铁路业为向重要顾客提供秘密回扣采用了不公正价格,而标准石油公司和托拉斯使用的回扣则使它在石油工业市场取得了垄断地位。

回力球 jai alai 类似手球的场地球类运动,由2位或4位球员比赛,在手臂戴一个用柳条编成、长勺形球拍来接住和投掷一个硬橡皮球。起源于**巴斯克地区**,这是从**西班牙回力球**发展而来的球戏,1900年传入古巴时,才取名回力球。投掷的长勺形球拍可使球速达到每小时240千米。球场设有三面墙,长约53.3米。比赛规则是球员对着前墙发球,球必须落在指定的落球带内。单打赛中的对手或双打赛中的其中一位对手必须在球第二次落地之前将其捕捉并掷回。美式比赛获准采用赛马彩票的赌博方法。

回声定位 echolocation 动物借助被目标(如捕食对象)反射回到发声者的声波而定出远处或看不见的物体位置的生理过程。回声定位可用于定位、避开障碍、取得食物及相互联系等目的。已知使用回声定位的动物包括绝大多数蝙蝠、大多数齿鲸(须鲸除外)、少数地鼠,以及南美洲北部的油脂鸟和东南亚某些穴居的褐雨燕。回声定位的脉冲是一些突发的短促声,其频率范围,鸟类约为1 000赫,鲸类至少200 000赫,蝙蝠大约为30 000～120 000赫。

回旋加速器 cyclotron 在恒定磁场中加速原子或亚原子的**粒子加速器**于一个大型、真空的圆筒内。由两个中空的半圆形电极(称为D形电极)构成,两D形电极间产生的交变电场不断地加速粒子,将其从一个D形电极推向另一D形电极,而磁场则引导这些粒子沿半圆形路径运行随着粒子速度加大,其运行的轨道半径也加大,粒子盘旋向外。这样的回旋加速器,质子加速的能量上限为25兆电子伏。

回旋曲 rondeau 14和15世纪法国抒情诗和抒情歌曲中几种**固定乐思**之一,后流行于众多英国诗人之间。回旋曲只有两个韵(不许重复押韵的词),一行诗句有8或10个音节,一首回旋曲有13或15行诗句,被分为三个诗节。第一个诗节第一行的开头是第二、第三个诗节的迭句。

回忆录 memoir 以个人的观察和经历写出的历史或记述。与**自传**密切相关,区别主要在于回忆录把重点放在外界事件上。自传侧重以作者本人为主题,而回忆录作者通常是在历史事件中扮演重要角色或曾贴近历史事件的观察者,其主要目的是描述或诠释这些事件。

茴芹 anise 伞形科茴芹属一年生草本植物,学名*Pimpinella anisum*。栽培收获其有甘草香味的果实(茴芹籽)。原产于埃及和地中海东部地区,现遍及全世界。茴芹籽多用于调味,或制作一种起镇静作用的草茶。八角茴香是常绿乔木八角(*Illicium verum*)的干果,原产于中国东南部和越南。其香味和用途与茴芹相似。

茴香 fennel 伞形科多年生或二年生芳香草本植物,学名*Foeniculum vulgare*。原产南欧和小亚细亚,现美国、英国和欧亚大陆温带地区多有栽培。全株芳香,可供调味,嫩茎作为蔬菜,种子是传统的驱风药。淡灰色的复伞花序有小黄色花。果淡绿色到淡黄褐色,长卵形,嗅、味均似**茴芹**。果和从中提取的油用于制皂或香水时加香和制糖果、利口酒、药物及各种食品,尤其是面点、甜味泡菜和鱼等的调味料。

汇编语言 assembly language 一种低级计算机程序语言,包含大多数特殊计算机**机器语言**的同义符号。由不同制造商所生产的计算机拥有相异的机器语言,需要相异的汇编程序及汇编语言。有些汇编语言可用来把编程者写作的密码(源代码)转化为机器语言(计算机可读),也具有帮助编程的功能(例如把几种指令的序列合为一体)。汇编语言的编程需要具备对计算机架构的广

博知识。

汇款单　money order　要求签发者见单立即支付一定金额货币给予汇票所指定的某人或某组织的凭证。汇款为小额货币传递提供一条安全、迅速和方便的途径。汇票由政府主管机关（通常为邮局）、银行和其他符合条件的机构对其买主签发，买主则付给签发人以汇票的票面金额和手续费。由于它能马上支付货币，因而已成为普遍接受的支付工具。1882年开始办理汇票业务的美国运通公司是最大的非银行发行者，其汇票在全世界各地均可使用。参阅**通货**。

《会规手册》　Manual of Discipline　又作Rule of the Community。犹太教**艾赛尼派**教团的重要文件。该书写在羊皮纸上，1947年在**库姆兰洞穴**发现（参阅《**死海古卷**》），书中阐明该派的宗教和道德理想，并记载了入会仪式的规定、神秘教义以及组织条例和规章。

会合周期　synodic period　从地球上看，行星、月球或人造地球卫星等**太阳系**内的天体回到相对于太阳而言的同一位置所需的时间。月球的会合周期是两个同样的月相相继出现的时间间隔（例如从这次满月到下次满月的时间间隔）。一颗行星的会合周期是地球和该行星在绕太阳运行时，地球赶上该行星所需的时间，对运动较快的水星和金星而言，则是它们赶上地球所需的时间。参阅**恒星周期**。

会堂　synagogue　犹太教中进行宗教活动、同时也可用于集会和学习的场所。会堂的确切起源不确定，但曾与古代圣殿崇拜共同兴盛并在犹太人献祭制度出现之前就已存在。罗马皇帝提图斯于公元70年将圣殿毁坏，犹太人的献祭活动和祭司制度也就停止了，因此会堂在犹太人生活中无可置疑的中心地位就显得更为重要了。会堂的建筑形式并没有一定的标准。典型的会堂包括一个约柜（收藏律法书之处），柜前一盏长明灯、两座烛台、数排长凳和一个讲坛，有些还设有净身池。

绘画　painting　在二维的、特制的平面，用彩色颜料创作的艺术，可以是具象的、想象的或抽象的构思。以不同的方式运用构思的元素（线条、颜色、色调及质感），以产生体积、空间、运动和光线的感觉。表现方式的范围（如蛋彩画、湿壁画、油画、水彩、水墨画、广告色画、蜡画、蛋白灰泥画）以及某一形式的选择（如壁画、画架）、油画版、细密画、彩绘手抄本、画卷、画屏、扇）相结合以实现独特的视觉图像。部族、宗教、行会、皇家宫廷以及国家的早期文化传统，控制了绘画的工艺、形式、画像和主题，并决定绘画的功能（如仪式性的、用于祈祷的、装饰性的）。画家过去被认为是有技巧的工匠，而不是有创造力的艺术家，直到最后在东亚与文艺复兴时期的欧洲，优秀的画家开始出现，他们的社会地位一般为学者和侍臣。

彗星　comet　一种绕日运行、接近太阳时产生弥漫的气体包层并往往出现发光长尾的小天体。通常彗星以其构成、朦胧的外形和极端扁椭的轨道区别于太阳系其他天体。大部分彗星源自奥尔特云或柯伊伯带，其他星体的引力会改变它们的轨道，使它们在太阳附近通过。彗星分成短周期彗星（周期200年或以下）和长周期彗星（周期长达几千年或根本没有周期）。彗核为一小团外形不规则的物质，其成分是冻（大部分是冻水）和相当数量类似煤烟的物质——或许是微尘状的碳——的混合物。当彗星靠近太阳时，太阳的热度会熔化其表面，释放出气体和尘粒，在其核心周围形成云（彗发）；彗发中的物质可能被其辐射和太阳风往背离太阳的方向扫出，形成1个或多个彗尾。当地球穿过彗星尘粒在轨道形成的尘埃环带时，就会产生**流星雨**。

惠佃制　benefice　8世纪最先由法兰克人实行的土地租佃制。法兰克地主按惠佃制（*beneficium*，拉丁语，意为优惠）将地产租给自由民，一般延续到地主或佃户死亡为止，但佃户往往设法将之变成可继承的产业。12世纪时惠佃制作为土地租佃方式逐渐消失，而改指有权收取租金的教堂。地主或主教选择司铎，由他享受惠佃收益，作为他履行宗教职责的回报。

惠灵顿　Wellington　新西兰首都、港口城市。在**北岛**南部海滨。临尼科尔森港。建于1840年，1853年成为市。1865年中央政府由**奥克兰**迁此。为全国金融、商业和运输中心。生产运输设备、机械、金属产品、纺织品和新闻纸等。政府各部所在地，许多文化、科学、农业机构的总部设在这里。人口：市区178 500；城市群397 714（2006）。

惠普公司　Hewlett-Packard Co.　美国制造商，生产计算机、计算机打印机和度量仪器。1938年由W.休利特（1913～2001）和D.帕卡德（1912～1996）创立，总公司设在加利福尼亚州帕洛阿尔托。第二次世界大战后，随着美国国防工业电子部门的发展而成长。1966年该公司开发出首台计算机，1968年制作出最早的台式计算机。1980年，“惠普85型”计算机进入个人计算机市场；80年代，惠普激光打印机支配了打印机市场；到90年代，惠普公司已成为商业和研究机构的小型计算机主要制造商之一，也在激光和喷墨打印机领域保持领先地位。

惠斯勒　Whistler, James (Abbott) McNeill（1834～1903）　美国出生的英国油画家、铜版画家和石版画家。曾进入西点军校学习，但不久便退伍投身艺术。1855年到巴黎学习绘画，并接受了放荡不羁的生活方式。1863年移居伦敦，在那里他取得了巨大成功。因其才华和常在公开场合曝光，使得他在当地颇为知名。19世纪60和70年代，他开始用音乐术语命名他的绘画作品，如《交响乐》、《协奏曲》，反映了他对于艺术间“相关性”的信念。在此时期他开始创作“小夜曲”——描绘伦敦特别是切尔西的景色，作品充满诗的张力。他在绘画中采用了一种特殊的技法，把他称为酱汁的稀液态颜料泼到画布上，然后用画笔刷快速挥扫，与日本书法手法相似（他是日本艺术的痴迷者）。70年代起致力于肖像画，创作了一系列杰作，包括《灰和黑的组合第一号：艺术家的母亲》（1871～1872），又称《惠斯勒的母亲》。这些作品凸显了他的美学观点，追求简练的形式与柔和的调子，深受17世纪西班牙画家D.委拉斯贵支影响。1877年他因J.拉斯金抨击他的《黑与金的小夜曲：下落的火箭》（1875），状告拉斯金诽谤。虽然赢了官司，却几乎没获得赔偿，而诉讼费的支出却让他一贫如洗。作为那个时代的优秀画家之一，惠斯勒声誉渐衰。直到20世纪后期才又被人们重视。

惠特比会议　Whitby, Synod of　盎格鲁-撒克逊族诺森布里亚王国于663～664年举行的宗教会议，目的在于在凯尔特礼仪和罗马礼仪之间决定取舍。虽然诺森布里亚原是由凯尔特传教士劝化信奉基督教的，但到了662年已出现罗马派。国王奥斯威决定采用罗马礼仪。此后，英格兰其他各地纷纷接受罗马礼仪，使英格兰教会与欧洲大陆教会紧密相联。

惠特尔　Whittle, Frank（1907～1996）　后称Sir Frank。英国发明家和飞行员，制造了英国最早的喷气推进装置。他在皇家空军学校取得驾驶员资格，1928年被编入战斗机中队。1930年研制的燃气涡轮机获得第一项专利。任试飞员，后来在皇家空军工程学校和剑桥大学进修。1936年合作创办喷气发动机公司。惠特尔还为喷气发动机公司进行飞机喷气推进用的燃气涡轮机的研制工作。他发明的喷气发动机安装在一架特制的E28/39型格洛斯特机身上，于1941年首飞。1948年受封为爵士，1986年获荣誉勋章。

惠特利　Wheatley, Phillis（1753？～1784）　美国第一位知名的黑人女诗人。可能出身于塞内加尔的富拉尼人家庭。1761年波士顿商人J.惠特利从一艘奴隶船上把她买到家中，惠特利的家人赏识她的天资，教她读写英语和拉丁语。她14岁时开始写诗，大部分与宗教有关，受到广泛的注意。1773年，《宗教和道德诗歌集》在英国出版，从此惠特利闻名欧美。1773年获得自由，嫁给了一位黑人。晚年她给人当女仆，死于贫困。

惠特曼　Whitman, Walt(er)（1819～1892）　美国诗人、新闻工作者和随笔作家，生于纽约州长岛韦斯特西尔斯一木匠家庭。儿童时代在布鲁克林度过，12岁时即离开学校。做过许多工作，其中包括撰写和编辑刊物。其诗集《草叶集》是美国文学史上的里程碑，第一版发表于1855年，虽然赞誉者不多，但深得R.W.**爱默生**的赞扬。惠特曼通过诗歌敦促美国公民要心胸开阔，争取成为政治上自由解放，身心同时发达的新民族。《草叶集》后来又陆续出版修订本，并收录其新的诗文。惠特曼宣扬肉体与性爱的美妙，声称他的诗歌风格新颖，充满活力，是一代诗人的先驱。南北战争爆发后，曾去前线找他负伤的弟弟。后来在华盛顿供职，利用业余时间访问伤病员。先后

W. 惠特曼,M. 布雷迪摄

By Courtesy of the Library of Congress,Washington,D. C.

发表《桴鼓集》及其续集。他不再像内战开始时那样满腔热情、慷慨激昂地歌颂年轻人参军入伍,而是写他认识战争真实情况后的困扰不安。《桴鼓集续集》中收有哀悼林肯的出色挽歌《最近紫丁香在庭院里开放的时候》。1871年出版的杂文集《民主的远景》表明南北战争对惠特曼的世界观有很大影响。他对20世纪的影响从诗人P.聂鲁达、F.佩索阿和A.金斯堡的各种不同诗作中可看出。

惠特尼　Whitney, Eli(1765～1825)　美国发明家、机械工程师及制造商。出生于马萨诸塞州韦斯特伯勒。因发明轧花机(1793)而闻名,这一发明使得南方短纤维棉花产量大大地提高,促进了该地区的繁荣。但最重要的还是他提出了大量生产互换零件的概念。1797年接受政府委托2年内供应美国政府10 000支步枪,为此设计出一些机械器具,借助此工具不熟练的工人亦可制造枪支零件,一些特殊部分必须精密测量以使其与模型精确吻合。将所有的零件组合起来就是一支完整的步枪,且任何零件皆适用于任一同型步枪。换句话说,他已掌握了"可互换零件"的概念。

惠特尼　Whitney, Gertrude Vanderbilt(1875～1942)　美国雕刻家和艺术保护者,惠特尼美国艺术博物馆(在纽约市)的创立者。海军准将C.范德比尔特的曾孙女。出生于富有且具重要社会地位的家庭,在纽约市和巴黎投师正式学习雕刻。她重要的作品有华盛顿市的《泰坦尼克纪念碑》(1914～1931)、纽约市的《胜利门》(1918～1919)。她的所有作品都单纯、直率,具有浓厚的传统性格。1929年她表示愿意把自己收藏的约500件美国现代艺术家的作品全部捐献给大都会艺术博物馆,但遭到大都会守旧的馆长的拒绝。于是,惠特尼便于次年筹划建立她自己的机构——惠特尼美国艺术博物馆。该馆于1931年开馆,是当今最重要的美国艺术博物馆。

惠特尼　Whitney, John Hay(1904～1982)　美国巨富和运动爱好者,具有出版商、金融家、慈善家和马匹育种家等多重身份。出生于缅因州埃尔斯沃思,哈里·佩恩·惠特尼和格特鲁德·范德比尔特·惠特尼之子。"骑师"惠特尼曾就读于耶鲁大学和牛津大学。父亲去世后,从牛津回到家里掌管庞大的家族事业。他成为一名具有国际地位的马球选手,他的马厩培育出许多著名的赛马,他资助了一些成功的电影和百老汇戏剧,更自诩为美国最精致艺术品的收藏家之一。第二次世界大战时担任情报处上尉,在法国被俘但逃脱了出来,后获得功勋勋章。1956～1961年间任美国驻英国大使。1961年起担任《纽约先驱论坛报》发行人和主编,至1966年该报歇业为止。1946年创立了惠特尼基金会。

惠廷顿　Whittington, Richard(?～1423)　又名Dick Whittington。伦敦市长(1397～1399,1406～1407,1419～1420),传说中的著名人物。骑士之子。他在伦敦开布店,积累了大量的财富,曾借给亨利四世和亨利五世大笔金钱。后参与市政,曾3度任伦敦市长。在民间传说中,他原为贫穷的孤儿。他把自己唯一的财产一只猫放到主人的商船上出售。后来由于厨师的虐待,他逃跑了。可是,刚刚跑到城外,就听到一阵钟声,好像在告诉他说:"回去吧,大伦敦市长惠廷顿!"他回去以后,发现他的猫已被摩尔人的一个国王高价买去,因为这位统治者的领土正在闹鼠灾。惠廷顿成了富有的商人,后来又成为伦敦市长。

昏迷　coma　完全失去知觉的病理状态。特征为对外界刺激失去反应并缺少自发的神经活动,一般由于代谢性疾病或外伤引起的大脑损伤所致。单纯的脑震荡可引起短时间的知觉丧失,而缺氧可以造成长达数周的昏迷,并常致命。脑血管破裂或阻塞可致突然的知觉丧失,而代谢异常(如糖尿病)或脑肿瘤所引起的昏迷则发病缓慢。昏迷的治疗方式视病因而定。

婚姻　marriage　法律和社会认可的结合,通常是一名男子与一名女子的结合,受到规范配偶权利与义务之法律、条例、习俗、信仰、态度的节制,并给予其后代相应的身份。2000年,荷兰成为第一个使同性婚姻合法化的国家。婚姻的普遍性要归功于它所进行的许多基本社会与个人功能,例如:生儿育女和提供性满足与性节制,照顾儿童和他们的教育与社会化,宗系遗传的节制,性别分工,经济的生产与消费,个人对社会地位、亲情、伴侣关系等需求的满足。以前,婚姻很少能自由选择。在西方社会,爱情已经与婚姻产生关联,然而在历史上,浪漫爱情一直不是大部分时代婚姻关系的主要动机,而认可的配偶在大部分社会中一直受到严格制约。在大家庭仍是基本单位的社会中,婚姻通常由家庭安排。人们假定配偶先结婚后恋爱,更多考虑婚姻给大家庭带来的社会经济方面的好处。在包办婚姻的社会中,某种形式的嫁妆或彩礼几乎是普遍的。围绕着婚姻的仪式和典礼主要牵涉到宗教与生育,证实了婚姻在延续家庭、氏族、部落或社会方面的重要性。参阅离婚、族外婚与族内婚和多偶婚制。

婚姻法　marriage law　规定婚姻的开始、继续和合法的法定规范和要求以及其他法律。在西欧,大部分的婚姻法源于天主教的教会法律,但是,虽然教会把婚姻视为神圣、不可分的结合,现代西欧和美国的婚姻法却把婚姻视为民事交易。婚姻法只允许一夫一妻的结合,配偶必须超过特定年龄,不在禁婚等级的血亲关系之内,而且必须是自由嫁娶并同意结婚。如今,各国几乎普遍允许离婚。伊斯兰法律把婚姻视为两配偶间"可以性交和生育合法化"的契约,也认为是真主的恩赐或服务真主的一种方式。伊斯兰多偶婚制的做法始终是受限制的并已衰落;多偶制婚姻在非洲许多国家的习惯法中获准,但一夫一妻制的倾向与日俱增。中国和日本现在的婚姻法与西方类似。虽然绝大多数法律严格将婚姻限定在一男一女间的结合,但在荷兰、比利时、西班牙、加拿大、南非、挪威和瑞典以及美国的一些州在法律上认可同性婚姻。包括一些欧洲国家和美国的一些州的许多其他地方法律,也认可同性间的民事结婚或非婚同居,享有许多婚姻配偶的权利和义务。美国另一些州的法律虽不认可同性间的民事结婚或非婚同居,也认可同性配偶一定限度内的法律权利。

混沌理论　chaos theory　用来解释在一个复杂系统中的混沌行为的数学理论。应用领域包括流体的湍流研究、生物系统中不合规则的事物、人口动态、化学反应、等离子体物理学、气象学、星团和星群的运动、交通动态,以及许多其他领域。

混汞法　patio process　又称Mexican process(墨西哥法)。从矿石中离析银的方法,显然是从前哥伦布时期发展起来的。用骡马驱动粗磨机把矿石碾碎成细泥,然后将细泥摊放在庭院中,撒上水银、盐和硫酸铜,让骡马践踏以使之混合。化学反应会使银融化在水银中,当混合彻底后,将该物质放在大桶中加水搅动并排除泥渣,然后收集留在桶底的汞合金,用蒸馏的方法将水银蒸发掉。世界大部分地方约有350年的时间皆用此法生产银,直到20世纪初才被氰化法取代。

混乱时期　Troubles, Time of(1606～1613)　俄国政治危机时期。在沙皇费多尔一世去世和留里克王朝结束(1598)后,波雅尔反对戈东诺夫统治,并在他去世后使贵族舒伊斯基(1552～1612)在1606年继承了王位。舒伊斯基的统治因发生暴动、第二个伪季米特里的挑战和波兰国王西格蒙德三世在1609～1610年间的入侵而遭到削弱。俄国人最终联合起来反对波兰入侵者,并成功地在1612年将他们赶出了莫斯科。一个新的代表委员会在1613年成立,并选举米哈伊尔·罗曼诺夫为沙皇,开始了罗曼诺夫王朝对俄国长达300年的统治。

活动雕塑　mobile　一种抽象雕塑,其活动部分用马达或风力推动。其旋转部分形成了不断变换形体与结构的新视觉体验。该名称源于M.杜尚在1932年巴黎博览会上对A.考尔德这些作品的称呼,后者为活动雕塑最伟大的代表者。

活塞和汽缸 piston and cylinder 在机械工程中，头部封闭的滑动汽缸（活塞），在略大的光滑圆筒（汽缸）内借助或对抗流体的压力而上下（往复）运动，如发动机或泵。**蒸汽发动机**的汽缸两端都用盖封住，使得与活塞刚性连接的活塞杆穿过盖的一端。**内燃机**的汽缸在一端用盖封住，叫做头，另一端敞开，使连接活塞和曲轴的连杆能自由摆动。

活体解剖 vivisection 为了实验而对活的动物做手术，目的不是为了治疗；更广义来讲，指对活的动物所做的所有实验。许多人认为太过残忍而反对，另一些人则以推动医学进步的理由表示支持；中立者反对不必要的残忍练习，主张尽可能利用替代方案，限制不必要的医学研究（如反对化妆品试验）。没有麻醉就对动物做外科手术以前很常见；许多人认为动物不会真的觉得痛，最著名的是 R. **笛卡儿**。尽管在动物身上测试某些特定化学物质来找出致命剂量的做法仍然存在，随着替代方案（计算机仿真、组织培养试验）的发展，在一些基金组织和研究机构已经禁止使用。19 世纪晚期的反活体解剖运动将范围扩大到防止对动物的所有残忍作为，后来还引起维护动物权利运动。

活组织检查 biopsy 从患者身上取下一些细胞或组织并作检查。样品可以从任何器官上取得，取样的方法有多种：用针吸取、拭取、刮取、内窥镜检查，以及摘取整个待检查组织（切除术）或部分组织（切开术）。活组织检查是诊断恶性和良性肿瘤的一个常规步骤，亦能为诊断提供其他的信息，尤其适用于肝或胰这样的器官。将组织切成薄片后用显微镜检查。

火 fire 可燃物质的快速燃烧，产生热量，通常还有火焰。火的最早来源是雷电，人类的祖先最早有控制地使用火可上溯到142万年以前。但直到公元前 7000 年，新石器时代的人才学会了用钻木或用火石敲击黄铁矿等可靠的点火技术。火的最早用途是取暖、照明和烹调，后来才用于狩猎和作战，以及为了狩猎而清除下层丛林。早期的农民们用火烧林，并用草木灰做肥料；这种刀耕火种的耕作方式直至今日还在许多地区沿用。火也被用来制陶和熔化青铜（约公元前 3000），以及炼铁（约公元前 1000）。现代科学技术史的特征大都表现为有越来越多的由火带来的能量已处于人类的控制之下。

火成岩 igneous rock 由熔融岩浆冷却凝固形成的各种晶态或玻璃质非晶态岩石的统称。火成岩构成三大主要岩类之一，另外两种是**变质岩**和**沉积岩**。虽然火成岩的成分变化很大，但大多数火成岩都包含石英、长石、辉石、闪石、云母、橄榄石、霞石、白榴石和磷灰石等。这些火成岩也可被归类为**侵入岩**或喷出岩。

火地岛 Tierra del Fuego 南美洲最南端近海岛群。**德雷克海峡**将其与南极群岛分离。主岛西南部分是安第斯山脉的延伸，最高峰超过2 100米。岛上 2/3 是智利人，另外 1/3 是阿根廷人。主要岛屿火地岛分属智利（西部）和阿根廷（东部）。岛上的阿根廷城市乌斯怀亚是世界最南端的城市。1880 年以前一直为土著人居住，1880 年随着黄金的发现智利和阿根廷民族将其变为殖民地。岛上有智利的唯一油田。该岛的名字（火地）是指岛上有很多火山。

火环 Ring of Fire 大致环绕太平洋周围的地震与火山活动带。包括南美洲**安第斯山脉**、中美洲西部与北美洲的沿海地区、**阿留申群岛**与千岛群岛、堪察加半岛、日本、中国台湾、印度尼西亚东部、菲律宾、新西兰，以及西太平洋的岛弧。历史上记录到的所有活火山有 3/4 左右出现在这个带。参阅**板块构造学**。

火鸡 turkey 吐绶鸡科两种鸟类的统称。自前哥伦布时期起北美的普通火鸡（*Meleagris gallopavo*）已被经驯化。成年公火鸡头部无羽，色鲜红，喙上部有一肉质的红色饰物，

普通火鸡（*Meleagris gallopavo*）的雄体在作求偶表演

S. C. Bisserot-Bruce Coleman Inc.

喉部有一块类似的垂肉。公火鸡体长可达 1.3 米，重量可逾 10 千克。野生火鸡生活在近水的林地，食种子、昆虫，偶尔吃蛙或蜥蜴。公火鸡有一群“妻妾”，每只母火鸡在地上的坑里产 8～15 枚蛋。野生火鸡是极佳的肉源，又很容易被击中，所以实际上已被欧洲定居者们灭绝；现在它们以前的许多活动区域重建了保护区。中美洲的眼斑火鸡（*Agriocharis, ocellata* 或 *Meleagris, ocellata*）从未被驯养。

火箭 rocket 以固体或液体推进剂为燃烧提供燃料和氧化剂的喷射推进装置。燃烧形成的热气从火箭尾部喷嘴喷射而出提供动力。火箭一词通常也指由上述推进装置提供动力的各种运载工具，包括烟花焰火、**导弹**和**航天器**、运载火箭。一般来说，热气流以极高的速度向后喷出，其反作用力就产生了推力（向前运动）。

火奴鲁鲁 Honolulu 又译檀香山。美国夏威夷州首府和主要港口。位于**瓦胡岛**上，为横贯太平洋海上和空中运输线的交会点、岛际交通枢纽和该州工商业中心。面积 1 545平方千米，包括周边的一些小岛，组成夏威夷和太平洋群岛国家野生动物保护区。人口约占全州人口的 80%。根据夏威夷人的传说，约在 1100 年这个地区已有人定居，19 世纪开始繁荣，成为贸易中心，特别是捕鲸业。1898 年与夏威夷的其余部分一起置于美国控制之下。1941 年 12 月，日本人轰炸了这个城市以及邻近的**珍珠港**。在**第二次世界大战**后期，以及后来的**朝鲜战争**、**越南战争**中，檀香山成为主要的集结待命地区，军费一直是该地区重要的财源。港口有许多制造业工厂，附近的怀基基海滩是一处旅游胜地。人口约387 170（2010）。

火炮 artillery 在现代军事科学中，由多人操纵的、口径大于 15 毫米的**枪炮**、榴弹炮和**迫击炮**。早期的火炮是指 14 世纪使用的加农炮和迫击炮，这些炮用铸铜或黄铜、铸铁或熟铁制成，置于两轮马车上。现代火炮起源于 19 世纪下半叶，此时炮管用锻钢制成，火药威力更大，火药与射弹定装在金属**炮弹**里，可以迅速装入炮尾。第二次世界大战以来，习惯上将大炮区分为轻型（口径在 105 毫米以下，用于支持地面部队作战）、中型（介于 106～155 毫米，用于轰炸目标）和重型（155 毫米以上，用于突击敌人后方目标）。参阅**高射炮**。

火山 volcano 在地球的表壳上，排出熔融岩石、炽热的岩石碎屑、尘埃、气体和蒸汽的任何出口。绝大多数火山都分布在构成地球表面的巨大板块的边缘上。一些最剧烈的火山爆发发生在板块相聚的边界，那里一个板块的边缘被强压潜到另一个下面。最著名的是环太平洋带。在这个“火环”上的岛弧和山脉见证了巨大的喷发。例如，1991 年的菲律宾皮纳图博火山、1980 年的美国华盛顿州圣海伦斯火山和 1883 年的印度尼西亚喀拉喀托火山。火山活动通常也出现在板块相离的边界，两个板块缓慢分开使得熔岩逸出地表。最典型的例子是中大西洋海脊，形成**冰岛**、亚速尔群岛、阿森松岛、圣赫勒拿和特立斯坦达库尼亚等火山岛。也有一些火山活动出现在像**夏威夷岛**这样位于太平洋板块中间的“热点”位置，部分熔融的岩石烟柱从水下的地壳升起，基拉韦厄火山和莫纳罗亚火山不停地喷射蒸汽和熔岩。最著名的火山活动发生在**地中海**周边，那里耸立的艾特纳火山、**维苏威火山**、斯特博朗利火山和乌尔卡诺火山已被观测了几千年。有些火山还被周边的人们赋予了文化和宗教意义，如秘鲁的米斯提火山、日本的**富士山**和坦桑尼亚的伦盖火山。（图见下页）

火山口 crater 又称陨石坑。行星体表面的圆形凹地。大多数的坑洞是**陨石**撞击或火山爆发的结果。陨石坑在月球、火星及其他行星与天然卫星上面都比地球上常见，因为大多数的陨石在到达地面之前就在地球大气中烧尽，而且侵蚀作用使过去的撞击痕迹消失。由火山爆发产生的坑洞（例如美国俄勒冈州的火山口湖），在地球上比月球、火星或木卫一更常见，这些地方也都有发现。

火山口湖 Crater Lake 美国俄勒冈州西南部喀斯喀特山脉火山口内的深水湖。为 6 000多年前的一次火山爆发毁去了梅札马

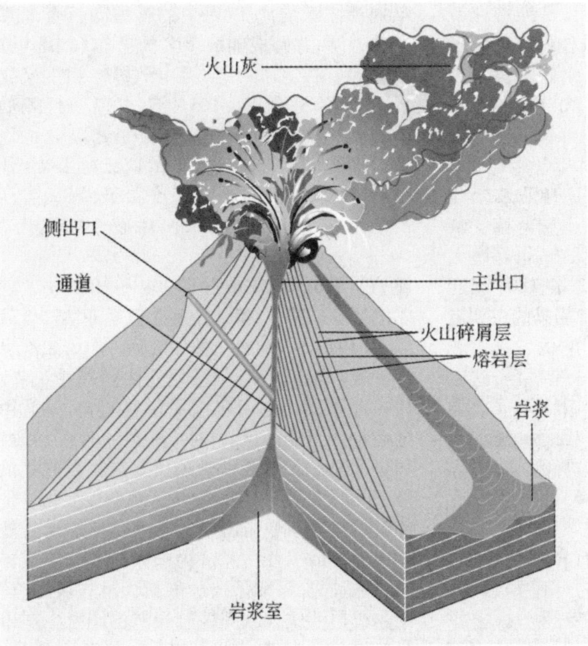

当地壳下方的岩浆到达地表就形成火山。固结的熔岩和火山碎屑物质（火山灰和火山渣）层层交错构筑典型的锥状火山，喷发时从中央火山中喷出

山的上半部遗迹，直径10千米，深589米，湖水深蓝色。1902 年与附近地区一同划为国家公园，占地 647 平方千米。

火山列岛　Volcano Islands　西太平洋 3 个小火山岛，日本管辖。位于日本小笠原群岛以南。3 个岛屿是北硫磺、*硫磺岛*（最大岛屿）和南硫磺。1887 年日本渔夫和硫磺矿工到此。1891 年日本宣布硫磺岛为已有。第二次世界大战中硫磺岛发生过惨烈的战斗。战后，日本保有列岛上的剩余主权，1951 年起由美国管辖。1968 年归还日本。

火绳机　matchlock　15 世纪发明的用于点燃火药的装置。为第一个机械发火装置，代表轻兵器制造上的重要进步。由带火绳的蛇形杆（称为蛇管）和扳机组成。一扣动扳机，蛇形杆即向下，点燃的火绳使枪管侧方火药池内的起爆药燃烧。火焰通过枪膛的小孔进入膛内，点燃发射药。虽然使用起来速度慢，也不方便，但很有用，因为它能很好地保护枪膛中的所有机关，也不需用手拿着。早期的火绳机包括*滑膛枪*。

火腿　ham　经过盐渍、烟熏和干燥加工过程腌制的*成猪*后腿肉。腌制不仅可保存肉质，而且增加味道。加上蜂蜜或糖，可以产生特殊香味。除了宗教因素禁食（主要是穆斯林和犹太教徒）外，欧亚两洲普遍生产火腿，也是北美洲农村喜爱的食物。世界各地的火腿，由于各具特点的养猪方法和肉的制作技术而各自享有盛名。例如弗吉尼亚火腿用花生、桃子作饲料喂养的家饲尖背猪肉腌制，再用苹果木和核桃木烟熏，挂在熏房制成。火腿含有高级动物蛋白质、铁质和维生素B_1。

火星　Mars　太阳的第 4 颗行星，根据罗马战神命名。与太阳的平均距离是 2.28 亿千米，一天相当于地球的 24 小时 37 分，一年相当于地球的 687 天。它有两个小卫星：火卫一和火卫二。火星的平均直径是3 396千米，约等于地球直径的一半。其质量大约等于地球的十分之一，表面引力强度为地球的三分之一左右。火星上没有测出磁场，表明它没有坚实的金属内核，这也是密度低的原因。和地球一样，它有季节和大气层，但表面平均温度只有-23℃。火星的薄薄大气主要是二氧化碳，内含一些氮和氩，还有少许水蒸气。“水手”号探测器、*“海盗”号探测器*和后来太空任务所取得的影像显示火星表面多爆裂口，类似月球表面，具有火山、大型熔岩平原、水道和峡谷、山崩的残留，其中许多按地球的标准是巨大的，例如奥林波斯火山即是太阳系中已知最大的火山。风是火星上重要的因素，偶尔导致星球尘暴，并造成沙丘、爆裂口条痕等沉积。火星上没有侦测到生命。

火星探路者与漫游者　Mars Pathfinder and Rover　自 1976 年*“海盗”号探测器*实施火星计划之后，第一次尝试登陆火星的航天器。由美国*国家航空和航天局*在 1996 年发射升空，“探路者”在 1997 年 7 月利用降落伞、火箭推进式探测器与气囊降落在火星表面，接着部署仪器。“漫游者”是小型的六轮车，探索离登陆船 500 米远的地方，送回照片时间长达一个多月。此次任务主要的目的在证明低成本的火星登陆与探测是可行的。

火星运河　Mars, canals of　*火星*表面上视觉可见的、由直线标志构成的系统。现已知它们是火星表面上的大型环形山和其他结构造成的视觉效应。G. V. 斯基帕雷利（1835 ～1910）观测到约有 100 条，称为“河床”，P. *洛威尔*将它们称为“运河”，认为是智能生物的证据。大多数天文学家没有看到运河，很多人对其客观真实性表示怀疑。当*“水手”号探测器*拍得的照片显示没有任何运河网的踪影时，争议才算最终解决。

火焰喷射器　flamethrower　军队的突击武器，可向敌方阵地喷射燃烧的油料或汽油流。最基本的组合包括一个或多个燃料罐，一个提供推动力的压缩气瓶，一根可伸缩自如的油管，及一个引燃用的扳动喷射口。可携带的喷射器由步兵背负，较大和重的喷射器装置在坦克的炮塔上。现代火焰喷射器首次使用是在第一次世界大战时，第二次世界大战的所有主要强国及后来的战争都广泛使用。火焰喷射器可在近程内用来对付筑垒的阵地，或在有密集短树丛的地区使用。

火焰式风格　Flamboyant style　15 世纪盛行于法国和西班牙的后哥特式建筑。从辐射式风格发展而成，更强调装饰形式。其最显著的特点是凸显类似火焰的 S 形曲线的*石窗花格*。墙面被减缩到最低限度而几乎全为接二连三的窗户所占，结构逻辑已因建筑物为花色繁多的窗花格覆盖而难以显现。引人注目的法国建筑有马恩河畔沙隆附近的埃皮纳圣母院、鲁昂的圣马克卢教堂（约1500 ～1514）和沙特尔大教堂的北尖塔。西班牙的火焰式建筑则独具一格带有曲线花样窗格，具有代表性的有布尔戈斯大教堂（1482 ～ 1494）和塞哥维亚大教堂（始建于 1525）。“火焰式”哥特风格因为越来越偏重于装饰，到 16 世纪在法国很快为文艺复兴时期的形式所取代。

火蚁　fire ant　膜翅目蚁科火蚁属昆虫的统称。有几种常见于北美南部。红色或浅黄色，具螫刺螫人甚痛。巢为半永久性，用松土筑成，有裂缝通气。工蚁是人尽皆知的害虫，毁坏播种的谷物并侵害家禽。

火葬　cremation　将尸体火化成灰的丧葬方式。在古代，多采用露天公开形式，将尸体置于柴堆上焚烧。希腊（他们认为这种方式最适合英雄和阵亡将士）和罗马（已成为一种地位的象征）就实行火葬。斯堪的纳维亚异教徒也主张火葬。在印度，这种习俗行之久远。而在亚洲某些国家，只有特定人士可以行火葬，例如在中国西藏自治区只有高级喇嘛才火葬。由于基督教并不赞成火葬，因此公元 1000 年以后，欧洲甚少施行火葬，除非是极端情况下，如黑死病大流行时。19 世纪末，火葬再度盛行，并被基督教和天主教接受。

货币　money　一种人们普遍接受作为经济交换手段的商品。它能表示价格和价值；它在人与人、国与国之间流通，从而便利贸易。历史上，很多商品曾用作货币，如贝壳、小珠、牲畜等。但自 17 世纪起，最普通的形式是硬币、纸币和记账。标准的经济理论认为，货币明显的功能有 4 种：①用以作为交换媒介，在商品交换和服务中普遍为人们所接受；②用作衡量价值的单位，使价格制度及计算成本、*利润*和亏损成为可能；③用作延期付款、放款和日后交易的计算单位；④用作储存不即时花费的财富的手段。金属，特别是金和银，用作货币至少有4 000年历史，作为金属货币流通的标准铸币也许有2 600年的历史。18 世纪末和 19 世纪初，银行开始发行可换回金银的纸币，成为工业国家的主要货币。第一次世界大战中许多国家暂时放弃*金本位制*，自 20 世纪 30 年代起，许多国家永久性地放弃金本位制。对多数个人来说，货币包括铸币、纸币和银行存款。

然而就经济而言，总的**货币供应量**比个人拥有货币金额的总和要大几倍。这是因为存在金融机构的存款大部分被贷放出去，从而数倍加大了货币总供应量。

货币贬值 devaluation 以金、银或外币表示的一国单位货币在汇价上的下跌。通过降低本国出口货的价格和提高进口货的价格，鼓励本国产品出口和减少用于进口的支出，以改善国际收支。

货币供应量 money supply 指个人及银行持有的流动资产。它包括硬币、**通货**和活期存款。有些经济学家认为定期及储蓄存款也是货币供应量的组成部分，因为这些存款能受政府行动的控制，这些存款的流动性与通货和活期存款差不多。另有一些经济学家认为互助储蓄银行、**储蓄与贷款协会**和**信贷协会**的存款应当算作货币供应量的一部分。**中央银行**负责调节货币供应量以稳定国家经济。参阅**货币政策**。

货币数量说 money, quantity theory of 关于物价水平变化和货币数量变化关系的经济理论。常用来分析造成通货膨胀和通货紧缩的诸因素。货币数量说是由17、18世纪的J.洛克和D.休谟发展起来的，是用以反对重商主义的武器。持货币数量说者将货币和财富两种概念划分开来。他们认为，如果一国积累货币只是提高了物价，则重商主义者强调的贸易顺差就只会增加货币供应量，却不会增加财富。该理论在自由贸易战胜保护主义中起过作用；并在19～20世纪期间在分析经济周期和外汇率理论等方面都起过作用。

货币政策 monetary policy 政府为影响经济活动所采取的措施，尤指控制货币供应量和利率的各项措施。货币政策与**财政政策**是政府企图达到或维持充分就业、物价稳定和高经济增长率的两项办法。货币政策属于国家**中央银行**的职权范围。执行货币政策的责任单位，在美国是联邦储备系统，所使用的手段有三种：**公开市场业务**、**贴现率**和准备金要求。第二次世界大战后，经济学家一致认为，从长远看，货币供应量增长速度太快会造成通货膨胀。参阅**货币主义**。

货币主义 monetarism 经济学中的一个学派，主张**货币供应量**是经济活动的主要决定因素。**M.弗里德曼**和追随者倡导货币主义是一种宏观经济理论和政策，以替代先前占主导地位的凯恩斯学派（参阅**J.M.凯恩斯**）。他们的理论在20世纪70年代和80年代早期影响深远。货币主义认为货币供应的变化会对生产、就业和价格水平造成直接影响，虽然只有在长时间后影响才明显，而且这时间有多长也总在变化。货币主义者的基本立场是反对**货币政策**，赞成“货币规则”。弗里德曼等学者认为诸如税收政策的变化或增加政府支出等财政手段对**经济周期**的波动不起多大作用。政府干预经济的活动应当限制在最小范围内，因为经济自身的调节会在政府政策生效前起到自动调节的作用。他们还认为，货币供应的逐渐稳步增长是经济在低通货膨胀状况下稳定增长的最佳保证。美国20世纪80年代的经济状况使人们对货币主义产生了怀疑，而且新银行存款方式的广为使用使实际的货币供应量难以计算。

霍巴特 Hobart 澳大利亚**塔斯马尼亚州**首府和主要港口。位于惠灵顿山麓的德文特河河口，为塔斯马尼亚最大的城市，也是澳大利亚最南端的城市。建于1803年，1804年迁至今址，后来成为南部海域捕鲸船只的主要港口。因缺乏自然资源而限制了它的发展。现有一个深水港、几条铁路线和一座机场，这使它成为交通、贸易和旅游枢纽。市内有圣公会教堂和天主教教堂，还有澳大利亚第一座犹太教会堂（建于1843～1845年）。人口：市区47 701；大都会区：200 524（2006）。

霍贝玛 Hobbema, Meindert（1638～1709）原名Meyndert Lubbertsz(oon)。荷兰风景画家。主要在阿姆斯特丹绘画，专画一些宁静的乡村风景，其间点缀着树木、质朴的建筑、平静的溪流以及水力磨坊等。1689年完成杰作《密德哈尼斯林荫道》。尽管他在世时默默无闻，但到19世纪，他的作品在英格兰既流行且具影响力。

霍柏 Hopper, Grace Murray（1906～1992） 原名Grace Brewster Murray。美国女数学家、海军少将。1934年获耶鲁大学博士学位，1931～1944年在瓦瑟学院执教。担任海军军官期间（1943～1986），她参与哈佛“马克I型”（1944）和“马克II型”（1945）计算机研制工作，1949年协助设计改进编译程序，将程序设计师的指令转成计算机代码。1951年协助设计第一部商用电子计算机UNIVAC I（通用自动计算机），并为海军发展出**COBOL语言**（面向商业的通用语言）。1991年获国家技术奖章。

霍布斯 Hobbes, Thomas（1588～1679）英国哲学家和政治理论家。牧师之子，父亲遗弃了家庭，叔父将其抚养长大。他毕业于牛津大学，后做家庭教师，与他的学生一起到

霍布斯，油画局部，J. M. 莱特绘；现藏伦敦国立肖像画陈列馆
By courtesy of the National Portrait Gallery, London

欧洲旅行，并在欧洲与**伽利略**讨论了关于运动性质的哲学问题。随后转向政治理论，著述支持**专制主义**，在当时正处于上升期的反君主制度潮流中，可以说是独树一帜。1640年他逃往巴黎，担任后来的英国国王查理二世的教师，并写成他最著名的著作《利维坦》（1651）。在这本书里，重申他的专制主义立场，反对政教分离。1651年，查理一世死后他回到英国。1666年议会威胁要以无神论者对他进行调查。他被看做是**功利主义**（他争辩说“服从道德法则是过和平、舒适生活的手段”）、现代**政治学**和**唯理论**的先驱。

霍查 Hoxha, Enver（1908～1985） 阿尔巴尼亚领导人，第一位阿尔巴尼亚共产党领导人（1944～1985）。曾任教师。在第二次世界大战中他反对阿尔巴尼亚法西斯主义者。1941年帮助建立阿尔巴尼亚共产党，该党由他控制直至其去世。1944～1954年任总理。1946年他迫使**索古一世**退位。在霍查的统治理下，阿尔巴尼亚经济发生了革命性变化。他使该国从奥斯曼帝国中的一个残存的半封建国家转变成工业化经济的国家。霍查为实施其激进计划，采取了严厉的斯大林式策略，使阿尔巴尼亚成为欧洲控制最严的国家。霍查是热诚的民族主义者，1961年与苏联决裂，1978年又与中国决裂。宣称阿尔巴尼亚将靠自己成为一个模范的社会主义共和国。

霍恩 Horne, Lena(Calhoun)（1917～2010）美国女歌手和演员。年少时在纽约哈勒姆区的棉花俱乐部跳舞，18岁左右在流行乐团演唱。她的电影作品颇丰，包括《暴风雨天气》（1943）、《奇才》（1978）。她的专辑《勒纳·霍恩在沃尔多夫-阿斯托里亚》（1957）十分畅销；同时还出演音乐剧《牙买加》（1957）。她的独角戏《勒纳·霍恩：女士和她的音乐》（1981）被誉为经典之作。1984年获肯尼迪中心荣誉奖，1989年获得格莱美终身成就奖。

霍恩 Horne, Marilyn（1934～ ） 美国女中音歌唱家。曾师从L.勒曼（1888～1976），1954年首次为电影《卡门·琼斯》里的主角配唱。1960年在旧金山和芝加哥演唱**A.贝尔格**的歌剧《沃采克》。1962年，她开始长久投入美声唱法的戏剧，并对之产生影响，在**G.F.韩德尔**和**G.罗西尼**所编的歌剧中扮演重要角色。她的嗓音独特，音域宽阔，能自如地调整呼吸和音调。她在2000年退休，结束了长久的音乐生涯。

霍尔 Hall, Charles Martin（1863～1914）美国化学家。生于俄亥俄州汤普森。在俄亥俄州的奥伯林学院学习，1885年毕业后不久，便发明了**电解**制铝法（约和法国的P.埃鲁同时发明），该法使铝广泛用于工业。由梅隆家族支持，他成立了匹兹堡还原公司（后为**美国铝公司**）。由于对廉价及巨大的电力需求，他将公司迁至尼亚加拉瀑布处，1895年公司成为尼亚加拉瀑布新电厂的首位消费者。

霍尔 Hall, G(ranville) Stanley（1844～1924） 美国心理学家，是美国推动和指导心理学发展的先驱。生于马萨诸塞州阿什菲尔德。在德国随**W.冯特**和**H. von亥姆霍兹**学习，回到美国后取得学位，是美国授予的第一个心理学博士学位（哈佛大学，1878）获得

者。在约翰斯·霍普金斯大学教书后，他帮助在伍斯特建立了克拉克大学(1888)，他留在那里工作并将实验心理学发展成一门科学。他经常被视为是儿童心理学和教育心理学的奠基人；他还做了很多工作，把C. 达尔文、S. 弗洛伊德等人的思想引入当代心理学思潮。霍尔创办了数种刊物，包括《美国心理学杂志》，他也是创建美国心理学协会的主要人物，并是其首任会长。霍尔的研究工作给予美国心理学的发展早期的促进和指导。

霍尔　Hall, Radclyffe(1880～1943)　原名Marguerite Radclyffe-Hall。英国女作家。出身富裕家庭，在伦敦国王学院受教育，以诗歌创作开始其文学生涯，后收集成5册诗集。她因小说《亚当的族类》(1926)而获奖，该书为动物权利辩护。后因小说《孤独之源》(1928)公开并同情地描写同性恋而受到谴责，该书是第一部用英语写的同性恋小说。这部小说被认为是淫书，在英国被禁止出版；霍尔死后才在英国解禁。她的其他5部小说，大部分表达的是她强烈的基督教信仰。

霍尔　Hoare, Sir Samuel (John Gurney)(1880～1959)　后称Viscount Templewood (of Chelsea)。英国政治家。1931～1935年任印度事务大臣，在议会辩论中担负着制定和维护新印度宪法的重任，是《印度政府法》(1935)的主要设计者。任外交大臣期间(1935)，由于参与制定遭到谴责的《霍尔-拉瓦尔协定》而被迫辞职。1937～1939年任内政大臣，协助策划了《慕尼黑协定》，这使他成为一个姑息妥协分子而声誉扫地。第二次世界大战期间出任驻西班牙大使(1940～1944)。

霍尔拜因(大)　Holbein, Hans, the Elder(约1465～1524)　德国画家，约1493年在奥格斯堡确立其画家地位。1501年在法兰克福为多明我会隐修院画祭坛画。最著名的作品是其大型多幅镶板祭坛画，但其最精致的作品是一些富有洞察力的肖像，著名的是银尖笔肖像画。1502年，他为艾希施泰特大教堂、奥格斯堡和施特劳宾的教堂设计了彩色玻璃窗。他的儿子小霍尔拜因(1497/1498～1543)也很杰出，在奥格斯堡接受他父亲的培训，约1515年移居巴塞尔，1519年进入画家协会，1521年开始绘制重要的壁画。他也为出版商设计图书插图和木刻，著名的有描绘讽刺中世纪的49幅场景组画《死亡之舞》(1523～1526)。其肖像画，包括D. 伊拉斯谟的肖像(1523)，具有色彩鲜明、有心理内涵、细节丰富以及轮廓分明等特点。1526年前往英格兰，在那里画了德国商人和法官的肖像。1533年为亨利八世作画。在他最后的10年里，画了大约150幅皇室和贵族的肖像，有的大如真人，有的为微型画。他也为国王设计休闲和正式场合的各式服装。他是有史以来最伟大的肖像画家之一。

霍尔堡　Holberg, Ludvig(1684～1754)　后称Friherre Holberg(霍尔堡男爵)。挪威裔丹麦文学家。在丹麦和英国受教育，曾周游欧洲许多国家，后在哥本哈根大学任教，并开始创作一种崭新的幽默文学。他的亦庄亦谐的史诗《彼得·鲍斯》(1719)，滑稽地模仿了维吉尔的《埃涅阿斯纪》，是丹麦语最早的经典之作。不久又完成一系列喜剧作品，包括《政治工匠》(1723)、《风信标》(1723)、《让·德弗朗斯》(1723)、《山上的耶柏》(1723)、《挑剔的人》(1731)和《埃拉斯穆斯·孟塔努斯》(1731)，其中不少至今还在演出。其他作品有讽刺小说《尼尔斯·克里姆地下之行》(1741)。他是斯堪的纳维亚启蒙运动杰出文学人物，挪威和丹麦都宣称他为本国的文学奠基人。

霍尔蒂　Horthy, Miklós (Nagybányai)(1868～1957)　匈牙利海军军官和摄政者(1920～1944)。第一次世界大战期间任海军司令，表现优异，1918年晋升海军上将。1919年领导军队对抗B. 库恩的共产党政权，翌年匈牙利国会投票决定复辟王政，推选他为摄政。但他力排众议，挫败了查理四世复辟王位的企图。第二次世界大战时期他支持德国，但努力使匈牙利脱离战争，导致1944年被迫退职，并被德国人拘捕。1945年获释，退隐至葡萄牙。

霍尔姆　Holm, Hanya(1898?～1992)　原名Johanna Eckert。德裔美国现代舞和百老汇音乐剧编导。在德受训后，成为玛丽·维格曼中心学院的舞蹈者和教师，后任主任

H. 霍尔姆，摄于1929年
By courtesy of the Dance Collection, the New York Public Library at Lincoln Center, Hanya Holm Collection

教师。1931年在纽约开办维格曼学校，1936年该校成为霍尔姆舞蹈工作室。除了自己公司的作品外，她还设计了一些音乐剧，如《窈窕淑女》(1956)、《凤宫劫美录》(1960)。她提倡使用舞谱，所编导的《吻我，凯蒂》(1948)是第一部获得版权的音乐剧。

霍尔木兹海峡　Hormuz, Strait of　旧称Strait of Ormuz。连接波斯湾(西)和阿曼湾与阿拉伯海(东南)的水道。宽55～95千米，在伊朗(北)和阿拉伯半岛(南)之间。峡中有格什姆岛、霍尔木兹岛和亨加姆岛。是往来波斯湾各港的油轮必经之地，具有重要的战略意义和经济意义。

霍尔奈　Horney, Karen(1885～1952)　原名Karen Danielsen。德国出生的美国女精神分析学家。取得硕士学位后跟随K. 亚伯拉罕学习精神分析法，1920～1932年在柏林开业，并在柏林精神分析研究所任教。1934年定居纽约市，开始在社会研究新学院任教。她摒弃S. 弗洛伊德的某些基本原则，反对他的阴茎羡妒概念，强调应帮助病人找到并正视造成焦虑状态的具体原因，而不是着重于儿童时期的创伤和幻觉。1941年被纽约精神分析研究所除名后，自己组织了一个新的团体——精神分析促进协会。著作有《当代的神经质人格》(1937)、《精神分析新法》(1939)等。

霍尔斯特　Holst, Gustav(us Theodorevon)(1874～1934)　英国作曲家。管风琴手之子，童年就开始演奏管风琴并任指挥。在皇家音乐学院遇到沃恩·威廉斯，成为终生朋友。原靠演奏长号为生，后当教师。由于身体虚弱，1923年在一次突然晕倒后放弃了教职，而把余生奉献给作曲。最受欢迎的作品是生动的管弦乐组曲《行星》(1916)，其他作品有迷人的《圣保罗组曲》(1913)、《耶稣的赞美诗》(1917)和《合唱幻想曲》(1930)。

霍法　Hoffa, Jimmy(1913～1975?)　原名James Riddle。美国劳工领袖。生于印第安纳州巴西城，1924年随家迁居底特律，14岁辍学当仓库管理员。20世纪30年代成为一名劳工组织者，在随后的20年里，他在卡车司机工会任职并升任主席(1957～1971)。他在卡车驾驶行业中是知名的谈判能手，在制定第一个全国货运协议方面起了关键作用，并使卡车司机工会成为美国最大的工会。他与黑社会人物久有联系，1967年以贿赂陪审团、诈骗、阴谋破坏等罪名被捕入狱。1971年R. 尼克松总统为他减刑。1975年他在底特律附近一家餐馆失踪；人们认为他已被谋杀，目的是阻止他重新控制工会。1999年他的儿子小霍法(1941年生)当选为卡车司机工会主席。

霍夫曼　Hoffman, Abbie(1936～1989)　原名Abbott。美国政治激进分子。就读于布兰代斯大学和加利福尼亚大学伯克利分校，并成为民权运动的积极分子。1968年组织青年国际党。该党反对越南战争、反对美国政治体制。霍夫曼曾因干扰1968年民主党(芝加哥)年会而遭逮捕，并在世称“芝加哥七君子”的审判中因诡异行径而广受媒体注目。1973年因贩毒被捕后转入地下活动，并且做了整容，化名“巴里·弗里德”，以环境保护主义者的身份在纽约公开活动。1980年再度露面，服刑一年后仍从事环保工作。后因抑郁自杀。

霍夫曼　Hoffmann, E(rnst) T(heodor) A(madeus)(1776～1822)　原名Ernst Theodor Wilhelm。德国作家和作曲家，德国浪漫主义的重要人物。最初为司法官员(在他的许多小说里可以明显看到理想的艺术世界和日常的官僚生活之间的矛盾)，后来转向他一直向往的写作和音乐。短篇小说集《卡罗特式的幻想篇》(1814～1815)奠定了他的作家声望。后期的畅销书《夜间偶成》(1817)和《谢拉皮

翁兄弟》(1819～1821),把丰富的想象和对人物性格的生动考察结合在一起。他还是乐队指挥、音乐评论家以及剧院的音乐指导。在他初期的许多音乐作品里,最成功的是芭蕾舞剧《曙光女神》(1811)和歌剧《水中仙女》(1816年首演)。46岁时死于全身瘫痪。他的故事激发大师们创作出著名歌剧和芭蕾舞剧的灵感,如J.奥芬巴赫的《霍夫曼的故事》、L.德利布的《葛蓓莉娅》、P.I.柴可夫斯基的《胡桃夹子》,以及P.兴德米特的《卡尔迪拉克》。

霍夫曼 Hoffmann, Josef(1870～1956) 奥地利建筑师和设计师。在维也纳师从O.瓦格纳,但在1899年他协助成立了维也纳分离派,该派超越了瓦格纳的古典主义。他参与建立了一个重要的工艺美术中心(维也纳工作室),并担任主管达30年(1903～1933)。布鲁塞尔的斯托克莱宅邸(1905)是他的杰作。该建筑外表华美,具有一种宏伟壮丽的气派,依靠直线、白色方块和矩形的设计往往不宜取得这样的效果。1914年在科隆举行的德意志工匠联盟博览会和1934年威尼斯博览会中的奥地利馆均由他设计。1920年被任命为维也纳市建筑师。

霍夫曼 Hofmann, Hans(1880～1966) 德裔美国画家和美术教师。1898年起在慕尼黑学习美术,1904年移居巴黎,深受H.马蒂斯和R.德洛内影响。1915年在慕尼黑开办他的第一所绘画学校。1930年移居美国,在纽约市艺术学生研究会任教。1933年开办汉斯·霍夫曼美术学校,对W.德·库宁、J.波洛克等20世纪30和40年代的年轻抽象派画家具有很大影响。他的风格转向完全的抽象主义,同时他还是波洛克滴彩画法的先驱。1958年他关闭了学校,余生全部投入绘画。他是20世纪最有影响的美术教师之一,也是抽象表现主义发展时期的重要人物。

H.霍夫曼,A.纽曼摄于1960年
Arnold Newman

霍夫曼斯塔尔 Hofmannsthal, Hugo von(1874～1929) 奥地利诗人、剧作家和散文作家。出身于贵族银行家家庭,因写抒情诗(首次发表于16岁)和诗剧《提香之死》(1892)、《傻子与死神》(1893)而成名。他在1902年的一篇散文中放弃了抒情诗的形式后,转向写剧本。著有《克里斯蒂娜的归来》(1910)、《每个人》(1911)、《难以对付的人》(1921)和《塔楼》(1925)。1906年与作曲家R.施特劳斯开始了著名的合作,第一部著名歌剧是《埃勒克特拉》(1908),其后为《蔷薇骑士》(1910)、《纳克索斯岛的阿里阿德涅》(1912,1916年修改)、《失去影子的女人》(1919)、《埃及的海伦娜》(1928)、《阿拉贝拉》(1933)和《达娜厄的爱情》(1940)。1920年与M.赖恩哈特一起筹办萨尔茨堡艺术节。

霍格 Hogg, James(1770～1835) 苏格兰诗人。早年牧羊,几乎完全自学成材。当霍格为W.司各特的《苏格兰边区歌谣集》提供素材时,司各特发现了这个"埃特里克牧羊人"的天赋。霍格随着早期浪漫运动的民谣复兴而名盛一时。作品有诗集《女王的赛诗之夜》(1813)和小说《一个被开释的罪人的个人回忆录和自由》(1824);后者描写一个精神变态的宗教狂,为现代心理恐怖小说的先驱。

霍赫 Hooch, Pieter de(1629～1684) 又作Pieter de Hoogh。荷兰风俗画家。他在哈勒姆学画,1655～1657年为代尔夫特画家行会的成员。作品在风格和主题上同J.弗美尔作品近似,以小尺幅的室内画和室外灿烂的阳光景致闻名,在静谧简朴的背景中常安插几个忙于日常琐事的人物。在其佳作中,他注重光线的明暗、色调的变化和线条的透视效果。在他迁居阿姆斯特丹以后(约1661),作品数量增加了,但质量却下降了。他死于精神病院。

霍亨斯陶芬王朝 Hohenstaufen dynasty 神圣罗马帝国统治下的德国王朝(1138～1208,1212～1254)。由构筑斯陶芬城堡的腓特烈伯爵(1105年卒)创立,1079年皇帝授予他士瓦本公爵,称腓特烈一世。历代皇帝有红胡子腓特烈一世(1155～1190年在位)、亨利六世(1191～1197年在位)和腓特烈二世(1220～1250年在位)。霍亨斯陶芬王朝一直进行其前代开始的与教皇的斗争。参阅归尔甫派与吉伯林派。

霍亨索伦王朝 Hohenzollern dynasty 欧洲历史上的著名王朝,主要是勃兰登堡-普鲁士(1415～1918)及德意志帝国(1871～1918)的统治家族。第一位有记载的祖先是布尔夏德一世,11世纪时为索伦伯爵。后来形成两个主要分支:一支是法兰克尼亚系(包括纽伦堡世袭城主、勃兰登堡选侯、普鲁士国王和德意志皇帝);另一支为士瓦本系(包括索伦伯爵、霍亨索伦-西格马林根邦君、罗马尼亚邦君及后来的国王)。法兰克尼亚一支在宗教改革中成为路德教派,1613年又改宗加尔文派,并在15～17世纪获取了大片疆土。第一次世界大战末,普鲁士和德意志都丧失了主权。士瓦本系在宗教改革中保持信奉天主教,并统治罗马尼亚直到1947年。历代君主有普鲁士的腓特烈·威廉一世、腓特烈二世、腓特烈·威廉二世和腓特烈·威廉三世;德意志的威廉一世、腓特烈二世;罗马尼亚的卡罗尔一世和卡罗尔二世。

霍华德 Howard, John(Winston)(1939～) 澳大利亚总理(1996～2007)和自由党领袖(1985～1989,1995～2007)。1962年担任新南威尔士州最高法院的初级律师。1974年以自由党党员身份首次当选议员,在总理弗雷泽手下担任商业暨消费事务部长(1975～1977)、联邦财政部长(1977～1983)。1985年成为自由党领袖,但在1987年未能将工党赶下台之后,又在1989年自由党党内领导权的竞争中落败。1995年重获领导地位,1996年3月在大选中打败工党。1998、2001、2004年再度当选。2007年大选中自由党被工党击败。霍华德也失去了议会席位。不久辞去党魁。

霍华德 Howard, Leslie(1893～1943) 原名Leslie Howard Steiner。英国演员。先后在伦敦和百老汇成为受欢迎的舞台演员。他在《她的卡片纸情人》(1927)、《化石林》(1935)和《哈姆雷特》(1936)中的表演赢得赞扬。他的演技有一种安详动人的英国式魅力,并以此著称。参加演出的第一部美国电影是《远航他乡》(1930),后又主演了《人性的枷锁》(1934)、《卖花女》(1938)、《寒夜情挑》(1939)和《乱世佳人》(1939)。1943年从里斯本飞往伦敦途中因飞机被击落而遇难。

霍华德家族 Howard family 英格兰著名家族。起家于1295年,第一位公爵诺福克公爵是英格兰世袭王室典礼大臣。小一辈的有萨福克伯爵、卡莱尔伯爵、埃芬汉伯爵、格洛索普的霍华德勋爵和斯塔福德勋爵。托马斯·霍华德,即诺福克公爵(第三)在亨利八世统治下身居高位,亨利八世还娶了他的两个侄女:安妮·博林和C.霍华德。诺福克公爵(第四)密谋反对伊丽莎白一世而遭到处决,而埃芬汉的霍华德勋爵第二(1536～1624)查尔斯则是海军事务大臣,曾指挥英国舰队击败无敌舰队(西班牙)。该家族的天主教信仰在某些时期对其声望有所妨碍。

霍金 Hawking, Stephen W(illiam)(1942～) 英国理论物理学家。曾在牛津大学就读,后来在剑桥大学获得物理博士学位。他主要研究的领域是广义相对论,尤其是探讨黑洞的物理学。1971年提出:在宇宙大爆炸后,可能形成无数的物体,它们把10亿吨物质密集于一个质子大小的空间内。这些"微型黑洞"非常独特,由于它们有巨大的质量和引力,故它们由相对论定律来规范,但由于它们微小的尺寸,又须应用量子力学的定律。1974年霍金又提出黑洞被现在所称的"霍金辐射"所蒸发。其研究促使人们努力从理论上勾画出黑洞的特性。他的研究工作也证明了这些特性同正统的热力学和量子力学的规律关系。霍金的成就为他赢得了多项殊荣(虽然他罹患了肌萎缩性侧索硬化疾病,几近瘫痪)。著作包括畅销书《时间简史》(1988)。

霍金辐射 Hawking radiation 理论上指从一个黑洞的事界外放出的辐射。1974年由S.W.霍金提出,他认为在视界附近会自然出现的一些亚原子粒子对,结果可能是黑洞附近的一个粒子逃逸，而另一个（负能量的）粒子被吸进去。负能量的粒子流进这个黑洞后，会减轻它的质量，直到黑洞发生最后的辐射大爆炸才完全消失。

霍金斯　Hawkins, Coleman (Randolph) (1904～1969)　美国爵士乐音乐家，是第一个独奏次中音萨克斯管的重要爵士乐人物。生于密苏里州圣约瑟夫。曾在F. 亨德森的

C. 霍金斯，约摄于1943年
Reprinted with permission of down beat magazine

大乐队工作（1924～1934），表现杰出，当时他汲取了L. 阿姆斯特朗的风格，并发展出平滑不断音的乐节和强力的音调，树立了次中音萨克斯管演奏者的标准技巧模式。1934～1939年在欧洲各地表演，回国后不久即录制《灵与肉》唱片，结果在销售上大获成功，也成为即兴爵士乐杰作之一。霍金斯善于接纳年轻演奏者在和声上的改进，他们也大都认同他的影响。

霍金斯　Hawkins, John (1532～1595)　后称Sir John。英格兰海军行政官和司令官。为著名航海家F. 德雷克的亲戚，原本经营非洲贸易，后来成为英格兰第一个奴隶贩子。第一次贩卖奴隶的航行（1562～1563）成功后，一个集团（包括伊丽莎白一世在内）提供资金促成他第二次航行。但在第三次航行（1567～1569）时与德雷克一起遭到一支西班牙舰队的袭击，是为英西之间摩擦的开端，导致两国在1585年开战。1577年霍金斯任海军财务官，1589年又兼任审计官。他改造旧船，并协助设计了一种速度更快的船只，在1588年挡住了无敌舰队（西班牙）的入侵。后来他用海军封锁亚速尔群岛，拦截从新大陆运回金银的西班牙珍宝船队。他成为16世纪英国海军最著名的人物之一，也是伊丽莎白时期海军的主要设计师。

霍克内　Hockney, David (1937～　)　英国画家、绘图师、版画家、摄影师和舞台设计师。曾在布雷德福美术学院和伦敦皇家艺术学院学习，20世纪60年代中期任教于艾奥瓦大学、科罗拉多大学和加利福尼亚大学，1978年定居洛杉矶。他的肖像画、自画像、静物画以及描绘朋友们平静日常生活场景的画作，都具有波普艺术的率真、写实及色彩明亮特点。加利福尼亚的游泳池是他最喜欢的主题之一，例如《大水花》(1967)。他也是一位卓越的绘图师和版画家，曾发表一系列蚀刻画，包括为《格林兄弟童话集》作的插图(1969)。70年代他为一组歌剧和芭蕾舞做的舞台设计取得重大成功。后来又从事摄影和拼贴摄影，其后还涉足计算机技术和打印机。

霍克斯　Hawks, Howard (Winchester) (1896～1977)　美国电影导演、编剧和制作人。生于印第安纳州戈申。第一次世界大战时曾担任飞行员，1922年起开始在好莱坞写电影剧本，并执导一些影片，他执导的第一部重要影片是《每个港口都有个姑娘》(1928)。他是个技巧纯熟的大师和说故事能手，其影片因从观众的角度进行拍摄而使人感到亲切。一生共拍摄了40多部各种类型的电影（其中有许多是他制作和编写的）：如冒险片《拂晓侦察》(1930)；犯罪片《疤面大盗》(1932)；喜剧片《育婴奇谭》(1938)；战争片《约克中士》(1941)；音乐片《绅士爱美人》(1953)；黑色电影惊险片《夜长梦多》(1946)；科幻片《异形》(1951)；西部片《红河恋》(1948)和《布拉沃河》(1959)。

霍勒里思　Hollerith, Herman (1860～1929)　美国发明家。曾求学于明尼苏达州哥伦比亚大学，后来参与1880年的美国人口普查。到1890年人口普查时，他发明了记录统计数据的机器，用电学方法阅读并整理穿孔卡片。有了这种机器后，只用了1880年普查的1/3时间就得出了普查结果。1896年成立列表机器公司，后来成为国际商业机器公司(IBM)。他发明的机电传感穿孔装置成为后来的计算机输入/输出装置的先驱。

霍利　Holly, Buddy (1936～1959)　原名Charles Hardin Holley。美国歌手和词曲作家。在高中时代即在乡村乐队演唱。后转向摇滚乐领域，1957年霍利组建了自己的蟋蟀乐队，风行的曲目有《就在那天》、《佩吉·休》和《噢，男孩》。霍利22岁时，与歌手R. 华伦斯（1941年生）和大博普（原名J. 理查森，1930年生）死于空难。他遗留的许多作品在其离去后发行，使他很快成为传奇人物；他是摇滚乐名人堂的首批成员。

霍利奥克山学院　Mount Holyoke College　美国私立女子文理学院。位于马萨诸塞州南哈德里。最初是1837年由M. 莱昂创建的女子书院，属当时美国第一批女子高等教育机构。学士课程有人文、科学、数学以及社会科学等。霍利奥克山学院参加多所大专院校的交换课程项目，包括阿默斯特学院、罕布什尔学院、史密斯学院及马萨诸塞大学。现有注册学生约2 000人。

霍利戴　Holiday, Billie (1915～1959)　原名Eleanora Fagan。美国杰出的爵士乐女歌手。1933年在哈勒姆区夜总会演唱时崭露头角。1935～1942年他与古德曼、D. 埃林顿一起录制一系列出色的小合唱唱片，音乐家扬（他为她起的绰号叫“戴夫人”）和威尔逊也参与其中。她和巴锡“伯爵”(1937)及A. 肖(1938)的大乐队的演出更是吸引了大众的目光。她原本可以保持最好的爵士乐歌手的名望，但个人生活的危机以及吸毒和酗酒毁

B. 霍利戴，摄于1958年
Reprinted with permission of down beat magazine

了她的事业，1947年因吸毒而被监禁。她的声音甜美，在抒情中常常表现出性感或不安的痛苦；以清晰的吐字表达情绪，是个人表演的一个里程碑。

霍林希德　Holinshed, Raphael (?～约1580)　英国编年史学家。约从1560年起在伦敦生活，受雇于当时正在编写一部通史的R. 沃尔夫，担任翻译。沃尔夫去世后，他因出版了该书的缩编本《英格兰、苏格兰、爱尔兰编年史》(1577)而留名后世。该书的史料来源众多，可靠程度不一，编辑时也未经审核选择，但很畅销，成为伊丽莎白时代许多剧作家的写作来源，尤其是W. 莎士比亚，他从这部书的第二版(1587)中取材，写出了《麦克白》、《李尔王》、《辛白林》及其他许多历史剧。

霍乱　cholera　小肠的急性细菌性传染病，由霍乱弧菌（*Vibrio cholerae*）引起，以剧烈腹泻伴严重的体液和盐的迅速丢失为特征。弧菌常通过被污染的水和食物传播。此种细菌分泌出一种能导致腹泻的毒素，随之发生的呕吐使得人体出现脱水，造成严重的肌肉痉挛和极度口渴。患者会出现木僵和昏迷，最后死于休克。经过水分和盐的补充，该病症在2～7天便可消失，如果从第一天就使用抗生素，病情还会更快好转。预防需要有良好的环境卫生，特别是清洁的饮用水。

霍罗维茨　Horowitz, Vladimir (1903～1989)　俄罗斯钢琴家。曾在基辅音乐学院学习，1921年首次演出。他那绝妙的技巧使他驰名国际，长期在外巡回演出，仅在美国，一年就举办了100场音乐会。1933年与A. 托斯卡尼尼的女儿万达结婚。由于长期处于神经紧张状态，1953年决定退出公开表演。1965年重新回到音乐会舞台，受到极大的欢迎。他喜爱浪漫主义作品，如R. 舒曼、F. 肖邦、F. 李斯特以及他的朋友S. 拉赫玛尼诺夫的作品。有时也有人批评他过于炫耀技巧而对作品的诠释深度不够。

霍梅尼　Khomeini, Ruhollah (1900～1989)　原名Ruhollah Musawi。伊朗宗教领袖和革命者。曾受宗教教育，20年代初定居于库姆，在那里他被公认为什叶派学者，是伊朗统治者M. R. 巴列维的反对者。60年代初接受大阿亚图拉称号。由于他公开发表批评政府的言论而于1964年入狱，然后被流放。后定居于伊拉克，1978年又被迫离开，移居巴黎

附近。他从流放地向他的伙伴们传送他录在磁带上的信息,以此来激励他们的革命情绪。伊朗骚动日增,直到1979年国王被迫出走。两个星期后霍梅尼回到伊朗,成为伊朗政治和宗教的终身领袖。他的极端保守的国内政策,基于对伊斯兰教原教旨主义的解释;而他的对外政策既反西方又反共产主义。在他统治的头几年里,发生了66个美国人被挟持的事件(1979～1981),这个人质事件大大激怒了美国,也是灾难性的两伊战争(1980～1990)的开始。他至死都保持着权力,对他的思想体系坚信不移。

霍默 Homer, Winslow(1836～1910)
美国画家。曾在波士顿一家石版商行作画工,后来迁居纽约,成为自由插图画家。1860年在国家设计学会举办画展,1865年被选为国家设计学会委员。1866年旅居法国,深受法国自然主义和日本版画的吸引,但对其明亮和洋溢着幸福的作品风格[如《拉动》(1872)]很少影响。他成为水彩画大师,油画作品也十分纯熟,焦点逐渐放到孤僻沉默的人物上。1881～1882年霍默到英国北海渔村泰恩茅斯居住,滨海风光、大海以及性格坚毅的人们是其部分极具丰富想象力作品的主题。1883年回到美国,定居于缅因州普罗茨内克,作品主题变成大海以及与大自然永无休止的搏斗。晚年仍维持旺盛的创作力,但几乎过着完全与世隔绝的生活。虽然生前已是美国公认的杰出画家,但在死后才受到极大的推崇。

霍姆斯 Holmes, Oliver Wendell(1809～1894) 美国医生、诗人和幽默作家。1847年在哈佛执教,后任哈佛医学院院长。诗作《老铁壁》(1830)引起全国轰动。1857年起在《大西洋月刊》上发表"早餐桌上"系列散文,后来以《早餐桌上的霸主》(1858)和《早餐桌上的教授》(1860)为题重新结集出版。其他作品还有诗歌《鹦鹉螺》和小说《埃尔西·文纳》(1861)。霍姆斯(小)是他的儿子。

霍姆斯(小) Holmes, Oliver Wendell, Jr.(1841～1935) 美国法学家、法学史家和哲学家。O. W. 霍姆斯的儿子,母亲A. L. 杰克逊是马萨诸塞州高等法院法官的女儿。他在美国内战期间任军官,曾3次受重伤。1867年起开始在波士顿从事法律工作,1882～1899年任马萨诸塞州最高法院法官,1899～1902年任首席法官。在所著《普通法》(1881)一书里,他提出"法律是积累的经验而非科学"的论点。1902年T. 罗斯福总统任命他为美国联邦最高法院大法官。霍姆斯主张立法是立法机关的事,而不是法院。在《申克诉美国案》(1919)中,他阐明了关于限制言论自由的基础是"明显而现实的危险"的概念。他的许多强硬而明晰的观点,包括那些反对意见(被称为伟大的异议者),已成为法律的经典诠释,被视为当代最杰出的法学家之一。他在此职位一直服务到1932年。

霍尼亚拉 Honiara 西南太平洋所罗门群岛首府。位于瓜达尔卡纳尔北岸的马塔尼科河河口,为港口和交通中心,贸易以椰子、木材、鱼类和黄金为主。第二次世界大战期间在美军司令部周围发展起来,1952年成为首府。人口约64 609(2009)。

霍珀 Hopper, Edward(1882～1967) 美国画家。最初学插图画,后随R. 亨利学绘画。1913年在军械库展览会上展出他的作品。主要从事广告美术和铜版画插图创作。20世纪20年代中期转向描绘城市生活的水彩画和油画。《铁路旁的房屋》(1925)和《布鲁克林的一间房》(1932)描绘几何建筑中静默的无名人物,产生一种挥之不去的孤寂感,正是其特色所在。他善于运用光把人物和物体分隔开,就像在《星期日清晨》(1930)和《夜鹰》(1942)中所表现的那样。其定型的风格在20年代即已形成,后期更精益求精,用光技巧更熟练。20世纪60和70年代的波普艺术和新写实主义画家都受到他很大的影响。

霍普金斯 Hopkins, Anthony(1937～　) 后称Sir Anthony。英国演员。1965年加入伦敦国家剧院演出莎士比亚剧。他是一位表演细腻的演员,能借助细微的肢体动作传达爆发性情绪。1974年他首次在百老汇演出《恋马狂》,广受好评,此后在美国从事影视表演,如电影《象人》(1980)、电视剧《地下碉堡》(1981,获埃米奖)。他在国家剧院成功地演出了《李尔王》和《安东尼与克娄巴特拉》。他后期演出的电影有《沉默的羔羊》(1991,获奥斯卡奖)、《此情可问天》(1992)、《长日将尽》(1993)及《勇者无惧》(1997)。

霍普金斯 Hopkins, Gerard Manley(1844～1889) 英国诗人。在牛津大学结业后入天主教,最后成为耶稣会司铎。他认为写诗与神职不相称,于是烧掉年轻时期的诗稿。1875年又开始写作,但因其宗教使命与追寻世俗快乐之间的矛盾而陷入困境。他是维多利亚时代最个性化的作家之一,以丰富的语言、精练的句法以及对韵律(包括跳韵)的创新著称。最著名的诗作有《德意志号的沉没》、《杂色之美》、《上帝的伟大》和《风鹰》。44岁时死于伤寒。其作品虽然到1918年才由他的朋友R. 布里奇斯收集成册出版,但还是影响了许多20世纪的诗人。

霍普金斯 Hopkins, Mark(1814～1878) 美国企业家。出生于弗吉尼亚州里士满,在北卡罗来纳州长大。1851年移居加利福尼亚开采金矿,因无利可图,开始经营食品杂货,并开办了该州最兴隆的商行之一。他与其他3位合伙人计划修建一条横跨大陆的铁路,1861年成立中太平洋铁路公司。1869年该铁路干线全部竣工,在犹他州普罗蒙特里与联合太平洋铁路接轨。

霍普特曼 Hauptmann, Gerhart (Johann Robert)(1862～1946) 又译豪普特曼。德国剧作家和诗人。原本学习雕塑,在20岁以后转向文学创作。第一部剧作是《日出之前》(1889),具有强烈的社会写实主义色彩,使他一举成名,并象征结束了德国当时非常公式化的戏剧。他的以社会现实和无产者的悲剧为主题的写实剧,包括《织工》(1892)、《海狸皮大衣》(1893)和《车夫亨舍尔》(1898),使他成为其所处时代德国最杰出的剧作家。1912年获诺贝尔文学奖。在他的长篇小说、短篇小说、史诗和后来的戏剧中,他放弃写实主义手法而倾向神秘的宗教色彩和虚构的象征主义。

G. 霍普特曼,蚀刻画,H. 斯特拉克制作于1904年;现藏德国马尔巴赫席勒国家博物馆
By courtesy of the Schiller-Nationalmuseum, Marbach, Ger.

霍奇金氏病 Hodgkin's disease 又称lymphoreticuloma(淋巴网状细胞瘤)。一种常见的恶性淋巴瘤。早期表现为局部淋巴结无痛性肿大,有时也发生在脾、肝或其他组织上;继之出现消瘦、乏力、疲劳等症状。必须借助活组织检查才能确诊,通常要从淋巴结上提取活组织。目前病因未明。可根据疾病的不同分期采用化学疗法、辐射疗法或两者组合疗法。早期诊断的患者90%以上可治愈,晚期患者也有许多可以治愈。

霍奇斯 Hodges, Johnny(1907～1970) 原名John Cornelius。美国爵士乐最优秀的中音萨克斯管演奏家之一。20世纪20年代中期受到S. 比切特的鼓励和影响。1928年加入D. 埃林顿的乐团,并很快成为该团最优秀的独奏演员。除了一段时间(1951～1955)带领自己的一个小组外,霍奇斯一直留在埃林顿的乐团。他的无可比拟的、深情的音调和充满韵律的典雅风格,使他成为抒情曲和布鲁斯的最优秀演奏家,埃林顿和B. 斯特雷霍恩特地为他谱写了许多曲子。

霍桑 Hawthorne, Nathaniel(1804～1864) 美国小说家和短篇小说作家。出生于马萨诸塞州塞勒姆的清教徒家庭,深受道德坚定的影响。在写了几部表现平凡的作品后,创作出一些非常杰出的短篇故事,如《我的亲戚莫里讷少校》(1832)、《罗杰·马尔文的葬礼》(1832)和《年轻的布朗先生》(1835)。短篇小说集包括《故事新编》(1837)、《古宅青苔》(1846)和《雪影》(1851)。最出名的小说是《红字》(1850),描写殖民时期新英格兰的一桩通奸事件,被誉为美国最伟大的小说之一。《带有七个尖角阁的房子》(1851)是描

N. 霍桑,M. 布雷迪摄
The Granger Collection, New York City

述一个世代受到诅咒的家庭的故事。晚期的作品包括《福谷传奇》(1852)和《玉石雕像》(1860)。霍桑是一位写作技巧纯熟的文学巨匠,也是讽喻故事和象征主义的大师,为美国最伟大的小说家之一。

霍伊尔　Hoyle, Edmond(1671/1672～1769)　英国纸牌戏作家。早年生活不详。1741 年开始教授惠斯特牌戏,1742 年撰写《惠斯特牌戏浅说》。1760 年制定一套惠斯特牌戏规则,在 1864 年以前一直通用。1743 年为**十五子棋戏**所订的规则大部分仍在流行。"根据霍伊尔"已成为纪念他的句子。在各种游戏规则书的书名上都有他的名字以表示权威。

豁免　immunity　在法律上指免除责任或不必负责。根据国际条约,外交代表可以免除当地的民法和刑法责任。在许多国家,法官、议员和政府官员(包括国家元首)在本国享有有限的或绝对的豁免权,以保护他们,免除起因于他们执行职责的错误行为或失职的个人责任。检察官有权免予起诉被怀疑有犯罪行为的证人,作为对他提出不利于其他嫌疑犯证词的奖励。

獾㹢狓　okapi　一种反刍有蹄兽类,与**长颈鹿**同归入偶蹄目长颈鹿科。学名 *Okapia johnstoni*。栖息在刚果的雨林中,以树叶和果实为食。颈和腿都比长颈鹿短。雌性比雄性

獾㹢狓(*Okapia johnstoni*)
Kenneth W. Fink-Root Resources

大,肩高约 1.5 米。毛光滑,前身深褐色;腿的上部有水平的黑白斑纹,下部为白色,蹄以上部分有黑色环纹。雄兽有短角,除角尖外都有皮肤包裹。

J

JPEG格式 JPEG 全称Joint Photographic Expert Group(联合图像专家组)。静态图像压缩的标准。标准计算机文档格式,以压缩形式储存图像作一般用途。JPEG以数学算法压缩,采用不同的编码程序,这取决于用户是想要最好的图像质量还是要最小的文档大小。JPEG和图形交换格式(GIF)是因特网上最常用的图像文件格式。

击剑 fencing 按照规定动作和规则用剑——重剑(特指圆头剑)、花剑和佩剑——进行攻击和防守的一项有组织的运动。虽然剑术起源于古代,但是在中世纪时消失。14世纪时,不管在战争中还是在绅士们的日常生活中,娴熟的剑术就变得至关重要。到了15世纪,欧洲各地纷纷成立了传授击剑术的行会。原本各个行会严加保密的技法最后都变成正统的击剑动作。17世纪下半叶,随着绅士们服装的变化,剑和剑术都发生了剧变,制定了各种规则和准则。在现代比赛中,只能剑尖刺中对方(除了在佩剑比赛),而且在使用花剑的比赛中,得分点更被限制在身体的某些部位。守方是用剑身来抵挡攻击。每一次的有效击中得分多寡,都视击中对方身体的哪个部位而定。1896年男子击剑第一次被现代奥林匹克运动会列为比赛项目,女子击剑则在1924年列入。1936年引进电动计分以弥补人为判断常造成的误差。

击弦键琴 clavichord 早期键盘弦乐器,为钢琴的重要前身。流行于大约1400～1800年间,特别是在德国。通常为长方形,键盘是嵌入的。琴弦是用切音片击打,而不是像羽管键琴那样拨动琴弦。击弦的切音片成了震颤的琴弦的终点;因此,切音片击打的点就决定了音高。所谓装品的击弦键琴允许不止一个切音片击打一对琴弦(弦多少限制了能同时发音的音符数);未装品的琴则每对琴弦只用一个切音片。声音通常很小,几乎听不见,因此只适合独奏,一般没有听众。手触摸会产生力度的变化;手指压键的力度有变化,甚至可弹出“抖音”。

饥荒 famine 食品的长期极度匮乏,以致造成普遍和持续的饥饿、受害人民身体衰弱以及死亡率的大幅度上升。大饥荒影响食品匮乏国家或地区的所有阶级或集团;阶级饥荒则影响某些阶级或集团远比其他人严重;地区性饥荒只集中于一个国家的某一地区。饥荒的原因可能是自然的也可能是人为的。自然原因包括干旱、洪水泛滥、气候异常、虫害和植物疾病。主要的人为原因是战争;其他原因包括人口过剩、食物配给制度不合理,以及食物价格高昂。20世纪曾发生严重饥荒的地区有中国(1928～1929年,500～1 000万人饿死、俄国(1921～1922年,125～500万人饿死;1932～1934年,500万人饿死)、印度(1943～1944年,150万人饿死)、柬埔寨(1975～1979年,100万人),以及撒哈拉沙漠以南的非洲地区。

机会成本 opportunity cost 经济学名词,指为选择一项花费而放弃的其他机会。就一个有固定收入的消费者而言,购买一台新洗碗机的机会成本可能是放弃一次假期旅游,或几套未曾购买的衣服的价值。机会成本的概念使经济学家得以研究各种商品和劳务的相对货币价值。

机器人 robot 可以代替人力工作的机械装置,不过看上去并不一定像人,也不一定以人的方式来行事。机器人这个名字源于K.恰彼克所创作的剧本《罗素姆万能机器人》(1920)。20世纪60年代之后,在微电子学和计算机技术方面所取得的重大进展,使得机器人技术有了显著进步。今日,先进的、能出色完成任务的机器人被用于汽车制造和航天器装备等领域。电子公司把机器人和别的受计算机操纵的装置一同使用,以对制成品分类或检测。

机器人学 robotics 设计、制造并使用机器(机器人)执行原本由人类进行的工作。机器人广泛用于工业,例如汽车制造过程中单调重复的工作,以及必须暴露在对人类有害环境的工作。机器人学在许多方面包括人工智能;机器人可能配备与人类感官相当的装置,像视觉、触觉与感应温度的能力。有些甚至能做简单的决策,现行的机器人学研究准备设计具有自给自足程度的机器人,容许在自由的环境具有机动和决策能力。现今的工业机器人外貌并不像人类,人类形态的机器人称为人形机器人。

机器语言 machine language 又称machine code(机器代码)。计算机的基本语言,由一串0与1构成。机器语言是最低级的计算机语言,也是计算机能直接理解的唯一语言。用更复杂的语言(如C语言、Pascal语言)编写的程序必须在执行之前转换成机器语言。这项工作由编译器或汇编程序来担任,由此产生的二进制文件(又称为可执行文件)才能由中央处理器来执行。参阅汇编语言。

机枪 machine gun 小口径自动武器,能够持续快速射击,通常射速为每分钟500～1 000发。研制于19世纪末期,使现代战争产生重大变化。手摇曲柄机枪,著名的有加特林机枪,曾在美国南北战争中使用过。19世纪80年代由于无烟火药的发明,机枪发展成为真正的自动武器,主要是因为无烟火药燃烧均匀,使H.马克沁能够控制和利用后坐力使机枪运作。第一次世界大战时,使用弹带的机枪成为战场上主要的武器;进入第二次世界大战后,机枪仍然没有多大的改变。参阅冲锋枪。

机械工程 mechanical engineering 与发动机、机器的设计、制造、安装和运转以及生产过程有关的一门工程学科。机械工程涉及动力学、控制论、热力学和热传递、流体力学、材料强度、材料科学、电子学和数学等原理的应用。它涉及机床、机动车、纺织机械、包装机械、印刷机械、金属加工机、焊接机、空调器、冷冻机、农业机械以及许多产业对经济至关重要的其他机器和工艺程序。

机载警戒与控制系统 AWACS(Airborne Warning and Control System) 防空用的机动远程雷达和控制中心。美国空军研制,1977年开始服役,装在经特殊改装的波音707飞机上。主雷达天线装在圆形旋转雷达天线罩内。其雷达系统可探测、跟踪和识别距离370千米内的低空飞机和更远距离的高空目标,还可跟踪海上船只,并在任何地形上空和各种气象条件下工作。机载计算机可评估敌机的行动,并保持跟踪我机、敌机或未识别的飞机的位置。其安全系统的操作者能导引友机对抗敌机。

肌电描记法 electromyography 一种用曲线记录肌肉电活动的方法。在正常情况下,肌肉只在活动时(如在收缩或神经被刺激时)产生电流,可用阴级射线示波器将电搏动记录下来,在荧光屏上呈现为连续的波状曲线(肌电图EMG),通常还伴有听得见的信号。肌电图可显示造成肌无力或废用的原因,一般是支配该肌肉的神经受损(如肌萎缩性侧索硬化和脊髓灰质炎等神经元病变),或是肌肉本身的原发障碍(肌病)。

肌肉 muscle 有收缩力的组织,产生运动功能如身体动作、消化、聚焦、循环及保温。可分为横纹肌、心肌及平滑肌,或是分为应激型和营养型(分别迅速或逐渐对刺激作出应答)。横纹肌的纤维在显微镜下成条纹状,负责随意运动。这种肌肉多数是应激型,附着在骨骼上,中枢神经系统传来信号时就收缩以移动身体;收缩是由细丝(由肌动蛋白组成)在粗丝(由肌凝蛋白组成)之间滑动来完成;组织内的牵张感受器提供反馈,使肌肉做到平顺运动与细微运动控制。心肌分枝状的纤维就像网状结构;收缩是源自于心脏肌肉组织本身,由天然的起搏点产生信号;迷走神经与交感神经控制心脏的跳动速率。平滑肌是内脏与血管的肌肉,通常是不随意肌、营养型;细胞可以集体或个别行动(对不同的神经末端作出反应)且有不同的形状。随意肌的疾病造成无力、萎缩、疼痛和痉挛。有些全身性的疾病(如皮肌炎、多肌炎)会造成肌肉发炎。参阅肌肉肿瘤、肌营养不良和重症肌无力。(图见下页)

肌肉肿瘤 muscle tumor 位于肌肉组织内或由其发生的异常组织生长。主要类型有3种。平滑肌瘤是平滑肌的肿瘤,最常见于子宫,亦见于消化、泌尿和女性生殖系统。一部分平滑肌瘤能恶变,但一般都不播散,切除

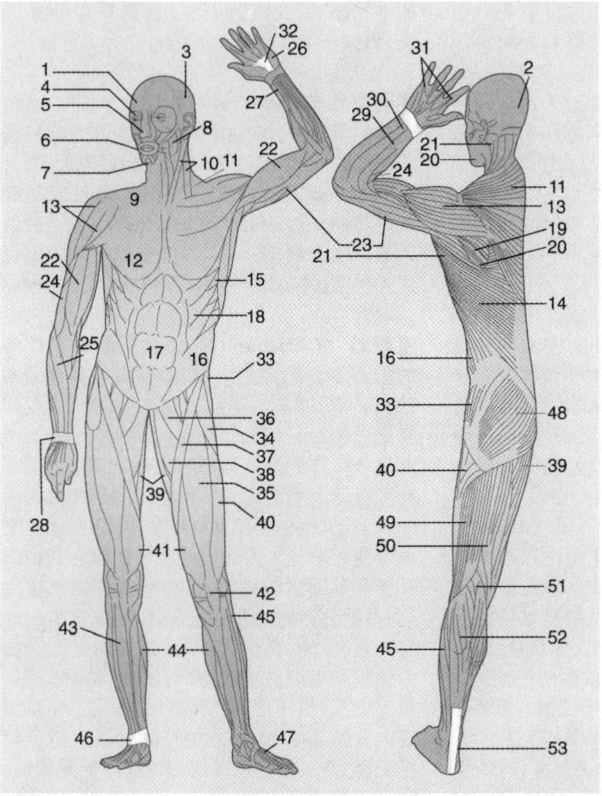

人体主要肌肉：1. 额肌 2. 枕肌 3. 颞肌 4. 眼轮匝肌 5. 鼻肌 6. 口轮匝肌 7. 颏肌 8. 咬肌 9. 颈阔肌 10. 胸锁乳突肌 11. 斜方肌 12. 胸大肌 13. 三角肌 14. 背阔肌 15. 前锯肌 16. 腹外斜肌 17. 腹直肌 18. 腹内斜肌 19. 冈下肌 20. 小圆肌 21. 大圆肌 22. 二头肌 23. 三头肌 24. 肱肌 25. 长桡伸肌 26. 短掌肌 27. 旋前方肌 28. 腕环状韧带 29. 指总伸肌 30. 尺侧腕伸肌 31. 指和腕伸肌腱 32. 掌肌腱膜 33. 臀中肌 34. 阔筋膜张肌 35. 股直肌 36. 耻骨肌 37. 缝匠肌 38. 股长收肌 39. 肌薄肌 40. 股外侧肌 41. 股内侧肌 42. 髌韧带 43. 胫骨前肌 44. 腓肠肌内侧头 45. 比目鱼肌 46. 踝环状韧带 47. 短伸肌 48. 臀大肌 49. 股二头肌 50. 半腱肌 51. 跖肌 52. 腓肠肌外侧头 53. 跟腱

后亦不再发。横纹肌瘤最常见于心脏，有的能扩散，会持续包含在组织中，或弥散而难以切除。（其他部位的）横纹肌瘤既累及平滑肌，也累及横纹肌，常是恶性的，能长得很大。横纹肌肉瘤的几种类型很少见；它们发生于四肢的肌肉，常位于腿或臂，恶性程度极高。

肌萎缩性侧索硬化 amyotrophic lateral sclerosis（ALS） 又称Lou（鲁格里克氏症）Gehrig's disease。神经系统退化性疾病，导致肌肉萎缩和瘫痪。多发生于40岁以后，男性多于女性；多数病人在病后2～5年内因呼吸肌萎缩而死亡。肌萎缩性侧索硬化影响了运动神经元；因此，由这些神经元支配的肌肉变弱，终致萎缩。该病最早仅表现为手无力，然后缓慢地往上延至肩。下肢多表现为肌无力和肌痉挛。病变包括逐渐的肌萎缩和延髓麻痹。1993年发现有5%～10%的病例都是由缺损基因造成的。原因是能中和人体细胞中自由基的酶不起作用了，结果损毁了运动神经元。

肌营养不良 muscular dystrophy 表现为骨骼肌（有时是心肌）日益无力的一种遗传病。肌肉组织随意变性和再生，并被疤痕组织和脂肪取代。无特效疗法。物理治疗、支架和矫正手术可能有所帮助。迪歇纳氏营养不良是最常见的类型，只发病于男性。包括常跌倒和站立困难的症状发生于3～7岁的男孩身上；从腿到手臂再到横膈膜肌肉，肌肉逐渐损耗。后因肺部感染或呼吸衰竭通常在20岁之前就引起死亡。该种基因能在女性携带者和男胎上测到。贝克尔氏营养不良也和性别有关，但没那么严重，发病较晚。病人能够继续行走，通常能活到三四十岁。肌强直性营养不良，男女两性均可患病，肌强直两到三年后恶化，伴随白内障、脱发和性腺萎缩。肢带型营养不良侵袭两性的骨盆和肩部肌肉。面肩胛肱骨型（面部、肩胛骨和上臂）营养不良始于童年或青年时期，两性均可患病；最初症状为举臂困难，下肢和骨盆肌肉也会受波及；面部主要的影响是闭眼困难。平均寿命正常。

矶崎新 Isozaki, Arata（1931～ ） 日本前卫派建筑师。曾就读于东京大学，1963年成立自己的工作室。他的第一个著名建筑是大分县立图书馆（1966），该建筑体现出代谢派的影响。后期作品往往把东西方的建筑要素结合在一起，使用大胆的几何造型，经常构成历史典故。其富有创新的建筑包括洛杉矶当代美术博物馆（1986）和日本水户的艺术塔（1990）。

鸡 chicken 最广泛驯养的家禽种类（*Gallus gallus*）之一，其肉与蛋可供食用。源于印度野生的红色原鸡，至少已经驯养了大约4 000年，直到19世纪鸡肉和鸡蛋才成为大量生产的商品。现代的大型养鸡场为便于控制热量、光照和湿度，把成排的鸡笼叠放在室内，约1920年在英国大量出现，第二次世界大战之后在美国也开始普及。饲养母鸡可以产蛋和肉；雏公鸡经阉割后成为肉用阉鸡。参阅草原鸡。

鸡草 chickweed 石竹科两种小叶杂草的统称。普通鸡草或繁缕（*Stellaria media*）原产欧洲，但现已适应各种生长环境。通常高45厘米，但在人工草坪上变为散开的一年生低矮杂草。鼠耳鸡草（*Cerastium vulgatum*）也源自欧洲，通常比普通鸡草更矮，为簇生、散开的多年生植物，有许多直立的茎。生长在气候温和地区的草坪、牧场和农田。两种草都开有不显著但很娇嫩的白色星状花朵。

鸡尾鹦鹉 cockatiel 小型有羽冠的灰色澳大利亚鹦鹉，学名*Nymphicus hollandicus*。头部黄色，有红色耳斑，喙坚实，可捣碎坚果。与较大的凤头鹦鹉同属凤头鹦鹉科。体长约32厘米，生活在开阔地区，食草籽。是最普遍的一种宠物鹦鹉，已孕育出许多颜色变种的鹦鹉。

积分法 integration 微积分中求导数为已知函数之函数的过程。这个用语有时与“反微分”替换使用，以积分符号$\int$来表示（微分dx通常接着指出x是变量）。积分法的基本规则是：①$\int(f+g)\,dx=\int f dx+\int g dx$（其中$f$和$g$是变量$x$的函数）；②$\int kf dx=k\int f dx$（其中$k$是常数）；③$\int x^n dx=\left(\frac{1}{n+1}\right)x^{n+1}+C$（其中$C$是常数）。应注意的是，任何常数的值可以加入不定积分，而不改变它的导数。因此，$2x$的不定积分是x^2+C，C可以是任何实数。定积分是区间上的不定积分值。结果不受C值选择的影响。

积分计算 integral calculus 微积分的分支，涉及积分的理论与应用。微分学主要探讨一个过程中的改变率，而积分计算侧重在一定区间内该过程的改变总量。例如，速率函数的积分，得出一个物体在一个时区间行进的距离。这两个分支由微积分基本定理结合起来，说明利用反导数计算定积分的原理。结果，许多积分计算研究找出反导数（不定积分）的公式推导。积分计算的应用包括找出曲线画出的面积、长度与体积，以及与随机变量有关概率的精确值。

基 Key, Francis Scott（1779～1843） 美国律师，美国国歌《星条旗之歌》的词作者。1802年起从事法律工作。1812年战争中华盛顿特区被烧后，奉命赴切萨皮克湾从一艘英国船上救出一位朋友。1814年9月13～14日夜间，目睹英军猛轰麦克亨利要塞；第二天早上，当他看见美国国旗仍迎风飘扬时，写下了《麦克亨利要塞保卫战》这首诗。当时发表于《巴尔的摩爱国者报》上，后以英国祝酒歌《献给天国里的阿那克里翁》配曲。1931年被定为美国国歌。

基遍 Gibeon 即今吉卜。古代迦南城镇，在耶路撒冷西北。根据《圣经》，以色列人征服迦南时，其居民和以色列军事领袖约书亚结成联盟，不料却成了奴隶。1956年一支美国考察队考古发掘表明：在青铜早期时代和青铜中期时代已有人居住；在青铜晚期时代的后期，即约书亚征服迦南之前，该镇为耶路撒冷城邦的属地，很可能尚未设防。

基础 foundation 建筑系统中支持和固定上层建筑，并将其荷载直接传递到地面的部分。为防止受到反复冻-化过程的损坏，基础的底必须低于冰冻线。低层住宅建筑的基础几乎完全由扩展式基脚支承，其支撑墙和墩的宽基础（通常是混凝土的）将荷载分布于较大的面上。由单独的底脚，磉墩或桩支撑的混凝土地梁可以安放在地面高度上，特别是没有地下室的建筑，用来支承外墙。扩展式基脚也以大幅度扩大的方式用于高层建筑。用于支承重荷载的其他方式有桩，沉箱柱和直接建筑在岩石上。在软土上也可以使用浮基——由坚固的箱形构造构成，其构筑的深度是使挖走土壤的重量等于其所支承的建筑物的重量。

基础主义　foundationalism　一种**认识论**观点，认为有些信念可以正当地直接掌握（在感性知觉或理性直觉的基础上），而无需经由其他信念推论而来。在这样的观点下，其他种类的信念（也就是关于物质对象或科学理论实体的信念）并不被认为是基本或基础的，而需要由其他信念推论而来。基础主义者的典型特色，就是将自明的真理、感觉材料与感官材料的呈现视为基本的，在这样的观点下，这些东西就无须其他信念的支持。因此这些信念为宏伟的知识体系提供了正确建构的基础。参阅**融贯论**。

基德　Kidd，William（1645？～1701）　别名 Captain Kidd（基德船长）。英国劫掠船船长和海盗。1695 年受命搜捕骚扰东印度公司船只的海盗，成为英国合法的劫掠船船长。航行途中，他自己也成了海盗，劫掠了几艘船只，并在盛怒中将自己的炮手 W. 穆尔打成重伤致死。1699 年在纽约投降，曾得到宽恕的应允，后被送往英国接受审判，被控犯杀害穆尔及 5 次海盗行为等罪行，被处绞刑。在加德纳斯岛（长岛附近）上发现了他的部分财物，但显然还有更多未被发现。他死后成了半传奇性的人物，被浪漫地描述成一个勇敢的冒险家。

基德　Kyd，Thomas（1558～1594）　英国戏剧家，所著《西班牙悲剧》（1592）开当时复仇悲剧风气之先。在伊丽莎白和詹姆斯一世时代，复仇悲剧是很受欢迎的戏剧形式。作为这个时期最流行的剧本之一，《西班牙悲剧》为 W. **莎士比亚**的《哈姆雷特》和其他剧本铺平了道路。基德写的其他剧本确定的只有《科涅利亚》（1594）。1593 年因在他的房间里发现了无神论的文章而被捕，受尽折磨。他声称这些文章是他的同室 C. **马洛**所写。他的声誉被毁，翌年去世，年仅 36 岁。

基地组织　Qaeda，al　又作 al-Qā ʻidah。**本·拉登**在阿富汗成立的有广泛基础的伊斯兰教军事组织，其成员在 1979～1989 年的**阿富汗战争**中支持穆斯林战士。之后该组织被驱散，但仍继续反对世俗化的穆斯林政权和在伊斯兰教领土上的外国势力（尤其是美国）。基地组织发动过无数恐怖攻击行动，包括 1993 年**世界贸易中心**的炸弹案、1998 年非洲两处美国大使馆的爆炸，以及 2000 年以自杀炸弹攻击美国"柯尔"号战舰等。在这一时期，基地组织合并了其他伊斯兰教极端组织，最后再度在**塔利班**所控制的阿富汗建立总部，并训练数千名穆斯林武装分子。2001 年 19 名基地武装分子发动了九一一恐怖袭击。美国与联军随后在阿富汗对塔利班和基地组织势力予以还击，杀死和俘虏了数千人，并迫使其残余者隐匿。经过近 10 年的追捕，美军于 2011 年 5 月在巴基斯坦的阿伯塔巴德将本·拉登击毙。

基甸　Gideon　《旧约·士师记》中以色列人的士师和救星。书中对他的故事有两种传说。书中一处说他率领部族攻击游牧部族米甸人获胜；但崇拜用战利品制成的偶像，以色列被引入歧途。同书另一处又说，基甸拒绝崇拜当地偶像巴力，而崇奉以色列的上帝雅赫维，而雅赫维的神力使其族人击败米甸人。

基督复临派　Adventist　19 世纪兴起于美国的基督教（新教）派别，其特点为在教义上相信基督复临已为期不远。基督复临论源于前美国陆军军官 W. 米勒（1782～1849）所著之千禧年。米勒认为，基督复临时将把圣徒从恶人中分离出来，开始他的千年王国。基督必将于 1844 年 3 月 21 日之前再次临世。那天过后，米勒及其信徒又定了一个日子：1884 年 10 月 22 日。于是出现了所谓"大失望"，1845 年召开基督复临派共同会议进行检讨。米勒派认为是米勒对征兆的解释有误，而上帝已开始"清理天上的圣所"，等他完成这份伟大的工作后才会现身。米勒派于 1863 年正式成立会派，即基督复临安息日会。其他支派还有：基督复临福音会、基督复临会等。基督复临安息日会认为第七日即星期六为安息日，禁食肉类，不用麻醉剂及其他刺激物。

基督会　Christ，Church of　基督教保守派教会。主要存在于美国。各个教会实行自治，没有长老、执事、一位或多位牧师之职。没有全国性执行机构。这些教会源自 19 世纪初期的基督会运动，该运动将《圣经》奉为基督教信仰和礼拜的唯一标准。不断的争论使该运动分裂，基督会指明那些反对成立联合传教组织的教会，并反对在做礼拜时使用乐器演奏音乐。和基督徒教会分开后，基督会继续发展壮大。礼拜仪式包括祈祷、传道、无伴奏唱圣歌和圣餐。

基督会　Disciples of Christ　源于 19 世纪初期美国边疆地区宗教奋兴运动的一个基督教（新教）派别。由托马斯·坎贝尔（1763～1854）和亚历山大·坎贝尔父子（1788～1866）以及 B. W. 斯通（1772～1844）分别建立的宗教运动于 1832 年合并，起名基督会。新会派迅速兴盛，其目标是将根据《新约》的信仰和习俗统一所有基督教徒。这个目标终归失败，而运动本身分成两个派系：较保守的基督教会（拒绝任何没有《新约》根据的发明，包括作礼拜时以乐器伴奏）和基督徒教会（基督会）。20 世纪 20 年代其他的传教事业从基督徒教会分离，1927 年成立北美洲基督教会议。1985 年基督会与联合基督教堂在合一运动的旗帜下结成伙伴关系。基督会传统的唯一组织形式目前仍然是基督会世界大会，组建于 1930 年。

基督降临节　Advent　基督教节期。为教会年的第一季。在这个时期，进行庆祝耶稣诞辰的准备活动。基督降临节始自最靠近 11 月 30 日的星期日，亦被认为是为基督复临做准备的时期。基督降临节的起源不明，但一般认为最早始于 6 世纪。许多国家都有广为流行的民俗来庆祝，如点燃基督降临蜡烛等。

基督教　Christianity　公元 1 世纪由**耶稣**的教诲创立的宗教。此宗教的圣典是《**圣经**》，特别是《新约圣经》。其主要教义是：耶稣是上帝之子（**圣三位一体**的第二位），上帝对这个世界的爱是耶稣存在的必要因素，耶稣为救赎人类而死。基督教原本是犹太人的一种运动，他们接受耶稣是**弥赛亚**，但此运动很快变为非犹太人的信仰。早期教会是由**圣保罗**和其他早期基督教传教士、神学家建立的；在罗马帝国时期受迫害，但**君士坦丁一世**支持它，成为第一个信奉基督教的皇帝。在中世纪和早期的现代欧洲，基督教思想家圣奥古斯丁、圣托马斯·阿奎纳、圣马丁·路德等人为基督教神学的发展做出了贡献。15 世纪起，传教士将这一信仰传播到世界各地。几个主要的分支为：**天主教**、**东正教**和**新教**。几乎所有的基督教教会都有按立的神职人员，这些人通常是（但不全是）男性。神职人员带领集体作崇拜仪式，并在某些教会被视为俗人阶级和神之间的沟通媒介。大多数基督教教会执行两种圣礼仪式：洗礼和圣餐。21 世纪早期全世界大约有 20 多亿基督教教徒，分布于世界各大洲。

基督教妇女禁酒联盟　Woman's Chritian Temperance Union（WCTU）　美国的**戒酒运动**组织。1874 年成立于俄亥俄州克利夫兰。该会通过教育、社会及政治等手段来促成立法。它的主席（1879～1898）F. 威勒德（1839～1898），是一位卓越的演说家及游说者，自世界基督教妇女禁酒联盟创立（1883）起也担任该组织的领导。基督教妇女禁酒联盟在促进全国性的禁酒和最终颁布**禁酒令**方面起到了重要的推动作用。

基督教基要主义　fundamentalism，Christian　基于19世纪千禧年主义在美国兴起的守旧新教运动。认为最重要的是：《圣经》的完全真实，基督即将肉身复临，耶稣是童贞女之子，耶稣复活，以及人和上帝合而为一。19 世纪 80 年代和 90 年代，基要主义在因工人动乱、天主教徒移民和对《圣经》的评注而惊恐不安的新教徒中流传甚广。普林斯顿神学院的学者们作出理智的论证，出版了 12 本小册子（1910～1915）。20 世纪 20 年代，由于对进化论的讲授和对《圣经》评注不满，认为与《圣经》不符，赋予基要主义以发展的动力。20 世纪 30 年代和 40 年代成立了许多基要主义的《圣经》研究所和学院，浸礼会和长老会中的基要主义群体脱离出去另立新教会。20 世纪后期，基要主义者利用电视作为宣讲福音的媒介，并且作为"基督徒权利"在政治上得到发言权。参阅福音主义和五旬节派。

基督教科学派 Christian Science 正式名称 Church of Christ, Scientist。1879 年由 M. B. 艾迪在美国创立的宗教。与其他基督教教派一样，基督教科学派承认神的万能和《圣经》的权威（但并非一字不错），并认为耶稣被钉死在十字架上和复活对人类的救赎是必须的。但与传统基督教不一样的是，承认耶稣的神性，但不认为他是神，并认为创世整体上是超俗性的。罪恶否定了神的主宰权，主张生命源自物质。疾病的精神治疗是从肉体解脱的必要因素。大部分会员拒绝用药医治疾病，加入全天候治疗服务的会员被称作基督教科学派医疗师。星期日由选派的朗读者带领大家阅读《圣经》和艾迪的著作《科学和健康》。

基督教民主联盟 Christian Democratic Union（CDU） 德国政党。主张自由市场经济，有限制的社会福利计划，与美国保持密切关系。1945 年由前魏玛共和国（1919 ～ 1933）政客的一个多元化组织成立，包括旧罗马天主教中央党的激进分子，自由主义和保守主义的新教徒、工人、知识分子，以及部分中产阶级。从 1949 年西德共和国成立起至 1969 年为西德执政党。1982 年在 H. 科尔的领导下再度当政，科尔担任德国总理直至 1998 年。1990 年科尔监督完成了德国的统一。该党是欧洲一体化的强烈的支持者。参阅 K. 阿登纳。

基督教青年会 YMCA 全称 Young Men's Christian Association。以发扬基督徒高尚品德为宗旨的跨教派的非政治性组织。原是 1844 年伦敦的 12 名青年人为提高行业年轻人的灵性修养而成立的一个俱乐部。19 世纪 50 年代在美国波士顿成立第一个这样的俱乐部。基督教青年会的活动内容有体育、野营、正规和非正规教育、公民活动等，此外还经营旅舍、公寓、宿舍和自助食堂。全国委员会是 1855 年成立的世界基督教青年会联盟的成员，总部设在日内瓦。根据 1929 年的《日内瓦公约》，基督教青年会有责任在战俘营中促进教育与文娱设备的添置，现有数十个国家的组织在运作。基督教女青年会（YWCA）1877 年成立于英国，旨在帮助从农村到城市觅工的女青年解决困难；在美国，基督教女青年会于 1906 年成立，旨在争取种族平等。犹太人男女青年会（YM-YWHA）是 19 世纪中期从美国的犹太人文学社发展过来的，全世界约 20 个国家有这个组织。

基督教徒种姓制度 Christian caste 印度基督教徒中保持的社会阶层，这种阶层是以本人或祖先信奉基督教时的种姓等级而定的。印度基督教徒是按地区、教派和种姓划分的。马拉巴沿岸的叙利亚基督徒，可溯自公元 1 世纪的一些皈依基督教但出身高贵并保持中等种姓地位的人士。16 世纪葡萄牙传教士们劝服较低阶层的渔民改信基督教。19 世纪，大批新教传教士到印度传教，并宣传社会改革，结果大多数人教的是社会最底层的人。现在，印度基督徒中的种姓区分正在当代印度基督教徒和其他印度人中间以同样速度瓦解。

基督一性论派 Monophysite heresy（公元 5 ～ 6 世纪） 该派强调基督是具有一神性（即只有一种神性的性质）的，而非半人半神性。5 世纪时出现，虽然 451 年卡尔西顿会议斥之为异端，但受到拜占廷皇帝，如：查士丁二世、狄奥多拉和芝诺的宽容，结果造成东西方正式分裂。几个基督一性论派教会，如科普特正教会，成立于 6 世纪。

基顿 Keaton, Buster（1895 ～ 1966） 原名 Joseph Francis。美国电影演员及导演。与父母一起在歌舞杂耍表演中演出（1899 ～ 1917），逐渐掌握特有的喜剧式的跌倒、精确的时间控制，其永无笑容的脸相则成了他终身的标志。在电影《屠夫的儿子》（1917）中首次演出后，便与"胖子"阿巴克尔合拍了多部短片（1917 ～ 1919）。在成立自己的制作公司（1920 ～ 1928）后，自导自演了几部经典的默片，如《航海家》（1924）、《小福尔摩斯》（1924）、《将军号》（1927）和《汽船小比尔号》（1928）。他为米高梅公司制作了《摄影师》（1928），但由于拒绝对他的影片施加艺术控制，他的事业开始走下坡。随后他出演了《日落大道》（1950）和《舞台灯光》（1952）。从 20 世纪 40 年代晚期他的喜剧演出逐渐重受欢迎，迄今仍被认为是默片时代最伟大的喜剧演员之一。

基多 Quito 厄瓜多尔的首都。位于皮钦查火山（活火山）山麓的一个狭窄的安第斯山谷地（海拔 2 850 米）中。前哥伦布时期为城镇，1487 年并入印加帝国。1534 年西班牙人占领该城，基多是所有南美大陆中最古老的首都，其旧城仍保持着殖民时期的风貌。1552 年方济各会士在该城建立了南美洲第一所艺术学校。基多为全国两个主要工业中心之一，生产纺织品和轻便消费品。设有数所高等教育学校。1978 年，旧城被联合国教科文组织列为世界遗产。人口 1 607 734（2010）。

基恩 Kean, Edmund（1789 ～ 1833） 英国演员。1805 年起在一个巡回演出公司当演员。1814 年由于在《威尼斯商人》一剧中创造性地成功扮演了夏洛克而受到伦敦观众的喝彩。他继续在 W. 莎士比亚的其他剧中扮演反面角色，包括理查三世、埃古和麦克白。他也擅长扮演奥赛罗和哈姆雷特，还有《马耳他的犹太人》里的巴拉巴。虽然人们赞赏他那些热情和激动人心的舞台形象，但由于他在台下的放纵行为，像酗酒和因通奸行为而被起诉（1825），故而并不受欢迎。他的儿子是一个演员经理，因复兴莎士比亚的戏剧而闻名。

E. 基恩，铅笔画，S. 卡曾斯绘于 1814 年；伦敦国立肖像画陈列馆藏

By courtesy of the National Portrait Gallery, London

基尔 Kiel 德国北部石勒苏益格-荷尔斯泰因州首府。为基尔运河东端港口，建于 1242 年。1284 年加入汉萨同盟，1773 年成为丹麦的一部分。1866 年石勒苏益格-荷尔斯泰因划归普鲁士，1917 年基尔成为它的首府。为一重要的海军基地，第二次世界大战期间成为盟军轰炸的目标。有圣尼古拉教堂（约 1240）、公爵宫（约 1280）和基尔克里斯蒂安-阿尔布雷希茨大学（1665）。人口约 232 242（2002）。

基尔比 Kilby, Jack（St. Clair）（1923 ～ 2005） 美国发明家。曾就读于威斯康星大学。1958 年加入得州仪器公司，他制造出了第一块集成电路，在这块电路中，所有的器件都被组合到一个半导体材料上。他还与人共同发明装有热感式打印机的手持计算器，用于可携式数据终端机。他拥有 60 个以上的专利，获得国家科学奖章（1970）、京都奖（1993），2000 年与 H. 克勒默、Z. 阿尔费罗夫共获诺贝尔物理奖。

基尔库克 Kirkuk 伊拉克东北部城市。位于巴格达北面，是 20 世纪第一个发现石油的阿拉伯地区。第二次世界大战期间阿拉伯势力夺回了这个城市（1941），后被英国夺取。为贸易和出口中心，也是伊拉克石油工业的中心，有输油管连接到的特里波利和土耳其沿岸的尤穆尔塔勒克。人口 750 000（2003）。

基尔特 guild 为了互助及促进行业的利益而形成的一种协会。11 ～ 16 世纪盛行于欧洲。通常有两种类型：商人基尔特和工匠基尔特。商人基尔特为某一城镇或城市的全体商人的协会；工匠基尔特则是职业协会，通常由某一行业的全体工匠组成（例如织布工、油漆匠、金工）。其职能包括实行垄断，制定商品品质标准，维持稳定价格，并力图对地方政府实施影响以增进会员的利益目标。工匠基尔特还依训练的水平建立工匠的等级制（如师傅、熟练工和学徒）。

基尔特社会主义 Guild Socialism 又译"行会社会主义"。主张由工人通过全国性基尔特体系支配工业的运动。这些全国性基尔特在内部按民主原则组织，主张工业归国家所有。最初在英国发展起来，1906 年由 A. J. 彭蒂出版的《基尔特制度的恢复》所提出。1915 年成立全国基尔特联盟。第一次世界大战期间，左翼行业工会代表运动的兴起和战后为国家盖房的建筑基尔特大大地促进了基尔特社会主义。1921 年经济衰退后，国家撤回财政援助,该运动垮台。全国基尔特联盟于 1925 年解散。

基尔希纳 Kirchner, Ernst Ludwig(1880 ～ 1938) 德国画家、版画家和雕塑家,表现派团体桥社的创设人之一。其高度个性化的风格受到A. 丢勒、E. 蒙克以及非洲和波利尼

E. L. 基尔希纳绘《柏林街头》(1913),油画;现藏纽约市现代艺术博物馆
By courtesy of the Museum of Modern Art, New York City

西亚艺术的影响,以表现心理紧张和色情著称。他使用简单、有力的作画方式,常用炫目的颜色创作出紧张、有时是恐吓性的作品,就像他的两幅《柏林街头》(1907,1913)所表现的那样。由于高度紧张加上经常忧郁,当纳粹宣布他的作品"颓废"后,自杀身亡。

基费尔 Kiefer, Anselm(1945 ～) 德国画家。1970 年随概念派艺术家 J. 博伊斯学习。在诸如《德国神圣英雄》(1973)这样的大型绘画作品里,使用各种视觉抽象图形、阴沉忧郁的颜色以及粗糙单纯的构图,对德国悲剧性的过去作了讽刺和挖苦。他在 80 年代所作的许多作品中采用了透视手法和不平常的结构,表现出强烈的实体感。

基辅 Kiev 乌克兰语作 Kyiv。乌克兰首都。位于第聂伯河畔,始建于 6 或 7 世纪,到 9 世纪后期,当地亲王扩大了他们的领土,建立基辅罗斯国。1240 年被金帐汗国的鞑靼人摧毁,重建后先后处于立陶宛人、波兰人和哥萨克人的统治之下。1793 年并入俄国,1934 年成为乌克兰苏维埃社会主义共和国的首都,1991 年乌克兰独立后仍是该国的首都。为重要工业城市,也是教育和文化中心,设有乌克兰国立大学和乌克兰科学院。人口约2 745 006(2008)。

基辅罗斯 Kievan Rus 第一个东斯拉夫国家。由诺夫哥罗德的统治者维京人奥列格(约 879 年开始统治)所建。奥列格曾夺取斯摩棱斯克和基辅(882),基辅后来成为基辅罗斯的首府。他扩张版图,联合当地的斯拉夫人与芬兰部落,击败哈扎尔人,911 年与君士坦丁堡达成贸易协议。10 ～ 11 世纪基辅罗斯在弗拉基米尔一世和雅罗斯拉夫的统治下,国势达到巅峰,当时基辅成为东欧主要的政治与文化中心。在雅罗斯拉夫于 1054 年死后,他的儿子阋墙相争使这个帝国四分五裂,13 世纪蒙古人决定性的征战结束了这个帝国的政权。

基加利 Kigali 卢旺达首都。位于该国中部。德国殖民统治时期(1895 年后)为贸易中心,比利时殖民时期(1919 ～ 1962)是地区中心。1962 年卢旺达独立时定为首都。20 世纪 90 年代这个快速成长的城市受到该国政治动乱的负面影响。人口603 049(2002)。

基金会 foundation 具有由捐赠者提供的资产,由自身的职员管理,其收入用于社会有益用途的非政府、非营利组织。基金会的组织可远溯到古希腊。19 世纪后期开始有大型基金会的建立,通常都是来自富有企业家的财产,具有广泛的用途和极大的行动自由。现代的基金会可分为社会的(有许多捐赠者资助,设于某一特定社区)、社团举办的和独立的。著名的基金会有史密森学会(1846)、纽约卡内基公司(1911)、洛克菲勒基金会(1913)、福特基金会(1936)等,这些都是世界最大的基金会。

基克拉泽斯 Cyclades 希腊语作 Kikládhes。希腊一州,由爱琴海南部约 30 个岛屿组成,首府埃尔穆波利斯。其名意为"环状群岛",因为这些岛屿围绕神圣的提洛岛大致形成一个圆圈。主要岛屿有:安德罗斯岛、蒂诺斯岛、纳克索斯岛、阿穆尔戈斯岛、米洛斯岛、帕罗斯岛、锡罗斯岛、凯阿岛、基斯诺斯岛、塞里福斯岛、伊奥斯岛和锡拉岛等。曾为青铜时代基克拉泽斯文化的中心,以白色大理石神像著称。公元前第 2 千纪属于迈锡尼文化。公元前 10 ～前 9 世纪爱奥尼亚人向该岛殖民,其后先后为波斯、雅典、埃及托勒密王朝和马其顿占据。13 世纪初受威尼斯统治,在 16 ～ 18 世纪的不同时期沦入土耳其人手中,1829 年成为希腊的一部分。现在经济以旅游业为基础,出口葡萄酒、皮革、瓷器和手工艺品。陆地总面积2 528平方千米。

基库尤人 Kikuyu 居住在肯尼亚中南部靠近肯尼亚山的高原地区操班图语的人。人数超过600 万,是肯尼亚最大的族群。传统上他们各自住在自己的家庭宅院内,但在茅茅运动时期,英国殖民政府出于安全目的把他们迁到村庄里,这项安排后来成了永久性的措施。传统经济以锄耕农业为主,种植小米和其他作物,主要的现代经济作物有咖啡、玉米以及水果和蔬菜。许多基库尤人在政府部门中任职。

基拉韦厄 Kilauea 美国夏威夷火山国家公园内冒纳罗亚山东侧的火山口。是世界最大的活火山口,长约 5 千米,宽 3. 2 千米,深 150 米,海拔1 250米。底板上有称为哈勒冒冒坑的排放口,是传说中女火神佩利的家。基拉韦亚频繁的喷发通常限于排放口的范围内,形成一个沸腾的熔岩湖,有时熔岩会溢流出去。自 1983 年以来,一系列的喷发形成一条熔岩河,一直流到 48 千米外的大海。

基里巴斯 Kiribati 全称 Republic of Kiribati(基里巴斯共和国)。中太平洋岛国,包括 33 个岛屿。有 3 个主要岛群:吉尔伯特群岛、菲尼克斯群岛和莱恩群岛(3 个莱恩群岛的岛屿除外,它们属美国的领土);基里巴斯还包括巴纳巴岛,前吉尔伯特和埃利斯群岛殖民地的首府。面积:811 平方千米。人口:约109 000(2013)。首都:拜里基(行政)、昂波(立法)、贝蒂欧岛(司法),位于南塔拉瓦环礁上。原住民多为密克罗尼西亚人。语言:英语(官方语言)和吉尔伯特语。宗教:基督教(多为天主教,也有新教)和巴哈教。货币:澳大利亚元。除巴纳巴外(为珊瑚岛且较高),所有岛屿都由沉在水里的火山链爆发形成的低矮珊瑚礁,且被环礁包围。仅 20 个岛屿有人居住;几乎所有的人口都住在吉尔伯特群岛。经济以自给农业和渔业为基础。该国是共和国,有一个立法机构。国家元首暨政府首脑是总统。公元 1 世纪前操澳斯特罗尼西亚语的人来此定居。斐济人和汤加人在 14 世纪来此。1765 年英国指挥官 J. 拜伦发现尼库瑙岛。1837 年首批欧洲永久定居者抵达。1916 年吉尔伯特和埃利斯群岛和巴纳巴岛成为英国殖民地;菲尼克斯群岛于 1937 年加入。莱恩群岛的大部分亦于 1972 年加入殖民地,但 1976 年埃利斯群岛分出,并于 1978 年成立图瓦卢国。1977 年殖民地成立自治政府,后于 1979 年组成基里巴斯共和国。基里巴斯于 2004 年首次参加在雅典举办的夏季奥运会。

基列 Gilead 约旦河以东古代巴勒斯坦地区,相当于今约旦西北部。北临耶尔穆克河,西南接古时称为"摩押平原"的地方。有时"基列"一词用来泛指约旦河以东全部地区。该名最先出现在《圣经》关于雅各和拉班最后一次会见的记载中(《创世记》第 31 章第21 ～22 节)。这里曾是基甸与米甸人交战的战场,也是先知以利亚的故乡。

基卢瓦岛 Kilwa (Kisiwani) 以前的伊斯兰城邦,位于今坦桑尼亚南部海岸外的一个岛上。10 世纪后期由阿拉伯和伊朗移民建立,为非洲东岸最活跃的商业中心之一。16 世纪被葡萄牙人占领后,其重要性逐渐下降,最后被废弃。现有大面积废墟,包括不少清真寺、一座葡萄牙的堡垒以及 13 ～ 14 世纪的宫殿。今坦桑尼亚沿海的现代基卢瓦镇,可能是该岛的移民在 19 世纪早期建立的。

基涅武甫 Cynewulf(活动时期 8 或 9 世纪) 又作 Cynwulf 或 Kynewulf。盎格鲁-撒克逊诗人,为保存于 10 世纪末手抄本中的 4 首古英语诗歌的作者。这 4 首诗是:《埃琳娜》,叙述圣海伦娜的故事;《使徒们的命运》,描述十二使徒的传教活动及其死难情节;《基督升天》,为不同作者所作三部曲的一部分;《朱莉安娜》,讲的是圣朱莉安娜生平。除根据《埃琳娜》中一段韵诗证明作者是诺森伯里亚人或麦西亚人外,我们对作者一无所知。编入诗中的古北欧字符,人们认为是他的名字的拼写。

基钦纳 Kitchener, H(oratio) H(erbert) (1850 ～ 1916) 后称 Earl Kitchener (of Khartoum and of Broome)。英国陆军元帅、皇家行政长官。原本担任皇家工兵军官,后在中东和苏丹任职,1892 年被任命为埃及陆军总司令。1898 年在恩图曼战役中,击溃马赫迪派运动的暴动分子;并强迫法国在法绍达事件上让步。1899 年加入南非战争担任参谋长,一年后成为总司令。战争最后的 18 个月期间,他为了对抗游击队,不惜采取残酷手段,诸如焚烧布尔人的农庄、将布尔人的妇女和儿童赶进集中营。后来被派至印度,重新整编军队。和印度总督寇松间的失和导致后者于 1905 年辞职。1911 年回到喀土木担任埃及和苏丹的总督。第一次世界大战时出任战时国务大臣,他组织军队,其规模在英国史上前所未有,并使之成为英国获胜意志的象征。基钦纳在前往俄国途中,巡洋舰遭德国水雷击没而溺毙。

基桑加尼 Kisangani 1966 年以前称 Stanleyville(斯坦利维尔)。刚果民主共和国东北部城市,是该国仅次于金沙萨的第二大内陆港。位于刚果河畔博约马瀑布下游。1883 年由欧洲人建立,原称瀑布站,后改称斯坦利维尔(以纪念 H. M. 斯坦利)。自 19 世纪末以来,一直是刚果北部的主要中心城市。设有基桑加尼大学(1963)和其他高等教育机构。人口约682 599(2004)。

基什 Gish, Lillian (Diana) (1893 ～ 1993) 美国电影和舞台剧女演员。生于俄亥俄斯普林菲尔德。5 岁登台,常与其妹多罗西(1898 ～1968)一起在百老汇演出,并随巡回剧团在全国演出。D. W. 格里菲思聘请姊妹俩在《看不见的敌人》(1912)里扮演主角,开启了她们的电影事业。她以《一个国家的诞生》(1915)一片而蜚声国际,并在其他格里菲思的影片,如《被摧残的花朵》(1919)、《走向东方》(1920)和《暴风雨中的孤儿》(1921)中,扮演女主角,很有光彩。在 20 世纪 20 年代,多罗西是颇受欢迎的轻松喜剧明星,但其姐持久的名气使她的事业相形见绌。在卖座片《波希米亚人》、《红字》(皆为 1926 年)之后,基什的电影生涯开始衰落,重回舞台演出《万尼亚舅舅》(1930)、《哈姆雷特》(与 J. 吉尔古德合演,1936)、《伴父生涯》(1940)和《丰富之旅》(1953)等作品。重返影坛后拍摄了《猎人之夜》(1955)、《婚礼》(1978)和《八月的鲸》(1987)。

基什 Kish 美索不达米亚古城邦,在今伊拉克中南部巴比伦以东。在幼发拉底河尚未改道以前,基什位于该河河畔。城市废墟可追溯到公元前第 4 千纪和苏美尔文化,还发现有萨尔贡一世的宫殿及尼布甲尼撒二世的庙宇等考古证据。

基特-卡特俱乐部 Kit-Cat Club 18 世纪初英国辉格党领袖在伦敦成立的一个协会。其成员主要有 R. 斯梯尔、J. 艾迪生、W. 康格里夫,以及一些政治人物如 R. 沃波尔和马尔伯勒公爵。他们首次聚会是在克里斯托弗·卡特的酒馆,该酒馆的羊肉派就称为 kit-cat。42 名成员的肖像都由 G. 内勒(1646 ～ 1723)绘制,肖像画采用的特殊画布尺寸(36×28 英寸)后来也称 kit-cat。

基韦斯特 Key West 美国佛罗里达州西南部城市。为美国大陆最南的城市,位于佛罗里达群岛西部的一个岛上,岛长 6.5 千米,宽 2.4 千米。其名称是英语 Cayo Hueso(骨岛)的讹误,因西班牙探险者在这里发现人类遗骨而得名。1822 年岛上建立美国海军兵站,作为对付海盗的基地。现为冬季度假区,旅游业发达。许多作家和艺术家曾在这里居住,其中 E. 海明威和J. J. 奥杜邦的故居都得到很好保护。人口25 000(1996)。

基伍湖 Kivu, Lake 东非中部湖泊。位于卢旺达和刚果民主共和国(扎伊尔)之间,面积2 700平方千米,长 90 千米,宽 48 千米,最深达 475 米。湖中有许多岛屿,它原是一个更大的水域的一部分,后来火山的喷出物堆积在它的北岸,形成一道水坝而把它与爱德华湖分开。

基希纳乌 Chisinau 旧称 Kishinev(基什尼奥夫,1812 ～ 1918,1940 ～ 1991)。摩尔多瓦首都。濒临德聂斯特河的支流。15 世纪由摩尔达维亚统治,16 世纪被奥斯曼土耳其人占领,1812 年割让给俄国。从 1918 年起该市受罗马尼亚的控制,1940 年归还给苏联,成为新成立的摩尔达维亚苏维埃社会主义共和国的首府。该市现在是商业中心,有一所大学。人口约598 000(2004)。

基辛格 Kissinger, Henry A(lfred) (1923 ～) 德国出生的美国政治学者、外交政策顾问(1969 ～ 1976)。1938 年随全家移民美国,后在哈佛大学任教,1959 ～ 1969 年任该校国防研究计划主任。1968 年 R. 尼克松总统任命他为国家安全事务助理,并任国家安全委员会执行秘书(1969 ～ 1975),后任国务卿(1973 ～ 1977)。他提出对付苏联的缓和,促成限制战略武器谈判协议的签署。他还促成了与中国共产党的第一次官方接触。尽管他最初在越南问题上主张强硬政治路线,但他参与结束越南战争的停火协议的谈判,为此他在 1973 年与黎德寿一起获得诺贝尔和平奖(后者拒绝接受)。离开公职后成为国际顾问、演讲家和作家。

基亚罗斯塔米 Kiarostami, Abbas(1940～) 伊朗电影导演。1969 年受雇于"青少年心智发展协会"成立电影部门。该机构曾推出他执导的第一部抒情短片《面包与小巷》(1970),这部短片描写出他拍片的要素:即兴表演、纪录片题材、和真实生活的律动。他的第一部影片《旅人》(1974)描述的是一个青少年的烦恼。20 世纪 80 年代创作考察伊朗学童生活的纪录片。他通过 90 年代如《特写镜头》(1990)之类的影片揭开电影和真实生活之间的重叠部分。电影《白气球》(1995)通过一个 7 岁小女孩的眼光来看德黑兰的生活,获得国际影评家的赞赏。

基因 gene 在染色体上占据固定位置的遗传单位。基因借着主导蛋白质合成而达到它们的功效。它们由脱氧核糖核酸(DNA)组成,只在某些含核糖核酸(RNA)的病毒中例外。脱氧核糖核酸串上的氮基排序决定了遗传密码。在需要特定基因的产物时,包含那种基因的脱氧核糖核酸分子的部分裂开,形成所谓信息核糖核酸(mRNA)的核糖核酸互补串,接着将之传递至核糖体,在此合成蛋白质。转移核糖核酸(tRNA)是第二种核糖核酸,借着特定的氨基酸而配上信息核糖核酸,连环结合而形成多肽链,即蛋白质的构成体。实验显示,细胞内的许多基因在大部分时间或所有时间是被动的,但它们能被"打开"或"关闭"。突变发生于基因之基质顺序或数目错乱的时候。参阅遗传工程、遗传学和人类基因组计划。

基尤植物园 Kew Gardens 全称 Royal Botanic Gardens, Kew(基尤皇家植物园)。位于伦敦泰晤士河畔里士满自治市前皇家种植园基尤旧址。1759 年威尔士亲王遗孀、乔治三世的母亲奥古斯塔划出她的部分地产辟为植物园。在 J. 班克斯的非正式领导下,植物园成为一所出色的科学机构。1840 年植物园被捐献给国家,在 W. J. 胡克(1785 ～ 1865)爵士的领导下,成为世界上最好的植物园。如今园内共有 5 万多种植物,有一个拥有 500 多万种干样本的植物标本室,还有一个藏书超过 13 万卷的图书馆,3 个主要展出经济作物产品的陈列馆,一个植物遗传学和分类学实验室。

基路伯 cherub 犹太教、基督教和伊斯兰教经籍中长有翅膀的天使,形状似人或似鸟兽。在《旧约》中,他们被描述为上帝宝座的载负者。在基督教中,他们是较高级的天使,在上帝面前侍立,不停地赞美上帝。在绘画中,他们常被描绘成带翅膀的婴儿。参阅撒拉弗。

激光器 laser 产生强相干涉光束(光波间有恒定相位差的光)的器件。laser 一词为 light amplification by stimulated emission of radiation 几个英语单词的首字母拼成,描述了它的光束是如何产生的。第一支激光器是 T. 梅曼(1927 年生)在 C. H. 汤斯先前的工作基础上于 1960 年用一段红宝石棒制作出来的。从一个闪光灯发出波长合适的光,将红宝石的原子激发到更高的能级。受激的原子很快衰退到较低的能级(通过声子反应),然后逐渐回到基态,同时发出一定波长的光。光会在红宝石棒两个抛光好的端面上来回反射,刺激进一步的发射。在显微手术、激光唱片播放机、通信和全息摄影中激光都有很高价值的应用;激光还可以用来在硬质材料上打孔,在隧道掘进时对准,用于远距离的测量以及绘制细节精确的地图等。

激素 hormone 又译荷尔蒙。在多细胞生物某个部分制造的有机化合物(通常是类固醇或肽),前往另一个部分产生作用。激素调节生理活动,如脊椎动物的生长、生殖及内环境恒定;昆虫幼虫(参阅幼体)的蜕皮与维护；植物的生长、芽休眠及落叶。大多数脊椎动物的激素来自于专门的组织（参阅腺体），通过血液循环被带往靶细胞或组织。哺乳动物有许多激素，如促肾上腺皮质激素（ACTH）、性激素、甲状腺素、胰岛素和肾上腺素。昆虫的激素有蜕皮素、促胸素和保幼素。植物激素有乙烯、脱落素、生长素、赤霉素和细胞分裂素。

及时化制造 just-in-time manufacturing（JIT） 一种生产控制系统。由丰田汽车公司首先开发，并推广到西方世界，在某些产业造成制造方法的革命。大部分的原料都依赖每日配送供给，有效减少了过量生产的浪费，也降低了仓储的成本。供给线受到严密的监控，并且能快速应变，以应付随时改变的需求量，因此也需要小型而精确的供给配送系统。因为没有备料，所以零部件必须零缺陷。完全采用及时化制造概念的工厂，需要有一组后勤人员为生产编排时程，使工厂的产能及获得零部件的可能性与产出的需求量达到均衡状态。在大型汽车制造厂及时化实行得最有效，他们有数千个供应商，这些供应商将零件送到100家零部件装配工厂，再把这些部件送到20条装配线。

吉贝尔蒂 Ghiberti, Lorenzo（约1378～1455） 活跃在佛罗伦萨的意大利雕刻家、金饰匠和设计师。曾受过金匠和画师的训练。1402年胜过布鲁内莱斯基，得到制作佛罗伦萨大教堂洗礼堂青铜双扉大门的委托，这项殊荣使他得到公认和成名；制门工作从1403年开始，延至1424年才完工。1425年受托制作第二组大门，即著名的天堂之门，1452年完成。第一组大门的浮雕作品属意大利哥特式风格；第二组作品被认为是意大利文艺复兴时期艺术的最佳典范。他的其他作品包括：圣米什莱教堂的3项青铜雕像（1413～1429）和锡耶纳大教堂洗礼堂的两件浮雕（1417～1427）。其大型作坊里有许多助手，包括多那太罗和P.乌切洛。其著作论述艺术史和艺术理论，并附有现存最早的艺术家的自传。

吉本 Gibbon, Edward（1737～1794） 英国历史学家。在牛津大学和瑞士受教育，早期著作用法语写作。在伦敦时成为以S.约翰逊为首的杰出的知识界的一员。在罗马旅行期间开始产生写作罗马城市历史的念头。他的《罗马帝国衰亡史》（6卷，1776～1788）记述从公元2世纪起到1453年君士坦丁堡陷落为止的历史。该书的结论虽被后来的学者修正，但他的洞察力、对历史的透彻分析、出色的文学风格，使这部著作拥有用英语书写的最伟大的历史著作的声誉。

吉卜林 Kipling, (Joseph) Rudyard（1865～1936） 英国小说家、诗人。生于印度，博物馆馆长之子，他在英国长大但又回到印度担任新闻工作者。他很快因几本故事集成名，（1888，包括《将成为国王的人》）和后来的诗集《军营歌谣》（1892，包括《贡嘎丁》和《曼德勒》）。在美国居住期间，出版了《消失的光芒》（1890）；两本《丛林故事》（1894和

吉卜林
Elliott and Fry

1895），是关于印度丛林中长大的野蛮男孩毛格利的故事，被认为是儿童读物的经典著作；冒险故事《勇敢的船长们》（1897）和《吉姆》（1901），是有关印度的最佳小说之一。他另外还写了6本短篇故事集和其他诗集。他的儿童读物还包括著名的《原来如此的故事》（1902）和童话故事集《普克山的帕克》（1906）。在《斯托基公司》（1899）一书中描写了他在寄宿学校读书的情景。他的诗歌常有强烈的韵律，大部分是故事性的歌谣。吉卜林于1907年获诺贝尔文学奖。第一次世界大战时他被视为帝国主义侵略分子，战后他的杰出名声因而衰落。

吉布里勒 Jibril 又拼Jabrail。伊斯兰教中的天使长，在安拉与人之间充当媒介，将启示传达给穆罕默德和以前的先知。在《圣经》中与他相对应的是加百列。吉布里勒在危急时帮助穆罕默德，并帮他登霄。根据穆斯林的传说，亚当被驱逐出天堂后，吉布里勒就来到他的面前，教他书写、种植麦子和制作铁器。他还帮助摩西把以色列人从埃及解救出来。

吉布森 Gibson, Eleanor J(ack)（1910～ ） 原名Eleanor Jack。美国心理学家。生于伊利诺伊皮奥里亚。曾任教于史密斯学院（1931～1949）和康奈尔大学（1949年起）。主要著作《知觉学习与发展的原理》（1969），提出知觉学习是一个发现如何将先前被忽视的感官刺激潜质转换成有用信息的历程。在《阅读心理学》（1975）等书中，她也致力于研究阅读过程。1992年获颁国家科学奖章。J.J.吉布森是她的丈夫。

吉布森 Gibson, James J(erome)（1904～1979） 美国心理学家和哲学家。生于俄亥俄州麦克康奈尔斯维尔。曾任教于史密斯学院（1928～1949）及康奈尔大学（1949～1972）。他最广为人知的是他对唯实论的拥护，以及他为阐述这个观点而做的许多有关视觉的实验研究。在第一本重要著作《对视觉世界的知觉》（1950）中，他认为知觉并不需要联想或信息处理作为中介，而是直接发生的。他主张考察有机体的动态世界，以寻找能阐明该世界状态的信息。他在《感官作为知觉系统》（1966）以及《视觉研究的生态学方法》（1979）等书中发展他的观点。他的追随者组成了"国际生态心理学协会"。E.J.吉布森是他的妻子。

吉布森 Gibson, Mel(Columcille)（1956～ ） 美国出生的澳大利亚电影演员。12岁时与家人移居澳大利亚。1977年首次在银幕亮相后，在未来动作电影《冲锋追魂手》（1979）担纲演出，赢得大批的观众；后又演出续集《冲锋飞车队》（1981）及《冲锋飞车队第二集》（1985）。他在《加里波底》（1981）、《危险年代》（1983）及《叛逆巡航》（1984）中的演出获得国际影坛肯定，随后在《致命武器》（1987）及续集（1989、1992、1998）饰演强悍的警察更让他声名大噪。他后来作导演，自导、主演的作品包括《真爱》（1993）和《英雄本色》（1995，获奥斯卡最佳影片和最佳导演奖）。

吉布森沙漠 Gibson Desert 澳大利亚西澳大利亚州中东部干旱沙丘地区，位于大沙沙漠之南。现为吉布森沙漠自然保护区，有许多沙漠动物。面积约186 000平方千米。以19世纪70年代在这里失踪的探险家A.吉布森的名字命名。

吉布提 Djibouti 全称Republic of Djibouti（吉布提共和国）。旧称French Territory of the Afars and Issas（法属阿法尔和伊萨领地，1967～1977）。非洲东部国家。临红海出入口亚丁湾。面积：23 200平方千米。人口：约861 000（2013）。首都：吉布提。大约一半人口是伊萨人及其同源的索马里人。阿法尔人约占1/3，其余包括也门阿拉伯人和欧洲人（法国人居多）。语言：法语和阿拉伯语（均为官方语言）。宗教：伊斯兰教（主要为逊尼派）。货币：吉布提法郎。吉布提分为3个主要地区：海岸平原，中、南部的火山高地以及北部的高山地带。其中穆萨山海拔2 028米。土地主要是沙漠，炽热、干燥且荒芜，没有耕地。吉布提经济属开发中的市场经济，几乎完全以贸易和服务业为基础，以吉布提市为中心。吉布提是多党制共和国，一院制。国家元首暨政府首脑是总统，总理辅助执政。阿法尔人的祖先阿拉伯人定居在此地。后来索马里的伊萨人来此居住。公元825年伊斯兰教传入该地区。阿拉伯人曾控制此地区贸易直到16世纪。19世纪成为法国的保护国。1946年成为法国海外领地，1967年称法属阿法尔和伊萨领地，1977年获得独立。20世纪末21世纪初，该国接收了来自邻国的大量难民。吉布提于1984年首次参加在洛杉矶举办的夏季奥运会。

吉布提 Djibouti 吉布提共和国城市、主要港口和首都。在亚丁湾的塔朱拉湾南岸。1888年由法国兴建，1892年成为法属索马里兰首都。1917年有铁路通往亚的斯亚贝巴，1949年成为自由港。后成为全国经济中心，是埃塞俄比亚与红海之间贸易的转运港。修建于海拔高度不等的3个地区，由防波堤相连。20世纪80年代和90年代，以及21世纪由于干旱及战争，大批难民从邻国涌入吉布提，使当地人口大增。人口约325 000

(2006)。

吉达 Jiddah 又作 Jeddah。沙特阿拉伯西部城市。濒临红海，是主要港口，也是国家的外交都城。它的名字(意思是"女祖先"或"祖母")取自当地的夏娃墓。1928 年夏娃墓被沙特政府摧毁。吉达一直是穆斯林朝圣者到圣城麦加和麦地那的入口。1916 年前属奥斯曼帝国，第一世界大战期间(1914～1918)向英国军队投降。1925 年被部族领袖伊本·沙特占据，1927 年被并入沙特阿拉伯。人口约2 801 481(2004)。

吉大港 Chittagong 孟加拉国城市、印度洋的主要港市。为该国第二个最重要的工业城市，有黄麻厂、工程工厂和一家大型炼油厂。10 世纪时阿拉伯船员知悉该地，14 世纪被穆斯林征服，17 世纪孟加拉总督占领该地。1760 年割让给英属东印度公司，1864 年建市。1971 年印巴冲突期间受损严重，港口设施现已重建。市内有吉大港大学(1966 年成立)。人口：市区约2 199 590；都会区约3 361 244(2001)。

吉尔伯特 Gilbert, Humphrey(1539？～1583) 后称 Sir Humphrey。英国军人和航海家。W. 雷利的同母兄弟。1566 年在一篇论文中建议进行一次航行，寻找从英国通往远东的西北航道遭伊丽莎白一世拒绝，并被派往爱尔兰(1567～1570)，到那里残酷地镇压了一次叛乱，为此受封为爵士。1578 年由 7 艘船组成探险队起航，意图在北美开拓殖民地。但他缺乏领导能力，有的船漂回英国，其他船改成海盗船。1583 年再度出海，航行到纽芬兰，宣布该地为英国女王所有。

吉尔伯特 Gilbert, W(illiam) S(chwenk)(1836～1911) 英国歌剧歌词作家。原欲从事律师业，但 1861 年开始发表打油诗，自绘插图，署名"巴伯"。1870 年结识 A. 沙利文，两人很快写出喜歌剧《泰斯庇斯》(1871 年初演)和《陪审团的审判》(1875)。此后，由R. D. 卡特(1844～1901)导演他们的四部作品：《魔法师》(1877)、《英舰"国裙号"》(1878)、《彭赞斯的海盗》(1879)和《忍耐》(1881)。卡特为上演其剧作于 1881 年建萨伏依剧院。这些剧作人称"萨伏依歌剧"，其中有《伊奥兰瑟》(1882)、《艾达公主》(1884)、《日本天皇》(1885)、《禁卫队》(1888)以及《威尼斯的船夫》(1889)等。他与沙利文之间日益加剧的紧张气氛导致两人分手，但 1893 年再度合作，写出《乌托邦有限公司》，后又写出《大公》(1896)。为救一落水妇女，吉尔伯特心脏病发作而去世。他的抒情诗包括一些用英语写成的最佳打油诗。

吉尔伯特群岛 Gilbert Islands 由 16 座环礁组成，位于太平洋西部，系基里巴斯的一部分。总面积 272 平方千米，塔拉瓦环礁是最大岛屿。18～19 世纪英国人造访此地。1892 年英国宣布其为保护领地。1916 年成为吉尔伯特和埃利斯群岛直辖殖民地。1941～1943 年被日本占领。1976 年成为单独的领地。1979 年组成独立的基里巴斯共和国。人口83 683(2005)。

吉尔古德 Gielgud, (Arthur) John(1904～2000) 后称 Sir John。英国演员和导演。1921 年在伦敦首次登台演出，1929 年加入老维克剧团，因演出莎士比亚的一系列戏剧而成名，特别是哈姆雷特和理查二世等角色。还出色地演出过各种各样的戏剧作品，如《造谣学校》、《认真的重要》、《海鸥》和《小小艾丽丝》等。20 世纪 40 年代执导过好几个保留节目汇演大季，并以个人朗诵剧《男人的时代》(1958～1959)在世界各地巡回演出。1924 年起在英国和美国拍过多部电影，如《亚瑟》(1981，获奥斯卡最佳男配角奖)、《甘地》(1982)、《魔法师的宝典》(1991)和《阳光》(1996)。在几乎 70 年中，他被认为是使用英语的最伟大演员之一。

吉尔吉斯斯坦 Kyrgyzstan 全称 Kyrgyz Republic(吉尔吉斯斯坦共和国)。亚洲中部国家，东南部的科克沙尔陶岭山脉为天山山脉的一部分，构成与中国的边界。面积：199 945平方千米。人口：约5 628 000(2013)。首都：比什凯克。约有 2/3 的人口是吉尔吉斯人，其余的绝大多数是俄罗斯人和乌兹别克人。语言：吉尔吉斯语和俄语(均为官方语言)。宗教：伊斯兰教(多数为逊尼派)和基督教。货币：松姆。吉尔吉斯斯坦是一个多山国家，在东端耸立着全国最高峰胜利峰，海拔 7 439 米。该国的谷地和平原仅占全国的 1/7，但大部分的人口集中于这些地方。经济主要以农业为主，包括牲畜饲养以及种植谷类、马铃薯、棉花和甜菜等作物。金矿以及食品加工、机械生产等工业也很重要。该国为单一制多党制共和国，两院制。国家元首暨政府首脑是总统，由总理辅佐。吉尔吉斯人是中亚的游牧民族，古代曾定居于天山地区。1207 年被成吉思汗的儿子术赤所征服。18 世纪中叶纳入中国清朝的版图。19 世纪俄国控制该地区，1916 年发生长期反叛俄国(后来是苏联)的暴动，遭到一段长期的镇压。1924 年成为苏联的自治省，1936 年设为吉尔吉斯苏维埃社会主义共和国。1991 年获得独立。此后在民主道路上奋斗不懈，努力缔造稳定的经济。该国于 1994 年首次参加在挪威利勒哈默尔举办的冬季奥运会，但在这之前吉尔吉斯斯坦曾派运动员代表苏联和独联体参加过往届奥运会。

吉尔伽美什 Gilgamesh 古代阿卡得语书写的《吉尔伽美什史诗》中的英雄。这首史诗是古代美索不达米亚最伟大的文学作品，在古尼尼微城内亚述国王亚述巴尼拔的图书馆中所发现的 12 块残缺泥版中人们才得知这首史诗；在其他地方发现的残片足资补充。主要人物吉尔伽美什可能就是公元前 3000 年前半期统治乌鲁克的吉尔伽美什。史诗称吉尔伽美什精于土木，勇于争战，他拒绝了爱情女神伊什塔尔的求婚。吉尔伽美什得朋友和伴侣恩奇杜之助，将伊什塔尔派来毁灭他的神牛杀死。恩奇杜的死使吉尔伽美什冒险出走，寻访经过巴比伦洪水而仍健在的乌特纳庇什廷，请教如何避免一死。他遵照乌特纳庇什廷的指示找到返老还童的植物，但被蛇所夺。史诗结尾叙述恩奇杜亡魂重返人间，叙述了下界的阴惨状况。

吉尔曼 Gilman, Charlotte (Anna) Perkins (Stetson)(1860～1935) 美国妇女运动理论家、作家和演说家。生于康涅狄格哈特福德。以发表有关妇女、伦理、劳工及社会等题目之演说而闻名于世。在其名作《妇女与经济》(1898)中，她提出：世人对妇女的性角色及母亲责任过分强调，有损于妇女的社会能力与经济才能的发展；并提出妇女唯有经济独立，才能获得真正的自由。其他著作还有著名短篇故事《黄色的糊墙纸》(1899)、自传《夏洛特·珀金斯·吉尔曼生活史》(1935)。

吉拉尔东 Girardon, François(1628～1715) 法国雕刻家。生于特鲁瓦。曾在特鲁瓦和罗马学习，1657 年成为法国皇家绘画雕刻学院院士。1666 年为凡尔赛宫忒提斯洞室作了《仙女侍伴太阳神》，成为他最著名的作品。在其为凡尔赛所作的其他作品中，最著名者为浮雕《仙女沐浴》(1668～1670)，还有《珀尔塞福涅之劫》(1677～1679)。尽管表面上是一位巴洛克艺术家，但他有着根深蒂固的古典主义倾向，在凡尔赛宫外的他的两个主要作品中显露出了宁静的庄严，包括：路易十四的骑马雕像(1683～1692)，毁于法国革命；巴黎大学教堂的黎塞留枢机主教陵墓(1675～1694)。虽然受到 G. L. 贝尔尼尼作品风格的影响，但其作品较为严谨而呆板。

吉拉斯 Djilas, Milovan(1911～1995) 南斯拉夫政治家和政治作家。因从事反帝制的政治活动被捕入狱(1933～1936)。1938 年任南斯拉夫共产党中央委员，1940 年当选为政治局委员。第二次世界大战时期，他在抗击德军的游击战中起过重要作用。1953 年当选为国民议会议长，后因对南共的批评和号召自由化，被铁托撤销一切政治职务。他由于出书，包括在西方出版的《新阶级》(1957)，批评共产党而数次被捕。

吉莱斯皮 Gillespie, Dizzy(1917～1993) 原名 John Birks 。美国爵士乐小号手、作曲家、编曲者、乐队领队，是比博普流派的主要创始人之一。生于南卡罗来纳奇罗。受R. 埃

D. 吉莱斯皮，摄于 1955 年
UPI

尔德里奇影响，并与C.卡洛韦、E.海因斯、B.埃克斯坦等人的大型乐队一起演奏，后来在20世纪40年代中期领导小型乐团。他与萨克斯管演奏家C.帕克和钢琴家T.蒙克是比博普流派的先驱。20世纪40年代晚期把这种方法带到他的大型乐队，普及了爵士乐中的非洲-古巴节奏。生涯其余时间在大型和小型乐团之间交替出现，他的精湛技巧和喜剧才智（加上他鼓起的脸颊和小喇叭口上扬45°的注册商标），使他成为爵士乐历史上最具魅力而且影响最深远的音乐家之一。

吉兰达约 Ghirlandaio, Domenico（1449～1494） 原名Domenico di Tommaso Bigordi。文艺复兴早期意大利佛罗伦萨重要画家。随A.巴多维内蒂学习。1481～1482年绘了几幅湿壁画，包括梵蒂冈西斯廷礼拜堂的《召唤圣彼得和圣安德烈》。他最著名的作品是受梅迪契家族委托为佛罗伦萨圣玛利亚·诺韦拉诗班席位作的壁画（1485～1490）；场景选自圣玛利亚和施洗者约翰的一生各阶段。画中华丽的室内景致和当时的服饰，为了解15世纪末佛罗伦萨宫廷摆设和流行服饰提供了重要资料。他和其兄弟合开的画坊，是佛罗伦萨最兴盛的画坊之一，他们还作了许多祭坛画。他最著名的肖像画是《老人和孙子》（1480～1490）。

吉勒鲁普 Gjellerup, Karl Adolph（1857～1919） 丹麦诗人及小说家。牧师之子，曾攻读神学，但因受过达尔文主义和G.布兰代斯的思想影响，自命为无神论者，并表现在《一个理想主义者》（1878）和《条顿的学徒》（1882）两部作品中。晚年受到佛教和其他东方宗教的影响。其他作品有《米娜》（1889）和《朝圣者卡马尼塔》（1906）。1917年与H.彭托皮丹同获诺贝尔文学奖。

吉隆坡 Kuala Lumpur 马来西亚首都。1857年建为锡矿营地，1895年成为马来州联邦首府，1957年成为独立的马来亚联合邦首都，1963年成为马来西亚首都，1972年被指定为自治市。为马来半岛上最重要的马来人城市，是一个商业中心，佩特罗纳斯双子星大厦1998年建成时是当时世界上最高的建筑。教育机构有马来亚大学和马来西亚国民大学分校。1999年政府机关开始搬到位于吉隆坡正南的新的行政中心布城。人口约1 493 000（2009）。

吉伦特派 Girondin 又作Girondist。法国大革命期间立法议会中温和的共和派，其中很多人原是吉伦特省人，因是J.-P.布里索的追随者，起初称布里索派。1791～1792年间占议会大多数，他们支持对外战争，认为这是在革命后团结人民的手段。1792年国民公会分裂成吉伦特派和激进的山岳派；1793年吉伦特派被赶出国民公会，由山岳派掌权。许多吉伦特派分子在恐怖统治中被送上断头台。

《吉姆·克劳法》 Jim Crow Laws 从1877年到20世纪50年代这段时间内，在美国南方实施的种族隔离法。吉姆·克劳原是黑人剧团的一个保留剧目的名字，后来变成对黑人的贬义词。重建时期以后，南方的立法机构通过法律要求在公共交通工具中白人与有色人种隔离开来。后来这种隔离还被推广到学校、餐馆以及其他公共场所。1954年，美国最高法院在布朗诉托皮卡教育局案中宣布，公立学校中的种族隔离是违反宪法的，并在后来的裁定中废除了《吉姆·克劳法》的其他规定。

吉尼斯 Guinness, (de Cuffe), Sir Alec（1914～2000） 英国演员。1934年首次登台。1936年加入老维克剧团，并演出W.莎士比亚、萧伯纳和A.契诃夫的戏剧，使他的声誉高涨。作为一位多才多艺的演员，扮演的角色众多，从演莎士比亚戏剧角色到T.S.艾略特的《鸡尾酒会》（1946），为他赢得纽约评论家和观众的赞赏。他出演了许多影片，包括喜剧片《善心与花冠》（1949）、《淡紫色小山上的暴民》（1951）、《船长的天堂》（1953）和《谍海飞龙》（1959），以及剧情片，如《桂河大桥》（1957，获得奥斯卡奖）和《荣誉之声》（1960）。他在《星球大战》三部曲（1977，1980，1983）中的演出，赢得了一大批新一代的影迷。

吉普 jeep 第二次世界大战时著名的轻型车辆，由美国陆军军需部研制。重1.25吨，四缸引擎，采用四轮驱动，且底盘距地面高，可以攀爬60°的陡坡，并能在崎岖不平的地面上行驶。它的名字源于它的军用设备"vehicle, GP"（通用车辆）。战后，吉普车在民间普及。

吉卜赛人 Gypsies 又作Rom（罗姆人）。原住印度北部，现遍布世界各地，尤以欧洲为主。大多数吉卜赛人讲吉卜赛语，也讲各居住国的当地语言。一般认为，吉卜赛人经屡次迁徙，离开印度，于15世纪到西欧。20世纪，吉卜赛人的踪迹已遍布北美、南美和澳大利亚。由于吉卜赛人流动性强，因此很难估计出其总人口数。一般估计，到21世纪初其人口总数在200万～300万之间。他们经常受到迫害和骚扰。纳粹在集中营处死约40万吉卜赛人。仍过着流浪生活的吉卜赛人有多少，其数字不明。所有游动的吉卜赛人都是随季节按照固定路线迁徙而不考虑国界。吉卜赛人从事与其流浪生活相适应的生计。过去他们从事家畜贩卖、驯兽、卜筮和演技等行当。现代吉卜赛人成为汽车机械师和修理工或在流动马戏团和娱乐场所工作。酋长由10～100个家庭组成的集团选出，是终身职，但不能世袭。妇女在集团内成立组织，由本族老妇人作代表。现代吉普赛文化面临都市的腐蚀。没有种族界限的居住条件和经济上的独立状态，再加上与非吉卜赛人的通婚，这一切已使吉卜赛人的律法逐渐弱化。

吉卜赛语 Romany language 罗姆人（参阅吉卜赛人）讲的印度-雅利安语言。通行于世界上许多国家，使用者主要集中在东欧。吉卜赛语被认为是在公元1000年前后从北印度诸语言分化出来的。它的方言中有很多外来词，这些外来词源自吉卜赛人曾生活过的地方所使用的语言，并依据对它产生过影响的语言来分类，这些语言是希腊语、罗马尼亚语、匈牙利语、捷克斯洛伐克语、德语、波兰语、俄语、芬兰语、斯堪的纳维亚语、意大利语、塞尔维亚-克罗地亚语、威尔士语及西班牙语。吉卜赛语没有文字传统，不过却有着丰富的口语传统。20世纪东欧出版了一些吉卜赛语诗歌和民间故事的作品集。

吉萨 Giza 又称Al-Jizah。上埃及城市。位于尼罗河西岸，为开罗市的郊区。是著名娱乐区，也是埃及电影工业中心。城西8千米处有狮身人面像和法老时期三座大金字塔，建于埃及第4王朝时期（约公元前2613～约前2494）。人口2 891 275（2006）。

吉斯公爵（第三） Guise, 3rd duc (Duke) de（1550～1588） 原名Henri I de Lorraine。法国宗教战争期间天主教派和神圣联盟的首领。他一心想向谋杀其父的胡格诺派海军上将G.de科利尼进行报复。所以1572年，卡特琳·德·梅迪契请求他协助除掉科利尼时，他帮助策划圣巴托罗缪日惨案。亨利三世即位后，对其声望日增感到恐惧，乃与胡格诺派教徒言和（1576年）。吉斯公爵组成贵族的神圣联盟。在三亨利之战（1588）中获胜后，亨利三世只得顺从神圣联盟的要求，吉斯被任命为法国陆军中将。不久，他被国王的侍卫刺死。隔天，其弟吉斯枢机主教路易二世（1555～1588）也被谋杀。

吉斯家族 Guise, House of 宗教改革运动期间，在法国政治中扮演重要角色的法国天主教贵族家族。1527年克劳德·洛林（1496～1550）在替弗兰西斯一世效力时，因守御法国有功而被册封为第一代吉斯公爵。第二代吉斯公爵（克劳德之子）弗朗索瓦和他的兄弟，洛林的枢机主教查理（1524～1574），在弗兰西斯二世在位期间掌握极大的权力。他们在西班牙与教皇的支持下，迫害胡格诺派教徒，导致在1560年发生暗杀吉斯家庭成员的昂布瓦斯阴谋，但并未成功，这些阴谋领导者企图将权力转移到波旁家族。由吉斯家族所领导、对瓦西的胡格诺派集会的大屠杀，促成了宗教战争。而在这场战争中，第三代吉斯公爵亨利一世是杰出的领导人。第四代吉斯公爵洛林的查理（1571～1640）在位期间，吉斯家族的权力迅速衰落。第五代吉斯公爵亨利二世企图重振家族的权势，但未成功。这个家族的直系血统，在亨利二世的侄孙于1675年死亡后断绝。

吉斯卡尔·德斯坦 Giscard d'Estaing, Valéry（1926～ ） 法国政治领袖、法兰西第五共和国第3任总统（1974～1981）。1956年被选入国民议会。曾在C.戴高乐总统时期（1962～1966）和G.蓬皮杜总统时期（1969～1974）任财政部长；在第一届任期内，法国达到30年来第一次收支平衡，但他的保守政策导致经济衰退，因而被免职。

吉斯卡尔·德斯坦，摄于1985年

1974年击败F.密特朗当选总统，并帮助增强欧洲经济共同体。1981年在又一次决胜选举中被密特朗击败。

吉斯林　Quisling, Vidkun (Abraham Lauritz Jonsson)（1887～1945）　挪威政客。第二次世界大战中为德国人的奸细。曾任驻彼得格勒和赫尔辛基武官。1931年任国防部长，1933年辞去职务，组织法西斯民族统一党。1940年德军侵人后，他自立为政府首脑。吉斯林想使挪威奉行国家社会主义。挪威解放后以叛国罪被处决。他的名字成为“卖国贼”的同义词。

吉他　guitar　拨奏的弦乐器。通常具有6根弦、弦马状的指板、腰身明显的音箱。吉他可能源于16世纪早期的西班牙。到1800年已有6根单弦，而19世纪的革新使之具有现代形式。现代古典吉他技巧的丰富要大大归功于F.雷加（1852～1909），而A.塞戈维亚使这种乐器登上音乐厅堂。然而，吉他主要还是业余人士的乐器，在许多国家也是重要的民俗乐器。12弦吉他装着6组双弦。夏威夷吉他或钢弦吉他为横式，由金属板压住钢弦，产生一种甜美的滑奏音色。电吉他代表了吉他的一种重大发展。20世纪20年代，为这种电吉他加上电音板，很快制造出扩音电吉他。40年代L.保罗发明了没有音箱的实体吉他，仅借着弦的震动来传音。有了持续长久的乐音、强力扩音的倾向、产生呐喊式旋律的能力、粗犷的敲击节奏，它很快成为西方流行音乐的主要乐器之一。

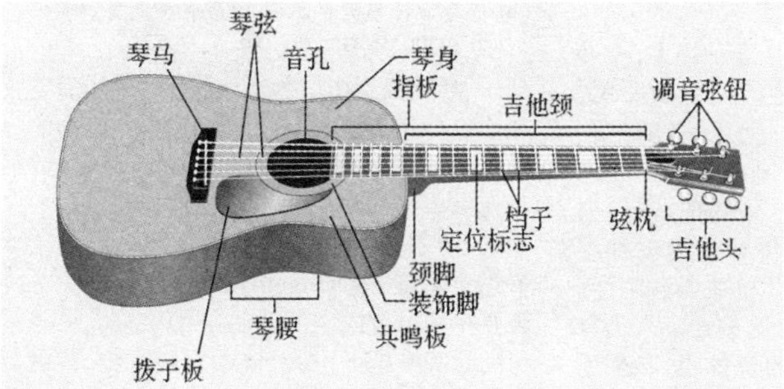

现代木吉他的各个部位

吉田茂　Yoshida Shigeru（1878～1967）　第二次世界大战后的日本首相。20世纪30年代任驻英国大使。1945年因主张日本早日投降而被捕，直至9月盟军登陆后获释。1946年任首相，1946～1954年间曾5次组阁。他努力恢复国内经济，制定战后与美国和西欧合作的路线。1951年签订结束第二次世界大战的和平条约和日美安全条约。1955年退出政界。

吉旺希　Givenchy, Hubert de（1927～　）　法国时尚设计师。在巴黎美术学校学画后，在R.皮盖、L.勒隆、E.斯基帕雷利开设的巴黎几家大时装公司当设计师。1952年自己开业，展出的作品以非配套单件女装、高雅的外衣和华贵的舞会礼服为特色。1957年和C.巴兰西阿加一同展出“袋式直统女装”（没有腰线的服装）。他为A.赫本在《第凡内早餐》（1961）中设计的无袖、无腰带、能托高胸部的服装大受欢迎。20世纪60年代在多处开设妇女成衣时装商店，使世界各地妇女都能以低价获得高级时装。

吉祥天女　Lakshmi　又作Laksmi。印度教和耆那教所信奉的女神，主财富和吉祥。毗湿奴之妻，据说能变化不同形象以与毗湿奴的多种化身为伴。为排灯节的主要供奉对象，节日那天，人们在家里、寺庙和商店里寻求她的显现以求在整个来年有个好运。

吉辛　Gissing, George (Robert)（1857～1903）　英国小说家。虽然有杰出的学术生涯，但私人生活却不顺遂；两次悲惨的婚姻带给他贫苦和单调乏味工作的生活，如同他在其最为人知的作品《新格鲁勃街》（共3卷，1891）和《亨利·赖伊克罗夫特的私信集》（1903）所描述的。受到H. de巴尔扎克的启发，他写了一部系列小说，共22部，包括《生而流亡》（1892）和《奇怪的女人》（1893）。他描写伦敦下层生活的现实作品，以刻画细致入微的妇女社会地位和心理状态而出名。

吉亚柯梅蒂　Giacometti, Alberto（1901～1966）　瑞士画家和雕塑家。其父是后印象派画家，其兄弟是著名的家具设计师。曾在日内瓦（1919～1920）和巴黎（1922～1925）学美术。他形成一种与阿尔基彭科和利普希茨的立体主义雕刻有关的风格，部分还受非洲及大洋洲艺术的影响。20世纪40年代他形成了有鲜明特征的风格，其作品瘦、细，为独一无二的骨架式的塑像和头部。两度在纽约举行展览会（1948、1950）以及法国存在主义作家J.-P.萨特对他的艺术作出评论之后，声誉大噪，特别是在美国。他的作品所产生的一种存在的悲剧感，完全可以与存在主义作家的著作相媲美。1963年为S.贝克特作舞台设计。

吉亚柯梅蒂，Y.卡什摄于1965年

吉兹亚税　jizya　又作jizyah。早期的伊斯兰教统治者对非穆斯林者征收的人头税。这种税特别加在犹太教、基督教和琐罗亚斯德教的教徒身上，因为这些是“有经人”，所以允许他们信仰他们的宗教。最初的意向是要把这项税款用于慈善事业，但却成了统治者的私人财富，奥斯曼苏丹还用这项收入来支付军事开支。为了逃避这项税，许多人皈依伊斯兰教。

极端保王派　ultra　法国第二次波旁王朝复辟时期（1815～1830）保王运动的极右翼成员。该派包括大地主、僧侣和从前的流亡贵族。他们反对法国大革命的现世与平等原则，要求对新闻界进行限制，给予天主教会更大的权力。在19世纪20年代的大部分时间里，尤其是在他们的首领查理十世在位期间，他们控制了下院和内阁。由于政策不得人心，他们在1827年以后失去了权力。随着七月革命（1830）的到来，该派不复存在。

极简抽象派艺术　Minimalism　20世纪在美术与音乐方面的运动，主张形式的极度简单和舍弃情感内容。在视觉艺术领域，该派艺术作为一种抽象艺术形式在50年代发端于纽约，60年代和70年代成为主流。这些艺术家认为艺术作品不应该涉及自身以外的任何事物。个性成分被完全排除以便于表现客观、纯粹视觉的成分。极简抽象派雕塑家包括C.安德烈和D.贾德；画家包括E.凯利和A.马丁。在音乐领域，极简抽象派艺术是一项完全独立的运动，始于20世纪60年代。它借助稳定的节拍，不断重复音调与和弦，只是在它们对位的成分中逐渐变化，和声变化很慢，很少甚至没有对位声部。这方面的主要先行者是印度和东南亚的乐曲。早期从事这类音乐的重要人物包括L.M.杨格（1935年生）、T.赖利（1935年生）、赖希、P.格拉斯、J.亚当斯。其中赖利的《*In C*》（1964）可能是极简抽象派艺术音乐最具开创意义的作品。

极乐鸟　bird-of-paradise　又称天堂鸟、凤

鸟。凤鸟科鸟类，约40种，小至中型，栖于森林中。其色泽和雄鸟羽翼的奇异形状只有少数雉和蜂鸟可与之相比。求偶的雄鸟在栖木上或林中空地上可表演几个小时。天堂鸟栖于新几内亚高地及附近岛屿，有些品种亦见于澳大利亚。最著名的品种是美羽凤鸟，体长30～46厘米，中央尾羽像金属丝或卷曲的丝带。

极权主义　totalitarianism　要求公民生活的所有方面都服从于国家管辖权的政府形式。以某个具有超凡能力的领导者作为最高当局。这一术语是在20世纪20年代由B.墨索里尼首次提出。在历史上，极权主义在世界范围内都存在过（比如中国秦朝）。极权主义与专制主义或独裁的区别常常表现在以新的政治机构代替一切旧的政治机构，打破一切法律、社会和政治的传统，以适应国家的需要，而这种需要往往具有高度的集中性。大规模的、有组织的暴力能被合法化。政策的实施不受法律和规则的约束。追求国家目标是建立极权主义政府的唯一逻辑基础，而目标的实现却永远无法为人所知。H.阿伦特所著的《极权主义的起源》（1951）是这个主题的重要著作。

极限　limit　由"无限接近"的思想产生出来的数学概念，主要用于研究函数在接近不确定之值时的变化过程。例如，函数 $1/x$ 在 $x=0$ 时是不确定的。若 x 的值为正数，当它越来越接近0时，$1/x$ 的值就会很快变大，趋近于作为极限的无穷大。独立变量越来越接近一个给定的值的这种作用与反作用的相互作用是极限概念的基本点。极限提供了界定函数的导数和积分的方法。

即兴喜剧　commedia dell'arte　盛行于16～18世纪的意大利戏剧形式。由演员戴上面具饰演角色（如绅士的机智侍从哈乐根、威尼斯商人潘塔隆内、诚实、头脑简单的男仆皮耶罗、女仆科伦比纳、肆无忌惮的斯卡拉穆恰和吹牛皮的卡皮塔诺等），这些喜剧源自对平常的故事进行夸张或滑稽模仿。这种风格强调在因袭传统的面具和常用的情景等框架内进行即兴表演。职业演员以本国方言和许多滑稽动作进行表演。与意大利即兴喜剧团有关的第一个确实可考日期溯及1545年。除意大利本土，此种戏剧形式在法国获得最大的成功，当地特设立意大利喜剧院。在英格兰，其戏剧成分演化到哈乐根式丑角戏以及庞奇和朱迪的演出中。参阅安德烈尼家族。

即兴演奏　improvisation　现场音乐创作。即兴演奏通常包括事前的一些准备，特别是有多人表演的时候。尽管在西方传统中谱乐是最重要的，但即兴表演仍然时常出现，从最早的奥加农到数字低音的实现。它采用的形式包括在舞曲低音线上创造旋律、在咏叹调的重复乐段中加入繁复的装饰法、流行歌曲的键盘变奏、协奏曲的华彩段和自由的独奏幻想曲。即兴演奏在19世纪也许处于最低潮，在"实验性"作曲和老音乐"正宗的"演出中重新成为供音乐会演出的音乐。它在当代最重要的形式是爵士乐。

即召民兵　minuteman　美国独立战争时的殖民地士兵。1774年9月马萨诸塞州的革命领袖们为清除旧民兵团中的亲英分子而换掉了所有的军官，组成了第一个即召民兵团。每一民兵团都能保证其三分之一的成员在"一分钟预警内"即可应召出勤。即召民兵在列克星敦和康科德战役中首次面对重大考验。7月18日大陆会议建议其他殖民地也组织成立即召民兵队伍。

笈多王朝　Gupta dynasty（4～6世纪）统治包括印度北部以及中部和西部部分地区的大帝国。创始人是旃陀罗·笈多一世（约320～330年在位）。笈多时代曾一度被认为是印度的古典时代，但新考古证据指定为孔雀帝国为印度的古典时代。不过，笈多时期产生了伟大的梵文史诗（参阅迦梨陀娑）和复杂的金属硬币，并在天文和数学（已使用十进位记数法和零，在当时比任何其他地方都先进）等方面做出了贡献。

急流　jet stream　在平流层或对流层上部，一般在水平地带内向东流动的长而窄的高速流动气流。急流的特征是产生强的垂直切变作用的一种风的运动，飞机在清澈的空气中会遭到湍流就是这个缘故。它们也会影响天气。急流以曲折的路径绕地球转动，随季节的变化而改变位置和速度。在冬季它们更靠近赤道，速度也比在夏季的时候更高。在南北半球上，常常各有两个，有时是3个急流系统。

脊髓　spinal cord　身体的主要神经束，约45厘米长，从脑底部起贯穿脊柱。外覆脑脊膜，受脑脊液保护。连接周边神经系统（脑部和脊髓外表）和脑部，与脑一起组成中枢神经系统。感觉冲动通过脊髓传到脑部，来自脑部的冲动又通过脊髓向下传导到运动神经元，再通过周边神经到达身体的肌肉和腺体。周围神经通过脊髓神经与脊髓相连。人类有31对包含感觉和运动纤维的脊神经，产生于脊髓，在脊神经从椎骨间的椎间孔穿出，发出分支，将运动冲动传到身体所有部分。脊髓损伤可能导致脑与外周之间联系丧失，引起受损区域麻痹、知觉丧失和以下部分神经支配的身体各部位的软弱。因为神经细胞和纤维是不能自我再生的，这些后果通常就会永远存在。（图见右栏上）

脊髓灰质炎　poliomyelitis　又称polio或infantile paralysis（小儿麻痹症）。病毒引起的急性传染病，会造成随意肌瘫痪无力。曾造成许多人死亡或瘫痪的严重传染病，大多数是幼童与青少年，直到20世纪60年代J.索尔克的可注射灭活疫苗和A.B.萨宾的口服减毒活疫苗在发达国家控制了小儿麻痹症为止。类似流行性感冒的症状，带有腹泻，可能会发展为背部和四肢疼痛，肌肉敏感，颈部僵硬。破坏脊髓运动细胞造成瘫痪，短时间的虚弱，甚至有将近20%的病人长期完全瘫痪。病人会丧失四肢

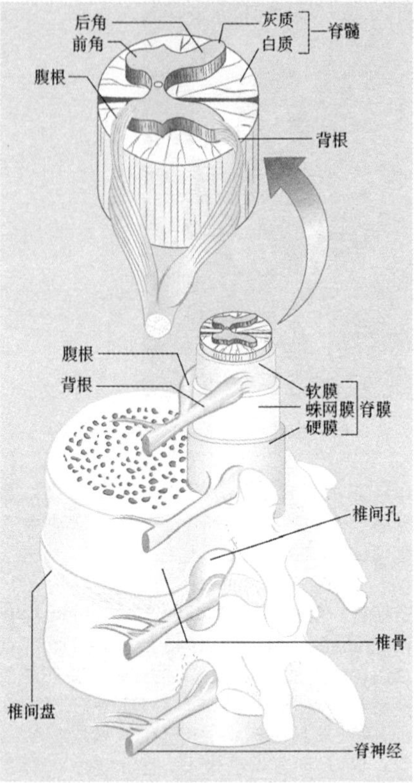

脊髓的剖面。灰质组成的前角包含产生脊髓神经的运动纤维的细胞体。其后角则包含另一些细胞体，由此发出的纤维携带从脊髓神经进入的感觉纤维带来的冲动通向大脑。灰质内的中间神经元在脊髓内连接冲动。白质包含将和感觉冲动上传到脑的纤维和将运动冲动从脑下传的纤维。神经纤维源自脊髓，通过椎间孔形成脊神经后根（包括感觉神经原纤维）和脊神经前根（包括运动神经元的纤维），两者合成脊神经。

动作、呼吸或吞咽、说话的能力。可能需要物理治疗与康复、呼吸辅助或移除分泌物的气管抽吸装置。有些病例在数十年后发生"后小儿麻痹症候群"，再次造成肌肉无力。

脊髓空洞症　syringomyelia　脑脊液进入脊髓并在其中生成空洞为特征的疾病。该空洞可随时间拖延而扩大，摧毁脊髓中枢，症状随空洞的大小及所在位置而不同。该病症常与小脑的先天畸形有关，但也可以是脊骨损伤、脑膜炎、肿瘤或其他病症而引起。症状包括：丧失感觉尤其是丧失温度感、肌肉无力及肌强直、头痛且不间歇地疼痛。脊髓空洞症可依靠磁共振成像来诊断。通过手术矫正致病因素，能使患者的身体状况趋于稳定或得到改善。

脊椎动物　vertebrate　脊索动物的脊椎动物亚门动物的统称，包括鱼类、两生类、爬虫类、鸟类和哺乳类。脊椎动物有由软骨、硬骨或两者组成的内骨骼。骨骼包括头颅、脊柱和四柱骨，头颅为脑、眼、耳和嗅觉器官提供保护。中枢神经包括脑和脊髓，脊神经和脑神经遍布于皮肤、肌肉和内脏器官。肌肉附着于骨或软骨上。身体表面覆以皮肤、鳞片、羽毛、被毛等。参阅无脊椎动物。

集成电路　integrated circuit (IC)　又称

microcircuit(微型电路)、chip(芯片)和 microchip(微型芯片)。把微小的电子元件(晶体管、二极管、电阻器、电容器)和它们的连接线一起制成一个单元,装在半导体材料做的衬底上,特别是硅电脑芯片,没有外接线。20 世纪 50 年代末出现的早期集成电路在一块 3 平方毫米的芯片上装了大约 10 个元件。大规模集成(VLSI)极大地增加了电路密度,使得微处理器问世。第一个成功的商用集成电路芯片(英特尔,1974)有 4 800个晶体管;英特尔公司的奔腾处理器(1993)有 320 万个晶体管;现在可达逾 10 亿个。

集合论　set theory　研究集合性质的数学分支。它的最大价值在于应用到其他的数学领域,那些领域借用或采纳了它的术语和概念,包括合并(∪)和交叉(∩)。两个集合的合并是包含两个集合中所有元素的集合,每个元素列出一次。交叉是原来两个集合中共同元素的集合。在分析数学和逻辑中的困难概念时集合论很有用。康托尔把集合论置于坚实的理论基础上,他发现了清楚地组成的集合在分析符号逻辑和数论中的问题时的价值。

集体农庄　kibbutz　又译集体农场。以色列的集体居民点,在那里,所有的财富都是公有的,所得利润也都再投资于居民点。第一个集体农庄建立于 1909 年,现在大约有 200 个,总人口超过 10 万。成人有私人住所;儿童一般住在一起,集体照料。炊事和用膳都是共同的。定期召开会议讨论事务,当需要作出决策时大家投票表决。工作的分配方式有轮流的、选择的,或者由个人的技能来决定。近几十年,集体农庄运动逐渐衰退。

集体迫害　pogrom　俄语意为"蹂躏"或"暴动"。由当局赞同或予以宽容对待的对宗教上的少数派、少数种族或少数民族生命财产所施的聚众攻击行为。该名词通常用来指 19 世纪末、20 世纪初对俄国境内犹太人的多次攻击。第一次广泛的集体迫害犹太人是在 1881 年沙皇亚历山大二世遭到暗杀后发生的,当时有关犹太人与谋杀事件的误传,挑起了俄国 200 多个城镇的暴民对犹太人袭击和劫掠财产。19 世纪 90 年代集体迫害稍微缓和一些,但 1903 ～ 1906 年间又盛行起来。尽管迫害并不是由政府组织的,但是政府的反犹政策(1881 ～ 1917)和对攻击事件采取不积极制止的态度使得许多反犹分子认为他们的暴力行动是合法的。集体迫害还发生在A. 希特勒政权下的波兰和德国。

集体谈判　collective bargaining　劳资双方代表(工人代表通常为工会官员)为确定雇用条件而协商的过程。集体确定的协议,不仅包括工资,也可包括雇用惯例、暂时解雇、升职、工作条件、工作时间和职工福利规划。早在 18 世纪末英国就有集体谈判,通过集体谈判达成协议现在在欧洲大陆和美国十分普遍。发展中国家由于有大量剩余劳动力,集体谈判较少使用。合同协商是全国性的、区域性的还是地方性的,这要视一国的产业结构而定。参阅罢工。

集体治疗　group therapy　一种心理治疗,通常在一名治疗师或顾问在场的情况下,让一些病人或案主讨论他们的个人问题。在集体治疗的一种手段中,主要目的是培养一种团体的归属感,以唤起成员对孤立的意识、士气和战斗感;戒酒协会即是一个杰出的范例。还有一种主要手段致力于促进自由讨论和不受抑制的自我表白;借着互相检验生活中他们对人们(包括其他成员)的反应,帮助成员了解自身并达到比较成功的行为。

集体主义　collectivism　个人从属于社会集体(如国家、民族、种族或阶级)的社会组织,其形式不一。集体主义可能与个人主义相对照。J.-J. 卢梭是第一个讨论集体主义的现代哲学家(1762)。19 世纪时 K. 马克思是集体主义最强有力的支持者。社会主义、共产主义和法西斯主义可能都属集体主义体系。参阅集体农庄。

集邮　philately　邮票的收藏和研究。第一张邮票是1840年在英国发行的。美国首次发行邮票是在 1842 年。邮票收藏家通常都是专门化的,收藏某个国家、某段时期或某个

美国 1918 年发行的航空错票
LEE BOLTON

主题(如鸟类、花卉、艺术)的邮票。邮票的价值取决于其稀有程度和保存状况。邮票发行中的印刷错误可能提高邮票的价值。

集中营　concentration camp　政府设立,用于羁押政治犯和本民族成员或少数民族成员拘留中心。这些人由于国家安全、劳役和惩罚等原因,通过行政或军事命令而被拘禁。集中营羁押犯人常达非常拥挤的程度。曾经使用过集中营的国家包括:南非战争时期的英国、苏联(参阅古拉格)、美国、日本(在第二次世界大战期间把荷兰人拘留在荷属东印度公司内)。1975 年后在越南和红色高棉时期的柬埔寨出现了集中营的变体,即"劳改营"。纳粹时期恶名昭彰的灭绝营有奥斯威辛、贝尔根-贝尔森、布痕瓦尔德、达豪和特雷布林卡等。

几何图形风格　Geometric　style　公元前 1000 ～前 700 年在雅典盛行的一种陶瓶彩绘。从风格上来说,陶瓶上画着各色各样的水平饰带,饰带里画满了各种几何图案,如 Z 字形、三角形和卍字形,在浅色的底上画上深色图案。这种规则性效果犹如竹篮细工一样。这种抽象图案后来发展成程式化的动物和人像,如葬礼、舞蹈和拳击比赛的叙事性场景。此外,还制作了一些小青铜和黏土雕像,以及别致的装饰性扣针和石灰石印章。这种图案一直很流行,而且对以后希腊的艺术影响重大。

几内亚　Guinea　全称 Republic of Guinea(几内亚共和国),旧称French Guinea(法属几内亚)。西非国家。面积:245 857 平方千米。人口:约10 754 000(2013)。首都:科纳克里。富拉尼人占多数,其次为马林克人、苏苏人及众多其他部族。语言:法语(官方语言)、土语。宗教:伊斯兰教、基督教。货币:几内亚法郎。该国面临大西洋。全境分为 4 个地理区:下几内亚包括海岸及沿海平原,有潟湖和红树林沼泽点缀其间。东面的富塔贾隆高地自沿海平原突起,升至海拔 900 米以上;西非 3 条大河——尼日尔河、塞内加尔河和冈比亚河发源于此;上几内亚由尼日尔河平原构成。森林地区为东南部的孤立高地,有海拔1 752米的宁巴山,为全国最高峰。全境大部分属热带湿润气候,有广阔的热带雨林地带。几内亚属发展中的混合型经济,主要以农业、矿业和贸易为基础。出口产品有稻米、香蕉和咖啡。是世界最主要的铝土矿生产国。几内亚是多党制共和国,一院制。国家元首暨政府首脑为总统,由总理辅助执政。(2008 年 12 月发生军事政变,军政权控制了国家,宪法被中止,过渡政府成立。)公元 900 年,来自沙漠地区的大批苏苏人移民进入几内亚,将当地最早的居民巴加人赶到大西洋沿岸一带。13 世纪,苏苏人的一些小王国的地位日益上升,后将他们的统治范围扩展到海岸地区。15 世纪中叶,葡萄牙人来到海岸地区,开始了贩奴贸易。16 世纪,富拉尼人控制了整个富塔贾隆地区。一直延续到 19 世纪。19 世纪初期,法国人到此,并于 1849 年宣布沿海地区为法国保护地。1895 年法属几内亚成为法属西非联邦的一部分。1946 年转为法国的一个海外领地。1958 年几内亚获得独立。1984 年发生军事政变。几内亚开始实行西方式政府系统。1991 年颁布新宪法。1993 年举行第一次多党选举。20 世纪 90 年代几内亚收容了来自邻国利比里亚和塞拉利昂的几十万难民。而几内亚同这些国家的争端也使得难民人数在 21 世纪初猛增。该国于 1968 年首次参加在墨西哥城举办的夏季奥运会。

几内亚比绍　Guinea-Bissau　全称 Republic of Guinea-Bissau(几内亚比绍共和国),旧称 Portuguese Guinea(葡属几内亚,1974 年之前)。西非国家,包括西南部大西洋海岸的比热戈斯群岛。面积:36 125平方千米。人口:约 1 684 000(2013)。首都:比绍。4大种族集团分别为巴兰塔人、富拉尼人、马林克人和曼迪亚科人。语言:葡萄牙语(官方语言)、克里奥尔语、巴兰塔语、富拉语、马林克语和曼迪亚科语。宗教:传统宗教、伊斯兰教和基督教。货币:非洲金融共同体法郎。境内大部分为低地、沼泽和平坦的高地。一般为炎热的热带气候。野生动物多属水栖动物:大量的鳄鱼、蛇、鹈鹕和火烈鸟等。几内亚比绍属发展中经济,以农业为主。腰果为最重要的经济作物。2012 年 4 月军事政变后的一个月里,几内亚比绍建立了过渡政府。此前,

几内亚比绍是共和国，一院制。国家元首和政府首脑为总统，总理辅助执政。早在1 000多年前，几内亚比绍沿海地区已有使用铁器的农耕者，他们种植水稻和旱稻，并成为邻近苏丹西部地区的主要海盐供应者。约在同一时期，该地区划归马里帝国的势力范围，并成为其纳贡国，称加布王国。1546年以后，加布王国实际上已自治；该王国的残部一直延续到1867年。15世纪葡萄牙人最早跨海来到几内亚沿海地区。葡萄牙人从几内亚地区贩运奴隶至**佛得角**群岛，并声称对整个几内亚比绍拥有主权，但他们实际能控制的范围很有限。奴隶贸易的终止迫使葡萄牙人向内陆寻求新的利益。葡萄牙人对内陆的征服进展缓慢，且遭到激烈反抗；直到1915年殖民活动才初告完成，但零星抵抗一直持续到1936年。20世纪60年代的游击战导致几内亚比绍于1974年宣告独立。但境内政治动乱不断，1980年军事政变，推翻政府。1984年颁布新宪法。1994年举行第一次多党选举。1998年发生激烈内战，接着1999年发生军事政变，之后举行大选。2003年发生无流血政变，政变之后进行了选举。该国于1996年首次参加在亚特兰大举办的夏季奥运会。

几内亚龙线虫　guinea worm　又称medina worm（麦地那龙线虫）或dragon worm（龙线虫）。一种线虫，学名为*Dracunculus medinensis*。亚洲和非洲热带地区的一种常见的人体及其他哺乳动物的寄生虫，还传布到西印度群岛和南美热带地区。雌体长50～120厘米；雄体交配后即死亡，体长只有约12～29毫米。雌雄两性均寄生于寄主体内各器官的结缔组织内。幼虫释入水中，被剑水蚤吞食，即在其体内发育成幼虫，水被人饮入后患病。麦地那龙线虫所致疾病即称麦地那龙线虫病。病症为极度衰弱和疼痛。

几维　kiwi　新西兰产的3种不能飞行的几维属鸟类。大小如家鸡，是灰褐色的平胸鸟。它们的毛利名字与雄鸟的尖利刺耳的叫声有关。几维的翅膀已退化，被羽衣覆盖；鼻孔长

普通几维（*Apteryx australis*）
Pictorial Parade

在长而柔韧的嘴尖（而不是嘴的基部）；羽毛柔软如毛发；腿部肌肉结实。四趾上都有大爪。几维生活在树林里，白天睡觉，夜间出来觅食，捕捉蠕虫、昆虫及其幼虫，还吃浆果。它们奔跑迅速，被逼时会用爪自卫。

戟　halberd　一种武器，一侧装斧刃，另一侧为一尖状物，杆的端部有一加长矛头。通常长约1.5～2米。在15和16世纪初期的中欧，戟是一种重要的武器，它使步兵能同戴盔甲的骑兵作战，矛头使骑兵和步兵保持一定距离，斧刃可以猛烈劈砍杀死对手。随着盔甲的淘汰和火器的发展，戟也遭废弃不用。

计划生育　family planning　使用既定措施来控制一个家庭的儿童数量和间隔，多是为了控制人口增长，确保每个家庭都能享用有限的资源。私人团体首次进行提供计划生育服务的尝试，经常引起强烈的反对。活跃分子如美国的**桑格（夫人）**、英国的M. 斯托普斯和印度的D. R. 拉奥，最终成功建立起为计划生育和医疗保健服务的诊所。今天许多国家制定了国家政策，鼓励使用公共家庭服务设施。**联合国**和**世界卫生组织**提供技术协助。参阅**节育**。

计量经济学　econometrics　对经济关系进行统计与数学分析的学科。计量经济学创造了描述如价格和需求变化之间关系等现象的等式。计量经济学者为企业评估生产函数和成本函数，为行业评估供需函数，为决策者提供国民经济中的收入分配、宏观经济模型及货币模型评估，并预测交易的周期和增长。这些模型所提供的信息，可为私人企业和政府在**货币政策**和**财政政策**方面做出决策。参阅**R. 弗里希**、**宏观经济学**、**微观经济学**。

计量学　metrology　测量的科学。测量一个量意味着确定它与同类型的某一不变量（称为单位）的比值。单位是一种抽象的概念，它要参照某个任意选定的物质标准或某一自然现象来下定义。如米是公制的长度标准，以前（1889～1960）被定义为一根特种金属棒上两条线之间的距离，但现在却按光在真空中1/299 792 458秒的时间内行程长度来定义。

计算机　computer　可编程序的机器，能够储存、提取、处理数据。现今的计算机至少有一个中央处理器来进行所有的计算，也包括一个主存储器、一个控制单位、一个算术逻辑单位。辅助的数据储存通常由机载的硬盘提供，并可由软盘或光盘等其他媒介辅助。接口设备包括输入装置（例如键盘、鼠标）和输出装置（例如显示器、打印机），还有连接全部组件的线路及管线。现代计算机的"代"以其技术为特征。第一代计算机大致在第二次世界大战后发展于美国，使用真空管，体型很大。第二代约在1960年引进，使用**晶体管**，属于第一批成功的商业计算机。第三代计算机（20世纪60年代末和70年代）的特征是组件微型化，并且使用**集成电路**。1974年首度引进微处理器芯片，界定了第四代计算机。第五代强调**人工智能**，着重于机器推理和逻辑程序语言。早期机器属于模拟计算机，但如今大部分是数字计算机。在最近的50年中，计算机已经改变人们生活及工作的方式，它们的发展使

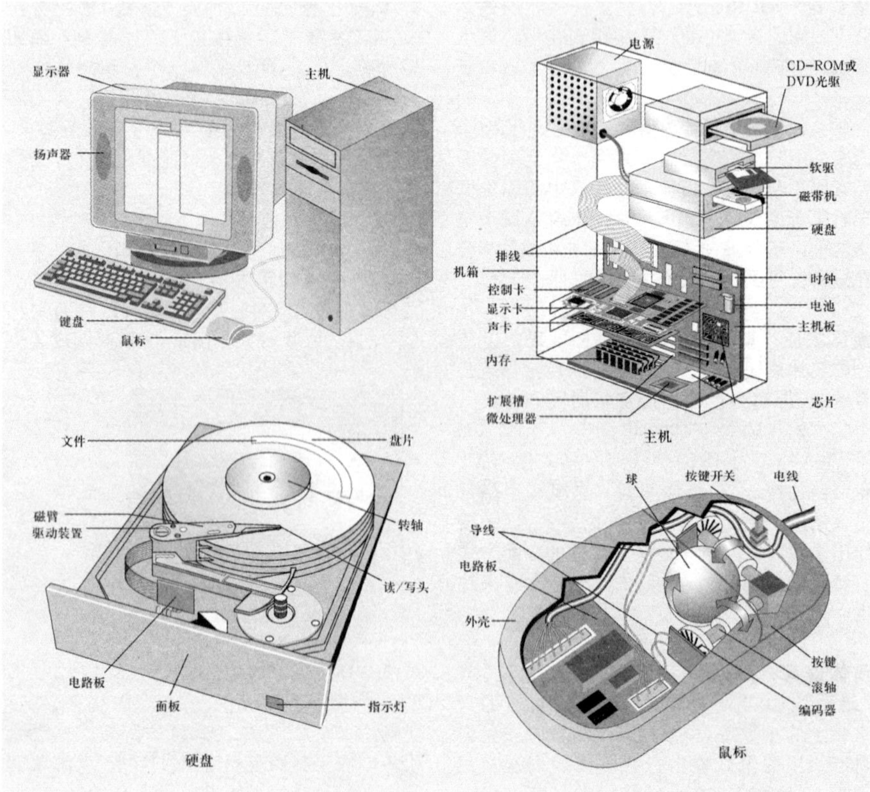

典型的个人计算机系统包括计算机本身、显示器、键盘、鼠标和扬声器。芯片和电路板（"卡"）插入主机板；别的组件，如磁盘驱动器，装在计算机盒中。微处理器指导计算机工作，使用中的数据和程序存储在随机存取存储器（RAM）芯片中。有些电路板，如"声卡"，有其特定功能。另加的板，如调制解调器，可插入扩展槽。电源供应将标准的交流电转换成计算机运作所需的电压和电流。电池可在断电时仍记住时钟和配位数据。硬盘是主要的存储媒介，通常包含几个附属于一旋转轴的可移动刚性磁盘片。这些磁盘由附于移动磁臂末端的读/写头访问。鼠标是输入装置，用它来确定计算机屏幕上指针的位置。按动鼠标某一按钮，即向计算机发出信号，便可在屏幕上进行选择。

© 2002 MERRIAM-WEBSTER INC.

得信息时代成为可能。

计算机病毒 computer virus 被设计来将其自身复制到其他内码中去的一段计算机程序内码，目的在开个玩笑或造成计算机损伤。病毒下载到一台计算机的记忆内码后通常会执行自身指令。在执行中，它指示它的宿主程序复制病毒密码，进入储存在计算机中的任意数量的其他程序内码和档案。被传染的程序可以继续履行其预期的功能，同时也执行病毒的指令，从而进一步传播病毒。这种传染随后可以通过储存装置以及计算机网络或咱线系统将其自身扩散到其他计算机的档案和内码中去。有的病毒仅仅只是一个无害的玩笑，或者是一段神秘的语句，使用者每次打开计算机这段语句便会出现在他的监视器上。危害较大的病毒可以摧毁有价值的数据。防毒软件或许可以预防和去除计算机中的病毒，但这个软件必须常常更新才能预防新的病毒。

计算机程序设计语言 programming language 又译计算机语言。计算机程序设计人员给计算机编写指令的语言。有些语言，如商业通用语言（COBOL）、公式翻译程序语言（FORTRAN）、帕斯卡（Pascal）和C语言称为程序性语言，因为它们用一套命令规定计算机如何解决一个问题。其他的语言，如用于表格处理的LISP是功能性的，因为其程序设计是靠实施过程来完成的（在一个程序内执行若干组指令代码）。支持面向对象的程序设计的语言将要处理的数据作为它们的起点。设计语言也可以分成高级和低级两种。低级语言可以被计算机直接识别，但与人类语言相差甚远。高级语言用于人类设计并能理解的概念，但这些概念必须由一个编译程序翻译成计算机能理解的语言。

计算机动画 computer animation 取代缩小模型木偶或绘图“停动”的动画形式。为了减少动画的劳力和成本，必然走向简单化与计算机化。计算机在精致动画的每个步骤都派得上用场，例如自动移动的讲坛摄影机或是提供中间绘图成为全动画。当三度空间的人物转化成为计算机项目（数字化），计算机就能产生并且显示一系列的影像，看似物体在空间中移动或旋转。因此计算机动画可以仿真极为复杂的动作，提供给医学或其他科学研究人员。

计算机辅助设计/计算机辅助制造 CAD/CAM 全称computer-aided design/computer-aided manufacturing。在数字计算机的直接控制下，将设计与制造整合成一个系统。计算机辅助设计系统利用计算机终端设备的视频与交互式图形输入设备，设计机械组件、服装款式或集成电路。计算机辅助制造系统利用数值控制（参阅**数值控制**）的机械工具及高性能的可程序化工业机器人。在设计过程开发出来的图形直接转换成制造的指令，因此在设计与成品之间分毫不差，并可随意改变机器的操作。这两个程序有时合称为计算机辅助工程（CAE）。

计算机化轴向断层摄影 computerized axial tomography（CAT） 又称computed tomography（CT）。指在单一平面上从多个角度将低剂量X射线穿过人体的一种诊断成像法。由W.奥尔登道夫提出构思、又由G.豪斯菲尔德和A.M.科马克分别独立研发的这一成像技术上的重要进展在20世纪70年代早期已能为人们普遍使用。豪斯菲尔德和科马克因此项发明于1979年同获诺贝尔奖。由探测器记录下穿过人体后退出的X射线的力度；然后由计算机处理这些信息，产生详尽的人体的二维断面影像。和常规X射线影像相比，一系列从平行面上或围绕一个轴获得的影像能更准确地显示出病变（尤其是肿瘤和其他肿块）的位置。

计算机科学 computer science 关于计算机、计算机设计、计算机操作、数据处理、系统控制的学问，包括计算机硬件、**软件**和程序的设计与发展。这个领域涵盖了理论、算法的设计与分析等数学活动、系统及其成分的表现研究、或然率技术下系统可靠性与可用性的估计等。由于计算机系统通常太大而太复杂，没有测试就无法预测设计的成败，所以把实验包括在发展环节中。

计算数学 numerical analysis 又称数值分析。研究如何使用算术运算解复杂方程的应用数学分支。这些方程往往非常复杂，必须使用计算机来逼近分析过程（即**微积分**）。这种逼近的算术模型称做算法，计算机执行的过程集称做程序，实现过程的命令称做代码。例如推导π值的算法中就是通过使正多边形的边数变得很大，来计算这个正多边形的周长。数值分析关心的不仅是这样的过程得出的数值结果，还要确定每一步的误差是否在可接受的范围之内。

纪 period 在地质学中，地质年代表的基本单位。在纪的时期内，形成特殊的岩石系统。最初是根据地层学和**古生物学**来确定各纪的相对先后顺序。现在用**碳14年代测定法**和类似的方法来确定不同纪的绝对年龄。

纪伯伦 Gibran, Khalil（1883～1931） 原名Jubran Khalil Jubran。黎巴嫩出生的美国哲理散文家、小说家、诗人、艺术家。1895年随父母移居波士顿，后定居纽约市。他以阿拉伯文和英文写作，充满抒情的倾诉，表达了他浓厚的宗教神秘主义真情。1923年出版的《先知》是一本诗体散文，在好几代美国青年中达到狂热崇拜的程度。其他英语作品有《疯人》（1918）、《沙和沫》（1926）和《人子耶稣》（1928）等。

纪德 Gide, André（-Paul-Guillaume）（1869～1951） 法国作家。法律教授之子，早年便开始写作。他早期的作品散文诗《人间食粮》（1897）反映出他更加明白自己同性恋的倾向。《蔑视道德的人》（1902）和《窄门》（1909）表现出他精通古典作品的结构，而《拉夫卡迪欧历险记》则表现出他尖刻的

纪德，油画，P.A.劳伦斯绘于1924年；现藏巴黎国家现代美术馆

© A. D. A. G. P. 1970; photograph, Giraudon-Art Resource

讽刺天才。1908年与人共同创办《法国文学评论》，将法国进步作家团结在一起达30年。自传《如果麦子不死》（1924）是一部伟大的自白式文学作品。为同性恋辩护的《哥丽童》（1924）出版后，他受到严厉的攻击。1926年《伪币犯》出版，这是一部结构极为复杂的小说。他拥护受害人和被遗弃的人，一度信仰共产主义；随着第二次世界大战的爆发，他更加了解传统的价值。1947年获诺贝尔文学奖。

纪录电影 documentary 以教育或娱乐为目的，描述和阐释事实材料的影片。1922年美国导演R.**弗莱厄蒂**拍摄了《北方的纳努克》，这部影片成了许多纪录影片的楷模。J.格里尔森的《飘网渔船》（1929）和P.洛伦茨的《开垦平原的犁》（1936）影响了30年代纪录电影的制作。20世纪30年代L.里芬施塔尔拍摄了许多很有影响的给人以美感的纪录影片，达到了纳粹的宣传目的。第二次世界大战中，交战国双方都生产宣传性纪录片。美国导演法兰克·卡普拉为美军通讯兵提供了一系列军事教育片，名为《我们为什么而战》（1942～1945）；英国发行了《伦敦坚持得住》（1940）、《沙漠中的胜利》（1943）等。纪录电影还在电视节目中大受欢迎，特别是在60年代末和70年代初，导演K.伯恩斯拍摄了《内战》（1990）。参阅**真实电影**。

纪实剧 Fact, theater of 又称documentary theater（文献剧）。把社会问题搬上舞台，着眼于事实资料而非美学观点。这种形式是20世纪30年代公共事业振兴署联邦戏剧计划采用活报剧技巧手法的衍生品，60年代变得很普遍。在德国，R.霍赫胡特的《代理人》（1963）、P.魏斯的《调查》（1965）和H.吉普哈特的《关于J.罗伯特·奥本海默》（1964）等剧采用真正的文献资料来源（如判决书和统计资料）来检验最近的历史事件。此运动对后来的欧美政治剧有较大影响。

季风 monsoon 季节性转向的主要风系（如每年大约6个月吹东北风，另6个月吹西南风）。最明显的例子在非洲和南亚。主要原因是大陆和海洋上存在年温度差异。温度

的年变化在大陆上大,而在海洋上小。季风从寒冷的地方往温暖的地方吹;夏季风从海洋吹向大陆,冬季风从大陆吹向海洋。大多数夏季季风会带来大量雨水,冬季季风则往往造成干旱。

季节 season 依据每年连续的天气变化把一年划分成4个部分。在北半球,冬天始于冬至(12月21日或22日)、春季始于春分(3月20日或21日)、夏季始于夏至(6月20日

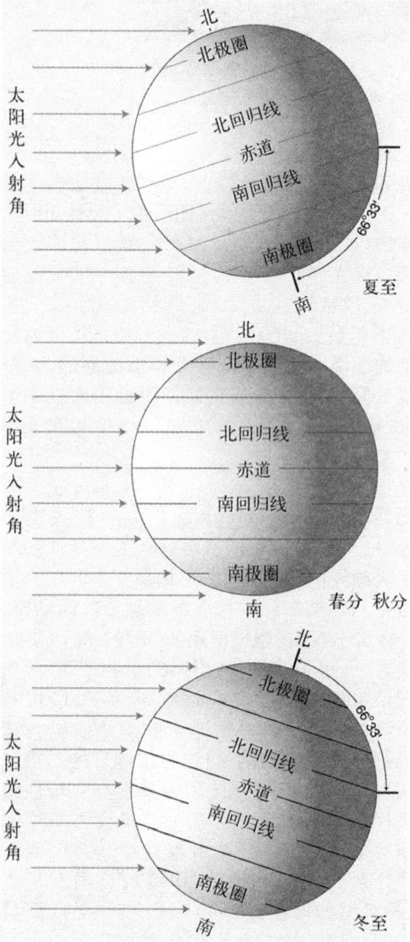

因为地球绕轴运动时,轴与地球绕太阳运动的轨道平面有一定倾斜度,一年的不同时期中地球的不同地区接受太阳的直射。照射到地球不同纬度表面的阳光量的变化是形成四季的主要原因。

或21日)、秋季始于秋分(9月22日或23日)。在南半球,夏季和冬季的起始之日与北半球刚好相反,春秋两季的起始日亦然。

季节性情绪失调 seasonal affective disorder (SAD) 发生在冬季的周期性情绪低落,表面上是日照不足造成。最常见于高纬度地区,因为此地漫长的冬季,白昼极短。症状包括重度忧郁,并有自杀的倾向。原因可能和身体的体温和激素调节有关,或许牵涉到松果腺与松果腺素。用强烈的全光谱光线照射,将日光灯置于灯箱之中配上散射的隔板,证实是有效的治疗方式。破晓模拟(在睡眠最后阶段暴露在微光下)以及负离子疗法也可能有帮助。

季里诺 Quirino, Elpidio(1890～1956) 菲律宾共和国独立后第二任总统。独立前担任过许多经选举和被任命的职务。1934年陪同M.奎松前往美国争取"泰丁斯麦克达菲法案"通过,该法案为菲律宾独立订出日期。菲律宾独立后,任M.罗哈斯政府副总统。1948年罗哈斯去世,由他继任总统。任内大力进行战后重建,实行全面经济动员计划,但并未解决社会根本问题,导致胡克起义。他的政府贪污成风,贿赂盛行。

季洛杜 Giraudoux, (Hyppolyte-) Jean(1882～1944) 法国小说家、随笔作家及剧作家。从事外交工作,同时以一批早期诗意小说如《苏珊与和平》(1921)成为知名的前卫派作家。他创立了一种印象主义的戏剧形式,强调对话和风格,而不是强调写实。他从古典的或《圣经》的传统中寻找灵感,并表现在诸如《埃勒克特拉》(1937)和《雅歌》(1938)等作品中。他最著名的作品有讲述特洛伊之战的《门口的老虎》(1935)和《沙依奥的疯女人》(1946)。

季诺维也夫 Zinovyev, Grigory (Yevseyevich)(1883～1936) 原名Ovsel Gershon Aronov Radomyslsky。俄国政治人物。作为布尔什维克早期活动家(1903),他在流放期间(1909～1917)和**俄国1917年革命**中成为V.I.列宁的亲密合作者,协助布尔什维克政权赢得民众的支持。到1921年成为彼得格勒(圣彼得堡)苏维埃的领导人和政治局委员。1919～1926年任共产国际执行委员会主席,帮助J.斯大林驱逐了**L.托洛茨基**。1926年被斯大林解除职务。1935年因搞阴谋活动遭逮捕并被关入监狱。次年在第一次**清党审判**中重新受审并被处决。

济慈 Keats, John(1795～1821) 英国浪漫主义诗人。马车行经理之子,受正规教育不多。当了几年外科医生的学徒和助手,21岁时完全投入诗歌创作。他的第一件成熟的

济慈,油画,J.塞文绘于1821年;伦敦国家肖像画陈列馆藏

作品是十四行诗《初读查普曼译荷马史诗》(1816)。25岁时差点死于肺结核,同年写成了长诗《恩底弥翁》(1818)。在1819年紧张的几个月里,写了许多他最好的作品:几首很好的颂歌(包括《希腊古瓮》、《夜莺颂》和《秋颂》),关于巨人许佩里翁的故事的前两章以及《无情的美人》。大部分发表在里程碑式的诗集《莱米亚》、《伊莎贝拉》和《圣爱格尼斯之夜和其他诗歌》(1820)中。他的作品里充满了逼真的意象、极大的感性美以及对失去的古典世界的光辉的渴望,他的一些最佳作品已列入最伟大的英国传统文学中。他的书信是所有英国诗人所写的书信中最出色的。

继续教育 continuing education 又作adult education(成人教育)。向成年人提供的任何一种学习方式。在美国,威斯康星大学是第一所提供这种课程的大学(1904);纽约州立大学帝国学院则是第一所专门的成人学院(1969)。继续教育包括多种独立学习的方法:广播、录像、在线学习和函授课程;小组讨论和学习圈;会议和研讨班;全日制或业余课堂学习。补习课程,如等同于高中的课和识字课,很普遍。近年来,继续教育课程还扩展到汽车修理、退休计划和计算机技术等课程。参阅**肖托夸运动**。

祭 matsuri 日本世俗或宗教庆典,特别是**神道教**的神社庆典。依照传统分为两部分:庄严的拜神仪式和欢乐的庆祝活动。参加者必须先斋戒沐浴一段时间,以洁净自己(参阅**袚**)。然后神社内门打开,击鼓或敲钟,呼吁神灵下降。随后献上神馔等祭物,祷告,表演雅乐歌舞。典礼通常包括盛宴、舞蹈、戏剧、占卜和体育竞技。神灵通常置于一轻便的神轿内,抬着游行。

祭司 cohen 又作kohen。犹太教教士。此职位历史可溯至耶路撒冷第一圣殿的祭司撒督(第一代祭司亚伦的后裔)。祭司是世袭职,只传给男性后裔。公元前7世纪约西亚国王统治之前,只有高等祭司才能在赎罪日当天进入圣所。低阶祭司战时随军或管理圣殿。在第二圣殿时期,犹太教祭司的权势达到巅峰。圣殿被毁后,祭司的职司被削减。现代拉比在传授教义和解释律法方面代行祭司的职务,但祭司仍享有一些特权(但犹太教改革派除外)。

祭司王约翰 Prester John 传说中信奉基督教的东方统治者。据说他是**聂斯脱利派**信徒,是国王兼祭司,统治地区在远东,具体地区不详。有关祭司王约翰的传闻首先出现在12世纪的十字军东征时期,在欧洲基督徒中间流传,这些基督徒希望祭司王约翰加入结盟,从萨拉森人那里夺回圣地。13～14世纪,包括**马可·波罗**在内的许多传教士与旅行者到亚洲寻找他的王国。14世纪中叶以后探索祭司王约翰之国的活动集中在埃塞俄比亚境内,因为人们认为他就是这个信奉基督教的非洲国家的某代皇帝。

祭司职务 priesthood 精于崇拜仪式和宗教礼仪程序的精神领袖职位。尽管酋长、王和家族头领有时候也兼负宗教职能,但在大多数文明中,祭司职务都是专业化的职位。祭司的主要职责并不是单纯地习演法术技巧,而是正确执行一个神灵所要求的礼仪。

如许多非洲社会中,负责崇拜部落祖先的萨满和祭司又有所不同。主持**祭献**通常是祭司最重要的职责之一。并不是一切高度发达的宗教都必然有祭司职务,最明显的例外就是伊斯兰教。"信者皆为祭司"也是**宗教改革运动**的重要教义,新教派别认为教会成员之间不需要祭司来当中介,**圣灵**在诸如公谊会这样的教派中被观察得最清楚。

祭献　sacrifice　向神献上物品而使之成为神圣的行为。祭献的动机是要不朽(神圣而不灭),增强或重建人神之间的关系,祭献时常是有意去获得神的协助或安抚神的愤怒,该名词特别适用于"血祭",这种方式常伴随死亡或祭献物的毁灭(参阅**人祭**),水果、花和谷物的祭献(不杀牲的祭献)常被视为牲礼。

寄居蟹　hermit crab　寄居蟹科和陆寄居蟹科所有蟹的统称。寄居在空螺壳或其他中空物体内。世界性分布,生活在有水的沙底或泥底,偶尔也在陆上或树上。有两对触角

寄居蟹(*Pagurus samuelis*)
Russ Kinne-Photo Researchers

和4对足。第1对足退化为螯,右螯较大,体缩入螺壳时可挡住壳口。身体长大时,会离开旧壳,另觅较大的新壳寄居。分布于北美洲大西洋沿岸水域的有浅红褐色的大寄居蟹(*Pagurus pollicaris*,长约10～12厘米)和小寄居蟹(*P. longicarpus*)。

寄生现象　parasitism　两个物种之间的一种关系:一个物种靠损害另一个物种而受益。外寄生物居住在寄主身体表面;内寄生物居住在寄主的器官、组织或细胞中,并常借助第三种生物体(载体或带菌者)传播到寄主。杜鹃和牛鹂属于孵育寄生,它们将卵产于其他鸟类的巢中,由那些养父母来抚养它们的孩子。在社会寄生现象中,一种动物会寄生于同类动物身上(如一种蚂蚁寄生于不同种类蚂蚁的身上)。如果寄生物也被其他物体寄生,就称作超寄生现象(如原生动物超寄生于狗身上的虱子)。

蓟类　thistle　菊科中蓟属、飞廉属、蓝刺头属、苦苣菜属以及其他植物属的杂草。通常指叶片带刺的飞廉属和蓟属植物,该两属头状花序中小花密集。花色通常为粉红色或紫色。由于它们的茎带刺,花序无伞状花,故飞廉属植物有时又称无羽蓟。加拿大蓟(*C. arvense*)生长在北美农业区,是一种很吸引人但又令人讨厌的杂草。蓟是苏格兰的民族象征。

蓟马　thrips　缨翅目中约5 000种昆虫的统称,体小,有翅,主要以植物为食,分布于世界各地的温带和热带地区。许多种类吸食植物的汁液,或传播病毒性植物疾病,会损坏农作物。少数几种捕食其他动物。蓟马能长到的最大长度为15毫米。大多数有两对窄长、带缘毛的翅翼。

加百列　Gabriel　基督教《圣经》所载一位天使长的名字。在《旧约》中,他是天庭派来的信差,解释但以理所见的异象。在《新约》中,则向祭司撒迦利亚宣告施洗者约翰即将诞生,向马利亚宣告耶稣即将诞生。基督教传统认为他将在审判日降临时吹奏胜利的号角。伊斯兰教《古兰经》中作**吉布里勒**。

加布里埃尔　Gabriel(1775? ～1800)　又称Gabriel Prosser。美国奴隶,曾计划发动美国史上第一次大规模的奴隶暴动。生于弗吉尼亚州里士满附近,其母在非洲出生,自幼在托马斯·普罗瑟家中当奴隶。1800年制订了奴隶起义计划,企图在弗吉尼亚建立黑人独立国家,并自立为王。他计划攻击里士满,杀掉所有的白人(法国人、循道宗人士、贵格会教徒除外)。8月30日在市郊组织了1 000名奴隶军,但当夜一场暴风雨冲毁了桥梁和公路,也打散了他整编的军队。军队还没有来得及重整,州长**J.门罗**侦悉了这项计划,出动州民兵将加布里埃尔等34人逮捕,审判后处以绞刑。

加达默尔　Gadamer, Hans-Georg(1900～2002)　德国哲学家。其哲学解释学体系(部分源自W.狄尔泰、E.胡塞尔和M.海德格尔的思想)对20世纪的**大陆哲学**、美学、**神学**和**文学评论**等具有深远的影响。其父为化学教授。曾在布雷斯劳、马尔堡、弗赖堡和慕尼黑等大学攻读人文学科,在海德格尔的指导下于1922年在弗赖堡大学取得哲学博士学位。后任教于美因河畔法兰克福大学(1947～1949)及海德堡大学(1949年起),1968年成为该校名誉教授。《真理与方法》(1960)是他最重要的著作,他以艺术体验为例,发展出一个有关理解和诠释的普遍理论。

加德满都　Kathmandu　又拼Katmandu。尼泊尔首都。邻近巴格马蒂河与维什努马蒂河的交汇处,海拔1 324米,建于723年。它的名字与一座寺庙有关(kath意为"木头",mandir意为"寺庙"),据说这座寺庙是在1596年用一棵树的木头建成的。1768年起成为廓尔喀人统治家族的所在地。该市是尼泊尔最重要的实业和商业中心,设有特里布万大学。人口约671 846(2001)。

加德纳　Gardiner, Samuel Rawson(1829～1902)　英国历史学家,毕生研究**英国内战**史。在伦敦国王学院任教。也是牛津大学的研究员。他钻研国内外收藏的手稿,成为这一方面的权威,也成就了其不朽的事业。主要著作有《从詹姆斯一世即位起至内战爆发的英格兰历史,1603～1642》(1883～1884)、《大内战史,1642～1649》(1886,1893)和《共和时期和护国时期史,1649～1660》(1903)。

加德纳　Gardner, Erle Stanley(1889～1970)　美国侦探小说家。生于马萨诸塞莫尔登。曾在大学就读,但中途辍学,后来到加利福尼亚州定居,在律师事务所当打字员。3年后获律师资格,开始执业。他一边工作,一边开始写低俗小说,描写法庭的种种情景和他如何耍弄法律手段。在第一批以律师P.梅森为中心人物的小说《丝绒爪案件》(1933)和《拗姑娘案件》(1933)出版获得成功后,放弃律师职业专心写作。后来共出版了80本梅森探案小说。此外还写了其他两种系列的侦探作品,其中一个系列用的笔名是A. A.费尔。

加的夫　Cardiff　威尔士城市和首府,位于威尔士东南部,濒临布里斯托尔海峡。约于公元75年罗马人在此建造了一个小城堡,11世纪诺曼人抵此开始建造城镇。19世纪初人口稀少,但到了20世纪初这里已变成世界最大的煤炭输出港。20世纪60年代煤炭贸易停止,但该市仍然是威尔士最大城市和主要的商业中心。人口约305 340(2001)。

加的斯　Cádiz　西班牙西南部城市,位于加的斯湾一个半岛上,是安达卢西亚加的斯省的主要海港。约公元前1100年由来自提尔城的腓尼基人建立,当时称加迪尔(Gadir),后被迦太基人、罗马人和西哥特人统治。从公元711年开始摩尔人占据此港。1262年加的斯城被卡斯蒂利亚的阿方索十世占领。16～18世纪它作为西班牙与美洲殖民地贸易的中心而繁荣一时。现在主要是个商业港,有几条海运线经过此地,客运是重要业务。现有海军和商用船造船厂。人口约133 363(2001)。

加的斯湾　Cádiz, Bay of　大西洋北部的小海湾,位于西班牙西南部加的斯省海岸。有瓜达莱特河注入。湾内有莱昂岛,加的斯港即位于此。在罗塔港有西-美空军和海军基地。

加尔巴　Galba(公元前3～公元69)　全名Servius Galba Caesar Augustus,原名Servius Sulpicius Galba。罗马皇帝(公元68～公元69)。元老院成员、执政官(公元33)、上日耳曼军团司令官(公元39)、近西班牙地区总督

加尔巴大理石雕像;现藏佛罗伦萨乌菲齐美术馆
Alinari-Art Resource/EB Inc.

(公元60)。因担心有人暗杀他,于公元68年举兵反对尼禄。尼禄自杀后,元老院正式承认他为罗马皇帝。加尔巴即位后就杀了许多重要的罗马人物,包括一些帮助他继承帝位的人。在他短暂的在位时期,统治严酷,他的亲信据说也都贪污腐化。由于对军队毁约背信,当加尔巴选择了一个未被禁卫军接受的继承人时,禁卫军将他和所选继承人一起杀死。

加尔布雷思　Galbraith, John Kenneth (1908～2006)　加拿大裔美国经济学家和政府官员。生于加拿大安大略省。曾就学于多伦多大学,1934年在加利福尼亚大学获博士学位后,他在新政和第二次世界大战期间任政府多种重要职务。1949～1975年重返哈佛大学教书,依然活跃于公共事务上,曾担任肯尼迪总统的顾问及驻印度大使(1961～1963)。其具有影响力的自由派著作(常因文字优美和反映大众呼声而受到赞扬)审视了美国资本主义和消费主义的强弱。加尔布雷思在《富裕社会》(1958,针对社会贫穷差距的评论)中要求少强调生产,多注意公用事业;在《新工业国家》(1967)中展示了美国"管理的"资本主义和社会主义之间的相似之处。

加尔达湖　Garda, Lake　古称Lacus Benacus(贝纳科湖)。意大利北部湖泊,也是意大利最大的湖泊。长54千米,宽3～18千米,湖岸线长达125千米。紧临伦巴第、威尼托和特伦蒂诺-上阿迪杰等区。波尔多山狭窄的山脊将其和阿迪杰河分开。萨尔卡河从北端注入,湖水从南端经明乔河导出,再往南汇入波河。北部有阿尔卑斯山屏蔽,属温和的地中海型气候,为著名的游览区,环湖有加尔登萨那旅游公路(1931年开放)。

加尔都西会　Carthusian　天主教修会。1084年由科隆的圣布鲁诺(约1030～1101)创建于法国东南部的加尔都西山谷,故名。该会将独居苦修与集体苦修相结合,在11世纪、12世纪的隐修院改革运动中曾发挥重要作用。在俗人员也过集体生活,遵守严格的纪律,他们在大沙特勒斯(位于今伊泽尔省瓦隆市)造酒,盈利所得分别拨给附近的宗教团体和慈善机构。该会在法国和意大利另有几处女隐修院,也以严格的集体虔修生活为特点。

加尔各答　Kolkata　旧作Calcutta。印度东北部城市。是西孟加拉邦的首府,现为印度第二大都会区。位于胡格利河畔,距河口154千米。1690年东印度公司在此设立贸易中心,后成为孟加拉管辖区。孟加拉当地统治者讷瓦布占领了加尔各答,并于1756年把一些英国人投入当地监狱(称为加尔各答黑洞);R.克莱武带领英国人又重新夺回了这个城市。这里成为英属印度的首都(1772～1911),并且是19世纪繁忙的商业中心,1911年殖民地首都迁往德里后开始逐渐没落。1947年印度和巴基斯坦的省份分割及1971年孟加拉国的建立,使得加尔各答的没落更为加剧。因政治动乱造成的大量难民涌人加尔各答,使城市人口剧增,同时也加剧了它的贫困。尽管有许多问题,加尔各答还是印度东部的一个重要的城市,也是主要的教育和文化中心。人口:市区约4 486 679;都会区约14 112 536(2011)。

加尔加诺　Gargano Promontory　古称Garganum(切尔加诺姆)。意大利东部海岸伸入亚得里亚海的多山海岬。被称为意大利靴形半岛的"马刺"。长65千米,最宽处40千米,在卡尔沃山海拔高达1 065米。北部沿岸有柑橘和橄榄林及葡萄园,南部坡地,面对福贾平原,以产红葡萄酒闻名。

加尔默罗会　Carmelite　又译圣衣会。天主教的托钵修会。约1155年成立于巴勒斯坦境内的卡尔迈勒山,一些从前的朝圣者和十字军成员在此隐居。他们的会规是由耶路撒冷的拉丁牧首圣艾伯特写的,1226年获得教皇洪诺留三世的同意。由于穆斯林的入侵,巴勒斯坦变得越来越不安全,修士们于是分散到塞浦路斯、西西里、法国和英格兰。在英格兰和西欧,这个隐修群体转变为一个托钵修会。1452年创建第一个加尔默罗女修会。阿维拉的圣德肋撒和圣约翰(十字架的)重新强调加尔默罗会传统的严谨和苦行,1562年和1569年建立赤足加尔默罗会,1593年成为独立的修会。法国大革命和拿破仑时期,改革派和老派修会都遭到严重打击,但后来在西欧大部分地区以及中东、拉丁美洲和美国又恢复了元气。

加尔维斯　Gálvez, José (1720～1787)　西班牙殖民地行政官员,1765～1771年任新西班牙(墨西哥)总视察官,因而闻名。其主要成就有:整顿税收制度,实行政府烟草专卖,占领上加利福尼亚。1775年起为西印度事务大臣,致力于拓展商业。1786年实施一种监督管辖区制度。他被公认是西班牙最伟大的殖民官员。

加尔文　Calvin, John (1509～1564)　法语作Jean Cauvin。法国新教神学家、宗教改革运动的主要人物。出生于皮卡第的努瓦永,曾在巴黎大学攻读宗教,在奥尔良和布尔日攻读法律。1531年回到巴黎,开始研究《圣经》,投身于一种强调通过恩典而非神学书籍获得救赎的运动。政府对此感到不悦,致使他迁居瑞士巴塞尔,在那里写下《基督教法典》(1536)第一版。在新教领袖中获得声誉后,他到日内瓦协助建立该城的新教教会。1538年被该城的教父们驱逐出境,在1541年城镇议会按照他的"宗教仪式"设立教会礼仪时——包括强制实施性道德和废止天主教"迷信"——回到日内瓦。他批准M.塞尔维特为异端,并将其逮捕定罪。1555年加尔文在日内瓦成功建立神权政治,他在那里担任牧师和日内瓦学院院长,写了布道词、《圣经》评论和一些形成加尔文主义基础的信件。

加尔文主义　Calvinism　基督教新教中由J.加尔文提出和发展的神学。被其追随者进一步发扬光大,成为归正宗与长老制的基础。按照加尔文在日内瓦的继承人T.贝札(1519～1605)所具体实现的方针,加尔文主义强调得救预定论的教条,主张上帝仅对选民施予恩典并给予救赎。它强调《圣经》的不折不扣的真实,把教会视为一个基督教团体,其中基督是主,而其他所有成员都是平等的。因此,它反对教会体制的主教制形式,赞成教会神职人员由选举产生。加尔文主义是日内瓦神权体制和清教的新英格兰的基础(参阅清教主义),并极大地影响了苏格兰的长老教会。

加法尔·伊本·穆罕默德　Jafar ibn Muhammad (约700～765)　伊斯兰教什叶派第6代伊玛目,也是最后一代受什叶派各支派共同承认的伊玛目。他是阿里的曾孙。由于可能有继承哈里发的资格,对伍麦叶和阿拔斯王朝是潜在的威胁。762年迁居巴格达以示无心谋取王位,然后又回到故乡麦地那,在那里的学生包括阿布·哈尼法。加法尔死后,什叶派分化。一支是伊斯玛仪派,追随他的长子伊斯玛仪。另外一支是十二伊玛目派,他们从加法尔开始追溯世系到等候最后审判日降临的第12代伊玛目。

加菲尔德　Garfield, James A(bram) (1831～1881)　美国第20任总统(1881)。生于俄亥俄州奥兰治。毕业于威廉斯学院。然后回俄亥俄一学院任教,后任校长,该学院即后来的海勒姆学院。南北战争期间率领俄亥俄第42志愿兵师在希洛和奇克莫加等地作战。退出军界时为少将。1863～1880年为美国众议员。在重建时期,是一个激进的共和党人,在1876年的大选中担任选举委员会的委员,1876～1880年人选美国参议院,为参议院共和党领袖。在1880年共和党提名总统大会上支持U.S.格兰特,与J.布莱恩的代表相持不下。后来在第36次决定总统人选的投票中,加菲尔德被提名为折中的总统候选人,C.阿瑟被选为副总统候选人,结果以微小优势险胜。在短暂的任期内(不到150天),与参议员R.康克林在任命权上经常争论不休。7月2日在华盛顿火车站被一位阿瑟的支持者C.J.吉托枪击,9月19日去世。在他卧床疗伤的11个星期中,引起全国对宪法中模糊的总统继任情况产生争议(后来在美国第20和第25宪法修正案中得到澄清)。

J.A.加菲尔德,摄于1880年

By courtesy of Library of Congress, Washington, D. C.

加富尔 Cavour, Camillo Benso, conte (Count) di(1810～1861) 意大利政治家，复兴运动的主要人物。出生于皮埃蒙特的都灵，早年受到革命思想的影响。曾游历巴黎和伦敦，1847年创建《复兴运动报》，并帮助劝说国王C. 阿尔贝特颁布自由宪法。1848年被选入国会，先后担任过几个内阁职位，后来成为皮埃蒙特的首相(1852～1859,1860～1861)。他利用国际竞争情势和革命运动把意大利统一在萨伏伊王室的领导下，1861年成为这个新王国的第一任首相。

加济安泰普 Gaziantep 土耳其中南部城市。位于阿勒颇北面。古时因位于商路附近，战略地位重要，而且早在公元前4000年已有人定居。旧称哈姆塔普，是保卫叙利亚一拜占廷边境大道的重要堡垒。1183年为土耳其人占领，后来几经易手，到了16世纪初，被并入奥斯曼帝国，改称艾因塔布。第一次世界大战(1914～1918)后为英、法军所占，并成为土耳其民族主义者抵抗欧洲占据的中心。1922年重归土耳其后改现名，以纪念其英勇的抵抗行为(土耳其语gazi的意思是“伊斯兰斗士”)。人口约853 513(2000)。

加加林 Gagarin, Yury (Alekseyevich) (1934～1968) 苏联航天员。集体农场的木匠之子，1957年毕业于苏联空军军官学校。1961年4月登上“东方1”号宇宙飞船，成为进入太空的第一人。这艘宇宙飞船在轨道上绕地球一周，历时1小时29分。这次太空飞行使加加林立即驰名全球，在苏联更是受到高度崇拜。他没有再次进入太空，而是开始训练其他的航天员。后来在一次例行的飞行训练中丧生。

加拉茨 Galati 德语作Galatz。罗马尼亚东南部城市。位于多瑙河和锡雷特河汇合处。16世纪初至1829年被土耳其人占据，1837～1883年为自由港，得以发展。第二次世界大战期间，德军自苏联撤退途经此城时大肆破坏，屠杀市民半数以上，主要是犹太人。战后重建，现为罗马尼亚的主要港口之一，有该国最大的造船厂。人口约298 584(2002)。

加拉德特 Gallaudet, Thomas Hopkins (1787～1851) 美国慈善家。生于费城。耶鲁大学毕业后在英国和法国游学，学会手势交谈法。1816年在康涅狄格州哈特福德兴建美国第一所免费的听障学校。该校作为聋哑人教师的主要培训中心达50余年。加拉德特大学就是以他的名字命名的。

加拉德特大学 Gallaudet University 美国华盛顿一所专为失聪、重听学生设立的私立大学。该校源自于一所为失聪和失明儿童设立的学校，于1856年由A. 坎德尔所创设，1857～1910年由爱德华·加拉德特担任校长。爱德华的父亲是T. H. 加拉德特，美国第一所听障学校的创建者。加拉德特大学设有一所文理学院，一所研究生院，以及传播、管理、教育与人文服务、进修教育等学院。注册学生人数约2 000人。

加拉干达 Karaganda 又拼Qaraghandy。哈萨克斯坦中部城市。1856年始有人定居，次年开始出现小规模的采煤业。20世纪30年代初，采煤业迅速扩张，1934年设市。现为哈萨克斯坦第二大城，包括旧城(从20多个煤矿居民区发展起来)和新城(文化和行政中心，其中有大学、医学院和工程技术学院)。人口约446 139(2006)。

加拉哈 Galahad 亚瑟王传奇中的圣洁骑士。他通过圣杯看到上帝显圣。为朗斯洛和公主艾莲的私生子，只有他配坐上圆桌的那个“危险席”，这个席位就是保留给那个成功取得圣杯的人。不像父亲那样贪图享乐以及和人通奸，加拉哈十分纯洁并充满超世俗的热情。他找到了圣杯，治好了渔夫金，并且把肥沃带回大地。他出现在许多亚瑟王的传奇故事中，最有名的是T. 马洛礼的《亚瑟王之死》。参阅帕尔齐法尔。

加拉加斯 Caracas 委内瑞拉首都，该市的加勒比海港口是拉瓜伊拉。位于海拔约900米处，是拉丁美洲最发达的城市之一。1567年由D. de洛萨达建立。S. 玻利瓦尔出生在此地(1783)，在他领导下加拉加斯成为第一个反抗西班牙统治的殖民地(1810)。现为该国主要的工业、商业、教育和文化中心。人口约1 836 000(2001)。

加拉帕戈斯群岛 Galápagos Islands 西班牙语作Archipiélago de Colón(哥伦布群岛)。太平洋东部岛群，行政上属厄瓜多尔，由19个岛组成，位于厄瓜多尔大陆以西1 000千米处。陆地总面积约8 010平方千米，散布在约59 500平方千米的海洋面上。1535年由西班牙人发现，但一直没有主人，直到1832年厄瓜多尔正式占领该群岛。英国博物学家C. 达尔文在1835年曾到岛上考察，岛上罕见的动物群(包括巨大陆龟)对论证他的自然选择学说起了很大作用，该群岛因而闻名世界。1935年厄瓜多尔把它划为野生动植物保护地，1959年设为国家公园。1978年被联合国教科文组织列为世界遗产。人口约25 124(2010)。

加拉提亚 Galatia 古代小亚细亚中部地区。公元前3世纪初被凯尔特部落占领。公元前275年凯尔特人被塞琉西的安条克一世制服。公元前3世纪的作家称凯尔特人为加拉提亚人。凯尔特人也就把他们定居的这块领土称为加拉提亚。他们相继受到帕加马人和本都人的统治。到公元前85年成为罗马的保护国。到公元2世纪时，已融入希腊文明之中。

加来 Calais 法国北部海港，位于多佛尔海峡。原为建在一座岛上的渔村，997年佛兰德斯伯爵将此地改善，1224年布洛涅伯爵又在此构筑要塞。1347年被英格兰的爱德华三世夺占。1450年以后是英国在法国仅存的领地。1558年法国第二代吉斯公爵从英国人手中收回加来。第二次世界大战中，它是德国1940年海上进攻的主要目标。现为重要的客运港，靠近海底隧道的法国终点站。该市以生产花边和刺绣闻名。人口约74 888(2006)。

加莱里乌斯 Galerius(?～311) 全名Gaius Galerius Valerius Maximianus。罗马皇帝(305～311)，以迫害基督教徒出名。作为凯撒和一名获胜的统帅，显然是他唆使戴克里先迫害基督教徒。305年成为帝国东部的奥古斯都(皇帝)，罗马帝国的短期最高统治者。他向城市居民征收人头税和坚持迫害基督教徒。311年患病；害怕基督教上帝报复，故颁布敕令，对基督徒实行宽容政策。

加勒比海 Caribbean Sea 大西洋西部属海。面积约2 718 200平方千米。位于南美洲北部、中美洲东部和墨西哥东部之间。最深处的开曼海沟在古巴与牙买加之间，深达7 500米。基本上属热带气候，但因受高山、海流和信风的影响，各地气候会有所不同。各岛国的经济主要依靠旅游业；该地区是世界主要的冬季度假胜地之一。

加勒比黑人、巴西黑人和美国黑人的宗教 Afro-Caribbean, Afro-Brazilian, and Afro-American religions 在加勒比、巴西和美国地区带有非洲血统的人的宗教信仰。这些信仰包括海地的伏都教、牙买加的拉斯塔法里教徒，以及巴西的桑蒂利亚教、坎东布雷和其他的马库姆巴教等教派。在美国奴隶时代也出现过类似的混合式宗教。在美国所建立的伊斯兰民族组织便是以非正统的伊斯兰教结合了黑人的民族主义。黑人的基督教会(尤其是浸信会和五旬节派)已经从非洲的宗教引进了一些热力十足的崇拜仪式。

加勒比人 Carib 美洲印第安人，西班牙征服时期居住在小安的列斯群岛和邻近的南美沿海地带。岛上的加勒比人(现已灭绝)是一个好斗的独特民族，据说有吃人肉的习俗。陆地上的加勒比人群居，其中一些人依然存在，生活在圭亚那和南抵亚马孙河一带；他们靠狩猎和种田为生，不像岛上的加勒比人那样有很大的攻击性。

加里波第 Garibaldi, Giuseppe (1807～1882) 意大利爱国者，复兴运动的战士。1834年受G. 马志尼的影响，参与了皮埃蒙特的一次共和革命起义，失败后逃到法国。1836～1848年流亡南美，曾参加巴西和乌

G. 加里波第，摄于1866年
Deutsche Fotothek, Dresden

拉圭等国的革命运动，学得游击战术。1848年返回意大利，带领他的“红衫军”在米兰参加反对奥地利统治、争取意大利民族独立的战争。在教皇庇护九世逃出罗马（1848）后，临时组织罗马保卫战，以抵抗企图恢复教皇统治的法军的进攻。后大胆穿越意大利中部撤退，成为家喻户晓的英雄。他再次流亡，直到1854年，1859年率领军队再次与奥地利作战。1860年在没有政府力量的支持下，招募1 000名志愿人员攻打西西里。战到最后时，他的军队扩增至3万人，后来夺占那不勒斯城。加里波第控制了整个意大利南部，把它交给维克托·伊曼纽尔二世，并拥戴他为统一的意大利第一任国王。由于维克托·伊曼纽尔的暗助，他在1862年和1867年两度进攻教皇国，但都未能成功。

加里克　Garrick, David（1717～1779）　英国演员、戏剧演出人和剧作家。孩童时期曾受教于S. 约翰逊，后定居伦敦，经营酒业。1741年演莎士比亚的《理查三世》而一举成名，他在莎士比亚的《李尔王》、《哈姆雷特》以及本·琼森的《炼金术士》中扮演不同角色，表演自然，受到观众欢迎，被公认为英格兰最伟大的演员之一。与人合伙买下特鲁里街剧院，并担任经理（1747～1776）。他改革戏剧舞台陋习，以自己改编的剧本取代许多王政复辟时期改编的莎士比亚剧本，并使特鲁里街剧院成为伦敦生意最兴隆的剧院。他写有20多部剧本。

加里宁　Kalinin, Mikhail (Ivanovich)（1875～1946）　苏联共产党领导人和政治家。早期支持布尔什维克，参加俄国1905年革命并与人合作创办《真理报》。俄国1917年革命后，出任彼得格勒（圣彼得堡）的市长。1919年成为全俄苏维埃代表大会中央执行委员会主席，即苏维埃国家元首，直到逝世前一直保有这个位置。1925年又当选政治局委员，在关键性的投票中支持J. 斯大林，从而保住了他在党内的高位。

加里宁格勒　Kaliningrad　旧称Königsberg（柯尼斯堡）。俄罗斯西部城市，位于普列戈利亚河畔。建于1255年，名为柯尼斯堡，是普鲁士公国（后来的东普鲁士）的首都。1724年合并邻近的城市洛本尼希特和克内波夫。在第二次世界大战中被苏军毁坏，后成为苏联的领土。1946年重建，改名加里宁格勒。它是加里宁大学的所在地，也是I. 康德的出生地。人口约423 651（2006）。

加里森　Garrison, William Lloyd（1805～1879）　美国新闻工作者和废奴主义者。生于马萨诸塞纽伯里波特。25岁加入废奴运动，担任过多家地方报纸编辑，献身道德改革。1829年与废奴运动的先驱B. 伦迪合编《普遍解放精神》。1831年后创办《解放者》报，该报以美国最坚决的反奴隶制报纸著称。1833年参加建立美国反奴隶制协会，后协会内部发生分裂，部分是因妇女入会问题（加里森赞成），结果他成为规模较小的反奴隶制协会会长（1840～1865）。加里森是个和

加里森
By courtesy of the Library of Congress, Washington, D. C.

平主义者，1844年要求北方和平脱离南方。他的影响力渐减，但激进论调却提高了，他通过《解放者》报谴责《1850年妥协案》，痛斥《堪萨斯-内布拉斯加法案》，反对D. 斯科特裁决，赞扬J. 布朗对拥奴制的居民点的袭击。在南北战争中放弃了自己的和平主义信仰，忠实地支持A. 林肯，欢迎《解放宣言》。1865年加里森退休，但继续支持禁酒运动、妇女平权和自由贸易。

加利波利　Gallipoli　土耳其语作Gelibolu，史称Callipolis。土耳其欧洲部分的城镇和海港。位于一狭长半岛上，达达尼尔海峡经此通至马尔马拉海，东北方是伊斯坦布尔。最初为希腊人殖民地，后成为拜占廷要塞。1356年前后为奥斯曼帝国在欧洲的第一个征服地。因是防卫伊斯坦布尔的战略要地，被用作海军基地。在第一次世界大战的达达尼尔海峡战役中，该城大部分被毁。今存古迹有14世纪奥斯曼苏丹所建的方形城堡，以及一些被称为色雷斯国王坟墓的土岗。人口约23 100（2000）。

加利福尼亚　California　美国西部一州，首府为萨克拉门托。濒临太平洋，与墨西哥接界，与美国的俄勒冈州、内华达州、亚利桑那州相邻。是美国人口最多和面积第三大的州（面积410 793平方千米）。南北长1 300千米，东西宽400千米。境内在相距不到137千米的地方，有惠特尼峰和死谷，它们分别是美国本土48州的最高点（4 418米）和最低点（海平面以下86米）。原始居民是美洲印第安人，1542～1543年J. R. 卡夫里略在此建立西班牙殖民地后，带动了首批欧洲人的海岸扩张行动。1769年，J. 塞拉在圣迭戈建立第一个教区。西班牙人在当地的统治一直持续到19世纪20年代，后转手墨西哥人。墨西哥战争爆发后，美军占领该地区，1848年签订《瓜达卢佩伊达尔戈和约》，加利福尼亚正式割让给美国。1841年即有美国人在此定居，1848年的淘金热为当地带来了大批移民。1850年根据1850年妥协案以废奴州身份加入联邦。20世纪加利福尼亚人口剧增。该州是美国经济最发达的州。该地区历史上曾发生过几次大地震，毁坏最严重的有1906年和1989年发生的旧金山地震，以及1994年发生的洛杉矶地震。人口约38 041 430（2012）。

加利福尼亚大学　California, University of　美国州立大学，在伯克利（主校区）、戴维斯、欧文、洛杉矶、默塞德、里弗赛德、圣迭戈（拉霍亚）、旧金山、圣巴巴拉和圣克鲁斯都设有分校区。1868年建于奥克兰，为美国第一大大学体系。1873年，伯克利分校取代了奥克兰分校的位置，不论在自然科学领域还是其他许多学术领域都保持领先地位。20世纪30年代，伯克利分校的研究者生产出第一台回旋加速器，并离析了人类脊髓灰质炎病毒，以及发现了几种新化学元素。旧金山分校原为一所医学院，1873年并入该校，保持了医学研究和医学教育的中心地位。圣迭戈分校建校时是个海运站，1912年成为加利福尼亚大学的一部分，包含斯克利普斯海洋学院。洛杉矶分校（UCLA）创建于1919年，设有法律、医学和工程学院。圣巴巴拉分校，原为师范学院，1944年加入该大学体系。戴维斯和里弗赛德学院初建时都是农学院，后于1959年并入加州大学。为了适应基础广泛的教育和研究，该校于1965年在圣克鲁斯和欧文设立了分校，2005年增加了默塞德分校。该所大学还设有劳伦斯·伯克利实验室 、劳伦斯·利弗莫尔国家实验室，以及洛斯阿拉莫斯国家实验室。

加利福尼亚理工学院　California Institute of Technology　又作Caltech。位于加利福尼亚州帕萨迪纳一所选拔极为严格的私立大学和研究院，设有理论科学、应用科学以及工程学方面的本科和研究生课程。建于1891年，现在被认为是世界最先进的科学研究中心之一。1958年该校的喷气推进实验室与国家航空航天局合作发射了美国第一颗人造卫星“探险者一号”。建在帕洛马山、威尔逊山、大熊湖和拉斯-坎帕纳斯（智利）等地的天文台由加利福尼亚理工学院和华盛顿的卡内基学会共同管理。其他学校设施包括地震实验室、海洋生物实验室和射电天文学研究中心。现有注册学生约1 900人。

加利福尼亚艺术学院　California Institute of the Arts　又作Calarts。位于巴伦西亚的私立高等教育机构。1961创建，当时由两所其他艺术学院合并而成。设有美术、舞蹈、摄影、音乐、戏剧等5所学院，以及一个评论研究系，所有院系在各自领域都享有极高的声誉。所有学院都授予美术学士（BFA）和美术硕士（MFA）学位。一项社区艺术计划为洛杉矶贫困家庭的年轻学子提供了学习的机会。现有注册学生约1 000人。

加利利　Galilee　希伯来语作Ha-Galil。《圣经》中和现代以色列最北部地区。包括犹太教4个圣城中的2个：采法特和太巴列。这里是耶稣童年时代的故乡和主要传教地。公元70年耶路撒冷被破坏之后成为犹太教的学术中心。在现代，第一批犹太移民始于1882年。1909年在加利利海岸边建立了第一个集体农庄居民点。约旦河流经这里。

加利利海　Galilee, Sea of　又称Lake Tiberias（太巴列湖）。以色列北部淡水湖泊。

位于巴勒斯坦东北部,为约旦河所流贯。湖面呈梨形,南北长 21 千米,东西宽 11 千米。水面低于海平面 212 米。湖水主要来自约旦河。此区在千年以前已有人居住。考古遗址可追溯到 50 万年以前,是中东最古老的地区。公元 1 世纪时,此地区非常富饶,人口众多;耶稣在此经历了许多事件。如今湖水灌溉了四周的农业地区。已发展为现代疗养地,太巴列的温泉浴是以色列冬季最热门的休闲地点之一。

加利西亚　Galicia　波兰语作 Halicz,俄语作 Galitsiya。东欧历史地区。面积约79 371平方千米,包括喀尔巴阡山脉的北坡,以及维斯杜拉河上游、聂斯特河、布格河和锡雷特河谷地。1199 年加利西亚东部(位置靠近基辅公国和沃利尼亚公国)被沃利尼亚的罗曼大公占领,罗曼大公统一了沃利尼亚和加利西亚。1349 年波兰国王卡齐米日三世吞并加利西亚。1772 年起波兰被瓜分,加利西亚归奥地利,第一次世界大战后复归波兰。第二次世界大战初期,苏联将东加利西亚并入乌克兰共和国。战后,东加利西亚仍归苏联(1991 年后,归乌克兰),西加利西亚则归波兰。

加利西亚　Galicia　古称 Gallaecia。西班牙西北部一自治区和古代王国。濒临大西洋,面积约29 435平方千米。加利西亚的名称来自凯尔特族加拉西人,约公元前 137 年古罗马军团征服这个地区时,他们已是当地的居民。585 年受西哥特人统治,接着是摩尔人,8 ～9 世纪成为阿斯图里亚斯王国的一部分。1479 年在卡斯蒂利亚和阿拉贡王国合并后,丧失大部分的自治地位。1981 年设为自治区,首府圣地亚哥-德孔波斯特拉。农林渔业主导了该区经济。人口约2 695 880(2001)。

加列尼　Gallieni, Joseph Simon(1849 ～ 1916)　法国军官。1886 ～ 1888 年担任法属苏丹总督,成功压制了苏丹军队的叛乱。1892 ～ 1896 年在法属印度支那服役后,返回非洲,担任马达加斯加总督(1896 ～ 1905),以贤明和处事圆融的殖民官著称。加列尼成功地把非洲领土整合为法国殖民地帝国。第一次世界大战即将爆发前,他被任命为巴黎军区司令,参加了第一次马恩战役。1915 年任陆军部长。1921 年死后被追封为元帅。

加列努斯　Gallienus, Publius Licinius Egnatius(218? ～268)　罗马皇帝。253 ～ 260 年与父亲瓦莱里安共同称帝,260 ～ 268 年独居帝位。当时外敌进犯,帝国日趋崩溃,元老院因此让父子共执朝纲。加列努斯负责西部边防,与哥特人及其他部族多次作战,赢得一系列胜利。当时波斯人在东部肆虐,他的父亲被俘,并死于牢中,加列努斯只据有意大利本土和巴尔干半岛。后来哥特人再度进犯,他在一次镇压叛乱时被谋杀。在位时期的改革包括把罗马军队的指挥权从元老院议员手中转移到贵族职业军官手中,并且扩大骑兵在战场上的作用。加列努斯还在罗马倡导理智的文艺复兴,这从罗马的文学和艺术方面可以看出。

加伦　Galen(129 ～约 200)　拉丁语作 Galenus。希腊医师、作家和哲学家。出生于小亚细亚的帕加马。公元 157 年任角斗士的首席医生,后到罗马行医,成为罗马皇帝马可·奥勒利乌斯的朋友和康茂德的医生。他视解剖学为基础科学,以动物实验为本,辨认出颅神经,描述过心瓣膜,认为动脉中流通血液而非空气。然而,在把他的发现扩大到人体解剖学上时就常是错误的。加伦根据希波克拉底的概念,相信有 3 个相连的身体系统(脑和神经司知觉和思维;心脏和动脉司生命动能;肝和静脉司营养和成长),以及 4 种体液(血液、黄胆汁、黑胆汁和黏液),人体健康有赖于这 4 种体液的平衡。当时很少人有技能来驳倒他这种吸引人的生理学理论。加伦曾写有 300 多部作品,今仅存约 150 部。随着作品被翻译成各种语言,他的影响传至拜占廷帝国、阿拉伯,后又传至西欧。16 世纪人们对解剖的兴趣复燃,导致在解剖学上的一些新发现,推翻了其观点,当时 A. 维萨里发现他在解剖学上的几个错误,而 W. 哈维则重新修正了血液循环理论。

加罗林群岛　Caroline Islands　西太平洋群岛。位于菲律宾南部,群岛陆地面积约1 190平方千米。从前为美国太平洋群岛托管地的一部分,由多个大岛屿组成,包括雅浦、波纳佩、特鲁克、库赛埃和巴伯尔图阿普等岛,以及许多小珊瑚岛礁。16 世纪时虽已被西班牙人发现,但在 1899 年德国占领之前,很少有人到过那里。第一次世界大战后,交由日本托管,1947 年转为联合国战略托管地的一部分,由美国管辖。除帕劳岛(巴伯尔图阿普岛及其一些联合岛屿)之外,其他岛屿于 1986 年成立密克罗尼西亚联邦。帕劳于 1994 年独立。

加洛林王朝　Carolingian dynasty　统治西欧(751 ～887)的法兰克贵族家族。丕平一世(640 年卒)是该王朝的奠基人,曾在墨洛温王朝国王达戈贝尔特一世手下担任宫相,拥有对奥斯特拉西亚的管辖权。在此官位上,他的后代,包括查理·马泰尔,继续从墨洛温王朝国王那里窃取权力,但他们只是作为傀儡留在王位上,直到 751 年查理的儿子丕平三世废除希尔德里克三世,正式成为法兰克国王。在丕平的儿子查理曼的统治下,加洛林王朝的疆域扩大到高卢,并把势力延伸到日耳曼及意大利。他死后领土被他三个儿子瓜分,到 887 年加洛林王朝的权力已经瓦解,尽管大约在 895 ～923 年和 936 ～987 年两次在法兰西出现过复兴。

加洛林王朝艺术　Carolingian art　查理曼及其继任者统治欧洲时期形成的艺术风格。这段时期大约延续至 9 世纪末,最大特点是重新对罗马古物产生兴趣。拜占廷的艺术品和建筑成为模仿对象。彩绘手抄本、象牙浮雕和金属制品都反映出古典主题;当时也出现过镶嵌画和壁画,但现在已几乎见不到。

9 世纪初《洛尔施福音书》的象牙浮雕封面,现藏伦敦维多利亚和艾伯特博物馆
By courtesy of the Victoria and Albert Museum, London, Crown copyright

加缪　Camus, Albert(1913 ～ 1960)　阿尔及利亚出生的法国小说家、散文家和剧作家。出生在阿尔及尔的一个工人家庭,大学毕业后进入剧团工作,与左派分子结识。战争期间居住在巴黎,法国抵抗组织使他进入J.-P. 萨特和存在主义的圈子。他的第一部小说《局外人》(1942,该书对 20 世纪的异化问题进行了研究)以及哲学随笔《西叙福斯的神话》(1942,书中分析了当代的虚无主义和荒诞观念),使他成为文化名人。他的第二部小说《鼠疫》(1947)和另一篇长随笔《反叛者》(1951)探讨了相关的问题。其他重要文学作品有写作技巧出色的小说《堕落》(1956)和短篇小说集《流放和王国》(1957)。他的剧作包括《误会》(1944)和《卡利古拉》(1944)。1957 年获诺贝尔文学奖。死于一场车祸。

加拿大　Canada　北美洲国家。面积:约9 984 670 平方千米。人口:约 34 897 000(2013)。首都:渥太华。英国人和法国人后裔占该国人口半数以上,华人、南亚人、德国人、意大利人、美洲印第安人和因努伊特人(爱斯基摩人)的后裔则构成重要的少数民族。语言:英语和法语(均为官方语言)。宗教:基督教(主要为罗马天主教,也有新教、东正教和其他基督教派)、伊斯兰教、犹太教、印度教和佛教。货币:加拿大元。加拿大可划分为几个自然地理区:以哈得孙湾为中心占全国面积近 4/5 的大片内陆盆地,由加拿大地盾、内陆平原及五大湖-圣劳伦斯低地区组成。盆地边缘是几个大部为高地的区域,包括北极群岛境内的山脉,有落基山脉、海岸山脉和劳伦琴山脉。境内最高峰位于育空地区的洛根山(5 959 米)。加拿大的 5 条河流——圣劳伦斯河、马更些河、育空河、弗雷泽河和纳尔逊河均居世界 40 条最长河流之列。除与美国共有的苏必利尔湖和休伦湖外,加拿大的大熊湖和大奴湖又属世界 11 个最大湖泊之列。境内也有若干岛屿,包括巴芬岛、埃尔斯米尔岛、维多利亚岛、纽芬兰岛和梅尔维尔岛以及许多小岛屿。加拿大与美国的疆界长8 890千米,是世界上最长的不设

加拿大历任总理	党派	任期
J. A. 麦克唐纳爵士(第一次)	自由保守党	1867～1873
A. 麦肯齐	自由党	1873～1878
J. A. 麦克唐纳爵士(第二次)	自由保守党	1878～1891
J. 艾博特(自1892年起为爵士)	自由保守党	1891～1892
J. 汤普森爵士	自由保守党	1892～1894
M. 鲍威尔(自1895年起为爵士)	自由保守党	1894～1896
C. 塔珀爵士	自由保守党	1896
W. 洛里埃(自1897年起为爵士)	自由党	1896～1911
R. L. 博登(自1914年起为爵士)	保守党	1911～1920
A. 米恩(第一次)	保守党	1920～1921
W. L. M. 金(第一次)	自由党	1921～1926
A. 米恩(第二次)	保守党	1926
W. L. M. 金(第二次)	自由党	1926～1930
R. B. 贝内特(自1941年起为子爵)	保守党	1930～1935
W. L. M. 金(第三次)	自由党	1935～1948
L. 圣劳伦特	自由党	1948～1957
J. G. 迪芬贝克	进步保守党	1957～1963
L. B. 皮尔逊	自由党	1963～1968
P. E. 特鲁多(第一次)	自由党	1968～1979
J. 克拉克	进步保守	1979～1980
P. E. 特鲁多(第二次)	自由党	1980～1984
J. M. 特纳	自由党	1984
B. 马尔罗尼	进步保守党	1984～1993
K. 坎贝尔	进步保守党	1993
J. 克雷蒂安	自由党	1993～2003
P. 马丁	自由党	2003～2006
S. 哈珀	保守党	2006～

防疆界。加拿大的市场经济相当发达,主要以出口为主并与美国经济保持着紧密联系,这使它成为世界上最富有的国家之一。加拿大是多党制议会制联邦,两院制。国家元首是英国君主,其代表为加拿大总督,政府首脑为总理。最初的居民是美洲印第安人和因务伊特人。大约公元1000年古代斯堪的纳维亚的探险者就来到此地,考古发掘证实在纽芬兰有他们的遗迹。早在公元1500年,英国人、法国人、西班牙人及葡萄牙人就在纽芬兰附近海域开始渔业考察。1534年J. 卡蒂埃首次进入圣劳伦斯湾,法国遂提出对加拿大的领土要求。1604年在新斯科舍(阿卡迪亚)建立起一个小拓居地,1608年S. de尚普兰也曾到过魁北克。皮毛交易对早期殖民地的开拓有促进作用。为对付法国人的行动,英国于1670年成立哈得孙湾公司,英法两国为争夺上北美洲腹地相持达一个世纪之久。1713年法国人在安妮女王之战(西班牙王位继承战争)中失利,被迫将新斯科舍及纽芬兰割让给英国。七年战争(法英北美殖民地争夺战)导致法国人1763年被逐出北美大陆。美国独立战争后,加拿大人口中增加了一些从美国逃来的效忠派分子。由于到达魁北克的效忠派分子越来越多,英国遂于1791年将该殖民地分成上、下加拿大省。1841年英国将上、下加拿大省合并。加拿大人的扩张主义导致了19世纪中叶的联邦运动。1867年成立加拿大自治领,其范围包括新斯科舍、新不伦瑞克、魁北克及安大略。此举对促进加拿大的发展至关重要。联邦成立后,加拿大开始了向西扩张的时期。伴随加拿大进入20世纪的繁荣,由于英国人与法国人社区间不断发生的冲突而受到很大影响。1931年通过的《威斯敏斯特条例》,承认加拿大是不列颠的平等伙伴。由于1982年《加拿大法案》获得通过,英国给予加拿大对其宪法的完全控制权,并切断了两国间仍然保留的法律联系。法语加拿大人的骚动是一个主要问题,20世纪后半叶要求魁北克分离的运动不断发展。1992和1995年两次要求魁北克在政治上有更多自治的公民投票表决都遭到拒绝,但这个问题依然没有解决。1999年加拿大成立了新的努纳武特地区。加拿大于1904年首次参加在美国密苏里州圣路易斯举办的夏季奥运会。1976年夏季奥运会在蒙特利尔举办。艾伯塔省的卡尔加里和不列颠哥伦比亚省的温哥华分别于1988年和2010年承办冬奥会。

《加拿大法案》 Canada Act 又称Constitution Act(《宪法法案》)。正式结束英国在加拿大的立法权的措施。1982年3月25日由英国议会批准,1982年4月17日由伊丽莎白二世女王颁布。该法案的内容包括《英属北美法》,并得到除魁北克以外的加拿大所有省的通过,加拿大最高法院拒绝了魁北克提出的拥有宪法否决权的要求。

加拿大工人大会 Canadian Labor Congress(CLC) 加拿大全国性的工会组织,1956年由加拿大工人联合会和加拿大行业组织大会合并而成,代表加拿大约300万工会会员。

加拿大公司 Canada Company 负责开拓上加拿大(今安大略)西部许多移民区的机构。1824年成立以向该地区输送移民。由J. 高尔特(1779～1839,圭尔夫市的创建人)负责管理到1829年。该公司虽被批评为垄断经营,但还是一直存在到20世纪50年代。

加拿大国庆日 Canada Day 原称Dominion Day。加拿大每年一次的假日。纪念1867年7月1日加拿大自治领的成立。每年7月1日举行庆祝活动。1982年通过的《加拿大法案》,将这一天正式定为加拿大国庆日。节庆时举行游行、放焰火、升国旗并唱国歌"啊,加拿大"。

加拿大皇家骑警队 Royal Canadian Mounted Police 又作Mounties。加拿大联邦警察部队。也是除安大略省和魁北克省之外的其他各省的刑事警察队,西北地区、育空地区和努纳武特地区的唯一警察力量。1873年成立时称"西北骑警",300人奉命到加拿大西部对付一些用威士忌酒向印第安人换取牛皮并造成严重破坏的美国商人。后又在克朗代克淘金热(1898)和后来的西部定居中成功地维持了和平。1920年成为联邦警察队伍后采用现名,并将总部迁到渥太华。

加拿大人河 Canadian River 美国西南部河流。流经新墨西哥州东北部,形成一条深450米的狭谷地,然后向东折,继续横穿得克萨斯西北部,经俄克拉何马州中部汇入阿肯色河。全长1 458千米。河道建有防洪和灌溉设施。

加拿大银行 Canada, Bank of 加拿大金融机构,根据1934年《加拿大银行法》创立。在大萧条时期为加强管理信贷与通货而建立。加拿大银行是加拿大政府财务代理银行,拥有独家发行纸币的权限。该银行归加拿大财政部管辖,利润全部上缴国库。

加那利群岛 Canary Islands 西班牙语作Islas Canarias。西班牙的岛群、自治区。位于大西洋,距非洲大陆西北海岸108千米处。加那利群岛设有西班牙的拉斯帕尔马斯省和圣克鲁斯-德特内里费省,面积7 447平方千米。首府圣克鲁斯-德特内里费。古时被称作"财富之岛",普卢塔克和普林尼(老)的著作中都曾提到。由于相信这里是世界的最西端,中世纪时阿拉伯人、热那亚人、马略卡人、葡萄牙人和法国人都曾来到此地。1404年被卡斯蒂利亚占领,该群岛是西班牙通往新大陆航线的一个停靠站。现在农业和不断发展的旅游业是当地重要的经济支柱。人口约1 968 280(2005)。

加纳 Ghana 全称Republic of Ghana(加纳共和国),旧称Gold Coast(黄金海岸)。非洲西部国家。面积:238 533平方千米。人口:约26 887 000(2013)。首都:阿克拉。有阿坎人、莫西人、埃维人和加-阿当梅人。语言:英语(官方语言)、阿坎语、埃维语和豪撒语。宗教:基督教(新教、罗马天主教及其他基督教)和本土宗教、伊斯兰教。货币:塞地。全境地势偏低,以沃尔特河盆地为主。北部以草地平原为特征,南部森林茂密。南部沿海平原为历史上的黄金海岸。野生动物有狮子、豹和大象等。该国为发展中的混合型经济,主要以农业和矿业为基础。经济以可可为主;出口的矿产有黄金和钻石。加纳是单一制多党制共和国,一院制。国家元首暨政府首脑是总统。现代加纳系以古代加纳帝国之名命名,该帝国位于苏丹西部,13世纪前正处于兴盛时期,其中心位于今加纳西北约800千米处。后来阿坎人在今加纳建立起他们的第一个国家。14世纪时,寻找金矿的曼德人到达。16世纪时,豪萨人也来到此地。15世纪期间,曼德人在北半部区域建立达贡巴国和曼普鲁西国。阿散蒂人为阿坎人一支,原居住在中部森林地区,后建立起一个强大的中央集权帝国,18～19世纪为该帝国鼎盛时期。15世纪初期,葡萄牙人登陆黄金海岸,欧洲人遂开始到该地区探险,随后他们在埃尔米纳建立一个居民点,作为奴隶买卖的大本营。到18世纪中叶,黄金海岸被荷兰、英国和丹麦商人的众多碉堡控制着。1874年黄金海岸成为英国直辖殖民地。1901年英国在阿散蒂和北部地区建立了保护地区。1957年黄金海岸独立,改名加纳。自独立后,发生过多次政变。但1981年政变成立的政府一直持续到20世纪90年代。21世纪初,平稳过渡到另一个政府内阁。加纳(黄金海岸)于1952年首次参加在芬兰赫尔辛基举办的夏季奥运会。

加纳帝国　Ghana empire　西非中世纪第一个大贸易帝国(兴盛时期7～13世纪),位于今毛里塔尼亚东南部和马里之一部分。居民为北方阿拉伯和柏柏尔盐贩与南方黄金和象牙生产者的中介。黄金是与南端黑人以货易货而得,再转运到首都。黄金在该地可以交换各种必需品,尤其是食盐。加纳逐渐富裕,乃扩张政治控制,并吞南部一些黄金产地以及北部的城市。国王收受其属下部落王子的进贡。后因穆斯林阿尔摩拉维德王朝崛起而没落;其领袖阿布·伯克尔于1076年占领加纳首都昆比,帝国的臣民开始分离。1240年加纳帝国的残余部分并入曼德皇帝之孙迪亚塔的新马里帝国。

加蓬　Gabon　全称Gabonese Republic(加蓬共和国)。非洲中部国家。面积:267 667平方千米。人口:约1 594 000(2013)。首都:利伯维尔。加蓬约有40多个种族,芳人(人数超过总人口的1/4)居住于奥果韦河北,河以南最大的种族是西拉人(包括普努人)和恩泽比人。语言:法语(官方语言)和几种班图语(尤其是芳人讲的班图语)。宗教:基督教(主要是罗马天主教,也有新教和其他基督教)、伊斯兰教和传统宗教。货币:非洲金融共同体法郎。加蓬地跨赤道,濒非洲西部海岸。有狭窄的海滨平原,南部和北部多山。主要河流奥果韦河的流域遍布国家大部分地区,约3/4的土地为茂密的赤道雨林所覆盖,其中包括许多种类的动植物。加蓬蕴藏了丰富的锰矿,为世界最大的锰矿之一,还蕴藏大量石油和天然气。为混合、发展中经济,以矿物和林木资源开发为基础。加蓬是单一制多党制共和国。国家元首是总统,政府首脑为总理。境内发现旧石器时代晚期和新石器时代早期的人造物品,但构成加蓬部族群落的操班图诸语言的移民迁徙此地的时间却不得而知。俾格米人可能是最早的居民。15世纪末葡萄牙人开始来到此地,接着法国、荷兰和英国商人相继到来。18世纪末芳人开始迁移到这里。18世纪和19世纪大部分时期的商业以奴隶贩卖活动为主。随后法国取得控制,加蓬接受法属西非政府的管辖(1843～1886)。1886年法属刚果殖民地建立,范围包括加蓬与刚果。1910年加蓬为法属赤道非洲内的一个单独殖民地。1946年起成为法国海外领地。1958年成为法兰西共同体内的自治共和国。1960年宣布独立。60年代开始建立一党专政的体制。人民对一党专政渐生不满,1989年在利伯维尔发生暴乱。反对党的合法化导致1990年重新举行选举。尽管石油出口给国家带来巨大收益,但国家仍面临着经济困难。加蓬于1972年首次参加在慕尼黑举办的夏季奥运会。

加沙地带　Gaza Strip　阿拉伯语作Qiṭāʻ Ghazzah。希伯来语作Reẓuʻat ʻAzza。地中海东南部沿海地区。位于西奈半岛东北部,面积:365平方千米,人口:约1 701 000(2013)。加沙市也位于此地带。古代曾是繁华的贸易中心,公元前15世纪时首见记载。曾多次遭到入侵,其中包括以色列人、亚述人、巴比伦人和波斯人,而在十字军东征后,地位已不再那么重要。16世纪起由奥斯曼帝国统治。第一次世界大战(1914～1918)后,加沙市和加沙地带为受英国托管的巴勒斯坦一部分。1948～1949年第一次阿以战争时,被埃及占领,加沙市成为其在巴勒斯坦的总部。这块占领区后来缩减到40千米长,以加沙地带闻名于世,仍受埃及控制。1967年六日战争中,该区被以色列占领。此区的主要经济问题出在大批巴勒斯坦阿拉伯难民身上,他们极为贫困。1987年加沙市巴勒斯坦人的第一次暴动象征了长期抗暴行动的开始。暴乱和不安一直持续着,导致1993年以色列和巴勒斯坦解放组织签订一项协议,予以加沙地带和西岸地区的巴勒斯坦人有限的自治权。2000年进一步的谈判破裂,再次发生暴乱。为了阻止战争,2005年以色列将军队及其居民全部撤出加沙地带,将该区的控制权移交给巴勒斯坦人。

加斯科涅　Gascony　法语作Gascogne,古称Vasconia。法国西南部历史区。范围包括比利牛斯山北麓,东起巴斯克地区,沿法国—西班牙边界到加龙河上游的图卢兹。在罗马统治下,这里属诺温波普卢那省。公元5世纪时为西哥特人所占,507年为法兰克人所夺,561年巴斯克人将其驱逐。602年法兰克国王承认加斯科涅为一公国。1052年被阿基坦征服。12世纪,转移到英格兰的金雀花王朝手中。在百年战争时期,加斯科涅始终忠于英格兰,直至15世纪中叶法国再度征服它为止。

加速度　acceleration　速度的变化率。加速度像速度一样,也是一种向量,既有量值又有方向。在直线路径上运动的物体的速度只能改变量值,所以它的加速度是其速度的变化率。在曲线路径上运动、物体的速度量值可以变也可以不变,但它的方向总是在变化,这意味着在曲线路径上运动的物体的加速度永不为零。如果速度以米/秒(m/s)表示,时间以秒(s)表示,加速度就以米/秒^2(m/s/s或m/s^2)表示。

加泰罗尼亚　Catalonia　西班牙东北部自治区和历史上著名的地区。包括西班牙东北部的赫罗纳、巴塞罗那、塔拉戈纳和莱里达4省。面积31 930平方千米。首府为巴塞罗那。比利牛斯山脉为该区与法国的分界岭,自治区的东部是地中海。主要河流有特尔河、略夫雷加特河和埃布罗河,均注入地中海。加泰罗尼亚是罗马人在西班牙建立的最早领地之一。5世纪时为哥特人占领,712年被摩尔人攻陷,795年又落入查理曼手中。1469年西班牙完成统一后,加泰罗尼亚在西班牙的国家事务中退居次要地位。17世纪时它与卡斯蒂利亚-莱昂的利益冲突导致加泰罗尼亚人开始进行一系列的分立主义活动。1876年以后,加泰罗尼亚的民族主义成为一股强大的势力。1932年与中央政府达成的妥协方案允许加泰罗尼亚自治;由于1939年民族主义者的胜利,加泰罗尼亚的自治权被取消,F.佛朗哥的政府对加泰罗尼亚的民族主义采取镇压政策。佛朗哥死后,西班牙重建民主制度,加泰罗尼亚于1979年再次获得自治。如今加泰罗尼亚是西班牙最富有和工业化程度最高的地区。人口约6 343 110(2001)。

加特林机枪　Gatling gun　一种手摇的机枪,是第一种可靠的机枪,在美国南北战争期间由理查·加特林(1818～1903)发明。他把新发明的铜质子弹用在一种10管集束枪,摇动手柄使之旋转时,每完全旋转一次,每个枪管就装弹并射击一次。装弹依靠重力和位于机枪正上方的弹箱上凸轮的作用,并将废弹壳抛出。加特林机枪射速可达3 000发/分,这在手摇机枪时代是无与伦比的。19世纪80年代随着无烟火药的发明,研发出真正的自动机枪,加特林机枪被淘汰。

加图　Cato, Marcus Porcius(公元前234～前149)　别名Cato the Censor(监察官加图)或Cato the Elder(大加图)。罗马政治家、演说家和第一位重要的拉丁文散文作家。出身农民家庭,参加过第二次布匿战争。由于擅长演说和精通律法而顺利进入政坛。他持反希腊化的保守立场,反对亲希腊的西庇阿家族,解除了他们的权力。公元前184年当选为监察官,企图恢复罗马的"古风",借以抗衡希腊的影响,因为他认为这些影响会损害罗马传统的道德。他周密制定了几项禁止奢侈和妇女随意花钱的法律,并矢志消灭迦太基。著作涉及历史、医学、法律、军事科学和农业。他的曾孙小加图(公元前95～前46)是元老院贵族党的领袖,他试图保存共和体制与J.凯撒对抗。

加沃特舞　gavotte　起源于法国农民的民

族舞蹈，据说是加普人跳的舞蹈。17～18世纪成为宫廷舞，十分流行。在芭蕾舞大师的指导下发展出更加复杂的舞步。舞步为4/4拍慢行进步法，在音乐上分为三部分，而且是一种跟随组曲的随意动作。

加乌乔　gaucho　阿根廷和乌拉圭南美大草原上的牧民和富有传奇色彩的骑手，他们以豪勇和藐视律法闻名，一直被当作民族英雄。18世纪中期到19世纪中期曾处于全盛时期。开始时他们捕猎在安第斯山脉东部大片草原上自由驰骋的大群牛马。19世纪初期，他们加入军队，推翻西班牙殖民政权。独立后，又与操纵政权的军阀对抗。阿根廷作家歌颂他们的事迹，加乌乔文学是阿根廷文化传统的重要部分。

加西亚·洛尔卡　García Lorca, Federico（1898～1936）　西班牙诗人和剧作家。曾学过文学、绘画和音乐，后来创办了茅屋剧团公司，也兼任导演和音乐作曲，这家公司把古典剧介绍给乡下观众。他是个实验派诗人，1928年出版诗集《吉卜赛谣曲集》，抒情地将音乐、诗歌和精神上的冲动结合在一起；与他后来写的许多作品一样，其主题和比喻都来自民间传统。这本作品使他一举成名。在众多描述死亡的诗中，为朋友创作的《伊格纳西奥·桑切斯·梅希亚斯挽歌》（1935）是他最伟大的诗篇，也被誉为现代西班牙文学中最优秀的哀歌。他的三幕诗剧包括《血的婚礼》（1933）、《叶尔玛》（1934）和《贝纳达·阿尔瓦的家》（1936），以最后一部最有名，是其经典之作。后在西班牙内战期间，未经审讯即惨遭法西斯主义者枪杀。

加西亚·马尔克斯　García Márquez, Gabriel (José)（1928～2014）　拉丁美洲作家。曾在拉丁美洲和欧洲诸城市担任多年记者，后来在定居墨西哥前成为电影编剧和政治评

加西亚·马尔克斯，摄于1982年

© Lutfi Ozkok

论家。他最著名的小说是《百年孤独》（1967），描述了虚构的村庄马孔多的历史，他的许多作品都以此为背景。该书受到极高的赞扬，影响巨大，带领了所谓的"魔幻现实主义"风格运动。后来写有《家长的没落》（1975）、《爱在霍乱流行时》（1985）、《陷入迷津的将军》（1989）以及《苦妓追忆录》（2004）。短篇和中篇小说集包括《落叶》（1955）、《没有人给他写信的上校》（1968）。2002年，一部记述他早年生活的自传《沧桑历尽话人生》问世。1982年获诺贝尔文学奖。

加扎利　Ghazali, al-（1058～1111）　又作Al-Ghazzali，全名Abu Hamid Muhammad ibn Muhammad al-Tusi al-Ghazali。伊斯兰神学家和哲学家。生于伊朗图斯市。他研究宗教和哲学，1091年成为巴格达尼扎米亚学院首席教授。1095年因精神上的危机放弃职业生涯，开始苏非派神秘主义者的贫苦生活。直到1106年才被相信他是百年一遇的伊斯兰教更新者，回到尼扎米亚学院讲学。他的杰出著作《宗教科学的复兴》，阐述了伊斯兰教的教义和实践，及其与苏非神秘主义的关系。

加兹登　Gadsden, James（1788～1858）　美国军人和外交官。生于南卡罗来纳州查尔斯顿。1812年被任命为美国陆军军官。1820年奉命在佛罗里达建立军事哨所，监督把塞米诺尔族印第安人迁往佛罗里达保留区，后又迁往西部（1823～1832）。1840～1850年担任南卡罗来纳一条铁路的总裁。1853年任美国驻墨西哥公使后，奉命向墨西哥政府购买土地，以修建一条南部铁路（参阅加兹登购地）。

加兹登购地　Gadsden Purchase（1853-12-30）　美国在墨西哥购买的土地。1848年美国在墨西哥战争中征服墨西哥北部大量领土后，为兴建一条贯穿南部各州的铁路而购买了墨西哥北部约78 000平方千米的土地，即现今美国的亚利桑那州南部和新墨西哥州南部。这项购地案由美国驻墨西哥公使J.加兹登与墨西哥当局进行谈判，以1 000万美元的代价购得。这块土地的获得确定了后来相连48州的边界。

加兹温　Qazvin　又拼Kazvin。伊朗西北部城市。建于公元250年，称沙德沙赫布尔。7世纪时在穆斯林统治下趋于繁荣。成吉思汗时期废弃，但后又复兴，为波斯萨菲王朝的都城（1548～1598）。18世纪末成为与里海、波斯湾和安纳托利亚地区进行外贸的基地。1921年发生于加兹温的政变使伊朗在礼萨·巴列维统治下得到统一。现为地区交通中心，有若干制造业。人口约335 338（2006）。

夹竹桃　oleander　夹竹桃科夹竹桃属常绿观赏灌木的统称，具有毒乳汁。普通夹竹桃有各种各样颜色的花，是由温室培植出来的，在温暖的地方也可种植于户外。植株的所有部分都有毒，如果碰触会引起疼痛发炎。

伽巴尔人　Gabar　对伊朗琐罗亚斯德教教徒的贬称，此词可能源自阿拉伯语kafir（即异端之意）。自从公元7世纪信奉伊斯兰教的阿拉伯人征服伊朗以后，留在伊朗的琐罗亚斯德教徒便成为无家可归的少数民族，受到社会和经济的许多条件所限制。19世纪以后，他们已获得印度袄教的帮助。1978～1979年伊斯兰教基要派革命后遭迫害，现仅存数千人而已。参阅琐罗亚斯德教和帕西人的宗教。

伽利略　Galileo（1564～1642）　全名Galileo Galilei。意大利数学家、天文学家和物理学家。父亲是一位音乐家。原本习医，后来兴趣转向数学。1586年前后发明比重秤，使他蜚声全意大利。1589年发表的一篇有关固体重心的论文使他获得比萨大学数学讲师的职位。他否定了亚里士多德认为"重量不等的物体其下落速度也不同"的论断，并证明落体遵循"等加速度运动"规律，还研究了抛出的物体沿抛物线轨迹运动的规律。伽利略也是用望远镜研究星空的第一人，在1609～1610年初发表了一系列天文新发现：月亮表面是不规则的；银河系是由众星组成的；木星有卫星（参阅伽利略卫星）。他因这些发现而出任托斯卡纳大公的首席哲学家和数学家职位。1611年访问罗马，大胆说服教会相信哥白尼体系，结果和亚里士多德学派教授起争执，导致教会在1616年宣布哥白尼学说是"错误的"。后来获准撰写有关哥白尼体系的著作，条件是在讨论时不作明确立场表态。1632年出版了《关于托勒玫和哥白尼两大世界体系的对话》一书。该书虽被赞扬是文学和哲学的杰作，但还是得罪了耶稣会，他未经异端裁判所的审判就被判涉嫌异端罪，并被迫放弃原有的主张。余生被软禁，但即使在1637年双目失明后，他仍努力不懈地写作和研究。

"伽利略"号飞船　Galileo　美国国家航空和航天局派遣的宇宙飞船，用来探索木星及伽利略卫星，含一个轨道宇宙飞船和一个大气层探测器，1989年发射。虽然因高增益天线尝试失败，导致数据回传地球十分缓慢，但还是传回很多有价值的数据。在到木星的途中，宇宙飞船首度传回两小行星清晰的照片。1995年到达木星时，放出探测器，下降至木星大气中，结果发现了大雷暴。在对伽利略卫星作一连串探测时，发现木卫一上火山的温度比地球上任何一座都高，木卫二冰层地表下有一片汪洋，木卫三上环绕有磁场，以及木卫四地表以下可能有海洋等迹象。

伽利略卫星　Galilean satellite　木星的4颗大卫星，为伽利略于1610年所发现。按距木星由近及远的顺序为木卫一（太阳系火山活动最频繁的星体）、木卫二（在冰冻的地表下疑有一片汪洋）、木卫三（太阳系最大的卫星）和木卫四。木卫三和木卫四都比冥王星和水星大。

佳吉列夫　Diaghilev, Sergey (Pavlovich)（1872～1929）　俄罗斯的芭蕾舞团经理，俄罗斯芭蕾舞团的创始人和导演。在圣彼得堡大学学习法律（1890～1896），后与人共同创办并编辑前卫派杂志《艺术世界》（1899～1904）。他后来离开俄罗斯来到巴黎，开始创作俄罗斯的芭蕾舞和歌剧，普获好评。1909年创立俄罗斯芭蕾舞团，该舞团把音乐、艺术和舞蹈形式结合起来，拥有优秀的编舞、舞蹈演员、曲作者、美术和布景设计师，使芭蕾具有新的活力。他性情专横、善变，领导芭蕾舞

佳吉列夫，约摄于1916年
Dance Collection, the New York Public Library at Lincoln Center, Aster, Lenox and Tilden Foundations

团直至去世。佳吉列夫对20世纪的艺术有着深远的影响。

佳美兰 gamelan 爪哇和巴厘地区土著管弦乐，而在印度尼西亚和马来西亚更为普遍，通常由锣、木琴和金属击鸣乐器（由一根木槌敲击成排的金属音乐键）组成。佳美兰复调音乐是很复杂的，而且是多声部。人声、笛声或雷贝琴（一种弓形弦乐器）唱出或演奏旋律，其他乐器演奏这个主题的具有节奏性的短句，产生闪烁的、色彩斑驳的结构。受它影响的音乐家有C.德彪西、O.梅西昂、J.凯奇、S.赖希和P.格拉斯。

迦百农 Capernaum 巴勒斯坦古城。位于太巴列湖（加利利海）西北岸，耶稣的故乡。耶稣在这里选定他的门徒彼得、安得烈和马太，并显示他的许多神迹。1905年开始的发掘显示，古城址很可能就在今以色列的纳侯姆村附近。遗址中有一长方形犹太会堂，年代为公元2～3世纪。

迦比尔 Kabir（1440～1518） 印度神秘主义者、诗人。印度贝拿勒斯的织工。鼓吹一切宗教本质同一，并批评印度教和伊斯兰教无意义的宗教仪式和不用脑子的经文背诵。他从印度教接受了再生和业的律法，但反对偶像崇拜、禁欲主义和种姓制度。从伊斯兰教吸收了信奉独一天神和人本质平等的观念。迦比尔同受印度教及伊斯兰教的推崇，还被认为是锡克教的先驱，他的部分诗作亦成为《阿底·格兰特》的内容。他的观点导致许多教门的成立，包括尊其为本派古鲁或神的迦比尔潘特。

迦勒底 Chaldea 古代地区，濒临幼发拉底河和波斯湾。原为巴比伦尼亚的南部；该地被迦勒底人（从公元前11世纪开始攻打该地区的闪米特人）占领后，迦勒底这个名称就一直作为整个巴比伦的同义词（特别是在《圣经》里）。约公元前625年，在夺得政权后，他们建立了一个迦勒底（或新巴比伦）王朝。在尼布甲尼撒二世的统治下，该帝国的版图扩大，征服了犹太国并夺得耶路撒冷。公元前539年败于波斯人。

迦梨陀娑 Kalidasa（活动时期约5世纪） 印度诗人、剧作家。生平事迹不详；在他的诗中提到他是位婆罗门（教士）。许多作品传统上都被认为是他所作，但经学者确认仅6部是他所作，另一部可能出自其手。梵语剧作《沙恭达罗》是他最著名的作品，传统上被认为是印度文学的重要作品。迦梨陀娑被视为历史上最伟大的印度作家。

迦利 Kali 有危害性和贪婪的印度教女神。她是以和平与慈善的另一种形式出现的提鞞可怕的一面。迦利一般都与死亡、暴力和性联系在一起，但荒谬的是，她还与母爱联

迦利，印度中央邦贾巴尔普尔附近佩拉克德的沙岩浮雕；作于10世纪
Pramod Chandra

系在一起。通常被描绘成面目黝黑、丑陋、身沾血迹的巫婆。她的四只手里分别握着剑、盾、从巨人身上割下的头和为勒死人而用的绞索。她几乎赤身裸体，胸挂髑髅环、腰束断手串成的带。她常常表现出站在她丈夫湿婆的身上，或者在他身上跳舞。因杀害了恶魔，所以被形容成嗜血。直到19世纪印度的恶棍们都礼拜迦利，并用他们杀害的被害人尸体向她献祭。

迦玛列二世 Gamaliel II（活动时期公元1、2世纪之交） 又称Gamaliel of Jabneh。犹太教公会会长和拉比。迦玛列一世之孙，公元70年罗马军队攻陷耶路撒冷时，犹太人避居贾布奈。他将这些犹太人重新集结在一起。公元80年左右成为以色列犹太社区的牧首。他是当时最伟大的法律学者之一，在《密西拿》中多次被提及。他统一了犹太教的祈祷仪式和犹太历。

迦玛列一世 Gamaliel I（活动时期公元1世纪） 又称Rabban Gamaliel。以色列早期的犹太教律法师和牧首。知名的希勒尔之孙。后来成为受人崇敬的托拉（律法书）学者和犹太教公会成员。以娴熟犹太教口传律法闻名，是第一个被授予拉班头衔的人。据《新约》所载，他是使徒圣保罗的老师，也是早期基督教徒的朋友。

迦南 Canaan 古代地名。该地区的边界经常改变，但一直以巴勒斯坦为中心。沿海的迦南文明可以追溯到旧石器时代；新石器时代（约公元前7000～前4000）才出现城镇。该地区有文字记载的历史始于公元前15世纪。约公元前1200年，希伯来人入侵并在南部地区定居，后又受到非利士人的入侵。大卫王（公元前10世纪）率领的古以色列人最终打垮非利士军队，迦南成为以色列的土地，即《出埃及记》中所讲的“应许之地”。

迦腻色伽 Kaniska（活动时期为1世纪） 贵霜王朝最伟大的国王。他统治了印度次大陆的北部和阿富汗，可能还有中亚的克什米尔北部地区。即位年代不详，大致在公元78～144年间。在位23年。他曾召集了一次佛教会议，标志着大乘佛教的肇始，因此而出名。他是一位宽容的国王，像对待佛陀一样尊重琐罗亚斯德、希腊和婆罗门诸神。在他统治期间，王国与罗马帝国的贸易大大增加。他在中亚与中国人的接触可能促进了佛教向中国的传播。

迦毗罗 Kapila（活动时期公元前6世纪） 印度吠陀哲学的数论派创始人。传说他是最早的人类摩奴的后代，创世主梵天的孙子。也有人把他当作毗湿奴的化身。根据佛教的资料来源，他是一位知名的哲学家，他的学生们建立了迦毗罗卫，即佛陀乔答摩的出生地。他过着隐士生活，据说他的苦行僧般的生活方式使他体内积聚了巨大热量，足以使6万人化为灰烬。

迦太基 Carthage 北非的古代城市和城邦，位于现在的突尼斯附近。建于一个称作比尔萨的古堡周围。大约在公元前8世纪由来自提尔的移民建立。公元前6世纪它征服了西非、西西里和萨丁。在哈米尔卡尔的后裔统治下，它逐渐控制地中海西部地区。公元前3世纪，迦太基与罗马打了三场布匿战争中的首场战争。被西庇阿（小）率领的罗马军队摧毁，后来成为J.凯撒于公元前44年建立的驻防人员居留地；公元前29年奥古斯都将该地设为非洲行省的管理中心。基督教主教德尔图良和圣西普里安曾在这里主持宗教仪式。公元439年为汪达尔人夺占，6世纪时受拜占廷帝国统治，705年落入阿拉伯人手中，此后新城突尼斯的建立使迦太基黯然失色。遗址于1979年被联合国教科文组织列为世界遗产。

家畜 livestock 农家饲养的动物，不包括家禽。西方国家的家畜种类主要包括：家牛、绵羊、猪、山羊、马、驴和骡，在其他地区可能以别种动物（如水牛、牛和骆驼）为主。参阅野驴和母牛。

家祭 samskara 印度教徒一生从成胎那一刻到身后骨灰撒尽的各个人生阶段所举行的个人仪礼。家祭仪式是根据习俗以及在《往世书》中所述之内容。它根据地区、世袭种姓或家族而大不相同。最为大众普遍接受的16项传统家祭，包括成胎礼、男性出生礼、取名礼、入法礼及结婚礼等，也有很多由女性来执行的，并对女性有益的不规范的家祭。

家麻雀 house sparrow 又称English sparrow（英格兰麻雀）。人们最熟悉的小鸟，也是世界上数量最多的小鸟（*Passer domesticus*，雀

家麻雀(*Passer domesticus*)
Eric Hosking

形科)。世界各地都有分布,由欧洲人把它从原产地(欧亚大陆和北非)带到世界各地。1852年引进北美,在一个世纪内扩散到整个美洲大陆。体长约15厘米,淡黄褐色,雄鸟有黑色围涎。温暖地区几乎全年繁殖。参阅**雀**。

家猫 domestic cat 又称house cat。食肉目猫科中的驯化种,学名*Felis catus*。仍保有大型野猫的特性,但毛及大小与其他大型猫大不相同。品种分短毛(暹罗猫)和长毛(波斯猫),家猫毛色多为黑色、黄色、灰色、白色,有时有不同颜色的斑点。颜色较浅的毛上有黑色带纹或旋涡状纹的猫叫虎斑猫。雄者体长可达71厘米,雌者通常只有51厘米。一般家猫重2.5～4.5千克,里巷猫(不是纯种的猫)却可重达13千克。与家猫最近缘的野生种可能是北非的野猫(包括利比亚猫)。由于猫能捉老鼠以保护农人的庄稼,它们在公元前1500年时的古埃及已被驯化成家猫。猫的育种者协会已确认约37个家猫品种。

家鼠 house mouse 鼠科常见的小鼠种(*Mus musculus*),常见于建筑物中。已由人类从欧亚大陆带到世界上所有有人居住的地方,通常钻到人们的居室内寻找食物。棕色或灰色,可长至20厘米(包括10厘米的尾巴)。几乎无所不吃,甚至连样品肥皂、浆糊和胶水也吃。性成熟很快,出生后2～3个月即可交配。在温暖的地区或有取暖设备的建筑物中终年繁殖。

家庭 family 由婚姻、血缘或收养关系等纽带结合起来的人组成的基本社会单位。他们通常组成一个单独的户。家庭的本质是亲子关系,虽然如此,其轮廓在每种文化中都大不相同。一种主要的家庭形式是核心家庭,即父母和子女住在一个独立的住处内。当有些学者认为这是现存的家庭形式中最古老的一种时,其他人却指出在史前时期已广泛存在另一种家庭形式,如一夫多妻的家庭(1个丈夫、2个或2个以上的妻子以及他们所生的孩子)和大家庭(父母亲、已婚子女和他们所生的孩子)。家庭这种制度可抚育和培养子女,照顾老、病或身残者,合法繁衍下一代,以及规范性行为,它还提供家庭成员生理上、经济上和情感上的安全感。参阅**婚姻**。

家庭包工制 domestic system 又作putting-out system(包出制)。一种生产制度,曾盛行于17世纪的西欧。根据这种制度,商人兼雇主将原料发给农村的手工工人在家里做,制成品交还雇主后,拿到报酬。家庭包工制不同于家庭生产的手工业制,承包工人自己不买进原料,也不出卖产品。这种制度破坏了城市行会的限制性行规,而首次在工业中广泛雇用女工和童工。在产业革命的过程中,这种制度已被雇用工人入厂工作的制度所普遍代替。但在某些行业中,直到20世纪还保存有这种制度,其中比较显著的例子是瑞士的钟表业、德国的玩具业以及印度和中国的许多行业。

家庭悲剧 domestic tragedy 一种以普通人物为悲剧主角的戏剧,与主角位列帝王或贵族的古典悲剧恰成对比。早期的家庭悲剧《对美人的警告》(1599),描写一位商人被其妻谋杀。18世纪中期这种形式的戏剧大受欢迎,19世纪时因**H.易卜生**的悲剧作品而达到成熟。**G.霍普特曼**、**E.奥尼尔**和**A.米勒**是20世纪重要的家庭悲剧作家。

家蝇 housefly 常见的双翅目昆虫(*Musca domestica*)。在人类住所中家蝇约占全部蝇类的90%。成虫深灰色,腹部有污黄色的区域。体长5～7毫米。复眼显著,约有4 000个小眼

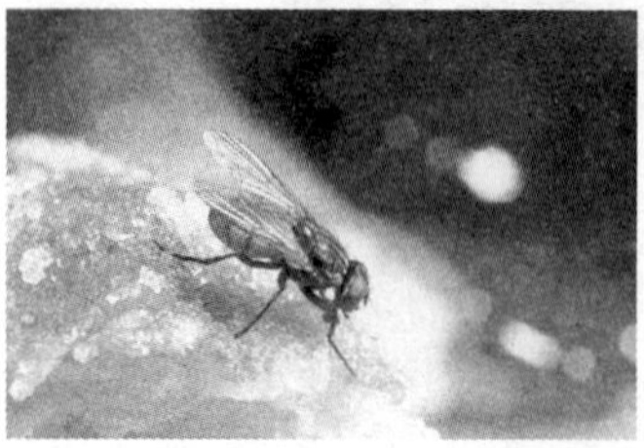

炸面圈上的家蝇(*Musca domestica*)
Avril Ramage-Oxford Scientific Films Ltd.

面。口器不能叮咬,只能舐吸。在有垃圾和腐败有机废物的地方,家蝇始终是个扰人的问题。家蝇的足上携带数千万病菌,有的会导致疾病,如**霍乱**、**痢疾**和**伤寒**。有些杀虫剂对蝇有效,但有的家蝇已产生抗药性。

嘉宝 Garbo, Greta(1905～1990) 原名Greta Louisa Gustafsson。瑞典裔美国女电影明星。在当销售员时,被人发掘去拍电影。小有成就后,激励她到皇家剧院的演员训练

G.嘉宝,1936年《茶花女》中的剧照
Culver Pictures

学校进修。在此期间结识了瑞典著名导演M.斯蒂勒,被邀在《科斯塔·柏林的故事》(1924)一片中担任主角,自此成为她的良师益友。1925年他们一起应米高梅电影公司之聘去美国工作,她美丽的外貌和个人魅力使她在拍摄第一部美国电影《急流》(1926)后就一炮而红。在《圣洁女》(1927)、《安娜·克利斯蒂》(1930)、《大饭店》(1932)、《安娜·卡列尼娜》(1935)、《茶花女》(1937)和《妮诺基卡》(1939)等电影中,以孤傲、如谜而多愁善感的角色令观众着迷。嘉宝在36岁时突然退出影艺界,过隐居生活,更增添了她的神秘感。

嘉布遣会 Capuchin 天主教方济各会士的独立分支。1525年由玛窦·巴西(约1495～1552)创立。玛窦·巴西认为,方济各会修士的会服不合圣方济各所著原式,于是自行设计尖顶风帽,并蓄须赤足,许多人纷纷效法他的榜样。他们的生活简朴清贫。但其他的方济各会会士抨击他们,教皇禁止他们在意大利之外扩增人数。1542年他们的代理主教离开,转投入新教教会,几乎使这个修会瓦解,但后来迅速成长,1571年人数多达17 000人。嘉布遣会在**反宗教改革**时期积极活动,让普通人保持对天主教的忠诚。1619年成为独立修会。现在主要从事传教和社会工作。

镓 gallium 金属化学元素,化学符号为Ga,原子序数31。呈银白色,质软,可用刀切割,熔点异乎寻常地低(约为30°C),在掌中即可熔化。液态镓可附着于玻璃或弄湿玻璃以及类似物体的表面。镓凝固时体积膨胀,容易过冷,在温度低至0°C时仍可保持液态。能与铝、铟、磷、砷以及锑等合成具有重要半导体和光电子性能的多种化合物(如砷化镓和磷化砷镓铟等);其中一些化合物构成了诸如发光二极管和半导体激光等电子装置的基础。

荚果 legume 豆目植物的果实,约650属,18 000种。豆目植物广布于各大陆上。叶常为羽状,花多鲜艳。此类植物在经济上的重要性仅次于禾本目和莎草目。为粮食生产上的重要类群。可进行非常重要的**固定氮**作用。由于果实中含有许多必需的**氨基酸**,所以可平衡**谷类食品**中蛋白质的不足。荚果能生产食用油、**树胶**和纤维,也是生产塑料的原料。有些豆类植物种类可作为观赏植物。豆科植物主要有**金合欢**、**苜蓿**、**豆**、**金雀花**、角豆树、**车轴草**、豇豆、羽扇豆、含羞草、**豌豆**、**花生**、**大豆**、酸豆和巢菜等。

甲虫 beetle 鞘翅目(动物界中最大的目)昆虫,至少有25万种。特征为前翅演化成硬的鞘翅,覆盖在第二对能飞的后翅上。除了南极和最高的山峰外,分布于所有的环境中。温带地区的甲虫品种比热带地少,但数量更大。最小的甲虫身长不足1毫米,最大的则超过20厘米。多数甲虫以其他动物或植物为食,但也有些吃腐败物质。有的品种会毁坏作物、木材和纺织品,传播寄生虫和疾病。有的品种则是有价值的害虫天敌。有些甲虫另有通用名称(如钻蛀虫、鳃角金龟、象鼻虫、**萤火虫**、**象甲**)。甲虫也是其他昆虫以及蝙蝠、蝙蝠蛾、青蛙等的捕食对象。

甲虫形护符 scarab **埃及宗教**中多用于葬礼,代表永生的标志。它受到**蜣螂**生命周

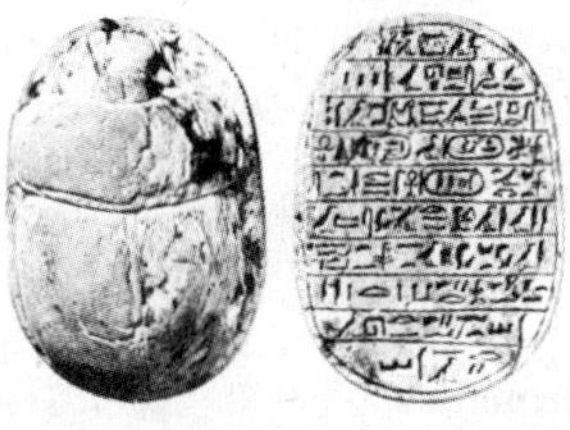

纪念古埃及18王朝阿孟霍特普三世与泰伊王后结婚的甲虫形护符，现藏芝加哥东方学院
By Courtesy of the Oriental Institute, the University of Chicago

期的启发，蜣螂把卵产在粪球中，再吃掉，以此喂养它们的幼虫，代表了重生的轮回，并同永生和太阳穿越天空相联系。许多甲虫形护符由贵重的金属制成，作为护身符佩戴或被用作印章。甲虫形护符最初出现在公元前2575～前2130年，在旧王国和新王国时期大量流行。

甲醇　methanol　又称methyl alcohol或wood alcohol（木醇）。是醇类化合物中最简单的一种，化学式CH_3OH。曾经将木材进行干馏来生产甲醇，现在通常用天然气中的甲烷来制取。甲醇是一种重要的工业材料，它的衍生物大量用于制作各种化合物，其中有许多重要的合成染料、树脂、药物和香水。甲醇也用作汽车防冻剂、火箭燃料和溶剂。甲醇易燃易爆。它是一种干净燃烧的燃料，可替代（至少是部分）汽油。甲醇也用来使乙醇变性。它是一种剧毒品，饮用会造成失明甚至死亡。

甲壳虫乐队　Beatles　又译披头士乐队。英国摇滚乐团，成为20世纪60年代反主流文化的象征。乐团主要成员皆生于英国利物浦，分别是P.麦卡尼、J.伦农、G.哈里森、R.斯塔尔。乐团始于1956年麦卡尼与伦农的搭档，1957年哈里森加入，外加S.萨克利夫和后来的P.贝斯特，于1960年取名甲壳虫乐队。1962年该团签订录制唱片合约，并由斯塔尔取代贝斯特。萨克利夫1961年离开乐队。1962～1963年推出的如《请使我高兴》和《我愿握你的手》等歌曲，使他们成为英国最受欢迎的摇滚乐队，1964年"甲壳虫热"席卷美国。甲壳虫乐队的音乐原受美国歌手C.贝里、E.普雷斯利、小理查德和B.哈利等人启发，他们的率真而充满活力的歌曲使他们长年居于流行排行榜之首。他们的长发和服装品味的影响遍及全世界，而吸食致幻药的行径、信奉印度神秘主义和参与政治活动寻求和平也风靡一时。1965～1967年，乐队音乐迅速演变，变得日益难以捉摸、老练和多变。从叙事歌（如《昨日》）到迷幻硬摇滚乐《明日未知》，从儿童歌曲（如《黄色潜艇》）到社会批判歌曲（如《埃莉诺·里格比》）等。1966年他们停止公开演出。甲壳虫乐队制作的专辑如《游荡的灵魂》（1965）、《左轮手枪》（1966）和《甲壳虫乐队》（又称"白色专辑"；1968）等开创了摇滚乐的新潮流。1967年他们制作了《佩珀军士寂寞的心俱乐部乐队》，这个专辑显示了作为一部戏剧性整体的新概念，其新颖之处还在于使用电子音乐和在舞台上无法重现的录音棚技术。他们还在两部影片《艰难的一天之后的夜晚》（1964）和《救命！》（1965）中演出。该乐队在1970年解散。1988年，披头士乐队入选摇滚名人堂，伦农（1994）、麦卡尼（1999）和哈里森（2004）也都作为独唱歌手进入摇滚名人堂。

甲壳动物　crustacean　节肢动物门甲壳动物亚门近45 000种无脊椎动物。世界性分布，大部分海生，包括虾和藤壶，某些（如小龙虾）生活于淡水环境，另一些（如沙蚤、陆蟹、潮虫）栖于潮湿的陆地环境。典型的甲壳动物成体的身体由许多体节组成，或部分愈合，或在形成可移动关节的柔韧区互相连结。口前方的两节有两对似天线的附肢，其用途在成体为司感觉，在幼体为游泳和取食；口附近的体节上的附肢起到颌的作用。各目之间的厚度和形态差异极大。头胸甲质坚硬者，必须定期脱落，以免妨碍生长。许多海生的甲壳动物为食腐动物，很多种（如桡足类、磷虾）也是其他动物（包括人类）的重要食物来源。

甲醛　formaldehyde　又作methanal。最简单的醛类有机化合物，化学式为HCHO。甲醛的水溶液福尔马林（含37%）可用于防腐剂、尸体保存以及消毒剂。大量甲醛用于生产各种塑料，例如甲醛和酚聚合物反应制得酚醛树脂贝克来特（第一种塑料），甲醛和尿素聚合物反应制得醛树脂福米加。甲醛与各种蛋白质的反应（称作胺甲酰化）可用于制革工业及将各种植物蛋白质处理成纤维状。

甲烷　methane　又称marsh gas（沼气）。有机化合物，分子式CH_4，无色无味气体，自然界中存在于天然气中（在煤矿中称作沼气），在没有氧气的条件下细菌分解植被亦可生成（包括在牛等反刍动物的瘤胃中发生）。甲烷是烷烃中最简单的成员，很容易燃烧，如氧气充分便生成二氧化碳和水，氧气不充分时生成一氧化碳。空气中若混有5%～14%的甲烷就有爆炸的危险，已经造成许多矿井事故。甲烷的主要来源是天然气，但也可以用煤来生产。甲烷储量丰富，价格便宜，又干净，所以广泛用作家庭、商业设施以及工厂的燃料。作为一种安全措施，在甲烷中掺入微量有味气体以便辨识。甲烷也是许多工业材料的原料，包括肥料、炸药、甲醇、氯仿、四氯化碳以及炭黑等。甲烷是甲醇的主要来源。

甲状腺肿　goiter　一种临床征象，表现为甲状腺体积增大，导致颈部前方肿胀。甲状腺正常时重15～25克，但肿大时可大到1 000克以上，可产生噎塞的感觉并导致呼吸和吞咽困难。最常见的甲状腺肿是由于碘的摄入量不足，这可导致甲状腺功能减退。由此，脑垂体前叶激素分泌的促甲状腺素会补偿性增加。促甲状腺素不仅会刺激甲状腺素的增长，还会导致甲状腺细胞在大小及数量上的增长。严重时可投以甲状腺激素，若肿大极为严重，导致呼吸困难，则可能必须手术切除。碘摄入量过多地区也有甲状腺肿偶发病例。甲状腺肿还有一些其他原因，如甲状腺素合成的缺陷，以及甲状腺的炎症。甲状腺增大但其组织的功能可能正常，可能产生过量的甲状腺激素（甲状腺功能亢进）。参阅格雷夫斯氏病。

贾德　Judd, Donald（1928～1994）　美国雕塑家。生于密苏里州埃克塞尔西奥斯普林斯。曾于哥伦比亚大学及艺术学生联盟研读，首次个人展于1957年举行，1959年开始为《艺术新闻》和《艺术杂志》撰稿。1960～1962年由绘画转至雕塑领域，并成为极简抽象派艺术的先驱。他的诸多作品均包含简单的立方体或一些几何形状，并以不锈钢、金属或普列克斯玻璃为素材，有时会上色。这些作品多立于地上或悬挂于墙上，有时也常以成堆式的水平系列呈现。

贾坎德　Jharkhand　印度东北部一邦。毗邻比哈尔邦、西孟加拉邦、奥里萨邦、切蒂斯格尔邦以及北方邦。面积74 677平方千米，首府为兰契。主要位于焦达纳格布尔高原上，为一连串高原、丘陵和河谷地形。许多土著民族居住在那里。目前组成贾坎德邦的地区在1947年印度独立之后，曾是比哈尔邦的一部分，直到2000年才成为一个独立的邦。这里矿产丰富（尤其是铜矿），不过很多人仍以务农维生。人口约32 966 238（2011）。

贾维　Garvey, Marcus（Moziah）（1887～1940）　牙买加裔美国黑人民族主义运动领袖。1914年成立全球黑人促进协会。1916年移居美国，在纽约哈莱姆区和北部其他贫

贾维，摄于1922年
UPI

民窟建立协会支部。迄1919年，这位"黑摩西"号称拥有200万名信徒。他号召做一个"新的黑人"，以自己为黑人感到骄傲。他主办的报纸《黑人世界》（1919～1933），鼓吹黑人在白人资本主义的框架下经济自主，因此建立了黑人经营的事业，包括黑星运输公司。1920年在纽约召开黑人国际代表大会，以团结黑人力量，并鼓励非洲和美国之间的贸易。1922年被控进行信件诈骗，其影响一落千丈。服刑2年后，总统在1927年予以减刑，把他当作不受欢迎的外国人驱逐出境。他的运动（美国第一个重要的黑人民族主义运动）就此销声匿迹。

贾亚瓦德纳　Jayewardene, J(unius) R(ichard)（1906～1996）　斯里兰卡总理（1977～1978）和总统（1978～1989）。其父为最高法院法官。1948年锡兰（1972年起改为斯里兰卡）独立后出任财政部长。后来担

任总理时，修改宪法赋予斯里兰卡总统行政实权。1978年成为第一个选举产生的总统。他的政策是要让国家摆脱社会主义，使私营企业重新活跃起来，并精简政府的官僚机构。当该国占多数的僧伽罗佛教徒与占少数的信奉印度教的泰米尔人之间爆发种族冲突时，贾亚瓦德纳不能平息这场暴乱。在他辞职并去世后，暴力活动仍在继续。

钾　potassium　一种碱金属，化学元素，化学符号K，原子序数19。它是一种柔软、银白色的金属，不以游离状态存在于自然界，由于它的极端反应性，几乎不把它当金属使用（除了作为一种化学试剂）。钾是生命所必需的，存在于各种土壤中。在电化学脉冲传输和输导过程中钾离子（K^+）和钠离子在细胞膜处发生作用。钾在化合物中有化合价1。钾的氯化物用作肥料以及生产其他化合物的原料。氢氧化钾用于制造液皂和洗涤剂，并用于配制各种盐。在食盐中加入碘化钾可以防止碘缺乏。硝酸盐又称硝石，碳酸盐又称钾碱。

假荆芥　catnip　又称catmint（猫薄荷）。唇形科芳香草本植物，学名*Nepeta cataria*。花小，有紫色斑点，穗状花序。假荆芥可用作佐

假荆芥（*Nepeta cataria*）
Walter Chandoha

料和治疗感冒发热的药茶。具薄荷样的芳香，特别能使猫兴奋，常用作逗猫玩具的填充物。

假面剧　masque　由戴假面的演员表演的简短娱乐活动。起源于一种称为哑剧的民间庆典。16～17世纪发展成宫廷假面剧。假面剧有一个讽喻的主题，使用演讲、舞蹈和歌曲表达出来，其表演由丰富的戏服和壮观的场面来修饰。该体裁在17世纪的英国达到顶峰，当时的宫廷诗人B.琼森和I.琼斯合作写了许多著名的假面剧（1605～1634），赋予其文学力量。后来假面剧融入*歌剧*，对芭蕾和哑剧产生影响。

假释　parole　在犯人刑满之前准予释放，但需受到监督和一些条件的限制。现代假释的运用源于刑罚见解的改变，即强调感化和改恶从善，而不是报复和惩罚。有些司法条文对犯有某些罪行的犯人禁止假释（如强奸犯和杀人犯）。假释的条件多种多样，但在所有案例中违背假释条件都会再次被捕。假释监督有很大的弹性，包括警察的定期稍严的检查，以及专职人员的严密监督。参阅*缓刑*。

假体　prosthesis　身体缺失部分的人造替代物，通常指假手和假腿。假体从木头的腿和代替手的吊钩发展到了精细的塑料、玻璃纤维和金属假体，专为在不同部位截肢设计。它们可能有活动的关节并可以透过扩大肌肉收缩产生的电流或依靠附着在病人肌肉上的仪器来产生运动。假手常常可以抓取物体并进行操作。外部安装的或移植的乳房可以在乳房切除手术后使用。

嫁接　graft　将一株植物的一个部分（芽或接穗）移至另一植株（砧木）的茎、根或枝上，使之结合为一体并继续生长发育的园艺技术。嫁接技术用于下述情况：修复受损伤的

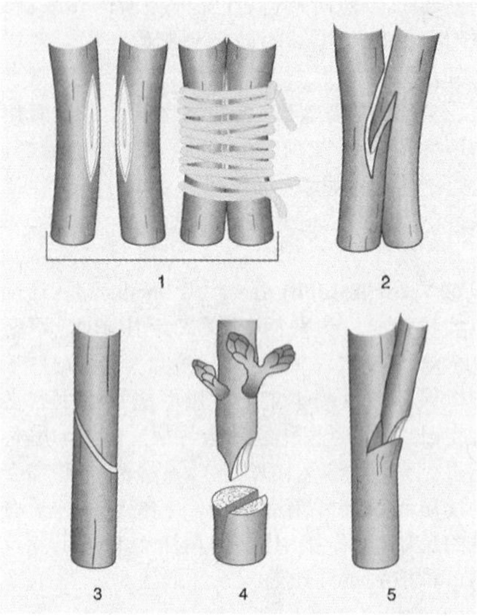

几种嫁接方法：（1）简单拼接，露出茎和穗的切开的表面，两个切开的表面相融合，并行结扎，（2）舌状斜接，（3）舌接，（4）劈接，（5）侧劈接。
© 2002 MERRIAM-WEBSTER INC.

树木、育成矮化的乔木或灌木、加强植株对某些疾病的抵抗力、保持品种特性、使品种适应于不利的土壤或气候条件、保证传粉、培育多果或多花品种、繁殖某些用其他方式不能繁殖的种（如杂种玫瑰）。理论上，两个近缘的并有连续的形成层的植株均能进行嫁接。种间嫁接常能成功，属间嫁接偶能成功，科间嫁接则几乎都失败。

嫁妆　dowry　基于婚姻，妻子或妻子的家庭给予她丈夫的财产。嫁妆在欧洲、印度、非洲和世界其他地区已有悠久历史。嫁妆的基本功能之一是保护妻子不受丈夫虐待，这种用途的嫁妆实际上是给丈夫的一种有条件的礼物；嫁妆还能帮助一个新丈夫承担伴随结婚而来的责任，这种功能使新丈夫能够借此建立家庭；在某些社会中，嫁妆的另一种功能是万一丈夫去世后能为妻子提供赡养的手段；嫁妆成了新娘的家庭对新郎的亲属所纳聘礼的一种酬报。在欧洲，嫁妆不仅经常用以提高妇女婚嫁时的优越条件，而且用以建立大家族的权力和财富，甚至在通过婚姻建立联姻的政策中也能发挥作用。但在工业社会，从19世纪开始嫁妆的用途已趋于消失。

坚果　nut　干硬，只含一粒种子的有核果实，通常含油脂，由坚硬或易碎的外壳包围，成熟后果皮不开裂。坚果包括*栗*、*榛*和*胡桃*，但其他种子（*巴西果*和*阿月浑子*）、荚果（*花生*）或核果（*扁桃*和*椰子*）也被称为坚果。大多数可食用的坚果因用于甜点中而被大众熟知。某些坚果为油或脂肪的来源。并非所有种类的坚果皆可食用，有些仅为观赏用。

坚振礼　confirmation　基督教礼仪。信徒重申自己在婴儿时或儿童时受洗接受的信仰。早期教会无此礼仪，因为入教的是成人，按照指导受洗即可。后来婴儿受洗逐渐成风，便有必要用一些手段来确认他们对宗教的认识和成人后的信奉。于是引入一个指导期，再对信徒进行检验和确认。天主教的坚振礼变成一种圣事，通常由主教主持。圣公会和信义会也行坚振礼。

监护征赋制　encomienda　西班牙王国政府为确定美洲殖民地印第安居民的地位而制定的法律制度。按规定，监护征赋制是由王室将某一地区居住的一定数量的印第安人授予某一征服者、士兵、官吏或其他人员管辖。接受这一职务的人称"监护人"，可向印第安人征收贡赋，但必须保护印第安人，并指导他们信仰基督教。监护征赋制不包括授予土地，但实际上监护人控制了印第安人的土地。其原意本在减少分派劳役制的滥用，但实际上成为一种奴役形式。

监狱　prison　监禁犯有重大罪刑的人的机构。监狱和监牢（jail）不同，二者的差别在于判刑司法阶层的差异和监禁刑期长短的差异。通常监牢用于被地方司法体系判刑、被监禁者的刑期在一年以下；而监狱则用于被较高层政府部门判刑者，刑期也较长。另外，嫌犯在等待审判时必须遭受羁押，而这种羁押其实也是将嫌犯视为可能犯罪而处罚。早期的美国监狱，囚犯是被单独隔离监禁；在19世纪，囚犯则被允许在一起工作，但不准交谈。到了19世纪末期，狱政改革成功，开始根据罪行、年龄、性别将囚犯分开隔离，对表现良好者给予奖励，并提出弹性刑期、职业培训、假释等措施。

犍陀罗艺术　Gandhara art　公元1～7世纪盛行在今巴基斯坦西北部和阿富汗东部的佛教视觉艺术。与秣菟罗艺术约同一时期。此区早期曾是佛教传教活动最频繁的地

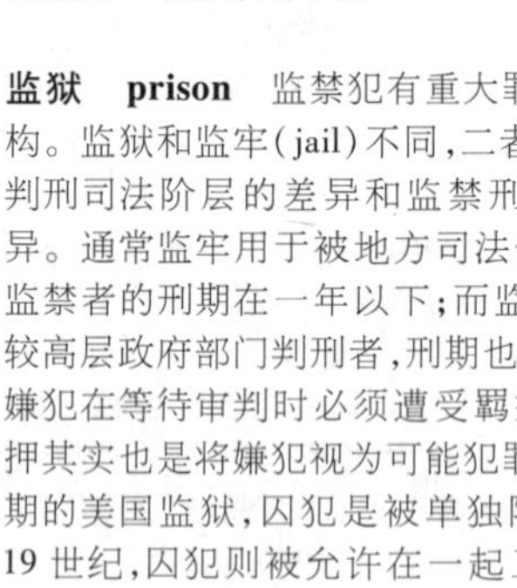

犍陀罗风格的佛陀宣教片岩浮雕，约作于公元2世纪；现藏孟买西印度威尔士亲王博物馆
P. Chandra

方。贵霜帝国的统治者与罗马保持着联系。犍陀罗派从罗马古典艺术中汲取了很多图样和技法，如葡萄卷草纹、戴花圈的小天使、半人半鱼的海神、半人半马的怪物和放在拱顶壁龛中的雕像等，然而雕像的基本样子仍是以佛教传说为基础。犍陀罗雕刻的材料有硬绿泥石、灰蓝色云母石和灰泥。雕像最早是着色并镀金的。参阅贵霜艺术。

鲣鸟 booby 鲣鸟科的6或7种大型热带海鸟，因推测它们缺乏智力而命名。两种常见的品种广布于大西洋、太平洋和印度洋；另一种分布于太平洋，自加利福尼亚南部到秘鲁北部以及加拉帕戈斯群岛上。鲣鸟的嘴长，身体呈雪茄状，翅窄长，呈角形。高飞于海洋上空寻找鱼群和鱿鱼，发现鱼群时，会迅速竖直地潜入水中抓取。体长65～85厘米不等。筑巢成群，但有各自的领地。

柬埔寨 Cambodia 全称Kingdom of Cambodia（柬埔寨王国）。东南亚国家。面积：181 035平方千米。人口：约15 206 000（2013）。首都：金边。孟-高棉人占全国人口的大多数。语言：高棉语（官方语言）。宗教：佛教（国教），也有传统宗教。货币：瑞尔。主要地形为广阔的中部平原；象山山脉沿该国北部边境延伸。大部分地区位于湄公河盆地。最大的湖泊洞里萨湖位于西部。该国许多地方是热带雨林。为世界最贫穷的国家之一。农业人口约占全国劳动力的3/4。柬埔寨为君主立宪政体，两院制。国家元首是国王，政府首脑为总理。早期该地区主要受印度教的影响，其次是佛教的影响。8世纪初高棉人逐渐扩张，在阇耶跋摩二世及9～12世纪他的几位继承者的统治下国力达到顶峰，当时它统治范围包括整个湄公河流域和邻邦，并建了吴哥。13世纪佛教广泛传播，但也从此时开始受到安南和暹罗城邦的攻击，后来在很大程度上臣服于泰国和越南的统治。1863年成为法国的保护国。第二次世界大战期间被日本军队占领。1954年独立。从1961年起，它的边界就一直是越南战争的战场，1970年该国的东北部和东部地区被北越占领，使美国和南越的军队加紧参战。美国空军不加区别地狂轰滥炸使该国许多人产生敌对情绪，遂使波尔布特领导下的共产党红色高棉于1975年掌权。红色高棉的恐怖政权造成至少150万柬埔寨人死亡。1978年越南军队入侵，把红色高棉赶到西部偏僻地区，柬埔寨内部派系斗争仍然持续。1991年在联合国的支持下柬埔寨大多数派系之间达成一项和平协议，1993年举行全国大选，诺罗顿·西努哈克恢复王位。2004年10月诺罗敦·西哈努克退位。平民政府在联合国的监督下慢慢形成。1997年，洪森发起一场政变巩固了他的总理位置。洪森所在的党派在1998年赢得立法选举的胜利。同年，柬埔塞成为东南亚国家联盟的一部分。该国于1956年首次参加在墨尔本举办的夏季奥运会。

检伤分类 triage 将患者根据优先照料顺序加以分类，通常分为三类：无处置即难存活者、无处置亦可存活者、处置得当即可存活者。如果运用检伤分类，就不致因为对其他类别患者进行无效或不必要的治疗，而延误紧急患者的治疗。检伤分类制度源自军医体系，因为必须以有限的资源来救治大量的伤兵；在大灾难或传染病发生时的民间治疗，以及在急诊室，也会采用检伤分类制度。检伤分类必须在相当快速的检查之后下判断，被分类为低度优先的患者，亦须定时复检。

减数分裂 meiosis 又称reduction division。产生配子的细胞分裂，细胞核分裂两次的结果产生4个染色体数只有原细胞一半的性细胞（配子或者卵子与精子）。减数分裂是有性生殖生物的特征，有一组双倍体。在减数分裂之前，染色体复制并由同亲染色体（染色分体）结合。在同源的父方及母方染色体在沿细胞中线排列起来的时候，减数分裂开始。染色体借由互换作用交换遗传物质，从成对同源染色体而来的染色分体股索纠缠并交换片段，产生含有双亲遗传材料的染色分体。接着成对染色体开始分离，分别被牵向细胞的两端，从中间收缩形成两个子细胞，每一个含有双股染色体的半数体（正常双股染色体数目的一半）。减数分裂的第二回合，每个子细胞的双股染色体被撕开，结果是4个单倍体的配子。当两个配子在受精时结合，都贡献其单倍体的染色体给新的个体，恢复成双倍体的数目。参阅有丝分裂。

减压病 decompression sickness 又作caisson disease（沉箱病）或bends（潜水员病）。自高压环境骤然转至低压环境时，由于体内有气泡形成而引起的机体生理变化。非增压座舱式飞机驾驶员、潜水员和沉箱工人最易罹患。在常压下人体组织内融有少量与空气成分相同的气体，当驾驶员升向高空时，外界压力降低，这些气体便脱离溶解状态。如果上升很慢，则气体有足够时间自组织弥散至血流内，然后进入呼吸道自体内呼出。而下沉得愈快，气体（主要是氮气）会在组织内形成气泡。若气泡在脑、脊髓或周围神经形成，便可引起麻痹和惊厥（潜水员麻痹）、肌肉协调障碍和感觉异常（潜水员蹒跚）、麻木、恶心、言语缺陷及人格改变。当气泡在关节积聚时，通常有关节剧痛。若见剧咳和呼吸困难（称为气窒），便说明呼吸系统内有氮气泡。严重的话会休克。将患者放在高压舱内先行加压，然后逐渐减压常可达到解救目的，但对已形成的组织损害无效。

减重短程高速汽车赛 drag racing 一种汽车比赛。竞赛者两车一组，并排从一地出发，赛程1/4英里，跑道平直，先到达终点者胜。胜者和同级别其他选手继续比赛，最后决出冠军。有三大类汽车：①后座式赛车，一种轻型、长底盘的汽车，后轮宽，燃料是一种特殊的混合型，如甲醇和硝基甲烷的混合型燃料；②特种高速赛车，是新型高性能的车，使用特种燃料；③标准生产的车型，是汽油发动的改良车型。后座式赛车最快，其次是特种高速赛车。这项比赛流行于美国。

简化曲棍球 shinty 又作shinny。与爱尔兰曲棍球和曲棍球相近的一种运动。在比赛中，队员（每队12人）尽力争取用曲棍将硬质小球击入对方球门，从而得分。17世纪前源于苏格兰，并被视作苏格兰的一项民族运动。

碱 base 化学术语，其水溶液手感光滑、味涩，使指示剂变色（使石蕊试纸变蓝），与酸反应生成盐，并能加速某些化学反应（碱催化）的一类物质的总称。碱的实例有碱金属和碱土金属（钠、钙等）的氢氧化物、氨及其有机衍生物（胺）的水溶液。这些物质在水溶液中能产生氢氧根离子（OH^-）。广义的定义，碱还应包括无水状态下的这类物质。

碱性贝塞麦炼钢法 basic Bessemer process 贝塞麦炼钢法的一种改进方法。原本的贝塞麦转炉不能有效去除铁矿里的磷（英国和欧洲的铁矿一般含磷量极高）。英格兰人S. G. 托马斯（1850～1885）和P. 吉尔克里斯特发明的碱性法克服了这个问题。托马斯-吉尔克里斯特转炉采用碱性原料（如煅烧过的石灰石）作炉衬而不用硅酸原料。1879年碱性贝塞麦炼钢法开始应用在生产上，第一次使高磷铁矿用于炼钢成为可能。

碱性氧气转炉炼钢法 basic oxygen process 在以耐火材料为内衬的所谓转炉内，用一支可活动的长喷枪把纯氧吹送到熔融的高炉铁和废钢槽中的炼钢方法。氧气会引起一连串强烈的释热反应，将碳、硅、磷和锰等杂质氧化；二氧化碳气体被排放，其他杂质的氧化物熔化成矿渣，浮在熔化的钢水上面。使用纯氧取代空气炼钢的优点早在19世纪50年代就为人所知（参阅贝塞麦炼钢法），但直到20世纪40年代末能够取得廉价、高纯度的氧气时，这种方法才开始商业化。不到40年间，碱性氧气转炉炼钢法已取代平炉炼钢法，生产出全世界一半以上的钢材。这种方法在商业上的优点是生产率高、使用劳动力少，而炼出的钢含氮量低。

间谍活动 espionage 以间谍、特工或非法监听装置获取军事、政治、商业或其他秘密情报之过程。间谍活动因含有侵犯和非法性质，故与较广义的情报工作有所不同。反间谍活动是直接侦察和阻挠他人的间谍活动。

间歇泉 geyser （冰岛语geysir，"喷涌而出"）任何一个断断续续地喷出蒸汽和热水的一类温泉。间歇泉一般与近期火山活动有联系，由地下水与岩浆（熔融的岩石）接触或极为接近而受热所产生。间歇泉喷发的高度可达500米，但最常见的是45米（如美国黄石公园的老实泉）。有时，一个间歇泉会采取一种极为规律的、可预测的间歇性活动方式，每隔一小时左右喷出数分钟。美国黄石公园的间歇泉数量占世界一半以上。

建部贤弘 Takebe Katahiro（1664～1739）和算（即日本计算）传统的数学家，他扩展并传播了他老师关孝和的数学研究成果。他相继服务于两位幕府首领德川家伸和德川吉宗。建部贤弘在13岁时受教于关孝和，与哥哥建部贤明一直追随着关孝和直到他1708年去世。这兄弟两人是关孝和把数学知识录入百科全书计划（1683年开始）的主要实施者。1710年建部贤明最后完成了20卷的《缀术算经》。这部著作很好地表现了关孝和在重新整理问题方面的技巧，也表现了建部贤弘修正、完善和扩展他的老师的直觉的能力。

建筑学　architecture　关于设计与建筑的艺术和技术，用以满足人类实用和表现的需要，建筑物与其他构筑物的区别在于技术方面。应用建筑强调空间的关联、朝向、合乎需要的环境设计、构造成分的安排和视觉上的协调，以及相对的构造体系本身的设计。建筑讲求适合性、独特性、对功能上需求的敏锐和创新反应，以及与周围自然、社会环境区分开来的一种代表文化建筑的环境感觉。参阅房屋建造。

剑齿虎　saber-toothed tiger　又作saber-toothed cat。猫科剑齿虎亚科一些灭绝的食肉动物的统称。上颚有一对长剑形犬牙。从3 660万年前生存到大约1万年前，出现于北美洲和欧洲，再分布到亚洲、非洲和南美洲。最著名的剑齿虎是短腿的美洲剑齿虎属，比现在的狮子大。上犬齿长达20厘米，用来刺砍猎物（如乳齿象之类），剑齿虎的灭绝与乳齿象的灭绝有密切关系。

剑龙属　stegosaur　晚侏罗纪（1.59亿年前～1.44亿年前）的披甲恐龙类。四足草食性动物，躯体最长可达9米。头骨和脑袋相当小，前肢比后肢短许多，背部拱起，足短而宽。背上以及尾部有两行交错排列的三角形骨板，可能用于调节体温。尾部有2或3对长长的突起的骨刺，可能是用于防御的武器。

剑桥　Cambridge　英格兰东部城市，剑桥郡的城区。位于伦敦北部卡姆河（乌斯河支流）的东岸。原为渡口，有土木建筑，包括城堡丘和古罗马遗迹。11和12世纪建有两座修

剑桥大学基督圣体学院
Shostal

道院，1207年首次获准设建制。著名的剑桥大学就建在该市，以其卓越的教育水平和出色的建筑而闻名于世。该市经济与这所大学及下属研发机构紧密关联。人口约108 878（2001）。

剑桥　Cambridge　美国马萨诸塞州东北部城市。毗邻波士顿。1630年创建，当时为马萨诸塞湾殖民地定居点之一。1636年美国第一所高等院校哈佛学院（即今哈佛大学）在此建立。1775年G.华盛顿在剑桥公地就任大陆军总司令。19世纪的多位文坛名人曾居于此地，如H.W.朗费罗、J.R.洛威尔和O.W.霍姆斯。麻省理工学院1916年从波士顿迁到此地。人口约105 162（2010）。

剑桥大学　Cambridge, University of　英国自治的高等学府，位于英格兰剑桥郡剑桥市的卡姆河畔。1209年牛津大学学生与市民发生骚乱，大批学者纷纷到剑桥市躲避，成为该校创建的初始阶段。1284年创建该校第一所学院，1318年教皇正式承认剑桥大学的地位。1511年D.伊拉斯谟来此任教，反复教育学生学习文艺复兴中出现的新学科。1546年亨利八世建三一学院，该学院迄今仍为剑桥大学各学院中规模最大的一所。从1669年开始，I.牛顿在该校执教数学，赋予该校在数学领域一种独特的地位。1871年J.C.麦克斯韦任实验物理学教授，开创了剑桥大学在物理学研究方面的领导地位，并将此地位一直延续到下个世纪。此外，其他领域许多世界著名的学者也曾在此教过书。该校许多建筑，包括国王学院礼拜堂和两所由C.雷恩设计的礼拜堂，都极富历史和传统的色彩。该校图书馆的藏书十分丰富，有许多重要的文献。菲茨威廉博物馆收藏有许多价值不菲的古文物珍品。现有注册学生约15 000人。

剑桥郡　Cambridgeshire　英格兰东部的郡。1974年政府重组扩大了行政区划，现在包括原来的郡亨廷登希尔的一部分以及伊利岛；郡府是剑桥市。史前遗迹见于该郡沼泽地，当时罗马人在此修建了排水系统。主要建筑包括伊利大教堂、几个15世纪的教堂以及剑桥大学教学楼建筑。境内有两条主要河流宁河和大乌斯河及其支流卡姆河流经。人口约552 655（2001）。

剑鱼　swordfish　剑鱼科上等食用鱼和游钓鱼，学名为*Xiphias gladius*。分布于世界的热带和温带海洋。体细长，无鳞，背鳍高，吻从鼻部前突如剑，用以砍杀猎捕鱼类。其吻剑扁平，而不是像穿索针鱼那样呈圆形。无腹鳍，无牙，体上部淡紫色或淡蓝色，下部银白色，体长可达4.5米，最重约450千克。虽为常见的食用鱼，鱼肉中聚集的水银成分可能达到危险程度。

健康　health　人的体力、情绪、精神及社交能力等方面可持续适应其所处环境的程度。健康良好比健康不佳（可视同存在着疾病）更难定义，因为它必须是一种比全然无病更正面的概念，而在健康和疾病之间存在着未定的变量。一个人可能身体情况很好，但可能有感冒或心理异常。有的人外表看起来很健康，但已病情严重（如癌症），只能通过身体检查和诊断分析查出，有时甚至连体检都查不出来。

健康保险　health insurance　一种预先筹措医疗费用的制度，通过缴纳保费或税金到一个共同基金中，以支付在保险单或法律规定内的为全部或部分医疗服务费。健康保险中的关键性因素是：预先给付保费或税金，汇集基金，以分摊保费或以就业而不考核其收入或资产为基础的享受保险利益的合格条件。健康保险的范围有的限于某些医疗项目，有的全部的医疗项目，对那些特定的医疗项目有的可全部偿付其费用，有的是部分给付。健康保险所享有的利益包括被保险人有权享有某些医疗服务或获得某些规定的医疗费用补偿。私人健康保险是由保险公司或其他私人机构来组建和管理；公共健康保险则是由政府经营（参阅社会保险）。上面两种健康保险形式与社会化的医疗、政府的保健计划是十分不同的，在这些计划中，医生是由政府直接或间接雇用，政府也拥有这些医疗设备（如英国的国民保健服务计划）。参阅保险。

健美运动　bodybuilding　通过运动训练和饮食控制来促进体格发育的一种方式，通常是为了比赛展示。健美运动的目的是为了展示结实的肌肉和异常健壮的体形以达到整体美的效果。负重训练是主要的锻炼方法；饮食中要摄食高蛋白物质，并补充维生素和矿物质。现代的健美竞赛主要是源自19世纪的欧洲男性大力士戏剧和马戏表演。环球先生健美赛始于1947年，是第一个重要的国际性比赛。1965年开始举办更负盛名的奥林匹克先生健美赛。女子比赛始于20世纪70年代。1998年健美赛被列为奥运会临时比赛项目。虽禁用类固醇以增强体态，但健美人士长久以来一般都服用。

渐新世　Oligocene Epoch　早第三纪的一个主要分期，开始于约3 390万年前，终止于2 300万年前左右。继始新世之后，在中新世之前。Oligocene一词源于希腊文（意思是"近代族类很少的世"），指源于渐新世期间的现代动物为数稀少。渐新世的气候似乎是温和的，而且许多地区近于热带。草原面积扩大了，而森林地带则缩小了。北半球各大陆脊椎动物群之所以具有基本上是现代的面貌，多半不是由于新类型的出现，而是由于先前的始新世结束时古老脊椎动物的灭绝。

腱　tendon　使肌肉附着骨骼或身体其他结构的组织，以便把肌肉收缩时产生的机械力传递到身体的其他部分。腱的成分和韧带很相似，是由内含高骨质原成分的致密结缔组织构成的，因此异常坚韧有力，具有很高的抗拉强度，能抗拒肌肉收缩造成的拉力而保持肌端紧连于骨部。

腱炎　tendinitis　又作tendonitis（腱鞘炎）。由于过度使用在薄膜状的腱鞘内滑动的腱或由于细菌感染而导致的腱鞘发炎的炎症。许多病例是由患者的职业造成的，工作中过度重复使用腱是导致腱炎的原因。腱鞘发炎会产生红肿，活动时会增加剧痛。发炎肿胀使腱的滑动受到阻碍导致僵硬。治疗方法是利用夹板、石膏模型或绷带固定腱与腱鞘，发炎消退后，再逐渐增加腱的活动。注射类固醇可以促进炎症减轻。治疗后仍会复发。重复

发炎将使腱鞘永久变厚,而变厚的鞘则会使腱的活动受到限制。

键合 bonding 使原子缔合成分子、离子、晶体、金属及其他稳定物质形式的相互作用。一些原子相互接近时,它们的原子核和电子发生相互作用,并有使自己的空间排列方式的总能量小于任何其他排列方式的趋势。如果一个原子团的总能量小于其各组分原子的能量之和,它们便键合。对键合的物理和数学计算发展成量子力学的一部分。一个原子可形成的键数,称为化合价,等于原子失去或得到的电子数。共价键形成分子:原子和其他特定原子间借共享一对电子而结合。如果共享平均,这个分子就没有极性,如果不平均,这个分子就是电偶极子。离子键是共享极不平均的结果;阳离子失去电子,阴离子得到电子,所有的离子借着静电力结合成晶体。在金属晶体中,一个自由的电子把键分给原子共享(金属键)。其他形式包括氢键;芳香族化合物的键;配位共价键;多中心键,以硼烷为例,其中有两个以上的原子共享电子对;配位复合体中的键至今仍少有人了解。

将军 strategus 古希腊军事将领,往往兼任拥有广泛权力的长官。克利斯提尼时期在雅典开始实行10将军的联席会议,并由将军充任军队的指挥官;10人的权力相当,其中一位或数位对某项行动负责。到公元前5世纪,这些将军们获取了政治影响力,部分原因是因为他们由选举产生而且可以连选连任,在任职期间为自己赢取了权势。到了希腊化时代,将军们已经在多数联盟和同盟中成为最高长官。在公元前3世纪至公元4世纪时的埃及,他们成了文职长官。

姜 ginger 姜科多年生草本植物,学名为*Zingiber officinale*。可能原产于东南亚。其根茎芳香而辛辣,亦称生姜,用作食品、调味品或药品。姜味稍苦,用于面包、酱油、咖喱菜肴、糖果、蜜饯、姜汁汽水,通常为干的、磨成粉末状。鲜姜用于烹调。植株的花密生,穗状花序密集球果形。姜蒸馏制得的精油用于食品及香料工业。

姜黄 turmeric 姜科多年生草本植物,学名*Curcuma longa*,原产于印度南部和印度尼西亚。其块状的根状茎自古就作为一种芳香刺激剂而用于调味、染料及医药。根状茎具有胡椒般香气,辛辣稍苦,口味温和。利用它的颜色和味道精制芥末,将它添加在咖喱粉、开胃食品、腌制食品、香味黄油以及各种烹饪菜肴中。在用姜黄浸染过的纸张上加碱后,纸张会从黄色转变成发红的褐红色,于是就成了一种测试碱性的方法。

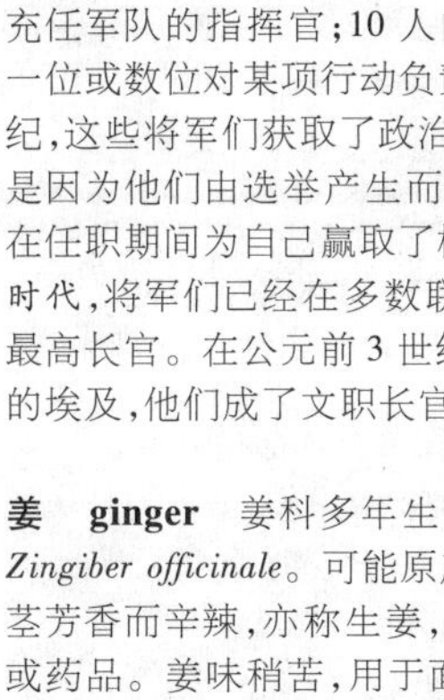

姜黄(*Curcuma longa*)
W. H. Hodge

浆果 berry 一种肉质单果,常含多颗种子(如香蕉、西红柿或蔓越橘)。中果皮与内果皮一般难以区分。任何形小肉质的果实都被广称为浆果,尤指那些可以食用的。悬钩子、黑莓及草莓的英语名中虽均有berry,但不是浆果,而是聚合果,即由多个较小的果实组成的。枣椰树是一种单籽浆果,其核是坚硬的营养组织。

桨帆船 galley 主要靠桨来推进的大型远洋船。古代埃及人、克里特岛人和其他古代民族使用有帆的桨帆船作战和通商。似乎是腓尼基人最早使用双层桨船(约公元前700),船的两侧各有上下两层桨。希腊人首先在公元前500年左右制造三层划桨战船。作战用的桨帆船成纵队巡航,通常是几个纵队齐头并进,在遭遇敌船时,还是并排列成类似密集方阵的队形,也可将船首朝向敌船,船首装备了撞角、钩爪和投射装置等。斜挂大三角帆和尾舵发明后,商船便不再使用桨帆船,但直至16世纪,桨帆船仍保持其军事上的重要性。参阅北欧海盗船。

降落伞 parachute 一种伞状的装置,用于减缓人体从空中降落的速度。伞衣由一块块伞布缝合而成,用绳索连接在使用者的伞背带上。降落伞的设计最初是为了使人员安全逃逸失控的飞机,后来也用于空投物资装备以及减缓返回的太空舱的速度。早在14世纪就出现了这种构思,但其实际演示始于18世纪80年代的法国。1797年A.-J.加纳兰(1769～1823)表演从1 000米高空的氢气球上跳下来,1802年又从2 400米的高空跳下。早期的降落伞由帆布制成,后用丝绸,然后又被尼龙取代。参阅跳伞运动。

交换理论 switching theory 组成理想数字装置的电路理论,包括构造、行为与设计。包含布尔逻辑(参阅布尔代数),现代数字交换系统的基本构成要素。交换对电话、电报、数据处理与其他对路由信息作出必要的快速决策所需的技术是必要的。参阅排队论。

交际酒会 symposium 古希腊时贵族举行的宴会,男人们聚在一起讨论哲学和政治问题,并朗诵诗歌。开始是武士的节日。为此还专门设计了聚会的房间。参加者全部是男性贵族,他们头戴花冠,用左肘斜靠在沙发上,有许多酒类饮料,由奴童服侍。聚会开始和结束时都要祈祷;有时以上街游行来结束酒会。在柏拉图著名的《会饮篇》中,有一段苏格拉底、阿里斯托芬、亚西比德和其他人之间关于爱情这一主题的虚拟对话。亚里士多德、色诺芬和伊壁鸠鲁还写了一些有关其他主题的交际酒会文学作品。

交流电 alternating current(AC) 周期性换向的电荷的流动,和直流电(DC)不一样。从零开始,增强到最大极限,再降为零,然后转向反方向,达到极限,再度归零,如此一直反复循环。完成一次循环的时间称为周期,每秒循环的次数称为频率,任一方向的最大值称为交流电的振幅。50赫和60赫的低频交流电用于家庭和商业,100兆赫左右的交流电用于电视,几千兆赫的交流电用于雷达和微波通信。交流电最大的优点是可用变压器来增减电压,以利长距离更有效地输送。直流电就不能用变压器来改变电压。参阅电流。

交响曲 symphony 为管弦乐队写作的大型乐曲,通常由几个乐章组成。其名称在原古希腊语中为"数音同时和鸣"之意;在早期的意大利歌剧中是指器乐间奏,尤其是前奏的专门用语。在17世纪后期那不勒斯歌剧的前奏曲中,尤其是1780年前后A.斯卡拉蒂的作品中,已经具有快—慢—快3个乐章的固定形式。很快,这类前奏曲在音乐会上被用于单独演奏,就好像交响曲的另一个前身大协奏曲那样。到18世纪初期,这类前奏曲和协奏曲已经在G.B.萨马尔蒂尼的交响曲中被合并起来。1750年左右,德国和维也纳的作曲家们开始加上一个小步舞曲乐章。有"交响乐之父"之称的F.J.海顿在1755～1795年写了超过100部交响曲,充满创意、激情和辉煌。从海顿开始,交响曲已被视为最重要的管弦乐作品。W.A.莫扎特写有35部富有创意的交响曲。L.van.贝多芬的9部交响曲注入了作曲家的气魄与雄心。此后重要的交响曲作曲家有:F.舒伯特、F.门德尔松、R.舒曼、A.布鲁克纳、J.勃拉姆斯、A.德沃夏克、P.I.柴可夫斯基和G.马勒。20世纪的后起之秀有:沃恩·威廉斯、J.西贝柳斯和D.肖斯塔科维奇。

交响诗 symphonic poem 又称"音诗"。受非音乐的故事或概念,通常是文学题材的启发而创作的管弦乐曲作品,通常是单乐章的。由标题性序曲(如F.门德尔松的《芬格尔洞》)发展而成。命名此术语的F.李斯特写作了13部这类作品。著名的交响诗包括B.斯美塔那的《伏尔塔瓦河》(1879)、C.德彪西的《牧神午后序曲》(1894)、P.杜卡的《魔法师的门徒》(1897)和R.施特劳斯的《唐吉诃德》(1897)和J.西贝柳斯的《芬兰颂》(1900)。

交趾支那 Cochinchina 法语作Cochinchine。越南南部地区。面积约77 700平方千米。曾是中国的附属国,后来成为柬埔寨的高棉王国一部分。首都西贡(参阅胡志明市)在1859年被法国人占领。1867年成为法国的殖民地,1887年与其他的法国领地组成法属印度支那。1949年并入越南,1954年成为南越(1954～1976)的一部分,直至越南再次统一。由于位于湄公河三角洲肥沃的平原上,是亚洲最大产稻地区之一。

胶合板 plywood 用3层或多层的木材薄片胶结在一起制成的复合板材。相邻两层纹理互相垂直。与其他胶合木制品相似，胶合板以其坚固和廉价成为硬木的替代品。广泛应用于家具板材（箱、柜、衣橱和桌子）和房屋建造（墙体、天花板、底层地板、门板和水泥模板）。

胶印　offset printing　又作 offset lithography 或 litho-offset。又称平版印刷。商业印刷中一种广泛采用的印刷方法：图文部分着墨后，先印在橡皮滚筒上，再转印到纸张或其他材料上面。由于橡皮滚筒的挠曲性大，木料、布、金属、皮革、粗糙纸张等都可以印刷。胶印印版上的图文，既不像凸版（如在凸版印刷中）那样凸出于版面，也不像凹版那样低于版面。胶印是由**平印**发展而来的，基于水和油不相溶合的原理，图文部分经过感脂处理，能吸收油墨，空白部分因含有水分，不吸收油墨。胶印版通常用锌、铝或其合金制成，表面经过处理，使其具有渗透性，然后涂上一层感光材料。用原稿曝光后，图文部分的涂层硬化，空白部分的涂层被冲洗，露出润湿的金属，不吸收油墨。参阅**静电复印术**。

焦尔达诺　Giordano, Luca（1634 ～ 1705）意大利画家，活跃于那不勒斯。起初受 J. de **里贝拉**作品的影响；游历罗马、佛罗伦萨和威尼斯之后，又受 P. **韦罗内塞**和彼得罗·达·科尔托纳的作品影响，他们的影响可从他为佛罗伦萨梅迪契-里卡狄宫（1682 ～ 1685/1686）作的大型天顶壁画中非常明显地看出来。1692 年赴西班牙担任查理二世的宫廷画师；在**埃尔埃斯科里亚尔**所作的壁画被认为是其最佳作品。1702 年回到那不勒斯，完成他最后的杰作——圣马提诺教堂的宝库礼拜堂的天顶画（1704）。他还绘了许多油画和壁画，都以宗教和神话为绘画主题。绰号“快手卢卡”。他在那不勒斯的许多湿壁画于第二次世界大战中被毁或被损。

焦虑　anxiety　心理学中，指一种恐惧、害怕或忧虑感觉，往往没有明确的理由。焦虑与真正的害怕不同，焦虑是主观的、内心情绪的冲突而引起的担心，而不是对明确和实际的危险作出的反应。由于怀疑所感受的威胁的真实性和性质，以及怀疑自身的应付能力，而在生理上引起的反应症状如出汗、紧张、心跳加快等。日常生活中难免会产生一些焦虑现象，这是正常的反应，但如果不是由真实生活压力而产生的持久、强烈及不断的焦虑现象，常被视作一种情绪障碍的征兆。参阅**应激**。

鹪鹩　wren　雀形目鹪鹩科 85 种小型、短胖、浅褐色的鸟类。起源于西半球。仅普通鹪鹩（*Troglodytes troglodytes*）一种已分布到旧大陆；是本科的典型种，长约 10 厘米，褐色，有深色条纹，嘴短而稍下曲，翅短圆，尾短而翘。西半球各地常见的是莺鹪鹩（*T. aedon*）。美国最大的种类（长 20 厘米）是西南部荒漠地区的棕曲嘴鹪鹩（*Campylorhynchus brunneicapillus*）。鹪鹩类在沼泽、多石的荒原或灌丛捕食昆虫。常反复不停地高声鸣叫。在洞中、灌丛或岩石中营巢。

角　angle　几何学中指共有一个端点（顶点）的一对射线。角可被视为单一射线从起点到终端的旋转，顺时针旋转被视为负向旋转，而逆时针旋转被视为正向的旋转。二者皆可量出度数（完全旋转为 360°）或弧度（完全旋转的弧度为 2π）。90°角称为直角，小于 90°的角为锐角，大于 90°但小于 180°的角是钝角。

角豆树　carob　豆科常绿乔木，学名 *Ceratonia siliqua*。原产于东部地中海地区，在世界各地广为栽培。树高约 15 米。羽状复叶，常绿，光滑，小叶厚。花红色。荚果扁平，革质，含 5 ～ 15 粒坚硬的棕色种子，果肉甜，可食，味道像巧克力。传说中施洗者圣约翰所食的“蝗虫”就是角豆树的荚果，故角豆树有时又称“蝗树”或“圣约翰面包”。

角马　gnu　又作 wildebeest。偶蹄目牛科角马属两种非洲羚羊的统称。肩高大于臀高，达 1 ～ 1.3 米。分布在非洲南部的白尾角马（即黑牛羚），体深褐色，吻、颏、喉和胸部

白须角马（*Connochaetes taurinus albojubatus*）
Leonard Lee Rue III

有黑色丛毛，还有黑色的鬃毛和飘垂的白尾。今日，白尾角马仅生存在国家公园和保护区。斑纹角马（即蓝牛羚）分布在非洲中部和东南部的大部地区，数量尚多。体银灰色，体两侧有垂直的深色纵纹，有黑色的鬃毛、尾和脸，两颊灰白色，颏和喉部有一撮深色毛。两种角马雌雄都有角，喜群居，常集成大群，在草原和开阔地的灌木丛内吃草，并不停地逐水草而徙。

角鸮　horned owl　鸱鸮科鹛鸮属（*Bubo*）有角状羽束的**鸮**类，尤指**大角鸮**。其他的角鸮都是猛禽，分布于欧、亚和北非（鹛鸮），以

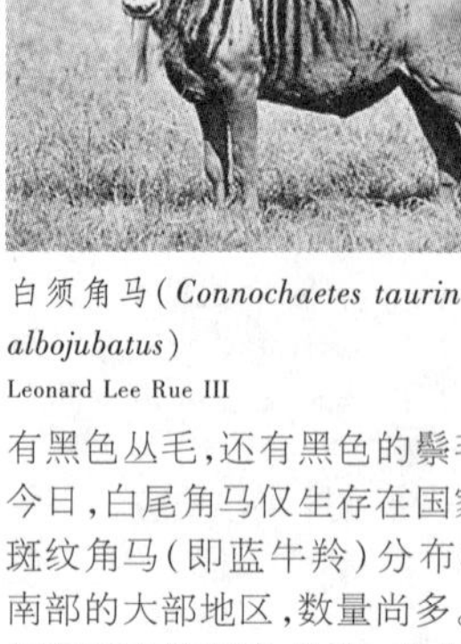

大角鸮（*Bubo virginianus*）
E. R. Degginger-Van Cleve Photography

及非洲、印度、缅甸和印度尼西亚群岛。它们通常以啮齿动物为食。

角嘴海雀　puffin　又作 sea parrot（海鹦）。海雀科 3 种潜鸟的统称。嘴大，颜色鲜艳呈三角形。大群在海边和岛屿悬崖营巢，能连续捕捉10条以上小鱼，横叼在嘴里携带回巢

北极海鹦（*Fratercula arctica*）
Ben Goldstein-Root Resources

（深的洞穴），喂养幼雏约 6 周。然后，亲鸟离开，让幼雏以身上储存的脂肪维生，独自等待飞羽长成，最后自己飞翔出海。普通角嘴海雀，或大西洋海鹦（北极海鹦 *Fratercula arctica*）体长约 30 厘米。太平洋种则有角海鹦（*F. corniculata*）和有冠角嘴海雀（花魁鸟 *Lunda cirrhata*）两种。

绞痛　colic　一种阵发性痛，通常仅指由空腔器官的肌壁收缩产生的疼痛，如肾盂、胆道受不同程度阻塞（暂时性或经常性）时。婴儿常有肠绞痛，表现为双腿上抬、不安、不住啼哭。各种肠炎、肠道恶性肿瘤及某些类型的流行性感冒均可伴有绞痛。铅中毒时常因肠管痉挛性收缩而引起绞痛。治疗在于缓解症状，常用肌肉松弛剂。

脚气病　beriberi　又称vitamin B_1 deficiency（维生素 B_1 缺乏症）。（其名来自僧伽罗语，意为“极度虚弱”。）缺乏维生素 B_1 引起的营养障碍，以神经及心脏损害为特征。一般症状有食欲不振、全身倦怠、消化紊乱、四肢麻木无力。患干性脚气病时长神经逐渐变性，同时伴有肌肉萎缩及反射消失。湿性脚气病病情较急，可有心力衰竭、循环不良及主要由此造成的水肿。维生素 B_1 广泛存在于食物中，但在粮食加工（尤其是碾磨）过程中很容易丢失。饮食均衡，食用未加工食品可避免罹患此病。在西方国家，维生素 B_1 缺乏症最常见于慢性酒精中毒的患者。

搅炼法　puddling process　将生铁转炼成熟铁的方法，主要是将其在熔炉中加热并频繁搅拌，使之暴露于氧化物之中（参阅**氧化-还原反应**）。1784 年由 H. 科特发明（取代**精炼法**），是第一种大规模生产熟铁的方法。

教父著作　patristic literature　公元 8 世纪以前的文学体裁，由基督徒所作（不包括《新约全书》在内）。多指教会神父写的作

品。大都用希腊语或拉丁语写成的,但很多保存下来的是用叙利亚语和其他近东语言写的。使徒教父写的作品包括最早的基督教早期教父文学。到了公元2世纪中期,基督教教徒写书是向罗马政府为他们的信仰作辩护,并驳斥诺斯替教。重要的教父文学作家包括圣查斯丁(殉教士)、奥利金、德尔图良、优西比乌斯(凯撒里亚的)、圣亚大纳西、圣大巴西勒、圣格列高利(尼斯的)、圣格列高利(纳西昂的)、J.克里索斯托、圣安布罗斯、圣奥古斯丁、叙利亚人圣厄弗冷(约306～373)、圣哲罗姆、狄奥多尔(莫普苏埃斯蒂亚的)、圣西里尔(亚历山大的)(约375～444)、圣马克西穆斯(忏悔者)(约580～662),以及教皇格列高利一世。

教皇 pope 天主教会之首,罗马主教的神职称号。在早期的教会里(尤其是在3～5世纪),这是对任一主教的尊称。至今仍被用来称呼东正教亚历山大里亚的牧首和东正教的司祭,但在9世纪,它开始在西方专指罗马教皇。天主教教义认为教皇是圣彼得(使徒)的继承人,因此将教会在信仰和道德上的最高统辖权以及教会的纪律和管理权赋予他。1870年第一次梵蒂冈会议规定教皇在教义上是永无谬误的。参阅罗马教廷和天主教。

教皇国 Papal States 意大利语作Stati Pontifici。756～1870年罗马教皇在意大利中部拥有主权的领土。几世纪以来,教皇国的领土范围和教皇控制的程度变化很大。754年的"丕平赠礼"为中世纪的教廷掌握世俗权力奠定了基础。1077年教廷取得了贝内文托公国,接着教皇英诺森三世和尤里乌斯二世扩张了教皇的领土。市镇的兴起和当地家族的统治削弱了教皇在城镇的权威。到了16世纪,教皇的领土只是众多意大利小城邦中的一个。这些小国成为阻挠意大利统一的绊脚石,直到1870年意大利军队占领了罗马并将其设为首都。1929年的《拉特兰条约》确定了教皇同意大利的关系,并设立一个独立的城邦(参阅梵蒂冈城)。

教皇永无谬误论 papal infallibility 天主教教义之一。即作为至高无上的导师的教皇,在一定条件下就信仰或道德问题进行的教诲不可能谬误的论点。其根据是:教会承担耶稣基督教诲众人的任务,教会既受基督委托,又得圣灵帮助,必能忠于基督的教诲。1869～1870年的第一次梵蒂冈会议在一片争论声中限定了几种条件,符合这种条件,教皇"自宗座"所发表的意见才不可能谬误。其先决条件就是,在有关信仰及道德方面,教皇发表意见时,其意图是要求得到全体教会的绝对同意。这一教条阻碍了全世界基督教的团结,同时也是罗马天主教神学者的争论焦点。

教会 church 基督教教义名词,指作为整体的宗教社团,或信奉某一教派教义的有组

历任教皇与敌对教皇

彼得	?～约64
利努斯	约67～76/79
阿纳克莱图斯	76～88或79～91
克雷芒一世	88～97或92～101
埃瓦里斯图斯	约97～约107
亚历山大一世	105～115或109～119
西克斯图斯一世	约115～约125
泰莱斯福鲁斯	约125～约136
希吉诺斯	约136～约140
庇护一世	约140～155
阿尼塞图斯	约155～约166
索泰尔	约166～约175
埃留提利乌斯	约175～189
维克托一世	约189～199
泽菲利努斯	约199～217
加里斯都一世	217?～222
*希波里图斯	217,218～235
乌尔班一世	222～230
蓬提安	230～235
安特鲁斯	235～236
法比安	236～250
科尔内留斯	251～253
*诺瓦替安	251
卢西乌斯一世	253～254
司提反一世	254～257
西克斯图斯二世	257～258
狄奥尼西	259～268
菲利克斯一世	269～274
优迪基安	275～283
加伊乌斯	283～296
马尔塞林努斯	291/296～304
马尔塞鲁斯一世	308～309
优西比乌斯	309/310
格列高利二世	715～731
格列高利三世	731～741
扎迦利	741～752
司提反(二世)§	752
司提反二世(或三世)§	752～757
保罗一世	757～767
*君士坦丁(二世)	767～768
*腓力	768
司提反三世(或四世)§	768～772
阿德里安连一世	772～795
利奥三世	795～816
司提反四世(或五世)§	816～817
帕斯加尔一世	817～824
犹金二世	824～827
瓦伦廷	827
格列高利四世	827～844
*约翰	844
塞尔吉乌斯二世	844～847
利奥四世	847～855
本尼狄克三世	855～858
*阿纳斯塔修斯(教廷图书馆馆长)	855
米尔提亚德斯	311～314
西尔维斯特一世	314～335
马可	336
尤里乌斯一世	337～352
利贝里乌斯	352～366
*菲利克斯(二世)	355～358
达马苏斯一世	366～384
*乌尔西努斯	366～367
西利修斯	384～399
阿纳斯塔修斯一世	399～401
英诺森一世	401～417
索西穆斯	417～418
卜尼法斯一世	418～422
*攸拉利乌斯	418～419
切莱斯廷一世	422～432
西克斯图斯三世	432～440
利奥一世	440～461
奚拉里	461～468
辛普利修斯	468～483
菲利克斯三世(或二世)♀	483～492
基拉西乌斯一世	492～496
阿纳斯塔修斯二世	496～498
西马库斯	498～514
*劳伦蒂乌斯	498,501～约505/507
何尔米斯达斯	514～523
约翰一世	523～526
菲利克斯四世(或三世)♀	526～530
*狄奥斯科鲁斯	530
卜尼法斯二世	530～532
约翰二世	533～535
阿加佩图斯一世	535～536
西尔维留斯	536～537
格列高利五世	996～999
*约翰十六世(或十七世)#	997～998
西尔维斯特二世	999～1003
约翰十七世(或十八世)#	1003
约翰十八世(或十九世)#	1004～1009
塞尔吉乌斯四世	1009～1012
*格列高利(六世)	1012
本尼狄克八世	1012～1024
约翰十九世(或二十世)#	1024～1032
本尼狄克九世(第一任)	1032～1044
西尔维斯特三世	1045
本尼狄克九世(第二任)	1045
格列高利六世	1045～1046
克雷芒二世	1046～1047
本尼狄克九世(第三任)	1047～1048
达马苏斯二世	1048
利奥九世	1049～1054
维克托二世	1055～1057
司提反九世(或十世)§	1057～1058
*本尼狄克(十世)	1058～1059
尼古拉二世	1058～1061
维吉里	537～555
贝拉基一世	556～561
约翰三世	561～574
本尼狄克一世	575～579
贝拉基二世	579～590
格列高利一世	590～604
萨比尼安	604～606
卜尼法斯三世	607

续表 1

卜尼法斯四世	608～615
狄乌迪弟(又称阿德奥达图斯)	615～618
卜尼法斯五世	619～625
洪诺留一世	625～638
塞维里努斯	640
约翰四世	640～642
狄奥多尔一世	642～649
马丁一世	649～655
犹金一世	654～657
维塔利安	657～672
阿德奥达图斯	672～676
多努斯	676～678
阿加托	678～681
利奥二世	681～683
本尼狄克二世	684～685
约翰五世	685～686
科农	686～687
塞尔吉乌斯一世	687～701
*狄奥多尔	687
*帕斯加尔	687
约翰六世	701～705
约翰七世	705～707
西辛尼乌斯	708
康斯坦丁	708～715
切莱斯廷四世	1241
英诺森四世	1243～1254
亚历山大四世	1254～1261
乌尔班四世	1261～1264
克雷芒四世	1265～1268
格列高利十世	1271～1276
英诺森五世	1276
阿德里安五世	1276
约翰二十一世#	1276～1277
尼古拉三世	1277～1280
马丁四世※	1281～1285
洪诺留四世	1285～1287
尼古拉四世	1288～1292
切莱斯廷五世	1294
卜尼法斯八世	1294～1303
本尼狄克十一世	1303～1304
克雷芒五世	1305～1314
约翰二十二世#	1316～1334
*尼古拉(五世)	1328～1330
本尼狄克十二世	1334～1342
克雷芒六世	1342～1352
英诺森六世	1352～1362
尼古拉一世	858～867
阿德里安二世	867～872
约翰八世	872～882
马里努斯一世	882～884
阿德里安三世	884～885
司提反五世(或六世)§	885～891
福尔摩苏斯	891～896
卜尼法斯六世	896
司提反六世(或七世)§	896
罗马努斯	897
狄奥多尔二世	897
约翰九世	898～900
本尼狄克四世	900～903
利奥五世	903
*克里斯托弗	903～904
塞尔吉乌斯三世	904～911
阿纳斯塔修斯三世	911～913
兰多	913～914
约翰十世	914～928
利奥六世	928
司提反七世(或八世)§	929～931
约翰十一世	931～935
利奥七世	936～939
司提反八世(或九世)§	939～942
马里努斯二世	942～946
阿加佩图斯二世	946～955
约翰十二世	955～964
利奥八世*	963～965
本尼狄克五世*	964～966?
约翰十三世	965～972
本尼狄克六世	973～974
*卜尼法斯七世(第一任)	974
本尼狄克七世	974～983
约翰十四世	983～984
*卜尼法斯七世(第二任)	984～985
约翰十五世(或十六世)#	985～996
英诺森九世	1591
克雷芒八世	1592～1605
利奥十一世	1605
保罗五世	1605～1621
格列高利十五世	1621～1623
乌尔班八世	1623～1644
英诺森十世	1644～1655
亚历山大七世	1655～1667
克雷芒九世	1667～1669
克雷芒十世	1670～1676
英诺森十一世	1676～1689
亚历山大八世	1689～1691
亚历山大二世	1061～1073
*洪诺留(二世)	1061～1072
格列高利七世	1073～1085
*克雷芒(三世)	1080～1100
维克托三世	1086～1087
乌尔班二世	1088～1099
帕斯加尔二世	1099～1118
*狄奥多里克	1100～1102
*艾伯特	1102
*西尔维斯特(四世)	1105～1111
基拉西乌斯二世	1118～1119
*格列高利(八世)	1118～1121
加里斯都二世	1119～1124
洪诺留二世	1124～1130
*切莱斯廷(二世)	1124
英诺森二世	1130～1143
*阿纳克莱图斯(二世)	1138～1130
*维克托(四世)	1138
切莱斯廷二世	1143～1144
卢西乌斯二世	1144～1145
犹金三世	1145～1153
阿纳斯塔修斯四世	1153～1154
阿德里安四世	1154～1159
亚历山大三世	1159～1181
*维克托(四世)	1159～1164
*帕斯加尔(三世)	1164～1168
*加里斯都(三世)	1168～1178
*英诺森(三世)	1179～1180
卢西乌斯三世	1181～1185
乌尔班三世	1185～1187
格列高利八世	1187
克雷芒三世	1187～1191
切莱斯廷三世	1191～1198
英诺森三世	1198～1216
洪诺留三世	1216～1227
格列高利九世	1227～1241
英诺森十二世	1691～1700
克雷芒十一世	1700～1721
英诺森十三世	1721～1724
本尼狄克十三世	1724～1730
克雷芒十二世	1730～1740
本尼狄克十四世	1740～1458
克雷芒十三世	1758～1769
克雷芒十四世	1769～1774
庇护六世	1775～1799
庇护七世	1800～1823
利奥十二世	1823～1829
庇护八世	1829～1830
乌尔班五世	1362～1370
格列高利十一世	1370～1378
乌尔班六世	1378～1389
*克雷芒(七世)	1378～1394
卜尼法斯九世	1389～1404
*本尼狄克(十三世)	1394～1423
英诺森七世	1404～1406
格列高利十二世	1406～1415
*亚历山大(五世)	1409～1410
*约翰(二十三世)	1410～1415
马丁五世※	1417～1431
*克雷芒(八世)	1423～1429
犹金四世	1431～1447
*菲利克斯(五世)	1439～1449
尼古拉五世	1447～1455
加里斯都三世	1455～1458
庇护二世	1458～1464
保罗二世	1464～1471
西克斯图斯四世	1471～1484
英诺森八世	1484～1492
亚历山大六世	1492～1503
庇护三世	1503
尤里乌斯二世	1503～1513
利奥十世	1513～1521
阿德里安六世	1522～1523
克雷芒七世	1523～1534
保罗三世	1534～1549
尤里乌斯三世	1550～1555
马尔塞鲁斯二世	1555
保罗四世	1555～1559
庇护四世	1559～1565
庇护五世	1566～1572
格列高利十三世	1572～1585
西克斯图斯五世	1585～1590
乌尔班七世	1590
格列高利十四世	1590～1591
格列高利十六世	1831～1846

续表 2

庇护九世	1846 ～ 1878	庇护十一世	1922 ～ 1939	约翰·保罗一世	1978
利奥十三世	1878 ～ 1903	庇护十二世	1939 ～ 1958	约翰·保罗二世	1978 ～ 2005
庇护十世	1903 ～ 1914	约翰二十三世	1958 ～ 1963	本笃十六世	2005 ～ 2013
本尼狄克十五世	1914 ～ 1922	保罗六世	1963 ～ 1978	方济各	2013 ～

说明：

· 加注 * 号者为敌对教皇。

· 4 世纪以前，教皇通常是指罗马主教而言。

· ♀355 ～ 358 年在位的教皇菲利克斯（二世）通常列为敌对教皇，如果把他列为教皇，则使用较高的序数，如 483 ～ 492 年在位的教皇便是菲利克斯三世。

· § 司提反（二世）虽在 752 年 3 月 23 日当选为教皇，但两天后即逝世，没有正式登位，故通常不将他列入，表中列出他的名号序数，颇不正常。

· ＊利奥八世或本尼狄克五世都可列为敌对教皇。

· # 教皇约翰十四世（983 ～ 984 年在位）之后，以约翰命名的教皇在序数方面情况混乱，因为有些 11 世纪的历史学者误认为在敌对教皇卜尼法斯七世和真教皇约翰十五世（985 ～ 996 年在位）之间，还有一位名为约翰的教皇，因此他们把真正的教皇约翰由十五世至十九世，误列为由十六世至二十世。后来在习惯上这些教皇已重新排列为十五世至十九世，而教皇约翰二十一世和约翰二十二世则假定在他们之前真正有二十位教皇约翰，继续使用他们所正式采用的序数。所以在近代的教皇世系序数排列中，并没有约翰二十世。

· ※13 世纪时，教廷法院把两位教皇马里努斯误念为马丁。这项错误使 1281 年登位的西蒙·德·布里从马丁二世变成马丁四世，而世系表并没有加以改正，因此没有马丁二世和马丁三世。

织的群体。该词源自希腊字*ekklesia*，在《新约全书》中用来指忠实信徒群体和地方的组织。基督教徒受到犹太当局的排斥，于是就自立组织，形式模仿犹太教会堂。教会逐渐形成以主教制为基础的行政机构。关于教会的性质，传统以《尼西亚信经》规定的四方面特性为准，即唯一、神圣、大公、使徒统绪。圣奥古斯丁提出，真正的教会是无形的，只存在于上帝的心目中。M. 路德认为真正教会的成员散在不同的基督教团体内，他们不属于地上的任何组织。

教会法 canon law 在天主教、东正教、东方基督教的独立教会以及安立甘宗内部制定的法典。教会法涉及到教会的组织构成、教会与其他团体间的关系，以及有关内部教规的内容。格拉提安在 1139 ～ 1150 年出版了首部天主教教会法的权威汇编集；《格拉提安教令》的内容来自地方过去的汇编集、公会议、罗马法和神父。增编的《教会法大全》1500 年出版。一个枢机主教委员会于 1917 年颁布了新的《教会法法典》；第二次梵蒂冈公会议之后，1983 年又出版了修订版。1054 年教会分裂之后，东正教教会在君士坦丁堡最高级主教的指导下制定了自己的教会法法典。安立甘宗、科普特教会和埃塞俄比亚的正教会也系统地编纂了他们自己的法规文集。

教会教育 parochial education 由宗教团体在学校兴办的教育。在美国和加拿大特指由天主教会、基督教会、犹太教组织所办的中小学校。这些学校不同于公立学校制度，课程通常包括宗教和普通课程。

教会式风格 Mission style 又称Spanish Mission style（西班牙教会式风格）。西班牙方济各会于 1769 ～ 1823 年在美国佛罗里达、得克萨斯、亚利桑那、新墨西哥等州，特别是加利福尼亚州所开创的教会式风格。入口的装潢通常相当气派，但整体印象却是简单的、有白色灰泥的几何形构造，再加上雕刻鲜明的窗户以及简化的内部细节。教会式风格一般也用来指一种基本上是在 20 世纪早期由G. 斯蒂克利开创的风格。他经营一种受到西班牙布道团所启发的朴素厚重的橡木家具以及一系列适合中等收入人群的房屋设计。

教会与国家 church and state 指社会内部宗教权力与政治权力之间的关系。两者必须区分开来的概念大部分源自基督教，在基督教出现之前，宗教和政治权力一般都集中在同一个人身上。随着西罗马帝国势力的衰微（410 年左右），教会成为兼有世俗权力和宗教权力的处所。宗教改革运动大大削弱了教会的权力，国家权力开始增强，许多统治者自称君权神授，理当为教会和国家之首脑。世俗政府的概念是受启蒙运动思想家的影响，美国和法国革命后的政府即是明证。现在的西欧所有国家都保障个人信仰的自由，内政和宗教权力截然分开。一些现代的伊斯兰教国家是以伊斯兰教法为国家法律。美国在公共教育领域，诸如校内祈祷、教区学校的公众提供资金及上帝创世等问题上，教会和国家分离问题受到了考验。

教理问答 catechism 宗教教育手册。通常采用问答形式，以教育儿童、劝人信教和申明信仰。中世纪教理问答集中阐述信、望、爱的意义，后来的教理问答又增加了其他主题，在宗教改革运动和印刷术发明之后更受到重视。M. 路德所著《小教理问答》（1529）增加了有关洗礼和圣餐的讨论。1542 年 J. 加尔文出版专供儿童使用的教理问答。安立甘宗的教理问答被收入《公祷书》。《巴尔的摩教理问答》（1885）是美国最著名的天主教教理问答。1992 年梵蒂冈颁布了一本新的普及版《天主教会教理问答》。

教堂 church 基督教徒作礼拜用的建筑物。最早的教堂以古罗马巴西利卡（即长方形会堂）的平面图为基础。在君士坦丁堡、小亚细亚和东欧等地，东正教教堂的平面多为正十字形，从中央覆有穹隆顶的方形平面上伸出 4 个同样大小的侧翼（参阅拜占廷建筑）。至 11 世纪末，教堂平面随着天主教礼拜仪式的繁复愈加复杂化。14 世纪形成了创新的厅堂式教堂的平面设计。20 世纪中期以前，西方教堂设计始终以巴西利卡式和厅堂式两种平面布置为主。宗教仪式的改革和革新精神促进了新建筑形式的探讨，设计者有时完全脱离了传统的形式。

教堂地下室 crypt 教堂作殡葬和礼拜用的地下室。基督教初期教徒常建地下墓窟，后来在圣徒和殉教者的墓址上建教堂时，即在墓穴周围建礼拜处。早在古罗马君士坦丁

12 世纪英国坎特伯雷教堂地下室

A. F. Kersting

大帝在位时（306 ～ 337），地下室即成为教堂建筑的一个正规部分，后来地下室的面积扩展到整个唱诗班席或祭坛之下。坎特伯雷大教堂地下室实际上便是一个大而复杂的教堂。中世纪欧洲各地的许多世俗建筑也建有精致富丽的地下室。

教育小说 bildungsroman 德国小说的一类，专门描写主要人物性格形成时期的生活，描写他的道德伦理以及心理方面的发展。这类小说的典型结局总是很圆满，主人翁在经历了荒谬的错误和痛苦的失望后，展现在面前的是一种能够有所作为的生活。这类小说把一个笨学生出外冒险的民间故事提升到文学的高度。最早的一部此类主题的小说是 J. W. von 歌德的《威廉·迈斯特的学徒时代》（1795 ～ 1796），它至今仍是这类小说的典范。

教育心理学 educational psychology 心理学的一分支，涉及与学生的教学和训练有关的学习过程及心理问题。教育心理学家研究学生的认知发展和影响学习过程的各项复杂因素，如学习能力、学习测评、创作过程、影响师生之间互动机制的诱因等。早期两位主要领导人物是 G. S. 霍尔和 E. L. 桑代克。

教育哲学 education, philosophy of 在教育理论和实践中哲学方法的应用。教育哲学研究的内容有:学习的本质(尤其是幼儿),教育的目的(尤其是教师的主要目的是传授知识、培养独立的学习能力,还是逐步灌输道德和政治的价值观),教育有关概念的本质(包括教育自身的概念),教育权的起源和合法性,以及教育研究的实施。历史上主要的教育哲学家有柏拉图、J.-J.卢梭和J.杜威。

酵母菌 yeast 某些有经济意义的单细胞真菌,多属子囊菌纲,少数属担子菌纲。酵母菌在土壤中和植物表面上到处可见,特别是在含糖物质,如花蜜和水果中很丰富。通常在面包、啤酒和葡萄酒制造中使用的酵母菌,是啤酒酵母菌(*Saccharomyces cereviseae*)。食品和饮料加工过程中所用的小酵母片和酵母饼含有数十亿酵母菌单细胞。一个酵母菌细胞每小时约可使与自己同重的葡萄糖发酵。酵母菌含蛋白质50%,且富含维生素B。酿酒酵母菌有时可当作维生素补助剂服用。有些酵母菌是人类和动物的慢性和急性病原体(例如白地霉会刺激口腔和阴道黏膜;组织孢浆菌属和芽酵母属会引起持续性肺感染)。

阶名唱法 solmization 又称solfeggio(视唱)。用音节唱出规定音符名称的一种方法。可能是由圭多(阿雷佐的)在训练教堂唱诗班时创作。借用ut、re、mi、fa、sol、la——赞美诗每行的第一个音节,这些赞美诗每段开始时都比上一段高一个音阶,他认为自己创造的方法让唱诗班的成员能够在两年内学会用于教堂仪式的所有圣歌。这些音节至今仍在使用,不过ut通常由更易歌唱的do代替,ti或si已被添加进第7音阶。

疖 boil 又作furuncle或furunculosis。在毛囊部由葡萄球菌引起的皮肤感染造成充满脓液的炎症肿胀。感觉疼痛,触之硬,需排出脓液后始渐痊愈。常发于受摩擦或浸软的有毛皮肤处。麦粒肿是睫毛根部的疖肿。若邻近的几个疖合并一起便成痈。若原发的皮肤病处有痒感,经手搔抓后葡萄球菌易侵入毛囊而形成疖肿。疖肿的治疗通常只需保持局部清洁,避免进一步感染;较严重者则可使用抗生素。

接触镜片 contact lens 又称隐形眼镜。戴在眼球表面用以矫正视力缺陷的透镜。早期的玻璃隐形眼镜发明于1887年,使用起来既不舒适又无法长时间配戴。现代用塑料制造的隐形眼镜在1948年发明,制造隐形眼镜必须先用光学仪器量出角膜曲率,有好几种款式。硬透镜适合散光,但配戴时间受到限制。软透镜使用起来较舒适,有的可以连戴数周。和传统眼镜比起来,隐形眼镜更能改善视力的缺陷,戴起来也更美观。

接骨木 elder 忍冬科接骨木属植物,约20～30种,草本、灌木或小乔木。大多原产于温带或亚热带森林地区。是重要的森林树种,灌木种是重要的庭园栽培植物。裂叶;花小,浅碟状,淡黄白色,簇生成球。浆果红色、蓝黑色、黑色或黄色,可制果酒、果冻、馅

欧洲红接骨木(*Sambucus racemosa*)
A. J. Huxley

饼和入药,也是野生动物的食物。北美洲的美洲接骨木(*S. canadensis*)是园艺上最重要的品种。

秸秆 straw 禾草类植物,尤其是小麦、燕麦、黑麦、大麦、荞麦等谷物茎秆。通常作集合名词,指晒干并脱粒后成捆或堆的茎秆。从古代起,人类就用秸秆来作草垫、饲料、铺地的垫子、粗糙的垫褥甚至衣物,也用于编织篮筐、草帽、地毯和家具覆盖物。秸秆铺成的屋顶通常有30厘米厚,由结实的绳索捆扎而成,其纤维排列的方向同雨水流动方向一致。化学处理后的秸秆浆用于制造粗纸和草纸板,或制成廉价的纸箱。

街坊文教馆 settlememt house 又称social settlement(社会服务所)或community center(社区活动中心)。邻里社会福利服务机构。该机构人员举办俱乐部、学习班、运动队及各种业余爱好小组等,也可因需雇佣职业顾问和社会工作者。社会服务运动始于1884年S.A.巴尼特(1844～1913)在伦敦成立的汤因比服务所,并在19世纪晚期扩展到美国,最初是J.亚当斯在芝加哥建立的赫尔大厦。多数国家现在都成立了类似的机构。在19世纪末、20世纪初的美国,社会服务所在新移民当中很活跃,当时社会服务所提倡增加对工人们的赔偿并修改有关童工的法律条文。

节拍 meter 参阅节奏与节拍。

节育 birth control 自愿节制人的生育,方法包括避孕、节欲、绝育手术和人工流产。节育一词由桑格(夫人)于1914～1915年所创。在医学上,当生育威胁到母亲的健康,或筛检出有产出重残婴儿的重大危险时,往往就要建议人工流产。从社会和经济的角度来看,节制生育经常是反映出想维持或提高家庭生活水准的愿望。多数宗教领袖现在同意应该以某种方式控制人类的生育,但对具体方式仍存在激烈争论。参阅计划生育。

节杖 caduceus 赫耳墨斯手中所持的权杖,作为和平的象征。曾作为古希腊和古罗马使节和大使的护身符。最初节杖被描绘为一节木棍,或末梢有两个分杈的橄榄枝,并饰以花环或缎带;后来花环改为两条蛇,并在节仗上添加了一对翅膀,以代表赫耳墨斯的速度。

节肢动物 arthropod 动物界中最大的门(节肢动物门)的动物。节肢动物门包括100多万种无脊椎动物,分成4个亚门:单肢亚门(下分5纲,包括昆虫在内),螯肢亚门(下分3纲,包括蛛形动物和鲎),甲壳动物亚门(参阅甲壳动物)和三叶虫亚门(参阅三叶虫)。所有节肢动物均为两侧对称并具有分节的身体,体外覆盖着含有几丁质的外骨骼,外骨骼起保护作用,又为肌肉提供附着面。每个体节都有一对分节的附肢。节肢动物门的动物包括食肉动物、食草动物、杂食动物、食碎屑

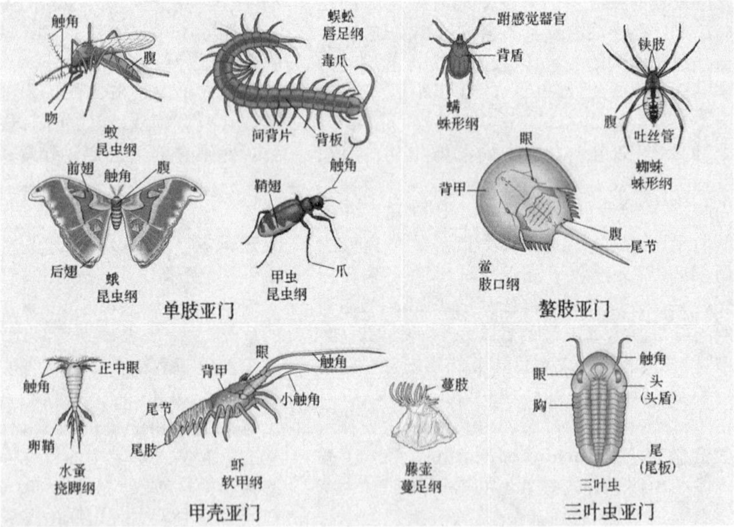

代表性的节肢动物。单肢亚门是节肢动物最大的亚门,主要包含陆生昆虫与多足类(包括蜈蚣与马陆)。昆虫是节肢动物最大的一纲,与其他节肢动物不同之处是大多具翅且足仅有三对。甲壳亚门的成员大多居住在海中,包括虾、龙虾、蟹与藤壶。微小的水蚤主要出现在淡水中,与这个亚门其他体型微小的成员组成浮游动物的一部分。螯肢亚门的成员大多数属蛛形纲,包括蜘蛛、蝎子、螨、蜱。三叶虫是绝种的海生节肢动物,繁盛于寒武纪。化石显示其躯体分为头、胸与尾三区,有三条纵裂。

动物、滤食动物以及寄生虫（参阅寄生现象），分布范围几乎包括所有的环境，既有水栖者又有陆栖者。

节肢介体病毒　arbovirus　一组在节肢动物（主要是蚊及蜱）体内发育的病毒，对节肢动物并不造成危害（名称源自*ar*thropod-*bo*rne *virus*）。病毒颗粒球状，外覆一层脂膜，内含核糖核酸。节肢介体病毒通过叮咬传递给脊椎动物后，在其体内产生感染并完成病毒的生长循环可引起黄热病、脑炎等。

节奏与布鲁斯　rhythm and blues（R&B）　在美国由黑人艺术家发展起来的多种相近音乐风格的统称。这些风格是以爵士乐的节奏与音调的抑扬变化，特别是切分音与带有降音的布鲁斯和弦同欧洲音乐影响相结合为基础的。是以南方乡村地区的布鲁斯脱胎换骨，混合了劳动时抒发深邃情感的随口吟唱，并受福音音乐极大影响。可区分为三种主要形式。最早期一种被称为种族音乐，是"强节奏"乐队的风格，着重强烈的节拍，独奏（特别是萨克斯风独奏），以及咆哮呐喊式的布鲁斯唱腔。第二种形式通常称为"芝加哥布鲁斯"，由一些表演者如M.沃特斯为代表，典型的表演方式是由一个小团体利用扩音乐器表演。第三种主要形式以声乐为主，通常有小型管弦乐队伴奏，以简洁的受福音音乐影响的和声为特色。20世纪50年代中期节奏布鲁斯这个名词被黑人听众的音乐界采用；加上种族藩篱渐渐消失，芝加哥布鲁斯开始被视为民俗传统而非种族音乐，同时福音音乐也转型为广受赞赏的灵乐。节奏与布鲁斯可说是摇滚乐的始祖。

节奏与节拍　rhythm and meter　西方音乐里构成节拍的两个方面。节奏由短音符和长音符组成，测量的方式是由这个音符的开始到下一个音符的开始，通常是不规则的。节拍，像诗的格律，通常有重音的和无重音的节奏，并提供背景使节奏得以领略。在乐谱上，节拍在一段一开始的地方，以拍号标示——下面的数字表示拍子的基本单位或亚单位（例如，8通常代表8分音符为一拍），上面的数字代表一个小节中的拍数——然后以竖的小节线区分出曲子的不同段落。

杰斐逊　Jefferson, Thomas（1743～1826）　美国第3任总统（1801～1809）。生于弗吉尼亚州沙德韦尔。种植园园主，1767年成为律师。1769～1775年担任移民议会委员，与R. H.李、P.亨利创办了通信委员会（1773）。1774年撰写了具有影响力的《英属美利坚权利概观》论文，陈述了英国议会根本无权为殖民地立法的论点。后来作为代表出席第二届大陆会议，被指派为起草《独立宣言》的委员会成员，并成为主要起草人。1779～1781年担任弗吉尼亚州州长，但在1780～1781年英军入侵弗吉尼亚时，未能有效地抵抗。他因受到批评而辞职，决心离群索居以终老。但在1783～1785年再度担任弗吉尼亚代表出席大陆会议，为了划分和安置西北地区，他起草了第一部《西北法令》。1785年，继B.富兰克林之后成为美国常驻法国公使。1790年G.华盛顿任命他担任国务卿（至1793年），不久因对外政策及对宪法的诠释不同而与财政部长A.汉密尔顿发生激烈冲突，导致了党派之间的分裂。1797～1801年成为副总统，但反对总统J.亚当斯制定的《客籍法和镇压叛乱法》（1798）。根据这种反对立场，他和J.麦迪逊起草了《弗吉尼亚和肯塔基决议》，并于1798和1799年被那两州所采纳。1800年总统选举中，和A.伯尔在选举团中的票数并列第一，结果被提交给美国众议院抉择。1801年众议院在第35轮投票后决定由杰斐逊当总统，A.伯尔为副总统。就任后，试图减少联邦政府的权力，也开始紧缩财政和简化总统在仪式上的职务。他也致力于清还公债。他指导了路易斯安那购地案，使美国国土增加了一倍，并授权刘易斯和克拉克远征。在拿破仑战争期间，为了使法国和英国停止对美国商船的骚扰，他签署了《禁运法案》。1809年退休后，到蒙蒂塞洛的种植园过着隐居生活，追求他在科学、哲学和建筑方面的广泛兴趣。1797～1815年曾担任美国哲学协会主席。1819年创办并设计了弗吉尼亚大学。杰斐逊在与亚当斯疏远一段长时期后，于1812年和解，开始了长时间的信件往来，各自阐述自己对立的政治观点。他们在1826年7月4日过世，相差不过几个小时，恰逢美国签署《独立宣言》50周年。虽然杰斐逊终身都是奴隶主，但他是弗吉尼亚种植园之中的异类，因为他赞同逐步解放黑奴。2000年1月，托马斯·杰斐逊基金会接受了由DNA证明了的结果：杰斐逊同家中的女奴S.海明斯至少生过一个孩子。

杰弗里（蒙默思的）　Geoffrey of Monmouth（？～1155）　英格兰中世纪编年史家。一生大部分时间可能都在牛津教堂工作。著有《不列颠诸王纪》（约1135～1139），大部分是虚构的历史故事，它追溯英格兰王族的祖先是特洛伊人。这本书把亚瑟的形象（参阅亚瑟王传奇）引入欧洲的文学作品，并介绍了巫士墨林，杰弗里曾在《论墨林》（约1148～1151）描述过他的故事。虽然此书一出就受到其他史学家的抨击，但《不列颠诸王纪》是中世纪最流行的一本书，对后来的编年史家也影响很大。

杰济拉　Jazīrah, Al-　又作El-Gezira。苏丹东南部地区，位于青尼罗河和白尼罗河汇合处的东南部，是世界上最大灌溉项目之一的所在地。英国人于1925年开始动工，从青尼罗河通过长达4 300米的运河和沟渠网引水灌溉，使该地区成为苏丹最肥沃的农业区。

杰克·伦敦　London, Jack（1876～1916）　原名John Griffith Chaney。美国小说家。出身贫穷，靠自学成才，当过水手、季节工人、阿拉斯加采金矿工，还是个斗志旺盛的社会主义者。第一部作品《狼的儿子》（1900）和故事《生火》（1908）赢得广大读者的喜爱。之后不断写作，共写了50部小说和非小说作品，其中包括许多为生存而搏斗的冒险故事和社会主义的小册子，如《荒野的呼唤》（1903）、《海狼》（1904）、《白

杰克·伦敦创作《海狼》，摄于1903年
Jack London State Historic Park

牙》（1906）、《铁蹄》（1907）、《马丁·伊登》（1909）和《毒日头》（1910，或译《天大亮》）。

杰克兔　jackrabbit　北美的一种普通大型野兔（如汤森氏兔及加利福尼亚兔）。耳朵和后腿十分长。分布广泛，尤其是在西部，但更常见于大草原和平原的生态环境中。

杰克逊　Jackson, Andrew（1767～1845）　美国第7任总统（1829～1837）。生于南卡罗来纳州的瓦克斯霍地区。曾在故乡附近短暂参与美国独立战争，他的家人在战争中被杀。

A.杰克逊，油画，J. W.查维斯绘于1819年左右；现藏纽约市大都会艺术博物馆
By courtesy of the Metropolitan Museum of Art, New York City, Harris Brisbane Dick Fund, 1964

后学法律，1788年担任北卡罗来纳州西部地区（后为田纳西州）检察官，在成立田纳西州时当选为众议院议员（1796～1797）。1797～1798年当选为美国参议员。1798～1804年被任命为田纳西州最高法院法官。1802年被推选为田纳西州民兵少将。1812年战争开始时，征召5万名志愿军服役。他被授权与克里克印第安人作战，这些印第安人与密西西比准州的英军结盟。进行了短暂的战争（1813～1814）后，他在马蹄铁战役中打败克里克人。在从英国-西班牙联军手中夺得佛罗里达的彭萨科拉后，又指挥向西攻打路易斯安那地区的英军。在新奥尔良战役中获得决定性胜利，立刻成为国家英雄，被媒体称为"老顽固"。在美国取得佛罗里达后，1821年奉派到那里担任州长。1824年总统大选，在4个总统候选人当中，他赢得最多的选举人票，但众议院裁决J. Q.亚当斯当选。1828年击败亚当斯而当选总统，这通常被认为是美国历史上的一个转折点：他是第一个来自阿巴拉契亚山脉以西的总统，第一个出身贫困的总统，也是第一个通过选票而不是政治团体的支

持当选的总统。他任总统的时期被称为“杰克逊式的民主”。就职后，他撤换了许多联邦官员，而起用他的拥护者，此举以分肥制闻名。他的内阁以不合法的形式占有佐治亚州切罗基族人土地，并强行赶走那些拒绝离开的印第安人。在南卡罗来纳州宣称有权撤销联邦的关税法案时（否认原则），杰克逊要求国会派军队强制在该州推行联邦法规。1832 年再次当选，部分原因是他在合众国银行特许状案中投出的备受争议的否决票，但他的一些支持者并不十分欢迎。在职期间政治斗争十分激烈，使民主党的地位更加稳固，并促使两党制度进一步发展。

杰克逊　Jackson, Mahalia（1911 ～ 1972）美国福音音乐女歌手。童年即在父亲传教的新奥尔良小教堂唱诗班唱歌，在学习宗教歌曲的同时也在朋友和邻居家中熟悉了B. 史密斯和

M. 杰克逊，摄于 1961 年
The Bettmann Archive

I. 考克斯等布鲁斯歌手的唱片。后来去芝加哥打零工，并随一个福音音乐五重唱团巡回演出，积攒足够资金而后开办一些小店作生意。其歌声令人感到温馨而动人心弦，在 20 世纪 30 年代逐渐获得广大听众的注意。那时她参加一个在全国各地巡回演出的福音演唱团，演唱如《整个世界在他手中》的歌曲。她与 T. 多尔西交往密切，演唱了许多由他创作的歌曲。其后她的唱片销售量以百万计，声誉鹊起，成为50 年代和 60 年代畅销金曲歌手之一。1950 年在纽约卡内基音乐厅首次登台亮相。1955 年起积极参与黑人民权运动。1963 年在华盛顿的民权示威大会上演唱。参阅福音音乐。

杰克逊　Jackson, Michael (Joseph)（1958 ～ 2009）　美国歌手和歌曲作者。生于印第安纳州加里市。9 岁即成为“杰克逊五人团”的主唱，这是他父亲组成的家族合唱团。车城唱片公司出过他们的热门单曲有《我要你回来》、《ABC》等。虽然在 1984 年以前他仍是杰克逊乐团成员，但在 1971 年已开始用个人名义出唱片。第一张个人专辑《墙外》（1979）卖出数百万张。下一张专辑《颤栗》（1982）卖出4 000万张以上，成为史上最畅销的专辑。录制新兴的音乐电视成了杰克逊工作的重要部分。在《逃走吧》（1983）、《比利·珍》（1983）中形成了他极富影响力的舞蹈风格，最为著名的是他标志性的“太空行走”。后发表个人专辑《真棒》（1987）、《危险之旅》（1991）和《历史》（1995）。20 世纪 90 年代，尽管努力在一些社会问题上毫无保留地发表自己的看法，但他的怪癖、与世隔绝的生活方式引起争议。1993 年被指控对一名 13 岁男孩性侵害，声誉受到严重损害。此诉讼案在庭外私下和解。2003 年再次受到儿童性侵害案的指控，但2005 年被判决无罪。2009 年，当他正在着手准备一系列备受瞩目的个人演唱会时，被发现死于镇静剂和异丙酚（一种麻醉剂）两种药物致命的相互作用。他获得了很多荣誉，如作为杰克逊五兄弟成员及他本人作为独唱歌手分别于1995 和2001 年入主摇滚名人堂。他几个兄弟姊妹（尤其是珍妮特）的歌唱事业也十分成功。

杰克逊　Jackson, Stonewall（1824 ～ 1863）原名 Thomas Jonathan。美国南北战争时期邦联军著名将领之一。少年时代接受正规教育极少。在西点军校受训。在墨西哥战争期间表现优异。南北内战开始不久，受命将弗吉尼亚州志愿人员编成一个训练有素的旅。在第一次布尔溪战役时，率所属一个旅的兵力，组成坚强防线抵挡了北军的强烈攻势，赢得了“石墙”的著名绰号，后来晋升为少将。1862 年在谢南多厄河谷和稍后的七天战役中再度获胜。R. E. 李将军运用他的部队包围北军，因而赢得第二次布尔溪战役。杰克逊还在安提坦和弗雷德里克斯堡战役中协助李将军作战。1863 年 4 月，杰克逊在钱瑟勒斯韦尔袭击敌军右翼时，遭自己部队的流弹误伤，不治身死。

杰里科　Jericho　阿拉伯语作 Arīḥā。西岸地区城镇。大约在公元前 9000 年就有人居住。在《圣经》中提到，杰里科是约书亚率领以色列人渡过约旦河后攻打的第一个城镇，因此而出名。它曾数次被弃或被毁，后又在同一地区重建。1918 年被英国占领，成为英国托管地巴勒斯坦的一部分。并入约旦后，成为第一次阿以战争（1948）后阿拉伯难民居住的两大难民营的所在地。在六日战争（1967）中被以色列占领，许多难民被驱离。1994 年根据以色列-巴勒斯坦自治协议，它又回到巴勒斯坦手里。人口约19 800（2005）。

杰罗尼莫　Geronimo（1829 ～ 1908）　印第安人阿帕切族领袖。19 世纪 70 年代，美国当局强迫阿帕切族迁往亚利桑那州中东部的不毛之地。他领导4 000名阿帕切族人进行反抗。经历了多年动乱和许多伤亡之后，于 1884 年最终投降，但他和一伙追随者逃走。在得到虚假的返回亚利桑那保证安全的承诺后，于 1886 年回亚利桑那，被捕服苦役。后被安置在俄克拉何马州锡尔堡保留区，那里他口述其自传《杰罗尼莫：他的故事》。

杰梅卡湾　Jamaica Bay　大西洋岸的浅水湾。面积 50 平方千米，位于美国纽约州东南部，长岛西南岸，为纽约港之一部分。南有罗卡韦半岛屏蔽，通过罗卡韦海峡和大西洋连接。科尼艾兰位居入口道附近。东北岸的艾德威尔德设有肯尼迪国际机场。

杰米森　Jemison, Mae (Carol)（1956～　）美国医师、航天员。生于亚拉巴马州迪凯特。从康奈尔大学获得医学学位，接着到非洲的维和部队服务。1988 年加入美国国家航空和航天局的航天员计划，成为第一位黑人女性航天员。1992 年在“奋进”号航天飞机上待了一个星期以上。从 1993 年起在达特茅斯学院教授环境学科。

杰日尼奥夫海角　Dezhnev, Cape　俄语作 Mys Deshneva。俄罗斯东端海角。是楚科奇半岛的最东端，也是整个欧亚大陆最东端。隔白令海峡（参阅白令海）与阿拉斯加的威尔士亲王角相望。

杰伊　Jay, John（1745 ～ 1829）　美国法学家，为美国最高法院的第一任首席大法官。生于纽约市，在纽约从事法律工作。原本赞同与英国和解协商，但是不久即坚决支持革命。1777 年当选为纽约州第一任首席法官，并当选为大陆会议主席。他协助 B. 富兰克林与英国磋商和平条约，之后担任外交事务的秘书（1784 ～ 1790）。他认为需要一个强大的中央政府，故促请修订美国宪法。他以“普布利厄斯”的笔名与 J. 麦迪逊、A. 汉密尔顿一起为《联邦主义者文集》撰写论文，以解释宪法的重要。1789 年被任命为美国最高法院第一任首席法官后，他建立了司法判例，确立州政府应服从联邦政府的判决。1794 年赴英谈判一项协调英美众多商务纠纷的条约，即《杰伊条约》。此约避免了英美重启战争，但被杰斐逊共和党人斥为太过亲英。1795 年，杰伊辞去法官职务，但后来又当选为纽约州长（1795 ～ 1801）。

结　knot　把一条或多条绳、缆或其他柔韧材料的一段绕束起来而形成的纽结，通常是用于捆绑东西。太古时代人利用藤蔓和如绳索一样的纤维把石头捆缚在木柄上制成斧，也用

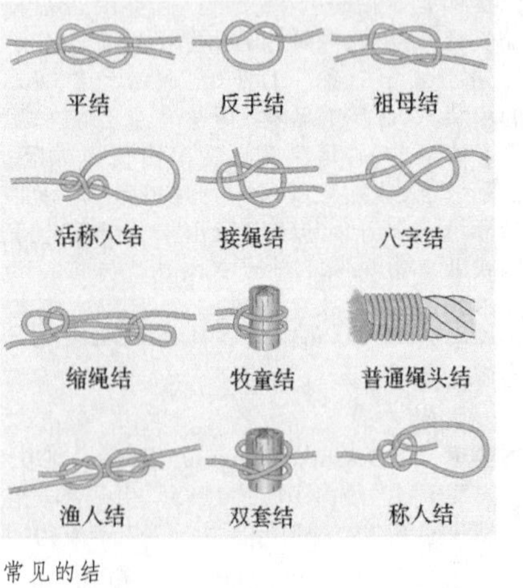

常见的结
© 2002 MERRIAM-WEBSTER INC.

以结网和布陷，从那时起就有了结。直到出现了早期帆船而用索具操纵风帆时，结才真正成为复杂的技术，打结成了海员的专门技术。如今野营者、徒步旅行者、登山者、渔人、织工以及其他人士仍然离不开结的使用。

结肠炎　colitis　结肠，尤其是其黏膜的炎症。痉挛性结肠炎多为一时性，可占所有消化道疾病的 50%。症状为腹痛和腹泻。溃疡性结肠炎时，发炎的黏膜上出现小片溃疡；

症状为腹泻脓血便;又常转为慢性,持续发热,体重下降,可出现并发症而死亡。如果柳氮磺胺吡啶或类固醇不能控制病情,则需手术切除部分或全部病变部位。

结肠造口术 colostomy 经腹壁为结肠造口,即形成人工肛门的手术。结肠造口的目的可能是为了给受阻的结肠减压;当部分结肠切除后可以排便,或可利于结肠的愈合。结肠造口术可为暂时性或永久性。乙状结肠造口术是最常做的永久性造口,一般不需要什么器具辅助(有时为了保险也可配带一个便袋)而受术人可生活得和常人无异,只是排便途径有所不同。

结肠直肠癌 colorectal cancer 大肠(结肠)或直肠的恶性肿瘤。罹患本病的原因有:年龄(50岁以上)、有结肠直肠癌的家族病史、慢性炎性肠病、良性黏膜瘤、身体缺乏活动和高脂肪饮食等。结肠直肠癌许多症状涉及不正常的消化和排泄。可由外科、化疗或放射线来治疗。

结构主义 structuralism 20世纪中期欧洲的重要运动。其基础为F. de 索绪尔的语言是独立符号系统(即意符+符旨)的语言学理论,以及C. 莱维-斯特劳斯的文化理论(认为文化就像语言,是可被视为符号的系统及可按照各元素间之结构关系而加以分析)。结构主义的中心思想是这样一个观念:二元对立(例如:男性/女性,公众的/私人的,煮熟的/生的)揭示一个系统的无意识逻辑或"文法"。文学结构主义视文学文本为连锁的符号系统,并追求使支配作品的形式和内容的隐藏之逻辑更清楚。M. 傅科、J. 拉康、R. 雅科布松以及R. 巴尔特等人的作品都相当出色。采用并发展结构论作为前提及步骤之研究领域包括符号学及叙事学。参阅解构。

结果主义 consequentialism 又称结果论。伦理学中的学说,指一个行为的对错要视该行为就总体而言是否达到最高内在价值来决定。结果论最简单的形式又即古典的(或是享乐主义的)功利主义,它主张一个行为的对错,要视就总体而言该行为的快乐抵消痛苦之后的净效应是否达到最高。其他不同于古典功利主义的形式,若非以各个等级事物的内在价值来判定(即G. E. 穆尔的理想的功利主义、伦理的利己主义),就是看各类事物的结果是否恰当合适。参阅义务学。

结核病 tuberculosis (TB) 旧称consumption。几种分支杆菌(结核杆菌)造成的细菌病。古埃及文献以及希波克拉底都提及结核病,从古至今全世界都不断出现。在18～19世纪快速工业化与城市化的西方世界,到达接近传染病的比例,直到20世纪早期在这些地区都还是主要的死亡原因。20世纪80年代结核病卷土重来,由艾滋病患者传播给他人,特别是在监狱、游民收容所和医院等地,因密闭的设计有助于传播。结核病遍布全球各地,仍是许多国家的主要死因。身体会在结核杆菌的周围形成小型结核来隔离结核杆菌,通常这样可以阻止结核病的病情发展,但要是没有经过治疗,可能不久之后会复发且带传染性。主要类型(大多数是孩童)通常不严重,但是可能在身体各处传播,在许多器官产生结核,这样就有可能致命。次要类型(主要是青年)开始时会身体乏力、体重下降、咳嗽不断。随着咳嗽增加、严重盗汗,可能还有肋膜炎和吐血,健康情况恶化。增大的结核块会杀死肺脏组织,使得呼吸作用无法供给身体足够的氧气。其他器官也会受害,如并发脑膜炎。弱化细菌疫苗有助于防治感染,但及早发现治疗结核病,防止暴露于细菌威胁则更为有效。由于许多种细菌对药物有抗药性,治疗至少需要对病人细菌有效的两种药物,至少持续半年,不当的治疗会让具有抗药性的结核杆菌繁殖。多重抗药性细菌品种造成的急性病非常难治愈,通常会致命。

结膜炎 conjunctivitis 结膜的炎症。病因为感染(一般称之为红眼)、化学灼伤、机械性损伤,又可为过敏反应的表现之一。结膜与角膜时常同时发炎,称为角膜结膜炎。数种病毒和细菌会造成感染,包括沙眼和淋病,两种病都会造成眼盲。多形性红斑有时会伴发严重的结膜炎,又可致盲。

捷克共和国 Czech Republic 以前与斯洛伐克合称Czechoslovakia(捷克斯洛伐克;1918～1992)。中欧共和国,面积:78 865平方千米。人口:约1 192 000(2013)。首都:布拉格。捷克人约占全国人口的9/10,斯洛伐克人和摩拉维亚人是最大的少数民族。语言:捷克语(官方语言)。宗教:基督教(主要是罗马天主教、新教以及其他基督教)。货币:捷克克朗。内陆国家的地形主要是波希米亚高地,群山环绕波希米亚高原,斯涅日卡山海拔达1 602米。摩拉瓦河谷,俗称摩拉维亚走廊,将波希米亚高地与喀尔巴阡山脉分开。林地为捷克地形特征,全国大部地区为温和的海洋性气候。1990年经济私有化,现大部分以市场为导向。该国是单一制多党制共和国,两院制。国家元首是总统,政府首脑为总理。1918年以前,今捷克共和国的历史在很大程度上是波希米亚史。该年,通过波希米亚和摩拉维亚与斯洛伐克联合,一个独立的捷克斯洛伐克共和国诞生了。第二次世界大战后,捷克斯洛伐克处于苏联的势力之下,1948～1989年由共产党政府统治。1968年逐渐开放的政治形势被苏联入侵打压下来(参阅布拉格之春)。1990年在斯洛伐克人中间出现了分裂主义情绪,于是捷克人与斯洛伐克人于1992年达成协议将其联邦国家解散。1992年12月31日午夜捷克斯洛伐克和平解体,由两个新的国家取代,即捷克共和国及斯洛伐克;摩拉维亚地区仍在捷克境内。1999年加入北大西洋公约组织。2004年加入欧盟。尽管捷克运动员自1900年起就开始代表波希米亚和后来的捷克斯洛伐克参加奥运会,但捷克共和国首次参加奥运会是1996年在美国佐治亚州亚州特兰大举办的夏季奥运会。

捷列什科娃 Tereshkova, Valentina (Vladimirovna) (1937～　) 苏联航天员。作为一名跳伞员,1961年捷列什科娃开始接受航天员训练计划。1963年,她乘坐"东方6号"绕地球飞行48圈,历时71小时,成为进入太空的第一位女性。20世纪90年代初,捷列什科娃离开太空计划,此前她还参与飞行活动并在政府多个部门任职。她曾获苏联英雄称号,并两次获得"列宁勋章"。

解放神学 liberation theology 20世纪后期,拉丁美洲兴起的罗马天主教会内的运动,以帮助贫民,争取政治和社会变革来体现宗教信仰。始于1968年,各地主教参加在哥伦比亚麦德林举行的拉丁美洲主教会议。会议强调贫民的权利,并指出,工业化国家是靠损害第三世界致富的。该运动的核心文献《解放神学》(1971)出自秘鲁司铎G. 古铁雷斯(生于1928年)的手笔。解放神学派有时会受到批评,认为他们在散布马克思主义。梵蒂冈任命比较保守的高级教士,力图遏制解放神学运动的影响。

《解放宣言》 Emancipation Proclamation (1863) 1863年由A. 林肯总统发布的解放美国奴隶的法令。林肯就职之初,一意维持联邦现状,只要不让奴隶制扩张到西部准州即可;但在南方脱离联邦之后,已无任何政治理由再容忍蓄奴制了。1862年9月他呼吁分裂的各州重返联邦怀抱,或放他们的奴隶自由。当没有一个州回头时,1863年1月1日他宣布了这项解放宣言。这条法令在南方邦联没有效力,但却鼓舞了北方人的道德勇气,也打断欧洲各国支持南方的念头。宣言也发挥了准许黑人踊跃参军的实质效应,到1865年为止,为联邦军招募了18万名黑人生力军。1865年12月第十三条宪法修正案的批准正式废除了奴隶制。

解构 deconstruction 文学批评的方法,假定语言仅涉及语言本身,而非字面以外的事实,并认为文本的诠释会具有多重矛盾,这是由于在解释文本时使用了隐喻及哲学意涵的语言而非作者本意。广义上,文本的"意义"非从个别作者的主观中寻得,而在于写作本身的语言设计(例如隐喻和换喻)和结构。20世纪60年代,解构由J. 德里达首倡,后来成为后现代主义的重要部分,特别是在后结构主义和文本分析中。

解经学 exegesis 对宗教经文使用语言学、历史学等方法进行学术性解释。犹太教和基督教将其广泛用于对《圣经》的研究。文字考证是为求得经文的正确性。语言评断是就语法、词汇和文体等方面研究《圣经》的语言,以求译文尽可能忠实。文学鉴定是将不同的《圣经》文本依照其文学类型加以区分,以确定不同《圣经》文本的日期、作者和特定的读者。源流评断是通过分析《圣经》资料的各种来源去发现它们所根据的口头传说,并追溯其逐步发展的情况。形式评断是研究各类叙事文是如何由产生它们的文化形成的。编辑评断是检查编者如何把七零八落的传说最后合成一篇文学作品。历史评断是将各种《圣经》文献放在它们的历史背景中，并对照同时代的文献加以检查。

解经原则 hermeneutics 解释《圣经》的一般原则的学问。主要目的在于揭示《圣经》的真理和价值，《圣经》被视为神的启示录。至今有四种主要的解经原则：校勘文字，主张圣经应根据"直接意义"来注释；阐明道德，谋求建立几条可以推演出伦理教训的原则；探索寓意，认为《圣经》记述中明确提及的那些人、物、事件皆另有所指；渲染神秘，将《圣经》中的事件解释为关系到或预示未来的生命。近来，这个词指的则是文学和哲学方面的"深层"的阐释。

解经准则 middot 犹太教解经学名词，指用于阐释《圣经》用词或经文章节的原则。解经准则常常用于决定在新的情况下该如何解释经文。最早的解经准则由希勒尔在公元前1世纪编纂，其余的则由以实马利·本·以利沙(约公元100年)和E. 本·约斯(约公元150年)拟定。最著名的解经准则有"扩延"(即从小前提推演到大前提)和"比较"(即用类比法进行推理)。

解酸剂 antacid 用于缓解因消化不良、胃炎及各种溃疡造成不适的药物，如碳酸氢钠、氢氧化镁或氢氧化铝等。服用一次剂量之后，解酸剂与胃酸中和的时间可达3小时。解酸剂应在胃酸最有可能增多时服用，也就是饭后1～3小时之间或是睡前服用。

解脱 moksha 又拼moksa。在印度教和耆那教中指最高的精神目标，使个人的灵魂摆脱轮回的束缚。灵魂一旦进入肉体，便将始终陷入轮回的羁绊之中，直到它达到完美或觉悟的境界，才能使自己得到解脱。寻求和达到解脱的方法因学派而异，但大部分学派都认为解脱是人生的最高目标。

解析几何 analytic geometry 依靠坐标系来研究几何对象的几何学分支之一。因为是R. 笛卡儿首先把代数运用到几何上，故亦称笛卡儿几何。其源自这样一个概念——二度空间的任何一点可用两个数来表达，而三度空间的任何一点可用三个数来表达。因为像线、圆、椭圆和球等对象可视为空间里满足某些方程式条件的点所成的集合，可以通过方程式和公式(而不是图形)来探究它们。大部分的解析几何牵涉到圆锥截线，因为圆锥截线是被定义为运用固定距离的概念，出自距离公式的一个普通方程式可表达每个截线。

解罪 absolution 基督教名词，指向悔罪者宣布赦免。这种仪式是基于耶稣终其一生宽恕罪人。在早期教会，神父在那些罪人认罪和公开表现他们的悔意后，赦免他们的罪。中世纪期间，告解变成一种习俗，神父要在私下倾听别人认罪和在私下赦免其罪。天主教认为忏悔是一种圣事，神父有权赦免那些真心悔罪并愿意向上帝自赎的人的罪过。在新教教会里，认罪通常在一个正式的全体祈祷会上进行，会后牧师宣布赦免其罪。

戒酒协会 Alcoholics Anonymous (AA) 酒精中毒患者自愿建立的地区性独立组织，通过聚会分享共同的经验来达到自助下的互助戒酒。成员们在此匿名、彼此信任，认识到酒精中毒是一种疾病，人人可畅所欲言。许多人认为戒酒协会是对付酒精中毒最成功的方法，参加者提高了其他治疗方法的成功机会。它有12个恢复阶段，包括认识问题的严重性、让每个人相信有一种"更大的力量"、自我检查、希望变得更好并帮助他人康复等。1935年由两位嗜酒者发起组织，现在全世界约有200万名会员。其他滥用某种药物者或习惯性赌徒的类似组织也都建立在同样的原则基础上。

戒酒运动 temperance movement 国际社会旨在通过宣传适度饮酒和禁酒达到控制饮酒的运动。19世纪初在美国由教会发起，吸引了许多妇女的努力。到1833年，美国有6 000多个地方戒酒组织。第一个欧洲戒酒组织于1826年成立于爱尔兰。国际戒酒运动1851年开始于纽约州的乌蒂卡，后来传播到澳大利亚、印度、西非和南非以及南美洲。参阅纳辛和禁酒令。

戒日王 Harsa(约590～647?) 又作Harsavardhana。印度北部一个大帝国的统治者(606～647年在位)。在印度教时代皈依佛教。戒日王把现在的北方邦以及旁遮普邦和拉贾斯坦邦的一部分纳入他的统治，但只要求他们进贡和效忠，从未建立一个中央集权帝国。编年史家(包括中国行僧)都把他描写成乐善好施和精力充沛的人。他为贫、病者设立一些福利机构，并首次与中国建立了外交关系(641)。他奖励学术，自己也是个诗人。

芥科 mustard family 十字花科植物，有350属，大部分为草本植物，其叶味辛辣。有几种种子辛辣，成为世界上贸易额最大的香料。其花呈希腊十字形，有四个花瓣，通常为白色、黄色或淡紫色，萼片数则都一样，种子为角果。芥科植物包括多种有重要经济价值的植物，人类广泛加以改变和归化。最重要的芥属植物有芸苔。芜菁、萝卜、芜菁甘蓝以及许多观赏植物也属芥科。作为香料，芥以种子、干粉或芥末糊三种形式出售。

芥属 Brassica 十字花科最大的属。约40种，皆产于旧大陆，包括甘蓝(*B. oleracea*)、芥菜及油菜。甘蓝有许多园艺变种，如花茎甘蓝、球茎甘蓝、卷心菜、花椰菜、羽衣甘蓝及撇蓝等。另有芜菁甘蓝(*B. napobrassica*)、芜菁(*B. rapa*)和白菜[有大白菜(*B. pekinensis*)和小白菜(*B. chinensis*)两种]。

金 King, B. B.(1925～) 原名Riley B.。美国布鲁斯吉他手。生长于密西西比河三角洲，早期受福音音乐影响。一度在孟菲斯担任电台流行音乐唱片节目播音员，当时得一绰号"B. B."("布鲁斯小伙子")。他的第一首畅销曲为《三点钟布鲁斯》(1951)，后有大量作品跟进，包括《每日都有布鲁斯》和《感动已逝》。金以单弦吉他的独特颤动来配合其充满激情的嗓音，这种风格是受到三角洲布鲁斯吉他手和D. 莱因哈特的影响。20世纪60年代后期摇滚乐吉他手受到他的影响，并将金及其吉他手露西儿介绍给白人听众。他是布鲁斯音乐家中最成功的一位。

B. B. 金，摄于1972年
By courtesy of Sidney A. Seidenberg, Inc.

金 King, Martin Luther, Jr.(1929～1968) 原名Michael Luther King, Jr.。美国民权运动领袖。生于亚特兰大，他在神学院念书时便信奉非暴力哲学。1954年被立为浸礼会牧师，成为亚拉巴马州蒙哥马利教堂的本堂牧师。1955年获波士顿大学博士学位。他被选为蒙哥马利改进协会领袖，由于该会的努力，很快地结束了该市在公共运输上的隔离政策。1957年组织南方基督教领袖会议，并发表全国性演说，积极倡导以非暴力来改善黑人的民权。1960年回到亚特兰大，与父亲一起成为埃比尼泽浸礼会教堂本堂牧师。他因反对百货公司餐台的种族隔离政策而被逮捕，并被监禁；这个案子引起全国注意，金在民主党总统候选人J. F. 肯尼迪的调停下获释。1963年参与组织"向华盛顿进军"，这次集会召集了逾200 000名抗议者，在集会上他还发表了名为《我有一个梦想》的演说。这次行动影响到《1964年民权法》的通过，金于1964年获诺贝尔和平奖。因在塞尔马的游行示威中，他屈服于州警，及未能改变芝加哥的住房隔离政策，他在1965年受到民权运动内部的批评。他发誓其关注将扩大到各种族的贫穷及反对越战。1968年他前往田纳西州孟菲斯，支持清洁工的罢工行动；4月4日遭J. E. 雷暗杀身亡。1989～1990年金的博士头衔成为争论焦点，有证据显示他的论文是剽窃来的。为纪念金，美国将1月的第3个星期一定为全国假日。

M. L. 金
Julian Wasser

金 King, Rufus(1755～1827) 美国外交家。为大陆会议代表(1784～1787),在会上要求制定新宪法。后协助构建美国宪法,并促成取得马萨诸塞州的批准。1788年移居纽约州,当选为该州第一批参议员(1789～1796,1813～1825)。他是联邦党人的坚强领袖,在1787年提出一项决议案,引入反奴隶制条款,尔后成为《西北法令》的一部分。1796～1803、1825～1826年出任驻英国大使。

金 King, Stephen (Edwin)(1947～) 美国作家。曾在缅因大学学习,他有许多受欢迎的作品,因而成为畅销作家,这些书熔恐怖、死亡、幻想和科学小说于一炉。《魔女嘉莉》(1974年出版,1976年拍成电影)是他的第一部小说并立即获得成功,接下来有一系列的畅销小说,如《闪灵》(1977年出版,1983年拍成电影)、《宠物坟场》(1983年出版,1989年拍成电影)、《危情十日》(1987年出版,1990年拍成电影)、《11/22/63》(2011)。他的多数的小说都被拍成电视或电影,并被翻译成多种语言。

金 gold 金属化学元素,属过渡元素,化学符号Au,原子序数79。金是一种致密、有光泽、黄色的贵金属。它以相当纯的形式存在于自然界,色泽悦目、耐用、可永久保存、延展性高。数千年来金是精制珠宝饰物和其他装饰品备受青睐的材料。它被用来制作钱币,以对广泛发行的纸币起保证作用,也是可靠的储备资产。金稀少而又广泛地分布于各种火成岩中;自古以来金都是从矿石和矿床发现的(参阅氰化法)。世界的黄金供应一共有3次大变动:1492年C.哥伦布来到新大陆;加利福尼亚州和澳大利亚发现大量黄金(1850～1875)(参阅淘金热);阿拉斯加和育空及南非发现大量黄金(1890～1915)。纯金质软,不耐持续加工,通常用金同铜、银或其他金属制成合金以增大硬度。除用来制造钱币和镶嵌珠宝外,金还用作接线柱、印刷电路,作为反射层,已用于太空组件和大楼的窗上;长期以来,金一直用于镶牙。牙科用的合金约75%是金,外加10%的银。在珠宝方面,金的含量分为24个等级,即24开,12开金合金含金50%,24开金即纯金。金的化合物的化合价是1或3,多数用来电镀和其他装饰程序;可溶性盐氯金酸钠用于治疗类风湿性关节炎。

金本位制 gold standard 通货本位为一固定的黄金量或可按固定价格兑换成黄金的货币制度。1821年英国首先实行金本位制;到19世纪70年代,德国、法国和美国也相继采用金本位制,主要是因为当时在北美新发现黄金,使黄金的供应更加充足。金本位制延续至1914年第一次世界大战爆发时为止。到1928年,又恢复实行金本位制;但由于黄金比较稀少,多数国家采用金汇兑本位制,即这些国家可利用按稳定汇率兑换成黄金的通货(美元和英镑)以补足其中央银行的黄金储备。然而在大萧条期间,金汇兑本位又陷入崩溃,但美国为黄金规定了最低的美元价格,为第二次世界大战后恢复国际金本位制奠定了基础。1971年美国的黄金储备日渐减少,而国际收支中逆差日渐上升,美国不得不在国际支付中暂停按固定汇率将美元自由兑换成黄金。从此,金本位制被完全放弃了。

金边 Phnom Penh 柬埔寨首都及城市,位于萨河(洞里萨河支流)与湄公河的交汇处。建于1434年,为高棉人的首都,曾几次被废弃,1865年重建。现为文化中心,建有许多高等学术机构。当红色高棉于1975年夺取柬埔寨政权后,金边居民全部被强迫撤离,移居乡村。1979年人口开始重新迁入,该市的教育机构开始了一段困难的重建时期,因该国受过教育的阶级几近根绝。该市距海290千米,但仍是湄公河河谷的重要港口。它通过湄公河三角洲的一条运河,经越南的湄公河三角洲连通南海。人口约1 242 992(2008)。

金伯利 Kimberley 南非城市,北开普省首府。1871年在该地区发现金刚石后不久建立,1873～1880年为西格里夸兰首府,后成为开普殖民地的一部分。南非战争中被布尔人包围了4个月(1899～1900)。金伯利有好几座为纪念钻石开采而建立的纪念馆和博物馆。现仍是金刚石开采和切割中心,郊区布满矿坑和土堆,都是采矿作业遗留下来的。现在已不复存在的金伯利矿区(现称金伯利大洞)就在附近。人口约185 000(2005)。

金翅雀 goldfinch 雀科金翅属的几种鸣禽。尾短,有凹口,羽衣较黄,嘴比大部分雀类纤细锐利。成群地在田间和园林中觅杂草籽为食。鸣声高而含糊不清。许多种栖息于欧亚大陆西部和南北美洲,曾被引入澳大利亚和新西兰。一般体长10～14厘米。美洲金翅雀亦称野金丝雀,遍布北美洲,雄鸟浅黄色,头顶、翼、尾均黑色。

金大中 Kim Dae Jung(1925～2009) 韩国政治人物和第一位成为总统的反对派领袖。1954年首次进入政界,反对李承晚的政策,但直到1961年才在政府中占有一席之地。70年代屡遭逮捕,曾因煽动和阴谋罪被判死刑,后被减免到20年监禁。1985年短期流放到美国后又恢复成为政治反对派的领袖。1997年当选韩国总统。2000年获诺贝尔和平奖。2009年因心脏衰竭去世。

金迪 Kindi, al-(?～约870) 全称Yaqub ibn Ishaq al-Sabah al-Kindi。第一位著名的伊斯兰教哲学家。在伊拉克马蒙和穆阿台绥姆两位哈里发手下工作。是希腊哲学家们的第一个阿拉伯学生,他把重要的希腊著作翻译成阿拉伯文,并试图把柏拉图和亚里士多德的观点纳入一个新的体系中。他的一些短篇论文论及新柏拉图主义所提出的一些哲学问题,还写了270多篇有关占星术、印度算术、制剑以及烹饪方面的科学论文。

金雕 golden eagle 鹰科一种深褐色的雕,学名为*Aquila chrysaetos*。特征为有金黄色矛尖状颈羽,眼暗色,嘴灰色,腿生满羽毛,脚粗大、黄色,爪巨大,翅展达2.3米。为墨西哥的国鸟,分布范围自墨西哥中部沿太平洋岸,穿过落基山脉向北至阿拉斯加;少数分布于纽芬兰至北卡罗来纳。也见于北非,但更常见于东方——穿越俄罗斯到中国南部和日本。于陡崖洞穴或孤树上筑巢。金雕在美国得到联邦法令保护。

金雕(*Aquila chrysaetos*)
© Alan and Sandy Carey

金刚石 diamond 俗称钻石。一种由纯碳组成的矿物,是已知天然存在的最硬的物质,也是最有价值的宝石。金刚石是因长时期受巨大的压强和极高的温度而在地下深层形成的。在金刚石的晶体结构中,每个碳原子都与相邻的四个距离相等的碳原子键合在一起。此种紧密结合的、密集的、牢固连接的晶质玻璃结构,使金刚石的性质与石墨(纯碳的另一种形式)大不相同。金刚石的颜色从无色到黑色,而且可能透明、半透明或不透明。用作宝石的金刚石大多数透明无色,或是几乎透明无色。无色或淡蓝色的金刚石价值最高,但大多数宝石级金刚石都略带黄色。由于金刚石极硬,所以具有许多重要的工业用途。大多数工业用金刚石呈灰色或棕色,并且是半透明或不透明的。在宝石的象征意义中,钻石代表坚贞的爱情,是4月的诞生石。

金刚鹦鹉 macaw 鹦鹉科鹦鹉亚科约18种大型热带美洲鸟类的统称。尾巴极长,有镰刀状的大喙。以水果与坚果为食。容易驯养,常被饲养为宠物;有些种类会模仿人类说话,但是大部分只会发出尖锐的叫声。少数寿命可达65岁。最知名的是绯红金刚鹦鹉(*A. macao*,琉璃金刚鹦鹉),从墨西哥到巴西都有,体长约90厘米,身体呈鲜红色,翅膀蓝黄相间,尾巴蓝红相间,面白色。

金龟子 scarab beetle 金龟子科约30 000种甲虫的统称,在世界范围内均可见,甲壳坚硬,身体粗重,呈椭圆形。触角上有3个扁平的片状结构,合起来形似棍子。前脚外部边缘有齿或呈扇形。因种类的不同,体长在5～120毫米之间,包括已知最重的昆虫。蜣螂中有一种神圣金龟在古代埃及被尊为圣物。许多种都是农业害虫(如:鳃角金龟、日本丽金龟和六月甲虫),昆虫收集者对金龟子很感兴趣,因为它们体积较大,颜色漂亮,壳坚硬,前翅闪光。

金合欢 acacia 蝶形花科金合欢属约800种乔木或灌木的通称。原产于热带和亚热带

平展叶金合欢(*Acacia genistifolia*)
© Ralph Aan Daphne Kekker/Australasian Nature Transparencie

地区,特别是澳大利亚和非洲。香金合欢(*A. farnesiana*)原产于美国西南部,常为明显的细微分开的叶子,叶柄在基部会有棘或尖刺。花小,黄花或白花,通常芳香。雄蕊多数,每朵花呈绒毛状。在非洲东部和南部平原,金合欢树是众所周知的地标。有些种有着重要的经济价值,可以生产出阿拉伯胶、单宁等类原料以及有价值的木材。

金鸡纳树属　cinchona　茜草科的一属。约40种,多为乔木,原产于南美安第斯山脉。花小,通常乳白色或玫瑰色。有4种已栽培多年,大部分在爪哇。树皮可提取**奎宁**,用以治疗疟疾、发烧、疼痛,还可提取奎尼丁,主要用以治疗心律不整等疾病。居住在热带地区的欧洲人需要大量奎宁,致使博物学家于19世纪中叶将南美的金鸡纳树属的种子偷带到亚洲的种植园,并加强研究工作,培育出新的高产品种,改进了加工方法。

金橘　kumquat　芸香科或橘科金橘属几种常绿灌木或小乔木的统称,也指其果实。原产亚洲东部,整个亚热带地区都有种植。枝无刺;叶深绿色,有光泽;花白色,似柑橘的花。果实小,鲜亮的橙黄色,圆形或椭圆形,微酸,多汁,果皮多肉,有甜味,可以鲜食或制成果脯、罐头、果酱和果冻等。在美国已培育出与其他橘类水果杂交的品种。

金缕地　Field of Cloth of Gold　1520年6月英王**亨利八世**和法王**弗兰西斯一世**在法国加莱附近会见的地点。在此分别为两位国王打造了两处临时行宫,并准备了骑马比赛和其他的娱乐。虽然会议的排场不小,其政治效果却微乎其微。7月,亨利在加莱附近又会见了法王的劲敌神圣罗马帝国皇帝查理五世,他们达成协议在两年内不再与法国结盟。

金缕梅科　Witch-hazel family　金缕梅目的一科,有23属的乔木或灌木,原产于热带和暖温带。包括6个种的金缕梅属(其中有金缕梅和蜡瓣花)和佛塞木属以开花早及秋叶色美而著名。该科植物单叶互生;花瓣4～5枚,有时无萼片或花瓣。美洲金缕梅(*H. virginiana*)晚秋开花,黄色,花萼杯状,冬季宿存。其分叉的小枝从前用作占卜杖,以寻找地下水,故俗名"巫棒"。其干叶(有时小枝和树皮)可制芬芳的擦剂。明亮的秋叶颜色是艾恩伍德(*P. persica*)的重要特征。其另一属即蕈树属(*Altingia*)有7个种,均产于亚洲,木材质佳。高蕈树(*A. excelsa*)是亚洲热带最大的树木之一,高可逾25米。

金门桥　Golden Gate Bridge　美国旧金山跨越金门海峡的吊桥。自1937年完工后,到1964年纽约市韦拉扎诺海峡桥完工前,其跨度(主跨1 280米)为世界第一,而在景象壮丽方面至今仍是无与伦比。由J. B. 斯特劳斯(1870～1938)主持建造,施工过程中曾遭到不少困难,如汹涌的海潮、频繁的风暴和大雾,以及在深海海底爆破岩石以建造抗地震基础等。

旧金山的金门大桥
George Hall-Woodfin Camp

金牛座　Taurus　天文学中指位于白羊座和双子座之间的星座;占星术中指**黄道带**的第二宫,主宰着4月20日至5月20日之间的命宫。其象征是一头牛,通常代表希腊神话中**宙斯**变身劫持**欧罗巴**的白牛。

金诺克　Kinnock, Neil (Gordon)(1942～　)英国政治人物。1970年被选入议会,在工党中青云直上,1978年进入工党全国执行委员会。1983年工党遭受48年来最惨重的失败后,他当选为工党领袖,是工党历史上最年轻的领袖。1989年金诺克说服工党放弃其在裁军和大规模国有化方面的激进政策。虽然工党在议会里的席位增加了,却在1992年的大选中输给了保守党,金诺克辞去工党领袖职务。

金枪鱼　tuna　鲭科金枪属7种有重要商业价值的食用鱼的统称。品种包括36千克重的**长鳍金枪鱼**到4.3米长,800千克重的蓝鳍金枪鱼(*Thunnus thynnus*)。它们体形细长,呈流线型,尾鳍呈叉状或新月形。它们在鱼类中的独特之处是有一个血管系统,通过调节可将体温保持在水温之上。虽然游动速度很慢,但它们在世界所有的海洋里长距离迁移。它们以鱼类、乌贼、水生贝壳类动物以及浮游生物为食。

金雀花　broom　豆科金雀花属(*Cytisus*)几种灌木和小乔木的统称。原产于欧洲和亚洲西部的温暖地区,花艳丽,其他地区亦引种栽培观赏。复叶,小叶3枚。花黄色、紫色或白色,单生或聚生成小花簇。荚果扁。扫帚金雀花(*C. scoparius*)常见,灌木,近无叶,花鲜黄色,在温暖地区常栽培以保持水土;荚果成熟后裂散种子。百合科的具皮刺假叶树(*Ruscus aculeatus*)英语俗名butcher's broom(屠户扫帚树),花小、花白色;浆果,红色。

金雀花(*Cytisus beanil*)
Valerie Finnis

金雀花王室　Plantagenet, House of　又称House of Anjou(安茹王室)。英格兰王室(1154～1485)曾出现14代国王,其中有6位属幼支兰开斯特王室和**约克王室**。他们是安茹伯爵杰弗里(1151年卒)和英格兰国王亨利一世的女儿玛蒂尔达公主的后代。一些历史学家把安茹王室或**安茹王朝**的名称用于**亨利二世**、理查一世和**约翰**,而将其后继者,包括爱德华一世、爱德华二世和爱德华三世归为金雀花王室的国王。该名称可能是源于杰弗里伯爵的绰号(金雀花种植者),他栽种金雀花丛(拉丁语为genista)以改善其狩猎场地的地面。1485年**玫瑰战争**中金雀花王室最后的国王理查三世被打败。其正统世系至沃里克的爱德华(1499年卒)结束。

金日成　Kim Il-sung(1912～1994)　从1948年直到去世,他一直是朝鲜的共产主义政党领袖。第二次世界大战末期,朝鲜被分割为苏联占领的北半部和美国支持的南半部,金日成帮助建立了一个共产主义的临时政府,并任第一任首相。**朝鲜战争**后金日成采取一套自力更生的哲学(主体思想)。根据这套哲学,朝鲜试图在几乎没有外国帮助的情况下发展自己的经济。对他的无所不在的个人崇拜,使他能够不受挑战地成为朝鲜的统治者达46年之久。

金融市场　money market　以便利短期货币借贷为目的的一整套机构、规章及做法。金融市场因而不同于中长期**信贷**的资本市场。金融市场的货币含义不限于银行券(纸币)而是包括经过短期通知即可变为现金的一系列资产,如政府短期债券和汇票。虽然各国金融市场的具体事宜和运作方式有很大差异,但其基本功能都是让手中有短期资金的人可以出借,而需要短期信贷的人可以借到款项。这一功能通常由谋利的中间人来完成。在多数国家,政府在金融市场中扮演重要角色,既做贷款人又做借款人,并常常利用其地位依照其**货币政策**来影响**货币供应量**和银行利率。美国的金融市场有多种金融工具,从汇票和政府债券到**票据交换所**和存款单的资金。此外,联邦储备系统还直接向银行提供大量的短期信贷。国际金融市场则调节国家之间的货币借出、借入和交换等活动。

金沙萨 Kinshasa 旧称 Léopoldville(利奥波德维尔)。刚果民主共和国首都和最大城市。位于刚果河南岸,1881 年由 H. M. 斯坦利建立,当时称利奥波德维尔。20 世纪 20 年代成为比属刚果的首都。第二次世界大战后发展成非洲撒哈拉以南地区最大的城市,1960 年成为独立的共和国的首都,1966 年改今名。为主要的河港和商业中心,也是金沙萨大学所在地。人口约5 717 000(2005)。

金属 metal 具有高电导率、高热导率以及可塑性、延展性和高反光性的物质。在溶解时可以形成正离子;其氧化物在遇水时并不产生酸而产生氢氧化物。约四分之三的元素属于金属,通常质地很硬,呈晶状(参阅晶体)固体,能产生多种化学反应,并能同别的金属一起制成合金。在元素周期表中,每一直行以及横行从右至左的表格中金属元素的价由低向高呈上升趋势。最常见的金属有铝、铁、钙、钠、钾和镁,绝大多数都存在于矿石中,而不是游离状态。晶体结构金属的内聚性归结于金属的键合。其原子结合紧密,其周边活动的电子遍布在结构中。金属常分为如下几类(但没有严格的区别,有可能出现重复的情况,定义不十分明确):碱金属、碱土金属、过渡元素、贵重金属(稀有金属)、铂金、稀土金属、锕系金属、轻金属和重金属。许多金属元素在营养或其他生物化学中扮演重要的作用,通常以微量元素形式存在。作为元素和化合物,许多金属有毒(参阅汞中毒和铅中毒)。

金属疲劳 metal fatigue 机器、车辆或建筑物的金属部件由于不断施加应力或载荷而引起的强度削弱状态,最后在施加远小于一次断裂所需的应力下即可导致断裂。已研发出抗疲劳的金属,并通过表面处理再提高其性能。在飞机和其他装置中,从设计上避免应力集中,可显著地降低疲劳应力。

金属制品 metalwork 用各种金属制成的用品和装饰品。最古老的技术是锤锻。公元前约 2500 年以后也开始使用浇铸技术,将熔融的金属注入铸模中,然后冷却。现使用各种装饰技巧。从古至今一直有金银制品。12 世纪金银制品的需求量很大,当时的金银匠组成了行会。前哥伦布时期的美洲大陆就已有高品质的金银饰物。古埃及人把铜拿来加工,17 ～ 18 世纪的欧洲也广泛使用铜制家用器具。古希腊人则广泛使用青铜和黄铜。中世纪出现了白蜡盘和白蜡杯,一直流行到 18 世纪才被比较便宜的陶器和瓷器取代。16 世纪以来熟铁已被用来制作装饰链、门和栏杆。屋顶则习惯用铅来覆盖。

金丝雀 canary 又称加那利雀。雀形目翅科受人喜爱的宠物鸟。学名 *Serinus canaria*。色彩鲜艳,啭鸣时间长而且不间断,这是400年来人工选育的结果。在笼中饲养的平均寿命为 10 ～ 15 年,有的能活 20 多年。原产地在加那利群岛、亚速尔群岛和马德拉群岛。野生种类背面有条纹,主要呈绿褐色。

金丝雀(*Serinus canaria*)
Eric Hosking

金丝桃 Saint-John's-wort 金丝桃科 8 属 350 种草本或矮灌木植物的统称。该科植物有时被认为是藤黄科植物。其多数种(约 300 种)属于金丝桃属。叶对生或轮生,有腺点,多全缘。其中几个品种因其花朵美而在温带地区得到培植。贯叶金丝桃是一种在东西半球都能生长的花,其花蕾含红色的油,长期以来被作为神奇有药效的植物。现在,该植物因其可能具有治疗抑郁症的功效而得到广泛利用和研究。

金斯堡 Ginsberg, Allen (Irwin) (1926 ～ 1997) 美国诗人。生于新泽西纽瓦克。父亲是诗人,在哥伦比亚大学求学时认识 J. 凯鲁亚克。他的诗集《嚎叫》(1956)描述了美国社会堕落的现象,是避世运动的重要作品。无论是这部或后来的作品都受到 W. 惠特曼的影响,他赞美精神药物、无拘无束的漫游和同性恋等。《祈祷文》(1961)是一首忏悔诗,诗中哀悼其母的精神失常和自杀。他的文集有《现实三明治》(1963)、《行星新闻》(1968)、《美国的堕落》(1972)和《思想在呼吸》(1978)。金斯堡的一生就是不停地旅行、读诗和参加左翼政治活动。20 世纪 60 和 70 年代成为美国青少年反传统文化中有影响的领袖人物。

金斯敦 Kingston 牙买加首都和主要港口。位于本岛东南海岸,1692 年罗亚尔港毁于地震后建立,不久即成为牙买加的商业中心,1872 年成为政治首都。历史建筑有一座 17 世纪的教堂、一个四周挖有深沟的堡垒以及 18 世纪的司令部。设有西印度群岛大学。人口约584 627(2011)。

金斯敦女王大学 Queen's University at Kingston 加拿大安大略省金斯顿的私立大学。1841 年创立,效仿爱丁堡大学。是一个综合性研究学府,在许多重要学科颁授本科、研究生和专业学位。研究设施有国际关系、劳资关系和自然资源研究中心等。该校有 17 000余名学生。

金寺 Golden Temple 旁遮普语作 Darbar Sahib,又称 Harimandir。印度锡克教的主要谒师所,也是他们最重要的朝圣地,位于旁遮普邦阿姆利则。由古鲁拉姆达斯于 1574 ～ 1581 年兴建,1604 年由古鲁阿尔琼竣工。圣堂四面都开门,表明不分种姓和宗教,凡人都可进入。18 世纪 60 年代毁于入侵的阿富汗人,后又重建。19 世纪初期该寺以大理石为墙,圆顶更包以镀金铜材。周围建筑包括一会议厅、图书馆和博物馆,以及世称阿卡尔寺的神殿。1984 年在和锡克教分离主义者对抗中,政府军队进攻并严重损坏该寺建筑,但后被修复。

金塔纳罗奥 Quintana Roo 墨西哥东南部一州。曾作为政治犯流放地。1974 年设州,包括尤卡坦半岛和坎佩切州的一部分。境内有马雅帝国的重要古迹。沿海多海绵和海龟。主要产品为糖胶树胶(用于制作口香糖)和少量椰干(用于生产椰子油),后者出产在临近科苏梅尔岛的沿海一带(即 1519 年 H. 科尔特斯登陆的地方),这一地带现已成为受欢迎的旅游区。首府为切图马尔。面积 50 212平方千米。人口1 325 578(2010)。

金西 Kinsey, Alfred (Charles) (1894 ～ 1956) 美国动物学家和人类性行为专家。1920 年取得哈佛大学博士学位后,在印第安纳大学教授动物学,1942 年在该校建立性研究所并任所长。他把对人类性行为所作的调查写成《男人的性行为》(1948)和《女人的性行为》(1953)。这些在18 500次个人面谈的基础上写出的报告,揭露了当代的性道德习俗和行为,因而非常受欢迎,但也因为统计取样的不规则而受到批评。

金相学 metallography 研究金属与合金组织结构的学科,特别指采用显微镜和 X 射线衍射技术进行的这类研究。光学与电子显微镜对金属表面和结构的观察可以获得有关结晶的、化学的和力学的构成信息。在电子显微镜下,射在试样上的是电子束而不是光束。透射电子显微镜技术的提高使观察金属薄膜的内部结构成为可能。X 射线的衍射技术用来研究与原子本身组合相关的现象。参阅材料科学。

金星 Venus 太阳系第二大的主要行星。其英文名得自罗马女神维纳斯。在夜晚天空中,除了月球,它是最明亮的天体。它离地球比其他大行星都近,约4 200万千米。距离太阳约 1.08 亿千米的平均距离处,沿近圆轨道绕日公转。以 225 个地球日公转一周,其自转为逆行,花费时间更长,需 243 天。从地球上观察可知金星经历与月球相似的相变,但经历一个相位周期需时 584 日。在地球上只有在日出和日落的时候看到,所以称为晨星和暮星。从大小和质量来看,金星和地球为一对孪生天体。金星完全被一层厚云包围,云中主要含有浓硫酸微滴。其表面重力约为地球的 90%。金星大气的成分,二氧化碳占组成物质的 96% 以上,致使金星大气密度极大;金星的表面温度高达 460℃ 左右,为太阳系中所有行星上温度最高的一个。用雷达绘制的金星地貌图显示出金星表面干燥且多岩,绝大部分是绵延起伏的平原、宽阔的低洼地带和两处洲际规模的高原。金星上也有撞击后的陨石坑、大量的火山岩以及大型的盾状火山。金星内部被认为与地球相似,有一个金属核、一个厚厚的岩石“幔”、一个薄的岩石“壳”。与地球不同，金星几乎没有内在磁场。

“金星”号探测器 Venera 俄罗斯于1965～1983年送往金星的16个无人驾驶的行星探测器系列。1966年“金星”2号飞到离金星40 000千米处；“金星”3号坠落在金星表面，成为第一个击中其他行星的宇宙飞船。后来的探测器分析了金星的大气，在金星上软着陆检测，长寿命的放射性同位素（主要是铀和钍），发回第一批金星表面的近景照片，还用雷达绘制南半球表面。

金银纯度印记 hallmark 打在金银件上，表明其纯度符合法定标准的符号或符号组。大不列颠从1300年开始便采用金银纯度印记；金或银要通过纯度试验和打上国王标记后才得以出售。1363年制作者标记被作为金银纯度的印记；开始时，用一条鱼、一把钥匙作为纹章的图案，后来制作者逐渐习惯于采用自己的名和姓的第一个字母或同图案一起使用。hallmark一词是由伦敦的金匠工所打上去的。在美国，起初并不要求在金银对象上打纯度印记。18世纪末到19世纪初，纽约市、波士顿、巴尔的摩和其他一些地方建立了地方性规定；出现了制作者的印记和在银件上打英文coin或sterling字样。1906年此种英文字样成为联邦法规规定。金件的印记也和银件一样，也按联邦法规行事。

金泳三 Kim Young Sam（1927～ ） 韩国温和的反对党领袖，在他的统一民主党与执政党合并后成为总统（1993～1998）。1954年首次选入韩国国会，直到1979年被朴正熙总统驱逐出国会，这一行动激起了骚乱和示威，并导致朴正熙被暗杀。1980年全斗焕以军事力量接管政府，金泳三被软禁到1983年。1990年他把他的统一民主党与执政的民主正义党合并，促使他在1992年登上了总统宝座。他实行改革以结束政治腐败。执政时期是韩国繁荣向上的时期之一，直到1997年韩国卷入了亚洲经济危机。

金鱼 goldfish 盆养及池养的观赏鲤科鱼类。原产于东亚，但已引入许多其他地区。在中国，至少早在宋朝（960～1279）即已家养。野生状态下，体绿褐或灰色，变异甚多，

金鱼（*Carassius auratus*）
W. S. Pitt-Eric Hosking

有多种颜色。几个世纪以来，人们选择和培育不正常的个体，已经育成125个以上的金鱼品种，包括常见的具三叶拂尾的纱翅、戴绒帽的狮子头以及眼睛突出且向上的望天。杂食性，以植物及小动物为食，在饲养条件下也吃小型甲壳动物和其他食物。在美国东部很多地区，已经野化复原本来的颜色。

金元外交 Dollar Diplomacy 美国总统W. H. 塔夫脱所创的外交政策，以确保一个区域的金融稳定，使该区域的美国商业和金融利益获得保护和扩充。此政策源自T. 罗斯福总统对多米尼加共和国的和平干涉，即美国贷款给该国政府，交换条件是美国对该国海关（该国税收主要来源）署长有选择权。塔夫脱的国务卿P. 诺克斯也曾对中美洲（1909）和中国（1910）使用这个政策。1913年，W. 威尔逊总统公开否定金元外交。金元外交已成了为经济目的操纵外交事务的贬义代称。

津巴布韦 Zimbabwe 全称Republic of Zimbabwe（津巴布韦共和国），旧称Rhodesia（罗得西亚）。非洲南部的内陆国家。面积：390 757平方千米。人口：约11 523 000（2009）。首都：哈拉雷。绍纳人约占总人口的2/3以上，剩下的大部分是恩德贝勒人、切瓦人和欧洲人后裔。语言：英语（官方语言），但绍纳人和恩德贝勒人的班图语使用更为广泛。宗教：基督教（新教、罗马天主教以及其他基督教）和传统宗教。货币：津巴布韦元。津巴布韦的主要地形特征是从西南到东北贯穿全境的宽阔山脊，中央部分隆起，海拔为1 200～1 500米。赞比西河形成津巴布韦的西北部边界，包括维多利亚瀑布。1959年在赞比西河上筑起卡里巴大坝，形成卡里巴湖，面积约5 200平方千米。东南部有林波波河及萨韦河。农产品、饲养牲畜及采矿（包括金矿）在经济上占有重要地位。津巴布韦目前的政府是过渡型的联合体制，为多党制共和国，两院制。总统为国家元首暨政府首脑，总理及内阁辅政。境内曾发现50万年前石器时代的文化遗存。公元5～10世纪期间，第一批操班图语的民族来到此地，将桑人居民赶到沙漠地区。约1830年讲班图语的民族第二次迁移。在此期间，英国人和阿非利堪人从南部迁到此地。1889～1923年英国南非公司治理该地区。1911～1964年称南罗得西亚。1923年成为自治的英国殖民地。1953年该殖民地联合尼亚萨兰（马拉维）和北罗得西亚（赞比亚）组成中非罗得西亚和尼亚萨兰联邦。1963年联邦解散，南罗得西亚恢复其以前的殖民地地位。1965年单方面宣布脱离英国独立，但英国政府不予承认，并以经济制裁进行报复。1970年宣布为共和国，自称罗得西亚（1964～1979）。1979年由占多数的党派执政，并更改国名为津巴布韦罗得西亚。1980年英国同意其独立，再次更名为津巴布韦。1990年建立多党制。20世纪90年代，经济开始下滑。21世纪这种状况急剧加速。2008年执政党和反对派之间长期积蓄的紧张关系，导致了一场激烈的总统选举大战，由此引发了拖延已久的政治危机，国家经济问题恶化，卫生及福利情况也变糟。2008年9月，政党达成一项权力分享协议，此协议于2009年2月生效。津巴布韦于1928年（代表罗得西亚）首次参加在阿姆斯特丹举办的夏季奥运会。

津巴布韦遗迹 Zimbabwe 又称Great Zimbabwe（大津巴布韦）。南非大片的石头建筑废墟，位于津巴布韦尼扬达东南，这里是非洲南部众多同类废墟中最大的一片，占地24公顷以上。废墟包括建在山顶的一个要塞和用独块巨石建成的几面墙。其最古老的部分建于8世纪，但该地在此之前约600年就已有人居住。曾是卡兰加人统治的内陆帝国中心，卡兰加人在印度洋沿岸进行贸易，繁荣于11～15世纪。遗迹于1867年再次被发现吸引了许多考古学家的兴趣。一处面积较小，时代较近的建筑群遗址（小津巴布韦）距该地约13千米。

津轻海峡 Tsugaru Strait 太平洋西北部海峡。从日本海延伸出来，直到本州岛和北海道之间的公海。宽24～40千米。该海峡的海底隧道将青森和函馆连接。于1988年竣工，是世界上最长的海底隧道，总长53.8千米，其中23.3千米位于海底。

进步联盟 Alliance for Progress 由美国和22个拉丁美洲国家于1961年签订的国际性经济发展计划，主要目的是加强民主政府的力量和促进拉丁美洲的社会和经济改革。在这个计划中，由美国和国际金融机构提供贷款和援助，建立了一批学校和医院，但多数人认为计划没有成功。土地改革未能实现，人口增长速度较社会保健福利事业的兴建速度快。美国宁可支持军事独裁者以免共产主义扎根，撒下了不信任的种子，也破坏了联盟想要促成的改革。

进化 evolution 生物学理论，现代生物学的基本原则之一。认为各种类型的动物和植物都来自先于它们存在的其他类型，这些明显的差异是在连续的世代中不断发生改变的结果。1858年C. 达尔文和A. R. 华莱士共同发表有关进化的论文。1859年，达尔文发表了他最主要的论著《物种起源》，从而使以后的生物学研究发生革命性的变化。达尔文进化论的核心就是自然选择机制。存活下来的个体可能具有一些能使它们活得更久并能生殖后代的微小变化，它们会将这些优点传递给以后的世代。1937年T. 多布赞斯基将孟德尔遗传学应用于达尔文学说，指出自然选择不断作用于生物整个种群中的微小遗传变异，这些作用的累积就是进化。化石纪录给进化提供了部分证据，证明生物的形态在不断地变化，导向今日所知生物体的形态。现存类型之间结构上的相似以及不同物种胚胎发育的相似也表明它们有共同的祖先。分子生物学（尤其是对基因和蛋白质的研究）为进化改变提供了更详细的证据。虽然进化论已被科学界绝大部分人所接受，但从达尔文时代至今，进化论一直引起相当的争论。大部分反对来自神学家和思想家，他们认为这个理论与圣经里对人类出现的解释是相背离的（参阅创造论）。参阅人类进化和种系发生史。

进行曲 march 节拍上有强烈重音的偶数节拍的乐曲形式，用以方便行军。欧洲进行曲的发展可能由14～16世纪奥斯曼人的

入侵促成。直至16世纪末，进行曲才有记谱；在那之前，只由打击乐器来合节拍，且常伴随着即兴的横笛装饰音。铜管乐器的全面发展（特别是在19世纪）使进行曲广为传播，并被精心谱写成管弦乐曲。W. A. 莫扎特、L. van 贝多芬、J. 施特劳斯（小）和G. 马勒等作曲家都写过进行曲。他们通常将进行曲融入歌剧、奏鸣曲或交响乐中。后来深受欢迎的J. P. 苏泽乐队进行曲是无出其右者。

近松门左卫门 Chikamatsu Monzaemon（1653～1725） 原名 Sugimori Nobumori（杉森信盛）。日本剧作家。出身于武士家庭，但他父亲显然放弃了武士的封建勤务举家迁往京都，在京都，近松依属于宫廷贵族。一般认为他写有100多部剧本，分为历史传奇文学和社会悲剧两大类。其中大部分是为净琉璃（文乐木偶戏）所写，近松把它提高到了艺术的层次。他最受欢迎的作品是《国姓爷合战》（1715），这是根据郑成功生平所写的历史传奇剧。另一部著名作品是《天网岛情死》（1720）。他被公认为日本最伟大的剧作家。

近卫文麿 Konoe Fumimaro（1891～1945） 日本政治领袖和首相（1937～1939，1940～1941），力图限制军方的势力，不使日本与中国的战争扩大为世界性的冲突，但没有成功。1941年与苏联签订互不侵犯条约，并参加了美国参与调解的谈判，试图解决与中国的冲突问题。同年稍晚，由于与东条英机政见不合而辞职。战争中被迫离开政治中心；后在东久迩稔彦内阁中任副国务大臣。在接到战犯嫌疑逮捕令后，自杀身亡。

浸礼宗信徒 Baptist 基督教新教内的一派，认为只有信道之成年人才可受洗，而且必须是全身浸在水中。17世纪在英格兰出现两支浸礼派信徒：普救派认为救恩普及一切人；特选派则认为救恩只给特选的人们。美国浸礼宗的起源可追溯到R. 威廉斯，他于1639年在罗得岛普罗维登斯创立浸礼会。18世纪中叶的大觉醒运动促进了美国浸礼宗信徒的壮大。1814年的全国大会暴露出美国浸礼宗信徒间在蓄奴问题上的分歧；1845年南方浸礼联会成立，于是正式分裂，而1907年北方（美国）浸礼联会成立，使分裂成为确定的事实。黑人浸礼会教堂和教牧人员，尤其是M. L. 金的出色工作，在20世纪60年代的民权运动中发挥了领导作用。浸礼宗强调地方组织在信仰和教会活动中的权威。浸礼宗礼拜仪式的特点是即席祈祷和唱诗以及在布道中讲解经文。

禁忌 taboo 因畏惧超自然力量的直接伤害而禁止触摸某些物体、说或做某些事情。该词源于波利尼西亚语，最早是由J. 库克船长于1771年到汤加时首次注意到，而实际上禁忌在所有文化中都存在。禁忌可包括：禁止在某个季节捕鱼或狩猎；禁止吃某些食物；禁止与社会中其他阶级成员接触；禁止接触尸体和禁止经期妇女进行某些活动等。尽管有的禁忌可以追溯出有碍健康与安全的依据，但对绝大多数其他禁忌却没有一个普遍接受的解释，不过大体上都同意禁忌多与对维持社会秩序至关重要的事物相关。

禁酒令 Prohibition 禁止酒精饮料的酿制、销售或运输的法律。在美国，禁酒令运动在19世纪20年代起源于宗教信仰的复兴。缅因州在1846年通过了第一个禁酒令，引起了一阵类似的州法令的改革。1893年反沙龙联盟成立后，刺激了全美国禁酒令的实施。当33个州都实行禁酒令后，1920年美国宪法第18次修订案生效。禁酒令在美国各地受到不同程度的欢迎和相应的执行。在都市区，私酒生意导致有组织犯罪，并出现了A. 卡彭之流的歹徒。部分是因为犯罪率上升，其支持者于是开始觉醒。1933年第21次修正案取代了第18次修正案，到1966年，美国所有的州都废弃了禁酒令。

禁卫军 Praetorian Guard 拉丁语作 cohors praetoria。罗马皇帝的御林军。始于公元前2世纪，当时罗马将军的贴身护卫，后得名于将军的帐篷。在内战期间，军事首领们都有自己的贴身护卫，但在公元前27年奥古斯丁创立了一支永久性兵团以保护皇帝，并将其成员驻扎在罗马。公元23年塞扬努斯任指挥官时，他们获得了政治影响力，此后在任命皇帝时往往是一支重要的力量。他们对克劳狄就任皇帝（41），68～69年间的混乱，将暗杀图密善的凶手凌迟处死（97），以及埃拉加巴卢斯的谋杀案（222）都负有责任。312年君士坦丁一世解散了禁卫军。

禁运 embargo 指扣留商船或其他财物，阻止它们前往外国领土。国内的禁运是在本国港口扣留本国船只，对敌方的禁运是扣留外国的船只或财物。禁运一词也指依法禁止商业往来。当国际组织采用禁运为政治手段时，禁运要发挥效力就需靠各成员国以及非成员国的通力合作。自1960年以来，美国以贸易禁运政策来对付古巴，但并未拖垮其政府。1974年各阿拉伯石油生产国对西方工业化国家实行石油禁运，企图迫使西方国家改变对以色列的政策，结果同样失败。

禁止发言规则 gag rule 美国国会为限制讨论问题而想出的方法，尤其是指1836～1840年间由众议院通过的一系列决议，以达到不讨论奴隶问题请愿书的目的。赞成奴隶制的国会议员用禁止发言规则来拖延讨论这些由美国反奴隶制协会发动的反奴请愿书。1844年由于J. Q. 亚当斯和其他议员的努力，废除了这项规定。

《禁止核试验条约》 Nuclear Test-Ban Treaty 全称 Treaty Banning Nuclear Weapons Tests in the Atmosphere, in Outer Space and Under Water（《禁止在大气层、外层空间和水下试验核武器条约》）。禁止地下试爆外的任何核武器试爆条约。美国与苏联间的禁试磋商始于20世纪40～50年代对高空核试爆所产生的大气辐射微尘威胁受到关注之后，但在古巴导弹危机发生前进展缓慢。1963年美、英、苏三国签订《禁止核试验条约》，其后数月间有100余个国家签署了条约。1996年该条约由《全面禁止核试验条约》取代，需由拥有核电厂的44个国家全部签署后才有效。印度以该条约缺乏解除武装的条文和允许非爆炸性试验为由当场拒绝签署。参阅《防止核扩散条约》。

茎 cane 中空或多髓的节茎（如芦苇的茎），通常细长而具有弹性。也指各种细长的木质茎，尤其是开花或结果的长茎（如玫瑰的茎），通常直接从地面长出。该词也用来统称各种长得很高的木质禾草类或芦苇，包括青篱竹属（参阅竹）质粗的禾草、甘蔗和高粱。

京都 Kyōto 日本本州岛中西部城市。位于大阪的东北方。京都与神户同属一个主要的工业区。是日本文化和日本佛教的主要中心。曾为日本国都及皇室住地千余年（794～1868）。京都市内有表演能剧和歌舞伎的剧院，还是一个制造中心，有许多小作坊生产纺织品和陶瓷制品，旅游业也很重要。佛寺、神道教寺庙和其他历史建筑遍布城内和郊区，其中有17处于1994年被联合国教科文组织列为世界遗产。京郊也是工业区的一部分，还是制造业中心。教育机构包括京都大学（1897）和同志社大学（1875）。人口约1 386 312（2003）。

经 sutra 巴利语作 sutta。印度教中简短的格言式著作；佛教中指详细的释义作品，是上座部和大乘佛教经籍的基本形式。由于早期的印度哲学家不研究书面文章，后来的哲学家又经常鄙视他们，因此有必要出现一种便于记忆的简短的解释性著作，经便应运而生。最早的经仅记载宗教礼仪程序，但是其用途传播开来，后来几乎所有的印度哲学体系都有自己的经。参阅《大方广佛华严经》、《妙法莲花经》和三藏。

经籍 scripture 宗教圣书，在世界文献中占很大一部分。经籍在体裁、卷册多少、成书年代和神圣程度上差异很大。经籍大多先是口传，一代代地靠背诵下传，后来才书写成文。在一些宗教中，尤其是伊斯兰教、印度教和佛教，仍然强调朗诵经籍的意义。希伯来圣经（《旧约》）是犹太教的经籍，《圣经》（《旧约全书》及《新约》）是基督教的经籍，《古兰经》是伊斯兰教的经籍。印度教的经籍包括吠陀和奥义书。参阅《阿底·格兰特》、《波斯古经》、《摩门经》、经和三藏。

经济发展 economic development 指收入低下的、单一的国民经济转变成现代工业经济的过程。经济发展理论——依赖农业或资源挖掘的贫穷国家如何得以演变成为多种经济的富裕国家——对于发展中国家是至关重要的。典型的经济发展项目是投入大量的资金于基础设施（道路、灌溉等）、工业、教育和金融机构。近年来，人们认识到建立资本密集型工业部门，只能提供有限的就业机会，并会扰乱经济的其他方面，从而转向以利用发展中国家特有资源及先天优势为目的的小规模经济发展计划，避免扰乱其社会和经济结构。

经济互助委员会 Council for Mutual Economic Assistance 又称Comecon。1949年建立，旨在促进和协调苏联集团各国的经济发展。其创始国有苏联、保加利亚、捷克斯洛伐克、匈牙利、波兰和罗马尼亚。后来又有阿尔巴尼亚（1949）和德意志民主共和国（1950）参加。其成就包括东欧铁路网、国际经济合作银行的创建和"友谊"油管的建设。在20世纪80年代后期的东欧剧变后，该组织在很大程度上失去了其原有的目标和权力。1991年改名为国际经济合作组织。

经济恐慌 panic 经济学名词，指继市场崩溃后随之发生的大批银行倒闭、股票狂热投机的金融大混乱，或是经济危机所引起的或是预感危机到来的恐慌情绪。"恐慌"一词仅指金融市场初始的强烈骚动的阶段，并不延伸到经济周期（参阅萧条和经济衰退）中整个下降时期。19世纪以前，经济起伏主要是与货物短缺、市场扩大和投机有关（参阅南海泡沫）。在19世纪和20世纪工业化社会恐慌已反映出发达经济日益增长的复杂性及其不稳定性的变化特点。1857年美国的经济恐慌是由于铁路部门不支付其到期债券以及铁路证券下跌而引起的。此次金融恐慌后果严重，它不仅导致多家银行倒闭，美国失业人数急遽增加，还给欧洲的金融市场带来恐慌。1873年的恐慌，起源于维也纳和纽约的金融危机，它代表着全世界经济长期紧缩的开端。最严重的一次经济恐慌始于1929年美国的股市崩盘。参阅大萧条。

经济衰退 recession 经济周期中的下滑趋势，特征是生产和就业的下降，反过来又影响家庭收入和消费的减少。即使不是所有的家庭和企业的实际收入都减少，但他们对将来的前景不太肯定，因而延迟购买大宗商品或延迟投资。消费者减少家庭耐用品的购买，企业则很可能减少添置机器设备，并更可能尽量卖掉现有的库存而不是增加库存。这种需求的降低导致产量的相对减少，从而使经济状况进一步恶化。经济衰退是否会发展到严重和持续的经济萧条，要取决于许多情况。其中包括前期繁荣阶段中信贷的范围和性质，允许的投机总量，政府为挽回经济下降趋势所实行的货币和财政政策的能力以及现存的过剩生产能力的总量等。参阅经济恐慌。

经济学 economics 分析和阐述对于稀缺生产资源所做抉择的各种后果的社会科学。经济学研究的是个人和社会如何利用这些资源：生产什么商品和服务，如何生产及如何将其在社会成员间进行分配。经济学通常分为宏观经济学和微观经济学两大类。宏观经济学侧重于经济增长率、通货膨胀率及失业率等方面的研究。针对不同的经济活动领域提出的问题有不同的经济学分类学科，包括：农业经济学、经济发展、经济史、环境经济学、工业组织、国际贸易、劳动经济学、货币供应量和银行业务、公共财政、城市经济学以及福利经济学等。数理经济学及计量经济学的专家提供了所有经济学家得以利用的工具。经济学的研究范围与其他学科交叉的情况经常发生，如历史、数学、政治学及社会学。

《经济学家》 Economist, The 伦敦出版的新闻与舆论周刊。1843年创刊，被公认为同类刊物中国际信誉最卓著者之一。内容涵盖甚广，有一般性新闻，也有专门针对与世界经济紧密相连的国际政治动态方面的报道。该周刊主张自由市场乃是管理经济及政府的最好方法。其北美洲的读者约占全部读者的一半。

经济制度 economic system 一个社会决定并组织经济资源占有与分配的一套原则和方法。在通称为自由企业体系的极端情况下，全部资源尽为私有。这个依循A.斯密的体系乃是基于当社会所有成员都能去追求自身合理利益时，社会共同利益就会达到最大化的信念。在通称为纯粹共产主义体系的另一个极端，全部资源皆为公有。这个依循K.马克思和V.I.列宁的体系则是基于以下的信念：欲使财富不均得到最小化，并达到人们公认的其他社会目标，需要生产工具公有化，并由政府控制经济的每个方面。没有一个国家实行任何一种极端的经济制度。当国家从资本主义历经社会主义走向共产主义时，会有更多的生产资源成为公有，也更加依赖经济计划。一种更像是政治制度而非经济制度的法西斯主义是一种混合产物，私有资源被合并为辛迪加而由中央计划国家支配。

经济周期 business cycle 经济活动比率（按就业、价格和生产的水平计量）周期性的波动。经济学家们长期以来就争论为什么周期性的经济繁荣过后就会有以股市崩盘、银行倒闭、公司和个人破产以及严重失业为特征的有规律的经济危机。有人提出每8～10年为一个周期。N.康德拉捷夫等人则主张更长的周期。除了偶然的冲击（战争、灾害、技术变化等）之外，投资和消费是影响经济活动水平的主要因素。增加投资，譬如建造工厂，除原有开支本身之外还要创造其他的收入，因为建厂的工人们有工资可花了。相反地，消费需求增加了，为了满足需求最终还得建造新的工厂。最终，生产能力达到顶峰，这时候很少自由资本，没有新的需求，因此既没有新投资的必要，又没有新投资的来源。然后，程序又颠倒过来，结果产生了收缩。农业市场的自然波动，模仿"带头人"的心态等心理因素和货币供应（现金和银行信贷）的变化是投资或消费方面造成这些变化的起因。自第二次世界大战以来，政府货币供应的政策的目的是调节经济周期，在经济呆滞时期起刺激作用，在经济扩张时期起抑制作用，以防止过度通货膨胀和萧条。

经前综合征 premenstrual syndrome (PMS) 有40%的女性在月经来潮前显现的各种症状，其中有10%的女性症状可能比较严重。其生理反应包括头痛、痉挛、胀感、便秘或腹泻。情绪上的表现有暴躁、昏睡、易生敌意、惶惑和沮丧。有关病因的理论一般集中在荷尔蒙分泌、营养和压力（这是影响症候严重度的因素）。根据不同症状，治疗方法可以包括运动、避免身心的压力、营养疗法或药物疗法。在饮食上要限制钠盐的摄取，多吃高蛋白、低糖类食物，避免黄碱（包括咖啡因）。增加钙的摄入量近期被证实可以防止或减少痛性痉挛，最好用伊布普洛芬来治疗。

经文歌 motet 用拉丁语唱的宗教合唱曲，一般只有一个乐章。源于13世纪，原本为无词的无伴奏宗教歌曲的复调音乐开始配上歌词（法语为mots）。由奥加农一部分的复调装饰乐克劳苏拉直接发展而来，但很快分开成单独的乐曲，同时却还保留圣咏歌词无意义的片断，高音部分则保留有旋律。前半部分通常是圣诗或世俗诗甚至是反教会诗令人困惑的结合，表明其通常是在宫廷或宗教场所演奏的。经文歌是13世纪最重要的音乐类型，也是发展复调音乐的基本工具。文艺复兴时期的圣经文歌（现在只有单段歌词），由若斯坎·德普雷、O. de拉索和W.伯德等作曲家创作，但是经文歌在教堂演奏的频率至今无从知晓。17～18世纪，J.-B.吕里、M.-A.夏庞蒂埃、H.许茨和J.S.巴赫等人都曾创作过经文歌。约1750年后这种音乐类型逐渐衰退，其显著的特点也变得冗长松散。

经验主义 Empiricism 由两个密切相关的哲学学说组成，一个是概念（concept），另一个是信念（belief）。有关概念（如万有引力）的学说是：若涉及使用者本身已有或可能有过的经验（如重量、无支撑物体掉落），概念即能被理解。有关信念（如万有引力使空间弯曲）的学说是：归根到底必定由经验来检证（如通过太阳附近的光线表现为偏离直线途径）。两个学说彼此不相包含。几名经验主义者承认有先验命题，但否认有先验概念。另外，少数（如果有的话）经验主义者认为在主张先验概念存在时，就已否认先验命题的存在。J.洛克、G.贝克莱、D.休姆是经验主义的典型代表人物。参阅F.培根。

经院哲学 Scholasticism 始于11世纪的神学和哲学运动，寻求将世俗对古代世界的理解（以亚里士多德为代表）同基督教启示的暗含教义结合。经院哲学的目标是对学术的综合，其中神学处于知识的突出地位。早期经院哲学的主要人物有P.阿伯拉尔、圣安塞姆（坎特伯雷的）、大阿尔伯图斯和R.培根。该运动在13世纪因对圣托马斯·阿奎那的作品和教义的学习而繁盛起来。到14世纪，经院哲学开始衰落，但已为后来的许多复兴和改革奠定了基础，尤其是教皇利奥十三世（1879）领导的对中世纪经院哲学家见解的现代化。受经院哲学影响的现代哲学家包括J.马利丹和É.吉尔松（1884～1978）。

菁英学校 grande école 法国几所特别优异的专业学院之统称。综合工科学校成立于1794年，当时的目的是替军队招募并训练工程师。高等师范学院主要是用来培育大学与高级中学的师资。行政管理师范学院则是培训最高阶层的公职人员。享誉全球的法兰西学院（1530年成立）是一个研究机构，由杰出学者在此举办讲座；该机构并不颁授学位或证书。菁英学校还包括其他一些专攻社会科学、建筑以及美术等领域的高等研究机构。

晶体 crystal 原子组元按一定图形排成的固体材料，其表面的规则性反映出晶体内部的对称性。晶体由无数个原子的结构单元（称为晶胞）组成，每个晶胞都含有该物质的所有原子、分子或离子，含有量与其化学式中含量相同。这些晶胞在所有方向重复排列，形成几何图形，而这种几何图形又以晶体的外表平面（称为晶面）的数目和取向显示出来。晶体的一个基本性质是对称性，所有晶体都根据其主要的对称元素分类。有7个基本晶系：立方晶系、三角晶系、六角晶系、四方晶系、正交晶系、单斜晶系和三斜晶系。晶体一般在液体凝固时或溶液过饱和时形成，这时过饱和溶液沉淀。许多金属、合金、矿物以及半导体都是晶体结构，至少在显微镜下是如此。不呈晶体状的固体是“非晶的”。在某些极特殊的情况下，一单晶结构能长大到可以看到，例如天然宝石和某些人工晶体。晶体不总是完整的，缺陷影响材料的电学行为，可使之弱化或强化。参阅液晶。

晶体管 transistor 用于放大、控制和发生电信号的固态半导体器件，由J.巴丁、W.H.布拉顿和W.B.肖克莱于1947年在贝尔实验室发明。晶体管在许多用途上已取代了真空管。晶体管由不同的半导体层构成，这些半导体是将某些杂质（如砷和硼）加到纯硅中制成。这些杂质会影响电流通过硅材料时的运动方式。由于晶体管尺寸小，电源要求低，产生热量少，成本适中，可靠性高，运行速度快，所以在电子学的发展中起了关键性作用。在20世纪60年代和70年代，分立的晶体管被集成电路所取代。在现代计算机的一个芯片里可以包含数十亿个晶体管。如今的晶体管，几乎可以在每一类电子设备中执行许多不同的功能。

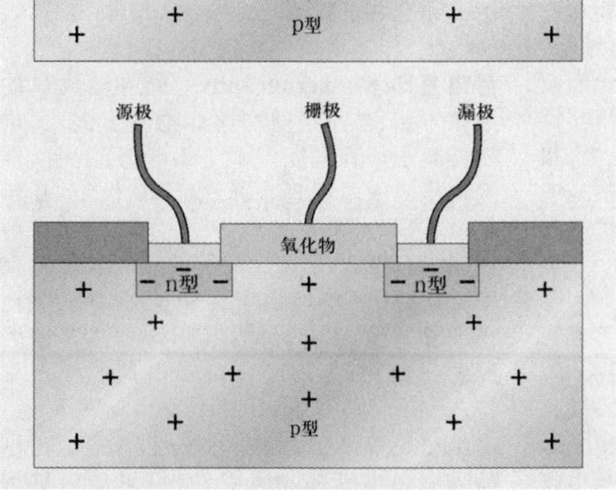

晶体管是用不相似的半导体材料层组成的，在半导体材料上装有三个电极。由于p-n结上产生的独特的电特性，使得改变加在第三个电极上的电压，就可以像开关一样接通或切断另两个电极之间的电流。在金属氧化物半导体场效应晶体管中，在源极和漏极之间流通的电流，受到栅极电流的调控。两边n型半导体区域中都含有过剩的电子，但是这两个n型区域被一个p型区域彼此隔开。p型区域中含有过剩的正电荷，称为“空穴”。例如在栅极上加上正电压，下方p型材料中的电子就会被吸引到氧化物敷层的下方，这样就在源极和漏极之间形成一个负电荷的通道。如果在漏极上再加上一个正电压，就会有一个电子流在器件中流通，这时晶体管就导通。假如把栅极上的电压去掉，电子通道就消失，这时晶体管就关闭。

精诚兄弟会 Ikhwan al-Safa 阿拉伯秘密兄弟会。10世纪时创立于伊拉克的巴士拉。该团体的信仰与正统的伊斯兰教截然不同，它结合了新柏拉图主义、诺斯替教、占星术和神秘学。该团体还以出版一部哲学和宗教百科全书《精诚兄弟会论文集》而闻名，旨在启发灵魂净化并在死后得到幸福。

精炼法 finery process 早期将铸铁炼成熟铁的方法，在高炉普及之后取代了吹炼法。将铸铁件置于精炼炉上，木炭在充足的空气供应下燃烧，铁里面的碳因为氧化而被去除，留下可塑的半固体铁。从15世纪以来，这种二阶段精炼作业逐渐取代了可塑性铁的直接制作。搅炼法后来取代了该方法。

精灵 fairy 指民间传说中一种超自然的具有奇异魔力的存在物，常常干预人间的事务。有些被说成是身形与人相同，也有些则是只有几英寸高的“小人”。这个词在欧洲中世纪首度使用，精灵的传说在爱尔兰、康沃尔、威尔士和苏格兰特别盛行。虽然在现代儿童故事中精灵通常是慈善的，但过去的精灵法力无边，有时则是危险的，他们通常随兴所至，可能对人友善、恶作剧或残酷。人们通常把精灵设想得很美丽，寿命比人类还长，没有灵魂。他们常常把儿童偷换走而留下一个丑婴儿。他们有时也把所爱的人带到精灵的世界去，但人进入精灵世界是危险的，如果在那里吃喝，就不能重返人世。参阅矮妖。

精神病 psychosis 严重精神错乱，特征为感觉缺失或脱离现实。精神病主要为精神分裂症和妄想障碍（例如夸大狂），但抑郁症和两极性精神病的严重病例、物质诱发的谵妄和某些种类的痴呆，现在已知也与精神病有共同的重要特征。除了妄想和幻觉外，其主要症状有说话与行为紊乱，经常有情绪上的侵扰。治疗方法通常由药物和有系统的咨询组成。

精神病学 psychiatry 与精神疾病有关的医学分支。18世纪之前，精神健康问题一直被看作是恶魔附身的形式，后来才逐渐地被视作需要治疗的疾病。19世纪对精神病的研究、分类和治疗有了进展。S.弗洛伊德的心理分析理论很多年来一直据主导地位，后来在20世纪中期受到行为认知疗法和人文主义心理学的挑战。精神病医师持有医学博士学位，除了进行精神疗法外，还能够开药和进行其他医学治疗。精神病医师经常是心理健康团队的一员，该团队还包括临床的心理学家和社会工作者。

精神错乱 insanity 刑法上，指疾病、缺陷或大脑状况使一个人无法理解犯罪行为的性质或者这种行为是错误的这一事实。对精神错乱的检查并不是想要做出医学诊断，而是要将此项检查作为裁定这个人是否应该为他（她）的行为负刑事责任的依据。英美法律中关于精神错乱的沿用最久的定义，是由A.科伯恩于1843年提出的。美国许多州和一些法院现在采用美国法学会的标准刑法典提出的检查方法，根据此方法被告必须缺少“足够的能力，无法意识到其行为有罪或者不能使其行为符合法律的要求”。美国有些州已废除精神错乱申辩，而另一些州则允许“有罪但精神失常”的裁决。

精神发育迟缓 mental retardation 又称intellectual disability。在先天或初生时发生的智力缺损状态，常表现为发育迟缓、学习困难以及社会适应能力低下等。认定的方法通常是进行标准化智力测试。一般智商得分在53～70分的人被认为是轻度精神发育迟缓，可以在特殊教育的帮助下接受学习和就业前培训。而得分在36～52分之间的人则被认为是中度精神发育迟缓，能在有人指导的情况下掌握基本的学习技能并从事简单的半技能性工作。而重度精神发育迟缓（智商21～35分）及极重度精神发育迟缓（智商低于21分）的人则需要更多的指导，甚至收容监管。精神发育迟缓可能是由基因（如唐氏综合征）、传染病（如脑脊髓膜炎）、代谢紊乱、铅中毒、辐射、或其他有毒物质的中毒、脑部损伤以及营养不良所造成的。

精神分裂症 schizophrenia 几种精神障碍疾病的统称，它们有共同的症状，如幻觉、妄想、感情淡漠、思维障碍和脱离现实等。主要分为五种类型：常受幻想中的迫害或非现实、无逻辑的思想以及幻听困扰的类偏执型；言词和行为混乱、精神反应迟钝且幼稚的错乱型（青春型）；行动笨拙、愚钝、言辞不清的紧张型；单纯型或称未分化型，符合精神分裂症最基本的定义，但不会显露出前面几种类型提到的那些特殊症状；未分型，这是将向晚发性精神分裂症进发的慢性期。神经分裂症的发生率为0.5%～1%，有超过1/2的确诊病例会最终康复。医学证明遗传起到很大作用，但没有单一的原因得到过证实。生活紧张可能引发此症。治疗可通过药物和心理咨询。

精神分析 psychoanalysis 治疗心理疾病的方法，强调探测潜意识心理过程。这个方法的根据，来自19世纪末20世纪初奥地利心理学家S. 弗洛伊德提出的心理分析理论。心理分析要求患者对某些事物自由联想，并告诉治疗者他想到的任何事情。梦到的事物和口误会被认为是窥探潜意识心理运作的钥匙。治疗的"工作"，就是要揭露存在于以下三者之间的紧张状况：本我(id)的本能性驱力、自我(ego)的知觉与行动和超我(superego)道德感引发的压抑。他们认为对儿童早期的经历必须谨慎处理(尤其是有关性方面的问题)，因为一些记忆可能因为被当作罪恶或创伤而压抑下来；通过"回想"与"经验分析"的过程，被认为可以帮助患者免于因为压抑造成的焦虑及其他官能症，或是更严重的精神病(参阅*精神官能症*、*精神病*)。一些弗洛伊德早期的合作伙伴，特别是C. G. 荣格和A. 阿德勒则对弗洛伊德的部分理论表示反对，并提出其他分析方法。另外还有多位重要的心理分析大师，包括E. 埃里克松、K. 霍尔奈、E. 弗洛姆等人，基本上是在弗洛伊德的理论架构上加入他们自己的修改内容。

精神官能症 neurosis 只影响部分*人格*的心理和情绪障碍，伴随着对现实的扭曲观点，但程度不如*精神病*患者严重。特征为生理和心理上的干扰，诸如体内器官出现的症状和集中力受影响。精神官能症包括*焦虑*感发作、某种形式的*抑郁症*、疑病症、癔病反应、*强迫性神经官能症*、*恐怖症*、各种*性功能障碍*和某些*抽搐*。传统上认为精神官能症起因于情绪上的冲突，这些压抑的冲突以掩饰的反应和症状来寻求表达。行为心理学家将精神官能症视为是对压力后天的不适当反应，该症状也可能是先天的。

精神障碍 mental disorder 任何有关心理原因的疾患，外在表现为情绪失调症候群或行为异常。大部分精神障碍大致可分为精神病和神经症两种。其中，精神病是主要的、症状较严重的精神疾病，特征为妄想、幻觉、丧失客观评价现实的能力等，例如精神分裂症、躁狂抑郁性精神病等。神经症则是症状较轻微、较易治疗的疾患，包括忧郁症、焦虑、偏执狂、强迫症及创伤后压力症候群等。某些精神障碍明显是导因于大脑组织的病变，例如阿尔茨海默氏病，但是大部分这类疾患的病因，医学界仍然不知道或未能证明。另外，精神分裂症也有一部分是导因于遗传基因。一些情绪上的障碍，例如狂躁或忧郁，则可能是因为大脑中的某些神经递质失衡所致，这些大都可以借助药物来矫治。神经症也常是因为心理因素引起的，例如情感剥夺感、挫折感或是童年受虐经历；这类大都可通过*心理治疗*来医治。某些神经症，尤其是焦虑症中的恐怖症，可能是由条件反射形成的适应不良反应造成的。

精神哲学 mind, philosophy of 哲学的分支，研究精神的性质及其各种表现，包括意向性、感觉与感官知觉、情感与情绪、梦、个性与人格的特征、无意识、意志、思想、记忆和信念。精神哲学以其强调对概念的分析与阐明的方法，区别于对精神进行的以经验为依据的研究(如心理学、生物学、生理学、社会学与人类学)。

精算师 actuary 估算保险风险和保险费的人。精算师要计算诸如出生、结婚、生病、意外和死亡等的发生*概率*。他们也要估算财产损失和在法律上负担他人安全、福利的风险。多数精算师由保险公司雇用，他们根据统计研究制定保险费率、建立保险程序，并确定为保证利润支付所需要的资金数额。

精子 sperm 又作spermatozoon。有性生殖中的雄性生殖*细胞*。在哺乳动物中，精子由睾丸产生，经生殖系统传送。*受精*时，每次射精平均约有3亿个精子，其中一个与*卵*(参阅*卵巢*)结合产生下一代。*发身期*时，未成熟的细胞(精原细胞)开始其成熟过程(精子发生)。成熟的人类精子头部扁平，杏仁状，长4～5微米，宽2～3微米，顶端为一帽状顶体，含有可帮助精子进入卵子的化学物质。头部主要为*细胞核*，含23条*染色体*(包含可决定胎儿性别的X或Y染色体的其中一种)。*鞭毛*约长50微米，推动精子前进至卵子处，进入女性生殖道的精子在性交后可存活2～3天。精子亦可冰冻和贮存供*人工授精*用。

鲸 whale 多种仅栖于水中的哺乳动物的统称，可见于各大洋和与之相连的海域，以及港湾和江河，特别是大西洋。与*鼠海豚*、*海豚*不同，但同属*鲸类*。参阅*须鲸*。

鲸类 cetacean 鲸目数种水生哺乳动物的统称。分布于世界各地的海洋以及某些热带的湖泊及江河。现代鲸类分为两个亚目：齿鲸亚目，约有70种齿鲸；须鲸亚目，包括13种*须鲸*。两种类型的现代鲸的区别主要在于头的形状及牙齿。鲸类的身体略呈纺缍形，无露出体外的后肢(虽然体内可见退化的肢体结构)；尾端扩展成水平的尾鳍，由两叶构成。尾部做垂直运动，可产生向前的推力，鳍状的前肢则起平衡和导向的作用。鲸类是哺乳动物，必须浮到水面通过头顶部的喷气孔(外鼻孔)呼吸。

鲸鲨 whale shark 鲸鲨科巨大而无害的鲨鱼，分布在世界各地，但主要在热带海洋。学名*Rhincodon typus*，是现存鱼类中最大的，往往长达9米，据传有可达其2倍大者。体灰色或褐色，下侧淡色，具明显黄或白色小斑点及窄横线纹。尽管体型大，但牙细小，以浮游生物及小鱼为食。一般在水面上缓慢游动，偶尔可被船只碰撞。

鲸湾港 Walvis Bay 纳米比亚中西部城镇。位于大西洋沿岸。19世纪中期，毗邻数岛出现开采*鸟兽积粪热*，随后英国在1878年吞并该湾及其腹地。1884年该地区被并入英国的开普殖民地。1910年鲸湾被纳入新联合的南非。1922～1977年作为西南非的一部分进行管理。后交由南非直接管辖，1990年纳米比亚独立后，南非仍保留该飞地。1992～1994年两国达成协议共管该地，后南非将管辖权转给纳米比亚。鲸湾港是纳米比亚主要的港口。人口40 849(2001)。

警察 police 为维持公共秩序和公众安全、执行法律和调查违法行为而组织起来的人员。大多数警察力量共同的特征包括：准军事化组织、穿着制服的巡逻队、交通管理力量、进行犯罪调查的便衣组织和一整套用以保障社区生活方式的强制性权力。警察机构可以先由中央政府统一设立，然后再在地方分级设立，也可以各个地方自行设置警察机构，后来再由中央政府加以合并和统筹管理。新征召的警察人员通常要接受专业训练并参加考试。现代城市警察始于约1829年由R. *皮尔*在英国建立的伦敦城市警察。秘密警察通常是由国家政府建立的独立秘密组织，旨在维护政治和社会的正统，通常在无限制或极少限制的情况下运转。

警句 aphorism 一种以简练、难忘的词句精辟地表述学说、原理或任何被普遍接受的真理的方式。*希波克拉底*的《警句》一书首先使用了这个名词，书中对疾病的症候与诊断以及治疗术与药物均作了详细的陈述。警句特别应用于那些新近发展了它们自己的原理或方法论的学科，例如艺术、农业、医学、法学和政治。近代著名的警语学者有F. *尼采*和O. *王尔德*。

警句诗 epigram 任何简短、精辟的诗歌，特别是犀利并且旨在点出教训的诗歌。从广义上讲，也指小说、剧本、诗歌和对话中的名句(通常是似是而非的)，以表达一个简明真理。以拉丁文写警句诗的作家有*卡图卢斯*和*马提雅尔*。这种体裁在文艺复兴时期得以复兴。后来的警句诗大师包括：B. *琼森*、*拉罗什富科*、*伏尔泰*、A. *蒲柏*、S. T. *柯尔律治*、O. *王尔德*和*萧伯纳*。

静电复印术 xerography 光导电物质的成像方法，当光线落在这些物质上面时，电阻会减小。静电复印术是最广泛运用文件复印机的基本原理。此法于20世纪30年代由美国物理学家C. F. 卡尔森(1906～1968)发明，20世纪40年代、50年代由塞罗克斯公司(当时称哈洛伊德公司)发展。光线穿透文件或从文件反射，到达覆盖硒的感光鼓面，上面喷上带负电荷的墨水颗粒(碳粉)，在感光鼓上构成文件的影像。当纸张贴着感光鼓滚过，纸张下方的正电荷吸引负电荷的墨水颗粒，把影像转移到复印纸上。短暂的热将墨水颗粒熔合到纸上。第一台成功的商用静电复印机于1959年推出。

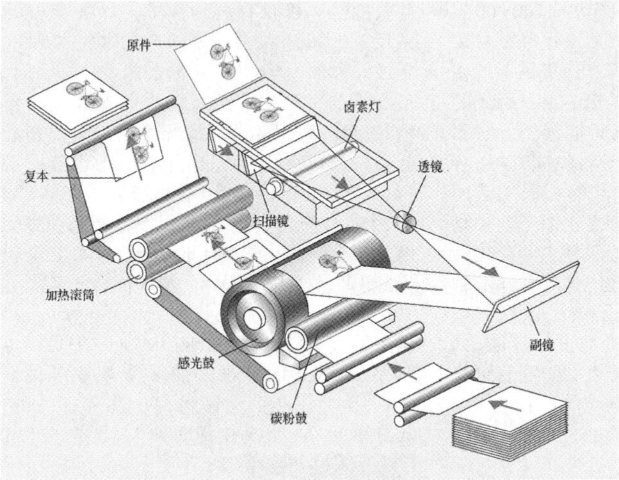

照在对象上的光线由镜子反射出去穿过透镜,经由副镜反射在感光鼓(表面涂硒)形成影像。鼓面的电荷由于影像的亮暗而改变。碳粉鼓将细微 的黑色颗粒(碳粉)送往影像深色带电的区域。然后将碳粉构成的影像转移到滚过鼓的纸张上,带负电的碳粉颗粒受到纸张下方的正电吸引,加热纸张将碳粉固定。最早的复印纸表面必须经过处理,但是硒鼓的革新允许使用一般纸张。光的投影允许以任意比例放大或缩小影像。

静脉曲张　varicose vein　又作 varix。伴有血液潴留的静脉扭曲或扩张。varix 一词也用于动脉及淋巴管的类似病变。下肢静脉曲张最常见,由静脉瓣功能不良使血液在皮肤附近的静脉中的淤积引起。其原因包括遗传性静脉壁及静脉瓣薄弱和内部或外部对静脉的压迫。妊娠期间常见静脉曲张,可能与内分泌异常有关。静脉曲张的症状有沉重感、站立太久时下肢容易痉挛、肿胀。并发症包括皮肤溃疡和血栓形成。治疗的方式有弹力长统袜、注射硬化剂及手术。静脉曲张在食道会造成溃疡和出血,常发生在肝病中。

静脉炎　phlebitis　静脉壁的炎症。病因包括近处的感染、外伤、手术、分娩等。病变静脉的上部会疼痛、肿胀、变红、发热。皮下可以感到有柔软、线状的物质。它通常出现在小腿的表皮静脉,可以通过止痛药和卧床休息来治疗,炎症消退后则进行温和的运动。静脉炎能够持续数年,在这样的情况下,静脉内衬的刺激会导致血块形成,这种情形称为血栓性静脉炎(参阅血栓形成)。在较深处的静脉里,这需要抗凝剂来预防栓塞。

静物画　still-life painting　对无生命物体的描写,以表现它们的形态、色彩、质地、构成,有时则是为表现它们的寓言或象征意义。古希腊和古罗马就开始有静物画,中世纪出现于灯光照明后的文稿边缘,文艺复兴时期成为独立的绘画形式。早期的尼德兰静物画以头盖骨、蜡烛和沙漏寓意死亡,以四季鲜花和果实象征大自然的循环。观察并进而如实地描绘周围实物细节的兴趣;希望以艺术作品装饰家庭的富裕中产阶级的兴起,以及由于宗教改革的长期影响人们对肖像画以外的世俗性绘画的需求不断增长,这些都是导致静物画在 16 世纪、17 世纪兴起的因素。荷兰和尼德兰画家是 17 世纪静物画大师,从 18 世纪到第二次世界大战后非客观绘画兴起这段时间里,法国一直是静物画的中心。

纠察运动　picketing　一种工人的抗议行动,方法是派人站在工作场所门前或附近,以唤起人们对其不满的注意、阻止工人接受资助安抚,在罢工期间则对罢工破坏者进行反制。纠察运动也常用于非劳工的抗议行动。1932 年美国为了限制法院使用强制令反对罢工,通过了《诺里斯-拉加蒂法案》,放宽工人行使纠察运动的规定,但 1947 年通过的《塔夫脱-哈特莱法案》则禁止大规模的纠察运动。

《九十五条论纲》　Ninety-five Theses　M.路德就免罪罚问题所写的辩论提纲,并于 1517 年 10 月 31 日张贴在德国维滕贝格城堡教堂大门上。这一事件被认为是新教宗教改革运动的开端。所写的论纲是对销售赎罪券以重修罗马圣彼得大教堂筹款一事做出的反应。论纲隐含了对教廷政策的批评,强调基督教具有属灵的、内向的性质。这份论纲被广泛传播,引起许多争论。1518 年路德发表了一份拉丁文手稿,对论纲进行了解释。

九一一事件　September 11 Attacks　与伊斯兰极端主义基地组织有关的 19 名武装人员针对美国目标展开的劫机和自杀性爆炸系列攻击。攻击计划十分完善,劫机者多数来自沙特阿拉伯,他们在袭击以前已旅居美国,有些人还受过商业飞行训练。2001 年 9 月 11 日劫机人员分成小组工作,5 人一组分别登上 4 架美国国内航班班机(据说还有第 20 名成员),起飞后不久就控制了飞机。上午 8 时 46 分(当地时间),恐怖分子驾驶的第一架飞机撞入纽约市世界贸易中心的北塔楼。约 15 分钟后,第二架飞机撞击了南塔楼。两座大楼都严重受损,升起了熊熊烈火,不久即坍塌。第三架飞机则在 9 时 40 分撞击到华盛顿特区市郊的五角大楼西南侧。在不到一个小时的时间里,第四架飞机坠落在宾夕法尼亚州,估计是因为机上乘客试图制伏劫机者(有乘客打手机告知事件真相)。纽约市约有 2 750 人遇害,五角大楼死亡 184 人,宾夕法尼亚州 40 人遇害。19 名恐怖分子全部死亡。

九州岛　Kyushu　日本四大岛中最南部岛屿。位于亚洲东部海岸外,北面与本州岛隔下关海峡,东面与四国隔丰后水道。面积 44 436 平方千米。岛上多山,几个著名的山峰海拔 1 500～2 000 米,包括阿苏山。主要城市有福冈、北九州和长崎。九州岛是 19 世纪日本最先向外国人开放的地方。人口 14 596 783(2010)。

韭葱　leek　百合科一种活力强的 2 年生耐寒植物,学名 *Allium porrum*,原产于地中海东沿岸国家及中东地区。味甜而柔,似洋葱。在欧洲广泛用于做汤和炖菜,亦可当作蔬菜全株烹食。在古代的一次战争中,威尔士军队佩戴韭葱作为标志,作战胜利后,韭葱便出现于威尔士国徽的图案中。第一个生长季节所长出的带形长叶和近乎圆柱形的鳞茎,在第二个生长季节由一枝有叶的高大实心花葶和有许多花的伞形花序所取代。

韭葱(*Allium porrum*)

G. R. Roberts

酒精饮料　alcoholic beverage　任何一种经发酵制成的酒,如葡萄酒、啤酒或蒸馏酒,含有酒精或乙醇可致醉。酒精饮料一旦咽下后,所含的酒精可不经消化即被胃肠道吸收,故血液中的酒精在饮酒后不久即可达到相当高的浓度,接着酒精会通过血液分布到体内各组织,其中尤以脑部受到的影响最大。饮酒者受酒精影响会产生注意力减退、视线模糊、肌肉不协调和昏昏欲睡等症状。

酒精中毒　alcoholism　过分习惯性饮用酒精饮料而不顾饮者的身体、心理、社交或经济造成损害的现象,如肝硬化、醉酒驾驶和造成意外、家庭冲突,以及丧失工作。通常酒精中毒被看作是一种疾病,一种毒瘾。原因尚不明确,但可能是一种遗传缺陷。在美国约有 4.2% 的成年人患有酒精中毒,以男人较常见,但女人很可能会掩饰。治疗酒精中毒的方法有生理的(服用药品使饮酒后会呕吐和感觉疼痛,但不是长期的有效治疗方法),心理的(理疗和再教育)和社会的(集体治疗)。戒酒协会是最有效的集体治疗方法。突然停止酗酒会导致退化症状,如谵妄。

酒神节　Bacchanalia　又称 Dionysia（狄俄尼索斯节）。希腊罗马宗教中，为酒神巴克斯（狄俄尼索斯）举行的任何一种节日，最初可能是为丰产之神举行的祭仪。最著名的希腊节日包括有表演戏剧的大酒神节、安塞斯特里昂节，以及仪式简单的小酒神节。酒神节从意大利南部传入罗马后，起初秘密举行，只有妇女参加，而且一年举行三次。后来允许男子参加，举行的次数多达一个月五次。这种变相成狂欢酒宴的节日使罗马元老院于公元前 186 年发布命令在全意大利禁止酒神节，只有特殊场合除外。

旧绘画陈列馆　Alte Pinakothek　美术馆。德国慕尼黑巴伐利亚国立画廊内若干收藏馆之一，也是世界上伟大的美术馆之一。它专门陈列从中世纪到 18 世纪后期的欧洲绘画，其核心藏品一度归属早期几座选帝侯的宫廷。原来的 19 世纪画廊在第二次世界大战中遭到破坏，现在的建筑是在 1957 年重建的。其他的国立博物馆还包括新绘画陈列馆，其基础是 18 ～ 20 世纪巴伐利亚诸王私人收藏的欧洲绘画和雕塑；沙克美术馆收藏的是浪漫主义后期的德国绘画；还有国立现代艺术美术馆。

旧金山　San Francisco　美国加利福尼亚州北部城市及港口。位于太平洋和旧金山湾之间半岛的北端。北部的金门桥横跨金门海峡，使旧金山与马林县隔桥相望。18 世纪该城由西班牙人建立，1821 年墨西哥独立后，处于墨西哥人的统治之下。1846 年为美国军队占领后，由于在邻近地区发现金矿（参阅淘金热），旧金山迅速发展。曾受到 1906 年地震与大火的严重损坏。20 世纪 60 年代旧金山成为美国文化变革中的重要城市。1989 年它再次遭受大范围的地震破坏。旧金山是一个商业、文化、教育和金融中心，也是美国最具国际化的都市之一。人口约805 235（2010）。

旧金山湾　San Francisco Bay　美国加利福尼亚州中西部几乎全部为陆地环绕的广阔海湾。由没入海中的河谷形成。此湾经金门海峡通太平洋，金门海峡上建有金门桥。为世界最佳天然港湾之一。湾内有数座岛屿（包括珍宝岛、尤巴布厄那岛、天使岛、阿尔卡特拉兹岛等），四周有旧金山、奥克兰、伯克利等大城市。

旧礼仪派　Old Believers　拒绝接受莫斯科牧首尼康于 1652 ～ 1658 年间强行在俄罗斯正教会内推行礼拜仪式改革的俄罗斯持异议者。17 世纪中，此派人数达数百万，他们受到多年迫害，一些领袖被处死刑。后来分裂成各种支派，其中最主要的是祭司派和无祭司派。1971 年俄罗斯正教会决定撤销 17 世纪的咒逐令，承认旧礼仪完全合法。

旧石器时代　Paleolithic period　古代技术或文化阶段，以使用原始的打制石器为特征。在旧石器时代早期（约距今2 500 000～200 000年前），人类最早的祖先制作简单的鹅卵石工具和粗糙的石斧。大约700 000年前，第一把粗糙的手斧出现，后来在阿舍利文化期工艺时期加以改进并与其他工具一起使用。制作轻薄工具的传统始于旧石器时代的中期，以莫斯特文化期工艺时期为例。旧石器时代后期（公元前40 000～前10 000年），更多复杂的、专门的和不同地区的石器工艺出现了，如奥瑞纳文化、梭鲁特文化期工艺和马格德林文化。旧石器文化的两种主要形式为小型雕塑，如所谓的维纳斯像、各种各样雕刻的或塑造的动物和其他人物的像，以及大型绘画、雕刻设计，以及岩洞内墙上的浮雕，如阿尔塔米拉洞窟和拉斯科洞穴。旧石器时代的结束以出现新石器时代定居的农村为标志。

《旧约》　Old Testament　犹太教的正典经书，与《新约》一起则是基督教的经典。除个别段落外，都是公元前 1200 ～前 100 年间用希伯来文写成的，记载的是上帝将希伯来人视为他的选民之事。前六卷讲述希伯来人如何成为一个民族并定居在上帝应许之土地上，接着七卷记叙以色列王国的发展和先知的预言，最后十一卷包括诗歌、神学著作和其他史志。新教则将希伯来正典中若干卷分为两卷或多卷：《撒母耳记》、《列王纪》及《历代志》各分为上下两卷，《以斯拉-尼希米记》分为《以斯拉记》和《尼希米记》，《十二小先知书》析为 12 卷。由于宗教传统，《旧约》的内容颇有差异，犹太教、天主教和新教所含篇目各不相同。参阅外典和《圣经》。

旧秩序　ancien régime　法国大革命之前法国的政治及社会体系。在旧秩序下，人人都是法国国王的臣民，也是地产及省份的一部分。所有的权利和地位来自社会制度，社会制度分为教士、贵族和其他（第三等级）。法国并非真正的政府单位，也没有国家公民。

救恩　salvation　又译救赎。宗教中指解救人类脱离苦难、邪恶、死亡或轮回等根本性消极困窘状态，在某些宗教教义中则指把自然世界恢复或提高到更高更好的境界。东方宗教强调通过自律和实践实现的自助，有时要经历几世的时间，但在大乘佛教中菩萨和有的佛是有干预作用的神灵。在基督教中，耶稣是救赎的源泉，强调要相信他的救赎能力。伊斯兰教强调服从安拉。犹太教认为以色列举族都要一并受到救赎。

救国委员会　Committee of Public Safety　法国大革命的政治机构，在恐怖统治时期控制法国。1793 年 4 月为保卫法国免遭国内外敌人的侵害而成立。起初由 G. 丹东及其追随者控制该委员会，但很快便被激进的雅各宾派包括 M. 罗伯斯比尔所取代。对被指称的敌人采取严厉措施，对经济实行战时体制，并且大批征兵。委员会内部的分歧使罗伯斯比尔于 1794 年垮台。之后该委员会的重要性衰退。

救世军　Salvation Army　国际基督教慈善组织。1865 年由W. 布思创建，其目的是为伦敦的穷人提供食物和住处。1878 年开始采用救世军之名，并以军队形式建立该组织。其成员称作士兵，官员军衔最低为陆军中尉，最高为陆军准将。要求皈依者签署战时条款，表示志愿服务。其指导原则与其他新教教会的指导原则类似，但布思认为没有必要行圣事。集会特征是歌唱、击掌、用乐器奏乐、个人作见证、自由祷告以及公开邀请做忏悔。该组织的总部位于伦敦，救世军在全世界为 100 多个国家提供广泛的社会服务。

居里夫人　Curie, Marie（1867 ～ 1934）　原名 Maria Sklodowska（玛丽·斯克罗多夫斯卡）。波兰出生的法国物理化学家，以研究放射性驰名，两次获诺贝尔奖。生于华沙。

居里夫人
The Granger Collection, New York City

1891 年起在巴黎大学文理学院就读，1895 年与 P. 居里（1859 ～ 1906）结婚，两人开始协力合作。1896 年（A.）H. 贝克勒尔在铀中发现一种新现象（玛丽后来称之为“放射性”），她决定试验能否在其他物质中找到相同的性状。结果她发现钍便具有这一性质。皮埃尔和她一起发现了新元素钋（居里夫人以祖国的名字为该元素命名）和镭。他们又区分出X射线、β射线和γ射线。1903 年居里夫妇和贝克勒尔因发现放射性而共获诺贝尔物理学奖，居里夫人因此成为获得诺贝尔奖的第一位女性。1906 年皮埃尔意外身故，她接任丈夫留下的教授空缺，成为在巴黎大学任教的第一位女性。1911 年因发现钋和分解出纯镭获诺贝尔化学奖，成为第一位两次获诺贝尔奖的人。她专心于研究放射性物质的化学性质以及这些物质在医学上的应用，1934 年因长期暴露于放射物下引起的白血病去世。为了表彰她的贡献，在 1995 年将她的骨灰安置于巴黎的先贤祠，是第一位获此殊荣的女性。参阅 F. 约里奥-居里。

居鲁士大帝　Cyrus the Great（约公元前 585 ～前 529？）　又称 Cyrus Ⅱ（居鲁士二世）。波斯阿契美尼德王朝的开国君王。居鲁士一世（活动时期公元前 7 世纪晚期）之孙，通过推翻外祖父米底国王而掌权。居鲁士靠外交手段和军事实力建立起一个规模空前的大帝国，以波斯为核心，涵盖了米底、爱奥尼亚、里底亚、美索不达米亚、叙利亚和巴勒斯坦。由色诺芬等人记录的波斯和希腊的内容极丰富的民间传说中，他被称为“波斯之父”。据《圣经》记载，居鲁士在巴比伦曾释放被囚禁的犹太人,使他们返回家园。死于与中亚游牧民族的战役。他所留下的遗产,不仅仅是一个大帝国,同时也是至少持续发展了两个世纪的文化和文明,对希腊人和**亚历山大大帝**具有强烈的影响。他的一世充满传奇色彩与英雄特质,长久以来受到波斯人几乎如信仰偶像般崇拜。1971 年伊朗举行庆祝居鲁士创立王朝2 500周年活动。

居士 upasaka 又译优婆塞。女居士为Upasika(音译优婆夷)。佛教在家信徒。此词最初泛指**比丘**以外的佛教追随者,而现今在东南亚通常指每周圣日前往当地寺庙拜佛和曾经发有特殊誓愿的虔诚信徒。他们按时布施**僧伽**并受持五戒,即不杀生、不偷盗、不邪淫、不妄语、不饮酒。

居伊-布拉谢 Guy-Blaché, Alice(1873～1968) 法国、美国电影工业先驱,首位女性导演,亦被认为是首位执导叙事片的导演。她的第一部作品为 1896 年的《胸无大志的仙人》,同时展示了她的雇主 L. 高蒙所经销的电影摄影机所能提供的娱乐性。她成为高蒙电影公司的制片领导人,几乎执导了高蒙早期的所有作品。约于 1901 年开始从事较长期、更精致的拍片计划,最为人知的是 1905 年根据雨果《巴黎圣母院》改编的《爱斯梅拉尔达》,以及 1906 年的《基督的一生》。1906～1907 年间她以实验性声音技术导演了约 100 部电影。1907 年她嫁给 H. 布拉谢并随之前往美国,1910 年在美国成立索拉克斯公司,事业有成。身为公司董事长,她导演了约 45 部电影,监制的电影则近乎 300 部,但她的作品仅有少数存留下来。

菊苣 chicory 开蓝花的菊科多年生植物,学名 *Cichorium intybus*。原产欧洲,19 世纪末引入美国。菊苣有一长形肉质主根;茎干坚硬,多分枝,有毛;叶基生,分裂且具齿,形似蒲公英叶。根和叶均可食。根经烘烤磨碎后也可放入咖啡增加香味,或用作咖啡的代用品。菊苣的种植还可以作为饲料或养牛的牧草作物。

菊属 chrysanthemum 菊科的一属。约 100 种,多可供观赏,主要原产旧大陆亚热带及温带地区。栽培种(常简称为 mum)的头状花序较野生种大得多。该属多数植物叶芳香,互生。有些品种头状花序上盘花和边花同时存在,还有一些品种缺边花。该属受人喜爱的观赏植物有脂香菊(*C. balsamita*)、除虫菊、沙斯塔雏菊[大滨菊(*C. maximum*)的杂交种]、菊(*C. morifolium*)、小白菊(*C. parthemiun*)、珍珠菊(*C. segetum*)和艾菊。小白菊和艾菊过去做药用,还和除虫菊一起用做杀虫剂。

橘 tangerine 芸香科植物柑的变种,果形较小,果皮薄,学名 *Citrus reticulata deliciosa*。可能原产于东南亚。如今橘的栽培遍及全世界的亚热带地区,尤其是欧洲南部和美国南部。橘树株形小于其他柑橘类果树,枝条细,叶呈矛状。果实两端稍扁,果皮深红橙色,易剥离。瓤囊易分离,果肉柔细多汁,味浓,含大量维生素 C。橘皮味芬芳,可提取精油,用于多种调味品及酒类。橘与**葡萄柚**杂交产生的品种称橘柚。

橘(*Citrus reticulata deliciosa*)
Grant Heilman

橘属 citrus 芸香科的一属,果肉厚,皮亦厚,包括**柠檬**、**酸橙**、**柑橘**、**橘**、**葡萄柚**、**枸橼**和柚子(*C. maxima* 或 *C. grandis*;又称文旦)。

矩阵 matrix 由一组数排成若干行和若干列所形成的矩形阵列。矩阵的元素也可以是微分算子、向量或函数。矩阵在工程、物理学、经济学、统计学以及数学各个分支都有广泛的应用。通常在方程式组的研究会最早涉及,表示成 $Ax=B$ 形式的矩阵方程式,可以通过找出矩阵 A 的矩阵或通过使用基于**其行列式**的代数方法来求解。

举重 weight lifting 举起杠铃的竞赛或运动。有两个主要项目:一是抓举,以一次有爆发力的连续性动作将杠铃举过头顶;一是挺举,其动作分成两个部分,举重选手将杠铃举到肩部后,再挺直双臂将杠铃举过头顶,腿部动作不加限制。做这两种动作时,选手必须保持双脚在一条线上,身体直立,臂腿伸直,杠铃被控制在头顶上方两秒钟,或等待裁判员示意方可放回杠铃。从次最轻量级到超重量级,按体重分成 10 个等级。重量级所举杠铃可能超过 455 千克。现代举重比赛起源于18～19 世纪。最初的三届奥林匹克运动会(1896、1900、1904)就有这个项目,但是后来暂停举办,直到 1920 年才恢复。

巨港 Palembang 印度尼西亚河港城市。该城横跨穆西河两岸,在 7～14 世纪为佛教王国的都城,后被印度教麻喏巴歇帝国推翻。**东印度公司(荷兰)**在此建立了贸易站,并于 1659 年建起一座要塞。在第二次世界大战期间,日本人占据此地。巨港曾为南苏门答腊自治州首府,直到 1950 年被纳入印度尼西亚共和国。该港口海运便利,与**马来半岛**的港口、泰国和中国之间均有频繁的贸易往来。人口约1 451 419(2000)。

巨匠造物主 Demiurge 哲学上指制造并安排物质世界的次要神祇。**柏拉图**在对话体著作《提麦奥斯篇》中使用了这个名词,谓巨匠造物主利用原先存在的混沌作材料,生产出世界上一切物质的东西。在基督教早期的**诺斯替教**教义中,巨匠造物主是次等神祇,他创造了有缺陷的物质世界,住着与圣善的至尊上帝相对抗的邪恶势力。

巨石阵 Stonehenge 又译圆形石林。史前时代将巨大石块竖立按圆形排列的纪念物,坐落在英格兰威尔特郡索尔兹伯里附近。考古发掘表明该石林有 3 个主要建筑时期,大约在公元前 3100～前 1550 年。建筑此石林的具体原因不明,但据信是用于崇拜与举行宗教仪式的场所。许多学者对石林的建筑作出了各种各样的解释(例如说是用来预测食),但至今都无法证实。在第二阶段的石林建筑(约公元前 2100 年)中,石块的排列与夏至那天的日出成一直线,说明可能有与此相关的宗教仪式。

巨头鲸 pilot whale 又称 caa'ing whale。海豚科巨头鲸属 1～3 种齿鲸的统称,除南北极以外分布于所有海洋。巨头鲸搁浅时会发出吼叫声。体黑色,喉和胸上常有些浅色斑,前额圆而凸出,吻部尖而短,鳍形肢细长而尖。通常约 4～6 米长。巨头鲸喜群栖,一群有时多达几百或几千头。主要以枪乌鲗为食。巨头鲸被饲养在大型海洋水族馆中,并训练其进行表演。

巨细胞病毒 cytomegalovirus (CMV) 疱疹病毒科病毒。经常在人群中引起感染,因被感染的细胞体积增大,故得名。分布于世界各地,在生活水准低下、人口密集的社会尤为盛行。巨细胞病毒通过性接触或接触含病毒的体液而传播,传染力不强,感染健康成人后很少引起严重疾病,但对有免疫缺陷的成人,却可带来严重的后果,包括失明。巨细胞病毒病为新生儿最常见的感染和先天性耳聋的主要原因,10% 的病例中肝脾不肿大;也可能引起精神发育迟滞和失明。目前尚无有效疗法。

巨蟹座 Cancer 拉丁语,即 Crab(蟹)。天文学中位于狮子座和双子星座之间的黄道星座;**占星术**中黄道十二宫图的第四宫,主宰 6 月 22 日～7 月 22 日期间的命宫。它的形象是一只螃蟹(或小龙虾)。在希腊神话中,当赫拉克勒斯与九头怪许德拉作战时,这只螃蟹夹痛了他。赫拉克勒斯将其踩死,但他的敌人赫拉为报答它,把它作为一个星座放到了天上。

巨星 giant star 同质量和温度相比,半径较大的恒星;由于这类恒星的辐射表面相应也较大,亮度也就较大。巨星的一些次型是:具有更大半径和亮度的**超巨星**;温度虽低但亮度很大的红巨星;半径和亮度略小的亚巨星。有些巨星的光度为太阳的几十万倍,巨星和超巨星的质量有时是太阳质量的 10～30 倍,但体积常比太阳体积大几百万倍。因此,巨星和超巨星都是一些低密度的"弥漫"恒星。

巨型计算机 supercomputer 一种超强数字计算机,通常指在指定时间应用的最快且高度准确的系统。目前的**个人计算机**比几年前的巨型计算机功能更强。超级计算机主要用于科学和工程工作。与常用计算机不同,巨型计算机通常有不止一个中央处理器,可同时进行工作。现在这种系统发展出了性能更高的巨型计算机,将成千上万个单个处理器连为一体。巨型计算机具有巨大的储存容量,非常快的输入/输出能力,能够同时处理大批数字的相应元素而不是每次处理一对元素。

巨嘴鸟 toucan 鵎鵼科约35种大嘴、长尾鸟类的统称，产于中、南美洲。许多品种为黑色，胸部的颜色醒目；喙厚，边缘呈锯齿状，颜色鲜明突出。巨嘴鸟能发出响亮的叫声、

灰胸山巨嘴鸟（*Andigena hypoglauca*）
Painting of Jonh P. O'Neill

号角声和刺耳的噪声。它们以果实、昆虫、蜥蜴和雏鸟为食。巨嘴鸟把2～4枚蛋下在无铺垫的天然树洞里，或者下在被废弃的啄木鸟洞里。鵎鵼属的品种可以达到60厘米长，其中喙占了体长的1/3。小巨嘴鸟（*toucanet*）长约25～35厘米。

句法 syntax 对词在句子、分句、短语中的配列方式以及对句子构成及其各部分之间关系的研究。在英语中，表示这类关系的主要手段是词序；例如“The girl loves the boy.”（女孩爱男孩），这一句子就遵循了标准的“主动宾”词序，改变词序将会改变句子的意思，或者使句子毫无意义。在拉丁语这样的语言中，词序就要灵活得多，拉丁语中词尾具有标志名词或形容词的作用。这种词形变化使得句子不必依赖词序来标示词在句中的作用。

距离公式 distance formula 两点之间的距离找其坐标（参阅坐标系统）求解的代数式。在二维或三维的欧几里得空间，直角坐标点的距离公式以毕达哥拉斯定理为基础。在点(a, b)和(c, d)之间的距离是$\sqrt{(a-c)^2+(b-d)^2}$。在三维空间，点(a, b, c)和(d, e, f)之间的距离是$\sqrt{(a-d)^2+(b-e)^2+(c-f)^2}$。

锯鳐 sawfish 锯鳐科锯鳐属6种像鲨的魟类的统称。锯鳐有一个长长的头和身躯，

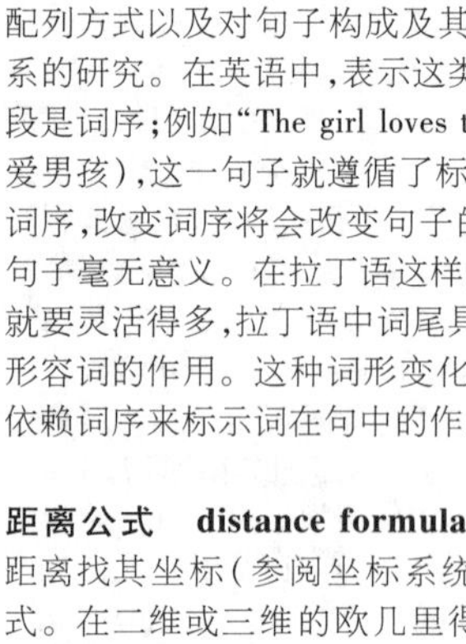

锯鳐（*Pristis*）
Karl H. Maslowski

吻也很长，呈扁而长的刀刃形，两侧像有强齿。其体长最长可达7米以上。它们栖息在亚热带和热带港湾、河口的浅水底部，有时会顺江河向上游前行。有一些生活在淡水的尼加拉瓜湖中。它们一般对人类不构成危险，锯齿主要用来挖掘河底的动物或在水中挥舞以杀死或伤害成群结游的鱼。小锯鳐是很好的食品，一些地区的居民为获取食物、油、鱼皮或其他产品而捕捉锯鳐。

聚氨酯 polyurethane 一类聚合物的统称，可制成软泡沫和硬泡沫、纤维、合成橡胶（弹性聚合物）以及表面涂料。通过异氰酸酯（带功能团-NCO）与醇类（带-OH功能团）反应而成。聚氨酯泡沫用含羧基的有机化合物制成，异氰酸酯与这类化合物反应时会释放出二氧化碳，在产品中形成气泡。斯潘德克斯合成纤维具有良好的弹性，在纺织业中已大量取代天然和合成的弹性纤维。聚氨酯合成橡胶可制作汽车零件、滚筒、软模具、医学仪器以及鞋底。聚氨酯表面涂料可作为木材、水泥以及机器零件的密封剂。

聚合 polymerization 单体合成聚合物的过程。这些单体分子——通常从至少100到数千——可能相同，也可能不相同。在自然界里，酶促使聚合在普通环境中发生，以形成蛋白质、核酸以及碳水化合物的聚合体。在工业中，该类反应常常在高温或高压状态下由催化剂促成。在加聚聚合中，位于成长链末端的自由基通常能使单体附着到新链上，同时在新的一端释放一个自由基。在缩聚聚合中，产生出新单体的反应能分裂出副产品的分子，常常是水。

聚氯乙烯 PVC 全称polyvinyl chloride。属于有机聚合物的合成树脂。通常用过氧化物催化剂处理乙烯基氯制得。混以增塑剂或与其他乙烯基一同聚合，可得到所需特性。聚氯乙烯树脂混以增塑剂、稳定剂和颜料，能制出柔韧的物品（如雨衣、玩具、包装薄膜等）。不经增塑的树脂用于制造水管、管道配件和唱片等硬物。由于考虑到它会把乙烯氯化物带入食品中，因此限制在食品包装上使用。聚氯乙烯一旦燃烧，便会分解成氢氯化物，这也引起人们的担忧。除聚乙烯外，聚氯乙烯是目前产量最大的塑料。

聚乙烯 polyethylene（PE） 乙烯的聚合物的统称，为塑料最大的类别。乙烯单体简单基本结构可以是线性（如高密度聚乙烯及超高分子量聚乙烯）或是分叉（低密度聚乙烯及线性低密度聚乙烯）。低密度聚乙烯和线性低密度聚乙烯有类似的结构（低晶性含量）、性质（高延展性）与用途（包装膜、塑料袋、护盖层、绝缘、易挤塑料瓶、玩具与餐具）。高密度聚乙烯有致密、高晶性的结构，强度高，硬度适中；吹模的高密度聚乙烯瓶受到许多回收计划的认可，不像射出成形的高密度聚乙烯桶、工具箱和玩具。超高分子量聚乙烯是由高密度聚乙烯分子量6～12倍的材料制成，可以转动拉长成坚硬、高晶性的纤维，张力强度是钢的许多倍，可用于防弹背心。

聚酯 polyester 单体之间以酯键连接而形成的一类聚合体，为有机化合物。通常由等当量的甘醇和二元羧酸制备，它们经过聚合作用而生成聚酯和水。聚酯很坚韧、不褪色、耐腐蚀和抗化学作用，但容易积累静电。除了熟悉的纤维和薄膜（如涤纶、聚酯薄膜）外，聚酯还用来制作增强塑料、汽车零件、船壳、泡沫塑料、层压制件、磁带、管道系统、瓶子、容易处理的滤布、封装用料以及涂料。

卷毛狗 poodle 德国水中寻猎物狗。口鼻部长，耳悬垂，尾短如绒球。单一毛色、厚而卷曲的上层被毛包覆着羊毛状的底层。卷毛狗的被毛过去被修剪成在拾猎时能方便游

标准型卷毛狗
Sally Anne Thompson

泳的样式，如今则多修剪成供观赏用的造型。被毛若未经修剪而长成绳索状者则称为绳纹卷毛狗。标准型肩高可超过38厘米，体重可达32千克；小型者肩高25.5～38厘米；玩赏型低于25.5厘米，体重约3千克。卷毛狗为法国的国狗，法国人过去曾对其加以训练，利用卷毛狗嗅出并采掘块菌。卷毛狗被认为是家狗中最聪明的一个品种。

决策理论 decision theory 统计学中提出和解决一般决策问题的理论和方法。决策问题可以概述如下：一组可能的环境条件或可能的初始条件；若干可供选择的试验和对应于这些试验的可能结果，这些试验可提供有关环境状态或初始条件的信息作为制定决策的准备；若干可供选择的行动（即决策函数），这些行动与试验及其结果有关；一组可能的行动后果，其中每一个可能的行动与每一种环境条件对应某一个确定的后果。问题是在选定试验和决策函数的条件下估计各种后果出现的可能性，同时，按决策者的意图或某种规则对一切可能出现的后果给出效用函数。所谓问题的最优解就是选择最优决策函数。最优决策函数使每一个试验结果对应一个最优行动，而最优行动使效用达到极大。同时，问题的最优解还包括选择一个最优的试验。参阅成本-效益分析和对策论。

决定论 determinism 认为一切事件，包括人类的决定，都决定于先前存在的原因的理论。传统的自由意志问题来自一个疑问：道德责任符合决定论的真理吗？P.-S.拉普拉斯在18世纪制定了这个题目的经典公式。在他看来，宇宙的现状，乃是它先前状态的结果，也是随之而来的状态的原因。假如一个心灵，在任何特定的时刻，能够知道在自然界中活动的一切势力，以及它所有组成要素的

相应位置和动量,它从而就肯定知道每一个东西的将来和过去。

角斗士　gladiator　拉丁语原意为“剑客”。古代罗马的专业格斗士。角斗士最初在埃特鲁斯坎人的丧礼上角斗,其用意显然是使死者在阴间有人护卫。在罗马城,自公元前 264 年开始,这种表演十分流行。到了 J. 凯撒在位期间,单场演出人数已经增到 300 对。图拉真在位时期,有不同阶级的5 000位角斗士举行角斗。到了罗马共和国晚期,观众如主张令败者死则伸拇指向下(或以拇指指胸),如赞成恩宽则挥手帕(或根据其他说法为拇指向下)。胜者获棕榈枝,有时是金钱。多次角斗胜利后可退役。角斗士主要是奴隶或罪犯,但有能力或长相英俊者也会受到社会大众喜爱。由于多被雇为卫士,有些因此而成为政治要人。图密善喜用侏儒与妇人为角斗士。基督教传入之后,角斗演出不再受欢迎,但一直延续至 6 世纪止。参阅斯巴达克思。

绝对零度　absolute zero　热力学系统(参阅热力学)能量最低时的温度,相当于 -273.15℃或-459.67℉,是一个系统在理论上能获得的最低温度。当温度下降时,气体在恒定压力下会跟着收缩。理想气体在绝对零度时,体积会达到零。不过,真实气体在尚未降到绝对零度时已凝聚成液体或固体。在绝对零度下分子能量最小或近乎消失,不再具有可以转移给其他系统的能量。开尔文温标以绝对零度为其零点,基本单位是开尔文。

绝罚　excommunication　教会制裁的一种形式,即将某人从信徒团契中排除,不许他参加教会的圣礼。各类宗教(尤其是基督教)都曾使用绝罚作为惩戒重罪的手段,如异端邪说。在天主教中,受绝罚者不得领受圣体,也不得埋葬于圣地。有罪者可由司铎赦免(有些情况下只能由主教或教皇赦免),在他或她忏悔罪行后可重返教会。新教各派另有专名,如“教会惩戒”,可能表示同样的谴责。

绝经　menopause　女性月经最终停止、生育力丧失。通常开始于 45 ～ 55 岁。停经期卵巢功能减退,雌激素分泌减少。排卵时间不规则并逐渐停止。月经周期和持续时间因人而异,经血流量可能减少或增加。内分泌系统平衡雌激素减少的体内环境变化情况而导致热潮红,通常在夜间发作,患者因发热、大汗而惊醒。其他症状如烦躁和头痛,则多为对衰老产生的反应。因病而经手术切除或破坏卵巢可致人工停经,会出现相似的症状,但发作更突然。激素平衡的改变通常不会造成身体或心理上的困扰。然而,雌激素防止骨质疏松症和动脉粥样硬化(参阅动脉硬化)的保护作用消失后,骨折和罹患冠状动脉硬化性心脏病的风险便增加了。过去曾广泛使用以减低这些风险的激素取代疗法,却可能增加罹患子宫内膜癌(参阅子宫)和乳腺癌的机会。

绝灭　extinction (of species)　某物种的灭亡或消失。某一生物属种不再能够繁衍,即发生绝灭。绝大部分绝灭过去都被认为是环境变化的结果。绝灭的物种或是不能适应已经变化了的环境,因此无后而终;或是在适应环境的过程中因必须完全改变而成为一全新物种。人类生存活动——狩猎、采集、生境破坏——对环境的影响已成为动、植物绝灭的重要原因。

绝缘体　insulator　能阻止或延缓电流或热量通过的物质。绝缘体是不良导体,因为它是对电流的通过呈高电阻的物质。电绝缘体通常用来固定导体的位置,使导体相互之间以及导体与周围的建筑物之间隔开,把电路的不同带电部分隔开,并把电流局限在导线或其他导路里。电绝缘体包括橡胶、塑料、陶瓷和云母。热绝缘体靠对热辐射的阻隔性来阻断热流的通路,主要有玻璃纤维、软木和石棉。

蕨　fern　一类不开花的维管植物,具有真根、茎、复杂的叶,通过孢子进行繁殖。虽然蕨类一度与原始的木贼、石松归为一类,但植物学家此后即将这些鳞片状、叶具一条叶脉的较低等植物与叶脉复杂的蕨类清楚地区别开来,后者的叶与更高等的产生种子的维管植物更为近缘。蕨类已知约10 000 ～12 000种,其大小、形态差异很大。许多蕨类为小型、脆弱的植物,有些却呈乔木状。蕨类的生活周期分为形态不同的两个阶段(世代交替):孢子体和配子体。孢子体世代即人们在温室及花园中常见的成熟的多叶形式,而配子体外形极似苔藓。蕨类为受欢迎的室内植物。

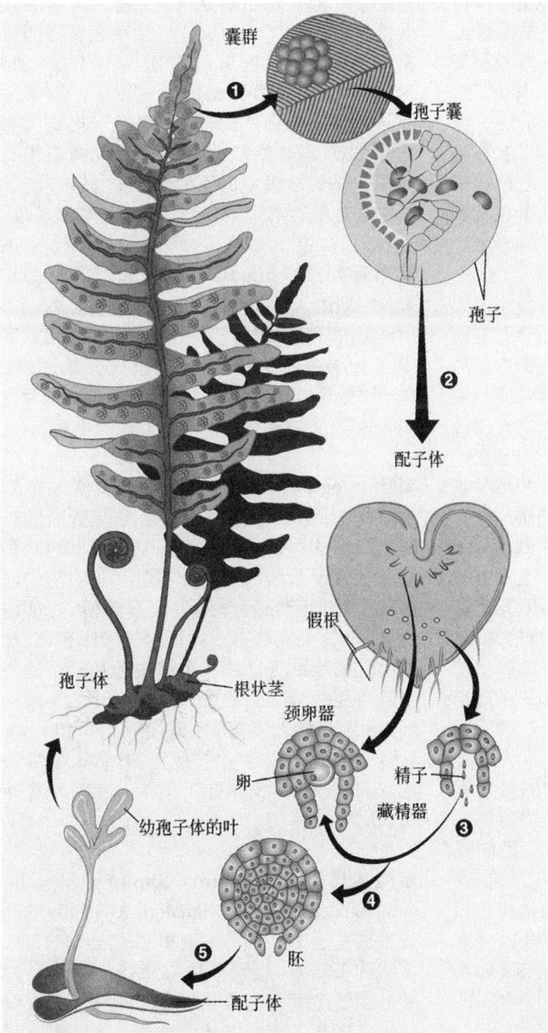

蕨的生命周期:①孢子囊的群体(囊群)在成熟的蕨叶下面生长。②单倍体的孢子从孢子囊散出,到地面上发芽形成微小的,通常是心型的配子体,用假根(像根的凸出物)附着于地面。③在潮湿的条件下,成熟的精子从精子器释出,游泳至配子体下表面产生卵子的颈卵器。④受精后合子形成,在颈卵器内发育成胚。⑤胚最后长得比配子体更大,成为孢子体。

爵床科　acanthus　玄参目的一科。主要分布在热带和亚热带地区。多为草本或灌木,有些是藤本或乔木。多生长于潮湿热带森林。单叶对生,着生于小枝上;营养器官内有细胞较大的钟乳体,形成条斑或突起;花为双性,两侧对称,聚生成花簇,但每朵花被叶状苞片裹覆,苞片大而色彩鲜艳。本科主要的价值是在园艺方面,亦可用作装饰。

爵士乐　jazz　一种音乐形式,通常是即兴表演,由美国黑人发展起来,并受到欧洲和声结构和非洲节奏律动的影响。虽然其确切的起源不详,但主要是从 19 世纪末、20 世纪初新奥尔良的音乐文化发展成的一种混合体。爵士乐在特别加上布鲁斯和雷格泰姆的成分后,形成了和声及节奏结构,便于即兴作曲。音乐的社会功能在这种结合中扮演了重要角色:不管是用于跳舞或游行,还是用于庆典或正式典礼,音乐是随场合的不同来编制的。乐器的演奏技巧结合了西方调性观念并模仿人声。L. 阿姆斯特朗脱离原来以合奏为主的新奥尔良爵士乐(参阅迪克西兰)风格,成为第一个伟大的爵士乐独奏者,此后,爵士乐变成个人通过即兴表演和作曲表现深厚功力的形式。在摇摆乐(约 1930 ～ 1945)时代,独奏者在大小合奏团中的精致演奏出现了,D. 埃林顿的音乐尤其表现了结合作曲和即兴表演的因素。20世纪40年代中期,C.帕克开创了比博普的复杂技巧,成为精致摇摆乐的一种副产品:其激烈的节拍及和声的复杂性不仅挑战了表演者,也考验了听音乐的人。M.戴维斯在50年代领导乐团建立了一种轻松唯美、词句抒情的冷静爵士乐,后来加上语气和电子乐成分。J.科尔特兰在60年代开启了爵士乐在各方面的探索尝试,其中包括扩展比博普的和弦进行法及实验性的自由即兴创作。

攫禽　raptor　通常指任何猛禽,包括猫头鹰。但有时仅指鹰、雕、隼、兀鹫等隼形目鸟类,皆为"抓住并攫走"猎物的昼行性食肉动物。

军备控制　arms control　国际上对于武器的发展、试验、部署和使用的限制。限制武器是通过一般国际协议裁减或限制各国的军备,1899年第一次《海牙公约》国际大会上才出现限制武器的可能性。1921～1922年的华盛顿会议和《凯洛格-白里安公约》(1928)由于各国没有对制裁措施产生太多的恐惧而没有起到任何作用。美国和苏联在冷战期间的限制核武器条约较为人们重视。1968年,两个超级大国以及英国发起了《防止核扩散条约》(后有59个其他国家签署),要求签约国不能将核武器扩散到还没有核武器的国家。参阅《禁止核试验条约》、限制战略武器谈判和裁减战略武器谈判。

军刀　sword　手持兵器,由长长的金属刀刃和长度适宜的刀柄组成。罗马军刀刀刃短而平,刀柄明显区别于刀刃。中世纪欧洲的军刀很重,配备了很大的刀柄和防护装置或者是圆头;刀刃是直的,两边开刃,尖角。火器的出现并没有使军刀消失,但导致新的设计,舍弃护身铠甲而要求剑手学会躲避,开始使用一种狭窄、尖角的双刃军刀。印度和波斯使用一种有弯曲刀刃的军刀,并由土耳其人带到欧洲。土耳其人的半月形刀,弯刃,一边开刃,在西方被改进为骑兵的马刀。日本人的军刀因其坚硬和极端锋利而闻名,是日本侍(武士)的武器。可连续射击的轻武器结束了军刀作为武器的价值,但在决斗中仍继续使用军刀,并由此产生了现代击剑运动。

军法　military law　由法令规定的管理军事力量及其文职雇员的法律。武装力量的成员不能免除他作为公民和一般人应尽的义务,也不能违反国际法。哗变、违令、逃跑、违纪和别的一些有违军队纪律的行为构成违反军法,违者将被提交到军事法庭处理。一些小的错误可以由某一军事长官来处理(如剥夺一定的权利或限制其自由等)。

军号　bugle　一种高音铜管乐器,古时用来打猎和用作军事信号。源自18世纪德国的半圆而孔径向外扩大的打猎号角。19世纪改形为盘绕两圈的长圆管体。原本的军号只用自然泛音列的第2～6个音(C三和音产生的音调)。1810年哈利戴取得有键军号的专利权,在盘绕一圈的军号上装配上6个黄铜键,使军号发出完整的自然音阶(7声)。19世纪20年代,这种军号加上活塞,产生了翼号和较低音的龙风宁号、萨克号等乐器。

军事独裁者　caudillo　此词尤指拉丁美洲地区的军事独裁者。19世纪初开始拉丁美洲独立运动之后,政治上不稳定的状况和长期武装冲突的经历使得该地区许多新成立的国家出现强人,他们通常具有领袖的魅力,而他们掌握权力主要是靠对军队、任命权和警戒的控制。由于他们的权力是基于暴力和私人关系,军事独裁者统治的合法性总是遭到质疑,其中很少有人能够应对从他们自己的追随者及富有的赞助商中崛起的新领导者的挑战。参阅大男子主义和个人统治。

军事法庭　court-martial　专门审判军职人员或其他被控在军法范围内犯罪人员的法庭;也指这种法庭的法律程序。古代军人必须完全服从军令而丧失平民应有的权利,这种军法在中古至16世纪间相当盛行。到16世纪才开始有军事诉讼程序,建立军事委员会负起判决和惩处的责任。现代大多数国家都有独立的《军事审判法》,由军事法庭掌理,并常依循民事诉讼的形式复审。军事法庭一般是按特别法庭开庭,审理一起或几起案件,由较高阶的军事主管召开,负责召集的军官选择其部属中的军官共同出庭审理,以决定被告是否有罪,并宣告判决。参阅军法。

军事管制法　martial law　即军事当局在紧急时期认为当地文官政府无法行使职权而对该地区实行临时统治。在戒严状态下公民权利中止,民事法庭受到限制或完全被军事法庭取代。军事管制法的应用主要受到国际法以及文明的战争公约的约束。参阅人权和战争罪。

军团　legion　军队的一种建制,原来是罗马军队中最大的固定建制,是罗马帝国借以统治国家的军事系统主要编制。早期的罗马共和国发现希腊的方阵形在意大利中部的丘陵和山谷地带分散作战时极不灵便,为了取代它,罗马人发展出一种新的战术体系,以称作中队的小而灵活的步兵单位为基础。这些中队再组成较大的单位,称作步兵队,人数从360人到600人不等,视需要而定。10个步兵队组成一个军团。作战时,4个队在第一线,第二和第三线各有3个队。参阅外籍军团(法国)。

军械库展览会　Armory Show　全称International Exhibition of Modern Art(国际现代艺术展览会)。绘画和雕塑展览会,1913年在纽约市第69兵团军械库举行。展览会的举办由美国画家与雕塑家协会构思,原本仅选择美国艺术家的艺术品参展,后来加进了欧洲现代艺术派别的作品。在展出的1 300件作品中,有1/3来自欧洲,从F.戈雅到M.杜尚和V.康定斯基,展出了印象主义、象征主义、后印象主义、野兽主义和立体主义的代表作品。美国参展作品多来自垃圾箱画派和八人画派的年轻激进的艺术家。展览会还到芝加哥和波士顿展出,对大众介绍了先进的欧洲艺术,展览会本身成为美国艺术发展和艺术收藏具有决定意义的一大事件。

均势　balance of power　在国际关系中,一个国家或党派为对抗另一个国家或党派以防止对方将其意原强加给自己或使自己利益受到损害而采取的一种势力均等的政策。该术语在拿破仑战争结束后开始使用,当时表示欧洲国家体系中的权力关系。第一次世界大战前,英国在许多不断变动的联盟中充当均势维持者的角色。第二次世界大战后,北半球的均势将美国及其盟国与苏联及其盟国(参阅《华沙条约》)相对立,形成了在核战争威胁下的两极均势。中国脱离苏联阵营,采取不结盟但明显的反苏姿态形成了一个第三极势力。苏联1991年解体后,美国及其北约国家联盟被认为是世界上最重要的军事力量。

君权神授　divine kingship　一种宗教-政治概念,视统治者为神灵的化身、显灵、调解者或代表。在某些没有文字的社会,成员认为他们的统治者或首领承继着社会本身的神奇力量。统治者可能会出于恶意或善意而行使这种力量,但他通常是负责影响天气和土地的肥沃,以确保生存所需的丰收。在其他社会中,特别是古代中国、中东、南美洲等社会,统治者被认为跟某个神明有关,或本身就是神;在日本、秘鲁(印加)、美索不达米亚以及希腊-罗马世界,统治者被看作是某个神的儿子。在上述两类例子里,统治者保护社会免于敌人侵扰,照料他的子民并赐给他们温饱。神圣亲缘的第三种形式存在于欧洲,其中统治者是某个神明的调解者或执行代表。在这种形式里,具有神圣性的主要是代表亲缘的机械论,而非单一的统治者。

君士坦丁　Constantine　旧称Cirta(锡尔塔)。阿尔及利亚东北部城市。一座天然的要塞,地处三面为峡谷围绕的多岩台地上,高出卢梅尔河谷地250米。至公元前3世纪为努米底亚重镇,公元前2世纪在米琪普萨统治期间达到巅峰。在随后多次战争中被毁,公元313年重建,以其君主罗马皇帝君士坦丁大帝命名。7世纪时被阿拉伯人及柏柏尔人统治,其间亦被奥斯曼帝国统治,直至1837年被法国占领。1942年美军取得该城,第二次世界大战(1939～1945)期间为同盟国重要作战集结地。现存中世纪城墙,附近有罗马时代的遗址。该城也是附近地区的农产品市场。人口约520 000(2008)。

君士坦丁堡会议　Constantinople, Council of(381)　基督教第二次普世会议,由皇帝狄奥多西一世召开,在君士坦丁堡举行。在教义方面,颁布了《尼西亚信经》,同时最终宣布了关于圣灵、圣父、圣子地位平等的三一论教义。这次会议所发布的教规之一规定,君士坦丁堡主教的荣誉仅次于教皇。应召与会的只有东派教会主教,但希腊方面声称这次会议是普世会议。罗马教会似乎承认了这次会议所颁布的信经,但是不承认其教规,尤其是关于君士坦丁堡尊位的教规(直至13世纪时才承认)。尽管如此,东派教会和西派教会都承认此次会议为普世会议。第二次君士坦丁堡会议于553年举行，由查士丁尼一世召开；这次会议支持基督一性论，贬低稍早的卡尔西顿会议。第三次君士坦丁堡会议于680年举行，谴责认为基督只有一性而不是二性的基督一志论派。第四次君士坦丁堡会议根据巴西尔一世的建议于869～870年召开，结果是对君士坦丁堡牧首圣佛提乌处以绝罚，并加深了东西两派教会间的仇恨。

《君士坦丁惠赐书》 Donation of Constantine 据说是载明罗马帝国*君士坦丁一世*大帝授予教皇西尔维斯特一世（314～335年在位）及其后历代教皇管辖罗马和帝国西部世俗权力的文书。据说西尔维斯特奇迹般地治愈了君士坦丁的麻风病，并劝化他信奉基督教，君士坦丁出于感激而有这种惠赐。15世纪时证明是伪造的，皇帝*奥托三世*已经对该文件起疑，但在11～15世纪时的政教斗争中，常常引用这份文件来支持教宗的要求。

君士坦丁五世（科普罗尼姆斯） Constantine V Copronymus（718～775） 拜占廷皇帝（741～775在位）。利奥三世之子，720年被其父立为同朝皇帝。他一生致力于抗击威胁拜占廷的阿拉伯人和保加利亚人。然而，拜占廷的意大利拉韦纳总督辖区于751年沦于伦巴第人之手，从而结束了拜占廷对意大利北部和中部的统治。他强烈反对崇拜圣像，对抗命教士严厉打击。后来在一次对抗保加利亚王国的军事行动中战死。

君士坦丁一世 Constantine I（280以后？～337） 又称Constantine the Great（君士坦丁大帝）。正式名称为Flavius Valerius Contantinus。第一位承认基督教的罗马皇帝。身为君士坦提乌斯一世的长子，在戴克里先的宫廷度过幼年。他没有被考虑为王位继承人，靠自己努力成为皇帝。在罗马城外米尔维亚桥战役（312）的胜利使他成为西罗马帝国的皇帝。根据传说，他见到那里出现一座十字架和“靠此神迹，你将征服”的文字，此后即承认基督教。313年与李锡尼发出《米兰敕令》，同意容忍基督教徒；他也把土地赠与教会，又给教会特权。他反对异端，特别是多纳图斯主义和阿里乌主义，还召开重要的尼西亚会议。在打败并处决李锡尼后，他控制了东罗马帝国，成为东西罗马帝国唯一的皇帝。他把首都从罗马迁至拜占廷，并将之改名为君士坦丁堡（324）。326年因不明的原因把妻子和长子处死。他因拒绝参与世俗仪式而激怒了罗马人，此后未再踏进罗马城一步。在他的赞助之下，基督教开始成长为世界性的宗教。君士坦丁在天主教会被尊为圣徒。

君主制 monarchy 由一人独享*主权*或由一人统治，此人是永久国家元首。该词现指世袭君主制的国家。君主是16～17世纪新兴民族国家的理想领袖；虽然英国很早就有*议会*制约君主权力，但是君主的权力往往是倾向*专制主义*。君主在他统辖范围内代表了（在他疆土范围内）上帝对一切事物统治。这一陈腐观点在17世*君权神授*思想的影响下达到巅峰，如路易十四。君主专制顺应了*启蒙运动*的潮流，演变成“开明专制”，典型的如俄国的*叶卡捷琳娜二世*。法国大革命是对君主专制决定性的打击，第一次世界大战则有力地摧毁了剩余的君主政体，俄国、德国和奥匈帝国的统治者都应对这场战争及战后的苦难承担责任。

郡守 tetrarch 古希腊、罗马时代的省郡之长，原为1/4个地区或行省的统治者。郡守这个称号最初被用于马其顿的*腓力二世*统治下的色萨利的四个领地分管者。在罗马人于公元前169年征服希腊前，加拉提亚（位于小亚细亚）的分管者也被称为郡守。叙利亚和巴勒斯坦的某些希腊化的小王朝统治者也习以为常地用“郡守”来称呼相对独立的小王国和地区的统治者。公元前4年，*希律*去世后，其领地由其三个儿子继承，其中有两个被称为“郡守”。

K

K2 峰　K2　又作 Qogir Feng(乔戈里峰)或 Mount Godwin-Austen(戈德温-奥斯丁峰)。喀喇昆仑山的一部分。为世界第二高峰,海拔8 611米,仅次于珠穆朗玛峰;部分位于中国境内,部分位于巴基斯坦控制的克什米尔地区。1856 年由 T. G. 蒙哥马利上校发现并进行测量,以 K2 作为标号,表明该峰为喀喇昆仑山第二个经过测量的山峰。1954 年意大利人 A. 孔帕尼奥尼与 L. 拉切德利成为首次攀登顶峰的人。

咖啡　coffee　茜草科咖啡属热带常绿灌木。种子也称咖啡或咖啡豆,烘烤后磨碎加水调制成的饮料也称咖啡。该属 25 种或 25 种以上,其中两种,*C. arabica* 和 *C. canephora*,提供了世界几乎全部咖啡。阿拉伯的小粒咖啡(*Coffea arabica*)调制出来的饮料被认为比 *C. canephora* 的主要变种粗壮咖啡(*Robusta*)更浓郁、更芳香。阿拉伯小粒咖啡种植在中美、北美、加勒比海和印度尼西亚;粗壮咖啡主要种植在非洲。野生咖啡树是常绿灌木,分枝上成束着生白色小花,具茉莉花香味。成熟浆果长 1.5～1.8 厘米,红色。咖啡含有大量的咖啡因,其效果是饮料受欢迎的一个重要因素。喝咖啡的历史可溯自 15 世纪的阿拉伯半岛。17 世纪中叶传至欧洲后,立刻受到人们的极度喜爱。现在全世界有 1/3 的人口饮用咖啡。

咖啡因　caffeine　生物碱中一种含氮的有机化合物,具有显著的生理效果,存在于咖啡豆、茶叶、可乐果、可可豆、巴拉圭茶、瓜拉纳泡林藤,以及用这些原料制成的产品中。咖啡因对中枢神经系统、心脏、血管和肾脏有刺激作用,因此可作为吗啡巴比妥盐等呼吸抑制药的解毒剂。它还具有改善运动功能、减轻疲劳、提神、增强知觉器官活动的功效,但摄入过量也会引起焦虑、紧张、烦躁、头痛和失眠等副作用。在 NoDoz 和许多非处方感冒特效药中都含有咖啡因成分,脱咖啡因的咖啡和茶叶已除去了止痛剂成分。

喀巴拉　Kabbala　又拼 Cabbala。犹太教神秘主义体系,发展于12 世纪及其后。本以口述为传统,主要传述托拉(上帝通过亚当和摩西启示给人类)的神秘智慧。喀巴拉被认为是犹太人直接接近上帝的方式,正统派犹太教认为这是异教及泛神论的主张。完成于12 世纪的《光明之书》是其重要经籍,书中提到犹太教的灵魂轮回的观点,并提供喀巴拉更广的神秘象征意义。13 世纪西班牙的传统包括《隐喻之书》,主张历史每个轮回都有其托拉;《光辉之书》则讨论创造的奥秘。16 世纪时,加利利地区的塞费德已成为喀巴拉的中心,这里是最著名的喀巴拉大师 I. 卢里亚的故乡。卢里亚派喀巴拉提出的基本理论是:经由极度神秘的生活和不懈地与邪恶作斗争,犹太人成功地达到了宇宙复兴。该派的理论也影响到现代哈西德主义的发展。

喀布尔　Kabul　阿富汗首都。濒临喀布尔河,坐落在两山之间的谷地中,具战略价值。建城已大概有3 500年。16 世纪时成为莫卧儿王朝的首都,一直受莫卧儿统治,直到 1738 年被伊朗征服者纳迪尔国王占领。1776 年以后成为阿富汗首都。1979 年苏联入侵阿富汗,在喀布尔建立军事指挥部。1989 年苏联撤出后,阿富汗游击队仍继续零星的战斗,城市受到广泛的破坏。1996 年塔利班占领喀布尔并强迫实行严格的伊斯兰教教义统治。2001 年塔利班政权被推翻后,该市从多年的动乱中开始恢复。人口约 2 536 300(2006)。

喀尔巴阡山脉　Carpathian Mountains　欧洲东部山脉。沿斯洛伐克-波兰边界,往南穿越乌克兰和罗马尼亚的东部,全长约1 450千米。最高峰格尔拉赫峰海拔2 655米(位于斯洛伐克境内)。小喀尔巴阡山脉和白喀尔巴阡山脉是其西南的延伸部分,特兰西瓦尼亚阿尔卑斯山脉有时也称南喀尔巴阡山脉。维斯图拉河、德聂斯特河和蒂萨河皆发源于此。经济以农业、林业和旅游业为主。

喀耳刻　Circe　希腊传说中的一个女巫,太阳神赫利俄斯和海中仙女珀耳塞的女儿。她能用药物和咒语把人变成狼、狮子或猪。希腊英雄奥德修斯等在特洛伊战争后返乡途经她的埃埃亚岛时,她把奥德修斯的同伴变成猪。但奥德修斯本人受到赫耳墨斯所赠的神奇摩利草的保护,并迫使她恢复了他同伴的原形。后来她和奥德修斯成为恋人,但一年后奥德修斯再度启程继续其返乡之旅。

喀拉喀托　Krakatoa　又拼 Krakatau。在爪哇和苏门答腊之间巽他海峡中心一个岛上的火山。1883 年大喷发造成历史上最严重的灾难。澳大利亚、锡兰(斯里兰卡)和菲律宾都能听到爆炸声,大量的火山灰洒落到 80 万平方千米的地区。它引起海啸,浪高 36 米,造成爪哇和苏门答腊36 000 人死亡。1927 年再次喷发,至今仍在活动。

喀拉拉邦　Kerala　印度西南部的一个邦。濒临阿拉伯海,与卡纳塔克邦、泰米尔纳德邦相邻,囊括沿岸飞地马埃(本地治里中央直辖区的一部分)。面积38 863平方千米。首府特里凡德琅。公元 3 世纪时是独立的达罗毗荼王国,称喀拉拉普特拉。9～12 世纪杰尔王朝统治这个地区,当时说的马拉雅拉姆语,现在还是该地区的主流语言。1498 年葡萄牙人入侵,接着是荷兰人在 17 世纪的统治。18 世纪中叶特拉凡哥尔王国驱逐了荷兰人,然而到了 19 世纪初,这个王国成为英国马德拉斯管区的一部分。1956 年获现名和版图,是印度人口最密集的邦。人口 33 387 677(2011)。

喀喇昆仑山　Karakoram Range　中亚山系。从阿富汗东部到克什米尔地区绵延 480 千米,是世界上最高的山系之一,最高峰是 K2 峰(8 611 米)。喀喇昆仑山脉周围都是陡峭的山峰,虽然在 1978 年建成了喀喇昆仑公路,改善了这个地区的交通,但还是险峻难达。由于环境险恶,少有人居住。

喀迈拉　Chimera　希腊神话中的一个喷火女妖,其身前部像狮子,中部像山羊,后部像一条龙。她蹂躏了卡里亚和吕西亚周围的地区,最后被柏勒洛丰杀死。此词现在经常用来指荒诞不经的念头或想象中虚构的事。

喀麦隆　Cameroon　全称 Republic of Cameroon(喀麦隆共和国)。西非国家。面积:476 350平方千米。人口:约21 170 000(2013)。首都:雅温得。境内有多个不同的种族,包括芳人、巴米累克人、巴穆姆人、杜亚拉人及富拉尼人。俾格米人(当地称之为巴杰利人和巴宾加人)居住在南部森林中。语言:法语和英语(均为官方语言),以及富拉语、巴米累克语和杜亚拉语。宗教:基督教(以天主教和新教为主)、本土宗教和伊斯兰教(在北部居主导地位)。货币:非洲金融共同体法郎。喀麦隆有 4 个地理区。南部区包括沿海平原和森林茂密的高原。中部区向北逐渐升高,包括阿达马瓦高原。北部区为稀树草原,地势向乍得湖盆地倾斜。西部和北部沿尼日利亚边界一带的地势起伏多山,包括喀麦隆火山。有几条主要河流,其中萨纳加河流入大西洋,贝努埃河则向西流入尼日利亚境内的尼日尔河流域。喀麦隆经济为发展中的市场经济,主要以石油和农业为基础,其服务业亦有所发展。喀麦隆为单一的多党制共和国,一院制。国家元首是总统,政府首脑为总理。欧洲人来此殖民之前,长期有人类居住。讲班图诸语言的部族从赤道非洲进入此地,定居在南方。其后穆斯林富拉尼人从尼日尔河流域迁入,定居北部。15 世纪末,葡萄牙探险家初探此地。荷兰人在当地亦很活跃。1884 年,德国人取得控制权,将其保护领地扩大到喀麦隆。第一次世界大战期间,法英军队的联合行动迫使德国人撤退。战后,喀麦隆被划分为法属和英属两个行政区。第二次世界大战后,两地改由联合国托管。1960 年法国托管地成为独立共和国。1961 年英国托管地的南部投票通过与新成立的喀麦隆共和国合并,北部则与尼日利亚合并。独立后,经济问题加深了该国社会的不稳定。喀麦隆于 1964 年首次参加在东京举办的夏季奥运会。

喀戎　Chiron　希腊神话中的半人半马怪之一。为克洛诺斯和海中仙女菲吕拉之子,居住在色萨利的佩利昂山下,以智慧和医术著称。许多希腊英雄,如阿喀琉斯、赫拉克勒斯、伊阿宋、阿斯克勒庇俄斯,都曾受过他的教诲。由于误中赫拉克勒斯射出的毒箭,他痛苦异常,以至于放弃了自己的永生准备去死。后来宙斯把他安置在天上,与群星并列,即人马座。

喀山　Kazan　俄罗斯西部鞑靼共和国的

首府。位于伏尔加河卡赞卡河的汇合处，由金帐汗国的蒙古人在13世纪建立，15世纪时成为独立汗国的首府。1552年，伊凡四世占领喀山并征服了汗国。这个城市在一场叛乱(1773～1774)中被焚毁，重建后成为一个重要的贸易中心。20世纪初，喀山成为全国主要的制造业城市之一。人口约112 673(2006)。

喀斯喀特山脉　Cascade Range　美国西部山脉。为内华达山脉的延伸部分，从加利福尼亚州东北部的拉森火山向北延伸，穿过俄勒冈州和华盛顿州1 100千米。海拔最高点是雷尼尔山。有些山峰曾在最近喷发过，如圣海伦斯山。其北部延伸部分在不列颠哥伦比亚省称为海岸山脉。

喀土穆　Khartoum　苏丹首都。位于青尼罗河与白尼罗河交汇处南侧。最初是一个埃及军营(1821)，1885年马赫迪起义军包围并摧毁喀土穆，还杀死了英国总督C. G. 戈登。1898年重新被英国占领，成为英-埃政府的首府。1956年成为独立的苏丹共和国首都。现为苏丹主要的贸易和交通中心之一，还是几所大学的所在地。人口3 949 000(2000)。

卡　calorie　又译卡路里。能或热的单位。不同的准确定义用于不同的目的(如理化测量、工程蒸汽表和热化学)，但在所有情况下，1卡约等于4.2焦耳，即将1克水的温度提升1℃所需的热量。营养学家和食品科学家所使用以及食品标签上标明的卡实际上是千卡或大卡(等于1 000卡)。卡可用来测量在化学键中所含的热能量或代谢能量。

卡巴莱　cabaret　一种供应酒水并有轻松音乐表演的餐馆。大概起源于19世纪80年代的法国，通常在一个小俱乐部里演出业余水平的短节目和讽刺剧，影射资产阶级的陋习。约1900年在德国柏林出现第一家卡巴莱，老板是E. von沃尔措根，演出带政治嘲讽的音乐短节目。这家卡巴莱后来变成在地下发表政治言论和文学创作的中心，也是社会批评者如B. 布莱希特和K. 韦尔等人发表作品的场所，1967年上演的音乐剧《卡巴莱》(1966)描述了这里颓废但充满艺术创造力的环境。英国的卡巴莱源自18～19世纪城市酒馆里的演奏会，后来逐渐发展成杂耍剧场。在美国，卡巴莱发展成夜总会，表演者一般都是喜剧演员、歌手或乐师。小型爵士乐队和民歌俱乐部，以及后来的喜剧俱乐部都是从最初的卡巴莱演变而来的。

卡奔塔利亚湾　Carpentaria, Gulf of　澳大利亚东北部海湾，是阿拉弗拉海的一个长方形浅水湾。介于澳北区和约克角半岛之间，南北长约600千米，东西宽约500千米。海湾东面最早由荷兰人于1605～1628年开发，西、南两面海岸于1644年被探险家A. J. 塔斯曼发现。数百年来，这里一直没有得到关注，从20世纪后期发现铝土矿、锰以及大片虾群密集的水域以后，其经济价值才引起重视。

卡毕拉　Kabila, Laurent (Désiré)(1939～2001)　刚果(扎伊尔)的反叛军领袖，后来成为总统(1997～2001)。20世纪60年代及70年代在扎伊尔参加数次受马克思主义影响的起义活动。曾在海外求学，包括中国的军事学校。后从事贵重矿石及象牙的贸易。卢旺达内战期间，与卢旺达的P. 卡甘姆合作，攻击扎伊尔境内的胡图族游击队及扎伊尔政府军。1997年他率领的军队推翻蒙博托政权，自任总统并将扎伊尔共和国改名为刚果民主共和国。但他上台后实行高压政策，因而又导致一场更大的战争。战斗双方都得到不同非洲国家派遣军队的支持，后来他被刺身亡，一般认为暗杀策动者就是他手下的官员。卡毕拉死后，总统职位由他的儿子约瑟夫(1971年生)继任。

卡宾枪　carbine　短枪管轻型滑膛枪或步枪。16世纪首次使用，18世纪以前主要是骑兵用的武器。后来一些步兵军官、炮兵和军士也配备了卡宾枪。到20世纪80年代，普遍采用轻型突击步枪(如苏联的AK-47步枪和美国的M16型步枪)，卡宾枪作为军用武器已过时，但因这种枪短而轻，成为丛林狩猎和民间骑手为娱乐目的使用的武器。

卡波特　Capote, Truman(1924～1984)　原名Truman Streckfus Persons。美国小说家、剧作家。青少年大部分时期在路易斯安那州和亚拉巴马州的小城度过。早期作品具有美国南方哥特派小说的传统，其中包括小说《别的声音，别的房间》(1948)、《草竖琴》(1951)和故事集《夜晚的一棵树》(1949)。以后他开创了一种新闻报道的写作风格，称之为"非虚构小说"，特别是《心狠手辣》(1966)一书，记叙了堪萨斯州两个反社会精神病患者犯的多次谋杀案。其他作品还有中篇小说《在蒂芬尼饭店进早餐》(1958；1961年拍成电影)、音乐剧《花之屋》(1954，与作曲家H. 阿伦合著)，以及短文集《群犬吠了》(1973)和《为变色龙奏的音乐》(1980)中既有虚构也有非虚构的作品。

卡波西氏肉瘤　Kaposi's sarcoma　通常是一种致命的癌症，表现为在皮肤和其他组织上出现多个红紫色或蓝棕色的斑点。它与一种疱疹病毒有关，如何将它归类仍多争议。1872年M. 卡波西首先描述此症时，此病非常罕见，局限在地中海和非洲地区的某些族群中。约自1980年起，普遍出现在艾滋病病人之间。在男同性恋者的人类免疫缺损病毒(HIV)病人(约25%)中发展最快，多于异性恋的使用静脉注射药物的HIV病人(3%)。目前已有缓解的治疗方法，但仍无法根治。

卡伯特　Cabot, John(约1450～1499?)　原名Giovanni Caboto。意大利航海家和探险家。15世纪70年代他受雇于一家威尼斯商行，到地中海东岸旅行。90年代迁居英格兰布里斯托，在城市商人的支持下，于1497年率队远征，寻找通往亚洲的贸易路线。在北美洲某处登陆(可能是在拉布拉多南部或布雷顿角岛)后，他宣布该地为亨利七世的领土，并勘察了沿海一带。1498年第二次出海远征，他可能到达了美洲，但也许在海上失踪。他这两次航行为后来英国对加拿大提出领土要求打下了基础。其子S. 卡伯特也是一位知名的航海家。

卡伯特　Cabot, Sebastian(1476?～1557)　英国航海家、探险家和制图学家。J. 卡伯特之子，曾为英国和西班牙王室服务。1525年他率领一支西班牙探险队，放弃了最初想与东方发展贸易的目的，反而到南美进行了一次毫无成果的勘探。后来他在英国当上了商人冒险家团体的主管，组织一支探险队寻找从欧洲到东方的东北航线。

卡布拉尔　Cabral, Pedro Álvares(1467?～1520)　葡萄牙航海家，对发现巴西作出过贡献。出身贵族，长期受葡萄牙国王曼努埃尔一世的偏爱，1500年命他率领一支13条船的航海队第二次远征印度，循着V. da伽马先前走过的路线，以加强商业联系并进一步巩固葡萄牙的征服。卡布拉尔向西南方航行，接近了先前葡萄牙人发现并声称拥有主权的陆地。1500年4月22日他踏上了现在称之为巴西的海岸，并正式宣布该地为葡萄牙所拥有。在继续驶向印度的航程及返程中，船队屡遭劫难；最后仅有4条船返回葡萄牙。

卡布里尼　Cabrini, St. Frances Xavier(1850～1917)　别名Mother Cabrini。意大利裔美国传教士，也是第一位被罗马天主教会追谥为圣徒的美国公民。出生于圣安杰洛洛笛贾诺，她从孩提时代就决心当一名传教士，并于1877年对此发誓。1880年在意大利创建圣心传教女修会，1889年教皇利奥十三世派她到美国在意大利移民中工作。她曾居住在纽约和芝加哥，但多次到南北美洲和欧洲巡视，建立了67所修道会。1946年正式封为圣徒。

卡车　truck　用于运送货物的载重汽车。最早的卡车是1896年由德国人G. 戴姆勒制造的。到20世纪20年代，卡车已经成为主要的运输载重工具。在20世纪40年代之前，汽油机卡车的使用很广泛，后来被柴油机卡车取代。卡车有直的(所有的轮轴都联结在一个框架上)或连轴的(由一个连轴节将几个框架连接在一起)的车厢。大型的铰接式卡车包括一个拖车和一个相连的半拖车。1918年卡车采用了空气制动，1925年开始采用四轮制动。后来的改进还包括能量方面功能的提高。

卡茨　Cats, Jacob(us)(1577～1660)　又称Father Cats。荷兰诗人。作为司法官和高官，他以著述寓意书享有盛名，这些作品包括木刻版画的道德诗文。《新旧时代的镜子》(1632)中的许多诗句现已成为荷兰家喻户晓的名言，他以这种形式表达对荷兰加尔文教信徒的道德关切，特别是关于爱情和婚姻。

卡茨基尔山脉　Catskill Mountains　美国

纽约州东南的阿巴拉契亚山脉的一部分。东和北以莫霍克河和哈得孙河河谷为界。许多山峰高逾 900 米，最高峰为斯莱德山(1 281 米)。山区内有许多风景名胜，并有多处人工湖，是纽约都会区的重要水源地。该山脉也因 W. 欧文所写的《李伯大梦》故事而闻名，据说李伯一睡 20 年的地方就在卡茨基尔镇附近。

卡达尔 Kádár, János(1912～1989) 原名 János Czermanik。匈牙利总理(1956～1958,1961～1965)，匈牙利共产党第一任总书记(1956～1988)。1931 年加入当时仍属非法的共产党，1945 年进入匈牙利共产党政治局。1950 年和斯大林主义者冲突，被开除出党，并被捕入狱(1951～1953)。1954 年恢复党籍，并加入 I. 纳吉短暂的政府。1956 年苏联军队接管匈牙利后，卡达尔在苏联支持下成立新政府，并采取镇压措施来平定叛乱。他后来说服苏联撤军并允许匈牙利有一些内部自主权。

卡达雷 Kadare, Ismail(1936～) 阿尔巴尼亚小说家及诗人。卡达雷是邮局职工之子，后成为新闻工作者。他对阿尔巴尼亚政府褒贬不一，后因感到受到当局的威胁而于 1990 年常住巴黎。其享有国际声望的作品为小说《阵亡部队的将军》(1963)，是关于第二次世界大战后阿尔巴尼亚的故事。故事集《三首科索沃的挽歌》(1999)是关于 14 世纪巴尔干战役的故事。他的后期作品包括《春花、春霜》(2000)、《接班人》(2003)。2005 年卡达雷荣获曼布克国际文学奖。

卡丹 Cardin, Pierre(1922～) 法国时装设计师。17 岁到维希，在一家男装店当裁缝。第二次世界大战后，加入巴黎的帕坎时装公司并为 J. 科克托的电影《美女与野兽》(1945)设计过服装。20 世纪 50 年代他开了自己的服装店，设计化装舞会穿的女礼服和男女时装成衣。他是一位斜裁大师。他的男装成衣对其他设计师产生重要影响，包括美国的 B. 布拉斯。

卡德兰 Cartland, (Mary) Barbara (Hamilton)(1901～2000) 后称Dame Barbara。英国女作家。第一部小说《拼图》(1925)获得成功。20 世纪 20 年代期间她还写有另外两部小说和一部戏剧，之后出书的速度稳步增长，到 20 世纪 70 年代，她每年平均写 23 部书，这些书都是由她口述的。她大约写了 600 本书，大部分是俗套的爱情小说，销售多达 6 亿册。她的非小说作品包括传记和有关健康食品、维生素和美容的书籍。她是戴安娜(威尔士王妃)的继祖母。

卡德利尔舞 quadrille 流行于 18 世纪末和 19 世纪的舞蹈。由 4 对男女排成方形表演。1815 年英国贵族从巴黎舞厅学来的这种舞蹈，由四段或五段“对舞”组成，如同对舞，卡德利尔舞着重要求舞蹈者配合默契，跳出种种错综复杂的图案，而舞步并不复杂，伴奏音乐通常为由歌剧旋律编成的乐曲。

卡德纳斯 Cárdenas (del Rio), Lázaro(1895～1970) 墨西哥总统(1934～1940)。具有印第安人血统，曾加入反对独裁者 V. 韦尔塔的武装斗争，在革命军队中步步高升。后来他的党派获胜，卡德纳斯 1920 年成为墨西哥军队的一名将军。1928 年当选为米却肯州州长，1934 年成为总统。他在任内以努力实现这场革命的社会和经济目标而闻名，把大量土地重新分配给农民，并为他们发放贷款，组织农民联盟和工人联合会，把石油工业、主要铁路公司和其他外资产业收归国有。他反对美国在墨西哥的势力，后来支持 F. 卡斯特罗。对大部分墨西哥人而言，他现在依然是政治上左派的主要象征。

卡迪 qadi 伊斯兰教法执行官。其职责是根据伊斯兰教法断案。从理论上讲，卡迪可以审理民事和刑事案件，但实际上仅审理财产继承、宗教捐赠、结婚、离婚之类的宗教案件。第二代哈里发欧麦尔·伊本·哈塔布首次指定卡迪可不必经由哈里发亲自裁决来处理社区争执事宜。

卡迪根伯爵 Cardigan, Earl of(1797～1868) 原名 James Thomas Brudenell。英国将军。1824 年从军后，他花钱购买官职，1832 年成为中校并以军纪严明著称。他把继承所得的丰厚财产花在购买军装上，使他所带领的团成为步兵当中穿着最整齐的队伍。克里米亚战争爆发(1853)后，他被任命为英国轻骑兵旅旅长，他在巴拉克拉瓦战役中带领这支部队发起冲锋，但未能取得胜利。尽管有此次失败，他返回英国后还是受到了吹捧，并被任命为骑兵总监。

卡迪根湾 Cardigan Bay 威尔士西海岸港湾。约 105 千米长，是圣乔治海峡的一个大入口。两个国家公园(斯诺多尼亚公园和彭布罗克郡海岸公园)把大部分海岸围入其中。湾的沿岸建有许多度假小镇，包括阿伯里斯特威斯和菲什加德，后者为威尔士与爱尔兰之间的渡船服务基地。

卡迪什 Kaddish 犹太教哀悼者的祈祷文，父母亲或近亲逝世之后，哀悼者要背诵这段祈祷文，为期 11 个月又 1 天之久。以阿拉米语而不是希伯来语背诵时，为祝祷上帝的赞美词，亦有祈求弥赛亚时代快速到来之意。原本是希伯来语学院教义研习结束时背诵的祷词，后逐渐成为礼拜仪式中固定的内容。由于与死者的复生与弥赛亚的来临相关，卡迪什后成为哀悼者的祈祷文。

卡蒂埃 Cartier, George Étienne(1814～1873) 后称 Sir George。加拿大政治家，1858～1862 年与 J. 麦克唐纳同任加拿大总理。出生于下加拿大圣安托万(今魁北克)。1848 年以自由党人身份选入加拿大立法会议，1857 年任加拿大东区总检察长。1858 年他代表加拿大东区与麦克唐纳结成联盟，并努力改善加拿大境内的英国后裔与法国后裔的关系。他还支持修筑横贯加拿大东部的大干线铁路。1867 年他不顾强烈反对，使他的故乡圣安托万省加入联邦。后来他在麦克唐纳的第一届联邦内阁(1867～1872)中担任民兵和国防部长。

卡蒂埃 Cartier, Jacques(1491～1557) 法国水手和探险家。1534 年受法国国王弗兰西斯一世派遣去北美洲探险，希望能找到黄金、香料和通往亚洲的航道。他探勘了北美洲沿海一带和圣劳伦斯河(1534、1535、1541～1542)，但没有达到预期的结果，但确实为法国后来占有加拿大奠定了基础。

卡蒂埃-布勒松 Cartier-Bresson, Henri(1908～2004) 法国摄影家。曾在巴黎学习艺术，在剑桥大学主修文学和绘画。大约在 1930 年当他无意间接触到 E. 阿特热和 M. 雷的作品时，他开始对摄影产生兴趣。他以静态摄影中浑然天成、连续的影像闻名，这种技术是因他热衷制作影片而养成的。卡蒂埃-布勒松还帮助把新闻摄影设为一门艺术，1947 年他与 R. 卡帕和 D. 西摩一起创立玛农图片社。最著名的摄影集是《决断性的时刻》(1952)。

卡叠什 Kadesh 叙利亚西部古城。位于现代的霍姆斯正西南，公元前 15 世纪曾被埃及国王图特摩斯三世入侵。它一直是埃及势力的前哨，直到公元前 14 世纪中期才为赫梯人统治。埃及国王塞提一世曾占据该城。于公元前 1275 年成为埃及国王拉美西斯二世与赫梯的穆瓦塔利斯之间的一次著名战役的战场。约公元前 1185 年受到海上民族的入侵，该城从历史中消失。

卡多索 Cardoso, Fernando Henrique(1931～) 巴西总统(1995～2003)。出生于富有的军人家庭，曾在圣保罗大学教社会学，在巴西实行军事统治时期是左翼知识分子反对派的重要成员，尽管在恢复文职统治后他又倾向于中间派。1993 年出任财政部长，负责监督实业计划的制订，这是一整套反对通货膨胀的有效计划，帮助他于 1994 年取得总统职位。他致力于国营公司的私有化和增加外国投资。1998 年他成为巴西历史上首位获得连任的总统。1999 年一场外汇危机破坏了巴西的发展远景。

卡恩 Cahn, Sammy(1913～1993) 原名 Samual Cohen。美国歌词作者。出生于纽约市。十几岁时就已成为专业歌词作家。后来他与 S. 查普林一起组成一个歌词写作班子；他们的第一个成功之作是《我们要的就是节奏》(1935)。他曾与 J. 斯坦恩合作为许多电影和音乐剧写歌，包括《喷泉里的三枚硬币》(获奥斯卡奖)。1955 年卡恩与 J. 范霍伊森合伙为 F. 西纳特拉写了几十首歌曲，西纳特拉的唱片为他们写的《天长地久》、《满怀希望》以及《叫我不负责任》赢得奥斯卡奖。

卡尔德龙 Calderón (Hinojosa), Felipe (de Jesús)(1962～) 墨西哥总统(2006～2012)。出生于墨西哥米却肯州莫雷利亚。曾就读于墨西哥城的自由法学院，2000 年获哈佛大学硕士学位。其父于1939年协助成立中间偏右的国家行动党(PAN),而卡尔德龙则从青年时代起就是国家行动党的活跃成员。1993年他成为该党的秘书长,1996～1999年担任该党主席。2000年V.福克斯赢得总统大选,使国家行动党首次执掌国家权力。曾在政府部门担任多个职务,包括能源部长(2003～2004)。2005年被提名为国家行动党的总统候选人。翌年大选以0.56%的领先票数险胜,当选总统。当选后,卡尔德龙致力于发展能源部门、增加就业、打击犯罪和贩毒团伙。但2008～2009年的经济大衰退及不断升级的毒品犯罪活动使其在2012年的总统大选败选。

卡尔德隆·德·拉·巴尔卡 Calderón de la Barca, Pedro(1600～1681) 西班牙剧作家。1623年放弃宗教研究,开始为西班牙腓力四世的宫廷写剧本。他写的世俗剧包括《医生的荣誉》(1635)、《人生是梦》(1638),以及被公认为杰出的宫廷剧代表作《空气的女儿》(1653)。此外,他还写有不少宗教剧,其中包括《坚贞不渝的王子》(1629)、《奇妙的魔术师》(1637)等。他还创作了76部独幕宗教剧,其中最有名的是《世界大剧院》(1635)和《忠实的牧羊人》(1678)。他被视为L. de 维加的接班人,其剧本结构严谨,情节复杂,内容紧凑。

卡尔杜齐 Carducci, Giosuè(1835～1907) 意大利诗人。在博洛尼亚教文学史长达40年,晚年成为议员。他反对当时盛行的浪漫主义,提倡回归到韵律学的古典模式,但他修辞精美的演说却引发了对改革的抵制。他最好的诗集《新的抒情诗与野蛮的颂诗》(1887)包含对田园美景向往、童年时代的怀念以及古罗马辉煌时代的描述。被视为他那个时代的意大利民族诗人,1906年获诺贝尔文学奖。

卡尔弗尔特 Karlfeldt, Erik Axel(1864～1931) 瑞典诗人。他与家乡农村文化的紧密联系对他的写作生涯影响极大。他的地方性和以民间传说为基础的诗作,部分用英语发表在《北方世外桃源》(1938)中,极受读者欢迎。1904年被选入瑞典学院,1912年担任瑞典学院的终身秘书。1918年拒绝接受诺贝尔文学奖,但在他去世后仍把该奖颁给了他(1931)。

卡尔霍恩 Calhoun, John C(aldwell)(1782～1850) 美国政治家。出生于南卡罗来纳州阿比维尔区。他是忠诚的杰斐逊共和党人,1811～1817年当选美国众议院议员。1812年6月在众议院以鹰派领导人的身份发表对英国宣战书。1817～1825年任美国陆军部长。1824年当选为副总统,总统为J. Q. 亚当斯。1828年再次当选副总统,总统为A. 杰克逊。19世纪30年代热衷于死扣美国宪法的解释而走向极端,他是州权和奴隶制的捍卫者,也是"否认原则"的支持者。1832年辞去副总统职位,当选美国参议员,任期至1850年,其中有两年时间任国务卿(1843～1845)。他极力捍卫奴隶制,硬把奴隶制说成是一件"有积极意义的好事",在自由州引起公众对南方人的强烈反感。

J. 卡尔霍恩,M. 布雷迪摄,约1849年
By courtesy of the Library of Congress, Washington, D. C.

卡尔基米什 Carchemish 幼发拉底河西岸的古城邦。遗址在土耳其的加济安泰普东南,靠近叙利亚边界。公元前第2千纪是米坦尼王国的一个城市,后成为赫梯人的主要城市。公元前12世纪可能被海上民族征服。后逐步为亚述人所统治,并最终于公元前717年向亚述人屈服。公元前605年在卡尔基米什发生的战役中,巴比伦国王尼布甲尼撒二世将埃及人逐出叙利亚。其遗址于1911～1920年被挖掘。

卡尔加里 Calgary 加拿大艾伯塔省南部城市。位于鲍河和埃尔博河汇合处。1875年建立时为西北骑警队驻地。1883年加拿大太平洋铁路修到此地,经济开始发展,1914年和1947年先后在附近发现石油和天然气田,该市经济迅猛发展。现在主要行业有炼油、肉类加工、伐木等。一年一度的卡尔加里牛仔竞技大赛创始于1912年,是世界著名的牧马骑术表演和纪念昔日西部的庆典活动。人口(2011):市区1 096 833;都会区1 214 839。

卡尔加里大学 Calgary, University of 位于加拿大艾伯塔省卡尔加里的一所公立大学。1945年成立时隶属于艾伯塔大学,1966年独立建校。现有院系包括教育、工程、环境设计、艺术、研究生院、人文科学、法律、管理、医学、护理、体育、自然科学、社会科学、社会工作等。设有与空间研究、国际开发、潜质教育和世界旅游有关的专门学习课程。现有注册学生约24 000人。

卡尔帕乔 Carpaccio, Vittore(约1460～1525/1526) 意大利画家。主要活动在威尼斯,早期生平不详,但作品明显是受G. 贝利尼和安托内洛(墨西拿的)的影响。约1490年他开始画《圣徒乌尔苏拉传》组画(现藏威尼斯美术学院)中的第一幅。这些作品显示了他的最伟大的成就。他是威尼斯画派最伟大的叙事画家之一。

卡尔萨温娜 Karsavina, Tamara (Platonovna)(1885～1978) 俄裔英国芭蕾舞演员。1909～1922年担任俄罗斯芭蕾舞团的首席舞者,颇享声誉。曾在圣彼得堡的帝国芭蕾舞学校接受训练,1902年加入马林斯基剧院剧团。1909年加入刚成立的俄罗斯芭蕾舞团,与V. 尼任斯基搭档演出至1913年,在M. 福金的新浪漫派舞剧中扮演了大部分的主要角色,其中包括《仙女》、《狂欢节》、《玫瑰精灵》、《火鸟》、《达菲尼与克罗埃》等。后来定居伦敦,曾协助创建了皇家舞蹈学校(1920)和卡玛戈学会(1930),还指导过M. 芳廷。

卡尔十六世古斯塔夫 Carl XVI Gustaf(1946～) 瑞典语作Carl Gustaf Folke Hubertus。瑞典国王(1973年即位)。作为国王古斯塔夫六世阿道夫(1882～1973)的孙子,他于1950年成为王储,因他的父亲已在1947年死亡。曾就读于一所军事学校,1968年成为一名海军军官。即位时,恰逢瑞典的君主政体发生根本变化;1973年颁布的新宪法取消了国王管理国家的权力,赋予他的仅仅是一个象征性的职务。

《卡尔斯巴德决议》 Carlsbad Decrees(1819) 德国领导人为压制自由和民族主义的倾向而通过的决议。他们在卡尔斯巴德(今捷克共和国的卡罗维发利)开会,与会的德国各主要州的首长同意梅特涅的提议,赞成新闻审查制度,解散新成立的青年协会,以及成立一个委员会,负责调查阴谋组织。从长远看,这个强制性的决议并没有能够阻止德国的民族主义或自由主义的发展。

卡尔维诺 Calvino, Italo(1923～1985) 意大利作家。第二次世界大战期间曾参加抵抗运动,早期作品多以此运动为题材。20世纪50年代,他从写实主义转向幻想和寓言。短篇小说集《宇宙连环画》(1965)是描写宇宙的创始与进化的一连串意识流式的叙述。长篇小说《看不见的城市》(1972)、《交叉命运的城堡》(1973)和《如果在冬夜,一个旅行者……》(1979)使用调侃的叙述结构并不断转换观点。《文学的使用》(1980)收入了他1959～1966年当编辑时为一家左翼刊物撰写的文章。

卡尔西顿会议 Chalcedon, Council of(451) 基督教教会的第四次普世会议,在卡尔西顿(今土耳其的卡德柯伊)举行。此次会议由皇帝马西安召开,通过了尼西亚会议决议(325年)、君士坦丁堡会议决议(381年,后称为《尼西亚信经》)。会议还通过了利奥一世的《大卷》,确认基督的人、神二性共存,并驳斥基督一性论派,称其为异端。会议发表了自己的信纲,以阐明上述教义。会议还颁布了神职人员戒条,宣布耶路撒冷和君士坦丁堡为牧首区。

卡夫卡 Kafka, Franz(1883～1924) 捷克作家,用德语写作。出身于布拉格(当时是奥匈帝国的一部分)一个犹太人中产阶级家庭。取得博士学位后,1907年起在一个政府的保险单位工作,他工作得心应手但却不愉快。1922年因肺结核而被迫退休,40岁时死于该病。他多愁善感,神经过敏,一生中只

卡夫卡
Archiv fur Kunst und Geschichte, Berlin

勉强发表了几个作品，包括象征派小说《变形记》(1915)、寓言性幻想小说《在苦役营》(1919)以及小说集《乡村医生》(1919)。在卡夫卡死后违反他遗愿出版的小说《审判》(1925)、《城堡》(1926)和《美国》(1927)表达了20世纪人类的焦虑和疏离感。卡夫卡的寓言故事有着常态与幻想的怪诞和艰涩的混合，引起人们各种各样的解释。卡夫卡身后有很大的名望和影响力，被认为是20世纪欧洲伟大的作家之一。

卡夫食品公司 Kraft Foods, Inc. 又译克拉夫特食品公司。美国食品制造商和销售商。公司源自1903年由J. L. 克拉夫特在芝加哥创立的奶酪批发送货店。1909年合组克拉夫特兄弟公司，在第一次世界大战中向美军提供经过防腐处理的奶酪，公司由此发展起来。1930年被全国乳品公司收购，20世纪80年代与达特实业公司合并，1988年由**菲利普·莫里斯公司**接管。总部设在伊利诺伊州的格伦维尤。

卡弗 Carver, George Washington(1861? ～1943) 美国农业化学家和农艺学家。出生于密苏里州的戴蒙得格罗夫附近，母亲为女奴。幼年生活在农场主的种植园，后来离开，干过各种仆人的工作，直到20多岁才读完高中，后考入艾奥瓦州立农学院，最后获硕士学位。1896年为亚拉巴马州塔斯基吉学院的农业研究负责人，协助制订美国南方的农业开发计划。为使他能够集中精力从事研究工作，B. T. **华盛顿**于1910年免去其行政职务。他种植花生、大豆等能使土壤变肥沃的作物，改变南方只种植棉花的单一农业经济，以避免造成土壤贫瘠。到1940年花生已成为全美国6种主要农作物之一，在南方成为仅次于棉花的经济作物。后来他研究出花生的300多个衍生产品，甘薯的118个衍生产品。第二次世界大战期间，他发明了500种染料以取代无法从欧洲获得的染料。尽管在国际上有极大的声誉，并有人提供非常好的工作机会给他，但他始终在塔斯基吉学院工作。1940年他捐出毕生积蓄在塔斯基吉成立卡弗研究基金会。

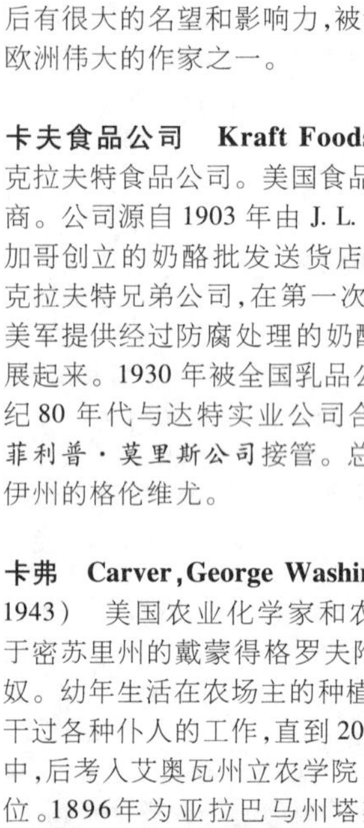

G. W. 卡弗
By courtesy of the Tuskegee University Alabama; photograph, P. H. Polk

卡弗 Carver, Jonathan(1710 ～ 1780) 美国探险家。曾参与法英北美殖民地争夺战。1766年被R. **罗杰斯**少校派往密歇根北部以西地区探险。他越过大湖区沿密西西比河北上，在一个苏人的村落过冬，他的旅途日记(1778年出版)获得很大成功，但他死时身无分文。

卡富埃河 Kafue River 发源于民主刚果-赞比亚边境的河流。它蜿蜒向南，最终流向东南，在津巴布韦的奇伦杜附近汇入**赞比西河**。全长960千米。穿越赞比亚中部的高原，卡富埃国家公园就位于它的流域里。为赞比亚的主要河流之一，河水用于灌溉和水力发电。

卡津人 Cajun 18世纪被英国人从法属阿卡迪亚(今新斯科舍省及毗邻区域)逐出的法裔加拿大人的后裔。后定居路易斯安那州南部肥沃的冲积平原。许多卡津人操北美洲法语的一种方言。最近几十年卡津人的烹调(尤其是辣味调料)和**塞德可**音乐在非卡津人当中也开始流行。

卡克斯顿 Caxton, William(1422? ～ 1491) 英国第一位印刷商。当他是一位殷实的绸布商时，就开始翻译法国文学和学习印刷术。他在比利时办起印刷厂并出版他的译作(*The Recuyell of the Historyes of Troye*, 1475)，即第一本英文印刷书籍。回到英格兰后，他又开办了另一家印刷厂，并出版第一本注明出版日期的英文书(*Dictes and Sayenges of the Phylosophers*, 1477)。他的多样化产品约有100个品种，包括介绍骑士时代浪漫故事、道德和历史的书籍，以及第一部带图解的英文百科全书《世界镜鉴》(1481)，表明他既照顾到一般大众也迎合有钱的主顾。

卡拉 Calah 今为Nimrud(尼姆鲁德)。亚述古城，位于伊拉克**摩苏尔**以南。公元前13世纪由撒缦以色一世建立。公元前9世纪亚述纳西拨二世选定该地为王室驻地和军事首府，卡拉才开始变得重要起来。公元前798年萨穆-拉玛特(希腊传说中的塞米勒米斯)女王修建的一座宗教建筑位于此地。曾发掘出数千件牙雕，多为公元前9～前8世纪的制品。

条纹大理石翼牛，守护着尼姆鲁德的亚述纳西拔二世皇宫的大门；现藏纽约大都会艺术博物馆
By courtesy of the Metropolitan Museum of Art, New York, gift of John D. Rockefeller, Jr., 1932

卡拉布里亚 Calabria 意大利南部自治区。卡拉布里亚为形状不规则的半岛，形成意大利"靴"的"脚趾"，半岛两侧分别为第勒尼安海和伊奥尼亚海。该区多山，属地震带。首府卡坦扎罗。古代为繁荣的希腊殖民地，当时称作布鲁蒂乌姆(Bruttium)。罗马人于公元前3世纪攻占此区，但后来逐渐没落。该区后归属于拜占廷帝国，改名为卡拉布里亚。后被诺曼人征服。11世纪并入那不勒斯王国。在**复兴运动**之前，卡拉布里亚一直是意大利共和派的大本营，在G. de **加里波第**率领的1860年远征之后，成为意大利的一部分。农业是加拉布里亚经济的主要支柱，但由于水土流失，耕作粗放，长期以来一直是意大利最贫困地区之一。20世纪中叶实施土地改革计划，开始种植多种经济作物。人口约2 004 415(2006)。

卡拉哈里沙漠 Kalahari Desert 非洲南部的沙漠地区。面积930 000平方千米，占据了博茨瓦纳大部分以及纳米比亚和南非的一部分。1849年英国探险家D. **利文斯敦**、W. C. 奥斯韦尔横穿卡拉哈里沙漠。尽管除了博泰蒂河外该地区没有永久性的地表水，但它还能生长树木、低矮的灌木和草丛，同时还有许多野生动物。区内建有卡拉哈里大羚羊国家公园和大羚羊国家公园。

卡拉汉 Callaghan(of Cardiff), (Leonard) James(1912 ～2005) 英国政治家。原为工会官员，1945年以工党党员身份进入下议院。1964 ～ 1967年在工党政府担任财政大臣，1967 ～ 1970年任内政大臣，1974 ～ 1976年任外交大臣，1976 ～1979年任英国首相，是党内的温和派。曾试图遏制工会各种强烈的要求。1978 ～1979年发生一连串工人罢工("不满的冬季")，他的政府因议院通过不信任案而垮台。1987年，他成为上议院的终身议员。

卡拉汉 Callaghan, Morley (Edward)(1903 ～ 1990) 加拿大小说家、短篇小说家。出生于多伦多。1928年获法学学位但从未执律师业。他的短篇小说集颇获好评，最初辑录于《家乡的商船》(1929)。第一部长篇小说是《奇怪的亡命之徒》(1928)，描绘一个不能适应社会的人的毁灭，此典型人物在其后的小说中曾一再出现。后来的长篇小说作为对不公正的社会的答复,强调基督教的爱,其中包括《他们将继承全球》(1935)和《被爱的和被毁灭的》(1951,获总督奖)。《巴黎的那个盛夏》(1963),描述他与F. S. 菲茨杰拉德和E. 海明威之间的友谊。后期作品有《一个美丽而隐蔽的地方》(1975)和《犹大时光》(1983)。

卡拉季奇 Karadžić,Radovan(1945～) 波斯尼亚塞尔维亚裔政治人物。原为精神科医师,并写过诗和儿童读物。1990年参与创建"波黑塞族民主党"。1992年波斯尼亚塞尔维亚人宣布独立时出任总统。在南斯拉夫总统S. 米洛舍维奇和波斯尼亚塞尔维亚军事领袖R. 姆拉迪奇将军的支持下,他在波斯尼亚进行了一场"种族净化"运动,将非塞裔人民驱逐出境。1995年被联合国战争法庭起诉,1996年被迫签下《代顿和约》,并辞去总统及党魁职位。但是,他仍在萨拉热窝外围的山中藏匿处对波斯尼亚-黑塞哥维那境内的塞族控制区施加影响。

卡拉卡拉 Caracalla(188～217) 全称Marcus Aurelius Severus Antoninus Augustus。原名Septimius Bassianus。罗马皇帝(198～217),他的别名卡拉卡拉,据说来自他推行的一种高卢斗篷。211年以前他与父皇塞维鲁(北非人,193年当皇帝)共执朝政。为确保他无可争议的政权,他杀了其弟盖塔和他的许多朋友。他在罗马兴修的大澡堂,现在依然可见。212年发布敕令,给予帝国所有的自由居民以罗马公民权,而对那些反对他的人则采取极为残酷的手段,大批屠杀日耳曼人、安息人和亚历山大城居民。他被御林军长官谋杀。他是罗马帝国嗜血成性的暴君之一,他的统治加速了帝国的衰亡。

卡拉曼利斯 Karamanlis, Konstantinos(1907～1998) 又拼Constantine Caramanlis。希腊首相(1955～1963、1974～1980)和总统(1980～1985、1990～1995)。第二次世界大战后担任过各种内阁职务(1946～1955),协助重建了被战争破坏的希腊经济。1955年当选首相,组成政府和一个新的保守党(国民激进联盟)。1960年他在塞浦路斯岛建立一个独立共和国,以缓解与英国、土耳其在这个岛上的紧张关系。1963年辞职,隐居巴黎,直到1974年被召回担任希腊首相。他把军队置于文人政权之下以恢复民主,在塞浦路斯问题上避免与土耳其发生冲突,并监督通过一部加强总统权力的新宪法。1975年举行全民公投,结果废除了君主制。1980年辞去首相职务,并当选总统。1981年协助希腊加入欧洲经济共同体。1985年辞去总统职务,1990年再次当选。

卡拉派 Karaism 又拼Qaraism。犹太教派别,不承认口传律法的权威性,主张一切教义和习俗都应以希伯来《圣经》为唯一根据。起源于8世纪的波斯,因为阿南·本·戴维制定了一部独立于《塔木德》之外的生活法典,故当地的追随者被称为阿南派教徒。后来这些信徒采用了希伯来文qara(意为"读")一词而改称卡拉派人,以强调他们依靠个人对《圣经》的阅读理解。这个派别扩大到整个埃及和叙利亚,但信徒不多,还发生多次内部分裂。现在以色列仍有约1万名卡拉派教徒。

卡拉齐家族 Carracci family 意大利绘画世家。安尼巴莱·卡拉齐(1560～1609)是博洛尼亚和罗马反风格主义运动中最杰出的画家。16世纪80年代与他的哥哥、堂兄在博洛尼亚创立一所培育艺术家的学校,名为启迪学院。他擅长画湿壁画和大型宗教祭坛画,但在想像风景画、风俗画和讽刺画方面也是开路先锋。他为法尔内塞宫所作的湿壁画装饰门廊(1597～1601),以奥维德的爱情寓言为题材,是大师级的作品,不久即成为青年画家们真正必不可少的研究对象,至18世纪一直如此,对他们而言这是一个特别丰富的启示源泉。其兄阿戈斯蒂诺(1557～1602)曾辅助他装饰法尔内塞门廊,但主要以教学和雕刻闻名。他的解剖研究用来辅助教学达200年之久。他的堂兄洛多维科(1555～1619)曾在各种受委托制作的湿壁画工程与他们分工合作。洛多维科在两个堂弟到罗马发展后,主持启迪学院,其作品热情且带有诗意,训练出年轻一代的博洛尼亚杰出画家,如G. 雷尼、多梅尼基诺和A. 阿尔加迪。参阅博洛尼亚画派。

卡拉奇 Karāchi 巴基斯坦南部城市。位于印度河河口西北部,濒临阿拉伯海。18世纪早期商人们来到这里时还是个小渔村。1839年被英国人占领,到1914年成为大英帝国的主要港口。1936年起为信德省省会,1947～1959年也是巴基斯坦独立后的首任首都。它是巴基斯坦的最大城市、主要海港和重要的工商业中心。是卡拉奇大学的所在地,也是巴基斯坦铁路系统的终端。人口约12 130 000(2007)。

卡拉丘里王朝 Kalacuri dynasty 印度历史上几个王朝的名称。除了王朝名称和祖先相同之外,其他相关资料甚少。最早知道的卡拉丘里王朝在大约公元550～620年间统治印度的中部和西部,其势力随着遮娄其人的一个分支的兴起而衰微。另一个卡拉丘里王朝(1156～1181)主要在卡纳塔克,其兴起与印度教的林伽派的兴起几乎是同时的。最有名的卡拉丘里王朝统治印度的中部,以古城特里布里为基地;源于8世纪,11世纪时达到顶峰,12～13世纪逐渐没落。

卡拉斯 Callas, Maria(1923～1977) 原名Cecilia Sophia Anna Maria Kalogeropoulos。美国出生的希腊女高音歌唱家。1937年随母亲移居希腊,1939年在当地首次登台演出。1947年在维罗纳音乐节的歌剧《船女乔孔达》中演唱时崭露头角,成为国际明星。她继续在戏剧中唱重要的角色,包括G. 普契尼的《图兰朵》、R. 瓦格纳的《昆德里》,直到指挥家T. 塞拉芬(1878～1968)说服她转以美声唱法来演唱歌剧曲目,因此声名大噪。她以表演歌唱技巧高超的角色而闻名,成功角色包括V. 贝利尼的"诺尔马"等。尽管有些评论家认为她的嗓音略有瑕疵,但多数人均认为她是一名优秀的花腔女高音,其音色洪亮、清晰,表演能力富有无与伦比的魅力,能驾驭难度较大的角色,是当时世界上最著名的歌剧之星。她因灼热的激情和苛求完美而享誉世界。她是全能的女高音歌唱家。

卡拉瓦乔 Caravaggio(1571～1610) 原名Michelangelo Merisi。意大利画家。出生于卡拉瓦乔。11岁时成为孤儿。到米兰习画后于1590年来到罗马,受到一位枢机主教

油画《耶稣遗体下十字架》(1602～1604),卡拉瓦乔绘;现藏梵蒂冈博物馆
Scala/Art Resource, New York City

的重视和庇护。1599～1603年画了一系列有关圣马太生平的作品,因而成为其生活时代的罗马最有名和最具争议性的画家。他打破传统描绘圣人的方式,把他们刻画得与庶民一样,十分写实,这种反传统方式赋予了诠释宗教画传统主题的新意。他使用暗色调技法,擅长运用强光黑影突出画面的主体,对比强烈,不作烦琐的细节描绘,最终形成他独特的个人风格,这也是巴罗克时期的一大特色。1600年之后他接受了许多绘画任务,包括名画《耶稣遗体下十字架》(1602～1604)和《圣母之死》(1605～1606),因为描绘圣母形象粗俗,跣足肿腹,如同一个溺死的妇人,加尔默罗会拒绝接收。他一生受到严厉批评,生活动荡,但声望和收入都在增长。他对整个欧洲绘画的影响巨大。

卡拉扬 Karajan, Herbert von(1908～1989) 奥地利指挥家。出生于萨尔茨堡,先在莫扎特纪念馆学习,然后到维也纳继续深造。他是一位钢琴奇才,1929年在乌尔姆第一次任指挥。1933年加入纳粹党,在第三帝国中他的声誉鹊起。第二次世界大战后,原本不再被允许担任指挥,但到了1947年他开始与维也纳爱乐乐团一起录制唱片,先后共录制了大约800张唱片。由于他在纳粹时代的活动而在1955年于美国首演时引起了极大的争议。同年他继W. 福特文格勒之后担任柏林爱乐乐团的总监。1964年起任萨尔茨堡音乐节的首席指挥直到去世。

卡莱尔 Carlyle, Thomas(1795～1881) 苏格兰历史学家和散文作家。父为石匠,他

卡莱尔,G.F.瓦兹绘(油画局部),1877年;现藏伦敦国立肖像画陈列馆
By courtesy of the National Portrait Gallery, London

从小在严格的卡尔文教派家庭中成长并在爱丁堡大学读书。1834年移居伦敦。他是个精力充沛、敏感而非常独立的理想主义者,成为维多利亚文学的主要精神力量。1836年出版的幽默散文《裁缝师》(一译《衣裳哲学》)将自传和德国哲学新奇地穿插于一体。后开始写作历史书《法国大革命》(3卷,1837),他引用了大量宝贵文献,在描述人物时有感人的技巧,这本书可能是他一生中最大的成就。在《论英雄、英雄崇拜和历史上的英雄事迹》(1841)一书中,他崇拜强力,深信上帝赋予的使命。后来又出版了专题性作品《奥利佛·克伦威尔》(1845)和多卷本自传《腓特烈大帝》(6卷,1858～1865)。

卡莱尔　Carlisle　英格兰西北部城市和坎布里亚郡的首府,与苏格兰毗邻。罗马时期建居民点。约875年被挪威入侵者焚毁。1092年归属威廉二世后重建。1568年玛丽(苏格兰女王)曾被囚于此地。英国内战期间该市曾被围困,保王军最后于1645年向议会军投降。18世纪末至19世纪当地棉纺业兴起,现仍为英国北部棉纺织业中心。人口约100 734(2001)。

卡兰萨　Carranza, Venustiano(1859～1920)　P.迪亚斯被推翻之后的墨西哥共和国首任总统(1917～1920)。其父是一个地主。1877年开始活跃于政界。1910年加入F.马德罗领导的反对迪亚斯的斗争。他是个温和派和民族主义者,喜欢政治但并非社会改革派。任内由于迟迟不实行1917年宪法中的改革而引起社会普遍骚乱,并出现了严重的经济问题,他与较激进的领袖P.比利亚和E.萨帕塔之间也多次冲突。由于强烈的民族主义感,他反对美国干预墨西哥事务,即便是对墨西哥有利的事。他要为萨帕塔的遇害负责,他自己则在逃离反叛军的路上被杀害。参阅墨西哥革命。

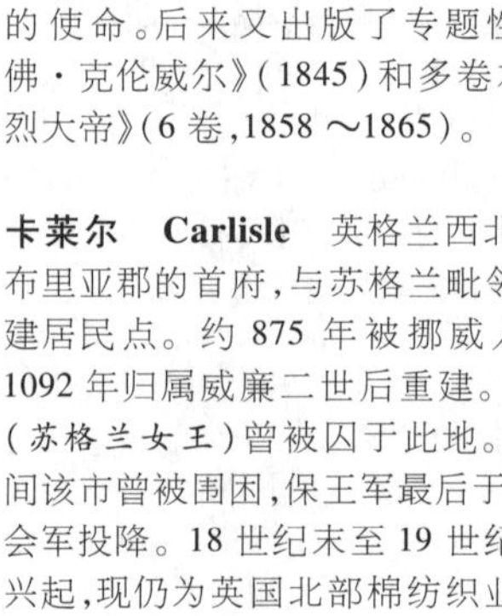

V.卡兰萨,摄于约1910年
Archivo Casasola

卡里　Cary, (Arthur) Joyce (Lunel)(1888～1957)　英国小说家。生于北爱尔兰,16岁起在爱丁堡和巴黎学画,毕业于牛津大学。第一次世界大战期间在西非服役,开始出版短篇小说,后来又出版长篇小说,有些故事以非洲为背景,如《美国访客》(1933)和《约翰逊先生》(1939)。《马嘴》(1944)是他最有名的小说,为小说三部曲中的最后一部,每一部由故事中的三个主角之一自述。此外,另有一部三部曲也采取同样手法:《恩宠的囚徒》(1952)、《老爷除外》(1953)和《不再有荣誉》(1955)。

卡里亚　Caria　安纳托利亚西南部的古代行政区。这里是古代安纳托利亚希腊化最彻底的地区之一,地域包括爱琴海沿岸的一些希腊城市以及北起吕底亚、东至弗里吉亚和吕西亚的山区。先为吕底亚吞并,公元前6世纪成为波斯帝国阿契美尼德王朝的一部分。摩索拉斯总督把首府从米拉萨迁至哈利卡纳苏斯。亚历山大大帝于公元前334～332年从波斯人手中夺得此地,公元前129年并入罗马的亚细亚行省。

卡利　Cali　哥伦比亚西部城市。位于卡利河两岸,建于1536年。由于地处内陆,直至20世纪才在经济上有所发展,当时在考卡河上游兴修了大坝用于水力发电和防洪。现为地区物产的集散中心,并与波哥大、巴兰基亚和麦德林同为该国的工业中心。20世纪末卡利因有毒品交易而名声欠佳。人口约2 139 535(2007)。

卡利古拉　Caligula(公元12～41)　全称Gaius Caesar。罗马皇帝(公元37～41年在位)。以童年时代的绰号"卡利古拉"(意为小靴子)而闻名。在卡利古拉的父母和兄弟莫名其妙地死亡之后,他被提比略宣布为皇位继承人,并可能密谋杀害了提比略。登基7个月后他突患重病,开始表现出心理上的不稳定,朝令夕改并实行残暴统治。公元38年恢复叛国罪审判,他处决了从前的支持者,从百姓中强索钱财。他于公元40年掠夺高卢,开始计划入侵不列颠。他假装具有神威并在他姐姐德鲁西拉死时称她是女神,由于对他的暴虐感到厌烦,一群反叛者将其谋杀。

卡利马科斯　Callimachus(活动时期公元前5世纪)　希腊雕刻家。生平不详。以发明科林斯柱头而闻名,这是他看到放在一个女孩子墓地的篮子周围长出的叶子产生的灵感。他是一位善于推敲、创作优美雅致的雕刻家。其作品现仅存罗马时期的仿制品。

卡利马科斯　Callimachus(约公元前305～约前240)　希腊诗人和学者。移居埃及后,在亚历山大图书馆工作。他的著作甚丰,但现仅存一些残页。他最著名的诗作《起源》(约公元前270),阐释模糊不清的风俗、节庆和名称的传说起源。他是亚历山大诗派最具代表性的诗人。他最著名的散文作品是《简册》,有120卷,这是该图书馆收藏的作者的书目。

卡利普索　calypso　源自特立尼达但在加勒比其他地区咏唱的一种民歌。其传统始于19世纪初,歌词的主题常以诙谐和讽刺的口吻讲述当地重要的政治或社会事件。歌词使用西班牙语、克里奥尔语和非洲语的词组,还加上一些新词。这种诗歌仿效民谣形式。音乐中采用切分节奏,这是卡利普索歌曲中一种常见的特征。通常的伴奏乐器是响葫芦、吉他、库阿特罗(一种弦乐器)和竹竿塔姆布(插入地里长短不一的竹竿)。具有不同音高和形状的油桶常在钢鼓乐团中一起演奏,也一直很受欢迎。

卡利亚里　Cagliari　古称Caralis(卡拉利斯)。意大利撒丁岛区首府,位于撒丁岛南岸。为腓尼基人所建,后来先后被罗马、撒拉森人、比萨、西班牙和奥地利统治。1718年与撒丁区其他地方一起并入萨伏依王室。长期以来一直是撒丁岛的军事总部。第二次世界大战期间遭到猛烈轰炸。重建后的海港是撒丁岛主要港口。人口约158 351(2001)。

卡林西亚　Carinthia　德语作Kärnten。奥地利南部一州。与意大利、斯洛文尼亚接壤。原为凯尔特人居住地,后来成为罗马的诺里库姆省一部分。976年成为独立的公爵领地,1335年归属哈布斯堡王室,1849年成为奥地利的王室领地。1918年部分割让给南斯拉夫和意大利。1920年确认南斯拉夫对这一地区南部的占有,但奥地利仍保有克拉根福地区。首府是克拉根福。面积9 533平方千米。人口约560 355(2006)。

卡隆　Charon　希腊神话中厄瑞玻斯(黑暗之神)和尼克斯(夜女神)的儿子,把死者的亡灵摆渡过冥河是他的工作,他的工钱就是举行葬礼之前放在死者口中的那枚钱币。在现代的希腊民间传说中他仍然是死亡天使卡洛斯或卡隆塔斯。

卡鲁索　Caruso, Enrico(1873～1921)　原名Errico Caruso。意大利男高音。出生于那不勒斯。10岁时跟一个机械工程师当学徒,18岁时利用闲暇时间在公共场合唱歌。他引起了一位老师的注意,1894年卡鲁索首次举办他的个人专业表演。1896年首次在R.莱翁卡瓦洛的《丑角》剧中演唱他最拿手的角色卡尼奥。1900年他从一次灾难性的拉斯卡拉首演中恢复过来,在两年内便掌握了高音,成为举世闻名的歌星和传奇人物。1903～1920年他在纽约大都会歌剧院驻唱,共扮演约60个角色,成为当时最著名的男歌剧明星。卡鲁索的嗓音悦耳、抒情,极富感染力,在他去世后的几十年里,录制的唱片一直畅销。

卡伦 Cullen, Countee(1903 ～ 1946) 原名Countee Porter。美国**哈勒姆文艺复兴**诗人。幼时在纽约市受他人抚养。15 岁时由 F. A. 卡伦牧师非正式收养，曾在全市学生诗歌比赛中获胜。在纽约大学就读，在哈佛大学获文学硕士学位。大学毕业前即出版了第一部诗集《肤色》(1925)，颇获好评；《古铜色的太阳》(1927)却被黑人批评未注意到他在《肤色》中注意的种族问题。1934 年起在纽约市多所公立学校任教，直到去世。

卡伦河 Karun River 伊朗西南部河流。为**阿拉伯河**的支流，源出巴赫蒂亚里山脉，在山区蜿蜒穿行，全长 829 千米。986 年开挖的哈发尔水道改变了它的河道，引起伊朗和奥斯曼帝国之间的边界纠纷。1847 年订立条约，伊朗获得此段水路的航行权。

伊朗卡伦河上的水坝
Dennis Briskin-Tom Stack & Associates

卡罗尔 Carroll, Lewis(1832 ～ 1898) 原名Charles Lutwidge Dodgson。英国数学家、逻辑学家和小说家。终身未婚。担任过牛津大学的数学教师，常喜欢与年轻女性为伴。他的小说《艾丽丝漫游奇境记》(1865；J. 坦尼尔绘)就是以他给这些年轻朋友(特别是艾丽丝·利德尔)讲的故事为基础编成的。该书的续集《镜中世界》(1871)描述了艾丽丝更多的冒险故事。这两本书充满了离奇的情节，但也含有机智和令人费解之事，后来成为也许是世界最著名和最受人喜爱的儿童读物。他的其他作品包括叙述诗《斯纳克之猎》(1876)等。他还是一位重要的早期人像摄影师。

卡罗尔二世 Carol II(1893 ～ 1953) 罗马尼亚国王(1930 ～ 1940)。1914 年他的叔父卡罗尔一世去世后，他成为王储。由于他与玛格达·鲁帕斯库(1896？～ 1977)的绯闻，被迫放弃王位继承权，1925 年流亡国外，但他于 1930 年返回国内并成为国王。他把罗马尼亚的民主制度逐渐摧残殆尽，1938 年宣布实行组合主义的独裁统治，但 1940 年被迫将王位让给其子**米哈伊**。

卡罗尔一世 Carol I(1839 ～ 1914) 原名Karl Eitel Friedrich, Prinz(Prince) von Hohenzollern-Sigmaringen。罗马尼亚国王(1881 ～ 1914)。原为德国亲王，1866 年成为罗马尼亚亲王，当罗马尼亚摆脱奥斯曼帝国统治获得完全独立时，他加冕为国王。他奉行亲西方路线，带动了本国军事和经济的发展，但由于忽视解决迫切的农村问题，导致发生 1907 年那场流血的农民起义。

卡罗伊 Károlyi, Mihály, Count(1875 ～ 1955) 匈牙利政治家。贵族富家出身，1910 年进入国会，试图在一个保守的国家里推动激进的思想，他提倡普选，向匈牙利的非马札尔人让步，以及与德国以外的其他国家建立友好关系等政策。第一次世界大战后担任首相(1918 ～ 1919)，试图从同盟国那里得到有利的和平解决条件，但告失败。1919 年在短暂的匈牙利共和国当了两个月的总统后辞职，由 B. **库恩**接替。他流亡国外，1946 年回到匈牙利。1947 ～ 1949 年任驻法国大使。

卡洛 Callot, Jacques(1592 ～ 1635) 法国铜版画家、雕刻家和工匠。在罗马学习过雕版技术。1612 年赴佛罗伦萨，为梅迪契家族仪式繁杂的欢乐场面作记录画。他有画讽刺画和怪诞作品的才能。他的铜版组画《战争的悲惨》(1633)记录了 30 年战争的种种惨状，后来被 F. 戈雅用作原始资料。一生作品甚丰，有1 400多幅铜板画和2 000幅素描画尚存。他不但是最伟大的铜版画家之一，还是最早专门练习平面造型艺术的大画家之一。

卡洛 Kahlo (y Calderón de Rivera), (Magdalena Carmen) Frida(1907 ～ 1954) 墨西哥画家。德国犹太摄影师的女儿。儿时患小儿麻痹症，18岁时在一次车祸中严重受伤，前后经受了大约35 次手术，在手术的恢复期自学绘画。1929 年她与 D. **里维拉**结婚，婚后经常吵闹，但这场婚姻在艺术上对她有益。她以色彩强烈、古怪、鲜明的自画像著称，许多作品都反映了她身体上所受的折磨。作品中包含了各种原始纯朴的要素，而手法、技巧又很精细。超现实主义画家 A. **勃勒东**和 M. **杜尚**曾为她的作品在美国和欧洲巡展出过一臂之力。虽然她否认自己与超现实主义有关，但她还是常常被看作是个超现实主义者。她在科约阿坎的住宅，现设为弗里达·卡洛博物馆。

《迪戈和我》——卡洛自画像(前额有迪戈·里维拉像)，油画，绘于 1949 年；现藏纽约市玛丽-安娜·马丁美术馆
Courtesy Mary-Anne Martin/Fine Art, New York City

卡洛 Karo, Joseph ben Ephraim(1488 ～ 1575) 西班牙裔犹太学者。1492 年当犹太人被逐出西班牙时，卡洛随父母移居土耳其。1536 年前后又迁往巴勒斯坦塞费德，他在那里研究《塔木德》，并系统整理了后塔木德时期作家们撰写的大量资料。他是犹太教律法最后一本编纂巨著《约瑟之家》的作者，后又编写成简明通俗的《布就筵席》，两者均为正统犹太教的权威之作。

卡洛夫 Karloff, Boris(1887 ～ 1969) 原名 William Henry Pratt。英国出生的美国演员。1909 年从英格兰移民加拿大，在前往好莱坞发展前，跟着一家巡回剧团四处表演，1919 年起在好莱坞一些电影公司饰演小角色。他主演的第一部好莱坞经典恐怖片《弗兰肯斯坦》(1931)，因演技精湛而一夕成名。一生演出过 100 多部电影，特别是在如《木乃伊》(1932)、《老黑屋》(1932)、《弗兰肯斯坦的新娘》(1935)和《弗兰肯斯坦的儿子》(1939)等恐怖片中担纲，使人一想到恐怖片就会联想到他。后来重返百老汇舞台，演出《砒霜和老花边》(1941)和在《彼得·潘》(或《小飞侠》，1950)中饰演胡克船长，好评如潮。

B. 卡洛夫
AP/Wide World Photos

卡洛韦 Calloway, Cab(ell)(1907 ～ 1994) 美国歌唱家、大乐队领队。出生于纽约州罗

C. 卡洛韦
Schomburg Center for Research in Black Culture; The New York Public Library; Astor, Lenox and Tilden Foundations

切斯特，1928 年开始指挥自己的乐队，该乐队 1931年成为哈勒姆棉花俱乐部的本部乐队。同年录制其轰动一时的作品《鬼头鬼脑的明尼》时，他已成为一位有造诣的拟声唱法歌手。许多重要的爵士乐独唱家与他的乐队合作获得成功。

卡马河 Kama River 俄罗斯中西部河流。伏尔加河最大的支流。源于乌德穆尔特，流经1 805千米后在喀山下面流入伏尔加河。约1 535千米可以通航。它是俄国最重要的河流之一，历史上是前往乌拉尔山区和西伯利亚的通道，经济上是大伏尔加河水路系统的组成部分。

卡玛戈 Camargo, Marie(-Anne de Cupis de)（1710～1770） 法国芭蕾舞女演员，以革新舞蹈技术而闻名。1726 年在巴黎歌剧院首次登台演出，1751 年退休以前，总共出演过 78 部芭蕾舞剧和歌剧。她以舞步轻快敏捷而闻名，完善了芭蕾舞的一种跳跃舞姿（舞者跃起双足腾空交叉数次），这种跳跃舞姿以前主要由男演员完成。她还将芭蕾舞的长裙裁短，除去舞鞋的后跟，穿着贴身内裤（后演变为芭蕾舞的主要“紧身衣裤”）。1930 年一个英国的芭蕾舞团体以她的姓氏命名为卡玛戈协会。

卡梅伦 Cameron, David（1966～ ） 英国政治人物、政府首相（2010～ ）。作为自 1812 年以来英国最年轻的首相，他领导着第二次世界大战以来英国的首个联合政府。为威廉四世国王的直系后裔，出生于富有且显贵的家族。从牛津大学毕业后，他一度担任保守党政要的顾问。20 世纪 90 年代的大部分时间他都在私营部门度过，2001 年作为保守党代表人选下议院议员。他的年轻、富有魅力以及温和适中的观点引发了同工党首相布莱尔的对比。卡梅伦在保守党内部进阶神速，2005 年当选为该党首领。在其主持之下，保守党经历了一段日益广受欢迎的时期，最终赢得 2010 年 5 月的大选。虽然该党未能取得绝对多数，但卡梅伦得以与自由民主党组成一个联合政府并出任首相。

卡蒙斯 Camões, Luís (Vaz) de（1524/1525～1580） 葡萄牙诗人。生于里斯本一个没落贵族家庭。曾在印度居住 17 年。长篇史诗《卢济塔尼亚人之歌》（1572）是他的杰作，叙述瓦斯科·达·伽马发现通往印度航海路线的史实。他还创作了数百首优美的诗篇，收集在《抒情诗集》（1595 年起）中。他的诗作对葡萄牙和巴西文学均产生了极其深远的影响，被认为是葡萄牙的民族诗人。

卡默洛特 Camelot 亚瑟王传奇中的亚瑟王宫廷所在地。有许多地方都曾被认为是卡默洛特的旧址：如威尔士蒙茅斯郡的卡利恩、萨默塞特的卡默尔皇后地、康沃尔的卡默尔福德小镇、汉普郡的温切斯特，以及萨默塞特的卡德伯里城堡。卡默洛特现已变为在一位受爱戴的领导者统治下的暂短黄金时代的象征。

卡纳莱托 Canaletto（1697～1768） 原名 Giovanni Antonio Canal。意大利画家、蚀刻家，活跃于威尼斯。作品充满感情，色彩和谐，轮廓明确，对后代风景画家影响很大。青年时代帮助其父（一位舞台布景画家）绘制舞台布景。1719～1720 年在罗马工作，为歌剧舞台绘制布景，后改作风景画，很快受到外界重视。作品技法自由而精巧，善于处理风景画中阳光和阴影的关系、阴影的效果、建筑物明暗光度的差异等。18 世纪 30 年代是其创作盛期，有许多国外游客要求他绘制威尼斯的风景画。当奥地利王位继承战争的爆发使外国游客减少时，他将许多有关罗马遗迹的想像加入其风景画中。1746 年前往英国，在新的环境条件下描绘新的题材。有时以威尼斯的结构布局，配上英国的题材。1763 年入选威尼斯学院。

卡纳普 Carnap, Rudolf（1891～1970） 德国出生的美籍哲学家，逻辑实证学派创始人。曾师从著名逻辑学家 G. 弗雷格，他是维也纳学派的一员，并提倡统一的科学。1935 年逃到美国，任教于芝加哥大学（1936～1952）和加利福尼亚大学（1954～1970），并继续研究逻辑学、认识论、语言哲学、概率论和科学的哲学。他的认识论系统分析了逻辑知识，而不是用早期经验主义者所采纳的心理学方法。著作包括：《世界的逻辑结构》（1928）、《语言的逻辑结构法》（1934）、《语义学导读》（1942）、《含意和必然》（1947）和《概率论的逻辑基础》（1950）等。

卡纳塔克 Karnataka 旧称 Mysore（迈索尔）。印度西南部的一个邦。滨阿拉伯海，与果阿邦、马哈拉施特拉邦、安得拉邦、泰米尔纳德邦和喀拉拉邦交界。面积191 791平方千米。首府是班加罗尔。境内大部分地区在卡纳塔克高原，范围包括印度次大陆南部的高原地区和西高止山丘陵地区。古时为印度一系列王朝所统治，直到 1831 年英国人取得了控制权。1881 年迈索尔回归本地人统治，为一王侯邦。1973 年更名为卡纳塔克（意为“高耸的土地”）。绝大多数人口从事农业。沿海平原种植稻米和甘蔗，丘陵地区则种植咖啡和茶树。人口中大部分人讲达罗毗荼语，广泛通行的语言是坎纳达语。人口61 130 704（2011）。

卡纳维拉尔角 Canaveral, Cape 美国佛罗里达州东部的海角。美国航空航天局（NASA）的肯尼迪航天中心所在地和美国空间飞行器的发射场地，1961 年美国首次载人太空飞行、1969 年首次登月飞行，以及 1986 年爆炸失事的“挑战者”号航天飞机都是在这里发射升空的。J. 肯尼迪总统 1963 年被暗杀后，卡纳维拉尔角改名为肯尼迪角；1973 年又恢复现名。

卡内蒂 Canetti, Elias（1905～1994） 保加利亚出生的英国小说家、剧作家。西班牙犹太人后裔，早年过着四海为家的生活。《迷惘》（1935）是他最著名的作品，描写一个学者在一座城市怪诞的社会底层毁掉一生的可怕故事。1938年定居英国。后来的作品

卡内蒂
Horst Tappe/Camera Press/Globe Photos

反映出他对权力的精神病理学的兴趣，包括《群众与权势》（1960）；剧作《婚礼》（1932）、《虚荣的喜剧》（1950）、《确定死期的人们》（1964）以及自传《放开的舌头》（1977）、《耳中火炬》（1980）。1981 年获诺贝尔文学奖。

卡内基 Carnegie, Andrew（1835～1919） 美国实业家、慈善家。苏格兰纺织工人之子，1848 年与家人一起移民美国。在电报局工作时，他的才气引起了宾夕法尼亚铁路公司

A. 卡内基
Brown Brothers

高层人士的注意，后来被聘请到这家公司任职，之后他的精明的投资使他到 30 岁时已相当富有。1872～1873 年他在匹兹堡附近建钢铁厂，1889 年发展为卡内基钢铁公司。通过采取技术革新如平炉炼钢法，以及通过纵向联合提高效率，他建立了一个主宰美国钢铁工业的大型企业。1901 年他把公司卖给了 J. P. 摩根，成为后来美国钢铁公司的一部分。由于认为富人有义务利用其剩余财富为人类做些有益的事情，卡内基退休后致力于慈善事业，捐了数亿美元给图书馆、大学（包括卡内基-梅伦大学），也捐助基金给一些组织，如卡内基匹兹堡协会和卡内基纽约基金会（卡内基基金会中最大的基金会）。

卡内基 Carnegie, Dale（1888～1955） 原名 Dale Carnegey。美国演说家和作家。出身贫寒，1908～1912 年当旅行推销员，1912 年开始在纽约市基督教青年会教演讲术。在出版《演讲术：商人实用教程》（1926）和其他书籍后，他开始把注意力放在个人对待成功

致富态度的重要性上。他的《如何赢得朋友和影响人们》(1936)一书出版后大受欢迎,立即成为当时的畅销书之一,戴尔·卡内基协会后来在全国各地建立了数百个分会。

卡内基音乐厅 Carnegie Hall 纽约市的音乐厅。由实业家A.卡内基出资、W.B.图锡尔设计,于1891年投入使用,P.柴可夫斯基应邀担任客座指挥。1959年卡内基音乐厅面临被拆除的命运,由于民众抗议得以保留,后来纽约市出资购买了这座建筑。1982～1986年音乐厅进行了大修。该建筑装修精美,音响效果十分出色,可容纳2 800名观众,长久以来一直是美国最著名的音乐厅。

卡内姆-博尔努 Kanem-Bornu 9～19世纪控制乍得湖周围的塞夫王朝统治的非洲帝国,其领土在不同时期包括今乍得南部、喀麦隆北部、尼日利亚东北部、尼日尔东部和利比亚的南部。可能建于9世纪中叶,11世纪末成为伊斯兰教国家。由于所处的地理位置而成为非洲北部、尼罗河流域以及撒哈拉沙漠以南地区之间的贸易中心。从16世纪起,卡内姆-博尔努(有时简称博尔努)帝国开始扩张并统一。1846年塞夫王朝灭亡。

卡农 canon 曲式和作曲技巧,其中一段旋律被一个或更多声部按一定的节拍间隔模仿,既可在相同音高上,也可在其他音高上进行。模仿可用相同的音符时值,也可用增值或减值的音符;既可以与原旋律呈反向进行(逆行模仿),也可在音程保持等距离情况下,上下呈反向进行(倒影),或两者同时并用(逆行倒影)。卡农使用的范围很广,有民歌轮唱曲,如《三只瞎老鼠》和《雅克兄弟》,也有J.S.巴赫的整部卡农套曲。

卡诺 Cano, Alonso(1601～1667) 西班牙画家、雕塑家和建筑师。曾在塞维利亚与F.帕切科一起学画,并作为宫廷画家活跃在马德里(1638～1644)。尽管性情暴躁,他还是创作出许多宁静、优美的宗教画和雕塑。他大部分时间在格拉纳达工作,在那里他设计了格拉纳达大教堂(1667)的正面,这是西班牙巴罗克建筑的杰作之一。由于他多才多艺,素有西班牙的米开朗琪罗之称。

卡诺 Carnot, Lazare (-Nicolas-Marguerite)(1753～1823) 法国政治家,在法国大革命的连续几届政府中担任行政官员。1773年成为军队中的工程师,1791年当选立法议会议员。作为公共安全委员会和督政府的主要成员,他帮助动员了革命军队和物资,因而被颂为"胜利的组织者"。果月十八日政变期间,他逃离法国以躲避追捕。拿破仑掌权后,他返回法国并担任多个公职,其中包括百日时期的内务大臣。

卡诺 Carnot, (Marie-François-) Sadi(1837～1894) 法国政治家,L.卡诺之孙,S.卡诺之子。开始任政府部门的工程师,后投身政治。1880～1881年任公共工程部部长,1885～1887年任财政部长。1887年当选为第三共和国的第四任总统。他十分干练地处理了G.布朗热将军的阴谋、无政府主义者的煽动和巴拿马运河丑闻,先后经历了10次政府交接,声望依然很高,但于1894年被一名意大利无政府主义者暗杀。

卡诺 Carnot, (Nicolas-Léonard-) Sadi(1796～1832) 法国科学家,以提出热力学的重要理论基础"卡诺循环"而闻名。L.卡诺之子,一生大部分时间是一名法国军官。由于意识到英国先进的蒸汽机和法国未能充分利用蒸汽是拿破仑倒台的因素,1824年他写了一篇有关蒸汽机的非技术性论文。后来他提出了一种热机理论,指出机械效率只能靠最热和最冷部分的温度而不能靠驱动机械装置的物质。其理论虽未被及时采用,但最终被收入热力学的理论。

卡诺 Kano 尼日利亚北部城市。传说创城者是加亚部落的铁匠卡诺,该部落在古时候来到达拉丘陵寻找铁矿。12世纪初,成为豪萨人所建的卡诺王国首府。19世纪时,是一个酋长国的首府,1903年英国人夺占此地。现代的卡诺是主要的商业和工业中心。旧城四周由15世纪建造的厚实城墙包围着,中央清真寺是尼日利亚最大的清真寺。人口约2 993 000(2005)。

卡诺瓦 Canova, Antonio(1757～1822) 意大利雕刻家。自幼拜师学习雕刻,1775年在威尼斯成立他自己的工作室。1778～1779年创作出他的第一件重要作品《达埃达洛斯和埃卡路丝》,由于形象逼真,他甚至受到指责,说他从真模特身上制取石膏模。1779年定居罗马,深受当地古典艺术的影响。他最重要的作品包括教皇克雷芒十三世和克雷芒十四世的墓地。1802年在巴黎成为拿破仑一世的宫廷雕刻师。因设法把法国人掠夺走的意大利艺术品归还,1816年教皇庇护十二世赐给他"伊斯基亚侯爵"称号。他也画过肖像画,并对在庞贝和赫库兰尼姆发现的古画重新创作。卡诺瓦在18世纪末19世纪初这一时期是欧洲雕刻界最有影响的人物,对新古典主义风格的雕刻作出过重要贡献。

卡诺循环 Carnot cycle 热机中一个工作流体(如蒸汽或氨水)的压强和温度变化的理想循环,由法国工程师S.卡诺构想出。它是所有在高温和低温间工作的热机性能的标准。在卡诺循环中,工作流体经历了4个连续的可逆变化:①在恒定高温下受热膨胀;②可逆绝热膨胀;③在恒定低温下冷却压缩;④可逆绝热压缩。热机在高温膨胀过程中吸收热量,在可逆绝热膨胀过程中作功,在低温压缩过程中排热,而在可逆绝热压缩过程中得到功。输出的净功与输入的热量之比等于热源和热壑的温差除以热源的温度。

卡帕 Capa, Robert(1913～1954) 原名Andrei Friedmann。匈牙利出生的美国摄影家。他在巴黎以一个虚构的美国富商罗伯特·卡帕之名展示他的摄影作品;这个骗局很快被拆穿,但他仍保留了这个假名。卡帕最早以西班牙内战(1936)的战地通讯记者身份而成名。第二次世界大战中他为《生活》杂志在非洲、西西里和意大利拍摄了许多有关战争的照片;他所拍摄的诺曼底登陆是他的最有纪念意义的照片的一部分。1947年于摄影家H.卡蒂埃-布勒松和D.西摩一起创立玛农图片社。1954年他为《生活》杂志拍摄法属印度支那战争时被地雷炸死。

卡帕多西亚 Cappadocia 安纳托利亚东部的古代行政区,位于现在的土耳其境内,为多山地区。最早的记载见于公元前6世纪初,当时是一个波斯的总督管辖区。在亚历山大大帝征服波斯(公元前330)后的一段时期内为一半独立王国。作为罗马的一个重要盟友和附属国,它于公元17年被提比略兼并,成为罗马的一个省。由于地扼托罗斯山脉的战略要道,在11世纪以前,它一直是拜占廷帝国的一个屏藩。卡帕多西亚的部分地区于1985年被联合国教科文组织列入世界遗产名录。

卡佩王朝 Capetians 又作Capets。为法兰西国家奠定了基础的法国统治王朝(987～1328)。作为强者罗贝尔(866年卒)的后裔,他们当中有首位卡佩王朝国王于格·卡佩(987～996年在位)、腓力二世奥古斯都(1180～1223年在位)和路易九世(1226～1270年在位)。卡佩王朝成员还包括勃艮地公爵和布列塔尼公爵、君士坦丁堡的几个皇帝、阿图瓦伯爵和普罗旺斯伯爵、那不勒斯的国王和女王、匈牙利和纳瓦拉的国王。

卡彭 Capone, Al(phonse)(1899～1947) 美国歹徒。读完小学6年级后辍学,年轻时在一次妓院械斗中被刀划破左颊,故后来得"疤瘌脸"之绰号。后来加入J.托里奥在芝加哥的犯罪集团,托里奥退休(1925)后他成为犯罪集团的总头目,设赌营妓,贩运私酒。他杀死他的对手以扩大地盘,影响最大的一次流血事件发生在1929年2月14日的情人节,在这次屠杀案中,疯子莫兰一伙人在一个停车场遭机枪扫射。1931年卡彭被控逃漏所得税,判决11年监禁,在阿尔卡特拉斯的新监狱服刑。1939年因患晚期梅毒获释,后来回到佛罗里达隐居,1947年死于该地。

卡普尔 Kapoor, Raj(1924～1988) 印度电影演员、导演。20世纪30年代在孟买有声电影公司担任场记,并任布里特维剧场的演员,这两个机构皆为其父所有。卡普尔首次担任重要角色的电影作品为《火》(1948),他同时身兼监制和导演工作。1950年成立自己的孟买电影工作室RK,翌年即以《流浪者》(1951)跃登影星之列。卡普尔编写、制作、导演和演出了相当多成功的电影。他在早期作品里的形象是浪漫式的,但他最为人所熟知的角色却是仿卓别麟的流浪汉。他的性感形象常挑战了印度电影的传统严格标准,而他所演出的电影中的插曲多数都成为流行歌曲。

卡普拉 Capra, Frank(1897 ～ 1991) 意大利出生的美国电影导演。6岁时他随家人从意大利移民到洛杉矶。在电影界从事过不同的工作后,因《确有其事》(1928)、《金发女郎》(1931)和《淑女一日》(1933)在票房上的成功,卡普拉成为一位大导演。接着他又推出三部经典喜剧片:《一夜风流》(1934)、《富贵浮云》(1936)和《浮生若梦》(1938),三次获得奥斯卡最佳导演奖。这些影片以幽默风趣的手法来表现天真的、理想主义的主人公战胜世俗狡诈邪恶之徒。1937年卡普拉放弃他的喜剧风格,拍摄了幻想片《消失的地平线》和《会见约翰·朵》(1941)。第二次世界大战期间,他拍摄了名为《我们为什么而战》的美国新闻纪录系列片,后来又执导了《砒霜与老花边》(1944)和《美好的生活》(1946),赢得观众好评。

卡普兰 Kaplan, Mordecai Menahem(1881 ～1983) 立陶宛出生的美国神学家。1889年他与他的家人一起来到美国。在美国犹太教神学院接受神职,并在那里一直执教50年。1916年在纽约市组织了以一座教堂为核心的犹太教世俗社区。1922年成立的犹太教促进会日后成为了重建主义的核心。他否定《圣经》的字面准确性,提倡上帝的新概念,试图使犹太教适应现代世界。1935年创办《重建主义者》杂志,还著有《犹太教文明》(1934)和《没有迷信的犹太教》(1958)。

卡普里岛 Capri 意大利南部岛屿,位于那不勒斯湾南部入海口附近。面积约10平方千米。西边悬崖最高点海拔589米。曾为古希腊移民建立的独立城市,后成为罗马皇帝喜爱的游览胜地。中世纪时属于蒙特卡西诺大寺院和阿马尔菲共和国,后归属西西里王国。海岸多岩石洞穴,著名的"蓝洞"只能乘船入内。卡普里岛是意大利最著名的游览胜地之一。

卡普里维 Caprivi, (Georg) Leo, Graf (Count) von(1831～1899) 德国卓越的军事家。在军队服役期间表现优异。1883～1888年任海军大臣。继O. von 俾斯麦之后任德国首相(1890 ～ 1894)、普鲁士总理(1890 ～1892)。任职期间取得的成就包括关于划分非洲势力范围的英德协议,与奥地利、罗马尼亚和其他国家签订的商务条约,以及重新组建德国军队。

卡齐米日三世 Casimir III(1310 ～ 1370) 波兰语作 Kazimierz。别名 Casimir the Great。波兰国王(1333 ～ 1370)。弗瓦迪斯瓦夫一世之子,他恢复了波兰的君主政体,继承父业使波兰成为中欧的一个强国。他与匈牙利、波希米亚和条顿骑士团签署了一系列条约,并通过外交手段获得红俄罗斯和马佐夫舍。卡齐米日还安排了一系列强有力的联盟,让波兰与许多欧洲王室家族有关联。他把条顿法编辑成典,允许新建城市根据《马格德堡法》实行自治管理,并创办了克拉科夫大学。

卡齐纳 Katsina 尼日利亚北部城市。可能建于1100年前后,是最早的豪萨诸邦之一——卡齐纳王国的首都,也是古代的一个学术中心。该市富拉尼人的埃米尔保持世袭和顾问的地位。卡齐纳是当地农产品的市场,也是传统手工艺和工业的中心。人口约318 459(2006)。

卡奇纳 kachina 又作 katsina。普韦布洛印第安人崇拜的祖先神灵。因为每个部落均有自己的卡奇纳,共有500多个这样的神。据信每年在部落中居留半年,只要人们

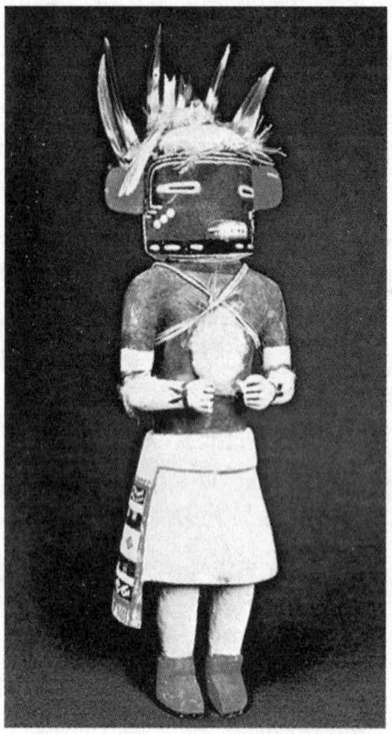

霍皮人的卡奇纳(约1950),现藏纽约市美洲印第安人博物馆
By courtesy of the Museum of the American Indian, Heye Foundation, New York City

戴上卡奇纳面具并举行一种传统的仪式,神是允许大众瞻仰的。人们认为面具上所画的神能使表演者暂时变幻,神实际上是同表演者一起出现的。卡奇纳亦被制作成一种有装饰的木刻小人像,由部落的男人制作,用来教育儿童认识每个卡奇纳的形象和服饰标志。

卡戎 Chiron 彗星,1977年发现,一度被认为是已知最远的一颗小行星。在土星和天王星之间沿一条不稳定的椭圆轨道运行。1989年天文学家检测到许多环绕卡戎的粒子云。因为这种尘埃包层是彗星独有的特征,卡戎被重新确认为彗星。

卡萨布兰卡 Casablanca 摩洛哥西部海岸城市。位于安法古城遗址上,1468年被葡萄牙人破坏。1515年葡萄牙人重返该地,建立新镇,名为 Casa Branca(意为"白屋")。1755年当地发生大地震后被废弃。1757年被摩洛哥一个苏丹占据。后来欧洲商人(包括法国人)开始移民此地。1907年由于有法国公民被杀,法国派军队占领该镇。在成为法国保护地期间,卡萨布兰卡是摩洛哥的主要港口。自那时起,该市不断发展。第二次世界大战期间,同盟国于1942年占领该地,1943年卡萨布兰卡会议在此地举行。人口约2 933 684(2004)。

卡萨布兰卡会议 Casablanca Conference(1943) 第二次世界大战期间,美国总统F.罗斯福与英国首相W.丘吉尔以及双方军事人员在卡萨布兰卡举行的一次会议,目的是制订西方盟国的未来全球性战略。会议议程以军事为主——决定进攻西西里,向太平洋战区增派军事力量,并同意重点轰炸德国。最重要的是他们宣布了一项要求德、意、日三国"无条件投降"的声明。

卡萨尔斯 Casals, Pablo (Carlos Salvador Defilló)(1876～1973) 原名Pau。西班牙出生的美国大提琴家和指挥家。父亲是管风琴师,早年受父亲调教,学习大提琴和作曲。1895年在巴塞罗那首演,后获奖学金去布鲁塞尔音乐学院深造,由于他的演奏水平很高,音乐学院的教育已不再适合他。1899年与指挥C.拉穆勒(1850 ～ 1899)的一次试演使他成为著名音乐家。他在世界各地进行独奏演出,与A.科尔托(1877 ～ 1962)、J.蒂博(1880 ～1953)组成著名的三重奏,从20世纪20年代开始成为指挥。F.佛朗哥夺取政权后,他拒绝回到西班牙,最后在波多黎各定居。

卡萨诺瓦 Casanova, Giovanni Giacomo(1725 ～ 1798) 意大利教士、作家、士兵、间谍和外交官。年轻时因为品行不端被神学院开除,从此开始了他丰富多彩而又放荡不羁的生涯,到欧洲各地游荡。1755年返回威尼斯后,有人告发他是巫师,被关进监狱。次年越狱,逃往巴黎。后来为了躲债,更名改姓,再次到各地旅游,直到1774年才回到威尼斯并成为间谍,为威尼斯的政府调查人办事。晚年(1785 ～1798)在波希米亚为瓦尔德施泰因伯爵当图书管理员。他的自传是一部巨著,于1825 ～ 1838年第一次出版,共12卷,对18世纪的欧洲描述详尽,同时他善于勾引女人的形象也跃然纸上。

卡萨特 Cassatt, Mary(1844 ～ 1926) 美国画家和版画家。早年生活富裕,曾与家人在欧洲四处游历。1860 ～ 1865年在宾夕法尼亚美术学院学习。后在巴黎学画,临摹前辈大师的作品。她成为E.德加的亲密朋友,他对卡萨特的绘画风格有很大影响,并鼓励她在印象派画家的画展上展出她的作品。她的作品通常是对日常生活的描绘,特别是母亲和孩子的形象,擅长素描和版画。最好的一些作品是用粉彩笔画的。她通过与一些富有的私人收藏家的社会接触,在美国大力宣传印象派绘画,对美国人的鉴赏力产生了持久的影响。

卡萨维蒂 Cassavetes, John(1929 ～ 1989) 美国电影导演和演员。出生于纽约市。最初在电影和电视剧中担任角色,1961年制作出他首部执导并受到评论界赞扬的《影子》,这是一部真实电影格的低成本独立影片。他在《十二金刚》(1967)和《失婴记》(1968)等影片中扮演过角色,然后又执导独立电影《面貌》(1968)、《丈夫们》(1970)以及《权势下的女人》(1974),把一些婚姻问题戏剧化。后

期电影包括《女煞葛洛莉》(1980)和《爱的溪流》(1984)。

卡萨武布　Kasavubu, Joseph(约1910～1969)　独立的刚果共和国(后来的扎伊尔)的第一任总统(1960～1965)。在同意到P.卢蒙巴的政府担任总统之前,曾担任过各种

卡萨武布
AP/Wide World Photos

行政职务。独立后没几天,M.冲伯领导的加丹加省就闹分裂,卡萨武布支持冲伯,与蒙博托一起罢黜了卢蒙巴。4年后,卡萨武布与冲伯决裂,蒙博托乘机掌握了政权。

卡森　Carson, Edward Henry(1854～1935)　后称Baron Carson (of Duncairn)。爱尔兰律师和政治家。1892年任爱尔兰副总检察长,同年选入英国下议院。1900～1905年任英国副总检察长。1915年任总检察长。1916～1917年任海军大臣。1921～1929年任上诉法院院长。被称为"北爱尔兰的无冕王",曾成功领导北爱尔兰抵制英国政府想要在爱尔兰全境实施自治的企图。

卡森　Carson, Kit(1809～1868)　原名Christopher。美国边疆开拓者、侦察员和印第安事务官。15岁离家加入前往圣大非的商队。他从边疆居民那里学会设阱捕兽方法。

K.卡森
By courtesy of the Library of Congress, Washington, D. C.

1842年探险家J.C.弗里蒙特请他当西部向导,积极参加开疆辟土的工作。在墨西哥战争期间,为S.卡尼将军远征加利福尼亚带路。他一面参加作战,一面到华盛顿递送公文。1854年出任新墨西哥州陶斯镇印第安事务官。南北战争期间,他率领新墨西哥第一志愿军军团。1868年任科罗拉多准州印第安事务总督。他为美国的西扩运动作出很多贡献,使他成为美国普通人心目中的英雄。

卡森　Carson, Rachel (Louise)(1907～1964)　美国生物学家和科学读物作家。出生于宾夕法尼亚州斯普林代尔。原为海洋生物学家并长期在美国鱼类和野生生物署工作。《围绕我们的大海》(1951)一书获美国国家图书奖。1962年发表预言性著作《寂静的春天》,提醒世界注意农药在食物链中所起的破坏作用,被认为是环保运动史上有重大影响的著作,该书在某些方面至今仍有指导作用。

卡什　Cash, Johnny(1932～2003)　原名John R.。美国歌唱家和歌词作者。出生于阿肯色州的金斯兰。在服兵役时开始学弹吉他和写歌。退伍后定居田纳西州的孟菲斯发展音乐事业。他的《嗨,波特》、《弗尔萨姆监狱布鲁斯》、《一路走来》几首热门歌曲使他颇受注目。1957年卡什被视为乡村与西部音乐圈的顶尖艺人。有一段时间因健康和吸毒问题声望有所下降,但在20世纪60年代末他的《卡什在弗尔萨姆监狱》专辑一经推出,又赢得了更多的掌声。1968年他与卡特家族的琼·卡特结婚,他们从1961年开始一直在一起演出。他的自传《黑衣人》于1975年出版。后来的专辑包括《解放》(1998)。

卡斯蒂利奥内　Castiglione, Baldassare(1478～1529)　意大利外交官、侍臣和作家。出身贵族家庭,曾在曼图亚的侯爵和乌尔比诺的公爵处任职,后来替教皇服务。他

B.卡斯蒂利奥内(局部),拉斐尔绘,1516年;现藏巴黎卢浮宫
Giraudon-Art Resource

以《侍臣论》(1528)一书而闻名,该书采用一种哲学对话形式,描写理想中的侍臣、贵妇人以及侍臣和王公之间的关系,出版后在意大利和其他国家颇受欢迎,成为文艺复兴时期那些推崇贵族礼仪的人的守则。

卡斯蒂利亚　Castile　西班牙语作Castilla。西班牙中部传统地区。包括几个现代省份,北部称旧卡斯蒂利亚,南部称新卡斯蒂利亚。10世纪时,在莱昂国王的统治下由F.冈萨雷斯统一。12世纪脱离莱昂统治,但1230年卡斯蒂利亚国王费迪南德三世又将两地重新统一。1512年兼并纳瓦拉王国的西班牙部分,由此形成现在西班牙的版图。如今卡斯蒂利亚仍是西班牙的政治和行政中心。

卡斯尔雷子爵　Castlereagh, Viscount(1769～1822)　原称Robert Stewart。英国政治家。出生于爱尔兰。1790年当选爱尔兰议员,后来进入英国议会(1794～1805,1806～1822)。在担任爱尔兰首席秘书期间(1798～1801),他独自一人迫使爱尔兰议会于1800年通过《合并法》。1805～1806年和1807～1809年任英国国防大臣。1812～1822年任外交大臣并成为下议院领袖。卡斯尔雷子爵被公认为是英国历史上最杰出的外交大臣之一,曾在推翻拿破仑的大联盟,以及维也纳会议决定和约的形式中起主导作用。后来患有妄想症,觉得总有人在恐吓他,最后自杀。

卡斯帕洛夫　Kasparov, Garry(1963～　)　俄罗斯国际象棋大师。出生于阿塞拜疆巴库,17岁就成为国际大师级人物。1984～1985年在一次48场对抗赛中败给了当时的世界冠军A.卡尔波夫,后来在1985年卷土重来,夺得宝座,成为这一比赛史上最年轻的冠军。1993年因组织新的国际象棋联合会而被取消冠军头衔。1996年卡斯帕洛夫在一场引起全世界注意的比赛中击败IBM公司设计的名为"深蓝"的功能强大的国际象棋计算机。1997年与"深蓝"再次交手,但此次"深蓝"已升级,结果计算机获胜。2000年时,卡斯帕洛夫在一次16场冠军赛中败给了俄罗斯棋手V.克拉姆尼克。

卡斯塔尼奥　Castagno, Andrea del(1419～1457)　原名Andrea di Bartolo。意大利佛罗伦萨画家。早年生活不详,许多画作现已失佚。最早的作品可追溯到1442年在威尼斯圣扎卡里亚教堂画的湿壁画。1447年开始其最伟大的作品,为佛罗伦萨的圣阿波洛尼亚女隐修院(现改为博物馆)画一系列描述最后的晚餐和基督受难的大型湿壁画。他对绘画的错觉艺术手段和科学的透视画法的使用,以及强健的雕塑般的人物造型,使他成为最具有影响力的15世纪文艺复兴画家之一。

卡斯特　Custer, George Armstrong(1839～1876)　美国骑兵军官。生于俄亥俄州新拉姆利。西点军校毕业,23岁成为志愿军准将,表现突出。他一直紧追从里奇蒙撤退的R.E.李将军领导的南部邦联军,加速了李将军的投降(1865)。1874年带队调查南达科他州印第安人圣地和狩猎场所布莱克山金矿的传闻,淘金热引发白人与印第安人的激烈争战。1876年他带领两支纵队中的一支袭击蒙大拿州小比格霍恩河附近的印第安人营地,结果所有士兵包括他本人无一生还。参阅小比格霍恩河战役。

卡斯特罗　Castro (Ruz), Fidel (Alejandro)(1926～　)　1959～2008年为古巴政治领袖。父亲是一个殷实的甘蔗种植园主。他毕业后成为律师,专为哈瓦那的穷人打官司。原打算参加古巴的议院选举,但F.巴蒂斯塔于1952年推翻了政府。卡斯特罗在1953年组织了一次反对巴蒂斯塔的活动,但行动失败并遭逮捕,被政府监禁。后前往墨西哥,与其他有志之士(包括C.格瓦拉)一起继续推翻巴蒂斯塔的活动。1956年

他带领一支武装先遣队登陆古巴，结果大部分人被杀害，只有12个人活了下来，躲到山里。他们在那里慢慢组建了一支游击队，在全古巴岛展开攻势。1959年巴蒂斯塔被迫逃离。卡斯特罗掌权后，开始实行国有化政策，没收美国拥有的企业和地产，扩大医疗服务和消灭文盲，并无情地镇压反对派，除了共产党之外，一切政党都是违法的。美国曾尝试推翻他，结果失败（参阅**猪湾入侵**），陷入**古巴导弹危机**。卡斯特罗全面控制了政府和经济，对苏联援助的依赖不断增加。1991年苏联解体，古巴经济随之陷入困境，卡斯特罗一直试图靠旅游业来替代从前的国内岁收。1998年卡斯特罗首次允许教皇保罗二世访问古巴。21世纪初，加强与委内瑞拉总统H.查维斯的关系，主动向委内瑞拉派送医疗人员以低价换取该国石油。2006年7月卡斯特罗手术愈后临时将权力移交给其弟劳尔，2008年正式卸任，结束其长达49年的执政。

卡斯特罗 Castro, Raúl（1931～ ） 古巴国家首脑（2008～ ）、国防部长、革命家。劳尔·卡斯特罗为菲德尔·卡斯特罗的兄弟。年轻时就满怀社会主义理念，加入了共产主义青年组织。1953年因参与其兄试图推翻古巴独裁者巴蒂斯塔的行动而被监禁，在狱中度过将近两年。1956年开始再次协助其兄推翻巴蒂斯塔独裁政权的革命运动，最终使得其兄于1959年出任古巴领导人，劳尔·卡斯特罗本人也成为古巴国防部长。同年，他与革命伙伴V.E.吉略伊斯结为夫妻。在其后几十年中，一直是古巴政治事务中重要的领导人之一，并且得到军方将领的广泛支持。他加强了古巴与前苏联的联系，使军工势力进入各类国营企业。前苏联瓦解之后，他支持20世纪90年代古巴的经济和农业改革，部分改善了经济下滑的趋势。2008年菲德尔·卡斯特罗宣布不再连任总统之后，他经国民代表大会选举当选古巴总统。

卡斯特罗-贝尔维斯 Castor y Bellvís, Guillén de（1569～1631） 西班牙剧作家。所写50部奇特的剧本中，《熙德的青年时代》（约1599）最著名，后来法国剧作家**P.高乃依**据此写成剧本《熙德》（1637）。卡斯特罗的剧作以生动自然的对话著称。他是最早描写婚姻障碍的戏剧家之一，如《巴伦西亚的不幸婚姻》。他大量采用传统的卡斯蒂利亚叙事歌谣，有3个剧本是根据**M.de塞万提斯**的小说改编的。

卡塔尔 Qatar 全称State of Qatar（卡塔尔国）。西南亚中东地区的国家，位于阿拉伯半岛东岸向波斯湾突入的部分。面积：11 571平方千米。人口：约1 991 000（2013）。首都：**多哈**。主要人口为阿拉伯人及南亚和伊朗外来移民工作者。语言：阿拉伯语（官方语言）、英语。宗教：伊斯兰教（国教，以逊尼派为主），亦有基督教、印度教。货币：卡塔尔里亚尔。卡塔尔境内大都多石、多砂且贫瘠，为盐质平地、沙丘沙漠及干燥平原。由于石油和天然气的出口，卡塔尔人的人均国民生产总值跃居世界最高之列。政府拥有全部农田并引导卡塔尔的大部分经济活动，而私人企业只能参与贸易和小规模的承包活动。卡塔尔为立宪制酋长国，法律基础是伊斯兰教教规。国家元首暨政府首脑是埃米尔，由首相辅助。18世纪中叶至19世纪中叶，部分地区由巴林人控制，后来成为**奥斯曼帝国**名义上的领土，直到第一次世界大战（1914～1918）。1916年成为英国的保护地。1939年发现石油，卡塔尔于是迅速现代化。1971年宣布独立，终止英国的保护国地位。1991年在**波斯湾战争**中为联军轰炸伊拉克的空军基地。卡塔尔于1984年首次参加在洛杉矶举办的夏季奥运会。

卡塔赫纳 Cartagena 哥伦比亚城市。位于该国北部海岸，是优良港口和国内主要石油输出港。建于1533年，为当时西班牙统治下美洲的大城市之一，该城筑有坚固的防御工事，经常遭到攻击，特别是**F.德雷克**（1585～1586）和E.弗农（1741～1742）所率的英军。在1811年该市所在区卡塔赫纳省宣告独立以前，该市一直为西班牙人所有。1815年西班牙人重新占领该市，但独立军队于1821年再次夺回。19世纪该市衰落，但到20世纪又重新开始繁荣，成为一个石油加工中心。人口约902 688（2003）。

卡塔赫纳 Cartagena 西班牙东南部港市。公元前227年在哈斯德鲁巴（Hasdrubal）的带领下由迦太基人建立，公元前209年被**西庇阿（大）**占据，设为罗马的驻防人员居留地。公元425年遭哥特人劫掠。771年起为摩尔人统治，直到1269年由阿拉贡国王詹姆斯一世收复。16世纪时腓力二世将此地建为一个大军港。卡塔赫纳至今仍为西班牙在地中海的主要海军基地和商业港口。人口约184 686（2001）。

卡塔尼亚 Catania 意大利西西里岛东部城市。公元前729年由希腊人建于卡塔尼亚湾的埃特纳山山麓。第一次布匿战争时（公元前263年）为罗马人占领，屋大维将该地设为罗马的驻防人员居留地。在罗马皇帝德西乌斯和戴克里先的统治下，卡塔尼亚的基督教徒受到迫害，殉教士包括圣阿加塔，即这座城市的主保圣人。卡塔尼亚先后曾被拜占廷人、阿拉伯人和诺曼人占据。1169和1693年遭到地震严重破坏。第二次世界大战中遭到炸弹轰击，严重受损。重建后，卡塔尼亚成为西西里第二大城市，为工业和交通运输中心。人口约306 464（2001）。

卡特 Carter, Benny（1907～2003） 原名Bennett Lester。美国爵士音乐家。以中音萨克斯管自成一派的演奏家之一而闻名，他也是有成就的编曲家、作曲家、黑管演奏家、小号演奏家和乐队领队。出生于纽约市。曾在C.韦伯和**F.亨德森**的大乐队中演奏，后来成为"麦金尼采棉者"乐队（1931～1932）的台柱。1935～1938年到欧洲工作，1945年移居加利福尼亚，为电影和电视作曲。最著名的作品是《当灯光暗淡时》。

卡特 Carter, Elliott (Cook, Jr.)（1908～2012） 美国作曲家。出身富裕家庭，曾在哈佛大学主修英文和音乐，1933年在巴黎师从**N.布朗热**学习。他曾任教于数所学院，1972年之后主要在朱丽亚学院任教。他深受许多名家的影响，其中包括**I.斯特拉文斯基**和**C.艾甫斯**。其精深广博的风格和新颖的复节奏（称节拍转调）原则引起世人注目。主要作品包括《长笛、双簧管、大提琴和拨弦古钢琴奏鸣曲》（1952）、《管弦乐队变奏曲》（1955）、《双重协奏曲》（1961）、《管弦乐队协奏曲》（1969）、《三个乐队的交响曲》（1977）、《双簧管协奏曲》（1987）、《大提琴协奏曲》（2001）和5个弦乐四重奏（1951，1959，1971，1986，1995），其中的两个获得普利策奖。他被公认为是20世纪末最伟大的美国作曲家。

卡特 Carter, Jimmy（1924～ ） 原名James Earl。美国第39任总统（1977～1981）。出生于佐治亚州普莱恩斯。毕业于安纳波利斯的美国海军军官学校，曾在海军

J.卡特，摄于1979年
UPI/Bettmann Newsphotos

服役到1953年，辞去军职后返家经营家族的花生生意。1962～1966年任佐治亚州参议员。1966年竞选州长失利后，热衷于福音会事业，并重新确定为浸礼会教徒。1970年重新竞选州长获胜。当选州长（1971～1975）后，他允许黑人和妇女在佐治亚州政府部门任职，并对州的各个政府机构采取更严格的预算管理程序。1976年，尽管缺少全国的政治基础或强有力的支持，他还是赢得了民主党的竞选提名，最后击败共和党在任总统**G.福特**，当选为美国总统。作为总统，他帮助埃及和以色列两国之间达成一项和平条约；与巴拿马签署一项条约，规定1999年之后巴拿马运河成为一个中立地带；与中国建立全面的外交关系。1979～1980年的伊朗人质危机事件成为他政治生涯的一大包袱。他对1979年苏联入侵阿富汗采取了较为强硬的反应，禁止美国谷物运往苏联，并施加压力让美国队拒绝参加1980年在莫斯科举办的夏季奥运会。由于国内通货膨胀和高失业率，经济萧条未获改善，卡特1981年争取连任时，败给了**R.里根**。他后来参与了许多国际上的外交谈判，并在一些无法确保民主传统的国家帮助监督选举过程。卡特是造访F.卡斯特罗执政时期的古巴的首位在任或卸任美国总统。2002年获诺贝尔和平奖。

卡特（夫人） Catt, Carrie Chapman（1859～1947） 原名Carrie Lane。美国妇女选举权运

卡特夫人
By courtesy of the League of Women Voters of Illinois

动的倡导者。1881 年在艾奥瓦州梅森城任中学校长,1883年成为美国第一批女督学之一。1884 年与 L. 查普曼结婚。1886 年查普曼死后,她把精力全部用于筹建艾奥瓦州的妇女选举权联合会(1887 ～ 1890)。1890 年与G. 卡特结婚后,她根据政治区划原则改组全美妇女选举权联合会,并从 1915 年起任主席直到去世。美国宪法第 19 号修正案通过后,妇女获得了选举权。之后卡特夫人将这个 200万人的联合会改组为妇女选民联盟,以便继续争取进步的立法,其中包括世界和平事业。

卡特尔　cartel　又译企业联合。为了使所涉及的公司获得更多利润,几个独立制造商联合在一起的组织。最常见的做法是限产、控制价格,以及划分市场份额。卡特尔的成员通常在参与制定合作政策的同时,仍然保持它们各自的特色和财务上的独立性。卡特尔可以是国内的(如法本化学工业公司),也可以是国际的(如石油输出国组织)。由于卡特尔限制竞争,导致消费者要负担更高的定价,它们在一些国家是非法的。在美国唯一可完全不受反托拉斯法限制的行业是大联盟棒球,但一些美国公司获准在海外参与国际性的卡特尔。

卡特加特海峡　Kattegat　在瑞典和丹麦日德兰之间的北海海湾。最大宽度为 142 千米,与北海和波罗的海相连。沿岸的主要港口有瑞典的哥特堡和哈尔姆斯塔德以及丹麦的奥胡斯。是重要的贸易航道和避暑胜地。

卡特家族　Carter family　美国歌唱团体,由 A. P. 卡特(1891 ～ 1960)、他的妻子萨拉(1898 ～ 1979)及弟媳梅贝尔(1909 ～ 1978)组成。他们都来自弗吉尼亚,1927 年开始录音事业。在其后的 16 年当中,卡特与其女儿们共录制 300 余首歌曲,其中包括 19 ～ 20 世纪初期的古老民谣、幽默歌曲、感伤歌曲和许多宗教歌曲,其中包括《沃巴什炮弹》、《今夜思念我的蓝眼睛》、《天然森林的花朵》和《让生命充满阳光》。他们传播了阿巴拉契亚山区的民歌。在最初成立的团体解散之后(1943),原来的成员仍然继续演出。其中,梅贝尔与女儿、女婿 J. 卡什一起的演出更为成功。50 年代卡特尔家族重新组成并时有演出,但其成员组合经常变化。原来的卡特家族是第一个入选乡村音乐名人堂(1970)的歌唱团体。

卡特赖特　Cartwright, Edmund(1743 ～ 1823)　英国发明家。1784 年参观 R. 阿克赖特的棉纱厂时,他顿生灵感要制造一台靠动力驱动的纺织机。他发明了动力织机,并在约克郡建了一座纺织厂。1789 年获得羊毛精梳机的专利。鉴于他发明的织机对国家有贡献,1809 年英国下议院决定授予他 1 万英镑奖金。他的其他发明还包括制绳机和一种用酒精代替水的蒸汽机。

卡特利特　Catlett, Elizabeth(1915 ～ 2012)　移居国外的美国雕塑家和版画复制者。出生于中产阶级家庭,早年学习雕塑。1946 年前往墨西哥城,在人民绘图艺术创作室工作,主要创作表现墨西哥人生活的版画。大约 1962 年她获得墨西哥公民身份。在她的雕塑和版画中,卡特利特主要刻画母子情谊、像 H. 塔布曼和 M. 艾克斯那样的名人,以及一些平凡的劳动者——特别是身体强壮的、孤独的黑人妇女。

卡特林　Catlin, George(1796 ～ 1872)　美国画家和作家。原为律师,但很快就成为一名自学成材的肖像画画家。很早就对印第安人的生活感兴趣,1830 年开始对大平原地区的印第安部族进行采风。他此次出行画有约 500 幅油画和写生,并在美国和欧洲展出。1854 ～ 1857 年他到中美和南美洲旅游,1858 ～1870 年居住于欧洲。他出版了一些有关原始美洲生活的画册。因这些作品对民族学和历史具有重要意义,大部分都被史密森学会收购。

卡特琳・德・梅迪契　Catherine de Médicis(1519 ～ 1589)　原称 Caterina de'Medici。法国亨利二世的王妃,弗兰西斯二世、查理九世和亨利三世之母,以及法国的摄政(1560 ～ 1574)。洛兰佐・德・梅迪契之女,1533 年她嫁给亨利,与他生育 10 个孩子。1547 年亨利二世继承王位,她成为王后。1559 年亨利二世意外去世,她倍感悲伤。他们的儿子弗兰西斯二世即位后,她开始与吉斯家族成员、想要控制王室的极端分子展开一场斗争。1560 年弗兰西斯二世夭亡,她任查理九世的摄政直至 1563 年,并在他执政期间控制政权到 1574 年。她试图结束天主教和胡格诺派教徒之间的宗教战争。传统上她因圣巴托罗谬日惨案(1572)而受到指责,但是,尽管她下令暗杀 G. de 科利尼和他的主要同伙,但看起来她当时并未授权进行后来的大屠杀。

卡廷屠杀案　Katyn Massacre　第二次世界大战中,苏联对波兰军官的集体屠杀事件。1939 年《德苏互不侵犯条约》签署后,德国打败波兰,苏联军占领了波兰东部,扣留了数以千计的波兰军人。1941 年德军入侵苏联后,波兰流亡政府同意与苏联合作共同对抗德国。组织这支新军队的波兰将军要求把被拘留的波兰战俘交给他来指挥,但苏联政府在 1941 年 12 月告知他大部分战俘已逃亡中国东北地区,无法找到。1943 年德国在俄罗斯西部的卡廷树林里发现了大批坟墓,挖出了共4 443具尸体,被害人明显遭到来自身后的射击,尸体堆积在一起并被掩埋。苏联宣称是入侵的德军杀害了他们,但拒绝波兰所提的委托红十字会调查的要求。1992 年俄罗斯政府公布了文件证明苏联秘密警察应对这次屠杀事件和事后的遮掩负责,文件也揭露遇害人数可能超过20 000人。

卡图卢斯　Catullus, Gaius Valerius(公元前 84? ～前 54?)　罗马诗人。生平不详,现存的 116 首诗中,有 25 首是描述与有夫之妇莉丝比娅之间炽烈而不幸的爱情;其他的诗表达出他与年轻的尤文提乌斯的暧昧关系,还有一些则是发泄他对凯撒的蔑视。他的诗作显示出他能熟练掌握各种格律技巧,他的应景诗格律传达的直接性,没有任何其他古典诗人能与之相比。他对爱和恨的表达方式被认为是古罗马最优美的抒情诗。

卡托维治　Katowice　波兰中南部城市。位于上西里西亚煤田的中央,1598 年就有人定居。1865 年因开始采煤而设市。1922 年成为波兰的一部分,此后与周围的村庄合并。该市是采矿和重工业的中心,也是个重要的铁路枢纽。人口约340 539(2000)。

卡瓦尔坎蒂　Cavalcanti, Guido(1255? ～ 1300)　意大利诗人。出身于一个有影响的佛罗伦萨家庭,曾在哲学家、学者 B. 拉蒂尼门下学习,在此之前拉蒂尼曾教过卡瓦尔坎蒂的好朋友但丁。但丁去世后,他被认为是 13 世纪意大利文学中最伟大的意大利诗人。写有约 50 首诗歌,其中有许多是献给两位女性的,并与爱情有关。他的文字表达了"温柔的新体风格"(*dolce stil nuovo*)的优雅和直率。英国诗人 D. G. 罗塞蒂和 E. 庞德都曾翻译过他的诗作。

卡瓦菲　Cavafy, Constantine(1863 ～ 1933)　原名 Konstantínos Pétrou Kaváfis。用希腊语写作的埃及诗人。出生于亚历山大,父母均为希腊人。整个成年时期在亚历山大担任一

卡瓦菲
Dimitri Papadimos

个默默无闻的文职官员。一生只发表了 200 首诗,作品风格亲切、写实而且抒情,把古典纯正的希腊文和现代通俗的希腊文奇妙地混合在一起。许多诗描写历史,特别是希腊化时代的历史,还有许多其他诗作反映了他的同性恋生活。在他逝世后,他的诗作很受欢迎并具有影响力。现在普遍认为他是现代希腊最伟大的诗人之一。

卡瓦酒　kava　又称 kava kava。一种不含酒精、黄绿色、带点苦味的饮料，以南太平洋多数岛屿所产的胡椒树（主要是麻醉椒）的根为原料制成。传统上这种饮料在举行卡瓦庆典时饮用，庆典包括调制和饮用卡瓦酒的仪式和宴会。卡瓦酒可以缓解紧张和焦虑，还可以提神。

卡瓦利　Cavalli, (Pier) Francesco（1602～1676）　原名 Pietro Francesco Caletti-Bruni。意大利歌剧作曲家。十几岁时就成为威尼斯圣马可教堂的唱诗班歌手，在 C. 蒙特威尔地的手下做事。他也是个管风琴师，1668 年升任教堂乐长。曾为威尼斯公共剧院写过 30 多部歌剧，是继蒙特威尔第之后最受人欢迎的歌剧作曲家，被视为他的主要继承人，其主要竞争对手是 A. 蔡斯悌（1623～1669）。最受欢迎的作品有《狄多》（1641）、《埃季斯托》（1643）和《艾里斯曼纳》（1655）等。

卡韦萨・德巴卡　Cabeza de Vaca, Álvar Núñez（约 1490～约 1560）　西班牙探险家。1528 年参加一支探险队，深入到现在的佛罗里达州坦帕湾。他是这支探险队仅存的 4 名队员之一，在得克萨斯州的湾区度过了 8 年时间。他对传说中的锡沃拉的七座黄金城的描述激发了人们的兴趣，埃尔南多・德・索托和弗朗西斯科・瓦兹克兹・德・科罗纳多又率队来到北美地区搜寻。

卡翁达　Kaunda, Kenneth (David)（1924～　）　赞比亚政治人物。领导赞比亚独立，并担任该国总统 30 年（1961～1991）。他在 1959～1960 年的运动中表现

卡翁达
Camera Press

杰出，成功地阻止英国建立南罗得西亚、北罗得西亚和尼亚萨兰联邦。当选为独立的赞比亚第一任总统后，在 20 世纪 60 年代末协助避免了一场内战的发生，但也强制推行一党专政。70 年代起，领导非洲南部其他各国反对罗得西亚和南非的白人少数政府。他增加了赞比亚对铜的出口和国外援助的依赖，这些政策使得赞比亚越发贫困，失业增加，农业、教育和其他社会服务日渐衰退，贫困与失业加剧。80年代初，几起试图颠覆他的政变均被敉平。1990 年被迫给予反对党以合法地位，1991 年在选举中败北而下台。

卡西　Kesey, Ken (Elton)（1935～2001）　美国作家。曾就读于斯坦福大学，其后并曾做为药物实验受试经验者和医院研究助理，他将这些经验融入他所写的小说《飞越杜鹃窝》，成为 20 世纪 60 年代最广为阅读的反传统文化书籍（1962；电影，1975）。随后并著有《心血来潮》（1964）和《水手之歌》（1992）。60 年代开始他随着一伙朋友"欢乐搞怪族"，驾着漆成五颜六色的巴士，游遍全美，并且成为 T. 沃尔夫《插电酷甜迷幻实验》（1968）的题材。

卡西尼　Cassini, Gian Domenico（1625～1712）　意大利出生的法国天文学家。早期工作主要是观测太阳，但当有了更好的望远镜以后，他便把注意力转向行星。他测出了木星和火星的自转周期，并编纂了木星的位置图表。1671～1679 年间，他观测月球，绘制成一幅大型月面图。1683 年他断定黄道光是一种有宇宙来源的物质。卡西尼还发现了土星的 4 颗卫星：土卫八（1671）、土卫五（1672）、土卫三（1684）和土卫四（1684）。现在土星的两个环间黑暗地带就是以他的名字命名，即卡西尼缝。

"卡西尼–惠更斯"号　Cassini-Huygens　空间探测器。1997 年发射升空，由环绕土星的美国航天器"卡西尼"号和 2005 年登陆土卫六的欧洲探测器"惠更斯"号组成。"惠更斯"号上的数据显示出土卫六的侵蚀地表及三角洲地貌。"卡西尼"号探测出土卫六上有大片甲烷湖，并在土卫二上发现因地下水向外喷射而形成的羽状物，以及土星的 6 颗新发现的卫星和两个新发现的光环。

卡修斯・隆吉努斯　Cassius (Longinus), Gaius（？～公元前 42）　罗马将军和行政官。他与庞培一起对抗 J. 凯撒，但庞培失败后，他便归顺凯撒。出于嫉妒和不甘心，他参与了布鲁图暗杀凯撒的阴谋活动（公元前 44 年）。在凯撒被暗杀之后，他被迫离开罗马，前往叙利亚。他在那里废黜了当地的总督（公元前 43 年）。他与布鲁图在马其顿招募一支军队与"后三头同盟"对抗。由于在菲利皮之战败于安东尼，卡修斯遂下令他的自由奴把他杀死。布鲁图慨叹其为"最后的罗马人"。

卡亚俄　Callao　秘鲁重要的港市。1537 年由 F. 皮萨罗在利马西部的卡亚俄湾建立。作为西班牙征服者从印加帝国抢夺的金银的主要海运站，此港经常遭受海盗和西班牙的欧洲敌手的袭击。1746 年毁于海啸，后在原址附近重建。独立战争期间，这个港市经受住了西班牙军队的多次围攻。1823 年 S. 玻利瓦尔在此地登陆，3 年以后西班牙人最终在这里投降。1940 年发生大地震，受损严重，但之后开始扩建并形成现代都市规模。人口约389 579（2005）。

卡宴　Cayenne　法属圭亚那首府和港市。位于卡宴岛西北端，1643 年法国人在此建市。卡宴岛被卡宴河河口和马胡里河河口包围。19 世纪中叶成为法国在圭亚那的犯人流放地中心，有"囚城"之称。当地的几个监狱于 1945 年关闭。人口约60 500（2003）。

卡耶博特　Caillebotte, Gustave（1848～1894）　法国画家和艺术收藏家。出身于富有的家庭。原为造船工程师。后来对绘画产生兴趣，到巴黎美术学院就读，学成后成为一位多产画家，画作内容多为当代景物，如城乡美景、静物写生和划船等。他是印象派画展的主要组织者、倡导者和出资人，个人收购了 C. 莫奈、P.-A. 雷诺阿、C. 毕沙罗、P. 塞尚、E. 德加等人的作品。他去世后，藏品捐赠给法国政府，这批画收藏在卢森堡宫的卡耶博特画室，1897 年成为第一个在法国的博物馆中陈列的印象派画展。

卡约　Caillaux, Joseph (-Marie-Auguste)（1863～1944）　法国政治家。曾多次担任政府的财政部部长，他是最早提出征收国内所得税的人，但未能成功。1911 年被任命为总理，但与德国就第二次摩洛哥危机的谈判达成协议后引起争议，次年被迫辞职。后来由于他反对参与第一次世界大战以及他与一些德国特务有过交往，受到叛国通敌的指控。1924 年获赦免。后当选参议员并成为财经委员会主席（1927～1940）。

卡赞扎基斯　Kazantzákis, Níkos（1883～1957）　希腊作家。攻读法律和哲学，广泛游走各地，最终于第二次世界大战前定居埃伊纳岛。最著名的是他那些被翻译成多种文字的小说，包括《希腊左巴》（1946，1964 年改编成电影）、《希腊的激情》（1954）和《基督的最后诱惑》（1955，1988 年改编成电影）。他的作品还包括散文、游记、悲剧，以及像但丁的《神曲》和歌德的《浮士德》等经典作品的翻译本。

卡扎菲　Qaddafi, Muammar al-（1942～2011）　又作 Muʻammar al-Qadhdhāfī。利比亚统治者（1969～2011），贝都因农夫之子，出生于利比亚沙漠帐篷内。毕业于利比亚大学和利比亚军事学院，是一位虔诚的穆斯林和积极的民族主义者。在军队中任上尉军官，领导了 1969 年的军事政变，推翻了国王伊德里斯一世，掌握政权。奉行其个人的伊斯兰社会主义，外交政策是反西方和反以色列。1970 年关闭美国和英国在利比亚的军事基地，并将意大利和犹太居民驱逐出境。宣布饮用酒精饮料与赌博为非法。1973 年将石油工业收归国有。促使利比亚与其他阿拉伯国家统一，但告失败。其政府与欧洲及世界各地的恐怖主义事件一再有涉，并涉嫌介入邻近国家的流产政变。1986 年美国战机轰炸利比亚，他的住宅被炸毁，他本人险遭不测。2011 年初，对卡扎菲政权的反对导致内战爆发，随后卡扎菲失权。被废黜后仍逃亡了几星期。2011 年 10 月在苏尔特被反对派武装杀害身亡。

开伯尔山口　Khyber Pass　阿富汗与巴基斯坦边界上白山的山口。长约 53 千米。历史上是西北方印度次大陆入侵的入口；波斯人、希腊人、蒙古人、阿富汗人和英国人都曾

穿越过这个山口。开伯尔地区的普什图族阿夫里迪人长期抵抗外国的控制,但在1879年第二次英阿战争期间,开伯尔部落落入了英国人的统治。现为巴基斯坦所控制。

开尔文 Kelvin (of Largs),Baron(1824～1907) 原名William Thomson(威廉·汤姆孙)。又称Lord Kelvin。英国物理学家。10岁时进入格拉斯哥大学,17岁时出版两篇报告,21岁时从剑桥大学毕业。翌年被授予格拉斯哥大学自然哲学教职,并在那里待到1899年退休。他协助发展出热力学第二定律,1848年发明了以其姓氏命名的绝对零度温标(参阅*绝对零度*)。他担任敷设第一条大西洋电缆工程的首席顾问(1857～1858)。他为接收电报信号而申请的镜式电流计专利(1858)使他致富。他在电和磁方面的工作最后促成J. C. *麦克斯韦*的电磁理论。他也对判定地层年代和水力学的研究有所贡献。1892年升为贵族。他出版了600种以上的科学报告,并获得数十个荣誉学位。

开放政策 glasnost 苏联开放讨论政治和社会议题的政策。M. *戈尔巴乔夫*于20世纪80年代末实施此项政策,因而开启了苏联的民主化历程。开放政策准许对政府官员进行批评,也允许媒体更自由地传播新闻和信息。参阅*重建政策*。

开间 bay 在建筑上,指一栋建筑物中垂直的线或平面所分隔的空间,特别是指两个相邻支承物之间的整个空间。两根相邻的柱子或壁柱之间的空间,或是教堂中两列柱之间的空间,包括其间的拱顶或天花板,均称作一个开间。

开罗 Cairo 阿拉伯语作Al-Qāhirah。埃及首都。地处*尼罗河*两岸,约641年被阿拉伯人夺取。原为一座罗马人的城市,旧城区当时是阿拉伯人建的一处军营。新城于968年由*法蒂玛王朝*所建,973年成为都城。1168年旧城被大火焚毁后,由萨拉丁重建并与新城合并。从13世纪起,作为马木路克王朝的都城,开罗繁荣至极,为贸易和文化中心。1798年拿破仑一世入侵,法国人占领开罗3年。在第二次世界大战(1939～1945)中,开罗是英、美两国的军事基地,也是两次盟军会议的举办地。这座古老的城市既保留了过去的历史又体现出现代的活力,东西方的文化特色在此交融。现为中东和非洲最大的都会城市之一,其电影、音乐和文学的繁荣使其成为阿拉伯世界的主要文化中心。吉萨金字塔位于城市的西南边缘,是该市最重要的地标建筑。开罗不但是制造业中心,而且还建有一些大学和学院,其中包括建于10世纪的学术中心——爱资哈尔大学。人口:市区约7 786 640(2006);都会区约16 100 000(2007)。

开曼群岛 Cayman Islands 英国在加勒比海地区的海外领地。位于牙买加西北约290千米处,面积264平方千米,包括大开曼、小开曼和开曼布拉克诸岛。首府乔治敦位于群岛最大岛大开曼岛。官方语言为英语。虽然1503年C.哥伦布发现该岛,但西班牙人从未占领过这些地方。1670年群岛割让给英国后,英国人才从牙买加移居此地。牙买加1962年独立前,开曼群岛的行政管理一直归属牙买加。1972年颁布宪法,2009年颁布新宪法,取代原宪法。群岛的总督由英国女王任命。现为旅游胜地,也是一个金融中心。人口约56 000(2013)。开曼群岛于1976年首次参加在蒙特利尔举办的夏季奥运会。

开姆尼茨 Chemnitz 旧称Karl-Marx-Stadt(卡尔·马克思城,1953～1990)。德国东部城市。位于莱比锡东南的开姆尼茨河畔。原为通往布拉格的贩盐商路的一个贸易站,1143年特许建市。1800年德国第一家纺织厂建于该地,德国第一辆铁路机车在该市建造。现在该市仍为工业中心。人口约255 800(2002)。

开普敦 Cape Town 阿非利堪斯语作Kaapstad。南非城市和立法首都,亦为西开普省首府。位于桌湾,长期以来一直是本地区的主要海港。荷兰东印度公司17世纪在桌湾建立的最早定居点,不久该地成为来往于欧印航线船只的中途停留地。1806年英国人最终接管该地之前,当地一直被荷兰人断断续续地统治着。如今,开普敦是南非的一个商业和文化中心。人口:都会区约3 103 000(2005)。

开普勒 Kepler, Johannes(1571～1630) 德国天文学家。出身贫穷,获得奖学金就读于蒂宾根大学。1594年获得硕士学位,此后在奥地利担任数学教师。他提出一种神秘理论,认为宇宙由5种规律的多面体包成球形而造成,每对多面体之间有一个行星。他把这个主题的论文寄送给T. *布拉厄*,他邀请开普勒加入其研究小组。为了理解大气中光的折射,他成为正确解释眼睛如何见物、眼镜如何改善视力、望远镜中光线如何作用的第一人。1609年发表了他的发现:火星轨道为椭圆形,而非正圆形,因此他假设所有天体的轨道都是这样。这个事实成为开普勒第一个行星运动定律的基础。他也确定,行星在靠近太阳时会移动较快,1619年他表示由一个简单的数学公式可以得出行星距日远近的轨道周期。1620年为其母被控行巫而辩护,其实也是为了维护他自己的名誉。

开普省 Cape Province 又称Cape of Good Hope(好望角)。旧称Cape Colony(开普殖民地)。南非旧省,位于非洲大陆最南端,包括南非的南部和西部。首府*开普敦*。位于省境内的有*西斯凯*,以及*特兰斯凯*和*博普塔茨瓦纳*邦的部分地区。省名得自开普敦以南50千米的好望角。原住居民有班图人、桑人和科伊科伊人。1488年葡萄牙航海家B. *迪亚斯*到达非洲南端的岬角,是第一个来此的欧洲人。1652年荷兰*东印度公司*在*桌湾*建立非洲南部第一个殖民地;1814年荷兰把开普殖民地转让给英国。1910年加入南非联邦,1961年加入南非共和国。1994年该省撤销,重新划分成东开普省、北开普省和西开普省。

开赛河 Kasai River 非洲中部河流。*刚果河*主要南部支流,从在安哥拉的源头算起,到与刚果河汇合为止,共长2 153千米。上游向东流400千米,然后折向北,构成安哥拉与刚果民主共和国之间的边界。河北段不能通航,但从*金沙萨*到伊莱博这一段的水上运输十分繁忙。与宽果河汇合后就称为夸河。

凯 Kay, John(1704～1780) 英国机械师和工程师。1733年获得"新松毛梳毛机"的专利,其中还包括他的飞梭,是迈向自动纺织的重要一步。凯的发明大大增加了纱的消费量,从而刺激了纺纱机(包括*多锭纺纱机*和*走锭纺纱机*)的发明,而其真正的重要性是在动力织机采用后才显现出来。

凯 Kay, Ulysses (Simpson)(1917～1995) 美国作曲家。短号演奏家K. *奥利弗*的侄子。自幼就是全能的音乐家。在就读亚利桑那大学时,W. G. *斯蒂尔*鼓励他成为作曲家,于是他就到伊士曼音乐学院和耶鲁大学(师从作曲家P. *兴德米特*)攻读音乐。后主要在纽约市立大学任教,以教学优秀闻名。他的音乐在风格上是新古典主义的,特点却是温馨而充满活力。他多次得奖,大多数是管弦乐和合唱方面的,包括5部歌剧和几部电影、电视的配乐。

凯德蒙 Caedmon(活动时期658～680) 最早的知名古英语基督教诗人。根据V. *比德*的说法,他是一个牧人,有一天在梦中得到神的传唤,命他咏唱"万物之始"(the beginning of things),牧人随即唱出"他从未听到过的几句诗"。他进入一个隐修院,那里学识渊博的教友向他口授《圣经》,他将所学写成方言诗。只有那首9行有独创性的睡梦赞美诗可以肯定是凯德蒙所写,但这首诗几乎成为所有盎格鲁-撒克逊宗教诗模仿的样板。

凯恩 Kane, Paul(1810～1871) 爱尔兰出生的加拿大画家。1819年举家迁往加拿大。多半时间在多伦多工作,但曾旅行远至太平洋沿岸,以风景、美国印第安人、毛皮商和传教士为题作画,并在1859年出版《一位艺术家的漫游》。其作品有大半是肖像画,因将主角的服装和饰品详细描绘而具有高度历史价值。他擅长创作大批人物画,风格近似于当代欧洲的风俗画。

凯恩戈姆山脉 Cairngorm Mountains 苏格兰东北部山脉。地处斯佩河谷和迪河谷之间的高地。最高峰本麦克杜伊山海拔1 309米,是不列颠群岛的第二高峰,仅次于*本尼维斯山*。第二次世界大战以后该地区冬季运动发展迅速。这里是一种石英变种——烟水晶的主要产地。

凯恩㹴狗 cairn terrier 在苏格兰培育的一种使役㹴狗。现在该品种的特征是仔细参照其祖先(17世纪斯凯岛上的㹴狗)培育而成的。这种狗腿短,面短而宽。被毛粗糙,通常呈蓝灰色、黄褐色或淡黄褐色。肩高 23～25.5 厘米，体重约 6～6.5 千克。通常活泼、耐劳、机敏、精力充沛。可当作宠物狗和看门狗。

凯恩斯 Keynes, John Maynard（1883～1946） 后称 Baron Keynes（of Tilton）。英国经济学家，因针对长期失业原因提出革命性经济学说而知名。父亲是杰出经济学者约

J. M. 凯恩斯，水彩画，G. 雷夫拉特绘；现藏伦敦国立肖像画陈列馆
By courtesy of the National Portrait Gallery, London

翰·内维尔·凯恩斯（1852～1949）。第一次世界大战时，在英国财政部任职，后参加凡尔赛和会，因抗议《凡尔赛和约》的内容而辞职，后来在《凡尔赛和约的经济后果》（1919）一书中谴责了其条款内容。之后回到剑桥大学教书。20 世纪 20、30 年代的国际经济危机促使他撰写了《就业、利息和货币通论》（1935～1936），为 20 世纪最具影响力的经济论文。他反驳自由放任的经济理论，并主张应付经济萧条的对策是扩大私人投资，或是创造公共投资取代私人投资。在轻度经济萎缩之中，利用较宽松的信贷和低利率的货币政策就可能刺激投资。在较严重的经济萎缩时，需要利用公共工程或对穷人、失业者进行补贴的周详的公共赤字的措施进行医治。许多西方民主国家实施了凯恩斯的理论，美国尤其在新政时期推行了他的理论。第二次世界大战近尾声时，凯恩斯致力于规划新的国际金融机构，1944 年积极参与布雷顿森林会议。

凯尔纳克 Karnak 上埃及的村落，指尼罗河东岸底比斯遗址的北半部（南部叫卢克索）。在这里的许多宗教建筑中有埃及最大的神庙阿蒙庙。阿蒙庙是个神庙建筑群，曾经扩建和改建多次，反映了埃及帝国的盛衰起伏。塔门不下 10 座，由庭院和厅堂隔开。最惊人的特色是由拉美西斯一世（公元前 1292～前 1290 年在位）所建的巨大的多柱厅，面积达5 000平方米。有 12 根 24 米高的巨柱，把大厅中间部位的天花板抬高而形成高侧窗。1979 年联合国教科文组织将以底比斯为中心的遗址列入世界遗产，凯尔纳克是其中的一部分。

《凯尔斯书》 Kells, Book of 约 8 世纪后期～9 世纪早期四部福音的彩绘手抄本版本。为华美的爱尔兰撒克逊风格的杰作，特点是用几何设计的彩色的平面和复杂的交错图形而不是自然主义的重现。可能在苏格兰的艾奥那岛上的爱尔兰隐修院里开始绘制。经维京人袭击后，很明显这本书被转移到米斯郡的凯尔斯隐修院，在那里完成了许多部分。参阅林迪斯芳福音书。

凯尔特人 Celts 早期的印欧民族，自公元前第 2 千纪至前 1 世纪时，居住在欧洲的大部分地区。后来融入罗马帝国，成为布立吞人、高卢人、博伊人、加拉太人、凯尔特伊比利亚人。早期考古物证（约公元前 700 年）来自奥地利的哈尔施塔特遗址。这个属于铁器时代文化的民族控制了罗讷河、塞纳河、莱茵河和多瑙河沿岸的商路。向西迁移时，哈尔施塔特的武士们传入了铁器的使用方法，这有助于他们控制其他的凯尔特人部落。到公元前 5 世纪中叶，拉坦诺文化出现在莱茵河沿岸，然后传入东欧和不列颠群岛。约公元前 390 年，凯尔特人洗劫了罗马并侵袭了整个意大利半岛，最后在阿尔卑斯山脉南部（山南高卢）定居，并时刻威胁着罗马，直到他们于公元前 225 年被打败。在巴尔干半岛，他们于公元前 279 年洗劫了希腊的德尔斐城，但最后败于埃托利亚人。他们跨过博斯普鲁斯海峡并四处掠夺，直到约公元前 230 年被阿塔罗斯一世制伏。到公元前 192 年，罗马控制了山南高卢，公元前 124 年又占领了阿尔卑斯山另一边的土地。在山外高卢（自莱茵河和阿尔卑斯山脉西部）凯尔特人受到来自西部的日耳曼部落和来自南部的罗马人的进攻。到公元前58 年，J. 凯撒开始多次出征，以并吞整个高卢。关于凯尔特人在不列颠和爱尔兰定居的事实，主要是根据考古发掘和语言学的研究推断得出的。凯尔特人的社会体系包括武士贵族和自由农民；德鲁伊特专司巫术宗教职责，地位要高于武士。凯尔特人有一种混合的农业经济。他们不但口头文学创作相当繁荣，制作工艺也很发达；能制作金银珠宝、短剑和剑鞘，以及嵌有珐琅的盾牌。

凯尔特宗教 Celtic religion 高卢和不列颠群岛的古凯尔特人的宗教信仰与仪式。凯尔特人的宗教崇拜注重“另一世界”（神素）与自然世界间的交互作用。他们相信在泉水、河流及山丘中均住有守护神，通常是女性。有些神受到广泛崇拜，有些神只与某些部落或地方有关。太阳神卢古斯地位最高，此神精通各种技能。塞尔农诺斯为万兽之神。牝马和生育女神被称为埃波娜、玛查或里安农。女神经常是 3 位结伴出现。凯尔特宗教的祭司是德鲁伊特，他们坚持口授形式，不留任何文字。季节性宗教节日包括亡人节（11 月 1 日）和夏节（5 月 1 日）。栎树、冬青和槲寄生被认为是圣树。凯尔特人相信死后再生以及灵魂转生。

凯夫拉尔 Kevlar 一种类似尼龙的分子聚合物“聚对次苯基对苯二醯胺”的商标名称，1971 年由杜邦公司研发问世。凯夫拉尔可以做成强硬、坚韧、不易断裂而且可溶解的纤维，它的单位强度是钢铁的五倍。现在广泛用于辐射轮胎、防火抗热的纺织品、防弹衣物，以及飞机翼板、轮船船体、高尔夫球杆、超轻型自行车的强化纤维复合材料中。

凯拉姆 kalam 伊斯兰教思辨教义学。伍麦叶王朝时期兴起。对《古兰经》及其所引起的问题（包括了宿命、自由意志、安拉的本质等）作不同的解释。早期最著名的是 8 世纪的穆尔太齐赖派，主张至高无上的真理，拥护自由意志，反对将神人格化。10 世纪时艾什尔里派取代穆尔太齐赖派，并把凯拉姆移回到传统的教义和解释，如《古兰经》永久自存的本质及其字义上的真理。

凯莱 Cayley, George（1773～1857） 后称 Sir George。英国航空界的先驱，空气动力学的奠基人。到 1799 年他已经完成近代飞机的基本构型。1804 年制作出他的第一架模型滑翔器，1809 年出版他对空气动力学的开拓性研究报告。对流线型的优点、纵向和横向的稳定性、产生最大升力的翼面等问题的深入研究，终于使他在 1853 年制造出一架滑翔机，并进行过短暂的载人飞行。凯莱还于 1825 年发明了履带式拖拉机，并于 1839 年在伦敦创建了一所工艺专科学校。

凯勒 Keller, Helen（Adams）（1880～1968） 美国作家和教育家。在 19 个月大时因病失去视觉和听觉，不久又变哑。5 年后 A. 沙利文（1866～1936）开始教她，在她的掌心按手语字

66 岁的 H. 凯勒
By courtesy of the American Foundation for the Blind

母。最后，凯勒学会了用布拉耶盲字读写。她写了几本书，包括《我的一生》（1902）。W. 吉布生把她的童年生活写成剧本《奇迹创造者》（1959，1962 年改编成电影）。

凯利 Kelly, Ellsworth（1923～ ） 美国画家和雕刻家。20 世纪 60 年代成为油画中“硬边”风格的主要倡导者，在这种风格的画中，明晰和精确地定出抽象的轮廓。他在画中摒弃错觉手法，就是典型地用一成不变的几种原色、相邻的一些矩形平面组成画面。由于受到J. 阿尔普的生物形态的抽象艺术和 H. 马蒂斯的剪纸的影响，在他画好后再剪裁的金属薄片塑像中使用了他油画中的清晰的几何线条。

凯利 Kelly, Gene（1912～1996） 原名 Eugene Curran。美国舞者、演员、编舞家和电影导演。在故乡匹兹堡市其母亲主持的舞蹈学校学习后，于 1938 年前往纽约，参与百老汇音乐剧的舞蹈演出，1940 年在歌舞剧《伙伴乔伊》中的表演引起观众赞扬。1942 年进入电影界，他的自然、健美的风格成为音乐片的保

证，如他协助编舞和导演的《起锚》(1945)、《锦城春色》(1949)、《一个美国人在巴黎》(1951)、《雨中曲》(1952)等影片。1951年获得电影艺术和科学学会特别奥斯卡奖。后来参与许多影片的编舞和导演工作，并为巴黎歌剧院创作了一出芭蕾舞剧(1960)。

凯鲁比尼　Cherubini, Luigi (Carlo Zanobi Salvadore Maria)(1760～1842)　意大利出生的法国作曲家。出身于一个音乐世家，这位很有天赋的年轻人在20岁之前就已写有几十首音乐作品，并在20岁那年完成了他的第一部歌剧。1788年定居巴黎。18世纪90年代在歌剧方面享有盛名，拿破仑对其极为欣赏。1816年成为皇家圣堂联合音乐总监。1822年任巴黎音乐学院院长，并在此职位直至去世。贝多芬称赞凯鲁比尼是他那个时代最伟大的作曲家。他的对位法教科书(1835)被广泛使用了百年。在他的大约40部歌剧中，最受欢迎的是《罗多伊斯卡》(1791)、《梅黛》(1797)和《二日》(1800)，其他重要作品包括1首交响乐(1815)、6首弦乐四重奏和C小调、D小调安魂曲(1816、1836)，以及9首残存的弥撒曲。

凯鲁万　Kairouan　又作Al-Qayrawān。突尼斯东北部城市。是伊斯兰教宗教中心之一，670年由阿拉伯将领奥克巴·本·纳菲建立，成为马格里布的第一座阿拉伯城市。800年被艾格莱卜王朝定为首都。后成为法蒂玛王朝和日里德王朝的行政、商业、宗教以及学术中心。11世纪由于新都突尼斯城的兴起以及贝都因人的进犯，该城逐渐衰落。城内有多座清真寺，其中的"大清真寺"由奥克巴在7世纪时建立。1988年，该市旧城被联合国教科文组织列为世界遗产。人口117 903(2004)。

凯鲁亚克　Kerouac, Jack(1922～1969)　原名Jean-Louis Lebris de。美国诗人和小说家。生于马萨诸塞州洛厄尔的加拿大法语家庭，就读于哥伦比亚大学。在哥伦比亚大学时遇到A. *金斯堡*、W. S. 巴勒斯和其他志趣相投的人，而成为所谓"*避世运动*"(他杜撰出来的名称)的发言人。1950年出版处女作《城镇与城市》以前，在商船上当水手，漫游美国和墨西哥。在《在路上》(1957)一书中，他赞美贫困和自由；这是他最著名的小说，是以他提倡的一气呵成、不经编辑的作风写成的第一本书，在年轻人之间获得极大的成功，成为年轻人心目中浪漫的英雄。他所有的小说，包括《达摩流浪汉》(1958)、《地下之人》(1958)和《孤独的天使》(1965)，都是自传体的。后因酗酒47岁时去世。

凯洛格　Kellogg, John Harvey(1852～1943)　美国谷类食品制造商。他是一位医师及素食主义者，1876年协助安息日复临会在密歇根州巴特尔克里克成立一所疗养院。在那里他研制各种坚果和蔬菜制品，其中包括麦片等*谷类食品*，以丰富病人的食物，其中一位患者是C. W. 波斯特。凯洛格首创了谷类干制食品制造业，他的幼弟威尔于1906年创办W. K. 凯洛格公司。

《凯洛格-白里安公约》　Kellogg-Briand Pact　又作Pact of Paris(《巴黎公约》)。一项国际协议，主张不使用战争作为推行国策的工具。这是由A. *白里安*构想出来的，他希望把美国拉入一种防御同盟体系来对付死灰复燃的德国的侵略。美国国务卿F. B. 凯洛格建议一个普遍的多边公约，法国表示同意。大多数国家都签署了这个公约。但该公约缺乏可行性，而且它的和平誓言有许多例外不受约束，这都使该公约成为一个无用的空文。

凯米奥浮雕宝石　cameo　表面刻有浮雕的宝石、玻璃、陶瓷器或贝壳。它与阴雕宝石恰好相反。从早期的苏美尔时期(约公元前3100年)到罗马文明的衰落，从文艺复兴到18

《欧罗巴被劫》，16～17世纪以金和珐琅为边框制作的凯米奥浮雕宝石；现藏维也纳艺术史博物馆
By courtesy of the Kunsthistorisches Museum, Vienna

世纪新古典主义时期都可见到凯米奥浮雕宝石，上面刻有神话故事场景和肖像以及许多值得纪念的具体人物。在18至19世纪，冠冕、腰带、胸针和手镯都有凯米奥宝石作为装饰。

凯末尔　Kemal, Yashar(1922～　)　土耳其小说家。为库尔德人后裔。因5岁时在清真寺目击父亲被杀害而自己将一眼弄瞎，后因身为政治积极分子而数度入狱。他的乡居生活故事及其被剥夺权利者坦然辩护的行为广为人知。其小说《梅梅德，我的老鹰》被译成20种语言，1983年改编成电影。

凯末尔(土耳其之父)　Atatürk, Mustafa Kemal(1881～1938)　本名穆斯塔法·凯末尔。现代土耳其的创建者。出生于当时奥斯曼帝国统治的希腊城市。其父把他送到军事学校受训，毕业时成绩优良。后来对奥斯曼帝国政治渐生不满，加入了一个土耳其民族主义组织——统一与进步委员会。第一次世界大战(1914～1918)期间，他为政府作战，在达达尼尔海峡战役中打败协约国军队。最后，协约国胜利，英国、法国和意大利军队进驻安纳托利亚；凯末尔被指派去维持秩序，他趁机鼓动人民反抗盟军占领。拜奥斯曼帝国失败之赐而获有土地的希腊和亚美尼亚是反对土耳其民族主义的，但凯末尔击败所有的反对势力，于1923年建立土耳其共和国。1934年被尊为"阿塔图尔克"(意为"土耳其之父")。凯末尔实施西化和世俗化政策，强制穿西装和用姓氏，解放妇女，彻底革新教育和法律制度。参阅*恩维尔帕夏*和*青年土耳其党*。

凯诺　Queneau, Raymond(1903～1976)　法国作家。曾任记者，随后担任著名的《七星全书》的审稿人，1955年任主编。文字游戏的爱好、黑色幽默的倾向、悲观和对权威的嘲弄态度，呈现在他的30多部散文和诗歌中。其中包括了他最著名的作品《扎齐坐地铁》(1959)和《蓝花》(1965)。

凯奇　Cage, John (Milton)(1912～1992)　美国前卫派作曲家和作家。出生于洛杉矶，父为发明家。曾师从A. *勋伯格*和H. *考维尔*学习音乐。从20世纪40年代开始与舞蹈编导M. *坎宁安*密切合作。早期作品采用12音手法，但到1943年，他的声波实验已使他成为音乐界的一朵奇葩。不久转而研究佛教禅宗并得出结论认为：创造音乐的一切活动都应视为单一自然过程的一部分，并把各种声音都看作潜在的乐音。此后他提倡非决定论原则，在作品中采用多种手法以确保随机性，此种方法要运用越来越多的独创记谱法，并常借用道教的《易经》。到20世纪60年代，他发展到多媒体的领域。其异类作品包括《酒神祭》(1938，为加料钢琴而作)、《幻景第四》(1951)、《4分33秒》(1952)、《方坦纳混合音响》(1958)、《HPSCHD》(1969，为7名大键琴独奏者、51台录音机和非音乐媒介而作)以及《罗阿拉托里奥》(1979)。此外，他还发表著述多种，包括《寂静无声》(1961)和《M》(1973)等。其对国际的影响力要远大于先前的美国作曲家。

凯撒　Caesar, (Gaius) Julius(公元前100～前44)　著名的罗马将军、政治家和独裁者。生为贵族，曾担任度支官和大民政官等要职，后于公元前61～前60年出任西班牙行省的总督。公元前60年他与*庞培*、M. L. *克拉苏*组成前*三头政治*，公元前59年当选执政官，公元前58年任高卢与伊利里亚的总督。在指挥*高卢战争*之后，他在此期间曾入侵不列颠(公元前55年和54年)，并渡过莱茵河(公元前55年和53年)，他与先前被怀疑的庞培一样，也被元老院强令交出兵权，因为元老院的一些保守人物对其大权在握感到畏惧。由于元老院没有同时命令庞培交出指挥权，凯撒违反元老院的规定，率领军队渡过高卢与意大利之间的鲁比孔河(公元前49年)，使罗马陷入内战。庞培从意大利逃走，但在公元前48年被凯撒带兵追上并击败，接着又逃往埃及并在那里被杀。由于追赶庞培来到埃及，凯撒成为*克娄巴特拉七世*的情人，并在军事上支援她。公元前46～前45年，他击败庞培的最后一批支持者。凯撒被罗马人拥立为终生的独裁者。有人想让他当国王(公元前44年)，但被拒绝，因为他知道罗马人对国王的厌恶。他在元老院大厅被卡修斯、*布鲁图*为首的一批阴谋分子刺杀，当时他正准备进行一系列政治及社会改革。他的论述高卢战争及内战的著作被视为古典历史学的典范。

凯撒里亚　Caesarea　现作Horbat Qesari。巴勒斯坦古港口。位于现在以色列的*海法*南部海岸。原为古腓尼基人聚集地。公元前1

世纪被罗马人占据并由希律大帝重建，并以他的庇护人奥古斯都之名重新命名。6 世纪时为罗马人的朱迪亚行省的首府。是早期基督教教会的所在地，圣保罗多次来到此地。后在拜占廷帝国和阿拉伯人的统治下逐渐衰败，13 世纪被苏丹王拜巴尔斯一世完全摧毁。

凯塞林 Kesselring, Albert(1885～1960) 德国陆军元帅。1936 年任德国空军参谋长，早期指挥了对波兰、法国、英国和苏联的空袭。1941 年被任命为南线德军总司令，支持意大利在北非作战，并进攻马耳他。他与 E. 隆美尔共同指挥轴心国在北非的战役。1943 年盟军攻入西西里和意大利后，他采取有效的防御战术，阻止了盟军在那个地区的胜利步伐，直到 1944 年为止。1945 年任西线德军总司令，但未能阻止盟军长驱直入德国，同年 5 月率南线德军投降。1947～1952 年因战争罪入狱。

凯瑟 Cather, Willa (Sibert)(1873～1947) 美国女小说家。10 岁时随家人从弗吉尼亚迁至内布拉斯加，12 年后又回到东部，最后定居纽约。1905 年出版首部短篇小说集《侏儒园》，其中包括她一些最好的作品。小说《哦，拓荒者们!》(1913)和《我的安东尼亚》(1918)常被认为是她的杰作，歌颂拓荒者的精神和勇气。《百灵鸟的歌声》(1915)、《青春和聪明的梅杜萨》(1920)以及其他一些作品反映一个天才努力奋斗，以摆脱小城镇的窒息生活。获普利策奖的《我们中间的一个》(1922)和另一部小说《一个沉沦的妇女》(1923)，则哀叹这种开拓精神的消失。后来她也描写更早期的开拓精神，作品有《死神来迎接大主教》(1927)和《岩石上的暗影》(1931)。

凯瑟琳(阿拉贡的) Catherine of Aragon(1485～1536) 英格兰国王亨利八世的第一任妻子。西班牙统治者阿拉贡的费迪南德二世和卡斯蒂利亚的伊莎贝拉一世最小的女儿。1509 年嫁给亨利。与他生育 6 个孩子，但只有一个存活下来(即后来的玛丽一世)。亨利想要有个合法男嗣继位，1527 年向罗马教廷提出离异要求，但教皇克雷芒七世一直没有批准，罗马教廷和亨利之间的关系遂告破裂，导致英国发生宗教改革运动。1533 年亨利有了他自己的大主教，即坎特伯雷大主教 T. 克兰麦，令他宣布废除与凯瑟琳的这桩婚姻。凯瑟琳的晚年离群索居，断绝了与外界的联系。

凯瑟琳(阿拉贡的)，油画；现藏伦敦国立肖像画陈列馆

By courtesy of the National Portrait Gallery, London

凯瑟琳(布拉干萨的) Catherine of Braganza(1638～1705) 葡萄牙天主教徒、英格兰国王查理二世之妻。1662 年与查理结婚，此婚配是英葡两国结成同盟的条件之一，为英国带来贸易特权和丹吉尔、孟买两个港市。她没有生育。查理虽不是个忠诚的丈夫，但在凯瑟琳被控计划毒杀他时，仍全力替她辩护。由于凯瑟琳的帮助，他在死前不久改奉天主教。1692 年她返回葡萄牙，1704 年她的兄弟佩德罗二世因病不能视事，由凯瑟琳摄政。

凯瑟琳(锡耶纳的)，圣 Catherine of Siena, Saint(1347～1380) 原名 Caterina Benincasa。多明我会的奥秘神学家和意大利的主保圣人。1363 年任多明我会三品修士，不久即以圣洁和极度苦行而闻名。她呼吁进行一场反对穆斯林的神圣战争，以平定意大利的国内冲突。其著作《圣凯瑟琳对话录》包括 4 篇有关宗教神秘主义的论文。

凯瑟琳(亚历山大的)，圣 Catherine of Alexandria, St.(?～约4世纪初) 早期基督教殉教者。据传她出身贵族，是个有才学的少女，在罗马皇帝马克森提统治期间，抗议他迫害基督教徒。她劝说罗马皇帝的妻子改信基督教，并在辩论中驳倒奉皇帝之命前来与她对阵的才子。她被判处以棘轮绞死，但棘轮毁坏，改为斩首。据说天使把她的遗体运往西奈山。她是中世纪最受世人崇敬的圣徒之一，是哲学家和学者的赞助人。她的历史真实性存有疑问。

凯瑟琳·霍华德 Catherine Howard(1524～1542) 英格兰国王亨利八世的第五任妻子。诺福克公爵(第二)的孙女，亨利八世第四任妻子安妮(克利夫斯的)的侍女。亨利与安妮离异后，就娶了凯瑟琳·霍华德(1540)。1541 年他得知凯瑟琳婚前曾与多人私通，婚后也很可能与人通奸，十分愤怒。1542 年他让国会通过一项剥夺权利法案，宣布不贞洁的女子与国王结婚是叛逆行为。两天后凯瑟琳在伦敦塔被斩首。

凯斯门特 Casement, Roger (David)(1864～1916) 后称 Sir Roger。英国文官和爱尔兰反抗者。历任英国驻非洲(1895～1904)和巴西(1906～1911)的领事。由于揭露白人商人在刚果和秘鲁普图马约河流域对土著劳工的残酷剥削而博得国际声誉。由于健康欠佳，1912 年退职回到爱尔兰。他在那里加入了爱尔兰民族主义运动，并协助他们组织爱尔兰国民志愿军。第一次世界大战爆发时，他想寻求德国对爱尔兰独立运动的支持。1916 年复活节策划爱尔兰起事，但未成功。后来被捕，判犯有叛国罪并处死刑。死后成为爱尔兰的烈士。

凯特尔 Keitel, Wilhelm(1882～1946) 德国陆军元帅。参加了第一次世界大战。1918～1933 年期间担任过多个行政职务，1935 年成为陆军部长，1938 年任德国武装部队最高统帅部的长官。尽管他是 A. 希特勒最信任的将领之一，但一般人还是把他看作是一个软弱无能的军官，主要充当希特勒的走卒。1945 年签署了德国的军事投降条约。战后，在纽伦堡审判中被判定为战犯而处以死刑。

凯特尔 Quételet, (Lambert) Adolphe (Jacques)(1796～1874) 比利时天文学家、统计学家和社会学家。以将统计学和概率论用于社会现象而著名。他为政府收集并分析犯罪、死亡率和其他主题的统计数据，还对人口调查方法做了改进。在《论人》(1835)和《人体测量》(1871)中他提出"平均人"的概念，即统计上的"人均"。他是数量社会科学的奠基人，由于在方法上的不成熟而广受批评。

凯特林 Kettering, Charles F(ranklin)(1876～1958) 美国工程师，1904 年研制出第一台电动现金出纳机。约 1910 年与 E. 迪兹创办的代尔科汽车公司，1916 年成为通用汽车公司的子公司；1920～1947 年任通用汽车公司的副总裁兼研究主任。他的许多发明对现代汽车的发展起了重要的作用，包括第一个电起动器(1912)、防爆燃料、加铅汽油、快干抛光漆(与 T. 米奇利一起发明)、高速二行程柴油机，以及具革命性意义的高压缩比发动机(1951)。后来他与人合作在纽约市成立了一个从事癌症研究的斯隆-凯特林癌症研究所。

凯旋门 Arc de Triomphe 巴黎的大型凯旋门，为罗马古典主义建筑杰作，也是世界最著名的纪念建筑之一。位于戴高乐广场的中心，此广场在香榭丽舍大道的西端。由拿破仑授意，J.-F. 沙尔格林设计，建于 1806～1836 年。凯旋门高 50 米，宽 45 米，表面由 F. 吕德、J.-P. 科尔托和 A. 艾戴克斯刻满了装饰性浮雕，以纪念拿破仑的军事胜利。

凯旋式 triumph 古罗马给在主要战役中得胜并杀敌至少5 000人的将军授予的最高荣誉。在举行仪式时，元老和地方行政长官在祭祀用的牲畜、战利品和带枷锁的战俘前行进。身穿紫金袍的将军坐在马车上，右手持月桂枝，左手持象牙权杖，一名奴隶把金冠捧在他的头顶上方。最后跟着唱歌的士兵，有时演唱比较低俗的歌曲。在帝国时期，只有皇帝和他的皇族成员庆祝凯旋。

凯泽 Kaiser, Henry J(ohn)(1882～1967) 美国实业家。1914 年开始承建公共建筑工程，后建成加利福尼亚州的大坝、密西西比河上的堤坝。1931～1945 年间，他联合一些建筑公司建造胡佛、邦纳维尔和大古力等水坝以及其他大型公共工程。第二次世界大战期间，他开办了七家造船厂，在他自己的联合钢厂里生产钢铁，在装配线上不到 5 天就能造出一艘船。他为他的船厂雇员成立第一个保健组织凯泽计划，这个组织为 100 多万人服务,后成为联邦计划的一个范本。战后他经营获利较大的铝、钢铁和汽车等行业。

“勘测者”号探测器 Surveyor 1966～1968年间美国向月球发射的7个不载人太空探测器系列。“勘测者”2号在月球坠毁,“探测者”4号在登陆前几分钟与地球失去联系;但其余的探测器发回了上千张照片,有的装有采集标本并检测月球土壤的设备。“探测者”6号第1次从地球以外的天体上起飞;“探测者”7号在月球高地登陆,其发回的资料显示高地的地形和土壤与低地不同。参阅“月球”号探测器、“先驱者”号探测器和“徘徊者”号探测器。

勘察加半岛 Kamchatka Peninsula 俄罗斯东部的半岛。西临鄂霍茨克海,东临太平洋和白令海。长1 200千米,最宽处约480千米,总面积370 000平方千米。山脉沿半岛延伸,在127座火山当中有22座活火山,包括西伯利亚的最高峰克柳切夫火山(高4 750米)。半岛绝大部分的火山地带于1996年(延至2001年)被联合国教科文组织列入世界遗产名录。

堪培拉 Canberra 澳大利亚首都。位于澳大利亚首都直辖区东北部,跨莫朗格洛河两岸。1909年被选为首都所在地。1911年美国建筑师W. B. 格里芬(1876～1937)经过国际竞争被选定为该市设计规划。1913年开始破土动工兴建。1927年议会从墨尔本正式迁此。城市至今仍在不断扩展,在卫星城兴建了许多住宅区。当地有轻工业和旅游业,但主要为政府机构。人口约377 074(2004)。

H. 摩尔创作的雕像,背景为堪培拉澳大利亚国家图书馆

Robin Smith Photography, New South Wales

堪萨斯 Kansas 美国中部一州。与内布拉斯加州、密苏里州、俄克拉何马州和科罗拉多州相邻。位于大平原,从东部的草原延伸到西部高原,海拔上升915米以上。在欧洲人殖民前,坎萨人、奥萨格人、波尼人和威奇托人等印第安部族就已居住于此。第一个到堪萨斯探险的欧洲人是F. V. 德·科罗纳多,他在1541年自墨西哥北来,寻找传说中的黄金城。1682年法国探险家拉萨尔宣布这块领土为法国所有。1803年作为“路易斯安那购地”的一部分,堪萨斯遂归属美国。19世纪初,联邦政府重新安置了被放逐的东部印第安人到堪萨斯。根据1854年《堪萨斯-内布拉斯加法案》成立了堪萨斯准州,并对白人居民开放。这里是奴隶制问题冲突的所在地,包括一次由J. 布朗引发的冲突。堪萨斯于1861年成为美国第34个州。美国南北战争后,铁路的到来促使运牛市镇的成长,得克萨斯州牛仔把牛赶到威奇托和阿比林以搭上铁路运往各地贩卖。农人在大平原上耕作,使农业变得很重要。第二次世界大战期间和之后,飞机制造业发展很快,农产品仍占优势地位。首府托皮卡。面积213 099平方千米。人口约2 885 905(2012)。

堪萨斯城 Kansas City 美国密苏里州西部城市,滨密苏里河。与堪萨斯州的堪萨斯城相邻。1821年一些法国皮毛商首先在此定居,当时称作威斯特波特,由于是河港,又是圣菲小道和俄勒冈小道的终点,因而繁荣起来。1850年设为堪萨斯镇,1853年建市。1889年更名为堪萨斯城,以别于堪萨斯准州。它是密苏里州最大城市,也是广大农业区的重要市场与海运中心,有很多粮食储存和食品加工等设施。城内有密苏里大学和拿撒勒人会的世界总部。人口约459 787(2010)。

坎贝尔 Campbell, Joseph(1904～1987) 美国研究比较神话学的作家。出生于纽约市,曾在哥伦比亚大学学习英国文学,后来教书。他探讨人类文化中神话的共同作用,仔细研究了世界各地文学和民间传说中的神话原型。他的观点受C. 荣格的影响,在20世纪80年代因一系列电视节目而广为人知。著作包括《千面一人的英雄》(1949)和《上帝的面具》(4卷,1959～1968)。

坎贝尔(夫人) Campbell, Mrs. Patrick(1865～1940) 原名Beatrice Stella Tanner。英国女演员。19岁结婚,1888年首次登台演出,1893年因在《第二个坦克里太太》中扮演葆拉获得成功。在萧伯纳的戏剧《皮格马利翁》(1914)中扮演伊利莎·杜利特尔,颇具新意。她和萧伯纳保持书信往来许多年。其他成功的戏剧演出包括M. 梅特林克的《普莱雅斯和梅丽桑德》、H. 易卜生的《群鬼》和索福克勒斯的《厄勒克特拉》。68岁时她在影片《潮水汹涌》(1933)中首次登上银幕,后来又在其他几部影片中扮演过角色。

坎布里亚 Cumbria 英格兰西北部行政郡。1974年设立,范围从莫克姆湾沿爱尔兰海岸延伸至索尔韦湾,行政中心在卡莱尔市。境内有著名的湖区风景区。早在新石器时代就有人类居住,罗马人曾在此修建道路、一系列要塞和伟大的哈德良长城建筑群。10世纪中叶以后,坎布里亚北部在苏格兰人和英格兰人之间几度易手,直到1157年归属于英格兰。该地区自12世纪起即开采铅、银、铁矿。人口约487 607(2001)。

坎昆 Cancún 墨西哥东南部城市,位于尤卡坦半岛东北海岸,是为坎昆岛度假地而建的服务型城镇。坎昆岛长21千米,有堤道连接坎昆市。马雅印第安人最早来此定居,文字记载最早见于J. L. 斯蒂芬斯和F. 卡瑟伍德的《尤卡坦旅行记》(1843)。1970年以前这里还是个渔村,后由墨西哥政府开辟为国际度假中心。该计划证明获得巨大成功;坎昆现成为墨西哥最繁忙的度假地之一。人口628 306(2010)。

坎纳达语 Kannada language 亦译建那陀语。旧称Kanarese language(卡纳拉语)。属达罗毗荼诸语言,是印度卡纳塔克邦的官方语言。卡纳塔克邦约有3 300多万人操这种语言,另有1 100万的印度人以它为第二种语言。最早的文献可溯至6世纪,书写的字体与泰卢固字体接近。如其他主要的达罗毗荼语一样,坎纳达语存在许多地域和社会方言,有正式与非正式用语之分。

坎宁 Canning, George(1770～1827) 英国政治家。年轻时受皮特(老)影响很大,他设法为坎宁在议会中谋得一个席位(1793)及外交部次官的职务(1796～1799)。两次出任英国外交大臣(1807～1809、1822～1827);他的政策包括切断英国与神圣同盟的关系,并承认反叛的西班牙美洲殖民地独立。1827年再次出任首相,但数月后便去世。他帮助托利党在国内、殖民地和对外关系等方面采取更加开明的政策。

G. 坎宁,托马斯·劳伦斯爵士和R. 埃文斯绘;现藏伦敦国立肖像画陈列馆

By courtesy of the National Portrait Gallery, London

坎宁安　Cunningham, Merce(1919～　)　美国前卫派舞者和编舞家,发展了一些抽象舞蹈动作的新形式。生于华盛顿州森特勒利亚。1939年加入M. 格雷厄姆的舞蹈团,创

M. 坎宁安,摄于1970年
Jack Mitchell

造了很多重要角色。1945年离开格雷厄姆舞蹈团,开始与作曲家J. 凯奇长期合作,直到1952年组建自己的舞蹈团。他发展了一种"即兴编舞法"。作品《偶然组曲》(1952)是根据电子音乐乐谱编舞的第一部现代舞,其他作品有《四季》(1947)、《夏日晴空》(1958)和《现场》(1980)等。

坎帕拉　Kampala　乌干达首都和最大城市。位于乌干达南部,维多利亚湖以北。1890年卢格德上尉选定此地为大英帝国东非公司的总部。1905年以前,奥德坎帕拉山上的卢格德城堡一直是乌干达殖民政府的所在地。1962年坎帕拉成为独立后的乌干达的首都。大部分的乌干达大企业都在此设立总部。该市也是马凯雷雷大学(1922)和乌干达博物馆的所在地。人口约1 480 200(2008)。

坎帕尼亚　Campania　意大利南部自治区。濒临第勒尼安海,首府那不勒斯。在历史上先后被希腊人、埃特鲁斯坎人和萨谟奈人所占,约从公元前350年起,成为罗马的一个区,是罗马人喜爱的休养地,以自然美景和著名的古城(库迈、庞贝、卡普阿、那不勒斯)而闻名。罗马帝国衰落后,该地区先后被高卢、拜占廷和诺曼人统治,1282年并入那不勒斯王国。1861年与意大利合并。沿岸平原是该区最重要农业区,那不勒斯周围是工业区,旅游业发达。人口约5 652 492(2001)。

坎佩切　Campeche　墨西哥东南部城市,坎佩切州首府。位于尤卡坦半岛西岸。1540年在一个马雅人村落的基础上建成的西班牙城镇,其遗址至今依然可见。1863年成为新设的坎佩切州的首府。现为墨西哥湾近海石油钻采设施的服务中心。人口220 389(2010)。

坎佩切　Campeche　墨西哥东南部一州。包括尤卡坦半岛西部大部分地区,濒临墨西哥湾,面积50 812平方千米,州首府为坎佩切。一些河流流经该州南部,在卡门城注入特尔米诺斯潟湖。林产品和商业渔业都是该州经济主要收入来源。人口约822 441(2010)。

坎普尔　Kanpur　又拼 Cawnpore。印度北部北方邦的城市。1801年被英国人占领,成为英国人的前哨站。1857年印度兵变期间,这里成为本土军队屠杀英国军队和平民百姓的杀戮战场。现为印度大城市之一,为公路和铁路运输中心,也是主要的商业和工业中心。教育机构包括一所大学和印度技术学院。人口约2 551 337(2001)。

坎塔布连山脉　Cantabrian Mountains　西班牙北部山脉。绵延约300千米,地貌与比利牛斯山脉近似,尽管分属于不同的地层。坎塔布连山脉有许多高大的山峰,其中最高峰是托雷德塞雷多(2 678米),因此形成一道比比利牛斯山脉更难以逾越的屏障。该地区富含铁矿和煤矿,具有很大的经济开发价值。

坎塔夫里亚　Cantabria　西班牙北部的历史地区、自治区及省,毗邻比斯开湾,面积5 289平方千米。沿海地带丘陵起伏,地势逐渐升高到坎塔布连山脉。首府桑坦德。坎塔布里人属伊比利亚半岛的一个部族,公元前19年以前,一直在该地区居统治地位,后被罗马人征服。由于地理环境封闭,该地区基本上没有受到伊比利亚半岛摩尔人约8～11世纪入侵的影响。中世纪时该地区曾受卡斯蒂利亚文化的影响。旧称桑坦德,人口大多集中在桑坦德市。采矿业是当地经济的重要组成部分。人口约535 131(2001)。

坎特伯雷　Canterbury　英格兰东南部的历史城市和行政区。临斯陶尔河河口,罗马时期以前即有人居住。克劳狄一世入侵英格兰之后,于公元43年建了这座名为杜罗佛努姆坎特科鲁姆镇的罗马城。圣奥古斯丁于602年在当地建造一座修道院,后又建了大教堂,之后这里就成为了英格兰的教会中心。1170年大主教T. 贝克特在大教堂中被杀害。1173年被封为圣者之后,贝克特的陵墓便成为朝圣之所;在G. 乔叟的《坎特伯雷故事集》中这里是朝圣者的目的地。第二次世界大战期间,城市受到严重破坏,但大教堂基本上安然无恙。1988年大教堂及教区其他历史建筑被联合国教科文组织列为世界遗产。人口151 145(2011)。

坎托罗维奇　Kantorovich, Leonid (Vitalyevich)(1912～1986)　苏联数学家和经济学家。1934～1960年在列宁格勒大学任教时,发展了线性规划模式,使其成为经济规划的工具。他以此种数学方法说明在计划经济中,如何分散决策最终有赖于价格相对于资源相对缺乏这一经济体系。他对苏联经济政策所做的非教条主义的批判性分析,常使他与那些奉行正统马克思主义的同事们发生冲突。他最著名的作品是《经济资源的最佳利用》(1959)。1975年他与T. 库普曼斯(1910～1985)由于在稀少资源的最佳分配方面所做的贡献而共获诺贝尔奖。

康布雷联盟　Cambrai, League of(1508～1510)　由教皇尤里乌斯二世、神圣罗马皇帝马克西米连一世、法国路易十二和阿拉贡的斐迪南德二世于1508年成立的联盟。表面上反对土耳其人,实际上是为了进攻威尼斯共和国,并在盟国之间瓜分其领土。由于各有野心,盟国不能采取一致行动,联盟1510年瓦解,当时教皇加入威尼斯一方,而斐迪南却变成中立。

康德　Kant, Immanuel(1724～1804)　德国哲学家,启蒙运动最重要的思想家。马鞍匠之子,生于科尼斯堡(今俄罗斯加里宁格勒),在当地大学读书,并于1755～1797年在那里任教。他的生活平淡无奇。康德许多作品是关于形而上学(在人们的理解中是有关超感觉事物的知识)不可能存在的论述。不过,他认为可以把形而上学(在人们的理解中是预测经验的学问)置于"科学的确定道路"上;对上帝、自由和不朽保持确定的信仰也是可能的,也真的有所需要。但是,不管这些信仰建立得多好,它们却无法成为知识:凭着人类的能力,完全无法认识纯概念的世界。虽然他在巨著《纯粹理性批判》(1781)中把上帝的理念、自由、不朽作为人类永不可知的事物,因为它们超越人类的感觉经验,但他却在《实践理性批判》(1788)中论述:它们是道德生活的基本假设。他的《道德形而上学的基础》(1785)是史上最重要而且影响最深远的著作之一。他最后一部伟大作品是《判断力批判》(1790)。康德是历史上最伟大的哲学家之一,他综合了始于笛卡儿理性主义和培根经验主义的新趋向。他在认识论、道德、美学方面的综合性和系统性工作大大影响了之后所有的哲学,特别是康德主义和唯心主义各种不同的德国派别。参阅义务学。

康德主义　Kantianism　由I. 康德创立的哲学体系,还有研究康德著作所衍生的哲学。康德主义包含了研究康德所关心的人类知识的性质和界限,以期把哲学提升至科学层次的各种哲学。康德主义的每个支派都倾向于着重自己对康德众多哲学思想的选择和解读。18世纪90年代,德国出现了一个所谓的半康德派,把他们认为康德体系特征中不足、不清、甚至错误的部分加以修改,其成员包括F. 席勒、F. 布特韦克(1766～1828)、J. F. 弗里斯(1773～1843)。1790～1835年期间是后康德派唯心主义者(参阅唯心主义)的时代。康德哲学的重大复兴约始于1860年。参阅J. G. 费希特、G. W. F. 黑格尔和F. W. 谢林。

康定斯基　Kandinsky, Vasily (Vasilievich)(1866～1944)　俄罗斯画家,现代纯抽象绘画创始人之一。原本学习法律,在大学任法律教授,后来毅然选择绘画生涯,远赴德国。在慕尼黑研习艺术后,稍有成就,这时期最重要的作品是一系列画作《构图、即兴作和印象》(1909～1914)。1911年他和F. 马尔克共创一个颇具影响力的"青骑士"社团。1914年返回俄国。布尔什维克革命后,被苏维埃政府捧为名人,但在1921年政府舍弃抽象派作风朝向社会主义的写实主义时,他又回到德国。1921～1933年在魏玛的包豪斯

学校任教，后来在纳粹关闭包豪斯时移居巴黎。在这些年间，康定斯基的作品从流畅、有系统的形式演变为几何形式，最后变成象形符号形式。晚期的巴黎作品似乎把在慕尼黑时期的系统风格结合进包豪斯时期的几何风格中。著作《论艺术中的精神因素》(1912)解释了他对表现形式和色彩的理论，其中他还用声音的特质来比拟色彩，如将黄色比作号角声，将蓝色比作风琴声。他对20世纪的艺术具有深远的影响。

康多尔　Candolle, Augustin (Pyrame de) (1778～1841)　瑞士植物学家。在巴黎(从1796年起)他成为G.居维叶的助手，并与J.-B.拉马克共同修订他的植物学著作。1806～1812年他参加了一项政府委托的对法国植物和农业的调查。1813年发表其最重要的著作《植物学基本理论》，主张应该把植物解剖学而不是生理学作为分类的基础，并为此杜撰分类学一词。根据居维叶的动物同源器官的概念，康多尔提出了植物同源器官的概念。1817～1841年在日内瓦大学任教。在《植物界自然分类》(1818～1821)中，他提出植物命名的系统法则；他的分类法有明显的不足，但他完成了显花植物的大体分类，描述了双子叶植物的161个科，取代了C.林奈的分类体系。康多尔完成了7卷描述所有已知种子植物分类的著作(从1824年起)。

康格里夫　Congreve, William (1670～1729)　英国剧作家。受到J.德莱顿的提携，剧本《老光棍》(1693)使他一举成名。后来的作品还有《两面派》(1693)、《以爱还爱》(1695)

W.康格里夫，油画，G.内勒绘于1709年；现藏伦敦国立肖像画陈列馆

By courtesy of the National Portrait Gallery, London

和他的杰作《如此世道》(1700)。其他的作品有一度受欢迎的悲剧《悼亡的新娘》(1697)，许多的诗作、翻译作品和两部歌剧剧本。他以精彩的喜剧对话、对当时的英国上流社会的讽刺的刻画、可笑的粗俗故事、对当时那种矫揉造作的风气讽刺式的审视开创了英国的风尚喜剧。

康华里　Cornwallis, Charles (1738～1805)　后为Marquess Cornwallis。英国军人和政治家。1780年成为美国南方的英军统帅，在南卡罗来纳的卡姆登打败H.盖茨，后来进人

康华里，铅笔素描，L.斯马特绘于1792年；现藏伦敦国立肖像画陈列馆

By courtesy of the National Portrait Gallery, London

弗吉尼亚州，在约克敦扎营，结果遭遇陷阱，受困于此，最后只好投降，他的失败象征美国独立战争的结束。尽管如此，他在国内仍有很高的声望，1786～1793年任驻印度总督，采取了一系列立法和行政改革措施；《康华里法规》(1793)建立了英国文官清廉的形象。1792年在第三次迈索尔战争中打败提普苏丹。之后担任爱尔兰总督(1798～1801)，支持大不列颠与爱尔兰的议会联合。在英法两国谈判缔结《亚眠条约》(1802)时，为英方全权代表。1805年再次被任命为印度总督，但到任不久即去世。

康拉德　Conrad, Joseph (1857～1924)　原名Józef Teodor Konrad Korzeniowski。波兰裔英国小说家和短篇小说作者。父亲是波兰的爱国志士，被流放至俄国北部，在他12岁时去世。他后来先在法国商船上做徒工，1878年在英国商船队当水手，接下来15年间都从事航海工作，这些工作经验为他提供了写作的素材。虽然20岁前只会极少一点英语，但后来却成为英语大师之一。他以丰富的散文体和呈现异邦或海上的危险生活出名，小说中的背景揭示了他真正关注的问题，他对人类斗争有着悲观的观察。他的作品包括了《阿尔马耶的蠢事》(1895)、《群岛上的被遗弃者》(1896)、《水仙号上的黑人》(1897)、《吉姆老爷》(1900)、《台风》(1902)、《诺斯特罗莫》(1904)、《特务》(1907)、《在西方的眼睛下》(1911)、《机会》(1912)和《胜利》(1915)，其中有几本可以说是他的杰作。他还出版了7本小说集，《黑暗之心》(1902)是他最好的短篇佳作。康拉德对后来的小说家有很深的影响。

康拉德二世　Conrad II (约990～1039)　德意志国王(1024～1039年在位)、神圣罗马帝国皇帝(1027～1039年在位)、萨利安(或法兰克尼亚)王朝创始人。1016年与远亲士瓦本公爵夫人结婚。皇帝亨利二世以婚姻双方有远亲关系为由将他放逐。后来两人和解，1024年康拉德当选德意志国王。德意志贵族和伦巴第亲王发动叛乱失败(1025)，康拉德遂被加冕为意大利国王(1026)和神圣罗马帝国皇帝(1027)。他进行立法改革，颁布伦巴第封建新法。康拉德之子亨利当选德意志国王(1028)，并成为他的主要顾问。康拉德击败波兰(1028)，过去的土地失而复得。康拉德继承了勃艮第(1034)，并解决了意大利亲王之间的不和(1038)。

康茂德　Commodus (161～192)　全名Caesar Marcus Aurelius Commodus Antoninus Augustus。原名Lucius Aelius Aurelius Commodus。罗马皇帝(177～192年在位)。177年

扮成大力神海格立斯的康茂德大理石胸像，现藏罗马卡皮托利尼博物馆

Anderson-AlinarifromArtResource/EB Inc.

与其父M.奥勒利乌斯皇帝共治，180年3月其父去世，他成为唯一的统治者。从前线被召回后，立刻过上放荡的生活。182年他的姐姐行刺他的事情败露后，他处决了涉案的元老，开始其反复无常的统治。此后，他的暴虐统治结束了帝国长期以来的稳定与繁荣。他给罗马起了个新的名称，叫“康茂德亚纳”(即康茂德殖民地)，并且自称是大力神海格立斯转世，经常进入斗兽场充当角斗士。他的顾问们召来一个角力冠军将其勒死，安东尼王朝就此结束。

康蒙斯　Commons, John R(ogers) (1862～1945)　美国经济学家，生于俄亥俄州荷兰堡。20世纪初期美国劳工问题的权威。在威斯康星大学执教(1904～1932)，出版了《美国工业社会史纪实》(10卷；1910～1911)和《美国劳工史》(4卷；1918～1935)，书中他将美国劳工运动的演变和市场结构的变化相连接。他为威斯康星州草拟了改革法规，还在公用事业和工人的赔偿等方面为联邦政府做了很多工作。

康纳里　Connery, Sean (1930～　)　原名Thomas Connery，后称Sir Sean。苏格兰演员。曾打杂做零工并参加健美比赛，后来在《南太平洋》(1951)的合唱中第一次登上伦敦的舞台。演过若干小角色后，在I.弗莱明的《第七号情报员》(1962)的电影中主演J.邦德一角，并在其他6部电影中继续扮演秘密情报员007。康纳里是一个让人不得不信服的性格演员，又是青春常驻的性感象征，曾演出许多电影，诸如《会成为国王的人》(1975)、《玫瑰的名字》(1986)、《铁面无私》(1987，获奥斯卡奖)、《圣战奇兵》(1989)以及《俄罗斯大厦》(1990)等。

康乃馨　carnation　石竹科草本植物，学名 *Dianthus caryophyllus*，原产地中海地区。因花瓣具缴缘及香郁气味，而广泛栽培。花坛康乃馨包括许多变种与杂交种，花色繁多，生长于硬直的茎干上；叶狭长，蓝绿色，在茎上形成叶鞘；茎节膨大。四季开花的康乃馨植株较高，较粗壮，花朵也较大，在温室里几乎可以长期盛开。此外，花店康乃馨还有迷你型以及枝饰变种（spray variety）。康乃馨是最受欢迎的切花之一，可用作插花、胸花等。

康奈尔大学　Cornell University　美国纽约州伊萨卡的高等学府，是常春藤联合会传统成员之一。由公私两方资助，该校是根据《莫里尔法》成立的赠地学院，还受到西方联合电报公司创始人 E. 康奈尔（1807 ～ 1874）的私人资助。自创校（1868）以来就不属于任何教派，开设的课程比当时其他学校常见的课程要广泛得多。它是美国第一个划分学院、提供不同学位的学校。该校长期以来一直以农业课程为重，如今其生命科学、商业管理、工程学、社会科学和人文科学等专业都很强。院校设有法律、医学、艺术和科学等专门职业学校和研究所。

康涅狄格　Connecticut　美国东北部新英格兰地区最南部一州。长岛湾为其边界。毗邻马萨诸塞州、罗得岛州和纽约州。该州原始居民是操阿尔冈昆语的印第安人，17 世纪 30 年代英国清教徒从马萨诸塞湾殖民地来此。是美国最初 13 州之一，为第 5 个批准美国宪法的州。原为农业区，19 世纪初建纺织厂，1850 年工业雇工超过农业雇工；现为制造业中心。耶鲁大学所在地纽黑文是该州最大港市，斯坦福则是美国几家最大公司总部所在地。新伦敦是美国海岸警卫队学院所在地。公路和铁路横穿本州，为人口稠密的沿海地区和康涅狄格河流域提供交通服务。州内有众多历史古迹和纪念馆、许多州立公园和州立森林。首府哈特福德。面积12 960平方千米。人口约3 590 347（2012）。

康诺特　Connacht　又作 Connaught。爱尔兰古代王国，爱尔兰西北部一郡，包括现梅奥、斯莱戈、利特里姆、戈尔韦和罗斯康芒等郡。5 世纪时，圣巴特里克使当地人信奉基督教。11 世纪起被罗斯康芒的奥康诺斯家族控制。12 世纪中叶被盎格鲁-诺曼人的入侵。

康平　Campin, Robert（约 1375 ～ 1444）佛兰德斯画家。作品以自然写实和雕塑感为特征。有资料显示康平 1406 年在图尔奈是一位绘画大师；1427 ～ 1428 年他的两个学生J. 达雷和 R. van der 韦登都在他的画室工作过。已确定为康平所画的作品包括《圣母与圣子》、《圣维罗尼卡》（反面有“三位一体”）和《十字架上的强盗》。虽然他的生平和作品不详，但他确实是 15 世纪最重要和具有影响力的佛兰德斯画家之一。

康普顿-伯内特夫人　Compton-Burnett, Ivy（1884 ～ 1967）　后称 Dame Ivy。英国女作家。她采取一种几乎完全使用对话的小说体裁，解剖爱德华时代中产阶层家庭的人们之间的关系。毕业于伦敦大学，1911 年发表第一部小说《多洛勒斯》。在第二部小说《牧师和长老》（1925）中，她用简练的对话来刻画许多人物并推进情节，这种风格使她成名。她的小说常处理争权的斗争：小说《夫与妻》（1931）描述一位暴虐的母亲；《一个家庭及其家长》（1935）中，父亲是个暴君。1967 年获大英帝国勋章及女爵士称号。

康塞普西翁　Concepción　智利中南部比奥比奥地区城市和首府。邻近比奥比奥河口，为智利最大的城市之一。1550 年建于太平洋沿岸，但被阿劳坎印第安人烧毁两次，1754 年迁至现址。多次地震袭击该城市，其中几次还伴随有海啸。尽管如此，它还是发展为主要的工商业中心。为智利南部的集散中心，生产纺织品、食品和钢铁。人口约 371 000（2002）。

康斯太布尔　Constable, John（1776～1837）英国画家。父亲是有钱人，在斯陶尔河沿岸的萨福尔克和埃塞克斯分别拥有弗拉特福德和戴德姆磨坊。1799年进入伦敦皇家美术学院，开始其绘画事业。1809 ～ 1816 年间画法日益精湛，并形成自己的独特风格。他专门绘画儿时感兴趣的风景：斯陶尔河沿岸的乡间小道、马匹拖拉的驳船、通过弗拉特福德和戴德姆船闸的船只。从未出过国，其最佳作品是描写英国乡村的美景。1813 年和 1814 年画了两大包速写本，保存至今，完好无损。其中有 200 多幅风景画。约 1816 年后所画的一系列萨福尔克田园画作被选往母校参展，并产生影响。这一时期的杰作为《干草车》（1821）。这些作品反映出画家在处理云彩造型、草地与树木的色彩以及树叶、水面上的光影效果等方面的独到之处。晚年被尊为水彩画和油画大师。他与 J. M. W. 特纳齐名，都是 19 世纪英国最伟大的风景画家。

J. 康斯太布尔自画像（约 1804 年），铅笔及水彩素描；现藏伦敦国立肖像画陈列馆
By courtesy of the National Portrait Gallery, London

康斯坦察　Constanta　土耳其语作 Köstendje。旧称 Constantiana（康斯坦蒂亚纳）或 Tomis（托米斯）。罗马尼亚主要港口。公元前 7 世纪希腊移民在这里建托米斯城，是该地区已知最早的居民点。公元前 1 世纪罗马人吞并该地区。公元 9 ～ 17 年奥维德曾被流放到这里。4 世纪时君士坦丁大帝重建托米斯，改名为康斯坦蒂亚纳。从 6 世纪开始受到其他民族入侵，15 世纪初被土耳其人政府征服而没落。1878 年归还罗马尼亚。现为工商业、贸易和文化中心。人口约715 151（2000）。

康斯坦茨湖　Constance, Lake　德语作 Bodensee，古名 Lacus Brigantinus。瑞士、德国、奥地利三国交界处的湖泊。地处一古老冰川盆地，海拔 396 米，面积 541 平方千米，平均深度 90 米。该湖为莱茵河道的一部分，中世纪时是重要的交通中心。湖边阿尔卑斯山风光美不胜收，湖区为著名游览胜地。该区有新石器时代湖上房屋遗址。

康斯坦茨会议　Constance, Council of（1414 ～ 1418）　天主教第十六次普世会议。在神圣罗马帝国皇帝西吉斯蒙德要求下召开此会以解决三位教皇鼎立局面，并审查 J. 威克里夫和 J. 胡斯的文章以及改革教会。国内政治对立使会议发生分裂。三位教皇中有两位被罢黜，一位退位；1417 年会议选出马丁五世为新教皇。该会议谴责胡斯和威克里夫的文章，宣布胡斯为异端分子，由世俗当局处以火刑。

康斯坦丁二世　Constantine II（1940 ～　）希腊语作 Constantinos。希腊国王（1964 ～ 1974 在位）。保罗一世（1901 ～ 1964）之子，1964 年继承父亲的王位。1967 年发动军事政变失败，和家人逃往罗马。希腊王国由军事委员会管制，由一名摄政代行他的王权，宣布他可以自由回国。1973 年宣布废除君主，实行共和。1974 年一次公民投票正式废除君主政体。

康斯坦丁一世　Constantine I（1868～1923）希腊语作 Constantinos。希腊国王（1913 ～ 1917，1920 ～ 1922 年在位）。乔治一世（1845 ～ 1913）的长子。在德意志受高等教育。在巴尔干战争中担任希腊军队总司令。1913 年继父位。第一次世界大战爆发后，因与德皇威廉二世有姻亲关系，保持希腊中立，后来被迫于 1917 年逊位，1920 年再次取得王位。他在安纳托利亚一役中遭到惨败。1922 年再次退位，将王位让给其子乔治二世。

康斯托克　Comstock, Anthony（1844～1915）美国改革家，生于康涅狄格州新迦南。早年提出禁止人工流产和色情文学。1873 年努力促使国会通过一项严厉的联邦法令提出《康斯托克法》，以禁止邮递淫秽邮件。1873 年建立纽约卖淫查禁署，自任署长，直至去世。作为美国邮政部特派员（1873 ～ 1915），他指挥对出版商和色情书籍的卖主进行突然搜查。著有《为年轻人设置的圈套》（1883）和《道德对艺术》（1888）。

康塔塔　cantata　巴罗克时期的声乐或声器乐作品。源于意大利（17 世纪初），多为世俗和宗教风格。最早的康塔塔大多为独唱曲，只有很少的伴奏。约从1800年起，康塔塔一词含意扩大，可用来泛指由独唱（组）、合唱队与管弦乐团合作的任何大型作品，例如L. van贝多芬的《光荣瞬间》。F.门德尔松把康塔塔与交响曲相结合，完成了康塔塔交响曲《颂赞歌》（1840）。20世纪英国作曲家B.布里顿）的《春天交响曲》（1949）实际上是一部康塔塔。

康提 Kandy 15世纪末锡兰（斯里兰卡）重要的独立君主国，也是最后一个被殖民势力征服的僧伽罗人王国。康提与荷兰人结盟逃脱了葡萄牙人的吞灭，后又寻求英国人的帮助而避免了荷兰人的统治。1796年英国人接管了锡兰，康提还保持独立。1803年英国人第一次进攻康提以失败告终；1815年康提的酋长们请求英国人来推翻他们专制的国王，1818年这些酋长对英国人的反叛被镇压。

康托尔 Cantor, Georg（1845～1918） 德国数学家，创立了集合论。在柏林上学时是K.维尔斯特拉斯的学生，22岁便完成博士论文。他在数论方面的研究是对C. F.高斯研究成果的继续。集合论和超限数是他毕生的研究工作。证明有理数是可数的是他的重要发现之一。康托尔的研究工作为函数论与拓扑学的发展打下了基础，并且刺激了数理逻辑中直观主义与形式主义学派的进一步发展。

康沃尔 Cornwall 英格兰西南部郡。位于伸入大西洋的半岛上，止于兰兹角，是英格兰最偏远的郡。当地矿藏（锡矿）曾吸引史前人类到此拓居，采锡业在康沃尔至少有3 000年的历史。罗马人和撒克逊人进入英格兰后，造成凯尔特基督教徒迁至康沃尔。诺曼征服后成为伯爵领地。1337年后为英王长子康沃尔公爵的领地。康沃尔南部是著名的旅游地区，大多数海岸已列入全国托管协会保护。特鲁罗是行政中心。自1974年起，该郡包括海上的锡利群岛。人口约501 267（2001）。

抗暴行动 intifada 1987～1993年巴勒斯坦人反对以色列人占领加沙地带和西岸的斗争。最初只是一种对以色列占领20年及不断恶化的经济状况的自发反应，不久即由巴勒斯坦解放组织（PLO）接手指挥。整体策略包括罢工、抵制以及与以色列军队对抗。国际红十字会估计，到1990年有800名巴勒斯坦人被以色列安全部队击毙，其中有200多人未满16岁。抗暴行动造成的压力使得1993年以巴双方关于巴勒斯坦自治达成协议成为可能。2000年底深入谈判失败导致又一次暴力行为发生，并很快就发展成为震惊世人的阿克萨抗暴行动，由于战斗最先在耶路撒冷的阿克萨清真寺打响，故名。

抗毒素 antitoxin 在细菌毒素刺激下，体内产生的一种可中和毒素的抗体。患过细菌性疾患的人，体内常产生特异性抗毒素，使人具有对疾病复发的免疫。动物接受多次注射，直至血内出现高浓度的抗毒素。由此制成的含高浓度抗毒素的制剂称为抗血清。最早的抗毒素是1890年所发现的白喉抗毒素。今天，抗毒素常用于治疗肉毒中毒、痢疾、坏疽及破伤风。

抗凝血药 anticoagulant 抑制各种凝血因子的合成或功能，防止血液凝结的物质。抗凝血药用于防止血栓形成并用于抽取和存储血液。一般有肝素和维生素K拮抗剂（如华法林）两类，后者有较长的作用时间。维生素K拮抗剂干扰维生素K在肝中的代谢。抗凝血药治疗的一个主要副作用是无法控制的出血。

抗生素 antibiotic 化学物质，在稀溶液状态时能抑制微生物生长或将其杀死而对感染的寄主没有或有很少的伤害作用。早期的抗生素是由细菌自然生成的产物，化学家改变许多结构，产生出半合成或完全合成的抗生素。自从发明青霉素（1928）以后，抗生素大大地改变了许多由真菌、细菌引发疾病的治疗方法。这些抗生素是从放线菌（如链霉素、四环素）、真菌（如青霉素）和细菌（如杆菌肽多肽）产生。抗生素可按抗菌谱分为广谱抗生素（如四环素等）和窄谱抗生素（如青霉素）。使用抗生素的缺点是：它将益菌也一起杀死，常产生腹泻和过敏反应等副作用，对目标细菌会产生抗药性。

抗体 antibody 免疫系统中的保护性分子，在血液和淋巴液中循环对抗原入侵作出反应。抗体为一种球蛋白，由淋巴组织内的B淋巴球或B细胞产生，B细胞表面具有接受体可与抗原上面的抗原决定部位结合，此种结合能刺激B细胞分裂增殖并以每秒数千分子的速度产生抗体，其后这些抗体再次将入侵抗原摧毁或中和。因为人体有许多B细胞，所以可以同时免疫许多种病源微生物和毒素。1975年C.米尔斯坦和同事发明产生大量单株抗体的技术。这种单株抗体可与放射性物质或细胞毒性药物结合，作为侦测癌细胞和毒杀癌细胞的利器。参阅抗毒素。

抗药性 drug resistance 致病生物的属性，使其能够抵抗药物疗法。在任何传染性媒介的种群中，有些产生突变使其能抵抗药物的作用。接着药物杀死较多没有抵抗力的微生物，留下突变种在没有竞争的情况下繁殖倍增，成为抗药品种。在没有正确服用药物（如抗生素疗程没有完成。抗人类免疫缺陷病毒药物剂量不够），或是没有正确的药方（如用抗生素对抗病毒疾病）的情况更可能发生。抗药性因子可以在物种之间转移，传染给同样的肉体。人体过度使用抗生素，还有在动物饲料加入抗生素，已加速了细菌抗药品种的演化，使得对抗特定的致病生物日益困难。

抗原 antigen 进入机体内能附着于淋巴细胞表面引发特定免疫反应（参阅豁免）的外来物质。几乎所有的异物大分子皆可作为抗原，如细菌、病毒、原虫、食物、毒液以及包括人类在内的各种生物细胞和组织。抗原上面存在一个或数个可与淋巴球表面接受体结合的部位，称之为抗原决定部位，当抗原决定部位与淋巴球表面接受体结合后，可以激活淋巴球，使其开始分裂繁殖或引发一系列免疫反应，如制造抗体和活化杀手细胞等以对抗抗原侵入。

抗组织胺药 antihistamine 缓解或消除周围组织内组织胺效应的合成药物。常用的抗组织胺药可阻滞其中一类受体，用于防止变态反应和炎症。逾百种此类药物用来治疗晕动病和眩晕，嗜睡是成人常见的副作用。阻断第2类组织胺受体可抑制胃酸的分泌，20世纪70年代出现的甲氰咪胍即这类受体的阻断剂，现已广泛用于消化性溃疡的治疗。

考尔德 Calder, Alexander (Stirling)（1898～1976） 美国雕刻家。出生于费城，父亲和祖父都是雕刻家，母亲是画家。原本攻读机械工程，1923年参加了艺术学生联合会，受到垃圾箱派艺术家的影响。1924年开始为《国家警察报》画插图。1926年赴巴黎从事雕刻，同时开始用木头和金属丝制作动物玩具和马戏团人物，由此发展出著名的微型马戏团，并导致他最后创造出不朽的金属丝雕塑作品。20世纪30年代他在巴黎和美国都有很高的知名度，这不仅是因为他的雕刻，还有他的肖像画、连续线条图，以及抽象的、有动力驱动的构筑。他是活动雕塑的发明者，即动态雕刻的先驱。考尔德也创作非动态式作品，即固定抽象雕塑，并设计地毯、挂毯、珠宝以及插图画。他的艺术生涯既长久又成功。

考尔德，Y.卡什摄于1966年

考尔德科特 Caldecott, Randolph（1846～1886） 英国平面设计家和水彩画家。曾当过银行职员，最初为杂志如《伦敦社会》作画，后来移居伦敦，为《笨拙》和《版画》等杂志投稿。考尔德科特形成了一种温和的讽刺风格，在为W.欧文的《见闻札记》（1875）和《布雷斯勃列奇田庄》（1876）作插图时，获得成功。考尔德科特也以儿童图书画家闻名，作品包括W.柯珀的《约翰·吉尔平》（1878）、O.哥尔德斯密斯的《疯狗的哀歌》（1879）和《伟大的潘詹德鲁姆传》（1885）。由于身体一直欠佳，他前往佛罗里达养病，39岁时在那里去世。从1938年起，每年举办一次考尔德科特奖颁奖仪式，以表彰美国最杰出的儿童读物插图画家。

考夫曼　Kauffmann, (Maria Anna) Angelica (Catharina)(1741～1807)　瑞士裔意大利画家。自幼在意大利学习艺术，表现十分早熟。1766年她的朋友J. **雷诺兹**把她

A. 考夫曼自画像；现藏柏林国立博物馆
By courtesy of the Staatliche Museen Preussischer Kulturbesitz Gemaldegalerie, Berlin-Art Resource

带到伦敦。她与如R. **亚当**之类的建筑师一起做装饰工作，因而闻名。考夫曼的田园式构图中结合了对男神和女神优美和雅致的描绘，虽然她的画在色调和手法上是洛可可式的，然而她所画的人物却都是新古典主义的。女性坐姿肖像画是她绝佳作品中的一种。她与画家A. 祖基(1726～1795)结婚后，于1781年返回意大利。

考夫曼　Kaufman, George S.(1889～1961)　美国剧作家和导演。生于匹兹堡。1917～1930年间担任《纽约时报》戏剧评论员，以机智和讽刺的批判闻名。他与一些作家合写了多部剧作，其中包括M. 康内利、M. 里斯金德(1895～1985)、E. 费伯。他与M. 哈特合作最为成功的作品如《一生只有一次》(1930)、《你不能拿走》(1936，获普利策奖)和《来赴宴的人》(1939)。

考古学　archaeology　一门研究过去人类生活和活动的遗存实物(包括化石遗物、古器物和古碑)的一门科学。考古调查是了解史前历史、古代和已灭绝的文化的主要来源。到了19世纪末，随着几个世纪以来对古文物无章法的收集，考古已成为一个学术领域。考古学家的主要方法包括对考古遗址的发现、记载、绘制地图、挖掘、分类、**年代测定**，然后将遗存实物放进历史背景中进行研究。主要分支领域有：古典考古学，研究古代地中海、中东文明；史前考古学或一般考古学；历史考古学，研究有史时期的文物，以补充文字记录的不足。参阅**人类学**。

考考斯卡　Kokoschka, Oskar(1886～1980)　奥地利画家和作家。曾就读于维也纳美术工艺学校，后成为该校老师，但他对学校忽视人物画的训练感到不满，而他最有兴趣的就是画人物。其初期肖像画作品使用精细而活泼的线条勾勒人物轮廓，施以相对自然主义的彩色。约1912年以后成为**表现主义**的主要倡导者，画风逐渐转为颜色变化较多，笔触大胆，且轮廓线加重。他在第一次世界大战中负重伤，在疗伤期间写了3部剧本并安排了舞台演出；他的《奥菲斯和欧里狄克》(1918)后来被德国作曲家E. 克热内克改编成歌剧(1926)。此后10年，他一边教书，一边旅游各地，作了一系列风景画，创造了其艺术生涯的第二春。第二次世界大战前不久逃往伦敦，此时作品日渐反映出政治和反法西斯主义的观点。1953年移居瑞士后，继续从事政治性的艺术创作。

考利　Cowley, Abraham(1618～1667)　英国诗人和小品文作家。曾是剑桥大学研究生，内战期间因政治主张被逐，在牛津加入朝廷，执行皇家特殊任务直到1656年。他的诗歌作品有《情人》(1647，1656)和《品达罗斯颂歌》(1656)。他试图将品达罗斯体颂歌引进英国诗歌。他使用十分精致、富于幻想的诗体语言，装饰性大于诗的意义。退休后写冷静的、熟虑的小品文。

考利　Cowley, Malcolm(1898～1989)　美国文学评论家、社会历史学家，生于宾夕法尼亚州贝尔萨诺。著有美国20世纪20年代"迷惘的一代"作家及其继承者之编年史。曾在哈佛大学和法国受教育。1929～1944年任《新共和》文学编辑，对文化问题一般采取左派的立场，参加过大萧条年代的多次文学和政治斗争。他的《游子归来：见解综述》(1934)，是关于20年代旅居国外的美国作家的一部重要社会和文学史；所编《福克纳手册》(1946)，恢复了W. 福克纳的文学声誉；其他著作有《文学概况》(1954，写作家的社会作用)、文艺评论集《请想想我们》(1967)和《多窗之屋》(1970)。

考纳斯　Kaunas　俄语作Kovno。立陶宛南部城市。1030年建为要塞，在第三次**瓜分波兰**后，1795年划归俄国。1920～1940年为独立的立陶宛首都，后又被苏联兼并。在旧城中还保留着许多历史建筑。该市除了是重要的工业中心外，还是一个教育和文化中心，设有工程技术、医学和农业等学院。人口约355 586(2008)。

考尼茨　Kaunitz, Wenzel Anton von(1711～1794)　后称Fürst (Prince) von Kaunitz-Rietberg。奥地利国务大臣(1753～1792)。1740年进入奥地利外交界，负责哈布斯堡君主国的对外政策，并为**玛丽亚·特蕾西亚**和她的继承人服务。1748年代表奥地利到艾克斯拉沙佩勒出席和谈会议，1750～1752年任驻巴黎大使。一生敌视普鲁士，在**七年战争**期间设法拆散奥地利的同盟，拉拢法国、俄国进入哈布斯堡的势力范围，孤立普鲁士。法国大革命终止了他所建立的联盟体系，1792年辞职下台。

考特(夫人)　Court, Margaret Smith(1942～　)　原名Margaret Smith。澳大利亚女子网球运动员，20世纪60年代在女子网坛独占鳌头。1960～1973年间共获62次大满贯冠军，为获胜次数最多的女选手。1970年取得英国温布尔登、美国、澳大利亚和法国比赛单打冠军，是继M. 康诺利之后第二位获此成绩的女子选手。1963年与同胞A. K. 弗莱彻搭档，是唯一同时赢得大满贯双打与单打冠军的选手。

考维尔　Cowell, Henry (Dixon)(1897～1965)　美国前卫作曲家。生于加利福尼亚州门洛帕克。早年开始试验使用音丛和直接拨钢琴弦等技术。作为作曲家和钢琴家曾5次去欧洲巡回演出(1923～1933)，但只为他带来坏名声。他与别人共同发明一种电子节拍乐器，可同时奏出若干种互不相同的节奏。他是极高产的作曲家，一生写了近1 000首曲子，包括19部完成的交响乐、几百首钢琴曲和许多芭蕾舞曲。1927年创办《新音乐》杂志。他著有《新音乐资源》(1930)，表达了他的作曲理念。他是美国音乐史上最重要的改革家之一。

考文垂　Coventry　英格兰中部城市。1043年**戈黛娃夫人**与其夫在此建立修道院，为该镇带来贸易与繁荣。15～16世纪时可能为神秘剧表演中心。第二次世界大战期间遭到德军严重轰炸(1940～1941)，城市大部被毁。新的圣马可教堂于1962年完成，旧大教堂的尖塔和中殿遗迹留在新教堂旁边。现工业以汽车和电信业为主。人口约316 960(2011)。

考乌特莫克　Cuauhtémoc(约1495～1522)　又称Guatimozin。阿兹特克末代皇帝，蒙提祖马二世的侄子和女婿，1520年蒙提祖马的继承人死后成为皇帝。不久，H. **科尔特斯**第二次进犯阿兹特克人的首都**特诺奇蒂特兰**。他守卫首都达4个月，城市大部被毁，印第安人所剩无几。西班牙人将他俘虏以后，几番拷打，要他说出阿兹特克人埋藏财物的地点。他忍受种种折磨，一言不发，被传为美谈。科尔特斯听说有反西班牙人的阴谋，下令把他绞死。

珂勒惠支　Kollwitz, Käthe(1867～1945)　原名Käthe Schmidt。德国版画家和雕刻家。曾在柏林和慕尼黑学习绘画，但主要投身于蚀刻、素描、版画和木刻。其丈夫是医生，在柏林开了一家诊所，她在那里获得了城市贫民悲惨生活的第一手资料。她是德国**表现主**

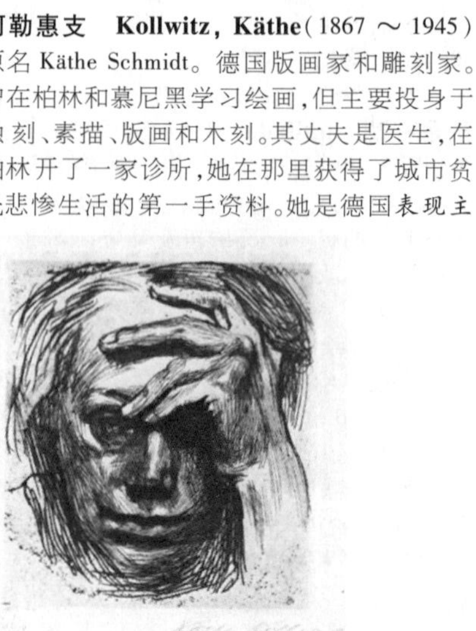

珂勒惠支《自画像：手扶前额》(1910)，蚀刻画；现藏华盛顿国家美术馆
B-7792"Self-Portrait with Hand on Forehead", Kathe Kollwitz National Gallery of Art, Washington, D. C., Rosenwald Collection

义的最后一位伟大的实践者，也是反映社会抗议的杰出艺术家。早期的两组系列版画《织布工人暴动》（1895～1898）和《农民战争》（1902～1908）采用高度的简化和大胆的强调形式描绘了受压迫者的困境，而这些形式也就成了她的专有特色。她的儿子在第一次世界大战中阵亡，她以母爱为主题创作了一组版画。她是被选入普鲁士艺术学院的第一名妇女，在学院任版画工作室主任（1928～1933）。纳粹禁止她的作品参加展览。在第二次世界大战中，她的住宅和工作室被炸，大部分的作品被毁坏。

柯蒂斯　Curtiss, Glenn (Hammond)（1878～1930）　美国发展航空事业的先驱。生于纽约州哈蒙兹波特。原先为摩托车制造发动机。1904年他为一飞艇设计并制造了一台发动机。1908年参加美国第一次1千米航程的飞行。1911年他制造了美国第一架水上飞机，取得为美国海军制造飞机的第一个合同。他的工厂也向英国、俄国供应飞机。JN-4（或称“珍尼式”）也许是他最好的飞机，在第一次世界大战期间广泛用作教练机；战后被加拿大用于第一次飞越落基山脉的邮运飞行而闻名。他的公司后来与莱特公司合并，成为柯蒂斯-莱特公司。

柯尔贝尔　Colbert, Jean-Baptiste（1619～1683）　法国政治家。曾是J. 马萨林的私人助理，马萨林将他推荐给路易十四并受到重用。他操纵整垮了N. 富凯，后来负责处理

J.-B. 柯尔贝尔胸像（1677），A. 夸瑟沃制；现藏巴黎卢浮宫
Giraudon-Art Resource/EB Inc.

国王私人事务和王室行政工作。1665年起他任财政总监，努力改革混乱的税收制度和整顿工商业。1668年起担任海军国务大臣，着手使法国成为海上强国。柯尔贝尔鼓励向加拿大移民，并提高法国在艺术方面的威望。尽管连年战争使他的改革无法全部完成，但他还是加强了君主政体，改善了公共行政和经济，使法国成为欧洲强国。

柯尔达　Korda, Alexander（1893～1956）　原名Sándor Laszlo Kellner，后称Sir Alexander。匈牙利裔英国电影导演和制片人。曾在布达佩斯当记者，后在那里创办一份电影杂志。1917年成为科文电影制片厂的经理。1919年离开匈牙利到柏林拍摄了几部影片，之后前往好莱坞发展，执导的影片中有《木马屠城情史》（1927）。1931年迁居英国，建立伦敦电影公司。他协助英国电影工业的发展，导演并制作了几部成功的影片，如《亨利八世的私生活》（1933）、《叶卡捷琳娜女皇》（1934）、《行踪诡秘的人》（1934）、《一代画家》（1936）、《第三人》（1949）、《夏日时光》（1955）和《理查三世》（1955）等。

柯尔律治　Coleridge, Samuel Taylor（1772～1834）　英国诗人评论家和哲学家。生于德文郡。在剑桥大学就读时与R. 骚赛结为好友。他的诗使一种充满美感的抒情诗

S. T. 柯尔律治，油画，W. 奥斯顿于1814年绘；现藏伦敦国家肖像画陈列馆
By courtesy of the National Portrait Gallery, London

体得以完善，这种诗体常被后来的诗人模仿运用。1798年和W. 华兹华斯合出了《抒情歌谣集》，其中包括著名的《古舟子咏》和《午夜的森林》，开创了英国文学史上浪漫主义的新时期。其他诗作包括《克里斯特贝尔》和未完成的《忽必烈汗》。在不幸的婚姻和沉溺于鸦片下写了《沮丧》（1802），他在诗中哀叹自己创作诗的能力减退。后来，由于对英国国教信仰的苏醒有了部分恢复，他写下了《文学传记》（2卷，1817），这是英国浪漫主义时期最重要的一部综合性文学评论著作。他富于想像，诗文复杂，加上独有的智慧，令他一生动荡不安，充满动乱和未能实现的潜力。

《柯尔·尼德里》　Kol Nidre　指犹太教信徒在赎罪日前夕会堂礼拜开始时所唱悔罪祈祷曲。这篇祷文开端是为一年之内没有实践向上帝所发誓愿表示忏悔。这篇祷文最早在8世纪即已采用，可能是基督教徒迫害犹太人时逼他们发誓，犹太人就用此表示誓愿无效。德系犹太人使用这种曲调，作曲家M. 布鲁赫把它谱写成大提琴曲《柯尔·尼德里》（1880），因而闻名。

柯尔斯坦　Kirstein, Lincoln (Edward)（1907～1996）　美国实业家、舞蹈权威和作家。自哈佛大学毕业时创办了文学杂志《猎犬和号角》。经济独立后，专注于对芭蕾这一艺术爱好上，1933年说服G. 巴兰钦来美国，成立芭蕾舞学校和舞团。1934年美国芭蕾舞学校成立；1940～1989年柯尔斯坦自任校长。他和巴兰钦一起成立许多芭蕾舞团，最重要的是纽约市芭蕾舞团（1948），由他担任该团的总经理至1989年。他写了数本与芭蕾舞有关的书籍，包括了经典的历史著作《舞蹈》（1935）。他对美国芭蕾舞的成长的影响是至关重要的。

柯克　Coke, Sir Edward（1552～1634）　英国法学家和政治家。1578年成为律师。1592年被任命为副检察长，1594年晋升为总检察长，这使得他的主要对手F. 培根大为沮丧。作为总检察长，他主持过几起著名的叛国审判案，起诉埃塞克斯伯爵和南安普敦伯爵（1600～1601）、W. 雷利勋爵（1603）和火药阴谋策划者（1605）。1606年被任命为民事法院的首席法官。1610年他宣布国王不能变更普通法，惹怒了詹姆斯一世。他限制教会法庭的权限，使得教会领导人大为恼火。詹姆斯为了收买他，曾任命他为王座法院的首席法官，但他不为所动；他含蓄地指出高级官员的丑闻，并且在一起涉及教会特权的案件中拒不服从皇家的禁令。1616年在F. 培根的策划下，他被解职。1620年重新成为国会议员（1589年曾为国会议员），又为国会的自由权利进行辩护，结果被监禁。1628年他协助拟定《权利请愿书》，这是自由宪章；为普通法权威超越王室特权辩护，对英国法律和宪法具有深远影响。他去世时，论文都被查理一世夺走。他的《报告》（1600～1615），加在一起，构成英国普通法的不朽汇编。重要著作有《英国法总论》（4卷，1628～1644）。

柯勒乔　Correggio（1494～1534）　原名Antonio Allegri。意大利文艺复兴盛期重要画家。出生于柯勒乔。曾在曼图亚研究过A. 曼特尼亚的作品，并受莱奥纳多·达·

柯勒乔的油画《朱庇特与埃奥》（约1530）；现藏维也纳艺术史博物馆
By courtesy of the Kunsthistorisches Museum, Vienna

芬奇的影响。后在造访罗马时，看见米开朗基罗和拉斐尔的梵蒂冈壁画，受到极大鼓舞。1518年他在帕尔马，这是他最重要的绘画活动场所。他在当地接受的第一幅大型作品是圣保罗女修道院圣保罗小厅的天顶装饰（约1518～1519）。他在帕尔马天主教堂圆顶作的壁画（约1525～1530）以戏剧性的运用错觉艺术手法的风格为特点，影响了

巴洛克时期的圆顶画。他敢于使用透视法缩短线条；他在处理色彩和光线上才华横溢、高度原创；加上画中人物的精美风度，这些都使他成为文艺复兴盛期最有创造才能的艺术家之一。

柯立芝　Coolidge，(John) Calvin(1872～1933)　美国第30任总统(1923～1929)。生于佛蒙特州普利茅斯。1897年在马萨诸塞州当律师，两年后步入政坛，曾任副州长。1918年当选为州长。1919年出动州警卫队平息由于波士顿警察罢工而引起的两天暴乱和骚动，从而成为全国注意的中心。1920年在共和党全国代表大会上，“沉默的凯尔”被提名为副总统候选人，而由W. G. 哈定竞选总统。两人在大选中获胜。1923年8月2日哈定突然逝世，柯立芝遂接任总统。他使人们对因丑闻而名声扫地的联邦政府恢复信心，因而在1924年大选中轻松击败民主党人W. 戴维斯和进步党人R. 拉福莱特，当选总统。他否决了关于农场救济的提案，也否决了给第一次世界大战的老兵支付额外津贴的提案。柯立芝时代国家大大繁荣起来。他一方面实行减税计划，一方面坚持高额保护关税。1928年拒绝再次提名为总统候选人。他的保守的共和党对内对外政策是第一次世界大战与大萧条之间的时代的象征。

柯罗　Corot，(Jean-Baptiste-) Camille(1796～1875)　法国风景画画家。出生在一个富裕家庭，但证明不适合接掌家业，于是25岁时，获得一小笔津贴到巴黎追求艺术生涯。他经常旅行，一生作有许多地形风景画，但最喜欢作小幅自然的油彩速写和素描，然后根据这些架构再画成大幅油画来展览。到了19世纪50年代，已获评论界的肯定，也赚了不少钱，他对那些还未成名的画家慷慨资助。人们对他的自然主义油画速写的评价比那些自觉有诗意的作品还高。他与巴比松画派的画家们来往密切。他是精通色调渐层法和柔和边线的大师，为印象派风景画家们开辟了一条道路，对后来的画家C. 莫奈、C. 毕沙罗和B. 摩里索影响很大。

柯南道尔　Conan Doyle，(Sir) Arthur(1859～1930)　后称Sir Arthur。英国作家。

A. 柯南道尔，肖像画，H. L. 盖茨绘于1927年；现藏伦敦国立肖像画陈列馆
By courtesy of the National Portrait Gallery, London

生于爱丁堡。以塑造侦探S. 福尔摩斯而闻名。原为医生，并执业至1891年；因对第二次南非战争时在医学方面的贡献被封为爵士。福尔摩斯这个人物在《血字的研究》(1887)中首次出现。福尔摩斯探案系列故事集始于《福尔摩斯的冒险》(1892)，作者后来对福尔摩斯感到厌烦，于是在1893年让其死去，但迫于公众的强烈要求，后又巧妙地使其起死回生。其他的福尔摩斯小说还有《四签名》(1890)、《巴斯克维尔庄园的猎犬》(1902)和《恐怖谷》(1915)。他还写了历史传奇小说《白色公司》(1890)。

柯珀　Cowper，William(1731～1800)　英国诗人，由于精神状态不稳定和对宗教的疑惧，一生受尽折磨。他经常描写农村的日常生活，给18世纪描写自然的诗带来一种新

W. 柯珀，油画，L. 阿博特绘于1792年；现藏伦敦国立肖像画陈列馆
By courtesy of the National Portrait Gallery, London

的直率气氛和博爱精神，被视为是浪漫主义的先行者。1779年与白金汉郡奥尔尼教区长J. 牛顿合写宗教诗集《奥尔尼赞美诗》，其中有些赞美诗在英国新教中至今仍受欢迎。1785年发表长诗《任务》，这是一首推论的长诗，诗人写来“推荐农村的悠闲”，立刻获得成功。他还写了许多旋律优美、幽默、简洁的抒情诗，被认为是英国最好的书信作家之一。

柯西　Cauchy，Augustin-Louis(1789～1857)　法国数学家，在数学分析和置换群(其元素为某个集合的有序序列的群)理论方面做了开拓性工作。原在拿破仑的海军当军事工程师，退役后于1813年发表一篇论文，该论文后来成为复变函数论的基础。他提出了极限和连续的概念，借以澄清了微积分的原理，奠定了弹性的数学理论基础，对数论有重要贡献。他被公认为近代最伟大的数学家之一。

柯西金　Kosygin，Aleksey (Nikolayevich)(1904～1980)　苏联政治家，部长会议主席(1964～1980)。1927年加入共产党，1939年成为中央委员会委员。1957年后，在经济事务方面与N. 赫鲁晓夫紧密合作，1964年赫鲁晓夫被迫辞职后，柯西金取代他当上部长会议主席，成为苏联政府首脑。他是一位有能力、讲求实效的经济管理人员，引入使苏联经济现代化的改革措施。20世纪60年代末和70年代初，他与L. 勃列日涅夫和N. 波德戈尔内分享权力，但随着勃列日涅夫的权威提高他的作用逐渐下降。1980年宣布退休。

柯伊伯带　Kuiper belt　又称Edgeworth-Kuiper belt(埃奇沃思-柯伊伯带)。数十亿颗在海王星轨道之外绕行的小型冰体构成的碟形带，大多数比地球距离太阳远30～50倍。G. P. 柯伊伯(1905～1973)在1951年提出这个广大扁平的星体分布，以其存在作为深具影响力的太阳系起源学说(参阅太阳星云)的一环。1943和1949年，K. 埃奇沃思(1880～1972)获得相同结论。这个带是否延伸变薄成为奥尔特云尚不可得知。一般相信，海王星对这些星体的重力扰动可能是大部分短周期彗星的起源。第一个柯伊伯星体在1992年发现，不过有些天文学家认为冥王星的条件只能算是已知最大的柯伊伯星体，称不上行星。

科阿韦拉　Coahuila　墨西哥东北部一州。位于起伏不平的高原上，多条山脉把这个高原切割得支离破碎。1575年西班牙人首次定居于此区的萨尔蒂约(现州首府)。1824～1836年与得克萨斯组成一个州，直至得克萨斯宣布独立。1857年与新莱昂合并，1868年成为单独的州。经济以畜牧业、农业和采矿业为主。南部地区以产葡萄酒和白兰地著称。面积149 982平方千米。人口约2 748 391(2010)。

科布登　Cobden，Richard(1804～1865)　英国政治家。经营花布批发，累积一笔财富后就去欧、美旅行，研究其贸易政策，这一时期他写了有关国际自由贸易的小册子。后来

科布登，铅笔画，V. 曼扎诺绘；现藏西萨塞克斯档案室(科布登文件762)
By courtesy of the Governors of Dunford and the County Archivist of West Sussex

被选入国会(1841～1857、1859～1865)，同J. 布赖特私交甚笃，成功废除了谷物法。19世纪50年代主张与俄国建立友好关系，即使后来爆发了克里米亚战争后也不改初衷。1860年协助缔结《英法商约》，里面包括最惠国条款，后来为其他条约所仿效。

科布伦茨　Koblenz　又拼Coblenz。古称Confluentes。德国西部城市。位于莱茵河和摩泽尔河的汇合处。公元前9年由罗马人创

建。公元6世纪时是法兰克王室驻地，1214年建市。1794年被法国占领；1815年转由普鲁士控制。第一次世界大战后，是莱茵兰监督委员会的所在地(1919～1929)。在第二次世界大战中荒废，战后又恢复。它是德国酒类贸易的中心；其他的产业有旅游、家具制造、服装和化工产品。人口约107 608(2003)。

科策布　Kotzebue, August (Friedrich Ferdinand) von(1761～1819)　德国剧作家。他在诗剧中注入了情节剧的轰动手法以及感情化的哲理，在普及诗剧方面有广泛影响。为多产作家，共写了200多部剧本，著名作品有戏剧《陌生人》(1789)和《印度人在英国》(1790)；喜剧《捕猎》(1798)和《德国小城居民》(1803)。他被政治激进分子斥责为间谍，被刀刺死。

科达伊　Kodály, Zoltán(1882～1967)　匈牙利作曲家、民间音乐家，也是一位音乐教育家。孩童时就会演奏多种乐器，后来同时在大学和布达佩斯音乐学院就读，获得作曲和师资文凭，以及匈牙利民歌的博士学位。他与终身挚友B. 巴尔托克合编了重要的作品《匈牙利民歌集》(1906)，并继续作实地记录，直到第一次世界大战爆发不可能再进行为止。他发表《匈牙利诗篇》(1923)及歌剧《哈里·雅诺什》(1926)时引起国际的瞩目。其以民间音乐为基础的作品显然受到如C. 德彪西等音乐家的强烈影响。他把一生大半的精力放在发展学校音乐课程以启发儿童的音乐才能，"科达伊教学法"如今仍广受使用。

科黛　Corday (d'Armont), (Marie-Anne-) Charlotte(1768～1793)　法国爱国人士。出身康城贵族家庭，法国大革命时，前往巴黎为吉伦特派的事业工作。因对恐怖统治的作为

C. 科黛，版画；E.-L. 博德朗据 J.-J. 豪尔绘之肖像画复制
By courtesy of the Bibliotheque Nationale, Paris

感到忧心而求见恐怖统治的一位领袖J.-P. 马拉，1793年7月13日趁马拉在洗澡时，刺穿其心脏。科黛当场被捕，被革命法庭宣判有罪并送上断头台。

科德角　Cape Cod　美国马萨诸塞州东部半岛。大约长105千米，宽2～32千米，一直延伸到大西洋，北部和西部与科德角湾为界，西为巴泽兹湾。科德角运河穿过半岛基部，形成大西洋沿岸水道的一部分。1602年一位英国探险家来到科德角海岸，捕获了大量鳕鱼(codfish)，故将半岛取名科德角。1620年清教徒在科德角北端普罗温斯敦附近登陆。由于海角伸入到海湾暖流，沿海村镇成为夏季游人大量涌入的避暑胜地。19世纪时普罗温斯敦是一个繁忙的捕鲸港口。海角的北部钩状地于1961年被命名为科德角国家海滨。

科德利埃俱乐部　Cordeliers, Club of the　全称Society of the Friends of the Rights of Man and of the Citizen(人权和公民权利之友社)。法国大革命时期的群众俱乐部之一。1790年创立，宗旨是阻止滥用权力和"侵犯人权"。俗称源出G. J. 巴黎的最初集会地点，即收归国有的科德利埃隐修院(方济各会)。在J.-P. 马拉和G. 丹东等人领导下，成为一股政治力量。后来俱乐部的领导权落入J. R. 埃贝尔和其他人手中，他们协助推翻吉伦特派，行动变得越来越激进。1794年起义失败后，埃贝尔被捕并处决，从此俱乐部湮没无闻。

科迪　Cody, William F(rederick)(1846～1917)　别名Buffalo Bill(野牛比尔)。美国陆军侦察兵，善捕野牛，善同印第安人作战。生于艾奥瓦州斯科特县。为骑马快递公司的

科迪，摄于1916年
By courtesy of the Library of Congress, Washington, D. C.

骑手。后在南北战争中服役。1867～1868年捕猎野牛，供给联合太平洋铁路筑路工人食用，因在8个月内捕杀4 280头野牛而获得"野牛比尔"的绰号。当美军镇压印第安人的抵抗时，他在第五骑兵队当侦察兵(1868～1872、1876)。1876年在同印第安人作战时，剥掉了切延内族斗士"黄发"的头皮。这种行为不仅给美国新闻记者，而且给猎奇小说家提供了理想的素材，他们把科迪描绘成一个民族英雄。之后开始在有关西部的戏剧中表演，1883年组织了首次西大荒演出，主要演员包括神枪手A. 奥克莉和S. 布尔等，并在美国各地和国外巡回演出，博得热烈欢迎。

科迪亚克岛　Kodiak Island　美国阿拉斯加州阿拉斯加湾的岛屿。长160千米，宽16～96千米，面积9 293平方千米。科迪亚克国家野生动物保护区占全岛总面积的75%，是科迪亚克熊的栖息地。该岛1763年由一名俄国皮毛商发现，当时称基克赫塔克，1784年成为美洲的第一个俄国殖民地。1867年俄国对该岛的统治结束；1901年更名为科迪亚克。1964年一场破坏性的地震使该岛下沉了1.5～1.8米。

科尔　Cole, Nat "King"(1917～1965)　原名Nathaniel Adams Coles。美国爵士乐钢琴师和歌手，他成为战后最受欢迎的黑人录音艺术家。长在芝加哥，后来在洛杉矶组成"金·科尔三重奏"(1939)，建立了自己的爵士乐钢琴演奏的风格。他逐渐转为歌手，在录音、电视和电影上都极受欢迎。

科尔　Cole, Thomas(1801～1848)　英裔美国风景画家，哈得孙河画派奠基人之一。1819年随其家人移民美国。曾在宾夕法尼亚美术学院学习。1825年A. B. 杜兰德开始购买他的一些风景画并为他找到一些赞助人。定居纽约州卡茨基尔村后，常徒步到东北地区旅行，用铅笔画写生，然后在画室以此为素材作画。他擅长哈得孙河流域风景画，以及宏伟的想象景色。最著名的画作是《轭》(1836)、《帝国之路》(1833～1836)和《生命的航程》(1840)。

科尔　Kohl, Helmut(1930～　)　西德总理(1982～1990)，以及统一后的德国第一任总理(1990～1998)。在海德堡大学获政治学博士后，被选入莱茵兰-帕拉蒂纳特州议会，1969年当选为州总理。1973年当选为基督教民主联盟的主席。1982年当选为西德总理，领导一个联合政府。他采取中间政策，包括适度削减政府支出和大力支持西德对北大西洋公约组织的许多承诺。1989年柏林墙倒塌后，科尔与东德缔结了统一两国经济制度的条约。但要收拾东德残破的经济经证明是一件很困难的事，科尔的政府在统一后不得不增税并削减政府支出来负担。1998年他的联合政府被G. 施罗德的社会民主党击败，不久爆发了其在职期间发生的几次严重财政丑闻，使他的名誉大损，并削弱了他的政党势力。

科尔多贝斯　Cordobés, El(1936?～　)　原名Manuel Benítez Pérez。西班牙斗牛士。幼时为孤儿，不识字，在科尔多瓦长大(其绰号的意思是"科尔多瓦人")。曾因擅入斗牛

科尔多贝斯
Michael Kuh–Black Star

场被囚禁。从1959年开始斗牛，1963年获正式斗牛士称号。1965年8月份一个月内创纪录斗死 64 头公牛，获奖3 500万比塞塔（约 60 万美元）。技术粗糙，但反应出奇地敏捷，极其勇敢，英俊潇洒，光彩照人，是历史上得奖最多的专业斗牛人员。

科尔多凡 Kordofan 又拼 Kurdufan。苏丹中南部地区。位于白尼罗河的西边，最早由操努比亚语的民族居住。公元 900 ～1200 年间处于克里斯蒂安·通古尔王朝的统治之下，后被阿拉伯人夺得，17 世纪时建立了苏丹王国。19 世纪 20 年代开始由埃及人统治。奴隶贸易在这一地区的经济中一直占重要地位，直到 1878 年被 C. G. 戈登明令禁止才取消。1882 年马赫迪领导的起义结束了埃及的统治。1899 年成为苏丹的一个省。

科尔多瓦 Córdoba 阿根廷第二大城市。位于南美大草原西北缘，普里梅罗河畔，科尔多瓦山麓一带。1573 年创建，因地处海滨和内地居民区之间，有利其早期的发展。1599 年耶稣会在该市定居，1613 年他们建立了阿根廷第一所大学。1869 年通东部铁路的竣工和 1866 年圣罗克水坝的完工促进了科尔多瓦的发展，水坝供水给科尔多瓦市，灌溉果园和粮田，水力发电也为许多工厂提供了电力。人口1 329 604（2010）。

科尔多瓦 Córdoba 又作 Cordova，古名 Corduba。西班牙南部科尔多瓦省省会，位于瓜达尔基维尔河两岸，可能是迦太基人所建，公元前 152 年为罗马人占领。奥古斯都统治时，该城为罗马行省巴埃蒂卡的省会。6 ～8 世纪初，在西哥特人统治下，逐渐衰落。711 年被穆斯林攻占。756 年伍麦叶王族的阿卜杜勒·拉赫曼一世建都于此，并建造大清真寺，至今犹存。到 10 世纪时，为欧洲最大的城市，城中有许多宫殿和清真寺。1236 年落入卡斯蒂利亚国王费迪南德三世之手，成为基督教西班牙的一部分。至今仍然是典型的摩尔风格的城市。人口约297 506（2006）。

科尔曼 Coleman，（Randolph Denard）Ornette（1930 ～ ） 美国爵士乐萨克斯管演奏家和作曲家、自由爵士乐的创始人和重要代表人物。科尔曼生于得克萨斯州的沃思堡。他放弃了和声格局就为了直接根据旋律和表现元素即席演奏。音乐的声调中心可随演奏者的意愿自由改变。科尔曼在《自由爵士乐》（1960）唱片集中表现出的有组织的集体即席演奏奠定了他在前卫爵士乐上坚实的地位。

科尔切斯特 Colchester 旧称 Camulodunum。英格兰东南部城市。古代曾是强大的前罗马时期统治者库诺贝利努斯的首府。他去世后，他儿子对罗马的敌意促使罗马人侵不列颠，科尔切斯特成为罗马在此地的第一个殖民地，由克劳狄于公元 43 年左右建立。约公元 60 年被布狄卡的武士烧毁。1189 年重建，并获准建制。科尔切斯特有英格兰最大的城堡（约建于 1080 年），现为博物馆，收藏罗马和不列颠古代文物。13 世纪是重要港口。布类生产和牡蛎贸易历史悠久。人口约155 794（2001）。

科尔特兰 Coltrane，John（William）（1926 ～1967） 美国爵士乐萨克斯管演奏家及作曲家，20 世纪 60 年代最有影响力的爵士音乐家。生于北卡罗来纳州哈姆雷特。

J. 科尔特兰，摄于 1966 年
Reprinted with permission of Down Beat Magazine

年轻时迁居费城。在 D. 吉莱斯皮和 J. 霍奇斯的乐团取得了早期演奏经验。50 年代曾与 M. 戴维斯和 T. 蒙克合灌唱片，奠定了他在现代爵士乐的领导地位。60 年代初成立的四重奏堪称是爵士乐史上最佳团体之一。他的风格实现了和戴维斯首次一起探索的调式爵士乐，他自己作品的复杂的和弦结构，并最终实现和自由爵士相联系的音色、力度和音区的极限。科尔特兰精通次中音和高音萨克斯管演奏技巧，他自己作品泛音丰富，他对情感的表达明晰，使他能将精湛的技巧和精神上的深度完美结合。

科尔特斯 Cortés，Hernán（1485 ～1547） 后称 Marqués del Valle de Oaxaca。西班牙殖民者，曾为西班牙君主夺得墨西哥。出身于古老世家，19 岁时即离开西班牙远航新大陆。1511 年与 D. 贝拉斯克斯（1465 ～1524）航海去征服古巴。1519 年募集了 508 人和 16 匹马，驶至墨西哥东南海岸建立据点，他把自己的船烧掉，以督促自己和全军：只有征服才能求生存。他征集了成千名憎恨阿兹特克的统治的印第安同盟者，终于进入阿兹特克首都特诺奇蒂特兰（今墨西哥城）。阿兹特克统治者蒙提祖马二世相信他是阿兹特克人崇拜的魁扎尔科亚特尔神的化身，非常隆重地迎接他，但科尔特斯却将他囚禁。不久科尔特斯得到情报，说一支西班牙军队从古巴前来剥夺他的指挥权，他留下一个船长卫戍特诺奇蒂特兰，自己率兵前去迎击对手，把对方的军队纳入自己的部下。班师时，他发现在特诺奇蒂特兰的西班牙卫戍部队已被阿兹特克人包围，由于进逼过紧，又缺乏食品，科尔特斯决定夜里出城。1521 年他再次占领该城，接着占领阿兹特克帝国。科尔特斯变成了一块广大领土的绝对统治者。1524 年他进入洪都拉斯丛林探险，这次灾难性的探险使他不得不退休。晚年生活诸多不顺，苦不堪言。

科耳特 Colt，Samuel（1814 ～1862） 美国发明家。生于康涅狄格哈特福德。曾在他父亲的纺织厂工作。1830 年当水手。在赴印度的航程中，他产生了做左轮手枪的念头，后取得专利（1835 ～1836）。科耳特的 6 连发手枪很晚才得到世人认可，他在新泽西州帕特森成立公司制造这种枪械，但于 1842 年失败。他设计了电引爆水雷，这是第一个使用遥控爆破的装置，他还利用第一条水下电缆经营电报业务。根据军事部门的报告，证明他的武器功效卓著，促使政府在墨西哥战争期间订购1 000支手枪，于是科耳特在 1847 年恢复了枪械制造。在小惠特尼的帮助下，发展了可互换零件的制造工艺和生产线。其公司基地在哈特福德，生产的手枪，包括著名的科耳特-45手枪，在美国南北战争中和西部的开拓中被广泛使用。

科孚 Corfu 希腊语作 Kérkira。位于希腊西北部，爱奥尼亚群岛之一，与毗邻小岛共同组成希腊科孚州。科孚镇是该州首府。公元前 734 年左右科林斯人开始定居于此。约公元前 664 年，希腊史上第一次海战发生在科孚和科林斯之间。约公元前 435 年，它寻求雅典帮助反抗科林斯，促成伯罗奔尼撒战争的发生。公元前 229 年以后先后被罗马人、拜占廷人和诺曼人占领。1386 ～1797 年被威尼斯统治。1815 年沦为大英帝国的保护地。1864 年英国人将科孚归还给希腊。第二次世界大战期间先后被意大利和德国军队占领。现在是著名的旅游目的地，盛产油橄榄、无花果、橘子、柠檬和葡萄酒。面积 593 平方千米。人口：镇约 39 048；州约 111 081（2001）。

科汉 Cohan，George M（ichael）（1878 ～1942） 美国演员、流行歌曲作曲家、剧作家和制作人。生于罗得岛州普罗维登斯。幼年时即与双亲和姐姐一起参加杂耍演出，称

科汉
Pictorial Parade

“四个科汉”。20世纪初着手编写轻歌舞剧剧本并谱写流行歌曲。他的音乐剧《小琼斯》（1904，1930 年拍成电影）包括经典歌曲《向百老汇致意》和《杨基歌》。其后作品有《州长之子》（1901）、《纽约街谈巷议》（1907）、《百老汇的琼斯》（1912）、《酒馆》（1921）以及《美国出生者》（1925）等。最著名的表演为《啊！旷野!》（1933）和《宁要正确》（1937）。他曾谱写大量歌曲，最有名的

有《玛丽是一个了不起的老名字》、《我是美国花花公子》，以及著名的第一次世界大战招募军人的歌曲《在那里》，1940 年国会曾为这首歌授予他特别奖章。其生平是影片《美国花花公子》（1942）和百老汇音乐喜剧《乔治·迈克尔！》（1968）的主题。

科赫 Koch,(Heinrich Hermann) Robert（1843～1910） 德国细菌学家。他首先分离出炭疽病菌，观察它的生命周期，并研究出预防炭疽接种疫苗，他还首先证明了细菌与疾病之间的因果关系。他根据L. 巴斯德的概念完善了纯菌种的培养技术。他分离出结核病病菌，确定了它在结核病中的作用（1882）。1883 年发现导致霍乱的病原，并明白了它们是如何传播的，还研究出一种牛瘟疫苗。科赫的一些假设在病理学中一直是很基本的，包括在生病的动物体内总能找到有机体，而健康动物体内却从未找到过；必须在纯净环境中培养；培养出来的有机体一定会使健康的动物生病；必须从刚得病的动物身上分离出来，重新培养，而培养出来的还是原样。1905 年获诺贝尔奖，是细菌学的奠基人。

科幻小说 science fiction 主要描写实际或想像科学对人或社会的影响的小说，更通常的说法是，以科学事实作为基本出发点的文学幻想。这一体裁的早期作品包括 M. 雪莱的《弗兰肯斯坦》（1818）、R. L. 史蒂文森的《化身博士》（1886）以及 J. 斯威夫特的《格列佛游记》（1726）。从 J. 凡尔纳和 H. G. 威尔斯的作品开始，他们把科幻小说当作一种有自我意识的体裁刊登在 1926 年创办的杂志《惊人的故事》上。后来在 20 世纪 30 年代晚期的杂志《惊人的科幻小说》，以及如 I. 阿西莫夫、A. C. 克拉克和 R. 海因莱因等作家的作品中发展成严肃小说的一种体裁。第二次世界大战以后科幻小说掀起流行热潮，众多作家预言地球未来社会、分析星际航行的结果，并想象探索其他世界的生命。最近的许多科幻小说都属于"计算机科幻小说"体裁，内容涉及计算机及人工智能对未来无序社会的作用。广播、电影和电视使这一体裁更受欢迎。

科科河 Coco River 旧称 Segovia River。洪都拉斯和尼加拉瓜的界河。源出洪都拉斯南部，在格拉西亚斯-阿迪奥斯角注入加勒比海。1961 年宣布中、下游河段为两国国境线。全长 780 千米，仅下游 225 千米河段可通航。

科科斯群岛 Cocos Islands 又称 Keeling Islands（基林群岛）。印度洋东部的澳大利亚海外领地，位于爪哇西南部 930 千米处。由两组孤悬的珊瑚环礁和 27 个小珊瑚岛组成。1609 年被 W. 基林发现，1826 年始有移民。1857 年英国宣布该群岛为其属地，有时被置于锡兰总督属下。最后在 1955 年划归澳大利亚。1984 年居民投票决定并入澳大利亚。人口约 605（2010）。

科克 Cork 爱尔兰西南部港市，科克郡首府。位于利河河口，科克港湾畔。7 世纪建为修道院，常遭北欧人劫掠，最后丹麦人在此定居下来。1172 年被英王亨利二世占领。1649 年为 O. 克伦威尔的国会军所据。1690 年马尔伯勒公爵夺取了科克。1920 年在爱尔兰人爆发反抗英格兰统治的暴动时，城市受创严重。其工业有皮革制造、啤酒和威士忌酒酿造业。人口119 230（2011）。

科克伦 Cochran, Jacqueline（1910?～1980） 美国女飞行员。生于佛罗里达州彭萨科拉。幼年父母双亡，生活贫困。1932 年学飞行，部分原因是想促销她所创建的化妆品公司的产品。1938 年创造了跨越北美洲的女子飞行速度纪录。第二次世界大战时，她到英国训练女子运输飞行员，后来回国到后勤部队训练妇女驾驶运输机。1953 年她驾驶喷气式飞机打破男子与女子的世界飞行速度纪录。1961 年成为第一个以两倍声速飞行的妇女。

科克托 Cocteau, Jean（1889～1963） 法国诗人、剧作家和电影导演。19 岁时写出第一部诗集《阿拉丁之灯》。早年信奉天主教，但不久就放弃宗教信仰。第一次世界大战期间，应征入伍，在比利时前线驾驶救护车，后来把一些见闻写进小说《骗子手托马斯》（1923）。有段时期染上吸食鸦片的毒瘾，但却创作了一些他最重要作品，如剧作《奥尔菲》（1926）和小说《调皮捣蛋的孩子们》（1929）。其最伟大的剧作公认是《爆炸装置》（1934）。第一部电影剧本是《诗人的血》（1930），40年代重返电影界，原本只是当编剧，后来当上导演，拍制了脍炙人口的《美女与野兽》（1945）、《奥尔菲》（1949）和《奥尔菲遗言》（1960）。在音乐界，他与一群名为六人团的作曲家们来往密切。他还在其他方面与人合作，如提供芭蕾剧情给E. 萨蒂（《滑稽表演》，1917）和 D. 米尧（《屋顶上的牛》，1920），替 I. 斯特拉文斯基（《伊底帕斯》，1927）和米约（《人之声》，1930）写脚本。科克托也是个画家，曾为许多书籍作生动的插画，并是个设计师。他在听到 E. 比阿夫去世几个小时后过世。

科克托，摄于 1939 年
Gisele Freund

科拉半岛 Kola Peninsula 俄罗斯北部的海角。介于白海与巴伦支海之间；面积 10 万平方千米，延伸到北极圈内。它所包含的岩石有逾 5.7 亿年的历史。冬季气候严寒；最大的城镇是在北部海岸的不冻港摩尔曼斯克。当地有世界上最大的磷灰石矿，该矿石是生产肥料的原料。

科拉利 Coralli, Jean（1779～1854） 原名 Giovanni Coralli Peracini。法国舞蹈演员和编舞。1802 年首次在巴黎歌剧院登台演出。他在该歌剧院担任芭蕾老师（1831～1850），当时正是浪漫派芭蕾最为辉煌的时期。1841 年在《吉赛儿》（现在被视为经典之作）一剧中开始和女芭蕾舞演员 C. 格里西合作。虽然人们把此剧完全归功给科拉利，但其主要舞步大部分是由 J. 佩罗编排的。不过，后来《救难仙女》（1843）的编舞完全是由他独立完成的。

科拉松·阿基诺 Aquino,(Maria) Corazon（1933～ ） 原名 Maria Corazon Cojuangco。菲律宾总统（1986～1992）。出身于政治望族，嫁给了 B. S. 阿基诺（1932～1983）。她丈夫后来成为 F. 马科斯总统最著名的反对派。1983 年她丈夫结束流亡生活返回菲律宾时遭暗杀，1986 年科拉松成为反对派的总统候选人。虽然官方宣称马科斯在选举中获胜，但社会上广泛流传选举有诈；军队里的高级军官都支持阿基诺，马科斯便逃离菲律宾。作为总统，阿基诺颁布了一部广受欢迎的宪法。但在对腐败和经济不公平的一片指责声中，民众对她的支持率逐步下降。

科莱利 Corelli, Arcangelo（1653～1713） 意大利小提琴家和作曲家。早年生平不详，原在博洛尼亚学习，后到罗马定居，以小提琴家、指挥和教师闻名遐迩，与家人先后搬进庞菲利和奥托博尼枢机主教的官邸居住。众多学生中包括 F. 杰米尼亚尼（1687～1762）和 P. 洛卡泰利（1695～1764）。他作为第一流作曲家的声誉完全基于非歌唱的音乐。其著名作曲有 4 组《12 首三重奏鸣曲》（作品 1～4 号，发表于 1681～1695）、1 组《12 首奏鸣曲》（作品 5 号，发表于 1700）和 1 组《12 首大协奏曲》（作品 6 号，发表于 1714）。去世后很久，他的作品被人们广泛研究，作品古典的宁静和清澈被广泛模仿。在他的音乐中，完全成熟的理想调性首次得以牢固地建立起来。

科莱特 Colette（1873～1954） 全名 Sidonie-Gabrielle Colette。法国女作家。她的四部《克洛迪娜》（1900～1903）小说，是一

科莱特，1937 年摄
Charles Leirens-Black Star/EB Inc.

个自由不羁的女主人公的回忆，由她的第一个丈夫，一个重要的评论家，以自己的笔名维里出版。她后来在音乐厅表演。以后的作品还有《亲爱的》(1920)、《我母亲的房子》(1922)、《麦苗》(1923)、《心爱人的结局》(1926)、《西多》(1930)和《金粉世界》(1944；1958年拍成音乐剧)，描述了一个女孩被培养成为交际花的过程。科莱特所著小说大多描述爱情的快乐和痛苦，其非凡之处在于准确地在音响、气味、结构以及色泽等方面引起人们感官上的共鸣。1925年她和M. 拉威尔合作编写歌剧《魔法的产物》。在她多事的一生中，她直率地嘲笑世俗，不时使法国公众震惊，但晚年却成为国家的象征。

科里奥拉努斯　Coriolanus, Gnaeus Marcius　带有神话色彩的罗马英雄人物。据说生活于公元前6世纪末和前5世纪初，是莎士比亚所著《科里奥拉努斯》一剧的主角。公元前493年在攻打沃尔西的战争中，他围攻科里奥利城，表现极为勇敢，因而得此姓氏。公元前491年罗马发生饥馑。他提出：接受救济的民众必须同意废除保民官制度，否则不发给赈灾粮。为此，他受到流放的惩罚。他投奔沃尔西国王，并带领沃尔西人的军队打回罗马，但在家人的恳求下从罗马撤兵。

科里奥利力　Coriolis force　在古典力学中，视为一种惯性力，1835年由G.-G. 科里奥利(1792～1843)首先提出。科里奥利认为，如果物体运动所遵循的牛顿运动定律要用在旋转参考系统的话，某种惯性力应包括在力学方程式之内。这种惯性力，在参考系统反时针转动时，施于物体运动方向的右方；顺时针转动时，则施于左方。在地球上，物体由北向南或纵向运动，其可见偏斜，在北半球朝右，在南半球朝左。总结来说，科里奥利偏斜，与物体运动、地球运动以及纬度都有关系。科里奥利效应对弹道学以及气象学和海洋学都很重要；对天体物理学也有极大意义。

科利马　Colima　墨西哥科利马州首府。位于墨西哥中西部马德雷山脉山麓地带，濒临科利马河。1522年始建。因交通不便，在历史上未起重要作用。工业有当地农产品加工。市内有科利马大学(建于1867年)。人口137 383(2010)。

科利马　Colima　墨西哥西部太平洋沿岸一小州。大部分为狭窄的沿海平原，地势向东北逐渐升高至马德雷山脉。面积5 191平方千米，包括雷维亚希赫多群岛。土地肥沃多产，但交通不便，发展受阻。经济以农业为主，在较高地区，饲养家畜为重要行业。州首府为科利马城。人口约650 555(2010)。

科利牧羊狗　collie　可能不迟于18世纪在不列颠培育成的一种使役狗。有两种类型：粗糙被毛型(最早用于保护和放牧羊群)和光滑被毛型(用于驱赶牲畜到市场)。体柔软，头圆锥形，眼杏仁状，耳直立，耳尖向前。两种类型的肩高均约56～66厘米，体重23～34千克。有多种毛色。参阅边境科利牧羊狗。

科利牧羊狗
Sally Anne Thompson

科利尼　Coligny, Gaspard II de, seigneur (Lord) de Châtillon(1519～1572)　法国军人、宗教战争初期胡格诺派的领袖。1544年在意大利作战，以智勇双全闻名。1552年晋升海军上将。1560年宣布支持宗教改革。1562年内战开始，他参加战斗，1569年成为胡格诺派的唯一领袖。后来逐渐对国王查理九世产生很大影响，被卡特琳·德·梅迪契看成是威胁。在行刺科利尼失败后，她告诉国王胡格诺派正在阴谋对他实行报复。查理九世在盛怒之下，下令处死胡格诺派首领，其中包括科利尼在内，于是圣巴托罗缪日惨案开始。

科利尼，肖像画，佚名画家绘于16世纪；现藏法国尚蒂伊孔代博物馆
By courtesy of the Musee Conde, Chantilly, France; photograph, Giraudon-Art Resource

科林斯　Collins, Michael(1890～1922)　爱尔兰民族主义领袖。1906～1916年在伦敦任职，后回到爱尔兰参加复活节起义。1918年12月以新芬党员身份被选入爱尔兰议会，成为内政部长(1919年1月～4月)，后任财政部长。英爱战争(爱尔兰独立战争，1919～1921)中他是爱尔兰共和军情报局长。1921年12月签订了受争议的条约，条约中赋予爱尔兰自治领的地位，但需向国王宣誓效忠，这一点遭到许多共和主义者的反对。1922年临时政府成立后，他任主席。内战爆发后，科林斯指挥政府军与反对条约的共和主义者作战。后遭伏击身亡。

科林斯　Collins, (William) Wilkie(1824～1889)　英国小说家。在从事商业和律师业失败后，开始写作并且与C. 狄更斯关系密切，狄更斯对他的事业显然有影响。第一部主要作品《白衣女人》(1860)写作灵感来自一真实犯罪案件，该书使他一举成名。《月亮宝石》(1868)是英国第一批侦探小说之一，书中的特色已成为该类小说的典范。其他作品还有《无题》(1862)和《阿马达尔》(1866)。

科林斯　Corinth　希腊语作Kórinthos。伯罗奔尼撒岛的古代和现代城市，位于希腊中南部。古城遗址位于现代科林斯市附近，在科林斯湾畔。公元前3000年时已有人居住，公元前8世纪已发展成商业中心。公元前6世纪下半叶，雅典在航海和商业方面超过了科林斯。公元前338年科林斯被马其顿国王腓力二世占领。公元前146年被罗马人摧毁。公元前44年J. 凯撒重建科林斯为罗马的殖民地。《新约圣经》中就有圣保罗写给科林斯基督教社区的信件。至欧洲中世纪末时便衰微。人口29 000(1991)。

科隆　Cologne　德语作Köln。德国西部城市，位于莱茵河畔，为欧洲主要内陆港口之一。公元前1世纪罗马征服者在当地拓居。因地处欧洲主要的贸易路线，其商业重要性增长。中世纪时科隆还成了教会中心和重要的艺术和学术中心。第二次世界大战期间，尽管几乎全被摧毁，但历代的建筑物和纪念碑还是保留了一部分。科隆大教堂是北欧最大的哥特式教堂，成为该市非官方标志。自中世纪以来金融业一直是该地区的重要产业，在18世纪初首次生产销售的古龙香水至今仍在生产。该市还是主要的媒体中心，有许多出版社和广播、电视制作中心。科隆以大斋节的狂欢节闻名。人口约989 766(2006)。

科伦坡　Colombo　斯里兰卡的行政及司法首都(科伦坡郊外的斯里贾亚瓦德纳普拉科泰是立法首都)。位于斯里兰卡岛西岸，是印度洋上的主要港口，有世界上最大的人工港之一。8世纪时阿拉伯商人开始在此定居。1518年葡萄牙人在此建要塞，之后又分别为荷兰人(1656)和英国人(1796)占领，1815年成为该岛的首府。1948年斯里兰卡独立后，西方对它的影响已经减小。今为商业和工业中心，制造业生产机械和食品加工产品。当地有科伦坡大学(建于1921年)。人口约672 743(2007)。

科罗拉多　Colorado　美国中西部一州，与怀俄明、内布拉斯加、堪萨斯、俄克拉何马、新墨西哥、犹他州交界。地处落基山西侧。首府丹佛。科罗拉多的自然地貌分为3个部分：科罗拉多东部半干旱平原；该州中部科罗拉多山麓地带，该州人口大部分在此；南落基山和科罗拉多西部方山。其原居民为平原印第安人和大盆地印第安人，包括阿拉珀霍人、夏延人和犹他人。1803年路易斯安那购地协议使美国取得科罗拉多东部。1858年发现金矿，触发淘金热，次年开始人口剧增。1861年组成科罗拉多准州。1876年成为美国一州。农业、肉牛、矿产和制造业都是重要的经济来源。政府的军事设施和服务业已变得很重要，旅游业也是该州重要的收入来源。面积269 605平方千米。人口约5 187 582(2012)。

科罗拉多河 Colorado River 北美洲河流。发源于科罗拉多州北部落基山脉，流向西、南，全长2 330千米，后注入墨西哥西北部的加利福尼亚湾。流域总面积637 000平方千米，该河流所经地区被切割成许多深谷，在世上绝无仅有。其中以大峡谷最大、最为壮观。对发电和灌溉至为重要。科罗拉多河及其支流上建有20余座水坝，其中包括著名的胡佛水坝。

科罗拉多河 Colorado River 美国得克萨斯州西部河流，全长1 387千米。向东南流，穿越草原、丘陵及峡谷，过奥斯汀，横越沿海平原注入马塔戈达湾。为全部在得克萨斯州境内的最大河流。河上建有数个重要的防洪、发电、灌溉工程和旅游区。

科罗拉多马铃薯甲虫 Colorado potato beetle 又称potato bug(马铃薯叶甲)。鞘翅目叶甲科的一种害虫，学名*Leptinotarsa decemlineata*。原产北美洲西部。栽培的马铃薯引入后该昆虫开始以马铃薯叶为食，到1874年已成为主要的和分布广泛的害虫。半球形，长约10毫米，橘红或黄色，鞘翅上有黑条纹。每年繁殖1～3代，随气候而异。

科罗拉多人 Colorado 厄瓜多尔太平洋沿岸的印第安人。居住在西北部热带低地，和住在那里附近的土著卡亚帕人同样是硕果仅存的原住民。科罗拉多(西班牙语，意为"红色")人爱用红色颜料来装饰自己的身体和脸，他们多从事打猎、捕鱼和刀耕火种农业；有些人在当地种植园和都市地区工作。现人口为2 000人左右。

科罗拉多斯普林斯 Colorado Springs 美国科罗拉多州中部城市。位于派克国家森林东部。1871年建立，为方廷殖民地，后改以附近矿泉命名。19世纪90年代克里普尔克里克金矿罢工风潮后，该地区得到发展。军事设施的建立进一步推动了该市的发展：有北美防空司令部和美国宇航指挥部的总部所在地恩特空军基地(彼得森机场，建于1942年)；卡森要塞(1942)；美国空军学院(1958)。神园是一处红砂岩巨石的天然公园，是诸多景点之一。人口416 427(2010)。

科罗纳多 Coronado, Francisco Vázquez de(1510～1554) 西班牙探险家，探索美国西南部地区。出任墨西哥中西部新加利西亚地方长官，被派带一支大远征队北上去寻找和占领传说中的锡沃拉的七座黄金城，因为得到报告说那里拥有大量财富。他发现了新墨西哥的祖尼人普韦布洛(村落)和堪萨斯一支半游牧的印第安部落，但没发现巨大宝藏。他虽没找到所要寻找的宝城，但在北美洲西南部远征时发现许多自然景观，如大峡谷等，也为西班牙在北美洲开拓了大片领地。远征失败，回到墨西哥被起诉，但被宣布无罪。

科洛尔·德·梅洛 Collor de Mello, Fernando(Affonso)(1949～) 巴西总统(1990～1992)。家境富裕，1987年成为阿拉戈斯这个小州的州长。誓言促进经济发展、打垮贪污与无效率，他于1989年击败左派候选人L. 席尔瓦，为巴西近30年第一任民选总统。由于惊人的外债与过度通货膨胀，使巴西的经济衰退问题雪上加霜，无法改善；1992年他辞去总统职位，当时他因贪污案即将受审。

科洛丰 Colophon 爱奥尼亚古希腊城市，位于今土耳其以弗所西北24千米处。公元前8世纪～前5世纪时是兴盛的商业城市，以骑兵、奢华和产松香著称。为提洛同盟一员；在伯罗奔尼撒战争期间，科洛丰先为波斯人、后又为雅典人控制；公元前302年被马其顿征服。科洛丰今日仅存一些古老的旧城墙遗址。

科马罗夫 Komarov, Vladimir (Mikhaylovich)(1927～1967) 苏联航天员。15岁参加苏联空军，1949年成为飞行员，1964年驾驶"上升"1号宇宙飞船，该飞船是第一艘可以把多人带上太空的宇宙飞船。1967年登上"联盟"1号宇宙飞船，成为第一个作两次太空飞行的苏联人。在第18圈轨道飞行期间，他试图着陆。据报道，在离地面10千米左右的高度上，宇宙飞船被它的主降落伞缠住而坠地，他也未能幸免于难。

科马内奇 Comaneci, Nadia(1961～) 罗马尼亚裔美国体操女运动员。1972年第一次参加国际比赛，并获得三块金牌。她在1976年奥运会上的表现可能是无人能超越的。她是第一位在奥林匹克体操项目获得满分者，在这次的竞赛中，一共获得惊人的7个满分，并取得平衡木、高低杠及个人全能三块金牌。1980年奥运会获平衡木和自由体操金牌。1984年退出比赛。1989年叛逃至美国。

科曼切人 Comanche 又称帕杜卡人(Padouca)。生活在俄克拉何马州西南部以及得克萨、斯加利福尼亚、新墨西哥州的北美印第安游牧部落。族名出自犹他语，意思是"任何人可在任何时间与我搏杀"。科曼切人的语言属犹他-阿兹特克诸语言。是肖肖尼人的一支，组成大约12个自治宗族，属地方居民集团，但没有其他平原印第安人的家系、氏族、军事会社及部落政府。18～19世纪时在大平原南部游动。其主食是水牛肉。技艺高超的科曼切骑手为骑马游牧生活树立了榜样。1864年K. 卡森上校率领美国军队征讨科曼切人，但未成功。1865年和1867年签订条约，但美国政府未能遵守约定阻止白人侵入划给他们的土地，使得冲突再起。20世纪时一些科曼切人成为"语码解译者"，即密码兵。他们用自己的语言传递军令情报等，以确保不被泄密，并且在两次大战中作用显著。21世纪初期约有20 000科曼切人。

科摩罗 Comoros 全称Union of the Comoros(科摩罗联盟)。印度洋西部的岛国。面积：1 862平方千米。人口：约752 000(2013)。首都：莫罗尼。岛民种族繁多，马来移民、阿拉伯商人及来自马达加斯加和非洲大陆的民族。语言：科摩罗语(一种班图语)、阿拉伯语和法语(均为官方语言)。宗教：伊斯兰教(国教，以逊尼派为主)。货币：科摩罗法郎。科摩罗由非洲大陆东部和马达加斯加之间的群岛组成，包含大科摩罗、莫埃利和昂儒昂等岛屿，但不包括马约特。岛上多岩石，土层薄，缺港口。最小岛屿莫埃利岛却有肥沃的山谷和森林茂密的山坡。最高峰卡尔塔拉为一活火山，海拔2 361米。属热带气候。是世界最贫穷国家之一，经济以自给农业为基础。为一院制共和国，国家元首暨政府首脑是总统，副总统为辅佐。自16世纪起即为欧洲航海家所知。当时及其后较长时期受阿拉伯人支配。1843年法国正式占领马约特岛，1886年将其他三岛也纳入保护之下。1912年科摩罗隶属马达加斯加总督管辖。1947年成为法国海外领地。1961年科摩罗群岛获准内部自治。1974年其中三岛岛民大多数投票要求独立，1975年宣布独立。接下来的数年内发生多次政变，1989年总统遇刺身亡。法国介入科摩罗，准许1990年举行多党的总统选举，但国家仍然处于长期混乱不稳定的状态，其中包括昂儒昂和莫埃利的分离主义运动。1999年政府落入军人手中，2001年通过谈判形成宪法。科摩罗于1996年首次参加在亚特兰大举办的夏季奥运会。

科莫多龙 Komodo dragon 蜥蜴亚目巨蜥科现存种类中最大的蜥蜴，学名为*Varanus komodoensis*。生活在印度尼西亚的科莫多岛以及邻近的几个岛上，濒于绝种，现已列为保护对象。体长可达3米，重达135千克，寿命

科莫多龙(*Varanus komodoensis*)

James A. Kern

可达100年。能挖深约9米的洞穴。主要以腐肉为食,但成年龙也吃同类幼体。跑动迅速,偶尔也会攻击和伤害人类。

科莫湖　Como, Lake　古称 Lacus Larius。意大利伦巴第区湖泊。位于被石灰石和花岗岩山脉环绕的低地中,海拔 199 米。湖长 47 千米,宽 4 千米,最深处达 414 米,面积 146 平方千米。湖区以自然环境优美和湖畔雅致的别墅闻名。

科纳克里　Conakry　几内亚首都、最大城市和大西洋沿岸主要港口。位于通博岛和卡卢姆半岛。1884 年由法国建立,先后为南部河岸地保护区(1891)、法属几内亚殖民地(1893)和独立的几内亚首都。通博岛是全国最早的居民点,和半岛间以水道相连。20 世纪 50 年代随着发展铁矿和铝的生产,该城市已工业化。市内有科纳克里大学(1962 年成立)。人口约1 851 800(2004)。

科内尔　Cornell, Joseph(1903 ～ 1972)　美国雕刻家。生于纽约州奈阿克。自学成才,20 世纪 30 年代和 40 年代与纽约的超现实主义艺术家交往。科内尔是所谓的装配艺术的创始人之一。他的极有特色的作品采取盒装形式,通常正面为玻璃,内盛放纸片、碎布等物件,与剪出的图案放在一起摆放很精致,但很神秘。常见的图形有天文、音乐、鸟、贝壳、迷人的照片以及旅游纪念品。他的兴趣基于超现实主义的荒谬的并列的技术和怀旧思绪。

科尼艾兰　Coney Island　美国纽约市布鲁克林区南部的娱乐区,濒临大西洋。原为海岛,河道淤塞后成为长岛的一部分,1844 年建起第一个凉亭和第一个海滨浴场更衣处。1920 年地铁开通后更受人欢迎。有长 5.6 千米的木板道,以敞篷滑行车("旋风"号)闻名的娱乐公园。纽约水族馆也设于此。

科尼亚　Konya　史称 Iconium(伊康)。土耳其中部城市。公元前 3 千纪已有人居住,是世界上最古老的城市中心之一。从公元前 3 世纪开始受到希腊文明的影响,公元前 25 年科尼亚人生活在罗马人的统治下。公元 1072 年前后被塞尔柱王朝夺取。更名为科尼亚后,成为 13 世纪主要的文化中心,也是称为"德尔维希"的苏菲派教团成员的居住地。后来受蒙古人统治,1467 年前后并入奥斯曼帝国。在奥斯曼统治时期衰落,但 1896 年伊斯坦布尔-巴格达铁路开通后又得复兴。它是重要的工业中心,也是周围农业地区的贸易中心。人口约967 055(2007)。

科尼亚克酒　cognac　又译干邑酒。法国夏朗德省和滨海夏朗德省生产的一种白兰地酒,以科尼亚克城的名字命名。约在 17 世纪时开始生产,用白葡萄品种,在特殊的蒸馏锅内或蒸馏器内经过蒸馏,并在利穆赞橡木桶内陈酿而制成。大部分科尼亚克酒在木桶内陈酿期为 1.5 ～ 5 年,不过更稀罕的品种存储时间要长得多。

科潘　Copán　马雅古城遗址,位于洪都拉斯最西部与危地马拉接壤地区,是一处重要的马雅艺术与天文学中心。城址坐落于科潘河西岸,东距现在的圣罗莎・德・科潘镇约

饰有人像雕刻的石柱(洪都拉斯科潘遗址)
Walter Aguiar

56 千米。在马雅文化的古典时期(约 250 ～ 900),科潘曾是一座重要城市,9 世纪臻于鼎盛期,人口可能多达 2 万。遗址有石砌神庙若干处,两座大型金字塔,几处阶梯和广场,还有一个球场。科潘特别以其另外一些建筑物上的横饰带和许多石柱上的雕刻闻名于世。大约在 1200 年,马雅人已完全舍弃了科潘城。科潘于 1980 年被联合国教科文组织列为世界遗产。

科普兰　Copland, Aaron(1900 ～ 1990)　美国作曲家,善于以一种富有表现力的现代风格,展现出以美国主题为特色的音乐。父母为俄罗斯犹太移民。曾在法国枫丹白露随 R. 戈德马克和 N. 布朗热学习。虽然他的兴趣广泛,但他的音乐吸收了美国音乐的特色,尤其是约 1930 年以后。他和 R. 赛欣斯一起赞助纽约的一系列新音乐的音乐会,与人共同创办美国作曲家联盟,并担任主席(1937 ～ 1945)。在伯克希尔音乐中心任教逾 20 年。以热心公益事业、为人宽厚著称,逐渐被非官方地视作美国民族音乐家。他著名的 3 部芭蕾舞剧为:《比利小子》(1938)、《牧区竞技》(1942)和《阿巴拉契亚之春》(1944,获普利策奖)。他创作了一系列电影音乐,其中最著名的是《人鼠之间》(1939)、《我们的城镇》(1940)和《女继承人》(1948)。他的管弦乐作品有:1 首钢琴协奏曲(1926)、《墨西哥沙龙》(1936)、《林肯素描》(1942)、1 首单簧管协奏曲(1948)、3 首交响曲(1924、1933、1946)。其他作品还有:歌剧《第二次飓风》(1936)和《温柔乡》(1954),钢琴三重奏《维帖布斯克》(1929)和《钢琴变奏曲》(1930)等。

科普利　Copley, John Singleton(1738 ～ 1815)　美国肖像画及历史题材画家。生于波士顿,雕刻师的继子。不到 20 岁已成为一名颇有造诣的绘图员。在家乡波士顿为享盛名的肖像画家。在肖像画中,他充分运用洛可可的"装置肖像"技法,即把对象与生活场景一齐画出,使作品生动感人。1775 年定居伦敦。他转向更时尚的历史画领域。1779 年被选入皇家艺术科学院。他显示出画有众多人物的英雄行为的大幅画作的天赋。他在英国画的第一幅重要作品《沃森与鲨鱼》(1778),描绘了浪漫主义伟大主题之一——人与自然的搏斗。他被认为是 18 世纪美国最伟大的画家和殖民期最优秀的艺术家。

科普特正教会　Coptic Orthodox Church　埃及国内主要的基督教会。在19世纪之前简称埃及教会。除了坚持基督是神,从不是人的观点以外,科普特正教会与东正教在教义上是一致的,451 年的卡尔西顿会议不接受这一信仰。7 世纪阿拉伯人征服埃及后,祈祷书改为科普特语和阿拉伯语双语对照。科普特正教会已逐渐建立民主管理制度,牧首驻在开罗,由选举产生。在埃及之外设有其他教会,特别是澳大利亚和美国。埃塞俄比亚教会、亚美尼亚教会和叙利亚雅各派教会都与科普特正教会信仰相同。

科奇斯　Cochise(? ～ 1874)　美国奇里卡瓦阿帕切印第安人酋长,领导族众抵抗白人入侵美国西南部。关于他的出生和早年生活,人们毫无所知。19 世纪 50 年代,他的族人与白人移民一直和平相处。但 1861 年开始发生纠纷,最后爆发阿帕切人与美国军队之间的全面战争。后来科奇斯和他的追随者进入山区躲藏,此后十余年经常出没此区,袭击白人。然而,到了 1872 年,大部分阿帕切人(包括科奇斯在内)同意移居到保留区。

科恰班巴　Cochabamba　玻利维亚中部城市。1574 年建立,名为奥罗佩扎村。1786 年设市,改现名,意为"布满小湖的平原"。因气候宜人、环境优美而成为全国第三大城市。也是该国东部的主要销售点。市内有玻利维亚圣西蒙大学(1826)、教堂和政府大厦。人口约1 516 683(2001)。

科斯　Coase, Ronald(Harry)(1910 ～ 2013)　英裔美国经济学家。1951 年获伦敦经济学院经济学博士学位,并在该院和芝加哥大学担任教授。其最著名的论文《社会成本问题》(1960)中,对禁止损害他人行为的传统逻辑提出挑战。他呼吁法律学者注意高效率市场的重要性,注意用协商而不是诉讼来解决纠纷。1991 年获诺贝尔经济学奖。

科斯格雷夫　Cosgrave, William Thomas(1880 ～ 1965)　爱尔兰政治家,爱尔兰自由邦第一任总统(1922 ～ 1932)。早年投身于爱尔兰民族主义新芬党运动,1916 年参加复活节起义,其后短期被英国人拘留。担任总统期间,于 1922 ～ 1923 年的内战后在爱尔兰重新建立起稳定的政府。尽管有各种危机,他一直担任职位,直至 E. 德・瓦勒拉于 1932 年在大选中取得决定性的胜利。1944 年辞去爱尔兰统一党的领导人职位。其子 L. 科斯格雷夫于1973 ～1977 年任总理。

科斯马蒂工艺 Cosmati work 12～13世纪时，罗马装饰工匠和建筑师应用的一种镶嵌技术。系用三角形和正方形的彩色小原石和玻璃材料组成图案并与圆盘形或条状白色大理石相结合构成几何图形，用作建筑的贴面和教堂家具。其名称来自几个名为科斯马图斯的工艺家族。

科苏特 Kossuth, Lajos（1802～1894） 匈牙利爱国者。为贵族家庭出身的律师，1832年被派去参加议会会议，在会上显现出激进的政治和社会哲学观。1837～1840年间被判政治罪而入狱，后为一份改革派杂志撰稿，赢得不少热情的追随者。重新被选入议会（1847～1849）后，领导了"民族反对派"。二月革命（1848）后，说服代表们投票赞成脱离奥地利而独立。被指定为临时总督后，成为匈牙利实际的独裁者。1849年俄国军队代表奥地利出面干涉，迫使科苏特辞职。他流亡土耳其，在那里被扣留了两年。释放后到美国和英国讲演，后来从他在都灵的家中，眼看匈牙利向奥地利君主妥协和解。在《奥匈协约》（1867）缔结后退出政治舞台。

科苏特，平版画；制于1856年
By courtesy of the trustees of the British Museum; photograph, J. R. Freeman & Co. Ltd.

科索沃 Kosovo 阿尔巴尼亚语作Kosova。巴尔干半岛地区单方面宣布独立的国家，之前是塞尔维亚的一个省。面积10 908平方千米，首府和行政中心是**普里什蒂纳**。阿尔巴尼亚人（其中大多数是穆斯林）占总人口的9/10，其余主要为塞尔维亚人。语言：阿尔巴尼亚语、塞尔维亚语（均为官方语言）。宗教：伊斯兰教（信徒为阿尔巴尼亚人）、基督教（东正教信徒为塞尔维亚人，罗马天主教信徒为阿尔巴尼亚人）。货币：欧元。边界大部分地区多山，内地为高原和丘陵。长期以来是巴尔干地区最不发达的区域，经济类型包括公共服务、小型商业、农业、建筑业、食品和饮料生产、金属加工和采矿业。科索沃是一院制多党过渡共和国，国家元首为总统，政府首脑为总理。1989年以前为自治省，当塞尔维亚人取得科索沃的行政控制权后，阿尔巴尼亚人提出抗议反对，阿尔巴尼亚人分裂反抗活动升级为科索沃冲突（1998～1999），导致北约空袭及南斯拉夫和塞尔维亚军队的撤离。1999年科索沃被联合国监管，2008年科索沃宣布独立，同年12月，联合国将大部分监管权移交给欧盟。2010年国际法院判决科索沃宣布独立不违反国际法。人口约1 848 000（2013）。

科索沃冲突 Kosovo conflict（1998～1999） 发生于南斯拉夫科索沃的族群内战。1989年塞尔维亚总统S. 米洛舍维奇取消科索沃的宪法自治权。米洛舍维奇和科索沃的塞族人长期以来对科索沃中占多数人口的阿族心存不满，因为科索沃是塞族人的圣地（塞尔维亚正教会主教座，塞尔维亚史诗的源泉，1389年奥斯曼击败塞尔维亚王国的战场，以及1912年塞尔维亚人战胜土耳其的战场）。科索沃的阿族人则开始进行非武力对抗。1998年形势紧张，演变成警察与科索沃解放军（KLA）的武装冲突，后者开始刺杀警察与政界人士。调解团体（美、英、德、法、意、俄）要求双方停战，塞尔维亚特种警察及军队无条件撤退，释放难民，以及无限期接受国际监管。米洛舍维奇同意了大多数要求，但是却未履行承诺。KLA在停火期间重新武装并集结，再次发起进攻。联合国安理会因此严厉谴责塞尔维亚使用武力不当，包括"种族净化"（屠杀及驱逐其他族群），并提出一份武器全面禁运案，但暴力镇压却仍然继续。各国在法国朗布依埃举行外交调停未果后，塞尔维亚再次出动军队，北大西洋公约组织进行了11周的轰炸，轰炸点延伸到贝尔格莱德，塞尔维亚的基础建设受到明显的破坏。在北约和南斯拉夫于1999年签署协议后，轰炸行动才停止，协议规定塞尔维亚撤军，并让100万名阿尔巴尼亚裔难民以及50万被迫迁移到其他省份的难民重返家园。科索沃不断发生针对留在当地的塞尔维亚人的报复行动。

科塔萨尔 Cortázar, Julio（1914～1984） 阿根廷裔法国小说家和短篇作家。1951年迁居巴黎，同年发表第一部短篇小说集《兽笼》，此后长居巴黎。代表作《踢石戏》（1963）是一部结局开放或反小说的小说，作者邀请读者按照自己的方案，对书中的不同部分重新安排。另一部作品《魔鬼的胡言乱语》为M. 安东尼奥尼拍的影片《欲望》（1966）的蓝本。

科特迪瓦 Côte d'Ivoire 又称Ivory Coast（象牙海岸）。全称Republic of Côte d'Ivoire（科特迪瓦共和国）。西非国家。面积：320 803平方千米。人口：约22 401 000（2013）。首都：亚穆苏克罗。实际首都：阿比让。有多个部族，主要为阿坎人和曼德人。语言：法语（官方语言）和鲍勒、阿尼、贝蒂、班巴拉和丹等部族语言。宗教：伊斯兰教、基督教和传统信仰。货币：非洲金融共同体（CFA）法郎。全国可分成四大主要地区：狭窄的沿海地区；西部赤道雨林；东部栽培林区；北部大草原。农业生产占约50%劳动力。是世界主要可可和石油生产国；其他出口产品有木材、木制品和咖啡。是一院制共和国。国家元首和政府首脑是总统，总理为辅佐。15世纪开始，欧洲强国来此作象牙和奴隶贸易，19世纪当地各王国被法国影响所代替。1893年成法国殖民地，1908～1918年完全被法国军队占领。1946年成法兰西联邦领地；1947年北部居民分离出去，成为上沃尔特国（今布基纳法索）的一部分。1958年和平地取得自治，1960年独立，F. 乌弗埃-博瓦尼当选总统。1990年举行首次多党制总统大选。1993年乌弗埃-博瓦尼去世后，政局动荡。2002年爆发内战，国家分裂为南、北两部分。之后的斡旋努力包括2007年双方签署的权力均享协议。2010年有争议的总统大选导致政治僵局，直至2011年才得以解决。科特迪瓦于1964年首次参加在东京举办的夏季奥运会。

科托努 Cotonou 贝宁大西洋省港口、实际上的首都，也是全国最大的城市和经济中心。濒临几内亚湾，为贝宁-尼日尔铁路的起点站，1965年建成人工深水港，同时为贝宁和多哥服务。有酿酒、纺织和棕榈油加工业。建有贝宁国立大学（1970）。人口约762 000（2007）。

科托帕希 Cotopaxi 厄瓜多尔中部安第斯山地中的火山峰，海拔5 897米，是世界最高的连续活动的火山。火山锥相当匀称，经常被云雾掩蔽，晚上火山口的火则把云照得通明。虽立于开阔的高山草原，较高部分却终年覆盖着白雪。这座火山有大爆发的长期记录，休眠期甚少超过15年。

科威特 Kuwait 全称State of Kuwait（科威特国）。亚洲西南部的中东地区国家，位于波斯湾西北角的阿拉伯半岛，面积：17 818平方千米。人口：约3 933 000（2013）。首都：**科威特**市。人民大部分是阿拉伯人。语言：阿拉伯语（官方语言）、波斯语和英语。宗教：伊斯兰教（国教）。货币：科威特第纳尔。除了科威特湾西端的杰赫拉绿洲以及东南部和沿海一带有一些沃土外，大部分是沙漠；年降雨量仅有25～180毫米。科威特几乎没有适合农耕的土壤，仅有少量土地用于放养牲畜。但该国蕴藏大量的石油和天然气，是其经济的基础。据估计科威特的石油储量占全球储量的1/10，排名第三，仅次于伊拉克和沙特阿拉伯。政府形式为君主立宪政体，有一立法机构。国家元首暨政府首脑是埃米尔，由首相辅佐。科威特湾的费莱凯岛曾有过一个古文明，年代可追溯到公元前第3千纪。此文明一直繁盛到公元前1200年才从历史记载中消失。公元前4世纪时，希腊人在此建立殖民地。1710年阿拉伯半岛中部的游牧部落阿尼赞人建立了科威特市。1756年萨巴赫王朝的阿布德·拉希姆成为酋长，此后该家族持续统治科威特。1899年为了遏制德国和奥斯曼帝国的势力扩张，科威特同意让英国控制它的外交事务。第一次世界大战（1914～1918）期间与奥斯曼帝国爆发战争后，英国将科威特建立为保护国。1961年科威特脱离英国，取得完全独立，但伊拉克宣称拥有科威特的主权。英国于是派兵保护科威特，后来**阿拉伯国家联盟**承认科威特的独立地位，伊拉克才放弃它的领土要求。两伊战争和1990年伊拉克军队入侵并占领科威特后，以美国为首的军事联盟在次年把伊拉克军队赶出科威特（见**波斯湾战争**）。科威特绝大多数的油井被伊拉克军队点烧，战后油井大火被扑灭，石油生产很快恢复到战前水平。科威特于1968年首次参加在墨西哥城举办的夏季奥运会。

科威特　Kuwait　又称Kuwait City（科威特市）。科威特首都。位于波斯湾上端，建于18世纪，是依靠海运和商队运输的贸易中心。1957年前有一座土城墙包围着，把它与沙漠隔开。面积只有13平方千米。第二次世界大战（1939～1945）后，国家发展起石油工业，科威特市转化成现代大都会，全国的人口几乎都集中在首都附近。伊拉克占领期间以及波斯湾战争（1990～1991）期间，城市遭到严重破坏，但是不久即得到恢复。

科文特加登　Covent Garden　英国伦敦的广场，现为皇家歌剧院所在地，是英国国家歌剧和芭蕾舞团的起源地。原为威斯敏斯特的本笃会女修道院花园，1630年规划为住宅区广场，在1670～1974年一直是伦敦主要水果、花卉和蔬菜市场。早先的剧场称为皇家剧院，建于1732年，上演各种戏剧、哑剧和歌剧。曾被大火焚毁两次，后又重建，其间先后改为皇家意大利歌剧院（1847）和皇家歌剧团（1888）。

科沃德　Coward, Noël (Peirce)（1899～1973）　后称Sir Noël。英国剧作家、演员和作曲家，以精练的社会风俗喜剧闻名。12岁开始当演员，演出之余写轻松喜剧。1924年剧本《旋涡》在伦敦上演，颇为成功。其后的经典喜剧有：《枯草热》（1925）、《私生活》（1930）、《生活设计》（1933）、《现在的笑》（1939）和《欢乐的心灵》（1941），作品表现了在世俗背景下的复杂性格。他经常为好友G. 劳伦斯写作剧本，也常与他同演。最受欢迎的音乐剧是《又苦又甜》（1929）。写有影片《相见恨晚》（1946），并在以他的剧本改编而成的许多电影中演出。他还写作短篇故事、小说和许多歌曲，包括《疯狗和英国人》。

科西阿斯科峰　Kosciusko, Mt.　澳大利亚新南威尔士州东南部，澳大利亚阿尔卑斯山中的雪山山脉的山峰。是澳大利亚大陆上的最高峰，海拔2 228米。位于科西阿斯科国家公园内，公园的面积为6 469平方千米。它邻近汤森山、特怀纳姆山、北拉姆谢德山和卡拉瑟斯山。融雪注入江河和水库，构成雪山水电工程。

科西嘉　Corsica　法语作Corse。法国行政单位及地中海一岛屿，是地中海第四大岛。至少在公元前3千纪此地已有人居住。约于公元前560年始见于史载，当时希腊人从小亚细亚过来，在岛上建镇。公元前3～前2世纪被罗马人占领。科西嘉与撒丁合为罗马帝国一行省后，经济开始繁荣。后来屡遭拜占廷和阿拉伯人等民族的入侵。11世纪比萨主教管理科西嘉，在18世纪中期主要是由热那亚人统治。1768年成为法国的省份。岛上经济以旅游业和农业为主。拿破仑诞生于此岛。1991年科西嘉的官方行政地位由大区变为地方特别行政区，面积8 681平方千米。人口约279 000（2006）。

科希策　Košice　斯洛伐克东部城市。9世纪时有人定居，1241年设市，中世纪后期为一个贸易点。1920年隶属捷克斯洛伐克后迅速发展起来。1938年被匈牙利人占领，1945年获得解放，成为战后捷克斯洛伐克政府的第一所在地。从1993年起是独立的斯洛伐克的一部分，是斯洛伐克东南部的政治、经济和文化中心。人口约235 281（2003）。

科辛斯基　Kosinski, Jerzy (Nikodem)（1933～1991）　波兰裔美国作家。声称在第二次世界大战期间作为犹太人，波兰和苏联造成他童年大多数的时间沉默无言的恐怖经验。1957年移居至美国前，曾攻读政治学并成为社会学教授。其小说《彩绘鸟》（1965）描述置身于战争中战栗感的形象生动的超现实故事。其他成功的小说有《步伐》（1968），讽刺性的寓言故事《在那儿》（1970；1979年改编成电影）。在他自杀身亡后，很多他过去的经历被揭露是杜撰的。

科学方法论　scientific method　自然科学使用的数学及实验技巧。许多经验科学，尤其是社会科学，使用从概率论与统计借来的数学工具以及决策理论、博弈理论、实用论与作业研究。科学哲学家已用来处理一般性的方法学问题，例如科学解释的本质与归纳的正当性。

科学论派　Scientology, Church of　1954年由L. R. 哈伯德在美国发起的宗教和伪科学运动。该派使用一种称为推智学的心理疗法，试图将患者从过去经历破坏性的烙印——称为记忆的痕迹——中解放出来。科学论派也包括一种研究生命起源、宇宙以及涉及人的灵魂或精神个体（实际上是每个人的精神实体）的高度完善的信仰体系。该组织颇受争议，通常被认为对其成员使用不合理的控制，以及被指控欺骗、逃税和财务管理不当。

科学哲学　science, philosophy of　哲学的分支，试图阐明科学调查的本质——观测程序、争论方式、表述与计算方法、哲学假设——以及从认识论、形式逻辑、科学方法论和形而上学的角度评价其有效性的依据。历史上，科学哲学的两个主要主题是本体论和认识论。本体论（通常与科学本身重叠）探讨什么样的实体能够适当地进入科学理论以及这样的实体具有什么样的存在。在认识论上，科学哲学家分析和评价研究自然现象时所使用的概念和方法，包括所有科学调查所使用的一般的概念和方法，以及专门科学所具有的专门概念和方法。

科伊桑诸语言　Khoisan languages　约有20多种语言的语族，现在南部非洲大概有数十万的科伊科伊人和桑人讲这种语言。开普科伊科伊方言现已灭绝，一些桑语现在不是灭绝就是很少人使用。科伊桑诸语言最明显的特征是使用吸气音。吸气音在许多语言中是用作感叹词，但科伊桑诸语言和邻近的班图诸语言（如豪萨语、祖鲁语）一样完全把吸气音结合到辅音系统。科伊桑诸语言起源的一致性至今仍有争议。

蝌蚪　tadpole　又称polliwog。蛙类和蟾蜍类的水生幼体。蝌蚪的身体短，呈卵形，尾宽，口小，无外鳃。大多数蝌蚪为草食，但也有些品种为肉食，甚至食其同类。其变态顺序为：逐渐长出前后肢→尾消失→肠缩短→鳃消失→肺发育。变态完成后便成为幼蛙或幼蟾蜍而离水登陆。

可待因　codeine　杂环化合物，鸦片中天然存在的一种生物碱。化学上是一种甲基吗啡（吗啡的甲基乙醚），是一种非型的生物碱。作用弱于吗啡，所以较不会成瘾。可口服或皮下注射，用以止痛及镇静。由于可以止咳，所以是咳嗽糖浆常见的成分。

可的松　cortisone　类固醇有机化合物，肾上腺皮质激素。1948年始用于治疗类风湿关节炎，现已大多为无副作用的化学药所取代。其作用主要是把蛋白质迅速转变为醣（类皮质醣），并在一定程度上调节体内的盐代谢（矿物皮质酮）。但是用作消炎剂时，其治疗剂量远超过人体的正常含量，因此副作用极大，会引起浮肿，胃酸过多，使钠、钾和氮的代谢失去平衡。

可卡因　cocaine　杂环化合物，化学式为$C_{17}H_{21}NO_4$，一种取自古柯叶部的白色晶状生物碱。现已在医学和牙科方面合法用做局部麻醉药，但有更多人非法使用，把它当作盐酸化物。服用少量可卡因能使人产生欣快感，食欲减退，疲劳减轻，警觉性增加。然而当服用过量或过久时，却会破坏心脏和鼻子的结构，并使病情发作。其更低廉、效力更强的剂型（精炼可卡因和强效纯可卡因）还可以注射法或化学烟雾法吸食，但上瘾性更强，对人体健康的伤害又较大。长期或无节制吸食任何一种纯度很高的可卡因会导致严重人格变态、无法入睡、食欲丧失，严重者甚至会产生妄想等精神症状。

可可　cacao　英语又作cocoa。梧桐科热带美洲乔木，学名*Theobroma cacao*。其果实经发酵及烘焙后可制成可可粉及巧克力，还可提炼出可可脂。可可树在低洼潮湿的热带普遍可见。其树干坚实，高可达12米，其椭圆形呈皮革状的树叶长达30厘米，伸展如伞盖。花粉红色，小而有臭味，直接长在枝干上；荚长35厘米，直径12厘米，呈卵形，为黄棕色至紫色，每荚含豆20～40粒，豆长约2.5厘米，包于稠黏状果浆中。

可口可乐公司　Coca-Cola Co.　美国企业，以制造糖浆和专门生产软饮料可口可乐而闻名。可口可乐现在已是全球最受欢迎的品牌饮料。可口可乐饮料是亚特兰大药剂师J. S. 彭伯顿（1831～1888）发明的一种补药，初以古柯叶中的可卡因（1905年去除）和富含咖啡因的可乐果萃取物配成。后来当地另一名药剂师 A. G. 坎德勒(1851 ～ 1929)买下可口可乐的配方,1892 年创建可口可乐公司,后建成一个商业帝国。坎德勒把这种产品看作是糖浆加上汽水后放在冷饮柜出售的散装饮料;他没有预料到瓶装饮料的成功,结果瓶装可口可乐的运作由特许经营人来打理。第二次世界大战后,该公司也开始制造别的饮料,包括酒。企业总部设在亚特兰大。

可扩展标记语言 XML 全称 Extensible Markup Language。从标准普通标记语言(SGML)发展而来的标识语言,精简且更加结构化。有超文本标记语言(HTML)的特色(如超文本连结),并设计克服了一些 HTML 的限制。例如,设计成可扩展的(亦即允许创立自订标记),HTML 做不到。还可依据重要性来呈现数据,而不是照着版面配置(HTML 的方式)。就像 SGML 一样,这是一种元语言(处理语言的语言),允许使用者依据特殊的需求量身打造新的语言。

可乐果 kola nut 亦作 cola nut。梧桐科两种常绿树渐尖可乐果(*C. acuminata*)和光亮可乐果(*C. nitida*)的坚果,含咖啡因。原产热带非洲,在新大陆的热带地区广泛栽种。树高18.3米,叶呈椭圆形,坚韧如革,花黄

光亮可乐果(*Cola nitida*)
W. H. Hodge

色,果实呈星形。坚果用于制药和作软饮料,不过现在美洲的"可乐"用的是模仿它的味道的合成添加剂。在产地可乐果也是一种交换媒介,或者用来咀嚼,可消除饥饿和疲劳的感觉,帮助消化,并用于解酒,减轻酒后的不适感,还可以治疗腹泻。

可替换零件 interchangeable parts 可以相互替换的同一部件,在制造业中尤为重要。由于 19 世纪的一系列革新带动了机床工业的发展,导致工作组织转型的批量生产也随之出现。利用精密设备,同一部件就能以少量的劳动力和很低的成本制造出来。参阅美国制造系统、H. 福特和H. 利兰。

克恩 Kern, Jerome (David)(1885 ～ 1945) 美国作曲家,美国音乐剧的主要创始人之一。在纽约和德国的海德堡学习,后在伦敦获得舞台作品经验。返回纽约后任钢琴师,并为几家音乐出版商当推销员,同时为欧洲式轻歌剧谱写了许多新曲。1912 年创作《红裙》,是第一部他独力完成的含有音乐剧形式的音乐。1915 年《好埃迪》的成功超过前者。后来作的音乐剧包括《好家伙!》(1917)、《莎莉》(1920)、《阳光》(1925)。1927 年根据 E. 费勃的小说,并找 O. 哈默斯坦填词而创作了《画舫璇宫》,成为美国第一个从文学著作改编的严肃音乐剧,为音乐戏剧史上的一个里程碑。接着发表了《猫与提琴》(1931)、《空中的乐声》(1932)和《罗贝塔》(1933)。1933 年以后开始为好莱坞电影作曲,经典歌曲有《这首歌就是你》、《你是我的一切》、《坠入情网》及《老人河》等。

克尔白 Kaaba 又拼 Ka'bah。麦加大清真寺内靠近其中央部分的一座小殿,穆斯林视之为最神圣的处所。所有穆斯林每日 5 次面向克尔白方向礼拜。这个方形建筑物以灰色石块和大理石建成,4 角分别大致对准东西南北 4 方。殿内仅有 3 根支撑屋顶的柱子和若干悬吊着的金银灯盏。参加朝觐的每个穆斯林被要求绕行克尔白 7 周,在这过程中亲吻和抚摸克尔白东角的麦加黑石。传统的说法是亚伯拉罕(易卜拉欣)和以实马利(伊斯玛仪)建造了克尔白。630 年穆罕默德清除了这里的异教徒画像。从那以后,克尔白成为伊斯兰教虔敬的中心。

克尔恺郭尔 Kierkegaard, Søren (Aabye) (1813 ～ 1855) 丹麦宗教哲学家,被认为是存在主义哲学的创始人。曾在哥本哈根大学主修神学。他以对自成体系的理性哲学的批

克尔恺郭尔肖像画;C. 齐克果绘于 1840 年左右
By courtesy of the Royal Danish Ministry of Foreign Affairs

判驰名,攻击 G. W. F. 黑格尔企图将整个存在体系化,他宣称不可能建立一套存在的体系,因为存在是不完全的,它在不断地发展。在《对于哲学片段的非科学的附言的结论》(1846)一书中,他主张"在最热情的献身精神中坚持客观的未定性就是真理,对存在着的人的最高真理",亦即主观性为真理。他采取这一立场的目的是为充分研究信仰和宗教(特指基督教)而扫除障碍。其最有名的著作包括《非此即彼》(1843)、《恐惧和战栗》(1843)和《对死的厌倦》(1849)。晚年坚决彻底地攻击有组织的教会,因而耗尽了心力,死时年仅 42 岁。直到 20 世纪人们才感受到克尔恺郭尔的强大影响,他对 K. 巴特、K. 雅斯贝斯、M. 海德格尔和 M. 布贝尔等思想家影响很大。

克格勃 KGB 俄语全称作 Komitet Gosudarstvennoy Bezopasnosti,意为"国家安全委员会"。苏联负责间谍、反间谍和国内安全的机构。该机构可追溯到 1917 年成立的契卡,其任务是对反革命和破坏行为进行调查。契卡后来被国家政治保安局[GPU,后改名国家政治保安总局(OGPU)]所代替,这是苏联的第一个秘密警察机构(1923)。它还管理集体劳动营,并监督强迫性的集体化俄罗斯农场。到 1931 年它还拥有自己的军队和间谍,而告密者到处都是。1934 年并入新的内务人民委员部(NKVD),带动了大规模的整肃运动。1941 年国家安全和谍报活动的职能合并进国家安全部(MGB)。1954 年成立克格勃。在它最风光的时期,曾是世界最大的秘密警察单位和间谍组织,后来在 M. 戈尔巴乔夫的统治下丧失权力,特别是在 1991 年领导一次未遂政变之后。苏联解体后该机构改名,其国内安全的职能已与间谍活动、反间谍活动分离出来。

克拉科夫 Kraków 英文又拼 Cracow。波兰南部城市。位于维斯图拉河两岸,1138 年时是个公国的首府。1241 年蒙古人入侵但幸存下来,1320 年成为重新统一后的波兰的首都。1611 年首都迁往华沙后,其重要性减弱。在瓜分波兰年代受奥地利人的统治。1918 年回归波兰,第二次世界大战中被德军占领。战后重建,现在是一个工业中心,市郊有大型钢铁企业。还是个文化中心,1364 年建立克拉科夫大学。人口约757 430(2005)。

克拉克 Clark, George Rogers(1752～1818) 美国独立战争时期的边疆军事领袖。生于弗吉尼亚阿尔伯马尔县。W. 克拉克的哥哥,18 世纪 70 年代中期任肯塔基的测量员。美国独立战争期间招募军队防御此区,以对抗英国人和印第安人。1778 年深入密西西比河流域,夺取两个居民点(位于今伊利诺伊)。1780 年协助打败了一支企图进攻圣路易斯的英国远征军。战后担任印第安事务专员,1786 年促成对肖尼人的谈判和缔约工作。1793 年卷入热内事件。

克拉克 Clark, Helen(1950 ～) 新西兰总理(1999 ～ 2008)。是新西兰大选后成为总理的第一位妇女。曾在奥克兰大学获得政治学学士学位(1791)和硕士学位(1974),1973 ～ 1981 年在该校任教。1981 年当选议员。从 1987 年开始在不同的内阁部长职位上任职。1989 ～1990 年担任副总理,1990 年入枢密院,这两个职位对于新西兰的妇女来说都是第一次。1993 年当选为工党领袖,成为新西兰历史上领导一个大党的第一位女性。1999 年工党能够组建联合政府时,克拉克当选为总理。她于 2002 和 2005 年两度连任,并成为新西兰历史上第一位连任三届的总理。在 2008 年大选中,工党被击败,她遂辞去工党领袖之职。

克拉克 Clark, William(1770 ～ 1838) 美国探险家和军人。生于弗吉尼亚加罗林县。G. R. 克拉克的弟弟。1789 年参军,跟随 A. 韦恩参加对印第安人的战役。后来辞去职务,他被以前的军中同事 M. 刘易斯征召入伍,协助他率领探险队对太平洋沿岸地区进行勘查工作。在著名的刘易斯和克拉克远征(1804 ～ 1806)中,他被证明是个有能力的

领袖,具有宝贵的荒野生活经验,又善于绘制地图。1813～1821年担任密苏里准州州长,与当地印第安人打交道,给人印象深刻。

克拉克 Clarke, Arthur C(harles) (1917～2008) 英裔斯里兰卡科幻小说作家。在皇家空军服役期间发表了第一批科幻小说。获得物理和数学学位后,写了《童年的结束》(1953)、《地光》(1955)、《和罗摩的约会》(1973)和《天堂的泉水》(1979)。和S.库勃里克合作拍摄了《2001年太空漫游》(1968,小说和电影)。他有些想法已证实有非凡的预知能力。20世纪50年代以来一直住在斯里兰卡。1997年出版《3001年最终漫游》。

克拉克西 Craxi, Bettino (1934～2000) 原名Benedetto Craxi。意大利政治家,该国第一位社会党总理(1983～1987)。早年参加"社会主义青年运动",1968年当选国会议员。1976年任社会党总书记,着手整合党内林立的派系,采取温和的社会与经济政策,并设法使该党与庞大得多的共产党断绝关系。出任总理后,克拉克西执行反通货膨胀的金融政策,并采取亲美国的外交路线。1993年对政治腐败的多种指责迫使克拉克西辞去党的领袖职务,但他对这些指控都予以否认。后来离开意大利定居突尼斯,政府仍继续调查对他的指控,1994年两次被缺席宣判监禁。

克拉雷(阿西西的),圣 Clare of Assisi, St. (1194～1253) 意大利贫穷克拉雷会的创立人。出身贵族家庭,自幼深受圣方济各(阿西西的)影响,1212年不愿遵父母之命结婚,逃到一座小教堂,在圣方济各主持下发愿隐修,建成方济各会第二会,参加者甚多,包括她的母亲和妹妹,圣方济各会以她们为核心建成一女性社团,成为圣方济各会对应的修道会。仍和圣方济各会人有同盟关系。该会严守清贫,禁止会士保有财产,认为祈祷认罪苦修可以振奋教会和社会。

克拉伦登伯爵 Clarendon, Earl of (1609～1674) 原名Edward Hyde。英格兰政治家和历史学家。原为杰出律师,在文学圈也颇负盛名。进入国会后,成为查理一世的顾问,劝国王采取温和政策,但没能避免英国内战的爆发。他促成查理二世的复辟,1661年被封为伯爵。担任大法官期间(1660～1667)控制了大部分行政事务。由于他公开批评国王道德败坏,破坏了他们之间旧有的情谊,议会也决定以他作为英荷战争(1665)的替罪羊。1667年8月他被免去大法官的职位,后来流亡至法国,度过余生,在那里完成《英国叛乱和内战史》。

克拉马斯河 Klamath River 美国俄勒冈州南部和加利福尼亚州西北部的河流。源出俄勒冈州克拉马斯瀑布的上方的克拉马斯湖,流向南方和西南方,穿过加利福尼亚州的克拉马斯山脉注入太平洋,全长400千米。

克拉纳赫(老) Cranach, Lucas, the Elder (1472～1553) 原名Lucas Müller。德国画家、版画复制匠,16世纪德国绘画和版画繁盛期重要艺术家之一,作画的速度和纯熟的技巧使他受到广泛赞誉。早年生活或训练情况不详,约1501～1504年住在维也纳,画有不少具有多瑙河画派特色的肖像画和风景画。1505～1550年任宫廷画师,常住威登堡,画肖像画、神话题材画以及为新教和天主教教堂画祭坛画,成为一名极成功且富有的画家。他吸引了众多年轻画家到威登堡,使该市成为一个艺术中心。作为M.路德的朋友,他为德国新教派绘画,成为其主要的艺术方面宣传家。一生制作大量雕版画和100多幅木版画,其中,为《新约全书》第一个德文版(1522)所作的最有名。去世后,他的风格由其儿子小L.克拉纳赫(1515～1586)继承。

克拉普斯 craps (源自路易斯安那的法语*crabs*,意为"掷输"。)流行于美国赌场的一种掷骰游戏。玩的人数不限,各家轮流作"掷者",同时掷两枚骰子,以点数总和定输赢。掷者先下注,其他玩家也下注和掷者打赌,赌注不得超过掷者的注。有些游戏中,赌客可彼此打赌,也可与赌场方打赌。掷者第一把如掷出7或11点即为胜,如掷出2、3或12即为负。如果掷者赢,仍可继续下注再掷。掷者第一把如掷出4、5、6、8、9或10,则须继续掷,直到再次掷出该点为止,即胜;此时如掷出7,则为"脱点",即输掉赌注。

克拉斯诺亚尔斯克 Krasnoyarsk 俄罗斯中北部城市。位于叶尼塞河上游,1628年由哥萨克人创建。17世纪后期,经常受到鞑靼人和吉尔吉斯人的攻击。19世纪90年代西伯利亚大铁路为它带来了快速增长时期。20世纪60年代建成世界上最大的水电站之一。现为商业和工业中心。人口约911 700(2002)。

克拉苏 Crassus, Marcus Licinius (约公元前115～前53) 古罗马政治家和财政家。公元前83～前82年在苏拉和G.马略争雄的内战中他支持苏拉,并与庞培起冲突。公元前72～前71年平定斯巴达克思领导的奴隶起义。他经常借钱给债台高筑的元老院议员,包括J.凯撒。公元前70年与庞培一起被选为执政官,公元前60年和庞培、凯撒联合,组成"前三头同盟"。公元前54年克拉苏出任叙利亚总督,向东方的安息人发动进攻,结果在卡雷战役中兵败身亡。他的死,导致庞培和凯撒之间的内战。

克莱 Clay, Henry (1777～1852) 美国政治家。生于弗吉尼亚州汉诺威县。1797年起在弗吉尼亚州和肯塔基州执律师业。1803～1809年任肯塔基州议员。后来担任几届美国众议院议员(1811～1814,1815～1821,1823～1825),并担任过议长(1811～1814)。他也是促使美国参与1812年战争的其中一人。克莱支持一种称作"美国制度"的国家经济政策,鼓吹保护关税、建立国家银行和改善国内交通运输。他因支持《密苏里妥协案》而赢得"大调解人"和"大妥协者"的绰号。1824年他全力支持J.Q.亚当斯竞选总统,亚当斯当选后任命他为国务卿(1825～1829)。他还曾担任过几届美国参议员(1806～1807,1810～1811,1831～1842),期间支持了1833年的关税妥协案。1832和1844年曾是代表辉格党的总统候选人。在他担任参议员的最后一次任期内(1849～1852),强烈主张通过《1850年妥协案》。

克莱,F.兰根海姆和W.兰根海姆绘,1850年

By courtesy of the Library of Congress, Washington, D. C.

克莱 Clay, Cassius Marcellus (1810～1903) 美国废奴主义者和政治家。为奴隶主之子,是H.克莱的亲戚,但深受废奴主义者W.L.加里森的影响。1845年在列克星顿创办反奴隶制刊物《真正美国人》,由于遭到猛烈攻击,先迁到辛辛那提,后又迁往肯塔基州的路易斯维尔,并改名为《审查者》。1854年为共和党创始人之一,后来担任美国驻俄国公使(1861～1862和1863～1869),期间曾参与了阿拉斯加购买案的谈判。

克莱德河 Clyde, River 苏格兰南部最重要的河流,源出南部高地沼泽,上游水清多鱼,向北穿过河谷,至比加附近急转向西北至克莱德瀑布,有一段落差达75米。之后是开敞的克莱德河谷,有大片耕地,以出产克莱兹代尔马闻名。克莱德赛德造船厂在格拉斯哥下游32千米处。穿过邓巴顿后流至克莱德河湾(长105千米),注入大西洋,全长160千米。

《克莱顿-布尔沃条约》 Clayton-Bulwer Treaty (1850) 英美两国为调和它们在中美洲的利益冲突而缔结的协议。条约规定:两国共同控制和保护即将开凿的巴拿马运河。这一条约在1901年由《海约翰-庞斯福特条约》取代,英国在该条约中同意由美国开凿并控制巴拿马运河。

克莱恩 Cline, Patsy (1932～1963) 美国歌手。第一位由乡村音乐转而演唱流行歌曲的女歌手。生于田纳西州。十几岁时就开始在地方乡村乐团中献唱。19世纪50年代中叶开始为唱片公司录制唱片,1957年在A.戈弗雷的电视节目中,以一曲《午夜漫游》而获得首奖。这是她第一次改变演唱风格而一炮走红的歌曲。1960年她参加大奥普里乡村音乐表演。在一次车祸受伤复原后,1962年推出热门畅销曲《心碎》、《疯狂》两首歌。1963年飞机失事而死。电影《甜蜜梦幻》

(1985)就是以她的故事为原型。

克莱恩 Crane, (Harold) Hart(1899 ～ 1932) 美国诗人,生于俄亥俄州加勒茨维尔。擅长在充满想象的抒情诗中歌颂丰富多彩的现代生活。定居纽约市之前做过各种工作,1926 年出版第一部著作《白色的建筑物》,其中收有《福斯特斯和海伦的婚姻》。他为响应艾略特《荒原》的文化悲观论,写成最著名的史诗作品《桥》(1930)。他在作品中试图创造美国经历的史诗般神话,以强烈的梦想般感情歌颂丰富多彩的现代生活。由于受酒精中毒和同性恋困扰,他在从墨西哥回国途中,从船上跳入加勒比海自尽。

克莱恩 Crane, Stephen(1871 ～ 1900) 美国小说家和短篇故事作家,生于新泽西州纽瓦克。曾上过一段时间大学,后去纽约市。1893年自费出版《街头女郎梅季》,为叙述一

S. 克莱恩像,C. K. 林森绘于 1896 年
By courtesy of University of Virginia Library, Barrett Library of American Literature

贫民区女子沦入风尘的同情之作,是自然主义文学的里程碑。1895 年出版成名之作《红色英勇勋章》,描写内战时期一个年轻士兵心理上的混乱。同年出版第一本诗集《黑人骑士》。1895 年去佛罗里达州报道古巴起义。1897 年他所乘的战船被击沉,所幸靠一艘小船得以逃生,他将这段经历写成短篇小说《海上扁舟》(1898),获得成功。他的故事集包括《小团》(1896)、《怪物》(1899)和《维勒姆维尔的故事》(1900)。28 岁时死于肺病。

克莱尔 Clair, René(1898 ～ 1981) 原名 René-Lucien Chomette。法国电影导演。1920～1923年演无声片,1923年正式编导

克莱尔,Y. 卡什摄
© Karsh from Rapho/Photo Researchers

第一部影片《沉睡的巴黎》。《幕间节目》(1924)和讽刺闹剧《意大利草帽》(1927)使克莱尔成为前卫派艺术家的领导人物。在早期有声影片中他创造性地使用声音。他导演的有声影片主要有《巴黎屋檐下》(1930)和《自由属于我们》(1931)。在英格兰拍摄的《鬼魂西行》(1935)在国际上深受赞赏。第二次世界大战期间,克莱尔在好莱坞拍摄了《然后什么也没有了》(1945)等片。战后回国拍摄《沉默是黄金》(1947)和《黑夜美女》(1952)。

克莱尔 Clare 爱尔兰西部一郡。濒临香农河和大西洋。地处芒斯特省,首府恩尼斯。有泥炭和沼泽覆盖的丘陵、高原和低地,还有石灰石覆盖地带。主要出产燕麦和马铃薯,家畜养殖和渔业也很重要。克莱尔多史前居民点的遗迹,有许多巨石和约2 000个设防的圈地,还有众多早期基督教遗址。虽然在 12 世纪时为盎格鲁-诺曼人殖民地,但在 16 世纪以前一直由奥布赖恩家族统治。伊丽莎白一世时期设为郡。1828 年 D. 奥康内尔在克莱尔郡赢得选举,导致爱尔兰的罗马天主教解放。面积 3 450 平方千米。人口 117 196 (2011)。

克莱曼蒂 Clementi, Muzio(1752 ～ 1832) 意大利出生的英国钢琴家、作曲家、出版家和钢琴制造商。13 岁时,一位富有的英国旅游者听了他的风琴演奏,就带他赴英国攻读音乐,他被安排在资助人的乡间庄园,学习刻板的音乐课程达 7 年。他的钢琴演奏技巧和早期写的奏鸣曲使他在伦敦获得声誉。1781 年曾和 W. A. 莫扎特一起在皇帝面前竞技。后作为指挥和钢琴家云游各地。1798 年重新与人合开一家公司,出版乐谱,又制造钢琴。他的钢琴作品影响很大,也教出许多优秀的钢琴家。作品包括 100 多首钢琴奏鸣曲,并因著有 3 卷本《艺术津梁》(1817 ～ 1826)而享盛名,内有各种钢琴曲 100 首,是广受欢迎的钢琴教程。

克莱蒙会议 Clermont, Council of 1095 年教皇乌尔班二世为整顿教会而在法国西南部的克莱蒙召开的一次宗教会议。在会议中拜占廷皇帝阿历克塞一世康尼努斯的使者请求西方帮助希腊抗击突厥穆斯林,于是会议决定发动第一次十字军东征。乌尔班就这样发动了一场引发大家重新夺取耶路撒冷想法的运动。

克莱斯勒 Kreisler, Fritz(1875 ～ 1962) 原名 Friedrich。奥地利小提琴家和作曲家。7 岁入维也纳音乐学院,12 岁完成音乐学习。十几岁时就在国际上巡回演出,后放弃演出而攻读医学。之后重拾小提琴,在柏林和维也纳演出获得很大成功(1898)。他在欧洲和美国巡回演出,直到第一次世界大战开始,其间于1910 年首次公演了 E. 埃尔加的小提琴协奏曲。从战争创伤中恢复过来后,他继续巡回演出(1919 ～ 1950)。他的那些极具魅力的小品包括《中国花鼓》和《爱之悲》,至今仍是加演曲目。

克莱斯勒大厦 Chrysler Building 纽约市的一幢摩天楼,建于 1926 ～ 1930 年,由 W. 范艾伦(1883 ～ 1954)设计,是装饰派艺术的典型建筑,其光耀夺目的不锈钢尖顶成为曼哈顿岛上天际轮廓线的特色之一。1931 年帝国大厦建成以前为世界最高建筑(319.8 米)。其未来派的汽车装饰有许多是应业主 W. P. 克莱斯勒的要求修建的。

克莱斯勒汽车公司 Chrysler 美国汽车公司,始建于 1925 年。最初由 W. P. 克莱斯勒(1875 ～ 1940)创立,被建造成全美国第二大汽车制造厂家,以制造普利茅斯、道奇、克莱斯勒和吉普汽车而闻名。20 世纪 80 年代克莱斯勒公司陷于破产境地,1980 年在 L. 亚科卡的领导下,公司谋求并获得美国政府担保的贷款。1998 年与德国戴姆勒-奔驰有限公司合并为戴姆勒-克莱斯勒有限公司,但两家公司于 2007 年分离。重组后的克莱斯勒有限责任公司保留了除普利茅斯外的所有品牌,普利茅斯也于 2001 年退出市场。由于次贷危机,2008 年公司获得政府贷款以避免破产。在债权人拒绝对公司债务进行调整之后,公司于 2009 年申请破产保护。作为重组协议的一部分,新公司克莱斯勒集团有限责任公司成立,股东包括意大利汽车制造商菲亚特、美国联合汽车工会以及美国和加拿大政府。菲亚特公司随后开始购入流通股,于 2014 年获得克莱斯勒公司的绝对所有权。

克莱斯特 Kleist, (Bernd) Heinrich (Wilhelm) von(1777 ～ 1811) 德国作家。曾有 7 年时间在普鲁士军队服役,当他被控为间谍而入狱时,作品首度引起注意。情节冷酷、感情强烈的剧作《彭忒西勒亚》(1808)包括了一些他最动人的诗作,而《破瓮记》(1808)是一部喜剧杰作;接下来创作的剧作包括《海尔布隆的小凯蒂》(1810)、《赫尔曼战役》(1821)和《洪堡王子弗里德里希》(1821)。1811 年曾出版了一部 8 篇技巧精湛的中篇小说的合集,其中包括《米夏埃尔·科尔哈斯》、《智利地震》和《O 侯爵夫人》。克莱斯特因作品得不到世人的赏识而感到痛苦,34 岁时与一位年轻妇人一同自杀,结束了不快乐的一生。如今他被公认是 19 世纪德国第一个伟大的剧作家,他所写的令人不安且高深难懂的小说为作家们普遍赞赏。

克莱武 Clive, Robert(1725 ～ 1774) 后称 Baron Clive(of Plassey)。英国军事家和殖民地官员。1743 年被派往印度马德拉斯(今清奈),在英属东印度公司当职员。当时的英国东印度公司和法国的东印度公司互相敌视,不久他投身军旅,磨炼军事技巧。1753 年累积了一笔财富,返回英格兰,但在 1755 年再度被派往印度。1757 年在普拉西战役中他击败孟加拉国的纳瓦布(总督),成为孟加拉国的真正主人。虽然他的第一届政府染上腐败和表里不一的污名,但他的治国能力也充分表现了出来。1760 年返回英格兰,当选议员,但未能成为全国性的政治家。1762 年受封为普拉西男爵。1765 年他又回到印度,担任孟加拉国总督兼总司令(1765 ～

1767)。他开始重整这块殖民地,包括打击腐败,帮助英国在孟加拉国建立统治。他本人则遭议会指控贪污,后来虽然证明其无罪,但他却自杀身亡。

克莱因 Klein, Calvin(Richard)(1942～) 美国时装设计师。曾就读于纽约时装工艺学院。1968年开办了自己的公司,当时流行的是非正式的、嬉皮式的奇装异服,但他却走向不同的方向,设计出简单、保守但高雅的服装。他是第一个三次连获科蒂女装奖(1973～1975)的设计师,以设计服装、化妆品、床单、桌布等著称,不过他的色情广告照片很出名,其中有些已经引起公众的抗议。

克莱兹代尔马 Clydesdale 一种重型挽马,在苏格兰克莱德河附近的拉纳克郡育成。约1842年引进美国,但从未普及。高173～183厘米,体重平均900千克。毛色多为栗色、深棕色或黑色,带明显的白斑。走或小跑时有高抬腿动作。腿有细长的丛毛,头形美观,腿脚外型美。

克莱兹默音乐 klezmer music 犹太人和东欧德国犹太地区的人所弹奏的传统音乐,特别指在婚礼或其他庆典上所弹奏的传统音乐。克莱兹默的传统以俄罗斯敖德萨为中心。在意第绪语里基本上表示"职业音乐家",而这类音乐家所弹奏的音乐不但包括典礼式的音乐,也包含热闹喧哗的舞蹈音乐。克莱兹默的合奏曲相当地富于变化。20世纪80年代克莱兹默开始在美国复苏,今天美国一般典型的乐团通常会专攻其舞蹈音乐,而且可能会由4～7个音乐家演奏竖笛、小喇叭、拉管长号、低音号和打击乐器。

克赖斯特彻奇 Christchurch 新西兰南岛城市。1850年建立,为典型的英国圣公会殖民地,是由E. G. 韦克菲尔德和他的新西兰公司策划的最后和最成功的一次殖民计划。现为该国第二大城市和重要的工业中心。港口利特尔顿拥有众多公园和花园,故有"平原花园城"之称。市内有林肯学院、基督学院和坎特伯雷大学。该市在2010～2011年遭受了大地震的破坏。人口约375 900(2012)。

克兰 Crane, Walter(1845～1915) 英国插图画家、油画家和设计师,以想象力丰富的儿童书籍插图著名。肖像画家T. 克兰之子,曾学习意大利大师的素描并深受日本版画影响。早期油画带有前拉斐尔派兄弟会和J. 罗斯金的思想及技法影响。他参加艺术工作者协会。1888年创办工艺美术展览会学会,因设计新艺术纺织品和壁纸而驰名全球。其主要成就在于书中插图,1894年和W. 莫里斯合作,装帧《闪光平原的故事》,呈现出16世纪德国和意大利木版画风格。参阅工艺美术运动。

克兰费尔特氏综合征 Klinefelter's syndrome 一种染色体疾病,500名男性中出现1例。由于在每个细胞中额外多出一条X染色体,即XXY,患者外表看起来是男性,但睾丸硬而微小,不能形成精子,也可能胸部、屁股变大,两腿修长。患者的睾丸留酮,脑下垂体分泌的生殖激素高。智力通常是正常的,但社会适应能力可能会有困难。较罕见的变种会导致另外的异常症状,包括智障。在XX男性症候群中,Y染色体物质已被转移到另一个染色体,引起克兰费尔特氏症候群的基本形式的改变。可用雄激素来治疗所有的变异。

克兰麦 Cranmer, Thomas(1489～1556) 新教的第一任坎特伯雷大主教。曾在剑桥大学受教育,1523年授神职。他卷入了英格兰国王亨利八世与元配阿拉贡的凯瑟琳的离婚争议。1533年亨利八世指定克兰麦继任坎特伯雷大主教,将他放在协助推翻教皇在英国的最高权威的地位。克兰麦遂召集会议,宣布国王与凯瑟琳的婚姻不合法,另娶安妮·博林为合法。后来他又宣布国王与安妮的婚姻无效。1547年亨利八世去世,爱德华六世继位,他成为颇有影响力的顾问,一心想把英国引向新教,拟订《四十二条信纲》(《三十九条信纲》即据此写成)。信奉天主教的玛丽一世登位后,将克兰麦交付审讯,判为异端,处以火刑。

克兰麦,油画,G. 弗利克修斯绘于1546年;现藏伦敦国立肖像画陈列馆
By courtesy of the National Portrait Gallery, London

克朗普顿 Crompton, Samuel(1753～1827) 英国发明家,发明走锭纺纱机。这种纺纱机被称作骡,可能因为它是R. 阿克赖特发明的机械纺织机和J. 哈格里夫斯发明的多锭纺纱机的杂交产物,用机械模仿手工纺纱操作,同时将装入的棉纤维抽出、加捻,可以大规模生产优质纱。

克劳德·洛兰 Claude Lorrain(约1600～1682) 原名Claude Gellée。法国画家。生于洛林公爵领地。年轻时前往罗马,随意大利风景画家A. 塔西学画,并见识到N. 普桑的作品。后来成为理想化风景画家,以比自然本身更美及更和谐的视点来作画;他的风景画和海边景色包含了一些建筑物和人物。以特别擅长对光线和氛围的色调明暗处理而闻名。到了17世纪30年代已成为家喻户晓的大师级画家,他的主顾包括法国和意大利的贵族名流。其作品在30和40年代影响了罗马的荷兰艺术家,以及欧洲风景画的整个发展。一生作画甚多,计油画约250件,素描1 000多件。

克劳狄 Claudius(公元前10～公元54) 全名Tiberius Claudius Caesar Augustus Germanicus。原名Tiberius Claudius Nero Germanicus。罗马皇帝(公元41～54)。提比略之侄。公元37年出任执政官。公元41年初罗马皇帝卡利古拉遇害身死,他出乎意料地成了皇帝。体质羸弱,相貌平庸,举止笨拙,但学问渊博,曾经写了一些历史文章,不过都没留存下来。他对各个元老和罗马骑士(参阅骑士)很无情,而且与上层人士关系疏远,但却讨好自由民。公元43年入侵不列颠是他边境扩张计划的一部分;他还吞并北非的毛里塔尼亚,夺取小亚细亚的吕基亚,占领色雷斯。公元44年将犹太改为一个行省。他在市政建设方面拨款大方;扩大全帝国罗马公民的人数;鼓励城市建设。公元48年处死了诡计多端的第三个妻子后,另娶侄女阿格丽品娜(小)为妻。她力促克劳狄立她的儿子尼禄为皇位继承人,取代了原来的皇太子布列坦尼克斯。据说克劳狄后来被她毒死。

克劳狄胸像,在普里弗诺附近发现,现藏梵蒂冈博物馆
Alinari-Art Resource/EB INC.

克劳狄(失明的) Claudius Caecus, Appius(活动时期公元前4世纪末～前3世纪初) 罗马政治家和司法改革家。任监察官,扩大自由民和无土地人民之儿孙的权力。他兴修的阿庇亚水道是罗马第一个引水渠,并开辟阿庇亚大道。公元前307年担任执政官,公元前296年再度任监察官,公元前295年任行政长官。借着出版《诉讼方法大全》和开庭日表,使人们更容易了解立法制度。晚年说服元老院把皮洛士赶出意大利南部。

克劳人 Crow 自称阿布萨罗卡人。蒙大拿州南部的北美大平原印第安人民族,所操语言属苏语诸语言,与希达察人同一族源。历史上生活在今怀俄明州北部和蒙大拿州南部的黄石河周围地区,多以野牛和马匹为重要生活来源。克劳人为杰出的商业经纪人,将马匹、弓和其他制品等卖给村居印第安人,以换取枪支及金属器物,再转售给爱达荷的肖肖尼人。宗教生活中的一个基本要素是幻觉探求,这种幻觉是以独居、斋戒等方式获得。由于与黑脚人和苏人连年作战,及在19世纪60和70年代历次印第安战争中支持美国军队,损失非常严重。1868年他们得到一块自蒙大拿南部部落土地划出的保留地。21

世纪初人数约有15 000人。

克劳塞维茨　Clausewitz, Carl (Philipp Gottlieb) von（1780～1831）　普鲁士将军和作家。生于马格德堡附近，出身于一个贫穷的中产阶级家庭，他在12岁加入普鲁士军

克劳塞维茨，平版画；1830年F. 米切利斯据W. 瓦赫的油画复制
By courtesy of the Staatsbibliothek, West Berlin

队。1801年进入柏林军事学院。在拿破仑战争中表现优异，后来晋升将军并出任军事学院院长。主要作品《战争论》（1832～1837）是战略方面的杰作，通过剖析决定战争胜利的诸因素来分析军事天才。他并没提出一套僵化的战略体系，但强调在面对战略问题时临场反应、判断的必要性。他认为战争是达到政治目的的工具，而不是战争本身的目的（战争无非是政治通过另一种手段的继续），防御战在军事和政治上都具有更强的地位。他也鼓吹总体战争的观念。死后才出版的《战争论》对现代军事战略具有深远的影响。

克勒　Köhler, Wolfgang（1887～1967）　德国心理学家。他对黑猩猩解决问题的能力的研究发表在《类人猿的智力》（1917）一书中，书中把黑猩猩看做一个有组织的整体，考察它们学习和理解的能力，研究的结果导致现有理论的重大修正，克勒也就成为格式塔心理学发展中的关键人物。20世纪20年代和30年代初期，他在柏林大学继续研究，出版了《格式塔心理学》（1929，1947年修订），纳粹上台后移民美国，1935～1955年间在斯沃斯穆尔学院任教。其他著作有《心理学中的动力学》（1940）、《价值在一个事实世界中的地位》（1938）和《格式塔心理学的任务》（1969）。

克雷　Cray, Seymour R(oger)（1925～1996）　美国电子工程师，生于威斯康星州奇珀瓦福尔斯。20世纪50年代参与UNIVAC I的设计工作，这是第一代电子数字计算机，成为第一种商业用计算机的里程碑。他领导设计了世界第一台晶体管基计算机CDC 1604型。1972年克雷创办了他自己的克雷研究公司，建造世界最快速的计算机，主要借由他创新设计的可同时（平行）处理的多元处理器而得以实现。1985年的"克雷2型"每秒可作12亿次计算，这种速度在当时是不可思议的。

克雷蒂安　Chrétien, (Joseph-Jacques) Jean（1934～　）　加拿大总理（1993年起）。生于魁北克沙威尼根劳工阶级家庭，19个子女中排行18。在拉伐尔大学攻读法律，1958年开始当律师。1963年首次当选众议院议员，之后连续当选，一直到1986年。在L. 皮尔逊、P. 特鲁多连续两届政府中担任过许多职位，其中包括财政部长（1977），此前还没有法裔加拿大人任此职。1990年重又选入众议院，同年接任加拿大自由党主席。由于主张统一的加拿大，所以在1993年全国大选中以压倒性胜利当选加拿大总理。继而在1997年和2000年两度连任。

克雷蒂安·德·特罗亚　Chrétien de Troyes（活动时期1165～1180）　法国诗人。生卒年不详。以5首描写亚瑟王的传奇故事而闻名，这些作品是《艾莱克》、《克里赛》、《朗斯洛》（或《坐刑车的骑士》）、《伊万》（或《带狮子的骑士》）、《伯斯华》（或《圣杯故事》），也可能还著有一个非亚瑟王的传奇故事。他以方言写作，传奇故事取材自杰弗里（蒙默思的）的作品，把个别的冒险行动加入有条有理的故事之中。他的作品发表后，被其他法国诗人争相摹仿，并被广为翻译和改写，传奇故事以叙述方式不断延续着。参阅亚瑟王传奇。

克雷夫科尔　Crèvecoeur, Michel-Guillaume-Saint-Jean de（1735～1813）　又称Hector St. John de Crèvecoeur或J. Hector St. John。法裔美国作家和博物学家。1755年到美洲大陆任军官和地图绘制员，务农。被任命为驻美洲领事多年。1790年奉召回国，写了《一个美国农民的信札》（1782、1784、1790），描绘了美国生活的广阔图景，因此出名。后写了《上宾夕法尼亚和纽约州旅行记》（1801）。新近发现了他的手稿，于1925年刊印，名为《18世纪美国见闻录》。在那个时代，他是人们阅读得最多的关于美国事务的评论的作家。

克雷格　Craig, (Edward Henry) Gordon（1872～1966）　英国演员、舞台设计师和戏剧理论家。为著名演员E. 特里之子。1889～1897年参加H. 欧文剧团演出，然后转向设计舞台布景和服装。1906年前往佛罗伦萨，在那里创办了戏剧艺术学校（1913）。1908年创办《假面具》杂志，先后出版21年，使他的戏剧思想广为人知。其他著作还有《论戏剧艺术》（1911）、《走向新型的舞台》（1913）和《布景》（1923）等，概述了在使用活动布景和不断变幻的灯光造型基础上的舞台设计方面的革新。他的理论影响了现代戏剧的反自然主义趋势。

克雷芒（亚历山大的），圣　Clement of Alexandria, St.（约150～215）　拉丁名为Titus Flavius Clemens。基督教护教士，到希腊化世界宣扬基督教的神学家，也是亚历山大教理学校校长。生于雅典，在他的老师潘代务引导下，接受基督教，潘代务是斯多葛派哲学家，后任亚历山大教理学校校长。按照克雷芒的解释，希腊人心目中的哲学就是犹太人心目中的摩西律法，都是真理的入门。他声明人活在世上首先是作为天堂的公民，然后才是世俗的公民，并为受奴役的人民反抗压迫者的权利辩护。201～202年，罗马皇帝塞维鲁迫害基督教徒，克雷芒被迫离开亚历山大，寻求耶路撒冷主教亚历山大的庇护。他一直被拉丁教会尊为圣人，但在1586年教皇以克雷芒某些观点背离正统为由，将其名从殉教圣徒录中剔除。

克雷芒五世　Clement V（约1260～1314）　原名Bertrand de Got。第一位在法国阿维尼翁居住的教皇（1305～1314）。1299年为波尔多大主教，6年后当选教皇。由于所提拔的多数枢机主教是法国籍，确保了之后一系列法兰西教皇的当选。他把教廷迁往阿维尼翁，主要是为了政治因素（参阅阿维尼翁教廷）。法国的腓力四世迫使他限制教会管理世俗事务的权力并解散圣殿骑士。1313年以后，克雷芒五世反对神圣罗马帝国皇帝亨利七世，并在亨利死后指定那不勒斯国王为帝国的代理主教。编有《克雷芒教令集》，对教会法规贡献很大。

克雷佩林　Kraepelin, Emil（1856～1926）　德国精神病学家。曾在海德堡和慕尼黑大学任教，研究出一种有影响的精神疾病分类系统，出版《精神病学纲要》（1883～1926，共9卷）。他是区分两极性精神病和早发性痴呆（精神分裂症）的第一人（1899），他还区分了精神分裂症的三种临床类型：紧张型、青春型及偏执型。

克雷奇默　Kretschmer, Ernst（1888～1964）　德国精神病学家。在他最著名的著作《体格与性格》（1921）中，试图把体格和体型与性格和精神疾病联系起来。他认为有3种体型：矮胖型（圆筒形）、运动员型（肌肉发达）和虚弱型（高而瘦），不同的精神障碍病人分别与某一种体型相关联。他的理论体系后来被美国的心理学者W. H. 谢尔登（1899～1977）采纳，他把这三种体型更名为内胚层体型、中胚层体型和外胚层体型，并把注意力集中在它们与个性的关系上。这两位理论家的工作都进入了大众文化，并引起进一步的研究。

克雷塔罗　Querétaro　墨西哥克雷塔罗州首府。在墨西哥高原，海拔1 860米。为典型的西班牙殖民地城市。由奥托米印第安人建立，1446年并入阿兹特克帝国。1531年受西班牙控制，是丰富矿区瓜纳华托和萨卡特卡斯的供应中心。1867年马克西米连皇帝被胡亚雷斯击败，后被处死在此地。墨西哥的1917年宪法即在此制定。有墨西哥最早、最大的棉纺厂，还生产纺织品和陶器。人口约626 495（2010）。

克雷塔罗　Querétaro　墨西哥中部一州。地处墨西哥高原。北部为山区，南部是高原和谷地，是墨西哥巴希奥地区的一部分。西班牙人1531年占领，在16世纪50年代开始拓居。1824年建州。主要矿产有蛋白石和水银。产水果、谷物、药材、甘薯等。首府克雷塔罗。面

积11 449平方千米。人口1 827 937(2010)。

克雷西战役　Crécy, Battle of(1346-08-26)　英法*百年战争*中的一次战役,结果使英军在战争的头10年保持胜利。1346年英王爱德华三世的军队虽然在人数上占劣势,但因配备长弓的弓箭手和坚固的防御阵地,在克雷西昂庞蒂厄大败法王腓力六世的军队。

克里奥尔人　Creole　16～18世纪时指生于拉丁美洲而双亲是西班牙人的白种人,以区别于生于西班牙而迁往美洲的移民。在西班牙殖民时期的美洲,克里奥尔人一般都受歧视。因而是克里奥尔人于19世纪初领导反抗西班牙的革命运动,并成为新的统治阶层。至今,克里奥尔人这个名称包含的范围更广。在美国路易斯安那州,此名称可指早期法国及西班牙移民的讲法语的白人后裔,也可以指讲法语与西班牙语混合语的黑白混血儿。在拉丁美洲,可指当地出生的纯西班牙人血统的人,或指城市欧化居民,以与农村的印第安人区别。而在西印度群岛,则指任何欧洲移民的后代,但更多的是用来指所有属于加勒比文化的人民。参阅*克里奥尔语*。

克里奥尔语　creole　又译混合语。一种为某一言语集团确认为母语的*皮钦语*。混合语的产生主要是因为操某种语言的人们,如果在经济或政治上对另一种语言或另外各语言的使用者们占有支配地位时,就会出现混合语。开始时优势群体所用语言的一种简化或修改形式,在不同群体成员间的交际中使用,这种通用语可能成为弱势群体的母语。例如,美国东南海群岛上的古勒语(源于英语)、海地的海地混合语(源于法语)和库拉索岛、阿鲁巴岛、博内尔岛的帕皮亚门托语(源于西班牙语和葡萄牙语)。

克里巴奇牌戏　cribbage　通常两人玩的一种纸牌游戏,依牌张组合的形式计算得分,纪录于狭窄的长方形记分板上。是17世纪时英格兰诗人J. *萨克林*所设计,曾流行于不列颠和美国北部。每人发6张牌(也有每人发5张牌的,还有4人玩和3人玩的)。游戏规则好像有些复杂,其实很简单。谁先得121分者胜(绕记分板60个圆孔2次加1)。

克里克　Crick, Francis (Harry Compton) (1916～2004)　英国生物物理学家,在伦敦大学学院接受教育。因参与测定与其物理、化学特性一致的DNA的分子结构模式,与J. 沃森、M. *威尔金斯*共获1962年诺贝尔生理学或医学奖。第二次世界大战期间从事物理学研究,为海军研制磁性水雷。战后去剑桥大学研究生物学。克里克还发现每条DNA长链中的碱基每3个构成一组(三联体),标示着蛋白质分子中氨基酸的位置。他协助测定通常在蛋白质中发现的每个氨基酸所对应的密码子,从而弄清楚了细胞使用DNA来建立蛋白质的方法。参阅R. *富兰克林*。

克里米亚　Crimea　乌克兰南部共和国,范围与深入黑海的克里米亚半岛相同。早期居民为辛梅瑞安人,自公元前6世纪以来为希腊人所居住,公元前5世纪开始受博斯普鲁斯王国统治,其后先后归属于罗马和拜占廷帝国;1783年被俄罗斯并吞,1853～1856年为克里米亚战争的主战场;1921年成为苏联的一个自治共和国,第二次世界大战期间被纳粹德国侵占(1941),1944年收复;1954年成为乌克兰的一州,1991年苏联解体后获得部分自治权。首府辛菲罗波尔。面积27 000平方千米。人口约2 651 700(1994)。

克里米亚战争　Crimean War(1853-10～1856-02)　以克里米亚半岛为主要战场的一次战争。一方为俄国,另一方为奥斯曼帝国、英国、法国和撒丁-皮埃蒙特。主要是因为中东各大国间的冲突,更直接地因为俄国要对奥斯曼苏丹治下的东正教臣民实施保护而引起。对俄国塞瓦斯托波尔要塞进行长达一年的围困并最后将其攻克之前,战争在阿尔马河、巴拉克拉瓦、因克尔曼等地进行。由于奥地利威胁要参加联军,俄国于1856年接受初步和谈条件,而在巴黎会议达成最后解决办法。克里米亚战争双方指挥失宜,加上瘟疫流行,致使双方损失兵员均达25万之众。这场战争并未解决东欧国家间的关系,但使亚历山大二世警觉到俄国进行现代化的需要。

克里姆林　kremlin　中世纪俄国城市的中心城堡,通常坐落在河畔的战略据点,四周有围墙、壕沟、塔楼和城垛与城市的其余部分隔开。几个公国的首府均建立在古城堡的周围,城堡内一般都有大教堂、宫殿、政府机关和军火库。1712年前和1918年后莫斯科的克里姆林(建于1156年)一直是俄国政府的中心。它的雉堞状的砖墙和20座塔楼是15世纪的意大利建筑师建造的。大墙内的宫殿、教堂和政府建筑包含了各种风格,包括拜占廷式、俄罗斯巴洛克式以及古典式。

克里木特　Klimt, Gustav (1862～1918)　奥地利画家。当了一段时间的学院派壁画家后,1897年他的艺术风格趋于成熟。他反对学院派艺术而追求类似*新艺术*的装饰风格,创建了“维也纳分离派”。他后来壁画的特征是精确的线性素描和彩色的平面装饰图案。他最成功的作品有《吻》(1908)以及一系列的肖像画,在这些肖像画中,他把人物处理得没有阴影,周围是讲究的装饰平面块,从而传达出肌肤的性感。他对O. *考考斯卡*和E. *希勒*有很大的影响。

克里斯蒂　Christie, Agatha (Mary Clarissa) (1890～1976)　后称Dame Agatha。英国女侦探小说家、剧作家。处女作《斯泰尔斯的神秘案件》(1920)以比利时侦探H. 波洛为主角,这个人物曾在她的25部长篇小说中出现。她塑造的另一个侦探是老处女J. 马普尔小姐,最先见于《教区牧师住宅凶杀案》(1930)。所写的75部长篇小说大都是畅销之作,已翻译为100多种语言,其作品已销售1亿本以上。剧本《捕鼠器》(1952)创下在一个剧院连续上演时间最长的世界纪录。另一剧本为《为检察官作证》(1953;1958年改编为电影)。1930年与著名考古学家M. 马洛温爵士(1904～1978)结婚。1971年被封为爵士。

A. 克里斯蒂,摄于1946年
UPI/CORBIS-BETTMANN

克里斯蒂安二世　Christian II(1481～1559)　丹麦和挪威国王(1513～1523在位),瑞典国王(1520～1523在位)。1513年继父王约翰为丹麦和挪威国王。1517年他决定征服瑞典,打败了瑞典的摄政王军队,1520年加冕为瑞典国王。然而,他下令屠杀瑞典的贵族(斯德哥尔摩血案),这次大屠杀激起反丹麦的瑞典独立战争,标志着卡尔马联合宣告结束(1523)。是年,丹麦也爆发叛乱,迫使克里斯蒂安流亡尼德兰。由于企图兴兵夺回他的王国,1532年被丹麦军逮捕,在丹麦城堡度过余生。

克里斯蒂公司　Christie's　正式名称Christie, Manson & Woods(克里斯蒂-曼森-伍兹股份有限公司)。是世界最古老的艺术品拍卖公司。1766年J. 克里斯蒂(1730～1803)创办了一家拍卖行,他因而结识了T. *庚斯博罗*、J. *雷诺兹*等许多艺术家和工艺美术家,并将拍卖著名艺术家的作品发展成了一种传统。克里斯蒂公司举办过几次历史性的销售活动,其中包括:1778年把艺术品出售给俄国女皇叶卡捷琳娜二世。1973年克里斯蒂公司成为一家公办公司,现在全世界各地有分公司。

克里斯蒂娜　Christina(1626～1689)　瑞典语作Kristina。瑞典女王(1644～1654在位)。父为*古斯塔夫二世(阿道夫)*,她即位后积极缔结《*威斯特伐利亚和约*》并设法结束了*三十年战争*。统治瑞典10年后,她突然主动逊位,此举震惊欧洲,她对外声称因健康

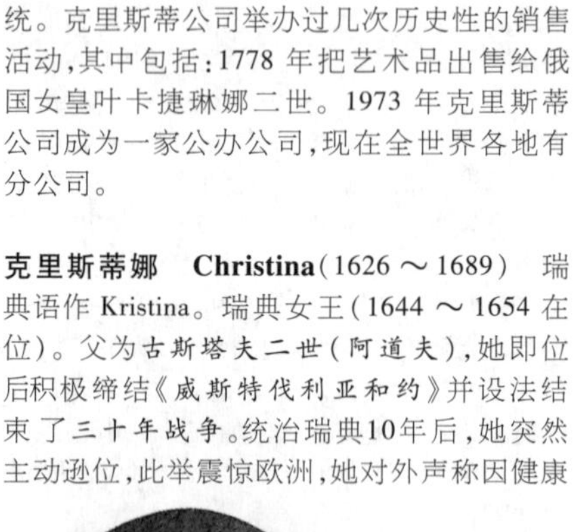

克里斯蒂娜,版画,C. 菲斯海尔创作;P. Soutman出版(1650)
By courtesy of the Svenska Portrattarkivet, Stockholm

不佳，并声称统治国家对一个女人而言太沉重。其实真正的理由是对婚姻反感和秘密改信天主教（瑞典禁止的宗教）。她迁居罗马，后来企图谋取那不勒斯和波兰王位，但都未成功。为当时最聪慧、学识最渊博的妇女之一，也酷爱艺术，慷慨赞助艺术活动，对欧洲文化有很大影响。

克里斯蒂娜·德·皮桑　Christine de Pisan（1365？～1431？）　又作 christine de Pizan。法国作家。父亲是查理五世的占星家，后来与宫廷秘书结婚。丈夫去世后，为抚养孩子开始写作。写有 10 卷典雅诗集，包括抒情诗、回旋诗、小故事诗和悲歌，在这些作品中，许多诗篇以典雅爱情的传统写就。在《妇人城》（1405）中，她描写的妇女以其英勇与贞淑而名扬世界。克里斯蒂娜还写了一本记述查理五世的言行录，以及受圣女贞德早期胜利影响而作的传记（1429）。

克里斯托　Christo（1935 ～ 2009）　原名 Christo Javacheff。保加利亚裔美国环境艺术家。曾就读于保加利亚索非亚美术学院。1958 年移居巴黎，开始展示他的新写实主义艺术创作。早期作品用罐头和瓶子来创作，其中多数用纸、塑料和织物缠绕。最终他把这种创意扩大运用到建筑物和景观工程。1964 年他迁往纽约。其宏伟的设计有《豁谷之幕》（1972，科罗拉多州来福尔峡）和《跑动的围栅》（1976，加利福尼亚州马林县与索诺马县）。1995 年用金属银色纤维包缠柏林国会大厦。2005 年的杰作是《门，1979 ～ 2005》，沿纽约市中央公园 37 千米的走道上架起7 503 座钢门，每座门高 5 米，门上挂有金黄色织物的门帘。克里斯托所创作的大型的、多为户外的雕刻均为暂时性的，需要数以百计的助手协助工作，环境主义者对他的作品颇有争议，但大部分被批判地接受。自 1961 年后，大部分作品是与妻子珍妮-克劳德（1935 年生）合作。

克里斯托弗，圣　Christopher, St.（活动时期约 3 世纪）　旅行者和驾车者的主保圣人。据说他在罗马皇帝德西乌斯（约 250）在位时期于吕西亚殉教。据传他身材高大，一生专门背负人过河。一次他背负一儿童过河，到了河中央，儿童突然变得很沉重，他被告知他背负的是基督和全世界的罪，所以取名 Christopher（希腊文意为背基督的人）。这段历史令人存疑。

克里斯托福里　Cristofori, Bartolomeo（1655 ～ 1731）　意大利乐器制造家，在费迪南多亲王的宫里当乐器保管人，维修各种乐器。他最著名的实验是"有强弱的拨弦键琴"——现代钢琴的前身。从 1698 年起他就研究这种乐器。和羽管键琴不同的是，它能依按键的压力大小改变音量。1711 年出版钢琴作品图集，很快即被其他人仿制。他制造的一些原始钢琴，至今仍被保存着。

克里索斯托　Chrysostom, St. John（约 347 ～407）　早期基督教教父、解经家和君士坦丁堡大主教。出生于叙利亚，自幼受基

圣约翰·克里索斯托，镶嵌画，绘于 12 世纪；现藏巴勒摩巴拉丁礼拜堂

Anderson–Alinari from Art Resource

督教教育，原本在隐修院，后因健康不佳，返回安提阿，担任助祭。后来获伟大的传道士的名声（因而博得"金口约翰"之称）。398 年勉强奉召到君士坦丁堡任主教。他关怀穷人并猛烈抨击滥用财富的行为，因而得罪有钱有势者。403 年亚历山大大主教狄奥菲鲁斯召开了一次宗教会议审判克里索斯托，给他加上 29 条罪名，并把他流放到亚美尼亚。他在被转解到更远的黑海时，死于押解途中。438 年他的骸骨被带回君士坦丁堡，教会替他平反了冤屈。

克里特　Crete　希腊语作 Kríti。古称 Creta。地中海东部岛屿，希腊的一个行政区。长 260 千米，宽 12 ～ 60 千米，面积8 336平方千米。地形以山地为主。为公元前 3000 年左右的弥诺斯人的发源地，在前 16 世纪达到全盛时期，以在克诺索斯、菲斯托斯和马利亚等地建筑的宏伟宫殿闻名。约前 1450 年的一次大地震标志着米诺斯时代的结束。前 67 年被罗马人并吞，公元 395 年转属拜占廷。1204 年被十字军卖给了威尼斯，1669 年经过一场历史上最长的围城之役后，被奥斯曼土耳其人夺占，直到 1898 年土耳其人被希腊人驱逐，为自治领，1913 年正式划归希腊。经济以农业为主，为该国主要的橄榄、橄榄油、葡萄产地之一；观光业是重要的外汇资源，伊拉克利翁的博物馆有最完善的米诺斯艺术收藏品。人口约606 274（2008）。

克里希那穆尔蒂　Krishnamurti, Jiddu（1895 ～ 1986）　印度精神领袖与神智学家。在贝赞特夫人门下接受神智学教育，贝赞特夫人宣告他是下一位"世界导师"，亦即将教化世界的如弥赛亚般的人物。后成为教师与作家，20 世纪 20 年代起大都待在美国与欧洲。1929 年与正统神智学决裂，拒绝"世界导师"的称呼，但仍是受欢迎的演讲者。自称他的愿望是让人类自由，而唯有经由无所畏惧的自觉，人类才能达此目标。他在美国、英国与印度成立了一些克里希那穆尔蒂基金会来推动其计划。著有《生命之歌》（1931）、《生活注记》（1956 ～ 1960）。

克力司吉　Kresge, S(ebastian) S(pering)（1867 ～ 1966）　美国商人。原从事旅行推销工作，1897 年与人合伙在孟菲斯和底特律开设两家 5 ～ 10 美分商店。后在中西部的几个大城市又开办了另外几家，1907 年建立了克力司吉公司（1912 年成为股份有限公司）。第二次世界大战后，该企业扩展成为在美国、波多黎各和加拿大等地的大型廉价商店连锁公司，最终达到近千家。1924 年克力司吉设立了一笔大的慈善基金。

克利　Klee, Paul（1879 ～ 1940）　瑞士画家。曾在德国和意大利学习，后定居慕尼黑，结交了"青骑士"（1911）。他先后在包豪斯（1920～1931）和杜塞尔多夫学院任教。1933

克利，摄于 1939 年

Aufnahme Fotopress

年纳粹上台后，他失去了工作，就回到了瑞士。克利是 20 世纪一流的艺术家，他不是一个追逐潮流的人，不过还是吸收甚至加入了他那个年代一些主要的艺术趋势。他既采取表现派，也用抽象派手法，共有9 000多幅各种风格的油画、素描和水彩画。他的作品趋向于小尺寸，所用线条、颜色和色调的精细非常突出。在其高度精致的艺术中，嘲弄和荒谬结合在一起强烈地再现自然的神秘和美丽。他在晚年所作的一些油画都是些最令人难忘的作品。

克利伯恩　Cliburn, Van（1934 ～ 2013）　原名 Harvey Lavan Cliburn, Jr.。美国钢琴家。生于路易斯安那州什里夫波特。早年其母教他弹钢琴。在朱利亚德音乐学院随 R. 列维涅（1880 ～ 1976）学习后，他在纽约交响乐团的伴奏下做了首次公演。1958 年成为赢得在莫斯科举行的柴可夫斯基钢琴比赛的第一位美国人，引起了全国轰动。1962 年他在得克萨斯州的沃思堡设立了克莱本国际钢琴比赛。他的钢琴技巧令人难忘，但他把自己的演奏局限在浪漫主义的曲目上，很多年都远离音乐舞台。

克利夫兰　Cleveland, (Stephen) Grover（1837 ～ 1908）　美国第 22 任（1885 ～ 1889）和第 24 任（1893 ～ 1897）总统。生于新泽西州考德威尔。1859 年在纽约布法罗执律师业，参加民主党政治活动。1881 年任布法罗市长，以反对腐败闻名，1883～1885 年任纽约州长，因其办事独立自主而遭 T. 霍尔的敌视。1884 年被民主党提名为总统候选人。是 1856 年以来第一次上台的民主党总统，他坚决推行文官制度，反对实行保护关税，这一主张成为 1888 年总统大选的争论焦点，他因此以些微差距败给共和党的B. 哈里

G. 克利夫兰
By courtesy of the Library of Congress, Washington, D. C.

森。1892 年大选中票数远多于对方，再次当选总统，时值美国闹金融大恐慌，他将此归因于《1890 年谢尔曼收购白银法》，坚决要求国会废止此法令。1894 年因经济萧条而发生普尔曼罢工。在对外政策方面，克利夫兰是孤立主义者，反对美国进行领土扩张。1895 年英属圭亚那与委内瑞拉之间发生边界纠纷时，在群众和国会的压力下，他才援用门罗主义，要求实行仲裁。到了 1896 年支持自由铸造银币运动的人控制了民主党，他们改而提名 W. J. 布赖恩竞选总统。克利夫兰在卸任总统职位后退居新泽西州，任普林斯顿大学讲师。

克利夫兰　Cleveland　美国俄亥俄州东北部城市。是伊利湖南岸大港，也是俄亥俄州第二大城市。原为法国人和印第安人的贸易站。M. 克利夫兰于 1796 年曾测量该地区，故以其姓氏命名。1825 年伊利运河竣工及 1851 年铁路开通后开始迅速发展。南北战争刺激了钢铁加工业和炼油业（J. D. 洛克菲勒在此创建美孚石油公司）的发展，现今重工业仍是经济的基础。有 400 多家医学和工业研究中心及众多高等学府。1995 年由贝聿铭设计的摇滚名人堂和博物馆对公众开放。人口396 815（2010）。

克利福洛　Kryvyy Rih　俄语作 Krivoy Rog。乌克兰东南部城市。17 世纪时哥萨克人在此建村庄，1884 年通往顿涅茨煤田的铁路修通后成为重要的铁矿城市。1941 年被德国占领，1944 年被苏联收复。1969 年并入该市的捷尔内有一座大铀矿。现为工业中心和矿业中心，有冶金厂、铸造厂、面粉厂和化工厂。人口约669 000（2001）。

克利斯提尼（雅典的）　Cleisthenes of Athens（约公元前 570 ～前 508？）　雅典政治家和首席执政官（公元前 525 ～前 524），一般认为是雅典民主政治的开山祖。出身于阿尔克迈翁家族。公元前 508 年克利斯提尼联合公民大会实行民主改革，过去以家族、氏族、宗族为基础的政治组织改为以地域为基础的政治组织。4 个血统部落被 10 个地方部落取代，每个部落都有来自城市、沿海和高山地区的代表。雅典议会的人数增至 500 名。克利斯提尼改革的基础是人人权利平等的原则。

克利提亚斯　Cleitias（活动时期约公元前 580 ～前 550）　又作 Kleitias 或 Clitias。雅典陶瓶画匠和陶工，古典时期著名大师，是"弗朗索瓦陶瓶"（约公元前 570）彩绘作者。1844

《美杜莎面具》（约公元前 560），埃戈提莫斯制，克利提亚斯画；现藏纽约市大都会艺术博物馆
By courtesy of the Metropolitan Museum of Art, New York, Fletcher Fund, 1931

年在伊特鲁里亚一座古墓中发现，此瓶为黑花、双耳大口陶器，陶瓶表面的 6 条横带上绘有 200 多个人物，是希腊艺术中最重要珍品之一。其他一些据说出于这位大师之手的陶瓶和碎片现藏雅典卫城博物馆。

克列孟梭　Clemenceau, Georges（1841 ～ 1929）　法国政治家和新闻工作者。在转往政治界发展前为医生，1876 ～ 1893 年担任国民议会议员，成为激进共和派集团领袖。曾先后创办《正义》（1880）、《曙光》（1897）和《自由人》（1913）等报，并跻身为当代一流的政治作家之列。他支持 A. 德雷福斯而为他自己带来好处，1902 ～ 1920 年担任参议员。1906 年担任内政部长，同年继任总理（直至 1909 年）。第一次世界大战时又以 76 岁高龄担任总理（1917 ～ 1920），在战争中稳健的表现为他赢得"胜利之父"的称号。战后协助拟订《凡尔赛和约》，努力调停法国的利益和英、美的利益。1920 年竞选总统失败，退出政界。

克林顿　Clinton, Henry（1730？ ～ 1795）　后称 Sir Henry。美国独立战争时期英军总司令。1751 年加入英军，1775 年被派往北美，任英军总司令 W. 豪的副手。他领导英军在纽约的几场战役中获得胜利，1778 年豪退休，他继之为总司令。1780 年率主力在卡罗来纳发动攻势。查尔斯顿失陷后，他返回纽约，留下副手 C. 康华里负责后续战役，结果导致约克镇被围后英军投降。1781 年辞去总司令职务返英，结果发现国人把约克镇的败因归咎于他。

克林顿　Clinton, Bill（1946 ～　　）　又称 William Jefferson Clinton，原名 William Diane Jefferson Blythe Ⅲ。美国第 42 任总统（1993 ～ 2001）。生于阿肯色州霍普。出生之前父亲因车祸丧生，后来母亲改嫁，被继父 R. 克林顿收养。他曾就读于乔治城大学、牛津大学（作为罗得斯奖学金获得者）和耶鲁大学法学院，后来在阿肯色大学法学院教书。1977 ～ 1979 年任阿肯色州总检察长，数次出任州长（1979 ～ 1981，1983 ～ 1992），担任州长期间，改革该州的教育制度和通过优惠税收政策鼓励工业增长。1992 年通过被控行为不检的考验后，赢得民主党总统候选人的提名，并击败在职总统G. 布什。主政期间，在 1993 年促使国会通过《北美自由贸易协议》。他和妻子希拉里一致强烈鼓吹改革美国医疗体系的计划，但遭国会否决。在波黑危机刚开始时，他派美国军队去维持和平。1994 年民主党人第一次失去对国会的控制（自 1954 年以来）。在反对有人竭力主张减少对社会改革计划拨款的同时，克林顿还提出减少赤字计划来作响应。1996 年总统大选时，击败 R. 多尔而得以连任。1997 年他居间调停北爱尔兰及中东的和平。他再度面临行为不检的指控，这次涉及 M. 莱温斯基；他在大陪审团面前否认这些指控，但最终在电视演说中承认有"不正当的关系"。1998 年成为第二位遭到弹劾的美国总统。被指控做伪证和妨碍司法，1999 年参议院宣告其无罪。在职期间历经了美国持续的经济增长和连续的预算盈余，这是 30 年来的第一次。

克林顿（夫人）　Clinton, Hillary Diane Rodham（1947～　　）　原名Hillary Rodham（希拉里·黛安·罗德姆）。美国律师、第一夫人和政治家。生于伊利诺伊州芝加哥。曾就读于韦尔斯利学院和耶鲁大学法学院（以班上成绩第一名毕业）。早期专业的兴趣着重在家庭法和儿童权利。1975 年与耶鲁大学同学 B. 克林顿结婚。1979 年克林顿当选阿肯色州州长，她成为州第一夫人。曾两度（1988、1991）被《全国法律学报》列为全国影响力最大的 100 名律师之一。1993 年克林顿入主白宫后，她成为美国历史上发挥权力和影响力最大的第一夫人。她领导全国保健任务小组，提出第一个全国性的医疗改革计划，但一开始就受挫。2000 年她当选纽约州参议员，成为第一个当选公职的总统夫人。2006 年她再度当选纽约州参议员。2008 年竞选民主党总统候选人提名，仅以微弱劣势败给 B. 奥巴马。2009 ～ 2013 年任奥巴马政府的国务卿。任职期间因改善了美国的对外关系而广受赞誉。

克林格尔　Klinger, Max（1857 ～ 1920）　德国画家、雕刻家和版画家。其象征性、富于幻想和梦幻情景的作品反映出 19 世纪晚期人们心灵深处的觉醒。他生动的、经常是病态的想像以及对恐怖和怪诞的兴趣可以从他的哥雅风格的蚀刻组画里看出来。他对许多艺术家都有很深的影响，包括 E. 蒙克、K. 珂勒惠支、M. 恩斯特和 G. de 希里科。

克娄巴特拉七世　Cleopatra（Ⅶ）　全称 Cleopatra Ⅶ Thea Philopator（公元前 70 或 69 ～前 30）　埃及女王（马其顿人的后裔），埃及托勒密王朝的末代君主。她是托勒密十二世（公元前 112？ ～前 51）的次女。先后与两位兄弟（丈夫）共执朝政，即托勒密十三世（公元前 51 ～前 47）和托勒密十四世（公元前 47 ～前 44），这两人后来都被她所杀，之后与儿子托勒密十五世（公元前 44 ～前 30）一起执政。她声称儿子的父亲是J. 凯撒，系

克娄巴特拉七世，浅浮雕（约公元前69～前30）；现藏埃及丹达拉哈托尔神庙
By courtesy of the Oriental Institute, the University of Chicago

公元前48年凯撒追击庞培到埃及时，两人相爱所生。她追随凯撒到罗马，公元前44年凯撒被刺杀后，她急忙回到埃及安置儿子即位。后来她引诱凯撒的继承人M.安东尼与她结婚（公元前36），激怒了屋大维，因安东尼原已娶屋大维之妹为妻。她成功策划使安东尼与其朋友犹太国王希律反目成仇，结果失去希律的支持。公元前34年安东尼在亚历山大举办庆典庆祝打败安息时，把罗马土地赐予这位外国妻子和其家族。屋大维后来向他们宣战，公元前31年屋大维在亚克兴角战役中打败他们的联军。安东尼最后自杀，克娄巴特拉在试图迷惑屋大维不成之后，可能以毒蛇自杀。

克卢埃 Clouet, Jean, the Younger（约1485～1540） 法国画家。曾任弗兰西斯一世的御用画师。作品以法国宫廷人物的粉彩肖像画为主。其声名与米开朗基罗相当，作品常被拿来和小霍尔拜因的画一起比较。其儿F.克卢埃（约1515～1572）在1540年接替其位，成为国王的御用画师。儿子主持一所大工作坊，网罗宫廷小型画像画家、彩釉图案画家和装饰画家来大批绘制肖像画、风俗画和舞台背景。他的肖像画不如其父亲有名，现仅存约50幅。

克虏伯家族 Krupp family 德国钢铁制造业王朝。1811年弗里德里希·克虏伯（1787～1826）在埃森建立了一家钢铁厂。死后，其14岁的儿子阿尔弗雷德·克虏伯（1812～1887）全权接管了当时正摇摇欲坠的企业。他供应铁路和制造大炮所需的钢铁，从而发了财；在1870～1871年的普法战争中，克虏伯大炮的性能使该企业获得了"德国兵工厂"之称。在阿尔弗雷德去世时，该企业已为46个国家提供了武器装备。德国海军的崛起以及对装甲板材的需求使得在他儿子弗里德里希·阿尔弗雷德（1854～1902）领导下的企业进一步壮大起来。到弗里德里希·阿尔弗雷德的长女贝塔（1886～1957）继承了控制权后，该企业的员工已经超过4万人。她的丈夫古斯塔夫·冯·波伦（1870～1950）把克虏伯加在他名字的前面；他是个坚定的纳粹分子，经营克虏伯帝国至1943年为止，然后传给了他的儿子阿尔弗里德·克虏伯（1907～1967）。在第二次世界大战中，克虏伯企业使用奴隶劳动力，是纳粹战争机器的一个主要部分。后来在纽伦堡起诉了阿尔弗里德的战犯罪行。1953年盟军下令拆散这家公司，但由于没有买家而搁置下来，最后还是由阿尔弗里德重振了克虏伯。

克鲁格 Kruger, Paul（1825～1904） 原名Stephanus Johannes Paulus。南非士兵和政治家，以建立阿非利堪人国家而著名。10岁时参加大迁徙，对布尔人反对敌对部落保卫自己，并建立一个有秩序政府的能力留下深刻的印象。1877年英国吞并德兰士瓦，在争取重新独立的斗争中，克鲁格被他的人民公认为斗士。他领导了一连串武装攻击，取得了有限的独立，当选为恢复后的共和国总统（1883～1902）。1895年阻挡了C.罗得斯和L.S.詹姆森试图终止布尔人对共和国的控制的活动。在南非战争期间，被迫逃往荷兰，后死于瑞士。

克鲁克香克 Cruikshank, George（1792～1878） 英国画家、漫画家、插图画家。其为《鞭挞月刊》（1811～1816）所画的一系列政治讽刺连环画，使他成为当时政治漫画的领导人物。嗣后直至约1825年，他一直辛辣讽刺托利党和辉格党的政策。从19世纪20年代和30年代起从事书籍插图，以为狄更斯的《特写集》（1836）和《孤雏泪》（1838）所作的插图最为有名。晚年宣传戒酒运动，并为此作系列画《酒瓶》（1847）和《酒鬼的孩子》（1848）。

《邦博先生和康妮太太》（1838），克鲁克香克为狄更斯之《孤雏泪》所绘之插画
Mary Evans Picture Library

克鲁帕 Krupa, Gene（1909～1973） 美国乐团团长，爵士乐中第一位大鼓独奏者。曾在故乡芝加哥与E.康登一起工作，1929年移居纽约，1935年加入B.古德曼的大乐团。他很快成为当时最著名的鼓手，以一些吸引观众的窍门，以及持续的击鼓独奏技术而出名，例如在《唱吧，唱吧，唱吧》中所表现的那样。1938年组织自己的成功的乐团，包括了小号手R.埃尔德里奇和歌手A.欧黛。其充满活力的演奏成为摇摆乐时期许多鼓手的模仿对象。

克鲁泡特金 Kropotkin, Peter (Alekseyevich)（1842～1921） 俄国革命者和地理学家，无政府主义的前卫理论家。亲王之子，1871年放弃了贵族继承权。尽管在诸如地理学、动物学、社会学和历史学方面都取得了声望，但他还是回避了物质上的成功而追求革命者的生活。他因政治罪而入狱（1874～1876），但越狱逃往西欧。在法国，因捏造的煽动罪而再次入狱（1883～1886）。1886年定居英国，直到俄国1917年革命后才返回祖国。在流亡期间，他写了几本有影响的书，包括《一个革命者回忆录》（1899）和《互助论》（1902）。在这些书中，他试图把无政府主义置于科学的基础上，提出物种进化的主要因素是合作而不是冲突。克鲁泡特金回到俄国后，对布尔什维克用独裁主义而不是自由主义的方法来革命感到非常失望，从此退出政治界。

克鲁泡特金
Brown Brothers

克鲁人 Kru 利比里亚和科特迪瓦的种族，包括巴萨人、格雷博人、克劳（克鲁）人、巴克维人和贝特人，他们都讲尼日尔-刚果诸语言中的克鲁语。克鲁人族，尤其是克劳人、格雷博人和巴萨人都是整个非洲西海岸著名的码头工人和渔民，在从达喀尔到杜阿拉之间的大多数口岸都有他们的侨居地，最大的在蒙罗维亚。

克鲁斯 Cruz, Celia（1929～2003） 古巴裔美国歌手。曾在她的故乡哈瓦那学习，想当一名教师，但在赢得一次才艺表演后，克鲁斯决定投入歌唱事业。20世纪50年代早期，她在受欢迎的"索诺拉·马坦塞拉"管弦乐队的合作下成为主唱，常常是著名的亚热带夜总会的红牌明星。1959年古巴革命后，该管弦乐队去了墨西哥，后来来到美国。1962年克鲁斯与乐队的第一小号手P.奈特结婚，在她离开这个乐队后，她的丈夫就成了她的经纪人。20世纪60年代，她在美国出了20多张专辑，其中7张是与T.普安第合录的。她还是60年代后期撒尔撒舞曲的明星。该舞曲由众多西班牙音乐家所进行的具有加勒比风格的音乐实验发展而来。1988年英国国家广播公司（BBC）的一个纪录片以她为主题，她还出演一些电影，如《曼波狂潮》（1992）。

克鲁斯 Cruz, Sor Juana Inés de la（1651～1695） 墨西哥诗人、剧作家、学者、修女和早期的女权主义者。为一普通家庭的私生女，被送往墨西哥城的亲戚家寄养，后来她的才智为总督所知。不久成为修女，自此过着修道生活。克鲁斯个人拥有美洲最大的私人图书馆之一。她最重要的作品是《初梦》（1692，译本收录于《索尔、胡安娜文选》），描述灵魂对知识的渴求；以及捍卫妇女知情权的《答复菲洛特亚修女》(1691)。

克吕尼 Cluny 909年，阿基坦公爵虔诚的威廉在此建造起著名的本笃会隐修院，当时正是隐修院纪律松弛时期。该隐修院严格遵循本笃会会士规章。它只服从教皇的权威，组织上高度集权，所有的小隐修院都从属于大隐修院。11～12世纪时期掌控大权。其罗马式圣彼得和圣保罗长方形教堂，在罗马的圣彼得大教堂建造之前，一直是世界上最大的教堂。不过在19世纪宗教战争中大部分遭到破坏。1790年法国大革命中隐修院受到镇压并被关闭。

克伦佩雷尔 Klemperer, Otto(1885～1973) 德国指挥家。曾随H.费慈纳(1869～1949)作曲，1905年结识G.马勒。在马勒引荐下担任一些职务，其中包括汉堡歌剧院的首席指挥(1910)。1927～1931年在短暂担任柏林的克罗尔歌剧院音乐总监时，指挥了柏林许多当代作曲家初次公演的重要作品。1933年逃到美国，在洛杉矶担任指挥(1933～1939)，并随A.勋伯格学习。1939年因罹患脑瘤而轻微中风。20世纪50年代起，他虽然只能坐在指挥台指挥，但仍和伦敦爱乐管弦乐团录制了令人赞赏的经典唱片。

克伦斯基 Kerensky, Aleksandr (Fyodorovich)(1881～1970) 俄国政治领袖。是一位杰出的律师，参加社会革命党，被选入第四届杜马(1912)，成为著名的演说家。俄国1917年革命爆发后，兼任彼得格勒苏维埃和省政府的职务，成为最孚众望的人物。同年5月成为军事部部长，7月任总理。克伦斯基是一个温和的社会革命党人，竭力想把各派团结起来，但因为将军队总司令L.科尔尼洛夫撤职，而失去温和派和军官们的支持；他又拒绝实施左翼提出的激进纲领，因此也得不到左翼的信任。当布尔什维克在十月革命中夺取政权时，他已不能集结力量来保卫他的政府，只得隐藏起来。1918年移民欧洲，1940年移居美国在一些大学里讲课，并写一些有关革命的书籍。

克伦威尔 Cromwell, Oliver(1599～1658) 英国军人和政治家，英伦三岛共和国的护国公(1653～1658)。1628年当选议会议员，但查理一世在1629年解散议会，11年未再召集议会。1640年克伦威尔被选入短期议会和长期议会。当查理与议会之间的争议爆发为英国内战，克伦威尔成为议会派的主要将领之一，赢得许多重要的战役胜利，包括马斯顿荒原之战和内兹比战役。他是让国王接受审判的人之一，还签下他的处死令。在英伦三岛组成共和国后，他担任第一届国家会议的主席。往后几年，他在爱尔兰、苏格兰与保皇派战斗，镇压了由平均派发起的动乱。当查理二世进入英格兰时，克伦威尔在伍斯特将其军队摧毁(1651)，结束了内战。身为护国公(1653～1658)，克伦威尔再度提升国家的地位，使之成为欧洲主要强国，并终止了英荷战争。他虽然是虔诚的卡尔文教派信徒，却致力于宗教宽容。他拒绝1657年议会给他的国王头衔，死后他的儿子R.克伦威尔继承了他的职位。

克伦威尔 Cromwell, Richard(1626～1712) 英国护国公(1658-09～1659-05)，O.克伦威尔存活下来的长子。其父培养他担任高级官职。曾在议会军中服役，当选议会议员和

R.克伦威尔，一位佚名画家作的细密画；现藏伦敦国立肖像画陈列馆
By courtesy of the National Portrait Gallery, London

上院议员。其父去世后，他遵照遗命宣布继任护国公，但很快就面临议会与军方的严重冲突，1659年被迫退位。为了逃避在位期间的大批债务，于1660年逃往巴黎，1680年回国隐居。

克伦威尔 Cromwell, Thomas(1485?～1540) 英格兰政治家，国王亨利八世的主要谋臣(1532～1540)。原为枢机主教T.C.沃尔西的亲信，1529年成为议员，因才能非凡为国王所注意。1530年成为亨利八世的近臣，主要负责英格兰的宗教改革运动，解散修道院，加强王室的行政权力。虽然他自称只是代国王行使权力，实际上他已完全控制了政府。1536年受封为爵士。1539年他错误地诱导国王娶安妮(克利夫斯的)为第四个王后，从此克伦威尔的地位迅速衰落。他的政敌终于使国王相信他是持异端邪说者和叛国者，未加审讯即判罪处决。

克罗伯 Kroeber, A(lfred) L(ouis)(1876～1960) 美国人类学家，对美洲印第安人人种学、新大陆的考古学以及语言学、民俗学、亲属关系和文化的研究都作出了宝贵的贡献。他在F.博厄斯的训练指导下，于1901年取得博士学位，后在加州大学伯克利分校任教。克罗伯一生的工作时期正好是美国出现科学的、专业的人类学的时期，他对这门学科的发展作出了重大的贡献。他最有影响力的著作是《人类学》(1923)和《文化的性质》(1952)。

克罗地亚 Croatia 全称Republic of Croatia(克罗地亚共和国)，东南欧巴尔干半岛西北部国家。面积：56 954平方千米。人口：约4 251 000(2013)。首都：萨格勒布。主要是南斯拉夫民族，以克罗地亚人为主，还有人数众多的塞尔维亚少数民族。语言：克罗地亚语(官方语言)。宗教：基督教[罗马天主教为主(克罗地亚人)，亦有东正教(塞尔维亚人)和伊斯兰教]。货币：古纳。克罗地亚包括传统上的达尔马提亚、伊斯特拉半岛和北部的克罗地亚-斯拉沃尼亚地区。伊斯特拉半岛和达尔马提亚为亚得里亚海沿岸地区。中部山岳带包括第拿里阿尔卑斯山脉的一部分。东北部为富饶的农业区，种植甜菜、玉米和小麦，猪、牛养殖业也很重要。山岳带以种植水果闻名，伊斯特拉半岛和达尔马提亚的农地生产葡萄和橄榄。主要的工业有食品加工、酿酒及石油生产和提炼。为多党制共和国，一院制。国家元首为总统，政府首脑是总理。公元6～7世纪一支南部斯拉夫人来到巴尔干半岛西部，9世纪开始发展独立的政权。至1102年被匈牙利王朝统治之前，一直保持其独立王国的地位。在与匈牙利王国合并时期，其独立的国家机构依然保存。由于克罗地亚的领地不断被侵蚀，其所指代的地域也因此发生向北或向西的移动。1420年达尔马提亚划归威尼斯。16世纪大部分领土被奥斯曼土耳其人占据，其余受奥地利哈布斯堡皇室的统治。1699～1815年，哈布斯堡皇室控制了克罗地亚其他地区，但它们行政上仍相分离。1867年成为奥匈帝国的一部分，达尔马提亚和伊斯特拉半岛受维也纳统治，而克罗地亚-斯拉沃尼亚为匈牙利皇家领地。1918年奥匈帝国在第一次世界大战中战败，克罗地亚与其他南部斯拉夫领地一起组成塞尔维亚-克罗地亚-斯洛文尼亚王国，1929年改名为南斯拉夫。第二次世界大战中，德国和意大利建立了一个克罗地亚独立国，包括克罗地亚-斯拉沃尼亚、达尔马提亚部分地区和波斯尼亚-黑塞哥维那。战后，克罗地亚重新加入南斯拉夫，成为一个共和国。1991年宣布独立，导致克罗地亚的塞尔维亚人反抗，并被南斯拉夫军队占领，至1995年克罗地亚已收复大部分被塞尔维亚人占领的地区，在2002年实现完全控制。2009年该国加入北约。克罗地亚于1992年首次参加在巴塞罗那举办的夏季奥运会。克罗地亚运动员从1948年开始代表南斯拉夫参加夏季奥运会。

克罗克 Kroc, Ray(mond Albert)(1902～1984) 美国餐馆业者，快餐行业的先驱。他在当搅拌器的销售员时，发现加利福尼亚州

R.克罗克
SYGMA

的圣贝纳迪诺的一家麦当劳兄弟开的餐馆，采用装配线的方式来制备和销售大量的汉堡、炸薯条和奶昔(即泡沫牛奶)。1955年在伊利诺伊州的德斯普兰斯开办了他第一家顾客免下车的麦当劳餐馆，向麦当劳兄弟支付总收入的一定百分比。不久开始出售新餐馆的特许权，设立了一个针对店主和经理们的培训计划，强调自动化和标准化。在他去世的时候，全世界约有7 500家麦当劳餐馆；如今麦当劳已有25 000家餐馆，成为世界最大的餐饮服务零售商。

克罗克特　Crockett, Davy(1786～1836)　原名David Crockett。美国政治家、边疆开发者。生于田纳西州东部。1813～1815年参加克里克战争，因此在当地很有名气。1821～1825年选入田纳西州议会。1827～1831年当选美国众议员。辉格党人为对抗杰克逊，曾对他拉拢并大事宣传，希望使他成为传奇性的“熊皮”政治家。在他第三次任国会议员(1833～1835)期间，辉格党人安排他到东部做巡回演说，经过报章和书籍的渲染，一个行为古怪而又机灵的“猎熊”和抗击印第安人的边民传奇迅速流传开来。1835年后迁至得克萨斯，参与对抗墨西哥的战争，在阿拉莫被杀害。

克罗马农人　Cro-Magnon　旧石器时代晚期(约公元前35 000～前10 000)的智人群体。最初于1868年在法国南部埃齐耶克罗马农的一处岩棚里发现几具史前人类的骨架，由此命名。体型较现代人粗壮有力，颅容量稍大于现代人。一般认为克罗马农人与奥瑞纳文化期石器工艺和艺术传统有关。通常以洞穴或岩棚为居所，仅因狩猎需要或环境改变才迁移。至今仍无法确知克罗马农人究竟生存了多少时间，其最后遭遇也仍然成谜，或许已与稍后出现的欧洲人融合。

克罗默伯爵　Cromer, Earl of(1841～1917)　原名Evelyn Baring。英国驻埃及的行政官员。早先任职军官(1858～1872)，1872年他的表哥诺思布鲁克任印度总督，他作为私人秘书跟随前往。1877年去埃及协助解决埃及的金融问题。1883年再次来到埃及，就任英国代表和特命全权总领事。他在埃及进行广泛的改革，建立一种称为“幕后摄政”的政体，他则通过这种手段对埃及的赫迪夫进行统治，到1887年埃及居然摆脱了财政困难。直到1907年辞职为止，他一直是埃及的实际统治者。对埃及发展成为一个现代国家有重大影响。

克罗齐　Croce, Benedetto(1866～1952)　意大利爱国者、美学家、文化历史学家和评论家。1903年创办并编辑《批评》杂志，是份有影响力的文化批评杂志。他的哲学，他称之为“精神哲学”，中心点是“循环”，是描述精神时刻间流动的一种复杂的动力原则。克罗齐还是坚定的反法西斯主义者，在第二次世界大战后帮助恢复自由体制，1943～1952年领导意大利自由党。1947年成立意大利历史研究所。

B. 克罗齐
H. Roger-Viollet

克罗斯比　Crosby, Bing(1903～1977)　原名Harry Lillis。美国歌星和演员，生于华盛顿州塔科马。其低声吟唱的风格和悠闲自在的舞台风度，影响了两代流行歌手，并使他

B. 克罗斯比
Brown Brothers

成为当时最受欢迎的演艺人员。在华盛顿州斯波坎修习法律时即已开始唱歌和打鼓，1927年随P. 怀特曼乐队演出一段时间；随后在早期有声电影《爵士乐之王》(1931)中亮相，不久即成为享有国际声誉的明星，并拥有自己的电台节目。到30年代末，他所录制的唱片已销售数百万张，其中《银色耶诞》和《平安夜》属20世纪最流行的歌曲之列。40年代成为一套走红的广播歌舞杂耍节目的明星，与B. 霍普和D. 拉穆在电影《路》系列中合作演出喜剧，其中有《通往新加坡之路》(1940)，《圣玛丽的钟声》(1945)，《银色耶诞》(1954)和《乡村姑娘》(1954)。1944年因电影《与我同行》获奥斯卡金像奖。他的唱片销售总数已超过3亿张，在所有独唱歌星中只有E. 普雷斯利的唱片销售量超过他。

克罗伊茨菲尔德-雅各布二氏病　Creutzfeldt-Jakob disease(CJD)　一种罕见的致命性中枢神经系统疾病。是一种可传播的疾病，它破坏脑组织，使其成海绵状，造成渐进的神经功能和运动控制力的丧失。一般见于40～70岁的成人。尚无有效疗法，通常在症状出现后一年内死亡。这种疾病由一种不寻常的病原因子——普利子引起，它们在神经细胞里堆聚，引发神经变性。虽然此病可借普利子蛋白质的传染而获得，但99%的情况是遗传或偶发的。医疗过程中接触到普利子有可能导致人与人之间的传染。此外，人们食用感染疯牛病的牛肉也有可能致病。

克罗伊斯　Croesus(？～公元前546?)　吕底亚最后一代国王，以财富甚多闻名。约公元前560年继承其父王位，完成征服爱奥尼亚大陆的大业。却面临波斯的居鲁士大帝日益加剧的威胁。他与巴比伦、埃及、斯巴达结成联盟，以对抗波斯。在入侵卡帕多细亚却徒劳无功后，他回到首都萨迪斯企图重整兵力。但是居鲁士大帝紧紧追击，公元前546年奇袭萨迪斯，占领吕底亚。克罗伊斯的下场不详，据希罗多德记载，他被判处火刑，但被阿波罗解救。

克洛岱尔　Claudel, Paul (-Louis-Charles-Marie)(1868～1955)　法国诗人、剧作家和外交家。18岁时改信天主教，1892年开始其漫长而光辉的外交生涯，最后曾担任驻日大使(1921～1927)和驻美大使(1927～1933)。同时，他钟情于文学，在诗作和戏剧方面表现出绝佳的创意。一些剧作打动了许多观众的心，如《正午的分界》(1906)、《人质》(1911)和《给玛丽报信》(1912)，以及杰作《缎子鞋》(1929)，该剧探究善与恶之争斗，以及拯救之途径。克洛岱尔还为D. 米约的歌剧《克里斯托弗·哥伦布》(1930)和A. 奥涅格的神剧《圣女贞德》(1938)创作剧本。其最有名和最感人的诗作是《五大颂歌》(1910)。

克洛狄乌斯·普尔喀　Clodius Pulcher, Publius(公元前93?～前52)　罗马政治家。他曾参加抗击米特拉达梯六世的战争，公元前68～前67年在部队中挑动士兵哗变。公元前62年他被控伪装成女竖琴师潜入凯撒大帝宅邸的一次妇女集会。尽管西塞罗提供了损害他的证据，但他仍被无罪释放。不过凯撒却和妻子离婚了，因为她被指称允许克劳狄乌斯参加那次集会。公元前58年当选为护民官。他通过法律惩罚西塞罗，因西塞罗曾于前63年不经审判处死了喀提林阴谋集团的几个人。结果，西塞罗被迫逃离罗马，以免遭到起诉。后来，克洛狄乌斯的党羽忙于在罗马城内械斗，有数年之久把这座城市闹得乌烟瘴气。克洛狄乌斯终于在一次阿庇亚大道上进行的激烈战斗中，为对手所杀。

克洛诺斯　Cronus　又作Cronos或Kronos。希腊宗教中的男性农业神，后来被等同于罗马的农神萨图恩。在希腊神话中，他是乌拉诺斯和该亚的儿子，为十二提坦中最年轻的一个。他在母亲的怂恿下阉割了父亲，从而使天地分离。他成为提坦之王，娶自己的妹妹瑞亚为妻，生下赫斯提亚、得墨忒耳、赫拉、哈得斯和波塞冬。但克洛诺斯把他们全都吞食了，因为他的父母曾警告过他，说他将被他的一个儿子所推翻。宙斯出生时，瑞亚将他藏了起来，骗克洛诺斯吞食了一块石头。宙斯长大以后，逼着他把兄姊们吐出来，并战胜他。

克洛斯　Close, Chuck(1940～　)　美国艺术家。在早期的抽象表现主义实验后，

他在第一次个人画展中展出了一系列大量的黑白肖像画，是他精心地将一些小照片翻画成的巨大的、像照片一样真实的绘画。在职业生涯中，他专注于根据其所拍摄的照片来绘制肖像（从颈部以上）。除了自画像以外，他的肖像画通常都是他的朋友的，其中许多都是艺术界的著名人士。他用各种媒体和技术来做实验，包括使用手指印和彩色瓷砖联合而成一个产生幻觉的整体。1988 年脊髓中的一块血栓使他几乎完全瘫痪而陷入轮椅。然而，他在手腕和前臂绑扎上一个握画笔的器械，使他能继续工作。

克洛维一世　Clovis I（466？～511）　德语作 Chlodweg。法兰克王国墨洛温王朝的创建者。图尔奈的法兰克国王希尔德里克一世之子。486 年在苏瓦松击败罗马在高卢的末代统治者时，还是位异教徒。到 494 年时，他的势力已经向南扩展到巴黎。他妻子是信奉天主教的勃艮第公主克洛提尔达。496 年在进攻中莱茵地区的阿勒曼尼人时受挫。这时，他想到祈求妻子的上帝的保佑，结果竟转败为胜。两年后在兰斯受洗，他把战胜西哥特人归功于法国的主保圣人圣马丁的庇佑。克洛维一世后来颁布了《萨利克法》。传统上认为他是法国君主政权的创立者，也是最早拥护基督教的法国君主。

克奈赛　Knesset　希伯来语意为“议会”。以色列的一院制国家立法机关。首届克奈赛于 1949 年召开。它的名字和它的席位数（120）是根据经文中的聚会次数确定的；它的传统和组织来自犹太复国主义者代表大会（在以色列立国前巴勒斯坦的犹太社团的政治体系），比英国下议院更为松散。它的成员是四年一期按比例选举出来的代表；候选人由其政党选出。

克努特大帝　Canute the Great（？～1035）　丹麦语作 Knut。来自丹麦的英格兰国王（1016～1035 年在位）、丹麦国王（1019～1035 年在位）和挪威国王（1028～1035 年在位）。丹麦国王斯韦恩一世之子。1013 年随父入侵英格兰。斯韦恩成为英格兰国王，但于 1014 年去世。克努特后来重返英格兰夺取王位。开始时，他进行残酷统治，放逐和杀死反对他的英格兰王族，任命丹麦人接替他们，但几年后他又给英格兰人封官加爵。克努特是一位讲求效率的统治者，他为英格兰带来国内的安定和昌盛，成为教会强有力的支持者。其兄去世后，他在英格兰人的帮助下取得丹麦王位。

克诺珀斯坛　canopic jar　古埃及葬礼仪式用具，用木、石、陶或彩陶制成，有盖。在尸体防腐时，将脏腑经香料处理殓于其内埋葬。克诺珀斯坛的使用始于古王国时期（公元前 2575～前 2130），在中王国时期（公元前 1938～前 1630）制作技术日趋完善，当时坛盖上饰有人头像（可能代表死者本人）。从第 19 王朝到新王国（公元前 1539～前 1075）末期，坛盖的人头像代表何露斯的 4 个儿子。第 20 王朝（公元前 1190～前 1075）期间，开始改为将脏腑处理完毕放回体内埋葬，制坛技术随之衰落。

克诺索斯　Knossos　古代克里特的皇家城市。它是弥诺斯王朝的首都，也是弥诺斯人的中心。公元前 7 千纪来自小亚细亚的移民在此定居，发展出一种高度发展的青铜器时代文化。约公元前 1720 年，一场地震夷平了这个城市后，在米诺斯时期的中期建立了两座宏大的宫殿。公元前 1580 年前后米诺斯文化开始向希腊大陆扩张，大大影响了那里的迈锡尼文明。约在公元前 1400 年一个宫殿毁于一场大火后，克诺索斯就衰败成一个普通城镇，爱琴世界的政治焦点便转移到了迈锡尼。克诺索斯是传说中的代达罗斯迷宫的所在地。

克钦人　Kachin　居住在缅甸东北部、毗邻印度（阿鲁纳恰尔邦和那加兰）及中国（云南）的部族。人数逾 70 万，使用藏-缅语族的各种语言。传统的克钦社会实行轮垦耕作，以山稻为主，也以抢劫和世仇宿怨互相残杀所得财物作为补充。传统信仰是拜祖，并须以牲畜献祭。约 10% 的克钦人是基督徒。

克丘亚人　Quechua　南美洲印第安人，住在由厄瓜多尔到玻利维亚的安第斯山区。15 世纪初期被昌卡人征服，昌卡人后被印加人打败。克丘亚人在印加人统治下其传统生活方式未变。但在 16 世纪西班牙人征服后，有了剧烈改变。传统的克丘亚人现在在安第斯高原的穷乡僻壤过着隔离的农民生活。他们的宗教信仰是罗马天主教与民间信仰的混合体。参阅克丘亚诸语言。

克丘亚诸语言　Quechuan languages　与南美洲印第安语关系密切的语族约有 1 200 万人操此语，分布于哥伦比亚南部、厄瓜多尔、玻利维亚和阿根廷北部。其中南秘鲁克丘亚语是印加帝国内的共同语言和官方语言，随着印加人的向外殖民而得到推广。克丘亚语原先和艾马拉语单独为一个语族。艾马拉语是另一种重要的安第斯语言，主要通行于玻利维亚，在类型上和语音上都和南秘鲁克丘亚语相似。不过这种推测已被提出质疑。

克什米尔　Kashmir　印度次大陆西北部一个地区。东北和东部与中国接壤，南与印度相连，西与巴基斯坦为邻，西北与阿富汗交界。该区多山，其中包括喀喇昆仑山脉的 K2 峰和其他山峰。自 1947 年印度分治以来，该地区成为印度和巴基斯坦之间的争议地区。巴基斯坦占据北部和西部地区，印度控制大部分区域，将南部和东南部地区组成查谟和克什米尔邦。

克特西比乌斯　Ktesibios of Alexandria　又拼 Ctesibius of Alexandria。希腊物理学家和发明家，埃及亚历山大里亚古代工程传统的第一位巨匠，由他奠基的工程传统在希罗（亚历山大城的）和斐洛的工作中达于巅峰。据传他发现了空气的弹性，研制出几种使用压缩空气的器械，包括压水唧筒和以空气为动力的弩炮。最著名的一项发明是一种改良的滴漏计时器——水钟，以恒速滴落的水滴使一个带指针的浮子上升，借以指示时间的推移。另一项著名的发明是一种水风琴，靠水的重量代替下落的铅砝码，以推动空气通过风琴管。克特西比乌斯的著述已经失传，他的发明是由于维特鲁威和希罗的援引始为世人所知。

克谢尔　Köchel, Ludwig (Alois Ferdinand) von（1800～1877）　奥地利学者和音乐研究家。获得法学学位后，他担任富家儿童的家庭教师并到各地旅行，研究许多不同主题的书籍，包括植物学、矿物学和音乐。他以在 1862 年发表的 W. A. 莫扎特作品的主题目录（至今仍在用它们的“K 序号”来识别）而著名，这是音乐学术界的一个里程碑。他还编辑了 L. van 贝多芬的书信集。

克伊普　Cuyp, Aelbert Jacobsz(oon)（1620～1691）　荷兰巴罗克时期非常著名的风景画家，以农村宁静的风景画著称。为画家 J. G. 克伊普（1594～1651 后）之子，受 J. van 霍延的影响。一生大半时间住在故乡多德雷赫特，画鸟兽、肖像画和历史画。尤其著名的是河流景色和风景，常点缀有牛和人，明朗的景色，沐浴在微微的光辉之中，创造出一种富有诗意的气氛。他作品中所表现出的意大利式风格，在荷兰的艺术中心乌得勒支很受欢迎。他现存的许多作品，只有签名而没有注明日期。

刻耳柏洛斯　Cerberus　希腊神话中冥界长得像怪物似的看守犬。通常传说有三个头，但赫西奥德说有 50 个头。蛇头从它的背部长出，并有蛇形尾。它会吞食任何试图逃出哈得斯王国的人，同时拒绝活人进入，不过俄尔甫斯曾用音乐迷惑它而得以通过。赫拉克勒斯的任务之一就是把刻耳柏洛斯带到活人的世界，成功之后，他又把这个怪物归还给了哈得斯。

刻瑞斯　Ceres　古罗马宗教信奉的女神，司掌粮食作物的生长。她有时单独受崇拜，有时与土地女神忒耳斯一同受崇拜。据传为了阻止一场饥荒的发生，公元前496年将对

刻瑞斯雕像，现藏梵蒂冈博物馆
Alinari-Art Resource

刻瑞斯的崇拜传入罗马。阿万丁山上的刻瑞斯庙是当时平民的宗教和政治活动中心，建造工艺十分精湛。

《客籍法和镇压叛乱法》 Alien and Sedition Acts 1798年在XYZ事件后，美国联邦党为了有可能爆发的对法战争而在国会通过的4项内部安全法，对外侨及新闻报道施加限制。3项客籍法（针对法国和爱尔兰的移民，因爱尔兰移民大都亲法）将申请入籍的等候期延长，并授予主管行政长官驱逐他认为危险的外侨的权利。T.杰斐逊和其他共和党人强烈反对客籍法和镇压叛乱法。这些法导致第一次州权运动，并帮助杰弗逊成为总统。1802年客籍法和镇压叛乱法相继失效或被废除。

客西马尼园 Gethsemane 耶路撒冷城外的橄榄山的花园。相传耶稣曾在最后的晚餐之后在此祈祷，并在此遭罗马士兵逮捕。Gethsemane一词源自希伯来语"榨油器"一词，说明这花园是一处橄榄林园。该园确切地址不可考，但亚美尼亚正教会、希腊教会、天主教会和俄罗斯正教会都认为橄榄山西坡的橄榄林为该园遗址。

氪 krypton 一种化学元素，化学符号Kr，原子序数36。为稀有气体，无色、无臭、无味且相当稳定，只有在十分严格的条件下才与氟化合。在大气和岩石中只有极微量的氪，可以通过液态空气的分馏来得到它。氪用于荧光管、闪光灯、激光以及示踪研究。

肯顿 Kenton, Stan (Ley Newcombe) (1912～1979) 美国钢琴家、作曲家、改编者和最流行也是最有争议的大爵士乐队之一的领队。1941年组成了他的第一个乐队。乐队表现出受J.伦斯福德确的铜管乐的影响，得到了"夸张的管弦乐处理"的名声。他们经常演奏P.卢戈洛的改编乐曲。他的演奏人员中有萨克管手A.佩珀、小号手M.弗格森、鼓手S.曼纳以及歌手A.奥戴和J.克里斯蒂。他组织训练那些有音乐才能的学生，这种努力代表了正规爵士乐教育的一些最早期的例子。

肯明斯 Cummings, E(dward) E(stlin) (1894～1962) 美国诗人和画家，生于马萨诸塞州剑桥。在文学实验的年代里首先以怪异的标点和措辞而受到注意。哈佛大学毕业。第一次世界大战期间在美国驻法救护队工作，由于朋友写的家书被认为有对战争不满的言论，他受牵累一度被禁闭于拘留营中。根据这次经历写成第一部散文集《巨大的房间》(1922)。第一部诗集是1923年的《郁金香和烟囱》，随后又出版了11本。1952～1953年出版哈佛大学C.E.诺顿诗歌讲座的讨论集，题为《六次非演讲》。他的诗歌扎根新英格兰那种持异议和依靠自己的传统，他的诗因没有大写，古怪的标点符号和措辞，及经常出现的幼稚玩笑，而引人注目，获得广泛的读者群。他也展出自己的绘画和素描，但无法像写作一样获得那么多好评。

肯纳德 Cunard, Samuel (1787～1865) 后称Sir Samuel。加拿大裔英国商人和船主。生于新斯科舍省哈利法克斯。靠经商致富，1830年起计划承办英国与北美间邮运业务，1838年前往英国，翌年与友人合伙建立英国-北美皇家邮船公司，通称肯纳德轮船公司。1840年首度开辟4条横渡大西洋的定期航运线。

肯尼迪 Kennedy, John F(itzgerald) (1917～1963) 美国第35任总统（1961～1963）。J.P.肯尼迪的儿子。毕业于哈佛大学，第二次世界大战时加入美国海军，并获得

J.F.肯尼迪，摄于1961年
Ap/Wide World

英雄勋章。先后选入美国众议院（1947～1953）和参议院（1953～1960）。他支持社会政策的立法，并将更多的民法法案交付委员会。他支持H.杜鲁门的政策，但谴责美国国务院企图强迫蒋介石和毛泽东合作。1960年获民主党提名竞选总统；在经过其父的财务支援、其弟R.F.肯尼迪策划的一连串竞选活动后，他以些许的差距击败R.尼克松。他是美国有史以来最年轻的总统，也是第一个天主教徒总统。他在就职演说中呼吁美国人："不要问你的国家能为你做些什么，而要问你能为你的国家做些什么。"他提出税法改革和民权立法，但仅得到极少数的国会议员的支持。他设立和平队和进步联盟。其外交政策始于猪湾入侵（1961）的失败，而使苏联壮胆将导弹运进古巴，引发古巴导弹危机。1963年成功地签订《禁止核试验条约》。同年11月，他乘坐敞篷车，车队缓缓通过达拉斯时，遭L.H.奥斯瓦德暗杀身亡。这次事件被认为是20世纪最著名的政治暗杀事件。肯尼迪的年轻、有活力和迷人的家庭给他带来了全世界的恭维并爆发出一代人的理想主义，他的肯尼迪白宫成为著名的"卡米洛宫"（喻肯尼迪王朝）。关于他强势的家族及其私人生活的细节，特别是关于他的婚外情，都使他的形象受到影响。

肯尼迪 Kennedy, Joseph P(atrick) (1888～1969) 美国商人和金融家。毕业于哈佛大学，25岁当上银行总裁，30岁就成为百万富翁。他做股票的投机生意获得大量财富，是民主党的重要捐助者。曾任证券交易委员会主席（1934～1935），把曾经使自己致富的投机手段宣布为非法。他是第一个出任驻英国大使的爱尔兰裔的美国人（1937～1940）。他与妻子罗斯一起，鼓励他的孩子们——包括J.F.肯尼迪、R.F.肯尼迪和E.肯尼迪——努力竞争，成为公众的领袖。

肯尼迪 Kennedy, Robert F(rancis) (1925～1968) 美国政治家。J.P.肯尼迪的儿子。他参加了第二次世界大战，还获得了法律学位（1951），并在1952年为其兄J.F.肯尼迪成功当选美国参议员筹谋策划。1957～1960年间他是参议院特设委员会的首席法律顾问，负责调查劳工的勒索敲诈行为。1960年为其兄统筹竞选总统的活动，1961年被任命为美国司法部长（1961～1964）。他领导了一场运动来对付有组织的犯罪，并将J.霍法定罪。在他哥哥被刺杀后，辞去了内阁的职务，后当选纽约州的参议员（1965）。他成为民主党自由派的发言人和对L.B.约翰逊的越战政策的批评者。1968年在洛杉矶竞选民主党的总统提名时遭暗杀，凶手是来自巴勒斯坦的移民S.B西尔汉。

肯尼亚 Kenya 全称Republic of Kenya（肯尼亚共和国）。非洲东部国家。面积：582 646平方千米。人口：约44 038 000（2013）。首都：内罗毕。肯尼亚的人民中，除一小部分是欧洲移民的后代外，有几十个民族，包括基库尤人、卢赫亚人、卢奥人、坎巴人、卡兰津人和马赛人。语言：斯瓦西里语和英语（均为官方语言），以及基库尤语、卢赫亚语、卢奥语及其他。宗教：基督教（罗马天主教、新教及其他教派），亦有传统宗教和伊斯兰教。货币：肯尼亚先令。肯尼亚分成5个地区：西南部的维多利亚湖盆地；东部的大高原；印度洋沿岸长400千米的海岸带；西部大裂谷以西的马乌陡崖高原；裂谷东部的高地和阿伯德尔山，包括肯尼亚山。著名野生动物有：狮、豹、象、水牛、河马、斑马、犀牛和鳄。全国仅约1/10的土地是可耕地，1/3多的土地用于牧养牛、山羊和绵羊。农业人口占全国劳动人口的绝大多数，茶叶和咖啡是主要输出品。政府形式是两院制多党共和国。国家元首暨政府首脑是总统，由副总统辅佐。沿岸地区原是阿拉伯人居住地，直到16世纪葡萄牙人占领为止。马赛人原在北部占支配地位，18世纪时南移至肯尼亚中部，此时基库尤人从他们的故乡肯尼亚中南部向外扩张。19世纪欧洲传教士在该国内陆探险。英国控制该国后，在肯尼亚建立了一个英属保护地（1895）和一个直辖殖民地（1920）。20世纪50年代爆发的茅茅运动是对欧洲殖民主义的共和国政府的反击。1963年肯尼亚获得完全独立，一年后推举J.肯雅塔为总统。1992年肯尼亚总统D.A.莫伊同意30年以来第一次多党选举，但政府的腐败现象与管理不善依然严重，始终影响国家经济与政治的信誉。2007年有争议的总统选举后，该国受到反抗和暴力活动的困扰。2010年颁布了新宪法。肯尼亚于1956年首次参加在墨尔本举办的夏季奥运会。

肯尼亚山 Kenya, Mt. 斯瓦希里语作Kirinyaga。肯尼亚中部死火山。位于赤道之南，为肯尼亚最高山，海拔5 199米。第一个发现这座山的欧洲人是J.L.克拉普夫（1849年发现）。肯尼亚山国家公园占地718平方

千米，有许多大型猎物，包括大象和野牛。位于西北山脚下的纳纽基是主要的登山基地。

肯普 Kempe, Margery（1373? ～ 1440?）英国神秘主义者。育有14个孩子。自1414年她开始去耶路撒冷、罗马、德意志和西班牙等地朝圣。显然由于她不识字，其自传《肯普之书》（约1432 ～ 1436）采用了口授的方式，以朴实无华的语言风格描述了她的旅途见闻和她对宗教的迷醉。这是英国文学上最早的自传之一。

肯塔基 Kentucky 美国中南部一州。面积104 664平方千米；首府法兰克福。与俄亥俄州、西弗吉尼亚州、弗吉尼亚州、田纳西州、密苏里州、伊利诺伊州和印第安纳州相邻。其地理特征为，东有阿巴拉契亚山脉，包含布卢格拉斯区和丰饶的密西西比河沿岸低地在内的内陆低地。在白人移民到来前，这里是肖尼人、易洛魁人和切罗基人等印第安部落的狩猎地。D.布恩于1769年来到这里，是最早来此定居的白人。美国独立战争后出现一波移民潮，移民定居点原属弗吉尼亚，但1792年肯塔基加入联邦，成为第15州。美国南北战争期间这里是个处在分裂之中的州，虽属联邦，但仍派军为双方作战。19世纪晚期连接东部煤矿产区铁路的完成及烟草的引进都刺激了该州的成长。20世纪70年代全国性的能源短缺造成煤的需求增加，肯塔基因而繁荣，但至80年代这种需求减少，工作机会也相应减少。制造业是主要的经济来源，而农产品以烟草为主。肯塔基还以波旁威士忌酒和饲养纯血马闻名；肯塔基赛马会每年在丘吉尔唐斯举行。人口约4 380 415（2012）。

肯塔基赛马会 Kentucky Derby 美国传统马赛之一。1875年设立，每年5月第一个星期六在肯塔基州路易斯维尔市丘吉尔唐斯举行；与普利克内斯有奖赛及贝尔蒙特大奖赛合称美国马赛中的三王冠赛。限用三龄马。赛程大约2 000米。

肯特 Kent, Rockwell（1882 ～ 1971） 美国油画家和插图画家。曾在哥伦比亚大学学习建筑，后选择跟随W. M.蔡斯和R.亨利学画画。他做过各种不同的工作，有建筑的制图师、渔夫，在缅因州当过造船的木匠，到火地岛、纽芬兰、阿拉斯加和格林兰等地游览，为他的画和游记搜集材料。他的鲜明的钢笔画很像木刻，出现在当代和古典作家的许多书籍中。人们尽管恼怒他极左的政治观点，但他的画还是使他成为美国最受欢迎的艺术家之一。

肯特 Kent 英格兰东南一郡。位于不列颠群岛东南端，濒英吉利海峡。首府梅德斯通。公元43年被罗马人征服，他们以坎特伯雷为基地。5世纪时被朱特人和撒克逊人侵占。后成为盎格鲁-撒克逊不列颠人的七王国之一。587年肯特王迎入圣奥古斯丁所派遣的基督教传教团；1170年圣T.贝克特在坎特伯雷大教堂被杀。该郡一直以来被称为"英格兰的花园"，广泛栽种苹果、樱桃、大麦和小麦。人口约1 329 653（2001）。

肯雅塔 Kenyatta, Jomo（约1894 ～ 1978） 肯尼亚独立后的首任总理（1963 ～ 1964）和总统（1964 ～ 1978）。基库尤人后裔，约于1920年离开东非高地到内罗毕谋得公职，并

肯雅塔
John Moss-Black Star

成为政治活跃分子。他反对组成一个肯尼亚、乌干达和坦噶尼喀的英国殖民地联盟。1945年曾参与组织第六届泛非大会，当时参与的领袖人物还有W. E. B.杜波伊斯、K.恩克鲁玛。1953年尽管否认指挥"茅茅运动"仍被判刑7年。1962年参加了促使肯尼亚独立的立宪谈判。成为肯尼亚领袖后，领导了一个强有力的中央政府，拒绝财产国有化的主张，使肯尼亚成为非洲国家中最稳定的也是经济最有活力的国家之一。批评者则抱怨他操控肯尼亚非洲民族联盟（KANU）和创造了一个掌控政治、经济的集团。他的继承者D. A.莫伊继续奉行他的大部分政策。

空海 Kukai（774 ～ 835） 又称Kobo Daishi（弘法大师）。日本佛教高僧，真言宗创始人。出身贵族，曾受儒家教育，但不久转信佛教。804 ～ 806年到中国随高僧惠果（746 ～ 805）学佛，回国后弘扬他的教义，强调神奇的信仰、仪式，以及为往生者超度。816年在高野山建寺，把真言宗发展为日本佛教最普及的一种派别。主要作品《十住心论》探讨了儒、道两家以及佛教的发展，认为真言宗是最高的一级。空海还是个极具天分的诗人、艺术家和书法家。

空军 air force 国家的武装部队之一，主要负责空中作战。空军，夺取制空权；支援地面部队（如轰炸敌人地面部队）；完成战略目标轰炸。基本的武器是战斗机、轰炸机以及比轰炸机飞得低的攻击机和侦察机。从20世纪中叶起，一些大国的空军也负责地面洲际弹道导弹的发射，也有携带核武器的远程轰炸机。国家武装部队的陆军和海军也可能使用飞机。

空气 air 组成地球大气的各种气体的混合物。有些气体浓度稳定。最重要的是占78%的氮和占21%的氧。其他占少量的有氩、氖、氦、甲烷、氪、氢、一氧化二氮、氙，其浓度比例几乎维持不变。其他气体以水汽、臭氧、二氧化碳、二氧化硫和二氧化氮最重要。空气中还含有微量氨和硫化氢。这些浓度易变的空气成分，虽然量较少，但对地球上生命的维持却非常重要。水汽是各种降水的来源，也是红外辐射的重要吸收体和放射体。二氧化碳除了参与光合作用外，也是红外辐射的重要吸收体和放射体。臭氧主要存在于同温层（参阅臭氧层），是太阳紫外辐射的有效吸收体，但在地表却是具侵蚀性的污染物及烟雾的主要成分。

空气调节 air-conditioning 控制室内的温度、湿度、洁净度和空气流动，使之不受室外条件的影响。在一个完备的空气调节装置里，空气经加热装置加热或经过充满制冷剂的线圈而冷却，然后送到一个受控的室内环境。大型建筑的中央空调通常是由一个坐落在屋顶或机械楼层的主机和一些分隔开的控制空气的设备或扇叶组成，由输送管把空气送至大楼内各区。空气通过压力通风系统再回到中央空调机，经过再冷却（或再加热），然后再度循环。冷却的交替系统使用冷水，水由位于中央位置的制冷剂冷却，再泵送至各风扇装置，区域性地调节空气。

空手道 karate 一种武艺，以拳脚或打或踢来制服攻击者。要领是把全身力量尽可能集中于打击点和打击瞬间。攻击用的部位包括手（特别是指关节和掌外侧）、脚掌、脚跟、前臂、膝和肘。在运动比赛（赛程通常约3分钟）和业余赛中，拳击和脚踢都是点到为止，由一组裁判评分。空手道从古老的拳击形式发展而来，到17世纪在冲绳首度形成体系。20世纪20年代传入日本，再从日本传播到其他国家。参阅跆拳道。

空头市场 bear market 又称熊市。指有价证券和商品交易中价格不断下跌的市场。空头是预期价格会下跌的投资者，基于这种判断，他卖出借来的有价证券或商品，企图日后以较低价格买回，这一行动称为卖空。参阅多头市场。

空中客车工业公司 Airbus S. A. S. 欧洲飞机制造商，是仅次于波音公司的世界第2大商用飞机制造商。由两家公司共同拥有，德国-法国-西班牙共同拥有的欧洲航空防御暨航天公司（EADS），占80%股份，还有英国航空航天电子系统公司，占20%。1970年由法国和德国的航天企业（后来西班牙与英国也加入）组成空中巴士公司，目的是填补短程和中程大容量喷气客机这个市场空隙，并与久已知名的美国制造商竞争。1974年它的第一个产品A300开始服务，这是第一种只有两台引擎的宽体喷气客机，运行成本很经济。1988年开始服务的双引擎A320客机又加进了许多技术发明，著名的有"线传飞控"（用电力而非机械链接），用计算机控制飞行。四引擎的A340（1993）和较小的双引擎A330（1994）都是远程飞行的机型。2007年空中客车推出A380，常规座位可承载555名乘客，高密度座位可承载853名乘客，是

目前世界上最大的宽体客机。

孔代亲王(第四)　Condé, Louis II de Bourbon, 4th prince de(1621～1686)　世称 the Great Condé(大孔代)。法国军事领袖。在**三十年战争**对西班牙的战役中崭露头角,1649 年协助镇压投石党的叛乱。1650 年被马萨林拘捕,孔代发动暴乱并领导第二次投石党叛乱,从西班牙发动攻击直到 1658 年在沙丘战役被击败为止。次年获释后再次成为路易十四世的最伟大的将领之一,在西班牙、德国和佛兰德斯赢得多次战役。孔代骁勇善战,举止不落俗套,善于独立思考;很有文化教养,获得莫里哀和 J. 拉辛的支持。

孔德　Comte, (Isidore-) Auguste (-Marie-François-Xavier)(1798～1857)　法国思想家,**社会学**和**实证主义**的创始人,受法国社会改革家H. de圣西门的影响很深。曾在综合

孔德,T. 图文利昂绘于 19 世纪;现藏巴黎的国家图书馆

H. Roger-Viollet

工科学校任教(1832～1842),但对劳工免费讲课。他为社会学定名,并在概念的(而不是凭经验的)基础上建立这门新学科,认为社会现象会像自然现象那样变成法则。孔德的观念影响到 J. S. **穆勒**(多年来给予孔德经济上的资助)、E. **涂尔干**、H. **斯宾塞**和 E. B. **泰勒**等人。他最重要的著作有《实证哲学教程》(6 卷,1830～1842)和《实证政治体系》(4 卷,1851～1854)。

孔多塞　Condorcet, marquis de(1743～1794)　原名 Marie-Jean-Antoine-Nicolas de Caritat。法国数学家、政治家、革命家,他关于人类能够无限地完善自身的进步观念对 19 世纪的哲学和社会学有极大影响。早期在数学上表现出众,并受 J. L. R. **达朗伯**提携。1777 年被选为科学院秘书。因同情法国大革命被选为制宪议会的巴黎代表(1791～1792),要求成立共和国。因反对逮捕温和的吉伦特党人而被剥夺公民权(1792)。在躲藏期间写了著名的《人类精神进步史梗概》(1795),阐述了人类能在奔向终极完善的道路上不断进步的观点。后被捕,死于狱中。

孔雀　peacock　雉科 3 种羽衣非常华美的鸟类统称,栖息于开阔低地的森林中。印度孔雀,或称蓝孔雀(*Pavo cristatus*);绿孔雀,或称爪哇孔雀(*P. muticus*),雄体体长 90～130 厘米,有一条长达 150 厘米的尾屏,呈鲜艳的金属绿色,羽尖具虹彩光泽的"眼圈",周围并绕以蓝色及青铜色。求偶期,雄孔雀将尾屏下的尾部竖起,展开尾屏并颤动。雌鸟的体羽颜色不太鲜艳,也无长尾屏。每只雄孔雀拥有 2～5 只雌孔雀,雌鸟产卵于地面洼处。刚果孔雀(*Afropavo congensis*)体羽主要为蓝和绿色相间,尾短而圆;雌鸟体羽淡红和褐色相间,有冠羽。

孔雀帝国　Mauryan empire(公元前321?～公元前 185?)　古印度以松河和恒河汇合处的华氏城(后来的巴特那)为中心的国家。在亚历山大大帝去世后,王朝建立者**旃陀罗笈多**创建了一个除了泰米尔南部以外涵盖大部分次大陆的王国。著名的佛教皇帝**阿育王**(约公元前 265～前 238 或前 273～约前 232 年在位)留下了印度最古老的已破译的石刻法令。阿育王死后,王国逐渐衰落,但在其黄金时期却是一个极有效率和高度组织的专制国家。参阅**笈多王朝**。

恐怖故事　horror story　以制造恐惧感为重点的故事。这类故事远古时代即已存在,并成为民间文学的一种流传形式。它们常具备超自然元素如鬼魂、女巫、吸血鬼,或描绘更为逼真的心理恐惧。在西方文学中,将恐惧感和好奇心编入恐怖故事始于 18 世纪的**哥特小说**。典型的恐怖和哥特式的作者有 H. **沃波尔**、M. 雪莱(夫人)、E. T. A. **霍夫曼**、E. A. **坡**、S. 勒法努(1814～1873)、W. **科林斯**、B. 斯多克、A. 毕尔斯、H. P. 洛佛克拉夫特(1890～1937)及 S. 金。

恐怖统治　Reign of Terror(1793～1794)　法语作 La Terreur。**法国大革命**中的一个时期。1793 年 9 月 5 日革命政府决定对怀疑为革命敌人的人(包括贵族、教士和囤积居奇者)采取严厉措施。恐怖统治由激进的**救国委员会**和 M. **罗伯斯比尔**控制,消灭了左派敌人(**埃贝尔**及其追随者)和右派敌人(丹东和宽容派)。1794 年通过了中止嫌疑犯获得公审和合法辩护的权利,从而引起了热月反动。恐怖统治于 1794 年 7 月 27 日以罗伯斯比尔被推翻而告终。在恐怖统治时期共有约 30 万嫌疑分子被捕,约17 000人被处决,还有许多人死于狱中。

恐怖症　phobia　对某种对象、某类物体或情景的极端无理性的害怕。恐怖症在分类上是**焦虑障碍**(一种**精神官能症**)的形式,因为焦虑是主要症状。一般认为,恐怖最初是由一个危险处境造成的(如儿时一次几乎溺死的体验),后来转向别的相似处境(如身体碰到水)就产生了恐怖症,而最初的恐怖经验往往被压抑或遗忘。行为疗法对克服恐怖症常有疗效,它让患病者逐渐处于会引起他焦虑的对象或情景下,让他明白实际上并没有威胁存在。

恐怖主义　terrorism　蓄意使用暴力在人群中制造一种普遍的恐惧气氛,并因此达到某种政治目的。世界各地的历史上都出现过恐怖主义活动,采取这种活动的有左派和右派的政治组织、民族主义和种族主义团体以及革命分子。恐怖主义虽然常被认为是一个颠覆或推翻现存政治体制的工具,但也会被政府用来对付本国人民以镇压持不同政见者,例如某些罗马皇帝、法国大革命时期、纳粹德国、斯大林时代的苏联的统治,以及 20 世纪 70 年代阿根廷的"肮脏战争"。恐怖主义的影响日渐加大,这是因为一方面现代武器的致命杀伤力和科技含量越来越高,另一方面现代媒体能把这类恐怖袭击的新闻,在瞬息间传遍全世界的能力也越来越强。有史以来最致命的恐怖袭击发生在 2001 年 9 月 11 日,当时基地组织的恐怖分子劫持四架美国民航客机,其中两架撞上纽约**世界贸易中心**的双子星大楼,另一架撞击华盛顿的**五角大楼**,第四架则坠毁在宾夕法尼亚州匹兹堡附近。这些撞击导致世贸中心几乎全部崩坍、五角大楼西南角烧毁,以及约3 000人丧生。

恐龙　dinosaur　**中生代**(2.51 亿年前～0.655亿年前)大部分时期在陆地上占优势的

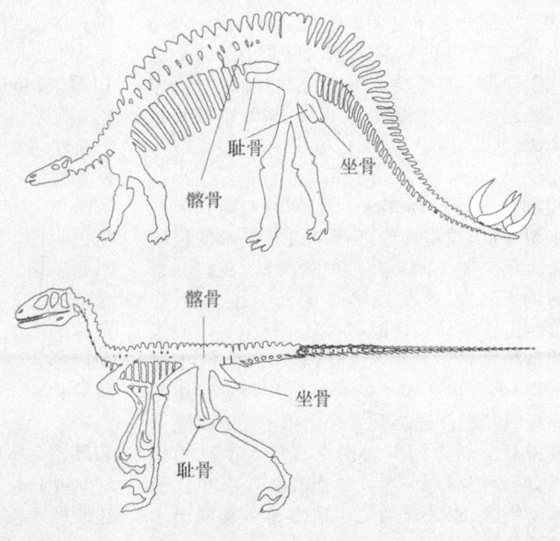

鸟臀目恐龙——剑龙属(*Stegosaurus*)和蜥臀目恐龙——全爪龙属(*Deinonychus*)的骨骼。剑龙属恐龙的骨骼显示出其骨盆排列和鸟相同,有一长髂骨,有耻骨,耻骨有一短叶片状骨伸向后面成薄长片,剑龙属位于坐骨下方,与其平行。全爪龙属恐龙的骨盆带显示出由坐骨、耻骨和髂骨组成的三角形轮廓。这是蜥臀目爬行动物的特征。

爬行动物,于中生代结束时绝灭。种类甚多,不同的时代有不同的种出现,且并非所有种类的出现均有重叠。牙齿形状能反映其为食肉动物还是草食性动物,恐龙分为蜥臀类和鸟臀类,两者的区别主要在于骨盆带的构造不同。多数恐龙具长尾,并将长尾向后伸出并离开地面,似用以保持平衡。多数种属卵生,有的可能是温血动物。每个大陆都发现过恐龙化石,包括南极。在白垩纪末(距今0.655亿年)以前,多数类型的恐龙一直很繁盛。在以后的100万年间,恐龙完全从地质记录中消失。它们大批绝灭的原因有两种说法,其一为:恐龙在地球上生活了约1.8亿年之后,白垩纪末地球上出现造山运动的地质周期,改变了生境和气候。另一种说法是:一颗或多颗天体与地球碰撞,产生大量尘埃,使地球处于一片黑暗之中,黑暗持续数年之久。许多人认为鸟类和鳄鱼是当时存活下来的恐龙的后代。

恐鸟　moa　新西兰13～25种已灭绝的平胸鸟的统称,构成恐鸟目。有的小如火鸡,有的高达3米。它们奔跑速度很快,用足踢以自卫。早期人们捕猎恐鸟为食物,以其骨头制作武器和装饰品,用其卵制作盛水容器。较大的恐鸟可能在17世纪末灭绝;较小的几种可能存活到19世纪。草食性,以种子、果实和树叶、草为食,卵产于地面的凹陷处,每窝产一枚大型卵。

恐爪龙属　Deinonychus　具有利爪的兽脚类恐龙属,在白垩纪早期(1.44亿～0.99亿年前)繁衍于北美洲西部地区。恐爪龙用两脚行走及奔跑,其13厘米长的大型镰刀形爪子就位于两腿的第二根脚趾上。当恐爪龙用脚砍杀猎物的时候,必须单脚站立。其伸展的长尾巴裹着一束从尾部脊椎产生的骨杆,十分坚挺。恐爪龙约长2.4～4米,重45～68千克,脑容量大,是一种动作敏捷的食肉性动物。

控制经济　command economy　生产资料公有,经济活动受中央权力机关控制,由中央机关确定总共要生产多少商品,向生产企业指派生产数量指标、分配原材料,并制定价格。大部分共产主义国家多采用实行计划经济,资本主义国家在国家急难时期(例如在战争时期)也可能采用实行此种制度,以便能够迅速运作资源。参阅资本主义和共产主义。

控制论　cybernetics　当动物(包括人类)、组织、机器被视为包含各部及其组织的自治体时用来加以调节及控制的科学。由N.维纳构想出来,他在1948年创造了这个用语。控制论把沟通和全部自有复杂体系的控制视为是模拟的。它与经验科学(物理学、生物学等)的差异在于不对物质形式而对实体的组织、模式、沟通感到兴趣。由于计算机逐渐变得复杂而人们努力使之表现人类行为模式,现今控制论与人工智能和机器人学已经紧密结合,也大量运用了信息论所发展出来的信念。

控制系统　control system　使变量组的数值保持常数或使其按规定方式变化的手段。控制系统与自动化的概念紧密相连,但有更久的历史。罗马工程师用在适当水位开、关的浮子式阀来保持沟渠系统的水位。1769年J.瓦特飞球调速器是一种调节蒸汽流的装置,即使荷载变化仍可保持蒸汽机的转速不变。第二次世界大战时,控制系统理论应用到高射炮和射击控制系统。模拟计算机和数字计算机设备的引入,开辟了自动控制理论中更为复杂的领域。参阅雅卡尔提花织机和气动装置。

口　mouth　又作oral cavity或buccal cavity。食物和空气进入身体的入口。口腔于唇部向外开口,后通喉,由唇、颊、硬腭、软腭、声门等围成。主要结构有牙、舌和腭。是咀嚼和言语的器官。口腔为黏膜层覆盖,包含与唾液腺一起保持口腔湿润、清除食物及其他碎屑的小腺体。

口才　glossolalia　参阅说方言。

口吃　stuttering　又作stammering或dysphemia。影响说话节奏和流利性的语言缺陷,患者会非自愿地重复语音或音节,并间歇地阻碍或延长语音、音节或词汇。口吃者难以念诵以辅音开头的单词、句子中的第1个单词以及多音节的单词。口吃者可能是由于年幼时在公共场合讲话产生压力而造成的心理而非生理因素而导致口吃的。古代口吃者可能会受到严酷的折磨以改变其口吃的习惯。今天已知有约80%的口吃者可以无需治疗而康复,通常在成年时可自动纠正,原因可能是自尊心增强、不回避问题以及后来心情的放松。

口技　ventriloquism　使人听起来好像声音来自远方或另一人的发声技巧。口技艺人常常利用玩偶或假人制造错觉,拨动假人的嘴,而自己则闭着嘴说出话来。口技历史悠久。雅典的欧里克莱斯是希腊最著名的口技艺人。祖鲁人、毛利人和爱斯基摩人都擅长口技。口技在今欧洲和美国也是受人喜爱的娱乐节目。有名的口技艺人有美国的E.伯根和法国的R.拉穆雷。

口琴　harmonica　又作mouth organ。小型的矩形吹奏乐器,把一些金属活簧片安装在一个小木框内被分隔的一些细长的孔上,气从两排平行的风道吹进而出声。交替地吹气和吸气可发出连续的音阶曲调,不需的风道用舌封住。在12半音阶型的口琴中,手指操纵掣子选择两套簧片中的一套,调成相隔半音的音阶。1821年柏林的F.布施曼(也是手风琴的发明者)借用中国笙的基本原理发明了口琴。口琴广泛用于演奏布鲁斯音乐以及民间和乡村音乐。

口蹄疫　foot-and-mouth disease(FMD)　又称hoof-and-mouth disease。一种具高度触染性的病毒性疾病,能感染偶蹄哺乳动物(包括牛),通过消化道或呼吸道传播,特征是突然发热,继之在舌、唇、口部其他组织、鼻部、乳头和足部出现疼痛的水泡。口蹄疫在许多国家为地方性传染病,由于扩散迅速,严重影响动物的生产力,因此被认为是世界上破坏经济最严重的家畜疾病。对人类健康无危害。目前无有效治疗方法,疫苗虽有助于控制疾病流行,但不能消除此病。由于病毒可以存活很长时间,因此必须严格监督疫区检疫,已感染或易感染的牲畜应予屠宰并将尸体焚毁,其他受染物品应予清洗及消毒。北美因为能够严格执行检疫措施,自1929年以后未发生此病。2001年在英国曾爆发流行,不久荷兰和法国也随之爆发。

口头传述　oral tradition　指讲故事的人将文化的内容一代一代传递下去。口头传述的形式包括诗(通常可以吟诵或歌唱)、民谣、格言、巫术咒语、宗教训诫,以及对过去的回忆。音乐与韵律一般既用来娱乐,也用来协助记忆。关于社会命运或概述神话的史诗性诗篇,则通常都起源于口头传述,而后才写成文字。在口述的文化中,口头传述是沟通知识的唯一途径。虽然口头传述仍然幸存于年长者、部分少数民族与儿童之间,通过他们的游戏、押韵的计算以及歌曲仍一代接一代传递下去,但西方文化中电台、电视和报纸的普及已导致口头传述的衰微。

口香糖　chewing gum　甜味产品,用糖胶树胶和类似的弹性物质制成,咀嚼时带有芳香味。自古以来世界各地的人们就有咀嚼乳香树的甜树脂,用以清洁牙齿和清爽气息的习惯。中美洲的人心果树的糖胶树胶在19世纪首次被用来大量制造口香糖。此种物质有可塑性,不溶于水,能保留香味,这使得它成为制造口香糖的理想基料。第二次世界大战之后,其他的树胶和合成橡胶开始逐渐代替糖胶树胶。

寇松　Curzon (of Kedleston), Marquess　(1859～1925)　原名George Nathaniel Curzon,人称Lord Curzon(寇松勋爵)。英国驻印度总督(1898～1905)和外相(1919～1924)。一位男爵的长子,毕业于牛津大学。1886年选入议会,曾周游世界,对亚洲深感兴趣。1891年任印度政务次官,1898年任印度总督。任内致力于减低税收,惩办欺压印度土著的英国人,保护印度艺术和文化遗产,博得英国朝野的好评。但在第二任期间,因主持不得人心的孟加拉分省方案,并与H.H.基钦纳勋爵发生尖锐冲突而辞职。其后在H.H.阿斯奎斯及D.L.乔治的内阁中任职。

寇松线　Curzon Line　波兰和苏俄之间的边界线。俄波战争期间(1919～1920),英国外相寇松提出一条停战线方案,但他的建议未被接受。1921年订立最终的和约时,波兰得到寇松线以东近13.5万平方千米的土地。后来第二次世界大战爆发时苏联重新提出该线,并占领这块地区。1945年《苏波条约》正式确定两国的国界,实际上与寇松线几乎完全一致。

枯草热　hay fever　一种季节性反复发作的疾病，表现为打喷嚏、鼻黏膜充血、流泪、眼痒。病因为对某些植物，主要为风媒花（如北美的豚草、英国的梯牧草）的花粉过敏。抗组织胺药可暂时缓解，用致敏的花粉提取物进行脱敏疗效维持最久。如果不作适当治疗，约1/3的患者可发生哮喘。

苦行　tapas　为了获得法力或赎罪而自愿实行刻苦修行。在印度教中，苦行与瑜伽派都是净化身体，为寻求解放进行准备的更严格的精神实践方法之一。在耆那教中，苦行是通过阻止新业形成和摆脱旧业的手段，从而破坏轮回规律。苦行包括多种手段，其中包括禁食、屏息、保持困难痛苦的姿势等，一些萨图人甚至还采取更加极端的形式，他们中的许多人由此获得不同寻常的能力或丧失能力。

苦行主义　asceticism　为了实现精神上的理想或目的而克制自己肉体或心理上的欲望的实践。大多数宗教都具有苦行主义的痕迹和某些特征。由于认为人必须用纯洁宗教仪式才能与超自然的上帝接近；以苦行实践来求取怜悯、同情和拯救；求赎罪因而发展出苦行主义。基督教的修会、印度教苦行者和佛教的僧侣，都拒绝世俗的物质，以独身、禁欲与斋戒来实践苦行。伊斯兰教在《古兰经》中并不接受修行，但有的教派却曾受苦行主义的影响。琐罗亚斯德教亦禁止斋戒和苦行。

库埃纳瓦卡　Cuernavaca　墨西哥中南部莫雷洛斯州首府。曾是特拉维卡印第安人的都城，当时称作库奥纳胡阿克。约1521年被西班牙征服者H.科尔特斯占据，改现名。殖民时期建有科尔特斯宫，装饰有画家D.里维拉的壁画，现为莫雷洛斯州政府所在地。附近有前哥伦布时期的废墟。以马克西米连皇帝的休养地闻名，现为闻名遐迩的观光胜地。当地有莫雷洛斯大学（1953）。人口338 650（2010）。

库班河　Kuban River　俄罗斯西南部河流。发源于格鲁吉亚共和国境内的厄尔布鲁士山，先向北再向西注入亚速海。全长906千米。河水大量用于灌溉。

库比契克　Kubitschek (de Oliveira), Juscelino（1902～1976）　巴西总统（1956～1961）。原学医学，后进入政界，担任贝罗奥里藏特市市长，后被选入国会。在总统任职期间，推动了水电、钢铁和其他重工业的快速发展，修建了18 000千米的公路，并把首都从里约热内卢迁到距海岸1 000千米的巴西利亚，目的是加速巴西广大内地的发展。这些雄心勃勃的发展所付出的代价是急剧且持续的通货膨胀，再加上协助东北部干旱灾区需要大笔开销，使这个问题雪上加霜。1965年军事政府废黜了他的政治权力。

库伯兰　Couperin, François（1668～1733）　法国作曲家、羽管键琴和风琴演奏家，17、18世纪库伯兰音乐王朝中声望最高的一人。17岁即接任其父在巴黎重要的圣热尔韦教堂的管风琴师职位，担任该职近50年。其间也担任路易十四世宫廷风琴师和羽管键琴师。著名的作品有1713～1730年出版的4集羽管键琴组曲，包括220余首大键琴曲，格调高雅、活泼，旋律装饰华丽。其他作品包括一本40多首管风琴作品集（1709），非常神圣的声乐作品（包括《蒙昧的教训》，约1715）和几组室内乐（包括《王家音乐会》，1722）。他写的《羽管键琴弹奏艺术》是当时最有价值的乐器方面的专著。他是那一代最著名的法国作曲家。其叔叔L.库伯兰（1626～1661）也曾是圣热尔韦教堂的管风琴师，有200多首键盘乐作品。

库勃里克　Kubrick, Stanley（1928～1999）　美国电影导演。1945～1950年在《展望》杂志担任摄影师。在拍摄第一部情节片《恐惧与欲望》（1953）之前曾导过两部纪录片。之后拍了《荣誉之路》（1957）、《斯巴达克恩》（1960）、《洛丽塔》（1962）、《怪癖博士》（1964）等，声名鹊起，《2001年太空漫游记》（1968）让他赢得国际声誉。后来的电影包括《发条橘子》（1971）、《巴利·林顿的遭遇》（1975）、《幻觉》（1980）、《金甲部队》（1987）、《大开眼界》（1999）等。其电影特色是以冷调风格处理，十分讲究细节，以及呈现出一种疏离、通常带有讽刺意味的厌世观。他从1961年就住在英格兰直至去世。

库恩　Kuhn, Thomas (Samuel)（1922～1996）　美国历史学家与科学哲学家。曾任教加利福尼亚大学柏克利分校（1956～1964）、普林斯顿大学（1964～1979）与麻省理工学院（1979～1991）。在极具影响力的著作《科学革命的结构》（1962）中，库恩对于过去一般所接受的关于科学进步的观点，亦即认为科学进步是以普遍有效的实验方法与结果为基础的那些知识的逐步累积表示质疑，他主张进步往往是经由影响深远的"范例转换"而达成的。其他著作包括《哥白尼的革命》（1957）、《基本必要的张力》（1977）与《黑体论与量子跃变》（1978）。

库恩　Kun, Béla（1886～1939?）　匈牙利共产党领导人。第一次世界大战期间在奥地利军队中服役，被俄国人俘虏，后加入布尔什维克。1918年回到匈牙利，建立了匈牙利共产党。1919年3月卡罗伊辞职后，由库恩领导新的匈牙利苏维埃共和国。他建立了一支红军，收复许多被捷克斯洛伐克和罗马尼亚侵占的领土，并排挤政府中的温和派分子。这个政权于同年8月垮台，库恩逃往维也纳，然后再到俄国。作为第三国际的一名领袖，他在20世纪20年代试图在德国和奥地利发动革命。最后被指控犯了"托洛茨基主义"错误，成为斯大林清党审判的牺牲品。

B.库恩，素描；B.乌伊茨绘于1930年
By courtesy of the Legujabbkori Torteneti Museum, Budapest

库尔贝　Courbet, Gustave（1819～1877）　法国画家。1839年到巴黎接受了一些正式的绘画训练，后来通过临摹罗浮宫艺术大师们的作品学习绘画。早期作品引起争议，但获得公众和评论家的称赞。他的两幅最有名的杰作是《采石工人》（1849）和《奥尔南的葬礼》（1850），与新古典主义和浪漫主义的画风完全不一致的是，画家用现实主义的手法表现的不是贵族而是贫苦农民的生活与情感。他画日常生活题材，以强有力的现实主义为特点，画风大胆，被归为革命的社会主义者，他的大胆和对权威的不尊重给他带来不好的名声。库尔贝结交当时的许多作家和哲学家，并成为最流行的现实主义新流派的领袖。1865年，他描绘海上风暴的系列画震惊了画坊，开辟了印象主义的道路。

库尔德人　Kurd　跨国的民族和语言集团，人数超过1 500万，主要居住在伊朗、伊拉克、土耳其、亚美尼亚和叙利亚（参阅库尔德斯坦）。库尔德人讲库尔德语两种方言当中的一种，其语言属于与现代波斯语有关的西部伊朗语。传统上为游牧民族，第一次世界大战（1914～1918）后重新划分国界，迫使他们从事农耕。大多数是逊尼派穆斯林，有些是苏非派或依附于其他教派。在取消奥斯曼帝国的《塞夫尔条约》（1920）中，曾批准成立库尔德国的计划，但从未实现。土耳其、伊朗和伊拉克境内的库尔德人一直受到各种迫害和同化的压力，两伊战争（1980～1988）期间和波斯湾战争（1990～1991）之后，伊拉克人对他们的攻击尤其激烈。参阅库尔德斯坦工人党。

库尔德斯坦　Kurdistan　广义指以库尔德人为主要居民的、包括土耳其、伊朗、伊拉克、亚美尼亚和叙利亚在内的山区。主要城镇有土耳其的迪亚巴克尔、比特利斯和凡城，伊拉克的摩苏尔和基尔库克，以及伊朗的克尔曼沙阿。从很早以前开始，这个地区就是库尔德人的家乡，其民族起源尚不清楚。1920年签订的《塞夫尔条约》承认库尔德斯坦国，但这个条约却从未得到批准。

库尔德斯坦工人党　Kurdistan Workers, Party　1978年成立的库尔德民族主义军事组织。该组织致力于在土耳其东南部建立独立的库尔德斯坦国，并由位于伊拉克及叙利亚境内的基地对土耳其人及库尔德族亲土耳其人士的财产设备进行攻击。领导人A.厄贾兰于1999年被土耳其政府抓捕并被判叛国罪。参阅库尔德人。

库尔诺　Cournot, Antoine-Augustin（1801～1877）　法国经济学家和数学家，最先力图用

数学方法解决经济问题。其贡献在于:供给和需求的功能和在只有两家垄断情况下市场的战略行为、赋税的转变、国际贸易问题等。主要著作为《关于财富理论之数学原则的研究》(1838)。

库法克斯 Koufax, Sandy(1935 ~) 美国职业棒球运动员。1955 年加入布鲁克林道奇队(即后来的洛杉矶道奇队),为左手投球手,球速极快且擅长投掷急剧变化的弧

库法克斯,1966 年摄
AP/Wide World Photos

线次),平均纪录是平均一局使一人三击不中出局,成绩罕见。1965 年投出个人第 4 场无安打比赛,从当时到 1981 年间是一项大联盟纪录;而这次无安打比赛也是一场完投比赛(无打者上一垒)。虽因关节炎而于 1966 年提早退休,他仍是棒球史上最伟大的投手之一。

库哈斯 Koolhaas, Rem(1944 ~) 荷兰建筑师。曾于伦敦攻读建筑,后前往纽约工作,之后在鹿特丹和伦敦成立了自己的事务所(1975)。首先以《生生不息的纽约》(1978)得到认同,该书述说曼哈顿的建筑发展,提出这是一个通过多元种族文化力量自然创造的系统过程。其最知名的设计为大规模的建筑群,包括鹿特丹的康斯塔尔美术馆、里耳的"大皇宫展览厅"和整体规划及开发的洛杉矶环球影片公司用地。他的书《S,M,L,XL》(1996)以规尺度大小为主题。1998 年赢得美国伊利诺伊理工学院新学生活动中心的设计竞图,并于 2000 年时获颁普利兹克建筑奖。

库克 Cook, James(1728 ~ 1779) 世称 Captain Cook(库克船长)。英国航海家和探险家。他加入皇家海军(1755),探测圣劳伦斯河及纽芬兰海岸(1763 ~ 1767)。1768 年被指派担任太平洋首次科学考察队指挥官。他驾着三桅帆船"奋斗"号,发现了新西兰,并绘制出该岛的海图,还探测了澳大利亚东海岸。1768 ~1771 年的航行搜集到的科学资料是一笔无与伦比的财富。由于库克提倡改善饮食,增加维生素 C 的含量,他的船员没有患坏血病死亡的。晋升为司令后,他率领两条船去作环球和穿过**南极洲**的首次航行。这次的航行(1772 ~1775)被列为最伟大的帆船航行之一,完成了第一次自西向东高纬度的环球航行。第三次航行(1776 ~ 1779)旨在探索是否存在围绕加拿大和阿拉斯加的**西北航道**,但未成功。后在夏威夷被波利尼西亚人杀死。

库克 Cook, Thomas(1808 ~ 1892) 浸礼会传教士。有向导的旅游创始人,世界旅行社"托马斯·库克父子公司"的创办人。1841 年为戒酒大会安排了特别列车,这是英国第一列公开发广告的旅游火车。他开始安排定期的旅游。1856 年又率领周游欧洲的大旅行。19 世纪 60 年代代理旅游客票的销售业务,80 年代他的公司办理英国和埃及的军事运输及邮政业务。

库克 Cooke, Jay(1821 ~ 1905) 美国金融家,南北战争期间曾为联邦政府筹募资金。生于俄亥俄州桑达斯基,18 岁在费城一家银行工作,1861 年在费城自设银行,替宾夕法尼亚州发行 300 万美元的战争债券为南北战争筹款。接下来的 4 年里替联邦政府销售了数亿元的债券。1870 年负责筹措北太平洋铁路建设资金,1873 年因金融危机而失败。但在 10 年内偿清一切债务,再度成为富翁。

库克 Cooke, Sam(uel)(1935 ~ 1964) 美国歌手和词曲作家。芝加哥浸礼会牧师的儿子,原为一名**福音音乐**歌手。后来转向**节奏与布鲁斯和灵乐**,录制了一系列风行一时的唱片,包括《你送我》、《奇妙世界》、《丘比特》、《扭转暗夜》以及《把它带回家给我》等。后来在洛杉矶一家汽车旅馆房间里中枪身亡。1986 年名列摇滚乐名人堂。

库克海峡 Cook Strait 分隔新西兰南、北二岛的海上通道,连接**塔斯曼海**和南太平洋。最窄处宽约 23 千米,平均水深 128 米。两岸均为悬崖峭壁,南岛湾深,可驻泊船只。水流湍急多变,风大浪险,不利航行。1770 年英国航海家 J. 库克到过该湾。

库克罗普斯 Cyclops 在希腊神话中,指几个独眼巨人中的任何一个。在《奥德赛》中,他们是食人者,住在边远地区(传说是西西里)。**奥德修斯**被波吕斐摩斯捉住,后趁他熟睡时弄瞎了他的独眼才免于被吞食。在**赫西奥德**的作品里,他们是阿尔盖斯、布隆蒂斯和斯特洛佩斯,为宙斯锻造雷霆。后世作家把他们描写成**赫菲斯托斯**的工匠,由于他们制造的雷霆劈死了**阿斯克勒庇俄斯**,因而被阿波罗杀死。

库克群岛 Cook Islands 新西兰的内政自治领地。位于南太平洋中新西兰东北约 3 000千米处。行政中心设在拉罗汤加岛。15 座岛屿由北向南分布在约1 450千米长的海域中,分为南区(9 个岛屿,包括首府阿瓦鲁阿所在地拉罗汤加岛)和北区(6 个岛屿)。北区各岛都是礁岛(只有一个例外),南区则大部分属火山岛。最初的居民是来自汤加和萨摩亚的波利尼西亚人。拉罗有证据表明,约在公元 1100 年已出现一个高度组织的社会。J. 库克船长在 18 世纪 70 年代考察了群岛的多处岛屿,群岛因而便以他的名字命名。1888 年英国人在此设立保护地,1901 年新西兰并吞群岛区。1965 年与新西兰自由联合,取得自治地位。库克群岛于 1988 年首次参加在首尔举办的夏季奥运会。人口14 974(2011)。

库拉河 Kura River 古称 Cyrus。土耳其、格鲁吉亚和阿塞拜疆河流。发源于土耳其东部,向北流,进格鲁吉亚后转向东,东南流入**里海**。全长1 364千米,用于沿河区的灌溉。

库拉索岛 Curaçao 加勒比海南部小安的列斯群岛岛屿、荷兰的自治国。位于委内瑞拉海岸以北,距阿鲁巴南至东南部 80 千米。首府:威廉斯塔德。语言:荷兰语、帕皮阿门托语和英语(均为官方语言)。宗教:主要为罗马天主教。货币:荷属安的列斯盾(2012 年改为荷兰加勒比盾)。欧洲人在 1499 年最早到达该岛,1527 年西班牙人来此定居。16 世纪初一批西班牙系犹太人自葡萄牙移民于此,建立了西半球持续有人居住的最古老的犹太人社区。1634 年荷属西印度公司取得该岛的控制权,后依据 1815 年的《**巴黎条约**》授予荷兰。库拉索岛为西印度群岛上 6 个荷兰属国之一,1845 年开始集体统治,1954 年成为荷属安的列斯群岛的一部分,享有内部自治权。2010 年荷属安的列斯解体,库拉索岛获得更大的独立性,但仍是荷兰王国的一部分。生产柑橘、库拉索酒和芦荟,主要工业是提炼来自委内瑞拉的石油,观光业日益重要。主要城镇威廉斯塔德,拥有西印度群岛最好的天然港。面积 444 平方千米。人口约153 000(2013)。

库雷热 Courrèges, André(1923 ~) 法国女装设计师,以未来主义的青年款式在巴黎时装界成名。1948 年到巴黎一家很小的时装店工作,后提升为 C. **巴兰西阿加**的助手。1961 年自己开业,到 1964 年已被公认为巴黎最有独创性的妇女时装设计师之一。设计风格以裁剪讲究的裤子,带有梯形柔和线条的、刚柔结合的衣裳、超短裙,配以白色小牛皮靴为特点。白色成为他的标志。20 世纪 60 年代,他的设计被广为模仿。他通过有执照的批发商控制分配、销售。

库里蒂巴 Curitiba 巴西南部巴拉那州首府。位于巴西高原伊瓜苏河源头附近,海拔 900 米。1654 年建为金矿营地,1854 年成为州首府。自 19 世纪初起涌入许多欧洲移民,到 20 世纪又有大批叙利亚和日本移民。为现代化商业中心,市内的大教堂(1894)仿自巴塞罗纳大教堂。人口1 751 907(2010)。

库里亚 curia 欧洲中世纪历史上的一种法庭,或在某一特定时间内为社会、政治或司法的目的而为统治者服务的一组人员。统治者与库里亚制定政策决策(如有关战争、缔结条约、财政及教会的关系等);在一个权势强大的统治者之下,库里亚还经常作为法庭积极活动。实际上,库里亚在司法工作方面负担过重,以致这类工作逐渐为各个专门的审判集团所取代。英格兰的库里亚又称国王

法院，在诺曼征服时期（1066）引入并延续到大约13世纪末，是各种高级诉讼法院、枢密院和内阁的起源。参阅**罗马教廷机构**。

库里亚穆里亚　Khurīyā Murīyā　又拼Kuria Muria。阿曼的岛群。位于阿拉伯海，在阿曼东南岸之外，包括5个无人居住的主要岛屿，陆地总面积73平方千米。其中最大的哈拉尼耶岛上有少数居住人口。1854年阿曼苏丹把该群岛割让给英国，1937年英国将其纳入亚丁殖民地，1967年归还给阿曼。

库利亚坎　Culiacán　墨西哥西部锡那罗亚州首府，位于库利亚坎河畔。1531年在一印第安人居民点上建立，殖民时期早期为西班牙探险队基地，起过重要作用。复杂的灌溉系统使农作物多样化，生产玉米、甘蔗、烟草、水果和蔬菜。设有锡那罗亚大学（1873）。人口675 773（2010）。

库马西　Kumasi　旧称Coomassie。迦纳中南部城市。17世纪时一位阿散蒂国王选择此地作为首府，在一棵库姆树下进行土地谈判，城镇由此而得名。地处南北商路上，为主要的商业中心。1874年英国取得该城市的控制权。具有“西非花园城”之称的库马西仍然是阿散蒂国王的驻地。其中央市场是西非最大的市场之一。该市的夸梅·恩克鲁玛科技大学建于1951年。都会区人口约1 170 270（2000）。

库迈　Cumae　意大利那不勒斯以西的古城。可能为古希腊人在西方最早开拓的殖民地，以及女预言家**西比尔**的故土，她所住的洞穴至今尚存。约公元前750年由来自哈尔基斯和埃雷特里亚的希腊人创建，控制大部分的坎佩尼亚平原；前5世纪为萨谟奈人夺取；前338年又被古罗马征服，成为罗马帝国城镇；1205年被毁。在该城的卫城高地和其他各处均有各时期的要塞和陵墓的遗迹。

库姆兰　Qumran　死海西北岸地区。1947年在该地一洞穴中发现《**死海古卷**》。在离死海不到1.6千米的废墟陆续发现古建筑遗迹，据考证该区是犹太教**艾赛尼派**一个教团的住处，而《死海古卷》就是这个教团所著。主要建筑包括写经房、一个制陶坊、一个磨面房和一个颇具规模的引水系统。有些学者认为犹太教艾赛尼派于公元前2世纪中叶在库姆兰建立了一个教团。公元前31年在地震和大火之后，曾暂时荒芜但后又恢复居住。公元68年，该中心为罗马军团所毁。

库珀　Cooper, James Fenimore（1789～1851）　美国第一位重要作家。在库珀斯敦原始居民点一个成功的家庭长大。父亲是新拓地的开发者和国会议员。以美国独立战争为背景的小说《间谍》（1821）是他的成名作。最著名的作品是《皮袜子》故事集，第一部《拓荒者》（1823）中作者通过主人翁纳蒂·班波（化名“皮袜子”）和坦普尔之间的矛盾，生动、细致地描绘了一幅美国边疆生活的图画。后来还有《最后的莫希干人》（1826）、《大草原》（1827）、《探路人》（1840）和《杀鹿者》（1841）。他以《舵手》（1823）为开端的一系列航海小说又广泛流行，还写了《美国海军发展史》（1839）。虽然享有国际声誉，但晚年饱受诉讼和政治冲突困扰，其声望和收入减退。

库切　Coetzee, J(ohn) M(ichael)（1940～　）又译柯慈。南非小说家。他在开普敦大学教英语，翻译荷兰的作品，并写文学评论，后来发表了第一部著作《幽暗土地》（1974）。他以《在国家中心》（1977）和《等待野蛮人》（1980）两本书赢得了国际声誉，在书中他抨击了殖民主义遗留下来的一切；接着出版《迈克尔·K的生命与时代》（1983，获布克奖）、《仇敌》（1986）、《彼得堡大师》（1994），以及自传体《童年》（1997）。2003年获诺贝尔文学奖。

库施　Cush　又作Kush。尼罗河谷**努比亚**地区古王国。公元前第2千纪时附属于埃及，公元前8世纪国王皮安希入侵并征服埃及。公元前716年皮安希的兄弟沙巴卡继承王位，征服整个埃及，建立第二十五王朝，定都于**孟斐斯**。公元前6世纪初迁都麦罗埃，在那里又统治了900年。

库斯科　Cuzco　秘鲁中南部城市，高踞于安第斯山中海拔3 400米的库斯科山谷西端。是西半球自古以来不断有人居住的最古老的城市之一。11世纪或12世纪建立，一度为印加帝国的都城。1533年西班牙征服者F.**皮萨罗**占领该城。1650和1950年的两场猛烈的地震，使库斯科深受重创，现在大多已重建。库斯科及其周围地区有许多印加遗址，包括一座古代印加要塞、**马丘比丘**古城（印加度假圣地）、太阳神庙（现为1654年建的库斯科大教堂的基座和几面墙壁）等。包括1692年建的大学在内的许多建筑都是殖民时期的古迹。库斯科于1983年被联合国教科文组织列为世界遗产。人口101 197（2005）。

库塔伊西　Kutaisi　格鲁吉亚中西部城市。外高加索最古老的城市之一，先后为科尔基斯、伊比利亚、阿布哈兹和伊梅列吉亚诸王国的首府。它常在波斯、蒙古、土耳其和俄国这些国家之间的战争中被来回争夺。18世纪被俄国占领后立为省会。现为格鲁吉亚主要的地区工业和贸易中心。人口约192 500（2010）。

库页岛　Sakhalin　俄罗斯远东的岛屿，同**千岛群岛**一起组成俄罗斯的一个行政区。长948千米，宽26～161千米，面积74 066平方千米。最初由俄罗斯人在1853年开始居住，后在1875年日本将其割让给俄罗斯以交换千岛群岛。日本在1905～1945年占领其南部地区，后将其同千岛群岛一起割让给了俄罗斯。其经济主要是渔业、木材、煤矿和北部的石油和天然气开采。

库兹涅茨　Kuznets, Simon (Smith)（1901～1985）　俄国裔美国经济学家和统计学家。1922年移民美国，1927年加入全国经济研究所，后到宾夕法尼亚大学（1930～1954）、霍普金斯大学（1954～1960）和哈佛大学（1960～1971）等校任教。他的著作强调经济模型构成中基本数据的复杂性，认为经济数据着重需要的是有关人口结构、技术、劳工素质、政府结构、贸易和市场等方面的信息。他还描述了增长率周期性波动（现称为“库兹涅茨周期”），指出波动与基本因素（如人口）的关系。1971年获得诺贝尔经济学奖。

夸克　quark　被视为物质基本组分的任一种亚原子粒子，尤指质子与中子。M.盖耳-曼和G.兹韦克（生于1937年）首次提出夸克概念。这个名词取自J.乔伊斯的小说《芬尼根守灵夜》。夸克包括靠强力相互作用的全部粒子。夸克有质量和自旋，并遵循泡利不相容原理，它们没有明显的结构，即不可能分割为更小的组分，并且不单独存在。量子色动力学有一种方法可以计算出夸克的基本参数，并能阐明其性状。夸克有6类，通常称为“上”、“下”、“奇异”、“魅”、“底”和“顶”。只有上夸克和下夸克为构成质子和中子所必需，其余则见于重的和不稳的粒子。

夸美纽斯　Comenius, John Amos（1592～1670）　捷克语作Jan Amos Komenský。捷克教育改革家和宗教领袖。为了使欧洲文化易为学生理解，他主张学生必须学习拉丁文，但强调使学生领会事物，而不是去学习语法本身。他编写的教科书《教学宏论》（又译《大教学论》）（1631）是以拉丁文和捷克文写成，描述世上有用的事实，对拉丁文教学有革命性的影响，曾被译成16国语言。他还编写了第一本看图识字教科书《图画中见到的世界》（1658）。

夸齐莫多　Quasimodo, Salvatore（1901～1968）　意大利诗人、评论家和翻译家。在意大利政府担任工程师10年，利用业余时间写诗。第一部诗集《水与土》（1930）出版后，逐渐成为“**隐逸派**”诗人的领袖。第二次世界大战后，他的社会信念体现在他所写的作品《日复一日》（1947）里。他出版了不少丰富多彩的译作，编辑了诗歌选集，并写了许多重要评论文章，部分收集在《诗人与政治家》（1960）一书中。1959年获得诺贝尔文学奖。

夸希奥科病　kwashiorkor　因**蛋白质**严重不足而造成的疾病。在热带和亚热带地区，断奶后的幼儿主要食用淀粉类食品，如谷物、木薯、大蕉和番薯，很容易出现这种情况。表现为腹部鼓胀、**水肿**、虚弱、过敏、皮肤干燥有皮疹、毛发变成橘红色、**腹泻**、**贫血**以及肝脏沉积脂肪等，精神发育可能受阻。早年得过这种病的成人易患某些疾病，如**肝硬变**。治疗方法是补充蛋白质，食用脱脂奶粉颇具疗效。从长远的预防来看，应鼓励根据当地饮食的偏好和可利用性来开发高蛋白的植物性混合食物。非饮食的原因有：肠道对营养的吸收不良、慢性酒精中毒、肾病以及创伤（例如感染、烧伤）等，这些都会造成不正常的蛋白质损失。

跨栏赛跑 hurdling 田径运动项目。在快跑过程中依次跨越按规定距离放置的栏架的一种障碍赛跑。运动员在整个比赛中必须在指定的跑道内跑,跨栏时可以腿或脚碰倒栏架,但不可用手。现代跨栏赛跑是一种在栏架间冲刺,加倍出力前冲,跨栏时身体极度前倾,将脚抬到与身体几乎成直角位置,在跨栏之后才不会使跨步减缓。跨栏赛跑的距离为男子110米和400米,女子100米和400米。

会计 accounting 有关某一单位经济活动的系统性进展和信息分析。簿记则是对商业交易情况真实的记录和汇总。为了提供给公司外部的人使用而将这种数据总结成报告(通常是季度或年度报告)时,这种过程称财务会计,由此产生3种典型的财务报表:资产负债表,说明公司的资产和债务;损益表,报告公司的总收入情况、开销、获利或亏损;现金流动表,分析现金流进和流出公司的情形。为了公司内部经营管理的需要而作的报告(通常为月度报表)称作管理会计,目的是提供经营者有关营运成本和与这些成本可比的标准的可靠信息,协助他们编制预算。

块茎 tuber 某些种子植物休眠期一种短而粗的肉质地下茎,通常是食物储存养分或繁殖的一部分。有细小的鳞状叶,每片鳞叶上有一芽,芽能发育成新植株。马铃薯就是典型的块茎,叶片很少,而芽则是"芽眼"的一部分。其他植物的肉质根或根状茎,凡形似块茎者,也往往泛称 tuber(块茎),虽然这样称呼并不确切(如大丽花属的块根,也被称为块茎)。

块菌 truffle 子囊菌门盘菌目块菌属可食用的地下真菌,自古以来都是有价值的美味食品。原来主要产于温带,多生于稀疏林地的富含钙质的土壤中。不同品种的大小不

英国的夏块菌(*Tuber aestivum*)
S. C. Porter-Bruce Coleman Inc.

一,小者如豌豆,大者如柑橘。块菌常生于树根,在土壤表面以下30厘米处能找到。有经验的采集者偶尔能凭借气味找到成熟的块菌,或者在早晨和黄昏时候看到成群的小黄蝇在块菌丛生处盘旋,但通常还要依靠经过训练的猪或狗的帮助来寻找。块菌在法国烹饪中很重要,块菌采集是法国的一项重要产业。块菌可说是世界上最珍贵的食品之一。担子菌门牛肝菌目项腹菌属的假块菌形小,结构似马铃薯,产于北美部分地区的针叶树下。

快帆船 clipper ship 19世纪最优秀的帆船,以其美观、优雅和快速著称于世。它发端于小型快捷的海岸邮船"巴尔的摩"号,而真

"飞云"号快帆船
By courtesy of the Peabody Museum, Salem, Mass.

正的快帆船则先在美国(约1833),后在英国逐步演变。最后发展的形状为细长而优美,船首突出,船体呈流线型,在3根高桅上张1面特大的帆。它们从中国运回茶并载着采金矿工人到加利福尼亚。著名的快帆船包括美国的"飞云"号和英国的"调皮姑娘"号。虽然它比早期的汽船(快帆船出现时,汽船已投入运营)快很多,最后速度还是被改良的汽船超过,19世纪70年代大部分已从商业应用上消失。

快马邮递 Pony Express(1860~1861) 在密苏里州圣约瑟夫和加利福尼亚州萨克拉门多之间,由驿马和骑手接替传递邮件的系统。全程2 900千米,设有157个驿站。每跑10~15英里便要更换驿马,跑完全程大约需要10天。创办这项事业的拉塞尔、梅杰斯和沃德尔公司雇用了W. F. 科迪(野牛比尔)、P. B. 哈斯拉姆这些有名的骑手。这套邮递系统是当时联络美国西部的重要方式,但却遇到财政困难,随着横越大陆的电报系统的完善,在经营18个月后便告终结。

宽带技术 broadband technology 能在大范围频率特别是在分为众多独立频道以同时传送不同信号的频率范围内进行通信的电信装置、线路或技术。宽带系统能在相同媒介上同时播送声音、数据和录像,也可以同时播送许多数据频道。

宽多河 Kwando River 非洲南部河流。发源于安哥拉中部,流向东南,形成安哥拉与赞比亚之间的部分边界。沿着博茨瓦纳的东北边界继续向东,最后在维多利亚瀑布上方注入赞比西河。全长731千米。

宽吻海豚 bottlenose dolphin 又作 bottlenosed dolphin。海豚科容易辨识的哺乳类海豚,学名 *Tursiops truncatus*。分布在世界各地暖、温带海域,身长可达2.5~3米,重达135~300千克,雄性通常大于雌性。此种海豚是人们熟悉的海洋馆的表演者,特点是嘴部弯曲所形成的"定型微笑"。它也是科学研究的主题,因为它有智力,也有能力通过声音和超声波脉冲与同类沟通。

宽叶羽衣甘蓝 collard 一种不结叶球的甘蓝,学名 *Brassica oleracea*。属芥科,植物学名同羽衣甘蓝,区别在于其叶较羽衣甘蓝宽得多,无褶边,似结球甘蓝(卷心菜)的莲座叶。主茎高达60~120厘米,顶端具莲座叶。下部的叶通常逐渐采收,有时整个幼嫩的莲座丛一起采收。叶子的营养价值高,富含矿物质、维生素A和维生素C。

匡特 Quant, Mary(1934~) 英国青年式样的女装设计师,20世纪60年代英国的"切尔西时装"以及迷你裙、"热裤"的广泛流行都与匡特有关。1957年成功地开设了一家名叫"市场"的妇女时装用品商店后,开始大量生产她设计的时装,每年产值达几百万美元。

匡扎节 Kwanzaa 又拼 Kwanza。非洲裔美国人的节日,从12月26日到次年1月1日,仿照非洲的收获节。创立于1966年,由长滩加利福尼亚州立大学研究黑人的M. 卡伦加教授提出,作为家庭和社区的非宗教性庆祝活动。名称取自斯瓦希里语的马坦达亚匡扎(matunda ya kwanzaa,意为"初熟果")。节期有7天,各有一个主题:团结、自决、集体责任心、合作经济、决心、创造性和信念。各家备有7支形烛台,节期中每晚点一支蜡烛,全家人聚集在烛光下,往往要互相交换礼物。12月31日社区成员一起举行宴会,称为"卡拉穆"。现有1 500多万人遵守这个习俗。

狂飙突进 Sturm und Drang 德国18世纪后半叶的文学运动,以反对启蒙运动对理性的崇尚和对法国文学的贫乏模仿为特点。它提倡将自然、直觉、刺激、本能、情感、想象和天生的才能作为文学的源泉。受J.-J. 卢梭、J. G. von 赫尔德和其他一些作家的影响,该运动采用了F. von 克林格(1752~1831)的剧本《狂飙与突进》作为其名称。戏剧作品是该运动最具特色的产品,其杰出代表是F. 席勒和J. W. von 歌德,后者的《少年维特的烦恼》(1774)成为了狂飙突进精神的缩影。

狂欢节 carnival 又译嘉年华。某些天主教地区在大斋节禁欲和斋戒之前举行的最后狂欢活动。节日开始的日期因各地传统而异,但通常都在忏悔节结束,即大斋期开始的前一日。最著名的和也许是最热闹的狂欢节是里约热内卢的狂欢节,人们身着盛装举行化装舞会和游行来庆祝这一活动。美国有名的狂欢节是新奥尔良的肥美的星期二。

狂犬病 rabies 温血动物感染的一种病情凶险的中枢神经系统急性病毒性传染病。通过接触已被感染动物的唾液来传播,通常因被咬伤而感染。棒状病毒从伤口沿神经组织而到达大脑。通常在感染后4~6周出现症状,开始时表现为兴奋易怒,具有攻击性。这时,野生动物会不怕人类,但稍受刺激就会咬人,家养宠物也一样。接着出现精神委靡和瘫痪。出现症状后3~5天便会死亡。人类甚至可能在中枢神经受压抑的症状发展之前的早期阶段就会发作而死亡。狂犬病又称恐水病,是因为吞咽时喉部收缩而疼痛。人类得了狂犬病,如果不及时(在一两天之内)用带抗体的血清以及一系列的疫苗接种处理的话,必定会致命。及时用肥皂和水清洗病兽咬的伤口可以除去大部分病毒。

狂热崇拜 cult 集体的敬拜或礼拜（如天主教中对圣人的崇拜仪式，意即对圣人的集体敬拜）。在西方，这个词汇已逐渐用于一个在信仰和行为上脱离正统宗教的群体。它们通常会有一位具有群众魅力的领袖，而且或多或少都不为主流社会所接受。在这样的定义下，狂热崇拜常被视为外来的或是危险的。

鵟 buzzard 鵟属（*Buteo*）几种猛禽的统称。但在北美，亦指属于新域鹫科的各种新大陆鹫类，尤指红头美洲鹫。在澳大利亚钩嘴鸢属（*Hamirostra*）的一种大型鹰类称为黑胸鵟。鵟类又称鵟鹰类，常以宽阔的羽翼和张开的圆形尾区别于其他猛禽。大多数种类上体暗褐，下体白色或斑褐色，尾和翅下羽毛通常有横斑。捕食昆虫和小哺乳动物，偶尔袭击鸟类。在树上或悬崖上营巢。多数种类分布于美洲、欧洲和非洲的绝大部分地区。红尾鹰是最普通的北美洲鵟，身长约60厘米。

矿物 mineral 任何自然存在的均质固体物质，有确切的化学成分（但不固定）和特有的内部晶体构造。矿物通常由无机作用过程形成。祖母绿和金刚石等各种矿物的等价物可以人工合成，用于商业目的。虽然多数矿物都是化合物，但仍有一部分（如硫、铜和金）是化学元素。矿物彼此结合形成岩石。例如，花岗岩含有不同量的长石、石英、云母和闪石。因此，岩石通常是各种矿物的共生物。

矿物燃料 fossil fuel 地壳内部源于生物的任何一种可作为能源的物质，包括煤、石油、页岩油等。它们都含有碳，是几亿年前生存又死亡的动、植物（大多数）受地质演变作用而形成的。所有矿物燃料都能燃烧以提供热能。此种热可以直接使用，如家庭取暖；也可以用来产生蒸汽，以推动涡轮发动机发电。发达国家所消耗的能源中，约有90%由矿物燃料所提供。

奎勒·库奇 Quiller-Couch, Sir Arthur Thomas（1863～1944） 英国诗人、小说家和文选家。以编纂《1250～1900年牛津英国诗选》（1900，1939年修订）和《牛津歌谣集》（1910）著称。曾在牛津大学求学。定居康沃尔前在伦敦一家出版社担任编辑。1912年任教于剑桥大学。出版的著作有《论写作艺术》（1916）和《谈读书的艺术》（1920）。他以清晰简洁、流畅自如的风格著称。还著有许多小说、短篇故事、诗集及评论。

奎宁 quinine 金鸡纳树属树皮中的生物碱，主要用于治疗疟疾。这种杂环化合物的化学结构大而复杂，有几个环。20世纪40年代研制出新的抗疟药品以前的300年间是西方唯一有效的抗疟药。是第一种治疗传染病获得成功的化学药物，比任何其他药物治疗的传染病患者人数都多。奎宁有时也用于治疗疼痛和退热，以及一些碳酸饮料的调味剂，包括奎宁水。

奎松 Quezon (y Molina), Manuel (Luis)（1878～1944） 菲律宾政治家，参加过反美独立斗争。失败后，奎松认为唯有和美国合作才能使菲律宾取得独立。1907年选为议员。1909年任菲律宾在美国众议院的常驻专员，为菲律宾尽快脱离美国而独立奔走呼吁（1916）；为争取美国国会通过《泰丁斯·麦克达菲法案》（1934）曾发挥过重要作用。该法案订出菲律宾独立的时间表。1935年当选为自治政府总统，1941年再度当选总统。1942年日本侵占菲律宾，他去美国组织流亡政府。没有等到菲律宾完全独立，就因肺病死去。奎松市即以他的名字命名，以示敬意。

奎松市 Quezon City 菲律宾吕宋岛城市，位于马尼拉东北部。1939年由菲律宾总统奎松选定，即以他的名字命名。1948年取代马尼拉成为首都。作为马尼拉大都会区的一部分，第二次世界大战后开始兴起，建有许多政府建筑。1976年政府机构迁回马尼拉。市内设有两所大学。人口约2 173 831（2000）。

奎因 Queen, Ellery Frederic Dannay（费雷德里克·丹奈，原名Daniel Nathan，1905～1982）和Manfred Bennington Lee（曼福雷德·本宁顿·李，原名Manfred Lepofsky，1905～1971）的笔名。美国作家。他们是表兄弟。两人合写有以奎因为主角的多达35集的畅销系列侦探小说。他们为参加侦探小说竞赛而写的一篇《罗马帽子的秘密》（1929）获奖，以后就轮流写奎因的故事。他们两人还使用B.罗斯这个笔名，塑造了第二个侦探德鲁里·莱恩。他们还创办了《埃勒里·奎因侦探杂志》（1941），编辑了许多文集，共同创建了美国侦探小说作家协会。

奎因 Quine, W(illard) V(an) O(rman)（1908～2000） 美国逻辑学家和哲学家。在R.卡纳普指导下进行数学研究。1936～1978年在哈佛大学任教。主张系统的、构成主义的哲学分析。虽然早年曾把逻辑的技术方面强调为哲学的基础，但后期著作却主张把一般哲学问题放在一个系统的语言构架之内进行研究。他以对分析综合对比和实证的原子论观点的抨击而广为人知。著作有《逻辑系统》（1934）、《语词和对象》（1960）、《逻辑哲学》（1970）和《实在之原理》（1981）等。

魁北克 Quebec 加拿大东部一省。北邻哈得孙海峡和昂加瓦湾，东邻纽芬兰省和拉布拉多，东南接圣劳伦斯湾、新不伦瑞克，南邻美国（缅因州、新罕布什尔州、佛蒙特州和纽约州），西界安大略及哈得孙湾。省会魁北克市。最初居民是因努伊特人（参阅爱斯基摩人）、阿尔冈昆人、克里人及其他印第安部落。17世纪初期法国人在此建立驻地，法英北美殖民地争夺战中被英国占领，但英国与法国之间因权限争执不休导致了1837年法语加拿大人的反叛，此次反叛遭到镇压。1867年新斯科舍、新不伦瑞克、魁北克和安大略4省组成加拿大联邦。大多数人口为法裔。20世纪主张魁北克独立的运动持续进行。1976年，魁北克党赢得选举，独立计划在1980年的公民投票中失败。1995年举行的第二次公民投票以接近的票数失败。目前，当地主要工业有采矿、水力发电和林业。人口7 903 001（2011）。

魁北克 Quebec 又作Quebec City。加拿大魁北克省港市和省会，位于圣劳伦斯河与圣查尔斯河汇流处的石岬上，在蒙特利尔东北约240千米。为加拿大最古老城市。1608年法国人在此建贸易点。1663～1763年为新法兰西首府，后被英国人占领。1791～1841年为下加拿大首府，1841～1876年为加拿大东区首府。1867年为省会。大多数居民信奉天主教，使用法语。这里是拉瓦尔大学和其他学院以及各文化机构所在地。主要制造业有造纸、谷物加工、卷烟和服装。造船业和旅游业也很重要。人口约516 622（2011）。

魁扎尔科亚特尔 Quetzalcóatl 意译为羽蛇，是古代墨西哥所崇奉的重要神祇。在特奥蒂瓦坎文明中为草木之神。在托尔特克文化中，则是晨星和暮星之神。阿兹特克时期，羽蛇被当作祭司、历法和书籍的发明者、金匠和其他工匠的庇护者。他还被等同于金星，并且是死亡与复生的象征。有一个神话说他是乘坐蛇筏远去的白色祭司王。以为他有一天还会从东方回来的信念使蒙提祖马二世把H.科尔特斯的到来看作是这个预言的实现。

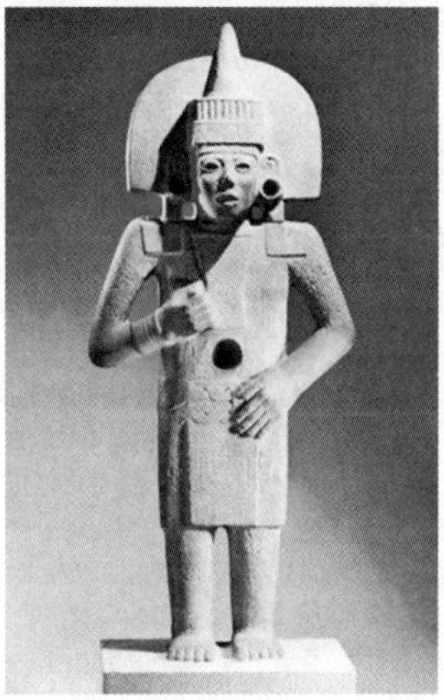

魁扎尔科亚特尔，900～1250年间墨西哥瓦斯特克文化的石灰石塑像；现藏纽约布鲁克林博物馆

By courtesy of The Brooklyn Museum, New York, Henry L. Batterman and Frank S. Benson Funds

蝰蛇 viper 蝰蛇科约200种毒蛇的统称。分为两个亚科，即蝰蛇亚科（旧大陆蝰蛇，分布在欧洲、亚洲和非洲）和响尾蛇亚科（颊窝蝰蛇）。它们有一对中空的注射毒液的牙齿，着生在上颌骨上，不用时可折回嘴内。体长从30厘米到3米以上。捕食小型动物，捕猎方法是先咬伤猎物，再追踪。许多旧大陆的蝰蛇为陆栖，少数是树栖和洞栖。大多数种类卵胎生。

傀儡戏 puppetry 在剧院里由人创作并

控制傀儡进行表演的戏剧艺术。傀儡是指被人而非机械操纵的人物形象。它们可以由一个或多个表演者控制，这些表演者隐于舞台幕布后面。傀儡有很多种，包括布袋（手控）木偶、杆控木偶、皮影木偶和提线木偶（线控木偶）。傀儡戏始于原始部落社会，存在于每个文明当中。到18世纪，傀儡戏在欧洲广受欢迎，人们搭建起固定的剧院以供巡回演出者表演。有多家剧院上演最受青睐的傀儡戏，如法国的吉尼奥尔、意大利阿莱基诺、德国卡斯佩勒及英国的庞奇和朱迪。到20世纪中叶，傀儡戏在J. 亨森的《芝麻街》节目中走上电视银屏。参阅文乐。

溃疡 ulcer 皮肤或黏膜因表皮组织的逐渐分解而形成的损害。表面组织的损害可深入到皮肤深层。主要症状是疼痛。常见的有消化性溃疡和皮肤溃疡，通常出现在静脉曲张的腿部、糖尿病人的脚部（神经损伤致使感觉下降），以及褥疮性溃疡（褥疮）。其他引发原因还有感染、外伤（如烧伤、冻伤）、营养障碍（如维生素B1缺乏）以及癌症（如溃疡处触之较硬）。皮肤溃疡存在1个月以上应该到医院去检查以排除癌变的可能，尤其是在中年以后。

昆虫 insect 昆虫纲动物的统称。昆虫纲是动物界中最大的节肢动物纲，已知约有100万种（约占已知动物种类的3/4），估计还有约500万～1 000万种未经描述。昆虫的身体分成3部分：头、胸（有三对足，通常还有一或二对翅）和多节的腹部。许多种类在生活史中已经完全变态。昆虫纲有两个亚纲：无翅亚纲（原始且无翅的种类，包括衣鱼和缨尾虫）和有翅亚纲（较进化，有翅或次生性无翅）。有翅亚纲的约27个目都是具有翅，例如鞘翅目（甲虫）、双翅目（双翅目昆虫）、膜翅目。昆虫见于几乎所有的陆地生境和淡水生境以及某些海洋生境。

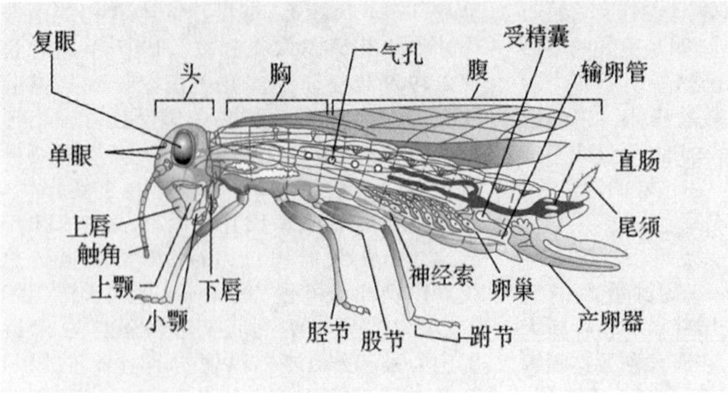

一概括化的昆虫的体制图。身体通常分为头、胸、腹三部分。头上的附肢变形为具有感觉器官的口器及触角。口器包括具齿的大颚和刀刃般的小颚（位于上唇的后方）。第二对小颚部分融合形成下唇。成虫通常同时具有单眼和更复杂的由许多小眼组成的复眼，在胸部有一对翅膀。足分为六节，附节通常带爪，爪上带有黏性垫，让昆虫可以停在光滑的表面。有些昆虫如蟋蟀和蟑螂，带有感觉器官的一对尾须位于腹部后方。胸和头有小孔（气孔），让氧进入内部充满空气的气管，并放出二氧化碳。雄性的精子储存在雌性的受精囊内，直到卵子从卵巢经过输卵管。雌性可能有产卵器用以产卵。

昆虫学 entomology 研究昆虫的动物学分支学科，其研究范围包括分类学、形态学、生理学和生态学，也包括昆虫学的应用如昆虫对人类的有害和有益影响。

昆士兰 Queensland 澳大利亚东北部的一州，北部临太平洋和大堡礁。大分水岭纵贯全州，内陆地区的采矿和牧场是重要的资源。其沿海地区是澳大利亚最炎热的地方，是重要的旅游胜地，1988年被联合国教科文组织列为世界遗产。J. 库克船长曾于1770年将昆士兰海岸地带绘成海图。19世纪时建了几处罪犯流放地，金矿的发现吸引了许多移民，1901年宣布成立澳大利亚联邦，昆士兰成为联邦的一州。首府为布里斯班。面积1 730 648平方千米。人口约4 513 860（2010）。

昆体良 Quintilian（公元35？～公元96以后） 拉丁语为Marcus Fabius Quintilianus。又译昆提利安。拉丁语教师、作家。出生于西班牙，可能受教于罗马并受到当时雄辩家的实际训练。69～88年教授修辞学，成为罗马第一名领受国家薪俸的修辞学教师，并且是著名法庭辩护士。巨著《雄辩家的培训》共12册，是对教育理论和文学评论的巨大贡献。他认为教育的最终目的是发展学生的身心与陶冶学生的情操。其教育思想受到15～16世纪人文主义者的重视，并从而对现代全面发展的教育观点有极大影响。

L

Linux系统 Linux 数字计算机使用的开放操作系统。由芬兰的利努斯·托尔瓦兹(即以他的名字命名)开发出来,并由世界各地许多程序开发人员加以修改,Linux系统的核心程序在1994年首次发表。Linux系统是真正的多人多任务系统,包括有与UNIX型操作系统兼容的功能(如虚拟存储、共享程序库、内存管理,以及TCP/IP网络)。Linux系统因为性能可靠迅速、安全性良好而著名,可以安装在个人计算机上,亦可用于功能更强大的机器。原始码对所有人开放,可免费取得。不过,有些公司销售套装的Linux产品。虽然通常被当作视窗的替用系统,而作为商业应用程序与万维网服务器的操作系统Linux反而更加普及。

拉奥孔 Laocoön 希腊传说中的先知和阿波罗神的祭司。特洛伊人阿革诺耳的儿子,一说他是埃涅阿斯的父亲安喀塞斯的兄弟。拉奥孔违背了自己要保持独身的神职人员誓言而生儿育女,还警告特洛伊人不要接受希腊人留下的木马,因此触怒了阿波罗。当他正准备献给海神波塞冬牺牲时,拉奥孔和他的两个儿子被阿波罗派来的两条大海蛇缠绞而死。

拉巴斯 La Paz 墨西哥西北部南下加利福尼亚首府。濒临加利福尼亚湾的拉巴斯湾,是该州著名的旅游胜地和最大的都市中心。1596年西班牙人发现该海湾,19世纪初建起城市,1828～1887年成为下加利福尼亚州首府。1887年该半岛被美国和墨西哥分割后,拉巴斯成为墨西哥地区首府。人口约215 178(2010)。

拉巴斯(德阿亚库乔) La Paz (de Ayacucho) 玻利维亚行政首都。位于该国中西部,海拔3 650米,是世界上最高的首都。城市中心位于拉巴斯河形成的峡谷中。1548年由西班牙人在印加人村落的基础上建立,原名Nuestra Señora de La Paz,意为"我们的和平女士"。1835年改名为拉巴斯德阿亚库乔,以纪念那场殖民地独立战争中的决定性战役。自1898年以来,虽然苏克雷仍是法定首都,但拉巴斯一直是玻利维亚的行政首都。现为该国主要工业中心,也是圣安德烈斯大学及国家艺术博物馆和国家考古博物馆的所在地。人口约789 558(2001)。

拉巴特 Rabat 阿拉伯语拉丁字母转写作Ribat。摩洛哥首都。位于大西洋沿岸的布赖格赖格河口,与塞拉隔河相望。是摩洛哥4个皇城之一。12世纪时阿尔摩哈德王朝的统治者阿卜杜勒·慕敏在此为他反对西班牙人的圣战建立军营。1609年后,拉巴特与塞拉共同成为大批被赶出西班牙的安达卢西亚摩尔人的家园。后来又成为最让人畏惧的柏柏里海岸海盗的居留地。1912年后,拉巴特是法国保护地的行政首府。现在它是纺织工业的中心,以生产地毯、毛毯及皮革手工制品著称。人口:拉巴特-塞拉都会区约1 662 860(2004)。

拉班努 Rabanus Maurus(约780～856) 又称Hrabanus Maurus。德国神学家。作为一个本笃会修士,他于803年任美因河畔法兰克福附近富尔达隐修院学校的校长,他把富尔达建设成欧洲重要的学习中心。822年当选富尔达隐修院院长,使该隐修院成为整个欧洲基督教传教的基地。847年被立为美因茨大主教。拉班努写有许多著作,包括《论事物的性质》(842～847),这是一部包罗所有以前知识的百科全书。他还撰有关于教育和语法的论文以及对《圣经》的注释。其著作对德国文学的发展有重大贡献,因而获得"德国教师"的称号。

拉贝阿利维洛 Rabéarivelo, Jean-Joseph(1901～1937) 马达加斯加作家。主要靠自学成材。曾在出版公司当校对员维持生计。他用法文写了7卷诗集,其中最重要的有《近乎梦想》(1934)和《黑夜的表述》(1935)。在诗中所创造的神秘和超现实的世界,强烈地表现出他的个性,充满着死亡、灾难和孤独感。由于受到法国当局的折磨,加上吸毒成瘾,他最终自杀身亡。现在被尊为马达加斯加现代文学之父。

拉比 rabbi 又作rebbe。在犹太教中指学过希伯来文经籍和《塔木德》,并有资格担任犹太教会众精神领袖的人。可以由任何一位拉比来授予拉比称号,但一般都由候选人的老师来颁发证书。虽然拉比应该是老师而不是祭司,但他们也主持宗教仪式,协助举行受诫礼,以及主持婚礼和葬礼。在离婚案件上,拉比可以参加专门成立的犹太律法裁判庭。拉比还负责会众的咨询和慰问,监督年轻人的宗教教育。

拉比犹太教 Rabbinic Judaism 犹太教的一种主要形式,公元70年耶路撒冷第二圣殿被毁后逐步形成。源于法利赛人的教义,强调需要对托拉作出评注性的解释。拉比犹太教主要研究《塔木德》,探讨由它引起的法律和神学问题。世界各地的犹太人至今仍遵循拉比犹太教的礼拜仪式和生活准则。

拉宾 Rabin, Yitzhak(1922～1995) 第一位在本土出生的以色列总理。曾参加以色列独立战争,1964年任参谋长。1967年他提出的战略帮助赢得了六日战争。从军队退役后(1968),曾任驻美国大使(1968～1973)。作为以色列工党的领袖,他两次担任总理(1974～1977,1992～1995)。在第一届任期内,他确保了与叙利亚在戈兰高地的停火,但又下令袭击恩德培。任国防部长期间(1984～1990),他以武力对巴勒斯坦的抗暴行动作出强烈反应。1993年与巴勒斯坦人秘密谈判,最后达成政治和解,同意在加沙地带和约旦河西岸实行有限的巴勒斯坦人自治。为此,他与S.佩雷斯和Y.阿拉法特分享了1994年的诺贝尔和平奖。1995年11月被一名右翼犹太极端分子刺杀身亡。

拉伯雷 Rabelais, François(1494?～1553) 法国作家和牧师。初习法律,受神职为方济会教士。后来由于一场争论而转入本笃会。1530年离开本笃会习医,医师成为他以后毕生从事的职业。他是重要的人文主义学者,翻译了希波克拉底和加伦著作。他的声誉主要来自五部喜剧小说(其中一部是否为他所作尚有存疑),合称《卡冈都亚和庞大固埃》(《巨人传》),包括经典杰作《庞大固埃》(1532)、《卡冈都亚》(1534)和《善良的庞大固埃的英雄言行第三卷》(1546),后者是他最著名的作品。这些作品用词赏心悦目。拉伯雷是一位讲故事的高手,与以前任何法国作品都不同,他将学术、文学和科学的讽喻交织在一起而表现出很深的人文主义精神。由于这些作品的讽刺性内容以及粗俗的幽默而遭到政府和教会当局的禁止,然而在欧洲阅读者甚多。在其整个生涯中,他因受到许多有势力的赞助人的保护而享有自由。

拉布拉多 Labrador 加拿大东北部巨大半岛。分属于魁北克省和纽芬兰省,面积约1 620 000平方千米。最高峰海拔超过1 520米,海岸沿线有许多小岛。为加拿大地盾高原的最东部分,在行政区划上仅指半岛的纽芬兰省部分,而属于魁北克省的部分则名为昂加瓦半岛。两个省对这一地区的政治管辖权一直存在争议,直到1927年确定了两省的边界线后才平息下来。

拉布拉多洋流 Labrador Current 沿拉布拉多海西侧向南流动的表面洋流。发源于戴维斯海峡,由西格陵兰洋流、巴芬岛洋流和来自哈得孙湾的水流汇合而成。温度在0℃以下,盐度较低。该洋流范围限于大陆架,深度略大于600米,每年都会携带数千座冰山向南流去。

拉布雷亚沥青坑 La Brea Tar Pits 美国洛杉矶市汉科克公园内的一个化石场。为1769年波尔塔拉远征队发现的一个渗出石油的"沥青泉",印第安人过去用它做防水材料。坑内有不少更新世时期哺乳动物的骨化石,包括猛犸象、乳齿象以及剑齿猫等。该市的乔治·佩奇博物馆收藏着从该地出土的100多万件史前标本。

拉德克利夫 Radcliffe, Ann(1764～1823) 原名Ann Ward。英国哥特派小说家。在富裕家庭长大。1787年与一位报人结婚,他鼓励她从事文学工作。她因自己的第三部小说《林中艳史》(1791)一举成名。写了第四部小说《尤道弗神秘事迹》(1794)一书后,她成了英国最受欢迎的小说家。《意大利人》(1797)揭示了罕见的内心世界,表明她已达到最佳境地。在她的故事里,阴森恐怖和焦虑悬疑的场景里充满着浪漫主义的情调。

拉德克利夫-布朗 Radcliffe-Brown, A(lfred) R(eginald)(1881～1955) 英国社会人类学家。曾在开普敦大学、悉尼大学、芝加哥大学和牛津大学任教。在其关于功能主义的书中,他把社会的各组成部分(如王权系统、法律系统)看作具有彼此不可缺少的功能,一个部分的继续存在取决于其他部分的存在。他还发展出一个系统的概念框架,与小规模的社会结构有关。他对英国和美国的社会人类学有很大的影响。主要作品包括《安达曼岛民》(1922)和《原始社会的结构和功能》(1952)。

拉德纳 Lardner, Ring(gold Wilmer)(1885～1933) 美国作家。曾任报纸记者、体育撰稿人和专栏作家,后来开始发表小说。拉德纳写了一些有关棒球运动员的滑稽故事,受到广泛欢迎,其中有些故事收集在《艾尔,你了解我》(1916)中。后来的小说集都以尖刻的讽刺、叙述的技巧和可信的方言著称,包括《怎样写短篇小说》(1924)和《爱巢》(1926)。他与人合写了百老汇剧本《伟大的埃尔默》(1928,与G. M. 科汉合写)和《六月的月亮》(1929,与G. S. 考夫曼合写)。他的儿子小拉德纳是电影编剧,为"好莱坞十杰"之一,后来写了像《外科医生》(1970)这类风行一时的电影剧本。

拉狄克 Radek, Karl(Bernhardovich)(1885～1939?) 原名Karl Sobelsohn。俄国共产主义政治家。参加俄国1905年革命。1906～1914年间在波兰和德国为左翼报纸撰稿。1915年结识V. I. 列宁后,1918年参与组织德国共产党。1919年回到俄国,在第三国际中升至领导地位。1924年因支持L. 托洛茨基而被开除。1929年公开认错后,成为一个热情的斯大林分子,任《消息报》编委(1931～1936)。尽管他已经表示悔改,但在清党审判中还是被捕并受审,被判10年监禁,后死于狱中。

拉迪诺人 ladino 主要讲西班牙语、穿着西式服装的中美洲人。从遗传学上说,拉迪诺人可能是印第安人、梅斯蒂索或非洲人的后代。一个印第安人如果放弃印第安的服装和习俗,就可以变成一个拉迪诺人。许多乡间的拉迪诺人也像他们的印第安邻居一样从事自给自足的农业生产,不过他们更注重种植经济作物,并使用现代的农业技术,而印第安人对此却是回避的。小城镇里的拉迪诺人除从事农作外,通常也从事商业活动。在城市里,他们从事各种行业,既有按日计酬的劳工,也有大学教授。

拉蒂根 Rattigan, Terence(Mervyn)(1911～1977) 后称Sir Terence。英国剧作家。完成两部喜剧之后,他因戏剧《温斯洛男孩》(1946年,1948年被拍成电影)而备受称赞。他最著名的作品《分开的餐桌》(1955,1958年拍成电影),以生硬地将社会习俗强加于人而产生的孤立为主题。其他的戏剧作品还有《伯朗宁的译文》(1948)、《罗斯》(1960)和《留给国家的遗赠》(1970)。他为以自己的作品改编的电影撰写脚本,还为《黄色罗尔斯·罗伊斯汽车》(1965)和《再见吧,奇普斯先生》(1969)写了电影剧本。

拉蒂默 Latimer, Hugh(约1485～1555) 英格兰新教徒殉道者。富裕自耕农之子,在剑桥大学就读时,接触了M. 路德的教义而皈依新教。他赞同亨利八世解除婚约的想法,但后来被开除教籍,因为他拒绝接受存在炼狱的说法或必须尊重圣人。后来他完全屈从,并担任短暂的伍斯特主教(1535～1539)。由于被怀疑是异端分子,因而再度入狱。爱德华六世即位后被释,且积极布道。玛丽一世即位后,因他转而皈依天主教,以叛逆罪将其抓捕,烧死在火刑柱上。

拉丁美洲 Latin America 南美洲和北美洲(包括中美洲和加勒比海诸岛)美国以南的国家,拉丁美洲一词通常限指使用西班牙语或葡萄牙语的国家。拉丁美洲的殖民时代开始于发现新大陆之旅的15～16世纪,当时的探险家有C. 哥伦布和A. 韦斯普奇。包括H. 科尔特斯和F. 皮萨罗在内以及后来的征服者们,将西班牙的统治带到拉丁美洲的大部分地区。1532年第一个葡萄牙殖民地建于巴西。天主教堂广建于拉丁美洲,至今天主教仍是拉丁美洲大多数国家的主要宗教信仰。西班牙和葡萄牙的移民与日俱增,并奴役原居于此的印第安人,在印第安人因虐待或疾病而造成人口剧减后,又输入非洲奴隶以取代印第安人。由J. de 圣马丁、S. 玻利瓦尔和其他人领导的一连串独立运动,在19世纪初传遍拉丁美洲。该地区纷纷宣告成立联邦共和国,但许多新的国家因陷入政治混乱而被独裁者攫取,此类情况一直持续至20世纪。20世纪90年代民主统治的倾向再次出现,在社会主义统治的国家中有许多国营企业民营化,而地区经济的一体化也在加速。

拉丁美洲艺术 Latin American arts 自1492年和1500年先后与西班牙人和葡萄牙人接触后,在中美洲、南美洲和加勒比海地区发展起来的各种视觉的、表演的和文学的艺术。当欧洲人到来时,他们带来了欧洲古代的艺术传统。与此相似,许多世纪以来美洲土著也经由他们自己独特的艺术实践形成了当地的文明。从非洲引进奴隶则使具有悠久历史的非洲艺术风格也在当地出现。就建筑来说,殖民时期当地许多土著聚居地被毁,而代之以欧式教堂和建筑物。在此期间,欧洲与当地艺术想象的相互组合,创造出独特的宗教雕塑和装饰艺术形式。随着更多的欧洲艺术家移民到这块新大陆,伊比利亚半岛的艺术家给艺术和建筑带来了欧洲同时代的风格元素,如文艺复兴、巴罗克时期风格以及洛可可艺术风格等。18世纪最著名的地区性风格是丘里格拉风格,这是在建筑、雕塑和装饰艺术中使用的一种精细装饰风格。在整个19和20世纪,拉丁美洲的艺术家和建筑师们继续实验各种西方风格,包括浪漫主义、古典主义和新古典主义、现代主义和后现代主义,但也越来越多地将它们用于反映拉丁美洲的题材,并且往往与政治有关。殖民时期以前当地的土著音乐是多样化的。主要的乐器似乎是打击乐器或摇动器(如响葫芦)以及各种各样的笛子,包括排箫。在欧洲的影响下,竖琴、小提琴和吉他(参阅马里亚奇)相继被采用。土著的音阶为三或五个音,某些地区并行的合唱很普遍。西班牙和葡萄牙音乐带来了诗体形式以及自己伴奏的独唱。非洲对旋律的影响包括使用重复的格调为扩展的即兴演唱伴唱,以及二到四拍节奏的盛行,尤其在加勒比音乐中;非洲传统也体现在鼓和切分音的使用上。伊比利亚半岛的舞蹈旋律和特色,如拍手和使用披巾和手帕,也被带入了许多音乐和舞蹈的混合形式中去。尤其在20世纪,流行音乐和舞蹈的形式(如撒尔撒、探戈、桑巴和新鲍萨音乐)代表了当地和西方传统的混合。在殖民时期,拉丁美洲的文学反映出了同时代西班牙和葡萄牙文学的潮流,内容多为殖民征服的编年史。随着殖民地形成了自己的特色并走向独立,爱国主义作品成为主流。在19世纪中叶,对当代民俗的描写,发展成现实主义风格的小说。从19世纪晚期开始,现代主义运动中的作者们把焦点集中在"为艺术而艺术"上。到20世纪,随着诸如魔幻现实主义等运动获得了国际声望,拉丁美洲文学逐渐自成一派。参阅O. 尼迈耶尔、D. 里维拉、J. L. 博尔赫斯和P. 聂鲁达。

拉丁语 Latin language 属印欧语系意大利语族,是现代罗曼诸语言的原始母语。起初操该语的是台伯河下游的几个小的民族群体,随着罗马人版图的扩大,拉丁语首先传遍整个意大利,而后扩及西欧和南欧大部地区以及非洲地中海沿岸的中部和西部。拉丁语最早的铭刻文字可溯至公元前7世纪,拉丁文学则可溯自公元前3世纪。不久,在文字(古典)拉丁语和一般口语的通俗拉丁语之间出现了分歧。罗曼诸语言从后者发展而来。中世纪时期和文艺复兴大部分时期,拉丁语是西方学术和文学作品最广为采用的语言。20世纪后期仍用于天主教的仪式中。拉丁语有一套复杂的名词词尾变化和动词连接的系统,有男性、女性和中性的变化。

拉丁字母 Latin alphabet 又作Roman alphabet(罗马字母)。世界上应用最广泛的字母,是欧洲人大部分语言的标准字母。拉丁字母约于公元前600年前从埃特鲁斯坎字母发展而来,渊源可从埃特鲁斯坎字母、希腊字母、腓尼基字母溯至北闪米特字母。最早的拉丁字母铭文见于公元前7世纪至6世纪。古拉丁语共有23个字母,其中21个源自埃特鲁斯坎字母。中世纪时,字母I分化为I和J,V分化为U、V和W,如此产生出现代英语的26个字母。在古罗马时代,拉丁字母主要有两种类型:大写体和草写体。拉丁字母安色尔体则是在3世纪由这两种字体混合发展而来的。

拉多加湖 Ladoga, Lake 俄罗斯西部湖泊。为欧洲最大的湖,面积17 600平方千米。长219千米,平均宽82千米,最深处230米。湖中有660个面积超过1公顷的小岛。出口处是西南角的涅瓦河。以前分属苏联和芬兰,现在整个都在俄罗斯境内。第二次世界大战列宁格勒之围期间(1941～1943),该湖成为该市连接苏联其他地方的生命线。

拉尔 Lares 罗马宗教的保护神。最初是耕地的神,后来与家神珀那忒斯一起受人崇拜。家神拉尔又称户神,是家族崇拜仪式的中心,其形象多为青年,一手执容酒之角,另一手执酒杯。在维斯太或其他某个神祇的身旁常分立着两个拉尔。人们每天早晨要向拉尔祈祷,在户神节时要向拉尔奉献供物。公众的拉尔立于十字路口、田地交界处和房舍交接处;国家的拉尔(称为护城神)是罗马的保护神,供奉在萨克拉大街的神庙里。

拉伐尔大学 Laval University 加拿大魁北克市一所法语大学。其前身魁北克神学院(1633年创办),被认为是加拿大的第一所高等学府。1852年获得开办大学的特许状,1970年该大学重组。目前,该校设有多个学科的本科和研究生课程。现有注册学生约35 000人。

拉法耶特侯爵 Lafayette, marquis de (1757～1834) 原名Marie-Joseph-Paul-Yves-Roch-Gilbert du Motier。法国军事领袖。出身于一个极富裕的古老贵族家庭,曾为路易十六臣,后为追求荣誉而从军。1777年前往费城,被任命为少将,成为G.华盛顿的亲密朋友,并在布兰迪万河战役中立下赫赫战功。1779年返回法国,劝说路易派6 000士兵去帮助殖民地人民,并于1780年回到美洲指挥弗吉尼亚州的军队,协助赢得约克敦围城战役,人们欢呼他为"两个世界的英雄"。1782年再度回到法国,成为开明贵族的领袖,1789年被选入三级会议。他向议会提出《人权和公民权利宣言》。后当选为巴黎国民自卫军司令,旨在保护国王,拥护君主立宪。在他的自卫军向练兵场中的请愿群众开枪(1791)后,他就因失去人心而辞职。1792年指挥军队与奥地利作战,但被奥地利人打败并俘获,直到1797年获释。回到法国后,拉法耶特成为绅士农民。波旁王朝复辟期间在众议院(1814～1824)中任职,并在七月革命(1830)时领导国民自卫军。

拉斐尔 Raphael 《圣经》和《古兰经》载天使长之一。在《圣经》外典《多比传》中,他装扮成人,征服了恶魔亚司马提。他的名字在希伯来语中意为"上帝已经康复"。在《多比传》中,他的职责是拯救人类。拉斐尔是屈指可数的几个东西方教堂都供奉的圣人之一。

拉斐尔 Raphael(1483～1520) 原名Raffaello Sanzio。意大利画家和建筑师。作为佩鲁吉诺画室的一员,17岁时他已技法成熟并开始接受重要委托。1504年,移居佛罗伦萨,在那里他完成了许多著名的圣母题材作品。他和谐的布局和对繁枝冗节的抑制在《带金翅雀的圣母》(约1506)中表现突出。虽然受到莱奥纳多·达·芬奇明暗法和渲染层次的影响,他的人物形象仍然是他自己的创作,有着一张文雅的圆脸,揭示了人物情感,凸显其庄重和宁静。1508年,他被召到罗马为梵蒂冈的教皇宫殿装饰。这组壁画可能是他最伟大的作品。最著名的是《雅典学院》(1510～1511),华丽地罗列了寓言的世俗理解,展示了建筑师眼中的古希腊哲学家。他在罗马期间创作的圣母像显示了他从早期作品的宁静向强调运动和庄严的转变,这一变化部分来自于米开朗琪罗的影响。《西斯廷圣母》(1513)展示了颜色的华美,构图的新颖大胆,是他罗马时期作品的典型。他成为罗马最重要的肖像画家,设计了10幅巨大的织锦悬挂在西斯廷礼拜堂,还设计了一座教堂和一座小礼拜堂。D.布拉曼特死后,他担任了圣彼得大教堂的指挥工作,并在事实上负责教皇任期内建筑、绘画和文物保护方面的所有项目。当他在37岁生日那天去世时,他最后的杰作《基督显圣容》圣坛背壁装饰画,被放置在他的棺材前端。

拉封丹 La Fontaine, Jean de(1621～1695) 法国诗人。他在巴黎广结名士,吸引了不少赞助人,使他能把最富有创造力的年华用于写作。最有名的作品是《寓言诗》(1668～1694),为法国文学最杰出的著作之一。全书约有240篇,包括一些关于平凡农民、希腊神话传说中的英雄以及人们所熟悉的寓言动物的传说,主题是人们日常的道德经验。他还写了许多其他著作,包括《普叙赫和库比德的爱情》(1669)以及《故事诗和小说诗》。1683年被选入法兰西学院。

拉弗 Laver, Rod(ney George)(1938～) 澳大利亚网球运动员。18岁时加入澳大利亚戴维斯杯队,1962年以前一直是该队成员。外号"火箭",1962年获"大满贯",是获此成绩的第二名运动员(在D.巴奇之后),他是第一个两次获此成绩(1969)的运动员。1971年退休。1963年转为职业运动员,退休时已成为网球史上创纪录的奖金得主。

拉福莱特 La Follette, Robert M(arion)(1855～1925) 美国政治人物。1880～1884年任县地方检察官,1885～1891年任美国众议员,回到威斯康星州之后,他凭着先进的改革思想赢得了州长职务(1901～1906)。任美国参议员期间(1906～1924),他倡议制定限制铁路部门权力的法案。1909年创办《拉福莱特周刊》,以推广他的改革运动并引导共和党人反对W.H.塔夫脱总统的政策。他反对美国参与第一次世界大战以及W.威尔逊总统偏袒大公司的政策。他大力揭露战后的腐败,包括蒂波特山丑闻。在1924年的大选中,他代表进步党竞选总统,赢得了500万张选票,为投票总数的1/6。翌年去世,他的儿子罗伯特(1895～1953)自1925年一直担任他的参议员职位,直到1947年被J.麦卡锡击败为止。

拉格尔克维斯特 Lagerkvist, Pär(Fabian)(1891～1974) 瑞典小说家、诗人和剧作家。早期信仰社会主义,但很快就转向支持文学与艺术的激进主义。虽然他的早期作品以极端的悲观主义为特征,但在独白散文巨著《战胜生活》(1927)中宣告了他对人类的信念。20世纪30和40年代他用作品抗议法西斯主义和野蛮的兽性。小说《侏儒》(1944)是他的第一本畅销书,也是他第一次取得的无可争议的成功。《巴拉巴》(1950)的出版使他获得国际声誉。1951年获诺贝尔文学奖。

拉格斐 Lagerfeld, Karl(1938～) 又译拉格费尔德。德国时装设计师。14岁移居巴黎之后,陆续为既有品牌如皮尔·帕门、克洛甲、瓦伦蒂诺及芬迪效力。拉格斐最为人所熟知的是在1983年加入夏内尔公司后,以其创造力为该知名品牌注入新血;拉格斐延续了该品牌长久以来由创始人G.夏内尔所树立的雅致风格,让夏内尔成为20世纪晚期时装中最让人渴望和最具影响力的品牌之一。

拉格朗日 Lagrange, Joseph-Louis(1736～1813) 后称Comte(Count) de L'Empire。意大利出生的法国数学家,对数论及经典力学和天体力学都有重要的贡献。25岁时即因他写的关于声的传播(参阅波动)和曲线的极大值与极小值的论文,被公认为当时最伟大的数学家之一。他的大量著作中包括教科书《分析力学》(1788),是以后该领域所有研究的基础教科书。他的著名发现有:以他的名字命名的一种微分算子,描述一个系统的物理状态的特征;拉格朗日点,指空间的点,在该点一个小物体在两个大物体的引力场中保持相对稳定。

拉格伦男爵 Raglan (of Raglan), Baron (1788～1855) 原名FitzRoy James Henry Somerset。英国陆军军官。曾任威灵顿公爵的助手,后为其军事秘书。克里米亚战争(1854)时被任命为英军总司令。在巴拉克拉瓦战役中,由于拉格伦发布的命令含混不清,造成卡迪根伯爵所领导的轻骑兵旅伤亡惨重。1854～1855年冬季,战争未取得进展,部队补给又不充分,拉格伦成了这一切的替罪羊。有一种套袖被称为拉格伦袖,可能源自滑铁卢战役后为适应拉格伦截肢情况而改制的外套衣袖。

拉格洛夫 Lagerlöf, Selma (Ottiliana Lovisa)(1858～1940) 瑞典女小说家。她写第一部小说《古斯泰·贝林的故事》(1891)时还是一个教师,书中描写她的故乡韦姆兰的生活。后期作品有《耶路撒冷》(1901～1902),这本书使她成为瑞典最优秀的小说家;《骑鹅旅行记》及其续集(1906～1907)是以幻想的形式为儿童写的地理读物。她很有讲故事的天赋,作品植根于传奇和萨迦。1909年成为第一位获得诺贝尔文学奖的女性和第一位瑞典作家。

拉格什 Lagash 现代称Telloh(泰洛赫)。古代苏美尔都城。位于巴比伦尼亚(今伊拉克东南部)底格里斯河与幼发拉底河之间,当地已发掘出宫殿和寺庙的废墟,以及楔形文字文书,为了解公元前第3千纪的苏美尔提供了资料。建于欧贝德时代(约公元前5200～约前3500),后受阿卡得的萨尔贡统治,在古蒂人指定的总督古德亚统治时期繁

拉格什出土的早王朝时代恩特梅纳国王镌刻银瓶；现藏巴黎卢浮宫
Archives Photographiques

荣起来，是迟至安息时代（公元前247～公元224）被占领的。

拉各斯　Lagos　尼日利亚城市和主要港口。为尼日利亚最大城市，建立在4个主岛上：拉各斯、伊多、伊科伊和维多利亚，岛与岛之间以及岛与大陆之间都有桥梁连接，人口集中于贝宁湾的拉各斯岛上。15世纪时约鲁巴渔民和猎户来此定居，16～19世纪受贝宁王国控制。1472年葡萄牙人在此建立奴隶贸易。1861年割让给英国，成为皇室直辖殖民地，1866～1874年由塞拉利昂统治，后成为黄金海岸殖民地的一部分（1874～1886），1906年与南尼日利亚保护国合并，1914年成为尼日利亚殖民地首府。1960年起是独立的尼日利亚的首都，直到1991年阿布贾成为新首都为止。现为主要的贸易和工业中心。人口约8 030 000（2002）。

拉合尔　Lahore　巴基斯坦东北部旁遮普省省会，巴基斯坦第二大城市。位于印度河上游的平原，临拉维河。12世纪成为伽色尼王朝的都城。1524年被巴伯尔的军队占领，后又受阿克巴和贾汗季控制，19世纪早期受锡克人统治，1849年割让给英国。印度独立后，拉合尔划归巴基斯坦（1947）。名胜古迹有维齐汗清真寺、奥朗则布所建的清真寺（1634）、沙礼玛尔园林（1641）等。市内有巴基斯坦最古老的大学旁遮普大学（1882）。人口约6 577 000（2007）。

拉赫玛尼诺夫　Rachmaninoff, Sergei (Vassilievich)（1873～1943）　俄罗斯出生的美国作曲家和钢琴家。曾在圣彼得堡和莫斯科音乐学院学习。以钢琴学生身份在毕业时演奏了他第一支协奏曲后（1891），继续学习作曲并取得学位，17天中写出了他的第一部歌剧《阿列科》（1892）。他的第一部交响曲（1897）极不成功，以致他在3年内都无法作曲。作为钢琴家，他以极高的鉴赏力著称。周游各地使他又回到了多产的作曲状态。1917年俄国革命后移居美国。他的作品大部分富有晚期浪漫主义的风格，包括三部交响曲、四部钢琴协奏曲、歌剧《弗朗西斯卡·达·里米尼》（1906）、音乐诗《死之岛》（1909）、《圣约翰·克里索斯托的礼拜》（1910）以及《交响舞曲》（1940）。

拉赫曼（东古）　Abdul Rahman Putra Al-haj, Tunku (Prince)（1903～1990）　马来亚独立后第1任总理（1957～1963）及马来西亚第1任总理（1963～1970）。早年在英格兰留学，从政之前任职于马来亚联邦司法部（1949～1951）。后来在担任联合马来亚国家组织主席时，拉赫曼使华人和印度人党团政治组织加入马来亚联盟党。1955年联盟党在大选中获得压倒性多数。此后他和英国就马来亚独立进行谈判（1957年马来亚取得独立），1963年马来西亚联邦成立。

拉吉尼什　Rajneesh, Bhagwan Shree（1931～1990）　原名Chandra Mohan Jain。印度精神领袖。为哲学老师，授课行迹广及全印度，并在浦那成立了阿室罗摩，传播一种东方神秘主义、个人奉献等兼收并蓄的信念，在积累了大笔个人财富后传出性开放的恶名。20世纪70年代早期他的信众多达20万人，当中有许多来自欧洲和美国。1981～1985年拉吉尼什与信徒在美国俄勒冈州建立的社区一起生活，直到因非法移民而被驱逐出境。他在浦那度过晚年，并在那里重新建立了自己的阿室罗摩。

拉加　raga　印度、巴基斯坦和孟加拉国古典音乐中的一种曲调框架，供即兴演奏之用。由一组特定音和独特的节奏型构成，以彰显特定的音乐主题。现在用的拉加有数百种，理论上可能有上千种。拉加的概念可能在9世纪前出现，其后影响遍及南亚，至今仍是该地区古典音乐的核心。

拉贾斯坦　Rajasthan　印度西北部的邦。与巴基斯坦接壤，与本国旁遮普邦、哈里亚纳邦、北方邦和中央邦相邻。面积342 239平方千米。首府为斋浦尔。考古证据表明，人类持续在该地居住已有10万年的历史。公元7～11世纪，曾有几个拉杰普特人的小王朝兴起，16世纪时达到鼎盛时期。阿克巴皇帝将拉杰普特各邦纳入莫卧儿王朝。19世纪时，英国人控制了该地区。1947年印度独立后，该地区组织成拉贾斯坦邦，1956年重组。拉贾斯坦境内主要是阿拉瓦利岭以及塔尔沙漠。以前它是一个以农业和畜牧业为主的邦，现在是印度最大的羊毛产地。人口约68 621 012（2011）。

拉结　Rachel　在《创世记》中，雅各的两位妻子之一。为了迎娶拉结，雅各为她的父亲拉班服务了7年，但最后却受骗娶了她的姐姐利亚。后来他获准娶拉结，但条件是还要再服务7年。开始时拉结没有孩子，最后生了约瑟，但在生便雅悯时去世。

拉金　Larkin, Philip (Arthur)（1922～1985）　英国诗人。曾就读于牛津大学，1955年成为约克郡赫尔大学图书馆馆长，并任职到去世。他先写了两本小说，后来写的第三本是诗集《较少受骗的人》（1955），使他成名。该诗集表达了他反对当时英国诗歌中流行的浪漫主义的过度热情。后来的诗集有《圣灵降临节的婚礼》（1964）、《高窗》（1974）和《黎明俪歌》（1980）。《爵士乐大全》（1970）收集了他为《每日电讯报》（1961～1971）撰写的爵士乐评论文章。

拉克沙群岛　Lakshadweep　印度中央直辖区。位于印度西南岸外的阿拉伯海中，包括约30多个岛屿（其中只有10个有人居住），陆地总面积32平方千米。首府卡瓦拉蒂。曾受印度杰尔王朝控制，12世纪时成为穆斯林统治地区。18世纪末英国获得该群岛的主权，并于1908年直接实施管理。1947年印度独立，1956年成为中央直辖区。椰子树是当地主要的农业资源，捕鱼和旅游业亦为主要行业。人口约64 429（2011）。

拉克斯内斯　Laxness, Halldór（1902～1998）　原名Halldór Kiljan Guthdjónsson。冰岛小说家。年轻时在旅欧期间改信天主教，但后来与基督教分离而转向社会主义，这种思想反映在他20世纪30年代和40年代的小说里。探讨冰岛社会问题的小说有《萨尔卡·瓦尔卡》（1936），描写的是一个渔村里劳动人民的困境；《独立的人们》（1935）写的是一个贫农为经济自立而奋斗的故事；还有民族主义三部曲《冰岛之钟》（1943～1946）。他后来的作品比较抒情和具有内省性。1955年获诺贝尔文学奖。

拉利克　Lalique, René (Jules)（1860～1945）　法国珠宝商和玻璃制作师。曾在巴

拉利克于1900年以珐琅、玻璃和黄石为材料制成的发饰和胸针；现藏伦敦维多利亚和艾伯特博物馆
By courtesy of the Victoria and Albert Museum, London

黎和伦敦学艺，1885 年在巴黎开办他自己的作坊，很快便吸引了像S. 伯恩哈特这样的顾客。一般机器制品的特点是使用贵重的宝石，而拉利克与此不同，他较少用传统的宝石（如电气石、光玉髓）或兽角等材料，却能设计出高雅脱俗的饰物来。他的设计对新艺术运动和后来的装饰派艺术运动作出了重大贡献。他对建筑装饰玻璃很感兴趣，这使他开发出模浇玻璃的款式，并因此而闻名。这种款式的特征是表面清澈晶莹，浮雕精致华美，色彩时隐时现。

拉鲁斯　Larousse, Pierre (Athanase)（1817～1875）　法国出版商、词典编纂人和百科全书编著者。铁匠之子，曾获奖学金赴凡尔赛学习。1852 年在巴黎开办了他自己的出版社拉鲁斯出版社，出版教科书、语法书和词典，但其主要的工作是实现他"把每一件事物教给每一个人"的愿望，也就是出版结合词典与百科全书性质的《19 世纪通用大词典》（1866～1876，17 卷）。拉鲁斯出版社现仍出版多卷本百科全书以及词典和小型百科全书。

拉罗什富科　La Rochefoucauld, François, duc (duke) de（1613～1680）　法国作家。出身于贵族之家，早年从军并数次受伤。后来在投石党运动中担当领导角色，但逐渐退出而重获宫廷恩宠。从此他将精力转向对知识的追求，成为《箴言录》的主要阐述者。《箴言录》是法国式的警句诗，主要表达作者愤世嫉俗的思想。1665～1678 年共出 5 版的《箴言录》是他的主要成就，其中包括 500 条对人类行为的反思。他在 1664 年出版的《回忆录》中详细描述了投石党运动期间那些叛乱贵族们的阴谋策划和具体战役。

拉马丁　Lamartine, Alphonse de（1790～1869）　法国诗人和政治家。为路易十八短暂的军事服役后，转向文学发展，写作诗体悲剧和哀歌。他最令人难忘极受欢迎的第一本诗集是《沉思集》（1820），该诗集充满音乐节奏并且引起感情共鸣。拉马丁以此诗集建立了他在法国浪漫主义运动中的主要地位。自 1830 年开始活跃于政坛，成为工人阶级的代言人。在法国第二共和国于 1848 年宣告成立后，拉马丁成为临时政府实际上的首脑直至革命被镇压。在晚年他出于无奈以出版小说、诗作和历史著作来还债以免破产。

拉马克　Lamarck, Jean-Baptiste de Monet, chevalier (knight) de（1744～1829）　法国生物学家。首先使用"生物学"一词（1802）。为现代博物馆藏分类概念的创始者之一，按照系统分类来排列展览品，并由见识渊博的专家来维护及更新。拉马克似乎是最早将化石与最接近的现存生物联系起来的人。他认为后天获得的特征可遗传的观点（被称为"拉马克主义"），在 20 世纪 30 年代后受到大多数遗传学家的怀疑，但不包括苏联在内。拉马克主义主导苏联遗传学的发展至 20 世纪 60 年代。参阅 C. 达尔文。

拉曼纽扬　Ramanujan, Srinivasa (Aaiyangar)（1887～1920）　印度数学家。他极端贫苦，从 15 岁起开始自学。1913 年开始与 G. H. 哈代（1877～1947）通信，后者将他带到英国，在那里，他在很多方面，尤其是数论、整数分拆和连分数理论方面有了很大进步。他在英国和欧洲的杂志上发表了论文，并在 1918 年成为首位被选入伦敦皇家学会的印度人。32 岁时死于肺结核，虽然不广为人知，但却被认为是一位数学天才。

拉美西斯二世　Ramses II（？～公元前 1213）　人称拉美西斯大王。古埃及国王（公元前 1279～前 1213）。其家族在阿肯那顿统治时期之后几十年开始执政。他着手恢

拉美西斯二世，底比斯出土的花岗岩像上半身部分，制于公元前 1250 年；现藏不列颠博物馆

复埃及的势力，征服了叙利亚南部的反叛，在著名的卡叠什战役中暂时打败了赫梯人。他在加利利和阿莫尔攻城略地，但是不能彻底击败赫梯人，公元前 1258 年他终于同意签订和平协议。他娶了一个或是两个赫梯人国王的公主为妻，此后他的统治时期再也没有发生战争。该时期的繁荣程度可以用他的建筑数量来衡量。早期他为自己在尼罗河三角洲修建了一个居住城市作为军事活动基地，并继续修建由他父亲统治时期就开始修筑的俄赛里斯神庙。他将这个神庙修筑在凯尔纳克，并在卢克索为他的父亲修建了墓葬神庙。在努比亚，他修建了六座神庙，最著名的几座位于阿布辛拜勒。

拉米纸牌游戏　rummy　纸牌游戏中的一类，两人或多人玩耍，每个玩家努力形成三张或更多的同花顺或套牌，争取最先将它们凑成。卡纳斯塔是拉米纸牌的一种，其中不允许同花顺。

拉莫　Rameau, Jean-Philippe（1683～1764）　法国作曲家和音乐理论家。他是一名管风琴师的儿子，49 岁以前一直担任管风琴师。从 1733 年起，他写了一系列极为成功的歌剧，包括《希波利特与阿里西埃》（1733）和《华丽的印第斯》（1735），确定了他作为J. -B. 吕里之后法国重要歌剧创作人的地位。《滑稽歌剧之争》（1752～1753）是关于法国和意大利歌剧的一部艺术争议性作品，因拉莫自己的音乐风格而偏向法国。他还以他的许多键盘作品而出名，主要是拨弦键琴作品。他的《和声论》（1722）使他成为了一名主要的音乐理论家。在这本书中，他认为和声是音乐的基础，而以往主要被认为是低音之上的间隔组的和弦，则应该理解为更基本的和声部分。这些见解都很独到深刻，对音乐创作有很大帮助。

拉穆尔　L'Amour, Louis（1908～1988）　原名 Louis Dearborn LaMoore 。美国西部小说作家。15 岁离开学校，在 20 世纪 40 年代开始写作前，曾周游世界各国。他一直使用笔名创作，如 T. 伯恩斯和 J. 梅奥，直到《亨达》（1953）成为一部成功的电影。他的作品超过 100 部，大多为固定形式的西部小说，很真实地描绘美国西部未开拓地带附近地区的生活，有些已翻译成 20 种语言，其销售量达到 2 亿多本，其中超过 30 本成为电影的蓝本，包括《基尔肯尼》（1954）、《燃烧的山丘》（1956）、《林中猎人》（1955）和《西部的胜利》（1963）。

拉尼娜现象　La Niña　厄尔尼诺现象的周期互补效应，由于南美洲西岸外的太平洋表面海水冷却而形成。一些局部的气象与气候效应通常与厄尔尼诺现象相反，但是全球效应较为复杂。拉尼娜现象通常跟在厄尔尼诺现象之后，以 5～10 年的不规则间隔出现。

《拉帕洛条约》　Rapallo, Treaty of　1922 年 4 月 16 日德国与苏联在意大利的拉帕洛签订的条约。由于德国的 W. 拉特瑙与苏联的 G. V. 契切林磋商，该条约重建了两国间的正常关系。两国同意取消彼此间一切的债权债务，而且借助条约加强双方的经济与军事关系。这是德国自第一次大战以来以独立身份缔结的第一个条约，为此惹恼了各西方协约国。

拉普拉斯　Laplace, Pierre-Simon, marquis de（1749～1827）　法国数学家、天文学家和物理学家。以对太阳系稳定性的研究以及关于磁、电和热波传播的理论而闻名。他毕生致力于把 I. 牛顿的引力理论应用于太阳系，解释了行星轨道为什么偏离理论预估的轨道（1773）。牛顿相信只有神的干预才能解释太阳系的平衡，但拉普拉斯却为这个问题建立了数学基础，这是自牛顿以来天文物理学上最重大的一个进步。整个 18 世纪 80 年代，他持续研究解释行星的摄动问题。1796 年发表的著作提出了星云假说，把太阳系的起源归于气体星云的冷却和收缩，该学说对未来的行星起源的想法有巨大影响。

拉普拉塔　La Plata　阿根廷东部城市。布宜诺斯艾利斯被定为首都后，1882 年拉普拉塔被选定为新的省会，城市规划模仿美国华盛顿特区的模式。1952 年更名为爱娃·庇隆，1955 年 J. 庇隆被推翻后又改为原名。该市位于拉普拉塔河入海口附近，是个具有大规模人工港口的海港。工业有肉类加工和炼油。人口约654 324（2010）。

拉普拉塔河　Plata, Río de la　位于乌拉

圭和阿根廷之间的巴拉那河和乌拉圭河的河口湾。约290千米长，入口处最宽，约219千米；但到西北方的布宜诺斯艾利斯河面逐渐变窄。1516年由西班牙人发现，1520年F.麦哲伦也勘探了它，1526～1529年S.卡伯特对该河进行了勘探。1537年亚松森成为该地区第一个永久居民点。

拉普拉塔总督辖区　Río de la Plata, Viceroyalty of　西班牙为统治新世界殖民地而设的4个总督管辖区中的最后一个。建于1776年，当时是西班牙帝国实施地方分权统治的一部分。所管辖的地区是原秘鲁总督辖区，并包括现在的阿根廷、乌拉圭、巴拉圭和玻利维亚。相继就任的总督保卫了该区，抵抗葡萄牙和英国的侵略，并将布宜诺斯艾利斯建设成西班牙帝国最繁盛的港口之一。来自内陆牧牛场的腌制肉类出口满足了奴隶对廉价食品的市场需求，为该殖民地带来了意外的财富。1810年克里奥尔人成立了一个地方集团，并将总督放逐。

拉普兰　Lapland　北欧地区，位于北极圈内，从挪威、瑞典、芬兰北部延伸至俄罗斯科拉半岛。面积389 000平方千米，濒临挪威海、巴伦支海和白海。由于拉普兰跨越数国

拉普兰地区驯鹿皮帐篷下的拉普人
© The National Geographic Society, Photograph, Jean And Frank Shor

边界，因此不存在任何统一的行政实体。拉普兰得名于萨米人，该民族在此居住已有数千年之久。以放牧驯鹿为生的人可自由越过各国边界。工业为采矿和渔业。人口约113 000（1992）。

拉齐　Razi, ar-（约854～925/935）　拉丁语作Rhazes。全名Abu Bakr Muhammad ibn Zakariya' ar-Razi。波斯炼金术士和哲学家。他认为自己是伊斯兰哲学界的苏格拉底、医学界的希波克拉底。在《医学集成》一书中，他对希腊、叙利亚、早期阿拉伯和一些印度的医学知识进行了研究，并加上了自己的观点。他的哲学著作包括《拉齐斯的精神物理过程》，是一本广受欢迎的道德论文，还包括了他的重要炼金术研究成果。他自称是柏拉图的追随者，但不认同阿拉伯人对柏拉图的观点的解释。他关于物质构成的理论与德谟克利特相似。被认为是伊斯兰世界最伟大的医学家。

拉萨尔　Lassalle, Ferdinand（1825～1864）　原名Ferdinand Lasal。德国社会主义者，德国工人运动的创立者之一。曾参加1848～1849年的革命，并与K.马克思以及F.恩格斯建立

拉萨尔，摄于1860年前后
Archiv fur Kunst und Geschichte, Berlin

了关系。1859年定居柏林，并成为一名政治记者。他主张通过普选建立民主立宪政府来逐步达成社会主义，这使他和马克思的关系渐行渐远。1863年帮助成立全德工人联合会，并被推选为主席，但他的独裁领导遭到同事们的反对。1864年去瑞士休养，并在那里陷入热恋，后来为了那个女人而死于与其前未婚夫的决斗，年仅39岁。

拉塞尔　Russell, Charles Taze（1852～1916）　美国宗教领导者。他成长于公理会，但抛弃了它的学说，因其不能将上帝的仁慈和地狱的概念相融合。受基督复临派影响，采取了千禧年主义理论。1872年他成立了国际圣经学者协进会（1931年更名为耶和华见证人），教导说决定性的日子将在1914年到来，地球上的基督王国将在资本主义和社会主义的战争后开始。1884年他成立了守望塔圣经和书刊社，现成为世界最大的出版社之一。他的书籍、小册子和杂志广泛流传，虽然他的世界大灾变的预言没有实现，但仍拥有许多皈依者。

拉什　Rush, Benjamin（1746～1813）　美国医师和政治领袖。就读于普林斯顿的新泽西大学。身为医生，他是一个武断的理论家，提出所有的疾病都是由血管受刺激过度所致的热病，简易的治疗方法即为放血及通便。他提倡精神病患者应受人道主义对待；他认为精神错乱常从身体疾病发展而来的思想标志着一个显著的进步。撰写了美国第一本化学教科书和第一部精神病学专著。他是早期的积极的美国爱国者，也是大陆会议的成员，起草主张独立的决议，签署了《独立宣言》。

拉什迪　Rushdie, Sir (Ahmed) Salman（1947～　）　印度裔英国小说家。曾就读于剑桥大学，20世纪70年代在伦敦当广告撰稿人，后来因撰写关于现代印度的讽喻式小说《午夜的儿女》（1981，获布克奖）获得意想不到的成功。他的第二部小说《羞耻》（1983），对巴基斯坦的政治和性道德作了尖锐的刻画。《撒旦的诗篇》（1988）涉及以先知穆罕默德的生活为基础的情节，被愤怒的穆斯林领袖们抨击为亵渎神明的作品；1989年拉什迪被伊朗的R.霍梅尼宣告处以死刑。于是他成为国际广泛的注意焦点，被迫藏匿了几年，直至1998年伊朗宣布不再执行霍梅尼的旨意。他的其他小说有《摩尔人的最后叹息》（1995）、《愤怒》（2001）和《小丑沙利马尔》（2005）。2007年拉什迪被封为爵士。

拉什顿　Rashidun　伊斯兰教国家最初的4个哈里发：艾卜·伯克尔、欧麦尔、奥斯曼和阿里。作为穆罕默德之后伊斯兰教最早的统治者，他们承担了除了先知以外的所有职责。他们领导集会祈祷，发表星期五布道演说，指挥军队。拉什顿的哈里发使伊斯兰统治扩展到阿拉伯半岛以外，进入伊拉克、叙利亚、巴勒斯坦、埃及、伊朗和亚美尼亚。他们还采用了伊斯兰教历，并确立了权威性的《古兰经》定本。

拉什特　Rasht　伊朗中北部城市。位于里海以南萨菲德河的一条支流沿岸。自17世纪俄国向南扩张时即成为吉兰地区的重要城市。在20世纪的两次世界大战中被俄国（后苏联）占领军严重破坏。周围是稻田和部分已开垦的林区。这里是大米、茶叶、花生和丝绸的贸易和加工中心。人口约557 366（2006）。

拉斯基　Laski, Harold J(oseph)（1893～1950）　英国政治学家、教育家和政治领袖。毕业于牛津大学后，曾先后在麦吉尔大学和哈佛大学任教，之后回到英国为工党活动。后在伦敦政治经济学院教书（1926～1950）。20世纪30年代在《政府的原理和实践》（1935）中认为资本主义制度的经济困难可能导致政治上民主的毁灭，并认为社会主义是唯一可能取代正在兴起的法西斯主义的制度。他在第二次世界大战期间曾担任C.R.艾德礼的助手。

拉斯卡拉歌剧院　La Scala　意大利米兰的歌剧院。建于1778年，以取代1776年被烧毁的雷焦杜卡尔剧院。位于圣玛丽亚斯卡拉教堂旧址。由于演出G.罗西尼的作品，意大利歌剧重新引起国际上的注意，拉斯卡拉歌剧院也因为是罗西尼多部作品的首演场地而声名鹊起。到19世纪30年代该剧院已成为最具代表性的歌剧院，此项荣誉一直保持至今。

拉斯·卡萨斯　Las Casas, Bartolomé de（1474～1566）　西班牙历史学家和传教士，被称为印第安人的使徒。1498年他参与C.哥伦布的第三次航行，1502年成为伊斯帕尼奥拉岛的种植园主。1510年成为美洲第一位被授予圣职的传教士。他毕生反对虐待印第安人，在危地马拉、秘鲁、古巴、尼加拉瓜和墨西哥等地与印第安人一起工作。他要求取消监护征赋制，引发了难以平息的反对声浪。他提议从非洲输入奴隶的解决方案被采纳，但印第安人所处的被奴役地位已不可逆转，为此他深感遗憾。他写的《印第安人的毁灭简报》（1552）和《印第安人的历史》激励了S.玻利瓦尔及其他革命英雄。

拉斯科布　Raskob, John Jakob（1879～1950）　美国金融家。1902年开始为杜邦公司工作，在20世纪初杜邦公司的扩建中起了重要作用。1915年他加入了通用汽车公司的董事会。自1918年担任通用汽车的财务委员会主席，极大地提高了公司的销售额和收入。他创建了通用汽车承兑公司，通过该公司，销售商可为汽车存货筹措资金、向顾客提供长期

信用贷款。1928年拉斯科布离开通用汽车公司,成为民主党全国委员会主席并帮助A.E.史密斯竞选总统,最终落败。之后,他与史密斯共同领导了帝国大厦的建造工程。

拉斯科洞穴　Lascaux Grotto　法国蒙蒂尼亚克镇附近的一座洞穴,以洞内展示的杰出史前艺术而闻名。1940年被发现,由一个主洞和几条陡峭的通道组成,内部布满极优美的动物雕刻、素描以及彩色的画像,有些是以"扭曲透视画法"画成的。最引人注目的图像是四头大型野牛、一头怪异如独角兽一类的动物,可能代表着神秘的创造物,还有一些很难说明的东西,包括一个鸟人的形象以及被刺的野牛。现场还发现了约1 500件骨雕品,据测定是属于奥瑞纳文化晚期(约公元前15 000年)作品。由于旅客络绎不绝,过于拥挤,1963年拉斯科洞穴不再对外开放,但在1983年开放了一个同样大小的仿真洞穴,称拉斯科二号洞穴。参阅岩画艺术。

拉斯帕尔马斯　Las Palmas (de Gran Canaria)　西班牙大加那利岛东北部海港。是加那利群岛最大的城市,建于1478年,当时作为西班牙人征服特内里费和拉帕尔马两岛的基地。1883年建造港口后发展迅速。该市为一年四季皆宜的旅游胜地,历史遗址有一座15世纪的大教堂和C.哥伦布故居。人口约354 863(2001)。

拉斯普廷　Rasputin, Grigory (Yefimovich)(1872? ～ 1916)　原名Grigory (Yefimovich) Novykh。俄国神秘主义者,在沙皇尼古拉二世和皇后亚历山德拉宫廷中颇有影响力。他是一个目不识丁的农民,因其早年的放荡行为而得名"拉斯普廷"("淫棍"之意)。皈依宗教之后,以其能治病而在农民中获得了圣人的名声。因此为沙皇尼古拉和轻信的亚历山德拉所知,并被证明他可能是借助了催眠术这样的方法而能够为他们患有血友病的儿子止血。虽然不断有人报告他恶名昭著的放荡丑行,他仍然成为了宫廷中的宠臣。1915年尼古拉亲率大军赴一战前线,留下亚历山德拉处理内政,拉斯普廷在亚历山德拉对教会官员和无能的内阁大臣的任命上起了很大的影响。为了消除他的有害影响,包括尤苏波夫亲王在内的一群贵族在经过了多次尝试之后终于成功地暗杀了他,先是下毒,然后枪击,最后将他扔进了结冰的涅瓦河。几周后即发生了1917年俄国革命。

拉斯塔法里教徒　Rastafarian　牙买加和其他几个国家的黑人中的一种政治宗教运动的成员。该教崇拜海尔·塞拉西,视他为弥赛亚。他们相信黑人是犹太人转生,被邪恶的白种人欺压是因为自己有罪而受上帝惩罚,黑人最后将获得救赎而被送返非洲,并迫使白人转而为他们服务。这一信仰首先于1953年被阐明,可以追溯到数名独立的先知,尤其是M.贾维。随着运动的发展,重返非洲的理想逐渐让位于黑人战争或神秘主义。拉斯塔法里教徒的生活通常包括素食主义、蓄"骇人"长发和吸食大麻。

拉斯廷　Rustin, Bayard(1910 ～ 1987)　美国民权运动领袖。1941年筹组了"种族平等协会"纽约分会,并参与"调停协会"的工作(1941 ～ 1953)。20世纪50年代成为M.L.金的顾问,并协助他组织南方基督教领袖会议。1963年拉斯廷是争取加速人权法案立法的"向华盛顿进军"大游行的主要组织者。他后来担任一个民权组织A.P.伦道夫协会会长(1966 ～ 1979)。

拉斯韦加斯　Las Vegas　美国内华达州东南部城市。以豪华旅馆、赌场和夜总会闻名,这些设施都集中在"带状区"的市中心。1855年来自犹他州的摩门教徒曾来此定居,但在1857年离开。1905年成为铁路市镇,1911年设市。1931年赌博合法化,1940年以后迅速发展起来。1946年B.西格尔开办弗拉明戈饭店之后,拉斯韦加斯开始与犯罪集团扯上关系。至21世纪初,该市成为美国发展最快的都会区之一,同时吸引了常住人口和观光客。人口约583 756(2010)。

拉索　Lassus, Orlande de(1532 ～ 1594)　又作Orlando di Lasso。佛兰德斯作曲家。原为唱诗班的男童(声音非常优美,据说曾被绑架到其他地方去唱),已知他的第一个职位是为意大利的贡扎加家族服务(1544)。1556年以后在慕尼黑为巴伐利亚公爵任小教堂乐长,但他也拓展其国际性事业,到意大利、德国、佛兰德斯和法国等地旅行。他共写了1 200多首作品,使用了当代的每一种风格和类型,有圣歌(包括60多首弥撒曲和500多首经文歌),也有世俗歌曲(包括几百首牧歌和尚松)。他也很注意音乐与文字的对应,这一点是很杰出的。由于他的风格广泛(总是紧跟时尚),也因为其作品在他生前和身后都被广为印刷,所以影响了许多作曲家,被认为是当代最卓越的大师之一。

拉坦诺　La Tène　法语意为"浅滩"。瑞士纳沙泰尔湖东端的考古遗址,其名称已用来概括欧洲凯尔特人的铁器时代晚期文化。拉坦诺文化起源于公元前5世纪中叶,当时

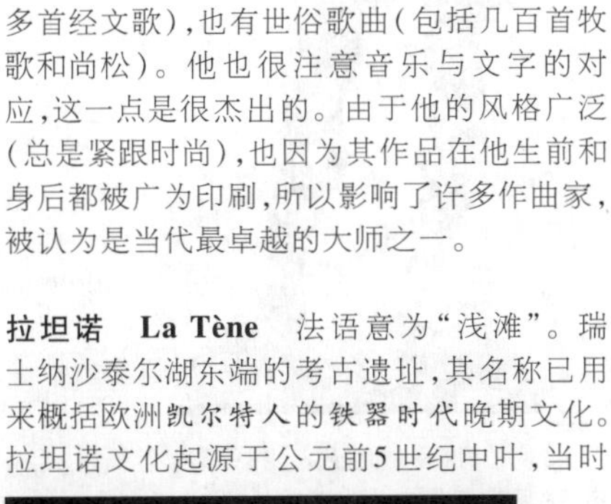

欧韦出土的拉坦诺文化金盘(公元前5世纪)
By courtesy of the Bibliotheque Nationale, Paris

凯尔特人开始与希腊人和埃特鲁斯坎人接触。在以后的400年里,随着凯尔特人向欧洲北部和不列颠群岛迁徙,该地经历了几个阶段和区域的变化,当大部分凯尔特人被罗马人控制时,此种变化于公元前1世纪中叶结束。早期物品的特征是都有S形纹、螺旋纹和圆形纹等对称图案;中期以铁制长剑、重型刀具和采用木棺土葬或用积石覆盖尸体的葬俗著名;晚中期的发现有带装饰的刀鞘、宽刃的矛头以及带铁支座的木盾等;最后一个时期显示出罗马人的影响,以农用工具,诸如铁镰、长柄大镰、斧、锯以及犁铧等为特征。

拉特兰会议　Lateran Council　天主教会在罗马市内拉特兰宫举行的5次主教特别会议。第1次拉特兰会议(1123)在教皇加里斯都二世任内召开,重申之前主教特别会议的教令(谴责买卖圣物神职和禁止神职人员结婚等)。第2次拉特兰会议(1139)由教皇英诺森二世召开,意在结束因选出敌对教皇而出现的分裂局面。第3次拉特兰会议(1179)在教皇亚历山大三世任内召开,会议中建立选举教皇时需达到红衣主教团2/3的多数同意的规定,并谴责清洁派异端。教皇英诺森三世致力于教会改革,召开第4次拉特兰会议(1215),致力于教会改革,颁布教会规定天主教徒每年应认罪1次、批准变体论为正统教义,并为再次发起十字军东征做准备。第5次拉特兰会议(1512 ～ 1517)由教皇尤里乌斯二世召开,声称灵魂是不朽的,并使争战中的各基督教国家君主之间恢复和平。

拉图尔　La Tour, Georges de(1593～1653)　法国画家,作品大多以烛光为主题,生前即驰名于世。曾一度被人遗忘,直到20世纪确认了许多以前错误认为是他人所作的作品,才

拉图尔绘《木匠圣约瑟》(约1645),油画;现藏巴黎卢浮宫
Giraudon-Art Resource

确立了他作为法国绘画巨匠的地位。早期作品风格为写实,并受卡拉瓦乔突出的明暗对比法的影响。后期作品较为整齐匀称,手法更简洁,如《木匠圣约瑟》(1645)。关于他的生平不详,他的作品只有4或5幅标有日期。一些归于他名下的作品的年代和可靠性至今还存有争议。

拉脱维亚　Latvia　全称Republic of Latvia(拉脱维亚共和国)。欧洲东北部国家,位于波罗的海沿岸,濒里加湾。面积:64 589平方千米。人口:约3 021 000(2013)。首都:里加。拉脱维亚人,即列托人,占人口的3/5;拉脱维亚人讲拉脱维亚语,为仅存的两种波罗的海语言之一。俄罗斯人约占人口的1/3。

语言:拉脱维亚语(官方语言)、俄罗斯语。宗教:基督教(新教、天主教和东正教)。货币:欧元。拉脱维亚为起伏的平原、低地与低丘相间。拉脱维亚是一个完全工业化的国家,原以重工业(主要有金属制品、造船和有轨机动车)为主,现今的制造业以生产饮料、家具、食品和纺织品为主。政府形式为多党制共和国,一院制。国家元首为总统,政府首脑是总理。拉脱维亚原为古代波罗的人的居留之地,10和11世纪时,波罗的人受到西面的瑞典人和东面的斯拉夫人的入侵,后受西部讲德语的撒克逊人统治,他们在12～13世纪将基督教传遍整个拉脱维亚。宝剑骑士团于13世纪30年代征服了拉脱维亚全境。16世纪中叶至18世纪初,该地区被波兰和瑞典瓜分,但到18世纪末,整个拉脱维亚被俄国吞并。俄国1917年革命后,拉脱维亚宣布独立。1939年拉脱维亚被迫允许苏联在其领土上建立军事基地,翌年苏联红军进驻拉脱维亚。1941～1944年拉脱维亚被纳粹德国占领,后来苏军将该地夺回,并入苏联。随着苏联解体,拉脱维亚于1991年获得独立。之后,拉脱维亚一直试图使该国经济私有化,并与西欧建立关系(2004年加入欧盟和北约),同时改善与俄罗斯的紧张关系。拉脱维亚于1924年首次参加在法国沙莫尼举办的冬季奥运会。

拉瓦尔品第 Rawalpindi 巴基斯坦北部旁遮普省城市,位于伊斯兰堡西南。古代属波斯帝国阿契美尼德王朝。塔克西拉古城废墟已确认在其西北处附近。它扼守着通往克什米尔的道路,曾是英国重要的军事基地所在地,战略地位十分重要。1959～1969年为巴基斯坦首都,是巴基斯坦军队总部所在地,也是一个行政、商业和工业中心。该地区主要种植小麦、大麦、玉米和粟等农作物。城市南部曼基亚尔为公元前3世纪的佛塔窣堵波遗址。人口约1 770 000(2005)。

拉威尔 Ravel, (Joseph) Maurice(1875～1937) 法国作曲家。14岁就被巴黎音乐学院录取。完成他的钢琴学习后,他向G. 福莱学习作曲,写了重要的钢琴曲《水之游戏》和《弦乐四重奏》。接下来的10年间,他创作了许多著名的乐曲,包括《夜之幽灵》(1908)和《加斯巴之夜》(1908)。他受S. 佳吉列夫的委托,完成了伟大的芭蕾乐曲《达佛尼斯与克洛埃》(1912)。其他作品包括歌剧《西班牙时刻》(1911)和《儿童与魔法》(1925),组曲《高贵而伤感的圆舞曲》(1911)和《库伯兰之墓》(1917),管弦乐《圆舞曲》(1920)和《博莱罗》(1928),两首钢琴交响乐,以及许多优美的歌曲。作为一位细腻、准确的管弦乐作曲家,拉威尔很有天赋,他的作品以其高超的技能受到普遍赞誉。至今仍是法国最受欢迎的作曲家。

拉韦纳 Ravenna 意大利东北部城市。位于内陆,通过一条运河与亚得里亚海相连。公元5世纪时是西罗马帝国的首都。6～8世纪为东哥特王国和拜占廷意大利都城。它的艺术和建筑反映了罗马形式和拜占廷镶嵌图案以及其他装饰的融合。遗迹包括6世纪的圣阿波利纳尔长方形新教堂和圣维塔尔八角形教堂。1861年成为意大利王国的一部分。如今为一个农业和工业城市,有石油、天然气精炼企业。都会区人口约153 388(2008)。

拉希 Rashi(1040～1105) 全名Rabbi Shlomo Yitzhaqi。中世纪法国《圣经》和《塔木德》评注家。他在沃尔姆斯和美因兹的学校里学习,约1065年成为塞纳河谷地区的犹太人领导者。他关于圣经的著作研究了原文的字面意义,并用寓言、比喻和象征手法来分析非字面意思,很有影响。他对《塔木德》的划时代注释成为圣经时代和后圣经时代犹太教义的权威性介绍。

拉歇兹 Lachaise, Gaston(1882～1935) 法国出生的美国雕刻家。细木工之子,1898～1904年在美术学校接受装饰艺术各种技能的训练并学习雕刻。1906年移居美国以

G. 拉歇兹的《立着的女人》(1932),铜雕;现藏纽约市现代艺术博物馆
By courtesy of the Museum of Modern Art, New York, Mrs. Simon Guggenheim Fund.

前在R. 拉利克的公司任设计师,设计"新艺术"风格的装饰品。拉歇兹最著名的作品是《立着的女人》(1912～1927),这是一尊女裸体像,有丰满的乳房和大腿,四肢弯曲呈锥形,是他职业生涯中反复创作的那种形象的典型。他也以雕刻肖像闻名,作品有J. 马林、M. 穆尔和E. E. 肯明斯等名人的胸像。

拉辛 Racine, Jean(-Baptiste)(1639～1699) 法国剧作家、古典悲剧大师。早年父母双亡,成为孤儿。在詹森派隐修院受教育,但他不愿担任神职而选择了戏剧。他的第一部剧本是由莫里哀在1664年演出的。当拉辛把他的下一个剧本《亚历山大大帝》(1665)交给竞争对手剧院,并且诱奸了莫里哀的情妇和女主角后,他与莫里哀之间的友谊就终结了。那位女主角在拉辛的《安德罗玛克》(1667)中担任主角,该剧取得了成功。这一剧本表现了他悲剧性的狂热爱情的主题。《讼棍》(1668)是他唯一的喜剧。接着,他又写了两部伟大的悲剧《布里塔尼居斯》(1669)和《贝蕾妮丝》(1670)。这两部戏导致拉辛与P. 高乃依绝交。高乃依原是老戏迷们的偶像,但声望正在下降。接着,拉辛又推出了《巴雅泽》(1672)。根据希腊神话悲剧写完他的杰作《菲德拉》(1677)后,他退出写作而成为路易十四的史官。他最后的两个剧本《爱丝苔尔》(1689)和《阿达莉》(1691)是奉国王的妻子曼特农女侯爵之命而写的。

辣椒 pepper 又称garden pepper(庭园椒)。茄科辣椒属许多种植物的通称,其中著名者有一年生(*Capsicum annuum*)、灌木状(*C. frutescens*)和*C. boccatum*。原产于中美和

红辣椒(*Capsicum annuum*),为磨制辣椒粉的原料
G. R. Roberts

南美地区,因其辛辣可食的果实而大量栽培于亚洲热带和赤道美洲地区。红、绿、黄椒或甜椒,富含维生素A及维生素C,用作调味料或蔬菜。辣椒,包括朝天椒、辣椒和卡宴辣椒,其辛辣味来自果实内隔壁上的辣椒素化合物。香料黑胡椒则来自于另一无亲缘关系的种类。

来山得 Lysander(?～公元前395) 在伯罗奔尼撒战争中的斯巴达领袖。早年曾任海军司令,并获波斯国王小居鲁士的支持,在诺提翁海战(公元前406)中大败雅典舰队,导致亚西比德被罢免。公元前405年他在伊哥斯波塔米战役中击溃雅典舰队,封锁运粮道路,迫使雅典因饥饿而投降。他在雅典建立了三十僭主的寡头政治,并派亲信去统治雅典以前的帝国疆土。当斯巴达开始允许雅典恢复民主政治(公元前403)时,来山得遭到挫败。公元前399年他拥戴阿格西劳斯二世即斯巴达王位。后来率领军队进入比奥蒂亚,在攻打哈利阿尔图斯时被杀。

莱昂 Lyon, Mary (Mason)(1797～1849) 美国致力于女子高等教育的先驱。她就读过几所学院,17岁起靠自己教书谋生。她是一位成功的教师和行政人员,懂得她所训练年轻女子的要求,导致她决定为女子创办一所永久性的教育机构。1837年她在马萨诸塞州的南哈德利创办的霍利奥克山女子学校

（霍利奥克山学院的前身）开学。她任该校首任校长直至去世。

莱昂 León 西班牙西北部的中世纪王国。10世纪初开始为一个基督教王国，当时加西亚一世把宫殿建在罗马的旧营地上。10世纪期间，摩尔人夺取了该地，但到了11世纪，大部分的土地又回到原来的统治者手中。1037～1157年与卡斯蒂利亚王国合并，之后取得独立，由它自己的国王统治。1230年再次与卡斯蒂利亚合并，这次是永久性的。现代的卡斯蒂利亚-莱昂自治区大致与原来的范围相同。

莱昂 León 尼加拉瓜西部城市，尼加拉瓜第二大城，为国家的政治和学术中心。1524年由西班牙人在马那瓜湖畔建立。后遭地震破坏，1610年在马那瓜北的太平洋沿岸重建。1855年前一直是尼加拉瓜的首都；长期以来该市与格拉纳达市之间一直存在政治和商业上的竞争。市内设有莱昂大学和R.达里奥的墓地。人口约174 051（2005）。

莱奥纳多·达·芬奇 Leonardo da Vinci（1452～1519） 文艺复兴时期的画家、雕塑家、美术家、建筑师、工程师、科学家。地主与农妇之子，在佛罗伦萨附近的芬奇城出生和长大。后来师从A. del韦罗基奥，接受绘画、雕塑、机械工艺方面的训练。在佛罗伦萨成名后，1482年他以"画家暨工程师"的身份在米兰公爵麾下服务。他的艺术和创作天分在米兰有所发挥，约1490年开始写作"绘画科学"——建筑、机械、解剖学等方面的论文。其理论是基于他认为画家具有认知和把观察入画的能力，是唯一有条件探索自然奥秘的人。现存无数的手稿以倒写、需要用镜子来阅读而闻名。1502～1503年担任C.博尔吉亚的军事建筑师及工程师，为现代制图奠定了基础。回到佛罗伦萨（1503～1508）进行绘画和科学研究之后，他重回米兰，全力展开他的科学工作。1516年有一段时期在罗马接受梅迪契家族的资助，后来为法国的弗兰西斯一世服务，不再回到意大利。虽然仅有大约15件完成的绘画留存下来，但它们都是举世公认的杰作。《最后的晚餐》（1495～1497）的影响力部分来自画中高超的构图。在《蒙娜丽莎》（约1503～1506）中，人物相貌与主题的象征性暗示达到完美的结合，就像艺术与科学在莱奥纳多无与伦比的事业成就中所体现的一样。

莱奥帕尔迪 Leopardi, Giacomo（1798～1837） 意大利诗人、学者、哲学家。由于先天缺陷，一生遭受慢性病的折磨，不断受挫。诗作主要以悲观诗为主，诗作极富才华，有震撼力，格律优美。他最好的诗作都收录在《田园诗集》中，大多为早期诗作。在哲学著作《道德小品》（1827）中，他展示了自己悲观的哲学观点，以对话体著成，颇有影响力。他是19世纪意大利伟大作家之一。

莱比锡 Leipzig 德国中东部城市。位于萨克森州西部，11世纪时是一座设防的军事重镇，当时名为Urbs Libzi。1170年设市，因处于中欧的主要贸易路线上，遂成为重要的商业中心。三十年战争的几次战役就发生在该城附近，这里也是1813年莱比锡战役的所在地。1989年莱比锡发生大规模的示威活动，促使东德的共产主义政权结束。历史文物有莱比锡大学（1409）、13世纪的圣托马斯教堂，以及一年一度的莱比锡博览会。人口约493 052（2002）。

莱比锡大学 Leipzig, University of 德国莱比锡的一所国立大学，1409年创办。16世纪初期接受宗教改革思想，在18和19世纪成为欧洲重要的文学和文化中心之一，吸引了像G. W.莱布尼兹、J. W. von歌德、J. G.费希特、R.瓦格纳等学生。1953～1990年改名为莱比锡的卡尔·马克思大学。现有注册学生约21 000人。

莱比锡战役 Leipzig, Battle of（1813-10-16～19） 又作Battle of the Nations。在莱比锡拿破仑遭到决定性失败战役，导致法军在德意志和波兰的残余力量均被摧毁。拿破仑军队被包围在城内，所能做的只有设法阻挠盟军的进攻。当法军通过唯一的一座桥撤离该城时，一名惊惶失措的下士炸毁了这座桥，使剩下的3万法军困在莱比锡被俘。这场战役是拿破仑战争中最惨烈的一次，法军死伤38 000人，盟军损失55 000人。

莱布尼兹 Leibniz, Gottfried Wilhelm（1646～1716） 后称Freiherr（baron）von Leibniz。德国哲学家、数学家。教授之子，20岁时获法律博士学位，在其《组合之艺术》（1666）一书中提出计算机的基本概念。1667年开始替美因茨的选帝侯工作，编纂美因茨法典以及其他重要任务。后任不伦瑞克-吕内堡公爵的图书馆管理员及私人顾问（1676～1716）。他与牛顿同时发明微积分；虽然这项发明的主要功劳属谁一直争论不休，但莱布尼兹的著作早3年出版（1684），而且其标记方法被广泛采用。他在光学与力学方面也做出过重大贡献。1700年协助在柏林创立德国科学院，并担任第一任院长。其《神正论》（1710）陈述对理性的乐观信仰，成为启蒙运动的重要文献。他曾积极致力于使国家的新教教派复归教会。曾构想写一部宏大的世界史，但是没有完成。他是现代早期最具独创性的哲学家之一，其主要的哲学贡献是在逻辑与形而上学领域，提出在B. de斯宾诺莎与R.笛卡儿之外的见解。他支持形而上学的多元论（反对笛卡儿的二元论与斯宾诺莎的一元论）。他渊博的知识与惊人的成就使其成为西方文明最杰出的人物。

莱顿 Leighton, Margaret（1922～1976） 英国女演员。她是老维克剧团的演员，1944年在伦敦首演，1946年第一次在百老汇公演。她多才多艺，以胜任各种角色闻名，像话剧《鸡尾酒会》（1950）中的柯普尔斯顿和《苹果车》（1953）中的奥林蒂娅。她在百老汇演出的《分开摆放的桌子》（1956）和《鬣蜥之夜》（1962）使她获得了托尼奖。最优秀的电影代表作是《温斯洛的小伙子》（1948）、《喧嚣与愤怒》（1959）和《媒人》（1971）。

莱顿 Leiden 又作Leyden。荷兰西部行政区。922年首见记载，当时属乌得勒支教区所有，受荷兰宫廷的管辖直到1420年。约1581年，埃尔泽菲尔家族在此建立印刷厂后，莱顿就成为一个印刷中心。1575年成立莱顿大学，该城遂成为神学、科学和艺术的中心。画家伦勃朗和J. von霍延诞生于此。清教徒1620年乘船到美洲之前在此居住了11年。人口约117 485（2007）。

莱尔马河 Lerma River 墨西哥中西部河流。发源于托卢卡东南，流向西北，然后再折向南注入查帕拉湖，全长560千米。有时把从查帕拉湖通向太平洋的圣地亚哥大河看作是莱尔马河的延伸。莱尔马河与其几大支流构成墨西哥最大的水系。

莱佛士 Raffles, (Thomas) Stamford（1781～1826） 后称Sir Stamford。英国东印度公司的行政官员，新加坡的奠基人。14岁进入东印度公司，由于工作勤奋，被任命为槟榔屿（今属马来西亚）政府助理秘书。在那里他努力研究马来民族，其丰富的学识在英国击败爪哇的荷兰-法国联军中起了关键作用。1811年成为爪哇的代理总督。他进行了大量的改革，目的是改变荷兰的殖民体系，改善当地居民的生活条件。东印度公司认为他的改革费用过高而把他召回。虽然他在伦敦很出名（1816年封爵），但当他再度置身东方事务时，他的权力却大受限制。但他并不灰心丧气，1819年继续建设港口城市新加坡以保证英国进入中国海的通道畅通。1824年荷兰人放弃了对新加坡的一切要求。莱佛士为创建英国的远东帝国做出了贡献。

莱弗·埃里克松（幸运者） Leif Eriksson the Lucky（活动时期11世纪） 挪威语作Leiv Eriksson den Hepne。冰岛探险家，可能是到达北美洲的第一个欧洲人。他是埃里克的儿子，公元1000年前后，奥拉夫一世派他去格陵兰向当地人传播基督教，在他从挪威到格陵兰的途中，偏离了航线，可能是在新斯科舍登陆，当时他称该地为文兰。这一标准的说法出自冰岛的《埃里克家世传奇》。另一种说法出自《格陵兰人的故事》，说莱弗是从一个早在文兰住了14年的人那里得知这个地方的，公元1000年以后他到达了北美洲。

莱哈尔 Lehár, Franz (Christian)（1870～1948） 原名Ferencz Christian Lehár。奥匈帝国作曲家。生于匈牙利，12岁时在布拉格学习小提琴。19世纪90年代，与他的父亲一样担任军乐队队长。90年代末移居维也纳，成为一名受欢迎的进行曲和华尔兹舞曲的作曲家。1901年以后，专心致力于交响乐的指挥和作曲，特别是40部诙谐而旋律优美的轻歌剧，体现了战前的维也纳轻歌剧的风格，包括流行的《快乐寡妇》（1905）、《卢森堡伯爵》（1909）和《幸福之乡》（1929）。

莱克普拉西德 Lake Placid 纽约东北部村庄。位于阿迪朗达克山脉,濒米勒湖和普拉西德湖。1800年就有人定居,但由于种植失败而被弃。19世纪40年代重新有人进住,1850年建为避暑胜地,1895年M.杜威在此建立莱克普拉西德俱乐部。为四季皆宜的娱乐区,有许多旅馆、高尔夫球场和滑雪场,还有山景。为1932年和1980年冬季奥林匹克运动会举办地。人口约2 521(2010)。

莱蒙特 Reymont, Wladyslaw (Stanislaw)(1867～1925) 原名Wladyslaw Stanislaw Rejment。波兰小说家。早年辍学,当过店铺的学徒、隐修院的在俗修士、铁路职员和演员。其小说使用短句,以自然主义、写实主义风格写成。最好的作品《农民》(1904～1909)是描写农民一年四季生活的4卷长篇小说,用农民的语言写成。已被译成多种文字。这部作品使莱蒙特获1924年诺贝尔奖。

莱蒙托夫 Lermontov, Mikhail (Yuryevich)(1814～1841) 俄国诗人和小说家。第一部诗集《春》发表于1830年,他在这一年进入莫斯科大学,两年后离开进入军官学校。1834年毕业后成为禁卫军军官,由于撰写了热情的自由主义诗歌而两次被放逐到高加索的军营。莱蒙托夫因诗受磨难反而使他更加出名,他的诗把民间和哲学的题材与深刻的个人感情结合在一起。其成熟时期的诗篇有《童僧》(1840)和《恶魔》(1841)。他的小说《当代英雄》(1840)反映了他对当代社会以及他这一代人命运的全部看法,以极优美的散文写成,书中主人公超然脱俗的形象对后来的俄国作家产生了深远的影响。他常拿自己与A.普希金作比较,与普希金一样,他也死于决斗。他是俄国杰出的浪漫主义诗人。

莱姆病 Lyme disease 蜱传播的细菌性疾病,1975年首次确定该病,并以该病首次被发现的地点美国康涅狄格州莱姆镇命名。莱姆病是由布氏疏螺旋体感染所致,这种螺旋体由各种蜱传播,蜱因吮吸受染动物的血(大部分是鹿)时获得该病螺旋体。人类在高草地带或落叶区会被蜱咬。莱姆病分三期:首先出现牛眼状环形疹,常伴有感冒样症状;第二期出现关节痛及神经症状(如记忆、视力、行动等功能障碍);第三阶段则以致残的关节炎和类似多发硬化的神经症状为主,有些患者会有面肌麻痹、脑膜炎、记忆力丧失等症状。大多数莱姆病患者都只发展到第一期症状,但有些会在受染后两年内达到第三阶段。要预防并避免蜱叮咬。莱姆病有时诊断困难,特别是当没有典型皮疹史时。早期应使用抗生素以防止病情进一步发展,后期要使用更强的抗生素,不过以后症状还可能周期性复发。

莱姆布鲁克 Lehmbruck, Wilhelm(1881～1919) 德国雕塑家、画家和版画家。年轻时的作品是学院派写实主义的,但后来逐渐受A.罗丹作品的影响。1910年移居巴黎,制作了许多油画、平版画和雕塑。他是最重要的德国表现主义雕塑家之一,最著名的作品是他那些细长的裸体像,如《跪着的女人》(1911),显示出一种顺从的悲情气氛。第一次世界大战爆发后,他回到德国,照料医院里受伤的士兵。《坐着的青年》(1917)揭示了他极度的忧郁之情。两年后他自杀身亡。

莱诺铸排机 Linotype 一种排字机的商标名,能将金属字符铸排成整行,而不是一个个的字符(如莫诺铸排机)。O.默根特勒于1884年注册了专利,现在几乎已经完全被照相排字所取代。在莱诺铸排机中,操纵键盘来组成文本的每一行。机器产生的铅字条是长方形的金属(铅、锑和锡的一种合金)模块,突出的字符是所要印刷行的镜像。经过金属热浇铸后,吹风使字模条冷却,然后放在一个排字盘里,以便在拼版时插入到适当位置。参阅印刷。

莱热 Léger, Fernand(1881～1955) 法国画家。出身于诺曼底一个农民家庭,原本在巴黎当建筑绘图员,后来学习美术。受P.塞尚和早期立体派的影响,他发展出一种

莱热,A.纽曼摄于1941年
Arnold Newman

绘画风格,把明亮的色彩与高度有组织的几何图形和圆柱形结合起来。最著名的一些作品以突出表现源自机器零件的各种形状颂扬现代的工业技术。虽然在第一次世界大战中受重伤,但他的艺术仍然肯定了对现代生活和大众文化的信念。1924年他构想并导演了一部非故事体的电影《机械芭蕾》,由M.雷摄影。

莱萨马·利马 Lezama Lima, José(1910～1976) 古巴诗人、小说家和散文家。曾在哈瓦那攻读法律,后来参与了几个文学评论刊物,还加入了一个文学团体,该团体专门发表一些使古巴文学发生革命性变化的年轻诗人的作品。他的作品包括诗集《纳尔西索之死》(1937)和《一成不变》(1949),散文集《时钟集》(1953)和《美洲的表达方式》(1957)。小说《天堂》(1966)被认为是他的杰作。他面对在很大程度上并不赞同的1959年革命,重申了对艺术和自身美学观的信念。

莱塞 Loesser, Frank (Henry)(1910～1969) 美国作曲家、歌词作者和抒情诗人。父为纽约钢琴老师,1936年移居好莱坞,与B.莱恩、J.斯坦恩、J.麦克休、H.卡迈克尔等人一起工作。战时所作的歌曲有《赞美上帝,传递弹药》和《你在步兵团做什么?》,战后写的歌曲有《到中国去的慢船上》和《宝贝儿,外面很冷》(获奥斯卡奖)。他的第一部百老汇音乐剧是《查利在哪里?》(1948,1952年拍成电影)。1950年创作的《少男少女》(1955年拍成电影)是美国最伟大的音乐剧之一。后来又创作了《最快乐的费拉》(1956)、《一步登天》(1962年获普利策奖)等音乐剧,还曾为电影《汉斯·克里斯琴·安德森》(1952)配乐。

莱斯特 Leicester 英格兰中部莱斯特旧郡首府城市。位于索尔河畔,罗马人原本定居于此。诺曼时期就初具规模,1143年修建了诺曼城堡和隐修院,现在遗址仍存。1485年理查三世在博斯沃思原野战役中在莱斯特附近被杀。1589年设建制,1832年铁路修通后就成为一个工业中心。附近有莱斯特大学(1957年建)。人口约279 921(2001)。

莱斯特伯爵 Leicester, Earl of(1532?～1588) 原名Robert Dudley。伊丽莎白一世的宠臣。由于帮他父亲诺森伯兰公爵企图让格雷郡主登上王位,1553年被判死刑,1554年获释。他相貌英俊,雄心勃勃,很快就赢得女王的好感,1559年成为女王的枢密顾问。1560年他的妻子去世,有人谣传他为了与伊丽莎白结婚而谋杀了妻子。莱斯特成为伊丽莎白身边积极的侍从,后来虽没能与女王结婚,但一直与她保持着亲密朋友的关系。1585年被派去率领英格兰军队到尼德兰省支持反对西班牙的暴动,由于指挥无能,1587年被召回国。

莱斯特郡 Leicestershire 英格兰东米德兰地区的郡,首府莱斯特。索尔河从南到北穿过此郡而与特伦特河汇合。索尔河河谷以东是著名的猎狐区。除了传统畜牧业外,它还以生产斯蒂尔顿奶酪著称。包括莱斯特在内的工业中心都是制造业中心。人口约609 579(2001)。

莱斯沃斯 Lesbos 又作Mytilene或Mitilíni(米蒂利尼)。爱琴海第三大岛。面积1 630平方千米,与其他两座岛一起组成希腊一州。主要城市是米蒂利尼。诗人萨福诞生于此岛。也是lesbian(同性恋女子)一词的来源。公元前3000年就有人居住,公元前1050年埃托利亚人在此定居。公元前527～前479年由波斯人统治,后来加入提洛同盟。在伯罗奔尼撒战争中,它败给斯巴达(公元前405),公元前389年为雅典人收复。后来在拜占廷帝国下繁荣起来。1462～1911年由奥斯曼帝国统治,后被并入希腊。捕鱼业是当地重要的经济支柱,另外还有橄榄出口。人口约90 642(2001)。

莱索托 Lesotho 全称Kingdom of Lesotho(莱索托王国),旧称Basutoland(巴苏陀兰)。非洲南部国家,为南非共和国境内的一块飞地。面积:30 355平方千米。人口:约2 067 000(2009)。首都:马塞卢。莱索托人口几乎全是讲班图语的索托人。语言:索托语、英语(均为官方语言)以及祖鲁语。宗教:基督教(国教,包括天主教、新教和其他教派)及传统宗

教。货币：鲁梯。全境约2/3地区为山地，最高点是恩特莱尼亚纳山，海拔3 482米；西北偏中的马洛蒂山脉是非洲两条最大河流——图盖拉河和奥兰治河——的发源地，同时也是莱索托高原调水工程的所在地。矿产资源不足。农业占用了2/3的劳动力，主要农产品有玉米、高粱和小麦。牲畜可供出口（牛、羊毛和马海毛）。工业以制造业为主，有纺织与服装，以及家具和珠宝业。莱索托为君主立宪制国家，两院制。国家元首为国王，政府首脑是总理。约在16世纪，讲班图语的农民便开始在该地区定居，逐渐形成若干酋长领地。其中势力最大的在1824年建立起巴苏陀王国。1843年由于巴苏陀人与南非布尔人的关系日趋紧张，因而接受了英国的保护；1868年成为英国领地，1871年并入开普殖民地。1880年当殖民地政府试图解除巴苏陀人的武装时，导致暴动反抗；4年之后，莱索托地区不再属于开普殖民地，而成为英属高级专员领土。1966年莱索托宣布独立。1993年新宪法生效，结束了7年的军事统治。21世纪初期，为不断恶化的经济以及是世界上艾滋病感染率最高的国家之一所困扰。莱索托于1972年首次参加在慕尼黑举办的夏季奥运会。

莱特　Leyte　菲律宾东部米沙鄢群岛中的一个岛。面积7 214平方千米。位于萨马岛的西南，两岛之间有2 162米长的桥梁连接。莱特被16世纪的西班牙探险家们称作"坦大亚"。19世纪晚期以前一直处在西班牙的统治下。20世纪初被美国控制，人口增长迅速。第二次世界大战期间被日本占领，美军在莱特湾战役中将日本人驱逐。岛上的两个主要城市是奥尔莫克和塔克洛班港。人口约1 952 496(2000)。

莱特兄弟　Wright, Wilbur and Orville（威尔伯1867～1912；奥维尔1871～1948）美国飞机发明家，航空先驱者。分别出生于印第安纳州米尔维尔和俄亥俄州代顿。1903年成功地实现了第一架可操纵的动力飞机的持续飞行。早年主要靠自学设计和制造印刷机械与自行车，1905年制造和飞行了第一架实用的飞机。1900～1902年制造3架双翼滑翔机并做了飞行。螺旋桨和轻型发动机的发明促使他们在1903年发明了第一架有动力装置的飞机——"飞行家1号"（今称"小鹰号"），第一次成功地飞行了12秒，第二次59秒。他们的"飞行家3号"造于1905年，能转弯、倾斜、做圆圈飞行和8字飞行，续航时间超过35分钟。他们曾在法国和美国做飞行表演；1908年威尔伯在法国做飞行表演100多次，最后一次飞行时间达2小时20分。他们成立了一家飞机公司，为美国军队制造军用飞机，后与G. H.柯蒂斯的公司合并。威尔伯因伤寒病死后，奥维尔成立了一家新的飞机研发公司。

莱托里足迹　Laetoli footprints　一长串的两足动物足迹，可能是南方古猿所留下，保存在坦桑尼亚北部的莱托里的火山灰中，推估年代约在350万年以前。这是由利基家族的考古队在1978年发现。这些足迹显示，早期人科动物足部的重量和施力机制，已经和现代人大致相同。足迹有两串，一串较大、一串较小，所留足迹显示这两个人正在大步前进，身体靠得很近并互相接触。参阅露西。

莱维　Levi, Primo（1919～1987）　意大利作家和化学家。他是犹太人，获得化学学位两年后，被纳粹俘获，送至奥斯威辛集中营服苦役。他的自传体作品《如果这是一个人》（《奥斯威辛残存者》）(1947)、《复苏》(1963)及《淹死的和得救的》(1986)都是对纳粹集中营的侥幸生还者的动人描述。他最著名的作品《周期表》(1975)是21篇沉思录的汇集，每篇都以一个化学元素命题。战时所造成的创伤可能导致了他的自杀。

莱维敦　Levittown　美国纽约长岛亨普斯特德扩展的郊区居住区。1946～1951年由莱维特和他儿子们的企业发展起来，是完全按照规划并成批大规模建造的综合住宅区的一个早期典范。该区有几千栋廉价的房屋（附设购物中心、运动场、游泳池、社区公所以及学校）。莱维特在宾夕法尼亚州的巴克斯县重复这一模式。在战后建筑的蓬勃发展中，莱维敦这个名字成为全国各地类似发展的建筑的统称。尽管曾一度广受谴责，但莱维敦与众不同，通常都没有变化，是中产阶级在它蜿蜒曲折的道路上和枝繁叶茂的植物中已经思考成熟的发展模式。

莱维-斯特劳斯　Lévi-Strauss, Claude（1908～2009）　比利时裔法国籍社会人类学家、结构主义的主要倡导者。莱维-斯特劳斯起初在巴黎大学攻读哲学(1927～1932)，后

莱维-斯特劳斯
AP/Wide World Photos

赴巴西圣保罗大学教授社会学(1934～1937)，并在巴西的印第安人中进行实地研究。1941～1945年在纽约市社会研究新学院任教，受到语言学家R.雅科布松的影响。他认为文化和语言一样，是一种交流系统。他的工作是要识别出反映在神话、文化符号和社会组织中的普遍思想结构。1950～1974年，他是巴黎大学高等研究院研究部主任，1959年到法兰西学院任教。其主要著作有《亲属关系的基本结构》(1949)、《悲惨的热带》(1955)、《结构人类学》(1961)以及4卷《神话集》(1964～1971)。

莱文　Levine, James (Lawrence)（1943～　）美国指挥家。10岁时与辛辛那提管弦乐队合作，首次独奏钢琴。在纽约朱利亚音乐学院师从R.列维涅(1880～1976)学习钢琴，随I.莫雷尔(1903～1975)学习指挥。1964～1970年任克利夫兰管弦乐队的助理指挥。1971年以客座身份指挥纽约大都会歌剧院演出《托斯卡》，1973年任该剧院首席指挥，1975年成为该剧院的音乐总监，1986年任艺术指导。他将委靡不振的大都会管弦乐团建设成一个演艺高超的乐团，他自己也被公认为是世界最伟大的指挥家之一。1973～1993年他担任芝加哥的拉维尼亚音乐节的指导。2004年被任命为波士顿交响乐团音乐总监。

莱辛　Lessing, Doris (May)（1919～2013）原名Doris May Tayler。英国小说家。1924～1949年生活在南罗得西亚（今津巴布韦）的一处农场里，1949年定居英国，开始了她的写作生涯。她的作品大多关心处在社会和政治动乱中的人们，往往反映其左倾激进主义。《狂暴的孩子们》(1952～1969)，是以M.奎斯特为主人公的半自传性5卷系列小说，反映她在非洲的生活经历，一般认为这是她最重要的作品。《金色笔记》(1962)是她最受读者欢迎的小说，被看作是女权主义的经典之作。莱辛是短篇小说大师，曾发表了几部短篇小说集。其他作品包括科幻小说系列、几本用笔名"简·萨默斯"出版的小说、自传体作品《我心深处》(1994)和《走在阴影中》(1997)，以及散文集《岁月留痕》(2004)等。2007年获诺贝尔文学奖。

莱亚门　Layamon（活动时期12世纪）　又称Lawamon。中世纪英国诗人。他是住在伍斯特郡的一名牧师，传奇编年史《布鲁特》（约1200）一书的作者，该书是12世纪英国文学复兴时期的一部杰作，也是第一部以英语撰写亚瑟王传奇的作品，取材于瓦斯的《布鲁特传奇》。这部16 000多行的头韵长诗讲述了不列颠的历史，始于特洛伊英雄埃涅阿斯的曾孙布鲁特登陆，终于689年撒克逊人战胜不列颠人。

莱因哈特　Reinhardt, Django（1910～1953）原名Jean-Baptiste。法国吉他演奏家，欧洲第一位优秀的爵士乐独奏者。其双亲为吉普赛人，早年就开始学习吉他。1928年一场大篷

D.莱因哈特，摄于1947年
By courtesy of down beat magazine

车火灾使他两根手指失去了功能，但没有影响他的演奏技艺。1934年与爵士乐小提琴家S.格拉波里(1908～1997)一起组织了法国五重奏热情俱乐部。1946年莱因哈特与D.埃林顿一起到美国巡回演出。他是爵士

乐中首屈一指的吉他手,他混合了**摇摆乐**的风格,他的吉普赛传统,还有他那即兴演奏技巧都使他成为一个独特的传奇人物。

莱茵河 Rhine River 德语作 Rhein。欧洲西部的河流。发源于瑞士**阿尔卑斯山脉**,流向北转西,经过德国西部,通过荷兰的三角洲地区注入北海。全长1 320千米,其中 870 千米可以通航。许多条运河把它与**罗讷河**、**马恩河**和**多瑙河**系统连接起来。1815 年以后它成为一条国际水路(参阅**维也纳会议**)。在德国历史上和传说中,莱茵河都起过显著的作用。第二次世界大战中,它的河道是一条重要的防御阵线。沿岸主要城市有巴塞尔、曼海姆、科布伦茨、科隆、杜伊斯堡和鹿特丹。

莱茵兰 Rhineland 德语作 Rheinland。德国**莱茵河**以西的地区,面积约23 300平方千米。主要城市是**科隆**。19 世纪时是德国最繁荣的地区。第一次世界大战后,协约国军队占领了与法国接壤的部分地区。20 世纪 20 年代,莱茵兰地区危机迭起,矛盾重重。1936 年 **A.希特勒**命令军队进入不设防的莱茵兰地带;协约国微弱的反对声预示着希特勒后来对**苏台德**的兼并。

莱茵联盟 Confederation of the Rhine 除奥地利和普鲁士外所有德意志各邦在拿破仑的支持下的结合(1806 ～ 1813)。莱茵联盟使法国得以统一和控制德意志这个国家,而拿破仑对联盟的主要兴趣在于用它来抗衡奥地利和普鲁士。拿破仑下台后联盟被废除,但联盟所带来的巩固有利于德意志的统一。

梾木 dogwood 山茱萸科梾木属(*Cornus*)植物,灌木、乔木或草本。温带、暖温带地区及热带山区都有此种植物。该科著名的木本观赏品种原产于欧洲、东亚和北美两岸。多

多花梾木(*Cornus florida*)的花

J. C. Allen and Son

花梾木(*C. florida*)主要为观赏植物。欧洲山茱萸(*C. mas*)产于欧洲,也供栽培观赏,果可鲜食。其他的树材可做家具。在显花梾木中,花小,引人注目的倒是花簇四周的有色托叶。

赖白里 Leadbelly(1885 ～ 1949) 原名 Huddie (William) Ledbetter。美国布鲁斯歌手和歌曲作家。幼年生活于路易斯安那州穆林斯波特,学会演奏多种乐器。与 B. L. 杰斐逊一同巡回演出。1918 年因谋杀而入狱,1925 年因得克萨斯州州长在狱中听到赖白里演唱而获特赦。赖白里重新过着漂泊的生活,1930 年又因杀人未遂而入狱。1933 年 **J.洛马克斯**在狱中发现赖白里的天分,使他获释。赖白里在洛马克斯父子督导下巡回演唱,发表了 48 首批判经济萧条时期黑人遭遇的歌曲(1936),且灌制了许多唱片。赖白里曾与 **W.格思里**等人合组"主歌手"乐团。死时一文不名,但一些歌曲如《晚安:伊林娜》、《午夜专车》和《岩岛之行》很快成为经典作品。

赖德 Ride, Sally (Kristen)(1951 ～ 2012) 美国航天员。1977 年获得斯坦福大学博士学位,同年进入美国国家航空和航天局。1983 年她参与第七次航天飞机任务,登上"挑战者"号担任飞行工程师,成为进入外层空间的第一位美国女性,世界上进入外层空间的第三位女性(前两位是 1963 年苏联的 V. 捷列什科娃和 1982 年的 S. 萨维斯卡娅)。以后担任加利福尼亚大学圣迭戈分校的加利福尼亚空间科学研究所主任。1999 年开始从事基于互联网的航天研究项目,并长期致力于鼓励年轻女性加入科学和数学的研究工作。

赖德 Ryder, Albert Pinkham(1847 ～ 1917) 美国画家。出生于渔港附近,从未失去对海的痴迷。约 1870 年定居于纽约,短暂地学习了绘画。其高度个性化的海景画,包

赖德绘《海上辛苦工作的人》(1884 年以前),画板画;现藏纽约市大都会艺术博物馆

By courtesy of the Metropolitan Museum of Art. New York, George A. Hearn Fund, 1915

括《海上辛苦工作的人》,反映了他对人在自然力量面前无能为力的感触。在《跑道》和《灰马上的死亡》等绘画里,厚重的黄色光(一般是月光)增加了神秘的气氛。他是一个引人注目、富于想象力的画家,虽然个性孤僻,但其作品在他的时代十分著名。

赖恩哈特 Reinhardt, Max(1873～1943) 原名 Max Goldmann。德国戏剧导演。先在维也纳学习戏剧,在萨尔茨堡演出。1894 年参加了柏林布拉姆的剧团。1902 年导演了第一部戏,1903 年起管理一个小剧院。到 1905 年时,他已导演了 40 多部戏,其中在《仲夏夜之梦》中他所发挥的创造性使他声名大噪。他买下了柏林的德意志剧院,并用最新的布景和灯光重新加以改造。他的作品以夸张的戏剧性以及惊人的视觉效果著称。他在《奇迹》(1911)中推出的宗教壮观场面赢得了一片赞扬。1920 年他参与开创"萨尔茨堡戏剧节",在大教堂广场上演改编的《普通人》。1933 年离开德国,最后定居美国。他帮助提高了导演的创作权,对 20 世纪的戏剧有重要影响。

赖尔 Lyell, Charles(1797 ～ 1875) 后称 Sir Charles。苏格兰地质学家。在牛津大学学习法律时,开始对地质学产生兴趣,后来结识了 A. von洪堡和G. 居维叶等著名地质学

赖尔,油画复制品,L. 迪金森绘于 1883 年;现藏伦敦国家肖像画陈列馆

By courtesy of the National Portrait Gallery, London

家。赖尔认为所有的地质现象都可以有自然的(而不是超自然的)解释。在 3 册的《地质学原理》(1830 ～ 1833)中,他提出大量事实例证。作为该领域一个公认的领导人物,他与科学界其他知名人物建立了友谊,包括**赫歇尔家族**和 **C.达尔文**,达尔文的《物种起源》(1859)说服赖尔接受进化论。赖尔基本上是让人们普遍接受地质学均变论概念的人。

赖尔 Ryle, Gilbert(1900 ～ 1976) 英国哲学家。1945 ～ 1968 年在牛津大学任教,成为"牛津哲学"或"普通语言"运动的领导人物,试图消除源于语言误用的混乱。他的杰作《精神的概念》(1949)反对 **R. 笛卡儿**关于肉体和心灵的传统学说。赖尔认为笛卡儿**二元论**是逻辑上不连贯的教条,称之为"机器里出鬼"的学说。在《困境》(1954)中,他分析了看上去不可调和的命题。其他杰作有《哲学辩论》(1945)、《一个理性动物》(1962)、《柏拉图的进步》(1966)和《思想分析》(1968)。

赖尔森理工大学 Ryerson Polytechnic University 私人捐助的高等教育机构,位于加拿大多伦多市。创办于 1948 年,以教育家 E. 赖尔森(1803 ～ 1882)之名命名。学校课程包括工程暨应用科学、艺术(含人文及社会科学)、应用艺术、商业、社区服务和继续教育。基本上以四年制本科教育为主。注册学生人数约 1.4 万人。

赖买丹月 Ramadan 伊斯兰教教历九月,是斋戒的圣月,即斋月。为的是纪念**穆罕**

默德得到《古兰经》的降示。根据伊斯兰教法,在赖买丹全月,穆斯林每日从黎明到日落前不得饮食和行房。按照伊斯兰教历,斋月可能在一年中的任意一个季节。斋月被认为是伊斯兰教五功之一,对斋月结束的庆祝是一个重要的伊斯兰宗教节日。

赖默　Rymer, Thomas(1643? ～1713)　英国评论家。虽然1673年成为律师,他几乎立即转向了文学评论。他以将法国形式主义者的新古典主义评论原理引入到英国而出名。他的作品有《上一时代的悲剧》(1678)和《对悲剧的浅见》(1693),两书对现代戏剧进行深刻评价,并推崇古典悲剧。他的观点直到19世纪都很有影响力。1692年被任命为皇家史官,主持汇编了英国缔结的所有条约,对中世纪问题研究家有相当大的价值。

赖纳　Reiner, Fritz(1888～1963)　出生在奥匈帝国的美国指挥家。随B. 巴尔托克习钢琴之后,在布达佩斯(1911～1914)和德累斯顿(1914～1922)任歌剧指挥。1922年移民美国,在辛辛那提(1922～1931)和匹兹堡(1938～1948)任交响乐指挥。从1953～1962年,他领导芝加哥交响乐团,使该团首次获得了国际赞誉。他还在柯蒂斯学院教授指挥(L. 伯恩斯坦是他的一名学生)。他是一位严格的总监,激励起许多演奏人员全力投入工作。

赖特　Wright, Fanny(1795～1852)　原名Frances Wright。苏格兰裔美国社会改革家。遍游美国之后,出版了《美国的社会观点和习俗》(1821)一书。1824年回到美国。她在田纳西州购置了一片土地,然后购买了一些奴隶,给予他们自由,叫他们定居在"纳休巴"的公社里(1825～1828)。她协助小欧文主编《新和谐报》。赖特公然蔑视政党提名的群众集会,在讲坛上对奴隶制、宗教及婚姻以及男女不平等进行抨击。结婚并在法国生活(1831～1835)之后,返回美国,积极支持A. 杰克逊和民主党。

赖特　Wright, Frank Lloyd(1867～1959)　美国建筑师。出生于威斯康涅州里奇兰森特,在威斯康星大学短期学习工程。曾在D. 阿德勒(1844～1900)和L. 沙利文的建筑事务所工作。1893年开设了自己的建筑事务所。赖特是"草原学派"的主要实践者。在1900～1910年间建造了约50所草原式住宅。早期的非居住建筑物包括纽约州布法罗市的拉金公司(1904;1950年拆毁)和伊利诺伊州橡园的统一寺(1906)。1911年开始建造自己的住宅,命名塔里辛。舒适豪华的东京帝国饭店(1915～1922年建,1967年拆除)由于采用了革命性的浮动悬臂构造,成为能够安全挺过1923年东京大地震仅有的几个大型建筑物之一。20世纪30年代,构筑低造价"乌孙式"住宅,所建造的"落泉"别墅完全大胆地用悬臂挑在一个瀑布的上方,是其最受人称赞的作品。约翰逊制蜡厂(1936～1939)为现代建筑中最优美的办公厅之一。此后,各类建筑的委托任务从世界各地涌至赖特事务所,其中包括古根海姆博物馆。赖特常被认为是美国最伟大的建筑师,他以创造和阐述"有机建筑"而著名,该词系指与居住者和周围环境和谐一致的建筑物。

赖特　Wright, Richard(1908～1960)　美国小说家和短篇故事作家。出生于密西西比州纳奇兹附近,从小在贫困中长大。移居北部后,加入芝加哥"联邦作家计划"而得以写作。1937年移居纽约。1932～1944年为共产党员。他的小说集《汤姆大叔的孩子们》(1938)首次引起注意,小说《土生子》(1940)成为畅销书。自传体的《黑孩子》(1945)写他少年和青年时代的艰苦生活。第二次世界大战后定居巴黎。他是最早反对种族歧视的非洲裔美国黑人作家之一。

赖希　Reich, Steve(1936～　)　原名Stephen Michael。美国作曲家。曾在康奈尔大学主修哲学。在D. 米尧和L. 贝利奥门下研习后,他热衷于巴里与非洲音乐,并到加纳学习打鼓。他早期的音乐探索同步重复模式逐渐不同步的过程("过程音乐")。他与T. 莱利(1935～　)及P. 格拉斯都是20世纪70年代最具影响力的"极简主义者"。他早期作品包括《打鼓》(1971)和《为18位乐师作的音乐》(1976);后来则有《沙漠音乐》(1983)和《不同的列车》(1988),展现出极其丰富的作曲语汇。

赖伊　Lie, Trygve(1896～1968)　第一任联合国秘书长(1946～1952)。曾在奥斯陆的克里斯蒂安尼亚大学学习法律。挪威工党的重要成员。在第二次世界大战中,他被任命为挪威流亡政府的外交部长。1945年代表挪威出席联合国国际组织会议,参与起草了联合国安全理事会条例。任秘书长之后,他耐心帮助劝说苏联军队撤出伊朗,处理了第一次阿以战争以及印度和巴基斯坦两国在克什米尔问题上的冲突。当他支持联合国介入朝鲜战争,苏联与他停止了合作。战后美国反共产主义的叫嚣进一步妨碍了他的努力。1952年辞职。

兰波　Rimbaud, (Jean-Nicolas-) Arthur(1854～1891)　法国诗人和冒险家。他是

兰波,H. 方丹-拉图尔所绘油画《桌子的一角》(1872)的局部;现藏巴黎卢浮宫
Giraudon-Art Resource

一名上尉的儿子,在16岁时开始写作暴力的、亵渎神明的诗歌,并创立了一种美学的教义,认为诗人必须成为一名预言家,应该打破束缚、控制人格以成为永恒的代言人。他受P. 魏尔兰邀请来到巴黎,同其建立了同性恋关系并开始了放纵的生活。在其最优秀的诗歌《醉舟》(写于1871年)中展现了他的口头艺术鉴别能力和对形象和比喻的大胆取材。在其散文诗选集《灵光篇》(写于1872～1874年)中,试图打破现实同虚幻之间的界限。其散文同抒情诗交替的《在地狱中的一季》(1873)成为他19岁时告别诗歌的作品。在一次争吵之后,魏尔兰开枪打伤兰波,后来又在一次激烈争吵中结束了他们的关系。兰波放弃了文学,并在1875年起开始当商人在世界各地游荡,主要是在埃塞俄比亚。他在37岁因截肢而去世。他诗歌中的酒神精神和从形式中解放出来的语言极大地影响了后来的象征主义运动以及20世纪的诗歌创作。

兰伯特　Rambert, Dame Marie(1888～1982)　后称Dame Marie(玛莉夫人)。原名Cyvia Rambam。波兰裔英国芭蕾舞制作人和导演。她师从E. 雅克-达尔克罗兹,后在俄罗斯芭蕾舞团教授韵律舞蹈,从而影响了V. 尼任斯基绚丽的舞蹈编排。她继续向E. 切凯蒂(1850～1928)学习,并使用他的方法在1920年建立了一家芭蕾舞学校。她在1930年协助成立了卡玛戈学会,1935年建立了芭蕾舞俱乐部(后来的兰伯特芭蕾舞团)。她鼓励新的舞蹈编导如F. 阿什顿,并支持新生的舞蹈演员和舞台设计,帮助建立起英国芭蕾舞的重要地位。她的芭蕾舞团在1987年被更名为兰伯特舞蹈公司,至今仍在继续演出。

兰布尔吉亚尔氏鞭毛虫　Giardia lamblia　又称G. intestinalis(肠吉亚尔氏鞭毛虫)。单细胞寄生性原生动物。梨形或甜菜根状,细胞有2个核和8根鞭毛。有一吸吮器官以附着在人的肠黏膜上,引起吉亚尔氏鞭毛虫病。此病的传播通常通过吞咽微量含有这种寄生虫的人类排泄物。此病常见于与其他儿童有密切接触的儿童,但也见于成人中间。本病症状为腹泻、腹痛、胃胀,可致吸收不良和肠溃疡。该生物常见于湖泊、河流、水库等受污染的水体表面,是全球引起腹泻的主要物质。露营时饮用被河里的排泄物污染的湖水或河水,常会引起吉亚尔氏鞭毛虫病。

兰德　Land, Edwin (Herbert)(1909～1991)　美国发明家和物理学家。在哈佛大学短暂学习后,1932年在波士顿与人合建了兰德-惠尔赖特实验室。他对偏振光发生兴趣,1932年发明了偏振片(他将之称为拍立得J片),并设想了许多用途。1936年兰德开始在太阳镜和其他光学仪器上使用各种偏振材料。后来用于照相机滤光片和其他的光学仪器中。1937年兰德在马萨诸塞州剑桥成立了拍立得公司。1947年他展示了革命性的拍立得照相机,该相机能在60秒钟拍摄出一张完整照片。1963年推出彩色拍立得胶片。兰德对光和色彩的兴趣产生了新的色彩感觉

理论。他共获得500多项专利。

兰德 Rand, Ayn(1905～1982) 原名Alice Rosenbaum或Alissa Rosenbaum。俄罗斯裔美国女作家。从彼得格勒大学毕业后,1926年移居美国,在好莱坞做电影剧本作家。她的两本畅销书代表了她的信仰,即一切真正成就都是个人能力与努力的结果,自由放任的资本主义最适合于发挥才干,自私是美德,而利他却是罪恶。她也因此赢得了追随者的崇拜。在《源泉》(1943)中,一个高傲的个人战胜了传统主义和因循守旧。寓言式的《阿特拉斯耸肩膀》(1957)将科学幻想小说和政治寓言结合在一起。在非小说的散文文学作品中,她详细阐释了她自称为"客观主义"的哲学。她担任过两家期刊的编辑,成为一名激进自由主义的代表。

兰多夫斯卡 Landowska, Wanda(1879～1959) 原名Alexandra。波兰出生的美国拨弦键琴家和钢琴家。成为钢琴家和潜心致力于音乐研究之后,她得到一把由巴黎的浦雷尔替她制作的大键琴,并在1912年的布雷斯劳巴赫音乐节首次用它来演奏,开始了20世纪拨弦键琴演奏的复兴,并引起国际间对拟真表演经验的新兴趣。她的许多录音作品中包括J. S. 巴赫《戈尔德堡变奏曲》的首次录音,并演奏M. de 法里雅的拨弦键琴协奏曲和F. 普朗克的《田野协奏曲》。由于是犹太人,她不得不逃离纳粹党的迫害,1940年以后在美国定居和教书。

兰弗朗克 Lanfranc(约1005～1089) 坎特伯雷大主教(1070～1089)。为居住在诺曼底的一位意大利学者,曾入本笃会修道院修行,后任院长。他成为征服者威廉一世所信赖的顾问,在诺曼征服后,威廉一世提名兰弗朗克为坎特伯雷大主教。兰弗朗克改革并重组了英国的教会,确保教会独立于王权。1075年他发现了一个反对国王的阴谋,1087年他反对罗贝尔二世因而保证了威廉二世的继位。

兰格 Lange, Dorothea(1895～1965) 美国写实摄影家。曾学习过摄影,1919年在旧金山开了一家照相馆。大萧条时期,兰格所拍的无家可归者的照片促成她受雇于一个联邦机构,以便让穷人的困苦处境引起公众注意。由于她拍摄的照片真实感人,致使州政府为移民者建立了宿营地。其作品《移栖的母亲》(1936)为联邦农业安全局所有图片中最广为复制的作品。她还拍制了另外一些影集,包括记录第二次世界大战中美籍日本人被拘留的事实。

兰花 orchid 兰科所有显花植物的统称。约400～800属,15 000～35 000种,为多年生草本植物。有秀丽花型,分布于大部分的非极地区域,尤其是热带地区,土生或附生。杂交的品种有艳丽的花朵,用于花卉商业贸易的有卡特利氏兰属、万带兰属和莱利乌斯氏兰属。花的大小、形状和颜色各异,但都是两侧对称,有3枚萼片。多数种类可自行进

虎兰(*Odontoglossum grande*)
A to Z Botanical Collection-Eb Inc.

行光合作用供给养分,有些种附生于死亡的有机物质上或依靠根部的共生真菌吸收养料。调味的香子兰是从香子兰属植物的种荚中所提取的。许多民间药物、地方性饮料和食物是使用兰花的某些部位制造而成。

兰季特·辛格 Ranjit Singh(1780～1839) 旁遮普锡克王国的创立者和君主(1801～1839年在位)。1792年父亲去世,他成为苏克尔切卡(现于巴基斯坦境内的一个锡克族部落)的酋长。1799年他攻占旁遮普省首府拉合尔。1801年自立为旁遮普君主。1802年攻占锡克教圣地阿姆利则,1820年巩固了他对苏特莱杰河和印度河之间的整个旁遮普的统治。他创立的锡克教国家,军队和内阁中都有锡克教徒、穆斯林和印度教徒,在他死后很快崩溃了。

兰金 Rankine, William J(ohn) M(acquorn)(1820～1872) 苏格兰工程师和物理学家,热力学原理奠基人之一。名著《蒸汽机及其他原动机手册》(1859)是系统阐述蒸汽机理论的第一次尝试。他设计出一种热力循环(兰金循环),成为衡量蒸汽动力装置性能的标准。在兰金循环中,冷凝蒸汽被用作工作介质。他还在地压和挡土墙的研究中取得显著成就。

兰开夏 Lancashire 英格兰西北部一郡。郡首府为普雷斯顿。中世纪初期是盎格鲁-撒克逊诺森布里亚王国的一省。该地区包括兰开斯特王室的祖先领地。产业革命时成为主要的制造业区和纺织工业中心。兰开斯特和普雷斯顿是主要商业中心和工业城市。还有若干旅游城镇,包括濒临爱尔兰海的布莱克普尔。人口约1 426 000(1995)。

兰克 Rank, J(oseph) Arthur(1888～1972) 后称Baron Rank (of Satton Scotney),英国电影发行人和制片人。1935年他的英国全国电影公司制作了第一部商业电影。同年他和C. 伍尔夫创办电影发行总公司,代理环球影片公司在英国的影片发行业务。1941年兰克已拥有英国三大电影院联号中的两个。1946年组建的兰克机构的,在20世纪40年代后期和50年代控制着英国的影片制作。1946～1962年担任兰克组织公司主席,1962～1972年担任董事长。60年代后期该机构由电影事业转而经营旅馆及其他有利可图的企业。

兰克 Ranke, Leopold von(1795～1886) 原名Leopold Ranke。德国历史学家。1825～1871年在柏林大学任教。受B. G. 尼布尔使用科学方法进行历史研究的启发,他主张基于对原始资料的文献学和符合原文的考据而进行客观写作。他的学术研究方法和教学方法(他是建立历史讨论会的第一人)对西方历史的编纂产生了巨大的影响。他有许多著述,涉及许多论题,是对欧洲国家和政治历史一些特殊历史时期的详尽记述,但和他所采用的原始数据一样,相对来说,他很少关注社会和经济力量。

兰罗特 Lönnrot, Elias(1802～1884) 芬兰民俗学家和语言学家。在芬兰东部偏远地区当了20年医官。在此期间,兰罗特从当地人那里收集了语言方面的资料及民间诗歌。他认为那些短诗是一部连续史诗的片段,他增加了自己编写的相关材料,辑成《卡勒瓦拉》(1835;1849年增补),成为芬兰的民族史诗。他还发表了《芬兰人的古歌及谣曲》(1840～1841)以及其他集子。

兰缪尔 Langmuir, Irving(1881～1957) 美国物理化学家。在格丁根大学获得博士学位。曾在通用电气公司任研究员(1909～1950),他研究了气体放电、电子发射和钨的高温表面化学,极大地延长了钨丝灯泡的寿命。他开发了一种真空泵以及用在无线电广播中的高真空电子管。他还提出了原子结构和化学键形成的理论,引用了"共价"这个术语。1932年获得诺贝尔化学奖。

兰姆 Lamb, Charles(1775～1834) 英国散文作家和评论家。1792年至1825年在东印度公司当职员。1796年开始成为他姊姊,即作家玛丽(1764～1847)的监护人,玛丽因精神病发作(后来证实曾一再复发)而杀死母亲。以笔名伊利亚在《伦敦杂志》刊登自传体短文而闻名,后收录于《伊利亚随笔集》(1823)和《伊利亚后期随笔集》(1833)中。作为最伟大的英国文学作家之一,他在书信中包含了一些他对英国文学最具洞察力的文学评论,常常以旁注的形式出现。他与玛丽合编的《莎士比亚戏剧故事集》(1807)是极受欢迎的将剧作重述的儿童读物。

兰尼埃三世 Rainier III(1923～2005) 原名Rainier-Louis-Henri-Maxence-Bertrand de Grimaldi。摩纳哥亲王(1949～2005),第31位世袭统治者。他使摩纳哥的企业(包括工业)强大、扩展及多元化。通过填海造田,使摩纳哥的领土扩大了1/5。其最重要的政治改革是颁布了一个新宪法,既不否认传统,却又建立在现代的原则基础上。1956年他与G. 凯利的婚礼吸引了全世界的注意力。

兰萨库斯 Lampsacus 赫勒斯滂(达达尼尔海峡)亚洲沿海的古代希腊城市,以产酒闻名,是崇拜普里阿普斯神的主要地点。公元前654年爱奥尼亚的福西亚人移居于此,公元前499年参加爱奥尼亚反抗波斯的起义,后来加入提洛同盟。公元前405年雅典

沦亡，兰萨库斯转归波斯统治，直到公元前334年**亚历山大大帝**将该城解放。该城是哲学家斯特拉顿的故乡。

兰塞姆　Ransom, John Crowe(1888～1974)　美国诗人和评论家。曾就读并任教于范德比尔特大学，在那里成为逃亡派的领导者。该派诗人对南方及南方的地区传统抱有共同信念，出版了很有影响的刊物《逃亡者》(1922～1925)。在凯尼恩学院创立了《凯尼恩评论》，并于1939～1959年间任该刊编辑。他的文学研究成果包括《新批评》一书(1941)，这本书在重要的评论运动中为他赢得声望。他被视为第一次世界大战后南方文学复兴的重要理论家。他的《诗选》(1945；1969年修订版)获全国图书奖。

兰斯　Reims　又作Rheims。法国东北部城市。古代雷米的高卢部落首府，后被罗马人征服。5世纪时，法兰克国王**克洛维一世**在兰斯接受洗礼；为纪念此事，后来大多数法

法国兰斯的圣母大教堂
Paul Almasy

国国王都在兰斯举行加冕礼。在两次世界大战中受严重破坏，1945年5月德国军队在这里无条件投降。该市是主要的葡萄酒生产中心，尤其以香槟酒闻名。其他工业包括飞机和汽车仪表制造。该市13世纪的圣母大教堂是法国最著名的哥特式教堂之一。人口约183 837(2006)。

兰斯多恩侯爵　Lansdowne, Marquess of(1845～1927)　原名Henry Charles Keith Petty-Fitzmaurice。爱尔兰贵族和英国外交家。1866年继承其父爵位及大笔财产，并在**W. E.格莱斯顿**的自由党政府中任公职。在加拿大任总督时(1883～1888)，曾帮助平息L.里尔叛乱。在保守党执政时任印度总督(1888～1894)，改组警察部门、重整立法议会、禁止印度造币厂自由铸造银币并增修铁路和灌溉工程。在陆军大臣任内(1895～1900)，因英国在南非战争中毫无准备而遭指责。在外交大臣任内(1900～1906)缔结《**英法协约**》。

兰特里　Langtry, Lillie(1853～1929)　原名Emilie Charlotte Le Breton。英国女演员。生于泽西岛(故后以"泽西百合"闻名)，1874年与社交名人E.兰特里结婚。她以美貌著称。当她第一次以社交界人物登台演出，在《屈身求爱》(1881)中担任女主角时，引起了轰动。她在英国和美国为热情的观众演出，

L.兰特里
Mansell Collection

在《皆大欢喜》中成名。她的情人中有韦尔斯王子(后来的爱德华七世)。丈夫去世后，她于1899年嫁给了雨果·德·巴兹。后来她改造并管理帝国剧院(1901～1917)。

兰西尔　Landseer, Edwin (Henry)(1802～1873)　后称Sir Edwin。英国画家和雕刻家。最初随身为雕刻家和作家的父亲学画，后进皇家美术学院学习。精于描画动物，并以动物解剖知识为基础，发展他的绘画技巧，但作品因过于拟人化而显得矫揉造作，例如《庄严与放肆》(1839)。他在专业和社会上都获得极大成功，是**维多利亚女王**所宠爱的画家。1831年被选入皇家美术学院，1850年获爵士封号。作为一名雕刻家，他最有名的作品是特拉法尔加广场纳尔逊纪念柱底座上的青铜狮(1867年揭幕)。

兰兹　Land's End　英格兰**康沃尔郡**最西端的半岛。其尖端是英格兰的最西南点，与传统上认为是大不列颠最北端的约翰奥格罗茨距离约1 400千米。近海有不少危险的礁石，其中一组礁石离陆地不到2千米，有朗希普灯塔作为标志。

阑尾　appendix　全名vermiform appendix(蚓状阑尾)。附于大肠的盲肠的一条退化性中空管。人类的阑尾长约8～10厘米，宽不及1.3厘米，没有消化功能。阑尾的肌质壁可将管壁分泌的黏液或误入管腔的消化物挤回盲肠，因此如果阑尾开口受堵或排出功能受阻，皆可能导致阑尾炎。当阑尾无法排空时，消化液和黏液会逐渐累积而使阑尾水肿、胀大和变形，接着血液回流会受阻而产生坏死，同时原先寄生在此处的细菌会趁机繁殖而使炎症反应加剧，如果这些现象继续恶化，阑尾可能会胀破而将其内容物洒入腹腔，进而引发**腹膜炎**。阑尾炎最初的症状为局限于上腹部或肚脐周围的模糊性疼痛，接着变成局限于右下腹部的持续性疼痛。体温上升亦很常见，但早期不高；白血球通常会上升至12 000～20 000。阑尾炎的疼痛部位会随阑尾的解剖位置而异，常会与其他腹部急症所引起的腹痛混淆，因此需仔细检查方能确定是否真的罹患了急性阑尾炎。阑尾炎的基本治疗法为手术切除(俗称阑尾切除术)。

蓝岸　Côte d'Azur　法国东南部地中海沿岸文化大区，包括芒通与戛纳之间的法属**里维埃拉**。以风景优美闻名，为重要的游览胜地。参阅**尼斯**和**摩纳哥**。

蓝宝石　sapphire　透明至半透明的、天然或人造的刚玉的变种，为极珍贵的宝石。其颜色主要是由于含有少量铁和钛的结果，一般颜色介于非常淡的蓝色至深靛蓝色之间，呈无色、灰色、黄色、淡粉红色、橙色、绿色、紫色及褐色的宝石级刚玉的变种亦称蓝宝石，红色变种称为**红宝石**。1902年开始商品化生产人造蓝宝石，这种人造蓝宝石大多用于珠宝饰品，但大多数人造材料用于制造宝石轴承、仪表、模具及其他专门的零件；有些也用来作高级研磨材料。蓝宝石主要产自斯里兰卡、缅甸、印度及美国的蒙大拿州。

蓝草音乐　bluegrass　第二次世界大战后在美国出现的一种乡村和西部音乐风格，直接从诸如**卡特家族**等弦乐团的音乐发展而来。蓝草音乐与其前身不同的是具有更强烈的切分节奏、更高的男高音领唱、更紧凑的和弦、有驱动力的节奏，以及受爵士乐、布鲁斯的强烈影响。他们非常重视班卓琴，总是以独特的三指风格演奏，这种风格是从斯克鲁格斯发展而来的。曼多林和提琴也是一大特色，传统的方阵舞曲、宗教歌曲和民谣在曲目中占有很大的比例。蓝草风格为**B.门罗**及其"蓝草男孩"乐团所创。从20世纪40年代末期开始，其知名度不断提升；70年代起，有一批更年轻的音乐人加入，带来了摇滚乐风。

蓝花楹　jacaranda　紫葳科蓝花楹属植物，尤指含羞草叶蓝花楹(*J. mimosifolia*)和尖叶蓝花楹(*J. cuspidifolia*)这两种观赏乔木。广泛栽培于世界温暖的地区及温室内。花艳丽，蓝色或紫堇色。羽状复叶形态美观。该属约50种，原产中南美洲和西印度群岛。jacaranda一词又指豆科(*Machaerium*)和黄檀属(*Dalbergia*)数个产黑黄檀木的乔木种。

蓝鲸　blue whale　一种带有淡色斑点的蓝灰色**须鲸**，学名*Balaenoptera musculus*，又称硫底鲸，因为有些个体的身上长有浅黄色的硅藻而带硫黄色。蓝鲸是已知的最大的动物，最长达30米，最大重量达13.6万千克。单独或以小群栖息在所有大洋中。在南极或北极度夏，以磷虾为食，冬季游向赤道繁殖。曾经是最重要的商业性捕鲸的对象，数量因而大减。现已列为濒危物种，受到保护。

蓝岭　Blue Ridge　又称Blue Ridge Mountains。美国东部**阿巴拉契亚山脉**的一部分。从宾夕法尼亚州的卡莱尔向西南延伸，经马里兰州、弗吉尼亚州、北卡罗来纳州和南卡罗来纳州至佐治亚州的奥格尔索普山。最高峰是北卡罗来纳州的布莱克山脉；平均海拔600～1 200米。风景优美的蓝岭公路建于1936年，由国家公园事务局管理，沿山顶绵延755千米。

蓝鸲　bluebird　北美洲的鸫科蓝鸲属(*Sialia*)鸟类，共3种。东部蓝鸲[(*S. sialis*)

西部蓝鸲(*Sialia mexicana*)
Herbert Clarke

体长14厘米]和西部蓝鸲(*S. mexicana*)两种胸部红色,分别分布于落基山脉的东部和西部。山蓝鸲(*S. currucoides*)也分布于西部,全身蓝色。蓝鸲一开春就从南方飞来。生活在开阔地或林间空地,在树洞或篱笆桩的洞中筑巢,或在巢箱中筑巢。

蓝鳃鱼　bluegill　受欢迎的游钓鱼类,学名 *Lepomis macrochirus*。在原产地(美国中、南部的淡水区)是最著名的**太阳鱼**之一。现已被引进到美国西部及世界的其他地方。蓝鳃鱼一般呈浅蓝或浅绿色,特征为鳃盖后部有一暗鳃盖。为食用鱼和游钓鱼中体形最小的一种,体长一般只有15～23厘米,体重常不到0.25千克。蓝鳃鱼在上钩时会剧烈挣扎。

蓝色牧草区　Bluegrass region　美国肯塔基州中部地区。此区有肯塔基州最肥沃的农地,因此成为最早殖民的地区。由于大量的蓝草与其培育出的良种马闻名遐迩;富含钙质的土壤给予牧草丰富的矿物质,又从草中被吸收到马的骨骼中。

蓝袜　Bluestocking　18世纪中期,英国的一些妇女时常邀请文人和爱好文学的贵族参与的"闲谈会",这些妇女被称为"蓝袜"。这个名称大概源自一位贵妇E.维齐夫人,她邀请学问渊博的B.斯蒂林弗里特参加她的一个晚会;斯蒂林弗里特说他没有合适的礼服而谢绝其邀请,于是她告诉斯蒂林弗里特可以穿"他的蓝袜"(即他平时穿的普通毛绒袜)来赴约。"蓝袜"一词现已用来嘲讽那些附庸风雅的妇女。

蓝钟花　bluebell　百合科蓝钟花属(*Endymion*)植物,原产于欧亚地区。欧洲蓝钟花(*E. nonscriptus*)和西班牙蓝钟花(*E. hispanicus*)的花钟状,蓝色,簇生,是栽植于庭园的观赏植物;某些专家认为该属应并入同科的绵枣儿属(*Scilla*)。许多其他的植物通常也称蓝钟花,包括风铃草属、草原龙胆属、花葱属和铁线莲属植物。在美国,bluebell一词常指弗吉尼亚滨紫草(*Mortensia virginica*)。

欧洲蓝钟花(*Endymion nonscriptus*)
M. T. Tanton-The National Audubon Society Collection/Photo Researchers

篮球运动　basketball　由两个队(每队5人)用一个充气的球在一长方形球场进行的一种球类运动。每一方都力求把球投入对方底线篮板上的球篮。投篮成功记2分,若从一定距离以外投篮成功则得3分。无故的身体接触即为犯规,应由被侵犯的对方队员罚球一至三次(视犯规的具体情况而判罚),罚球进篮记1分。篮球是马萨诸塞州斯普林菲尔德市的J. A.奈史密斯在1891年发明的,旋即风行于全国,大学与高中纷纷举办男女校队间的比赛(因奈史密斯最初用桃篮作球篮,故名篮球)。起初女子篮球的比赛规则不同于男子篮球。篮球运动缓慢地发展成为一种国际运动。1936年的奥运会首次举办篮球比赛。国际业余篮球协会分别于1950年和1953年为男女篮球举办世界锦标赛。在美国,传统上于3月举办全国高中、大学的锦标赛,赛事轰动全国。男子职业联盟在1898年成立,但一直没有获得很大支持,直到1949年重组为全国篮球协会(NBA)。美国篮球协会(ABA)所属的女子全国篮球协会(WNBA)在1997年成立。20世纪后半叶,篮球俱乐部与职业篮球在美国以外的国家与地区迅速发展。篮球名人堂位于斯普林菲尔德市。

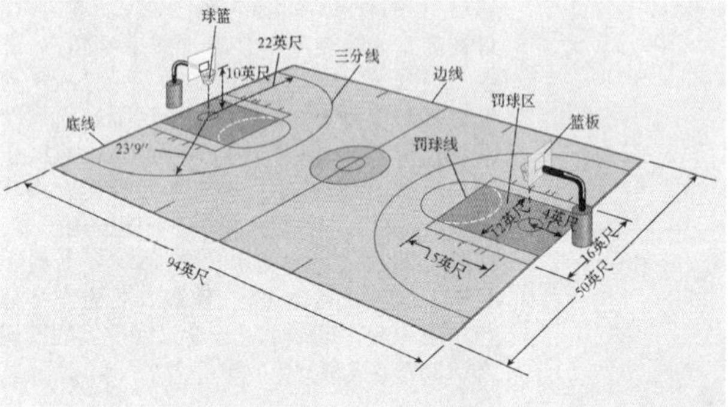

美国职业篮球场示意图。大学球场与此尺寸相似,但三分线较近(19英尺9英寸)。国际通用场地略小于此,三分线为20英尺6英寸,罚球区为梯形,即靠近边线处较罚球线宽些。所有球场篮高均为10英尺。
© 2002 MERRIAM-WEBSTER INC.

镧系　lanthanide　周期表中从镧到镥(原子序数57～71)15种连续排列的化学元素。加上钪和钇,一起组成稀土金属。它们的原子都有相似的结构,以及相似的物理和化学变化,其化学价一般为3和4。

狼　wolf　犬科,野生犬形食肉动物。灰狼(*Canis lupus*,即林狼)是所有家犬的祖先。它曾是除了人类以外分布最广的哺乳动物,今主要分布于加拿大、阿拉斯加、巴尔干和俄罗斯。狼生性聪明,群居。虽然以许多小动物为食,但主要猎物是鹿、驼鹿和北美驯鹿。因伤害家畜而被人猎杀。雄灰狼长2米,体重高达80千克,是现有最大的犬科动物。灰狼实行严格的等级制,群居,巢区约占100平方千米,大部分在夜晚掠食。较小的红狼(*C. rufus*)曾广泛分布于美国中南部,现已濒临绝灭。埃塞俄比亚的阿比西尼亚狼(*C. simensis*),从前被认为是胡狼。

狼獾　wolverine　又作glutton、carcajou或skunk bear。学名 *Gulo gulo*。见于寒冷北方高纬度区,特别是森林地区的鼬科动物。似形小而矮胖的熊。体长65～90厘米,尾长

狼獾(*Gulo gulo*)
Alan G. Nelson-Root Resources

13～26厘米,肩高36～45厘米,体重9～30千克。腿短,稍呈弓形;脚底有毛,爪长而锐利;被毛粗而长,光滑,呈黑灰褐色。其肛腺会分泌出一种气味难闻的液体。以狡猾、胆大和贪食著称。捕食各种动物,包括羊、鹿和小熊。

狼人　werewolf　据欧洲民间传说,指晚上变成狼,吞食动物、人或尸体,白天又变回人形的人。有些狼人能任意变化形体;有的是遗传,有的是被狼人咬过,才变成狼人的,他们在满月的作用下,不由自主地变化形状。如果他是在呈狼形时受了伤,伤口在他变成

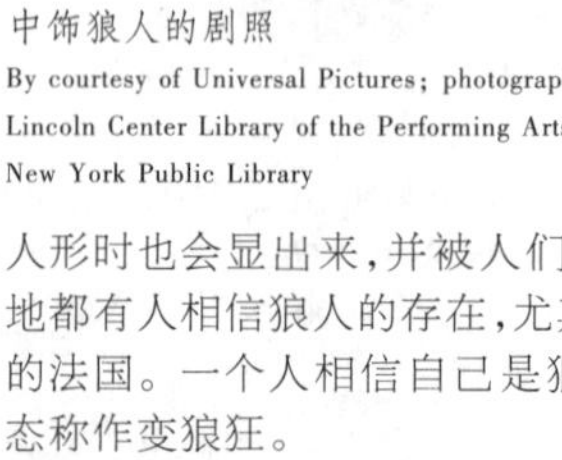

L.钱尼(小)在影片《狼人》(1941)中饰狼人的剧照
By courtesy of Universal Pictures; photograph, Lincoln Center Library of the Performing Arts, New York Public Library

人形时也会显出来,并被人们识破。世界各地都有人相信狼人的存在,尤其是在16世纪的法国。一个人相信自己是狼,这种精神病态称作变狼狂。

狼蛛　wolf spider　又称ground spider或hunting spider。蜘蛛目狼蛛科动物。约175种,分布于北美洲、欧洲和北极圈的北部。塔兰托毒蛛(*L. tarentula*)为体形最大的种类,长2.5厘米。多数种类体长而宽,腿长而粗壮。螯肢强壮,通常在夜间追捕食物。多数

种类在地下打洞,衬以丝管。少数种类织网。塔兰托毒蛛对人无害。

廊 gallery 在建筑上,指长形、一边开敞的覆顶过道,如门廊或柱廊。有平台内嵌式壁廊,亦有以支柱及结构体突出部营建的缓升式柱廊。室内廊道则指由墙面突出的平台(如在议会大楼)或设于二楼高度,为观众席,如教堂内由柱廊支撑的狭长的平台,称为台廊。在剧院内,则指最高层的楼座,一般票价最低。文艺复兴时期的房舍或宫殿多为狭长形小室,作为散步和展示艺术作品,现代的“画廊”一词即源于此。

朗 Long, Huey (Pierce) (1893 ～ 1935) 美国政治人物。先从事法律工作,25 岁时被选入铁路委员会。他要求州政府对公用事业加强管理,抨击美孚石油公司,使他声名远

H. 朗
UPI

扬。担任州长时(1928 ～ 1931),他那雄辩的口才和不落俗套的行为闻名全国,被称为“老大”。他实施公共工程计划和教育改革,但使用独断独行的方式来控制州政府,包括州对教育、警察和消防,以及州的军事、司法乃至选举和征税的机构等人员的任命。担任美国参议员时(1932 ～ 1935),在大萧条时期提出“分享财富”计划。1935 年被 C. A. 韦斯暗杀,因为韦斯的父亲曾经遭到朗的毁谤。后来他的弟弟厄尔·朗(1895 ～ 1960)任州长(1939 ～1940,1948 ～ 1952,1956 ～ 1960)。

朗方 L'Enfant, Pierre Charles(1754～1825) 法国出生的美国工程师、建筑师和城市设计师。曾在巴黎求学,后志愿参加美国革命军当士兵和工程师。1783 年国会委任他为总工程师。1791 年 G. 华盛顿请他为波多马克河畔的联邦政府首都做规划。他设计了一个棋盘式街道布局,并且加上宽阔的对角线大道;以国会大厦和总统官邸为中心的规划还加进了绿地和交叉路口的街景,在那里可以设置纪念碑和喷泉。1792 年虽然他因刚正不阿的个性而被免职,但他所做的规划大部分在日后都已实现。死于贫困。

朗费罗 Longfellow, Henry Wadsworth (1807 ～ 1882) 美国诗人。在鲍登学院毕业后,先去欧洲游学,后到鲍登学院(1829 ～ 1835)、哈佛大学(1836 ～ 1854)任近代语言教授。1839年出版诗集《夜吟》(其中包括

朗费罗
Historical Pictures Service, Chicago

《生命颂》和《群星之光》),初次赢得声誉。1841 年出版《歌谣及其他》(其中包括《金星号遇难》和《乡村铁匠》),轰动全国,之后的长篇叙事诗《伊凡吉林》(1847)更使他的声望大增。《海华沙之歌》(1855)、《迈尔斯·斯坦狄什的求婚》(1858)和《路畔旅舍的故事》(1863,其中包括《保罗·里维尔的夜奔》)使他成为 19 世纪美国人最喜爱的诗人。后来翻译但丁的《神曲》(1867),1872 年出版的巨著《基督:一个谜》是关于基督教的三部曲。其诗歌的特点是文雅、简洁以及对世界的理想化想象。

朗格 Lang, Fritz (1890 ～ 1976) 出生于奥地利的美国电影导演。曾在维也纳学习建筑,第一次世界大战中在奥地利军中服役。在伤后复原期间,他开始撰写剧本。他在柏林的一家电影工作室找到工作之后,在该处导演了《厌倦的死神》(1921)、《马比斯博士》(1922)、分成两部的《尼贝龙根》(1924)、表现主义的《大都会》(1926)和《M》(1931)等成功的电影。在制作完反纳粹电影《马比斯博士的遗嘱》(1933)后,他离开德国前往巴黎,后到好莱坞。其在美国制作的影片和在德国编导的影片在艺术激情、悲观情绪和视觉感染上是一致的,在美国的作品有《狂怒》(1936)、《你只活一次》(1937)、《谍网迷离》(1944)、《声名狼藉的牧场》(1952)和《激情》(1953)。

朗格莱 L'Engle, Madeleine (1918 ～ 2007) 原名 Madeleine L' Engle Camp。美国儿童读物作家。在出版第一本书《小雨》(1945)以前从事剧场工作。《时光的痕迹》(1962)一书中,她创造了一群在宇宙战争中对抗大恶魔的小孩,他们的冒险活动在《一个急速倾斜的星球》(1978)和其他书里得到继续。她的著作经常探索善与恶、神的本质、个人的责任和家庭生活等主题。她也写成人小说、诗和自传。

朗格兰 Langland, William(约 1330 ～约 1440) 疑为《耕者皮尔斯》一诗的作者。其生平不详,据知他对神学有很深造诣,而且对圣伯尔纳(明谷的)所倡导的苦行主义颇感兴趣。《耕者皮尔斯》是中世纪英语头韵诗名篇之一,为一部寓言作品,以一系列梦幻形式表现复杂的宗教主题;而所用的语言却是简单的口语,包含了丰富的想象力。

朗姆酒 rum 从甘蔗产品(主要为糖蜜)制作出来的蒸馏酒。文字记载中最早提到它是在约 1650 年的巴巴多斯。朗姆酒曾用在奴隶贸易中:非洲的奴隶在西印度群岛卖掉,交换糖蜜;糖蜜在新英格兰制成朗姆酒,然后将朗姆酒卖到非洲,换取更多的奴隶。英国水手从 18 世纪到 20 世纪 70 年代得到定期的朗姆酒配给。有两种主要类型在市场上交易:清淡柔和型的朗姆酒,传统上产于波多黎各和古巴,用人工培养的酵母发酵,在连续蒸馏器内蒸馏,勾兑后陈酿 1 ～ 4 年;深色烈性的朗姆酒,传统上产于牙买加,利用空气中的酵母孢子,在简易壶里蒸馏,勾兑后陈酿 5 ～ 7 年。朗姆酒可直接或混合饮用,或用在甜点酱汁和其他菜肴中。

朗帕尔 Rampal, Jean-Pierre (Louis) (1922 ～ 2000) 法国长笛演奏家。1947 年起他在室内乐演奏和独奏会中频繁亮相。20 世纪 50 年代,他创建了自己的室内演奏乐团,1956 ～ 1962 年他同时还在巴黎歌剧院参加演奏。M. 普朗克等人曾为他作曲。他在脍炙人口的大量巴罗克曲目中所表现的甜美音调和精湛技巧,使他成为第一个达到国际大师水准的长笛演奏家。

朗斯洛 Lancelot 又拼 Launcelot。亚瑟王传奇中最重要的骑士之一,圭尼维尔的情夫,加拉哈的父亲。朗斯洛最初出现在克雷蒂安·德·特罗亚的 12 世纪传奇故事里,并且是 T. 马洛礼所著《亚瑟王之死》中的重要角色。全名为 Sir Lancelot du Lac,是指他在婴儿时被女巫湖上夫人带走抚育,并训练成模范骑士后送入亚瑟宫廷,即“湖上夫人”抚育的故事。朗斯洛在宫廷里成为最受亚瑟王喜爱的骑士和王后圭尼维尔的情夫。与王后的奸情导致他寻找圣杯失败,并引起卡默洛特毁灭的一系列事件。他与圣杯持有者之女伊莱恩所生的儿子加拉哈后来取代他成为骑士的模范。

朗斯特里特 Longstreet, James (1821 ～ 1904) 美国陆军军官。毕业于西点军校,但当南卡罗来纳退出联邦后,他也辞去了军中的职务。在南部邦联军中任准将,参加了布尔溪战役、安蒂特姆战役和弗雷德里克斯堡战役。在葛底斯堡战役中担任 R. E. 李将军的副指挥,由于他延迟了进攻,导致南部邦联军失败。他还曾指挥奇克莫加战役,在莽原战役中受重伤,但后又恢复指挥。他与李将军一起在阿波马托克斯投降。1880 ～ 1881 年任美国驻土耳其公使,1898 ～ 1904 年任太平洋铁路公司专员。

浪漫主义 Romanticism 18 世纪在欧洲兴起的文学、艺术和哲学运动,大约持续到 19 世纪中叶。浪漫主义非常强调个人的自我意识,既是启蒙运动的延续,也是对它的一种反抗。浪漫主义强调个性、主观、非理性、想象、个人、自发、情感、空幻及玄奥等取向。其看法如下:对自然之美的深入欣赏;普遍将情感和感觉分别置于理性和智力之上;转向自我世界并加深对人个性的审视;对天才、英

雄及突出人物的关注；创新地将艺术家视为至高无上的个体创作者；强调想象力为求得超凡经验和精神上的真谛的途径；对民间文化、民族与伦理文化起源及中世纪的浓厚兴趣；对异国、遥远、神秘、怪诞、玄奥、荒诞、疾病甚至恶魔等题材的偏好。参阅古典主义和超验主义。

劳 Law,(Andrew) Bonar(1858～1923) 英国首相(1922～1923),第一个出生在英国海外领地的首相。出生于加拿大,在苏格兰长大。1900年被选入下院,1911年成为保守党党魁。1915～1916年任殖民地事务大臣,1916～1918年任财政大臣,1916～1921年任下院领袖。1922年D.劳合·乔治辞职后,劳担任首相,组织了保守党政府,但7个月后便因病辞职。

劳 Law, John(1671？～1729) 苏格兰货币改革家。1705年出版银行改革计划《论货币和贸易》,与其他的重商主义者不同的是,在书中他提出由中央银行印制钞票,以钞票取代金银在市面上流通。1716年法国同意试行他的计划,他成立了中央银行,受权印行钞票。不久他与一家公司结合,享有开发北美洲法属领地(尤其是密西西比河下游流域)的特权。结果他的计划失败,他要为"密西西比泡沫"这种投机性经济灾难负责,后来被迫逃离法国,在威尼斯死于贫困。

劳埃德-韦伯 Lloyd Webber, Andrew(1948～) 后称Baron Lloyd-Webber(劳埃德-韦伯男爵)。英国作曲家。曾就读于牛津大学和皇家音乐学院,他父亲就是皇家音乐学院院长。他与歌词作者T.赖斯(生于1944年)合作的第一部作品是《约瑟夫和惊人的五彩梦幻衣》(1968),接着是"摇滚歌剧"《超级明星耶稣基督》(1971),将古典形式与摇滚音乐融合在一起。他们最后一次重要的合作作品是《艾维塔》(1978)。他的作品以电子乐和摇滚乐为基础,有助于音乐剧的复兴。他将T.S.艾略特的诗谱成的《猫》(1981),是伦敦和纽约两地曾经上演时间最长的音乐剧。以后他又与人合作了《星光直达快车》(1984)、《歌剧魅影》(1986)和《日落大道》(1993)等舞台作品。他的《歌剧魅影》(2006)超过《猫》成为百老汇上演时间最长的音乐剧。1992年受封爵士,1997年被封为贵族。

劳德 Laud, William(1573～1645) 坎特伯雷大主教(1633～1645)和查理一世的宗教问题顾问。1627年任枢密顾问官,1628年任伦敦主教,他致力于与清教主义的斗争,并强制推行严格的圣公会仪式。成为坎特伯雷大主教后,他更把权力扩展到全国。他认为清教徒进行布道是危险的而加以打击,并将清教徒作家像W.普林等人截肢和监禁。在他亲密盟友T.温特沃斯的帮助下,利用他对国王的影响力来左右政府的社会政策。到1637年,反对劳德压制的力量开始兴起,劳德将圣公会的宗教仪式强加给苏格兰的企图遭到强烈的反对。在1640年召开的长期议会上,劳德被控犯有严重的叛国罪。1644年普林主持了对他的审讯,结果宣判有罪而把他斩首。

劳德 Lauder, Estée(1910？～2004) 原名Esther Mentzer。美国企业家。1946年与其丈夫J.劳德成立埃斯黛·劳德公司。其创新的销售手法在20世纪60和70年代大获成功。该公司的香水和化妆品,包括倩碧和雅男士男用化妆品,如今在全世界70多个国家的百货公司和专柜中出售。

劳德代尔堡 Fort Lauderdale 美国佛罗里达州东南部城市。位于迈阿密以北40千米,临大西洋。1838年在第二次塞米诺尔战争期间筑堡,1895年建镇,并以该堡之名命名,后发展成为水运、商业中心和住宅区。有大西洋沿岸水道通往该市深水港口埃弗格莱兹港。市内水道纵横,多游船,有大量造船设施,因而航运业兴旺。人口约165 521(2010)。

劳动法 labor law 指适用于雇佣、报酬、工作条件、工会及劳资关系的法律的总称。保护包括童工在内的工人免于不平等雇佣关系的法律直到19世纪晚期才在欧洲制定实行,美国稍微晚一些。在亚洲和非洲,与劳工相关的议题则是在20世纪40和50年代才开始出现。雇佣法涉及雇用、训练、晋升和失业补助等方面。工资法则规范工资支付的形式和方法、工资比率、社会保障、退休金和其他事项。关于工作条件法则规定工时、休息、假期、童工、工作平等、健康和安全。工会与劳资关系法规定包括工会和雇主组织的法律地位、权利、义务、集体谈判协议和平息罢工或其他争论的规则。参阅仲裁和调解。

劳动分工 division of labor 生产过程的专门化。复杂的工作通常可以由许多人比较低成本去完成,每个人完成一小部分专门化的任务,这样比由一个人去设法完成全部工作更经济。专门化可以降低生产成本和成品价格的思想扎根于比较利益原则中。劳动分工是在大规模生产体系中建立生产线的基本原理。

劳动力 labor 在经济学中,劳动力是指以挣工资为生的人们的总体。古典经济学中,劳动力是三大生产要素之一,其他两要素为资本和土地。劳动力也可指体力劳动者的服务,包括人类在生产财富中所提供的有价值的服务,而不是累积和提供资本。在现代经济生活中,进行劳动是为了它的产品,或是为了要求分享一部分社会工业的总产品。市场中某种特殊的劳动,其单位时间的价格,即工资率,不仅决定于劳动者的技术效能,而且也决定于对劳动者所能提供的那种劳务的需求和其他生产手段的供应情况。其他影响工资的因素包括劳动者的训练、技术、智力,和该项工作的社会地位、升迁的前景及其相对难度。将所有的因素列入考虑使经济学家们几乎不可能为付出的劳动力定下标准值。取而代之的是,经济学家经常以将劳动力用于不同用途所制造出来产品的量和价值来加以比较。

劳顿 Laughton, Charles(1899～1962) 英国出生的美国演员。1926年在伦敦首次登台演出,后来演过《钦差大臣》、《三姐妹》、《美狄亚》、《分期付款》等话剧。1931年以《分期付款》在纽约首次演出。1929年开始演电影,以《亨利八世秘史》(1933,获奥斯卡奖)一片扬名国际。劳顿以演出戏路宽广闻名,角色千变万化,这类影片有《叛舰喋血记》(1935)、《孤星泪》(1935)、《钟楼怪人》(1939)、《情妇》(1957)和《咨询与赞许》(1962)。他还导演了著名的《猎人之夜》(1955)一片。

劳合·乔治 Lloyd George, David(1863～1945) 后称Earl Lloyd-George of Dwyfor(德威弗尔伯爵)。英国首相(1916～1922)。出生于曼彻斯特,父母均为威尔士人,在威尔士长大。1890年进入议会,代表自由党,此后保持议会席位55年。1905～1908年任贸易委员会主席,1908～1915年任财政大臣。1909年提出颇有争议的"人民预算"(为社会改革而增加税收),结果为上院驳回,导致宪法危机,后来通过《1911年议会法》。同年又提出《国民保险法》(1911),为英国成为福利国家奠定了基础。1915～1916年任军火大臣,采用非正统的方式确保战时物资供应充足。1916年取代H.H.阿斯奎斯担任首相,在保守党的支持下组成联合内阁。他组成小型战时内阁,能尽速作出决策。由于不相信英国最高司令部的能力,常与D.黑格将军进行争论。在1918年的选举中由于他决定继续组织联合内阁,自由党进一步分裂。他是在巴黎和会上达成《凡尔赛和约》起主要作用的3个主要政治家之一。他开始以谈判方式解决爱尔兰问题,最后在1921年达成《英爱条约》。1922年辞职,1926～1931年担任日益衰弱的自由党领袖。

劳莱和哈代 Laurel and Hardy(劳莱1890～1965;哈代1892～1957) 美国电影喜剧演员。劳莱(原名Arthur Stanley Jefferson Laurel)出生于英国,曾在马戏团和歌舞杂耍团中表演,1910年定居美国,开始在无声电影中演出。哈代(原名Oliver Norvell Hardy, Jr.)是佐治亚州一名律师的儿子,拥有一家电影院,从1913年起演出无声喜剧片。1926年他们加入H.罗奇的电影制片厂,早期合作演出的有《让菲利普穿上裤子》(1927)等短片。他们共合演了100多部喜剧片,包括《让他们笑去》(1928)、《八音盒》(1932)、《沙漠之子》(1933)和《走向西部》(1937)等,被认为是好莱坞第一对优秀的喜剧搭档。瘦得皮包骨的劳莱通常扮演笨手笨脚、头脑简单的人物,衬托肥胖而狂妄自大的哈代,两人把一些日常小事弄得一团糟,闹得不可开交。

劳里 Lowry,(Clarence) Malcolm(1909～1957) 英国小说家和诗人。年轻时反对他所受的符合传统的教育,曾在船上当服务生前往中国;在法国、美国、墨西哥、加拿大和意大利都生活过。其名声源于小说《在火山下》(1947),写的是一个曾经当过英国驻墨西哥领事,后来意志消沉,靠酗酒度日之人最后的绝望生活。书中社会的腐败现象和自我摧残两种印象并列,可以看作是欧洲对于第二次世界大战临近的一种象征性看法。虽然该书颇获好评,但直到他47岁去世后(可能因酗酒过度)才得到大众认可。

劳伦 Lauren, Ralph(1939～) 原名Ralph Lifshitz。美国时装设计师。出生于纽约市,在百货公司当售货员时在夜校攻读商学。1967年加入"博·布鲁梅尔颈饰",并为男性设计"POLO"时尚男装,之后分出女装部,接着又分出家用商品的相关品牌。他成为早期最重要的设计师之一,他的名字已经和大众流行时尚连在一起,其设计以"草原风格"(意为一股自由、舒适如大草原般的美国气息)的休闲优雅时装闻名于世。

劳伦琴山脉 Laurentian Mountains 加拿大地盾的一部分,位于魁北克省境内,周围环绕着渥太华河、圣劳伦斯河和萨格奈河。是世界上最古老的山地之一,由先寒武纪时期的岩石构成,已有5.4亿年的历史。该山脉已长久受到严重侵蚀,最高峰仅1 190米。有两个省立公园都是著名的度假胜地。

劳伦斯 Laurence, Margaret(1926～1987) 原名Jean Margaret Wemyss。加拿大作家。生于马尼托巴省的尼帕瓦,20世纪50年代与她的工程师丈夫生活在非洲;在非洲的经历为她的早期作品提供了创作材料。她以描写加拿大西部妇女在男性统治的世界里为实现自我价值的斗争生活而知名。作品有小说《石天使》(1964)、《对上帝的嘲弄》(1966)和《住在火中的人》(1969),还有小说集《笼中之鸟》(1970)和《预言家》(1974)。20世纪70年代她转写儿童书籍。

劳伦斯 Lawrence, D(avid) H(erbert)(1885～1930) 英国小说家、短篇故事作家、诗人和散文作家。米德兰一名煤矿工人的儿子,母亲则受过教育。劳伦斯在1905年开始写作,并在1908年取得教师资格。F. M. 福特在《英语文摘》上刊登了许多劳伦斯的早期作品,并帮助劳伦斯出版其第1本小说《白孔雀》(1911)。其作品主题经常以早期生活经历或是与其妻弗莉达(德国人,1914年结婚)间的关系中选取主题。第一次世界大战期间,由于众人对他的反战主义和她的血统怀有敌意与疑问,夫妻俩在1919年之后居住在几个不同国家,从未再回到英国。《儿子和情人》(1913)是一部关于工人家庭生活的传记性小说。《虹》(1915)与续篇《恋爱中的女人》(1920)描写工业化对人类心灵的影响,因而产生的现代文明的病态。《袋鼠》(1923)描述的是他在战争期间所受的迫害。《羽蛇》(1926)是他受到阿兹特克文化启发的一部作品。劳伦斯的作品以情感强烈和性欲放纵而出名,他的一些作品,包括《查太莱夫人的情人》(1928),因被认为内容淫秽而遭禁。劳伦斯死于结核病,该病自早年即一直困扰着他。

劳伦斯 Lawrence, Gertrude(1898～1952) 原名Gertrude Alexandra Dagmar Klasen。英国女演员。自幼就登台演出,在伦敦和纽约的音乐讽刺剧中出演主角,如N. 科沃德《伦

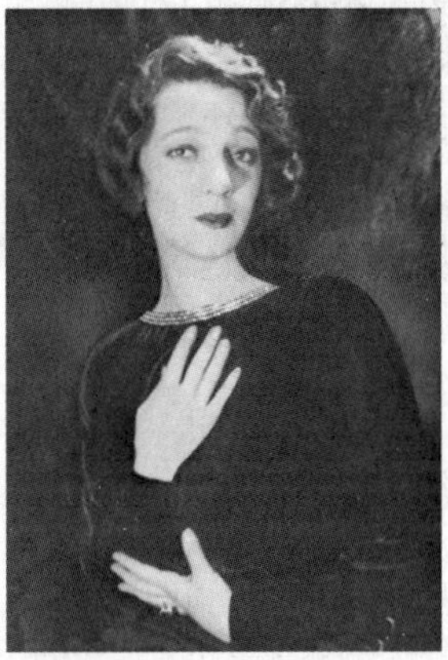

G. 劳伦斯
Cecil Beaton

敦的呼唤》(1923)和G. 格什温的《啊!凯!》(1926)。她与科沃德是多年老友,以在科沃德的许多喜剧中表演而出名,包括《私生活》(1930)和《今天晚上八点半》(1936)。她在音乐剧《黑暗中的女士》(1941)和《国王和我》(1951)中的角色也受到称赞。

劳伦斯 Lawrence, Jacob(1917～2000) 美国画家。出生于新泽西州大西洋城,13岁时随父母来到纽约的哈勒姆区。1932年公共事业振兴署赞助开办的美术班激发了他的天分。他的作品以生动、风格化的写实主义手法描绘美国黑人的生活场景和历史。最著名的作品是以历史和社会为主题的系列画,如《哈勒姆的生活》(1942)和《战争》(1947)。他最擅长画水粉画和蛋彩画。1971年起在华盛顿大学任教。

劳伦斯 Lawrence, John Laird Mair(1811～1879) 后称Baron Lawrence (of the Punjab and of Grately)。英国印度副王兼总督(1864～1869)。曾在德里工作,历任助理法官、地方治安官和税收官。第一次锡克战争(1845～1846)后,擢升为新并入的贾朗达尔区的专员,他在当地制伏山地族长、建立法庭与警察站,禁止杀害女婴和萨蒂(寡妇自焚)风俗。任旁遮普行政委员会委员时,废除内部关税、实行统一货币,鼓励建设道路和运河。1864年起担任印度副王兼总督,他增加印度人受教育的机会,但不准印度人担任高级文官。他还避免卷入阿拉伯半岛、波斯湾和阿富汗等国家的纷争。

劳伦斯 Lawrence, T(homas) E(dward)(1888～1935) 别名Lawrence of Arabia(阿拉伯的劳伦斯)。英国学者、军事战略家和作家。曾在牛津大学就读,提交了一篇关于十字军城堡的论文。在一次考古探险活动中他学会了阿拉伯语。在第一次世界大战中,他构想出一个支持阿拉伯人反叛土耳其人的计划,削弱土耳其和德国的联盟,并领导阿拉伯军队在土耳其的后方的游击战,钳制土耳其军队。1917年他的军队取得了第一次重大胜利,占领了亚喀巴。同年晚些时候,他被抓捕,但又脱逃。1918年其军队攻抵大马士革,虽然阿拉伯人取得胜利,但是阿拉伯的分裂主义者和英法的决定将该地区分成两个委任统治地,分别由英国和法国控制,不让他们组成统一的国家。劳伦斯后来退役,谢绝了皇家的勋章。他先以罗斯,后来又以萧的化名参加英国皇家空军(还短期参加过皇家坦克部队)。1926年完成他的自传《七根智慧之柱》。最后他被派往印度,其经历为他半虚构的小说《造币厂》提供了大量素材。卸职后3个月,死于一次摩托车事故,享年46岁。

劳申伯格 Rauschenberg, Robert(1925～2008) 原名Milton Rauschenberg。美国画家和版画艺术家。他在J. 艾伯斯的指导下学习。20世纪50年代他的"混合画"将汽水瓶、路障和鸟类标本等物体结合在一起,引领了波普艺术运动。在后来的作品中,他使用丝网模版和其他技术将商业印刷媒体的形象和他自己的照片转换到帆布上,并加深图像,用粗重笔触将它们统一起来。他的作品植根于达达主义和M. 杜尚的现成取材法。

劳亚古大陆 Laurasia 南半球假想的超级大陆块,包括现在的北美洲、欧洲和亚洲(印度半岛除外)。A. 韦格纳于1912年最早提出这一概念,他认为这些大陆以前是一个整体。他假定这一超级大陆块,即泛大陆,在侏罗纪时(约2亿年前～1.46亿年前)开始分裂。之后的研究认为它分裂成为北部大陆块、劳亚古大陆和冈瓦纳古大陆。而劳亚古大陆被认为是主要在白垩纪末期至早第三纪初期分裂成现在的几个大陆。

劳役偿债制 peonage 一种非自愿的劳役形式,其起源可追溯至西班牙征服墨西哥时期,征服者驱使穷人尤其是印第安人为西班牙种植园主和矿主工作。在美国用苦工一词表示根据契约以劳役偿还债务的工人。尽管联邦法律禁止这种制度,但是在南方某些州仍以州法律强迫劳动的形式存在。另一种形式的劳役偿债制是被判服苦役的犯人在劳改营的劳动。

老公会 Old Catholic church 第一次梵蒂冈会议颁布关于教皇永无谬误的教理(1869～1870)之后脱离罗马教廷的西派基督教会。荷兰、德国、瑞士、奥地利、波兰等国的老公会于1889年组成乌得勒支协进会,主要权力机构是主教会议。老公会承认《圣经》、《使徒信经》、《尼西亚信经》和7件圣事。老公会礼拜一直使用通俗语言而不是拉丁语,教友向天主认罪不一定必须当着司铎的面,也不硬性规定神职人员必须独身。

老鹳草 geranium 牻牛儿苗科,老鹳草属,约300种,多年生草本或灌木,大多原产非洲南部亚热带。系最受欢迎的花坛和温室植物。近缘的天竺葵属约含280种一年生、二年生和多年生草本植物,所以它们也通称老鹳草。马萨·华盛顿老鹳草(*P. xdomesticum*)的花大,三色堇状,数朵至成簇。有些种类栽

环带老鹳草(*Pelargonium xhortorum*)
John H. Gerard

种为室内或户外吊篮植物,在温暖地区亦栽作地被植物。有些老鹳草叶子芳香。老鹳草精油味似玫瑰,主要添加于香水、肥皂和油膏中。

老维克剧团 Old Vic 伦敦的剧团。该剧团的剧院最初名叫皇家科堡剧院,于1818年揭幕演出;1833年重新整修并改名为维多利亚皇家剧院,后以老维克闻名。1914年开始定期上演莎士比亚戏剧。20世纪30年代以上演由J.吉尔吉德、L.奥利弗、K.理查森等著名演员演出的莎士比亚戏剧和其他经典著作而闻名。1963年老维克剧团解散,但仍为新国家剧院剧团的核心。新国家剧院在老维克剧院演出,直到1976年迁往新址。

老挝 Laos 全称Lao People's Democratic Republic(老挝人民民主共和国)。东南亚国家。面积:236 800平方千米。人口:约6 651 000(2013)。首都:万象。主要族群有佬鲁族(谷地老挝人),约占总人口的一半;佬傣族(高地部落人);佬听族(孟-高棉族),为当地最早居民的后裔;佬松族,包括苗人和傜人。语言:老挝语(官方语言)、英语、越南语和法语。宗教:佛教和传统宗教。货币:基普。老挝为多山国家,尤其是北部,全国最高点是普比亚山(2 818米)。热带森林覆盖国土面积的一半以上,只有极少数的土地适合农耕。湄公河的冲积平原构成老挝仅有的低地,为主要的水稻区。老挝经济属中央计划经济,主要靠农业(包括稻米、甘薯、甘蔗、木薯、鸦片)和国际援助。老挝为人民共和国,一院制。国家元首为总统,政府首脑是总理。公元8世纪以后,老挝人从中国南方迁入老挝,逐渐取代土著部族。14世纪法昂建立了第一个老挝人国家——澜沧王国,除1574～1637年受缅甸统治外,澜沧王国一直统治着老挝,直到1713年老挝分裂成万象、占巴塞和琅勃拉邦三邦。18世纪时,老挝三邦统治者成为暹罗的属臣。1893年法国控制了该地区,老挝成为法国的保护国。1945年日本人取得控制权并宣布老挝独立。第二次世界大战后,法国重获控制权,但第一次印度支那战争结束时,左翼的巴特寮控制了两个省。1954年的日内瓦会议赋予老挝统一与独立。巴特寮军队与老挝政府军作战,并在1975年控制了老挝,成立老挝人民民主共和国,约1/10的人口逃至邻国泰国。1989年老挝举行首次大选,1991年颁布新宪法。虽然20世纪90年代中期亚洲金融危机严重影响了该国经济,但1997年该国加入东南亚国家联盟,实现了期盼已久的目标。老挝于1980年首次参加在莫斯科举办的夏季奥运会。

老英格兰牧羊狗 Old English sheepdog 18世纪初在英格兰培育的粗毛使役狗,主要用于将绵羊、牛驱赶到市场。体壮,步态拖曳似熊。肩高53～66厘米,体重25千克以上。被毛蓬松厚密,灰色、蓝灰色或带白色斑纹,能防风雨,长而遮眼,但不遮盖全部视线。出生后狗尾即被截去。

铑 rhodium 金属化学元素,为过渡元素之一,元素符号Rh,原子序数45。为银白色贵金属,化学性质与铂相近,主要用作铂的合金添加剂。在铂中添加少量的铑制成的合金更为坚硬且在高温下能比纯净的铂更为缓慢地失重。此种合金被用于实验室的加热坩埚、火花塞电极、剧热化学环境中的催化剂(包括汽车中的催化式排气净化器)以及高温热电偶。由于铑在常温下不宜失去光泽,且反射性很强,因此被用来电镀在珠宝和其他装饰品的表面,也被镀用于光学仪器的反射面。

勒阿佛尔 Le Havre 法国北部海港城市。濒英吉利海峡,位于塞纳河河口,巴黎西北。仅次于马赛,为法国第二大海港,为出口基地和重要的工业中心。原来仅是个渔村,1517年法国国王弗兰西斯一世在此建起海港。17世纪,在黎塞留和路易十四统治时期,对海港进行了扩建和设防。到18世纪后期,海港已能容纳较大船只。第二次世界大战期间,该市大部分的建筑被毁,但后来重建。建于17世纪的圣母院是仅存的几座古老建筑之一。人口约182 580(2006)。

勒班陀战役 Lepanto, Battle of(1571-10-07) 在奥斯曼帝国出兵夺取威尼斯的塞浦路斯岛之际,基督教联盟(威尼斯、教皇和西班牙)与奥斯曼土耳其人之间进行的一场海战。胡安(奥地利的)领导的联军在希腊勒班陀近海经过4个小时的鏖战取得胜利,俘获117艘舰艇和数千名士兵。此次战役并没有多少实际价值,因为1573年威尼斯还是将塞浦路斯给了土耳其,但还是激发了欧洲军队的士气,也成为提香、丁托列托和P.韦罗内塞等人的绘画主题。

勒布朗 Le Brun, Charles(1619～1690) 法国画家和设计家。在巴黎和罗马学习后,受托完成大型装饰和宗教画,这使他出了名。他具有非凡的组织能力和精巧技艺,为路易十四雇的首席画师,他受法国政府之托,30多年中创作或监制了大部分的绘画、雕刻和装饰作品,尤其是凡尔赛宫的装饰。勒布朗曾任绘画雕刻学院院长,也是罗马法兰西学院的创办者,在17世纪他协助树立了法国艺术的同一性。

勒布伦 Lebrun, Albert(1871～1950) 法国政治人物,法兰西第三共和国的最后一位总统(1932～1940)。原为采矿工程师,后当选为众议员(1900～1920)和参议员(1920～1932)。他因成为各党派都能接受的候选人而当选总统,他起着一个调解人的作用,也是团结的象征,对政策很少施加影响。1940年他附和内阁的决议,与德国协议停战,其政府由维希政府取代。1943～1944年被德国人囚禁。1944年他承认C.戴高乐为临时政府首脑。

勒菲弗尔·戴塔普尔 Lefèvre d'Etaples, Jacques(约1455～1536) 法国人文主义者、神学家和翻译家。他被授以神父圣职,1490～1507年在巴黎教授哲学,后与圣日耳曼德普雷斯的大修道院修士们一起工作。他被怀疑为新教徒异端后,暂时移居斯特拉斯堡,后又来到内拉克,受到纳瓦拉王后的保护。他摒弃中世纪学院派的影响,在宗教改革的前夕提倡圣经研究。他把《圣经》翻译成法文,并对圣保罗写了评注,另外还写有哲学和神秘主义方面的著作。

勒吉恩 Le Guin, Ursula K(roeber)(1929～) 原名Ursula Kroeber。美国科幻与奇幻小说作家。人类学家A.L.克罗伯的女儿,曾就读于拉德克利夫学院。因受人类学研究方法的影响,她的作品里对外国的社会常有很详尽的描述。创作的小说有《黑暗的左手》(1969)、《世界的名字就叫森林》(1972)、《一无所有》(1974)、《归乡》(1985)以及"地海故事集"系列。

勒卡雷 le Carré, John(1931～) 原名David John Moore Cornwell。英国小说家。1959年起任英国驻西德外交官,因此可取得国际间谍活动的第一手信息。在其悬疑写实的第三部小说《寒国谍影》(1963)取得成功以后,他开始全职从事写作。其三部曲《补锅匠、裁缝、兵士、间谍》(1974)、《可敬的学童》(1977)和《斯迈利的人民》(1979)以谍报人员乔治·斯迈利为主角。与其他作品中的间谍不同的是,斯迈利是非常平淡无奇、孤僻和与人疏远的。其他小说有《小鼓手姑娘》(1983)、《俄国房子》(1989)、《夜班经理》(1993)、《挚友》(2003)和《头号逃犯》(2008)。他的多部作品已被改编成电影或电视剧。

勒科比西埃 Le Corbusier(1887～1965) 原名Charles-Édouard Jeanneret,瑞士出生的法国建筑师、城市规划师。出生在小镇,年轻时就离开家乡。在1907至1911年间遍游欧洲时形成了他的许多概念。勒科比西埃(他的这个化名是借用他的一位先人的别名)在巴黎定居后和画家A.奥藏方(1886～1966)一起系统地表达了纯粹主义,一种基于现代技术的审美观。他的早期作品包括高层建筑的城市设想规划和大规模的房屋建筑;在他的许多有关的文章中,他说:"住宅是居住的机器。"他设计的法国普瓦西萨瓦别墅(1929～1931),以其细长的支柱、开敞的平台、长条形窗和屋顶平台为特色,从而确立了他的国际风格主要倡议者的地位。他及其他建筑师在设计作品中力求运用明快的现代主义线条。而他本人则是研究采用拉毛水泥的第一人,这种技术使他的建筑物有鲜明的雕塑感。后期的作品有公寓大楼和体现宗教热情的龙尚圣母院(1950～1955)。他为印度昌迪加尔设计的行政建筑群(始于1950年)带有巨大的混凝土遮阳板,雕塑式的立面,陡斜的屋顶线,这是他第一次大规模运用他的城市规划原则的表现。勒科比西埃的许多作品、设计和著作启发了他之后全世界的先锋主义建筑实验。

勒克莱尔 Leclerc, Jacques-Philippe(1902～1947) 原名Philippe-Marie, vicomte (Viscount) de Hauteclocque。第二次世界大战中的法国将军。1939年被德军俘虏,但逃往英国,为了保护他的家庭,以假名勒克莱尔加入C. 戴高乐的自由法国军队。在法属赤道非洲和北非打过几次胜仗,1944年在诺曼底登陆中指挥一个法国师。8月25日在巴黎接受德军司令的投降。他在一次飞机失事中罹难,死后被追认为法国元帅。

勒克瑙 Lucknow 印度北部北方邦首府,位于德里东南戈默蒂河畔。1528年被莫卧儿统治者巴伯尔占领,在他的孙子阿克巴统治时属奥德省。1775年成为奥德省首府。现在是重要的铁路中心,有造纸厂和其他工业。著名遗址有一座奥德地方长官的陵墓,1857年印度兵变期间英国人被包围的居所,以及勒克瑙大学。人口约2 185 927(2001)。

勒姆 Röhm, Ernst(1887～1934) 德国冲锋队首领。在第一次世界大战中晋升为少校。战后不久协助成立纳粹党。作为A. 希特勒的支持者,他为后者提供他自己强大的

勒姆,摄于1933年
Heinrich Hoffmann, Munich

武装力量(后来成为冲锋队)。因参与啤酒店暴动(1923),被短期监禁。之后前往玻利维亚,在那里任军事指挥(1925～1930)。后应希特勒之邀,返回德国改组并指挥冲锋队。勒姆企图用冲锋队来排挤或兼并正规军的野心遭到希特勒及其顾问的反对。最后在长刀之夜中被谋杀,借口是他和冲锋队预谋推翻希特勒。

勒拿河 Lena River 俄罗斯中东部的河流,世界最长河流之一。源于贝加尔湖以西的一个西伯利亚山区湖泊,向北穿过俄罗斯注入北冰洋,全长4 400千米。流域面积2 490 000平方千米。有许多支流,包括维季姆河和奥廖克马河。上游和支流周围地区有丰富的矿藏,包括金和煤。17世纪30年代初,探险家们首次到达该河注入拉普捷夫海的三角洲地带。

勒纳 Lerner, Alan Jay(1918～1986) 美国歌剧作家,抒情诗人。出生于纽约一个富裕零售商家庭,曾就读于朱利亚音乐学院和哈佛大学。1940～1942年共写了500多部广播剧,1942年遇到F. 勒威。两人一起创作了百老汇风行一时的音乐剧《布里加东》(1947;1954年拍成电影)。随后的《粉刷你的车》(1951;1969年拍成电影)和《我的漂亮小姐》(1956)也获得极大成功,创下音乐剧中首次上演时间最长的纪录,其所拍电影(1964)荣获7项奥斯卡奖。他们的音乐电影《吉吉》(1958)获9项奥斯卡奖。接着创作了《卡米洛特》(1960;1967年拍成电影)。勒纳曾与其他人一起合作,其中,与K. 韦尔合作《爱生命》(1948);与B. 莱恩合作《在晴天你总能看见》(1965;1970年拍成电影)。勒纳还创作过电影剧本,其中包括《一个美国人在巴黎》(1951;获奥斯卡奖)。

勒南 Renan, (Joseph-) Ernest(1823～1892) 法国哲学家、历史学家和宗教学者。曾学神学,但于1845年离开天主教会,因为他感到它的教义与历史评论的发现不相容,

勒南,油画局部,L. 博纳绘于1892年;现藏法国特雷吉耶的勒南博物馆
Archives Photographiques

不过他对上帝还保持着准天主教徒的信仰。他的五卷《天主教起源史》(1863～1880)包括《耶稣的一生》(1863);试图重构耶稣作为一个完整的人的思想,遭到教会猛烈攻击,却被一般大众广泛阅读。后期著作包括《以色列人史》(1888～1896)系列丛书。

勒庞 Le Pen, Jean-Marie(1928～　) 法国民族主义政治人物。1956年人选国民议会,是当时最年轻的议员。1972年勒庞参与创立民族阵线党,后在同年成为该党领袖。该党强调外来移民对法国造成的威胁,特别是来自法国前北非殖民地的阿拉伯人。该党也反对欧洲统一,赞成恢复死刑,并试图禁止法国境内增建清真寺。勒庞曾数度竞选总统,虽然在1974年的大选中得票率低于1%,但在1988年和1995年的大选中都得到大约15%的选票。尽管勒庞在2002年的总统大选第二轮投票中轻易被J. 希拉克击败,但他在第一轮投票中曾获得18%的选票,名列第二。勒庞被普遍认为是法国新法西斯主义的领导者,从20世纪70年代到21世纪初,他的民族阵线党一直是法国各主流保守党的主要右翼反对势力。

勒琴斯 Lutyens, Edwin L(andseer)(1869～1944) 后称Sir Edwin。英国建筑师。为G. 杰凯尔设计,1896年建于曼斯泰德伍德、戈德尔明以及萨里的住宅建立起他的声誉。在后来的一系列房屋设计中,有许多是与杰凯尔合作的,勒琴斯把过去的风格以令人愉快而又原始的方式应用到当代的家庭生活之中。他为印度的新首都新德里作规划,以一系列的六角形街区为基础,用宽阔的大街隔开。其中最重要的建筑是总督府(1912～1930),将古典建筑与印度的基本格调结合在一起。第一次世界大战后,他担任帝国战争陵墓委员会的建筑师,他为之设计了位于伦敦的一座世界大战死难者纪念碑(1919～1920)以及其他一些大型纪念建筑。

勒威 Loewe, Frederick(1904～1988) 奥地利出生的美国歌曲作家。男高音歌唱家之子,他是个钢琴神童,13岁时成为与柏林爱乐乐团合作演出的最年轻的独奏演员。曾师从F. 布索尼和E. 达阿尔贝。15岁时创作的歌曲《卡特里娜》卖出100多万份拷贝。1924年到美国,为百老汇的歌舞讽刺剧谱写音乐。1942年结识A. J. 勒纳,此后他们在18年的合作中创作出5部经典音乐剧。由于个人性格上的差异,他们在写完《卡米洛特》后停止合作。1973年他们又重新合作把《金粉世界》搬上了舞台,还为电影《小王子》(1974)配乐。

勒威克 Lerwick 苏格兰北部设得兰群岛城镇和首府。位于梅恩兰岛东岸,是英国最北部的城镇。原为渔村,以出产鲱鱼著称。20世纪70年代出现了北海石油热,增加了港口的交通量,勒威克成为石油供应和服务的基地。现为设得兰群岛区议会所在地。人口约6 570(2004)。

勒温 Lewin, Kurt(1890～1947) 德国出生的美国社会心理学家。曾在柏林学习和任教,后移居美国,在艾奥瓦大学任教(1935～1945),后任麻省理工学院团体动力学研究中心主任(1945～1947)。以其行为场的理论最为著名,认为人类的行为是个体心理环境的作用。按照勒温的理论,为了充分认识和预言人的行为,必须考虑一个人的心理场或"生活空间"中所有事件的整体。他的著作包括《个人动态理论》(1935)和《社会科学场论》(1951)。

雷暴 thunderstorm 猛烈的、短时间的大气扰动,通常与积雨云(垂直伸展很厚的稠密雨云)有关,常伴有雷和闪电。雷暴通常会产生强阵风和大雨,偶尔还产生雹和龙卷风。世界各地都会发生雷暴,但是在极地十分罕见。在美国,佛罗里达半岛和墨西哥湾沿岸是雷暴活动最为频繁地区(每年有70～80天)。

雷达 radar 利用电磁波的反射来检测并定位空间目标的系统。它也可以精确测量目

标的距离(范围)以及目标趋向或离开观察装置的速率。雷达(该名称是“无线电检测和测距”的简称)起源于19世纪80年代后期H. 赫兹的实验工作。第二次世界大战中,英国和美国的研究人员研制出一种军事上用的高功率微波雷达。如今雷达用于辨认和监视地球轨道中的人造卫星,用于帮助飞机和海洋船只导航,在一些重要的飞机场还用雷达来控制空中交通。雷达还用于监测天气及测定违章超速驾驶。

雷德尔 Raeder, Erich(1876～1960) 德国海军军官。第一次世界大战中任海军舰队参谋长,后升任海军上将。1928年起任海军总司令,他竭力主张建造潜水艇(这是《凡尔赛和约》所禁止的)和快速巡洋舰。1939年升为元帅。1940年督导入侵丹麦和挪威计划的执行。由于与A. 希特勒意见相左,1943年被解除海军最高指挥权。在纽伦堡审判中被判终身监禁,1955年因健康原因获释。

雷德格雷夫 Redgrave, Michael (Scudamore)(1908～1985) 后称Sir Michael。英国演员。1934年首次参加演出,曾在老维克剧团和国家剧院扮演莎士比亚、易卜生以及契诃夫笔下的经典人物,也曾参演现代作品《家族团聚》(1939)和《大门之虎》(1955)。他因优雅的外表和富有感情的声音而闻名,以参演《贵妇失踪案》(1938)而开始他的电影事业,后在《夜之死》(1945)、《悲悼》(1947)和《布朗宁说法》(1951)中演出。

雷德格雷夫 Redgrave, Vanessa(1937～) 英国女演员。迈克尔·雷德格雷夫的女儿,1958年首次在伦敦登台演出,并且因在《皆大欢喜》(1961)中饰演罗莎琳获得赞赏。她在《摩根》(1966)、《爆炸》(1966)、《凤宫劫美录》(1967)、《绝代美人》(1968)、《苏格兰女王玛丽》(1971)及《茱莉亚》(1977,获奥斯卡奖)等影片中的表演让她广受全球影评肯定,也被视为世上最伟大的女演员之一。虽然她激进的左翼政治思想饱受抨击,特别是在巴勒斯坦问题上,她在舞台与大银幕上的演出仍然屡受好评。她近期的作品有《波士顿人》(1984)、《此情可问天》(1992)和《达洛韦太太》(1998)。她的妹妹琳恩(1944出生)也是在伦敦及纽约两地著名的舞台剧演员,以演出经典保留剧目著称。琳恩在银幕上的杰出成就包括《乔治女孩》(1966)、《钢琴师》(1996)及《众神与野兽》(1998)。

雷德河 Red River 美国中南部的河流。发源于新墨西哥州东部高原,向东南流经得克萨斯州和路易斯安那州在巴吞鲁日西北注入阿查法拉亚河。全长2 080千米,是得克萨斯州、俄克拉何马州和阿肯色州边界的一部分。在得克萨斯州,它曾是雷德河印第安战争(1874)的战场。

雷丁 Reading 英国伦敦西部伯克郡首府。早在公元871年就已经是丹麦人的居住地,1253年亨利三世为其颁发了城镇特许状。17世纪中期英国内战时曾遭受严重破坏。在那时,该城镇的商业,尤其是纺织业开始下降。1897年O. 王尔德曾被监禁在这里。现为农业中心,因苗圃出产球茎植物而闻名。它是一所大学的所在地,工业包括计算机生产、麦芽制造和酿酒业。人口约143 124(2001)。

雷东 Redon, Odilon(1840～1916) 法国画家、石版画和铜版画家。曾在J.-L. 热罗姆指导下学画,并向H. 方丹-拉图尔学习石版技法。参加过象征派画家活动(参阅象征主义)。他的油画和粉笔画,主要画静物和花草,得到H. 马蒂斯等画家的赞赏,把他看作重要的色彩画家。其石版画创作(共约200幅)表现幻想甚至死亡的主题,是超现实主义与达达主义运动的先驱。

雷东,自画像,绘于1904年,私人收藏品

Archives Photographiques, Paris

雷恩 Wren, Christopher(1632～1723) 后称Sir Christopher。英国建筑师、天文学家和几何学家。曾在格雷舍姆学院(1657～1661)和牛津大学(1661～1673)教授天文学。他转向建筑始于1662年,当时受聘设计牛津的谢尔顿剧院。这座建筑物不仅继承了古典形式,而且采用了木桁架结构作屋顶,从而把古典形式同新观点合为一体。任国王工程检查官时(1669～1718)负责重建了50多所教堂。同时设计圣保罗大教堂,该教堂直到1710年才完成。其他的作品包括剑桥大学三一学院新图书馆(1676～1684)、汉普顿宫(1689年建)以及格林尼治皇家医院(1696年建)等。他死后葬于圣保罗大教堂,近旁有著名的碑文:“读者,如果你在寻找纪念碑,往四下看。”

C. 雷恩,油画,G. 内勒绘于1711年;现藏伦敦国立肖像画陈列馆

By courtesy of the National Portrait Gallery, London

雷盖 reggae 牙买加流行的一种音乐和舞蹈风格。起源于20世纪60年代中期穷困的牙买加人民,反映了对社会的不满以及拉斯塔法里教徒运动。它的配乐特点是以大音量的电子低音乐器为主,围绕着它有一组管风琴、钢琴、鼓以及加强节律的电吉他,演奏一些短小的固定音型,在弱拍上加以有规律的重音。雷盖在美国的流行是通过歌手吉米·克利夫主演的电影《爱的愈认真》(1973)以及B. 马利与哭泣者乐队、图茨与梅塔尔斯乐团的巡回演出。在白人摇滚乐手中也可以感受其影响。

雷格泰姆 ragtime 美国19世纪末20世纪初的流行音乐风格,特色在于其节奏切分音甚多。其特色能在结构严谨的钢琴曲调中找到。左手的重音节拍由右手快速敲击的旋律陪衬,赋予音乐以有力的向前推动力。雷格泰姆[这个名词可能源自于ragged time(切分)]通常以中等速度的三、四段16小节的曲调呈现。最有名的雷格泰姆作曲家为S. 乔普林。雷格泰姆的节奏与结构对爵士乐的发展有重要影响。

雷焦卡拉布里亚 Reggio di Calabria 古称Rhegium。意大利南部城市,卡拉布里亚区的旧首府,濒临墨西拿海峡。公元前8世纪末建立为希腊殖民地,公元前5世纪与雅典结盟,公元前280年左右与罗马结盟。从公元5世纪起,它先后被西哥特人、东哥特人、拜占廷人以及阿拉伯人统治。1060年前后被罗伯特·圭斯卡德领导的诺曼人征服,成为两西西里王国的一部分。曾被萨拉森入侵者以及地震数度破坏,数次重建。它是个旅游胜地和海港,出口用于香水和制药工业的干药草和精油。人口约179 384(2001)。

雷卡米耶夫人 Récamier, Jeanne-Françoise-Julie-Adéla de, dame(lady) de(1777～1849) 原名Jeanne-Françoise-Julie-Adéla de Bernard。法国沙龙女主人。富有银行家的女儿,在嫁给一位银行家后开始广泛交际。她以极大的个人魅力和智慧将19世纪早期许多重要的政治和文学界人士吸引到了她的沙龙,其中包括许多拿破仑的反抗者。拿破仑1805年将她流放。拿破仑落败后,1815年她返回巴黎。晚年F.-A.-R. 夏多布里昂成为她的伴侣和她的沙龙主角。她的朋友G. de 斯塔尔在小说《高丽娜》中创造了她的文学形象。

雷克斯罗思 Rexroth, Kenneth(1905～1982) 美国画家、散文作家、诗人和翻译家。主要靠自修,青年时期大部分时间在西部旅行,组织工会并为工会说话。早期写的诗是实验性的,受超现实主义的影响。后期作品结构严谨,充满才智和人情味,颇受赞赏。他是避世运动的早期拥护者。作品包括散文《试金》(1962)和《耳闻目睹》(1970);还翻译了许多日文、中文、希腊文、拉丁文和西班牙文的诗歌。

雷克雅未克 Reykjavík 冰岛首都,位于法赫萨湾的东南角。据说是在874年由北欧人I.阿纳松建立。20世纪前一直是个小渔村,由丹麦人统治,大部分居民也是丹麦人。1918年成为丹麦国王统治下自治冰岛的首府,1944年成为独立的冰岛共和国的首都。第二次世界大战中是美国海军和空军的基地。1986年美国和苏联在雷克雅未克举行控制军备的谈判。它是冰岛的工商业和文化中心以及主要渔港,几乎全国工业的一半都在这里。人口约116 446(2006)。

雷利 Raleigh, Walter(1554? ～ 1618) 后称Sir Walter。英国探险家,也是伊丽莎白一世的宠臣。1578年他和同父异母兄弟M.吉尔伯特一起加入了一个海盗性质的反西班牙探险队,1580年参加了在芒斯特的对爱尔兰起义的镇压。他关于英国对爱尔兰政策的公开评论引起了女王伊丽莎白一世的注意,将他当作了宫中宠臣。1584年他率一支远征队到佛罗里达北部海岸探险,他称这一地区为弗吉尼亚,并在罗厄诺克岛建立了一个不成功的殖民地。1585年被伊丽莎白封为爵士。约从1592年开始渐渐失宠。他带领了一个探险队去奥利诺科河找黄金,但未成功。他在《发现圭亚那》(1596)一书中描写了此次探险。伊丽莎白一世去世(1603)后,他被控阴谋推翻詹姆斯一世,并被囚禁在伦敦塔。1616年获释后,他带领了另一支探险队在圭亚那寻找黄金,但也以失败告终。当他的船员焚毁了一个西班牙人聚居地后,他再度被詹姆斯一世逮捕,并在西班牙大使的要求下附上原来的叛国罪被处死。

雷马根 Remagen 德国西部城镇。位于莱茵河左岸,波恩东南。原为罗马要塞,现在还有罗马遗迹。第二次世界大战时,盟军第一次通过它的铁路桥强渡莱茵河(1945)。人口约16 134(2002)。

雷马克 Remarque, Erich Maria(1898 ～ 1970) 原名Erich Paul Remark。小说家。18岁时被征入德国陆军,在第一次世界大战中服役,多次负伤。主要由《西线无战事》(1929)一书出名。小说冷酷而真实地描写了普通士兵刻板的日常生活,它可能是关于第一次世界大战的最著名和最有代表性的作品。1939年到美国,但第二次世界大战后定居瑞士。其他的作品还有《归途》(1931)、《凯旋门》(1946;摄成电影,1948)和《黑色方尖碑》(1956)。

雷明顿 Remington, Frederic(1861～1909) 美国油画家、插画家、雕塑家和战地记者。就读于耶鲁大学和纽约艺术学生联合会。他游历各地,专门描绘印第安人、牛仔、士兵、马群以及大平原上生活的各个方面。他的作品以善于捕捉迅速变化的动作以及细节的精确著称。在美西战争(1898)期间任战地记者。大量复制他的作品作为报纸的图版,给他带来了财富和名誉。

雷纳 Renner, Karl(1870 ～ 1950) 奥地利总理(1918 ～ 1920,1945)和总统(1945 ～ 1950)。原是律师,1907年起任下院议员。1918年任新奥地利共和国第一任总理,但未能阻止第一次世界大战结束时奥地利丧失领土。20世纪20年代,他领导社会民主党的右翼,1938年支持德奥合并。1945年他努力重建对奥地利的国内统治,被选为共和国总统。他写了许多关于政府和法律方面的著作。

雷乃 Resnais, Alain(1922 ～ 2014) 法国电影导演。他在法国巴黎高等电影学校学习后,制作了他的第一批视觉艺术的短片(《凡·高》,1948)和纪录片(《夜与雾》,1956)。

雷乃

By courtesy of the French Film Office, New York

他的第一部电影《广岛之恋》(1959)营造了一个过去与现在交替的场景,被认为是最早的和最优秀的新浪潮电影。他在接下来的《去年在马里昂巴德》(1961)中继续探索时间和记忆的复杂主题。后期电影包括《穆里爱尔》(1963)、《斯塔维斯基》(1974)、《我的美国舅舅》(1980)、《生死恋》(1984)和《我想回家》(1989)。

雷尼 Rainey, Ma(1886 ～ 1939) 原名Gertrude Malissa Nix Pridgett。美国歌手。17岁时与丈夫W.雷尼(游方艺人喜剧演员)一起参加一支歌舞队,在美国南方大篷剧场、埠头营帐和酒吧巡回演出。20世纪20年代她领导自己的歌舞团,不时还有B.史密斯、T.多尔西参加。舞台陈设简陋,以艳丽的服装著称,1923 ～ 1928年间,雷尼与乡村布鲁斯乐手以及黑人爵士乐手一起录制了90多首歌曲(包括《玛·雷尼的黑臀》)。1933年隐退。她是第一位伟大的职业布鲁斯女歌手,被誉为"布鲁斯之母"。

雷尼尔山 Rainier, Mt. 美国华盛顿州中西部的高山。海拔4 392米,是喀斯喀特山脉的最高点,也是全州的最高点。雷尼尔山是座休眠火山,上一次喷发是在150多年以前。占地260平方千米。四周环绕着美国除阿拉斯加以外最大的单峰冰川系,约20多道冰川从宽阔的绝顶向四周辐射。为雷尼尔山国家公园的主要部分。该国家公园建于1899年,占地957平方千米,是著名的旅游和度假胜地。

雷尼湖 Rainy Lake 跨越加拿大-美国边界的狭长湖泊,位于美国明尼苏达州与加拿大安大略省之间。长约80千米,面积932平方千米。湖岸不规则,被刻成深齿形。湖中有500多个岛屿。该地区有若干印第安人保留地,是一个狩猎、捕鱼及泛舟的好地方。

雷鸟 thunderbird 北美印第安人神话中一个神通广大的鸟形精灵。它浇灌大地让草木生长,闪电被认为是从它的喙发出的闪光,它翅膀的拍击被认为是隆隆雷声。常被描绘

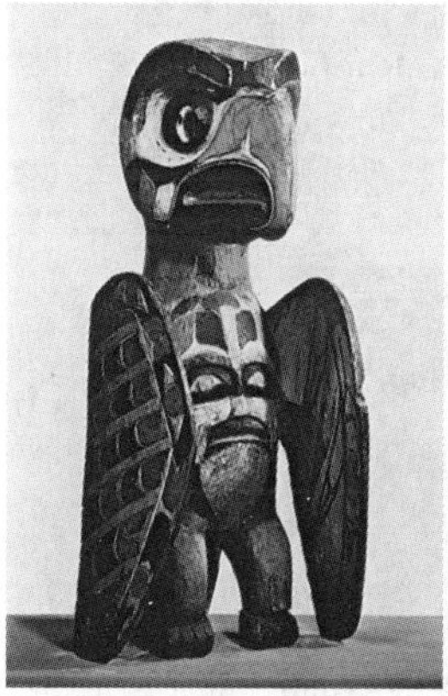

北美洲西北海岸海达印第安人的木制雷鸟,成于19世纪;现藏不列颠博物馆

By courtesy of the trustees of the British Museum

成腹部还长有一个头的大鸟,尤其是在图腾柱上,通常还伴有其他鸟精灵。虽然雷鸟在北美很著名,但在非洲、亚洲和欧洲各地也发现有类似的图案。

雷诺 Reno 美国内华达州西部城市。位于特拉基河畔,靠近加利福尼亚州边界、塔霍湖以及内华达山脉。1900年前主要是运输集散地,后来由于该州法律比较自由,有几位知名人士在此离婚又很快结婚,所以使雷诺成为一个繁忙的离婚和结婚中心。该市也是个常年的度假中心。1931年赌博在内华达州合法化,雷诺开始以众多赌场来吸引游客。人口约225 221(2010)。

雷诺 Reynolds, Osborne (1842 ～ 1912) 英国工程师和物理学家。在剑桥大学接受教育。1868年成为曼彻斯特大学首位工程学教授。以研究水力学和流体动力学闻名。他确立了平行水道中的阻力定律(1883)、润滑理论(1886)和用于湍流研究的标准数学体系(1889)。他还研究了江河中的波动工程和潮汐运动,对群速度的概念作出了开创性的贡献。湍流运动流体中的雷诺应力以及雷诺数都是以他的姓氏命名的。

雷诺阿 Renoir, (Pierre-) Auguste(1841 ～ 1919) 法国画家。父亲是利摩日的裁缝,1844年举家迁居巴黎。13岁时当陶瓷装饰工,晚间学习绘画。与同学C.莫奈建立了亲密的友谊,后成为巴黎印象派画家的重要成员。他的早期作品是真实生活典型的印象派快照,充满闪耀的彩色和光线。早期的杰作包括《戛莱特街的磨坊》(1876)和《游船上的午餐》(1881)。1881 ～ 1882年间到意大利

访问,研究了拉斐尔的绘画,在他的画中注入了明晰线条和光滑着色的表现力。19世纪80年代中期,他与印象主义决裂,而在作品中应用更有训练的正规技术,如作品《浴女》(1884～1887),强调容量、形式、轮廓和线条。在后来的作品中,他离开古典的严格规则来画多彩的静物、肖像、裸体以及他于1907年定居的法国南部的风景。1912年风湿病把他限制在轮椅上,但他从不停止作画,常常将画笔绑在手上。J. 雷诺阿是他的儿子。

雷诺阿 Renoir, Jean(1894～1979) 法国电影导演。父亲是A. 雷诺阿。他在第一次世界大战中负伤,养伤期间发现自己对电影的热忱。1924年执导第一部电影《水的女儿》。他电影的特点是敏锐的画面意识和对人性不可预测性的深刻评价。他还参与他许多电影的剧本编写,包括《被救出水的布杜》(1932)、《包法利夫人》(1934)、《朗基先生的犯罪》(1936)和《衣冠禽兽》(1938),与他的两部杰作《大幻灭》(1937)和《游戏规则》(1939),这些影片都列入迄今最优秀电影的行列。1940～1951年间他生活在美国,执导了《南方人》(1945)、《女仆日记》(1946)和《河》(1951)。1975年获奥斯卡奖。

J. 雷诺阿
Globe Photos

雷诺数 Reynolds number 流体力学中的一个数,判断一种流体(液体或气体)的流动是绝对定常流(流线型流动或层流),还是具有小的不稳定起伏的平均定常流(湍流)。雷诺数简写为N_{Re}或Re,是个无量纲的量,定义为流量的大小——例如,管道的直径(D)乘以平均流速(v),再乘以流体的密度(ρ)——除以流体的绝对黏性(μ)。1883年O. 雷诺证明了当雷诺数超过2 100后,管道中的层流就改变为湍流。

雷诺兹 Reynolds, Joshua(1723～1792) 后称Sir Joshua。英国肖像画家。其父是神父兼校长。1740年在伦敦一个肖像画家处当学徒。他的大型肖像组画《艾略特家族》(约1746)显示出A. 凡·戴克对他的影响。在意大利的两年(1750～1752)给他留下了深刻印象。尤其在威尼斯的生活,对他此后一生的绘画都有影响。1753年在伦敦建立了肖像画室,立即获得成功。他在伦敦早期画的肖像给英国的肖像画注入了新的活力。1760年后,随着希腊-罗马古典式风格的兴起,他的画风也逐渐增加了古典和自我意识的特色。1768年被选为皇家学院的第一任院长。通过他的艺术和教育,雷诺兹使英国的绘画离开18世纪初的轶事画而走向正式的讲求技巧的大陆学院式绘画。他的著作《艺术演讲录》(1769～1790)主张严格的学院式训练以及对老绘画大师们的研究,是当时最重要的艺术评著之一。

雷赛布 Lesseps, Ferdinand (-Marie), Vicomte (Viscount) de(1805～1894) 法国外交官,苏伊士运河的建设者。他是一位职业外交官,在埃及和其他地区任职到1849年。1854年埃及总督授权他修建运河打通苏伊士地峡。1858年他组建一家公司,其资金的一半来自法国人民,1859年在塞得港破土动工。1869年苏伊士运河正式通航。1879年雷赛布组建了另一家公司修建巴拿马运河,但由于政治和经济的困难而放弃该项目。有人检举他使用资金不当,但后来证明他是清白的,尽管有人指责法国官员受贿。

雷赛布
Culver Pictures

雷神式火箭 Thor rocket 起初由美国空军研制(1958)的中程弹道导弹,后来改装为数种航天器运载火箭的第一级。1963年雷神式导弹部队撤销。为了进行太空发射,雷神式火箭加装了3个小型辅助发动机,能产生比原来大两倍的推力。

雷斯达尔 Ruisdael, Jacob (Isaakszoon) van(1628/1629～1682) 荷兰风景画家。可能受教于身为框架制作者和艺术家的父亲。1648年他加入哈勒姆画家协会,约1656年在阿姆斯特丹定居。是杰出的多才多艺的艺术家,创作约700幅作品。尽管早期荷兰艺术家仅把树当作装饰的图案,但雷斯达尔(他的名字也拼作Ruysdael)将它们作为他的画的主题,并透过有力的笔触和浓烈的颜色赋予强有力的个性。在著名的《犹太人墓地》(约1660年)中明显展现了他作品的情感力量,里面3座墓碑在生生不息的自然里碎成一片遗迹。他的晚期作品有许多是荷兰平坦的乡间的全景画,地平线低远,并为茫茫的云空所笼罩。

雷斯达尔 Ruysdael, Salomon van(约1600～1670) 原名Salomon de Goyer(萨洛蒙·德·古瓦耶)。荷兰风景画家。J. Y. 雷斯达尔的叔父,1623年加入哈勒姆画家协会,1648年成为该协会主席。与该时期其他风景画家(包括他的侄子)不同,雷斯达尔通常绘画真实的风景,有时在一幅图中结合几个地方的主题。他的晚期作品气势宏大,展现了他对风景画诸元素的掌握和为获得效果对色彩的增加使用。

雷斯皮吉 Respighi, Ottorino(1879～1936) 意大利作曲家。1891～1901年间在博洛尼亚学习音乐,后在俄罗斯管弦乐团演奏中提琴,并师从N. 里姆斯基-科萨科夫,从他那里学到许多谱写管弦乐曲的知识和技巧。他最著名的作品是绚丽多彩的音乐诗《罗马的喷泉》(1916)和《罗马的松树》(1924)。他对古老的音乐感兴趣,根据拉莫的作品改编了《鸟》(1927),并根据G. 罗西尼的作品改写了《幻想商店》。

雷伊 Ray, Satyajit(1921～1992) 印度电影导演。在随R. 泰戈尔学习之后,他成为广告代理商的艺术指导和插图画家。为了拍摄他的首部电影《大路之歌》(1955),他变卖了所有的财产。这部电影是一个乡村生活故事,在戛纳电影节上获得了巨大的成功。随着《不可征服的人》(1956)和《阿普的世界》(1959)的上映,他完成了杰出的阿普三部曲,使印度电影获得世界的关注。他后来拍的电影也备受称赞,像《女神》(1960)、《两个女儿》(1961)、《大城市》(1964)、《寂寞的妻子》(1964)、《棋手》(1977)、《家和世界》(1984)和《游客》(1990)。他自己撰写了所有的电影剧本,这些剧本因其人文主义和诗歌而著名。他还经常为他自己的电影配乐,而他的中短篇小说才是他的主要收入来源。1992年获奥斯卡名誉奖。

S. 雷伊
Camera Press

镭 radium 最重的碱土金属化学元素,化学符号Ra,原子序数88。1898年由居里夫人发现,1910年分离成功。镭的所有同位素都是放射性的。在自然界镭不存在游离状态,但存在于天然矿石中,如沥青铀矿,是更重元素(包括铀)放射性衰变的产物。由于它的成本太高,所以在医学中的用途(参阅放射疗法和放射学)已经减少;由于它会造成辐射损伤,所以在消费品(用于钟表表面的指针和数字、仪器的表盘的自发光涂料)中已停止使用。在某些射线照相术中还在使用镭。镭也用作中子源。

垒球 softball 与棒球相似的一种体育运动,但内场较小,所用的球较大(周长 30.5 厘米),用低手投球。该比赛的第一组规则设立于 20 世纪 20 年代,后作为一种业余体育项目在美国流行,到 20 世纪 60 年代已成为北美以外地区极为流行的运动之一。在美国中学和高校中,这是一项流行的女子运动,1996 年女子垒球比赛被列为奥林匹克运动会比赛项目。

累进税 progressive tax 税率随应课税的数额递增而递增征收的税。其目的是向富人征收更多的税,其观点是富人应当承担更多的税务负担。累进所得税可保证一定数额下的工资免税,或可以根据收入的增多而建立越来越高的税率。扣除额的存在也可产生一个税的累进。累进税在通货膨胀或经济衰退时期都是一种稳定力量,因为税收额的变化按比例要大于人们收入增减的变化。例如,在通货膨胀的经济中,尽管物价上涨和收入增加,但纳税人的收入大部分要用来缴税。政府税收增加,政府对经济的杠杆作用就越大。这一系统的副作用是低收入的纳税人在通货膨胀很高的时期内可能难以维持生计。为了弥补这一缺憾,许多经济学家提倡采用指数化,许多国家每年在通货膨胀期调整税率,通常与消费价格指数保持一致。参阅累退税。

累退税 regressive tax 随着课税基数增大而降低税率的税种。通常认为税率递减是不可取的,因为穷人支付税款占其收入的百分比会比富人高。消费税和营业税由于税率结构不变通常都被认为是累退的。烟草、汽油以及酒类的营业税都是主要的税收来源,是最大的累退税。为了限制累退率,美国的一些州减免了医药和日常杂货的营业税。财产税也常被认为是累退税,因为与较富的人相比,较穷的人要花费收入的更大比率在住房方面。参阅累进税。

类病毒 viroid 一类小于任何已知病毒的侵染性粒子,实为极小的环状 RNA 分子,无外膜。似通过细胞碎屑进行传播。由于类病毒具有亚病毒的特性,其作用方式又依然未明,所以引起人们关注。类病毒可引起某些植物病害,能否在动物细胞内存在则尚有争论。

类风湿性关节炎 rheumatoid arthritis 慢性的逐渐变严重的自体免疫疾病,造成结缔组织炎症,多发生于关节滑膜。可发生于任何年纪,较常见于女性,且疾病的后果难以预测。其发病通常缓慢渐进,一个或多个关节出现疼痛和发硬,继以肿胀和发热。肌肉痛可持续、加剧或消退。滑膜的炎症和增厚使关节构造留下瘢痕并破坏软骨。严重病例中,粘连带造成关节移位和畸形,附近的皮肤、骨骼和肌肉萎缩。假如高剂量的阿司匹林、布洛芬和其他非类固醇抗发炎药无法缓解疼痛和功能障碍,可使用小剂量类固醇。物理疗法和复健使用热疗和增大运动幅度的运动,有助于缓解疼痛和肿胀。骨科器械可纠正或预防明显的畸形和功能不良。可经由手术以假体取代被破坏的髋、膝或指关节。该病亦有儿童期型。

类固醇 steroid 由 17 个碳原子三维地排列成 4 个环的天然的或合成的有机化合物。内核自身的构型以及与内核相连的物质的特性及其位置决定了不同种类的类固醇。在动植物中发现的类固醇已有数百种,人工合成或利用自然类固醇加工改造的类固醇则有数千种。类固醇在生物、化学及医药方面有重要地位,许多激素(包括性激素)、胆汁酸、固醇(包括胆固醇)以及口服避孕药均是。洋地黄是西方医药界最早广泛使用的一种类固醇。皮质类固醇(参阅可的松)及其合成物可用来治疗风湿病和其他炎症。参阅促蛋白合成类固醇。

类人猿 ape 无尾、类人灵长类的动物,分有两大科:长臂猿科(较小的类人猿:长臂猿和合趾猿)和人科(较大的类人猿:黑猩猩、小黑猩猩、猩猩和大猩猩)。猿常栖息于非洲西部、中部,以及南亚的热带森林中。与猴类不同,猿无尾,有阑尾,脑更复杂。类人猿一般借摇荡的方式移动,偶尔两脚直立而行。类人猿智力甚高,更接近人类,故被动物学家定为人科动物。由于栖息地被破坏和人类的捕猎,许多类人猿已濒临绝种。

类星体 quasar 全名为 quasi-stellar radio source(类星射电源)。一种在极为遥远的距离处观测到的高光度和强射电的天体。常常也指具有同种光学形象但射电宁静的类型相近的天体,又称 QSO。大多数类星体有极大的红移,表明它们正以惊人的速度(接近光速)离地球远去,是宇宙中已知的一些最遥远的星体。类星体的大小尺度不到 1 或 2 光年,而光度却比直径约10 万光年的巨星系还大1 000倍以上。类星体的超常亮度使之得以在 100 亿光年之外的距离被观测到。许多科学家都认为这种巨大能量产生于以高速运动的气体旋进一个大质量的黑洞。

累西腓 Recife 巴西东北部海港城市。为葡萄牙人在 16 世纪上半叶建立,1595 年遭英国武装民船袭击并掠夺。1630 ～ 1654 年间由荷兰人占领,当时因其纵横的水道和连接各部分的众多桥梁而被称为巴西的威尼斯。位于卡皮贝里比河和贝贝里比河交汇处,也是巴西重要的港口,有很多现代化的港口设施。它同时还是教育和文化中心,有几所大学和剧院。人口约1 537 704(2010)。

冷杉 fir 又称枞。松科冷杉属乔木,约 40 种。许多常绿针叶树(如道格拉斯氏杉、铁杉)也称杉。冷杉属植物原产于北美、中美、亚洲、欧洲和非洲北部。冷杉的叶与松科其他属植物不同。其叶针状,直接生于枝上,叶基部形似吸杯,落叶后枝上留下环形叶痕。球果垂直单生,成熟后鳞片脱落,但穗状轴在枝上宿存。每片薄而圆形的果鳞上着生两粒具宽翅的种子。原产北美的冷杉有 10 种,主要分布范围从落基山脉向西。大部分北美西部所产的冷杉,其木材质量多不及松或云杉,但可用作制材及纸浆。美国东部和加拿大有两种冷杉,最著名的为胶冷杉(*A. balsamea*,即香脂冷杉),是常见的观赏植物,并可作圣诞树。

冷战 Cold War 第二次世界大战后美国与苏联及各自的盟国之间所显示的公开却有限制的对立状态。美、英担心苏联对东欧的永久性控制,并害怕苏联的势力及共产主义扩展到西欧和其他地方。而苏联则决心维护其对东欧的控制,以预防来自德国的任何可能的新威胁。冷战(1947 年美国总统顾问 B. 巴鲁克在一次国会辩论中首次使用)主要在政治、经济和宣传战线上进行,曾经有限地诉诸武力;由于柏林封锁和空运、北约的成立、共产党在中国内战和朝鲜战争的胜利,使得冷战在 1948 ～ 1953 年达到高峰。由于古巴导弹危机(1962),引发 1958 ～ 1962 年另一次紧张局势,造成美苏双方进行军备竞赛。20 世纪 70 年代缓和的形势又换之以敌对。1991 年苏联解体,冷战宣告结束。

离婚 divorce 合法婚姻的解除,通常使当事人有再婚的自由。在宗教力量依然强大而且该宗教认为婚姻是不可解除的情况下(如天主教和印度教),离婚可能很困难也很少见。在美国,有近一半的婚姻以离婚告终。离婚最常见的理由是经常不回家、酗酒、吸毒、通奸、虐待、被宣判有罪、遗弃、精神异常、未履行抚养义务。

离婚书 get 特指犹太教内的离婚文件,须按规定格式用阿拉米文写成。正统派犹太教和保守派犹太教人士认为,离婚书是离婚的唯一合法证件,但以色列以外的犹太人必须先根据民法的离婚手续来办理。犹太教改革派人士认为,离婚双方只需经过法院,不必请领教内离婚书。犹太教律法规定,除非有叛教、阳痿、精神错乱、不愿同居等特殊情况,否则必须男女双方都同意才能离婚。

离心力 centrifugal force 惯性力,为环行运动所特有,等同于使一个质点沿圆周轨道运动的向心力,但方向相反。例如,一个拴在绳的一端并以水平圆轨道旋转的石子,通过绳张力,即作用于石子的唯一的力,向它的运动轨道的中心加速。然而,在静止石子的参照系中,为应用牛顿运动定律,另一种力(离心力)必须引入。离心力在分析旋转系统中的运转情况方面是一个有用的概念。

离子 ion 带有一个或多个正电荷(阳离子)或负电荷(阴离子)的原子或原子团。在中性分子或其他离子中加入或取走电子后即形成离子,例如钠(Na)原子与氯(Cl)原子反应生成Na^+和Cl^-。离子与其他粒子结合后也会生成离子,如氢阳离子(H^+)与氨分子(NH_3)结合成铵基阳离子(NH_4^+)。两个原子间的共价键断裂时,如果两部分都带电,则也生成离子,如水分子(H_2O)离解为氢(H^+)和氢氧根离子(OH^-)。许多结晶物质(参阅晶体)都由排列成规则几何图形的离子组成,借助带相反电荷的粒子彼此间的吸引力联系在一起。在电场中，离子向相反电荷方向移动。在电解质电池（参阅电解）中，离子是电流的导体。能够形成离子的化合物称为电解质。当气体中发生放电时，也会形成离子。

离子键　ionic bond　又称电价键。几个带相反电荷的离子之间的静电吸引作用，电子从一个中性原子（通常是金属，失去电子而成阳离子）转移到另一个中性原子（非金属元素或基团，得到电子而成为阴离子）。在固体中，这两类离子通过静电作用力而联系在一起。固体中不包含它们的分子，而是在一个有序的整体结构中，每个离子都与带相反电荷的离子为邻。例如，把普通的盐（NaCl）溶解于水中后，就离解为两种离子：阳离子钠（Na^+）和阴离子氯（Cl^-）。参阅键合和共价键。

梨　pear　蔷薇科梨属植物，尤指西洋梨（*P. communis*）。世界最主要的果树之一，遍植于南、北两半球温带国家。其数以千计的品种包括巴特利特梨（目前种植最广泛）、博

西洋梨（*Pyrus communis*）
Grant Heilman

斯克梨和安茹梨。在美国，大部分梨用于制成罐头，在欧洲主要用作鲜食及酿梨酒。梨树较苹果树高而直，梨一般较苹果甜，较苹果软。硬细胞（石细胞）散布于果肉中。

黎巴嫩　Lebanon　全称 Republic of Lebanon（黎巴嫩共和国）。西南亚的地中海东岸国家，与叙利亚及以色列接壤。面积：10 452平方千米。人口：约4 132 000（2013）。首都：贝鲁特。黎巴嫩人口的民族构成包括腓尼基人、希腊人、亚美尼亚人和阿拉伯人。语言：阿拉伯语（官方语言）、法语、英语、亚美尼亚语和库尔德语。宗教：伊斯兰教、基督教和德鲁兹教派。货币：黎巴嫩镑。黎巴嫩境内多山，包括位于中部地区的黎巴嫩山，以及沿东部边界延伸的前黎巴嫩山脉和赫尔蒙山。低平的沿海平原沿着地中海伸展。利塔尼河向南流经肥沃的贝卡谷地。该国境内原先大部分覆盖着茂密的森林（黎巴嫩的雪松很有名），但现在的森林覆盖率只约占国土的一小部分。农业无法自给自足，必须依赖食物进口。该国作为中东地区金融中心的传统角色自黎巴嫩内战（1975 ～ 1990）以来遭到破坏。该国为共和国，一院制。国家元首为总统，政府首脑是总理。现今大部分领土与古代腓尼基人的国土相一致，腓尼基人在公元前3000 年左右定居于该地区。自公元7 世纪始，一群逃避叙利亚迫害的基督教徒定居于今黎巴嫩北部，并建立马龙派教会。阿拉伯人后来也在黎巴嫩南部定居，到 11 世纪逃避埃及迫害的宗教难民建立德鲁兹教派。中世纪时为十字军城邦的一部分，后来为马木路克人统治。1516 年奥斯曼土耳其人取得控制权。1842 年奥斯曼帝国结束了德鲁兹教派希哈布家族对当地的统治。马龙派与德鲁兹教派之间的关系恶化，导致 1860 年德鲁兹人大肆屠杀马龙派教徒。法国进行干预，迫使奥斯曼苏丹在奥斯曼帝国境内设立一个自治省作为山地基督教区，称为黎巴嫩山省，由基督徒总督管辖。第一次世界大战（1914 ～ 1918）后，黎巴嫩全境由法国军队管辖，成为法国托管地的一部分。1946 年正式独立。1948 ～ 1949 年的阿以战争结束后，数十万名巴勒斯坦难民在黎巴嫩南部居住下来。1970 年巴勒斯坦解放组织（PLO）将其总部迁移到黎巴嫩，并开始向以色列北部发动攻击。政治、宗教和社会经济诸方面的不同以及巴勒斯坦人的“国中之国”日益发展，终于使不满上升为内战，并使国家分裂为几个政治与宗教的地区。外部势力，主要是叙利亚和以色列，在内战的不同阶段卷入冲突。1976 年叙利亚为支持基督教徒而介入，1982 年以色列入侵为的是要把巴勒斯坦武装力量逐出黎巴嫩南部。1985 年以军撤军，但保留其在南部的一狭长地带作为缓冲区。之后，黎巴嫩真主党民兵不断与以军交火。2000 年以色列从黎巴嫩撤军。2005 年叙利亚亦撤军。2006 年中期，真主党与以色列之间展开 34 天的激战，战场主要在南部，有1 000多人丧生。2006 年 10 月，以军于战后从绝大部分地区撤出。黎巴嫩于 1948 年首次参加在伦敦举办的夏季奥运会。

黎巴嫩山　Lebanon Mountains　阿拉伯语作Jabal Lubnan。古称Libanus。黎巴嫩的山脉。与地中海岸平行延伸，长约 240 千米。北段是山脉的最高部分，包括最高峰索达山，海拔3 088米。西麓仍有黎巴嫩雪松残存林。阿拉米语 laban 意为白色，因山顶终年积雪，白雪皑皑，自古代即因此得名。

黎凡特　Levant　沿地中海东部海岸诸国的历史名称。也用于小亚细亚沿海地带和叙利亚，有时还扩展到希腊和埃及之间的国家。这个词常常还与威尼斯的贸易投资联系在一起。黎凡特也是中东或近东的同义词。16 ～17 世纪时高黎凡特一词则指的是远东。第一次世界大战后，法国的叙利亚和黎巴嫩托管地名为黎凡特国家。

《黎俱吠陀》　Rig Veda　又作 Rg Veda。世上最古老的宗教经籍，且为吠陀中最被敬重的一部，完成于公元前第 2 千纪或更早。《黎俱吠陀》有逾1 000首献给诸天的赞美诗，反映了多神论的概念，主要着重于取悦与天、大气有关的众神。它是婚丧仪式的参考准则，尽管有部分和当今印度教所施行的不大一致。它亦为多数印度思想的起源，公认研究它是了解印度的基础。

黎里　Lyly, John（1554？ ～ 1606）　英国作家。在牛津大学受教育。他因《尤弗依斯》（1578）和《尤弗依斯及其英国》（1580）两本散文式传奇故事而在伦敦一举成名。这两部小说产生了“尤弗依斯体”，这是一种高雅、讲究的伊丽莎白散文文体，使黎里成为第一位英国散文作家，对语言有深远的影响。1580 年以后他全力投入喜剧写作。作为剧作家，他还对英国喜剧中散文式对白的发展作出了贡献。《恩底弥翁》（1588 年演出）被认为是他最好的剧作。

黎曼　Riemann,（Georg Friedrich）Bernhard（1826 ～ 1866）　德国数学家。曾就读于柏林大学和格丁根大学，后来主要在格丁根大学任教。他的论文（1851）是关于函数论的。他认为数学理论能够和磁学、光学、引力学、电学和特定领域理论相连，其中围绕电荷的空间也许可以用数学来描述。在继续进行将数学主题统一在物理规则的过程中，他创立了黎曼几何（或椭圆几何），这成为爱因斯坦相对论中时空模型的基础。其他概念中的黎曼曲面、黎曼积分、黎曼曲率对理解曲线和曲面以及微积分很有帮助。他和 C. F. 高斯一起树立了格丁根大学在数学研究领域中的世界领导地位。他的工作对几何学和分析学产生了广泛的影响。

黎塞留　Richelieu, cardinal et duc（Duke）de（1585 ～ 1642）　原名 Armand-Jean du Plessis。法国政治家和路易十三的主要大臣。出生于一个小贵族家庭，1607年任命为牧师，成为

C. de 黎塞留，肖像画，P. de 尚帕涅绘；现藏巴黎卢浮宫
Giraudon–Art Resource/EB Inc.

吕松的主教。他是法国推行特伦托会议颁布的改革的第一个主教，给被宗教战争毁灭的主教教区带来了秩序。1614 年他被选为三级会议教士的代表，作为协调力量而闻名。1616 年成为玛丽·德·梅迪契的顾问，后来成为她儿子路易十三的议员。1622 年被提名为红衣主教，从 1624 年起任职首席大臣，在法国政策中具有控制性影响力。他抑制胡格诺派教徒的政治权力，减小贵族的影响，在法国建立起皇权专制主义。在对外政策上，他试图削弱欧洲哈布斯堡王朝的控制，参加三十年战争。他狡猾而有才气，加强了波旁家族的权力，在法国建立起一个有秩序的政府。他还建立了法兰西学院并重建索邦学院。

黎刹　Rizal（y Alonso），José（1861～1896）　全名 José Protasio Rizal Mercado y Alonso

Realonda。菲律宾爱国志士、医生和作家。从年轻时就开始从事西班牙统治下的祖国改革工作，在1882～1892年旅居欧洲，出版了许多小说揭露西班牙统治下的罪恶，成为宣传运动的领袖，发表或出版了针对改革的文章、杂志和诗歌。返回菲律宾后，建立一个非暴力的改革社团，后被流放到棉兰老，在那里居住了4年。1896年民族主义秘密社团“卡的普南”发动起义后，西班牙人逮捕并处决了黎刹，尽管他并未与该社团有任何关系，也未曾参加起义。他的壮烈牺牲使菲律宾人意识到除了脱离西班牙独立外别无选择。

礼拜 puja 印度教礼拜仪式的一种。包括简单家常仪礼和隆重的寺庙仪礼。典型的礼拜对待神像如同尊贵的客人，神被温柔地从睡梦中唤醒，行仪式上的沐浴和着装，一天侍奉三餐，最后再行以仪式上床。仪式还可包括一个牺牲，并献给圣火。一些礼拜可由崇拜者单独举行，有的则需要贞洁的人来行礼。礼拜可因专门目的而举行，也可以只是一种热心奉献的表现。

礼拜式戏剧 liturgical drama 中世纪时，在教堂内或教堂附近演出的戏剧。这种形式可能始于10世纪，当时复活节弥撒中把“你找谁”这部分作为弥撒仪式中的一小段演出。这种戏剧的长度逐渐增加，主题都是《圣经》中的故事（尤其是关于复活节和圣诞节的故事），12～13世纪时盛行起来。所用的拉丁语对白经常还配上简单的赞美诗旋律。这类戏剧一直写到16世纪，但后来因由世俗方面来主办，而且采用了地方语言，从而与教堂完全分离。

“礼炮”号航天站 Salyut 苏联7个航天站之一（分两种设计），为科学实验室和“联盟”号飞船人员在绕地球轨道上生活起居点。“联盟”号宇宙飞船和“进步”号运货飞船与“礼炮”号按期会合并对接，将航天员和补给品送到航天站。1971年发射的“礼炮”1号是世界第一座航天站。但由于绕轨道运行过低，6个月后便重新进入地球大气层。1982年发射的“礼炮”7号已由“和平”号航天站接替。

礼品交换 gift exchange 货物或劳务的转换，虽然被视为当事人自愿进行的，却是社会预期行为的一部分。法国人类学家M.莫斯是最早研究礼品交换这种概念的。礼品交换的循环途径涉及赠礼、受礼、还礼这3种义务或约束形式，每一种形式都涉及人们声望和社会关系的维持。一些祭品可以看作是给神力的一种礼物，而期望得到神的赞助；宗族集团之间交换妇女进行婚配，其中所牵涉的社会义务关系，与礼品交换是相似的。参阅散财宴。

李 Lee, Henry（1756～1818） 美国军官和政治人物。美国独立战争期间晋升为骑兵司令（赢得“轻骑哈里·李”的别名），在新泽西州的保斯胡克和南方取得多次胜利。1791～1794年任弗吉尼亚州州长。1794年他率领军队镇压了威士忌酒反抗。在任众议员期间（1799～1801）他起草了颂扬G.华盛顿的决议案，称为：“战争的第一人，和平的第一人，全国人民心中的第一人。”1800年后在几次有关土地和财经条款的争论中，遭到失败，并两次因负债入狱。他是著名的南军统帅R.E.李的父亲。

李 Lee, Ivy Ledbetter（1877～1934） 美国公共关系工作的先驱。原是一名报社记者，1906年成为一个煤矿工人团体的新闻发言人，1912年成为宾夕法尼亚铁路公司发言人。他成功地提高了他们的公众形象，同时也为他带来了许多大客户，包括洛克菲勒财团。他最大的创新是对新闻界开诚布公，把他所代表的公司里有新闻价值的事物提供给媒体。

李 Lee, Peggy（1920～ ） 原名Norma Deloris Egstrom。美国流行歌手。母亲早逝，她度过了一个很艰辛的童年。在芝加哥跟随一个乐队四处演唱，1941年被B.古德曼雇为其乐队主唱。1943年开始自己单飞独唱的生涯，也开始尝试和别人合作写歌，合作对象主要是她丈夫D.巴伯，其中有《狂热》、《曼那那》和好几首为迪斯尼公司的《小姐与流氓》所写的歌。除以上所述之外，她还善用自己柔和的音色及稍显沙哑有磁性的嗓音（其背景音乐通常为爵士乐风格的改编曲），制作这类红极一时的歌曲如《爱人》、《就只有这些吗？》。1976年一次几乎致命的跌倒造成她晚年身体日益衰弱。

李 Lee, Richard Henry（1732～1794） 美国政治人物。1758～1775年任弗吉尼亚下议院议员，他反对《印花税法》和《汤森税法》。他协助创建通信委员会，并在大陆会议上积极活动。1776年6月7日，他提出一项决议案，要求脱离英国独立。这个决议案被采纳，并通过了《独立宣言》，他曾在该宣言和后来的《邦联条例》上签字。1784～1789年任众议院议员，1784～1785年任议长。他反对批准联邦宪法，因为它缺少关于权利的法案，但后来成为美国第一届参议员（1789～1792）。

李 Lee, Robert E(dward)（1807～1870） 美国内战时期南军的军事领袖。父为H.李。毕业于西点军校，先在工兵部队服役，墨西哥战争中为W.斯科特的部下。1855年转入骑兵部队，1856～1857年间指挥得克萨斯州边境部队。1859年他领导美国军队镇压J.布朗在哈珀斯费里的暴动。1861年任命他指挥军队迫使已脱离的南方各州返回联邦。尽管他反对脱离联邦，但还是拒绝了这项任命。当他的家乡弗吉尼亚州也脱离联邦以后，他成为美国内战中弗吉尼亚军队的司令，并任J.戴维斯的顾问。J.约翰斯顿受伤后，李受命指挥北弗吉尼亚军队（1862），在七天战役中击退了联邦军队。在布尔溪战役、弗雷德里克斯堡战役和钱瑟勒斯维尔战役等地都打了胜仗。他企图以入侵北方来使联邦军撤出弗吉尼亚，但在安蒂特姆战役和葛底斯堡战役均遭败绩。1864～1865年间他以防御战对抗U.S.格兰特领导的联邦军，遭到惨重伤亡。在彼得斯堡和里士满修建的防御工事后面李停止了撤退。到1865年4月，兵力和物资补给越来越少，迫使当时已是南军总司令的李在阿波马托克斯县府投降。他仍然是南方的英雄，并接受华盛顿学院（后来改称华盛顿和李大学）校长之职，任职终身。

R.E.李，1865年摄

By courtesy of the Library of Congress, Washington, D. C.

李 Lee, William（1550?～1610?） 英国发明家，发明了第一台针织机。李发明的机型（1589）是几百年来唯一沿用的机型，其工作原理至今尚在应用。伊丽莎白一世出于对国内手工针织工人的关心，两次拒绝授予他专利权。由于得到法国亨利四世的赞助，李后来在鲁昂生产袜子。

李 Leigh, Mike（1943～ ） 原名Michael。英国电影导演和剧作家。他第一出戏《票房游戏》（1965），开启了他即兴创作中与演员合作的过程，这段过程成为他后来舞台、电视、电影作品的基础。通常用辛辣的幽默与引起哀怜的感伤力来描绘下层社会和工人阶级的生活。在他的电影《黯淡时刻》（1971）首次上映之后，他导演了一些不落俗套的电影，如《厚望》（1988）、《生活是甜蜜的》（1991）和《赤裸》（1993）。他获得国际赞誉的电影有《秘密与谎言》（1996）、《红粉贵族》（1997）和《酣歌畅戏》（1999）。

李 Lie, Jonas (Lauritz Idemil)（1833～1908） 挪威小说家。与妻子合写了第一部小说《幻象或北疆的图景》（1870）。后来的小说有《“未来”号船》（1872）、《一个生活的奴隶》（1883）和名著《吉尔伊一人家》（1883），后者反映了妇女的社会地位问题。他追求在作品里反映自然、民间生活以及国家的社会精神。他与H.易卜生、B.比昂松和A.谢朗（1849～1906）并称19世纪挪威文学“四巨头”。

李 plum 蔷薇科李属各种乔木和其可食果实的统称。在美国与欧洲地区，李为分布最广的核果，本地和栽培的品种数量最多，能适应的土壤和气候条件范围也最广。李的大小、味道、颜色和质地差异很大。可广泛用于鲜食、烹煮或烘烤酥皮糕点之用。花朵盛开时，李树被艳丽的团团花簇所覆盖。果实表皮光滑,外部肉质、多汁,内部则形成坚硬的核。可经干燥或已被干燥而没有发酵的李品种称作李子干。

李必达　Lepidus, Marcus Aemilius(? ～公元前 13/12)　罗马执政官(公元前 46 和公元前 42 年),三执政之一(公元前 43 ～公元前 36)。凯撒死后,李必达控制了高卢、西班牙和非洲的部分地区,并发挥了重大影响。他和 M. 安东尼都反对共和派的阴谋,公元前 43 年与屋大维(后来的奥古斯都)一起组成后三头政治。他取得第二个西班牙省,但把西班牙和高卢输给了安东尼和屋大维,只剩下非洲。公元前 36 年帮助打败庞培·马格努斯·庇护之后,他向屋大维提出挑战,但由于他的士兵叛变,被迫退出政界。

李卜克内西　Liebknecht, Karl(1871 ～1919)　德国社会主义者领袖。W. 李卜克内西之子,后来担任律师,并信奉马克思主义。1912 年进入帝国国会,带头反对德国政府在第一次世界大战前的政策。1916 年因反对领导层而被逐出德国社会民主党,开始与革命家 R. 卢森堡密切合作,组成斯巴达克思同盟。1916 ～1918 年因鼓吹人民推翻政府而被捕入狱。1918 年他对德国共产党的成立起了重要作用。一连串的流血冲突在 1919 年 1 月的暴动中达到最高潮,李卜克内西在暴动中诉诸武力,后来警方以拒捕为由把他打死。

K. 李卜克内西,摄于 1913 年
Interfoto-Friedrich Rauch, Munich

李卜克内西　Liebknecht, Wilhelm(1826 ～1900)　德国社会主义者,德国社会民主党的创始人之一。因参与 1848 年革命而被捕,1849～1862年流亡英国,与K. 马克思和F. 恩格斯密切合作。1862 年获普鲁士政府赦免回国,但 1865 年又被 O. von 俾斯麦逐出。1869 年与 A. 倍倍尔建立德国社会民主工党。1872 年因撰文反对普法战争而被捕入狱至 1874 年。俾斯麦压制社会主义者促使李卜克内西派在 1875 年与 F. 拉萨尔的派系合并。由于《反社会党人法》(1878 ～ 1890)废止,该党改称德国社会民主党。李卜克内西一直是德国社会民主党的主要发言人,也是该党机关报《前进报》的撰稿人。

W. 李卜克内西,约摄于 1890 年
Archiv fur Kunst und Geschichte, Berlin

李卜曼　Liebermann, Max(1847 ～ 1935)　德国油画家和铜版画家。第一次展出的作品《拔鹅毛的妇女们》(1872),其写实主义和简洁与当时流行的理想化的浪漫主义艺术形成鲜明对比。1873 年夏天,他在法国结识了巴比松画派,使他画的色彩转向鲜明。19 世纪 80 年代,他的创作主题大多围绕孤儿、老人、农民和城市劳动者。作为印象主义和新艺术等这类在理论上尚未被接受的风格的支持者,他创立了柏林分离派 (1899),但后来成为保守的柏林科学院院长。

李成桂　Yi Song-gye(1335 ～ 1408)　又称 T'aejo(太祖)。朝鲜王朝(1392 ～ 1910)的创建者。曾是高丽王朝的一位军事将领,因与入侵军队作战而在军中逐步晋升。后来击败政敌,并驱逐高丽王朝的末代国王,于 1392 年登上王位,在汉阳(今首尔)建立首都。他和他的继承者将过去集中在少数高官手中的土地,按等级进行重新分配。李成桂还突破传统,把儒家学说立为国教,取代了佛教。农业成为经济重心。在对外关系中,他与中国的明朝保持密切的关系。

李承晚　Rhee, Syngman(1875 ～1965)　大韩民国第一任总统。是第一个在美国大学(普林斯顿)取得博士学位的朝鲜人。1910 年回到朝鲜,正是日本吞并朝鲜的那一年。因无法掩饰他对日本统治的敌对态度,1912 年再次前往美国。在以后的 30 年里一直为朝鲜的独立奔走呼吁;1919 年当选流亡的临时政府总统。由于他是美国熟知的唯一朝鲜领袖,第二次世界大战结束时,他先于竞争对手回到朝鲜;1948 年当选为大韩民国总统。担任总统直到 1960 年,他的极权政策(包括宣布反对派进步党非法)遭到反对,被迫辞职。流亡到夏威夷,并在那里去世。

李光耀　Lee Kuan Yew(1923 ～　　)　新加坡总理(1959 ～ 1990)。出生于一个富裕的华人家庭,曾在英国剑桥大学深造,并成为律师和社会主义者。他担任工会法律顾问,赢得 1955 年新加坡立法会议选举,当时新加坡仍为英国直辖殖民地。他帮助新加坡确立其自治地位,1959 年以反殖民主义和反共产主义者的党纲当选总理。他推行许多改革,其中包括解放妇女。他曾推动新加坡短暂加入马来西亚联邦(1963 ～ 1965),并在脱离后成为一个主权独立国家。李光耀推行工业化,使新加坡成为东南亚最繁荣的国家。虽然其温和的极权政府有时会侵犯到公民自由,但他仍实现了劳工的安定和提高工人生活水平的目标。

李光耀
Keystone

李赫特　Richter, Sviatoslav (Teofilovich)(1915 ～ 1997)　苏联钢琴家。15 岁时任敖德萨歌剧院伴奏,18 岁就开始指挥。1949 年,从莫斯科音乐学院毕业两年后,他的天赋使他获得斯大林奖。他游历欧洲、远东和美国,在他的个人表演中表现出高超的技巧和炽热的感情,成为一位传奇人物。他还被视作优秀的伴奏者和室内乐演员,和 M. 罗斯特罗波维奇、D. 奥伊斯特拉赫录制了著名的三重奏唱片。

李嘉图　Ricardo, David(1772 ～ 1823)　英国经济学家。一个荷兰犹太人的儿子,随着父亲进入了伦敦证券交易所并致富,后来开始学习政治经济学,在这个领域受到 A. 斯密著作的影响。他支持金属货币标准的文章颇有影响。在代表作《政治经济学及赋税原理》(1817)中,他研究了工资的变化和价值的决定因素,断言商品的国内价值主要是生产它们所需的劳动决定的。他的工资铁律认为提高劳动者的真正收入是无用的,工资总稳定在生存水平上。虽然他的许多思想已经陈旧了,但他是古典经济学发展中的重要人物,被视为使经济学系统化的第一人。

李科克　Leacock, Stephen (Butler)(1869 ～1944)　出生于英国的加拿大作家和演说家。6岁时随父母移民到加拿大。虽然在麦吉尔

李科克,Y. 卡什摄
© Karsh From Rapho/Photo Researchers-EB Inc.

大学教授经济学和政治学(1903～1936),又写过多本关于历史和政治经济方面的书,但真正的天分在于他的幽默感。他的名声奠基于其许多轻松的随笔和小品文,最初从《文学的失误》(1910)和《无聊的小说》(1911)开始。李科克式幽默的典型表现在于对社会弊端和人类行为的表里不一的喜剧性觉察。

李普曼　Lippmann, Walter(1889～1974)　美国新闻评论家和作家。毕业于哈佛大学。后来到新成立的《新共和》周刊担任编辑(1914～1917)。他的思想影响了美国总统W.威尔逊,被派去参加《凡尔赛和约》谈判。曾为改革派的《世界报》撰写社论,后任该刊主编。之后转到《纽约先驱论坛报》工作,1931年起在该报开辟《今日与明日》专栏,最后被多家报纸同时刊载,两次获得普利策奖(1958,1962),成为世界最有名望的政治专栏作家。著作有:《政治学引论》(1913)、《舆论》(1922,可能是他最具影响力的著作)、《虚幻的公众》(1925)和《对于良好社会原理的探讨》(1937)。

李斯特　Liszt, Franz(1811～1886)　原名Franciscus。匈牙利出生的法国作曲家和钢琴家。其父信仰虔诚,所以他的名字取自圣方济各,李斯特也承袭了父亲的音乐天分

李斯特,平版画,J.克里哈伯制于1846年

By courtesy of the Museo Teatrale alla Scala, Milan

和宗教立场。K.车尔尼在李斯特8岁时就看出他具有音乐天分,李斯特跟随车尔尼和A.萨利埃里在维也纳学习音乐,并在1822年首次登台表演。1823年在巴黎举办了一次成功的音乐会后,他开始在欧洲巡回表演,但他的父亲不幸早逝(1828),加上一场极不幸的爱情令他想放弃音乐生涯去当神父。1832年第一次聆听到N.帕格尼尼的演奏,鼓舞了他把演奏技巧发展至极高境界,并创作了最初的作品,包括《超级练习曲》(1837)和《帕格尼尼练习曲》(1839)。后来和达古尔伯爵夫人陷入爱河,生下一女,名为科西玛(1837～1930),她后来和父亲的好友R.瓦格纳结婚。19世纪40年代是"李斯特狂"的巅峰时期,听众对他高超的演奏技巧和潇洒的风格空前着迷,结果因他到处巡回表演而与伯爵夫人关系破裂。李斯特自视为未来的前驱,在40年代晚期停止了音乐演奏而专心作曲,并促进了革新派作曲家的作品。50年代,他写了许多最豪迈的作品,包括《浮士德交响曲》(1854)和《B小调钢琴奏鸣曲》(1853)。1865年他放弃了与赛因-维特根斯坦公主成婚的希望,接受了教会几个次要的圣职职位。他的后期作品对20世纪音乐的许多发展影响很大。

李维　Livy(公元前59/64～公元17)　拉丁语作Titus Livius。罗马历史学家。生平不详,大部分时间必定是在罗马度过。他一生的工作是写罗马的历史,一共写了142册。第11～20册以及第46～142册已佚,第45册以后的书也只是从残页和后来的概要中才得知的。李维不像早先的历史学家,他不参与政治,所以他不是从党派政治上书写历史,而是着眼于人物的性格和道德。他发展出的一种拉丁散文风格与所写的主题极相适合。他写的历史是他那个时代的经典之作,直到18世纪都深刻地影响了历史写作的风格和原则。

李锡尼　Licinius(?～325)　全名Valerius Licinianus Licinius。罗马皇帝(308～324)。生于伊利里亚的一个农民家庭。在军队里平步青云,308年被他的朋友加莱里乌斯皇帝任命到奥古斯都。由于帝国被当时的几个皇帝分治(参阅郡守),他的统治范围也就局限在潘诺尼亚。加莱里乌斯死后(311),他与君士坦丁一世联盟,在小亚细亚击败了他的竞争对手马克西米努斯,分割了帝国(313)。虽然他名义上是个基督徒,但在320年前后却发起了一场迫害基督徒的运动。不久,君士坦丁把他赶下台,并将他处死。

李小龙　Lee, Bruce(1940～1973)　原名Lee Yuen Kam(李振藩)。美国电影演员。中国巡回演出戏剧明星之子,他在香港度过童年,曾演出过几部电影。20世纪70年代早期,他成为一个非常受欢迎的武打片明星,其中包含《精武门》(1972)和《龙争虎斗》(1973),在国际上拥有一群狂热追随的崇拜者。33岁时突然死于脑水肿,结束了他短暂的事业。他的儿子李国豪(1965～1993)以演一部动作片崭露头角,后于拍片时意外中枪而死。

里昂　Lyon　英语作Lyons。法国中东部城市。位于罗讷河、索恩河的汇合处。公元前43年建为古罗马的军事殖民地卢格杜努姆,成为高卢的主要城市。1032年并入神圣罗马帝国。1312年归属法兰西王国。15世纪时经济繁荣,到17世纪时成为欧洲丝织业中心。第二次世界大战中是法国抵抗运动的中心。里昂是一个主要河港,有多元化经济,包括纺织、冶金和印刷工业。该城有许多古建筑,包括古罗马剧院、12世纪的哥特式大教堂以及15世纪的宫殿。人口约472 305(2006)。

里昂涅　Leone, Sergio(1921?～1989)　意大利电影导演。在为意大利和美国的导演担任助手后,以《罗得岛的巨人》(1961)作为他导演的处女作。他导演的《为了几美元》(1964)广受观众喜爱,该片为一系列表现暴力的由意大利人摄制的美国西部片中的首部。接下来同样是由C.伊斯特伍德主演的《为了更多的几美元》(1965)和《好人、坏蛋和丑八怪》(1966)也都受到欢迎。其他作品有英雄片《西部往事》(1968)和《美国往事》(1984)。

里奥德奥罗　Río de Oro　西撒哈拉的南部地理区。主要城镇达赫拉(旧称维拉西斯尼罗斯)是一个小港口,饮水依赖进口。位于达赫拉的大西洋狭窄小海湾,葡萄牙人称其为Rio de Oro(意为"金河"),因为此地有来自西非金沙的交易活动。从19世纪80年代起到1976年,该地区受西班牙人统治。1979年被摩洛哥人占领。当地居民为穆斯林而且大多是游牧的柏柏尔人,但大量人口据信在摩洛哥与毛里塔尼亚武装冲突期间已经逃至阿尔及利亚的难民营。波利萨里奥阵线(撒哈拉独立组织,创建于1973年)声称对西撒哈拉地区拥有主权。

里贝拉　Ribera, José de(1591～1652)　又作Jusepe de Ribera。西班牙画家和版画家。出生于西班牙,据说在那里师从F.里瓦尔塔,但一生大部时间在那不勒斯(当时是西班牙领地)度过。他的大部分作品是关于宗教题材的,像在《圣巴塞洛缪的殉教》(约1630)中,生动的光线、阴影和某些可怕的细节强调了悔罪者或殉难的圣徒精神和肉体的苦楚。晚期作品中造型稍微柔和,色彩更加丰富,展现了强烈的人类同情心,如《跛足者》(1642)。他的铜版画属于意大利和西班牙在巴罗克时代最精美的作品。

里宾特洛甫　Ribbentrop, Joachim von(1893～1946)　德国外交官,纳粹时期的外交部长。在第一次世界大战中服役之后,成为一名香槟酒推销员。1932年遇到A.希特勒,成为他的主要外交事务顾问。他曾参加《英德海军协定》的谈判,任驻英大使(1936～1938),告知希特勒英国不能有力地帮助波兰。他作为外交部长(1938～1945),签订了与意大利的《钢铁协约》、《德苏互不侵犯条约》,还与日本和意大利签订了三国轴心协定。他的影响在第二次世界大战中衰退,后来在纽伦堡审判中被判有罪,处以绞刑。

里德　Reade, Charles(1814～1884)　英国小说家和戏剧作家。虽曾在牛津大学学习法律,并在那里担任官员,而他却将自己的大部分时间和精力用在写作和排演他的情节剧上。他的小说以强烈的义愤表现了当时社会的不平等。他以历史小说《修道院和家庭》(1861)而闻名,其他作品还包括攻击监狱状况的《亡羊补牢未晚》(1856)、揭露对精神病人的虐待的《现金》(1863)以及对工联主义者的恐怖活动进行描写的《设身处地》(1870)。

里德　Reed, John(1887～1920)　美国记者。出生于俄勒冈州波特兰一个富有的家庭,曾就读于哈佛大学,1913年开始为激进的社会党杂志《群众》写稿。他报道了墨西哥革命战斗(1914),并因领导工人罢工而多次被捕。他在第一次世界大战期间担任新闻记者,成为V.I.列宁的亲密朋友,亲眼见证了俄国1917年革命,并在他的书《震撼世界

的十日》(1919)中描述了这次革命。他后来成为美国共产主义劳工党领导人,因叛国罪被起诉,逃亡苏联后死于斑疹伤寒,被葬于克里姆林宫墙下。

里德 Reed, Thomas B(rackett)(1839～1902) 美国政治人物。1877～1899年间在美国众议院任职。作为众议院议长(1889～1891,1895～1899),他提出了程序上的改革,因此增强了主要党对立法的控制,加强了议长的权力和规则委员会的作用。"里德规则"遭到了反对者的攻击,并因他强烈要求通过该规则而称其为"沙皇里德"。10年后,议长的权力被削弱。

里德 Reed, Walter(1851～1902) 美国病理学家和细菌学家。18岁时就在弗吉尼亚大学获得医学学位,并在1875年参加了美军陆军医务队。美西战争时期他研究伤寒在军

W. 里德
The Bettmann Archive

营中的传播,后来成为华盛顿陆军医学博物馆的馆长。黄热病一向被认为是由被褥等物传播的,但C. 芬莱在1886年提出它是由昆虫传播的理论。里德的研究小组排除了细菌致病的可能,并找到了支持昆虫传播理论的传播模式。受控制的实验证明黄热病是由蚊子叮咬传播的,1901年一场为期90天的灭蚊运动在哈瓦那成功地消灭了黄热病。

里恩 Lean, David(1908～1991) 后称Sir David。英国电影导演。1928年开始进入高蒙电影制片厂工作,后来成为首席电影剪辑师。他与N. 科沃德共同导演《我们服役的军队》(1942),并单独导演科沃德的两部作品《快乐的幽灵》(1945)和《相见恨晚》(1945)。之后导演了两部改编作品《孤星血泪》(1946)和《雾都孤儿》(1948)。里恩以导演《桂河大桥》(1957,获奥斯卡奖)、《阿拉伯的劳伦斯》(1962,获奥斯卡奖)、《日瓦戈医生》(1965)和《印度之行》(1984)等影片受到大众欢迎。

里尔 Lille 法国北部城市,位于德勒河畔。11世纪时筑堡设防,中世纪时数度易手。1667年路易十四包围并占领该城。1708年被马尔伯勒公爵夺取,1713年割让给法国。在两次世界大战中都被德国占领。里尔与图尔宽和鲁贝一起构成了法国最大的集合城市之一。它是法国的传统纺织中心。其他的工业还有机械制造和化工厂。里尔的博物馆收集了丰富的艺术品。人口约226 014(2006)。

里尔克 Rilke, Rainer Maria(1875～1926) 原名René Maria Rilke。德裔奥地利诗人。童年生活不幸,受到的教育并不完整,尔后在整个欧洲漂泊一生。在俄国,他受激发创作了第一部重要作品,即长篇组诗《祈祷书》(1905)。在1902年以后的12年间,主要居住在巴黎,并发展出一种新的抒情诗风格,试图捕捉具体事物可变化的本质,据此他写出了《新诗集》(1907～1908)以及其散文版《马尔特·劳里茨·布里格记事》(1910)。接下来的13年间,由于对作家的压制,他极少写作。在1922年最终完成了他的10首诗《杜伊诺哀歌》(1923),是对人存在的矛盾的思考,成为20世纪诗歌的经典之作。其后以惊人的速度出人意料地创作了《献给俄尔甫斯的十四行诗》,是为悼念一名少女之死而写的55首组诗,延续了《杜伊诺哀歌》对死亡、再生以及诗歌本身的思考。这两首诗为他带来了国际声誉。

里尔琴 lyre 一种弦乐器,有一个带双臂和横木的共振琴身,从共振腔内延伸出来的弦附着在横木上。公元前2000年在苏美尔就有类似里尔琴的乐器。希腊的里尔琴有两

东非碗形里尔琴,现藏牛津庇特-里弗斯博物馆
By courtesy of the Pitt-Rivers Museum, Oxford

种类型:基萨拉琴和里拉琴。后者的琴身是圆的,背面弯曲(常常是一个乌龟壳),琴腹是皮的。它是业余演奏家用的乐器;专业人士使用更为精致的基萨拉琴。在古希腊,里尔琴是阿波罗的一个标志。

里芬施塔尔 Riefenstahl, Leni(1902～2003) 原名Berta Helene Amalie。德国电影导演和摄影师。20世纪20年代为舞蹈演员和德国自然风光影片的女演员。建立制片公司后,制作并出演了神秘片《蓝光》(1932)。她为A. 希特勒导演了宣传影片《意志的凯旋》(1935),是一部歌颂纽伦堡大会的纪录片。以《奥林匹亚》(1938)中的出色技巧受到称赞,这是一部关于1936年柏林奥林匹克运动会的纪录片。第二次世界大战后被囚禁,最后被解除参与纳粹战争罪行的共谋嫌疑,但她的电影生涯没有恢复,在这之后主要从事摄影师工作。

里夫山脉 Rif 又作El-Rif。摩洛哥北部多山海岸地区。该山脉形成了前西班牙摩洛哥的中部和东部地区,从梅利利亚的东部延伸到休达。山脉长度的大部分环绕地中海,只有少数狭窄的近海谷地适宜农业耕作或供城市居民居住。较高山峰冬季白雪罩顶。20世纪20年代居住在该地区的柏柏尔人部族在阿卜杜勒·克里姆领导下起义,抵制了法国和西班牙对该地区的占领。

里弗斯 Rivers, Larry(1923～2002) 原名Yitzroch Loiza Grossberg。美国画家。与抽象表现主义和波普艺术有密切关系。曾在朱丽亚德音乐学院就读,是一名专业的爵士萨克斯风手,后转学绘画,师从H. 霍夫曼。早期的作品因常使用复杂、片段性和多重的影色而出名,其中最著名的是现实主义的《伯迪双像》(1955)。从20世纪60年代起,他的作品加入了商业形象以及抽象拼贴、建筑和雕像等元素。这种多重元素的精致代表作是《俄国革命史》(1965)。

里根 Reagan, Ronald W(ilson)(1911～2004) 美国第40任总统(1981～1989)。曾在尤里卡大学就读,1937年前往好莱坞之前任电台体育播音员。作为一名演员曾参演50多部电影,两次担任电影演员公会主席(1947～1952,1959～1960)。后来成为通用电气公司的发言人,并在1954～1962年间主持了该公司电视剧场节目。当他的政治倾向渐渐从开放的民主党转到保守的共和党后,1967～1974年间被选为加利福尼亚州州长。1980年,他击败了当时在任的J. 卡特成为总统。就职后不久,他在一次暗杀中受伤。他采用了供应经济学的政策来促进经济的快速增长并减少联邦赤字。他的大部分建议在1981年被国会采纳,在降低通货膨胀方面起到积极作用,但到1986年底使国家债务倍增。他开始了美国历史上最大的和平时期军备,并在1983年提出战略防御倡议。他的外交政策包括限制中程核武器的INF条约和对格林纳达的侵略。1984年,他以绝对优势击败W. 蒙代尔再度当选总统。他的行政措施包括1986年的伊一尼事件,此事件大大降低了他的支持率和权威地位。虽然他管理政府的智慧常常遭到贬低,但他富有技巧的交流方式使他实行了很多保守政策并因此取得很大成功。1994年他透露自己已经患有阿尔茨海默氏病,2004年7月5日病故。

里海 Caspian Sea 位于欧亚之间的内陆咸水湖,与阿塞拜疆、俄罗斯、哈萨克斯坦、伊朗毗连。南北长约1 200千米,东西宽约320千米。面积约386 400平方千米,为世界最大的内陆水域。尽管有许多河流,包括伏尔加河、乌拉尔河和库拉河注入里海,但里海本身没有出海口。中世纪时,它是一条重要的商业路线,构成了从亚洲运出货物的蒙古-波罗

的海贸易路线的一部分。如今这里是主要的石油产地。有许多港口,其中包括阿塞拜疆的巴库、伊朗的恩泽利和托尔卡曼。

里加 Riga 拉脱维亚首都。位于西德维纳河两岸,在里加湾河口附近。1201 年作为一个商站建立于旧利弗人的居民点,1282 年被并入汉萨同盟在中世纪时期,该城市被条顿骑士团占领,16 世纪曾发生波兰和俄国人争夺该地区的战争。1621 年瑞典人占领了该城市,并给予自治政府地位,但在 1721 年割让给了俄国。它在 1918 ～ 1940 年间是独立的拉脱维亚首都,后被并入苏联。在 1991 年拉脱维亚独立后再度成为其首都。是波罗的海的一个重要港口,也是一个行政、文化和工业中心。其中世纪遗址有一个 13 世纪的教堂和一座 14 世纪的城堡。人口约764 328(2000)。

《里加条约》 Riga, Treaty of(1921) 波兰和俄国在拉脱维亚的里加签订的条约,结束了1919 ～1920 年的波兰-俄国战争,并划定了双方的边境。该条约使波兰拥有部分白俄罗斯和乌克兰的领土,第二次世界大战后的新条约重新规定了边界。

里加湾 Riga, Gulf of 波罗的海大型海湾。位于拉脱维亚和爱沙尼亚边境,面积约18 000平方千米。每年 12 月至次年 4 月冰封,水最深处达 54 米。沿岸多为低矮沙地,有几条重要河流,其中西德维纳河在此注入大海。该地有几处港口和度假区,包括沿岸的里加。

里克特 Richter, Conrad (Michael) (1890 ～ 1968) 美国短篇故事作家和小说家。出生于宾夕法尼亚州派恩格罗夫,当过编辑、记者,并创办了一份青少年杂志,1928 年搬到新墨西哥。他对美国历史产生了极大兴趣,花费数年研究边地生活。他最著名的作品是《草的海洋》(1936),一部在西南部建立殖民地的史诗,和他的拓荒生活的三部曲,《树林》(1940)、《田野》(1946)和《城镇》(1950,获普利策奖)。《克洛诺斯河》(1960,获国家图书奖)是一部自传体小说。

里肯巴克 Rickenbacker, Eddie (1890 ～ 1973) 原名 Edaard Vernon。第一次世界大战时美国王牌飞行员和工业家。出生于美国俄亥俄州的哥伦布,先为顶级赛车手,1917 年加入军队,任一个空军上校的司机,上校帮助他成为战斗机飞行员。在第一次世界大战中击下 26 架敌机,获得荣誉勋章。他后来成立并管理自己的汽车公司,从 1932 年起成为几个航空公司的经理。1938 ～ 1959 年任东方航空公司总裁,并使它发展成为一家大公司。

里门施奈德 Riemenschneider, Tilman(约 1460 ～ 1531) 德国雕刻家。造币厂厂长的儿子,1483 年定居在维尔茨堡,开设了一家极其成功的工场。做过市议员(1504 ～ 1520)和市长(1520 ～ 1525),在农民起义期间一度因同情革命者被监禁。他的木石雕刻,有着极深褶痕,展现出松垂的打褶服装的特征,还有陵墓和祭坛装饰以及独立的雕像和浮雕,使他成为德国晚期哥特式艺术的主要代表人物之一。

里姆斯基-科萨科夫 Rimsky-Korsakov, Nikolai (Andreyevich) (1844 ～ 1908) 俄国作曲家。他在圣彼得堡大学海军学校念书时结识了其他一些作曲家。M. 巴拉基列夫对他很感兴趣,从 1867 年起成为"五人团的一员。后来跑去当船员,在第一次返航回来(1865)后完成了一支交响曲,由巴拉基列夫担任指挥。1873 年担任其组建的海军乐队督察。他协助鲍罗丁编写了管弦乐《伊戈尔王子》,并修改了 M. 穆索尔斯基的一些作品。他还写了许多丰富多彩的歌剧,在俄国很受欢迎,其中包括《萨特阔》(1896)、《莫扎特和萨利埃里》(1897)、《萨尔丹沙皇的故事》(1903)、《隐城基捷日和少女费芙罗尼亚传奇》(1905)和《金鸡》(1908)等。其他作品还包括三首交响乐、《舍赫拉查德》(1888)组曲和《俄罗斯复活节》序曲。他所有的作品都有精彩的管弦乐作曲方法。他的学生包括 A. 格拉祖诺夫、S. 普罗科菲耶夫、O. 雷斯皮吉和 L. 斯特拉文斯基。

里普希茨 Lipchitz, (Chaim) Jacques (1891 ～1973) 立陶宛-法国-美国雕塑家。青年时代在维尔纳学工程,1909 年移居巴黎后转向雕塑。早期作品的风格是立体主义的。1925 年前后开始制作一系列称作"透明体"的作品,是一些在开放空间里由曲线组成的青铜像,例如《竖琴师》(1928),这些作品对其后 25 年的雕塑发展有极大影响。1941 年在纽约市定居后制作了《祈祷者》(1943)和《柏勒洛丰驯服天马珀伽索斯》(1966)等大型作品。

里奇 Rich, Adrienne (Cecile) (1929 ～ 2012) 美国诗人、学者及评论家。在拉德克利夫学院就读期间所写诗作人选并发表于耶鲁年轻诗人选集;最后集结成册名为《世界的改变》(1951),这本书奠定了她在诗坛的地位。她后来的作品便从仿古的精雕细镂向更具个性及力量的风格转型。她逐渐往妇女运动及女同性恋和女权主义美学靠近,形成她作品中的政治意识。她的诗集有《潜人沉船》(1973,获美国国家图书奖)以及《语意的梦境》(1978)。她还创作了许多写实文学作品,包括《生自女人》(1976,获美国国家图书奖)。《谎言、秘密与沉默》(1979)以及《在那儿发现的》(1993)。

里奇勒 Richler, Mordecai (1931 ～ 2001) 加拿大小说家。成长于犹太工人阶级的环境里,这也是他的小说的背景。1951 ～ 1952 年住在巴黎,在那里受到存在主义的影响,后来迁居英国。《杜德·克拉维茨的学徒生涯》(1959)用猥亵的语言描写一个蒙特利尔犹太少年以及他如何变成冷酷无情的商人。《狂妄》(1968)和《圣于尔班的骑士》(1971)研究了英国的北美人。他的晚期小说有《乔舒亚的过去和现在》(1980)和《所罗门·格尔斯基曾在那里》(1989)。他还著有幽默短文、剧本和刻画雅各布人物形象的儿童书籍。

里氏震级 Richter scale 广泛用于量度地震强度的单位,1935 年由美国地震学家 B. 古滕贝格(1889 ～ 1960)与 C. F. 里克特(1900 ～1985)提出。这个震级是对数关系,即每增加一个单位,代表强度(震波的振幅)增加 10 倍。强度接着转变成释放的能量。比起最初选定强度为零还要微小的地震,则给予负数。虽然这个震级没有理论上限,但最剧烈的地震没有超过 9 级的。从 1993 年起采用的震矩强度级对于大型地震更加精确:它考虑了断层滑动量、破裂面积大小和断层物质的性质。

里斯 Rhys, Jean (1890 ～ 1979) 原名 Ella Gwendolen Rees William。多米尼克出生的英国小说家。16 岁时离开西印度群岛去伦敦学习表演。后迁居巴黎,受 F. M. 福特鼓励开始写作。在 20 世纪 20 ～ 30 年代以欧洲吉卜赛人世界为背景的短篇故事和小说获得称赞,包括《午夜,早上好!》(1939)。在康沃尔定居后,将近 30 年未发表任何东西,后来写出《辽阔的藻海》(1966),是关于勃朗特家族的《简·爱》中罗契斯特的第一任西印度群岛妻子的悼念性小说;还出版了两部短篇小说集。

里斯本 Lisbon 葡萄牙语作 Lisboa。葡萄牙首都,为该国主要港口和最大城市。位于塔古斯河,进入大西洋的河口附近。公元前 205 年起为罗马人统治,J. 凯撒把这个地区升格为市,并命名为夫利西塔斯·朱莉娅。公元 5 世纪起相继被野蛮民族占领,8 世纪被摩尔人夺取。1147 年阿丰索一世率领的十字军夺得里斯本。1256 年成为国家的首都。14 ～ 16 世纪发展为欧洲重要的贸易城市。1755 年发生一场前所未有的大地震,造成约 7 万人死亡。大地震后的都市重建在范围上是无与伦比的。1998 年为世界博览会的主办城市。现为主要的商业、行政、教育和制造中心。里斯本是诗人 L. 卡蒙斯的出生地。人口约564 657(2001)。

里特弗尔德 Rietveld, Gerrit (Thomas) (1888 ～ 1964) 荷兰建筑师和家具设计师。先在父亲的家具店当学徒(1899 ～ 1906),后赴乌得勒支学建筑。1918 年他创造了著名的红蓝扶手椅,以强调几何图形和原色运用体现了风格派的原则。他的杰作是乌得勒支的施罗得住宅(1924),以运用直角形与面和线的交错穿插而著称。

里维埃拉 Riviera 法国东南部和意大利西北部的地中海沿海地区。范围从法国戛纳一直延伸到意大利的拉斯佩齐亚。意大利的里维埃拉分为热那亚以西的波嫩泰河里维埃拉和热那亚以东的黎凡特河里维埃拉。法国的里维埃拉也被称作蓝岸,因其风景和宜人的气候而闻名,是欧洲主要旅游胜地之一。因当地冬季气候温和,许多娇贵的植物都能在此生存,并种植非当令鲜花供应给北方市场。参阅尼斯和蒙特卡洛。

里维尔　Revere, Paul(1735 ～ 1818)　美国爱国者和银匠。生于波士顿。他加入他父亲的行业成为银匠和雕刻工。他是殖民地利益的热情维护者,曾参加波士顿茶党。他是波士顿安全委员会的主要骑士,将信号灯放在波士顿的老北方教堂的尖顶以警示英国人正在接近:"从陆上来点一盏灯,从海上来点两盏灯。"1775 年 4 月 18 日,他骑马奔驰列克星敦,将英军已经开拔的消息通知殖民地人民,并催促 S. 亚当斯和 J. 汉考克逃离。虽然被英国巡逻队截住,但他还是设法警示了爱国者领袖们。由于他的警告,民兵提前做好了列克星敦战役的准备,并拉开了独立战争的序幕。朗费罗的著名诗篇(1863)中歌颂了里维尔这次单骑报警的功绩。在独立战争中,里维尔建立了一个面粉厂来供应殖民地武装部队。战后,他发明了碾压铜板材的工艺,办了一家轧制厂来生产船体(如"宪法"号美国军舰)外壳。他还继续设计美观的银碗、扁平餐具以及各种器皿用具,如今有些还陈列在博物馆里。

里维拉　Rivera, Diego(1886 ～ 1957)　墨西哥壁画家。在墨西哥城和西班牙学习后,1909 ～ 1919 年定居巴黎。曾拥护立体主义,但很快就在 1917 年放弃,转而寻求简单形体的视觉语言和更大胆的色块运用。1921 年返回墨西哥后,希望在墨西哥革命的觉醒基础上建立一种以改革为主题的艺术。他创作了很多公共壁画,其中最著名的是国家宫的壁画(1929 ～ 1957)。1930 ～ 1934 年在美国工作。他为纽约洛克菲勒中心创作的壁画引起很多争议,最终因带有列宁的形象而被毁。后来曾在墨西哥城的美术宫重制该画。他与 J. C. 奥罗兹科和 D. A. 西凯罗斯一起创作一幅重又振兴的湿壁画,成为墨西哥对 20 世纪艺术最重要的贡献。他的大幅教育性壁画包括了墨西哥历史、文化和工业的场景,其中表现了印第安人、农夫、征服者和工厂工人,他们都作为人群和狭小空间中的人物出现。里维拉与 F. 卡洛两次结婚。

里希特霍芬　Richthofen, Manfred, Freiherr (Baron) von(1892 ～ 1918)　绰号 The Red Baron(红色男爵)。第一次世界大战期间德国的王牌飞行员。出身于一个著名的富

里希特霍芬男爵
Pictorial Parade

豪家庭,1912 年开始其军旅生涯,任骑兵上尉。1915 年调到空军,1916 年领导一个战斗联队,该联队以粉饰成朱红色的飞机名噪一时,称为"里希特霍芬飞行队"。他曾获得德国最荣耀的王牌飞行员称号,击落过敌机 80 架,25 岁时他自己也在空战中被击落。

里约热内卢　Rio de Janeiro　巴西东南部城市和港口,里约热内卢州首府。16 世纪为葡萄牙人发现,18 世纪成为黄金和钻石矿出口的重要港口,地处世界最大的港湾之一,以风景优美著称,1822 ～1960 年为巴西的首都,1960 年首都迁往巴西利亚。是全国第二大制造业中心,仅次于圣保罗。主要工业包括冶金、电子和食品加工。该市以广阔的街道、公共建筑、海滩和公共公园、花园闻名,是主要的观光游览胜地。2009 年,里约热内卢获得 2016 年夏季奥运会举办权。人口约 6 320 446(2010)。

里兹内尔　Riesener, Jean-Henri(1734 ～ 1806)　法国家具工匠。他是科隆选举者法庭的一个接待员的儿子,后进入巴黎的工场,其师傅去世后主持工场。1774年任王室工

带支架的珠宝箱,外层以桃花心木、悬铃木等和紫木镶面,里兹内尔制于约 1780 年;现藏伦敦维多利亚和艾伯特博物馆
By courtesy of the Victoria and Albert Museum, London

匠,从那时起便成为玛丽-安托瓦内特的长期家具供货商。他喜用桃花心木;偶尔用漆或螺钿镶嵌饰面。他的家具是路易十六风格典范。

俚语　slang　极不正式的非标准词汇,通常并不限定使用地区。俚语包括新造的字词、简化的形式,或者是戏谑式地使用某些标准字词。俚语通常来自某些群体常用的词汇:切口,某些年龄阶层、族群、职业团体或其他群体(如大学生、爵士乐手)惯用或索性自己造出的字词;行话,职业用语或某一行业的专门术语;暗语,盗贼或其他罪犯传递秘密信息时所使用的切口或行话。被大众所接受的、介于标准语及非正式语词之间的俚语,以及一些次级团体所惯用的特殊字词,经常为后者范畴内的字词发挥了一种测试平台的作用。许多俚语已被证明为有用,而被接受为标准语或非正式语,至于另外一些就标准语而言,还是太过时髦了些。例如 blizzard(大打击)、okay(没问题)、gas(胡扯)这几个词已经成标准词了,而 conbobberation(骚动)、tomato(女孩)则已被放弃。不过,有些字词则一直保持着俚语身份,如 beat it(溜走)一词在 16 世纪时就已出现,可是它既没有成为标准语,也没有消失。

理查三世　Richard III(1452 ～ 1485)　约克家族的最后一个英格兰国王。他的长兄约克的爱德华罢黜了软弱的兰开斯特家族国王亨利六世,攫取了权力,为爱德华四世,1461 年封他为格洛斯特公爵。1470 年理查和爱德华被放逐,但回来后在 1471 年击败了兰开斯特家族。爱德华死后(1483),理查成为爱德华之子、12 岁的国王爱德华五世的摄政,但他篡夺了王位,爱德华和他的弟弟被监禁在伦敦塔,并在那儿被谋杀。亨利·都铎(后来的亨利七世)起兵反抗理查,理查在博斯沃思原野战役中被击败并被杀。后来把他描绘成一个怪物的都铎历史剧可能是言过其实了。

理查森　Richardson, Dorothy M(iller)(1873 ～ 1957)　英国小说家。从 17 岁起她当过教师、抄写员并在报社工作过。大半生致力于系列小说《人生历程》,全书分 13 卷,第一卷是《尖角屋顶》(1915)。最后一卷《三月的月光》在她死后十年出版。该书是关于一名女性意识发展的自传体的感性叙述,是意识流小说的先驱作品。虽然该书在她生前的同龄人中受到接纳并广泛讨论,但现在很少有人阅读。

理查森　Richardson, Henry Handel(1870 ～ 1946)　原名 Ethel Florence Lindesay Richardson。澳大利亚小说家。1888 年她离开澳大利亚去德国学习音乐,和她丈夫 J. G. 罗伯逊在 1904 年定居英国,在国外度过余生。她的第一部反浪漫主义小说《莫里斯·盖斯特》(1908)描写一个音乐学生的爱情悲剧。她的代表作《理查德·马奥尼的命运》(3 卷,1917 ～1929)描写一个澳大利亚移民在金矿场中的生活和工作,以及顽强的性格研究,被认为是当时澳大利亚现代小说的最大成就。

理查森　Richardson, Henry Hobson(1838 ～ 1886)　美国建筑师。先后在哈佛大学和巴黎美术学院学习。他设计的波士顿布拉特尔广场(1870 ～ 1872)和三一教堂(1872 ～ 1877)使他闻名全国。他设计的住宅、图书馆、郊区火车站、校舍及商业和民用建筑,与同时代人运用比例狭长的哥特式风格不同,喜用水平线系、简洁的横向轮廓和大尺度的罗马式和受拜占廷风格影响的细部。位于美国马萨诸塞州昆西的克兰纪念图书馆(1880 ～1882),有着花岗岩的基座、高侧天窗、平铺的人字形屋顶和似巨穴的出入拱门,是他成熟期的最好作品。他的罗马式风格具

有他的模仿者很少有的完整性，他的设计所体现的功能主义影响了 L. 沙利文的作品。

理查森 Richardson, Samuel（1689 ～ 1761） 英国小说家。10 岁与家人迁居伦敦后，先跟一个印刷商做学徒，1721 年建立起自己的商行。他很快变得十分富裕。18 世纪 30 年代他开始编辑写作小册子，后来突发灵感，使用同一主题的一系列书信写作一部书。他的代表小说是书信体小说《帕美勒》（1740），描写一个逃避诱惑而获得婚姻奖赏的仆人；他的巨作《克拉丽莎》（7 卷，1747 ～ 1748）是有多个讲述者的悲剧，展示了深度暗示性的对立意见的相互影响。《查尔斯·葛兰狄森爵士》（1753 ～ 1754）将道德讨论和喜剧结尾相结合，影响了后来的作家，尤其是 J. 奥斯汀。

理查森 Richardson, Tony（1928 ～ 1991） 原名 Cecil Antonio。英国导演。皇家宫廷剧院演出他导演的 J. 奥斯本的《少妇怨》（1956）使他获得称赞，在他领导下剧院也重新诠释古典戏剧，还演出了 E. 尤内斯库和 S. 贝克特的作品。他在百老汇上演了《艺人》（1958）和《尝一口蜂蜜》（1960）。他和奥斯本成立了一家电影公司（1958），摄制奥斯本戏剧的电影版本和《长跑选手的寂寞》（1962）、《汤姆·琼斯》（1963，获奥斯卡奖）。他的后期影片有《英烈传》（1968）、《内德·凯利》（1970）和《蓝天》（1993）。他娶了 V. 雷德格雷夫；他们的女儿米兰达和约丽都是电影演员。他死于艾滋病。

理查一世 Richard I（1157 ～ 1199） 别名 Richard the Lionheart（ed）（狮心王理查）。法语作 Richard Coeur de Lion。阿基坦公爵（1168 ～1199）和普瓦捷公爵（1172 ～ 1199），英格兰国王、诺曼底公爵和安茹伯爵（1189 ～ 1199）。从其母亲埃莱亚诺（阿基坦的）那里继承阿基坦。在那儿的真正权威受到否定后，他反叛他的父亲亨利二世（1173 ～ 1174），后来获得法国腓力二世的支援，在 1189 年对抗亨利的战役中胜利。是年亨利去世，他被奉为英格兰国王，并策划第三次十字军东征（1190），在西西里停留，任命坦克雷德为王，征服塞浦路斯。他在圣地取得胜利，但未能取得耶路撒冷，与萨拉丁签订了停战协定（1192）。回国途中他被奥地利的利奥波德捕获，交到德国的亨利六世手上，并被囚禁直到支付了赎金（1194）。理查回到英国，从他的兄弟约翰手中再度获得王位，其余生在诺曼底对抗腓力二世中度过。

理查兹 Richards, I（vor） A（rmstrong）（1893 ～ 1979） 英国评论家和诗人。在剑桥大学任讲师时，他写出了有影响力的作品，包括《文学批评原理》（1924），在作品中他引入了一种欣赏诗歌的新方法，导致新批评派的出现。作为心理学学者，他断言诗通过将各种人类冲动调整为审美整体，具有治疗的功能。在 20 世纪 30 年代，他花费了很多时间研究基础英语，创造出一种有 850 个基本词汇的语言体系，他认为这种英语能促进国际间的互相了解。从 1944 年起在哈佛大学任教。

理查兹 Richards, (Isaac) Vivian (Alexander)（1952 ～ ） 西印度群岛职业板球选手，被广泛认为是板球运动最伟大的击球员之一。出生在一个喜欢运动的家庭，1974 年西印度群岛队与印度队的第一场决赛时首度出赛，不过直到在同年与印度队的第二场决赛中打出 192 分才一鸣惊人。1976 年理查兹得到破纪录的1 710分。他在 1985 年以 56 次投球得 100 分创下职业板球比赛的纪录。在西印度群岛队两次的世界杯胜利中，理查兹都起到关键性作用。在他担任该队队长的 50 场决赛中他们赢了 27 场，并且保持一项纪录：在担任队长期间从未输掉一个系列赛。1977 年获选威士登年度最佳板球手，也是威士登 2000 年精选的世纪五大板球手之一。在即将退休的 1991 年，以球员的身份担任西印度群岛队的教练，1999 年被安提瓜政府封为爵士。

理解力 comprehension 运用智力以求得理解的行为或能力。这个词最常用于有关阅读技巧和语言能力的测验，不过其他能力（如数学推理）也可以测。施行并解释此类测验的专家称为心理计量学家或差异心理学家。参阅诵读困难、心理测验和言语。

锂 lithium 化学元素，为比重最轻的碱金属，化学符号 Li，原子序数 3。锂柔软，色白并具光泽，化学性质活泼，所形成的化合物中化合价为 1。用于某些合金中，可以当做核反应堆的冷却剂，也可以因其活性而用作试剂、清除剂和火箭燃料。氢化锂是氢气的一个来源；氢氧化锂也用作碱性蓄电池的添加剂和二氧化碳的吸收剂。锂的卤化物（参阅卤素）可用作吸湿剂，而锂盐（肥皂）用作润滑油的增稠剂。碳酸锂还是治疗抑郁症和两极性精神病的重要药物。

鲤鱼 carp 鲤科中强壮的绿褐色鱼，学名 *Cyprinus carpio*。原产亚洲，但后来引入欧洲、北美及其他地区。鳞大，上颚两侧各有二条须，单独或小群生活在水面平静且水草丛生的泥底池塘、湖泊和河流中。杂食性，掘寻食物时常把水搅浑，增加浑浊度，对很多动植物生长有影响。鲤鱼的长度平均 35 厘米左右，有些可超过 100 厘米，重 22 千克以上。人工饲养的鲤鱼可活 40 多年。

力 force 任何使物体改变其原有位置、速度或形状的作用。由于力既有量值又有方向，所以是向量。这一概念通常是按照牛顿运动定律所用的术语来解释的。自然界一切已知的力，都可以归结为几种基本相互作用。在国际单位制中，物理学家用牛顿（N）作为力的量度，使 1 千克物体产生 1 米/秒^2 的加速度所需的力为 1 牛顿。参阅离心力、科里奥利力、磁力、强力和弱力。

力学 mechanics 研究力对物体的作用的科学。它是所有自然科学和工程学的主要部分。从 17 世纪的牛顿运动定律开始，力学理论已经被量子力学和相对论修改并扩展。牛顿的力学理论被称为经典力学，准确地说明了他那个时代已知的各种情况下力的作用。它可以分为静力学和动力学，前者研究平衡状态，后者研究诸力产生的运动。虽然经典力学不能解释原子和分子范围的情况，但它还是多数现代科学和技术的基本框架。

历法 calendar 对较长的时期（如日、月或年）进行时间划分，并把这些时间段按一定的顺序进行排列的系统。历法对年代学的研究非常重要，它以有规律的时间段或时期来计算时间，并利用这些划分记录下事件发生的日期。历法对任何一个需要为耕种、做生意、管理家务或其他原因而计算周期的文明来说都是必不可少的。阴历是用朔望月（月相周期 29. 5 日）组成年的历法，大部分古代历法都是以月来组合的。日和季节是一种太阳现象，不能均匀划分，所以古代的历法学家利用各种方法来使月和季节保持一致，如加置闰月。现在最普遍采用的历法是格列高利历（又译格雷果里历），它是根据凯撒采用的儒略历修改而成的，把一年划分为365. 25日、12 个月，也就是现在我们所知道的天数。参阅恒星周期。

历史编纂学 historiography 指撰写历史。特别指在撰写历史时批判地审查资料来源，去伪存真，再把它们综合成经得起批评的记述文字。西方修史的传统自始就有两大趋势：一种认为历史是史料记录的积累；另一种则认为历史是解释因果关系的故事叙述。公元前 5 世纪希腊历史学家希罗多德和后来的修昔底德，都强调在叙述当代发生的事件时必须要获取第一手资料。到了 4 世纪，基督教的历史编纂学成了主流，他们的观点是：世界历史乃是神干预尘世生活的结果。这种观点在中世纪盛行不衰，反映在像 V. 比德这样的史学家的著作中，人文主义以及逐渐世俗化的批判思想影响了早期的当代欧洲历史编纂。19 世纪和 20 世纪，以使用原始资料为基础的近代历史科学的研究方法发展起来。现代历史学家以描述过去的较完整画面为目的，试图重建人类活动和实践的记录。在这方面，法国的史料学派颇具影响力。

历史剧 chronicle play 又作 history play。一种借古讽今的说教性的史剧。历史剧是从中世纪的道德剧发展而来，在民族情感强烈时期盛行，在英格兰从 16 世纪 80 年代流行到 17 世纪 30 年代。早期历史剧包括《亨利五世著名的胜利》和《理查三世的真实悲剧》。随着 C. 马洛的作品《爱德华二世》和 W. 莎士比亚的作品《亨利六世》的出现，这种体裁趋于成熟。

历史哲学 history, philosophy of 哲学的分支，涉及关于历史富含的多种意义与历史解释之性质的议题。传统上认为历史哲学作为第一阶的探究，以整个历史过程为主题，总目标是全面阐释历史进程。作为第二阶的探究，历史哲学则聚焦于历史研究者用以探讨人类过去历史的方法。第一阶意义的历史哲学，通常名为思辨性历史哲学，历时久远，有各式各样发展；第二阶意义的历史哲学，名为批判性或分析性历史哲学，20 世纪时才崭露头角。

立法机关 legislature 政府的立法机构。在立法权出现之前，法律是由君主以命令制定。早期欧洲的立法机关包括英国式议会、冰岛式议会（约930年创立）。立法机关有一院制，也有两院制，其权力大致包括通过法律、通过政府预算、批准行政官员的任命、批准条约生效、审查行政机关、弹劾及撤换行政及司法官员、平反选民冤情等。立法机关成员的产生，可以是任命，也可以是直接或间接选举，他们代表全体人民、特殊族群以及地域分区。在总统制国家中，行政机关和立法机关完全分离；在议会制国家中，行政机关官员则是由立法机关成员选任。参阅联邦议院、美国国会、日本国会、杜马、克奈赛和加拿大议会。

立克次氏体 rickettsia 组成立克次氏体科（以立克次命名）的所有杆状细菌。呈杆状或不定球状，革兰氏染色大多数为阴性。是某些节肢动物的天然寄生虫，但对人类和其他动物可造成严重疾病，通常由节肢动物媒介物的叮咬而传播。因某些种类可抵御极度干燥，所以细菌传播也可通过吸入节肢动物的粪便或粪便通过皮肤伤口进入。斑疹伤寒、战壕热和落基山斑疹热都是立克次氏体感染。最有效的治疗是及时和长时期服用广谱抗生素。

立陶宛 Lithuania 全称Republic of Lithuania（立陶宛共和国）。欧洲东北部国家，是波罗的海三国中最大的国家。面积：65 300平方千米。人口：约2 964 000（2013）。首都：维尔纽斯。立陶宛人约占总人口的4/5，有少数俄罗斯人、波兰人、白俄罗斯人。语言：立陶宛语（官方语言）、俄语、波兰语和白俄罗斯语。宗教：基督教（天主教占大多数，亦有东正教）。货币：利塔斯。全国以低洼的平原为主，间有一些丘陵高地，河流均蜿蜒向西流入波罗的海。制造业是最重要的经济部门，包括金属加工、木器加工和纺织生产，特别集中于东部和南部。农业以饲养牲畜为主，尤其是乳牛和猪，并种植谷物、亚麻、甜菜、马铃薯和饲料作物。立陶宛是多党制共和国，有一个立法机构。国家元首是总统，政府首脑是总理。公元13世纪中叶立陶宛各部落团结起来反对条顿骑士团。格迪米纳斯大公将立陶宛扩展为一个帝国，在14～16世纪统治了东欧大部分地区。1386年立陶宛大公成为波兰国王，其后400年间，这两个国家一直紧密地联系在一起。1795年第三次瓜分波兰时，俄国取得立陶宛，1863年立陶宛人参与波兰的暴动。第一次世界大战期间为德国人占领，1918年宣布独立。1940年苏联红军控制立陶宛，不久即并入苏联，成为立陶宛苏维埃社会主义共和国。1941～1944年德国人再度占领立陶宛，但红军于1944年再次夺回。1990年苏联解体后，立陶宛宣布独立，次年取得完全的独立地位。20世纪90年代末至21世纪初致力于稳定经济，2004年加入欧洲共同体。立陶宛于1924年首次参加在巴黎举办的夏季奥运会。

立体主义 Cubism 1907～1914年画家P. 毕加索和G. 布拉克在巴黎首创的一种视觉艺术风格。后来被J. 格里斯、F. 莱热、R. 德洛内等画家接受。立体主义一词来自一篇评论，该文将布拉克的作品视为由立方体构成的形象。这种风格受到非洲雕塑和后来P. 塞尚作品的鼓舞。作为抽象艺术的主要源泉，立体主义强调画面上表达平面的、二度空间的和被分割成碎片的面，偏爱几何图形，反对透视法、远近缩小法、立体感和明暗对照法。毕加索的《阿维尼翁的少女》（1907）标志这种新的风格，对20世纪的雕刻和建筑也产生了深远的影响，被视为西方艺术的一个转折点。

利奥波德二世 Leopold II（1747～1792） 神圣罗马帝国皇帝（1790～1792年在位）。玛丽亚·特蕾西亚和皇帝弗兰西斯一世之子。1765年成为托斯卡纳公爵。作为一个开明专制的实行者，他建立了有效率的政府，并鼓励代议制的发展。1790年继承其兄约瑟夫二世之位成为皇帝，保留了许多约瑟夫二世推行的改革政策。1792年和普鲁士同盟对抗革命时期的法国，介入法国革命战争。

利奥波德二世 Leopold II（1835～1909） 法语原名 Léopold-Louis-Philippe-Marie-Victor。比利时国王（1865～1909）。继承其父利奥波德一世之位，利奥波德二世领导了欧洲人开发刚果盆地的第一次努力。1876年创立一个开发刚果的协会，派H. M. 斯坦利爵士为其主要代表。1885年成立刚果自由邦，并作为其君主进行统治。在利奥波德统治下，刚果成为殖民统治者进行野蛮残酷统治的地方，1905年前后该地的情形被揭露，成为国际上的丑闻。在英美两国的压力下，刚果脱离利奥波德二世的个人统治，于1908年并入比利时，称比属刚果。利奥波德二世的王位由侄子阿尔贝特一世继承。

利奥波德三世 Leopold III（1901～1983） 原名Léopold-Philippe-Charles-Albert-Meinrad-Hubertus-Marie-Miguel。比利时国王（1934～1951），他继承其父阿尔贝特一世的王位，主张独立的外交政策，但并不严守中立。第二次世界大战时任比利时军队最高统帅，但在1940年5月德国入侵后18天，他下令让已陷入重围的部队投降，并与他的部队待在一起而不加入伦敦的流亡政府，但比利时政府不同意他的决定。战争期间，德国人把他软禁起来，1945～1950年他旅居瑞士，静待复位问题的裁决。尽管有58%的投票者赞同他复位，但他还是在1951年把王位让给了儿子博杜安一世。

利奥波德一世 Leopold I（1640～1705） 神圣罗马帝国皇帝（1658～1705）。斐迪南三世之子，是一个虔诚的天主教教徒，但当他的哥哥1654年意外去世后，他就成为奥地利哈布斯堡王朝的继承人，继而加冕为匈牙利国王（1655）和波希米亚国王（1656）。父亲死后，1658年利奥波德成为皇帝。在他长期统治时期，奥地利在一系列斗争中变为欧洲的强国。1683年土耳其包围维也纳，但被击退，战争继续到1699年土耳其被打败，并在《卡尔洛夫奇条约》中交出对匈牙利的控制权。利奥波德还参加了大同盟战争，但对他不利的和平条约把斯特拉斯堡割让给了法国。他还卷入西班牙王位继承战争，但在战争结束之前去世。他的第三次婚姻是与巴拉丁领地-诺伊堡的埃莱奥诺雷的结婚，这是一段愉快的联姻，他们生了10个孩子，包括未来的皇帝约瑟夫一世和查理六世。

利奥波德一世 Leopold I（1790～1865） 法语原名 Léopold-Georges-Chrétien-Frédéric。比利时第一代国王（1831～1865年在位）。萨克森-科堡-萨尔费尔德公爵弗兰西斯之子，1816年与英国后来的国王乔治四世之女夏洛特结婚。虽然其妻于1817年逝世，但利奥波德仍留住英格兰，直到当选为比利时国王才回国。他致力于巩固国家新的议会政体，并严格维持中立的外交政策。他用联姻方式加强与各国的关系，在欧洲的外交中具有很大影响。1832年与路易-菲力普之女结婚。1840年，他协助安排他的外甥女维多利亚女王与他的侄子萨克森-科堡-哥达亲王艾伯特之间的婚姻。1857年他还安排将女儿嫁给奥地利大公马克西米连。

利奥九世，圣 Leo IX, St.（1002～1054） 原名Bruno, Graf（Count）von Egisheim und Dagsburg。教皇（1049～1054）。出生于阿尔萨斯，1027年就职为图勒的主教。由皇帝亨利三世提名为教皇，但他坚持教皇须经由罗马人民和神职人员选举产生。他强化教皇权力并进行改革，志在根除教士结婚和买卖圣物神职的弊端。圣利奥九世坚持教皇至上和其军队在西西里对诺曼人作战（1053），使得教廷同东部教会疏远。他的代表团将君士坦丁堡教会自罗马教会中逐出。虽然当时圣利奥九世已过世，但他们的行为仍造成1054年教会分裂。

利奥三世 Leo III（约675～741） 别名Leo the Isaurian。拜占廷皇帝（717～741），伊索里亚王朝的创建者。身为高级军队指挥官，他借着意欲征服拜占廷帝国的阿拉伯军队的帮助取得王位。之后成功地抵御阿拉伯人对君士坦丁的侵略（717～718）。立其子君士坦丁五世（科普罗尼姆斯）为同朝皇帝（720）后，利奥三世利用其子的婚姻来巩固与哈扎尔人的同盟关系。与阿拉伯人在阿克罗伊诺斯一战的胜利（740）是成功防止阿拉伯人征服小亚细亚的关键。利奥三世颁布了一部重要的法典《法律汇编》（726）。其破坏圣像主张的政策（730）禁止在教堂内悬挂圣像，引发了国内持续一个世纪的冲突，并加剧了与罗马教皇的紧张关系。

利奥十世 Leo X（1475～1521） 原名Giovanni de' Medici。教皇（1513～1521），文艺复兴时期挥霍最甚的教皇之一。为梅迪契（罗伦佐）的次子，曾在其父佛罗伦萨宫廷和比萨大学接受教育。1492年成为枢机主教，1494年因G. 萨伏那洛拉的反叛而遭逐出佛罗伦萨。1500年返回意大利，并很快巩固了梅迪契家族对佛罗伦萨的控制权。作为一个教皇，利奥十世成为艺术赞助人，并加速圣彼得大教堂的建设。他强化教皇在欧洲的权力,但其挥霍方式耗尽了他的财产。他反对拉特兰会议中提出的改革,对宗教改革运动不作适当回应,且在1521年将M.路德逐出教会。由于他没有认真对待改革的需要,这种错误态度导致统一的西方教会解体。

利奥泰　Lyautey, Louis-Hubert-Gonzalve (1854 ～ 1934)　法国军人、法国保护期(1912 ～1956)的摩洛哥首任殖民地行政长官。早期曾在印度支那、马达加斯加和阿尔及利亚等地任职。1912 ～ 1924 年任摩洛哥总驻扎官,对殖民地进行安抚政策,提倡间接统治的原则。

利奥一世,圣　Leo I, St. (约 400 ～ 461) 世称 Leo the Great。教皇(440 ～461)。他是正统观念的拥护者和教会的大学者。当君士坦丁堡的修士优迪克宣称耶稣基督只有单一神性时,利奥撰写了《大卷》,确立了基督的人、神二性共存。利奥的教义被卡尔西顿会议(451)接受,并认为他阐述的是最终真理。利奥巧妙地处理了野蛮部落的入侵,劝服匈奴人不要进攻罗马(452),以及汪达尔人不要掳掠这个城市(455)。

利比　Lippi, Filippino (约 1457 ～ 1504) 意大利画家。12 岁时父亲去世,他加入 S. 波提切利作坊,在许多方面吸收了波提切利的风格。他最重要的任务之一是完成因马萨乔去世而留下的佛罗伦萨圣玛利亚・德尔・卡迈纳教堂中布朗卡奇礼拜堂的壁画(约 1485 ～ 1487)。祭坛画《圣伯纳德显圣》(约 1480)是他最受欢迎的作品。在罗马米内尔瓦之上的圣母教堂的卡拉法礼拜堂里那些装饰精美的壁画(1488 ～ 1493)以及佛罗伦萨的新圣马利亚教堂的斯特罗兹礼拜堂的壁画(1502 年完成),是 16 世纪的托斯卡纳风格主义的先驱。

利比　Lippi, Fra Filippo (约 1406 ～ 1469) 意大利画家。1421 年在佛罗伦萨的圣马利亚・德尔・卡尔美尼教堂成为加尔默罗会修士,不久,马萨乔到该教堂为布兰卡奇礼拜堂画壁画。他自己也在教堂里作壁画,利比受马萨乔的影响很大。1432年离开隐修院失踪。1434 年在帕多瓦。1437 年在梅迪契家族的保护下又回到佛罗伦萨,被派去为几个女修道院和教堂作画。所作《圣母子》(1437)和《天使报喜》(约 1442)显示出他开始成熟的风格,特点是温暖柔和的色彩以及对装饰效果的关注。1456 年在普拉托的一个女隐修院作画时,他与修女 L. 布蒂一起逃跑。后来允许他们还俗,并准许他们结婚。他们的结合生下了杰出的菲利皮诺。这位以前的修士还常常回到普拉托,那里的主教座堂里的壁画是他最精美的作品之一。

F. F. 利比绘《圣母子与两天使》(约 1465),现藏佛罗伦萨乌菲兹美术馆
Alinari-Art Resource

利比里亚　Liberia　全称 Republic of Liberia (利比里亚共和国)。非洲西部国家。面积:96 917平方千米。人口:约4 152 000(2013)。首都:蒙罗维亚。族群有美洲-利比里亚人(19 世纪从美国移居该地的自由黑人的后裔)和讲曼德语、克瓦语和梅语的 16 种土著人。语言:英语(官方语言)和土著语。宗教:传统信仰、基督教和伊斯兰教。货币:利比里亚元。利比里亚的大西洋沿海低地延伸近 560 千米,内陆为丘陵和低山。约 1/5 的地区为热带雨林。经济以农业为主,但可耕地较少。境内铁矿储量丰富,为主要出口资源。主要经济作物有橡胶、咖啡和可可,主要农作物为水稻和木薯。该国为共和国,两院制。国家元首暨政府首脑为总统。利比里亚是非洲历史最长的共和国,建立在美国殖民协会为自由奴隶安家而购买的土地上。1821 年该协会在梅苏拉多角建立了一块殖民地,翌年卫理公会牧师阿什蒙成为该移民地总督。1824 年这块移民地被命名为利比里亚,其最主要的移民区被命名为蒙罗维亚。1847 年利比里亚第一位黑人总督 J. J. 罗伯茨宣布利比里亚独立,将该国版图扩大。该国与法国和英国的边界争端一直持续到 1892 年才正式划定。1980 年由于 S. K. 多伊领导的政变,标志美国-利比里亚人对内陆非洲土著长期政治统治的结束。1989 年爆发了一场叛乱,在 90 年代逐步升级为一场毁灭性内战,1996 年达成和平协定。1999 年战火重燃,直至 2003 年联合国维和部队支持的过渡政府成立。该政府行使职权至民主选举的新政府产生。2005 年举行大选,E. 约翰逊-瑟利夫当选为非洲首位国家女元首。利比里亚于 1956 年首次参加在墨尔本举办的夏季奥运会。

利比亚　Libya　全称 Great Socialist People's Libyan Arab Jamahiriya(大阿拉伯利比亚人民社会主义民众国)。北非国家。面积:1 676 198 平方千米。人口:约 6 002 000(2013)。首都:的黎波里。柏柏尔人曾一度是主要的族群,现在大部分人已被阿拉伯文化所同化;其他族群有撒哈拉沙漠以南非洲黑人。语言:阿拉伯语(官方语言),意大利语和英语在大城市使用。宗教:伊斯兰教(国教,以逊尼派为主),亦有基督教。货币:利比亚第纳尔。境内大部分地区为撒哈拉沙漠;西北角为的黎波里塔尼亚,是全国最重要的农业区,也是人口最稠密的地区。经济以石油生产和出口为基础,其他资源有天然气、锰和石膏。畜牧业在北部占重要地位,有绵羊和山羊。2011 年 8 月,利比亚发生内战,掌权数十年的领导人卡扎菲被推翻,过渡政府开始执政。早期历史参阅昔兰尼加、费赞和的黎波里塔尼亚。16 世纪奥斯曼帝国将费赞、昔兰尼加和的黎波里塔尼亚置于的黎波里摄政的统治之下。1911 年意大利宣称取得控制权,到第二次世界大战(1939 ～ 1945)爆发时,约有 15 万意大利人移居到利比亚,战争期间是激战的战场。1951年利比亚宣告独立,1953 年成为阿拉伯国家联盟的成员国。50 年代末期境内发现石油,利比亚由此致富。1969 年,以卡扎菲为首的一群军官废黜了国王伊德里斯一世,将该国变为伊斯兰共和国。在卡扎菲的统治下,该国支持巴勒斯坦解放组织(PLO)和被指控向国际武装组织提供援助。20 世纪 70 年代开始的与乍得断断续续的战争到 1987 年被乍得击败才结束。90 年代联合国因利比亚与恐怖主义有关而对其实行贸易禁运,2003 年禁运解除。2011 年,对卡扎菲政府的抗议活动迅速升级为内战。6 个月之后,卡扎菲下台,几周之后,卡扎菲在逃亡中被俘身亡。

利比亚沙漠　Libyan Desert　撒哈拉沙漠的东北部分,从利比亚东部穿过埃及的西南部一直延伸到苏丹的西北部。最高点是欧韦纳特山(海拔1 934米),位于三国的交界处。该地区环境恶劣,气候干旱,裸露岩石的高原和遍布黄沙的平原是其主要特征。

利伯维尔　Libreville　加蓬共和国首都,位于加蓬河口北岸。16 世纪后,蓬圭人首先在这里居住,19 世纪迁来芳人。1843 年法国人在河口的北岸修建了堡垒,1849 年一批自由的奴隶的居留地及一些蓬圭人的村庄取名为利伯维尔(意为“自由的城镇”)。1850 年法国人放弃他们的堡垒,重新在高原上定居。现为该市的商业和行政中心、工业化城市,也是加蓬的教育中心。该市 1888 ～ 1904 年为法属赤道非洲的首都。人口约 576 000(2007)。

利德　lied　18 世界晚期或 19 世纪时的德国歌曲,特别指钢琴伴奏的艺术演唱歌曲。浪漫主义运动培育了一些严肃的流行诗歌,如 J. W. von 歌德、H. 海涅、J. 艾兴多夫和东部的默里克这些诗人们所写的诗。作曲家们往往把这些诗谱成民歌风格的音乐。不过利德派也可以是很精雅的,甚至是感性的。开始时一般都在私人的社交聚会上演出,最后成了音乐厅的正式节目。影响最大而且最多产的利德音乐作曲家是 F. 舒伯特,他写了 600 多首。在以后的利德历史上最有名的还有 R. 舒曼、F. 门德尔松、J. 勃拉姆斯、H. 沃尔夫、G. 马勒和 R. 施特劳斯等人。

利尔　Lear, Edward (1812 ～ 1888)　英国画家和打油诗诗人。15 岁起就靠绘画维持生活。19 世纪 30 年代,受雇为德比伯爵的私人动物园作插图画,后来他为伯爵的孙儿们制作了《胡闹集》(1846)。后来出版的

E.利尔，W.H.亨特绘于1857年；现藏利物浦沃克画廊
By courtesy of the Walker Art Gallery, Liverpool

画册有《胡闹歌、故事、植物画和字母》(1871，其中包括《猫头鹰和胖猫》)，以及《有趣的抒情诗》(1877)。利尔最有名的是普及了五行打油诗。他还出版了几本鸟类和动物的画册，还有7本带插图的游记。他患有癫痫症，是个同性恋者，经常郁郁寡欢，1837年以后主要住在国外。

利菲河 Liffey River 爱尔兰的河流。发源于都柏林的西南方，往西北流，在基尔代尔低地转向西，再向东穿过都柏林，在那里与几条运河连通，最后注入爱尔兰海的都柏林湾。全长81千米。在J.乔伊斯的《为芬尼根守灵》一书中，这条河被拟人化为安娜·利维亚·普鲁拉贝尔。

利根川 Tone River 日本本州岛河流，源于关东地区西北部火山带，东南流向，注入太平洋，全长320千米。该河的人工治理水平在日本国内最高，全程筑有河堤，河道经常改变。利根川河已经成为该地区不可或缺的灌溉、工业和水力发电资源。

利古里亚 Liguria 意大利西北部的自治区。位于法国和托斯卡纳之间，濒临利古里亚海，首府热那亚。从公元前1世纪起处于罗马的统治之下，中世纪时曾短期归属伦巴第人和法兰克人。11世纪时，热那亚城邦已经成为一个主要强国，到1400年整个地区都得益于热那亚的海上和商业的权势。1815年，维也纳会议将利古里亚归于皮埃蒙特-撒丁王国。利古里亚对意大利1861年的统一起了很大作用。经济以农业、旅游业和工业为基础，其中心在各主要城市，包括热那亚。拉斯佩齐亚是主要的海军基地。人口约1 560 748(2001)。

利华兄弟公司 Lever Bros 英国肥皂及洗洁精制造商。利华兄弟公司创办于1885年，由威廉·利华(1851～1925，后封利华休姆子爵)及威廉的兄弟詹姆斯·利华创办，专门制造及贩卖肥皂。由于他们是第一家出售有色装的植物油脂而不是动物油脂肥皂的公司，并通过大张旗鼓的广告，打进了国际市场。1888年他们在阳光港建立了一个模范工业村，为员工提供优厚的福利，如分红制及免费保险。威廉在1906年当选议会议员，并在1922年被封为子爵。1929年利华兄弟公司与一些欧洲公司合并为尤尼莱佛公司。

利基家族 Leakey family 考古学家和古人类学家辈出的家族，以在东非发现人科动物类动物化石和其他化石遗存而闻名于世。路易斯·利基(1903～1972)出生于英国传教士家庭，在肯尼亚长大，后来到剑桥大学就读，1931年到坦桑尼亚的奥杜威峡谷作田野调查。在那里，他的妻子玛丽·利基(1913～1996)也加入考古工作，1959年她发现一种南方古猿骸骨。这对夫妇后来发掘了第一个能人的骸骨，以及"肯尼亚古猿"(人类和类人猿的共同祖先，约生活于1 400万年前)残骸。路易斯·利基还委托J.古多尔、B.加尔迪卡斯和D.福赛率先研究黑猩猩、猩猩和大猩猩。玛丽在她先生过世后继续作出许多重要的发现，其中包括莱托里足迹。他们的儿子理查德(1944年生)以在肯尼亚图尔卡纳湖湖岸的库比福勒遗址工作而闻名，他在那里发现了最早至250万年前的非洲能人化石。理查德的妻子梅亚维(1942年生)是一位动物学家，发现了两个新的人科动物化石。

利己主义 egoism 在伦理学中，指我们必须这么做以增进自身利益的原则。持这种态度的一大好处是避免了道德与自身利益之间任何可能的冲突；如果我们追求自身利益是合理的，那么道德的合理性也同样清楚。伦理学利己主义的规范理论有别于心理学利己主义的描述理论。心理学利己主义是对人类动机的概括，也就是说，每个人的行为都是为了增进自身的利益。

利库德集团 Likud 以色列右翼各党派的联盟。1973年成立，由1948年成立的自由运动和1961年成立的自由党合并而成。自由党本身又是由犹太复国主义党和进步党合并而成。自20世纪70年代后起，该组织与以色列工党轮流执政。利库德集团对以巴和平进程和以色列的阿拉伯邻国总体上持怀疑态度。但是其执政时期，一些利库德总理对之作出重大让步。历任领袖有M.贝京、Y.沙米尔和A.沙龙。参阅阿以战争。

利库尔戈斯 Lycurgus(活动时期公元前7世纪?) 传说中古代斯巴达的立法机构创始人。有关他的经历，不同的资料说法不一。有些学者认为从来就没有此人，但许多人还是认为，公元前7世纪希洛人叛乱后，有个叫利库尔戈斯的人在斯巴达进行了重大改革。据信他建立了军事化的公社体制，使斯巴达在希腊各城邦中独树一帜。还确定了元老会议与公民议会的权限。

利兰 Leland, Henry Martyn(1843～1932) 美国工程师和制造商。原来是机械师，1890年在底特律创办了利兰和福尔科纳制造公司，为汽车制造厂制造引擎。1904年把此公司并入新成立的卡迪拉克汽车公司，研制出成功的卡迪拉克A型汽车。1917年利兰又创办林肯汽车公司，1922年被H.福特兼并。他以严格的标准著称，其发明包括V-8发动机和电起动器。

利留卡拉尼 Liliuokalani(1838～1917) 原名Lydia Kamakaeha。夏威夷女王，是统治这个群岛的最后一位夏威夷君主(1891～1893)。她继承其兄卡拉卡乌阿的王位，试图

利留卡拉尼女王
By courtesy of the Bernice P. Bishop Museum

恢复传统的君主制。她反对给予美国贸易特权的互惠条约。1893年被多尔和教士党废黜，因为他们希望与美国合并。以她的名义发动的暴动被镇压下去，暴民被捕入狱。为了赢得对她的支持者们的宽恕，1895年她正式宣布退位。她是一位有才华的音乐家，谱写了歌曲《阿罗哈·奥耶》。

利隆圭 Lilongwe 马拉维首都和最大城市之一。位于马拉维湖南端的西部一个80千米的内陆平原上，是肥沃的中部高原地区的农业集散地，1975年取代松巴成为首都。其旧城部分是服务业和商业中心，新区的首都山则是政府大楼及使馆的所在地。该国的司法机构设在布兰太尔。人口约669 000(2008)。

利马 Lima 秘鲁首都，位于太平洋港口卡亚俄之内地，邻近安第斯山脉。该城有"章鱼"诨名，意指其向四周逶迤延伸的都会区(面积3 900平方千米)。1535年主显节时由F.皮萨罗建立，有人曾提议取名"王城"，但从未使用。后来成为新成立的秘鲁总督辖区的首都。1746年遭地震破坏，但已重建。20世纪期间发展迅速，现有人口约占秘鲁总人口的1/3，为全国经济和文化中心。城内古建筑有大教堂(始建于16世纪)和国立圣马科斯大学(1551年建)。人口：都会区约8 472 935(2007)。

利蒙 Limón, José (Arcadio)(1908～1972) 美国现代舞舞蹈家、编舞和利蒙舞蹈团的创办人和总监。生于墨西哥，7岁时移民美国。1930年开始师从D.汉弗莱和魏德曼(小)，并在他们的舞蹈团里演出(1930～1940)。1947年他成立了自己的舞团，汉弗莱任艺术总监。他的编舞以鲜明的结构体现出现代舞的表达方式。典型的作品有《摩尔人的帕凡

利蒙，摄于1965年
Martha Swope

舞》(1949)和《米萨·勃列维斯》(1958)。利蒙舞团到世界各地巡回演出，在他去世后依然很活跃。

利摩日瓷器 Limoges ware 自18世纪开始在法国利摩日出产的瓷器，大多为餐具。1736年后，利摩日就生产一种品质普通的彩陶，而用硬湿黏土制作的，即真正的瓷器则是到1771年才有的。1784年该厂成为塞夫尔皇家瓷厂的附属厂，两家工厂产品的装饰变得相似。1858年以后，使用哈维兰德瓷器的名称，利摩日成为向美国大量出口瓷器的地方。

利尿药 diuretic 增加尿量的药物。用于促进体内多余的水分、盐类、毒素及新陈代谢产物(如尿素等)排出，有助于缓和水肿、肾功能衰竭和青光眼。利尿药的种类很多，但大多都是通过减少肾单位对盐和水分的重吸收而达到增加尿量的目的。能使身体保存钾的利尿药常用来治疗高血压病和充血性心力衰竭。

利皮扎马 Lipizzaner 又作 Lippizaner。一种行走轻捷的马品种，以的里雅斯特(以前是奥匈帝国的一部分)附近利皮扎的奥地利皇家种马场而得名。利皮扎马自1580年开始配育，共有6个品系。这种马的背长，颈短粗，平均身高152～164厘米，平均体重450～585千克，通常为灰色。有些产于原来属于奥匈帝国的国家，少量出口到了美国。最有名的是维也纳西班牙骑术学校训练出来的利皮扎马。

利普顿 Lipton, Thomas J(ohnstone) (1850～1931) 后称 Sir Thomas。英国商人，利普顿茶叶大企业的创始人。生于苏格兰，父母都是爱尔兰人。他在格拉斯哥开了一家小杂货店，后来发展成为英国全国的零售连锁店。为了能以最优惠的条件向他的连锁店供货，利普顿在锡兰购置了茶叶、咖啡和可可种植园，还在英格兰买了果园、果酱厂和面包房。1898年他把自己所有的企业联合组成利普顿公司。同年他被封为爵士，1902年被封为从男爵。他是一位帆船迷，曾驾驶他的"莎姆罗克"帆船五次参加美洲杯比赛，但都未能夺冠。

利奇 Leech, John (1817～1864) 英国漫画家。他为了替几家杂志(特别是《笨拙》周刊)制作漫画和蚀刻画而放弃习医。他曾与G.克鲁克香克合作，但后来放弃了英国漫画传统中的恐怖和讽刺成分，发展出他自己的轻松舒适、温暖幽默和中产阶级温文尔雅的风格，突出描写与家世传统相异的个性。他与J.坦涅尔一起创造了"约翰牛"的形象，这是一位快活、直率的英国人，有时穿一件印有英国国旗的背心，脚后常跟着一条叭喇狗。

利润 profit 按企业用法，指在一定时期内总收入超过总成本的余额。在经济学中，利润指超过资本、土地和劳动力收益的余额。因为这些资源都是按照它们的机会成本计算的，因此经济利润可忽略不计。利润的来源很多：引进一项新的生产技术的革新者可以为企业获得利润；消费者爱好的改变可能使一些厂商获得意外利润；厂商可以通过限制产量来防止价格降低到成本水平(垄断利润)。

利润分享 profit sharing 企业按预定方案将利润的一部分分给雇员的制度。这种红利可因工资高低而不同，是正常工资以外的收入。该计划最初可能是在19世纪早期的法国当作对工人的激励发展起来的。现在这种计划在西欧、美国和拉丁美洲的一部分国家也得到了采用。利润分享可即期分配或延期分配，也可将这两种分配方式结合。即期分配是立即用现款或公司股票将红利分给雇员。延期分配的红利可支付给信托基金，以后雇员可逐年支取年金。

利什曼病 leishmaniasis 通过白蛉叮咬传播的一种人类原虫传染病。该病在全球范围均有发生，但在热带地区最为流行。病原体是利什曼鞭毛原虫，可感染啮齿类和犬类。内脏利什曼病(亦称黑热病)在全球各地均有病例发生，但主要见于地中海沿岸地区、非洲、亚洲和拉丁美洲。其主要病变器官是肝、脾和骨髓，若治疗不当常会致命。皮肤利什曼病(亦称东方疖)是地中海沿岸、中非、北非、南亚、西亚等地区的地方病。亦见于中、南美洲和美国南部。皮肤利什曼病的特征为腿、脚、手和脸部皮肤的损伤，大多病变数月后可自愈。

利斯特 Lister, Joseph (1827～1912) 后称 Baron Lister (of Lyme Regis)。英国外科医师和医学科学家。1852年在牛津大学获得医学学位，成为当时最优秀的外科教师J.赛

J.利斯特，摄于1857年
By courtesy of the Wellcome Trustees, London

姆的助手。1861年任格拉斯哥皇家医院的外科医师，观察到45%～50%的截肢病人都死于脓毒症(感染)。起初他认为是空气中的灰尘所致，但在1865年根据L.巴斯德的理论，得知是微生物造成了感染。利斯特使用了酚来消毒，4年之内他病房里的死亡率下降到了15%。起初大多数外科医师并不相信，后来广泛推广在消毒条件下的手术后才被接受。1893年他退休时，他的方法已被普遍接受。他被公认为是消毒医学的奠基人。

利未 Levi 古代以色列，利未是族长雅各的第三个儿子。他成为宗教圣职人员一派(称利未派)的领袖。迦南被征服后，利未人不同于以色列的12个部落，他们没有分到土地。他们在公共礼拜上只能从事次要的工作，如担任乐师、守卫者、圣殿官员、仲裁人和工匠。

《利未记》注释 Leviticus Rabbah(约450) 37篇有关《旧约利未记》所提主题之注释的编纂。这些篇章所要传达的讯息是，历史法则聚焦在以色列人(犹太民族)的圣洁生活上。如果犹太人遵循旨在令以色列人圣化的那些社会律则，预定的历史将会如以色列人所希望的那样展开。以色列人可以影响自身命运。因此，历史终结之时的救赎乃取决于此时此地的圣化。

利文斯敦 Livingstone, David (1813～1873) 苏格兰传教士、非洲探险家。出生于一个工人家庭。曾在格拉斯哥学习神学和医学，1840年受神职，决定到非洲工作，开发内

D.利文斯敦，油画，F.哈维尔据照片绘；现藏伦敦国立肖像画陈列馆
By courtesy of the National Portrait Gallery, London

地以开拓殖民地，传播福音，并废除奴隶贸易。到1842年他已经比任何一个白人更深入到开普殖民地边境以北地区。1849年他是到达恩加米湖的第一个欧洲人，1854年又第一个从内地到达罗安达。1855年他发现了维多利亚瀑布，再穿过大陆到达东部的莫桑比克(1856，1862)，考察了马拉威湖地区(1861～1863)，发现了姆韦鲁湖和班韦乌卢湖(1867)，并进一步深入到坦噶尼喀湖以东(1871)，比以前的任何一个探险家走得更远。他试图找到尼罗河的源头(1867～1871)，但没有成功。1871年被H.M.斯坦利

发现时，他的健康状况正在恶化，但他拒绝离开。1873年非洲的助手们发现他已经死了。利文斯敦提供了一批综合的知识体，包括地理、技术、医学和社会，那是需要几十年时间才能得到的。在他的一生中，他激发起各个地方的英语民族的想象力并被赞为英国文明的伟大人物之一。

利翁湾　Lion, Gulf of　地中海中海湾，沿法国南部海岸延伸，从西班牙边界到土伦。海湾中主要港口为马赛和塞特。

利沃夫　Lviv　又作Lvov。乌克兰西部城市。由加利西亚的丹尼尔亲王于1256年左右建立。1349年置于波兰统治之下。后成为中世纪最大的贸易城镇之一，曾数度易手。1648年被哥萨克人夺取，1704年归属瑞典。1772年给了奥地利，成为奥地利加利西亚省的首府。1918年乌克兰人试图建立共和国未遂，1919年归属波兰。1939年被苏联夺走，后经德国占领，1945年被苏联兼并。现在是乌克兰的文化中心，有一所大学（建于1661年）。人口约733 000（2001）。

利沃尼亚　Livonia　立陶宛以北，波罗的海东部沿海的地区。原是利夫人（一种芬兰-乌戈尔民族）的居住地区，最后扩张到几乎包括所有现代的拉脱维亚和爱沙尼亚。13世纪时被宝剑骑士团占领，组成利沃尼亚同盟。俄国的入侵开始了利沃尼亚战争（1558～1582），在战争中，俄国、波兰和瑞典夺取了它的一些部分。瑞典最终得到了它大部分的控制权，但在1721年将该地区割让给俄国。1918年利沃尼亚的北部成为独立的爱沙尼亚的一部分，南部则归属独立的拉脱维亚。

利物浦　Liverpool　英格兰西北部城市。位于默西河河口。是默西赛德都市地区的中心，该地区历史上属兰开夏郡。1207年英王约翰批准设建制。它一直缓慢发展，到18世纪时，由于与美洲和西印度群岛的贸易，得以迅速发展，成为仅次于伦敦的英国大港口。利物浦与曼彻斯特之间的铁路（1830年开通）是英格兰连接两大主要城市的第一条铁路。第二次世界大战中遭到重创，战后它作为港口和工业中心的重要性都已下降。它是甲壳虫乐队的诞生地，也是利物浦大学（1903）的所在地。利物浦的码头区及市内其他几处旧中心区于2004年被联合国教科文组织列为世界遗产。人口约439 473（2001）。

利西茨基　Lissitzky, El（1890～1941）　又作El Lissitsky。原名Lazar Markovich Lisitskii。俄罗斯画家、印刷工艺家和设计师。他在M.夏加尔的维捷布斯克革命艺术学校任老师时认识了K.马列维奇，从他一系列的抽象画作中可以看到马列维奇的影响，而这些画作是利西茨基对构成主义的主要贡献。1922年苏维埃政府转而反对现代艺术后，他前往德国。通过T.杜斯堡和L.莫霍伊-纳吉在包豪斯学校的教学，把利西茨基的思想传播到了西方。1925年他回到俄罗斯，致力于设计绘画、集锦摄影和建筑方面的新技术。

利希滕斯坦　Lichtenstein, Roy（1923～1997）　美国画家、雕塑家和图形艺术家。最初使用抽象的表现主义技法，但到20世纪60年代转向波普艺术，因而享有盛名。他最受欢迎的作品是色彩鲜艳的大幅连环漫画，像《哇》（1963）。20世纪60年代中，他把C.莫奈、P.毕加索和H.马蒂斯等画家的著名画作转成波普的版本。70年代他也制作雕塑，在这些雕塑中再现出装饰派艺术形式。80年代他在一个纽约办公大楼里画了一幅五层楼高的壁画。

利雅得　Riyadh　沙特阿拉伯首都，位于该国中东部地区。1824年被选为沙特王朝首都，1881年拉希德家族当权前一直是沙特王朝统治的中心。1902年伊本·沙特·阿不杜勒·阿齐兹重新取得统治权，使之成为征服阿拉伯半岛的中心。沙特阿拉伯王国在1932年成立后，利雅得成为其首都。20世纪30年代该国发现大量石油，使这座古城成为尖端科技、现代建筑与公路的展示中心。除了行政功能外，该市还是全国的商业、教育和交通运输中心。人口约4 087 152（2004）。

利兹　Leeds　英格兰西约克郡城市。位于亚尔河沿岸，曼彻斯特东北。原为盎格鲁-撒克逊人城镇，1626年建市，成为早期毛纺业中心。1816年利兹-利物浦运河竣工，促进了利兹的发展，19世纪末，当地服装业的生产得到极大发展。为利兹大学所在地。人口约715 404（2001）。

沥青　bitumen　从石油中提取的像焦油一样的碳氢化合物。黑色或褐色，从黏稠到固体不等，固体形式通常称沥青。几乎分布于世界各地，遍及一切地质层。沥青也可指人工合成的碳氢化合物。

荔枝　litchi　又作lichee或lychee。无患子科果树（学名*Litchi chinensis*）果实。据说原产于中国南部及邻近地区，现在到处都有栽培。自古以来荔枝就是广东人喜食的水果，现在是美国中餐馆里受欢迎的餐后水果。鲜果肉具麝香味，晒干后，甚甜微酸。树形美观，树冠紧密。羽状复叶，终年呈鲜绿色。花小，色淡，簇生果，卵形色红。

栎树　oak　又称橡树。约450种山毛榉科栎属观赏和材用乔木与灌木的统称，分布于整个温带。为落叶乔木。春季在同株上着生柔荑花序（雄花）和花穗（雌花）。叶深裂、齿裂或全缘。果即橡实。栎树木质坚硬，是长龄绿荫树。白栎叶平滑，速生甜果。红栎或黑栎叶尖、具刚毛、果多毛、味苦。红栎及白栎木材可用于房屋、地板、家具、机制木工产品、桶、枕木、建筑木料和矿井支柱。栎属包括许多可观赏性和天然的杂交种。

莉莉　Lillie, Beatrice (Gladys)（1894～1989）　加拿大出生的英国喜剧女演员。出生于多伦多，1914年作为歌手在伦敦舞台首

B.莉莉
Brown Brothers

演，后来在演出A.夏洛制作的一系列时事讽刺剧中表现出其喜剧表演天分。1924年首次在纽约登台表演，奠定了国际声誉，成为精湛喜剧中十分活跃的明星。1939年以前莉莉一直都表演时事讽刺剧，后来主演了《美国内幕》（1948～1950），并以《与比阿特丽斯·莉莉在一起的一晚》（1952～1956）在全世界巡回演出。后来在伦敦主演《梅姆大娘》（1958）以及在纽约演出音乐剧《兴高采烈》（1964）。

栗　chestnut　山毛榉科栗属4种落叶树的统称，原产北半球温带地区，果实像刺果，包有两或三个可食坚果。栗树形状高大，树皮带沟，叶披针形。美洲栗（*C. dentata*）过去分布在北美洲东部的广大地区，现在因栗疫病已几乎绝灭。其他3种栗树分别是欧洲栗（*C. sativa*）、中国栗（*C. mollissima*）和日本栗（*C. crenata*）。这3种栗树的坚果在当地都是重要的食物，大量出口到国外，并都有变种作为观赏树栽培。欧洲栗树的树干还可当做一种有用的木材；美洲栗树在栗疫病到来之前也是木材和坚果的重要来源。

砾石　gravel　比沙粗（直径大于2毫米）且多多少少被磨圆的岩石碎屑的集合体。有些地方的砾石层含有重金属矿石矿物，例如锡石（锡的主要来源）或自然金属，例如呈块状或片状的金。砾石沉积物堆集在部分河道内或水流速度快、沙石不能留下的海滩上。由于环境的改变，砾石层的分布一般比沙或黏土沉积物更具有局限性，粗细、厚度和形状也比沙或黏土沉积物更多变。在许多地区，砾石阶地（或上升的海滩）向内陆可以延伸很长的距离，表示海面在某一个时期比现在更高。砾石被广泛当做建筑材料使用。

粒子加速器　particle accelerator　加速高速移动带电原子（离子）束或亚原子粒子的装置。加速器用来研究原子核的结构（参阅原子），亚原子粒子的性质及其基本相互作用。在接近光速时，粒子撞击并分列出原子核及亚原子粒子，让物理学家研究原子核的组成，推算出新类型的亚原子粒子。回旋加速器加速正电荷粒子，贝他加速器加速负电荷粒子。同步加速器与线性加速器可以用于正电荷粒子或电子。加速器也用于制造放射性同位素、治疗癌症、生物消毒及放射性碳

定年。

痢疾 dysentery 以肠道炎症、腹部疼痛、里急后重、腹泻、粪便中常含血液和黏液为特征的传染病。受染者的粪便可污染食物或水,因此常因受染者未洗手即处理食品而传播。可分成两个类型:①细菌性痢疾,又称为志贺氏菌病,由志贺氏菌细菌引起,轻症者症状轻微,重者突然发病,症状严重,可致命;常因体液大量流失而迅速脱水;随着病情的发展,大肠出现慢性溃疡。治疗以使用抗生素为基础,严重脱水的病人需要大量补液,某些病例可能需要输血。②阿米巴痢疾,又称肠道阿米巴病,由一种原虫——溶组织内阿米巴——引起。因病原体可表现为两种类型:可活动的滋养体引起急性痢疾,症状与细菌性痢疾相似;不能活动的包囊引起慢性病程,表现为间歇性的腹泻,有时亦可致大肠溃疡。必须使用专门杀灭阿米巴的药物治疗。

连环画 comic strip 有故事情节的系列图画,通常排列在报纸、杂志或书页上。19世纪90年代美国数家报纸在其周末版刊出有趣的图画但没有文字。1897年《纽约星期日报》刊登R. 迪克斯的《吵闹的孩子们》,这个幽默的连环画还包含了人物的对话文字。后来其他卡通把对话置于气球形圆圈中,形成另一种形式的连环画。1907年B. 费希尔的《穆特和杰夫》在《旧金山纪事报》上每日连载发表后,连环画的发展已渐趋成熟。后来的重要连环画画家有G. 赫里曼、A. **卡普**、W. 凯利、C. **舒尔茨**和G. 特鲁多。

莲 lotus 几种不同植物的统称。希腊人所说的莲是指鼠李科的枣莲(*Ziziphus lotus*),为丛生灌木,原产于南欧,据说所酿的酒可使人知足而忘忧。埃及人所说的莲是睡莲科的白睡莲(*Nymphaea lotus*,参阅**睡莲**)。印度人所说的圣莲是水生的开白花或粉红花的莲花(*Nelumbo nucifera*)。北美东部的莲是五瓣莲(*Nelumbo pentapetala*,即黄莲),花黄色。莲也是豆科的一属百脉根属,约100种,分布于欧洲、亚洲、非洲及北美的温带地区。在北美有20多种百脉根属植物,可用为牧草。莲是普遍用于建筑的一种装饰,自古代以来就象征着多产、纯洁、性、出生和死者的转世。

莲妮亚 Lenya, Lotte(1898～1981) 原名Karoline Blamauer。奥地利出生的美国女演员和女歌手。出身贫寒,先在苏黎世,后在柏林当舞者和演员。1926年与K. **韦尔**结婚,开始出现在B. **布莱希特**和韦尔的作品中,如《马哈哥尼》(1927)和《三分钱歌剧》(1928;1930年拍成电影)等。后来逃离纳粹德国到巴黎,在布莱希特和韦尔的舞剧《七大罪孽》(1933)中演唱。1935年移居纽约,她在《永生的道路》(1937)中首次登上美国银幕。丈夫韦尔去世后,莲妮亚重返剧坛,在整个20世纪50年代重新以她那无双的沙哑嗓音演唱,其中包括常演不衰的《三分钱歌剧》,后来的《布莱希特论布莱希特》(1962)、《大胆妈妈和她的孩子们》(1965)和《卡巴莱》(1966),以及一些电影插曲。

联邦 Commonwealth 又作Commonwealth of Nations。包括英国及其以前的许多附属国在内的主权国家的自由联盟,这些国家选择保持友好和合作关系。1931年根据《威斯敏斯特条例》建立英联邦。后来更改名称为联邦,并允许独立国家加入。大部分1947年以后获得独立的附属国都选择加入联邦。英国国王为该联邦名义上的元首。这50多个成员国每两年举行一次联邦政府首脑会议。参阅**大英帝国**。

联邦党 Federalist Party 美国早期的全国性政党,提倡建立强大的中央政府。"联邦主义者"一词于1787年首次使用,系指美国宪法的拥护者,他们强调成立联邦性质的合众国。《联邦主义者文集》(1787～1788)是由A. **汉密尔顿**、J. **麦迪逊**和J. **杰伊**为说服纽约州选民支持批准宪法而出版的85篇论文的结集。到18世纪90年代,界定联邦党的其他政策有:汉密尔顿的财政计划、创立中央银行、关税制度、对美国海运的优惠待遇、在外交事务中保持中立、与英国修好。1796年拥护J. 亚当斯竞选总统获胜,但在1801年以后不能有效组织参选。因反对《禁运法》和1812年战争而失去选民的支持,再加上新英格兰联邦党人的内部派系纷争,该党的势力进一步被削弱。19世纪20年代,它的一些原始政纲多为其反对党民主党采纳,联邦党最终消失。最著名的联邦主义者包括J. 亚当斯、R. **金**、T. 皮克林和C. 平克尼。

《联邦条约》 Articles of Confederation 早期美国宪法(1781～1789),在由独立战争时期**大陆会议**建立的最初政府转变为1787年《美利坚合众国宪法》建立的联邦政府这一过渡时期,起了重要作用。条例中规定:大陆会议有权管理外交和邮政,决定战争,任命高级将领,管理印第安人的事务,进行贷款,厘定币值,发行纸币;但实际上并未授权国会向各州征集金钱和军队。到1786年底,联邦政府的作用已经彻底瓦解,通过条例的实施,新生的美国也取得了一些确实的成就:某些州对西部领土的要求解决了,《西北法令》在俄亥俄州以北的各领地上建立了发展中的政府的基本类型。授权于安那波利斯会议,召集一次所有州参加的大会来修订这一条例。

联邦议院 Bundestag 德意志联邦共和国两院制议会的下院。它代表整个国家,议员由混合直接普选和比例代表制而产生,任期4年。联邦议院则选举政府首脑——总理。此词以前指德意志邦联(1815～1866)的邦联议会,在魏玛共和国时期(1919～1934)名为国会。1933年建筑物被焚毁(参阅**国会纵火案**)。1933～1945年纳粹统治期间,不再召开会议,至1949年才恢复。1990年德国统一后,其地位再度获承认。

联邦制 federalism 一种政治组织模式,即把分散的邦或其他政治实体联合在一个总的非中央集权的上级政治体制中,同时又让它们保持其本身基本的政治完整性。所有真正的联邦制都具有某些共同的特点和原则:一部成文宪法或基本法,明定权力的分配;在实质上是自治的成员之间分配权力;利用地区划分来保证中立和在政治实体内的各种团体和利益均有平等的代表权。任何改变需征求受影响者的同意。成功的联邦体制也需要一种民族团结意识,公民与为其服务的政府之间要能直线沟通。参阅**联邦党**。

《联合法》 Union, Act of(1707-05-01) 实现英格兰(及威尔士)和苏格兰在大不列颠的名义下联合的条约。这种联合符合英格兰的政治需要,可以通过苏格兰防止有可能发生的詹姆斯党人复辟,而苏格兰则通过与英格兰的自由贸易获得经济上的稳定。根据这个由安妮女王授意达成的条约,两个王国批准了新教徒的继承权,保留了苏格兰法和法庭,并同意统一税赋。

联合国 United Nations (UN) 1945年第二次世界大战结束时成立的国际性组织,其宗旨是维护世界和平与安全,在平等的基础上发展国与国之间的友好关系,鼓励通过国际合作解决棘手的人类问题。联合国的许多机构都曾被授予诺贝尔和平奖,联合国和K. **安南**共同获得2001年诺贝尔和平奖。联合国一词最初指第二次世界大战中对抗轴心国的国家(同盟国)。1945年2月的**雅尔塔会议**讨论了成立一个国际组织的事宜,两个月后在联合国国际组织会议(1945)上起草了《联合国宪章》。联合国设有6个主要机构:经济及社会理事会、**联合国大会**、**国际法院**、联合国秘书处、**联合国安全理事会**和联合国托管理事会。联合国还有若干个专门机构——有些是从其前身**国际联盟**延续下来的(如国际劳工组织)——以及一些专门的办事处(如**联合国难民事务高级专员办事处**)、计划署和基金会(如**联合国儿童基金会**)等。联合国涉及的领域包括经济、文化和人道主义活动、国际邮政的协调或规定、民航、气象研究、电信、国际运输以及知识产权。联合国维和部队在全世界的一些地区驻扎,有些则是长期部署。联合国的世界总部设在纽约市。到2013年联合国共有193个成员国。联合国的主要行政官员是秘书长,秘书长由联合国大会根据安理会的推荐选举产生,任期5年,可连任一届。联合国历届秘书长为:T. **赖伊**(1946～1953)、D. **哈马舍尔德**(1953～1961)、**吴丹**(1961～1971)、K. **瓦尔德海姆**(1972～1981)、J. **佩雷斯·德奎利亚尔**(1982～1991)、B. **布特罗斯-加利**(1992～1996)、K. **安南**(1997～2006)、潘基文(2007年起)。(表见下页)

联合国安全理事会 United Nations Security Council 联合国机构,其主要职责是维护世界和平与安全。最初有5个常任理事国——中国、法国、英国、美国和俄罗斯(1991年前为苏联)和6个非常任理事国(由**联合国大会**每两年改选一次)。1965年非常任理事国增加到10个。联合国的成员国在加入联合国时,要表示同意遵守安理会作出的决议。安理会调查那些可能威胁国际和平的争端,并对如何解决这些争端提出建议。

联合国成员国

1945	阿根廷、白俄罗斯、巴西、智利、中国、古巴、丹麦、多米尼加共和国、埃及、萨尔瓦多、法国、海地、伊朗、黎巴嫩、卢森堡、新西兰、尼加拉瓜、巴拉圭、菲律宾、波兰、俄罗斯联邦[3]、沙特阿拉伯、叙利亚、土耳其、乌克兰、英国、美国、希腊、印度、秘鲁、澳大利亚、哥斯达黎加、利比里亚、哥伦比亚、墨西哥、南非、加拿大、埃塞俄比亚、巴拿马、玻利维亚、委内瑞拉、危地马拉、挪威、荷兰、洪都拉斯、乌拉圭、厄瓜多尔、伊拉克、比利时
1946	阿富汗、冰岛、瑞典、泰国
1947	巴基斯坦、也门[6]
1948	缅甸
1949	以色列
1950	印度尼西亚
1955	阿尔巴尼亚、奥地利、保加利亚、芬兰、匈牙利、爱尔兰、意大利、约旦、柬埔寨、老挝、利比亚、尼泊尔、葡萄牙、罗马尼亚、西班牙、斯里兰卡
1956	摩洛哥、苏丹、突尼斯、日本
1957	加纳、马来西亚
1958	几内亚
1960	贝宁、布基纳法索、喀麦隆、中非共和国、乍得、刚果、刚果民主共和国、科特迪瓦、塞浦路斯、加蓬、马达加斯加、尼日尔、索马里、多哥、马里、塞内加尔、尼日利亚
1961	塞拉里昂、毛里塔尼亚、蒙古、坦桑尼亚[5]
1962	布隆迪、牙买加、卢旺达、特立尼达和多巴哥、乌干达、阿尔及尼亚
1963	肯尼亚、科威特
1964	马拉维、马耳他、赞比亚
1965	冈比亚、马尔代夫、新加坡
1966	圭亚那、博茨瓦纳、莱索托、巴巴多斯
1968	毛里求斯、斯威士兰、赤道几内亚
1970	斐济
1971	巴林、不丹、卡塔尔、阿曼、阿拉伯联合酋长国
1973	巴哈马、德国[2]
1974	孟加拉国、格林纳达、几内亚比绍
1975	佛得角、莫桑比克、圣多美和普林西比、巴布亚新几内亚、科摩罗、苏里南
1976	塞舌尔、安哥拉、萨摩亚
1977	吉布提、越南
1978	所罗门群岛、多米尼克
1979	圣卢西亚
1980	津巴布韦、圣文森特和格林纳丁斯
1981	瓦努阿图、伯利兹、安提瓜和巴布达
1983	圣克里斯托弗和尼维斯联邦
1984	文莱
1990	纳米比亚、列支敦士登
1991	爱沙尼亚、朝鲜、韩国、拉脱维亚、立陶宛、马绍尔群岛、密克罗尼西亚
1992	亚美尼亚、哈萨克斯坦、吉尔吉斯斯坦、摩尔多瓦、圣马力诺、塔吉克斯坦、土库曼斯坦、乌兹别克斯坦、阿塞拜疆、波斯尼亚-黑塞哥维那、克罗地亚、斯洛文尼亚、格鲁吉亚
1993	捷克共和国[1]、斯洛伐克[1]、马其顿[4]、厄立特里亚、摩纳哥、安道尔
1994	帕劳
1999	基里巴斯、瑙鲁、汤加
2000	图瓦卢、塞尔维亚[7]
2002	瑞士、东帝汶
2006	黑山[7]
2011	南苏丹

[1] 捷克斯洛伐克从1945年起为成员国,1993年分为两个独立的国家。
[2] 东德和西德于1973年被分别接纳为成员国,1990年两国重新统一。
[3] 苏联自1945年在联合国的席位1991年由俄罗斯继承。
[4] 马其顿在联合国被称作"前南斯拉夫的马其顿共和国",搁置对该国名称的争议。
[5] 坦噶尼喀(1961年起为成员国)与桑给巴尔(1963年起为成员国)1990年合并为一个新的国家,国名改为坦桑尼亚。
[6] 北也门(1947年为成员国)与南也门(1967年为成员国)于1990年合并。
[7] 南斯拉夫从1945年起为成员国,2006年分为两个独立的国家。

为防止或制止侵略,安理会可以采取外交或经济制裁,或者授权使用武力。在决定实质性问题(如实施禁运)时,每个常任理事国都有否决权。在决定实质性问题和程序性问题时,必须要有9票赞成,其中包括5个常任理事国同时投赞成票(尽管在实际当中某个常任理事国可能投弃权票,但这不会影响某项决议的有效性)。

联合国大会 United Nations General Assembly 联合国6个主要机构之一,是唯一一个联合国所有成员国都参加的组织。联合国大会每年举行一次,也可召开特别会议。它主要是一个审议机构,可以对联合国宪章规定范围内的任何问题进行讨论并提出建议。大会主席每年从按地区划分的5个成员国集团中轮流选出。

联合国儿童基金会 UNICEF 全称United Nations Children's Fund。原称United Nations International Children's Emergency Fund(联合国国际儿童紧急援助基金会,1946～1953)。联合国专门机构,旨在帮助各国改善儿童的健康、营养、教育及一般福利。其最初目的是为第二次世界大战以后各国的贫困儿童提供救济。1950年以后,基金会的工作转向改善儿童福利的总体计划,1965年获诺贝尔和平奖。基金会的许多项目是在那些用较少资金就能产生巨大效果的领域,包括保健、教育和剩余食品分配等。总部设在纽约市。基金会的经费有60%以上来自各国政府,其余部分通过募捐和销售贺卡获得。

联合国教育、科学及文化组织 UNESCO 全称United Nations Educational, Scientific and Cultural Organization。联合国专门机构,1946年成立。其宗旨是通过促进国际间的教育、科学和文化合作对和平作出贡献。该机构支持各成员国扫除文盲的努力,鼓励推行免费教育,并为各种思想和知识的交流搭建了一个平台。1984年美国(其他几个国家后来也同样)退出了联合国教育、科学及文化组织,以抗议美国所认为的该组织的政治化;美国没有重新加入该组织。

联合国开发计划署 United Nations Development Programme(UNDP) 成立于1965年的联合国组织,由以前的两个计划署合并组成。其管理理事会包括48个国家(27个发展中国家和21个发达国家)的代表。总部设在纽约市,其宗旨是帮助低收入国家开发人的技能和自然资源。该组织为那些计划吸引发展资金,培训熟练工人和实行现代技术的项目提供资金。它还提供专家研究发展潜力,并协助提供科研设备。

联合国贸易和发展会议 United Nations Conference on Trade and Development (UNCTAD) 联合国大会常设机构,为促进国际贸易于1964年成立。是最高级别的决策机构,每4年举行一次会议,当休会时由贸易和发展理事会负责行使其职能。其主要职能包括促进处于不同发展阶段和经济制度不同的国家之间的贸易;指导贸易协议的谈判;制定国际贸易政策。20世纪末至21世纪初,致力于解决经济全球化中发展中国家出现的问题,对最贫穷和最不发达国家融入世界经济在措施上给予特别的关注。

联合国难民事务高级专员办事处 United Nations High Commissioner for Refugees, Office of the 1951年由联合国大会建立,以

接替国际难民组织工作，对难民给予法律、社会、经济和政治上的帮助。最初的工作重点放在第二次世界大战后失去家园的欧洲人，此后还帮助过非洲、亚洲、拉丁美洲以及南斯拉夫的难民。总部设在日内瓦，经费由各国政府自愿捐款。办事处于1954年和1981年两次获得诺贝尔和平奖。

联合国善后救济总署 United Nations Relief and Rehabilitation Administration 为遭到战争破坏的国家提供广泛社会福利计划的管理机构（1943～1947）。该机构提供各种救援物资和服务，包括帐篷、食品和药品，并协助恢复农业和经济。这些职能后来移交给国际难民组织、世界卫生组织和联合国儿童基金会。

联合航空公司 United Airlines, Inc. 美国国际航空公司。最初成立时为联合飞机运输公司，1929年率先开始经营穿越大陆的客运飞行。1930年成为首先引入女乘务员的航空公司。联合航空公司作为该公司的4个组成公司的控股公司于1931年在芝加哥成立。第二次世界大战以后，公司发展迅猛，1961年与首都航空公司合并后成为西方最大的空运公司。1986年购得泛美世界航空公司的飞越太平洋航线，1991年又购得该公司的拉丁美洲航线和加勒比海航线。1988年，母公司正式更名为联合航空公司。1994～2003年，在该公司雇员持有公司的控股权期间，联合航空公司成为美国最大的由雇员拥有的公司。由于航空业财政情况日益艰难，公司于2002年申请破产保护。此后经历了大规模重组，包括裁员、裁岗、削减航线，于2006年脱离破产保护。2010年，与大陆航空公司合并，称联合大陆控股，两年后该公司以联合航空公司的名义承担飞行任务。

联合利华 Unilever 两家有关联的公司，即英国伦敦的联合利华公司和荷兰鹿特丹的联合利华公司中的任何一家公司。它们都是控股公司，在世界各地有500多家附属公司，生产和销售肥皂、食品和其他产品。现代的联合利华公司成立于1929年，当时是作为英国制造商利华兄弟与几家其他的欧洲肥皂和人造奶油制造商之间的一个协会。如今，联合利华公司主要销售家庭日用品，包括肥皂和洗涤剂、人造黄油、烹饪脂油、乳制品、化妆品以及袋装和加工食品。该集团还生产纸产品和塑料制品、工业化学品以及动物饲料。

联合太平洋铁路公司 Union Pacific Railroad Co. 将美国铁路延伸到太平洋海岸的公司。依据1862年国会通过的一个法案组建，该铁路从内布拉斯加州的奥马哈向西修建了1 620千米，打算与从加利福尼亚州的萨克拉门托向东正在修建的中太平洋铁路相连。1869年两条铁路在犹他州的普罗芒托里接轨。联合太平洋铁路公司主要是由联邦政府的贷款和政府赠与地提供资金，但卷入信贷公司丑闻使得该公司负债累累，公司于1893年进入破产在管状态。1897年E. H. 哈里曼对公司进行了重组，在其领导下该铁路公司参与了西部的经济开发。1982年公司与密苏里太平洋铁路公司和西太平洋铁路公司合并。1996年公司收购南太平洋铁路公司，成为美国最大的铁路公司，几乎控制着美国西部2/3的铁路运输。

联结主义 connectionism 认知科学中的一种研究方法，倡议以许多相互联结且平行运作的单元所构成的网络，来仿真人类的信息处理过程。这些单元通常分类为输入单元、隐藏单元或输出单元。每个单元有一个预设的激发水平，可作为下列因素之强度的函数改变：(1)自其他单元所接收到的输入；(2)联结到其他单元不同的比重（加成）；(3)该单元本身的偏误。联结主义不像认知科学中传统的计算器模型，它认为信息的分布遍及整个网络，而不是各自处于功能不同、语意上可解释的状态。

联盟国家 Allied Powers 又作Allies。第一次世界大战时结盟对抗同盟国的国家（“协约国”），或第二次世界大战时结盟对抗轴心国的国家（“同盟国”）。第一次世界大战时最初的协约国成员是英国、法国和俄国，后来葡萄牙、日本和意大利等国加入。1917年之后加入协约国的国家，包括美国在内，则称为“联系国”，美国总统W. 威尔逊曾强调这一区别，以保持美国在战争中不受控制的权利。第二次世界大战时，同盟国主要成员是英国、法国、苏联、美国和中国。更广义地说，联盟国家包括同盟国全部战时成员，即1942年《同盟国宣言》的签署国。

“联盟”号飞船 Soyuz 1967～1981年间苏联发射的一系列宇宙飞船，共40艘。“联盟”1～10号，载1～3人，射入地球轨道。其余30次飞行大部分是“联盟”号与“礼炮”号轨道航天站对接，“联盟”号乘员进入“空间实验室”，进行更长时间的科学实验。

联体双胎 conjoined twins 又称Siamese twins（暹罗孪生子）。指一对身体相连并共享某些器官的同卵双胞胎（参阅多胎产）。典型的连接部位在躯干或头颅的前、侧或后面。对称性联体双胎除了融合部位外，其余部位大体上正常。有些病例可通过外科手术成功地分离。非对称性联体双胎，其中一个相当正常，但另一个严重发育不良，通常形体较小，必须依靠较大的婴儿获取营养。为了救活正常的婴儿，常会施行手术把他们分开。暹罗孪生子这个旧称最初是指1811年在暹罗（今泰国）出生的一对中国血统的联体双胎张与英，两人从胸骨至脐部以韧带相连。后来在西方巡回表演，后与两姐妹结婚，生有几个子女。

联铁 Conrail 全名Consolidated Rail Corp.。美国铁路公司，1973年由联邦政府接管6个破产的东北铁路公司后设立。1976年开始运营，拥有新泽西中央铁路公司、伊利拉克万纳铁路公司、利哈伊-哈得孙河铁路公司、利哈伊铁路公司、宾州中央运输公司和雷丁公司的大部分财产。该公司铁路网在15个州经营货运。其线路从大西洋岸达圣路易斯，从俄亥俄河滨北抵加拿大。1983年其客运业务移交给全国铁路客运公司和地区运输当局。1987年公司股票公开上市出售。

联想 association 一个心理学基本原理，与追忆、记忆问题密切相关。虽然古希腊人已提出3个联想形式（类比联想、对比联想和相邻联想），但联想主义通常被认为是英国人的学说，J. 洛克首次采用了“观念的联想”概念，后来陆续有D. 休姆、J. S. 穆勒、H. 斯宾塞和W. 詹姆斯等人研究。1903年I. 巴甫洛夫用纯客观的方法研究联想问题，指出可用非条件和条件反射解释一切行为。在精神分析内，临床医学家鼓吹“自由联想”，以帮忙认清潜在性的冲突。格式塔心理学派学者和其他人批评联想主义者范围太广泛，而一些认知心理学派学者则把记忆作为他们的理论重心。

镰状细胞性贫血 sickle-cell anemia 严重的血红蛋白病，主要见于非洲下撒哈拉地区出生的居民及其后裔，以及中东、地中海地区和印度。大约每400个黑人就有一人罹患这种疾病，因为继承双亲各一个隐性基因（全世界的黑人每12个就有一人有这种隐性基因）而造成，对疟疾比较有抵抗力。在此基因指示下，异常的血红蛋白（血红蛋白S或Hb S）将红血球扭曲成坚硬的镰刀形状。这种细胞塞住微血管，伤害或破坏各种组织。症候包括慢性贫血、呼吸急促、发烧、突发“危机”（腹部、骨头或肌肉剧烈疼痛）。烃基尿素疗法激发胎儿血红蛋白（血红蛋白F）生成，这种细胞不是镰刀形，大幅减低了危机的严重性并增加了预期寿命，若不治疗平均预期寿命只有45岁。

脸谱网 Facebook 美国社交网络公司。2004年由几名哈佛在校生合作创建，M. 扎克伯格为主要研发者，其他合作者分别是E. 萨韦林、D. 莫斯科维茨和C. 休斯。网站创建之初仅对哈佛学生开放，但到了2006年扩大到年满13岁以上的任何人。用户可以在该网站创建自己的档案、上传照片，并可以通过“赞”按钮表示对浏览内容的认可。脸谱网具有诸多功能，其中的消息推送功能可以提醒用户其好友的最新状态及档案更新。脸谱网注册是免费的，其主要收入来源于广告。截止2012年5月，脸谱网拥有用户约9亿，成为世界第一大社交网站。次年，脸谱网公司首次公开募股，筹集到160亿美元。

炼狱 purgatory 在天主教教义中，炼狱指那些体面而死但罪恶获宽恕的人在地狱所受的煎熬。这些罪行包括未获宽恕的轻罪或已获宽恕的重罪。负有此类罪行的亡灵在升入天堂之前必须先经过净化。天主教还认为，在世信徒可通过虔诚祈祷、施舍、免罪罚和其他善行来拯救炼狱中的亡灵。但是新教教会和大多数东正教教会都不相信炼狱的存在。

恋诗歌手 minnesinger 1150～1325年间的德国诗人-音乐家，类似行吟诗人和游吟诗人。就像法国的行吟诗人一样，恋诗歌手所唱的歌并不局限于爱情歌曲，也评论政治和道德。起初是地位高贵的人，后来恋诗歌手则来自新兴的中产阶级，他们唱歌既有社会兴趣，也有经济上的考虑。最著名的恋诗歌手包括瓦尔特·封·德尔·福格威德、N. von 罗伊恩塔(1180～1250)、汤豪泽等。

恋物癖 fetishism 心理学名词，通过某个生殖器以外的、通常与性活动无直接关系的具体对象而得到性兴奋和性满足的一种性偏离。恋物通常是与异性有关的物品，如内衣、鞋或头发(尤其是长发)、脚等异性身体的其他部分，但也可以是恋物癖者所迷恋的任何对象。几乎均发生于男性。

链霉菌属 streptomyces 链霉菌科的一属，为线状细菌，见于土壤和水中。革兰氏染色呈阳性，需氧，成熟时菌丝上有成串孢子。许多种类在分解土壤有机物中起重要作用，成为土壤和腐败树叶的气味的一部分，并可增加土壤的肥沃程度。某些种类还产生广谱抗生素，如四环素和链霉素。

链霉素 streptomycin 由在土壤中的放线菌(土壤灰色链丝菌)合成的一种抗生素。为继青霉素、短杆菌肽和短杆菌酪肽后最先发现的抗生素之一，1943 年由 S. 瓦克斯曼发现。是第一种对结核病起作用的抗生素，可阻止结核菌合成一些重要的蛋白质。许多其他的细菌对链霉素敏感，但链霉素很少用于治疗肺结核之外的疾病，因为很多物种都已产生抗药性，链霉素有时还会造成神经性耳聋。

链球菌 streptococcus 链球菌属所有形似球体的细菌的统称。其细胞呈链状排列，革兰氏染色呈阳性，不活动，厌氧。主要依据其引起红血球爆裂的能力而分为 4 类。某些种类可引起感染，包括风湿热、猩红热、链锁状喉炎和扁桃体炎，某些成分在商业上被用于黄油、脱脂奶和某些奶酪的发酵乳。参阅肺炎球菌。

链式反应 chain reaction 能进一步引发同样生成产物的过程。原子核的链式反应是由前一步裂变产生的中子引发的一系列核裂变过程。临界质量大到足以让一个以上裂变产生的中子被俘获，是链式反应能维持自行延续所需要的最小量。失去控制的链式反应，如原子弹中的链式反应，发生于大量中子出现而核反应增加迅猛之时。核反应堆通过对裂变材料的小心配置以及中子吸收材料的嵌入来控制核反应。

梁龙 Diplodocus 巨大的蜥脚恐龙类的绝灭属。化石见于北美的晚侏罗世。为谬龙属的近亲，是曾经在地球上存活过的最长的陆上动物。有些长近 30 米。颈长，脑子和头骨极小，大部分体重估计接近 30 吨，有的重达 80 吨。过去认为此种动物可能大部分时间待在水中，但化石证据说明它在陆地上能自由行走，显然以软植物为食。可能是一种最常见的恐龙。

椋鸟 starling 椋鸟科将近 120 种鸣禽的统称，分布于欧亚、非洲和澳大利亚温带地区。最著名者为紫翅椋鸟，体长 20 厘米，结实，黑色，有虹彩光泽，喙锐长。已从欧亚引入世界大部地区(除南美洲外)。在北美洲有数百万只，是 1890 年在纽约市释放的 100 只鸟的后代。椋鸟在地面寻找各种各样的植物和动物食物为食，并密集成群飞行。整年鸣叫，模仿其他鸟的音调，亦发出本身的呼哧声。

紫翅椋鸟(*Sturnus vulgaris*)
George W. Robinson from Root Resources

两极性精神病 bipolar disorder 又作 manic-depressive psychosis(躁狂抑郁性精神病)。又译躁郁症。一种精神疾病，以交替出现躁狂和抑郁状态为特征。抑郁症为更常见症状，在躁狂阶段，许多患者经历短暂的过分乐观和中度欣快。此病似乎具有遗传倾向，可能源自脑内去甲肾上腺素、多巴胺和 5-羟基胰化蛋白胺等天然胺代谢失调。最普遍的治疗方法是服用碳酸锂。

两难故事 dilemma tale 又作 judgment tale(判断故事)。典型的非洲短篇故事形式，其结局颇费揣度或在道义上模棱两可，从而引起听众对如何正确解决问题进行思考或评论。典型的事例涉及究竟效忠于谁的内心矛盾。在困难的处境中，抉择一个公正的处理，并在多方似乎同样有罪的情形下，断定应归咎于谁。两难故事寓教于乐，有助于在听众当中树立社会准则。

两栖类 amphibian 两栖纲所有冷血脊椎动物的统称，包括蛙和蟾蜍(无尾目)、蝾螈类(有尾目)、蚓螈(蚓螈目)3 大类，逾6 200种。可能自早泥盆纪(距今 4.16 亿～3.97 亿年)某种鱼类进化而来，脊椎动物从水生转向陆生的第 1 个类群。多数种类具水生幼体阶段，即蝌蚪经变态成为陆生的成体。但个别特殊种类终生生活于水中。两栖类动物遍布世界各处，但大部分见于热带地区。

两西西里王国 Two Sicilies, Kindom of the 意大利前王国。它将意大利半岛南部与西西里岛统一了起来。11 世纪被诺曼人征服。1282 年，大陆上的法国安茹王朝和岛上的西班牙阿拉贡王朝分治，双方都自封为“西西里国王”。1442 年阿方索五世重新统一两部分，自称为“两西西里国王”。16～19 世纪西班牙和波旁王朝统治这两个地区的时期，有时也使用此称号。1816 年两个地区的行政合并，这一称号成为正式名称，西西里遂丧失自治地位。1860 年被西班牙的加里波第征服，这两个西西里王国成为意大利王国的一部分。

两项运动 biathlon 冬季体育运动，包括越野滑雪和步枪射击。起源于斯堪的纳维亚的狩猎活动。1960 年首次列为冬季奥运会正式比赛项目。运动员要进行 20 千米的越野滑雪，携带单发步枪和子弹，分别在 4 个点上向小型射靶射击 5 次。1968 和 1980 年又分别增加接力滑雪和 10 千米滑雪两项比赛。

两伊战争 Iran-Iraq War(1980～1990) 因伊拉克入侵其东邻而爆发的长期的、不分胜负的战争。1979 年伊朗革命后，伊拉克领导人想乘伊朗军队与政府混乱之机解决其与伊朗的边境争端，控制伊朗盛产石油的西部省份(主要是阿拉伯河沿岸)，并取得波斯湾地区的霸主地位。伊拉克在战争初期占领了伊朗一些领土(1980～1982)，后来又丢失地盘，宣布准备与伊朗和谈，但遭拒绝。战争陷入长期的僵局，并且是第一次世界大战(1914～1918)以来首次动用化学武器的战争。在伊拉克将战事再一次向前推进后，伊朗于 1988 年同意停火。但直至 1990 年 8 月 16 日正式签署和平协议，双方才恢复外交关系并撤军。参阅萨达姆·侯赛因和 R. 霍梅尼。

量子 quantum 物理学中能量、电荷、角动量或其他物理量取离散值的天然单位。例如，光在某些方面表现为连续的电磁波，而在亚微观水平上，它是以离散量或量子发射和吸收的。给定波长的光，所发射或吸收的一切量子的能量和动量都相同。这些类似粒子的光色称为光子。其他形式的电磁能，例如 X 射线、γ 射线等等的量子也称为光子。晶体原子层中的亚微观机械振动也同样以量子(称为声子)方式放出和吸收能量或动量。参阅量子力学。

量子场论 quantum field theory 结合量子力学和狭义相对论以解释亚原子现象的理论。特别是以电磁场等场的相互作用来描述亚原子粒子的相互作用。不过，这个场是量子化的，并且是以粒子来体现的。量子电动力学是描述带电粒子通过电磁场的量子场理论。量子色动力学描述的是强相互作用力。电弱理论是电磁力和弱相互作用力的统一理论，已经得到大量的实验支持，并且很可能推广到强相互作用力。包括引力在内的一些理论还有许多臆测成分。

量子计算 quantum computing 利用量子力学现象的计算试验方法。结合了量子论与不确定性原理。量子计算机允许一个比特位同时储存 0 与 1 的值，同步进行多行的探索，其最后结果取决于不同计算产生的干涉形态。参阅脱氧核糖核酸计算和量子力学。

量子力学 quantum mechanics 研究原子和亚原子系统的数学物理学分支。这门学科研究微观领域的问题，要用统计学的概率来阐释。量子力学是 20 世纪兴起的重要学科，主要由 N. 玻尔、E. 薛定谔、W. 海森伯和

M. 玻恩所研究发展，并导致对客观实体之概念的彻底重新评估。其内容为阐释原子、原子核（参阅细胞核）和分子的结构；亚原子粒子的变化过程；化学键（参阅键合）的性质；结晶体（参阅晶体）的性能；原子能，以及坍缩星的稳定力。量子力学还直接推动了激光、电子显微镜和晶体管的发展。

疗养院　nursing home　照料、看护患者（通常是长期）的场所，这些患者的病痛程度无须在医院，却也不适合待在家里。历史上，大多数住在疗养院的人非老即病，或是有慢性无法痊愈的伤残疾病，只需最简单的医疗与护理照顾。现在疗养院在健康保健方面起到更为积极的作用，在情况允许的条件下协助病人准备在家生活或与一名家庭成员一起生活。把昂贵的医疗设备留给真正有病的人，改进慢性伤残的前景。不过，看护的质量参差不齐，可能有虐待病人的问题存在。

鹩哥　mynah　又拼 myna。雀形目椋鸟科数种亚洲鸣禽的统称。南亚的丘陵鹩哥（在印度称为拟八哥）体长约 25 厘米，黑色，有光泽，翅有白斑，肉垂黄色，嘴和脚橙色。野生种咯咯地或尖声鸣叫；笼养的鹩哥能模仿人说话，比主要对手灰鹦鹉学得强多了。普通鹩哥（印度鹩哥）已引入澳大利亚、新西兰和夏威夷。八哥原产于中国和印度尼西亚，虽已引入加拿大的不列颠哥伦比亚，但并未扩散。

列昂捷夫　Leontief, Wassily（1906 ～ 1999）俄罗斯出生的美国经济学家。1921 ～ 1925 年在列宁格勒大学和柏林大学（1925 ～ 1928）学习，1931 年移民美国。1931 ～ 1975 年在哈佛大学工作，曾发表投入－产出分析法。他还描述了所谓的列昂捷夫悖论：在美国，生产所缺乏的要素是资本而不是劳动力。1973 年获诺贝尔奖。自 1975 年起他一直在纽约大学任教直到去世。

列克星敦和康科德战役　Lexington and Concord, Battles of（1775 - 04 - 19）　英国士兵与美国殖民地居民之间最初的小规模战斗，标志着美国独立战争的开始。英国 700 名士兵从波士顿出发至马萨诸塞的康科德，夺取地方军储备的军用物资，途中在列克星敦遇上了得到里维尔和其他人事先通知的 77 名地方民兵（参阅即召民兵）。谁开的第一枪并不清楚，但很快就停止了抵抗。英军转移到康科德附近，遇到了 300 多名美国爱国者，英军被迫撤退。在他们返回波士顿的途中，连续受到殖民地居民从粮仓、树林以及路边墙后开枪的袭扰。英军总共损失 273 人，美民军损失 95 人。

列宁　Lenin, Vladimir (Ilich)（1870～1924）原名 Vladimir Ilich Ulyanov。苏联共产党的缔造者、俄国 1917 年革命的领导者、苏维埃国家的设计师与创建者。出身于一个中产阶级家庭，受 1887 年密谋刺杀沙皇而被绞死的大哥亚历山大的影响很大。他攻读过法律，在 1889 年执律师业时成为马克思主义者。1895 年以颠覆罪被逮捕，流放到西伯利亚，在那里与 N. 克鲁普斯卡娅结婚。1900 年以后旅居西欧。1903 年俄国社会民主工党伦敦大会时，成为布尔什维克派领袖。在他创办和编辑的几种革命报纸中，提出党是无产阶级（以职业革命家为核心组成的集中制团体）先锋队的理论；他的思想（后称列宁主义）与 K. 马克思的理论相结合，形成马克思－列宁主义，成为共产党人的世界观。由于俄国 1905 年革命爆发，他回到俄国。但 1907 年又被流放，在其后的 10 年间他继续进行充满活力的宣传鼓动。他把第一次世界大战视为将民族战争变成阶级斗争的机会，1917 年俄国二月革命后回到俄国，领导布尔什维克政变，推翻了 A. 克伦斯基的临时政府。作为苏维埃国家的革命领袖，他与德国签订《布列斯特－立陶夫斯克和约》（1918），并在俄国内战中击退了反革命的威胁。1919 年他建立了第三国际。他的战时共产主义政策一直施行至 1921 年，而为了摆脱经济困境，他改为推行新经济政策。自 1922 年起他的身体状况开始不佳，1924 年患中风逝世。

列宁格勒之围　Leningrad, Siege of（1941 - 09 - 08 ～ 1944 - 01 - 27）　第二次世界大战期间，德国军队长期围攻列宁格勒市（现称圣彼得堡）。1941 年 6 月德国侵入苏联后，德军从西部和南部向列宁格勒进攻，其芬兰盟军则向城北进攻。到 1941 年 11 月列宁格勒市几乎完全被围，通往苏联内地的补给线均被切断。仅 1942 年列宁格勒就有 65 万人死于饥饿、疾病和德军远程火炮的轰击。少量食物和燃料夏季靠驳船，冬季靠雪橇越过拉多加湖运送到该市。这些补给使城中的兵工厂得以继续运转，也使城市里的 200 万居民得以勉强维生，而还有 100 多万的儿童、病人和老人则撤离该市。1943 年苏军的进攻部分攻破了德军的包围，1944 年 1 月苏军的一次攻势获得完全成功，把德军从城郊向西驱赶，结束了此次围困。

列侬　Lennon, John (Winston)（1940 ～ 1980）　又译伦农。英国歌手与歌曲作家。他原先希望成为像父亲一样的水手，但是在听过 E. 普雷斯利的唱片后决定要成为作曲家。1957 年他组织的音乐小组后来成为甲壳虫乐队。20 世纪 60 年代他和 P. 麦卡特尼一起写歌，并随乐团演出而享有盛名。在 20 世纪 60 年代中期，开始从事电影和音乐的企划，特别是和他于 1969 年结婚的美国日裔前卫艺术家小野洋子（1933 年生）一起合作。他们的政治激进主义和社会理想反映在列侬早期很多的独唱作品中，包括红极一时的《想象》，这引起了美国政府的注意，打算将他驱逐出境。1975 年后他退出公共活动。当他和小野带着新唱片集《双重幻想》复出乐坛不久，却意外遭到一个精神错乱的乐迷谋杀。他的儿子朱利安（1963 年生）和肖恩（1975 年生）在唱片界也很有成就。

列日　Liège　佛兰芒语作 Luik。比利时东部的城市。位于默兹河与乌尔特河的汇合处，史前时期就有人居住，罗马人称作利奥迪厄姆。721 年圣休伯特把他的教区移至此地，成为城镇，中世纪时以学习中心闻名。1795 年被法国兼并，1815 年与比利时其他部分一起划归荷兰。在 1830 年比利时独立革命中，列日是成功起义的中心。现在该市是一个工业研究中心和主要港口。人口约 193 816（2009）。

列支敦士登　Liechtenstein　全称 Principality of Liechtenstein（列支敦士登公国）。西欧公国。位于瑞士和奥地利之间。面积：160 平方千米。人口：约37 000（2013）。首都：瓦杜兹。列支敦士登人系阿勒曼尼人后裔，公元 500 年后来此。语言：德语（官方语言）、阿勒曼尼方言、瓦尔塞尔方言。宗教：基督教（天主教为主，亦有新教）和伊斯兰教。货币：瑞士法郎。占国土 2/3 的东部地区为雷蒂孔山脉（属阿尔卑斯山脉中部）的山麓丘陵。西部为莱茵河冲积平原。境内无具有商业价值的天然资源，几乎所有原料（包括木材）均依靠进口。制造业有金属加工、制药、光学镜片、电子设备和食品加工等。该国是旅游中心，由于政治情况稳定且银行绝对保密，所以也是一个金融中心。该国为君主立宪政体，一院制。国家元首是大公，政府首脑是首相。莱茵平原一向由神圣罗马帝国的两家独立贵族（瓦杜兹和施伦贝格）占有，长达数世纪之久。1719 年由这两家贵族组成列支敦士登公国，一直是神圣罗马帝国的一部分。1815 ～1866 年归属德意志联盟。1866 年独立，承认瓦杜兹和施伦贝格为两个独特的地区，并形成不同的选区。1921 年采用瑞士货币，1923 年加入瑞士关税同盟。到 1997 年近60 年的统治联合体瓦解。至21 世纪初，大公汉斯·亚当二世继续致力于旨在扩大权力的宪政改革。列支敦士登于 1936 年首次参加在柏林举办的夏季奥运会。

猎豹　cheetah　腿长、体细的猫科动物，学名 *Acinonyx jubatus*。栖息在非洲南部、中部、东部和近东的开阔平原，已几乎绝灭。猎豹是世界上短距离奔跑速度最快的陆地动物，时速可达 114 千米。猎豹的爪与其他猫科动物的爪不同，只能部分回缩，并且没有保护鞘。与猫属猫科动物一样，猎豹不能发出吼声，只能发猫样的呜呜声。体长可达 140 厘米，不包括 75 ～80 厘米长的尾巴，体重34 ～ 54 千克。成年猎豹的毛体粗糙，背部为沙黄色，腹部为白色，表面有许多黑色斑点；脸上从每个眼角起有一道向下延伸的黑色条纹。猎豹白天捕食，单只或小群活动。

猎蝽　assassin bug　猎蝽科昆虫，约4 000 种。头窄，头后有细窄颈状构造，是为本科特征。常见于南、北美洲。体长 13 毫米～ 25 毫米。喙状嘴短，3 节，弓形，纳入前胸腹面的纵沟内，用以吮吸其他动物的体液。体黑色或深褐色，有的色泽鲜明。多数捕食其他昆虫，但有的吸哺乳类包括人的血液，并传播疾病。有一种大猎蝽能准确射中目标以自卫，"喷出"有毒唾液，足以致人失明。

猎狗　hound　比蹲伏猎狗、寻猎物狗、指示猎狗或其他猎狗种类更普通的猎狗。大多数被培育、训练成能以嗅觉或视觉追踪猎物。嗅觉类猎狗(如寻血猎狗、猎獾狗)被训练出追踪空气中或地面上气味的能力。视觉类猎狗(如萨卢基狗、阿富汗猎狗)则被训练出远距离追踪猎物的本领。猎狗(如小猎兔狗、短脚猎狗及猎狐狗成群奔跑;阿富汗猎狗、俄国灵缇、萨卢基狗等则单独奔跑。

猎狗 spaniel 又称西班牙猎狗。用以寻找隐藏猎物的几种猎狗品种。起源于西班牙,但大多数现代品种是在英国培育的。不同品种其肩高范围为36～51厘米,体重10～

西班牙猎鹬犬狗
Sally Anne Thompson

25千克。体型较大的品种称为英格兰猎鹬猎狗,体型较小者则称为猎鹬猎狗。品种包括西班牙猎鹬狗,头圆、耳下垂;英国猎鹬猎狗和威尔士猎鹬猎狗;美洲泅水西班牙猎狗,被毛卷、深棕色;布列塔尼西班牙猎狗,尾短的法国狗,是唯一指示猎物的西班牙猎狗;克伦伯西班牙猎狗,体矮而长;爱尔兰泅水西班牙猎狗,善于在水中寻取猎物;日本猎狗;和英国玩赏猎狗。

猎狐 fox hunting 骑马驱狗猎杀狐狸的活动。发源于英格兰,至少在15世纪已有,可能从捕猎雄鹿和野兔发展而来,到19世纪迅速发展成为英国上层社会的消遣活动。行猎由主人率领,通常用雌雄15～20对猎狗,由管猎狗的人和两三名助手控制。可在任何可能有狐狸的地方(如林地、灌丛荒野、原野)进行。参加的人在东道主的家里集合,通常穿着特别的红色制服。先将猎狗放出搜寻狐狸,一旦发现狐狸的踪影,狩猎活动立即展开,直到狐狸逃脱或被逼到死角猎杀。第一次世界大战以前,猎狐活动的流行达到最高点。在战后依然持续,特别是在英国。该活动因其残酷和自以为是的优越感而受到越来越多的批评,2002年在苏格兰被禁止,2005年在英格兰和威尔士也被禁止。

猎狐狗 foxhound 传统上为猎狐而成群饲养的两个狗品种。英国猎狐狗肩高53～64厘米,体重27～32千克;被毛短,黑色、棕褐和白色混杂。美国猎狐狗外形及大小与英国种相似,但较苗条,是美国最古老的猎狗品种,由1650年引进的英国猎狐狗培育而成。两个品种均强壮、敏捷,有多种用途,但很少作为宠物饲养。

猎狐㹴狗 fox terrier 在英格兰育成的著名狗品种,以大胆、精力充沛著称,善于把狐狸从窝里驱赶出来。有两个类型,一种皮毛卷曲,来自被毛粗糙、黑色与棕黄色相间的㹴狗;另一种皮毛光滑,祖先为小猎兔狗、灵缇、

卷毛猎狐㹴狗
Sally Anne Thompson

斗牛㹴狗及一个毛皮光滑、黑色与棕黄色相间的㹴狗品种。两个类型均活泼、体壮、嘴尖,耳折呈V形,体高37～39厘米,体重7～8.5千克,毛色以白色为主,带黑或黑棕褐花斑点。

猎户座大星云 Orion Nebula 明亮的星云,位于猎户座猎人腰带的宝剑处,用肉眼隐约可辨。距地球约1 500光年,内含数以百计群集在知名的"猎户座四边形"4个巨星周围的高热年轻恒星。这4个巨星发出的辐射使星云灼热发光。发现于17世纪初期,猎户座大星云是第一个被拍到照片的星云(1880)。

猎獾狗 dachshund 在德国用猎狗和㹴狗杂交培育的狗品种,用以深入巢穴猎獾。活泼,身体长,胸部距地面近,腿短,嘴尖,耳长,通常为红棕色或黑、黄褐相间。有两种体型:标准型和小型。有3种不同的被毛:平滑被毛、长被毛和卷曲被毛。标准型肩高18～25厘米,体重约7～14.5千克。小型者较矮,体重在4千克以下。

猎枪 shotgun 射出的多颗弹丸或铅沙弹离开枪口后向四周散开的肩荷滑膛武器。猎枪主要用于射击小型移动目标,特别是鸟类。最早的装铅沙弹的滑膛火枪是16世纪时出现于欧洲的鸟枪。19世纪80年代出现了一次能同时上多发弹药筒的猎枪。现代猎枪的有效射程约为45米。

裂谷 rift valley 由位于斜面或正常的断层间的地壳的某一段下沉而形成的长槽谷。裂谷大都是狭长的,底部相对较平。两侧阶梯状下沉。裂谷存在于大陆上,也沿着洋脊顶部存在。它们出现于组成地球表面的板块分离的地方(参阅板块构造学)。海底裂谷通常是海底扩张的中心,这里岩浆从地幔喷射而出。最广阔的大陆裂谷是东非裂谷系,其他著名的包括俄罗斯的贝加尔裂谷和德国的莱茵裂谷。

鬣狗 hyena 鬣狗科3种粗毛犬形食肉动物的统称,分布于亚洲和非洲。事实上,鬣狗与猫的关系比与狗的关系更为密切,它们每足4趾,前腿颇长,爪不能缩入,颌和牙极为有力。单独或成群出没,夜间或白天均可能活动。鬣狗以吃腐肉出名,但也会攻击活的动物。斑鬣狗又称笑鬣狗,因其叫声似悲号又似笑声,故名;分布在非洲撒哈拉以南大部分地区。毛色为浅黄或浅灰,带深色斑点;长约1.8米,包括30厘米的尾长;体重约80千克。会攻击人甚至叼走幼儿。

鬣鳞蜥 iguana 鬣鳞蜥科约30种大型蜥蜴的统称。最有名的是普通鬣鳞蜥(*Iguana iguana*),产于墨西哥南至巴西一带。体长达1.8～2.1米。栖于树上,特别是垂落水面的树木,以便受惊扰时能钻进水里。身体呈绿色,尾部有规则的棕色环形条纹。以嫩叶和水果为主要食物,但也吃小鸟和甲壳类动物。美国西南部和墨西哥的鬣鳞蜥种类包括叩壁蜥(*Sauromalus obesus*)和沙鬣鳞蜥(*Dipsosaurus dorsalis*)。可以产生微量毒液。

林波波河 Limpopo River 南非河流。发源于南非威特沃特斯兰德的鳄鱼河。沿着南非的边界流向东北,折向东南,穿过莫桑比克注入印度洋。其中游为南非与博茨瓦纳及津巴布韦之界河。全长1 800千米,但只有从印度洋海岸上溯208千米的河段可以通航。第一个到达林波波河的欧洲人是V. da伽马,1498年他把河口部分命名为圣埃斯皮里图河。

林茨 Linz 古称Lentia。奥地利中北部城市。位于维也纳西的多瑙河畔,在波罗的海通往亚得里亚海的铁路线上。原是罗马人的要塞。它是中世纪的重要贸易中心,15世纪时以集市著称。在第二次世界大战中遭严重破坏。现在是一个文化中心和开普勒大学的所在地。人口183 504(2001)。

林德 Lind, Jenny(1820～1887) 原名Johanna Maria。瑞典女高音歌唱家。18岁时成为斯德哥尔摩皇家歌剧院的歌剧女主角。1841年师从曼纽尔·加西亚(1805～1906),避免了声带过劳的伤害。她的事业后来扩展到德国,然后是维也纳和伦敦,在各地都引起轰动。她在欧洲的名声引起了P. T.巴纳姆的注意,他为林德安排了一次美国之行(称她为"瑞典的夜莺"),动用了许多现代的宣传手段。1851年她离开巴纳姆,回到欧洲唱歌,但演出次数比以前少了许多。晚年在英国生活和执教。

林德伯格 Lindbergh, Charles A(ugustus)(1902～1974) 美国飞行员,首次单独完成横越大西洋的不着陆飞行。从大学辍学考入陆军飞行学校,1926年成为航邮飞行员。他得到圣路易企业家的支持,去争取从纽约到巴黎的飞行奖。1927年他驾驶"圣路易精

林德伯格,1927年摄
By courtesy of the Library of Congress, Washington, D. C.

神"号单翼机飞行了33.5小时，立即成为美国和欧洲的英雄。1929年与作家A.门罗结婚，后来她成为林德伯格的副驾驶和领航员。1932年他们的孩子遭绑架并被杀害，这桩罪行引起了全世界的关注。他们移居英国以躲避公众的目光，1940年回到美国，由于他要求美国在第二次世界大战中保持中立的演说受到指责。在战争期间，林德伯格是福特汽车公司和联合航空公司的顾问。战后他是泛美航空公司和美国国防部的顾问，并在航空界的许多董事会和委员会中任职。1953年他写了《圣路易精神号》一书，获普利策奖。

林迪斯芳福音书　Lindisfarne Gospels　四部福音书的装饰画手抄本，7世纪晚期为诺森伯里亚王国林迪斯芳岛上隐修院而作。由埃德弗里思设计并制作，698年他成为林迪斯芳的主教。以爱尔兰-撒克逊风格进行装饰，林迪斯芳福音书（现藏英国图书馆）显示出爱尔兰、古典主义和拜占廷三方面的融合。参阅《凯尔斯书》。

林恩　Lynn, Loretta（1935～　）原名Loretta Webb。美国乡村音乐歌手。出生在肯塔基州布彻霍洛一个煤矿工人的陋屋中，13岁时结婚并在次年生下六个孩子中的老大。1960年她发行第一首红极一时的单曲《酒女》。1962年她参加"大奥普里"，并于20世纪60年代中期以风行一时的歌曲《酒醉不要回家》成为巨星之一。1970年发行信号曲《煤矿工人的女儿》；该歌名成为畅销自传与热门电影（1980）的标题。她的同母异父的妹妹克莉斯朵・盖儿（生于1951年）在唱片事业上也很成功。

林伽　linga　又作lingam。印度教所崇拜的男性生殖器像，象征湿婆神和生殖能力。林伽用木材、宝石、金属或石块制成，是印度全国湿婆神庙和家宅神龛里主要的供奉对象。对林伽的崇拜至少始于公元1～2世纪。约尼是女性生殖器像，常常作为勃起的林伽的基座，表示阴阳二性交合即存在万物的总体。信徒们用鲜花、清水、水果、树叶和稻米供奉林伽，并特别强调这些供品的纯净以及供奉人的洁净。（图见中栏上）

林伽派　Lingayat　印度教教派，以湿婆为唯一神祇。流行于印度南部。因该派男女信徒都在颈部用绳子系带小林伽像而得名。林伽派信奉单一神祇，他们视守贞专奉为一种本能以及喜爱神的观念，显然受到罗摩奴阇的影响。他们拒绝崇拜梵天，否认吠陀的权威；还反对童婚和虐待寡妇，此种立场是19世纪社会改革运动的先声。

林肯　Lincoln, Abraham（1809～1865）美国第16任总统（1861～1865）。出生在肯塔基州霍金维尔的一栋小木屋，1816年迁居印第安纳州，1830年又搬到伊利诺伊州。他曾当过店员、劈木人、邮政局长和测量员，后来加入黑鹰战争中的志愿军，成为小队长。虽然主要靠自学，却在伊利诺伊州斯普林菲尔德执律师业，并在州议会任职（1834～

林伽砂岩雕像（约900）；现藏不列颠博物馆

Reproduced by courtesy of the trustees of the British Museum

1840）。他代表辉格党当选众议院议员（1847～1849）。1849起担任巡回律师，成为全州最成功的律师之一，以精明敏锐、常识丰富、诚恳真实（人称"诚实阿贝"）而闻名。1856年加入共和党，1858年该党提名他为参议员选举候选人。在与S.A.道格拉斯的连续7场辩论（林肯-道格拉斯辩论）中，他陈言反对把奴隶制度扩展到西部准州，然而他并不反对奴隶制度本身。虽然他在道德上反对奴隶制，却不是一位废奴主义者。选战期间，林肯力图反击道格拉斯说他是一个危险的激进分子，他向大众一再保证不赞同让黑人获得政治上的平等权利。尽管他输了选举，但这些辩论却使他闻名全国。1860年他在总统大选中与道格拉斯再度对垒，结果以极大优势获胜。但是，南方反对他对准州奴隶制的主张，而在他就任之前，南方7州脱离联邦。他的整个任期都耗在随后发生的美国南北战争中。他是优秀的战时领袖，发挥了高度的指挥能力，调度全国的力量及资源致力于这场战争，并且把治国的才能和有人所说的全面指挥部队的军事天赋结合起来。然而，他废除了某些公民自由权，特别是人身保护状，他的将领又关闭了几家报纸，使民主党和共和党人，包括他自己的一些阁员感到不安。为了团结北方并影响国外舆论，他发表了《解放宣言》（1863），而《葛底斯堡演说》（1863）使战争的目标更加崇高。战事的拖延影响了北方人的决心，而他的连任选情并不乐观，但策略性的战役胜利扭转了局势，让他在1864年轻松击败G.B.麦克莱伦。他的政纲包括通过宣告奴隶制为非法的《第十三号修正案》（1865年批准）。第二次就职时，由于胜利在望，他温和地谈到重建南方并建立和谐的联邦。战争结束后5天（4月14日），他被J.W.布思枪杀。

林肯　Lincoln　古称Lindum（林杜姆）。英格兰东部城市，林肯郡首府。原为罗马要塞，公元71年前后成为退伍军人的居住地。后来处于丹麦人的统治下，中世纪时成为英格

林肯大教堂

Ray Manley-Shostal

兰主要城镇之一。1154年亨利二世给了它第一个城市特许状。为一农业区的贸易中心，并有若干制造业。有许多中世纪的建筑，包括一座大教堂（始建于1075年前后）。人口约85 616（2001）。

林肯-道格拉斯辩论　Lincoln-Douglas Debates　在1858年伊利诺伊州参议员竞选中，民主党参议员S.A.道格拉斯与共和党候选人A.林肯之间连续7次的辩论，主要针对奴隶制和其扩展到西部准州的问题进行辩论。林肯抨击道格拉斯支持人民主权论和《堪萨斯-内布拉斯加法案》，而道格拉斯则指责林肯主张种族平等，分裂联邦。最后道格拉斯虽然获连任，但林肯的反奴隶制立场和演说才华使他成为新成立的共和党里享誉全国的人物。

林肯郡　Lincolnshire　英格兰东部的郡，从亨伯河口沿着北海海岸延伸到沃什湾，首府为林肯市。史前时期就有人居住，逐渐发展成罗马人的居民点。后来盎格鲁-撒克逊人建立了林赛王国。在丹麦人建立的一些村庄里也广泛受丹麦人的影响。由于地理上的孤立，该地基本上还是一个农业区。在沿海地区旅游业已经发展。人口约646 646（2001）。

林奈　Linnaeus, Carolus（1707～1778）瑞典语作Carl von Linné。瑞典植物学家和探险家。曾在乌普萨拉大学研究植物学，并到瑞典的拉普兰考察，后来到荷兰完成医学学业（1735）。他是第一个构想出界定生物属、

林奈，肖像画，A. 罗斯林绘于1775年；现藏斯德哥尔摩瑞典肖像画收藏馆

By courtesy of the Svenska Portrattarkivet, Stockholm

种原则的人，并创造出统一的生物命名系统，即双名法。林奈的系统主要以花的构造为基础，因为花的构造在进化过程中改变不大。该系统能使学者迅速将植物归入一个定了名的类别中。林奈不仅建立了动、植物界的分类系统，还将矿物作了分类，并写了一篇论当时已知疾病种类的论文。他的手稿、植物标本和收藏品现存于伦敦林奈学会。著作有《自然系统》(1735)、《基础植物学》(1736)和《植物种志》(1753)。

林赛 Lindsay, (Nicholas) Vachel(1879～1931) 美国诗人。出生于伊利诺伊州斯普林菲尔德。年轻时在全国漫游，以朗诵自己的诗来换取食宿，试图让诗歌重新成为一般人的口头艺术形式。1913年他写了《威廉·布思将军进入天堂》，这是关于救世军创始人布思的，首次受到广泛赞誉。在他的作品里充满了强烈的节奏感、生动的想象力以及清晰的韵律，表达了热情的爱国主义、对进步民主的渴望以及对自然的浪漫主义观点。他的诗集有《为换面包而作的韵诗》(1912)、《刚果河》(1914)和《中国夜莺》(1917)。L.休斯的作品就是他发现的。晚年由于忧郁和生活不稳定，最后服毒自杀。

林璎 Lin, Maya(1959～) 美国建筑师和雕刻家。华裔移民之女。1981年在耶鲁大学的课堂作业便赢得全国性的"越南战争阵亡将士纪念碑"设计竞图，也为她带来盛名。作品是由两面黑色大理石墙组成的"V"字形，墙上刻有约58 000名在越战中阵亡或失踪军人的名字，这种抽象的设计理念曾引发众多争议。她后来设计过与"越南战争阵亡将士纪念碑"差异很大的作品，包括亚拉巴马州蒙哥马利的"人权纪念碑"(1989)、耶鲁大学内的"妇女之桌"(1993)、密歇根大学的地球雕刻(1994)。另外还有"陨蚀的时间"(1994)，一个装设在纽约市宾夕法尼亚车站天花板上非常特别的半透明时钟。

临床心理学 clinical psychology 心理学的分支学科之一，涉及精神障碍的诊断和治疗。临床心理学家通过面谈、观察和心理测验来评估病情，并应用最新的研究发现和心理学方法来诊断和治疗。大部分临床的心理学家拥有学术学位(博士学位或心理学学位)而不是医学学位(MD)，他们可以提供心理治疗，但不能给患者开药。许多临床心理学家在综合性医院或私人诊所工作，通常与精神病医生和社会工作者一同工作，为智力或躯体残疾者、犯人、瘾君子、酗酒者或老年病人服务。参阅精神病学和社会福利工作。

临界质量 critical mass 在核物理学中，裂变物质在规定条件下实现自持链式反应所需要的最小量。它的大小与所用裂变物质的种类、浓度和纯度以及周围反应系统的成分和几何形状等因素有关。

临终病人安养所 hospice 又译宁养院。专为解除临终病人身体和精神上的痛苦而设立的居所或医院。对于只能再活几个月或几周的病人，安养所提供与积极延长生命的措施不同的办法，因为后者常常只会增加病人的不适和孤独感。安养所提供的是富有同情心的和谐环境，最重要的是防止(不只是控制)身体上的痛苦，同时还为病人满足感情和精神上的需要。对门诊病人或者在病人的家里也可以提供这样的保健设施。

淋巴结 lymph node 结缔组织中淋巴组织的圆形小团块。淋巴管沿线均有分布，在特定区域(如颈部、鼠蹊部、腋下)丛生。淋巴结将细菌及其他异物从淋巴液中过滤出去，让其接触到淋巴细胞与巨噬细胞而被吞没；这些细胞对这些物质积聚的反应是繁殖，所以淋巴结在受到感染时会膨胀。淋巴结产生淋巴细胞与抗体，由淋巴液携带至整个淋巴系统。霍奇金氏病与其他淋巴瘤之中，恶性的淋巴细胞滋生，造成淋巴结扩大。癌症通常会侵袭淋巴管，从肿瘤携带细胞到淋巴结，在此滞留并发展成继发性肿瘤。因此在癌症外科手术中淋巴结被摘除以检查或预防肿瘤扩散。

淋巴瘤 lymphoma 一组恶性疾病(参阅恶性肿瘤)，常源自淋巴结或淋巴组织。通常分为两型：霍奇金氏病和非霍奇金氏淋巴瘤，每一型又可进一步细分。这两种类型都需要靠活组织检查来诊断，常取自淋巴结。非霍奇金氏淋巴瘤可分为弥漫型(扩散)或结节型(集中于淋巴小结)。一般说来，结节型比弥漫型发展慢。

淋巴系统 lymphatic system 淋巴结、淋巴管、淋巴小结所构成的系统，还包括淋巴组织如胸腺、脾脏、扁桃腺及骨髓。淋巴液借由淋巴系统循环并过滤。主要作用是使蛋白质、废弃物与体液返回给血液；太大的分子无法进入微血管，就穿透较易通过的淋巴管壁。瓣膜让淋巴单向流动，比血液缓慢，压力较低。淋巴系统也在免疫系统中起作用。淋巴结从淋巴液中过滤细菌及异物。淋巴小结通常制造淋巴细胞，形成在较常接触这类物质的区域。淋巴系统会合并成为固定存在，例如在扁桃腺之中。淋巴管的阻塞可能造成体液在组织内堆积，产生淋巴水肿(组织膨胀)。其他淋巴系统疾病有淋巴细胞性白血病与淋巴瘤。

淋巴细胞 lymphocyte 对免疫系统至关重要的一种白细胞，调节并参与获得免疫。每个淋巴细胞在表面都有受体分子，可结合成一种特殊的抗原。淋巴球有两个主要类

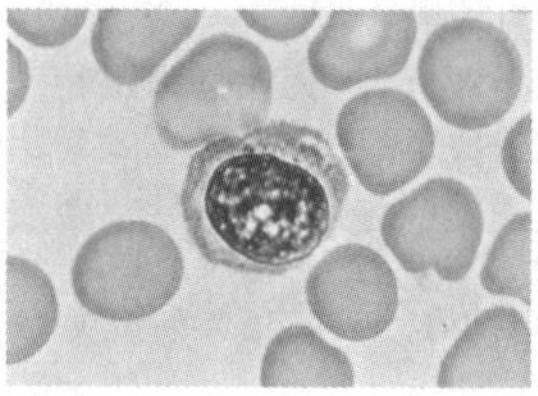

人类的淋巴细胞

Manfred Kage-Peter Arnold

型：B细胞和T细胞，两类都源于骨髓中的干细胞，然后流至淋巴组织。B细胞一旦与某一个抗原结合时，就受到刺激并增生成一个由相同细胞组成的无性繁殖系，其中一些B细胞在辅助性T细胞的作用下会分化成分泌抗体的浆细胞。其他的细胞(记忆细胞)会增生，提供长期的免疫力给抗原。

淋巴液 lymph 浸浴组织的无色液体，可维持其液体平衡，并把组织中的细菌带走。淋巴液经由血管和脉管在锁骨下的静脉进入血液系统，主要靠周围的肌肉运动驱使他们前进。淋巴器官(脾脏和胸腺)和淋巴结过滤淋巴液从身体组织带来的细菌和其他粒子。淋巴液包含淋巴细胞和巨噬细胞，它们是人体免疫系统中最主要的细胞成分。

淋巴组织 lymphoid tissue 组成免疫系统的细胞、组织和器官，包括骨髓、胸腺、脾脏及淋巴结。其中结构最为完备的是胸腺和淋巴结。结构最小的分散在连接多数身体系统的黏膜下的疏松结缔组织里，它们在这里对抗原做出反应而形成淋巴小结(局部的淋巴细胞生发中心)。最普通的淋巴组织细胞是淋巴细胞，其他则是巨噬细胞，它们吞噬异物，也可能改变异物的抗原性，从而启动免疫反应；还有网状细胞，形成纤维细网，组成多数淋巴器官的构架。参阅淋巴系统。

淋病 gonorrhea 由淋球菌(即淋病奈瑟氏球菌)引起的性传播疾病，伴有生殖泌尿道炎症。男性患者的最初症状为排尿时有烧灼感及尿道有脓性排出物，若不治疗则感染常蔓延至尿道上部、膀胱颈部，偶见尿血。女性患者的早期症状多极轻，可出现少量阴道分泌物，伴烧灼感；并发症(严重时会蔓延至子宫颈前部)出现前或与之性交的男性受染前，患者或医生往往未疑及该病。淋病在全世界普遍分布，但许多病例并未上报。因青霉素疗效甚佳，发病率一度普遍下降，但由于淋病奈瑟氏球菌对青霉素的耐药性逐渐增加，现又有上升趋势。病死率极微，多能自愈，但常造成不育。青霉素会掩盖同时存在的梅毒(因治愈淋病的药量不能治愈梅毒)。

磷 phosphorus 非金属化学元素，化学符号P。原子序数15。其普通的同素异形现象为"白磷"，是无色有毒、半透明和柔软的蜡

状固体,在黑暗中可发光(磷光暴置于空气中可自燃,形成白色浓烟状的氧化物;用于灭鼠剂和军用烟幕。热或日光将其转化为“红磷”,一种紫罗兰红色的粉末,不会发出磷光也不会自燃。红磷的反应性和溶解力不如白磷强,用来生产其他磷的化合物和半导体、化肥和安全火柴。将白磷在压力下加热产生“黑磷”,和石墨一样薄。磷在自然界中很少单独出现。以磷酸根离子的形式存在的磷数量很多,分布广阔,在磷灰石、磷块岩和很多其他矿物中都存在。磷在化合物中的化合价为3或5,工业用途很多。磷化氢(PH_3)是一种化学原料,也是固态电子化学物的掺杂剂。有机磷化学物用作可塑剂、汽油添加剂、杀虫剂(如巴拉松)和神经毒气。

磷虾 krill 磷虾亚目的甲壳动物,由栖息在公海域的似虾动物组成。该词也指磷虾亚目磷虾属的动物,有时专指南极磷虾(*E. superba*)一种。磷虾类长8～60毫米,已知有82种。多数在身体下侧有生物发光器,在夜间可见。它们是许多鱼类、鸟类和鲸(特别是蓝鲸和鳍鲸)的重要食料。磷虾大量于夜间出现在海洋表层进食,并在2 000米以下深处集结成大群。由于数量庞大,营养丰富(尤其可提供大量维生素A),被认为是人类潜在的食物来源。

鳞翅目昆虫 lepidopteran 鳞翅目所有种昆虫的统称(希腊语意为“鳞状的翅膀”),约15.5万种以上,包括蝴蝶、蛾、弄蝶。鳞翅这个名字指的是覆盖在这类昆虫翅膀上的细小鳞片。以细小的喙吸取汁液为食。鳞翅类几乎均为植食性,除南极外,各洲均有分布。雌虫单次产卵的数目从少数到1 000多个。所有鳞翅类需经过完全变态的过程。许多种类能由一个地区迁徙至另一地区,甚至飞越数千英里的海洋,但真正的迁徙者为王蝶,每年往复迁徙一次。

鳞茎 bulb 植物学上指某些种子植物,尤其是多年生单子叶植物的处于休眠阶段的变态茎。鳞茎包括较大且通常为球形的地下芭芽和伸出地面的短茎,膜质或肉质的叶互相重叠,从短茎上生出。鳞茎的肉质叶用以储存养分,可以使植株在缺水时(如冬季或干旱时)处于休眠状态,当条件有利时又恢复生机。鳞茎主要有两种类型,一种类型以洋葱为代表,肉质叶外覆以纸样的薄膜以资保护;另一种类型见于真正的百合,贮藏叶裸露,无纸样薄膜覆盖,外观似由许多有棱角的鳞片构成。许多普通观赏植物,如水仙属、郁金香和红锆石,能于有利的生长条件下在早春迅速开花。另一些具鳞茎的植物,如百合,在夏天开花;或如秋水仙属(或秋番红花),在秋天开花。番红花属和唐菖蒲属的固体球茎以及某些鸢尾属的长形根状茎都不是鳞茎。

灵薄狱 limbo 在天主教中指天堂与地狱之间的区域,那些不曾判罚但又无福与上帝共处天堂的灵魂在此居住。这个概念可能是在中世纪发展出来的。认为有两种不同的灵薄狱:列祖灵薄狱和婴儿灵薄狱。前者是幽禁《旧约全书》中诸圣的地方,直到耶稣“降临地狱”时解救他们。婴儿灵薄狱是那些虽然无罪,但原罪尚未经洗礼清除,或者心智尚未健全而自由意志受限的婴儿的居所。如今,天主教教会淡化了这个概念的含义,它已不是教会的正式教义。

灵歌 spiritual 北美洲白人与黑人的民间音乐,一种用英语歌唱的民间赞美诗。白人灵歌来源多样,主要源于至少为17世纪中期“逐句吟唱”的圣歌。在会众不会读诗篇的地方,由一位领唱者带有音调地吟唱其词句,一次一行,会众每唱一行诗就换一个熟悉的音调;缓慢吟唱的曲调用经过音、回音和其他倚音加以装饰。另一个来源是颂唱赞美诗,设定为借来的旋律常借鉴世俗的民间曲调。野营布道会与奋兴运动的特征是自发性的群众歌唱,采用呼应的形式和修饰过的旋律。主题有“回到希望之乡”、“击败撒旦”、“战胜罪恶”;典型的叠句是“流吧,约旦河”和“荣耀哈利路亚”。这些歌曲在与外界隔绝的地区用口授的方法保存下来,也存在于使用(图形记谱赞美诗集歌曲中。黑人灵歌部分从白人的乡村民间赞美诗发展而来,但在音质、声音效果、节奏和节奏性伴奏类型方面大为不同。黑人灵歌不仅是宗教礼拜歌曲,也是劳动歌曲,常反映出具体的任务。和白人福音歌曲一样,现代黑人福音歌曲也起源于灵歌。

灵魂 soul 通常指人的非物质方面或人的本质,人活着时和身体联系,死后离开躯体。关于灵魂的概念几乎在所有的文化和宗教中都有记载,尽管解释不相同。古埃及人相信有双重灵魂,一个守候在尸体附近,另一个前往阴间。早期希伯来人并不认为灵魂和肉体有别,但后来的犹太作家察觉人的肉体和灵魂是不同的。基督教神学采用希腊灵魂不死的学说,并补充上帝创造了灵魂并将其作为概念灌入身体。在印度教中,每个灵魂或我,都是在时间开始时产生的,都被囚禁在现世的肉体中,死亡后依据业的学说进入新的肉体。佛教否定灵魂的说法,认为任何关于自身的感觉都是虚幻的。

灵力 wakan 在某些美洲印第安部落中,一种属于某些自然物体、人、马匹及天国和人间现象的超自然来源的精神力量。灵力可以为善,也可以作恶。灵力神是颁赐灵力的永生的超自然力;他们也兼行善恶,但都喜好音乐并喜吸旱烟。灵力的概念与马那的概念类似。酒可能有灵力,毒草与爬虫类也可能有灵力。

灵猫 civet 灵猫科多种体长、腿短的食肉动物的统称。约有15～20种,分布于非洲、欧洲南部和亚洲。外形似猫,尾毛密厚,耳小,吻尖。毛色各异,通常为淡黄或淡灰色,带有黑色斑点或条纹,或兼具斑点和斑纹。体长约40～85厘米,尾长13～66厘米不计在内,体重1.5～11千克。肛腺在尾下开口,通向一大囊,其中积蓄一种油腻的、似麝香的分泌物,称为灵猫香,用以标记领域。有

非洲椰子猫(*Nandinia binotata*)
Robert C. Hermes from the National Audubon Society Collection/Photo Researchers-EB Inc.

些灵猫香可制成香水。灵猫通常独居,以小动物和蔬菜为食。有5种可能濒临灭绝的危险。

灵巧炸弹 smart bomb 一种带有能将飞行轨迹导向目标的制导系统的炸弹。由弹翼或尾翼驱动,听从制导指令而活动。制导系统可以是电光、激光或红外线。电光传感器把目标区图像传送给空勤组的一位成员,此人将炸弹跟踪目标锁定或者全程作主动导引,直至击中目标。激光制导炸弹则跟随由另一激光源瞄准照射在目标上的激光的反射光。红外线制导是对目标发出的热的反应。灵巧炸弹的功能远比第二次世界大战中的技术更有效,在越南战争中曾被广泛使用。

灵猩 greyhound 又作 grayhound。一种跑得最快的狗,最古老的品种之一,其历史可追溯到公元前约3000年的埃及。长期用作贵族的象征。头狭,颈长,胸厚,后肢长而肌

灵猩
Sally Anne Thompson

肉发达,尾细长。被毛短而平滑,毛色多种。肩高64～69厘米,体重27～32千克。灵猩体细长而强壮,奔跑速度每小时可达约72千米。靠视力行猎,主要用于追捕野兔,但也能用以猎鹿、狐和小型猎物。灵猩也常常用来进行赛跑运动。

灵乐 soul music 一种主要由黑人音乐家所表演及歌唱的美国大众音乐形式,其源于福音音乐及节奏与布鲁斯。此名称在20世纪60年代第一次被使用来描述熔节奏布鲁斯、福音、爵士乐、摇滚乐于一炉,以及强调感觉强度和朴实无华的音乐。最早,灵乐多见于美国南方各州,但是许多演唱它的年轻歌手移居到北部的城市。底特律车城唱片公司以及在孟菲斯市斯塔克斯-沃尔特公司的成立,大大鼓励了这种形式的音乐。最受欢迎的表演者包括J. 布朗、R. 查尔斯、S. 库克以

及 A. 富兰克林。

灵长类 primate 泛指灵长目动物中的300多个种,包括猴、猿、人和其他。灵长类因具有下列一项或多项特征而与其他哺乳动物有所区别:未特化的构造、特化的行为、鼻口部短、嗅觉较差、手足善于抓握、指(趾)甲扁平、无爪、视觉敏锐、双眼向前直视、脑的体积较大和长时间的出生前或出生后的发育。绝大多种类哺育1个幼仔并居住在由雄性领头的群体中。灵长目是地球上哺乳动物中最多样的目之一,包括狐猴(在6个科中有70多个种)、懒猴(在一个亚科中有3个以上的种)、眼镜猴(在1个科中有6个以上的种)、新大陆猴(在5个科中约有近100个种)、旧大陆猴(在1个科中有100多个种)、猿和人(在2个科中约有20个种)。已知最早的灵长类动物的化石大约在6 000万年以前。

铃鼓 tambourine 小型框鼓。用一面皮钉或粘在圆形或多角形的扁框上,鼓上面常系着铃铛、球铃或响弦。一只手拿住鼓,用另一只手拍击,或只是晃动。古美索不达米亚、希腊和罗马使用铃鼓,特别是在宗教仪式上。长期以来一直在中东民间和宗教中占有突出地位。13世纪十字军战士把铃鼓带到欧洲。

菱 water chestnut 菱科菱属(*Trapa*)几种一年生水生植物的统称。原产于欧洲、亚洲和非洲。坚果有角状突起,可食,亦称菱。欧菱(*T. natans*)沉水叶长,根状,革质;浮水叶呈松散莲座状,叶柄长5～10厘米,常具4个刺状角。英语 Chinese water chestnut (*Eleocharis tuberosus*)则指莎草科的荸荠。

羚类 antelope 偶蹄目牛科多种草食兽类的统称。体细长优美,行动敏捷,栖于平原。北美叉角羚有时亦称羚羊。多分布于非洲,其余(除北美叉角羚外)分布于欧亚大陆。肩高25～175厘米不等。雄兽具独特的向后弯曲的角,雌兽有时亦有角。参阅黑斑羚。

羚羊 gazelle 羚羊属多种动物的统称。分布范围从蒙古向西到非洲北部大西洋沿岸,以及整个非洲东部和中部赤道地区。肩高60～90厘米。通常约5～10只成群,但一

汤姆森氏羚(*Gazella thomsoni*)
E. R. Degginger

群也可能有数百只。一般为深浅不同的褐色,腹部和臀部白色,许多种沿身体两侧有一水平黑色条纹,面部两边也有从上到下的浅色条纹。角的长度有短的,也有中等长的,角上有许多凸起的环形圈,形状各有不同,但在末端都会稍微朝上弯。有些种类已被列为濒危动物。

领地 fief 在欧洲封建社会里,这是封臣以服役作为交换条件从他的领主手中得来的土地,为他收入的来源。它通常由附有若干隶农的土地构成。土地能养活封臣并使之能为领主效骑士之劳。土地之外,荣誉、职司及财物租金也以采邑或领地形式颁发或偿还。

领海 territorial waters 一个国家主权范围内的海域,包括与一个国家海岸毗连的海域和内海。领海的概念从17世纪对海域所处地位的争论演变而来。一方面,海域被认为是公开的,另一方面,国家对其领海的管辖权也得到了承认。赞成海洋法的国家把领海的宽度规定为距离海岸12海里(22千米)。领土权包括这些海域的上空和下面的海床。

领路狗 guide dog 又称 Seeing Eye dog(代目狗)或导盲犬。经过专门训练能引领和保护盲人的狗,也被用来帮助有听力障碍和行动受限制的人。第一次世界大战期间首先在德国系统地训练领路狗,以帮助失明的退伍军人。近1岁的狗需经3～4个月的训练。最常用的品种是寻猎物狗和德国牧羊狗。

领养 adoption 把未成年人的生物父母的权利和责任转给其他人的行为。自古即有领养制,而且每个文化都有这种现象。传统上,男子继承是古代领养制的主要目的,被领养者大多是男性,有时还是成年人。现代有关领养的法律和风俗的目的,在于促进儿童福利和家族的繁衍。20世纪末,儿童人数的减少有助于合法领养的推动,在成人和小孩的年龄差异、收入水准、母亲在外工作、跨宗教和种族的限制等方面都已放松条件。单亲和同性恋人领养也已渐渐被接受。

令状 warrant 法律术语,指授权某人完成某种行为或执行某项公务的书面凭据。除法律和法令准许无证逮捕的情况外,持有逮捕证的逮捕方为合法。逮捕证根据控诉人的要求发出,控诉人必须提出一份附誓证明,开列充分事实说明犯罪已经发生以及被告正是有罪的当事人。传闻和凭情报或主观信念而陈述的事实,一般不能作为发出逮捕证的充分依据。颁发搜查令,必须具体说明所要扣押的财产或者所要搜的地点,非司法令状包括税收令(授权征收税)以及土地证(公地地块持有人作为转让凭据)。

令状 writ 普通法中指法院以主权机构的名义签发的要求完成某一特定行为的命令。现代最普遍的令状有用来开始诉讼的传票等。另外一些令状有用来强制执行法院的判决(扣押财产、给付)的,有要求下级法院提供案卷(调审令)或完成某一行为(履行职责令)的。令状的起源可追溯至盎格鲁-撒克逊诸王时代,主要用来授予土地。

刘别谦 Lubitsch, Ernst(1892～1947) 德裔美国电影导演。1911～1914年参加M.赖恩哈特的德国剧团演出,并在一些喜剧电影短片中饰演角色,后转向执导一些古装片,这些古装片是德国最先在国外放映的影片,其中包括《激情》(1919)、《骗局》(1920),以及《法老之妻》(1921),还有像《木偶新娘》(1919)和《牡蛎公主》(1919)等喜剧。1923年移居好莱坞,在一些成功的喜剧,如《婚姻同期》(1924)、《璇宫艳史》(1929)《天堂里的烦恼》(1932)、《妮诺契卡》(1939)、《街角小店》(1940)、《活下去,还是不活》(1942)以及《天堂可以等待》(1943)等影片中形成了著名的"刘别谦式风格",即妙趣横生、含而不露的叙事手法。

刘易斯 Lewis, C(larence) I(rving)(1883～1964) 美国逻辑学家。主要在哈佛大学任教(1920～1953)。其中最著名的著作是《心理和世界秩序》(1929)、《符号逻辑》(1932)、《知识和价值的分析》(1947)和《权利的基础和性质》(1955)。他认为,只有在存在着错误可能性的地方才可能有知识。他在认识论中的观点体现了经验主义和实用主义的综合。

刘易斯 Lewis, (Frederick) Carl(ton)(1961～) 美国田径运动员。1980年入选美国奥运代表队却没能参加比赛,因为美国抵制当年的莫斯科奥运会。在1984年的奥运会中,他赢得男子100米、200米、跳远和400米接力4块金牌。在1988年的奥运会中,他拿下跳远金牌(成为第一位卫冕成功的选手)和100米的金牌,以及200米的银牌。1992年再度成为跳远冠军并夺得400米接力(末棒)金牌,1996年又以跳远四连冠震惊世人。1997年退役。

刘易斯 Lewis, C(live) S(taples)(1898～1963) 英国学者和作家。先后任教于牛津大学(1925～1954)和剑桥大学(1954～1963)。他的许多书都是关于基督教辩惑学的,最著名的《斯克鲁塔普书简》(1942),是一本讽刺性的书信体小说,讲的是一个经验丰富的魔鬼指导他所管的年轻人如何使用诱骗手段。还有知名的《纳尔尼亚纪事》(1950～1956),这是包含7篇儿童故事的系列(包括《狮子》、《女巫》和《衣柜》),这些故事已成为幻想文学的经典之作。一套科幻小说三部曲,其第一部是《来自沉默的行星》(1938)。刘易斯关于中世纪和文艺复兴文学的评论作品《爱情的寓言》(1936),常被认为是他的最伟大的著作。

刘易斯 Lewis, Lennox(1965～) 全名 Lennox Claudius Lewis。英国拳击运动员。1989年在英国开始他的职业生涯。1992年赢得世界拳击理事会(WBC)重量级拳王的头衔,1994年卫冕失败,1997年又夺回拳王宝座。1999年与当时的世界拳击协会(WBA)和国际拳击联盟(IBF)双料冠军E.霍利菲尔德对战,结果是颇富争议的不分胜负。同年双方重赛,刘易斯胜出,成为无可争议的世界拳王(由于牵涉到委任拳赛方面的争议,刘易斯后来被拿掉 IBF 和 WBA 的头衔,但仍保留 WBC 拳王称号,拳击界中许多

人士也依然认为他是无可争议的世界拳王)。2002年与美国的M.泰森对战时,刘易斯在第八回合将他击倒。

刘易斯 Lewis, Matthew Gregory(1775～1818) 英国小说家和剧作家。他的哥特小说《僧人》(1796)取得惊人的成功,为他赢得"僧人刘易斯"的绰号。书中的恐怖、暴力和色情虽受到普遍的谴责,但仍被人们贪婪地阅读。刘易斯还以同样的风格写了一部通俗音乐剧《古堡魅影》(1798)。1812年继承了在牙买加的一笔巨额遗产,他两次航行到岛上去查究他土地上的奴隶们所受到的待遇。最终他死于海上。《西印度群岛一个农场主的日记》(1834)证实了他的仁慈而慷慨的态度。

刘易斯 Lewis, Meriwether(1774～1809) 美国探险家。出生于弗吉尼亚州夏洛茨维尔,曾在军队里服役,1801年成为T.杰斐逊总统的私人秘书。杰斐逊选他率领探险队进行第一次直抵西北部太平洋沿岸的横越大陆的考察,包括路易斯安那购地的区域。在刘易斯的请求下,任命W.克拉克与他一起指挥。刘易斯和克拉克远征804～1806)的成功主要归功于刘易斯的充分准备和能力。结果,他和克拉克每人都得到1 600英亩土地的奖赏。1808年任路易斯安那准州州长。他在前往华盛顿的途中,死在一家小旅馆里,可能被谋杀,也可能是自杀。

刘易斯 Lewis, (Harry) Sinclair(1885～1951) 美国小说家和社会评论家。曾当过记者和杂志撰稿人,1920年出版的小说《大街》使他一举成名,《大街》描写了中西部的

S.刘易斯
The Granger Collection

风土人情。他的其他受欢迎的讽刺性小说戳破了中产阶级的自满情绪,其中包括《巴比特》(1922),严厉批判了那些庸俗市侩的商人;《阿罗史密斯》(1925),探讨了医学专业问题;《埃尔默·甘特利》(1927)抨击了一种基本教义派宗教;《多兹沃思》(1929)描写一对富有的美国夫妇游历欧洲的故事。1930年获得诺贝尔文学奖,是第一个获此奖项的美国人。后来的小说有《卡斯·廷伯兰》(1945)。晚年声誉下降,大部分时间居住在国外。曾与D.汤普森有过一段婚姻(1928～1942)。

刘易斯 Lewis, (Percy) Wyndham(1882～1957) 英国艺术家和作家。漩涡主义的创始人和主要倡导者,1914年创办名为《疾风》的漩涡画派评论杂志,但不久停刊。1918年发表他的第一部小说《塔尔》。《悼婴节》(1928)之后是长篇讽刺小说《上帝的猢狲》(1930)和《爱情的复仇》(1937)。20世纪30年代创作了一些他最著名的画作,包括《巴塞罗那的投降》(1936)。他还写过散文、短篇小说和两本受称赞的回忆录。20世纪30年代由于拥护法西斯主义而弄得声名狼藉,后来他放弃了这种信仰。

刘易斯和克拉克远征 Lewis and Clark Expedition(1804～1806) 美国首次横越大陆抵太平洋沿岸的往返远征考察活动,由M.刘易斯和W.克拉克领导。为T.杰斐逊总统所发起,目的是寻找一条横越大陆通向太平洋的路线,记录新的路易斯安那购地考察活动。大约有40名精通各行各业的能手参与,于1804年离开圣路易斯。他们溯密苏里河而上,抵达现在的北达科他州,在那里修筑了曼丹堡(后来的俾斯麦),在曼丹苏人中过冬。翌年春离开,雇用了T.夏博诺和他的印第安妻子萨卡加维亚作向导和翻译。他们穿过蒙大拿州后,骑马越过大分水岭而来到克利尔沃特河的源头。他们自制木舟,顺流而下,进入斯内克河,抵达哥伦比亚河口,在那边建克莱索普堡(后来的俄勒冈州的阿斯托里亚)越冬。远征队一度分开后又重新聚集,乘独木舟顺密苏里河而下到达圣路易斯,1806年抵达时受到热烈欢迎。远征路上只有一名成员死亡。刘易斯和其他人的日志记录了印第安人的部落、野生动植物和地理信息,大大消除了人们对这条通向太平洋的便捷水路所怀有的神秘感。

留兰香 spearmint 唇形科芳香草本植物,学名为*Mentha spicata*。庭园中常见的薄荷,广泛用于烹饪中。穗状花序疏松渐狭,淡紫红色的花似胡椒薄荷。尖锐锯齿状缘的叶片可(鲜或干)用于多种食品的调味。芳香和味道均似胡椒薄荷,但较淡。原产欧亚,已在北美归化。

留尼汪 Réunion 西印度洋马斯克林群岛的岛屿和法国的海外省。位于马达加斯加以东684千米,长约65千米,宽约50千米。地形主要是被奔流的江河切割的崎岖山地。大部分人口都是混血的后代,主要是非洲人后裔。17世纪时法国人在此定居,他们从东非带来奴隶为他们种植咖啡和甘蔗。1946年以前一直是法国的殖民地,之后成为法国的一个海外省。经济基础几乎完全靠蔗糖的出口。其他产品包括肉类、乳制品、朗姆酒、糖蜜、烟草、天竺葵香精和香子兰。首府圣但尼。面积2 520平方千米。人口约851 000(2013)。

流产 abortion 胎儿发育到能独立生存阶段之前被分娩出子宫外的过程。流产可自然发生,称自然流产。人工流产(或称堕胎)是人为刻意干扰胎儿生长,其目的大致有下列几种:为挽救母亲的生命或维护其健康;中止因强奸或乱伦造成的妊娠;预防生出有严重畸形、精神缺陷或遗传异常的胎儿或因为母亲认为她目前无法抚养孩子。在怀孕数周内服用药物RU 486,可以引发流产。大约在怀孕满19周之前,则可注射盐水或激素(荷尔蒙)来引发子宫收缩,排出胚胎。在4个月至6个月期间或稍后可使用子宫切开术,手术移除胚胎。扩张及吸引是半生产性流产,这项极受争议的医疗方式通常于怀孕第三期时使用。在历史上,社会是否接纳流产为控制人口的一种手段因时因地而异。在古希腊罗马时代,流产似乎是一种很常见且为社会所接受的节育方法,但基督教神学家早就激烈谴责流产。中世纪时,欧洲普遍接受人工流产的观念。到了19世纪以后才普遍以重罚来阻止人工流产,但在20世纪时这些处罚在许多国家中又作了修正。1973年美国最高法院在"罗诉韦德"案中裁定在怀孕3个月内做人工流产手术是合法的,其后几十年间,就人工流产是否合法,在支持者和反对者间一直有激烈的争论。1995年诺玛·麦科维,上述案件中的"珍·罗",一反她先前的立场,宣称不再支持堕胎权。

流出 fayd 伊斯兰教哲学名词,指真主产生万物的过程。《古兰经》中已不用此词,但法拉比和阿维森纳等穆斯林哲学家在新柏拉图主义的影响下认为,创造世界是渐进的过程,由于真主过于丰盛,于是流出世界。创造世界的过程是从最完善的境界,即真主,通过灵魂的世界,逐步趋向最不完善的境界,即物质世界。11世纪时加扎利反驳这种理论。

流动劳工 migrant labor 从一个地区迁徙到另一个地区提供劳力的无特殊技能的工人,以从事临时性的工作(通常是季节性的)为主。在北美洲,流动劳工常受雇于农业,并按照收获季节进行南北迁移。在欧洲和中东地区,流动劳工则常常在都市干活而不是从事农业劳动,并因此要求较长时间的固定居住环境。流动劳工的劳动力市场通常很混乱,剥削也很严重。许多工人都是由包工头组织起来劳动并发放工资。劳工的工时通常很长,工资低廉,工作条件恶劣,居住水准低下。在一些国家(尤其是印度),童工也常见于流动劳工中。即使在美国,这些不干活的儿童往往也得不到教育,因为学校的大门只对当地居民的孩子开放。愿意接受这些雇佣条件的工人是被国内更恶劣的条件逼出来的。尽管在美国已建立一些流动劳工的工会,但劳动力的组织仍因流动性高、文盲多以及不积极参与政治而变得很艰难。参阅C.查维斯。

流放地 penal colony 为了用强制劳动和与世隔绝的办法来惩罚罪犯而在偏远地区或海外设立的场所。这类流放地多数是由英国、法国和俄国人发展起来的。美国独立战争爆发之前,英国曾将罪犯遣送到美洲殖民地;澳大利亚从开始殖民起到19世纪中期一直是流放地。法国流放地法属圭亚那因其毫无人性而恶名昭彰,魔鬼岛直到第二次世界大战(1939～1945)期间还在使用。俄国流放地西伯利亚是在沙皇统治时期建立起来的,但在斯大林时代才被广泛使用。多数流放地以其刑罚残酷、食物不足而臭名昭著,如今多数已被废除。

流浪 vagrancy 一个人没有职业，也没有可靠的或合法的谋生手段，到处游荡的行为。在美国，警察和检察官根据反流浪的法律，制止流浪行为的范围很广。现在大多数这种法律因措辞模糊，违反宪法已被取消，因而流浪已经基本合法。

流浪汉小说 picaresque novel 早期的长篇小说形式，通常采用第一人称叙事，主人公是流浪汉或出身卑微的冒险者（西班牙语作picaro），故事记述主人公四处流浪、出入不同社会环境中求生的冒险故事。流浪汉小说开始于西班牙，其原型为阿莱曼的《古斯曼·德阿尔法拉切的生平》（1599）。18世纪中期以前出现于欧洲不同的文学作品中，但后来现实主义小说的出现导致了流浪汉小说的衰败。由于这类小说可以进行讽刺，以歹徒为题材的小说丰富了许多后来的小说，如N.果戈理的《死魂灵》（1842）、马克·吐温的《赫克贝里·芬历险》（1884）、T.曼的《骗子菲利克斯·克鲁尔的自白》（1954）。

流沙 quicksand 指饱含水的沙失去其支撑能力而具有流体性质时所处的状态。流沙通常见于大河流的河口以及沿河流或海滩平坦地段的洼坑里。水坑被沙部分地充填，沙下面的一层黏稠的黏土或其他致密的物质妨碍排水。沼泽中，沙、泥和植被的混合物常常起着真正流沙的作用。任何沙，只要它的重量由隙间的水承担了，都会成为流沙。这种沙只要有脚步之类引起的微微的扰动，就足以使那种松散的构造瓦解而造成“流动”状态；但由于这种沙和水的悬浮液密度超过人体的密度，所以人体不会沉到表面以下。如果挣扎就可能导致失去平衡而被淹死。

流体 fluid 当静止时不能承受切向力或剪力，而当受到这类应力时，会发生持续变形的任何液体或气体。被压缩的流体会产生一个向外的压力，无论在哪一点，它都与容器表面相垂直。理想的流体没有黏性，但真正的流体并非如此。

流体静力学 hydrostatics 物理学的一个分支，研究静止流体，特别是流体的压力，即由流体（气体或液体）施加于浸没在其中的物体之上的压力。在应用上，流体静力学的原理可用于有关深水（压力随水深增加）和高空大气（压力随高度而降低）的各种问题。

流血星期日 Bloody Sunday（1905） 1905年在圣彼得堡发生对和平示威群众的大屠杀，标志着俄国1905年革命的开始。加邦（1870～1906）神父企图将工人们要求改革的请愿书直接呈交尼古拉二世，安排了一次向冬宫的和平游行。警察向示威群众开枪，打死100多人，打伤几百人。这次大屠杀引起一连串其他城市的工人罢工、农民暴动和军队的士兵哗变。“流血星期日”也用来描述发生在爱尔兰都柏林的一场屠杀（1920-11-21），11名英格兰人被杀，爱尔兰共和军怀疑他们是间谍；爱尔兰王室警吏团采取报复行动，在一场足球比赛中袭击观众，死12人，伤60人。“流血星期日”还指在德里发生的事件（1972-01-30），在一次民权游行中，英国士兵杀害了13名游行者，据说是游行群众先向这些士兵开枪。

流星 meteor 又作shooting star或falling star。当石质或金属物质的粒子或小团块进入地球大气并因摩擦力而汽化时，在天空中出现的光迹。有时也指落下的物体本身，确切地称呼其为流星体。大多数流星体的速度是音速的5倍多，而绝大多数都在高层大气中烧尽，只有较大的流星体才可能残留其炽热的星体冲过大气掉落地球表面而成一个固体（陨石）。参阅流星雨。

流星雨 meteor shower 进入大气层的许多流星体（参阅流星）沿相互平行的轨迹滑过，通常延续几个小时或几天。大多数流星雨来自彗星进入太阳系内时释放的物质，并且当地球每年穿过彗星轨道时定期出现。流星雨的名称通常取自该流星雨射出方向的星座（如狮子座流星雨）或星星的名称。大多数流星雨每小时可见几十颗流星，但偶尔地球会穿越更密集的流星体。如1833年的狮子座大流星雨，当时整个北美一夜之间就可看见数以10万计的流星。

流行病学 epidemiology 医学科学的一个分支，其研究对象为疾病在人群中的分布及决定这种分布的因素，其方法以统计学为主。它所关注的是人群而不是个别的人，常出于一种历史观点。描述性流行病学用人口统计学方法来调查受疾病影响人群的分布（如按年龄、性别、种族、职业），并连续观察，以测定其在不同地区的发生率和死亡率的变化；协助辨识新的综合征，或者找出在疾病与危险因子之间尚未被认识的关联。分析性流行病学研究用来检验描述性调查或实验室观察所得出的结论。流行病学有关疾病的数据被用来找出高危群体，提供疾病病因，提出预防方法，并计划新的保健措施。

流行性感冒 influenza 又作flu或grippe。上呼吸道或下呼吸道的急性病毒感染。A型（最常见）、B型和C型流行性感冒病毒的症状类似，但感染一种病毒或免疫注射一种病毒疫苗后不能对其他病毒免疫。突发寒战、疲劳、肌肉酸痛；体温迅速升至38～40℃，头部、肌肉、腹部和关节疼痛有时伴有咽喉痛。3～4天后，病情逐渐好转；但呼吸道的症状却变得更加明显。卧床休息、大量服水、用阿司匹林和其他解热镇痛药是标准的治疗方法。A型的流行周期是2～3年；B型4～5年；在世界上的传播大致呈波浪状。流行性感冒死亡率低，但少数的大爆发，如1918～1919年流行性感冒大流行死亡率很高，多数人死于肺炎和支气管炎。

流行性腮腺炎 mumps 又作epidemic parotitis。急性病毒性传染病，特征为唾液腺炎症性肿胀。常在5～15岁少儿中流行。最早的症状为低热、畏寒，随即耳前腮腺部位肿胀、发硬，肿胀常为两侧性。肿胀迅速蔓延至颈部及颌下。疼痛轻，不发红，但咀嚼及吞咽困难。青春期后的患者偶见其他腺体遭受感染，但通常并不严重。睾丸可能萎缩，但因此不育则少见。常伴发脑和脑脊膜的炎症，但痊愈机会极大。流行性腮腺炎本身无须治疗，一旦感染通常便终生免疫。可以通过注射疫苗方式预防。

流行音乐 popular music 广泛流行于文化、科技发达社会中的都市化大众音乐。与传统的民间音乐不同，流行音乐一般由专业人士创作，而且一般不会在流传过程中发生变化。历史上，流行音乐指的是除民间音乐之外一切广泛流行的音乐，包括中世纪吟游诗人所吟唱的歌曲，以及从专属于少数精英群体的艺术音乐衍生出并广泛流行的音乐。工业革命后，真正的民间音乐开始没落。维多利亚时代和20世纪早期的流行音乐主要是指歌舞杂耍演出中的音乐，以华尔兹音乐和轻歌剧为主要形式。在美国，此时的流行音乐体现为由白人模仿为黑人而表演的滑稽说唱音乐，主要创作者以S.福斯特为代表。19世纪90年代，“廷潘胡同”作为流行音乐唱片产业聚集的地方，成为流行音乐的代名词。廷潘胡同音乐将抒情与欧洲轻歌剧相结合，发展出音乐剧的表演形式，风靡近半个世纪。受19世纪90年代雷格泰姆音乐的影响，非洲裔美国人将非洲音乐的即兴切分与欧洲古典音乐相结合，最终产生出爵士乐。科技的发展使得流行音乐的受众开始壮大。到1930年，留声机唱片已取代乐谱，成为记录音乐的主要形式。传声器则可以用更直接的方式将流行音乐进行商业推广。覆盖乡村的无线电广播又推动了新音乐形式的产生，以乡村音乐为代表。第二次世界大战之后的几十年来，美国的流行音乐成为世界流行音乐的主流。到20世纪50年代，随着非洲裔美国人向北方城市迁移，布鲁斯音乐与快节奏的爵士乐的相互碰撞，产生了节奏与布鲁斯音乐。以猫王为代表人物的摇滚乐起源于节奏与布鲁斯音乐和乡村音乐，同时也受到其他音乐形式的影响。20世纪60年代，英国摇滚乐队开始风靡世界，以甲壳虫乐队为代表。摇滚乐迅速受到西方青少年的追捧，青少年群体逐渐取代青年群体，成为流行音乐的主要受众。从20世纪60年代末期开始，车城唱片公司主打黑人流行音乐，风格经典，吸引了大量受众。90年代的流行音乐以摇滚乐为主，并衍生出多种新形式，如迪斯科、重金属音乐、朋克摇滚乐和说唱乐。随着这些音乐形式在世界范围内的流行，这些名词已成为许多国家年轻人之间通用的音乐词汇。

琉球群岛 Ryukyu Islands 日本的一系列岛链。从日本南部的九州岛呈拱形延伸1100千米至中国台湾北端。55个岛屿和小岛有着3 090平方千米的总陆地面积。古代时是独立的王国，但14到19世纪期间先后由中国和日本统治。1879年琉球群岛成为日本的一部分。日本在第二次世界大战中战败后，美国掌握了该群岛的控制权；1972年时将它们全部归还。美国在冲绳岛上设有军事设施。群岛基本为乡村,经济以农业为主,亦有逐渐发展的旅游业。

硫 sulfur 非金属化学元素,化学符号 S,原子序数 16。硫元素非常活泼,但以天然硫的形式存在,也以化合物的形式存在于各种矿石中(如黄铁矿、方铅矿、辰砂)、煤、石油

采自西西里的硫结晶体(高倍放大图)
By courtesy of the Illinois State Museum; photograph, John H. Gerard

和天然气都含数量不等的硫化合物;有的矿泉水也含硫。硫是矿物的最丰富的组分之一,仅次于氧和硅,居第 3 位。同时也是 4 种最重要的基本化工产品之一。纯硫是无味无臭的淡黄色脆性固体,呈晶体状或非晶体状,如硫磺石和硫华。它能与几乎所有其他元素化合,化合价为 2、4 或 6。最常见的一种化合物是硫化氢,是一种具有臭鸡蛋气味的极毒气体。除了金和铂以外,所有的金属都能跟硫化合生成硫化物,许多矿物就是这种硫化物。硫的氧化物有二氧化硫和三氧化硫,溶于水中时分别形成亚硫酸和硫酸。硫与卤素的几种化合物在工业上有重要用途。亚硫酸钠(Na_2SO_3)可在纸浆生产和摄影术中用作还原剂。硫的有机化合物包括数种含硫氨基酸、磺胺药以及多种除虫剂、溶剂,以及用于制造橡胶和合成纤维等的许多原料。

硫胺素 thiamine 又作 vitamin B_1。有机化合物,为维生素 B 复合体的组成部分,是日常饮食所必需。在碳水化合物代谢中,在辅酶硫胺素焦磷酸盐的化合形式中都起重要作用。其分子结构包括一个替代的吡啶环和一个噻唑环。在未经加工的谷物和某些其他的种子中硫胺素最为丰富。硫胺素会在精加工过程中流失;摄取不足可导致患脚气病。

硫化 vulcanization 改进天然橡胶或合成橡胶物理性质的化学过程。1839 年,由 C. 古德伊尔发明硫化方法。硫化处理是把橡胶与硫一起加热,还添加其他物质(如促进剂、炭黑及抗氧化剂)。硫并非是溶解或分散在橡胶中,而是与橡胶化学结合,主要是在长链分子间形成交联键(桥键)。橡胶与硫间的反应过程尚未彻底明白。硫化橡胶具有较高的抗张强度、较好的耐溶胀性和耐磨性,并在较大的温度范围内保持弹性。

硫磺岛 Iwo Jima 日本 3 个火山列岛中间的一个岛屿。位于太平洋西部。约 8 千米长,730 米到 4 千米宽,面积 20 平方千米。1945年以前由日本人控制,当年的硫磺岛战役是第二次世界大战中最为惨烈的战斗之一。经过美军飞机全面轰炸(1944年12月

1945 年 2 月,美国海军陆战队士兵在硫磺岛折钵山上竖起美国国旗
Joe Rosenthal-AP/Wide World

到 1945 年 2 月)后,该岛终于被美国海军陆战队攻陷,3 月中旬全部占领。该岛为美国飞机飞往日本途中的一个战略基地。1968 年归还给日本。

硫酸 sulfuric acid 又称 oil of vitriol(矾油)。一种密度大、无色、油状、带腐蚀性的液态无机化合物。硫酸是一种强酸,溶液能生成氢离子(H^+)或水合氢离子(H_3O^+)、硫酸氢根离子(HSO_4^-)以及硫酸根离子。也是一种氧化剂(参阅氧化-还原反应)和脱水剂,能碳化许多有机物。它是一种最重要的化工原料,不同浓度的硫酸可用于化肥、颜料、染料、药物、炸药、洗涤剂、无机盐类和无机酸的生产,也用于石油提炼和冶金过程中。还可用作铅-酸蓄电池的电解液。工业上用三氧化硫(SO_3)与水反应制备硫酸,如果超越了饱和点则会形成发烟硫酸,可用于制备某些有机试剂。

硫酸盐制浆法 kraft process 一种制纸浆的化学方法,用苛性钠和硫酸钠作为溶液,把纸浆原料放在里面煮,使其纤维松释。这种方法(来源于德文 kraft,意思是"强")特别用于生产强韧和耐用的纸张;另一个优点是可以煮解松木碎片;树脂溶解在碱性溶液中,可作为浮油回收,是一种有价值的副产品。钠化合物的回收在这种方法的经济效益中起重要作用。在近代的硫酸盐制浆厂中,操作过程是全封闭的;废液经回收处理后重复使用,可避免对水的污染。

榴弹 grenade 近距离使用的小型爆破、化学或毒气弹。15 世纪发明,后变得非常重要,以致 17 世纪欧洲国家的军队特别挑选士兵训练成掷弹兵。大约在 1750 年以后,由于轻武器射程和命中率的提高,减少了近距离战斗的机会,榴弹在很大程度上被淘汰了。20 世纪榴弹的使用才重新受到重视。第一次世界大战堑壕战期间,榴弹在进攻敌人阵地中的有效作用使之成为步兵制式装备之一,以后仍持续使用。最常用的是爆炸型榴弹,其弹心通常由梯恩梯或其他高爆炸火药组成,置于铁质容器内,这种榴弹有触发或短暂延时(通常为 4 秒)引信来引爆炸药。化学和毒气榴弹,通常是引起燃烧而不是爆炸。

榴莲 durian 木棉科乔木及其果实,学名 *Durio zibethinus*。印度尼西亚、菲律宾、马来西亚和泰国南部都有栽培。树冠形如榆树;叶长圆形,渐狭,花微黄-绿色。果球形,外果皮坚硬,表面有粗硬尖刺;内分 5 室,均呈卵形,其中充满乳白色奶蛋糊状果肉,每室含 1～5 粒种子,大小如栗子。果肉可食,种子可烤食,多种动物常食其成熟果实。果微甜,但带有一股难闻的刺激气味,很少供出口。

榴霰弹 shrapnel 最初指以其发明者英国炮兵军官施拉普内尔(1761～1842)名字命名的一种杀伤弹丸。榴霰弹由通常为铅质的霰弹或球形弹丸,以及使霰弹和弹壳碎片飞散的炸药组成。在弹头飞行的后段,当其接近敌方军队时,用定时导火线引爆炸药。高速碎片的袭击结果常常是致命的。第一次世界大战中,炮弹致伤的伤员大部分都是由榴霰弹引起的。第二次世界大战中,可以将炮弹铁壳炸成碎片的高爆炸药将榴霰弹淘汰。shrapnel 一词后来用来指弹壳碎片。

柳 willow 杨柳科柳属植物。灌木或乔木,大多原产于北温带,常见于低地和沼泽。主要供观赏、蔽荫、保持水土,亦可材用。某些种含水杨甙(水杨酸的原料)。叶通常互

巴比伦柳(*Salix babylonica*)
A to Z Botanical Collection

生,狭窄。柔荑花序,雌雄异株。种子具长绒毛。飞絮柳指几种灌丛柳树的雄株,柔荑花序多絮毛,在叶萌发前出现,被认为是报春使者。有几种柳和杂种柳枝条下垂,称垂柳。也有少数种类分布范围延伸到冻土带,为小木本植物。

六分仪 sextant 测定地平线与天体(日、月或星)夹角的仪器,在天文导航中用于测定纬度和经度。该仪器包括一个圆弧形的金属刻度盘,圆心处有一活动径向尺;一具牢牢固定在机架上并与地平线对准的望远镜。径向尺上装有一面指标镜,转动径向尺,使星象反射到一个与望远镜对准、半镀银的镜中,并使望远镜中的星象看上去与地平线重合。这时就可从六分仪的刻度盘上读出星体与地平线间的高度角。根据这个角度以及从精密时计上记下的准确时间(比如中午),就可从印制的表格中查出纬度(在数百米以内)。该仪器发明于1731 年,取代八分仪成为领航的必备工具。

六角形手风琴 concertina 活动簧片乐器,伦敦的 C. 惠斯通于 1829 年取得专利权。他后来又制作了具有全部半音阶的乐器。和手风琴相似,音由活动簧片奏出,但是使用按

钮而不是键。阿根廷班多尼昂琴与之十分相像,不过是四方形而非六角形。

六人团 Six,Les 20世纪20年代的法国青年作曲家团体。该名称由评论家H.科莱特(1885～1951)提出,成员包括A.奥涅格、D.米尧、F.普朗克、G.奥里克(1899～1983)、L.迪雷(1888～1979)和G.泰耶费尔(1892～1983)。主要成员都受打破传统的E.萨蒂影响,也从J.科克托的音乐中获益。作为六人团,他们共同合作出了一张钢琴专辑,并为科克托的"埃菲尔铁塔的新娘"谱写音乐,之后分道扬镳。

六日战争 Six-Day War 又称Arab-Israeli War of 1967(1967年以巴战争)。在以色列与埃及、叙利亚、约旦等阿拉伯国家之间发生的战争。战争的起因是巴勒斯坦游击队从叙利亚境内的基地向以色列发动攻击,导致两国之间的紧张情势升级。后来则是各方接连严重误判情势,叙利亚担心以色列将发动侵略,于是向埃及寻求支持。埃及的响应是要求联合国维和部队撤离西奈半岛,并调动军队前往交战地区。后来双方不断发出挑衅言论,埃及更与约旦签署共同防御条约。由于以色列被阿拉伯国家所包围,并担心他们随时会发起攻击行动,于是在1967年6月5日对三个阿拉伯国家发动自认是先发制人的攻击。最后以色列占领西奈、加沙地带、约旦河西岸、古城耶路撒冷以及戈兰高地。这些占领区的状态是后来双方冲突不断的主要焦点。

六月事件 June Days(1848-06-23～26) 法国第二共和国初期发生在巴黎的短暂流血暴动。新政府进行许多激进的改革,但主要由温和和保守的人组成的新的国民议会决心降低支出及结束如提供工作机会给失业者的公共工程计划等这类风险试验。巴黎数千名突然被国家解雇的工人加上激进的同情者自发上街抗议。国民议会授权卡芬雅克军镇压暴动,他使用枪炮来对付反对者的街垒。至少1 500名反抗者死亡,12 000人被捕,还有许多被流放到阿尔及利亚。参阅1848年革命。

龙 dragon 传说中的一种怪物。通常被想像成一只巨大的蜥蜴,长着蝙蝠的翼、身披鳞片,能喷火;也有人把它想像成一条大蛇,有带刺的尾巴。在中东世界,蛇或龙都是邪恶的象征;埃及的阿佩皮神就是冥界的一条蛇。希腊人和罗马人有时把它看成是邪恶的力量,但有时也把居住在大地深处目光锐利的龙看成是仁慈的力量。在基督教,龙是罪和异教的象征,因而在绘画中匍匐于圣徒与殉教者足下。龙很早就被用来作为战争的标志,北欧的战士把他们的船头刻成龙头形,中世纪英国曾以龙为皇家的徽记。在远东,龙被认为是行善的生物,无翅膀,但被认作是空中之神。在中国,龙为神话中的神异动物,在阴阳宇宙观中代表阳,是民族的象征和王室的标志。传说能隐能显,春分时登天,秋分时潜渊,又能兴云致雨。历代帝王都自命为龙,使用器物也以龙为装饰。但远古传说中龙可驯养。龙还可供人乘驾。前人分龙四种:有鳞者称蛟龙,有翼者称应龙,有角者称虬龙,无角者称螭龙。

龙安寺 Ryoan Temple 又称Ryoan ji。日本京都的佛寺,以其有玄机的庭园而闻名(约建于1500年),该庭园占地约10米×20米,覆盖着耙平的沙和15块被分于5堆不均等的石头,呈现的景象犹如海中的石岛,但其特殊之处即在这15块石头之间的关系和摆设,从任何一点都不能完全看到这15块石头。

龙伯格 Romberg, Sigmund(1887～1951) 出生于匈牙利的美国作曲家。曾在维也纳学习工程技术和作曲,并且成为技巧娴熟的小提琴家和管风琴乐师。1909年前往纽约市,在一家餐厅担任乐队指挥,也在咖啡馆里演奏钢琴。受雇于乐团经理雅各布·舒伯特期间,曾为40多场音乐表演编写乐谱。第一部杰出的轻歌剧《五月时节》于1917年上演。此后的作品包括《繁花时节》(1921)、《学生王子》(1924)、《沙漠歌曲》(1926)和《新月》(1928)。最后一部成功之作是《在中央公园》(1945)。总共创作了近80部舞台剧。

龙蒿 tarragon 菊科丛生型芳香草本植物,学名*Artemisia dracunculus*。其干叶和花头常用于食品烹调,以增加一种强烈辛辣的气味。在混合调味品(如法式调味香菜)中也是常见成分。鲜叶用于色拉,用鲜龙蒿浸制的醋别有风味。可能原产于西伯利亚。在欧洲和北美栽培的是一法国龙蒿变种。

龙卷风 tornado 猛烈的低气压风暴,直径相当小,但具有非常快速旋转的风,在中心附近形成一个很强的上曳气流。在龙卷风的漏斗形旋涡中心的相对低气压造成冷却和凝结,使风暴看起来像一个旋转的云柱,称作漏斗。通常龙卷风的移动速度为每小时50～65千米。旋涡四周的风速在极端情况下会超过每小时500千米。龙卷风往往成组发生。

龙目 Lombok 印度尼西亚中南部的岛屿。是小巽他群岛中的一个岛屿,与西面的巴厘岛之间有龙目海峡,与东面的松巴哇岛之间有阿拉斯海峡。面积5 435平方千米。被两条山系分开,北部山脉较高,其林贾尼山(3 726米)是印度尼西亚最高的山。1640年由望加锡的苏丹管辖。后来巴厘人夺取了当地控制权,在那里建立了4个王国。1843年起荷兰人统治了马塔兰王国,19世纪晚期控制了整个岛屿。第二次世界大战后成为印度尼西亚的一部分。

龙萨 Ronsard, Pierre de(1524～1585) 法国诗人。出身贵族,因病部分失聪后,转而从事学术和文学。是"七星诗社"最重要的诗人,该诗社致力于运用古典的和意大利的风格来提升法语作为文学表现的载体。龙萨生前即被公认是诗歌泰斗,所创作的各类作品包括《颂歌集》(1550),是受贺拉斯作品的启发而创作的;《龙萨的情歌》(1552);模仿维吉尔的《埃涅阿斯纪》创作的《法兰西亚德》(1572),是想把它写成一部民族史诗,但未能完成;以及《给爱兰娜的十四行诗》,这部作品如今或许是他最著名的诗集。他改进并确立了亚历山大诗体,使之成为表达尖刻讽刺、哀怨情怀、悲凄激情的经典形式。

龙塞斯瓦列斯战役 Roncesvalles, Battle of(778-08-15) 又作Battle of Roncevaux。巴斯克人在西班牙北部比利牛斯山脉一个山口袭击查理曼军队的一次战役。时当查理曼与西班牙的穆斯林交战之后返回阿基坦的途中发生了这场战役,他的后卫部队中了巴斯克士兵的埋伏并遭到屠杀。11世纪的史诗《罗兰之歌》描述了这场战役,不过诗中的攻击者换成是摩尔人,后卫部队则由查理曼的侄子罗兰率领。

龙舌兰酒 tequila 又称特奎拉酒。用墨西哥产植物龙舌兰的发酵汁制成的一种蒸馏酒,通常无色透明,不经陈酿,含酒精40%～50%。龙舌兰酒是在西班牙人把蒸馏法引入墨西哥后不久发展起来的,为此还建立了龙舌兰镇。龙舌兰酒可与酸橙汁或橙汁调制成玛格丽塔鸡尾酒。梅斯卡尔酒也为类似的蒸馏烈性酒,采用瓦哈卡地方的野生龙舌兰为原料。

龙舌兰科 agave family 百合目的一科,广布热带、亚热带和温带地区。植株基短,常木质化。叶通常成簇基生,窄披针形,常肉质,边缘有锯齿。多数种花簇大,花多数。果为蒴果或浆果。龙舌兰属(*Agave*)的叶片含纤维,是重要的纤维作物。琼麻鸦取自剑麻(*A sisalana*),为质量最优的硬纤维(叶纤维)。有几种龙舌兰属植物含汁液,经发酵可制成带奶酪味的致醉饮料。丝兰属多数种常栽作观赏花卉。该科其他观赏植物还包括了朱蕉、诺兰花、假丝兰、龙血树属和虎尾兰属等。

龙树 Nagarjuna(150～250) 印度佛教哲学家、中观学派创始人。龙树生在印度南部一婆罗门家庭,得大龙菩萨授以大乘经典,皈依佛教,在印度各地传法。他的著作现存有梵文《中论》和《回诤论》。龙树主要批驳上座部和说一切有部关于存在的学说。他的观点可能与早期大乘文献《般若波罗蜜多经》的教义相近,认为存在是相对的,没有不依赖相对关系的灵魂、事物和观念。他建立"空"的概念,主张一切皆空,被视为中观学派的教义。

龙虾 lobster 十足类多种海生虾状动物的统称,底栖,夜行性。以死动物为食,也吃活鱼、小型软体动物及其他底栖无脊椎动物和海藻。往往有一或多对变形的螯,一侧的螯大于对侧。真正的龙虾在上体壳内有十分特别的口鼻部。美洲螯龙虾(*Homarus americanus*)和挪威海螯虾具有重要的商业价值,是最名贵的食物。美洲螯龙虾分布于自拉布拉多至北卡罗来纳水域,浅水中可捕获长25厘米左右,重约0.5千克的龙虾;深水中的龙

美洲螯龙虾(*Homarus americanus*)
John H. Gerard

虾重可达约 2.5 千克,特大的可达 20 千克。参阅**水生有壳动物**。

龙牙草　agrimony　蔷薇科龙牙草属(*Agrimonia*)植物的通称,尤指欧洲龙牙草。该种为耐寒多年生草本,原产于欧洲,但已广布于北半球温带地区,生于河岸和田边。羽状复叶互生,叶缘齿裂,可制取黄色染料。穗状花序长。果为刺果。近缘种 *A. gryposepala* 广泛生长于美国。

聋　deafness　部分或全部失听的一种病理状态。主要分两种:① 传导性聋。外部世界到内耳神经细胞之间的声音振动通路中断。如耵聍堵塞外耳道、镫骨固定不能将声波传导到内耳。②神经性聋。由于内耳感觉细胞损伤(如过度噪声造成的伤害)或前庭耳蜗神经损伤,妨碍了携带声音信息的神经冲动由内耳传导到脑内的听中枢。有些聋人可借助听器或耳蜗嵌入器来帮助听力,其他人可通过学习**手势语**或读唇来与人沟通。

隆美尔　Rommel, Erwin (Johannes Eugen)(1891 ～ 1944)　第二次世界大战中的德军司令。在军事院校任教期间,编写了备受好评的教科书《步兵进攻》(1937)。1940年统

隆美尔,摄于 1941 年
Ullstein Bilderdienst, Berlin

帅一个装甲师入侵法国,后率领他的非洲军团在北非战役中与同盟国军队作战,并取得初期胜利。由于敢于进行大胆突袭,因而以"沙漠之狐"著称,并晋升为陆军元帅。尽管他已要求撤回其精疲力竭的军队,1942 年还是奉命攻击开罗和苏伊士运河。在经历了**阿拉曼战役**的失败并撤退到突尼斯以后,返回德国。1944 年受命防守法国西北海岸。他提出的战略建议未被采纳,在同盟国军队开始展开**诺曼底战役**后,便深信德军败局已定。因参与谋杀希特勒的**七月密谋**而被迫服毒自杀,从而使希特勒避免了审判这位深受人们敬重的"人民元帅"。

垄断竞争　monopolistic competition　指可能有许多独立的买者与卖者,但竞争受特定的市场状况所限制。这一理论几乎同时由 E. H. 张伯林和 J. **鲁宾逊**分别在各自著作《垄断竞争理论》(1933)和《不完全竞争经济学》(1933)中论述。它假设由产品差异而引起每个卖者的货物都有独特的特点,因而卖者都有部分垄断能力。参阅**寡头垄断**。

耧斗菜　columbine　毛茛科耧斗菜属(*Aquilegia*)植物。约 70 种。多年生草本,原产于欧洲和北美。花形独特,花瓣 5 枚,有囊状长距向后延伸,萼片和花瓣均色彩鲜艳。蓝花耧斗菜(*A. caerulea*)和黄色耧斗菜(*A. chysantha*)均原产于落基山脉,有许多具长距的白、黄、红、蓝色花的园艺杂种。加拿大耧斗菜(*A. canadensis*)在北美野生于树林和石坡,分布北至加拿大南部,高 30 ～ 90 厘米,花红带黄色。许多杂交品种栽培以观赏其花。

卢本巴希　Lubumbashi　旧称 Elisabethville(伊丽莎白维尔,迄 1966 年)。刚果民主共和国(扎伊尔)城市。1910 年由比利时殖民者建立。靠近赞比亚的边界,后来发展为世界最大的铜矿开采和熔炼所在地之一。20 世纪 60 年代初期是加丹加省分离运动的中心。人口约1 102 000(2005)。

卢布尔雅那　Ljubljana　斯洛文尼亚城市和首都。濒卢布尔雅尼察河,位于狄那里克阿尔卑斯山脉的环抱之中。公元前 1 世纪时是罗马古城埃莫讷。公元 5 世纪时被毁,后由斯拉夫人重建为卢维加纳。12 世纪时转归卡尼奥拉,1277 年由哈布斯堡王朝统治。1809 年被法国人夺走,1813 年以前是**伊利里亚省**首府。1816 ～ 1849 年成为伊利里亚王国首都。在奥地利统治下是斯洛文尼亚民族主义的中心,1918 年成为后来的南斯拉夫的一部分。1992 年斯洛文尼亚独立后,卢布尔雅那仍为该国首都。它是铁路和商业的中心,市内有卢布尔雅那大学(1959 年成立)。人口约257 338(2002)。

卢布林　Lublin　波兰东部城市,濒临贝斯奇察河。9 世纪末建为要塞。1317 年获准设镇。1795 年归属奥地利,1815 年转归俄国。1918 年在此宣布成立第一个独立的波兰临时政府。第二次世界大战中,纳粹在其郊区建立了马伊达内克集中营。战后,卢布林曾一度为全国政府所在地。现在是波兰东南部的工业和文化中心。人口约355 803(2000)。

卢德派　Luddite　19 世纪初英国手工业者有组织的群体成员,他们破坏取代他们的纺织机器。卢德派运动 1811 年始于诺丁汉,1812 年扩散到了其他地区。卢德派的名字可能来自一个神秘的领袖内德·卢德。他们都在夜间活动,常能得到当地的支持。政府采取了严厉的镇压措施,包括 1813 年在约克举行的大规模审判,把许多人处以绞刑或流放。后来卢德派一词用来指任何反对技术改变的人。

卢尔　Llull, Ramon(1232/1233 ～ 1315/1316)　英语作 Raymond Lully。西班牙(加泰罗尼亚)神秘主义者、诗人和传教士。他在马霍卡王宫中长大,在宫中他就写抒情诗。后来他周游各地,劝说穆斯林改奉基督教。据说他在贝贾亚被乱石击死。作为哲学家,他以"寻找真理之艺术"的发明人著称。这种艺术主要是在传教工作中支持教会,同时把知识的所有分支统一起来。在他的主要著作《伟大艺术》(1305 ～ 1308)中,他试图把所有形式的知识,包括神学、哲学和自然科学都归结为可以互相类推的,都是宇宙中神性的体现。他的作品影响了整个中世纪以及 17 世纪欧洲的新柏拉图神秘主义。在加泰罗尼亚文化中,他的寓言小说《布兰克尔纳》(约 1284)和《费利克斯》(约 1288)受到广泛的欢迎。他关于骑士制度的论文、动物的寓言故事以及中世纪思想的百科全书也都广为人知。

卢浮宫博物馆　Louvre Museum　法国巴黎的国立博物馆和艺术馆。原作为王宫驻地,**弗兰西斯一世**当政时于 1546 年开始在一座 12 世纪城堡的旧址上修建。1682 年宫廷移至凡尔赛之后,该建筑不再作为宫殿,18 世纪计划准备把它并为一座公共博物馆。1793 年革命政府开放了大画廊,拿破仑修建了北厅;拿破仑三世时两个主要的西厅也相继完成,改向公众展出。全部竣工后的卢浮宫是一个庞大的综合建筑群,构成两个主要的"四合院落",各自包容一个大天井。贝聿铭设计的一个钢架玻璃金字塔形入口曾引起争议,1989 年开始对游人开放。卢浮宫的绘画藏品是世界最丰富的馆藏之一,其中收有欧洲各个时期直至印象派的全部代表作品,所藏法国 15 ～ 19 世纪名画,在世界上堪称首位。

卢加诺湖　Lugano, Lake　又称 Lago Ceresio。瑞士和意大利的湖泊,在**马焦雷湖**与**科莫湖**之间。跨处两国的边界,面积 49 平方千米,最大深度288米。位于梅利德和比索内之间。湖水很浅,上面筑有石坝,其上通过圣哥达铁路。瑞士一侧的湖岸边有度假胜地卢加诺[人口约26 000(1990)],外观上像是意大利城镇。

卢卡奇　Lukács, György(1885 ～ 1971)　匈牙利哲学家和评论家。出身于一个富有的犹太人家庭,1918 年加入匈牙利共产党。在《历史与阶级意识》(1923)一书中发展了马克思的历史哲学,并将阶级斗争史和艺术形式的发展结合起来,作为其文学评论的理论基础。他是 1956 年匈牙利政变的主要人物,后来被逐出国外,1957 年获准回国。他的作品有散文集《灵魂与形式》(1911)和《历史小说》(1955)。其早期作品,尤其是《小说理论》(1920)和《历史与阶级意识》(1923)现在被认为好于他后来写的受斯大林主义者影响的文学评论,这些评论以歌颂社会主义者现实主义的官方苏维埃政策为主。

卢卡斯（小） Lucas, Robert E., Jr.（1937～ ） 美国经济学家。曾在芝加哥大学求学，1975年起在该校任教。他对宏观经济学中J. M.凯恩斯的影响以及政府干预国内事务的功效提出质疑。他批评菲利普曲线不能在经济通货膨胀时提供给公司和工人将会受挫的前景。他的合理预期理论认为，个人根据预期的结果所作出的私人经济决定，可以改变国家财政政策的预期后果，1995年因该理论而获得诺贝尔奖。参阅计量经济学。

卢克莱修 Lucretius（公元前96？～约公元前55） 全名Titus Lucretius Carus。拉丁诗人和哲学家。以长诗《物性论》闻名，该作品是现存最完整的伊壁鸠鲁物理理论的叙述。其中他建立了原子论的主要原理，驳斥了竞争对手赫拉克利特、恩培多克勒和安那克萨哥拉的各种理论；证明了灵魂的必死性，对"死亡对我们不算什么"这个主题采用布道的方式谘解；描述了知觉、思想以及某些身体功能的机构；谴责了情欲；还描述了这个世界和天体的创生和运作，以及生命和人类社会的进化。

卢克索 Luxor 上埃及的城市。它的名称指底比斯古城遗址的南半部（北半部称凯尔纳克），以阿蒙大神庙为中心。该神庙位于尼罗河东岸，为公元前14世纪国王阿孟霍特普三世建图特安哈门和霍伦希布完成，拉美西斯二世又对它进行了扩建。现在的遗址包括原始神庙的一些柱子和庭院，以及科普特教堂和一座清真寺的废墟。该市现为旅游中心，也是周边农业区的贸易中心。人口约202 232（2006）。卢克索是1979年被联合国教科文组织列为世界遗产的底比斯的一部分。

卢库卢斯 Lucullus, Lucius Licinius（公元前117？～前58/56） 罗马将军，公元前74年任执政官。他与L. C.苏拉并肩战斗，是参加苏拉向罗马进军的唯一军官。苏拉死后，卢库卢斯运用计谋维持了他的权力。他指挥几个军团把米特拉达梯六世从比希尼亚和本都逐出到亚美尼亚，后来入侵亚美尼亚并打败了它的国王梯格兰。数度兵变阻挠他获得完全的胜利，卢库卢斯被庞培取代，他曾在元老院反对过庞培。有关他的享乐主义和奢侈无度的传说使"卢库卢斯"成为浪费的同义词。

卢里亚 Luria, A(leksandr) R(omanovich)（1902～1977） 苏联神经心理学家。在获得心理学、教育学及医学学位之后，成为莫斯科国立大学的心理学教授，之后担任神经心理学系主任。受到老师L. S.维戈特斯基的影响，研究语言障碍与言语在心智发展与智力残疾中所起的作用。在第二次世界大战期间，卢里亚在脑外科手术和脑在受到创伤之后恢复其机能方面取得进展。另外还阐发关于额叶机能与脑细胞分区合作的理论。著作有《人类脑皮层的高等机能》（1966），《运转的脑》（1973）与《神经语言学基本课题》（1976）。

卢里亚 Luria, Isaac ben Solomon（1534～1572） 犹太神秘主义者、喀巴拉派创始人。生于耶路撒冷，在埃及长大，并在埃及从事犹太法学博士的研究。他以期待救世主的热情献身于喀巴拉的研究。1570年他游历到喀巴拉运动的中心加利利。两年后死于瘟疫，几乎没有留下任何著作。死后由他的弟子辑录的卢里亚教义集《卢里亚的喀巴拉》对以后的犹太神秘主义和哈西德主义都有深刻的影响。他提出关于创世以及后来世界的堕落的理论，号召通过惯常的深思和奥秘词句的结合来恢复原始的和谐。

卢蒙巴 Lumumba, Patrice (Hemery)（1925～1961） 非洲民族主义领袖、刚果民主共和国的首任总理（1960年6～9月）。原是工会组织者，1958年建立刚果民族运动

卢蒙巴
Agence Dalmas

党，是刚果第一个全国性的政党。同年在阿克拉召开的全非人民大会上，他的富于战斗性的民族主义使他赢得了声望。1960年与比利时谈判期间，要他组织首届独立的刚果政府。他的对手M.冲伯立即宣布加丹加省脱离。当比利时政府派军队来支持脱离时，卢蒙巴首先向联合国提出申诉，后又向苏联请求援助。J.卡萨武布总统解除了他的总理职务，不久他被忠于冲伯的人暗杀。他的死引起整个非洲的愤慨。在非洲，人们把他看作是泛非主义的领袖。

卢奇安 Lucian（约公元120～180后） 希腊语作Lucianos。拉丁语作Lucianus。古希腊修辞学家、小册子作家和讽刺作家。年轻时在小亚细亚西部旅行期间接受希腊文化教育。后来成为一个受欢迎的演说家，之后转向写作。他的作品充满辛辣讽刺的智慧，对当时的文学、哲学和知识分子阶层的虚伪和愚蠢作了巧妙而深刻的批判。在《卡隆》、《冥间对话》、《真实历史》和《尼格里努斯》等作品里，他几乎对人类行为的每个方面都作了讽刺。他在文学评论方面最好的作品是《怎样写历史》。

卢萨卡 Lusaka 赞比亚城市和首都。19世纪90年代在北罗得西亚的形成过程中，该地区被英国南非公司占有。1935年成为北罗得西亚首都。1953年南北罗得西亚联盟成立后，卢萨卡成为非暴力反抗运动的中心，这一运动带来了1960年赞比亚独立国家的诞生，并以卢萨卡为首都。该地区有一些轻工业，是周围农业区的贸易中心。附近有赞比亚大学（建于1965年）。人口约1 260 000（2005）。

卢塞恩 Lucerne 德语作Luzern。瑞士中部城市。位于苏黎世西南，濒临一条从卢塞恩湖流出的河流。该市从围绕8世纪的一座修道院发展起来。1332年加入瑞士联盟。在宗教改革期间是天主教阵营的一座堡垒，后来加入分离主义者联盟战争。现为观光城市，市内有中世纪的城墙、塔楼和大小桥梁。在众多历史遗迹中，最有名的是"卢塞恩之狮"纪念碑，纪念1792年为保卫巴黎杜伊勒里宫而惨遭杀害的瑞士卫兵。人口约59 496（2000）。

卢塞恩湖 Lucerne, Lake 又称Lake of the Four Forest Cantons，德语作Vierwaldstätter See。瑞士中部湖泊。长39千米，宽0.8～3千米，面积114平方千米。最大深度214米。"卢塞恩的十字"是由4个主要盆地形成的，盆地之间有狭窄通道相连。湖名取自湖岸西端城市卢塞恩，是一个旅游胜地。

卢森堡 Luxemburg, Rosa（1871～1919） 波兰裔德国政治激进派、知识分子和作家。身为俄国控制下的波兰犹太人，她很早就投入地下政治活动。1889年逃往苏黎世，在那

R.卢森堡
Interfoto-Friedrich Rauch, Munich

里取得了博士学位。后来参加国际社会主义运动，1892年参与建立了后来成为波兰共产党的组织。俄国1905年革命使她相信世界革命将起始于俄国。她认为鼓励群众罢工是无产阶级最重要的手段，后以煽动罪被关进华沙监狱。1907～1914年到柏林教学并写作。第一次世界大战初期，她参与组织了斯巴达克思同盟，1918年监督该组织转化为德国共产党；其后不到一个月被暗杀。她深信当一场世界革命推翻资本主义后，会有一条通向社会主义的民主道路，但反对她所认为的V. I.列宁的专政倾向。

卢森堡 Luxembourg 全称Grand Duchy of Luxembourg（卢森堡大公国）。欧洲西部国家。面积：2 586平方千米。人口：约546 000（2013）。首都：卢森堡。大部分人口是法裔和德裔，亦有一部分外国人，主要为葡萄牙人、意大利人、法国人、比利时人和德国人。语言：卢森堡语、法语和德语。宗教：基督教（以天主教为主）。货币：欧元。卢森堡最长处82千米，最宽处56千米，全境分为两个区：北部是厄斯家区，占国土面积1/3，为阿登山向东延伸的余脉，形成一片河谷切割的高原；其余部分为邦佩伊区，又称古特兰，是一片起伏的高原。经济主要以重工业、国际

贸易和银行业为基础,人均收入居世界最高之列。卢森堡为君主立宪政体,有一个立法议会。国家元首为大公,政府首脑是首相。在罗马征服时期(公元前53),卢森堡地区即有比利时族的特雷维里人和梅狄奥马特里契人居住。公元400年后,日耳曼族人侵,该地区后被并入查理曼的帝国。1354年成为公爵领地,1443、1477年分别转给勃艮第家族和哈布斯堡王朝。16世纪中叶,卢森堡又成为西属尼德兰的一部分。1815年的维也纳会议使卢森堡成为大公国,并将其授予荷兰。在1830年的一次起义之后,卢森堡的西部成为比利时的一部分,其余部分仍处于荷兰的统治之下。1867年欧洲列强保证卢森堡中立及独立。19世纪后期,卢森堡利用其丰富的铁矿蕴藏建立庞大的钢铁工业。两次世界大战期间,卢森堡被德国入侵并占领。第二次世界大战后,卢森堡放弃中立,于1949年加入北约,1944年加入比荷卢经济联盟,1952年加入欧洲煤钢共同体,1992年正式批准《马斯特里赫特条约》,1999年采用欧元为合法货币。卢森堡于1900年首次参加在巴黎举办的夏季奥运会。

卢森堡　Luxembourg　卢森堡的首都。位于阿尔泽特河沿岸的一个岩岬上,原是罗马的要塞,后来成为法兰克人的城堡,周围在中世纪时发展为城镇。963年阿登伯爵齐格弗里德买下了这个城堡,使卢森堡这块公爵领地于963年独立。它是仅次于直布罗陀的欧洲最坚固的城堡,1815～1866年成为日耳曼联邦的城堡,由普鲁士人驻防。1867年根据条约被拆除。长期以来一直是公路和铁路的枢纽,也是重要的工业和金融中心。卢森堡是欧洲法院和欧洲共同体若干行政机构的所在地。人口约94 034(2011)。

卢斯　Luce, Henry R(obinson)(1898～1967)　美国杂志发行人。父母均为传教士。1920年毕业于耶鲁大学。在耶鲁大学时,他结识了B.哈登,1923年他们共同创办了《时代》,后来又陆续发行了商业杂志《幸福》(1929年起)和《生活》杂志(1936年起),扩大了他的出版大企业。卢斯的其他杂志还有1952年出版的《房屋与家庭》以及1954年创刊的《体育画刊》。卢斯把他的出版物看作是教育那些知识贫乏的美国大众的手段,而这些出版物有许多效仿者,卢斯成为美国新闻史上最强有力的人物之一。卢斯和他的妻子C.B.卢斯对共和党和国家事务都具有重要影响。

卢梭　Rousseau, Henri(1844～1910)　别名Le Douanier Rousseau。法国画家。曾在军队服役,后做收费员(不是收税官,收税官是他的朋友后来给他起的绰号),但他抽时间作素描和绘画。完全靠自学,1886年在独立沙龙展出一些早期的作品,包括《狂欢节之夜》。和他后来的作品一样,这是一幅稚拙派艺术的代表作。一切都画得很精细,云朵有立体感,服装比人物更引人注意,但人物具有丰富的感情和神秘感。1893年他辞职专心绘画,1894年他的《战争》为他赢得了先锋派画家的最早认可。他最著名的作品是色彩丰富的有关茂密的丛林、野兽和异域人物的图案[如《睡着的吉普赛女郎》(1897)]。1905年他的《饿狮》和野兽派画家(参阅野兽主义)作品一起展出。死时极为穷困,在他死后人们才认识到他的伟大。

卢梭　Rousseau, Jean-Jacques(1712～1778)　瑞士裔法国哲学家。1728年从日内瓦逃往意大利,旅行多年,1741年定居于巴黎。为D.狄德罗的百科全书撰写音乐和经济学部分。1750年发表《论科学与艺术》,断言人类已被社会与文明腐化和奴役,虽然社会和文明本质上不是恶,但因越成熟而变得越有害。随着他对这一观念的不断发展终使他与保守和激进两派分道扬镳。他的轻歌剧《乡村卜者》(1752)虽是未经正统训练写成的作品,仍长期上演不衰并因而使他成名。《论不平等的起源》(1754)抨击私有财产。《社会契约论》(1762)提出若公民社会或国家能建立在一种真正的社会契约论的基础上,人们就会以其独立自主换取更大的自由。该作品成为法国大革命的基础,尽管社会契约论很长时间被认为支持极权政体和激进民主。小说《爱弥儿》表达他对教育的观点,对其后的一个世纪有广泛的影响,但出版该书引起的争论迫使他逃往瑞士。约1767年出现精神不稳定的症状,因发疯而去世。《忏悔录》(出版于1781～1788年)为所有自传中最著名的一部。

卢梭　Rousseau, (Pierre-Etienne-) Théodore(1812～1867)　法国画家。裁缝之子。14岁开始画画,很快就到户外写生,这在当时是一个新奇的做法。由于他偏离了学院派道路,他的作品长期被沙龙拒绝。19世纪30年代起他在巴比松有规律地作画,在那里成为巴比松画派风景画的领袖。他的油画与新古典主义恬淡、理想化的风景相反,将自然表现成一种野性而难以驯服的力量。其小巧而具有高度神韵的笔触预示了印象派的特征。

卢图利　Luthuli, Albert (John Mvumbi)(1898～1967)　祖鲁族酋长、非洲人国民大会(ANC)主席(1952～1960)。曾在教会学校学习。原在一个小的社区任教并任酋长,后当选为非洲人国民大会主席。由于参加反对种族隔离政策的活动,他多次被捕入狱。在《让我的人民前进》(1962)一书中他提出自己的观点。1960年成为第一位获得诺贝尔和平奖的非洲人。

卢托斯瓦夫斯基　Lutoslawski, Witold(1913～1994)　波兰作曲家。曾在华沙接受教育。最初以钢琴家知名。他以充满民间音乐要素和色彩的《管弦乐团协奏曲》(1954)和后来的弦乐《葬礼音乐》(1958)奠定了国际声誉。20世纪50年代晚期起在作品中加入一些偶然性手法,常当作是传统格调的陪衬,如赋格曲。其最出色的管弦乐交响曲,尤其是《第二交响曲》(1967)和《第三交响曲》(1983),还有《利夫雷普尔管弦乐团》(1968)和他的弦乐四重奏(1964),都受到广泛赞扬。

卢瓦尔河　Loire River　法国东南部的河流。法国最长的河流,它流向北转西,在圣纳泽尔下面通过一个宽阔的河口而注入比斯开湾,全长1 020千米。早在12世纪就修筑了河堤。在以后的几个世纪里被广泛用于货运。17～18世纪修建了一个运河系统,但不适用于现代船只。

卢瓦侯爵　Louvois, marquis de(1639～1691)　原名François-Michel Le Tellier。法国路易十四时代的陆军大臣,也是当时最有影响力的大臣(1677～1691)。他是法国最有权势的官员M.勒泰利耶(1603～1685)的儿子,其父培养他取代自己担任陆军大臣。他是一位能干的行政官员,实现了其父的军事改革,使法国军队成为欧洲最强大的军队之一。他是为废除南特敕令(1685)作准备的军事政策的策划人之一,也对巴拉丁领地的破坏(1688)负有责任,后者导致了大同盟战争。

卢万公教大学　Louvain, Catholic University of　1970年建立的两所比利时大学中的任何一所,前身都是1425年在卢万建立的一所著名大学。16世纪初,D.伊拉斯谟、J.利普修斯和G.墨卡托曾在该校任教。1969年在学生暴动和政局动荡后重组成现代的大学,分成两个独立的学校:一所教学用语为荷兰语,注册学生约27 000人;一所位于新卢万,教学用语为法语,注册学生约22 000人。

卢旺达　Rwanda　全称Republic of Ruanda(卢旺达共和国)。非洲中东部国家。面积:26 379平方千米。人口:约10 777 000(2013)。首都:基加利。人口大部分是胡图人,少数民族是图西人,亦有少量特瓦人。语言:卢旺达语、法语、英语(均为官方语言)。宗教:基督教(以天主教为主,亦有新教)、土著信仰、伊斯兰教。货币:卢旺达法郎。卢旺达是一个多山的内陆国家,大部分地区位于海拔1 200米以上;有竹林、森林区和稀树草原,野生动物丰富且种类繁多。卢旺达属发展中国家,经济主要是以农业为基础的自由企业。卢旺达为两院制共和国,国家元首暨政府首脑为总统,总理为辅佐。卢旺达最早的居民是特瓦人(俾格米人的一支)。当图西人于14世纪出现时,胡图人已在此建立居民点。15世纪图西人征服了胡图人,在基加利附近建立王国,并逐步扩大版图。1894～1918年成为德属东非的一部分。1916年被比利时占领,1923年国际联盟设立卢旺达-乌隆迪托管地,由比利时管辖。图西人一直保持支配地位,直到1962年卢旺达赢得独立前不久,胡图人取得对政府的控制,剥夺图西人的大部分土地。许多图西人逃离卢旺达,胡图人控制着国家的政府系统,并开始了零星的内战,直到1994年中,国家领导人因飞机失事罹难,爆发大规模暴力活动。在近50万图西人遭胡图人杀害后,由图西人领导的卢旺达爱国阵线(RPF)以武力掌控了国家。当卢旺达爱国阵线胜利后,200万难民(大部分是胡图人)逃至邻邦刚果民主共和国。2003年首次多党派大选后,取代了过渡政府。卢旺达于1984年首次参加在美国洛杉矶举办的夏季奥运会。

卢旺达-乌隆迪 Ruanda-Urundi 非洲中东部旧地区。1922～1962年间由比利时统治,在此期间从1946年开始成为联合国托管领土。1925～1960年是比属刚果的一部分。1962年成为卢旺达和布隆迪两个独立国家。

卢武铉 Roh Moo Hyun(1946～2009) 韩国总统(2003～2008)。生于釜山附近的金海市。家境贫寒,未曾读过大学,但于1975年通过了律师资格考试,此后成为一名备受尊敬的人权律师。1988～1992年任国会议员,1998～2002年任金大中总统的内阁成员。卢武铉主张与朝鲜谈判并批评美国在朝鲜半岛采取的政策,2002年他在总统大选中获胜。2004年3月,他因触犯选举法、经济管理不善以及非法的竞选募款等多项指控遭到弹劾。尽管被迫暂时下台,但在宪法法院驳回弹劾案之后,卢武铉在5月又恢复原职。按照韩国选举法规定,卢武铉不得再次竞选总统,他于2008年离任。2009年5月坠崖身亡。

卢西德 Lucid, Shannon Wells(1943～) 原名Shannon Matilda Wells。美国宇航员。曾获得俄克拉荷马大学生物化学博士学位,毕业后就职于俄克拉荷马医学研究协会,直到1978年被挑选成为一名宇航员。她分别在1985年、1989、1991、1993和1996年进行过5次太空飞行。最后的这次飞行任务是前往俄罗斯"和平"号空间站,她在那里度过了188天。这次飞行使她成为在太空累计停留时间最长的女宇航员,共计223天。这一记录直到2007年才被打破。

"卢西塔尼亚"号 Lusitania 英国远洋班轮,1915年5月7日被德国潜艇在爱尔兰近海岸击沉。英国海军部曾警告"卢西塔尼亚"号要避开该区域,并采用规避战术,曲折航行。但船员们对此漠然置之。虽然没有武装,但船上载有提供给协约国的军需品,德国人曾发出警告说将击沉此船。共有1 198人葬身海底,其中包括128名美国公民。这大大激怒了公众舆论。美国抗议德国的行动,并限制德国对英国的潜艇战。后来德国恢复了无限制的潜艇战,1917年4月美国参加了第一次世界大战。

芦荟属 aloe 百合科的一属灌木状肉质植物。约200种,原产于非洲。植株多无茎;叶簇生于基部呈莲座状。有几个种可供栽培观赏。有些种,特别是习见盆栽植物芦荟(*Aloe vera*)的汁液可供制作化妆品、泻药和烫伤药。

鸬鹚 cormorant 鹈形目鸬鹚科26～30种水禽的统称。有黑色金属光泽,能在水下潜游和捕食鱼类(主要以对人类价值不大的鱼为食)。这种鸟在东方和其他各地已为人驯化用以捕鱼。所产出的鸟粪用作肥料。鸬鹚栖息于海滨、湖泊和河流,在悬崖上或树上、灌丛上筑巢。鸬鹚喙长,尖端钩状。脸上有数块裸露的皮肤。有一个小喉囊。分布最广的是普通鸬鹚(*Phalacrocorax carbo*),白颊,体长100厘米,繁殖于加拿大东部到冰岛,跨越欧亚大陆到澳大利亚和新西兰以及非洲部分地区。

颅相学 phrenology 研究头颅轮廓以判定智力能力和性格特征的学说。F. J. 加尔指出一条原则,即天生的智力能力的各个方面都以某个大脑部分(器官)为基础,该部分的大小反应了个人能力突出的方面,并由颅相表现出来。他查看了具有特殊特点(包括"罪犯"特征)个体的头骨,以找到可以证明自己观点的地方。其门生J. K. 斯珀津姆(1776～1832)和G. 库姆(1788～1858)将头皮分区,分别贴上标签,表明好斗、谨慎和形成知觉。尽管在20世纪里仍很流行,但颅相学被证明是完全不科学的。

鲈鱼 perch 鲈形目鲈科两种鱼——欧亚普通鲈(*Perca fluviatilis*)和北美金鲈(*P. flavescens*)的统称。为著名的食用和游钓鱼。有些人认为这两种其实是同一种鲈鱼。都有一刺鳍和一软鳍组成的背鳍。肉食性,生活在平静的池塘、湖泊、溪流及江河中。欧亚普通鲈体色为淡绿色,体侧具暗色垂直带,下部各鳍均呈淡红或橙色,重约3千克,鲜有更重的鲈鱼出现。金鲈形似河鲈,但色更黄,可长达40厘米,重达1千克,是一种受欢迎的食用鱼。参阅海鲈。

卤素 halogen 周期表Ⅶ_A族元素,包括5种化学性质类似的非金属元素:氟(F)、氯(Cl)、溴(Br)、碘(I)和砹(At)。通常安排在周期表最右栏旁边。它们都是很活泼的氧化剂(参阅氧化-还原反应),化合价为1(氟仅有化合价1)。它们易与金属和许多的非金属反应生成种类繁多的化合物,在自然界中从不以游离状态存在。砹作为中间衰变产物在自然界只有极少量存在;没有稳定的非放射性同位素。卤素和金属化合形成的盐(卤化物)很稳定;最常见的是氯化钠。卤素化合物作为荧光灯的涂料因灯管内的放电反应而发磷光。

鲁昂 Rouen 法国西北部城市,位于塞纳河畔。公元3世纪随着圣梅隆传入基督教,这个城镇变得重要起来。876年被诺曼人占领后成为诺曼底王国中世纪时期的首都。1066年与1419年两度落入英国统治之下。1431年圣女贞德在此遭囚禁和处决。1449年为法国收复。历史建筑包括14世纪的鲁昂大教堂和大主教宫,后者最古老的部分始建于11世纪。P. 高乃依和G. 福楼拜都出生于此。人口约107 904(2006)。

鲁奥 Rouault, Georges(-Henri)(1871～1958) 法国画家。曾在一家玻璃坊当学徒,专门复原中世纪的玻璃窗彩画(1885～1890),这段经历对他作为一名画家的成熟风格影响重大。在经历了早期的学院派时期之后,他的风格趋向于野兽主义,直到他确立了自己个性的表现主义风格为止。身为虔诚的罗马天主教徒,他绘画的题材显然是不那么优雅的:妓女、可悲的小丑和无情的法官们。1914年后他的绘画内容更加具有宗教色彩,更强调宗教的救赎,并且从水彩转向了油画。他的画层次浑厚丰富、形体简洁,其色彩和粗的黑线令人想起彩色玻璃。20世纪30年代他创作了一个以耶稣受难与死亡为主体的恢弘系列,还经常改画自己早期的作品。40年代的小丑系列实际上是他的自画像。他还制作了许多版画,还有陶器、挂毯画和彩色玻璃。

鲁本斯 Rubens, Peter Paul(1577～1640) 佛兰德画家和外交官。在安特卫普当学徒之后,1598年为画家协会承认。1600年前往意大利。1608年前为曼图亚公爵工作。1603年,公爵派他到西班牙向腓力三世展示绘画和其他才能,是他后来30年替不同国家完成诸多外交任务的开端。他获得的巨大声名使他在皇室很受欢迎。君主们在坐着请他画肖像的时候经常和他谈论国家大事。1608年他回到西属荷兰(现在的比利时),被委任为西班牙哈布斯堡摄政王的宫廷画家。接下来的10年他画了许多祭祀画。身为虔诚的天主教徒,他成为北欧反宗教改革的主要艺术支持者。1620年他签下合约为耶稣教堂设计39幅天顶画,由他的助手完成,包括年轻的A. 凡・戴克。他在法国为玛丽・德・梅迪契画了21幅油画,为路易十三画了织锦画系列。他为英国画的《和平和战争的寓言》(1629～1630)乃纪念他为结束英国和西班牙的敌意所作的成功外交。他为查理一世的皇家宴会厅做装饰。在西班牙他为腓力四世的狩猎行宫画了60多幅油画草图。查理和腓力都授予他爵位。他的作品产出量颇大。他的风格是佛兰德现实主义、意大利文艺复兴古典主义和他自己惊人的创造力的融合。其油画中丰富的人物形象栩栩如生、充满活力。他的风格产生的深远影响延续了3个世纪。

鲁比孔河 Rubicon 小溪,在罗马共和国时代是阿尔卑斯山南麓高卢与意大利的分界线。公元前49年J. 凯撒率兵跨过此河进入意大利。这一行动违背了将军不得领兵越出他所派驻的行省的法律,等于向罗马元老院宣战,结果引起3年内战,凯撒从此称雄于罗马世界。"跨过鲁比孔河"因此成为俗语,指下定决心投身于某一行动而必须采取的步骤。

鲁宾斯坦 Rubinstein, Arthur(1887～1982) 波兰裔美国钢琴演奏家。师从J. 约阿希姆,1900年在柏林首次登台演出。后也以I. 帕岱莱夫斯基为师,其演奏获得成功。与小提琴手伊萨依(1858～1931)共同演出过几年,此后5年(1932～1937)暂停演出以提高他的技艺,并以20世纪音乐天才的形象重新出现。移居美国后,他既是著名的独奏者,也是著名的室内音乐家,合作者有J. 海贵兹和 G. 皮亚季戈尔斯基(1903 ～ 1976)。80 多岁时他仍然活跃在舞台上,演出曲目自 J. S. 巴赫至 20 世纪西班牙作曲家的作品都有。他对 F. 肖邦和 J. 勃拉姆斯作品的演奏尤其让人拍案叫绝。

鲁宾斯坦　Rubinstein, Helena(1870 ～ 1965)　波兰裔美国化妆师、企业经理人和慈善家。1902 年来到澳大利亚,开办了一所美容院,并为她从波兰带来的某种护肤面霜做免费咨询。迅速走红之后,她回到了欧洲,1908 年和 1912 年先后在伦敦、巴黎开设美容院。1914 年移民美国,在纽约和其他城市开办美容院。1917 年她开始经营化妆品批发业务。第二次世界大战后,她在五大洲都建立了自己的工厂。1953 年她创立了海伦娜・鲁宾斯坦基金会,向博物馆、大学和救济机构进行捐赠。

鲁宾逊　Robinson, Jackie(1919 ～ 1972)　原名 Jack Roosevelt(杰克・罗斯福)。美国棒球运动员。美国棒球大联盟中第一名黑人运动员。在帕萨迪纳专科学校和加利福尼亚

J. 鲁宾逊,摄于 1946 年
UPI

大学洛杉矶分校就读时,就已是好几个运动项目的优秀运动员,之后为帮助母亲照料家庭而辍学。第二次世界大战期间,在军中任少尉。曾在黑人联盟中为堪萨斯州的城市国王队效力,之后通过里基与布鲁克林道奇队签约(1945～1946)。1947年入选大联盟,入选初期,他不失尊严地忍受着针对他的恶意。但他很快便取得了成功,偷垒数居全联盟之首,还当选为年度最佳新人。反对者的声音也随之沉寂。1949年以0.342的击球率赢得击球王,当选为全联盟最有价值球员。1956 年从道奇队退役。一生平均击球率为 0.311。在晚年积极支持为美国黑人争取公民权利的事业。

鲁宾逊　Robinson, Joan (Violet)(1903 ～ 1983)　原名 Joan (Violet) Maunce。英国女经济学家。1931 ～ 1971 年在剑桥大学任教。参与发展凯恩斯理论,1933 年发表《不完全竞争经济学》一书,受到广泛注意。在该书中她主要分析了分配问题,还特别就剥削(参阅垄断竞争)这一概念进行了阐述。20 世纪 40 年代开始将马克思主义的一些思想引入其著作。由于提出非正统的观念,并对非资本主义国家抱有同情——包括中国,曾写过三本关于中国的书籍——在整个职业生涯中一直被卷入论战之中。

鲁宾逊　Robinson, Mary(1944 ～　)　原名 Mary Bourke。爱尔兰政治家,爱尔兰第一位女总统(1990 ～ 1997)。在都柏林大学取得法学学位,并成为执业律师(1969 ～ 1989),后来当选爱尔兰参议员,并加入劳工党。1990 年多个政党联合推举她参加总统大选,结果以微弱优势险胜原被看好的共和党候选人。1997 年她被任命为联合国人权事务高级专员,任职至 2002 年。

鲁道夫一世　Rudolf I(1218 ～ 1291)　又称 Rudolf of Habsburg(哈布斯堡的鲁道夫)。哈布斯堡王朝首位德意志国王(1273 ～ 1291)。他继承了阿尔萨斯、阿尔高、布赖斯高的领地(约 1239 年),并通过联姻和谈判拓展了自己的领地。在许诺领导一支新的十字军,放弃对罗马、教皇特区、意大利的皇权后,获格列高利十世承认,1273 年加冕为德意志国王。鲁道夫击败了他的对手鄂图卡二世(1276,1278),占领了奥地利的领土,并将这些领土分封给他的儿子们。他致力于对抗法国的扩张政策,但法国人在教廷的影响使他无法加冕为神圣罗马帝国皇帝。

鲁登道夫　Ludendorff, Erich(1865～1937)　德国将军。1908 年他加入德国陆军总参谋部,在 H. von 毛奇领导下参与修改施利芬计划。在第一次世界大战中,被任命为P. von兴

鲁登道夫,摄于 1930 年前后
Archiv fur Kunst und Geschichte, Berlin

登堡的参谋长,在坦嫩贝格战役中两人赢得了辉煌的胜利。1916 年这两位将军被授予最高军事控制权。他们调动大后方全部力量试图进行总体战。1917 年鲁登道夫批准对英国发动无限制的潜艇战,结果导致美国参战。1918 年他对西线的进攻失利,要求停战,但当他意识到停战协议条件的严格后,又继续作战。由于政治领袖们反对他,鲁登道夫辞职。他认为自己被出卖了,以后的 20 年里他一直过着古怪的生活,变成反革命政治运动的领袖,曾参与 1920 年的卡普暴动和 1923 年的啤酒店暴动。后来以国家社会党人当选国会议员(1924 ～ 1928),并发展出一种理念,认为是"超民族力量"(犹太人、基督教和自由共济会)使他和德国失去了在第一次世界大战中的胜利。

鲁尔河　Ruhr River　德国西部河流。是莱茵河下游的一条重要支流,发源于温特贝格山北侧,向西流约 235 千米。鲁尔河谷地是一个重要的工业区与采矿区,它包括了埃森、杜塞尔多夫和多特蒙德等工业城。鲁尔煤田是世界上最大的煤产区之一,全德国大半的生煤产自此地。工业由克虏伯与蒂森家族创始而兴盛于 19 ～ 20 世纪。这条河流在第一次世界大战有军事上的重要性,1923 ～ 1925 年间河谷曾被法国人和比利时人占领(参阅鲁尔占领)。德国纳粹时代是重要的工业中心,第二次世界大战中曾遭到猛烈的轰炸,1945 年被盟军占领;1954 年才完全回归西德。目前它是钢铁生产与各种化学工业制造中心。

鲁尔占领　Ruhr occupation　1923 ～ 1925 年法国与比利时军队对德国鲁尔河河谷工业区的占领行动。起因是德国亏欠(根据第一次世界大战后的赔偿条款)应当交付给法国的煤炭与焦炭。法国首先在 1921 年占领杜塞尔多夫、杜伊斯堡和鲁罗尔特,接着在 1923 年与比利时一起占领整个鲁尔区。德国工人在占领区的消极抵抗使鲁尔区的经济瘫痪,并使得德国的货币陷于崩溃状态。争论最后由《道威斯计划》所平息,占领行动则在 1925 年结束。

鲁米　Rumi, Jalal ad-Din ar-(1207? ～1273)　又称 Mawlana(穆拉纳)。安纳托利亚-波斯神秘主义者和诗人。他是安纳托利亚的一位神学家和教师,结识了一位圣者沙姆斯,沙姆斯向他揭示了神之崇高与美妙的奥秘。他们的亲密关系引起鲁米追随者的反感,他们谋杀了沙姆斯。鲁米的《沙姆斯诗集》中就包含了他爱慕沙姆斯的诗句。他的主要著作教诲史诗《玛斯那维》(心灵对句),对穆斯林的神秘主义思想与文学有广泛的影响。据说他的诗是在恍惚出神并伴以旋转舞蹈的状态下创作的。鲁米死后,他的信徒组织了毛拉维教团,西方人称之为旋转的德尔维希。鲁米被认为是最伟大的苏菲神秘主义者和波斯语诗人。他的著作的英译本近年来广为流传。

鲁内贝里　Runeberg, Johan Ludvig(1804 ～ 1877)　用瑞典语写作的芬兰诗人。在其学术生涯中断时期,成为内地乡村教师,在该地见到芬兰的风景,听到过去的英雄传说。他的史诗作品《麋鹿猎者》(1832)和《汉娜》(1836),结合了浪漫主义感觉的古典风格和对农夫生活和性格的理解,使他在瑞典文学上赢得一席之地;《孔・弗亚拉尔》是源于古老传说的一套传奇文学。其《军旗手斯托尔的故事》(1848,1860)中的爱国诗篇《我们的国土》,成为芬兰的国歌。鲁内贝里被认为是芬兰的民族诗人。

鲁尼恩　Runyon, (Alfred) Damon(1884 ～ 1946)　美国记者和短篇小说家。青少年时在美西战争中服役。回到美国后,为西部一些报纸撰稿。1911 年迁至纽约,形成重点报道城市生活阴暗面的风格,开始写小说。他

最著名作品《少男少女》(1931)以独特俚语写作关于百老汇特色的片断,使用俚语成为他的标志,这部作品被F. 莱塞改编为音乐喜剧(1950),大获成功。

鲁瑟 Reuther, Walter (Philip)(1907 ～1970) 美国劳工领袖。16岁时在工具模具作坊当学徒。20世纪30年代周游世界。在苏联汽车厂工作了两年后,产生出终生厌恶共产主义的情绪。在底特律成为当地的工会领袖,参与组织静坐罢工,使美国联合汽车工人工会(UAW)成为汽车工业中的一支力量,而他本人在罢工期间受到了野蛮的人身攻击。1946年起担任美国联合汽车工人工会主席直到去世。在为工人争取提高工资和缩短工时的努力中,他是个谈判高手。1952年成为产业工会联合会(CIO)的主席,促成了1955年美国劳工联合会-产业工会联合会合并。在劳联-产联中,他的权力仅次于G. 米尼;然而,他们二人一再发生冲突,部分原因是鲁瑟坚决支持民权,反对越南战争。1968年鲁瑟领导联合汽车工人工会退出了劳联-产联,与卡车司机工会组成历时不长的联盟。后死于飞机失事。

鲁思 Ruth, Babe(1895 ～ 1948) 原名George Herman。美国棒球运动员,最伟大的击球员之一,运动史上最受欢迎的人物之一。1914年加入巴尔的摩的小联盟队,开始职业

B. 鲁思
UPI

生涯,赛季后期加入波士顿红袜队。起初是投手,有着杰出的记录(94胜,46负),但因其强打能力转到了外场。1920年被卖给纽约扬基队,在该队待到1934年;他最后的运动生涯在波士顿勇士队度过(1935)。1938年他任布鲁克林道奇队教练,但他以缺乏责任感闻名,也因此无法获得永久的教练或经理职位。他的强大的远距离安打为他赢得"远距离安打苏丹"的绰号。1927年创下单季击出60个本垒打的整个棒球史中最著名的纪录,该纪录保持到1961年被R. 马里斯打破。有4个单独球季本垒打超过50个,11个球季本垒打超过40个。他的职业安打率(0.690)一直保持着纪录;他在职业国内棒球赛本垒打(714,居H. 艾伦之后)、跑垒得分(2 213,又在艾伦之后)均排名第二,在外野击打中排名第三(2 174,位于R. 亨德森和T. 科布之后,与艾伦并列)。

鲁特 Root, Elihu(1845 ～ 1937) 美国律师和外交官。1883年成为律师。1899～1903年任陆军部长。美西战争结束后,他在波多黎各建立起文官政府,并组织美国对菲律宾人的控制。1905～1909年在T. 罗斯福手下任国务卿期间,与日本及南美洲国家签订条约,以改善它们同美国的关系。1912年获诺贝尔和平奖。1909～1915年任美国参议员。是国际联盟的支持者,曾参与制定建立国际法庭的条例。

鲁伊斯 Ruiz, Juan(1283? ～ 1350?) 西班牙诗人及传教士。在托莱多受教育,当他写完代表作《真爱诗集》(1330;1343年扩充为《对上帝的爱》)时,正在一个村庄里担任大司祭。这部作品可能是中世纪西班牙文学最重要的长诗,包含12首叙事诗,每首叙述不同的爱情故事。它的名称显示作者对上帝的爱(真爱)与盲目的爱(即肉欲之爱)之区分。作品取材于感人的文学作品和其他来源,展现了用自豪、有力和讽刺的眼光看待的中世纪生活。

两头在动情期的雄性欧洲赤鹿(*Cerrus elaphus*)正为争夺雌鹿而打斗
Stefan Meyers GDT/Ardea London

陆地卫星 Landsat 全称Earth Resources Technology Satellites(地球资源卫星)。美国不载人科学卫星系列。最初的3颗卫星分别于1972、1975和1978年发射,这些卫星主要用于收集地球自然资源的信息,还装有监测大气和海洋状况的设备,可探测污染程度的改变和其他生态变化情况。另外4颗陆地卫星分别发射于1982,1984,1993和1999年,但第6颗陆地卫星在发射后便失去了无线电联系。

陆龟 tortoise 龟科约49种行动缓慢、陆栖、食草的龟的统称,新、旧大陆均有发现,但主要在非洲和马达加斯加。陆龟的背甲高而呈圆盖形;后肢粗大,形如象腿;前肢覆以硬

象地龟(*Geochelone elephantopus*)
Francisco Erize-Bruce Coleman Ltd.

鳞。四种北美的品种有棕色的甲壳,长约20～35厘米,前肢扁平,适于掘洞。常见的欧洲陆龟(*T. graeca*)甲壳长约18 ～25厘米。加拉帕戈斯等岛屿上大多数的巨龟(象龟属)品种现在已很稀少或灭绝。曾捕获的一只加拉帕戈斯陆龟甲壳长1.3米,重达140千克。

陆军 army 为进行战争而武装和训练的以陆战为主的大型有组织的部队。该名词也指一支为遂行独立作战而编组的大型单位,也可指称一国或统治者为进行陆战的整个军事组织。在各个历史时期,陆军的特点和编制也有所不同。许多年以来,陆军是围绕步兵、骑马部队(如骑兵)或机械化部队而组建的。他们由职业军人或业余军人,或由那些为挣钱、或为掠夺而战的雇佣军,或为了某种事业而战的爱国主义者所组成的。参阅空军、征兵和民兵。

鹿 deer 偶蹄目鹿科反刍动物,每足具2大蹄、2小蹄,多数种的雄体及某些种的雌体有角。鹿主要分布于森林地区,但亦可见于各种各样的生境,如荒漠、冻原、沼泽及高山的山坡。原产于欧洲、亚洲、北美、南美及北非,现已引入世界各地。鹿的肩高各异。南美短尾鹿属的种类肩高约30厘米,驼鹿高可达2米以上。鹿类一般体柔软而结实,尾短。耳大,通常细长。腿一般长而细,足部有偶数的蹄。鹿角为实心的骨质突出物,自额骨生出,每年脱落一次并新生。鹿为草食性,以草、嫩枝、树皮及芽为食。通常为群居,有些种每年进行长距离迁徙。人类猎捕鹿类以食其肉、取其皮,并以其角为陈列品,中国人很早就以鹿茸入药。参阅北美驯鹿、骡鹿、赤鹿、狍和白尾鹿。

鹿特丹 Rotterdam 荷兰西部的城市和海港。位于北海附近的新马斯河(莱茵河的支流)两岸。始建于13世纪,发展成为重要的港口和商业城市。从1795年到1813年为法国占领。第二次世界大战中遭到德军的严重破坏,战后按照新计划全面重建。为世界上最繁忙的集装箱装运港之一,鹿特丹是欧洲内陆的主要转运港口,莱茵河上驶来的成千上万艘驳船都使用其港口设施。它是荷兰的第二大城市,拥有数座大型炼油厂,生产化学药品、纸张和布料。还是文化和教育中心。人口约593 000(2001)。

鹿眼树 buckeye 七叶树科七叶树属(*Aesculus*)的13种乔木或灌木的俗称。原产于北美、东南欧及东亚。种子在红底上有一白斑,似鹿眼,故得名。鹿眼树与近缘的七叶树科植物均有美观的大分枝烛台状的花簇,为受珍视的观赏树。幼嫩的叶及果仁均有毒。最著名的是俄亥俄鹿眼树(*A. glabra*,又称臭鹿眼树、美洲马栗树),小枝和叶揉碎时产生一种难闻气味。甜鹿眼树(*A. flava* 或 *A. octandra*,又称黄鹿眼树、八雄蕊七叶树)是最大的鹿眼树,高可达27米;大量自然生长于大雾山国家公园,花黄色。

路德 Luther, Martin(1483～1546) 引发宗教改革运动的德国牧师。矿工之子,曾攻读法律和哲学,1505年进入奥古斯丁修道院。两年后任牧师职,并在维滕贝格大学继续研究神学,担任圣经神学教授。1510年到罗马旅游途中,惊见教士腐化的情形,后来因怀疑对上帝报应正义的恐惧而苦恼。当他依着信仰理解了称义——救赎是上帝恩典所给予的礼物——的意义时,他的精神危机解决了。路德要求天主教会进行改革,抗议免罪罚的贩卖和其他滥权,1517年他向美因茨大主教和一些朋友分发《九十五条论纲》,据说该论纲被路德贴在维滕贝格教堂的门上。1521年路德所谴责的主要对象教皇利奥十世开除了他的教籍,他在批判声浪中藏匿于瓦尔特堡。他在那里把《圣经》翻译成德语,以便一般人此后能够阅读;长久以来,他出色的译文被视为德语历史上最伟大的里程碑。后来,路德回到维滕贝格,1525年娶了还俗的修女博拉为妻,生有5个子女。虽然他的传教是农民战争(1524～1525)的主要导火索,但他对农民的强烈谴责却导致他们战败。路德与教廷分裂导致信义宗的创立。1530年由P. 梅兰希顿拟定、路德认可了《信义宗信纲》或《奥格斯堡信纲》文件。路德的著作包括赞美诗和一本祈祷书,另外还有许多神学作品。

路德维希二世 Ludwig Ⅱ(1845～1886) 或称 Louis Ⅱ(路易二世),又称 Mad king Ludwig,巴伐利亚国王(1864～1886),巴伐利亚马克西米连二世之子。在普法战争(1870～1871)中支持普鲁士。他将其领地并入1871年新成立的德意志帝国,但只间断地关心国事,宁愿过一种越来越病态的隐居生活。他是作曲家瓦格纳的终生赞助人。他出于癖好大兴土木,那最为奇特的纽什瓦斯泰恩城堡是一座神话般的巨邸,装饰着瓦格纳歌剧中的场景。他正式确诊为精神错乱三天后自溺身亡。

路德维希一世 Ludwig I(1786～1868) 又称 Louis I(路易一世)。巴伐利亚国王(1825～1848),马克西米连一世之子。路德维希早年作为开明的德意志民族主义者曾赢得赞誉,但即位以后经常和议会争吵,并且开始不相信所有的民主制度。1837年反动的巴伐利亚政府开始破坏1818年的宪法,而那部宪法是他致力制定的。他是一个出众的艺术赞助人,曾收集许多艺术品充实慕尼黑的博物馆,使慕尼黑成为德意志的艺术中心。他对慕尼黑的规划奠定了今日城市的格局和古典风格。由于和蒙蒂兹的风流韵事和1848年革命的爆发,路德维希让位给儿子马克西米连二世。

路济弗尔 Lucifer 古典神话中的启明星(即黎明时出现的金星),拟人化为男子形象。路济弗尔(拉丁语意为持火炬者)手持火炬,为黎明的先驱。在基督教时代,认为撒旦堕落以前的名字就叫路济弗尔,J. 弥尔顿在《失乐园》中就是这样写的。

路加,圣 Luke, St.(活动时期公元1世纪)在基督教传说中,第三部福音书以及《使徒行传》的作者。他用希腊文撰写,被认为是《新约全书》作者中文笔最好的一位。他自称不是耶稣传教活动的目击者。他是圣保罗的伙伴,圣保罗称他为"亲爱的医生",传说他曾随保罗去马其顿和罗马,一路传教。尽管生平不详,但传说他不是犹太人,而是叙利亚的安条克本地人,因殉教而死。

路加斯·范·莱登 Lucas (Huyghszoon) van Leyden(约1494～1533) 荷兰画家和版画雕刻家。出生于莱顿,随画家父亲学画,但最大的天分在于雕刻版画。即使如《穆罕默德和僧侣塞吉厄斯》(1508)这幅年轻时期的版画也显示出精湛的技艺。1510年在A. 丢勒的影响下,刻出两幅版画杰作《挤奶女工》和《戴棘冠的耶稣画像》,后者备受伦勃朗的赞赏。人们认为他发展了铜版(而不是铁版)的蚀刻技术。由于铜比较软,他可以在同一版上将蚀刻与线刻结合在一起。他也是最早在版画中应用空气透视法的人之一。虽然他的画作很少能达到其版画的功力,但仍算是当时杰出的尼德兰画家,其最著名的画作是《最后审判》(1526～1527)。

路透 Reuter, Paul Julius(1816～1899) 后称 Freiherr (baron) von Reuter。原名 Israel Beer Josaphat。创办路透社的德国人。他原是一名银行职员和一家小型出版社的合伙人。1849年在巴黎创立了一个新闻服务机构的原型,在他的通讯网内使用了电报和信鸽。1851年移居英国,开办电报公司,为银行、中介公司以及重要的企业服务。他逐步稳定地扩大他的商业新闻服务,1858年获得了第一份报纸客户的订单。有了海底电缆后,他把业务扩展到其他大陆。

路透社 Reuters 英国的合作制通讯社。1851年由P. J. 路透创办,最初只关心商业新闻。1858年伦敦的《广告晨报》订购其稿件后,报社客户就越来越多了。经过一段时间的竞争,路透社与两个与它竞争的通讯社达成协议,划分地区,许多年内在世界新闻界的服务中占有事实上的垄断地位。1925年前公司的所有权一直掌握在私人手里,1925年后公司结构开始走向英国和澳大利亚新闻界的集体所有。1984年路透社成为上市公司,改名英国路透集团。至20世纪末,其对商业和金融市场的报道居世界首位。2007年,加拿大电子出版商汤姆森集团同意购并路透社。

路易-菲力普 Louis-Philippe(1773～1850) 人称 the Citizen King(平民国王)。法国国王(1830～1848)。奥尔良公爵的长子,法国大革命爆发之初,他支持新政府,并在1792年加入革命军,但在1793年与奥地利作战时叛逃,后来流亡至瑞士、美国和英格兰。路易十八复辟时返回法国,并加入自由派。在七月革命(1830)和查理十世退位之后,A. 梯也尔拥护路易-菲力普,并由立法议会选举他为"平民国王"。七月王朝期间,他在右翼极端君主派和社会党人、其他共和党人之间采取中间路线,以巩固自己的权力,但开始恢复镇压的手段,以对付层出不穷的叛乱和刺客。他加强了法国在欧洲的地位,并与英国合作迫使荷兰承认比利时独立。由于中产阶级对他的专断统治逐渐不满以及未能赢得新兴企业阶级人士的支持,路易-菲力普于1848年二月革命期间逊位。

路易港 Port Louis 毛里求斯首都和主要港口。1736年由法国人修建,当时是轮船绕好望角穿行于亚洲和欧洲之间的港口。1869年苏伊士运河建成后,其重要性下降。该港是毛里求斯岛最重要的商业中心,主要出口纺织品和食糖。亦有制造业和包括旅游业在内的服务业。该市的阿普拉瓦西·加特地区在1849～1923年是移民登陆地,2006年被联合国教科文组织列为世界遗产。人口约147 688(2003)。

路易九世 Louis IX(1214～1270) 又称 Saint Louis(圣路易)。法国国王(1226～1270)。12岁就继承王位,由母后摄政到1234年,帮他压制了贵族叛乱和阿尔比派异端。1248～1250年率领第七次十字军东征,希望夺回耶路撒冷和大马士革,但他的军队惨败于埃及人。回国后,他重组了皇家行政系统和统一了币制。他建立了非凡的圣礼拜堂以安放宗教人物的遗骸。1259年与英国签订《巴黎条约》,准许亨利三世保有阿基坦和邻近土地,但必须向他称臣。他死于另一次十字军远征突尼斯期间爆发的鼠疫。他是一位最孚众望的卡佩王朝君主,以公正和虔诚著称,法国人甚至在他被教会列为圣徒(1297)之前就已尊他为圣人。

路易十八 Louis XVIII(1755～1824) 原名Louis-Stanislas-Xavier, comte (Count) de Provence。1795年起为法国有名无实的国王。1814～1824年成为事实上的国王。1791年法国大革命期间他逃离法国,并发表反革命宣言,组织流亡贵族团体。1793年路易十六被处决后,他成为侄子路易十七的摄政。1795年路易十七夭亡后,他自封为王。1814年联盟军队进入巴黎时,C. M. de 塔列朗促成波旁王朝复辟,路易十八受到盛大欢迎。他承诺建立一个君主立宪政体,采纳《1814年宪法》。经过百日(拿破仑从厄尔巴岛回到巴黎)中断后,他恢复了君主立宪制。国会中包括强大的右翼多数,虽然路易反对极端保王派的极端主义,但他们日益增强了控制,阻碍了路易想要在大革命后休养生息的企图。他死后由其弟查理十世继位。

路易十二 Louis XII(1462～1515) 法国国王(1498～1515)。在堂弟查理八世去世后继承王位。他撤销了以前的婚约,与查理的遗孀安娜(布列塔尼的)结婚,从而加强了她的公国和法国之间的联盟关系。他继续使法国参与意大利战争,却常带来灾难性后果。1499年他征服了米兰,之后又丧失,但神圣罗马帝国皇帝马克西米连一世承认路易为米兰公爵。他与阿拉贡的费迪南德二世缔结了瓜分那不勒斯王国的条约(1500),但这两个国王不久即因分地不均而兵戎相见,1504年法国完全丧失了那不勒斯。1508年巩固了康布雷联盟,但该联盟于1510年分崩离析,最后多数成员和英国结成反法的神圣联盟,并几次入侵法国。虽然路易的事业以惨败告终,但他在国内极得人心,被誉为"人民之父"。

路易十六 Louis XVI(1754～1793) 法国大革命前波旁王朝的最后一代君主(1774～1792)。1770年与玛丽-安托瓦内特结婚。1774年在祖父路易十五去世后继承王位。他意志薄弱,优柔寡断,未能对A. R. J. 杜尔哥或J. 内克等大臣给予必要的支持,以稳定法国摇摇欲坠的财政。1774年他重开国会以使贵族的势力加强。贵族们反对财政总监C. -A. de 卡洛纳所提出的经济改革,逼使国王在1788年召开三级会议,从而使大革命开始。路易受宫廷反动势力的影响,竭力维护教士和贵族的特权。1789在他将内克免职并拒绝批准国民议会的决议。路易因抗拒大众的要求,使他和家人被迫从凡尔赛宫迁至巴黎的土伊勒里宫。1791年企图从首都出逃,在瓦雷讷被捉,押回巴黎,因而更加丧失威信。之后受王后控制,她怂恿路易以欺骗的手段不实行1791年宪法,这个宪法是他曾发誓要维持的。1792年巴黎市民和民兵占领了土伊勒里宫,宣布成立法兰西第一共和国。后来找出他勾结外国人阴谋进行反革命活动的铁证,于是以叛国罪受审。1793年判处死刑,被送上断头台。路易在被审判和处死刑时所保持的尊严多少替他挽回了一点儿名声。

路易十六风格 Louis XVI style 从1760年前后到法国大革命这一段时间法国制作的视觉艺术风格。其在绘画、建筑、雕塑和装饰艺术方面的主导风格是新古典主义,是一种反对过度偏向洛可可风格的产物,响应J. -J. 卢梭"回归自然"的号召,也是对庞贝和赫库兰尼姆出土文物的一种响应。最著名的画家是J. -L. 大卫,其严谨的构图使人想起N. 普桑的风格。当时最杰出的雕塑家是J. -A. 乌东。家具的风格是古典式的,不过工艺比以前任何时候都要复杂。最好的木工有J. -H. 里兹内尔及其他一些德国的工匠。参阅古典主义和新古典主义。

路易十七 Louis XVII(1785～1795) 原名Louis-Charles。1793年起为法国有名无实的国王。路易十六与玛丽-安托瓦内特的次子。法国大革命爆发后不久其兄死亡,路易继承了王位。1792年他与其余的皇族国戚们遭囚禁。1793年其父被斩首,法国的流亡贵族就宣布路易-查理为国王。10岁时死于狱中,但关于其生前最后几个月的秘闻使谣言四起,有人说他并没有死。在以后的几十年里,曾有30多个人自称是路易十七。据2000年的DNA检测确定,1795年死于狱中的那个孩子实际上就是路易十六与玛丽-安托瓦内特的儿子。

路易十三 Louis XIII(1601～1643) 法国国王(1610～1643)。亨利四世和玛丽·德·梅迪契的长子。他的母后一直摄政到1614年,并仍继续统治到1617年。1615年她安排路易和西班牙公主安娜(奥地利的)结婚。路易憎恨母亲掌权,后来将其母流放,但枢机主教黎塞留(其母的主要顾问)在1620年使他们和解。1624年路易延揽黎塞留为首相,两人合作无间地把法国建成欧洲强权国家,巩固了皇室在法国的威权,并致力打破西班牙和奥地利哈布斯堡王室在三十年战争中的主导地位。亲西班牙的天主教狂热分子在玛丽·德·梅迪契率领下要求路易放弃黎塞留支持新教国家的政策,但路易站在首相一边,最后将他的母后流放。1635年法国向西班牙宣战,到1642年黎塞留去世时,法国已经取得对西班牙的重大胜利。路易死后由儿子路易十四继位。

路易十三风格 Louis XIII style 法国路易十三时期的视觉艺术风格,包括其母玛丽·德·梅迪契摄政期间,她引进了其祖国意大利的许多艺术。意大利与佛兰德的风格主义影响深远,使真正的法国风格无法发展出来,直到17世纪中期,卡拉瓦乔的影响被G. de 拉图尔和勒南兄弟吸收,而S. 武埃将卡拉齐兄弟的影响力加以扩展,并训练出下一代的学院派画家。这个时期的雕塑并不突出,最多产的艺术领域是建筑,但在这个领域也可见到意大利的影响,例如,由S. de 布罗斯设计的雷恩正义宫和巴黎的卢森堡宫,以及J. 勒梅西埃设计的巴黎索邦教堂。这时期家具的典型是大而结实,通常装饰着小天使、华丽的涡卷、花果垂彩、奇异的面具等。

路易十四 Louis XIV(1638～1715) 绰号the Sun King(太阳王)。法国国王(1643～1715),在位期间是法国历史上最辉煌的一个时期,也是古典时代专制君主制的象征。路易十三之子,4岁时继承王位,由母后安娜(奥地利的)摄政。1648年贵族和巴黎议会因憎恨首相J. 马萨林擅权而联合起来反对国王,即投石党运动。1653年马萨林战胜了造反分子,此后朝政一直由马萨林独揽,路易十四即便在成年后也不敢过问。1660年路易和西班牙腓力四世的女儿奥地利的玛丽-泰蕾莎(1638～1683)结婚。1661年马萨林过世,路易十四惊人地向大臣们表示他要负起统治王国的全部责任。他信奉天授神权的独裁统治,认为自己是上帝在人间的代表。他在能干的首相J. -B. 柯尔贝尔和卢瓦侯爵的辅佐下,削弱了贵族权力,让他们依赖君主。他也是艺术的赞助者,保护作家,并斥资营建新的宫殿,其中包括豪华的凡尔赛宫,在那里把大部分的贵族置于他的监视范围下。1667年路易十四在权力转移战争(1667～1668)中进攻西属尼德兰。1672年再度在第三次荷兰战争中入侵。此时太阳王处于全盛时期,他拓展了法国的北部和东部疆界,博得廷臣的敬爱。1680年与情妇蒙特斯庞侯爵夫人(1641～1707)闹出绯闻,深怕损及他的声誉而公开放弃享乐的生活。1683年王后过世,他秘密地与信仰虔诚的曼特农夫人结婚。在试图以武力改变法国新教徒的信仰后,1685年还撤销南特敕令。在大同盟战争(1689～1697)和西班牙王位继承战争(1701～1714)期间,欧洲各国因害怕路易的扩张主义而结成联盟对抗法国。路易十四77岁时去世,堪称欧洲史上统治最久的一位君主。

路易十四风格 Louis XIV style 法国路易十四时期的视觉艺术风格。1648年C. 勒布朗创立皇家绘画与雕塑学院,严格地确立了后期的风格。最具影响力的画家是N. 普桑,为法国古典主义奠下基础(参阅古典主义和新古典主义);而F. 吉拉尔东和P. 普杰的作品,使雕塑达到新的高峰。装饰艺术的民族风格经由戈布兰工厂也有所发展(参阅戈布兰家族);家具具有饰面、镶嵌、贴金,通常装饰着贝壳、萨堤尔(半人半兽)、花环、神话英雄、海豚等,这种风格与A. -C. 布尔的关系最为密切。在建筑方面,J. -B. 柯尔贝尔严格控管凡尔赛宫的整修,并有A. 勒诺特尔设计的园林造景。

路易十五 Louis XV(1710～1774) 法国国王(1715～1774)。3岁就成为孤儿,曾祖父路易十四去世后(1715)继位,由奥尔良公爵腓力二世(1674～1723)摄政。1725年与波兰公主玛丽·莱什琴斯卡(1703～1768)结婚,导致法国卷入波兰王位继承战争(1733～1738)。1726年选择A. -H. de 弗勒里为首相,在弗勒里死后(1744)他自己才发挥了一点作用。路易的情妇们(尤其是蓬巴杜夫人)也对政治颇有影响。路易还把法国拖入奥地利王位继承战争(1740～1748)和七年战争(1756～1763),为此法国几乎把所有的殖民地都输给了英国。由于国王在道德和政治上的权威日降,国会掌握了实权,阻止了财政改革。路易在臣民的恨声中去世。

路易十五风格 Louis XV style 路易十五时期法国装饰艺术的洛可可艺术风格。当时的艺术家们用精湛的工艺装饰皇家和贵族之家。他们注重整体效果,所以绘画和雕塑成为装饰艺术的一部分。呈现出装饰技术的全部丰富内容,包括高超的雕刻技术,各种式样的金属装饰物,异国情调的木材、金属、珍珠母和象牙镶嵌件,可以与远东艺术珍品媲美的精致优美的中式漆器。将自然与东方风格的主题巧妙地结合在一起作为装饰的特色。著名的艺术家和设计师包括J. -H. 弗拉戈纳尔、F. 布歇和J. -B. 乌德里。

路易十一 Louis XI(1423～1483) 法国国王(1461～1483)。他密谋反叛父亲查理七世,1445年被放逐到多菲内。他把多菲内当作一个主权国家来治理,直到查理派遣一支军队攻至边境(1456),路易逃往尼德兰。1461年父亲死后,他回到国内当上国王。路易与叛乱的法国亲王们作战(1465),并对查理(大胆的)作出让步(1468)。为了加强和统一法国,1477年摧毁勃艮第人的势力。他重新取得对布洛奈、皮卡迪和勃艮第公国的控制权,还占领了弗朗什-孔泰和阿图瓦(1482),吞并了安茹(1471),并继承曼恩和普罗旺斯(1481)。

路易斯　Louis, Joe(1914～1981)　原名Joseph Louis Barrow。美国重量级拳击冠军。出生于亚拉巴马州列克星顿的一个佃农家庭,全家移居底特律后开始了拳击生涯。1934年他赢得美国业余体育联合会的冠军,同年成为职业运动员。他先后打败6名冠军,包括M.贝尔、J.夏基、J.J.布雷多克、M.施梅灵和J.J.沃尔科特。1937年打败布雷多克后获称外号"棕色轰炸机",而且把冠军称号一直保持到1949年。1936年他输给了施梅灵,但1938年只用了一个回合就打败了他。1949年退休前,他成功地卫冕25次(21次把对手击倒)。1950年重返拳坛,与E.查尔斯比赛遭挫败。1951年又输给R.马西亚诺。

路易斯安那　Louisiana　美国南部一州。临墨西哥湾,与阿肯色州、密西西比州和得克萨斯州交界。在地形上区分为密西西比河泛滥平原和三角洲,与墨西哥湾沿海平原上的低矮丘陵。是美国唯一曾受《拿破仑法典》统治的州。早在欧洲人到此探险前,印第安人可能在这块地区居住有16 000年。欧洲人来此殖民时,这里居住的是卡多人和乔克托人等印第安民族。1682年法国探险家R.-R.拉萨尔沿密西西比河而下,声称整个流域都属于法国所有。1718年建立新奥尔良市,1731年路易斯安那成为法国直辖殖民地。18世纪60年代随着讲法语的阿卡迪亚人(卡津人)的到来,殖民地有所拓展,这些人来自加拿大新斯科舍。1762～1800年西班牙统治此区,后来又归还法国。构成现代路易斯安那的土地是作为1803年美国在路易斯安那购地案中所取得的土地的一部分。1804年成为奥尔良准州。1812年成为美国第18州。1861年南北战争刚爆发时,脱离联邦,1868年重新加入联邦。种植园经济的继续存在使农民失去土地所有权,结果在20世纪20年代促使平民主义者H.朗崛起。第二次世界大战后,路易斯安那的经济因近海石油和天然气的开发而快速发展。主要农产品是大豆;植树和捕虾业也很重要。石油和天然气是主要的矿产资源。2005年飓风毁坏了新奥尔良及其周边地区。首府巴吞鲁日。面积123 366平方千米。人口约4 601 893(2012)。

路易斯安那购地　Louisiana Purchase　1803年美国用1 500万美元从法国人手中购得的土地。范围从密西西比河到落基山脉,从墨西哥湾到英属美洲(加拿大)。1762年法国人把密西西比河以西的路易斯安那割让给了西班牙,但西班牙在1800年把它归还给法国。T.杰斐逊总统有鉴于潜在的法国势力增长,因而与英国结盟来威胁法国。于是拿破仑就把整个路易斯安那地区卖给美国,不过当时的界线尚不明确,它的西北部和西南界线直到1818～1819年才确定下来。此次购地案使美国的土地面积增加了一倍。

路易斯维尔　Louisville　美国肯塔基州中北部城市,位于俄亥俄河畔。1778年开始在科恩岛上设居民点,第二年居民移往内陆后开始扩展。当时以法王路易十六的名字命名,成为重要的内河贸易中心。1828年设市。美国南北战争期间是联邦军的军事总部和给养库。路易斯维尔是肯塔基州最大的城市,烈性威士忌酒和纸烟的主要产地。设有路易斯维尔大学(建于1798年),还有举办肯塔基赛马会的丘吉尔唐斯草原。人口约597 337(2010)。

路易一世　Louis I(778～840)　别名Louis the Pious(虔诚者路易)。法兰克皇帝(814～840)。查理曼之子。813年加冕为他父亲的同朝皇帝,814年父亲死后成为皇帝。他把土地分给了侄子贝尔纳和4个儿子:洛泰尔(后来的洛泰尔一世)、丕平、日耳曼人路易和查理(秃头查理二世),但这反而增加了他们对权力的欲望,817年开始出现一连串的反叛迹象。曾两次被几个儿子废黜,但都再度复位(830,834),在他去世时加洛林帝国处于混乱状态。

鹭　heron　鹭亚科大约60种长腿涉禽的统称,如白鹭和麻鳽。鹭分布全球,热带最常见。通常安静地涉行浅水(如池塘、沼泽、湿地)中觅食蛙、鱼和其他水生动物。于近水边树林或灌丛中以枝条筑成简陋的平台状的巢。鹭站立时颈通常呈S形,飞行时脚拖在后面,而头靠近身体。翅宽,喙长而直,尖端锐利。可分为典型的鹭(包括体长130厘米的北美洲大蓝鹭)、夜鹭和虎鹭3类。

露　dew　夜间由于水汽蒸发,在露天物体表面上凝结成的水滴。常出现于晴朗无风的夜晚,此时物体表面因辐射而损失热量,故其表面温度通常降到比空气冷。这些冷的表面使其附近的空气变冷,如果空气中湿度很大,空气温度会降到露点温度以下,空气中的水汽便在物体表面凝结成水滴。参阅霜。

露脊鲸　right whale　露脊鲸科北极露脊鲸属(*Balaera*)和露脊鲸属(*Caperea*)3种须鲸的统称,体粗短,头部巨大。right一词指被称为"地道鲸"的两种露脊鲸,它们因经济价值高,行动缓慢,且死后漂浮于水面而被称为"地道的"猎物。上颚明显拱起,下唇两侧向上弯曲,使下颚成铲斗形。除小露脊鲸(*Caperea marginata*,体型小,罕见,分布南半球)外,均无背鳍。弓头露脊鲸(*Balaena mysticetus*)分布于北极区和北温带海域,体黑,颏、喉、有时腹部均为白色。体长可达20米。黑露脊鲸(*E. glacialis*)体长约达18米,外形似弓头露脊鲸,但头较小,拱起的程度也较轻,嘴上可能有一"帽"样的角质生长物,上面长有寄生物。两种皆自1946年起被完全保护。

露天广场　piazza　在意大利的乡镇或城市中,一块由建筑所围绕的开放广场或市场。相当于讲西班牙语的国家中的广场。16～18世纪这个词的使用越来越广泛,代表任何一大片周围有建筑物的开放地带。在17～18世纪的英国,长而带顶的人行道,或带有由圆柱支撑的屋顶的走廊,称为piazza;在19世纪的美国,这个词则是突出的屋檐所形成的阳台的另一名称。

露西　Lucy　1974年D.约翰逊在埃塞俄比亚哈达尔发现的著名人科动物头盖骨(40%完整)的昵称,距今约320万年。这个标本通常被归类为南方古猿,而由于他们具有长臂、短腿、类似猿猴的胸部与下颌、较小的脑容量,却有类似人类的骨盆,因而认为是在人科动物演化过程中具有较大的脑以前两足行走的动物。露西直立起来约109厘米,体重约27千克。参阅莱托里足迹和斯泰克方丹。

驴　donkey　又作burro。马科动物,非洲野驴后裔。公元前4000年起就作为驮畜。平均肩高100厘米,但不同品种间从61～168厘米不等。体色由白至灰或黑,通常由鬃至尾有一条深色的条纹,肩部有一十字形斑。鬃毛短而直立,尾仅在端部有长毛,耳长,耳根和尖端为深色。驴脚步稳健,并能载重行走于不平坦的地面。参阅骡。

吕贝克　Lübeck　德国北部城市。1143年建立在斯拉夫人的居民点上,发展为贸易港口。1226年成为自由市,1358年为汉萨同盟总部所在地。16世纪以后没落,拿破仑战争期间贸易完全瘫痪。1900年修建易北河-吕贝克运河后开始复苏。1937年终止了自治体的地位,纳粹把它划入普鲁士石勒苏益格-荷尔斯泰因省。该市是德国波罗的海沿岸最大的港口之一。历史遗址有一座12世纪的大教堂和几座哥特式教堂。人口约213 486(2002)。

南露脊鲸(*Balaena australis*)
Illustration by Larry Foster

吕底亚 Lydia 小亚细亚西部的古地区，在今土耳其境内。西临爱琴海。公元前7～前6世纪，吕底亚通过金属铸币和常年零售店等经济发展，深刻地影响了爱奥尼亚希腊人。公元前546年被居鲁士大帝领导的波斯人征服。后来归属叙利亚和帕加马。在罗马人统治时期它成为亚洲行省的一部分。

吕里 Lully, Jean-Baptiste（1632～1687）原名Giovanni Battista Lulli。意大利出生的法国作曲家。生于佛罗伦萨。母亲死后当了宫廷护卫，13岁时被送到法国的贵族家庭当贴身侍从。在那里他学会了吉他、风琴、小提琴和舞蹈，并认识了作曲家M. 兰伯特（1610～1696）。兰伯特把他带进社交圈，后来成了他的岳父。吕里成为国王的舞者和乐手，30岁时负责全部皇家音乐。17世纪60年代，他为莫里哀的歌剧以及法国那些著名的悲剧谱写配乐。17世纪70年代初，他作为专职的皇家音乐作曲家创作出一系列的"抒情悲剧"，大部分由P. 基诺（1635～1688）作词，其中知名的有《阿尔切斯特》（1674）、《阿蒂斯》（1676）和《阿米德》（1686）。他发展的管弦乐是现代管弦乐的重要先驱。他那笨重的指挥棒伤了自己的脚趾，最后导致死亡。死后，他的作曲风格仍为欧洲乐坛效仿。

吕米埃兄弟 Lumière brothers（奥古斯特1862～1954；路易1864～1948） 法国发明家。他们的父亲是从画家改行的摄影师，兄弟二人从小在科学方面有天赋。1882年路易发明了一种制作照相底版的方法，1894年兄弟俩的工厂年产1 500万张底版。他们改进了T. A. 爱迪生的活动电影放映机，1895年获得了他们的电影摄影与放映机（活动电影机）的专利。1895年他们在巴黎向买票的观众放映了他们制作的电影《工人们离

奥古斯特·吕米埃
Boyer–H. Roger-Viollet

开吕米埃工厂》，被认为是第一部电影。1896年以路易为首的兄弟俩制作了40多部电影，记录法国的日常生活。他们制作了第一部新闻纪录片，让职工到世界各地去拍摄新材料和放映他们的电影。除了导演电影外，路易还为2 000部左右的电影当制片人。在彩色摄影方面，兄弟两人也有一些基础性的发明。

吕宋 Luzon 菲律宾岛屿，为菲律宾最大的岛，面积104 688平方千米。是奎松市与首都马尼拉的所在地。位于菲律宾群岛的北部，四周是菲律宾海、锡布延海和中国海，隔吕宋海峡与中国台湾相望。土地面积占全国的35%，人口则占50%。大部分是山地，1991年皮纳图博山的喷发改变了该岛的地理地貌。不论是工业还是农业，该岛在全国都是最重要的地区。人口约37 909 589（2000）。

吕西阿斯 Lysias（约公元前445～前380后） 希腊演说家。他在雅典是个客籍民。公元前404年他和他哥哥被统治的寡头执政者以不忠的异己分子名义逮捕；他哥哥被杀，吕西阿斯逃了出来。他与安梯丰同为效率高、文体朴实无华的作家。其文体是阿提卡希腊语文体的典范。他的许多作品都被保存了下来。

吕西亚 Lycia 小亚细亚西南部的古代地区，在今土耳其境内，位于地中海沿岸，在卡里亚与潘菲利亚之间。公元前8世纪时是一个兴旺的航海国家。后来落入居鲁士、波斯的阿契美尼德王朝，最后归属罗马。公元43年并入罗马的潘菲利亚。4世纪后又单独成为罗马的一个行省。

旅 brigade 由旅长或上校指挥的军事单位，包括两个或更多的从属单位，例如团或营。两个或更多的旅组成一个师。

旅鸽 passenger pigeon 鸠鸽科鸽亚科已灭绝的鸽，学名*Ectopistes migratorius*。体长约32厘米，尾长而尖，雄鸟体呈淡粉红色，头蓝灰色。19世纪初有数十亿只旅鸽栖息于北

旅鸽（*Ectopistes migratorius*）标本
Bill Reasons-the National Audubon Society Collection/Photo Researchers

美东部，迁徙鸟可遮天蔽日达数天之久。猎人开始大量屠杀旅鸽，还用火车把它们运到城市里的肉品市场销售。最后一只叫"马莎"的旅鸽在1914年死于辛辛那提动物园。旅鸽的灭绝是猎禽销售终止的主要原因，成为保护运动的主要推动力。

旅馆 hotel 为旅游者提供住宿、餐饮及其他商业性服务的建筑物。自古以来就有为商人及其他旅行者服务的客栈（如罗马帝国时期沿罗马道路开设）。欧洲中世纪的隐修院为保护来往旅客，在危险地区也经营客栈。18世纪马车旅行的人渐多，加上后来的工业革命，大幅刺激了客栈的发展。现代旅馆基本上是铁路的产物；以享乐为目的的旅行流行后，大型旅馆通常就建在火车站附近。1889年伦敦的萨伏依旅馆开创了新的标准，自行供电，并为客人提供特殊服务；1908年纽约州布法罗的斯塔特勒旅馆为日益增长的商务旅客提供餐饮住宿服务，则是另一个里程碑。第二次世界大战之后，新设的旅馆普遍大型化，并多建在机场附近。连锁式旅馆也开始普及，使得采购、销售及预订都更有效率。现代旅馆大致分为3种类型：暂住型、休闲型（主要供度假旅客使用）以及住宿型（一种提供餐宿服务的公寓式建筑）。参阅汽车旅馆。

旅鼠 lemming 仓鼠科几种小型啮齿类动物的统称，主要分布于北美和欧亚大陆的北温带和北极地区。旅鼠腿短，耳小，毛软而长，含尾全长10～18厘米。身体上侧为浅灰色或浅红褐色，下侧颜色较浅。旅鼠以须根、嫩枝、青草为食，居于地穴或岩缝。旅鼠以种群数量呈规律波动和在春、秋两季周期性的迁徙著称。挪威旅鼠（*Lemmus lemmus*）的迁徙最惹人注目，许多个体可能溺毙在海水中。然而，旅鼠是不愿进入河水的，并不像传说那样故意溺水自杀。

"旅行者"号 Voyager 美国于1977年发射的2枚无人星际探测器，其发射目的是观察太阳系的外行星。"旅行者"1号于1979年飞越木星，1980年到达土星，"旅行者"2号速度较慢，飞越木星、土星、天王星，1989年到达海王星。2枚探测器发回了各种数据及照片，揭示了这些巨大行星及其卫星与光环的细节。"旅行者"号航天器将继续飞向深空间并飞越太阳系边缘。"旅行者"2号估计可持续使用至2020年，定期发回太阳风层顶的资料。

铝 aluminum 化学元素，银白色轻金属，化学符号Al，原子序数13。铝为地壳中丰度最高的金属元素，化学性质较活泼，以化合态形式存在于铝土矿（其主要矿石）、长石、云母、黏土等矿物和砖红壤中，也存在于宝石之内，如黄宝石、红宝石及金绿宝石；而刚玉、金刚砂、深红宝石及蓝宝石则为晶透的氧化铝。1825年首次分离出来，19世纪末期开始商业用途，现代是除了铁以外最广泛使用的金属。虽然它的化学性质活泼，但在空气中其表面会形成一层致密的氧化膜，所以有很强的耐腐蚀性。铝及其合金被用作建筑材料、耐腐蚀化工设备、汽车部件、输电线、光刻板、磁体及软膏管。重要的化合物包括：明矾；氧化铝，可用作刚玉和各种化学反应催化剂的载体；氯化铝，广泛用来制备各种有机化合物的催化剂以及氢氧化铝，用于制造防水织物。

律法书卷 Sefer Torah 犹太教用语，指摩西五书（参阅托拉），由高超书法家用希伯来文抄在精制牛皮纸或羊皮纸上，存放于犹太教会堂的藏经柜内。供安息日、星期一、星期四和宗教节日礼拜时公开诵读之用。西班牙系犹太人经常将它放入一木制或金属箱中；德系犹太人用带有宗教装饰物的布料覆盖该书。根据所规定的礼节采用相应的卷轴，这些礼节能反映出它们受尊敬的程度。

律法学校 Talmud Torah 通过研究托拉

来探寻上帝的宗教学习。它通过探究希伯来经文或那些记录上帝原始口述的经文如《西奈山》、《密西拿》、米德拉西和《塔木德》，学习上帝传达给当代人的信息。律法学校也是犹太人主办的初等学校的名称，这种学校特别强调宗教教育。

律藏　Vinaya Pitaka　佛教经典。三藏中最古老、最简短的一部，内容是释迦牟尼制定的管理寺院比丘和比丘尼的227条戒律。比起经藏和《论藏》来，律藏在各宗派之间的差别较少。律藏包含列举违戒行为及相应处罚，规定新僧加入及处理犯戒事件和争端的程序。为其他上座部典籍所载戒条的分类摘要。

绿背纸币运动　Greenback movement（1868～1888）　主要由美国农民发起，希望维持或增加纸币流通量的运动。为了资助联邦从事美国南北战争，美国政府发行了没有黄金储备、使用绿色墨水印制的纸币，称为绿背纸币。南北战争结束后，财政上的保守派要求政府停止发行绿背纸币，但是希望维持高物价的农场主和其他人则反对这样做。1868年民主党人支持一项关于发行新绿背纸币以兑换某些战争债券的计划。1873年的经济大恐慌以及之后的经济萧条，增强了额外发行绿背纸币或无限制地铸造银币的要求。1875年国会通过《恢复硬币法案》，规定绿背纸币可以兑换成黄金，新成立的绿背纸币党就把废除这一法案当作目标。在1878年的选举中，绿背纸币党有14人选入国会，但1884年后对该党的支持开始衰退。

绿党　Greens, the　德语作 die Grünen。1979年西德环境保护者组成的政党。大约由250个生态和环境保护团体的联合支持而成立。该党谋求得到公众的广泛支持，以期控制核能，并控制空气污染和水源污染。1980年在西德成为全国性的政党。他们通过的党纲包括呼吁解散华沙条约组织和北大西洋公约组织，使欧洲非军事化等。1983年在联邦议会中首次赢得胜利。绿党中的左翼与该党比较注重实际的派系之间常有观念上的冲突。西德建立的绿党是第一个绿党。20世纪80年代末期，几乎欧洲每个国家都出现了绿党或有类似名称的政党。

绿皮密生西葫芦　zucchini　美国南瓜（*Cucurbita pepo*）的亚种，葫芦科深绿色细长形的夏季南瓜属植物，大量出现在美国的家庭菜园和超级市场。匍匐的藤蔓长有五瓣叶、卷须和大型黄色花。

“绿色贝雷帽”　Green Berets　又称 Special Forces（特勤部队）。美国陆军的精英单位，擅长平定叛乱。“绿色贝雷帽”（可以是绿色以外的其他颜色）成立于1952年。他们活跃于越南战争，同时也被派到世界各地发生动乱的地区，协助当地受美国支持的政府用游击战的战术对付叛军。

绿色革命　green revolution　粮食谷物（特别是小麦和稻米）产量大量增加，大多是因为在20世纪中期开始将高产量的新品种引入到发展中国家。早期在墨西哥和印度次大陆获得重大成就。新的品种为了高产量，需要大量的化学肥料与杀虫剂，引发成本与潜在环境危害效应的忧虑。贫穷的农夫无法负担肥料和杀虫剂，收获的谷物量甚至比旧的品种还要低。旧品种更适应当地自然条件，对病虫害也有一定抵抗力。参阅N. 博劳格。

绿色和平组织　Greenpeace　国际环境组织之一。1971年成立于加拿大，以反对美国在阿拉斯加进行核试验。后来扩展组织目标，包括保护濒临绝灭的动物、防止破坏环境及提高公众环保意识。该组织以“直接、非暴力的行动”为主要行动方式，成员通常驾驶充气小艇穿梭于鲸叉炮与猎物之间。1985年绿色和平船“彩虹战士”号预定开往南太平洋，抗议法国在该地进行核武器试验。该船被法国情报员安置炸弹炸沉，一名摄影师被炸死。全球有30多个国家设有绿色和平组织。

绿松石　turquoise　铜和铝的含水磷酸盐［$CuAl_6(PO_4)_4(OH)_8 \cdot 4H_2O$］，广泛用作宝石。绿松石的颜色从蓝色到不同深浅的绿色和浅黄色。它精美的天蓝色，与许多贵重金属搭配而形成鲜明对比，是这种宝石最有价值之处。美国西南部的许多绿松石矿藏已由美国印第安人开采了几个世纪。伊朗、北非、澳大利亚和西伯利亚也出产这种矿石。

绿头鸭　mallard　北半球数量丰富的“野鸭”，学名 *Anas platyrhyncos*，是大多数家鸭的祖先，属鸭科。从其习性和求偶表演来看，属典型的钻水鸭。普通绿头鸭的公鸭头部有绿色或浅紫色的金属光泽，胸淡红色，体羽淡灰色；母鸭体羽呈斑驳的黄褐色。两性均有黄色的嘴和紫蓝色带白边的翅斑。格陵兰绿头鸭两性的羽色很不相同。其他亚种两性羽色都与普通绿头母鸭的羽色相似。在亚洲、欧洲和北美洲北部的大多数地方都能发现绿头鸭。

绿洲　oasis　沙漠中的沃土，出现于终年有淡水之处。绿洲大小不一，从小泉眼周围1公顷左右的地方到大面积有天然水或灌溉的土地。绿洲的水源大多来自地下；泉和井由砂岩含水层补给，其受水区可能远在800多千米以外。撒哈拉2/3的人口在绿洲定居，枣椰树是主要的食物来源，在其荫蔽下可生长柠檬果、无花果、桃、杏、蔬菜和谷物。

氯　chlorine　非金属化学元素，化学符号Cl，原子序数17。为一种浅黄绿色的腐蚀性有毒气体，对眼睛和呼吸系统会产生刺激作用（在第一次世界大战时曾据此制成化学武器投入使用）。其最著名的化合价是1，即氯离子，但在次氯酸根、亚氯酸根、氯酸根和过氯酸根中还有其他的化合价。氯和它的化合物是重要的工业材料，可生产出许多用途的氯化合物（如聚氯乙烯、氢氯酸、二氯化乙烯、三氯乙烯和多氯化联二苯），用于水净化（市政供水系统、游泳池等）、纺织业、阻燃材料、专门的电池和食品加工。氯化钠（食盐）是人们最熟悉的一种氯化合物。

氯仿　chloroform　不易燃、无色、澄清、易流动、较水重的液体，具有好闻的似乙醚的气味，常用作溶剂和麻醉药。分子式为$CHCl_3$。1831年制成，1847年爱丁堡的医师J. 辛普森首次将氯仿用于麻醉。因多少会有一点毒性，现不再用于此目的，已被其他物质所替代。氯仿现在还有一些工业用途，主要用作一种溶剂。

卵　egg　在生物学上，指雌性的性细胞或配子。在动物学上，卵一词常用于指包括雌性细胞、保护膜及各种营养物质的整个特化结构，而来自拉丁文的 ovum（卵子）一词常用以指单个雌性细胞。卵或卵子与雄性配子（精子）一样，仅具有单倍染色体；雌性和雄性配子受精后即结合形成含双倍染色体的合子。人的卵子在卵巢的卵泡里生长成熟，然后随卵泡破裂释出（排卵），进入输卵管准备受精；如果卵子排出后约24小时内未能受精就将退化。多种动物的卵含有大量的营养物质（蛋黄），其多少取决于幼体能自行觅食的时间；在哺乳动物则取决于幼体从母体循环获得营养的开始时间。大多数动物的卵都有一或多层膜包绕，昆虫的卵有一层又厚又硬的外膜，两栖类的卵有一层胶冻样物质包裹。卵一词也指鸟和爬虫类产出的带有硬壳的生殖体的内容质（即蛋）。

卵巢　ovary　雌性动物的生殖器官，可以产生卵和性激素（参阅雌激素和孕酮）。人类有两个卵巢，呈杏仁形，长约4厘米，其内有储存不成熟卵子的卵泡。女婴出生时卵巢内有卵泡15万～50万个，到青年期其数目降至34 000个左右，以后随年龄增长数目进一步减少，直到绝经，少数尚存的卵泡亦退化，卵巢缩小，雌激素减少。在生育年龄（13～50岁）内，一般只有300～400个卵泡可以成熟；成熟卵子从卵巢排出，进入生殖道准备受精。若未受精则随月经从体内排出。

卵巢癌　ovarian cancer　卵巢的恶性肿瘤。罹患卵巢癌的危险因素包括第一次月经过早（12岁以前）、停经过晚（52岁以后）、没有怀孕、基因的特定突变出现、使用受孕药或个人曾经罹患乳癌。卵巢癌的症状常到癌症有相当进展时才出现。这些症状可能包括腹肿、骨盆压迫感和疼痛以及不寻常的阴道出血等。外科手术，并继之以化学疗法和辐射疗法对大部分卵巢癌有疗效。

乱伦　incest　又称血亲婚配。因亲属关系而为法律或习俗禁止婚配的人们之间发生的两性关系。乱伦禁忌为世间普遍性的，只是不同社会有不同的实施范围。一般来说，两人之间的遗传关系越近，阻止或留难他们之间性关系的禁忌就越严格而且更具有强制性。有些社会生物学家认为，近亲繁殖的种群已降低了优生率，而且变成遗传障碍的基因库。有些文化人类学家提出，乱伦禁忌及其相应的族外婚规则,要求男性到族外的人群去找寻性伙伴和婚姻伴侣,因而建立有益的联姻。其他理论则强调,需要在家庭内控制性妒忌或使儿童步入成人社会后具有克制精神。对于乱伦似乎没有一个圆满的解释,导致有人怀疑乱伦是否应被视为一种单纯的现象。大部分呈上刑事法庭的乱伦案例都是涉及父亲与年轻女儿之间的性交关系。参阅虐待儿童。

掠水鸥 skimmer 剪嘴鸥科3种水禽的统称,嘴红色,刀片状,下颚较上颚长。剪嘴鸥主要见于温暖地区宽阔河流和河口中。黄昏时掠过平静的浅水,张开的嘴尖一直浸在水里,当遇到鱼或甲壳动物时,上颚马上下闭。上体均呈暗色,下体白色,脸和前额均白,腿红色,翼黑色。美洲黑掠水鸥体长达50厘米。

伦巴第 Lombardy 意大利北部一自治区。北与瑞士接壤,境内有许多阿尔卑斯山峰和肥沃的波河流域。首府米兰。公元前5世纪凯尔特人在此居住,在第二次布匿战争后被罗马征服,成为阿尔卑斯山南高卢的一部分。公元568～774年,为伦巴第王国的中心。中世纪时,它的几个城镇都成为自治市;在12世纪时它们组成了伦巴第联盟,1176年打败了腓特烈一世而赢得自治。后来这个地区受西班牙(1535～1713)、奥地利(1713～1796)和法国(1796～1814)统治。1859年伦巴第加入了新统一的意大利。它是意大利人口最多的地区,也是以米兰为中心的繁荣的商业区。人口约9 108 645(2003)。

伦巴第人 Lombard 日耳曼民族的一支,568～774年在伦巴第地区统治一个王国。原本是德国西北部的一支游牧部落,后来向南迁徙,采用一种庞大的军事制度。6世纪时,已经迁移到意大利北部,征服了一些城市。这些城市在推翻了东哥特人和拜占廷帝国的统治后,处于无防卫的状态之下。8世纪时,利乌特普兰德(大概是伦巴第最伟大的国王)逐渐征服仍处于拜占廷帝国统治下的意大利地区。当伦巴第国王入侵教皇的辖区时,教皇阿德里安一世向查理曼求援。773年法兰克人围困了伦巴第首都,并俘获了伦巴第国王狄西德里乌斯,结果查理曼成为法兰克和伦巴第国王,伦巴第人对意大利的统治自此结束。

伦勃朗 Rembrandt (Harmenszoon) van Rijn(1606～1669) 荷兰画家和蚀刻画家。年轻时曾从莱顿和阿姆斯特丹的大师学习。他的早期作品呈现出光影的聚光效果,这种效果后来支配着晚期作品。约1631年迁居阿姆斯特丹后,很快成为当地最时髦的肖像画家和出名的教师。1632年绘制纪念性的《尼古莱·杜尔普医生的解剖学课》。冀望被承认为《圣经》及神话画家,1635年他做出《献祭艾萨克》,1636年完成《达那厄》。1634年他娶了富有的萨斯基亚(1642年卒)为妻。1642年他完成最大的绘画——超凡而具有争议性的《弗朗兹·班宁·柯克上尉的民兵队》(称为《夜巡》)。《夜巡》是他生命和艺术的分水岭。不知什么原因,此后他的肖像委托大减,他逐渐转向自学而成的蚀刻画。1656年在把大部分财产过继给儿子后,他申请破产。在最后10年,他把圣经人物和许多自画像处理得像肖像,许多这些绘画显示出他的绘画特点是笔触生动与对光的新的运用。他对生活的观察非常敏锐,又能在其绘画作品中表现出他的观察力。静默的人物(伦勃朗的主题)有助于让人感到观者与画家之间的共鸣,也是伦勃朗伟大和至今深受欢迎的原因。

伦德施泰特 Rundstedt, (Karl Rudolf) Gerd von(1875～1953) 第二次世界大战期间的德国元帅。第一次世界大战期间任军参谋长,战后积极参加秘密重新武装德国的工作。第二次世界大战中提升为集团军司令(1940),指挥军队参加入侵波兰、法国和苏联。担任西线总司令时(1942～1945),在法国构筑防御工事以抵御预料的盟军进攻。不久调离总司令之职(1944),回德国指挥楔入战役。1945年被捕,但因病释放。

伦敦 London 正式名称Great London(大伦敦)。英国的首都和最大城市。位于英格兰东南部,泰晤士河之滨。是全国政治、工业、文化和金融中心。旧称大伦敦都市郡(1965年设立),面积1572平方千米。包括两部分:内伦敦占33个自治市中的14个(包括原先的伦敦市),外伦敦占其余的19个自治市。大伦敦为一行政整体,有选举产生的市长和市议会。公元1世纪时由罗马人建立,当时名为伦迪尼乌姆,5～6世纪时归属撒克逊人。丹麦人在865年入侵英格兰及伦敦城。诺曼征服(1066)后,威廉一世修建了称作伦敦塔的城堡要塞中心堡垒。诺曼国王们选定威斯敏斯特城为行政首府,而爱德华(忏悔者)在此之前修建了威斯敏斯特教堂。这座在1085年之前阿尔卑斯山脉以北欧洲中最大的城市,在1348～1349年遭到黑死病的重创。16世纪中叶贸易日益增长,并因英国海外帝国的扩张而加速发展。1664～1666年的瘟疫造成7.5万伦敦人死亡。1666年的伦敦大火烧光了5/6的城市,后来加以重建(参阅C. 雷恩)。从18世纪末叶到1914年伦敦一直是世界的贸易中心。1890年开通世界第一条电气地下铁道。在第二次世界大战期间的不列颠战役中伦敦遭到德军的严重破坏,战后再次重建并迅速发展。市内名胜有:白金汉宫、塔特美术馆、国立美术馆、不列颠博物馆与维多利亚和艾伯特博物馆。人口:都会区约7 517 000(2006)。

伦敦 London 加拿大安大略省城市。位于泰晤士河畔,靠近五大湖中的几个湖。1792年选址并命名,本拟为上加拿大的首府,但此计划并没有实现。1826年开始有人定居,1855年设建制。由于其位置处于几个湖之间,所以成为重要的运输和工业中心。建有西安大略大学。人口约474 786(2011)。

伦敦大火 Great Fire of London (1666-09-02～05) 英国伦敦历史上最严重的一次火灾。这场大火摧毁了城市的大部分,包括大多数公用建筑、圣保罗大教堂、87个教区教堂和大约1.3万幢民房。起因为伦敦桥附近普丁巷的皇家面包房偶然失火,强烈的东风助长火势。在第4天,一些房屋被炸药炸毁以控制火势。泰晤士河上的船只挤满了带着大包小包的人们,有些人逃到汉普斯特德和海格特等高地,大部分无家可归的伦敦人则栖身穆尔菲尔兹。

伦敦大瘟疫 Great Plague of London (1664～1666) 发生于伦敦的流行瘟疫,在全市总计约46万人中,造成逾7.5万人死亡。早在1625年便有4万伦敦人死于瘟疫,但这一次是最严重,也是最后一次瘟疫流行。受害最惨重的是贫民密集的郊区,疫情迅速扩散到整个国家。但从1667年起到1679年为止,只有少数零星病例。疫情降低的原因有很多,包括伦敦大火。D. 笛福的《瘟疫年记事》(1722)是了解当时情况的宝贵资料。

伦敦大学 London, University of 英国多所主要设在伦敦的高等院校联合体。1828年由自由主义者和不信奉英国国教的人创建,招收天主教徒、犹太人和其他不信奉英国国教的学生。最早设立的两个学院是大学学院和国王学院。1849年起学生可在英帝国的任何一所高等院校入学,由伦敦大学进行考试,颁发伦敦大学学位。到20世纪初期,许多高等院校成为伦敦大学的附属院校,其中包括贝德福德学院——英国第一所向女子授予学位的学校;伦敦经济政治学院——一所现在享有国际声誉的社会科学研究中心。

伦敦德里 Londonderry 旧时和当地称Derry(德里)。北爱尔兰伦敦德里区海港城市。6世纪圣科伦巴在此建立隐修院,但该居民点遭到古斯堪的纳维亚侵略者的一再毁坏。1600年,一支英国军队控制德里;不久英王詹姆斯一世将德里赐予伦敦市民,于是带来了新教徒居民。正式名称为伦敦德里。现代城市的成长上溯到19世纪50年代,当时亚麻布衬衣生产非常重要,服装制造业至今仍然是当代主要产业。当地有一安立甘教堂和一天主教堂。这里也是20世纪末多起恐怖暴力的发生地。城市名称存有争议。英国官方称城市和区为伦敦里,但1984年民族主义控制的市政厅定名为德里市政厅。人口约83 699(2001)。

伦敦公司 London Company 全称Virginia Company of London(伦敦弗吉尼亚公司),又称Virginia Company。1606年由英王詹姆斯一世特许成立的英国贸易公司,目的在于开拓北美东海岸的殖民地。它的股东都是伦敦人,1607年由J. 史密斯率领大约105个殖民者,分乘3艘船到达弗吉尼亚,建立了詹姆斯敦。该公司后来又以新的特许状(1609、1612)扩张了殖民领地,并授权一个两部分组成的立法机构,其中一个为移民议会。虽然这块殖民地有所发展,但公司因内部纷争而分裂,1624年公司解散,弗吉尼亚遂改为皇家殖民地。参阅普利茅斯公司。

伦敦海军会议 London Naval Conference (1930-01-21～04-22) 在伦敦举行的一次会议，讨论海军裁军问题和检查华盛顿会议制定的各项条约。英国、美国、法国、意大利和日本的代表都同意限制潜艇战，限制新建巡洋舰、驱逐舰、潜艇以及其他战船。但限制战舰大小的条约未获签字。1935 年续签的条约也因第二次世界大战爆发而废止。

伦敦桥 London Bridge 横越泰晤士河的一座几经重建的大桥。童谣中的老伦敦桥由科尔彻奇的彼得建造(1176～1209)，以取代早先建造的木桥。由于在建造围堰时遇到阻碍，拱的跨度从最窄的 4.6 米到最宽的 10.4 米不等；由于建造质量的不稳定，所以必须不断地修缮，但该桥也悠然度过了 600 多年。桥的两侧住宅和商店鳞次栉比，许多房屋还延伸到河面上。19 世纪 20 年代，将旧桥拆除，改建新的伦敦桥，由老伦尼(1761～1821)和他的儿子小伦尼(1794～1874)设计和建造。20 世纪 60 年代又改建新桥，旧桥的饰面石块拆下后被运到美国亚利桑那州哈瓦苏湖城，砌在一座钢筋混凝土桥的外面，成为一个观光景点。

伦敦塔 Tower of London 英国皇家要塞，位于泰晤士河北岸。约 1078 年由征服者威廉一世开始在罗马城墙内侧建造一座中央城楼"白塔"(因以石灰岩建造得名)。12～13 世纪要塞向墙外扩展，形成以白塔为圆心，分内外两部分的防御要塞。唯一陆上入口在城堡西南角，当时河流还是主要通道，13 世纪的水门仍经常使用。伦敦塔长期被用作国家监狱，因此水门也被称作"叛逆者之门"，许多人犯在此被谋杀或处决。

《伦敦条约》 London, Treaty of (1915-04) 意大利与法、英、俄协约国军签订的秘密条约，使意大利参加第一次世界大战。由于意大利与奥地利接壤，协约国军希望意大利参战。协约国军许诺给予意大利以下各地：的里雅斯特、南方的蒂罗尔、北方的达尔马提亚，以及其他地区，作为意大利保证在 1 个月之内参战的回报。尽管大多数意大利人都表示反对，情愿中立，但意大利仍于 5 月加入进攻奥匈帝国的战争。

伦敦证券交易所 London Stock Exchange 英国伦敦的证券交易市场。1773 年由一群经纪人组成，他们早已在当地的咖啡店非正规地进行交易。1801 年其成员集资在巴塞洛缪巷盖了一栋大楼，并于次年订立交易规则。1973 年该交易所同英国几个地区性的证券交易所合并，由各成员所组成的一个委员会管理，不属于政府管辖。

伦理学 ethics 哲学的分支，旨在探究正确应用道德观念，诸如好与坏，正确与错误，或者应用理论及此类观念的本质。伦理学传统上可以分为规范伦理学、元伦理学和应用伦理学。规范伦理学致力于为行为立下规范或标准，而规范伦理学的一个重要问题是：行动的对错是否应根据其后果来评断，或者应根据其是否符合某些道德规则，比如"不要撒谎"。那些根据前者来评断行动的理论称为结果主义伦理学，而那些根据后者来评断行动的理论则被称为义务伦理学。元伦理学关注的是伦理判断的本质与理论。自 20 世纪初以来，元伦理学大量侧重于道德语言的逻辑面与语意面分析。主要的元伦理学理论包括自然主义、直觉主义、情绪主义、规范主义。应用伦理学则把规范伦理学理论应用于实际的道德问题(例如堕胎)，其主要领域包括生物伦理学、商业伦理学、法律伦理学和医学伦理学。

伦理学相对主义 ethical relativism 一种认为正确与错误、好与坏不是绝对的，而是常变的和相对的，依人、事或社会情况而定的哲学观点。它并不简单地认为一种行为的正确与否是依环境而定，也不认为一个人关于对错的信念与他的社会条件作用有关。伦理学相对主义主张(表达的形式相同)什么是真正正确的完全在于一个人或一个社会认为是正确的。因为人们的想法因时因地而异，什么是正确的也会发生变化。然而如果变动的和甚至是互相矛盾的道德原则同样可以成立，那么就没有任何客观的方法来证明任何原则对一切人和一切社会都是适用的。这种看法并不为结果主义者(参阅结果主义)和义务论者(参阅义务学)所接受。

伦琴 Röntgen, Wilhelm Conrad(1845～1923) 又作 Wilhelm Conrad Roentgen。德国物理学家。曾先后在吉森的几所大学(1879～1888)、维尔茨堡大学(1888～1900)和慕尼黑

伦琴
Historia-Photo

大学(1900～1920)任教。1895 年发现了一些不显示反射或折射等特性的射线，并错误地认为它们与光无关。由于这些射线具有神秘的性质，他将它们称之为 X 射线。他后来拍摄了第一批 X 射线照片，用它们来显示金属物质的内部和他妻子的手骨。他在其他众多领域也进行过重要的研究。1901 年成为获得诺贝尔物理奖的第一人。

伦斯福德 Lunceford, Jimmy(1902～1947) 原名 James Melvin。美国乐手和编曲家，摇摆乐时代最早也是最流行的爵士大乐队的领队。出生于密苏里州富尔顿，伦斯福德是一位训练有素的乐师，吹奏萨克斯管和教授音乐。1929 年组织乐队。1933 年小号手和编曲好手 S. 奥利弗加入乐队，为乐队的二拍节奏吹奏法带来了清脆的合奏音响。1934 年在哈勒姆棉花俱乐部接替 C. 卡洛韦后，伦斯福德的乐队受到全国瞩目。从此该乐队成为最好的爵士乐队之一，可与 D. 埃林顿公爵和巴锡"伯爵"的乐队相媲美。

伦斯勒技术学院 Rensselaer Polytechnic Institute 私立高等教育机构，位于纽约州特洛伊。1824 年由 S. V. 伦斯勒创办，是美国最早开办科学与土木工程课程的学院。设有建筑、工程、人文与社会科学、管理、科学等学院，提供本科和研究生课程。校内研究机构有一座科技园、传播中心、工业创新中心。现有注册学生约6 500人。

伦斯特 Leinster 爱尔兰东部省份。面积 19 801平方千米。其下属的郡包括卡洛、都柏林、基尔代尔、基尔肯尼、莱伊什、朗福德、劳斯、米斯、奥法利、韦斯特米斯、韦克斯福德和威克洛。其北部的米斯曾是一独立的王国。中世纪初期，伦斯特王国一直与以米斯为国都的有势力的王族奥尼尔家族交战。在 15 世纪末 16 世纪初，伦斯特实际上独立，由基尔代尔伯爵统治。人口约2 504 814(2011)。

轮 chakra 在印度教和佛教的密宗哲学中，人体的 8.8 万个集中点的统称，在这些集中点上人的精神力量和身体功能能够融合一体并且相互作用。在印度教中有 7 个主要的轮，在佛教密宗中有 4 个主要的轮，每个轮又和一种特定的颜色、形状、感官、自然要素、神灵和曼怛罗有关。最重要的是心轮、位于脊椎最下部的轮("根部")和头顶上的轮("倒莲")。

轮 wheel 能在轴上转动的实心、部分实心或带辐条的硬质圆形结构。约公元前 3500 年美索不达米亚地区已开始使用陶轮，但在更早的时候就已用圆木滚子搬运重石。直至大约公元前 2000 年时，辐轮才用在小亚细亚的战车上。后来改进成把铁轮毂在油脂润滑的轴上转动。轮可能是人类史上最重要的发明，它不但是文明发展的基础，也是各种动力、运输、工业生产和无以数计的装置不可或缺的。

轮回 samsara 在佛教与印度教中表示生、死以及再生之间无止境的循环，一切生命无不受其制约。轮回被认为是没有能被觉察到的开始与结束。在轮回中，个人游历的细节由因果报应来主宰。在印度教中，解脱即是从轮回中解脱出来。佛教中认为达到涅槃境界便超越了轮回。轮回的范围从最低等的昆虫(有时也包括蔬菜和矿物质)延伸到梵天神的最高级别。

轮盘赌 roulette 一种赌博方式，玩家赌一个小球会停在转盘的哪一个标有数字的红色(或黑色)的格子上。轮盘赌(法语的原意是"小轮")出现在 18 世纪晚期欧洲的娱乐场上。所有的赌注都押给庄家，即赌场主。在小球减速即将停下来掉进一个格子里之

前，都可以下赌注。赌注可以下在一个数或是不同数的组合上。后一种情况下，如果最终结果在组合里，赔率会小一些。玩家也可以选择赌红格或是黑格、奇数或是偶数。

轮演剧目剧院 repertory theater 由固定剧团在一个演出季中上演几部不同的戏剧。所选剧目可以是由著名剧作家写的经典作品，也可以是新剧作家们新编的作品。演出这些剧目常被用作培训年轻演员的基地。在英国，此类活动开始于20世纪初，目的是使整个国家都能看到高质量的戏剧。最初轮演剧目剧团（又称专业剧团）在一周内每晚上演不同的剧目，同时准备和排练新剧。发展到现在，这种形式变成表演每个剧里一系列短小连续的段落。

轮作 crop rotation 在同一块田地里按一定顺序种植不同作物的耕作方法。有些轮作方法是为了在最短期间获得最高利润，而不考虑使基本资源继续发挥效用；有些轮作方法既考虑连续获得高额利润，又考虑保护资源。典型的轮作耕种计划是从行间作物（如玉蜀黍、马铃薯）、密植的谷类（如燕麦、小麦）、草根层作物或休闲作物（如车轴草、车轴草-梯牧草）中选择轮作作物。广义地说，耕作制度应围绕着深根性豆科植物的利用来设计。设计良好的轮作，不但对土壤和作物有许多益处，还能对农业经营有益，使劳力、能源和设备运用得更有效率，降低天气的影响和市场风险，牲畜的需求可以更容易满足，使农场成为效率更高的全年企业。

论辩文 apology 自传体形式，以辩护为主要结构来论述作者个人的信仰和观点。早期典范有公元前4世纪柏拉图的《论辩篇》，这是一部富于哲学理性的对话，其中论及对苏格拉底的审问，苏格拉底以简述其经历和他的道德态度，来回答起诉人的控告。这种论辩通常是自我辩白。J. H. 纽曼所写《为自己的一生辩护》（1864）一书，则是历述自己改信天主教的经过。

《论藏》 Abhidhamma Pitaka 佛教上座部大藏经（参阅三藏）的第3部分并为其中最晚出的一部分。前两部分是经藏和律藏，均被视为佛陀的作品，但《论藏》则被认为是他的弟子和一些学者的话，内容涉及伦理学、心理学和知识论。

罗 Rowe, Nicholas（1674～1718） 英国作家。他的作品大大促进了家庭悲剧作品的发展（在他的作品中，主角往往是中产阶级而非贵族）。这些作品包括《有野心的继母》（1700）、《帖木儿》（1702）、《美貌的忏悔人》（1703）、《简·肖尔的悲剧》（1714）、《简·格雷夫人的悲剧》（1715）。他还因为第一个校勘莎士比亚作品而被人纪念［《莎士比亚先生的作品，校勘和修订》（1709，1714）］。他的诗作包括颂诗和翻译作品。1715年成为桂冠诗人。被视为18世纪英国最重要的悲剧作家。

罗安达 Luanda 又称Loanda。安哥拉首都。位于大西洋沿海，是安哥拉最大城市，也是第二个最繁忙海港。1576年由保罗·迪亚斯建立，1627年成为安哥拉殖民地的行政中心。19世纪以前是向巴西贩运奴隶的主要口岸。市内住有许多姆本杜人，还有一个规模相当大的古巴人社区。现为工商业区，建有炼油厂。市内有罗安达大学，港口外面有圣米格尔要塞。人口约2 783 000（2004）。

罗昂公爵 Rohan, Henri, duc (Duke) de（1579～1638） 法国胡格诺派教徒领袖。16岁时加入亨利四世的军队，1603年被亨利四世封为法国贵族。亨利死后（1610），罗昂领导胡格诺派成员发动反对玛丽·德·梅迪契（1615～1616）统治的叛乱，并在17世纪20年代的内战中成为胡格诺派最重要的将军。在他著名的《回忆录》中，他回顾了第三次战争（1627～1629）期间发生的事件。战后前往威尼斯。1635年返回法国后，在伦巴第成功指挥了法军对哈布斯堡王室的突袭。1637年前往瑞士，在三十年战争的莱茵费尔登战役中阵亡。

罗巴切夫斯基 Lobachevsky, Nikolay (Ivanovich)（1792～1856） 俄国数学家。他一生都以喀山大学为中心，先在那里学习，1816年开始在那里任教。1829年他发表了开创性的理论，即否定欧几里得平行假设的几何学，最终解决了困扰数学家们2 000年之久的问题。在无穷级数，尤其是三角级数的理论以及积分计算、代数学和概率论方面罗巴切夫斯基都做了卓越的工作。生前基本上不为人知，去世十年后他的新几何学才被接受，尽管大部分功劳都归于他人。罗巴切夫斯基与匈牙利的J. 鲍耶（1802～1860）一起，都被认为是非欧几里德几何的创始人。

罗贝尔二世 Robert II（1054？～1134） 被称为Robert Curthose。诺曼底公爵（1087～1106），威廉一世的长子，被认为是其父的继承人，但却两度遭到流放（约1077年和约1082年）。罗贝尔被流放到意大利，但在父亲亡故后成为公爵返回。他将诺曼底抵押给弟弟威廉二世，参加了第一次十字军东征，在战场上英勇作战，协助夺取了耶路撒冷（1099）。他在亨利一世成为国王后领导了一次失败的对英侵略（1100）；之后亨利入侵诺曼底（1105～1106）并俘虏了罗贝尔，他在监狱中度过了残生。

罗贝尔乌丹 Robert-Houdin, Jean-Eugène（1805～1871） 原名Jean-Eugène Robert。法国魔术师，被认为是现代戏法之父。他曾学习当钟表工人，但在皇宫剧院成为一名魔术师（1845～1855），穿着晚礼服而不是普通的巫师服装在空旷的舞台上进行表演。他用人们熟悉的事物来制造幻觉，然后用可信的解释来说明其中的技巧。他是第一位使用电力的魔术师，揭穿了那些说他们的表演是出于超自然能力的魔术师。他在1856年被法国政府派往阿尔及利亚模仿伊斯兰教托钵僧的技巧以抵制他们的影响。

罗本古拉 Lobengula（1836？～1894） 南非恩德贝勒国的第二代，也是末代国王。他是恩德贝勒王国的创建人姆济利卡齐的儿子。在一段内战时期后，1870年罗本古拉承继王位。他试图与英国结盟，1886年给了他们耕种特权，1888年又给了采矿权。但英国人并不满足，C. 罗得斯的英国南非公司发动了军事远征，1893年消灭了恩德贝勒王国。

罗宾汉 Robin Hood 英国传奇中的绿林好汉。他是14世纪民谣的主角，是抢劫和杀死地主和政府官员并将所得分给穷人的反叛者。他对妇女和普通人很谦恭，无视限制森林狩猎的法律。他最大的敌人是诺丁汉的郡长。这些民谣起源自1381年农民起义中的土地拓荒造成的动荡局势。罗宾汉的存在没有历史依据，虽然后来的传统认为他生活在约翰王朝时期。在中世纪后的民谣和故事中，他是一个失去土地后在舍伍德森林隐居的贵族。他周围的人还包括小约翰和塔克修士，他的情人是梅德·玛丽安。

罗宾斯 Robbins, Jerome（1918～1998） 美国舞蹈家、舞蹈编导和导演。1940年加入了芭蕾舞剧院（后来的美国芭蕾舞剧团），在《蓝胡子》和《罗密欧与朱丽叶》中进行了角色

J. 罗宾斯在《水手上岸》（1944）中剧照
Fred Fehl

创作。他第一部成功的芭蕾舞编导的是L. 伯恩斯坦的《水手上岸》，后成为音乐剧《锦城春色》（1944）。之后，他又创作了很多成功的百老汇音乐剧和电影，包括《西城故事》（1957）、《吉卜赛人》（1959）和《屋顶上的提琴手》（1964）。1949年加入纽约市芭蕾舞团，在1950～1959年间担任导演助理，1969～1983年担任常任舞蹈编导和芭蕾舞导师，并与P. 马丁斯合作导演直到1990年退休为止。他的编导以现代、学院和美国式的流行舞蹈形式著称。

罗宾逊 Robinson, Bill（1878～1949） 原名Luther，被人称作Bojangles。美国踢踏舞明星。他发展了非常出色的踢踏舞技巧。他是白人歌舞杂耍表演中第一位黑人演员，后来成为了F. 齐格飞时事讽刺剧中的首名黑人演员。他曾在美国多数主要剧院和夜总会中演出，也曾参与电影演出，尤其是与S. 邓波儿一起演出的四部电影和全部由黑人演

出的《暴风雨》(1943)。在他演出生涯的60周年庆典上，纽约市长宣布那天为"比尔·罗宾逊日"，在他去世时英国王室和白宫均表达哀悼之意。参阅**踢踏舞**。

罗宾逊　Robinson, Edwin Arlington(1869～1935)　美国诗人。曾在哈佛大学学习，但时间不长。在诗作受到人们注意之前，他一直忍受着穷困潦倒的生活。最有名的作品为充满激情的短诗，这些诗描写的是新英格兰一个小村庄里村民的悲惨生活和不幸遭遇，包括《理查德·科里》和《米尼弗·奇维》。他的作品集有《夜之子》(1897)、《天边人影》(1916)和《诗选集》(1921，获普利策奖)。也创作叙事长诗，包括《墨林》(1917)、《朗斯洛》(1920)、《死过两次的人》(1924，获普利策奖)、《特里斯丹》(1927，获普利策奖)以及《阿马兰思》(1934)。

罗波那　Ravana　印度教神话中的十首魔王。罗波那有十头二十臂，会飞。他统治楞伽国，放逐兄弟俱毗罗。他诱劫**罗摩**之妻**悉多**，最后为罗摩所败，这是史诗《罗摩衍那》所

十首罗波那，选自《罗摩衍那》(约1720)；现藏克利夫兰艺术博物馆
By courtesy of the Cleveland Museum of Art, Ohio, gift of George P. Bickford

载的主要故事。许多人记住他是因为罗波那摇撼吉罗娑山，湿婆介入，把罗波那囚在山下一千年。民间每年的里拉节的高潮就是表演罗波那失败故事并焚烧巨大的魔王像。

罗伯-格里耶　Robbe-Grillet, Alain(1922～2008)　法国作家。他曾接受统计学和农艺学的教育，后成为一名作家和"新小说"(20世纪50年代在法国出现的**反小说**)的主要理论学家。他的叙述没有传统的时间顺序和情节元素，主要由反复出现的形象和重复的对话片段组成。作品包括小说《橡皮》(1953)、《嫉妒》(1957)、《神灵》(1981)和《复制品》(2001)；散文《争取新的小说》(1963)和散文集《镜子中的群鬼》(1984)。他还是一名剧作家和电影导演，最好的媒体作品是《去年在马里昂巴德》(1961)银幕剧本。

罗伯斯比尔　Robespierre, Maximilien (François-Marie-Isidore) de(1758～1794)　法国革命者。他曾是阿拉斯的成功律师(1781～1789)，后被选入国民议会(1789)，成为了一名支持个人权利的激进代言人，因此而著名。他在国民公会中成为了**山岳派**领导人。在通过判处路易十六世死刑后，他领导了雅各宾派(参阅**雅各宾俱乐部**)和**救国委员会**(1793)展开**恐怖统治**，在此期间作为法国独裁者，他将从前的朋友如丹东等人处决。虽然他曾在早期支持巴黎人民，后者还将他称为"清廉的人"，但他最终还是失去领导地位并在热月反动中被推上了断头台。他常常被认为是一名残忍嗜杀的独裁者，但其减轻不平等和全民工作保障的社会理想后来也受到重视。

罗伯特二世　Robert II(1316～1390)　苏格兰国王(1371～1390年在位)。他是布鲁斯的罗伯特一世的外孙。在他的舅舅戴维二世被英格兰人流放和监禁期间，他担任摄政，并在1371年戴维去世后成为了斯图亚特家族的第一位国王以及**斯图亚特王室**的创立人。他的统治时期是苏格兰的衰落期，他对政治和军事均无建树，在与英格兰的持续战争(1378～1388)中表现迟钝。他去世后的王位继承问题成为了他众多的孩子(合法和私生的)及其后代之间的争端。

罗伯特·圭斯卡德　Robert Guiscard(约1015～1085)　诺曼人探险家和阿普利亚公爵(1059～1085)。他出生于一个诺曼骑士家庭，在南部意大利与其兄弟和同父异母兄弟联合，打败了拜占廷人、伦巴第人和罗马教皇(1053)的军队并占领了阿普利亚。他和教皇达成协议(1059)，反对拜占廷，并将阿拉伯人逐出西西里。他的兄弟罗杰(后来的罗杰一世)助他占领了西西里和卡拉布里亚，并在1076年取得了萨莱诺控制权，使之成为了其公国的首府。罗伯特后来试图夺取拜占廷王位未遂(1083)，但返回意大利后协助教皇圣格列高利七世打败了敌对军。

罗伯特一世　Robert I(1274～1329)　被称为Robert the Bruce(布鲁斯的罗伯特)。苏格兰国王(1306～1329年在位)。虽然他的祖先是盎格鲁-诺曼人，但他在英格兰和苏格兰都有土地。他和苏格兰人一起反对英格兰并在**W. 华莱士**领导下发动反抗。1306年在争吵中刺死了对手后取得了苏格兰王位。他曾两次被爱德华一世打败(1306)并流亡，在爱尔兰一个遥远的小岛上生活。一年后，罗伯特返回苏格兰开始召集支持者，并在1314年的班诺克本战役中打败爱德华二世。爱德华三世最终在1328年承认了他的王位并确认了苏格兰的独立。

罗伯逊　Robeson, Paul (Bustill)(1898～1976)　美国歌唱家、演员和社会活动家。父亲曾是一名奴隶，后成为了牧师，母亲是贵格会信徒。他曾就读于拉特格斯大学，成为了全美足球运动员。作为全班佼佼者毕业后，他在哥伦比亚大学攻读法律学位。由于黑人在法律界没有就业机会，他转向戏剧舞台发展，参加了包括**E. 奥尼尔**在内的一个剧团，并在他的《上帝的儿女都有翅膀》(1924)和《琼斯皇帝》(1924；1933年拍成影片)中演出，在纽约和伦敦都取得了成功。罗伯逊具有良好的男低音和中音，他在《演艺船》(1928)中演唱《老人河》世界闻名。他在《奥瑟罗》中扮演的角色在伦敦(1930)和百老汇(1943)取得了很高的赞誉。1934年访问苏联，成为左翼分子，并继续他的演出生涯。因拒绝退出共产党，其护照在1950年被没收。由于在美国遭到恶意的排挤，便离开了美国旅居欧洲，并在苏联集团的国家中旅行，但在1963年因健康问题返回美国。

罗布·罗伊　Rob Roy(1671～1734)　原名Robert MacGregor(罗伯特·麦格雷戈)。苏格兰高地歹徒。他是麦格雷戈族首领的侄子，为一强盗，并参与了由来已久的英格兰与苏格兰的边境区的牲畜偷盗和勒索活动。1693年反麦格雷戈族的惩戒法再度实施后，他采用了坎贝尔这一姓氏，并常签名为罗布·罗伊(意为"红色强盗")，指的是他的一头红发。他在1712年经济状况不好后开始强盗生涯，并借口防盗匪而向人讹诈保护费。1722年被捕后，于1727年获得赦免。他在**W. 司各特**的小说《罗布·罗伊》中被描写为苏格兰的罗宾汉。

罗丹　Rodin, (François-) Auguste (-René)(1840～1917)　法国雕刻家。早年经济贫困，多次投考艺术学院落榜，他只能靠制作装饰用的石雕来维持生活。年过30岁才在一次意大利之旅之后，摆脱学院派的桎梏，形成自己的风格。《青铜时代》(1878年展出)树立了他作为雕刻家的声誉。这件作品表现出强烈的现实主义，甚至有人指责它是以活人翻制的。1880年受委托开始为装饰艺术博物馆制作青铜大门《地狱之门》，这件作品到他去世时也未能完成。但这件作品里众多形象中的两个为他后来最著名的作品《思想者》(1880)和《吻》(1886)提供了基础。他创作的雕像包括**V. 雨果**和**H. de 巴尔扎克**的不朽形象。尽管这两件作品和其他许多作品因打破常规，而引起争论，但罗丹仍旧取得了辉煌的成就。在他的工场里，他只需要完成模子，而将铸铜和雕刻大理石的工作交由助手完成。除雕刻之外，他还绘制书籍插图、铜版画和大量素描，大多为裸体女性。他使雕塑重新成为一种个人表现艺术，也被认为是最伟大的肖像画家之一。

罗得　Lot　**亚伯拉罕**的外甥。他跟随亚伯拉罕从乌尔迁移到**迦南**，定居所多玛——一座邪恶之城，上帝决定予以摧毁。天使警告灾难即将来临，罗得偕同家人逃离所多玛。他的妻子不遵守上帝的命令而回头见到陷于火海的所多玛，因而变成盐柱。后来罗得与自己的女儿生下孩子，他们就是摩押人与亚扪人的始祖——以色列的敌人。参阅**所多玛和蛾摩拉**。

罗得岛　Rhode Island　全称Rhode Island and Providence Plantations(罗得岛暨普罗维登斯种植园州)。美国东北部**新英格兰**地区的一州，为美国最小的州，面积3 162平方千米。首府为普罗维登斯。北边和东边与马萨诸塞州相连，西与康涅狄格州交界。南部的罗得岛湾是该州的渔业基地。原始居民

为纳拉甘西特族印第安人。1636 年被逐出马萨诸塞的 R. 威廉斯和其追随者首次在此建立欧洲人居住点。1663 年国王查理二世颁给威廉斯特许状。虽然该地从未正式加入新英格兰殖民地，许多居住地仍在**菲利普王战争**中遭到严重焚毁，损失惨重。它处于反对英国海关法案战斗的最前列，正是这个战斗导致了美国革命。为联邦的原始成员之一，1790 年在将《**人权法案**》列入之后才批准联邦宪法，为正式加入联邦的第 13 州。1790 年 S. 斯莱特在波塔基特建立棉纺织厂，是美国**产业革命**的开始。其原本特许状在 1842 年多尔反叛前一直有效，并造成选举权的扩大。其经济主要依靠制造业，产品包括珠宝和银器、纺织品和服装、电气设置和电子制品。人口约1 050 292（2012）。

罗得岛　Rhodes　希腊语称 Ródhos。希腊东南部岛屿。是佐泽卡尼索斯群岛中最大的岛，也是爱琴海中最东边的岛。主要城市罗得位于岛的北部尖端。已知最早的居民是约公元前 1000 年的多里安人。在古希腊时期，罗得岛在雅典人、斯巴达人和波斯人的手里来回变换。约公元前 225 年的一场灾难性的大地震破坏了那里的**罗得岛巨像**（世界七大奇观之一）。中世纪时被拜占廷人、穆斯林以及医院骑士团（参阅**马耳他骑士团**）占领。骑士团将罗得岛建成要塞，占据了两个世纪，1522 ～ 1523 年被土耳其控制。1912 年意大利从土耳其手中夺取了罗得岛。1947 年根据条约将它归属希腊。该岛全年适宜旅游，罗得岛就是依靠旅游业而繁荣昌盛起来。人口约49 541（2011）。

罗得岛巨像　Rhodes, Colossus of　位于希腊罗得岛的太阳神赫利俄斯青铜巨像，高逾 30 米，耸立在港口。是由林都斯的查理所作，用以纪念罗得岛解除了德米特里·波利

建于公元前 292 ～前 280 年左右罗得岛巨像的木雕复制品，S. 巴克利制于 1875 年左右
Historical Pictures Service, Chicago

俄塞特斯的长期围困（公元前 305 ～前 304）。为**世界七大奇观**之一，曾在约公元前 225 年的一次地震中倒塌。倒塌的巨像被留在原地，直到公元 653 年阿拉伯劫掠者将它击碎当作废铜卖掉。

罗得斯　Rhodes, Cecil (John) (1853 ～ 1902)　英属南非金融家、政治人物和帝国创业人。罗得斯在英国乡下长大，1871 年前往南非帮助他哥哥做生意，在那里对钻石矿藏产生了兴趣。他组建了德比尔斯联合矿业公司（1888），直至 1891 年，他的公司拥有世界钻石生产的 90%。他试图向北方扩展，梦想修建一条从好望角到开罗的铁路，便说服英国在贝专纳兰建立一个保护国（1884），这和布尔总统 **P. 克鲁格**发生了冲突。他从**罗本古拉**那里获得采矿特许权（1889），但后来在军事上打败了他（1893）。在他的煽动下，英国特许成立英国南非公司（1889），罗得斯任主管。他将公司的控制权延伸到两个北方的省份，最终它们以他的姓氏命名，称为南罗得西亚（现在的津巴布韦）和北罗得西亚（现在的赞比亚）。他对矿藏富饶的德兰士瓦省的兴趣使他阴谋策划推翻克鲁格（1895），但这个想法被 **L. S. 詹姆森**破坏了，罗得斯被迫引退，只担任好望角殖民地的总理和英国南非公司的首脑。他最后的岁月全是和拉济维尔公主有关的失望和丑闻。他的遗嘱将他的大部分财产用来建立**罗得斯奖学金**。

罗得斯奖学金　Rhodes scholarship　牛津大学设置的奖学金，系根据 C. **罗得斯**的遗嘱而于 1902 年设立。1976 年以前，得奖资格候选人必须是英联邦国家、美国或南非的未婚男性居民。1976 年，女子也被接受。每年从德国也选出两个得奖资格候选人。该奖学金为期两年，竞争十分激烈。

罗得西亚　Rhodesia　非洲中南部的地区，现在划分为南边的津巴布韦和北边的赞比亚。以英国殖民行政官 C. 罗得斯的姓氏命名，19 世纪由英国南非公司统治，并开采了大部分金矿、铜矿和煤矿。1911 年分为南罗得西亚和北罗得西亚；南罗得西亚成为自治的英国殖民地（1923），北罗得西亚成为英国的保护国（1924）。1953 ～ 1963 年间两地曾联合尼亚萨兰成为罗得西亚和尼亚萨兰联邦。参阅**马拉维**。

罗德里戈　Rodrigo, Joaquin (1901 ～ 1999)　西班牙作曲家。虽 3 岁失明，但自幼学习音乐。以其成功的吉他曲和管弦曲《阿兰胡埃斯协奏曲》（1939）而享有盛誉。他创作了大量的各类音乐，包括用钢琴、管弦乐器以及用竖琴和管弦乐器演奏的协奏曲、吉他独奏曲、钢琴独奏曲、一部芭蕾舞曲、一部歌剧和 60 多首歌曲。

罗蒂　Rorty, Richard (McKay) (1931 ～ 2007)　美国哲学家。1956 年获得耶鲁大学博士学位后，分别于韦尔斯利学院、普林斯顿大学、弗吉尼亚大学和斯坦福大学任教。罗蒂反对认识论上的基础主义，认为陈述在认识层面中没有基础与否之分，也没有一种陈述会最终被证明是正确的或者是绝对的。他也反对从任何有趣的意义上判断语句或信仰是正确还是错误，而认为应该在广泛的社会实践中判断其是否有用或者成功。著作有《哲学与自然之镜》（1979）、《实用主义的后果》（1982）和《偶然、反讽与团结》（1988）。

罗多彼山脉　Rhodope Mountains　欧洲东南部巴尔干半岛的山脉。该山脉向东南沿保加利亚和马其顿、希腊的边界伸展，逐渐消失于马里查河的支流灌区。它形成了重要的气候屏障，保护沿爱琴海的低地不受北方冷风侵袭。山脉在土耳其统治期间（15 ～ 19 世纪）是斯拉夫民族的避难地，也是古代习俗的保存地。湖流、河谷纵横，森林密布，为旅游胜地。

罗厄诺克河　Roanoke River　美国弗吉尼亚州南部和卡罗来纳州东北部河流。由西弗吉尼亚州的各支流汇合而成，向东南流，注入北卡罗来纳州阿尔伯马尔湾，即大西洋，全长 612 千米。在弗吉尼亚和北卡罗来纳边界的正北方有达恩河汇入，是其主要支流。从河口到北卡罗来纳州韦尔登可通行小船。

罗尔斯　Rawls, John (1921 ～ 2002)　美国哲学家。曾先后在康奈尔大学（1962 ～ 1979）和哈佛大学（1979 年起）任教，著作主要涉及伦理学及政治哲学。在《正义论》（1971）中，他提出了另类的**功利主义**的观点，引出了对正义的迥异定义。他宣称若人们在"无知的借口"背后不得不选定正义的原则，即会限制他们认知自己在社会中所扮演的角色，而使得他们不去寻求利益的最大化，取而代之的是保护自身自由、防卫自己以免得到可能最坏结果。因此他们仅会制裁那种只对最坏情况有益的不公平（如财富上），因这种不平等对激励所有人的利益是必须的。

罗尔斯-罗伊斯公司　Rolls-Royce PLC　英国飞机发动机及其他动力技术产品制造商。在 20 世纪很长一段时间内，该公司都进行豪华汽车生产。汽车和飞机驾驶的先驱查理·斯图尔特·罗尔斯和工程师兼起重机制造商亨利·罗伊斯于 1906 年成立了罗尔斯-罗伊斯公司。该公司制造的外形美观，设计完美的轿车包括银色幽灵（1906 年推出的"40/50 马力"型）、幻影系列（1925）、银色黎明（1949）、银云（1955）、银影（1965）和银色天使（1998）等车型。1931 年罗尔斯-罗伊斯公司购得一家上等汽车制造公司——本特利汽车公司。以 1914 年鹰式发动机的生产为开端，该公司也生产了一系列螺旋桨飞机和喷气飞机所使用的发动机。它的涡轮发动机最终成为其销售额的主要部分。由于与洛克希德飞机公司签订了一份固定价格的合约，生产装置在 L－1011 客机上的发动机，迫使罗尔斯-罗伊斯公司在 1971 年宣告破产。之后，公司被拆为两部分：生产飞机发动机的一部分由英国政府接管，后被私有化，成为罗尔斯-罗伊斯上市公司，生产汽车发动机的一部分被重组为罗尔斯-罗伊斯汽车公司，后也被私有化。后者于 1980 年被威格斯公司购得，它将罗尔斯-罗伊斯汽车公司于 1998 年转卖给**大众汽车公司**。合约中规定宝马汽车公司将于 2003 年起，用罗尔斯-罗伊斯之名生产轿车，而大众汽车公司则获得本特利公司的生产线。

罗尔瓦格　Rølvaag, Ole (Edvart) (1876 ～ 1931)　挪威裔美国小说家和教育家。1896

年移民美国,大半生在圣奥拉夫学院(明尼苏达州诺斯菲尔德)度过,在那里教授挪威语言、文学和挪威移民史。罗尔瓦格用挪威文写作,作品以现实主义笔法著称,表现了挪威移民在达科他大草原的生活以及美国当地文化和外来文化间的冲突。《人间巨人》(1927)是他最著名的作品,是其两部小说的英译本。

罗非鱼属 tilapia 又称吴郭鱼属。鲈形目慈鲷科(又称丽鱼科)的一属,种类繁多,大部分为原产非洲的淡水鱼。本属鱼之所以闻名是因其作为食用鱼既易饲养又颇丰产。生长速度快,抗病力强,且以数量众多的藻类和浮游动物为食使此类鱼利于商业养殖。利用温水系统养殖罗非鱼的历史可上溯至埃及文明早期。现已被引进到世界许多温暖地区的淡水环境中。

罗哈斯 Roxas (y Acuna), Manuel(1892～1948) 菲律宾共和国第一任总统(1946～1948)。原是律师,1917年开始了他的政治生涯。是菲律宾从美国统治下独立的鼓吹者,成为宪法会议委员,在修改的《菲律宾自治领与独立法》(《泰丁斯-麦克达菲法》,1934)基础上草拟了宪法。第二次世界大战期间与亲日政府合作,但在战后审判中受到D. 麦克阿瑟将军的庇护。1946年菲律宾获准独立,成为菲律宾第一任总统。罗哈斯从美国获得援助基金,但被迫批准了美国军事基地和其他一些重大让步。他的政府由于腐败和警察暴力而受到损害,也为胡克起义提供了舞台。

罗杰斯 Rodgers, Richard(1902～1979) 美国作曲家,音乐剧方面最伟大的人物之一。在哥伦比亚大学求学,在那里他结识了L. 哈特,后来在音乐艺术学院学习作曲。与哈特共同创作的第一部成功之作是轻松歌剧《加力克的狂欢》(1925)。他们合作创作的喜剧《准备行动》(1936)以及爵士芭蕾舞《第10街上的屠杀》,使严肃舞蹈成为音乐喜剧中必不可少的组成部分。其他合作作品还有《怀中佳丽》(1937)、《叙拉古的小伙子》(1938)和《好伙伴宙伊》(1940),后者于1952年再度上演时,获得巨大成功。哈特去世之后,罗杰斯开始与O. 哈默斯坦合作。他们创作的《俄克拉何马州!》(1943,获普利策奖)在百老汇上演2 248场,在当时创下纪录。在二人长达17年的合作中,创作了包括《南太平洋》(1949)、《国王与我》(1951)和《音乐之声》(1959)等成功剧本。成为美国音乐剧历史最杰出的搭档。

罗杰斯 Rogers, Carl R(ansom)(1902～1987) 美国心理学家。曾就读于哥伦比亚大学师范学院(1931年获博士学位)。在纽约一儿童机构担任过领导工作,之后在多所大学任教。1963年在加利福尼亚州拉乔拉协助建立起一个人类研究中心。被认为是患者中心式或非指导式心理治疗的发明人,参与创立了人文心理学。其著作有《咨询和心理治疗》(1942)、《患者中心疗法》(1951)、《心理治疗和人格改变》(1954)和《论人的成长》(1961)。

罗杰斯 Rogers, Will(iam Penn Adair)(1879～1935) 美国幽默作家、演员。在印第安人保留地(现在的俄克拉何马州)长大。在西大荒演出和歌舞杂耍中便表现出他的转

W. 罗杰斯
Culver Pictures

绳技巧,后来又逐渐把乡下人的连珠妙语加进演出。从1905年起在纽约受到欢迎,并出演F. 齐格飞的《午夜欢乐聚会》(1915)。1922年起为《纽约时报》的专栏撰稿,写过一系列书籍,其特征是对时事进行善意而又尖锐的批评。参与过电台节目和电影拍摄,如《游行集市》(1933)和《汽船绕过弯道》(1935)。在阿拉斯加飞机失事中与飞行员W. 波斯特(1899～1935)一同遇难,各地都对他的逝世表示哀悼。

罗克尼 Rockne, Knute (Kenneth)(1888～1931) 挪威出生的美国橄榄球教练。他使圣母大学校队成为一支重要的橄榄球球队。1893年随家迁往芝加哥。他参加田径,并在圣母大学橄榄球队任底线后卫,成为向前推进的传球组合中的关键环节。后来在多个职业球队打底线后卫。退役之后,先后任圣母大学校队的助理教练(1914～1918)和主教练(1919～1932)。在13个赛季中,他率领的"战斗爱尔兰人队"赢得105场比赛,输12场,5场平局。罗克尼训练出吉普和名为四骑手的著名球员。他活泼的个性赢得公众的喜爱。

罗拉德派 Lollards 中世纪晚期英格兰J. 威克里夫的追随者。这个贬称(源自中部丹麦,意为"说话含混不清的人")早先是用于被怀疑为异教徒的欧洲群体。第一批罗拉德派以威克里夫在牛津大学的同事们为中心,由赫里福德的尼古拉斯领导。1382年坎特伯雷的大主教威逼牛津罗拉德派的一些人放弃他们的观点,但这一派仍持续扩大。1399年亨利四世即位,标志着镇压浪潮的开始。1414年罗拉德派的一次起义很快被亨利五世打败;起义遭到了残酷的报复,标志了罗拉德派公开政治影响的结束。1500年前后,罗拉德派开始复兴,到了1530年,老的罗拉德派与新的新教徒的力量开始合并。罗拉德派的传统有利于亨利八世的反教权立法。赫里福德的尼古拉斯翻译圣经是罗拉德派的贡献。

罗兰 Loren, Sophia(1934～) 原名Sofia Scicolone。意大利电影女演员。童年在贫困的、受战争摧残的那不勒斯郊区度过,后来到罗马当模特儿和临时电影演员。在

S. 罗兰在《薄伽丘1970年》(1962)中的剧照
Brown Brothers

制作人C. 庞蒂(后来成为她的丈夫)的指导下,1950年开始在意大利电影中饰演角色,包括《那不勒斯的黄金》(1954)。她所拍的电影以她那雕塑般的身材和带有乡土气息的特质而知名,其中包括《黑兰花》(1959)、《乱世英雄》(1961)、《乔恰拉女人》(1961,获奥斯卡奖)、《三艳嬉春》(1962)、《昨天、今天和明天》(1964)、《意大利式的结婚》(1964)和《特殊的一天》(1977)等。

罗兰森 Rowlandson, Thomas(1756～1827) 英国讽刺画家。商人之子。曾在皇家艺术学院和巴黎学习。开设一家肖像画室之后,他开始画讽刺画来增加收入,以此获得成功因而专职漫画。他创造的人物讽刺了当时人们熟悉的社会典型人物形象,像古物收藏者、衣冠不整的酒吧女招待和雇佣文人。罗兰森也为T. 斯摩莱特、O. 哥尔德斯密斯和L. 斯特恩的作品画过插图。

《罗兰之歌》 Chanson de Roland 英语作Song of Roland。一首古老的法国史诗,写于约1100年,是最早出现的武功歌,也是一首杰作。作者可能是诺曼诗人杜洛尔德,该诗的最后一行有他的名字。这首诗描述了778年发生的龙塞斯瓦列斯战役。尽管这只是与巴斯克人打的一场遭遇战,但该诗却把它描写成一场与撒拉森人进行的英勇战斗。全诗结构严谨,层次分明,风格质朴,主要描写蛮勇的罗兰和他审慎的朋友奥利佛之间的个性冲突,这同时也是对于愚忠的不同看法之间的冲突。

罗勒 basil 唇形科一年生草本植物。罗勒(*Ocimum basilicum*)干叶用作香料,原产于印度和伊朗。大叶变种具略似茴香的芳香,味辛甜而微辣。普通罗勒的干叶香味较淡,但口味更辣。罗勒作为烹饪调料广泛栽培。

罗勒叶制的茶是一种兴奋剂。叶心形，在意大利为爱情的象征。

罗林斯 Rawlings, Marjorie Kinnan(1896～1953) 美国短篇和长篇小说家。她当过记者，后来移居佛罗里达边远林区，并专心致志写小说。通过取材于她周围的风土人情，她写了大量富有艺术气息的作品，这些作品有点类似于活泼的纪实报道，并因其迷人的风景描写而闻名。她最著名的小说《一岁崽》(1938，获普利策奖)，讲述了一个贫困家庭的男孩和他收养的一只小鹿的故事。她后来的作品包括《克罗斯小溪》(1942)和《暂居者》(1953)。

罗林斯 Rollins, Sonny(1930～) 原名Theodore Walter。美国萨克斯管演奏家、作曲家。对次中音萨克斯管演奏产生过重大影响，是最优秀的爵士乐即兴演奏家之一。从C.霍金斯和C.帕克那里获得启发，在20世纪40年代末与众多音乐家一起演出过，包括M.戴维斯。1955～1957年为C.布朗和M.罗奇五重奏小组的成员，之后开始领导自己的乐队。他那有力的音色和纯熟的演奏技巧与实现其独奏曲反映的理念所需的运动员般的耐力相得益彰。

罗琳 Rowling, J(oanne) K(athleen)(1965～) 英国作家，创造了受欢迎及赞赏的哈利·波特系列。预计出版7集的哈利·波特系列第一集《哈利·波特与哲人之石》(美国版书名为《哈利·波特与魔法石》)，于1997年出版。通过栩栩如生的描述及富想象力的情节，讲述一个未必是英雄的孤独的孤儿发现自己拥有魔法的故事。这本书一推出就大获成功，同时吸引了儿童(预期的读者)及成人。续集——《哈利·波特与密室》(1998)、《哈利·波特与阿兹卡班的囚徒》(1999)、《哈利·波特与火焰酒杯》(2000)、《哈利·波特与凤凰社》(2003)和《哈利·波特与混血王子》(2005)都成为畅销书籍。2007年出版最后一集《哈利·波特与死亡圣器》。罗琳因对重新唤起儿童阅读兴趣的贡献，而于2001年成为“荣获英帝国勋章的军官”。根据第一集改编成的电影也于同年上映，并成为世界上票房价值最高的影片之一，其续集影片也获得巨大成功。2008年，罗琳出版了她的儿童故事集《吟游诗人皮陀故事》。2012年出版了《偶发空缺》，这是她首度为成人读者创作的小说。

罗马 Rome 意大利语作Roma。意大利首都。位于国家的中部，台伯河畔。历史上罗马位于它的七座山丘上，早在青铜时期(约公元前1500)就有人居住。公元前6世纪初该城市即在政治上统一。后成为罗马帝国(参阅罗马共和国与罗马帝国)的首都。罗马人逐渐征服了意大利半岛(参阅埃特鲁斯坎人)，将他们的疆土扩展到整个地中海盆地(参阅布匿战争)，并将他们的帝国扩展到了欧洲大陆。在庞培和J.凯撒的统治下，罗马的影响扩展到了叙利亚、耶路撒冷、塞浦路斯和高卢。亚克兴角战役后，所有的罗马土地都被屋大维(奥古斯都)控制，他成为第一位罗马皇帝。作为帝国的首都，罗马城内有许多宏伟的公共建筑，包括宫殿、庙宇、公共浴室、剧院以及体育场等。在1世纪末和2世纪初，它达到了华丽壮观以及古代人口的顶峰。直到330年君士坦丁一世建成君士坦丁堡(现在的伊斯坦布尔)以前，它一直是罗马帝国的首都。到6世纪末，罗马天主教会(参阅神圣罗马帝国)负责对城市的保护，但只有在15世纪才实现对它的绝对统治。文艺复兴时期城市繁荣起来，是罗马教廷和教皇国的所在地。1870年它成为统一后的意大利首都。20世纪20和30年代转变成一个现代的首都，是意大利的行政、文化和交通中心。人口约2 638 842(2012)。参阅梵蒂冈城。

罗马法 Roman law 罗马共和国与罗马帝国的法律。罗马法对大多数西方文明的法律发展都有影响。它涵盖了继承权益、义务关系(包括契约)、财产(包括奴隶)和个人权益。大多数法律都是在主要由贵族氏族主导的会议上通过的，尽管行政长官的裁决也很重要。后来的皇帝们都越过这些形式而直接发布他们自己的政令。法律学者的解释在法律上也有影响。尽管作了各种尝试来收集和简化现有的法律(从《十二铜表法》开始)，但至今最成功的是查士丁尼一世所做的努力，他的法典超越了所有以前的法律，成为罗马帝国的法律遗产。罗马的法律程序是现代民法国家中的程序基础。在共和国早期，原告必须请被告上法庭，或用武力迫使他出庭。然后由行政长官在承审官员(有名望的非专职人员)面前决定是否要继续审理该案件。承审官员倾听辩护律师的论点，并向证人提问；他可作出决定，但无权执行。在共和国后期，行政长官和法院有了更大的权力：由法院发出传唤；只在一个行政长官面前举行审判；并由法院负责判决的执行。

罗马共和国与罗马帝国 Roman Republic and Empire 曾统治西方世界的古国。公元前509年以罗马城为中心建立共和国，公元前27年创建罗马帝国，直至公元5世纪西罗马帝国最后瓦解。共和国政府由两名执政官、元老院、地方长官(最初全是贵族)以及两个一般的平民议会(军事百人团大会和平民部族大会)组成。公元前451年颁布的成文法典《十二铜表法》，成为了罗马私法的基础。到公元前3世纪末，罗马领土包括了整个意大利；至共和国后期，其版图包括西欧大部分、北非以及近东地区，并将这些领土划分为行省。J.凯撒是在经过一段时期的内战后，以独裁官身份掌管国家大权。他遭暗杀(公元前44年)后，M.安东尼、李必达和屋大维三执政之间发生冲突，最终屋大维获胜(公元前31年)，即位为皇帝，称奥古斯都(公元前27～公元14年在位)。帝国政府(元首统治)结合了共和政体和君主政体。395年帝国分裂为东西两部分，西罗马帝国受到来自野蛮民族的严重侵略，罗马于410年遭西哥特人洗劫，西罗马帝国于476年遭日耳曼人入侵；东部则继续存在，称为拜占廷帝国，一直存续到1453年。

历代罗马皇帝一览表

奥古斯都	公元前27～公元14
提比略	14～37
卡利古拉	37～41
克劳狄	41～54
尼禄	54～68
加尔巴	68～69
奥托	69
维特利乌斯	69
韦斯巴芗	69～79
提图斯	79～81
图密善	81～96
内尔瓦	96～98
图拉真	98～117
哈德良	117～138
安东尼·庇护	138～161
马可·奥勒利乌斯	161～180
韦鲁斯	161～169
康茂德	177～192
佩提纳克斯	193
狄第乌斯·尤里安	193
塞维鲁	193～211
卡拉卡拉	198～217
盖塔	209～212
马克里努斯	217～218
埃拉加巴卢斯	218～222
塞维鲁·亚历山大	222～235
马克西米努斯	235～238
戈尔狄安一世	238
戈尔狄安二世	238
普皮耶努斯·马克西穆斯	238
巴尔比努斯	238
戈尔狄安三世	238～244
腓力	244～249
德西乌斯	249～251
霍斯提利安	251
加卢斯	251～253
埃米利安	253
瓦莱里安	253～260
加列努斯	253～268
克劳狄二世	268～270
昆提卢斯	269～270
奥勒利安	270～275
塔西图斯	275～276
弗洛里安	276
普罗布斯	276～282
卡鲁斯	282～283
卡里努斯	283～285
努梅里安	283～284
君士坦丁一世	312～337
君士坦丁二世	337～340
君士坦斯一世	337～350
君士坦提乌斯二世	337～361
马格嫩提乌斯	350～353
尤里安	361～363
约维安	363～364
狄奥多西一世	379～395
东罗马	
戴克里光	284～305
加莱里乌斯	305～311
李锡尼	308～324
瓦林斯	364～378
普罗科匹厄斯	365～366
阿卡狄乌斯	395～408
狄奥多西二世	408～450
马西安	450～457
利奥一世	457～474

续表

利奥二世474
芝诺474 ～ 491
西罗马
马克西米安286 ～ 305
306 ～ 308
君士坦提乌斯一世·克洛卢斯305 ～ 306
塞维鲁306 ～ 307
马克森提306 ～ 312
瓦伦提尼安一世364 ～ 375
格拉提安367 ～ 383
瓦伦提尼安二世375 ～ 392
洪诺留395 ～ 423
君士坦提乌斯三世421
瓦伦提尼安三世425 ～ 455
佩特罗尼乌斯·马克西穆斯455
阿维图斯455 ～ 456
马约里安457 ～ 461
利伯留·塞维鲁461 ～ 467
安提米乌斯467 ～ 472
奥利布里乌斯472
格利塞里乌斯473 ～ 474
尤利乌斯·内波斯474 ～ 475
罗慕路斯·奥古斯图卢斯475 ～ 476

罗马教廷　papacy　天主教会的中央管理体系。早期的教会由各**主教**领导，直到公元1世纪末为止对罗马主教有着特别的尊敬，部分原因是相信圣彼得是罗马城的首位主教。3世纪时圣西普里安对这一崇高职位提出了挑战。4～5世纪君士坦丁堡的主教权力提升，对罗马主教构成威胁，这种对立情况在1054年**教会分裂**时达到高潮。罗马帝国瓦解后，教廷在查理曼及其继任者的羽翼下受到保护。9～10世纪德意志皇帝控制了教廷。1059年教皇尼古拉二世规定，只有枢机主教才有权提名新教皇人选。为了建立教廷超越各国的至高无上权力，圣格列高利七世将德意志的**亨利四世**逐出教会；并颁布法令，称世俗统治者不能授予教会人员世俗权力（参阅**主教叙任权之争**）。在接下来的几个世纪里，教廷发展成为欧洲最重要和最有影响力的机构，同时也出现了诸如乌尔班二世、英诺森三世和格列高利九世等著名的教皇。教廷的世俗风气和腐败以及在**阿维尼翁教廷**发生的"巴比伦之囚"事件导致了西部教会分裂，最后形成**宗教改革运动**。**特伦托会议**则宣布开始**反宗教改革**。在19世纪，**教皇国**划归新成立的意大利王国，教廷也因此失去了它仅存的世俗权力，但仍维持着一个保守的宗教地位，它在宣称教义方面永无谬误，且拥护教宗是教会的绝对领导者。**第二次梵蒂冈会议**给予主教、牧师和在俗信徒的发言权。参阅**天主教**。

罗马教廷机构　Roman Curia　设在梵蒂冈以辅佐教皇对罗马天主教会行使最高权力的机构。教廷的工作在传统上与**枢机团**相联系。国务卿是协调教廷内各项活动的枢机。教廷各圣部分管各方面行政事务，比如圣徒事业部便负责授福、圣者追封以及遗体保存。教廷司法机构由3个裁判所组成，其中宗座钦准法庭为最高审判机构。

罗马尼亚　Romania　又作Rumania。欧洲东南部巴尔干半岛东北部的国家。面积：238 391平方千米。人口：约19 704 000（2013）。首都：**布加勒斯特**。人口大部分是罗马尼亚人，少数民族是匈牙利人。语言：罗马尼亚语（官方语言）。宗教：基督教（以东正教为主，亦有新教和天主教）。货币：列伊。境内以**喀尔巴阡山脉**的大圆弧地带为主，最高点是摩尔多韦亚努峰，海拔2 544米。**多瑙河**形成绝大部分的南部边界，与保加利亚相邻。1948～1989年在共产党的统治下实施中央计划经济，从农业经济转向工业经济。自1991年起，共产党之后的政府开始工商企业私有化。罗马尼亚为单一制共和国，两院制。国家元首是总统，政府首脑为总理。1859年摩尔多瓦与**瓦拉几亚**联合组成罗马尼亚（更早的历史参阅**达契亚**）。第一次世界大战期间，站在同盟国一边，1918年因增加了**特兰西瓦尼亚**、布科维纳和**比萨拉比亚**，领土扩大一倍。第二次世界大战中与德国结盟，1944年被苏联军队占领，1948年成为苏联的卫星国。20世纪60年代，罗马尼亚的对外政策常常不受苏联的干预。1989年推翻了**N. 齐奥塞斯库**的共产党统治，1990年举行自由选举。20世纪整个90年代，罗马尼亚同猖獗的腐败现象奋战。进入21世纪以来经济稳定，2004年加入北约，2007年加入欧盟。罗马尼亚于1924年首次参加在法国沙莫尼举办的冬季奥运会。

罗马骑士　eques　（拉丁语："骑手"。）古罗马的骑士。最初罗马骑士［全称 *equites equo publico*（公骑士）即马匹由公家提供的骑手］属元老阶层，他们是百人团中最有影响力的成员。公元前4世纪初，非元老阶层若自带马匹也可参加骑士团。奥古斯都将他们改组成一个军事等级，将他们排除于政治之外；其入选资格是自由民出身、身体健康、人格好并有足够的钱财。公元1世纪，罗马骑士获准出任行政公职，特别是涉足财政管理。

《罗马人传奇》　Gesta Romanorum　拉丁文逸闻故事集，约编纂于14世纪初的英国，是当时非常流行的书籍。为后世许多文学家如**G. 乔叟**和**W. 莎士比亚**等提供了写作素材。其中许多故事来自古典历史和传说，以及许多来自东方和欧洲的故事；许多是关于魔法师和妖魔，处于困境后又脱离险境的贵妇人等的故事，都具有同样的道德含义，并且描写逼真。虽然作者不详，但可能原是为讲道者准备的手册。

罗马神话　Roman mythology　口头或文字上一切有关古罗马人的神、英雄、自然和宇宙历史的传说。许多后来变成罗马神话一部分的都是借自**希腊神话**，罗马的神令人联想到希腊的神。如同希腊神话那样，罗马神话中的英雄（如**罗慕路斯与雷穆斯**以及**埃涅阿斯**）也被赋予半神地位。参阅**罗马宗教**。

罗马氏族　gens　古代罗马的亲缘群体，宣称来自共同的男性祖先。其后裔为了表示崇敬此始祖，便把他的名字当作自己的第二个名字，表示同出一源。例如Caius Valerius Catullus这一名里，Valerius即这个人的族姓。普遍不赞同族内通婚。

罗马式建筑　Romanesque architecture　盛行于欧洲11世纪中叶直到**哥特式建筑**出现的建筑风格。一种融合罗马、加洛林及奥托、拜占廷艺术以及当地日耳曼艺术传统的建筑形式，是10～11世纪隐修制度极度扩张的产物。极大的教堂得以容纳大量修士以及僧侣和前来瞻仰圣迹的朝圣者。为了防止火灾，粗石开始取代木结构。罗马式教堂的特征融合了半圆形状的窗户、门以及拱廊拱顶；隧道式走廊或拱顶支撑中堂的屋顶；巨大的墙柱及墙面只用很少的窗户，以承载拱顶向外的推力；两侧边廊上嵌有阳台，一个大塔楼横跨半圆形顶棚及左右两翼；较小的塔楼则位于教堂西侧尽头。法国教堂则常是早期基督教**巴西利卡**的延伸，结合放射状礼拜堂以容纳更多僧侣，走廊环绕着方便朝圣者的后堂，两侧宽大的耳堂连接后堂及中堂。罗马式建筑后被12世纪中叶的哥特式所取代。

罗马式艺术　Romanesque art　约1075～1125年在西欧达到其顶峰的雕刻和绘画艺术。融合了罗马艺术、**加洛林王朝艺术**、奥托艺术、**拜占廷艺术**和当地的日耳曼艺术传统。10～11世纪隐修制度的扩张，使得沉寂了近600年纪念性雕刻艺术得以复苏。**浮雕**雕刻将有关圣经的历史和教会教义刻写在柱头或教堂的大门上。自然界物体被自由转化为视觉形象，以抽象的线条构图和变形的表现产生感染力。从装饰画彩绘手抄本里的大写字母和边页装饰也可看出线条的风格化设计。罗马式艺术关注超自然的价值，同古典主义早期和后来的**哥特式艺术**的传统的自然主义和人文主义形成强烈的对比。模仿雕刻的巨大绘画占据了教堂的内墙。无论绘画还是雕刻，题材范围十分广泛，包括神学作品，反映出学术的复苏。参阅**罗马式建筑**。

罗马数字　Roman numerals　古罗马人发明的表示数字的体系，即用I、V、X、L、C、D和M构成的符号组合来表示数字，这些字母分别代表**印度-阿拉伯数字**里的1、5、10、50、

罗马数字

1	Ⅰ	8	Ⅷ	40	XL	900	CM
2	Ⅱ	9	Ⅸ	50	L	1 000	M
3	Ⅲ	10	Ⅹ	60	LX	5 000	$\overline{V}$
4	Ⅳ	11	Ⅺ	90	XC	10 000	$\overline{X}$
5	Ⅴ	19	XIX	100	C	50 000	$\overline{L}$
6	Ⅵ	20	XX	200	CC	100 000	$\overline{C}$
7	Ⅶ	30	XXX	500	D	500 000	$\overline{D}$

100、500和1 000。一个符号若放在等于或大于它的值的符号之后，则加上它的值（例如II=2、LX=60）；一个符号若放在大于它的值的符号之前，则减去它的值（例如 IV=4、XL=40）；在符号上加一横，它表示的值则扩大1 000倍。

罗马宗教　Roman religion　指在公元4世纪**基督教**成为罗马帝国合法宗教之前罗马人的宗教信仰。罗马人相信，每样东西都由神支配，宗教的目的是获得神的协助和垂怜。用祈祷和奉献来博取神的好感，往往在专为具体某些神设的寺庙里进行，并由祭司主持（参阅**专神祭司**）。罗马主祭司是国家宗教的领袖，称为大祭司；在其他祭司集团中显要的是占卜师，他用**占卜**来确定神是否准许某个行动。最早的罗马诸神是天神**朱庇特**、战神**马尔斯**以及基林努斯；其他重要的早期神祇有**雅努斯**和**维斯太**。许多其他的神借自**希腊宗教**或与希腊诸神相关，编入**罗马神话**中的故事往往直接取自**希腊神话**。家庭中的神龛是为神化了的祖先或保护神——家神和**珀那忒斯**立的。罗马帝国时期，死去的诸皇帝都被提升到神的地位，人们以尊敬和感激的心情看待他们。

神祇和女神

阿波罗（Apollo）	太阳光、预言、音乐及诗歌之神	马尔斯（Mars）	战神
奥罗拉（Aurora）	黎明女神	墨丘利（Mercury）	神之使者，商业之神
巴克斯（Bacchus）	酒神	密涅瓦（Minerva）	智慧、艺术、贸易女神
贝娄娜（Bellona）	战争女神	密特拉（Mithra）	光明之神
刻瑞斯（Ceres）	农业女神	尼普顿（Neptune）	海神
丘比特（Cupid）	爱神	欧普斯（Ops）	丰饶女神
狄安娜（Diana）	丰产、狩猎、月之女神	帕里斯（Pales）	羊群及牧羊人之女神
迪斯或奥尔库斯（Dis or Orcus）	阴间之神	波姆那（Pomona）	果树、水果之女神
法乌努斯（Faunus）	牧草、森林、香料之神	珀塞芬（Proserpine）	阴间女神
福罗拉（Flora）	花之女神	萨图恩（Saturn）	播种、收获之神
雅努斯（Janus）	门神	维纳斯（Venus）	美丽、爱情女神
朱诺（Juno）	婚姻、妇女之神	费图纳斯（Verumnus）	季节之神
朱庇特（Jupiter）	至高之神，天空、天气之神	维斯太（Vesta）	灶之女神
利比蒂娜（Libitina）	葬礼女神	伏尔甘（Vulcan）	火神
迈亚（Maia）	生长、增产之女神		

罗曼　Romains, Jules（1885～1972）　原名 Louis-Henri-Jean Farigoule（路易-亨利-让·法里古勒）。法国小说家、剧作家和诗人。曾任哲学教师。罗曼是以诗人和"一体主义"诗歌的倡导者（约1908～1911）开始为世人所知的。"一体主义"是一个将四海之内皆兄弟的信念与集体意识的心理概念相结合的运动，由罗曼与 G. 谢纳维埃共同发起。1923年创作的关于医生的讽刺喜剧《克诺克医生》是他最受欢迎的作品。《善意的人们》（27卷，1932～1946）是他的杰作，他试图通过这部连续性长篇小说来重新树立法国社会从1908年到1933年这一时代的精神，并且在书中举例证明了一体主义在集体生活中的重要性。

罗曼·罗兰　Rolland, Romain（1866～1944）　法国小说家、剧作家、随笔作家。14岁时前往巴黎求学，发现这个社会道德混乱。他的生活和作品也开始反映他对主要的社会、政治和精神事件的关注。1910年起在巴黎大学教授音乐史。最著名的小说是《约翰·克利斯朵夫》（1904～1912），这部10卷史诗的主人公一半以贝多芬，一半以他自己为原型。他的小册子《超乎混战之上》（1915）呼吁德法两国在第一次世界大战的争斗中尊重真理和人性。20世纪20年代开始研究亚洲，尤其是印度的神秘哲学，如在《甘地传》（1924）等作品中。另外还创作了几部主要的传记，如《贝多芬传》（1910）。1915年获诺贝尔文学奖。

罗曼努斯四世（戴奥吉尼斯）　Romanus IV Diogenes（？～1072）　拜占廷皇帝（1067～1671年在位）。军事贵族的一员，1067年娶君士坦丁十世（杜卡斯）的遗孀。曾率军与塞尔柱突厥人作战，在**曼齐刻尔特战役**中战败被俘（1071）。在被关押期间，君士坦丁之子被加冕为迈克尔七世（杜卡斯）。获释后，被这位新皇帝弄瞎了眼睛，并被流放到马尔马拉海的一座岛屿上。

罗曼诺夫王朝　Romanov dynasty　1613～1917年的俄国统治者。罗曼诺夫家族从罗曼·尤列夫（1543年卒）获其姓氏，他的女儿阿纳斯塔西娅·罗曼诺夫娜是沙皇**伊凡四世**的第一个妻子。她的侄子女们取罗曼诺夫为姓，1613年米哈伊尔·罗曼诺夫当选为沙皇，从而开始了罗曼诺夫王朝。米哈伊尔的儿子阿列克谢（1645～1676年在位）继承皇位，接着是阿列克谢的儿子费多尔三世以及**伊凡五世**与彼得一世（参阅**彼得大帝**）的联合统治。彼得单独统治时，1722年他颁布政令，宣布君主可以选择他的继承人，但他无力影响法律，所以他的皇位相继传给了其妻子**叶卡捷琳娜一世**、其孙彼得二世以及伊凡五世的女儿安娜。这条继承线回到了彼得的女儿**伊丽莎白**（1741～1762年在位）、她的侄子佩得罗三世及其妻**叶卡捷琳娜二世**大帝以及他们的儿子**保罗**手中。保罗建立了确定的继位顺序，其后是他的儿子**亚历山大一世**（1801～1825年在位）和尼古拉一世（1825～1855年在位）。尼古拉之后是其子**亚历山大二世**、其孙**亚历山大三世**以及俄罗斯君主国的最后一名统治者，其曾孙尼古拉二世（1894～1917年在位）。

罗曼诸语言　Romance languages　衍生自拉丁语的一些相关语族。约有近4亿人口以罗曼诸语言为母语。其中最主要的语言是**法语**、**西班牙语**、**葡萄牙语**、**意大利语**和罗马尼亚语，这些语言也都是他们的国语。法语可能在国际上的地位最为重要，但西班牙语为18个美洲国家和西班牙的官方语言，拥有最多的使用者。通行范围较小的语言有加泰罗尼亚语、奥克西坦语、撒丁语以及雷提亚-罗曼语。罗曼诸语言刚开始是通俗拉丁语的**方言**，这种通俗拉丁语在罗马占领意大利、伊比利亚半岛、高卢以及巴尔干半岛期间，在这些地区散播开来，并在5～9世纪发展为几种各自独立的语言。后来通过欧洲人殖民和贸易往来接触，传布到美洲、非洲以及亚洲。

罗蒙诺索夫　Lomonosov, Mikhail Vasilyevich（1711～1765）　俄国科学家、诗人和语法学家，被视为俄国第一位伟大的语言改革家。曾在俄国和德国受过教育，他在《关于俄罗斯诗体规则的书信》中建立了俄罗斯诗体的标准。1745年在圣彼得堡皇家科学院任教，对物理学有重大的贡献。后来撰写一部俄罗斯语语法，并致力于俄罗斯文学语言体系化，这是当时教会斯拉夫语和俄罗斯日常用语的一种混合语言。他还改组了圣彼得堡皇家科学院，创办莫斯科国立大学（现以他的姓氏命名），并创建了俄国第一座彩色玻璃镶嵌工厂。

罗摩　Rama　印度教主神。该名称与毗湿奴的第七个化身罗摩占陀罗有关联，其故事在《**罗摩衍那**》中有记载。他被认为是理智、美德和正义的化身，是**守贞专奉**崇拜的主神之一。他常被描述成一个站立着、右手持箭、左手持弓的形象。其庙宇中的罗摩塑像旁多有其妻子悉多、异母后生弟弟罗什曼那和神猴哈奴曼的塑像。

罗摩克里希纳 Ramakrishna (Paramahamsa)(1836～1886) 原名Gadadhar Chattopadhyaya。印度神秘主义鼓吹者。出身于一个贫穷的婆罗门家庭，曾在加尔各答的一个加利庙宇担任僧人，在那里他得到了神灵启示，并开始按照不同的宗教传统进行精神上的修行。他抵制性欲和金钱的诱惑，认为这两种罪恶使人无法在灵性上大彻大悟。他反对种姓制度，认为所有的宗教的精髓都是一样的，并且均为真理。他的教义被以辨喜为代表的门徒们传播。有一个宗教派别以他的名字命名，总部设在加尔各答，向世界各地派出传教士。

罗摩奴阇 Ramanuja(1017？～1137) 印度神学家和哲学家，是印度教最有影响力的思想家。在印度各地进行了长时间的朝圣后，他建立一些中心以传播对毗湿奴和吉祥

罗摩奴阇，12世纪的青铜雕像；现藏印度坦焦尔区的毗湿奴神庙

By courtesy of the Institute Francais d'Indologie, Pondicherry

天女的崇拜。他在吠陀、梵天经文和《薄伽梵歌》中为守贞专奉崇拜提供了一个理智的基础。他是制限不二论学派的主要人物，强调将精神与个人的神相结合。他的主要哲学贡献认为现象的世界是真实的，并提供真实的知识，而每天的日常事务与精神生活并不冲突。

《罗摩衍那》 Ramayana 印度史诗，公元前300年用梵语创作。它与《摩诃婆罗多》一起组成印度的两大史诗，由约24 000组对句组成，分为7章，描述了罗摩的高贵出生以及他是如何丧失王储身份的。后来他与妻子悉多和异母弟罗什曼那一起退居森林，度过14年流浪生活。魔王后将悉多掳走，罗摩衍那遂与猴王须羯哩婆结盟，在神猴将军哈奴曼的帮助下将悉多救回。罗摩衍那重新得到他的王国后因怀疑悉多的贞洁而将她流放，悉多在证明了自己清白后被大地吞没。

罗默 Rohmer, Eric(1920～2010) 原名Jean-Marie-Maurice Scherer(尚-玛丽-莫里斯·谢尔)。法国电影导演。曾任学校教员，1950年创办《电影报》，并担任主编。后担任有影响力的新浪潮期刊《电影手册》的总编辑(1957～1963)。在执导了几部短片之后，罗默拍摄了一系列道德剧情片，其中包括成功之作《我在莫德家的一夜》(1968)、《克莱尔的膝盖》(1970)和《午后的爱情》(1972)，都是对浪漫爱情进行深入观察后的探讨。后来的影片有《奥的女侯爵》(1976)、《巴黎的满月》(1984)、《秋日传说》(1999)和《三重间谍》(2004)。

罗姆尼 Romney, George(1734～1802) 英国肖像画家。父亲为兰开夏家具师。在北部各郡旅行期间，以几个几尼一幅画的价格为人画肖像画，从而开始其职业生涯。1762

G. 罗姆尼《自画像》(1782)，油画；现藏伦敦国立肖像画陈列馆

By courtesy of the National Portrait Gallery, London

年在伦敦奠定了肖像画家的地位，且很快博得上流社会主顾的喜爱。他的成功取决于所画人物外表的讨好性，避免透露出画中人的一丝性格或敏感性特征。因倾心于埃玛·哈特(后来的汉密尔顿夫人)而为她绘制了50多幅肖像画。在其作品中，着重用线条而非色彩，罗马古典雕刻的流畅匀称和轻松的姿势构成其作品的细腻匀称模式之基础。

罗姆人 Rom 参阅吉卜赛人。

罗慕路斯与雷穆斯 Romulus and Remus 传说中创建罗马城的双胞胎。为马尔斯和阿尔巴隆加王国的公主维斯太贞女西尔维亚所生。他们的叔叔阿穆利乌斯担心他们会危及到自己的地位，故将这一对双胞胎扔进台伯河。他们在一只母狼的哺乳下，由一位牧羊人抚养成人。他们长大后，废黜了阿穆利乌斯，使外祖父努米托复位，并在他们获救的河边建立起一座城市。当罗慕路斯在修建一道城墙时，雷穆斯跃过城墙，被他的兄弟杀害。这座城市因而取名为罗慕路斯。该城也一直由他统治，直至他消失在一次暴风雨中。罗马人相信他已经成神，此后便把他当作基林努斯来供奉。

罗讷河 Rhône River 瑞士和法国的河流。历史上为南方交通要道，是欧洲大陆唯一直接注入地中海的大河，长813千米，适于航行的部分约485千米。具有阿尔卑斯山特点，水道由附近的山脉形成。源自瑞士阿尔卑斯山，注入日内瓦湖，然后穿过侏罗山脉进入法国。继续向南流经里昂、阿维尼翁和塔拉斯孔，到达阿尔勒，在马赛以西注入地中海。

罗奇 Roach, Hal(1892～1992) 原名Harold Eugence(哈罗德·尤金)。美国电影制片人。曾尝试金矿勘探，后到好莱坞饰演一些小角色(1912)。他同H. 劳埃德成为朋友，并执导和制作了他的《简直胡来》一片(1915)，组建了哈尔·罗奇制作室(1919)，接下来制作了其他一些劳埃德的喜剧片如：《安全放在最后》(1923)。在20世纪20～30年代，他制作了无数的喜剧短片，以《八音盒》(1932)和《厌倦教育》(1936)获得了奥斯卡奖。除了制作W. 罗杰斯的电影和"我们一伙"系列短剧外，罗奇还在1927领导了劳莱和哈代制作他们的第一部电影和后来的一系列影片，包括《让他们笑去吧》(1928)和《向西走》(1937)以及其他一些成功的影片如《更高》(1937)和《人鼠之间》(1939)等。1984年获得奥斯卡终身成就奖。

罗奇 Roach, Max(well)(1925～2007) 美国爵士乐队领队、作曲家和鼓手。20世纪40年代中期曾同许多主要的比博普乐手一起表演，包括D. 吉莱斯皮和C. 帕克。他发展了一种用节奏钹而不是低音鼓固定节拍的轻松灵活的音乐风格，使打击乐在新音乐中的角色得到提升，他在独奏中探索鼓在旋律上可能发挥的作用。他同小号手C. 布朗一起在1954年组成一支五重奏乐队，并在1956年C. 布朗去世后担任该乐队领队。

罗奇 Roche, (Eamonn) Kevin(1922～) 爱尔兰裔美国建筑师。师从L. 密斯·范·德·罗厄学习建筑，是E. 沙里宁的主要设计合作者(1954～1961)，后与丁克卢(1918～1981)合作，完成了杜勒斯国际机场大楼(1962)和圣路易斯圆拱门(1965)的设计。1966年两人创办了自己的建筑事务所。罗奇的设计风格与沙里宁的风格有几分相似，

罗慕路斯与雷穆斯和养育他们的母狼，青铜雕像；现藏罗马孔塞尔瓦托里宫的博物馆

Alinari-Art Resource

但却采用更加简洁的几何形状。著名的设计有:纽约市的福特基金会总部(1968),纽约州拉伊的通用食品公司总部(1977)和巴黎城外的布伊格世界总部(1983)。罗奇于1982年获普里兹克建筑奖。

罗切斯特 Rochester 美国纽约州西北部城市及港口。建立于1811年,1834年设市。伊利运河及铁路网的建成使该城成为一新兴城镇。是玛格丽特·福克斯和凯特·福克斯的家乡,这两位唯心论者在19世纪40年代以她们那称作"罗切斯特灵之声"的降神会引起了全世界的关注。1847年F.道格拉斯在这里发行了反蓄奴制的报纸,此地也是"地下铁道"的终点。1866～1906年S.B.安东尼生活在此。19世纪90年代G.伊斯曼在这里发明了照相设备。该城的制造业仍包括相机和其他照相设备的生产。这里是文化和教育中心,也是罗切斯特大学、伊斯曼音乐学院和罗切斯特理工学院的所在地。人口约219 773(2000)。

罗琴科 Rodchenko, Aleksandr (Mikhailovich)(1891～1956) 俄罗斯画家、雕刻家、设计师和摄影家。最初他使用直尺和圆规作出一种完全抽象和高度几何的画风。他的一系列"黑上加黑"几何画作(1916)是对K.马列维奇的画作《白上之白》的直接回应。在V.塔特林的影响下,罗琴科于1919年开始制作三度空间的悬挂体,这些作品实际上是一些活动装置。作为构成主义运动(该运动旨在创作与工人日常生活相适应的作品)的倡导者,他放弃画架,接受其他的艺术形式,包括摄影、书籍、家具以及设计。他在摄影方面进行的照明革新影响了S.爱森斯坦。20世纪30年代重新开始画架绘画。

罗热 Roget, Peter Mark(1779～1869) 英国医生和语言学家。1814年发明了可供计算数字的方根及乘方的计算尺。他在建立伦敦大学时(1828)发挥了重要作用。以《英语单词和短语汇编》(1852)一书而闻名,该书把他在退休后收集的同义词或口语等词进行了全面的分类。曾任皇家学会会员(自1815年起)和秘书长(自1827年起)。

罗萨 Rosa, Salvator(1615～1673) 意大利画家和蚀刻画家。曾在那不勒斯求学,受到J. de 里贝拉的影响。但他大部分职业生涯是在罗马度过的,其间也在佛罗伦萨得过枢机主教梅迪契的资助。他创作的风景画、海洋画以及战斗画以其独特的狂野和浪漫主义格调而闻名。罗萨个性张扬,也是一位有造诣的诗人、讽刺作家、演员和音乐家。

罗萨里奥 Rosario 阿根廷中东部城市和河港。临巴拉那河。1725年建成。19世纪晚期开始发展为主要城市。现为阿根廷第三大城市。1819年曾被革命分子烧毁。1860年罗萨里奥欢迎国内外的远洋轮船进入其天然港湾,这一港湾遂成为主要港口。该市的出口产品包括谷物、肉类和木材;也是一个工业城市,生产钢铁、汽车和农业机械。同时还是个教育中心。人口:都会区约1 193 605(2010)。

罗萨斯 Rosas, Juan Manuel de(1793～1877) 阿根廷军事和政治领袖。出生于富裕之家。在长年的国家内战中成长,后来成为一名联邦主义英雄,1829年担任布宜诺斯艾利斯市市长。1833年离职,参加反对印第安人的战争。1835年再次担任布宜诺斯艾利斯市市长,并实行独裁统治。他是一位地道的军事独裁者,一位暴君,培植了一批对他极为忠诚的党羽,以胁迫和任命的方式进行统治。尽管自称忠于联邦主义,但却在全国建立中央集权式统治。1852年被推翻,被迫逃亡英国。

罗塞蒂 Rossetti, Christina (Georgina)(1830～1894) 英国女诗人。G.罗塞蒂之幼女,D.G.罗塞蒂之妹。她从自己坚定的宗教信仰中寻找到了至为激情澎湃的灵感。诗

C. 罗塞蒂,粉笔画,D.G.罗塞蒂绘于1866年
Reproduced with permission from Harold Rossetti; photograph, J. M. Cotterell

集《妖怪集市及其他诗》(1862)和《王子的历程及其他诗》(1866)收录了她绝大多数最好的作品。她的诗作最妙处在其感情的强烈、个人化和自然流露。她的成功之处来自于她将自己本性中的虔诚克制与洋溢的激情两方面融合统一的能力。她的儿歌诗集《摇篮曲集》(1872,1893年增补)是19世纪最为卓越的儿童文学作品之一。1871年一次甲状腺疾病发作之后,她主要写作祷告诗。

罗塞蒂 Rossetti, Dante Gabriel(1828～1882) 原名Gabriel Charles Dante。英国画

D.G.罗塞蒂,卡罗尔摄于1863年
The Bettmann Archive

家及诗人。G.罗塞蒂之子,C.罗塞蒂之兄。曾在皇家学院就读,为选择绘画还是写诗而犹豫不决。他是F.M.布朗的门外弟子,吸收了布朗对于德国拿撒勒派的赞赏之情。1848年,他和几位朋友一起建立前拉斐尔派兄弟会。通过诗歌、绘画与社会理想主义相结合,并将"前拉斐尔派"诠释为浪漫主义化的中世纪艺术的同义词,罗塞蒂扩展了兄弟会的宗旨。在他的油画作品受到严厉的批评时,为了能够更容易将画卖给熟人,他转而在文学作品的基础上创作水彩画,并且大获成功。1852年兄弟会破裂,但1856年罗塞蒂与E.伯恩-琼斯和W.莫里斯一起又复兴了兄弟会。1862年他长期患病的妻子去世,可能是死于自杀,此后他作品的主题由文学转向了女人,特别是莫里斯的妻子简的肖像。1875年,他对简的爱恋导致了他与莫里斯关系破裂,余生在嗜酒的隐居生活中度过。

罗塞蒂 Rossetti, Gabriele (Pasquale Giuseppe)(1783～1854) 意大利诗人、革命家及学者。曾为歌剧词作者,后成为那不勒斯一家博物馆的馆长。因其诗作抨击时政及参加一个革命团体而被判处死刑。1824年逃往英国。1831年在英国出版的作品对但丁的《神曲》有独到的诠释,认为其主要表达的是反教皇的政治意义。该作品为他赢得了伦敦的国王学院的教授席位,他从1831年任职到1847年。他以其4个具有天赋的子女而最为闻名,包括C.罗塞蒂和D.G.罗塞蒂。

罗塞里尼 Rossellini, Roberto(1906～1977) 意大利电影导演。1941年导演了他的第一部长片《白色的船》。第二次世界大战期间,他一方面导演一些宣传法西斯的影片,另一方面又秘密地为反法西斯运动制作电影。他运用纪录片脚本制作的电影《罗马,不设防的城市》(1945)被认为是意大利新现实主义的最早代表作之一。该片的编剧F.费利尼还与他在1946年的《游击队》一片中再度合作。从《斯特隆波里火山》(1949)一片开始,他导演了多部由I.褒曼主演的电影,然而两人的婚外恋丑闻以及后来的婚姻破坏了他们的事业。后来他执导了《罗威莱将军》(1959)和舞台剧及电视作品,包括一系列历史教育片。他的女儿伊莎贝拉·罗塞里尼(1952年生)出演了包括《蓝丝绒》(1986)和《长夜》(1996)在内的一些电影。

罗塞塔石碑 Rosetta Stone 刻有铭文的石碑,现被保存于不列颠博物馆,为解读埃及的象形文字提供了重要线索。这是一座外形不规则的黑色玄武岩石碑。碑文是用象形文字、通俗埃及语文字以及希腊文字雕刻而成。1799年,拿破仑的军队在亚历山大里亚东北部的罗塞塔镇附近发现了这块石碑。碑文记载的是托勒密五世(公元前205～前180)自他即位第9年起的功绩。碑文的解读是由T.杨开始,并由J.-F.商博良完成的,前者将通俗体文本中的专有名称孤立出来,后者意

罗塞塔石碑，最上部为埃及象形文字，中部是通俗文字，底部是希腊文字；现藏不列颠博物馆
By courtesy of the trustees of the British Museum

识到有的象形文字是表示语音的。

罗森堡夫妇 Rosenberg, Julius and Ethel（朱利叶斯 1918～1953；埃塞尔 1915～1953）埃塞尔娘家姓格林格拉斯。美国间谍。夫妇两人均加入共产党。朱利叶斯于1940年成为美国陆军通信兵工程师。他和妻子埃塞尔一起提供军事机密给苏联。参与这一间谍活动的还有埃塞尔的兄弟戴维·格林格拉斯和戈尔德，前者是参加洛斯阿拉莫斯原子弹研究计划的机械师，后者是美国间谍圈的送信人。他们在20世纪50年代中期均被逮捕。格林格拉斯和戈尔德被判监禁，罗森堡夫妇被判处死刑。尽管进行过数次上诉，在全世界还爆发了为他们争取减刑的运动，但他们仍于1953年在新新监狱被处死。成为唯一因间谍罪而被处死的美国公民。

罗森贝格 Rosenberg, Alfred（1893～1946） 德国纳粹主义理论家。自1921年起担任纳粹党报的主编。他引用英国种族主义者H. S. 张伯伦的观点来著述，在书中所倡导的日耳曼人种族纯净和排犹主义，加强了A. 希特勒本人的极端偏见。第二次世界大战期间，他负责将掠劫的艺术品运回德国，并在东部占领区任政府官员。战后在纽伦堡审判中以战犯罪被处绞刑。

罗森茨维格 Rosenzweig, Franz（1886～1929） 德国犹太人宗教存在主义者和宗教哲学家。在柏林和弗赖堡当学生时就拒绝接受G. W. F. 黑格尔的理想主义。曾有过皈依基督教的念头，但转而更加深入地研读希伯来人的经典名著。在第一次世界大战中服役时，开始阐述他对信仰和信念的存在主义理解，正是这一理解促成了他的主要著作《救赎之星》（1921）。他与M. 布贝尔一同翻译了《圣经旧约》，在译文中，他试图恢复他所认为的原作的存在主义基调。

罗森奎斯特 Rosenquist, James（1933～ ） 美国画家和美国波普艺术代表人物。一开始是一个抽象派画家，后来成为波普艺术家。画作中被视为代表波普文化肖像的巨大帆布画，广告招牌以及拼凑不相干意象的表现或许可上溯至他年轻时受雇为招牌作画的经验。他同时也创造了混合平版画、照相、蚀刻画以及拼贴的巨型画作。

罗思柴尔德家族 Rothschild family 欧洲银行世家。创始人为M. A. 罗思柴尔德（1744～1812），从法兰克福的一家银行起家。家族的姓氏来源于迈耶祖先居住的一所位于犹太人区的房子上的红色盾牌。1792到1815年拿破仑战争时期的金融交易打下了罗思柴尔德家族财富的基础。迈耶及长子阿姆谢尔（1773～1855）坐镇法兰克福掌管当地的生意发展，而内森（1777～1836）于1804年在伦敦建立分行。1811年詹姆斯（又称雅各布，1792～1868）在巴黎定居，19世纪20年代萨洛蒙（1774～1855）和卡尔（1788～1855）分别在维也纳和那不勒斯建立了办事机构。后来的家族生意主要关注政府债券和对企业，包括铁路、煤炭、制铁、石油和冶金行业在内的投资。他们强大的实力最终受到新兴的商业银行的挑战，到19世纪末罗思柴尔德家族集团已不是最大的银行财团。罗思柴尔德家族的成员获得过诸多荣誉：迈耶的5个儿子都被奥地利帝国授予男爵勋位；一位后人成为首位进入英国国会的犹太人，另一位则是被升为英国贵族的第一人。自其在奥地利的房产被纳粹查封之后，只有居住在英国和法国的罗思柴尔德家族还在从事银行业，而这部分的成员大多数以科学家和慈善家著称。罗思柴尔德家族的菲利浦男爵（1902～1988）是第一流的葡萄酒酿造家，拥有穆顿-罗思柴尔德葡萄园。

罗思科 Rothko, Mark（1903～1970） 原名Marcus Rothkowitz。俄国出生的美国画家。1913年全家定居俄勒冈州波特兰。1925年搬到纽约后开始作画，主要是自学。他的早期写实主义风格在20世纪30年代末的《地下铁路》组画中达到顶点。从半抽象的《洗礼情景》（1945）起到1948年，他发展出了一种高度个性化的抽象表现主义风格。他将后半生的事业都投入到提高他的基本风格，即以两三个几乎充满了整面墙大小的画布的软边矩形为特征，避免像当时的抽象表现主义画家那样使用有力的笔触和油彩的泼溅作画。1965～1966年间他完成了14幅特大的布上油画，画中的阴暗光度表明了他深受神秘主义影响。这些画现放在休斯敦的一所教堂内，在他自杀去世后这所教堂被命名为罗思科教堂。

罗斯 Ross, William David（1877～1971） 后称Sir William。苏格兰道德哲学家。曾任牛津大学奥里尔学院院长多年（1902～1947），之后担任牛津大学副校长。罗斯为功利主义批判者，提议建立伦理直觉主义。他认为“善”（属于动机）和“正义”（属于行为）是两种难以定义、无法简化的形式，但常识性道德原则（如这两者均需要信守承诺、说实话和正义感）是可以由成熟的反映得知的。罗斯的著作有《亚里士多德》（1923）、《正义和善》（1930）、《伦理学基础》（1939）、《柏拉图的理念论》（1951）及《康德的伦理理论》（1954）。

罗斯 Roth, Philip (Milton)（1933～ ） 美国作家。就读芝加哥大学，最初以短篇小说集《再见，哥伦布》（1959）而成名，其用作书名的一篇坦率地描写一个郊区家庭世俗的物质生活的心态的行为。其作品的特点是注重对话，关心犹太中产阶级的生活，关注两性与家庭之爱的痛苦纠葛。他后来的多部小说有富于戏剧性和争议性的《波特诺伊的抱怨》（1969）和以年轻作家朱克曼为中心人物的一个备受赞美的小说系列，包括《捉刀文人》（1979）和《朱克曼得解放》（1981）。其他作品包括语带猥亵的辛辣闹剧《安息日的剧院》（1995，获国家图书奖）、《美国牧歌》（1997，获普利策奖）和《人性污点》（2000）。

罗斯（夫人） Ross, Betsy（1752～1836） 原名Elizabeth Griscom。美国爱国者。她以裁缝和室内装饰商为业。在丈夫于美国独立战争期间被杀害之后，她接管了他所经营的室内装潢业。据传说，G. 华盛顿、R. 莫里斯以及她丈夫的叔叔G. 罗斯曾于1776年拜访过她，请她以华盛顿绘制的草图为基础，为新成立的国家制作一面国旗。尽管罗斯夫人曾为海军制作旗帜，但关于她制作国旗的传说尚缺乏确实的证据。1777年大陆会议采用星条旗作为美国国旗。

罗斯丹 Rostand, Edmond (-Eugène)（1868～1918） 法国戏剧家。1888年在第一部舞台剧《一只红手套》上演之前，从事写作诗歌、散文及为木偶剧团写剧本。他最受欢迎的作品是英雄喜剧《西哈诺·德·贝尔热拉克》（1898）。该剧描写的是一个大鼻子的丑陋士兵的故事，因绝望于不能赢得自己心爱的姑娘，帮助自己的一个朋友追求她。为法国浪漫主义戏剧的最后一个范例，该剧在世界上获得了巨大的成功。他还为S. 伯恩哈特创作了《雏鹰》（1900）。

罗斯福 Roosevelt, Franklin D(elano)（1882～1945） 美国第32任总统（1933～1945）。是远房本家T. 罗斯福的仰慕者，他对政治感兴趣，开始活跃于民主党。1905年娶E. 罗斯福为妻，她后来成为他极有价值的顾问。曾当选州参议员（1910～1913），并成为美国海军部助理部长（1913～1920）。1920年被提名为副总统候选人，翌年罹患小儿麻痹；虽然无法行走，他仍活跃于政界。1929～1933年担任纽约州长，设立美国第一个州立救济署。1932年他在J. 法利协助下赢得民主党总统候选人提名，并轻松击败时任总统的H. 胡佛。在面对全国1 300万失业人口的就职演说中，他声称：“我们唯一需要害怕的事情是害怕本身。”在任期最初100天之内，国会通过了他的“新政”计划中所作的大部分改革。1936年以压倒性多数胜过A. 兰登连任。为了解决“新政”的法律挑战，他提议扩大美国最高法院，但他的“填塞法院”计划引起强烈反对，最后不得不放弃。到30年代晚期，经济复苏趋缓，但罗斯福更担忧战争的威胁渐增。1940年他又打败W. 威尔基，空前地第三度连任。他在欧战中保持美国中立，但批准租借法，1941年又与W. 丘吉尔会面，草拟了《大西洋宪章》。随着美国加入第二次世界大战，他动员工业为军事生产，并与英国、苏联组成联盟；他与丘吉尔、J. 斯大林在德黑兰（1943）和雅尔塔（1945）会面，谋商战争策略。尽管健康欠佳，1944 年却击败 T. 杜威，第四度连任，但就任几个月即过世。被普遍公认是美国历史上最伟大的总统之一。

罗斯福　Roosevelt, Theodore（1858 ～ 1919）别名 Teddy Roosevelt。美国第 26 任总统（1901 ～1909）。1882 年当选纽约州议员，成为反对民主党政府的共和党领袖。在经历政治上的失败和丧妻之痛后，到达科他地区经营牧场。后来返回纽约，在美国文官委员会任职（1889 ～1895），后任纽约市警务处处长（1895 ～1897）。他是 W. 麦金利的支持者，1897 ～1898 年任海军副部长。美西战争爆发后，他辞去职务，组织骑兵部队——莽骑兵。之后以英雄身份返回纽约，并于 1899 年当选为州长。后被提名为共和党副总统候选人，并在麦金利再次当选后上任。麦金利在 1901 年遭暗杀后，罗斯福继任为总统。在任职早期提出的一个动议就是反对商业垄断的《谢尔曼反托拉斯法》。1904 年击败 A. 帕克，名正言顺地当选为总统。在他的强力要求下，国会规定了铁路运费，并于 1906 年通过食物、肉类、药品检验法，为消费者提供了新的保障。他下令保留国家森林、公园以及矿藏、油田和煤矿等资源。他和国务卿 E. 鲁特宣布了门罗主义的"罗斯福推论"，从而加强了美国身为西半球捍卫者的地位。由于他调停日俄战争，从而结束战争，在 1906 年获得诺贝尔和平奖。他与巴拿马签订关于修建跨地峡运河的协定。他本人已无心连任，但确保了 W. H. 塔夫脱为候选人。在到非洲及欧洲旅行之后，他在 1912 年试图再次获得共和党总统提名。被拒绝后，他组建了公麋党，推行新国家主义政策，但仍在选举中败北。此后，他继续从事写作，出版的作品涉及历史、政治、旅游以及自然等各方面。

罗斯福（夫人）　Roosevelt, (Anna) Eleanor（1884 ～ 1962）　美国的第一夫人和外交家。是 T. 罗斯福的侄女。1905 年与远房堂兄 F. D. 罗斯福结婚。将他们的5个子女抚养

罗斯福夫人，摄于 1950 年
Brown Brothers

成人，并在丈夫小儿麻痹症病发后（1921）积极参与政治活动。身为第一夫人（1933 ～ 1945），她在美国进行广泛的旅行，以向她的总统丈夫汇报真实的社会状况和公众的看法。她还支持儿童福利、平等权利以及社会改革等人道主义事业。第二次世界大战期间，访问了英国和南太平洋地区，以及美国军事基地，以鼓舞士气。她通过报业辛迪加在各报上发表专栏"我的一天"，并撰写过几部书籍。曾积极呼吁成立联合国，在丈夫去世之后担任驻联合国代表（1945，1949 ～ 1952，1961）。1946 ～ 1951 年担任联合国人权委员会主席，参与起草了《世界人权宣言》（1948）。20 世纪 50 年代以联合国代表身份到世界各国访问，并依旧在美国民主党内十分活跃。

罗斯福岛　Roosevelt Island　旧称 Blackwell's Island（布莱克韦尔岛，迄 1921 年）或 Welfare Island（韦尔费尔岛，1921 ～ 1973）。美国伊斯特河中岛屿，在纽约市曼哈顿区和昆斯区之间。行政上属曼哈顿区，面积 56 公顷。1637 年荷兰人向印第安人买下该岛。1828 年纽约市获得该岛，并在此设立监狱。1973 年为纪念总统 T. 罗斯福而改名。如今岛上建有中等收入阶层之住宅及购物广场，通过高架轨道电车与曼哈顿区相连接，有桥梁和昆斯区连接。

罗斯金　Ruskin, John（1819 ～ 1900）　英国艺术评论家。出生于富裕家庭，主要在家里受教育。他是一个有天赋的画家，但最好的才华转向了写作。他的多卷本《现代画

罗斯金，油画，密莱司绘于 1853 ～ 1854 年
By courtesy of the Royal Academy of Arts, London

家》（1843 ～ 1860），原本计划为对 J. M. W. 特纳的维护，却扩展成为对艺术的总体考察。他在特纳身上看到了风景画里"忠实于自然"的思想，便继续在哥特建筑中寻找同样的真实性。他的其他著作还有《建筑艺术的七种源泉》（1849）和《威尼斯之石》（1851～1853）。他是前拉斐尔派兄弟会的维护者。1869 年他被选为牛津的第一个斯莱德美术教授。1879 年 J. M. 惠斯勒控告他诽谤并胜诉后，他引退了。罗斯金的个人生活杂乱无章。他的婚姻从来没有圆满过，他的妻子获得婚姻无效的判决后，嫁给了 J. E. 密莱司。晚年他使用继承的财富促进理想主义的社会事业。虽然他强而有力的文辞仍旧具有惊人的洞察力，但被固执和偶尔的语无伦次所破坏。不过罗斯金仍是 19 世纪英国的卓越的艺术评论家。

罗斯陆缘冰　Ross Ice Shelf　世界最大的浮动冰原。位于罗斯海上端，南极大陆一巨大的凹入处。据估计它的面积与法国面积差不多。探险队长 J. C. 罗斯首先发现陆缘冰前缘是雄伟壮观的白色障壁（1841），高 60 米。这一陆缘冰一直是进入南极腹地探险的重要通道，经过此地的探险包括 R. 阿蒙森和 R. F. 斯科特在 1911 ～ 1912 年间进行的前往南极的探险以及 R. E. 伯德的探险（1928 ～ 1941）。这里也是几个永久研究站的所在地。

罗斯特罗波维奇　Rostropovich, Mstislav (Leopoldovich)（1927 ～ 2007）　俄罗斯裔美国大提琴演奏家和指挥家。1943 ～ 1948 年在莫斯科音乐学院学习作曲（与 D. 肖斯塔科维奇一起）、钢琴和大提琴。为他谱写作品的作曲家包括肖斯塔科维奇、S. 普罗科菲耶夫和 B. 布里顿。1974 年他因持不同政见而离开苏联，从此在西方展开其艺术生涯。定居美国后，他担任了国家交响乐团的音乐总监（1977 ～ 1994），但仍然继续进行许多独奏演出，成为全世界最著名的大提琴演奏家。身为钢琴家，他为其妻子、女高音歌唱家 G. 维什涅夫斯卡娅伴奏演出。

罗斯托夫　Rostov　俄罗斯西部城市。最早的史料记载见于 862 年。在俄罗斯中世纪初期为重要的中心城市。曾为罗斯托夫苏士达公国的首都，1474 年公国为莫斯科所控制。16 世纪晚期成为莫斯科与白海大道上的重要贸易中心。至今仍在生产传统的手工搪瓷器皿。人口约34 141（2002）。

罗斯托克　Rostock　德国东北部城市与海港，位于瓦尔诺河边，距波罗的海 13 千米。始建于 1218 年。14 世纪时是汉萨同盟的主要成员。当地船坞从中世纪时代就开始建造木船，直到 1851 年制造德国第一艘蒸汽轮船。在第二次世界大战的盟军轰炸中破坏严重。战后重建了市区中心，后发展成为东德的主要海港。它是重要的渔业和造船中心，还生产柴油发动机和化学产品。人口约 198 964（2002）。

罗斯沃尔　Rosewall, Ken(neth Ronald)（1934 ～　　）　澳大利亚网球运动员。出生于悉尼。1956 年获温布尔登双打冠军和法国单打冠军。这也是他首次获得冠军头衔。在接下去的 25 年中，他一直是一位强有力的选手，共获 18 次四大比赛冠军。1973 年参加澳大利亚队夺得戴维斯杯团体锦标，也是他最后夺得的一个主要胜利。

罗诉韦德案　Roe v. Wade　美国最高法院的裁定（1973），承认妇女拥有堕胎的权利，政府不得给予不当的限制性干预。得克萨斯州的法律原本禁止堕胎，但却受到一名未婚怀孕妇女（罗）的反抗，最高法院宣判该妇女胜诉，裁定州政府侵犯了她的隐私权。大法官 H. 布莱克蒙陈述多数（7 位）大法官的报告指出，随着怀孕周数的增加，各州保护未出生生命的法律关切也将增加。裁定书虽然认为州政府得禁止妇女在怀孕后期进行堕胎，但也宣示妇女在接受医学咨询后，在怀孕前期可不受限制进行堕胎、在怀孕中期可在

合法医疗机构内进行堕胎。罗案的裁定可能是美国法院史上争议性最高的判决，至今仍是讨论堕胎权议题的核心主题。

罗素 Russell, Bertrand (Arthur William), 3rd Earl Russell(1872～1970) 英国逻辑学家和哲学家，最著名的是他在数理逻辑方面的成就和关于各种社会和政治问题，尤其是和平主义和核裁军的主张。罗素出生于英国贵族家庭，是J. 罗素伯爵的孙子，伯爵两度担任19世纪时的英国首相。他在剑桥大学研究数学和哲学，在那儿受到唯心主义哲学家J. M. E. 麦克塔格特的影响，但他很快抛弃了唯心主义，转向柏拉图式的极端现实主义。在早期论文《关于指示》(1905)中，他阐明了像"法兰西的现任国王"这种没有关系项的短语是如何在逻辑上用作一般陈述而不是专有名称，从而解决了语言原理上的一个著名的难题。罗素后来认为这个名为"描述理论"的发现是他对哲学最重要的贡献之一。在《数学原理》(1903)和划时代的另一本《数学原理》(3卷，1910～1913)中，后者为他和A. N. 怀特海合作而成，他试着证明整个数学起源于逻辑。在第一次世界大战中持和平主义态度，因而丧失了在剑桥大学的讲师职位，后来入狱(1939年在纳粹侵略面前他愿意放弃和平主义)。罗素最详尽的形而上学学说，逻辑原子论，强烈影响了逻辑实证主义派。他的晚期哲学著作有《心的分析》(1921)、《物的分析》(1927)和《人类的知识：其范围和界限》(1948)。《西方哲学史》(1945)是为普通读者而写，成为一部畅销书，很多年来都是他的主要收入来源。在他许多关于政治和社会话题的书籍中，有《自由之路》(1918)、《布尔什维克的实践和理论》(1920)——是对苏联共产主义的严厉批评、《论教育》(1926)和《婚姻和道德》(1929)。由于他在晚期著作中支持某些有争议的观点，1940年他在接受纽约城市大学的教师职位时受到阻碍。第二次世界大战后成为核裁军运动的领导者，是关于核武器和世界安全的国际帕格沃什会议以及核裁军运动的第一任主席。1961年89岁的时候，因为煽动国内反抗而第二次入狱。他在1950年获得诺贝尔文学奖。

B. 罗素，摄于1960年

By courtesy of the British Broadcasting Corporation, London

罗素 Russell (of Kingston Russell), Earl(1792～1878) 原名John Russell。英国政治人物和首相(1846～1852，1865～1866)。他是显要的罗素家族成员，1813年进入国会。是改革的强烈支持者，并由此成立辉格党，领导着力求《1832年改革法案》获得通过的活动。他在梅尔本子爵的政府担任内政大臣(1835)，使刑事犯死刑的数量减少，开始公共教育的政府支持。19世纪40年代他提倡自由贸易，迫使R. 皮尔爵士离职。1846年罗素成为首相，在工厂建立起每日10小时的工作制(1847)和公共卫生委员会(1848)，但政党的不统一使得他更广泛进行社会和经济改革的尝试失败了。

罗素 Russell, William, Lord(1639～1683) 英格兰辉格党政治家。英国议会下院议员，参加反对查理二世亲法政策的派别。1678年他被认为参与了T. 欧茨捏造的天主教阴谋，1680年时领导了下院反对查理的兄弟詹姆斯(后来的詹姆斯二世)继承王位的斗争。1681年查理解散议会后，罗素继续和辉格党持不同政见者联合。1683年他被控参与杀害查理的麦酒店密谋案。该案没有被证实，但罗素被判叛国罪，并遭斩首。

罗特韦尔狗 Rottweiler 德国罗特韦尔地区古罗马兵团留下的牧牛狗的后代。从中世纪到约1900年间罗特韦尔狗在办货的旅程中伴屠夫前往市场，携带着放置金钱的颈袋。也用于守卫、驱赶牲畜、拖曳或充警犬。体粗壮，肌肉发达，肩高约56～69厘米，体重41～50千克。被毛短，黑色，头、胸、腿有棕褐色斑纹。

罗特韦尔狗

Sally Anne Thompson

罗陀 Radha 印度教神话中所传黑天在沃林达沃纳牧人中间生活时的情妇。虽然罗陀是另一个牧人的妻子，但她是黑天最爱的长期伴侣。在毗湿奴教的守贞专奉运动中，罗陀象征着人类的灵魂，黑天象征神的灵魂。在许多印度文的诗歌中都颂扬了罗陀与黑天寓意式的爱情。罗陀也往往与黑天一起受到崇拜，尤其是在印度的北部和东部。

罗西尼 Rossini, Gioacchino (Antonio)(1792～1868) 意大利作曲家。童年时在教堂唱歌及出演歌剧中的小角色。12岁开始作曲，14岁进入博洛尼亚爱乐学校学习，在那里主要创作宗教音乐。1812年起他以惊人的速度创作剧院作品。15年中他一直主导着意大利歌剧的舞台。他的主要成功作品包括《意大利女郎在阿尔及尔》(1813)、《奥瑟罗》(1816)、《塞维利亚理发师》(1816)、《贼鹊》(1817)、《摩西的埃及旅程》(1818)、《科林斯之围》(1826)和《塞米拉米德》(1823)。他的速度和冷淡态度使他看起来似乎显得随意粗心，但实际上并非如此。他创造的音乐规则一直主宰着意大利歌剧的形式，直到G. 威尔地的出现，而他的机智与运用新发明的能力则是无人可匹敌的。从1824年起他大部分时间都在巴黎度过，在那里创作了其杰作《威廉·退尔》(1829)。1832年后他的健康状况不佳，鲜有作品，直到1868年问世了精彩的系列钢琴曲与歌曲集《我晚年之罪孽》。

罗伊 Roy, Ram Mohun(1772～1833) 印度宗教、社会、政治改革家。出生于富裕的婆罗门家庭，年轻时他到处游历，接触了不同的文化，形成了印度教非正统思想。1803年他写了一本小册子公开抨击印度的宗教纷争和迷信，提倡一神论的印度教，即只崇拜一个至高的神灵。他提供了吠陀和奥义书的现代译本，这也为他的信仰提供了哲学基础。他鼓吹言论自由，宗教自由，抨击等级制度和殉夫制。1826年他创办了吠檀多学院，1828年创办梵社。

罗伊斯 Royce, Josiah(1855～1916) 美国哲学家。在转到哲学之前，他学习的是工程。1882年起在哈佛大学任教直至去世。他是一个黑格尔派的绝对唯心主义者，教授一元唯心主义(参阅一元论)，并帮助提高哲学的理智标准。身为一个多元的思想者，他还对心理学、社会伦理学、文艺评论、历史学和形而上学做出过贡献。著述丰富，如《哲学的宗教方面》(1885)、《现代哲学的精神》(1892)、《善与恶之研究》(1898)、《世界与个人》(1900～1901)和《忠诚的哲学》(1908)。他强调个性与意志高于智力，对后来的美国哲学影响很大。

罗伊希林 Reuchlin, Johannes(1455～1522) 德国人文主义者。1481年取得法学学位。从15世纪80年代到1512年，在符腾堡及其首府斯图加特的法院任法官。在德国的人文主义者中，罗伊希林仅次于D. 伊拉斯谟，是对古典希腊语进行科学研究的先驱，翻译了许多古典作品。他关于语法和词汇的著作《希伯来语基础》(1506)使对希伯来语的研究发生了革命性的变化，并且推进了对《旧约全书》的研究。他反对多明我会会士毁掉所有希伯来文学的计划。1516年教皇撤销了他的异教罪。P. 梅兰希顿是他的侄子。

罗兹 Lódz 波兰中部城市。位于华沙的西南，14世纪时是个村庄，1798年建市。1820年俄国统治下的波兰会议王国把它建成纺织工业的中心，到19世纪晚期成为波兰最大的棉纺生产城市。两次世界大战中均被德国占领。现在是文化中心和波兰的第二大城市。人口约793 217(2001)。

萝卜 radish 十字花科一年生或二年生植物，学名*Raphanus sativus*。可能起源于东方，食用其肥大肉质根。热量低且体积大，味辣，常生食。根的可食部分的形状和颜色因品种不同而异，从白色至粉红色、红色、紫色和黑

萝卜(*Raphanus sativus v. radicula*)
Ingmar Holmasen

色。大小从仅重数克的欧美品种至重量超过1千克的日本种(日语称大根)。

萝丝(利马的),圣 Rose of Lima, St. (1586～1617) 原名Isabel de Flores。秘鲁和全南美洲的主保圣人,是罗马天主教会所封的第一位出生于西半球的圣者(1671)。出生于秘鲁富裕之家。于1606年克服母亲的阻挠,加入多明我会。她隐居在自家庭园里的小屋中,沉思冥想并忍受着苛刻的苦行生活。她戴着荆棘的冠,禁食,睡在布满玻璃碎片的床上,屡见异象,尤其是魔鬼的幻影。直到去世前3年才离开隐居地。传说她死后出现许多奇迹。

逻各斯 logos 希腊哲学、神学用语,指蕴藏在宇宙之中、支配宇宙并使宇宙具有形式和意义的绝对的神圣之理。此概念在公元前6世纪赫拉克利特的著作中已提到,在波斯、印度和埃及的哲学和神学体系中也有提到。在基督教神学中尤其重要,用来论述耶稣在上帝创世的原理、宇宙的秩序规范和展示上帝救世设计方面所起的作用。在《圣经·约翰福音》清楚地说明,耶稣基督是道(逻各斯)成了肉身。

逻辑 logic 关于推论与论证的学科。在逻辑中,一个论证的构成是一组为真的陈述(前提)足以使进一步陈述(论证的结论)为真。逻辑可分为演绎逻辑、归纳逻辑以及所谓非形式谬误的研究(参阅演绎、归纳、形式谬论和非形式谬论)。现代形式逻辑以命题与演绎论证为主题,并从这些命题与演绎论证的内容中抽取它们所包含的逻辑形式。逻辑学家使用符号标志法来表示那些逻辑形式,以利于推论和验证其正确性。逻辑常项包括(1)命题连接词,如"非"(¬)、"与"(∧)、"或"(∨)、"若-则"(⊃)。(2)存在量词与全称量词"∃x"(可读作"对于至少有一个体,称为x,……为真")及"∀x"("对于每一个体,称为x,……为真")。以及(3)等同概念(以=表示)与(4)一些属于逻辑的谓词。逻辑常项(1)的研究领域被称作命题演算。涉及上述(1)、(2)与(4)者,属一阶谓词演算领域。若强调上述(3)之缺乏,则须加入形容词"不等同"。逻辑是哲学与数学领域的重要基础。参阅模态逻辑。

逻辑实证主义 logical positivism 分析哲学早期的形式,是受D.休姆的思想、B.罗素与A.N.怀特海逻辑学以及L.维特根斯坦的《逻辑哲学论》(1921)的启发而形成的。该学派在1922年正式成立于维也纳大学的M.施利克(1882～1936)研究班,其后作为维也纳学派一直存在到1938年。它提出几个革命性的论题:(1)一切有意义的论述,不是由(a)逻辑与数学的正式命题组成,就是由(b)专门科学确凿有据的命题组成;(2)任何宣称有事实根据的主张,唯有在有可能说明该断言如何能被证实才有意义;(3)没有上述(1)中任一类条件的形而上学主张,都是无意义的;而且(4)所有关于道德价值、美学价值或宗教价值的陈述,在科学上都是无法验证和无意义的。参阅A.J.艾尔、R.卡纳普、情绪主义和证实原理。

逻辑哲学 logic, philosophy of 有关逻辑的性质与范围的一般性哲学议题。逻辑哲学提出的议题范例如:"逻辑法则基于现实的什么特性而为真?""我们如何知道逻辑的真?"以及"逻辑法则能被经验证明为伪吗?"作为思维规律,逻辑主题有各式各样不同的特征,如"正确推论的规则"、"有效论证的原则"、"某些所谓逻辑常项的使用"和"仅仅基于所含词语之意义的真理"等。

骡 mule 公驴和母马杂交产下的后代。公马和母驴杂交的情况不多,生出的是驴骡。骡通常无生殖能力。骡的高度、颈部和臀部的形状与马相似。它耳长、蹄小和鬃毛短,在这些方面像驴。骡的毛色通常为棕色或栗色。骡平均高约120～180厘米,重275～700千克。它们至少有3 000年被用作驮畜,因为能吃苦耐劳。

骡鹿 mule deer 偶蹄目鹿科动物。耳大,分布于北美西部,单独或小群栖息。夏季在海拔较高处,冬季在较低处。肩高90～105厘米。毛色夏季浅黄至浅红褐色,冬天浅灰褐色。尾白色具黑尖,但太平洋西北部的一个亚种黑尾鹿,尾的上面全为黑色。雄体有角,成年后每个角有5叉。与白尾鹿有亲缘关系。

螺 snail 腹足类动物的俗称,通常有一个高耸的壳,可以完全将身体缩进去。螺在海洋、淡水和陆地上都可以见到。多数海洋螺的套膜中都有鳃(参阅软体动物),而大部分陆地和淡水中的螺则没有,它们的套膜本身就起到肺的作用。螺可以是食腐类(吃腐败的树叶或动物尸体),也可能是食肉类。螺的一些种类被作为食物,另一些的壳可作为装饰。参阅帽贝和缓步虫。

螺菌属 Spirillum 螺菌科的一属。为螺旋形细菌,除了有一种让人类染上鼠咬热外,其余均为水生。通常泛指任何螺旋状的细菌(参阅螺旋体)。革兰氏染色呈阴性,借两端的鞭毛运动。

螺母 nut 技术上指一种紧固件,通常用金属制成。为方形或六角形,中心有个带阴螺纹的孔,与配套的螺栓或螺纹件上的阳螺纹配合。带螺母的螺栓或螺钉被广泛用于固定机器以及结构的部件。

螺旋桨 propeller 带有中央桨毂和辐射形桨叶的装置,每个桨叶都组成螺旋面的一部分来对船舶或飞机等交通工具起到推动作用。当在水中或空气中旋转时它对桨叶产生推力,推动交通工具前进。

螺旋体 spirochete 螺旋体目中螺旋形细菌的统称,有些为严重的人类致病菌,造成梅毒、雅司和回归热等病。螺旋体为革兰氏染色阴性,可活动。螺旋体的独特之处在于每个个体有2～200多条胞内鞭毛。多数螺旋体生活于液体环境(例如泥水、血液和淋巴)。有几种螺旋体附于虱和蜱身上,借此而传播至人体。

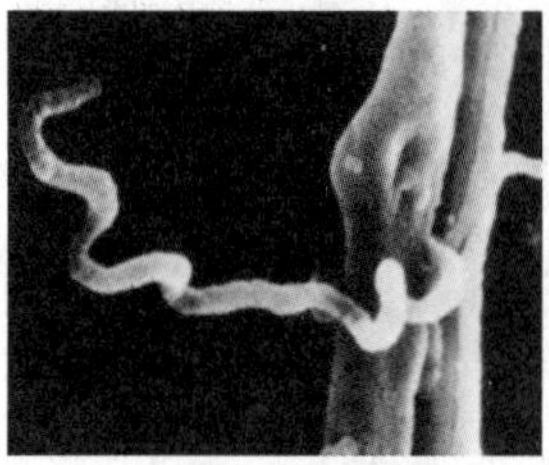

苍白密螺旋体的扫描电镜显微图,可见螺旋体正附着在睾丸细胞的细胞膜上
ASM/Science Source

螺旋藻 spirulina 螺旋藻属的藻青菌。为墨西哥与非洲部分地区的传统食物来源,螺旋藻的维生素、矿物质与蛋白质含量异常丰富,且是少数的非动物性的维生素B_{12}的来源。现在广泛研究其可能的抗病毒、抗癌、抗菌与抗寄生特性,并用于一些疾病如过敏、溃疡、贫血、重金属中毒与辐射中毒。亦用于减重计划。

裸鼻雀 tanager 新大陆栖息于森林及庭园的几百种鸣禽的统称。多数品种体长10～20厘米。颈短。喙的形状多种多样,但都稍具锯齿,稍呈钩状。羽衣通常为鲜艳的红色、黄色、绿色、蓝色或黑色,有的具明显的花纹。大多数裸鼻雀为树栖;主要以果实为食,某些种类食昆虫。绯红、夏季以及西方裸鼻雀在温和的北美洲繁殖。欧龙牙裸鼻雀的繁殖地从亚利桑那州到阿根廷中部。其他品种大多生活在热带。

裸子植物 gymnosperm 借种子繁殖,胚珠和种子裸露的种子植物(这点与被子植物不同,被子植物的种子由成熟的子房或果实包裹)。包括4个现存的门:球果植物门(松柏目植物,分布最广)、苏铁植物门(铁树木裸子植物)、银杏植物门(银杏)和买麻藤植物门。一半以上的裸子植物为乔木,其余种类中的大部分为灌木。裸子植物见于南极以外的所有大陆,尤其是温带地区。广布于北半球的种类是刺柏、冷杉、落叶松、云杉和松。南半球分布最广的裸子植物是罗汉松。裸子植物的木材常称作软材,不同于被子植物的硬材。许多材用树及纸浆用树亦栽作观赏树,少数裸子植物还可供食用。云杉、松和铁杉等可提取精油,用于肥皂、空气清新剂、消毒剂、药物、化妆品、香料等。云杉和铁杉可提取丹宁用于制革。松脂是产自松树的含油树脂,加工后可制成松节油及松香。裸子植物是古代植被的主要成分,这些植被压在地下数百万年以后变成了煤层。大部分裸子植物为**常绿植物**,裸子植物能产生雌、雄生殖细胞(大孢子及花粉粒),分别位于球果状的雌、雄孢子叶球中。

洛蒂　Loti, Pierre(1850 ～ 1923)　原名Louis-Marie-Julien Viaud。法国小说家。曾任海军军官,去过中东和远东,为他以后的小说和回忆录提供了异国风情的背景。他的第一部小说《阿齐亚德》(1879)赢得了评论界和大众的普遍赞誉。其他小说有《冰岛渔夫》(1886)、《菊子夫人》(1887)和《幻灭》(1906)。多次出现的主题有爱情、死亡以及对美好生活消逝所表现出的失落情绪。在《怜悯与死亡的书》(1890)等作品中表露出他的同情心。这些题材预示了两次世界大战之间法国文学中的某些成见。

洛尔　Lorre, Peter(1904 ～ 1964)　原名Laszlo Loewenstein。匈牙利出生的美国电影演员。原在德国一家剧团饰演一些小角色,1931年在德国电影《M》(1931)中主演一个精神病杀人犯,使他誉满国际。1933年离开德国,1934年第一次在英语电影《知道太多的人》中演出。后来到好莱坞发展,在《疯狂的爱情》(1935)、《马耳他之鹰》(1941)、《卡萨布兰卡》(1942)和《五指怪物》(1946)等电影中饰演各种恶毒的反派角色。还在8部侦探影片《本先生》(1937 ～ 1938)中饰演角色。后来自导自演了德国电影《迷失者》(1951)。

洛夫莱斯伯爵夫人　Lovelace, Ada King, countess of(1815 ～ 1852)　原名Augusta Ada, Lady Byron。英国数学家,其父是诗人**拜伦勋爵**。1835年她嫁给威廉·金(金男爵第八)。1838年威廉·金被封为伯爵,她成为伯爵夫人。曾接受著名数学家、逻辑学家A. de **摩根**的教导,后被介绍给C. **巴贝奇**,并从1833年开始为其分析机器(计算机)进行研究。1843年她翻译并注释了意大利数学家L. F. 梅纳布雷亚写的有关分析机器的论文。她与巴贝奇合作,为其数字计算机原型创建了一个程序,因而被称为第一位女性计算机程序设计师。程序语言Ada语言就是以她的名字命名的。

洛格罗尼奥　Logroño　西班牙拉里奥哈自治区首府。初建于罗马时期。中世纪时,因地处前往**圣地亚哥(孔波斯特拉的)**朝圣的路上而发展起来,是个四周有城墙的古城。它是农业区的贸易中心,并以出产里奥哈葡萄酒闻名。人口约133 058(2001)。

洛根莓　loganberry　蔷薇科**刺莓**植物,学名*Rubus loganobaccus*。1881年首见于美国加利福尼亚州圣克鲁斯,显然是太平洋沿岸的野生**黑莓**和**红悬钩子**的天然杂交种。在俄勒冈州和华盛顿州大量种植,在英国和塔斯马尼亚也有栽培。近似蔓生,茁壮,形如黑莓,羽状复叶,茎有皮刺。浆果深红色,味极酸,可制罐头,冻储或做点心馅及酿酒。

洛根山　Logan, Mt.　加拿大育空地区西南部,接近阿拉斯加边界处**圣伊莱亚斯山脉**的山峰。海拔5 959米,是加拿大的最高峰,北美的第二高峰,仅次于**麦金利山**。位于克卢恩国家公园和保护区内,该公园占地面积22 000平方千米。1925年有人首次登上该峰。洛根山的名字是为了纪念加拿大地质勘探队的创建人威廉·洛根。

洛赫纳　Lochner, Stefan(约1400 ～ 1451)　德国画家。早年生活不详,但可能曾在尼德兰学画。1430年左右定居科隆,从他作品对细节的注意就可看出佛兰德斯画派对他的影响。在《博士来拜》中可以看到J. van **爱克**的影响,这是他为科隆大教堂的祭坛贡献的作品,洛赫纳也在其中加入了自己的自然主义观察以及巧妙的色感和设计。他以高度神秘化的宗教画著称,是科隆画派最伟大的代表。

S. 洛赫纳《玫瑰凉亭中的圣母》,现藏科隆瓦尔拉夫-里夏茨博物馆

By courtesy of the Wallarf-Richartz-Museum, Cologne

洛亨格林　Lohengrin　中世纪日耳曼民族的传说中的英雄骑士。因为他乘坐天鹅拉的船,来搭救一位落难的贵妇,被称为天鹅骑士,他娶了她,但禁止她问他的来历;当她忘了这个承诺时,洛亨格林就离开了她,再也没有回来。这个传说的第一个版本出现在**沃尔夫拉姆·冯·埃申巴赫**的《帕尔齐法尔》(1210)中,说天鹅骑士是**帕尔齐法尔**的儿子和继承人。15世纪无名氏的史诗《洛亨格尔》为R. **瓦格纳**的歌剧《洛亨格林》(1850)提供了基础。

洛基　Loki　在古斯堪的纳维亚神话中,一个能够改变形状和性别的恶作剧精灵。他的父亲是巨人法尔包提,而他却被列入埃西尔神族。洛基是**奥丁**和**托尔**两位大神的伙伴,他用妙计帮助他们,但有时又会使他们陷于窘境。他还会以诸神之敌的形象出现,未经邀请就闯入他们的宴会,向他们要酒喝。由于导致**巴尔德尔**神死亡,被罚锁在岩石上。洛基创造了一个女子安格尔波达,与她生了三个邪恶的后代:死亡女神海尔、围住世界的恶蛇约尔孟冈德和一只叫**芬里尔**的狼。

洛可可艺术风格　Rococo style　又称Late Baroque(后巴罗克风格)。18世纪早期发源于巴黎的室内设计、装饰艺术、绘画、建筑和雕刻风格。洛可可一词衍生自法文罗卡耶(*rocaille*),原指在人造洞室的表面覆以贝壳的岩刻装饰。与路易十四时期拙重的官式巴罗克风格不同,洛可可风格表现为明亮、雅致,装饰精巧。墙壁、天花板和装饰线以交错的有着S形与C形,以及贝壳形或其他自然形状的曲线与反曲线为特征。中国图案也被用于洛可可风格(参阅**中式风格**)。洛可可绘画的特征是,用舒泰的手法来表现神话和求爱主题,笔法精致,色彩美丽。著名的画家有A. **华托**、F. **布歇**和J.-H. **弗拉戈纳尔**。该风格流行于法国和其他国家,主要是德国和奥地利。德国境内最精美的洛可可风格之作是由B. **诺伊曼**设计的位于菲尔采黑利根的教堂。

洛克　Locke, John(1632 ～ 1704)　英国哲学家。曾就读于牛津大学,主修医学及科学,后来成为未来的**沙夫茨伯里伯爵(第三)**的医师兼顾问(1667 ～ 1672)。后来迁居法国,但在1683年沙夫茨伯里伯爵失势后逃到荷兰,在那里支持未来的威廉三世,并在光荣革命后回到英国,担任上诉委员会委员直到去世。他最著名的著作是《人类悟性论》(1690)。他驳斥了理性主义者所谓思想家单靠理性就能找到宇宙真理的观点,而主张世界的知识仅能从经验获得。在**认识论**中,洛克为**经验主义**和**实用主义**奠定基础。他最重要的政治哲学著作是《两篇关于政府的论文》(1690),其中反驳了**专制主义**和君主的神权。洛克在论文中对**自由主义**的经典陈述后来启发了美国独立战争及法国大革命的领袖,以及美国宪法的作者。洛克是英国和法国**启蒙运动**的发起人,并对D. **休姆**、G. 贝克莱及18世纪其他许多人物有强烈影响。

洛勒莱　Lorelei　德国圣戈阿斯豪森附近**莱茵河**岸上的岩石。岩石能产生回音。传说洛勒莱原是一个少女,由于对不忠实的恋人感到绝望而投河自尽,死后变成一个引诱渔船触礁死亡的塞壬(海妖)。德国作家C. 布伦坦诺宣称该传说的基本要点是他首创的。H. **海涅**所写的有关洛勒莱的诗已由25位以上的作曲家编成乐曲。

洛利　Raleigh　美国北卡罗来纳州首府。1788年被选为该州首府,1792年开始规划。为北卡罗来纳州东部主要的船运零售货物运输中心和食品批发市场,制造业有纺织、电子仪器、计算机和食品加工等。洛利与达勒姆和查帕尔希尔共同组成了北卡罗来纳州科研三角区——一个文化、科学、教育机构的中心。洛利建有杜克大学和北卡罗来纳大学。人口约403 892(2010)。

洛林　Lorraine　又作Lotharingia。中世纪地区,位于现在法国的东北部。根据《**凡尔登条约**》(843),该地区成为洛泰尔一世领土。后来由幼子洛泰尔继承,称洛泰尔王国(或洛泰林基亚王国)。洛泰尔死后,该地为日耳曼人和法兰西人所争夺,925年落入日耳曼人手中。

洛林 Lorraine 西欧公国。原称上洛林，后来简称洛林，959 年洛林分割成两个公国时建立。上洛林位于默兹河和摩泽尔河流域地区，11～15 世纪由一个公爵家族统治。1552 年法国占领了公爵辖境以外的梅斯、图勒和凡尔登。1766 年被永久置于法国王室的治理下，1790 年被划分为几个省。普法战争之后，部分地方割让给德国，成为阿尔萨斯-洛林的一部分。现洛林行政区的区域约与洛林历史区域一致，面积 23 547 平方千米。首府为梅斯。

洛伦采蒂兄弟 Lorenzetti, Pietro and Ambrogio（活动时期：彼得罗约 1306～1345；安布罗焦约 1317～1348） 意大利画家。兄弟两人可能是杜乔·第·博尼塞纳的学生，在彼得罗的阿雷佐圣马利亚教堂祭坛画以及安布罗焦的早期作品中可看出他的影响。安布罗焦的作品透露出个人式的理想主义和对三维空间与形式的专注，在锡耶纳公共宫（1338～1339）的湿壁画系列中极为明显。这些极重要的湿壁画显露出他是透视法的探索者，也是一位政治与道德的哲学家。他在阿西西的圣弗朗西斯科下教堂（约 1315）的湿壁画中给人深刻印象，呈现出他与乔托艺术的关系，尽管他在注重细节方面与乔托是不一致的。彼得罗的《圣母诞生》与安布罗焦的《圣母进殿》皆为锡耶纳大教堂（1342）而做，以透视法的处理而闻名。与 S. 马尔蒂尼一样，这对兄弟在黑死病之前的时期是锡耶纳艺术的主要代表人物，两人可能都死于黑死病。

洛伦茨 Lorenz, Konrad (Zacharias)（1903～1989） 奥地利动物学家，与 N. 廷伯根同为现代行为学的奠基人。他小时候常给附近动物园里患病的动物作护理。1935 年首先提出鸭雏及鹅雏的印记现象。后来开始研究人类侵略行为的根源［见畅销书《攻击性》(1963)］，以及人类思维的本质。其他受欢迎的著作还有《所罗门王的戒指》(1949)和《人与狗》(1950)。1973 年他与 K. von 弗里施、廷伯根共获诺贝尔奖。

洛马克斯 Lomax, John（1867～1948） 美国民族音乐学家。曾就读于哈佛大学，之后很快开始出版牧歌选集。20 世纪 30 年代他与十几岁的儿子艾伦（生于 1915 年）致力于收集美国西南部和中西部民歌。在他们的许多重要发现中，J.-R. 莫顿、赖白里和 M. 沃特斯可能是最值得注意的人物；洛马克斯父子关于莫顿表演和讲故事的大量记录特别具有意义。两个人为国会图书馆的民间音乐档案都做了重要工作。他们的许多书和选集刺激了 20 世纪 50 年代和 60 年代民间音乐的复兴。

洛蒙德湖 Lomond, Loch 苏格兰最大湖泊，位于苏格兰高地的南端。长 39 千米，宽 1.2～8 千米，面积 70 平方千米。湖水通过很短的利文河在邓巴顿流入克莱德河河湾。其东岸本洛蒙德山附近因放逐罗布·罗伊而闻名。

洛佩斯·波蒂略帕切科 López Portillo (y Pacheco), José（1920～2004） 墨西哥总统（1976～1982）。从政前是一个教授。在古斯塔沃·迪亚斯·奥尔达斯和埃切维里亚·阿尔瓦雷斯总统任内曾担任过各种行政职务。作为总统，他强调外国投资，减少税收以刺激工业发展，创造非农业的工作机会，开发石油和天然气。他最重要的政治改革是提高少数党的参与机会，使他后来得以向革命制度党挑战。由扩大石油输出换来的财富大部分都被政府和工会官员们浪费或侵吞了。由于积累的巨额外债以及对腐化的指责，他的政府丧失了声誉。

洛奇 Lodge, Henry Cabot（1850～1924） 美国政治人物。他获得的第一个博士学位是哈佛大学的政治学博士。曾任众议员（1887～1893）和参议员（1893～1924）。他支持美国参加第一次世界大战，但是反对美国参加国际联盟；作为参议院外交委员会主席，他对批准包括国际联盟盟约在内的凡尔赛和约采取拖延策略。他提出一系列修正案（所谓洛奇的"保留"），要求美国政府必须先经参议院批准，才能接受国际联盟的决议。威尔逊拒不接受此项修正，参议院否决了《凡尔赛和约》。

《洛桑条约》 Lausanne, Treaty of（1923） 结束第一次世界大战的最后条约，签字者一方为土耳其（奥斯曼帝国的继承者）的代表，另一方为协约国。条约在瑞士的洛桑签订，并取代《塞夫尔条约》(1920)。条约承认现时土耳其国家所保有的疆界，承认英国对塞浦路斯和意大利对佐泽卡尼索斯的占有，并宣布爱琴海与黑海之间的土耳其海峡对所有船只开放。

洛杉矶 Los Angeles 美国加利福尼亚州南部城市，为美国第二大城市，位于圣加布里埃尔山和太平洋之间。圣莫尼卡山把该市一分为二，将邻近的好莱坞、贝弗利希尔斯和太平洋帕利塞兹同圣费尔南多谷地分隔开来。因靠近圣安德烈亚斯断层，故常发生地震。1771 年为西班牙人传教团定居地，1781 年建城，取名为"天使女王圣母马利亚城镇"。墨西哥战争时，为美军所夺。1849 年由于淘金热开始繁荣。1850 年设建制，1876 和 1885 年铁路通车后迅速成长。1913 年修建了一条导水管，把内华达山脉南坡的水引入该市供饮用。1994 年的大地震使该市遭受破坏。名胜包括早期的西班牙传教团建筑物、格蒂博物馆、洛杉矶县艺术博物馆和现代艺术博物馆。教育机构包括南加州大学、西方学院和加利福尼亚大学洛杉矶分校。人口约 3 792 621(2010)。

洛斯 Loos, Adolf（1870～1933） 奥地利建筑师。在德累斯顿受的教育，到维也纳从事建筑设计，不过曾长期在美国和巴黎工作。他既反对新艺术，也反对复古主义，早在 1898 年就宣称要避免使用不必要的装饰。1910 年设计的维也纳斯坦纳住宅就是简朴的立体派的巧妙组合。他设计的著名大型建筑是戈尔德曼和萨拉奇大厦(1910)，外立面只用了一点点的古典风格细部，以大面积光洁的大理石墙面为陪衬。

洛斯阿拉莫斯 Los Alamos 美国新墨西哥州中北部城镇。位于圣菲西北的赫梅斯山区帕哈里托高原。1942 年美国政府选择此地作为曼哈顿工程的基地，研发出第一颗原子弹。第二次世界大战后，洛斯阿拉莫斯科学实验室研制了第一颗核聚变炸弹。该城镇为给实验室工作人员提供居所而建造，现在仍是重要的核子研究设施所在地。人口约 12 019(2010)。

洛泰尔一世 Lothair I（795～855） 德语作 Lothar。法兰克皇帝。路易一世的长子。814 年立为巴伐利亚国王，817 年又立为路易一世同朝皇帝。833 年洛泰尔发动叛乱，废黜

洛泰尔一世，现藏不列颠图书馆
Reproduced by Permission of the British Library

其父，但是翌年路易复位，洛泰尔的统治权遂仅限于意大利。840 年路易过世，洛泰尔想要独占法兰克王国领土，但被他的两个弟弟日耳曼人路易和秃头查理二世击败(841)。后来签订《凡尔登条约》，给予洛泰尔法兰克王国中部地区，即北海到意大利的中心区域城，而皇帝称号仍归洛泰尔。

洛威尔 Lowell, Percival（1855～1916） 美国天文学家。出身于波士顿名门世家。19 世纪 90 年代在亚利桑那州弗拉格斯塔夫建造了一座私人天文台，用以研究火星。他提出过一种现已被摒弃的理论，即正在死亡的火星上的有智慧居民曾在整个星球内修筑了灌溉体系。他认为火星上的所谓运河都是一些依靠这种灌溉体系生长的植物带。洛威尔的理论长期以来受到极力反对，被从美国"水手"号宇宙飞船接收到的信息彻底终结了这一理论。他预言海王星之外还有一颗行星并且组织人员寻找，1930 年冥王星被发现。

洛威尔 Lowell, Robert（1917～1977） 原名Robert Traill Spence Lowell, Jr.。美国诗人。出生于波士顿，是名门后裔，家族包括 J. R. 洛威尔和 A. 洛威尔（小）。虽然背离家族的清教徒传统，但在他的许多诗歌中又以此为主

题。第一部主要作品《威利爵爷的城堡》(1946,获普利策奖)中包括了《南塔凯特贵格会教徒墓地》。1959年出版的《人生写照》包括一篇自传体随笔和15首难懂的忏悔诗,大多以他的家族史和被扰乱的个人生活为背景,包括他在精神病院里的日子。20世纪60年代在自由事业中的活动影响了他后来的三部作品,包括《献给联邦死难者》(1964)。后来的诗集有《海豚》(1973,获普利策奖)。

洛威尔(小)　Lowell, Amy(1874～1925)　美国评论家和诗人。出身于波士顿名门家庭,28岁时致力于诗歌创作,但在1910年之前没有发表任何作品。1912年出版第一部诗集《彩色玻璃大厦》,接着是《剑刃与罂粟花籽》(1914),其中包括她的第一首自由诗以及她所说的"多韵散文"。后来成为意象主义的领袖,以活泼坚强的个性以及蔑视传统行为著称。其他作品有《法国六诗人》(1915)、《现代美国诗歌倾向》(1917)和《约翰·济慈》(1925,2卷)。

洛伊　Loewy, Raymond (Fernand)(1893～1986)　法国出生的美国工业设计师。取得电气工程高级学位后,1919年去纽约,绘制时尚插图,并为几家百货公司设计橱窗。1929年开办自己的设计公司。20世纪30年代和40年代曾设计各种家用产品,采用圆角和简洁的"流线型"轮廓。1934年为西尔斯-娄巴克公司设计的一个冰箱在1937年巴黎国际博览会上赢得头奖。在以后的年月中,他为每件产品(从机车到饮料自动贩卖机)都做了功能性很强的设计,从而形成了美国的工业设计。

骆驼　camel　偶蹄目骆驼科骆驼属(*Camelus*)两种大型反刍哺乳动物的统称,用作沙漠地区的挽畜或坐骑,尤其是在非洲和亚洲。阿拉伯驼又称单峰驼(*C. dromedarius*),仅有

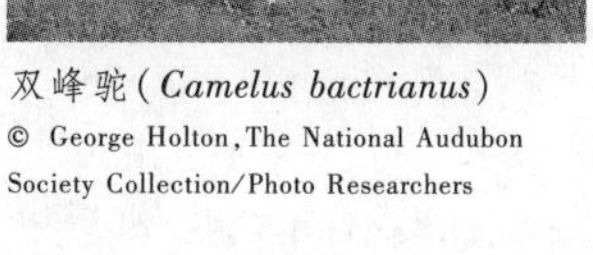

双峰驼(*Camelus bactrianus*)
© George Holton, The National Audubon Society Collection/Photo Researchers

一个驼峰,肩高2米;大夏驼又称双峰驼(*C. bactrianus*),有两个驼峰,至驼峰顶部约2米高。骆驼四肢长;足柔软、宽大,适于在沙地或雪中行走。长有两排睫毛以保护眼睛,耳孔有毛,鼻孔能闭合,视觉和嗅觉敏锐,这些均有助于适应多风的沙漠。虽然经过训练的骆驼性情驯顺,但有时也有危险。当食物丰富时,骆驼将脂肪储存在它们的驼峰里,以后不仅可用作营养来源并且还可以产生水分。骆驼因此能行走数日而不饮水。

落袋台球　pool　又作pocket billiards。台球的一种,用1个白色主球和15个球在一个有6个落袋的长方形台上进行。开局时15个球摆成金字塔形,塔尖位于球台靠近台腿的一点。开球者击主球,令主球撞击金字塔使球散开。要想继续击球,此人必须至少令一球落袋。在流行的"八球制"中,先将所有7个单色球(1到7号球)或所有7个花球(9到15号球)击入落袋,并以8号黑球落袋结束的一方胜出;在"九球制"中,只用到1到9号球,它们必须被按序号击入落袋,先将9号球击入落袋者胜出。落袋台球运动约于1800年以前在英国和法国形成现在的形式。今天这种运动在北美洲最受欢迎。

落袋台球　snooker　英国人玩的台球游戏,用15个红球和6个其他颜色的球,及1个白色的主球。最先可能起源于印度,是19世纪70年代士兵们玩的一种游戏。参加者要尽量先击进一个红球,然后将别的非红色的球击进去,每个红球记一分,其他颜色的球则按号码记分。"Snooker"("困境")指的是母球无法去击打一个指定的球时的位置。

落基山斑疹热　Rocky Mountain spotted fever　立克次氏体引起的症状似斑疹伤寒的疾病,通过各种蜱传染,最初在落基山地区发现。重症病例的皮疹往往为出血性。尤其容易出现在腕踝部。影响中枢神经系统,会导致烦躁不安、失眠和谵妄。症状可由衰竭发展为昏迷,然后有可能在一周或稍长时间内死亡。死亡率随年龄增加而上升。恢复过程缓慢,但通常会在视力障碍、耳聋、精神错乱等现象消失后完全康复。早期使用抗生素治疗可大大缩短病程并降低死亡率。预防方法主要是穿浅色长衣服来防止被蜱叮咬,使用驱虫剂,并检查有无蜱存在。疫苗可在一定程度上降低感染率和死亡率。

落基山国家公园　Rocky Mountain National Park　美国科罗拉多州中北部的国家公园,1915年建立。位于落基山脉弗兰特岭山区,面积1 075平方千米。境内多海拔逾3 000米的山峰,其中朗斯峰海拔4 346米。除高山外,还有宽阔的山谷和高山湖泊。公园高处的苔原是被温带植物包围的严寒植被岛。公园内主要动物有大角羊、鹿、山狮及各种鸟类。

落基山脉　Rocky Mountains　或称作Rockies。北美洲西北部山脉。由墨西哥边境经美国西部和加拿大延伸至北冰洋,全长约4 800千米。落基山脉在美国境内的最高峰为科罗拉多州的埃尔伯特峰,海拔4 399米;加拿大境内的最高峰为不列颠哥伦比亚省的罗布森山,海拔3 954米。位于落基山脉内的大陆分水岭分隔了东西流向的河流。野生动物有灰熊、棕熊、麋鹿、大角羊和美洲豹。有丰富的铜、铁、银、金、铅、锌以及磷酸盐、钾碱、石膏等矿藏。落基山国家公园、黄石国家公园、大蒂顿国家公园为主要游览地区。

落水洞　sinkhole　又称sink或doline(石灰井)。指地面下石灰岩被地下水溶解而形成的陷落地形。落水洞在不同的地区面积和深度不同,可能很大。主要的两类分别由洞顶塌陷而成或由土壤覆盖层下的岩石慢慢溶解而成。塌陷的落水洞一般具有陡峭的岩壁,河流可能由此转为地下河。土壤覆盖层下形成的落水洞通常较浅,可能会因黏土堵塞而成为小湖。

落叶树　deciduous tree　在一个季节中树叶全部脱落的阔叶树。落叶林出现在三个中纬度地区,这些地区属温带气候,有冬季,全年有降水,如北美东部、欧亚大陆西部和东北亚。落叶林也可沿河床和围绕水体伸展到比较干旱的地区。中纬度落叶林的优势树种有栎树、山毛榉、桦木、栗、颤杨、榆树、槭树、北美椴木(或椵树)。其他周期性地掉落叶子的植物也叫做落叶树。参阅球果植物和常绿植物。

落叶松　larch　松科落叶松属植物的统称,约有10～12种。原产于北半球冷温带和亚北极部分地区。落叶松一如典型的球果植物,植株呈金字塔形,但其短针状淡绿色针叶在秋季脱落。美洲落叶松在北美分布最广。需100～200年方可成熟,树高可达12～30米,树皮灰色至红棕色。落叶松的木材纹理粗疏,坚韧耐久,质重,可用于造船和电线杆、矿柱和枕木。

M

MP3　MP3　将声音信号压缩成极小计算机文档的标准技术和格式。如激光唱片(CD)的声音数据可以压缩成原大小的1/12，而不影响音质。因为文档小且容易从CD源制作，MP3文档成为因特网上最受欢迎的声音文档。现在唱片公司提供MP3格式的试听歌曲来推销CD，有些音乐人则绕过唱片公司，仅以MP3格式发行歌曲。

麻风　leprosy　又作Hansen's disease(汉森氏病)。皮肤、末梢神经以及上呼吸道和眼黏膜的慢性病变，由麻风分枝杆菌引起。结核样型麻风中，免疫细胞聚集到皮肤的感染区域，形成硬结节或瘤状突起，并沿神经纤维传播。这种病症通常会导致鹰爪，严重的足部畸形以及面部、眼睛和颈部的肌肉麻痹。瘤型麻风的细菌在皮肤深层自由繁殖，并通过淋巴系统和神经纤维广泛传播，由此导致皮肤变硬隆起，在耳朵、鼻子以及面颊上形成软结节，有时会破坏鼻腔和上颚的隔膜。麻风病的流行历史悠久。直到20世纪麻风病人都遭放逐，或至多隔离在麻风村内治疗。目前，麻风病已经完全可以通过多种药物联合治愈，但是用药之前造成的组织破坏无法恢复。每年仍然会有约600 000例新发病例，主要来源于亚洲、非洲、中南美洲以及太平洋岛屿，其中60%的新病例发生在印度。

麻葛　magus　古代波斯国内专门负责祭祀活动的氏族。在塞琉西王国、帕提亚和萨珊王朝统治时期，麻葛是专司宗教活动的种姓，部分《波斯古经》(即《阿维斯陀》)可能出于他们之手。他们的祭司职务相传曾被数种宗教采用，包括琐罗亚斯德教和帕西人的宗教。从公元1世纪起，叙利亚文字中的“麻葛”一词是指主要来自巴比伦的术士和占卜者。在波斯帝国存在时期，源自深远宗教教义的波斯麻葛和常被认为肯定是骗子的巴比伦麻葛一直都有区别。

麻省理工学院　Massachusetts Institute of Technology(MIT)　私立大学，位于马萨诸塞州剑桥，以其科学和技术训练及研究闻名。成立于1861年，拥有建筑和设计学院、工程学院、人文和社会科学学院、管理学院(斯隆学院)、理学院及卫生科技学院。该院以工程学和自然科学著称，但其他领域，如经济学、政治学、城市学、语言学和哲学也是强项。该学院有核反应堆、计算中心、地球物理和天体物理观测台、直线加速器、空间研究中心、超声风洞、人工智能实验室、认知科学中心和国际研究中心。目前学生有1万名。

麻疹　measles　又作rubeola。传染性强的病毒性小儿疾病。最初症状似重感冒，并伴有眼红和发热，随后体温升高，出现斑丘疹。一旦病愈，患者终身免疫。成年患者会表现得更严重。如今抗生素可以防止二次传染者死亡。麻疹无特效药，患者只需卧床休息、保护眼睛、做蒸汽吸入以减轻支气管的刺激症状。20世纪60年代研发的一种疫苗后来证明不能保证终身免疫，而且该疫苗对热敏感，不宜在热带地区使用。如今麻疹发病率在世界持续上升。人们正在研究开发一种更稳定的疫苗。参阅风疹。

麻醉品　narcotic　兼有止痛(参阅镇痛药)、麻醉(麻木或入睡)以及能产生药物成瘾的药物。麻醉品能使大多数人产生欣快感。天然的麻醉品来自鸦片罂粟，吗啡是其所含生物碱中最重要的一种，自古希腊时期以来一直被广泛应用。麻醉品的治疗用途主要是镇痛。由于吸食麻醉品易成瘾、对身心造成伤害，加之麻醉品被广泛地滥用，大多数国家都限制生产、销售和使用麻醉品。19世纪出现了皮下注射的针剂和海洛因，海洛因的效力比吗啡高出5～10倍，使麻醉品的使用和滥用情况剧增。过量使用麻醉品会抑制中枢神经系统功能、呼吸停止甚至死亡。

麻醉药　anesthetic　能导致身体局部或全身失去知觉(包括疼痛)的药物，在外科手术和牙科方面十分有用。全身麻醉药会让人丧失意识，最常用的是烃(如环丙烷、乙烯)；卤化氢(如氯仿、氯乙烷、三氯乙烯)；醚(如乙醚、乙烯醚)；其他化合物，如三溴乙醇、氧化亚氮、巴比土酸盐。局部麻醉药是阻断神经传导作用，让身体某一部分丧失知觉，常施以生物碱类药剂，如可卡因或合成药剂(如利多卡因)。参阅麻醉学。

马　horse　马科动物(*Equus caballus*)，长久以来被人类当作运输工具及役畜。马最早的祖先是始祖马。现在生存的不承袭家马血统的只有蒙古普尔热瓦尔斯基氏野马。马似乎于6 000多年前最早由中亚的游牧民族驯养。多少个世纪以来，马主要用于战争。公元1世纪马鞍在中国开始采用。美洲的野马约在1万年前绝灭，16世纪西班牙人将马重新引进。成年的雄马称为牡马，若用于繁殖则称为种马；成年的雌马称为牝马。阉割的雄马称为阉马。幼马(foal马驹)也分为公驹(colt)和牝驹(filly)。马的高度单位称掌宽(一掌为4英寸，约为10.2厘米)，高度为从马背最高点(鬐甲)到地面。马的品种依照大小与体型来分类：挽(重型)马(例如比利时马、佩尔什马)四肢壮硕，高达20个掌宽；矮种马(如设得兰马、冰岛马)低于14.2个掌宽；轻型马(如阿拉伯马、纯血马)介于其间，很少高于17个掌宽。

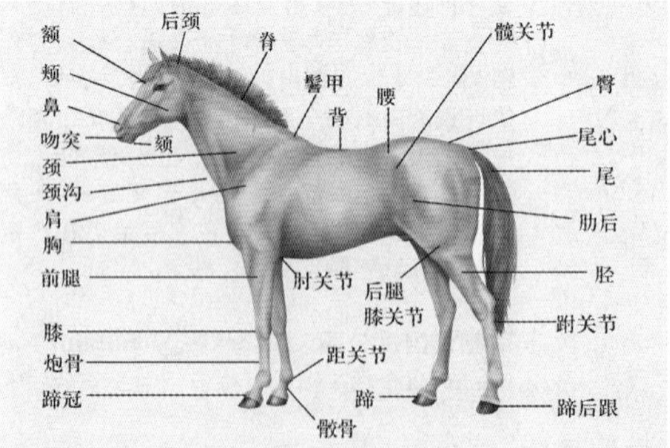

马的外形
© 2002 MERRIAM-WEBSTER INC.

《马比诺吉昂》　Mabinogion　11则根据神话、民间传说和英雄传奇编撰的中世纪威尔士的故事集，由众多作者经过几个世纪口传至今。其中最优秀的有《马比诺吉的四个支系》这四则故事，写于11世纪晚期。其中有些故事受到凯尔特人、诺曼人和法国人的影响，例如，《埃弗罗格的儿子佩雷多》便与克雷蒂安·德·特罗亚的《帕尔齐法尔》类似。《马比诺吉昂》的其他四则受欧陆影响极小的故事为：《库尔威奇和奥尔温》、《卢德和勒费利斯》、《麦克森之梦》和《朗纳布怀之梦》。

马布尔黑德　Marblehead　美国马萨诸塞州东北部城镇。其港口由马布尔黑德颈岩所包围，岩岬长约2.5千米。1629年始建，为塞勒姆的一部分。1649年设镇，后发展成渔业和造船业中心。1812年战争后其港口衰落，现为旅游中心。人口19 808(2010)。

马达加斯加　Madagascar　全称为Republic of Madagascar(马达加斯加共和国)。位于非洲东南海岸外的印度洋西部马达加斯加岛国。该岛为世界第四大岛，长约1 570千米，宽约570千米。与非洲海岸之间为莫桑比克海峡。面积：587 295平方千米。人口：22 599 000(2013)。首都：安塔那那利佛。几乎所有人口都归属约20个马来–印度尼西亚部族。语言：马达加斯加语、法语、英语。宗教：基督教(罗马天主教、新教)、传统宗教、伊斯兰教。货币：阿里亚里。马达加斯加的中央高原海拔2 876米，地处察拉塔纳纳火山断块。该岛曾经森林茂密，至今森林仍占土地面积的1/5。经济以农业为主，主要的作物包括水稻、甘蔗、木薯等，经济作物包括咖啡、丁香和香草。水产业在经济上也十分重要。马达加斯加现由过渡政府统治。国家元首及政府首脑为总统，总理辅政。印度尼西亚人于公元700年迁入马达加斯加。最先抵达该岛的欧洲人是葡萄牙航海家D.迪亚斯(1500)。17世纪初贩卖武器和奴隶的活动使马达加斯加王国得以发展。18世纪梅里纳王国成为强大的王国。19世纪初，在英国人的援助下,该王国控制了马达加斯加的大部分地区。1868 年梅里纳王国与法国人签订了一项条约,将西北部沿海地区交由法国人控制。1895 年法军占领此岛。1946 年马达加斯加成为法国的一个海外领地。1958 年法国同意让该领地决定自己的命运;作为马拉加什共和国,1960 年获得独立。20 世纪 70 年代,马达加斯加政府断绝了与法国的关系,1975 年改国名为马达加斯加民主共和国(1992 年去掉"民主"二字)。接下来就进入了军事统治的短暂时期,1975 年迪迪埃・拉齐拉卡出任总统,统治该国长达 25 年。2001 年总统大选随之引发了严重的政治危机,马克・拉瓦卢马纳纳作为总统胜出,拉齐拉卡离开该国。2009 年拉瓦卢马纳纳迫于安德里・拉乔利纳及军队的压力辞去总统职位,拉乔利纳自任总统,组建了过渡政府。马达加斯加于 1964 年首次参加在东京举办的夏季奥运会。

马德拉岛　Madeira　马德拉岛群(葡萄牙自治区)最大的岛屿,滨北大西洋。自治区首府丰沙尔位于该岛。长 55 千米,宽 22 千米。岛上有深谷和崎岖的山脉。古代腓尼基人可能已知该岛,后来为葡萄牙航海家 J. G. 萨尔科重新发现,他于 1421 年在此建立丰沙尔。据说世界上第一个甘蔗种植园就设在马德拉岛。17 世纪以来,马德拉葡萄酒已成为重要的出口产品。旅游业也很重要。人口 242 603(2001)。

马德拉河　Madeira River　巴西西部河流,亚马孙河主要支流。由马莫雷河和贝尼河在玻利维亚汇合而成,之后沿玻利维亚和巴西的国界往北流。在巴西境内蜿蜒曲折流向东北部,在马瑙斯东面与亚马孙河汇合。自马莫雷河上游算起,全长3 352千米。

马德拉沙　madrasah　阿拉伯语,意为"学校"。附属于清真寺的伊斯兰教经学院和法学院。到 12 世纪末,提供住宿的马德拉沙已在大多数穆斯林城市兴盛起来,是一种比清真寺更新的建筑形式。大马士革的叙利亚马德拉沙倾向于沿袭标准的规划模式:建筑精美的正面连接一条圆顶走廊,然后通到一个院子,此处就是聆听教义的地方,院子至少通向一个壁龛。开罗盖拉温清真寺的马德拉沙(1283 ～ 1285)有一个独特的十字形壁龛置于朝向圣地麦加的精雕细琢的墙面上,对面也有一个较小的壁龛。而供学生居住的小室分布在另两边。

马德雷德迪奥斯河　Madre de Dios River　秘鲁东南部和玻利维亚西北部的河流。源自秘鲁安第斯山脉最东端,向东流至玻利维亚边境,再折向东北,穿过玻利维亚西北部的热带雨林,最后汇入贝尼河,全长1 100千米。为亚马孙河的支流,在上游和秘鲁-玻利维亚边境以下河段可通航。

马德雷山脉　Sierra Madre　墨西哥的主要山系,包括东、西、南三条马德雷山脉,大致从西北贯穿到东南。西马德雷山脉绵延约1 100千米,与加利福尼亚湾和太平洋平行;许多山峰的海拔达1 800米,有的超过 3 000米。东马德雷山脉起始于格兰德河附近,向北绵延1 120千米,大致平行于墨西哥湾;平均高度约2 150米,有些山峰如佩尼亚内华达山山峰达3 660米。南马德雷山脉地区人口稀少,穿过墨西哥南部的格雷罗和瓦哈卡州,海拔约2 000米,少数几个山峰超过 3 000米。

马德里　Madrid　西班牙首都和马德里自治区首府。位于伊比利亚半岛的中央高原上,海拔 635 米,为欧洲地势最高的首都之一。早期城镇由摩尔人要塞发展而成,俯瞰曼萨纳雷斯河。1083 年国王阿方索六世从穆斯林手中夺得该城。1561 年腓力二世将西班牙宫廷迁至此。1607 年腓力三世正式定为首都。拿破仑战争期间被法国军队占领,1812 年重归西班牙统治。西班牙内战时期(1936 ～1939)曾被效忠派占据。为内陆各省的主要运输中心,也是重要的商业、工业和文化中心。主要的文化机构有普拉多博物馆和马德里大学。2004 年 3 月 11 日,马德里遭到恐怖袭击,伊斯兰武装分子在通勤列车上引爆数枚炸弹,导致 191 人死亡,约1 800人受伤。人口约3 128 600(2006)。

马德里　Madrid　西班牙中部自治区。该省横穿瓜达拉马山脉南坡,大致相当于哈拉马、埃纳雷斯和曼萨纳雷斯河流域。这里曾是西班牙内战期间(1936 ～ 1939)几场著名战役的战场。全国所有的铁路干线都交汇于此。苏慕山山口是穿过中部山区进入东北部的一条通道。首府马德里面积7 995平方千米。人口约5 423 384(2001)。

马德罗　Madero, Francisco (Indalecio) (1873 ～ 1913)　墨西哥革命家、总统(1911 ～1913)。出身于富裕的地主家庭,1908年倡导诚实、全民参与的选举,并要求结束 P. 迪亚斯的长期独裁统治。因发表煽动性言论而入狱,但获保释后,又挑起了一场武装起义,导致迪亚斯下台。1911 年当选总统,但因在政治上毫无经验且过于理想化,很快被来自革命派和保守派的冲突压力所压垮。1913 年遭人暗杀后,他的政府也随着这场个人和国家的灾难事件而完结。参阅墨西哥革命、P. 比利亚和 E. 萨帕塔。

马德罗,摄于 1910 年左右
Archivo Casasola

马德普拉塔　Mar del Plata　阿根廷中东部沿海城市。1746 ～ 1751 年为西班牙一传教团所在地。1856 年葡萄牙探险家 J. C. 米耶列斯在此建立小渔村拉佩雷格里纳。马德普拉塔建于 1874 年,后逐渐发展为海滨胜地,1907 年设市。有著名的世界最大豪华赌场之一。除旅游业外,经济以建筑、纺织、商业捕鱼和食品罐头业为基础。设有马德普拉塔国立大学。人口约541 733(2001)。

马蒂　Martí (y Pérez), José Julián (1853 ～1895)　古巴诗人、散文家、爱国主义者。1868 年参与古巴爆发的革命起义,被放逐到西班牙。他在西班牙取得法学学位,并继续其政治活动和写作。后来,在不同国家居住。1881 ～1895 年间,大部分时间客居纽约。他组织并联合了古巴争取独立的运动,后在战斗中阵亡。作为作家,他以富有个性的散文和以争取自由团结的美洲为题材的朴素而真诚的诗歌著称。他的散文如作品集《我们的美洲》(1881),被认为是他对拉美文学的最大贡献。他是古巴的民族英雄。

马蒂尔达　Matilda (1102 ～ 1167)　又称 Maud(莫德)。英王亨利一世之女,英格兰王位权力的要求者。1114 年与神圣罗马帝国皇帝亨利五世结婚。1125 年丈夫去世后,又与金雀花王朝的杰弗里结婚。她的兄弟在 1120 年去世,使她成为亨利一世的唯一继承人,亨利一世 1127 年指定她为继承人。布卢瓦的斯蒂芬在 1135 年亨利一世去世后篡权,并在 1141 年打败马蒂尔达的支持者。马蒂尔达在 1148 年退隐诺曼底,她的儿子成为英王亨利二世。

马蒂努　Martinů, Bohuslav (Jan) (1890 ～ 1959)　捷克(波希米亚)作曲家。10 岁开始作曲。但由于荒废学业而被音乐学院开除。早期作品受民谣和 C. 德彪西的影响。1923 年去巴黎,因色彩丰富的芭蕾乐曲而出名。实验过新古典主义、爵士乐和雷格泰姆等。第二次世界大战后,辗转于法国、意大利、瑞士,后重归捷克传统。他创作很快,作品丰富,包括 6 部交响乐、歌剧(包括《朱丽叶塔》, 1938)和大型合唱乐(包括《吉尔伽美什史诗》, 1955)。但对推广自己的作品不太热衷。

马蒂诺　Martineau, Harriet (1802 ～ 1876)　英国散文家、小说家、经济和历史作家。尽管耳聋并有心脏病和其他疾病,却是当时英国知识界的杰出人物。她最初赢得广大读者的作品是 1832 ～ 1834 年出版的一系列通俗古典经济学著作。其主要历史著作为《公元 1816 ～ 1846 年三十年和平的历史》(1849),该书被广为传阅。她学术性最强的作品为《孔德实证哲学的节译》(1853)。《鹿溪》(1839)是她最受赞誉的小说。

马蒂斯　Matisse, Henri (Emile-Benoît) (1869 ～ 1954)　法国画家、雕刻家和版画家。原为律师行职员,后对艺术产生兴趣。在美术学校师从 G. 莫罗后,在国际美术协会沙龙上展出了4幅作品。政府购买了他的《读书的女子》(1895)后取得成功。他自信而富有冒险精神,曾尝试点彩画法,但最终放弃,转向自然的画法和缤纷的色彩,也就是后来所谓的野兽主义。之后,他一直坚持野兽主义的画风。虽然作品主题大部分是室内和人物画像,仍展现了独特的地中海神韵。他也从事雕刻,一生留下了约60件作品。兵器博物馆曾展出他的13幅画作。1917年迁往法国里维埃拉,虽然在那里作品不那么大胆,但仍很多产。1939年后以插图版画家活跃画坛。1947年出版的《爵士乐》,是他对艺术和生命的回顾,中间穿插了很多精美的"剪纸画",即用色纸剪贴的图案。他生命的最后13年大多在疾病中度过,多亏有多明我会修女照顾,使他得以设计出旺斯宏伟的玫瑰圣母堂(1948～1951)。著名作品有《生命的喜悦》(1906)、《红色画室》(1915)、《钢琴课》(1916)和《舞蹈1》、《舞蹈2》(1931～1933)。

马丁·杜·加尔 Martin du Gard, Roger (1881～1958) 法国小说家、剧作家。最初接受过古文书学和档案管理的训练,因而在他的文学作品中带来了客观、细致、严谨的精神。小说《若望·巴鲁瓦》(1913)第一次引起公众的注意,写的是一个知识分子挣扎在幼时形成的天主教信仰和成年后接受的科学唯物主义之间的故事。他最著名的是8卷集小说《谛波父子》(1922～1940),这部作品记录了一个家族的发展史,按年代顺序描绘了第一次世界大战前法国资产阶级所面临的社会和道德问题。1937年获诺贝尔文学奖。

马丁松 Martinson, Harry (Edmund) (1904～1978) 瑞典小说家、诗人。童年在养父母家中度过。成年后曾当过商船水手、劳工、流浪汉。在自传体小说《荨麻开花》(1935)、《外出游历》(1936)以及游记中记录了他的早期经历。最著名的作品有诗集《信风》(1945),小说《通往圣钟之国的道路》(1948)及史诗《安尼亚瑞》(1956)。1949年成为第一个被选进瑞典文学院的工人出身自学成名的作家。1974年与E.雍松同获诺贝尔文学奖。

马丁五世 Martin V(1368～1431) 原名Oddo Colonna。意大利籍教皇(1417～1431年在位)。他在康斯坦斯会议上被选为教皇,标志着西派教会大分裂的终结。马丁谴责当时流行的所谓教皇必须受会议节制的会议至上论(参阅公会议运动)。同时他宣布,在教义问题上禁止对教皇的裁断提出上诉。他拒绝了法国劝他住在阿维尼翁(参阅阿维尼翁教廷)的努力,于1420年回到罗马,帮助重建被毁坏的城市。他还试图恢复对教皇国的控制。他调停了英法百年战争,并组织了对胡斯派信徒的讨伐。他主张教权独立于君权。

马恩岛 Man, Isle of 爱尔兰海上的岛屿,位于英格兰西北岸外。为英国王室自治领地,有自己的立法机构。下议院是世界上最古老的议会之一。首府道格拉斯[人口25 347(2001)]。岛长约48千米,宽约16千米,面积572平方千米。曼克斯无尾猫一般认为原产于此地。公元5世纪起成为爱尔兰传教士的活动中心,先后属于挪威(9～13世纪)、苏格兰(13～14世纪)以及英格兰移民(14世纪开始)。1828年成为王室领地。人口约86 600(2013)。

马恩岛猫 Manx cat 据说原产于马恩岛的一种家猫。壮实,对主人亲切,忠诚,勇敢,以无尾及特有的跳跃式步态著称。由于后肢比前肢长,因此臀部明显比肩部高。初生时可能有尾巴,但理想的马恩岛猫应完全无尾。毛色多样。

马恩河 Marne River 法国东北部河流。在巴黎附近向西北流入塞纳河,全长525千米,其中350千米可通航,并有多条运河。马恩河谷在第一次世界大战中发生过激战(参阅第一次马恩河会战和第二次马恩河会战)。

马尔伯勒公爵 Marlborough, Duke of (1650～1722) 原名John Churchill(丘吉尔)。英国军事首领。曾在马斯特里赫特建立战功(1673),后很快得到了提拔,在宫廷中

马尔伯勒公爵(第一)J.丘吉尔,J.克洛斯特曼绘;现藏伦敦国立肖像画陈列馆

By courtesy of the National Portrait Gallery, London

也很受亲近,部分原因是妻子是安妮公主(后来的女王)的密友。1685年詹姆斯二世即位后,被授予中将军衔和实际的总司令职务。1688年,他转而效忠威廉三世,封为马尔伯勒伯爵,并受命接任佛兰德斯和爱尔兰的司令官作为酬报。他同威廉三世的关系在17世纪90年代恶化。安妮女王在西班牙王位继承战争期间任命他为英国和荷兰军队的司令,他因立下战功而受封为马尔伯勒公爵(1702)。他在布伦海姆战役(1704)中取得的胜利改变了欧洲的力量均势。作为赏赐,他被封为皇室领主,领地上修建了布伦海姆宫。他出色的军事战术使他取得了很多战争的胜利,其中最著名的有拉米伊(1706)和奥德纳尔德(1708)战役的胜利。他对安妮女王的影响力和进行战争赢得的经济支持遭到了托利党和辉格党之间阴谋的破坏。在他的辉格党联盟于1710年大选中败北后,他因滥用公共财产而被解职。虽然1714年乔治一世恢复了对他的宠信,但他从此退休。他被认为是英国最伟大的将军之一,在拿破仑崛起前一直在欧洲享有无与伦比的声誉。

马尔代夫 Maldives 全称Republic of Maldives(马尔代夫共和国)。印度洋上的独立岛国。位于斯里兰卡西南,包括约1 200个聚成簇礁或环礁的小珊瑚岛和沙洲(其中202个岛屿有人居住)。这些岛屿散布于南北长820多千米、东西宽130千米的海域上。(陆地)面积:298平方千米。人口:约336 000(2013)。首都:马累。马尔代夫人口是混合民族,祖先包括达罗毗荼人和僧伽罗人,以及阿拉伯人、华人和其他来自周围亚洲地区者。语言:迪维希语(官方语言)、阿拉伯语、印地语和英语。宗教:伊斯兰教(国教,逊尼派为主)。货币:拉非耶。群岛地势低洼,海拔均在1.8米以下。诸环礁均有砂质海滩、潟湖,生长着茂密的椰树、面包果和热带灌丛。马尔代夫是世界上最贫穷的国家之一,其发展中的经济以渔业、旅游业、造船业和修船业为基础。马尔代夫为共和国,一院制。国家元首暨政府首脑为总统。公元前5世纪该群岛就有来自斯里兰卡和印度南部的佛教徒居住。公元1153年接受伊斯兰教。1558～1573年葡萄牙人统治马累。17世纪成为锡兰(今斯里兰卡)的荷兰统治者保护下的一个苏丹国;1796年英国占领锡兰后,马尔代夫成为英国保护国,1887年这一地位被正式确立。1965年马尔代夫群岛脱离英国统治,获得完全独立;1968年废除苏丹统治,建立共和国。1982年加入英联邦。20世纪90年代该国经济逐渐好转。2004年遭受巨大海啸冲击破坏。2008年通过新宪法,定伊斯兰教为国教,制定了完善的政府制衡机制,并允许女性参加总统选举。马尔代夫于1988年首次参加在韩国首尔举办的夏季奥运会。

马尔蒂尼 Martini, Simone(约1284～1344) 意大利画家,推崇哥特式艺术。他为锡耶纳绘画的推广作出了很大贡献。作品和谐、纯净的色彩受杜乔·第·博尼塞纳的影响,而其优雅、装饰性的线条则源于哥特式艺术的启发。这一点在《带光轮的圣像》(1315)中得到体现。在这一作品中,他把圣母像描绘成坐在哥特式华盖下处理政务的哥特式女王。其基多里奇奥·达·福格利阿诺骑马像(1328)是文艺复兴时期骑马像的重要先例。

马尔杜克 Marduk 又称Bel(贝勒,主)。美索不达米亚宗教中巴比伦城的主神和巴比伦尼亚的国神。最开始是雷暴之神,传说他制服了原始混沌怪提阿马特之后成为众神之首。马尔杜克的占星是木星;圣畜是马、狗和一条叉状舌的龙,巴比伦城墙就饰以此龙之像。

马尔凯 Marche 意大利中部自治区。位于亚得里亚海和翁布里亚地区之间,亚平宁山脉穿过此区;境内唯一的平地分布在沿河谷地和安科纳附近的亚得里亚海沿岸;安科纳为首府。原由高卢人和皮切尼人定居。公元292年由罗马人统治。中世纪初期,南部由伦巴第人统治,北部由拜占廷人统治。12～13世纪时,一些敌对的强大家族崛起,而罗马教皇试图恢复其俗权,局势出现动荡。1631年,乌尔比诺公国并入教皇国,冲突达到顶峰。1860年全区归属意大利王国。该

地为农业区,有些工业有所发展。人口约1 577 676(2010)。

马尔科姆·艾克斯 Malcolm X(1925～1965) 原名Malcolm Little(马尔科姆·利特尔),后称El-Hajj Malik El-Shabazz(哈吉·马立克·沙巴兹)。美国黑人领袖。出生于内布拉斯加州奥马哈。在密歇根州长大。家里的房子被三K党人烧掉。后来父亲被谋杀,母亲被送进精神病院。他移居波士顿,有轻微犯罪活动,1946年因盗窃罪入狱。同年转而宗奉黑穆斯林运动(伊斯兰民族组织)。1952年出狱后,他将自己的姓改为X,以反抗他的"黑奴姓氏"。在遇到伊斯兰民族组织领导人E.穆罕默德后不久,他成为该教派最有力的演说家和组织者。他的演说风格明快,痛斥白人对黑人的剥削,嘲笑民权运动和种族融合,相反,他鼓吹黑人分立、黑人自豪和使用暴力自卫。与穆罕默德的分歧促使马尔科姆于1964年脱离伊斯兰民族组织。赴麦加朝圣之后,他承认四海之内皆兄弟的信念,皈依正统的伊斯兰教。敌对的黑人穆斯林教徒威胁其生命,在哈勒姆区一舞厅集会上将他枪杀。他的著名传记(1965)由A.哈利根据采访所撰。

马尔科姆·艾克斯
AP/Wide World Photos

马尔克 Marc, Franz(1880～1916) 德国画家。其早期作品为学院派风格,但印象主义和青年风格影响了他的风格。1911年和V.康定斯基及其他抽象派画家创立了青骑士社。他认为抽象是表现精神实质的最好方法,并对原始民族、儿童和精神病患者的艺术极感兴趣。其主要作品是对动物的研究,认为低于人类的生命形态最富于表达自然界的活力。他在第一次世界大战中阵亡。

马尔马拉海 Marmara, Sea of 土耳其亚洲和欧洲部分之间的内海。经博斯普鲁斯海峡与黑海相通,经达达尼尔海峡与爱琴海相连。长280千米,宽约80千米,面积11 350平方千米。海中有两个独特的群岛。东北部的克孜勒群岛为旅游胜地。位于西南的马尔马拉群岛有着丰富的花岗岩、石板和大理石,自古就开采。

马尔默 Malmö 瑞典南部港口城市,与哥本哈根遥遥相对。原名马尔姆豪格,13世纪末设市。1658年并入瑞典后,经济由于贸易的减少而一蹶不振。1775年港口的建立以及1800年后铁路的开通,刺激了马尔默经济发展。马尔默是瑞典的第三大城市,是重要的商业中心。经济以产品出口、造船和纺织品生产为主。古建筑有16世纪的城堡要塞、市政厅和14世纪的圣彼得教堂。都会区人口约522 857(2000)。

马尔萨斯 Malthus, Thomas Robert(1766～1834) 英国经济学家和人口学家。出生于富裕家庭,就读于剑桥大学,1793年当选为耶稣学院研究员。1798年发表《人口原理》,认为人口的增长总是超过食物的增长。如果不加限制,人口会呈几何级数增长,而生活资料只能按算术级数增长。他相信当人口扩张到生活资料仅能维持生存的极限时,就会出现饥馑、战争和疾病。在后来的版本(至1826年)中他扩展了这个观点,认为应该严格控制对穷人的救济,因为穷人总是鼓励人口过度增长。他的理论虽然很多内容被证实是错误的,但是对当代社会政策及经济学家,如D.李嘉图等,产生了重要影响。

马尔什 Marche 法国中部历史地区。一度属于利穆赞,10世纪分出,另成一边区(一伯爵领地)。12～13世纪分成东西两部分。后相继为波旁公爵(1342～1435)和阿马尼亚克(1435～1477)所统辖。1527年弗兰西斯一世没收该地。1574～1643年间,被赐予法国国王的遗孀。法国大革命以前是法国的一个省份。

马尔斯 Mars 古罗马战神和罗马的守护神,其重要性仅次于主神朱庇特。纪念他的节日是在春天(3月)和秋天(10月)。奥古斯都时期,罗马只有两座马尔斯神庙。他的圣矛保存在圣所,战争爆发时,罗马执政官必须摇动圣矛说"马尔斯,醒过来"。在奥古斯都统治时期,马尔斯不仅成为罗马军事的保护人,也是皇帝的保护人。他在希腊神话中同阿瑞斯神。

马耳他 Malta 全称Republic of Malta。地中海西西里以南的岛国。由3个有人居住的岛屿[马耳他岛(最大)、戈佐岛和凯穆纳岛]和2个无人居住的小岛(科米诺托岛和菲尔夫拉岛)组成。面积:315平方千米。人口:约419 000(2013)。首都:瓦莱塔。马耳他的人口几乎全在本地出生,混杂着意大利人、阿拉伯人、英国人和腓尼基人的后裔。语言:马耳他语、英语(均为官方语言)。宗教:天主教(国教)。货币:欧元。土地面积约1/3为可耕地,大部分食品可自给自足。旅游业是主要产业。马耳他为单一制的多党制共和国,一院制。国家元首为总统,政府首脑为总理。有证据表明早在公元前5000年马耳他便有居民。尽管只有有限的证据表明这里有腓尼基人存在过,但似乎更为明确的是,迦太基人在公元前6世纪曾来过马耳他。公元前218年该岛被罗马人统治。公元60年圣保罗在该岛遭受海难,使岛民皈依了基督教。后归拜占廷统治,直至870年由阿拉伯人取得控制权。1091年诺曼人打败了阿拉伯人。此后马耳他相继为一些封建领主统治,直至16世纪初。1530年受马耳他骑士团统治;1798年拿破仑取得控制权;1800年被英国占领。1802年《亚眠条约》将群岛交还马耳他骑士团。马耳他人抗议不从,承认英国国王为马耳他君主,这些在1814年的《巴黎条约》中得到认可。1921年马耳他成立自治政府,1936年又恢复殖民地状态。第二次世界大战期间被德国和意大利空军狂轰滥炸。1942年被授予英国乔治十字勋章,以表扬其英勇行为和献身精神。这是英国首次没将此奖章颁发给个人。1964年马耳他获得在英联邦内的独立,1974年成立共和国。1979年与英国的联盟结束后,马耳他宣告其中立地位。2004年加入欧盟,2008年采用欧元作为官方货币。该国于1928年首次参加在阿姆斯特丹举办的夏季奥运会。

马耳他狗 Maltese 一种玩赏狗。由马耳他岛而得名,可能在2 800年前左右已育成。外形美观纤巧,体壮,温顺,活泼,一度是富人和贵族的宠物。毛长,柔滑,纯白,耳悬垂,身体壮实,尾羽状,卷于背上。肩高约13厘米,体重可达3千克。

马耳他骑士团 Knights of Malta 又称Hospitallers(医院骑士团),正式名称(自1961年起)为Sovereign Military Hospitaller Order of St. John of Jerusalem, of Rhodes and of Malta(耶路撒冷、罗得岛和马耳他的圣约翰独立军事医院修士团)。11世纪成立于耶路撒冷的天主教修会,以照顾朝圣的患者。1113年获教皇正式承认,在前往圣地沿途设立休息站。它取得财富和地产,并且开展活动,兼顾照料患者及对伊斯兰教徒作战,最后成为十字军的一支主力。在十字军所建国家纷纷陷落后,医院骑士团总部乃迁到塞浦路斯,后来再迁到罗得岛(1309)。1522～1523年罗得岛落入土耳其人手中后,再迁到马耳他,1798年拿破仑强占马耳他岛,结束骑士团的统治。1834年马耳他骑士团以罗马为总部。

马耳他语 Maltese language 马耳他的主要语言。由阿拉伯语的一种方言发展而来,与阿尔及利亚和突尼斯的西阿拉伯诸方言关系密切,受罗曼诸语言(特别是意大利语)很大影响。是唯一用拉丁字母书写的阿拉伯语。

马菲星系I和II Maffei I and II 两个比较接近银河系的星系。20世纪60年代末意大利天文学家P.马菲最先发现它们。马菲星系I是巨型椭圆星系,马菲星系II是旋涡星系。它们虽然很大,也很接近,但因为隐藏于银河的隐带,所以以前没被发现。距地球约1 000万光年,为本星系群外一个最近的星系群的主要成员。

马格达莱纳河 Magdalena River 哥伦比亚中南部及北部河流。发源于哥伦比亚南部安第斯山脉东坡,向北流1 497千米,在巴兰基亚附近注入加勒比海。通航长度达1 496千米,自西班牙征服以来即为主要商业动脉。

马格德堡 Magdeburg 德国中东部萨克森-安哈尔特州首府。濒临易北河,早在9世

马格德堡的大教堂
W. Krammisch-Bruce Coleman Inc./EB Inc.

纪即为商业据点,13 世纪时为**汉萨同盟**的主要成员。1524年支持**宗教改革运动**,受新教虚衔大主教统治。**三十年战争**期间,1631 年该城被焚毁、劫掠。后在**拿破仑战争**中被法国占领,不久被转让给普鲁士,并在1815年成为**萨克森州**首府。第二次世界大战期间城市遭到猛烈轰炸。为德国最主要的内河港口之一,也是铁路交通枢纽。作曲家 G. P. **泰勒曼**出生于此。人口约229 755(2002)。

马格里布 Maghreb 北非濒临地中海的地区。由摩洛哥、阿尔及利亚、突尼斯、利比亚的沿海平原组成,古时称为“小非洲”,后包括摩尔人的西班牙。曾一再抵抗布匿人、罗马人和基督教徒的入侵,但最终被阿拉伯人征服,7 ～ 8 世纪纳入穆斯林文明。

马格里特 Magritte, René (-François-Ghislain) (1898 ～ 1967) 比利时画家。1916 ～ 1918 年在比利时美术学院学习后,一直从事设计壁纸、广告草图等工作,直到得到布鲁塞尔画廊的资助后,才成为专业画家。早期作品属立体主义和未来主义风格,但在1922 年他发现了 G. de **希里科**的作品,并以《被威胁的刺客》(1927)这幅作品而接受**超现实主义**。有一些形象在他的作品中反复出现,例如大海、广阔的天空、女性的躯干、戴圆顶硬礼帽的资产阶级“小人物”、悬在头顶上的岩石等;时空和比例的错位也是他那神秘古怪、不合逻辑的画作中常见的元素。

马更些河 Mackenzie River 北美西北地区水系。全长1 650千米,发源于大奴湖,向北流经史密斯堡,最后注入北冰洋的波弗特海,其流域面积达1 805 200平方千米,是加拿大最大的水系。如果把源头河芬利河算在内,整个水系长达4 241千米,是加拿大最长及北美第二长河流。探险家 A. **麦肯齐**于1789 年发现该河流。

马哈蒂尔·宾·穆罕默德 Mahathir bin Mohamad(1925～) 全名Datuk(Headman) Seri Mahathir bin Mohamad。马来西亚政治家,总理(1981 ～ 2003)。教师之子,原学医,曾担任政府医务官员。1964 年进入国会,极力主张颁布保证马来民族经济成功的政策。当选总理后一再连任,在他的领导下,马来西亚成为东南亚地区经济最繁荣的国家之一,识字率和平均寿命都有提高。20 世纪 90 年代末期的经济衰退,引发了他与副总理安瓦尔之间的裂痕。1998 年将其撤职;对此的反对均遭压制。九一一事件之后,他支持全球反恐行动,但反对美国等国 2003 年对伊拉克的入侵。他以经常批评西方而闻名。

马哈福兹 Mahfouz, Naguib(1911 ～ 2006) 埃及作家。1934 ～ 1971 年在埃及文化部门工作。主要作品有《开罗三部曲》(1956 ～ 1957)——小说《两宫间》、《思慕宫》和《怡心园》——对 20 世纪埃及社会进行了深刻的剖析。后来的作品对埃及的君主制、殖民主义和当代的埃及持批判的观点。其他著名的小说有《米达克小巷》(1947)、《我们街区的孩子们》(1959)和《米拉玛尔公寓》(1967),还写有短篇小说集、30 余部电影剧本及若干舞台剧。1988 年成为第一位获诺贝尔文学奖的阿拉伯作家。

马哈拉施特拉 Maharashtra 印度中西部邦,濒临阿拉伯海,与古吉拉特邦、中央邦、切蒂斯格尔邦、安得拉邦、卡纳塔克邦、果阿邦,以及达德拉-纳加尔哈维利中央直辖区接界。首府**孟买**。面积307 690平方千米,大部分位于德干高原,包括克里希纳河、皮马河和哥达瓦里河谷地。人口为多民族的混血种,主要通行马拉塔语。该地区在 8 ～ 13 世纪为印度各王国统治,此后为穆斯林诸王朝统治。1674 年马拉塔王国成立,到 18 世纪建立马拉塔帝国,19 世纪初英国取得控制权。1947 年印度独立时该地区称为孟买邦;1960 年按语言划分成两个邦,北部为**古吉拉特邦**,南部为马哈拉施特拉邦。经济依靠农业和制造业;工业部门有炼油和棉纺织。人口约 112 372 972(2011)。

马哈茂德(伽色尼的) Mahmud of Ghazna (971 ～ 1030) 伽色尼王朝创建者赛布克特勤之子。998 年即位后,在名义上效忠于阿拔斯王朝的哈里发,哈里发则授予自治权。他约 17 次打着伊斯兰教的旗帜入侵旁遮普和印度东北部地区,大大拓展了王国的疆域。凭着所积聚的财富,他将伽色尼城建设成非凡的文化中心。在他的皇宫里还招纳了学者比鲁尼和诗人**菲尔多西**。

马汉 Mahan, Alfred Thayer(1840 ～ 1914) 美国海军军官和历史学家。出生于纽约州西点。就读于美国海军军官学校,在海军服役近

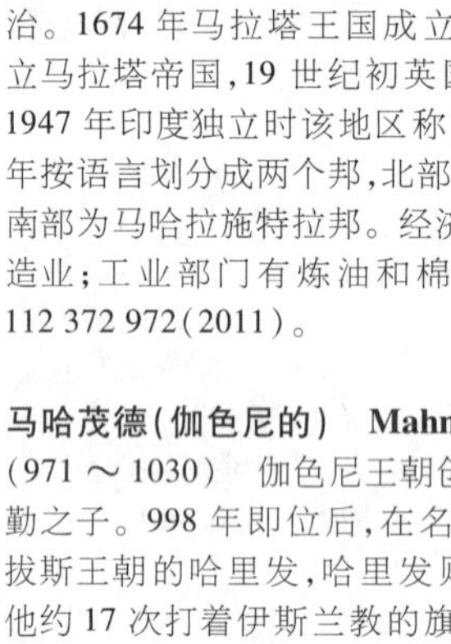

A. T. 马汉,1897 年摄
By courtesy of the Library of Congress, Washington, D. C.

40年,其间曾参加美国南北战争。1886 ～ 1889 年任罗得岛州纽波特海军军事学院院长。他在主要著作《海上力量对 1660 ～ 1783 年历史的影响》(1890)中认为,海上力量对一个国家的霸权地位具有决定性作用,而在《海上力量对 1793 ～ 1812 年法国革命和帝国的影响》(1892)中,他强调以军事和商业控制海洋的相互依赖性。这些书在英国和德国广受欢迎,大大影响了第一次世界大战前海军的发展。

马赫 Mach, Ernst (1838 ～ 1916) 奥地利物理学家和哲学家。1860 年获物理学博士学位后,任教于维也纳大学、格拉茨大学和布拉格的查尔斯大学。他对于心理学和感官生理学极有兴趣,在 19 世纪 60 年代发现一种生理学现象,称为马赫带——人的眼睛有一种倾向,能在照明显著不同的区域之间,看到边界附近的亮带或暗带。后来又研究运动与加速度,并发展测量声波与波传播的光学和照相技术。1887 年提出超声学原理和马赫数,即物体的运动速度与声速之比。他还提出惯性理论,称为**马赫原理**。在《感觉的分析》(1886)中,马赫主张所有知识都源自感觉经验或观察。

马赫迪 Mahdi, al-(1844 ～ 1885) 原名 Muhammad Ahmad ibn al-Sayyid Abd Allah。苏丹宗教和政治领袖。努比亚造船工之子,在**喀土穆**附近长大。接受正统宗教教育后,转向以苏非派传统的神秘主义来解释伊斯兰教,后加入一个宗教兄弟会,并在 1870 年与他的信徒一起隐居。1881 年宣布要执行纯洁伊斯兰教和推翻所有玷污教义的政权的使命,将矛头对准埃及的土耳其统治者和他们的属地苏丹。1885 年他打败英国的 C. G. **戈登**,占领喀土穆,建立起一个神权国家,但在同年去世,可能死于斑疹伤寒。参阅**马赫迪**和**苏非主义**。

马赫迪 mahdi (阿拉伯语:“受安拉指导者”。)**伊斯兰教**末世论中指将在人世间伸张正义与公道,光复正道,并在世界末日来临之前开创一个短暂的黄金时代的救世主。虽然在《**古兰经**》中没有提到马赫迪,受**逊尼派**质疑,但在**什叶派**中仍占有重要地位。马赫迪教义在伊斯兰早期宗教和政治动荡时期(7 ～8 世纪)盛行,在危急时期(例如 1212 年西班牙大部分地区被天主教徒征服时,以及拿破仑入侵埃及时)又受到新的重视。伊斯兰世界的社会革命者常以此自称,尤以北非的最有名。

马赫西 Maharishi Mahesh Yogi (1917? ～ 2008) 原名 Mahad Prasad Varma。印度宗教领袖,**超在禅定派**(TM)创始人。曾获物理学学位,后前往喜马拉雅山区与瑜伽师德夫大师一起研习**吠檀多派**的**不二论派**宗教思想 13 年。1959 年到美国,鼓吹超在禅定派。20 世纪 60 年代后期英国的**甲壳虫乐队**可能是他最有名的追随者。马赫西(意为圣人)在 70 年代末回到印度,1990 年迁往荷兰。他的组织,包括房地产、学校和诊疗所,在 90 年代

末价值超过 30 亿美元。

马赫原理 Mach's principle 一个假说，即作加速运动的人所感受到的惯性力取决于宇宙间物质的数量和分布。A. 爱因斯坦发现其中所暗示的几何学与物质之间的关联，对他建立广义相对论有帮助；当时由于他不知道在 18 世纪时 G. 贝克莱已先提出了类似的论点，他把它归功于 E. 马赫。当他了解到惯性隐含于运动的最短线方程中而不必依赖于宇宙各处物质的存在之后，爱因斯坦便舍弃了马赫原理。

马霍卡 Majorca 西班牙语作 Mallorca（马略卡），古称 Balearis Major。西班牙岛屿、自治区。首府为帕尔马市。为巴利阿里群岛大岛，位于地中海西部。马霍卡王国由阿拉贡的詹姆斯一世建立于 13 世纪，14 世纪并入 L. 阿拉贡。在西班牙内战期间（1936 ～ 1939）是意大利援助国民军的根据地。现为旅游胜地，是 F. 肖邦最爱光顾之地。面积 3 640平方千米。

马基雅弗利 Machiavelli, Niccolò（1469 ～ 1527） 意大利政治家、历史学家及政治理论家。生于佛罗伦萨。1498 年在 G. 萨伏那洛拉政权颠覆后崛起。负责外交工作 14 年，与欧洲最有权势的政治人物交往。1512 年梅迪契家族重掌政权，马基雅弗利遭撤职，次年因密谋罪名被逮捕、用刑；虽然很快就获释，但不得再担任公职。他著名的学术论文《君主论》（1513，1532 年出版）是一本为统治者写的手册，虽然他把这部作品献给梅迪契，但

马基雅弗利，油画，S. di 狄托绘；现藏佛罗伦萨维奇奥宫
Alinari-Art Resource

并未赢得对方的青睐。他认为《君主论》是对于政治现实的客观描述，因为他觉得人性腐败、贪婪且极端自私，因此建议政府在管理国家时可以不择手段。虽然有人欣赏这部作品的见解透彻和才气纵横，但长期以来仍广受责难，被视为愤世嫉俗、善恶不分之作；此后举凡狡诈、不择手段、不讲道德的权谋者，皆称之为"马基雅弗利主义者"。其他作品有论文《论李维》（约 1518 年完成）、喜剧《曼陀罗花》（约 1518 年完成）及《论战争的艺术》（1521 年出版）。

马加比家族 Maccabees（活动时期公元前 2 世纪） 犹太教世袭祭司长家族。曾在巴勒斯坦成功地组织武装暴动，对抗安条克四世埃皮弗内兹，重振耶路撒冷圣殿的神圣地位。由于安条克镇压犹太教，禁止所有犹太教的仪式，并破坏圣殿（公元前 167），因此犹太祭司玛他提亚带头起义。玛他提亚死后（约公元前 166），其子犹大·马加比承继父志，收复耶路撒冷，重振圣殿。犹大死后，其弟约拿单及西门继续抗争事业。马加比家族建立了哈斯蒙王朝。

马加迪湖 Magadi, Lake 肯尼亚南部大裂谷内的湖泊，位于维多利亚湖以东。面积约 104 平方千米。湖床几乎全由碳酸钠沉积物构成，将湖水染成鲜艳的粉红色。

马焦雷湖 Maggiore, Lake 古称 Lacus Verbanus（韦尔巴努斯湖）。意大利北部和瑞士南部湖泊，北部与瑞士阿尔卑斯山脉相邻。面积212 平方千米，是意大利第二大湖。长54 千米，最宽处 11 千米，最深处 372 米。提契诺河自北向南穿湖而过，东部有来自卢加诺湖的特雷萨河注入。为著名的度假胜地。

马卡里奥斯三世 Makarios III（1913 ～ 1977） 原名 Mikhai Khristodolou Mouskos。塞浦路斯东正教大主教、首主教。贫苦的牧羊人之子，1946 年受神职。1948 年成为主教，

马卡里奥斯三世
Camera Press

1950 年成为大主教。作为塞浦路斯与希腊联合的支持者，他既反对独立也反对分割，并曾同塞浦路斯的英国总督谈判（1955 ～ 1956），但以煽动暴动罪被捕遭放逐。1959 年，他接受塞浦路斯独立，当选为总统，副总统为土耳其人。两次当选以后，他经历了一场由希腊族塞浦路斯国民警卫队掀起的政变，和土耳其族兴起的分离主义。

马卡姆 Markham, Beryl（1902 ～ 1986） 原名 Beryl Clutterbuck。英国飞行员、冒险家和作家。她在英属东非长大，成为驯马师和育马专家，曾训练出几匹肯尼亚德比马赛的优胜者。后来转向航空，向非洲各地运送货物、乘客和邮件。1936 年完成了从英格兰到布雷顿角岛的横越北大西洋的历史性单机飞行。1942 年出版著名回忆录《夜西行》。

马科鲨 mako shark 鲭鲨科可能危害人类的鲨鱼（鲭鲨属）之统称。通常认为这类鲨有两种：大西洋的尖吻鲭鲨和印度洋-太平

马科鲨（*Isurus glaucus*）
Painting by Richard Ellis

洋的灰鲭鲨。广布于热带及温带海域，呈蓝灰色，腹部白色，长约 4 米，重约 450 千克。它们捕食鲱、鲭、剑鱼等鱼类。性情好斗，能反复跳出水面，是出色的游钓鱼类。

马科斯 Marcos, Ferdinand (Edralin)（1917 ～ 1989） 菲律宾国家元首（1966 ～ 1986）。政治家之子，曾担任出庭辩护律师，后为独立的菲律宾第一任总统 M. 罗哈斯效劳。1966 年当选为总统，在第一任期内为农业、工业和教育的发展作出了贡献。但 1972 年，颁布军事管制法。后期统治混乱，政府腐败，经济停滞，政治压迫严重，共产党叛乱持续升温。在其反对党领导人 B. 阿基诺（1932 ～1983）被暗杀后，他明显在选举中舞弊使得票数超过了阿基诺的遗孀科拉松·阿基诺而引起抗议，他因此被迫流亡夏威夷。在那里，他和妻子伊美尔达被控诈骗罪，侵吞菲律宾财产达数十亿美元。死后，其妻返回菲律宾，被判处监禁 18 年。

马可·奥勒利乌斯 Marcus Aurelius（121～ 180） 全称 Caesar Marcus Aurelius Antoninus Augustus，原名 Marcus Annius Verus。罗马皇帝（161 ～ 180）。出生于富贵之家，皇帝哈德良安排指定继承人安东尼·庇护收养他和 L. 韦鲁斯为义子。皇帝抚育马可成人，并指定其为继承人。马可与义弟一道继承皇位，尽管大多数情况下由他定夺。统治期间，战乱不断，所有重要边界都受到外来侵略的威胁。对安息（162 ～ 166）的战争取得胜利，但是回来的军队带给罗马毁灭性的瘟疫。同时日耳曼人也开始入侵，罗马军队士气低落；日耳曼人被击退，但韦鲁斯猝死（169）。177 年马可立儿子康茂德为同朝皇帝。尽管性格温

马可·奥勒利乌斯驾乘四马战车胜利进入罗马的浅浮雕；现藏罗马文物宫
Alinari-Art Resource

和，博学多才，但他反对基督教，并迫害基督教徒。其关于**斯多葛哲学**的《沉思录》被看作是历史上最重要的书籍之一，全面阐述了他的宗教观和道德观。其统治时期常被认为是罗马黄金时代的标志。

马可·波罗 Polo, Marco（1254? ～ 1324）威尼斯商人、旅行家。1271 ～ 1295 年从欧洲到亚洲旅行。出生在一个威尼斯商人家庭。曾和其父以及叔叔一起到中国旅行，他

马可·波罗，1477 年《马可·波罗游记》初版封面
By courtesy of the Columbia University Libraries, New York

们经过丝绸之路，在 1274 年到达了忽必烈的皇宫。他们在中国居住了 17 年，马可·波罗还几次被蒙古皇帝派到遥远的国度去了解国情。他有可能还出任过扬州的官员（1282 ～ 1287）。他们一家三人从中国东部航行至波斯，又经陆路到土耳其旅行。他们于 1295 年回到威尼斯。之后不久便被热那亚人俘获，马可和作家茹斯提切洛被关押在一起，在后者的帮助下马可·波罗将他的旅行故事编写成书。《马可·波罗游记》很快就成为了一本畅销书，尽管大多数中世纪读者只把它当成夸张的冒险故事，而非真实的故事。

马可尼 Marconi, Guglielmo（1874 ～ 1937）意大利物理学家和发明家。1894 年开始做实验研究无线电波。1896 年来到英国，成功开发了一种无线电报系统。他对短波无线通信的发展所做的工作为几乎所有现代无线电广播打下了基础。由他改进的天线极大地扩大了无线电信号的接收范围。1899年，他在

马可尼，约 1908 年
By courtesy of the Library of Congress, Washington, D.C.

英吉利海峡两岸建立起了无线电通信。1900 年成立美国马可尼公司，1901 年首次跨越大西洋发送信号。虽然他最著名的能使几个无线电站用不同波长通信而无干扰的第 7777号专利最终被推翻，但他一生仍获专利无数。晚年主要开发短波无线电通信。1909 年同 K. F. 布劳恩（1850 ～ 1918）一起获得诺贝尔物理学奖。后被封为侯爵，并提名为意大利参议员（1929），1930 年当选为意大利皇家学院院长。

马可，圣 Mark, St.（活动时期 1 世纪）基督教传福音者，传说是《马可福音》的作者。在第一次传教旅途中陪同**圣保罗**和**圣巴拿巴**。到了佩尔加之后，离开他们，返回耶路撒冷。他也可能在罗马帮助过**圣彼得（使徒）**，一些学者认为他的《福音书》是以彼得作为 12 门徒之一的经历为基础的。如果这一说法可靠，那么《福音书》有可能创作于公元 65 年左右彼得死后不久。埃及教会以马可为创始人，马可也是意大利城市阿奎莱亚和威尼斯的守护圣人。他的徽号是狮子。

马克沁 Maxim, Hiram (Stevens)（1840 ～ 1916） 后称 Sir Hiram。美裔英国发明家。为缅因州农场主的儿子，曾学过马车制造。后来成为美国电灯公司的总工程师（1878 ～ 1881），发明了制造碳灯丝的方法。在伦敦的实验室里努力研制全自动**机枪**，1884 年成功完成设计，利用枪管的后坐力退出弹壳，并重新装弹入膛。他还研制了无烟火药。很快各国军队都配备了马克沁机枪或其改制型。他还发明了烫发夹、气枪和一种飞机（1894）。他的马克沁枪械公司最终被维克斯有限公司并购。其子希兰姆·珀西（1869 ～ 1936）为步枪设计了马克沁消音器（他将其改进运用于消声器和其他技术）并设计了哥伦比亚牌电动汽车。

马克萨斯群岛 Marquesas Islands 南太平洋中部塔希提东北部**法属波利尼西亚**的 10 座岛群。东南部的岛群包括希瓦瓦岛（为最大和人口最多的岛，也是画家 **P. 高庚**的葬地）、法图伊瓦岛和塔胡阿塔岛以及无人居住的莫塔内和法图乌库岛。西北部的岛群由努库希瓦、瓦普、瓦胡卡、埃奥、哈图图岛组成。1595 年西班牙探险家阿瓦罗·德·曼达纳·德·里拉以马克萨·德·门多萨之名命名该岛。1842 年被法国并吞，现为法属波利尼西亚一区。首府在努库希瓦岛的泰奥哈埃。人口约8 712（2002）。

马克思 Marx, Karl (Heinrich)（1818 ～ 1883） 德国政治理论家和革命家。他在波恩大学攻读人文学科（1835），在柏林大学攻读法律与哲学（1836 ～ 1841），在那里接触到 **G. W. F. 黑格尔**的作品。在科隆和巴黎以作家身份工作（1842 ～ 1845），开始活跃于左翼政治圈。在巴黎，他遇到 **F. 恩格斯**，恩格斯成为他终生的伙伴。1845 年被逐出法国后，迁居布鲁塞尔，政治定位在此成熟，他和恩格斯借着作品而成名。马克思受邀参加伦敦一个秘密左翼团体，他与恩格斯为之撰写《**共产党宣言**》（1848）。同年，他在德国组织了莱茵省民主主义者第一次代表大会，并反对普鲁士国王解散普鲁士国会。1849 年他流亡到伦敦，并在此度过余年。长年以来，他的家人生活在贫穷之中，有两个孩子死去。他以欧洲通讯员身份在《纽约论坛报》兼职（1851 ～1862），同时写作批判**资本主义**的主要作品《资本论》（1867 ～ 1894，3 卷）。1864 年起，他是第一国际的主要人物，直到 1872 年 **M. 巴枯宁**变节为止。参阅**共产主义**和**马克思主义**。

马克思主义 Marxism 由 **K. 马克思**与 **F. 恩格斯**发展出来的意识形态和社会经济理论。马克思主义为**共产主义**的基本意识形态，坚持所有人有权享受自己劳动的成果，但在**资本主义**经济制度中无法实现——该制度把社会区分为两个阶级：无产的劳动者和不劳动的占有者。马克思把随之产生的情况称为“异化”，并说：当劳动者重新拥有自己的劳动成果时，异化才会被克服而不再有阶级之分。马克思主义的历史理论把阶级斗争定位为历史的驱动力量，并把资本主义视为最晚近而最关键的历史阶段——因为在此阶段无产阶级最终会团结起来。1848 年欧洲革命失败，而阐述马克思主义理论（其方向是分析性而非实用的）的需要渐增，导致发展成列宁主义和毛泽东思想。20 世纪末的苏联解体和东欧剧变，似乎标志着苏联马克思主义作为一种政治经济模式实践的终结。中国采用了自由市场经济的众多元素，被称为是发展了马克思主义理论，而非否定之。在西方，马克思主义仍是受人关注的评论市场资本主义和历史变迁的理论。参阅《**共产党宣言**》、**社会主义**和**托洛茨基主义**。

马克斯兄弟 Marx Brothers 美国喜剧团体。最初成员为奇科（原名伦纳德，1886 ～ 1961）、哈泼（原名阿瑟，1888 ～ 1964）、葛劳丘（原名亨利，1890 ～ 1977）、格摩（原名米尔顿，

葛劳丘、哈泼和奇科
The Bettmann Archive

1893～1977）和季波（原名赫伯特，1901～1979）五兄弟。他们和母亲明妮组成了一个歌舞杂耍表演团，起名为“音乐六福星”（1904 ～1918）。格摩较早退出了该团体，于是他们称自己为“马克斯四兄弟”。1924 年他们在百老汇上演的第一部戏《我说，就是她》相当成功，接着在 1925 年和 1926 年又分别演出了《椰子》（1929 年被拍成电影）和《动物饼干》（1930 年被拍成电影）。之后在

《骗局》(1931)、《胡说》(1932)、《鸭汤》(1933)、《歌剧之夜》(1935)和《客房服务》(1938)等影片中担任主角,他们巧妙地将视觉效果和幽默语言结合在一起。这些影片别具特色,也就是由葛劳丘提供一连串针对观众而说的尖酸独白,这时不发一言的哈泼和说话带有意大利腔调的奇科则同时配合一些疯狂的举动。季波于1934年离开剧团,该团体最终于1949年解散。葛劳丘后来成功主持了一电视益智节目《以你的生命作赌注》(1950～1961)。

马克·吐温　Twain, Mark(1835～1910)　原名Samuel Langhorne Clemens(塞缪尔·兰霍恩·克莱门斯)。美国幽默小说家、作家和演说家。出生于密苏里州佛罗里达。在密西西比河附近的汉尼拔长大,1848年成为当地一个印刷厂的学徒。1859年签约成为轮船领航员的学徒,后来到了内华达州和加利福利亚州。1863年采用Mark Twain(马克·吐温)为笔名,该词是指"水深2英寻"的水手用语。他将在加利福尼亚矿区听到的传说写成小说,于1865年首次出版,并使他一举成名,这就是他的第一部小说《卡拉韦拉斯县驰名的跳蛙》。他到处游历,并为演讲和小说搜集素材,其中包括幽默的记叙文《傻子国外旅行记》(1869)、《艰苦岁月》(1872)和《在密西西比河上》(1883,生动描写了他在河上的生活)。他因撰写男孩的冒险故事而赢得全世界读者的喜爱,尤其是《汤姆·索亚历险记》(1876)和成为美国小说经典的《哈克贝里·费恩历险记》(1885)。后来他还写了讽刺性小说《亚瑟王朝廷上的康涅狄格州美国人》(1889)和越来越严谨的作品,包括《傻瓜威尔逊》(1894)、《败坏了哈德莱堡的人》(1899)和其他故事及短篇作品。19世纪90年代因做投机买卖而破产,他的大女儿死于1896年,其妻子于1904年去世,另一个女儿也在1909年死去。他在后期作品中表达了他对人性的悲观见解,如其死后出版的作品《来自地球的信》(1962)。

马克西米连　Maximilian(1832～1867)　原名Ferdinand Maximilian Joseph。奥地利大公和墨西哥皇帝(1864～1867)。他是奥匈帝国皇帝弗兰西斯·约瑟夫之弟,曾服役于奥地利海军,并担任伦巴第-威尼斯王国总督。在接受墨西哥王位时,他天真地以为是墨西哥人选他当国王。事实上,皇位的赐予只是墨西

马克西米连
By courtesy of the Library of Congress, Washington, D. C.

哥保守派和拿破仑三世之间的阴谋。前者企图推翻B.胡亚雷斯总统,而后者打算从墨西哥收回欠债,并进一步在那里实现其帝国主义野心。为了实现仁治,马克西米连推行了胡亚雷斯的改革政策,因而激怒了保守党。美国南北战争的结束使美国能以胡亚雷斯的名义干涉墨西哥事务。曾经支持马克西米连的法国军队在美国的要求下撤出。胡亚雷斯的军队重新占领了墨西哥城。由于马克西米连拒绝退位,最终战败并被处死。

马克西米连二世　Maximilian Ⅱ(1527～1576)　神圣罗马帝国皇帝(1564～1576年在位)。斐迪南一世之子,人文主义的天主教徒,支持天主教和新教和解。1562年成为波希米亚国王,1564年继承帝国王位。他扩展了宗教宽容政策,并致力于天主教教会的改革。他未能实现政治目标,后来因一场战役失败而与土耳其在1568年签订休战协议,不得不向苏丹进贡。

马克西米连二世　Maximilian Ⅱ(1811～1864)　巴伐利亚国王(1848～1864)。路德维希一世之子,1848年父亲退位后继位。他在德意志事务问题上提议成立一个由小邦组成联盟的"第三势力",但遭到大邦国奥地利和普鲁士的反对。成功地在巴伐利亚实施自由改革,包括出版自由和内阁责任制。他将慕尼黑建设成文化中心,并资助L.兰克等学者。他的继承人为儿子路德维希二世。

马克西米连一世　Maximilian Ⅰ(1459～1519)　德意志国王和神圣罗马帝国皇帝(1493～1519)。皇帝腓特烈三世长子,也是哈布斯堡王朝的成员之一。1477年通过婚姻获得尼德兰大片勃艮第的领地,但后来被迫将勃艮第让给路易十一(1482)。到1490年从匈牙利人手中夺回大部分奥地利的哈布斯堡领地,被封为神圣罗马帝国皇帝后将土耳其人赶出帝国东南部边境。他与法国进行了一系列战争,1496年帮意大利将法国人赶出境,但却在1515年丧失米兰。他还失去瑞士,但却未动用武力就得到蒂罗尔。他通过孩子的联姻为哈布斯堡王室取得西班牙,并在匈牙利和波西米亚建立势力范围,在欧洲建立了复杂的同盟网络。他是一名受人民爱戴的君主,鼓励文艺发展。

马克西米连一世　Maximilian Ⅰ(1573～1651)　巴伐利亚公爵(1597～1651),1623年起成为选侯。继其父为公爵后,重建公国,修订法典,并建立了一支强大的军队。为了对抗新教联盟,他组织了天主教联盟(1610)。在三十年战争中,他为奥地利提供军事支持,帮其对抗巴拉丁选侯腓特烈五世。他的手下G. von蒂利连连打胜战,为其赢得了巴拉丁的领地和选侯位。由于受到一支由华伦斯坦领导的独立军队的威胁,他于1630年强迫华伦斯坦去职。马克西米连一世在后来与法国和瑞典的战争中失败,于是他与双方分别和解以保住自己的选侯地位。

马库姆巴教　Macumba　融合非洲传统宗教、巴西唯灵论和天主教义而成的非洲-巴西宗教。在巴西马库姆巴教的几个教派中,最重要的是康东布莱派和翁班达派。源自非洲传统的内容则是在户外举行礼拜,以动物(如公鸡)为祭献,以物品(如蜡烛和鲜花)供奉神灵,并表演舞蹈。马库姆巴教的宗教仪式由巫师主持,他呈昏迷状态俯卧在地,与圣灵沟通。天主教的内容包括十字架和崇敬圣人,这些圣人都有非洲名称。

马库泽　Marcuse, Herbert(1898～1979)　又译马尔库塞。德裔美国政治哲学家。为法兰克福学派的代表之一,1933年逃离德国。第二次世界大战期间任职于美国情报部门,后在几所大学任教,主要是圣迭戈的加利福尼亚大学(1965～1976)。主要著作有:《爱欲和文明》(1955)、《单面的人》(1964)和《反革命和造反》(1972)。他认为,西方社会是不自由的和被压抑的,它的技术通过物质商品给大众带来自满,致使大众的智力和精神被控制。他也反对苏联的制度。其马克思主义哲学和对20世纪西方社会所作的弗洛伊德式分析在极左派学生中,尤其在1968年哥伦比亚大学和巴黎大学的造反运动之后相当盛行。

马拉　Marat, Jean-Paul(1743～1793)　法国政治家,法国大革命中激进的山岳派领导人。18世纪70年代是伦敦的著名医生。1777年返回法国,被任命为路易十四的幼弟

马拉,肖像画,J.博兹绘于1793年。现藏巴黎历史博物馆
Giraudon-Art Resource

阿图瓦伯爵(后为查理十世)的私人医生。马拉写了一些科学著作和政治小册子。从1789年起担任《人民之友报》编辑,成为提倡激进措施、反对贵族的一个有影响的发言人。他批判温和派革命领导人,提醒他们小心王党流亡贵族,并主张处决反革命分子。作为1792年成立的国民公会中一名最有影响力的人物,巴黎人在街头游行示威中积极支持他。1793年4月,吉伦特派把他交付革命法庭审讯,但他被宣判无罪。7月,一个年轻的吉伦特派支持者C.科黛进入马拉的房间,把正在沐浴的马拉刺死,使他成了为人民而牺牲的烈士。

马拉巴尔海岸　Malabar Coast　印度西南部海岸地区,从西高止山脉蜿蜒至阿拉伯海。今包括喀拉拉邦的大部分以及卡纳塔克邦的沿海地区。有时指印度半岛整个西岸。大部分在古喀拉拉普特拉王国境内。葡萄牙人曾在此建立贸易站。接着17世纪荷兰人和18世纪法国人也在此建立贸易站。18世

纪末，英国人取得了该地区的控制权。

马拉博 Malabo 旧称 Santa Isabel（圣伊莎贝尔，1973 年前）。赤道几内亚首都。位于比奥科岛北端，是赤道几内亚的商业和金融中心。其港口主要用于出口可可、木材和咖啡。20 世纪 60 和 70 年代，人口波动较大。在 1969 年暴动和 70 年代中期尼日利亚合同工回国之后，在此居住的欧洲和非洲居民人数减少。人口约96 000（2007）。

马拉多纳 Maradona, Diego Armando（1960 ～ ） 阿根廷足球运动员。作为中场球员，他以善于为队友和自己创造得分机会而闻名。在阿根廷、意大利和西班牙，他都率领过俱乐部球队夺得冠军。他是 1986 年世界杯冠军队阿根廷国家队的主力球员。他的成绩包括对英格兰队两次令人难忘的射门得分。其中一次以手顶球得分（裁判误认为他是用头顶进的），如今以“上帝之手”而驰名；另一次带球过了一群防守球员而射门得分。曾两度因使用违禁药物而暂停参赛权。在由国际足球协会联盟主持的网上民意测验中，马拉多纳获选为 20 世纪最佳球员。

马拉加 Málaga 西班牙南部港口城市。位于地中海海湾瓜达尔梅迪纳河口。公元前 12 世纪由腓尼基人创建，后相继被罗马人和西哥特人征服。自公元 711 年被摩尔人占领后，发展成为安达卢西亚地区主要城市之一。1487 年落入西班牙统治者费迪南德二世和伊莎贝拉一世之手。马拉加是仅次于巴塞罗那的西班牙地中海港口，输出水果和马拉加葡萄酒。是 P. 毕加索的诞生地。人口约 524 414（2001）。

马拉喀什 Marrakech 又作 Marrakesh。摩洛哥中西部城市。全国四个皇城之一，位于豪兹平原中心地带。11 世纪中期由优素福·伊本·塔叔芬建立，作为阿尔摩拉维德王朝在非洲的都城。1147 年落入阿尔摩哈德王朝之手，1269 年归马里尼德王朝，16 世纪成为萨阿迪人的首都。在近代以前为伊斯兰教的大城市之一。1912 年被法国人占领，直至 1956 年。现在为著名旅游胜地，在古城中心有许多历史建筑和一个著名的集市，1985 年被联合国教科文组织列为世界遗产。人口约823 154（2004）。

马拉开波 Maracaibo 委内瑞拉西北部城市。位于连接马拉开波湖和委内瑞拉湾的水道岸边，为全国第二大城市。建于 1571 年，当时称为新萨莫拉。在马拉开波湖源头的直布罗陀于 1669 年遭到破坏后，成为内地贸易的中心。在委内瑞拉争取脱离西班牙独立期间曾数度易主。1917 年发现石油，不到 10 年即发展成为委内瑞拉和南美的石油城。人口1 764 038（2000）。

马拉开波湖 Maracaibo, Lake 委内瑞拉西北部的加勒比海水湾。为南美洲最大的天然湖泊，面积13 280平方千米，自委内瑞拉湾向南延伸 210 千米，宽 121 千米。许多河流注入该湖，最著名的有卡塔通博河。该湖位于世界上最富饶的产油区之一，该国出口石油的 2/3 都由此提供。油田位于湖泊东部沿岸，向湖中延伸约 32 千米。

马拉梅 Mallarmé, Stéphane（1842 ～ 1898） 法国诗人，象征主义运动的创始人（同 P. 魏尔兰）和领导者。终身是一名教师。作为诗人他的进步是循序渐进的。也许是由于一生

马拉梅，摄于 1891 年
Archives Photographiques

经历坎坷，他的大部分诗所表达的是一个知识分子超越现实和在理想世界寻求安慰的渴望，如诗剧《埃罗提亚德》（1869）和《牧神的午后》（1876）。《牧神的午后》后来启发了 C. 德彪西著名的前奏曲以及版式上具有革新的《骰子一掷绝不会破坏偶然性》（1897）。1868 年以后，马拉梅致力于写关于想象本性的复杂、精巧细腻并且极其困难的诗歌。这些诗歌是为他所称的“大作品”而写的，不过他未能完成这部著作。

马拉默德 Malamud, Bernard（1914～1986） 美国小说家。生于纽约市布鲁克林俄裔犹太移民家庭，曾就读于纽约市立学院和哥伦比亚大学，后主要在本宁顿学院任教。小说多为以犹太移民生活为题材的寓言，包括《天生好手》（1952），关于一位棒球明星的生涯；《伙计》（1957），关于一个犹太杂货商人和一个非犹太教徒恶棍的故事；以及被认为是他最杰出的作品《维修工》（1966，获普利策奖）。他的天分最明显地表现在他的短篇小说中，主要小说集有《魔桶》（1958）、《白痴优先》（1963）、《费德尔曼的写照》（1969）和《伦勃朗的帽子》（1973）。

马拉诺 Marrano 为了逃避迫害而改信基督教，但暗中仍奉行犹太教仪式的西班牙犹太人。14 世纪末的残酷迫害期间，许多犹太人宁死也不肯放弃信仰，但是至少仍有 10 万名犹太人为生存而改信基督教。最终马拉诺人在西班牙内形成一种紧密的社会。马拉诺人致富后并取得政治权力。他们受到怀疑，其名“马拉诺”起初是贬义词。对马拉诺人的憎恨导致了 1473 年的暴动和大屠杀。1480 年异端裁判所加紧迫害，成千上万的马拉诺人被害。1492 年国王下诏驱逐所有不肯放弃信仰的犹太人。许多马拉诺人在北非和西欧定居下来。到 18 世纪，移民和同化导致了西班牙境内马拉诺人的消失。

马拉若岛 Marajó 巴西亚马孙河三角洲岛屿。为世界最大的冲积岛，长 295 千米，宽 200 千米，面积40 100平方千米。亚马孙河的主干道流经该岛北部，无数细窄的水道则直接流入帕拉河。该河将马拉若岛与南部大陆分隔开来。东部热带稀树草原中的考古遗迹类似前哥伦布时期的安第斯文化。

马拉松 marathon 户外长距离赛跑，全程42 195千米。1896 年在恢复的奥运会中首次举行马拉松比赛。据说公元前 490 年，一名希腊士兵自马拉松奔跑大约 40 千米到雅典，报告希腊在马拉松战役获胜的消息，随后倒毙。马拉松赛即纪念此事。现代马拉松比赛男女都可以参加，通常有数千名参赛者，包括历史悠久的波士顿马拉松赛（始于 1897 年）和纽约马拉松赛。女子马拉松赛 1984 年成为奥运会比赛项目。

马拉松战役 Marathon, Battle of（公元前 490） 波斯战争中，在雅典城外的马拉松平原上进行的一场决定性战役。大流士一世率领的大军对抗由米太亚得（小）率领的少数雅典军队。雅典人迅速出击，而波斯骑兵却心不在焉。雅典军队摧毁了波斯防线，导致大流士离开希腊。胜利是压倒性的：波斯人损失6 400人，而雅典人仅损失 192 人。据说信使奔跑了约 40 千米回到雅典，在宣布胜利之后，力竭而亡（参阅马拉松）。另一个说法是，一个雅典人在战前被派跑到斯巴达求援，2 天内奔跑了 240 千米；斯巴达拒绝提供援助，因此雅典作战仅获得普拉蒂亚的帮助。

马拉维 Malawi 全称 Republic of Malawi（马拉维共和国），旧称 Nyasaland（尼亚萨兰）。非洲东南部国家。面积：118 484平方千米。人口：约16 407 000（2013）。首都：利隆圭（法院在布兰太尔）。绝大多数人口是操班图语的非洲黑人。语言：英语、切瓦语和隆韦语。宗教：基督教（新教、天主教）、伊斯兰教及传统宗教。货币：马拉维克瓦查。境内地形以引人注目的高地和广阔的湖泊为特征，森林约占陆地总面积的 1/4。大裂谷纵贯南北，包括尼亚萨湖（马拉维湖）。农业占用了 4/5 的劳动力，粮食作物有玉米、花生、大豆和豌豆，经济作物包括烟草、茶叶、甘蔗和棉花；煤和石灰岩的开采促进了经济。主要工业产品有食品加工业、啤酒、化工产品和纺织品。马拉维是共和国，一院制。总统为国家元首暨政府首脑。自公元前 8000 年即有居民。公元 1 ～ 4 世纪操班图语的各部族定居于该地区，后建立了分散的邦。1480 年组成马拉维邦联，占有马拉维中部和南部的大部分地区。1600 年，恩贡德人在马拉维北部建立王国；18 世纪又建立奇库拉马耶姆贝国。18 ～ 19 世纪马拉维盛行贩奴活动。1860 年，伊斯兰教和基督教传入该地区。1891 年英国在此建立起殖民统治，设立尼亚萨兰区保护地。1893 年成为英属中非保护地，1907 年改称尼亚萨兰。1951 ～ 1953 年北罗得西亚、南罗得西亚和尼亚萨兰等殖民地组成联邦。1963 年联邦解体，翌年马拉维获得独立，但仍在英联邦内。1966 年成为共和国，H. K. 班达

当选总统,1971 年任终身总统。其统治长达几十年之久,直到 1994 年在多党总统选举中被击败。1995 年通过新宪法。该国于 1972 年首次参加在慕尼黑举办的夏季奥运会。

马拉维湖　Malawi, Lake　又称 Lake Nyasa(尼亚萨湖)。南非湖泊。其西面和南面为马拉维,莫桑比克在其东,坦桑尼亚在其北面。在大裂谷诸湖中该湖位于最南端,为第三大湖。长 580 千米,平均宽 40 千米,面积29 604平方千米。湖中有利科马岛,1911 年岛上修建了一所圣公会大教堂。靠马拉维一侧沿岸人口稠密,设有若干政府管理站。有 14 条河水注入湖中,希雷河是唯一的出口。湖中有记载的鱼约有 200 种。

马拉雅拉姆语　Malayalam language　属达罗毗荼诸语言,使用人口逾3 400万,主要分布在印度喀拉拉邦。马拉雅拉姆语和泰米尔语关系密切,这两支语言估计约于 10 世纪时才各自独立出去。马拉雅拉姆语最早的文学作品产生于 13 世纪。如同其他主要的达罗毗荼诸语言,该语中有很多反映不同种姓和宗教的地域方言、社会方言,并有明显不同的正式和非正式用法。一般认为使用马拉雅拉姆语的人,其读写能力高于使用其他印度语言的人。

马拉战车　chariot　古代的两轮或四轮敞篷马车。可能源于大约公元前 3000 年的美索不达米亚;在早期的纪念碑可以见到刻有实心轮的重型车辆。马拉战车最初可能用于皇家的葬礼仪仗队。约公元前 2000 年为提高速度而改进的两轮马拉战车首次出现在希腊,后来又传到埃及和地中海东部。在希腊的奥林匹克运动会上,马拉战车比赛是一个主要项目。在罗马,马拉战车比赛是竞技场运动中的重要赛事,在竞技场里有 2 ～ 4 匹马拉的轻型战车参加 4 辆或 6 辆战车进行的角逐。在拜占廷,此种比赛在当时已成为百姓生活中的一大盛事。

马来半岛　Malay Peninsula　东南亚的半岛,由缅甸东南部、泰国西南部和马来西亚大陆组成。面积181 300平方千米,宽 322 千米,南面向亚洲大陆最南端巴来海角延伸1 127千米,隔柔佛海峡(新加坡海峡北部水道)与新加坡相望。中央山脉纵贯半岛,最高点大汉山海拔2 187米,将半岛纵向分开,是许多河流的发源地。东西两岸都受季风影响。有大片热带雨林,是橡胶和锡矿的主要产地。

马来群岛　Malay Archipelago　世界上最大的岛群,位于印度洋和太平洋之间的东南亚沿海。由印度尼西亚的13 000多个岛屿和菲律宾的7 000多个岛屿组成。有时被称作东印度群岛。群岛沿赤道延伸6 100多千米,主要岛屿包括大巽他群岛(苏门答腊、爪哇、婆罗洲和苏拉威西)、小巽他群岛、摩鹿加、新几内亚、吕宋、棉兰老和米沙鄢群岛。

马来人　Malay　一个民族的成员,该民族很可能源自婆罗洲,后扩展到苏门答腊和马来半岛。马来人占马来西亚半岛人口的一多半。主要从事农业,粮食作物是稻谷,经济作物是橡胶。在 15 世纪改宗伊斯兰教前,深受印度影响,为印度教徒。文化也受到暹罗人、爪哇人和苏门答腊人的影响。传统上马来人的社会有封建色彩,阶级区别仍显著。婚姻由父母包办,并受伊斯兰教法约束。

马来西亚　Malaysia　东南亚国家。由半岛(或西)马来西亚和东马来西亚两个地区组成,中间隔有南海,相距约 640 千米。西马来西亚位于马来半岛南半部,北与泰国接壤。东马来西亚位于婆罗洲岛西北部,包括沙巴和沙捞越两部分。面积:330 290平方千米。人口:约30 474 000(2013)。首都:吉隆坡/布城。由于位处海上交通繁忙的马六甲海峡,该国人口构成多元化,以马来人和华人占多数,其他较小的民族主要有各种土著人和南亚人。语言:马来语(官方语言)、汉语和各种南岛语言。宗教:伊斯兰教(国教)、佛教、基督教、印度教和当地宗教。货币:林吉特。西马来西亚以山地为主;东马来西亚的地势由沿海平原渐升至丘陵,再升高到内陆山区。大部分陆地为雨林所覆盖。乔木作物尤其是橡胶和棕榈油是国家最重要的经济作物;稻米是主要的粮食作物。石油钻探和生产以及锡矿开采业很重要,电子产品、橡胶制品、水泥和钢铁产品等制造业也占重要地位。马来西亚是君主立宪国家,两院制。国家元首是"最高统治者",政府首脑为总理。至少6 000年前半岛马来西亚已有人类居住。公元 2 ～ 3 世纪印度的探险家首次来此时已有一些小王国存在。1400 年苏门答腊流亡者建立了马六甲城邦,后来成为一个商业和伊斯兰教的中心,1511 年为葡萄牙人占领。1641 年荷兰人占领马六甲。1819 年英国人在新加坡岛建立殖民地,到 1867 年建成海峡殖民地(包括马六甲、新加坡和槟榔屿)。19 世纪末,中国人开始移民半岛马来西亚(当时称马来亚)。1941 年日本人入侵马来亚,1942 年夺取新加坡。战后由于反对英国统治,1946 年成立了马来亚民族统一组织,1948 年马来半岛和槟榔屿结成联邦。1957 年马来亚终于脱离英国,取得独立。马来亚、新加坡和婆罗洲岛的前英国殖民地沙捞越、沙巴加入了 1963 年建立的马来西亚联邦。但新加坡 1965 年退出联邦。20 世纪 70 年代末经济大为扩张,但在 90 年代中晚期遭到席卷该地区的经济衰退影响,后经济逐渐恢复。该国于 1956 年首次参加在墨尔本举办的夏季奥运会。

马来亚危机　Malayan Emergency(1948 ～ 1960)　1948 年成立马来亚联邦(马来西亚的前身)以后为时 12 年的动荡不安时期。马来亚共产党(大部分是华裔)警觉到马来人获得特别保障的权利,包括苏丹的职位等,因而展开只受到一小部分华裔支持的游击暴动。英国尝试以军事手段来镇压暴动,特别是将乡村的华人重新安置在严密控制的"新村",却不受欢迎。当英国妥善处理了政治与经济上的不满后,反叛者也日渐孤立,危机亦告结束。参阅拉赫曼(东古)。

马来语　Malay language　属澳斯特罗尼西亚诸语言,马来半岛、苏门答腊、婆罗洲、马来西亚和印度尼西亚其他地方以此为母语的人可能超过3 000万人。马来语风行于马六甲海峡(为印度和中国之间的贸易要道)两岸,所以使用马来语的族群在欧洲人侵入该区域之前数百年便已投入国际商业活动,因而马来语也变成印度尼西亚港口的通用语,并产生了若干种皮钦语和克里奥尔语,成为所谓的"集市马来话"。印度尼西亚于 20 世纪采用标准化的马来语作为国语即印度尼西亚语,用拉丁字母书写,现在全国约有 70% 的人口使用并听得懂印度尼西亚语。另一个相似的标准化马来语,包括马来西亚和文莱的国语。已知最古老的马来语文献为 7 世纪从苏门答腊南部发现的一个印度语系的手写铭文(参阅 印度诸文字体系);而后马来文学传统中断,直到 14 世纪马来半岛伊斯兰化之后才开始。

马兰　Malan, Daniel F(rançois)(1874～1959)　南非政治家。1905 年获得神学博士学位,任荷兰归正会牧师,1918 年进入议会。1924 ～ 1933 年加入 J. B. M. 赫尔佐格内阁,但 1934 年与赫尔佐格决裂,组纯正国民党。1939 年与赫尔佐格和解,1940 年赫尔佐格退出后,由他出任南非国民党党魁。他的政党利用阿非利堪人的种族情绪,在 1948 年大选中获胜,1948 ～ 1954 年建立了南非第一个完全阿非利堪人的政府,推行种族隔离政策。

马勒　Mahler, Gustav(1860 ～ 1911)　奥匈帝国作曲家和指挥家。出生于波希米亚。曾就读于维也纳音乐学院,随 J. 爱泼斯坦(1832 ～1926)学习钢琴,爱泼斯坦曾不顾他的急躁和傲慢鼓励他。他在以教书为生时用自己的歌词写出了他的第一部大作品《怨歌》(1880)。1880 年他决心要当一名指挥家,虽然人们发现他专制的态度很难接受,评论家则认为他对作品的理解太偏激。1886 年时他在布拉格已取得成功。他在 1888 ～ 1910 年创作的 10 部交响曲,成为其创作生涯中的传奇。1897 年成为维也纳剧院的指挥,他那段风雷激荡的指挥时期,被认为是艺术家的成功。1908 年转到大都会剧院,1909 ～ 1910 年任纽约交响乐团指挥。因患心脏病和哀悼女儿的去世,写下了技巧高超的作品《大地之歌》组歌(1908 ～ 1909)和他的第九交响曲。其管弦乐《少年魔角》(1892 ～ 1898)和《孩子们的死亡之歌》(1904)经常被人们演奏。他那充满强烈情感且细致的管弦乐曲,数十年后才被广泛接受。

马勒　Malle, Louis(1932 ～ 1995)　法国电影导演。1956 年,与 J.-Y. 库斯托合作执导了他的第一部故事片《寂静世界》。由 J. 莫露主演的《通往绞刑架的电梯》和《情人们》(1958)在商业上大获成功,使马勒成为法国新浪潮的领军人物。在电影《鬼火》(1963)、《巴黎大盗》(1967)、《心灵的低语》(1971)和《拉孔布·吕西安》(1974)中,均成功地使用了动人的现实主义与简洁的手法。1975 年移居美国后执导的颇受好评的电影有《可爱的小孩》(1978)、《大西洋城》

(1980)、《与安德列共进晚餐》(1981)、《再见吧,孩子们》(1987)以及《第 42 街的万尼亚》(1994)。

马勒伯朗士　Malebranche, Nicolas de (1638～1715)　法国教士、神学家和哲学家。他试图将笛卡儿主义同圣奥古斯丁的思想以及新柏拉图主义合在一起。其形而上学中最重要的是这样一种学说,即"我们在上帝身上看到一切事物"。人们通常称为"因"的东西只不过是上帝为了造成"果"而制造的"偶然"。这一观点被称为偶因论。经过马勒伯朗士的发展,笛卡儿的二元论同天主教教义可以和谐共存。他的主要著作是《追求真理》(3 卷,1674～1675)。

马类　equine　奇蹄目马科类哺乳动物,包括现代马、斑马和野驴,以及 60 多个化石种。马类的祖先为曙马。野马曾栖息在欧亚大陆北部的大部分地区,与其驯化的后代相比体型较小,腿较短。参阅普尔热瓦尔斯基氏野马。

马累　Male　马尔代夫首都及主要环状珊瑚岛。位于马尔代夫群岛中心,由两个岛屿群组成:北马累和南马累。设有中央法院、一所政府医院、一座国际机场以及公立和私立学校。为贸易和旅游中心。人口92 555(2006)。

马里　Mali　全称 Republic of Mali(马里共和国)。西非国家。面积:1 248 574平方千米。人口:约15 969 000(2013)。首都:巴马科。班巴拉人约占该国人口的 1/3,其他族群包括富拉尼人和柏柏尔人。语言:法语(官方语言)、多贡语、班巴拉语、桑海语、索宁凯语、塞努佛语和阿拉伯语。宗教:伊斯兰教、传统信仰和基督教。货币:非洲金融共同体法郎。大部分地区地势平坦。北部平原向撒哈拉沙漠延伸。上尼日尔河流域位于南部,尼日尔河近 2/5 河段流过马里。可耕地仅占全国土地总面积的极小一部分。马里最重要的开采矿是金矿,其他矿产资源有铁矿砂、铝矾土和铜,大部分尚未开采。农业是最大经济产业,主要的粮食作物有粟、高粱、玉米和水稻。经济作物有棉花和花生。马里为共和国,一院制。国家元首为总统,政府首脑为总理。马里在史前时代就有人类居住。该地区位于穿越撒哈拉的商道上,13 世纪马林克人在尼日尔河上游和中游地区建立马里帝国。15 世纪,廷巴克图-加奥地区的桑海帝国取得统治地位。1591 年摩洛哥侵入此地区,廷巴克图在其重要性上逐渐衰退。19 世纪中晚期,该地区被法国人占领,并成为法属西部非洲的一部分。1946 年该地区称为法属苏丹,成为法兰西联邦的一个海外领地。1958 年宣布成立苏丹共和国;次年与塞内加尔结成马里联邦(1959～1960)。塞内加尔退出后,1960 年宣布成立独立的马里共和国。1968 年和 1991 年政府被军事政变推翻。1992 年重新成立了平民政府,自此,每五年举行一次多党民主选举。该国仍面临着持续的经济问题以及该国北部图阿雷格部族的反叛。军方对政府处理反叛事件的不满导致了 2012 年 3 月的一次兵变和 4 月份平民政府恢复之前短暂的军方执政。在军方执政期间,图阿雷格部族反叛者控制了北部地区,宣布其为阿扎瓦德独立国。帮助图阿雷格反叛者的伊斯兰武装分子很快控制了北部的许多地区,将一套严厉的伊斯兰教法规强加于当地居民。2013 年在国际社会的帮助下,伊斯兰武装分子被逐出马里,民主选举产生的总统就任,但北方图阿雷格部族自治问题仍未解决。马里于 1964 年首次参加在东京举办的夏季奥运会。

马里帝国　Mali empire　13～16 世纪兴盛于西非的商业帝国。由坎加巴国发展而来,濒上尼日尔河,可能建于公元 1000 年以前。在古代加纳帝国的黄金贸易中,坎加巴国的马林克人充当中介人。马里帝国在 13 世纪壮大起来,14 世纪继续扩张,吞并加奥和廷巴克图(今廷巴克图),边界延伸至东部的豪萨人,和西部的富拉尼人、图库洛尔人的地域。后来政治和军事力量削弱,其统治的许多地区发生叛乱。到 1550 年左右,马里帝国已不再是一个重要的政治实体。

马里兰　Maryland　美国东部大西洋沿岸中部的州,面积27 042平方千米;首府安纳波利斯。该州地处美国大西洋沿岸中部,切萨皮克湾穿过该州,与宾夕法尼亚州、特拉华州、弗吉尼亚州、哥伦比亚特区以及西弗吉尼亚州接壤。该州主要地理区是沿切萨皮克湾的沿海平原、皮得蒙高原的肥沃农田以及阿巴拉契亚山脉。公元前 1 万年前后首先由冰河晚期的猎人占据,后来该地区居住着南蒂科克和皮斯卡塔韦部落。1608 年 J. 史密斯船长将切萨皮克地区绘入海图。英国国王在给巴尔的摩勋爵卡尔弗特的特许状里包含了马里兰。1634 年卡尔弗特兄弟在圣玛丽斯城建立了第一个居民点。马里兰成为享有宗教自由的第一个美洲殖民地。18 世纪 60 年代划定的梅森-狄克森线解决了与宾夕法尼亚之间的边界争端。1788 年马里兰成为批准美国宪法的第七个州。1791 年该州划出哥伦比亚特区作为新的联邦政府首都。该州卷入了 1812 年战争。1845 年在安纳波利斯成立了美国海军军官学校。美国南北战争期间,马里兰留在联邦内,但强烈的南方情绪导致军事管制法的实行。战后,马里兰作为向南部和中西部转运消费品的重要集散地而繁荣起来。20 世纪里,由于位置邻近美国首都,从而刺激了它的人口增长。它的经济基础主要是政府服务业和制造业。人口约 5 884 563(2012)。

马里内蒂　Marinetti, Filippo Tommaso (Emilio) (1876～1944)　意大利裔法国作家,未来主义的思想创始人。其早期诗歌如《毁灭》(1904),已显示出他的活力以及以后作品所采用的不合规范的形式。1909 年其宣言在巴黎《费加罗报》发表后,未来主义即告正式诞生。他的思想很快在意大利为人们接受,后来他又在一本小说和几部戏剧作品中详细阐述了他的理论。他声称法西斯主义是未来主义的一种自然扩展,成了活跃的法西斯分子,因而在 20 世纪 20 年代失去了大部分追随者。

马里尼德王朝　Marinid dynasty　13～15 世纪北非继阿尔摩哈德王朝之后的柏柏尔人王朝。马里尼德原是扎纳塔族的一部,与科尔多瓦伍麦叶王朝结盟。1248 年阿布·叶海亚攻陷非斯,并将其作为马里尼德人的首都。夺取马拉喀什(1269)后,马里尼德人主宰了摩洛哥。他们在西班牙和非洲发动没完没了的战争,逐渐耗尽了他们的资源,15 世纪时国家已处于无政府状态。1554 年萨阿迪占领非斯。

马里诺　Marino, Giambattista(1569～1625)　意大利诗人。统治 17 世纪意大利诗坛的"马里诺主义"(后称"十七世纪主义")的创始人。起初学习法律,但后来放弃。他所出版的诗歌尽管遇到审查问题,但是仍获得极大成功。他经过 20 年辛勤努力写出了最重要作品《阿多尼斯》(1623),这部卷帙浩繁的诗作(45 000行)叙述维纳斯与阿多尼斯的爱情故事(有许多枝节内容)。他的作品在欧洲受到广泛称赞,并且远远超过了其模仿者的成就。模仿者滥用他复杂的文字游戏、精心的矫揉造作和隐喻,以致马里诺主义成了贬义词。

马里亚纳海沟　Mariana Trench　又称 Marianas Trench　北太平洋西部的海沟。是世界上已知最深的海底洼地,最深处约 10 910～11 035米。海沟从北马里亚纳群岛东部延伸至关岛西南。全长2 540千米,平均宽 69 千米。

马里亚纳群岛　Mariana Islands　旧称 Ladrone(或 Ladrones) Islands(拉德龙群岛)。西太平洋岛群。位于菲律宾以东,由 15 座岛屿组成,行政上分为关岛和北马里亚纳群岛。居民为西班牙占领前的查莫罗人以及西班牙、墨西哥、菲律宾、德国和日本移民的后裔,有明显的西班牙文化传统。1521 年 F. 麦哲伦到达马里亚纳群岛后,欧洲人就经常登陆此地,但是直到 1668 年该群岛才成为殖民地。当时耶稣会传教士更改了群岛的名称,以纪念西班牙的摄政王——奥地利的马里亚纳。

马里亚奇　mariachi　墨西哥传统的街头乐队。表演者、音乐风格和乐团统称为马里亚奇。马里亚奇音乐起源于 18 世纪晚期或 19 世纪早期。在 19 世纪,马里亚奇乐队仅由弦乐器组成,包括吉他、大吉他(一种没有定音品的六弦贝斯大吉他)和维乌埃拉琴(貌似吉他的弦乐器);从 20 世纪 20 年代开始,一般吸收了小提琴和小号——现在几乎成为必备元素——往往还有其他管乐器。马里亚奇最初局限于器乐作品,后逐渐开始有了声乐作品。

马力　horsepower　功率的通用单位。英制中 1 马力等于每分钟做33 000英尺·磅的功,即在 1 分钟内把 33 000 力的重物举起 1 英尺所作的功。这个数值是 18 世纪末 J. 瓦特用强壮的拉车马进行实验后采用的,实际上比普通马在一个工作日内的持续功率约大50%。国际单位制 1 马力的功率为 746 瓦特，热当量为每小时 2 545BTU（英国热量单位）。公制马力（参阅米制）为每分钟 4 500 千克力·米，或 0.9863 马力。

马利　Marley, Bob（1945～1981）　原名 Robert Nesta Marley。牙买加歌手和歌词作者。出生在牙买加的一个小山村，父亲是白人，母亲是黑人。20 世纪 60 年代初居住在金斯敦一个叫壕沟城的贫民窟，与 P. 托什以及 B. 利文斯顿（邦尼·韦勒）成立了“哭泣者”乐队。他们将牙买加的音乐形式斯卡舞曲和雷盖摇滚舞与摇滚乐结合在一起，为雷盖音乐的开创作出了贡献，并成为雷盖音乐的首批国际巨星，发行了专辑《着火》（1973）、《出埃及记》（1977）和《起义》（1980）。基于对牙买加宗教运动拉斯特法里的信仰，马利的政治抒情歌词呼吁社会正义和经济平等，成为贫穷一无所有的人们的喉舌。36 岁时因患癌症去世，之后名声愈涨。

马利丹　Maritain, Jacques（1882～1973）　法国哲学家。为虔诚的天主教徒，思想以亚里士多德主义和托马斯主义为基础，吸收其他古典哲学家和现代哲学家的见解，并吸取人类学、社会学和心理学的研究成果。马利丹认为托马斯主义是存在主义者的理智主义，他既强调基督教团体的重要性也强调个体的重要性。主要作品有《艺术与经院哲学》（1920）、《认识之步骤》（1932）、《艺术与诗歌》（1935）、《人和国家》（1951）以及《道德哲学》（1960）。

马利根　Mulligan, Gerry（1927～1996）　原名 Gerald Joseph。美国萨克斯管演奏家、钢琴家、乐曲改编家、作曲家及乐队领队。冷爵士乐（参阅比博普）最著名的代表之一。生于纽约长岛。1946 年在 G. 克鲁帕大乐队从事乐曲改编工作，后自己创作改编乐曲，并参与 M. 戴维斯九重奏的《冷爵士的诞生》的录音工作（1949）。1952 年在洛杉矶自组由 C. 贝克吹小号的无钢琴伴奏四重奏。

马利筋科　milkweed family　萝藦科植物，由 280 多属约 2 000 种开花草本植物或灌木状攀缘植物组成。该科大部分植物有乳状汁、果实似豆荚，种子纤维轻柔、丛生、随风飘落到新的场所发芽生长。普通马利筋和血红花常栽培来作装饰品。肉质球兰开的白花呈蜡质，通常叫做球兰，常养在室内盆中。该科还包括一些肉质植物、一些瓶子草和蝴蝶草。

马利诺夫斯基　Malinovsky, Rodion (Yakovlevich)（1898～1967）　第二次世界大战中苏联著名元帅。1941 年担任军队指挥官，不久晋升为军团指挥，并在斯大林格勒战役中起了重要作用。后来又指挥苏联军队进攻罗马尼亚（1944）和奥地利（1945）。第二次世界大战结束后，在苏联远东地区担任指挥官（1945～1955）。作为国防部长（1957～1967），督导苏联军事力量的建立。

马利亚　Mary　又称 St. Mary（圣母马利亚）或 Virgin Mary。又译玛利亚。耶稣的母亲。根据福音书中的记载，天使长加百列通知她因圣灵感孕耶稣时，她已和圣约瑟订婚；福音中关于她的其他记载包括：访问施洗者圣约翰之母以利沙伯；耶稣诞生；马利亚将耶稣带到圣殿献给上帝；博士朝拜耶稣；约瑟、马利亚携幼儿耶稣逃往埃及；在加利利地区迦拿参加娶亲筵席；耶稣讲道时马利亚想见耶稣；她亲见耶稣受刑而死等。东正教、罗马天主教徒和大部分新教都肯定耶稣的神圣性，并认为马利亚虽怀孕生耶稣但并未丧失童贞。罗马天主教会也提出圣母无原罪始胎和圣母升天的说法。天主教徒向马利亚祈祷，并把她看作调解人。参阅马利亚论。

马利亚论　Mariology　关于耶稣之母马利亚的教义研究或有关这种教义的内容。虽然早期教会普遍承认马利亚在生耶稣时仍为童贞，但是《新约全书》中关于马利亚的记载却很少。东西方教会的礼拜传统中都有各种纪念马利亚的节日，且马利亚在天主教中尤为重要。1854 年，教皇庇护九世宣布圣母无原罪始胎的教义。马利亚被看作每个天主教徒的灵性慈母和神圣调解人，认为她和耶稣一起救赎人类。1950 年教皇庇护十二世把马利亚死后肉身被接上天定为天主教正统教义。

马利亚（抹大拉的），圣　Mary Magdalene, St.（活动时期1世纪）　耶稣信徒之一，第一个看到复活后的耶稣。根据《路加福音》第 8 章第 2 节和《马可福音》第 16 章第 9 节记载：耶稣从她身上赶走七鬼。她陪同耶稣到加利利，目睹了他受刑和埋葬的过程。复活节早上，她与另外两名妇女去为耶稣的尸体施涂油礼，发现坟墓已空。后来耶稣向她显示，并让她转告众使徒，他已升天到了上帝那里。传说中人们一直把她说成是为耶稣涂脚油的悔改妓女。

马列维奇　Malevich, Kazimir (Severinovich)（1878～1935）　俄国画家和设计师。1912 年游历巴黎时发现了立体主义，回国后领导俄国立体派运动。1915 年展出了前所未有的抽象几何画作，均由有限的调色板上的简单几何图形构成，他将此风格称为至上主义。1917～1918 年间，他创作了自己著名的《白上之白》系列，由白色的背景衬以神秘、朴素无华的白色浮流方块组成。1919 年加入 M. 夏加尔在维捷布斯克的革命艺术学校。在那里，他对 E. 利西茨基产生了重大影响。20 世纪 20 年代，他转回具象画派，但不能同意政府对社会主义现实主义的要求。虽然他的职业生涯由此注定失败，但他仍对西方艺术和设计有很大影响。

马林　Marin, John（1870～1953）　美国油画家和版画家。出生于新泽西州拉瑟福德。学画前是一名建筑绘图员。接触立体派和德国表现主义后，形成了有个人特色的表现主义风格，即由以客观现实为基础的半抽象图像组成画面。水彩画通常呈现的是柔和、透明的效果，但马林却用其表现出了纽约市的雄伟气魄（如《下曼哈顿区》，1922）和大海的惊涛骇浪（如《缅因群岛》，1922）。

J. 马林绘《缅因群岛》（1922），水彩画。现藏华盛顿特区菲利普斯收藏馆 By courtesy of the Phillips Collection, Washington, D. C.

马林巴琴　marimba　每个木条下都装有共鸣器的木琴。最初的非洲木琴使用的是调好音的葫芦共鸣器。墨西哥和中美洲的马林巴琴（由非洲奴隶带到那里），其木条固定在一个框架上，用腿支撑矿架或挂在演奏者的腰上。管弦乐团的马林巴琴则使用长金属管作为共鸣器。

马林科夫　Malenkov, Georgy (Maksimilianovich)（1902～1988）　苏联政治家和部长会议主席（1953～1955）。1920 年加入共产党，作为 J. 斯大林的亲信迅速得到提拔。1946 年他成为政治局委员和部长会议副主席。斯大林去世（1953）后，他被迫将党内最高职位让与 N. 赫鲁晓夫，但作为部长会议主席，他大力减少军备开支，增加消费品生产，给集体农庄工人以更多的物质刺激。他的政治主张遭到党内其他领导人的反对，他被迫辞去部长会议主席的职务（1955）。由于参加罢免赫鲁晓夫未遂而被解除其余职务（1957），并被开除党籍（1961），被流放到中亚主管一座水电站。

马林诺夫斯基　Malinowski, Bronislaw (Kasper)（1884～1942）　波兰裔英国人类

学家，通常被认为是英国现代以实地调查为基础的社会人类学奠基人。他主要从事大洋洲人类学的研究，并与功能主义思想学派有关联。在波兰获得哲学、物理和数学学位后，他偶然读了J. G. 弗雷泽的《金枝》，从而开始在伦敦经济政治学院学习人类学（1910～1916）。在特罗布里恩群岛开展研究期间，他同当地人一起居住在帐篷中，流利地说当地土语，自由地将当时发生的事情和采访记录

马林诺夫斯基

By courtesy of the Polish Library, London

下来，并以敏锐而客观的眼光来观察各种反应。他能够提供一幅当地社会习俗的生动画面，而清楚地区别理想的规范与现实的行为，并由此为现代人类学的实地调查打下了基础。马林诺夫斯基先后任教于伦敦经济学院（1922～1938）和耶鲁大学（1938～1942）。作品包括《西太平洋的阿尔戈英雄们》（1922）、《野蛮社会的罪恶和习俗》（1926）、《野蛮社会的性和压抑》（1927）以及《魔法、科学和宗教》（1948）。

马林斯基剧院　Mariinsky Theater　前称Kirov Theater（基洛夫剧院）。位于圣彼得堡的俄罗斯帝国剧院。始于1860年，以当时在位沙皇的妻子玛丽亚·亚历山德罗芙娜之名命名。直到1880年才开始演出芭蕾舞剧，1889年之后才有经常性的芭蕾演出。剧院有专属的芭蕾舞团，其演员都出自其附属的“帝国芭蕾”学校。1917～1935年改名为“国家学院剧院”，后又改为“基洛夫国家学院歌舞剧院”（1935～1991）（为纪念S. 基洛夫）；1991年又改回到最初的名称。其常驻芭蕾舞团——远近驰名的“基洛夫（或马林斯基）芭蕾舞团”到世界各地巡回演出。

马铃薯　potato　茄科一年生草本植物，学名*Solanum tuberosum*。世界主要粮食作物之一，与其他粮食作物的不同之处在于其可食用部分为块茎。马铃薯极易消化，有多种食用方式，是淀粉以及氨基酸、蛋白质、维生素C和B族维生素的主要摄取源。茎高50～100厘米，复叶呈螺旋排列。茎在地下延伸成匍匐枝，其先端膨大，形成1～20个不同形状和大小的块茎。块茎上有螺旋形排列的芽（“芽眼”），在块茎成熟后可休眠10周以上，从芽长成的植株与母株完全相同。原产于安第斯山地区，16世纪时西班牙人把马铃薯（亦称普通马铃薯、白马铃薯或爱尔兰马

马铃薯（*Solanum tuberosum*）

Grant Heilman

铃薯）引入欧洲。一个世纪后，马铃薯成为爱尔兰的主要粮食作物，19世纪中期，免疫病对马铃薯造成的灾难性破坏导致爱尔兰马铃薯饥荒。参阅番薯。

马铃薯甲虫　potato beetle　叶甲科一种具有破坏性的甲虫，学名*Lema trilineata*。不足6毫米长，体黄色，鞘翅上有三条黑纹。卵产在马铃薯叶背面，成虫和幼虫均食马铃薯叶。幼虫通过在背部堆积粪便作为伪装。每年产两代，第二代的蛹在地下越冬。参阅科罗拉多马铃薯甲虫。

马六甲海峡　Malacca, Strait of　连接印度洋和中国海的海峡。位于苏门答腊和马来半岛之间，海峡长度为800千米，呈漏斗状；南口宽只有65千米，向北渐增至249千米。南口有很多小岛，阻碍了马六甲海峡南入口的航行。马六甲海峡是印度和中国之间最短的海上航道，也是世界水上运输最繁忙的水道之一。

马龙派教会　Maronite Church　黎巴嫩的东仪教会。创始人为活动于4世纪和5世纪的叙利亚隐士圣马龙和684年打败入侵的拜占廷军队的圣约翰·马龙。几个世纪以来马龙派教会一直被看作异教，是君士坦丁堡牧首塞尔吉乌斯的追随者，而塞尔吉乌斯认为耶稣只有神的意志而没有人的意志。直到16世纪，该教会才与罗马有联系。伊斯兰哈里发时期，马龙派信徒——骠勇善战的山地人一直在黎巴嫩保持着他们的自由。1860年奥斯曼帝国政府煽动德鲁兹教派大肆屠杀马龙派信徒，导致马龙派在奥斯曼帝国境内建立自治。20世纪初，马龙派信徒在法国的保护下取得自治权。1943年黎巴嫩完全独立，马龙派成为该国的主要宗教团体。他们的精神领袖在教皇之下为安提阿牧首，该派保留了古代西叙利亚礼仪。

马陆　millipede　又称千足虫。倍足纲节肢动物，约1万种，世界性分布。马陆生活于腐败植物上并以其为食，有的会为害植物，少数为掠食性或食腐肉。体节数各异，从11对至100多对，体长2.5～28厘米，特征为体节两两愈合（双体节）。除头节无足、头节后的3个体节每节有足一对外，其他体节每节有足两对。自卫时马陆并不咬噬，大多将身体蜷曲，头卷在里面。许多种可具侧腺，分泌一种刺激性毒液或毒气以防御敌害。

马略　Marius, Gaius（公元前157？～前86）　罗马将军、执政官，曾重新规划罗马军队。他确保了对非洲军队的指挥（前107），通过第一次招募无土地的公民解决了长期以来的人力缺乏问题。公元前106年打败朱古达。罗马受辛布里人和条顿人威胁时，他违规连续担任执政官（前104～前100），与敌人作战并获胜。同盟者战争期间，马略担任指挥。公元前88年代替苏拉成为亚洲的军事指挥官，对抗米特拉达梯六世。愤怒的苏拉向罗马进军时，马略逃离罗马求生。公元前87年马略打回罗马，第七次当选为执政官，并残酷地杀害其反对者。

马伦戈战役　Marengo, Battle of（1800-06-14）　在对付奥地利的拿破仑战争中，拿破仑的一次险胜。战场在意大利北部的马伦戈平原上。最初法国军队败退，但当奥地利将军认为胜利确定无疑而将指挥权转交给部下以后，法国增强军力迫使奥地利军队撤退。法军取得胜利，法国占领伦巴第，促成拿破仑在巴黎取得军政大权。

马罗　Marot, Clément（1496？～1544）　法国诗人。1526年因藐视四旬斋戒而被监禁，狱中写了一些最著名的作品，包括讽喻正义的《地狱》。曾在宫廷任职，在弗兰西斯一世任内任职时间最长，仅短暂离职。马罗是法国文艺复兴时期最伟大的诗人之一，他使用拉丁诗歌的形式和形象化的描述对其后继者的风格影响颇深。停止创作宫廷诗后，大半时间致力于翻译圣经的《诗篇》。

马洛　Marlowe, Christopher（1564～1593）　英国诗人和剧作家。他是坎特伯雷一个鞋匠的儿子，曾从剑桥大学取得学位。从1587年起开始为伦敦的剧院写剧本，首部为《帖木儿大帝》（1590年出版），在这部戏剧中，他建立了戏剧的无韵体。之后的作品包括同T. 纳什合写的《迦太基女王狄多》（1594年出版）、《巴黎大屠杀》（1594）和《爱德华二世》（1594）。他写的《浮士德博士的悲剧》（1604年出版）是历来最受称道的英国戏剧之一。《马耳他岛的犹太人》（1633年出版）可能是最后的作品。他的诗歌包括未完成的长诗《海洛和利安得》。他在世时声名狼藉，29岁时在一场酒店的斗殴中被杀死，也有可能是因为他的政府间谍身份而被谋杀。他辉煌而短暂的文学生涯使他成了与莎士比亚同时代的最重要的英国剧作家。

马洛礼　Malory, Sir Thomas（创作时期约1470年）　英国作家，《亚瑟王之死》的作者。即使在16世纪时马洛礼的身份还无人知晓，但是一般认为马洛礼是一名在不同时期被监禁的威尔士武士。《亚瑟王之死》（约完成于1470年）是英国散文中第一部关于亚瑟王传奇的作品。虽然是以法国传奇文学为基础，但与其原型不同的是，它所强调的是武士的情谊而不是高贵的爱情，以及危害这种情谊的忠诚所导致的冲突。现仅存一部原稿是先于W. 卡克斯顿的1485年的印刷版。

马默斯洞穴国家公园 Mammoth Cave National Park 美国肯塔基州中部偏西南方国家公园。1926年批准立项，1941年建立，面积212平方千米，包括一系列石灰岩洞穴。20世纪70～80年代，发现马默斯洞穴与弗林特岭洞系及公园外的一处洞穴相通。已探明的地下通道总长度至少有650千米。洞中栖息着各种适合在黑暗环境生存的动物，包括洞中蟋蟀、盲鱼和盲龙虾。洞中还发现有可能是前哥伦布时期的印第安人干尸。

马木路克政权 Mamluk regime(1250～1517) 又作Mameluke regime。阿尤布王朝时期由出身奴隶士兵的阶层统治埃及和叙利亚的政权。Mamluk为阿拉伯语，意为"奴隶"。自9世纪起，伊斯兰教世界就已开始起用奴隶兵。奴隶兵通常利用所拥有的军事权力，向合法的政权夺取控制权。马木路克将领在阿尤布苏丹萨利赫·阿尤布(1240～1249年在位)去世后夺取王位。1258年马木路克恢复哈里发的地位，并保护麦加和麦地那的统治者。在马木路克统治下，残余的十字军被赶出地中海东部沿岸，而蒙古人也被赶出巴勒斯坦和叙利亚。文化上，他们在史书撰写(参阅*伊本·赫勒敦*)及建筑方面成就辉煌。民族构成的改变(从土耳其人到切尔卡西亚人)伴随着国势渐衰，他们因除了围城之战才采用野战炮，结果在1517年被奥斯曼人(参阅*奥斯曼帝国*)打败。从那时起，虽然他们仍保持为一个阶层，并继续行使其政治权力，但仅是影响埃及政治的几种势力之一。

马那 mana 波利尼西亚人和美拉尼西亚人所信仰的一种超自然力量，可以为人、神灵或无生命物体所拥有。马那既可以是好的、有益的，也可以是邪恶的、危险的，但不是客观的，并与强大的人或物有关。这个词最初使用于19世纪的西方，并与宗教有关，现在则被认为是一种象征性的说法，用以表述阶级社会里有地位人物的特殊品质，为他们的行为表示支持，也为他们的失败提出解释。参阅*泛灵论*。

马那瓜 Managua *尼加拉瓜*首都，位于*马那瓜湖*南岸。在西班牙殖民统治时期地位并不重要，1857年由于莱昂和格拉纳达的首都之争不能定夺，遂被定为首都。1931年毁于地震和大火，1972年又毁于大地震。内战时期，马那瓜在1978～1979年成为战场。现为尼加拉瓜最大的城市和商业中心，有数所高等学府，如马那瓜大学(现在是尼加拉瓜国立大学的一部分)。名胜有达里奥公园，内有著名诗人*R.达里奥*的纪念碑。人口937 489(2005)。

马那瓜湖 Managua, Lake 尼加拉瓜西部湖泊。面积1 035平方千米，长58千米，宽25千米。位于*马那瓜*北部，发源于中央高地的许多小溪注入该湖，经蒂皮塔帕河汇入*尼加拉瓜湖*。该湖的印第安名称为索洛特兰湖。西北岸有莫莫通博火山，海拔1 280米。

马奈 Manet, Édouard(1832～1883) 法国画家、版画家。其父亲是位成功的公务员，希望马奈在海军任职，但是马奈除了对绘画感兴趣外一无所成。经过6年的学习之后，1856年马奈建立画室。法国皇家学院沙龙拒绝他的第一部作品《喝艾酒的人》(1859)，但1861年展出他的《西班牙歌唱家》(1860)。1863年当沙龙拒绝他的《草地上的午餐》后，马奈将它在落选者沙龙上展出。这部作品虽然遭到评论家的非难，但激起一些年轻画家的极大热情，他们后来成为印象派的核心人物。虽然马奈继续为赢得沙龙的认可努力，但他不太高兴地发现自己成了前卫派的领导人物。1868年沙龙接受了他的*E.左拉*画像，1869年以他未来的弟媳*B.摩里索*为模特儿的《阳台》也受欢迎。1865年《奥林匹亚》(1863)在沙龙引起反感。他还因与画家*C.莫奈*的友谊，创作了一幅明快的户外风景画《划船》(1874)。后期著名作品《福里-白热尔的酒吧间》(1882)也在沙龙展出。在创作题材上马奈开创了从现实生活和风光中取材的先河，并强调绘画的色块安排要超出或高于描绘作用。

马奈《福里-白热尔的酒吧间》(1882)，现藏伦敦考陶尔德艺术馆
Courtauld Institute Galleries, London

马瑙斯 Manaus 巴西西北部城市。位于亚马孙雨林的中心，*内格罗河*北岸与*亚马孙河*交汇处。1669年第一批欧洲殖民者在此建立了一个小要塞。1809年这个称为巴拉村的村庄成为内格罗河都督辖区的首府，1890～1920年作为地区唯一的橡胶供给中心而繁盛起来，但是后来又衰退了。虽然距离海岸1 450千米，但仍是主要的内陆港口和商业中心，到20世纪中叶经济已复苏。有植物园、歌剧院、国立亚马孙研究所以及亚马孙联邦大学。人口约1 802 014(2010)。

马尼拉 Manila 菲律宾首都。位于*马尼拉湾*东岸的*吕宋岛*上，为菲律宾主要港口及经济、政治、文化中心。原是一个有围墙的穆斯林居民点，后来西班牙*征服者*将其摧毁，1571年就地建立称为墙内的堡垒城市。*七年战争*期间曾短时间被英国人占领(1762～1763)。*美西战争*期间美军取得该城的控制权(1898)。1942年马尼拉被日本占领，1945年美军收复时，激战使之受创严重。1946年成为新独立的菲律宾共和国的首都，并得以重建。1948年*奎松市*被定为新首都，但在1976年马尼拉再度成为首都。马尼拉有各式各样的工业，包括造船、食品加工等，也是几所大学的所在地。都会区人口约9 932 560(2000)。

马尼拉湾 Manila Bay 中国海海湾，伸入至菲律宾*吕宋岛*西南部，为世界大港湾之一。四周几乎完全为陆地封闭，面积2 000平方千米，最宽处达58千米。1898年在这里发生*美西战争*的决定性海战马尼拉湾战役。1942年日本取得马尼拉湾控制权，但是1945年被美军夺回。科雷希多岛是第二次世界大战中的激烈战场之一，此岛将海湾入口分为南、北两个海峡。

马尼萨莱斯 Manizales 哥伦比亚中部城市。位于*安第斯山脉*的中科迪勒拉山，海拔2 126米。马尼萨莱斯大教堂在周围数英里外都能看见。建于1848年，是哥伦比亚最重要咖啡产区的商业中心。有公路和铁路通往*卡利*，有架空索道通往马里基塔。设有卡尔达斯大学。人口约358 488(2007)。

马尼托巴 Manitoba 加拿大中部省份。四周分别与努纳武特、哈得孙湾、安大略省、萨斯喀彻温省以及美国接壤，省会*温尼伯*。全省约3/5的土地被加拿大地盾覆盖，广布岩石、森林及河流。最早在该地区定居的是因努伊特人(*爱斯基摩人*)以及克里人、阿西尼博因人、奥吉布瓦人等印第安部族。*哈得孙湾公司*打开了马尼托巴的大门，使之受到欧洲影响，并成为法国和英国竞争加拿大毛皮贸易控制权的焦点，1763年法国将其让与英国。当地混血人的反抗导致1870年通过《马尼托巴法》，该地区成为加拿大自治领的第5个省。19世纪后期，轮船和铁路交通使欧洲移民大量涌入。虽然经济大部分以农耕、伐木、采矿和重工业为基础，科技工业在温尼伯已获得重大发展。人口约1 208 268(2011)。

马尼托巴大学 Manitoba, University of 加拿大马尼托巴省公立大学。位于温尼伯市，创建于1877年。设有农业及食品科学、建筑、文理、教育、工程、法律、管理、医学、人文生态学及社会工作等专业，校内主要机构还包括老年、国防与安全、糖尿病等研究中心。在校学生约25 000人。

马尼托巴湖 Manitoba, Lake 加拿大马尼托巴省中南部湖泊。位于温尼伯西北,注入温尼伯湖。长200多千米,宽45千米,面积4 624平方千米。1738年由P.拉韦朗德里发现,命名为"草原湖"。马尼托巴之名源自阿尔冈昆语manito-bau或manito-wapau,意为"精灵的海峡"。

马普切人 Mapuche 操阿劳坎语的南美印第安人中人数最多的族群。居住在智利中央谷地,因与西班牙和智利统治对抗长达350年而闻名。16～18世纪他们学习骑马打仗,并联合相距很远的居民一起反抗西班牙入侵。智利在19世纪取得独立后,政府将他们安置于保留地。20世纪80年代保留地被转到马普切人的个人名下,但因非精耕的农作方式而处于负债状态,使得他们的土地所有权受到威胁。

马普托 Maputo 1976年前称Lourenço Marques(洛伦索-马贵斯)。莫桑比克首都和港口城市。位于印度洋的一个小海湾德拉瓜湾的圣埃斯皮里图河口北岸。旧名得自1544年第一个探险此地区的葡萄牙商人。围绕一个葡萄牙要塞(成于1787年)发展成一个城镇。1887年设市,1907年取代莫桑比克成为葡属东非首府。1975年莫桑比克取得独立后,旅游业崩溃,外贸紧缩,严重影响了城市的经济发展。人口约1 099 102(2007)。

马其顿 Macedonia 全称Republic of Macedonia(马其顿共和国)。欧洲东南部国家,位于巴尔干半岛。面积:25 713平方千米。人口:约2 064 000(2013)。首都:斯科普里。约2/3的人口是马其顿人,约1/4是阿尔巴尼亚人。语言:马其顿语、阿尔巴尼亚语。宗教:基督教(主要为东正教,也有天主教)、伊斯兰教。货币:第纳尔。马其顿地处高原,其间散布着一些山脉。是欧洲最贫穷的国家之一。尽管农业的重要性近年来已经减少,但仍是国家的经济支柱,尤其是烟草、稻米、水果、蔬菜和葡萄酒;绵羊放牧也很重要;制造业有铁、钢、纺织及化工产业。马其顿为共和国,一院制。国家元首是总统,政府首脑为总理。早在公元前7000年前就有人居住在马其顿。在罗马统治下,公元29年部分地区并入莫西亚行省。6世纪中叶斯拉夫人来此定居,9世纪期间皈依基督教。1185年为保加利亚人占据,1371～1912年为奥斯曼帝国统治。1913年马其顿的北部和中部地区被塞尔维亚吞并,1918年成为塞尔维亚-克罗地亚-斯洛文尼亚王国(后来的南斯拉夫)的一部分。1941年当南斯拉夫被轴心国瓜分时,南斯拉夫马其顿主要是由保加利亚占领。1946年马其顿再度成为南斯拉夫的一个共和国。在克罗地亚和斯洛文尼亚相继退出南斯拉夫后,马其顿担忧塞尔维亚会占优势而在1991年也宣布独立。为了平抚希腊人的情绪(它也有一个地区传统称作马其顿),马其顿乃沿用以前南斯拉夫时期的名称为正式国名,即马其顿共和国,以示区别。1993年加入联合国,并在1995年与希腊建立正常外交关系。种族冲突已成为经常威胁国家安定的因素,如2001年亲阿尔巴尼亚的反叛力量在北方(靠近科索沃边界)对政府军发起游击战。此后阿尔巴尼亚人与马其顿人的关系有所改善。马其顿于2000年首次参加在悉尼举办的夏季奥运会。

马其顿战争 Macedonian Wars 马其顿的腓力五世与其继位者佩尔修斯对抗罗马的3次战争(公元前215～前205、公元前200～前197、公元前171～前167)。第一次马其顿战争发生于第二次布匿战争期间,马其顿获胜;但其后两次都由罗马获胜。马其顿大军受迦太基与塞琉西王国襄助,罗马则得埃托利亚同盟与帕加马支援。当罗马赢得彼得那战役(前168)之后,马其顿领土被分割为4个共和国。另一场冲突发生于公元前149～前148年,可视为第四次马其顿战争;结果罗马赢得决定性的胜利,此后马其顿成为罗马帝国的第一个行省。

马其诺 Maginot, André(-Louis-René)(1877～1932) 法国政治家。1910年当选为法国众议院议员,曾参加第一次世界大战并受重伤。1922～1924年、1929～1931年任法国陆军部部长,极力主张加强对德战备。他主持法国东北部边境防线的初期建筑,该防线后以他的姓氏命名为马其诺防线。

马丘比丘 Machu Picchu 古代印加要塞城市,在秘鲁中南部安第斯山脉中,位于库斯科西北。踞于两峭壁间一马鞍形悬崖上,海拔2 350米,这里未被西班牙人探知,直到1911年才被美国探险家H.宾厄姆发现。为少数完整无损的前哥伦布时期城镇中心之一,面积约13平方千米,内有神庙和一座堡垒。其居住时期不详。

马丘比丘
Mayes-FPG

马球 polo 两队参赛者骑在马背上用有弹性的长柄球棍把一个木球击入球门柱里。公元前6世纪首度出现于波斯,后传播到阿拉伯半岛、中国西藏、南亚和远东。19世纪中在印度出现了英国马球俱乐部,几十年后,这一运动被传播到美国。因为购买和饲养一匹优良的马球"小型马"(实际上是已经长大的成年马,它们顺从,跑得快,有耐力而且聪明)花费较高,因此在很长一段时间里,马球都是一种贵族运动。标准的马球队由4名队员组成,其定位用1～4来表示。每场比赛分6节,每节7分半钟称为"一巡"。场地长274.3米,宽146.3米。室内的比赛场地则较小。

马撒葡萄园 Martha's Vineyard 美国马萨诸塞州东南岸外的岛屿。隔温亚德海峡与科德角相望。长约32千米,宽3～16千米。1602年为B.戈斯诺尔德首次记载,因岛上多野生葡萄而得名。1641年被T.梅休购得,1692年划归马萨诸塞州以前,是纽约的一部分。曾为捕鲸业和渔业中心。现为夏季旅游胜地。

马萨里克 Masaryk, Tomàš(Garrigue)(1850～1937) 捷克斯洛伐克第一任总统(1918～1935)。获得维也纳大学的博士学位后,马萨里克到布拉格捷克大学教哲学(1882),并撰写与捷克改革有关的文章。他最重要的作品包括一本研究马克思主义的著作(1898)和《俄国与欧洲》(1913)。在奥地利国会任议员期间(1891～1993,1907～1914),他支持民主政策,批判奥匈帝国与德国联盟。1915年到西欧,组织了捷克国家议会。1918年,该议会获准成为未来捷克斯洛伐克的真正政府机构。他提议将捷克斯洛伐克的解放作为第一次世界大战后十四点和平纲领的一条,并获得通过。当选为新的国家总统后,他忙于处理捷克与斯洛伐克双方的各种冲突。

马萨林 Mazarin, Jules, Cardinal(1602～1661) 原名Giulio Raimondo Mazarin。意大利裔法国枢机主教和政治家。1627～1634年为罗马教廷外交部人员,成功调停了法国和西班牙之间有关曼图亚王位继任问题的战争。曾担任罗马教廷驻法国宫廷的大使(1634～1636),对黎塞留枢机主教非常敬仰。在罗马教廷里,他尽力保护法国人的利益,后来加入法国官场,并加入法国籍,成为法国公民(1639),还当上枢机主教(1641)。黎塞留(1642)和路易十三(1643)相继过世后,安娜(奥地利的)任命马萨林为法国首相,为路易十四的摄政,并负责他的教育。对这位年轻的国王来说,他是一位十分具有影

马萨林,肖像画,P. de 尚帕涅绘;
现藏法国尚蒂伊孔代博物馆
By courtesy of the Musee Conde, Chantilly, Fr.; photograph, Giraudon-Art Resource

响力的顾问,他帮助路易训练了一大批能干的行政人员。其外交政策使法国在欧洲强国中树立了霸权地位,并达成《威斯特伐利亚和约》(1648)和《比利牛斯和约》(1659)。马萨林还是一个艺术赞助者,他建立了一所绘画和雕塑学院,并编纂了一套大型丛书。

马萨乔 Masaccio(1401 ~ 1428) 原名 Tommaso di Giovanni di Simone Guidi。意大利画家。直到1422年加入佛罗伦萨艺术家行会后才为人所知。很可能是受乔托的影响,作品中多采用大片人物形象和简洁的布局。但其人体画中表现手势和情绪的技法与多那太罗相近。他最著名的作品是与合作伙伴马索利诺一起为佛罗伦萨的卡迈纳圣母堂的布朗卡奇礼拜堂绘制的大型壁画(1425 ~ 1428),他用强烈的明暗对比处理人物形象,使其产生一种三维空间的效果。他为佛罗伦萨新圣马利亚教堂创作的壁画《三位一体》(1427 ~ 1428),是第一幅系统地采用线形透视法的绘画作品。1428年来到罗马,在那里突然死亡,有人怀疑他是被人下毒害死。他在短短6年中所创作的作品体现出高度的理性、写实和人性,激励了15世纪中期佛罗伦萨文艺复兴时期的主要画家,从而影响了西方画派。

马萨索伊特 Massasoit(约1590 ~ 1661) 美洲印第安人酋长。生于罗得岛今布里斯托尔附近。后成为北美万帕诺亚格印第安人的大酋长。该族印第安人居住于现今马萨诸塞和罗得岛一些地区。1621年3月,"五月花"号驶抵普利茅斯数月后,他前往该地,与新移民建立和睦关系。他还从移民那里学到了种植、捕鱼和烹饪技术。1623年冬他身染重病,在移民们照料下恢复了健康。他去世后,友好关系渐趋终结。1675年终于爆发由其儿子米塔科姆领导的菲利普王战争。

马萨特兰 Mazatlán 墨西哥中北部的锡那罗亚州西南部港口城市。位于一个半岛上,可俯瞰加利福尼亚湾的奥拉斯阿尔塔斯湾。该市为墨西哥太平洋沿岸最大港口,而其点缀着岛屿的港湾以优美的沙滩著称。从下加利福尼亚的顶端斜穿过海湾,是下加利福尼亚和大陆之间的交通要道。有"太平洋明珠"之称,也是捕鱼中心和受欢迎的旅游胜地。人口381 583(2010)。

马萨诸塞 Massachusetts 正式名称 Commonwealth of Massachusetts。美国东北部新英格兰诸州之一,面积21 398平方千米;首府波士顿。东濒大西洋,周边与佛蒙特州、新罕布什尔州、罗得岛州、康涅狄格州以及纽约州交界。该州的土地贫瘠多岩,虽然越橘种植很重要,但整个农业在经济中的作用有限。1602年英国第一个殖民者B.戈斯诺尔德到达时,该地区居住着阿尔冈昆印第安人。清教徒在1620年乘坐"五月花"号来此,并在普利茅斯定居。马萨诸塞湾公司建立并管理马萨诸塞湾殖民地,鼓励清教徒定居。1643年加入新英格兰联盟,1652年取得缅因。1675年该州东南部和中部经历了菲利普王战争。1684年失去了它的第一个特许状,1686年纳入新英格兰版图。1691年第二特许状赋予这块殖民地对缅因和普利茅斯的管辖权。18世纪时马萨诸塞成为对抗英国殖民政策的中心;是波士顿茶党案及列克星敦和康科德战役的发生地,该战役标志着美国独立战争的开始。1788年它成为批准美国宪法的第6个州。它是19世纪产业革命的前哨,以纺织业著称。如今主要工业是电子、高科技以及通信业。有许多著名的高等学府。旅游业也很重要,尤其在科德角地区和伯克希尔。人口约6 646 144(2012)。

马萨诸塞湾殖民地 Massachusetts Bay Colony 原英国殖民地之一,在今马萨诸塞州。1630年由约1 000名逃离英格兰的清教徒(参阅清教主义)建立。1629年马萨诸塞湾公司获得英国特许在新英格兰开展贸易和开拓殖民地。该公司的清教徒股东把该殖民地视为英格兰宗教迫害的避难所,把公司转手给马萨诸塞的移民。在J.温思罗普的领导下,殖民者在查尔斯河边建立了他们的殖民地,即后来的波士顿。1684年,英国收回了该公司的特许状。1691年根据新的特许状成立了皇家政府,并把普利茅斯殖民地和缅因并入马萨诸塞湾殖民地。

马塞 Marcel, Gabriel(-Honoré)(1889 ~ 1973) 法国哲学家、剧作家与评论家。他的哲学探索人类生存的各个方面(如信任、忠诚、希望和绝望等),这些方面在传统上被认为不值得在哲学上加以考虑而被置之不理。为此,他对人的意识、行为并对忠诚者、抱希望者和证明人的态度进行了现象学的描述。他使用的现象学不同于E.胡塞尔的工作方法。马塞被认为是法国最早的存在主义哲学家。

G.马塞,摄于1951年
H. Roger-Viollet

马塞卢 Maseru 莱索托首都。在卡利登河岸,和南非共和国的自由邦省交界。1869年巴索托(索托)族酋长姆什韦什韦一世在其山寨据点塔巴伯锡乌建立起这个小城。经济以钻石开采为主。马塞卢是该国家唯一的城市中心,也是政府驻地以及一所技术学校和莱索托农业学院的所在地。城东南角的罗马设有莱索托国立大学。人口:市区227 880,都会区436 399(2006)。

马塞卢斯 Marcellus, Marcus Claudius(公元前268? ~前208) 罗马将军。公元前222年当选为罗马执政官,领导了在高卢的战争并因在一次战斗中独立杀死敌方首领而赢得了"荣誉战利品",成为罗马历史上独立杀敌主将的第三人(也是最后一人)。公元前215年和前214年再度成为执政官。在第二次布匿战争期间,他在西西里作战(公元前214 ~前211),在对叙拉古包围两年后最终将其攻克。他的军队洗劫了这个城市,将其艺术珍品运到罗马。公元前210年和前208年再度担任执政官。在韦努西亚附近与汉尼拔交战时,在一场伏击中被俘杀害。

马塞纳 Masséna, André(1758 ~ 1817) 后称 prince d'Essling。法国将领。1775年入伍,在革命政府军中服役,1793年升任将军。在与奥地利作战的意大利战役中,他成为最受拿破仑信赖的军官。后任驻瑞士法军司令,1799年在苏黎世战役中击溃俄军。拿破仑后来派他指挥意大利方面军,他重振士气,在热那亚成功抵抗围城的奥军,使法军打赢马伦戈战役。马塞纳于1804年成为元帅,1808年封里沃利公爵。在抗击奥地利军队中,尤其在阿斯珀恩-埃斯灵和瓦格拉姆战役中,马塞纳表现出英雄主义气概。1810年拿破仑赐他埃斯灵亲王衔。1810 ~ 1811年在指挥驻葡萄牙和西班牙的法军时,被英军司令官威灵顿公爵击败。他被解除职务,回到巴黎,支持复辟。

马赛 Marseille 又作 Marseilles。法国东南部城市。地中海主要海港之一,也是法国第二大城市,位于利翁湾,法属里维埃拉之西。公元前7世纪时希腊人在此定居,前49年被罗马人兼并,称之为马西利亚。它与罗马帝国一起衰退,但在十字军东征时期又复兴为一个商港;1481年归属法国王室。1720年的瘟疫夺去了它的半数人口。19世纪法国殖民帝国的发展加大了该城市的重要性。第二次世界大战后,在滨海福斯综合港口周围以及像马里尼亚纳和维特罗勒这样的郊区,工业迅速发展起来。人口839 043(2006)。

马赛克 mosaic 用各种颜色的小块材料如石块、玻璃、瓷片、贝壳等紧密地拼集在黏附性底材上的表面装饰工艺。马赛克块(特塞拉)通常是小方形、三角形或其他规则形状。马赛克不能产生绘画具有的明暗变化。但玻璃马赛克,尤其是贴有金银箔的马赛克,能产生更明亮的效果。这种技巧产生了拜占廷时期大型闪烁微光的马赛克。最早的马赛克可追溯到公元前8世纪,由鹅卵石制成,5世纪希腊人又加以完善。罗马人曾广泛使用马赛克,尤其用于地板。前哥伦布时期的美洲人喜欢深红色、青绿色和珍珠色的马赛克,通常用于盾、面具和宗教雕像。

马赛人 Masai 又作 Maasai。生活在肯尼亚南部、坦桑尼亚北部的游牧民族,操尼罗-撒哈拉诸语言中的一种(有时被称为马语)。人口约为450 000。几乎全部依靠牲口的肉、血和奶为生。在一圈泥屋外用带刺灌木围成一堵很大的圆形篱笆墙，便形成了他们的村庄，可容纳 4～8 个家庭及其牲畜。多偶婚制在年老的马赛男人中间较为普遍。所有男性被分成不同年龄群。传统上年轻男性要在丛林中生活一段时间，以锻炼力量、勇气和耐力。

马瑟　Mather, Cotton（1663～1728）　美国清教领袖。I. 马瑟之子，获哈佛学院硕士学位，1685 年受按立为公理宗牧师，之后协助其父在波士顿诺斯教堂任职（1685～1723）。

C. 马瑟，肖像画，R. 佩勒姆绘；现藏马萨诸塞州伍斯特美国古物学会

By courtesy of the American Antiquarian Society, Worcester, Mass.

1689 年协助驱逐不受欢迎的英国驻马萨诸塞总督 E. 安德罗斯。虽然他所写的关于巫术的书籍满足了当时人们的狂热，最后还导致了（塞勒姆女巫审判）但他并不支持这一审判，并反对使用"神怪证据"。最著名的著作有《美洲基督教会全书》（1702），新英格兰教会历史和他的《日记》（1711～1712）。《美洲志异》（1712～1724）为他赢得英国皇家学会会员的头衔。他是接种天花疫苗的早期支持者。参阅公理主义、清教主义。

马瑟韦尔　Motherwell, Robert（1915～1991）　美国画家、作家和教师。生于华盛顿州阿伯丁。11 岁时就获得艺术奖学金，但在决定成为真正的画家之前已分别在斯坦福大学和哈

马瑟韦尔，A. 纽曼摄于 1959 年

© Arnold Newman

佛大学获得学位。一开始就倡导抽象表现主义，其旁征博引的作品影响了该运动的知识性。在他 1949 年开始并持续了 30 多年创作而成的作品《西班牙共和国的挽歌》组画中，他发展了在图画平面使用简朴、宁静的黑色图案的方法，以产生一种迟缓而庄严的运动感。其作品风格多样，但主要以抽象表现主义的创立者和杰出代表而闻名。

马沙多·德·阿西斯　Machado de Assis, Joaquim Maria（1839～1908）　巴西诗人、小说家及短篇小说作家。在当印刷工学徒时开始利用业余时间写作，到 1869 年已是成功的作家。其写作风格源于欧洲文化传统，充满诙谐机智与悲观主义，经典之作包括以第一人称叙述的《一个小赢家的祭悼文》（1881）、小说《哲学家或狗?》（1891）及杰作《堂卡斯穆罗》（1899）。被推崇为巴西古典文学大师，1896 年出任巴西文学院首任主席。

马绍尔群岛　Marshall Islands　全称 Republic of the Marshall Islands（马绍尔群岛共和国）。太平洋中部岛国。由两列平行的珊瑚环礁岛链组成，东边为拉塔克，或称日出，西边为拉利克，或称日落。两岛链相距约 200 千米，从西北向东南延伸约 1 290 千米，共有大、小岛屿 1 200 多个。面积：181 平方千米。人口：约 53 600（2013）。首都：马朱罗。土著居民为密克罗尼西亚人。语言：马绍尔语、英语。宗教：基督教（新教、天主教和其他基督教派）。货币：美元。最大的环礁是夸贾林岛，由大约 90 个小岛构成，陆地总面积 16 平方千米，大部分被美军用作导弹实验场，这也是当地收入的主要来源。自给农业、渔业和饲养猪、家禽是主要的经济活动。该国为共和国，一院制（议会）。国家元首及政府首脑为总统。1529 年为西班牙航海家 A. 萨维德拉发现。1885 年德国从西班牙手中购得此群岛，1886 年宣布马绍尔群岛为其保护地。1914 年日本占领该群岛，1919 年后作为国际联盟托管地由日本进行管理。第二次世界大战期间，美国占领夸贾林岛和埃尼威托克岛，1947 年马绍尔群岛成为由美国管理的联合国太平洋岛屿托管地的一部分。比基尼和埃尼威托克两环礁曾是美国核武器的试爆场（1946～1958）。1979 年成为内部自治的共和国。1982 年该国政府与美国签订一项自由联合条约，自 1986 年取得完全自治。该条约于 2004 年修订。

马什　Marsh, (Edith) Ngaio（1899～1982）　后称 Dame Ngaio。新西兰侦探小说作家。起初是艺术家，后来在莎士比亚轮演剧目剧院写剧本（1938～1964）。她以描写伦敦、警察厅检察官艾莱恩的推理故事而闻名。她的小说有《死的前奏》（1939）、《最后一幕》（1947）、《傻瓜之死》（1956）和《死水》（1963），使侦探故事成为一种正统的文学体裁。

马什　Marsh, Reginald（1898～1954）　美国画家、版画家。生于巴黎，父母为美国人。毕业于耶鲁大学。1922～1925 年在《纽约每日新闻》开设描绘杂耍剧的每日专栏。1925 年成为《纽约人》杂志的创刊编辑，为该杂志画幽默插图和大都会风光。1929 年，开始以纽约都市生活为题材作画，包括科尼岛的人群和鲍尔里街的无家可归者。从 1934 年起在纽约艺术学生联合会教画，直到去世。

马斯顿　Marston, John（1576～1634）　英国戏剧家。1598 年开始文学生涯，进行诗歌创作，不久转而为戏院写剧本，是同时代最有活力的讽刺作家之一。其所有著作都在 1609 年前完成。1609 年开始担任圣职。最著名的作品是悲喜剧《愤世者》（1604），对宫廷的荒淫无耻和邪恶进行了谴责。《荷兰妓女》（1603～1604）被认为是当时最精巧的喜剧之一。他虽然讽刺 B. 琼森并与之发生争吵，但还是与其一起合作编写了喜剧《向东方去!》（1605 年，与 G. 查普曼合作）和《殉情者》（1607）。

马斯喀特和阿曼　Muscat and Oman　参阅阿曼。

马斯卡尼　Mascagni, Pietro（1863～1945）　意大利作曲家。很早就开始其作曲生涯。曾在米兰音乐学院师从 A. 篷基耶利（1834～1886），是 G. 普契尼的室友，但后来被开除。在巡回歌剧团任指挥期间，开始创作歌剧，后来以其独幕歌剧《乡村骑士》（1890）获奖。这部歌剧自首演以来就颇受欢迎，是他流传最长久的作品。他后来的作品《好友弗里兹》（1891）、《伊里斯》（1899）以及《小马拉特》（1921）都获得成功。

马斯洛　Maslow, Abraham H(arold)（1908～1970）　美国心理学家。生于纽约市。曾先后在布鲁克林学院（1937～1951）和布兰代斯大学（1951～1969）任教。作为人文心理学的开创者之一，以其"自我实现"的理论而闻名。在《动机与人格》（1954）和《存在心理学探索》（1962）中，他提出每个人都有一个必须满足的需要层次，其范围从基本的生理要求到爱、尊重，乃至自我实现。当一个需要满足时，情绪层次中下一个较高水平的需要便支配了意识功能。

马斯内　Massenet, Jules (Émile Frédéric)（1842～1912）　法国作曲家。1851 年入巴黎音乐学院。1854 年举家迁离巴黎时，他离家出走，继续学业，靠弹琴、击鼓和教书为生。1863 年获得罗马大奖。1867 年开始创作歌剧。其成名作为神剧《玛丽-玛格德莱娜》（1873）。1877 年《拉合尔之王》在巴黎歌剧院上演。其后的著名作品有《埃罗迪亚德》（1881）、《曼侬》（1884）、《熙德》（1885）、《埃斯克拉蒙德》（1889）、《维特》（1892）和《泰依丝》（1894）。

《马斯特里赫特条约》　Maastricht Treaty　正式名称为 Treaty on European Union（《欧洲联盟条约》）。条约决定以欧洲联盟（简称 EU，"欧盟"）作为欧洲共同体之承继组织，赋予加盟成员国的公民具有欧盟公民的资格，筹备建立一个中央银行体系并发行共同货币（参阅欧元），并要求成员国须努力促成共同的外交和安全政策。该条约于 1992 年签署，1993 年批准并生效。

马斯特罗亚尼　Mastroianni, Marcello（1924～1996）　意大利电影演员。1947年首次演出，到20世纪50年代中期已成为意大利著名演员。外表黝黑俊朗，银幕形象有时迷人可爱有时阴郁孤僻。在L.维斯孔蒂执导的《白夜》（1957）及F.费利尼执导的《甜蜜的生活》（1960）等影片中的表演为他赢得国际声誉。他参与演出的电影超过100部，包括《夜》（1960）、《意大利式离婚》（1961）、《八部半》（1963）、《昨日、今日、明日》（1963）、《特别的一天》（1977）、《金吉尔和弗雷德》（1985）、《深色眼睛》（1987）以及《大家都很好》（1990）。

马斯特斯　Masters, Edgar Lee（1869～1950）　美国诗人、小说家。生于堪萨斯州的加尼特，在伊利诺伊州祖父的农场里长大，在芝加哥当律师。出版主要作品《斯蓬河诗集》

E. L. 马斯特斯
By courtesy of the Library of Congress, Washington, D. C.; photograph, Arnold Genthe

（1915）之前，诗和剧作平凡无奇。这本诗集描写一个虚构小镇的原居民在坟墓中诉说他们在沉闷小镇里事与愿违的苦难生活。他们说的话就是书中收录的245首独白形式的无韵回忆往事诗。小说有《米奇·米勒》（1920）和《新婚飞行》（1923）。

马斯特斯和约翰逊　Masters, William H(owell) and Virginia E(shelman) Johnson（马斯特斯1915～2001；约翰逊1925～2013）　后者原名Virginia Eshelman。美国人类性研究小组。马斯特斯生于克利夫兰，约翰逊生于密苏里斯普林菲尔德。一个是内科医师，一个是心理学家，他们在圣路易斯建立并共同领导马斯特斯-约翰逊研究所（1973～1994）。他们在实验室观察夫妻的性行为，并用生化设备纪录性的刺激和反应。他们的著作《人类性反应》（1966）被公认为第一部全面研究人类性行为的生理学和解剖学著作。1971年结婚，1993年离婚后仍继续合作。

马松　Masson, André (-Aimé-René)（1896～1987）　法国画家和版画艺术家。先后在布鲁塞尔和巴黎习画。第一次世界大战中受重伤。其艺术作品充满悲观主义气息。1924年加入超现实主义运动，成为自动主义的主要实行者。20世纪20年代末与30年代，马松绘制的作品都是将暴力、心灵痛苦、肉欲、物形变态等画面作激烈而有暗示意义的表达，以波状富含义的线条勾画出抽象的生物形态图样。1934～1936年间，马松住在西班牙，1941～1945年移居美国，成为超现实主义与抽象表现主义的重要纽带。后回法国，潜心风景画创作。

马塔莫罗斯　Matamoros　墨西哥塔毛利帕斯州北部城市。位于格兰德河南岸，与美国得克萨斯州布朗斯维尔隔河相望。1824年建城，墨西哥战争期间曾发生激战，1846年被美军占领。现为墨西哥主要的游客入境港和贸易中心。人口449 815（2010）。

马塔伊　Maathai, Wangari（1940～2011）　肯尼亚政治家和环保主义者。生于肯尼亚涅里。曾在美国读书，1971年在内罗毕大学获得博士学位。随后她就在内罗毕大学执教兽医解剖学。作为保护土地以及提高妇女影响力的一种方式，她于1977年发起绿带运动，动员妇女在被砍伐森林的地带植树造林；到21世纪初，该组织已植树约3 000万棵。在此过程中，该组织还进行了一系列公民与环境教育、宣传以及职业培训。马塔伊对政府腐败的批评直言不讳，主张免除非洲贫穷国家的债务。2002年人选肯尼亚国民议会，2003～2005年担任环境、自然资源和野生动植物部部长助理。2004年荣获诺贝尔和平奖，成为获得该奖的首位非洲黑人妇女。

马太，圣　Matthew, St.（活动时期1世纪）　耶稣十二使徒之一，相传为第一部福音书的作者。根据福音书的记载，当耶稣召唤马太跟从他时，他是一名税官，叫利未。关于他的其他记载很少。《马太福音》是用来在犹太人中对犹太人基督教徒传教的，原文可能是用希伯来语所写，但现在有人怀疑《马太福音》是否由马太所作。传说中马太曾在犹太传教，后又到埃塞俄比亚和波斯传教。关于他是否殉教而死，传说不一。

马特峰　Matterhorn　法语作Mont Cervin（塞尔万峰），意大利语作Monte Cervino（切尔维诺峰）。阿尔卑斯山脉山峰，位于意大利和瑞士边境。高4 478米，从瑞士境内看是

在瑞士里弗湖面呈现倒影的马特峰
Ewing Galloway

一座孤立的山峰，实际上为山脊的末端；意大利一侧比瑞士一侧更难攀登。1865年7月14日英国探险家E.温伯尔首次从瑞士一侧登上山峰。3天后，G. A.卡雷尔带领了一队意大利人首次从意大利一侧登上山峰。

马提尼克　Martinique　法国的海外省，西印度群岛中向风群岛的岛屿。长约80千米，宽约35千米，面积1 128平方千米。大部分为山地，最高点培雷山是座活火山。首府是法兰西堡。旅游业为其经济基础。1502年C.哥伦布抵达该岛时，岛上住着加勒比印第安人。在这之前他们赶走了阿拉瓦克居民。1635年一个法国人在那里建立起殖民地，1674年归属法国王室。1762～1763年间英国人占据了该岛，在拿破仑战争期间再次占据，但两次都又回归法国。马提尼克于1946年成为法国一个海外省，尽管20世纪70年代发生了共产主义者领导的独立运动，但它一直处于法国的统治之下。20世纪的最后几十年，马提尼克等法国海外属地取得了更大的自主权，但并未完全独立。人口约387 000（2013）。

马提雅尔　Martial（约38/41～约103）　拉丁语作Marcus Valerius Martialis。罗马诗人。生于罗马的西班牙殖民地。年轻时来到罗马。罗马时期的朋友包括L. A.塞尼加、卢卡和尤维纳利斯，并得到皇帝提图斯和图密善的资助。其早期诗歌，有些是谄媚提图斯的，并不出色。成名作是12卷警句诗（公元86～102？）。他实际是现代警句诗的开山祖师。他的诗歌率真，有时诲淫，完整展现了帝国早期的罗马社会，准确描绘了人性的瑕疵。

马图里迪学派　Maturidiya　伊斯兰教正统教义学派之一，以创立者马图里迪（卒于944年）命名。该学派推崇《古兰经》，反对推理和自由解释。在个人意志方面，曾强调真主绝对全能，只允许一定限度的行为自由，后又明确提出人类有最大限度的行为自由。与艾什尔里派（艾什尔里的追随者）不同，后者认为只有真主才可以决定一个人能否得救；而马图里迪学派认为穆斯林只要虔诚地履行《古兰经》中所记载的所有宗教义务，就肯定能进天堂。

马托格罗索　Mato Grosso　巴西西南部州。面积903 358平方千米，西南和西部与玻利维亚接壤。首府库亚巴，1719年附近发现金矿后建立。1748年马托格罗索成为独立的管辖区，1822年成为帝国的一个省，1889年加入联邦建立州治。为尚存的为数极少的大边疆区之一，由草地、茂密森林、高地平原和基本上未开发的地区组成。人口约3 035 122（2010）。

马韦尔　Marvell, Andrew（1621～1678）　英国诗人和政治家。曾任家庭教师，包括在O.克伦威尔住院期间为其授课。1657年担任J.弥尔顿的助手。从1659年起为议员。被认为是最佳世俗玄学派诗人之一，其声誉来自于少数几篇有才气的散文诗，如《献给害羞的女主人》（1681）和《花园》。其他作品包括古典颂诗，如《贺拉斯体颂歌迎克伦威尔从爱尔兰归来》（1650），王政复辟后创

作的反政府政治讽刺诗，如《对画家的最后指示》(1667)，以及讽刺散文。

马西利乌斯(帕多瓦的)　Marsilius of Padua(约 1280 ～ 1343?)　意大利政治哲学家。曾任吉伯林党的政治顾问。因于 1320 ～ 1324 年间写了《和平保卫者》，1327 年被斥为异端，而逃往巴伐利亚国王路易四世的宫廷。他参与宣布教皇约翰二十二世为异端，推立尼古拉五世为敌对教皇，1328 年加冕路易为皇帝。在马西利乌斯的世俗的国家思想中，教会的权利受到限制，而政治权力属人民所有。他的这一理论影响了现代的国家观念。

马西斯　Metsys, Quentin(约 1465 ～ 1530)　Metsys 又拼 Massys 或 Matsys。佛兰德斯艺术家。原学习铁匠技艺，但在与一位艺术家的女儿谈恋爱后开始学画。1491 年加入安特卫普画家行会。最著名的画是两件大型三联祭坛画，一是《神圣亲眷》(1507 ～ 1509)，一是《基督入殓》(1508 ～ 1511)，两者均表现出强烈的宗教感情和细节的精确性。还画过许多著名的肖像画，包括友人 D. 伊拉斯谟。他是安特卫普画派第一位重要画家，也是第一个实现北欧和意大利文艺复兴传统真正结合的人。

马戏　circus　结合动物表演和演员惊险特技表演的娱乐节目。现代马戏始于英国，1768 年特技骑师 P. 阿斯特利(1742 ～ 1814)在圆形表演场周围搭起看台，开办阿斯特利圆形跑马场。他手下的一名骑师后来在 1782 年开设皇家马戏团，马戏一词自此始。1793 年在美国费城出现第一个马戏团。原本马戏表演以马术表演为主，后来加上野兽表演项目。自从 1859 年 J. 莱奥塔尔发明高空秋千后，高空表演成为马戏表演的特色之一。1881 年 P. T. 巴纳姆把传统的马戏场地加上两个场地，成为 3 个环形场地的马戏场，并以余兴表演来增添节目效果。马戏团在美国、欧洲和拉丁美洲搭帐篷巡回表演，一直流行到 20 世纪 50 年代。现在马戏团通常在固定建筑物里表演，不过有些小马戏团仍四处带着帐篷在各地巡回演出。到了 20 世纪后期，一些著名的马戏团在非洲、印度、西班牙、巴西和墨西哥发展起来。马戏团公司的建立可能是世纪之交马戏团发展中最具创新意义的变化。这些马戏团公司不用动物表演，而是更注重人的技巧和动作难度，以及将当代音乐和舞蹈元素融入表演。

马肖　Machaut, Guillaume de(约 1300 ～ 1377)　法国诗人和作曲家。可能上过大学领受过神职，之后以波希米亚国王秘书的身份游历整个欧洲。1340 年起定居于兰斯，接受贝里公爵、国王查理五世等皇家赞助者供养。除了 14 首包含抒情短诗的叙事诗，还写有 400 多首抒情诗。其音乐作品计有几十种，都采用固定乐思的乐曲形式，同时第一次发展出完整的四声部的弥撒曲。他是法国新艺术期的杰出人物，其诗作是G. 乔叟作品的灵感来源。

马肖，细密画，取自《马肖作品集》(约 1370 ～ 1380)。现藏法国国家图书馆
By courtesy of the Bibliotheque Nationale, Paris

马歇尔　Marshall, Alfred(1842 ～ 1924)　英国经济学家、英国新古典经济学派主要创始人之一。1877 ～ 1881 年任布里斯托大学学院第一任院长。1885 ～ 1908 年任剑桥大学政治经济学教授，他重新审查和发展了 A. 斯密、D. 李嘉图等古典经济学家的思想。最著名的作品《经济学原理》(1890)引进许多有影响的经济学概念，如：需求弹性、消费者剩余、典型性企业。他在价值论的著作中引入时间作为分析要素，成功地把古典的生产费用论与边际效用论协调起来。参阅古典经济学。

马歇尔　Marshall, George C(atlett)(1880 ～1959)　美国陆军上将，政治家。生于宾夕法尼亚尤宁顿。毕业于弗吉尼亚军事学院。1902 ～ 1903 年赴菲律宾服役并参加第一次世界大战。1919 ～ 1924 年任 J. 潘兴将军副官。1927 ～ 1933 年任佐治亚步兵学校副教育长，在那里他造就了一批后来参加第二次世界大战的军官。作为美国陆军参谋长(1939 ～ 1945)，在第二次世界大战中，指挥了许多陆军战役。1945 年退休后，H. 杜鲁门总统派他调解中国内战（1945 ～ 1947）。任国务卿(1947 ～ 1949)时提出援欧方案，世称马歇尔计划，并商谈建立北大西洋公约组织。他因病辞职，后被杜鲁门召回，出任国防部长(1950 ～ 1951)，组织军力参与朝鲜战争。1953 年获诺贝尔和平奖。

马歇尔　Marshall, John(1755 ～ 1835)　美国爱国者、政治家、法学家。生于弗吉尼亚州日耳曼敦附近。他在家中 15 个小孩中排行老大。1775 年，入民兵预备役。美国独立战争中，在 G. 华盛顿领导下作战，任陆军中尉。1781 年退伍后，任职于弗吉尼亚州议院和行政机构(1782 ～ 1795)，成为该州联邦党的领导人之一。在弗吉尼亚州批准联邦宪法的大会中，他支持批准联邦宪法。1797 ～ 1798 年，他和另外 2 个人被任命为一个使团的成员派往法国(参阅 XYZ 事件)。1800 ～ 1801 年出任 J. 亚当斯政府的国务卿。1801 年获亚当斯总统任命，担任联邦最高法院首席大法官，直至去世。他参与了1 000多起判决，其中 519 起亲自裁断。在美国最高法院首席大法官任内，他建立了政府的主要框架。重要的判决包括：马伯里诉麦迪逊案、麦卡洛克诉马里兰州案、达特茅斯学院案和吉本斯诉奥格登案。马歇尔被认为是美国宪法制度(包括司法审查原则)的主要创始人。

马辛　Massine, Léonide(1896 ～ 1979)　原名 Leonid Fyodorovich Miassin。俄裔法国舞蹈家、教师，为 50 多出芭蕾舞剧的编舞。1914 年加入俄罗斯芭蕾舞团，并在 1915 年出演了他的第一部芭蕾舞剧《夜晚的太阳》。接着他又参演了《队列》(1917)、《三角帽》(1919)和《帕尔希妮拉》(1920)。他通过丰富许多角色的性格，发展了 M. 福金编舞的革新精神。1932 ～ 1938 年间，是蒙特卡洛俄罗斯芭蕾舞团的首席舞蹈演员和编导。舞蹈《预兆》(1933)、《交响芭蕾舞》(1933)和《红与黑》(1939)展现了他富有创新意义的舞蹈和布局设计，是最早以交响乐为主题音乐的舞蹈之一。1938 ～ 1942 年一直担任重组后的蒙特卡洛俄罗斯芭蕾舞团的领导。1966 年担任新成立的蒙特卡洛芭蕾舞团的艺术指导。

马辛杰　Massinger, Philip(1583～1639/1640)　英国剧作家。和 J. 弗莱彻等剧作家合作编剧。1620 年开始独立创作。自 1625 年起，他同国王供奉剧团合作。他现存的个人写的 15 个剧本都以高度的社会真实性和强烈的讽刺色彩而著名。其中包括他最受欢迎和最有影响的剧作——喜剧《偿还旧债的新方法》(1624)和《城市太太》(约 1632)，这两部剧作都探讨了社会和经济问题。还有一部是历史悲剧《罗马演员》(约 1626)。

马雅古抄本　Maya Codices　以马雅象形文字记载的书本，历经西班牙占领时期仍留存至今。以无花果树皮制成，折成手风琴状，外加豹皮封面。虽然大部分马雅书籍都被西班牙教士当成异教信仰而销毁，但仍有 4 本留存下来：德累斯顿刻本，年代可能在 11 世纪或 12 世纪，文字内容抄自 5 ～ 9 世纪；马德里抄本，年代约为 15 世纪；巴黎抄本，年代比马德里抄本稍早一些；及格罗利亚抄本，1971 年发现，年代约为 13 世纪。抄本内容记载的是有关天文计算、占卜及仪礼方面的资料。

马雅可夫斯基　Mayakovsky, Vladimir (Vladimirovich)(1893～1930)　俄罗斯诗人，曾因颠覆活动而多次被捕，1909 年被单

独监禁时开始写诗。出狱时，成为俄罗斯未来派的代言人，他的诗歌也都显得自命不凡和目空一切。他是俄国1917年革命时期和苏联早期最重要的诗人。他的诗歌充满政治意味，适合在群众中朗诵，包括《革命》（1918）、《向左进行曲》（1919）和戏剧《神秘滑稽剧》（1921年首演）。在爱情上受挫后，逐渐脱离社会，加上出国旅行遭拒签，36岁时自杀身亡。

马雅人　Maya　中美洲印第安人的族群，公元250～900年间创造出西半球最伟大的文明之一。公元200年时，他们已经建造出有宫殿、寺庙、广场、球场的城市。他们利用石制工具来开采这些建筑所需的大量石头，他们的雕塑与浮雕也有高度发展。马雅象形文字留存于书籍和铭文中。马雅数学的特色是位置记数法和0的使用，而马雅天文学的特色是精确的太阳年以及精确的金星和月亮位置表。历法精确性对马雅宗教的繁复仪式和典礼来说是重要的，这种宗教以众多神祇为基础。他们用仪式性杀戮、施虐、人祭来取悦众神，确保丰产，赶走宇宙的混乱。在古典时期的巅峰，马雅文明中5 000～50 000人的城市超过40座。900年以后，马雅文明因不明原因而急速衰落。如今，马雅人的后裔在墨西哥南部和危地马拉以自给农业为生。参阅奇琴伊察、科潘、马雅古抄本、蒂卡尔和乌斯马尔。

马雅象形文字　Mayan hieroglyphic writing　马雅人直至17世纪仍在使用的书写文字系统，被认为至少在公元前200年就已经出现。在前哥伦布时期中美洲发展出的各种文字中，马雅文字是最详尽和丰富的文字系统：有5 000多个实例记录了约800个符号（参阅马雅古抄本）。它的符号——有具象的和抽象的——有的有语标代表单词，有的有音节代表元音和辅音的序列。它是典型的由多至5个符号组成的一组文字，放在方框或长方形框内，框内很紧凑，再组合成行或格。古典时期（250～900）的书写文字常被认为是乔兰语，是几个现代马雅语的祖先，后来的铭文是用尤卡坦语来记录的。到21世纪早期，学者们已经能掌握60%～70%的马雅铭文，有些文本几乎完全可译读，另一些仍待研究。大部分铭文是用来记录当时马雅统治者生活中的重要事件和日期。

马约尔　Maillol, Aristide（1861～1944）　法国雕刻家、画家和版画家。开始是画家和挂毯设计师，近40岁时因眼疾而转行从事雕刻。他舍弃A.罗丹极度感性的风格，努力保持和净化希腊和罗马的古典雕刻风格。大部分作品以成熟女性的形体为主题，表现出抑制的感情、清晰的构图和平静的表面等特点。1910年后在国际上闻名，订件接连不断。后来又转向作画，为多位拉丁诗人的精美诗集创作出优秀的木刻插图，但他最为著名的仍是雕刻。

马约利卡陶器　majolica　意大利语作maiolica。从摩尔人占领下的西班牙经马霍卡岛引进意大利的锡釉陶器，自14世纪起在意大利生产。其色料一般只限于以下5种：钴蓝、锑黄、铁红、铜绿和锰紫；各个不同时期也曾使用紫色和蓝色，但主要用以描画轮廓。白色锡珐琅彩也用于勾画纹样的主要轮廓或单独用于白色锡釉上。最常见的器形是一种观赏盘，以伊斯托里亚多风格作为装饰，这是一种16世纪叙事风格，陶器本体只起支撑绘画效果的作用。参阅代尔夫特陶器。

马约特　Mayotte　法国海外省，东非印度洋岛屿。位于马达加斯加岛的西北方，是科摩罗群岛最南端岛屿。首府：马穆楚。居民大部分为马拉加什人。原住民为班图人和马来-印度尼西亚人后裔，15世纪时遭阿拉伯人入侵，改奉伊斯兰教。18世纪末，来自马达加斯加岛的一支马拉加什部族占领该岛，1843年受法国控制。20世纪初期，马约特岛与科摩罗群岛的其他岛屿以及马达加斯加岛成为一个法国海外领地。1975年科摩罗群岛最北端的3座岛屿宣布独立，法国遂将马约特岛与科摩罗其余各岛分开管理。现首府藻德济是另一主要的港口和城市。2001年，马约特成为法国的省级行政区域（departmental collectivity）。2009年举行关于马约特变更为法国海外省的公民投票，并成功通过，于2011年正式生效。全岛面积374.2平方千米。人口约223 000（2013）。

马扎尔人　Magyar　匈牙利的主体民族。操一种芬兰-乌戈尔语。早年定居在今俄罗斯东欧部分的巴什科尔托斯坦共和国地区，后于9世纪越过俄罗斯南部和乌克兰草原迁入北巴尔干半岛。与邻近的各国人民发生冲突后，马扎尔人于9世纪后期越过喀尔巴阡山脉，在多瑙河中部盆地定居下来，征服了那里的斯拉夫人和其他民族。11世纪他们开始信奉基督教。

马志尼　Mazzini, Giuseppe（1805～1872）　意大利爱国者，现代意大利的一位重要奠基人。原为律师，曾加入争取独立的秘密组织——烧炭党人。因参加该组织活动而被囚禁。后来前往马赛（1831），他在那里成立了爱国运动组织青年意大利。后来扩展了自己的计划，想成立一个世界性的共和联盟，并在瑞士成立了“青年欧洲”组织。在伦敦（1837），他与全世界的组织通信，继续其革命活动。1847年成立了“人民国际联盟”，并受到英国自由主义者的支持。1848年马志尼回到意大利，协助领导为时短暂的“罗马共和国”。罗马教皇重新控制罗马后，他又回到英格兰。马志尼接着建立了“意大利之友”（1851），支持在米兰、曼图亚和热那亚的几次失败的起义。他是一个永不妥协的共和党人，不赞同新成立的统一的意大利王国（1861）。参阅复兴运动。

玛蒂尔达（卡诺萨的）　Matilda of Canossa（1046～1115）　意大利语作Matilde，世称Matilda the Great Countess。托斯卡纳女伯爵。为教皇圣格列高利七世的密友，曾支持他与皇帝亨利四世对抗（参阅主教叙任权之争）。就是在她的卡诺萨城堡里，皇帝亲自向教皇赤足悔罪（1077）。亨利第二次被开除教籍后，她断断续续与亨利作战，有时还亲自披甲上阵，直到亨利去世（1106）。她资助教皇的军事行动，还怂恿亨利的儿子康拉德反抗他的父亲（1093）。她因对罗马教皇的坚定支持，使她在1634年迁葬于圣彼得教堂。

玛尔科娃　Markova, Dame Alicia（1910～2004）　原名Lilian Alicia Marks。英国芭蕾舞蹈家。1924年在俄罗斯芭蕾舞团首次与S.佳吉列夫登台演出，不久成为主要芭蕾舞演员，以其天仙般的轻盈而著称。在维克-韦尔斯芭蕾舞团（1931～1935，现英国皇家芭蕾舞团），成为主演《吉赛儿》的第一个英国舞蹈演员。曾和多年的舞伴A.多林成立并主持过玛尔科娃-多林芭蕾舞团（1935～1938）和伦敦节日芭蕾舞团（1949～1952，现英国国家芭蕾舞团）。随后她继续作为特邀艺术家随许多公司到世界各地演出，以在《仙女》和《天鹅湖》等舞蹈中的角色受到人们的喜爱。1963年退出舞台，1963～1969年担任大都会歌剧芭蕾舞团团长。

玛格丽塔山　Margherita Peak　东非鲁文佐里山脉的最高峰。位于乌干达与刚果民主共和国（扎伊尔）边界。为鲁文佐里山脉的中央山脉斯坦利山两个山峰中较高者，高5 119米，屹立于艾伯特湖和爱德华湖之间。1906年一支意大利探险队第一次登上该山，并以意大利玛格丽塔皇后的名字为之命名。为仅次于乞力马扎罗山和肯尼亚山的非洲第三高峰。

玛格丽特（安提阿的），圣　Margaret of Antioch, St.（活动时期3或4世纪）　又称St. Marina（圣玛丽娜）。早期基督教殉教者。据传，她是罗马皇帝戴克里先在位时期叙利亚安提阿的贞女。因拒绝嫁给安提阿的罗马行政长官而受酷刑后被斩。她是孕妇（特别是难产产妇）的主保圣人，因为在受刑时她被龙形的撒旦吞入腹中，后来又被安全吐出。在中世纪广受崇敬，现在多被视为虚构人物。

玛格丽特（昂古莱姆的）　Margaret of Angoulême（1492～1549）　又称Margaret of Navarre（纳瓦拉的玛格丽特）。法语作Marguerite d'Angoulême。纳瓦拉的亨利二世的王后，法国文艺复兴时期杰出人物。她是昂古莱姆伯爵之女。其弟法国国王弗兰西斯一世于1515年登基之后，她开始干预朝政。第一个丈夫死后，1525年嫁给亨利。她以人文主义者和改革派以及作家（如F.拉伯雷）的资助人而著称，她本人也是作家和诗人；其最重要的作品是《七日谈》，一部模仿G.薄伽丘的《十日谈》写出的72篇故事集，于1558～1559年间出版。

玛格丽特（都铎）　Margaret Tudor（1489～1541）　苏格兰国王詹姆斯四世（1505～1513）的王后。英格兰国王亨利七世之女，为改善英格兰与苏格兰之间的关系而嫁给詹姆斯。詹姆斯四世死(1513)后,她代幼子詹姆斯五世(1512～1542)主持朝政。嫁给亲英的安格斯伯爵后(1514),被迫放弃摄政,但是仍在苏格兰亲英派与亲法派的冲突中起关键作用,为财政利益而转移忠诚。1527年与安格斯的婚姻宣布无效,又嫁给梅斯文男爵亨利·斯图尔特,斯图尔特成为詹姆斯的主要顾问。

玛拉基　Malachi(公元前5世纪)　《旧约》中十二小先知之一(他的预言是犹太教法典中篇幅更大的《十二先知书》的一部分)。玛拉基一名源自希伯来语,意为"我的使者",意味着《玛拉基书》的作者不详。该书包括6个部分,由问答体的对话组成。当时犹太人因对拯救以色列之期望未能得到满足而对上帝产生怀疑。在书中,先知捍卫了上帝的正义。他呼吁人们忠于上帝的誓约,并承诺审判日即将来临。该书可能写于公元前5世纪。

玛丽(法兰西的)　Marie de France(活动时期12世纪末)　已知最早的法国女诗人。主要创作浪漫和神奇题材的叙事诗,后世游吟诗人的叙事小曲可能即源出于此。她的作品可能写于英格兰,其寓言也可能取材于英格兰。其诗歌是献给一位"高贵的"国王的,要么是英格兰国王亨利二世,要么是其子。她还创作有《寓言集》。

玛丽(苏格兰女王)　Mary, Queen of Scots(1542～1587)　原名Mary Stuart。苏格兰女王(1542～1567年在位)。父亲詹姆斯五世(1512～1542年在位)在她出生6天后去世,玛丽因此成为女王。她曾被母亲(吉斯家族的玛丽)送到法国,在法国国王亨利二世的宫廷中长大。1558年,她嫁给亨利二世的儿子弗兰西斯二世。弗兰西斯统治了很短的时间(1559～1560)就英年早逝,于是玛丽又回到苏格兰(1561)。在苏格兰,人们因她的天主教出身而不信任她。1565年,这位漂亮的红发女王嫁给了她野心勃勃的堂兄弟亨利·斯图亚特,即达恩利勋爵,从此她成为苏格兰贵族间阴谋的受害者。达恩利同苏格兰贵族合谋杀害了她的心腹D.里奇奥。1566年她生下儿子詹姆斯(即后来的英格兰国王詹姆斯一世)后,她就与达恩利勋爵疏远了。1567年,达恩利被谋杀。此后她不顾猜疑的苏格兰贵族的反对,嫁给了詹姆斯·赫伯恩,即被认为是杀害达恩利的嫌疑犯之一的博思韦尔伯爵(约1535～1578)。反叛的贵族在卡伯里山背弃了她的军队,还强迫她将王位传给她的儿子(1567)。几番试图重夺王位失败后,玛丽选择到英格兰的堂姐伊丽莎白一世处避难。伊丽莎白一世却将她囚禁。支持玛丽的英格兰天主教徒连番起义,于是伊丽莎白一世将玛丽提交审讯并判她有罪。1587年玛丽被斩首处死。

玛丽-安托瓦内特　Marie-Antoinette(-Josèphe-Jeanne d'Autriche-Lorraine)(1755～1793)　法国国王路易十六的王后。弗兰西斯一世和玛丽亚·特蕾西亚的女儿,1770年与法国王储结婚。王储成为国王(1774)后,因铺张浪费和近宠内幸的轻佻举止而遭到抨击。她在让君主制声名狼藉的钻石项链事件(1786)中无辜受到牵连。法国大革命开始后,她促使国王顶住了革命的国民议会要限制王权的企图,结果成为众矢之的。据说当她听说老百姓没面包吃的时候,曾有这样的著名言论:"叫他们吃蛋糕!"她曾企图同君主主义派及其兄弟、皇帝利奥波德二世秘密协商想保全王位。她的阴谋进一步激怒了法国人民,最终引发了1792年推翻君主制的革命。被囚禁一年后,1793年受到审判,被推上了断头台。

玛丽-安托瓦内特,肖像画,E.维热-勒布伦绘;现藏凡尔赛宫
Alinari-Art Resource

玛丽·德·梅迪契　Marie de Médicis(1573～1642)　意大利语作Maria de' Medici。法国国王亨利四世的王后。著名的梅迪契家族中弗朗西斯·梅迪契之女,1600年嫁给亨利四世,成为其第二位妻子。1610年亨利四世遇刺,她成为其子路易十三的摄政。在肆无忌惮的安克尔侯爵的指导下,她挥霍国库收入,以换取反叛贵族的忠诚。安克尔被刺后,路易即位(1617),并将玛丽流放到布卢瓦。她试图发动叛乱,后来通过她的首要顾问——后来的枢机主教黎塞留赢得优惠条件。1622年重返国王的枢密院后,为黎塞留争到枢机主教的位置,并劝路易任命他为首相。但是黎塞留逐渐摆脱玛丽的影响,到1628年反对她的政策。玛丽想罢黜黎塞留,但路易抵制了她的阴谋并将她驱逐出宫。1631年她逃往布鲁塞尔,后死于贫困。

玛丽-路易丝　Marie-Louise(1791～1847)　德语作Maria-Luise。奥地利女大公,拿破仑的第二个妻子。她是弗兰茨二世的女儿,1810年嫁给拿破仑,并在次年给他生了一个盼望已久的继承人,即后来的拿破仑二世。拿破仑在1814年退位后,她同儿子一起返回维也纳。她在拿破仑被流放以及返回法国后(1815),无视拿破仑想要同她团聚的请求。1816年被封为帕尔马、皮亚琴察和瓜斯塔拉女公爵,按奥地利人的旨意进行统治。拿破仑死后(1821),下嫁奈佩格伯爵A.阿德尔伯特,1829年阿德尔伯特去世,她又于1834年嫁给邦贝尔伯爵C.勒内。

玛丽-路易丝,肖像画,J.弗兰克绘;现藏凡尔赛宫
Alinari-Art Resource

玛丽亚·特蕾西亚　Maria Theresa(1717～1780)　德语作Maria Theresia。奥地利女大公、匈牙利和波希米亚女王(1740～1780)。神圣罗马帝国皇帝查理六世长女。查理六世颁布的《国事诏书》确定她有权继承哈布斯堡王室的领地。但是她的继承权遭到反对,引起了1740年的奥地利王位继承战争。查理七世死后(1745),她帮助丈夫取得王位,即弗兰西斯一世。她帮助进行财政和教育改革,促进商业和农业的发展,重组军队,所有这一切壮大了奥地利的力量。但是与普鲁士的持续冲突导致了七年战争以及后来的巴伐利亚王位继承战争。丈夫死后(1765),她儿子成为皇帝,即约瑟夫二世。她对约瑟夫二世的许多行为不满,但是同意分割波兰(1772)。作为18世纪欧洲强权政治中的主要人物,她给哈布斯堡王室带来了统一,被认为是哈布斯堡王室最有能力的统治者之一。她有16个孩子,包括玛丽-安托瓦内特。

玛丽二世　Mary II(1662～1694)　英格兰、苏格兰和爱尔兰女王(1689～1694年在位)。詹姆斯二世(后改信天主教)之女,从小信新教。1677年与表兄奥兰治亲王威廉结婚,婚后定居荷兰,直到英国贵族反对詹姆斯的亲天主教政策,邀请玛丽和威廉回国执政。威廉于1688年率荷兰军队返回英国,詹姆斯逃亡。次年玛丽与威廉(国王威廉三世)共享王位。玛丽深受人民爱戴,她的荷兰品味也影响了英国的陶瓷、造园术以及室内设计。32岁死于天花。

玛拿西·本·以色列　Manasseh ben Israel(1604～1657)　原名Manoel Dias Soeiro。葡裔荷兰希伯来学者及犹太人领袖。出生于因受迫害而迁至阿姆斯特丹的马拉诺家庭。精通神学,1622年任阿姆斯特丹市葡萄牙籍犹太人的拉比。他认为犹太人必须先分散到世界各地,然后弥赛亚才会降临。他游说英国政府准许犹太人迁入英格兰,并发表《以色列的希望》一书(1656)。由于他的努力,犹太人获得英国非正式的居留权。他死后,1664年英格兰的犹太人正式获得保护。

玛士撒拉　Methuselah　《旧约全书》提到的老人,活了969岁。他是以诺之子,在《创世记》中则是亚当与夏娃在该隐之后所生赛特的后裔。据说他是世界上最长寿的人。玛士撒拉是拉麦的父亲，挪亚的祖父。他的后代包括亚伯拉罕、雅各和大卫。

玛塔·哈里 Mata Hari(1876～1917) 原名Margaretha Geertruida Zelle。荷兰名妓，相传第一次世界大战时为间谍。1895年与苏格兰军官C.麦克劳德结婚，旅居爪哇和苏门

玛塔·哈里
H. Roger-Viollet-Harlingue

答腊(1897～1902)，后回到欧洲并离异。1905年开始在巴黎跳舞，自称玛塔·哈里(马来语意为太阳)。因长得美丽动人，有异国风韵，并且可以当众几乎一丝不挂地跳舞，所以很快就有为数众多的情人，包括高级军官。关于她从事间谍活动的情况并不清楚，但显然从1916年起便是德国的间谍。1917年在法国被捕，受军事法庭审判，处以枪决。

玛亚特 Maat 在古埃及宗教中，代表真理、正义及宇宙秩序的女神。她是太阳神瑞的女儿，当太阳神的船驶过天际与阴间时，她便站在船头。她也是智慧之神透特的妻子。她的天秤可用来称死者的心脏，从而决定对死者的审判结果。"玛亚特"一词的抽象意义指神的秩序，它奠定于创世之时，埃及每一任新国王登基时都要予以重申。

玛兹达教 Mazdakism 5世纪晚期兴起于伊朗的二元宗教，起源不详且无任何经卷残存。该教派以玛兹达克命名，他是5世纪波斯的主要传教者，曾使萨珊国王喀瓦德一世皈依。教义认为有善(光明)与恶(黑暗)二元，两者偶然混合而产生世界。世人的责任就是要通过道德操行在世界释放更多的光明。该教在6世纪为波斯贵族和琐罗亚斯德教教士镇压，因为他们反对其关于共产共妻的教义，但玛兹达教一直秘密残存至8世纪。参阅二元论和琐罗亚斯德教和帕西人的宗教。

码 yard 长度单位。美制1码等于36英寸或3英尺，国际单位制则等于0.9144米。用来丈量布匹的布码，1码等于37英寸(布码也是射箭的标准长度)。在非正式的对话(例如论及混凝土、砾石或表土)中，码可能是指立方码。

吗啡 morphine 杂环化合物，最早从鸦片分离出的麻醉品。其镇痛安神作用居自然界中天然化合物之首，其镇静安神作用可用来防止因外伤性休克、内出血、充血性心力衰竭和各种消耗性疾病所引起的衰竭。吗啡多经由注射给药，但也可口服。最大的缺点是易成瘾，虽然短期使用很少导致药物成瘾，但许多医生仍不愿使用能缓解剧烈疼痛的剂量。即使是对绝症病人使用吗啡也是有争议的，尽管有些人争辩这时成瘾已不重要了，另一个议题则是使用大剂量的吗啡会抑制呼吸并因此加速死亡。

买卖圣物神职 simony 指买卖教堂财产和权力的活动。这一名词来源于行邪术的西门(《使徒行传》8:18)，他曾试图购买圣灵给人天赋的权力。买卖圣物神职在9、10世纪遍布欧洲，牧师和主教的职务均由有钱有势的人用钱捐得。在教皇圣格列高利七世的抨击下，这一丑事直到15世纪才又重现，但在16世纪之后绝迹。

迈阿密 Miami 佛罗里达州东南部城市，位于迈阿密河口的比斯坎湾。为美国大陆最南端的大城市，拥有一条长11千米的海滩。1567年在其附近建立了一个西班牙传教团，但直到1835年美军建立达拉斯堡以驱赶塞米诺尔印第安人至西部，才开始有永久定居点。1896年铁路的修通刺激迈阿密的发展，同年设建制。迈阿密曾几度遭飓风破坏，以1926年和1935年的两次最严重。1959年以来，迁来的古巴难民已近30万(参阅古巴)，并在市内建立了"小哈瓦那"。迈阿密是旅游胜地和退休休养中心，其港口接待的游轮游客人数世界第一。迈阿密也是银行业中心。教育机构包括迈阿密大学和佛罗里达国际大学。人口约362 470(2000)。

迈阿密滩 Miami Beach 美国佛罗里达州东南部城市。位于一座岛屿上，与迈阿密市隔比斯坎湾相望。1912年以前为一片红树林沼泽，J.S.柯林斯和C.F.费希尔首先在这里发展房地产并建起了一座跨海大桥。该地区经疏浚成为岛屿，面积19平方千米，有13千米长的海滩。该市于1915年设建制，现为繁华的四季旅游地和会议中心。与迈阿密通有几座堤道，以装饰派艺术建筑著称。人口约87 779(2010)。

迈布里奇 Muybridge, Eadweard(1830～1904) 原名Edward James Muggeridge。英国出生的美国摄影家。年轻时从英国移民美国，1868年因拍摄约塞米蒂峡谷的照片而闻名。L.斯坦福曾雇用他拍摄一匹奔马，以证实自己关于"马的四蹄同时离地"的论点。迈布里奇使用一套12～24个照相机的特制快门，终于在1877年证实斯坦福是正确的。他广泛演讲动物运动的问题，并用一个动物实验镜作为图解，这就是电影放映机的前身。他对人类运动的广泛研究(1884～1887)至今对艺术家和科学家仍很有用。

迈尔(罗滕堡的) Meir of Rothenburg(约1215～1293) 原名Meir ben Baruch。德意志犹太教学者。在法国学习以后，曾在德意志几处任拉比，尤以在罗滕堡时间最长，他在那里开办了一所塔木德学校。他以拉比法典的权威闻名，曾为《塔木德》撰写注释和评论，并在近半个世纪里担当德意志和邻近国家犹太人的最高上诉法院的角色。他因遭迫害而同一群追随者在1286年企图逃离德意志，但不幸被捕入狱，在阿尔萨斯的一座城堡里度过余生。

迈加洛波利斯 Megalópolis 希腊伯罗奔尼撒半岛中部古城。范围广及埃利森河两岸广大地区，公元前371～前368年由第比斯的伊巴密浓达建为亚该亚同盟的首都。曾数次遭斯巴达人攻击，公元前234年加入亚该亚同盟。公元前223年遭斯巴达的克莱奥梅尼三世洗劫后迅速衰落，到公元2世纪时已成废墟。附近的现代城镇位于褐煤储量丰富的地区，现在供应褐煤燃料给数座火力发电厂。

迈克尔八世·帕里奥洛加斯 Michael VIII Palaeologus(1224?～1282) 尼西亚皇帝(1259～1261)和拜占廷皇帝(1261～1282)，帕里奥洛加斯王朝创始人。1258年他被指派为狄奥多尔二世6岁儿子的摄政后，篡夺王位，刺瞎了小王子。他从拉丁人手中收复君士坦丁堡(1261)，同教皇合作对付他的敌人，1274年将罗马和希腊的教会短暂统一。1281年新任教皇马丁四世将他逐出教会，并宣布安茹的查理计划攻打拜占廷为神圣十字军讨伐要分裂的希腊。西西里晚祷事件阻止了查理的远征，使拜占廷免于再度被拉丁人控制的厄运。

迈蒙 Maimon, Salomon(约1754～1800) 原名Salomon ben Joshua。波兰犹太哲学家。年轻时致力于希伯来文和拉比的学习，后因崇敬M.迈蒙尼德而改名迈蒙。他对迈蒙尼德作品的非正统阐释，引起其他犹太人的敌意。25岁时离开波兰，以学者和家庭教师身份漫游欧洲。他是强调纯思维局限性的怀疑主义者，最有名的著作是《寻找先验哲学》(1790)，是对康德哲学的批判。其他著作有《哲学辞典》(1791)、《人类精神批评研究》(1797)。

迈蒙尼德 Maimonides, Moses(1135～1204) 原名Moses ben Maimon。犹太哲学家、法学家和医师。出生于西班牙科尔多瓦。在伊斯兰教统治下，他不得不秘密信奉他的信仰。为了获得宗教自由，他定居埃及(1165)，因医术高明而成名，并成为萨拉丁苏丹的御医。23岁起开始写他的首部重要著作——用阿拉伯文撰写的对《密西拿》的评注，10年后方才完成。其他著作有：关于犹太人律法的不朽巨作《密西拿律法书》(希伯来文)；宗教哲学经典著作《迷途指津》(阿拉伯文)，号召人们更理性地学习犹太教，并试图调和科学、哲学和宗教。他被认为是中世纪犹太教最伟大的知识分子。

迈农 Meinong, Alexius(1853～1920) 后称Ritter (knight) von Handschuchsheim。奥地利哲学家和心理学家。以其对价值学和对象论的贡献而闻名。1889～1920年在格拉茨大学任教。与他的老师F.布伦坦诺一

样，认为意向性是精神状态的基本特征。在《论假设》(1902)中，他认为对象即使不存在，对象依然是对象，并且有一种明确的性质，这一观点影响了 B. 罗素。主要作品有《论可能性与或然性》(1915)和《论感情的表现》(1917)。

迈森瓷器 Meissen porcelain 萨克森(现德国)德累斯顿地区附近迈森瓷厂生产的德式硬质瓷，或称真瓷，自 1710 年开始生产直至今日。是欧洲最早成功制造的真正瓷器，

1750 年前后的迈森硬质瓷鸟，现藏伦敦维多利亚和艾伯特博物馆

By courtesy of the Victoria and Albert Museum, London; photograph, EB Inc.

在约 1756 年以前一直主导欧洲瓷器的风格。该厂在 1731 年后以模仿 J. J. 坎德勒的作品达到巅峰。1739 年左右，该厂设计了一种洋葱图案，后被其他制造厂广泛仿制。迈森瓷器的标志是交叉的蓝剑。

迈锡尼 Mycenae 希腊伯罗奔尼撒东北部的史前城市。为一座天然的岩石城堡，是传说中阿伽门农的都城。青铜器时代很繁荣，成就了与众不同的迈锡尼文明。约公元前 1400 年在爱琴海地区达到全盛，约公元前 1100 年随着北部多里安人的入侵而衰落。迈锡尼的发掘始于 1840 年，以 1876 年左右 H. 谢里曼的发现最为著名。遗迹包括狮子门、卫城、谷仓和几座王室蜂箱墓及井墓。

迈锡尼人 Mycenaeans 骁勇善战的印欧民族，约在公元前 1900 年开始由北方进入希腊，并在欧洲大陆及附近小岛建立青铜器时代文明。迈锡尼文明的基础是由克里特岛的米诺斯人打下的，他们一度统治过迈锡尼人。后来在公元前 1400 年左右，迈锡尼摆脱了米诺斯的控制，并统治了爱琴海地区，直到公元前 1150 年另一波入侵为止。迈锡尼后来以城邦形式继续存在，并直到接受希腊统治，但到公元 2 世纪已是一片废墟。迈锡尼的神话和传说到了希腊文明晚期仍在口耳相传，并成为荷马史诗和希腊悲剧的基础。迈锡尼语据信是希腊语最古老的形态。

迈耶 Meier, Richard (Alan) (1934～) 美国建筑师。生于新泽西州纽瓦克。曾就读于康奈尔大学，早年曾在斯基德穆尔、奥因斯与梅里尔建筑事务所和 M. 布罗伊尔事务所工作。他的住宅设计以平面和体积之间的交相映衬为特色，洁白的色调与自然背景对比十分强烈。密歇根州哈伯斯普林斯的道格拉斯住宅是他最杰出的住宅作品。他的较大型作品以擅长掌握几何图案的技巧以及戏剧性和简洁性的结合为特色。1992～1997 年在洛杉矶建造的盖提中心(内有梯形花园)，是用石灰华石建造的辉煌卫城建筑。1984 年荣获普利茨克建筑奖。

迈耶霍尔德 Meyerhold, Vsevolod (Yemilyevich) (1874～1940?) 俄国戏剧制作人和导演。1898 年开始在莫斯科艺术剧院演出，并提出了象征性戏剧的先锋派理论。他反对 J. 斯坦尼斯拉夫斯基的自然主义，执导了一些非写实派风格的戏剧，后被称为有机造型术。1908 年以后在圣彼得堡演出剧目，着重于即兴喜剧和亚洲戏剧。所导演的最著名戏剧是《出色的戴绿头巾的人》(1920)和具有争议性的作品《黑桃皇后》(1935)。迈耶霍尔德由于其艺术个性和反对社会主义的现实主义而受到苏联评论家的批判，1938 年被捕入狱，后来可能被处死。

麦比乌斯 Möbius, August Ferdinand (1790～1868) 德国数学家和理论天文学家。1815 年开始在莱比锡大学教书，因著述颇丰而获得声誉。他的数学论文主要是关于几何学的。他把齐次坐标引进解析几何并讨论了几何变换，特别是射影变换。他也是拓扑学的开拓者；在他逝世后才发现的回忆录里他对单侧曲面进行了探讨，包括著名的麦比乌斯带。

麦当娜 Madonna (1958～) 原名 Madonna Louise Ciccone。美国流行音乐歌手、歌曲作者、演员，曾在密歇根大学学习舞蹈，后来跟随 M. 格雷厄姆和 A. 艾利习舞。她的第一首单曲《假日》(1983)在舞蹈俱乐部掀起了一股轻快音乐之风，截至 1991 年，与《宛若处女》(1984)的合计销量达 7000 万张。在音乐视频中和演唱会上，她富有性挑逗的表演方式征服了歌迷，但也引来了批评。她一直处在流行的前沿，在《音乐圣堂》(2000)中融入了电子音乐。她的电影作品包括《寻找苏珊》(1985)、《狄克·崔西》(1990)和《贝隆夫人》(1996)。她在流行音乐中的地位影响很少有女艺人能企及。2008 年入选美国摇滚乐名人堂。

麦德林 Medellín 哥伦比亚西北部城市。是哥伦比亚最大的城市之一，工业化程度很高。该城建于 1675 年，原是矿业小镇。1914 年后，由于巴拿马运河建成和铁路通车而得以迅速发展。现以炼钢厂、纺织厂和服装厂闻名。是全国最大的咖啡贸易中心之一。20 世纪晚期成为麻醉药(主要为可卡因)的国际非法集散地。人口约1 955 753(2003)。

麦迪逊 Madison, James (1751～1836) 美国第 4 任总统(1809～1817)。出生于弗吉尼亚州康韦港。曾任职于州立法会议(1776～1780，1784～1786)。1787 年积极参与美国制宪会议(1787)，并对争论的议题作了详细的注解，赢得"宪法之父"的美名。为了促使法案通过，他与 A. 汉密尔顿和 J. 杰伊合作编写了《联邦主义者文集》系列论文。1789～1797 年任美国众议员期间，他支持《人权法案》，成为最重要的杰斐逊共和党党员，并因筹募战时公债问题而与汉密尔顿意见不和。为了抗议《客籍法和镇压叛乱法》，他在 1798 年起草了《弗吉尼亚和肯塔基决议》之一。被 T. 杰斐逊任命为国务卿(1801～1809)，两人合作拓展了美国的外交政策。1808 年当选总统以后，忙于处理由英、法引起的贸易和禁运问题，后来还是引发了 1812 年战争。他在 1812 年连任，第二个任期以战争为主。在此期间他重整了美国陆军，也赞成核准第二家美国银行的章程，并颁布美国第一个保护关税措施。退休后与颇具政治智慧的妻子多莉(1768～1849)回到弗吉尼亚州蒙彼利埃庄园，继续撰写文章和信件，并担任弗吉尼亚大学的校长(1826～1836)。

麦地那 Medina 阿拉伯语作 Al-Madinah，古称 Yathrib(耶斯里卜)。沙特阿拉伯西部城市，位于麦加北方。从公元 135 年犹太人定居的一个绿洲发展而成。622 年穆罕默德从麦加逃到麦地那(参阅希吉拉)，自此成为伊斯兰教国的首府，直至 661 年为止。1517～1804 年为奥斯曼土耳其人占据，然后由瓦哈比教派控制。1812 年奥斯曼和埃及联军又一次占领麦地那。第一次世界大战时奥斯曼统治结束，1925 年麦地那落入伊本·沙特手中。麦地那是伊斯兰教的圣城，为穆斯林朝圣的第二大圣地，仅次于麦加。市内众多的清真寺中包括先知清真寺，里面有穆罕默德的坟墓。人口约918 889(2004)。

麦格赛赛 Magsaysay, Ramon (1907～1957) 菲律宾总统(1953～1957)。马来手工艺者之子，原为教师，第二次世界大战期间成为游击队队长。1950 年任国防部长，曾领导近代史中最成功的一场反游击战役，以对抗胡克起义。他向农民发放土地和农具以削弱民众对胡克的支持，并下令部下不得扰民。到 1953 年，胡克已不再对他构成威胁，麦格赛赛当选为总统。但他改革的努力被保守的国会挫败。

麦基诺岛 Mackinac Island 美国密歇根州上半岛东南部麦基诺水道中的岛屿，长 5 千米。1780 年英国在此建立要塞前，该岛是一座名为米奇利麦基诺的印第安人古坟场。1783 年美国占有该岛后，成为美国皮毛公司的总部。1812 年战争期间被英军占领，但在 1815 年重归美国。1895 年起设为州立公园，该岛禁止汽车通行。

麦基洗德 Melchizedek 迦南国王和亚伯拉罕所崇敬的祭司。在《创世纪》中，亚伯拉罕从美索不达米亚人手中救出了被绑架的侄子罗德。在从战场回家的路上遇见了撒冷(可能是耶路撒冷的别名)的国王麦基洗德，麦基洗德给了他面包和酒，并以"至高的神"的名义为他祝福。圣保罗致希伯来人的书信将麦基洗德尊为基督的预表。

麦吉尔大学 McGill University 蒙特利尔的一所私立公助大学。成立于 1821 年，用苏格兰裔加拿大人 J. 麦吉尔(1744～1813)

捐赠的一笔遗产建立。因其在化学、医学和生物学方面的成就,而享有国际声誉。该校还有农业和环境科学、文科、牙医、教育、工程学、法律、管理、音乐、宗教学和理科等专业。教学语言为英语,但学生可以用法语答试卷。注册学生人数约为31 000。

麦加 Mecca 阿拉伯语作 al-Makkah。沙特阿拉伯西部城市。为穆斯林最神圣的城市,伊斯兰教创始人先知穆罕默德的诞生地,也是他的居住地。公元622年穆罕默德被迫逃往麦地那(参阅希吉拉);630年他回来并占领了这个城市。1269年受埃及的马木路克控制,1517年转到奥斯曼土耳其人手里。1925年国王伊本·沙特占领麦加,成为沙特阿拉伯王国的一部分。麦加是每个穆斯林一生中必须设法朝觐的宗教中心;只有穆斯林可以在麦加永久居留。服务业主要是与朝圣有关的设施。市内有大清真寺,内有克尔白。人口约1 294 106(2004)。

麦加菲 McGuffey, William Holmes (1800～1873) 美国教育家。主要以所编的系列小学课本留名于世。开始在俄亥俄州各边区学校教书,后来在俄亥俄州牛津的迈阿密大学任教10年(1826～1836)。其6册教材于1836～1857年之间出版。这套课本收集有教诲意义的故事及名著选段,反映了麦加菲的观点:对年轻人的适当教育必须引导他们了解广泛的事物和实际事务。这套课本在半个世纪内几乎成为所有州的标准教材,销售量超过1.25亿册。

麦加黑石 Black Stone of Mecca 指镶嵌在克尔白东墙里的穆斯林圣物,其历史可追溯到伊斯兰教兴起以前。包括3块大石和若干碎块,周围环以一个石环并用一条银带绑在一起。据说此石是亚当从天国坠落时蒙安拉授予他的,原为白色,后经千百万朝圣者亲吻和抚摸,吸收了他们的罪而变为黑色。

麦角病 ergot 禾草(尤其是黑麦)的真菌性疾病。由麦角菌(*C. purpurea*)引起。黑麦穗感染麦角病时,分泌一种味甜的浅黄色黏液。可供药用以控制产后出血,或治疗周期性偏头痛。麦角又是致幻觉药二乙基麦角酸醯胺(LSD)的来源。服用过量含麦角的药物或食用麦角病感染的面粉,会对人类和牲畜造成麦角中毒(又称圣安东尼之火)。其症状有:痉挛、妇女的流产、干性坏疽甚至死亡。

麦角酰二乙胺 LSD 全称 lysergic acid diethylamide。强力致幻药。LSD是一种有机化合物,可从麦角胺和麦角新碱等生物碱中提取,存在于麦角病真菌中,但大多数LSD都是合成生产的。它能阻止神经介质血清素的作用,造成明显偏离正常的感觉和行为,作用时间长达8～10小时或更长。情绪波动、时空定向障碍以及冲动性行为会逐渐导致对周围其他人的意图和动机产生怀疑,并攻击他们。LSD引起的幻觉可能在数年后还会闪现。这是一种未经批准的药物,还没有发现它有临床价值。

麦金 McKim, Charles Follen (1847～1909) 美国建筑师。生于宾夕法尼亚切斯特县。在哈佛大学和巴黎美术学院求学。1879年与W. R. 米德、S. 怀特合作,成立当时美国最有影响的建筑师事务所。直到1887年该公司一直以木板式的住宅著称。随后几年该事务所以擅长正统的意大利文艺复兴传统和古典风格著称。麦金的著名设计有:波士顿公共图书馆(1887)、纽约哥伦比亚大学图书馆(1893)、摩根图书馆(1887)以及宾夕法尼亚火车站(1904～1910,1963年遭毁坏)。

麦金利 McKinley, William (1843～1901) 美国第25任总统(1897～1901)。生于俄亥俄奈尔斯。南北战争期间,担任R. B. 海斯上校(后为总统)的副官,也正是他后来鼓励他参政。1877年入选众议院(1877～1891)。他支持保护性关税并提出1890年的"麦金利税法"。在M. 汉纳的支持下,当选为州长。1896年赢得共和党总统候选人提名,并在大选中击败了W. J. 布赖恩。他曾召集国会召开特别会议提高关税,但是很快他就被古巴问题和"缅因"号战舰炸毁事件缠身,结果导致美西战争。战争结束时,他鼓吹把菲律宾、波多黎各以及其他前西班牙属地划归美国。1900年他再次以多票优势击败了布赖恩。接着他开始去全国各地鼓吹节制托拉斯和商业互惠以促进外贸等战争期间忽略的问题。1901年9月6日,一位无政府主义者L. 乔尔戈什在纽约州布法罗给了他致命的一枪。T. 罗斯福继任为总统。

W. 麦金利
By courtesy of the Library of Congress, Washington, D. C.

麦金利山 McKinley, Mt. 阿萨巴斯卡语作 Denali。北美洲最高峰,在美国阿拉斯加州中南部的阿拉斯加山脉中段附近。位于迪纳利国家公园内,高度为6 194米。1910年首次有人登上该山的北峰。1913年,H. 斯塔克和H. 卡斯顿斯登上南峰,这是麦金利山的真正顶峰。该峰1889年根据一位勘探者命名为登斯莫里斯峰,但1896年以W. 麦金利总统的名字改名。

麦金托什 Mackintosh, Charles Rennie (1868～1928) 苏格兰建筑家、家具设计师和画家。工艺美术运动的巨匠之一,特别是因他为格拉斯哥艺术学院(他曾在此学习)设计的玻璃-石头大楼(1896～1909)而受到尊崇。19世纪90年代他创作了非正统的海报、手工艺品和家具而获得国际声誉。他设计的作品无比轻快优美并富有原创性,如格拉斯哥4家著名的茶室(1896～1904),被公认是英国第一位真正的新艺术设计师。1914年以后他转而致力于水彩画。20世纪后期,他的作品重新引起人们的兴趣,而开始采用他的设计来生产十分简单的几何线条样式的椅子和长靠椅。

麦酒店密谋案 Rye House Plot (1683) 英国历史上据称是辉格党因反对查理二世的亲天主教政策而企图进行暗杀的阴谋。该案的名字源于赫特福德郡霍兹顿的麦酒店,这里靠近查理从马会回来的所经之路,便于行刺。国王意外地提前动身粉碎了密谋,后来被知情者告发。真相至今不明,但主要的密谋者有蒙茅斯公爵、罗素勋爵、西德尼爵士(1622～1683)和阿姆斯特朗爵士。后三位被审判定为叛国罪而斩首。

麦卡勒斯 McCullers, Carson (1917～1967) 原名 Lula Carson Smith。美国小说家。生于佐治亚哥伦布。曾就读于哥伦比亚大学和纽约大学,后来在纽约格林尼治村定居。孩童时代的一系列中风使她半身不遂。作品常发生在南方的小地区,描述孤寂人的内心生活。她写的小说有:《心灵孤独的猎手》(1940;1968年拍成电影),该书恐怕也是她最好的作品;《金色眸子里的映影》(1941;1967年拍成电影);《婚礼出席者》(1946;1952年拍成电影),她自己将书改编成剧本(1950);《伤心咖啡馆之歌》(1951;1991年拍成电影),E. 阿尔比于1963年将该书改编成戏剧。

麦卡尼 McCartney, (James) Paul (1942～) 后称 Sir Paul。英国歌手与流行歌曲创作者。生于利物浦的一个工人家庭,起先学习钢琴,但听过美国摇滚乐的唱片后转学吉他。20世纪50年代中期与L. 列农相遇,一起组成乐队"采石工人",后来发展成披头士乐队。他和列农一起写了许多首歌曲,其中一些是20世纪最受欢迎的歌曲。1970年首度出版个人专辑。他与妻子、摄影家L. 伊斯曼(1941～1998)组成"翼"乐队;畅销作品包括《乐队上路》(1973)、《音速翱翔》(1976)。乐队解散后,麦卡尼在80年代仍有一系列畅销作品。1990年他在里约热内卢演出,买票的观众达184 000多名,创下世界纪录。1997年受封为爵士。

麦卡锡 McCarthy, Joseph R(aymond) (1908～1957) 美国政治家。生于威斯康星阿普尔顿附近。曾在威斯康星州当律师,后任州巡回法庭法官(1940～1942)。第二次世界大战期间在海军陆战队服役。1946年击败R. 拉福莱特当选为美国参议员。1950年因指控共产党在美国国务院进行颠覆活动而名噪一时。其反共"十字军运动"获得广泛支持。后来担任参议院政府工作委员会主席兼常设调查小组委员会主席(1952),麦卡锡主持听证会,传讯被怀疑进行共产主义活动的政府官员和其他人士,这次迫害和诽谤的运动被称为麦卡锡主义。

1954 年一连串电视听证会转播了他对一些美国军官从事颠覆活动的指控，以及 E. R. 默罗揭露了麦卡锡不负责任的做法，当年麦卡锡受到参议院的正式谴责。严重酗酒，终年 48 岁。

麦卡锡 McCarthy, Mary (Therese)(1912 ～ 1989) 美国小说家、评论家。生于西雅图。1937 ～ 1948 年一直是《党派评论》编辑部成员。在她的第二位丈夫 E. 威尔逊的鼓励下开始写作。其作品以对婚姻、两性关系、知识分子的软弱性和当代美国都市妇女的作用予以辛辣的讽刺著称。小说包括：《她的伴侣》(1942)、《那一群人》(1963，她最畅销的作品)、《美国鸟》(1971)、《食人者与传教士》(1979)。她还写了两部自传：《一个天主教徒少女的回忆录》(1957) 和《我的成长过程》(1987)。

麦凯 McKay, Claude(1890 ～ 1948) 牙买加裔美国诗人和小说家。在 1912 年迁往美国之前，他用牙买加方言写的《新罕布什尔之春》(1920) 和《哈勒姆暗影》(1922) 两部诗集出版后，成为哈勒姆文艺复兴最主要和最富有战斗精神的代言人。麦凯鼓吹充分的公民自由和种族团结，并在作品中研究普通人中与众不同的黑人特色。小说《在哈勒姆安家》(1928) 是当时美国黑人作家写出的最受欢迎的作品。1922 ～ 1934 年住在不同的国家。

麦考利 Macaulay, Thomas Babington(1800 ～ 1859) 后称 Baron Macaulay of Rothley。英国政治家、历史学家、诗人。在剑桥大学时，发表了他的第一篇论文 (1825)，论

T. B. 麦考利，油画，J. 帕特里奇绘于 1840 年；现藏伦敦国家肖像画陈列馆
By courtesy of the National Portrait Gallery, London

述 J. 弥尔顿，迅即成名。1830 年进入国会之后，他便成为一个知名的主要演说家。自 1834 年起，他任职于印度最高理事会，支持欧洲人和印度人在法律面前平等，并创立了全印教育制度。1838 年，他回英国再次进入国会。退出政界前出版了《古罗马之歌》(1842) 和《批评与历史文集》(1843)。之后着手写作影响后代深远的《英国史》(5 卷，1849 ～ 1861)，论述了 1688 ～ 1702 年间的历史，这是辉格党人对英国史的解释，影响了几代人。

麦考密克 McCormick, Cyrus Hall(1809 ～ 1884) 美国实业家、发明家。生于弗吉尼亚罗克布里奇县。公认他推动了 1831 年后机械收割机的发展，粮食收割方式发生革命性

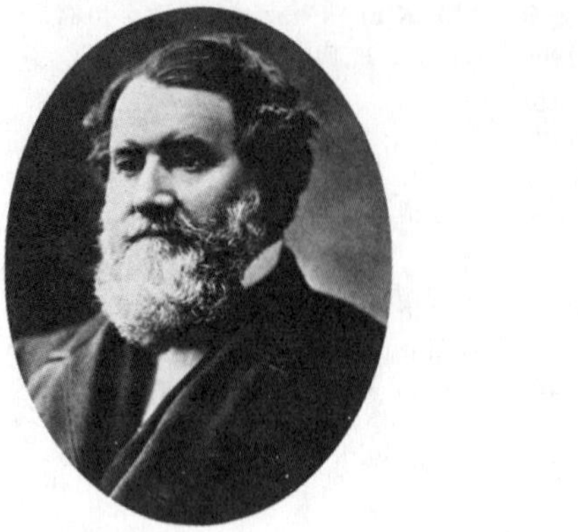

C. H. 麦考密克
Culver Pictures

变化。1850 年时，其收割机已为全美所知。荣获了许多奖项和荣誉，包括在 1855 年巴黎博览会上获得的荣誉大奖。这些奖项和荣誉使他的收割机举世闻名。1902 年麦考密克收割公司与其他的公司合并组成了国际收割机公司，麦考密克的儿子小塞鲁斯担任第一任董事长。

麦考密克 McCormick, Robert R(utherford)(1880～1955) 人称Colonel McCormick。美国报纸编辑与发行人。生于芝加哥。是 C. H. 麦考密克的侄孙和 J. 梅迪尔(《芝加哥论坛报》的主编和出版人)的孙子。1911 年起任芝加哥论坛公司总裁，1925 年开始成为该报唯一的主编和社长。在他的领导下，该报在全美标准对开新闻报纸中发行量最大，广告收入居全球第一位。所写社论具有独特风格，使他成为美国保守新闻事业的典型。

麦科马克 McCormack, John(1884～1945) 爱尔兰裔美国男高音歌唱家。少年时，他和都柏林的大教堂合唱团一起巡回演出，并在意大利米兰学习声乐。1906 年在意大利首次登台演出。次年在伦敦首次演出《乡村骑士》，开始了国际性的歌剧事业，尤其是接下来 10 年在美国发展。1918 年起他开始专注于独唱会和录唱片，范围从德国利德歌曲到伤感的流行歌曲，其爱尔兰歌曲尤其受到欢迎。

麦克阿瑟 MacArthur, Douglas(1880 ～ 1964) 美国五星上将。生于阿肯色州小石城。A. 麦克阿瑟将军 (1845 ～ 1912) 之子。毕业于西点军校，后出任该校校长 (1919 ～ 1922)。他在军中步步高升，成为将军和陆军参谋长 (1930 ～ 1935)。1932 年率部队驱逐补助金大军。1937 年受命指挥菲律宾军队。第二次世界大战爆发后，再次被征召上战场，率领菲美联军在菲律宾防御日军，但不幸失守 (1942)。随后被调往澳大利亚，担任南太平洋盟军总司令，指挥收复有战略意义的岛屿，并且一如他向菲律宾人民所承诺的"我会再回来的"，于 1944 年解放菲律宾。很快升为陆军上将，1945 年 9 月 2 日代表盟国接受日本投降。他以盟军最高统帅的身份执行战后占领日本的任务 (1945 ～ 1951)。在占领期间，他重建日本经济且起草民主宪法。1950 年朝鲜战争爆发，他奉命指挥联合国军队，阻遏朝鲜军队向前推进。他极力主张轰炸中国大陆，但遭 H. 杜鲁门总统拒绝；麦克阿瑟将争论公开后，杜鲁门因麦克阿瑟不服从命令而将他撤职。他曾两度 (1948，1952) 被提名代表共和党竞选总统。

麦克布赖德 MacBride, Seán(1904～1988) 爱尔兰政治家。出生于爱尔兰爱国者家庭。母亲是诗人 W. B. 叶芝所钟爱的 M. 冈妮 (1866 ～ 1953)，父亲 M. J. 麦克布赖德因参加 1916 年复活节起义而被处死。1936 ～ 1937 年任爱尔兰共和军参谋长，1946 年，他创立了爱尔兰共和党，1947 年进入爱尔兰众议院 (直至 1958 年)，并于 1948 ～ 1951 年出任外交部长。他是大赦国际第一任主席 (1961 ～ 1975)。也曾担任联合国助理秘书长，负责西南非和纳米比亚事务 (1973 ～ 1977)。由于他在人权方面的贡献，获 1974 年诺贝尔和平奖。

麦克道威尔 MacDowell, Edward (Alexander)(1860 ～ 1908) 原名 Edward Alexander McDowell。美国作曲家。生于纽约市，8 岁开始学钢琴。在德国进修时，他给作曲家 J. 拉夫 (1822 ～ 1882) 留下了深刻的印象，在拉夫的鼓励下他写出一首钢琴协奏曲 (1882)，拉夫将这一作品带去给 F. 李斯特；李斯特协助他举行了公开演奏。1888 年他与妻子返回美国，1896 年成为哥伦比亚大学第一位音乐教授。1904 年后由于轻瘫，无法继续演奏及作曲，后来更陷入精神疾患，47 岁病逝。麦克道威尔死后，他位于新罕布什尔彼得伯勒的农场成为艺术家们的聚集地。他最有名的作品有《第二钢琴协奏曲》(1886)、为管弦乐团所写的《第二(印第安)组曲》(1895)，以及诸如《林区素描》(1896) 与《海的乐曲》(1898) 等钢琴曲集。

麦克迪尔米德 MacDiarmid, Hugh(1892 ～ 1978) 原名 Christopher Murray Grieve。苏格兰诗人。1922 年创办《苏格兰小册子》月刊，发表他的抒情诗，并鼓吹苏格兰文学复兴。为激进派左翼分子，拒绝以英语为沟通媒介，而使用混合数种方言的"合成苏格兰语"写诗，对现代社会进行认真观察和探索。长篇狂想诗《醉汉看蓟》(1926) 是他的知名作品。后来他又转而使用标准英语写作，作品有《一箱哨子》(1947) 与《悼念詹姆斯·乔伊斯》(1955) 等。被推崇为 20 世纪初期的杰出苏格兰诗人。

麦克法登 McFadden, Daniel L.(1937 ～) 美国经济学家。由于在个人或家庭行为分析方法方面取得突破，于 2000 年与 J. 赫克曼共获诺贝尔经济学奖。在明尼苏达大学取得物理学学士学位 (1957)，后取得经济学博士学位 (1962)。曾分别任教于加利福尼亚大学伯克利分校 (1963 ～ 1979、1990 ～)、耶鲁大学 (1977 ～ 1978) 和麻省理工学院 (1978 ～ 1991)。1974 年麦克法登发展出一种称为条件式分对数分析的方法，这是一种判定人们如何作出选择使之效用极大化的方法。他的方法有助于预测公共交通的使用率，而其统计方法也被用于劳动力参与、保健、住宅及环境问题。

麦克莱伦 McClellan, George B(rinton) (1826～1885) 美国将军。生于费城。曾参加墨西哥战争并进行过军事工程勘测。后来辞职任伊利诺伊中央铁路总工程师(1857),还担任俄亥俄和密西西比铁路总经理(1860)。在美国南北战争期间,担任俄亥俄军区司令。他在西弗吉尼亚击败了南军并协助使肯塔基留在联邦内。1861 年 A. 林肯任命他为总司令。他将军队重组为一支高效的队伍,但不采取进攻,于是林肯不得不发布第一号全面作战命令(1862),号令全军挺进。麦克莱伦在半岛战役中作战谨慎,但是最后还是没能占领里士满。他在七天战役中犹豫不决,在安帝特姆战役中也未能打败 R. E. 李的军队,于是林肯解除了他的指挥权。1864 年他作为民主党的总统候选人与林肯竞选。1872～1877 年任大西洋和大西部铁路总经理。

麦克劳德 Macleod, J(ohn) J(ames) R(ickard) (1876～1935) 苏格兰生理学家。曾在美国、加拿大和苏格兰的一些大学任教,因从事糖代谢研究而著名。同 F. 班廷和 C. 贝斯特一起发现了胰岛素,这项成就使他在 1923 年和班廷共获诺贝尔奖。

麦克利什 MacLeish, Archibald (1892～1982) 美国诗人、剧作家、教师和政府官员。出生于伊利诺伊州格伦科,当过律师,1923 年到法国完善诗歌技巧。早期作品包括《诗艺》(1926)和《你,安德鲁·马维尔》(1930)。后来在"社会"诗《征服者》(1932,获普利策奖)和《演说》(1936)中表达了他对民主理想的担忧。其他作品包括广播诗剧《空袭》(1938)、《诗集》(1952,获普利策奖)和诗剧《J. B.》(1958,获普利策奖)。曾担任国会图书馆馆长(1939～1944),助理国务卿(1944～1945),后来任教于哈佛大学(1949～1962)。

麦克林托克 McClintock, Barbara (1902～1992) 美国遗传学家。生于康涅狄格哈特福德。曾在康奈尔大学获博士学位。20 世纪 40～50 年代,对玉米籽粒颜色的变异进行实验后发现遗传信息不是固定不动的。她在遗传物质中分离出两种控制因子,发现它们不但能移动,而且其位置变换后会影响邻近基因的行为,认为这些转位因子决定了机体发育过程中细胞的多样性。这项研究十分前卫,其重要性许多年后才获认可,1983 年因此获得诺贝尔奖。

麦克卢汉 McLuhan, (Herbert) Marshall (1911～1980) 加拿大传播学理论家和教育家。生于艾伯塔埃德蒙顿。1946～1979 年在多伦多大学任教。其格言"媒介即信息"使他成名,此语总结了他的观点,即热媒介如电视、计算机等电子信息传播装置对社会学、艺术、科学、宗教等在形成其思想风格方面会产生强烈影响;他认为书籍(冷媒介)注定要消失。其影响巨大的著作有《谷登堡星系》(1962)、《了解媒体:人的延伸》(1964)和《媒介即信息》(1967;与 Q. 菲奥里合著)。

麦克马洪伯爵 Mac-Mahon, (Marie-Edme-Patrice-) Maurice, comte (Count) de (1808～1893) 后为 duc (Duke) de Magenta (马真塔公爵)。法国军人,第三共和国第二任总统(1873～1879)。爱尔兰詹姆斯党人的后裔,于 1827 年开始军旅生涯,在克里米亚战争及意大利马真塔战役(1859)中扬名,后来升为法国元帅并封为马真塔公爵。1864～1870 年间担任阿尔及利亚总督;后来又在普法战争中担任指挥官。他被任命为凡尔赛军司令,这支军队于 1871 年挫败了巴黎公社起义。1873 年,A. 梯也尔辞去总统职务之后,他当选为总统。他在总统任期内颁布了 1875 年宪法。之后发生了宪法危机,麦克马洪辞职,由议会控制政府。此后,在第三共和国期间,总统很大程度上成了一种荣誉职位。

麦克米伦 Macmillan, (Maurice) Harold (1894～1986) 后称 Earl of Stockton。英国首相(1957～1963)。1924～1929 和 1931～1964 年为下院议员,在 W. 丘吉尔组成的战时联合政府中曾担任过几项职务。战后,他先后担任了住房事务大臣(1951～1954)、国防大臣(1954)、外交大臣(1955)和财政大臣(1955～1957)。1957 年出任首相,为保守党领袖。他对外改善与美国的外交关系,并在 1959 年访问 N. 赫鲁晓夫;对内支持英国战后的社会政策。1961 年因工资冻结、其他通货紧缩措施,以及爆发牵扯到国防大臣 J. 普罗富莫的苏联间谍丑闻,使他的政府开始失去民心。1963 年 C. 戴高乐否决了英国加入欧洲经济共同体的提案。人民要求更换一个新的政党领袖的呼声促使他在该年辞职下台。后来撰写了一系列回忆录(1966～1975),并在其家族的出版社麦克米伦公司担任董事长(1963～1974)。

麦克米伦 MacMillan, Kenneth (1929～1992) 后称 Sir Kenneth。英国舞蹈演员、编舞和英国皇家芭蕾舞团团长。在萨德勒斯的威尔士芭蕾舞学校毕业后,1946 年开始于该舞团担任舞蹈演员。1953 年他编排了首部作品《梦游》,接着又编排了《舞蹈协奏曲》(1955)。他所编的芭蕾舞《罗密欧与朱丽叶》(1965)产生国际性的影响。他曾担任柏林"德国歌剧团"的芭蕾总编导(1966～1969)。1970 年,被任命为英国皇家芭蕾舞团团长;1977 年他辞去此职务,为舞团的首席编舞。其他成功的芭蕾舞包括《真假公主》(1971)、《曼侬》(1974)和《伊莎多拉》(1981)。

麦克默多湾 McMurdo Sound 南极洲罗斯海向西延伸的海湾。位于罗斯陆缘冰的边缘,该水道长 148 千米,宽 74 千米。一直是南极探险的主要中心。1841 年首次为苏格兰探险家 J. C. 罗斯发现,后成为进入南极大陆的主要路线之一。沿湾的罗斯岛曾是英国探险家 R. F. 斯科特和 E. 沙克尔顿探险的主要基地。

麦克尼斯 MacNeice, Louis (1907～1963) 英国诗人、剧作家。在牛津大学就读期间出版了生平第一部诗作《盲目的烟火》(1929)。

麦克尼斯
Camera Press

20 世纪 30 年代他加入一个由关注社会问题的年轻诗人组成的诗社。该社成员还包括 W. H. 奥登、C. 戴-刘易斯和 S. 斯彭德。诗集包括《秋天日记》(1939)和《燃烧的栖木》(1963)。他还为英国国家广播公司写作并演出广播诗剧,其中最著名的是由 B. 布里顿配乐的《黑塔》(1947)。散文作品有《冰岛书简》(1937,与奥登合著)和《叶芝的诗》(1941)。

麦克斯韦 Maxwell, James Clerk (1831～1879) 苏格兰物理学家。生于爱丁堡。14 岁时发表第一篇科学论文,16 岁进入爱丁堡大学,毕业于剑桥大学。曾任教于阿伯丁大学、伦敦国王学院、剑桥大学(1871 年起),并在剑桥大学监督卡文迪什实验室的建造。他最革命性的成就为证实了光是一种电磁波,他也首创电磁辐射的概念。他的场方程为爱因斯坦狭义相对论铺平道路。他还确定了土星环的性质,在色觉上做了重要工作,还提出了气体分子运动论。他的思想形成了量子力学基础,最后也为原子及分子结构的现代理论奠定基础。

麦克斯韦尔 Maxwell, (Ian) Robert (1923～1991) 原名 Jan Ludvik Hoch。捷裔英国出版商。犹太血统,第二次世界大战期间纳粹对犹太人的大屠杀中失去了很多亲人,但他设法到了英国,后来成为军官。战后成立珀加门出版社,成为行业期刊和科学类书籍的主要出版商。20 世纪 80 年代,虽然他的财务状况时常被官方质疑,但他使不列颠印刷公司起死回生,然后又并购镜报集团报业。在美国收购的麦克斯韦尔传媒系统中有《纽约每日新闻》(1991)和麦克米伦出版社。关于他进行财务欺诈以支撑其行将崩溃的帝国真相披露后,在大西洋乘游艇时溺死(被视为自杀)。

麦克唐纳 MacDonald, (James) Ramsay (1866～1937) 英国政治家,第一位英国工党首相(1924, 1929～1931,1931～1935)。1894 年加入工党的前身团体,1900～1911 年担任书记。1906～1918 年选入下议院,1911～1914 年成为工党领袖。由于反对英国参加第一次世界大战,被迫辞职。1922 年再次入选议会,为在野党工党议会领袖。1924 年在自由党的支持下出任首相,但又于该年年末由于保守党取得多数议席而被迫辞职。1929 年工党赢得多数议席，麦克唐纳再度担任首相。1931 年经济大萧条期间提出辞职，但又决定留任联合政府首相，直到 1935 年 S. 鲍德温接掌首相职务为止。麦克唐纳继续在政府中担任枢密院长，直至 1937 年。

麦肯齐　Mackenzie, Alexander（约1763/1764～1820）　后为 Sir Alexander。苏格兰裔加拿大探险家。年轻时移民加拿大，1779 年进入一家皮毛贸易公司。1788 年他在阿萨巴斯卡湖边建立了奇佩维安堡商站。1789 年从此地出发开始探险，沿马更些河前进，经大奴湖到达北冰洋。1793 年从奇佩维安堡出发越过落基山脉，到达太平洋岸，成为第一位完成穿越北墨西哥大陆的欧洲人。

麦肯齐　Mackenzie, Alexander（1822～1892）苏格兰裔加拿大政治家，加拿大第一任自由党总理（1873～1878）。1842 年移民到加拿大西区（现安大略省）。1852 年成为当地一家自由党报纸编辑，并与改良党领袖 G. 布朗结为知交。1867 年加拿大成为自治领时，进入众议院，为在野的自由党议会领袖。担任总理期间，他恢复与美国的互惠关系的努力未能解决当时紧迫的经济困境。1878 年他领导的政府垮台。后来辞去在野党领袖一职，但仍继续担任议员直到逝世。

麦肯齐　Mackenzie, (Edward Montague) Compton（1883～1972）　后称Sir Edward。英国小说家和剧作家。在牛津大学受教育，为完成自己的第一部剧作《穿灰衣服的绅士》（1906）而放弃法律学业。第一次世界大战期间，他在叙利亚指挥爱琴海情报局；后来他把这些经历写入《希腊回忆录》（1932），但因违反英国的《官方保密法》而被起诉。他在 1923 年创办了《留声机》杂志并担任主编，直到 1962 年。1931～1934年间还担任格拉斯哥大学校长，还为伦敦《每日邮报》撰写文学评论。著有 100 多部小说、戏剧和传记（包括 10 卷回忆录）。

麦肯齐　Mackenzie, William Lyon（1795～1861）　苏格兰裔加拿大起义领袖。1820 年移民到加拿大，在上加拿大（今安大略省）经商。他创办了《殖民地鼓动报》（1824～1834），抨击行政当局。1828～1836年担任省议员期间，因发表社论强烈抨击政府而 6 次遭到保守的多数派逐出。他出版的许多不满英国对加拿大殖民统治的文章使得总督被召回。1837 年他领导 800 名拥护者试图推翻省政府未果，之后想在纽约尼亚加拉河的内维岛重整旗鼓，但因违反了美国中立法而被捕入狱。1849 年返回加拿大，1851～1858 年间担任国会议员。

麦夸里　Macquarie, Lachlan（1761～1824）英国军人和殖民地总督。曾在北美、欧洲、西印度群岛和印度的英国军队中服役。1810 年被任命为澳大利亚新南威尔士总督。他撤换了曾推翻前总督 W. 布莱的腐败军团。他大力推行市政工程建设和城镇规划，为刑满释放者提供良机，并建立殖民地的货币制度，鼓励开垦土地并定居。他的政策使刑满释放者经营的农业得以繁荣，因此激怒了大地主和牧羊农场主（排外主义者），1821 年被召回英国。

麦粒肿　sty　又称 hordeolum（睑腺炎）。一种眼睑腺体的感染。可分为两种：外麦粒肿为睑缘皮脂腺的感染；患眼畏光多泪并有异物感；感染部位先变红，然后肿胀。给予热敷可促使溃破排脓。内麦粒肿是眼睑下面的睑板腺受到感染，较外麦粒肿疼痛，通常多由眼睑内面破溃排脓，有时会在患处留下一种无痛性囊肿（霰粒肿）。参阅疖。

麦纳麦　Manama　阿拉伯语又作 Al-Manamah。巴林首都。位于巴林岛东北端，是巴林最大的城市，酋长国全国人口约 1/5 住在该市，也是波斯湾最重要的港口之一。巴林的石油财富使得麦纳麦成为商业和金融中心，与岛城穆哈拉格有堤道相连。1345 年首见于穆斯林编年史，1521 年被葡萄牙占领，1602 年又被波斯人占领。1783 年起又归哈利发赫王朝所有（除了几次短暂的中断外），1946～1971 年为英国在波斯湾的驻扎专员所在地，其后成为独立的巴林的首都。人口约143 035（2001）。

麦什德　Mashhad　又作 Meshed。伊朗东北部城市，位于卡沙夫河河谷，海拔 985 米。1220 年毁于蒙古人的攻击。16～17 世纪遭土库曼人和乌兹别克人的劫掠。纳迪尔·沙阿（1736～1747 年在位）在此建都。哈伦·赖世德和什叶派第八代伊玛目葬于此，所以也是什叶派穆斯林的朝圣之地。人口约 2 469 000（2007）。

麦西亚　Mercia　英格兰中部古王国。7 个盎格鲁-撒克逊王国之一，疆土最初包括现在的斯塔福德郡、德比郡、诺丁汉郡与西米德兰兹北部和沃里克郡等边界地区。奥发（757～796 年在位）建立了一个从亨伯河直至英吉利海峡的单一国家。奥发死后，麦西亚开始衰落，光芒为韦塞克斯王国所掩盖。877 年丹麦人将麦西亚分为英格兰区和丹麦区。10 世纪初丹麦区领土被收复，麦西亚从此受韦塞克斯王国的统辖。

麦芽　malt　一种谷物产品，在饮料和食品中用作发酵基质或用于增加香味和营养价值。由谷物，通常是大麦，浸泡于水中使其部分萌发制成。啤酒的香味主要来自其原料麦芽。大麦种子中的酶在萌发过程中将淀粉转化成麦芽糖，再通过酵母菌发酵，产生酒精和二氧化碳。威士忌同样也是用麦芽制成。

麦哲伦　Magellan, Ferdinand（约 1480～1521）　葡萄牙语作 Fernão de Magalhães，西班牙语作 Fernando de Magallanes。葡萄牙航海家和探险家。出身贵族家庭，1505 年起参加前往东印度和非洲的探险。曾两度要求国王曼努埃尔一世给他晋级，但均遭到拒绝。1517 年去西班牙，为国王查理一世（后来的皇帝查理五世）服务，提出向西开辟通往摩鹿加群岛（香料群岛）的航道，以证明该岛属于西班牙而不属于葡萄牙。1519 年他带领 5 艘船和 270 名船员离开塞维利亚。他绕南美洲航行，途中镇压了水手的一次叛乱，最终发现了麦哲伦海峡。他与剩下的 3 艘船穿过"南面的海"（后来被他称为"太平洋"，因为他们平安地穿过了这片海）。他在菲律宾被当地人杀害，但他的两艘船到达了摩鹿加。其中一艘"维多利亚"号由 J. de 埃尔卡诺（1476？～1526）继续向西航行回到西班牙，在 1522 年完成首次环球航行。

麦哲伦海峡　Magellan, Strait of　西班牙语作 Estrecho de Magallanes。南美洲大陆南端和火地岛之间沟通大西洋和太平洋的海峡。从大西洋畔维尔赫纳斯角与圣埃斯皮里图角之间向西延伸，至弗罗厄德角转向西北抵太平洋。大部分在智利领海内，全长 560 千米，宽 3～32 千米。1520 年被 F. 麦哲伦发现，为巴拿马运河修建之前的重要航线。

麦哲伦云　Magellanic Cloud　银河系中两个以航海家 F. 麦哲伦的名字命名的不规则星系中的任一个。麦哲伦的船员们在首次作环球航行时发现了它们。位于南天极附近的星空中，被以一层气体包含，相距约 22°（参阅天球）。在南半球肉眼即可看见，但在北纬地区看不到。大麦哲伦云距地球 16 万光年以上，小麦哲伦云距地球约 19 万光年。两者是研究恒星演化极佳的实验室。

卖淫　prostitution　为了立即得到金钱或其他贵重物品而与配偶或朋友以外的个人发生性关系的行为。卖者可能是女性也可能是男性，可能进行异性的或同性的性行为，但多数卖淫的是女性，男性作为嫖客。卖淫是一种非常古老和普遍存在的现象，对妓女的谴责也是普遍的，但对嫖客的谴责则相对较弱。妓女通常受到某种程度的孤立。在古罗马，她们必须穿上特殊的服装；希伯来的法令规定只有外籍妇女才能充当妓女；在第二次世界大战以前的日本，她们必须居住在城市指定的区域。在中世纪的欧洲，卖淫要有执照并按法律进行管理；16 世纪发生的一场传染性病和后宗教改革运动的道德行为致使妓院关闭。在美国，卖淫最早受到《麦恩法》（1910）限制，到 1915 年，大多数州都禁止了妓院（内华达州是一个典型的例外）。然而，卖淫在美国许多地方和欧洲的城市得到了容忍，当地的警察主要是防范与相关的犯罪活动。妓女通常都很贫困，缺乏谋生的技能。在许多传统社会中，没有家人养活的妇女，很难找到其他谋生的职业。在非洲和亚洲的发展中国家，卖淫是导致艾滋病传播和成千上万儿童被遗弃的主要原因。

脉搏　pulse　心脏收缩造成的动脉中的压力波动。在动脉贴近皮肤处可以触知，通常在颈或手腕的动脉处可摸到。它的频率、强度和节奏以及波形提供了宝贵的信息，但必须与当时情况联系起来观察（如快速脉搏与严重心脏疾病、普通感冒或剧烈运动同时发生）。成人的平均脉率是每分钟 70 ～ 80 次；频率与年俱降，女性一般会更快一些。

脉冲星 pulsar 全名 pulsating radio star（脉冲射电星）。一类宇宙天体统称，能发射其规则的射电脉冲。少数几个还可以发出短节奏的可见光激变、X 射线和 γ 射线。1967 年 A. 休伊什和 J. B. 贝尔用专门设计的射电望远镜发现了它们，当时认为是快速自旋的**中子星**。至今已发现的脉冲星达 500 颗以上。所有的表现都相似，但脉冲之间的间隔不同，范围在 1 秒钟的千分之一到 4 秒钟之间。从表面发出的带电粒子进入星体磁场，磁场将它们加速，使得它们产生辐射，从磁极处以强粒子束释放出来。辐射束的方向与脉冲星自转轴方向不一致，因此当星体自旋时，辐射束像灯塔般来回摆动，看起来就像是脉冲。已经证明无线电脉冲星一直在减速，典型的减慢速度为每年百万分之一秒。经计算得知约 1000 万年后当脉冲星的磁场变得足够弱时，脉冲星就会“熄灭”。

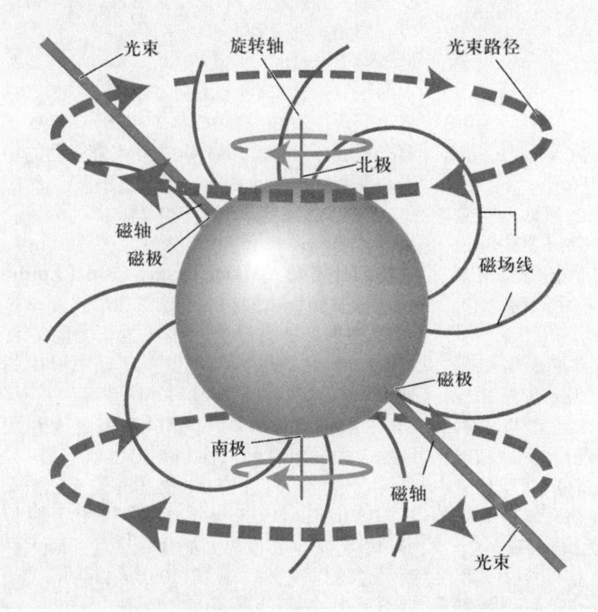

脉冲星顺着磁轴发出两道光束（例如无线电波）。如果磁轴偏离旋转轴，光束会随着恒星转动扫出圆形的路径，而不是保持一个固定的位置。当光束扫射时，在光束路径的观察者会看到周期性无线电脉冲。

鳗 eel 鳗鲡目 800 余种鱼类的统称。体细长，一般无鳞，背、臀鳍长且于尾端相连接，见于沿岸到中等深处的所有海区。淡水鳗鲡机敏活泼，掠食性，体上覆小鳞，几乎遍及全世界。幼时生活于淡水中，成熟后洄游到海中产卵，产卵后即死亡。透明幼鳗，漂流到近岸，上溯江河。淡水鳗是珍贵的食用鱼类，体长 10 厘米至 3.5 米。参阅**海鳝**。

螨 mite 蜱螨亚纲约万种无脊椎动物的统称 。形状从极小到6毫米不等。生活在水中、土壤中、植物上或动植物宿主内。无论是寄生的还是非寄生的都会传播动植物疾病。疥螨（疥螨科）在人和动物的皮肤中钻洞，引起疥疮。少数种传播绦虫给牛。谷物螨（嗜甜螨科）不仅损坏储藏的农产品，而且在人类接触这些产品时引起皮肤反应。对屋里灰尘过敏常是由尘螨造成的。参阅**恙螨**。

红绒螨（*Dinothrombium*；约放大 5 倍）

Anthony Bannister from Natural History Photographic Agency

曼 Mann, Horace（1796 ～ 1859） 美国教育家，美国第一位伟大的公共教育倡导者。幼年家贫，在马萨诸塞州富兰克林镇图书馆自修，后入读布朗大学。以后又学习法律，并被选入州立法机构。任州教育部长时积极支持教育改革，认为在民主社会中，教育应该免费、普及和不分宗派，并应依赖训练有素的职业教师。晚年进入美国国会（1949 ～ 1953），1953 ～ 1959 任安蒂奥克学院（大学）首任校长，坚决支持废除奴隶制。

H. 曼

By courtesy of Antioch College, Yellow Springs, Ohio

曼 Mann, Thomas（1875 ～ 1955） 德国小说家和散文作家，被认为是德国 20 世纪最伟大的小说家。曾短暂从事办公室工作，后与哥哥亨利希（1871 ～ 1950）一起致力于写作。第一部小说《布登勃洛克一家》（1901）是一部为古老的资产阶级美德谱写的挽歌。在笔调阴郁的中篇小说杰作《魂断威尼斯》（1912）中，他描写了艺术家在一个即将摧毁的社会中的悲剧性困境。虽然他在第一次世界大战开始时怀抱着满腔的爱国热忱，但 1919 年后逐渐改变了他对专制德国的观点。巨著《魔山》（1924）清晰地表明他日益信奉启蒙运动为一复杂而多元整体的一部分。他直言不讳地反对纳粹，**A. 希特勒**上台后他逃亡瑞士，1938 年在美国定居，但 1952 年返回瑞士。四部曲《约瑟和他的兄弟》（1933 ～ 1943）写的是圣经中约瑟的故事。《浮士德博士》（1947）是他政治性最直露的小说，分析了德国灵魂的阴暗面。而好笑的《骗子菲利克斯·克鲁尔的自白》（1954）则没有完成。他以细腻的风格、丰富的幽默和讽刺、精细的描写、多层次的睿智叙述而闻名。其散文则分析了 **L. 托尔斯泰**、**S. 弗洛伊德**、**J. W. von 歌德**、**F. 尼采**、**A. 契诃夫**和 **F. 席勒**等名家。1929 年获诺贝尔文学奖。

曼彻斯特 Manchester 英格兰西北部**大曼彻斯特**大都会区首府和郡级市。位于**伦敦**西北方、**利物浦**以东。公元 78 ～ 86 年为罗马一要塞所在，4 世纪后被废弃，919 年时附近建有曼彻斯特镇。16 世纪时为重要羊毛贸易地。18 世纪，随着**产业革命**开始，发展为重要的制造业城市，以纺织生产闻名。1830 年由利物浦通往曼彻斯特的世界第一条现代铁路通车。由于受困于城市和工业问题，曼彻斯特正处于重新发展的过渡时期。设有曼彻斯特大学等多所高等学府。人口约 437 000（2004）。

曼彻斯特（维多利亚）大学 Manchester, (Victoria) University of 英格兰公立大学。位于曼彻斯特市，1851 创立，最早是开放给一般人就读的非教派学院。1880 年成为大学，并在利兹和利物浦设立学院，这两所学院后来（1903）都各自独立成为大学。E. 卢瑟福曾在该大学进行重要的原子物理研究，世界最早的现代计算机之一也是在 20 世纪 40 年代末于曼彻斯特大学制造出来的。该校可授予本科及以上学位，以及各专业学位，课程设置范围广泛。注册学生人数约18 000人。

曼达派 Mandaeanism 幸存于伊拉克和伊朗西南部的古中东**诺斯替教派**。和其他**二元论**体系一样，曼达派强调灵魂通过诺斯（即真知）以彻悟本身来源于神而获得解脱。其名称源自曼达雅，意为“拥有知识”。其宇宙论认为，邪恶的**阿尔康**阻止灵魂穿越各天界与至高神重新结合。与其他诺斯替教派不同的是，曼达派主张结婚，禁戒淫乱。该派另一特点是礼拜仪式繁复，尤其是洗礼。曼达派认为**耶稣**是假弥赛亚，但崇奉施洗者**圣约翰**，曼达派的经书中记载了他的生平。

曼怛罗 mantra **印度教**和**佛教**的咒语，或音节，或一词，也有成句者。据信具有神秘的或精神上的力量。或是高声朗诵，或是心中默念；有的一再重复，有的只念一次。多数并无明显的言辞意义，但被认为具有深刻的寓意，为智慧的精华。反复诵念曼怛罗可在信徒心中产生一种恍惚状态，并引导他到达更高一层的精神领悟。广泛使用的曼怛罗有印度教的唵和藏传佛教的“唵嘛呢叭咪吽”。

曼德布洛特 Mandelbrot, Benoit B.(1924～2010) 波兰裔美籍数学家。在巴黎获得博士学位,1958年移民美国。最著名的是关于碎形(他自创的名词,参阅分形几何学)的研究,说明碎形出现在数学及自然界的许多地方。受到G. M. 朱里亚(1893～1978)的影响。朱里亚的研究一直遭到忽视,直到20世纪70年代曼德布洛特的基本计算机实验,并利用计算机图形才赋予它全新的生命。曼德布洛特集合是从简单方程式产生的虚数构成数学集合,绘在计算机上无限地复杂。

曼德拉 Mandela, Nelson(1918～2013) 南非黑人民族主义领袖、政治家。科萨人酋长之子。在特沃特斯兰德大学取得律师资格,1944年加入非洲人国民大会(ANC)。沙

N. 曼德拉,摄于1990年

佩维尔惨案(1960)后,曼德拉放弃非暴力立场,帮助成立非洲人国民大会的军事组织"民族之矛"。1962年被捕,判处终身监禁。曼德拉在南非黑人中获得广泛的支持,并且成为国际上轰动一时的案件。1990年F. W. 德克勒克释放曼德拉。1991年曼德拉接替O. 坦博成为非洲人国民大会主席。1993年他与德克勒克因致力于结束南非的种族隔离政策及和平过渡为非种族的民主制度而共获诺贝尔和平奖。1994年在南非第一次各民族大选中当选为总统。到1999年卸任时,他已成为后殖民地时期非洲最广受尊敬的人物。

曼德勒 Mandalay 缅甸中部城市。濒临伊洛瓦底江,为该国第二大城市,仅次于仰光。1857～1859年曼桐王创建,以取代阿马拉布拉作国都。它是缅甸王国最后的都城,1885年落入英军手中。第二次世界大战期间被日本军队占领,几乎完全被毁。曼德勒是重要的佛教中心,有著名的马哈牟尼塔,有730座收藏大理石碑佛经的宝塔。人口1 176 900(2004)。

曼德维尔 Mandeville, Sir John(创作时期14世纪) 传说中《约翰·曼德维尔爵士航海及旅行记》之作者。此书为中世纪英国旅行者游记集,约1356～1357年用法语写成,英文版出现于1375年左右。书中叙述者自称纪录的是自己在1322～1356年间的旅

J. 曼德维尔爵士,选自15世纪初之手稿。现藏不列颠图书馆

行。由于书中的大多数材料在当时的百科全书和游记中都能找到,所以作者曾否旅行过也无从证实。尽管如此,其文学技巧和丰富的想象力仍使此书有趣易读,广受欢迎。

曼多林琴 mandolin 诗琴类的小型弦乐器,17世纪在意大利逐渐形成,但是现在的样式主要应归功于19世纪时的制造者P. 维纳恰(1806～1882)。琴身梨形,穹形背很厚,短品的指板,4对钢弦(美国民间曼多林琴琴身浅,琴背平坦)。演奏时拨子在每对同音的弦上迅速来回拨奏,产生富有特色的震音。

曼谷 Bangkok 泰语作Krung Thep。泰国首都,位于距昭披耶河(即湄南河)河口约40千米,是国家的主要港口和文化、金融、教育中心。1782被国王拉玛一世定为暹罗(泰国旧名)的首都。第二次世界大战期间为日本人占领,后来遭盟军炮火猛烈轰炸。1971～1972年合并周围几个地区形成一个省级都市,从此快速扩展。纵观全市,各式各样有围墙的佛教寺庙到处林立,显示出这座城市是宗教生活的中心。都会区人口6 355 144(2000)。

曼哈顿 Manhattan 美国纽约州东南部纽约市的一个区,包括曼哈顿岛全部以及伊斯特河中的3个小岛。四周为哈得孙河、哈勒姆河、伊斯特河及上纽约湾环绕。据说是P. 米纽伊特在1626年以价值60盾的饰品向当地印第安人购得。1653年并为新阿姆斯特丹市,1664年被英国人取得,并改名为纽约市,1898年成为大纽约市的5个区之一。为世界主要商业、金融和文化中心之一。著名场所包括中央公园、帝国大厦、世界贸易中心(已毁)、联合国总部、华尔街、大都会艺术博物馆、现代艺术博物馆、林肯表演艺术中心、卡内基音乐厅、哥伦比亚大学、朱利亚学院、纽约大学等。人口1 537 195(2000)。

曼哈顿工程 Manhattan Project(1942～1945) 美国政府制造第一颗原子弹的研究工程。1939年美国科学家敦促F. D. 罗斯福总统建立一个研发核裂变的军事用途的计划,并获得6 000美元的拨款。到1942年这项工程代号为曼哈顿,取自早期进行大部分研究的哥伦比亚大学的所在地。加利福尼亚大学和芝加哥大学也同时进行此项研究。1943年制造原子弹的实验室在新墨西哥州的洛斯阿拉莫斯建立,由J. R. 奥本海默领导的科学家组成,同时也在田纳西州的橡树岭和华盛顿州的汉福德进行生产。第一颗原子弹在新墨西哥州南部的阿拉莫戈多空军基地试爆。这一计划总共花费了约20亿美元,有125 000人参与。

曼海姆 Mannheim 德国西南部城市。为欧洲最大内陆港之一,位于莱茵河畔内卡河河口。公元8世纪时为小村庄,后选侯腓特烈四世筑堡于此,1607年设市。在17世纪的战乱中两次被毁,1720年巴拉丁选侯重建此城,并将官邸迁往该城(参阅巴拉丁领地)。1795年再次被毁,经重建,1848年成为革命运动的中心。现为德国工业中心,生产化工产品、纺织品、肥料。人口约308 385(2002)。

曼杰利什塔姆 Mandelstam, Osip (Emilyevich)(1891～1938) 俄罗斯诗人、文学评论家。1910年第一次发表诗歌。为阿克梅诗派的领袖,该派抵制俄罗斯象征主义中的神秘和抽象。其诗歌深奥,不问政治,如诗集《哀歌》(1922)。1934年因讽刺J. 斯大林而被捕。他虽患有间歇性精神错乱,但仍写完长诗《沃罗涅日札记》,此书收集了一些他最好的抒情诗。1938年再次被捕,死于羁押中,享年47岁。他的大部分作品直到斯大林死后才得以在苏联出版,20世纪60年代中期以前,几乎不为其他国家所知。

曼·雷 Man Ray(1890～1976) 原名Emmanuel Radnitsky。美国摄影家、画家和电影制作人。他在纽约长大,学习了建筑、工程和艺术。1917年与M. 杜尚合作形成了纽约的达达派,创作"现成取材作品"。1921年迁居巴黎,与超现实主义者交往。他重新发现了制作"不用照相机"的图画或照片的技术,他称这一技术为"光影图像"。通过在感光纸上放置物体和负感作用技术,使一部分为负像,一部分为正像。他转向肖像摄影,完成了对20世纪2030年代巴黎文化名人的完整记录。作为20世纪20年代先锋派的电影摄制者,他做出了重要贡献。

曼利 Manley, Michael (Norman)(1924～1997) 牙买加政治领导人。雕塑家之子。1972年出任牙买加总理,此前曾担任过人民民族党及全国劳工联盟领导人。他领导的左翼政府在改善住宅问题、教育问题及卫生保健问题方面都有显著的成就,但是油价激烈上涨造成经济危机,很多中产阶级移民出走,失业率攀升到30%。在1980年大选的竞选阶段出现许多暴力事件,曼利在该次大选中败下阵来。1989年他重新当选后改走中间路线,1992年因健康原因下台。

曼纳林 Mannerheim, Carl Gustaf (Emil), Baron(1867～1951) 芬兰军人、总统(1944～1946)。1889～1917年任俄罗斯帝国军队军官,在芬兰内战中指挥军队抗击布尔什维克,并击退苏联军队。1918年成为芬兰摄政,直至1919年共和国成立。1931～1939年任国防委员会主席,主持建立横越卡雷利亚地峡的曼纳林防线。1939～1940年、

1941～1944年担任芬兰军总司令，在**苏芬战争**(1939～1940)中对抗强大的苏联军队，取得最初的胜利。1944年成为芬兰总统，与苏联签订和约。

曼尼普尔　Manipur　印度东北部一邦。面积22 327平方千米。与缅甸，以及那加兰邦、阿萨姆邦、米佐拉姆邦接壤。首府因帕尔。该邦的两大自然区为曼尼普尔河河谷及西部山区。1762年和1824年曼尼普尔请求英国帮助抵抗缅甸人的入侵。19世纪90年代英国管理该地区，1907年由当地政府接管，1917年的部落起义建立了由阿萨姆人执政的新政府。1947年加入印度联邦，1972年成为印度的一邦。农业和林业为主要经济支柱。人口约2 627 000(2008)。

曼宁　Manning, Henry Edward(1808～1892)　通称 Cardinal Manning(曼宁枢机主教)。英国天主教枢机主教。银行家和国会议员之子，1833年受按立为英国圣公会牧师。作为**牛津运动**的一员，1851年成为天主教徒，同年晚些时候受按立为司铎。此后升迁迅速，1865年被任命为威斯敏斯特大主教，1875年任枢机主教。他倡导教会集权(越山主义)，主张对**教皇永无谬误论**采用比第一次梵蒂冈会议更为强烈的措辞。他积极开办学校，因热衷于社会福利事业而知名。

曼齐刻尔特战役　Manzikert, Battle of(1071)　在曼齐刻尔特镇(今土耳其马拉吉特)附近发生的战役。塞尔柱突厥人(参阅**塞尔柱王朝**)在苏丹**艾勒卜-艾尔斯兰**的率领下击败了拜占廷皇帝**罗曼努斯四世(戴奥吉尼斯)**率领的军队。罗曼努斯已调集大军应付土耳其人，制止他们侵扰拜占廷统治的安纳托利亚。但战争前夕，他队伍中的土库曼雇佣兵叛逃到敌方，结果拜占廷军队全军覆没，罗曼努斯本人被俘。战后，塞尔柱人征服了安纳托利亚大部分地区。

曼斯菲尔德　Mansfield, Katherine(1888～1923)　原名 Kathleen Mansfield Beauchamp。新西兰裔英国女作家。19岁移居英格兰，1920年出版成名作《幸福》。1922年出版

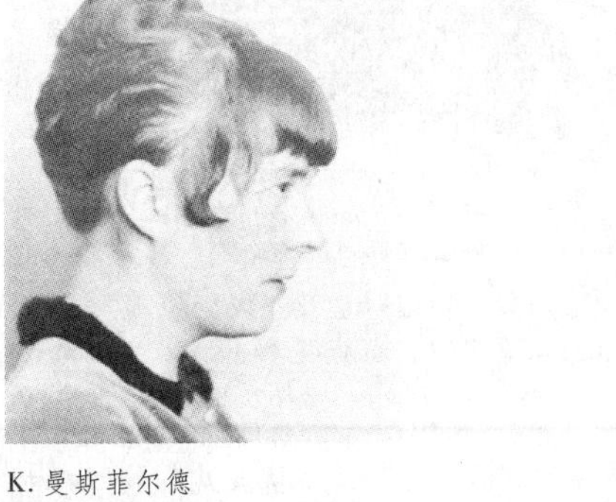

K. 曼斯菲尔德
BBC Hulton Picture Library

《园会》，达到创作的顶峰。写作风格细腻，擅长描写内心冲突，尤见长于充满诗歌味的独特的散文体，显示出**A. 契诃夫**的影响。病逝前5年深受肺结核折磨，死时34岁。

曼特尼亚　Mantegna, Andrea(1431?～1506)　意大利画家。木匠之子，被F. 斯夸尔乔内(由裁缝改行的画家)收养，是后来控诉斯夸尔乔内剥削的几名学生之一。17岁左右开设作坊，接下一件祭坛画的重要任务，该作品现已失传。他在帕多瓦的埃雷米塔尼教堂留下的壁画(1448～1457)，以其纪念碑式的造型和对古典建筑细节的关注，表明他精通透视学，并且成功地营造出错觉的效果。最具代表性的作品是位于曼图亚的贡扎加王朝的杜卡莱宫的壁画《婚礼厅》(1474年完成)，该作品使一个小小的内室变成具有户外阁楼的空间效果。他是意大利北部第一位在作品中完全引入文艺复兴风格的画家。1453年与贝利尼家族的女儿结婚，但没有加入贝利尼工作室，后来成为L. 贡扎加侯爵的宫廷画师。他对古典遗产的人文主义探讨和空间错觉的艺术手法，对后世有深远影响。

曼荼罗　mandala　印度教密宗与佛教密宗中象征宇宙的图形，在举行宗教仪式时使用，或作为修习**默念**的方法。曼荼罗是宇宙力量的聚集点。借由精神上"进入"曼荼罗并向其中心前进，象征经历宇宙的分解与复合。曼荼罗可画在纸上、布上、地上、青铜或石头上。基本上分为两类，代表宇宙不同的两面——胎藏界和金刚界，前者的运动是从一到多，后者则是从多到一。

曼西尼　Mancini, Henry(1924～1994)　美国作曲家。生于克利夫兰。曾短期在朱利亚德研究生院学习，而后便以钢琴家和编曲的身份在战后的"格伦·米勒乐团"工作。他为电视连续剧《彼得·甘》(1958)所创作的爵士配乐让他大放异彩，但是他最为人称道的可能是《粉红豹》电影中那幽默的配乐。其他配乐包括《格伦·米勒传》(1954)、《黑镇风云》(1958)、《蒂法尼的早餐》(1961；有歌曲《月亮河》)、《相见时难别亦难》(1962)、《雌雄莫辨》(1982)。他为约200部电影配乐，赢得四次奥斯卡金像奖，并且曾录制他所指挥和弹奏的钢琴唱片约80张。

曼佐尼　Manzoni, Alessandro(1785～1873)　意大利小说家、诗人。童年大部分在教会学校度过。写了一系列宗教诗《圣歌》(1815)，后来受**莎士比亚**影响写了两部历史悲剧：《卡

曼佐尼，油画，F. 海耶绘；现藏米兰布雷拉宫绘画陈列馆
Alinari-Art Resource

马尼奥拉伯爵》(1820)和《阿德尔齐》(1822年上演)。其最有名的小说《约婚夫妇》(3卷；1827)是世界文学的宝贵财富，也是该世纪最著名的意大利小说。出于爱国热情，他想创造一种广大读者都能接受的语言，因此以明白易懂、富有表现力的散文创作，后来成为许多意大利作家的典范。曼佐尼鼓吹意大利统一，被视为**复兴运动**的英雄。他的去世促使**G. 威尔地**创作出伟大的《安魂曲》。

蔓越橘　cranberry　杜鹃花科越橘属(*Vaccinium*)几种与南方越橘近缘、矮小匍匐或蔓生植物的果实。小果蔓越橘(*V. oxycoccus*，北方蔓越橘、酸果蔓越橘)分布亚洲、

美洲蔓越橘(*Vaccinium macrocarpon*)
Walter Chandoha

北美北部及欧洲北部和中部，生长于沼泽地；浆果球形，绯红色，大小如加仑子，有斑点，味酸。美洲蔓越橘(*V. macrocarpon*，大果越橘)在美国东北大部地区野生，比小果蔓越橘茁壮；浆果较大；果皮粉红色至暗红色或红白杂色；广泛栽植于马萨诸塞州、新泽西州、威斯康星州及华盛顿州和俄勒冈州近太平洋沿岸地区。常用做馅饼、饮料、调味品和果酱。

慢跑　jogging　以轻松步伐跑步的一种有氧运动。由B. 鲍尔曼和W. E. 哈利斯开始(1967)而流行慢跑热。慢跑可以健身、减肥和消除紧张。许多医学权威赞同慢跑，但也有人警告说慢跑对脚、胫、膝和背可能造成伤害。每隔一天慢跑一次，要做好准备动作，还要穿着设计合适的鞋，加上适当的慢跑技术，就可以降低受伤害的危险性。

慢性疲劳综合征　chronic fatigue syndrome (CFS)　不明原因的突然虚弱疲劳，常伴低热、咽喉痛、淋巴结肿大、肌肉酸疼乏力、关节疼痛、头痛、头脑不清或注意力无法集中，确认CFS的标准是：必须是新得的；必须有明确的发作时间，而且必须持续6个月以上。以前这种病被认为是想象的病征，因而将其搁置起来，但现在已被疾病控制和预防中心认定。该中心估计每千人中有3人会受此病影响，大多是妇女。此病可能已存在多年；可能和19世纪时人们称之为神经衰弱的病情相似，不过人们也推测此病是由各种因素引起的，其中包括一些最近才产生的环境因素。持怀疑态度的人继续怀疑它是否是一种独立的疾病。至今还没有诊断测试结果能将它和相似的病区分开。尚无有效的疗法，但绝大

部分患者可逐渐好转。

漫画 cartoon 最初用作把一个艺术形式转绘到绘画、挂毯或其他大型作品的原大速描。自15世纪起，就有湿壁画家和彩色玻璃艺术家使用漫画。在19世纪又指运用夸张、讽刺、通常带有幽默感的模仿画。漫画如今主要用于在报纸和杂志上表达政治评论、编者的观点以及社会的喜剧成分。最伟大的早期漫画家是18世纪英国的W.贺加斯。在19世纪的法国，H.杜米埃最早使用气球形圈出的文字，以此来传达他的人物的内心思想。英国的《笨拙》杂志成为19世纪最重要的漫画园地；在20世纪《纽约人》树立了美国的漫画标准。普利策奖于1922年设立了新闻漫画奖项。参阅讽刺画和连环画。

芒蒂派森 Monty Python('s Flying Circus) 英国喜剧团。这个创新团体成立于20世纪60年代早期，70年代首先是在电视上，而后在电影中，开始引人注目。大部分成员都是在就读剑桥大学时认识，包括G.查普曼(1941～1989)和J.克利斯(剧团大部分小品和电影的两位作者)，以及T.琼斯(1942年生)、T.吉廉(1940年生)、E.艾德尔(1943年生)和M.帕林(1943年生)。剧团节目模仿名人接受访问并加以讽刺，以及让荒稽角色盛装登场的做法，让国际间的观众既感惊讶，又非常快乐。他们演出的电影有《芒蒂派森与圣杯》(1975)和《芒蒂派森的布莱安生活》(1979)。

芒福德 Mumford, Lewis(1895～1990) 美国建筑评论家、城市规划设计师和文化历史学家。生于纽约法拉盛。曾在多所大学任教，并为《纽约人》等杂志撰稿。其著作有《技艺与文明》(1934)、《历史名城》(1961)和《机器的神话》(3卷，1967～1970)，他分析了技术和城市化对人类社会的影响，批评现代技术社会人性化丧失的趋势，强烈要求这种社会应该与人本主义目标和愿望相一致。参阅城市规划。

芒罗 Munro, Alice(1931～) 原名Alice Anne Laidlaw。加拿大作家。生于安大略省温厄姆。她的短篇小说描写精湛，故事背景通常设定在安大略乡间，人物为苏格兰-爱尔兰血统。短篇小说集有:《欢乐幽灵之舞》(1968)、《你以为自己是谁?》(1978)、获总督文学奖的《爱的前进》(1986)，以及《有件事我一直想对你说》(1974)、《朱庇特之月》(1982)、《我年轻时的朋友》(1986)、《公开的秘密》(1994)、《好女子的爱》(1998)、《恨、友谊、追求、爱情、婚姻》(2001)和《亲爱的生活》(2012)。2009年获布克国际文学奖，2013年获诺贝尔文学奖。

芒斯特 Munster 爱尔兰南部的省。该地区的南部曾由一个部落统治，到公元400年左右该部落已逐步将其势力扩展到芒斯特全区。北欧海盗在10世纪入侵该地，并最终在沃特福德和利默里克定居。12世纪盎格鲁-诺曼人入侵后，由菲茨杰拉德和巴特勒封建家族统治。现包括克莱尔、科克、凯里、利默里克、蒂珀雷里(北区和南区)和沃特福德等郡。人口约1 101 266(2002)。

芒特弗农 Mount Vernon G.华盛顿的家乡和安葬地。位于弗吉尼亚州北部，濒临华盛顿特区附近的波托马克河。1752年华盛顿继承此处地产。在这栋18世纪乔治式房屋的附近是一座简朴的砖砌墓地。这是依照华盛顿的旨意建立的，安放着华盛顿夫妇及其几个家人的遗体。在美国政府拒绝购买此地后，芒特弗农妇女协会筹集200 000美元购得此处的房屋和80公顷的土地，该协会至今仍负责维护该地产。

杧果 mango 又译芒果。漆树科常绿乔木。为热带地区最重要、栽培最广泛的水果之一。果肉黄色至橘红色，多汁，有独特香味、富含维生素A、C和D。果实从卵形到细长形，颜色从鲜艳的红色和黄色到暗绿色，小者如李子，大者似甜瓜。树龄长，植株高达15～18米，叶长矛形，花小，簇生，粉红色，味道芳香。

盲 blindness 单眼或双眼无视觉。导致暂时性盲(一时性黑暗)的原因有:垂直方向加速产生很大的重力;肾小球肾炎(一种肾病);眼睛血管中的血栓。包括视网膜、感光神经或大脑的视觉中心在内的眼部受外伤或眼疾(如白内障、青光眼)可能造成持久性盲。许多传染性疾病、非传染性疾病及寄生系统疾病都会致盲。怀孕妇女的性传染病和风疹也会导致胎儿成盲。参阅视网膜黄斑变性和视野缺损。

盲鳗 hagfish 分属无颌纲两个科的约30种海产鱼形原始脊椎动物的统称。盲鳗科见于各大洋;黏盲鳗科见于北大西洋以外各洋区。盲鳗体形似鳗，无鳞，皮肤软，吻端具成对的粗须。长约40～80厘米。骨骼为软骨性。口呈裂缝状，吸附力强，具角质牙。分布于冷海水区，深度超过1 200米。生活于软底上的洞穴中，常全身埋入。以无脊椎动物以及死鱼、伤残鱼为食。会钻入渔民钓线上的或渔网里的鱼体内。它们在鱼体内食鱼。被抓到时身体分泌大量黏液。参阅七鳃鳗。

莽骑兵 Rough Riders 美西战争中的首支志愿骑兵团。该兵团由T.罗斯福、L.伍德招募并领导，由牛仔、矿工、执法官员和大学运动员等组成。他们在古巴发动的最著名的攻势是在圣胡安山战役(1898年7月1日)中攻占制高点的战斗，该战俘虏了敌将K.希尔，快速横穿了整个山谷以确保夺下圣胡安山脉及其制高点圣胡安峰。该兵团被美国新闻界广泛报道，并帮助确立了罗斯福的声誉。

蟒 python 蟒科巨蛇亚科约40种行动缓慢、温驯有毒的蛇类的统称。除了一种中美洲的蛇类(美洲闪鳞蛇)之外，蟒主要分布于非洲西部至中国、澳大利亚和太平洋岛屿一带的热带和温带地区。中美洲的短体蟒有时归入巨蛇亚科。以鸟类和哺乳动物为食，用缠绕的方法杀死猎物。多见于水域附近，有些树栖。均卵生，产卵量取决于蟒身的长度，一般为15～100枚。亚洲网纹蟒可能是世界上最长的蛇(水蚺的体重更大)，有超过9米的标本记录。蟒在吞食猎物时，会分泌出一种黏液，黏液中含极其微量的蛇毒蛋白。

猫科动物 cat 猫科食肉哺乳动物的统称，包括真猫科动物(豹属和猫属)和猎豹(猎豹属)。化石上的现代猫科动物约出现于1 000万年以前。豹属猫科动物(如狮和虎)所发声音为吼声，但不能发呜呜声，瞳孔为圆形。猫属猫科动物(如美洲狮)能发呜呜声，但不能吼叫，瞳孔通常为垂直形。猫科动物有锋利可缩回的前爪，牙齿可用于穿刺、衔牢和切割。从高处跳下时，几乎总是四肢着地。多数为夜行性，眼睛能在弱光下视物。猫科动物性喜清洁，常用像锉一样的舌头为它们自己梳毛。小型猫科动物已有3 500年的驯养历史(参阅家猫)。野生猫科动物包括短尾猫、狞猫、美洲豹、豹、猞猁、豹猫、薮猫、雪豹和野猫。

毛 hair 皮肤上的细长而柔软的长出物。胎毛是一层绒毛状的细毛，在婴儿出生前或出生后不久便脱落。后来婴儿身上长出短而纤细的毫毛。在发身期和发身期以后，毫毛为更长、更粗、颜色更深的终毛所取代。终毛长于腋窝、外生殖器，有时长于躯干和四肢的某些部位，男性还见于面部。头发、眉毛和眼睫毛是不同类型的毛。头发每个月可长13毫米，总数平均约10万～15万根。除毛根基部的少数生长细胞外，毛是死组织，由角蛋白组成。皮下小囊基部的细胞分裂生成毛发。毛发生长，休止，脱落，再生，形成一个周期。绒毛的寿命约4个月，头发则为3～5年。

毛鼻袋熊 wombat 有袋超目袋熊科两种澳大利亚兽类的统称。近乎无尾，体长70～120厘米，体型笨重，每胎产一仔，在腹袋内喂养5个月。以草及乔木、灌木根部的内层

普通毛鼻袋熊(*Vombatus ursinus*)
Warren Garst-Tom Stack and Associates

树皮为食。会在耕地及牧场上挖地穴，于其末端以草为巢。普通毛鼻袋熊(*Phascolomis* 或 *Vombatus*, *ursinus*)被粗糙的黑毛，耳小，分布于澳大利亚东南部和塔斯马尼亚。罕见的昆士兰毛吻袋熊(*Lasiorhinus barnardi*)毛细，灰色，耳较长。受法律保护，主要种群生活在一处国家公园里。

毛虫 caterpillar 又称蠋。鳞翅目昆虫(蝶、蛾)的幼虫。体圆柱形，分13节，有3对

胸足和数对腹足。头两侧各有6眼，触角短，颚强壮。虽然不是真正的蠕虫，但许多毛虫也叫蠕虫，如尺蠖、蚕和大军虫（一星黏虫的幼虫）等。蠋型幼体又见于其他类昆虫，如叶蜂和举尾虫。

毛茛 buttercup 毛茛科毛茛属（*Ranunculus*）显花植物，约250种，草本。普遍分布于北温带的树林和田野。波斯毛茛（*R. asiaticus*）是商品花卉。野生种类甚多，包括

水生毛茛（*Ranunculus flabellaris*）
Kitty Kohout from Root Resources

高大草甸毛茛（*R. acris*）和普通水生毛茛（*R. aquatilis*）。其他同科的植物广泛分布在温带和亚热带地区；热带地区则多分布在高海拔区。叶通常互生、无柄，可能是单茎，也可能多茎。花可能完全对称，也可能呈不规则形状。银莲花、飞燕草、驴蹄草、铁线莲和獐耳细辛都属该科植物。

毛拉 mullah 伊斯兰教内用于学者或宗教领袖的称号，特别是在中东和印度次大陆。意为“主人”，在北非也用在国王、苏丹和贵族的名字前。现称毛拉者，多为宗教领袖，包括宗教学校的教师、精通教法的学者、伊玛目（清真寺内率领穆斯林作礼拜的人）和诵经人。该词也用来指认可伊斯兰传统教义的整个阶层。

毛里求斯 Mauritius 全称 Republic of Mauritius（毛里求斯共和国）。西印度洋马达加斯加岛以东岛国。位于马斯克林群岛，南北长61千米，东西宽47千米。外围属岛有东边的罗德里格斯岛、东北的卡加多斯卡拉若斯沙洲以及北边的阿加莱加群岛。面积：2 040平方千米。人口：约1 248 000（2013）。首都：路易港。全国人口约2/3为南亚人后裔，剩下的大多数人口为欧洲人、南亚人及非洲人的混血。语言：英语（官方语言）、克里奥尔语（通用语）和各部族语言。宗教：印度教、基督教、伊斯兰教。货币：毛里求斯卢比。原为火山岛，四周几乎全被珊瑚礁所环绕，最高点小黑河峰海拔828米，瓦科阿湖为主要水源。可耕地约占全国土地面积的一半；虽然政府奖励农业多样经营，仍以甘蔗为主要作物；粮食大量依赖进口，以稻米为主。人口密度为世界最高的国家之一。16世纪初葡萄牙人来到该岛，但未在岛上定居。1598～1710年被荷兰人占领，并以拿骚总督莫里斯之名称此地为毛里求斯。荷兰人曾尝试在岛上定居（1638～1658、1664～1710），但最后放弃，而将该岛留给海盗。1721年法属东印度公司占领毛里求斯，将之改名为法兰西岛。在1767年法国国王接管之前，一直由法属东印度公司治理。甘蔗种植为主要经济活动，该殖民地亦因此而繁荣。1810年英国占领该岛，1814年根据《巴黎条约》正式划归英国，恢复毛里求斯之名，废除奴隶制度。19世纪末由于甜菜制糖业的竞争，使岛上经济呈现衰退之势；1869年苏伊士运河通航后，该岛更趋没落。第二次世界大战后实行政治和经济改革。1968年宣布独立，但仍留在英联邦内。1992年成立共和国。该国成功实现了经济的多样化，特别是制衣业、信息技术以及商业金融服务业。毛里求斯于1984年首次参加在洛杉矶举办的夏季奥运会。

毛里塔尼亚 Mauretania 古代北非一地区，相当于今摩洛哥北部和阿尔及利亚中部和西部。公元前6世纪起就有腓尼基人和迦太基人居住，更早的居住者为罗马人所称的毛里人和马萨埃利人。公元42年被罗马兼并，分为两个省。5世纪时实际上已经独立，但在7世纪遭汪达尔人和阿拉伯人侵占。

毛里塔尼亚 Mauritania 全称 Islamic Republic of Mauritania（毛里塔尼亚伊斯兰共和国）。非洲西北部国家，濒大西洋。面积：1 030 700平方千米。人口：约3 438 000（2013）。首都：努瓦克肖特。摩尔人（阿拉伯-柏柏尔人和苏丹人的混血种人后裔）占全国人口的绝大多数。语言：阿拉伯语（官方语言），以及富拉语、索宁克语和沃洛夫语。宗教：伊斯兰教（国教，主要为逊尼派）。货币：乌吉亚。毛里塔尼亚大部分地区为地势低洼的沙漠，为撒哈拉沙漠的最西部。只有一小部分地方为可耕地，但近2/5的土地适合放牧。大部分居民为游牧民，放牧的牲畜有山羊、绵羊和骆驼等。石油、海洋捕鱼业和铁矿生产为主要财源。毛里塔尼亚为共和国，两院制。国家元首兼政府首脑为总统，由总理辅佐。最早的居民是桑哈贾-柏柏尔人。11～12世纪，该国为柏柏尔穆拉比人王朝的中心，该王朝将伊斯兰教引入邻近地区的许多部族。15世纪阿拉伯各部族到达毛里塔尼亚，并建立了数个强大的联邦，有统治塞内加尔河地区的特拉扎和卜拉克纳、东部的昆塔以及北部的里杰巴特。葡萄牙人于15世纪抵达。1817年法国控制了沿海地区，1904年正式的保护地扩大到全境。1920年划入法属西非，成为殖民地。1960年毛里塔尼亚获得独立，脱离法兰西共同体。首任总统M. O. 达达赫在1978年的政变中被废黜，军人政府成立。1991年通过新宪法。1992年成立了文人政府。国家面临着持续的经济困难以及政治骚乱，如2005年和2008年的政变。该国于1984年首次参加在洛杉矶举办的夏季奥运会。

毛利人 Maori 新西兰的波利尼西亚民族。据他们传统的历史说法，大约12～14世纪起，他们的祖先就一批又一批地从一个神话般的地方移居到新西兰，但考古学家发现至少在公元800年前，新西兰已有人居住。他们与欧洲的首次接触是在1642年A. J. 塔斯曼与一群毛利人发生战斗，之后欧洲人开始受到欢迎，但随之而来的火枪、疾病、西方农业方法和传教士对毛利人的文化和社会结构产生侵蚀，并引发了冲突。英国在1840年正式控制新西兰，在接下来的30年间，争夺土地的战争此起彼伏。到了1872年，这些争斗终于结束，毛利人的大片土地被没收。现在，约有9%的新西兰人被归为毛利人，但几乎所有人都带有欧洲血统。虽然他们已经在很大程度上融入现代城市生活，但许多毛利人仍保留了传统的文化习俗，并为维护对祖先土地的控制权而奋斗。

毛姆 Maugham, W(illiam) Somerset（1874～1965） 英国剧作家和小说作家。第一部小说《兰贝斯的丽莎》（1897）小获成功后便放弃了短暂的行医生涯。他的戏剧主

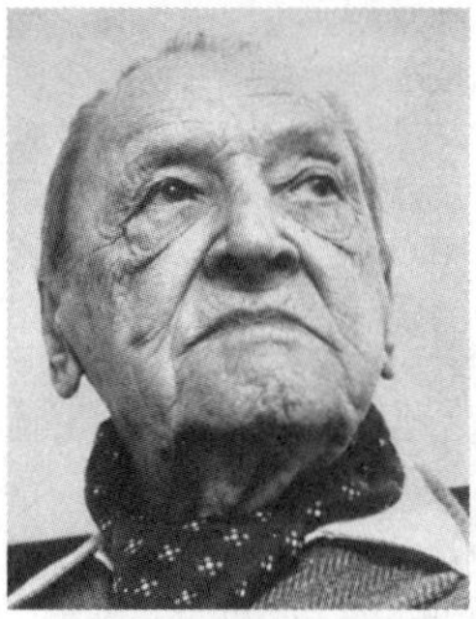

W. S. 毛姆
Michael Ochs Archives/Venice, Calif.

要是描写爱德华时代的社会喜剧，给他带来了经济上的保障。声誉主要得自小说《人性枷锁》（1915）、《月亮和六便士》（1919）、《大吃大喝》（1930）以及《刀锋》（1944）。短篇故事常常描写欧洲人在异国的迷惘。作品特色为明晰朴素，以世界为背景，对人性有透彻的理解；在今天的评价已不如以前。

毛奇 Moltke, Helmuth (Johannes Ludwig) von（1848～1916） 德国军人。H. K. B. von 毛奇的侄子，他在德国军队中快速崛起，从1882年担任他叔父的副官。1903年被任命为军需总监，1906年任德军总参谋长。第一次世界大战爆发时，他运用前任制订的施利芬计划，但他不具备修改计划的能力，无法处理计划中的战术和指挥错误，使德军在第一次马恩河会战（1914）的攻势被遏止。不久被解除指挥权，两年后郁郁而死。

毛丝鼠 chinchilla 啮齿目毛丝鼠科小型南美哺乳动物，毛皮质地柔软，极其珍贵。貌似尾长、耳小的兔子。体长约35厘米，包括

毛丝鼠（*C. laniger*）
Jane Burton-Bruce Coleman Ltd.

尾长。毛皮柔软,浅灰色,杂有暗色毛;尾长、有丛毛,一道黑色条纹由背侧延至腹侧,贯通尾部全长。栖息于智利和玻利维亚境内安第斯山脉干燥的多岩石地区,群居在地穴或岩石裂缝中,以种子、果实、谷物、草和苔藓为食。过去大量捕猎几乎绝灭,现在在野外依然很难觅到其踪迹;几乎所有人工饲养的毛丝鼠都是1923年引进美国的几只毛丝鼠的后代。

毛细血管 capillary 连成网状的微细血管,能为肌体提供氧及营养物质并带走二氧化碳及其他废物。毛细血管网是来自心脏的动脉血的终点,也是乏氧血经静脉回到心脏的起点。毛细血管仅容单列红血球通过。管壁由单层内皮细胞构成。该词又指淋巴系统的最小管道(淋巴毛细管)及肝内的毛细胆管。

矛头蛇 fer-de-lance 蝰蛇科蝮蛇亚科矛头蝮属(*Bothrops*)极毒蛇类,遍布美洲热带各种生境,从耕地到热带森林。头宽大,呈三角形,灰色或褐色,满布黑边的菱形花纹,花纹

瓦格勒氏竹叶青(*T. wagleri*)

之间的交界处颜色略淡。一般体长1.2～2米。人被咬伤可致命。矛头蛇一名有时泛指中、南美洲的矛头蝮属和亚洲的竹叶青蛇属(*Trimeresurus*)的各种毒蛇。

茅膏菜 sundew 茅膏菜科4个属,值得注意的是茅膏菜属,约100种显花**食肉植物**的统称。一年生或多年生,以能捕捉昆虫而著名。广布于热带及温带地区。叶通常基生丛生。上下叶面均复有一层黏性的顶端具腺体的毛以及能网罗昆虫的敏感触手。触毛分泌的酶将捕获的昆虫消化后,叶又张开再布罗网。最著名的种类之一是**捕蝇草**。参阅**瓶子草类**。

茅茅运动 Mau Mau 20世纪50年代肯尼亚尚武的**基库尤人**领导的民族主义运动。茅茅运动(其得名不详)主张以暴力推翻英国在肯尼亚的统治。为镇压茅茅运动的起义者,英属肯尼亚政府在1952～1956年间展开了一系列的军事行动,大约有11 000名基库尤人、100名欧洲人和2 000名非洲反对独立者在战斗中丧生,另有20 000基库尤人被关入拘留营。虽然遭受重大损失,基库尤人的反抗始终是独立运动的先锋。作为基库尤人领袖在1953年被监禁的**J.肯雅塔**,1963年成为独立的肯尼亚总理。

昴星团 Pleiades 位于黄道星座金牛座中的疏散星团,距地球约400光年。星团中包含大量发亮的星云物质和数百颗恒星,其中有6或7颗恒星肉眼可见,在许多国家的文学作品和神话故事中都有关于它们的生动描述。对于北半球上的人来说,自古以来就把每年春季黎明时昴星团与太阳一同升起看作是航海和农耕季节的开始,而把秋季清晨昴星团落入地平线看作是农耕和航海季节的结束。

冒纳凯阿峰 Mauna Kea 美国夏威夷州**夏威夷岛**中北部休眠火山。海拔4 205米,为该州最高点,也是一占地202公顷的州立公园的主要景点。其名意为"白色山峰",因顶部常年积雪而得名。圆形山顶跨度为48千米,为一大天文台所在。其熔岩流覆盖了西北方科哈拉山脉的南面山坡,而它自身的西部和南部山坡则被附近**冒纳罗亚**流出的熔岩所覆盖。

冒纳罗亚 Mauna Loa 美国夏威夷州**夏威夷岛**中南部火山。位于夏威夷火山国家公园内,为世界上容积最大的山。海拔4 169米,穹丘长120千米,宽103千米。火山口莫库阿韦奥韦奥面积约10平方千米,深150～180米。自1832年起平均每3年半喷发一次。多次喷发均限于莫库阿韦奥韦奥火山口处,其余则沿着裂隙熔岩流覆盖了岛上5 120多平方千米的地方。参阅**基拉韦厄**。

贸易差额 balance of trade 指一定时期内一国商品与劳务进出口值之差额。贸易差额是更大的经济项目国际收支的一部分,国际收支是指一国居民与其他国居民之间所有经济交易的总额。如果一国的出口值超过进口值,这个国家便拥有贸易顺差或贸易剩余,反之则出现贸易逆差或贸易赤字。根据重商主义经济理论,贸易顺差是绝对必要的。但根据**古典经济学**理论,充分利用经济资源对于一个国家而言比实现贸易顺差更重要。然而,对贸易赤字的抵触思想一直持续到20世纪,并常被**保护主义**的倡导者发展。

贸易理事会 Trade, Board of 全称Lords Commissioners of Trade and Plantations。英国监管美国殖民地事务的咨询机构。1696年设立,用以取代贸易大臣(1675～1696)。该机构负责检查殖民地法规,以确保英国贸易政策的最大利益。该理事会提名殖民地总督,向议会建议影响殖民地的法律,听取殖民地对其管理者的意见。它没有行政权或立法权,但却成为英国政府制定殖民地政策的主要机构。1782年撤销。

帽贝 limpet 各种扁平壳贝类的统称。海产贝类(前鳃亚纲)多附着在海边岩石上。美国普见种是大西洋笠贝(*Acmaea testudinalis*),生活于冷凉水域。钥孔帽贝的螺壳尖端

普通帽贝(*Petella vulgata*)和藤壶(*Balanus balanoides*)

有一缝或孔。肺螺亚纲的帽贝生活在半咸水和淡水中。参阅**软体动物**。

《玫瑰传奇》 Roman de la Rose 中世纪后期最受欢迎的法国诗歌之一。以**奥维德**的《爱的艺术》为蓝本,存留于300多页手稿中。开头4 058行乃纪尧姆所写,这一部分写于1225～1230年,是一个以**典雅爱情**传说为素材的动人的寓言故事。直到大约1280年,让·德·默恩创作了其余的21 000多行,这一部分包括大量的百科知识和对当时各种问题的见解,使得这部诗闻名遐迩。**G.乔叟**后来翻译了这部作品,也是他最重要的文学作品之一。

玫瑰经 rosary 宗教仪式。即一边背诵祈祷文,一边数珠串或打节的绳索,这些念珠和绳索也被称为玫瑰经。这类器件大多都具有很强的装饰性,且镶有宝石。使用玫瑰经或"念珠"的做法在世界上各宗教中流传甚广,包括基督教、印度教、佛教以及伊斯兰教。在基督教中,最普遍的玫瑰经是圣母**马利亚**的玫瑰经。起源不详,但与圣**多明我**有关,并在15世纪形成确定形式。

玫瑰战争 Roses, Wars of the(1455～1485) 在兰开斯特家族和约克家族之间爆发的旨在争夺英国王位的一系列王室内部战争。这场战争是用两个家族的标记来命名的,即约克家族的白玫瑰和兰开斯特家族的红玫瑰。双方都因是爱德华三世的后嗣而要求获得王位。自1399年起,由兰开斯特家族拥有王位,但在亨利六世统治期间,国家陷入了近乎无政府状态。1453年,在亨利的一次疯病发作期间,约克公爵被宣布为王国的摄政王。亨利在1455年恢复了他的统治权,战争也开始爆发。约克家族于1461年成功地将爱德华四世推上王位,但战争仍在继续,他们于1471年在伦敦塔内杀害了亨利六世。1483年爱德华三世拒绝了其外甥提出的继承王位的要求,并且疏远了许多约克家族。在**博斯沃思原野战役**中,兰开斯特家族的都铎(亨利七世)战胜并杀死了理查,结束了这场战争。他通过婚姻将两个家族联系起来,并在1487年挫败了一次约克派叛乱。

梅奥家族 Mayo family 美国医学世家。

W. W. 梅奥(1819 ～ 1911)出生于英格兰，1845 年移居美国。1863 年在明尼苏达州罗彻斯特开办了一家外科诊所。1889 年和两个儿子以及圣方济各女修会一起开办了圣玛丽医院。长子 W. J. 梅奥(1861 ～ 1939)是腹部、骨盆和肾方面的外科专家，并管理这家医院。C. H. 梅奥(1865 ～ 1939)是一个外科天才，开创了实施甲状腺肿手术、神经外科和整形外科的现代疗法。1900 年左右，这家诊所从合伙关系转变为由各科医师和专家组成的志愿者学会，后来称作梅奥诊所。1915 年梅奥兄弟创建了梅奥医学教育和研究基金会。该会提供医学及相关领域研究生教育。如今这家诊所拥有大约 500 名医师，每年诊治 20 多万病人。

梅察达　Masada　以色列东南部古堡。占据了整个山巅。该山海拔 434 米，占地面积 7 公顷。因希律大帝在公元前 1 世纪为梅察达修建防御工事而闻名。犹太教的狂热派反抗罗马统治，于公元 66 年攻占了梅察达。耶路撒冷陷落后，该堡是犹太人在巴勒斯坦的最后一处抵抗据点，堡内守军拒绝投降。该堡被罗马人长时间包围，最终在公元 73 年被攻下。罗马人发现城内的 1 千多名信徒不愿被俘，几乎全部自尽。20 世纪，古堡变成了犹太民族英雄主义的象征，现为以色列最受欢迎的旅游胜地之一。2001 年被联合国教科文组织列为世界遗产。

梅德斯通　Maidstone　英格兰东南部肯特郡首府。在伦敦东南部梅德韦河畔，城市名称源自《末日审判书》。宗教改革运动以前是诺曼时期坎特伯雷大主教驻地，后发展为商业城镇。现仍为农业中心，地处英格兰最大蛇麻草产区，酿酒业是主要经济行业之一。有许多建筑遗址，包括中世纪的大主教官。人口约138 959(2001)。

梅德韦杰夫　Medvedev, Dmitry(1965 ～　)全名 Dmitry Anatolyevich Medvedev。俄罗斯总统(2008 ～ 2012)，总理(2012 ～　)。生于列宁格勒(今圣彼得堡)。曾在圣彼得堡国立大学讲授法学(1990 ～ 1999)。在此期间，他还在圣彼得堡市长办公室任职，并在那里结识了 V. 普京。2000 年负责领导普京的总统竞选活动。2003 年成为普京的总统办公厅主任，两年后出任俄罗斯联邦政府第一副总理。在普京的领导下，他在政府工作中显示出自己是一位有能力的管理者，始终关注着改革，但他对西方流行文化的喜好也招致了一些非议。2007 年 12 月普京确定梅德韦杰夫为他的指定继承人。在随后举行的总统选举活动中，梅德韦杰夫的主旨是“有自由要比没有自由好”。赢得大选全面胜利后，梅德韦杰夫于 2008 年 5 月 7 日正式就任，并立即任命普京为政府总理。尽管是在他的任期内，但实际上他和普京是作为联合首脑在共同领导政府。2011 年 11 月，俄罗斯正式加入世界贸易组织，这是他执政期间的最大成就。2012 年，他并未寻求连任，而是为普京竞选总统(第三个任期)铺路。普京成功当选后，他被任命为总理，并于 2012 年 8 月就职。

梅迪契(罗伦佐)　Medici, Lorenzo de'(1449 ～ 1492)　人称 Lorenzo the Magnificent。佛罗伦萨政治家和文学艺术的赞助者。为梅迪契(科西莫)的孙子，他是梅迪契

梅迪契(罗伦佐)，赤陶胸像，A. del 韦罗其奥制于约 1485 年；现藏华盛顿国家美术馆
By courtesy of the National Gallery of Art, Washington, D. C., Samuel H. Kress Collection, 1943

家族最杰出的人。1469 年起，他与弟弟朱利亚诺一起统治佛罗伦萨。1478 年佛罗伦萨最重要的一支银行业家族帕齐暗杀了朱利亚诺。帕齐家族是与教皇西克斯图斯四世(他不支持暗杀)、那不勒斯国王结盟的。由于罗伦佐直接向那不勒斯国王求助，使他得以重掌佛罗伦萨的权力。去世前，一直都是该市唯一的统治者。他为年仅 13 岁的儿子乔瓦尼从教皇英诺森八世那里取得了枢机主教的职位，后来也成为教皇，即利奥十世。罗伦佐动用梅迪契家族的财富资助了许多艺术家，如S. 波提切利、莱奥纳多·达·芬奇和米开朗琪罗，他可能是历史上最有名的赞助者。他的赞助后来导致梅迪契银行破产，不过梅迪契家族的政治势力依旧称霸于佛罗伦萨和托斯卡纳。

梅迪契(乔瓦尼)　Medici, Giovanni de'(1498 ～ 1526)　原名 Lodovico。意大利将军。梅迪契家族较小支系的成员，是乔瓦尼和米兰有势力的斯福尔扎家族的卡特琳娜所生。老乔瓦尼在他出生后不久就去世了，他取了父亲的名字，自幼接受军事训练。1516 ～ 1517 年和 1521 年时，他为堂兄教皇利奥十世作战。在法国服役期间(1522、1525)，1526 年参加了科尼亚克同盟的军队，结果在曼图亚附近的战役中身负致命重伤。1521 年利奥十世驾崩之后，他曾命令自己的军队竖黑旗以示哀悼，因此被称为黑旗队的乔瓦尼。

梅迪契(亚历山德罗)　Medici, Alessandro de'(1510～1537)　第一代佛罗伦萨公爵(1532 ～ 1537)。是梅迪契家族较大支系的成员，但很可能是枢机主教朱里奥(即后来的罗马教皇克雷芒七世)的私生子。教皇任命帕塞里尼枢机主教去佛罗伦萨为亚历山德罗的摄政。但这位不受欢迎的摄政于 1527 年引起叛乱时，他们几人不得不出逃。教皇和皇帝查理五世之间达成协议，梅迪契家族重返佛罗伦萨(1530)，亚历山德罗被宣布为世袭公爵(1532)。他是个专制的统治者，1536 年娶查理五世之女(奥地利的玛格丽特)以求巩固统治。1537 年，在他的远房堂弟洛伦齐诺发动的未成功的叛乱中被刺死。

梅迪契(朱利亚诺)　Medici, Giuliano de'(1479 ～ 1516)　佛罗伦萨统治者(1512 ～ 1513)。是梅迪契家族较大支系的成员之一，为梅迪契(罗伦佐)之子。1494 年佛罗伦萨共和派在法国援助下将其兄皮耶罗赶下台。1512 年教皇尤里乌斯二世要求佛罗伦萨加入他的神圣联盟以对抗法国，并因此应允流亡的梅迪契重返佛罗伦萨。朱利亚诺以统治者身份归国(皮耶罗早在 1503 年去世)，后来曾采取残暴的手段镇压一次阴谋。1513 年另一长兄，即利奥十世当上教皇后，他以枢机主教身份前往罗马。1515 年接受法国内穆尔公爵爵位。

梅迪契家族　Medici family　意大利资产阶级家族，在约 1430 ～ 1737 年间曾先后统治佛罗伦萨和后来的托斯卡纳。该家族以经常出现残暴的统治者和大力赞助文艺而闻名。此家族中有 4 人成为教皇(利奥十世、克雷芒七世、庇护四世、利奥十一世)，其成员还与欧洲王室通婚，最著名的是与法国王室的联姻(参阅卡特琳·德·梅迪契和玛丽·德·梅迪契)。该家族事实上的创始人是乔瓦尼·迪·比奇·德·梅迪契(1360 ～ 1429)。他原是一名商人，通过经商积累了大量的财富，1421 ～ 1429 年是佛罗伦萨事实上的统治者。他的两个儿子开创了该家族的主要分支。所谓的梅迪契较大支系始于梅迪契(科西莫)。乔瓦尼的孙子梅迪契(罗伦佐)(高贵者)，使家族势力大为扩张。罗伦佐的儿子梅迪契(朱利亚诺)则被封为法国内穆尔公爵，另一个儿子乔瓦尼则成为教皇利奥十世；他的曾孙女就是后来的卡特琳。科西莫的另一个孙子朱里奥(1478 ～ 1534)后来成了教皇克雷芒七世。可能是其私生子的梅迪契(亚历山德罗)是一位暴君，也是梅迪契家族较大支系的最后一位直系男丁。所谓的梅迪契家族较小支系始于乔瓦尼的幼子罗伦佐。罗伦佐的孙子乔瓦尼娶了有势力的斯福尔扎家族的卡特琳娜。所生的孩子乔瓦尼后来是一位著名的将军。他的儿子科西莫一世当上了佛罗伦萨公爵。而科西莫一世的儿子弗朗西斯(1541 ～ 1587)就是玛丽王后的父亲。科西莫一世的孙子科西莫二世(1590 ～ 1621)放弃了家族经营的银行业和商业。他的孙子科西莫三世(1642 ～ 1723)是一位软弱的统治者，托斯卡纳在他的统治下逐渐衰败。他的儿子吉安·加斯托内(1671 ～ 1737)是托斯卡纳最后一位大公爵，死后无嗣。

梅毒　syphilis　由苍白密螺旋体引起的一种性传播疾病。如不加医治，梅毒病程可经历 3 期：第 1 期梅毒的特征是出现下疳肿块且伴有低烧；半数患者于下疳出现数周或数月后出现第 2 期梅毒症状，特征为皮肤和黏膜出疹，淋巴结肿大，还涉及骨、关节、眼和神经系统；经过可长达数年的潜伏期后，约 1/4 患者可出现第 3 期症状。这些症状可能为良性，也可能致残甚至死亡。本期病损可侵犯全身任何部位。梅毒可由染病的母亲传给胎

儿。其他一些种类的密螺旋体可导致非性交性的梅毒(参阅**雅司**),与性交性梅毒相似但程度较轻。几种血清测试可以检验梅毒,即使尚在潜伏期也可以检验出。使用抗生素可以有效地进行治疗。

梅厄　Meir, Golda(1898 ～ 1978)　原名 Goldie Mabovitch,后称 Goldie Myerson。美裔以色列(出生于乌克兰)女政治家,以色列第4任总理(1969～1974)。1906年全家移民

G. 梅厄
Dennis Brack-Black Star/EB Inc.

密尔沃基,她在那里成为密尔沃基犹太复国主义工党的一个领袖。1921 年与丈夫一起移民巴勒斯坦。在第二次世界大战期间是同英国当局谈判的有力人士。1948 年为以色列独立宣言的签署人。1949 ～ 1974 年在议会担任议员,1949 ～ 1956 年担任劳工部长,1956 ～ 1966 年担任外交部长。在担任总理期间,寻求外交途径以缓和当地的紧张局势,但她未能阻止 1973 年的赎罪日战争(参阅**阿以战争**),6 个月后辞职。

梅尔巴　Melba, Nellie(1861 ～ 1931)　原名 Helen Porter Mitchell, 后称 Dame Nellie。澳大利亚女高音歌唱家。在巴黎跟随马凯西夫人(1821 ～ 1913)学习后,她在布鲁塞尔首次登台演出《弄臣》(1887),之后 6 年在世界各大歌剧院演唱。她是第一次世界大战前最著名的花腔女高音之一,在 1902 年以后主要在科文特加登歌剧院演唱。她主攻意大利和法国的几部歌剧,虽然有人认为她的演唱过于冷静,但其音乐技巧娴熟,音质优美。

梅尔本子爵　Melbourne (of Kilmore), Viscount(1779～1848)　原名William Lamb。又译墨尔本子爵。英国首相(1834,1835 ～ 1841)。原为律师,1806 年进入下院,1829 年选进上院。虽然他是一名辉格党人,却在托利党政府中担任爱尔兰事务大臣(1827 ～1828),并为天主教徒的政治权利辩护。1830 ～ 1834 年在**格雷伯爵**的辉格党政府中担任内务大臣,极不情愿地支持 1832 年的改革法案。1834 年担任首相,获得辉格党和托利党温和派人士的支持,反对进一步的国会改革,也反对废止《谷物法》的努力。在他第二次首相任期(1835 ～ 1841)中,成为年轻的维多利亚女王最赏识的主要政治顾问。他在外交政策上的坚定立场使英国避免了在叙利亚问题上与法国间的一场战争(1840)。他的妻子卡罗琳·兰姆夫人(1785 ～ 1828)是个二流小说家,因在 1812 ～ 1813 年与**拜伦**勋爵的绯闻而出名。

梅尔维尔　Melville, Herman(1819 ～ 1891)　原名 Herman Melvill。美国作家。出生于纽约富裕家庭,但后来家境贫困,故只受了一点正式学校教育。1839 年开始海上流浪生活。1841 年他踏上了一艘前往南海的捕鲸船,第二年在马克萨斯群岛弃船而走。他在波利尼西亚的冒险经历成为第一批成功小说《泰皮》(1846)和《欧穆》(1847)的蓝本。他在讽喻式幻想小说《玛地》(1849)失败以后,很快又写出有关水手艰苦生活的《雷得本》(1849)和《白外衣》(1850)。代表作《白鲸》(1851)既是一部生动的捕鲸小说,又是一部对美国民主问题和可实现性的象征探讨。但当时这本书的出版并没有为他带来任何名利。他开始失望并远离人群。1852 年写了小说《皮埃尔》,希望它能打进国内"小姐们"喜爱的小说之列,但却成了拙劣的模仿作品。他还写了《伊斯雷尔·波特》(1855)、《骗子的化装表演》(1857)和别的杂志小说,包括《代笔者巴特比》(1853)和《贝尼托·锡里诺》(1855)。1857 年以后开始写诗。1866 年找到一份海关稽查员的工作才使经济状况稳定下来。他又开始动笔写下最后一部作品:小说《水手毕利·伯德》,但一直到 1924 年死后多年才出版。他大部分的作品在生前并未受到重视,如今他却被现代评论家视为美国最伟大的作家之一。

梅尔维尔岛　Melville Island　帝汶海岛屿,位于澳大利亚**北部地方**海岸外。该岛长 130 千米,宽 88 千米,面积5 800平方千米。1644 年荷兰航海家 A. J. 塔斯曼发现该岛,1824 年英国人在此建立邓达斯堡。土著人称此岛为耶尔玛尔纳,是澳大利亚少数几个仍被土著人(蒂维人)占有的地区之一。1978 年该岛的所有权从澳大利亚政府转到蒂维土地委员会手中。

梅赫尔·巴巴　Meher Baba(1894 ～1969)　原名 Merwan Sheriar Irani。印度的精神领袖。生于波斯裔的袄教家庭,他建立了一套自己的精神信仰系统,认为人生的目标是要与衍生出宇宙的神合一。他认为自己的使命就是要通过爱来唤醒世人意识到这一点,并与穷人、身心不健全的人一起热忱地工作。虽然在印度和海外吸引了不少的追随者,但他并不想建立一支宗教。一生最后的 44 年一直保持缄默,只用手势和一块字母板与人沟通。他在梅赫拉巴德的陵墓已成为朝圣地。

梅加拉亚　Meghalaya　印度东北部一邦。与孟加拉国和**阿萨姆**邦相邻。仅有几个都市中心,包括首府西隆。梅加拉亚部落山民卡西人说孟-高棉语。该地区在 19 世纪成为英国名义下的统治区,后被划入阿萨姆邦,1972 年独立成邦。虽然该地区有丰富的矿产资源,但经济支柱仍是农业。面积22 429平方千米。人口约2 964 007(2011)。

梅杰　Major, John(1943 ～　　)　英国政治家、首相(1990 ～ 1997)。1979 年当选为下院保守党议员,此后在党内快速升迁。1989 年,首相**撒切尔夫人**任命他为外交大臣,后为财政大臣。1990 年撒切尔夫人辞去首相和党领袖后,他当选为保守党领袖,并在 1992 年的大选中获胜。执政第一年正值英国最长的经济衰退(1990 ～1993)中,他的政府越来越不得人心,梅杰也被认为是一位缺乏个性、优柔寡断的领导人。1997 年保守党在大选中失败,工党获压倒性多数票,梅杰的职位由 T. **布莱尔**继任。梅杰继续任职于下议院直至2001 年。2005 年被封为爵士。

梅克内斯　Meknès　摩洛哥中北部城市。摩洛哥 4 个皇城之一,由柏柏尔部落在 10 世纪创建。原为一片橄榄树林中的一些小村庄,1673 年在 M. 伊斯梅尔统治下成为摩洛哥首都,他在此修建了宫殿和清真寺,为梅克内斯赢得"摩洛哥的凡尔赛宫"的美名。在他去世后,该城开始没落,1911 年法国人占领该市。现为农作物、精美刺绣和地毯的贸易中心。人口约536 232(2004)。

梅兰希顿　Melanchthon, Philipp(1497 ～ 1560)　原名 Philipp Schwartzerd。德国新教改革家。他在德国受的教育受到人文主义学术的极大影响。1518年任维藤贝格大学希腊

梅兰希顿,版画,A. 丢勒作于 1526 年
By courtesy of the Staatliche Museen kuperstichkabinett, Berlin

文教授。他是 M. **路德**的朋友和捍卫者,曾撰写《教义要点》(1521)和《**奥格斯堡信纲**》(1530)。前者第一次有系统地介绍了**宗教改革运动**的原则,后者则介绍了新教的教义。他还改革了德国整个教育体系,创建或革新了几所大学。晚年愿在神学问题上和天主教妥协,结果引发了争议。

梅勒　Mailer, Norman(1923 ～ 2007)　美国小说家。生于新泽西州朗布兰奇。曾就读于哈佛大学。著名小说《裸者和死者》

梅勒,摄于 1968 年
Newsweek photo by Bernard Gotfryd, Copyright Newsweek, 1968

(1948)中，描述了战时他在太平洋服役的经历，使他成为第二次世界大战后主要的犹太裔美国小说家之一。作为一个光彩夺目且富争议的人物，他常常引起评论家和读者的反感。他以将小说的丰富想象力运用于描写真人真事的报刊文章中而知名，即新新闻主义，包括《黑夜的军队》(1968，获普利策奖)、《迈阿密和芝加哥之围》(1968)、《月亮上的火焰》(1970)和描写一个杀人犯被执行死刑的故事《刽子手之歌》(1979，获普利策奖)。他的小说有《美国梦》(1965)、《哈洛特的鬼影》(1991，有关中央情报局的故事)，以及《森林城堡》(2007，有关A.希特勒的故事)。

梅里爱　Méliès, Georges（1861 ～ 1938）　法国电影制作人。看到吕米埃兄弟在1895年拍摄的第一批电影时，他还是一名专业的魔术师和巴黎罗贝尔-乌丹剧院的总经理。

梅里爱

Rene Dazy-J. P. Ziolo

梅里爱在他的电影中采用了基本的摄影技术，如慢动作、溶暗、淡出等。1899 ～ 1912年制作了400多部电影，将幻想、喜剧诙谐作品和哑剧融入奇幻电影中，其中包括《月球旅行》(1902)。他还重拍新闻事件，是新闻片的早期形式。由于受到商业电影发展的影响，他不得不在1913年卖掉了自己的摄影棚。

梅里达　Mérida　墨西哥东南部尤卡坦州首府。坐落于尤卡坦半岛西北端附近，位于普罗格雷索的南方。在墨西哥湾有港口。1542年建于马雅人古城托城的遗址上。市内多殖民地时期建筑物，其中有16世纪的大教堂、尤卡坦大学和梅里达地区技术学院。为旅游基地，从这里出发可前往附近的马雅古城，包括奇琴伊察、齐比尔查敦和乌斯马尔。人口777 615(2010)。

梅里达　Mérida　古称Emerita Augusta。西班牙西部埃斯特雷马杜拉自治区首府。滨瓜迪亚纳河北岸。公元前25年由罗马人创建，后成为卢西塔尼亚省省会和伊比利亚半岛最重要城镇之一。公元713年摩尔人占据此地；1228年又被莱昂国王阿方索九世收复，赐予圣地亚哥骑士团。该城以古罗马废墟闻名，有桥梁、圆形剧场和输水道。现代该城经济以农贸和旅游业为主。人口50 271(2001)。

梅里美　Mérimée, Prosper(1803 ～ 1870)　法国短篇小说家和戏剧家。年轻时学习语言和文学，19岁时写了他的第一部剧本《克伦威尔》(1822)。他酷爱神秘主义、历史和怪异事物。他的故事通常都很神秘，主要受到西班牙和俄国文学的影响，尤其是A.普希金。作品包括《马特奥·法尔哥内》(1829)，合集《马赛克》(1833)，以及小说《高龙巴》(1840)和《嘉尔曼》(1845，比才歌剧《卡门》的基础)。他还写了一些历史和考古方面的书籍、历史小说和文学评论，去世后其书信被汇集出版。1853年当选为参议员。

梅利利亚　Melilla　西班牙在北非的飞地。是一个军事基地和海港，同休达一起组成西班牙的一个自治区。位于摩洛哥北部海岸，曾先后被腓尼基人、希腊人和罗马人占领。后成为柏柏尔人城镇，1497年西班牙占领。虽然长期遭到攻击和包围，但一直是西班牙的领土。20世纪初，西班牙将港口现代化，把它设为西属摩洛哥的行政中心。1936年它是第一个反对人民阵线政府的西班牙城镇，引发了西班牙内战。1956年摩洛哥独立时，它仍为西班牙的飞地。人口约66 411(2001)。

梅隆　Mellon, Andrew W(illiam)(1855 ～ 1937)　美国金融家。生于匹兹堡。1874年进入其父的银行工作，接下来的30年间，他建起了一个金融帝国，提供资金给企业以扩展铝、钢和石油等产业。他还协助建立了美国铝公司和海湾石油公司，并同H.C.弗里克一起成立了联合钢铁公司和联合信托公司。到20世纪20年代初，他已成为美国最富有的人之一。1921 ～ 1932年担任财政部长，曾说服国会降低税收以鼓励企业扩张。他为20年代的经济作出了贡献并因此受到人们称颂，但在经济大萧条时期大受指责。1932年辞职转任驻英国大使。他也是一位著名的艺术品收藏家和慈善家，曾捐赠大批收藏的艺术品，并出资1 500万美金以建立国立美术馆。

梅洛-庞蒂　Merleau-Ponty, Maurice(1908 ～ 1961)　法国哲学家。1945年他与J.-P.萨特、S.de波伏瓦共同创办《现代》杂志。1949年起执教于巴黎大学。他是法国现象学的主要代表，他认为知觉是知识的源泉，也是自然科学研究的根基。最具影响力的著作是《知觉现象学》(1945)。他较富有哲学性的一些著作现已成为美学方面的必读书，不过较之于这些著作，他热衷为苏联马克思主义辩护似乎更加引人注目。

梅姆灵　Memling, Hans(约1430/1440 ～ 1494)　又作Hans Memlinc。佛兰德斯画家。1465年定居布鲁日，并在这里建立了一个大画室，事业十分成功，也使他成为该市最富有的市民之一。虽然他的作品多少仿自当时的佛兰德斯画家(J. van 爱克、D.包茨、H. van der 胡斯，尤其是R. van der 韦登)的作品，但他的作品却具有极大的魅力和鲜明的风格。梅姆灵的宗教画和富裕资助者的人物肖像画，如《波第纳里和他的夫人》(约1468)，当时乃至现在仍是极受欢迎的画作。

H.梅姆灵绘《圣母与马丁·范尼乌文霍弗的双连画》(1487)；现藏比利时布鲁日梅姆灵博物馆

By courtesy of the Memling-Museum, Brugge, Bel., Phoatograph, © A. C. L., Brussels

梅内姆　Menem, Carlos (Saúl)(1930 ～)　阿根廷总统(1989 ～ 1999)。叙利亚移民之子，后来改宗天主教，1956年参加庇隆主义运动。他持正宗的庇隆观点，鼓吹国家主义，认为政府权力应该扩大，主张大幅加薪、对企业税收优惠。然而在他主政期间，通货膨胀率却剧升28 000%，阿根廷陷入危机。他后来放弃政党的基本教义，而在财政上改行保守政策，并成功稳住经济。他一直保有受欢迎的形象。虽然他赦免了一些已定罪的、与军事统治时期有关的侵犯人权者，但仍然广受民众支持。2001年因为涉及非法军火交易而被软禁。

梅尼莱克二世　Menilek II(1844 ～ 1913)　原名Sahle Miriam。半独立国家绍阿的国王(1865 ～ 1889)和埃塞俄比亚皇帝(1889 ～ 1913)。在其父绍阿国王马拉科特的王位被

梅尼莱克二世，P.布菲绘于1897年；现藏巴黎国会宫

J. E. Bulloz

特沃德罗斯二世废黜后，他被俘虏囚禁10年，直至1865年才逃回绍阿夺回王位。约翰尼斯四世(1872 ～ 1889在位)死后，他成为埃塞俄比亚皇帝，称号取自传说中所罗门与示巴女王之子梅尼莱克一世。意大利曾力图纳埃塞俄比亚为其保护地，但梅尼莱克在1896年的阿多瓦战役中彻底击败意大利军队。此后，他拓展帝国疆域，实施现代化教育，建设国家的基础设施。

梅纽因　Menuhin, Yehudi（1916～1999）后称 Baron Menuhin。美籍英国小提琴演奏家和指挥家。出生于纽约市，在旧金山长大，7 岁首次登台演出。1927 年在巴黎师从 G. 艾奈斯库（1881～1955）。同年返回纽约演出获得盛誉，以其早熟的深度与精湛技巧赢得世人的赞赏。1959 年起定居伦敦。1958～1968 年主持巴斯音乐节，并自 1956 年起主持格施塔德音乐节。1958 年创办自己的室内管弦乐团。除了经常由他的妹妹钢琴家海芙席芭（1920～1981）作伴奏外，他也曾与锡塔尔琴演奏家 R. 申卡尔合作录制唱片。晚年主要致力于国际合作及世界和平事业。

梅诺蒂　Menotti, Gian Carlo（1911～2007）意大利作曲家、歌词作者和导演。11 岁时就已写了一部歌剧，十几岁时主要在斯卡拉歌剧院努力掌握其演出的歌剧。后来听从 A. 托斯卡尼尼建议到费城柯蒂斯音乐学院学习。他在那里遇见了未来的终身伙伴 S. 巴伯。1939 年写了广播歌剧《老处女与贼》。但 1942 年的《岛神》却是为大都会歌剧院创作的一部不太成功的作品。《女巫》（1946）在百老汇受到欢迎，歌剧《领事》（1950，获普利策奖）同样也是一部成功的作品。大受欢迎的作品有为电视创作的《阿马尔与夜客》（1951），以及后来的《布利克街上的圣者》（1954，获普利策奖）。1958 年在意大利斯波莱托举办"两个世界音乐节"，取得了极大成功；1977 年他在南卡罗来纳的查尔斯顿举办了音乐节的美国场。

梅普尔索普　Mapplethorpe, Robert（1946～1989）　美国摄影家。出生于纽约市。就读普拉特学院（1963～1970）。以花、名人、男性裸体为主题，很快便以朴实无装饰的黑白照片闻名。在其裸体照片中有一些明显以同性恋为主题的照片，虽然公认很美，但仍引起争议。后来他死于艾滋病。美国艺术基金会于 1990 年部分赞助他的回顾展，激起大家对政府补贴"淫秽艺术"的争论，并导致美国国会制定法律严格限制未来美国艺术基金会补助金的运用。

梅瑞狄斯　Meredith, George（1828～1909）英国小说家和诗人。虽然 18 岁开始投身于律师业，但实际上一直潜心于诗文写作和翻译。因收入很少转而写散文。小说《理查德·弗维莱尔的苦难》（1859）是其代表作，文字如抒情散文般优美，文中充满了隐喻与暗示、机智的对白和深刻的心理洞察。写作并未让他变得富有，为了生计他不得不为出版商审阅手稿。他利用业余时间写了喜剧《伊万·哈林顿》（1860）和诗集《现代的爱情》（1862）。最后凭他的小说《利己主义者》（1879）与《处在十字路口的黛安娜》（1885）而名利双收。其作品的独到之处在于内心独白的应用和把妇女地位抬高到与男子平等的位置。

G. 梅瑞狄斯，油画，G. F. 瓦兹绘于 1893 年；现藏伦敦国立肖像画陈列馆
By courtesy of the National Portrait Gallery, London

梅塞纳斯　Maecenas, Gaius (Cilnius)（约公元前 70～前 8）　罗马外交官和文学赞助人。自称是埃特鲁斯坎王族后裔。虽然他在国内颇具影响力，却没有任何头衔，他也不想成为元老院成员。从公元前 43 年开始，在外交和内政方面协助屋大维（即后来的奥古斯都），并在屋大维与庞培（公元前 36）和 M. 安东尼（公元前 31）作战期间帮他管理罗马和意大利。他因曾慷慨赞助过诗人维吉尔、贺拉斯和普洛佩提乌斯而名留史册，而他也利用这些诗人的作品来歌颂奥古斯都的政权。公元前 23 年由于他的内兄暗杀奥古斯都的阴谋败露，他被迫引退。

梅塞纳斯，大理石胸像；现藏罗马孔塞瓦托里宫
Alinari-Art Resource /EB Inc.

梅森　Mason, George（1725～1792）　美国独立战争时期政治家。生于弗吉尼亚州费尔法克斯县。拥有大片种植园，积极推动西部扩张。帮助其邻居 G. 华盛顿起草"费尔法克斯决议"（1774），号召抵制英国商品。1776 年起草了州宪法和《弗吉尼亚人权宣言》，对 T. 杰斐逊产生影响并为其他州作出榜样。1776～1788 年为弗吉尼亚州众议员，参与制宪会议，但没有签署美国宪法，并反对弗吉尼亚州批准该宪法。

G. 梅森，油画，L. 纪尧姆据 J. 赫塞柳斯之肖像画复制；现藏弗吉尼亚历史学会
By courtesy of the Virginia Historical Society

梅森-狄克森线　Mason-Dixon Line　原为美国马里兰州和宾夕法尼亚州之间的分界线。全长 375 千米，1765～1768 年间由 C. 梅森和 J. 狄克森测定，用来确定宾夕法尼亚的领主和马里兰的领主之间有争议的分界线。该说法首次用于国会辩论，后来导致达成《密苏里妥协案》（1820），用以形容蓄奴州（南）与禁奴州（北）之间的分界线。至今仍为区分美国北部和南部的象征性分界线。

梅什科一世　Mieszko I（约 930～992）波兰亲王或大公（963？～992）。966 年接受罗马基督教，以避免德意志人强迫其改宗和把波兰并入神圣罗马帝国。他将波兰领土向南扩展到加利西亚，并向北推进到波罗的海。

梅斯　Metz　法国东北部城市。名字来自将此地当作首府的一个高卢部落梅迪奥马特里希人。后来罗马人在此设防。4 世纪成为主教管区。5世纪由法兰克人统治，843年成为洛林的首府。在神圣罗马帝国统治下发展为自由城市，经济渐趋繁荣。1552 年被法国人占领，1648 年正式并入法国。1871 年落入德国之手，但在第一次世界大战后归还法国。P. 魏尔兰诞生于此。人口约124 435（2006）。

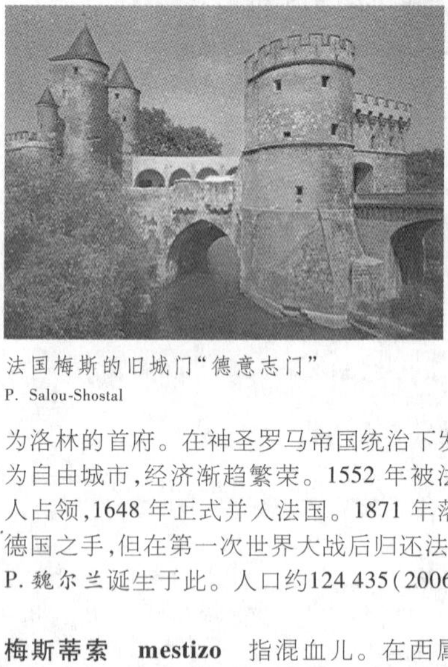

法国梅斯的旧城门"德意志门"
P. Salou-Shostal

梅斯蒂索　mestizo　指混血儿。在西属美洲，该词用来指印第安人与欧洲人的混血儿。在厄瓜多尔等国这个词已具有社会和文化含意：采用欧洲服装和习俗的具有纯正印第安血统的人就叫做梅斯蒂索（或"乔洛"）。在墨西哥，这个词的意义已发生很大变化，人口普查报告中已不再使用。在菲律宾，梅斯蒂索是指外国人（如中国人）与当地人所生的混血后裔。参阅拉迪诺人。

梅斯菲尔德　Masefield, John（1878～1967）英国诗人。年轻时曾当水手，后来在美国生活过几年，生活不是很稳定，此后定居伦敦。其最著名的诗作是关于海洋的《盐水谣》（1902，包括《海洋热》和《货物》）和长篇叙事诗，如《永恒的宽恕》（1911）等。这些诗篇使用了20世纪早期英语诗歌不常用的粗劣的口语说法。1930年荣获桂冠诗人称号，其后诗风更加稳重。除诗歌外，他还创作了历险小说、随笔和儿童读物。

梅斯梅尔　Mesmer, Franz Anton（1734～1815）　奥地利医生。在维也纳大学学医之后，形成了自己的"动物磁性"理论，主张人体内有一种看不见的流体按磁性法则运作，疾病就是因这种流体的自由循环受阻而引起的。在他看来，可用引发"危象"（入定状态，最后常会发呓语和痉挛）来恢复和谐。18世纪70年代他作了一些戏剧性的示范表演，证明他有能力用磁化的物体"催眠"他的病人。维也纳的医生指控他行骗，他被迫离开奥地利到巴黎定居（1778）。在那里还是遭到医学界的炮轰。虽然梅斯梅尔的理论最终不为人相信，但他使病人进入昏迷状态的能力让他成为现代使用催眠的先驱。

梅塔斯塔齐奥　Metastasio, Pietro（1698～1782）　原名Antonio Domenico Bonaventura Trapassi。意大利诗人和歌剧歌词作家。其养父替他改名，并留下足够的钱使他能从事诗歌创作。他的第一部歌剧剧本《被遗弃的狄多》（1724）获得了很大的成功，不久红遍意大利。随后又写出重要剧本《恩齐奥》（1728）和《赛米拉米德》（1729）。查理六世曾邀请他到维也纳担任宫廷诗人。他的27部三幕剧剧本在18世纪和19世纪初被一些作曲家收入800多部歌剧中。这些作曲家包括A.维瓦尔第、G.F.韩德尔、C.W.格鲁克、F.J.海顿、W.A.莫扎特和L.凯鲁比尼。

梅特林克　Maeterlinck, Maurice（1862～1949）　后称comte（Count）Maeterlinck（梅特林克伯爵）。比利时剧作家和诗人。他在根特大学攻读法律，但不久转向创作诗歌和戏剧。他写的《普莱雅斯和梅丽桑德》（1892）被公认是象征主义戏剧的经典，为C.德彪西的歌剧（1902）和其他作曲家的作品奠定基础。他写了一部象征主义诗集《暖房》（1899）以及《莫纳·凡娜》（1902）、《青鸟》（1908）、《斯蒂尔蒙德市长》（1918）等剧作。他还以科普读物创作闻名，包括《蜜蜂的生活》（1901）和《花的智慧》（1907）。1911年获诺贝尔文学奖。

梅特涅　Metternich（-Winneburg-Beilstein）, Klemens（Wenzel Nepomuk Lothar）, Fürst（Prince）von（1773～1859）　奥地利政治家。曾担任奥地利驻萨克森（1801～1803）、柏林（1803～1805）和巴黎（1806～1809）的外交使节。1809年被弗兰茨一世任命为外交大臣，并在此职位一直到1848年。他协助促成了拿破仑同弗兰茨的女儿玛丽-路易丝之间的婚姻。他还通过老练的外交技能和谎言使奥地利在普法战争（1812）中保持中立，在最终同普鲁士和俄国结为联盟（1813）之前保持了奥地利的实力。国王十分感谢梅特涅在外交上卓越的成就，将他封为世袭的公爵。梅特涅也是维也纳会议的组织者（1814～1815），他使欧洲各国之间维持均势，从而确保了政府之间的稳定。1815年以后，他极力反对自由主义思想和革命运动。在1848年革命后被迫辞职。他因使奥地利重新成为欧洲强国而被人们怀念。

梅西昂　Messiaen, Olivier（Eugène Prosper Charles）（1908～1992）　法国作曲家。11岁进入巴黎音乐学院学习，曾5次获得第一名。1931年成为巴黎三一教堂的首席管风琴师，

O.梅西昂

在此任职达40年之久。第二次世界大战中在德国集中营里创作《末日四重奏》。战后任教于巴黎音乐学院（1947～1978），他的学生包括P.布莱兹、K.施托克豪森和I.泽纳基恩。梅西昂的音乐灵感主要来自他虔诚的天主教信仰和对大自然的热爱，许多作品都是从鸟鸣声中获得灵感。在节奏上他则受到研究印度音乐的启发，并且系统地探讨无调性和声素材。主要作品有：钢琴曲《凝视圣婴20次》（1944）、《群鸟录》（1958），管风琴曲《救世主的诞生》（1935）、《图朗加里拉-交响曲》（1948）、《期望死者复活》（1964），以及歌剧《阿西西的圣弗朗索瓦》（1983）。

《梅西叶星表》　Messier catalog　含约109个星团、星云和星系的星表。由发现其中许多天体的法国天文学家C.梅西叶（1730～1817）编撰。如今《梅西叶星表》虽已被《星团星云新总表》（NGC）取代，但对业余天文爱好者仍是一本很有价值的指南。这两个星表的编号现在还广泛沿用。

梅耶贝尔　Meyerbeer, Giacomo（1791～1864）　原名Jakob Liebmann Meyer Beer。德裔法国作曲家。为天文学家W.贝尔（1797～1850）和剧作家M.贝尔（1800～1833）的哥哥。早期以钢琴演奏出名。到意大利学习声乐创作后，写出的意大利歌剧引起很大反响。约1825年移居巴黎，与E.斯克里布合写剧本，《恶魔罗贝尔》（1831）一上演就获得极大成功。后来的3部大型歌剧也成为国际保留曲目：《胡格诺派教徒》（1836）、《先知》（1849）和《非洲女郎》（1864）。作曲家R.瓦格纳出于嫉妒和反犹情绪而批判梅耶贝尔摒弃德国音乐，导致多年以来大家忽视了他的作品，但无可否认的是，梅耶贝尔对G.威尔地和R.瓦格纳本身都产生了巨大影响。

梅伊尔　Meïr（活动时期公元2世纪）　巴勒斯坦的拉比和学者。生于小亚细亚在132～135年巴尔·科赫巴起义之后的大迫害时，逃到巴勒斯坦，后回国协助重建犹太教公会。由于在一个礼仪问题上争执不下，最后犹太教公会的教长威胁梅伊尔要将他逐出教会，因而他返回小亚细亚。以出色的辩证技巧闻名，《塔木德》里曾多次提到他的名字，也被认为是最伟大的坦拿（犹太教口传律法大师）。有关他的神奇法力传说起源于中世纪。

湄公河　Mekong River　在中国境内称澜沧江。东南亚最长的河流。发源于中国青海省南部，向南流经西藏东部，横穿云南省高原，然后形成缅甸和老挝之间以及老挝和泰国之间的界河。流经老挝和柬埔寨后，在越南胡志明市南面的三角洲注入中国南海，全长4 350千米。沿岸城市有老挝的万象和柬埔寨的金边。自1957年来湄公河委员会（一个国际组织）已经着手开发该河，用于水力发电和灌溉。

煤　coal　存在于层状沉积矿床、含碳丰富的黑色固体物质，（但有时呈褐色）是最重要的矿物燃料之一。见于世界许多地区。煤是由沉积于古代浅沼泽（参阅泥煤）的植被经过几百万年的高热和高压而形成的。煤在密度、孔隙度、硬度及反射率（煤反光的程度）等方面都不同。主要分为褐煤、亚烟煤、烟煤和无烟煤。长期以来煤被当作燃料用来发电、生产焦炭，并且是合成染料、溶剂和药品等化合物的来源。不断寻找代用能源的课题使将煤转化成液体燃料的兴趣重新活跃起来，煤液化技术自20世纪初以来被人们所知道。

煤袋　Coalsack　天文学中指位于南十字座中的一个暗星云。在布满恒星的背景上很容易辨认，星光穿过这一暗云到达地球将减弱1～1.5个星等。距地球约550～600光年，直径20～30光年。南半球人们把它写进了他们的传说中，欧洲人则约从公元1500年起就已知道它。位于天鹅座中的北天煤袋，性质和外观也同它基本相似，只是不太突出。

煤油　kerosene　又拼kerosine。无色透明、油状、有强烈气味的极易燃液体，是从石油蒸馏出来的一种有机化合物（占原油总量的10%～25%）。煤油是由大约10种不同类型的相当简单的烃组成的混合物，这些组分的多少取决于煤油的来源。挥发性比汽油小，沸点在140～320℃之间。可用于灯盏、取暖器或炉子，用作柴油机、拖拉机、喷射发动机及火箭的燃料或燃料成分，也可作为油脂的溶剂和杀虫剂。

酶　enzyme　在活性生物体中起催化剂作用的物质，它调节化学反应进行的速率而自身不被改变。酶可以减少启动这些反应的激活能。许多化学反应少了它就不能按一个有效速率发生。因其不会被消耗掉，所以只需要很小的数量。酶催化细胞新陈代谢的各个方面，包括大营养素分子（如蛋白质、碳水化合物和脂肪）被断裂成较小分子的食物消化过程、化学能的守恒和转换，以及从较小的前体构成细胞大分子。几乎所有的酶都是蛋白质。有许多酶依靠一个非蛋白辅助因素，它可能是松散结合的有机化合物（如维生素），或是紧密结合的无机金属（如铁、锌）离子，又或是有机基

(包含金属)。酶与辅助因素的结合呈现为活性构型,通常有一个参与反应的特定基质的活性部位,许多酶都有特定的基质。当一个竞争分子阻碍活性部位或改变其形状时,酶的活性就会受到抑制。如果酶的构型被改变,那么它就会失去其活性。酶依其催化反应的形式可分成:① 氧化还原酶;②转移酶;③水解酶;④裂解酶;⑤异构酶;⑥连接酶或合成酶。酶是手性催化剂,大多只产生一种可能的立体异构的产物,由于这一特点,常常在基质名称后加上"酶(ase)"来命名。工业上利用酶来发酵葡萄酒、面包,凝结奶酪和酿造啤酒,它在医药上的用途有杀死致病微生物、促进伤口愈合及诊断某些疾病。

镅 americium 周期表 IIIB 族锕系人工合成化学元素,化学符号 Am,原子序数 95。1944 年末在核反应堆中由钚-239 合成出镅-241 同位素。它是第 4 个被发现的铀后元素。从镅-241 同位素已制备出以千克计的镅,并在一些仪表中已利用了镅的 γ 射线。最常见的是家庭使用的测烟装置。

霉 mildew 各种真菌的子实体和菌丝(参阅**菌丝体**)形成的显眼的团块(属真菌界;参阅**真菌**)。霉寄生在布匹、纤维、皮革制品和植物上,并以它们作为营养来源,得以生长繁殖。霜霉病和白粉病是上百种植物的疾病来源。

霉 mold 生物学上,真菌菌丝体和子实体形成的显眼的团块状构造(属真菌界)。曲霉属、青霉属、根霉属真菌可形成霉,导致食

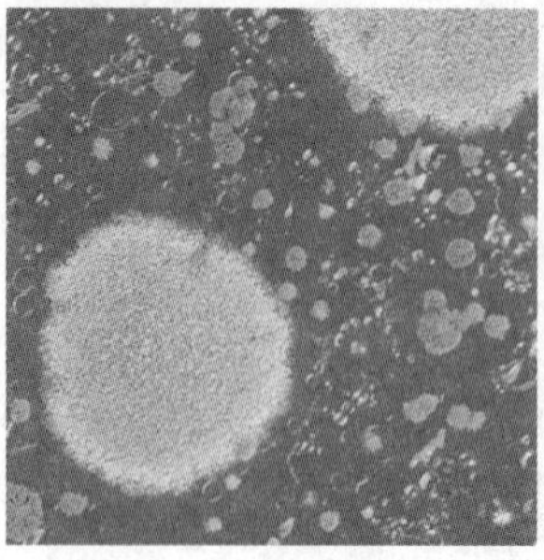

果冻表面的霉
Ingmar Holmasen

物腐败及植物疾病。有些却有利用价值,如生产**抗生素**(如**青霉素**)和某些**干酪**。脉孢菌,或称红面包霉,对生化遗传的研究极有价值。水霉(属原藻界卵菌门)存在于淡水、咸水及湿土中,吸收死亡或腐败的有机物质来生长。参阅**黏菌**。

美狄亚 Medea 希腊神话中科尔基斯的埃厄忒斯国王的女儿。美狄亚帮助**阿尔戈英雄**的领袖伊阿宋取得她父亲的金羊毛后就与他结了婚。然后她随伊阿宋回到约尔科斯,并杀死了剥夺伊阿宋王位继承权的国王,因此夫妇俩被迫逃亡到科林斯定居。在**欧里庇德斯**的悲剧《美狄亚》中,伊阿宋后来抛弃了美狄亚,并同克瑞翁国王的女儿在一起。美狄亚为了报复而杀死了克瑞翁和他的女儿,以及自己和伊阿宋生的两个儿子,最后逃到雅典。

美国 United States 全称 United States of America(美利坚合众国)。北美洲国家。领土包括美洲大陆中纬度地区 48 个连成一片的州,北美洲西北端的**阿拉斯加**州以及太平洋中部的岛州**夏威夷**。面积(包括五大湖):9 526 468 平方千米。人口:约 316 498 000(2013)。首都:华盛顿(哥伦比亚特区)。人口包括欧洲裔和中东裔人、非洲裔美国人、西班牙裔美国人、亚裔人、太平洋岛民、美洲印第安人(美洲土著)以及阿拉斯加土著人。语言:英语(主要语言)、西班牙语。宗教:基督教(新教、天主教、东正教以及其他基督教派)、犹太教、伊斯兰教、佛教和印度教。货币:美元。地形由山脉、平原、低地和沙漠组成。山脉包括**阿巴拉契亚山脉**、欧扎克山脉、**落基山脉**、**喀斯喀特山脉**和**内华达山脉**。最低点是加利福尼亚州的**死谷**,最高点是阿拉斯加山脉的**麦金利山**。而在美国本土,最高点则是惠特尼山。主要河流是**密西西比河系**、**科罗拉多河**、**哥伦比亚河**和**格兰德河**。五大湖、**大盐湖**、伊里亚姆纳湖和**奥基乔比湖**为几个最大的湖。美国是世界上某些矿产的主要生产国,包括铜、银、锌、金、煤、石油和天然气;也是食品的主要输出国。制造业包括钢铁产品、化学制品、电子产品、汽车、计算机和纺织品。其他重要行业为旅游业、奶制品业、畜牧业、渔业和木材加工业。美国是两院制共和国。总统为国家元首和政府首脑。数千年以前已有一些**美洲印第安人**定居在这块领土,他们可能是来自亚洲。16 世纪欧洲人来此探险和定居,开始取代印第安人。第一个欧洲人永久居民点是由西班牙人于 1565 年在佛罗里达州建立的圣奥古斯丁。后来英国人在弗吉尼亚州詹姆斯敦(1607)、马萨诸

美国总统和副总统

总统	任期(年)	副总统	任期(年)
华盛顿	1789～1797	亚当斯	1789～1797
亚当斯	1797～1801	杰斐逊	1797～1801
杰斐逊	1801～1809	伯尔	1801～1805
		克林顿	1805～1809
麦迪逊	1809～1817	克林顿	1809～1812*
		格里	1813～1814*
门罗	1817～1825	汤普金斯	1817～1825
亚当斯	1825～1829	卡尔霍恩	1825～1829
杰克逊	1829～1837	卡尔霍恩	1829～1832**
		范布伦	1833～1837
范布伦	1837～1841	约翰逊	1837～1841
哈里森	1841*	泰勒	1841
泰勒	1841～1845		
波尔克	1845～1849	达拉斯	1845～1849
泰勒	1849～1850*	菲尔莫尔	1849～1850
菲尔莫尔	1850～1853*		
皮尔斯	1853～1857	金	1853*
布坎南	1857～1861	布雷肯里奇	1857～1861
林肯	1861～1865*	哈姆林	1861～1865
		约翰逊	1865
约翰逊	1865～1869		
格兰特	1869～1877	科尔法克斯	1869～1873
		威尔逊	1873～1875*
海斯	1877～1881	惠勒	1877～1881
加菲尔德	1881*	阿瑟	1881
阿瑟	1881～1885		
克里夫兰	1885～1889	亨德里克斯	1885*

总统	任期(年)	副总统	任期(年)
哈里森	1889～1893	莫顿	1889～1893
克里夫兰	1893～1897	史蒂文森	1893～1897
麦金利	1897～1901*	霍巴特	1897～1899*
		罗斯福	1901
罗斯福	1901～1909	费尔邦斯	1905～1909
塔夫脱	1909～1913	谢尔曼	1909～1912*
威尔逊	1913～1921	马歇尔	1913～1921
哈定	1921～1923*	柯立芝	1921～1923
柯立芝	1923～1929	道威斯	1925～1929
胡佛	1929～1933	柯蒂斯	1929～1933
罗斯福	1933～1945*	加纳	1933～1941
		华莱士	1941～1945
		杜鲁门	1945
杜鲁门	1945～1953	巴克利	1949～1953
艾森豪威尔	1953～1961	尼克松	1953～1961
肯尼迪	1961～1963*	约翰逊	1961～1963
约翰逊	1963～1969	汉弗莱	1965～1969
尼克松	1969～1974**	阿格纽	1969～1973**
		福特	1973～1974
福特	1974～1977	洛克菲勒	1974～1977
卡特	1977～1981	蒙代尔	1977～1981
里根	1981～1989	布什	1981～1989
布什	1989～1993	奎尔	1989～1993
克林顿	1993～2001	戈尔	1993～2001
布什	2001～2008	切尼	2001～2008
奥巴马	2008～	拜登	2008～

* 卒于任期内　** 任期内辞职

塞州普里茅斯(1620)、马里兰州(1634)和宾夕法尼亚州(1681)建立定居点。在英国贵族开始对卡罗来纳殖民化一年后,1664年英国人从荷兰人手中夺走纽约、新泽西和德拉瓦。英国人于1763年击败法国人(参阅**法英北美殖民地争夺战**),在政治上控制了13个殖民地。英国殖民政策引起的政治动乱,以**美国独立战争**(1775～1783)和《**独立宣言**》(1776)而告结束。美国在《邦联条例》(1781)下首次组织起来,终于通过**宪法**(1787)成为联邦共和国。随后确认了西至密西西比河的美国疆界,但并不包括西班牙的属地佛罗里达。通过1803年的**路易斯安那购地**,美国从法国人手中购得的土地使美国领土几乎增加一倍。美国在1812年战争中与英国开战,1819年从西班牙人手中夺得佛罗里达。1830年通过立法手段将美洲印第安人迁移到密西西比河以西的土地。19世纪中叶开始向西部扩张,特别是1848年在加利福尼亚州发现金矿以后(参阅**淘金热**)。美国在**墨西哥战争**(1846～1848)中取得的胜利,使后来的7个州(包括加利福尼亚和得克萨斯)的部分或全部领土并入美国。1846年美国与英国签订条约确立其西北部疆界,在1853年**加兹登购地**中又获得亚利桑那州南部的土地。后来南方蓄奴的种植园经济和北方工业与农业经济之间存在的矛盾冲突使美国分裂,爆发了南北战争(1861～1865,参阅**美国南北战争**)。第十三条宪法修正案废除了奴隶制。重建时期(1865～1877)以后,美国经历了快速发展、都市化、工业开发和欧洲移民。1887年美国准许把美州印第安人保留地的土地分给个别部落成员,致使大片土地落入白人手中。美西战争的胜利使美国获得了海外领土,包括菲律宾、关岛以及波多黎各。到19世纪末,美国的外贸得到发展并获得其他的海外领土,包括阿拉斯加、中途岛、夏威夷群岛、威克岛、美属萨摩亚以及巴拿马运河。1917～1918年,美国参加了第一次世界大战。1920年给予妇女选举权;1924年给予美洲印第安人公民权。1929年的股市崩溃导致经济**大萧条**,由此颁布“新政”,通过加强政府对经济的干预来克服危机。日本偷袭珍珠港(1941-12-07)之后,美国加入第二次世界大战。美国在日本的广岛投下第一颗原子弹(1945-08-06),在长崎投下第二颗原子弹(1945-08-09),导致日本投降,并使美国成为西方世界的军事和经济领袖。战后的第一个十年期间,美国帮助欧洲和日本进行重建,但却陷入了与苏联的冷战对抗。1950～1953年美国参加了**朝鲜战争**。1952年给予波多黎各自治地位。1954年宣布在美国学校中实行的种族隔离违反了美国宪法。1959年阿拉斯加和夏威夷成为美国的两个州。1964年国会通过《民权法》,并授权全面干预**越南战争**。20世纪60年代中期至末期美国国内各地发生骚乱,包括种族暴乱和反战示威。1969年美国完成首次人类登月。1973年美军全部撤出越南。随着1991年苏联的解体,美国成为世界上唯一的超级大国。在**波斯湾战争**(1990～1991)中,美国领导联军攻打伊拉克。1999年美国将**巴拿马运河**的管理权归还给巴拿马。2001年9月11日恐怖分子的袭击摧毁了**世界贸易中心**和**五角大楼**的部分建筑以后,美国以藏匿并拒绝引渡此次恐怖活动的策划者**本·拉登**为由,派兵向阿富汗的**塔利班**政府发动进攻。2003年,美国在英国的支持下进军伊拉克,推翻了萨达姆·侯赛因政权(参阅**伊拉克战争**)。随后美国忙于在伊拉克和阿富汗两国进行旷日持久的战争。2008年,美国经济受到因房地产市场崩溃而引起的金融危机的冲击。这场危机波及全世界,美国经济经历了衰退后逐渐恢复。美国1896年参加了在雅典举行的首届现代奥运会。美国举办过夏季奥运会的城市包括洛杉矶(1932和1984年)、密苏里州圣路易斯(1904)以及佐治亚州的亚特兰大(1996);举办过冬季奥运会的城市包括纽约的普莱西德湖(1932和1980年)、加利福尼亚州的“老婆谷”(1960)以及犹他州的盐湖城(2002)。

美国芭蕾舞剧院 American Ballet Theatre 以纽约市为基地的主要芭蕾舞团体。1939年由L.蔡斯和R.普利桑特创办,最初叫芭蕾舞剧团(1958年更名)。目的在于促进具有美国特点的芭蕾舞作品。1945年O.史密斯接替普利桑特成为副总监。M.**巴雷什尼可夫**在20世纪70年代和剧团合作过后,于1980～1989年担任剧团的艺术总监。A.**图德**、A.**德米尔**、J.**罗宾斯**和T.**撒普**等人为该团创作过新芭蕾舞剧;M.**福金**也为该团重排了许多他早期的作品。该团首席舞者包括A.阿朗索、E.布鲁恩、A.多林和N.马卡罗娃。

美国大学生联谊会和大学女生联谊会 fraternity and sorority 美国男女学生的社会性、学术性组织。这类组织通常都是由寄宿学生组成,他们中绝大多数用希腊字母组成名字,新的成员要参加入会仪式。某些荣誉协会如Phi Beta Kappa联谊会,又称大学生联谊会。只要有一般的学术成就,就可以做它的会员。参阅**秘密结社**。

美国地方法院 United States District Court 在美国,对联邦司法体系中90个拥有一般管辖权的审判法院的统称。每个州及哥伦比亚特区和波多黎各自治政区,都至少设有一个联邦地方法院。每个地方法院都至少有一名地方法官(也可以设多名),以及一名书记员、一名美国法律事务代理人、一名美国执法官、一名或多名美国治安官、破产审判法官、缓刑监督官和其他的法院工作人员。地方法院的判决都要上诉到**美国上诉法院**。

美国电话电报公司 AT&T Inc. 旧称American Telephone and Telegraph Co.。一家美国通信公司。原为1877年由A.G.**贝尔**创建的贝尔电话公司的附属机构,建立了长途电话线路,后来成为贝尔系统的母公司。20世纪初该公司实际垄断了美国通信业,到1970年已是全球最大的公司。它发展了跨洋无线电话联系和电话缆线系统,并开创了通信卫星系统。联邦政府控告它违反反托拉斯法,诉讼多年,最后在1984年美国电话电报公司同意放手让22家地区性“营业公司”独立出来,合组为7个“小贝尔公司”[尼内克斯、贝尔大西洋、美国信息科技、贝尔南方、西南贝尔(1995年更名为SBC)、美国西部、太平洋电用]。尽管根据1996年电信法案,几个“小贝尔公司”合并,但电话电报公司再度分为3家独立公司:美国电话电报公司、朗讯科技公司(由以前的西方电气公司和贝尔实验室组成)和国民收款机公司。2005年,电话电报公司被西南贝尔公司(SBC)收购,并更名为AT&T Inc.。其多样化的业务包括当地或长途电话服务、无线语音通信、数字网络、宽带用户线路、互联网通信,以及网管服务。

美国独立纪念日 Independence Day 又作Fourth of July。美国第二次**大陆会议**(1776-07-04)通过《**独立宣言**》的周年纪念日。它是美国最重大的非宗教节日。在1812年战争以后,全美国才普遍每年一度举行纪念活动。后来,热心公益事业的团体致力于把民主理想、公民资格与独立纪念日的爱国热忱结合起来。

美国独立战争 American Revolution (1775～1783) 又作United States War of Independence。北美13个英国殖民地发动的战争,赢得了政治上的独立,建立了美利坚合众国。1763年结束了代价惨重的**法英北美殖民地争夺战**后,英国强加给殖民地新税(参阅《**印花税法条例**》、《**食糖条例**》)和贸易限制,殖民地居民对此日益不满,他们也对英国议会中没有北美殖民地的代表感到不满。北美殖民地决定争取独立,于是组成大陆军,主要由农民**民兵**组成,向英国人数众多、训练有素的国民军发起挑战。1775年4月19日一支英军到乌萨诸塞州康科德去摧毁美洲反抗者的军需库,战事遂即爆发(参阅**列克星敦和康科德战役**)。反抗者的军队开始围攻波士顿,美方H.诺克斯率领的军队迫使W.豪率领的英军于1776年3月17日撤出波士顿(参阅**邦克山战役**)。英军提出如美方投降则可获得宽恕,但美国人拒绝此建议,并于1776年7月4日宣布独立。英军采取报复,将G.**华盛顿**率领的军队从纽约赶到新泽西。圣诞夜,华盛顿率军渡过特拉华河,赢得了**特伦顿和普林斯顿的战役**。英军分兵去占更多领土,这是一致命错误。英军在宾夕法尼亚向美军发动攻击,尤其是在布兰迪温战役中,英军将部队留在防守薄弱的北侧。尽管英军在**泰孔德罗加**打了一次胜仗,但J.**伯戈因**率领的英军却在**萨拉托加战役**(1777-10-17)中被H.C.盖茨和B.**阿诺德**率领的美军击败。华盛顿安排他的1.1万名士兵在福吉谷过了一个寒冬。F.施托伊本对士兵进行训练,帮助美军在1778年6月28日在新泽西州蒙茅斯战役中取得胜利。那次战役后,在北方的英军主要集中在纽约市周围。法国自1776年以来一直就秘密地向美国人提供援助,于1778年6月最终向英国宣战。法军主要在南部援助美军,参加围攻约克敦。1781年10月19日C.**康华里**的部队在此向美军投降,陆地战争宣告结束。海上战争仍在继续,主要是在英国和美国的欧洲盟国之间进行。西班牙和荷兰海军控制了大部分英国在欧洲的海军，使其无法前往美国作战。1783年3月J.巴里率领的美国海军在佛罗里达海峡获得独立战争的最后一次战役的胜利。1783年9月3日签署《巴黎和约》，英国承认美国独立（西以密西西比河为界），并把佛罗里达割让给西班牙。

美国革命女儿 Daughters of the American Revolution(DAR) 美国爱国组织，成员仅限于美国独立战争时期支持独立事业的士兵或其他人士的直系后裔。1890年成立，1895年由国会核准。该组织通过其全国性机构的分部执行三方面的任务：历史分部强调研究美国历史和保存有美国特色的文物；教育分部提供奖学金和贷款，资助失学青年学校和进行美国文化训练的学校，赞助各种奖励，出版各种手册；爱国分部则出版《美国革命女儿杂志》和《国防新闻》。该组织长期以来以保守主义闻名，1939年因拒绝让黑人女低音歌唱家M.安德森在宪政厅演唱，而导致她到林肯纪念堂举办著名的演唱会。

美国国会 Congress of the United States 美国的立法机构，根据美国宪法（1789）成立，在结构上与政府的行政和司法部门鼎足而立，接替根据《邦联条例》（1781）而设立的一院制国会。包括两院：参议院，州不论大小一概由两名参议员代表。《第十七条宪法修正案》（1913）通过后，参议员由各州立法机构指定。此后，参议员是以直选方式产生；众议院，众议员以各州人口为基础选出。1912年起全部的成员限定为435名。国会的事务由各委员会处理；法案由两院的各相关委员会进行辩论，两院两个法案版本在一协商委员会上进行调停。国会的每个院均可以2/3票数推翻总统的否决。按宪法规定，国会拥有一些特殊权力，如课征赋税权，对外货款，管理商业，铸币，宣战，征召和补给军队，制定为执行其权力所需要的一切法律等。所有和金融相关的立法都需由众议院提出；参议院独有的职权包括通过总统提名，批准条约和裁定弹劾案。

美国国会大厦 Capitol, United States 美国国会开会的地方。由W.桑顿（1759～1828）设计，他是1792年国会大厦设计方案竞赛的获胜者。1814年遭英国人放火焚烧。1827年著名的波士顿建筑师C.布尔芬奇将两翼连接起来并建造了最初的国会大厦圆顶。后来的87米高的铸铁圆顶（1855～1866）1850年由T. U.沃尔特（1804～1887）设计。至1857年，众议院扩建工程完工；两年后参议院扩建工程完工。1863年圆顶的顶部设置了由T.克劳福德制作的“自由”青铜雕像。这座大理石和砂岩的建筑有房间约540个，坐落在占地53公顷的公园内。

美国花马 pinto 具斑点的马品种。又称彩色马、斑点马和花斑马，或用其他一些描述颜色、花纹不同类型的术语来命名。以前美国西部的印第安小型马常属美国花马。大多数纯种马协会拒绝给具美国花马色型的马注册。美国花马的色型包括桃花马（从腹部向上不规律地分布着白色斑片，与较深的颜色相混合）和两色斑花马（从背部向下分布着边缘光滑清晰的白斑）。

美国铝公司 Alcoa 美国公司，世界最大的制铝公司。1888年建于匹兹堡，1907年采用美国铝公司之名。1910年开发出铝箔新产品，并将铝应用到新兴的航空和汽车工业。1913年在田纳西州东部建立阿尔科阿镇，作为规划的工业区。1945年因违反联邦《反托拉斯法》，不得不卖掉加拿大子公司（现为阿尔康铝业股份有限公司，是其最大的竞争对手）。1998年并购阿鲁玛克斯公司，合并之后的公司拥有10万名员工，每年生产近400万吨铝。

美国南北战争 American Civil War (1861～1865) 又作内战（Civil War）或War Between the States。美国联邦政府和宣布脱离联邦的南方11个州之间的战争。这场战争的起因在于双方在蓄奴、贸易、关税和州权等问题上的争议。19世纪40和50年代，北部各州反对在西部地区蓄奴，造成南方各州害怕威胁到他们持有奴隶的权益，而蓄奴是南部的经济基础，也使南部处于危险境地。到19世纪50年代，废奴主义在北方逐渐壮大，当1860年反对蓄奴的共和党候选人A.林肯当选总统后，南方各州便脱离联邦以保护他们蓄奴的权利。他们组成以J.戴维斯为首的南部邦联，北部各州则由林肯领导。北部各州拥有二倍于南部邦联的人口，并且在制造业和运输能力上占有很大优势。1861年4月12日南部邦联军向萨姆特堡开火，战争于是在南卡罗来纳州的查尔斯敦展开。双方迅速招募军队。1861年7月约3万名联邦军向南部邦联的首都弗吉尼亚州的里士满挺进，但在布尔溪战役中受到南部邦联军的阻截，被迫撤退到华盛顿。这场败战震惊了北方，再次招募了50万大军。1862年2月首场重要战役开打，U. S.格兰特率领的联邦军占领了田纳西州西部南部邦联的要塞。联邦军接连在塞罗和新奥尔良传捷报。在东线的战区，R. E.李将军也为南部邦联赢得数场战役：七天战役以及在安蒂特姆战役南方军被击败后的弗雷德里克斯堡战役（1862-12）。南部邦联军在钱瑟勒斯维尔战役胜利后，李将军挥军北上，与米德率领的联邦军在葛底斯堡战役遭遇。战争的转折点发生在1863年7月的西部战区，格兰特在维克斯堡战役的成功使得整个密西西比河流域都落入联邦军之手。在奇克莫加河战役北方军被击败后，格兰特的权力又得到提升，1864年3月格兰特被林肯任命为联邦军最高统帅。格兰特开始实行消耗战略，他无视联邦军在莽原战役和斯波特瑟尔韦尼亚县府战役中的惨重伤亡，开始包围李将军在弗吉尼亚州彼得斯堡的军队。同时，W. T.谢尔曼于9月占领亚特兰大后，开始了穿越佐治亚州的破坏性行军，不久又夺占了塞凡纳。1865年4月3日格兰特占领里士满，4月9日在阿波马托克斯县府接受李将军的投降。4月26日谢尔曼接受J.约翰斯顿的投降，从而结束了这场战争。死伤人数颇为惨重，总共240万士兵中约有62万人死亡。南方受到严重破坏。但北方仍维持原状，奴隶制被废除。

美国骑乘马 American saddlebred 又称American saddle horse。一种源于美国的轻型马，谱系中包含纯血马、摩尔根马、标准种马等血统，母系为步态轻盈的本地母马。平均肩高1.5～1.6米，毛色有红棕、褐色、黑色、灰色和栗色等。有两种不同的类型，分别为3步法马和5步法马。自然的3步法为走、小跑和慢跑；5步法的马还有两种经过训练的步法，轻跑和慢步，或者是跑步行。与5步法的骑乘马相比，3步法的骑乘马的式样和润饰动作往往要稍差一些。美国骑乘马也主要作为一种优良挽马，供表演用。

美国上诉法院 United States Courts of Appeals 在美国，中级上诉法院包括在联邦司法系统之内，根据国会法案成立。每个负责11个编号的联邦上诉法院管辖区的上诉法院都拥有复审联邦地方法院裁决的权力（参阅美国地方法院），以及复审其权限之内美国税收法院一些部门和美国破产法院裁决的权力。哥伦比亚特区有它自己的上诉法院，因为许多案件是在那里提起诉讼的。美国联邦巡回上诉法院（1982年建立）对专门的法院有管辖权，其中包括美国联邦申诉法院（该法院对针对美国的申诉而不是侵权行为申诉有最初的管辖权）和美国国际贸易法院（该法院根据关税法对政府行为有专有管辖权）。联邦巡回法院也可以复审和强制执行各联邦管理机构的命令，如联邦贸易委员会、证券交易委员会和国家劳工关系委员会。所有的上诉法院判决都要经过美国最高法院复审。

美国圣公会 Episcopal Church, USA 英国圣公会在美国的支系教会。正式成立于1789年，作为前英国殖民地英国圣公会的继承者。教会同时接受《使徒信经》和《尼西亚信经》，以及修改后的英国圣公会的《三十九条信纲》。总会是最高的神职机构，由主教院选举产生的主教来领导。1873年宗教改革派的圣公会与主体分裂。该教会1976年接受对妇女的授神职仪式。1988年，该教会选举了它的第一个女主教。2003年，任命一名公开的男同性恋者为新罕布什尔教区主教。这些举措引起了教会内部及其圣公会教派之间的论战。

美国文艺复兴 American Renaissance 又称New England Renaissance（新英格兰文艺复兴）。大致指19世纪30年代到南北战争结束的这段时期，这一时期美国文学日趋成熟，成为一种反映民族精神的文学。这时美国文坛由一批新英格兰作家所统治，其中著名的有H. W.朗费罗、O. W.霍姆斯（小）以及J. R.洛威尔。这一时期最有影响力的是超验主义作家（参阅超验主义），包括R. W.爱默生、H. D.梭罗。此外，还出现了一些伟大的富有想象力的作家，如N.霍桑、H.梅尔维尔、W.惠特曼和E. A.坡。

美国无线电公司 RCA Corp. 美国主要的电子和广播联合大企业。它是通用电气公司的一个子公司,总部设在纽约。它的分支包括全国广播公司(NBC)。1919 年由通用电气公司为收购美国马可尼无线电报公司而成立。在那时,它是唯一一家能够处理横越太平洋商业无线电通信的公司。美国无线电公司在 1926 年成立了全国广播公司,以扩展该公司的广播业务。1939 年美国无线电公司研制出第一台实验型的电视机,7 年后其黑白电视机开始投入市场。美国通用电气公司在 1986 年购买了美国无线电公司,并在 1987 年将美国无线电公司的顾客电子部出售给了法国汤姆逊-布兰特公司。美国无线电公司还参与军事、空间电子和卫星通信活动。

美国信息交换标准代码 ASCII 全名 American Standard Code for Information Interchange。用于表示文本数据(字母、数字及标点符号)和非输入设备的控制命令(控制字符)的标准数据传输代码。它将信息转换成标准的数字格式,使计算机能相互交换数据并高效地处理和储存数据。标准的美国信息交换标准代码使用 7 位数的二进制数(由 0 与 1 的不同组合表示的数字)。它可以表示 128 个不同的符号,因为 7 个 0 和 1 共有 128 种组合。美国信息交换标准代码通常被置入 8 位的字段,其可代表的符号增加到 256 个,称为扩展的美国信息交换标准代码。这种系统很快就成了全行业生产个人计算机的标准。参阅扩充的二进制编码数字交换码和万国码。

美国银行 Bank of the United States 1791 年美国国会特许的中央银行。出自 A. 汉密尔顿的构思,目的是要偿还独立战争时期欠下的债务,也为了发行稳定的国家货币。该行的成立遭到 T. 杰斐逊的反对,并导致成立美国最初的两党:联邦党和民主共和党。美国银行限制各州私人银行过度扩大(这限制受到州权提倡者的反对),并最终代表贵族和富人反对农业平民的利益。在 A. 杰克逊总统任期内抨击达到顶点,遂引发了银行之战。1836 年特许状有效期满,美国银行重组为宾州美国银行,对私人银行的控制就此结束。

美国制造系统 American System of manufacture 生产众多相同的零件并将其组合成最终产品的制造系统。虽然这项发明多归功于 E. 惠特尼,其实概念更早出现于欧洲,而在美国的兵工厂付诸实施。M. 布律内尔还在英国海军部任职之时(1802～1808),便想出一种制作方法来生产木头滑车,利用连续的机械作业,只要 10 个工人(而不是先前的 110 人)一年就能制作出 16 万个滑车。到了伦敦水晶宫展览会(1851),英国工程师看见美国展出生产可替换零件的机器,才开始运用这个系统,不到 25 年的时间该系统就广泛运用于大量制造工业产品。

美国自然历史博物馆 American Museum of Natural History 1869年在纽约市设立,是自然科学研究和教学的主要中心。为设置野外探险、创造可以展示动植物生命及其自然习性的实景模型的先锋。该馆收藏标本逾千万件,收藏的化石和昆虫是世界上最多的。该馆进行人类学、天文学、昆虫学、爬行动物学、鱼类学、无脊椎动物生物学、哺乳动物学、矿物学、鸟类学、脊椎动物古生物学的研究。在巴哈马、纽约、佛罗里达和亚利桑那设有永久研究站。它还拥有世界最大的天文馆之一。

美国最高法院 Supreme Court of the United States 美国司法体系的上诉终审法院、《美利坚合众国宪法》的最终解释者。根据 1787 年宪法而建立,有权审理涉及美国联邦宪法、法律或美国参加的条约的案件;以美国为一方的争议案件;州与州之间或各州公民之间的争议案件;海事管辖案件;以及侵犯大使、其他公使和领事的案件。其大法官人数由国会设定,一直处于变化之中,直到 1869 年才固定为 9 名大法官。最高法院大法官的任命由总统征求议会的意见并在参议院同意下而决定。最高法院从一开始就行使司法审查权。相对说来,最高法院受理的一审案件是很少的。进入最高法院的程序一般是通过上诉或调审令。最高法院的最重要的条款来源为宪法的贸易条款以及正当程序和同等保护权条款,经常也处理涉及到公民自由的纠纷,包括言论自由和隐私权。最高法院的大部分工作都是阐明、提炼和验证宪法的哲学思想,并将其转化为运作原则。

美吉多 Megiddo 古巴勒斯坦城市,位于今以色列北部。位于军事和商道交会点,战略地位重要;也是著名的战场,被认作圣经上所提到的哈米吉多顿。第一个城镇建于公元前第 4 千纪早期,公元前约 1468 年为埃及国王图特摩斯三世占领。后来归属以色列人,所罗门王把它重建为军事中心。1918 年英国将军 E. H. H. 艾伦比在该市附近击败土耳其人。

美莱村屠杀 My Lai Massacre(1968-03-16) 越南战争期间发生的在一个小村落美军屠杀 502 名手无寸铁的平民事件。1968 年 3 月 16 日美军排长 W. 卡利率军屠戮美莱村,村里无论男女老幼都被士兵屠杀尽净。许多村民被害前还遭受凌虐与奸淫。这次事件起先被军方高层隐瞒。尔后卡利以蓄意谋杀罪被起诉,原判为无期徒刑,但由于 R. 尼克松总统介入说情,卡利于 3 年后假释出狱。在审判期间所泄露出来的这个屠杀事件和其他暴行震动了美国各界,因而助长了反战情绪。

《美利坚合众国宪法》 Constitution of the United States 美国联邦政府体制的根本法,也是西方世界一个划时代的文件。它是正在实施中的最早的成文国家宪法,1787 年由 55 位代表聚集于费城举行的一个会议中写成,会议的名义是对美国第一部成文宪法《邦联条例》进行修改。由于许多州的批准是以许诺补充《人权法案》为条件的,使得该宪法的正式通过直到 1791 年才得到完全确认。这部宪法的设计者们特别关注于限制政府的权力和保障公民的自由。立法、行政和司法部门的分离,它们彼此之间的制约和平衡,以及对个人自由的明确保证,都是旨在达到权威和自由之间的平衡。第一条将全部立法权力授予国会——众议院和参议院。第二条将行政权授予总统。第三条将司法权授予法院。第四条部分地谈到州际关系和各州公民的特权。第五条谈到修改程序。第六条谈到国债和宪法的至高无上的效力。第七条说明批准的条件。第十条修正案规定联邦政府仅有宪法授予它的权力;各州则除另有限制者外,拥有所有其他的权力。因此,联邦的权力是列举的,州的权力是概括的。州的权力常常被称为剩余权力。宪法修正案可由国会两院 2/3 的议员提出,或由国会根据 2/3 州议会的请求召开的一次会议提出。所有后来的修正案都是由国会提出的。国会提出的修正案必须经 3/4 的州议会批准,或由同样多的州的会议批准。从 1789 年以来已经有 27 项修正案被补充入宪法中。除最初的 10 项——1791 年的《人权法案》被采纳为一个独立的单位以外,其他影响深远的修正案包括:第十三条修正案(1865),废除奴隶制;第十四条修正案(1868),法律提供公平审判和平等保护的原则;第十五条修正案(1870),保证不受种族影响的投票权;第十七条修正案(1913),规定直接选举美国参议员;第十九条修正案(1920),规定妇女选举权;第二十二条修正案(1951),限制总统的任期不得超过两届等。参阅公民自由、言论自由、司法机关和州权。

美利奴绵羊 Merino 一种中等体形的绵羊品种,起源于西班牙,现已成为世界各地主要饲养的品种。美利奴绵羊脸部和四肢为白色,毛纤细卷曲。早在 12 世纪就已闻名,可能由摩尔人输入。特别适应半干旱气候和游牧放养,被广泛用作基本品系,并创造了许多绵羊品种和品系。

美联社 Associated Press (AP) 美国历史最悠久和最大的合作通讯社,也是长期以来世界最大的通讯社。它的创建可追溯到 1848 年,当时纽约市的 6 家日报开始联营,以负担用电报播发进入波士顿的船只带来的国外消息所需的经费。1892 年按照伊利诺伊斯州的法律建成现在的美联社,几年后迁往纽约。20 世纪 40 年代,碍于联邦《反托拉斯法》的规定,美联社限制新会员的做法取消。现在美联社在世界各地为大约15 000多个新闻机构服务。

美名大师 baal shem 犹太教中,知晓上帝的秘名而行神迹治病的人。这一习俗可追溯到 11 世纪,此词用来指某些拉比和喀巴拉派人士则是后来之事。17～18 世纪的东欧有许多美名大师,他们从事驱鬼、制作护身符和用草药、民间药方和四字母圣名进行治疗。由于在治疗中结合了信仰与喀巴拉法术的行使,他们与医师、拉比和哈斯卡拉运动的追随者发生冲突。参阅美名大师托夫。

美名大师托夫 Baal Shem Tov(约 1700～1760) 原名 Israel ben Eliezer。波兰哈西德

主义(约 1750)的创始人。孤儿,曾在犹太教的会堂和授业座(教育机关)工作。在他退隐于喀尔巴阡山中从事奥秘修行探索后,获"美名大师"之名。约自 1736 年定居于梅吉博日村,专心灵修。他以 Besht(美名大师托夫的英文首字母缩写)广为人知。后来不再主张老拉比所奉行的苦行主义,而专注于与上帝交流,在日常工作中向上帝作祈祷,解救那些在**喀巴拉**看来是陷入物质世界陷阱的神性火花。他在安息日餐时所作的演说被保存下来,但没有著作流传于世。他强调要亲近从事简单劳动的人民。哈西德主义在犹太教中引起了社会激变和宗教激变,建立了一种以新的仪式和宗教超脱为特色的崇拜模式。

美柔汀法 mezzotint 源自意大利语 mezza-tinta,意为"中间色调"。指在金属版表面上系统而均匀地刻刺出无数个可容受油墨的细孔,印刷后可产生一些大面积的柔美细腻的色调浓淡层次。雕刻或蚀刻的线条可以使整个画面更为鲜明。这种画法是由 17 世纪的荷兰画家 L. von 西根所发明,但之后主要盛行于英国。这种方法适合套色印刷,因此成为复制画作的理想技法。发明摄影术后,这种方法便很少使用了,但是近几年来又开始盛行,在美国和日本版画家中尤为流行。

美沙酮 methadone 有机化合物、一种强效合成的**麻醉品**药品,对治疗**海洛因**或其他麻醉药毒瘾极为有效。从 20 世纪 60 年代美国开始广泛应用于海洛因毒瘾治疗计划。虽然美沙酮本身也可令人成瘾,但是停止服用美沙酮比海洛因容易。美沙酮无欣快作用,也不会产生耐受性,因此不必增加剂量。每日服用基本维持量可使海洛因成瘾者消除脱瘾症状,并能抑制患者对海洛因的药物饥渴,因此可打破成瘾者对海洛因所产生的心理依赖。

美式橄榄球 football (gridiron) 盛行于美国和加拿大的一种球类运动。在美国,由两队(每队 11 人)在两端有球门柱的长方形场地上比赛,每次由一方控球,借着持球跑传球或踢球使椭圆形的球越过对方得分线或将球踢进球门柱之间。在比赛中,拿球的一方有 4 次进攻(10 码进攻,称 down)的机会,必须在 4 次进攻中将球至少推进 10 码,便可再获得另一个 4 次进攻机会。计分方式有:持球跑传球成功越过得分线(持球触地)得 6 分;把球踢进门柱之间(射门)得 3 分;持球触地得分后可再加踢一球额外得 1 分;持球跑过或传球越过球门线可附加 2 分。美式橄榄球是在 19 世纪时由**英式橄榄球**和**足球**混合演变而成。1869 年在新泽西州举办第一次校际比赛,参赛的两队是普林斯顿大学队与拉特格斯学院队。1873 年制定最早的校际比赛规则,并成立**常春藤联合会**。此后橄榄球运动在美国大学间流行起来。1998 年起全国大学生体育协会实行计分办法,从全国的球队中选出战绩最好的两个队举行季后赛,赢得比赛的一方可以得到全国冠军奖杯。

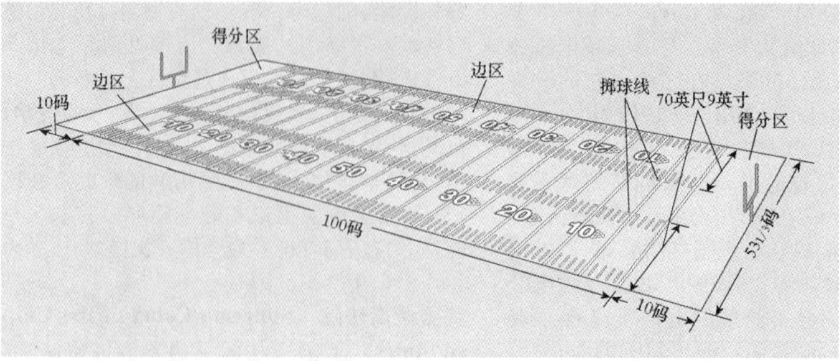

职业美式橄榄球场。标准大学球场除了反弹内线区较宽,几乎完全相同,每当球落在边区,下次进攻就将球放在最靠近的反弹内线。标记得分区(在此区可以接球)的线称为球门线。

职业橄榄球始于 19 世纪 90 年代,但直到第二次世界大战后才成为美国主要的运动。1922 年美国职业橄榄球协会改组为全国橄榄球联盟(NFL),对立的美国橄榄球联盟(AFL)建立于 1959 年,但 1966 年并入全国橄榄球联盟,现又分为美国联合会和国家联合会,两联合会的优胜者竞争**超级杯**冠军。在俄亥俄州的坎顿建有美国职业橄榄球名人馆。加拿大式橄榄球与美式橄榄球不同,主要区别是加拿大式橄榄球每队 12 人,而不是 11 人;球场较大,比赛中拿球的一方第一次 10 码进攻只有 3 次进攻机会;比较强调传球,更难于防守。

美属萨摩亚群岛 American Samoa 全称 Territory of American Samoa。中太平洋中南部的美国无建制领地,包括图图伊拉(最大岛,占全区 2/3 的陆地面积和绝大多数人口)、奥努乌、罗斯岛、斯温斯岛和马努阿群岛。面积:200 平方千米。人口:约 54 700 (2013)。首府:法加托戈(立法和司法),乌图列(行政),均属帕果帕果大都会区(位于图图伊拉岛)。语言:萨摩亚语和英语(均为官方语)。宗教:基督教(大部分为新教,也有天主教及其他基督教)。货币:美元。多数岛屿多岩石,由死火山形成,四周环绕着珊瑚礁。中央山脉耸立于图图伊拉和马努阿群岛上。渔业和旅游业是其主要产业,但美国政府却是主要雇主。主要人口为萨摩亚人后裔。美属萨摩亚在 3 000 年前就有波利尼西亚人居住。1722 年荷兰探险者为第一批到访此地的欧洲人。19 世纪 30 年代,传教士开始到达该岛。1878 年美国取得在帕果帕果建立海军基地的权利,1889 ~ 1899 年归美、英、德 3 国共管。1899 年,英国和德国宣布放弃东部岛屿的权利。1904 年大酋长们将东部岛屿割让给美国。这些岛屿原由美国海军管辖,直到 1951 年才转交给美国内务部。1967 年通过现行宪法。1978 年第 1 位选举产生的总督就任。美属萨摩亚群岛于 1988 年首次参加在韩国汉城(今首尔)举办的夏季奥运会。

美属维尔京群岛 Virgin Islands of the U. S. 美国未建制的岛屿领土,位于大安的列斯群岛东端,加勒比海东北部。由圣克罗伊、圣约翰和圣托马斯 3 个大岛,以及 50 余个小岛和沙洲组成。面积:352 平方千米。人口:约 105 000(2013)。首府:夏洛特阿马利亚。近 80% 的人口为黑人和黑白混血种人,其余多数为讲西班牙语的人(主要是波多黎各人)或新近来的白人移民。岛上居民为美国公民,可选举一名无投票权的代表参加美国众议院,但不参加美国大选。语言:英语(官方语言)、法语和西班牙语。宗教:新教和正统派犹太教。岛上多丘陵,为珊瑚礁所环绕。旅游业支配着该岛的经济。岛上最早的居民可能是阿拉瓦克印第安人,但当 C. 哥伦布于 1493 年登陆圣克罗伊岛时,岛上却住着加勒比人。圣克罗伊岛曾被荷兰人、英国人、法国人和西班牙人占领,一度为马耳他骑士团所拥有。丹麦人曾占领圣托马斯岛、圣约翰岛和圣克罗伊岛,1754 年把它们合建为一个丹麦殖民地。1917 年美国以 2 500 万美元购买了丹麦属西印度群岛,并改名为维尔京群岛。1931 年由美国内政部管辖。1954 年维尔京群岛基本法经修改,建立了现行的政府结构。1970 年第一位民选总督就职。该岛在 1995 年的飓风中遭到巨大破坏。

美术风格 Beaux-Arts style 又称 Second Empire style(第二帝国风格)或 Second Empire Baroque(第二帝国巴罗克风格)。巴黎美术学校开创的一种建筑风格。19 世纪后半叶在国际上占据主导地位,并因城市扩展和各国政府的要求而迅速成为许多新公共建筑的正式风格。这类建筑通常庞大厚重,房间按轴线对称布局,细部按古典主义雕饰,极尽奢侈,在两端和中部常有宁阁向前伸出。最受人赞赏的美术风格建筑物可以巴黎歌剧院为代表。

美术学校 Beaux-Arts, École (National Supérieure) des 巴黎的美术学校。1793 年创建,是由 C. **勒布朗**所创建的皇家绘画雕塑学院(1648)和 J. -B. **柯尔贝尔**所创建的皇家建筑学会(1671)合并而成。按传统设素描、油画、雕塑、版画和建筑(迄 1968 年为止)等课程。建筑学上的美术风格具有特别的影响。

美索不达米亚 Mesopotamia 位于中东**底格里斯河和幼发拉底河**之间的、包括现在伊拉克大部分地区的区域。该地区由于地理位置优越,土地肥沃,早在公元前约 1 万年前就有人居住,成为世界上几个最早文明的发源地，也是文字书写的起源地。最早在此定居的是苏美尔人，相继又有阿卡得人和巴比伦人。不断有新的民族入主该地区，直至公元前6世纪波斯阿契美尼德王朝的兴起。公元前4世纪早期，阿契美尼德人被亚历山大大帝推翻。从公元前约312年起，受塞琉西王朝统治，直到公元前2世纪中期成为安息帝国的一部分。公元7世纪这一地区被穆斯林阿拉伯人占领。1258年遭到蒙古人侵略后，该区的重要地位逐渐衰落。自16世纪开始，奥斯曼帝国控制了该地区的大部分。1920年成为英国的托管地。1921年成立伊拉克。

美索不达米亚宗教　Mesopotamian religions　苏美尔人、阿卡德人以及他们的后继者（居住在古美索不达米亚的巴比伦人和亚述人）的宗教信仰和仪式。苏美尔诸神通常和自然界各方面有关，如土地肥沃和家畜兴旺。亚述和巴比伦众神并没有取代苏美尔和阿卡德的神，而是逐渐被同化进入旧的体系。在美索不达米亚众神中最重要的有天神安努、水神恩奇、地神恩利尔。这些神通常和某些特定的城市有关联。星神如沙玛什和辛也受人崇拜。美索不达米亚人是老练的研究天体运动的占星家。祭司也通过观察某些征兆，特别是解读祭祀的动物内脏，来推断神的旨意。国王为主祭司，主持在春季举行的新年礼拜。新王上任时，还要庆祝神战胜了混沌势力。

美西战争　Spanish-American War（1898）　美国和西班牙之间结束西班牙在美洲殖民统治的战争。战事起因于古巴人争取独立的斗争。W. R. 赫斯特的报纸煽动起美国对起义的同情，这种情绪在“缅因”号战舰炸毁事件后更加高涨。国会通过决议，宣布古巴有权独立，并要求西班牙撤除武装力量。1898年西班牙向美国宣战。美国海军准将G. 杜威领导海军中队在菲律宾击败了西班牙舰队，W. 谢夫特将军率领正规军及志愿军（包括T. 罗斯福和他的莽骑兵）摧毁了古巴圣地亚哥港附近的西班牙加勒比海舰队（1898-07-17）。在巴黎条约中（1898-12-10），西班牙宣布放弃对古巴的一切主权，将关岛、波多黎各和菲律宾割让给美国，标志着美国成为世界强国。

美因茨　Mainz　法语作Mayence。德国中西部城市。坐落在美因河口对面的莱茵河畔。约公元前14年建为罗马军队的驻地，之前是凯尔特居民点。公元775年成为大主教辖区，1244年成为自由城市，1254年成为莱茵城市同盟的活动中心。1797～1816年处于法国统治下，然后转由黑森-达姆施塔特统治。至1918年，曾是日耳曼联邦及后来的德意志帝国的要塞。第二次世界大战期间遭到严重毁坏，后重建。该城市为J. 谷登堡的出生地。设有约翰内斯·谷登堡大学。人口约185 293（2002）。

美因河　Main River　德国中部河流，发源于巴伐利亚北部，向西流穿过法兰克福汇入莱茵河，全长524千米。为美因-多瑙运河的一部分，将莱茵河与多瑙河连接起来，形成一条3 500千米长的水路，通北海和黑海。

美洲豹　jaguar　新大陆最大的猫科动物，学名*Panthera onca*。曾分布于美墨边界以南到巴塔戈尼亚的森林地区。现在数量已减少，只在中南美洲偏远地区才有。已知最大种群存在于亚马孙雨林中。公豹体长1.7～2.7米（包括60～90厘米长的尾巴），体重100～160千克。典型的花纹是橘棕黄色带有黑色斑点组成一簇簇的玫瑰花结，其中心尚有一黑斑。是独栖的食肉动物，常捕食啮齿类、鹿、鸟类和鱼等动物，也吃牛、马和狗等家畜。

美洲杯　America's Cup　国际帆船竞赛中历史最悠久和最著名的奖杯之一。1851年英国第一次设立此杯，但不是此名，首次获得该杯的是一艘来自纽约的“美洲”号，后来遂以“美洲杯”闻名。这项比赛约每4年举行一次，在一艘卫冕船和一艘挑战船之间进行。每艘船都必须是在它所代表的国家中设计和建造的。全长36.4千米的行程分8段来进行。美国原本包办了全部的奖杯，直到近几年分别被澳大利亚（1983）和新西兰（1995）击败。从1936年到1983年，比赛在罗得岛的新港举行，近年则改在美国的圣地亚哥举行。

美洲赤鹿　wapiti　又作American elk。北美洲鹿的一种，学名*Cervus canadensis*，或认为与欧亚大陆赤鹿（*C. elaphus*）是同一种。现在分布局限于落基山脉和加拿大南部。美

美洲雄赤鹿（*Cervus canadensis*）
Alan Carey

洲赤鹿是现存第二大的鹿科动物（第一大为驼鹿）。雄体肩高可达1.5米以上，体重最大可达500千克。淡褐至深褐色，有一灰白色臀斑。肩和颈覆有深褐色蓬松长毛。雄体具大角，常有5个分叉，高出头部1.2米。冬季成大群活动，夏天分成小群。

美洲国家组织　Organization of American states（OAS）　1948年成立的国际组织，用以取代泛美联盟。其目的旨在加强西半球的和平与安全，实行靠拢美国、反对共产主义的政策，鼓励成员间的社会经济合作。后冷战时期致力于促进各成员国的民主（如监督选举，保护人权），涉及多数西半球国家。参阅进步联盟。

美洲旱獭　woodchuck　又称groundhog（土拨鼠）或whistle-pig。啮齿目松鼠科动物，学名*Marmota monax*。分布于美国东部和中部、加拿大到阿拉斯加。栖息于开阔田野和林地边缘。体长42～52厘米，尾长10～15厘米，重2～6千克。善于挖洞、游泳和攀缘。洞穴有主入口和供逃跑之用的洞口。

美洲山核桃　pecan　胡桃科坚果和乔木，学名*Carya illinoinensis*，原产于北美温带地区。树高偶达50米，树皮深裂，羽状复叶。其坚果富含油脂，气味和质地独特。该种是

美洲山核桃（*Carya illinonensis*）
Grant Heilman

含油量最高的植物之一，其油脂的热量值接近于奶油。美洲山核桃生产是美国东南部颇具规模的产业。在当地，山核桃馅饼和山核桃糖都是传统的甜食。

美洲狮　cougar　又作puma，mountain lion或panther。大型猫科动物（*Felis concolor*），栖息在不列颠哥伦比亚到巴塔哥尼亚的山区、荒漠和丛林中。许多地区的美洲狮只局限于荒野地区，一些亚种被视为濒危动物。毛色从浅黄到浅红褐色，耳和尾尖深色，臀部和腹部白色。成年美洲狮体重35～100千克。雄性体长可达3米（其中1/3是尾长），肩高60～75厘米。因偶食牲畜，所以农民，尤其是北美农民全面捕杀之。在美国东部已基本灭绝。它能防止被猎物（在北美主要是鹿）的数量过多，故有存在价值。极少伤人。

美洲土著教会　Native American Church　又称peyotism（仙人掌教）。北美洲印第安人中的一种宗教活动，与药物佩奥特掌有关。前哥伦布时期，在墨西哥首先使用仙人掌来诱导超自然的幻觉。19世纪时，仙人掌的使用向北扩展到了大平原地区，现在流行于50多个部落。仙人掌教将印第安人的传统与基督教的内容结合在一起，各个部落有所不同。他们崇拜的大精灵是一位超神，通过其他各种精灵来对付人类。在许多部落里，把仙人掌拟人化为仙人精灵，与耶稣联系在一起。仪式往往在星期六傍晚开始而通宵达旦。仙人掌教是一种生活方式，提倡兄弟之爱、家庭之情、自力更生和戒酒。

美洲土著艺术　Native American arts　西半球当地人民的文学、表演和视觉艺术。长期以来，民间故事一直是美洲印第安人和因努伊特人不同群体的社会和文化生活的一部

分。通过说书人把这些故事以口头形式流传下来，说书人的表演则加强了故事的表现力。他们惯用的一种技巧是对枝节的一再重复。神话因素（因地区而异）也是故事的中心。对美洲土著音乐风格的任何一种定义都是复杂的，因为部落之间以及部落内部的表演节目是多种多样的。许多音乐的一个明显特点是以男性为主。同样明显的是限于单个歌手，演唱时没有和声，而有打击伴奏。歌声主要由横膈膜支撑，具有呼吸节律产生的脉动感。一般很少有旋律，有时甚至是单调的声音；只有很少的歌曲跨越五音阶。用的乐器有鼓、打击器，有时有吹奏乐器如**排箫**。美洲土著的舞蹈代表着几个世纪以来流传的形式，通过与外国文化和其他印第安文化的相互交流而产生了变化。它们的起源包括宗教仪式；试图诱发神奇的力量，达到治病或保佑粮食生产、狩猎和战争成功的目的；以及诸如出生、青春期和死亡等生命阶段的仪式等。舞蹈的花样反映了等级和性别的复杂关系，舞者本身往往代表不同的宗教象征。印第安舞者的特征是略向前倾斜的身姿、膝盖向前抬升、平脚着地或脚趾-脚跟动作，以及肌肉紧绷和放松的各种姿势。美洲土著的视觉艺术也十分多样，因部落和地区而异。美洲土著艺术采用的具体实物往往反映了与文化相关的社会组织，比如，政治和军事集团的艺术样式往往集中展示在他们的武器、服饰以及盔甲上。不同的印第安文化由于采用源于他们所生活地区的天然材料，也就产生了反映他们生活环境的艺术，如那些生活在森林地区的人就成了出色的木刻大师。一些最好的美洲土著艺术作品是那些用于取悦神灵、抚慰发怒的天神，以及安抚或恐吓魔鬼精灵的作品。美洲土著文化利用过的许多媒介中有织造、**陶瓷**、**编织工艺**、木雕、陶土制品、羽毛制品、**刺绣**、**珠饰品**、**图腾柱**、**壁画**和**面具**。建筑方面的成就也各有不同，包括美国西南部的山区岩石悬崖上的民居，以及墨西哥乔卢拉的巨大魁扎尔科亚特尔金字塔。参阅**卡奇纳**、**口头传述**和**普韦布洛陶器**。

美洲驼　llama　驯化的南美洲羊驼类动物（参阅**羊驼**），学名*Lama glama*。在玻利维亚、秘鲁、厄瓜多尔、智利和阿根廷都有大群饲养。美洲驼主要为驮畜，但也是食物、羊毛、皮草、作蜡烛的脂油和用作燃料的干燥粪便的来源。113 千克重的美洲驼能负载45 ～60 千克的重物，一天可走 25 ～ 30 千米。美洲驼极为耐渴，能以各种植物为食。通常为白色，也可能是纯黑色和褐色，亦可为白色而带有黑、褐色的斑点。通常性情温和，但在负载过重或力竭时，便躺下嘶叫，喷吐唾沫，踢蹬，拒不前行。现在已无野生种，似乎是在印加文明时期或之前从栗色羊驼繁育而来。

美洲鸵鸟　rhea　美洲鸵鸟科两种形似鸵鸟、足生三趾的南美洲平胸鸟类。普通美洲鸵鸟（*Rhea americana*）体高约 120 厘米，重约 20 千克。其羽毛生长茂密，上体为棕或灰色，其下则为白色。达尔文氏美洲鸵鸟（*Pterocnemia pennata*）体较小，体淡褐色，羽尖为白色。居于旷野，常与放牧动物结群，逃离捕食者的追赶。以各种的动植物为食。两种都已濒临灭绝。

美洲野牛　bison　偶蹄目牛科牛形草食动物，学名*Bison bison*。前额突出，肩部隆肉明显。头部下垂，头部、颈部和肩部的深棕色粗毛特别长。雌雄均有粗重弯曲的角。成熟的

美洲野牛（*Bison bison*）
Alan G. Nelson-Root Resource

雄体肩高约 2 米，体重超过 900 千克。成群生活。美洲野牛统称为水牛，欧洲人到达北美洲时，野牛还很多，遍布北美大部分地区。到 1900 年左右，美洲野牛已濒临绝迹；现在受保护的野牛群似乎能生存下去。欧洲野牛则只有为数不多的几个保护群。

美洲夜鹰　nighthawk　夜鹰科中数种北美洲和南美洲鸟类的统称。黄褐、红褐或灰褐色，通常有淡色点斑或块斑，体长 15 ～ 35 厘米。夜间（尤其在傍晚和拂晓）飞出，捕食飞虫。小美洲夜鹰（*Chordeiles minor*），栖居于北美大部地区，冬季迁栖南美；体长约 20 ～ 30 厘米，灰褐色，喉白色，翅上有一白块斑。发声尖锐，带鼻音；求偶时迅速俯冲低飞，能发出响亮的呼呼声。

美洲印第安人　American Indian　又称 Amerindian，indigenous American 或 Native American（美洲土著）。西半球**爱斯基摩人**和阿留申人以外的多个土著民族的统称。虽然人们现在更喜欢用的是美洲土著这词，而不是美洲印第安人，尤其是在美国，但美洲土著仍喜欢用美洲印第安人（或印第安人）这个词。在加拿大，人们喜欢用第一民族这个词。美洲印第安人的祖先，据考证可能是最后一次冰河期（约 3 万年前至 1.15 万年前）自东北亚越过白令海峡陆桥移居北美洲的游牧民族。公元前 1 万年，他们占据了北、中、南美洲大部分地区。

美洲印第安诸语言　American Indian languages　美洲、西印度群岛原始居民与其现代后裔所操的语言。美洲印第安诸语言在结构上差别特别大，各种想把这些语言归成少数几个源群集的努力都没有被普遍接受。在前哥伦布时代，在墨西哥以北的美洲，约有 300 种方言，使用人口约 200 万～ 700 万。目前留存下来的不到 170 种，而能流利地使用这些语言的大多数是老人。少数能广为流传的语族（如阿尔冈昆诸语言、易洛魁诸语言、苏语诸语言、马斯科吉诸语言、阿萨帕斯卡诸语言、犹他-阿兹特克诸语言、萨利什诸语言）在北美洲东部和内陆有许多语支，而西部是一个完全不同的支系。墨西哥与中美洲北部（中美洲）印第安人口估计为1 500万～2 000万人，在前哥伦布时期所操语言有 300 多种；以两个最大的语系马雅诸语言和**奥托-曼格诸语言**以及单一语言纳瓦特尔语为主；其他还有许多小语族和孤立的语言。至今还有 10 种以上的语言和语群使用人口超过 10 万以上。前哥伦布时代南美洲和西印度群岛的土著人口在1 000万到2 000万之间，语言在 500 种以上。重要的语系包括哥伦比亚和中美洲南部的奇布查诸语言；安第斯山脉地区的**克丘亚诸语言**和艾马拉诸语言；南美洲北部和中部低地区的阿拉瓦克诸语言、加勒比诸语言和图皮诸语言。克丘亚及艾马拉诸语言约有1 000万名使用者，而主要分布于北美印第安族群的图皮语言的使用者现已少见，且在语言学家记录之前即面临消失。

美洲越橘　huckleberry　杜鹃花科美洲越橘属（*Gaylussacia*）多分枝结果小灌木，与英国的欧洲越橘近缘，习性也相似。美洲越橘结肉质果，内含 10 粒坚果状种子，在这一点上与**南方越橘**不同。浆果美洲越橘（*G. baccata*）为美国北部常见品种，又称黑美洲越橘或高灌木美洲越橘。花商美洲越橘（或称常绿美洲越橘）实际上是南方越橘。美国南部的红果美洲越橘通常叫作南方蔓越橘。

镁　magnesium　化学元素，碱土金属之一，化学符号 Mg，原子序数 12。为银白色金属，在自然界无游离态存在，但通过硫酸镁（泻盐）、氧化物（氧化镁）和碳酸盐（菱镁矿）等化合物久为人所知。它用于照相闪光器材、炸弹、照明弹、烟火以及飞机、飞船、汽车、机械和工具等轻合金中。镁的二价化合物被用作绝缘体和耐火材料，也用于化肥、水泥、橡胶、塑料、食品和药物（抗酸剂、泻药和轻泻药）。镁是人体营养的一个重要元素，是在碳水化合物新陈代谢中的**酶**，也是**叶绿素**一种组分。

门代尔·莫海尔·塞法里姆　Mendele Moykher Sforim（1835 ～ 1917）　又作 Mendele Mokher Sefarim（"Mendele the Itinerant Bookseller"），原名 Shalom Jacob Abramovitsh。俄国作家，大生半在乌克兰度过，为敖得萨拉比。他写的故事多半轻松幽默，带温和的讽刺。在当时犹太教传统结构逐渐消失的情况下，对研究东欧犹太人的生活极有价值。他最伟大的作品是《本杰明三世的旅行和历险记》（1875），反映了俄国犹太人的生活。他被认为是现代意第绪语和希伯来语记叙体文学的奠基人和现代意第绪书面语的创建者。

门德尔松　Mendelsohn, Erich（1887～1953）德国建筑师。在慕尼黑学习建筑时，受到**青骑士**等表现主义画家的影响。他设计的波茨坦市爱因斯坦天文台（1919 ～ 1921）是一个高度雕刻装饰的建筑，反映出他早期受到科幻小说的影响。20 世纪 20 年代，他设计了一批富有想像力的作品，包括斯图加特（1927）和开姆尼茨（1928）的绍肯商店，以其强烈的横线条构图突出使用在玻璃上而闻名。1933 年逃离纳粹德国，最后在美国定居。在美国的作品有旧金山的迈蒙尼德医

院(1946)。

门德尔松 Mendelssohn(-Bartholdy),(Jakob Ludwig) Felix(1809～1847) 德国作曲家。他是哲学家M.门德尔松的孙子,成长于一个富裕的犹太人家庭,他们已转信新教。早年在母亲的沙龙上受到启发,11岁开始作曲,16岁时作出了自己的第一批代表作《降E调八重奏》和《仲夏夜之梦序曲》。1829年指挥演出了J.S.巴赫的《马太受难曲》。这是一百年来的首次演出,为巴赫艺术的复活作出了重大贡献。《宗教改革交响曲》(1832)和《意大利交响曲》(1833)也是这一时期所作。在天主教城市杜塞尔多夫担任音乐总监(1833～1835)后,他在新教城市莱比锡担任了同样的职位。在那里他成立了布业会堂管弦乐团,并同该乐团一起建立了历史协奏曲的基本编制,至今仍为大家遵守的一个标准。他曾在柏林担任管弦乐队指挥(1841～1845),但却受挫不少。他一生的最后10年创作了包括《苏格兰交响曲》(1842)、《小提琴协奏曲》(1844)和清唱剧《以利亚》(1846)。他最亲爱的姐姐范妮(1805～1847)被认为具有与他相等的音乐天赋,但直到同画家W.亨泽尔(1794～1861)结婚后这方面才能才得到鼓励,之后创作了500余部作品。她的去世对门德尔松是一个沉重的打击,多年来超负荷的工作一时间将他击垮,他在姐姐去世6个月后也不幸离开人世,享年38岁。其他作品还包括清唱剧《圣保罗》、几首音乐会序曲、大型钢琴组曲《无词歌》以及两首钢琴协奏曲。

门德尔松 Mendelssohn,Moses(1729～1786) 原名Moses ben Menachem。德国犹太哲学家和学者。父亲是一名贫困的抄写员。他最初当家教,但最终因自己的哲学著作而成名,其作品在19世纪对美国超验主义产生了重大影响。他将犹太教同启蒙时期的理性主义结合在一起,成为哈斯卡拉运动的一主要人物,帮助犹太人进入了欧洲主流文化。他的作品包括对灵魂不死的辩解《斐多》(1767),以及对宗教和国家关系作出探讨的《耶路撒冷》(1783)。他的朋友G.莱辛的著名剧作《智者纳旦》的主角就是门德尔松。他是作曲家F.门德尔松的祖父。

门德雷斯河 Menderes River 土耳其两条河流的名称。第一条河流(在土耳其又称大门德雷斯河)流经土耳其西南部,汇入爱琴海,全长584千米。史称迈安德河(来源于英语meander),意指其下游河段蜿蜒曲折。第二条河流(在土耳其又称小门德雷斯河)史称斯卡曼德尔河。该河发源于土耳其西北部,向西横穿古特洛伊平原,最后汇入达达尼尔海峡,全长97千米。

门格勒 Mengele,Josef(1911～1979) 德国纳粹医生。受A.罗森贝格的种族主义思想影响,1934年加入新成立的遗传生物学和种族卫生学研究所。他是一名狂热的纳粹分子,在第二次世界大战中担任纳粹党卫军军医。1943年被任命为奥斯威辛-比克瑙集中营主任医师,负责决定送来的犹太人去劳动还是灭绝,因此人称"死亡天使",同时在囚犯身上作医学试验进行伪科学的种族研究。战后逃往南美洲,化名W.格哈特。这是他在巴西结交的一名纳粹分子的名字,此后假冒其身份直至去世。

门格斯图·海尔·马里亚姆 Mengistu Haile Mariam(1937～) 埃塞俄比亚军官、国家元首(1974～1991)。1974年他领导的叛军推翻了海尔·塞拉西皇帝的统治。在暗杀其竞争对手后,他成为新政权中公认的强人。至1978年,已粉碎了厄立特里亚的大规模叛乱,并在苏联和古巴的帮助下击退了索马里人在欧加登地区发动的入侵。20世纪80年代,他面临厄立特里亚和提格雷地区新的叛乱,同时,其失败的农业政策与灾难性的干旱和饥荒不无关系。随着1991年苏联取消对他的支持,他失势逃往津巴布韦。2006年底,经缺席审判,门格斯图被认定为犯有种族灭绝罪。翌年,被判终身监禁。

门肯 Mencken,H(enry) L(ouis)(1880～1956) 美国辩论家、幽默的新闻记者和评论家。巴尔的摩人,大半生在《巴尔的摩太阳报》编辑部工作。他同G.J.内森(1882～1958)

H.L.门肯
By courtesy of the Enoch Pratt Free Library, Baltimore; photograph, Robert Kniesche

合编《时髦人物》(1914～1923),创办并主编《美国信使》杂志,两者都是重要的文学杂志。他可能是美国20世纪20年代最有影响力的文学评论家,常常用评论来嘲笑国家的社会和文化弱点。《偏见集》(1919～1927)中收录有许多评论和散文。在《美国语言》(1919;1945、1948补编)中,他收集了美国的表达法和成语。到去世时,他也许是美国语言方面的权威人士。

门罗 Monroe,Bill(1911～1996) 原名William Smith。美国歌手、词曲作家、曼多林琴演奏者和蓝草音乐创始人。生于肯塔基罗辛。1927年开始职业演出,后同其兄弟查理一同巡回演出。1936年录制了第一批唱片,在接下来的两年时间内录制了60首歌。1939年组建了"蓝草小伙子"乐队,他的蓝草音乐在1945年班卓琴师E.斯克拉格兹和吉他手L.弗莱特加入后名声大噪。"蓝草小伙子"乐队确立了经典的蓝草音乐乐器班子——曼多林琴、小提琴、吉他、班卓琴和立式贝斯,并将其乐队名发扬成了这一音乐流派的名字。门罗直到去世前不久仍活跃在舞台上。

门罗 Monroe,Harriet(1860～1936) 美国编辑。芝加哥人,曾在当地各家报纸担任艺术和戏剧评论员,私下则进行诗歌和诗剧创作。1912年她创办《诗歌》杂志,得到了一些富豪的资助,并征得许多诗人的诗稿。门罗开放的编辑政策以及对当代诗歌改革重要性的认识使她对当代诗歌的发展起到重要影响。

门罗 Monroe,James(1758～1831) 美国第5任总统(1817～1825)。生于弗吉尼亚威斯特摩兰县。曾在美国独立战争中作战,并同T.杰斐逊学习法律。曾进入国会

J.门罗,油画稿,E.O.苏利于1836年据T.苏利的肖像画复制;现藏费城独立国家历史公园
By courtesy of the Independence National Historical Park Collection, Philadelphia

(1783～1786)、任参议员(1790～1794),反对G.华盛顿政府。尽管如此,他仍成了美国驻法公使(1794～1796),并误导法国人对美国政策的理解,因此被召回。1799～1802年间担任弗吉尼亚州长,1803年杰佛逊派他前往法国协商路易斯安那购地(1803),后被任命为驻英公使(1803～1807)。1811年返回弗吉尼亚,再任州长,后辞职,改任美国国务卿(1811～1817)和陆军部长(1814～1815)。连任两届总统,在所谓的和睦时期主政。他曾指导塞米诺尔战争(1817～1818)、监督购买佛罗里达计划的实施(1819～1821),并签订了《密苏里妥协案》(1820)。他同国务卿J.Q.亚当斯一起发展了美国外交政策的原则,后称门罗主义。

门罗主义 Monroe Doctrine(1823-12-02) 由美国总统J.门罗在1823年12月2日提出的外交政策。门罗担心欧洲国家会试图恢复原西班牙殖民地,于是宣布任何试图控制西半球任何国家的欧洲势力都将被视为是对抗美国的行为。这一政策在1845年和1848年由J.波尔克总统重申,以抵制西班牙和英国在俄勒冈、加利福尼亚或墨西哥的尤卡坦半岛建立立足点。1865年美国在格兰德河集结军队,以支持让法国从墨西哥撤军的要求。1904年T.罗斯福总统又增加了"罗斯福推论",声称美国对任何拉丁美洲国家的不法行为都有权干涉其内部事务。随着美国成为世界强国,门罗主义将西半球定义为美国的势力范围。参阅睦邻政策。

门诺·西门　Menno Simonsz(1496～1561)又作Menno Simons或Menno Simonszoon。荷兰再洗礼派领袖。出身农民家庭,受天主教神职,却质疑变体说的教义。他在信义宗的

门诺·西门,版画,C. van 西切姆作于1605～1608年
By courtesy of the Mennonite Library and Archives, North Newton, Kansas

影响下,1536年退出教会。他坚信婴儿受洗是不对的,只有具备成熟的信仰才能成为教徒,并因此在1537年的再洗礼派运动中成为和平派的领袖。在被宣布为异教徒之后,余生在被捕的威胁中度过,但他继续组织再洗礼派团体,还撰写并出版了许多神学著作,追随者后来建立了门诺宗信徒教会。

门诺宗信徒　Mennonite　以门诺·西门的名字命名的新教教会信徒。起源可追溯到1525年成立的瑞士兄弟会,他们是一些反对婴儿受洗并强调政教分离的不从国教派。因受迫害而散居欧洲各地,先是在荷兰与波兰北部找到了政治自由,再从那些地区迁往乌克兰与俄罗斯。1663年他们首次移民北美洲。19世纪70年代,许多俄罗斯门诺宗信徒因丧失兵役豁免权而移民美国中西部和加拿大。如今,在全世界许多地方都能找到门诺宗信徒,尤其是南、北美洲。他们的信条强调《圣经》的权威、早期教会的典范和洗礼对承认信仰的重要性。他们崇尚简朴的生活,许多人拒绝宣誓及服兵役。各种不同的门诺宗团体包括恪守教义的阿曼门诺派和胡特尔派信徒以及其他更温和的门诺宗派。

虻　horse fly　双翅目虻科,虻属(*Tabanus*)昆虫。体粗壮,小者如家蝇,大者如熊蜂。眼金属色或彩虹色,有时称绿头蝇。成虫飞行速度快而猛,常见于溪流、沼泽和林区,是炭疽、图莱里菌病、锥虫病等多种动物疾病的传播媒介。雌虻吸血,被叮咬后会感觉疼痛,一群雌虻一天内可从一只动物身上吸取约90毫升血。雄虻以花蜜、蜜露和植物汁液为食。斑虻属(*Chrysops*)的虻俗称鹿蝇,体形较小,翅膀上有深色斑纹。

萌发　germination　种子、孢子或其他生殖体发芽的现象,通常发生于一段时间的休眠之后。水分的吸收、时间的推移、加冷、加热、施用氧及光照等均能诱发这一过程。使大量谷物种子在精心控制的条件下萌芽,能产生出多种酶,以制造酒精性饮料及其他工业品。商业用栽种的蘑菇的孢子也是大批量萌发。

蒙巴顿　Mountbatten, Louis(1900～1979)原名Louis Francis Albert Victor Nicholas, Prince of Battenberg。后称Earl Mountbatten (of Burma)。英国政治家和海军统帅。巴滕贝格的路易斯亲王之子,维多利亚女王的曾孙。出生于英格兰,1913年进入皇家海军,1921年成为威尔士亲王的副官。第二次世界大战中任东南亚盟军最高统帅(1943～1946),并指挥夺回缅甸之战。后任印度总督(1947),将英国的统治权分别授予新独立的印度和巴基斯坦。他是第一海务大臣(1955～1959),1959～1965年任英国国防参谋长。1979年在访问爱尔兰的航行中,被爱尔兰恐怖分子在船上安置的一枚炸弹炸死。

蒙巴萨　Mombasa　肯尼亚城市,位于肯尼亚南部海岸的蒙巴萨岛上。该岛面积14.25平方千米,经由堤道、桥梁和渡船与大陆相连。该市还包括一个面积259平方千米的大陆地区。11世纪由阿拉伯商人建立,1498年葡萄牙航海家V. da伽马曾来此。由于在印度洋贸易中的战略性地理位置,该城不断被争夺,先后有阿拉伯人、波斯人、葡萄牙人乃至土耳其人占领此地,直到1840年桑给巴尔岛获得控制权。1895年处于英国管辖之下,1907年以前一直是英国东非保护地的首府。现为肯尼亚最大海港和第二大城市,也是主要农产品市场。人口约915 101(2009)。

蒙彼利埃　Montpelier　美国佛蒙特州城市和州首府。以法国城市蒙彼利埃命名。俯瞰格林山的主要山口。1781年获马萨诸塞州和西佛蒙特的领主的批准建镇。1805年成为州首府,使伯灵顿等其他城市成为首府的希望落空。除了为州政府提供各项服务外,该市经济以金融服务和当地的滑雪业为基础。设有诺威奇大学分校佛蒙特学院,也是海军名将G.杜威的出生地。人口约7 855(2010)。

蒙彼利埃　Montpellier　法国南部城市,位于地中海沿岸附近。建于8世纪,后来受阿拉贡地区和马霍卡国王的统治。10世纪时发展为进口香料的贸易站,1141年获得此项特许状。14世纪时主权回到法国手中,成为胡格诺派教徒据点,直到1622年才被路易十三占领。随后成为朗格多克大区的行政首府。该市的医学院和法学院历史都可以追溯到12世纪,蒙彼利埃大学建于1220年。现为旅游中心,其工业包括食品加工和电子业。名胜古迹有法国最古老的植物园(1593年)和14世纪修建的哥特式大教堂。人口约244 100(2004)。

蒙博托　Mobutu Sese Seko(1930～1997)原名Joseph Mobutu。扎伊尔(今刚果民主共和国)总统(1965～1997)。曾在比属刚果军队国民军中服役,又担任过新闻记者。1960年在布鲁塞尔的独立谈判中加入P.卢蒙巴一方。刚果独立后,J.卡萨武布总统与卢蒙巴总理成立联合政府,任命蒙博托为国防部长。卡萨武布和卢蒙巴就M.冲伯控制的加丹加省脱离问题不和,蒙博托帮助卡萨武布取得了控制权。4年后,在卡萨武布总统与冲伯总理的权力斗争中,蒙博托以军事政变推翻卡氏而自任总统。他建立起一党统治,镇压了几次预谋政变。他使所有欧洲名字非洲化,把他自己的名字改为Mobutu Sese Seko("全能战士")。在他压制下的政权没有刺激经济的增长;腐败、管理不善和玩忽职守导致了衰败,但他自己却是世界上积聚财富最多者之一。1997年被L.卡比拉推翻,流亡海外,死于摩洛哥。

蒙大拿　Montana　美国西北部一州。面积380 829平方千米;首府海伦娜。与加拿大和美国的北达科他州、南达科他州、怀俄明州、爱达荷州交界。该州东为大平原,西为落基山脉。该州的河流分别注入3个不同的水域:太平洋、墨西哥湾和哈得孙湾,这在美国各州中是绝无仅有的。欧洲移民来到此地时,这里的居民是各个印第安部落,包括夏延人、黑脚人、内兹佩尔塞人和克劳人。蒙大拿州大部分地方是美国通过1803年路易斯安那购地取得。西部地区一直是有争议的,直到1846年英国放弃对该地区的主权要求才算确定。1804～1806年刘易斯和克拉克远征曾来此探险。天主教传教士于1841年在今天的史蒂文斯维尔镇附近建起圣玛丽教团,这是在蒙大拿的第一个永久性定居点。19世纪60年代初这里发现黄金;60年代后期开始放牧牛、羊,引起与印第安人的艰苦战争,因他们的狩猎地遭到破坏。1864年设立蒙大拿准州。G. A.卡斯特率领的美国军队在1876年小比格霍恩河战役中被击败且遭残杀。印第安人于1877年停战并移居到保留地。1889年蒙大拿成为联邦第41州。19世纪90年代发现大量铜矿。近一个世纪以来,采矿业一直是该州的重要经济支柱。现今,该州经济重视旅游业。人口约1 005 141(2012)。

蒙代尔　Mundell, Robert A(lexander)(1932～　)　加拿大出生的经济学家,因其在货币动力学及最优货币区域理论方面的成就,获得1999年诺贝尔经济学奖。1953年在英属哥伦比亚大学获得学士学位、1954年在华盛顿大学获得硕士学位、1956年在麻省理工学院获得博士学位,1956～1957年在芝加哥大学教经济学,1974年起转赴哥伦比亚大学任教至今。蒙代尔通过为国际货币基金组织作研究,分析汇率对货币政策的影响。1961年他提出一个劳动力和贸易自由流动的经济区域,可以支持一种单一货币。他的理论后来应用于欧盟1999年1月1日发行的新货币欧元。

蒙得维的亚　Montevideo　乌拉圭港口城市及首都,位于拉普拉塔河口北岸。为阻止葡萄牙人从巴西进一步侵入这个地区,西班牙人于1726年设立该镇。1807～1830年间相继被英国、西班牙、阿根廷、葡萄牙和巴西的军队占领。1830年成为新独立的乌拉圭首都。它是南美主要海港之一,也是乌拉圭的商业、政治和文化中心,该市有乌拉圭仅有的两所高等学府:共和国大学和乌拉圭特拉

巴约大学。人口1 383 416(2004)。

蒙德里安 Mondrian, Piet(1872～1944) 原名Pieter Cornelis Mondriaan。荷兰画家。其父为一加尔文教会小学校长。在父亲的坚持下,他拿了一个教育学学位,但其后立即开始学习绘画。1893年首批作品展出,这些作品承袭了荷兰风景画和静物画的主流趋势。后来他与传统决裂,成为风格派的代表人物。1920年左右发表的《论新造型主义》表现了他的成熟风格,即基于直线、直角、三原色和三非原色(白、灰、黑)之间最简单的协调组合(如《黄色和蓝色的构图》,1929),以纯粹客观的眼光来看待现实。此后的20年里他的绘画一直有新造型主义的风格,直到他逃离战乱的巴黎,先去伦敦,1940年来到纽约。城市生活脉动和美国音乐的新节奏激发了他的灵感,他放弃了简朴冷峻的构图风格,代之以一系列小方块和矩形,联结成了斑斓的垂直和水平直线的流动。他后期的杰作(如《百老汇低音连奏爵士乐》,1942～1943)就表达了这一活泼的新风格。他的成就对20世纪的艺术、建筑和平面设计产生了深远影响。

蒙蒂兹 Montez, Lola(1818～1861) 原名Marie Eliza Gilbert。爱尔兰女探险家和舞蹈家,因是巴伐利亚国王路德维希一世的情妇而声名狼藉。她在西班牙上了几次舞蹈课后,开始在欧洲游历,在演出单上注明自己是西班牙舞蹈家。1846年在慕尼黑时成了路德维希一世的情妇,并影响他支持自由主义和反耶稣会政策。她对国王的影响在1848年激起了政府的反抗,使她被迫逃走,国王则被逼退位。在又进行几次巡回演出后,最终在纽约定居。

蒙戈尔费埃兄弟 Montgolfier, Joseph-Michel and Montgolfier, Jacques-Étienne(约瑟夫-米歇尔1740～1810;雅克-艾蒂安1745～1799) 法国热气球发明人。兄弟俩发现将热空气收集在一个轻袋子里可以使袋子升空,于是他们在1783年将发现做了实验,将一个气球升高到1 000米的高空,并在空中飘荡了10分钟。当年晚些时候,他们将一只绵羊、一只鸭子和一只鹅当作乘客送上了高空,接着他们进行了第一次载人气球自由飞行。

蒙哥马利 Montgomery, Bernard Law(1887～1976) 后称Viscount Montgomery (of Alamein, of Hindhead)。英国第二次世界大战期间将军。在桑德赫斯特的皇家军事学院受教育,第一次世界大战中表现突出,并留任军官,以干练和坚强著称。第二次世界大战中带领英国军队参加北非战役,迫使德国军队在阿拉曼战役(1942)后退出埃及。他指挥盟军部队进攻西西里和意大利(1943),并参加了诺曼底战役,带领英国和加拿大联军通过法国北部进入德国北部境内。后晋升为陆军元帅,成为帝国总参谋长(1946～1948),后成为北大西洋公约组织副司令(1951～1958)。他是一名谨慎、考虑周全的战略家,常常激怒盟军中的其他指挥官,包括D. D. 艾森豪威尔在内,但他坚持打仗必须做好充分准备,这使他在军队中始终受到欢迎。

蒙哥马利 Montgomery, L(ucy) M(aud)(1874～1942) 加拿大女小说家。早年当过教师和记者。小说《格林·盖布尔斯来的安妮》(1908)赢得世界性的成功。这是描写一个活泼的孤女的感伤小说,取材于作者自己小时的经历和她在爱德华王子岛上的农村生活。接下来的6本续集从安妮的少女时期写到她为人母,但都不太成功。她还写了别的系列青年小说、几本故事集和两本成人小说。

蒙哥马利·沃德公司 Montgomery Ward & Co. 电子商务公司,原为美国商品零售公司。1872年由A. 蒙哥马利·沃德(1844～1913)成立于芝加哥,他将批发来的商品直接零售给农场主,并在全世界首次散发邮购商品目录,并提供退货还款的保证。该公司1926年成立了第一批零售店,到1930年,其零售业绩已经超过按目录订购的业绩。1985年结束了其邮购业务,在1997年申请破产保护后相应缩减了业务。该公司2000年12月宣布破产,公司关闭了250个商店,并于次年退出商业。2004年作为一家在线公司重新进入商业。

蒙克 Monk, Thelonious (Sphere)(1917～1982) 原名Thelious Junior Monk。美国钢琴家、作曲家和现代爵士乐首创者和最有影响的音乐家之一。生于北卡罗来纳落基山城。在纽约市长大。曾在1940～1943年间在纽约"明顿游艺场"担任驻场钢琴师,在那里,比博普的和声得到了扩展。他曾同C. 霍金斯、C. 威廉斯和D. 吉莱斯皮同台演出,1947年开始自己灌制唱片。他极富个性、令人震动的演奏常常使用爵士乐中不常见的刺耳不协和音和不连贯节奏。他最著名的作品《正午夜》已经成为爵士乐的保留曲目。

蒙克 Munch, Edvard(1863～1944) 挪威著名油画家和版画家。童年父母双亡,兄妹也相继离开人世,另一个妹妹患有精神病,这一切都给他的人生和艺术创作烙下了深刻的印记。没有接受过多少正规训练,但受克里斯蒂安尼亚(今奥斯陆)一些艺术家的鼓舞,又通过接触印象主义和后印象主义,形成了具有高度独创性的风格。19世纪90年代创作了一系列以爱和死亡为主题的作品,用艺术形式来表现神秘的、危险的超自然力量。这些作品是他对现代艺术的卓越贡献。1893年创作的《呐喊》是其最著名作品,被看作是现代人类精神极度苦闷的象征。他的蚀刻版画、平版画、铜版雕刻以及木刻都和其绘画有着相似的风格和主题。1908～1909年曾患精神分裂症,所接受的治疗为其作品带来了较积极的、外向的风格,但失去了往日感情的强度。

E. 蒙克自画像,平版画,制于1895年;现藏维也纳阿尔伯特

By courtesy of the Albertina, Vienna

蒙罗维亚 Monrovia 利比里亚首都,港口城市,位于大西洋岸。由美国殖民协会建立于1822年,作为获得自由的美国奴隶的居住区,并以J. 门罗总统的名字命名。布什罗得岛有蒙罗维亚的人工港和自由港,是西非唯一一个这样的港口城市。它是利比里亚最大的城市和行政、商业中心。许多城市建筑在1990年开始的战争中被摧毁,许多以前的农村人口在这场战争中成为难民进入城市,使该市人口剧增。它也是利比里亚大学所在地。人口约1 021 762(2008)。

蒙茅斯公爵 Monmouth, Duke of(1649～1685) 原名James Fitzroy或James Crofts。后称James Scott。英国军事领导人。英王查理二世的私生子,随其母在巴黎生活。1662年作为国王的爱子被带到英国,封蒙茅斯公爵。他与苏格兰巴克勒奇伯爵女继承人安妮·斯克特结婚,并随她姓。1668年起担任国王的卫兵,在英荷战争中指挥英军,1679年指挥英军对付苏格兰叛乱者。反天主教的辉格党人拥护他继承王位,但在麦酒店密谋案失败后,1684年流亡荷兰。查理二世去世后,他回到英国挑战詹姆斯二世的统治。他的农民军队被打败后,被捕斩首。

蒙茅斯公爵,油画,据W. 维辛1683年左右之作品复制;现藏伦敦国立肖像画馆

By courtesy of the National Portrait Gallery, London

蒙塞拉特 Montserrat 西印度群岛岛屿,英国直辖殖民地,位于加勒比海东部,面积102平方千米;长18千米,宽11千米。1493年C. 哥伦布来此并为其命名。1632年英国和爱尔兰移民来此。法国后来曾短期占据此岛,但1783年又归英国控制。其殖民地经济以棉花和甘蔗种植园为基础,劳力来自非洲奴隶。1871～1956年为背风群岛殖民地的一部分,1958～1962年属西印度联邦。1989

年受飓风侵袭后重建，1996 年苏弗里耶尔火山爆发，导致该岛南半部全部撤出，其首府普里茅斯亦被放弃。至 1998 年，2/3 以上的人口迁离该岛。人口约3 600（2001）。

蒙塔古 Montagu, Lady Mary Wortley（1689 ～ 1762） 原为 Lady Mary Pierrepont。英国作家，是当时英国最有个性的女作家。她是一名多产的书信作家，著名的书信有 52 封，记录了她在君士坦丁堡的生活，她的丈夫当时为驻那里的大使（1716 ～ 1718）。他们返回英国时，将近东的天花疫苗接种法介绍到了英国。同时她还是一位诗人、散文家、女权主义者和行为古怪的人。她是 J. 盖伊-吕萨克和 A. 蒲柏的朋友，但后来二人都转而讽刺她。她的作品包括 6 首模仿维吉尔的"小镇牧歌"，1 篇对 J. 斯威夫特的抨击（1734），以及关于女权主义和对当时道德上愤世嫉俗的批评短文。

蒙塔莱 Montale, Eugenio（1896 ～ 1981） 意大利诗人、散文家、编辑和翻译家。第一次世界大战后开始从事文学活动，协同创办了一本杂志，并为别的杂志撰写文章，并在佛罗伦萨任一家图书馆馆长。第一部诗集《乌贼骨》（1925）表达了对战后时期的悲观失望。20 世纪 30 和 40 年代被列为隐逸派，之后其作品变得含蓄而艰涩。《暴风雨和其他》（1956）以及后来的作品展示了不断提高的技巧、热情和直率。小说和书稿收录在《迪纳尔的蝴蝶》（1956）中。1975 年获诺贝尔文学奖。

蒙塔朗贝尔伯爵 Montalembert, Charles (-Forbes-René), comte (Count) de（1810 ～ 1870） 法国政治家和历史学家。他以几家天主教杂志的记者身份开始其政治生涯。七月王朝时期成为自由派罗马天主教领导人，1835 ～ 1848 年间是贵族院议员。蒙塔朗贝尔伯爵是自由民权和宗教权利的支持者，1851 年后反对拿破仑三世的政策。他写了一些历史作品，如《19 世纪天主教的利益》（1852）、《英国的政治前途》（1856）和《西方的僧侣》（1863 ～ 1877）。

蒙台梭利 Montessori, Maria（1870～1952） 意大利教育家。曾获得医学学位（1894），并在一家医院为智力迟钝儿童工作，之后去罗马大学任教。1907 年开办了第一所幼儿学校，在接下来的近 40 年间遍游欧洲、印度和美国，从事讲演、写作等工作，并成立了蒙台梭利学校。今天，单在美国和加拿大就有几百所这样的学校；它们主要从事学前教育，但有的学校也提供小学的 6 年基本教育。蒙台梭利体系认为孩子们有创造潜力、学习的动力和被作为独立个体对待的权利。它依靠"教具"来培养孩子手眼的协调性、自我指导能力以及对数学和文学基础知识的敏感性。

蒙太奇 montage （法语，意为"剪辑"。）电影中把内容相关的个别胶片片段组接在一起构成一个段落的剪辑方法。同拼贴不同，它只是单纯地将现成的胶片按主题和内容分开。这一手法在广告中很常用。合成照片只使用照片。在电影中，导演、剪辑师以及画面和音响技师运用蒙太奇方法把影片的各个部分一段一段地剪辑起来，以造成在某种视觉上的效果或声音上的样式。

蒙唐 Montand, Yves（1921 ～ 1991） 原名 Ivo Livi（伊沃・利维）。意大利出生的法国演员和歌手。在马赛长大。作为歌唱家，在 20 世纪 40 年代末受到 E. 比阿夫的资助。1951 年与女演员 S. 西尼奥雷（1921 ～ 1985）结婚。参演了《恐惧的代价》（1953）后，蜚声国际。在好莱坞同 M. 梦露共同主演了《让我们恋爱吧》（1960），两人的情事开始公开。他后来的时间往返于法国和美国之间，后期作品包括《Z》（1969）、《让・德・弗洛莱特》（1987）和《甘泉马侬》（1987）。他一生大部分时间都支持左翼事业，作为歌手受到极大欢迎，尤其是在法国。

蒙特卡洛 Monte Carlo 摩纳哥旅游胜地，4 个行政区之一。位于法国里维埃拉的尼斯东北部。1856 年摩纳哥的查理三世特许一家股份公司兴建赌场，1861 年开业。该赌场周围地区称为蒙特卡洛，是全世界富豪寻欢作乐之地。赌场在 1967 年由政府接管。人口15 507（2000）。

蒙特卡洛法 Monte Carlo method 解决数学问题的数值方法，样本是极大集合的随机子集合，以接近对整个集合取样。此法对函数的数值积分在许多方面是管用的，比纯决定论方法要有效。因为此法基于随机因素，乃以赌博胜地命名。

蒙特卡西诺 Monte Cassino 本笃会主要隐修院，位于意大利中部的拉丁姆。约在 529 年由努尔西亚的圣本尼狄克所创立，并在德西德里乌斯（日后的教皇维克托三世）于 1058 ～ 1087 年担任修道院长时达到巅峰。约 581 年时毁于伦巴第人，883 年毁于阿拉伯人，1349 年毁于地震，1944 年毁于第二次世界大战的轰炸，但每次都获得重建。1964 年重新获得祝圣。

蒙特勒 Montreux 瑞士西部的旅游城，位于日内瓦湖东岸。1962 年由三个村庄合并而成。附近一座建于 13 世纪的希永城堡因拜伦的诗《希永的囚徒》而出名。人口22 455（2000）。

《蒙特勒公约》 Montreux Convention 1936 年签订的关于达达尼尔海峡的公约。为了回应土耳其要求再加强这个地区的防御工事，《洛桑条约》的签约国和其他一些国家在瑞士的蒙特勒会面，同意将这个区域交还土耳其，由其实施军事管制。公约准许土耳其在此地发生战争时封锁海峡，不让任何军舰通过，而商船则可自由通过。

蒙特雷 Monterrey 墨西哥北部新莱昂州首府。是墨西哥第 4 大城市，海拔 530 米。建于 1579 年，但在 19 世纪晚期前发展缓慢。1846 年被美国将军 Z. 泰勒在墨西哥战争中占领。1882 年修建了通往美国得克萨斯拉雷多的铁路，1930 年开始修建泛美公路，带动了大型冶炼业和重工业的发展。该城还有几所高等学府。人口1 135 512（2010）。

蒙特利尔 Montreal 加拿大东南部城市。约占蒙特利尔岛面积的 3/4，近渥太华河和圣劳伦斯河汇合处。都会区包括蒙特利尔和其他岛屿，以及圣劳伦斯河两岸。该市建于蒙特利尔山坡地上，这也是该市名称的由来。蒙特利尔同时通行英语和法语，亦是法裔加拿大人的工业和文化中心。1535 年法国探险家 J. 卡蒂埃来此前，这里是休伦人的霍舍拉加定居地。法国人 1642 年建立第一个欧洲居民点，名为蒙特利尔的玛丽城。18 世纪上半叶开始了以毛皮贸易为基础的迅速殖民地化，该城市也迅速扩张。1760 年向英军投降，与整个新法兰西于 1763 年成为英属北美帝国的一部分。1844 ～ 1849 年为加拿大首都。为加拿大内陆和海洋运输的重要港口之一，是该国第二大城市及重要文化中心，市内有剧院、音乐厅和几所博物馆。市内的教育机构有提供英语教学的麦吉尔大学和康科迪亚大学，及提供法语教学的蒙特利尔大学和魁北克大学蒙特利尔分校。都会区人口1 649 519（2011）。

蒙特利尔大学 Montreal, University of 加拿大法语教学的公立大学。1878 年创建，提供文理、教育、法律、医学、神学、建筑、社会工作、犯罪学等课程。另有理工学院及高等商业研究学院等附属学校。现有学生人数约 5 万人。

蒙特罗斯伯爵 Montrose, Marquess of（1612 ～ 1650） 原名 James Graham。英国内战时期的苏格兰将领。曾服役于圣约派军队侵入英国北部（1640），但一直是保皇派。1644 年被查理一世任命为苏格兰军事长官，带领由高地人和爱尔兰人组成的保皇军在苏格兰的许多战役中取得胜利。1645 年查理受挫后，蒙特罗斯逃往欧洲大陆。1650 年带领1 200人的队伍回到苏格兰，但战败被俘，后被处以绞刑。

蒙特威尔地 Monteverdi, Claudio (Giovanni Antonio)（1567 ～ 1643） 意大利作曲家。他 9 本牧歌集中的第一本于 1587 年发行，3 年后出版了第二本。他参观了曼图亚的贡扎加宫廷，在下一本书（1592）中表现出对不协和音的灵活应用和对音乐与歌词的良好调和能力。1599 年成婚，定居曼图亚。1600 年因采用更加自由的不协和音而受到抨击。他对此回答道，目前音乐有两种"做法"，较严格的第一种做法是用于圣歌，而更具表达力的是第二种做法则是用于世俗音乐。1607 年发表第一部具有里程碑意义的歌剧《奥菲欧》，1610 年完成巨作《晚祷》。他一直想从曼图亚搬走，但直到 1612 年方才实现，并在次年开始在威尼斯负责为圣马可教堂谱写音乐。威尼斯的第一家歌剧院开业后，他写了最后的三部歌剧，包括《尤利西斯返乡》（1640）和著名的《波皮亚的加冕》

(1643)。蒙特威尔地是第一位伟大的巴洛克音乐家,也是将新风格的诸元素融合到一起创作出第一批融合宗教与世俗巴洛克音乐代表作的改革家。

蒙提萨罗　Monticello　美国总统T.杰斐逊的住宅,位于弗吉尼亚州夏洛茨维尔附近。由杰斐逊自己设计,1768年开始兴建,1809年修建完毕。是美国古典复兴主义早期代表建筑之一。杰斐逊根据英国设计图案书画出平面图;建筑的正面受A.帕拉弟奥作品影响。建筑完工后为一幢三层楼的砖框架建筑,内有35间不同风格的房间。上有八角形圆屋顶,屋顶边沿围有栏杆。

蒙提祖马二世　Montezuma II(1466～1520)　又拼Moctezuma II。墨西哥阿兹特克人第九代皇帝。1502年从叔父手中继承了一个有五六百万人民的国家,疆域从今天的墨西哥直到尼加拉瓜。阿兹特克人相信与西班牙征服者H.科尔特斯形象贴近的神灵魁扎尔科亚特尔返回的预言,因此导致了蒙提祖马二世的垮台。科尔特斯同想要摆脱阿兹特克人统治的部落达成了联盟,将蒙提祖马二世囚禁在特诺奇蒂特兰,他在监禁期间去世。

蒙田　Montaigne, Michel (Eyquem) de　(1533～1592)　法国廷臣和作家。生于小贵族之家,受到优良的古典教育(6岁前一直讲拉丁语),后来攻读法律,并在波尔多议会担任顾问。在那里遇到律师E. de拉博蒂埃,并与他建立了不寻常的友谊;1563年拉博蒂埃死后留下的空虚可能让蒙田走上写作之路。他1571年退隐庄园,着手写作《随笔集》(1580、1588),这是涉及许多题材的系列短篇散文,为最吸引人而最贴近人心的文学自画像之一。他深刻批判时代,同时涉及时代的斗争,致力通过自省而理解,将之发展为对人类处境和真实德行、自我接受、容忍的描述。虽然晚年主要是写作,他偶尔也充任所在地区或跨区域的宗教冲突事件的调解人,1581～1585年的混乱时期担任波尔多市长。参阅随笔。

猛犸象　mammoth　猛犸象属几种已绝灭的象,化石见于除澳大利亚和南美洲以外各大陆的更新世(始于160万年以前)沉积层。最著名的是北方的即西伯利亚的披毛猛犸象,因为在西伯利亚的永冻土中保存了许多完整的猛犸象遗骸。大多数猛犸象与现代象类差不多大,有些则小得多。北美帝王猛犸象肩高达4米。许多猛犸象长着短的下层绒毛和长而粗的外层毛,头骨呈高穹状,耳朵较小。象牙向下生长,很长,有时弯曲到彼此重叠。洞穴壁画显示它们成群移动。猛犸象一直存活到约1万年前,人类的捕猎可能是它们绝灭的原因之一。参阅乳齿象。

猛禽　bird of prey　猎捕动物为食的鸟类。白昼活动的猛禽(隼形目,包括鹰、雕、秃鹫和隼)也称攫禽。夜行性猛禽(鸮形目)是鸮。神鹰和雕是鸟类中体型最大和最强壮的。所有猛禽均有钩状喙和锐利弯曲的爪(非掠食性鹫虽有爪但已退化)。尽管鸮和攫禽有相似之处,但许多学者认为它们之间并没有密切的亲缘关系,只是它们相似的猎食生活方式演化出相似的特点。

蒙古　Mongolia　又称Outer Mongolia(外蒙古)。亚洲中北部内陆国家,介于俄罗斯与中国之间。面积:1 564 160平方千米。人口:约2 719 000(2013)。首都:乌兰巴托。全国约4/5人口为蒙古人,少数民族有哈萨克人、俄罗斯人和华人。语言:喀尔喀蒙古语、突厥诸语言、俄语、汉语。宗教:传统宗教、佛教和伊斯兰教。货币:图格里克。蒙古全境平均海拔约1 580米,3条山脉(阿尔泰山脉、杭爱山脉、肯特山脉)延伸至北部和西部。南部和东部是戈壁沙漠。畜牧业,特别是养羊业,约占农业生产总值的3/4;小麦为主要作物。丰富的矿产资源包括煤、铁矿和铜。蒙古为共和国,一院制。国家元首为总统,政府首脑是总理。早在新石器时代,蒙古即有三五成群的猎人和游牧民居住。公元前3世纪为匈奴部落联盟的中心。公元4～10世纪突厥人占统治地位。13世纪初期,成吉思汗统一蒙古各部,并征服了中亚。其继承人窝阔台1234年征服中国的金朝。1279年忽必烈在中国建立元朝。14世纪以后,蒙古的活动范围被局限于他们原来的大草原家乡。林丹汗(1604～1634年在位)企图统一蒙古以对抗满人,但他死后,蒙古便成为中国清朝的一部分。1912年清王朝垮台,蒙古王公在沙俄支持下宣布蒙古脱离中国独立,1921年在苏联军队帮助下赶走了中国和白俄军队。1924年成立蒙古人民共和国。1992年通过新宪法,并将国名确定为蒙古国。该国于1964年首次参加澳大利亚因斯布鲁克举办的冬季奥运会。

蒙古诸语言　Mongolian languages　欧亚大陆中部500万～700万人所使用的包括大约8种阿尔泰语的语族。所有的蒙古语言关系都很密切,使用者离开蒙古中心地带最早的分支,偏差最大。关系最远的语言是蒙兀尔语,现有使用者在阿富汗西部,不到200人。偏差不太大的是中国西北部、青海东部和临近的甘肃及内蒙古地区几个少数民族使用的语言,使用总人数不到50万人。中心语言是蒙古共和国境内的主导语言和现代标准蒙古语言的基础,以及周边的一些方言。蒙古诸语言的中心使用人群传统上将古典蒙古语作为文学语言,用借自维吾尔语(参阅突厥诸语言)的垂直字母写成。现代蒙古语一直采用这种文字,直到1946年蒙古人民共和国采用经改进的西里尔字母为止。随着20世纪90年代的政治民主化,旧文字又再度被使用。在内蒙古,这一书写方式则一直在被使用。

蒙-缅诸语言　Hmong-Mien languages　又称Miao-Yao Languages(苗瑶语言)。中国南方、越南北方、老挝和泰国的语族,使用者逾1 000万人。蒙(苗)语言包括布努语、畲语等语言;缅(瑶)语言包括勉语等语言。在19世纪末20世纪初,许多蒙-缅语使用者由中国迁徙至东南亚。蒙-缅语与该地区的其他语言(多数是中国的语言)相似,但是就蒙-缅语与其他语族的亲缘关系这一问题上学者们并未达成一致意见。部分学者认为蒙-缅语系是汉藏语系的一支,其他的则认为蒙-缅语系与其他的现用语言之间没有语系关系。

锰　manganese　金属化学元素,过渡元素之一,化学符号Mn,原子序数25。为银白色、硬而脆的金属,与其他元素结合广泛分布于地壳中。海底有富含锰的大量矿瘤,但目前还没有进行经济开发的方法。95%以上的锰用于制造钢铁合金,其余的主要用于不含铁的铝和镁合金中,以增强耐腐蚀性和机械性能。以各种化合价存在的锰化合物用于化肥生产和纺织印染,还用作试剂和原料。高锰酸钾用于消毒、除臭、漂白,并在分析中用作试剂。锰对于植物生长很重要,并参与高等动物体内许多酶的作用。

獴　mongoose　灵猫科15属40多种小型食肉动物的统称,分布于非洲、亚洲和欧洲南部。R.吉卜林著名的"里基-提基-塔维"是一只印度獴(即灰獴)。体长17～90厘米不等,不包括15～30厘米长的多毛尾巴。獴形小,腿短,鼻尖,耳小。大多数昼行性,毛灰至褐色,通常为灰白色或夹杂淡灰色斑点。居于地穴,有些独栖或成对,有的则成大群生活;以小兽、鸟类、爬虫类、卵和果实为食。少数种半水栖。有些獴能杀死毒蛇,能快速灵活地冲向蛇头,用力一口咬碎蛇的颅骨。参阅狐獴。

孟德尔　Mendel, Gregor (Johann) (1822～1884)　奥地利植物学家,他奠定了遗传学的数学基础。1843年成为奥古斯丁会修士,后来到维也纳大学学习。1854年在修道院的花园里工作,开始进行实验,建立了后来遗传学的基础。他以食用豌豆为研究对象,取具有明显相对性状(植株的高矮、种子颜色的黄绿)的豌豆进行杂交,得出结论:显性性状在不同的植株和它们的后代中的出现取决于成对的遗传单位,即现在所说的基因。孟德尔的资料中新颖的见解是提出基因符合简单的统计学规律。他的理论体系被证实具有普遍性,是植物学的基本原理之一。他的这些研究在1900年被三位植物学家重新发现,C. E.科伦斯、切尔马克·冯·赛塞内格和H. de德弗里斯的研究各自独立得出相似的结论,并发现早在34年前孟德尔就已发表了这些实验数据和普遍原理。

孟德斯鸠　Montesquieu(1689～1755)　原名C(harles)-L(ouis) de Secondat, baron de (La Brède et de)。法国哲学家和讽刺家。生于贵族家庭,1714年起开始在波尔多担任公职。讽刺作品《波斯人信札》(1712)使他在文学上首次取得成功。从1726年起,他开始到处游历,研究社会和政治体制。巨著《论法的精神》(1750)对欧美的政治思想产生了深刻的影响。书中提倡立法、司法和行政三权分立,并为美国宪法制定者所采用。其他作品还有《罗马盛衰原因论》(1734)。

孟菲斯 Memphis 美国田纳西州西南部城市。位于密西西比河的阿肯色、密西西比和田纳西三州边境相交的地带。1819年建于原为奇克索印第安人的村庄和一个美国要塞的旧址上。1826年设市。在美国南北战争初期是南军的军事中心,1862年被联邦军攻克。19世纪70年代流行黄热病使5 000多名当地居民丧生,城市因而破败。1893年经济恢复后再设建制,到1900年成为田纳西州第一大城。名胜包括比尔街(W. C. 汉迪让它成为布鲁斯音乐的诞生地,因而出名),以及猫王E. 普雷斯利的豪宅所在地格雷斯兰。还设有几所教育机构,包括孟菲斯大学。人口约646 889(2010)。

孟斐斯 Memphis 埃及古王国(公元前约2575～前约2130)都城,位于尼罗河西岸,开罗南部,现代城镇米特鲁哈伊纳位于该城遗址上。美尼斯在公元前约2925年创建孟斐斯,到第三王朝时已很繁荣。虽然有来自赫拉克莱奥波利斯和底比斯城市的竞争,但它仍具有重要地位,尤其是在崇拜卜塔神方面。公元前8世纪开始,相继受努比亚、亚述、波斯和亚历山大大帝的统治。在基督教和随后的伊斯兰教兴起后,其身为宗教中心的重要性逐渐削弱。公元640年穆斯林征服埃及后被废弃。现今废墟建筑包括卜塔神殿、皇宫和大墓地。附近有塞加拉和吉萨金字塔。

孟福尔 Montfort, Simon de(1165?～1218) 讨伐阿尔比派十字军的法国首领。1209年起开始带领一支十字军攻打清洁派异端,在占领法国南部后成为该地总督。第四次拉特兰会议将图卢兹授予他(1215),但图卢兹伯爵雷蒙六世拒绝接受失败,孟福尔在包围该城时被杀。他的长子将其在法国南部的领地让与法国国王路易八世。

孟-高棉诸语言 Mon-Khmer languages 澳斯特罗-亚细亚诸语言中的约130种语言,为南亚和东南亚8 000多万人所使用。越南语的使用者远远多于其他澳斯特罗-亚细亚诸语言使用者的总和。其他有很多使用者的语言有越南北部的芒语,大约100万人使用;高棉语、库伊语大约有80万人使用;缅甸南部和泰国部分地区的孟语,80万人使用。在所有的孟-高棉诸语言中,只有孟语、高棉语和越南语在19世纪以前就有书写传统。古孟文已确证写自7世纪,用源于南亚的文字书写,后来缅甸人进行了改造(参阅印度诸文字体系)。孟-高棉诸语言的典型语音特征是元音多,元音音区简单,没有带过大呼吸声的音或嘎吱音,并且缺乏声调差异。

孟加拉 Bengal 前英属印度东北部省份,大致对应于操孟加拉语人居住的地区,现分属东印度和孟加拉国。孟加拉历来是古代统治印度北部的许多帝国疆域的一部分。8～12世纪,孟加拉由信奉佛教的王朝统治。1576年起归莫卧儿帝国管辖。18世纪由孟加拉一些地方行政长官控制,这些统治者不断与早在1690年已在加尔各答站稳了脚跟的英国人发生冲突。1764年英国占领了孟加拉,从此孟加拉成了英国在印度进行扩张的基地。1905年孟加拉被分割。1947年英国统治结束后,西部地区组成了印度的西孟加拉邦、比哈尔邦和奥里萨邦。东孟加拉归属巴基斯坦,但在1971年成为独立的孟加拉国。2000年又从比哈尔南部分离并创建了贾坎德邦。

孟加拉国 Bangladesh 全称People's Republic of Bangladesh(孟加拉人民共和国)。亚洲中南部国家。面积:147 570平方千米。人口:约154 714 000(2013)。首都:达卡。人口大多数是孟加拉人。语言:孟加拉语(官方语言)。宗教:伊斯兰教(国教,主要是逊尼派),也有印度教。货币:塔卡。地形基本上十分平坦,最高处海拔超过305米。特色是由无数条汇聚的河流冲积成的广大的平原。南部是由恒河-布拉马普特拉河三角洲东部平原组成。主要河流就是恒河(当地称博多河)和布拉马普特拉河(或称贾木纳河),两河汇流为博多河。经济虽以农业为主,但粮食常不能自给自足。5～10月的季风季节雨水使河流常泛滥成灾,造成农作物严重损失和人民伤亡。1970和1991年的热带气旋席卷了孟加拉国,分别造成30万和14万人死亡。政府形式为单一的多党制共和国,一院制。国家元首是总统,政府首脑为总理。孟加拉国原称孟加拉(Bengal)。1947年英国撤出这片次大陆以后,东孟加拉成为巴基斯坦的一部分,称东巴基斯坦。巴基斯坦独立以后,孟加拉民族主义情绪高涨。1971年发生暴力事件;约有100万孟加拉人被杀,另有上百万人逃到印度。印度后来支持孟加拉作战,结果西巴基斯坦战败。东巴基斯坦成为独立的孟加拉国。战争造成的毁坏几乎没有被修复,政治动荡一直持续着,有两名总统先后遭暗杀。该国于1984年首次参加在洛杉矶举办的夏季奥运会。

孟加拉湾 Bengal, Bay of 印度洋的一部分。面积约2 173 000平方千米。被印度、斯里兰卡、孟加拉、缅甸和马来半岛北部包围。宽约1 600千米,平均深度超过2 600米。注入湾内的河流有戈达瓦里河、克里希纳河、高韦里河、恒河和布拉马普特拉河等多条大河。湾内唯一的群岛安达曼-尼科巴群岛,是孟加拉湾与安达曼海东南的分界线。自古以来便是印度和马来西亚之间贸易往来的要道。中国在孟加拉湾的海上贸易开始于12世纪,1498年V. da伽马率领第一支欧洲探险队进入此湾。

孟加拉语 Bengali language 属于印度-雅利安诸语言,主要通行于孟加拉国和印度的西孟加拉邦。世界上除了少数几种其他语言之外,孟加拉语是使用人数最多的语言,接近1.9亿。像其他现代印度-雅利安语一样,孟加拉语也大大地减少了古印度-雅利安语(参阅梵语)复杂的变化系统。事实上它已经取消了语法上的性,以及重音固定在一个词或短句起始音节上。孟加拉语是印度诸语言中第一个采用小说、戏剧等西方世俗文体的语言。

孟买 Mumbai 旧称Bombay。位于印度西海岸,为马哈拉施特拉首府。该市部分位于孟买岛上,两侧分别是孟买港和阿拉伯海。为印度主要港口,属世界上最大、人口最稠密的城市之一。1534年被葡萄牙人占领。1661年凯瑟琳(布拉干萨的)嫁给查理二世时,作为嫁妆转让给英国。1668年让与东印度公司,成为该公司的总部所在地,直至1708年。1869年苏伊士运河开通后,成为印度最大的货物集散中心。至今仍是该国的经济中枢,主要的金融、商业中心,以及文化教育中心,同时也是印度电影业的基地。人口:市12 478 447;大都会区18 414 218(2011)。

孟什维克 Menshevik 俄国社会民主工党中的非列宁主义派别。最早出现于1903年,马尔托夫反对列宁将政党严格限制为专业革命者的纲领,主张效仿西欧团体成立一个群众性的党派。当列宁一派在党中央委员会中取得多数以后,自称布尔什维克("多数派"),马尔托夫等人则成了"孟什维克"("少数派")。孟什维克在俄国1905年革命及圣彼得堡苏维埃政府中扮演着积极角色,但在第一次世界大战和其后的俄国1917年革命中发生分裂。他们曾企图组织一个合法的反对派,但在1922年终被彻底镇压。

孟席斯 Menzies, Robert(Gordon)(1894～1978) 后称Sir Robert。澳大利亚总理(1939～1941、1949～1966)。原为一名成功的律师,1934～1939年担任澳大利亚司法部长。1939～1941年他以澳大利亚统一党领袖身份出任总理。1944年组建自由党,并在1949年再度当选总理。20世纪50年代他鼓励发展工业,欢迎欧洲移民来此。他加强与美国的军事联系,并促成澳新美安全条约的签订,还使澳大利亚加入东南亚条约组织。1966年退休,是澳大利亚有史以来任期最久的总理。

梦 dream 入睡后脑中出现的连续的思想活动、形象或情感,尤其是当伴有快速眼运动(REM)时。梦的内容五花八门,人们常赋予梦以重要的含义,但对其来源和意义的理解,却随着时代的进步而发生惊人的变化。在古代,人们普遍认为梦是一种神示,用以审视过去,宣示前程,或是展示冥界。做梦还可以给人带来艺术灵感,解决技术难题,排解情绪障碍。梦中一种潜意识的认识合成促成了意识顿悟。S. 弗洛伊德发表《释梦》,可能是最著名的关于梦的研究专著。按照弗洛伊德的说法,有些愿望代表着被禁止的冲动,平时是被压制的,而在梦中则会得到表达,不过经常是以乔装改扮的形式(如象征性的形式)出现。

梦露 Monroe, Marilyn(1926～1962) 原名Norma Jean Mortenson。美国电影女演员。出生于洛杉矶。童年时非常不幸,少女时期有一段短暂婚姻。后成为一摄影师的模特儿,1948年首次在银幕上演出。后在《柏油丛林》(1950)和《夏娃的故事》(1950)中出演次要角色。在喜剧《绅士更爱金发女郎》

M. 梦露
Brown Brothers

(1953)、《如何嫁给百万富翁》(1953)和《七年之痒》(1955)中扮演性感角色，使她成为金发女郎的性感象征。在演员排演场学习后，以明星形象出现在较严肃的影片中，如《公共汽车站》(1956)、《有人喜欢烫的》(1959)和《格格不入的人们》(1961)。她的私生活受到广泛宣传，包括和 J. 迪马乔和 A. 米勒的婚姻。后因服用过量安眠药而死，年方 36 岁。

弥达斯　Midas　希腊和罗马传说中弗里吉亚的国王。他曾捉住半人半兽的西勒诺斯，并对其宽大处置，所以狄俄尼索斯答应满足弥达斯的一个愿望，以示酬谢。弥达斯希望狄俄尼索斯能赐给他点物成金的法术，但当他在拥抱女儿并因此将她也变成黄金时，他才要求解除魔法。在另一个传说中，他受邀参加一个评判阿波罗和半人半兽的玛息阿的音乐比赛。当他判阿波罗输时，阿波罗为了惩罚他而让他长了一对驴子耳朵。

弥尔顿　Milton, John(1608 ～ 1674)　英国诗人和小册子作者。就读于剑桥大学(1625 ～ 1632)，并在那里用拉丁文、意大利文、英文写诗；其中包括姊妹诗《快乐的人》和《幽思的人》，均写于 1631 年。1632 ～ 1639 年期间，他埋首书房中，写出假面诗剧《科玛斯》(1634 年首次演出)和不寻常的悼诗《利西达斯》(1638)，并游历欧洲，在意大利度过了大多数时光。因为关心英格兰的共和国事业，他在 1641 ～ 1660 年的小册子中花了很多心力论述公民自由及宗教自由，并在 O. 克伦威尔政府中任职。他最著名的散文收录于论述新闻自由的小册子《论出版自由》和《论教育》(均写于 1644 年)中。他也写了有关离婚，以及反对君主制度和英国圣公会的论著。约 1651 年完全失明，此后口述作品。王政复辟后他以共和国的著名捍卫者身份被捕，但不久便被释放。他论述人类堕落而以无韵诗写成的史诗杰作《失乐园》(1667，1674)，被认为是英国最伟大的史诗，他对撒旦的性格刻画被人们广为赞誉。在《复乐园》(1671)和《力士参孙》(1671)中，他进一步表达出自己对上帝的纯真信仰和个人灵魂重生的力量。在前一部史诗中基督战胜了诱惑者撒旦，而在后一部诗剧中这位《旧约全书》人物克服了自怜和绝望而成为上帝的勇士。他的未完成的作品《英国史》于 1670 年出版，1823 年还发现了他未完成的一部有关神学的著作。弥尔顿被认为是继 W. 莎士比亚之后英国最伟大的诗人。

弥迦　Micah(公元前 8 世纪晚期)　《旧约全书》中 12 位小先知之一，传统上认为他是《弥迦书》的作者(他的预言是犹太教经典中篇幅更大的《十二先知书》的一部分)。弥迦很可能于公元前 721 年以色列的北方王国陷落前就开始预言。现代学者通常将《弥迦书》最初三章(预言神将判决那些崇拜偶像与不公正的领导者)归为弥迦所著。该书其余的大部分则许诺将在锡安建立和平王国，其撰写日期可能在数世纪之后。

弥勒　Maitreya　佛教传说中，待释迦牟尼佛陀的教法消亡后下降人间重新宣讲佛法的未来佛。在此之前，弥勒被认为是住在兜率天的一位菩萨。从公元3世纪起，佛经中便

冥想的弥勒，镀金青铜像，制于 7 世纪日本飞鸟时代。现藏克利夫兰艺术博物馆
The Cleveland Museum of Art, John L. Severance Fund, 50. 86

有记载，他是最早受崇奉的菩萨之一，是上座部佛教崇奉的唯一菩萨。他的像在佛教世界中随处可见，露出期望和承诺的神态。

弥诺斯　Minos　希腊神话中克里特国王，主神宙斯和欧罗巴之子。他借助波塞冬之力取得克里特王位，同时也成为爱琴海诸岛的统治者。妻子帕西淮与公牛相爱，生下了弥诺陶洛斯。后者被关押在迷宫中。弥诺斯发动了对雅典的战争。他强征少男少女作为贡品让弥诺陶洛斯吞食。后来忒修斯在弥诺斯的女儿阿里阿德涅的帮助下，斩杀了这个吃人的怪物。弥诺斯是在西西里洗澡时被人用开水烫死的。很多学者现在认为弥诺斯是克诺索斯的弥诺斯人的文明或青铜器时代祭司统治的一个皇家或王朝的名称。

弥诺斯人　Minoans　克里特岛兴盛于青铜器时代(公元前约 3000 ～前约 1100)的非印欧语系民族。海洋是他们经济与力量的基础。他们基于克诺索斯的发达文化，以传说中的国王弥诺斯命名。它是爱琴海地区第一个高度发达的文明。弥诺斯文化对希腊群岛和本土的迈锡尼文化产生了巨大的影响。弥诺斯文化在公元前 1600 年左右达到巅峰，以其宏伟的城市和宫殿、广泛的贸易联系，运用文字的能力而闻名(参阅线形文字甲和线形文字乙)。其艺术品有精心制作的徽记和陶器，而最重要的是宫墙上充满生机的精致壁画。这些壁画既表现世俗的景象，也表现宗教的场面，包括反映他们母权制宗教的女神。宫殿废墟证明有石铺街道和输水管道。弥诺斯艺术中最熟悉的主题是蛇(女神的象征)、公牛和跳跃的舞者，也具有神秘的成分。

弥诺陶洛斯　Minotaur　希腊神话中克里特的人身牛头怪物。是弥诺斯的妻子帕西淮同波塞冬送来准备作祭祀的一头白毛公牛的后代。这头公牛送来时弥诺斯将其宰杀。为了惩罚弥诺斯，波塞冬使帕西淮与公牛相爱。弥诺陶洛斯(意为"弥诺斯公牛")被关押在代达罗斯修建的迷宫里。在一场战争中，弥诺斯战胜了雅典，他强迫雅典人以人为牲供弥诺陶洛斯吞食。到第三年献牲的时候，忒修斯自愿前往，并在阿里阿德涅的帮助下杀死了这个怪物。

弥撒　mass　罗马天主教堂举行的圣餐仪式的俗称。弥撒是一种纪念，它重新习演耶稣基督的死和复活；它是真正的祭献，把表现为饼与酒的耶稣之身体和血献给天主；弥撒也被看成是用以团结和养育全体信徒的圣餐。弥撒包括诵读《圣经》、讲道、奉献(饼和酒)、弥撒正祭部分的祈祷和领圣体圣血。第二次梵蒂冈会议(1962 ～ 1965)后弥撒仪式变化较大，特别是以本国语代替传统的拉丁语。参阅圣事和变体。

弥赛亚　messiah　犹太教中，指大卫世系被期盼为王的人，他将把以色列从外族的奴役下拯救出来，并复兴以色列的黄金时代。希腊文《新约》中以 christos 指弥赛亚，用于称呼基督教徒的救世主耶稣。其他各种宗教和文化中也有类似弥赛亚的人物，如什叶派的穆斯林寻找一个叫做马赫迪的信仰守护者，弥勒则是佛教的救世主。

迷迭香　rosemary　唇形科多年生常绿小灌木，学名 *Rosmarinus officinalis*。其叶用于多种食物的调味。高 1 ～ 2.3 米，叶短呈线形，似弯曲的松针，深绿色，上面光亮，下面白色。花蓝色，簇生。蜜蜂特别喜爱迷迭香。古代认为迷迭香能增强记忆，在文学作品和民间传说中，它是怀念和忠诚的象征。迷迭香原产于地中海地区，已适应美洲温带地区和欧洲的环境。

迷宫　labyrinth　又作 maze。由错综复杂的通道和死巷构成的建筑体系。迷宫一词是古希腊人和罗马人给某些建筑所取的名字，这些建筑完全或部分在地下，有许多房间和难以走出的通道。从欧洲文艺复兴时期起，用高树篱隔开有复杂曲径的迷宫成为正规花园里的一景。

迷惘的一代　Lost Generation　第一次世

界大战期间已是成年，并在20世纪20年代确立声誉的一批美国作家。广义上是指第一次世界大战后成年的一整代美国人。这个名称源出G.斯泰因对E.海明威说的一句话。这些作家之所以认为自己"迷惘"，是因为他们所继承的价值观不再适合战后的世界。他们觉得在精神上与这个国家疏远起来，认为这个国家变得和H.克莱恩等人。极端褊狭，冷漠无情。"迷惘的一代"包括海明威、F.S.菲茨杰拉德、J.多斯·帕索斯、E.E.肯明斯和A.麦克利什。

猕猴 macaque 猴科猕猴属（*Macaca*）约12种杂食、昼行性动物的统称，有颊囊以携带食物。主要分布于亚洲。尾长短不一，有些则没有尾巴。雄猴体长40～70厘米（不包括尾巴），体重3.5～18千克。猴群栖于山中、低地和沿海地区。有些品种（包括恒河猴）对人类很重要。马来人训练豚尾猴（*M. nemestrina*）来采摘椰子。参阅帽猴。

猕猴桃 kiwi fruit 猕猴桃科的藤本植物，学名*Actinidia chinensis*，果实可食。原产中国，现在新西兰和美国加利福尼亚州都作商业性栽培。在20世纪70年代的新烹饪法中很受欢迎。味略酸，富含维生素C。可以生吃也可以煮食，其汁液有时可用作肉类的嫩化剂。

谜语 riddle 一种故意暧昧或含糊的问题，需要仔细加以思考而给以机智的回答。这是一种猜谜游戏的形式，自古以来大多数文化中都有这种民俗。西方学者一般认为有两种谜语：描述性谜语和机智或诙谐的问题式谜语。前者通常把所描绘的动物、人、植物或物体故意说得暧昧不明（如，蛋就是"一座小白屋，既无窗户也无门"）。后者的一个经典希腊例子是"什么是所有东西中最强大的？"回答是"爱：铁是坚硬的，但铁匠更加强壮，而爱可以征服铁匠。"

谜语机 Enigma 第二次世界大战以前和战争期间，德国军事指挥机构使用的将战略性文电译成密码的装置。谜语机的密码于20世纪30年代初被一波兰人破解，此后由一个称为"超级机密"的英国情报系统将德国的谜语机密码拦截破译。

米达尔 Myrdal, (Karl) Gunnar（1898～1987） 瑞典经济学家及社会学家。在斯德哥尔摩大学获博士学位，1933～1967年在该校任教。其早期研究强调纯理论，但后来注重应用经济学和社会问题。1938～1940年探索美国黑人的社会和经济问题，1944年发表经典之作《美国难题》，他从中提出了贫者愈贫的理论。在发展经济学方面，他论证富裕和贫穷的国家，经济发展并非趋于会合，而是背道而驰，因为富国享有规模经济而贫国被迫依赖初级产品，因此贫国愈贫。1974年他与F. von 哈耶克共获诺贝尔经济学奖。他的妻子阿尔瓦（1902～1986）是一位社会学家、外交官、联合国官员和反战积极分子，1982年她与A.加西亚·罗夫莱斯共获诺贝尔和平奖。

米德 Mead, George Herbert（1863～1931） 美国哲学家、社会学家和社会心理学家，在实用主义的发展方面享有盛名。生于马萨诸塞南哈德利。早年就读于哈佛大学，后来与J.杜威和C.H.库利一起在芝加哥大学任教。米德主要研究自我和社会的关系问题，尤其是人的自我如何起源于社会的相互作用过程。他的著作有《当代哲学》（1932）和《心灵、自我和社会》（1934）。参阅身心交感论。

米德 Mead, Margaret（1901～1978） 美国人类学家。生于费城。在哥伦比亚大学学习时师从F.博厄斯和R.本尼迪克特。1929年获得博士学位前，一直在萨摩亚进行实地调查。所著23本书中的第一部也是最出名的一部是《萨摩亚人的成年》（1928），该书阐明了在个性或气质的形成中文化具有决定作用的观点。其他书有《三个原始社会中的性生活和气质》（1935）、《男性和女性》（1949）和《文化与奉献》（1970）。她的理论均建立在观察手段及其结论的基础上，遭到后来一些人类学家的质疑。晚年她就一系列广泛问题，如女权和核扩散，发表自己的看法，受到关注。其盛名不仅源于她在科研中做出的贡献，还来自于她人格魅力和率直的个性。曾在美国自然历史博物馆任馆长50多年。

米德尔塞克斯 Middlesex 英格兰东南部旧郡，滨泰晤士河。公元前500年起就有人居住；比利其人在公元前1世纪抵此，后又有罗马人在沿河地带建立前哨。公元5世纪初撒克逊人占领此地。由于地处东撒克逊和西撒克逊之间，所以在704年取现名（意为"撒克逊中部"）。1888年设为行政郡，1965年大伦敦将旧郡一部分并入其范围内。

米德尔斯伯勒 Middlesbrough 英格兰城镇，克利夫兰郡首府。位于蒂斯河南岸。1830年因修建铁路由此地通往一个新兴的煤炭出口港而设镇，后因附近发现铁矿石而促进了其发展。人口约134 487（2001）。

米德湖 Mead, Lake 美国亚利桑那州和内华达州交界处胡佛水坝的蓄水库。为世界最大人工湖之一，由科罗拉多河筑坝形成。该湖长185千米，宽1.6～16千米；蓄水量约380亿立方米，面积为593平方千米。以垦拓专员E.米德命名。1936年建立米德湖国家游乐区，面积为6 055平方千米，沿湖延伸386千米。

米德加尔德 Midgard 北欧神话中人类的居住之地。据传，它是由最初创造出来的人，即巨人奥尔盖尔米尔（即伊米尔）的身体形成的。诸神杀死了奥尔盖尔米尔，把他的尸体推入宇宙中心的空间，将他的肉变成土地，血变成海洋，骨变成山等。他的头盖骨被4个矮子举起，变成天穹。日月星辰则是由存于头盖骨中的零星火花变成的。

米德拉西 Midrash 犹太教中以口传律法来解释和阐述希伯来《圣经》的合集。公元2世纪，以实马利·本·以利沙和阿吉巴·本·约瑟等学派将米德拉西解经活动推向高潮。米德拉西可分为两部分：哈拉卡米德拉西（对成文律法的演绎）和哈加达米德拉西（旨在启迪教徒，而非立法著作）。《塔木德》中大量引用了米德拉西。

米狄亚斯画家 Meidias Painter（活动时期约公元前420～前400） 古希腊陶瓶画家，以精妙绚烂的风格闻名。现藏不列颠博物馆的一个大水罐上的画是他的代表作，取材于《留基伯的女儿们遭劫》和《赫拉克勒斯在赫斯珀里得斯的金苹果园》的故事情景。

米底 Media 亚洲南部古国。位于现伊朗西北部，由伊朗人的一支米底人占领。公元前625年，基亚克萨里斯将该地区各部落统一为一个王国。公元前614年攻占容鞘觥。公元前612年灭亚述帝国。在瓜分亚述时，米底国王获得伊朗的大部分、亚述北部和亚美尼亚的一部分。公元前550年米底人臣属波斯居鲁士大帝的阿契美尼德帝国。公元前330年亚历山大大帝占领米底。在瓜分其帝国时南部让给马其顿人，后来转给塞琉西王国；北部成为阿特罗帕坦王国，后来转归安息、亚美尼亚和罗马。公元前226年，整个米底转归萨珊王朝。

米尔恩 Milne, A(lan) A(lexander)（1882～1956） 英国作家。1906年在《笨拙》杂志社工作，成功创作了几部轻喜剧和一部令人难忘的侦探小说《红房子的秘密》（1922）。

A.A.米尔恩，钢笔画，P.埃文斯绘于1930年左右；现藏伦敦国家肖像画陈列馆

By courtesy of the National Portrait Gallery, London

此前他为儿子克里斯托弗·罗宾创作的诗作被收入了诗集《当我们年轻时》（1924）和《我们六岁了》（1927），这两部作品都成了脍炙人口的经典之作。《小熊温尼普》（1926）和《小熊"普"家拐角的小屋》（1928）讲述了克里斯托弗·罗宾和玩具动物的故事，受到广泛的欢迎。

米尔肯 Milken, Michael R.（1946～　） 美国金融家。生于加利福尼亚恩西诺。就读宾夕法尼亚大学沃顿学院，1969年进入一家投资公司任职，也就是后来的德雷克塞尔·伯纳姆·兰伯特股份有限公司。1971年成为债券交易部经理，说服很多客户投资一些新的或有困难公司发行的垃圾债券。他在金融市场募集到的资本，为一批新的"共同扰乱市场者"融资，在80年代进行了很多合并、购并、恶性收购及杠杆收购的案例。80年代末期，垃圾债券市场规模已超过1 500亿美元，德雷克塞尔也成为金融业的领导公司。1986年他的客户博伊斯基因内幕交易被定罪，米尔肯和德雷克塞尔·伯纳姆·兰伯特公司也卷入，并被判诈骗并处罚巨款。1990年垃圾债券市场崩溃，德雷克塞尔·伯纳姆·兰伯特公司申请破产。米尔肯被判诈骗罪成立，判刑10年及6亿美元罚款，22个月后获释即重新开创事业第二春。

米尔纳　Milner, Alfred（1854～1925）　后称 Viscount Milner（of St. James's and Cape Town）。英国在南非的高级专员（1897～1905）。1899年与德兰士瓦总统P. 克鲁格在布隆方丹会议谈判时，要求居住5年以上的外方人（英国在德兰士瓦的居民）可获得完全公民权。克鲁格反对，但准备作出让步。但米尔纳却全无退让之意，认为"战争势在必行"。布尔人军队在4个月后入侵纳塔尔省，标志南非战争之始。1916～1919年担任陆军大臣，1919～1921年出任殖民大臣。

米尔斯　Mills, C(harles) Wright（1916～1962）　美国社会学家。生于得克萨斯州韦科。在哥伦比亚大学任教，其间专门从事M. 韦伯的理论以及现代生活中知识分子作用等问题的研究，并为批判社会学在美国和世界的发展作出了贡献。他主张社会科学工作者应该避免"抽象的经验主义"，要做实际活动家，履行其社会职责。他对美国商业和社会的激进分析体现在《白领阶层》（1951）和《当权人物》（1956）中，其他著作有《第三次世界大战的起因》（1958）和《社会学空想》（1959）。身为一个公众人物，他总是穿着黑皮衣，骑摩托车。45岁时死于心脏病。

米高梅影片公司　MGM　全称 Metro-Goldwyn-Mayer, Inc.。美国公司和电影制片厂。1920年电影发行人M. 洛伊买进米特罗影片公司，1924年与高德温制片公司合并，1925年又与L. B. 梅耶影片公司合并，由此公司成立。L. B. 梅耶担任公司行政主管达25年之久，聘有制片经理I. 索尔伯格相助。20世纪30和40年代公司达到鼎盛时期，旗下签了大部分好莱坞明星。所拍摄的热门影片有《大饭店》（1932）、《大地》（1937）、《费城故事》（1940）、《煤气灯下》（1944）、《柏油丛林》（1950）、《宾虚》（1959）、《日瓦戈医生》（1965）、《2001太空漫游》（1968）等。米高梅公司尤以拍摄豪华大场面的音乐歌舞片著称，如《绿野仙踪》（1939）、《复活节游行》（1948）、《锦城春色》（1949）、《一个美国人在巴黎》（1951）、《雨中曲》（1952）、《琪琪》（1958）。50年代公司开始走下坡路，70年代卖掉许多资产，并开始旅馆和赌场等多元化经营，后来和联艺公司合并，改称 MGM/UA Entertainment（米高梅-联艺娱乐公司）。1986年被T. 特纳收购，他又卖掉一些制片和发行部门。由于各种股权的交易转让导致1992年被里昂信贷银行收购，该银行恢复了米高梅影片公司原名。后来公司又被特拉辛达公司买下。

米哈伊　Michael（1921～　）　罗马尼亚国王。卡罗尔二世之子。父亲被剥夺王位继承权（1926）后在3位摄政王的情况下即位。卡罗尔在1930年重登王位，米哈伊被降为王储。1940年卡罗尔逊位后他重登王位，但实际上不过是军事独裁者安东内斯库的阶下囚。1944年他协助领导政变，推翻了军人独裁政权，并断绝了罗马尼亚和轴心国的联系。他竭力反对共产党上台，但在1947年被迫退位。后流亡瑞士，在一家美国经纪公司担任经理。

米哈伊尔　Michael（1596～1645）　又称 Michael Romanov，俄语作 Mikhail Fyodorovich Romanov。俄国沙皇（1613～1645）和罗曼诺夫王朝的创始人。在混乱时期过后，他作为一个年轻的贵族，被选为沙皇。在其统治前期由母后的外戚执掌朝政，在俄国恢复起秩序，分别同瑞典（1617）和波兰（1618）缔结和约。1619年其父从波兰获释归国，与其共同执政。他的父亲掌握了政权，同西欧加强联系，并加强了中央集权和农奴制度。1633年其父去世后，其母系亲戚再度掌权。

米开朗琪罗　Michelangelo (di Lodovico Buonarroti)（1475～1564）　意大利雕塑家、画家、建筑师和诗人。出生于佛罗伦萨共和国的卡普雷塞，曾在佛罗伦萨短期随D. 吉兰达约当学徒，后来开始为梅迪契（罗伦佐）制作第一座雕像，后来又作了好几个。1492年梅迪契死后，他前往波洛尼亚，后至罗马。他制作了《巴克斯》（1496～1497），建立起声誉。进而接受《圣母怜子》的订件（现藏圣彼得大教堂），这是他早年的杰作，作品证明他有能力利用一块大理石雕出2个分立的人形。他的《大卫》（1501～1504，受佛罗伦萨大教堂委托）至今仍被视为文艺复兴时期理想中完美人类的最高典范。另外，他还制作了几座私人委托的圣母像，还有赢得举世赞赏的唯一一架上绘画《圣家族》。受到野心勃勃的雕塑计划（他不是总能完成）的吸引，他不情愿地接下西斯廷礼拜堂的天花板绘画工作（1508～1512）。第一个场景描述诺亚方舟的故事，相当稳健而规模小。但随着工作进行，他信心渐增，而较后来完成的场景显示出大胆而繁复的心思。他在佛罗伦萨梅迪契礼拜堂（亦由他设计）的陵墓人像（1519～1533）属他最有成就的创作。他最后30年都致力于西斯廷礼拜堂《最后的审判》湿壁画，以及写诗（留下300多首十四行诗和牧歌）和建筑方面的工作。他受委托完成圣彼得大教堂，这座教堂从1506年始建，1514年后没有什么进展。虽然米开朗琪罗死时该教堂尚未完工，但建筑外部却要归功于他而非其他建筑师。如今，他被视为世界上地位最崇高的艺术家之一。

米莱　Millay, Edna St. Vincent（1892～1950）美国女诗人和戏剧家。在缅因州出生并长大，其作品充满了对海岸和乡村景色的形象描绘。20世纪20年代居住在格林尼治村，米莱成了浪漫主义反叛和冒险精神的化身。她的代表作包括《新生与其他诗篇》（1917）、《荆棘之果》（1920）、《竖琴制造师》（1923，获普利策奖）、引入一种更忧郁情调的《雪中雄鹿》（1928）、十四行诗《决定命运的会见》（1931），以及《用这些葡萄酿成的酒》（1934）。其他作品还包括三部诗剧和为D. 泰勒的歌剧《国王的心腹》（1927）写的剧本。

米兰　Milan　意大利语作 Milano。意大利北部伦巴第区首府。公元前600年高卢人居住于此。公元前222年被罗马人征服，当时名为麦迪奥拉农。公元452年遭阿提拉侵略，539年哥特人侵袭，774年落入查理曼手中。其势力在11世纪增强，不过在1162年为神圣罗马帝国所摧毁。1167年作为伦巴第联盟的一部分重建，1183年取得独立。1450年F. 斯福尔扎建立了一个新王朝。1499年以后受法国和斯福尔扎家族的轮流统治，直到1535年被哈布斯堡王室夺占。拿破仑在1796年统领该地，1805年成为其意大利王国的首都。1860年并入统一的意大利。第二次世界大战期间，米兰遭到严重破坏，不过后来得以重建。现为意大利最重要的经济中心，以时装业、金融业、批发零售贸易、媒体出版业及其他服务行业闻名。古迹包括中世纪的多摩大教堂，为欧洲第三大教堂；布雷拉宫（1651）；内有莱奥纳多·达·芬奇的名画《最后的晚餐》的修道院；以及拉斯卡拉歌剧院。人口约1 303 437（2007）。

米兰达　Miranda, Francisco de（1750～1816）委内瑞拉革命家，致力于为国家独立铺平道路。他参加了西班牙军队，但于1783年逃往美国，在那儿他遇到了美国独立战争的领导人，确定了南美解放计划，并设想其统治者为印加皇帝，设两院制的立法机构。1806年他发动对委内瑞拉的进攻，但未成功。在1810年应S. 玻利瓦尔的请求再次作战。1811年宣告独立后他实行独裁，但屈服于西班牙的反攻之下，并签署了休战书。其他革命领导人认为这是投降行为，挫败了他的逃跑企图。后死于一西班牙监狱里。

米兰法令　Milan Decree（1807-12-17）拿破仑战争时期的经济政策。这是拿破仑对英国发起经济封锁的大陆封锁政策的一部分。施行范围甚至扩大到即使是与英国贸易往来的中立国船只也遭到欧陆港口的封锁，最后还影响到美国的航运。

米勒　Miller, Arthur（1915～2005）　美国剧作家。生于纽约市。在密歇根大学读书期间开始写作。第一部重要戏剧是《全是我的儿子》（1947），接下来他写了自己最出名的作品《推销员之死》（1949，获普利策奖），讲述了一名推销员由于错误的社会价值观被迫自杀的悲剧。他的戏剧具有深刻的社会意识，而且对人物的内心世界刻画入骨。他还写了许多其他剧本，包括《炼狱》（1953），通过对塞勒姆女巫审判的情节，表达了对麦卡锡主义的反对；还有《桥头眺望》(1955)、《堕落之后》(1964)、《最后一个美国人》(1992)和《复活布鲁斯》(2002)。他也写短篇小说、散文，还为其第二任妻子 M. 梦露写了电影剧本《不合时宜的人》(1961)。

米勒　Miller, George A(rmitage)(1920～2012)　美国心理学家。生于西弗吉尼亚查尔斯顿。曾在哈佛大学、洛克菲勒大学、普林斯顿大学任教。他著名的学术成果是认知心理学方面的研究，尤其是交流及心理语言学。在《行为的计划与结构》(1960，与 E. 葛兰特及 K. 普日布拉姆合著)中，米勒探讨知识是如何积累和组织成为实践性的"意象"或计划。其他作品，如《语言与交流》(1951)及《文字的科学》(1991)，则专注于语言和交流的心理学。1991 年获国家科学奖章。

米勒　Miller, (Alton) Glenn(1904～1944)　美国长号手和摇摆乐时代最流行的舞曲乐队领导人。1937 年成立自己的乐队。音乐特点是将单簧管重复的萨克斯管声音精心编入乐曲中。1939 年开始的电视广播使乐队闻名全国，歌迷数百万。1942 年将乐队解散，投身战争，领导一支军乐队。在一次由英国飞向巴黎的途中，飞机失踪，从此音信全无。他的无数唱片如《月光小夜曲》、《棕色小罐》、《喜悦心情》和《一串珍珠》都是时代的经典。

米勒　Miller, Henry (Valentine)(1891～1980)　美国作家，一生浪荡不羁。《暗淡的春天》(1936)描写他在布鲁克林度过的童年。《北回归线》(1934)是他在巴黎穷困潦倒的逃亡生活的独白，《南回归线》(1939)则描写了他在纽约的早期生活。这两本书 60 年代以前在英国和美国一直因内容淫秽而被列为禁书。《空气调节器的恶梦》(1945)是他在美国到处旅行后所写的批评性纪实。他定居在加利福尼亚海边，成为一群仰慕者的核心。在这里完成了《在玫瑰色十字架上受刑》三部曲，由《性》、《神经》和《关系》组成，美国版本将 3 集合在一起于 1965 年出版。

H. 米勒
Camera Press

米勒　Miller, Neal E(lgar)(1909～2002)　美国心理学家。生于威斯康星密尔沃基。在耶鲁大学获得博士学位，并留在耶鲁的人类关系研究所继续做学习方面的实验研究。在《社会学习与模仿》(1941)和《人格与心理治疗》(1950)两本书中，他和 J. 多拉德结合早期有关行为与学习的强化理论，提出了行为动机乃根源于满足社会心理驱力的学说。米勒认为行为模式通过对生物源或社会源的驱力进行修正，再经条件作用及强化作用而产生。1966～1981 年执教于美国洛克菲勒大学。

米勒　Millet, Jean-François(1814～1875)　法国画家。出生于瑟堡附近的农家，在巴黎跟随一位画家学画。他向沙龙提交的两幅作品被拒绝之后，就回到瑟堡，开始画肖像画。1844 年作品《挤奶女人》给他带来了首次成功。1848 年另一幅农民题材作品《簸谷农夫》在沙龙展出。1849 年定居巴比松村。由于他继续展示农民题材，强调乡村的劳作生活，而被指控为社会主义者，但是他并没有政治目的。作品《晚钟》(1859)成为 19 世纪最受欢迎的油画之一。因为后来转画风景画，所以常和巴比松画派一起被提及。

米勒兰　Millerand, Alexandre(1859～1943)　法国政治家。1883～1898 年担任社会党机关刊物的主编。1885～1920 年任职于法国众议院。曾在不同的内阁中历任各种职务，包括商业部长(1899～1901)、公共工程部长(1909～1910)、陆军部长(1912～1915)，并在任职期间推行改革。1920 年当选总理。作为温和派联盟领袖，他当选共和国总统(1920～1924)。在他鼓吹修宪以加强总统的权力后，迫于左翼联盟的压力而辞职。1927～1940 年仍在参议院任职。

米勒特　millet　奥斯曼帝国(约1300～1923)统治下的土耳其自治宗教社区。米特勒向中央政府尽纳税和负责内部安全等义务。每个米特勒也负责国家不能提供的社会和行政职能。1856 年起，一系列的世俗法律改革削弱了他们大部分行政自治权。

米利都　Miletus　小亚细亚西部的古希腊城市。公元前 500 年以前是希腊在东方的最大城市。除了商业和殖民，该城还以知识界的人物闻名，如泰勒斯(米利都的)、阿那克西曼德、阿那克西米尼(米利都的)和赫卡泰奥斯。原由希腊僭主统治，后来相继被吕底亚和波斯占领。公元前 499 年左右，米利都人领导了爱奥尼亚起义，引起了后来的希波战争。公元前 494 年该城被波斯人摧毁。在希腊人打败波斯人后，它加入了提洛同盟。公元前 334 年落入亚历山大大帝手中，但仍保持了在商业方面的重要位置。到公元 6 世纪，它的两个港口被淤泥堵塞，最终被废弃。现为考古遗址，位置靠近门德雷斯河口。

米隆　Myron(约公元前 480～前 440)　希腊雕刻家，年纪稍长于同时代雕刻家菲迪亚斯和波利克里托斯，被认为是雅典雕刻家中最多才多艺和最富有创新精神的人之一。他是第一个把对运动的掌握和协调组合的才能结合起来的希腊雕刻家，作品几乎都用青铜

《掷铁饼者》，古罗马大理石摹制品，据约公元前450年米隆所制之希腊青铜真品复制；现藏罗马国家博物馆
Alinari-Art Resource

制作，以表现运动中的竞技者著称，尤其是《掷铁饼者》(约公元前 450)。

米罗　Miró, Joan(1893～1983)　西班牙加泰罗尼亚画家。生于巴塞罗那。曾在商学院读书，当过职员，后来精神崩溃，他的工匠父亲才允许他学习美术。最初他探索隐喻性

米罗，Y. 卡什摄于 1966 年
© Karsh from Rapho/Photo Researchers

地表现自然的概念。从 1919 年起往来于西班牙和巴黎之间，在那儿受到达达主义和超现实主义的影响。他在 20 世纪 20 年代晚期的作品《梦之画》和《幻想的风景》则明显地表现出受 P. 克利的影响，线条、形体和色块似乎都是随意乱画上的。他成熟的风格从想象的、诗意的冲动及他对现代生活的严肃看法之间的张力发展而来。他广泛运用石印术，创作了无数供公共场地使用的壁画、挂毯和雕塑。

米洛舍维奇　Milošević, Slobodan(1941～2006)　塞尔维亚民族主义政治家、总统(1989～1997)。18 岁加入共产党。后来成为国营天然气公司经理和贝尔格莱德一家大银行的总裁。他接受其妻(一名共产主义理论家)的建议，1984 年担任贝尔格莱德市委书记，1987 年成为塞尔维亚共产党领袖。他的支持者拥戴他取代党领导人，1989 年被塞尔维亚议会任命为塞尔维亚共和国总统。他通过镇压和控制大众传媒来维持其政权。1989 年他修改宪法，削减了科索沃阿族自治

省的自治权，此举造成斯洛文尼亚、克罗地亚和马其顿的分离主义运动，从而导致了南斯拉夫的分裂（1991）。他支持塞尔维亚民兵武装攻击波斯尼亚和克罗地亚的穆斯林，但后来他代表波斯尼亚的塞尔维亚人签署了一份和平协议。1999 年寻求独立的叛军开始杀害塞尔维亚警察和政治家，他对科索沃省回以无情的攻击（参阅**科索沃冲突**）。北大西洋公约组织的军队于是展开大规模空袭，轰炸塞尔维亚目标。随后他下令军队对科索沃进行种族清洗，迫使数百万科索沃的阿族人流亡国外。他的这一行动也遭致全世界各国的憎恨，将他视为战犯。2000 年在大选中落败。第二年他被逮捕，并被引渡到荷兰，因种族屠杀罪、战争罪和反人类罪而受审。2002 年审理正式开始，但因其健康状况不佳，屡次推迟。2006 年 3 月 11 日，被发现死于狱中。

米南德　Menander（公元前 342？～公元前 292？）　雅典剧作家，古代评论家公认为希腊新喜剧的最重要诗人。公元前 321 年创作了第一部戏剧。公元前 316 年以《恨世者》获奖，这是他唯一得以完好保存下来的剧本。他一生中共写了 100 多部戏剧，在雅典戏剧节上获奖 8 次。擅长描写的人物角色有严肃的父亲、年轻的恋人和有趣的奴仆等。罗马作家普劳图斯和**泰伦提乌斯**曾改编过他的作品。其作品影响了后来文艺复兴喜剧的发展。

米纽伊特　Minuit, Peter（1580？～1638）荷属新尼德兰殖民地总督。1626 年荷属西印度公司任命他为曼哈顿岛殖民地的总督。为使欧洲人占领美洲土地合法化，据传他说服了印第安人以仅相当于 60 荷兰盾（合 24 美元）的价格出售了这片土地，在岛的南端建立了新阿姆斯特丹城。他被召回荷兰（1631）。后来被派往特拉华湾建立新瑞典殖民地，在那里他再次向印第安人购买土地，并于 1638 年建起了克里斯蒂娜堡（后来的特拉华州维尔明顿）。

米诺·达·菲耶索莱　Mino da Fiesole（1429～1484）　意大利雕刻家。可能在佛罗伦萨（其家乡菲耶索莱附近）进行过专业学习，他在佛罗伦萨和罗马都很活跃。在罗马他创作了纪念碑（尤其是墙状墓）和主教及其他杰出人物的半身像。在最早的文艺复兴肖像雕刻中，他的作品在 19 世纪极受推崇，但现在则认为与他同时期的狄赛德里奥·达·塞廷纳诺，A. 罗塞利诺（1427～1479）等其他杰出人物相比，米诺的作品缺乏灵感。

米诺鱼　minnow　北美多种小型鱼类，特别是鲤科鱼类的总称，亦指荫鱼科的岩鱼和鳉科的鱼类。许多北美鲤科米诺鱼属小型淡水鱼，长 6～30 厘米。许多是鱼类、鸟类和其他动物的重要食物来源，也是活的鱼饵。钝吻米诺鱼、肥头米诺鱼、普通闪光鱼和美国拟鲤是最佳的鱼饵。该词也泛指许多大型鱼类的幼鱼。minnow 一名在欧洲和北亚指鲹，长约 7.5 厘米，体色不一，从金黄色到绿色。

米奇利　Midgley, Thomas, Jr.（1889～1944）美国工程师和化学家。生于宾夕法尼亚州比弗福尔斯。曾在康奈尔大学就读，后来成为一名工业公司研究员和行政管理人员。1921 年发现四乙基铅是汽油的有效抗爆添加剂。他还发现了商品名氟利昂-12（参阅**氟利昂**）的二氯二氟甲烷致冷剂，和其相关化合物后来成了普遍应用的冷冻剂，后又发展为喷雾剂。米奇利还对天然和合成橡胶作了深入研究，他也是早期一种烃裂化催化剂的发现者。

米恰尔（色路拉里乌斯）　Michael Cerularius（约1000～1059）　君士坦丁堡的希腊正教会牧首（1043～1058）。他反对君士坦丁九世（莫诺马库斯）企图联合拜占廷和罗马帝国来对付诺曼人，并关闭了在君士坦丁堡的拉丁教会，因其拒绝使用希腊语和希腊正教礼拜仪式（1052）。当米恰尔和圣利奥九世派来的使节谈判破裂后，双方都宣布判处对方以绝罚，开始了 1054 **年教会分裂**。米恰尔逼迫君士坦丁支持分裂，但 1058 年君士坦丁的继承者把他流放。

米切尔　Mitchell, Margaret（1900～1949）美国作家。生于亚特兰大。曾就读于史密斯学院，后为《亚特兰大日报》撰稿。之后十年她创作出唯一的作品《飘》（1936 年获普利策奖，1939 年改编成电影）。这是一个从美国南方人的观点来看关于美国南北战争和重建时期的故事，无疑是美国出版史上当时最畅销的小说。后死于车祸。

米切尔　Mitchell, Wesley C(lair)（1874～1948）　美国经济学家。生于伊利诺伊州拉什维尔。就读于芝加哥大学，受到 **T. 凡勃伦**和 **J. 杜威**的影响。后在许多大学任教，包括哥伦比亚大学（1913～1919、1922～1944）。1920 年他协助成立了全国经济研究局，并在 1945 年之前任研究所长。他的著作极大地影响了美国国内外经济行为定量研究的发展，是当时关于**经济周期**的最高学术权威。

米切尔峰　Mitchell, Mt.　美国北卡罗来纳州西部山峰。密西西比河以东的美国最高峰，高达2 037米。位于北卡罗来纳州的布莱克山脉，为**蓝岭**山系的一部分，在州立米切尔山公园及皮斯加国家森林内。旧名布莱克穹窿山，后重新以 E. 米切尔之名命名，此人在 1835 年测定它为美国东部的最高点；他死于山上，并葬于峰顶。

米切纳　Michener, James A(lbert)（1907?～1997）　美国小说家。他是在宾夕法尼亚的多依尔斯敦被人发现的弃儿，被培养为公谊会信徒。曾担任教师，1944～1946 年在南太平洋担任海军史学家，该地区成为他早期小说的背景。小说《南太平洋故事集》（1947，获普利策奖）被改编成了百老汇同名音乐剧（1949；1958 年拍成电影）。他最有名的是进行大量研究后写出的史诗式翔实的小说，如《夏威夷》（1959；1966 年拍成电影）、《百年纪念》（1974）、《切萨皮克》（1978）、《太空》（1982）和《墨西哥》（1992）。

米却肯　Michoacán　墨西哥西南部一州。濒临太平洋，沿海有狭窄的平原，内地有**马德雷山脉**。16 世纪 30 年代，多明我会 V. de 基罗加修士在塔拉斯坎印第安人居住的帕茨夸罗湖成功地建立起第一个传教会。该州位于火山活跃地带，霍鲁约山即形成于 1759 年的一次火山爆发中，帕里库廷火山则形成于 1943～1952 年间持续的火山喷发。该地区产有范围广泛的林产品和热带作物。重要的城市有**莫雷利亚**、乌鲁阿潘、萨莫拉和帕茨夸罗。面积59 928平方千米。人口约4 351 037（2010）。

米什莱　Michelet, Jules（1798～1874）法国民族主义历史学家。原为教授历史和哲学的老师，1831 年被任命为国家档案馆历史部主任。在这里他获得宝贵的资料来完成其

米什莱，油画，T. 库图尔绘；现藏巴黎卡纳瓦莱博物馆
Giraudon-art resource

不朽名著《法国史》（17 卷，1833～1867）。其著述方法是在叙述中投入作者个性，试图借此使过去的历史重现，结果使具有巨大戏剧性力量的历史综述问世。不过在 1855～1867 年间出版的 11 卷书中，因他对国王和教士的仇恨、处理文献时的草率和他在象征性诠释时的偏执而扭曲了史实。其他作品有生动激昂的《法国革命史》（7 卷，1847～1853）。晚年写了一系列关于自然的抒情诗般的作品，表现出他卓越的散文风格。

米斯蒂火山　Misti, El　又作 Volcán Misti。秘鲁南部**安第斯山脉**的火山。两侧为查查尼和皮丘皮丘两火山，海拔5 821米，俯瞰**阿雷基帕**城。其原始、白雪覆盖的锥形山体被**印加人**赋予重要的宗教意义，它成了神话和诗歌的灵感来源。1600 年在一场地震中喷发后一直休眠。

米斯科　Mixco　危地马拉中南部城市。在**危地马拉市**西郊，为首都供应农产品。人口约384 428（2002）。

米斯特克人　Mixtec　居住在墨西哥南部的印第安人。米斯特克人在阿兹特克和前阿兹特克时期曾有高度的文明，并留下了书面纪录。现代米斯特克人是刀耕火种式的务农者，他们也狩猎、捕鱼、放牧和采集野生食物。手工业包括制陶和编织。虽然名义上信仰天主教，并积极投身于教会修会的事务，但他们

将基督教之前的信仰与做法和天主教仪式混合在一起。

米斯特拉尔 Mistral,Frédéric(1830～1914) 法国诗人。19世纪普罗旺斯语言和文艺复兴的领导者,与人成立费利布里热协会。这是一个很有影响的维护普罗旺斯语言及风俗的组织,后来扩展到整个法国南方。他用20年时间编纂了一部高学术水平的普罗旺斯语词典。其作品包括抒情诗、短篇小说、最著名的作品《米斯特拉尔回忆录》(1906),以及长篇叙事诗,包括两部他最伟大的作品《弥洛依》(1859)和《罗讷河之歌》(1897)。他和J.埃切加赖-埃萨吉雷同获1904年诺贝尔文学奖。

F.米斯特拉尔,蚀刻画,制于1864年
By courtesy of the trustees of the British Museum; photograph, J. R. Freeman & Co., Ltd.

米斯特拉尔 Mistral,Gabriela(1889～1957) 原名Lucila Godoy Alcayaga。智利诗人。她将写作和文化部长、外交官、美国教授的职业结合起来。1914年她的3首《死的十四行诗》获奖,确立了她的诗人声誉。她的抒情诗以对儿童和被蹂躏者的热爱为主题,收集在《孤寂》(1922)、《有刺的树》(1938)、《葡萄压榨机》(1954)等诗集中。1945年成为拉丁美洲第一个获得诺贝尔文学奖的作家。

G.米斯特拉尔,1941年摄
By courtesy of the Library of Congress, Washington, D. C.

米特雷 Mitre, Bartolomé(1821～1906) 阿根廷总统(1862～1868)。曾流亡国外,批评独裁总统J. M. de 罗萨斯,领导乌拉圭武装力量反对罗萨斯,并协助推翻了他,然后成功领导了一场运动,使布宜诺斯艾利斯成为统一的阿根廷首都。当选为总统后,他镇压农村地区的首领,扩大邮政和电报网,整顿国家财政,成立新的法庭,创办《民族报》(1870)和阿根廷历史研究院。

米沃什 Milosz, Czeslaw(1911～2004) 波兰裔美国作家、翻译家及评论家。21岁出版第一部诗集时已是一名社会主义者。纳粹占领波兰期间,他积极参加抵抗运动。在短期担任共产党领导的波兰政府的外交官后移居美国,在加州大学伯克莱分校任教数十年。1970年加入美国国籍。他的诗如诗集《冬天的钟声》(1978),因其古典风格和对哲学、政治问题的专注而闻名于世。他著名的杂文集《受束缚的思想》(1953)谴责了许多波兰知识分子对共产主义的迁就和融合。文学评论家H.文德勒写道,在她看来,米沃什的《诗论》(1957)是20世纪下半叶"最全面和最令人感动的诗"。米沃什于1980年获诺贝尔文学奖。

米尧 Milhaud, Darius(1892～1974) 法国作曲家。曾在巴黎音乐学院就读,后在圣歌合唱学校师从V.丹第。1916年随同P.克洛岱尔前往巴西(1916),在回国路上谱写了《回忆巴西》(1921),当时以六人团的成员身份而成名。最著名的作品《世界之创造》(1923)明显受到爵士乐的影响。20世纪20年代还谱写了很多芭蕾舞曲、歌剧和电影配乐,在大歌剧《哥伦布》(1928)中达到登峰造极的地步。1940年迁居美国,在米尔斯学院任教。1947年又回到欧洲,不过他仍在米尔斯学院和巴黎轮流任教。1949年曾参与创办山杨音乐节,并终生与之关系密切。

米泽斯 Mises, Ludwig (Edler) von(1881～1973) 奥地利裔美国自由意志论经济学家。曾在维也纳大学教书(1913～1938),移民美国后为纽约大学教员(1945～1969)。在《反资本主义心态》(1956)一书中,他探讨了美国的社会主义,并驳斥知识分子反对自由市场的思想。他认为这些知识分子对满足大众需求的必要性有着毫无根据的怨恨,而这种必要性正是商业繁荣的基础。

米制 metric system 又译公制。以米(m)为长度基准、以千克(kg)为质量基准的国际十进制度量衡制,1795年由法国率先采用。其他的米制单位都是从米衍生出来的,包括重量上的克(g,即1立方厘米的水在最大密度下的重量)和容积上的升(l或L,即0.000 1立方米)。20世纪,米制成为国际单位制的基础,现今几乎在全世界都正式使用。

米佐拉姆 Mizoram 印度东北部的邦。面积21 081平方千米,与缅甸和孟加拉国接壤,与特里普拉邦、阿萨姆邦和曼尼普尔邦相邻。大部分为山地;首府艾藻尔。米佐拉姆居民由许多民族构成,统称米佐人。他们操藏缅语族各语言和方言。数十年来他们不时掀起反印暴动,1972年米佐拉姆设立直辖区并没能使他们平息下来。1987年米佐拉姆升为邦,这标志着冲突的解决。其经济以农业为基础。人口约1 091 014(2011)。

泌尿系统 urinary system 又称renal system(肾脏系统)。产生和排出尿液以清除体内排泄物的系统。该系统的构成包括:肾脏,均衡血液中的电解质,保留和增加需要的电解质并排泄出不需要或危险的电解质;输尿管,两根细小的通过蠕动排尿的肌管,长25～30厘米;膀胱,接收并存储尿液;以及尿液从体内流出所经过的尿道。女性的尿道有4厘米长。男性尿道较长一些(因为尿道要从阴茎通过),约20厘米长,并传送前列腺产生的精液以及尿液。泌尿病包括肾衰竭、肿瘤、膀胱结石和肾结石,这些疾病能够导致脱水或水肿,并使被排泄物质和有毒物质的聚集达到一个危险程度。

泌乳 lactation 妇女生育后分泌乳汁的现象。乳汁由乳房内的乳腺分泌。胎盘排出和婴儿的吮吸动作诱发激素从而刺激泌乳。初乳(泌乳期头几天排出的乳汁)比以后逐渐成熟的乳汁更富含蛋白质、矿物质和免疫球蛋白,但热量和脂肪含量较低。成熟的人乳富含营养素、激素和帮助增强婴儿免疫以抵御感染因子的物质。美国小儿科学会建议在婴儿出生后半年内仅哺喂母乳,并持续哺乳至婴儿满周岁为止。婴儿断奶后,泌奶逐渐减少并停止;而当哺乳持续时,生育力下降。影响泌乳的因素可能涉及到激素、婴儿吮吸方式、身体不适和感情因素。母亲服用某些药物或患有某些疾病(例如艾滋病)时,会对婴儿造成危险,应该停止哺育母乳。

秘传宗教 mystery religions 古希腊-罗马社会中的秘密教派。起源于原始部落仪式,在公元1～3世纪的希腊达到全盛。成员秘密聚会、共餐、参加舞会和仪式,尤其是入会仪式。对得墨忒耳的崇拜产生了最著名的秘密教派——埃莱夫西斯秘仪,此外还有安达尼亚秘仪。狄俄尼索斯的礼拜节庆中有饮酒、合唱、性活动和哑剧。俄尔甫斯的礼拜仪式正好相反,它以俄尔甫斯神圣的作品为依据,要求禁欲和禁食酒肉。其他秘密教派崇拜的神有阿提斯、伊希斯和朱庇特·多利刻努斯等。

秘密出版物 samizdat 秘密地写作、印刷和发行被苏联政府禁止的文学作品的方式,也指文学作品本身。秘密出版物始于20世纪50年代,先在莫斯科和列宁格勒,后来遍及整个苏联。秘密出版物一般都是以打字复写稿的方式出版,并在读者中间传阅。其主要类型包括:持不同政见者的活动、对统治当局的抗议、政治审讯的记录、社会经济及文化问题的分析,甚至还有色情文学。20世纪90年代初,随着媒体不再受政府的管辖后,秘密出版物也随之消失。

秘密结社 secret society 立下盟誓相互结为兄弟(或姐妹)、恪守条规、祸福同享的帮派组织。这些帮派组织通常都有入会仪式以指导新进者了解规矩(参阅过渡礼仪)。希腊和罗马的神秘宗教都设有世俗版的秘密结社,有些并成为政治反对运动的基地。非洲西部的秘密结社,例如男性的伯罗会或女性的桑地会组织,是为了将经济上的些微优势和特权转成政治权势；在新几内亚的部分地区，男性秘密结社的作用是部落知识的宝库。兄弟会式的结社如共济会、犯罪集团如黑手党以及仇恨组织如三K党，都可能被视为是秘密结社。

密度 density 单位体积物质的质量。密度是由物体的质量除以体积而得出。在国际单位制中，以及根据所使用的测量单位，密度可用克每立方厘米(g/cm^3)或千克每立方米(kg/m^3)来表示。粒子密度则是指单位体积内的粒子数，而不是单个粒子的密度。参阅比重。

密克罗尼西亚 Micronesia 西太平洋岛群，是大洋洲的一个分支，包括基里巴斯、关岛、瑙鲁、北马里亚纳群岛、密克罗尼西亚联邦、马绍尔群岛和帕劳。大部分位于赤道北部，包括太平洋最西部的岛屿。17世纪时最早由西班牙殖民，1885～1899年西班牙把岛屿卖给德国。日本在1914年占领此地，1920年获得其托管权。美国1944年占领密克罗尼西亚，并在1947年成为其托管国。1968年建立起以美国为模式的政府。1973～1974年密克罗尼西亚国会通过了独立的指导原则，但地区的差异使得各岛在1978年以后划分成几个选区。

密克罗尼西亚联邦 Micronesia, Federated States of 西太平洋岛国，由加罗林群岛的雅浦、丘克、波纳佩和科斯拉伊4州组成。面积：700.9平方千米。人口：约102 000(2013)。首都：帕里克尔，位于最大的岛屿波纳佩岛。居民多为密克罗尼西亚人。语言：马来-波利尼西亚语、英语。宗教：基督教（主要是天主教，也有新教）。货币：美元。各岛及环礁东西连绵约2 800千米，南北宽约965千米。美国政府的拨款是收入的主要来源，自给自足的农业和捕鱼业为其主要经济活动。政府形式为与美国有自由联盟协议的共和国，一院制。国家元首暨政府首脑为总统。大约在3 500年前，来自今瓦努阿图和斐济的人可能已在各岛上定居。1886成为西班牙的殖民地。第一次世界大战后受日本统治。第二次世界大战时被盟军占领，1947年成为联合国太平洋岛屿托管地的一部分，由美国管理。1979年成为联邦，实行内部自治。1982年与美国签订自由联盟协议。根据该协议，美国必须为密克罗尼西亚的防御负责。2003年双方续签该协议。该国于2000年首次参加在悉尼举办的夏季奥运会。

密莱司 Millais, Sir John Everett(1829～1896) 英国油画家和插图画家。1848年成为前拉斐尔派兄弟会的奠基人之一，该艺术团体反对同时代的学院派绘画。他取得重要成就的时期是在19世纪50年代，代表作有《鸽回方舟》(1851)和他最受欢迎的作品之一《盲女》(1856)，展现了维多利亚时期感伤主义风格和熟练技巧。他以其肖像画和书本插图闻名，尤其是为A.特罗洛普的小说所做的插图。

密码术 cryptography 将信息以密码编码与译码的方法，为了让指定接收者以外的所有人都无法得知其含意。密码术通常与破解密码的密码分析技术相提并论。整体而言，安全与秘密通讯的学科包括密码术与密码分析，称为密码学。密码术的原则现今应用于传真、电视与计算机网络通信的加密。尤其是计算机数据的安全交换对于金融业、政府部门与商业通信极为重要。参阅数据加密。

密涅瓦 Minerva 古罗马宗教所信奉的女神，司掌各行业技艺，后来又司理战争。被视同希腊女神雅典娜。一些学者认为，当对雅典娜的膜拜从伊特鲁里亚介绍到罗马时，对密涅瓦的崇拜就开始了。密涅瓦是卡匹托尔三神之一，另外两个是朱庇特和朱诺。她在罗马的神殿是工匠行会的聚会场所。对密涅瓦的崇拜在罗马皇帝图密善时期最为流行，图密善声称受其特殊庇护。

密斯·范·德·罗厄 Mies van der Rohe, Ludwig(1886～1969) 原名Maria Ludwig Michael Mies。德裔美国建筑师，国际风格无可争辩的领袖人物。曾随父亲学石工，后在

密斯·范·德·罗厄设计的芝加哥湖滨大道公寓，摄于1955年

Ezra Stoller © ESTO

建筑师P.贝伦斯的事务所工作。其第一件大作品是受托为1929年巴塞罗那举行的国际博览会设计的德国馆。这是一个石灰华平台，由镀铬的钢柱支承，配以米黄色的缟玛瑙、绿色的蒂尼安岛大理石和磨砂玻璃的间墙。其钢铁-皮革制的巴塞罗那坐椅成为20世纪家具设计的典范。1930～1933年任包豪斯艺术学校校长，先是在德绍，最后几个月迁往柏林。1937年移民美国，担任芝加哥阿穆尔学院（后来的伊利诺伊理工学院）建筑系系主任。他设计了该校的新校区(1939～1941)。其他的设计有芝加哥湖滨大道公寓(1949～1951)、西格拉姆大厦和柏林新国家美术馆(1963～1968)。他将钢骨架外覆玻璃幕墙而设计出的建筑展示了他"少就是多"的理念。受其影响而修建的钢与玻璃相结合的建筑如今已遍布全球。

密苏里 Missouri 美国中西部一州。面积180 530平方千米。首府杰斐逊城。与艾奥瓦州、伊利诺伊州、肯塔基州、田纳西州、阿肯色州、俄克拉何马州、堪萨斯州、内布拉斯加州相邻。密苏里河由西向东流贯该州，河的北部是起伏的丘陵和肥沃的平原，南部有深谷和急流。该地的原住民是数个印第安部落，密苏里人是其中一支，也是该州名称的由来。1735年法国猎人和铅矿工人在圣热纳维夫建立第一个欧洲永久居民点。1764年建立圣路易斯。1803年作为路易斯安那购地的一部分，美国取得该地区的控制权。1805年属路易斯安那准州，1812年则属密苏里准州。1812年战争后大批美国居民移入。1821年成为美国第24州，但只是在《密苏里妥协案》通过后，才准许该州作为奴隶州加入美国。该州蓄奴者和废奴者间关系紧张，1857年的德雷德·斯科特裁决便是证明。美国南北战争期间密苏里仍留在联邦内，虽然其居民为双方作战。战后，经济发展，1904年举行圣路易斯博览会。第二次世界大战后，该州经济从农业转为制造业。铅制品以欧扎克地区为主要产地，居全国领导地位。人口约6 021 988(2012)。

密苏里河 Missouri River 美国中部河流。密西西比河最长支流，源自蒙大拿州西南部的落基山脉。东流至北达科他州中部，再向南流过南达科他州，形成南达科他-内布拉斯加、内布拉斯加-衣阿华、内布拉斯加-密苏里的部分州界，也是堪萨斯-密苏里边界。然后蜿蜒向东，流经密苏里州中部，在圣路易斯北部汇入密西西比河，全长3 726千米。因为河中携带大量淤泥，又称"大泥河"。1673年法国探险家J.马奎特和L.若利埃首先发现河口。1804～1805年刘易斯和克拉克远征完成了从河口到源头的第一次探险。从20世纪中叶开始，美国制订计划以控制河水泛滥并利用它来灌溉。

《密苏里妥协案》 Missouri Compromise(1820) 美国国会达成的同意接纳密苏里为第24个州的议案。在该准州申请获得没有奴隶限制的州地位后，北方的国会议员试图提出修正案来进一步约束蓄奴，但没有成功。当缅因（最初是马萨诸塞的一部分）也要求州地位时，H.克莱提出了折中方案，允许密苏里作为蓄奴州加入，缅因则作为自由州加入，此后奴隶制在密苏里南部边界以北的领土被废止。克莱的妥协方案似乎解决了延长奴隶制问题，但凸显了地区间的分歧。

密特拉教 Mithraism 奉祀密特拉神的古伊朗宗教。密特拉神是伊朗在琐罗亚斯德教于公元前6世纪兴起之前所崇拜的主神。它从印度通过波斯和希腊向世界传播；公元3～4世纪，罗马帝国的士兵将它向西传至西班牙、英国和德国。最重要的密特拉教仪式是杀牛献祭，认为此行为与创世有关。仪式在地下洞窟里用火炬照着进行。密特拉教的一种形式是古波斯仪式被赋予柏拉图式的解释，这在2～3世纪的罗马帝国很盛行，密特拉这里作为效忠皇帝者的保护神而被崇拜。4世纪早期君士坦丁一世接受基督教后，密特拉教迅速衰落。

密特拉神 Mithra 印度-伊朗神话中的光明之神。出生时手执火炬，身佩刀，生在圣河旁的圣树下，为大地之子。他很快骑上赋予

生命的宇宙神牛，后来把它杀掉，牛血浇灌了草木。这件事成为宰牛以求五谷丰登仪式的原型。密特拉作为光明之神，和希腊太阳神赫利俄斯、罗马的不可战胜的日神联系在一起。首次书面提到密特拉的时间可追溯到公元前1400年。参阅**密特拉教**。

密特朗 Mitterrand, François(-Maurice-Marie)(1916～1996) 法国总统(1981～1995)。第二次世界大战中曾服役，后选入国民议会(1946)，在第四共和国的11个政府中

密特朗
Camera Press-Globe Photos

任内阁阁员(1947～1958)。后来在政治上左倾，反对**C.戴高乐**政府。1965年和戴高乐竞选总统，没有成功，但获32%的选票。1971年当选为法国社会党书记，使社会党成为左翼多数党，这使得他在1981年当选为总统。由于国民议会里左翼占多数，他实行激进的经济改革。1986年右翼重获国民议会多数席位后对此进行了修正。1988年再度当选为总统，强烈促进欧洲联盟的建立。但在国内事务方面成就不大，失业率居高不下。1991年他任命E.克勒松(生于1934年)为总理，这是法国首位担任该职位的女性(1991～1992)。1993年社会党在立法选举中的失败进一步削弱了密特朗政策的影响。

《密西拿》 Mishna 又作Mishnah。最古老的权威性犹太口传律法汇编，是《旧约》中成文法的补充。由许多学者在两个世纪内陆续编纂，最后于3世纪由**犹大·哈-纳西**完成。后来巴勒斯坦和巴比伦的学者所著的注解汇编成**革马拉**。《密西拿》和《革马拉》通常就构成了犹太法典《**塔木德**》。《密西拿》有六大回目，分别论述日常祈祷和农业、**安息日**和其他宗教仪式、婚姻生活、民法和刑法、耶路撒冷圣殿和净化的仪式。

《密西拿律法书》 Mishne Torah 犹太教典籍《**塔木德**》的详尽注释，由**M.迈蒙尼德**于12世纪编成，共14卷。讲述法律，涉及伦理行为、民政事务、民事侵权、结婚和离婚、济贫等主题。迈蒙尼德希望它把宗教律法和哲学结合起来作为对人们进行教诲的手段，而不仅是约束人的行为。

密西西比 Mississippi 美国中南部一州。面积123 522平方千米，首府杰克逊。临墨西哥湾。与田纳西州、亚拉巴马州、路易斯安那州和阿肯色州相邻。地形从丘陵、松林到平原和河川低地。欧洲移民来此之前，这里是几个印第安部落的居住地，包括**乔克托人**、纳奇兹人和奇克索人。后成为法国控制的路易斯安那的一部分，比洛克西于1699年开始有人定居。北部地区1783年割让与美国；南部地区则归密西西比准州(1798年建立)，1804年扩大到今日州的大部分地区。1817年密西西比成为美国第20个州。19世纪20年代发展出以利用奴隶劳力的种植园为基础的经济形式。1861年该州退出联邦，南部邦联总统**J.戴维斯**即来自该州。1863年联邦军占领维克斯堡是**美国南北战争**转折点。1870年密西西比州重新获准加入联邦。1890年通过一部旨在阻挠重建的宪法，该州为20世纪60年代反对种族隔离政策的战场。该州反对J.梅瑞迪斯进入密西西比大学就读，导致1962年的骚乱；当地民权领袖M.埃弗斯于1963年遭暗杀。1969年以后，联邦政府下令州的教育系统不得有种族隔离，密西西比州长期以来有关种族的传统开始逐渐改善。今日，农产品是其经济基础，包括棉花和大豆。制造业产品则有纺织品和电气设备。人口约2 984 926(2012)。

密西西比河 Mississippi River 美国中部河流。源出明尼苏达州艾塔斯卡湖，向南流，在流向**墨西哥湾**的中途收纳了主要支流**密苏里河**和**俄亥俄河**，经**新奥尔良**东南方注入墨西哥湾，全长3 780千米。它是北美洲最大的河流，包括支流在内，流域面积为310万平方千米。1541年西班牙探险家**H.德索托**为第一个发现这条河流的欧洲人。1673年法国探险家L.若利埃和J.马奎特顺流而下到了**阿肯色河**。1682年法国探险家拉萨尔到达这个三角洲，宣称整个密西西比地区归属法国，即路易斯安那。法国掌握了河流上游部分的控制权，但在1769年下游部分到了西班牙手里。1783年被指定为美国的西部分界。1803年法国将它作为**路易斯安那购地**的部分卖给了美国。在**美国南北战争**中，联邦军于1863年攻占了密西西比州的维克斯堡，打破了南方邦联军对河流的控制。它是美国中部河运大动脉，也是世界上最繁忙的商业航运水道之一。

密歇根 Michigan 美国中西部一州。几乎完全为**五大湖**所环抱。由上、下半岛两陆块组成：下半岛南接印第安纳州和俄亥俄州，上半岛西邻威斯康星州。上半岛的西部是起伏不平的高地，富于矿藏，境内其他地区则为低地和起伏的山丘。操阿尔冈昆语的印第安人原本定居于此。17世纪法国人抵此，1668年建立**苏圣玛丽**，1701年建立**底特律**，皮毛买卖是他们主要从事的活动。英国人在**法英北美殖民地争夺战**后，控制了密歇根(1763)，1783年归属美国。1787年属**西北地区**，1800年属印第安纳准州。1805年在下半岛成立密歇根准州。虽然在**1812年战争**期间投降英国人，但1813年O.H.佩理在伊利湖战役中获胜，恢复了美国对该市的管辖权。后来与俄亥俄州因边界纠纷而引起托莱多战争。最后由美国总统A.杰克逊裁决，密歇根获得上半岛并取得州的地位以作为补偿，1837年成为第26个加入美国联邦的州。美国南北战争期间，对联邦事业贡献很大。20世纪时经济以汽车工业为主。包括五大湖，面积250 486平方千米。首府兰辛。人口约9 883 360(2012)。

密歇根湖 Michigan, Lake 北美**五大湖**中面积居第三位、唯一全部在美国境内的湖泊。四周接密歇根、威斯康星、伊利诺伊和印第安纳各州。北部经麦基诺水道与**休伦湖**相通。水域长517千米，最宽处190千米，最深处达281米，面积57 757平方千米。法国探险家J.尼科莱1634年最先发现。1679年R.-R.拉萨尔带来第一艘帆船。现在是大湖区-圣劳伦斯航道的一部分，吸引了国际航运。该湖得名于阿尔冈昆语michigami或misschiganin，意为“大湖”。

密札 lettre de cachet 法语意为“有国王封印的信”。指由国王签署和一位国务大臣副署并盖有官方印章的信件，主要用于不经审判即逮捕某人入狱。这种密札是法国在旧制度下的一种重要行政管理文书，在17、18世纪时被严重滥用，1790年废止。

蜜蜂 honeybee 广义地指蜜蜂科蜜蜂族能酿蜜的昆虫；狭义指蜜蜂属的4种昆虫，尤指意大利蜂(*A. mellifera*，家蜂，又名西方蜜蜂或欧洲家蜂)，另外3种仅见于亚洲。意大

意大利蜂(*Apis mellifera*)
Ingmar Holmasen

利蜂一般长约1.2厘米。所有的蜜蜂都是社会性昆虫，居住于蜂巢中。可将其划分为3个等级：工蜂(不发育的雌蜂)、蜂王和雄蜂(无螫针)。参阅**养蜂**。

蜜蜂类 bee 膜翅目蜜蜂超科昆虫，约有20 000种，包括我们熟悉的**熊蜂**。成蜂的体长2～4厘米不等。蜜蜂与某些种的**黄蜂**有亲缘关系，但与黄蜂捕食其他昆虫不同，大多

切叶蜂(*Anthidium*)
M. W. F. Tweedie from the Natural History Photographic Agency-EB Inc.

数的蜜蜂完全以花为食。雄蜂通常寿命不长，从不采花粉；雌蜂负责所有筑巢及贮存食物的工作，而且通常有特殊的结构以便于携带花粉。大部分蜜蜂种是独栖的。所谓杀人蜂原是意大利蜂（参阅**蜜蜂**）归化非洲的一个亚种，约1900年从墨西哥进入美国；杀人蜂反应快，成群攻击。

绵羊　sheep　绵羊属反刍动物。脸部与后腿有臭腺，有角者其角比**山羊**叉得更开。各种类的体重约35～180千克。野生种绵羊的外毛下有一层羊毛。绵羊成群食草，喜食矮而纤细的禾草或豆类植物。至少从公元前5000年起，在中东、欧洲和中亚，绵羊已开始被驯化。多数饲养的绵羊种类都能生产出优质的羊毛；少数只能生产粗而长被毛的种类逐渐培育成肉羊。成年绵羊的肉称为羊肉，未成年绵羊的肉称为**羔羊肉**。

棉花　cotton　锦葵科棉属植物的种籽纤维，原产于大多数亚热带国家。植株灌木状；花朵乳白色，开花后不久留下绿色棉铃，内有棉籽，从棉籽表皮长出茸毛，塞满棉铃内部。

棉花（*Gossypium hirsutum*）
Rod Heinrichs-Grant Heilman

棉铃成熟时裂开，露出柔软、白色或带黄色的纤维。棉花在棉铃裂开后采摘，是世界上最主要的农作物之一，产量高、生产成本低，使棉制品价格比较低廉。棉纤维能制成多种规格的织物，适于制作各类衣服、家具布和工业用布。棉织物坚牢耐磨，而且穿着舒服。将纤维熔合或黏合可制成无纺棉布，用以制造抛弃式用品，如毛巾、抹布、茶袋、桌布、绷带及供医院和其他医学用途的抛弃式制服、床单等。

棉兰老　Mindanao　菲律宾南部岛屿，为菲律宾第二大岛。面积94 630平方千米，长521千米，宽471千米。岛上多山，还有几座活火山，其中包括该国最高峰阿波山。稀有动物菲律宾鹰为该岛独有物种。15世纪伊斯兰教传遍全岛。1521年F.**麦哲伦**来到该岛，后来被西班牙占领，但是当地穆斯林居民的抵抗使该岛在很大程度上独立于西班牙当局。1990年在该岛的西部和西南部建立了穆斯林自治区。人口21 073 500（2007）。

棉铃象甲　boll weevil　鞘翅目象甲科小甲虫，学名*Anthonomus grandis*，分布于几乎所有的棉花栽种区。为北美洲最严重的棉花害

棉铃象甲（*Anthonomus grandis*）
Harry Rogers

虫。成虫的大小因幼虫期取食量的多少而异，但平均约6毫米，包括长而弯的喙在内。春季，雌虫在棉芽或棉铃内产卵。孵化后，幼虫始终生活在棉铃内，破坏棉籽和周围的纤维。因幼虫和蛹期都在棉铃内度过，所以此时使用杀虫药无效。估计每年可造成300万～500万包棉花的损失。

免疫缺陷　immunodeficiency　削弱身体抗感染能力的免疫欠缺。**免疫系统**功能的丧失可能有很多原因。由遗传缺陷造成的免疫疾病通常在生命早期就可看出。其他可能在任何年龄由感染（如艾滋病）或**免疫抑制**作用而得。免疫反应会影响**淋巴细胞**、其他**白细胞**、**抗体**与补体。严重复合免疫缺陷（SCID）是由几种不同的遗传缺陷所造成的，因而将它们全破坏。免疫缺陷的治疗取决于病因，可能要使用免疫球蛋白、骨髓移植，或治疗造成免疫缺陷的疾病。

免疫系统　immune system　察觉并摧毁外来入侵的细菌、病毒及癌细胞的身体细胞、细胞产物、器官及构造组成的系统。免疫是基于该系统发动对抗入侵者的防卫能力。要让该系统运作正常，它必须能够分辨身体自己的物质（自身）和外界来源的物质（非自身）。分辨失效会造成自身免疫病，免疫系统对无害的物质（如花粉、动物毛屑）产生过大或不适当的反应，会引起**变态反应**。该系统的主要细胞是辨别抗原的淋巴细胞以及相关的附属细胞（如巨噬细胞，能将外来物质吞掉并杀死）。淋巴细胞由骨髓的干细胞产生，T淋巴细胞（T细胞）移动到**胸腺**而成熟，B淋巴细胞（B细胞）则是在骨髓中成熟。成熟的淋巴细胞进入血流，许多淋巴细胞与附属细胞一起停留在身体各种组织，包括**脾脏**、**淋巴结**、扁桃体及肠黏膜之中。含有高浓度淋巴细胞的器官或组织称为淋巴器官或组织。在这些器官和组织之内，淋巴细胞受限于结缔组织的纤细网状系统，被它输送去接触抗原。T细胞与B细胞受到适当的刺激，会在淋巴组织内进一步成熟并增殖。淋巴组织排出的体液（淋巴）通过淋巴管被输送到血液里。淋巴结沿淋巴管分布，滤出淋巴，让里面所含的巨噬细胞和淋巴细胞去接触抗原。脾脏有类似的功能，可检测流过的血液有无抗原。淋巴细胞可在淋巴组织、血液和淋巴液之间往返移动的能力，在免疫系统发挥功能中起重要作用。参阅**免疫缺陷**。

免疫抑制　immunosuppression　使用药物抑制免疫，通常是为了防止器官**移植**产生的排异反应。其目的是让接受移植的患者永久接受该器官而无不良副作用。在有些情况下，药的剂量可以减少，或甚至停服而不会产生排异反应。其他用途是治疗某些自体免疫疾病，以及预防**胎儿幼红细胞增多症**。主要缺点是治疗期间会增加感染风险，如果长期免疫抑制有可能罹患**淋巴瘤**。

免罪罚　indulgence　**天主教**名词，指所犯之**罪恶**经过告解**圣事**获得赦免之后免除应得的一部分现世惩罚。有关免罪罚的神学理论所依据的观点认为，尽管罪是邪恶的，罪行和永世的惩罚在告解圣事中获得赦免，但根据神圣的正义，罪人仍要在今世或**炼狱**中为他的罪行付出代价。最初免罪罚是为了缩短补赎期，而代之以一定期间的**斋戒**、特别念经、施舍和缴纳用于宗教目的的钱财。12世纪以后免罪罚的使用更广，教会或贪得无厌的神职人员滥用免罪罚聚敛钱财。J.**胡斯**反对免罪罚，而M.**路德**所列的《**九十五条论纲**》（1517）中，有些也是反对免罪罚的。1562年**特伦托会议**后，此种滥用权力才被制止，但免罪罚的教义并未废除。

缅甸　Myanmar　又称Burma。全称Union of Myanmar（缅甸联邦）。东南亚国家，濒临**孟加拉湾**和**安达曼海**。面积：676 577平方千米。人口：约55 167 000（2013）。首都：现为内比都（靠近彬马那，2006年起），原为仰光（1948～2006）。居民主要是缅人，其他还包括钦人、掸人和克伦人。语言：缅甸语（官方语言）及许多土著语言。宗教：佛教、传统信仰、基督教、伊斯兰教和印度教。货币：缅元。缅甸可分为5大区：北部山区和西部山区、滨海平原、中央低地和东部的掸邦高原。主要河流为**伊洛瓦底江**和**萨尔温江**。缅甸属热带气候，深受南亚季风的影响，境内多山的土地中仅有1/6为可耕地。属发展中的中央计划经济，大部分企业已国有化，以农业和贸易为主。稻米是最重要的作物和主要出口物，柚木也很重要。为军人政权所统治（1988～2011），但2011年1月生效的新宪法规定总统为国家元首和政府首脑。很久以前即有人在此定居。公元1世纪至9世纪建有孟人和骠人王国。11世纪一个缅甸王朝统一缅甸，13世纪被蒙古人推翻。16～17世纪葡萄牙人、荷兰人和英国人来此贸易。18世纪雍笈牙建立近代的缅甸国家。后来与英国因**阿萨姆**问题而爆发一连串战争，1885年缅甸落入英国之手。在英国的统治下，缅甸成为印度的一个省。第二次世界大战时曾被日本占领，1948年独立。1962年发生军事政变，军人夺取了政权，他们将主要经济部门国有化。20世纪80年代的内部动荡造成反政府的暴乱，但被武力镇压。1990年反对党赢得全国大选，但军队仍继续控有政权。**昂山素季**试图在动荡不安中协商成立一个较自由的政府，她获得1991年诺贝尔和平奖。2011年军队将权力移交给民选政府。该国于1948年首次参加在伦敦举办的夏季奥运会。

缅甸猫　Burmese cat　一种家猫，可能原产亚洲。体结实，头小而圆，眼裂大，眼圆，黄色或金色。毛短，美观，有光泽，幼时呈牛奶

巧克力色，长大后转变为光泽的黑棕色。身体下侧面毛色较浅。耳、面、腿、尾部毛色可能较深。尾部逐渐变细，可能在尾尖处绞缠在一起。

缅因　Maine　美国东北部州。位于大西洋沿岸，与加拿大和美国新罕布什尔州接壤。为新英格兰地区诸州之一，面积85 788平方千米，首府奥古斯塔。阿巴拉契亚山脉穿过该州，卡塔丁山高1 606米；高地地区有很多湖泊和峡谷；大西洋沿岸多岩石，风景优美。该地区已知最早的居民是阿尔贡金印第安人。欧洲移民发现佩诺布斯科特和帕萨马科迪两个部落生活于河谷及沿海地区。1603年法国把缅因划为阿卡迪亚省的一部分；1606年英国将其划入赠予普利茅斯公司的领地。17世纪期间英国在此建立一些分散的殖民地，但该地区一直争端不断，战争频繁，直到1763年英国人在加拿大东部征服法国人之后才平息。1652年起为受马萨诸塞州管理的一区，直到1820年根据《密苏里妥协案》划为美国的第23个州。1842年确立与加拿大的边界。美国南北战争和产业革命使缅因的工人和资本在19世纪中转向州外。20世纪，该州的经济成长缓慢但比较稳定，尤其在西南沿海地区。经济以农业和自然资源为基础，主要产品有木材和木制品、马铃薯和龙虾；旅游业也是重要收入来源。人口约1 329 192(2012)。

面包　bread　以面粉或粗粉加水糅合，通常经发酵后焙烤而成的食品。史前即为主要食品，在世界各地以各种不同的配料、方法制成面包。最古老的扁平面包现在仍在食用，尤其在中东和亚、非地区。主要原料有玉米、大麦、小米、荞麦以及小麦和黑麦。美国和欧洲的发酵面包通常用小麦和黑麦制成。发面虽然起源于自然发酵，但用人工培养的酵母稳定性好，发酵快，产品质量均一。面包的其他材料还有牛奶或水、动物或植物性酥油、盐和糖。面包是碳水化合物和维生素B(参阅维生素B复合体)的主要来源：全麦面包比精白面包含有更多的蛋白质、维生素、矿物质和纤维质。

面包果　breadfruit　桑科两种近缘乔木的果实。学名*Artocarpus communis*(也叫*A. incisa*或*A. altilis*)，产南太平洋地区，成熟果略圆，淡绿色至褐绿色，果肉白色、质粗松，略似纤维质，为当地的主食。另一种是非洲面包树(*Treculia africana*)，原产于热带非洲，作为次要的粮食作物。据说面包果原产于马来群岛，自远古就有栽培，史前即传播至整个热带南太平洋地区。面包果的淀粉含量高，很少生吃。因不耐霜冻，在美国，甚至在佛罗里达的最南部也未能栽培成功。在一些南海地区，其纤维质的内层树皮用以织布，木材用以造独木舟和制作家具，树液可用作黏合剂。

面粉　flour　用谷物粒，通常是小麦研磨而成的细粉。用于制作各种食品，是焙烤制品的基本原料。生产精面粉是通过磨粉过程使胚乳与麦粒的其他部分分离。生产全麦粉是把麦粒的所有部分全部用上。磨后，胚乳颗粒(粗粒面粉)再经碾轧成面粉，并常是经过脱色使其类似自然陈化。面粉等级依糠麸颗粒的残留量而划分。面粉加水揉成面团，其中的蛋白质转化成富弹性的面筋。它在整个面团中形成能封存空气的网状结构，使制品经焙烤后变得膨松。

面具　mask　用来戴在脸上起伪装作用或保护脸部作用的物品；或者用来呈现其他人或其他的生物的肖像。石器时代以来面具就用于艺术和宗教中。在多数于庆典中使用面具的社会，它们的形式是依据传统而定的，被认为具有超自然的力量。死亡面具和灵魂重返身体相关，在古代的埃及、亚洲、印加社会和后来的欧洲都使用，有时候作为死者的肖像保留。节日里戴的面具，比如万圣节或者四旬斋前最后一天所戴的面具是一种庆祝和放纵的表示。戏剧中也常用到面具，从古希腊戏剧开始，直到中世纪的神秘剧和意大利的即兴喜剧，以及其他传统戏剧中(如日本的能剧)都会使用面具。

面向对象的程序设计　object-oriented programming(OOP)　强调数据结构及其操作程序封装的计算程序设计范式。面向对象的程序设计语言与传统或例行的程序设计不同，加入了具有计算程序与数据结构的独立集合体，称为对象。编写程序就像装配那些预先定义的对象，所需的时间比传统的程序设计要少得多。由于面向对象的程序设计的生产力高，所以该方法非常流行。C++语言与C面向对象的程序设计语言(20世纪80年代早期)是C语言的面向对象版本，现已被广泛使用。参阅爪哇。

秒差距　parsec　天文学家用来表示恒星和星系距离的一种单位。它代表地球半径的轨道在1秒弧度时的距离，因此一个物体在1秒差距外会有一秒的视差。一个物体在秒差距中的距离是同秒弧度视差成反比的，如半人马座α的视差是0.76秒，而相对于太阳和地球的秒差距则为1.33秒。一个秒差距等于3.26光年或3.091 0[13]千米。

《妙法莲华经》　Lotus Sutra　日本天台宗(即中国的天台宗)和大乘佛教日莲宗的主要经文。此经说佛陀是永生之佛，万劫以前即已证得圆悟。众生灵可通过无数菩萨的感化而圆悟成佛。此经大部分是偈颂，包含了许多咒文和曼怛罗，公元3世纪时首次翻译成中文。此经在中国和日本极流行，信徒认为仅颂念此经就能得到解脱。

灭绝种族　genocide　蓄意和有计划地消灭一个民族、种族、政治或宗教的人群。此词是纳粹时代(1933～1945)之后所创造出来的，用来指一种预谋消灭一个族群的法律概念(参阅大屠杀)。1946年联合国大会宣布：灭绝种族是一种应受谴责的罪行，不论它是由个人、团体或政府，甚或是自己的族人所策划，也不论是在和平时期或战争时期(最后一点与"违反人道罪"不同，其法律界定在战时)。这些罪犯可以交由罪行发生国的法庭审判，也可以交由国际刑事法庭审判。

民兵　militia　受过一定军事训练的公民的军事组织。在紧急情况下可用于作战，一般用于当地防卫。在许多国家，民兵自古就有。在盎格鲁-撒克逊民族中，每个身强力壮的自由男子都要服兵役。在殖民地时代的美洲，当英国正规军没有抵达时，就靠当地的民兵防御敌对的印第安人。在美国独立战争中，美军的主力是民兵，被称为义勇兵。民兵在1812年战争和美国南北战争中发挥了同样的作用。美国各州控制的志愿兵变成国民警卫队。美国在近几十年有所谓文职或未组织起来的民兵和法律地位不定的准军事组织兴起，他们的成员自称是爱国者，进行训练来保卫国土免受来自国内外的威胁。其中有许多人有白人至上主义的倾向，有些人则卷入恐怖攻击事件(如1995年俄克拉荷马州联邦大楼的爆炸事件)。有些人感到美国政府在迫害他们，因此为他们的行动找到正当的理由。

民兵导弹　Minuteman missile　1962年首次部署的美国洲际弹道导弹(ICBM)。从20世纪60年代起直至80年代民兵导弹构成了美国陆基核武器库的主体，包括1962年的民兵Ⅰ型导弹、1966年起的民兵Ⅱ型导弹和1970年起的民兵Ⅲ型导弹。它是美国第一种部署在地下发射井中的洲际弹道导弹。从1986年开始，和平卫士导弹开始取代民兵导弹。

民粹主义　populism　尊崇普通百姓的政治哲学，通常用来与精英对比，以凸显人气。民粹主义通常会与左派或右派的性质结合，反对大企业和金融利益集团，但经常也会挑起对少数族群、种族和移民的敌视。该名词最早源于19世纪90年代美国的平民党运动。

民法　civil law　从罗马法发展而来的法律体系，普遍用于欧洲大陆和大部分以前属于欧洲国家的殖民地，其中包括魁北克省和路易斯安那州。现代最重要的民法是法国(《拿破仑法典》)和德国(《德国民法典》)的。民法裁判权的法律基础是法规而不是习惯，因此民法不同于普通法。在民法中，法官运用编入法规或法典的条文来判断，而不是援引判例。法国的民法形成了荷兰、比利时、卢森堡、意大利、西班牙和大部分法国过去的海外领地，以及许多拉丁美洲国家的立法系统。德国的民法则通行于奥地利、瑞士、斯堪的纳维亚国家，以及欧洲以外的一些国家，如日本，这些国家的立法系统已西方化。民法又用来区分应用在私人权利的法律和应用在刑事案件的法律。参阅刑法和侵权行为。

民间传说　folklore　一个民族保存下来的口头文学及流行传说。主题包括神话、歌谣、史诗、民间戏剧、格言、谜语以及音乐、舞蹈、传统艺术与工艺。对民间传说的研究始于19世纪早期，起初把重点放在乡村农民以及未受现代生活方式影响的人们身上。其目标是探究古代的习俗和信仰。在德国，1812年格林兄弟出版了他们经典的童话集。J. G. 弗雷泽的《金枝》(1890)显示出民俗作为重建古代信仰与仪式之工具的作用。民族主义是研究民俗的另一个动机,它加强了种族认同,并包括在政治独立的斗争之中。A. 阿尔内和S. 汤普森发展出民俗故事和神话的主题系列,促进了不同地区和不同时代对同一故事或其他项目的不同说法的比较。第二次世界大战后,民俗学家对城市像对乡村人一样进行研究,对在现代环境中城市人的民间艺术进行考察。

民间舞蹈　folk dance　反映一个国家或地区一般民众的传统生活而未经编舞者编排的舞蹈。民间舞蹈的名称始于18世纪,有时用来区别平民的舞蹈与贵族的舞蹈。16～20世纪的宫廷与社交正式舞蹈往往也从民间舞蹈发展而来,包括加沃特舞、季格舞、马祖卡舞、小步舞、波尔卡、桑巴、探戈与华尔兹。参阅草裙舞和踢踏舞。

民间艺术　folk art　由农民、海员、工匠,或未经正式训练的商人,或具有传统文化的社会团体、种族集团成员,以传统方式创作的艺术。这类艺术绝大多数以实用为目的,通常都是由制作者,或小的集体或社区居民用手制作的。一般的绘画都是作为装饰画在钟面、箱匣、椅子、内墙或外墙上。以木、石或金属制作的雕塑品有玩具、羹匙、烛台等。民间建筑可包括住宅与公共建筑,例如东欧的木造教堂与美国边远地区的小木屋。其他的民间视觉艺术有木刻、贝雕、陶器、织物和传统服装。

民间音乐　folk music　一个民族或族群所特有的,在社会各阶层中人尽皆知,通常由口头传统保存下来的音乐。对于民间音乐的历史及发展的知识大多是猜测得来的,仅偶尔会在历史纪录中发现民歌的乐谱和对民间音乐文化的描述,而且一般都反映出知识阶级的漠视甚至敌意。随着基督教在中世纪欧洲的发展,人们试图压抑民间音乐,因为它与异教仪式及异教风俗有关,而未受教化的歌唱风格也受到贬抑。文艺复兴时期,新的人文态度鼓励人们接受民间音乐为一种质朴古式歌曲的类型,作曲家广泛采用这种音乐,民歌曲调常被作为经文歌与弥撒的素材,新教赞美诗也从民间音乐取材。17世纪,民间音乐逐渐从知识阶级的意识中消失,但到18世纪晚期再次成为艺术音乐的重要元素。在19世纪,民歌被视为"民族瑰宝",地位等同于有教化的诗歌。全国性和地方性的专集出版了,这种音乐成为提升民族意识的一种手段。自19世纪90年代以来,民间音乐一直以机械录音的方式被搜集和保存下来。出版物和录音提高了人们的兴趣,在传统民间生活及民俗行将消灭的时候,使民间音乐的复兴成为可能。第二次世界大战以后,现场录音的档案在世界各地得到开发。当研究工作通常涉及未受城市流行音乐和大众媒体严重影响的"真正"(也就是古老的)题材时,W. 格思里、P. 西格、J. 贝兹、B. 迪伦等歌手兼歌曲作者发挥了影响力,把这种体裁扩展到大量保留传统作品的形式及其质朴的音乐原型。

民主　democracy　一种最高权力属于人民并由人民直接或间接通过代议制(通常包括定期的自由选举)来行使权力的政体。在直接民主中,公众直接参与政府事务(如某些古代希腊城邦和某些新英格兰的城镇会议)。现今大部分的民主是代议制民主,这种观念较少来自古希腊实践,大多源自中世纪欧洲的启蒙运动时代,以及美国独立及法国革命时期所兴起的思想和制度。今天所谓的"民主"就是指普选、竞选公职、言论和出版自由以及法治。

民族　nation　基于人民一致的认同而创造出来的心理纽带,同时也是政治的共同体。这些人的政治认同,通常是由共同的语言、文化、种族和历史等特质所构成。虽然一个国家并不一定由单一民族所构成,但是 nation、state 和 country 等几个词汇,却经常相互通用。现在常见的民族国家(nation-state),指的就是由单一民族人民所组成的国家。

《民族》　Nation, The　美国最早的舆论周刊,现仍继续出版。1865年由F. L. 奥姆斯特德和E. L. 戈德金(1831～1902)创办,作为改革派的出版物。1881年卖给纽约《晚邮报》。1914年前是一份周报。1918～1934年间O. G. 维拉德(1872～1949)当了老板和主编,决定性地把它转向左派政治。在公开反对参议员J. 麦卡锡及美国卷入越南战争期间,该刊数度易主和更换主编,但仍然保持原来的宗旨。以发行量计,现在它是美洲最大的知识分子杂志之一。

民族音乐学　ethnomusicology　对世界音乐从各种角度所做的学术研究。虽然18世纪和19世纪初有其先例,19世纪末该领域随着记录技术的发展逐渐扩大。ethnomusicology一词约在1950年被引入,后来该领域的研究在学术机构逐渐规范。有些民族音乐学家认为自己的研究与音乐学有关,也有民族音乐学家认为与人类学有关。后来该领域关注的方面包括对流行音乐的研究,将其作为对政治、社会和经济运动的反映。

民族主义　Nationalism　又译国家主义。对自己的民族或国家的忠诚与付出,即把国家的利益置于个人利益或其他团体利益之上。在民族国家的时代以前,这种忠诚的中心多半是邻近地区或宗教团体。大的、中央集权国家的兴起削弱了地方的权力,社会意识渐增则削弱了对宗教团体的忠诚,虽然宗教与种族、政治传统和历史一样,是吸引人民聚集从事民族主义运动的因素之一。初期的民族主义运动(18世纪和19世纪早期的欧洲)具有自由的和国际主义的性质,但渐渐地趋向于保守、目光褊狭和沙文主义。民族主义被视为导致现代两次世界大战和许多其他战争的主要因素。在20世纪的非洲和亚洲,民族主义通常是因反对殖民主义而兴起。苏联解体后,东欧和许多苏联的前共和国中的民族主义又重新抬头,且与种族渊源同为导致许多国家(例如前南斯拉夫)冲突日增的原因。

闵采尔　Müntzer, Thomas(1489?～1525)又作 Thomas Munzer。德国宗教改革家。曾学习神学,并和M. 路德共过事。曾任牧师,后因宣扬社会主义和神秘主义学说而被免职。他对圣灵的内在光芒坚定信仰而与《圣经》权威敌对,也因此疏远路德教教会。他四处布道,支持普通百姓。1525年在米尔豪森组织劳工阶级。1524～1525年领导图林根的农民战争。失败后,闵采尔受尽酷刑,最后被杀。

名歌手　meistersinger　德国基尔特行会的成员。该行会的目的在于使恋诗歌手的传统得以延续。14～16世纪这些业余爱好者的行会遍布德国各地,几乎每个小镇都有一个。他们每个月举办歌唱竞赛。由于他们的目的在于宣传道德和宗教信仰,因此在宗教改革运动时期成为宣传新教信仰的工具,不过他们的音乐并非十分杰出。最著名的名歌手是H. 萨克斯(1494～1576),他在1530年后专为信义会奉献其技艺。

名古屋　Nagoya　日本本州岛中部城市,爱知县首府,日本主要工业中心和港口之一。位于京都以东,临太平洋伊势湾。制造业包括纺织、钟表、自行车、缝纫机、机械、化工和陶瓷。1610年德川幕府第一位将军在此建立大城堡。该城堡毁于第二次世界大战,于1959年重建。该市的教育、文化机构有名古屋大学和德川艺术博物馆。该市的热田神社和附近的伊势大神社为日本最古老的重圣神社。人口约2 263 894(2010)。

明暗对比法　chiaroscuro　艺术作品中明暗的对比效果。莱奥纳多·达·芬奇将此技法发挥得淋漓尽致,但通常人们却把它与一些17世纪的画家,如卡拉瓦乔和伦勃朗联系起来,这些画家在绘画中运用此技法达到了非常好的效果。用明暗对比法所作的木刻作品首次出现于16世纪的意大利,其明暗效果是用不同的木版在同一张纸上印出不同色调构成的。

明戈斯　Mingus, Charles(1922～1979)美国低音提琴家、作曲家、乐队领队,现代爵士乐最重要、最富色彩的人物之一。生于亚利桑那诺加利斯。他曾在L. 汉普顿、D. 埃林顿和R. 诺沃的乐队里演奏,最终和许多比博普的革新者一起合作。1953年他组织了小型演奏团"爵士工作室",大胆地将随意组合的曲调段落和即兴演奏相结合,同时融入了布鲁斯和自由爵士乐的成分。作为开创性的乐队领队和低音提琴的演奏大师,明戈斯在其职业生涯中一直是对爵士乐不妥协的、持续创新的力量。

明胶　gelatin　能形成胶冻的动物蛋白质,主要用于食品类。以动物的皮、骨经水煮提取的胶原制成。通常制成颗粒或细粉状,并添加了一些糖、香料和颜色。浸在液体中,会吸水膨胀。用来作模制甜点、肉冻、羹汤、糖果,也用于稳定乳浊液和泡沫食品如冰淇淋、棉花糖。明胶在营养上属不完全蛋白质。也用于各种医药制品。

明尼阿波利斯 Minneapolis 美国明尼苏达州东部城市，是该州最大城市。位于密西西比河沿岸，明尼苏达河河口附近。与河对岸的圣保罗市组成双城都会区。1680 年法国传教士 L. 亨内平来此，这里发展成一个军事前哨。该市由东岸的圣安东尼（1855 年建制）和西岸的明尼阿波利斯（1856 年建制）于 1872 年合并而成明尼阿波利斯市，后发展成伐木和磨面产业中心。现在除了仍是附近农业区的谷物交易市场外，也是一个制造业中心。教育机构有明尼苏达大学。人口 382 578（2010）。

明尼苏达 Minnesota 美国中西部的州。面积217 736平方千米，首府圣保罗。与加拿大、美国威斯康星州、艾奥瓦州、南达科他州和北达科他州相邻。它是美国本土 48 州中最北的州，有大片的森林、肥沃的土地和无数的湖泊。在欧洲人在此定居之前，它是奥吉布瓦人（麦珀瓦人或阿尼什纳比人）和达科他人（苏人）居住地。法国人在 17 世纪中叶寻找西北航道时来到这里。法国-印第安人战争后，其北部地区在 1763 年由法国转交英国，1783 年美国独立战争后转给美国，1787 年成为了其西北地区的一部分。其西南部在 1803 年作为路易斯安那购地的一部分被美国购买，其西北部在 1818 年和约中由英国割让给了美国。第一个美国人永久居住地建立于 1819 年，位于斯尼林堡。明尼苏达准州建立于 1849 年，包括现在的明尼苏达和南北达科他的东部地区。明尼苏达在 1858 年成为美国的第 32 个州。1862 年明尼苏达南部的苏族暴动造成了 500 多名居民、士兵和达科他人的死亡。铁矿的商业性生产开始于 1884 年。1890 年在梅萨比岭发现大量铁矿后，德卢斯的人口急剧增加。如今该州经济以服务业为主，但农业尤其是谷物、肉类和乳制品仍很重要。矿物资源包括铁矿石、花岗岩和石灰岩。面积225 161平方千米。人口约 5 379 139（2012）。

明仁 Akihito（1933～ ） 又称 Heisei emperor（平成天皇）。日本天皇（1989 年即位）。其父为天皇裕仁，由于其父放弃以前日本天皇所享有的神权地位，明仁的角色大部分是礼仪性的。明仁也是第一位与平民结婚的天皇，而且这段婚姻是基于爱情，不是包办婚姻。子女有王储浩宫德仁、秋筱宫文仁亲王和纪宫清子内亲王。

明斯克 Minsk 白俄罗斯首都和最大城市。1067 年以前就有人定居，1101 年成为公国君主所在地。14 世纪归属立陶宛，后归波兰。1793 年第二次瓜分波兰时被俄国吞并，并成为省会。1812 年被法军占领。1870 年铁路建成之后，作为工业中心，明斯克的重要性日渐提高。第一次世界大战期间，先后被德国和波兰占领。第二次世界大战期间，尤其在 1944 年苏联军队反攻时几乎被夷为平地。曾是苏联白俄罗斯加盟共和国首都，1991 年白俄罗斯独立后仍是首都。现为白俄罗斯的行政和工业中心。人口约1 699 000（2001）。

明斯特 Münster 德国西部城市。804 年设主教区。1068 年得名明斯特。1137 年设建制。13 世纪起成为汉萨同盟成员，1535 年被再洗礼派信徒侵占。1648 年《威斯特伐利亚和约》在此签订。1815 年成为普鲁士威斯特伐利亚首府。尽管在第二次世界大战中遭到严重破坏，但大部分古建筑已修复或重建，包括 13 世纪的大教堂和 14 世纪的市政厅。该市还是威斯特伐利亚文化中心。人口约 267 197（2002）。

明喻 simile 修辞学之一，指两种不同实体的比较。与隐喻不同的是，在明喻中，相似之点是用“好像”、“仿佛”等词明白表示出来的。明喻的一般传统在日常用语中通常反映一些简单比较，例如，“他吃东西像一只鸟”或是“她像糖蜜那样黏”。文学上的明喻，可以明确而直接，也可以比较冗长而复杂。荷马式的明喻，或称史诗式的明喻，常用在史诗写作中，往往多达数行。

明曾蒂 Mindszenty, József（1892～1975） 原名 József Pehm。匈牙利枢机主教，反对法西斯主义和共产主义。1915 年受神职，1919 年因反对极权主义政府被捕，1944 年再度被捕。1945 年任匈牙利首主教，1946 年成为枢机主教。1948 年由于反对共产党政府对天主教会学校进行世俗化而被捕，第二年以叛国罪判处无期徒刑。匈牙利革命（1956）期间获释。共产党政府重新控制局势后，明曾蒂前往美国驻布达佩斯大使馆寻求政治避难，在那里度过了 15 年，并拒绝梵蒂冈教廷要他离开匈牙利的要求。1971 年他的态度缓和，定居维也纳。1974 年从匈牙利首主教的位置上退休。

明治天皇 Meiji emperor（1852～1912） 原名 Mutsuhito（睦仁）。日本天皇（1867～1912），在位期间推翻了德川幕府，并将日本建设为一个世界强国。在经受德川幕府几个世纪的统治以后，帝国皇位被抬高到政治最重要的位置。他坚信日本需要采取西方路线实施现代化。在明治天皇的统治下，废除了藩和旧有的阶级制度，引进新的学制，并颁布了《明治宪法》。在位期间，于中日甲午战争（1894～1895）后吞并了台湾，还吞并了韩国（1910），日本在 1904～1905 年日俄战争中打败俄国。

鸣角鸮 screech owl 鸱鸮科角鸮属多种鸮的统称。新大陆品种和旧大陆品种（称角鸮）均具脸盘和耳羽簇。虽然名为鸣角鸮，但事实上它们并不尖声鸣叫。它们的体色隐蔽，类似树皮。体长约 20～30 厘米。主要以小型哺乳动物、鸟类和昆虫为食。著名的品种有北美的普通鸣角鸮、北美西部的花彩角鸮以及欧洲南部、亚洲和非洲的普通角鸮。

冥王星 Pluto 2006 年 8 月，原属太阳系九大行星的冥王星被降格为矮行星。1930 年，C. W. 汤博（1906～1997）发现了此行星，并以希腊神话中冥府之神的名字为其命名。冥王星与太阳的平均距离约为 59 亿千米——位于凯伯带内——但是由于其偏心轨道的作用，在其 248 年的轨道周期中有 22 年比海王星更靠近太阳。冥王星的自转轴心与其轨道的倾角为 120°，这使它的自转方向与公转方向相反（参阅逆行），其自转周期为 6.39天。与其最大的卫星冥卫一的轨道同步锁定。冥卫一于 1978 年被发现。冥王星还有另外 3 个小卫星。冥王星直径约为2 340千米，质量不足地球的 1%，表面重力约为地球的 6%。据估算，冥王星的平均表面温度约为零下 235℃。其稀薄的大气中包含氮和甲烷，可能还有一些较重的气体。一般认为冥王星由冷冻气体和大量的岩石碎片组成。其大小、构成及其在凯伯带内轨道上的位置曾引起人们关于是否将其划分为大行星的长期争论，最终，国际天文联合会决定将其从太阳系行星中剔除。

命题态度 propositional attitude 由特定动词所表达的心理状态，但须通过从句才能完整表达。一些动词像是“相信”、“希望”、“害怕”、“欲要”、“意图”、“知道”，都是在表达命题态度。使用命题态度而产生的语言学脉络是典型的“指涉上隐晦”（参阅意向性），因为在脉络内同指涉的表达并不能自由相互替换。以 B. 罗素所举的例子来说明：彼得会相信 W. 司各特是苏格兰人，但不会相信小说《威弗利》的作者是苏格兰人（其实作者就是司各特），彼得相信，比方说，那本小说是美国人写的。

命运女神 Fates 希腊和罗马神话中司掌人类命运的三位女神。通常被描述为三位老妇人：纺线的克洛托，分线的拉刻西斯，铁面无情的阿特罗波斯。克洛托纺人类命运之线，拉刻西斯司分送之责，而阿特罗波斯则负责切断线（即决定人的死期）。她们主管人的寿命长短及所受的苦难灾祸。她们的罗马名字分别是 Nona、Decuma 和 Morta。

谬龙属 Apatosaurus 巨大的草食恐龙的一属，是地球上出现过的最大的陆上动物之一。见于北美及欧洲晚侏罗纪地层（1.47 亿年前～1.37 亿年前）。重约 30 吨，身长 21 米，有着长长的脖子和尾巴。旧称雷龙属（*Brontosaurus*）。由于化石资料不完全，1978 年以前的谬龙模型头部粗钝，鼻端微向上翘，牙齿匙状；现在，科学家认为其头部是细长的，牙齿长而尖锐。谬龙属及与之相近种类的四肢能否支持如此巨大的身躯在陆上活动，它们是否被迫接受水生生境，这些都是科学家反复讨论的问题。现在普遍认为谬龙属主要为陆生动物。

缪尔 Muir, John（1838～1914） 美国博物学家，自然资源保护者。生于苏格兰。1849 年全家移民到美国威斯康星州。1867 年的一次车祸使他放弃原先从事的机械工作，投身于研究自然。1876 年他开始努力要求联邦政府制定森林保护政策。他的文章促使公众赞成G. 克利夫兰统提出的不对国家森

J. 缪尔

By courtesy of the Library of Congress, Washington, D. C.

林进行商业性开发的提议，还影响T. 罗斯福总统同意大规模自然保护计划。是筹建红杉国家公园和约塞米蒂国家公园（1890）的主要负责人。缪尔还是峰峦俱乐部的创立者和第一任主席（1892～1914）。1908年政府在加利福尼亚州马林县建立了缪尔树林国家保护区。

缪拉　Murat, Joachim（1767～1815）　法国军人，那不勒斯国王（1808～1815）。曾在意大利战役和埃及战役中统帅骑兵，后在雾月政变（1799）中帮助拿破仑，并娶其妹卡

缪拉，素描，A.-J. 格罗绘；现藏巴黎美术学校

Cliche Musees Nationaux, Paris

罗利娜。也为马伦戈战役（1800）的胜利立下功劳。曾担任巴黎总督，并很快在1804年晋升元帅。后接连取得奥斯特利茨战役（1805）和耶拿战役（1806）的胜利，1808年拿破仑封其为那不勒斯国王。任职期间，他推行行政和经济改革，并鼓励意大利民族主义。1812年在博罗季诺战役中率军与俄军作战。但在撤出莫斯科时，他竟弃军而去。1815年在百日王朝期间再次支持拿破仑。他率领的那不勒斯军队在托伦蒂诺战役中被击败，被俘后遭枪毙。

缪塞　Musset, (Louis-Charles-) Alfred de（1810～1857）　法国剧作家、诗人。出身贵族，青年时代受到浪漫主义的影响。1830年出版第一部作品《西班牙与意大利的故事》。在一部早期剧作演出失败后，他出版历史悲剧《罗朗萨丘》（1834）和喜剧作品。虽然他拒绝将作品搬上舞台，但他还是作为一位剧作家最为人铭记。他的诗歌作品，包括风格欢快的讽刺剧以及激情饱满、优美动人的抒情诗，例如《十月之夜》（1837）。他与G. 桑之间藕断丝连的爱情纠葛激发了他的灵感，创作出一些最优秀作品。

缪斯　Muse　希腊-罗马宗教和神话中的一组女神姐妹中的任一女神，为宙斯和摩涅莫绪涅（记忆女神）的女儿。每四年在埃利孔山（其希腊境内崇拜中心）附近要举行纪念她们的节日。她们最初或许是诗人的保护神，然而后来她们的范围延伸，包括了所有的人文艺术和科学。九个缪斯女神通常是这样命名的：卡利俄珀（司掌英雄诗即史诗）、克利俄（司掌历史）、埃拉托（司掌抒情诗和情诗）、欧忒耳珀（司掌音乐或长笛）、墨尔波墨涅（司掌悲剧）、波林尼亚（司掌圣诗或摹拟艺术）、忒耳西科瑞（司掌舞蹈和合唱）、塔利亚（司掌喜剧）、乌拉尼亚（司掌天文）。

模仿诗文　parody　在文学中被用来产生喜剧效果或用于嘲弄的作品。与诙谐作品的区别在于它文笔深刻有力，而与歪曲模仿诗文的区别在于后者对严肃的主题采取轻浮的态度。真正的模仿诗文是对被模仿者的风格和思想的表现手法予以无情揭露，而如果对所讥讽的作品没有透彻的鉴别和了解，模仿诗文是无法写出的。这种文体产生于古希腊时代，之后几乎在各个时期的文学作品中都有应用。

模糊逻辑　fuzzy logic　建立在模糊集概念基础上的一种逻辑形式。在模糊集中，隶属关系表示为概率或真假程度，也就是从0（不发生）到1（确定发生）连续变化的某个值。当附加的数据收集在一起时，许多模糊逻辑系统能连续地调节不同概率的值。因为有些模糊逻辑系统好像能从错误中学习，所以它们常被称为是人工智能的原始形式。模糊逻辑名称和概念是1965年由L. A. 扎德（1921年生）提出的。模糊逻辑系统在20世纪90年代初已取得商业上的应用，如高级的洗衣机能利用模糊逻辑系统来探测和适应洗涤循环中水的运动模式，提高效率，降低水耗。其他采用模糊逻辑系统的产品有手提摄像机、微波炉和洗碗机。其他应用模糊逻辑的还有专家系统、自调工业控制、计算机语音和笔迹识别程序等。

模式辨识　pattern recognition　计算机科学，在输入数据加上特性，如语音、影像或一串文字，借由所含模式及其关系的识别与描述。模式辨识的阶段可能包括对象的测定来确认独特的属性，撷取特定属性的特征，并与已知的模式做比较，决定符合与否。模式辨识在天文学、医学、机器人学、卫星遥测等方面应用广泛。

模态逻辑　modal logic　包含诸如必然性、可能性、不可能性、偶然性、严格蕴涵以及某些其他紧密相关的概念等模态的系统。建构模态逻辑最直截了当的方法就是，在某些标准非模态逻辑系统中增加一个新的原始算符，以表示模态，以此来定义其他的模态算符，并增加那些模态算符的公理与（或）转换规则。举例来说，某人可以在古典命题演算中增加L这个符号，意为“那是必然的”；以此方式，Lp就读作“p是必然的”。可能性算符M（“那是有可能的”）可以用L定义为$Mp = \neg L \neg p$（其中$\neg$表示“非”）。除了古典命题逻辑的公理与推论规则之外，这种系统可能有自己的二组公理与一组推论规则。模态逻辑中某些独特的公理为（A1）$Lp \supset p$与（A2）$L(p \supset q) \supset (Lp \supset Lq)$。这个系统中的新推论规则是“必然性规则”：若p为系统的定理，则Lp也是。通过另外增加公理可以获得更强的模态逻辑系统。有人增加了$Lp \supset LLp$的公理，其他的人则增加了$Mp \supset LMp$公理。

膜　membrane　生物学上，形成细胞外层或细胞内部分隔的薄层。外层的称为质膜，内膜圈住的隔间则称为细胞器。生物膜有双重功用：隔离细胞器内进行的重要却不兼容的代谢作用；在细胞器之间和细胞与外界之间，养分、废弃物和代谢产物的通路。膜的组成主要是双层的脂质，里面有大型的蛋白质，运送离子和水溶性分子穿过膜。参阅真核生物。

摩擦力　friction　阻碍某固体在另一固体上滑动或滚动的力。摩擦力有时是有益的，如走路时防止滑倒的摩擦力；但大多数的摩擦力是对运动的阻力。例如汽车引擎之动力便约有20%用来克服运动机件的摩擦力。摩擦力来自两个物体接触面间的附着力，而摩擦力的大小几乎与接触面积的大小无关。动摩擦力存在于相对运动的表面间，静摩擦力则存在于静止的表面间，滚动摩擦则发生于物体在表面上滚动之时。

摩德纳　Modena　意大利北部艾米利亚-罗马涅城市。位于博洛尼亚城西北，塞基亚河与帕纳罗河之间。原为埃特鲁斯坎人的城市，公元前183年变成罗马殖民地。曾遭到阿提拉统治下的匈奴及之后的伦巴第人的攻击与掠夺。1288年属埃斯特家族。1796年归属法国，1805年又成为拿破仑的意大利王国的一部分。1815年复归埃斯特王朝统治，1860年并入意大利王国。汽车工业对其经济举足轻重，同时也是一个农业市场中心。名胜包括建于11世纪的天主教大教堂和建于1175年的一所大学。人口约175 442（2001）。

摩尔　mole　又拼mol。平时测量像原子或分子这些极小实体的量所用的标准单位。对于任何物质，一个摩尔里的原子或分子数是粒子的阿伏伽德罗常数（6.0210^{23}）。按确切的定义，它是与12克碳12所包含的相同数目化学单位的纯物质的量。对于每种物质来说，摩尔是它以克为单位的原子量、分子量或式量。1升溶液中溶质的摩尔数是它的体积克分子浓度（M）；1 000克溶液中溶质的摩尔数是它的重量克分子浓度（m）。这两种量度稍有不同，有不同的用途。

摩尔达维亚　Moldavia　中欧东南部的前公国。位于多瑙河下游。14世纪由瓦拉几亚人建立，1349年获得独立。16世纪中期，划归奥斯曼帝国。18世纪，受到俄国日益强烈的影响。1774年，摩尔达维亚西北部的领土布科维纳被奥地利侵占。1812年，其东部

的比萨拉比亚又割让给俄国。1859年,摩尔达维亚和瓦拉几亚组成罗马尼亚。1918年,普鲁特河以东的原摩尔达维亚部分地区推翻俄国的统治,加入罗马尼亚。1940年,罗马尼亚被迫将其布鲁特河和德涅斯特河之间的领土割让给苏联,成为摩尔达维亚苏维埃社会主义共和国的一部分。1991年,该苏维埃共和国获得独立,成为独立的摩尔多瓦国。参阅摩尔多瓦。

摩尔多瓦 Moldova 全称 Republic of Moldova(摩尔多瓦共和国)。欧洲东南部巴尔干半岛地区东北部的国家。与乌克兰和罗马尼亚为邻。面积:33 843平方千米。人口:约3 910 000(2013)。首都:基希纳乌。近半数人口为摩尔多瓦人,但德涅斯特河以东的外德涅斯特地区有许多俄罗斯人和乌克兰人在此居住。语言:摩尔多瓦语(官方语言)、俄语、乌克兰语。宗教:基督教(大部分为东正教,也有其他基督教派)和伊斯兰教。货币:摩尔多瓦列伊。摩尔多瓦大部分位于德涅斯特河和普鲁特河之间,土地肥沃;北部和中部地区是森林地带。经济以农业为主,主要生产葡萄、冬小麦、玉米和乳制品;工业主要是食品加工。摩尔多瓦为单一制共和国,一院制。总统是国家元首,总理为政府首脑。今日摩尔多瓦地区包括普鲁特河以东的原摩尔多瓦公国部分地区(1940年以前是罗马尼亚的一部分),和南部相邻的黑海沿岸的比萨拉比亚地区(参阅摩尔达维亚)。1940年这两个地区联合组成摩尔达维亚苏维埃社会主义共和国。1991年摩尔达维亚宣布脱离苏联独立,采用了摩尔多瓦语的拼法,较早时候已法定使用拉丁文,而非西里尔字母。该国1992年加入联合国。2000年废弃了半总统制,建立了议会制。摩尔多瓦于1994年首次参加在挪威利勒哈默尔举行的冬奥会。之前,摩尔多瓦的运动员曾作为苏联队队员和独联体队队员参赛。

摩尔根马 Morgan 由一匹佛蒙特马为基础育成的马(1793年出生,1821年死去),以其主人J.摩尔根的姓氏命名。该马是纯血马、阿拉伯马等马种的后代,结实,强壮,腿短,活跃,有风度,耐力强。由于它是独自培育成的马种,因此是世界上关于遗传优势(将自身特点遗传给后代的能力)的最好证明。现代摩尔根马多用于骑乘。大多为14.1～15.2掌(145～155厘米),重400～500千克,体态和耐力都与阿拉伯马相似。

摩尔曼斯克 Murmansk 俄罗斯西北部海港。位于科拉湾东岸,临近巴伦支海,是世界上位于北极圈内的最大城市。该不冻港也是俄罗斯唯一可直通大西洋的海港。1915年被建成第一次世界大战中的补给港,1918年为反对布尔什维克的英、法、美远征军的基地,也是第二次世界大战中主要的补给港。除了是俄罗斯的海军基地外,该港还有大型捕鱼船队和鱼类加工业。人口约320 962(2006)。

摩尔斯贝港 Port Moresby 巴布亚新几内亚巴布亚湾东南部海湾城市。其大而隐蔽的海港在1873年被英国的J.摩尔斯贝上校发现。1883～1884年被英国占领。第二次世界大战时为盟军主要基地。1974年在此建立国家首都区,包括了全部摩尔斯贝港地区。1975年巴布亚新几内亚独立后,摩尔斯贝港成为首都。现为商业中心,有一所大学。人口约254 158(2000)。

摩根 Morgan, Henry(1635～1688) 后称Sir Henry。英国海盗。在第二次英荷战争,他指挥海盗攻击荷兰在加勒比海的殖民地。在占领古巴的普林西比港并洗劫城市贝卢港之后,1670年率36艘船和2 000名海盗去占领西班牙的主要殖民地巴拿马城。他击退了大批西班牙军队,将城市洗劫一空并烧毁。在返回途中,他抛弃下属,独吞了大部分战利品。1674年被授予爵位,并派往牙买加任副总督。关于摩根掠夺的夸张描述使他成为人们眼中嗜杀的海盗,声名远播。

摩根 Morgan, J(ohn) P(ierpont)(1837～1913) 美国金融家。生于康涅狄格州哈特福德。金融家之子。1857年开始其职业生涯,最初做会计师,1861年成为父亲银行的代理人。1871年被指定为德雷克塞尔-摩根公司的合伙人,后来该公司成为美国政府财政的主要支柱。1895年这个公司改名为摩根公司。19世纪80和90年代摩根重组了几个重要铁路公司,主要是伊利铁路和北太平洋公司。他协助稳定了铁路运输的价格并制止了东部铁路之间过度混乱的竞争局面,成为世界上最有实力的铁路巨头之一,1902年时已控制了大约8 000千米的铁路。1893年金融恐慌之后,摩根公司组成辛迪加,供给美国财政部衰竭的黄金储备。摩根领导金融界避开了1907年股市恐慌之后的财政大崩溃。为一些大企业的联合提供资金,合并工业企业组建了通用电气公司、美国钢铁公司和国际收割机公司(参阅纳维斯塔国际公司)。摩根是著名的艺术品收藏家,向纽约市大都会艺术博物馆捐赠了许多艺术品;其藏书和藏书大楼现已成为皮尔蓬特·摩根图书馆。

摩根 Morgan, Lewis Henry(1818～1881) 又译摩尔根。美国人种学家和科学人类学的主要创始人。生于纽约州奥罗拉附近。曾受律师训练。他对美国印第安人产生浓厚兴趣,1846年被塞尼卡人接受为部落成员。其《人类血族和姻族制度》(1871)一书对亲属关系进行了世界性调查,试图建立各文化间的联系,尤其是试图说明美洲印第安人的祖先来自亚洲。此书导致了《古代社会》(1877)一书阐述的社会文化演化的综合理论。他声称,社会组织的进步主要来自于食物生产的变化,社会从狩猎和采集阶段发展到定居的农业社会再到现代"文明"。这种理论及其相关理论——社会源于性乱交的社会状态,再通过不同形式的家庭生活最后到达一夫一妻制——已经过时。但多年来,摩根一直是美国人类学的泰斗,其开创性的思想影响了很多其他人的理论,其中包括K.马克思和F.恩格斯。

摩根(小) Morgan, J(ohn) P(ierpont), Jr.(1867～1943) 美国银行家和金融家。生于纽约州欧文顿。1892年加入摩根公司,1913年其父J.P.摩根逝世后继任公司领导。第一次世界大战中为英法两国政府在美国的独家采购代理人,并组织银行认购了逾15亿美元的协约国公债。1929年10月股市恐慌时,摩根和其他几位大银行家曾集合资金,力图制止股票价格下跌,但未能奏效。1933年的《银行法》强制摩根的银行将其投资银行业务与商业银行业务分开。摩根-斯坦利公司成为一家新的投资银行;而摩根本人仍为摩根公司的总裁,该公司也从此成为单一的商业银行。

摩根索 Morgenthau, Henry, Jr.(1891～1967) 美国官员。生于纽约市。1922～1933年为杂志《美国农业家》的编辑。是F.D.罗斯福的密友。1934～1945年任罗斯福内阁的财政部长,负责筹集推行新政以及参加第二次世界大战所需的资金。期间耗资3 700多亿美元,比前五十任财政部长任职期间耗资多3倍以上。罗斯福逝世后,他也退休回到自己的农场。

摩根仙女 Morgan le Fay 亚瑟王传奇中的一个仙女。她精通医术并善于改变形体,是阿瓦隆的统治者。亚瑟王在最后一次战争结束后曾在阿瓦隆疗伤。她的法术系学自书籍和墨林法师。在其他故事中,她是亚瑟王的姐姐和敌人,诱使他生了一个儿子。后来亚瑟王被自己的儿子杀死。

《摩诃婆罗多》 Mahabharata 印度两大梵语史诗之一,具有很高的文学价值和宗教寓意。内容以俱卢和般度两个堂兄弟家族争雄为中心,诗中衍生许多传说和说教故事,主题包括一名武士应当具备的行为准则和脱离轮回转世的解脱方法等。它与第二部史诗《罗摩衍那》一起成为了解印度教演变情况的重要资料。《摩诃婆罗多》里还包括《薄伽梵歌》,为印度教最重要的单本宗教典籍。其作者相传是毗耶娑(活动时期约公元前5世纪),但他很可能只是已有素材的编集者。该诗约在公元400年即成现在的形式。

摩羯座 Capricorn 又作Capricornus。又译山羊座、摩羯宫。天文学中位于宝瓶座和人马座之间的一个黄道星座,位于赤经(类似于地球上经度的天球坐标)21时,南赤纬(天赤道以南的角距离)20°附近。星座中的星都是暗星。在占星术中,摩羯宫是黄道十二宫的第十宫,被看作是主宰12月22日至1月19日前后的命宫。摩羯宫的形象是一只有鱼尾巴的山羊,它来自希腊神话中有关潘的故事:潘为躲避妖怪泰丰的追击而跳入水中,变成了动物;在水面上的半个身子变成羊身,下半身则变成鱼尾。

摩拉维亚 Moravia 中欧一地区。与波希米亚、西里西亚、斯洛伐克和奥地利东北部为邻。摩拉瓦河流贯该地。公元前4世纪起有人居住。公元6～7世纪为阿瓦尔人占据。后来斯拉夫人前来定居。9世纪时成为大摩拉维亚王国,包括波希米亚和今波兰和匈牙利部分地区。906年被马扎尔人所破。1526年开始由哈布斯堡王朝统治。1848年革命之后成为奥地利王室领地,首都设在布尔诺。1918年并入新成立的捷克斯洛伐克。1938年德国兼并了摩拉维亚的部分地方;第二次世界大战之后重归捷克斯洛伐克。1948年捷克社会主义共和国建立时,摩拉维亚是其一部分,1993年归属捷克共和国。

摩拉维亚教会 Moravian Church 18世纪建立的新教教派。其前身是15世纪波希米亚和摩拉维亚一带的胡斯派信徒运动的兄弟派。原本的兄弟派活动因受到迫害而削弱,但1722年在亨赫特复兴,在萨克森建立了神权社会。美国的摩拉维亚教徒建立了伯利恒(1740)等据点,并在印第安人中传教。摩拉维亚教徒任命主教,但却接受选举代表组成的大会管理;他们将《圣经》奉为信仰和崇拜的唯一准则。

摩里索 Morisot, Berthe(1841～1895) 法国画家和版画家。是画家J.-H.弗拉戈纳尔的孙女。曾师从C.柯罗学画,但画风主要受E.马奈的影响。后来她嫁给了马奈的弟弟。她和印象派艺术家一起定期展出画作。其展品的商业效果都不理想,但作品卖得比C.莫奈、A.雷诺阿和A.西斯莱的作品还要好。作品用色精致、微妙,带有柔和的绿色光芒,画面人物多为家人,如《艺术家妹妹埃德玛及其母亲》(1870)。以其极自由的笔法和女性题材的敏感而闻名。

摩鹿加 Moluccas 印尼语作Maluku。印度尼西亚东部岛群,位于西里伯斯(苏拉威西)和新几内亚之间。摩鹿加由3个大岛(哈马黑拉、塞兰和布鲁)和许多小岛组成。总面积约77 870平方千米。它们构成了印度尼西亚马鲁古省和北马鲁古省;省府分别为安汶市和特尔纳特。人口种族成分多样,包括马来人、巴布亚人以及荷兰人、葡萄牙人和爪哇人的后裔。以“香料群岛”闻名,在1511年葡萄牙人发现之前是亚洲香料贸易的一部分,然后被西班牙、英国、荷兰争夺,最后荷兰胜出。第二次世界大战期间被日本人占领,战后此岛并入东印度尼西亚州,1949年并入印度尼西亚。人口约2 059 200(2005)。

摩洛 Moloch 古代中东崇奉的神灵,该神以儿童为祭品。上帝向摩西晓谕的律法,明确禁止犹太人按埃及或迦南的习俗向摩洛献祭儿童。耶路撒冷城墙外纪念摩洛的神殿毁于改革家约西亚统治时期。

摩洛哥 Morocco 全称Kingdom of Morocco(摩洛哥王国)。非洲北部国家。面积:442 300平方千米。人口:约32 649 000(2013)。首都拉巴特。阿拉伯化的柏柏尔人是该国最大的语言文化群体,有法国人、西班牙人和贝都因人等少数民族。语言:阿拉伯语(官方语言)、柏柏尔语、法语。宗教:伊斯兰教(国教,多数为逊尼派)。货币:迪拉姆。摩洛哥境内多山,平均海拔800米。北部沿岸为里夫山脉。中部为阿特拉斯山脉,其中图卜卡勒山海拔4 165米,为摩洛哥最高峰。摩洛哥位于强地震活动带,是地震多发区。肥沃的低地有助于农业发展,主要作物有大麦、小麦和甜菜。摩洛哥为世界最大的磷酸盐岩供应国之一。卡萨布兰卡为该国工业中心,亦是最大的城市。该国为君主立宪,两院制。国家元首暨政府首脑为国王,由总理辅佐。柏柏尔人大约在公元前第2千纪末进入摩洛哥。公元前12世纪期间,腓尼基人在地中海沿岸建立贸易站。公元前5世纪迦太基在其大西洋沿岸设有殖民地。迦太基灭亡后,摩洛哥成为罗马帝国的忠实盟友。公元42年被罗马吞并,成为毛里塔尼亚省的一部分。7世纪时穆斯林侵入摩洛哥。11世纪中叶,穆拉比特王朝征服了摩洛哥,并统治西班牙各穆斯林地区。12世纪穆瓦希德王朝推翻穆拉比特人。13世纪马里尼德王朝征服该地区。15世纪中叶马里尼德人灭亡后,从1550年始,萨迪人统治该地区达一个世纪之久。柏柏里海岸海盗的攻击,迫使欧洲人进入该地区:法国越过阿尔及利亚边境攻打摩洛哥,欧洲列强于1856年获得贸易权。西班牙于1859年占领部分摩洛哥领土。1912年起成为法国的保护国,直到1956年独立。20世纪70年代,摩洛哥重申对西属撒哈拉的领土主权(参阅西撒哈拉);1976年西班牙军队撤离该地区,留下阿尔及利亚支持的波利萨里奥运动的撒哈拉游击队。同阿尔及利亚和毛里塔尼亚关系的恶化,使该地区的战事一直延续,国际社会试图调停争端。摩洛哥于1960年首次参加在罗马举办的夏季奥运会。

摩洛哥危机 Moroccan Crises(1905～1906,1911) 德国企图阻止法国控制摩洛哥,并阻止法国势力扩张的两次欧洲危机事件。1905年德皇威廉二世访问丹吉尔,发表支持摩洛哥独立的言论,引起国际惊慌。这次危机在1906年举行的阿尔赫西拉斯会议上得到解决,承认法国在摩洛哥的特殊政治利益。第二次摩洛哥危机发生在1911年,德国派遣炮艇“豹”号驶进阿加迪尔港,表面上是为了在当地人发生叛乱期间保护德国人的经济利益。结果引发法国抗议,并准备作战,英国也一样,但后来签订协议,法国获得对摩洛哥的保护权,德国则获得法属刚果的一些领土作为回报。

摩门教徒 Mormon 耶稣基督末世圣徒教会成员或是与其密切相关的教派(如基督社区)教徒。由J.史密斯创建,他自称见到了一位天使,天使告诉他写有上帝启示的金页片在什么地方,1830年他将这些页片上的铭文编成《摩门经》。史密斯及其教徒既接受《圣经》,也接受《摩门经》,但却和正统的基督教大相径庭,尤其是他们认为神是圣父、圣子和圣灵三位一体的上帝。摩门教徒还认为虔诚的教友会像上帝一样得到永生。其他独特的教义包括相信人的灵魂在生前已存在,等待出生;经过有追溯力的洗礼使死者获救赎。这个教派因实行多偶婚制而臭名昭著,尽管1852～1890年官方禁止实行一夫多妻制。史密斯和其教徒从纽约的帕尔迈拉迁移到俄亥俄州、密苏里州,最后到达伊利诺伊州。1844年史密斯被暴徒杀害。1846～1847年在扬的领导下,摩门教徒长途跋涉1 800千米达到犹他州,建立了盐湖城。21世纪初该宗教在全球已有近1 000万名教徒,他们鼓励所有的教徒积极地进行传教活动,因此教徒人数不断增加。

《摩门经》 Mormon, Book of 摩门教除《圣经》之外信奉的经典。1830年首次出版,摩门教的各个派别都认为它是由本教创始人J.史密斯受到神的启示翻译过来的作品。它讲述公元前600年左右一批希伯来人自耶路撒冷移居美洲的历史。他们最终分为两支:拉曼人,是美洲印第安人的祖先;尼腓人,在被拉曼人摧毁以前得到耶稣的指示。先知摩门将这段历史记载在金页片上,并将其埋藏起来。数世纪以后,摩门的儿子摩罗乃以天使之形显现在史密斯面前,告诉史密斯这些金页片所藏地点。

摩纳哥 Monaco 全称Principality of Monaco(摩纳哥公国)。南欧的独立公国,地处地中海沿岸近法-意边界。面积:约2.02平方千米。人口:约37 100(2013)。居民有半数为法国人,有少数意大利人和英国人。只有不到1/5的居民为摩纳哥后裔。语言:法语(官方语言)。宗教:基督教(国教,主要为罗马天主教)。货币:欧元。该地区史前时代便有人居住,为腓尼基人、希腊人、迦太基人和罗马人所知。1191年热那亚人占据此地;1297年起格里马尔迪家族开始其长期统治。除1524～1641年间受西班牙的保护外,格里马尔迪家族一直与法国结盟。1793年摩纳哥被法国吞并。拿破仑垮台后,格里马尔迪家族又回到摩纳哥。1815年受萨丁保护。根据1861年的协议摩纳哥将芒通和罗克布吕讷两城镇割让给法国,摩纳哥同时获得独立。地处蓝色海岸的摩纳哥是欧洲最豪华的旅游胜地之一,特别是蒙特卡洛赌城、国际赛车比赛和海滩。1997年,兰尼埃三世曾举办格里马尔迪家族统治摩纳哥700年的庆典。摩纳哥于1920年首次参加在比利时安特卫普举办的夏季奥运会。

摩尼 Mani(216～274?) 又称Manes或Manichaeus。波斯摩尼教创始人。出生于巴比伦南部,第一次看见天使异象是在童年时期,24岁时又见到天使,并召唤他宣传新宗教。他到印度传教收徒。波斯国王沙普尔一世准许他在波斯帝国境内传教,但在巴赫拉姆一世统治时期受到琐罗亚斯德教教士攻击,经26天审讯后被判刑,后死于狱中。

摩尼教 Manichaeism 二元论宗教,公元3世纪由摩尼在波斯创立。摩尼受天使感召,自命为包括亚当和夏娃、佛陀、琐罗亚斯德、耶稣等一系列先知的最后一位。他的著作成为摩尼教的经籍,但大部分已失传。摩尼教认为,世界是精神与物质的融合,是善与恶的根本原理,认为失落的灵魂堕落到邪恶的物质世界中,必须靠精神才能得到拯救。

狂热的传教士将摩尼教教义传播到罗马帝国和东方。摩尼教受到基督教会和罗马帝国政府的大力打击，到5世纪末几乎完全从西欧消失，但在亚洲仍幸存到14世纪。

摩奴　Manu　印度神话所传人类的始祖和《摩奴法典》的作者。摩奴在吠陀中以第一个献祭品的形象出现。也被称作第一个国王，而且大多数中世纪印度统治者皆宣称其为始祖。在大洪水的故事中，摩奴结合了诺亚和亚当的特点。一条鱼警告他大洪水即将来临后，他便建造了一艘船，其船停靠在一座山顶。洪水退去时摩奴倒出牛奶和奶油奉献给神作为祭品。一年后，一位自称为“摩奴女儿”的女人从水中诞生。这两个人变成新人类的父母，其子孙繁衍遍及全世界。

《摩奴法典》　Manu-smrti　正式名称为Manava-dharma-shastra。最具权威性的印度教法典。据传出自人类始祖及立法者摩奴手笔。今本成书于公元前1世纪，内容包括印度教法的各项规定，以及各社会阶层与生命不同阶段应遵循的礼法。在法典中，宗教法和世俗法无明显区别，论述宇宙起源、圣事和其他宗教话题，以及婚配、待客、食物禁忌、妇道、历代国王之法。

摩萨台　Mosaddeq, Muhammad（1880～1967）　伊朗反对党领袖。在瑞士的一所法学院毕业后，在政府任职，直到L.巴列维当上国王（1925）。1941年巴列维退位后，摩萨台重新被选入议会（1944）。将英伊石油公司收归国有而受到人民拥戴后，国王M.R.巴列维不得不任命他为首相。他与巴列维的紧张关系最后使他遭到免职，但是产生的骚乱迫使国王出走。1953年摩萨台的反对者在美国的支持下推翻了他的政权，恢复了巴列维的王位。他以叛国罪入狱3年。余生一直遭到软禁。

摩苏尔　Mosul　阿拉伯语作Al-Mawṣil。伊拉克西北部城市。濒底格里斯河，在亚述古城尼尼微遗址的对岸。摩苏尔一直繁盛，直至1258年遭蒙古人劫掠。1534～1918年是奥斯曼帝国的一个中心。第一次世界大战（1914～1918）后由英国占领，1926年割让给伊拉克。是伊拉克第二大城市，有制造业（水泥、纺织品），还有一座炼油厂，附近有油田。市内有许多古建筑，有些可追溯到13世纪，包括大清真寺和红清真寺。人口约1 475 000（2011）。

摩索拉斯　Mausolus（？～公元前353/352）　小亚细亚南部卡里亚的总督。名义上受制于波斯帝国，却利用小亚细亚的剧变取得了独立。他在爱奥尼亚的希腊城市颇具影响力，并在公元前357年推动反抗雅典的联盟。在都城哈利卡纳苏斯修建了精美的建筑，最有名的要数他的陵墓，为世界七大奇观之一。由希腊建筑师设计，由他的妹妹也是他的妻子阿尔特米西娅二世完成。

摩天楼　skyscraper　又译摩天大楼。非常高的多层建筑物。该词起初用于10～20层的建筑物，但现在通常指超过40或50层的高楼大厦。摩天大楼的先驱是J.博加德斯（1800～1874）在纽约市建造的铸铁大厦（1848），以牢固的铁骨架主要承载上层和屋顶的负荷。后来贝塞麦炼钢法的改进（钢比铁轻，但更坚固），使建造极高的高层建筑成为可能。芝加哥由W.詹尼（1832～1907）设计的国内保险公司大厦首次采用钢梁结构。在结构上，摩天大楼包括由地面下脚柱组成的下层结构，由地面上柱和梁组成的上层结构，以及紧紧依赖梁的幕墙。管状结构、柱形管和捆绑管也被应用以增加摩天大楼抵抗侧风和地震的能力。由F.汗（1928～1982）发展的捆绑管系统使用细钢管绑在一起以形成特别硬的柱子，此项技术已被用于一些世界最高的摩天大楼建筑中（如韦莱大夏）。摩天大楼的设计和装饰经历了几个阶段：L.沙利文强调垂直性；麦金-米德-怀特公司（参阅C.F.麦金和S.怀特）侧重新古典主义。国际风格是适合摩天大楼设计的理想形式。摩天大楼起初是一种商业建筑，现也越来越多地用于住宅。

摩托车　motorcycle　由内燃机驱动的两轮或三轮车辆。第一辆三轮摩托车于1884年在英国制造，1885年G.戴姆勒制成第一辆汽油机摩托车。1910年以后摩托车广泛使用，尤其是在第一次世界大战中为军队使用。1950年以后出现了一种更大更重的摩托车，主要用于旅游和体育比赛。后来主要在欧洲出现了一种脚踏、轻型、低速的电动自行车，另有一种更结实的意大利产小轮摩托车由于经济实惠而受到青睐。

摩托车赛　motorcycle racing　在车道、封闭的环形路线或天然地带上驾驶摩托车的运动。主要类型有：①公路赛，完全或部分在公用道路上进行。②选拔赛，比赛路线时而在

摩托车越野赛

Kinney Jones

公路上，时而离开公路。③赛车道比赛，在一段短程、平坦的椭圆形土路上进行。④短程高速赛，在一段直的、四分之一英里的公路带上进行。⑤爬坡赛，在大的泥土堆积物上进行。⑥越野赛。第一届国际摩托车公路赛1905年在法国的杜尔当举行。摩托车赛中最有名的赛事是游客奖杯赛，1907年在英国马恩岛首次举行。北美的摩托车赛始于1903年，自1937年以来，代托纳320千米赛成了美国的主要赛事。

摩西　Moses（活动时期约公元前14～前13世纪）犹太教中的先知。根据《出埃及记》所载，他出生于埃及，父母为希伯来人。为了逃过一项杀死所有希伯来新生男婴的法令，他的父母将其放入芦苇摇篮中漂到尼罗河上。他被法老的女儿发现，在埃及宫廷长大。在他杀害残忍的埃及工头之后，他逃到米甸。耶和华（即上帝）曾在此显身于燃烧的树丛中，召唤摩西将以色列人带出埃及。在其兄弟亚伦的帮助下，摩西请求法老释放以色列人。在神降临几次瘟疫给埃及之后，法老终于同意他的请求，但又派兵追捕他们。上帝将红海海水分开让以色列人通过，然后合拢，淹死了追赶的埃及人。上帝和以色列人在西奈山定约并授摩西十诫。摩西继续带领人民在荒野流浪了40年，直到他们到达迦南的边缘地带。摩西在进入上帝应许之地前去世。据说他是《圣经》（参阅托拉）前五卷的作者。

摩西　Moses, Grandma（1860～1961）　原名Anna Mary Robertson。美国民俗画画家。生于纽约州格林尼治。1927年丈夫死后开始刺绣。后因关节炎放弃刺绣，转向绘画。1938年78岁高龄的摩西在一家杂货店举办了第一次画展。随后她创作了1 000多幅有关世纪之交的农村生活怀旧作品（如《感恩节前捉火鸡》、《过河去看奶奶》）。到1939年，她的画作已在国际上展出。1946年起她的画经常印在节日贺卡上。她活到101岁去世。

摩西（莱昂的）　Moses de León（1250～1305）　原名Moses ben Shem Tov。犹太神秘论主义最重要著作《光辉之书》的作者。生平不详，但据考证他在1290年以前住在瓜达拉哈拉（西班牙卡巴拉派中心），后来四处游历。他声称《光辉之书》是他发现的古书，但更有可能是他自己所写。

摩押人　Moabites　闪米特人的一支，居住在死海以西的高原（今约旦中西部）。摩押人文化年代约从公元前14世纪末至前582年，是年他们被巴比伦人征服。据《旧约全书》，他们的始祖摩押为以色列人始祖亚伯拉罕之侄罗得所生。尽管他们的语言、宗教和文化和以色列人相似，但并不属于以色列人。大卫曾祖母路得是摩押人。摩押碑1868年被发现；是摩押人留存至今的唯一文字记录；它记述了以色列国王暗利对摩押的再次征服，而摩押人将其视为保护神基抹发怒的结果，后摩押王麦撒成功反抗，取得胜利。

摩泽尔河　Moselle River　又作Mosel River。西欧河流，长约545千米。发源于法国东北部，向北流，形成德国和卢森堡之间的部分边界，再向东北流，在科布伦茨注入莱茵河。该河谷的葡萄园盛产摩泽尔葡萄酒。大部分河道可通航，流经法国的南锡、梅斯和蒂永维尔，以及德国的特里尔。主要支流有奥恩河和萨尔河。

蘑菇　mushroom　某些真菌会产生孢子的肉质结构子实体，尤其是担子菌门真菌的子实体。从菌丝体上生出，其菌丝体可活数百年或数个月，全赖其营养供应而异。有些蘑菇的菌丝会向四面八方蔓延，形成环状，在蔓延方向的前缘有许多子实体钻出地面（仙人环）。英语 mushroom 一词通常指可食用蘑，不可食用或有毒蘑常称 toadstool，但二词并无科学上的差异。菌盖腹面具能散出孢子的菌褶的伞状子实体，主要见于伞菌科真菌。牛肝菌科子实层在帽状菌盖腹面呈管状，易与菌盖分离。伞菌和牛肝菌构成蘑菇的多数。**羊肚菌**属子囊菌门，但由于其形状和肉质构造均似伞菌，一般也被称为蘑菇。由于若干有毒蘑菇外形和可食用蘑十分类似，所以在食用蘑菇之前，必须予以仔细鉴定。毒蕈中毒会引起恶心、腹泻、呕吐、痛性痉挛、幻觉、昏迷，甚至致死。

蘑菇通常有一个菌柄和一个菌盖。当子实体从位于地下的菌丝体向上生长时，外面由一层膜——外菌膜保护，最后外菌膜破裂，在菌盖上留下些碎块。还有一层使菌盖附着于菌柄的薄膜也破裂。菌盖长大，菌柄上有一残留的菌环。菌盖表面下有菌褶，呈放射状排列。这些菌褶都有球棒状生殖结构（担子），形成叫做担孢子的微小孢子。一个蘑菇可以产出成百万的孢子。

蘑菇中毒　mushroom poisoning　又称 toadstool poisoning（伞菌中毒）。食用有毒蘑菇所致中毒反应，有时会致命。可使人中毒的蘑菇约有 70 ～ 80 种，致毒成分多为**生物碱**。鬼笔鹅膏（又称死杯）的毒性最强，会引起剧烈腹痛、呕吐、血性腹泻。严重时伤及肝、肾和中枢神经系统，导致昏迷。死亡率超过 50%。以硫辛酸、葡萄糖和青霉素配合使用具有疗效；或用活性炭作血液透析。扑蝇蕈中毒的症状是呕吐、腹泻、多汗、精神错乱，但 24 小时后可恢复。马鞍菌所含的毒素可经加热灭活，但有些人却对这些毒素高度敏感，影响到中枢神经系统，并可致溶血性黄疸。有的有毒蘑菇和无害蘑菇长得一样，所以采集野生蘑菇时应十分小心。

魔叉探物　dowsing　用榛木、花楸木或柳木枝杈、分叉的金属棒或悬摆探测水、矿藏或其他隐藏物体。此种习俗可能始于中世纪。以魔叉探物者在搜寻对象时紧握探杆两叉，似乎在接收来自地下的传递信号。如果探杆激烈震颤，或向下指，说明找到某个地下物体。最常用于探水，但也可用以探测贵重金属、埋藏珍宝、文物甚至尸体。

魔鬼　devil　邪恶的神灵或力量。虽然有时与 demon 意思相同，但更常用来指鬼魂之王。在犹太教、基督教和伊斯兰教中，魔鬼被视为堕落的**天使**，曾企图篡夺上帝的位置。在《圣经》中，称魔鬼为撒旦、别西卜或**路济弗尔**。根据基督教神学，撒旦的主要活动是引诱人抛弃生活与救恩之路而走向死亡与毁灭。在《古兰经》中，称魔鬼为**易卜劣厮**，他引诱不信或不真心信奉安拉的人走向邪恶。

魔鬼　demon　又拼 daemon。在传播于全世界的诸宗教中，指在超然境界及世俗领域之间进行干预的任何邪恶的精神体。在古希腊，魔鬼（希腊语作 daimon）是指一种决定一个人命运的神力或半神力。**琐罗亚斯德教和帕西人的宗教**中有魔鬼这一阶级，不断与善良之主**阿胡拉·玛兹达**作战。在犹太教中，他们认为魔鬼居住在废弃物、废墟和坟墓中，并加诸人们各种生理、心理和精神上的病害。基督教把撒旦或别西卜视作魔鬼阶级的首领。伊斯兰教的魔鬼统序以**易卜劣厮**为首。印度教中有许多魔鬼，叫阿修罗（asura），是一些与**天**抗的魔鬼。佛教则把魔鬼视为阻止涅槃完成的力量。

魔鬼岛　Devil's Island　法语作 Île du Diable。法属圭亚那大西洋近海岸一个多岩石小岛。该岛是萨吕群岛（含 3 个小岛）中最小的一座岛。此岛为一狭长地带，长约1 200米，宽约 400 米。1852 年起成为囚犯流放地的一部分，也是麻风病人隔离区，直到该岛被列为高度设防区为止。该地因法属圭亚那流放地的残酷而恶名远播。主要关押间谍和政治犯，包括 A.**德雷福斯**。1953 年该监狱才被关闭。

魔幻现实主义　magic realism　又称 magical realism。拉丁美洲文学现象，特点为在反映现实的叙述中客观地融入荒诞或神话元素。"魔幻现实主义"一词最早于 20 世纪 40 年代由古巴小说家 A. 卡彭铁尔（1904 ～1980）运用在文学表现上。他认识到该地区的当代故事作者及小说家都有以神话来说明尘世间所发生事情的倾向。其中杰出的代表人物有 G. **加西亚·马尔克斯**、J. **亚马多**、J. L. **博尔赫斯**、M. A. 阿斯图里亚斯、J. **科塔萨尔**和 I. 阿连德（生于 1942 年）。"魔幻现实主义"已扩及到拉丁美洲之外的文学和艺术。

魔罗　Mara　佛教中的烦恼之主，他一再引诱乔答摩释迦牟尼。乔答摩在**菩提树**下就座，等待开悟时，邪恶的魔罗变成信使，称敌手已经篡夺释迦族的王位。魔罗在呼风唤雨、飞沙走石、天昏地暗，吓跑聚集的众神后，质疑乔答摩坐在树下的权利，并派出他的 3 个女儿特利悉那（贪欲）、罗蒂（情欲）和罗伽（乐欲）来诱惑乔达摩，但徒劳无功。乔答摩觉悟后，魔罗逼迫乔答摩不传教，但众神成功地说服佛陀宣讲佛法。

抹香鲸　sperm whale　又作 cachalot。抹香鲸科体结实、嘴钝形的齿鲸学名为 *Physeter catodon*。有桨状的小鳍肢，背上有一列圆形的肉突。头部特大，侧面观近似方形，下颌狭窄，生有一些圆锥形的大牙。闭嘴时，下颌牙刚好嵌入通常无牙的上腭牙床中。体为深蓝灰色或浅棕色（H.**梅尔维尔**的《白鲸记》中提到的白鲸据推测为患白化症者）。雄鲸体长可达 18 米。遍布全世界温带和热带水域，常以约 15 ～ 20 只为一群。潜水可深达 350 米，主要以头足类动物为食。抹香鲸因其鲸蜡（吻中的蜡质，用于制造油膏和化妆品）和龙涎香而遭捕杀。小抹香鲸属的小抹香鲸是背面黑色的海豚形鲸，产于北半球，长约 4 米，无经济价值。

末底改　Mordecai　《旧约全书·以斯帖书》中，以斯帖的堂兄或守护者。末底改是一个犹太人，曾经冒犯亚哈随鲁国王的首相哈曼。哈曼说服国王下令处决末底改，并杀害所有波斯帝国境内的犹太人，但犹太人出身并受亚哈随鲁宠爱的王后以斯帖请求国王改变主意，亚哈随鲁因而下令吊死哈曼，并任命末底改接掌哈曼的职位。参阅**普珥节**。

末法　mappo　日本佛教用语，指佛法衰微时期。**佛陀**死后分为正法时期、像法时期和末法时期三个时期。末法时期是正法复兴的新时期，由**弥勒**菩萨开始。日本佛教徒认为末法时期始于 1052 年，并将持续 1 万年，人类当前的历史时期仍属于末法时期。

《末日审判书》　Domesday Book（1086）征服者威廉一世对英格兰所进行的土地调查

的原始记录或摘要。调查是在 1086 年由地方行政长官组成的小组顶着民众的愤慨情绪进行的,详细记载皇家地产和大佃户情况,可能是中世纪最卓越的政治成就。正如调查中所总结的,它成了研究英格兰的大多数村镇历史的起点。人们把整个调查称为“对英格兰的描述”,但通常都爱使用“《末日审判书》”这一俗称,以示人们在这次调查记录面前无可求告。

末世论 eschatology 指关于末日之事的教义。神秘末世论讲宇宙(秩序)和混沌(混乱)之间永世之争,赞美宇宙永恒和人世起源的重复。历史末世论则以凡事命定立论,认为历史的进程乃以此为根本。真正的历史末世论见于希伯来系各宗教(犹太教、基督教、伊斯兰教),《旧约》末世论认为,折磨以色列人而使他们濒于灭亡的灾难,其原因在于犹太人不遵从上帝的律法和旨意。顺从上帝的旨意即可恢复和实现上帝的本旨。基督教末世论集中在基督这个人物,弥赛亚将会重建上帝之国。千禧年论特别强调基督再次降临,并在世上建立正义王国。伊斯兰教逊尼派认为:救世主马赫迪降临进行最后审判,善人将上天堂,恶人则下地狱。

茉莉 jasmine 木犀科茉莉属植物,约 300 种。热带和亚热带灌木,芳香,开花,木质,攀缘的矮灌木。原产于除北美外的各大陆。普通茉莉(*J. officinale*,或称诗人茉莉)原产伊

冬茉莉(*Jasminum nudiflorum*)
Valerie Finnis

朗,花芬芳,白色,用于香水和芳香疗法。阿拉伯素馨(*J. sambac*,即茉莉花)干燥后可用来制茉莉花茶。其他科芳香的植物也通称“茉莉”。

莫泊桑 Maupassant, (Henry-René-Albert-) Guy de(1850～1893) 法国短篇小说作家。由于普法战争而中断了法律学业。曾志愿从军,这段经历为他后来的几部经典作品提供了素材。后任公务员,成为 G. 福楼拜的门徒。小说《羊脂球》(1880)第一次为他赢得公众的注意,该书恐怕也是他最好的作品。接下来的 10 年里,他发表了约 300 篇短篇小说、6 部小说和 3 本游记。这些作品展现了一幅广阔而自然的法国自 1870～1890 年间的生活画卷,题材包括战争、诺曼底农民、官僚、塞纳河畔的生活、不同阶级的情感问题和预示性的幻觉。莫泊桑平常生活很不检点,25 岁前健康就遭到梅毒的侵害,1892 年试图自杀,后被送进精神病院,42岁时死

莫泊桑,纳达尔摄于 1885 年前后
Archives Photographiques

在那里。他是公认的法国最伟大的短篇小说大师。

莫迪里阿尼 Modigliani, Amedeo(1884～1920) 意大利画家和雕塑家。在意大利学习艺术,其后定居巴黎(1906)。1908 年在巴黎的独立沙龙上展出了数幅画作。在C. 布

A. 莫迪里阿尼《自画像》(1919),油画;现藏巴西圣保罗大学现代美术馆
By courtesy of the Museu de Arte Contemporanea da Universidade de Sao Paulo, gift of Mr. Francisco M. Sobrinho and Mrs. Yolanda

朗库西的建议下,他学习了非洲雕塑,并于 1912 年展出了 12 座石雕头像,这些简化并拉长了的造型反映了非洲雕塑的影响。当他再度回到绘画领域时,肖像画和裸体画中表现出的不对称构图、拉长的形体和简化的轮廓都反映了他雕塑作品的特征。在几乎将明暗对照法弃而不用的情况下,画作用强有力的轮廓和丰富的色彩对照取得雕塑的效果。1917 年开始创作一系列裸女画。这些画以温暖而鲜艳的色彩和优美圆润的形体而被列为他最伟大的作品。他的作品既反映出他毕生对意大利文艺复兴时期大师的崇拜,也体现了 P. 塞尚和布朗库西影响。35 岁时死于肺病。

莫迪利亚尼 Modigliani, Franco(1918～2003) 意裔美国经济学家。1939 年逃离法西斯意大利前往美国,1944 年在新社会研究学院获得博士学位。曾在麻省理工学院(自 1962 年起)任教。他在个人储蓄方面的研究工作使他提出了生命周期理论。该理论断定年轻时工作的积蓄是准备年老时使用的,而非留给子孙后代。为了分析金融市场,他提出了一种计算公司未来收入价值的方法。该方法成为公司决策和财务分析的基本工具。1985 年获诺贝尔经济学奖。

莫顿 Morton, Jelly-Roll(1890～1941) 原名 Ferdinand Joseph Lemott。美国钢琴家,也是第一个重要的爵士乐作曲家。生于新奥尔良。年轻时赌博、合伙敲诈,还拉皮条。1904 年起以钢琴师身份在国内巡回演出,1923 年和他的乐队“红辣椒”在芝加哥制作出第一批专辑。莫顿是新奥尔良传统的代表,他成功地将雷格泰姆的特色和即兴或已编排好的乐段结合起来,经常在他自己的作品中出现,如《金・波特顿足爵士舞》。20 世纪 30 年代初,因 L. 阿姆斯特朗等革新者的崛起,其声名相形见绌。

莫尔 More, Saint Thomas(1478～1535) 英国人文主义者和政治家。曾入牛津大学学习,1501 年起成为一名成功的律师。曾任伦敦副司法长官(1510～1518),因公正无私受到伦敦人民的爱戴。撰写的杰作《理查三世史》(1513～1518)和著名的《乌托邦》(1516)在包括 D. 伊拉斯谟在内的人文主义者中立即获得成功。1517 年被任命为国王顾问,并成为亨利八世的秘书和心腹。1523 年 4 月被选为下议院议长。1529 年出版《关于异端的对话》驳斥异端的著作。T. C. 沃尔西下台(1529)后,莫尔继任其大法官的职位。他因拒绝承认亨利和凯瑟琳的离婚而于 1532 年辞职。他还拒绝接受《至尊法》。1534 年莫尔被控叛国,囚禁在伦敦塔。狱中写了《安逸与苦难的对话》。1535 年审讯后被判绞刑,旋由国王改为斩首。

莫尔豪斯学院 Morehouse College 传统上招收黑人的美国私立男子文理学院。位于亚特兰大,1867 年成立时称奥古斯塔学院,是书院形式的学校,1913 年为纪念行政主管 H. L. 莫尔豪斯的贡献而改名。该校提供商学、教育、人文、物理及自然科学等课程,并参加斯佩尔曼学院等一共 6 校组成的教育联盟,交流教师、学生、设施及课程。现有注册学生约3 000 人。

莫尔纳尔 Molnár, Ferenc(1878～1952) 匈牙利作家。19 岁发表第一批小说,以剧本《恶魔》(1907)首获成功。其他剧本有的改编成电影,如《利利奥姆》(1909)(还被改编成音乐剧《旋转木马》)、《天鹅》(1920)、《红磨坊》(1923)。他的部分短篇小说,尤其是收入《音乐集》(1908)中的,都是审视穷人问题的杰作。但他的众多长篇小说中却只有《帕尔街的孩子们》(1907)堪称佳作。

莫尔斯 Morse, Samuel F(inley) B(reese)(1791～1872) 美国画家和发明家。生于马萨诸塞州查尔斯敦。著名地理学家之子。曾在耶鲁大学学习,1811～1815 年到英国学画。后来回国,成为一名巡游画家。其肖

像画至今仍属美国最优美的肖像画之列。他参与成立了全国设计学会并担任第一任会长(1826～1845)。他和欧洲类似研发没有联系,独自发明了电报机(1832～1835),并相信他的发明为首创。他制定了点线系统,即后来世界通用的莫尔斯电码(1838)。虽然国会拒绝资助他铺设跨越大西洋的电报线,但后来还是在国会的财政资助下,开设了美国第一条电报线——从巴尔的摩到华盛顿。1844年完工时,他发送了一条消息:"上帝的杰作!"他的这项专利使他名利双收。

莫尔斯电码　Morse code　以点、短划和间隔的不同排列来代表字母、数字或标点符号的系统。电码是用不同长度的电脉冲,或相似的机械式或可见信号(如闪光)来发送。最初的系统由S. F. B. 莫尔斯在1838年为他的电报机发明。1851年又设计出国际莫尔斯电码,这是更简单、更精确并带有变音标记字母。除去一些小变动外,这种电码一直用于某些种类(包括业余)的无线电报。

莫哈韦沙漠　Mojave Desert　又拼Mohave Desert。加利福尼亚东南部的不毛之地。面积逾6.5万平方千米。由内华达山脉延伸至科罗拉多高原,北接大盆地沙漠,南与东南接索诺兰沙漠。与索诺兰、大盆地和奇瓦瓦沙漠共同组成了北美大沙漠。莫哈韦沙漠年均降水量为130毫米。约书亚树国家保护区即位于此。

莫霍克人　Mohawk　北美印第安部落,是易洛魁联盟最东部的成员。居住在美国和加拿大。他们的语言属于易洛魁语系。他们为自己取名为"卡尼亚克哈克",意为"火石部落"。易洛魁联盟将其视为"东部的守门员"。历史上,他们居住在今纽约州斯克内克塔迪附近地区。莫霍克人是半定居的:妇女务农种植玉米,男人则秋冬狩猎,夏季捕鱼。互有亲属关系的几个家庭居住一间长屋。在法英北美殖民地争夺战和美国独立战争中,大多数莫霍克人都站在英国一边,独立战争中为J. 布兰特领导。20世纪中期,莫霍克人作为钢铁结构工人赢得了巨大的声誉,很多人都参与建筑了一些重要的桥梁和高楼。21世纪初,莫霍克人后裔约有47 000人。

莫霍伊纳吉　Moholy-Nagy, László(1895～1946)　匈牙利画家、摄影家和美术教师。在布达佩斯学习法律后,1919年前往柏林,1923年任包豪斯设计学校金工室主任,兼《包豪斯丛书》编辑。作为画家和摄影家,他主要致力于对光的运用。他的"黑影照片"作品直接在胶片上创作而成,而其"光线调节器"(作于透明或抛光表面上的油画)则能表现运动光线的效果。作为教育工作者,他设计过一套广泛接受的教学课程,旨在发挥学生内在视觉天赋而非培养专门技巧。1935年他逃离纳粹德国到伦敦,后来又到了芝加哥,成立了新包豪斯学校,自任校长。

莫拉维亚　Moravia, Alberto(1907～1990)　原名Alberto Pincherle。意大利新闻记者、小说家。曾在都灵从事新闻记者工作,后来在伦敦任驻外记者。首部小说《冷漠的人们》(1929),对中产阶级的道德败坏进行尖锐的写实。其作品受到B. 墨索里尼法西斯党的审查,被列入《禁书目录》。后来的重要小说很多都是关于社会异化和无爱的性生活,包括《国教信徒》(1951,1971年拍成电影)、《两名妇女》(1957,1961年拍成电影)和《空白的画布》(1960)。其短篇小说集有《罗马故事》(1954)和《罗马故事新编》(1959)。曾和小说家E. 莫兰苔(1918～1985)结婚。

莫雷利亚　Morelia　墨西哥中西部城市,米却肯州首府。1541年建市,当时称巴亚多利德,为塔拉斯科印第安人聚居地。1582年代替帕茨夸罗成为州首府。墨西哥独立战争期间曾短期作为革命行动的基地;1828年改名为莫雷利亚,以纪念革命领袖J. M. 莫雷洛斯。现为农业区的商业中心。其教育机构包括米却肯大学和圣尼古拉斯学院(创办于1540年),后者是墨西哥最古老的高等教育机构。人口597 511(2010)。

莫雷洛斯　Morelos　墨西哥中部的州。面积4 950平方千米。首府库埃纳瓦卡。位于墨西哥高原南部,是墨西哥最发达的农业州之一,山谷盛产各种农产品。以J. M. 莫雷洛斯的名字命名,是E. 萨帕塔的出生地,两人都是民族英雄。人口约1 777 227(2010)。

莫里哀　Molière(1622～1673)　原名Jean-Baptiste Poquelin。法国演员和剧作家兼导演。富裕家具商之子。1643年离家去当演员,和贝雅尔家族合作。他参与创立"盛名剧团",并在法国各省进行巡回演出(1645～1658),为其编写剧本并参与表演。在路易十四的赞助下,他在巴黎的一家剧院建立了剧团,以《可笑的女才子》(1659)在宫廷和资产阶级观众中赢得美名。其他重要戏剧有《太太学堂》(1662)、《塔图浮》(1664,起初遭宗教当局禁演)、《愤世嫉俗》(1666)、《东家》(1668)、《吝啬鬼》(1669)、《暴发户》(1670)和《没病找病》(1673)。他的作品描写了17世纪法国社会的所有阶层,充满幽默和对人类罪恶、虚荣和愚蠢的巧妙嘲讽。尽管取得巨大成功,他从未放弃表演和导演。在一次表演中病倒,一天内死于出血,但被拒绝圣葬。他是最伟大的法国戏剧家和法国近代戏剧之父。

莫里森　Morison, Samuel Eliot(1887～1976)　美国传记作家和历史学家。生于波士顿。在哈佛大学任教40年。为了保证对海上历史描写的真实性,他多次出海远航。战争期间,担任过美国海军后备军官,先后在12艘军舰上服役。作品包括《海洋上的船队长》(1942,获普利策奖),描写的是C. 哥伦布;《约翰·保罗·琼斯》(1959,获普利策奖);巨著《美国海军第二次世界大战作战史》(15卷,1947～1962);以及《牛津美国人民史》(1965)。

莫里森　Morison, Stanley(1889～1967)　英国活版印刷家、学者和印刷术史学家。在出版社工作期间积累了很多印刷和排字方面的经验。1926～1930年担任《花饰》杂志编辑,这是一份有影响的活版印刷术期刊。1929年开始在《泰晤士报》(伦敦)担任不同职务,包括《泰晤士报文学副刊》编辑(1929～1960)。以其设计的泰晤士新罗马字体闻名。1932年该字体被定为《泰晤士报》的基本字体,后来成为20世纪最成功的新字体。

莫里森　Morrison, Toni(1931～　)　原名Chloe Anthony Wofford。美国女作家。生于俄亥俄州洛雷恩。曾在霍华德大学和康奈尔大学学习,后在多所大学任教,曾担任编辑。出版《最蓝的眼睛》(1970)和《苏拉》(1973)。前者是描写骇人听闻的穷苦黑人生活现实的小说。小说《所罗门之歌》(1977)使她受到全国的瞩目。后来的作品还有《柏油娃儿》(1981)、《心爱的人》(1987,获普利策奖)、《爵士乐》(1992)、《天堂》(1998)、《恩惠》(2008)和《家园》(2012)。作品以美国黑人(尤其是黑人妇女)的经历为中心主题,加上幻想、神话和诗歌风格,因此小说内容丰富多彩。1993年获诺贝尔文学奖。

莫里斯　Morris, William(1834～1896)　英国画家、美术设计家、手工艺人、诗人和社会改革家,也是工艺美术运动的发起者。出身富裕家庭,曾在牛津大学学习中世纪建筑。

莫里斯,C. M. 瓦兹绘
The Mansell Collection

当过一名建筑师的学徒,但后来的欧洲之旅使他转向绘画。1861年他和D. G. 罗塞蒂、E. 伯恩-琼斯、F. M. 布朗等一起成立了以中世纪行会为基础的艺术家联合会莫里斯-马歇尔-福克纳公司,生产家具、花毯、彩色玻璃、织物、地毯,最有名的是墙纸图案。1891年莫里斯成立了凯尔姆斯科特出版社,之后的7年里出版了53部书,共66卷,《乔叟作品集》是其中最著名的代表。莫里斯试图为大众生产美术作品,但是只有富人才买得起这些昂贵的手工制品。莫里斯也是空想社会主义家,为英国社会主义的发展做了许多工作。1884年莫里斯成立社会主义联盟。1877年成立世界上最早的保护组织之一"保护古建筑协会"。莫里斯还写有几本诗集和许多散文体浪漫故事,以及4卷史诗《沃尔松族的西古尔德》(1876)。其作品和创作根本改变了维多利亚时期的风格,名列19世纪英国最伟大的文化巨匠之一。

莫里亚克　Mauriac, François(1885～1970)　法国作家。成长于虔诚而严格的天主教家庭，一生在作品中探索罪恶、恩典和拯救等问题。以其严峻的心理小说闻名，包括《身戴镣铐的儿童》(1913)、《和麻风病人亲吻》(1922)、《黛累丝》(1927)和被认为是最佳之作的《蝮蛇结》(1932)以及《伪善的女人》(1941)。剧本有《埃斯蒙黛》(1938)。20世纪30年代写了一些反对极权主义和法西斯的论战作品，并在第二次世界大战时参与抵抗运动。1952年获诺贝尔文学奖。

莫利　Morley, John(1838～1923)　后称Viscount Morley (of Blackburn)。英国政治家及历史学家。1860年开始在伦敦担任新闻记者，1867～1882年主要任自由派《双周评论》编辑。他是首相W. E. 格莱斯顿的支持者，曾出任下议院议员(1883～1895、1896～1908)。担任爱尔兰大臣期间(1886、1892～1895)参与起草爱尔兰地方自治法。后来在印度大臣任内(1905～1910)，推动印度人民代表进入政府任职。他还写过受好评的历史著作，包括格莱斯顿、伏尔泰、卢梭、克伦威尔的传记。

莫利　Morley, Thomas(1557?～1602)　英国作曲家和音乐理论家。曾在牛津大学求学，师承W. 伯德。他创作了一些赞美诗和圣歌，但最出名的还是他的世俗歌曲，包括《歌曲首册》(1600)，以及其论文《实用音乐简明序论》(1597)。在编印意大利音乐选集(常经改写)时，把意大利牧歌引入英国。《奥利安娜的胜利》(1601)收集了23个英国作曲家的作品。

莫利塞　Molise　意大利中南部的自治区。其西部地区是亚平宁山脉的一部分，其他地区主要是低山和丘陵。中世纪早期处于伦巴第统治之下，为贝内文托公爵辖地。13世纪相继为安茹王朝、西班牙和波旁王朝统治。1860年并入阿布鲁齐，共同组成了阿布鲁齐-莫利塞大区，归属意大利王国。1965年阿布鲁齐-莫利塞大区分成阿布鲁齐和莫利塞两区。莫利塞是意大利最乡村化的地区之一，其首府坎波巴索是区内唯一较大的城市。人口约316 548(2001)。

莫利社　Molly Maguires(1862～1876)　美国宾夕法尼亚和西弗吉尼亚煤矿工人的秘密组织。19世纪60年代，为了抗议恶劣的工作条件和就业歧视，爱尔兰裔的美国矿工组成了以一个爱尔兰寡妇的名字命名的组织，她曾在爱尔兰领导一些鼓动者反对土地所有主。煤矿上的破坏活动和恐怖谋杀案件应由这个组织负责，矿主雇用了平克顿的侦探J. 麦克帕尔兰打入这个组织。根据他在广为人知的审判中的证词，10个莫利社人被判谋杀罪，处以绞刑。

莫露　Moreau, Jeanne(1928～　)　法国电影女演员。20岁时成为法兰西喜剧院最年轻的成员。影片《最后的爱情》(1949)是处女作，为其赢得出演L. 马勒的电影《通往绞刑架的电梯》(1958)和《情人们》(1958)的机会。她的相貌称不上漂亮，但却以女性妩媚和神秘闻名。她主演《如歌的行板》(1960)、《夜》(1961)和《朱尔与吉姆》(1962)，演一个为两个男子所爱的女子，成为国际著名影星。后来主演了《审判》(1962)、《女仆日记》(1964)和《黑衣新娘》(1968)。她也导演过电影，如《卢米埃》(1976)和《青年》(1978)。

莫罗　Moreau, Gustave(1826～1898)　法国画家。发展了象征主义中的一种独特风格，以其神话和宗教题材的色情画闻名。作品包括《俄狄甫斯与斯芬克斯》(1864)、《撒罗末之舞》(1876)都被认为比较颓废。他进行了一系列技巧上的实验，包括在画布上用刮擦的方法；他还画过一些没有具体物像的作品，风格自由，色块厚密，因此一些人称他为抽象表现主义的先驱。

莫罗　Moro, Aldo(1916～1978)　意大利政治家和总理(1963～1964，1964～1966，1966～1968，1974～1976，1976)。曾在巴里大学任法学教授，1946年被选入立法议会。历任多个内阁职务，后任基督教民主党书记(1959～1963)。担任意大利总理时，在其联合政府中纳入社会党人。1976年出任基督教民主党主席，在意大利仍有很大的政治影响。1978年在罗马被红色旅恐怖分子绑架。因意大利政府拒绝释放在都灵审判的红色旅分子，莫罗被绑架者杀害。

莫罗尼　Moroni　科摩罗首都。位于印度洋大科摩罗岛。由操阿拉伯语的殖民者建立，是科摩罗岛最大的居民点，1958年起为首都。莫罗尼港为一天然港湾，只有一个小码头。该城保留了阿拉伯风格，有数座清真寺，包括朝圣中心奇翁达。人口约41 557(2003)。

莫洛托夫　Molotov, Vyacheslav (Mikhaylovich)(1890～1986)　原名Vyacheslav Mikhaylovich Skryabin。苏联政治领袖。1906年起即是布尔什维克党员，1917年开始在州党委工作。他是J. 斯大林的坚定支持者，1921年成为中央委员会书记。1926年进政治局，清除了莫斯科党组织中的反斯大林分子(1928～1930)。1930～1941年担任人民委员会主席(即总理)，1939～1949年、1953～1956年担任外交部长。1939年谈判签订《德苏互不侵犯条约》。第二次世界大战中下令生产后来称作"莫洛托夫鸡尾酒"的粗制瓶装炸弹。他促成和美国、英国结盟，是第二次世界大战中和战后苏联在同盟国会议上的发言人。1956年被N. 赫鲁晓夫免职后，参与了企图推翻赫鲁晓夫的活动(1957)，但未成功，并因此失去了他所有的党政职务；1962年被开除出党。

莫洛亚　Maurois, André(1885～1967)　原名Émile Herzog。法国作家。第一次世界大战期间为英国陆军军官。在《布朗勃上校的沉默》(1918)一书中，他以幽默的笔调描述战争和英国人的性格，首次获得成功。他的小说有《贝尔纳·盖奈》(1926)和《不论神会是什么?》(1928)。最著名的作品是带有小说叙事趣味的传记，作家传记包括P. B. 雪莱、拜伦、雨果和普鲁斯特等人。他还写英美的历史故事、散文以及儿童故事。

莫奈　Monet, Claude(1840～1926)　法国印象派风景画家。早年在勒阿弗尔度过。在那里，他的第一位老师E. 布丹教他如何在室外作画。迁往巴黎后，他同别的一些年轻画家建立起了终身的友谊，包括A. 雷诺阿、A. 西斯莱、P. 塞尚。他们都成为印象派主要画家。1874年首次印象派画展中，展出莫奈早期的油画作品《印象：日出》，印象派因此得名，他成为领军人物。他天生不安定，曾在法国(主要是阿尔让特伊)、英国、威尼斯、荷兰等地作画。在他成熟期的画作中，莫奈展现了他对同一中心事物画出几个试作，随着光线和他兴趣的变化不断更换画布。这些连作画包括《干草堆》(1891)和《鲁昂大教堂》(1894)，两者都标明了日期，通常放在一起展出。他在自己位于吉维尼的家中修建了睡莲池，并因此激发了创作灵感，画了《睡莲》连作。他的作品具有巨大国际影响，而他也被认为是印象主义的标志性代表人物。

莫内　Monnet, Jean(1888～1979)　法国经济学家和外交家。生于科尼亚克。在1925年成为一家投资银行的合伙人之前经营家族的白兰地生意。第二次世界大战期间是一个法英经济委员会的主席，并提议法英联合。1947年提出并成功主持了莫内计划以重建法国经济并使之现代化。1950年同R. 舒曼一起提议建立欧洲经济共同体的前身欧洲煤钢共同体，并担任第一任主席(1952～1955)。他还是欧洲合众国行动委员会的筹建者和主席(1955～1975)。

莫奇利　Mauchly, John W(illiam)(1907～1980)　美国物理学家和工程师。生于辛辛那提。读完研究生后任教于宾夕法尼亚大学。第二次世界大战期间，美国陆军请他和埃克脱(小)设计快速计算火炮射击数据的方法，结果他们研制出了电子数字积分器与计算器(ENIAC)。1948年他们成立了一家计算机制造公司，1949年研制出二进制自动计算机(BINAC)，用磁带代替穿孔卡片来存储数据。他们的第三台计算机，即通用自动计算器(UNIVAC I)，是为处理商业数据而设计的。

莫切文化　Moche　公元1～8世纪在今秘鲁北部海岸的主导文化。名字起源于著名的

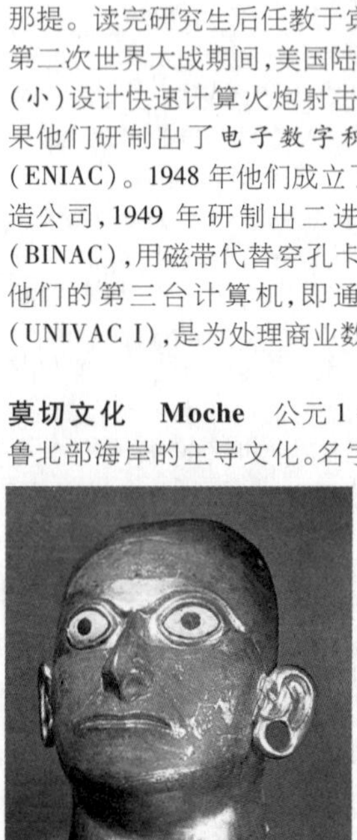

公元前400～公元600年间，由铜金合金熔铸并配以双眼由贝壳制成的面具，于莫切河谷瓦卡德拉卢纳出土；现藏德国斯图加特林登博物馆
Ferdinand Anton

莫切遗址，位于莫切河谷，显然是莫切人的首府。他们的定居地沿着北秘鲁炎热干旱的海岸延伸，从兰巴耶克河谷向南一直到内佩尼亚河谷。他们广泛灌溉，农业支撑起拥有阶梯形金字塔的许多城市中心。他们金属加工熟练，生产精细的手工艺品，包括上好的模制陶器。其灭亡原因不详。参阅**安第斯文明**。

莫萨德　Mossad　希伯来语作 Mossad Merkazi le-Modiin U-letafkidim Meyuhadim，意为"中央情报安全研究所"。以色列5个主要情报组织中的最重要机构。负责国外情报搜集、间谍活动以及在外国从事秘密活动，其负责人直接对以色列总理负责。在国际上以效率高著称。其国外秘密特工据信曾逮捕过纳粹头目 A.**艾希曼**，处决了在1972年奥运会上刺杀以色列运动员的几名凶手，并在恩德培突袭中建功。

莫桑比克　Mozambique　全称 Republic of Mozambique（莫桑比克共和国）。旧称 Portuguese East Africa（葡属东非）。非洲东南沿海国家。面积：799 380平方千米。人口：约24 097 000（2013）。首都**马普托**。境内绝大部分人口为操班图语的非洲人，语言文化群体包括马夸人、聪加人、马拉维人、绍纳人和尧人。语言：葡萄牙语（官方语言）、**班图诸语言**、**斯瓦希里语**。宗教：传统信仰、基督教、伊斯兰教。货币：梅蒂卡尔。莫桑比克可分为两个大区：南部的低地和北部的高地，被**赞比西河**隔开。莫桑比克属发展中的中央计划经济，主要以农业、国际贸易和轻工业为基础，1975年后若干产业收归国有。政府形式为共和国，一院制。国家元首暨政府首脑为总统。莫桑比克史前时期就有人居住，公元3世纪班图人定居该地。14世纪起，阿拉伯商人占领了沿岸地区；自16世纪初期起，葡萄牙人统治该地区。奴隶贩卖后来成为莫桑比克经济中的重要部分，到18世纪中叶贩奴被查禁，但仍非法进行。19世纪后期，葡萄牙政府特许私营贸易公司来管理内陆部分领地，1951年成为葡萄牙的一个海外省。20世纪60年代展开独立运动，经历多年战争后，1975年获得独立，由莫桑比克解放阵线一党进行统治。70和80年代的内战使莫桑比克遭受严重破坏。1990年的新宪法结束了马克思主义集体所有制，引入私有化、市场经济及多党政府。1992年与叛军签署和平协议，内战结束。两年后，该国第一次举行了多党选举。莫桑比克于1980年首次参加在莫斯科举办的夏季奥运会。

莫斯　Mauss, Marcel（1872～1950）　法国社会学家和人类学家。他是 E.**涂尔干**的外甥，曾协助舅父编写许多著作，如《论自杀》（1897）和《原始分类》（1901～1902）。他最有影响的独立著作《论赠与》（1925），将**礼品交换**形式和社会结构之间的关系作了比较研究。曾在巴黎大学高等研究院和法兰西学院任教，并创办巴黎大学人种学研究所。他对种族理论和方法的观点影响了 C.**莱维-斯特劳斯**、A. R.**拉德克利夫-布朗**、B.**马林诺夫斯基**和 E.**埃文斯-普里查德**。

莫斯　Moss, Stirling（1929～　）　英国一级方程式赛车手。1950年在英格兰赢得第一次比赛后，接连不断地赢得胜利，包括两次英国大奖赛和三次摩纳哥大奖赛。1962年的一次车祸结束了他的赛车生涯，之后他转入企业界、新闻界和广播业。

莫斯基托海岸　Mosquito Coast　又作 Miskito Coast。尼加拉瓜和洪都拉斯东部的沿海地区。包含一块宽约65千米的低地，沿加勒比海延伸约360千米。1502年 C.哥伦布曾到过此地，但在17世纪海盗猖獗、英国人在此设立保护领地以前，欧洲人很少来此。地名取自米斯基托印第安人。1850年《**克莱顿-布尔沃条约**》签订前，为西班牙、尼加拉瓜和美国的争议地区。1894年并入尼加拉瓜，但是其北部在1960年由国际法庭判给洪都拉斯。主要城镇为尼加拉瓜埃斯孔迪多河口的布卢菲尔兹。

莫斯科　Moscow　俄语作 Moskva。俄罗斯首都和最大城市。位于该国西部，横跨莫斯科河两岸，西北距**圣彼得堡**约640千米，西距波兰边界970千米。新石器时代就有人居住，1147年在文献中首见记载，当时只是一个村落。13世纪末成为莫斯科公国的首都。15～16世纪在莫斯科大公**伊凡三世**和**伊凡四世**统治下扩张，1547～1712年成为统一的俄国首都。1812年为拿破仑率领的法军所占领，几乎完全遭大火焚毁。1918年成为苏联的首都，面积大为扩大。第二次世界大战时遭德军猛烈轰炸，破坏甚巨。1993年 B.**叶利钦**解散议会后，曾发生政府对立派系之间的武装冲突事件。600多年来，莫斯科一直是俄罗斯东正教会的精神中心。现为俄罗斯的政治、工业、交通运输和文化中心。最著名的建筑是克里姆林宫，为坐落在莫斯科河旁的中世纪城堡，红场在其东墙外。列宁陵墓就在附近，圣瓦西里教堂在红场南端。市内有大剧院、**国立莫斯科大学**等高等学府。人口约10 425 075（2006）。

莫斯科艺术剧院　Moscow Art Theatre　俄罗斯以自然主义为主的剧院。1898年由 K.**斯坦尼斯拉夫斯基**（担任艺术总监）和 V.涅米罗维奇-丹钦科（担任行政总监）建立，旨在以一种更简单和更真实的风格取代老式的做作的表演和笨拙的演出方式。剧院以 A. K.托尔斯泰的《沙皇费多尔·伊凡诺维奇》的首演开始，后以 A.**契诃夫**的《海鸥》获得第一次成功。剧院还上演契诃夫的其他作品和 M.**高尔基**及 M.**梅特林克**等作家的新作品。其剧团在欧洲和美国巡回演出获得极大成功并且影响了后来全世界戏剧的发展。1939年起改名为莫斯科模范艺术剧院。

莫特（夫人）　Mott, Lucretia（1793～1880）　原名 Lucretia Coffin。美国社会改革家和女权倡导者。生于马萨诸塞州楠塔基特。曾在纽约州波基普西附近的公谊会寄宿学校学习，后来留校任教。1811年与同校老师詹姆斯·莫特结婚，1821年成为公谊会正式牧师。莫特夫妇积极反对奴隶制度，莫特夫人四处演讲，提倡社会改革。1848年她和 E. C.**斯坦顿**（夫人）一起组织了**塞尼卡福尔斯会议**。此后莫特夫人主要从事女权运动、写文章和到处演说。南北战争后，她继续为获释奴隶争取选举权。

莫卧儿绘画　Mughal painting　流行于**莫卧儿王朝**（16～19世纪）主要作书籍插图和细密画的一种绘画风格。早期的莫卧儿绘画是由多人合作完成：一人进行构图设计，第

栖息在岩石上的鸟，绘于1610年左右的莫卧儿绘画；现藏印度安得拉邦海得拉巴国家博物馆
P. Chandra

二个人负责着色，再由一精通肖像画法的人来完成人物面部。最早作品也许是民间故事《鹦鹉的故事》的插图。莫卧儿绘画主要是一种宫廷艺术，在皇帝的资助下得以盛行，当他们不再感兴趣时，便走向衰落。参阅**莫卧儿建筑**。

莫卧儿建筑　Mughal architecture　16世纪中叶至17世纪末在莫卧儿历代皇帝资助下盛行于印度的建筑风格。莫卧儿时期的特征是在印度北部显著复兴伊斯兰教建筑，把波斯、印度与各地方的风格熔于一炉，产生出精美的杰作。白大理石和红砂岩是这一时期受偏爱的材料。早期大多数莫卧儿建筑很少用拱，而代之以梁柱结构。皇帝**沙·贾汗**在位时期（1628～1658），莫卧儿建筑到登峰造极的地步。使用双穹隆，矩形山墙有凹入的拱道，以及庭园式的周围环境，均为这一时期建筑物的典型模式。始终注重一个建筑物各部分之间的对称与均衡，而装饰工程细部的精美更是无与伦比。其最高成就是**泰姬陵**和德里的宫殿堡垒（始建于1638年）。

莫卧儿王朝　Mughal dynasty　又作 Mogul dynasty。16世纪早期至18世纪中期统治印度北部大部分地区的穆斯林王朝。其统治者是**帖木儿**和成吉思汗（即元太祖）的后裔，包括七代英明的统治者。他们团结印度人和穆斯林，建立了统一的印度。这些杰出的统治者包括王朝建立者**巴伯尔**（1526～1530年在位），巴伯尔之孙**阿克巴**（1556～1605年在位）以及**沙·贾汗**。**奥朗则布**（1658～1707年在位）在位期间，极大地扩张了疆域，但他的残暴统治给帝国的衰落留下了伏笔。派系争斗、朝代战争和1739年**纳迪尔·沙**阿入侵北印度最终导致莫卧儿王朝解体。

莫伊 Moi, Daniel (Toroitich) arap (1924～) 连任5届的肯尼亚总统(1978～2002)。本想当教师,后来进入内阁,并在J.肯雅塔总统任内担任副总统(1967～1978),后继任总统。他是多数党肯尼亚非洲民族联盟党(KANU)党魁,原为专制统治,后来受到国际压力于1991年被迫同意多党竞选。他仍然连续赢得两次大选(1992、1997),不过却导致国内局势动荡不安,并被控在选举中舞弊。执政期间,一些经济部门有所成长,但批评者认为这些成长是由于强大的政治发包权。根据肯尼亚宪法,莫伊不能参加2002年总统选举,反对党候选人M.齐贝吉大选获胜,继任总统。

莫扎拉布艺术 Mozarabic art 莫扎拉布建筑和宗教艺术。莫扎拉布人是公元711年阿拉伯人入侵伊比利亚半岛后居住在此的基督教徒。被征服的基督教徒明显受伊斯兰文化和艺术形式的影响,其艺术带有两种传统的综合性。主题内容是基督教的,但风格显示吸收了伊斯兰装饰艺术的题材与形式。伊斯兰教的影响尤其反映在莫扎拉布建筑中,采用马蹄形拱门和肋拱圆顶的结构。通过莫扎拉布的移民,伊斯兰教对艺术方面的影响向北传到欧洲其他地方。

莫扎特 Mozart, Wolfgang Amadeus (1756～1791) 原名Joannes Chrysostomus Wolfgangus Theophilus Mozart。奥地利作曲家。小提琴家和作曲家利奥波德·莫扎特(1719～1787)之子。他诞生当年,父亲出版了畅销的小提琴演奏法论著。他与姐姐玛丽亚·安娜(1751～1829)都是神童;莫扎特4岁时,在无人指导的情况下就能演奏娜内尔的键盘课程。5岁时,他开始作曲,并首次公开演出。1763年起,利奥波德带着他们在整个欧洲旅行,炫耀着"上帝赐予在萨尔茨堡出生的奇迹"。他们的第一轮巡回表演(1763～1769)来到法国和英国。莫扎特在那里遇到J.C.巴赫,并写下第一首交响曲(1764)。接着是意大利之旅(1769～1773),他在那里首次见识到F.J.海顿的弦乐四重奏,并写下自己的第一部意大利歌剧。1775～1777年写出小提琴协奏曲和第一批钢琴奏鸣曲。1777年他遇到韦伯一家人,即他未来妻子的家庭。他的母亲死于1778年,莫扎特后来回到萨尔茨堡担任大教堂的风琴师。1781年写出正歌剧《克里特王伊多梅尼奥》。由于不满大主教的统治,1781年离职搬到韦伯家(当时在维也纳),开始他的独立生涯。他娶康斯坦策·韦伯为妻,教授钢琴课程,还写下《后宫诱逃》(1782)和多首伟大的钢琴协奏曲。18世纪80年代晚期成就达到巅峰,而他把弦乐四重奏献给海顿(他称莫扎特是现世最伟大的作曲家)。《费加罗的婚礼》(1786)、《唐·乔凡尼》(1787)、《女人心》(1790)三部伟大的歌剧则采用达·蓬特的脚本,还写有卓越的晚期交响曲。晚年他创作歌剧《魔笛》和伟大的《安魂曲》(未完成)。尽管事业成功,但他却总是缺钱(可能是赌债和喜爱豪华服饰的缘故),必须向朋友大举借款。他35岁时去世,可能是多种疾病造成的,包括伤寒、风湿热、过敏性紫癜等。没有任何其他作曲家能像他一样在短短一生留下如此不寻常的遗产。

墨杜萨 Medusa 希腊神话中最著名的妖怪,称戈耳工。凡是直视她的人都会变成石头。她是唯一不能长生不死的戈耳工,英雄珀尔修斯用雅典娜给他的盾牌映出了她的影子,砍下她的头,将她杀死。珀尔修斯后来将她的头献给雅典娜,雅典娜将之嵌在宝盾上。根据另一则传说,珀尔修斯将之埋在阿尔戈斯的市集内。

墨尔本 Melbourne 澳大利亚东南部维多利亚州首府。位于菲利普港湾顶端、亚拉河河口。1802年欧洲人发现该地区,把它并入新南威尔士殖民地。1835年来自塔斯马尼亚的移民在此建立了第一个永久居民点,1837年以英国首相墨尔本勋爵的姓氏命名。1851年设为维多利亚首府,19世纪50年代初期随着淘金热而迅速成长。1901～1927年墨尔本是澳大利亚联邦的第一个首都,直到堪培拉成为新首都为止。其大小仅次于悉尼,现为一个工业、商业和金融中心。市内有若干所大学,包括墨尔本大学。人口约3 592 590(2006)。

墨尔本大学 Melbourne, University of 澳大利亚墨尔本的一所公立大学。1853年成立时为一文科学院,在接下来的几十年间增加了法律、工程、医学、音乐、牙医、农学、兽医、教育、建筑和商业等院系。第二次世界大战后继续迅速扩大,增加了核科学、应用经济研究和南亚及东南亚研究等课程。注册学生人数约有30 000。

墨角兰 marjoram 又称sweet marjoram(甜墨角兰)。唇形科多年生草本植物,或其干叶或鲜叶及开花的顶枝用于多种食品调味。原产于地中海地区和亚洲西部,在寒冷的北方也可作为一年生植物栽培。许多唇形科牛至属(参阅牛至)及墨角兰属的其他芳香草本或小灌木亦称墨角兰。

墨卡托 Mercator, Gerardus (1512～1594) 原名Gerhard Kremer。佛兰德斯地图学家。1532年从比利时卢万大学获得硕士学位,并定居该地。24岁时已是一名出色的雕刻师、书法家和科学仪器制造家。他和同事一起使卢万成为地图、地球仪、天球仪以及天文仪器制造中心。1564年被任命为威廉公爵的宫廷宇宙志学家,并在1569年完成了我们现在所称的墨卡托投影法,即将纬线和经线变成直线,以便精确地表现出经度和纬度之间的比例。这样水手能够在远程航行时只用画出直线就能导航,而无需不断调整罗盘。当经线被画成垂直的等距平行线条后,纬度线随高度的提升远离赤道而间隔拉大;在世界地图上,该投影法使远离赤道的地区面积放大许多。

墨累河 Murray River 澳大利亚主要河流。该河发源于新南威尔士州东南部科西阿斯科峰附近,自雪山山脉穿过澳大利亚东南部至印度洋大澳大利亚湾;全长2 589千米。它形成维多利亚州与新南威尔士州之间的边界,再向南穿过亚历山德里娜湖进入因康特湾。河运在19世纪十分重要,但是由于铁路运输和灌溉用水需求的竞争日益激烈,航运几乎停止了。该河谷有着重大的经济意义,促进了粮食、水果、酒类的生产和牛、绵羊的饲养。

墨林 Merlin 亚瑟王传奇中的巫师和贤人。在杰弗里(蒙默思的)所著的《不列颠诸王纪》一书中,墨林是亚瑟王的顾问,有魔力,令人想起他的凯尔特血统。后来的作者将他描述为圣杯的先知,并将圆桌会议的提议归功于他。在T.马洛礼爵士的《亚瑟王之死》中,是他使亚瑟登上王位,并一直是亚瑟的顾问。后来他因迷上了一名妖女而身败名裂。妖女在向他学会了魔法之后囚禁了他。

墨洛温王朝 Merovingian dynasty (476～750) 法兰克人的王朝,被视为法兰西第一个王室。墨洛温一词源于墨洛维(活动时期约在公元450年前后)。其子希尔德里克一世(482?年卒)从首都图尔奈统治一个萨利安法兰克人部落。他的儿子克洛维一世在公元5世纪末统一了除勃艮第和现今普罗旺斯之外的几乎全部高卢地区。克洛维一世死后,国土被几个儿子瓜分,但到了558年,他唯一仍健在的儿子克洛塔尔一世将国家重新统一。不过这种分分合合的局面持续了数代。在达戈贝尔特一世统治时期(623～639)过后,国王实际上只是傀儡,实权操在宫相手中。750年加洛林王朝的第一位国王丕平三世废黜了墨洛温王朝的最后一位国王希尔德里克三世。参阅布隆希尔德。

墨洛温王朝艺术 Merovingian art 公元5～8世纪墨洛温王朝统治时期的视觉艺术。主要是小尺寸的金属制品,但现存无几,还有几个重要手稿。其风格融合了罗马古典风格与当地的日耳曼-法兰克艺术传统,偏好抽象化和几何图案,几乎从不涉及人物,艺术家主要注重表面设计。虽然朴实无华,但它对后世的影响甚为长远。

墨涅拉俄斯 Menelaus 希腊神话中的斯巴达国王,阿特柔斯的幼子。当妻子海伦被帕里斯诱拐后,他请求其他的希腊国王与他一起远征特洛伊,由此引发了特洛伊战争。他在哥哥阿伽门农麾下服役。战争结束时,墨涅拉俄斯没有如原先打算的那样杀死海伦,反而将她带回斯巴达。他因为忘记安抚战败的特洛伊城诸神而遭神谴,回航途中历经重重艰险才回到家园,损失了许多船只。

墨丘利 Mercury 古罗马宗教所信奉的商贾之神,一般认为相当于希腊众神信使赫耳墨斯。位于罗马阿文丁山的神殿落成于公元前495年。女神迈亚被认为是他的母亲,母子两神同在5月15日的节日受奉祀。墨丘利有时被描绘作手握钱囊,象征其司掌商业。更多的时候他被赋予了赫耳墨斯的特征,也穿带翼鞋靴或戴有翼之帽,且手执节杖。

墨索里尼 Mussolini，Benito（Amilcare Andrea）（1883～1945） 别名Il Duce。意大利独裁者（1922～1943）。年轻时桀骜不驯但很聪明，是一个狂热的社会主义者。

B.墨索里尼
H. Roger-Viollet

1912～1914年在社会党党报《前进报》任编辑。他改变不参加第一次世界大战的立场后，被开除党籍，于是他创办了赞成参战的《意大利人民报》。1915～1917年在意大利军队服役，后继续任编辑。他提倡政府实行独裁统治。1919年成立一个政治团体，标志着法西斯主义的开端。他在集会上的演说充满激情又十分有说服力。1922年组织向罗马进军，阻止社会主义者领导的全国大罢工。政府倒台后，他被任命为首相，成为意大利历史上最年轻的首相。他通过立法确立法西斯党为多数党，自己则称领袖。他恢复了社会秩序，进行社会改革，改善公共设施，获得广泛支持。他梦想建立帝国，于是在1935年入侵阿比西尼亚（即后来的埃塞俄比亚）。虽然A.希特勒支持他的法西斯计划，但墨索里尼对德国的力量始终保持警戒，直到1940年才同意建立罗马-柏林轴心，并对同盟国宣战。意大利在希腊和北非的军事失败，使得墨索里尼的美梦幻灭。在盟军进入西西里岛（1943）后，法西斯大会将他免职，随后被捕。不久被德国突击队所救，成为希特勒在意大利北部萨洛建立的傀儡政府的首领。1945年德国在意大利的防线瓦解后，他试图逃到奥地利，但被意大利游击队抓获并处决。

墨西哥 Mexico 全称United Mexican States（墨西哥合众国）。北美洲南部的国家。东北部的格兰德河与美国为界。面积：1 964 375平方千米。人口：约118 716 000（2013）。首都：墨西哥城。3/5多的墨西哥人口是梅斯蒂索人，约1/5为印第安人，其余大部分为欧洲人后裔。语言：西班牙语（官方语言）；逾50种印第安语。宗教：基督教（主要为罗马天主教，亦有新教）。货币：墨西哥比索。墨西哥有两个半岛，东南方的尤卡坦半岛和西北方的下加利福尼亚半岛。墨西哥高原形成该国的核心地区，四周被山岭环抱：西马德雷山脉、东马德雷山脉和科迪勒拉新火山，后者有该国最高峰锡特拉尔特佩特火山，海拔5 610米。墨西哥的混合经济以农业、制造业与石油和天然气开采为主。约1/8的土地是可耕地，主要作物有玉米、小麦、稻米、豆类、棉花、水果和蔬菜。为世界最大银、铋、天青石产国，并有丰富的石油和天然气资源。制造业包括食品加工、化工、运输车辆和电动机械。墨西哥为联邦共和国，两院制。国家元首暨政府首脑是总统。一些学者认为该地区在3万～4万年前就有人定居，但大多数人认为这一时间会更晚。该地区创造了许多伟大的早期文明，包括奥尔梅克、托尔特克人和马雅人诸文化。1521年西班牙探险家H.科尔特斯征服的阿兹特克帝国，是墨西哥的另一大古代文明。在阿兹特克人的首都特诺奇蒂特兰的位置上建起了墨西哥城。1526年F.德蒙特霍征服了马雅人居住的其他地方，墨西哥成为新西班牙总督辖区的一部分。1821年造反者通过谈判脱离西班牙而独立，1823年新国会宣布墨西哥为共和国。1845年美国通过投票决定兼并得克萨斯，引发了墨西哥战争。根据1848年的《瓜达卢佩伊达尔戈和约》，墨西哥割让了大片领土，即如今美国的西部和西南部。19世纪末和20世纪初，墨西哥政府承受了数次叛乱和内战（参阅墨西哥革命）。第二次世界大战期间（1939～1945），墨西哥向轴心国宣战。战后，它是联合国（1945）和美洲国家组织（1948）的创始国。1993年批准了《北美自由贸易协议》。2000年V.福克斯赢得大选，结束了革命制度党长达71年的统治。2006年，军队介入打击贩毒集团的活动后，暴力事件不断增加，造成上万人死亡。墨西哥于1924年首次参加在巴黎举办的夏季奥运会。墨西哥城主办过1968年的夏季奥运会。

墨西哥 México 墨西哥中部一州，几乎环绕了整个联邦区和墨西哥城。有多处西班牙人征服前的遗址，包括特纳尤卡、马里纳尔科和特奥蒂瓦坎。该州平均海拔超过3 000米，气候凉爽。是全国人口最稠密的一州。经济以农业和制造业为主。首府托卢卡。面积21 355平方千米。人口约15 175 862（2010）。

墨西哥城 Mexico City 西班牙语为Ciudad de México。墨西哥首都，海拔约2 240米，与联邦区的区域相当，占地1 477平方千米。是世界最大的市区和发展最快的大都会之一。其生产的工业产品约占全国的1/3。位于一块古老的湖床上，是阿兹特克人首都特诺奇蒂特兰的旧址所在，1521年西班牙探险家H.科尔特斯占领。在整个殖民地时期为新西班牙总督辖区首府。1821年墨西哥革命军在伊图尔维德将军的领导下占据该城。墨西哥战争期间为美国人夺取（1847）。1863～1867年被马克西米连带领的法军占领。在P.迪亚斯（1876～1880，1884～1911）在位期间大为发展。1985年发生的一次强震造成至少7 000人死亡。旧城市中心在索卡洛，有很多历史建筑，包括都会大教堂（建在一座阿兹特克人神庙旧址上）和国家宫（建在蒙提祖马二世宫殿废墟上）。教育机构有墨西哥国立自治大学（1551年成立）、墨西哥学院和伊比利亚-美洲大学。1987年该市被联合国教科文组织列为世界遗产。面积1 479平方千米。人口：市区约8 605 239（2000）；都会区约18 660 000（2003）。

墨西哥革命 Mexican Revolution 1910～1920年墨西哥各派系之间的长期斗争，起因于对P.迪亚斯的精英主义和寡头政治的普遍不满。F.马德罗、P.比利亚、P.奥罗斯科和E.萨帕塔聚集了大批支持者，1911年宣布马德罗为总统，但他的改革步伐太慢，使先前的同盟和伙伴们都与之疏远。他后来被V.韦尔塔将军罢黜，但韦尔塔不稳定的专制独裁统治很快遭到比利亚、A.奥夫雷贡和V.卡兰萨的反对。1914年卡兰萨不顾比利亚的反对宣布自己为总统，并通过进一步的流血斗争取得了胜利。他主持起草了1917年的自由宪法，但在重要条款的实施方面做得很少。1920年卡兰萨在叛乱中逃亡时被杀。主张改革的奥夫雷贡当选总统后，革命时期结束，但零星冲突直到1934年L.卡德纳斯上台后才停止。

墨西哥国立自治大学 Mexico，National Autonomous University of 由墨西哥政府资助的大学，1551年成立于墨西哥城。原校舍建于1584年，1910年遭破坏，1954年迁至新址。1553～1867年间学校由天主教会控制。1867年以后，政府建立了独立的法律、医学、工程和建筑等专业学院。1929年学校获得行政管理自治权。现今设有范围广泛的各种学术和职业课程。现有注册学生约270 000人。

墨西哥湾 Mexico，Gulf of 北美东南海岸海湾。经佛罗里达海峡与大西洋相连，经尤卡坦海峡则与加勒比海相通。面积1 550 000平方千米，美国、墨西哥和古巴三国濒临此海湾。最深点在墨西哥海盆，深5 203米。湾流从加勒比海进入墨西哥湾，再流出到大西洋。密西西比河和格兰德河是注

墨西哥1917年以来历任总统

总统	任期	总统	任期
卡兰萨*	1917～1920	洛佩斯·马特奥斯	1958～1964
韦尔塔	1920	迪亚斯·奥尔达斯	1964～1970
奥夫雷贡	1920～1924	阿尔瓦雷斯	1970～1976
卡列斯	1924～1928	洛佩斯·波蒂略	1976～1982
吉尔	1928～1930	马德里	1982～1988
鲁维奥	1930～1932	萨利纳斯·德戈塔里	1988～1994
罗德里格斯	1932～1934	塞迪略	1994～2000
卡德纳斯	1934～1940	福克斯	2000～2006
阿维拉·卡马乔	1940～1946	卡尔德龙	2006～2012
阿莱曼	1946～1952	培尼亚·涅托	2012～
科蒂内斯	1952～1958		

* 早在1914年即已登上总统之位

入该海湾的主要河流。主要港口有墨西哥的韦拉克鲁斯和美国的加尔维斯顿、新奥尔良、彭萨科拉和坦帕。

墨西哥战争 Mexican War 又称 Mexican-American War(美墨战争)。美国和墨西哥在 1846～1848 年间发生的战争。起因于 1845 年美国并吞得克萨斯后所发生的一场边界纠纷。墨西哥声称得克萨斯的南部以努埃塞斯河为界,而美国则坚持以格兰德河为界。当墨西哥拒绝 J. 斯利德尔秘密协商纠纷和用3 000万美金购买新墨西哥和加利福尼亚的要求后,总统 J. 波尔克派遣 Z. 泰勒将军率领部队进占两河之间有争议的地区。1846 年 4 月墨西哥军队越过格兰德河袭击泰勒的军队,美国国会在 5 月通过了宣战的决议。泰勒接获进攻墨西哥的命令后,在 1847 年 2 月的布埃纳维斯塔战役夺取蒙特雷并击溃 A. 圣安纳所带领的大批墨西哥军队。波尔克后来命令 W. 斯科特将军从海路绕到维拉克鲁斯,占领该市,并进军内陆逼近墨西哥城。斯科特照原定计划前进,在塞罗戈多和孔特雷拉斯遭遇墨西哥军队的抵抗,于同年 9 月攻陷墨西哥城。墨西哥于是签署了《瓜达卢佩伊达尔戈和约》,割让的土地范围包括现今新墨西哥、犹他、内华达、亚利桑那、加利福尼亚、得克萨斯和科罗拉多等州几乎全部的土地。在这场战争中,约有13 000 名美国士兵死亡,除了1 700人以外,其余都是患病。这场战争使泰勒将军成为国家英雄,并使《密苏里妥协案》中本应解决的扩展奴隶制问题死灰复燃。

墨西拿 Messina 希腊语作 Zankle。意大利西西里东北部城市。公元前 8 世纪由希腊人建立,公元前 397 年被迦太基人摧毁。公元前 264 年罗马人占领此城,导致第一次布匿战争。战后墨西拿成为与罗马结盟的一个自由市。后来又相继被哥特人、拜占廷人、阿拉伯人、诺曼人、西班牙人占据,最后在 1860 年被意大利人侵占。第二次世界大战中遭严重轰炸,后又重建。现在是意大利的重要港口。名胜包括大教堂和一所建于 1548 年的大学。人口约263 621(2001)。

墨西拿海峡 Messina, Strait of 古称 Fretum Siculum。意大利南部和西西里岛东北部之间的海峡。宽约 3～16 千米。墨西拿市位于西西里岛东北海岸,与雷焦卡拉布里亚市相对。主要靠渡轮连接墨西拿和意大利大陆的交通。

默顿 Merton, Robert K(ing)(1910～2003) 美国社会学家。生于费城。1941～1979 年执教于哥伦比亚大学,许多学生深受他的影响。他兴趣广泛,研究范围包括越轨行为、科学社会学和大众传播等领域,默顿提出了社会研究的功能主义方法。著述颇丰,其中包括《说服大众》(1946)、《社会理论与社会结构》(1949)、《站在巨人的肩膀上》(1965)和《科学社会学》(1973)。参阅官僚机构和功能主义。

默顿 Merton, Thomas(1915～1968) 后称 Father M. Louis。出生于法国的美国天主教修士和作家。曾在法国、英国、美国受教育,后来在哥伦比亚大学教英语,之后在肯塔基州加入特拉普修会。1949 年受神职。早期作品以宗教题材为主,其中包括诗集;自传《七重山》(1948)为他赢得了国际声誉,许多读者受其影响,开始了修士生活;还有讲述特拉普派历史的作品《西洛埃之泉》(1949)。20 世纪 60 年代,作品倾向社会评论、东方哲学和神秘主义。他在泰国的一次宗教会议上因意外触电而死。

默多克 Murdoch, (Jean) Iris(1919～1999) 后称 Dame Iris。英国小说家和哲学家。从牛津大学毕业后,任大学讲师,同时开始其写作生涯。出版的首部作品是关于 J.-P. 萨特的研究(1953)。她的小说通常情节曲折,包含哲学和喜剧成分,如《钟》(1958)、《一个砍掉的头》(1961)、《黑王子》(1973)、《海,海》(1978)和《书与兄弟情谊》(1987)。其他哲学作品包括《善之至》(1970)和《形而上学之为道德的向导》(1992)。她由于患有阿尔茨海默氏病而逐渐衰弱,她的丈夫评论家 J. 贝利将这记录在《艾丽丝挽歌》(1999)一书中。

默多克 Murdoch, (Keith) Rupert(1931～) 澳大利亚出生的美国报纸出版人和传媒企业家。是澳大利亚知名战地记者和出版商的儿子。1954 年继承了两家阿得雷德的报纸。他通过重点报道犯罪、性、丑闻、体育和人情味的报道使销量猛增,但其社论却保持公开的保守观点。通过这种方式,他的全球媒体控股公司——新闻集团在澳大利亚、英国和美国收购的报纸都获得飞速发展。他还接手了受人尊重的传统报纸,包括伦敦《泰晤士报》。20 世纪 80 年代和 90 年代,他将业务扩展到书籍和电子产品出版、电视广播、电影和录像制作上。他的控股公司包括《纽约邮报》、福克斯公司(参阅福克斯广播公司)、哈珀-柯林斯出版公司、英国天空广播公司、卫视(一泛亚电视系统)和《华尔街日报》出版商道琼斯公司。

默根特勒 Mergenthaler, Ottmar(1854～1899) 德裔美国发明家。1872 年移民美国。当他在巴尔的摩的一家机械厂工作时就开始设计一种铅字字模。1884 年他设计的莱诺铸排机获得专利。这种机器加速了印刷过程,降低了成本,由此促进了各类出版的蓬勃发展。

默里 Murray, James (Augustus Henry)(1837～1915) 后称 Sir James。苏格兰词典编纂者。1855～1885 年在一所文法学校任教。他的《苏格兰南方各郡方言》(1873)和为《不列颠百科全书》撰写的一篇有关英语的条目(1878)奠定了他语文学家的领导地位。1879 年被语文学会聘为浩大的《新英语词典(按历史原则编订)》的主编,后来称作《牛津英语大词典》,并以过人的精力和足智多谋投入了这项工作。第一卷出版于 1884 年,到他逝世时他已经完成了这部词典的一半。

默里 Murray, Philip(1886～1952) 苏格兰出生的美国劳工领袖。1902 年移居美国,在宾夕法尼亚州当煤矿工人。加入美国联合矿工工会后,逐级晋升为副主席(1920～1942)(J. L. 刘易斯为主席)。1936 年刘易斯成为新成立的美国产业工会联合会主席,他委托默里着手组织全行业范围的钢铁工人联合会。1940 年默里继刘易斯之后担任产联主席,直到去世。

默罗 Murrow, Edward (Egbert) R(oscoe)(1908～1965) 美国电台和电视播音员。生于北卡罗来纳州格林斯伯勒。1935 年进入哥伦比亚广播公司,两年后主持该公司欧洲部工作。他以第一手报道导致第二次世界大战和第二次世界大战中发生的事件而闻名。战后,和 F. 弗兰德利一起开办了一个权威的广播新闻摘要节目《现在请听》,电视上相应的则是《现在请看》。他还制作了《面对面》等电视节目。他是 20 世纪 50 年代信息自由传播的有影响人物,还揭露了参议员 J. 麦卡锡的丑闻,这在当时非常著名。

默念 meditation 通过精神集中和冥想以达到很高的精神境界的个人宗教热诚或精神训练。默念自古就存在于世界所有的宗教中。在印度教中已被瑜伽派系统化。瑜珈的一个部分——禅(梵语意为"全神贯注思考"),在佛教中已发展出自己的一派,奠定了禅宗的基础。在许多宗教中,默念包括口里或心里念诵一个简单的音节、单词或文词(如曼怛罗)。视觉上的影像(如曼荼罗)或机械性的装置(如转经筒和玫瑰经)都能用来帮助集中注意力。20 世纪的超在禅定派运动,都在宗教背景之外教习默念的技巧。

默西河 Mersey River 英格兰西北部河流。向西流经曼彻斯特南郊,然后纳入欧韦尔河(已开通为曼彻斯特通海运河)。默西河本身在运河的"改造"下流至沃灵顿,在这里成了感潮水域。在朗科恩接纳威弗河后形成了利物浦港所在的默西河河口湾,最后注入爱尔兰海。全长 110 千米。

默兹河 Meuse River 荷兰语作 Maas。西欧河流。发源于法国东北部,向北流入比利时,形成比利时和荷兰的部分边界。在荷兰的芬洛分成两支:一支注入荷兰运河(通向北海的出海口);另一支与瓦尔河汇合成梅尔韦德河,最后注入北海。全长 950 千米,是西欧重要水道。其河谷曾是第一次世界大战中激战的战场。第二次世界大战中德国人横渡此河是入侵法国(1940)的关键。

磨料 abrasives 锐利而坚硬的材料,用以磨削较软的材料表面。磨料是制造精密产品和特别平滑的表面物质(如汽车、飞机和航天器、机械和电子设备、机具等)必不可缺的材料。磨料有天然磨料(如金刚石、刚玉和金刚砂)和人造磨料(如碳化硅、人造金刚石和氧化铝)两大类。磨料的范围很广,从相对柔软的家用去垢剂到最硬的抛光钻石材料都有。

牟利罗　Murillo, Bartolomé Esteban（约1618～1682）　17世纪西班牙最受欢迎的巴罗克宗教画家，以其理想化的人物闻名。多数作品是为宗教团体或为其故乡塞维利亚的社团创作的。早期作品表现出F. de苏巴朗的自然主义风格。17世纪50年代画风日趋成熟，声望也很快超过了那位年长的大师。其后期作品造型柔和，色彩丰富，笔法雄浑有力，比如《圣母无原罪始胎》（1652，他偏爱的主题），表明受到16世纪威尼斯和佛兰德斯巴罗克画家的影响。作品在全西班牙及其帝国内被临摹和仿制。牟利罗是第一个在国外赢得声誉的西班牙画家。

母牛　cow　指用于农耕的驯养家牛的成熟雌牛。有时也指其他较大型动物（如象、鲸或驼鹿）的成熟雌性。更广义地说，也泛指所有驯养的**牛科动物**，而不考虑雌雄或年龄。

母权制　matriarchy　一种假设的由妇女行使家庭和政治权力的社会制度。由于C.**达尔文**进化论，尤其是瑞士人类学家J. J.巴霍芬（1815～1887）著作的影响，19世纪某些学者认为，依人类社会进化次序，母权制是杂交乱婚阶段之后、父权制之前的社会发展阶段。如同别的文化进化观一样，把母权制看作是普遍的社会发展阶段的观念现在通常不被认可。现在一致认为，严格的母权制社会从未存在过。然而，在那些母女相传继承的社会，则是由母系亲属来传递社会上有权力的位置。

牡蛎　oyster　牡蛎科或燕蛤科双壳类软体动物，分别称为真牡蛎及珍珠牡蛎。分布于气候温暖的各大洋沿岸水域。两壳表面粗糙，暗灰色；内面均白色光滑。下壳附着于水

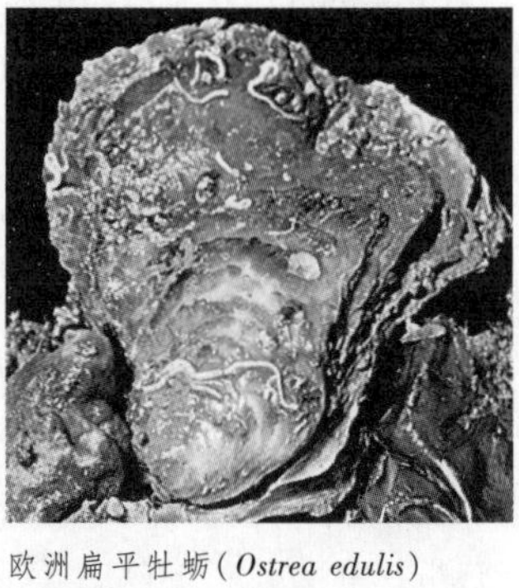

欧洲扁平牡蛎（*Ostrea edulis*）

G. Tomsich-Photo Researchers

底，颇扁，上壳较小，凸出，边缘粗糙。滤食水中的微小生物。牡蛎养殖供食用，被视为佳肴。若一粒外物侵入牡蛎的壳内，牡蛎即分泌珍珠质将外物层层包起而形成珍珠。

姆巴巴内　Mbabane　斯威士兰首都和最大城镇。位于该国西部，19世纪末由国王姆班泽尼的牛栏附近地区发展而来。1902年真正建为城镇，当时英国人控制了斯威士兰，并在该地建立了行政总部。1964年在姆巴巴内附近修建了一条铁路通莫桑比克，主要出口该区出产的铁矿石，铁矿石的出产到20世纪70年代末实际上已结束。人口约78 000（2007）。

姆贝基　Mbeki, Thabo（1942～　）　南非总统（1999～2008）。父亲为反种族隔离主义分子。姆贝基1956年加入非洲人国民大会（ANC）青年联盟。曾在英国苏塞克斯大学攻读经济学，后在苏联接受军事训练。在1994年首次普选制大选后，被总统N.曼德拉任命为副总统，并很快接管政府的日常行政事务。曼德拉下台后，就任总统。任职期间，因对艾滋病生物学方面的意见而受到批评，但因其参与制订后种族隔离时期的南非经济发展策略以及成功调解几个非洲国家间的纠纷而出名。他在非洲人国民大会的要求下辞职。非国大指控他曾干扰其政治对手的法律起诉，但这遭到他本人的否认。

的木构式，其兴起与当时对美国殖民时代风格重受欢迎有关。木板面积小，便于覆盖各种形状。如同早期的木构式建筑，木板式的特点亦为空间流畅开朗，内外相互穿插，敞廊以及不规则的立面和屋顶轮廓线产生了别致开敞的乡村风味。木板式风格对F. L.**赖特**影响很大。

木材　wood　木材为树干和树根中坚硬的纤维状物质。木材的截面分为髓心、木质部和树皮。在树皮与木质部之间，尚有一层树木生长的细胞。木质部在髓心周围一圈圈地向外生长，每年一圈，称作生长轮。在横截面上可看到心材与边材的区别：心材颜色较深；

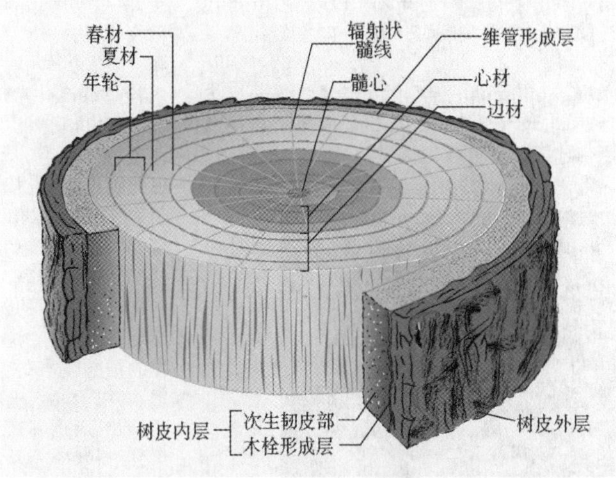

树干的横切面。木材是由次生木质部借由维管形成层生长累积而成。每个生长层可以区分出春材和夏材。春天水分通常充足，长出的细胞大且壁薄，构成春材；致密的夏材组成的细胞小且壁厚。年轮的宽度随着气候条件不同而变化；在温带气候，一轮等于一年的生长。深色的心材是由渗入树脂和树胶的木质部组成，丧失输送水的能力，不像边材还有功用。某些输送细胞构成辐射状髓线，在木质部侧向传送水分与溶解的物质。树皮是维管形成层外头的组织构成，包括次生韧皮部、木栓细胞、木栓形成层。树皮外层由死亡的组织构成，保护树木内部免受损伤、疾病和干燥的危害。

姆比拉琴　mbira　又称thumb piano（拇指琴）。非洲乐器，由一套有固定调音的金属或竹制的舌簧组成，舌簧一端连接在一块音板或共鸣器上。舌簧由拇指和其他手指按下又松开发声为歌曲伴奏。姆比拉琴在非洲至少可追溯到16世纪，后由奴隶带往拉丁美洲。

姆什韦什韦　Moshoeshoe（1786?～1870）又作Mshweshwe。南非索托（即巴苏陀兰，今莱索托）国的缔造者和第一个最高酋长。19世纪30和40年代他小心对付英国人和布尔人令其相斗。在卷入一连串战争后，他证明了其卓越的战术。1868年英国吞并索托，姆什韦什韦的权势衰减。他的继任者姆什韦什韦二世（1938～1996）是独立的莱索托首位国王。

木板式　Shingle style　美国独有的一种建筑风格，流行于19世纪70和80年代，整个建筑包括屋面和墙面均用木板覆盖。木板式建筑的最杰出代表是H. H.**理查森**设计的谢尔曼府邸（1874～1875，罗得岛纽波特）以及斯托顿府邸（1882～1883，马萨诸塞州剑桥）。这种风格源于**安妮女王风格**和早期

而边材则是心材周围颜色较浅的部分，它含有的细胞具有吸取水分和矿物质及涵养枝叶的作用。木材是地球上最丰富和最广的天然材料，与煤炭、矿物及石油等不同，它可以再生。使用最多的木材来自两类树木：针叶树或软材（如松、云杉及冷杉）；阔叶树或硬材（如栎树、胡桃树及枫树）。木材因含水率的变化而产生膨胀和收缩。木材的力学性质包括强度、硬度和相对密度。木材具有隔热、绝缘和良好的声学性质。木材的种类可以从它的颜色、气味、纹理和重量等加以识别。商业上所制成的产品木料和胶合板至纸张，自漂亮的家具至牙签，估计有1万多种。木材及其加工后的下脚料也是许多化工制品，包括赛璐玢、木炭、染料、炸药、漆和松节油的基本原料。木材还可用作燃料。

木构教堂　stave church　中世纪挪威的一种木构教堂。以石料作基础，在其上平放4根木梁，再在四角立4根木柱，木柱顶上再加4根横梁。从这个箱形框架上再向四周伸出木料，以支承一系列直立的杆。至少可以有4排木杆，其上有相同数量而体积逐渐缩小

的三角形屋架。位于博尔贡的教堂约建于1150年，是现存的约24座木构教堂之一。其6层双坡斜面屋顶、贝壳形的外墙和龙形与其他传说题材的精细雕刻，都构成了其现在独特而有气势的面貌。

木户孝允 Kido Takayoshi（1833～1877）又作Kido Koin。1868年日本明治维新三杰之一，另两人是西乡隆盛和大久保利通。他是长州藩政府的首领，代表长州藩与西乡隆盛和大久保利通会商，共同领导推翻德川幕府。在新政府里，木户孝允负责把京城从京都迁到江户（后改名东京），并说服各大藩的首领把他们的地盘还给天皇。1871年访问欧洲，回国后及时阻止侵略朝鲜的计划。19世纪70年代后期着手制定一部西方模式的宪法。

木槿 hibiscus 锦葵科木槿属（*Hibiscus*）多种草本、灌木及乔木的统称。原产于温带及热带地区。其中数种花朵美丽，可栽培观赏。热带的朱槿（中国木槿或称中国蔷薇，*H. rosa sinensis*），花大，略呈钟形，浅红色。东非木槿（*H. schizopetalus*），枝条下垂，常栽培于室内吊篮中。木槿属还包括秋葵、木槿，以及许多统称为锦葵的显花植物。

朱槿（*Hibiscus rosa-sinensis*）
Sven Samelius

木兰 magnolia 木兰属约240种乔木或灌木。原产于北美、南美、喜马拉雅山脉和东亚，因花朵芳香、叶子美观而具价值。木兰属为木兰科两属之一，该科包含近250种。木兰是最原始的显花植物之一，其基本特征为花轴细长，花部螺旋排列以及导管简单。

木琴 xylophone 打击乐器。一套有固定音高的、按音高排列的木条，用有衬垫的槌子敲击。简单的形式是用一些长短有异的原木横放在两支撑点上，并在地上掘坑，作为共鸣箱。木琴是非洲音乐的主要乐器，也是印度尼西亚佳美兰乐队的主要乐器。在拉丁美洲木琴称为马林巴琴。现代交响乐团的木琴把木条安排成两排，有点像钢琴键的排列，放在架上；为了改进音质，每个板条下面都有凹沟，并且有共鸣管。参阅钟琴。

非洲的原木阿马丁达琴，为坎帕拉乌干达博物馆所有
Hillegeist/Kubik

木薯 cassava 又作manioc或yuca。大戟科植物，学名*Manihot esculenta*。原产于美洲热带，世界热带地区广为栽培。其块根可食，可磨木薯粉、做面包、提供木薯淀粉和浆洗用淀粉甚至酒精饮料。为多年生。叶片掌状分裂，块根肉质。品种多样，有小的低矮草本、稍大的多分枝灌木，以及小乔木。

木栓 cork 常绿乔木栓皮槠（学名*Quercus suber*）的外层树皮，原产于地中海地区。广义上说，木栓由形状不规则、壁薄、覆以蜡质的细胞组成，构成桦木及许多其他乔木的可剥下的树皮，但从商业意义出发，只有栓皮槠的树皮可称为木栓。木栓是从原来的粗糙外层树皮被剥取之后，其内侧的木栓形成层向外产生的新的外层。木栓能够反复剥取，不会伤到树。木栓的特点来源于其结构，木栓的细胞腔内充满空气，因此木栓层细胞不透水并具弹性，这些细胞构成一个非常有效的绝热层，也不透水。因为木栓内有许多气囊，使得木栓成为重量最轻的自然物质之一。虽然在某些方面木栓已被专门设计的塑料和其他人造材料取代，但它仍是重要的酒和其他含酒精饮料瓶塞的原料。

木星 Jupiter 太阳的第五个行星，太阳系中最大的非恒星天体。质量是地球的318倍，体积超过1 400倍。巨大的质量使它在大气层最外部的引力有地球的2.5倍，对太阳系的其他成员产生强烈的影响。它造成了小行星带的柯克伍德空隙和彗星运动轨道的改变；它可以充当"哨兵"，吸入那些可能撞击其他行星的物体。木星至少有16个卫星，还有一个不到1千米厚的弥漫光环系统，这是"旅行者"号探测器在1979年发现的。这个行星是气体巨物，主要包含氢和氦，其成分比例与太阳接近，并每12年绕日一周，走过7.78亿千米的平均距离。自转速度很快（周期是9小时55分29.71秒），所产生的电流使它具有行星中最大的磁场，并造成强烈的电暴，包括一个已经持续千百年的电暴（大红斑）。人们对其内部所知极少，但推测它有固态核心。中心温度估计为25 000 ℃，辐射热大于从太阳接收的热量，可能肇因于行星形成时残留的热量。

木贼 horsetail 木贼属30种灯心草状分节明显的多年生草本植物的统称，又称擦洗灯心草。除澳大利亚外，世界各地潮湿、肥沃的土壤都有生长。有些终年常青，有的则每年长出新的嫩枝。茎中含丰富的硅酸盐矿物和其他矿物质，叶退化成包裹嫩枝的鞘。木贼是古老的植物，亲缘种可追溯到石炭纪。普通木贼（*E. arvense*）广泛分布于北美和欧亚的河岸和草甸。木贼虽然对牲畜有毒，但人们常用作为民间草药。有些种的茎有研磨作用，可用于擦洗器具。

目的论 teleology 结果通过目的（希腊语为telos）来解释实现的因果关系。目的论因此与有效因果关系有本质的不同。在有效因果关系中，结果取决于在先的事件。亚里士多德的目的论认为，对任何事情的充分解释，都必须考虑其终极因，终极因就是事物存在和产生的目的。与亚里士多德一样，许多哲学家都将生态进程看作是包含有指导性的目的。现代科学趋向于在调查中只寻求直接原因。

目的论伦理学 teleological ethics 一种主张责任来自作为所要达到目的的理论，直接与义务学相对。目的论伦理学认为，责任的基本标准是行动对实现与道德无关的价值的贡献。目的论理论在本质上与行动应该达到的与道德无关的善不同。幸福论学说强调一切行动的目的是培养行动者的德性或擅长。功利主义认为，目的是在所涉及的快乐与痛苦中达到总体平衡。其他的目的理论认为，行动的目的是生存和发展，就像进化论的伦理学（H.斯宾塞）所提出的一样；或是统治他人（N.马基雅弗利和F.尼采）；或是如实用主义（R. B.佩里和J.杜威）提出的满足和调整；或是如存在主义（J.-P.萨特）提出的自由。

目录学 bibliography 概括起来，是对书籍作系统的研究和描述。这个词可以指按某种体系编列书目（称为描述或列举目录学）；可以指把书籍作为有形对象来研究（称为版本或分析目录学）；也可指那些活动的成果。目录学的目的是组织关于某个主题的材料的信息，使从事该主题研究的学生可以利用这些材料。描述目录学可以按某个作者的作品、某个主题的作品或某个民族或时期来组织信息。版本目录学出现在20世纪早期，细致地介绍书籍的物质特性，包括所用的纸张、装订、印刷、排版以及生产过程，以确立印刷日期和真实性等事实。

苜蓿 alfalfa 学名*Medicago sativa*（栽培苜蓿）。多年生荚果植物，似车轴草，耐干旱，耐冷热，又能改良土壤，因而为人所知。广泛栽培，主要用于制干草、青贮饲料或用作牧草。植株高30～90厘米，分枝多，有许多茎从埋于土壤表层的根颈处生出，茎上有多数具三小叶的复叶。其长主根可深达15米以上，因此苜蓿对干旱的耐受能力极强。苜蓿茎枝收割后能迅速再生出大量新茎，因此每个生长季节内可收割干草13次之多。苜蓿干草营养丰富，为牲畜所爱食，蛋白质、矿物质及维生素含量均高。

牧豆树 mesquite 豆科牧豆属植物的统称，具刺灌木或小乔木，分布于南美洲至美国西南部，形成范围广阔的植物丛。共分两类：高树种类高约15米，另一种则低矮、向外伸展，或称匍匐牧豆树。根可深达20米以吸收水分。羽状复叶，橄榄绿色或被白毛。花奶油色，密生成葇荑花序。荚果狭长，淡黄色。在美国温暖地区，牧豆树被视为杂树并被清除。牛只吃其荚果（果肉味甜）。木材（以前用作铁路枕木）现在只用于制作特殊的家具和小型饰品以及具有香味的薪材。参阅荚果。

牧歌 madrigal 室内乐的一种声乐形式，大多为无伴奏的复调音乐，流行于16～17世纪。起源于意大利，并在那里发展，深受法国尚松和意大利弗罗托拉的影响。通常牧歌是由三到六个声部来演唱，受过训练的男女歌手的演唱使牧歌广为流传。歌词内容几乎全与爱情有关。作品被谱曲的最杰出诗人有彼特拉克、T.塔索和B.瓜里尼等人。O. de 拉索、L.马伦齐奥、C.杰苏阿尔多和C.蒙特威尔地是意大利最伟大的牧歌作曲家；T.莫利、T.威尔克斯、J.威尔比创作了优秀的英国牧歌。

牧神节 Lupercalia 每年2月15日举行的古罗马节日。起源不详，但从它的名称（拉丁语意为"狼"）推测，可能与早期保护畜群不受狼攻击的神有关，或者与养育罗慕路斯与雷穆斯的母狼的传说有关。每一次牧神节开始时，先献上山羊和一只狗作为祭品；两名祭司（卢佩西）被带到祭坛，在他们的前额上涂上血。宴会结束后，卢佩西从牺牲的动物皮上割下皮条，绕帕拉蒂诺山丘奔跑，击打靠近他们的妇女；据说皮带抽击可以治愈不育之症。

牧首 patriarch 《旧约全书》中玛士撒拉、亚伯拉罕、以萨、雅各等领导者的称号。也曾用于拥有很大权力的某些天主教主教。现在东正教中仍在使用，并有9个牧首区：君士坦丁堡、亚历山大、安提阿、耶路撒冷、莫斯科、格鲁吉亚、塞尔维亚、罗马尼亚和保加利亚。

牧童 Pastoureaux 中世纪时法国两次乱民暴力事件的参与者。第一次是法国东北部的农民。1251年国王路易九世在第七次十字军中受挫，消息传来后，激起农民暴动。他们指责贵族、教士和中产阶级对国王的命运漠不关心而开始抢掠教堂和城镇。1320年爆发第二次牧童起义，他们聚集在巴黎，矛头指向腓力五世，指责他未参加十字军远征。他们劫掠城市，打开监狱释放犯人，并进军乡村，大规模屠杀犹太人和难民。

牧羊犬 sheepdog 一般来说，指培育来放牧羊群的犬种；或专指边界牧羊犬。大多数牧羊犬肩高约60厘米，体重23千克。法国伯瑞犬有浓密的眉毛与长而防水的毛皮。比利时牧羊犬有长黑毛，竖立的耳朵。匈牙利波利犬的毛皮像细长绳。肩高41～48厘米，体重14千克。参阅老英格兰牧羊狗、设得兰牧羊狗。

钼 molybdenum 金属化学元素，一种过渡元素，元素符号Mo，原子序数42。钼是银灰色、相对稀少的金属，熔点高（2 610℃）。钼在自然界不以游离态形式存在。在温度高到足以熔化其他大多数金属和合金时，钼及其合金还能保持有效强度，因此可用于高温钢材中。钼用于制作反应容器，飞机、导弹及汽车部件，还有电极、加热元件及灯丝托架。有些钼的化合物（钼在这些化合物中有不同的化合价）可以做颜料和催化剂。二硫化钼是一种固体润滑剂，可以单独使用，也可以添加到润滑脂和润滑油中。

墓志铭 epitaph 坟墓上诗体或散文体的铭文；推而广之，指任何类似墓碑上的文字。现存最早的墓志铭可能是埃及人写在石棺或棺材上的。古希腊的墓志铭往往有一定程度的文学性，辞藻丰富多彩，形式简练。伊丽莎白时代的墓志铭开始有了更富于文学性的词句。许多著名的墓志铭都是悼念性质的文学作品，有时故意用词诙谐，不一定是为了勒之碑石。

幕府将军 shogun "征夷大将军"的缩略语。日本平安时代在作战胜利后授予将军的头衔。1192年源赖朝控制日本并成立镰仓幕府后获此头衔。后来镰仓虽仍保有将军之名但实际权力握在北条家族之手。足利尊氏获将军头衔后，于1338年建立足利幕府，但其后继者控制日本的程度甚至还不如镰仓的幕府，而后国家逐渐陷入内战。德川家康成为将军后，掌握政权时间最长，但是日本的倾向是获得头衔的人不掌实权，所以实际上是由德川幕府主系中长者组成的委员会在幕后操纵。由于将军的头衔来自天皇，在明治维新期间，天皇成了要推倒幕府制的人们的号召力量。

睦邻政策 Good Neighbor Policy 美国总统F.D.罗斯福政府在20世纪30年代所奉行的拉丁美洲政策的俗称。睦邻政策意味着美国放弃了拉丁美洲人所憎恶的传统干涉主义，取消了单方面干涉拉丁美洲事务的特权，废除了限制古巴国家主权的《普拉特修正案》（1901），并从海地撤回海军陆战队。然而美国自第二次世界大战以后的反共产主义政策，再次引发美国与拉丁美洲之间的不信任，结束了睦邻政策的不干涉主义。

慕尼黑 Munich 德语作München。德国巴伐利亚州首府。濒伊萨尔河，该城于1158年左右建于一修道院旧址上。在维特尔斯巴赫家族统治期间成为巴伐利亚首府。19世纪发展成为音乐和戏剧中心。第一次世界大战后成为右翼政治势力骚乱的中心；1923年A.希特勒在当地啤酒店暴动反对巴伐利亚当局。后来成为纳粹党的活动地。1938年在此地签订了《慕尼黑协定》。第二次世界大战期间遭受盟军的严重轰炸。部分中世纪建筑得以幸免，包括大教堂和市政厅。慕尼黑是一个商业、文化、教育、工业中心，以众多博物馆、制造业以及啤酒酿造而闻名。人口约1 311 573（2007）。

慕尼黑大学 Munich, University of 德语作Ludwig-Maximilians Universität München。由德国巴伐利亚州资助、实行自治的大学。1472年在因戈尔施塔特仿照维也纳大学建立。在宗教改革时期，成为天主教反对M.路德的中心。1799年该校增加了经济学院和政治学院。1826年迁至慕尼黑，并增设农业和技术课程。现有注册学生约6万人。

《慕尼黑协定》 Munich agreement（1938）德国、英国、法国和意大利达成的关于允许德国吞并捷克斯洛伐克苏台德地区的解决办法。A.希特勒威胁占领捷克斯洛伐克的德裔居住区，以达到统一欧洲德裔居住地区的目的。虽然捷克斯洛伐克和法国、苏联签订了防务条约，法苏还是认为苏台德的德裔人口占多数，应该归还德国。希特勒要求这个地区的捷克斯洛伐克人离开，但遭捷克斯洛伐克拒绝。英国首相N.张伯伦谈成一项协议允许德国占领该地区，但德国要同意未来所有的分歧需经过协商来解决。这个协定后来成为绥靖政策的代名词，当希特勒翌年并吞捷克斯洛伐克其他地区时，已不具任何作用。

穆巴拉克 Mubarak, Hosni（1928～ ）埃及总统（1981～2011）。曾在苏联的空军学院受训练。作为空军司令（自1972年起），他在1973年的阿以战争中策划了对以色列的开战。1975年当选为副总统。1981年总统萨达特遇刺后，他继任总统。执政后维持与以色列的关系，同时力图恢复埃及在阿拉伯国家中最有影响力的传统地位。20世纪90年代穆巴拉克政府面临国内恐怖主义威胁，他躲过了多次暗杀。2005年他在埃及首次多个候选人的总统选举中轻松获胜。2011年权力遭到挑战，数千埃及人聚集起来抗议穆巴拉克政权下的镇压活动、腐败及贫困问题，要求其下台。两个多星期的抗议活动后，穆巴拉克卸任，权力移交军方。

H.穆巴拉克，摄于1982年
Barry Iverson/Gamma

穆迪扎尔人 Mudejars （源自阿拉伯文mudajjan，意为"获准留下"。）指在基督教徒收复伊比利亚半岛（11～15世纪）之后仍然留在西班牙的穆斯林。他们因纳税而受法律保护，得以维持自己的宗教、语言和风俗习惯。他们在大城镇中有自己的居住区，使用自己的穆斯林法律。到13世纪，他们改用西班牙语，但在书写中仍使用阿拉伯字母。1492年后，穆迪扎尔人被迫离开这个国家，或是要改信基督教。到17世纪初，西班牙穆斯林被驱逐出境的总共达300多万人。

穆尔 Moore, G(eorge) E(dward)（1873～1958） 英国哲学家。在剑桥大学任研究员时（1898～1904），出版了其主要伦理学著作

《伦理学原理》(1903)。穆尔是B.罗素的朋友,后成为布鲁姆斯伯里小组的主要成员。主编《精神》杂志(1921～1947)并在剑桥大学任教(1925～1939)。部分地由于他认为通过直接的理解可以认识“善”,所以人们称他为“伦理的直觉主义者”。他宣称,为了确定什么是“善”而作的努力会造成一种自然主义谬误。其著作还有《哲学研究》(1922)、《若干主要的哲学问题》(1953)和《哲学论文》(1959),这些都是清除G. W. F.黑格尔和I.康德对英国哲学影响的重要著作。

穆尔　Moore, Henry(1898～1986)　英国雕刻家。煤矿工人之子。在第一次世界大战中受伤,康复后获准进入皇家艺术学院学习。其早期作品受他在巴黎的博物馆所见的马雅人雕刻影响很深。约1931年起,他开始尝试抽象艺术,将抽象形态和人体形态结合,有时干脆不考虑人体形态。第二次世界大战期间材料日渐稀少,他主要描绘伦敦地铁车站里躲避轰炸的人群。受委托创作《圣母子》以及为一个家族做雕塑改变了他抽象的风格,显得更加人性化,以此奠定了他的国际声誉。20世纪50年代尝试用青铜雕刻有棱角的站立人物。许多作品都有纪念意义,他尤其以系列斜倚裸体雕塑闻名。他受托创作的作品主要有联合国教科文组织巴黎总部的雕塑(1957～1958)、林肯表演艺术中心(1963～1965)和美国国家画廊(1978)。

穆尔　Moore, Marianne (Craig)(1887～1972)　美国诗人。生于圣路易斯。曾在布林莫尔学院求学,后与其母移居纽约布鲁克林。1919年后开始专心写作,在许多杂志上

穆尔,摄于1957年

Imogen Cunningham

发表诗歌和评论。1925～1929年主编影响很大的刊物《日晷》。其诗集包括《观察》(1924)和《诗集》(1951;获普利策奖、博林根诗歌奖和国家图书奖)。在其严谨的诗作中,她通过对客观事物细节的严密观察从中提炼出道德和理性的深刻见解,尤其是观察动物世界,通常以创新的诗节形式写作。在《诗》(1921)中她呼吁诗歌要表现出“虚构的花园及存在其中的真实蟾蜍”。晚年的穆尔古怪、迷人,她的斗篷和三角帽成为轻快而文雅的标志。

穆尔诺　Murnau, F. W.(1889～1931)　原名Friedrich Wilhelm Plumpe。德国电影导演。曾就读于海德堡大学。在柏林期间,为M.赖恩哈特门生。第一次世界大战期间任战斗机飞行员,并拍摄宣传影片。1919年执导了第一部电影,后因《吸血鬼》(1922)和《最后的笑》(1924)赢得国际声誉。1927年来到好莱坞,拍摄了代表作《日出》(1927)和《禁忌》(1931,与R.弗莱厄蒂合作)。41岁时死于一场车祸。

穆尔太齐赖派　Mutazila　指伊斯兰教内部在政治或宗教问题上的中立派。该词也指8～10世纪活跃于巴士拉和巴格达的神学派别成员。该派是最先运用希腊哲学范畴和方法提出其教义的穆斯林。信仰的原则包括安拉的绝对独一、自由意志和个人要对自己的行为负责、安拉的公义和随之而来的在天堂的回报和在地狱的惩罚的必然性。他们认为《古兰经》是受造之物(和永存相对)的教义,在827～849年占统治地位,但最终被舍弃。该派信仰为逊尼派穆斯林所否认,但被什叶派教徒所接受。

穆尔西亚　Murcia　西班牙东南部的省、自治区和历史地区。面积11 316平方千米,首府为穆尔西亚市。1243年被卡斯蒂利亚兼并前为独立的摩尔人王国。1982年建成自治区。塞古拉河流经中部,灌溉肥沃农田和果园区。随着沿海平原航运业和矿业的发展,卡塔赫纳、马萨龙和阿吉拉斯等港口城市也发展起来。主要作物有谷物、橄榄、葡萄和瓜类。人口约1 197 646(2001)。

穆夫提　mufti　伊斯兰教教法权威。负责就个人或法官所提出的询问提出意见。要提出这种意见,通常必须精通《古兰经》、圣训、经注以及判例。在奥斯曼帝国时期,伊斯坦布尔的穆夫提是伊斯兰国家的法学权威,总管律法和教义方面的所有事务。随着伊斯兰国家现代法律的发展,穆夫提的作用日益减小。如今,穆夫提的职权仅限于遗产继承、结婚、离婚等个人案件。

穆罕默德　Muhammad(约570～632)　又作Mohammed。阿拉伯先知,伊斯兰教的创立者。生于麦加,是占支配地位的一个部落的商人之子,6岁时成为孤儿。他娶了富有的寡妇赫蒂彻为妻,生有6个子女,包括女儿法蒂玛。据传,610年天使加百列来访,告知穆罕默德,他就是上帝的使者。他的启示和教导(记录于《古兰经》)是伊斯兰教的基础。约613年他开始公开传道,鼓励富人救济穷人,并要求捣毁偶像。他获得了信徒,但也招来了敌人。他们计划杀害穆罕默德。他被迫逃离麦加,622年来到麦地那。这次逃亡称为希吉拉,标志着伊斯兰时代的开始。624年穆罕默德的追随者打败了一支麦加军队。625年他们战败,但627年击退了麦加对麦地那的围攻。到629年他控制了麦加,到630年已控制了整个阿拉伯半岛。632年他最后一次去麦加,建立了朝觐的仪式。同年较晚时穆罕默德逝世,葬于麦地那。他的生活、教义和神迹此后成为穆斯林奉献和思考的主题。

穆罕默德　Muhammad, Elijah(1897～1975)　原名Elijah Poole。美国黑人分离主义者和伊斯兰民族组织领袖。生于佐治亚州桑德斯维尔。父母是佃农,曾为奴隶。穆罕默德1923年迁居底特律,后加入伊斯兰民族组织,并在芝加哥建立了该教派的第二座清真寺。1934年教派创立人W. D.法尔德失踪,穆罕默德继任领袖。第二次世界大战期间,他因劝阻信徒从军而被监禁。战后,他继续招募黑人穆斯林。他提倡美国非裔黑人另组成一个民族,并宣布黑人是安拉的选民。穆罕默德的分离主义观点导致他最著名的门徒马尔科姆·艾克斯于1964年与该组织决裂。晚年他缓和了反对白人的论调。

穆罕默德·阿布杜　Abduh, Muhammad(1849～1905)　埃及宗教学者、法律学家和开明的改革家。在开罗读大学时深受阿富汗尼的影响,1882～1888年因政治立场偏激被驱逐出境。重返埃及后,他担任司法官。1899年升任埃及的穆夫提(即伊斯兰法典诠释长)。其著作《论真主的独一性》,提出伊斯兰教优于基督教,因为它更能接纳科学和文明。他放宽伊斯兰教法律和行政的限制,促进尊重公平、福利和常识,有时甚至违反《古兰经》的教义。

穆罕默德·阿里　Muhammad Ali(1769～1849)　奥斯曼帝国驻埃及总督(1805～1848)。他建立的王朝一直统治埃及,直至1953年。他重整经历了拿破仑入侵的埃及社会,清除马木路克,限制埃及商人和工匠的活动,镇压农民反抗运动。他还将大部分农田收为国有,引进经济作物,力图推行工业化,但由于缺少熟练工人、税捐过重以及招募农民当兵使得他所付出的努力收效不大。他成功地得到了统治埃及和苏丹(1841)的世袭权利,为埃及脱离奥斯曼帝国和英国的统治做好了准备。参阅奥斯曼帝国。

穆罕默德二世　Mehmed II(1432～1481)　奥斯曼苏丹。其父穆拉德二世在他12岁时逊位,但两年后在基督教十字军侵略时宣布复位。穆罕默德二世在他父亲去世后(1451)再度即位,开始计划征服君士坦丁堡。1453年占领该城,然后把它建设成一个辉煌的帝国都城,接下来的50年内一直是欧洲最大城市。此后25年,穆罕默德二世还征服了巴尔干半岛。在位期间,编订刑法和民法为一部法典,并收藏了大量希腊文和拉丁文著作,还创建了8所学院。

穆罕默德·伊本·图格鲁克　Muḥammad ibn Tughluq(约1290～1351)　印度北部德里苏丹国图格鲁克王朝第二代苏丹(1325～1351年在位),一度征服印度次大陆的大部分地区。为了控制所征服的南部地区,他将都城从德里迁至德瓦吉里(现称道拉塔巴德)。由于强制向德瓦吉利移民,他使乌尔都语在德干地区流行起来。他试图臣服当地的乌拉玛(穆斯林教士),但未果。他向苏非派提出的建议也未被采纳。其农业改革的内容包括提倡轮作,建立国有农庄,改进灌溉设施。尽管试图建立更公正的社会秩序,但其残暴做法削弱了他的权威:当政期间他镇压过22次叛乱。

穆加贝 Mugabe, Robert (Gabriel) (1924～) 津巴布韦第一任总理(1980～1987)和总统(1987～)。在马克思主义影响下,他与 J. 恩科莫共同领导了反对 I. 史密斯白人政府的游击战,终于迫使对方同意进行普选。他领导的津巴布韦非洲民族联盟在选举中轻易获胜,并与恩科莫领导的津巴布韦非洲人民联盟组成联合执政。1982 年将恩科莫排挤出联合政府。1984 年两党合并成津非民联-爱国阵线。穆加贝把津巴布韦由议会民主制国家转变为一党制的社会主义国家。执政期间的主要特点是暴力和恐吓,减少了对反对派的宽容。穆加贝和摩根·茨万吉拉伊领导的反对党之间长期的政治紧张关系,导致 2008 年一场竞争激烈的总统选举和旷日持久的政治危机。2008 年 9 月双方同意成立一个分权政府并达成协议,穆加贝保留总统职位但要交出部分权力给茨万吉拉伊总理。分权政府于 2009 年 2 月开始生效。2013 年 7 月穆加贝在新一任总统选举中获胜,此次选举被反对派指控为欺骗行为。

穆勒 Mill, James(1773～1836) 苏格兰哲学家、历史学家和经济学家。曾在爱丁堡大学就读并任教。1802 年去伦敦,在那里遇见了 J. 边沁,并成为边沁功利主义的主要传播者。他曾为几份刊物撰写文章,包括《爱丁堡评论》(1808～1813),并为《不列颠百科全书》撰写了关于政府和教育方面的条目。1825 年参与创建伦敦大学。在完成《不列颠印度史》(3 卷,1817)后,被任命为印度署的官员(1819),后成为检查处长(1830)。他对英国统治的批评使印度政府开始改革。在《政治经济学原理》(1821)一书中总结了 D. 李嘉图的观点,并在《人类精神现象的分析》(2 卷,1829)中将心理学和功利主义相结合,形成了一种学说,并由他的儿子 J. S. 穆勒予以继承。穆勒被认为是哲学激进主义的创始人。

穆勒 Mill, John Stuart(1806～1873) 英国哲学家和经济学家。由父亲 J. 穆勒亲自全力教导。在《逻辑学体系》(2 卷,1843)中,他极力整理出以因果关系解释一切的人文科学逻辑。父亲打算让他继承哲学家 J. 边沁的衣钵。1823 年他协助边沁创立"功利主义学会",但后来他大幅修改了承自两人的功利主义,以应对所面对的批判。1825 年与边沁共同创立伦敦大学学院。在《论自由》(1859)中,穆勒雄辩地捍卫了个人自由。《功利主义论》(1863)是一篇严谨而有条理的文章,目的是答复人们对其道德理论的反对意见和消除人们的误解,他特别强调"功利"包括想象的乐趣和高尚情感的满足,并在他的理论体系中为遵循一定的做人原则留下一席之地。《论妇女的从属地位》(1869)对女权做了强烈而具有争议性的呼吁。其他作品包括《政治经济学原理》(1848)、《论宗教的三篇短评》(1874)和一本《自传》(1873)。身为 19 世纪改革时代重要政论家,作为逻辑学家和伦理学家,他始终受到人们的关注。

穆列什河 Mures River 罗马尼亚中东部河流,发源于喀尔巴阡山脉东部。向西流经罗马尼亚北部,越过匈牙利边境,在塞格德注入蒂萨河。长约 725 千米。为蒂萨河最重要支流,同时也是交通要道。有 320 千米长的河段可供小型船只通航。

穆尼奥斯·里维拉 Muñoz Rivera, Luis (1859～1916) 波多黎各政治家、出版家和爱国者。1889 年创办《民主报》,鼓吹实现波多黎各自治。为 1897 年从西班牙人手中取得波多黎各自治权的重要人物。首届自治内阁首脑。在西班牙将波多黎各割让给美国之后辞职。其子 L. 穆尼奥斯·马林后来成为波多黎各总督(1949～1965)。

穆尼奥斯·马林 Muñoz Marín, Luis (1898～1980) 波多黎各政治家。担任过 4 届波多黎各总督(1948～1964)。早年在美国受教育。回国后任《民主报》编辑。1932 年当选参议员。在其政治生涯早期鼓吹完全摆脱美国独立,后与美国派驻的总督紧密合作,以改善波多黎各的现况。成功实现了旨在快速发展经济的"自力更生行动计划"。1948 年波多黎各有权选举自己的总督后,他以压倒多数票当选,并多次连任。他实现了使波多黎各具有美国州地位的愿望。

穆塞韦尼 Museveni, Yoweri (Kaguta) (1944～) 乌干达总统(1986 年起)。大学时代即是非洲解放运动附属组织的领导人。1971 年 I. 阿明掌权后,他流亡海外。他创建了民族解放阵线,该组织 1979 年帮助将阿明赶下台。1986 年他取代 M. 奥博特出任总统,并在 1996 年的大选获胜连任。他虽然拒绝实行多党政体,但同意新闻自由和私有企业。虽然他支持其他非洲国家叛军的做法引起争议,但他为乌干达带来政治稳定和经济成长则颇受肯定。

穆斯林兄弟会 Muslim Brotherhood 阿拉伯语作 al-Ikhwan al-Muslimun。1928 年哈桑(1906～1949)在埃及创立的宗教政治组织,鼓吹以《古兰经》和圣训作为社会的准则。该组织很快就在整个北非和中东地区赢得众多信徒。1938 年后穆斯林兄弟会开始政治化,抵制西方化、现代化和世俗化。1954 年该组织企图暗杀埃及总统 G. A. 纳赛尔,其后遭到埃及政府镇压,因此在 20 世纪 60 年代和 70 年代一直秘密活动。80 年代末穆斯林弟兄会经历了一次复兴,在埃及和约旦参与了立法机构的选举。

穆索尔斯基 Mussorgsky, Modest (Petrovich)(1839～1881) 俄国作曲家。他很早就受到民间故事的启发而在钢琴上即兴演奏,十几岁时无师自通学会作曲。他认识了几位作曲家,后来与这些人一起组成"五人强力集团"。1857 年随 M. 巴拉基列夫上了生平第一堂作曲课,很快创作出了一些钢琴曲和歌曲。1858 年一次重病之后从军中退役,此后从事政府文职工作。1865 年母亲去世,使他陷于酗酒而不能自拔,不断严重的酗酒终于使他失业。个人生活每况愈下,但是作为作曲家却日渐成熟。这段期间他创作了其主要作品,包括交响诗《荒山之夜》(1867)、大型歌剧《鲍里斯·戈东诺夫》(1868)和著名的钢琴组曲《展览会上的图画》(1874)。他死于与酒精有关的疾病,年仅 42 岁,歌剧《霍万斯基党人之乱》未能完成。

N

拿但　Nathan（活跃于公元前10世纪）　古代以色列在大卫和所罗门宫廷里的先知。在《撒母耳记下》中，他抨击大卫将拔示巴从她丈夫身边夺走。惩罚是不许大卫建造耶路撒冷圣殿，因为拿但心中所获得的景象告知他，必须延迟到所罗门继承王位，才能兴建耶路撒冷神殿。拿但后来为新的国王行涂油祝圣仪式。

拿破仑　Napoleon（1769 ～ 1821）　意大利原名作 Napoleone Buonaparte。法语作 Napoléon Bonaparte。法国将军和皇帝（1804 ～ 1815年在位）。出生于科西嘉，双亲是意大利后裔。在法国受教育，1785 年成为陆军军官。他在法国革命战争中参与战斗，1793 年晋升为准将。在意大利北部打败奥地利军队后，他缔结了《坎波福尔米奥条约》（1797）。他试图征服埃及（1798 ～ 1799），但在尼罗河战役中被 H. 纳尔逊打败。1799 年的雾月 18 ～ 19 日政变使他获得权力，开始了军事独裁，自任第一执政官。他为政府引进无数改革，包括《拿破仑法典》，并且重建法国的教育体系。1801 年他与教皇签署了《1801 年政教协定》。在马伦戈战役（1800）中打败奥地利军队以后，他发动了拿破仑战争。欧洲各国为对抗他而成立联盟，促使拿破仑宣布法国为世袭帝国，并在 1804 年自封为皇帝。1805 年在奥斯特利茨战役中，他对奥地利及俄国取得军事上的最大胜利。他在耶拿战役击败普鲁士（1806），在弗里德兰战役中击败俄国（1807）。接着，他强迫俄国签订《蒂尔西特条约》，终结了反法国家的第四次联盟。尽管他在特拉法尔加战役中败给英军，他却致力于削弱英国商业，以封港方式建立大陆封锁政策。他在 1810 年之前巩固了他的欧洲帝国，但逐渐卷入半岛战争（1808 ～ 1814）中。他带领法军进入奥地利，并在瓦格拉姆战役（1809）中击败奥军，签订了《维也纳条约》。为了强化《蒂尔西特条约》，1812 年他率领超过45 万人的军队进入俄国，赢得博罗季诺战役，但在损失惨重的情况下被迫从莫斯科撤退。他的陆军大受削弱，面对各国的有力联盟，在莱比锡战役（1813）中被打败。巴黎被盟国拿下后，1814 年拿破仑被迫退位，被流放至厄尔巴岛。1815 年他召集一支军队，并回到法国，重新称帝百日，但在滑铁卢战役中遭到决定性挫败。他被流放到遥远的圣赫勒拿岛，6 年后在那里死去。身为历史上最著名的人物之一，拿破仑使军事组织及训练发生革命性变化，并以改革彻底影响了法国和整个欧洲的国家体制。

拿破仑二世　Napoleon II（1811 ～ 1832）　又称 Duke of Reichstadt（赖希施塔特公爵），原名 Napoléon-François-Charles-Joseph Bonaparte。拿破仑与玛丽-路易丝的唯一儿子，在拿破仑当皇帝时期出生，出生时就冠以“罗马国王”的称号。1814 年他父亲退位，指定他为继承人，但盟国拒绝接受。他被母亲带到外公（弗兰西斯二世）的宫中居住。获得奥地利王朝的赖希施塔特公爵称号，但受 F. von梅特涅的控制。1830 年波拿巴主义者暴动，试图让赖希施塔特恢复拿破仑二世的称号，但他已经得了肺结核，最终因病死亡。

拿破仑三世　Napoleon III（1808 ～ 1873）　又名 Louis-Napoléon（路易-拿破仑），原名 Charles-Louis-Napoléon Bonaparte。法国皇帝（1852 ～1870）。拿破仑的侄子，年轻时流亡

拿破仑三世，肖像画，H.弗朗德兰绘；现藏巴黎凡尔赛宫
H. Roger-Viollet

在瑞士和德国（1815 ～ 1830）。1832 年拿破仑的儿子赖希施塔特公爵死后，他认为自己有权继承皇位。政变流产后，他被国王路易-菲力普流放到美国。1840 年再次企图发动政变失败后，他被捕、受审并入狱。1846 年逃往英国，1848 年回到巴黎，被选入议会。他利用关于拿破仑神话般的传说赢得选票，当选第二共和国的总统。他为扩大自己的权力，1851 年又上演了一场政变，成为独裁者。1852 年他成为第二帝国的皇帝拿破仑三世。为寻求重建法国的势力，他将法国带入克里米亚战争，并参与巴黎会议（1856）的条约谈判。1859 年他与西西里一起反对奥地利，在索尔费里诺战役中取得了胜利。他帮助意大利实现统一，1860 年兼并了萨伏依和尼斯。在他统治的大部分时间里，法国因其倡导的自由化政策而繁荣昌盛。19 世纪 60 年代，他逐渐引入政治自由。他拥立马克西米连为墨西哥的皇帝（1864 ～ 1867），并期望得到“拉丁帝国”的物质回报，但未能如愿。在1866 年的奥普战争中，他使法国保持中立，但在 1870 年 O. von 俾斯麦却使法国卷入了灾难性的普法战争。拿破仑三世带领的军队在色当战役中失败，他投降并被废黜。

拿破仑战争　Napoleonic Wars（1799～1815）　发生在法国同欧洲其他强国联盟之间的一系列战争。这些战争原为保卫法国革命战争所建立的国力，后转变为拿破仑为确保自己在欧洲权力平衡中占有优势所作的努力。在马伦戈战役（1800）中打败奥地利军队以后，法国获得主导欧洲大陆的权力。只有英国仍然强大，在特拉法尔加战役（1805）中的胜利终止了拿破仑侵略英格兰的威胁。拿破仑在对抗俄国、奥地利和普鲁士联军的乌尔姆战役（1805）、奥斯特利茨战役（1805）、耶拿战役（1806）和弗里德兰战役（1807）中赢得主要胜利。《蒂尔西特条约》（1807）和《申布伦和约》（1809）的签订，使自英吉利海峡到俄国边界的大部分欧洲，不是成为法国的一部分，就是受到法国的控制，或是成为法国的同盟。拿破仑赢得战争的胜利在于其行军快速、发动奇袭和对孤立的敌军采取各个击破的方式。其敌军则采取在撤退时避免交战的反策略，迫使拿破仑的供应线过分延长，威灵顿公爵在半岛战争时和巴克莱·德托利公爵在俄罗斯时，都使用策略成功地击败了拿破仑。1813 年成立四国同盟反抗拿破仑，并聚集了超过拿破仑军队人数的军力。在莱比锡战役失利后，拿破仑被迫撤至莱茵河以西；在巴黎被盟国拿下（1814）后，他被迫退位。后来他召集一支军队，并回到法国称帝百日（1815），但四国同盟再次兴起对抗。滑铁卢战役是拿破仑最后一场失败的战役，其失败原因为无法发动奇袭和未能阻止威灵顿公爵与 G. von 布吕歇尔率领的两支军队组成联军。拿破仑战争时代随着他的第二次退位和流放而结束。

拿撒勒　Nazareth　希伯来语称Naẓerat。阿拉伯语称an-Nāṣira。以色列北部，海法东南的城市。它是以色列最大的阿拉伯人城市。《新约》记载，它是耶稣童年时期的活动地。有许多基督教的教堂，是朝圣的中心。在十字军时代曾数度被基督教徒占领。1517 年被奥斯曼帝国占据，1918 年起是英国托管的巴勒斯坦的一部分，1948 年起归属以色列。基督教阿拉伯人约占人口的 1/3。人口约 73 000（2010）。

拿骚　Nassau　巴哈马联邦首都。位于新普罗维登斯岛东北海岸。17 世纪时英国人在此定居，18 世纪成为海盗的集合地点。在那里建起的堡垒是为了抵挡来犯的西班牙人。美国南北战争期间，拿骚是南部邦联偷越者的基地。现在它是著名的旅游胜地，经济基础为旅游业。人口179 300（2002）。

拿骚　Nassau　德意志历史地区，以前的公爵领地，现代黑森州的西部。这里是莱茵北部和东部的茂密森林与丘陵地带，中间穿过兰河和陶努斯山脉。“拿骚伯爵”的称号首先采用于 12 世纪。1806 年拿骚加入莱茵联邦而成为公国。1866 年被普鲁士兼并。今日荷兰和卢森堡的皇室是拿骚家族的后裔。

那不勒斯　Naples　意大利语作 Napoli。古称 Neapolis。意大利南部坎帕尼亚区省会城市。位于那不勒斯湾北方，罗马东南方，约公元前 600 年由古希腊殖民地难民所创建，公元前 4 世纪时被罗马人征服。曾为拜占廷和萨拉森人国度的一部分，11 世纪被西西里的诺曼统治者征服，19 世纪时为那不勒斯王国和两西西里王国的首都。1860 年 G. de 加里波第的探险队来到此地。第二次世界大战时因同盟国和德国的炮击而毁坏严重，重建后在1980 年又因强烈地震而遭破坏。为商业和文

化中心，多种工业（包括造船业和纺织业）的主要港口。该城有中世纪的城堡、教堂和一所大学。人口约993 386（2001）。

那格浦尔 Nagpur 印度马哈拉施特拉邦东北部城市。濒临纳格河。几乎处在印度的地理中心。18世纪由一位贡德王子建立，后成为马拉塔联盟成员的首要城市。19世纪时受英国统治。该市生产纺织品、铁制品、运输设备、棉花和柑橘。该市中心有早期英国人建的城堡，也是教育和文化中心。人口2 052 066（2001）。

那鸿 Nahum（公元前7世纪末）《旧约》十二位小先知之一，传统上认为是《那鸿书》的作者。先知那鸿预言了亚述帝国及其首都尼尼微的陷落（公元前612）。他指出，这是上帝的旨意，是对亚述长期欺凌弱小民族，特别是以色列人的惩罚。

那加兰 Nagaland 印度东北部的一个邦。与缅甸交界，与曼尼普尔邦、阿萨姆邦以及阿鲁纳恰尔邦毗邻。首府科希马。境内除小片平原以外，全邦均为阿拉干山系北向余脉所构成的丘陵地带。1819～1826年为缅甸人统治，直到英国逐渐吞并那加丘陵区。1963年那加人民同意成为独立的印度的一个邦。境内共有20多个主要部族，还有许多小支族。方言和习俗各不相同。居民约有2/3为基督徒，其他大多是印度教徒和穆斯林。经济以农业为主。主要农作物有水稻、黍类、甘蔗、马铃薯和烟草。面积16 579平方千米。人口约2 187 000（2008）。

那伽 naga 印度教和佛教神话中一类精灵，其形半人半蛇。据说可化作人形或蛇姿，行动危险，在某些方面优于人类。居住在地下蛇界，又称普陀界，该处宫殿富丽堂皇，珠光宝气。据说他们曾在地上繁衍过多而成灾，于是梵天把他们驱逐到地下，只许他们咬真正的恶人和注定夭折的人。他们也与水（河、湖、海和矿泉）有关，并能护卫财宝。

那喀索斯 Narcissus 希腊神话中一个英俊的青年，他爱上了自己的倒影。他是河神刻菲索斯与仙女莱里奥普的儿子。有人告诉他母亲，只要他不看见自己的容颜，他就能长寿。他对仙女厄科或是对爱他的阿美尼亚斯的无情拒绝遭到诸神的惩罚：他爱上了他自己在泉水中的倒影，最后憔悴而死。他死去的地方长出的水仙属花以他的名字命名。

那烂陀 Nalanda 著名的佛教寺院中心，常被说成是一所大学，位于今印度比哈尔邦北部。根据传说，那烂陀在佛陀的时代（公元前6～前5世纪）已经存在。但是经过考古学家发掘，了解到寺院的房基是属于笈多时期（5世纪）的。曾有数千名教师、学生在这里求学，课程包括逻辑、文法、天文学和医学。7世纪晚期中国的求法僧玄奘和义净曾在这里居住过一段时间。12世纪时那烂陀作为学术中心仍旧繁荣。它可能在1200年前后穆斯林袭击比哈尔时被毁，此后再未复原。

那纳克 Nanak（1469～1539） 印度锡克教创立者。出身于刹帝利种姓，其父经商。他曾在粮食仓库任职数年，然后离家弃业，从事宗教活动，云游募化，朝觐印度境内伊斯兰教和印度教中心。后定居于旁遮普的格尔达布尔村讲授教义。此时他已被尊为祖师并收了许多门徒。那纳克主要宣讲通过思念神名求得解脱，而不靠拜像、建庙、诵经。关于那纳克的传闻称为见证，有人把它们粗略地按先后编集成册，题为《生平见证》，主要叙述他的童年事迹，尤其是各处旅行的情况。

那咤罗阇 Nataraja 梵语，意为“舞主”。湿婆的化身之一。最常见的形象有四条手臂，长发飘舞，脚踏侏儒（象征人类冥顽）舞蹈，周围有火圈。那咤罗阇的塑像用一些拱

那咤罗阇，12～13世纪的印度青铜雕像；现藏阿姆斯特丹亚洲艺术博物馆
By courtesy of the Rijksmuseum, Amsterdam

形的火焰，表示出湿婆是宇宙中一切运动之源，舞蹈的目的是要把人类从幻觉中释放出来。据说该神舞蹈的地方同时是宇宙的中心和人类的心脏。

纳巴科夫 Nabokov, Vladimir (Vladimirovich)（1899～1977） 俄国出生的美国小说家、评论家。生于贵族世家。1919年前往英国剑桥大学学习，此前已出版两本诗集。

纳巴科夫，摄于1968年
© Philippe Halsman

原本以诗歌为主要创作形式，1925年以后改以小说为主要创作体裁。1919～1940年居于英国、德国和法国。他把1940年移居美国前的生活写成自传体小说《继续说吧！回忆》（1951）。1928年发表的《国王、王后、杰克》体现了纳巴科夫精雕细琢、讲究格局形式的艺术特色。纳巴科夫作品的中心主题是以各种象征手法表达艺术本身的问题。《斩首的邀请》（1938）充分显示了他的才华。他最优秀的俄文小说《天才》（1937～1938）依赖文学模仿，后来模仿成为他的主要写作技巧。他的英文小说包括为他带来巨大财富和国际声誉的畅销书《洛莉塔》（1955）、《暗淡的火光》（1962）和《艾达》（1969）。除小说诗歌外，他还曾发表A.普希金的《叶甫盖尼·奥涅金》的译文和评论集（4卷，1964）。

纳波河 Napo River 厄瓜多尔东北部和秘鲁东北部的河流。发源于厄瓜多尔，流向东，跨过秘鲁边境，穿过茂密的雨林，汇入亚马孙河。全长885千米。它是一条重要的运输通道。沿河饲养牛群。森林中生产橡胶、糖胶和木材。

纳粹党 Nazi Party 德国国家社会主义政党名。1919年创立时称德国工人党，1920～1921年A.希特勒任该党领袖时改名为德国国家社会主义工人党（Nationalsozialistische Deutsche Arbeiter-Partei），纳粹（Nazi）这个名称来自其全名的第一个词。纳粹党以其发源地巴伐利亚为根据地，开始从全国心怀不满的团体中吸收成员。以冲锋队为名组织起来保护其党员。虽然啤酒店暴动的失败削弱了该党的影响力，大萧条所造成的影响却为纳粹党带来数百万的新成员，在1932年成为国会最大政党团体。1933年希特勒成为总理后，通过《授权法》希特勒政府宣布纳粹党为德国唯一的政党，所有官员必须皆为纳粹党员。在第二次世界大战德国战败（1945）、纳粹党被取缔前，纳粹党实际上控制了德国所有的活动。

纳迪尔·沙阿 Nadir Shah（1688～1747） 伊朗的统治者和征服者。原为土匪头子。率领土匪支持塔赫马斯普二世夺回他父亲失去的王位。后他废黜塔赫马斯普二世，拥立塔

纳迪尔·沙阿，佚名画家绘于1740年左右；现藏伦敦维多利亚和艾伯特博物馆
By courtesy of the Victoria and Albert Museum, London

赫马斯普年幼的儿子上台。后又将其废黜，自立为纳迪尔·沙阿(1736)。后占领了印度北部莫卧儿帝国的几个城市。生性残暴，到处进行屠杀。后被自己的部下暗杀。

纳尔塞斯 Narses(约480～574) 查士丁尼一世时期的拜占廷将军。原是皇家宦官侍卫指挥官，最后升为内侍总管。532年他平息了一场骚乱，保住了查士丁尼的皇位。538年纳尔塞斯被派参与征服意大利的军事远征，但他不能与指挥官合作，致使东哥特人取得了胜利。551年他返回意大利，征服了东哥特人的王国。他在意大利掌握了实权，直到567年被查士丁尼的继承人调离。

纳尔逊 Nelson, Horatio(1758～1805) 后称Viscount Nelson，又称Lord Nelson。英国海军统帅。1770年加入海军，1777～1783年在西印度群岛服役。1793年被派往地中海支持与法国作战的英国盟军。在圣文森特角战役(1797)中英国取得对西班牙和法国的胜利后，他被擢升为海军少将。1798年追击拿破仑的舰队至埃及，并赢得尼罗河战役的胜利。停留在那不勒斯等待船舰修复期间，曾与汉密尔顿夫人展开恋情。因协助那不勒斯国王费迪南一世重获政权(1799)而获布朗台公爵封号。身为攻打丹麦远征军的副总司令，他采用出奇不意的战术赢得哥本哈根战役的胜利(1801)，并登上了海军总司令的宝座。1805年因拿破仑的法国舰队计划侵略英国所造成的威胁而被派往地中海。在后来的特拉法尔加战役中，登上"胜利"号旗舰的纳尔逊遭到一名法军狙击手从"凶猛"号上的袭击，子弹穿过了他的肩部和胸部，正值英军获胜时他即去世。他的去世受到广泛的哀悼，他被视为英格兰最受欢迎的英雄，受到深切的哀悼。他杰出的战略战术确保了英国海军100多年来的海上优势。

纳尔逊河 Nelson River 加拿大马尼托巴省中北部的河流。从北部的温尼伯湖流出，注入哈得孙湾，全长644千米。1612年由英国探险家T.巴顿发现。1670年在此建立哈得孙湾公司的贸易站。皮毛贸易商利用这条河流作为内陆航道。现在的哈得孙湾铁路与大部分河道平行。

纳夫拉蒂洛娃 Navratilova, Martina(1956～) 捷克裔美国女子网球运动员。1979年赢得温布尔登女子单打和双打冠军后，成为世界上无可争议的头号选手。她在1982年93场比赛中赢了90场，1983年87场比赛中赢了86场。1992年她累计得到的冠军数(158)超过了网球历史上其他任何一位选手。1994年她以167个冠军头衔退出单打比赛。在以后的两年时间里，纳夫拉蒂洛娃仅参加过为数不多的几场双打比赛，1997～1999年她没有打比赛。2000年重返职业赛，参加了几场双打比赛。2003年赢得温布尔登混双冠军，平了网球名将B.J.金的温布尔登冠军记录(20)，46岁的纳夫拉蒂洛娃也因此成为温布尔登网球场上年龄最大的运动员。2006年获得美国公开赛混双冠军之后，她退出了职业赛。她的职业生涯总共包括59个大满贯冠军：18个单打冠军、31个双打冠军和10个混双冠军。

纳戈尔诺-卡拉巴赫 Nagorno-Karabakh 阿塞拜疆西南部一地区。位于小高加索卡拉巴赫山脉东北侧。原为伊朗的一部分，1813年被俄国占领，1923年苏联政府将它建为阿塞拜疆苏维埃社会主义共和国的自治州，面积约4 400平方千米。1988年该区占多数的亚美尼亚人开始反抗阿塞拜疆人的统治。1991年苏联解体，获得独立的双方发生武装冲突。自从20世纪90年代中期以来，这里虽仍属阿塞拜疆，但许多地方已被亚美尼亚人控制。人口约137 743(2006)。

纳格哈马迪 Nag Hammadi 尼罗河畔上埃及城镇。当地原为奇诺波斯基翁古城城址。现在是周围农业区的商业城镇，有制糖厂、综合炼铝厂。附近的古代遗址包括希乌城、瓦萨耶德堡、古王国陵墓和科普特人的重要村落。1945年在此发现诺斯替教的13卷经籍抄本和2或3世纪的注释。

纳吉 Nagy, Imre(1896～1958) 匈牙利政治家。第一次世界大战时应征人伍。被俄军俘虏，后参加共产党，在红军中作战。1929～1944年间居于莫斯科。后返回在苏联占领下的匈牙利，协助建立战后的政府，曾出任几个部的部长。1953～1955年任总理，因其独立态度而被迫下台。1956年匈牙利革命期间再次担任总理。他曾请求西方协助阻止进入匈牙利的苏联军队，但未成功。他被逮捕后，经公审处决。

纳克索斯岛 Naxos 希腊基克拉泽斯群岛的最大岛屿。长约35千米，宽约26千米，面积427平方千米。西部沿岸的纳克索斯是首府和主要港口，也是该岛在古代和中世纪时的首府。在古代，它以优质葡萄酒以及对狄俄尼索斯的崇拜著称。在神话中，它是忒修斯抛弃阿里阿德涅的地方。公元前7世纪～前6世纪，出口一种用于雕刻的深度粒化的白色大理石。公元前490年被波斯人占领，前471年被雅典人占领。1207～1566年受威尼斯公爵统治；后来又转到土耳其人手里。1830年加入希腊王国。在岛上发现了迈锡尼时期的居民区遗址。纳克索斯岛出产白葡萄酒、柑橘和金刚砂。人口18 188(2001)。

纳拉伯平原 Nullarbor Plain 南澳大利亚西南部沿海的大片石灰岩高原。从大澳大利亚湾到维多利亚大沙漠，延伸进西澳大利亚的东南部和北部。面积260 000平方千米。岩床表面大致平坦。纳拉伯一词源自拉丁语，意为"无树"。纳拉伯国家公园里保留着珍稀动植物。平原上有许多石灰岩洞穴，包括考古遗址库纳尔达石洞。世界上最长的直线铁路(530千米)穿过该平原。

纳拉雅南 Narayanan, Kocheril Raman(1920～2005) 印度总统(1997～2002)，第一位来自最低下种姓(贱民)的政府首脑。出身贫困，依靠奖学金进入特拉凡哥尔大学就读，并以优异的学习成绩毕业于伦敦政经学院。1949年起，尽管有来自上层阶级官员的反对，他仍作为一名外交官，被派往多个国家当大使，其中包括中国和美国。后来他出任内阁总理，1992年被任命为副总统，1997年当选总统。

纳拉扬(斯瓦米) Narayan (swami), R(asipuram) K(rishnaswami)(1906～2001) 印度作家。曾短期任教，后决定全职写作。第一部小说《斯瓦米和朋友们》(1935)，描写一群学童的冒险活动。他的小说巧妙地描绘人际关系的独特之处并嘲弄印度人日常生活中的可笑事情，其中有现代城市生存方式与古代传统的种种冲突。小说有《英语教师》(1945)、《向导》(1958)、《摩尔古迪的食人者》(1961)、《糖果贩》(1967)、《摩尔古迪之虎》(1983)和《纳格拉的世界》(1990)。他还写短篇小说、回忆录以及印度史诗的现代散文版。

纳米比亚 Namibia 全称Republic of Namibia(纳米比亚共和国)。非洲西南沿海国家。面积：825 615平方千米。人口：约2 160 000(2013)。首都：温得和克。境内约1/3人口为奥万博人，其余为纳马人、卡万戈人、赫雷罗人和桑人。语言：英语(官方语言)、多种班图语(主要为奥万博语)、阿非利坎语和桑语。宗教：基督教(新教、天主教及其他基督教派)和传统宗教。货币：纳米比亚元。全境可分为三大自然地理区：纳米布沙漠、中部高原和卡拉哈里沙漠。经济主要以农业和钻石生产与出口为基础。纳米比亚是两院制共和国，总统为国家和政府首脑。纳米比亚一直由当地人长期居住，15世纪后期被葡萄牙人发现。1884年被德国兼并为德属西南非洲。第一次世界大战中被南非占领(随后称西南非洲直至1968年)，1919年南非接受国际联盟委任统治该地。第二次世界大战后，南非拒绝交出委任统治权。1966年联合国决议结束委任统治，但在20世纪70和80年代遭到南非抵制。经长期谈判，并牵涉到许多派系斗争和利害关系，纳米比亚终于在1990年获得独立。该国深受艾滋病影响，许多人感染了艾滋病病毒。1992年首次参加在巴塞罗那举办的夏季奥运会。

纳米布沙漠 Namib Desert 沙漠地区，沿着纳米比亚整个海岸从安哥拉的纳米贝延伸1 900千米到南非的象河。几乎长年不雨，大部分地方宽约80～130千米，有铁路连接南非共和国的鲸湾港。地势从西向东逐渐升高，至南非大陆崖山麓。广大地区基岩裸露或流沙覆盖，完全无土壤。东半部称内纳米布，是许多羚羊的栖息地，沿海地区是许多海鸟的栖息地，包括红鹳、鹈鹕和企鹅。

纳米技术 nanotechnology 控制原子、分子和物质来形成纳米大小(1米的十亿分之一)的结构。由于量子力学原理，这些纳米结构典型地呈现出新的特性或行为。1959年R.费因曼首先指出微型化的某些潜在的量子好处。1968年贝尔实验室的A.乔和J.阿瑟发明的分子束外延法使这方面的研究出现重要进展,20世纪70年代此一方法再获发展,已可对单一原子层实行可控沉积。科学家们在制作机件方面已经取得了一些进展,包括纳米大小的计算机组件。纳米技术的快速发展也体现在纳米材料在其他产品中的应用,如服装表面的抗污涂层和隐形防晒剂。

纳奇兹小道 Natchez Trace 美国东南部的一条老路。沿印第安小道修建,从密西西比州的纳奇兹向东北方向延伸,穿过亚拉巴马州西北部到田纳西州的纳什维尔,全长800多千米。19世纪初修了一条马车道,供商人和殖民者使用。沿途历史遗迹包括密西西比州的埃默拉尔德和拜纳姆印第安人坟墩、奇克索村,以及田纳西州的内波尔矿。

纳赛尔 Nasser, Gamal Abdel(1918～1970) 阿拉伯语作Jamal Abd al-Naser。埃及领导人。少年时曾参加过多次反英示威。身为陆军军官时领导了一场废黜皇室的政变(1952),

纳赛尔,Y.卡什摄

并推举纳吉布将军为国家元首。1954年纳吉布被罢免,纳赛尔出任总理。穆斯林兄弟会企图暗杀纳赛尔未遂。1956年他颁布宪法,埃及成为一党政体的社会主义阿拉伯国家,纳赛尔任总统。同年宣布苏伊士运河国有化(参阅苏伊士危机),并确保苏联援建阿斯旺高坝,当时英美两国相继取消援助计划。他平安度过法国、英国和以色列对机场和西奈半岛进行攻击的危机。身为有独特魅力的人物,纳赛尔曾希望成为伊斯兰世界的领袖,并成功地与叙利亚组成阿拉伯联合共和国(1958～1961)。1970年当纳赛尔勉强接受美国提出埃以和谈计划时,因心脏病突发去世。参阅阿以战争和萨达特。

纳赛尔丁·沙阿 Nāṣir al-Dīn Shāh(1831～1896) 伊朗卡扎尔王朝的国王(1848～1896),执政初期是改革家,但后来逐渐趋于保守。在国内,他限制神职人员的世俗权力,引入电报和邮政服务,修建公路,兴办第一所按照西方原则授课的学校,发行了伊朗的第一份报纸。然而,在执政的后期,他完全拒绝着手解决不断增加的改革压力问题。他给予外国人一系列优惠权利,自己从中渔利。这些权利当中最重要的一项就是1890年授予的有关在该国购买、销售和加工烟草的50年特许权,随后爆发一场全国范围的烟草抵制运动,次年特许权被收回。这个事件被称作"烟草叛乱",经常被认为是现代伊朗民族主义的开端。

纳赛尔水库 Nasser, Lake 在苏丹称Lake Nubia(努比亚湖)。埃及南部和苏丹北部的水库。长约483千米。20世纪60年代建设阿斯旺高坝后形成。它的蓄水量可以使下游增加324 000公顷的灌溉面积。它的修建淹没了许多考古遗址,包括阿布辛拜勒。

纳沙泰尔湖 Neuchâtel, Lake 瑞士西部湖泊。面积218平方千米,是全部在瑞士境内的最大湖泊。为以前侏罗山脉下较低的阿勒谷地的冰川湖留下的部分。北岸的拉坦诺是一处史前遗址,可追溯到铁器时代文化的后期。

纳什 Nash, John(1752～1835) 英国建筑师和城市规划师。1798年起他受雇于威尔士亲王。获得相当财富后,他为自己在怀特岛设计建造了东考斯堡(1798),对仿哥特式建筑时期产生很大影响。后来他在英格兰和爱尔兰各地建了哥特式或意大利风格的城堡、住宅和村舍。1811年修建的摄政公园中有运河、湖泊、林区、植物园以及周围的商业拱廊和景色如画的居民点。1821年他开始把伦敦的白金汉邸宅改建为王宫。但这个项目尚未完工,他就因对改建费用和结构牢固程度的质疑,被解雇了。

纳什 Nash, John Forbes(1928～) 美国数学家。生于西弗吉尼亚州布鲁菲尔德,22岁时获普林斯顿大学博士学位。1951年开始在麻省理工学院任教,但由于精神疾病而于20世纪50年代末辞职;此后与普林斯顿非正式协作。50年代开始时,纳什以他有影响的"非合作对策"建立了对策论的数学原理。他的理论被称为纳什解或纳什平衡,该理论试图解释竞争者之间彼此威胁和作用的互动关系。虽然在实行上有其限制,其理论仍被商业策略家广泛应用。1994年他与J.C.豪尔绍尼(生于1920)和R.泽尔滕(生于1930)同获诺贝尔经济学奖。

纳什 Nashe, Thomas(1567～1601?) 英国小册子作者、诗人、剧作家和小说家。纳什是第一个英国怪异散文作者,他以口语用词与特质的强力结合写成的混合词是引起争论的理想对象。作品有讽刺论作《穷光蛋皮尔斯向魔鬼哀求》(1592)、假面戏《夏日的遗嘱》(1592,1600年发表)、英国的第一部流浪汉小说《倒霉的旅行家》(1594)以及《纳什的素食》(1599)。剧本《迦太基女王狄多》(1594)是与C.马洛合作的。

纳什维尔 Nashville 美国田纳西州的首府。位于坎伯兰河畔。1779年初建时称纳什博罗,1784年建纳什维尔镇。1806年建市,1843年成为州首府。1862年美国南北战争期间被联邦军占领。这场战争最大的一次战役(1864)发生在纳什维尔城外。纳什维尔是金融和商业中心,生产鞋、服装、玻璃和轮胎。重要的工业有印刷、出版和音响录制。它以乡村音乐与西部音乐闻名,是著名乡村音乐收藏馆所在地。它有许多所大学,包括范德比尔特大学和菲斯克大学。人口约601 222(2010)。

纳斯特 Nast, Thomas(1840～1902) 德国出生的美国政治漫画家。6岁时到美国。1862～1886年间为《哈泼周刊》画漫画。在南北战争中他的漫画有效地支持了北方的事业,

T.纳斯特,自画像,绘于1892年

A.林肯称他为"我们最优秀的招兵员"。19世纪70年代,他的一些最有效的漫画都是攻击W.M.特威德在纽约的政治机构;这也是致使特威德在西班牙被认出和被捕的原因之一。共和党的大象、最受欢迎的圣诞老人以及民主党的毛驴形象都出自纳斯特之手。后因做房屋中介失败而一贫如洗。曾任驻厄瓜多尔领事,最后在那里去世。

纳塔尔 Natal 巴西东北部的海港城市。位于大西洋沿岸,波滕日河入海口处。1597年葡萄牙人在一个要塞附近建立,1611年设镇。纳塔尔是北里奥格兰德州的首府和主要的商业中心,也是一个繁忙的港口和海军基地。市内有北里奥格兰德州立大学。附近有海洋研究所和巴雷拉多因费尔诺火箭基地。人口803 739(2010)。

纳塔尔 Natal 南非共和国东南部以前的省份。操班图诸语言的民族在这里生活了若干世纪。1497年V. da伽马于圣诞节(葡语为Natal)见到了纳塔尔港湾(如今的德班),即以"纳塔尔"为该地命名。1824年来了第一批欧洲定居者。1837年阿非利堪人到达内陆地区,打败祖鲁人后建立了纳塔尔共和国。1843年被英国兼并,经多次获得属地而不断扩展。在南非战争期间,受英国人控制的阿非利堪人入侵纳塔尔。1910年,纳塔尔成为南非联邦的一个省,1961年为南非共和国的一个省。后来在纳塔尔内成立了分离出来的非独立黑人区,即夸祖鲁人的合法居住地,该地区成为黑人敌对政党发生冲突之地(参阅非洲人国民大会、因卡塔自由党)。1994年南非大选后,该地区又重新并入夸祖鲁-纳塔尔省。

纳瓦霍人 Navajo 又作Navaho。北美印第安人,主要居住于美国新墨西哥州西北部、亚利桑那州和犹他州东南部。纳瓦霍人操阿

塔帕斯卡诸语言的一种语言，与阿帕切人所操的语言有关联。公元900～1200年间，纳瓦霍人与阿帕切人自加拿大向西南迁移，在此之后纳瓦霍人处于普韦布洛印第安人的影响之下。彩陶及远近闻名的纳瓦霍毛毯，还有沙画，全是这种影响的产物。银器制造大概是19世纪中叶向墨西哥人学得的。传统经济基础为农业，辅以放牧绵羊、山羊和牛群。基本的社会单位为宗族。其宗教着重于记述第一批来自地表以下的各个世界的人的出现。1863年美国政府命令K.卡森上校率兵使纳瓦霍人与阿帕切人停止掠夺，卡森的攻击使得约8 000名纳瓦霍人被监禁，庄稼和牧地也遭破坏。今日许多纳瓦霍人居住在新墨西哥、亚利桑那和犹他州的纳瓦霍保留地（64 000平方千米）内或其附近，数千名纳瓦霍人以做临时工维生。他们的语言已被想方设法地保留下来；他们在第二次世界大战期间用纳瓦霍语发送密电，产生了很好的效果。纳瓦霍人是美国人数最多的美洲土著，21世纪初纳瓦霍人的后裔在美国有大约30万人。

纳瓦语　Nahuatl language　墨西哥的犹他-阿兹特克诸语言，通行于墨西哥中部和西部，是犹他-阿兹特克语系中最重要的语言。阿兹特克人的大多数文献是用纳瓦语写的。16世纪20年代，阿兹特克帝国被征服后，纳瓦语开始用西班牙语字根进行拼写。从16世纪保存下来的文字记载，是由西班牙传教士根据西班牙文所创制的文字书写的，包括了编年史、城市记录、诗歌等。方济会修士B. de萨阿贡（1499～1590）根据印第安人提供的纳瓦文化的资料写成《新西班牙文物史》。

纳瓦拉　Navarra　习称Navarre。西班牙北部的一个自治区域。建于1982年，面积10 391平方千米，北与法国接壤。面积大体上相当于古王国纳瓦拉的西班牙部分。比利牛斯山脉横亘自治区的北部，南部为地中海气候。制造业集中在商业中心与首府潘普洛纳周围。人口约601 874（2006）。

纳维斯塔国际公司　Navistar International Corp.　美国最大的卡车制造商。原为国际收割机公司，由麦考密克收割机公司（C. H.麦考密克创办的销售收割机械的公司）与4个较小的机器制造商合并成立于1902年。不久为农民推出高轮的"自动货车"，使它成为机动货车的先锋。20世纪30年代开始生产拖拉机，很快成为运土设备的主要制造商。20世纪80年代初，面临经济困难，卖掉了在美国的建筑设备公司，并放弃了它的农业设备生产线，把注意力几乎全部集中在卡车制造上。1986年公司名称更名为纳维斯塔国际公司。

纳辛　Nation, Carry (Amelia)（1846～1911）原名Carry Moore。美国禁酒倡导者。1867年结婚，但不久就离开了她酗酒的丈夫。1877年她嫁给律师D.纳辛，1901年丈夫因她不顾家庭而离婚。1890年美国最高法院的决定削弱了她所在的堪萨斯州的禁酒令。她参加了戒酒运动，认为那些酒吧是非法的，可以捣毁而不受惩罚。她是个高大的妇女，

C.纳辛
Brown Brothers

有时独自一人，有时由唱圣歌的妇女陪同一起冲进酒吧，开始唱歌、祈祷、大声喊叫，并用短柄小斧砸碎酒吧间的设备和存货。她数度入狱，用她的演讲和出售纪念品（短柄小斧）的所得支付罚款。

纳亚里特　Nayarit　墨西哥中西部的州。面积26 979平方千米。首府特皮克。马德雷山脉从太平洋沿岸地区陡峭升起，将该州的领土分隔成一些深峡窄谷。有著名的塞沃鲁科和桑甘古埃火山。海岸潟湖是著名的鸟类栖息地。主要的河流圣地亚哥大河自查帕拉湖流出，常被看作是莱尔马河的延续。经济以农业为主。人口1 084 979（2010）。

《纳伊条约》　Neuilly, Treaty of（1919-11-27）　第一次世界大战后，保加利亚与战胜国、协约国之间在法国的纳伊签订的和约。依约保加利亚被迫把军队减至2万人，把有30万居民的土地割让给南斯拉夫和希腊，并向协约国赔款。

钠　sodium　碱金属族化学元素，化学符号Na，原子序为11。钠是很软的银白色金属。其含量在地球上占第6位，通常以石盐形式存在，从不以单体存在于自然界中。钠的化学性质极其活泼，被作为化学反应物和原料，在冶金学中则作为热交换介质（用于核动力发生器和某些类型引擎中）和钠蒸气灯。钠为维持生命所必需，但很少在饮食中缺乏，高血压病则与钠摄取过多有关。钠的化合物，其化合价为+1，有许多种在工业上相当重要，包括小苏打、苛性钠、硝石和氯化钠。钠的碳酸盐化合物，为4种最重要的基本化学产品之一，被用于制造玻璃、洗涤剂和清洁剂。以作为家用漂白剂而为人熟知的次氯酸钠，也可用于漂白纸浆和纺织物，以及水的氯气处理和某些医药用途。硫酸钠则用于硫酸盐制浆法，也用于制造纸板、玻璃和洗涤剂。硫代硫酸钠（又称海波）则被用来冲洗底片。

乃木希典　Nogi Maresuke（1849～1912）日本明治时代的将军。曾担任台湾（当时被日本占领）总督，并参加过日俄战争。明治天皇逝世时，他和妻子展现出武士最终极的忠诚行为，携手切腹自杀。此一行为令日本作家如夏目漱石与森鸥外（1862～1922）深感震撼，同时也显示出日本的封建传统与急速发展的现代化之间的反差。

奶　milk　雌性哺乳动物在产后一段时期从乳腺分泌的、用来喂养幼雏的汁液。家畜的奶也是人类的重要食物来源。西方国家主要从母牛身上取得奶。在别的地区，奶的主要来源包括绵羊、山羊、水牛和骆驼。奶基本上是脂肪和蛋白质在水中的乳状物，也含有已溶解的糖（碳水化合物）、矿物质（包括钙和磷）以及维生素（特别是维生素B复合体）。市场上出售的牛奶还添加了维生素A和D。许多国家都要求对牛奶进行巴氏杀菌法处理，以防止天然滋生或人为造成微生物。进一步冷冻可防止酸败（变酸或凝结）。全脂奶（3.5%的脂肪含量）可经过乳脂分离器加工产出奶油和含1%～2%脂肪的低脂奶或含0.5%脂肪的脱脂奶。市售奶通常已经被均质化，在高压下迫使奶穿过小孔，让奶油分布均匀。奶可以被浓缩或脱水以便保存和运输。其他的奶制品还包括奶油、干酪和酸奶。

奈波尔　Naipaul, V(idiadhar) S(urajprasad)（1932～　）　后称Sir Vidiadhar。特立尼达小说作家。为移民特立尼达的印度人后裔，1950年离开特立尼达赴牛津大学就读。后定居英格兰。《比斯瓦斯先生之屋》（1961）是一部重要作品，叙述一位移民企图维护自我、追求独立自主的努力，为他赢得赞誉。他后来的小说以其他国家为背景，但仍继续探讨个人和团体在新兴国家中所经历的疏远感，而这些国家正在把本土文化传统和西方殖民文化相融合。包括《在自由国家》（1971，获布克奖）、《游击队》（1975）、《河湾》（1979）。他还写了《到达者之谜》（1987）和《半生》（2001）及有关印度的研究文章。奈波尔于2001年获诺贝尔文学奖。

奈费尔提蒂　Nefertiti（公元前14世纪）埃及王后，阿肯那顿（公元前1353～前1336）

奈费尔提蒂，约公元前1350年的彩色石灰岩胸像；现藏柏林埃及博物馆
Bildarchiv Preussischer Kulturbesitz, Agyptisches Museum, Staatliche Museen zu Berlin-Preussischer Kulturbesitz, Berlin; photograph, Jurgen Liepe

的妻子。以在其王国的新都阿马纳发现的胸像而闻名。她可能是来自米坦尼的一位亚洲公主。在阿马纳的浮雕上，她与阿肯那顿一起出现并祭拜他的新偶像太阳神阿吞。她的6个女儿中有两位成了埃及的王后。在阿肯那顿在位的第12年，奈费尔提蒂因失宠或死亡而消失。

奈基　Nike　希腊宗教中的胜利女神。巨人帕拉斯与冥界之河斯提克斯的女儿。最初奈基具备雅典娜和宙斯双方的标志，表现为他们二人手中牵领着的小人儿。后来逐渐成

奈基，一个青铜器皿上的雕刻（约公元前490），可能为意大利南部一个希腊城市所制之物品；现藏不列颠博物馆
By courtesy of the trustees of the British Museum

为神与凡人之间的调解人，经常手持棕榈枝、花环或作为胜利使者象征的杆杖。在单独描写她时，奈基往往带有翅膀，在比赛的胜者头上翱翔。奈基在罗马被称作维多利亚而受到崇拜。

奈维尔逊　Nevelson, Louise（1899～1988）原名Louise Berliavsky。乌克兰出生的美国雕刻家。1905年全家移居美国缅因州。曾在纽约市艺术学生联合会学习，1931年在慕尼黑师从H.霍夫曼。她早期的具象的雕刻以相互连接的块状物和铸件（例如《古人像》，1932；《马戏团小丑》，1942）为特点，这些特点也是她后来的风格特征。20世纪50年代，她专门制作抽象作品；在此时期，她以大型、单色的抽象雕刻而闻名，这些作品由前面打开的一些木箱堆起几堵独立式的墙组成。在这些木箱里是一些能引起想像的抽象形状的物体与一些建筑碎片和其他铸件的混合。她把这些东西巧妙地安排起来，产生出一种神秘感（例如《教堂的天空》，1958；《寂静的音乐Ⅱ》，1964），然后再涂上单一的颜色，通常是黑色。她被认为是20世纪最杰出的雕刻家之一。

男高音　tenor　男高音音域，约自中央C以下的第二个B音至以上的G音。13～16世纪的复调音乐中，男高音是指反复音。男高音根据不同的嗓音特征常分为戏剧男高音、抒情男高音和英雄男高音。在乐器族里，男高音用来指中央部分音域基本与此音域重合的乐器（例如男高音萨克斯风）。

男女合校教育　coeducation　男生和女生在同一学校接受教育的制度。这是一种发生于近代的新事物，在美国比在欧洲实行得更早、更广泛，因为欧洲的传统对实行此种制度有更大障碍。17世纪时，在苏格兰、英格兰北部和新英格兰殖民地的贵格会和其他宗教改革者开始提倡女孩和男孩一样接受阅读《圣经》的教育。18世纪末，城镇学校逐渐接收女学生。到1900年，绝大多数美国公立高中和70%的美国学院和大学已实行男女合校。奥伯林学院、贝特斯学院、康奈尔大学和艾奥瓦大学率先男女合校。在欧洲，博洛尼亚大学、伦敦大学以及北欧的几所学校首度对女生敞开大门。其他的欧洲国家在1900年以后也采取了男女合校教育，许多共产党国家也曾强制规定实施男女合校教育计划。

男像柱　atlas　在建筑中用作柱子以支承檐部、阳台或其他突出部分的男子雕像，表现出负荷巨大重量的姿态，就如同阿特拉斯以肩顶天一样源于古代建筑，古罗马建筑中也有实例。与男像柱相对的是女像柱，它同样也是建筑的支撑物，但所摆出的姿势与男像柱不同。

男性乳房女性化　gynecomastia　男性乳房增大的现象。多数病例仅表现在一侧乳房，仅表现为乳头及乳晕增大。偶见整个乳房增大如女性者。真性男子乳房女性化与雌激素增加有关。睾丸或垂体肿瘤是本病的常见原因。因身体脂肪过多、乳腺炎性疾病、肉芽性病变或肿瘤生长等引起的乳房增大称为假性男子乳房女性化。本病的治疗包括激素治疗、纠正刺激雌激素产生的疾病或切除肿瘤。

男中音　baritone　在声乐中，音域介于男低音和男高音之间的声种，为最常见的男声声种。通常男中音的音域是从中央C以下10度的A到中央C以上的F。男中音（*baritonus*）这一术语在15世纪时五声部和六声部乐曲中首次使用。在四声部结构成为标准结构之后，男中音声部被取消，自然的男中音被迫向男高音或男低音方向发展。主要在中音部使用的乐器有中音萨克斯管和中音号。

南阿尔卑斯山　Southern Alps　新西兰南岛的山脉。其长度几乎贯穿全岛，为大洋洲最高山脉。海拔从900米上升到超过3 050米，最高点为海拔3 754米的库克峰。冰川自常年积雪的山顶向下流动。山脉在气候上将岛屿分为两部分，森林覆盖的西部斜坡与狭窄的滨海平原的气候比东部斜坡和宽广的坎特伯雷平原要湿润得多。1990年西南地区的大部分被联合国教科文组织列为世界遗产。

南安普敦　Southampton　英格兰汉普郡的一个城市，英吉利海峡港口。罗马人首先在此定居，1155年左右获得亨利二世特许，1445年建市。中世纪时为英国主要港口，17～18世纪衰退，19世纪由于铁路的建成而复苏，今为英格兰第二大港口。历史建筑有11世纪的圣米迦勒教堂和12世纪的约翰王宫，后者是英国最古老的住宅建筑之一。人口约217 478（2001）。

南安普敦伯爵（第三）　Southampton, 3rd Earl of（1573～1624）　原名Henry Wriothesley。英国贵族，W.莎士比亚的保护人。为南安普敦伯爵（第一）之孙，甚得女王伊丽莎白一世宠爱。他是许多作家的慷慨扶掖者，其中包括T.纳什。莎士比亚曾将两首长诗奉献给他（1593、1594）。通常认为他就是莎士比亚大多数十四行诗中所指的“年轻贵族”。曾随埃塞克斯伯爵（第二）远征加的斯和亚速尔群岛（1596、1597）。1601～1603年因支持埃塞克斯叛乱而被囚禁，詹姆斯一世继位后才得以重返王宫。1619年任枢密院顾问，但后因反对白金汉公爵（第一）而失宠。他与其子自愿参加联省反对西班牙的战争，可是登陆荷兰不久就双双死于热病。

南安普敦岛　Southampton Island　加拿大努纳武特省基韦廷地区岛屿。位于哈得孙湾入口处，全岛略呈三角形，面积41 214平方千米。东北部高原有高达300米的海岸峭壁，地势逐渐向南部低地倾斜。沿岸水域以捕捞北极鲑鱼闻名。

南奥克尼群岛　South Orkney Islands　南美洲东南部南大西洋上的群岛。由两个大岛（科罗内申、劳里）和许多小岛组成，为英属南极洲领地的一部分。总面积620平方千米，荒无人烟。1962年以前为福克兰群岛属岛的一部分。小岛之一锡格尼岛常用作南极探险基地。

南澳大利亚　South Australia　澳大利亚中南部一州，面积983 482平方千米，首府阿德莱德。1627年荷兰人曾在该海岸短期逗留，19世纪初英国探险家来到这里。1836年成为英国的一个省，受到殖民统治。该州有广阔的内陆地区，大片贫瘠的荒原，包括艾尔湖和弗林德斯岭。为世界主要的蛋白石产地，在澳大利亚消费的葡萄酒和白兰地大部分也出产于此，此外还有全国最大的造船厂。1901年该地区成为澳大利亚联邦的一个州。第二次世界大战后，该州东南部实现了工业化。人口约1 644 582（2010）。

南部邦联　Confederate States of America　又称Confederacy（邦联）。1860～1861年间脱离联邦的美国南方11个州所组成的政府。在A.林肯当选总统（1860）后，大南方的7个州（亚拉巴马、佛罗里达、佐治亚、路易斯安那、密西西比、南卡罗来纳和得克萨斯）相继脱离联邦。1861年4月袭击萨姆特堡后，南方的另外4个州（阿肯色、北卡罗来纳、田纳西和弗吉尼亚）也加入了邦联。南部邦联的总统为J.戴维斯，副总统为A.H.斯蒂芬斯。主要目的是保护州权和确立奴隶制度，主要的职责是招募军队。南部邦联认为特产棉花可以使欧洲各国对联邦政府施加经济和外交压力。在南北战争头两年，南部邦联军节节胜利，士气高涨。但从1863年起，经济萎缩，战场形势日益逆转，军队士气低落。R.E.李将军在阿波马托克斯投降，加速了南部邦联的瓦解。

南达科他　South Dakota　美国中北部一州。面积199 730平方千米，首府皮尔。北接

北达科他，东连明尼苏达和艾奥瓦，南界内布拉斯加，西与怀俄明、蒙大拿毗邻。主要分为3个区：东部是大草原；中部为**大平原**，包括巴德兰兹地区；西部为**布莱克山**一带。**密苏里河**由北向南流过，将该州分为两部分。18世纪法国曾探勘该地区，1803年作为**路易斯安那购地**的一部分卖给美国。1804年**刘易斯和克拉克远征**在此停留约7个星期。1861年设立达科他准州，但居民点零星分布，直到1875～1876年布莱克山淘金热潮时才人口激增。苏人与移民之间的战事时断时续，终于导致1890年的翁迪德尼惨案。1889年成为美国第40个州。农业和相关工业形成该州的经济基础，牛和猪的产量居领先地位，谷物为主要作物。观光业亦重要，吸引游客的景点有拉什莫尔山国家纪念碑、温德岩洞国家公园、**巴德兰兹**国家公园和朱厄尔洞穴国家保护区等。人口约833 354（2012）。

南岛　South Island　新西兰两个主要岛屿中较大且最南的岛屿。与**北岛**隔**库克海峡**，面积151 215平方千米。山脉（包括**南阿尔卑斯山**）几占该岛面积的3/4，**克赖斯特彻奇**和达尼丁是该岛主要城市，西南部峡湾地带国家公园多峡湾和高山湖泊。人口约1 022 316（2006）。

南丁格尔　Nightingale, Florence（1820～1910）　意大利出生的英国籍护士，妇女护士职业的创始人。在**克里米亚战争**中，她是一位志愿护士，负责照料在土耳其的军人。她首先关心的是卫生状况：病房里有数不清的老鼠和跳蚤出没，每人每天只供应1品脱的水用于各种用途。她自愿出资购买必需品。她在病房里长时间工作；夜间巡视时给伤员们以个人关怀，这为她建立了"提灯女士"的形象。她努力改善士兵的福利，促成建立军医学校以及印度的卫生部。她建立了第一所在科学基础上的护士学校，设立了对助产士以及济贫院护士的培训课程，还帮助改革了济贫院。南丁格尔是第一个接受功绩勋章（1907）的女性。

南方古猿　Australopithecus　已灭绝的一属原始人类，从上新世（约始于530万年前）早期到更新世（约180万年前）之初居住于非洲南部和东部地区。大部分古人类学家相

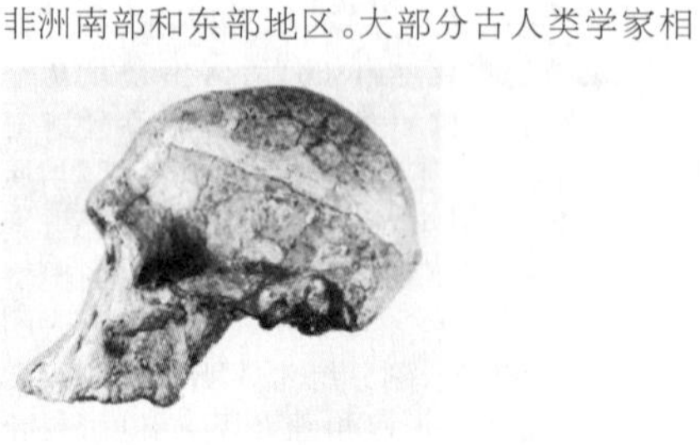

发现于南非斯泰克方丹的南方古猿属头盖骨侧面图
By courtesy of the Transvaal Museum, Pretoria, S. Af.

信南方古猿是现代人类的祖先。南方古猿与早期**类人猿**的区别在于体态直立和靠双脚行走。他们的脑容量相当小，与现存类人猿差距不大，但他们的牙齿比较接近人类，而不像猿类的。人类学家依体型把南猿区分为二：体型较小、较轻或所谓"纤细"型的阿法南猿（*A. afarensis*，375万年前）和非洲南猿（*A. africanus*，300万～200万年前）；进化后较重、较"粗壮"型的粗壮南猿（*A. robustus*，200万～100万年前）和鲍氏南猿（*A. boisei*，175万年前）。一般认为，粗壮南猿和鲍氏南猿从纤细型人种进化而来，最后因无进化的后继者而灭绝。现在还不清楚哪种纤细型南猿使人属兴起，尽管证据显示是阿法南猿。参阅**人类进化**、**莱托里足迹**、**露西**、**奥杜威峡谷**和**斯泰克方丹**。

南方基督教领袖会议　Southern Christian Leadership Conference（SCLC）　美国不分宗派的组织，1957年为M. L. **金**及其追随者所创建，旨在支持地方组织以争取黑人的彻底平等。该组织主要在南方活动，推行领导人员培训计划、公民教育计划和选民登记运动。该组织在1963年历史性的前往华盛顿的游行以及促成通过1964年的《**人权法案**》和1965年的《选举权法》的斗争中，都曾发挥重要作用。1968年金被暗杀后，R. 艾伯纳西接任会长。1971年J. **杰克逊**在芝加哥创立"拯救人类人民同盟"，造成了南方基督教领袖会议的分裂。

南方佬　scalawag　支持**重建时期**的美国南方人。这一贬义词还用来指与**提包客**及获释黑奴合作并支持共和党政策的人。该词来源不明，从19世纪40年代起开始使用，当时指的是价值极低的家畜，后来指一个没用的人。南方佬包括从前的辉格党人和同情北方联邦政府的山区农民，**美国南北战争**后几乎占全体白人选民的20%。很多人在南方政府中任职并支持温和的改良。

南方越橘　blueberry　杜鹃花科越橘属几种灌木，学名 *Vaccinium*。原产于北美洲。果甜可食，富含铁和维生素C。南方越橘仅生长于酸度大、排水良好但湿润的土壤内。美

南方越橘
Grant Heilman-EB Inc.

国的高灌木南方越橘（*V. corymbosum*）兼具经济和观赏价值，是最重要的品种，主要栽种在缅因州、新泽西州、密歇根州西南部和北卡罗来纳州东部。

南非共和国　South Africa　全称 Republic of South Africa。旧称 Union of South Africa（南非联邦）。非洲大陆最南端的国家。境内有**莱索托**王国。面积：1 220 813平方千米。人口约53 071 000（2013）。行政首都为**比勒陀利亚**；立法首都为**开普敦**；司法首都为**布隆方丹**。3/4的人口为非洲黑人；他们包括祖鲁人、科萨人、索托人和茨瓦纳人；其余几乎都为欧洲人、混血种人和南亚人后裔。语言：阿非利堪斯语；英语和9种**班图诸语言**（以上皆为官方语言）。宗教：基督教（新教、天主教以及其他基督教）、传统宗教信仰、印度教、伊斯兰教。货币：兰特。南非有3个主要自然地理区：广阔的内陆高原、周围多山的半圆形大断崖和狭长的海岸平原。属温和的亚热带气候。南非是世界最大的黄金生产国，也是煤、金刚石、铂和钒的主要生产国和出口国。该国为共和国，两院制。国家元首暨政府首脑为总统。在石器时代，桑人和科伊科伊人作为猎人和食物采集者生活在南非各地，到欧洲人来到此地时，科伊科伊人已形成了一种游牧文化。到14世纪讲班图语的民族定居在此，并建立了采金和采铜业以及活跃的东非贸易。1652年荷兰人在**开普省**建立殖民地。荷兰殖民者被称为布尔人，后来又因其讲阿非利堪斯语而被称为阿非利堪人；1795年，英国军队攻陷好望角，19世纪30年代，为了逃脱英国人统治，荷兰殖民者向北大迁徙并建立**奥兰治自由邦**和南非共和国（后称德兰士瓦）两个布尔人共和国。到1902年，英国并吞了这两个共和国。1910年开普殖民地、德兰士瓦、**纳塔尔**和奥兰治河等几块英国殖民地合并成为新的南非联邦。1961年独立并自英联邦退出。在整个20世纪，维护白人对该国黑人多数的统治地位的议题一直在南非政治中占有支配地位。1948年，南非正式实行**种族隔离政策**。由于遭到世界各国的谴责，1990年种族隔离法被废除。1994年举行自由选举。N. **曼德拉**成为南非第一位黑人总统。1997年颁布永久宪法。南非于1908年首次参加在伦敦举办的夏季奥运会。

南瓜　pumpkin　葫芦科西葫芦（*Cucurbita pepo*）或南瓜（*C. moschata*）某些品种的果实。在美国，西葫芦的速生、灌木状（或非蔓生）的小果品种称为**南瓜（小果）**，生长季节长且具长蔓的大果品种称为南瓜（大果）。植株具极长蔓和重4～8千克橘黄色球形的果实。巨大和小型的品种都有。果皮光滑，通常具浅沟或肋，果柄硬而木质化。果实于早秋时节成熟，置于温暖干燥处可保存数月。南瓜在北美、英国和欧洲普遍栽培供食用及当作牲畜饲料。南瓜在欧洲主要用作蔬菜，南瓜派在美国与加拿大则是感恩节和圣诞节的餐后甜点。南瓜在美国也作为**万圣节前夕**的装饰品。

南瓜（小果）　squash　葫芦科南瓜属多种植物的果实，广泛栽培用作蔬菜及牲畜饲料。主要的种类是笋瓜（*C. maxima*）和西葫芦（*C. pepo*）的一些品种。夏季小果南瓜指生长迅速、果实形小、非蔓延生长或呈灌木状的西葫芦类型。形状、颜色和表面质感多有不同，果实因不易贮藏，需在收割后尽快食用（参阅**绿皮密生西葫芦**）。笋瓜为冬季小果南瓜。具长藤，生长期长，果实较大。果实的大小、形状及颜色多种多样，果实收摘后，若保持干燥及避免冰冻，可贮存数月之久。果皮较夏季小果南瓜硬，通常不适合食用，例如橡实形南瓜和**南瓜**。小果南瓜原产于美洲，欧洲人到该处定居前，印第安人即已大量种植。

南海泡沫　South Sea Bubble(1720)　使大批英格兰投资者破产的一次投机狂热。英国议会通过南海公司的一项提案,由南海公司接收所有英国国债,导致该公司股票迅速上涨。仅9个月股价即从128.5飙升突破1 000,之后高估股价的骗局破灭,每股价格跌落至124,并导致其他股票股价下滑,许多投资者破产。下议院调查发现某些大臣参与了共谋。

南回归线　Tropic of Capricorn　赤道地区以南约23°27′的平行纬线。它是热带地区的南部分界线,标志着太阳可以在正午垂直照射的最南端纬度。

南极　South Pole　地轴南端,位于南纬90°,为所有经线的南起点。附近区域是南极洲中西部的一片高原,冰层厚度达2 700米。南极每年有6个月完全为白昼,6个月完全为黑夜。1911年挪威探险家R.阿蒙森首先到达南极点,比英国探险家R.F.斯科特率领的探险队早到一个月。1929年美国探险家R.E.伯德飞到南极点。地理上的南极与罗盘磁针所指的南磁极并不一致,后者在21世纪初位于阿黛利海岸(约东经137°50′、南纬64°30′处),每年向西北位移约13千米。南磁极也移动,20世纪90年代初约在东经108°44′、南纬79°13′,2000年在东经140°01′、南纬65°39′,到2005年它又回到大约东经108°13′、南纬79°45′。

南极洲　Antarctica　地球上面积居第5的大陆。以南极为中心,陆块几乎全部被大片冰盖所覆盖,平均约有2 000米厚。主要分成两部分:东部南极洲主要由一片为厚冰覆盖的高原构成;西部南极洲则由一片为冰雪覆盖并由冰层连在一起的多山群岛构成。陆地面积约1 420万平方千米。太平洋、大西洋和印度洋的南部围绕着它。除了向外突出的南极洲半岛和两个主要的海湾——罗斯海和威德尔海之外,南极洲基本上是圆盘形状。东、西南极洲被3 000千米长的南极洲横贯山地分隔开。覆盖在这个大陆的冰盖面积约占世界上90%的冰川面积。到目前为止是地球上最冷的大陆,1983年测得世界最低温-89.2℃。冷荒漠气候只能维持稀少的耐寒陆生植物群落,但海岸边食物供应丰富,成为企鹅、水生哺乳动物和无数海鸟栖息的天堂。无永久居住地。俄国探险队队长F.G.von别林斯高晋(1778～1852)、英国人E.布朗斯费尔德(1795?～1852)和美国人N.帕默(1799～1877)全都声称在1820年看到南极洲大陆。这一时期至1900年左右是勘探南极区和亚南极区海域的主要时期。20世纪初是南极探险的"英雄时代",英国人R.F.斯科特、E.沙克尔顿带领探险队深入内陆探险。1911年12月R.阿蒙森抵达南极,1912年1月斯科特也抵此。20世纪前半叶也是南极洲的殖民时期,7个国家提出了在南极大陆各部分的领土要求,同时许多其他国家仍正在探险中。1957～1958年度的国际地球物理学年里,有12个国家同意在南极大陆设立50多个研究站共同研究。1961年《南极条约》生效,目的在保持南极洲的自由和无政治的科学研究。1991年强制实施禁止开采矿物50年。

南伽山　Nanga Parbat　喜马拉雅山西部山峰,位于查谟和克什米尔巴基斯坦管辖区内。英国登山家A.F.马默里于1895年率队首次攀登顶峰(8 126米),不幸遇难。在奥地利登山家H.布尔于1953年抵达山顶以前,至少有30位登山家由于严酷的气候条件与经常的雪崩而牺牲。

南卡罗来纳　South Carolina　美国东南部一州。面积80 585平方千米,为美国最初的13州之一,首府哥伦比亚。北接北卡罗来纳州,西南连佐治亚州,东南邻大西洋。其宽广的沿海平原,逐渐向内陆起伏不平的山麓过渡。欧洲人到来时,这里原先居住着苏人、易洛魁人和穆斯科格人等印第安人部落。16世纪时西班牙人和法国人先后建立起殖民地,但又都放弃了。第一个永久居民点是英国人于1670年在查尔斯镇建立的,1680年移到现在的查尔斯顿。美国独立战争期间这里发生过许多战役,为第8个批准美国宪法的州(1788)。1860年率先脱离联邦,萨姆特堡之战成为美国南北战争之始。1868年该州被批准重加入联邦。1895年的宪法修正剥夺该州几乎所有黑人的公民权利,严厉的种族隔离政策一直持续到20世纪60年代中期,当时席卷全国的美国民权运动终于推动了种族主义政策的改变。该州的纺织制造业在国内领先,工业基础相当强大;旅游业位居其次;农业对经济也有贡献,主要作物有烟草、大豆和棉花。人口约4 723 723(2012)。

南美大草原　Pampas　东起大西洋海岸,西至安底斯山麓的广袤草原区,主要位于阿根廷境内。阿根廷的南美大草原面积达764 000平方千米,地势自西北向东南倾斜。西部地区主要是干燥贫瘠的荒漠,而东部湿润地区则是阿根廷的经济中心地带。由西班牙人引进,阿根廷有名的加乌乔培育的野牛群和马群在彭巴草原上曾随处可见,直到19世纪后期东部草原被围成大片的牧场为止。这一地区在阿根廷的高楚文学和乡村音乐中久负盛名。自从20世纪后期以来,这里有部分地方已变成有名的葡萄种植区,尤其是在门多萨周边的地区,南美洲一半以上的葡萄酒产于该地区。

南美浣熊　coati　又作coatimundi。浣熊科南美浣熊属3种类似浣熊的食肉动物。栖息在美国西南部到南美洲一带的森林地区。吻部长而坚韧。尾细长,有深色环带,行动时竖立。雄体全长可达73～136厘米(一半是尾长),体重4.5～11千克。雌浣熊和幼仔多聚集成群,约5～40只一群。雄性不喜群居,只有到交配季节才会加入。白天觅食种子、水果、卵和各种小动物。

南美浣熊(*Nasua nasua*)
Dick Robinson-Bruce Coleman Ltd.

南美印第安宗教　American Indian religions, South　南美洲土著的宗教信仰和社会风俗。属于奇穆人和印加人这个古老的安第斯文明具有高度发展的宗教。印加人的宗教结合了各种各样的仪式、精灵的信仰、具有超能力的事物、自然崇拜以及太阳崇拜。印加人建造了巨大的神殿,由祭司和某些特定挑选的女人从事服侍工作。祭司会以占卜传递天意,并且在每一场重大的庆典上献上牲祭。在某些危急存亡之秋,他们还会把人献上。现今南美洲的土著文化有1 500个之多,而他们的宗教信仰差别极大。创世神话是他们主要的核心,描述了第一个世界的起源和终结,以及随后其他世界的生成和灭亡。不论是男性或女性,他们大都会举行成年礼,并且在仪式中重现创世时发生的事件。成年礼还代表个人提升到具有宗教权力的地位,在仪式当中,祭司、先知和灵媒皆扮演着特殊的角色。萨满则主要在于诱导人进入宗教上狂喜的状态,掌控灵魂进出身体的通道。在仪式中,他们会以火焰、乐器(尤其是能发出嘈杂声音的乐器)、密语以及宗教歌曲演示出一些夸张的动作,以传达萨满教中不可见的力量所发布的命令。在许多土著民族当中,基督教成了民间信仰的一个重要因素。但它仍然按当地传统来解读,使得这些传统宗教的元素得以继续留存。参阅中美洲宗教。

南美洲　South America　西半球大陆。世界第4大洲。西北濒加勒比海,东北、东与东南临大西洋,西靠太平洋。隔德雷克海峡与南极洲相望,巴拿马地峡与北美洲相连。面积:17 824 370平方千米。人口:约378 448 500(2008)。南美洲的人口由4个主要种族组成:印第安人,他们为该大陆前哥伦布时期的居民;西班牙人和葡萄牙人,他们自16世纪至19世纪征服并统治该大陆;非洲人,他们是被贩运来的奴隶;以及该地区独立后来自海外的移民,多为德国人和南欧人,但也有黎巴嫩人、南亚人和日本人。人口中90%为基督徒,其中绝大部分为罗马天主教徒。除巴西(葡萄牙语)、法属圭亚那(法语)、圭亚那(英语)以及苏里南(荷兰语)之外,整个南美洲的官方语言是西班牙语。也有部分人讲印第安语。南美洲有3个主要地理区:西部为安第斯山脉,极易发生地震活动,沿该洲的太平洋海岸延伸;阿空加瓜山海拔6 959米,为西半球最高峰;北部和东部为高原,与低地沉积盆地相接,其中包括亚马孙河流域,为世界最大的河流流域;以及阿根廷东部的南美大草原,该草原土壤肥沃,是南美洲产量最高的农业区之一。其他重要的水系有奥利诺科河、圣弗朗西斯科河、巴拉那-巴拉圭-拉普拉塔河水系。南美洲有4/5在热带地区,也有温带、干旱带和寒带地区。南美洲的可耕地不足1/10,主要种植玉米、小麦和水稻。约有

1/4土地为常年牧场。约一半土地被森林覆盖,主要是广阔但日益减少的亚马孙雨林。南美洲的雨林、高原、河流和沼泽地中生活的动物几乎占全世界全部已知种类的1/4。南美洲的铁矿床约占世界总储量的1/8,和世界铜储量的1/4。开发这些和数种其他矿产,对许多地区的经济都很重要。经济作物包括香蕉、柑橘、糖和咖啡。沿太平洋产鱼。大多数国家属自由市场经济或国营和私营企业共存的混合型经济。在某些国家非法毒品贸易(主要为出口)是其国民收入的主要来源。南美洲大多数国家的人民收入贫富不均,在为数众多的穷人与极少数富裕家庭之间,是人数日渐增多但在许多国家仍占少数的中产阶级。亚洲血统的狩猎者与采集者可能最先来到南美洲,距今不到1.2万年。公元前2500年,农业发展开启了一段文化迅速演进的时期,最主要的文化发展出现在安第斯山区中部,以印加帝国的建立达到顶峰。1498年,C.哥伦布登上南美洲大陆,从此开始了欧洲人对该地区的探险。此后西班牙和葡萄牙探险家开始在这里掠夺,后来定居。根据《托德西利亚斯条约》,葡萄牙获得该区东部,其余部分归属西班牙。印第安人被白人大量杀害,其生存者大都沦为农奴。19世纪初期南美洲大陆除圭亚那以外,完全摆脱了欧洲人统治。大多数国家采用共和政体。社会和经济不均或边界纠纷导致许多国家发生周期性革命。到20世纪初多数政府采取了某种形式的独裁统治。第二次世界大战后,所有南美洲国家都加入了联合国。1948年,所有南美洲国家都加入了美洲国家组织。到20世纪后半叶,多数国家的经济已与世界接轨。到20世纪90年代,大多数国家接受了民主制度。

南帕拉伊巴河 Paraíba do Sul River 巴西东部河流,由圣保罗以东的帕拉伊廷加河与帕拉伊布纳河汇流而成。东北偏东流向,形成米纳斯吉拉斯和里约热内卢两州的部分边界,最后注入大西洋,全长约1 100千米。下游可通航,在巴西的社会和经济生活中具有重要作用。

南普拉特河 South Platte River 美国科罗拉多州和内布拉斯加州西部河流。发源于科罗拉多州中部,先流向东南,然后转向东北,穿过内布拉斯加州边境,与北普拉特河汇成普拉特河。南普拉特河全长711千米。河上的水库和水坝,尤其丹佛周围,用于治洪、灌溉和发电。

南乔治亚 South Georgia 南太平洋中一个多山、贫瘠的岛屿。位于英属福克兰群岛以东偏东南1 300千米处,与南桑威奇岛(在其东南800千米处)共同构成英国的海外领地。南极气候,该岛3/4地区常年被冰雪覆盖,是驯鹿、多种企鹅、海豹和大量海洋生物的栖息地。1775年J.库克船长宣布为英国所有,1916年E.沙克尔顿第一次横越该岛,为他那不幸的探险队寻求援助。他在后来的探险中死于该岛,并安葬于此。过去为捕鲸基地,现在是南极考察站的所在地。

南森 Nansen, Fridtjof(1861～1930) 挪威的探险家和政治活动家。1888年,他带领第一支探险队翻越格陵兰的冰盖。在以后的探险中,试图到达北极。1895年,他到达人类从未到过的最北处。1896～1917年间,他专注于海洋科学研究。1900年和1910～1914年,率领海洋探险队前往北大西洋。1906～1908年出任挪威驻英首任公使;1920年任挪威代表团团长出席首届国际联盟大会。他作为高级专员代表国际联盟到俄罗斯遣返40余万战俘,并代表红十字会赈济俄国饥荒。1922年获诺贝尔和平奖,他将所得奖金捐献给国际救济事业。1931年南森国际难民救济局在日内瓦成立。

南斯拉夫 Yugoslavia 原联邦国家,位于南欧巴尔干半岛中西部。1929～2003年有3个被称为南斯拉夫(意为"南部斯拉夫人的土地")的联邦国家。1912～1913年巴尔干战争结束了土耳其人在巴尔干半岛的统治,第一次世界大战中,奥匈帝国被打败,随后建立起一个塞尔维亚-克罗地亚-斯洛文尼亚王国。这个王国包括前塞尔维亚王国和门的内哥罗王国(包括由塞尔维亚人管辖的马其顿)、克罗地亚、波斯尼亚和黑塞哥维那、奥地利在达尔马提亚和斯洛文尼亚的领土以及多瑙河以北的匈牙利土地。1929年国王亚历山大一世正式宣布成立南斯拉夫王国,并持续到第二次世界大战,面积247 542平方千米。这是第一个南斯拉夫。第二次世界大战后,成立了南斯拉夫社会主义联邦共和国。这是第二个南斯拉夫。其面积为255 804平方千米,人口约2 400万(1991)。除了塞尔维亚和门的内哥罗(黑山)外,社会主义的南斯拉夫还包括现已被承认独立的其他4个共和国:波斯尼亚和黑塞哥维那(简称波黑)、克罗地亚、马其顿和斯洛文尼亚。1992年4月27日宣布成立"第三个南斯拉夫",即"南斯拉夫联邦共和国",大约拥有原南斯拉夫45%的人口和40%的面积,由塞尔维亚和黑山(门的内哥罗)共和国组成,2003年放弃南斯拉夫这个国名,改称塞尔维亚和黑山。至2006年,塞尔维亚和黑山分别成为两个独立国家。

南苏丹 South Sudan 全称Republic of South Sudan(南苏丹共和国)。非洲东北部国家。面积:644 330平方千米。人口:约11 090 000(2013)。首都:朱巴。语言:英语(官方语言)、土著语、阿拉伯语。宗教:基督教、传统信仰、伊斯兰教。货币:南苏丹镑。该国地形以中部的苏德沼泽湿地为主,另有热带雨林和稀树大草原;尼罗河纵贯整个国家。野生动植物种类繁多,包括狮子、大象和羚羊。该国经济主要依赖于石油和农业。主要农作物为高粱和花生,石油是主要的出口物。南苏丹为共和国,两院制,国家元首和政府首脑为总统。15～19世纪,许多当今的族群已经定居于此。长期以来,该国一直与其北方的邻国苏丹结合在一起,尽管在北方伊斯兰教和阿拉伯语占统治地位,而在南方则以较为古老的非洲语言和文化为主。到19世纪末叶,被统一认作为苏丹的北方和南方都被置于英国-埃及的殖民统治之下。殖民当局管理时期不同的开发水平进一步加大了南北两地本已存在的差异,致使1956年取得独立后的苏丹难以作为一个统一的国家有效地进行管理。南方会被北方边缘化的担忧导致正式独立之前的1955年就爆发了内战。北方的领袖们希望在北方和南方强制推行伊斯兰法律和文化,从而使初生的共和国团结统一,这一愿望加剧了最初引燃内战的冲突和担忧。1972年的亚的斯亚贝巴协议一度曾使内战平息,但1983年战火再起直至2005年签署全面的和平协定。此次的协定维护了南北之间的脆弱和平,答允给与南方半自治的地位以及在6年内举行一次是否独立的公民投票。最终于2011年1月举行的公民投票几乎一致地支持独立;2011年7月9日南苏丹国宣布成立。

南特 Nantes 布列塔尼语称Naoned。古称Condivincum。法国西北部城市。位于卢瓦尔河畔,图尔以西。城名源自一个高卢人部落南纳特,在罗马征服高卢以前,南纳特人在此居住。1499年法国占有南特前,匈奴人、诺曼人和布列塔尼公爵都曾对该地享有主权。1598年法国国王亨利四世签署南特敕令后,它又重归于国王的名下。在法国大革命期间,南特百姓遭到许多迫害。第二次世界大战期间被德军占领,遭到盟军轰炸的严重破坏。1944年被美军夺取。后重建为主要的经济中心,有重要工厂和造船厂。以拥有一座城堡、一座大教堂、一所大学以及一个美术馆而自豪。人口282 853(2006)。

南特敕令 Nantes, Edict of(1598-04-13) 法国亨利四世颁布的法令,给予信奉基督教新教的臣民(胡格诺派教徒)宗教自由和充分的公民权。法令规定,新教的牧师由国家供养,除巴黎外在王国的大部分地区都可以公开举行礼拜仪式。在宗教战争中被中断的所有地区恢复天主教的活动。天主教神职人员对此敕令十分憎恶。1629年枢机主教黎塞留废除了它的政治条款。1685年路易十四撤销了这个法令。

南下加利福尼亚 Baja California Sur 墨西哥北部一州。位于下加利福尼亚半岛南部。1974年设州。人口稀少,发展比较落后。州首府拉巴斯附近开垦了一大片棉花田,但一般仍以自给性农业为主。旅游业和交通设施的改善正使该州逐步摆脱与世隔绝的状态。面积73 678平方千米。人口423 516(2000)。

南亚艺术 South Asian art 印度、巴基斯坦、孟加拉国和斯里兰卡的视觉艺术。产生于南亚的艺术因其协调性和一致性而受到关注。传统上,艺术家为出资人创作,神圣的书面教规指导他们作品的比例、图像和其他艺术因素。这一点在壁画和细密画(画在棕榈叶或纸张上)中尤为突出,而雕刻是表达艺术爱用的手段。雕刻大多是宗教作品,基本采用象征性的和抽象的表现手法。4～5世纪展现印度教和佛教画像的作品在印度的黄金时代达到顶峰。12世纪伊斯兰教入侵后,伊斯兰教的影响也融入了传统的风格。19

世纪末，印度民族主义的兴起导致本土艺术传统意识的复兴，不过近来更多艺术家吸收了欧洲艺术风格的成分。

南洋杉属　araucaria　南洋杉属的一个松状针叶植物属（参阅**球果植物**）。树型美观、常绿，具明显轮枝，叶硬、平而尖。产于南美洲、菲尼克斯群岛及澳大利亚。常见品种为猴谜树及诺福克岛松，多作室内植物栽培。参阅**松**。

南印度青铜像　South Indian bronze　印度教徒供奉的神像，印度视觉艺术中最杰出的成就之一。大部分铜像描绘的是印度教的神祇，尤其是湿婆和毗湿奴以及他们的配偶和侍者的不同圣像形式。8～16 世纪这种神像产量极大，主要产地在今坦米尔纳德邦的

南印度托钵僧装束的青铜湿婆神像，泰米尔纳德邦蒂鲁文加杜的南印度青铜像，作于 11 世纪初；现藏泰米尔纳德邦坦贾武尔博物馆和艺术陈列馆
P. Chandra

坦贾武尔和蒂鲁奇奇拉帕利地区，其优异之制作水准维持了几乎1 000年之久。尺寸大小从家庭供奉用的小尊神像到庙会游行用的等身大神像都有。

南约克　South Yorkshire　英格兰中北部一郡。1986 年丧失其行政作用，现在只是一个名义上的郡，行政首府设在巴恩斯利。从西边的**奔宁山脉**荒地一直延伸至东边的低沼地。罗马人在此修筑了道路和要塞，盎格鲁人以及后来的斯堪的纳维亚移民清理了林地。19 世纪该地区作为一个重要的工业区迅速发展，唐河河谷成为自**设菲尔德**向东延伸的钢铁工业区的中心。今南约克地区涵盖了英格兰大部分煤田，生产铁、钢和刀具。人口约1 266 337（2001）。

难近母　Durga　印度教神话所传**湿婆**的配偶女神萨克蒂（参阅**性力**）的多种形象之一。据说天**梵天**、**毗湿奴**、湿婆和其他较小的神灵口喷火焰，以火焰生难近母，意在使她除掉他们无法降服的牛魔摩西娑苏罗。在大多数绘画和雕塑中，她骑狮或虎行进，各持诸神

难近母，17 世纪中期麦华派的拉贾斯坦细密画。由私人收藏
Pramod Chandra

所赠武器。参阅**难近母祭**。

难近母祭　Durga-puja　印度教节日。印度东北区为了纪念女神**难近母**于每年 9～10 月举行的盛大庆典。信徒将特制的难近母像供奉 9 天后沉入水中，此时举行大规模的游行和公私庆祝活动。

楠塔基特　Nantucket　美国马萨诸塞州科德角以南的大西洋岛屿。马斯基吉特海峡将它与**马撒葡萄园**隔开。该岛由冰川作用形成，有广阔的沙滩、良好的港湾及温和的气候。1641 年从**普利茅斯**殖民地购得，成为纽约州的一部分，1659 年开始有人定居。1692 年割让给马萨诸塞州。17 世纪 90 年代魁克人开始来到该岛。18 世纪时为捕鲸中心。现在夏季旅游业是当地的经济支柱。人口约9 520（2000）。

难民　refugee　非自愿离开自己家园的人。19 世纪末，国家之间的边界尚未封闭以前，一批批难民总是被相邻的国家吸收。移民的限制和难民人数的增加要求采取特殊的救助行动。1921 年 F. **南森**曾创“国际联盟护照”允许难民自由地穿越国界，那时候只有不自愿地离开家园而到另一个国家寻求庇护的移民，才可确定为难民身份。1938 年难民的定义扩展到包括惧怕由于种族、宗教、民族、具有某一团体身份或政见不同而遭到迫害的移民。后来，这一标准再次扩大，包括逃离家园但还在自己国内者。当移民安置下来或者返回家园后，难民的身份即终止。如今，世界难民的大多数（超过 500 万）都在非洲，尽管前南斯拉夫境内以及冷战结束后的欧洲其他地方的冲突也明显地增加了难民的人数。参阅**联合国难民事务高级专员办事处**和**联合国善后救济总署**。

囊地鼠　gopher　又称 pocket gopher（囊鼠）。啮齿目囊地鼠科约 40 种体型粗壮的啮齿动物的统称。分布于北美洲和中美洲。连同少毛的短尾全长约13～45厘米，前牙似凿，前肢具有力的爪，嘴的两侧向外扩张为两个颊袋。毛色随种不同，从近于白色到褐色或黑色。独栖于宽阔而浅的地洞，有地洞处地面可见圆形土丘。以植物的地下部分为食，用前爪和牙齿挖洞取食。

美东囊地鼠属（*Geomys*）动物
Woodrow Goodpaster-The National Audubon Society Collection/Photo Researchers

囊肿　cyst　身体内部的封闭的囊状结构，有清晰的包膜，其中常含液态物质。多为良性，但有若干种为恶性及癌前期的囊肿，良性囊肿经常压迫其周围器官而需手术切除。囊肿可由多种上皮增生而形成，常脱离与原组织的联系，形成游离的囊肿。囊肿中所含物质多为身体的自然分泌物及这些分泌物及其结构蛋白质崩解而形成的异常产物，在感染性疾病时则为细菌、寄生虫幼虫及微生物的产物。某些器官（包括肾、肝、乳房）极易罹患囊肿，有时这些囊肿性疾病本身可危及功能或生命，又可掩盖更为严重的原发疾病。参阅**肿瘤**。

囊状纤维变性　cystic fibrosis（CF）　又称 mucoviscidosis（黏稠液病）。一种隐性遗传代谢性疾病，症状是外分泌腺的分泌物过于黏稠。囊状纤维变性可能是欧洲人中最常见的遗传性疾病，约每2 000个成活婴儿中即有 1 位。在肺和呼吸道，细支气管被高度黏稠的分泌物堵塞，导致呼吸困难、感染、周期性发作的肺炎、慢性咳嗽、进行性肺功能下降，是患者最常见的死因。在消化道，异常黏稠的消化腺分泌物将消化腺管道堵塞，致使消化液和各种消化酶不能进入消化道，导致消化和吸收障碍。可利用汗液含有高浓度盐分来做为诊断依据。治疗方法包括服用胰消化酶补充物和摄取含高热量、高蛋白和高脂肪的食物，积极的物理治疗以增强各种外分泌腺的功能，视情况服用抗生素。囊性纤维变性的儿童患者以前极少能存活下来。现在

超过半数以上的患者皆可存活至成人。男性成人患者通常伴发不育。

脑电描记术 electroencephalography 记录和解释脑电活动的技术。脑的神经细胞能产生有节律地起伏的电脉冲。将成对的电极置于头皮上，由电极把信号传送到脑电描记器的记录槽中，所记录下来的波型图称为脑电图(EEG)。正常与不正常的清醒和睡眠状态会有不同的波型，有助于诊断脑瘤、脑部感染、癫痫等。脑电描记器是德国的H.贝格尔(1873～1941)在20世纪20年代发明的。

脑积水 hydrocephalus 脑脊液(CSF)积存于脑室(腔)中的一种病理现象。病因可为脑脊液生产过剩使脑脊液引流受阻的先天性畸形(参阅*神经管缺陷*)、头部外伤或感染的并发症等。正常情况下，脑脊液循环于脑部和脊柱并排至循环中。婴儿和幼童脑积水会导致脑部和头骨扩大，因为囟门尚未闭合。若未经手术将积水转至血液或腹部，积液会压迫脑部，引起惊厥、智力残疾及死亡。

脑脊膜 meninges 包裹脑与脊髓表面的三层纤维膜，用以保护中枢神经系统。软脑膜极薄，紧附在脑与脊髓表面。蛛网膜下腔容纳脑脊液，隔开软脑膜与第二层的蛛网膜。在脑的四周，细微的丝状物连接这两个膜，一般认为液体无法透过。第三层膜称为硬脑膜，强韧、厚实且致密。硬脑膜裹住蛛网膜，覆盖头骨的内面，包围并支撑从脑携带血液出来的大静脉。几个隔膜将脑划分不同的部分并加以支撑。在脊柱之中，硬脑膜与蛛网膜由硬脑膜下腔隔开；蛛网膜与软脑膜则由蛛网膜下腔隔开。硬膜外腔(在硬膜与脊椎管壁之间)是硬膜上麻醉的位置。参阅*麻醉学*。

脑脊髓膜炎 meningitis *脑脊膜*的*炎症*。由身体其他部位的细菌(包括脑膜炎球菌在内)传染所造成的最严重的感染形式。发病迅速，其症状为呕吐，继之以剧烈头痛及颈强直(通常头向后仰)，幼儿可能出现惊厥。病患者可能在数小时内死亡。脑脊液脓会阻塞脑室与脊柱空间，造成威胁生命的*脑积水*。用腰椎穿刺迅速做出诊断配合抗生素治疗，可避免脑部伤害和死亡。病毒性脑脊髓膜炎，病程短，通常可自愈。

脑炎 encephalitis 脑部的炎症，最常见的原因为病毒感染。一类脑炎(包括多发性硬化)，损害隔离神经纤维而非神经元本身的髓鞘。多数类型脑炎的共同症状为发热、头痛、困倦、昏睡、昏迷。惊厥在婴儿多见。典型的神经体征包括动作失调，不随意动作，局部乏力。症状及腰椎穿刺(取脑脊髓液进行分析)可确定诊断，但不能查明病因。一般只作对症治疗及让患者充分安静休息，在复原后仍可能出现各种症状。

脑叶切断术 lobotomy 切断一个或多个脑叶内神经传导路径的手术。1935年由A.埃加斯·莫尼兹和阿尔梅达利马首创，作为根治严重的精神病的方法，尤其适用那些对休克疗法没有反应的病人。休克疗法确实能减少激动，但常常会造成更严重的冷漠、消极、注意力不集中，并降低情绪回应。约1956年前脑叶切断术曾被广泛使用，直到出现能更有效地使病人安静下来的药物。现在脑叶切断术已被普遍否定，很少施行。

脑震荡 concussion 脑损伤所致的短暂的神经功能麻痹，大脑皮层不一定伴有脑出血。由脑震荡所引起的神志丧失通常持续很短，随后会神志昏迷和机能困难。通常几小时内会好转。少数病例昏迷时间较长，并有某些后遗症状。脑震荡恒伴有*遗忘症*。脑震荡通常几乎能完全恢复正常，除非并发更严重的伤害，如颅骨骨折。

瑙鲁 Nauru 全称Republic of Nauru(瑙鲁共和国)。南太平洋西部*密克罗尼西亚联邦*东南方的岛国。面积：21.2平方千米。人口：约9 900(2013)。无官方首都，但政府机构位于亚伦。约2/3的人口为土著瑙鲁人。语言：瑙鲁语和英语。宗教：基督教(以新教为主，亦有罗马天主教)。货币：澳大利亚元。瑙鲁为珊瑚岛，中央有一海拔30～60米的高地。围绕岛屿的一狭长带状肥沃土地是主要的居住区。由于缺乏港口，船只必须在沙洲外浮标处下锚停泊。该国曾为世界最大的磷酸盐矿物产地。其经济过去主要是靠磷酸盐矿业，由于矿藏量已大大减少，如今主要经济来源已转至捕鱼业和其他方面。瑙鲁为一院制共和国。总统为国家元首暨政府首脑。第一批英国探险家在1798年登陆时，该岛居民为太平洋岛民。由于岛上居民友好，英国人称其为"快活岛"。1888年被德国并吞，第一次世界大战开始时被澳大利亚占领，1919年则成为英国、澳大利亚和新西兰三国的联合托管地。第二次世界大战时又遭到日本占领。1947年成为澳大利亚政府管理的联合国托管地。1968年完全独立并加入英联邦。1999年加入联合国。1996年首次参加在亚特兰大举办的夏季奥运会。

闹剧 farce 一种轻松的戏剧。利用一些匪夷所思的情节，套路化了的角色，荒诞的夸张和强烈的喧闹来演出。由于闹剧中的角色被塑造得十分粗俗，剧情也很无稽，所以一般人都认为它的智慧性和美感程度要远逊于*喜剧*。然而闹剧以其表演的通俗性获得了大众的欢迎，于是在西方世界流传至今。

讷尔默达河 Narmada River 又称Nerbudda River(讷巴达河)。印度中部河流。发源于*中央邦*，全长1 289千米。它向西流入坎贝湾，形成印度斯坦和德干高原之间的传统边界。公元2世纪时被希腊的地理学家*托勒密*称作纳曼德，一直是阿拉伯海与*恒河*流域之间的重要通道。它是印度教徒的朝圣之路，他们把讷尔默达河视为仅次于恒河的神圣河流。

内布拉斯加 Nebraska 美国中西部一州。面积200 333平方千米，首府林肯。与南达科他州、艾奥瓦州、密苏里州、堪萨斯州、科罗拉多州和怀俄明州接壤。*密苏里河*为其东界。北普拉特河和南普拉特河在内布拉斯加中央西南方汇流形成*普拉特河*。早在公元前8000年即有各种史前人类居住于此。定居于此的印第安人包括东部和中部的波尼人、犹他人和奥马哈人，西部则有奥格拉拉人、*苏人*、阿拉帕霍人和*科曼切人*。1803年美国自法国手中买下该地，为*路易斯安那购地*的一部分。1804年*刘易斯和克拉克远征*抵达密苏里河内布拉斯加一侧。1854年依《堪萨斯-内布拉斯加法案》成为内布拉斯加准州的一部分。1867年内布拉斯加加入联邦，成为第37州。人口增长很快，且印第安人在边远地区的抵抗已中止，殖民地拓居向西延伸到内布拉斯加州的锅柄地区。20世纪初，内布拉斯加历经了一场短暂但具影响力的平民党运动。1937年设立一院制议会，这在美国是独一无二的。该州大部分为农业区，其工业包括食品加工业和机械工业。主要矿藏为石油。除首府林肯外，奥马哈是另一个文化和工业中心。人口约1 855 525(2012)。

内插 interpolation 数学上两个已知数据点之间的值的估计。一个简单的例子是计算相隔10年之久的两次人口普查之间的平均值(参阅*平均数、中位数与众数*)，从而估计出第5年的人口。对两个数据点以外的估计(例如预测第二次普查后5年的人口)称为外插。如果有两个以上的数据点，那么用曲线来拟合这些点要比用直线好。最简单的拟合曲线是多项式曲线。任何给定级数的多项式(内插多项式)都能正好通过任意多数目的数据点。

内尔瓦 Nerva(约公元30～98) 全名Nerva Caesar Augustus(内尔瓦·凯撒·奥古斯都)。原名Marcus Cocceius Nerva。罗马皇帝(96～98)，五圣主之一。出生于显贵的元老院议员家庭。公元71和90年两度任执政官。生平并不显赫，但由于他的年龄、正直以及没有能继承他的子女，因此被选作*图密善*的继承人。他反对图密善的专制暴政，但完成了图密善的建筑项目，并实施他自己的行政和金融改革。他接受*图拉真*为自己的继承人。

内尔维 Nervi, Pier Luigi(1891～1979) 意大利工程师和建筑承包商。因发明钢丝网水泥(用钢筋网使水泥坚固，使用于薄壳设计中)而在国际间成名。他首次的重要项目包括一系列在意大利的飞机库(1935～1941)，设计出了大跨度的混凝土拱顶。除建筑物设计外，他还使用钢丝网水泥成功建造出船体只有1.25厘米厚的帆船。在他为都灵展览会(1949～1950)设计的跨度达93米的预制波纹筒形拱顶展厅中，钢筋混凝土为其中极其重要的材料。内尔维与*M.布罗伊尔*参加了巴黎联合国教科文组织总部大厦的设计(1950)，并协助设计了意大利首幢摩天楼——米兰的皮雷利大厦(1955～1959)。

内啡肽 endorphin 分布于脑内的一群蛋白质，具有像鸦片之类麻醉剂一样解除疼痛的特性。20世纪70年代发现脑啡肽、β-内啡肽及地诺啡。三者各以具有特色的形式分布于整个神经系统。内啡肽的释放是对疼痛或持续兴奋状态的反应,它们还与食欲控制、垂体性激素的释放和休克有关。实验证明内啡肽与脑内的“快乐中枢”非常有关,用针刺疗法似乎可激起它们反应。认识内啡肽的作用将有助于对成瘾性和习惯性疼痛问题的治疗。

内分泌学 endocrinology 研究激素和其他生物化学介质对生理功能的调节,以及治疗内分泌失调疾病的医学。1841 年 F. G. 亨勒首度发现“无管腺体”,能将其产物直接输入血液中。20 世纪初期,这个领域建立了基础。1902 年 E. H. 斯塔林第一次引用了“激素”这个名词,并提出这种化学物质和生理过程的神经调节有关。治疗方式是以提纯萃取物替代不足的激素为基础。核子医学的发展为内分泌疾病引进了新疗法,如以放射性碘治疗甲状腺功能亢进症,大大地降低了甲状腺手术的必要性。还有一种放射性免疫测定法(参阅放射学),可测出极微量的激素变化,使早期诊断和治疗内分泌疾病成为可能。

内盖夫 Negev 又作 Ha-Negev。以色列南部的沙漠地区。与西奈半岛和约旦裂谷邻接,面积约12 200平方千米。在圣经时代该地是个牧区,后来成为罗马帝国重要的粮源。公元7 世纪,阿拉伯人征服巴勒斯坦后被荒废,在以后的1 200多年里只有人数很少的贝都因人。1943 年新建三个集体农庄后开始发展现代农业;第二次世界大战后启动了灌溉工程,其他居民点也相继建立。1948 年把它在巴勒斯坦的部分划归以色列,1948 ～ 1949 年间以色列与埃及的军事冲突就发生在内盖夫。它是许多规划好的以色列人的定居点,包括港口城市埃拉特,是以色列通向红海的出口。贝尔谢巴是重要的行政中心。该地区出产谷物、水果和蔬菜;矿物资源包括钾碱、溴和铜。

内阁 cabinet 一批资深的大臣;在美国也指总统的顾问团,其成员还担任政府各部门的首长。内阁已经成为许多国家议会政府不可缺少的组成部分,尽管其形式因国家而异。在英国,内阁的前身是枢密院,当时国王查理二世和王后安妮定期向枢密院主要成员咨询,以便在召开枢密院全体会议之前作出决定。现在的英国内阁包括各部的部长,有些是从议员中选出的,也有些是首相任命的。在美国,内阁是作为总统的顾问团,不需法律核准。成员的任命要经参议院批准,美国宪法规定了内阁成员接任总统职位的先后次序。内阁成员包括国务卿、财政部长、国防部长、内政部长、农业部长、商业部长、劳工部长、卫生部长、住房和城市开发部长、交通部长、教育部长、能源部长,以及退伍军人事务部长和司法部长。

内格罗河 Negro River 又称 Río Guainía(瓜伊尼亚河)。南美洲西北部的河流。是亚马孙河的主要支流,发源于哥伦比亚东部的热带雨林,在那里称作瓜伊尼亚河,形成哥伦比亚-委内瑞拉的边界。该河穿过巴西在马瑙斯进入亚马孙河。全长2 250千米,是一条主要的运输通道。内格罗(意为“黑”)河的名字来自它那清澈乌黑的水色,这是由于有机物质的分解以及它的低淤泥含量所造成的。

内格罗河 Negro River 乌拉圭中部河流。发源于巴西高原南部。向西南流入乌拉圭境内,在那里有大坝拦截形成内格罗河水库,它是南美洲最大的人工湖,面积10 400平方千米。内格罗河在索里亚诺汇入乌拉圭河。全长约 800 千米,但仅河口上游 70 千米河段可通航。

内格罗斯 Negros 菲律宾中部米沙鄢群岛中的一个岛。是列岛中的第四大岛,其形状像一只靴子。长约 217 千米,面积12 710平方千米。岛上生产的糖约为菲律宾的 50%,是该国最富庶、政治影响最大的地区之一。位于西北沿海的最大城市巴科洛德,是岛上重要的糖出口地。人口3 691 784(2000)。

内海航道 Inside Passage 又作 Inland Passage。美国华盛顿州西雅图到阿拉斯加州斯卡格威之间的海上天然航道。长逾1 600千米。包括大陆与岛屿(包括温哥华岛)之间的水道和海峡,这些屏障可使航道免遭太平洋风暴的袭击。为通往阿拉斯加的黄金近海航线。途经港口有加拿大的维多利亚、温哥华、鲁珀特王子港,美国阿拉斯加州的凯特奇坎、郎格尔和朱诺。

内华达 Nevada 美国西部一州。面积286 380平方千米。首府卡森市。与俄勒冈州、爱达荷州、犹他州、亚利桑那州和加利福尼亚州相邻。布莱克罗克沙漠位于该州西北部。以科罗拉多河为其东南边界。人类在此定居已超过2 万年之久,史前人类居住于此的证据包括居住遗迹和岩画艺术。早期居民包括肖肖尼人和派尤特人。在 1843 ～ 1845 年 J. C. 弗里蒙特和 K. 卡森的大探险和地图绘制完成前,已有西班牙传教士和毛皮商人分别于 18 世纪和 19 世纪 20 年代来到此地。由于 1848 年的墨西哥割让,内华达归属美国,1850 ～ 1861 年划归犹他准州。1859 年发现弗吉尼亚城蕴藏丰富银矿的康斯托克矿脉后,当地人口开始增加,于是内华达准州于1861 年建立,并在 1864 年成为美国第 36 州。大萧条时期由于博彩业合法化,该州开始向现代经济过渡。胡佛水坝的建造有助于内华达州南部的经济发展。在 20 世纪 50 年代该州成为原子能实验的主要测试地区。内华达州经济的传统基础矿业和农业因政府活动和旅游业而相形失色,后者主要集中在拉斯韦加斯、雷诺和塔霍湖。人口约 2 758 931(2012)。

内华达山脉 Sierra Nevada 美国加利福尼亚州东部山脉。从莫哈韦沙漠起向喀斯喀特山脉延伸 400 千米。宽度平均约为 80 千米,山峰高3 350～4 270米。惠特尼峰是其最高峰。它是全年适宜的度假胜地,从该州大的市区都可直接抵达。

内卡河 Neckar River 德国西南部河流。发源于多瑙河源头附近的黑林山,全长 367千米。它向北流后转向东北,穿过斯图加特。继续向北流,风景优美的河谷越加变得宽深,穿过山顶有封建时代的城堡。经过海德堡后,在曼海姆汇入莱茵河。

内克 Necker, Jacques(1732 ～ 1804)路易十六时期的瑞士裔法国金融家和财政大臣。出生于日内瓦,在巴黎成为银行家。七年战争期间投机致富,1768 年被任命为日内瓦驻巴黎公使。1772 年退出银行业,1777 年成为法国的财政大臣。尽管他的改革是审慎的,但因资助美国独立战争的计划遭到反对,1781 年被迫辞职。1788 年被召回来挽救濒临破产的法国。他建议金融和政治改革,包括建立有限君主立宪政体。由于招致王室的反对,他在 1789 年 7 月 11 日再度被免职,这件事激起了巴士底狱风暴。1789 ～ 1790 年间短期任职后,他退休回到日内瓦。女作家G. de. 斯塔尔是他的女儿。

内里 Neri, St. Philip(1515 ～ 1595) 罗马天主教奥秘神学家。生于佛罗伦萨。1533 年去罗马从事宗教研究。1548 年参与组织在俗信徒的社团,救济照顾朝圣者、穷人和病人。1551 年任司铎,迁入罗马圣吉罗拉摩大教堂。1564 ～ 1575 年间他是圣乔瓦尼教会的教区长。1575 年格列高利十三世授予他圣母小堂,他在那里开辟了演说厅,一批传教士和神职人员都参与虔修和各种慈善活动。他是突出的反对改革的奥秘神学家之一,身为布道者,他以雄辩的口才著称。

内罗毕 Nairobi 肯尼亚首都。位于该国中南部高地地区,海拔1 680米左右。约 1899 年成为殖民地铁路营地,1905 年成为英属东非保护地的首府。作为行政和贸易中心,内罗毕吸引了大量肯尼亚农村人口,从而成为非洲最大城市之一。肯尼亚于 1963 年获得独立,内罗毕仍然是首都。新的国家宪法扩大了该市的市政区域。内罗毕为该国主要的商业和工业中心。生产饮料、香烟、加工食品和家具。有若干产品通过蒙巴萨港出口。著名的机构和标志有内罗毕大学和肯尼亚国家(自然历史)博物馆。旅游业也占重要地位。内罗毕国家公园吸引了大批游客。人口3 133 518(2009)。

内梅罗夫 Nemerov, Howard(1920～1991)美国诗人。就读于哈佛大学。第二次世界大战中当过飞行员。战后在多个学院任教,包括本宁顿学院。他的诗多半以自然为主题,以辛辣和自谦的妙笔著称。第一部诗集是《形象与法律》(1947)。以后又出了几部诗集,包括《内梅罗夫诗集》(1977,获普利策奖、全国图书奖)。他的小说有《返校节的游戏》(1957)和《商品梦及其他》(1960)。内梅罗夫是 1988 ～ 1990 年间的美国桂冠诗人。D. 阿尔巴斯是他的妹妹。

内皮尔 Napier, John(1550 ～ 1617) 苏格兰数学家、新教的拥护者。他把自己生活的一部分用来攻击罗马教会,另一部分用来从事数字计算。他多次敦促苏格兰的詹姆斯四世坚决顶住天主教的威胁。1594 年起,开始研究一些秘密武器,包括一种金属的战车,车上带有一些可以向外射击的孔。他发明出**对数**的概念,方便了包括乘、除、根和幂的运算。他还引进了小数点来作为十进制分数的标记。他设计的一套计算尺是后来的计算尺的前身。

内倾与外倾　introvert and extravert　根据精神病学家 C. 荣格的理论确立的基本人格类型。内倾者把自己的想法和感情埋藏在心里,往往害羞、好沉思和含蓄。外倾者关注他人和外部世界,通常开朗、易感动和积极进取。现在认为这种分类过于简单,因为几乎没有一个人可以被说成是完全内倾或完全外倾的。

内燃机　internal-combustion engine　燃料-空气混合物完全在发动机内部燃烧,让燃烧的热气产物直接作用于它的运动部件表面,如活塞(参阅**活塞和汽缸**)或涡轮机叶片的发动机。内燃机包括汽油机、柴油机、气涡轮机、纯**喷气发动机**、火箭发动机和电动机,属于热发动机类。通常区分为连续燃烧发动机与间歇燃烧发动机。前者(例如喷气发动机)的燃料和空气不断流入发动机,稳定的火焰维持连续燃烧。后者(例如汽油往复活塞发动机)在其工作循环中对间断进入其中的燃料和空气进行周期性点火。参阅**蒸汽发动机**。

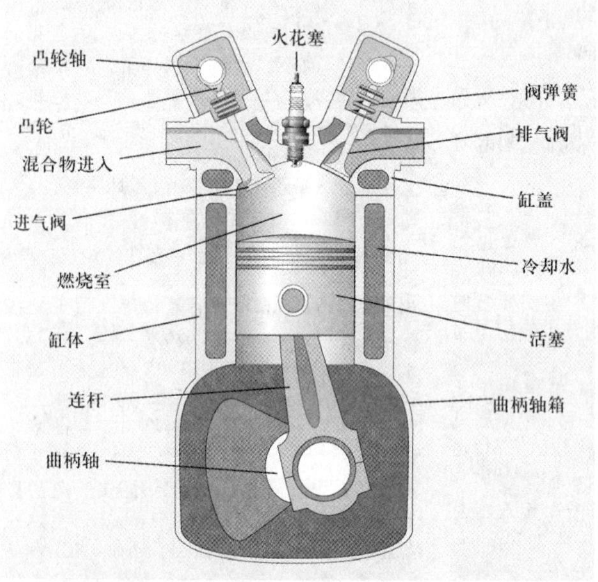

四冲程(四行程)内燃机的汽缸剖面图。第一冲程(如图),凸轮(左)压缩阀弹簧开启进气阀,让燃料与空气的混合物进入汽缸。接着两个阀都关闭,混合物受到活塞压缩,将气流送入火花塞。火花塞点火,燃料燃烧将活塞推下,产生动力转动曲柄轴推动汽车。另外一个凸轮(右)打开排气阀,让燃烧完的废气排出。

内萨瓦尔科约特尔　Netzahualcóyotl　墨西哥中部墨西哥城郊外的城市,是墨西哥第三大都市区。原为**特斯科科湖**,后来湖面缩小,在南岸出现大片土地,1900 年后开始有人定居。1946 年在其北部修建了霍恰卡堤坝,保护城市免受洪水侵犯。人口1 225 083(2000)。

内沙布尔　Neyshabur　又作 Nishapur。伊朗东北部城镇。其名源自它的奠基人萨珊国王沙布尔一世。该镇是呼罗珊地区四大城市之一,5 世纪时萨珊国王伊嗣埃二世的居住地。7 世纪中叶趋于衰落,但在塔希尔(821～873)和萨曼王朝(819～999)的统治下重新繁荣起来。11 世纪时,它是图格里勒·贝格的居住地,但到 12 世纪时再度衰落。著名诗人和学者欧麦尔·海亚姆以及秘教诗人阿塔尔的墓地就在附近。人口约208 860(2006)。

内斯湖　Ness, Loch　英国最大的淡水湖。位于苏格兰高地行政区**因弗内斯**区。湖深 240 米,长约 36 千米。T. 特尔福德将内斯湖接入喀里多尼亚运河系统,成为该系统的一部分。内斯湖两岸有两座城堡遗存。常见的湖水表面的波动,或称湖震,是由温差引起的。据称内斯湖中有千百年前的水怪,但一直未能得到证实。

内线交易　insider trading　在金融交易中非法使用内线信息牟利。自从 1934 年,美国证券交易委员会就明令禁止在掌握有决定性影响的未公开信息时进行交易。参阅 **M. R. 米尔肯**。

内伊　Ney, Michel(1769～1815)　后称 prince de la Moskowa。法国军官,拿破仑手下最著名的元帅。法国革命战争期间脱颖而出,1799 年升至将军。他是拿破仑的支持者,1804 年获法国元帅头衔,1808 年在拿破仑战争中取胜后被封为埃尔钦根公爵。在 1807 年的弗里德兰战役以及 1812 年的博罗季诺战役中,法国军队都由他指挥。在法军撤离莫斯科时,他无畏地指挥着后卫部队,拿破仑称赞他为"勇士之最"。拿破仑退位后,内伊投靠路易十八,而在百日中又与拿破仑的支持者结盟,并在失败的滑铁卢战役中指挥军队。**波旁王朝复辟**后,内伊受到军事法庭审判并被处极刑。

内伊湖　Neagh, Lough　北爱尔兰中东部湖泊。是不列颠群岛中最大的湖泊,面积 396 平方千米。宽约 24 千米,长约 29 千米,但只有 12 米深。在它西北岸图姆湾的古代沉积物中已经找到爱尔兰最古老的人类手工制品。1959 年的洪水控制工程已明显降低了湖的水平面。

内扎米　Nezami(1141? ～1209)　又称 Nizami。全名 Elyas Yusof Nezami Ganjavi。波斯文学中最伟大的浪漫主义叙事诗诗人。生平不详,一生在甘贾(阿塞拜疆)度过。他的颂歌和**厄扎尔**仅有少量留存至今;伟大的《五卷诗》是他的成名作,5 组诗歌共 3 万个对句,在叙事诗中加进了口语和写实主义的风格。其中第四卷《七美人》是他的经典杰作。

内志　Nejd　又作 Najd。沙特阿拉伯中部地区。主要由多岩石的高原构成。地势由西部的汉志山地逐渐向东下降,除少数肥沃绿洲外,境内人烟稀少。18 世纪中叶当地成为**瓦哈比**教派的中心,到 1803 年清教徒似的伊斯兰运动成员已扩展到麦加。自 1824 年以来一直受沙特王朝统治。1932 年与汉志统一,建立独立的沙特阿拉伯王国。

能　energy　做**功**的能力。能以多种形式存在,其中包括**动能**、势能、热能、化学能、电能和**核能**,而且能可从一种形式转变为另一种形式。如用燃油热机把化学能转为热能,电池把化学能转为电能。虽然能可从一种形式转变为另一种形式,但它不会创生或毁灭,即总能量在一个封闭系统保持恒定。所有形式的能都与**运动**有关。如一个滚动的球具有动能,而从地面上把球举高,即具有势能,因为如果放开它,会就势移动。热和功都涉及能的转换,热被转换可能变成热能。参阅**太阳能**。

能剧　Noh theatre　又作 No drama。日本的传统戏剧形式。为世界上现存最古老的戏剧形式之一。能剧有史诗般的主题、合唱队、高度程式化的动作、戏装和布景。参与演出的讲故事人皆为男性,他们通过面部表情和形体动作来暗示故事的本质,而不是把它表现出来。能剧("能"有才能或技巧之意)是由古老的舞蹈戏剧形式发展而来,在 14 世纪演变成其特有的形式。能剧的 5 种形式有:神能叙述**神道教**神社的神圣故事;修罗能(打斗戏剧之意)是以武士为中心的故事;假发能(假发戏之意)则有女性角色;现代剧或疯女戏则有各式各样的内容;尾能(最后或恶魔之意)以恶魔和怪兽为特色。观世弥(1333～1384)和其子世阿弥(1363～1443)创作了许多最优美的能剧剧本,其中 200 多个仍保留成为现代能剧剧目。

能人　Homo habilis　人科早期已经绝灭的种。通常认为是人属最早的成员。约 200 万年前～150 万年前生活在非洲撒哈拉以南部分地区。能人化石遗存最初于 1959 年和 1960 年发现于坦桑尼亚北部的奥杜威峡谷,之后陆续在肯尼亚北部图尔卡纳湖地区和南非的**斯泰克方丹**(具争议性)也发现了一些化石遗存。能人的脑容量约 500～800 立方厘米。肢骨表明能人会用双脚直立行走,而有一块手部的化石显示,能人已能准确抓握物体。随同能人化石遗存一起出土的粗制工具,进一步提供了能人会打造石器的证据。参阅**人类进化**。

尼安德特人 Neanderthal 早期形态的智人,生活在约20万年以前至2.4万年以前的更新世晚期的欧洲许多地区和地中海沿岸。1856年在德国尼安德峡谷上方的一个洞穴里首次发现这种人类的遗骨,故名。尼安德特人在分类学上的归属,在学者中仍有争论。多数学者将其归为尼安德特人种(学名为 *Homo neanderthalensis*),不认为他们是人类直接的祖先,但两者有着生活在13万年前的共同祖先。一些学者提供证据表明尼安德特人与欧洲和亚洲早期现代人有过有限交配。尼安德特人身材短小、结实有力。尽管他们的颅腔长、低且宽,但脑容量却等于或超过现代人。四肢粗笨,但似乎已能完全直立行走,并有和现代人相同的四肢。尼安德特人穴居,使用火,使用石制工具和木制长矛猎取动物,埋葬死者,也照料生病或受伤的人。可能已有语言和信奉某种原始的宗教。

《尼贝龙根之歌》 Nibelungenlied 一首中古高地德语史诗的现代公认名称。写于约1200年,作者为多瑙河地区(今称奥地利)一位不知名的诗人。它保留在3份13世纪的主要手稿中。诗中可辨别出的古老元素可追溯至古诺尔斯文学、诗体《埃达》中的故事和斯堪的纳维亚的萨迦。主要人物有王子齐格弗里德、女王布伦希尔德、公主克里姆希尔特、其兄弟国王巩特尔和国王的心腹哈根,故事以欺骗、报复和屠杀为中心。在接下来的数世纪中,有许多以《尼贝龙根之歌》为根据的改编作品,其中包括R.瓦格纳的歌剧《尼贝龙根的指环》(1853～1874)。

尼泊尔 Nepal 南亚国家。面积:147 181平方千米。人口:约27 227 000(2013)。首都:加德满都。大多数人是具有印度-雅利安血统的尼泊尔人;藏族血统的尼泊尔人是数量较多的少数民族。语言:尼泊尔语(官方语言)、英语,以及各种其他语言。宗教:印度教,此外还有佛教和伊斯兰教。货币:尼泊尔卢比。尼泊尔境内有世界最崎岖险峻的高山地带,大喜马拉雅山脉,包括珠穆朗玛峰,位于中部和北部。由于地理封闭和多年的自我孤立,尼泊尔是世界上最不发达的国家之一。该国的市场经济主要依靠农业,包括牲畜饲养。旅游业也很重要。这一地区的发展受早期佛教的影响,王朝统治可追溯到大约公元4世纪。1769年尼泊尔成为一个单一王国,18～19世纪进行过多次边境战争。1923年英国承认其独立。尼泊尔从1959年到21世纪初一直是君主立宪制国家。1990年的新宪法限制了王室的权力,承认了民主选举产生的议会政府。1997年尼泊尔与印度签署了贸易协议。2001年王储杀死了包括他本人在内大部分王室成员,此举令全国震惊。2008年制宪会议举行具有历史意义的选举之后,君主制被废除,尼泊尔成为多党制共和国,总理既为国家元首又是政府首脑。尼泊尔于1964年首次参加在东京举办的夏季奥运会。

尼布尔 Niebuhr, Barthold Georg(1776～1831) 德意志历史学家。早年在丹麦和普鲁士任官职,后辞职任史官。1810年开始在柏林大学作罗马史系列讲座,为其影响极大的巨著《罗马史》(1811～1832)奠定了基础。在此书中,他对历史学界提出怀疑,说明如何分析历史资源,抛弃无价值材料,留下纯粹的素材,从中重新构出历史事实。他的这些思想开创了历史编纂的新纪元。

尼布尔 Niebuhr, Reinhold(1892～1971) 美国神学家。父亲是福音派的牧师。曾就读于伊登神学院和耶鲁大学神学院。1915～1928年受北美福音会牧师神职,任底特律市

R.尼布尔,摄于1963年
By courtesy of the Rare Book Department, Union Theological Seminary Library, New York City

伯特利福音会牧师。在这个工业化城市里生活的几年使他成为资本主义的批判者和社会主义的拥护者。1928～1960年任纽约市协和神学院教授。他的一些有影响的作品有力地批评了自由的新教徒思想,强调人性和社会机构中的罪恶宿根。作品包括《道德的个人,不道德的社会》(1932)、《人类的本性和命运》(1941～1943)和《历史的本身和其演变》(1955)。

尼布甲尼撒二世 Nebuchadnezzar II(约公元前630～前561?) 又称Nebuchadrezzar。巴比伦迦勒底王朝的第二位,也是最伟大的一位国王。约公元前610年以行政管理人员的身份开始了其军事生涯。公元前605年,刚从埃及人手中赢得了叙利亚,父亲就去世了,他继承了王位。公元前597年他攻击犹大国,占领了耶路撒冷。公元前587或前586年再次占领耶路撒冷,把一些著名人士驱逐到巴比伦。他花费时间和精力重建巴比伦,铺路、重建寺庙、开凿运河。至少在民间传说中,是他修建了巴比伦的空中花园。

尼采 Nietzsche, Friedrich (Wilhelm)(1844～1900) 德裔瑞士哲学家和作家,是影响最深远的现代思想家之一。信义宗牧师之子,他在波恩和莱比锡受教育,24岁成为巴塞尔大学的古典哲学教授。他与年纪较大的R.瓦格纳关系密切,并在其歌剧中见到西方文明复兴的潜力,但在1876年因故愤而与瓦格纳决裂。他的《悲剧从音乐精神中诞生》(1872)包含了他对古希腊戏剧的洞察力,和《背时沉思录》(1873)一样,被一种受A.叔本华影响的浪漫观点支配着。精神和身体上的问题迫使他在1878年离职,花了10年时间试着在各处疗养地恢复健康,同时继续大量写作。他的作品从《太有人性的人》(1878)到《轻快的科学》(1882),颂扬理性和科学,尝试各种文学体裁,并表示他已从早期浪漫主义的影响中解放出来。他的成熟作品充斥着人类生活价值的起源及作用,特别是《善恶之彼岸》(1886)、《道德渊源论》(1887)和《查拉图斯特拉如是说》(1883～1892)。他相信,假如生活既不具有也不缺乏内在的价值而人们仍然不断对之进行评估,那么这种评估可以有用地看作是评估者身份的特征。他强烈谴责基督教,并宣布上帝已死。1889年他的精神全面崩溃,标示着其多产生活近于结束。他因不喜民主和具有超人理想而受到A.希特勒尊崇,纳粹党却忽略了尼采的许多思想有悖于他们的目标。他分析了传统西方宗教、道德、哲学底层的根本动机及价值,影响了许多代的神学家、哲学家、心理学家、诗人、小说家和剧作家。

尼多斯 Cnidus 希腊古城,位于小亚细亚西南部海岸。系重要商业中心,有一所著名的医科学校。尼多斯为多里安人城邦联盟的6座城市之一。公元前546年被波斯人征服。公元前4世纪变成一个民主国家;公元前3世纪则在托勒密的控制之下。到7世纪废城为止,它一直是罗马帝国亚细亚省的一个自由城市。考古挖掘中最主要的发现是圆形的阿佛洛狄忒神庙,在此挖出阿佛洛狄忒女神像,是雅典雕刻家普拉克西特利斯的杰作。

尼俄柏 Niobe 希腊神话中丧子母亲的原型。她是坦塔罗斯的女儿,嫁给第比斯王安菲翁,共生了6男6女。她在只有两个孩子(阿波罗、阿耳忒弥斯)的提坦神勒托面前自诩,为了惩罚她的骄傲,阿波罗杀死了尼俄柏的所有儿子,阿耳忒弥斯则杀死了她所有的女儿。尼俄柏沉浸在悲伤中,诸神把她变成西皮罗斯山(如今土耳其的伊兹密尔附近)上的一块石头。每当它上面的雪融化时,这块石头就不停地哭泣。

尼尔逊 Nilsson, Birgit(1918～2005) 原名Märta Birgit Svensson。瑞典女高音歌唱家。1946年在斯德哥尔摩初次登台。1954～1955年间在慕尼黑在完整的歌剧《尼贝龙根的指环》中演出。1954～1970年在拜罗伊特演唱,以扮演瓦格纳的女高音角色为主。她的嗓音丰满洪亮,被誉为当时最伟大的瓦格纳女高音。1959年起经常赴美国演出,成为纽约市大都会歌剧院受欢迎的保留节目。除瓦格纳的剧目外,她还出演R.施特劳斯的厄勒克特拉和莎乐美、G.普契尼的图兰朵以及L. van 贝多芬的莱奥诺拉。1984年退休。

尼古丁 nicotine 烟草中的主要生物碱。存在于烟草全株,特别是烟叶中。尼古丁为杂环化合物,含吡啶环,化学式为$C_{10}H_{14}N_2$,是纸烟、雪茄和鼻烟中的主要上瘾成分。尼古丁有独特的双重作用,少量吸入时为兴奋剂,但缓慢且深深吸入后则为安定剂。大剂量的尼古丁有剧毒,可用作杀虫剂、熏蒸剂和驱虫药。

尼古拉 Nicholas(1856～1929) 俄语写作 Nikolay Nikolayevich。俄国大公，亚历山大二世的侄子。1872 年参加帝国军队，1877～1878 年参加俄土战争。1895～1905 年任骑兵总监时曾在训练和装备方面进行了重大改革。1905 年起任圣彼得堡军区司令，1914 年任俄军总司令。他是一位出名的指挥官，第一次世界大战中，他最初率领俄军获得一些胜利，但后来被德军击溃。1915 年被尼古拉二世免职，1915～1917 年在高加索任总司令。俄国革命后他移居法国，在那里领导反对俄共势力的组织。

尼古拉二世 Nicholas II(?～1061) 原名 Gerard of Burgundy(勃艮第的热拉尔)。教皇(1058～1061 在位)。原为佛罗伦萨主教。为知名的改革提倡者，与敌对教皇本尼狄克十世分庭抗礼。1059 年的拉特兰会议上他改革了教皇选举的程序，将其交由枢机主教处理，限制了皇帝对选举的干涉。1061 年德意志境内的主教们推翻了他的这一做法，从而揭示了教廷与宫廷之间日趋紧张的关系。尼古拉二世也进行了外交上的革命，与占据意大利南部的诺曼人保持友好关系，1059 年将罗伯特·圭斯卡德送上阿普利亚、卡拉布里亚和西西里公爵的宝座。这些做法恶化了其与德国及其摄政者的关系。尼古拉二世制定法律禁止神职人员结婚，并制裁买卖圣职的人，这些都是格列高利改革运动的重要部分。

尼古拉二世 Nicholas II(1868～1918) 俄语写作 Nikolay Aleksandrovich。俄国末代沙皇(1894～1917)。亚历山大三世的儿子。早期受过军事教育，1894 年接替其父担任沙皇。他是个独裁却又无主见的统治者，听任皇后亚历山德拉摆布。他对亚洲的兴趣导致了西伯利亚大铁路的建设和后来灾难性的日俄战争(1904～1905)。俄国 1905 年革命后，他勉强同意成立国家杜马，但却限制杜马的权力，只是象征性地推行其措施。当时的首相 P. 斯托雷平试图改革，但日益受亚历山德拉和 G. 拉斯普廷左右的尼古拉二世却横加阻挠。俄国在第一次世界大战中遭到挫败后，尼古拉二世罢免了广受欢迎的俄军总司令尼古拉大公爵，自任指挥，让亚历山德拉和拉斯普廷擅权。因其不在莫斯科加上亚历山德拉的弄权加剧了混乱，最终导致俄国 1917 年革命。1917 年 3 月尼古拉二世被迫退位，全家被 G. Y. 李沃夫的临时政府拘押。由于遭到当地布尔什维克的反对，原先将其全家送往英国的计划无法实施。在被押往叶卡捷琳堡后，1918 年 7 月全家在当地的一个地下室被处决。

尼古拉斯 Nikolais, Alwin(1910～1993) 美国舞蹈演员、舞蹈编导、作曲家和舞美设计师。曾向 H. 霍尔姆等几位老师学习现代舞，后来成为霍尔姆的助手。1948年尼古拉斯成为纽约市亨利街区剧院的院长。1951 年创办尼古拉斯舞蹈剧院，上演他集运动、声音、形体和色彩于一体的作品，在美国和欧洲各地巡回演出。1979～1981年间，尼古拉斯执导法国昂热的当代舞中心。1989 年他的公司与其他公司合并组成尼古拉斯和摩雷·路易舞蹈公司。

尼古拉斯
Martha Swope

尼古拉斯(库萨的) Nicholas of Cusa(1401～1464) 德国枢机主教、数学家、科学家和哲学家。1440 年受祝圣为司铎，后来成为意大利的枢机主教，1450 年为主教。在《论公教和谐》(1433)一文中，他支持公会议的权力高于教皇。他几乎精通每一个学术领域，先于哥白尼觉察到宇宙中的一种运动并不以地球为中心。他还进行生物学实验，收集古代手稿。在其论文《论学而无知》(1440)中指出，只有自知无知者才是有学识之人。

尼古拉斯兄弟 Nicholas Brothers(F. A. 尼古拉斯1914～2006；H. L. 尼古拉斯 1921～2000) 美国踢踏舞双人搭档。两人将爵士舞、芭蕾和杂技与踢踏舞结合，创造了"经典踢踏舞"形式。1932～1939 年年轻的兄弟俩在哈勒姆区的棉花俱乐部演出，声名大噪，之后参与演出了《暴风雨》(1943)等电影，并在百老汇剧院和电视节目中登台。尼古拉斯兄弟开始踢踏舞生涯之时正值黑人表演艺术家工作机会渺茫、角色陈规老套之际，但他们依然在此种被排斥的情况下崛起，以他们优雅、潇洒的表演方式为踢踏舞艺术增光添彩。

尼古拉一世 Nicholas I(1796～1855) 俄语写作 Nikolay Pavlovich。俄国皇帝(1825～1855 在位)。保罗一世之子，被培训为军官。1825年继承其兄亚历山大一世，当上皇帝，镇压十二月党人起义。他的统治代表着专制主义、军事主义和官僚主义。为了实施其政策，创建了由 A. G. 奥尔洛夫伯爵为首的第三厅(政治警察)。在外交方面，尼古拉镇压了波兰的起义(1830～1831)，帮助奥地利平息匈牙利的起义(1849)。他关于康士坦丁堡的设计导致了与土耳其的战争(1853)，把其他欧洲势力拉入克里米亚战争。他的皇位由儿子亚历山大二世继承。

尼赫鲁 Nehru, Jawaharlal(1889～1964) 印度独立后的第一任总理(1947～1964)。独立运动提倡者莫提拉尔·尼赫鲁(1861～1931)之子，尼赫鲁先受家庭教师教育后去英国求学，1912 年成为律师。由于更加倾心于政治，对 M. K. 甘地的印度独立运动印象深刻。他与印度国民大会党的密切关系始于 1919 年，1929 年尼赫鲁当选为该党主席，主持有历史意义的拉合尔会议，宣告印度的政治目标是完全独立而非自治领的地位。1921～1945 年间因其政治活动而被捕 9 次。印度在 1935 年获得有限度的自治权，但尼赫鲁领导的国大党却不明智地拒绝与一些省份的穆斯林联盟组成联合政府。印度教与穆斯林教之间日益恶化的关系终于导致印度分裂和巴基斯坦建国。1948 年在甘地遭暗杀前不久，尼赫鲁成为印度独立后的第一任总理。冷战期间他提出不结盟的外交政策，因此当他投入任何阵营时都引来严厉的批评。在其任期内，印度分别与巴基斯坦和中国在克什米尔和布拉马普特拉河谷发生冲突。他也从葡萄牙人手中夺回果阿。他对内推行民主、社会主义、现世主义和团结，将现代价值观念融入于印度现实中。尼赫鲁去世两年后，他的女儿甘地(夫人)接任印度总理。

J. 尼赫鲁，Y. 卡什摄于 1956 年
Karsh-Rapho/Photo Researchers

尼加拉瓜 Nicaragua 全称 Republic of Nicaragua(尼加拉瓜共和国)。中美洲最大的国家。面积：130 373 平方千米。人口：约 6 042 000(2013)。首都：马那瓜。绝大多数人口为梅斯蒂索混血儿。语言：西班牙语(官方语言)、印第安语和英语。宗教：基督教(主要为天主教；也有部分新教)。货币：科多巴。尼加拉瓜西半部有森林茂密的山岭和肥沃的谷地。与太平洋海岸平行的带状地区涵盖了 40 座休眠火山和活火山。东部沿加勒比海的海岸线称为莫斯基托海岸。常发生地震，有时还很严重。尼加拉瓜发展中的市场经济以农业、轻工业和贸易为主。尼加拉瓜为共和国，一院制。总统是国家元首暨政府首脑。数千年来该地区一直有人居住，最著名的是马雅人。1502 年 C. 哥伦布到达此地，不久，西班牙的探险家们发现了尼加拉瓜湖。19 世纪 20 年代之前，尼加拉瓜一直被西班牙人所统治。1938 年实现完全独立之前，它曾是墨西哥的一部分(1822～1823)，然后又成为中美洲联邦的一部分，直到 1838 年。1912～1933 年间，美国在尼加拉瓜驻扎军队，干预该国的政治事务。1936～1979 年间受专制的索摩查家族的统治，民众起义后，桑地诺主义者夺取了政权。1981 年以后，桑地诺主义者遭到美国支持的武装起义人员的反对。桑地诺主义者政府将数个经济部门实行国有化，但在 1990 年的全国大选中失败。新政府将许多经济活动重归私人控制。桑地诺主义者领导人奥尔特加在 2006 年赢得总统选举后重新掌权。尼加拉瓜于 1968 年首次参加

在墨西哥城举办的夏季奥运会。

尼加拉瓜反抗军 contra 试图推翻尼加拉瓜桑地诺主义者政权的一支反革命军队。这支军队最初是由A.索摩查当政时的国家防卫队所组成。美国中央情报局在该团体的训练和资助上扮演了关键性角色,这支军队的恐怖主义策略遭到国际人权团体的非议。美国国会于1984年禁止军援尼加拉瓜反抗军;R.里根政府企图规避国会禁令的手法最后导致伊-尼事件的爆发。这个地区在阿里亚斯·桑切斯谈判协商之下获得和平,1990年在V.查莫罗总统的协商之下,该反抗军终于解散。参阅奥尔特加·萨维德拉。

尼加拉瓜湖 Nicaragua, Lake 尼加拉瓜西南部的淡水湖。长164千米,面积约8 000平方千米。是美国与秘鲁之间最大的淡水湖,靠蒂皮塔帕河,与马那瓜湖连接,为圣胡安河的水源。尼加拉瓜湖是唯一有海洋动物的淡水湖,湖中有鲨鱼、剑鱼和大海鲢。湖中最大的岛奥梅特佩岛有前哥伦布时期的考古发现,是尼加拉瓜的名胜。

尼金斯卡 Nijinska, Bronislava (Fominitshna)(1891～1972) 俄裔美国舞蹈家、舞蹈编导家与教师。在圣彼得堡的帝国芭蕾学校受训,1908年加入马林斯基剧院的舞剧团。从1909年起与俄罗斯芭蕾舞团一同跳舞,并于1911年和她的哥哥V.尼任斯基加入该舞团。她为俄罗斯芭蕾舞团编过数支芭蕾舞,包括《喜宴》(1923)、《蓝色列车》(1924)和《母鹿》(1924)。20世纪20～30年代,她为其他舞剧团创作作品,1932～1937年也为她自己的舞剧团编舞,其中包括《哈姆雷特》(1934)和《100个小偷》(1935)。1938年迁往洛杉矶,到60年代早期为止,一直在当地开办学校,兼做舞蹈编导工作。

尼康 Nikon(1605～1681) 原名Nikita Minin(巴基塔·米宁)。俄罗斯正教会牧首。生于一个农民家庭。从教士升到莫斯科牧首,1652年升任全俄罗斯牧首。沙皇阿列克谢出征时让其全权治理国家。他曾修订有讹误的俄国宗教书籍和礼文,并驱逐其反对派。他的改革引起了许多信徒的困惑,因此导致教会分裂(参阅旧礼仪派)和广泛的不满。他一意孤行的做法也与阿列克谢产生了矛盾。1666年阿列克谢召开希腊牧首会议,撤销了尼康所有的神职,但保留了他倡导的改革。

尼科尔森 Nicholson, Jack(1937～) 美国电影演员。在演出《逍遥骑士》(1969)中的醉鬼律师角色而获欢迎之前,曾演出一些低成本制作的电影。随后他陆续在一些非常成功的影片中演主角,这些影片包括《五首轻音乐》(1970)、《猎爱的人》(1971)、《唐人街》(1974)、《飞越疯人院》(1975,获奥斯卡奖)、《幻觉》(1980)、《母女情深》(1983,获奥斯卡奖)、《超级巨人》(1992)和《爱你在心口难开》(1997,获奥斯卡奖)、《关于施密特》(2002)、《无间行者》(2006)。他以夸张的露齿笑和慢吞吞地讲话风格而引人注目,成为当时最受欢迎和敬重的明星之一。

尼科西亚 Nicosia 希腊语作Lefkosia。土耳其语作Lefkoṅa。塞浦路斯共和国首都。位于派迪亚斯河畔,南北两方以山为界。公元前7世纪时是一个王国,自公元10世纪后成为该岛的首府。先后受拜占廷、威尼斯和奥斯曼帝国的统治;1878～1960年间由英国人统治。20世纪该城已扩展至现存的威尼斯式圆形城墙以外。周围地区的大部分居民主要从事农业。1974年起设立了联合国缓冲区,将该市的希腊区与土耳其区分开。人口:希腊区约219 200(2004);土耳其区约39 973(1996)。

尼科亚半岛 Nicoya Peninsula 哥斯达黎加西部的半岛。西、南濒太平洋,东北与瓜纳卡斯特山脉为邻,东南临尼科亚湾。西北-东南长约140千米。在半岛的村庄里还能找到哥伦布到达之前的乔罗特加-曼圭斯印第安人的后裔。

尼科亚湾 Nicoya, Gulf of 哥斯达黎加西北沿海的太平洋港湾。它向北延伸约80千米。滕皮斯克河、阿班加雷斯河和塔尔科莱斯河都注入该海湾。湾内有几个岛屿,包括最大的奇拉岛和圣卢卡斯岛。海湾沿岸最大的城镇和港口是蓬塔雷纳斯。

尼克劳斯 Nicklaus, Jack (William)(1940～) 美国高尔夫球选手,20世纪60～80年代世界高尔夫球界的杰出人物。在俄亥俄州立大学就读时,曾获2次美

尼克劳斯,摄于1982年
Focus on Sports Inc.

国业余高尔夫球赛冠军(1959,1961)。1962年转为职业运动员后,赢得4次美国公开赛(1962,1967,1972,1980)、6次优秀选手赛(1963,1965,1966,1972,1975,1986)、5次美国职业高尔夫球协会锦标赛(1963,1971,1973,1975,1980)和3次英国公开赛(1966,1970,1978)冠军。他也是赢得美国世界杯团体赛6次冠军的队员之一,并创下3次获得世界杯个人冠军的纪录(1963,1964,1971)。至1986年,已参加过100场主要的冠军赛,并有45次赢得前3名。他不但技术全面,而且还表现出面对压力的沉着与自控能力。他2005年退役,被公认为高尔夫球历史上最伟大的球员之一。

尼克松 Nixon, Richard M.(1913～1994) 美国第37任总统(1969～1974)。曾在杜克大学攻读法律,并在加利福尼亚州执律师业(1937～1942)。第二次世界大战期间在美军服役,退役后当选美国众议员(1946)。作为众议院非美活动调查委员会成员,因为在盘问A.希斯时用词严厉,他受到公众广泛关注。1950年在一番激烈的竞选活动后他当选美国参议员,在这次竞选中他不公平地把对手描述为共产主义的同情者。“狡猾的迪克”这一侮辱性称谓就源自这一时期。1952年他作为共和党总统候选人D.D.艾森豪威尔的竞选伙伴在大选中获胜,就任美国副总统。在此次竞选活动中,他发表了一个全国电视直播的演讲“西洋棋”(这原本是别人当作政治礼物送给尼克松的一条狗的名字),反驳有关政府财务管理不善的指责。他和艾森豪威尔于1956年轻松连任。1960年作为共和党总统候选人,他以微弱的选票之差败给了J.F.肯尼迪。1962年竞选加州州长失利后,他宣布退出政坛并批评了媒体,坚决表示“今后不会再有个叫尼克松的人被你们踢来踢去了”。他搬到纽约,开了一个律师事务所。1968年他重返政坛,竞选美国总统,运用“南方战略”争取美国南部和西部的保守派在两党中的选票,结果在大选中险胜竞争对手H.H.汉弗莱。当选美国总统后,他下令重新开始轰炸北越,并同时开始美军撤出南越的计划。1970年他把越南战争扩大到柬埔寨和老挝,在美国国内激起民众强烈抗议。他与中国建立了直接关系并于1972年正式访问中国,这是美国总统首次访问中国。同年晚些时候他前往苏联访问,在此期间签署了1969～1972年美苏两国之间举行的限制战略武器谈判最终达成的多份协议。在国内事务中,尼克松针对持续不断的通货膨胀和越来越高的失业率,采取了使美元贬值和实行前所未有的和平时期工资和物价管制等措施。他的政府为许多联邦政府的民权机构增拨了资金并提出立法设立职业安全与健康管理署和环境保护局。1972年他以压倒性优势击败G.麦戈文,再次当选美国总统。在H.基辛格的辅助下,他与北越达成一项和平协议,尽管这场战争直到1975年才正式结束。他的政府帮助破坏了智利马克思主义者的总统萨尔瓦多·阿连德组建的联合政府,致使阿连德1973年在一次军事政变中被推翻。尼克松的第二任期因水门丑闻蒙上一层阴影,这一事件是由于尼克松和其他人采取非法行动,派人在夜间潜入美国民主党总部大楼安装窃听器引起的。在长期的国会调查和知道几乎肯定会被弹劾之后,尼克松于1974年8月8日辞去总统职务,成为美国历史上第一位在任上辞职的总统。尽管从未承认有不道德的行为,但他还是被他的继任者G.福特豁免。退休后,他撰写了回忆录和几本有关美国外交政策的书,这对恢复他的名誉多少有些帮助,使他成为美国社会的资深政治家和外交政策专家。

尼雷尔　Nyerere, Julius (Kambarage) (1922～1999)　坦噶尼喀独立后的第一位总理(1961)、坦桑尼亚的第一位总统(1964～1985),也是非洲统一组织的主要领导人之一。曾在天主教教会学校任教,后来到英国攻读

尼雷尔,1981
Hanos-Liaison Agency

历史和经济。是坦噶尼喀非洲民族联盟(TANU)的领袖,提倡和平转变、社会平等及民族和睦。1958～1960年的选举中,坦噶尼喀非洲民族联盟在议会中赢得许多席位。他担任总统时,实行农村耕地的集体化,推行群众扫盲运动,制定普及教育制度。他致力于使坦桑尼亚的经济自给自足,但这一努力以失败告终。1979年他授权入侵乌干达以推翻I.阿明。在非洲统一组织中,他主张推翻南非、罗得西亚和西南非的白人至上主义政府。1990年退出政治舞台后,把余生投入在农耕和外交工作上。

尼龙　nylon　由高分子量的聚酰胺制成的塑料的统称,通常(但并不总是)制成纤维。20世纪30年代由杜邦公司发明。他们利用易于从空气、水和煤炭或石油得到的化合物用化学方法合成了有用的纤维,这类纤维的成功生产刺激了对聚合物的研究,导致合成材料品种的急速增长。尼龙可制成纤维、长丝、硬毛或薄片,然后再制作成纱线、纺织品以及绳索,还可以制作模压产品。它耐穿、耐热、耐化学腐蚀。大部分用长丝的形式,制成诸如内衣、降落伞以及外套等物品。

尼禄　Nero(37～68)　全名Nero Claudius Caesar Augustus (or Drusus) Germanicus。原名Lucius Domitius Ahenobarbus。罗马皇帝(54～68)。因其母阿格丽品娜(小)与皇帝结婚而成为克劳狄的养子,并在克劳狄遭阿

尼禄,胸像;现藏罗马国家博物馆
Anderson—Alinari from Art Resource

格丽品娜毒杀后登上皇位。在杀害母亲和摆脱顾问前,由其教师L.A.塞尼加和阿格丽品娜摄政。借着敬重元老院和给予其独立的帝国行政权,他在东方受到欢迎,但布狄卡在不列颠的叛变(61)、失业情况和他的轻浮骄奢引发了人们的不满。公元64年的那场大火,可能是受他指使而引发的,烧毁了大部分的罗马,尼禄因此视基督徒为替罪羊而加以迫害,并建造奢华的金色宫殿。随着声望下跌,他下令处死妻子屋大维娅和波皮厄,下令塞尼加自杀,并处决批评他的元老们。加尔巴带兵在高卢和西班牙叛乱,被部下拥立为皇帝。尼禄逐渐被视为疯人,公开表演里拉琴和舞台演出,令他的臣民感到作呕。由于受到元老院的谴责,他选择了自杀而不是被处决。

尼罗河　Nile River　阿拉伯语作Baḥr Al-Nil。非洲东部和东北部的河流。世界最长的河流。从最远的源头计,长约6 650千米,从维多利亚湖到地中海。大体上是沿非洲的东部向北流经乌干达、南苏丹、苏丹和埃及。主要支流有加扎勒河、青尼罗河和阿特巴拉河,然后在靠近埃及苏丹边界处注入纳塞尔水库。冲出阿斯旺高坝的怀抱后继续往北流,在开罗附近进入尼罗河三角洲,然后注入地中海。在埃及,尼罗河水最初被用于灌溉,当每年的洪水退落后将种子浸泡在烂泥中使其发芽。自19世纪运河以及其他水利设施开始建设,尼罗河为居住点供水至少已有5 000年。1959～1970年间修建的阿斯旺高坝,保护了当地的农作物和居民,还可提供水力发电和供水系统。尼罗河同时也是运输旅客和货物的一条重要水路。

尼罗-撒哈拉诸语言　Nilo-Saharan languages　一个假定的超大语族,从马里抵埃塞俄比亚,自埃及最南方到坦桑尼亚,超过2 700万的人口所使用的115种非洲语言。尼罗-撒哈拉诸语言作为单一的族系合并了许多早期归类的概念,是1963年由J.H.格林伯格提出的;大多数的非洲文化研究者都接受它为一个可供操作的假说。尼罗-撒哈拉诸语言最重要的划分包括中苏丹语、富尔语、尼罗语、努比亚语、撒哈拉语和桑海语等。在马里和尼日尔,有超过200万人使用桑海语;而在尼日利亚东北部以及邻近的乍得与尼日尔,约有450万人使用卡努里语。中苏丹语族包含南乍得语、南苏丹西部语言、东北刚果语。沿尼罗河岸的苏丹北部和埃及南部,使用努比亚语族(包括尼罗-撒哈拉诸语言中唯一拥有古代书写传统的语言)。约1 400万人使用尼罗诸语言,包括丁卡人、努埃尔人、卢奥人和图尔卡纳人、卡兰津人和马赛人。

尼迈耶尔　Niemeyer (Soares Filho), Oscar (1907～2012)　巴西建筑师。1934年起在L.科斯塔的事务所工作,L.科斯塔是巴西现代运动的早期拥护者。尼迈耶尔第一个独立作品是为贝洛奥里藏特的郊区潘普拉花园所作的规划(1941)。该项目因其中许多建筑自由奔放的形式而闻名。随后,其他项目接踵而至,1947年代表巴西参加了位于纽约市的联合国总部大楼的规划设计。1956年被任命设计新首府巴西利亚的系列建筑,他同意设计政府大楼,但建议为主体规划举办全国竞赛,随后其导师科斯塔赢得了竞赛。1956～1961年任巴西利亚政府规划建筑首席设计师,其设计的巴西利亚系列作品包括总统府、巴西利亚皇宫酒店、总统礼拜堂和大教堂。后来设计了巴西尼特诺依的当代美术馆(1996),他把它设计成蘑菇状。百岁后仍然十分活跃。他的作品具有抒情和雕塑般的外形,充满自由奔放、乐观主义的精神。1988年获普利策建筑奖。

尼尼微　Nineveh　古代亚述最古老和人口最多的城市,位于底格里斯河东岸,与今伊拉克的摩苏尔隔河相望。最大的发展在公元前7世纪辛那赫里布和亚述巴尼拔统治时期。公元前612年被巴比伦的那波帕拉萨尔及其盟友西徐亚人和米底人占领并破坏。1845～1851年的考察发掘出几所宫殿、一个图书馆、几段城墙以及许多门和建筑。

尼普顿　Neptune　罗马宗教中的水神。原为淡水之神,但到公元前399年,人们把他同希腊神波塞冬等同起来,成为海神。与他对应的女神萨拉西亚开始时可能是泉水之神,

持三叉戟的尼普顿,古典雕像,现藏罗马拉特兰博物馆
Alinari—Art Resource

后来被等同于希腊女神安菲特里特。尼普顿的节日在大暑(7月23日),正好是缺水的时候。在艺术品中,尼普顿往往与波塞冬的特征相同,执三叉戟,携带海豚。

尼普尔　Nippur　美索不达米亚古城,在今伊拉克的东南部,巴比伦遗址的东南方。原临幼发拉底河,后来河水改道。公元前2500年时是苏美尔重要的风暴神恩利勒(参阅苏美尔)的崇拜中心。后来帕提亚人的建筑(参阅安息)埋没了恩利勒的圣所。3世纪时城市趋于衰落。12或13世纪时被遗弃。考古挖掘时发现的寺庙、塔庙以及数千块泥版,是有关古代苏美尔文献的首要来源。出土文物还有阿卡得的墓以及供奉美索不达米亚治愈女神的一个大圣堂。

尼任斯基 Nijinsky, Vaslav (Fomich) (1889～1950) 俄罗斯的芭蕾舞舞蹈家。早期跟随父母学习舞蹈，其父母均为著名舞蹈家并有家庭舞团。后和妹妹尼金斯卡前往圣彼得堡接受进一步训练，并在1907年进入马林斯基剧院。以其有力的弹跳和不可言喻的优雅，很快受到欢迎，在《吉赛儿》、《天鹅湖》和《睡美人》中担任主角，并常与A.巴甫洛娃、T.卡尔萨温娜同台演出。1909年加入新成立的俄罗斯芭蕾舞团，在福金的许多芭蕾舞剧（包括《狂欢节》、《仙女》、《玫瑰仙子》、《彼得鲁什卡》和《达芙尼斯和克劳伊》）中担任角色。1912～1913年他自己编导了《牧神午后》、《游戏》和《春之祭》，三部作品都引发丑闻。1913年的婚姻使他被导师S.佳吉列夫从团里开除。之后仍继续演出，但极少获得成功。1919年因患精神分裂症而退出舞台，此后一直到去世前，大多时间居住于瑞士、法国和英国的疗养院中。尼任斯基在舞蹈史上传奇性的声誉一直无人能及。

尼任斯基在《玫瑰仙子》中的舞姿
By courtesy of the Dance Collection, the New York Public Library at Lincoln Center, Roger Pryor Dodge Collection

尼日尔 Niger 全称Republic of Niger（尼日尔共和国）。非洲西部国家，位于撒哈拉沙漠南缘。面积：1 189 546平方千米。人口：约15 306 000（2009）。豪萨人约占全国人口的一半，其次是桑海-泽尔马人和卡努里人。首都：尼亚美。语言：法语（官方语言）、豪萨语和阿拉伯语。宗教：伊斯兰教（主要为逊尼派）和传统宗教。货币：非洲金融共同体法郎。尼日尔为一内陆国家，其特征是南部为稀树草原，中部及北部为沙漠；大部分人口居住在南部。尼日尔河贯穿西南部和中北部的阿伊尔山地区。尼日尔发展中的经济以农业和采矿为主。宪法规定尼日尔为多党制共和国，一院制。总统是国家元首。2010年政变后宪法中断，由军人政权统治该国。在该地区存在着新石器时代的文化证明，那里曾有过几个前殖民时期的王国。18世纪晚期首先由欧洲人开发，1904年成为法属西非的一部分。1946年时是法国的海外领土，1960年获得独立。1993年举行第一次多党选举。1996年易卜拉欣发动了一场军事政变，但是他1999年被暗杀之后国家又回归民主政府。尼日尔于1964年首次参加在东京举办的夏季奥动会。

尼日尔-刚果诸语言 Niger-Congo languages 非洲大语族，有语言900～1 300种，撒哈拉以南的大多数人口都使用尼日尔-刚果诸语言，其使用范围北起塞内加尔北部和肯尼亚，南抵纳米比亚和南非开普省东部。尼日尔-刚果这个名称是J. H.格林伯格1955年提出的。按目前的划分，尼日尔-刚果诸语言共分为9个语支，即：曼德诸语言、科尔多凡语、大西洋语（过去为西大西洋诸语言）、库鲁语、沃尔特诸语言、克瓦诸语言、伊格博语、阿达马瓦-乌班吉诸语言（原为阿达马瓦-东部语）和贝努埃-刚果诸语言。科尔多凡语支由超过20种的语言组成，操此语言的民族（不超过200 000人）居住于苏丹科尔多凡省南部的努巴山中。库鲁语支由超过10种的语言组成，操此语言的民族（1 000 000～2 000 000人）主要居住于科特迪瓦西南部和利比里亚南部。伊格博语支则是由8种密切相关的方言组成，操此语言的民族（近乎2 000 000人）为居住于尼日利亚尼日尔河三角洲的伊乔人和德法卡人。

尼日尔河 Niger River 又称Joliba或Kworra。非洲西部的主要河流。非洲第三大河，发源于几内亚，接近塞拉利昂边界，流入尼日利亚进入几内亚湾。全长4 200千米，中部约有1 600千米可以通航。在尼日尔河流域生活的民族有班巴拉人、马林克人和桑海人。1796年初由M.帕克考察发现。

尼日利亚 Nigeria 全称Federal Republic of Nigeria（尼日利亚联邦共和国）。非洲西部国家。面积：923 768平方千米。人口：约174 508 000（2013）。首都：阿布贾。尼日利亚的民族超过250个，包括豪萨人、富拉尼人、约鲁巴人和伊格博人。语言：英语（官方语言）、豪萨语。宗教：基督教（新教、天主教及其他教派）、伊斯兰教和传统宗教。货币：奈拉。领土包含了高原和低地，低地散布，大多为境内主要河流尼日尔河的流域。发展中的混合经济大部分是以石油生产和农业为主。制造业开始迅速发展。服务业、贸易和运输业占用了全国2/5以上的劳动力。该国为联邦共和国，两院制。国家元首暨政府首脑是总统。数千年来该地区一直都有人居住，从公元前500～公元200年，该地区是诺克文化的中心，也是几个前殖民时期帝国的中心，包括卡内姆-博尔努、贝宁以及奥约。豪萨人和富拉尼人也有国家。欧洲人于15世纪到达这里，此地成为贩奴贸易的中心。1861年该地区开始受英国控制，到1914年成为其殖民地。1960年尼日利亚获得独立，1963年成为共和国，由N.阿齐克韦任总统。民族冲突很快导致军事政变，1966～1979年以及1983年至今，该国由军人集团统治。1967～1970年间中央政府与前东部地区比夫拉之间的内战，在上百万比夫拉人死于饥饿后，终于以比夫拉人的投降而告结束。1991年首都从拉各斯迁到阿布贾。1995年政府处死K.萨罗-维瓦，导致国际制裁，最终于1999年重新建立文官统治。以前在军人统治下受到控制的种族冲突在21世纪初重新爆发。在北部和中部的一些州采用了穆斯林法律之后，穆斯林和基督教之间的摩擦增大。尼日利亚于1952年首次参加在赫尔辛基举办的夏季奥运会。

尼什 Nis 又作Nish。古称Naissus或Nissa。塞尔维亚贝尔格莱德东南方的城市。2世纪时托勒密曾提到这座古罗马城。康斯坦丁一世诞生于此地（280），他用许多建筑装饰了这座城市。第二次世界大战中的轰炸以及战后的重建抹去了它的许多土耳其-拜占廷风格。在不同时期里被保加利亚人、匈牙利人和土耳其人占据。在土耳其时期，它成为从伊斯坦布尔到匈牙利路线上的重要站点。1878年《柏林条约》将其划给了塞尔维亚人，一度是塞尔维亚的首都。现在是铁路枢纽和商业中心。人口173 724（2002）。

尼斯 Nice 古称Niceaea。法国东南部城市。濒临地中海的蓝岸，靠近意大利边境。约公元前350年由希腊人建立，1世纪时被罗马人占领，成为一个贸易站。10世纪时属于普罗旺斯伯爵的领地。1388年转属萨伏依各伯爵。1860年割让给法国。城市被美丽的山峦屏蔽，气候宜人，是法国里维埃拉的重要旅游胜地。人口339 000（2004）。

尼西亚会议 Nicaea, Council of（公元325） 基督教会的第一次普世会议，在尼西亚城（今土耳其境内的伊兹尼克）举行。由皇帝君士坦丁一世召开，会议谴责阿里乌主义，并草拟了《尼西亚信经》。该会议未能统一规定复活节的日期。

尼西亚斯 Nicias（？～公元前413） 雅典领袖。以拥有巨大财富闻名。为了结束伯罗奔尼撒战争（公元前431～前404），公元前421年他谈成尼西亚斯和约，与斯巴达达成了50年的同盟，但只实现了6年，雅典将领亚西比德的野心使战火又重新燃起。公元前415年尼亚西斯在违背自己意愿的情况下勉强与拉马科斯和亚西比德共同指挥远征西西里。后来亚西比德被召回，拉马科斯又死去，在包围叙拉古的战役中尼西亚斯失去了优势。在试图逃脱时，他的军队被叙拉古军击溃，尼西亚斯本人被俘并被处死。

《尼西亚信经》 Nicene Creed 天主教、东正教、安立甘宗以及基督教新教的主要派别共同承认的基督教信仰宣言。最初用希腊文写成，长期以来一直被认为是在尼西亚会议（325）上起草的，但现在认为是由君士坦丁堡会议（381）公布的，是以当时已有的洗礼认信文为基础起草而成。

尼希米 Nehemiah（活动时期公元前5世纪） 指导重建耶路撒冷的犹太人领袖。《旧约·尼希米记》中讲述了尼希米的故事。在结束了巴比伦囚房后，他当了波斯统治者阿尔塔薛西斯一世的尝酒侍臣。当时耶路撒冷圣殿已经重建，但犹太社区仍很软弱和分散。约在公元前444年他被批准负责耶路撒冷的重建工作，组织了城墙的重建。他还恢复了对摩西法律的信奉，禁止与非犹太人之间的婚姻。他的重建工作后来由以斯拉继续进行下去。

尼亚加拉河 Niagara River 美国和加拿大之间的界河，在纽约州西部和安大略省的南部。该河流量大，落差大，是北美最好的水力发电资源之一。它连接伊利湖和安大略湖，尼亚加拉瀑布大约在其中部。河两岸是美国和加拿大两个同名的城市。从伊利湖到上游急湍之间可通航。

尼亚加拉瀑布 Niagara Falls 尼亚加拉河上的大瀑布，位于美国和加拿大之间的边境。高特岛把瀑布分成霍斯舒（或加拿大）瀑布和亚美利加瀑布两大部分。在亚美利加瀑布的底部有风洞，是腐蚀而成的大岩室。瀑布下游的河流在悬崖峭壁间通过，形成旋涡急湍。跨越尼亚加拉河的桥梁有美国和加拿大两个尼亚加拉瀑布城之间的虹桥。在欧洲人定居之前，印第安部落已知此瀑布多年。1678年法国传教士L. 亨内平到过此地。旅游业是其主要产业，它还是一个水力发电中心。

尼亚美 Niamey 尼日尔首都，濒临尼日尔河。原是毛利、泽尔马和富拉尼等人的村庄，1926年成为尼日尔殖民地的首府，第二次世界大战后发展迅速。位于贸易路线的交汇点上，居民还有来自尼日尔其他部分的约鲁巴人和豪萨人的商人、官员以及来自尼日利亚、贝宁和多哥的手工艺者。该市是商业中心，有一所大学。人口约707 951（2001）。

泥煤 peat 在较潮湿环境中，由轻质、海绵状物质组成的有机燃料，主要是在排水不利的情况下，由植物残骸积聚和部分分解而成。在欧洲、北美洲和亚洲的北部都有巨大矿床，但只有在缺煤的地区才会有人开采它。泥煤矿是形成煤的第一阶段。干燥的泥煤易燃，火焰带烟且有一股特殊气味。泥煤可当作家用热能，也可当作锅炉燃料。爱尔兰每年要消耗数百万吨的泥煤，俄罗斯、瑞典、德国和丹麦的消耗量也相当可观。

泥盆纪 Devonian Period 4.19亿年前～3.59亿年前的一个地质年代，是古生代的第四个纪。在泥盆纪时期，南半球有一块庞大的大陆，赤道区域还有其他一些陆块。西伯利亚和欧洲之间隔着一片广阔的大洋，而北美大陆是和欧洲连接在一起的。在泥盆纪期间出现了许多类型的原始鱼，它们既在海水也在淡水环境中繁殖，所以该纪通常被称为“鱼类时代”。蕨类和原始裸子植物的集群生长终于形成了最早的森林。

泥炭苔 peat moss 又称sphagnum moss。组成泥炭苔属的160余种苔藓植物，分布从热带至副极地地区，在池塘、树沼、酸沼、潮湿的酸性悬崖和湖滨形成密丛。这些淡绿至深红色的植物，吸水量可达其本身重量的20倍。泥炭苔死亡和经过压缩后能形成有机物泥炭，采收干燥后可用作燃料，可用来覆盖苗床，也可作为其他植物和活水生动物的运输包装材料。园丁可将泥炭与土壤混合以增加土壤的湿度、孔隙度和酸度，并减少腐蚀。

拟鲤 roach 鲤科常见的欧洲游钓鱼类，学名*Rutilus rutilus*，广布于湖泊及水流缓慢的江河中。体黄绿色，背高，眼红色，鳍淡红色。长约15～40厘米，重达2千克。常小群游动，以植物、昆虫和其他小动物为食。可供食用或作钓饵。在北美，roach一词亦指鲤科的红眼鱼、黄金色闪光鱼和一些日鲈科鱼类。

拟态 mimicry 生物体之间因相似而使一方或双方获得生存优势。贝茨氏拟态中，缺乏防御手段的生物模仿有防御手段的物种的特征。米勒氏拟态中，群体中的所有物种都相似，尽管所有个体都有防御手段。进攻性拟态中，食肉动物模仿性情温和的物种以便于接近其猎物而不引起警觉，或者是寄生动物模仿其宿主。一些植物模仿动物的颜色和气味以利于传粉和散播。拟态不同于伪装的地方在于伪装隐藏生物体，而拟态只是当生物体被发现的时候才会使其受益。

逆戟鲸 killer whale 又作orca。又称杀人鲸、虎鲸。分布于从北极到南极所有海洋里的一种齿鲸，学名*Orcinus orca*，是海洋海豚中最大的一种。雄性可长达9米，体重超过

逆戟鲸（*Orcinus orca*）
Miami Seaquarium

4 500千克。体黑色，腹部、双眼上方和两肋白色；吻钝，有力的上下颚上长有40～50枚大而尖的圆锥形牙齿。通常几条到50条左右成群生活，以鱼类、头足类、企鹅及各种海洋哺乳动物为食。尽管它们是海豹甚至其他鲸类的凶猛捕食者，但尚无杀人的记录。人们常常捕捉它们后豢养起来，训练为大型水族馆里的表演明星。

逆行 retrograde motion 天文学上指一个天体的实际或视运动的方向与占绝对优势的类似天体的运动方向（“顺行”）相反。从观察和历史来看，逆行是指行星在通过恒星的几个月内在每个会合周期中所呈现的运动视逆转。在宇宙的地心说模型（参阅托勒密）上，对此需要作复杂的解释，但是用日心说模型（参阅哥白尼体系）就可以用地球经过在轨道中的行星时的视运动而自然地得到解释。现在知道，从地球北极的上空来看，太阳系中几乎所有的天体都以相同的逆时针方向绕太阳转动，并且以相同方向自转。这个共同的方向可能是在太阳星云形成时就发生的。很少几个顺时针方向运动的天体（如金星、天王星和冥王星的自转）就被称为逆行。

年 year 地球绕太阳运转一周所需的时间，略少于365¼日。由于它有一个零数，所以任何一种要和季节保持一致的历法都须定期插入闰日。在格列高利历中，一个平年包含365日，而每个第4年是闰年，有366日，能被100除尽但不能被400除尽的年份除外（例如1900年就不是闰年）。

年代测定 dating 在地质学和考古学中，测定一个物体或事件在年代顺序内的位置。科学家们可能采用相对年代测定和绝对年代测定两种方法，相对年代测定的测定项目是依序根据岩层的线索或一种假定的演化形式或结构来测定；而绝对年代测定的测定项目是选定一个独立年代背景来测定。后者的形式包括钾-氩年代测定法和碳14年代测定法，两者基本上都是利用了放射性同位素的衰变现象。地球磁场的磁性引力改变记录已提供了海底扩张和长期海洋沉积作用的时标。树木年代学也已证明对考古有帮助。

年金 annuity 固定时间给付的金额。最普遍的例子是根据规定退休金的契约按年支付的金额。年金主要分为两种：固定年金和应急年金。固定年金是支付已确定的次数后即停止支付。应急年金是指在某种状态的存续期间，每次支付都属于应急性质，如终身养老金，只要受款人还在世，就一直继续下去。用作人寿保险和养老金计划的应急年金是以风险分担的原则来计算的。每个人在年金开始支付之前已缴了一笔固定的金额，但是有些人可能活得长一些，得到的年金将多于他交纳的基金；有些人则没等到把他交纳的钱全部收回便去世了。

鲶鱼 catfish 又称鲶、猫鱼。鲶形目鱼类的统称。现存约30科，2 500种。与脂鲤类和米诺鱼类近缘，大多生活在淡水中，因其口周有长须并很像猫吻端的触毛，故俗称猫鱼。其上颌至少有须一对，吻部也可能有一对，颏部另有一对。许多鲶的背鳍和胸鳍前部生有硬刺，与毒腺相连。几乎遍及世界各地，一般底栖，喜于夜间活动。多为食腐动物，几乎以任何动植物为食。鲶鱼大小差异很大，小的体长仅4～5厘米，大的可达4.5米，重达300千克。一些体形较小的种是受欢迎的观赏鱼；而许多体形较大的则可供食用。

黏病毒 myxovirus 流行性感冒病原体，及引发人类的普通感冒、流行性腮腺炎、麻疹，犬瘟热、牛瘟和鸡新城疫的病毒的统称。病毒颗粒具脂质被膜，形态从球状到丝状，上有由蛋白质构成的钉状突起；内含核糖核酸。黏病毒能与红血球表面的黏蛋白起作用，有的还能使红血球凝聚。

黏菌 slime mold 约500种含真核，既似原生生物又似真菌的原始生物的统称。原列入真菌界，有些分类系统又认为其属于原生

生物界。黏菌在阴暗、凉爽、潮湿的条件下生长繁盛(如森林中的地面)。细菌、酵母菌、霉菌及真菌为黏菌提供主要的营养来源。黏菌的复杂生活周期,有完全的世代交替,也许可澄清植物和动物细胞早期的进化。在有水的条件下,孢子释出小团细胞质,称为游动细胞。游动细胞之后形成外形颇似阿米巴的细胞,称为变形菌胞。游动细胞和变形菌胞在性结合时可融合成为合子或原质团,透过核分裂生长并形成孢子囊,在干燥时裂开释出孢子,从而开始另一个生活周期。

黏土坯　adobe　干旱地区能见到的,用重黏土和禾秆的混合物手工制成的日晒砖。黏土坯作为建筑材料可追溯到几千年前,在世界上许多地区都能见到。制砖的模子是由西班牙人传到新大陆。其出色的隔绝特性,是住家和炉灶的理想建材,室内冬暖夏凉。美国西南部新墨西哥州陶斯市的土坯房即是美洲本土典型的普韦布洛住房。

黏性　viscosity　流体抵抗形变或阻止相邻流体层产生相对运动的性质。黏滞与流动性正好相反。也可把黏度看成是分子间的内摩擦。当流体用作滑润剂或在管道中输送时,都必须克服阻力,而黏度则是构成阻力的一个重要因素。它控制着喷涂、注射成型和表面涂覆工艺过程中的流体流动。液体黏度随温度上升迅速降低,气体黏度则随温度上升而增加。黏度的国际单位为牛顿·秒/平方米($N-s/m^2$)。

黏液囊炎　bursitis　滑液囊的炎症。病因为感染、外伤、肌腱或关节处钙质沉积、反复的轻微刺激等,亦可继发于关节炎或痛风。常见的类型有:"女仆膝"、"士兵踵"、"网球肘"及"织工臀"。肩部的黏液囊炎十分常见,该病多见于体力活动少的人,尤其是中年女性;可有剧痛,以致抬臂困难。黏液囊炎的治疗包括休息、热疗、减轻活动、用药物以缓解炎症及消除钙质沉积。

黏液水肿　myxedema　成人因缺乏足够的甲状腺激素而引起的生理反应,原因可为甲状腺切除、腺体功能障碍或腺体萎缩,次要原因则为垂体功能障碍。发病缓慢,表现为舌肿大,皮肤增厚、浮肿,嗜睡,心脏扩大和代谢率减低。甲状腺激素不足亦可影响其他内分泌腺的分泌,可能引起低钠血症、生殖系统障碍(包括生育力下降)、肾上腺和循环系统障碍。可用甲状腺干制剂治疗。

念珠菌　candida　酵母目念珠菌属病原的和寄生的真菌的统称,含有子囊菌类酵母菌。常见于人的口腔、阴道和肠道。一般对人体无害,但念珠菌能够变成病原,导致生病,如念珠菌病和鹅口疮。

乌蛤　cockle　又称 heart clam(心蛤)。双壳类乌蛤科软体动物,大约有250种,世界性分布。小者直径只有1厘米左右,最大者直径约有15厘米。乌蛤的两片壳大小和形状相同,颜色从褐色到红色或黄色。许多种生存

大心乌蛤(*Dinocardium robustum*)
Harry Rogers

在低潮线下,但有的存活在500米深处或在潮间带。蛤肉可食,故许多种类销售到市场上。

鸟类　bird　鸟纲温血脊椎动物,现有约8 700种。体覆羽毛,这使鸟类有别于所有其他动物。它们有四个腔室的心脏(像哺乳动物一样),前肢变为翼,卵有含钙的外壳,视觉锐利。其嗅觉不太发达。鸟类分布于几乎全世界各种生境中。食物偏好和巢窝的结构千差万别。几乎所有的种都会孵卵。大型飞禽的骨骼已进化成部分中空,以减轻重量。食管扩大部分(嗉囊)可以暂时储存食物,使鸟类在飞行中可以摄食。人类以野生或饲养的鸟类及它们的卵为食,将猎取野鸟视为一种运动,并用鸟类的羽毛作为装饰和隔热。从现存的化石当中可看出约有1 000多种鸟类已灭绝;最早的化石鸟类是始祖鸟。

鸟类学　ornithology　动物学的分支学科,研究鸟类的科学。有关鸟类的早期著作大多数是传奇性(包括民间传说)和实用性(如驯鹰和狩猎鸟类的管理问题)的。从18世纪中期开始有鸟类学,从对科学考察所发现的新种的分类和描述,发展到对内部解剖的检查和鸟类生态学和行为学的研究。鸟类学是仅有的非专业人员作出重大贡献的科学领域之一。野外观察工作者提供了关于鸟类行为、生态、分布和迁徙等有价值的资料。其他有关鸟类的资料通过雷达、无线电发射机、可携式的声频设备和鸟类的标志工作得到,这些资料提供了鸟类寿命和迁移路线的信息。

鸟式　Tori style　日本艺术中的一种雕刻风格,始于飞鸟时代(552～645),并一直延

青铜制释迦牟尼和菩萨三尊一组的佛像(左侧菩萨像已佚),飞鸟时代的鸟式风格,作于623年;现藏日本奈良法隆寺
By courtesy of the Horyuji, Nara, Japan

续到奈良时代(645 ～ 794)。鸟式从中国北魏(386 ～534)风格演变而来。其名称来自祖籍中国的一个雕塑家。该雕塑家唯一留传的作品是三尊成一组的佛像(623)。这种风格的特点是纤细优美的体态、强烈的衣纹线条以及脸和脚的比例略大。

鸟兽积粪　guano　聚积的鸟类、蝙蝠和海豹的粪便和尸体,是一种优质肥料。海鸟粪主要产地为秘鲁、下加利福尼亚及非洲沿岸大量聚居鸬鹚、鹈鹕和塘鹅的岛屿。世界各地的岩洞内均有蝙蝠粪。在秘鲁西北海岸外积累着极深的海豹粪层。蝙蝠粪和海豹粪肥料的质量低于海鸟粪。

尿崩症　diabetes insipidus　一种内分泌系统疾病,特征为烦渴和大量排出低比重尿。该病基本原因为缺乏抗利尿素(后叶加压素,能促进肾对水的重吸收和尿的生成过程进行调节),或其作用被阻断。这种激素由下丘脑产生。如果是因为激素缺少而不是肾小管对这种激素没有反应,可注射血管加压素的生物制剂或化学合成制剂来治疗。下丘脑的病变也会造成尿崩症。

尿毒症　uremia　由于肾功能衰竭,含氮废物无法经尿排出,以致血中含氮物质浓度异常增高的一种病理状态。任何会影响肾脏功能或妨碍尿液排出体外的疾病(参阅糖尿病和高血压病)皆可能导致尿毒症。初期症状包括疲劳、倦怠和注意力不集中,患者可能会有痒感和肌肉颤动;皮肤干燥、剥落、呈黄色;口干、有金属腥味、呼气带有阿摩尼亚味;恶心、呕吐、腹泻和便秘。当病情较为严重时,会干扰神经、心脏血管和呼吸系统功能,进而导致高血压、惊厥、心脏衰竭和死亡。如果原发病不能治疗,可能需要进行渗析法和肾移植。

聂鲁达　Neruda, Pablo(1904 ～ 1973)原名为 Neftalí Ricardo Reyes Basoalto(内夫塔利·里卡多·雷耶斯·巴索阿尔托)。智利诗人和外交家。10岁即开始写诗,20岁时出

P. 聂鲁达
Camera Press

版了最为人广泛阅读的《二十首情诗和一支绝望的歌》(1924),该作品因一段不愉快的恋情而启发。1927年成为荣誉领事,稍后在亚洲和拉丁美洲各国任领事,晚年则为驻法国大使。在亚洲时开始创作《地球上的居所》(1933,1935,1947),该组诗集是他对社会腐

败和人与人之间隔阂的杰出观察。1945 年当选为参议员并加入共产党，智利右派掌权时被流放数年。《诗歌总集》(1950)是他描写关于美洲大陆的最伟大史诗，该作品受 W. 惠特曼的影响颇深，也是他对其政治信仰的倾诉。《要素之歌》(1954)则颂扬日常平凡生活中的主题。1971 年获诺贝尔文学奖。

聂斯脱利 Nestorius(4 世纪末～约 451) 基督教聂斯脱利派创始人。父母均为波斯人，曾在安提阿学习，受神职为长老。428 年起任君士坦丁堡主教。他反对圣西里尔(亚历山大的)称马利亚为生神者，认为这有损于圣子的完整人性，从而引起争论。431 年以弗所会议谴责他的教义是一种异教，因为他否认圣子化身的现实。于是聂斯脱利被放逐，先到利比亚沙漠，然后到上埃及。波斯教会采纳了他的思想，该教会成员依旧信奉它。

聂斯脱利派 Nestorian 基督教的一派，起源于 5 世纪时小亚细亚与叙利亚，受到聂斯脱利观点的启发。该派强调基督的神人二性各自独立。在阿拉伯征服波斯后，聂斯脱利派的学者在阿拉伯文化的形成中扮演着杰出的角色。聂斯脱利派的教义也传至印度、中国、埃及和中亚一带，某些地方的民族甚至被完全同化。现代该派的代表是东派教会，亦称波斯教会，西方通称之为叙利亚教会或聂斯脱利派教会。该派信徒约有170 000人，大多住在伊拉克、叙利亚和伊朗。

涅槃 nirvana 梵文，意为"寂灭"。在印度宗教思想中，指消除了欲望和个人意识后达到的一种超然自由的状态。涅槃是默念修持要达到的最高境界，尤其是在佛教中。解脱欲望(从而也就解脱了痛苦)和生死轮回就是彻悟，或者说经历了涅槃。上座部佛教认为涅槃就是寂静平安；大乘佛教认为涅槃与"空"、"法身"和"法界"同义。

涅瓦河 Neva River 俄国西北部的河流。源出拉多加湖，向西流注入波罗的海的芬兰湾。全长 74 千米。11 月至翌年 4 月为结冰期，其他时间可以通行大型轮船。圣彼得堡市位于该河河口。涅瓦河两岸是 1240 年诺夫哥罗德的亲王圣亚历山大·涅夫斯基击败瑞典军队的战场。

啮齿类 rodent 啮齿目所有动物的统称，种的数目约为现存哺乳类的一半。啮齿类是啃咬动物，多数为草食性有胎盘哺乳动物。上、下颌各有一对切牙，这些牙终生生长。当下颌拉向后时，颊牙相触以磨碎食物；当其拉向前、拉向下时，则上、下切牙顶端相遇以啃咬。啮齿类包括以下数科：松鼠(松鼠科)；旧大陆小鼠和大鼠(鼠科)；鹿鼠、沙鼠、仓鼠、旅鼠、麝鼠、林鼠和田鼠(仓鼠科)；河狸(河狸科)；囊地鼠(囊鼠科)；豚鼠(豚鼠科)；小囊鼠、更格卢鼠和鼠(异鼠科)；新、旧大陆豪猪(美洲豪猪科和豪猪科)；乌提亚硬毛鼠(硬毛鼠科)。

啮龟 snapping turtle 鳄龟科两种可食的杂食性淡水龟，见于北美洲和中美洲。棕黄至黑色，背甲粗糙，腹甲小呈十字形，尾长，头大，下颌呈钩状。以具好斗性而著称，能扑向

普通啮龟(*Chelydra serpentina*)
Walter Dawn

挑衅者和猎物，用有力的颌将其咬住。普通啮龟(*Chelydra serpentina*)背甲长 20 ～ 30 厘米，体重 4.5 ～16 千克。鼍啮龟(*Macrochelys temmincki* 或 *Macroclemys temmincki*)为美国最大的淡水龟，甲长 40 ～ 70 厘米，体重 18 ～ 70 千克。常静伏于流动缓慢的水中，借口腔底部一蠕虫样的附器诱食鱼类。

啮龙花族 snapdragon family 玄参科 190 属约 4 000 种显花植物，见于世界各地。该科以众多园艺植物知名，包括啮龙花(金鱼草属)和毛地黄。金鱼草属包括约 40 种草本植物，原产地为北美和地中海西部。该科其他成员，包括柳穿鱼在内，均为野花。花筒状，两侧对称(双唇形)。

啮鱼 snapper 笛鲷科约 250 种珍贵食用鱼类的统称，盛产于所有热带海区。为游动集群鱼类，体细长，口大，具锐利犬牙，尾鳍圆钝或叉状，许多种体长可达60～90厘米。

红斑啮鱼(*Lethrinus variegatus*)
Douglas Faulkner

以甲壳类及其他鱼类为食。有些种类，诸如大西洋狗啮鱼，则有毒。红斑啮鱼，体鲜红色，产于大西洋深水。皇帝啮鱼体红白二色，产于印度洋及太平洋。大西洋黄尾啮鱼从吻端到黄色的尾鳍有一黄色宽带纹。

镍 nickel 金属化学元素，过渡元素之一，化学符号 Ni，原子序数 28。银白色，有韧性，比铁硬，具铁磁性，耐腐蚀。偶尔以纯金属形式存在，较普遍(但不总是)地集中在火成岩中。作为纯金属时可镀于其他金属表面，也可作催化剂。在合金状态时，用于制币、不锈钢和刀具。它在化合物中的化合价常为 2。这些化合物有各种工业用途，例如作催化剂和媒染剂，还用于电镀。

柠檬 lemon 芸香科小乔木或枝条开展的灌木和可食用果实，学名 *Citrus limon*。在黄色外皮下面为白色海绵状内皮，是商业果胶的主要来源。多汁的果肉味极酸，富含维生

柠檬(*Citrus limon*)
J. Horace McFarland Co.

素 C 及少量维生素 B。意大利和加利福尼亚的沿海气候最适宜栽培柠檬，在这些地区每年可采收果实6～10次。柠檬汁可增强多种菜肴的风味，柠檬汽水则是夏天受人欢迎的饮料。柠檬副产品可用于饮料(柠檬酸)、果冻(果胶)和家具上光剂(柠檬油)。

柠檬酸 citric acid 无色、结晶形的羧酸类有机化合物($C_6H_8O_7$)，存在于几乎所有植物(特别是柑橘类水果)以及许多动物的细胞组织和体液中。是脂肪、蛋白质和碳水化合物生理氧化(参阅氧化-还原反应)成二氧化碳和水(参阅三羧酸循环)的过程中所涉及到的一系列化合物之一。柠檬酸味道奇酸，可做糖果、点心和无酒精饮料的调味香料，加入某些食物中以增强其在金属容器中的稳定性。工业上用做水质改良剂、清洁剂、上光剂及化学中间体。

凝固点 freezing point 液体变为固体时的温度。当液体周围的压力增加时，凝固点会升高。添加某些固体能够降低液体的凝固点，这个原理应用于以盐来融化冰冻表面的冰。对纯物质来说，凝固点等于熔点。在混合物和特定有机化合物中，早期的固态形成物会改变其余液体的组成，通常使其凝固点稳定地降低，这个原理被用于混合物的分离。在标准大气压力下，纯水的凝固点是 0℃。在相同温度下，欲把凝固点以下的液体变为固体，必须除去熔化的热能。

凝结 condensation 液体或固体由蒸气转变为其液态或固态的过程，一般发生于比气体冷的毗连表面。当蒸气压力高于冷凝发生面温度的液相或固相的蒸气压时，物质就凝结。蒸气冷凝时放出热能。在温暖、潮湿的日子，当空气中的水蒸气在玻璃杯较冷的表面凝成液体水时，装冷水的玻璃杯上就出现冷凝。冷凝只是露、雾、雨、雪和云等形成的一个原因。

凝汽油剂 napalm 泛指凝固汽油。环烷酸和脂肪酸混合物的肥皂或盐，用来增稠汽油，用于喷火器和燃烧弹。增稠后的混合物，也称凝固汽油。与普通汽油相比，它燃烧较慢，喷射更准也更远。当它与表面(包括人体)接触时，会牢牢地粘住并继续燃烧。第二次世界大战中，美国首先研制并使用凝固汽油。在越南战争中

使用凝固汽油引起了强烈的争论。

牛 ox 驯化的大型牛科牛属动物。曾经成群地活动在北美、欧洲（已从该处消失）、亚洲和非洲。非洲的牛有的仍处于野生状态。经阉割的公牛性驯良，在许多国家用作挽畜。在某些地区亦用作食品。

牛顿 Newton, Huey P(ercy)（1942～1989）美国黑人运动分子。高中毕业后语文水平仍然很差，在就读大学之前努力自学阅读。他在就读旧金山法学院时结识 B. 席尔（1936出生），并在 1966 年共组黑豹党。1974 年牛顿被控告谋杀，逃亡到古巴，1977 年返回美国，涉案的两个案件都因陪审团未能做出一致判决，使他获得无罪释放。1989 年因被控挪用黑豹党创办学校的基金，而被判处 6 个月有期徒刑并入狱服刑，不久之后他在加利福尼亚州奥克兰的街头被枪杀。

牛顿 Newton, Isaac（1642～1727） 后称 Sir Isaac。英国物理学家和数学家。自耕农之子，由其祖母抚养长大。曾就读剑桥大学（1661～1665），在那里发现了 R. 笛卡儿的工作。其所做的让光通过棱镜的实验导致了白光不均匀和微粒说的发现，奠定了物理光学的基础。1668 年造出第一架反射式望远镜，1669 年成为剑桥大学数学教授。他发展了微积分的基础，尽管这项工作超过 30 年未发表。他最闻名的著作《数学原理》（1687）源于他与 E. 哈雷的通信。书中描述他在运动定律、轨道力学、潮汐理论和万有引力理论方面的工作，被视为现代科学的开创性著作。1703 年当选为伦敦皇家学会主席，1705 年成为第一位封爵的科学家。在其生涯中曾与几位同僚激烈争论，包括 R. 胡克（关于引力平方反比关系的著作权）和 G. W. 莱布尼兹（关于微积分的著作权）。与莱布尼兹的争论支配了他生命的最后 25 年，现在大家业已公认牛顿首先发展出微积分，但莱布尼兹首先发表这个题材。牛顿被视为有史以来最伟大的科学家之一。

牛顿 newton 在米-千克-秒（MKS）物理单位制（参阅国际单位制）中，力的绝对单位，英文缩写为 N。其定义为：使质量 1 千克的物体产生 1 米/秒^2 的加速度的力。1 牛顿等于厘米-克-秒（CGS）制中的100 000达因的力，或等于英尺-磅-秒制（英制或美制）中的约0.2248磅的力。它以科学家 I. 牛顿的名字命名，牛顿的第二运动定律指出力可使物体的运动发生改变。

牛顿万有引力定律 Newton's law of gravitation 说明宇宙中任何物质粒子都吸引其他物质粒子，吸引力同两物质粒子的质量乘积成正比，与它们之间的距离的平方成反比。用符号来表示为 $F = G \cdot m_1 m_2 / R^2$，其中 G 是引力常量。1687 年 I. 牛顿提出了这条定律，并用它来解释所观察到的行星及它们卫星的运动。17 世纪初，J. 开普勒已将这些运动概括成数学的形式。

牛津 Oxford 古称 Oxonia。英格兰牛津郡城市，郡首府，位于泰晤士河河畔。以坐落在区内的牛津大学著称。撒克逊时期开始有人居住，后成为城堡，以防卫韦塞克斯北方边区免遭丹麦人的攻击。有关牛津的最早记载见于《盎格鲁-撒克逊编年史》（912），牛津的诺曼时期居民点几乎已无迹可寻。牛津以哥特式城楼和尖塔的美丽轮廓而被称为“塔尖之城”，其中多半属于牛津大学。在英国内战时期，牛津为保皇党的总部。现在经济多样化，除教育事业外，还包括印刷、出版和汽车制造业。人口约134 248（2001）。

牛津伯爵 Oxford, Earl of（1550～1604）原名 Edward de Vere。英国抒情诗人。“牛津人”剧团的赞助人。出色的天才语言学家。性格鲁莽、暴躁，挥霍无度。他赞助“牛津人”剧团和宫内大臣供奉剧团以及作家 J. 黎里和 E. 斯宾塞等人。早年写的诗和剧本被高度赞赏，可惜无一剧本流传至今。1920 年托马斯·卢尼的著作中提出牛津是除 W. 莎士比亚本人外，最有可能的莎士比亚剧本的真正作者，可以支持这一论断的是这样一个巧合：即牛津的诗作停止之时正好在莎士比亚的作品开始问世之前。

牛津大学 Oxford, University of 设在英格兰牛津的英国自治高等学府。创立于 12 世纪。以巴黎大学为榜样，设神学、法学、医学和人文等学院。这些学院中以大学学院问世最早，建于 1249 年。巴利奥尔学院建于 1263 年前后，默顿学院建于 1264 年。牛津早期著名的学者有 R. 培根、D. 斯科托斯、奥康姆和 J. 威克里夫。文艺复兴时期，D. 伊拉斯谟和 T. 莫尔提高了牛津大学的声誉。后来增设了物理学、政治学等科系。1878 年创立第一所女子学院——玛格丽特学院。牛津大学拥有博德利图书馆和阿什莫尔艺术与考古学博物馆。牛津大学出版社建于 1478 年，是世界上最大也是最有声望的大学出版社。牛津大学与英国历史上的许多最伟大人物的名字联系在一起。现有注册学生约16 000人。

牛津郡 Oxfordshire 英格兰中南部一郡。由两个高地组成，中间隔有谷地。早在旧石器、中石器和新石器时代即有人居住。多切斯特为罗马时代重要居民点。后来的萨克森居民点集中在泰晤士河河谷。曾经历英国内战。现在经济以农业为主，牧羊业和羊毛占重要地位。牛津郊区考利为主要工业中心。人口约605 492（2001）。

《牛津英语大词典》 Oxford English Dictionary, The（OED） 一部有史料佐证的权威性英语词典。1857 年由伦敦哲学会创意，由 J. 默里主持自 1879 年开始编纂。1884～1928 年间陆续发行 10 卷。1933 年开始用现名。词典中的释义按其出现的年代先后顺序排列，并从英国文学作品及各种文献中摘引注明年代的例句加以说明。

牛津运动 Oxford movement（1833～1845）又称 Tractarian movement。英国圣公会内部的运动，旨在强调教会的天主教传统是正确性和深厚灵性的本源。其主要意图是抵制自由神学、唯理论和政府的干扰，以捍卫圣公会作为宗教机构的正统。虽然在运动中有些人（重要的有 J. H. 纽曼和 H. E. 曼宁）最后皈依了天主教，但大多数没有。运动对更高度虔敬的关切不仅对圣公会，而且对其他英国新教教派都有影响。该运动对许多圣公会隐修院和女隐修院的建立起了很大作用。

牛科动物 bovid 牛科反刍动物。牛科动物的角中空，不分叉，固定不脱落；为放牧或吃嫩叶的动物，常见于东、西半球的草原、灌丛地或沙漠地区。多数品种成大群生活。肩高差别很大，从 25 厘米高的羚类到 2 米高的美洲野牛约有 138 种（包括家牛、绵羊、山羊），其中有些种类对人类有很大的经济价值。其他的如大角羊和有些羚羊则为狩猎对象，以获取其肉、角或皮。参阅水牛。

牛鹂 cowbird 雀形目拟黄鹂科 6 或 7 种鸟类的统称。往往将卵产在其他鸟类的巢中，通常在每个巢中只产一枚。有些固定寄食于一两种黄鹂的巢中，有些则在许多种鸟类中寄食。幼鸟会取代巢主的幼雏，或接收它们的食物，可能长得比养父母还大。成鸟在地上觅食，牛行动时常激起昆虫，故牛鹂常跟在牛身边活动。大多数雄鸟的羽毛为黑色带有光泽，雌鸟为灰棕色。

牛肉 beef 成年家牛的肉，有别于小牛肉。最好的牛肉来自肉用牛（阉过的公牛）和小母牛（没有生过小牛的母牛）。牛肉经过熟化会变得更为柔嫩和味美；常用的熟化方法是将屠宰后的牛肉悬挂约两周，环境气温在 2℃ 上下。世界主要牛肉生产和消费国有美国、欧盟、巴西、中国、阿根廷和澳大利亚。各国对牛肉的分级方法大同小异，在美国，按质分为特级、精选级、商品级和罐用级等。牛肉富含蛋白质和维生素 B；也含有饱和脂肪，食用过多会造成心脏疾病和其他健康问题。印度教奉牛为神圣，教徒不食用牛肉。

牛头鮰 bullhead 几种鮰科鮰属（*Ictalurus*）北美淡水鲶鱼类鱼的统称。主要作为食用鱼和游钓鱼。与斑鮰（*I. punctatus*）及其他北美大型种近缘，但尾鳍方而不分叉，通常体长不超过 30 厘米。黑牛头鮰（*I. melas*）产于密西西比河流域，黄牛头鮰（*I. natalis*）和褐牛头鮰（*I. nebulosus*）产于落基山脉以东，扁牛头鮰（*I. platycephalus*）产于北卡罗来纳州及佛罗里达州之间的沿岸溪流。该词有时也指杜父鱼。

牛蛙 bullfrog 独居的水栖蛙，学名 *Rana catesbeiana*，因其叫声大而得名，为北美最大的蛙类。原产于美国东部数州，后被引进西部各州和其他国家。牛蛙体绿或棕色，腹部白色至淡黄色，四肢有黑色条纹。体长约 20 厘米，后肢长达 25 厘米。成体大者体重超过0.5千克。常生活于静水中或其附近。春季繁殖，卵产于水中。许多牛蛙可供食用或用作实验动物。

牛蛙(*Rana catesbeiana*)
Richard Parker

其他一些大型蛙类有时也称牛蛙。

牛仔 cowboy 美国西部牧牛骑手,密西西比河以西地区养牛业的重要构成部分。1820年前后美国西迁移民在得克萨斯牧场雇用少量牛仔,他们在这里学会骑牧技艺。南北战争结束后,北方城市中牛肉市场日见兴旺,得克萨斯的牧牛业开始迅速发展。牛仔把牛群赶到一起,打上烙印,照看牛群,并把准备运往市场出售的牛群赶到铁路沿线城镇。随着农业向西拓展,大片牧区改营农场,牛仔只得固定为农场工作。然而牛仔的西部英雄形象,在美国民间传说以至今日的电影、电视中,始终为人们所传诵。

牛至 oregano 唇形科薄荷属多种多年生草本植物[尤其是普通牛至(*Origanum vulgare*)]的干燥的叶和开花的顶枝,用于调味。牛至是地中海地区菜肴的基本成分。在美国,20世纪晚期,牛至的用量激增,主要原因是意大利式比萨饼的流行。牛至原产地中海各国及亚洲西部地区,目前已适应墨西哥和美国部分地区的环境。

扭秤 torsion balance 用于测量地球表面重力加速度的装置。它主要由杠杆两端所支撑的不同高度的两个小质量组成。杠杆悬挂在一根细丝上,由于两个质量受到的重力作用不同,细丝发生扭转。细丝扭转后,用一个光学系统指示出偏角,就可以计算出转矩,或者说扭力。转矩的大小与观察点的重力有关。扭秤也可以指用于称重的装置,是一种等臂天平。

纽波特 Newport 英吉利海峡中怀特岛所在城镇。可能是麦地那的罗马居民点;没有撒克逊人居民点的痕迹。1177～1184年间首次获得设镇的特许状,1608年设自治镇。纽波特是怀特岛的贸易和农业中心。人口约24 672(2010)。

纽波特 Newport 美国罗得岛州东南部城市和港口,位于纳拉甘西特湾内。1639年由来自马萨诸塞的移民建立,成为宗教难民的天堂。1900年以前,与普罗维登斯为该州首府。纽波特举办过许多次美洲杯快艇赛,是海军教育的中心。它保留有C.范德比尔特的一处官邸,还有美国最古老的图罗犹太教会堂。人口约26 475(2000)。

纽波特 Newport 威尔士东南部城市和港口,位于布里斯托尔湾的阿斯克河口。到1126年左右,它是一个有城堡的中世纪自治区。1385年建市。19世纪时实现了工业化。1839年当地发生宪章派群众起义(参阅宪章运动)。工业有煤炭、钢铁和制铝业。人口137 017(2001)。

纽芬兰狗 Newfoundland 在纽芬兰培育的使役狗。可能由当地品种与17世纪巴斯克渔民带到北美的比利牛斯大狗杂交育成。以能营救落海的人而闻名。性温驯,有耐心。肩高66～71厘米,体重50～68千克。后肢强大,肺活量大,脚大而有蹼,被毛厚而含油,故能在寒冷的水中游泳。可用作看门狗和役用动物。典型毛色为纯黑色,纽芬兰看门狗通常为黑白两色。

纽芬兰和拉布拉多 Newfoundland and Labrador 加拿大滨大西洋四省之一。面积405 212平方千米。包括纽芬兰岛及大陆上的拉布拉多,与魁北克省相邻,向北延伸到大西洋,它是北美洲的极东地区。省会圣约翰斯。最初由印第安人与因努伊特人(爱斯基摩人)居住。在这个岛的北半部曾发现公元1 000年前的北欧海盗的遗迹。1497年J.卡伯特宣布该岛属于英国。圣约翰斯的第一个殖民地在1583年建立。法国和英国对该地区的拥有权有争议,尽管依照1713年乌得勒支条约英国拥有主权,对捕鱼权的争议一直持续到19世纪。1949年纽芬兰人民投票决定加入加拿大联邦,并把大西洋浅滩区的大沙洲渔场纳入。直到20世纪初西部拉布拉多大规模的铁矿保留区开采之前,渔业(主要捕鳕鱼)一直是当地最主要的产业。后来渔业生产由于资源耗尽出现大幅下滑,但近海石油和天然气的开发,以及旅游业发展很快。人口约514 536(2011)。

纽芬兰纪念大学 Memorial University of Newfoundland 加拿大公立大学。位于纽芬兰省圣约翰市,创建于1925年。提供大学本科及研究生课程,领域包括自然科学、人文艺术、社会科学、工商管理、教育、工程、医学等。校内重要设施还有海洋资源、海洋史及政治经济学等研究中心。现有学生约17 000人。

纽卡斯尔公爵(第一) Newcastle(-upon-Tyne),Duke of(1593?～1676) 原名William Cavendish(威廉·卡文迪什)。英国内战时期的保王军司令官。因继承遗产和王室赏赐而积累了大量财富。1642年委任他指挥英格兰北部四郡,并为约克解围。在马斯顿荒原之战中保王军被击败后,他离开英格兰到了法国和荷兰。王政复辟后返回英格兰,重新获得财产。他是诗人和剧作家的资助人,本人也写过几部喜剧。

纽伦堡 Nuremberg 德语作Nürnberg。德国南部巴伐利亚州的城市,位于佩格尼茨河畔。11世纪时在一座城堡的周围发展起来,1219年第一次获得城市特许状。成为德意志自由帝国最大的城市之一,16世纪时其文化、经济等方面达至顶峰。1806年成为巴伐利亚王国的一部分。20世纪30年代是纳粹党的一个中心,是每年纽伦堡大会的会址。1935年反犹太人的纽伦堡法令于此得名。在第二次世界大战中遭严重破坏。战后,在这里举行了纽伦堡审判。重建后,现为商业和制造业的中心。历史遗址有11世纪的王宫。其美术学院(建于1662年)在德国历史最悠久。纽伦堡是画家A.丢勒的出生地。人口约491 307(2002)。

纽伦堡法令 Nuremberg Laws 由A.希特勒谋划的两项法令,1935年9月15日在德国纽伦堡召开的纳粹党会议上批准通过。该法令剥夺了德国犹太人的公民身份,禁止犹太人与"德国公民或日耳曼血统公民"结婚或发生性关系。补充法令还规定了祖父母中有一方为犹太人者即为犹太人,并宣布犹太人不得行使选举权,不得担任公职。

纽伦堡审判 Nuremberg trials 1945～1946年在德国纽伦堡对前纳粹党领导人所进行的审判。第二次世界大战结束后,由美、英、法、苏4国组成国际军事法庭,控告前纳粹党人为战犯并进行审判。军事法庭定义其罪名如下:反和平罪(破坏国际条约和协定,策划和发动侵略战争);反人道罪(杀害、驱逐和灭绝种族);战争罪。经过216次开庭,对原来的22名被告宣布了判决:3名宣告无罪;4名10～20年有期徒刑(包括K.德尼茨和A.施佩尔);3名无期徒刑(包括R.赫斯);12名判处绞刑(包括W.凯特尔、J. von.里宾特洛甫、A.罗森贝格、A.赛斯-因克瓦特和J.施特赖谢尔)。H.戈林在处刑前即自杀身亡,M.博尔曼则在审判中缺席。

纽曼 Newman,Arnold(Abner)(1918～2006) 美国摄影师。曾在迈阿密大学学习美术,后在迈阿密一家百货商店的照相馆工作。1946年他在纽约市开办了一家照相馆,专门拍摄知名人士工作时的肖像。他的"氛围式肖像摄影"极大地影响了20世纪的肖像摄影。他最著名的肖像照人物包括M.恩斯特、A.施蒂格利茨、G.奥基夫、I.斯特拉文斯基、P.毕加索和J.科克托。

纽曼 Newman,Barnett(1905～1970) 原名Baruch。美国画家。生于纽约市,父母都是波兰移民。曾在艺术学生联合会和纽约城市学院学习。他与R.马瑟韦尔、M.罗思科一起成立"艺术家主题"画派(1948),组织向其他艺术家开放的会议和讲座。他发展出一种神秘抽象主义的风格,在《欧内门特1号》(1948)中实现了他的突破,画中用一条橙色的带(或称"拉链")将一片深红色的场地垂直分隔。这种严肃简练的几何风格成为他的特色,对A.莱因哈特和F.斯特拉这些艺术家产生过很大影响。

纽曼 Newman,John Henry(1801～1890) 又称Cardinal Newman(枢机主教纽曼)。英国教会人士和学者。曾就读于牛津大学,1833年成为牛津运动的领袖。该运动强调英国宗教传统中的天主教因素,要求整顿圣公会。1845年被接纳入罗马天主教会,但他那准自由主义的精神引起教会里较为严格的神职人员对他的怀疑。C. 金斯利对他的挑战促使他对自己的思想变化写出有说服力的并受到广泛赞扬的《为自己的一生辩护》一文(1864)。此作品确保了他在教会中的地位,1879年成为枢机助祭。他还写了几首包括《慈光引领》在内的赞美诗、神学著作以及宗教诗歌。

纽什凡斯泰恩城堡　Neuschwanstein Castle　奉巴伐利亚的路德维希二世之命,建在德国菲森附近的巴伐利亚阿尔卑斯山波拉特峡谷上方一块岩脊上的美丽城堡。1869年动工,这座奢侈的要塞样子古怪、富有浪漫色彩,由一座中世纪城堡改建而成,有带有围墙的庭园、室内花园、塔楼以及人工洞穴。其两层的宝座厅模仿拜占廷式的长方形会堂。墙上的壁画描绘的是R. 瓦格纳歌剧中的场景。

纽约　New York　美国东部一州。面积137 515平方千米。首府奥尔巴尼。与加拿大以及美国的佛蒙特州、马萨诸塞州、康涅狄格州、新泽西州、宾夕法尼亚州交界。其西部有伊利湖和安大略湖,东南部有大西洋。哈得孙河、圣劳伦斯河、特拉华河、尼亚加拉河构成了该州的部分边界。其东北有阿迪朗达克山脉,东部有卡茨基尔山脉。在欧洲人到来之前,阿尔冈昆人和易洛魁人已经居住于此。1524年G. 韦拉扎诺访问了纽约湾。1609年H. 哈得孙和S. de 尚普兰的探险则最终导致欧洲人的定居。1664年,当时以P. 斯特伊弗桑特为首的荷兰殖民地新尼德兰向英国投降,此地便以约克公爵之名重新命名为纽约。以后法英北美殖民地争夺战在纽约州的北部和中部造成了一些纷争,但战争结束后英国确立了在此的统治地位。在美国独立战争期间,这里也发生了许多大大小小的战斗,诸如泰孔德罗加和萨拉托加战役,以及在西点附近发生的B. 阿诺德的叛乱。1777年纽约州通过了第一部州宪法。1797年州首府由纽约市迁往奥尔巴尼。1825年伊利运河的开凿刺激了该州西部的发展。19世纪坦曼尼协会在纽约市的影响与日俱增,曾一度使纽约市与纽约州的关系紧张。该州经济过去主要依靠布法罗、罗切斯特、锡拉丘兹等城市的制造业,现在以纽约市为中心的服务业已经取得了主导地位。人口约19 570 261(2012)。

《纽约人》　New Yorker, The　美国的一份周刊,以文风多样、笔调幽默而著称。1925年由H. 罗斯创办并任主编至1951年。创刊初期主要报道纽约市的娱乐新闻以及社会文化生活,后来逐渐扩大范围,包括文学、时事和其他话题。该刊物以老于世故的、思想自由的读者为目标,以短篇小说、漫画、长篇(偶尔有整本书那样长)报告文学以及对艺术的详细评论著称。1985年《纽约人》转售给了S. I. 纽豪斯。从罗斯开始,它的历任主编是W. 肖恩(1952～1987)、R. 戈特利布(1987～1992)、T. 布朗(1992～1998)和D. 雷姆尼克(1998年开始)。

《纽约时报》　New York Times, The　纽约出版的每日晨报,长期以来一直是美国的纪事报纸。自1851年创办开始就一直避免追求轰动效应,而把目标放在吸引有教养的知识分子读者上。1896年被A. S. 奥克斯收购,他将《纽约时报》办成一份在国际上受推崇的日报。《纽约时报》对"泰坦尼克"号沉没和两次世界大战的报道明显提高了它的声望。20世纪70年代,由于发表了五角大楼文件成为争论的焦点。之后10年在A. O. 苏兹贝格的领导下,它的组织和成员都做了彻底变动,出版了由卫星传送至各地印刷的全国版。如今,《纽约时报》可能是世界上最受推崇和影响最大的报纸。它是纽约时报公司的旗舰产品,该公司的兴趣还包括其他报纸(如《波士顿环球报》)、杂志以及广播和电子媒体。

纽约市　New York City　纽约州东南部城市,位于哈得孙河河口。美国最大城市和重要海港。该市有5个行政区:布朗克斯、布鲁克林、曼哈顿、昆斯和斯塔滕岛。当初是曼哈顿岛上的一个荷兰人交易场所,1626年由荷兰总督P. 米纽伊特从印第安人手中买下,建立起名为新阿姆斯特丹的殖民地。1664年该殖民地归降英国,更名为纽约。1784～1797年是纽约州的首府,1789～1790年间一度作为美国首都。1825年伊利运河开凿后当地经济起飞,整个城市在美国南北战争结束后迅速扩展,交通通信得以发展。1898年5个行政区合并为一个城市。该城市是世界贸易和金融、媒体、艺术、娱乐以及时装的中心,长期以来一直是各国移民前往美国的目的地。由于纽约市扮演着世界商务中心的重要角色,它也成了恐怖主义行为的一个目标。2001年9月,恐怖分子劫持的数架飞机有预谋地撞击世界贸易中心两栋大楼,摧毁了它们以及附近的一些建筑。这次攻击造成约2 800人死亡。人口8 175 133(2010)。

纽约市芭蕾舞团　New York City Ballet　著名的美国芭蕾舞团。其前身是美国芭蕾舞团,由G. 巴兰钦和L. 柯尔斯坦于1935年创办,1946年更名为芭蕾舞学会;1948年确定现在的名称。1964年搬入该团的长驻地址,林肯中心的纽约州立剧院。在巴兰钦的艺术指导下,该团成为主要的美国芭蕾舞团,将欧洲古典芭蕾与美国的个性和创造结合在一起,对美国舞蹈界产生巨大影响。后来的艺术指导J. 罗宾斯和P. 马丁斯对该团的剧目做了大量工作。主要演员有M. 塔尔奇夫、E. 维莱拉、J. 丹波伊斯和S. 法雷尔。

纽约证券交易所　New York Stock Exchange(NYSE)　世界主要的证券交易市场。最初的交易是1792年由24人的非正规聚会开始的,地点就在现在纽约市的华尔街。1817年正式组成纽约证券交易会,1863年取现名。自1868年起,成员资格须从原有成员中购买席位的方式取得。自1953年起,全部成员席位一直限定在1 366名。该交易所为美国19世纪的工业化提供了资本。1837年大恐慌之后,交易所开始要求各公司向大众公布财务状况,作为其股票上市的条件。1929年证券交易市场的崩盘导致证券交易委员会对市场的管理。公司要在纽约证券交易所上市必须满足一些基本要求,包括盈利、市值、发行股票数量和交易量等数量标准,以及普通股东的投票权、定期公布财务状况、公司董事会独立成员占多数等质量标准。2008年纽约证券交易所的母公司纽约-泛欧交易所集团同意收购美国证券交易所。

纽约中央铁路公司　New York Central Railroad　美国的主要铁路公司。1853年建立,将10条在奥尔巴尼与布法罗之间与伊利运河的平行的铁路公司合并,其中历史最长的莫霍克和哈得孙铁路,是纽约州的第一条铁路(1831年建成)。1867年C. 范德比尔特赢得了纽约中央铁路公司的控制权,并将它与自己的纽约和哈得孙铁路(从曼哈顿到奥尔巴尼)联合起来。这个铁路系统不断发展,直到拥有16 000千米的铁路,将纽约与波士顿、蒙特利尔、芝加哥以及圣路易斯连为一体。第二次世界大战后,纽约中央铁路公司开始衰落,1968年与主要竞争对手宾夕法尼亚铁路公司合并,组成宾夕法尼亚中央运输公司。合并后经营失败,1970年铁路公司被迫破产。1971年全国铁路客运公司接管其客运业务,其他资产于1976年转入联合铁路公司。

农民起义　Peasants' Revolt(1381)　又称Wat Tyler's Rebellion(瓦特·泰勒起义)。英国历史上第一次大规模的民众起义。起义的直接原因是1381年的人头税,它使本已对《劳工法规》(1351)修订的工资限度十分憎恨的劳工和工匠感到愤怒。他们聚集在东英吉利和英格兰东南部,由W. 泰勒带领肯特的起义民众进入伦敦。他们占领伦敦塔,把负责征收人头税的官员斩首。国王理查二世应允他们改革,但是伦敦市长当场将泰勒杀害。两周后最后一批叛乱分子在东英吉利被镇压。

农奴制　serfdom　中世纪欧洲佃农被束缚在承袭的一块土地上对地主唯命是从的状况。农奴与奴隶的区别在于,奴隶的买卖与土地无关,而农奴只有在所劳作的土地被转手以后,农奴才会更换主人。约从2世纪起,罗马帝国原来由一批批奴隶耕作的大片私有土地被打散,交由农民耕种。这些农民便开始依靠较大的地主,以免受乱世之害,而发誓效忠于领主也成为一种普遍行为。332年君士坦丁一世要求佃农为地主提供劳务,并使得农奴制合法化。农奴不能结婚,不能改变职业,在没有地主允许的情况下,也不能迁移,还必须把收成的大部分上交给地主。中央集权的政治势力的发展,由于黑死病造成的劳动力短缺,以及14～15世纪的地方农民起义,使得西欧的农奴逐渐被解放。而在这一时期,东欧的农奴制却变得更加坚实,奥匈帝国的农民直到18世纪末才得以解放,俄国的农奴1861年才得以解放。参阅封建主义。

农业　agriculture　人类在生态环境下种植作物或养殖牲畜的生产活动,包括耕耘土地、种植和收获庄稼、饲养畜禽。最初在许多地区独立发展而成，包括中东、东亚、南亚和美洲。最早可能发源于南亚和埃及，后传至欧洲、非洲和亚洲其他地区、太平洋中南部岛屿，最后传至北美洲和南美洲。最早的农业生产始于公元前14500～前12000年的中东地区。最初种植的作物有野生大麦（中东）、黍（中国）以及南瓜（美洲）。动物的驯化大约也发生在同一时期，但狗的驯化要更早。刀耕火种和**轮作**是早期的农业技术。数百年来逐渐改进的工具和方法增加了农业产量，例如机械化、选择性育种和杂交，以及20世纪中期除草剂和杀虫剂的使用。

农业革命　Agricultural Revolution　传统农业系统的逐渐改变，始于18世纪的英国，到19世纪才完成。这种复杂变化包括土地所有权的再分配，使耕地更加集中，并增加技术改进方面的投资，例如新的机械、较佳的排水、育种的科学方法、新作物和轮种系统的实验。对**产业革命**来说，农业革命是必要的前奏。

农艺学　agronomy　**农业**的分支，涉及田间**作物**产量和土壤管理。农艺学家通常研究那些大规模种植的作物（例如小谷物），还有那些比较不需经营的作物。农艺实验着重于与作物有关的各种因素，包括生产、疾病、栽培，以及对气候、土壤等因素的敏感性。

农用化学品　agrochemical　用于农业的任何化学品，包括化学肥料、除草剂、杀虫剂。大部分是两种或更多化学品的混合，活性成分提供了预期效果，惰性成分使活性成分稳定或保存下来，或者有助于应用。加上拖拉机、机械式收割机、灌溉泵等其他技术上的进步，自20世纪30年代以来，农用化学品已经使美国大平原等地单位面积产量增加了200%～300%，但它们对环境及农业系统稳定性的长期影响引起激烈的争议。

浓密常绿阔叶灌丛　chaparral　由阔叶常绿灌木、灌丛和小乔木构成的植被，常形成浓密的植丛。见于地中海气候的地区，夏季干热，冬季温暖潮湿。主要指北美西南部沿海和内陆的山地植被。在夏末，浓密常绿阔叶灌丛植被变得非常干燥。林火是许多灌木的种子萌发的必要条件，有助于清除浓密的地被，从而抑制乔木扩散，保持灌丛植被。新生长的浓密常绿阔叶灌丛是牲畜的理想放牧地，浓密常绿阔叶灌丛植被在山坡陡峭、易于侵蚀的地区也有保持水土的功能。

脓疱病　impetigo　细菌引起的炎症性皮肤病，是儿童最常见的皮肤感染。初起的水疱破裂干燥后结痂。此病由**葡萄球菌属**或**链球菌**引起，新生儿中甚易接触传染，随着年纪的增长而少见。环境不卫生、拥挤、潮湿和天气太热都可能助长脓疱病的散播。广谱抗生素对无并发症的脓疱病疗效较好。如果脓疱病延及身体较大面积（特别是婴儿患者），则应全身应用抗生素。

脓肿　abscess　皮肤表面或体内的空腔内的脓汁，由被**白细胞**破坏的组织所形成，白细胞是因细菌引起的炎症而产生的。脓肿带有一道包膜，包裹着厚而微黄的脓汁（由坏掉的组织、死掉的细菌和白细胞形成）使之无法流出细胞外，损及附近的健康组织。当脓肿破裂时，脓汁即会流出，肿胀及疼痛亦随之消失。治疗方式包括割破包膜将脓汁吸出，以及服用抗生素或抗组织胺药。如果传染性的细菌进入血管，便有可能感染附近的组织，产生新的脓肿。

奴隶纪事　slave narrative　美国文学的一种体裁，由奴隶记述种植园日常生活的回忆录组成，包括苦难、生来的耻辱和最终为自由而逃。《不同寻常的苦难和出人意料的解救——黑人布里顿·哈蒙纪事》（1760）常被认为是第一例。奴隶纪事的主要时期是1830～1860年。一些作品是真实的自传，另一些则被作者激起对废奴运动同情的愿望所影响或渲染。**F. 道格拉斯**的自传（1845）标志着这种体裁达到高潮。20世纪出现了对以前的奴隶的采访的纪录叙事。

奴隶制　slavery　一个人被另一个人占有的状况。在各个大陆（亚洲、欧洲、非洲和美洲）和几乎整个有记载的历史上都存在着奴隶制。古代希腊、罗马、玛雅、印加、阿兹特克和中国都有奴隶制。在欧洲人进行奴隶贸易之前，奴隶为私有或家养。美洲大陆的欧洲人16世纪开始从非洲运入奴隶，从而确立了公开的以人种为基本特色的奴隶制。尽管于1809年禁止奴隶贩运，到19世纪中期，美国的奴隶已达到400多万人。大部分在南方种植园干活，其身份受奴隶法规的限制。大约40%的非洲奴隶被贩卖到巴西，因当地条件艰苦，需要不断补充奴隶。随着**废奴主义**的兴起，1833年英国废除了其殖民地的奴隶制，法国1848年也采取同样的做法。在美国内战期间，林肯总统签署的《解放黑人奴隶宣言》（1863）标志着奴隶制的正式废除。巴西是最后一个废除奴隶制的国家（1888）。奴隶现象在世界上许多地区依然存在。多数当代奴隶为妇女和儿童，被迫卖淫或做苦工或在血汗工厂做工。债务奴隶亦普遍存在，有成百上千万的债奴，他们常被用来抵偿货物。参阅**德雷德·斯科特裁决**、**《逃亡奴隶法》**、**农奴制**和“**地下铁道**”。

努比亚　Nubia　北非尼罗河谷地古地区。在阿斯旺高坝完成前，其北半部直达阿斯旺的尼罗河第一瀑布。现为苏丹和埃及的一部分，包含东北部的**努比亚沙漠**。古代约有1 800年间是受埃及统治的埃塞俄比亚地区的一部分。努比亚南部是库施王国时期的民族文化中心。公元6～14世纪时，努比亚是南部一个强国的中心。其首都是栋古拉；后为阿拉伯人占领。1820～1822年该地区为埃及所征服。

努比亚沙漠　Nubian Desert　苏丹东北部沙漠。西以**尼罗河**谷地与**利比亚沙漠**隔开。地势崎岖，多石不平，有些沙丘散布其间。基本上是砂砾高原，夹有许多干涸河道（季节性河流），在到达尼罗河之前这些河流就消失了。年平均降雨量小于13厘米。

努恩　Nun　又称Nu。埃及最古老的神，太阳神**瑞**的父亲。努恩象征太初混沌中的众水。据说原始的海洋继续包围着有序的宇宙，每天当太阳从水中升起的时候要重演一次创世的神话。努恩还被认为是**尼罗河**每年发生的洪水之源。

努尔米　Nurmi, Paavo (Johannes)（1897～1973）　芬兰径赛运动员。在3次奥运会（1920, 1924, 1928）上共获9枚金牌和3枚银牌。1924年的奥运会上，冒酷暑在一个多小时内连创两项世界纪录。他保持1英里赛跑世界纪录达8年（1923～1931）之久。由于其杰出才能而获得了“芬兰飞人”的外号。

努尔米，摄于1931年
UPI

努克　Nuuk　又称Godthåb（戈特霍布）。**格陵兰**首府。位于戈特霍布湾入口附近的西南沿海，是格陵兰的主要港口。现代化城市。1721年由一名挪威传教士在10世纪斯堪的纳维亚人的居民点韦斯特比格登附近建立了殖民点。它是议会和最高法院的所在地，设有外国领事馆、师范学院和研究站点。居民主要从事行政事务、狩猎、捕鱼和农业。交通运输主要依靠船只和直升机。人口约13 838（2000）。

努库阿洛法　Nuku'alofa　汤加王国首都和主要港口。位于南太平洋汤加塔布岛北岸，其深水港有礁岩作为屏障。是出口椰仁干和香蕉的商业中心。名胜有19世纪的王宫、教堂和王室陵墓等。人口约23 438（2006）。

努里耶夫　Nureyev, Rudolf (Hametovich)（1938～1993）　俄罗斯芭蕾舞演员，有精湛的技巧。曾在列宁格勒学习（1955～1958），以独舞演员的身份加入基洛夫芭蕾舞团。1961年随同舞团至巴黎演出时逃离要求政治避难。之后在许多舞团中以客座舞蹈演员的身份参与演出，尤其是60年代至70年代中期在**皇家芭蕾舞团**的演出，定期与**M. 芳廷**搭档演出《吉赛儿》、《茶花女》和《天鹅湖》。他的演出令人兴奋，热情浪漫与高难技巧相

努里耶夫与芳廷
Keystone

结合，使他成为国际知名的明星。努里耶夫编导了新版本的《罗密欧与朱丽叶》、《曼弗雷迪》和《胡桃夹子》，也参与电视和电影演出。1983～1989年任巴黎歌剧院芭蕾舞团的艺术总监。在其艺术生涯高峰后仍持续表演。因患艾滋病去世。努里耶夫被大众视为自V. 尼任斯基之后最伟大的芭蕾艺术名家。

努美阿　Nouméa　旧称Port-de-France（法兰西港）。新喀里多尼亚领地首府和港口。位于新喀里多尼亚岛西南沿海，1854年建立时称法兰西港。临深水良港，港外有努岛和礁石保护。市内有不少现代建筑，一个大型公共市场以及19世纪的石材建筑圣约瑟夫大教堂。人口约91 386（2004）。

努米底亚　Numidia　非洲北部的古代国家，大致相当于今阿尔及利亚。在第二次布匿战争期间，部落首领马西尼萨自公元前206年支援罗马人。公元前201年罗马人取胜后，他当上了努米底亚的国王。迦太基被毁后，数以千计的人逃往努米底亚。公元前46年努米底亚成为罗马的一个省，首府为锡尔塔，主要城市有圣奥古斯丁的主教教区希波。429年努米底亚被汪达尔人征服后，罗马文明迅速衰落。少量当地文明得以幸存至8世纪阿拉伯人占领之后。

努纳武特　Nunavut　加拿大中北部地区。努纳武特（因努伊特语意为"我们的土地"）是加拿大在人民的要求下而设立的最大居住地，交由因努伊特人（爱斯基摩人）开垦，因努伊特人占此地人口的4/5，在加拿大政府中占有较大的发言权。面积2 093 190平方千米，约占加拿大领土的1/5，范围包括过去西北地区的中央部分和东半部，巴芬岛和埃尔斯米尔岛也在其中。首府为伊卡卢依特。公元1000年，由因努伊特人开垦。维金人可能曾经在中世纪造访过此地，但是最早的探险记录则是1576年M. 弗罗比舍为找寻西北航道而发现此地。大陆地区是在1770～1772年间由英国人S. 赫恩发现，历经英国的占领，此地在1870年才移交给加拿大。1976年一个政治组织鼓吹设立一个地区，让西北地区的因努伊特人能定居。这项建议在1993年获得加拿大政府的同意。武纳武特的第一次选举在1999年2月举行，这个地区在1999年4月才正式成立。人口约31 906（2011）。

努瓦克肖特　Nouakchott　毛里塔尼亚首都。位于非洲西部大西洋沿岸的高原上，塞内加尔达喀尔的东北偏北方。原为小村庄，直到1960年毛里塔尼亚脱离法国取得完全独立后，作为新国家的首都而发展起来。20世纪70年代撒哈拉旱灾期间为主要难民中心，城市迅速发展。附近建有港口设施，出口石油和铜。人口约743 500（2005）。

弩弓　crossbow　中世纪主要的投射兵器。由弩机（最初为木质）和横向固定在弩机上的短弓组成，弩机上有箭槽和扳机。投射的兵器叫做弩箭（通常是箭式镖）。在古代首次

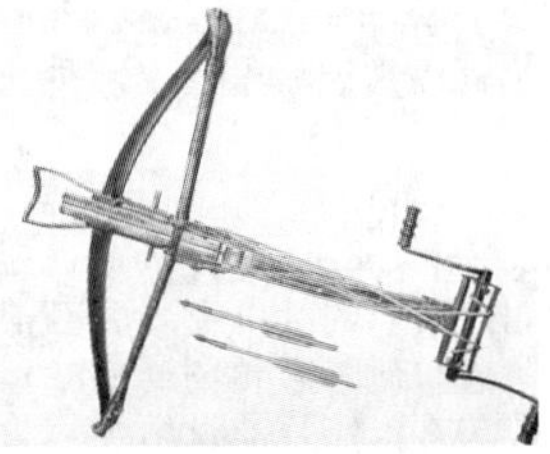

14世纪法国的镫形弩弓
By courtesy of the West Point Museum Collections, United States Military Academy

使用，是兵器的重要进步。其杀伤力来自金属弩。金属弩射出弩箭的速度极快，可射穿锁子甲，射距约300米。弩弓威力大，通用性好，故即使有了长弓和火器后，战争中仍使用之，直到15世纪末才停止使用。到了现代，人们仍一直用弩弓来猎杀大型动物。

女低音　alto　又作contralto。约介于中央C以下的F与向上第2个D之间的嗓音音域；四声部乐曲中的第2最高声部。正常情况下是由女性演唱，该术语源自拉丁语 *contratenor altus*，指比男高音高的那部分。它也用来指演奏某些低音音域的乐器（如低音萨克斯管和低音长笛等）。

女高音　soprano　最高的人声音域，通常自中央C至其上的第二个A。虽然有男童声女高音和（以前的）阉人歌手女高音，但女高音通常指女性嗓音。女高音一般这样分类：音色圆润有力者称戏剧女高音；较轻快而婉转者称抒情女高音；音域更高和讲究技巧上极度灵敏者称花腔女高音。女中音的音域会低1/3。

女权主义　feminism　追求妇女平等权利的社会运动。自启蒙运动开始就有人普遍关心妇女的权益问题，最早表达出这种观点的是M. 沃斯通克拉夫特的《为女权辩护》（1792）。1848年由E. C. 斯坦顿（夫人）、L. 莫特（夫人）和其他人士召开的塞尼卡福尔斯会议要求在法律上完全和男人平等，包括完整的教育机会和平等的薪酬，此后妇女选举权运动开始凝聚了动力。女权运动在英国和美国遇到的抵制尤为强烈，妇女分别于1918年在英国、1920年在美国获得了投票权。20世纪中叶出现第二波女权运动，抗议妇女就业不足和社会普遍认为妇女应该待在家里的观念。20世纪末出现第三波女权运动，一批具有挑战精神的中产阶级白人妇女为争取女权挺身而出，女权主义的运动也开始不断扩大，包括所有人的平等权利，不论他们的宗族、信仰、经济或教育状况、容貌或体能以及性取向如何。参阅妇女运动。

女同性恋　lesbianism　又作sapphism或female homosexuality。一名女性对其他女性具有强烈的情感或性欲吸引力的特质或状态。lesbian一词最早出现于16世纪，源自希腊的莱斯沃斯岛，但字义带有女同性恋意义则是在19世纪晚期，因为与女诗人萨福（活动时期约公元前610～前580）的诗句相联系才附加上去的。21世纪起，女同性恋的相关议题在北美及欧洲受到关注，诸如同性恋团体的合法化、领养儿童的权益、女性健康保障、税制、继承以及与性伴侣分享医疗保健等问题。

女像柱　caryatid　代替柱子用作建筑支撑物的女性雕像。最早出现于希腊德尔斐的3座小建筑（公元前550～前530）中，成对设置。起源于腓尼基用象牙雕成裸体人像的镜柄和古希腊用青铜铸造的着衣人像。最著名的范例是雅典卫城上的厄瑞克忒翁庙（Erechtheum）女像柱廊（公元前421～前406）的6个雕像。女像柱有时也称作 *korai*（"处女"）。其对等的雕像是男像柱。

女性环切术　female circumcision　参阅阴蒂切开术。

女性主义哲学　feminist philosophy　一种哲学运动，它批判并试图矫正如下之现象：将女性及女性的关注点排除于哲学和其他领域的传统问题、历史经典与学术训练体制之外。女性主义哲学注重性别与哲学之关联性此一极为重要的问题。女性主义哲学家认为，诸如理性、客观性这类传统的哲学概念，蕴藏了性别偏见，因为它们代表一种特定的男性观点，在同一议题上对女性观点并不公正。女性主义哲学的一个重要议题是，对一些关键概念如女性、女人味、女人等，该如何下定义。

女贞　privet　木犀科女贞属约40～50种灌木或小乔木，广泛栽作绿篱、屏障并供观赏。原产于欧洲、亚洲、澳大利亚和地中海地区。常绿或落叶，叶光滑呈椭圆形，乳白色花簇生，通常芳香，浆果黑色。普通女贞（*L. vulgare*）耐寒，原产于东北欧和英国，在北美东北部归化，广泛种作绿篱。欧女贞（木犀科欧女贞属）的小型、亮红色果实在成熟后会变成紫黑色。

钕　neodymium　金属化学元素，化学符号Nd，原子序数60。呈银白色，为稀土元素，镧系元素之一。钕为重要合金的成分，其中包括用于打火石以及多种冶金过程的密铈合金（含15%的钕）。以钕为基础，加上铁以及硼等能制成功能强大的永磁合金，用于电脑硬盘、轻型耳机以及其他多种产品。钕化合物也用于陶瓷色釉。粗制的氧化物能抵消玻璃中因铁元素的混入而产生的绿色，纯净的氧

化物则被用来制造鲜艳的紫玻璃。钕还被添加在玻璃和其他基质材料中以形成某些固态激光的活性元素。添加钕和镨(另一种稀土元素)的混合物的玻璃被用于玻璃吹制工的护目镜。

暖房 conservatory 保护观赏植物的建筑,一般附属在花园内,并直接与住宅连通。与设在花园内工作区的非正式结构温室不同,暖房在19世纪成为一种装饰性的建筑特征,表示主人的社会地位。J.帕克斯顿设计的伦敦大博览会的水晶宫是最著名的例子。

疟疾 malaria 由疟原虫属的原生动物引起的严重复发性传染病,由按蚊属的多种蚊虫叮咬传染。公元前5世纪前就为人所知,主要发生在热带和亚热带接近沼泽的地方。直到20世纪初期才确定了蚊虫和寄生虫在该病中所起的作用。年度发病例估计在2.5亿,其中200万人死亡。不同的疟原虫传播的疟疾在发病程度、死亡率和地区分布上不同。寄生虫的生活周期极复杂:其中一个阶段在红血球内同时生长。它们每隔48或72小时分裂一次,对病人的袭击长达4～10小时。病人可能会战栗,感到寒冷,体温上升到40.6°C,并伴有严重的头疼,在体温降回正常时会大量出汗。病人常常会产生贫血、脾肿大和全身虚弱等症状。并发症可致命。在血液中寻找寄生虫可诊断疟疾。奎宁长久以来被用来退热。合成药如氯喹,可以杀死红血球中的寄生虫,但很多寄生虫现已有抗药性。携带有血红蛋白病基因对疟疾具有天然免疫力。疟疾的预防需要消灭蚊虫的滋生地,使用杀虫剂(天敌捕食)、窗纱、纱网和驱虫剂。

虐待动物 animals, cruelty to 故意或任性地对动物施加痛苦、折磨或使其致死,或者有意或恶意地将动物弃置不顾。世界上第1项关于家养动物的反虐待法律或许已包括在1641年马萨诸塞湾殖民地的法典中;1822年英国通过了类似的立法。世界上第1个动物福利协会,即保护动物协会,于1824年在英格兰成立,1866年成立美国防止虐待动物协会。在世界上大多数国家里,不同程度的虐待动物都是非法的,20世纪末,人们对濒临灭绝物种的关心进一步推动了反虐待运动。通过了许多法律反映了这种关心,尽管很少执行,除非有公众的压力。运动争取并通过的法令涉及虐待饲养的动物,斗牛,活体动物解剖等方面。工厂化饲养则牵扯到各种特别残忍地捕杀动物的例子,但多数现仍未受法律的监督。

虐待儿童 child abuse 使儿童遭受身体或心理伤害的罪行。该名词可指使用过度的有形暴力或口头辱骂;未能提供适当的住所、营养、治疗或情感支持;乱伦、强奸,或其他性骚扰事例;以及制作毒害儿童身心的淫秽品。虐待儿童会对受害者造成严重影响,是一种普遍存在但报道不够的现象。在美国,每年至少有50万儿童受到体虐;还有更多的人在精神上受虐并被人们所忽视。在许多案例中,虐待者在孩提时代就曾遭受过虐待。当因虐待导致死亡时,虐待儿童或受虐儿童综合征(如骨折或器官损害,不论已经愈合还是进展中的)的证据经常被用来确定此种死亡不是意外造成的。

挪威 Norway 全称Kingdom of Norway(挪威王国)。欧洲北部斯堪的纳维亚半岛西部的国家。面积(包括斯瓦尔巴和扬马延岛):385 186平方千米。人口:约5 084 000(2013)。首都:奥斯陆。人口主要为挪威人,亦有几个少数民族,其中包括30 000～40 000的萨米人(拉普人)。语言:挪威语、萨米语(均为官方语言)。宗教:基督教(主要为路德派新教会)。货币:挪威克朗。欧洲最大国家之一。中部和西南部地区为山地和高原区。传统上是个以捕鱼及伐木为主的国家,第二次世界大战后其采矿和制造业均有较大发展。该国发达的经济以服务业、石油和天然气生产、轻重工业为主。全国识字率100%。挪威为君主立宪政体,一院制。国家元首是国王,政府首脑为总理。11世纪时由几个公国联合组成挪威王国。1380～1814年,挪威与丹麦由同一个国王统治,后被割让给瑞典。1905年与瑞典的联合解体,挪威的经济快速成长起来。第一次世界大战中挪威保持中立,但其船运业在这场战争中起了极其重要的作用。第二次世界大战中宣告中立,但仍受到德国军队的侵略和占领。挪威有一套全面的福利体系,是北约的成员。1994年该国民众拒绝加入欧洲联盟。挪威于1900年首次参加在巴黎举办的夏季奥运会。挪威奥斯陆、利勒哈默尔分别于1952和1994年举办了冬奥会。

挪威海 Norwegian Sea 北半球的公海。周围是格陵兰海、冰岛、斯匹茨卑尔根和挪威,一条连接格陵兰岛、冰岛、法罗群岛和苏格兰北部的海岭把挪威海与大西洋分开。北极圈从中穿过,但由于挪威暖流从挪威海岸向东北流,所以挪威海一般不封冻。寒流与这股暖流混合后,在当地形成极好的渔场。

挪亚 Noah 《创世记》中的人物。挪亚是拉麦之子,为亚当和夏娃的第九代孙,行为端正,被上帝选定,在他罪恶深重的同代人于洪水中灭亡后使人类能繁衍下来。挪亚遵照指示建造一艘方舟,并依神谕收容每种动物各一对。洪水退去后,上帝以一道彩虹作为不再咒诅大地的保证。挪亚是闪、含和雅弗的父亲,整个人类种族再由挪亚三子繁衍下来。挪亚据说也是葡萄种植术的创始者。

诺埃尔贝克 Noel-Baker, Philip John (1889～1982) 后称Baron Noel-Baker (of the city of Derby),原名Philip John Baker。英国政治家、世界裁军倡导者。1919～1922年在国际联盟秘书处工作。1924～1929年在伦敦大学教授国际关系学。1929～1931年及1936～1970年在英国下院任职。1945～1961年任内阁大臣。他参加起草联合国宪章,为和平与世界裁军四处奔波。在1912,1920和1924年的奥林匹克运动会上他都是长跑运动员,1960～1982年间任联合国教科文组织的国际体育运动理事会主席。1959年获诺贝尔和平奖。

诺贝尔 Nobel, Alfred(Bernhard) (1833～1896) 瑞典化学家、工程师和实业家。他想找到一种处理硝化甘油的安全方法,结果发明了达纳炸药和雷管。他建立起一批工厂形成网络来生产达纳炸药,并成立一些公司来生产和销售他的炸药。他继续研制爆炸力更强的炸药,并研制不用简单点火方法(如用火柴点火)的炸药并改进其引爆器。诺贝尔有350余项专利,许多与炸药无直接关系,如人造丝和皮革。诺贝尔个性复杂,既充满生气,又喜欢隐居独处,是位和平主义者,但却因发明了用于战争的炸药而被赋予"死亡商人"的称号。或许是为了反击这种说法,他把其巨大财富(来自向全世界销售炸药和石油所得的利润)的大部分用来建立诺贝尔奖。该奖被公认为是所有国际奖项里荣誉最高的。

诺贝尔奖 Nobel Prize 根据A.B.诺贝尔遗嘱所设基金提供的奖项,由4个机构(瑞典3个,挪威1个)每年颁发一次。遗嘱中规定该奖应授予"在前一年中对人类做出最大贡献的人"。自1901年以来,设立了物理学、化学、生理学或医学、文学以及和平5项诺贝尔奖;自1969年起,瑞典银行又设立了第6个奖,即经济学奖。这些奖都被看作是世界上最高的荣誉奖项。

诺贝尔奖获得者

	物理学奖	化学奖
1901	伦琴(Wilhelm Röntgen)(德国) 发现X射线	范托夫(Jacobusvan't Hoff)(荷兰) 化学动力学和渗透压定律
1902	洛伦兹(Hendrik Antoon Lorentz)(荷兰)、塞曼(Pieter Zeeman)(荷兰) 研究磁性对辐射的影响	费歇尔(Emil Fischer)(德国) 糖和嘌呤合成方面的工作
1903	贝可勒尔(Henri Becquerel)(法国) 发现自放射性 P.居里(Pierre Curie)(法国)、M.居里[2](Marie Curie)(法国[3]) 研究H.贝可勒尔发现的辐射现象	阿伦尼乌斯(Svante Arrhenius)(瑞典) 电离理论

续表 1

	物理学奖	化学奖
1904	瑞利(Lord Rayleigh)(英国) 发现氩	拉姆齐(Sir William Ramsay)(英国) 发现惰性气体元素及其在周期系中的位置
1905	勒纳(Philipp Lenard)(德国) 阴极射线方面的研究	拜耳(Adolfvon Baeyer)(德国) 有机染料、氢化芳族化合物方面的工作
1906	汤姆孙(J. J. Thomson)(英国) 研究气体的电导率	穆瓦桑(Henri Moissan)(法国) 分离元素氟并发明穆瓦桑电炉
1907	迈克耳孙(A. A. Michelson)(美国[3]) 光谱学和气象学方面的研究	布希纳(Eduard Buchner)(德国) 发现非细胞发酵
1908	李普曼(Gabriel Lippmann)(法国) 彩色照片复制法	卢瑟福(Ernest Rutherford)(英国) 研究元素的蜕变和放射性物质化学
1909	马可尼(Guglielmo Marconi)(意大利)、布劳恩(Ferdinand Braun)(德国)发展无线电报术	奥斯特瓦尔德(Wilhelm Ostwald)(德国) 催化、化学平衡和反应速度方面的开创性工作
1910	范德瓦耳斯(Johannesvander Waals)(荷兰) 研究气体和液体的状态方程	瓦拉赫(Otto Wallach)(德国) 脂环族化合作用方面的开创性工作
1911	维恩(Wilhelm Wien)(德国) 发现热辐射遵从的定律	居里[2](Marie Curie)(法国[3]) 发现镭、钋;分离镭
1912	达伦(Nils Gustaf Dalén)(瑞典) 发明航标灯自动调节器	格利雅(Victor Grignard)(法国) 发现格利雅试剂 萨巴蒂埃(Paul Sabatier)(法国) 氢化有机化合物的方法
1913	昂内斯(Heike Kamerlingh Onnes)(荷兰) 研究物质在低温下的性质;制得液氦	韦尔纳(Alfred Werner)(瑞士[3]) 分子中原子键合方面的工作
1914	劳厄(Maxvon Laue)(德国) 发现晶体的 X 射线衍射	理查兹(Theodore Richards)(美国) 精确测定众多元素的原子量
1915	W. 布拉格(William Bragg)(英国)、L. 布拉格(Lawrence Bragg)(英国) 用 X 射线分析晶体结构	威尔施泰特(Richard Willstätter)(德国) 研究植物的色素,特别是叶绿素方面的开创性工作
1916	无	无
1917	巴克拉(Charles Barkla)(英国) 发现各种元素的标识 X 辐射	无
1918	普朗克(Max Planck)(德国) 发现基本作用量子	哈伯(Fritz Haber)(德国) 氨的合成
1919	斯塔克(Johannes Stark)(德国) 发现正离子射线的多普勒效应和光线在电场中分裂	无
1920	纪尧姆(Charles Guillaume)(瑞士) 发现合金中的反常性质	能斯脱(Walther Nernst)(德国) 热化学方面的工作
1921	爱因斯坦(Albert Einstein)(瑞士[3]) 理论物理的成就	索迪(Frederick Soddy)(英国) 放射性物质化学;同位素的存在和性质
1922	玻尔(Niels Bohr)(丹麦) 研究原子结构和辐射	阿斯顿(Francis Aston)(英国) 质谱仪方面的工作;整数定则
1923	密立根(Robert Millikan)(美国) 基元电荷和光电效应方面的工作	普列格尔(Fritz Pregl)(奥地利) 有机物的微量分析法
1924	西格班(Manne Siegbahn)(瑞典) X 射线谱学方面的工作	无
1925	夫兰克(James Franck)(德国)、赫兹(Gustav Hertz)(德国) 发现原子受电子碰撞的定律	席格蒙迪(Richard Zsigmondy)(奥地利) 阐明胶体溶液的多相性质
1926	佩兰(Jean Perrin)(法国) 物质结构的不连续性方面的工作	斯韦德贝里(The Svedberg)(瑞典) 分散体系方面的工作
1927	康普顿(Arthur Holly Compton)(美国) 发现漫射 X 射线的波长变化 威尔孙(C. T. R. Wilson)(英国) 记录带电粒子径迹的方法	维兰德(Heinrich Wieland)(德国) 研究胆汁酸成分
1928	里查孙(Owen Richardson)(英国) 热金属发射电子方面的工作	温道斯(Adolf Windaus)(德国) 甾醇的结构及其与维生素的联系
1929	德布罗意(Louis-Victor de Broglie)(法国) 发现电子的波性	哈登(Arthur Harden)(英国)、奥伊勒-凯尔平(Hansvon Euler-Chelpin)(瑞典[3]) 研究糖的发酵和酶在发酵中的作用
1930	拉曼(Sir Chandrasekhara Raman)(印度) 光散射方面的工作;发现拉曼效应	费歇尔(Hans Fischer)(德国) 研究血红素和叶绿素;合成血红素
1931	无	博施(Carl Bosch)(德国)、伯吉尤斯(Friedrich Bergius)(德国) 发明和发展化学上应用的高压方法
1932	海森伯(Werner Heisenberg)(德国) 创立量子力学	朗缪尔(Irving Langmuir)(美国) 发现并研究表面化学
1933	狄拉克(P. A. M. Dirac)(英国)、薛定谔(Erwin Schrödinger)(奥地利) 建立量子力学的波动方程	无
1934	无	尤里(Harold Urey)(美国) 发现重氢
1935	查德威克(James Chadwick)(英国) 发现中子	F. 约里奥-居里(Frédéric Joliot-Curie)(法国)、I. 约里奥-居里(Irène Joliot-Curie)(法国) 合成新的放射性元素
1936	赫斯(Victor Hess)(奥地利) 发现宇宙辐射 安德森(Carl Anderson)(美国) 发现正电子	德拜(Peter Debye)(荷兰) 对偶极矩、X 射线衍射及气体中电子衍射的研究
1937	戴维孙(Clinton Davisson)(美国)、汤姆孙(George Paget Thomson)(英国) 用实验演示晶体受到电子束照射的干涉现象	霍沃思(Norman Haworth)(英国) 研究碳水化合物和维生素 C 卡勒(Paul Karrer)(瑞士) 研究类胡萝卜素、黄素和维生素
1938	费米(Enrico Fermi)(意大利) 用中子辐照生产人工放射性元素	库恩(Richard Kuhn)(德国[5]) 研究类胡萝卜素和维生素
1939	劳伦斯(Ernest Lawrence)(美国) 发明回旋加速器	布特南特(Adolf Butenandt)(德国[5]) 性激素方面的工作 卢齐卡(Leopold Ruzicka)(瑞士[3]) 聚亚甲基和高级萜类方面的工作
1943[6]	斯特恩(Otto Stern)(美国) 发现质子磁矩	赫维西(Georgede Hevesy)(匈牙利) 在化学研究中用同位素作示踪物
1944	拉比(Isidor Rabi)(美国[3]) 用共振法精确测定原子核的磁性	哈恩(Otto Hahn)(德国) 发现重原子核的裂变
1945	泡利(Wolfgang Pauli)(奥地利) 发现电子的不相容原理	维尔塔宁(Artturi Virtanen)(芬兰) 发明酸化法贮存鲜饲料
1946	布里奇曼(P. W. Bridgman)(美国) 高压物理学领域的一系列发现	萨姆纳(James Sumner)(美国) 发现酶结晶 诺思罗普(John Northrop)(美国)、斯坦利(Wendell Stanley)(美国) 制得酶和病毒蛋白质纯结晶

续表 2

	物理学奖	化学奖
1947	阿普顿(Sir Edward Appleton)(英国) 发现大气上层的阿普顿层	罗宾森(Sir Robert Robinson)(英国) 研究生物碱和其他植物产品
1948	布莱克特(Patrick Blackett)(英国) 核物理和宇宙辐射领域的一些发现	蒂塞利乌斯(Arne Tiselius)(瑞典) 研究电泳和吸附分析;血清蛋白
1949	汤川秀澍(Yukawa Hideki)(日本) 预言介子的存在	吉奥克(William Giauque)(美国) 对极低温下物质性质的研究
1950	鲍威尔(Cecil Powell)(英国) 以照相法研究核过程;发现了一些介子	狄尔斯(Otto Diels)(德国)、阿尔德(Kurt Alder)(德国) 发明和发展了双烯合成法
1951	考克饶夫(Sir John Cockcroft)(英国)、瓦耳顿(E. T. S. Walton)(爱尔兰)用加速粒子使原子核嬗变	麦克米伦(Edwin McMillan)(美国)、西博格(Glenn Seaborg)(美国) 发现并研究超轴元素
1952	布洛赫(Felix Bloch)(美国[3])、珀塞耳(E. M. Purcell)(美国) 发现固体的核磁共振	马丁(A. J. P. Martin)(英国)、辛格(R. L. M. Synge)(英国) 发明分配色谱法
1953	泽尔尼克(Frits Zernike)(荷兰) 相衬显微法	施陶丁格(Hermann Staudinger)(德国) 大分子方面的工作
1954	玻恩(Max Born)(英国[3]) 原子波函数的统计研究 博特(Walther Bothe)(德国) 发明符合计数法	泡令[7](Linus Pauling)(美国) 研究化学键的性质
1955	兰姆(小)(Willis Lamb, Jr.)(美国) 氢光谱中的一些发现 库什(Polykarp Kusch)(美国[3]) 测量电子磁矩	迪维尼奥(Vincent Du Vigneaud)(美国) 第一次合成多肽激素
1956	肖克莱(William Shockley)(美国)、巴丁[9](John Bardeen)(美国)、布拉顿(Walter H. Brattain)(美国) 研究半导体并发明晶体管	谢苗诺夫(Nikolay Semyonov)(苏联)、欣谢尔伍德(Sir Cyril Hinshelwood)(英国) 化学反应动力学方面的工作
1957	李政道(Tsung-DaoLee)(中国)、杨振宁(Chen Ning Yang)(中国) 发现宇称原理的破坏	托德(Sir Alexander Todd)(英国) 在核苷酸和核辅酶方面的工作
1958	切伦科夫(Pavel A. Cherenkov)(苏联)、夫兰克(Ilya M. Frank)(苏联)、塔姆(Igor Y. Tamm)(苏联) 发现并解释切伦科夫效应	桑格[10](Frederick Sanger)(英国) 确定胰岛素分子结构
1959	塞格雷(Emilio Segrè)(美国[3])、张伯伦(Owen Chamberlain)(美国) 确证反质子的存在	海洛夫斯基(Jaroslav Heyrovský)(捷克斯洛伐克) 发明并发展极谱法
1960	格拉泽(Donald Glaser)(美国) 发明气泡室	利比(Willard Libby)(美国) 创立放射性碳测年法
1961	霍夫斯塔特(Robert Hofstadter)(美国) 确定原子的核子的形状与大小 穆斯堡尔(Rudolf Mössbauer)(德国) 发现穆斯堡尔效应	卡尔文(Melvin Calvin)(美国) 研究光合作用中的化学过程
1962	朗道(Lev D. Landau)(苏联) 对物质凝聚态研究的贡献	肯德鲁(John C. Kendrew)(英国)、佩鲁兹(Max F. Perutz)(英国[3]) 确定血红素蛋白的结构
1963	延森(J. Hans D. Jensen)(德国)、梅耶夫人(Maria Goeppert Mayer)(美国[3]) 创立原子核结构的壳模型理论 维格纳(Eugene Paul Wigner)(美国[3]) 原子核中质子和中子相互作用遵循的原则	纳塔(Giulio Natta)(意大利)、齐格勒(Karl Ziegler)(德国) 合成高分子塑料并研究其结构
1964	汤斯(Charles H. Townes)(美国)、巴索夫(Nikolay G. Basov)(苏联)、普罗霍罗夫(Aleksandr M. Prokhorov)(苏联) 从事量子电子学方面的工作导致制成微波激射器和激光器	霍奇金(Dorothy M. C. Hodgkin)(英国) 测定抗恶性贫血的生化化合物的基本结构
1965	施温格(Julian S. Schwinger)(美国)、费因曼(Richard P. Feynman)(美国)、朝永振一郎(Tomonaga Shin'ichirō)(日本) 量子电动力学的基本原理	伍德沃德(R. B. Woodward)(美国) 人工合成甾醇、叶绿素和其他物质
1966	卡斯特勒(Alfred Kastler)(法国) 发明研究原子中赫兹共振的光学方法	马利肯(Robert S. Mulliken)(美国) 化学键和分子中电子轨道方面的工作
1967	贝特(Hans A. Bethe)(美国[3]) 发现恒星的能量来源	艾根(Manfred Eigen)(德国)、诺里什(Ronald G. W. Norrish)(英国)、波特(George Porter)(英国) 研究极快速化学反应
1968	阿耳瓦雷茨(Luis W. Alvarez)(美国) 在基本粒子研究方面发现共振态	昂萨格(Lars Onsager)(美国[3]) 不可逆过程的热力学理论
1969	盖耳-曼(Murray Gell-Mann)(美国) 发现亚原子粒子及其相互作用分类法	巴顿(Derek H. R. Barton)(英国)、哈塞尔(Odd Hassel)(挪威) 测定有机物分子的三维构象
1970	阿耳文(Hannes Alfvén)(瑞典)、奈耳(Louis Néel)(法国) 在磁流体动力学和反铁磁性及亚铁磁性方面的工作	莱洛伊尔(Luis F. Leloir)(阿根廷[3]) 发现糖核苷酸及其在碳水化合物的生物合成中的作用
1971	伽柏(Dennis Gabor)(英国[3]) 发明全息术	赫茨伯格(Gerhard Herzberg)(加拿大[3]) 研究分子结构
1972	巴丁[9](John Bardeen)(美国)、库珀(Leon N. Cooper)(美国)、施里弗(John R. Schrieffer)(美国) 创立超导电性理论	安芬森(Christian B. Anfinsen)(美国)、穆尔(Stanford Moore)(美国)、斯坦(William H. Stein)(美国) 在酶化学方面的基础工作
1973	江崎玲於奈(Leo Esaki)(日本)、加埃沃(Ivar Giaever)(美国[3])、约瑟夫森(Brian D. Josephson)(英国) 半导体和超导体的隧道效应	菲舍尔(Ernst Fischer)(德国)、威尔金森(Geoffrey Wilkinson)(英国) 有机金属化学
1974	赖尔(Sir Martin Ryle)(英国)、休伊什(Antony Hewish)(英国) 在射电天文学方面的工作	弗洛里(Paul J. Flory)(美国) 研究长链分子
1975	玻尔(Aage N. Bohr)(丹麦)、莫特森(Ben R. Mottelson)(丹麦[3])、雷恩沃特(L. James Rainwater)(美国) 对原子核的理论研究,弄清了核聚变	康福思(John W. Cornforth)(英国)、普雷洛格(Vladimir Prelog)(瑞士) 立体化学方面的工作
1976	里克特(Burton Richter)(美国)、丁肇中(Samuel C. C. Ting)(美国) 发现一类新的基本粒子(Ψ 或 J)	利普斯科姆(William N. Lipscomb)(美国) 研究硼烷的结构
1977	安德森(Philip W. Anderson)(美国)、莫脱(Sir Nevill F. Mott)(英国)、范扶累克(John H. Van Vleck)(美国) 认识磁性非晶态固体中电子的性状	普里果金(Ilya Prigogine)(比利时) 创立热力学的耗散结构理论

续表 3

	物理学奖	化学奖
1978	卡皮察(Pyotr L. Kapitsa)(苏联) 发明并应用氦的液化器 彭齐亚斯(Arno A. Penzias)(美国[3])、威耳孙(Robert W. Wilson)(美国) 发现宇宙微波背景辐射,为大爆炸理论提供支持	米切尔(Peter D. Mitchell)(英国) 研究生物体系中的能量传递过程
1979	格拉肖(Sheldon Glashow)(美国)、萨拉姆(Abdus Salam)(巴基斯坦)、温伯格(Steven Weinberg)(美国) 提出亚原子粒子的弱相互作用和电磁相互作用的统一理论	布朗(Herbert C. Brown)(美国[3])、维蒂希(Georg Wittig)(西德) 在有机物合成中引入硼和磷
1980	克罗宁(James W. Cronin)(美国)、菲奇(Val Logsdon Fitch)(美国) 验证电荷共轭和宇称反演对称性的同时破坏	伯格(Paul Berg)(美国) 首次制备混合 DNA 吉尔伯特(Walter Gilbert)(美国)、桑格[10](Frederick Sanger)(英国) 创立 DNA 结构的化学和生物分析法
1981	西格班(Kai M. Siegbahn)(瑞典) 用于化学分析的电子能谱学 布洛姆伯根(Nicolaas Bloembergen)(美国[3])、肖洛(Arthur L. Schawlow)(美国) 在光谱术中应用激光器	福井谦一(Fukui Kenichi)(日本)、霍夫曼(Roald Hoffmann)(美国[3]) 化学反应中轨道对称性的解释
1982	威耳孙(Kenneth G. Wilson)(美国) 提出一种改进连续相变理论的数学分析方法	克卢格(Aaron Klug)(英国[3]) 测定生物物质的结构
1983	钱德拉塞卡(Subrahmanyan Chandrasekhar)(美国)、福勒(William A. Fowler)(美国) 对恒星演化和崩坍认识方面的贡献	陶布(Henry Taube)(美国) 金属配位化合物的电子转移机理研究
1984	鲁比亚(Carlo Rubbia)(意大利)、范德米尔(Simonvander Meer)(荷兰)因领导发现 W 和 Z 粒子,从而支持了电弱理论	梅里菲尔德(Bruce Merrifield)(美国) 发展多肽合成方法
1985	克利青(Klausvon Klitzing)(西德) 发现量子化霍耳效应,使精确测量电阻成为可能	豪普特曼(Herbert A. Hauptman)(美国)、卡尔勒(Jerome Karle)(美国) 发展测绘小分子化学结构的方法
1986	鲁斯卡(Ernst Ruska)(西德)、宾尼希(Gerd Binnig)(西德)、罗雷尔(Heinrich Rohrer)(瑞士) 发展特殊电子显微镜	赫希巴赫(Dudley R. Herschbach)(美国)、李远哲(Yuan T. Lee)(美国)、波拉尼(John C. Polyani)(加拿大) 发展了分析基本化学反应的方法
1987	柏诺兹(J. Georg Bednorz)(西德)、缪勒(K. Alex Müller)(瑞士) 发现新的超导材料	克拉姆(Donald J. Cram)(美国)、佩德森(Charles J. Pedersen)(美国)、莱恩(Jean-MarieLehn)(法国) 开发出能与其他分子连接的分子
1988	莱德曼(Leon M. Lederman)(美国)、施瓦茨(Melvin Schwartz)(美国)、斯泰因贝格尔(Jack Steinberger)(美国) 研究亚原子粒子	戴森霍弗(Johann Deisenhofer)(西德)、胡伯尔(Robert Huber)(西德)、米歇尔(Hartmut Michel)(西德) 发现光合作用所需蛋白质的结构
1989	拉姆齐(Norman F. Ramsey)(美国) 发展原子钟 德梅尔特(Hans G. Dehmelt)(美国)、保罗(Wolfgang Paul)(西德) 发展分离原子和亚原子粒子的研究方法	奥尔特曼(Sidney Altman)(美国)、切赫(Thomas R. Cech)(美国) 发现 RNA 的某些基本性质
1990	弗里德曼(Jerome I. Friedman)(美国)、肯德尔(Henry W. Kendall)(美国)、泰勒(Richard E. Taylor)(加拿大) 发现原子夸克	科里(Elias James Corey)(美国) 发展合成复杂分子的反合成分析法
1991	德热纳(Pierre-Gillesde Gennes)(法国) 发现分子性态普遍规律	恩斯特(Richard R. Ernst)(瑞士) 改进核磁共振波谱学
1992	沙帕克(Georges Charpak)(法国) 发明追踪亚原子粒子的检测计	马库斯(Rudolph A. Marcus)(美国[3]) 解释分子间电子传递
1993	赫尔斯(Russell A. Hulse)(美国)、泰勒(Joseph H. Taylor, Jr.)(美国) 发现脉冲双星	穆利斯(Kary B. Mullis)(美国)、史密斯(Michael Smith)(加拿大) 创立基因研究及使用的方法
1994	布罗克豪斯(Bertram N. Brockhouse)(加拿大)、沙尔(Clifford G. Shull)(美国) 发展中子散射技术	奥拉(George A. Olah)(美国[3]) 发展研究碳氢化合物分子的方法
1995	佩尔(Martin L. Perl)(美国)、莱因斯(Frederick Reines)(美国) 分别发现亚原子粒子 τ 和中微子	克鲁岑(Paul Crutzen)(荷兰)、莫利纳(Mario Molina)(美国[3])、罗兰(F. Sherwood Rowland)(美国) 解释地球臭氧层减少的过程
1996	李(David M. Lee)(美国)、理查森(Robert C. Richardson)(美国)、奥谢罗夫(Douglas D. Osheroff)(美国) 发现氦 3 的超流体现象	柯尔(Robert F. Curl)(美国)、斯莫利(Richard E. Smalley)(美国)、克罗托(Sir Harold W. Kroto)(英国) 1985 年发现碳的球状结构
1997	朱棣文(Steven Chu)(美国)、科昂-塔努吉(Claude Cohen-Tannoudji)(法国)、菲利普斯(William D. Philips)(美国) 共同发明了用激光冷却和俘获原子的方法	博耶(Paul Boyer)(美国)、斯科(Jens C. Skou)(丹麦)、沃克(John E. Walker)(英国) 在酶的研究方面作出开创性工作
1998	克劳林(Robert B. Laughlin)(美国)、斯特默(Horst L. Stormer)(美国)、崔琦(Daniel C. Tsui)(美国) 发现分数量子霍尔效应	科恩(Walter Kohn)(美国)其对密度函数理论发展的贡献;波普尔(John A. Pople)(美国) 对量子化学计算方法的发展所作的贡献
1999	霍夫特(Gerardus t'Hooft)(荷兰)、韦尔特曼(Martinus J. G. Veltman)(荷兰) 在证明组成宇宙的粒子运动方面有开拓性研究	泽维尔(Ahmed H. Zewail)(美籍埃及科学家) 使用毫微微秒化学技术对化学反应过程进行研究
2000	阿尔费罗夫(Zhores I Alferov)(俄罗斯)、克勒默(Herbert Kroemer)(美国) 对应用于高速度和光电子学的半导体异质结构的发展的贡献;基尔比(Jack S. Kilby)(美国) 发明了集成电路	黑格(Alan J. Heeger)(美国)、马克迪尔米德(Alan G. MacDiarmid)(美国)、白川英树(Hideki Shirakawa)(日本) 发现和发展传导聚合物
2001	科内尔(Eric A. Comell)(美国)、科特勒(Wolfgang Ketterle)(德国)、维尔曼(Carl E. Wieman)(美国) 在超低温气体的原子性质领域的研究	诺里斯(William S. Knowles)(美国)、野依良治(Ryoji Noyori)(日本)、夏普利斯(K. Berrt Sharpless)(美国) 在催化不对称化合物合成领域的研究成果
2002	贾科尼(Riccardo Giacconi)(美国)、戴维斯(Raymond Davis Jr.)(美国)、小柴昌俊(Masatoshi Koshiba)(日本) 在探测宇宙中微子方面取得成就,并导致中微子天文学的诞生	芬恩(John B. Fenn)(美国)、田中耕一(Koichi Tanaka)(日本)、维特里希(Kurt Wuthrich)(瑞士) 发明对生物大分子进行确认和结构分析、质谱分析的方法

续表 4

	物理学奖	化学奖
2003	阿布里科索夫(Alexei A. Abrikosov)(俄罗斯)、金茨堡(Vitaly L. Ginzburg)(俄罗斯)、莱格特(Anthony J. Leggett)(英国)　在超导体和超流体理论上做出的开创性贡献	阿格雷(Peter Agre)(美国)、麦金农(Roderick MacKinnon)(美国)　在细胞膜通道方面做出的开创性贡献
2004	格罗斯(David J. Gross)(美国)、波利策(H. David Politzer)(美国)和维尔切克(Frank Wilczek)(美国)　在夸克粒子理论方面所取得的成就	切哈诺沃(Aaron Ciechanover)(以色列)、赫尔什科(Avram Hershko)(以色列)和罗斯(Irwin Rose)(美国)　在蛋白质控制系统方面的重大发现
2005	格劳伯(Roy J. Glauber)(美国)、亨施(Theodor W. Haensch)(德国)　对基于激光的精密光谱学发展的贡献 霍尔(John Hall)(美国)　对光学相干的量子理论的贡献	肖万(Yves Chauvin)(法国)、格拉布(Robert H. Grubbs)(美国)、施罗克(Richard R. Schrock)(美国)　在烯烃复分解反应研究领域的贡献
2006	马瑟(John C. Mather)(美国)、斯穆特(George Fitzgerald Smoot)(美国)　发现宇宙微波背景辐射的黑体形式和各向异性	科恩伯格(Roger D. Kornberg)(美国)　在真核转录的分子基础研究领域的贡献
2007	费尔(Albert Fert)(法国)、克鲁伯格(Peter Grünberg)(德国)　发现巨磁电阻效应	埃特尔(Gerhard Ertl)(德国)　在固体表面化学过程研究中的贡献
2008	南部阳一郎(Yoichiro Nambu)(美国)　发现亚原子物理学中自发对称性破缺机制 小林诚(Makoto Kobayashi)(日本)、益川敏英(Toshihide Maskawa)(日本)　发现有关对称性破缺的起源	钱永健(Roger Y. Tsien)(美国)、沙尔菲(Martin Chalfie)(美国)、下村修(Osamu Shimomura)(日本)　发现和改造绿色荧光蛋白
2009	高锟(Charles K. Kao)(英国)、博伊尔(Willard Boyle)(美国)、史密斯(George Smith)(美国)　发明 CCD 图像传感器	拉马克里希南(Venkatraman Ramakrishnan)(英国)、施泰茨(Thomas A. Steitz)(美国)、约纳特(Ada E. Yonath)(以色列)　对核糖体结构和功能的研究
2010	海姆(Andre Geim)(荷兰)、诺沃肖洛夫(Konstantin Novoselov)(俄罗斯-英国)　在二维空间材料石墨烯的突破性实验	赫克(Richard F. Heck)(美国)、根岸荣一(Negishi Ei-ichi)(日本)、铃木章(Suzmediuki Akira)(日本)　对有机合成中钯催化偶联反应的研究
2011	波尔马特(Saul Perlmutter)(美国)、施密特(Brian P. Schmidt)(美国-澳大利亚)、里斯(Adam G. Riess)(美国)　通过对超新星的观测,证明宇宙在加速膨胀	谢赫特曼(Daniel Shechtman)(以色列)　发现准晶体
2012	阿罗什(Serge Haroche)(法国)、维因兰德(David J. Wineland)(美国)　发现测量和操控单个量子系统的实验方法	莱夫科维茨(Robert J. Lefkowitz)(美国)、克比尔卡(Brian K. Kobilka)(美国)　对 G 蛋白偶联受体的研究
2013	恩勒特(François Englert)(比利时)、希格斯(Peter Higgs)(英国)理论上发现了一种有助于理解亚原子粒子质量起源的机制	卡普拉斯(Martin Karplus)(奥地利-美国)、莱维特(Michael Levitt)(英国-美国-以色列)、瓦谢尔(Arieh Warshel)(以色列-美国)创立了复杂化学系统的多尺度模型

	生理学或医学奖	文学奖	和平奖
1901	贝林(Emilvon Behring)(德国)　血清疗法方面的工作	普律多姆(Sully Prudhomme)(法国)　诗人	杜南(Jean-Henri Dunant)(瑞士) 帕西(Frédéric Passy)(法国)
1902	罗斯(Ronald Ross)(英国)　发现疟疾以疟蚊为媒介进入有机体	蒙森(Theodor Mommsen)(德国)　历史学家	杜科蒙(Élie Ducommun)(瑞士) 戈巴特(Charles-Albert Gobat)(瑞士)
1903	芬森(Niels R. Finsen)(丹麦)　光辐射疗法治皮肤病	比昂松(Bjørnstjerne Bjørnson)(挪威)　小说家、诗人、剧作家	克里默(Randal Cremer)(英国)
1904	巴甫洛夫(Ivan Pavlov)(俄国)　消化生理方面的工作	米斯特拉尔(Frédéric Mistral)(法国)　诗人 埃切加莱-埃萨吉雷(José Echegaray y Eizaguirre)(西班牙)　剧作家	国际法学研究所(Institute of International Law)(1873 年成立)
1905	科赫(Robert Koch)(德国)　结核病的研究	显克维奇(Henryk Sienkiewicz)(波兰)　小说家	祖特内尔(Berthavon Suttner)(奥地利)
1906	戈尔吉(Camillo Golgi)(意大利)、拉蒙-卡哈尔(Santiago Ramóny Cajal)(西班牙)　神经系统构造方面的工作	卡尔杜齐(Giosuè Carducci)(意大利)　诗人	罗斯福(Theodore Roosevelt)(美国)
1907	拉韦朗(Alphonse Laveran)(法国)　发现疟原虫和对原虫病的研究	吉卜林(Rudyard Kipling)(英国)　诗人、小说家	莫内塔(Ernesto Teodoro Moneta)(意大利) 雷诺(Louis Renault)(法国)
1908	埃尔利希(Paul Ehrlich)(德国)、梅奇尼科夫(Élie Metchnikoff)(俄国)　在免疫学方面的工作	倭铿(Rudolf Eucken)(德国)　哲学家	阿诺德森(Klas Pontus Arnoldson)(瑞典) 巴耶(Fredrik Bajer)(丹麦)
1909	柯赫尔(Emil Kocher)(瑞士)　对甲状腺的生理学、病理学和外科学的研究	拉格洛夫(Selma Lagerlöf)(瑞典)　小说家	康斯坦(Baron d'Estournelles de Constant)(法国) 贝尔纳特(Auguste Beernaert)(比利时)
1910	科塞尔(Albrecht Kossel)(德国)　研究细胞化学	海泽(Paulvon Heyse)(德国)　诗人、小说家、剧作家	国际和平署(International Peace Bureau)(1891 年成立)
1911	古尔斯特兰德(Allvar Gullstrand)(瑞典)　在眼的屈光方面的工作	梅特林克(Maurice Maeterlinck)(比利时)　剧作家	阿塞尔(Tobias Asser)(荷兰) 弗里德(Alfred Fried)(奥地利)

续表 5

	生理学或医学奖	文学奖	和平奖
1912	卡雷尔(Alexis Carrel)(法国) 血管缝合和器官移植	霍普特曼(Gerhart Hauptmann)(德国) 剧作家	鲁特(Elihu Root)(美国)
1913	里歇(Charles Richet)(法国) 过敏性方面的工作	泰戈尔(Rabindranath Tagore)(印度) 诗人	拉丰泰因(Henri-Marie Lafontaine)(比利时)
1914	巴拉尼(Robert Bárány)(奥地利) 前庭器官方面的工作	无	无
1915	无	罗曼·罗兰(Romain Rolland)(法国) 小说家	无
1916	无	海登斯塔姆(Vernervon Heidenstam)(瑞典) 诗人	无
1917	无	吉勒鲁普(Karl Gjellerup)(丹麦)、彭托皮丹(Henrik Pontoppidan)(丹麦) 小说家	国际红十字委员会[4](International Red Cross Committee)(1863 年成立)
1918	无	卡尔弗尔特(Erik Axel Karlfeldt)(瑞典) 拒绝受奖	无
1919	博尔德(Jules Bordet)(比利时) 在血清中发现免疫因子	施皮特勒(Carl Spitteler)(瑞士) 诗人、小说家	威尔逊(Woodrow Wilson)(美国)
1920	克罗伊(August Krogh)(丹麦) 发现毛细血管的运动调节机理	汉姆生(Knut Hamsun)(挪威) 小说家	布尔茹瓦(Léon Bourgeois)(法国)
1921	无	法朗士(Anatole France)(法国) 小说家	布兰廷(Karl Branting)(瑞典) 兰格(Christian Lous Lange)(挪威)
1922	希尔(A. V. Hill)(英国) 发现肌肉生热 迈尔霍夫(Otto Meyerhof)(德国) 肌肉中的乳酸代谢方面的工作	贝纳文特-马丁内斯(Jacinto Benavente y Martínez)(西班牙) 剧作家	南森(Fridtjof Nansen)(挪威)
1923	班廷(F. G. Banting)(加拿大)、麦克劳德(J. J. R. Macleod)(英国) 发现胰岛素	叶芝(William Butler Yeats)(爱尔兰) 诗人	无
1924	埃因托芬(Willem Einthoven)(荷兰) 发现心电图机制	莱蒙特(Władysław Reymont)(波兰) 小说家	无
1925	无	萧伯纳(George Bernard Shaw)(爱尔兰) 剧作家	张伯伦(Sir Austen Chamberlain)(英国) 道威斯(Charles G. Dawes)(美国)
1926	菲比格(Johannes Fibiger)(丹麦) 癌症研究方面的贡献	黛莱达(Grazia Deledda)(意大利) 小说家	白里安(Aristide Briand)(法国) 斯特来斯曼(Gustav Stresemann)(德国)
1927	瓦格纳-尧雷格(Julius Wagner-Jauregg)(奥地利) 通过人工诱发疟疾治疗麻痹性痴呆的工作	柏格森(Henri Bergson)(法国[3]) 哲学家	比松(Ferdinand Buisson)(法国) 奎德(Ludwig Quidde)(德国)
1928	尼科尔(Charles Nicolle)(法国) 斑疹伤寒方面的工作	温塞特(Sigrid Undset)(挪威) 小说家	无
1929	艾克曼(Christiaan Eijkman)(荷兰) 发现抗神经炎的维生素 霍普金斯(Sir Frederick Hopkins)(英国) 发现数种促进机体生长的维生素	曼(Thomas Mann)(德国) 小说家	凯洛格(Frank B. Kellogg)(美国)
1930	兰斯坦纳(Karl Landsteiner)(美国[3]) 人体的血型分类	刘易斯(Sinclair Lewis)(美国) 小说家	瑟德布洛姆(Nathan Söderblom)(瑞典)
1931	瓦尔堡(Otto Warburg)(德国) 发现呼吸酶的性质和作用	卡尔弗尔特(Erik Axel Karlfeldt)(瑞典) 诗人(去世后获奖)	亚当斯(Jane Addams)(美国) 巴特勒(Nicholas Murray Butler)(美国)
1932	艾德里安(E. D. Adrian)(英国)、谢灵顿(Sir Charles Sherrington)(英国) 发现神经元的功能	高尔斯华绥(John Galsworthy)(英国) 小说家	无
1933	摩尔根(Thomas Hunt Morgan)(美国) 染色体的遗传传递功能	布宁(Ivan Bunin)(苏联) 诗人、小说家	安吉尔(Sir Norman Angell)(英国)
1934	迈诺特(George R. Minot)(美国)、墨菲(William P. Murphy)(美国)、惠普尔(George H. Whipple)(美国) 发现肝质食物治疗贫血	皮兰德娄(Luigi Pirandello)(意大利) 剧作家	亨德森(Arthur Henderson)(英国)
1935	施佩曼(Hans Spemann)(德国) 发现胚胎的诱导效应	无	奥西埃茨基(Carlvon Ossietzky)(德国)
1936	戴尔(Sir Henry Dale)(英国)、勒维(Otto Loewi)(德国) 神经脉冲的化学传递方面的工作	奥尼尔(Eugene O'Neill)(美国) 剧作家	拉马斯(Carlos Saavedra Lamas)(阿根廷)
1937	森特-哲尔吉(Albert Szent-Györgyi)(匈牙利) 发现某些有机化合物(特别是维生素 C)在营养素的细胞内氧化过程中的作用	马丁·杜·加尔(Roger Martindu Gard)(法国) 小说家	切尔伍德的塞西尔子爵(Viscount Cecilof Chelwood)(英国)
1938	海曼斯(Corneille Heymans)(比利时) 发现与颈动脉和主动脉弓有关的感受器官对呼吸的调节作用	赛珍珠(Pearl Buck)(美国) 小说家	南森国际难民机构(Nansen International Office for Refugees)(1931 年成立)
1939	多马克(Gerhard Domagk)(德国[5]) 发现磺胺的抗菌作用	西伦佩(Frans Eemil Sillanpää)(芬兰) 小说家	无

续表 6

	生理学或医学奖	文学奖	和平奖
1943	达姆(Henrik Dam)(丹麦) 发现维生素 K 多伊西(Edward A. Doisy)(美国) 发现维生素 K 的化学性质	无	无
1944	厄兰格(Joseph Erlanger)(美国)、加塞(Herbert S. Gasser)(美国) 对神经纤维分化功能研究	延森(Johannes V. Jensen)(丹麦) 小说家	国际红十字委员会[4](International Red Cross Committee)(1863 年成立)
1945	弗莱明(Sir A. Fleming)(英国)、钱恩(Ernst Boris Chain)(英国[3])、弗洛里(Sir Howard Florey)(澳大利亚) 发现青霉素及其临床效用	米斯特拉尔(Gabriela Mistral)(智利) 诗人	赫尔(Cordell Hull)(美国)
1946	马勒(Hermann J. Muller)(美国) 发现 X 射线辐照可诱发突变	海塞(Hermann Hesse)(瑞士[3]) 小说家	巴尔奇(Emily Greene Balch)(美国) 穆德(John R. Mott)(美国)
1947	科里(Carl F. Cori)(美国[3])、科里(Gerty T. Cori)(美国[3]) 发现糖原如何催化转变 奥塞(Bernardo Houssay)(阿根廷) 糖代谢过程中垂体激素的作用	纪德(André Gide)(法国) 小说家、小品文作家	美国公谊服务委员会(American Friends Service Committee)(美国) 公谊服务理事会(Friends Service Council)(英国)
1948	米勒(Paul Müller)(瑞士) 滴滴涕的性质	艾略特(T. S. Eliot)(英国[3]) 诗人、批评家	无
1949	赫斯(Walter Rudolf Hess)(瑞士) 发现大脑的某些部位在决定和协调内脏器官功能时所起的作用 埃加斯·莫尼兹(António Egas Moniz)(葡萄牙) 脑白质切除术治疗精神病的疗效	福克纳(William Faulkner)(美国) 小说家	博伊德-奥尔勋爵(Lord Boyd-Orr)(英国)
1950	亨奇(Philip S. Hench)(美国)、肯德尔(Edward C. Kendall)(美国)、赖希施泰因(Tadeus Reichstein)(瑞士[3]) 研究肾上腺皮质激素及其结构和生物学效应	罗素(Bertrand Russell)(英国) 哲学家	本奇(Ralph Bunche)(美国)
1951	泰累尔(Max Theiler)(南非) 研究黄热病	拉格尔克维斯特(Pär Lagerkvist)(瑞典) 小说家	儒奥(Léon Jouhaux)(法国)
1952	瓦克斯曼(Selman A. Waksman)(美国[3]) 发现链霉素	莫里亚克(François Mauriac)(法国) 诗人、小说家、剧作家	施韦策(Albert Schweitzer)(阿尔萨斯)
1953	李普曼(Fritz A. Lipmann)(美国[3])、克雷布斯(Hans A. Krebs)(英国[3]) 发现碳水化合物代谢中的辅酶 A 柠檬酸循环	丘吉尔(Sir Winston Churchill)(英国) 历史学家、演说家	马歇尔(George C. Marshall)(美国)
1954	恩德斯(John F. Enders)(美国)、韦勒(Thomas H. Weller)(美国)、罗宾斯(Frederick Robbins)(美国) 在非神经组织培养物上培养脊髓灰质炎病毒成功	海明威(Ernest Hemingway)(美国) 小说家	联合国难民高级专员署[8](Office of the United Nations High Commissioner for Refugees)(1951 年成立)
1955	泰奥雷尔(Axel Hugo Theorell)(瑞典) 氧化酶的特性和作用方式	拉克斯内斯(Halldór Laxness)(冰岛) 小说家	无
1956	福斯曼(Werner Forssmann)(德国)、理查兹(Dickinson Richards)(美国)、库尔南(André F. Cournand)(美国[3]) 发明和改善心导管插入术	希梅内斯(Juan Ramón Jiménez)(西班牙) 诗人	无
1957	博维(Daniel Bovet)(意大利[3]) 人工合成箭毒	加缪(Albert Camus)(法国) 小说家、剧作家	皮尔逊(Lester B. Pearson)(加拿大)
1958	比德尔(George W. Beadle)(美国)、塔特姆(Edward L. Tatum)(美国) 化学过程的遗传调节 莱德伯格(Joshua Lederberg)(美国) 遗传重组	帕斯捷尔纳克(Boris Pasternak)(苏联) 小说家、诗人(拒绝受奖)	培尔(Dominique Georges Pire)(比利时)
1959	奥乔亚(Severo Ochoa)(美国[3])、科恩伯格(Arthur Kornberg)(美国) 人工合成核酸	夸齐莫多(Salvatore Quasimodo)(意大利) 诗人	诺埃尔-贝克(Philip Noel-Baker)(英国)
1960	伯内特(Sir Macfarlane Burnet)(澳大利亚)、梅达沃(Peter B. Medawar)(英国) 发现对组织移植的获得性免疫耐受性	佩尔斯(Saint-John Perse)(法国) 诗人	卢图利(Albert Lutuli)(南非)
1961	贝凯西(Georgvon Békésy)(美国[3]) 内耳功能	安德里奇(Ivo Andrić)(南斯拉夫) 小说家	哈马舍尔德(Dag Hammarskjöld)(瑞典)
1962	克里克(Francis. H. C. Crick)(英国)、沃森(James D. Watson)(美国)、威尔金斯(Maurice Wilkins)(英国) 发现脱氧核糖核酸的分子结构	斯坦贝克(John Steinbeck)(美国) 小说家	泡令[7](Linus Pauling)(美国)
1963	埃克尔斯(Sir John Eccles)(澳大利亚)、霍奇金(Alan Lloyd Hodgkin)(英国)、赫胥黎(Andrew Huxley)(英国) 研究神经冲动沿神经纤维的传递	塞菲里斯(George Seferis)(希腊) 诗人	国际红十字委员会[4](International Red Cross Committee)、红十字会协会(League of Red Cross Societies)(总部均在日内瓦)
1964	布洛赫(Konrad Bloch)(美国[3])、吕南(Feodor Lynen)(德国) 发现胆固醇和脂肪酸的代谢	萨特(Jean-Paul Sartre)(法国) 哲学家、剧作家(拒绝受奖)	马丁·路德·金(Martin Luther King, Jr.)(美国)

续表 7

	生理学或医学奖	文学奖	和平奖
1965	雅各布(François Jacob)(法国)、莫诺(Jacques Monod)(法国)、利沃夫(André Lwoff)(法国) 发现体细胞的规律性活动	肖洛霍夫(Mikhail Sholokhov)(苏联) 小说家	联合国儿童基金会(UNICEF, United Nations Children's Fund)(1946年成立)
1966	哈金斯(Charles B. Huggins)(美国[3])、劳斯(Francis Peyton Rous)(美国) 研究致癌原因及其治疗	阿格农(Shmuel Yosef Agnon)(以色列[3]) 小说家 萨克斯(Nelly Sachs)(瑞典[3]) 诗人	无
1967	哈特兰(Haldan Keffer Hartline)(美国)、沃尔德(George Wald)(美国)、格拉尼特(R. A. Granit)(瑞典) 发现眼中的化学和生理视觉过程	阿斯图里亚斯(Miguel Ángel Asturias)(危地马拉) 小说家	无
1968	霍利(Robert W. Holley)(美国)、科勒拉(Har Gobind Khorana)(美国[3])、尼伦伯格(Marshall W. Nirenberg)(美国) 译解遗传密码	川端康成(Kawabata Yasunari)(日本) 小说家	卡森(René Cassin)(法国)
1969	德尔布吕克(Max Delbrück)(美国[3])、赫尔希(A. D. Hershey)(美国)、卢里亚(Salvador E. Luria)(美国[3]) 研究并发现病毒和病毒病	贝克特(Samuel Beckett)(爱尔兰) 小说家、剧作家	国际劳工组织(International Labour Organisation)(1919年成立)
1970	阿克塞尔罗德(Julius Axelrod)(美国)、卡茨(Sir Bernard Katz)(英国[3])、奥伊勒(Ulf von Euler)(瑞典) 发现神经传递的化学机理	索尔仁尼琴(Aleksandr Solzhenitsyn)(苏联) 小说家	博劳格(Norman E. Borlaug)(美国)
1971	萨瑟兰(小)(Earl W. Sutherland, Jr.)(美国) 激素的作用	聂鲁达(Pablo Neruda)(智利) 诗人	勃兰特(Willy Brandt)(德国)
1972	埃德尔曼(G. M. Edelman)(美国)、波特(Rodney Porter)(英国) 研究抗体的化学结构	伯尔(Heinrich Böll)(德国) 小说家	无
1973	弗里施(Karlvon Frisch)(奥地利)、洛伦茨(Konrad Lorenz)(奥地利)、廷伯根(Nikolaas Tinbergen)(英国[3]) 发现动物行为型式	怀特(Patrick White)(澳大利亚) 小说家	基辛格(Henry Kissinger)(美国) 黎德寿(Le DucTho)(越南)(拒绝受奖)
1974	克劳德(Albert Claude)(美国[3])、德迪韦(Christian R. de Duve)(比利时)、帕拉德(Geoge E. Palade)(美国[3]) 研究细胞的结构和功能组织	雍松(Eyvind Johnson)(瑞典) 小说家 马丁松(Harry Martinson)(瑞典) 小说家、诗人	佐藤荣作(Satō Eisaku)(日本) 麦克布赖德(Seán Mac Bride)(爱尔兰)
1975	杜尔贝科(Renato Dulbecco)(美国[3])、特明(Howard M. Temin)(美国)、巴尔的摩(David Baltimore)(美国) 研究肿瘤病毒和细胞遗传物质之间的相互作用	蒙塔莱(Eugenio Montale)(意大利) 诗人	萨哈罗夫(Andrey D. Sakharov)(苏联)
1976	布卢姆伯格(Baruch S. Blumberg)(美国)、盖达塞克(D. Carleton Gajdusek)(美国) 研究传染病的起因和传播	贝洛(Saul Bellow)(美国[3]) 小说家	科里根[11](Mairead Corrigan)(北爱尔兰) 威廉斯[11](Betty Williams)(北爱尔兰)
1977	耶洛(Rosalyn S. Yalow)(美国) 创立放射性免疫检验术 吉耶曼(Roger Guillemin)(美国)、沙利(Andrew Schally)(美国) 研究垂体激素	阿莱克桑德雷(Vicente Aleixandre)(西班牙) 诗人	大赦国际(Amnesty International)(1961年成立)
1978	阿尔伯(Werner Arber)(瑞士)、内森斯(Daniel Nathans)(美国)、史密斯(Hamilton O. Smith)(美国) 发现限制酶并将其应用于脱氧核糖核酸分子内遗传信息的研究	辛格(Isaac Bashevis Singer)(美国[3]) 小说家	贝京(Menachem Begin)(以色列) 萨达特(Anwar el-Sadat)(埃及)
1979	科马克(Allan M. Cormack)(美国[3])、豪恩斯费尔德(Godfrey N. Hounsfield)(英国) 发明计算机化轴向层析X射线摄影诊断法	埃利蒂斯(Odysseus Elytis)(希腊) 诗人	德肋撒修女(Mother Teresa of Calcutta)(印度[3])
1980	贝纳塞拉夫(Baruj Benacerraf)(美国[3])、斯内尔(George D. Snell)(美国)、多塞(Jean Dausset)(法国) 研究免疫系统对外来物质反应的遗传控制	米沃什(Czesław Miłosz)(美国[3]) 诗人	埃斯基韦尔(Adolfo Pérez Esquivel)(阿根廷)
1981	斯佩里(Roger W. Sperry)(美国) 研究大脑半球的功能 维厄瑟尔(Torsten N. Wiesel)(瑞典)、休伯尔(David H. Hubel)(美国[3]) 发现脑对视觉信息的加工过程	康内蒂(Elias Canetti)(比利时) 小说家、小品文作家	联合国难民高级专员署[8](Office of the United Nations High Commissioner for Refugees)(1951年成立)
1982	伯格斯特龙(Sune K. Bergström)(瑞典)、萨米尔松(Bengt I. Samuelsson)(瑞典)、文(John R. Vane)(英国) 前列腺素的生物化学与生理学研究	加西亚·马尔克斯(Gabriel García Márquez)(哥伦比亚) 小说家、新闻工作者、社会批评家	米达尔(Alva Myrdal)(瑞典) 罗夫莱斯(Alfonso García Robles)(墨西哥)

续表 8

	生理学或医学奖	文学奖	和平奖
1983	麦克林托克(Barbara McClintock)(美国) 发现影响遗传的可移动植物基因	戈尔丁(William Golding)(英国) 小说家	瓦文萨(Lech Wałęsa)(波兰)
1984	耶纳(Niels K. Jerne)(英国-丹麦)、克勒(Georges J. F. Köhler)(西德)、米尔斯坦(César Milstein)(阿根廷) 生产单克隆抗体的原理和技术	塞费尔特(Jaroslav Seifert)(捷克斯洛伐克) 诗人	图图(Desmond Tutu)(南非)
1985	布朗(Michael S. Brown)(美国)、戈尔茨坦(Joseph L. Goldstein)(美国) 发现与胆固醇新陈代谢有关的细胞感受器	西蒙(Claude Simon)(法国) 小说家	世界医生反对核战争组织(International Physicians for the Prevention of Nuclear War)(1980 年成立)
1986	科恩(Stanley Cohen)(美国)、莱维-蒙塔尔奇尼(Rita Levi-Montalcini)(意大利) 发现有助于调节细胞生长的化学试剂	索因卡(Wole Soyinka)(尼日利亚) 剧作家、诗人	韦塞尔(Elie Wiesel)(美国[3])
1987	利根川进(Tonegawa Susumu)(日本) 研究抗体的遗传问题	布罗茨基(Joseph Brodsky)(美国[3]) 诗人、小品文作家	阿里亚斯·桑切斯(Oscar Arias Sánchez)(哥斯达黎加)
1988	布莱克(Sir James W. Black)(英国)、埃利翁(Gertrude B. Elion)(美国)、希钦斯(George H. Hitchings)(美国) 开发出对抗疾病的新药种类	马哈福兹(Naguib Mahfouz)(埃及) 小说家	联合国维持和平部队(United Nations peacekeeping forces)
1989	毕晓普(J. Michael Bishop)(美国)、瓦尔姆斯(Harold E. Varmus)(美国) 研究称为肿瘤基因的致癌基因	卡米洛·霍塞·塞拉(Camilo José Cela)(西班牙) 小说家	达赖喇嘛(Dalai Lama)(中国)
1990	默里(Joseph E. Murray)(美国)、托马斯(E. Donnall Thomas)(美国) 发展肾和骨髓移植	帕斯(Octavio Paz)(墨西哥) 诗人、小品文作家	戈尔巴乔夫(Mikhail Sergeyevich Gorbachev)(苏联)
1991	内尔(Erwin Neher)(德国)、扎克曼(Bert Sakmann)(德国) 发现细胞如何传染上疾病	戈迪默(Nadine Gordimer)(南非) 小说家	昂山素季(Aung San Suu Kyi)(缅甸)
1992	费希尔(Edmond H. Fischer)(美国)、克雷布斯(Edwin G. Krebs)(美国) 发现称为蛋白激酶的酶类	沃尔科特(Derek Walcott)(圣卢西亚) 诗人	门楚(Rigoberta Menchú)(危地马拉)
1993	罗伯茨(Richard J. Roberts)(英国)、夏普(Phillip A. Sharp)(美国) 发现断裂遗传结构	莫里森(Toni Morrison)(美国) 小说家	德克勒克(F. W. de Klerk)(南非) 曼德拉(Nelson Mandela)(南非)
1994	吉尔曼(Alfred G. Gilman)(美国)、罗德贝尔(Martin Rodbell)(美国) 发现 G 蛋白质及其在细胞中传递信息的作用	大江健三郎(Oe Kenzaburo)(日本) 小说家	阿拉法特(Yāsir ‘Arafāt)(巴勒斯坦) 佩雷斯(Shimon Peres)(以色列) 拉宾(Yitzhak Rabin)(以色列)
1995	刘易斯(Edward B. Lewis)(美国)、尼斯莱因-福尔哈德(Christiane Nüsslein-Volhard)(德国)、维绍斯(Eric F. Wieschaus)(美国) 为早期胚胎发育的基因控制理论奠定了基础	希尼(Seamus Heaney)(爱尔兰) 作家	罗特布拉特(Joseph Rotblat)(英国[3]) 帕格沃什科学和世界事务会议(Pugwash Conferences on Science and World Affairs)(1957 年成立)
1996	青克纳格尔(Rolf Zinkernagel)(瑞士)、多尔蒂(Peterr Doherty)(澳大利亚) 机体识别被病毒感染的细胞	申博尔斯卡(Wislawa Szymborska)(波兰) 诗人	贝洛(Carlos Belo)(东帝汶) 拉莫斯-奥尔塔(Jose Ramos Horta)(东帝汶)
1997	普鲁西纳(Stanley B. Prusiner)(美国) 在毒蛋白领域的开拓性发现,可能有助于防止疯牛病流行的致病因子	福(Dario Fo)(意大利) 著名作品是《一个无政府主义者的意外之死》	乔迪(Williams Jody)(美国) 国际禁雷运动组织(International Campaign to Ban Landmines)(1992 年成立)
1998	佛契哥特(Robert F. Furchgott)(美国)、伊格纳洛(Louis J. Ignarro)(美国)、慕拉德(Ferid Murad)(美国) 发现氧化氮在人体循环系统中具有传递信息的作用	萨拉马戈(Jose Saramago)(葡萄牙) 作家	休姆(John Hume)(北爱尔兰)、特林布尔(David Trimble)(北爱尔兰)
1999	布洛贝尔(Gǖnter Blobel)(德裔美国科学家) 发现了蛋白质内控制蛋白质在细胞内传输和定位的信号	格拉斯(Günter Grass) (德国) 作家	无国界医生组织(Doctors Without Borders)
2000	卡尔松(Arvid Carlsson)(瑞典)、格林加德(Paul Greengard)(美国)、坎德尔(Eric Kandel)(美国) 以其在人类"神经系统信号传送"领域的研究成果	高行健(Gao Xingjian) 华裔旅法作家	金大中(Kin Dae Jung)(韩国)
2001	哈德威尔(Leland H. Hartwell)(美国)、汉特(R. Timothy Hunt)(英国)、诺斯(Paul M. Nurse)(英国) 发现细胞分裂过程中的关键调节器	奈保尔(V. S. Naipaul)(英国) 作家	联合国、安南(Kofi Annan)(加纳)
2002	布伦纳(Sydney Brenner)(英国)、苏尔斯顿(John E. Sulston)(英国)、霍维茨(H. Robert Horvitz)(美国) 选择线虫作为新颖的实验生物模型,找到了对细胞每一个分裂和分化过程进行跟踪的细胞图谱	凯尔泰斯(Imre Kertesz)(匈牙利) 作家	卡特(Jimmy Carter Jr.)(美国)

续表 9

	生理学或医学奖	文学奖	和平奖
2003	劳特布尔(Paul C. Lauterbur)(美国)、曼斯菲尔德(Sir Peter Mansfield)(英国) 在核磁共振成像技术领域的突破性成就	库切(John Maxwell Coetzee)(南非) 作家	伊巴迪(Shirin Ebadi)(伊朗)
2004	阿克塞尔(Richard Axel)(美国)、巴克(Linda B Buck)(美国) 在气味受体和嗅觉系统组织方式研究中作出的贡献	耶利内克(Elfriede Jelinek)(奥地利) 女作家	马塔伊(Wangari Maathai)(肯尼亚)
2005	马歇尔(Barry J. Marshall)(澳大利亚)、沃伦(J. Robin Warren)(澳大利亚) 发现幽门螺旋杆菌以及这种细菌对消化性溃疡病的致病机理	品特(Harold Pinter)(英国) 作家	国际原子能机构(IAEA)、巴拉迪(Mohamed El-Baradei)(埃及)
2006	法尔(Andrew Z. Fire)(美国)、梅洛(Craig C. Mello)(美国) 发现 RNA(核糖核酸)干扰机制	帕慕克(Orhan Pamuk)(土耳其) 作家	孟加拉国农村银行、穆罕默德·尤努斯(Muhammad Yunus)(孟加拉国)
2007	卡佩基(Mario R. Capecchi)(美国)、史密斯(Oliver Smithies)(美国)、埃文斯(Martin J. Evans)(英国) 在干细胞研究方面的贡献	莱辛(Doris Lessing)(英国) 女作家	联合国的政府间气候变化专业委员会(IPCC)、戈尔(Albert Arnold "Al" Gore, Jr.)(美国)
2008	豪森(Harald zur Hausen)(德国) 发现人乳突淋瘤病毒引发子宫颈癌 巴尔-西诺西(Françoise Barré-Sinoussi)(法国)、蒙塔尼(Luc Montagnier)(法国) 发现人类免疫缺陷病毒	克莱齐奥(Jean-Marie Gustave Le Clézio)(法国) 作家	阿赫蒂萨里(Martti Ahtisaari)(芬兰)
2009	布莱克本(Elizabeth Blackburn)(美国)、格雷德(Carol Greider)(美国)、绍斯塔克(Jack Szostak)(美国) 发现端粒和端粒酶保护染色体的机理	穆勒(Herta Müller)(德国) 女作家	奥巴马(Barack Obama)(美国)
2010	爱德华(Robert Edwards)(英国) 在体外受精技术方面取得的成就	巴尔加斯·略萨(Mario Vargas Llosa)(秘鲁) 小说家、剧作家	刘晓波(中国)
2011	博伊特勒(Bruce A. Beutler)(美国)、霍夫曼(Jules A. Hoffmann)(卢森堡/法国)、斯坦曼(Ralph M. Steinman)(加拿大) 发现免疫系统激活的关键原理	特兰斯特勒默(Tomas Tranströmer)(瑞典) 诗人	古博薇(Leymah Gbowee)(利比里亚)、约翰逊-瑟利夫(Ellen Johnson Sirleaf)(利比里亚)、卡曼(Tawakkul Karmān)(也门)
2012	戈登(Sir John Bertrand Gurdon)(英国)、山中申弥(Shinya Yamanaka)(日本) 在细胞核重新编序研究领域的贡献	莫言(Mo Yan)(中国) 小说家、短篇小说家	欧洲联盟(EU)(1993 年成立)
2013	罗思曼(James E. Rothman)(美国)、谢克曼(Randy W. Schekman)(美国)、聚德霍夫(Thomas C. Südhof)(德国—美国) 发现细胞内的主要运输系统——囊泡运输的调节机制	芒罗(Alice Munro)(加拿大) 短篇小说家	禁止化学武器组织(1997 年成立)

	经济学奖
1969	弗里希(Ragnar Frisch)(挪威)、丁伯根(Jan Tinbergen)(荷兰) 计量经济学方面的工作
1970	萨缪尔森(Paul A. Samuelson)(美国) 经济理论的科学分析方面的工作
1971	库兹涅茨(Simon Kuznets)(美国[3]) 国家经济增长的广延研究
1972	希克斯(Sir John Hicks)(英国)、阿罗(Kenneth J. Arrow)(美国) 对一般经济均衡理论和福利理论的贡献
1973	列昂捷夫(Wassily Leontief)(美国[3]) 投入-产出分析
1974	默达尔(Gunnar Myrdal)(瑞典)、海克(Friedrichvon Hayek)(英国) 对经济、社会、习俗等现象相互依赖关系的开拓性分析
1975	坎托罗维奇(Leonid V. Kantorovich)(苏联)、库普曼斯(Tjalling C. Koopmans)(美国[3]) 资源最佳配置理论方面的贡献
1976	弗里德曼(Milton Friedman)(美国) 消费分析、货币理论和经济稳定性
1977	奥林(Bertil Ohlin)(瑞典)、米德(James Meade)(英国) 对国际贸易理论的贡献
1978	西蒙(Herbert A. Simon)(美国) 经济组织中的决策过程
1979	刘易斯(Sir W. Arthur Lewis)(英国)、舒尔茨(Theodore W. Schultz)(美国) 发展中国家的经济开发过程的分析
1980	克莱因(Lawrence R. Klein)(美国) 商业波动经验模型的发展和分析
1981	托宾(James Tobin)(美国) 有价证券选择投资理论
1982	施蒂格勒(George Stigler)(美国) 政府干预对经济的影响
1983	德布勒(Gerard Debreu)(美国) 供求理论的数学证明
1984	斯通(Sir Richard Stone)(英国) 发展国民收入会计体系
1985	莫迪利亚尼(Franco Modigliani)(美国) 分析家庭储蓄和金融市场
1986	布坎南(James M. Buchanan)(美国) 确立将经济学和政治学结合起来的公众选择理论
1987	索洛(Robert M. Solow)(美国) 对经济增长理论的贡献
1988	阿莱(Maurice Allais)(法国) 对市场和资源有效利用理论的贡献
1989	哈韦尔莫(Trygve Haavelmo)(挪威) 发展经济预测的统计技术
1990	马科维茨(Harry M. Markowitz)(美国)、米勒(Merton H. Miller)(美国)、夏普(William F. Sharpe)(美国) 研究金融市场和投资决策
1991	科斯(Ronald H. Coase)(美国) 用经济原理研究法律
1992	贝克尔(Gary S. Becker)(美国) 将经济理论应用于社会科学
1993	福格尔(Robert W. Fogel)(美国)、诺思(Douglass C. North)(美国) 对经济史的贡献
1994	豪尔绍尼(John C. Harsanyi)(美国[3])、纳什(John F. Nash)(美国)、泽尔敦(Reinhard Selten)(德国) 对博弈论的发展

续表 10

	经　济　学　奖
1995	卢卡斯(小)(Robert E. Lucas, Jr.)(美国)　将合理预期运用于宏观经济理论之中
1996	米尔利斯(James Mirrlees)(英国)、维克里(William Vickrey)(加拿大)对在不对称信息条件下经济理论做出了贡献
1997	默顿(Robert C. Merton)(美国)、斯科尔斯(Myron S. Scholes)(美国)　共同创造了如何估价股票的期权交易和其他金融衍生产品的复杂理论
1998	阿马蒂亚·森(Amartya Sen)(印度人)　对福利经济学的贡献
1999	蒙代尔(Robert A. Mundell)(加拿大)　对不同汇率体制下货币与财政政策以及对最适宜的货币流通区域所作的分析
2000	赫克曼(James J. Heckman)(美国)、麦克法登(Daniel L. McFadden)(美国)　发展了分析选择性经济案例的理论和方法;发展了分散经济案例的理论和方法
2001	阿克尔洛夫(George A. Akerlof)(美国)、斯彭斯(A. Michael Spence)(美国)、斯蒂格利茨(Joseph E. Stiglitz)(美国)　在"对充满不对称信息市场进行分析"领域所作出的重要贡献
2002	卡尼曼(Daniel Kahneman)(拥有美国和以色列双重国籍)、史密斯(Vernon L. Smith)(美国)　在不确定情况下的人为判断与决策方面和在选择性市场机制的研究
2003	恩格尔(Robert F. Engle)(美国)、格兰杰(Clive W. J. Granger)(英国)　提供了一种评估风险的新方法
2004	基德兰德(Finn Kydland)(挪威)、普雷斯科特(Edward Prescott)(美国)　揭示了经济政策和世界循环后驱动力的一致性
2005	奥曼(Robert J. Aumann)(拥有以色列和美国双重国籍)、谢林(Thomas C. Schelling)(美国)　通过博弈论分析加强了我们对冲突和合作的理解
2006	菲尔普斯(Edmund S. Phelps)(美国)　在加深人们对于通货膨胀和失业预期关系的理解方面所做出的贡献
2007	赫维茨(Leonid Hurwicz)(美国)、马斯金(Eric S. Maskin)(美国)、迈尔森(Roger B. Myerson)(美国)　在创立和发展"机制设计理论"方面做出的贡献
2008	克鲁格曼(Paul Krugman)(美国)　在贸易模式和区域经济领域的理论贡献
2009	威廉森(Oliver Williamson)(美国)、奥斯特罗姆(Elinor Ostrom)(美国)　在经济管理分析方面所做出的贡献
2010	戴蒙德(Peter A. Diamond)(美国)、莫特森(Dale T. Mortensen)(美国)、皮萨里德斯(Christopher A. Pissarides)(塞浦路斯—英国)　对市场搜寻摩擦理论方面的研究
2011	萨金特(Thomas J. Sargent)(美国)、西姆斯(Christopher A. Sims)(美国)　对宏观经济中因果的实证研究
2012	罗斯(Alvin E. Roth)(美国)、沙普利(Lloyd S. Shapley)(美国)　在市场设计和稳定匹配方面的贡献
2013	法马(Eugene F. Fama)(美国)、汉森(Lars P. Hansen)(美国)、席勒(Robert J. Shiller)(美国)　在资产价格实证研究方面的贡献

1 表中给出的国籍是颁奖时受奖人的公民身份。
2 两次获诺贝尔奖:物理学奖(1903),化学奖(1911)。
3 入籍公民。
4 三次获诺贝尔和平奖(1917、1944、1963)。
5 希特勒禁止德国人接受诺贝尔奖(1937年1月)。
6 1940～1942年未颁奖。
7 两次获诺贝尔奖:化学奖(1954),和平奖(1962)。
8 两次获诺贝尔和平奖(1954、1981)。
9 两次分获诺贝尔物理学奖(1956、1972)。
10 两次分获诺贝尔化学奖(1958、1980)。
11 迟一年(1977)宣奖。

诺丁汉　Nottingham　英格兰中北部城市。位于伯明翰东北方特伦特河畔。9世纪时这个原为撒克逊人的城镇被丹麦人占据,成为丹麦区的一部分。14世纪时为3届议会的所在地。1642年**英国内战**爆发时,国王查理一世在斯坦达德山上举旗起事,诺丁汉城堡就建在这座山上。诺丁汉与**罗宾汉**之间的联系,就在格林古堡上的罗宾汉塑像上得到体现。该城有个独特的漆器区。设有诺丁汉大学。人口约266 995(2001)。

诺丁汉郡　Nottinghamshire　英格兰中北部一郡。西部有煤田和铁路线,中心地区是不毛的沙砾地带。**罗宾汉**经常出没的中世纪舍伍德森林从**诺丁汉**城向北延伸。特伦特河和贝尔沃河河谷中有耕地,这里的农业有乳牛饲养业。主要河流为特伦特河,沿河有许多火力发电厂。西南部是人口和重工业密集区。人口约748 503(2001)。

诺尔迪　Nolde, Emil (Hansen) (1867～1956)　德国表现派油画家、版画家和水彩画家。出身于农民家庭,以雕刻木头为生,后来才接触绘画。虽然他在1906～1907年短暂成为桥社的一员,最后还是成为孤独的画家。由于热心信仰宗教,并为罪恶感所困扰,1910年创作了《围绕金牛犊舞蹈》,对其中人物对于性爱的狂热以及魔鬼般的脸庞,有意地用粗野的构图和不协调的颜色加以表现。他在1913～1914年的东印度群岛观察探险之旅中,对于纯真无邪的信念力量,留下深刻印象。返回欧洲后,绘制了冷峻的风景画(如1916年的《沼泽风景》)以及彩色的花朵。作为版画家,他的木刻画特别以完全黑白效果的粗直而闻名。虽然他是纳粹党员,但纳粹党宣称其艺术为"颓废",并禁止他作画。其后期、战后的作品透露出幻想的破灭。

诺夫哥罗德　Novgorod　俄罗斯西北部城市。位于伊尔门湖以北的沃尔霍夫河畔,俄罗斯最古老的城市之一。公元859年的编年史中首次提及,约862年后由留里克统治。11～15世纪地位最为重要,是诺夫哥罗德公国的首府。通过与中亚、君士坦丁堡以及**汉萨同盟**的贸易而繁荣起来。为诺夫哥罗德画派的中心,13世纪时以**圣亚历山大·涅夫斯基**为首。它成为莫斯科的竞争对手,1570年被伊凡四世毁坏,并随着圣彼得堡的兴起而衰落。第二次世界大战中被德国人占领,遭到重创。后来恢复了许多历史建筑,1992年这些建筑被联合国教科文组织列为世界遗产。城市为旅游中心。人口约217 706(2006)。

诺夫哥罗德画派　Novgorod school　俄罗斯中世纪圣像画和壁画的重要学派,12～16世纪活跃于西北部城市**诺夫哥罗德**一带。在13～14世纪,蒙古人占领了俄罗斯的其余大部分领土,商业繁荣的诺夫哥罗德曾是俄罗斯的文化中心。它保存了作为俄罗斯艺术基础的拜占廷传统,并推动了独特而又生气勃勃的地方风格的发展。这种风格已包含了俄罗斯民族艺术的大部分因素。采用明亮的颜色、美化形象、柔和的面部形式并用优雅、有韵律的线条来塑造形象。直至14世纪初其艺术活动主要受湿壁画风格的支配。**圣像屏**的传入为其提供了新的艺术动力。圣像屏是

《圣乔治战龙圣迹》,15世纪蛋彩画,诺夫哥罗德画派的圣像图;现藏莫斯科国立特列季亚科夫画廊
Novosti Press Agency

一种置于祭坛前的饰屏,先前散置于教堂墙上的圣像,此时已可依次挂于屏上。外形拉长的形象成为罗马艺术的一般风格。16世纪,俄罗斯绘画的领导地位转给莫斯科画派。

诺福克　Norfolk　英格兰东部一郡。北面和东面临北海。地势低洼,多芦苇沼泽,包括有名的布罗兹区。已经发现了旧石器、中石器和新石器时代的手工制品,包括在布雷

克兰发现的给人深刻印象的石器时代的燧石矿。中世纪时,该地区的繁荣主要靠羊毛生产。郡属城镇有郡行政所在地诺里奇,以及大雅茅斯。现经济以农业为主。人口约796 733(2001)。

诺福克岛 Norfolk Island 南太平洋西南部的岛屿,为澳大利亚领土。位于新喀里多尼亚和新西兰之间。面积35平方千米。1774年由J.库克船长发现,成为英国流放罪犯的殖民地(1788～1814,1825～1855)。1856年皮特凯恩岛的居民移居此地,许多居民是"邦蒂"号海员的后裔。原为火山岛,所以地势崎岖,覆盖着大片诺福克岛松,主要产业是旅游业。人口约1 795(2011)。

诺克拉提斯 Naucratis 古希腊人在埃及尼罗河三角洲的殖民点。公元前7世纪建立,发展成繁荣的贸易中心和希腊与埃及之间的文化联系中心。亚历山大大帝征服埃及并在公元前332年建立了亚历山大港后,该地区开始衰落。1884年F.皮特里发现了这个遗址并参与了发掘。

诺克斯 Knox, John(1514～1572) 苏格兰神职人员,苏格兰宗教改革领袖和苏格兰长老派的创始人。据传在圣安德鲁斯大学受神职训练,1540年任司铎。后加入新教,

J.诺克斯,版画;T.贝札绘于1580年
By courtesy of the trustees of the British Museum; photograph, J. R. Freeman & Co., Ltd.

他们在圣安德鲁斯城堡筑成防御工事,但在1547年还是被法国天主教徒逮捕,并被押去当奴隶。1549年由于英格兰出面干涉而获释,往后4年在英格兰传教。在信奉天主教的玛丽一世继承王位后,逃往欧陆。1554年在美因河畔法兰克福和日内瓦任牧师,1559年返回苏格兰。当时伊丽莎白一世与苏格兰长老派合作,以免让法国人控制英格兰而支持天主教君主玛丽(苏格兰女王)。诺克斯在与玛丽冲突中幸存下来,余生致力于建立长老教会。

诺克斯堡 Fort Knox 美国军事重地,位于肯塔基州北部,路易斯维尔西北。面积44510公顷。1918年建为诺克斯兵营,1932年成为常设军事基地。1936年建有美国金库,存放国家大批黄金,是一座有精密安全设施的防弹建筑。自1940年起成为美国装甲兵司令部和相关训练学校的所在地。

诺克文化 Nok culture 古时铁器时代非洲文化,出现于约公元前500～公元200年的尼日利亚贝努埃高原,1928年首次在诺克村被发掘。在东西宽480千米、南北长320千米的范围内发现许多具有相似特征的人工制品。最大的特色是中空、盘卷而成的各种动物和特殊人物的黏土雕像,通常都是头部。其他人工制品有铁和石制的工具与石制装饰品。

诺兰 Nolan, Sir Sidney(1917～1992) 澳大利亚艺术家。早年作品多半为简化的抽象画。20世纪40年代中期开始以更多具象派的风格创作当地荒凉的沙漠风貌。诺兰在其成熟的作品中常将独特的材料如聚乙烯醋酸酯等用于纤维板、玻璃或帆布上。除了风景画外,其大部分作品多与澳大利亚历史或传奇人物及事件有关,其中最著名的为侠盗凯利。

诺里奇 Norwich 英格兰诺福克郡一区(城市)。位于伦敦东北,临温瑟姆河。11世纪被丹麦人占领后成为重要的贸易中心,许多世纪以来一直是英格兰最繁荣的城镇之一。爱德华三世引佛兰芒编织工人在此定居,加上伊丽莎白一世时期流入的移民,都促进了该地经济的发展,为英格兰最大的鞋靴制造业中心之一。特色有诺曼城堡和大教堂。是东英吉利亚传统上的地区首府,有诺曼征服后不久建立的大教堂。人口约121 533(2001)。

诺里斯 Norris, (Benjamin) Frank(lin)(1870～1902) 美国小说家。早年为驻外记者,并从事出版工作。他是美国第一个接受自然主义的重要作家。《麦克提格》(1899)是对贪婪的社会的写照。从他的杰作《章鱼》(1901)开始,他接受了一种更为人道主义的理想。这本书是他计划写作的三部曲里的第1部,讨论的是小麦工业中的经济和社会力量。第2部《陷阱》于1903年出版,但第3部却到去世也没有完成。尽管诺里斯的小说中有浪漫化的倾向,但它们描绘了那个时代生动、可信的加利福尼亚生活景象。

诺列加 Noriega (Morena), Manuel (Antonio)(1938～) 巴拿马将军,文职总统幕后的实权人物。生于贫苦家庭。就读于秘鲁的军事学院,回国后参加巴拿马国民警卫队。20世纪70年代任军事情报处处长,与美国中央情报局合作,谈判帮助美国运输机机组人员从古巴获释,但因持续不断的关于他卷入贩卖毒品的交易和非人道行为的报告而受影响。1989年作为国防军总司令,他取消了对自己不利的选举结果。于是,美国政府入侵巴拿马,主要是为了抓获诺列加。他被带往美国审判,被判敲诈勒索、贩卖毒品和洗钱等罪,服刑40年。他后来得到减刑。2007年9月9日诺列加服刑期满,但他依然留在狱中,等待他提出的上诉结果。1999年他在法国缺席受审,被判犯有洗钱罪和其他罪行。2010年美国最高法院拒绝受理他的上诉,诺列加最终被引渡到法国,并在那里接受审判。同年晚些时候他被判有罪,入狱7年。

诺罗敦 Norodom(1834～1904) 原名Vody。柬埔寨国王(1860～1904年在位)。自1802年开始,柬埔寨一直是越南和暹罗(泰国)诸侯的联合领地。1860年诺罗敦的父亲死后,暹罗人拒绝让越南人参与诺罗敦的加冕,宣称单独统治柬埔寨。法国反对暹罗人占有该国,迫使诺罗敦接受法国的保护。1864年诺罗敦加冕为王,在其执政期间法国支配着柬埔寨的大小事务。

诺罗敦·西哈努克 Norodom Sihanouk Samdech Preah(1922～2012) 全名Preah Bat Norodom Sihanouk。柬埔寨国王(1941～1955;1993～2004),又相继获得许多头衔。1955年让位给其父,自己成为首相。1960年父死后,又出任国家元首。越南战争期间,在外交和国内政策上,在激进的右派和左派之间采取中立路线。1970年被L.朗诺推翻,他为红色高棉进行活动。但当红色高棉取得政权后却把他软禁起来,他家族中的大多数人都被杀。1979年面对越南的入侵才将他释放。西哈努克既谴责越南,也反对红色高棉。1982年成为几个抵抗集团勉强拼凑起来的联合政府的总统。1993年,柬埔寨在联合国监督下举行大选。柬埔寨国民议会表决恢复王国,西哈努克于1993年再度成为国王,2004年10月7日退位。他的儿子诺罗敦·西哈莫尼于10月29日继承王位。

诺曼 Norman, Greg(ory John)(1955～) 澳大利亚高尔夫球运动员。在1984年的美国公开赛惨败后,赢得了1986年的英国公开赛冠军,1993年蝉联冠军。明亮的金发和侵略性的风格,为他赢得"大白鲨"的绰号。到1998年,他已经拿下78场比赛的胜利。尽管在PGA巡回赛中他为最高收入者之一,但具最高声望巡回赛的胜利之神却很少眷顾他。

诺曼 Norman, Jessye(1945～) 美国女高音歌唱家。1968年获慕尼黑国际音乐比赛首奖。1969年在柏林首次演出,在《汤豪塞》中扮演伊丽莎白。1972年在米兰拉斯卡拉歌剧院登台,第2年分别在伦敦和纽约首次举行个人独唱音乐会。多年来一直受到极高的赞扬。1983年在大都会歌剧院首次出演《特洛伊人》,确立了可能是其时代人中最优秀的女高音地位。她给人留下深刻印象的舞台形象,其歌剧和音乐会曲目的演唱使人折服,在音乐才能方面达到世界高峰。

诺曼底 Normandy 法语作Normandie。法国西北部的历史和文化地区。首府为鲁昂。自从旧石器时代起凯尔特人就在此居住,公元前56年被罗马人征服,成为卢格杜南西斯省的一部分。8世纪北欧海盗不断入侵此地,法王查理三世(傻瓜查理)终于在911年将此地让于维金人首领罗洛。这些维金人后来被称作诺曼人,这一地区也就随之以诺曼底闻名。1066年诺曼征服后,此地和英格兰一起被置于诺曼底的威廉一世的统治之下。1450年成为法国一省,法国大革命后分成几个部分。诺曼底是1944年盟军在德

国占领下的法国的登陆地点。该地区恢复了它往日的乡村面貌，尽管在下塞纳河谷建有许多城镇。参阅诺曼底战役。

诺曼底战役　Normandy Campaign(1944-06-06)　同盟国军队在第二次世界大战中进攻欧洲北部时在法国诺曼底地区的登陆战役。又称霸王计划。世界战争史上最为庞大的两栖登陆作战，由5 000艘船只和10 000架飞机将156 000名美国、英国和加拿大士兵送过了英吉利海峡。这次战斗由美国将军D. D. 艾森豪威尔指挥，原定时间为6月5日，但25年未见的海峡恶劣气候迫使这一著名的登陆行动推迟至6月6日。先由空降部队破坏德国的交通通讯，随后盟国军队沿诺曼底海岸的5个滩头登陆。尽管遭到德国的顽强抵抗，在奥马哈海滩伤亡惨重，还是迅速地建立起了滩头堡。盟国的空中优势使德国人的迅速增援相形见绌，A. 希特勒手下将军们的意见不一也使其反攻未能成功。虽然在卡昂和瑟堡附近的激战拖延了战事，盟军仍在7月中旬以后迅速攻占了法国。

诺曼人　Normans　古代占据法兰西北部的北欧海盗及其后代。诺曼人最初是来自丹麦、挪威和冰岛的异教海盗，他们在8世纪掠夺了欧洲沿岸。约公元900年定居在塞纳河流域下游，逐渐向西发展。他们建立了诺曼底公国，由一系列自称诺曼底大公的首领统治。虽然他们改信基督教并且开始使用法语，却仍难改其维金祖先鲁莽从事和喜好征服的习惯。11世纪的诺曼征服中他们夺取了英格兰，并且将意大利南部和西西里掠为殖民地。

诺曼征服　Norman Conquest(1066)　诺曼底公爵威廉(后来的威廉一世)对英格兰的军事征服，主要通过黑斯廷斯战役战胜了哈罗德二世。1051年爱德华(忏悔者)指定威廉为其继承人，但1066年韦塞克斯伯爵哈罗德自立为英格兰国王，威廉集结了5 000名诺曼骑士发起进攻。在黑斯廷斯附近击败了哈罗德的军队后，继续向伦敦进军，1066年圣诞节，威廉在威斯敏斯特大教堂加冕为王。当地的反抗一直持续到1071年，著名的有诺森布里亚起义。诺曼征服给英格兰的社会和政治带来很大的变化，将这个国家与西欧联系得更紧密了，加强了封建主义，并用诺曼贵族取代了老的英格兰贵族。英语长时期受到盎格鲁-法语的影响，爱德华三世以前一直在文学和宫廷中使用盎格鲁-法语，在法律报告中则一直使用到17世纪。

诺姆　Nome　美国阿拉斯加州西部海港，位于苏厄德半岛南岸。1898年在附近的安维尔河发现沙金后，就在此地建立起矿工们的营地，称作安维尔城。1899～1903年间成为阿拉斯加采金热的中心。1900年人口约2万，到1920年时减少到852人。1962年关闭采金场前，采金业一直是当地的主要行业。它是艾迪塔罗德(小道狗拉雪橇赛)的终点，也是阿拉斯加西北部的供应中心。人口3 598(2010)。

诺森伯兰　Northumberland　英格兰东北部单一政区、历史郡。包括林迪斯凡岛(霍利岛)等几个岛屿，还有古盎格鲁-撒克逊人的诺森布里亚王国。景色多样，东部是沿海平原，西部为崎岖的切维厄特丘陵和荒原，南部泰恩河流域是工业区。为史前人类居住点，公元122年罗马人开始统治该地区，修建了哈德良长城。曾是英格兰与苏格兰之间边界纠纷的战场，直到1603年苏格兰与英格兰合并为止。适宜耕种的农田有限，工业主要生产重型机械。人口约307 186(2001)。

诺森伯兰公爵　Northumberland, Duke of(1502～1553)　原名John Dudley。英格兰政治家。1538年任英国占领的法国加莱的地方长官，1542年任海军大臣，1544年参加对苏格兰的入侵，同年占领了法国布洛涅城。1546年封沃里克伯爵。1547年成为摄政会议成员，该会议替年轻的爱德华六世主政。他暗中策划迫使萨默塞特公爵下台，由自己完全把持朝政(1550)。1551年自封为诺森伯兰公爵，下令逮捕萨默塞特公爵并在1552年将其处死。他严令按新教教规行事，支持宗教改革。1553年爱德华六世临终前，他要求将王位传给此时已成为他儿媳的格雷郡主，但玛丽·都铎(玛丽一世)的支持者们起而反对，最后他以叛逆罪被逮捕并处死。

诺森布里亚　Northumbria　盎格鲁-撒克逊时期英格兰王国。位于亨伯河与福斯湾之间，从爱尔兰海延伸至北海。7～8世纪时在宗教、艺术以及学术等方面都取得了一定成就，集中表现在林迪斯凡以及韦尔茅斯隐修院和贾罗隐修院等中心。贾罗是V. 比德的故乡，有藏书丰富的图书馆。7世纪时的扩张，使诺森布里亚成为当时势力最强大的盎格鲁-撒克逊人王国。但后来丹麦人入侵将其摧毁，866年约克被占领；944年来自斯堪的纳维亚的最后一任统治者被赶走，诺森布里亚成为英格兰王国的一个伯爵领地。

诺思克利夫子爵　Northcliffe (of Saint Peter), Viscount(1865～1922)　原名Alfred Charles William Harmsworth。英国报纸发行人。幼时贫穷，在作过几次暴富的尝试后，与兄弟H. S. 哈姆沃斯(1868～1940)一起创办了几份大众刊物，后在此基础上组建联合报业集团——当时世界上最大的期刊出版帝国。1896年出版《每日邮报》，这是英国第一份内容适合大众口味的报纸。1903年创办《每日镜报》，1908年买下《泰晤士报》，将它改变为现代报纸。在把出版业从传统的信息传递角色转变为同时为商业和大众娱乐服务的角色方面，他所做的努力影响深远，被认为是英国出版史上最成功的发行人。

诺思勋爵　North (of Kirtling), Frederick(1732～1792)　后称Earl of Guilford，人称Lord North。英国首相(1770～1782)。22岁当选国会议员，1759～1765年任财政委员会委员，1767～1770年任财政大臣。任首相后，在美国独立战争之前对美国殖民地的恩威并施政策给予不坚决的支持。尽管对战争只是半心半意地支持，但他还是乔治三世顺从的代理人。当听到C. 康华里在约克敦围城战役中被击败的消息后，诺思辞去首相之职。1783年他与以前的辉格党对手C. J. 福克斯组成短期的联合政府。

诺斯特拉达穆斯　Nostradamus(1503～1566)　原名Michel de Notredame。法国占星学家和医生，以其预言闻名。1529年起在法国南部从医，1546～1547年因创造性地治愈了瘟疫病人而名声大振。1547年开始说预言，1555年将这些预言出版成集，名为《诸世纪》，以有韵律的四行诗写成，将法文、拉丁文、西班牙文和希伯来文混杂在一起，形成隐义风格。卡特琳·德·梅迪契曾请他到其宫中占卜，1560年任查理九世的侍从医官。其预言仍被广泛阅读，读者发现他对诸如法国大革命和第一次世界大战这样的世界大事都作过明显的预言。

诺斯替教　Gnosticism　公元2～3世纪盛行于罗马世界的宗教与哲学运动。诺斯替教一词基于希腊文gnosis(知识)一词，到17世纪才造出，当时自由应用于古代基督教异端派别，特别是被正统教徒描述为激进二元论和否认世界存在的派别，他们从神秘启示和神秘灵性中寻求救赎。19世纪晚期和20世纪早期的研究以几种归类取代了诺斯替教的观点。较少为人知的古基督教变异出现于《多马福音》和《马利亚福音》(把抹大拉的马利亚描绘成主要的使徒)。他们强调救赎的关键是耶稣的教化，而不是他的死亡和复活。瓦伦廷诺斯替教是另一个团体。其他原先被视为诺斯替教的文献如今被指为属于独特的宗教传统，尤其是赫耳墨斯派(参阅赫耳墨斯秘义书)、曼达派和摩尼教。塞特教的文献一直是属于诺斯替教的最佳证明，其中描述一位至高无上的善良上帝和创世记，由次要的天神(苏菲亚)从当时自称上帝的傲慢怪物手上创造出世界。这个怪物收回人类的永生和道德知识，但苏菲亚在人身中植入圣灵以拯救他们。男性及女性救世主(包括耶稣)从天国被派来教导人类关于真神的知识和人类自身的神性。

诺瓦利斯　Novalis(1772～1801)　真名Friedrich Leopold, Freiherr (baron) von Hardenberg。德意志浪漫派诗人和理论家。出身

诺瓦利斯，版画；E. 艾兴斯制于1845年
By courtesy of the Staatliche Museen zu Berlin, Germany; photograph, Walter Steinkopf

于贵族家庭，采用其家庭曾用过的一个名字作为笔名。曾于耶拿大学研习法律，1799年成为盐场督察。诺瓦利斯在词藻优美的《夜颂》(1800)中，对其年轻的未婚妻之死表达了无限的哀思。诺瓦利斯在最后数年中表现出惊人的创作力，其中在唯心主义的基础上描画了一个哲学体系的初稿，有优美无比的诗作。其为人普遍传颂的神话传奇故事《亨利希·封·奥弗特丁根》(1802)，描写了一位年轻诗人的神秘而浪漫的追寻。

诺伊曼 Neumann, (Johann) Balthasar (1687～1753) 德国建筑师。1711年移居维尔茨堡。1719年开始设计亲王-主教新的府邸，尤以它宏大的台阶著称。他最后负责了维尔茨堡和班贝格的所有主要建筑计划，包括宫殿、公共建筑、桥梁、水系以及许多教堂。他是洛可可艺术风格的大师，最好的作品是菲尔采黑利根的朝圣教堂(1743～1753)，他善于利用穹顶和拱顶，创造出一系列圆形和椭圆形的空间，巨大的窗户透入的光线，呈现出一种奇妙缥缈的景象。由于奢侈地使用了石膏、涂金、雕像以及壁画等装饰，进一步加强了这些元素之间生动明快的相互作用。

诺伊斯 Noyce, Robert (Norton) (1927～1990) 美国工程师。获麻省理工学院博士学位。1957年诺伊斯成立费尔柴尔德半导体公司，这家公司在后来被称为硅谷中的第一家电子企业。1959年他与J. 基尔比同时独自发明了集成电路芯片。1968年与他的同事G. 穆尔一起创立英特尔公司。1988年诺伊斯出任半导体科技公司的总裁，这家公司是由民间企业与美国政府一起创立并资助的研究性联合企业，目的是使美国的半导体工业在半导体制造技术方面保持领先地位。

诺伊特拉 Neutra, Richard (Joseph) (1892～1970) 奥地利出生的美国建筑师。曾在维也纳和苏黎世受教育，1923年移居美国。他开始采用的是白色立体派形式，后来逐渐转向轻的钢木骨架结构，与其周围葱绿茂盛的景色协调。洛杉矶的洛弗尔住宅(1927～1929)具有国际风格的大块玻璃以及钢索悬吊式阳台，为他赢得声望。其他一些有价值的作品包括帕姆斯普林斯的考夫曼沙漠别墅(1946～1947)以及圣巴巴拉的特里梅因住宅(1947～1948)。他特别强调住宅应该反映房主的生活方式。其后的作品包括办公楼、教堂、住宅和文化中心等。他还写有许多著作，其中包括《通过设计而生存》(1954)。

O

欧比松地毯　Aubusson carpet　法国中部的欧比松村生产的铺地用品。欧比松自16世纪起就是生产地毯和家具毛毯的生产中心，1665年被授予“皇家工厂”的美名。1743年建立地毯工厂，为贵族生产大量地毯，不久又引进平织壁毯技术生产花饰和东方图案的地毯。19～20世纪欧比松成为平织法国地毯的代名词。

欧茨　Oates, Joyce Carol（1938～　）美国作家。生于纽约州洛克波特。曾在温莎大学（1967～1978）和普林斯顿大学（1978年起）任教。其短篇小说集《北门边》出版于1963年，长篇小说《打着寒颤摔下来》出版于1964年。她创作颇丰，笔下的人物历经坎坷，由于非他们所能左右的巨大势力的作用，最后往往以流血和自我毁灭告终。主要作品有《他们》（1969）、《随你怎样打发我》（1973）、《狐火》（1993）和《野兽》（2002）等。她模仿哥特派的一系列作品，如《美丽的鸢尾花》（1980）、《血泽奇事》（1982）和《温特图恩疑案》（1984）等，也很知名。

欧登塞　Odense　丹麦菲英州城市。位于菲英岛中北部。约公元1000年首见记载，在基督教以前的时代是用来祀奉古斯堪的纳维亚神话中战神奥丁的。10世纪后成为主教驻地。中世纪时为向克努特圣地朝圣中心。1247年遭火灾，但许多中世纪建筑尚在。建成港口和码头并开凿欧登塞运河（1804）后得以兴盛。为丹麦第三大城市，是造船和制造业中心。H. C. **安徒生**诞生于此，他的住宅现在成为博物馆。人口约183 912（2000）。

欧甘草　licorice　豆科多年生草本植物（参阅**荚果**），学名*Glycyrrhiza glabra*。根可用于制调味品、糖果以及药剂。原产于南欧，目前在地中海地区和美国部分地区有栽培。植株可高达1米。复叶，花蓝色，成簇腋生。荚果扁平，长7～10厘米。比食糖甜大约42倍，味似**茴芹**，可减轻药物的苦味。

欧根（萨伏依的）　Eugene of Savoy（1663～1736）　原名François-Eugène, prince de Savoie-Carignan。法裔奥地利将军。生于巴黎，为萨伏依-卡里南王室苏瓦松伯爵与J. 马萨林的侄女奥兰普·曼奇尼之子。路易十四曾严格抑制他的野心，建议他离开法国为利奥波德一世工作。他后来为约瑟夫一世和查理四世服务。他的军事天才使他29岁便成为帝国陆军元帅。奥土战争期间，在中欧和巴尔干三度击溃土军，**大同盟战争**（1689～1697）和**西班牙王位继承战争**（1701～1714）时期，两度与法军交战。在朋友马博罗公爵的协助下，在布伦海姆战役（1704）赢得重要胜利，并将法国逐出意大利。1718年他大胜土耳其，拿下贝尔格莱德。之后他担任奥属尼德兰总督（1714～1724）。他是出色的战略家，也是个有雄才大略的领袖，被认为是当代最伟大的军人之一。

欧·亨利　Henry, O.（1862～1910）　原名William Sydney Porter（威廉·西德尼·波特）。美国短篇小说作家。生于北卡罗来纳州格林斯伯勒。他曾为报社撰稿，后来在得克萨斯州当银行出纳员，后因挪用公款被判入狱，在狱中以“欧·亨利”为笔名开始写文章。出狱后迁居纽约，在他的故事里常以浪漫笔调描写这块普通的地方，尤其是一般纽约人的生活，通常安排了巧合的情节和令人意想不到的结局，非常受读者欢迎。他的短篇小说集包括《白菜与国王》（1904）；《四百万》（1906），内含《麦琪的礼物》；《华灯》（1907），内含《最后一片叶子》；《生活的陀螺》（1910），内含《红酋长的赎金》。

欧几里得　Euclid（活动时期约公元前300年）　古希腊数学家，著有《几何原本》，对几何学影响深远。托勒密一世在位时，欧几里得在亚历山大教学并创办学校。生平不详，但有许多逸事流传，其中最著名的是，当托勒密问他是否有比他的《几何原本》更容易了解几何的捷径时，欧几里得答道：“没有捷径可以通往几何。”《几何原本》是以早期数学家的作品为基础，融合了前人的工作并发明了新的证明方法。该书对理性的思考产生重大影响，成为许多哲学议题的模板；为逻辑思考和科学的求证方法订下准则。《几何原本》不仅是欧几里得几何的开端，也是理性思考途径的起点，有时它被认为是仅次于《圣经》的翻译、出版和研究最为广泛的作品。

欧几里得几何　Euclidean geometry　以**欧几里得**的公理为基础，对点、线、角、面和立体的研究。其重要性不在结果，而在欧几里得用来发展及呈现的系统性方法。这种公理方法是2 000多年来许多理性思想体系（甚至体系外之数学）的模范。欧几里得从10个公理和公设中演绎出465个公理或命题，涉及了平面与立体几何图形各方面。这项研究工作曾长期进行，以精确地描述实体世界，并为了解几何提供了充足的基础。19世纪时，一些欧几里得公设受到摈弃，因而产生了两个**非欧几里得几何**，并证实同样有效而连贯。

欧加登　Ogaden　埃塞俄比亚东部地区。位于伸入到索马里的三角楔形地段，是一片干旱、贫瘠的平原。只有极少的操索马里语的游牧民。19世纪末，被埃塞俄比亚皇帝门尼里克二世占领，1935年意大利入侵，成为意属东非的一部分。1941年被解放。1948年之前，一直由英国管辖。1977年索马里侵占了欧加登。1978年在古巴和苏联的援助下，该地区被埃塞俄比亚夺回。

欧克赫姆　Ockeghem, Johannes（约1415～1497）　又作Jean d'Ockeghem。佛兰德斯作曲家和歌唱家。1443年在安特卫普大教堂任歌手，并在低地国家和法国任职。他可能和G. 班舒瓦（约1400～1460）及G. 迪费有往来，而A. 比斯努瓦（约1430～1492）可能是他的学生。他虽然受到普遍欢迎，但在50多年的作曲事业中作品不多，只有14首弥撒曲、10首经文歌和约20首歌曲。他丰富多彩、不同凡响的作品常反映了复杂结构原则。

欧拉　Euler, Leonhard（1707～1783）　德国数学家。1733年接替D. 伯努利（参阅**伯努利家族**）任职圣彼得堡科学院。这期间，他发展了三角函数、对数函数和高等数学的理论。应腓特烈大帝的邀请，成为柏林科学院院士，在那里的22年中（1744～1766），发展了数学分析中函数的概念，还发现了负数的虚对数。终其一生他的兴趣都在数论上。除了启发运用算术的术语于编写数学和物理学著作外，欧拉引介了许多后来成为标准的符号，包括Σ（求和）、h（n的除数之和）、e（自然对数的底）；a、b、c代表三角的三边和A、B、C代表对角；以及f（函数）、i（虚数）和π（圆周率）等常用的符号。他的许多著作都是在1766年失明后完成的。他被誉为最伟大的数学家之一。

欧拉公式　Euler's formula　L. **欧拉**的两个重要数学定理的任何一个。第一个定理是任何一个多边形的面、顶角和边的数目的拓扑关系不变式（参阅**拓扑学**）。该定理的书写形式是$f+V=E+2$，其中f是多面体的面数，V是其顶角数，E是边数。例如，一个立方体有6个面，8个顶角和12条边，它们就满足这个公式。第二个公式用在**三角学**中，表述为$e^{ix}=\cos x+i\sin x$，其中e是**自然对数**的底，i是-1的平方根。当x等于π或2π时，这个公式就产生出两个简洁的表达式，将π、e和i联系在一起，即$e^{i\pi}=-1$和$e^{2i\pi}=1$。

欧里庇得斯　Euripides（公元前484～前406）　希腊剧作家。与**埃斯库罗斯**和**索福克勒斯**同称为希腊三大悲剧作家。他与安那克萨哥拉有交往。他对希腊宗教保持疑问的态度在某些剧本中有所反映。公元前455年起屡次被选中参加狄奥尼索斯戏剧节的比赛，前441年赢得第一次胜利。他共参加了22次比赛（每次写4部剧本）。他共著有92部剧本，流传至今的有19部，包括《美狄亚》（公元前431）、《希波吕托斯》（前428）、《厄勒克特拉》（前418）、《特洛伊妇女》（前415）、《伊翁》（前413）、《伊菲格涅亚在奥利斯》（前406）和《酒神的伴侣》（前406）。他的许多剧本都有序幕并使用解围之神（即在戏结束时一位神仙的幸运出现）。在制造人物的悲剧命运方面，他不同于埃斯库罗斯和索福克勒斯，他几乎完全基于人物本身的天性缺陷和难以控制的激情。机遇、混乱、人类的非理性和伤风败俗的行为常常导致显然是毫无意义的受难，连诸神对这种受难也漠然视之。

欧伦施莱厄　Oehlenschläger, Adam Gottlob（1779～1850）　丹麦民族诗人、剧作家，丹麦浪漫主义运动的领袖。著名诗作为《黄金号角》（1802）。他的重要诗集和一些抒情剧分别于 1802 和 1805 年出版。他的剧作以挪威历史和神话为题材，有《远在里格的哈孔伯爵》(1807)。他晚期最重要的作品是史诗《北方诸神》(1819)，这是一种现代的《埃达》。

欧罗巴 Europa 希腊神话中福尼克斯或腓尼基国王阿革诺耳的女儿。她的美貌引起宙斯的爱慕，于是宙斯变作一头白牛，把她从腓尼基劫到克里特。在那里，她为宙斯生了3个儿子，后来她同克里特国王结婚，国王则收养了她的儿子们。3个儿子长大后分别成为克里特国王弥诺斯、基克拉泽斯的国王拉达曼图斯和吕西亚王萨耳珀冬。在克里特她以赫洛提斯的名字受到崇拜。欧洲大陆以她的名字命名。

欧玛尔·海亚姆 Omar Khayyam(1048～1131) 波斯诗人、数学家和天文学家。曾受到良好的科学与哲学教育。当时在波斯以其科学成就知名，其诗作只有少量得以保存下来。在菲茨杰拉德所译的《欧玛尔·海亚姆的四行诗集》于 1859 年出版前，欧玛尔的诗作不大引人注意。其中许多四行诗，人们怀疑是否出于欧玛尔之手。大多数学者认为其中约 50 首确是他的作品，而对其他 200 多首则存有争论。

欧姆 Ohm, Georg Simon(1789～1854) 德国物理学家。曾任科隆耶稣会学院数学教授(1817～1827)。发现流过导体的电流与电势差(电压)成正比，与电阻成反比。他的

欧姆，平版画
Historia-Photo

理论受到冷遇，因而辞职，但很快受到广泛的肯定，后又任教于纽伦堡(1833～1849)和慕尼黑(1849～1854)。测量电阻的物理单位即以其姓氏命名。

欧佩克 OPEC 参阅石油输出国组织。

欧芹 parsley 伞形科耐寒的二年生植物，学名 *Petroselinum crispum*，原产地中海沿岸。其复叶使用于烹调中。伞形科，有时亦称 parsley family，包括300～400属的植物，生境多样，主要产于北温带。多数种类为有羽状叶的芳香草本植物。其花聚生成显眼的伞状花序(顶端平坦的花簇)。许多种类具有毒性，包括毒参。本科受欢迎的种类有胡萝卜、芹菜、欧洲防风和茴香。作为药草和香料的种类包括茴芹、莳萝、芫荽、葛缕子和欧莳萝。

欧仁妮 Eugénie(1826～1920) 原名 Eugénia María de Montijo de Guzmán。拿破仑三世之妻，法国皇后(1853～1870)。出身西班牙贵族，1853 年与拿破仑三世结婚，对其夫的对外政策有着重要的影响力。她是虔诚的天主教徒，支持教皇极权。在关于西班牙空缺王位继承问题的争执中，她支持法国候选人，反对普鲁士的候选人，因而加速了普法战争的发生。色当一役法国被击败后，她同家人一起流亡英格兰。

欧莳萝 cumin 亦译枯茗或孜然芹。伞形科一年生纤弱小型的草本植物，学名 *Cuminum cyminum*。原产于地中海地区，也在印度、中国和墨西哥栽培。叶细裂，花白色或玫瑰色。果实俗称欧莳萝籽，干燥后是许多混合香料、印度酸辣酱、五香辣椒粉及咖喱粉的主要成分，在亚洲、北非和拉丁美洲菜肴中特别受欢迎。种子含精油，用于香料、医药和利口酒调味。

欧文 Irving, Washington(1783～1859) 美国作家。有"美国文坛第一人"之称。出生于纽约市。起初当过律师，但不久即成为一个出版期刊《杂拌》(1807～1808)的领导

W. 欧文，油画；J. W. 贾维斯绘于 1809 年
Courtesy of Historic Hudson Valley

者，这本期刊的内容都是一些离奇古怪的诗歌和小品文。他的诙谐的《纽约外史》(1809)出版后，基本上不再写作，直到他的力作《见闻札记》(1819～1820)问世，该作品收入了他的几个著名故事，如《睡谷的传说》和《李伯大梦》。接着他又写了《见闻札记》续集《布雷斯布里奇田庄》(1822)。曾在马德里担任外交职务，在当地写的作品，包括《阿尔罕伯拉》(1832)都反映出他对西班牙的历史有兴趣。晚年大部分时光在他的哈得孙河寓所"向阳居"度过。

欧文 Owen, Robert(1771～1858) 威尔士制造商和慈善家。他在拉纳克郡和 J. 边沁共有的新拉纳克纱厂，建立社会及工业福利项目，包括改善住房条件及开办幼儿学校。1813 年出版了《新社会观》，认为人的性格是由环境造成的。到 1817 年逐步形成社会主义和合作运动的思想，并在一生中以大部分时间宣传。他在英国和美国赞助许多实验乌托邦社区，但都未能长久。他强力支持早期劳工同盟，但是遭到反对和镇压，迅即解散，比后来社会主义思想再次主导工联主义早半个世纪。他是 R. D. 欧文的父亲。

欧文 Owen, Wilfred(1893～1918) 英国诗人。1915 年入伍以前就已经写诗，战壕中的战斗经历使他迅速成熟。1917 年 1 月以后所写的诗充满了对战争的残酷和浪费的愤怒，以及对战争牺牲者的怜悯。停战前一星期阵亡，年仅 25 岁。唯一的《诗集》于死后出版，为押元音韵的诗歌。B. 布里顿以欧文的诗歌谱了《战争安魂曲》(1962)。

欧文斯 Owens, Jesse(1913～1980) 原名 James Cleveland 。美国田径运动员。在俄亥俄州克利夫兰上中学时，就是体育健将。1935年代表俄亥俄州立大学参加田径联赛，

欧文斯，摄于 1936 年
AP/Wide World Photos

一天内就打破和平 4 项世界径赛纪录。保持跳远世界纪录 25 年。1936 年柏林奥运会上，平 100 米赛跑奥运会纪录，又分别打破 200 米赛跑、跳远和 400 米接力赛世界纪录，共获 4 枚金牌。A. 希特勒原打算利用那次奥运会宣传雅利安族优秀论，黑人欧文斯的胜利对希特勒的这种企图无疑是一个沉重打击。欧文斯曾一度保持或与别人一起拥有国际业余田径联合会所承认的所有短跑世界纪录。

欧元 euro 欧洲联盟 16 国的单一货币，包括德国马克、法国法郎和意大利里拉。在欧盟以外的几个地区欧元也是官方货币。从 1999 年 1 月开始统一采用欧元，以强化欧洲的经济力量，扩展国际贸易、简化货币交换和全欧洲的价格平等。欧元纸币和硬币在 2002 年 1 月发行，3 月成为所有加入国家的唯一国家货币。英国和瑞典决定不马上加入，而丹麦选民反对使用欧元。

欧云 Laayoune 又称 El Aaiún(阿尤恩)。非洲西北部西撒哈拉城市。1940～1976 年为原西属撒哈拉的首府。1976 年后为国际上未获承认的摩洛哥欧云省省会。位于西撒哈拉的北部，距大西洋岸 13 千米。1938 年由西班牙人建为西属撒哈拉的行政、军事和欧洲人居住中心，是西属撒哈拉最大的城市中心，也是摩洛哥人基础设施投资的主要城市，包括建设住宅和大型海水淡化水厂。人口183 691(2004)。

欧扎克山 Ozark Mountains 又称 Ozark Plateau(欧扎克高原)。美国中南部林木茂密

的高原地区。由圣路易斯向西南延伸，直到阿肯色河。面积约130 000平方千米，地跨密苏里、阿肯色、伊利诺伊和堪萨斯州。有许多600米以上的高峰。旅游业为当地主要行业之一。欧扎克湖提供电力和娱乐设施。该名称可能源于17世纪法国在该地区的贸易点Aux Arc(欧扎克)。

欧洲 Europe 地球上第二个小的大陆。周边有北冰洋、大西洋、地中海、黑海和里海。欧洲大陆普遍接受的东部边界沿乌拉尔山脉和哈萨克斯坦的恩巴河伸展。地域包括众多岛屿、群岛和半岛。海湾、峡湾和内海构成锯齿状，大陆欧洲不规则的海岸线全长大约38 000千米。面积(包括欧洲部分的俄罗斯)：大约10 400 000平方千米。人口：约700 000 000(2007)。欧洲大部分地方海拔低，起伏不明显；大约3/5的陆地在海拔180米以下，另有1/3在海拔180～900米之间。几个最高点位于横跨大陆南部的一系列山系，包括比利牛斯山脉、阿尔卑斯山脉、亚平宁山脉、喀尔巴阡山脉和巴尔干山脉。欧洲大陆水量充沛，有许多条河，但缺少大湖。冰川覆盖的面积相当大，绝大部分位于欧洲大陆北部。可耕地大约是欧洲面积的1/3，大部分用于种植谷物，主要为小麦和大麦。约1/3的土地被森林覆盖。欧洲在世界几个主要地区中率先发展基于商业化农业和工业的现代化经济，现在依然是世界上的几个主要工业地区之一。人均年收入属世界最高之列。欧洲人口约占世界总人口的1/10。这个大陆的绝大多数本地语不是属于**罗曼诸语言**、**日耳曼诸语言**，就是属于**斯拉夫诸语言**。欧洲人口大部分信奉基督教。现代人大约在4万年以前取代了散居欧洲各地的尼安德特人，到公元前2千纪初，许多笼统的人口群已经有了各自的居住地，他们后来演变成欧洲历史上的各个民族和国家。希腊文明是欧洲最早出现的文明，希腊人在古典时期是传播先进的中东文化的渠道，这一特点再加上希腊人自身独特的贡献为欧洲文明奠定了基础。到公元前2世纪中叶，希腊人被罗马统治，广袤的罗马帝国把希腊人创始的文明带到了被它征服的欧洲其他地方。基督教就是透过罗马人渗入到欧洲的。西罗马帝国最终于公元5世纪倒塌，导致古典文明全面崩溃。在后来的中世纪，欧洲思想作为一个不同的文化单元出现了。随后的**文艺复兴**时期(15～16世纪)开创了现代欧洲在科技、探险和发现等领域的传统。16世纪的基督教改革运动结束了罗马天主教会对西欧和北欧的统治，而17和18世纪的**启蒙运动**则强调理性至上。18世纪末，启蒙运动的理想帮助推动了**法国大革命**，致使欧洲最强大君主政体被推翻，开启了迈向民主与平等的运动。18世纪末还标志着工业革命的开始，使得欧洲在下一个世纪有能力在军事和政治上控制着世界很多地方。20世纪初，欧洲列强因第一次世界大战而发生分裂，致使欧洲的君主政体迅速解体，在中欧和东欧成立了一批新的国家。第二次世界大战标志着西欧国家中世界强国的衰落，随后共产主义在东欧兴起，苏联及其卫星国与欧洲其他国家明显分裂。20世纪末苏联解体，致使欧洲的共产主义政权灭亡。苏联卫星国纷纷独立，大多数开始实行民主政治。东德和西德重新统一。然而，南斯拉夫及其几个后继国经历了种族冲突。参阅**欧洲联盟**。

欧洲防风 parsnip 伞形科植物，学名*Pastinaca sativa*。由于其粗大、锥状、可食用的白根而被栽培，其根味甜而独特，通常烹调作为菜肴。夏末，其根的主要成分是淀粉，经受一

欧洲防风(Pastinaca sativa)
G. R. Roberts

段时间的低温后，许多淀粉转化为糖。其根耐寒，能忍受土壤的冻结。原产于英格兰、欧洲和亚洲温带地区，如今已适应北美广大地区生长环境。

欧洲防务集团 European Defense Community(EDC) 又译欧洲防卫共同体。西欧国家试图在美国支持下建立超国家的欧洲军队，包括西德军队，以抗衡苏联在欧洲占压倒优势的常规军事力量。虽然条约于1952年签订，但1954年法国议会拒不批准这一条约，计划终告结束。法国这一行动的后果是，1955年决定重新武装德国和准许其加入**北约**。1955年欧洲防务集团由**西欧联盟**所代替。

欧洲共产主义 Eurocommunism 20世纪70年代和80年代期间在欧洲共产党中间出现的独立于苏联共产党教义的倾向。欧洲共产主义一词始创于70年代中期，流行于西班牙共产党领袖卡里略所著《欧洲共产主义与国家》(1977)出版后。欧洲共产主义运动拒绝一切共产党从属于统一的世界共产主义运动这一流行一时的苏联教义，主张各国共产党应将自己的政策建立在本国的传统和需要的基础之上。随着**M.戈尔巴乔夫**的鼓动，到80年代末期，所有共产党都采取独立路线。苏联瓦解后，大部分的欧洲共产党趋于衰落。

欧洲共同体 European Community(EC) 1967年将欧洲经济共同体、**欧洲原子能共同体**和欧洲煤钢共同体合并形成的组织。合并后设有单一的"欧洲共同体委员会"和单一的"部长理事会"。其他行政、立法和司法机构也都集合于欧洲共同体的名义之下。1993年欧洲共同体成为建立欧洲联盟的基础。与此同时，欧洲经济共同体改名为欧洲共同体。

欧洲航空防御暨航天公司 European Aeronautic Defence and Space Co. (EADS) 欧洲的航空航天公司，居世界最大之列。2000年由法国的马特拉航空航天公司、德国的戴姆勒-克莱斯勒航空航天公司(Dasa)、西班牙的航天建设公司(CASA)合并而成。它掌控了**空中客车工业公司**企业集团80%的股份，并负责最后组装空中客车工业公司的飞机。它拥有三国企业阿斯特里姆公司(2000年建立)的控制股权，该企业在法国、德国、英国的设施涵盖了广泛的航天业务，从地面系统和发射载具到人造卫星和轨道基础设施无所不包。它的子公司欧洲直升机公司生产军用及民用直升机。它拥有的股份公司还有：阿丽亚娜航天公司，营销阿丽亚娜发射载具的商业服务；欧洲战斗机联合企业开发多功能战斗机；法国航空航天公司(达索公司)。

欧洲航天局 European Space Agency (ESA) 法语作Agence Spatiale Européenne。西欧的航天和航天技术研究组织，总部设在巴黎。1975年创建，由1964年成立的欧洲发射装置开发组织(ELDO)和欧洲航天研究组织(ESRO)合并而成立。成员国有：奥地利、比利时、捷克、丹麦、芬兰、法国、德国、希腊、爱尔兰、意大利、卢森堡、荷兰、挪威、波兰、葡萄牙、罗马尼亚、西班牙、瑞典、瑞士和英国。爱沙尼亚、匈牙利和斯洛文尼亚签署了合作协议，为成为最终的正式成员作准备。加拿大签署了一项专门合作协议参与一些计划。欧洲航天局发展阿丽亚娜系列运载火箭，并支持在法属圭亚那的发射装置。欧洲航天局发射了一个气象卫星系统，以及"乔托"空间探测器，对哈雷彗星彗核进行考察，另外还有测量100 000多颗星星的视差、位置和自行的"伊巴谷"卫星。这也是国际空间站建构的一部分。

欧洲鳇 beluga 又作hausen(欧鳇)。一种大型**鲟鱼**(*Huso huso*或*Acipenser huso*)，栖息于里海、黑海及亚速海。身长可达7.5米，重约1 300千克，但其肉及**鱼子酱**的价值低于较小型的品种。

欧洲苣荬 endive 菊科一年生多叶植物，学名*Cichorium endivia*。据信起源于埃及或印度尼西亚，欧洲自16世纪就有栽培。品种很多，分为卷叶(或狭叶)品种群和巴塔维亚(或宽叶)品种群。前者多用作凉拌色拉，后者烹调食用。

欧洲联盟 European Union(EU) 欧洲国家的组织，1933年成立，旨在监督欧洲国家的经济和政治一体化进程。欧盟是《马斯特里赫特条约》的产物，并得到了欧洲共同体全体成员的批准。这个成功的欧洲共同体在过去使得其成员更愿意接受更广泛的一体化，并为成员国在安全和外交政策方面的统一行动以及治安与司法问题提供了一个框架协议。为达到它建立一个共同货币体系的主

要目的，欧洲共同体于2002年用欧元取代了15个欧盟成员国当中12个国家的货币。最初欧盟仅限于西欧，21世纪初不断扩大，接纳了中欧和东欧的几个国家。欧盟的主要机构为欧洲共同体、部长理事会（部长们论坛）、欧洲委员会（执行机构）、欧洲议会、欧洲法院以及欧洲中央银行。2012年，欧洲联盟获诺贝尔和平奖。

欧洲委员会 Europe, Council of 40多个欧洲国家组成的组织。宗旨是促进欧洲联合、保护人权、促进社会和经济进步。1949年由10个西欧国家创立，签订了人权方面的国际协议，建立了一些专门机构和社会、法律、文化方面的专家委员会。总部设在法国的斯特拉斯堡。

欧洲一致 Concert of Europe 在拿破仑之后的时代，欧洲君主国之间关于赞同维持领土和政治现状的协商一致但未明确阐明的共识。大国使用这一术语使之承担责任并有权对面临国内叛乱威胁的国家进行干涉。大国曾在艾克斯拉沙佩勒会议、特罗保会议、莱巴赫会议及维罗纳会议上讨论过这种干涉。

欧洲原子能共同体 European Atomic Energy Community（EURATOM） 国际组织，建于1958年，目的在于组成共同市场，以发展原子能和平利用。最早成员国只有6国，现包括欧洲联盟所有的成员国。组建欧洲原子能共同体的主要动机是，促进建立欧洲范围的而不是一国的核能工业。此外还有协调各国的原子能研究工作，鼓励建立核发电设施，制定安全规章，以及筹组一共同市场进行核装备及物资的贸易等。1967年其管理机构并入欧洲共同体。

欧洲自由贸易联盟 European Free Trade Association（EFTA） 冰岛、列支敦士登、挪威和瑞士4国组成的集团，该组织的目的是消除各国间工业品贸易壁垒，但各国仍保持其各自对集团以外国家的商业政策。1960年由奥地利、丹麦、挪威、葡萄牙、瑞典、瑞士和英国组成，作为欧洲经济共同体以外的另一选择。其中一些国家后来退出欧洲自由贸易联盟，加入欧洲经济共同体。

呕吐 vomiting 胃内容物被迫经口吐出的一种症状，通常在恶心之后。呕吐的病因包括患病、晕动病、药物反应、内耳疾病、头颅损伤等。有时呕吐无恶心（如极度劳累）。据信，呕吐受控于两个位于延髓的神经中枢，它能启动和控制一系列消化道平滑肌的收缩动作，收缩首先自小肠开始，沿胃、食管向上方蠕动。它还可以直接感受来自机体各部位的张力性或疾病性刺激。化学感受器启动区则感受来自各种毒素和药物刺激，并把它们排出。严重呕吐可导致机体脱水、营养不良或食管破裂。吐血可能是溃疡或上消化道疾病出血的征候。参阅善饥。

偶然音乐 aleatory music （源自拉丁语，alea意为“掷骰子游戏”。）一种20世纪50和60年代的音乐，其创作与演奏完全出于各种偶然因素的融合。偶然音乐的一首乐曲中各节的顺序、节奏，乃至音调，都在表演的瞬间确定。如果不是纯粹即兴表演，则遵循只表明音调的一些随心所欲的规划或演奏的图解乐谱。C. 艾肯斯、H. 考维尔都曾用过这种技巧，但J. 凯奇是这种音乐的重要人物，其他偶然音乐的作曲家还有E. 布朗（1926年生）、M. 费尔德曼（1926～1987）和P. 布莱兹。

P

Pascal 语言　Pascal　计算机程序语言，为纪念B. 帕斯卡而命名，部分以ALGOL语言为基础。20世纪60年代晚期由苏黎世联邦理工学院的N. 沃思开发出来，作为程序设计教学系统的教育工具，具有快速可靠的编译器。1974年开放给大众，在之后的15年被许多大学采用。Pascal语言对后来发展的程序语言影响至深，如Ada语言。复杂的数据结构与算法可以用Pascal语言简洁地描述，其程序容易阅读和排除错误。

p-n 结　p-n junction　在晶体管和相关的器件中，分别叫作p型和n型半导体的两种不同材料之间的电接触。这些材料是在纯半导体材料（如硅）添加杂质而成的。p型材料中包含“空穴”（原来被电子占有的空位），其行为像带正电的粒子，而n型材料中则包含自由电子。电流从一个方向通过p-n结比从另一个方向要容易。如果把电池的正极连接到结的p型一侧，负极连接到n型一侧，那么电流就会通过p-n结。如果反过来连接电池的两个极，那就只有很少的电流可以通过。p-n结是计算机芯片、太阳能电池以及其他电子器件的基础。

爬行类　reptile　爬行纲约8 700种呼吸空气脊椎动物的统称。体内受精，体外被鳞片，为冷血动物。多数种类腿短或无腿，尾长，产卵。现存的爬行类包括有鳞爬行类（有鳞目，蛇和蜥蜴）、鳄（鳄目）、龟（龟鳖目）和独特的楔齿蜥（喙头目）。由于为冷血动物，爬行类并不分布于极冷的地区，在寒冷地区则会冬眠。其体型有小至3厘米长的壁虎，到大至9米长的蟒。龟鳖类中体型最大的是棱皮龟，体重约680千克。已绝灭的爬虫类包括恐龙、翼龙和类似海豚的鱼龙类。

帕埃斯图姆　Paestum　意大利南部古城，位于萨莱诺湾（即古代帕埃斯图姆湾）。约公元前6世纪由希腊锡巴里斯的移民所建，并命名为波塞多尼亚。公元前4世纪一支意大利土著民族卢卡尼亚人占领该城，并一直统治到公元前273年，当时罗马人入侵，占领该城。公元871年穆斯林大肆劫掠该城后，帕埃斯图姆终被废弃，18世纪发现该城废墟。该地以3座多里斯式神庙和由石灰华石块建造的城墙而闻名。

帕埃斯图姆的雅典娜神庙

Alinari-Art Resource

帕布斯特　Pabst, G(eorg)　W(ilhelm)（1885～1967）　奥地利电影导演。父亲是一名铁路公务人员。从20岁起他就开始当演员，在欧洲各地巡回演出，1912年开始导演舞台剧，直到1912年。之后他在柏林导演电影。第一部电影作品为《宝藏》（1923），接续拍摄的作品包括《死气沉沉的街道》（1925）、《心灵的秘密》（1926）、《珍妮的爱情》（1927）。他的两部代表作，《潘多拉的盒子》（1929）和《流浪女日记》（1929），均由L. 布鲁克斯领衔主演。后来的影片有《同志爱》（1931）和《廉价歌剧》（1931）。1933年移居法国，第二次世界大战之后回到奥地利。

帕岱莱夫斯基　Paderewski, Ignacy Jan（1860～1941）　波兰钢琴家、作曲家及政治家。1878～1883年在华沙音乐学院教授钢琴，其大多数代表作都是在这个期间创作的（包括著名的《G调小步舞曲》）。1884年起到维也纳师从T. 列希蒂兹基。1891年在美国卡内基音雷厅举办首次音乐会，之后又在北美举办了117场巡回音乐会。在此期间，他的钢琴演奏技巧和浪漫主义表现手法广受欢迎。第一次世界大战期间他致力于波兰的独立运动，并在1919年一度出任新波兰的首任总理，曾代表波兰参加巴黎和会。

帕多瓦　Padua　意大利语作Padova。拉丁语作Patavium。意大利北部城市。据说是由特洛伊英雄安特诺尔所建。公元前302年首见记载，为罗马的一个繁荣城市，7～8世纪由伦巴第人统治，11～13世纪时是意大利的一个主要市镇。1405～1797年归属威尼斯。1815～1866年在奥地利统治期间，复兴运动十分活跃。第二次世界大战期间遭到严重轰炸，后来重建。该市的历史建筑物是很多艺术家的作品，其中包括乔托、提香、多那太罗和A. 曼特尼亚等人。建于1222年的帕多瓦大学是意大利第二个历史最长的大学。伽利略曾在该校任教，但丁、彼特拉克和塔索等人也曾在此求学。建于1545年的帕多瓦植物园是欧洲最古老的植物园。现为工商业中心。人口约203 350（2001）。

帕尔　Parr, Catherine（1512～1548）　英格兰国王亨利八世的第6位，也是最后一位妻子。她是王室官员之女，1543年与亨利结婚前曾两次丧夫。她对日益陷入偏执狂的国王产生了有益的影响。与亨利前妻所生的孩子关系相处融洽。1547年亨利死后她改嫁给托马斯·西摩勋爵，但在女儿出生后不久即去世。

帕尔格雷夫　Palgrave, Francis Turner（1824～1897）　英国评论家、诗人。曾在行政机构的教育部门工作多年并在牛津大学教授诗歌。他的《英诗精粹》（1861）是一部内容广泛、精心挑选和认真分类的诗歌选集，对几代人的诗歌鉴赏力都有很大影响，在推广W. 华兹华斯的作品方面起到了重要作用。

帕尔马　Palma　全称Palma de Mallorca。西班牙城市，巴利阿里群岛和自治共同体首府，位于西地中海。地处地中海西部帕尔马湾马霍卡岛的西南海岸。公元前123年被罗马人侵占，先后受拜占廷帝国和阿拉伯人统治，直至1229年被阿拉贡王国詹姆斯一世收复。其旧城区仍保留着16世纪及18世纪的著名建筑，包括哥特式教堂和贝尔佛古堡。当地经济形式多样，包括旅游业、轻工业等。人口约284 000（2006）。

帕尔马　Parma　意大利北部艾米利亚-罗马涅地区，濒帕尔马河。183年由罗马人建立，公元4世纪成为主教区。后被提奥多里克一世所率的东哥特人破坏，但在中世纪重建。1545年成为帕尔马和皮亚琴察公国的一部分，后为法尔内塞家族把持，再转属奥地利。1815年拿破仑把该市赐给他的第二任妻子玛丽-路易丝。1861年归属统一的意大利。第二次世界大战期间受损严重，但后来重建。现为农业区的商业中心，以出产帕尔梅森奶酪闻名。市内古建筑包括12世纪的罗马式大教堂、13世纪的洗礼堂，以及11世纪创建的大学。人口约177 069（2007）。

帕尔曼　Perlman, Itzhak（1945～　　）以色列出生的美国小提琴家。尽管他4岁时患小儿麻痹症，双腿瘫痪，但他在音乐方面极有天赋，13岁就在美国参加了第一次电视演出。进入纽约朱利亚音乐学校后，师从I. 加拉米安（1903～1981）和D. 迪莱（约1915年出生）。他的天赋被承认后，成为杰出的管弦乐独奏演员和室内乐演奏家，灌制了大量名曲唱片。他在电视上露过面，演奏爵士乐和克雷莫音乐，很受大众欢迎，并且投身于教育年轻的音乐家。

帕尔梅　Palme, (Sven) Olof (Joachim)（1927～1986）　瑞典首相（1969～1976和1982～1986）。曾先后在瑞典和美国求学，后进入瑞典议会（1958），成为瑞典社会民主党领袖。1963年起担任过多个大臣职务，1969年当选为瑞典首相。作为一名反战主义者，他曾猛烈抨击美国的越战政策，也以联合国特派大使身份参与调解两伊战争。1982年再度当选首相后，他致力于在瑞典恢复社会主义的经济政策。1987年遭暗杀身亡，此案至今未破。

帕尔齐法尔　Perceval　亚瑟王传奇中的英雄。他的孩子般天真使他免受世俗的诱惑。在克雷蒂安·德·特罗亚的《圣杯故事》中，帕尔齐法尔走访了受伤的渔人王的城堡，看见了圣杯，但是没有询问有关圣杯的问题，也就没有治好渔人王的伤。他后来又出发寻找圣杯，并且逐渐成熟起来。后来圣洁骑士加拉哈爵士取代他成为寻获圣杯的英雄，但是帕尔齐法尔继续扮演重要的角色。沃尔夫拉姆·冯·埃申巴赫的《帕尔齐法尔》，讲述了他的故事，成为后来R. 瓦格纳的歌剧《帕尔齐法尔》(1882)的基本题材。

帕凡舞 pavane 亦称孔雀舞。16世纪由南欧传到英国的庄严宫廷舞蹈。舞曲为2/2或4/4拍，基本动作为向前、向后的舞步。起初用于庆典舞会的开始，后来舞步变得更加

帕凡舞，《花园舞会》，《玫瑰传奇》中的装饰画，图鲁兹作于约16世纪早期；现藏不列颠图书馆
Reproduced by permission of the British Library

轻快，舞曲变成快三拍。

帕夫拉戈尼亚 Paphlagonia 古代小亚细亚北部地区，濒临黑海。为一个多山国家，是小亚细亚最古老的国家之一。公元前333年臣服于亚历山大大帝，公元前3～前2世纪逐渐被位于其东部边境的本都王国吞并。公元前65年其沿海城市，包括首都锡诺卜在内，都隶属于罗马的比希尼亚。公元前6年左右，该地区被并入罗马的加拉提亚省，不过内陆地区仍在当地统治者手中。曾是拜占廷帝国的一部分，但在曼齐刻尔特战役(1071)后失去了除沿海地区以外的所有领地。

帕格尼尼 Paganini, Niccolò(1782～1840) 意大利小提琴家和作曲家。他是个小神童，9岁时就加入管弦乐团。1810～1828年到意大利巡回演出，以小提琴大师而著称，但严肃的音乐家认为他不过是在卖弄雕虫小技。19世纪20年代，他因染上梅毒而接受水银疗法，面容憔悴又为他增添了一丝浪漫气质。他的国际巡回演出(1830～1834)虽被一再延期，但在正式演出时，他娴熟的技巧和惊人的表现还是令人为之疯狂，有人甚至相信他是与魔鬼订约交换了这种令人吃惊的天赋。帕格尼尼对小提琴演奏技巧进行了很大的创新，他创作了许多无伴奏小提琴谱，其中包括24首由小提琴独奏的《随想曲》和6首小提琴协奏曲。

帕格尼尼，蚀刻画，L. 卡拉马塔据J.-A.-D. 安格尔的素描于1818年复制
The Granger Collection, New York City

帕哈里绘画 Pahari painting 又称山景画。约1690～1790年印度喜马拉雅山麓一些独立邦发展的一种细密画和书籍插画。它结合了作风大胆、强烈的巴索利画派和精美、抒情的冈格拉画派，与拉贾斯坦绘画非常接近。帕哈里绘画和北印度平原的拉杰普特画派一样，也偏爱表现牧牛神黑天的传奇题材。

帕黑尔贝尔 Pachelbel, Johann(1653～1706) 德国作曲家及管风琴家。他的音乐风格保守，是D. 柏格兹特胡德的朋友，也是J. C. 巴赫(1671～1721)的老师，后者又给其弟J. S. 巴赫授课。一生创作了大量音乐作品，其中又以管风琴众赞歌变奏曲和尊主颂曲调最为杰出，不过今日他以《D大调卡农》一曲受人喜爱而闻名于世，但这部作品可能并非由他创作。

帕加马 Pergamum 又作Pergamus。小亚细亚西部的古希腊城市，位于今土耳其贝尔加马镇附近。至少在公元前5世纪即已存在，但直到希腊化时代阿塔利德王朝奠都于此才显示出它的重要性。公元前263～前133年达到鼎盛。后被传交给罗马。罗马灭亡后，该地由拜占廷人统治，直到14世纪初落入奥斯曼人之手。它是古代城市规划最优秀的典范之一，它的图书馆仅次于在埃及亚历山大的图书馆。1878年开始由柏林博物馆主持发掘，发现了很多艺术珍宝。

帕金森氏症 Parkinsonism 神经性疾病，造成运动控制能力的逐渐丧失。最早是在1817年由英国医师J. 帕金森(1755～1824)所描述。帕金森氏症的原因现在仍不清楚。平均发病年龄是57岁，但是也有少年病例。脑部原本产生多巴胺的神经元退化。当60%～80%的神经元遭到破坏，抑制非故意运动的信号中断，症状出现，包括休息时震颤、肌肉僵硬、移动困难与失去平衡。已知的病因包括睡眠病；某些毒素；不断地敲击头部，如拳击；此外"设计师药"MPTP。环境毒素或遗传敏感性可能也是病因。药物疗法必须谨慎规划并结合耐药性与副作用的延迟作用。外科的苍白球烧灼术(破坏苍白球，一种有关运动控制的脑部构造)以及胎儿多巴胺制造组织移植仍处在试验阶段。

帕克 Park, Mungo(1771～1806) 苏格兰的尼日尔探险家。他是受过培训的外科医生，曾到东印度群岛旅行，之后担任非洲协会的向导带领探险队寻找尼日尔河的源头(1795～1797)。在此过程中他失去了探险队的大部分成员和生活必需品，被有敌意的阿拉伯人囚禁4个月，惨遭折磨，并深受病痛之苦。最后到达了塞古(在今马里)，但没能到达尼日尔河源头。返英后他写有历险记《非洲内地旅行》(1797)，出版后大受欢迎。在第二次探险(1805～1806)中他曾到达巴马科，但在返途中被杀害。

帕克 Park, Robert E(zra)(1864～1944) 美国社会学家。先是为B. T. 华盛顿工作，之后主要在芝加哥大学和菲斯克大学任教。在芝加哥大学工作时，他成为社会学的"芝加哥学派"的主要人物之一，该学派的特点是经验主义研究以及运用人类生态学的模式。他以论述种族的著作而享有盛名，尤其是有关美国黑人和人类生态学的著作。人类生态学这一说法也是由他首先提出的。他与E. W. 伯吉斯合写了《社会学导论》(1921)和《城市》(1925)两本书。《人种与文化》(1950)和《人类团体》(1952)在他死后才出版。

帕克 Parker, Charlie(1920～1955) 原名Charles Christopher。美国萨克斯管演奏家和作曲家，现代爵士乐比博普风格的创始者之一，爵士音乐史上最杰出的即兴演奏家之

C. 帕克
AP/Wide World Photos

一。出生于堪萨斯城，在到纽约领导他的小乐团之前曾与J. 麦克沙恩的大乐队(1940～1942)、E. 海因斯的乐队(1942～1944)和B. 埃克斯坦的乐队(1944)合作演出(20世纪40年代初期的别名"菜鸟"，被简称为"鸟"，之后一生皆用此名)。40年代中期与D. 吉莱斯皮密切合作，发行了一系列小乐队的唱片，这些唱片表明比博普已由摇摆乐时代后期的即席创作发展为成熟的音乐风格。他将直接、短促的音调和空前的灵巧运用于次高音萨克斯管，这种手法发展迅速，几乎引起比博普传统曲风的恐慌。他全面的、敏感而又和谐的理解力为音乐带来一股清新之风。他无疑是当时最具影响力的爵士音乐家，但他长期吸毒成瘾，英年早逝，使他成为一个悲剧

性的传奇人物。

帕克 Parker, Dorothy(1893～1967) 原名Dorothy Rothschild。美国短篇小说家和诗人。出生于新泽西州韦斯滕德,成长于纽约市一富人家庭。曾为《名利场》杂志写戏剧

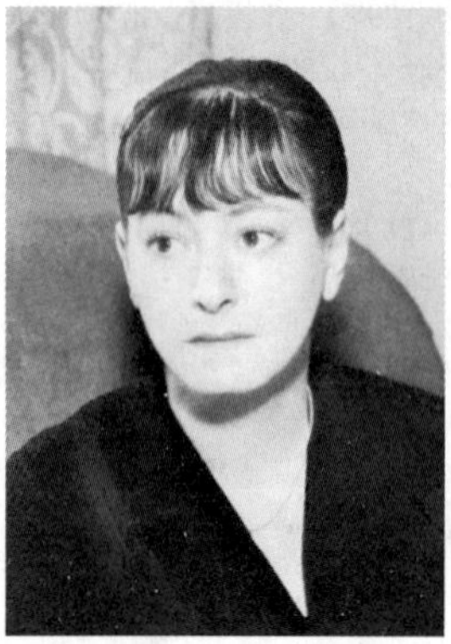

D. 帕克,摄于1939年
Culver Pictures

评论,后在《纽约人》杂志写书评(1927～1933)。另外著有诗集《放情集》(1926)和《死亡与税收》(1931)。她的短篇小说收录在《活人挽歌》(1930)和《在如此欢乐之后》(1933)中。帕克还创作过电影剧本,报道过西班牙内战,并与人合写过几部剧本。帕克是"阿尔冈昆圆桌"的成员之一,主要以聪明才智闻名。

帕克斯 Parks, Gordon(1912～2006) 美国作家、摄影家与电影导演。1948～1972年为《生活》杂志担任编制内的首位美国黑人摄影师,以其对贫民区的生活、黑人的民族主义者、民权运动的描绘而逐渐闻名。第一部虚构的作品是1963年的《学问之树》,这是一部关于20世纪20年代堪萨斯州一位黑人少年的小说。他的作品还包括几部诗与摄影的合集,如《诗人与他的相机》(1968)、《瞥见无限》(1996)。他也导演过数部电影,如1971年的《矛》,首开美国黑人动作片先河。他还创作音乐作品。

帕克斯 Parks, Rosa(1913～2005) 原名Rosa Louise McCauley。美国民权运动活动家。生于亚拉巴马州塔斯基吉市。曾在蒙哥马利市当裁缝,并在该地积极参加全国有色人种权益促进会(1943)。1955年她曾因拒绝在公共汽车上让位给白人而遭逮捕,后来M. L. 金等人策划了一次黑人对公共汽车系统的集体杯葛行动,使黑人民权运动得到新的重视。1957年帕克斯搬到底特律,她担任过国会议员J. 康耶斯的行政助理(1965～1988)。1999年获得国会金质奖章。

帕拉 Parra, Nicanor(1914～) 智利诗人。曾攻读数学和物理,1952年开始在智利大学讲授理论物理。他是当时最重要的拉丁美洲诗人之一。以其创造的所谓"反诗"(与传统的写诗技巧和风格相违背的诗歌)而享有盛名。1954年出版《诗歌与反诗》,书中的诗歌以直白的语言、黑色的幽默和嘲弄的幻象来描写一个怪异荒诞世界的日常问题,使诗歌成为大众可以接受的艺术。其后期作品对语言进行了各种尝试,并延续了他的"反诗"风格。

帕拉弟奥 Palladio, Andrea(1508～1580) 原名Andrea di Pietro della Gondola。意大利建筑师。当他还是一名年轻石匠时,就被一名意大利学者发现,并很快开始学习数学、音乐、哲学和古典作家作品。从1541年起,他多次来到罗马研究古代废墟。他首次设计的宫殿是奇韦纳宫(1540～1546),该宫殿模仿古罗马广场,在主建筑之后修建了一个连拱廊区,是建筑设计的一大革新。在他设计的别墅中,帕拉弟奥尝试重现古文献中描述的罗马别墅。他设计的第一座别墅即位于洛内多的戈迪别墅(1540?～1542),其中包括了他最著名的设计要素:对称的侧厅和带围墙的庭院。后人模仿最多的是他设计的坐落在维琴察附近的圆厅别墅。他重建了维琴察巴西利卡(市政厅,始于1549年),采用两层拱廊和后来被称为"帕拉弟奥式"的基本样式(侧翼带方孔的圆形拱门)。他设计的教堂外观包括坐落在威尼斯的圣方济·德拉·维尼亚教堂(1565?)、圣乔治-马焦雷教堂(始建于1566年)和救世主教堂(始建于1576年),成为将古典庙宇的正面用于大教堂的经典之作。帕拉弟奥是第一位将房屋设计系统化并运用古希腊罗马庙宇正面外观来设计门廊的建筑师。他所著的《建筑四书》是有史以来影响最为深远的建筑书籍。他的影响力在18世纪古典复兴时期达到顶峰;由此产生的帕拉弟奥建筑风格传遍整个欧洲和美国。

帕拉瓜纳半岛 Paraguaná Peninsula 委内瑞拉西北部半岛,位于加勒比海和委内瑞拉湾之间。地势低缓,土地贫瘠,人烟稀少,20世纪50和60年代随着石油工业的发展而日益重要。输油管从油田通往半岛西侧的大炼油厂,大型油轮可在此直接装油。

帕拉河 Pará River 流经马拉若岛东、南部的亚马孙河的一段,位于巴西北部帕拉州东北部。长约320千米,河口宽约64千米。亚马孙河的一小部分河水由此流向东和北注入大西洋。该河全段都可通航。

帕拉切尔苏斯 Paracelsus(1493～1541) 原称Philippus Aureolus Theophrastus Bombastus von Hohenheim。德裔瑞士医师、炼金术士。自称在费拉拉大学取得博士学位,取名帕拉切尔苏斯,意思是超越切尔苏斯(罗马医学权威)。曾游历欧洲和中东,寻访各地的炼金家。比起亚里士多德、加伦、阿维森纳的枯燥讲义来说,他对一般人的常识较为看重,强调自然的治疗能力。他在巴塞尔大学讲学时来者不拒(他以德语而非拉丁语授课),但此种宽宏胸襟反而让当局难堪,最后被迫离开这个城市。著作有《外科大全》(1536)。他提前数个世纪就提出使用汞剂治疗梅毒,了解到矿工的硅肺是吸入尘埃所致,提出顺势疗法,同时也是第一个将甲状腺肿与饮用水中的矿物质联系起来的人。

帕莱斯特里纳 Palestrina, Giovanni Pierluigi da(1526～1594) 意大利作曲家。曾在罗马当唱诗班歌童,后来在罗马附近的家乡帕莱斯特里纳镇当管风琴乐师。1551年受教皇尤里乌斯二世委派,担任梵蒂冈朱利安附属会堂唱诗班音乐总监,之后又在罗马的其他大教堂工作。当特伦托会议强行规定一种让歌词能被容易地理解的音乐风格时,传说帕莱斯特里纳所作风格简单的《玛撒利斯教皇弥撒曲》使教堂的复调音乐免于被禁。此后,帕莱斯特里纳曾在蒂沃利的埃斯特家族工作,1571年返回朱利安唱诗班,在那里度过余生。他一生共写了104首弥撒曲,400首经文歌和至少140首牧歌。在他去世以后,他无比平和而宁静的音乐成为罗马天主教堂作曲家们的典范。现代对位旋律的研究始于对帕莱斯特里纳在18世纪的音乐作品的整理。

帕劳 Palau 全称Republic of Palau(帕劳共和国)。西太平洋岛国。面积:488平方千米。人口:约20 900(2013)。首都:梅莱凯约克。人口混杂,为马来人、美拉尼西亚人、菲律宾人和波利尼西亚人的后裔。语言:帕劳语和英语(均为官方语言)。宗教:基督教(天主教为主,亦有新教和其他教派)。货币:美元。帕劳诸岛土地肥沃,沿海有红树沼泽,其后为稀树草原和棕榈树林,山上则为热带雨林。政府部门是最大的雇主。生存农业和渔业是农村地区人民的主要职业。帕劳为共和国,两院制。总统为国家元首暨政府首脑。在1899年卖给德国以前,帕劳在名义上一直属于西班牙所有。1914年日本占领此地,第二次世界大战期间(1944)为盟军攻占。1947年成为美国太平洋岛屿托管地的一部分,1994年成立一个主权国家,美国提供经济援助,并在岛内驻有军队。帕劳于2000年首次参加在悉尼举办的夏季奥运会。

帕累托 Pareto, Vilfredo(1848～1923) 意大利经济学家和社会学家。曾在都灵大学就读,后在意大利一家大型铁路公司任工程师,后任主管,1893年起任瑞士洛桑大学教授。在其收入分配理论中,他采用一个复杂的数学公式来追述以往的财富分配模式。1906年提出"帕氏最优状态"的概念,奠定了现代福利经济学的基础。他认为,只要有可能至少使一个人更加富裕,而同时使其他人还保持在他们原来的水准上,社会资源分配就不算达到最佳状态。

帕里什 Parrish, (Frederick) Maxfield(1870～1966) 美国画家及插图画家,20世纪20年代以前美国最受欢迎的商业艺术家和壁画家,曾在宾夕法尼亚美术学院及费城德雷克塞尔艺术研究所攻读艺术。以其对梦幻山水的描绘而闻名,而这些风景画上尽是迷人的清秀佳人。他的构图采用精确明显的轮廓,以复繁细节描绘的自然为背景,而他的特殊用色,尤其是明亮的"帕里希蓝",更赋予他的画作一种如梦如诗的气氛。其名声在20世纪30年代末开始下降,但在60及70年代,其作品重新受到人们喜爱。

帕鲁德雕刻 Bharhut sculpture 公元前2世纪中叶印度的雕刻，用以装饰中央邦的大塔或遗址土冈。如今大部分都已毁坏；残留下来的栏杆和门廊保存在加尔各答印度博物馆。其圆形装饰雕刻有佛本生或佛传故事，并都注明年代，所以对于佛教肖像学的研究具有不可替代的作用。帕鲁德雕刻风格象征着佛教叙事体浮雕和神庙圣殿雕饰艺术传统的开始，在其后几个世纪里持久不衰。

帕伦克 Palenque 南美洲文化古典时期（600～900）的马雅古城遗址，在今墨西哥恰帕斯州，被认为是最美丽的马雅文化遗址。帕伦克的营造工匠们精心设计了带复合式屋顶和围墙的庙宇式金字塔和宫殿，并饰以君王、神灵和典礼的精美灰泥浮雕。其建筑主体为宫殿，由错综复杂的廊道、内院和一座四层方塔构成。1952年发现的大宫殿以其象形文字、大量的碑铭和镶嵌的玉石闻名于世。1987年被联合国教科文组织列为世界遗产。

帕洛马天文台 Palomar Observatory 位于加利福尼亚州圣迭哥附近的帕洛马山上的帕洛马天文台。著名的海耳望远镜的所在地，这架孔径5米的反射式望远镜证明对研究宇宙很有帮助。1949年海耳望远镜开始首次观测，它是为纪念美国天文学家乔治·艾勒里·海耳（1868～1938）而命名的。此后30年，它是同类仪器中最大的。1948年加利福尼亚理工学院建成了帕洛马天文台，该天文台一直与威尔逊山天文台保持合作，合称海耳天文台，直到1980年为止。

帕麦尔斯顿子爵 Palmerston (of Palmerston), Viscount（1784～1865） 原名Henry John Temple。又称帕麦尔斯顿大人。英国政治人物及英国首相（1855～1858，1859～1865）。1807年以托利党人身份进入议会，后任陆军大臣（1809～1828）。1830年起他与辉格党结盟，此后多年担任外交大臣（1830～1834，1835～1841，1846～1851），并一直支持英国在海外的利益和自由事业。他曾在比利时（1830～1831）和希腊（1832）的独立进程中发挥重要作用，并保障土耳其的主权不受法国侵害（1840）。1855年出任首相之后，他使克里米亚战争休战，支持意大利独立王国的建立，并赞同在美国南北战争中采取中立政策。绰号称为“潘”，他是英国民族主义的一个标志，也是英国最受拥戴的领导人之一。

帕米尔高原 Pamirs 中亚高山地区。绝大部分在塔吉克斯坦，与阿富汗、巴基斯坦、中国、吉尔吉斯接壤。其山脉有很多海拔6 100米以上的高峰及冰川。在其西北部的最高峰共产主义峰，海拔7 495米。该地区人烟稀少，几乎所有的居民均为塔吉克人。它是一个位于中心的山结，四周延伸出数条大山脉，其中包括哈拉和林和兴都库什山脉。

帕米贾尼诺 Parmigianino（1503～1540） 原名Girolamo Francesco Maria Mazzola。意大利画家和蚀刻版画家。出生于帕尔马（其昵称的由来）。他的一些早期壁画作品是为圣乔凡尼教堂绘制的。这些作品深受柯勒乔的影响，科勒乔当时也供职于这个教堂。他根据凸面镜中的人形而创作的自画像（1524）充分体现出他的创意。《长颈圣母像》（1534）为其后期作品的典型代表，其特点是模糊的空间组合，人物形象的加长以及对超脱自然的具有节奏感的美感的追求。在同时代重要的自画像画家中，帕米贾尼诺率先发展了风格主义优雅和具有人情世故的一面，影响了后世画家，他也是最早开始创作蚀刻版画的意大利画家之一。

帕姆利科湾 Pamlico Sound 美国北卡罗来纳州东岸的浅水区。外滩群岛将其与大西洋隔开，从罗厄诺克岛向南延伸130千米，水面宽13～48千米不等。沿岸水域栖息着种类繁多的水禽；有一些商业渔场，特别是牡蛎养殖场。

帕潘德里欧 Papandreou, Andreas (Georgios)（1919～1996） 希腊教育家和总理（1981～1989，1993～1996）。他是G.帕潘德里欧之子。1955～1963年在加州大学伯克利分校任教。1963年其他父当上希腊总理时，他回国并被选入希腊国会。1967年军事政变之后被流放。1974年他回到希腊并组建了左翼泛希腊社会主义运动党（Pasok）。该党在1981年赢得了大部分选民的支持，于是帕潘德里欧当上了总理。他提出慷慨的社会福利计划，但他所领导的政府因为财政丑闻和不断攀升的预算赤字而势衰。1989年他辞去总理职位，但仍是泛希腊社会主义运动党的首领。1993年再次当选总理，但因健康不佳于1996年退休。

帕潘德里欧 Papandreou, Georgios（1888～1968） 希腊总理（1944，1963，1964～1965）。1915年以自由主义者的身份开始其政治生涯，1923～1933年间担任希腊教育部长。1935年创立民主社会党，此后流亡国外。1944年他曾领导希腊联合政府，但时间不长。1946～1952年，在历届政府中担任部长职务。他将民主社会党与自由党合并，并于1961年成立中央联盟党。在总理任职期间，他于1964年推行广泛的社会改革。1965年被国王革职。1967年军事政变后，与其子A.帕潘德里欧同遭短期监禁。

帕皮提 Papeete 法属波利尼西亚的首府及港市，位于塔希提岛西北岸。地处热带，盛产高大的棕榈树和奇异花卉。为南太平洋地区最大的城市和商业中心之一。由于其优越的港口条件，早在1829年就已成为一个商业城市和捕鲸船的停靠港。1880年被法国兼并，1890年成为一行政区。现为一个主要的旅游地，也是太平洋周边贸易的一个中心。人口26 181（2002）。

帕丘卡 Pachuca (de Soto) 墨西哥中部城市，伊达尔戈（-科斯蒂利亚）州首府。建于1534年。是新西班牙总督辖区最早建立的殖民地之一。地处东马德雷山脉富藏矿产地区，海拔2 400米。早在16世纪就于此地发现了银矿，当时墨西哥人用水银混合物把银从矿物中离析出来的方法已非常完善。当地工业包括熔炼工厂和金属矿还原厂。人口256 584（2010）。

帕萨尔加德 Pasargadae 波斯古城遗址，位于伊朗设拉子市附近。阿契美尼德王朝的创建者居鲁士大帝选定该地作为都城。据说建城的地方就在公元前550年他打败米底亚最后一任国王的战场附近。公元前330年亚历山大大帝攻占此城。其建筑以宏伟而简朴闻名于世，现遗址包括几个大型建筑的地基和几乎完整无损的居鲁士坟墓。2004年被联合国教科文组织列为世界遗产。

帕森斯 Parsons, Talcott（1902～1979） 美国社会学家。1927～1973年在哈佛大学任教。他提倡用结构功能分析法来研究相互联系的团体是如何形成社会体系的结构的，正是这些方式维持了社会的存在并促进其发展。他主要是将E.涂尔干和M.韦伯的著作介绍给了美国的社会学家。主要著作为《社会行动之结构》（1937）。参阅功能主义。

帕森斯 Parsons, Elsie（1875～1941） 原名Elsie (Worthington) Clews。美国女社会学家、人类学家和民俗学者。出生于纽约市。曾攻读社会学，她的早期作品包括《家庭》（1906）和《旧式妇女》（1913），提倡实现妇女的权利。后来在F.博厄斯和A.L.克罗伯的影响下转攻人类学。《普韦布洛印第安人的宗教》（1936）和《米勒塔：精灵之城》（1936）两部作品至今仍是研究美国西南部普韦布洛和萨波特克印第安人文化的权威著作。其他一些关于西部印第安人和非洲-美洲民间传说的作品集也颇为著名。

帕氏涂片 Pap smear 亦称Papanicolaou's stain（帕帕尼科拉乌氏染色法）。对阴道及子宫颈的脱落细胞涂片进行染色检查的方法。用以发现生殖器的疱疹和早期恶性肿瘤的存在。帕氏涂片对子宫颈癌能提供相当可靠的诊断依据，同时也能发现子宫内膜及卵巢的癌细胞。由希腊裔美国医师G.N.帕帕尼科拉乌（1883～1962）开发的这一技术也可以用来检查从其他组织表面采得的细胞。

帕斯 Paz, Octavio（1914～1998） 墨西哥诗人、作家和外交家。毕业于墨西哥大学，1933年出版第一本诗集《林月集》，后来创办并编辑了几种重要文学评论刊物。由于受马克思主义、超现实主义、存在主义、佛教和印度教的影响，他的诗歌常用一连串丰富的超现实的形象比喻来谈论玄学问题。他最重要的题材是人有能力通过情爱和艺术创造力来克服生存的孤独感。他的散文作品包括《孤独的迷宫》（1950），这是有关墨西哥历史文化的具有影响力的论述。1962～1968年任墨西哥驻印度大使。1990年获诺贝尔文学奖。

帕斯·埃斯登索罗 Paz Estenssoro, Víctor（1907～2001） 玻利维亚总统（1952～1956，1960～1964，1985～1989）。原是经

济学教授，后被选为众议院议员，1952 年他协助创立的左翼组织民族主义革命运动（MNR）夺取政权后，他担任总统。他把选举权扩及至印第安人，实行土地改革，并将玻利维亚 3 家大锡矿公司收归国有。1964 年连任总统，同年因一次军事政变被推翻。1985 年再度担任总统，实行经济节约计划，以减少危害玻利维亚经济的高通货膨胀率的影响。

帕斯卡 pascal 缩写为帕（Pa）。国际单位制中的压力单位。为纪念 B. 帕斯卡而命名。1 帕等于每平方米 1 牛顿的压强。在很多情况下，该单位由于太小而不方便使用，工程上较通用的是千帕，即每平方米1 000牛顿。

帕斯卡 Pascal, Blaise（1623 ～ 1662） 法国数学家、物理学家和宗教哲学家。数学家之子，是一个神童，1640 年就写出圆锥曲线论文，引起 R. 笛卡儿的嫉妒。17 世纪 40 年代和 50 年代，对物理学（系统地阐述了帕斯卡定律）和数学（钻研算术三角，发明计算器，并改进微分演算）做出很大的贡献。由于早期研究的工作成果，他被视为现代概率论的创立者。同时，他逐渐卷入詹森主义的事件中。《给外省人》是捍卫詹森主义而攻击耶稣会会士的一系列书信。他为基督教教义辩护的巨著《辩护》未完成，但他把 1657 ～ 1658 年间的大多数笔记和未完成稿收集在一起，这些在他死后以《思想录》（1670）之名出版。后来他再次投入科学工作，对编《几何原本》做出贡献，并发表了他对旋轮线的研究成果，但不久又恢复宗教奉献的生活，晚年大部时间用于救助穷人。帕斯卡一词即为纪念他而命名。参阅帕斯卡赌注。

帕斯卡定律 Pascal's law 又称 Pascal's principle（帕斯卡原理）。在流体力学中，指密闭容器中的静止流体的某一部分发生的压力变化，会毫无损失地传递至流体的各个部分和容器壁。该原理由 B. 帕斯卡首先提出，他还发现静止流体中任一点的压强各向相等；通过一点所有平面上的压强亦相等。

帕斯卡赌注 Pascal's wager 由 B. 帕斯卡提出对上帝的信仰的实质质问。在其著作《思想录》（1657 ～ 1658）中，他提出了下列的论点显示宗教信仰的合理性：倘若上帝是不存在的，不可知论者即会因相信它而没有什么损失，亦会因不相信而相对地所获无几；倘若上帝是存在的，不可知论者即会因相信它而得永生，而会因不相信而失去至善。

帕台农神庙 Parthenon 雅典卫城供奉雅典娜女神的主神庙。建于公元前 447 ～前 432 年。在雅典政治家伯里克利的主持下，由建筑师伊克蒂诺与卡利克拉特承建，公认为多利斯柱型巅峰时期的代表。白色的大理石神庙虽历代遭受破坏，大部分雕刻已损失，但基本结构尚存。廊柱支承的檐部，是由一面朴素的额枋、一道三槽石板与带浮雕的平石板相间排列的中楣和东西两面顶端的三角山墙组成。廊柱东西两面各有柱 8 根，南北面各 17 根，围绕着内殿，殿内原本有一尊菲迪亚斯雕刻的巨大的黄金象牙雕像。神庙在建筑上运用了许多细腻的手法，如柱身的凹槽设计和基座基线稍微向上弯的曲率应用以纠正直观错觉。神庙的装饰雕刻可与建筑本身媲美。东西两面山墙的雕花代表的分别是雅典娜的诞生和她与海神波塞冬争夺雅典统治权的斗争。连续的三角楣饰表示的是民众每年纪念雅典娜女神的帕台农大行进。整个建筑和谐明朗，可谓无与伦比。参阅埃尔金大理石雕刻艺术品。

雅典卫城上的帕台农神庙，伊克蒂诺与卡利克拉特承建于公元前 447 ～前 432 年

Alison Frantz

帕泰 Pathé, Charles（1863 ～ 1957） 法国电影业经理。1896 年和其兄埃米尔共同创立“帕泰兄弟公司”（旧译百代兄弟公司）。该公司把 T. A. 爱迪生发明的电影放映机视镜推广到法国的所有电影院，还使用吕米埃兄弟改良的摄影机拍摄电影。1909 年拍出第一部长片《悲惨世界》，并制作《帕泰公报》新闻片，这部影片在世界各国上演到 1956 年。1914 年帕泰兄弟公司发行《宝莲历险记》的第一集，该片为最早的连本影片之一。帕泰兄弟公司在世界各地设有发行机构，在 20 世纪初主宰了电影市场。1929 年帕泰退休后，该公司仍是一个电影发行公司。

帕特 Pärt, Arvo（1935 ～ ） 生于爱沙尼亚的德国作曲家。是一位虔诚的东正教基督徒，他形成一种基于声音缓慢改变的风格，就像是钟声和纯粹的人声音调，让人想起中古的圣母院乐派和东正教的神圣音乐。主要作品包括小提琴协奏曲《白板》（1977）、《纪念布里腾的圣歌》（1977）、《圣母玛利亚颂对唱曲》（1988）、《法座》（1991）、《神像》（1991）和《连祷、赞美诗、三圣颂》。

帕瓦罗蒂 Pavarotti, Luciano（1935 ～ 2007） 意大利男高音歌唱家。原是一名教师，20 多岁才开始接受声乐训练。1961 年开始其专业歌唱家生涯。1965 年首度在史卡拉歌剧院登台，1968 年登上大都会歌剧院舞台。他的音色优美，高音纯净，直至 60 多岁仍受到观众的喜爱，并以录制轻音乐和最擅长的传统意大利曲目而广受欢迎。他将意大利高音传遍全世界，也是 20 世纪后期最著名的古典男歌唱家。

帕韦泽 Pavese, Cesare（1908 ～ 1950） 意大利诗人、评论家、小说家和翻译家。为伊诺第出版社的创办人，并长期担任该社编辑。由于当时法西斯分子控制文学，扼杀创意，他只能在 20 世纪 30 和 40 年代翻译英美作家的作品并把这些作家介绍给意大利。他本人的作品大部分在第二次世界大战结束后到他 41 岁自杀前这段时期出版，一些作品在他死后才出版。其中最著名的作品包括《与雷乌库的谈话》（1947），这是有关人类境况的诗意对话；小说《月亮和篝火》（1950），以及札记《生存之道》（1952）。1957 年设立帕韦泽文学奖。

帕维亚 Pavia 古称 Ticinum。意大利北部伦巴第大区城市，濒临提契诺河。原为帕皮里亚部落的居民点，公元前 220 年被罗马征服。5 世纪阿提拉和奥多亚塞掠夺该城，后来成为哥特人对抗拜占廷帝国的重要中心。1395 年起由维斯孔蒂家族统治（参阅 G. G. 维斯孔蒂），成为意大利的主要城邦。1525 年神圣罗马皇帝查理五世在此地击败弗兰西斯一世率领的法军，取得一场决定性胜利，并俘虏了弗朗西斯一世。帕维亚在复兴运动中扮演积极的角色，1859 年加入意大利王国。城中仍然保留有古罗马城防布局以及中世纪建筑遗迹。帕维亚大学建于 1361 年，其前身为建于 825 年的一个旧法律学校。现为交通、农业和工业中心。人口约70 678（2007）。

帕西人 Parsi 亦作 Parsee。印度琐罗亚斯德教教徒。其名意为“波斯人”，他们的祖先即为与琐罗亚斯德教有关的波斯人，为摆脱穆斯林的迫害于 8 世纪至 10 世纪期间移民到印度。他们迁到古吉拉特，并以务农为生。17 世纪末英国东印度公司控制了孟买，并在那里实施宗教自由，帕西人也陆续迁往孟买，到 19 世纪他们已成为富有的商人。帕西人至今仍主要居住在孟买，也有部分居住在印度的班加罗尔和巴基斯坦的喀拉蚩。

俳句 haiku 不押韵的日本诗歌形式，由排列成 3 行分别为 5、7、5 共 17 个音节组成。俳句是以简约的文字抒发丰富的感情和唤起更多联想的艺术形式。17 世纪时松尾芭蕉将这种形式提炼成高度精湛的艺术。现在，它仍为日本最喜闻乐见的诗体，许多诗人模仿俳句的形式来写英语和其他语种的诗。

排灯节 Divali 又作 Diwali。印度教在秋季为期 5 天的宗教节日。此节日供奉财富女神吉祥天女，在孟加拉国则供奉女神迦利。节日期间，人们要点上陶制灯，置于住房和庙宇的护墙上或放到河上、溪流中任其漂流。

节日的第四天标志着新的一年开始，是送礼、访友、装饰房屋和穿新衣的日子。排灯节也是耆那教和锡克教的重要节日。

排队论 queuing theory 关于排队（等待线）的性能及其要素的研究。排队论是研究计算机系统中的几种性能参数的方法，对找出“瓶颈”的原因特别有用。折中解决计算机在特殊阶段，由于等候执行的数据太多而出现的运行问题。根据优先、大小、轮到的时间等因素，考虑队列的大小和等待时间，或有待研究与处理的各种问题。

排列和组合 permutations and combinations 从给定的对象集合中选出子集的可能方式的数目。在排列中，次序是重要的；而在组合中都不重要。于是，在3个字母A、B、C中一次选择2个字母的排列有6种（AB、AC、BC、BA、CA、CB），而组合却只有3种（AB、AC、BC）。从n个对象的集合中选择r个对象的排列数，用阶乘来表示是$n! \div (n-r)!$，而组合数是$n! \div [r!\ (n-r)!]$。在二项式$(x+y)^n$的展开式中，第$(r+1)$项的系数正好与从n个对象中一次选择r个对象的组合一致（参阅二项式定理）。从研究赌博发展出来的概率论包括找出玩扑克牌的组合或马赛中得胜几率的排列。在17世纪它的发展过程中这样的计算方法起了重要的作用。

排球 volleyball 由两队各6名球员，以中间球网为界，用手击球过网以决胜负的一项球类运动。一方必须在击球三次之内将球从网上送回发球一方。最先得满15分的一方如领先2分以上就赢得一局（现在这一规则已有变化）。1895年由W. G.摩根发明。很快就为学校、运动场、军队和其他场所的男女运动员所喜好。国际竞赛始自1913年。1964年列为奥运会比赛项目。沙滩排球由两队各两人在沙地上进行，日渐流行，1996年列入夏季奥运会比赛项目。

排箫 panpipe 又作syrinx。一种管乐器，为栓成一排的长短不一的竹管（也有用金属、陶土或木制成）。在顶部吹奏，横向移动每管发一个不同的音。排箫起源于约公元前

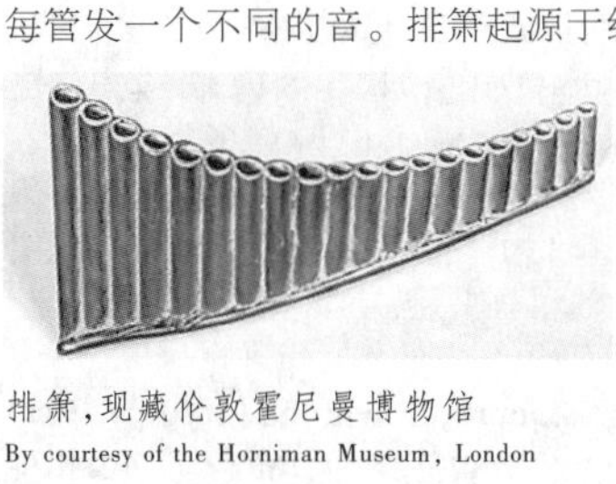

排箫，现藏伦敦霍尼曼博物馆
By courtesy of the Horniman Museum, London

2000年，并在世界各地流传，尤其在东非，南美以及美拉尼西亚流传甚广。

排泄 excretion 排出未消化食物残渣及含氮的新陈代谢废物，调节水分含量，维持酸碱平衡，控制渗透压以促进自稳态的生理过程。排泄意指排尿和排粪，也指在消化系统与泌尿系统内发生的过程，如肾和肝从血液和食物中过滤废物、毒素、药物，而达到消化的最后阶段。蛋白质消化所致的氨（主要的排泄物）被转化为尿素从尿中排出。

排犹主义 anti-Semitism 又译反闪米特人主义。基于宗教或种族群体的观念而敌视或歧视犹太人。虽然*anti-Semitism*一词已广为使用，但它是个使用不当的词，暗示着对所有闪米特人的歧视。阿拉伯人和其他民族也是闪米特人，但通常大家都知道他们不是排犹主义的目标。纳粹排犹主义在大屠杀中达到高潮，他们具有种族差别的偏见，认定犹太人有某些生物学上的特性。这种反犹太种族主义的变形可追溯到19世纪所谓的“科学种族主义”，与更早的反犹太人偏见有本质上的不同。在4世纪时，基督教徒常视犹太人为异邦人，由于他们不承认基督而被惩罚要永久迁徙。中世纪时，在欧洲许多地方，犹太人没有公民身份和权利（虽然有些社会对其较宽容些），在那个时期曾在多个地区遭到驱逐。18世纪启蒙运动和法国大革命为欧洲带来新的宗教自由，但19世纪时暴力歧视又加强了（参阅集体迫害），排犹主义的主要原因已是种族问题而非宗教问题。20世纪时，因第一次世界大战造成的政治、经济混乱更强化了排犹主义。第二次世界大战期间，估计有近600万犹太人遭纳粹杀害。

“徘徊者”号探测器 Ranger 美国国家航空和航天局（NASA）于1961～1965年发射的不载人航天探测器系列，共9枚。该计划是NASA最早的探索月球表面的科研项目。“徘徊者”4号（1962）是美国第一个击中月球的宇宙飞船，它按计划撞击着陆在月球表面。该系列后三个探测器（1964～1965）坠毁前发回17 000多张高分辨率月球照片。参阅“先驱者”号探测器和“勘测者”号探测器。

迫击炮 mortar 指炮管短、初速低、曲射弹道的短程火炮。从中世纪起到第一次世界大战中，大型迫击炮主要用于堡垒战和包围战。1915年以来，小型轻便的迫击炮成为步兵的标准武器，特别适合堑壕战或山地战。现在多使用中型迫击炮，口径为70～90毫米，射程4 000米，炮弹重达5千克。

派克峰 Pikes Peak 美国科罗拉多州东部的山峰。位于落基山脉的前岭，靠近科罗拉多斯普林斯。海拔4 302米，因从山顶便于眺望而远近闻名。1806年被探险家Z.派克发现。据说K. L.贝茨在这里观景后获得了写作《美丽的亚美利加》（1893）的灵感。

潘 Pan 希腊神话中外形一半像人，一半像兽的丰产神。罗马人认为他与意大利的丰产神法乌努斯有关。一般认为他的父亲是赫耳墨斯。通常被描述成一个精力旺盛的好色之徒，长着山羊的角、腿和耳朵；在后来的艺术作品中，画家突出了他的人体部分。基督教徒某些关于恶魔的描述与潘有着惊人的相似之处。他常到山上去守护牛羊。他和牧人一样，也是一个排箫吹奏者，并在中午休息。他能对人引起失去理性的恐怖。英语惊慌（panic）一词就是源于他的名字。

潘多拉 Pandora 据希腊神话，她是世界上的第一个女人。在普罗米修斯从天上窃取火种给人类之后，主神宙斯就决定设法抵消这一福祉，因此他委托赫菲斯托斯用泥创造出一个女人，诸神把他们精选的礼物送给她。在嫁给普罗米修斯的哥哥以后，潘多拉打开一个装有各种祸患的盒子，结果各种祸患飞向整个世界。有一种说法是，只有希望留在盒子里，因为在她能逃走以前，盒盖已被关上。

潘恩 Paine, Thomas（1737～1809） 出生在英国的美国政治哲学家。早年在英国不得志，后来与B.富兰克林相识，他劝潘恩移民到美洲。他于1774年抵达费城，协助编辑

T.潘恩，肖像画，J. W.查维斯绘；现藏纽约州新罗谢尔的T.潘恩纪念馆
By courtesy of the Thomas Paine National Historical Association

《宾夕法尼亚杂志》。1776年1月出版了一本50页的小册子《常识》，书中雄辩地提出争取独立的思想，50多万册很快被抢购一空，这在很大程度上加强了殖民地人民的斗志。在美国独立战争期间，他志愿担任N.格林将军的助手，并在1776至1783年间编写了16期《危机》报，每期都签上“常识”两字。第一期以“考验人们意志的时刻到了”作为开头，G.华盛顿下令给在福吉谷的士兵宣读这篇文章，以鼓舞士气。潘恩于1787年回到英格兰旅游，并卷入一场有关法国大革命的辩论。他在《人的权利》一书中为法国大革命辩护，并宣扬共和主义。该书由于对君主制进行抨击而遭禁，潘恩在英格兰也被宣布为反叛者。之后他来到法国，并当选为国民公会成员（1792～1793）。他谴责恐怖统治，不久便被M.罗伯斯比尔监禁（1793～1794）。被释放之后，他留在巴黎，撰写了《理性的时代》（1794、1796），这是一部论自然神论的著作，对有组织的宗教进行了抨击。1802年他返回美国；人们因他的自然神论著作而谴责他，几乎不记得他对美国独立的贡献，他最后在贫困中死去。

潘基文 Ban Ki-moon（1944～ ） 韩国外交家和政治人物，联合国第8位秘书长（2007～ ）。1970年毕业于首尔国立大学，1985年获哈佛大学肯尼迪政治学院硕士学位。1970年进入韩国外交部工作，此后出任过多个职务，包括总统外交政策顾问（1996～1998）和外交通商部长官（2004～2006）。

1975年开始在联合国工作，当时他是韩国驻纽约联合国代表团成员。2001～2002年韩国担任联大轮值主席国期间，他主持了联大主席团，此时正处在美国发生9·11恐怖袭击后的关键时刻。2007年1月1日，潘基文接替安南出任联合国秘书长，成为继缅甸政治家吴丹（1962～1971）之后第二位担任此职务的亚洲人。他面临着一系列挑战，包括朝鲜和伊朗的核威胁、苏丹达尔富尔地区的人道主义危机，以及联合国的改革。

潘克赫斯特（夫人） Pankhurst, Emmeline (1858～1928) 原称 Emmeline Goulden。英国女权主义者。1879年与理查德·潘克赫斯特（1834～1898）结婚，后者为《妇女选举权提案》（1870）和《已婚妇女财产权法案》（1882）的编写者。1889年她成立了女权联盟，该联盟于1894年为已婚妇女争取到参加当地选举的权利。之后在曼彻斯特市政府担任一些职务，并于1903年建立了妇女社会和政治联盟。从1912年起开始极力鼓吹极端的抗争方式，主要是纵火，一年内入狱12次。1928年的全民代表法案在她死前数星期通过，规定男女有平等投票权。其女C. H. 潘克赫斯特（1880～1958）曾领导妇女社会和政治联盟（WSPU）展开激烈的抗争行动，包括绝食和大型的示威集会。后来成为福音传道者，并移居到美国。

着囚服的潘克赫斯特夫人，1908年摄
BBC Hulton Picture Library

潘诺尼亚 Pannonia 罗马帝国的行省，范围相当于现在的匈牙利西部、奥地利和斯洛文尼亚的东部以及几个波罗的海国家的部分地区。最初的居民主要为伊利里亚人，西部地区亦有一些凯尔特人。公元前35年初被罗马人征服，公元6年发生暴动，在汉尼拔入侵后成为意大利最大的威胁。该地区在106年分裂，潘诺尼亚高地成为马可·奥勒利乌斯领导的罗马战争的主战场。罗马人在395年之后撤离。

潘普洛纳 Pamplona 古称 Pompaelo。西班牙北部纳瓦拉省省会。相传公元前75年由庞培所建，当作屯兵之地。公元5世纪时该城在屡遭摩尔人和法兰克人侵袭后几乎被废弃，778年查理曼从摩尔人手中夺取该城，后来纳瓦拉国王桑乔三世（加尔塞斯）划定该地为国都。1571年西班牙腓力二世建造的城堡使潘普洛纳成为设防最坚固的北方城镇。1841年成为新设的纳瓦拉省省会。该城主要以纪念它的第一位主教圣费尔明的圣费尔明节吸引游客，节日当天以斗牛和牛被赶过街道到处乱窜达到高潮，此场景在E.海明威的小说《太阳升起》中有所描绘。人口约183 964（2001）。

盘古大陆 Pangea 又作 Pangaea。假想的原始大陆。由德国气象学家A. 韦格纳于1912年提出，作为其大陆漂移学说的一部分。据推测这个盘古大陆（源于希腊语 pangaia，意为整个陆地）约占地球表面积的一半，周围是称为泛古洋的海的世界。侏罗纪（大约2亿年前至1.46亿年前）早期盘古大陆开始解体，裂开的断块劳亚古大陆即今日的北半球，冈瓦纳古大陆即今日的南半球。这两个古陆渐渐漂移分开，由此形成大西洋和印度洋。

判决 sentence 在刑法上，正式宣布对已定罪的被告人处以惩罚的判决。其主要类型包括：并列判决，它与另一判决同时进行；连续判决，它在另一判决之前或之后进行；强制判决，作为对某一进攻的惩罚，法规对这类判决做出了特殊要求；缓期判决，该类判决的强迫执行或执行被法院暂停。参阅死刑和假释。

叛国罪 treason 企图推翻本国政府或在战争中帮助本国敌人的犯罪行为。在美国，宪法的制定者对叛国罪有严格的解释：只应限于对美国发动战争，或给美国的敌人以帮助和支持。这样做的目的是减少那些当权者可能以叛国罪错误或随意地指控他们的政治对手的可能性。参阅煽动叛乱。

庞贝 Pompeii 意大利南部古城，位于那不勒斯东南方。由奥斯坎人建于公元前6世纪时或更早，他们是坎帕尼亚地区新石器时代居民的后裔，曾受过希腊人和埃特鲁斯坎人的影响，公元前5世纪末被意大利人的一个部落萨谟奈人占领。曾与罗马联盟，到公元前80年被开拓为殖民地。公元63年遭地震破坏，79年维苏威火山大爆发，该城完全被毁。火山灰掩埋了该镇，但也长年保护了这座废墟。1748年开始考古挖掘，恢复了城市的大部分原貌，包括广场、神殿、浴池、剧院和数百户私宅。参阅赫库兰尼姆。

庞贝的阿波罗神庙，背景为维苏威山
Edwin Smith

庞德 Pound, Ezra (Loomis) (1885～1972) 美国诗人和评论家。出生于爱达荷州黑利。曾就读于汉密尔顿学院和宾夕法尼亚大学，学习了多种语言。1908年乘船到欧洲，在那里度过了大半生。他很快成为意象主义的领导和英美诗歌界具有显著影响的人物，提携了很多作家，包括W. B. 叶芝、J. 乔伊斯、E. 海明威、R. 弗罗斯特、D. H. 劳伦斯和T. S. 艾略特，曾为艾略特精心编辑《荒原》。第一次世界大战后，他出版了最重要的两首诗歌《向塞克斯图斯·普罗佩提乌斯致敬》（1919）和《休·赛尔温·毛伯利》（1920）。他还开始发表史诗式的长诗《诗章》，成为他一生中最主要的诗歌创作。在大萧条时期到来时，他开始对历史和经济产生浓厚的兴趣，并专注于提倡货币改革，表达了他对B. 墨索里尼的崇拜。在第二次世界大战期间，他发表了支持法西斯主义的广播演说，1945年被指控叛国而被美军逮捕，最初监禁在比萨。著名的长诗《比萨诗章》（1948，获博林根诗歌奖）就是在那里写成的动人作品。之后，他被关在美国的一家精神病院，直到1958年返回意大利。《诗章》（1970）中收集了他的117首完整的诗章。

庞加莱 Poincaré, (Jules-) Henri (1854～1912) 法国数学家、理论天文学家、自然科学哲学家。出生在一个显赫的文职官员家庭（参阅R. 庞加莱），他在心算和记忆力方面能力非凡。1879年写了微分方程方面的博士论文，随后加入巴黎大学（1881）直到去世。他致力于天体力学和数学分析，独立得出了爱因斯坦狭义相对论中的许多结论，并在1906年的一篇关于电子动力学的论文中发表。后来撰写了一些关于科学与数学的意义与重要性的科普书籍。

H. 庞加莱，1909年摄
H. Roger-Viollet

庞加莱 Poincaré, Raymond (1860～1934) 法国政治人物。曾任律师，1887～1903年任下议院议员，1903～1912年进入上院，1893、1895两度任教育部长，1894、1906两度任财政部长。1912～1913年担任总理和外交部长，加强了法国与俄国及英国的关系。1913～1920年担任第三共和国的总统，积极支持民族团结。1922～1924年与1926～1929年，他再次担任总理，在稳定法郎以解决法国财政危机方面功勋卓著，使法国出现了一段新的繁荣时期。

庞培 Pompey the Great(公元前106～前48) 拉丁语全名作Gnaeus Pompeius Magnus。罗马共和国与罗马帝国的政治家和将领之一。其早期军事生涯极为辉煌。在同盟者战争中,曾协助苏拉有效地对马略进行打击,夺回西班牙(公元前76～前71),粉碎了最后一支斯巴达克恩军,消灭了地中海地区东部的海盗(自公元前67年起),战胜了米特拉达梯六世(63),巩固和扩大了东部省份和边境领地。公元前61年与J.凯撒和M.L.克拉苏形成前三头秘密同盟。克拉苏死后(公元前53),庞培与凯撒发生冲突。公元前52年罗马处于无政府状态,他被任命为唯一的执政官。公元前49年凯撒违背元老院的旨意,发动内战,庞培率其海军向东逃离,凯撒为追击庞培而渡过鲁比孔河。庞培在法萨卢斯战役(前48)中被击败后,带着他的舰队一起逃往埃及,但没想到埃及人会站在凯撒一边,当他走下船,准备踏上埃及国土时,便被杀害。

庞奇 Punch 提线木偶和木偶剧中的鹰钩鼻、驼背人物(参阅傀儡戏)。该木偶人物改编自意大利即兴喜剧中的一个丑角人物,17世纪60年代由意大利木偶操纵员带到法国和英国。到1700年,英国的每部木偶剧都刻画了庞奇(从丑角角度)和他的妻子朱蒂。18世纪90年代时提线木偶不太受欢迎,使用更小的手套木偶来表演流行的庞奇和朱蒂剧。欺诈的庞奇的无耻行为,在19世纪得到承认,今天仍继续取悦观看木偶表演的观众。

庞恰特雷恩湖 Pontchartrain, Lake 美国路易斯安那州东南部湖泊。长64千米,宽40千米,面积1 631平方千米。该湖更像是个有潮潟湖,湖水略有咸味,鱼类丰富,可供垂钓。通过博格内湖与墨西哥湾相连,另有一运河将其与密西西比河连接起来。庞恰特雷恩堤道成为该湖的分界线。平行横跨该湖的两座39千米长的大桥,是目前世界上最长的跨越水面桥,桥的北部起点在新奥尔良。

庞塞·德莱昂 Ponce de León, Juan(1460～1521) 西班牙探险家,可能曾参与1493年C.哥伦布的远航。后来在西印度群岛参战(1502),并成为伊斯帕尼奥拉岛总督。1508～1509年在波多黎各建立殖民地,并在今天的圣胡安附近建立了定居点。在巴拿马群岛听说的不老泉的传言激励他于1513年出发远征,但他却在今美国佛罗里达北部海岸的圣奥古斯丁附近登岸。后来沿佛罗里达的南海岸和西海岸航行,然后返回西班牙以保住他军事总督的头衔(1514)。1521年再次远航到佛罗里达开拓殖民地,在印第安人的一次袭击中受伤,死于古巴。

《旁观者》 Spectator, The 1711年3月1日至1712年12月6日由R.斯梯尔和J.艾迪生在伦敦出版的刊物(每天一期),艾迪生于1714年又复刊(共出版80期)。为斯梯尔1709年创办的《闲谈者》期刊的续刊。为达到“以才智活跃道德,以道德磨炼才智”的目的,《旁观者》虚构了一个“旁观者俱乐部”,通过想象中的俱乐部成员之口阐明作者对社会的看法。这份期刊使得对文学和政治的严肃讨论变成了有闲阶级的平常消遣,确立了自己的风格,并成为18世纪期刊的时尚,同时帮助形成了一个能够接纳小说家的公众群体。

旁遮普 Punjab 印度西北部一邦。毗邻巴基斯坦以及印度的查谟和克什米尔邦、喜马偕尔邦、哈里亚纳邦和拉贾斯坦邦。18世纪时印度锡克教教徒在旁遮普建立了一个强大的王国,1849年受英国人统治。1947年该区分别划分给印度和巴基斯坦两个新国家,较小的东部划归印度。旁遮普是印度唯一一个锡克教徒占多数的邦。印度教徒约占人口的1/3,此外还有少数基督教徒、耆那教徒和穆斯林。经济基础是农业和中小型工业。昌迪加尔为旁遮普和哈里亚纳邦的联合行政首府。面积50 362平方千米。人口约27 704 236(2011)。

旁遮普语 Punjabi language 又作Panjabi language。通行于印度和巴基斯坦旁遮普地区的印度-雅利安语。在印度约有2 600万人讲旁遮普语;在巴基斯坦,这个数字则可能超过6 000万,约为该国人口的一半,但语言学家有时认为巴基斯坦旁遮普省的西南、西部和北部地区的方言是一种不同的语言。至于旁遮普省南部,虽然当地居民讲的西莱基语和讲旁遮普语的人之间可以相互沟通,但是他们还是强烈要求承认他们的方言西莱基语是另外一种独立的语言(有1 200多万人讲这种方言)。从语言学的角度来看,旁遮普语有一种鲜明的特色,那就是在带浊辅音的音节中具有发音独特的声调变化。

膀胱癌 bladder cancer 膀胱的恶性肿瘤。膀胱癌最主要的致癌因素是抽烟。暴露于芳香烃基胺这种化学品(用于皮革、橡胶、印刷和纺织等行业)环境下是另一个危险因素。大部分的膀胱癌是在60岁以后才被诊断出来,男人罹患的比例高于女人。症状包括血尿、排尿困难、排尿频繁,至于排尿痛楚则比较少见。可用外科手术、放疗或化疗来治疗。

膀胱炎 cystitis 泌尿系统的炎症。有时周围器官的感染可蔓延至膀胱。引起炎症的病原体有细菌、病毒、霉菌或寄生虫,典型症状有尿频、尿急、尿时及尿后马上灼痛和腰痛。由于女性尿道比男性短,因此多见于女性,最常见的致病菌是经由直肠来的大肠杆菌。急性膀胱炎常为细菌性,导致膀胱黏膜红肿、出血,可出现小溃疡和囊肿,有时还形成脓肿。如果炎症反复发作、感染持续不愈均可引发慢性膀胱炎,导致膀胱壁增厚,容量缩小。可通过检验尿液中的细菌或微生物作诊断,治疗方法有服用药物或施行外科手术。

抛石机 ballista 古代投掷物体的发射器,用作发射长箭或重型球状物。希腊抛石机基本上为一绑在基座之上的巨大的弩弓;罗马抛石机使用扭力发射,以两束粗大绞索将强力弹臂之两端绞至并拢,然后弹射投掷物。最大的抛石机可将27千克重物相当准确地发射到约450米开外的目标。

狍 roe deer 几乎无尾的鹿,学名为*Capreolus capreolus*,原产于欧亚大陆。以小家族群栖息在树木稀疏的林区。肩高66～86厘米。夏季浅红褐色,冬季浅灰褐色,带有鲜明的白色臀斑。雄狍生有基部粗糙的分三叉的短角。受惊时吠声如犬。

跑木头 coureur de bois 17世纪早期与18世纪末法国与加拿大之间的皮草贸易。大多数的都是非法贸易(举例来说,都没有魁北克政府所要求的执照)。他们卖白兰地酒给印第安人,造成他们进行交易的部落陷入困境。虽然他们蔑视殖民地当局,但他们最终还是在开拓边境、发展皮草贸易并协助法国与美洲原住民结盟对抗英国人等方面,使殖民地当局获利良多(参阅法英北美殖民地争夺战)。

炮弹 shell 火炮的投射物、子弹壳或霰弹枪的弹药筒。始于15世纪,当时是内含金属弹丸或石弹的容器,在容器离开枪炮后即爆炸发散。16世纪开始采用爆破性弹壳,该弹壳为中空的铁铸球体,中间充塞了火药并用引线点火。在18世纪以前,这样的炮弹弹壳只在高角度射击中使用(包括迫击炮在19世纪,炮弹弹壳被使用在直接发射的炮弹中,尤其是在榴霰弹中。现代的炮弹由子弹壳(通常为钢铸的)、发射推动药和爆炸装置构成。发射推动药由炮弹底部的起爆剂和弹头的引线点燃。在步枪、手枪、机枪的弹药中,该词汇指的是内含火药柱的铜弹壳。在猎枪的弹药中,指整个弹药筒,包括子弹、火药、起爆剂和外壳。

胚胎 embryo 动物在卵中或母体子宫内发育的早期阶段,在这段期间其基本的形态、器官和组织开始发展。在人类指受孕后到第七或第八周为止的孕儿,之后则称为胎儿。在哺乳动物中,卵与精子结合而成受精卵,受精卵发生数次细胞分裂(卵裂)后,形成一个中空球形的囊胚。受精之后第二周,原肠胚形成后,胚胎分化为三个组织类型,这三种组织类型再发展为不同的器官系统:外胚层发育成皮肤和神经系统;中胚层发展为结缔组织、循环系统、肌肉和骨骼;内胚层形成消化系统、肺以及泌尿系统。人类在受孕后第四周左右,头部和躯干的区分逐渐明显,脑、脊髓、内部器官开始发育。到了第五周,四肢开始出现,胚胎长约0.8厘米。到第八周结束,胚胎已成长到2.5厘米长,接下来的变化有限,主要是现存结构的成长和特化。任何的先天性疾病也是在这个阶段开始出现。参阅妊娠。

胚胎学 embryology 研究胚胎的形成和发育的学科。在显微镜尚未广泛应用和19世纪细胞生物学尚未出现之前,胚胎学只是一门以肉眼形态描述和比较形态学为基础的学科。从亚里士多德时代起,人们就开始争论胚胎究竟是什么的问题,“胚胎预存说”、“同比侏儒说”、“逐渐分化说”等,莫衷一是。

直到1827年K. E. 贝尔发现哺乳动物的卵，才证明胚胎渐成说的理论。德国解剖学家W. 鲁（1850～1924）以首创蛙卵的研究（1885年起）而闻名，成为实验胚胎学的创始人。

陪审官资格审查 voir dire 在法律上，指从预期的陪审官名单中通过询问来挑选陪审团组成人员的程序，用以确定陪审官候选人是否怀有偏见或对被告是否有罪已有成见。提问律师可以要求陪审官有因回避，这种申请的次数不受限制。他们还可以要求陪审官无因回避，但次数有一定限制。

陪审团 jury 法律名词，指一批非专业人员经过挑选并宣誓就案件的事实提出问题，并根据证据作出裁断。陪审员除了对事实提问外也可对法律提出问题。但美国联邦陪审员通常会被限于对事实提出问题。现代陪审团人数的多寡视程序而定，但通常是6或12人。美国法律规定，不论是联邦大陪审团或小陪审团都必须是“在该地区的法院召集经公平的交叉选择所随机选出的团体”。美国最高法院对陪审团作出一系列的决定，规定陪审团的成员必须是“同等”的人，并且有系统地将在陪审审判中会违背美国宪法第14修正案的同等保护权条款和影响被告权利的特殊阶级排除（例如，性别、肤色或祖先）。被告并没有选择陪审员的权利。参阅大陪审团和陪审官资格审查。

培根 Bacon, Francis（1561～1626） 后称Viscount St. Albans。英国政治家和哲学家，也是现代科学方法论之父。他是W. 塞西尔的外甥，曾在剑桥和格雷律师学院求学。原是埃塞克斯伯爵（第二）的支持者，但在埃塞克斯伯爵因背叛而受审时转而反对他。詹姆斯一世当政时，他稳步升迁，先后成为副检察长（1607）、总检察长（1613）、大法官（1618）。因证明从那些在他的法庭中受审的人手中接受贿赂被判有罪，他被短期监禁，并永远失去公职，死时债务缠身。他尝试把自然科学置于稳固的经验基础之上，他的方法始于《新工具论》（1620）。他对科学的繁复分类启发了18世纪的法国《百科全书》编纂者，而他的经验主义启发了19世纪英国科学的哲学家。其他著作包括《学术的进展》（1605）、《亨利七世的历史》（1622）和几种重要的法律及拥护宪法的著作。

培根 Bacon, Francis（1909～1992） 爱尔兰裔英国画家。生于都柏林。曾在柏林和巴黎居住，后定居伦敦（1929），从事室内装潢工作。未受过正规艺术训练，但他也开始绘画，参加美术展，不过一直默默无闻。1944年以《以耶稣被钉死在十字架上图为基础的三幅人物习作》系列引起争议的画作一夜成名。培根的大部分画描绘处于孤立、绝望中，带有噩梦般恐怖的扭曲的人物形象，画上的色彩强烈，评论家和同行称赞他运用油色的技巧。他毁掉了许多早期作品，但在欧美的一些博物馆里现在仍能见到他的一些早期作品。

培根 Bacon, Nathaniel（1647～1676） 英裔美洲殖民地种植园主，培根反叛事件的首领。1673年他从英格兰移居弗吉尼亚，并置地。不久在W. 伯克利的总督府任职。他

N. 培根，版画
By courtesy of the Library of Congress, Washington, D. C.

与伯克利在对待印第安人政策上发生分歧后，1676年培根违抗伯克利的命令并开始对印第安人进行征伐，后培根转而率军反对伯克利，占领詹姆斯城，曾一度控制弗吉尼亚大部地区。29岁时，他在权力达到顶峰时因患流行性感冒去世，反叛遂告失败。

培拉 Pella 古代马其顿王国首都。位于希腊北部的塞萨洛尼基西北部，公元前5世纪末开始繁荣。原名布洛莫斯，腓力二世统治时期该城迅速发展，但在马其顿末代国王被罗马人击败后，该城地位降为小镇。1957年开始该城的考古发掘，发现了4世纪晚期的高大精美的房屋，内有镶嵌地板的房间。亚历山大大帝诞生于该城。

培琉喜阿姆 Pelusium 古埃及城市。位于尼罗河最东边的河口（长期淤积），该市废墟为现代塞得港的东南部。埃及第26王朝（公元前7世纪）初为抵御巴勒斯坦的主要边境堡垒，也是对亚洲货物收税的关卡。公元前525年波斯人在冈比西斯二世带领下，在这里打败法老萨姆提克三世。在罗马时期，这里是通往红海贸易路线上的一个驿站；现存罗马时期的废墟。

培尼亚·涅托 Peña Nieto, Enrique（1966～ ） 墨西哥总统（2012～ ）。曾获得墨西哥泛美大学学士学位和蒙特雷理工学院工商管理硕士学位。1984年加入墨西哥执政党革命制度党，并迅速在党内崭露头角，在墨西哥州政治中变得非常活跃，先后担任过行政秘书（2000～2002）、州议员（2003～2004）和墨西哥州州长（2005～2011）。2012年当选为墨西哥总统，在竞选过程中承诺努力改善国家经济、打击愈加严重的与毒品有关的暴力犯罪活动。

赔款 reparations 一个国家在战争中战败所支付的金钱或实物。第一次世界大战之后，依照《凡尔赛和约》德国被要求赔款给协约国。原先的赔款金额是330亿美元，但后来根据道威斯计划和扬计划而降低，并在1933年完全取消。20世纪20年代德国曾有极端民族主义者利用反对赔款之由挑起政治动乱。

裴多菲 Petőfi, Sándor（1823～1849?） 匈牙利诗人和革命家。他的第一部作品《诗集》（1844）的出版使他出名。1848年革命之前，他写的诗就充满政治激情；其中一部《起来，匈牙利人》成为一首赞美歌。1849年7月31日他在锡吉什瓦拉战役中消失了，被认为死于战斗中。他的作品特色是写实主义、幽默和生动活泼的描写，以及显著的活力，具有采用民歌传统的直率风格。《勇敢的约翰》（1845）是一部使人着迷的童话，也是他最受欢迎的叙事诗。

裴斯泰洛齐 Pestalozzi, Johann Heinrich（1746～1827） 瑞士教育改革家。1805～1825年领导纳沙泰尔附近的伊韦尔东研究所，该机构吸引了来自欧洲各地的学生和教育者（包括F. 福禄培尔）。裴斯泰洛齐的教育方法强调集体而非个人的背诵，课程以学生能够积极参加的活动为主，如绘画、写作、唱歌、体育、模型制作、采集标本、地图绘制和校外实地考察等。他主张教学要为学生的个人差异留有余地，学生分班要根据能力，而不要根据年龄，倡导正规的教师培训，这些观念在当时都认为是激进的革新思想。

佩奥特掌 peyote 仙人掌科仙人掌属两种植物。原产于北美，几乎仅分布在墨西哥。无刺，质柔软，通常蓝绿色，株高仅5厘米，宽约8厘米。常见种威廉斯仙人球（*Lophophora*

佩奥特掌（*Lophophora williamsii*）
Dennis E. Anderson

williamsii）花呈粉红色到白色。*L. diffusa* 较原始，花白色到黄色，植株黄绿色。因具致幻作用（主要由于一种仙人球毒碱的生物碱）而闻名，这两种植物主要用于某些美洲印第安人的新旧宗教仪式中。许多地方法律禁止出售、使用和持有此种植物（无论是干燥花球或活的植物）。

佩得罗三世 Peter III（1239～1285） 西班牙语作Pedro。别名Peter the Great（佩德罗大帝）。阿拉贡国王（1276～1285）及西西里国王（1282～1285，称佩德罗一世）。1262年与西西里霍亨斯陶芬家族的女继承人结婚。1282年镇压了西西里人暴乱，尽管遭到归尔甫派和教皇的反对（参阅西西里晚祷），但他仍自立为王。阿拉贡的贵族和一些自治城市不满他在西西里的冒险行径，迫使佩德罗确认他们的合法权利并减少王权。1285年法国的腓力三世入侵阿拉贡想要推

翻佩德罗，结果被后者击败。

佩德罗一世　Pedro I（1798 ～ 1834）　又作 Dom Pedro。巴西第一位皇帝（1822 ～ 1831），也曾短暂担任葡萄牙国王。他是葡萄牙约翰六世之子，1821 年为巴西摄政王，但在 1822 年与里斯本当局决裂，宣布巴西独立。这块前殖民地成为一个君主立宪国家，佩德罗成为这个国家的皇帝。他的专横态度和对议会程序的不耐烦引起强烈的对立，迫使他将王位退让给他 5 岁的儿子佩德罗二世。当约翰六世去世后，佩德罗一世成为葡萄牙的国王，称佩德罗四世，但很快就将王位退让给自己的女儿，即未来的女王玛丽亚二世。参阅安德拉达-席尔瓦。

佩蒂　Petty, William（1623 ～ 1687）　后称 Sir William。英国政治经济学家、统计学家。他放弃海上生活开始学医，并在牛津大学教授解剖学。他在爱尔兰从事矿业、铁工厂和水产业，并有好几项发明，还是皇家学会的创立者之一。他是政治算术的创始人之一，认为政治算术是用数字来表明政府有关事务的推理艺术。他最著名的作品是《赋税论》（1662），主张不要束缚个人自身利益的力量，但声称国家有责任维持高水平的就业。他还证明生产所必需的劳动是交换价值的主要决定因素。

佩顿　Paton, Alan(Stewart)（1903 ～ 1988）　南非作家和政治活动家。在担任黑人少年感化院院长期间，提出具有争议的渐进改革，并写了一本著名小说《哭吧！亲爱的祖国》

佩顿，1961 年摄
UPI

（1948），引起国际社会对南非种族隔离政策的注意。为消除种族隔离，1953 年他帮助成立了南非自由党，并且亲自领导该组织，直至 1968 年被禁。其他的作品包括小说《太迟了的法拉罗勃》（1953），以及传记《霍夫迈尔》（1964）和《开普敦大主教克莱顿的时代和生平》（1973）。

佩恩　Penn, Irving（1917 ～ 2009）　美国摄影家。出生于新泽西州普兰菲尔德。早年渴望成为画家。但 26 岁时找到一份为《时尚》杂志设计照片封面的工作，不久成为时尚摄影家。第二次世界大战后开始拍人物肖像，因拍名人照片而受到许多赞赏。他透过清楚的线条和布局而非道具和背景使朴素的形象表现出优雅和精致。

佩恩　Penn, William（1644 ～ 1718）　又译彭威廉。英国贵格会领袖，宾夕法尼亚州创立人。他因自己的新教信仰而被驱逐出牛津大学，被派到爱尔兰管理家族产业，1667 年在那里加入公谊会。曾因出书、小册子以及公开支持贵格会教义而 4 次遭囚禁，其中一次监禁成为“布歇尔案”的先例，建立了独立的陪审团制度。在《良心自由的大问题》（1670）一书中，他支持宗教上的宽容并设想了一个建立在宗教和政治自由基础上的殖民地。其父去世后，他继承了父亲的遗产和对查理二世的影响力，查理二世赐予他特拉华河旁一大片土地以抵偿欠他父亲的债务。他在 1682 年到达宾夕法尼亚州，起草了一个政府草案，建立了信仰自由，规划了费城的城市蓝图，并同印第安人建立起和平关系。1684 年他返回英国针对近邻马里兰提出的要求而捍卫其利益。由于他的朋友约克公爵登基成为詹姆斯二世，他释放了所有被关押的贵格会教徒并使《信教自由声明》（1687）生效，对宗教采取宽容政策。他后来返回宾夕法尼亚州（1699 ～ 1701），写出《权利宪章》，允许议会有更大的自治权。他返回英国，后来面临财政问题。

佩尔修斯　Perseus（公元前 213/212 ～前 165）　马其顿最后一位国王（公元前 179 ～前 168）。腓力五世之子，曾同罗马人（公元前 199）和埃托利亚人（前 189）作战。他劝说其父王废黜了他的兄弟德米特里。当上国王后，他将自己的势力扩展到附近国家，并试图取得希腊世界的信任，但反而因率兵到德尔斐引起希腊恐慌。帕加马的欧迈尼斯二世提醒罗马佩尔修斯有侵略企图，导致第三次马其顿战争（公元前 171 ～前 168）。这场战争以罗马人战胜马其顿人告终，结束了其君主统治，而佩尔修斯也在监禁中度过余生。

佩夫斯纳　Pevsner, Nikolaus（1902 ～ 1983）　后称 Sir Nikolaus。出生于德国的英国艺术史家。曾就读于几所不同的德国大学，1929 ～ 1933 年任教于格丁根大学，后迁往英格兰以逃避纳粹主义。他在英国先后任教于伦敦大学、牛津大学和剑桥大学。他以论述建筑的著作而知名，特别是他从 1951 ～ 1974 年出版的《英国建筑》，该书共 46 册，为英国各郡的指南，可以说是 20 世纪学术研究的伟大成就之一。他还构思并编辑《鹈鹕艺术史》系列（始于 1953 年），其中许多单卷已成为经典著作。

佩戈莱西　Pergolesi, Giovanni Battista（1710 ～ 1736）　意大利作曲家。1732 年被任命为那不勒斯王子的礼拜堂唱诗班指挥，由此踏上成功之路。1732 年创作了一部喜歌剧《爱僧》，接着在 1733 年又创作了一部正歌剧，其幕间剧《女佣作主妇》反而走红。由于健康不佳，1736 年他搬到一家方济会隐修院，在那里完成了《圣母悼歌》和《告慰女王》，去世时年仅 26 岁。巡回歌剧团开始对《女佣作主妇》产生兴趣，1752 年在巴黎的演出获得成功，但该剧也引起了称之为“滑稽歌剧之战”的争论。由于他死后名声大振，很多别人写的作品也都冒用其名。

佩季帕　Petipa, Marius（1819 ～ 1910）　法裔俄国舞蹈演员和编舞家，对俄罗斯现代的古典芭蕾影响巨大。出生于马赛，自幼接受担任芭蕾舞教师的父亲的训练，1847 年加入圣彼得堡的皇家剧院之前曾在法国、比利时和西班牙担任主要舞蹈演员。在皇家剧院他也创作了几出芭蕾舞剧，其中的《法老之女》使他于 1869 年升任剧院首席编导。直至 1903 年退休，他为圣彼得堡和莫斯科的皇家剧院创作了 60 多部芭蕾舞剧，其中包括《堂吉诃德》（1869）、《舞姬》（1872）、《睡美人》（1890）、《天鹅湖》（1895）和《四季》（1900），这些剧目成为俄罗斯经典保留剧目的核心。

佩雷茨　Peretz, Isaac Leib（1852？～ 1915）　又称 Yitskhok Leybush Perets。波兰作家。著作甚丰，大多用意第绪语写作，带来新的表现力和来自西欧艺术和文学的现代化影响。他从东欧穷困潦倒的犹太人生活中汲取素材，编写了哈西德派传说（如《沉默的灵魂》丛书），是对传统价值作深入思考的挽歌体诗作。其故事集作品还包括《民间故事》（1908）、剧作《金链条》（1909），许多文章都旨在鼓励犹太人更广泛地获取世俗知识。

佩雷尔曼　Perelman, S(idney) J(oseph)（1904 ～ 1979）　美国幽默作家。出生于纽约州布鲁克林。曾在布朗大学就读，不久开始为早期的马克斯兄弟公司电影撰写剧本，包括《恶作剧》（1931）和《胡说八道》（1932）。他是一位善用双关语的大师，经常向《纽约人》杂志投稿，有许多文章收录在《哈！向西去！》（1948）和《通往米尔敦的路》（1957）等书中。他还同 K. 韦尔合写了音乐剧《爱神轻触》（1943）。后期剧本还包括《环游世界八十天》（1956，获奥斯卡奖）。

佩雷斯　Peres, Shimon（1923 ～　　）　原名 Shimon Perski。出生于波兰的以色列政治家。1934 年随家人移民到巴勒斯坦，1947 年加入哈加纳（犹太复国主义的军事组织）。以色列取得独立后，曾担任过一些国防部工作（1948 ～ 1965）。1968 年协助建立以色列工党。1984 年在一场难决胜负的选举后，他同利库德集团候选人沙米尔达成共同执政的协议，两人轮流担任总理。在佩雷斯任期内（1984 ～ 1986）以色列军撤出黎巴嫩大部分地区。他在 Y. 拉宾（1992 ～ 1995）的政府中担任过外交部长，并与拉宾、Y. 阿拉法特共获 1994 年诺贝尔和平奖。拉宾遇刺后他再次成为以色列总理，但在 1996 年选举中以微弱之差败于 B. 内塔尼亚胡。尽管佩雷斯 1997 年谢绝寻求连任工党领导人，但他后来还是在利库德集团的沙龙领导下的全国团结政府中先后担任外交部长（2001 ～ 2002）、代总理（2001 ～ 2002）和副总理（2005）。2003 年佩雷斯重新担任工党主席，但在 2005 年的党内选举中意外失利。他随后离开工党，加入前进党。2007 年当选总统。

佩雷斯·德奎利亚尔 Pérez de Cuéllar, Javier(1920～) 联合国第5任秘书长(1982～1991)。出生于秘鲁,1940年进入外交部工作,后于1944年进入外交使团,先后在秘鲁驻法国、英国、玻利维亚和巴西大使馆任职。在担任了秘鲁驻瑞士大使和秘鲁的首任驻苏联大使之后,被任命为秘鲁常驻联合国代表,并担任该职直至被任命为联合国秘书长。任职期间他主张利用联合国安全理事会维持和平,并将其作为一个协商的论坛。在第二个任期内他通过谈判达成结束两伊战争(1988)实际敌对状态的停火协议。

佩雷斯·加尔多斯 Pérez Galdós, Benito(1843～1920) 西班牙小说家。19世纪70年代他开始创作一套包含46部短篇历史选说的作品集《民族轶事》(1873～1912),人们因此把他与H. de巴尔扎克、C. 狄更斯相提并论。他的一些优秀作品记录了当时西班牙的社会情况,包括《剥夺了继承权的夫人》(1881)和其代表作《福尔图纳塔和哈辛塔》(1886～1887),后者反映的是两位已婚妇女的不幸生活。其早期作品反映出他改革的热情和反对教权的思想,但19世纪80年代之后他转而表现出对西班牙莫大的同情和其特异性,如在《纳萨林》(1895),《怜悯》(1897)等一系列作品中表现出托尔克马达式风格。他还创作了一些很受欢迎但艺术价值较差的剧本。他被视为M. de塞万提斯之后西班牙最伟大的小说家。

佩理 Perry, Matthew C(albraith)(1794～1858) 美国海军军官。跟随其兄O. 佩理加入美国海军,并担任美国第一艘战舰"富尔敦"号(1837～1840)的指挥官。曾在墨西哥战争中指挥美国海军,并在韦拉克鲁斯援助W. 斯科特。1852年受M. 费尔莫尔总统之命前去敦促日本政府与美国建立外交关系。他认为只有显示海军实力才能改变日本的孤立政策。1853年率舰4艘驶入浦贺港,并说服日方接受美国总统要求签约的信件。1854年又率舰9艘陈兵江户湾(今东京湾),与日本缔结了两国间第一个条约。日本在该条约中承认美国的贸易特权,并向美国开放远东。

佩鲁吉诺 Perugino(约1450～1523) 原名Pietro di Cristoforo Vannucci。意大利画家。出生于佩鲁贾附近(其别称的由来),可能是

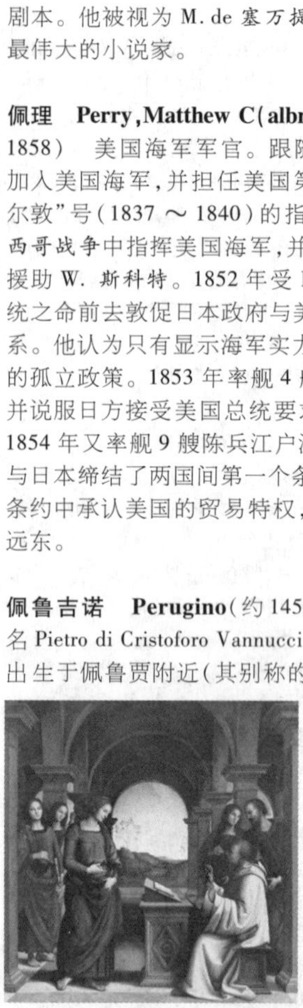

《圣伯尔纳德显灵》,画板画,佩鲁吉诺绘于约1491～1494年;现藏慕尼黑旧绘画陈列馆
By courtesy of the Alte Pinakothek, Munich

皮耶罗·德拉·弗朗西斯卡和韦罗基奥的学生。其最有名的壁画之一《接受天国之钥的圣彼得》(1481～1482),悬挂于西斯廷礼拜堂,其作品明晰的构图和空间关系的处理都成为文艺复兴盛期的重要美学原则。约1490～1500年为其艺术生涯的巅峰时期,当时他为佛罗伦萨帕吉的圣玛丽亚马达莱纳修道院创作了壁画《钉死于十字架》。晚年他的艺术水平开始走下坡,约1500年他离开备受批评的佛罗伦萨艺术圈到翁布里亚工作。1508年曾短暂回来受委托制作梵蒂冈的德伊萨狄奥宫室的天花板圆形装饰工程。该宫室的壁画交由他的学生拉斐尔来完成,后者已经显现出比他的老师更为高超的艺术才华。

佩鲁贾 Perugia 意大利中部翁布里亚大区首府。位于罗马北面,台伯河和特拉西梅诺湖之间。由翁布里亚人建立,后成为埃特鲁斯坎人的12个主要城市之一。从公元前310年起由罗马人统治。公元592年成为伦巴第公国。曾是伟大的翁布里亚画派中心,15世纪是该画派的全盛时期(参阅佩鲁吉诺)。在意大利复兴运动中扮演过积极的角色,1860年并入统一的意大利。现为农业贸易中心,以生产巧克力闻名。市内有著名的埃特鲁斯坎人城墙残迹,同时也是一座保存完好的中世纪城市。人口约148 575(2001)。

佩罗 Perot, H(enry) Ross(1930～) 美国商人。出生于得克萨斯州特克萨卡纳。毕业于安纳波利斯海军学院,1953～1957年在美国海军服役,1957～1962年任职于国际商业机器公司(IBM),之后成立他自己的电子数据系统公司,按合同承包数据处理。他经营有方,于1984年以25亿美元将公司出售给通用汽车公司。1992年成为总统独立候选人,并因此闻名全国。他在那些对传统的政党政治不满的选民中赢得支持,在普选中获得19%的选票。他的改革党逐渐脱离佩罗本人的色彩,建立起自主权。

佩罗 Perrault, Charles(1628～1703) 法国诗人、散文家和故事作家。约1660年以轻快的散文和爱情诗厕身文坛。为自己孩子创作的童话集《鹅妈妈的故事》(1697),是其最受欢迎的作品。此后他毕生从事文学和艺术研究。为法兰西学院的领导人物,卷入了与N. 布瓦洛进行的一场著名的"古今之争"文学论战,他支持厚今派的观点,反对传统的束缚,成功地立下了一个新的里程碑。

佩罗 Perrot, Jules(Joseph)(1810～1892) 法国舞蹈演员和编导。曾向S. 维加诺学习。1830年在巴黎歌剧院首次登台表演。1835年之前一直都与M. 塔利奥尼搭档,之后离开公司,在欧洲巡回演出。他曾为C. 格里西(1819～1899)编过几出芭蕾,可能最著名的是在《吉赛儿》中的独舞。1842～1848年在伦敦担任舞者及芭蕾教师。1848～1958年移居圣彼得堡,在那里继续以表现性、戏剧性风格设计舞蹈动作。在他人生的最后几年于

J. 佩罗,版画;根据素描复制
By courtesy of the Bibliotheque de l' Opera, Paris; photograph, Pic

巴黎歌剧院授课。

佩皮斯 Pepys, Samuel(1633～1703) 英国日记作家和政府官员。出身寒微,约在1659年被任命为英国财政部职员,1660年1月1日他在那里开始写日记并因此而出名。

S. 佩皮斯,油画,J. 海尔斯绘于1666年;现藏伦敦国立肖像画陈列馆
By courtesy of the National Portrait Gallery, London

他逐渐平步青云,后来成为海军上将的秘书,当选为议员,并担任皇家学会的主席,成为查理二世和詹姆斯二世的心腹,广交当时知名的学者。他的日记(1825年出版)一直写到1669年,描述了在复兴时期的伦敦官员及上层社会生活的迷人画面,对日常琐事和大事件均有翔实而生动的记载,包括当时的瘟疫和伦敦大火。

佩奇 Page, Geraldine(1924～1987) 美国女演员。曾在芝加哥和纽约市的戏剧学校就读。1952年在《夏日烟云》(1961年拍成电影)中饰演阿尔马·瓦恩米勒,开始在百老汇走红。以扮演脆弱、落难的女子闻名,主演的其他戏剧有《造雨人》(1954～1955)、《鸳鸯谱》(1957～1958)、《奇妙的插曲》(1963)、《上帝的女儿》(1982)。拍摄的电影包括《本土》(1953)、《春浓满楼情痴狂》(1962),以及《丰富之旅》(1985,获奥斯卡最佳女主角奖)。此外还因演出电视剧《圣诞

节的回忆》(1966)和《感恩节的来客》(1968)而赢得埃米奖。

佩萨罗 Pesaro 古称 Pisorum。意大利中北部马尔凯大区城市,亚得里亚海港口。536年被东哥特人摧毁,拜占廷将军贝利萨留把其当作是彭塔波利斯的城市之一,对其进行了重建与加固。1445年卖给斯福尔扎家族,1631年成为教皇国的一部分。作曲家G. 罗西尼诞生于此(1792)。第二次世界大战期间在1944年同盟国军队的进攻中遭到严重破坏,所幸大部分古老建筑受损不大。现为海滨度假胜地,周围是农业区。马约利卡陶器博物馆是意大利藏品最丰富的博物馆。人口90 311(2001)。

佩索阿 Pessoa, Fernando(António Nogueira)(1888～1935) 葡萄牙诗人。7岁时随继父(葡萄牙领事)前往南非,因而熟谙英语。回到里斯本后,从事商业翻译工作,同时为各前卫派刊物,尤其是巴(西)葡现代主义运动的喉舌《奥尔甫斯》(1915)杂志撰稿,并成为起领导作用的审美学家。在他死后,他的诗中特别丰富的梦幻世界以及其中有无数虚构的他的"分身",才普遍为人所知。最重要作品有《费尔南多·佩索阿诗集》(1942)、《阿尔瓦罗·德·坎波斯诗集》(1944)、《阿尔贝托·卡埃罗诗集》(1946)、《里卡多·雷斯颂诗集》(1946)和《忧虑集》(1982)。

佩特 Pater, Walter(Horatio)(1839～1894) 英国评论家、散文家和人文主义者。1864年被选为牛津大学学术会员,其论文集《文艺复兴史研究》(1873)为他赢得学者及审美家的美名。这些文章风格优雅、严谨,提出具有影响力的"为艺术而艺术"的主张,不同于当时流行的以艺术的道德或教育价值的观点来评论艺术,并成为唯美主义运动的主要学说。关于理想生活富有哲理的传奇小说《伊比鸠鲁的信徒马利乌斯》(1885)是他内容最充实的作品。

佩特拉 Petra 中东古城。位于现在的约旦西南部,是纳巴泰人王国的首都;直到公元106年该国被罗马人打败,成为阿拉比亚行省的一部分。当时是一个繁荣的贸易中心,几个世纪后,该地由于贸易路线改变而衰落。7世纪时被穆斯林夺占。1812年瑞士旅行家J. L. 布尔克哈特重新发现了此废墟。自20世纪中期起当地发掘出了许多石刻的墓碑,包括正面在周围小山的玫瑰色、深红色和紫色的砂岩上作精雕细刻的坟墓。1985年被联合国教科文组织列为世界遗产。

佩特拉纳巴泰人的阿德代尔石刻遗迹

Brian Brake from Rapho/Photo Researchers

佩特罗纳斯双子星大厦 Petronas Towers 马来西亚吉隆坡的一对由天桥连接的不锈钢外表的摩天大楼。有88层,高达452米,这个数字包括各塔顶上的尖顶,属目前世界最高建筑之列。双子星大厦顶部的小尖塔由C. 佩利(1926～)设计,呈圆形、逐渐变细的外观,于1996年完工,马来西亚国家石油公司的总部设于此。其建筑结构包括了高度强化的钢筋混凝土。

佩特罗尼乌斯(仲裁者) Petronius Arbiter, Gaius(?～66) 原名Titus Petronius Niger。罗马作家。出身于贵族家庭,他属于追逐安逸享乐的那一类人,但担任亚细亚的比西尼亚省总督和罗马执政官的高位时,则显现出才干。被任命为尼禄的"雅鉴主官"(因此该名后有"仲裁者"称号)后,他被控密谋杀害皇帝,尽管是清白的,但他仍然自杀了。据称他是《萨蒂利孔》的作者,这是一部生动描写当时罗马社会上的歹徒的滑稽题材小说,讲述3个声名狼藉的冒险家的出轨行为,间杂着不相关的故事和作者对罗马生活的评论。

配给制 rationing 一般在战时、饥荒或其他紧迫情况下政府采取的对稀有资源和消费品进行的分配政策。根据用途,配给制禁止商品用于次要场合(如休闲旅行而非公务旅行中的汽油使用)。数量配给限制了每个索取者所能获得商品的数量(如每月一磅黄油)。价值配给限制了消费者能够用于购买难以标准化的商品(如衣服)的货币总额。点配给制规定各种商品的点值,给每个消费者分配一定数量的点值。从票证我们能看到配给制的影子。票证分发给消费者,只能用于换取核准数量的配给商品。配给经济中的消费者通常被鼓励存钱或是投资于政府债券,使未支出的货币不会用于购买非配给商品或黑市商品。

配子体 gametophyte 某些植物世代交替中的有性世代或该世代的个体。与它相互交替的是无性的孢子体世代。在配子体世代中,雄性和雌性器官(配子囊)发育并产生精子和卵子(配子),受精(配子配合)后受精卵(合子)发育为孢子体,孢子体产生许多单细胞的孢子,然后它们又直接发育成新的配子体。

喷气发动机 jet engine 内燃机的一种,从大气压中吸入空气,与燃料混合燃烧,最后把热气喷出而产生推力的推进装置。喷气机依据的是牛顿第三运动定律(作用和反作用相等而方向相反。第一架以喷气机为动力的飞机是德国在1939年发明的。喷气发动机由气体-涡轮系统组成,大大地简化了推进器,并极大地提高了飞机的速度、大小和飞行高度。现代喷气发动机类型有涡轮喷气发动机、涡轮风扇式发动机、涡轮螺旋桨发动机、涡轮轴式喷气发动机和冲压式喷气发动机等。参阅飞机。

喷泉 fountain 人工产生的喷水及其相应的设施。自古以来喷泉就是景观设计中的一项重要特色。喷泉曾一度被中世纪的水井取代,但到中世纪后期又受到青睐。文艺复兴和巴罗克时期,喷泉艺术达到顶峰,常在设计中应用雕塑进行装饰(例如罗马的特雷维喷泉)。法国凡尔赛宫众多喷泉的供水体系是重要的改进。在穆斯林国家,喷泉对饮用和斋戒沐浴极为重要。常见的喷泉类型是有一个简单的喷水口,水池设在大多装饰华丽的亭子里。

盆会 Bon 流行于日本每年一次的节日,通常在7月13～15日,届时追念家族先人和所有亡灵。人们相信,亡灵会同在新年期间一样各自返回出生地。届时人们清洗石碑,表演舞蹈,点灯笼和点火堆来迎接亡灵,节后再以灯笼和烟火将他们送走。

盆景 bonsai 日语作盆栽。矮化了的活树;不是先天就矮,而是经过一系列的修剪根枝,并用铁丝等固定枝条,使之定向生长从而使植株矮化。盆景艺术源于中国,后来这

松木盆景

Judith Groffman

项技术主要被日本人接受并发扬光大。盆景艺术是直接受自然界的启迪而产生的,生长于高山岩缝中或悬挂于峭壁上的树木,都是终生低矮而扭曲。有价值的特征是枝干老态龙钟,上部根条露出土外,显得饱经风霜。盆栽植物寿命可达一个世纪或更长,并可代代相传,被视为家珍。盆景容器一般是陶器,外形不拘,但容器的颜色、大小应与所栽植物协调。在日本,具有相当规模的盆景行业是苗

圃业的一部分,美国的加利福尼亚州也有小规模的盆景业。

烹调法 gastronomy 烹调法是对食物选择、烹饪、侍候进餐和享受的艺术。最早的两个烹调中心是中国(公元前5世纪起)和罗马,后者以粗犷而奢侈著称。西方烹调法奠基于文艺复兴时期,特别是意大利和法国。法国伟大的烹调艺术以M.-A.卡雷梅、G.-A.埃斯科菲耶的作品达至巅峰。尽管各地区的烹调法各有不同,但首先要考虑到的是烹饪所用材料一定要新鲜。还要讲究味道的互补,用料的搭配,以及整体外观(包括色彩协调和突显特色)。参阅新烹饪法。

朋谔斐尔 Bonhoeffer, Dietrich(1906～1945) 德国路德会牧师和神学家。曾在蒂宾根和柏林大学攻读神学,1931年任柏林大学神学讲师。后成为宣信会主要发言人,借着在军事情报部门供职为掩护,成为反纳粹运动的活跃分子。1943年被捕入狱,1944年7月暗杀A.希特勒案件败露,搜查到的文件证明朋谔斐尔直接参与此案,结果在第二次世界大战结束前1个月被处决。朋谔斐尔可说是20世纪最有洞察力的神学家之一,他主张一个新的基督教会,这个教会应废除神圣和世俗的阶级之分,放弃传统的教会特权而对世界的问题多关心和参与。著名作品有《作门徒的代价》(1937)、《基督教伦理学》(1949)、《狱中书信》(1951)。

朋克摇滚乐 punk rock 该词最初指20世纪60年代美国的车库乐队,他们的音乐后来成为一种独特的风格,与70年代在电台盛行的嬉皮风、软摇滚相抗衡。朋克摇滚乐源自反文化的摇滚乐,其艺人团体有"非法利益"和"伊吉(流行)与配角",20世纪70年代中期由于P.史密斯和"雷蒙"合唱团的艺术家,使朋克摇滚乐在纽约发展起来。它很快在伦敦扎下根来,出现了与众不同的"朋克"时尚,包括穗状的头发和褴褛的衣衫,风靡一时。主要的乐队有"性手枪"、"冲击",在美国加利福尼亚州后来又出现了"×"、"黑旗"以及"死去的肯尼迪一家"等乐队。朋克摇滚乐以其充满挑衅的快节奏、刺耳的吉他夹杂突然的和弦变奏,以及弥漫虚无主义的歌词为显著特征。朋克摇滚乐的变体风格包括新浪潮(更趋流行化、通俗化)和硬核(以极快的速度演奏简短、刺耳的歌曲为特点),后者的演唱一直延续到20世纪90年代。

彭德雷茨基 Penderecki, Krzysztof (1933～) 波兰作曲家、指挥家。曾在克拉科夫音乐学院学习作曲,后成为该院院长(1972～1987)。早期的音乐(1960～1974)包括大量的声音和程序,发展了一种图形记谱法来表现所要达到的效果,因而产生的生动作品吸引了国际上的注意,这些作品包括《广岛死难者悼歌》(1960)、《圣母悼歌》(1962)、《路加受难曲》(1965)和歌剧《劳敦的魔鬼》(1969)。1975年以后他的音乐变得较为传统,主要表现在歌剧《失乐园》(1978)、小提琴协奏曲(1977)、大提琴协奏曲(1982)、中提琴协奏曲(1983)和《永恒之光》(1983)中。

彭尼 Penney, J(ames) C(ash)(1875～1971) 美国商人。出生于密苏里州哈密尔顿。1902年在怀俄明州与他人合开一家干货店。5年后,彭尼买下其他合伙人的股份开办了彭尼公司。他的商店货品多样且便宜,并且采用分红计划,原本分红只到经理级,后来扩及到全体员工。到1929年,该公司在全美共有1 392家分店,在彭尼去世时公司已发展为全美国第二大零售商,仅次于西尔斯-娄巴克公司。

彭斯 Burns, Robert(1759～1796) 苏格兰民族诗人。穷苦农民的儿子,幼时即熟悉口头流传的苏格兰民歌和民间故事。父亲经营农场失败,他自己开的农场很快也濒于破

R.彭斯,A.内史密斯绘,现藏伦敦国立肖像画陈列馆
By courtesy of the National Portrait Gallery, London

产。彭斯英俊开朗,风流韵事不断,有些女人还跟他生了几个私生儿女,他在诗里赞美他的情人。诗集《主要用苏格兰方言写的诗集》(1786)虽博得好评,但未带来经济上的保障,最后谋得一项税务官的工作。后来他开始替J.约翰逊的《苏格兰音乐总汇》(1787～1803)和G.汤姆森的《苏格兰原创歌曲选集》(1793～1818)收集并编辑了数百首传统歌曲;实际上这些歌曲里的许多首是他写作的,但他并不要求所有权,也不向他们索取报酬。最著名的歌曲有《友谊地久天长》、《芳草萋萋》、《约翰·安德生,我的心肝》、《一朵红红的玫瑰》和《美丽的山河畔》。他自由地宣扬自己的激进观点、对普通百姓的同情,以及反叛正统的宗教和道义。37岁时死于心内膜炎。

彭托皮丹 Pontoppidan, Henrik(1857～1943) 丹麦写实主义作家,写有长篇小说和短篇小说。曾攻读工程学,在从事写作之前当过教师。他的小说笔调冷峭、超然,近似史诗笔法,内容涉及丹麦生活和他所生活的那个时代的各个层面。其早期作品表达了对社会进步的渴望,后期作品则体现出对现实的绝望。主要作品包括半自传体小说《幸福的彼尔》(1898～1904)、《死人的王国》(5卷;1912～1916)。1917年与K.吉勒鲁普获诺贝尔文学奖。

蓬巴杜侯爵夫人 Pompadour, marquise (Marchioness) de(1721～1764) 原名Jeanne-Antoinette Poisson。别名Madame de Pompadour。法王路易十五的情妇。受过艺术

蓬巴杜侯爵夫人,肖像画,F.布歇绘;现藏爱丁堡苏格兰国立美术馆
By courtesy of the National Gallery of Scotland, Edinburgh

和文学教育,1741年嫁给埃蒂奥尔。后成为巴黎社交界红人,因而博得国王的青睐。并于1745年被国王召入凡尔赛宫。与丈夫离异后,她被封为蓬巴杜侯爵夫人。她、国王以及她弟弟三人一起规划并建造了巴黎军事学校、协和广场、凡尔赛的小特里阿农宫以及其他许多宫殿。她和路易还鼓励和资助画师、雕塑家、细木工和各类工匠。在她掌权的20年中,艺术品位得以攀上高峰。她在政治方面的影响却不如在艺术领域。她提议与奥地利结盟以对抗德意志新教诸侯,导致爆发损失惨重的七年战争。

蓬巴尔侯爵 Pombal, marquês (Marquess) de(1699～1782) 原名Sebastião (José) de Carvalho (e Mello)。葡萄牙改革家。曾任驻英国和维也纳大使,后成为约瑟夫国王的首席大臣。1750～1777年为葡萄牙的实际统治者。他鼓励发展工商业,并积极与巴西开展贸易。1755年里斯本发生地震后,他组织了救援重建工作。他对贵族的权力加以限制,监禁那些阴险之人,或将他们送到罗马(1759),重组葡萄牙军队,改革高等教育制度。约瑟夫去世(1777)后,蓬巴尔的权力也随之丧失。在玛丽亚一世女王执政期间,他被控滥用权力,并被逐出里斯本,回到他自己的领地。

蓬皮杜 Pompidou, Georges(-Jean-Raymond)(1911～1974) 法国总理(1962～1968)和总统(1969～1974)。第二次世界大战以前在学校任教。1944～1946年担任C.戴高乐的助手。后加入巴黎的罗斯柴尔德银行,并很快成为该银行总裁(1959)。任戴高乐首席助理期间(1958～1959),他帮助起草了第五共和国宪法。1961年在阿尔及利亚战争中参与秘密达成停战协议。次年被任命为总理。1968年他出色地通过谈判结束了法国学生罢课与工人罢工。1969年当选法国总统,继续执行戴高乐的政策。蓬皮杜中

蓬皮杜

Dennis Brack-Black Star

心就是以他的名字命名的。

蓬托莫 Pontormo, Jacopo da (1494～1556) 原名 Jacopo Carrucci。意大利佛罗伦萨画家。其父亲也是一位画家。曾先后在莱奥纳多·达·芬奇、皮耶罗·迪·科西莫和安德烈亚(裁缝之子)等大师级画家手下当学徒，对他产生了极大的影响。其作品背弃了盛期文艺复兴艺术的对称和平静风格，反映出一种不安的，甚至于神经质的情绪。他富于表现力的风格有时被看作是早期风格主义。他主要是一位宗教题材画家，但也创作了一些生动的肖像画。并受雇于梅迪契家族，用表现神话主题的画作装饰他们的波奇奥塞阿诺别墅。

硼 boron 半金属化学元素，化学符号 B，原子序数 5。纯晶态硼为黑色有光泽的半导体，硬度很高，但很脆。非天然生成，一般以化合态分散在各种矿物中，如存在于硼砂和电气石内。广泛用于提高钢的淬硬性以及其他冶金工业，也用在半导体中。其化合物硼酸盐(化合价 3)是陆生植物生长所必需的物质，多用来制造肥皂、温和的防腐剂和眼睛冲洗液。在工业上，用作织物防火剂、制备电镀镍溶液、鞣制皮革和许多有机化学反应中的催化剂，还可以制造耐热玻璃(硼硅玻璃)和陶瓷器材。某些硼化物是所有已知物质中最硬、最耐热的物质，如碳化硼、硼化铝、氮化硼(电子结构类似金刚石)，因而用作磨料和加强剂，特别是应用在耐高温方面。

膨胀 inflation 在天文学中，指大爆炸发生后不久，一个假设的宇宙迅速膨胀期，可以对观测到的宇宙部分特性作出解释，例如能量和物质的分布。有关自然威力的大统一理论认为，膨胀可能在宇宙开始后 10^{-32} 秒内便发生了，此时强力正从电磁力和弱力脱开。在这期间，宇宙膨胀会超过 100 个数量级。当宇宙被束缚在一种非零能量密度(虚假真空)的状态时，膨胀是广义相对论的一种效应。

膨胀宇宙 expanding universe 现时对宇宙状态的理解。它的依据是发现河外星系都在互相拉开距离。随着广义相对论应用于宇宙学，又随着外星系的红移，人们在 20 世纪 20 年代终于懂得了所有河外星系都在退行，宇宙在膨胀(参阅 E. 哈勃)。然而，观测数据迄今不能确定宇宙是否会无限地膨胀下去(开放的)，还是会最终崩溃(封闭的)，成为密度异常大的稠密状态，就像大爆炸模型中那样。

丕平三世 Pepin III(714? ～768) 别名 Pepin the Short(矮子丕平)。法兰克国王(751～768)，加洛林王朝的第一任国王，查理曼之父。查理·马特之子，后成为纽斯特里亚和勃艮第宫相，741 年担任普罗旺斯宫相。747 年其兄进入修道院后，他成为法兰克人的实际统治者。在教皇支持下，他废除了墨洛温王朝末代统治者希尔德里克三世，并于 751 年加冕为王。丕平帮助司提反二世(或三世)对抗在意大利的伦巴第人(754、756)。丕平还镇压了萨克森和巴伐利亚的暴乱，并试图征服叛乱的阿基坦。

丕平赠礼 Pepin, Donation of(754) 法兰克国王丕平三世对教皇司提反二世(或三世)所作的允诺——为教皇夺回在意大利被伦巴第人占领的土地。此事于 756 年具体记载在一个文件中，成为教皇统治意大利中部的基础，并持续到 19 世纪。丕平以此来回报教皇在他废除墨洛温王朝最后统治者而夺取法兰克王位时对他的支持。他经过两次战役(754、756)赢得伦巴第国王的土地，并把土地交给教廷。这一赠礼后经查理曼(774)确定并且扩大。

批判理论 critical theory 一种新马克思主义社会哲学，与法兰克福学派著作有关。批判理论主要是援引 K. 马克思和 S. 弗洛伊德的思想，主张哲学的首要任务之一，便是协助推翻社会的各种统治压迫关系，以促进解放。批判理论家认为，科学已经变成仅只是替工业化社会服务的一种工具，他们警告那种伴随现代化而来的、对科学理性的信仰；他们同时主张，不能把科学效能本身当成最终目的，却不考虑解放的目标。特别自 20 世纪 70 年代以来，批判理论具有国际性的深远影响力，尤其是对社会科学、历史和文学等方面的研究。

皮埃蒙特 Piedmont 意大利语作 Piemonte。意大利西北部自治区，与法国和瑞士接壤。在罗马时期其通道连接了意大利和高卢的山外各省。在中世纪，这里的萨伏依王室是最高权力机构。19 世纪复兴运动时期，这里是统一意大利的中心。原皮埃蒙特和撒丁国王维克托·伊曼纽尔二世在 1861 年成为现代意大利的第一位国王。该地区四周被群山环绕，位于波河河谷中部。有意大利最好的牧场，盛产小麦、稻米和葡萄酒。这里的水力发电厂为意大利北部大部分地区供电。首府都灵。人口约4 166 442(2001)。

皮博特 Peabody, Elizabeth (Palmer) (1804～1894) 美国教育家。出生于马萨诸塞州比尔里卡。1825～1834 年担任 W. E. 钱宁的秘书，后在 B. 奥尔科特创办的坦普尔学校工作。1839 年在波士顿开设书店，成为超验主义运动的活动中心。她曾出版 M. 富勒和 N. 霍桑的作品，并出版刊物《日晷》，为该刊物撰稿。1860 年受 F. 福禄培尔作品的激励，开办美国第一所幼儿园。后来献身于公立和私立幼儿园的组织工作。她的两个姐妹分别嫁给了 H. 曼和霍桑。

皮博特 Peabody, George(1795～1869) 美国商人和金融家。出生于马萨诸塞州南丹佛斯。早年因与人合伙批发干货生意而发迹，后来担任东部铁路公司的总裁(1836 年起)。在一次赴英国之行中，为即将破产的马里兰州争取到 800 万美元的贷款。1837 年他迁居伦敦，并建立了一个商人银行，专营外汇业务。他的银行业务帮助美国在国外建立了信誉。他将大部分财富用于慈善事业，以奖励教育和艺术，他的捐赠包括耶鲁大学的一个自然历史博物馆和哈佛大学的一个考古博物馆。

皮得蒙特 Piedmont 美国东部一地理区。西傍阿巴拉契亚山脉，东邻大西洋沿岸平原。南北长 950 千米，绵延在哈得逊河和亚拉巴马州中部之间。地势相对较低，有许多河流穿越起伏的高原。土地肥沃，农业发达。

皮尔 Peale, Charles Willson(1741～1827) 美国画家、发明家和博物学家。出生于马里兰。最初用马鞍抵缴学费来学画，后来前往伦敦师从 B. 韦斯特，回国后成为中部殖民地杰出的肖像画画家。他因积极参与革命运动而终止了专业绘画生涯。1786 年他为研究自然规律、展示自然历史和技术产品而在费城创建了一个机构，即有名的皮尔博物馆，这是美国第一座大博物馆。同时期其他的博物馆以及后来 P. T. 巴纳姆所建的博物馆均模仿皮尔博物馆而建。他以美国独立战争主要领导人的肖像画而闻名。

皮尔 Peale, Norman Vincent(1898～1993) 美国新教牧师。出生于俄亥俄州鲍尔斯维尔。父亲是美以美会牧师。曾就读于俄亥俄州韦斯利大学，后来受按立为美以美会教会牧师。先后在纽约布鲁克林和锡拉丘兹任职后，1933 年成为纽约市马伯协同教会牧师，在此度过余下的神职生涯。1937 年皮尔与人合作成立宗教-精神病诊所，在身心健康医疗方面结合了宗教与精神学。他凭借电台、电视布道和自己的著作而声名远播，其中包括畅销书《正面思考的力量》(1952)。1969 年当选美国归正会主席。

皮尔 Peale, Rembrandt(1778～1860) 美国画家和作家。C. W. 皮尔之子，最初师从其父，后到伦敦皇家美术学院深造，1808～1810 年在巴黎期间成为拿破仑的宫廷画师。他早期的 T. 杰斐逊画像(1805)是一幅杰作。皮尔以其父为榜样，在巴尔的摩开办博物馆和肖像画廊，并建立了第一家煤气照明厂。当他重新开始投身绘画时，转向正式的主题作品，如 1820 年的《死亡之宫》，后来他重拾肖像画，首先为 G. 华盛顿画了一系列肖像。

皮尔 Peel, Sir Robert（1788 ～ 1850）英国首相（1834 ～ 1835，1841 ～ 1846），保守党的主要创始人。1809 年起担任议员，1812 ～1818 年担任爱尔兰首席秘书，并力图

皮尔，油画，J. 林内尔绘于 1838 年；现藏伦敦国家肖像画陈列馆
By courtesy of the National Portrait Gallery, London

阻挠天主教徒进入国会。在担任内政大臣期间（1822～1827、1828～1830），他改革英国的刑法，组建了伦敦第一支训练有素的警察部队，这些警察因而被人昵称为“巴比”或“皮勒”。在第一次担任首相的短暂任期结束后，1841 年他带领新成立的保守党赢得选举的巨大胜利，并再次担任首相。他征收所得税，改组英格兰银行，在爱尔兰发动改革。他还支持降低进口关税，废除《谷物法》，但此举导致其内阁倒台。皮尔在国会继续支持自由贸易原则。他是维多利亚时代中期社会稳定与繁荣的总工程师，遗憾的是他未能在有生之年看到自己的成就。

皮尔斯 Peirce, Charles Sanders（1839～1914）美国科学家、逻辑学家与哲学家。出生于马萨诸塞州剑桥。父亲本杰明·皮尔斯（1809 ～ 1880）是数学家和天文学家。他就读于哈佛大学，学成后在美国海岸防卫测量部门担任科学家达 30 年（1861 ～ 1891）。在科学界以概率论、重力研究、科学方法学逻辑上的贡献而闻名。最后放弃物理学而专研逻辑，更广义地说是研究符号学。1879 ～ 1894 年在约翰·霍普金斯大学讲授逻辑学，余生隐居从事写作。他被认为是实用主义的创始人。虽然对演绎逻辑做出过突出贡献，但他主要遵从“科学逻辑”：归纳、反演或外展，构成并接受假设的检验来解释令人惊奇的事实。他一生的志向是在逻辑完全概念上建立永久的外展与归纳法。

皮尔斯 Pierce, Franklin（1804 ～ 1869）美国第 14 任总统（1853 ～ 1857）。出生于新罕布什尔州希尔斯伯勒，律师出身，曾任众议员（1833 ～ 1837）及参议员（1837 ～ 1842）。后又重新干律师，并在墨西哥战争（1846 ～ 1848）时短期出任公职。1852 年的美国民主党提名大会陷入僵局，他因而被提名为折中候选人。作为一名并无知名度的候选人，他意外地在大选中击败 W. 斯科特。为了保持和谐局面和促进经济繁荣，他反对过激的反奴隶制情绪并尽力安抚南方的意见，他主张扩张美国领土，引发了关于《奥斯坦德宣言》的外交争端。皮尔斯政府还完成了外交领事人员的改组，并建立了美国索赔法院。他当政时期的措施包括支持兴建一条横跨新大陆的铁路计划以及批准加兹登购地案。为了鼓励人民移民到西北部，还批准了《堪萨斯-内布拉斯加法案》，但却无力处理在堪萨斯发生的冲突。1856 年不敌 J. 布坎南未能再度当选总统候选人，从此退出政治生涯。

皮肤 skin 覆盖身体表面的器官，保护身体并接收来自外界的感觉刺激，由表皮及其下方较厚的真皮层组成。表皮包括免疫细胞、感受器、色素细胞和能产生角蛋白的细

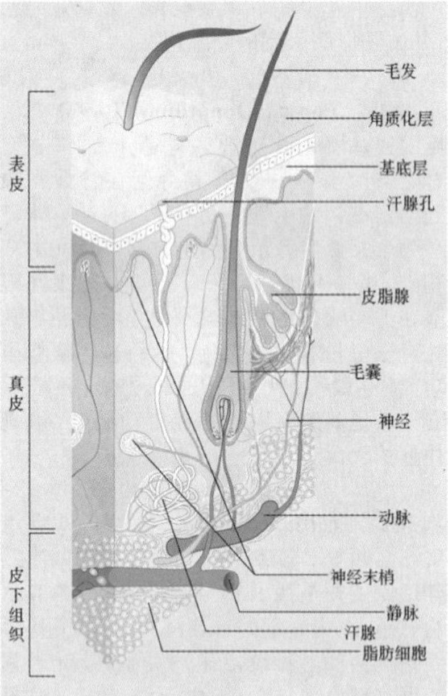

皮肤的切面图。表皮表面（角质化层）坚韧的死细胞为自然障阻，不断被基底层产生的细胞替换。厚厚的真皮层起支撑作用，包括神经末梢、血管、汗腺、毛囊和皮脂腺。毛囊围住毛发的根部。与毛囊相连的皮脂腺分泌一种可润滑皮肤表面的油质（皮脂）。汗腺呈管状，其水质分泌物通过小毛孔释放到皮肤表面。真皮下面有一层脂肪细胞。
© 2002 MERRIAM- WEBSTER INC.

胞。能产生角蛋白的细胞会变硬，移到表面，形成死的、相对干燥的不断脱落的角质外层。真皮包括感觉神经和结缔组织内的血管网。胶原蛋白和弹性纤维使皮肤坚韧而富有弹性。真皮组织下面一层脂肪提供营养储备和减震。皮肤的疾病从皮炎和痤疮到皮肤癌。皮肤颜色改变（如黄疸）或质地改变可能是疾病的征兆。参阅毛。

皮肤癌 skin cancer 皮肤的恶性肿瘤，包括某些人类最常见的癌症。即使早期诊断出来，仍有很高的死亡率。浅肤色者的致癌几率最高，但可经由限制暴露于日光和电离辐射而减少风险。最常见的皮肤癌发生于表皮（皮肤外层），因大气中臭氧层变薄而发生频率越来越高。最严重的一型为黑素瘤，若不能及早进行手术治疗通常会致命。自真皮发生的皮肤癌则罕见，最熟知者为卡波西氏肉瘤。

皮格马利翁 Pygmalion 希腊神话中的塞浦路斯国王，他爱上阿佛洛狄忒神的一座雕像。女神因怜悯他而使雕像复活，他们结为夫妻。另一个说法是：皮格马利翁是一个雕刻家，因为厌恶世俗女人的缺点而雕刻了一幅女神像，后来雕像被赋予生命，取名为卡拉蒂亚。

皮划艇运动 canoeing 使用划艇或海豹皮船进行娱乐活动或体育比赛。这两种小船都用于水上观光、速度竞赛或在湍急的水流或大浪中进行惊险的泛舟运动。传统认为，苏格兰慈善家 M. 麦克格雷戈（1825 ～ 1892）在 19 世纪 60 年代创立了这种现代的皮划艇户外活动。1936 年成为奥林匹克运动会的比赛项目（1948 年增设女子组）。除各种单人、双人和团体的静水耐力赛和速度赛之外，还有急流竞赛项目，以及使用海豹皮船进行的回旋赛，设置的回旋门与障碍滑雪赛相似。

皮卡比阿 Picabia, Francis（1879 ～ 1953）法国油画家、插图画家、设计师、作家和编辑。父为古巴外交官，母为法国人。一生历经印象主义、新印象主义、野兽派、立体主义和超现实主义等艺术运动。1915 年他在纽约和 M. 杜尚、M. 雷共同发起一个美国达达主义运动。20 世纪 20 年代回到欧洲，转向超现实主义风格，然后画出抽象的、比喻性的作品。他以擅于发明创造、适应性强、滑稽幽默、画风千变万化而著称。1917 ～ 1924 年创办一份前卫杂志，继续向其他杂志投稿，并出版了许多小册子。

皮卡第 Picardy 法语作 Picardie。法国的一个大区，包括法国北部的瓦兹省、索姆省和埃纳省，范围大致与历史上的皮卡第区相同。13 世纪时，该地区包括亚眠诺瓦伯爵和韦芒杜瓦伯爵的领地，从 1185 年起这两处领地被腓力二世并入法国王室。1435 年皮卡第并入勃艮第，1477 年归属法国。从 16 世纪到 1789 年古王朝结束这一时期，皮卡第省包括从圣康坦到英吉利海峡的索姆河流域、塞尔河和上瓦兹河流域，以及欧蒂河那边的康什河畔蒙特勒伊。在两次世界大战中，该地区发生过激烈的战斗，尤其是 1916 年的第一次索姆河之战。大区首府是亚眠。面积 19 399 平方千米，人口约 1 869 386（2003）。

皮科克 Peacock, Thomas Love（1785～1866）英国小说家和诗人。一生大部分时间都在为东印度公司工作。他是诗人 P. B. 雪莱的密友，受雪莱鼓舞而写作。最好的诗文都穿插在小说中，小说主要以人物对话为主，讽刺当时的学术潮流。最有名的作品是《噩梦修道院》（1818），对于浪漫主义的忧虑加以嘲讽，其中人物分别取自雪莱、S. T. 柯尔律治和拜伦的作品。

皮科马约河 Pilcomayo River 南美洲中南部巴拉圭河西岸主要支流。发源于玻利维

亚中西部的安第斯山脉东麓，往东南流经巴拉圭的大查科平原，在亚松森对岸注入巴拉圭河，全长2 500千米。该河构成阿根廷和巴拉圭边界的一部分。

皮克特 Pickett, George Edward（1825～1875） 美国军官和美国南北战争时期南部邦联军军官。出生于弗吉尼亚州里士满，毕业于美国西点军校，参加过墨西哥战争。1861年退出现役加入邦联军队。后被提升为少将，在弗雷德里克斯堡战役中指挥一个师。在葛底斯堡战役中指挥了著名的“皮克特冲锋”，其军队中有4 300人，只占J. 朗斯特里特将军所率军队人数的一半。他原本试图通过里奇墓地突破联邦界限，但因伤亡惨重（60%的士兵死亡）而打消这一念头。尽管皮克特的指挥受到批评，但他仍留任师指挥官。

皮拉摩斯和西斯贝 Pyramus and Thisbe 奥维德《变形记》中巴比伦爱情故事的男女主人翁。双方父母禁止他们来往，于是他们在两家的墙上打通一个洞私会，最后决定私奔，并约定在一棵桑树下相会。西斯贝先到，但她被一只狮子吓跑了，逃跑过程中丢落的面纱被狮子撕得粉碎。皮拉摩斯赶到时发现了撕碎的面纱，以为她已死，遂自杀身亡。当西斯贝返回时，发现皮拉摩斯已死，也自杀了。从那时起，原本是白色的桑葚被这对情人的鲜血染成了紫黑色。

皮拉内西 Piranesi, Giovanni Battista（1720～1778） 又称Giambattista Piranesi。意大利制图员、版画家、建筑师和艺术理论家。出生于威尼斯附近。20岁时作为威尼斯大使的制图员来到罗马。1747年定居罗马后，其铜版技法有长足发展，作品结构精美，明暗对比强烈。其关于古典时期和后古典主义时期罗马建筑物的版画作品，对传统考古学和新古典主义艺术的发展有重要贡献。1745年根据想象创作的版画系列《监狱》是其最著名的作品。其作品是西方建筑版画中最有表现力的典范。

皮兰德娄 Pirandello, Luigi（1867～1936） 意大利小说家和剧作家。曾在德国波恩大学获得语言学博士学位。后开始创作诗歌、短篇小说和长篇小说。《已故的帕斯卡尔》（1904）便是其成功的长篇小说。他的第一部主要剧本《诚实的快乐》（1917），探讨了真理的相对性，这也是他一生都在关注的主题。1921年和1922年先后创作了《六个寻找作者的剧中人》和《亨利四世》，前者反映了艺术和生活的冲突。其他作品包括《各行其道》（1924）和《今夜准备》（1930）。他在罗马创办了艺术剧院，并和他的公司一起到世界各地巡演（1925～1927）。他被认为是20世纪戏剧界的重要人物，1934年获诺贝尔奖。

皮兰德娄

By courtesy of the Italian Institute, London

皮隆 Pilon, Germain（约1525～1590） 法国雕刻家。他为弗兰西斯一世（1558）国王陵墓所做的装饰属早期作品，体现出他受到的意大利影响。后将古典艺术、哥特式雕塑和米开朗琪罗风格的各种要素同枫丹白露式的风格主义熔于一炉，形成一种更鲜明的法国情调。最著名的作品是为亨利二世和其王后卡特琳所作的圣德尼陵墓雕塑（1561～1570）。其作品在哥特式和巴罗克式雕塑之间起一种过渡作用。

皮洛士 Pyrrhus（公元前319～前272） 古希腊的伊庇鲁斯国王。在他与德米特里结盟并作为人质后，托勒密一世（救星）便视他为友，他也因而复国。公元前281年希腊飞地塔伦托姆（即塔兰托）请他帮忙对付罗马，他在赫拉克莱亚和奥斯库卢姆付出重大代价才取得胜利。他穿过西西里，征服了大部分迦太基的领土，但是希腊的西西里人暴动反抗他的专制统治。在他返回意大利途中（前275）损失惨重，但在马其顿（前274）战胜了安提柯二世，并当上马其顿国王。他在阿戈斯的一场试图帮助斯巴达的小规模战斗中阵亡。他的那些付出很高代价才取得的胜利衍生出一个词“皮洛士的胜利”。

皮纳图博山 Pinatubo, Mount 菲律宾吕宋西部的火山，位于马尼拉西北方约90千米，1991年爆发（600年来第一次）之前高达1 460米。爆发时产生的烟尘柱高30千米以上，使得约10万人无家可归，300人死亡。大量落尘迫使居民撤离该地区，位于附近的美国空军基地也被迫关闭。这次喷发是20世纪最大的火山喷发之一。

皮诺切特 Pinochet (Ugarte), Augusto（1915～2006） 智利军人政府的领袖（1974～1990）。为职业军官，他策划并领导了一次军事政变，S. 阿连德总统在此次政变中身亡。不久他即着手镇压智利的自由主义反对派，3年间逮捕约13万人，其中不仅有智利人，还有外国人。他们当中有很多人遭到严刑拷打，有些还被迫害致死。他领导国家迅速转型为自由市场经济，虽然减缓了通货膨胀，却使得下层人民的生活更加艰难。1981年通过的新宪法，允许他的总统任期延长8年。在1988年的全民公投中被否决，他在1990年的自由选举之后下台，P. 艾尔文当选为新总统。在西班牙的要求下，他于1998年在英国被捕，因其在执政期对西班牙人犯下的罪行而受审，16个月之后获释。他在智利被控曾经谋害不同政见人士，但由于患有脑疾未能受审。2005年被剥夺豁免权，因侵犯人权和逃税指控受到法庭审判。

皮钦语 pidgin 使用有限词汇和简单语法的语言。没有共同语言的人们之间用作相互交往的手段；如果该语言成为一个群体的母语，则成为克里奥尔语。如中国洋泾浜英语（皮钦英语）和美拉尼西亚皮钦语是英语国家的商人同远东及太平洋岛屿的居民交流的语言。其他皮钦语出现在非洲的奴隶买卖和加勒比海地区种植园中的西非奴隶中。皮钦语少量词汇中的大部分（美拉尼西亚皮钦语中只有2 000个词；中国洋泾浜英语只有700个词）通常来自一种语言（如美拉尼西亚皮钦语中英语占了90%）。

皮萨罗 Pizarro, Francisco（约1475～1541） 为西班牙夺取印加帝国的征服者。1510年参加探索新大陆的远征，3年后加入V. N. de巴尔沃亚领导的探险队，结果发现了太平洋。他沿哥伦比亚海岸进行了两次发现之旅（1524～1525，1526～1528），并继续向南探索，并把新领地命名为秘鲁。1531年他和4个兄弟、180个水手和37匹马，动身前往秘鲁。不久遇到印加皇帝阿塔瓦尔帕的使者，他们安排了一次会面。当时他的水手杀了皇帝没有武装的家臣，并把皇帝当作人质。皮萨罗收下赎回阿塔瓦尔帕的巨额赎金后，却把他绞死了。其余生致力于巩固西班牙对秘鲁的统治。他建造了利马（1535），后在该地被他背叛过的西班牙同伙所杀。

皮萨罗 Pizarro, Gonzalo（1502？～1548） 西班牙探险家和征服者。他和他的同父异母兄弟F. 皮萨罗一起参加了征服秘鲁的行动（1531～1533），因有战功被授予大片土地，并被任命为基多总督（1539）。1541～1542年率领一次远征，到基多以东人迹罕至的地区探险，结果损失惨重，约有200名西班牙人和4 000名印第安人丧命。归来时获悉西班牙已限制了征服者的特权；西班牙征服者乃发动叛乱反抗总督，皮萨罗领导反保皇党军队在阿那基多战役（1546）中获胜，但他们在1548年被打败，他被处死。

皮萨诺 Pisano, Andrea（约1295～约1348） 又称Andrea da Pontedera。意大利雕刻家和建筑家。为佛罗伦萨大教堂洗礼堂创作了最早的3座铜门（1330～1336）。1337年乔托去世后接替其职位，成为佛罗伦萨大教堂钟楼的主要建筑师，他将钟楼增加了两层，饰以嵌板浮雕。1347年任奥尔维耶托大教堂的总建筑师。作为14世纪意大利最重要的雕刻家之一，他的作品以风格朴素、严谨、人物布局巧妙而闻名。

皮萨诺 Pisano, Giovanni（约1250～1319） 意大利雕刻家和建筑家。早期作品风格与其父同时也是他的老师的N. 皮萨诺的风格相似。1285年前后开始建造锡耶纳大教堂的正面，他的设计雕饰富丽堂皇、井然有序，使锡耶纳大教堂实际上成为尔后意大利中部所有哥特式教堂正面装饰的典范。他的另一个伟大作品是皮斯托亚布道坛（约1298～1301），该作品中的人物、动物、衣饰、景色和形体皆扭曲成不可思议的形状，表现出极为生动的特色。

他为比萨大教堂做的布道坛(1302～1310)带有更多古典主义的风格,与当时处于支配地位的乔托纪念碑式风格相一致。皮萨诺虽被视为意大利唯一的哥特式雕刻家,但从未忽略过古典时期罗马的遗风。

皮萨诺 Pisano, Nicola(约1220～1278?) 意大利雕刻家。他与其子G. 皮萨诺的作品开创了13世纪末14世纪初意大利雕刻的新风格。他最伟大的作品比萨大教堂的洗礼堂

《博士朝拜》,比萨洗礼堂的大理石布道坛,N. 皮萨诺作于约1255～1260年
Alinari-Art Resource

布道坛(1260),在汲取前人风格的基础上表现出迥然不同的新风格,并吸收罗马浮雕、早期基督教壁画和镶嵌装饰艺术、法国哥特式雕刻和建筑等各种艺术理念而开艺术表现的新途径。皮萨诺吸收了这些艺术表现形式,进而将之完美地融为一体,也为托斯卡纳艺术观念开拓了一个新的方向。

皮斯河 Peace River 加拿大西部河流。由不列颠哥伦比亚省的加拿大落基山脉的芬利河与帕尔斯尼普河汇流而成,向东流经艾伯塔省边界,在阿萨帕斯卡湖北部出口附近注入奴河。全长1 923千米。1792～1793年由A. 麦肯齐勘察发现,成为交易毛皮的主要路线。现在是重要的水力发电资源。

皮特(老) Pitt, William, the Elder(1708～1778) 后称Earl of Chatham(查塔姆伯爵),又称the Elder Pitt(大皮特)。英国政治家和演说家,两次担任事实上的首相(1756～1761,1766～1768)。1735年进入国会,其处女演说批评了R. 沃波尔的内阁而引起争议。由于七年战争爆发,他被指定为国务大臣,成为事实上的首相。他的领导才能带给英国许多次胜利,极大地扩大了英帝国的版图。他备受欢迎的吸引力使他获得"伟大平民"的绰号,但由于他经常偏袒一方,政府中很多官员并不喜欢他。1761年内阁拒绝对西班牙宣战,他随即辞职。虽然患有痛风病,他仍然成为自由的拥护者,为支持美国殖民地居民反抗《印花税法条例》而演讲。1766年他成立另一个内阁,并担任掌玺大臣,但在1768年因病辞职。1778年去世时举国哀悼,葬于威斯敏斯特教堂。

皮特(小) Pitt, William, the Younger(1759～1806) 英国政治家、首相(1783～1801,1804～1806)。皮特(老)之子,1781年进入国会,任财政大臣(1782～1783)。1783年任首相,进行了消减由美国独立战争导致的大量国债的改革,减少关税,并成立由政府控制的东印度公司,在印度重建政府。在法国革命战争中被迫卷入和法国的冲突,他与欧洲诸国达成一系列反对法国的联盟(1793,1798,1805)。皮特对激进分子的议会改革要求,用压制性措施作出反应。1800年他与爱尔兰缔结的《合并法》获得通过,但在1801年他的解放天主教徒的提案被否决后辞职。在第二任首相期间(1804～1806),他经历了乌尔姆战役和奥斯特利茨战役后第三次联盟的垮台,这些消息使他原本已很衰弱的身体更加恶化。

皮特凯恩岛 Pitcairn Island 太平洋中南部岛屿,为英国海外领地。皮特凯恩岛群唯一有人居住的岛,该岛群还包括亨德森、迪西和奥埃诺。面积约5平方千米。1767年由英国人发现,直到1790年英国船"邦蒂"号的叛乱者在F. 克里斯琴带领下定居该岛,才算有人居住。1838年被英国吞并。1856年由于岛上人口太多,居民被迁到诺福克岛。一些人又回到了皮特凯恩,他们的后代构成了现在的人口,这些人靠捕鱼和耕种为生。1970年英国驻新西兰高级专员任皮特凯恩总督。人口约47(2003)。

皮特里 Petrie, (William Matthew) Flinders(1853～1942) 后称Sir Flinders(弗林德斯爵士。英国考古学者,对挖掘和年代测定的技术有卓著贡献。在19世纪80年代中期的埃及发掘中,皮特里提出一种按序测定年代的方法,建立在对不同类型的陶瓷碎片的比较上,使得从材料遗存中重建古代历史成为可能。他的发掘以及H. 谢里曼对特洛伊遗址的发掘,共同标志着对遗址发掘逐层检查的开始,一改以往任意发掘的方法。在埃及和巴勒斯坦他都有许多重要的发现。他的《考古学的方法与目的》(1904)是当时的权威性著作。1892～1933年任教于伦敦大学。

皮托管 pitot tube 测量流体流速的仪器。由H. 皮托(1695～1771)发明,将短而直角弯曲的管垂直置于运动流体之中,弯曲部分的开口对着上游方向,连接的装置测量压力,压力大小取决于流动快慢,以此计算流速。皮托管在风洞内及飞机上测量空速,亦可用来测量液体的流动。

皮维斯·德·夏凡纳 Puvis de Chavannes, Pierre (-Cécile)(1824～1898) 法国画家。曾在巴黎短期师从E. 德拉克洛瓦,并定期参加巴黎沙龙画展。他以在巴黎大型建筑的墙上作大幅油画而著名,包括先贤祠(1874～1878、1893～1898)、巴黎大学神学院(1889～1891)、别墅旅馆(1891～1894)以及阿米安博物馆(1880～1882)。他还装饰了波士顿公共图书馆(1895～1896)的楼梯。作品用苍白、平淡、类似壁画的色彩,以简单的形式完美展现了古风,或将抽象主题作寓言表示。为19世纪后期法国重要的壁画家,对后印象派画家影响极大。

皮西迪亚 Pisidia 小亚细亚南部古代地区。大部分是在托罗斯山脉。该地区为不法人群提供了一个避难所,他们连续多次抵抗征服者。公元1世纪早期并入罗马的加拉提亚行省,公元74年成为韦斯巴芗皇帝统治下吕西亚和潘菲利亚的一部分。约297年戴克里先皇帝将皮西迪亚纳入亚洲教区。在拜占廷时代,这里一直是个不断发生暴乱的地方。1204年拜占廷人将该地区的控制权让给了土耳其人。

皮亚杰 Piaget, Jean(1896～1980) 瑞士心理学家。曾接受动物学和哲学教育,后来在苏黎世师从C. 荣格和E. 布洛伊勒学习心理学(从1918年开始),从1929年到去世他一直在日内瓦大学任教。他提出了"发生认识论"的理论,即儿童思维能力发展的自然时间表,其中他考察了4个阶段——感觉运动阶段(0～2岁)、前运算或符号运算阶段(2～7岁)、具体运算阶段(7～12岁)和形式运算阶段(直到成年)——每个阶段的认知能力和运用符号的能力都不断增强。1955年皮亚杰在日内瓦建立了发生认识论国际中心,并任负责人直到1980年。他著有大量作品,包括《儿童的语言和思维》(1923)、《儿童的判断与推理》(1924)、《儿童智慧的起源》(1948),还有《儿童逻辑的早期成长》(1964)。他被认为是20世纪发展心理学的先驱。

皮亚佐拉 Piazzolla, Astor(1921～1992) 阿根廷作曲家。生于布宜诺斯艾利斯,在纽约的布朗克斯住到15岁,而后返回阿根廷,在由A. 特罗伊欧(1917～1975)领导的探戈乐团中弹奏班多钮手风琴(手风琴的一种型式)。1944年起开始率领他自己的乐团。他对于古典音乐的兴趣,引导他在1954～1955年向N. 布朗热求教,也让他发展出自己的作曲风格,将爵士乐与现代音乐融入到探戈之中。他的音乐最初没有受到探戈乐迷的欢迎,但如今却被认为是重新恢复了一种艺术作品的类型,并极大地扩展了它的艺术潜能。

皮炎 dermatitis 又称eczema(湿疹)。一种皮肤炎症。症状特点包括暗红色、稍隆肿、起水泡、伴有瘙痒。病因和发病方式因人而异。接触性皮炎是因皮肤接触了刺激性物质或让人产生过敏反应的物质。特异反应性皮炎似有家族遗传倾向,多发生在婴儿、儿童和青年身上,症状是患处皮肤呈鳞片状剥脱。郁滞性皮炎的病因为慢性血液循环障碍,病变多累及双小腿和双踝。脂溢性皮炎与病变分布和皮脂腺分布及分泌旺盛一致,多见于头皮。神经性皮炎是由于患者反复挠抓皮肤,最后把这块皮肤抓成炎症。

皮耶罗·德拉·弗朗西斯卡 Piero della Francesca(约1420～1492) 意大利画家。父亲是佛罗伦萨共和国富裕的皮革和羊毛商人。其作品以使用安宁祥和且严谨有序的透视法而闻名。15世纪50年代他在阿雷佐为圣方济各教堂创作的一系列壁画《真十字架传奇》,表现出朴实明朗的构图和掌握得当的透视,以及宁静的气氛。为蒙太费尔特罗伯爵和其妻所画的双联画像(约1470)也是

皮耶罗《基督受洗》(约1440～1445),画板画;现藏伦敦国家美术陈列馆
By courtesy of the trustees of the National Gallery, London; photograph, A. C. Cooper Ltd.

其著名作品,对人物形象采用了非理想化的表现,并以风景为背景。尽管皮耶罗对同时代的画家产生的影响不大,但他在科学和诗意方面的重要性对文艺复兴时期绘画的重大贡献,现在已经完全获得肯定。他还发表过有关几何学和透视学的学术论文。

皮耶罗·迪·科西莫 Piero di Cosimo(1461/1462～1521) 原名Piero di Lorenzo。意大利画家。曾协助他的老师科西莫·罗塞利为西斯廷礼拜堂创作壁画,并沿用其老师的名字科西莫。后期神话主题的画作呈现出一种怪诞的浪漫主义风格。很多画作充满了幻想的人、兽混杂的形式,他们或喧闹(如《发现蜂蜜》,约1500),或打斗(如《半人半马怪与拉庇泰人的战争》,约1500)。其艺术反映出他的古怪个性。他不属于任何画派,但却博采众家之长,其中包括S.波提切利和莱奥纳多·达·芬奇。

毗卢遮那 Vairocana 大乘佛教和密宗所信奉的最高佛,在讲道上和释迦牟尼互为补充。是自生的五智如来中最重要的一位,生来就是为了弘扬佛法。虽然没有公认的正式

大日如来,涂漆木雕,运庆制于1175年;现藏日本奈良丹城寺
Asuka-en

根基,但在藏传佛教中则有特殊地位,而在大方广佛华严经中也有特殊作用,是宇宙间最高实在,又弥漫于所有部分的日光佛。

毗湿奴 Vishnu 印度教信奉的主神之一,据说他守护并保存世界,匡复诸法。毗湿奴主要通过他的诸化身特别是罗摩和黑天来显现。据说在需要的时候就会显身战魔,而且面貌有很多种,不过最常见的有10种。他有千名,被信徒在祭拜时反复称念。

毗湿奴教 Vaishnavism 崇拜大神毗湿奴和他的各种化身——主要是罗摩和黑天——的宗教,与湿婆教和性力教共为现代印度教三大派,可能是最为深入人心、流传最广的一派。毗湿奴教强调对神守贞专奉。信徒的最终目的是摆脱生死轮回而与毗湿奴同在。毗湿奴教各哲学派别分别对个人灵魂与神的关系提出不同学说,包括一元论和二元论。

铍 beryllium 碱土金属中最轻的化学元素,化学符号Be,原子序数4。自然界不存在单质铍,主要存在于矿物绿柱石(其中祖母绿和海蓝宝石都是宝石型变种)中。金属铍,尤其是铍合金,有许多结构上和热学上的应用,还可用在核反应堆中。铍在所有化合物中的化学价都是2,这些化合物通常都无色,有独特的甜味。所有可以溶解的铍化合物都是有毒的。氧化铍用于核设施的特殊陶瓷中,氯化铍是有机化学反应的催化剂。

啤酒 beer 用发芽的大麦加入啤酒花调味,经过缓慢发酵酿制而成的酒精饮料。在远古时期,尤其在不宜种植葡萄以酿制葡萄酒的北方地区,啤酒已是普通饮料。啤酒的生产方法有底部发酵法和顶部发酵法两种。前者使用深层酵母,这种酵母完成发酵过程后沉到容器底部。后者使用上面发酵酵母在发酵过程完成后上升到表层。原产德国的莱格(意为"储存")啤酒是底部发酵的,在低温下贮藏数月;大多色淡,二氧化碳含量高,酒花味适中,酒精含量为3%～5%。英国流行顶部发酵啤酒,包括麦芽酒、黑啤酒和波特黑啤酒,特点是上面有一层明显的释放出来的二氧化碳泡沫,酒花味比莱格啤酒更为浓烈;酒精含量为4%～6.5%。参阅麦芽。

啤酒店暴动 Beer Hall Putsch 又称Munich Putsch(慕尼黑暴动)。A.希特勒企图在德国暴动以推翻魏玛共和国的未遂事件。1923年11月8日,希特勒及其同伙强行闯入慕尼黑一家啤酒店,举行右翼政治集会,会议决定在场领袖们均应参加向柏林进军的"革命"行动。翌日约3 000名纳粹党徒列队行进到马林广场时,遭到警察的枪击。随后,希特勒以叛国罪被处以5年监禁;他实际上仅服刑8个月,在此期间写完了自传《我的奋斗》。

琵琶湖 Biwa, Lake 日本本州岛中西部湖泊。是日本最大的淡水湖泊,长约64千米,宽约19千米,面积670平方千米。因形状似琵琶而得名。淀川为唯一出水渠道,由琵琶湖南端流入大阪湾。琵琶湖以珍珠养殖业著称。该湖风景秀丽,长期以来一直是日本诗的主题,是日本最主要的旅游胜地之一。

脾脏 spleen 位于腹部左侧胃后面的淋巴器官,为血液的主要滤过器官,红细胞、血小板的存储处,以及网状内皮组织细胞存在的4个地方之一。组织的两种类型红髓、白髓交织混合。白髓是包含淋巴细胞生生中心的淋巴组织;红髓是充满血液的腔管网,有滤过作用,是清除恶化的红血球和进行血红蛋白循环的主要场所。都含有白细胞,后者清除异质原料,开始进行抗体产生的过程。脾脏在某些传染病中会肿大。在强力碰撞伤害中会破裂,需要外科切除,这使得病人更易感染严重的传染病。

蜱 tick 寄螨目硬蜱亚目约825种寄生蛛形动物的统称,呈世界性分布。部分成虫可长达30毫米,但大部分的种类要小很多。从卵到幼虫到蛹直至成虫,硬蜱在地面开始并

牛蜱(*Boophilus*)
E. R. Degginger

结束其各发育阶段。但在完成每一发育阶段的过程中,它们都需要寄生于一寄主(通常是哺乳类动物),靠吸血生存,然后坠落地面。软蜱则间歇取食,多次成蛹,寄生于寄主洞穴或窝巢。硬蜱可大量吸血,分泌能致人麻痹或死亡的神经毒素,同时传染多种疾病。软蜱也能携带各种致病细菌。鹿蜱则是莱姆病的主要传播媒介。

匹克特人 Picts 又译皮克特人。居住在现在的苏格兰东部和东北部的古代民族。族名源自拉丁文picti,指"涂上颜色的",可能指他们在身上涂颜色或刺花的习惯。他们可能是前凯尔特人的后代。297年攻击哈德良长城,后不断和罗马人作战。7世纪建立了两个王国,并改信基督教,843年苏格兰国王肯尼思一世将两部分土地统一为阿尔巴王国,即后来的苏格兰。

匹兹堡 Pittsburgh 美国宾夕法尼亚州西南部城市。位于阿勒格尼河、莫农加希拉河汇合处,两河在此形成俄亥俄河。1758年英国在此占领了法国迪凯纳堡,该地重新命名为皮特。1794年建区;1816年设市。19世纪迅速发展成为一个钢铁制造中心。1881年美国劳工联合会-产业工会联合会在此成立。为该州第二大城市,是包括邻近几个城市在内的城区工业联合体的中心。该地区有150多个工业试验室。设有匹兹堡大学、卡内基梅隆大学和其他教育机构。人口约305 704(2010)。

《匹兹堡宣言》 Pittsburgh Platform 犹太教改革派的宣言,1885年在宾夕法尼亚州匹兹堡举行的一次拉比会议上起草。宣言宣称犹太教正经历演变的过程,并主张《塔木德》应被视为宗教文学而不是不可变的律法。在1937年《哥伦布宣言》将犹太教改革派拉回到比较传统的路线之前,《匹兹堡宣言》一

直是美国犹太教改革运动的正统哲学。

偏导数 partial derivative 在微分算子中，指具有数个变量的函数只对它的一个变量的变化求导数。偏导数可用来分析各种表面的极大值和极小值诸点，从而产生出偏微分方程式。与普通的导数一样，一次偏导数表示切线的变化率或斜率。对于一个三维的表面，两个一次偏导数分别表示两个互相垂直方向上的斜率。二次、三次或更高次的偏导数给出函数在任何点上如何变化的更多信息。

偏口鱼 flounder 鲽形目比目鱼的统称，约300种。其形态发育极罕见，出生时身体两侧对称各有一只眼，且常在近水面处游泳，数日后一侧开始倾斜，使得该侧的眼开始移

偏口鱼（*Platichthys*）

F. Greenaway from Natural History Photographic Agency

向最终变成鱼体顶侧的一侧。由于如此发育，致骨骼、神经与肌肉连带发生若干复杂变化，下侧丧失色彩。成鱼卧于水底，有眼侧朝上。

偏头痛 migraine 一再复发的头痛，通常发生于头部的一侧。剧烈抽痛，有时伴有恶心和呕吐。有些偏头痛患者在头痛前会有警示症状（先兆）出现，包括视觉障碍、虚弱、感觉麻木或头晕。多种因素都可引发偏头痛，包括压力以及天气、睡眠方式、月经的改变。药物可在头痛发生时服用，经常发作的患者则每天服用，以避免其发生或减低疼痛程度。

偏执狂 paranoia 一种以被迫害妄想或夸大妄想为特征的精神障碍，通常没有幻觉。最初被界定为一种精神病，现在被视为精神分裂症几种类型中的一种，或在轻度病例中，被视为人格障碍。偏执狂患者多遭受过分的自我指认之苦，即倾向于把别人并非针对他的行为理解为对他或她自身的攻击。

片场制度 studio system 美国电影公司藉以控制生产、分配及展览等所有方面的系统。20世纪20年代，如派拉蒙传播公司及米高梅影片公司的制片公司需要连锁的戏院来加强其对这个行业的垂直控制，不久之后如华纳兄弟影片公司、雷电华影片公司及二十世纪福斯影片公司也建立相似的帝国。片场的领导者尽力地控制拍摄哪种电影及雇用哪些导演和演员，只有少数的导演在他们自己的影片中持有独立性。片场制度亦发展出"明星制度"，借此，某些男演员及女演员被包装成名演员的身份，片场经营者借由挑选演员出演角色，宣传他们银幕外令人感到魅惑的生活，并且借由长期的合约控制他们。但这个制度在美国最高法院于1948年强迫大型片场必须卖掉他们的连锁戏院的判决，以及来自电视竞争的增加迫使大型片场必须缩减他们的编制后就衰退了，实际上在60年代已终止。

瓢虫 ladybug 又称ladybird beetle。瓢虫科约5 000种分布广泛的甲虫的统称。英文名称源于中世纪，当时人们曾将它献给圣母马利亚，称为"圣母甲虫"。半球形，一般长8～10毫米。足短，颜色明亮，具黑色、黄色或红色斑点。每年夏季可以繁殖数代。捕食蚜虫、介壳虫和螨害虫，所以常用来控制虫害。但瓢虫也有几个品种以植物为食。

票据交换所 clearinghouse 从事相似业务活动的厂商共同建立的机构，他们彼此间的交易可通过此机构冲销，只结算冲销后的净差额。在与银行、铁路、证券和商品交易所及国际收支有关的交易中，票据交换所在结算上起了重要的作用。银行票据交换所，一般是由当地银行自发组成的机构，目的在于简化和便利支票、汇票及中短期库券的交换，还在于结算各银行之间的余额。票据交换所这个想法很早就运用于各种贸易形式。成立于1609年的阿姆斯特丹外汇银行是欧洲最大的票据交换所，并使该市成为国际金融中心。第一所现代的银行票据交换所于1773年在伦敦建立。美国第一家银行票据交换所于1853年建立。

拼贴 collage 源自法语coller。指把偶得材料，如报纸碎片、布块、壁纸等，贴在画板或画布上的粘贴技法，常与绘画结合使用。长久以来儿童和业余爱好者喜欢用拼贴作为一种消遣。1912～1913年前后，P. 毕加索和G. 布拉克始将其视为一种艺术技法。20世纪制作拼贴的艺术家还有J. 格里斯、H. 马蒂斯、J. 科内尔和M. 恩斯特。20世纪60年代，拼贴成为波普艺术的重要形式，R. 劳申伯格是这一时期重要的人物。

姘居 concubinage 男女间不具备全部合法婚姻条件下的同居状态。按照犹太-基督教律法术语，"姘居者"一词一般专指女子。西方学者对非西方社会的研究用此词指法律批准但缺乏妻子地位的"妾"。参阅哈来姆和多偶婚制。

贫民窟 slum 人口高度密集的低等住宅区，通常位于都市之内，且有卫生不佳、社会失序的现象。19世纪欧洲快速的工业化导致人口的快速成长，也使得劳工阶级被迫集中在过度拥挤、简陋的住房。1851年英国最先通过法律建造低收入住宅以符合某些最低标准者，1868年最先通过法律强迫拆除贫民窟。在美国，贫民窟正是随着19世纪末到20世纪初大量移民潮的到来而出现，美国也在19世纪第一个10年晚期通过法律，规定都市住宅必须维持适当的空气流动、火灾防制、卫生环境。在20世纪，政府和私人机构开始建造低收入住宅，并拨基金进行都市更新，同时提供低利贷款给购屋者。另外，有些破旧社区在发展中国家的都市中心周围经常可见，原因是吸纳了许多由涌进都市谋职的乡村移民，这也是另一种类型贫民窟，但至今仍无良好的解决方法。参阅城市规划。

贫血 anemia 血液中红细胞的数目、容积或所含血红蛋白（携氧色素）不足的情况。患者通常看起来皮肤很苍白。现有近100种不同类型的贫血，包括再生障碍性贫血、恶性贫血和镰状细胞性贫血。其原因：受累细胞的大小、形状和血红蛋白的含量；症状各有不同。贫血可能由失血，逐渐地破坏红细胞，减少或抑制红细胞的生成，或激素缺乏造成。治疗方法包括提供所缺营养素，排除致病的毒素，用以药物，动手术或输血。参阅缺铁性贫血。

频带宽度 bandwidth 通信传输信号的容量。用在数字通信中，频带宽度指的是数据传输的速度（率），以每秒位（bps）表示。例如，一个56kbps频带宽度的转调-解调器最高能在1秒中传输约56 000位的数字数据。而在模拟通信中，它是指传递的最高频率和最低频率之间的差，以赫（Hz，每秒周数）来表示。例如，人的声音所产生的模拟声波具有典型的3 000Hz频带宽度，这个数值就是以最高音频减最低音频求得的。

频率 frequency 一个单位时间内通过固定点的波数，也指周期运动中的物体在单位时间内完成的周期数或振动次数。频率f是完成一次循环（周期）所需时间T的倒数。地球自转的频率是每周24小时。频率通常以赫为单位。1赫等于每秒1周，写为Hz；千赫（kHz）为1 000赫，兆赫（MHz）为1 000 000赫。在音乐上中央C音（小提琴的A弦）上音高A的校准标准是440赫。

频数分布表 frequency distribution 统计学上，一个图组或数据组，经整理可表示一个被观测多次的可重复事件每种可能结果的发生频数。简单的范例是用百分位列出的选举报告结果和考试分数。频数分布表可以绘成直方图或饼图。对于大量的数据组来说，阶状的直方图图形经常由分布函数的平稳曲线模拟。著名的钟状曲线或常态分布是这类函数的一种图形。频数分布在归纳大量数据组与指定概率方面特别有用。

品达罗斯 Pindar（公元前518/522～前438?） 古希腊诗人。出生于维奥蒂亚贵族家庭。在雅典完成学业，主要生活在第比斯。早期诗作品几乎全部失传，但他的名声可能主要源自后来歌颂诸神的赞美歌作品。后成为古希腊最伟大的抒情诗人，在整个希腊世界都受到尊崇。他的17卷作品集几乎包括了各类合唱抒情诗，但只有4卷被完整保留下来，但乐谱已丢失。现存的诗歌，可能是其代表作，都是以史诗形式创作的颂诗，是为了庆祝希腊各种运动比赛的胜利而作的。其作品文风高雅，带有宗教色彩，以复杂的内容、丰富的比喻和动人的语言而闻名。

品特 Pinter, Harold（1930～2008） 英国剧作家。出身工人家庭，1959年之前一直随巡回演出公司演出。最初创作独幕剧，后

来写了多幕剧《生日晚会》(1958)。他的第二批主要剧作《看房者》(1960)和《归家》(1965),确立了他作为一位有创新精神和文字晦涩难懂的剧作家的声誉,有时被认为属于荒诞派戏剧。他经常采用不连贯的对话和对话中较长的停顿来传达人物的思想,这常常使他的台词产生矛盾。品特后来的剧作包括《昔日》(1971)、《虚无乡》(1975)、《背叛》(1978;1983 年拍成电影)、《山的语言》(1988)、《月光》(1993)和《庆贺》(2000)。他还撰写广播剧和电视剧,以及为电影《幽情密使》《1970》、《法国上尉的女人》(1981)、《女仆的故事》(1990)和《非常冲突》(2007)写剧本。2005 年获诺贝尔文学奖。

聘礼　bridewealth　由新郎或他的亲属付给新娘亲属的财物,以使婚姻得到认可。这种做法在世界各地大体相同,而作为一种使婚姻合法的手段,聘礼在非洲得到高度发展。付聘礼经常是社会性的、象征性的和经济性的互惠事件,是两亲家间长期交往的一部分。聘礼是妻子将受到婆家良好待遇的保证,也是作为对她的家庭损失的一种补偿。聘礼是一般财物或劳务,不过后者较为罕见;可以一次付清,也可在一段长时间内定期分批偿付。参阅嫁妆。

乒乓球　table tennis　又称 Ping-Pong。一项类似于网球但使用木制球拍和一个空心小塑料球在桌面上进行的运动。目的是击球过网,弹跳在对方的桌面上,使对手够不到或不能正确回球。有单打与双打比赛。比赛分五局三胜制或七局四胜制,由先赢得 11 分的选手或球队获得胜利,如双方打成 10 平后,领先 2 分的一方获胜。20 世纪初创始于英格兰,乒乓球运动很快被传到世界各地。自 20 世纪 50 年代中期以来,东亚国家在乒乓球运动中占据主要地位。从 1988 年开始,乒乓球成为奥林匹克运动会中男子和女子皆有的比赛项目。

平等　equality　一般而言是指希望互相关联的人能有一致地位或待遇的一种理想。通常弱势者必须迫使既得利益者承认平等权。美国社会的基本信条是机会平等,但事实证明,种族和性别之间的平等在立法上比在实际操作中容易达成。社会或宗教的不平等深植于某些文化中,因此很难克服。政府致力于达到经济平等,包括通过税制来增强机会平等、训练及教育补贴、财富与资源的重新分配,以及对那些向来受到不公平待遇的族群的优惠(参阅反歧视行动)。另参阅女权主义、人权和《世界人权宣言》。

平底雪橇滑雪　tobogganing　乘坐不带滚动装置的雪橇在雪坡上进行滑降的运动。平底雪橇由薄板制成,其前端弯曲翘呈篷状。"平底雪橇"一词源于阿尔冈昆语系,意思可能指的是一种拖拉雪橇。平底雪橇滑雪运动最初出现于 19 世纪末加拿大蒙特娄罗亚尔山山坡。到 20 世纪初,建造了许多用于平底雪橇滑雪运动的滑行斜道(3 英尺宽的木制或冰面通道)。

平衡　equilibrium　物理学中指作用在质点上的所有力的合力(或矢量和)为零的状况。在平衡态下的物体,除非受外力扰动,就没有线加速度或角加速度,会一直处于平衡态。如果平衡态的物体或质点,受到外力而有微小位移后会产生对抗位移并使自身回到平衡态的力,那么这一平衡就是稳定的;如果最微小的偏移也会产生使位移增大的力,那么这种平衡就是不稳定的。摆放在平衡面上的砖就是这种稳定平衡的实例;而在刀刃上平衡起来的轴承滚珠就是这种不稳平衡的实例。

平价　parity　在经济学中,价格、汇率、购买力、工资等方面的相等叫平价。在国际汇兑中,平价指体现两国货币购买力实际相等时的汇率。由于供求状况的变更,调整汇率、维持平价可由价格变化、国家干预或诸如国际货币基金组织的干预来实现。在美国农业经济中,平价一词被用以表示一种农产品价格管理制度。按照这种制度通常由政府给以价格支持和生产限额,以使农民具有与过去基期中同等的购买力。在人事管理中,平价也被用来在不同等级的雇员间建立公平的工资标准。

平均派　Leveler　指英国内战和共和时期一个共和派别。此名为其政敌所取,意指拥护该派的人想要"均分人们的财产"。这项活动始于 1645 ～ 1646 年,他们主张统治权归下院(排除国王和贵族),认为男子普选就会使国会真正具有代表性。在新模范军里平均派占了优势,平均派提出了一个新的《人民协约》(1647),全军会议在帕特尼对这个契约展开辩论,结果却陷于僵局。将领们用武力恢复军纪,结束了平均派的政治势力。

平均数、中位数与众数　mean, median, and mode　数学上,从一连串的数字选定平均值的 3 种主要方法。算术平均是将数字相加,然后将总和除以表上数字的个数,这是平均最常见的含义。中位数是将表上的数字从小到大排列,取最中间的那个数字。众数是在表上出现次数最多的数字。平均还有其他类型:几何平均是把表上的所有数字相乘,然后将乘积求根,次数等于数字的数目(例如两个数字便求平方根)。几何平均通常用于指数增长或衰减的情况(参阅指数函数)。统计学上,随机变量的平均为其期望值,亦即反复尝试结果(如多次掷骰子)的长期算术平均。

平卡姆(夫人)　Pinkham, Lydia E(stes)(1819 ～ 1883)　美国医药专利所有人。出生于马萨诸塞州林恩。她开始研制植物化合物时,把它当作一种家用药物,并送给邻居使用。该合剂为一种药草混合物,含 18% 的酒精。1875 年,平卡姆一家决定从商,经销药物。平卡姆夫人宣称她的药物能治疗从神经衰弱到子宫下垂的任何一类女性疾病。该药物很快得到认可,她家药厂每年收入近 30 万美元。到 20 世纪 20 年代,联邦政府加强了对药物和广告的监管,平卡姆制药公司这才减少了药物中的酒精含量,并不再夸大药物的疗效。

平流层　stratosphere　大气中位于对流层之上的层次。平流层的下边界在约 10 ～ 17 千米的高空,上边界(平流层顶)约在 50 千米的高空。臭氧层是其一部分。

平炉炼钢法　open-hearth process　又称 Siemens-Martin process(西门子-马丁法)。为 20 世纪大部分时间中的主要炼钢技术,全世界所产钢多数用此法生产。W. 西门子于 1867 年用他所设计的反射炉以生铁炼钢。同年,法国制造商 P. É. 马丁(1824 ～ 1915)以同样的想法,将熟铁和废钢融炼成钢。西门子利用炉子排出废热,将炉内热气引往砖砌的格式装置,将砖加热到高温,然后将空气经格子砖通往炉内,预热的空气显著地提高了火焰温度。在大多数工业化国家,平炉炼钢法(取代贝塞麦炼钢法)已为碱性氧气转炉炼钢法和电炉所代替。参阅反射炉。

平民　plebeian　古罗马指普通公民,以区别于特权贵族阶级。平民原来不能进入元老院,不能担任任何公职,但可以担任军事护民官,不得与贵族通婚。为了取得平等权利,他们发起一场称作"社会等级冲突"的运动,逐渐发展成为一个独立的政治组织,至少 5 次宣布脱离国家。当一个平民独裁者(公元前 287 年任命)制定的措施在平民会议通过,对全体公民都有约束力时,该运动才停止下来。

平钦　Pynchon, Thomas(1937 ～ 　)　美国作家。生于纽约州格伦科夫。曾在康奈尔大学攻读物理,在从事小说创作之前曾当过技术作家。第一部小说《V》(1963)是一部复杂荒诞的讽刺小说,混合了 20 世纪 50 年代嬉皮生活场景和整个世纪的象征性形象,作品结合了黑色幽默和幻想,描写人类在现代混乱社会中的疏离感。另一部小说《49 批邮票的拍卖》(1966)和代表作《万有引力之虹》(1973)都以阴谋论为中心。《万有引力之虹》是关于第二次世界大战末的一部不寻常小说,充满了狂热的幻想、荒诞的人物形象、深奥的科学,以及人类学数据。晚期作品包括小说《葡萄地带》(1990)、《梅逊-狄克森线》(1997)、《反抗时间》(2006)、《性本恶》(2009)和短篇小说集《学得慢的人》(1984)。他已隐居或隐姓埋名多年,拒绝接受采访和拍照。

平壤　Pyongyang　朝鲜首都,滨大同江。据传建立于公元前 1122 年,是朝鲜最古老的城市。公元前 108 年中国人在此设立贸易点。原为高句丽王国的首都(公元 427 ～ 668),后被新罗征服。1592 年被日本侵占,17 世纪初受满族蹂躏。在中日战争(1894 ～ 1895)中,该城市大部分被毁。日本统治朝鲜期间(1910 ～ 1945)被建设为一个工业城市。1950 年朝鲜战争期间先被联合国军队占领,后又被中国人民志愿军夺回。1953 年在苏联和中国的帮助下重建。现为重工业中心和交通运输的枢纽。人口约3 164 000(2001)。

平台网球　platform tennis　板网球的变种,在铁丝栅栏包围的平台上进行。1928 年在纽约州斯卡斯代尔设计而成。短柄的椭圆形球拍由穿孔的夹板组成;球用海绵胶制成。规则与网球一样,所不同的是允许接在场内落地后再从后墙或边墙弹回的球。

平田笃胤 Hirata Atsutane(1776～1843) 日本复古神道教的领袖。生于秋田,20岁时定居江户(现东京),成为本居宣长弟子。平田笃胤索求发展神道教的神学体系,为社会和政治活动提供理论基础。他宣称日本有天然的优越性,拥护历代天皇。由于他抨击了德川幕府,降低了天皇的威信,结果被逐回乡终其余生。他的理论有助于推翻幕府,并影响了20世纪的神道教以及日本的民族主义。

平印 lithography 利用油脂与水无法混合之特性的印刷方法。布拉格人A. 塞尼费尔德利用石头上碳酸钙底层和细腻能渗透表层的性质,在1798年完善了他的印刷方法。在塞尼费尔德的方法中,以炭笔或油墨将设计图绘制在石头上,然后以水弄湿,经各种蚀和保护步骤后,用油墨刷过,设计图上只有油墨保存下来。于是这种上墨的表面印出——用专门的压印板直接印在纸上(如大多数美术版画制作),或者印在橡胶滚筒后再印在纸上(如商业印刷)。为手工印刷制备石印石的方法仍是艺术家偏爱的平印法,至今几乎没有改变。现代轮转式胶印的商业平印能够快速印出精细的高质量印刷品,复制出照相制版的任何材料。现在,所有印刷业、包装业、出版业的40%以上是用这种印刷技术印刷的,是其他所有单一印刷方法的二倍。

平原 plain 地球表面近于平坦的陆地,呈现出缓和的斜坡及小范围的局部起伏(海拔的差异)。平原占陆地表面1/3稍多一点,除了南极洲以外,在所有的大陆都有分布。一些平原为树木所覆盖,另一些则长满了草。还有其他一些平原,上面生长着灌木丛和丛生的草类,而一些平原则是几乎无水的沙漠。除了某些例外,平原已成为人口、工业、商业和运输业主要中心的所在地。

苹果 apple 蔷薇科苹果属植物的果实,是栽培最广泛的果树。原产于两半球温带。苹果树需要一定时期的休眠期,及排水良好的土壤;在果树生长的前几年小心地除草除虫、修剪整枝,对成年果树须严格按规定喷洒农药以防治害虫。苹果是梨果的一种,虽然成熟苹果的大小、形状、颜色和酸度因品种和环境条件的不同而差异很大,但通常呈圆形,带红色或黄色。苹果品种数以千计,分为酒用品种、烹调品种、餐后品种3大类。晚夏成熟的品种一般不宜储藏。晚秋成熟的品种精心保管可储藏达一年之久。世界主要苹果生产国是美国、中国、法国、意大利和土耳其。可直接食用或以多种方式烹饪,富含维生素A和C、碳水化合物以及纤维。

苹果公司 Apple Inc. 旧称Apple Computer, Inc.(苹果计算机公司)。微电脑设计和制造公司,为第一家成功的个人计算机公司。由S. 乔布斯和S. 沃兹尼亚克创立于1976年,第一台计算机在乔布斯家的车库制成。有塑料外壳和彩色图片的第二代苹果计算机(1977)让公司获得成功,到1980年为止赚进1亿美元以上,同年该公司股票首度上市。1984年引进的麦金塔什计算机是第一批使用图形使用者界面和鼠标的个人计算机。麦金塔什计算机起初卖得不好,乔布斯也在1985年离开公司,但最后在桌面出版市场找到一片天地。1997年,公司召回乔布斯。乔布斯推出更多的革新产品使公司重新盈利,如iMac。2001年推出可在MP3上播放音乐的iTunes软件,还生产便携式音乐播放器iPod。2003年,公司开始销售可在网上下载唱片公司提供的MP3格式的歌曲。2007年公司推出iPhone,一种触屏智能手机。2010年又推出iPad,开创了平板电脑的全新市场。

苹果菊 chamomile 菊科春黄菊属(*Anthemis*)100余种原产欧亚大陆的草本植物以及同科苹果菊属(*Chamaemelum*)的一种相似植物。两属的头状花序都有黄色或白色的边花和黄色盘花。春黄菊属有几个种被作为庭园观赏植物栽培,尤其是金花春黄菊(或称染匠春黄菊,A. tinctoria)。具有强烈臭味的臭春黄菊(*A. cotula*)是一种杂草,被用于制药和制杀虫剂。用高贵果香菊(*C. nobile*)或白花春黄菊(*A. nobilis*)制成的苹果菊茶,具有滋补和抗菌作用,也用作草药。

"苹果佬" Appleseed, Johnny(1774～1845) 原名John Chapman。美国拓荒者和民间英雄。原为苗圃园丁,1800年左右开始在宾夕法尼亚从榨苹果汁中收集苹果种子,然后向西至俄亥俄河谷地,沿路撒下苹果种子。他照顾自己约1 200英亩的果园,也帮人看管数百平方英里的果园,把无数的苹果树苗卖给或转让给拓荒者。其仁慈、慷慨的个性和奉献精神感化了印第安人和那些野蛮人,而其怪异的打扮(包括赤脚、穿着一件咖啡色宽松的衬衫和把平底锅当帽子戴)更让他成为一个传奇英雄。

苹果汁 cider 从苹果中榨出的汁液。将苹果磨成细碎的果浆,然后挤压。烈苹果汁(含酒精)是将磨碎的果浆放在缸内发酵,三个月后过滤汁液,长时期储存后方可饮用(参阅发酵)。甜苹果汁的制取则不经发酵,或者直接饮用(如在美国),或先放在加压的火罐内(尤其是在欧洲),使苹果汁变得醇热。现在美国的苹果汁大多经过消毒。汁液经过消毒,加上防腐剂,经常要去掉杂质,然后放入密封的金属罐或瓶子内,即为苹果汁,可进入市场。

瓶子草类 pitcher plant 具有瓶状、喇叭状或壶状叶的食肉植物之统称,分属于各科中:猪笼草科(旧大陆的瓶子草类)、捕蝇草科,尤其是瓶子草科(新大陆的瓶子草类,特别是原产北美东部的瓶子草属)。瓶子草类生长于酸沼、森林沼泽、潮湿或多沙的草地或稀树草原中,该处土壤富含水分、呈酸性且缺乏硝酸盐和磷酸盐。其罕见的管状叶上有一系列的蜜腺,沿瓶唇向下延伸到瓶内并吸引昆虫。昆虫一旦进入瓶内,即跌落瓶底液池,在该处迅速沉没、溺毙,然后被叶内分泌的酶消化,释放出硝酸盐和其他养分(酸沼提供的养分中所缺乏的部分)。多数瓶子草类在春天生出捕捉昆虫的一系列瓶状叶,在秋季则生出另一系列无管叶。其花鲜艳,有种令人愉快的香味。

黄瓶子草(*Sarracaenia flava*)
Jeff Lepore/Photo Researchers

坡 Poe, Edgar Allan(1809～1849) 美国诗人、评论家和短篇小说家。出生于波士顿,1811年其母死后在弗吉尼亚州里士满由养父母抚养长大。曾入弗吉尼亚大学短期学习,后返回波士顿,并于1827年出版了一本拜伦风格的青年诗歌。1835年以前他在里士满的《南方文学使者》报社当编辑,那是他编辑撰稿的数份期刊中的第一份。在里士满他与13岁的表妹结婚,1847年丧妻。他曾数度迁居巴尔的摩、纽约和费城。酒精与无规律的放荡生活的毒害造成了他的早逝,死时年仅40岁。其作品以其对神秘和恐怖的渲染而闻名。小说《厄舍古厦的倒塌》、《红色死亡假面舞会》、《黑猫》、《泄密的心脏》、《陷阱与钟摆》、《莫格街凶杀案》和《被窃的信件》开创了现代侦探小说的先河。他的诗歌(现在的评价不如以往那么高)如《钟铃集》中所展现的那样,优美而富有韵律感,集音韵效果之大成。其中既有由女人激发灵感的动人诗篇《安娜贝尔·李》,也有风格离奇之作《乌鸦》。

婆罗浮屠 Borobudur 印度尼西亚中爪哇宏伟的佛教古迹,约建于778～850年夏连特王朝统治时期。约用57 000立方米灰色火山岩建成的婆罗浮屠围成一座小丘。形似一台阶式的金字塔,其基部与上面五层平台为方形,上层3个平台为圆形,最高中心是一个大型独立的窣堵波。每一平台代表人生中

婆罗浮屠,在印度尼西亚爪哇
Robert Harding Picture Library/Photobank BKK

通向完美境界的个别时期。二层圆台开阔简朴,筑有72座圆铃状窣堵波,每座窣堵波中有一尊佛陀像。

婆罗门 Brahman 又作Brahmin。印度教流行地区4个瓦尔纳(社会阶层)中的最高一级。婆罗门的崇高种姓地位可追溯到吠陀时代末期,长期以来被认为在宗教仪式上比其他等级纯净很多,可单独执行某些宗教工作,如负责保存吠陀时代的赞美诗集。由于声望崇高和受过传统教育,主宰了印度学术好几个世纪。婆罗门身为宗教和知识的精英分子,握有政权的刹帝利(武士)常以他们作顾问,印度独立后有许多婆罗门担任各邦的首长。虽然在法律上已不再认可,但他们仍保有传统的特权。他们通过一些严格的戒律来保持宗教的纯净,如素食和不能从事某些行业。

婆罗门笈多 Brahmagupta(598～665) 印度数学和天文学家,他的重要著作是《增订婆罗门历数全书》(628)(西方又译《宇宙的开端》)。书中大部分探讨行星运动,也包含二次方程、直角三角形和立体几何的几何定理的重要证明。

婆罗门牛 Brahman 又称zebu(瘤牛)。原产于印度的几个牛品种的统称。在美国与改良的肉牛杂交后育成适应性强的肉牛品种美国婆罗门牛,在拉丁美洲用类似的方法杂交育成印度-巴西牛。婆罗门牛的外貌特征是肩部和颈部有明显的组织隆起如瘤状,角通常向上向后弯,耳下垂。婆罗门牛多为灰色,公牛的前后肢色较深;也已育成纯红色的品系。

婆罗洲 Borneo 世界第三大岛。面积(包括邻近岛屿)约为755 000平方千米。位于马来半岛东南,属马来群岛的大巽他群岛。西北临南海,顺时针方向依次为苏禄海、西里伯斯海、望加锡海峡和爪哇海。政治区划大部分为印度尼西亚领土,称加里曼丹。西北海岸和北端为马来西亚联邦的沙捞越和沙巴。中间为文莱苏丹国。岛上多山,大部分地区有稠密雨林覆盖。最高峰是基纳巴卢山,海拔4 101米。大部分地区河流可通航(包括拉让河),为贸易和商业活动的主要命脉。有关婆罗洲的叙述最早见于公元150年托勒密所著的《地形学指南》。此地曾发现罗马人贸易用的珠子,证明早期文明发达。婆罗门牛和笈多王朝艺术风格的佛教文物显示受到印度人的影响,他们在5世纪已到达此地。16世纪初随着伊斯兰教的传入,此地建立了若干穆斯林王国,其中有些臣属于爪哇。大约在这个时期,葡萄牙人、西班牙人相继来此建立贸易站。17世纪初,荷兰人打破了葡、西的垄断贸易,但也必须要和新兴的英国势力交手。第二次世界大战后,沙捞越和北婆罗洲(后来的沙巴)均成为英国直辖殖民地。荷属婆罗洲后来出现了强烈的民族主义情绪,导致1949年婆罗洲主权转为印度尼西亚所有。1963年沙巴和沙捞越加入马来西亚联邦时,英国政府放弃了对这些地区的统治权。1984年文莱也独立。

婆什迦罗第二 Bhaskara II(1114～约1185) 12世纪主要的数学家。生于印度比多尔。婆罗门笈多的嫡系继承人,曾任古印度最重要的数学中心乌贾因天文台的台长。他的数学著作最先完整和系统地使用了十进制。显然,他是对"被零除"的意义有所理解的第一人。他用字母代表未知的量,很像现代的代数学,并解出了一次和二次不定方程。他的写作题材包括对行星位置、天体会合、日食月食的天文观察、宇宙学、地理学以及在这些研究中使用的数学方法和天文装置。他也是一位著名的占星家。

婆什迦罗第一 Bhaskara I(?～629) 印度天文学家和数学家。主要成就是三部关于阿耶波多(第一)(476～?)作品的论著。其中《大婆什伽罗之书》和《小婆什伽罗之书》都是用对句诗体写成。第三部《阿耶波提亚婆什提亚》(约629)是对阿耶波多(第一)的著作《阿耶波提亚》的散文体评论。相较于传统和权威的说法,婆什伽罗更重视数学证明的重要性。

珀尔修斯 Perseus 在希腊神话中,他是杀死戈耳工墨杜萨的人。为宙斯和达那厄的儿子。出生后,他的外祖父就把他们母子两人装在一个箱子里扔入海中,因为有预言说他会被这个外孙杀死。珀尔修斯和母亲存活下来,长大后出发去割取墨杜萨的头。回家途中从一头海怪手中解救出埃塞俄比亚公主安德洛墨达,公主嫁给了珀尔修斯。后来他带着母亲返回故乡阿尔戈斯,一次在投掷铁饼时不慎砸死外祖父,应验了当初的预言。

珀伽索斯 Pegasus 希腊神话中长有翅膀的马。它是墨杜萨被珀耳修斯斩首时从他的血中跳出的飞马。后由柏勒洛丰捕获。柏勒洛丰骑着它立下了几次功劳,包括与怪物喀迈拉作战。后来柏勒洛丰想骑着它上天,但从马背上摔下来,坠地而死。珀伽索斯则变成一个星座。在现代,飞马上天被视为诗歌灵感的象征。

珀勒德布尔 Bharatpur 又作Bhurtpore。印度西北部拉贾斯坦邦城市。位于阿格拉以西,约建于1733年,原是珀勒德布尔邦首府。1805年成功挫败了英军围攻,因为它的防御力量很强,直至1826年才被英军占领。该市郊区的鸟类保护区非常著名。人口204 587(2001)。

珀罗普斯 Pelops 希腊神话中,迈锡尼的珀罗普斯王朝的创立者,为宙斯之孙。他的父亲坦塔罗斯曾把他制成菜肴,供诸神食用。只有得墨忒耳因失去女儿珀耳塞福涅正悲痛无比而没有辨识出来,吃了他的肩部。诸神下令恢复他的身体时,得墨忒耳吃的那一部分肩找不到了,于是他的肩膀由象牙代替。在另一故事中,海神波塞冬帮珀罗普斯娶得比萨国王俄诺玛俄斯之女希波达弥亚公主。

珀那忒斯 Penates 罗马家神。他们既被当作家神崇拜,也在公开场合被当作罗马国家的保护神而受崇拜。他们有时与维斯太等其他家神有关,而且名字常与拉尔混用。家家户户供奉众珀那忒斯之像,家人共餐或在特殊场合时要向他们敬拜。供物可以是一份便饭,也可能是特制的饼、葡萄酒、蜂蜜和香。但是珀那忒斯的数目和确切身份对古人来说也是一个谜。

珀斯 Perth 澳大利亚西澳大利亚州州府。滨斯旺河,距河口16千米。1829年即建有居民点。19世纪90年代初在卡尔古尼附近发现金矿和1897年弗里曼特尔港开放后,城市迅速发展。现为主要工业中心,经济迅速扩张。1987年在该地举办了美洲杯赛,市内有西澳大利亚大学和默多克大学。人口1 445 078(2006)。

珀斯 Perth 苏格兰中部城镇。濒临泰河,位于爱丁堡西北部。曾是罗马的殖民地,1210年成为皇家自治市,大约在1452年之前,一直为苏格兰首都。1559年J.诺克斯在圣约翰教堂公开谴责偶像崇拜,结果导致镇内修道院和祭坛被掠夺。在1715年和1745年的苏格兰暴乱期间为一詹姆斯党城市。经济以威士忌酿造业和制造业为主,也是农业交易中心。人口约43 590(2004)。

珀西 Percy, Walker(1916～1990) 美国小说家。出生于亚拉巴马州伯明翰。儿时父母双亡,由密西西比州的堂兄抚养长大。在担任病理学家期间染上了肺结核,在康复过程中,决心以写作为业,同时转而信仰天主教。他的第一部同时也是其最著名的小说《去看电影的人》于1961年问世。书中提出有关"精神不振"的病理概念,认为这是在这个无根基的现代世界感到绝望所引起的一种病症。其他作品以在经过工业和技术改造后的美国新南方寻找爱和真理为题材,包括《废墟中的爱》(1971)、《第二次到来》(1980)和《萨纳托斯症候群》(1987)。

破产 bankruptcy 通过法定程序宣布债务人已无力偿还其债务的状况。也指相关的法律程序:由法庭代表无偿付能力的债务人之债权人掌管该债务人的财产。债务人提出破产申请的称为自愿破产;由法庭在债权人请求下宣布的称非自愿破产。美国联邦破产法规定对破产个人或公司有4种救助类型:清算(第7章)、重组(第11章)、对家庭农场人作债务调整(第12章)、对有正常收入个人作债务调整(第13章)。市政单位可依第9章规定提出申请。一般来讲,在破产案件中并不是所有债务都会偿还。法庭决定哪些债务需要偿还,债务人其他债务通常可得到免除。

破坏圣像主张 iconoclasm 销毁宗教偶像的主张。在基督教和伊斯兰教中,破坏圣像主张是根据《旧约》诫令,禁止制作与偶像崇拜有关的雕像。早期基督教教会反对制作耶稣和圣人的肖像,但到6世纪末,在基督教崇拜中圣像已变得很普遍,捍卫圣像崇拜者强调圣像的象征意义。726年利奥三世反对崇拜圣像,引发圣像破坏之争,此争议在东派教会持续了1个多世纪,最后圣像才又被接受。在西派教会中也常见到圣人和宗教人物的雕像和肖像,但有些基督教(新教)教派最后还是拒绝了崇拜圣像。伊斯兰教仍然禁止崇拜一切圣像。破坏圣像主张也影响了印度的穆斯林和印度教徒之间发生的冲突。

破伤风 tetanus 又作 lockjaw。由破伤风杆菌(*C. tetani*)引起的急性细菌性疾病(参阅梭状芽孢杆菌属)。该菌的芽孢广泛分布于自然界,尤其是表土层,在深裂伤口中因远离氧气而适宜繁殖,尤其是刺伤时。其毒素刺激神经,造成肌肉强直和频繁发作的痉挛。其症状限于外伤部位,但若毒素经血流扩散至脊髓运动神经节,则症状可出现于全身。咬肌几均受累,此为 lockjaw 名称的由来。每隔4年注射1次疫苗是最佳的保护措施,破伤风抗毒素可预防或延缓疑似病例的症状发生,一旦细菌开始生长则治疗效果有限。治疗方式包括使用抗生素、镇静药和肌肉弛缓药。破伤风患者恢复后对该病并无免疫力。

剖腹产术 cesarean section 又作 C-section。胎儿足月或足月前在腹部切口自子宫剖取胎儿的手术。通常当阴道产会给母体或子体带来危险时就采用剖腹产。曾经剖腹产的人,日后怀孕时仍可阴道产。剖腹产所冒的风险就像是动大手术一样。曾一度滥用,现在已因自然分娩法流行而大为减少。

扑克牌 playing cards 一种长方形的游戏小纸牌。有时用于占卜和魔术。现代扑克分为4种花色:黑桃,红心,方块和梅花。在一副完整的牌中,每种花色有13张牌(10张数位和3张宫廷人物牌——国王、王后和杰克);还有另外两张牌,叫大王和小王(中世纪小丑的形象)。扑克牌起源不明(中国和印度是最有可能的发源地),扑克牌图像的象征意义也不明确。纸牌最早是1299年在欧洲的意大利出现。52张一副的法国纸牌现在是世界范围内的标准纸牌,但德国和西班牙的纸牌数量要少一些。也有采用其他图像的纸牌(如德国用钟,西班牙和意大利用杯子)。参阅塔罗特牌。

扑克牌戏 poker 几种纸牌游戏的统称,玩家打赌自己手中牌的值要大于其他人手中的牌。每个跟进的玩家必须打出同等的赌注或选择加码或退出。这局扑克的最终赢家可以是最后摊牌时手上的牌最好的的玩家,也可以是所有其他人退出后剩下的那位唯一的玩家。在这种情况下,赢家无须亮出自己手中的牌并且非常有可能是用较差的牌赢了牌桌上的其他玩家。由于这个原因扑克牌戏也被说成是投机的游戏。这种游戏共有三种主要玩法:明式玩法是标准的五张牌玩家手中的所有牌都要面朝下放置;暗式玩法是玩家手中的牌有部分但不是全部面朝上放置;公用牌玩法是亮开一些牌,所有玩家都可以利用这些牌做成自己手上的好牌。在明式玩法的主要变种平局扑克牌中,可以弃牌也可以另外摸牌。手中牌的传统等级是:①同花顺(同一花色的按次序排列的五张牌,最高的顺序——A、K、Q、J、10——叫做同花大顺),②相同的四张,③满堂红(三张相同的牌,加一对),④同花(一个花色的五张牌),⑤)顺字(按顺序排列的五张牌),⑥三张同样的牌,⑦两对,⑧一对。

菩萨 bodhisattva 佛教用语,指成佛以前的乔答摩以及其他注定要成佛的人。大乘佛教推崇菩萨,因为菩萨为减轻他人痛苦而决定延缓进入究竟涅槃。这种理想取代了上座部佛教阿罗汉和自我解脱的佛陀的佛教理想,大乘佛教认为那种理想是自私的。从理论上讲,菩萨的数目是无限的,菩萨这一名称现已用来指大学者、导师和佛教君王。天界菩萨(如观世音)是永恒佛陀的化身和救主,尤其是在东亚,也是个人崇拜的对象。

菩提 bodhi 梵文和巴利语,意为"觉醒"或"启蒙"。佛教名词,指结束生死轮回和导致涅槃的究竟觉悟。这种觉悟使悉达多·乔答摩转变成佛陀。一个人要修成菩提需要通过八正道的隐修来摆脱虚假的信仰和情欲的障碍。虽然在教规经文中并未支持这一理论,但在各种评注中都提出三类菩提:完全的觉悟,即佛陀的觉悟;独立的觉悟;还有阿罗汉的觉悟。

菩提达摩 Bodhidharma(活动时期6世纪) 汉语作 Damo(达摩),日语作 Daruma。传说中的印度僧人,建立了佛教的禅宗。被认为是乔答摩佛陀的第28代嫡系弟子,中国禅宗以他为始祖。据说他从印度来到中国的广州,后受到梁武帝的接见,武帝以善行著称。但达摩却说,只有默念而不是行善才能获得解脱。据说他自己曾一动不动地静坐默念达9年之久。

菩提树 bodhi tree 又作 bo tree。据佛教传说,佛陀在印度菩提迦耶(迦耶附近)的一棵无花果树下坐禅而开悟(菩提)。此树即称菩提树。现在长在该地的树据说是原来那棵树的后代,是从斯里兰卡的一棵树上摘下的枝条插活的,而斯里兰卡的那棵树是由原树繁殖起来的,这两棵树现在都是佛教徒朝圣的对象。菩提树或它的树叶的图像常被视为佛陀的象征。

葡萄 grape 葡萄科葡萄属60种植物的统称。原产北温带。许多品种的果实可鲜食、制葡萄干、制果汁或葡萄酒。酿酒葡萄是酿葡萄酒最常用的种。葡萄通常为木本蔓生植物,借助卷须攀缘,在干旱地区可长成近乎直立的灌木。从植物学讲,它是一种浆果莓。葡萄含钙、磷等多种矿物质,也是维生素A的来源。各种葡萄都会有葡萄糖和果糖,含量依品种而异。

葡萄(*Vitis*)
Grant Heilman

葡萄酒 wine 用发酵的葡萄汁制成的含酒精饮料。也可用多种水果和某些植物制成。葡萄酒的历史可追溯到《旧约全书》的写作年代。似乎到了17世纪末酒瓶和瓶塞发展后,才开始普遍使用。酿造方法为葡萄经破碎后,将葡萄汁装入大桶中发酵,通常先加入二氧化硫以抑制野生酵母和微生物,同时加入含有选定菌株的葡萄酒酵母。发酵需经数周方能完成,将酒从桶中滗出,装入木桶或其他容器使之第二次发酵(熟化期)。在进行最后一次熟化期前澄清和装瓶。葡萄酒按颜色可分为红色、玫瑰色(粉红色)和白色。果皮的色素溶入果汁内,使酒色加深。酒味分甜、淡两种,甜酒含糖量多,淡酒含糖少或不含糖。气泡酒如香槟酒,含大量二氧化碳,装在瓶内发酵。强化酒如波尔图葡萄酒和雪利酒,用白兰地来增加酒精含量。生产葡萄酒的国家主要有法国、意大利、西班牙、美国、阿根廷、德国、澳大利亚、葡萄牙和罗马尼亚。

葡萄膜炎 uveitis 葡萄膜(即眼球中膜)的炎症。前葡萄膜炎涉及虹膜或睫状体(相当于调节晶状体的肌肉)或两者都涉及,能导致青光眼和失明。后葡萄膜炎涉及视网膜(控制眼睛的供血),能引起出血、晶状体混浊以及眼球萎缩。肉芽肿性葡萄膜炎(表面总有颗粒状的炎性组织)造成视力减退、疼痛、双眼流泪以及晶状体对光敏感。非肉芽肿性葡萄膜炎造成疼痛和晶状体对光敏感的程度较低,痊愈的几率较大。病因包括全身性感染及其他疾病、变态反应、眼部受伤等。没有受伤的那只眼偶尔也会出现病症,有可能双目失明。治疗方法主要是消除感染、减轻炎症以及保护视力。

葡萄球菌属 Staphylococcus 球菌科一属,为球形细菌,其中人们熟悉的一些种普遍并大量存在于人类及其他温血动物的黏膜和皮肤上。特征为多结合在一起,呈葡萄串状;革兰氏染色阳性,兼性厌氧。金黄色葡萄球菌 *S. aureus* 是创伤感染、疖痈及人类其他皮肤感染的主要病原菌,并为食物中毒最常见的病原,又能引起人及家畜的乳腺炎。为医院感染的最大病源(约占15%)。因对多种抗生素有耐药性,较难控制。

葡萄糖 glucose 又称 dextrose(右旋糖),又作 grapesugar 或 cornsugar。一种单糖。分子式为 $C_6H_{12}O_6$。葡萄糖是植物光合作用的产物,存在于果汁及蜂蜜中。是高等动物血液循环中主要的游离糖。是细胞功能的能源,也是新陈代谢的主要参与者。葡萄糖代谢的调节在生理上十分重要(参阅胰岛素)。葡萄糖和果糖形成蔗糖。葡萄糖结成长链形成多糖(如纤维素、糖原和淀粉)。葡萄糖用于食物、医学、啤酒酿造和酿酒,也是其他各种有机化学制品的来源。

葡萄牙 Portugal 全称 Portuguese Republic(葡萄牙共和国)。西南欧伊比利亚半岛西岸的国家。面积：92 094平方千米。人口：约10 610 000（2013）。首都：里斯本。人民大部分是葡萄牙人。语言：葡萄牙语（官方语言）。宗教：基督教（主要为天主教）。货币：欧元。大西洋中的亚速群岛和马德拉岛在行政上也属葡萄牙。葡萄牙大致被塔古斯河一分为二。高地大多起自太加斯河以北，并往东北延伸到西班牙。葡萄牙拥有工业化经济，包括国有和民营部门。1974 年的一场军事政变之后，大部分工业被国有化，但从 20 世纪 80 年代晚期开始许多部门已转为民营。工业以轻工业为主，产品包括纺织和成衣、纸张和木制产品，以及化学品，尽管汽车工业也很重要。该国为共和国，一院制。国家元首是总统，政府首脑为总理。公元前第 1 千纪，凯尔特人在伊比利亚半岛定居下来。公元前 140 年，罗马人征服了他们，并一直统治到公元 5 世纪日耳曼部落入侵该地区。711 年穆斯林入侵，仅有葡萄牙北部还在基督教徒的手里。1179 年该地区成为葡萄牙王国，随着重新获得穆斯林所占据的地方而扩张起来。现代欧陆的葡萄牙疆界是在 1270 年国王阿丰索三世（1248 ～ 1279 年在位）手中完成的。1580 ～1640 年，葡萄牙与西班牙联合。在 15 和 16 世纪，王室鼓励探险，促使葡萄牙的航海家们纷纷到非洲、印度、印度尼西亚、中国、中东和南美洲去探险。虽然建立了若干殖民地，但后来都逐渐独立或回归（参阅巴西、果阿、佛得角、东帝汶、安哥拉、几内亚比绍和莫桑比克）。20 世纪中叶，独裁者萨拉查统治葡萄牙，在 1974 年的康乃馨革命中被推翻。1976 年通过一部新宪法（1982 年修改），恢复了文官统治。葡萄牙是北大西洋公约组织的创始会员，也是欧洲联盟的成员。1999 年采用欧元，并将其最后一块殖民地澳门归还给中国。葡萄牙于 1912 年首次参加在斯德哥尔摩举办的夏季奥运会。

葡萄柚　grapefruit　芸香科柑橘属乔木及其可食用的果实。可能起源于牙买加，引入西印度群岛后再引入美洲大陆。枝叶稠密，叶深绿色，有光泽。花大，白色，单生或簇

葡萄柚（*Citrusparadisi*）
GrantHeilman

生。果实成熟后呈柠檬黄色，直径 10 ～ 15 厘米，约为中等大小柑橘的两倍；果肉通常为淡黄色、粉红色或红色，鲜嫩多汁，味微酸，是绝佳的维生素 C 摄取来源，在世界各地为受欢迎的早餐果品。

蒲柏　Pope, Alexander（1688 ～ 1744）　英国诗人和讽刺家。为早熟聪慧的孩子，因信仰天主教而被剥夺受正式教育的权利，因此自学成才。他因脊柱畸形和其他健康问题

A. 蒲柏，肖像画，T. 哈得逊绘；现藏伦敦国立肖像画陈列馆
By courtesy of the National Portrait Gallery, London

而使身体的生长受到限制，并妨碍了他的行动，但也因此使他更加专注于阅读和写作。他的第一部重要作品《批评论》（1711）对写作的艺术作出了评价，是一部诗作，其中一些经典警句已经变成了成语（如“错误人皆有，宽恕最难能”等）。他睿智的讽刺史诗《夺发记》（1712 ～ 1714）讽刺了当时的社会。他一生中最伟大的成就是翻译了荷马史诗《伊利亚特》（1720）和《奥德赛》（1726），其成功使他在经济上有了保障。他开始卷入许多文学论战，写了严厉的讽刺诗《群愚史诗》（1728）和《致阿巴思诺特医生书》（1735）。他的哲学散文《人论》（1733 ～ 1734）原是一个长篇的一部分，但最终没能完成。

蒲甘　Pagan　缅甸中部村落，沿着伊洛瓦底江西岸发展，位于曼德勒西南方。始建于 849 年，11 ～ 13 世纪末成为一个强大王朝的首府。1287年被蒙古人征服。蒲甘曾为佛教

蒲甘的阿难陀神庙，其顶部毁于 1975 年的地震，今已重建
Van Bucher-Photo Researchers

学术中心，现在则是朝圣中心，村内佛寺众多，现多已修复并加以装饰，沿用至今。其他的庙宇和佛塔废墟也占有大片面积。1975 年发生的大地震重创了大半重要的建筑，有许多已无法修复。村内还有一所漆器学校，该区即以漆器闻名。

蒲公英　dandelion　菊科蒲公英属多年生草本植物，原产于欧亚，现在已经广布于北美温带大部地区。最常见种为药用蒲公英（*Taraxacum officinale*），其基生叶莲座状。直根长，茎光滑中空；头状花序单生，黄色，仅有边花（非圆盘状组织花）。果瘦小，簇生成球状，属于单种子果实。其嫩叶可食，根可制作为类似咖啡的饮料。

蒲鲁东　Proudhon, Pierre-Joseph（1809 ～ 1865）　法国新闻记者和社会主义者。曾当过印刷工，后在 1838 年迁往巴黎并参加了社会主义运动。他的《什么是财产?》（1840）一书用“财产就是盗窃”这样的语句引起了轰动。在里昂工作期间（1843 ～ 1848），他偶然遇见了织布工人的无政府社团共济会的会员，并在后来将这一名称用来指他的无政府主义的形式。他的《经济矛盾的体系》（1846）遭到 K. 马克思的抨击，并开始了无政府主义者同马克思主义者之间的论争。1848 年蒲鲁东在巴黎出版了激进观点的报纸，并在1849 ～1852 年遭到监禁，被释放后因受警察不断骚扰，于 1858 年逃到比利时。1862 年返国时，在工人当中产生了影响，包括第一国际的一些创始人。

朴次茅斯　Portsmouth　英格兰南部汉普郡一海港城市，位于英吉利海峡波特西岛上。1194 年建立并获得第一张特许状。1496 年建为海军造船厂，1698 年以后大力扩建。造船厂面积超过 120 公顷，成为该市最大的雇主。朴次茅斯在第二次世界大战期间曾遭德军猛烈轰炸而破坏严重。现在主要工业包括造船和航空工程。C. 狄更斯生于此。人口约186 704（2001）。

普埃布拉　Puebla　墨西哥中部偏东南的州。为阿纳瓦克高原的一部分，海拔从 1 500 ～2 400米不等，有东马德雷山脉形成的沃谷。此区居民一向稠密，前哥伦布时期该地区民族已有高度发达的文化，现存许多考古遗址。西班牙人把普埃布拉建设成一个经济和宗教中心，自 19 世纪起该地已是重要的农业和工业中心。首府为普埃布拉，面积 33 902平方千米，人口约5 779 829（2010）。

普埃布拉　Puebla（de Zaragoza）　墨西哥东南部普埃布拉州首府。1532 年建城，位于东马德雷山麓平原，海拔2 165米。位于墨西哥城和韦拉克鲁斯之间，墨西哥战争期间曾被美军占领。当地的西班牙殖民建筑与西班牙城市托莱多的建筑相似。现为重要的农业和工业地区中心，也以琉璃瓦、玻璃和陶器著称。1973 年墨西哥中部发生强烈地震，该市受损严重。人口约1 434 062（2010）。

普安第　Puente, Tito（1923 ～ 2000）　原名Ernesto Antonio Puente, Jr.。美国乐队领队、打击乐手和作曲家。出生于纽约，父母都是波多黎各人。第二次世界大战时在海军服役，之后进入朱丽亚音乐学院就读。20 世纪 40 年代末期，他自组乐队并以撒尔撒、曼波舞和默朗格舞崭露头角，随后带动 50 年代恰恰舞的热潮。因为具有实验创新精神，他开风气

之先，融合拉丁爵士乐。他的音乐作品包括《佩尔·科切罗》及《对你说声好》。曾与许多艺人同台演出，特别是 C. 克鲁斯，录制了上百张唱片集。他还在多部电影中演出，包括《广播岁月》(1987)、《曼波歌王》(1992)。

普尔曼 Pullman, George M(ortimer) (1831～1897) 美国实业家。出生于纽约州布罗克顿，年轻时搬到芝加哥，为他哥哥当细木工匠。1858 年他为当地一家铁路公司把两天旅途的长途客车改装成可睡觉的卧车，最后他成立自己的公司，第一辆真正的普尔曼式卧车出现于 1865 年。他因这项发明而致富，1867 年成立普尔曼豪华汽车公司；第二年制造出第一辆餐车。1880 年他为公司工人修建了普尔曼城(现在并入芝加哥市)，该城是一个令人议论纷纷的社会实验品，也是著名的 1894 年普尔曼罢工的发生地。

普尔热瓦尔斯基氏野马 Przewalski's horse 20 世纪仅存的野马亚种，学名*Equus caballus przewalskii*。呈微黄色或浅红色(暗褐色)，肩高 12～14 掌(122～142 厘米)。鬃及尾色

普尔热瓦尔斯基氏野马
(*Equus caballus przewalskii*)
Kenneth W. Fink from Root Resources

较深，背部常有条纹。鬃短而直，无额毛。19 世纪 70 年代发现于蒙古西部。20 世纪 60 年代在野外失去踪影，但早期进入欧洲动物园的该种类后代在 20 世纪 90 年代开始被重新引进蒙古草原。

普珥节 Purim 犹太人的喜庆节日，纪念公元前 5 世纪犹太人在波斯死里逃生。根据《以斯帖记》，波斯国王亚哈随鲁的宰相哈曼阴谋策划了一场针对犹太人的大屠杀，并用掣签的方法定下了日子。王后以斯帖为犹太人求情，犹太人被允许攻击他们的敌人。犹太人在普珥节的前一天即亚达月 13 日(二月或三月)禁食一天，以示节日的开始。犹太人在教堂诵读《以斯帖记》，相互馈赠礼物，并周济贫寒之人。普珥节是寻欢作乐和大吃大喝的一天。

普法战争 Franco-Prussian War (1870～1871) 又作Franco-German War。结束法国在欧洲大陆的霸权，导致建立普鲁士支配下的德国的一次战争。这次战争的直接原因是霍亨索伦-西格马林根家族的利奥波德亲王候选继承西班牙王位，这一行动可能导致普鲁士和西班牙联合共同反法。针对阻止利奥波德候选的外交活动，普鲁士首相 O. von俾斯麦发表的埃姆斯电报触怒了法国政府，使法国对普宣战。德意志其他邦国支持普鲁士。由H. von毛奇将军率领的德军在人数和编制上都优于法军，取得多次胜利。拿破仑三世在色当战役失败后投降。法国组成抵抗政府，宣布废黜皇帝，建立第三共和国。巴黎失陷，当和约谈判正在进行时，激进分子起义并建立了短暂的政府——巴黎公社。公社被镇压下去后，一个苛刻的和约达成了：德国并吞阿尔萨斯和洛林的一半，德军占领法国直到法国赔偿巨额赔款。1871 年普鲁士国王威廉一世宣告为德意志皇帝，建立德意志帝国。但是，法国决定收复阿尔萨斯-洛林和德国的军国主义使得和平极不稳定。彼此的憎恨是把两国推入第一次世界大战的动因。

普芬道夫 Pufendorf, Samuel(1632～1694) 后称Freiherr (Baron) Von Pufendorf。德国法学家和历史学家。牧师的儿子，他舍弃神学转向研究法学、哲学和历史。受 H. 格劳秀斯和 T. 霍布斯的影响，他最著名的作品是《法学知识要义》(1660)和《自然法与万国法》(1672)，他在书中捍卫了自然法的思想，证明不存在天生就是奴隶的人，所有的人都有平等和自由的权利。他曾任教于海德堡大学(1661～1668)和隆德大学(1670～1677)，后来成为瑞典查理十一世的史官(1677～1688)和勃兰登堡选侯的史官(1688～1694)。

普吉湾 Puget Sound 太平洋海湾。位于华盛顿州西部，从胡安·德富卡海峡的东端向南延伸，1792 年英国航海家 G. 温哥华曾到当地探勘。该湾有许多深水港，包括西雅图、塔科马、艾威特和汤森港，这些都是河口湾沿岸肥沃农业区的海运港。该湾为游艇娱乐活动和鲑鱼捕捞提供了一个隐蔽地区。

普杰 Puget, Pierre(1620～1694) 法国雕刻家、画家和建筑师。年轻时曾受雇于彼得罗·达·科尔托纳，为佛罗伦萨碧提宫做天花板装饰。其后主要在法国从事绘画和雕刻。其作品虽具有罗马的巴罗克式传统，但在《克罗东的米洛》(约 1671～1682)这样的雕塑中，一名手被树桩夹住的壮士受到一头狮子的袭击，显示出有米开朗琪罗作品风格的紧张和痛苦表情。

普京 Putin, Vladimir (Vladimirovich) (1952～) 俄罗斯总统(1999～2008，2012～)和总理(1999，2008～2012)。曾在克格勃服役过 15 年，其中包括在东德的德累斯顿工作的 6 年时间。1990 年从克格勃退役并回到俄罗斯，在列宁格勒国立大学任职。1994 年他的官位升至列宁格勒市第一副市长。1996 年移居莫斯科，加入到总统的工作班子，成为克里姆林宫主管 P. 博罗金的副手。1998 年 7 月总统 B. 叶利钦提拔他为俄罗斯联邦安全局局长。1999 年叶利钦任命普京为俄罗斯总理，同年 12 月 31 日叶利钦宣布下台，将总统权力移交给普京。3 个月后，普京在俄罗斯总统选举中大获全胜，部分原因是他成功地阻止了车臣共和国脱离俄罗斯联邦的活动。他在首届任期中维护了中央政府对俄罗斯 89 个边疆区和共和国的控制，并采取行动削弱俄罗斯不得人心的金融家和传媒大亨的影响力。这一时期还经常发生车臣恐怖分子制造的恐怖袭击事件。普京于 2004 年轻松获得连任。他挑选的接班人 D. 梅德韦杰夫于 2008 年 3 月当选俄罗斯总统。梅德韦杰夫随即任命普京为总理。2011 年两人宣布将在 2012 年的大选中交换竞选职位。最终普京赢得了他的第三个总统任期。

普救论 Universalism 相信所有灵魂都有救恩的信仰。这个概念在基督教历史不同的时期都出现过，在 18 世纪中叶的美国成为一个有组织的运动。它现在依然坚持认为慈爱的上帝不会只给一部分人施救恩，而其余的人必然要受到永世的惩罚。它强调在宗教中运用理性，根据科学发现更改信仰。因此，传统基督教的不可思议的内容被扬弃，耶稣虽是一位值得敬重的导师和榜样，但也不能把他当作神。1961 年美国的普救论者与上帝一位论的教会组织合并(参阅上帝一位论)。

普拉蒂亚 Plataea 希腊中东部比奥蒂亚的古城，位于第比斯南部。比奥蒂亚人原定居于此，他们驱逐了较早的青铜时代居民。普拉蒂亚人在马拉松战役中和雅典人一起作战，反抗波斯(公元前 490)。是普拉蒂亚战役(公元前 479)中希腊人战胜入侵的波斯人的地方。公元前 427 年该城被斯巴达人破坏，但在马其顿国王腓力二世和亚历山大大帝时期重建，被视为希腊抵抗波斯的勇气的象征。

普拉多博物馆 Prado Museum 西班牙国家艺术博物馆，藏有世界上最丰富的西班牙绘画以及欧洲其他国家的作品。该馆由费迪南德七世于 1818 年在马德里修建，1819 年作为皇家绘画博物馆对公众开放。其收藏品是 300 多年来由西班牙的哈布斯堡与波旁家族的君王收集而成。1868 年在伊莎贝拉二世被流放之后成为普拉多人的国立博物馆。1872 年该馆得到了许多从前由西班牙修女院和修道院拥有的名画。藏品包括 E. 格列柯、D. 委拉斯开兹和 F. 戈雅的作品，以及其他西班牙大师J. de里贝拉和 F. de. 苏巴朗的无数作品。其他藏品还包括希腊-罗马雕像和许多佛兰德斯和意大利的杰作。

普拉克西特利斯 Praxiteles(活动时期约公元前 370～前 330 年) 希腊雕刻家。唯一存留的作品是大理石雕像《赫耳墨斯与婴孩狄俄尼索斯》，其造型雅致，雕琢精细。其他作品存有复制品。他最著名的雕像是《科尼杜斯的阿佛洛狄忒》，被普林尼(老)认为是世界上最美的雕像。在普拉克西特利斯的影响下，当时的雕像都是姿态优美、线条复杂、轻巧地站立在底座上的人物，这是希腊化时代雕刻家创作出来的一种雕刻人物姿态。他是公元前 4 世纪阿提卡最伟大和富有独创性的雕刻家，对以后的希腊雕刻产生了深刻影响。

普拉姆迪亚·阿南达·杜尔 Pramoedya Ananta Toer(1925～2006) 又拼Pramudya Ananta Tur。爪哇小说家和短篇小说作者。

因参加印度尼西亚人反对延续的殖民统治而被荷兰人囚禁（1947～1949），这段时期他写了第一部出版的小说《逃亡者》（1950）。1949年印度尼西亚取得独立后，他开始创作将日常用语和古典爪哇文学相结合的作品。1965～1979年因参加共产党政变被囚禁时，写了4部系列小说——《人世间》（1980）、《万国之子》（1980）、《足迹》（1985）和《玻璃屋》（1988），描写在荷兰人统治下的爪哇社会。他是印度尼西亚独立之后最卓越的作家。

普拉斯　Plath, Sylvia（1932～1963）　美国女诗人。出生于波士顿。父为昆虫学者，早年就立志成为一个优秀作家，8岁时出版了她的第一部诗集。在史密斯学院读书时曾试图自杀，必须接受电击治疗。获得富布赖特奖学金后到剑桥大学读书，在此期间她嫁给了T. 休斯。他们分开之后，她在30岁时自杀。虽然生前没有任何名气，但死后声誉大振。20世纪70年代被公认为当代的重要诗人。其作品常充满着孤寂、死亡、自戕式的忏悔，诗集包括《巨人》（1960），《埃里厄尔》（1965），《诗集》（1981，获普利策奖）和半自传体小说《钟罩》（1963）。

普拉特　Pratt, E(dwin) J(ohn)（1883～1964）　加拿大诗人。曾受训担任神职，后在多伦多大学从事教学多年。早期的作品集《提坦》（1926）中包括有他的被人们广泛阅读的诗歌"抹香鲸"。《深仇大恨》（1940），是他最好的作品，按年代记录了耶稣传教士的牺牲。后来的作品集包括《敦刻尔克》（1941）、《他们在归途中》（1945）、《在航海日志背后》（1947）以及《为了打最后一颗道钉》（1952）。

普拉特河　Platte River　美国内布拉斯加州中部河流。由北普拉特河和南普拉特河汇合而成，全长500千米。向东南流向内布拉斯加州的卡尼的大弯道，然后在奥马哈以南的普拉茨茅斯汇入密苏里河。该河水浅不能通航，全年大部分干旱。河水主要用于灌溉和城市供水。

《普拉特修正案》　Platt Amendment（1901）　美国拨款案的附加条款，规定美西战争以来留驻古巴美军的撤军条件。该修正案在1901年被写入古巴的宪法，古巴缔结条约的权利受到限制，修正案并允许美国保留在关塔那摩湾的海军基地，允许美国对古巴事件（"为维护古巴独立"）进行干涉。1934年F. D. 罗斯福总统支持废除该修正案，但利用海军基地的权利除外。参阅睦邻政策。

普拉特学院　Pratt Institute　美国私立高等教育学校。位于纽约市布鲁克林区，1887年由工业巨子C. 普拉特创办。原本是一所商业学校，现在设有建筑学院、艺术暨设计学院、人文暨科学学院、信息暨图书馆学院、在职进修中心等，其中以艺术暨设计学院最为著名。学校颁发学士及硕士学位，现有注册学生约3 400人。

普拉亚　Praia　佛得角首都和港口。位于圣地亚哥岛南岸，滨大西洋，距西非海岸约640千米。出口农产品包括香蕉、咖啡和甘蔗，是一个海底电缆站。人口约94 757（2000）。

普莱西诉弗格森案　Plessy v. Ferguson　美国最高法院（1896）确立了关于种族隔离的"隔离而平等"的原则。该案件是对路易斯安那法律的挑战，要求在有轨电车上隔离黑人和白人。尽管获得法律的支持，J. M. 哈伦还是提出著名的反对论点，认为美国宪法是"色盲的"。"普莱西诉弗格森案"的判决于1954年被"布朗诉托皮卡教育局案"推翻。

普莱耶　Player, Gary (Jim)（1935～　）　南非的职业高尔夫球运动员。1955年起参加美国职业高尔夫球协会的巡回赛。3次在英国公开赛中获得冠军（1959，1968，1974），3次获得名人赛冠军（1961，1974，1978），两次获得美国职业高尔夫球协会锦标赛冠军（1962，1972），1965年获得美国公开赛冠军。其获得重要冠军胜利的时间段超过30年，比以前任何职业高尔夫球运动员都长。

普赖默斯　Primus, Pearl（1919～1994）　特立尼达出生的美国舞蹈演员、编舞和人类学家。从2岁时她就在纽约市居住。1943年在新舞团举行了她的个人舞蹈首演，是该团第一位黑人舞蹈演员，次年成立她自己的舞团。她的表演吸取了美国黑人的经验和她在非洲和加勒比海地区所作的人类学研究成果。这些作品如《非洲祭典》（1944）和《婚礼》（1961），反映了她对这些方面的兴趣，也使她获得哥伦比亚大学的博士学位。

普赖斯　Price, (Mary Violet) Leontyne（1927～　）　美国女高音歌唱家。出生于密西西比州劳雷尔。曾在朱利亚音乐学院学习。被V. 汤姆森选中重演《三幕戏中的四位圣人》，并在《波吉与贝丝》（1953～1955）的世界巡演中确立了她自己的声誉。1960年在拉斯卡拉剧院演唱阿伊达，1961年在大都会歌剧院首演。此后的20多年里她是大都会歌剧院最受欢迎的明星之一。她饰演了S. 巴伯的《安东尼和克丽奥佩脱拉》（1966）中的克丽奥佩脱拉，这也是大都会歌剧院搬到林肯中心的首场演出。1985年她最后一次演唱阿伊达。

普朗克　Planck, Max (Karl Ernst Ludwig)（1858～1947）　德国物理学家。曾在慕尼黑大学和基尔大学求学，后来成为柏林大学的理论物理学教授（1889～1928）。他致力研究热力学第二定律和黑体辐射，最后找出辐射的革命性量子理论，并因此获得1918年诺贝尔奖。他还发现了运动量，今称普朗克常数（h）。他支持A. 爱因斯坦相对论这种特别的理论，但反对N. 玻尔、M. 玻恩、W. 海森伯在量子力学面世后提出的非决定论、统计式世界观。1937年辞职之前，他一直是具有影响力的威廉学会（后称普朗克学会）主席。他曾向A. 希特勒陈情，希望改变他惨无人道的种族政策。他的儿子后来牵涉到反对希特勒的七月密谋而遭到处决。

普朗克　Poulenc, Francis (Jean Marcel)（1899～1963）　法国作曲家。十多岁时随R. 瓦因斯（1875～1943）学钢琴，后来结识了E. 萨蒂及六人团的作曲家。曾创作了很多钢琴和管弦乐，包括大键琴协奏曲、两支钢琴和管风琴曲以及一些室内乐，但他最著名的还是声乐，包括歌剧《泰蕾丝》（1944）、《加尔默罗会修女们的对话》（1956）和《人类的形象》（1958），他的宗教作品和许多大受欢迎的歌曲则反映出他对天主教的虔诚信仰，其中包括《G大调弥撒曲》（1937）、《圣母悼歌》（1950）和《光荣颂》（1959）。

普雷斯科特　Prescott, William H(ickling)（1796～1859）　美国历史学家。出身于马萨诸塞州塞勒姆一个富裕家庭。1814年毕业于哈佛大学。由于健康状况和视力欠佳而不能从事法律或商业。他的朋友（包括W. 欧文在内）引导其从事了毕生的事业：叙述16世纪西班牙及其殖民地的历史。他的著作《墨西哥征服史》（1843）和《秘鲁征服史》（1847）最为著名，其中使用了大量原始资料，这两部书为他赢得了美国首位科学历史学家的美誉。

普雷斯利　Presley, Elvis (Aaron)（1935～1977）　美国流行歌手，"摇滚乐之王"。出生于密西西比州图珀洛，在孟菲斯长大，从小唱的是五旬节教会音乐，听的是黑人音乐家的布鲁斯音乐和电台大奥普里广播。1954年他开始为制作人S. 菲利普斯录唱片，这位制作人一直在寻找一位声音酷似黑人的白人歌手。1956年在新经理人"团长"T. 帕克的管理下，他发行了专辑《心碎旅店》，其中包括"猎犬"、"全身摆动"等歌曲，成为他的首张白金唱片，此后还有无数张白金唱片问世。同年，他还主演了33部平庸的电影的第一部《温柔地爱我》，还出现在许多电视节目中，其中最著名的是"埃德·沙利文剧场"。他的无数歌迷，其中大多数为女性，狂热的崇拜他，其极具魅力的风格包括性感的扭臀，鸭尾式发型和富有特色的笑。1958年到1960年的军队服役结束后，他重新开始了录音和表演，但早期的那种沙哑风格已有所缓和。1968年他开始以拉斯韦加斯为基地，与管弦乐队和福音唱诗班合作进行巡回演出。由于要对抗公众压力、体重增加和对毒品的依赖，他经历了人生的最低潮时期。他42岁时去世，原因是自然死亡。数十万的歌迷在他位于孟菲斯的豪宅为他哀悼，这栋房子至今仍是其仰慕者的朝圣地。普雷斯利在世时其唱片销量超过了5亿张，这也使他成为唱片史上最成功的独唱艺术家。

普雷沃　Prévost d'Exiles, Antoine-François（1697～1763）　法国小说家。早年在军旅生活与宗教神职生活间周折往返，直到1728年以他的逃亡而结束。以后的岁月则以众多的艳遇情史和负债累累为标志。其声誉完全得之于一部作品《曼侬·莱斯科》（1731），讲述一个出身良好的青年为了一个妓女而毁了一生的故事。根据这部小说改编的有两部著名歌剧：J. 马斯内的《曼侬》和G. 普契尼的

《曼侬·莱斯科》。

普里阿摩斯 Priam 希腊神话中的特洛伊最后一位国王。他继承父亲拉俄墨东的王位，并逐渐将特洛伊的势力扩展到赫勒斯滂。他和妻子赫卡柏生下许多孩子，其中包括赫克托耳和帕里斯。特洛伊战争发生在他在位时期，他在战争最后一年失去了13个儿子。其中3人在同一天被阿喀琉斯杀死。赫克托耳的死使他精神崩溃，他低声下气地向阿喀琉斯要求赎回赫克托耳的尸体。特洛伊城陷落时，阿喀琉斯的儿子涅俄普托勒摩斯在祭坛上杀死了这位年迈的国王。

普里恩 Priene 古代爱奥尼亚城市，位于土耳其西南门德雷斯河之北。据斯特拉博所述，普里恩由爱奥尼亚人和第比斯人兴建。公元前7世纪被洗劫一空，但公元前6世纪又重新赢得其地位。在罗马人和拜占廷人的统治下欣欣向荣，后来逐渐衰败。13世纪落入土耳其人之手后被废弃。考古发掘出土了一座建在梯田上的希腊城镇，附近的山顶上建有雅典娜神庙，公元前334年由亚历山大大帝供奉。

普里皮亚季河 Pripyat River 又称普里佩特河。乌克兰西北部和白俄罗斯南部河流。发源于波兰边境附近，向东流经普里佩特沼泽后到达莫济里，在基辅水库与第聂伯河汇合，全长775千米。可通航河段483千米，通过运河与布格、涅曼河相连。

普里切特 Pritchett, V(ictor) S(awdon)（1900～1997） 后称Sir Vicfor。英国小说家和评论家。1922年起成为专职新闻记者，1928～1965年成为《新政治家》的文评家，以其观察敏锐的杂文和评论以及深刻、细致的短篇小说而闻名。他的文集对中产阶级生活进行了生动的讽刺和描写，包括《自己谋生》（1938）、《盲目的爱》（1969）、《粗心的寡妇》（1989）。他还写有长篇小说、游记以及受人称赞的回忆录《门边的马车》（1968）和《午夜的油》（1971）。

普里什蒂纳 Pristina 科索沃首府。1389年在科索沃战役中，突厥人打败了巴尔干半岛的基督教军队，在此之前它是塞尔维亚国的都城。该市也是科索沃阿尔巴尼亚族的文化中心，1999年减少了很多阿尔巴尼亚族居民，当时他们被塞族的“种族清洗”运动逐出该市（参阅科索沃冲突）。1999年6月签署和平协议之后许多人返回该市。人口约165 844（2003）。

普利比洛夫群岛 Pribilof Islands 美国阿拉斯加州白令海东南部群岛。由圣保罗岛、圣乔治岛及其他两座小岛组成。东距大陆500千米。1867年俄国把该群岛与阿拉斯加一起卖给美国。该群岛多山、无海港，每年4～11月有海豹来此繁殖生息。1957年美、苏、日、加签订了一项协议管理商业性的海豹捕猎。该群岛还是无数鸟类和蓝白狐的栖息地。当地居民为阿留申人。

普利策 Pulitzer, Joseph（1847～1911） 匈牙利出生的美国报纸编辑和出版商。1864年移居美国，并参加南北战争。战后成为记者，后在圣路易斯经营德语报纸，并参与密苏里州政治活动。1878年他将《圣路易斯快报》（1864年创刊）和《邮报》（1875年创刊）合并成《快邮报》，并很快成为该市的主要晚报。由于将兴趣转向纽约，他买下《世界报》（1883），创办了《世界晚报》（1887）。他采用公开自我宣传的手段和追求轰动效应的报道方式，结合对政治腐败的揭露和调查性报道，帮助建立起现代报业的模式。在他的遗嘱中他捐款给哥伦比亚大学新闻学院，并设立普利策奖。

普利策奖 Pulitzer Prize 哥伦比亚大学颁发的一系列年度奖的统称，授予美国新闻界、文学界和音乐界有杰出公益服务和成就的人士。也颁发奖学金。该奖金额最初为50万美元，由J.普利策捐赠，极受人们重视，自1917年起，每年5月根据普利策奖金委员会的推荐授奖，该委员会由大学指定的评委组成。奖金的项数和类别每年不同。目前在新闻领域颁发14项奖，文学领域6项奖，音乐领域1项奖，还有4个奖学金名额。

普利茅斯 Plymouth 英国德文郡城市，位于伦敦西南，濒临普利茅斯湾。在《末日审判书》（1086）中称萨德顿，至今其港口仍称为萨顿港。1588年英国舰队从该港出发迎击无敌舰队（西班牙）。1690年在泰马河西岸建起船坞。第二次世界大战中普利茅斯遭空袭轰炸，城市被破坏。重建后的城市拥有英国最好的商业、船运和市政中心，有多座大桥横跨普利姆河与泰马河。人口约243 795（2001）。

普利茅斯 Plymouth 美国马萨诸塞州东南部城市，濒临普利茅斯湾。新英格兰第一个欧洲人永久性定居点即建于此。因地处海滨和具有历史意义而成为著名避暑胜地。1620年由朝圣者建立新普利茅斯殖民地，此后由《五月花公约》管辖直到1691年并入马萨诸塞湾殖民地。经济以旅游业为主，以轻工业、渔业和蔓越橘种植业为辅。古迹包括普利茅斯殖民农场（重现原始的清教徒村庄）和许多复原后的早期殖民地房屋。人口约56 468（2010）。

普利茅斯公司 Plymouth Co.（1606～1609） 由英王特许设立的贸易公司，宗旨是在北美洲东海岸现今的新英格兰地区建立殖民地。也称为普利茅斯的弗吉尼亚殖民地，公司股东都是普利茅斯、布里斯托和爱塞特的商人。其姊妹公司伦敦公司经营更加成功。1607年普利茅斯公司在缅因海岸建立了一个殖民地，但很快又放弃了。1609年后公司停止了活动。1620年一项新的特许重组了这家公司，改名为新英格兰理事会。

普利谢茨卡娅 Plisetskaya, Maya (Mikhaylovna)（1925～ ） 俄罗斯首席舞演员，以精湛的技巧和整合戏剧表演和舞蹈的能力而闻名。曾在莫斯科的大剧院芭蕾舞学校学习，1943年作为独舞加入该公司。她随大剧院芭蕾舞团在世界各地巡回演出，出任过一些公司的客座艺术家，其中包括巴黎歌剧院。她也曾在几部电影中饰演舞者，包括《天鹅湖》（1957）。20世纪80年代她先后在罗马和马德里担任客座芭蕾舞导演。

1961年M.普利谢茨卡娅在《天鹅湖》中的演出
Paris Match-Pictorial Parade

普利兹克建筑奖 Pritzker Architecture Prize 建筑领域的世界最高荣誉。普利兹克家族是芝加哥的富商，基于博爱精神创立这个奖项，1979年首度颁奖，每年选出一名建筑师，其设计作品要对建筑领域和社会都有卓著贡献，奖给10万元美金。国际评审团包括建筑师、艺术家、历史学家、院士、批评家和企业主管。

普利子 prion 一种致病因子，由S.普鲁西纳发现，能引起各种致命的神经变性疾病，即所谓传递性海绵状脑病。致病的普利子是哺乳动物和鸟类身上一种在正常状况下无害的蛋白质的异常形式，可通过传染进入大脑，或可能来自于解读蛋白质的基因的突变。一旦在大脑中出现，它便使正常的蛋白质打褶成异常形状。随着普利子蛋白质增加，它们在神经细胞里积聚，破坏细胞最终使脑组织变得布满孔洞。由普利子引起的疾病包括克罗伊茨菲尔德－雅各布二氏病、疯牛病和痒病。普利子与其他已知的致病生物不同的是它们看来缺少核酸（DNA或RNA）。

普列奥布拉仁斯卡 Preobrajenska, Olga（1871～1962） 原名Olga Yosifovna Preobrazhenskaya。俄罗斯芭蕾舞演员和教师。1889年加入马林斯基芭蕾舞团（参阅马林斯基剧院），1890年担任首席芭蕾舞女演员。她奔放的创造力与对即兴表演的热爱深受观众与评论家赞扬。她还任教于帝国戏剧学院(1901～1902年和1914～1921年,后一时期该校易名为彼得格勒国家芭蕾舞学院)。身为人师,她协助培养了俄罗斯下一代舞蹈演员。1922年离开俄罗斯,移居巴黎,在她自己开办的芭蕾舞学校任教(1923～1960)。

普列汉诺夫 Plekhanov, Georgy (Valentinovich)(1856～1918) 俄国马克思主义理论家。从1874年开始积极参加民粹派运动,成为国家和自由组织的领袖(1877～1880)。为了躲避追捕,他流亡到日内瓦很长时间(1880～1917)。1883年他建立了俄国第一个马克思主义革命组织——劳动解放社,后来发展成为俄国社会民主工党(1898)。在《社会主义和政治斗争》(1883)和《我们的意见分歧》(1885)两书中,他描述了分为两阶段的革命计划,影响了俄国的马克思主义思想。19世纪90年代其追随者包括V. I. 列宁。1903年该党分裂之后,他参加了孟什维克,但花了多年时间尝试统一该党。他支持第一次世界大战中的协约国,反对布尔什维克夺取政权。1917年回到俄国短暂逗留,后来在流亡芬兰时去世。

普烈文 Previn, André (George)(1929～) 原名Andreas (Ludwig) Priwin。德国出生的美国钢琴家、作曲家和指挥。出生于柏林。1939年与他的家人逃离纳粹的迫害,移居洛杉矶。20世纪40和50年代为米高梅公司编管弦乐曲和配乐,此后为多家制片厂撰写电影音乐。其间,他已成为著名的古典音乐和爵士乐钢琴家并开始担任指挥。在休斯顿交响乐团、伦敦交响乐团、匹兹堡交响乐团和洛杉矶爱乐管弦乐团及皇家爱乐管弦乐团担任过首席指挥。他创作过交响曲、协奏曲和歌剧《欲望街车》(1998)及其他流行歌曲。1996年受封为英国爵士。1998年获颁肯尼迪中心荣誉奖。

普林尼(老) Pliny the Elder(公元23～79) 拉丁语作Gaius Plinius Secundus。古罗马学者。出身于一个富裕之家。少时开始戎马生涯,任军事职位(包括西班牙代理总督),后来过半隐退的生活,从事研究和写作。其名著《博物志》(公元77),是一部不甚准确的百科全书式作品,在中世纪之前一直是欧洲有关科学问题的权威之作。其他6部著作现已佚。他在观察维苏威火山大喷发时死于烟雾窒息。

普林尼(小) Pliny the Younger(公元61/62～113?) 拉丁语作Gaius Plinius Caecilius Secundus。古罗马作家和行政官。普林尼(老)的侄子。曾当过律师并任公职,包括执政官、军事首领和元老院的财务官。他以9卷出版于公元100～109年的私人信札集出名。这种特别细心写成的信札在当时是富人的一种风尚,但普林尼将其演变为一种艺术形式。他的信札包括文学的、社会的和民主的不同主题,写时都经过认真推敲,详细描绘了罗马帝国全盛时期的社会与个人生活。

普林斯顿大学 Princeton University 美国新泽西州普林斯顿的私立大学,是常春藤联合会的传统成员。1746年成立,当时称新泽西学院,在美国历史悠久的大学中名列第四,也是最具声望的大学之一。W. 威尔逊于1902～1910年间任该校校长。除了大学学院和一所研究生院之外,普林斯顿大学还设有工程和应用科学学院、建筑和城市规划学院。该校的伍德罗·威尔逊公共事务和国际事务学院长久以来一直培训政府官员,成为普林斯顿的传统。该校自1969年开始招收女生。现有注册学生约6 500人。

普林索 Plimsoll, Samuel(1824～1898) 英国改革家。伦敦一煤商,1868～1880年任职于议会。他以《我们的海员》(1873)这部著作帮助英国人克服对《商船法案》的抗拒,法案里的改革在于规定货船的载运限制。每艘货船都要在船身画上一条吃水线,标示出该船的安全载运深度。

普林西普 Princip, Gavrilo(1894～1918) 塞尔维亚民族主义者和弗兰西斯·斐迪南大公的刺杀者。他是波斯尼亚的塞尔维亚人,寻求统一南部斯拉夫民族和破坏奥匈帝国在巴尔干半岛的统治,接受过黑手社的恐怖主义训练。1914年6月奥匈帝国大公夫妇到萨拉热窝进行官方访问时,普林西普对他和他的妻子苏菲开枪射击。此次暗杀行动促使第一次世界大战爆发。普林西普被判入狱20年,在截肢手术之后死于狱中。

普卢塔克 Plutarch(公元46?～119年以后) 希腊语作Plutarchos。拉丁语作Plutarchus。希腊传记作家和作家。传记作家和哲学家之子。曾在雅典学习,在罗马任教,游历四方,结识了许多重要的朋友,后回到故乡比奥蒂亚。一生著述甚多,但最流行的是《比较列传》,对一系列著名的希腊人与罗马人配对记述,加以比较。此书所展现出的他的学识和研究工作令人印象深刻。列传展示了高尚事迹与品质,提供了行为方式的模范。《道德论》与《伦理论》收入了他尚存的有关伦理、宗教、自然、政治和文学主题的作品。他的著作深刻影响了16～19世纪欧洲随笔、传记和历史作品的转变,尤为重要的是托马斯·诺斯爵士的翻译作品《希腊罗马名人传》(1579),W. 莎士比亚写的罗马历史剧就是取材于这部作品。

普鲁士 Prussia 德语作Preussen。欧洲历史上东欧和中欧的下列地区之一:①波罗的海东南沿岸的普鲁士人领土,中世纪由波兰人和日耳曼人统治;②自1701年开始由德意志霍亨索伦王朝统治的王国,包括普鲁士及勃兰登堡,以柏林为首都,18～19世纪中攫取了德意志北部及波兰西部大片土地,并于1871年作为盟主统一了德意志;③1918年霍亨索伦王朝垮台后设置的州,包括前普鲁士王国大部地区,1947年德国在第二次世界大战中战败后,作为政治上重建德国的组成部分,其建制为同盟国撤销。

普鲁斯河 Purus River 南美洲中部偏西北的河流,是世界上最蜿蜒曲折的河流之一。发源于秘鲁境内,总体上流向东北,穿过秘鲁和巴西的雨林区。在巴西境内,在马瑙斯汇入亚马孙河上游支流索利蒙伊斯河。在河口,分叉为无数支流。全长3 211千米,大部分河段可通航,而且在其河岸附近形成的许多湖泊也可以通航。沿岸森林产橡胶。

普鲁斯特 Proust, Marcel(1871～1922) 法国小说家。出身富裕家庭,曾学习法律和文学。其社会关系使他成为一名对贵族最隐秘的沙龙生活的观察家,他为巴黎多家杂志撰写社交文章。曾出版随笔和故事书籍,包括故事集《悠游卒岁录》(1896)。童年起就深受哮喘困扰,因健康不佳,约1897年开始退出社交圈。他有一半血统是犹太人,在影响全法国的有争议的德雷福斯事件中他成为A. 德雷福斯的主要支持者。他的母亲在1905年去世,对他造成很大影响,使他更加远离社交圈。1909年一块甜饼在无意中勾起了他对童年不情愿的回忆,他完全退人一个封闭的世界,将自己关在卧室中埋头创作《追忆逝水年华》(1913～1927)。这部由7部分组成的小说是他的自传,同时也是法国社会在第一次世界大战前与第一次世界大战期间的一个全景图,充满了对爱情、嫉妒和艺术,及其与现实关系的思考。这是历史上最杰出的小说之一,为普鲁斯特带来国际声誉,并影响了整个20世纪小说的潮流。

M. 普鲁斯特,油画;J.-É.布朗歇绘
Permission S. P. A. D. E. M. 1971 by French Reproduction Rights, Inc.; photograph, J. E. Bulloz

普吕东 Prud'hon, Pierre-Paul(1758～1823) 法国画家。他在罗马期间(1784～1788),柯勒乔的作品使他获得灵感,将一种更加柔和的效果引进法国画坛,当时画坛上J.-L. 大卫的严谨画风占主导地位。他为雕刻师画素描,后来受到拿破仑的注意,他为约瑟芬皇后画的画像(1805)展示了其赋予女性画像的诱人、神秘的特质。他的寓意画《复仇和正义追击罪恶》(1808)使他获得名声,并得到荣誉勋位。他优雅的风格是18世纪晚期的新古典主义迈向19世纪浪漫主义的桥梁。

普伦德加斯特 Prendergast, Maurice (Brazil)(1859～1924) 出生于加拿大的美国画家。1868年随家人一起迁到波士顿。在巴黎学习(1891～1894)后,他将大半生时间花在旅游和到国外作画上。他是第一位完全吸收了法国印象派和后印象派画风的美国画家。他用几何形体的浮荡色块对街景进行生动描绘，产生一种镶嵌式的效果(如1903年的《中央公园》)。他用水彩画出了他最出色的作品(如约1895年的《野餐:波士顿公园》和1899年的《威尼斯》)。晚年居住在纽约，在1913年的军械库展览会中展出过作品，也曾和八人画派一起展出。

普罗迪 Prodi, Romano (1939～) 意大利总理(1996～1998,2006～2008),1999～2004年任欧洲联盟政治实体之一的欧洲委员会主席。1961年毕业于米兰的天主教大学，之后于伦敦经济学院继续博士后研究工作。任博洛尼亚大学经济学教授之后，于1978年入阁，任工业部部长。在任工业改造院院长期间(1982～1989、1993～1994)工作富有成效，之后于1996年以中间偏左派的橄榄树联盟党首身份竞选总理职位，以微弱优势胜出。在当政的28个月期间将电信私有化，改革政府雇用人员和退休金政策。因与其本党成员对预算案的争议导致他在1998年10月辞职。在他担任欧洲委员会主席的5年时间里，欧盟开始扩大，增加马耳他、塞浦路斯以及8个东欧和中欧国家。2006年他的中左派联合政党大选获胜，普罗迪再次出任总理。两年后由于未能获得参议院的信任投票而辞职。

普罗夫迪夫 Plovdiv 保加利亚中南部城市。濒马里查河，位于罗多彼山脉北麓。公元前341年被腓力二世征服，改名为菲利波波利。自公元46年称为特里蒙蒂姆，为古罗马色雷斯省省会。中世纪时不断易主，1364年被土耳其人占领。1885年加入保加利亚。1919年以后采用现名。现在是一个重要的铁路枢纽和食品加工中心，有多种行业。人口约340 638(2001)。

普罗科菲耶夫 Prokofiev, Sergei (Sergeievich) (1891～1953) 苏联作曲家和钢琴家。他是一名钢琴家的儿子，5岁就开始学写钢琴曲，9岁时创作了一部歌剧。曾在圣彼得堡音乐学院学习(1904～1914)，师从N.里姆斯基-科萨科夫和其他音乐家。他多产而高傲，从1910年起开始靠当鉴赏家为生。他在毕业演出时演奏了他自己的第一首协奏曲。在第一次世界大战期间，他写了《西徐亚组曲》(1915)和他的第一部(古典)交响曲(1917)。1921年他的歌剧《三只橘子之恋》在芝加哥上演。从1922年起，巴黎成了他的据点，他在20世纪20年代完成了三部新的交响乐与完整的歌剧《愤怒的天使》(1927)和《赌徒》(1928)。在20世纪30年代，普罗科菲耶夫回到了苏联，写了很多部芭蕾舞剧，包括《罗密欧与朱丽叶》(1936)、《彼得与狼》(1936)等，并为S.爱森斯坦的电影《亚历山大·涅夫斯基》(1938)创作歌曲。在第二次世界大战的影响下，他又为艾森斯坦的电影《恐怖的伊凡》(1942～1945)和歌剧《战争与和平》(1943)配乐。政府1948年对其作品的谴责对他是一个沉重打击，他的健康状况每况愈下，并同J.斯大林在同一天去世。

普罗科匹厄斯 Procopius(生于490/507) 拜占廷历史学家。曾对贝利萨留第一次对波斯发动的战争(527～531)提出建议，后参加了在非洲对汪达尔人的战争，直到536年回国。他曾在意大利西西里同贝利萨留一起对抗在意大利的哥特人，直到540年战争结束。他在一些作品中描述了542年君士坦丁堡的瘟疫。他的许多著作是研究当时历史的宝贵资料，包括他的《战争》、《建筑》和《秘史》。

普罗克特-甘布尔公司 Procter & Gamble Co. 又译宝洁公司。美国生产肥皂、清洁剂及其他家庭用品的大厂商。1837年英国蜡烛制造商W.C.普罗克特与爱尔兰肥皂制造商J.甘布尔合并，在辛辛那提市成立普罗克特-甘布尔公司。该公司在南北战争期间为联邦军供应肥皂和蜡烛，并在战后继续兴盛。其产品包括象牙牌肥皂(1879)、克利斯科牌酥油(1911)、名为“汰渍”的最早合成洗衣粉(1946)，以及名为“欢喜”的最早合成除垢剂(1949)。1932年赞助了最早的广播肥皂剧。后又开始生产个人清洁用品，包括牙膏、洗发水、除臭剂，烤糕饼的混合料和咖啡等食品，以及纸纤维浆和化学产品等各类用品。

普罗米修斯 Prometheus 希腊神话中的提坦之一和火神。他是一位能工巧匠，也是善用诡计的神，有时同造人相关。根据传说，普罗米修斯从天神处盗火给人类并因此引起宙斯的愤恨。宙斯创造了潘多拉，把她送给普罗米修斯的兄弟为妻，将所有的罪恶释放到了世界上。另一个传说认为宙斯将普罗米修斯用链条捆在山上，让鹰啄食他的肝脏，但又让他的肝脏在每天夜里重新长出来，由此使他永受折磨。

普罗塔哥拉 Protagoras(约公元前485～前410) 希腊哲学家，是第一个和最著名的智者派学者。一生主要在雅典度过，他在那里对当时有关道德和政治问题的思想产生极大影响。他主张要在日常生活的行为当中教导人们应当有“道德”。他最著名的格言是：“人是一切事物的尺度”，这是相对主义的一种说法。他在《论诸神》中表达了他的不可知论。他被控不敬神，其著作被公开焚毁，并在约公元前415年被逐出雅典。

普罗旺斯 Provence 法国东南沿海的历史、文化和行政地区。面积:31 400平方千米。首府:马赛。曾是罗马帝国山北高卢的一部分。当帝国在5世纪末期崩溃后，当地连续遭到西哥特人、勃艮地人和东哥特人侵犯。536年成为法兰克人管辖地。13世纪期间卷入阿尔比派十字军。1481年并入法国，它的语言为普罗旺斯语，在中世纪文学中非常重要，它的罗马式建筑是中世纪的杰出文化成就。16世纪曾遭宗教战争的破坏。1790年法国大革命期间，丧失其行政地位，被划分为几个省。普罗旺斯的历史地区大体上与现在的普罗旺斯—阿尔卑斯—蓝色海岸大区的面积差不多。人口约4 665 052(2003)。

普罗旺斯地区艾克斯 Aix-en-Provence 法国东南部城市。约公元前123年罗马人在此建立军事殖民地，公元前102年G.马略在此打败条顿人。后来相继为西哥特人、法兰克人、伦巴第人和来自西班牙的穆斯林所夺占。中世纪时为普罗旺斯首府，成为一文化中心。1486年成为法国的一部分，现为马赛市郊住宅区。工业有旅游、食品加工和电机制造业。人口约142 534(2006)。

普罗温斯敦 Provincetown 美国马萨诸塞州东部城镇，位于科德角北端。1620年首批清教徒前辈移民在此登陆，在港内签署了《五月花公约》。1727年设建制，19世纪曾是捕鲸港和渔港。为科德角国家海滨游览区环绕，是避暑胜地和著名艺术家聚居地。普罗温斯敦剧团创建于此。人口约2 942(2010)。

普密蓬·阿杜德 Bhumibol Adulyadej (1927～) 又作Phumiphon Adunlayadet,或Rama IX(拉玛九世)。泰国却克里王朝第9代国王，是泰国统治时间最长的君主。出生于美国，1946年承袭其兄阿南塔·玛希敦(1925～1946)的王位。作为国家元首，他的职责主要是礼仪性的，但他在各个极端的政治派别间进行协调工作，成为国家统一的重要人物。

普契尼 Puccini, Giacomo (Antonio Domenico Michele Secondo Maria) (1858～1924) 意大利作曲家。出生于管风琴演奏家和唱诗班指挥的世家，在听了G.威尔地的《阿伊达》后决心写作歌剧。在米兰音乐学院师从A.蓬基耶利(1834～1886)。在音乐出版商G.里科尔迪和A.博伊托完整听过他的第一部歌剧《随想交响曲》后，他获得了表演机会。第二部歌剧《埃德加》(1889)虽然未获成功，但《曼侬·莱斯科》(1893)为他赢得国际声誉。《波希米亚人》(1896)刚开始不怎么成功，但《托斯卡》(1900)成功了。受雇的捧场者扰乱了《蝴蝶夫人》(1904)在史卡拉歌剧院的首演，但来年重演时引起热潮。因家庭丑闻使他心烦意乱，《西部女郎》在大都会歌剧院初演时已是1910年。随后在1918年演出“三联剧”(包括《贾尼·斯基基》)。去世时是世界上最受欢迎的歌剧作曲家，他未完成的《图兰朵》由F.阿尔法诺(1875～1954)完成。

普赛尔 Purcell, Henry(约1659～1695) 英国作曲家。出身不详，但是从少年时代起就是皇家教堂唱诗班的歌童，或许还曾师从P.汉弗莱(1647～1674)和J.布洛(1649～1708)。8岁即写出第一部作品。变嗓后，他改任王室乐器管理员助手，为管风琴调音，并分别在1679年和1682年成为威斯敏斯特教堂和皇家教堂的管风琴师。他写的乐曲种类繁多，其中最有名的是歌剧《狄朵与埃涅阿斯》(1689)，其次就是三部半歌剧体裁的乐曲《亚瑟王》(1691)、《仙后》(1692)和《印度女王》(1695)。他还写了很多配乐、250多首歌曲、12首古提琴幻想曲，以及其他的圣歌和赞美诗。他被公认为是W.伯德之后和20

世纪之前最伟大的英国作曲家。

普桑 Poussin, Nicolas(1594 ～ 1665) 法国画家。除为路易十三担任过两年的宫廷画师外,在罗马度过他全部的艺术生涯,成为古罗马文明的一个景仰者。早期画作主要取材古典神话,在风格上类似威尼斯画家**提香**。后为了寻求灵感而转向学习**拉斐尔**的画风,17 世纪 30 年代中期开始发展一种以古典的明晰和宏伟为特征的画风(如约 1637 年的《劫掠萨宾妇女》和 1634 ～ 1642 年的组画《七件圣事》)。后期杰出作品如《台阶上的圣家庭》(1648)等,则刻意表现美德和正直的人格,只有少数几个人物是在极端朴素的后景前施以光彩夺目的彩色。他的风景画如《独目巨人风景画》(1649)中,自然界的杂乱被归纳成几何学的次序。他一丝不苟和高度有序的画风影响了法国后来的许多画家,包括 **J.-L. 大卫**、**J.-A.-D. 安格尔**和**P. 塞尚**。

普什图人 Pashtuns 阿富汗东南部和巴基斯坦西北部操普什图语的民族。在阿富汗约有 750 万人,在巴基斯坦约有 1 400 万人。构成阿富汗的大多数人口。起源不详,在传统上他们自称祖先是阿富哈那,即以色列扫罗王的后裔,但大多数学者认为他们的祖先是来自西部和北部的**雅利安人**以及后来的入侵者。每个普什图部族又被划分为几个氏族、次要氏族和族长制家庭。对财产、妇女的争夺以及人身攻击经常导致家庭之间或整个部落间的流血冲突。多数普什图人是定居的农民,有些则是迁移不定的牧人及马帮。大多数普什图人都愿意服兵役。

普世教会运动 ecumenism 争取基督教各派统一或合作的运动。1910 年新教一些派别组成国际宣教协会,为运动的首要一步。1925 年召开了生活与工作会议(讨论社会问题和实际问题),1927 年召开信德和修会会议(讨论教会教义和制度)。第二次世界大战后世界基督教协进会成立,国际宣教协会于 1961 年加入。自**第二次梵蒂冈会议**(1962 ～ 1965)以后,罗马教廷亦展现出改善各教会间关系的强烈意愿,而较保守的或信奉正统派基督教的新教派别都尽量避免介入。在 20 世纪普世教会运动的另一个重要因素,成立了不少联合教会,以消弭各教派间的分裂,例如 1957 年成立的联合基督教会、1988 年成立的美国福音信义会等。

普特南 Putnam, Hilary(1926 ～) 美国科学哲学家。曾任教普林斯顿大学、麻省理工学院(MIT)和哈佛大学(1965 年起)。他在认识论、逻辑、语言哲学以及心灵哲学方面有重大贡献,并以倡导科学的**实在论**而最为人们所知。他在《理性、真理与历史》(1981)一书中,捍卫"内在的实在论",认为科学真理的界定应该以改进我们的科学理论过程的理想限制为准则。

普通法 common law 以司法判决为基础并将其收入判例报告中的习惯法。创始于中世纪初期地方法院的判例。在普通法体系下,当完成了一项特殊案件的法庭判决和报告后,该案便成为法律的一部分并可为日后类似案件引用。这种援引判例的情形称为遵循先例。中世纪起英国法庭就采用普通法,这一法律制度后来发展成为美国和大部分英联邦成员国的现代法律。它和民法形成对照。

普通感冒 cold, common 上呼吸道的病毒感染,有时波及下呼吸道。症状相对温和,包括打喷嚏、疲乏、咽痛、鼻不通气和流鼻涕,但不发热。一般只持续几天。约有 200 种病毒可造成普通感冒;此病可通过直接或间接接触传播。是最普通的疾病;一般人每年都要患上几次。发病率以秋季最高。治疗包括休息、适量液体摄入及对症的非处方药。可服维生素 C 和锌添加剂预防;其他各种添加剂,包括松果菊添加剂,患者均可服用。如继发感染可让患者服抗生素,但不能治病毒。

普图马约河 Putumayo River 南美洲西北部河流。发源于哥伦比亚西南部,全长约 1 575千米,向东南流经热带雨林,在哥伦比亚和秘鲁两国之间形成一条极长的天然国界。越过边界流经巴西的那段河道称为伊卡河,最后注入**亚马孙河**。这条河几乎全线可通航,是一条运输要道,对当地出产的橡胶运输尤为重要。

普瓦蒂耶 Poitier, Sidney(1924 ～) 美国演员。出生于迈阿密,在巴哈马群岛长大,后来在纽约市美国黑人剧团学习并演出。银幕处女作是《没有出路》(1950),后来在很多影片中扮演了一些著名角色,包括《黑板丛林》(1955)、《挑衅者》(1958)、《战地百合》(1963,获奥斯卡奖)、《炎热的夜晚》(1967)、《吾爱吾师》(1967)和《猜猜谁来吃晚餐》(1967)。他在百老汇演出《阳光下的葡萄干》(1959)赢得盛誉。他是最早扮演有格调电影角色的黑人演员之一,也是打破美国电影业肤色障碍的重要人物。他还导演过数部电影,包括《花花公子和传道师》(1972)、《让我们再来一次》(1975)和《油腔滑调》(1980)。

普韦布洛印第安人制造的陶器:(左)阿科马人的水罐,作于 1890 年;(中)圣克拉拉人的陶瓶,约作于 1880 年;(右)圣伊尔德丰索人的水罐,作于 1906 年;现藏美国科罗拉多州丹佛艺术博物馆

By courtesy of the Denver Art Museum, Denver, Colo.

普瓦捷战役 Tours/Poitiers, Battle of(732-10) 又称图尔战役。732 年 10 月法兰克王国宫相**查理·马特**对来自西班牙的穆斯林侵略者所取得的胜利。穆斯林军队试图夺取阿基坦的控制权,查理带领法兰克军队迎战。阿拉伯人领袖阿卜杜勒-拉赫曼被杀,阿拉伯人撤退。这场胜利具有决定性意义,因为它结束了穆斯林入侵法兰克领土的历史。

普瓦捷战役 Poitiers, Battle of(1356-09-19) 英法**百年战争**中,法国国王**约翰二世**遭到惨败的一次战役。爱德华(黑太子)率领的英国军队被约翰二世可能稍占优势的兵力所追击。在普瓦捷以南的灌木丛和沼泽地带英军得以自保,而法国骑兵则陷入沼泽成为英国弓箭手的活靶子。约翰二世被俘,为求宽释,被迫答应了对己不利的《布雷蒂尼条约》和《加来条约》。

普瓦图 Poitou 法国中西部历史大区。边界与布列塔尼、安茹、都兰、马奇和大西洋相接。古代居民为高卢族的庇克东纳人,后成为罗马帝国阿基坦的一部分。作为南北方文化的汇合地,其黄金时代(11 ～ 12 世纪)以伟大的**罗马式艺术**和建筑为特征。普瓦图伯爵由英格兰的安茹国王继承,但到 1375 年法国夺回了这一地区。到法国大革命之前它是法国的一个省,大革命中被分为 3 个区。普瓦图现是一个典型的农业区,地方特产包括海产品和白葡萄酒。

普韦布洛 pueblo 美国西南部普韦布洛印第安人社区,由大型**黏土坯**砖块构筑而成的多层公寓式住房组成,约始于公元 1000 年。独立式的结构有 5 层楼高,建于中心庭院周围,逐层依次缩进;整个结构类似一座梯形金字塔,下层房顶即成上层平台。虽然房间有连接的门口相通,上下层间用木梯经由天花板上的洞口出入。底层房间没有外出门,专供储藏之用。每个普韦布洛至少有两个地下礼堂。许多普韦布洛现仍有人居住;阿科马被认为是美国一直有人居住的最古老村落。在陶斯、伊斯雷塔、拉古纳和祖尼有一些大的普韦布洛。参阅**悬崖住所**。

普韦布洛陶器 Pueblo pottery 许多高度发展的美洲本地印第安人艺术之一。普韦布洛陶罐只由部落中的妇女制作,由长"香肠"样的黏土逐圈上卷再压平而成。图案包括几何图案和花卉鸟兽。该方法在古代普韦布洛时期(约 1050 ～ 1300)出现,至今仍在使用。

普希金 Pushkin, Aleksandr (Sergeyevich) (1799 ～ 1837) 俄罗斯作家。出身贵族世家,在柴斯科耶塞罗的皇家学院(后改名普希金学院)读书期间,就开始了他的文学创作。第一部主要作品是浪漫主义诗歌《卢斯兰与柳德米拉》(1820)。由于写了很多政治诗和警句诗,他开始与革命运动有了联系,该运动以 1825 年的**十二月党人起义**失败而结束。流放到外省期间,他写了一组浪漫主义叙事诗,并确立了他成为当时俄国主要诗人和 19 世纪 20 年代浪漫主义文学领导人的地位。他还写了重要的历史悲剧《鲍里斯·戈都诺夫》(1831)以及他的代表作,即叙事体小说《叶甫盖尼·奥涅金》(1833)。1826年尼古拉一世允许他返回莫斯科之后,普希金放弃了他的革命情感,致力于诸如《青铜骑士》(1837)等诗歌中对彼得大帝人物的塑造。这一时期的其他作品包括经典短篇小说《黑桃皇后》(1834)、戏剧《石客》(1839)等。晚期作品多以农民叛乱为基调。他一直是宫廷圈内怀疑的对象,37岁时死于一场迫不得已的决斗。他通常被推崇为俄国历史上最伟大的诗人和俄国现代文学的奠基人。

普绪喀 Psyche 在希腊和罗马神话中,赢得**丘比特**爱情的貌美绝伦的公主。她的美貌是如此动人,使得崇拜者的目光开始从**维纳斯**转向她,嫉妒女神命令她的儿子丘比特使普绪喀爱上最可鄙的男人。但丘比特自己却陷入了爱情,将普绪喀藏在一个遥远的地方,并在黑夜的掩饰下与她秘密相会。一个夜晚她点亮了灯火,发现了她的情人的身份。丘比特愤怒地离开了,普绪喀开始四处寻找他。维纳斯抓住了她,但当丘比特救了

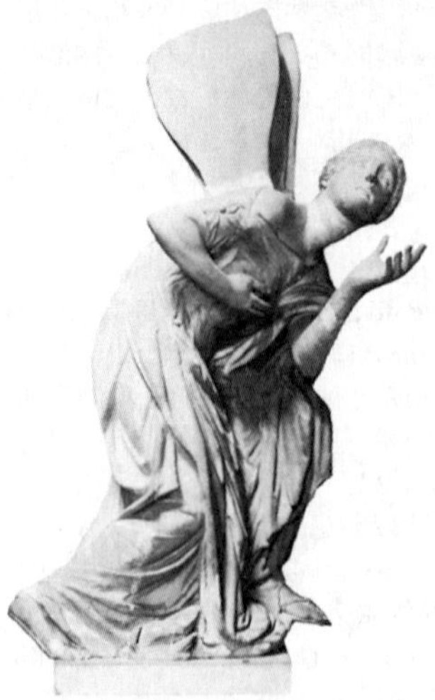

有翅膀的普绪喀,古典雕像;
现藏巴黎卢浮宫
Alinari-Art Resource

她之后,**朱庇特**使她成仙,并把她许配给了丘比特。

谱号 clef 在**音乐记谱法**中写于谱表开始处的符号,决定谱表上的音符的**音高**,谱号最初为字母,表明以字母命名的音高,这些字母固定于谱表6的一条或数条线上(即指明了"调性")。乐师知道了谱表上一条线的音名,便可确定其他所有线上或线间的音名。12世纪首次常规使用谱号。哥特字母G和F分别演变为现代高音谱号和低音谱号;字母C演变为较少用的女低音、男高音、男中音和女高音谱号。

瀑布 waterfall 流动的河水几近垂直突然跌落之处。瀑布表示河水流动中的主要阻断。在大部分情况下,河流总是通过侵蚀和淤积过程来平整流动途中的不平坦之处。瀑布英文也称 falls,有时也称作瀑流(cataract),当谈及很大的水量时,后者尤为常见。比较低、陡峭度较小的瀑布称作梯流(cascade),常用以指沿河一系列小的瀑布。有的河段坡度更平缓,然而在河流坡降局部增加处相应出现急流和白浪,这些河段称作湍流。

Q

七年战争 Seven Years' War(1756～1763) 发生在欧洲的一次大冲突，参战一方为奥地利及其盟国法国、萨克森、瑞典和俄国，另一方为普鲁士及其盟国汉诺威和英国。战争起因是奥地利企图收回在奥地利王位继承战争中被普鲁士夺走的富饶的西里西亚。1759年奥地利和俄国军队在法兰克福附近取得对普鲁士军队的一场决定性胜利，抵消了腓特烈二世早先在萨克森和波希米亚取得的胜利(1756～1758)。在经历了1760～1761年间几次不太重要的战斗之后，腓特烈二世决定与俄国握手言和(1762)，并将奥地利人赶出西里西亚。这场战争还引起了英、法两国在北美(参阅法英北美殖民地争夺战)和印度的海外殖民地争夺。《哈布斯堡和约》结束了欧洲的冲突，腓特烈二世凭借这一条约就使普鲁士跻身欧洲强国之列。

七鳃鳗 lamprey 与盲鳗同属无颌纲的约22种原始鱼形无颌脊椎动物的统称。七鳃鳗分布在全球除非洲外所有温带沿海和淡水水域。体形似鳗，无鳞，长约15～100厘米。

附在虹鳟背上的七鳃鳗(*Lampetra*)
Oxford Scientific Films-Bruce Coleman, Ltd.

七鳃鳗有发育良好的眼、位于头顶的单鼻孔、软骨骨骼和围绕在圆形口内四周的角质齿。幼体在数年的时间为沙隐虫，大多数种类的成体会游入海中生活，借助其口吸附于鱼体，吮食宿主血液及组织。有些种类的七鳃鳗终生留在淡水区，著名的例子是海七鳃鳗，进入北美洲五大湖，使湖鳟及其他经济鱼类几乎消失。

《七十子希腊文本圣经》 Septuagint 《旧约》现存最古老的希腊文译本，是根据希伯来文本译成的，据说是供埃及的犹太人阅读的，当时的希腊语是通用语。《摩西五经》译成时间在公元前3世纪中叶左右，《旧约全书》的其余各卷译成于公元前2世纪。据传有72人参与翻译工作，因此得名七十子本。该书影响深远，取代了希伯来文《圣经》，成为古拉丁语、埃及古语、埃塞俄比亚语、亚美尼亚语、佐治亚语、斯拉夫语和一些阿拉伯语版《圣经》译文的基础。

七项全能运动 heptathlon 女子田径运动比赛项目，参赛者必须参加7种不同的赛项，包括：100米低栏、推铅球、跳高、跳远、掷标枪、200米跑及800米跑。赛程两天。在1981年以后七项全能运动取代了原奥林匹克运动会中的女子五项全能运动。

七月革命 July Revolution(1830) 拥戴路易-菲力普登上法国王位的起义。这次革命是由于查理十世公布违反《1814年宪法》的限制性法令(07-26)而激起的。继抗议和示威游行后，发生了历时3天的战斗(07-27～07-29)。结果查理十世退位，并宣布路易-菲力普为"法国人的国王"。在七月革命中，中产阶级上层取得了政治和社会方面的支配地位，成为七月王朝时期的特征。

七月密谋 July Plot 又称 Rastenburg Assassination Plot(拉斯滕堡暗杀密谋)。一次失败的暗杀行动。1944年7月20日一批德国高级军官企图暗杀A.希特勒，以便在与同盟国的和谈中获得更有利的条件。根据计划，C. von施陶芬贝格伯爵(1907～1944)将藏有炸弹的公文包放到东普鲁士拉斯滕堡"狼穴"大本营的会议室里，准备在希特勒与高级军事助手开会时炸死他们。但公文包被推到桌脚后面，所以希特勒仅受轻伤。同时，在柏林的同党也行动失败。主谋者包括了施陶芬贝格、L.贝克将军、E.隆美尔将军及其他高级官员，都被处决或被迫自杀。接下来的几天里，希特勒的警察逮捕了近200名密谋者，他们不是被枪杀、绞死就是被勒毙。

七月危机 July Days(1917) 俄国1917年革命中彼得格勒工人和士兵举行反对临时政府的武装示威时期。原本是一次和平示威，后成为武力冲突事件。其结果是布尔什维克的影响暂时减小，改组临时政府，由A.克伦斯基出任总理。为削弱布尔什维克的声望，政府制造V. I.列宁与德国政府勾结的假象。为此大众起而反对布尔什维克，列宁出走到芬兰，托洛茨基和其他领导人均被捕入狱。十月时布尔什维克将重组的政府推翻。

桤木 alder 桦木科桤木属约30种观赏和材用灌木及乔木。遍布北半球和南美洲西部寒冷和潮湿地区。与桦木不同之处为：桤木的冬芽有柄，具翅的小坚果散布以后，球果状的果苞仍留在树枝上。树皮鳞片状，叶卵形，脱落时不变色。单性柔荑花序，雌雄花序同株。北美种有：红桤木(*A. rubra* 或 *A. oregona*)、白桤木(*A. rhombifolia*，菱叶桤木)和斑点桤木(*A. rugosa*)。桤木材质佳，耐用，水浸不坏，可用于制作家具、车削产品、门窗及烧炭。桤木根系发达，耐潮湿土壤，常种植于河边用以防洪和防水土流失。

欧洲桤木
Earl L. Kubis-Root Resources

期货交易 futures 要求在未来特定日期购买与售卖一种货物的商业契约。交易中的货物可能是谷物、牲畜、贵重金属，也可能是短期国库券等金融票据。直到契约要求送达货物的时间为止，该契约属于投机。期货契约源于农业商品的交易，例如，美国谷物农民能够在芝加哥谷物交易所(一家商品交易所)事先销售他们的收成。

漆器 lacquerwork 表面涂有彩色、高度磨光的不透明漆的装饰性物体的统称，通常为木制。真正的漆器起源于中国和日本。被称做"涂漆"的技术后来传入欧洲，但欧洲的漆器缺乏亚洲漆器的硬度和光亮度。真漆是从漆树提取的树液纯化和脱水后取得。漆树产于中国，后来移植日本。漆固化后表面非常坚硬，暴露在空气中也不易碎，并可高度磨光。漆器需涂上许多层薄漆，使其干燥并磨光后才能在表面进行雕刻、雕版和镶嵌等装饰。

槭树科 maple family 包括约200种观赏树、荫蔽树和成材树。在中国为金钱槭属，槭属则广布北半球。槭树是重要的观赏植物，种植于草坪、道旁及公园。其树形、大小和叶片各式各样。许多槭树的秋叶色彩鲜艳。红槭在其北美东部老家是最常见的树种之一，它能经受坚实潮湿的土壤和城市污染。梣叶槭能迅速长到高9～15米，耐旱，所以早期定居草原者种植许多梣叶槭树以遮荫，还用来制作板条箱、家具、纸浆和木炭。糖槭的树液似水、甘甜，可熬成糖浆和糖。某些糖槭的木材可作家具。

齐奥塞斯库 Ceausescu, Nicolae(1918～1989) 罗马尼亚政治家。罗马尼亚共产党里的重要人物，1965年接替乔治乌-德治成为该党的领袖。1967年成为国家元首。1974

齐奥塞斯库
Pictorial Parade

年任罗马尼亚总统。他奉行独立的和民族主义的政治路线，但也极力钳制言论自由和内部的不同政见者。他的严厉的经济政策和大规模的建筑工程计划使罗马尼亚从相对繁荣衰落到几乎挨饿的状况。1989年在一场革命中被推翻，经仓促审判后，他和他的妻子被行刑队枪杀。

齐格飞 Ziegfeld, Florenz（1869～1932） 美国戏剧制作人。出生于芝加哥，1896年从事剧院管理之前，曾为大力士桑多当过广告员。他为法国美女安娜·赫尔写的新闻宣传稿，为以后明星造势的宣传文章确立了写作风格。1907年在纽约制作出他的《齐格飞时事讽刺剧》的第一场，即将半裸体表演、华丽的展示和喜剧按固定模式串到一起的时俗讽刺剧。此后，他按此模式成功地反复演出了23年。打着"给美国姑娘以荣誉"的旗号，他使时俗讽刺剧达到登峰造极的地步，并造就了W.罗杰斯、F.布赖斯等演艺界的明星。他还制作了流行一时的音乐剧《演艺船》（1927）。

齐特琴 zither 弹拨的弦乐器，带有一个很浅的共鸣箱。普通的奥地利齐特琴近似长方形，有30～40根弦；演奏时置于演奏者的膝上或桌子上。几根旋律弦张在有品的指板

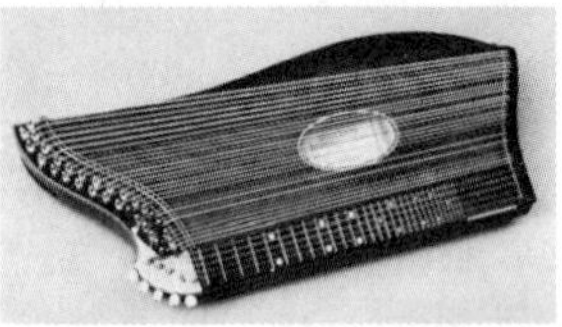

维也纳制作的齐特琴

Bycourtesyof A. V. Ebblewhite, London; Photograph, Behr Photography-EB INC.

上；演奏者的左手按住弦，右手用手指和拇指拨奏。较大的齐特琴家族包括风鸣琴、自动竖琴、钦巴龙、扬琴、古琴等乐器，甚至还有古钢琴、拨弦古钢琴和钢琴。

齐亚 Zia(ur-Rahman), Begum Khaleda（1945～　） 原名Khaleda Majumdar。政治人物，孟加拉总理。1959年她嫁给孟加拉独立斗争领袖齐亚·拉赫曼，当时孟加拉还是印度的一部分。她的丈夫于1977年成为孟加拉总统，1981年她在丈夫遇刺后开始活跃于政坛，1984年担任孟加拉民族党领袖。20世纪80年代在H. M.艾尔沙德独裁统治期间曾多次被捕，但她所领导的反对党于1991年获胜，她成为总理。1996年2月齐亚以绝对优势再度当选，但选举因反对者的抵制而蒙上阴影，之后又发生罢工和抗议浪潮，齐亚于次月下台。2001年齐亚再度当选总理。

齐亚·哈克 Zia-ul-Haq, Mohammad（1924～1988） 巴基斯坦总统（1978～1988）。第二次世界大战即将结束时曾在东南亚的英国装甲部队中服役。巴基斯坦独立后，担任各种参谋和指挥职务19年。1972年任少将，1976年任陆军参谋长。翌年从Z. A.布托手中攫取了权力，1978年任总统职。1979年将受民众爱戴的布托处死后，他加紧了对政府的控制，暂停政党活动，宣布戒严令，并尽可能使巴基斯坦的政治和文化生活伊斯兰化。后死于一次飞机失事。

齐亚诺 Ciano, Galeazzo, Conte (Count) di Cortellazzo（1903～1944） 意大利政治家。曾参与法西斯党的前进罗马运动，后来进入外交界。1930年与B.**墨索里尼**的女儿结婚，1936年任外交部长。他竭力鼓吹德意同盟，导致意大利卷入第二次世界大战。1942年在几个轴心国家战败后，又主张与盟军单独媾和。1943年墨索里尼解散内阁，但齐亚诺和其他法西斯领导人迫使墨索里尼辞职。后墨索里尼下令以叛国罪审判他，并处决了他。

奇尔切奥山 Circeo, Mt. 古称Circaeum Promontorium。意大利西南部第勒尼安海滨孤立于海岬上的陡峭石灰岩山脊。高541米，由冲积物形成鞍部低地与大陆相连。约86平方千米地区被辟为国家公园。从海上看去，它像个岛屿。众多海岸洞穴中有许多石器时代人类居住的遗迹。山上有罗马卫城的遗址。

奇弗 Cheever, John（1912～1982） 美国短篇小说和长篇小说作家。出生于马萨诸塞州昆西，主要居住在康涅狄格州的南部。他的作品大部分刊登在《纽约人》上，清新优美的散文描写舒适的郊区美国人在生活中遇到的悲伤与欢乐，经常被改编为幻想剧和讽刺喜剧。他的小说集包括《硕大的无线电》（1953）、《准将与高尔夫球迷的妻子》（1964）和《约翰·奇弗小说选》（1978，获普利策奖）。长篇小说包括《韦普肖特纪事》（1957）、《韦普肖特丑闻》（1964）和《养猪鹰人》（1977）。其发人深省的日记于1991年出版。

奇洛埃 Chiloé 智利西南部岛屿。距离大陆48千米，面积8 394平方千米。1567年西班牙人从印第安人手中夺得该岛，并控制到1826年，使该岛成为独立战争期间保皇军队在智利的最后一个据点。岛上森林密布，几乎没有得到任何开发。

奇彭代尔 Chippendale, Thomas（1718～1779） 英国细木家具制作大师。1753年他在伦敦开设了一个工场和一个家具展示厅，此前的经历鲜为人知。1754年出版《绅士与家具木工指南》一书，为颇受欢迎的家具设计大全，收有几乎所有不同家具风格的绘图。他的设计多半是对已有风格加以改进。尽管有许多18世纪的家具被认为是出自他手，但仅有几件可以确定是他的工场制作的。

奇彭代尔风格 Chippendale style 仿英国细木家具制作大师T.**奇彭代尔**设计的家具风格。专指18世纪50年代和60年代按经修改的洛可可风格制作的英国家具，尽管奇彭代尔也设计过哥特式和中式家具。他的有些设计是从**路易十五风格**改进而来。他所设计的家具也在欧洲和美洲殖民地制造。

奇切斯特 Chichester 英格兰西萨塞克斯郡奇切斯特区城市，位于**朴次茅斯**的东北部。这座现代城市依然保留着罗马古镇的基本格局。当地经济主要为零售业和农业。奇切斯特以始于11世纪末的早期诺曼式大教堂和它的乡村风景而闻名。人口约27 477（2001）。

奇琴伊察 Chichén Itzá 马雅古城遗址，在今墨西哥尤卡坦州中南部。约6世纪由马雅人建在一个干燥的地区，水只能从当地的天然井（灰岩坑）中获得。10世纪该城遭到异族侵略，可能是深受强大的托尔克特人影响操马雅语的一个族群，这些人侵者修建了一系列建筑，包括著名的阶梯大金字塔和一个球场。16世纪西班牙人到来时，此地基本上已废弃，但在马雅印第安人心中仍是一个圣地。

奇琴伊察的大金字塔（背景）和柱群

Josef Muench

奇瓦瓦 Chihuahua 墨西哥北部一州，为墨西哥最大的州，面积244 938平方千米，与美国的新墨西哥州和得克萨斯州交界。州首府**奇瓦瓦城**。大部分地区为高地平原，地势向北逐渐向**格兰德河**倾斜。西部地区被西马德雷山脉及其支脉切断，形成高而肥沃的谷地。科夫雷峡谷大小与美国科罗拉多大峡谷相似，但几乎无法进入。在西班牙殖民时期，奇瓦瓦与**杜兰戈**一起被统治，但1823年成为一个独立州。主要工业为采矿业，畜牧业也很重要。人口约3 406 465（2010）。

奇瓦瓦 Chihuahua 墨西哥**奇瓦瓦州**首府。1709年建城，在殖民时期是一个繁荣的采矿中心。墨西哥战争（1846～1848）期间两次被美国军队占领。现在作为一个养牛区的中心，这里有许多值得注意的建筑，包括圣方济各教堂，它是墨西哥18世纪的建筑精品之一。人口809 232（2010）。

奇瓦瓦狗 Chihuahua 又称吉娃娃狗。已知最小的一个狗品种。名字取自墨西哥的奇瓦瓦州，19世纪中叶此种狗首次在该地出名。可能源于特奇奇狗，一种体型小、不吠叫的狗品种，早在9世纪**托尔特克人**就已经开始饲养。样子活泼可爱，机敏，骨架虽小但体壮，体高约13厘米，重0.5～2.7千克。头圆形，双耳大而直立，两眼突出，体形小巧。毛色各异，被毛平滑光泽或长而柔软。

祈祷 prayer 对上帝或神灵的无声或有声的祈愿。祈祷在历史上所有宗教中都可见到。其特有的姿势（低头、跪拜和俯卧）以及手部姿势（抬高、伸出或合掌）表现了一种服从和虔诚的态度。祈祷通常包括坦白罪过、请求、感激、赞美、祈求牺牲或发愿完成某事等。除了自愿的私人祈祷外，许多宗教还有祷告的固定程序（如《**主祷文**》），通常要集体念诵祷告词。四个预言式宗教（**犹太教**、**基督教**、**伊斯兰教与琐罗亚斯德教和帕西人的宗教**）规定每天都要有个人的祈祷，如舍玛，

每次由每位男性犹太人念诵2遍，而伊斯兰教的礼拜则每天要念诵5遍。

祈雨舞 rain dance 为了祈求灌溉作物所需之雨水而表演的礼仪性舞蹈。从古埃及到马雅人文明以及20世纪巴尔干国家的民族，许多文化都有祈雨舞的习俗。祈雨舞往往包括一群年轻女子围成圆圈，披挂青绿枝叶，全身赤裸，泼水，急速旋转以示风的魅力。祈雨舞也可能包括对男性生殖器以及生育的崇拜。

耆那教 Jainism 公元前7世纪～前5世纪由筏驮摩那（大雄）创立的印度宗教。其信仰的核心是不能伤害所有的生物（即不害）。耆那教认为没有创世之神，但在生活各个方面有各类的小神。信徒相信他们的宗教是永恒不朽的，并认为在各个莫卡姆通过一些"胜利者"来显现，大雄就是这些胜利者的第24代。大雄过着禁欲的生活，他训诫教徒必须以严格的苦行和克己方式为手段，才能使人性完善，逃脱生死轮回，并获得解脱。耆那教徒视业为与解脱有关的、看不见的物质实体，只能通过禁欲主义才能解决。到公元1世纪时，耆那教分为两派：天衣派和白衣派（较温和）。天衣派主张信徒应该舍弃一切，一无所有，甚至连衣物也不要；女人必须再世为男人，才能获得解脱。白衣派保留一些财物，如法衣、钵盂、小笤帚等。后来这两派各自发展了自己的圣典教规。耆那教徒一直恪守着虔敬的生活原则，以热心慈善闻名，包括搭建棚舍收容动物。耆那教也教人宽容，不强求别人改变信仰皈依自己的门派。21世纪初，耆那教约有500万信徒。

骑马牧者竞技 rodeo 又译牛仔竞技。竞赛性或表演性的公开竞技，内容包括骑野马、套牛、搏牛以及骑公牛。起源于19世纪中期牛仔间举行的非正式的竞技比赛。丹佛被认为是需付费观赏骑马牧者竞技的发源地，这一做法在该地开始于1887年。延续至今的最古老的一年一度的表演是在怀俄明州夏延举行的骑术竞技（始于1897年）。在套牛和搏牛中，竞争者都试图在尽可能短的时间内将牛摔倒。在骑术表演中，竞争者要尽可能长地停留在马背上，并根据其风度，对马的控制和其他方面来被评分。

骑士 Cavalier 在英国内战时期，查理一世的拥护者的自称，他们贬称对手为"圆颅党"（意指剪短发的学徒，他们曾参与反对骑士的骚乱活动）。此词（法语同义词为 *chevalier*）原指骑手或骑兵。王政复辟时期，宫廷党保留了骑士的名称，并一直延续到托利党出现。参阅骑士诗人。

骑士 knight 法语作 chevalier。德语作 Ritter。在中世纪的欧洲，正式授职的专业骑兵，通常是掌有领主赠予的领地的附臣（参阅封建主义）。被选定要当骑士的孩子，在7岁左右开始学习当骑士，12岁时成为侍从，接下来是持盾扈从。经审查合格后，就在一个隆重的仪式上由他的领主授予骑士的头衔。基督教的骑士品行理想是讲求尊重教会，忠于军事上级和封建尊长，为人自尊自重（参阅骑士团）。到了16世纪，骑士头衔变成一种荣誉而失去了军事或封建的意义。

骑士诗人 Cavalier poets 英国内战时期一批忠于查理一世的绅士诗人。他们采取骑士的生活方式，认为写作美好的抒情诗仅仅是作为军人、朝臣、豪侠和才子的多种技能中的一项。该派诗人包括 J. 萨克林爵士、E. 沃勒、R. 赫里克、T. 卡露（1594？～1640？）和 R. 洛夫莱斯（1618～1657）。

骑士团 chivalry 封建时代欧洲的骑士阶级，也特指中世纪骑士所要表现的豪侠风度和正义感。谦恭有礼的骑士行为的完美典型形成于12～13世纪。它源于封建制度的职责（参阅封建主义），强调骑士要对他的上帝、他的君王和他的夫人保持忠诚和敬重，从而把基督教与勇敢的美德融为一体。骑士团因为十字军东征（为基督教进行的军事行动）而得到极大增强，建立了最早的骑士团——马耳他骑士团和圣殿骑士。除了忠诚和正义感之外，骑士团的其他美德还包括勇武、虔诚、谦恭有礼和纯洁。有关爱情和正义感的问题结合了典雅爱情的精神特质，骑士的夫人意味着不能得到，这就确保了独身生活；这种女性的完美典型因此融合了圣母马利亚的形象。在14～15世纪，骑士团开始越来越多地与有贵族气派的展示和公开的表演仪式联系起来，特别是马背长矛比武竞赛，而不再是征战于沙场。

旗鱼 sailfish 鲈形目旗鱼科旗鱼属的重要食用鱼和游钓鱼，分布于全世界热带、温带海域。吻延伸为长圆形，矛状，与近缘种类如穿索针鱼的区别是体较细长，腹鳍长，特别是

旗鱼（*Istiophorus platypterus*）
D. Corson-Shostal

背鳍宽大如帆。体深蓝色，腹侧银白，背鳍亮蓝而有斑点。体长约3.4米，重约90千克。主要以其他鱼类为食。旗鱼的分类尚无定论，可视为一个种或几个种。

旗帜 flag 展示某一团体、军队、机构或个人标志作为社会，特别是具有政治意义的沟通媒介的一片布或类似材料，通常（但非总是）呈长方形，其一边附着于木杆或升降索上。旗帜的历史与人类的文明一样古老，不过对它的起源并不为人所充分理解。中国人可能是最早使用布旗帜的。人们相信，十字军返回欧洲时，也将旗帜带回欧洲。今日大多数的国旗都是在19和20世纪时设计的。

鳍鲸 fin whale 又称 finback whale（细背鲸）、razorback whale（尖背鲸）或 common rorqual（普通鳁鲸）。身体细长的须鲸，学名 *Balaenoptera physalus*。体长18～27米，呈流线型，行动迅速。因背鳍呈三角形得此名，鲸须短，喉部和胸部有数十条沟。腹部和下颚的右侧灰中带白。鳍鲸分布于世界上所有的海洋，常以几只或数百只为一群。夏天生活在两极海域，以甲壳类动物和小鱼为食。冬季游向温暖的水域繁殖。有商业捕猎价值，但由于滥捕，数量大为减少，已列为濒危物种。

乞力马扎罗 Kilimanjaro 坦桑尼亚东北部火山。位于乞力马扎罗国家公园（1973年建立）内，包括3个死火山峰：基博、马文济和希拉。最高峰基博峰海拔5 895米，也是非

乞力马扎罗火山口黎明景色
Gerald Cubitt

洲的最高点。第一批看到乞力马扎罗的欧洲人是德国的传教士（1848）。人类1889年首次登顶基博峰，1912年首次登顶马文济峰（5 150米）。

企鹅 penguin 企鹅目18种不能飞翔的海鸟的通称，主要栖息于亚南极区水域岛屿上和非洲、澳大利亚、新西兰和南美洲的凉爽海岸边。少数种栖于温带，加拉帕戈斯企鹅（*Spheniscus mendiculus*）分布于南美洲以外的赤道热带地区。各个种的主要区别在于个体大小和头部色型，皆为背部黑色和腹部白色。体型最小的小蓝企鹅（*Eudyptula minor*）体长40厘米，而体型最大的帝企鹅（*Aptenodytes forsteri*）体长则达120厘米。出海一次可达数周，成群捕食鱼、乌贼和甲壳动物。

启蒙运动 Enlightenment 17～18世纪欧洲的思想运动，它把上帝、理性、自然、人类等各种概念综合为一种世界观，得到广泛赞同，由此引起艺术、哲学和政治诸方面的各种革命性的发展变化。启蒙运动的思想重点是对理性的运用和赞扬。对启蒙运动的思想家来说，一般承认的权威，无论是在科学或宗教方面，都要置于独立自由的心智的深入探查之下。在科学和数学方面，逻辑归纳法和演绎法的应用，使一种崭新的宇宙论的产生成为可能。寻求合于理性的宗教而促使自然神论产生。还有更为激进的理性运用的结果，如怀疑论、无神论和唯物论。启蒙运动产生

了由J.洛克、T.霍布斯等人提出的心理学和伦理学上第一批非宗教化现代理论，也导致各种激进的政治学说的产生。洛克、J.边沁、J.-J.卢梭、C.-L.孟德斯鸠、伏尔泰和T.杰斐逊都对独断专行的国家体制作过顺乎潮流的批判，并根据天赋人权和政治民主构拟出一种更高级的社会组织形式。启蒙运动留下来的最有价值的遗产是一种信念，即人类历史是一部人类普遍进步的纪录。

启示 revelation 神向人传递旨意。在西方，对于诸如犹太教、基督教和伊斯兰教等一神教来说，启示是宗教知识的基础。人类之所以知道上帝和上帝的意愿，是因为上帝垂爱人类，把自己袒露。上帝可能通过梦境、幻象、或者物理表象来与他所垂爱的仆人通信。也可启发先知，由他们来把他的信息传递给人们。他的意愿也可以直接翻译成书写的形式，即流传下来的神律（如十诫）或经籍（如《圣经》和《古兰经》）。其他宗教强调的是“宇宙”的启示，认为现世真理与超验真理息息相通，并把宇宙本身看作是用以揭示超验的主要手段。（如吠陀中的婆罗门）。

《启示录》 Revelation, Book of 又作Revelations或Apocalypse of John。《新约》的最后一卷。它有两个主要部分：第一部分包括对小亚细亚几个基督教会的道德告诫；第二部分是历史上曾作过各种解释的一些异常的幻象、隐喻和象征。一种流行的解释认为《启示录》针对的是由于罗马方面的迫害而可能造成的当代基督徒的信仰危机。它规劝基督徒们保持坚定的信仰，相信上帝最后会征服他们的敌人。多次提及“千年”，使有些人期望经过一个完整的千禧年之后，终将赢得对魔鬼的胜利。现代学者接受这样的说法，即这本书不是门徒约翰所写，而是由多个不知名的作者于公元1世纪晚期写成的。参阅启示论。

启示论 apocalypse 在许多西方的宗教传统中，预测世界毁灭之前灾难性的巨变时期，这时神将对人类进行审判。在现存的犹太教、基督教和琐罗亚斯德教中，他们相信世界将在暴力和巨变中毁灭。《旧约全书》的数部预言作品，特别是《但以理书》，包括关于天启的幻象。《启示录》（或《天启》）还为世界毁灭时刻描绘出一幅黑暗、戏剧性的情景，坏人将受到惩罚而善人将在神的仲裁下获得胜利。最后审判日的降临预言世界毁灭将伴随着饥荒、战争、地震、瘟疫和其他自然灾难的发生。现在天启的题材被各种宗教组织（如信奉基要主义的基督教）所强调，科幻小说作家也常引用这类题材。

起搏器 pacemaker 一种能引起心脏收缩，产生有节律的电脉冲的装置。人的心脏内有一电传导系统，它能将由天生的起搏器产生的脉冲传送到心房和心室。一旦这种传导因心脏外科手术或某些疾病而受到妨碍（心脏阻滞）时，就需要使用一种临时的或永久性的人工起搏器。其方法是将一个与体外的电子发生器相连的微型电极经由静脉引入心脏。被植于皮下的脉冲发生器能产生规律的电脉冲用以维持心跳。也可将永久性起搏器植于心脏表面。

起诉书 indictment 刑法中指正式的书面控告状，由大陪审团批准并提交法院，以便对被告人进行审判。在美国，起诉书只是指控罪行的三种主要方法之一，其他方法是告发书（类似起诉书的书面控告，由检察官准备并提交法院），以及受害方或警察对轻微罪行的指控。同一份起诉书中可以包括几项罪状。

气垫运载器 air-cushion vehicle 又称hovercraft（气垫船）。利用运载器和地面之间产生的空气压力支撑其重量的陆上或水上行驶的运载工具。19世纪70年代时，J.桑尼克罗夫特被认为是第一个想到气垫运载工具的人，但直到1955年C.科克雷尔才解决了防止气垫不致从运载器下面逸出的问题，有了实际的模型，并自组气垫船公司生产原型的气垫船。但“围裙”的设计和引擎的持久性问题一直限制了气垫船在商业上的应用。现今的气垫船多用来当渡轮。

气动装置 pneumatic device 产生和利用压缩空气的工具与仪器。如钻岩机、路面破碎机、铆钉枪、锻压机、喷漆器、喷抛清理机和喷雾器等。压缩空气动力使用灵活、经济安全。一般来讲，气动系统运动机件较少，因而可靠性高，维护成本低。

气管炎 tracheitis 气管的炎症和感染。吸入的刺激物能损害气管黏膜，增加感染（细菌的或滤过性毒菌的）机会。急性感染往往是由细菌引起的，会造成发烧、疲乏以及气管黏膜肿胀，但一般不会有大的危害。大量吸烟及酗酒导致的慢性感染，会引起渐进型的组织恶化和疤痕。

气候 climate 某一特定地点长期的大气状况（从1个月到几百万年，但通常是30年），是构成天气的那些大气因子（及其变化）的长期概括。这些因子是：太阳辐射、温度、湿度、降水（类型、频率、数量）、气压、风（风速和风向）。对一般大众来说，气候这个词意味着一特定地点和一年中特定时间内预期的天气或平常的天气。但对专业人员来说，气候还表示天气的变化度，它不仅包括大气圈，还有水圈、岩石圈、生物圈（所有的生物）以及地球以外的各种因素，如太阳之类。

气球运动 ballooning 驾驶气球飞行以进行比赛或娱乐的体育运动。气球运动始于20世纪初，至60年代开始流行。气球用轻质合成材料（如覆盖着铝化密拉的聚酯）制成，内充以热空气或比空气轻的气体。热气球比赛内容包括改变高度或降落在一个目标或目标附近。比赛规则由国际宇航联合会（IAF）制定。乘热气球飞行分别在1978年首次飞越大西洋，1980年首次跨越大陆，1981年首次横跨太平洋。1997～1998年间开始有国际团队比赛，看谁先驾驶气球环绕世界，1999年终于由瑞士精神科医师B.皮卡德和他的英国副驾驶B.琼斯花了19天时间完成这次壮举。

气体 gas 物质的3种基本状态之一。气体没有固定形状，且表现为高流动性，其密度为液体的1/1000。气体具有易压缩性，但它倾向于无限扩展，能很快充满任何容器。温度或压力稍有变化，都会使气体体积产生显著变化。气体的温度、压力和体积之间的这些关系，以气体定律的方程式表示。在19世纪发展起来的气体动理论描述了气体是由不断运动的小粒子（原子或分子）所组成，这非常有助于我们对它们的行为的理解。gas一词也可解释为汽油、天然气或麻醉用的氧化亚氮。参阅固体。

气团 air mass 气象学上指在任何特定的高度上，温度和湿度都近乎均匀分布的大范围空气团。这种气团的边界明显，其水平范围可延伸至数百或数千千米，而高度有时可达到平流层。每当空气长时间与大范围比较均匀的陆地或海面接触，并获得地表的温度和湿度特性后，就能形成气团。地球上的主要气团全都源自极地或副热带地区。中纬度地区就自然地成了极地和热带气团混合、相互作用和变性的地带。

气象学 meteorology 研究大气现象，尤其是对流层和平流层下层大气现象的学科。气象学使对天气的研究系统化，并研究其形成原因，为天气预报提供科学基础。

气旋 cyclone 围绕低气压中心旋转的大尺度大气流动系统，在赤道以北依逆时针方向旋转，在赤道以南依顺时针方向旋转。反气旋则是围绕高气压中心旋转的气流，旋转方向与气旋相反，即赤道以北为顺时针方向，赤道以南为逆时针方向。气旋主要发生于两半球的中纬度地带，路线通常位于洋面上。在赤道附近形成的气旋称为热带气旋，比发生于中纬度的温带气旋要小，但往往更猛烈，能造成相当大的危害。参阅热带气旋。

气压 atmospheric pressure 又称barometric pressure（大气压强）。空气施加于地球表面每单位面积上的力。标准海平面气压等于1大气压，或760毫米汞柱，14.70磅每平方英寸，101.35千帕斯卡，但是也随着高度和温度变化而不同。大气压力通常用水银气压计量度，在水银气压计中水银柱高度所表示的重量同大气柱的重量正好相平衡。也可用无液气压计（空盒气压计）量度，在无液气压计中，金属表面在大气压力的作用下弯曲，因而移动指针。

汽车 automobile 一种主要为客货运输设计的四轮自动推进车辆，通常由使用挥发性燃料的内燃机驱动。现代汽车是由约14 000个零部件组成，包括多个结构和机械系统，其中包括：车身，含容纳乘客和储物的空间，安置在底盘或钢架上；汽油内燃机，借由传动器（变速器）发动汽车；转向驾驶和制动系统，控制车子的动作；电子系统，包括蓄电池、交流发电机和其他装置。其他一些重要的系统包括：燃料、排气、润滑、冷却、悬吊和轮胎系统等。虽然早在18世纪就已建造实验性的交通工具，但商业性生产一直到19世纪80年代G. 戴姆勒和K. 本茨两人于德国分别制造汽车才开始。在美国，J. 帕卡德、W. 帕卡德和R. 奥尔兹算是第一批汽车制造业者，到1898年，美国有50家汽车制造厂。早期一些汽车是以蒸汽机发动的，如1902年斯坦利兄弟所做的。H. 福特采用内燃机，1908年推出T型汽车，不久，更以装配线生产而进行了一次工业革命。20世纪30年代欧洲制造商开始制造小型而且人人买得起的汽车，如大众汽车。50和60年代，美国则倾向生产大型和豪华型汽车，加上更自动化的配置。到了70、80年代，日本汽车制造商出口小型、经济又实用的汽车到世界各地，其日渐风靡的程度迫使美国制造商生产同一类型的汽车。运动型多功能车和厢式旅行车，由于具有更大的载货能力，20世纪90年代在美国极受欢迎，重新刺激了国内汽车的销售。世纪之交，因油价上涨和汽车废气污染等原因促使人们关注电动力和混合动力汽车的研制。全球每年约生产5 000万辆轿车。中国和美国是世界两个最大的汽车市场，2009年中国汽车的年销售量首次超过美国。参阅公共汽车、电瓶车、摩托车和卡车。

汽车比赛　automobile racing　可在公路、场地车道或封闭的环形公路上进行的多种形式的汽车运动。包括大奖赛、赛车跑道赛（包含印第安纳波利斯500英里赛）、普通型汽车赛、运动汽车赛、减重短程高速汽车赛、袖珍汽车赛、小型赛车运动等。另外还有爬山赛和汽车拉力赛。不像其他许多国家那样，美国目前尚没有一个汽车比赛的主要管理机构。

汽车旅馆　motel　为驾车旅行的人所提供的旅馆，设有方便的停车场（名称由motor和hotel合成）。汽车旅馆源于公路两旁独立或附属经营的小旅馆，后来针对商务旅行者、参加大型会议或商业会议的人以及度假者和游客提供服务。到1950年由于汽车成为美国的主要旅行工具，汽车旅馆开始主要在高速公路附近建立，就如同饭店建在火车站附近一样。

汽油　gasoline　又作petrol。从石油中得到的挥发和易燃的碳氢化合物的混合物。用作内燃机的燃料，也用作油料和脂肪的溶剂。由于汽油的燃烧能高，在化油器中容易与空气混合，且因汽油大量供应而价格低廉，所以成为人们所乐用的汽车燃料。现在成本已大幅增加，除非有获补助。汽油最初是经由蒸馏产生的，后来为了从原油得到更多的汽油，设计了裂化过程，将大分子分裂为较小的分子。其他方法如异构化法：将直链碳氢化合物转变为支链碳氢化合物。结果是产生数百种不同碳氢化合成的混合物。汽油的辛烷值表明其承受爆震的能力。爆震说明燃料蒸气在汽缸中燃烧太快，可以改变某些成分的比例来改变之。一度用作降低爆震的铅具有毒性，已不再继续使用。汽油的其他添加剂包括洗涤剂、防冻剂和抗氧化剂。20世纪中叶以后，汽油排放的废气已成为都市空气污染的主要污染源。人们开始寻求减少依赖汽油（一种非再生性资源）的方法，包括使用酒精-汽油混合燃料，它是90%无铅汽油和10%乙醇的混合物。另外还发展了电瓶车。

契尔年柯　Chernenko, Konstantin (Ustinovich)（1911～1985）　苏联领导人。1931年加入共产党，此后不断升迁，1964年成为L. 勃列日涅夫的主要秘书。1971年起为中央委员，1977年起为政治局委员。作为一个墨守成规的保守派，他被一些人认定是勃列日涅夫的接班人，但他未能在1982年继任党的总书记。当Y. 安德罗波夫去世后，契尔年柯于1984年接任苏联共产党总书记。上台不久他身体的虚弱就开始显现出来，预示他的当选只是一种过渡性安排。第二年因病去世。

契诃夫　Chekhov, Anton (Pavlovich)（1860～1904）　俄国剧作家、短篇小说作家。他是农奴的儿子，在莫斯科就读医学系时，以写通俗的喜剧短剧来养家。当实习医生时，他写了第一部长篇戏剧《伊凡诺夫》（1887），但不受欢迎。后来他改写严肃主题，如《草原》（1888）、《没有意思的故事》（1889）等，之后还有《黑衣教士》（1894）和《农民》（1897）等短篇小说。契诃夫把他的第二部长篇戏剧《木魔》（1889）改编成杰作《万尼亚舅舅》（1897）。他的剧作《海鸥》（1896）刚开始演出时并不理想，直到1899年由K. 斯坦尼斯拉夫斯基导演和在莫斯科艺术剧院演出后才大获成功。后来因罹患严重的结核病，搬到克里米亚疗养，他在那里完成了为莫斯科艺术剧院写的最后两部剧本《三姊妹》（1901）和《樱桃园》（1904）。契诃夫的剧本采用悲喜剧的观点描述乡下生活的陈腐和俄罗斯乡绅的没落，这些作品在被翻译成英语和其他语言后，受到世界各国的好评。现在他仍被认为是最优秀的短篇小说作家。

契诃夫，1902年摄
David Magarshack

契马布埃　Cimabue（约1240～1302）　原名Benciviene di Pepo。佛罗伦萨画家和装饰艺术家。据载在1272年已是罗马大师级画家，据说他师承一位意大利-拜占廷画家，因而受希腊拜占廷风格的强烈影响。虽然相传有许多作品是他所作的，但仅有一幅载有日期，即比萨大教堂的镶嵌画《传福音的圣约翰》（1301～1302）。他是那一代的杰出大师，并开始转向现实主义，这种风格在文艺复兴时期达到高潮。他的风格影响了乔托和杜乔·第·博尼塞纳。契马布埃是其绰号，意为“固执的”。

契玛罗萨　Cimarosa, Domenico（1749～1801）　意大利歌剧作曲家。父为石匠，曾进那不勒斯音乐学院就读。首部歌剧于1772年演出。到18世纪80年代中叶已在国际上知名。后来前往维也纳任宫廷乐长，1792年演出著名的喜歌剧《秘婚记》。1796年他成为那不勒斯皇家小教堂的风琴演奏家。共写有约75部歌剧，一些神剧，15部以上的弥撒曲，以及80多首钢琴奏鸣曲。去世多年后，他的意大利歌剧作曲家的名声仍与W. A. 莫扎特的歌剧作曲家的名声不相上下。

契约　contract　由双方或多方自愿达成的协议，协议中的各方承诺按照一个具体的时间表按某一价格提供商品；也有可能是承诺不做的事（如要求向第三方保守商业机密或财务状况）。如未能履行契约，对方可以在法院提起诉讼要求赔偿损失，而仲裁的方式可以保守行业的秘密。所有的契约都必须是自愿和自由地订立的。一项契约如果违反了这个原则，包括立约者是未成年或精神病患者，它可能会被宣布为无效。一项契约同时也一定要有法律的目的。

憩室　diverticulum　人体主要器官壁上形成的任何小凹陷或囊。最常出现在食管、小肠和大肠，特别在大肠。肠憩室病没有症状，但充满粪便的憩室可以发炎，这种情况更为严重，称憩室炎；其症状有左下腹痛或痉挛、寒战，有时发热。轻型憩室炎的治疗措施包括：卧床休息、抗生素治疗、灌肠和进用无刺激性的饮食。严重病例可造成结肠憩室穿孔、破裂、溃疡或出血，最后形成腹膜炎。肠破裂的病人须行结肠造口术。梅克尔氏憩室，位于小肠上部的先天性畸形，会出血和感染发炎，可能需手术摘除。

恰彼克　Capek, Karel（1890～1938）　捷克小说家、短篇小说家和剧作家。出生于波希米亚，在国外受教育。他的“黑色乌托邦”作品描绘科学发明和技术的进步如何引起人们的巨大反抗，其中包括剧作《罗素姆万能机器人》（1920），描绘一个要依赖许多称作“robot”的机器工人（他从捷克语杜撰的一个新词）的社会。滑稽幻想剧《小人的把戏》（1921，与他的兄弟约瑟夫合著），讽刺人类的贪婪。《专制工厂》（1922）被L. 雅那切克改编成歌剧。他在长篇小说三部曲《霍尔杜巴尔》（1933）、《流星》（1934）和《平凡的生活》（1934）中对知识的各个方面进行了探讨。

恰卡　Shaka（1787～1828）　祖鲁人酋长（1816～1828），南非祖鲁帝国的缔造者。其一生充满传奇色彩但也掺杂着夸大的成分，历史学家对许多与他有关的事件意见不一。人们普遍认为恰卡是一名武艺高超的武士，约1816年自立为祖鲁人首领。在他的独裁统治下，祖鲁王国经历了大面积扩张，很快成

恰卡，平版画；W. 巴格绘于 1836 年

By courtesy of the trustees of the British Museum; photograph, J. R. Freeman & Co., Ltd.

为东南非洲的一个强国。恰卡后来被他的同父异母兄弟杀害。

恰帕斯 Chiapas 墨西哥东南部一州。与太平洋和危地马拉相连。境内多山，有大片森林覆盖，面积74 211平方千米。州首府为图斯特拉-古铁雷斯。居民主要是印第安人。不同凡响的帕伦克马雅文化遗迹在热带雨林区的东北部。从图斯特拉可前往博南帕克参观著名的马雅寺庙壁画。在殖民时期恰帕斯属危地马拉，1824 年成为墨西哥的一个州。1882 年划定州界。1994 年贫苦的印第安人和中产阶级居民为抗议经济和社会的种种不平等现象，成立札帕提斯塔民族解放军，并发动了一场持续到 21 世纪的武装暴动。人口约4 796 580（2010）。

千岛群岛 Kuril Islands 俄罗斯东部群岛。从俄罗斯堪察加半岛最南端到日本北海道岛东北角沿岸，延伸大约1 200千米。包括 56 个岛屿，面积15 600平方千米，与库页岛一起组成俄罗斯的一个行政区［人口526 235（2006）］。17 ～ 18 世纪俄罗斯人最早在岛上定居，后来日本占领南部诸岛，并在 1875 年占有整个群岛。第二次世界大战后划归苏联，岛上的日本居民被遣返回国，代之以苏联居民。但日本仍声称对最南端的几个岛屿拥有历史主权，一再试图收回。

千禧年主义 millennialism 又作 millenarianism。基督教《启示录》第 20 章预示的关于基督将统治地球一千年的教义，或与此教义有关的宗教运动。在这一千年中，正义统治地球的渴望将会实现；在其末期，撒旦将被暂时释放出来迷惑各国，但他终将失败，一切死者将聚合起来接受最后审判。在整个基督纪元，千禧年主义往往在重大社会变革或危机时期再起。现在千禧年主义尤其是和基督复临安息日会、耶和华见证会和摩门教等新教教派有关联。

铅 lead 金属化学元素，化学符号 Pb，原子序数 82。为银白色或浅灰色金属，质地柔软，有延性，可塑，密度大，导电性差。其稳定的同位素为铀和其他重金属放射衰变后的最终产物。自古以来人们就知道铅的好处，它耐用且抗腐蚀，所以古罗马人的铅水管至今仍可使用。铅可用作屋顶材料、电缆的包皮、水管衬里和一些管道设备。其他用途有制造蓄电池、枪弹和低熔点的合金（如焊料和白镴），以及隔离声音、振动和辐射的保护装置。铅在自然界中很少呈游离态，主要存在于硫化物和方铅矿中。由于铅和铅化物具有毒性（参阅铅中毒），因此含铅的颜料和汽油添加物现已被禁用。铅化物的化合价有+2和+4价，其中铅氧化物密陀僧是最广为使用的。铅化合物可用于制造铅水晶玻璃（参阅玻璃）、釉料、陶器、颜料、涂料和油漆的干料、杀虫剂、除莠剂、防火材料、火柴、炸药和烟火。有将近一半的铅可刮下重新回收使用。铅笔中的“铅”则是石墨。

铅印术 typography 把字母挑选出来组成单词和句子并印在纸张上。在 15 世纪中叶活字印刷术发明之后发展起来。西方印刷史上三种主要的字体包括罗马体、斜体和黑体字（哥特式）。它们都源于书法，但书法最终被印刷术取代。在接下来的几个世纪中，铅印术形成了10 000多种字体（一套完整的字母样式）。依靠字母的形态，字体被分为古代、传统和现代的。最常用的包括卡斯隆、巴斯克维尔、博多尼、加拉蒙以及泰晤士新罗马等字体。参阅 J. 巴斯克维尔、博多尼和莫里森。

铅中毒 lead poisoning 又作 plumbism。铅在人体内积累引起的中毒。大剂量的铅会造成成人的胃肠炎和儿童的大脑损伤。长期与铅接触会造成贫血、便秘和腹部痉挛、神经错乱、渐进性的麻痹，有时还可能出现脑癌。儿童则更容易受到神经和大脑的损伤；敏感测试表明，即使少量的铅也会伤害儿童，而且与儿童的行为问题有关。家庭中的铅的来源有铅基油漆、含铅的自来水管以及涂了含铅釉料的餐具等。婴儿喜欢把东西往嘴里塞，最为危险。在使用铅的地方工作和暴露于农药环境下也是危险的因素。1996 年美国完成了含铅汽油的逐步淘汰，世界各地也正在实施类似的禁令。治疗办法有用解毒剂，它会与组织中的铅结合并排出。

荨麻科 nettle family 荨麻目由约 45 个草本、灌木、小乔木及数个藤本属组成的科，主要分布于热带。许多种，特别是荨麻属（*Urtica*）和艾麻属（*Laportea*）茎叶基部有螯毛。叶形多样。含水样汁液。匍匐植物，包括大炮草（*Pilea microphylla*，即透明草）；墙草属（*Parietarie*）的种常生于墙上；这两属植物常被栽培观赏。婴儿泪（*Helxine soleiroli*）为苔藓状匍匐植物，叶圆，常栽作地被。喇叭树（*Cecropiapeltata*，盾叶轻桑）为热带美洲种，茎中空，为咬人的蚁类所栖。苎麻（*Boehmeria nivea*）生产有价值的纤维。有些荨麻可食和烹调。

前拉斐尔派兄弟会 Pre-Raphaelites 由 D. G. 罗塞蒂、W. H. 亨特和 J. E. 密莱司领导的一群英国年轻画家，1848 年因反对他们认为的没有想象力和历史艺术的 18 世纪晚期和 19 世纪早期艺术而结合在一起，开始在他们的作品中寻求表达一种新的道德严肃性和真诚。取名“前拉斐尔派兄弟会”是要推崇意大利拉斐尔时代以前自然作品的朴素明快，而他们自己的作品中的象征主义、意象主义和风尚风格则展现了一个虚构的中世纪世界。后来的成员包括 E. 伯恩-琼斯和 G. F. 瓦兹（1817 ～ 1904）。该组织还作为一个作家流派存在，常使用中世纪的背景，有时制造出惊人的效果，如 W. 莫里斯《圭尼维尔的辩解》（1858），其主题为爱和性。虽然他们活跃的时期不到 10 年，但是这一群体对艺术产生了深远影响。

前列腺 prostate gland 栗形而紧贴膀胱下方的雄性生殖器官，在射精时为精子添加分泌物。腺体围绕尿道（参阅泌尿系统），顶部成圆形，向前下方逐渐形成尖部。前列腺由 30 ～ 50 根腺体组成，周围为支撑腺体的结缔组织，将液体排入尿道和两个射精管。这两个射精管也输送精子和由精囊排出的液体，并在前列腺中同尿道合并。人的精液中有 15% ～ 30% 为前列腺液。它在发身期达到其正常成熟的大小，50 岁左右萎缩，分泌量下降。中年以后若体积变大可能是由于发炎或恶性肿瘤引起。

前列腺癌 prostate cancer 前列腺的恶性肿瘤。前列腺癌的主要患者是 50 岁以上的男性，在北美洲，黑人男性的患病率是白人的两倍。其症状包括尿频或排尿困难、尿出血、性功能障碍、腹股沟淋巴球肿胀、骨盆痛、臀痛、背痛或肋骨痛。如果有家族病史，其患病可能性将增加一倍。治疗方法包括手术、放疗、激素治疗、化疗或两种或多种方法综合治疗。

前列腺素 prostaglandin 在许多动物组织中存在并对动物有多种类似激素影响的一类有机化合物（参阅激素）的统称。其一般的化学结构为自脂肪酸衍生出的带 20 个碳原子的化合物。对血压、凝血能力、疼痛知觉和生殖机制有重要作用，但一种特定的前列腺素，在不同的组织中可以产生不同的甚至相反的影响。前列腺素也许可用以治疗心脏病和病毒性疾病，并对避孕可能有效。抑制前列腺素合成的一些物质（参阅阿司匹林），在止痛、止喘、控制过敏性休克或用作抗凝血药等方面有效。

前鳃类海螺 conch 腹足纲前鳃亚纲软体动物。体螺层宽，呈三角形，具宽唇（常突向螺尖）。真前鳃类海螺指凤螺科（*Strombidae*）海产螺类。生活于温暖海水中，以小型植物

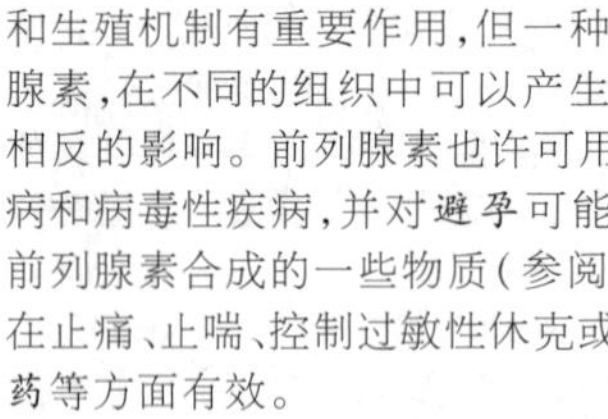

佛罗里达前鳃类海螺（*Plearoploca gigantea*）

© E. R. Degginger, The National Audubon Society Collection/Photo Researchers, Inc.

为食。后凤螺(即巨凤螺,*Strombusgigas*)见于佛罗里达到巴西的水域,壳可做装饰品。壳口粉红,长可达30厘米。*Melongenidae* 科 *Busycon* 属的种类称为蛾螺,包括这样一些以蛤类为食的种类:纵沟前鳃类海螺(*B. canaliculatum*)、闪电前鳃类海螺(*B. contrarium*),均长18厘米;两者均常见于美国大西洋沿岸。

前苏格拉底哲学家 pre-Socratics 最早的希腊哲学家(在苏格拉底之前)都将注意力放在自然世界的起源与性质问题上,这使得他们被称为宇宙论者或自然论者。其中最重要的是泰勒斯(米利都的)、阿那克西曼德和阿那克西米尼(米利都的),科洛芬的色诺芬尼(克洛丰的)、巴门尼德,以弗所的赫拉克利特、恩培多克勒、安那克萨哥拉、德谟克利特、芝诺(埃利亚的)和毕达哥拉斯。

前奏曲 prelude 篇幅短小、结构简单的乐曲,通常作为另一作品的序曲而演奏。前奏曲作为一个流派产生,通常要经过风琴弹奏者改进,作为一部乐曲的序曲,是填充教堂仪式间歇的间奏曲。它们即席演奏的特点常表现出节奏的自由和技巧精湛的急奏。这种风格的一部分常常导向一个赋格曲性质的结尾。逐渐成为一个独立的乐章,与赋格曲相映成趣。在17世纪,前奏曲开始被人们用笛子或大键琴演奏。后来这一词汇被用来指任何短小的钢琴曲,通常成组曲,其创作者有F. 肖邦、A. 斯克里亚宾和C. 德彪西。参阅众赞歌前奏曲。

虔敬主义 Pietism 17世纪兴起于德国信义宗内部的宗教改革运动。起源于路德教牧师P. J. 斯彭内尔(1635～1705)组织的"虔敬会",即定期举办教徒聚会,进行灵修阅读活动和精神交流。斯彭内尔主张鼓励凡俗信徒参与更多的崇拜圣事,更加广泛地研读《圣经》,教牧人员的培训应注重虔诚和学识而非论辩。其后继者A. H. 弗兰克(1663～1727)使哈雷大学成为这一运动的中心。虔敬主义对摩拉维亚教会和卫理公会(参阅循道宗)产生了影响。

钱币收藏 coin collecting 有系统地积累和研究硬币、代币、纸币以及在形式或功能上与货币类似的对象。钱币收藏在文艺复兴时期兴起于意大利。从17世纪起钱币学者开始对公共和私人收藏的钱币进行评价、分类并公开展出。伦敦是世界最大的钱币收藏市场。收藏钱币的理由之一在于其投资价值。一批发行的钱币年久难免损坏和散失,其价值一般稳定不变或下降,而随着时间的推移,特别是收藏家纷纷抢购时,其价值就会增加。钱币价值一般最低不低于其本身金属材料的价值。保存状况是决定钱币价值的重要因素。

钱伯斯 Chambers,(David) Whittaker (1901～1961) 原名Jay Vivian Chambers。美国新闻记者。出生于费城,1923年加入共产党,先后在《新群众》、《工人日报》和《时代》杂志当过编辑。1948年8月,在国会非美国人活动委员会的代表面前,他提到A. 希斯是20世纪30年代一个共产党间谍组织的成员。希斯否认了这项指控,并控告钱伯斯诽谤。在后来的审讯中,钱伯斯提供了他声称是希斯让他转交给苏联间谍的材料。他的自传《见证人》于1952年出版。

钱德拉塞卡 Chandrasekhar, Subrahmanyan(1910～1995) 印度裔美国天体物理学家。1938年离开剑桥大学到芝加哥大学任教。他得出结论,在它的红巨星位相之后,一颗剩余质量大于太阳质量1.4倍(钱德拉塞卡极限)的恒星会坍缩,并在超新星爆炸中变为一个中子星。比大约3个太阳质量还要大的残余恒星则继续坍缩,形成黑洞。他与W. A. 福勒共同获得1983年诺贝尔物理学奖。

钱德勒 Chandler, Raymond (Thornton) (1888～1959) 美国侦探小说家。出生于芝加哥,曾在加利福尼亚一家石油公司任经理,后来出现经济萧条转而从事写作。早期短篇小说后来被改编成电影剧本,其中包括《加倍赔偿》(1944)、《想入非非》(1946)以及《火车上的陌生人》(1951)。他塑造的人物菲利普·马罗是一个硬汉形象的私家侦探,在洛杉矶的黑社会工作,他的7部长篇小说全都以马罗为主角,包括《大睡》(1939;1946年拍成电影)、《别了,我亲爱的》(1940;1944年拍成电影)和《久别》(1953;1973年拍成电影)。钱德勒和D. 哈米特都被认为是描写硬汉体裁的经典作者。

钱尼 Chaney, Lon(1883～1930) 全名Alonso Chaney。美国电影演员。出生于科罗拉多州科罗拉多斯普林斯,父母均为聋人,自幼学习哑剧,17岁成为演员。1912年移居好

L. 钱尼
Brown Brothers

莱坞,在一些电影里演配角,后来在《创造奇迹的人》(1919)中一炮走红成为明星。人称"千面人",擅长通过化妆饰演各种角色。他经常在T. 布朗宁导演的多部电影里,包括《不虔诚的三人》(1925),饰演一些怪诞或双重性格的人物。他出演的其他默片包括《钟楼怪人》(1923)、《歌剧魅影》(1925)和《午夜后的伦敦》(1927)。其子小钱尼(1905～1973)也是一位性格演员,出演过许多恐怖片,《众生》(1939)是他最大的艺术成就。

潜鸟 loon 又作diver。北美洲和欧亚大陆5种能潜水的潜鸟属鸟类。体长60～90厘米,特征为翅小,尖形;前3趾之间具蹼;腿位于身体后部,因此步履蹒跚。羽毛浓密,背

普通潜鸟(*Gavia immer*)
Wayne Lankinen-Bruce Coleman Ltd.

部主要呈黑色或灰色,腹部白色。食物主要是鱼、甲壳类和昆虫。潜鸟几乎全为水栖性,能在水下游很长距离,并能从水面下潜到60米深处。一般独栖或成对生活,但有些种则成群越冬或迁徙。潜鸟以怪异的悲鸣声为其特色。

潜艇 submarine 能在水下持续运行的海军战舰。18～19世纪美国的D. 布什内尔(1742?～1824)和R. 富尔顿发明家开始做有关手动潜水艇的实验。1898年J. P. 霍兰(1840～1914)的"荷兰号"下水,该潜艇同时具备汽油发动机(水上航行时使用)和电池供电的电动机(水下航行时使用)。美国政府于1900年购买了它。S. 莱克(1866～1945)改良革新的潜水艇最先在欧洲获得采用,后来美国也采用。到第一次世界大战前夕,世界所有的主要海军都采用柴油发电的潜水艇。德国的U-潜艇尤其是具有潜在威胁的武器。第二次世界大战中,人们发明了柴油机通气管为水下的柴油引擎提供新鲜空气,因此潜艇不用浮上水面更换电池。美国军舰"鹦鹉螺"号在1954年下水,开始使用核潜艇。由铀燃料核反应堆提供的强大能源使潜艇可以在水下高速运行无限长的时间。只有美国、俄罗斯、英国、法国和中国拥有核潜艇,其他国家的海军主要依赖传统的以柴油发电的潜艇。潜艇可以配备带有核弹头的鱼雷巡航导弹和弹道导弹。由于潜艇的位置难以确定,在几乎所有海事国家的军事力量中都占有很重要的地位。

枪炮 gun 借助火药或其他某种推进剂的力通过金属管发射弹丸的武器。"枪炮"一词如今常限指所谓的大炮,即大于榴弹炮或迫击炮、火炮,也可以用来指称军事上的小型武器,例如步枪、机枪、手枪,还可以指猎枪非军事火器。从9世纪起中国人即在战争中使用火药,但直到13世纪欧洲人取得火药后,枪炮才发展起来。最早的枪炮(约1327)类似旧式汽水瓶,显然经由连至顶部火门的红热导线而发射。枪管与火药室分开后产生后膛枪,进入17世纪以后还用于海军回转炮和堡垒舷炮。有别于手持式火炮的小型武器直到15世纪火绳机发展出来才得以面世。参

阏转轮点火机。

枪乌贼 squid 多种10腕头足类动物的统称,分布于岸边和海水水域,捕捉鱼类和甲壳动物为食。长约1.5厘米～20米以上(巨乌贼为最大的无脊椎动物)。有二腕延伸为

枪乌贼(*Illex coindeti*)在向前游
Douglas P. Wilson

细长的触手,尖端有4行吸盘,内有锯齿状的角质环。多数品种的细长管状的身体靠其内壳支撑。乌贼眼几乎与人眼一样复杂,常位于头部两侧。乌贼可敏捷地游泳(以其套膜伸缩来推动自身前进)或仅飘浮而已,自头部下方漏斗排出的水可使乌贼向后方移动。如同章鱼,乌贼也会在危急(遭遇抹香鲸、鱼类或人类捕食)时自墨囊喷出一片黑雾。

腔棘鱼 coelacanth 总鳍鱼目一些叶鳍硬骨鱼类的统称。一支已绝灭的亚目的种类被认为是陆生脊椎动物的祖先。现代腔棘鱼是矛尾鱼属(*Latimeria*)的深海鱼,因鳍棘中空

矛尾鱼(*Latimeria chalumnae*)
Peter Green-Ardea Photographics

故名。是凶猛的掠食者,体粗重而多黏液,鳍呈肢状,行动灵活。体长平均为1.5米,重约45千克。出现于3.5亿年以前,并长期被认为约在8 000万年前即已绝灭,但是在1938年却在印度洋非洲南部近海捕到一条。1998年在靠近印度尼西亚的地方发现存在又一个种类。

腔静脉 vena cava 将乏氧血送到右心房的两支静脉血管。上腔静脉流入上躯体,下腔静脉流入下躯体。

蜣螂 dung beetle 即屎壳郎。鞘翅目金龟亚科昆虫的统称。用铲状的头和桨状的触角把粪便滚成一个球(有时大似苹果)。虫体长5～30毫米。初夏时蜣螂把自己和粪球埋在地下土室内,并以粪球为食。稍后,雌体在粪球中产卵,孵出的幼虫也以粪球为食。虫体一般呈球形,鞘翅短,腹部末端露出。在24小时内吃的食物可超过自身的体重。因为能加速使粪便转变为其他生物能利用的物质的过程,所以对人类有益。

强奸 rape 强迫或是在暴力威胁情况下进行的违背受害者意愿的非法性活动(通常指性交)。传统意义上限于男子对女子的性侵犯,近年来强奸的定义被拓展到同性之间的性侵犯和对由于精神疾病、迷醉或其他原因不能有效表达意愿的受害人进行的性侵犯。法律上所指的强奸,或与低于某个年龄(14～18岁之间)的人进行性交,长久以来在多数法律中是一种严重的犯罪行为。强奸一般被视为强奸犯愤怒或攻击性的表现,暴力的病态主张。受害者的心理反应各不相同,但通常会包括羞耻、屈辱、迷惘、恐惧和愤怒。由于法庭上令人痛苦的针对受害人的审查和推断有罪过程中缺乏目击证人的困难,许多强奸受害者都不去报案。

强力 strong force 又称strong nuclear force(强核力)。物质的基本粒子,主要是夸克之间作用的一种基本的力。强力将夸克成簇地束缚在一起形成质子和中子以及更重的短寿命的粒子。强力也把原子核结合在一起,是所有包含夸克的粒子相互作用的基础。在强相互作用中,夸克交换胶子。胶子是强力的载体,是一种没有质量、内禀自旋为1的粒子。强力在它很短的作用距离内(约10^{-15}米)随距离增大而增强。在这样的距离范围内,夸克之间的强相互作用大约比电磁力大了100倍。

强迫性神经官能症 obsessive-compulsive disorder 一种心理疾病,症状表现为强迫观念或强迫行为。强迫观念是一些先入的缺乏理智的观念或感觉的持续滋扰(如和别人握手即认为已被污染)。所谓强迫行为是指由于不可抗拒的冲动去做一种合理的动作(如反复洗手)。这两种现象通常(但并不总是)同时存在于强迫性神经官能症患者中。这种疾病的发作与神经递质血清素的调节紊乱以及情绪高度紧张有关。

《强制法案》 Force Acts 1870～1875年美国国会为保护第14条和第15条修正案赋予黑人的宪法权利而连续通过的4个法案。这些法案授权联邦当局惩罚任何干涉黑人选民登记、选举、任职或参加陪审的人。根据该法,整个南部地区有5 000多件起诉案,判罪1 250件。后经最高法院裁决,宣布该法案的若干部分为违宪。

墙手球 handball 由2名运动员(单打)或4名运动员(双打)在一面、三面或四面立有墙壁的场地上进行比赛的运动。运动员用手或拳头击一小橡胶球,使球自墙上弹回,使对手难以接住。一方获21分时一场结束。在古罗马和后来的西班牙及法国(如西班牙回力球)已有这种运动。现代墙手球在爱尔兰得到发展,并盛行至今。19世纪晚期在纽约市的爱尔兰移民中尤为流行,后来传播到整个北美大陆。

蔷薇 rose 蔷薇科蔷薇属(*Rosa*)约100种植物的统称,特征为具漂亮芳香的花朵。蔷薇大概是最为人熟知和喜爱的观赏用显花植物。数以百计的蔷薇种类栽种于各式各样的

草原蔷薇(*Rosa setigera*)
John H. Gerard

环境中,且有许多杂交种。蔷薇可感染许多疾病,其中大部分由真菌引起。蔷薇科约3 000种,占蔷薇目种类数量的45%。蔷薇科中其他受欢迎的庭园和观赏用植物包括绣线菊、委陵菜、山楂、花楸和开花的樱桃。蔷薇科亦产有许多重要果实,包括苹果、桃、草莓、梨、李、杏、扁桃、榅桲、黑莓和悬钩子。某些种类的植物含危险的氰化物,许多种类具刺和棘刺。

乔布斯 Jobs, Steven(Paul) (1955～2011)又译约布斯。美国企业家。幼年被义养,成长于美国加利福尼亚州库比蒂诺。后来就读于里德学院,未毕业即至阿达利公司就业,负责设计视频游戏。1976年与S.沃兹尼亚克合创苹果电脑(1977年成立公司;现苹果股份有限公司)。乔布斯21岁时制造出的第一台苹果计算机,改变了世人的刻板印象:计算机不再只是供科学使用的庞大机器,而是每个人都能使用的家电用品。苹果公司的麦金塔什计算机诞生于1984年,引进了图形用户接口和鼠标,这两项创举后来都成为所有应用程序的技术标准。1980年苹果计算机公司公开上市,乔布斯担任总裁。1985年因为经营理念冲突,乔布斯离开苹果计算机公司,自组NeXT计算机公司。但在1996年又重回苹果计算机公司,并在1997年获聘为首席执行官。他在任内推出全新风格的iMac计算机(1998),是苹果计算机公司转亏为盈的重要转折点。在他的带领下,苹果计算机公司成为行业内的领军企业,并且是全球最具价值的品牌之一。其他著名产品包括数字媒体播放应用程序iTunes(2001)、数字多媒体播放器iPod(2001)、手机iPhone(2007)以及平板电脑iPad(2010)。2003年被诊断患有胰腺癌,2011年辞去苹果计算机公司首席执行官的职位,但被任命为公司总裁。

乔丹 Jordan, Michael (Jeffrey) (1963～)美国篮球选手,常被认为是篮球运动史上最杰出的全能运动员。生于纽约州布鲁克林。他成长于北卡罗来纳州,并就读于北卡罗来纳大学,在大一新生时就在NCAA的锦标赛中投进制胜的一球。1984年被芝加哥公牛队选中,在晚些时候参加了他职业篮球生涯的首场比赛。在公牛队的时代,他总共拿下10次得分王头衔和5次最有价值球员。1987年成为NBA史上单季得分超过3 000分的第二人(在W.张伯伦之后)。"飞人乔丹"的绰号来自他

非凡的跳跃能力，以及将防守球员耍得团团转的过人上篮技艺。他带领公牛队拿下6次美国全国篮球协会（NBA）冠军（1991～1993，1996～1998），并带领队友夺得1984和1992年的奥运篮球金牌。1993年曾短暂退役，希望能加入职业棒球队，但在1995年重回公牛队打球，直到1999年退役。在当时，他已经是美国及全球最著名的运动员了。2000年他买了一些华盛顿奇才队的股份，之后被任命为球队的篮球营运总裁。然而2001～2002球季开始之前，乔丹宣布他将以奇才队球员的身份重返NBA，同时放弃对该球队的所有权与管理权。2003年他正式退役。

乔尔乔涅　Giorgione（约1477～1510）又称Giorgio da Castelfranco，原名Giorgio Barbarelli。意大利画家，活跃于威尼斯。早期生平不详。15世纪90年代在威尼斯时曾随G.贝利尼学习。从他的绘画技法、色彩与情感的处理显示出他与贝利尼艺术风格的联系。他为公共场所绘制的主要作品是德国交易所外面的壁画，这些壁画现已失散，仅留下一些有人物模糊轮廓的残片。少数画作被认为是他完成的，但有两幅是他死后由其他画家完成的，一幅是提香完成的。虽然他的作品受到争议，包括画作的归属、完成日期和与他有关的画作的解释，但是有一点是清楚的：他是画布油画技法的创始人，也是创造格调与神秘感的大师，集中体现在《暴风雨》（约1505）中，这是文艺复兴时代风景画的里程碑。他对肖像画法亦影响深远。16世纪早期许多画家都模仿他的风格。参阅威尼斯画派。

乔尔森　Jolson, Al（1886～1950）　原名Asa Yoelson。俄国出生的美国歌手、歌曲作家和装扮黑人的喜剧演员。1893年乔尔森全家来到美国，定居在华盛顿（哥伦比亚特区）。1899年他在华盛顿首次登台亮相，参加歌舞杂耍表演。1909年参加一个黑人歌唱团表演。在纽约时，他在《美丽的佩莉》（1911）、《蜜月快车》（1913）和《大孩子》（1925）等音乐剧中担任角色。在《辛巴达》（1918）中他把G.格什温不成功的歌《斯旺尼》唱成了自己的招牌歌。在《邦博》（1921）中他引入了《我的妈咪》和《加利福尼亚，我来了》等歌曲。1927年他主演了电影《爵士乐歌星》，这是第一部声画同步的故事片。后来他拍的电影还包括《唱歌的傻瓜》（1928）、《妈咪》（1930）和《斯旺尼河》（1940）。《乔尔森的故事》（1946）和《乔尔森又唱了》（1949）两部电影描写了他的一生。

乔弗里　Joffrey, Robert（1930～1988）原名Abdullah Jaffa Bey Khan。美国舞蹈家、编舞家，乔弗里芭蕾舞团的创办人兼团长。父亲为阿富汗人，他先后在西雅图和纽约学习舞蹈。1953年创办芭蕾舞学校并成立了几个团体。1956年与G.阿尔皮诺（1928年生）一起成立罗伯特·乔弗里（后简称乔弗里）芭蕾舞团。该团广泛巡回演出并赢得国际声誉。1965年附属于纽约市芭蕾舞中心。乔弗里芭蕾舞团的舞剧包括《冥后》（1952）、《阿斯塔特》（1967）、《回忆》（1973）及《明信片》（1980）等。乔弗里去世后，阿尔皮诺成为该团总监；1995年他将舞团移至芝加哥，改名为芝加哥乔弗里芭蕾舞团。

乔姆斯基　Chomsky, (Avram) Noam（1928～　）美国语言学家和政治活动家。出生于费城，在宾夕法尼亚大学获得博士学位。1955年在麻省理工学院任教。从出版《句法结构》（1957）开始，乔姆斯基在许多书和文章里一直把转换语法理论（即对所有语言特有的规则作出解释的一个原则体系）的表达作为他的目标。他的工作有两个主要方面。一是重新强调句法的重要性，这是以前的语言教学比较薄弱的环节。另一个是使语言理论和语言能力脱离任何具体的语言素材，这样语言学家们就可以展开句法或音系学的模型，并以真实语言"实情"为背景对模型进行测试，而不是从资料的收集中取得理论的一般规律。乔姆斯基还因长期以来一直反对美国政府的外交政策而知名，从20世纪60年代反对越战到1999年反对轰炸南斯拉夫。他的政治观点在许多书籍和文章中得到详述，其中包括《论权力与意识形态》（1987）和《新旧世界秩序》（1994）。

乔木　tree　木本多年生植物。大多数乔木都有一根自我支撑的包含木本组织的主干，多数品种能生出次枝，称分枝。乔木能提供许多有价值的产品，尤其是木材，是世界上主要的建筑材料之一，还有木浆，可用于造纸。木头也是主要的燃料来源。乔木还能提供可食的水果和坚果。另外，它们在光合作用下吸收二氧化碳，释放出氧气。它们的根系能保持水分和土壤，防止水灾和土壤侵蚀。乔木为众多动物提供栖息地，它们还美化了自然以及人造的风景。树干中的生长轮表示大多数乔木的年龄。最高的乔木是太平洋沿岸的红杉；最古老的乔木是芒松，有些树龄已超过4 000年。参阅球果植物、落叶树、常绿植物、森林、灌木和软材。

乔纳　Joyner-Kersee, Jackie（1962～　）原名Jacqueline Joyner。美国运动员，有人认为是有史以来最伟大的女性运动员。生于伊利诺伊州东圣路易斯。曾连续4次赢得全国青年女子七项全能冠军，而且是加州大学洛杉矶分校篮球及田径的明星。1986年成为第一位在女子七项全能运动比赛中拿下超过7 000分的选手。她6度打破这个成绩，4度改写世界纪录。在1988和1992年两届奥运会中都摘下金牌，成为在奥运女子七项全能比赛中连续夺得金牌的人。她最拿手的项目是跳远（世界纪录，1987；奥运金牌，1988）、100米低栏、200米短跑和跳高。

乔普林　Joplin, Janis (Lyn)（1943～1970）美国摇滚乐及布鲁斯歌手。生于得克萨斯州阿瑟港的一个中产阶级家庭，17岁离家出走，开始演唱生涯，开始是在奥斯汀，之后在洛杉矶。1966年加入旧金山的大兄弟与控股公司乐团，以她原始、强有力且充满感情的布鲁斯风格迅速成名。专辑《廉价刺激》（1968）收录了她的一些最为人熟知的曲目。离开乐团后乔普林持续推出畅销曲，包括《我和鲍比·麦吉》。乔普林27岁时因服用过量海洛因身亡。

乔普林　Joplin, Scott（1868～1917）　美国钢琴家和作曲家，雷格泰姆音乐的杰出诠释者。生于得克萨斯州。乔普林是一位经古典音乐训练的钢琴家和作曲家。他写的作品包括《枫叶雷格曲》（1899），这是第一首雷格泰姆风格的畅销曲；还有《娱乐者》（1902），均表现出一种尖锐的逻辑，超越了该派有时机械的方面。他还写了一部芭蕾舞剧和两部歌剧，包括《特里莫尼沙》（1911），还有几个说教性的作品。1911年他精神崩溃，1916年被送入精神病院。

乔叟　Chaucer, Geoffrey（1342/1343～1400）　英国诗人。出生在中产阶级家庭，在其活跃而丰富多彩的人生中，先后受到3位国王的宠信，当过廷臣、外交官和文职官员，写诗只是他的业余爱好。他的第一首重要诗作《公爵夫人的书》（1369/1370），是为悼念兰开斯特公爵夫人用叙梦寓言诗形式写的哀歌。14世纪80年代，他创作了一些成熟的作品，其中包括为圣瓦伦廷节（情人节）作的《百鸟会议》，采用叙梦寓言诗的形式，描述一次鸟类择偶的大会；优美的悲剧诗体传奇故事《特罗伊拉斯和克莱西斯》；以及未能完成的叙梦寓言诗《贞洁妇女的传说》。他最著名的作品，未完成的《坎特伯雷故事集》（写于1387～1400），是情节错综复杂的戏剧性的叙事作品，以到坎特伯雷的托马斯·贝克特圣地朝圣为框架结构，把若干内容极为丰富的故事串联起来；这部作品不仅是用中世纪英语写作的最著名文学作品，同时也是英国文学最伟大的作品之一。在这部作品和其他作品中，乔叟使英国南部的英语方言成为英格兰的文学语言。他被认为是第一位伟大的英国诗人。

乔托　Giotto (di Bondone)（约1267～1337）首位意大利伟大的画家，活跃于佛罗伦萨。曾在阿西西、罗马、帕多瓦、佛罗伦萨和那不勒斯等地为礼拜堂和教堂绘画。他在罗马的作品包括了圣彼得大教堂入口处那幅已经艰难地修复的镶嵌画《基督在水上行走》和一幅原为圣彼得大教堂所绘的祭坛画，现存梵蒂冈博物馆。在帕多瓦，他的《最后的审判》壁画装饰了阿雷那小礼拜堂的西墙，其他墙面则绘满了关于圣母和耶稣基督生平的壁画。后来他为佛罗伦萨的克罗齐教堂的4座小礼拜堂绘壁画，有两座保存至今。1334年被任命为佛罗伦萨主教座堂的建设监察官。他设计的钟塔在他去世后被改建。《荣耀圣母》（约1305～1310）被认为是他绘的最重要的画板画。乔托在世时享有很高的声望。他打破拜占廷艺术的不具人格的形式化风格，引进自然主义和人性、三维空间及三维形式，被推崇为欧洲绘画之父。其后，意大利的绘画被其学生及门徒支配，著名的有T.加迪、A.奥尔卡尼亚和洛兰采蒂兄弟。

乔伊斯　Joyce, James (Augustine Aloysius)（1882～1941）　爱尔兰小说家。在一个耶

J. 乔伊斯,G. 弗罗因德摄于1939年
Gisele Freund

稣会学校(虽然他不久就反对天主教)和都柏林大学学院里受教育,他很早就决定要当作家。1902年他移居巴黎,原本想把家安置在巴黎,但在的里雅斯特和苏黎世待了几年后,情况发生了变化。此后由于经济拮据、使他完全失明的慢性眼疾、审查问题以及他女儿露西娅的精神病,他的生活一直很困难。著名的小说集《都柏林人》(1914)和自传体小说《青年艺术家的肖像》(1916)把新的技巧带进了英国小说和短篇小说中去,他后来对之作了进一步发展。在得到朋友们和支持者们(包括E. 庞德和H. S. 韦弗)的经济援助后,他花了7年的时间写了《尤里西斯》(1922),这是一部引起争议的杰作(先后在美国和英国被禁),现在被广泛承认是20世纪英语小说中最杰出的作品。它包含了对语言运用的高度实验性以及对一些新的文学方式的探索,如内心独白和意识流的叙述。他花费了17年时间完成他的最后一部作品《为芬尼根守灵》(1939),此书以复杂性和阅读困难的精巧语言著称。他还发表了三本诗集——《室内乐》(1907)、《潘伊奇诗集》(1927)、《诗集》(1937)和一部剧本《流亡者》(1918)。

乔治 George, Henry(1839～1897) 美国土地改革论者和经济学家。生于费城。未满14岁便辍学当职员,后又去当海员。1858年前往加利福尼亚,在几家报社工作(也曾短暂创办自己的报社),并加入民主党的政治活动。1879年出版《进步与贫穷》,建议国家应征收所有的经济地租(征收使用有价值土地的收入,但不征收改良土地所得的收入),并取消其他捐税。他猜想政府从这种单一税所获得的年度收入,用于扩建公共工程会绰绰有余。

乔治敦 Georgetown 旧称Stabroek(斯塔布罗伊克,1784～1812)。圭亚那首都和主要港口城市。位于大西洋海岸,德梅拉拉河河口。1781年由英国人建立,以乔治三世的名字命名。1784年城市大部分由法国人重建。在荷兰人占领时期称斯塔布罗伊克,为埃塞奎博-德梅拉拉联合殖民地政府所在地。1812年英国再度控制这里时,名字又改回乔治敦。现为圭亚那主要的商业和制造业中心。都会区人口约137 520(2002)。

乔治二世 George II(1683～1760) 原名George Augustus,德语作Georg August。大不列颠国王和汉诺威选侯(1727～1760)。他的父亲(汉诺威选侯)即大不列颠国王位后,称乔治一世,他在1727年继承这两个衔位。即位后,继续任用R. 沃波尔为重臣,一直到1742年。起用的新任大臣J. 卡特里特(1690～1763),使英国卷入奥地利王位继承战争,乔治曾在德廷根战役(1743)中英勇奋战,这是最后一次英王御驾亲征。国会和大臣们逼迫卡特里特辞职,并任命皮特(老)组阁。乔治对政治丧失兴趣,而皮特的策略让英国在七年战争中赢得胜利。

乔治二世 George II(1890～1947) 希腊语作Georgios。希腊国王(1922～1924,1935～1947)。1922年其父康斯坦丁一世被废黜后成为国王。但王室家族并不受人欢迎,1923年他逃离希腊。1924年国民议会宣布成立希腊共和国。乔治继续流亡海外,直到1935年保守主义的人民党在军队支持下操纵国民议会,并恢复君主政体。1936年在国王的支持下,由I. 迈塔克萨斯掌权。第二次世界大战时被迫再度流亡(1941);共和国情绪使他的王位岌岌可危,但由一次公投表决使他恢复王位,1946年返国。

乔治风格 Georgian style 英国汉诺威王室前四代乔治当政时期(1714～1830)在建筑、室内设计及装饰艺术上的风格。其包含了帕拉弟奥主义(参阅A. 帕拉弟奥),后来转向一种简朴的新古典主义,再倾向仿哥特式建筑,最后是英国摄政时期风格。此时代据说是英国房屋设计的巅峰时期,其遗风可见于整个伦敦街区整齐对称的住宅中。这些宅邸的正面采用古典主义风格的壁柱,三角楣饰的门窗和优雅的线脚;内部则比例调和,色彩素雅,饰以衍生自古罗马的灰泥饰物,装置齐本德耳式和雪里顿式家具。

乔治六世 George VI(1895～1952) 原名Albert Frederick Arthur George。联合王国国王(1936～1952)。乔治五世的次子。在他的哥哥爱德华八世宣布逊位后,他接任

乔治六世
Keystone

王位。在第二次世界大战期间是英国人民重要的象征性领袖,支持首相W. 丘吉尔的战时领导地位,并多次亲赴前线视察军队。1949年英联邦各成员国政府正式承认他是英联邦的元首。他以恪守立宪君主的职责并克服了严重口吃而受人民尊敬。死后由女儿伊丽莎白二世继位。

乔治三世 George III(1738～1820) 原名George William Frederick。大不列颠及爱尔兰国王(1760～1820),也是汉诺威选侯(1760～1814)和汉诺威国王(1814～1820)。乔治二世之孙,七年战争期间继承王位。乔治的首席大臣比特伯爵逼迫皮特(老)辞职,导致了政府内部阴谋四起,政局不稳定。1763年比特辞职,但乔治提名的其他人都遭到批评,直到1770年找到诺思勋爵当首相。英国因连年战争而财政窘困,乔治赞成通过征收美洲殖民地税捐来筹募资金的建议,结果导致美国独立战争。他和诺思被谴责拖延战争,并且丧失了美洲殖民地。当诺思和C. J. 福克斯联合计划控制东印度公司时,他重申了他的王权,乔治逼迫他们辞职,通过任命一个新的"爱国"首相皮特(小)来巩固他的控制。与法国的革命政府战争(1793)前,皮特由于害怕爱尔兰跟着暴动而提出与天主教在政治上和解。乔治强烈反对,皮特因而在1801年辞职。1811年乔治旧病复发(幼年时曾短暂疯癫过),国会于是任命其子(后来的乔治四世)为摄政。

乔治时代诗歌 Georgian poetry 20世纪早期产生于英国的抒情诗体裁。这些诗人想要使更多人亲近新诗,于是R. 布鲁克和E. 马什策划出版了5册《乔治时代诗歌》合集(1912～1922),其中包括R. 格雷夫斯、W. 德拉·梅尔、S. 萨松(1886～1967)和其他人的作品。取名"乔治时代"意味随着1910年乔治五世即位所展开的新诗纪元。但大部分的作品仍依循传统,"乔治时代"一词后来成为贬语,意指根植当代且向后看。

乔治四世 George IV(1762～1830) 原名George Augustus Frederick。大不列颠国王(1820～1830)和汉诺威国王(1820～1830年在位)。乔治三世的儿子。早年生活放荡,挥霍无度,不得父王的喜爱。曾与一名女子秘密成婚,但国王拒不批准。1811年乔治在父亲发疯后任摄政。他继续任用父亲的大臣,而没指派他的辉格党朋友;在位期间,英国与其盟友战胜了拿破仑(1815)。他是建筑师J. 纳什的赞助人,曾资助修复温莎城堡。

乔治王之战 King George's War(1744～1748) 英、法为争夺北美洲的控制权而进行的一场不分胜负的战斗。亦称奥地利王位继承战争的美洲阶段,包括新斯科舍和新英格兰北部的边界争端以及俄亥俄流域的控制权之争。在他们各自的印第安盟友的帮助下,双方经过多次血战,最后签署了《艾克斯拉沙佩勒条约》(1748),各自收复被占领的土地,但仍未能解决殖民地问题。参阅法英北美殖民地争夺战。

乔治五世 George V(1865～1936) 原名George Frederick Ernest Albert。联合王国国王(1910～1936)。爱德华七世的次子。1910年继承父位,执政早期面临了因限制上

乔治五世
Camera Press

院权力而导致的宪法争议问题。第一次世界大战时曾数次到法国前线视察，使这位新国王日孚众望。战后面临严重的工业不安问题（劳资纠纷），以及首相 A.-B.劳因病辞职（1923），后由 S.**鲍德温**担任首相。1931 年英镑大幅贬值，接着产生财政危机之后，他说服 J.R.**麦克唐纳**留任，并组成一个国民联合政府。后来王位传给儿子爱德华八世和乔治六世。

乔治一世　George I（1660～1727）　全名 George Louis，德语作 Georg Ludwig。英国**汉诺威王室**第一代国王（1714～1727 年在位）。1698 年继其父为汉诺威选侯。在**西班牙王位继承战争**中，他奋身作战，屡立奇功。由于他是英格兰国王詹姆斯一世的曾孙，并根据《王位继承法》，他在 1714 年继承英国王位。他组织了辉格党内阁，把国内政治交给大臣们处理，其中包括斯坦厄普伯爵（第一）、汤森子爵和 R.**沃波尔**。他在英格兰不得人心的主要原因是他的日耳曼人作风和有两位日耳曼情妇，以及她们涉及**南海泡沫危机**，但他借由成立四国同盟（1718）来加强英国的地位。后来由儿子乔治二世继承其位。

乔治一世　George I（1845～1913）　希腊语作 Georgios，原名 Prins Vilhelm af Danmark（Prince William of Denmark）。希腊国王，丹麦国王克里斯蒂安九世的儿子，曾在丹麦海军服役，1862 年在希腊国王奥托被废黜后，由英、法、俄三国联合提名拥上希腊王位。1863 年获希腊国民议会认可，登上王位，称乔治一世。在位期间监督了色萨利和伊庇鲁斯的领土并入希腊，以及兼并克里克岛的事宜。**巴尔干战争**引起国内不安，他在萨洛尼卡被暗杀，由其子康斯坦丁一世继位。在他长期执政下，希腊逐渐蜕变为一个现代欧洲国家。

荞麦　buckwheat　两种草本植物普通荞麦（*Fagopyrum esculentum* 或 *F. sagittatum*）及其亲缘种苦荞麦（*F. tataricum*）的统称。原产于亚洲，种子三角形。虽然其种子用作谷物，但荞麦并非谷类禾草。荞麦在肥沃土壤上较其他粮食作物产量低，但特别适应于干旱丘陵和凉爽的气候。由于成熟快，故可作晚季作物种植，并能作为窒息作物使杂草死亡而为其他作物的栽培改善条件。亦可用作绿肥作物。常用作家禽及其他家畜的饲料。荞麦碳水化合物含量高，蛋白质含量约 11%，脂肪 2%。把荞麦去壳，可如稻米一般煮食。荞麦粉不宜做面包，但可与小麦粉混合用制烤饼，称荞麦饼。

桥　bridge　水平搭造的结构，以利行人或交通工具跨越障碍。桥梁建设向土木工程学提出了最大的挑战。最简单的桥是梁式桥，由架在跨距两端的刚性钢铁或水泥直梁组成。古罗马的桥以圆拱形著名，比石板梁桥拥有更长的跨距，也比木桥更为耐久。现代的拱桥可能有一个固定在桥台支撑点的拱形桁架和一个由垂直钢索吊在拱上的桥面。悬索桥（如**布鲁克林桥**、**金门桥**）可跨越很长的距离，主要的支撑力量来自缆索，缆索由数千束钢绞线组成，固定在两端的高塔和锚桩上，桥面是由固定在主索上的垂直缆索来支撑。在斜拉桥中，钢索从索塔上呈扇形展开，并向下与桥面的不同点相连；此种设计的变异产生了各种大跨度的、设计大胆的桥梁。另外一些类型的桥包括桁梁桥，是最普遍的桥（如铁路桥），因为它只需用少量的材料来承受大的载力；悬臂桥，特点是有 3 个跨距，外面两边的跨距锚固在岸边，中央的跨距则靠悬臂梁支撑。

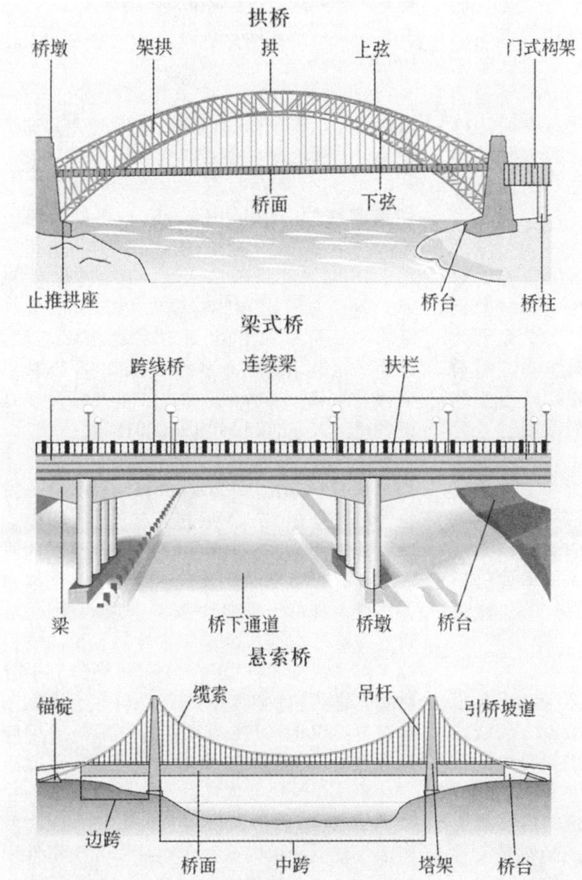

三种常见的桥梁设计类型
© 2002 MERRIAM-WEBSTER INC.

桥牌　bridge　类似惠斯特的牌戏：4 名牌手 2 对 2，分为两家。惠斯特和各式桥牌都起源于英格兰。玩法是用 52 张一副的扑克牌按顺时针方向依次发牌，每轮各家发一张牌，牌面朝下，发完为止。玩牌的目的是赢墩。打牌时，各牌手每一轮各出一张牌，构成一墩。牌手要尽可能出同花色的牌，牌序最高者赢此墩。开始打牌前，可以指定一种花色为王牌花色，王牌能击败其他花色。最普遍的两种桥牌形式是：竞叫桥牌，玩牌的 4 个人都有可能争得王牌花色确定权而成为定约人，每次叫牌的水平必须比前一次叫牌至少高一级；定约桥牌，只有定约的牌墩数或者叫出的牌墩数能算作局分。

巧克力　chocolate　用烘干磨碎的可可豆制成的食品。可做成糖果，用于配制饮料，作为甜食和烘烤点心的调味品或外层。最早由 H.**科尔特斯**引入欧洲，他于 1519 年访问过墨西哥蒙提祖马二世的宫殿，品尝了一种苦味的可可豆饮料，他把这种饮料引入了西班牙。制作巧克力的工序是将经过发酵和焙烤

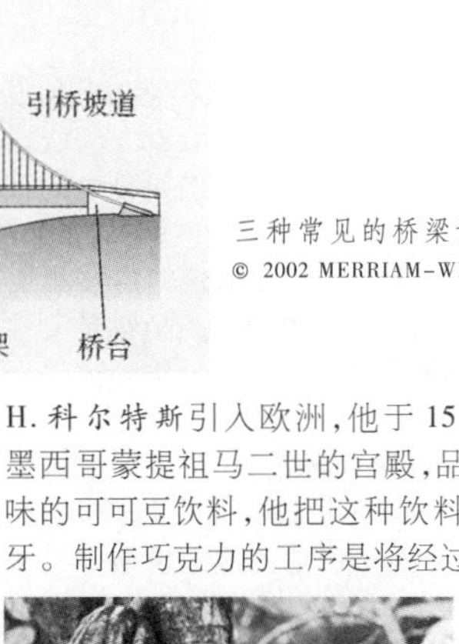

巴西的可可荚果
Carl Frank-Photo Researchers

的可可豆磨成糊状，称为巧克力浆，这种浆可以在模子里凝固形成烘烤（苦味）巧克力，也可以经榨取减少可可脂（植物脂肪），随后磨成很细的可可粉或与糖和添加的可可脂搅拌制成甜巧克力（食用巧克力）。在甜巧克力中添加炼乳就可以做成奶油巧克力或白巧克力。由于富含碳水化合物和脂肪并有少量的咖啡因，巧克力是一种很好的能迅速补充能量的食品。

切断术 amputation 去除身体的任一部分的手术，通常是指切除上肢或下肢的一部分或全部的手术，即截肢术。天生肢体残缺称为先天性截肢。对防止因受伤而大量失血或检查感染扩散的伤员、对患坏疽的患者或对恶性软组织或骨组织恶性肿瘤的患者来说，截肢或能挽救生命。现代的外科重建手术、康复治疗及用血液和血浆进行及时治疗使切断术的实施大大减少，现代的假体减少了被截肢者的障碍，设计手术方案时就已考虑到了假体。

切腹 seppuku 又称 hara-kiri（腹切）。日本封建社会武士阶级（侍）采用的剖腹的自杀方式。他们喜欢采用这一自杀方式是因为切腹进行缓慢，极度痛苦，因此能够证明勇气、自制力和坚定的决心。自愿切腹自杀的目的是避免被敌人俘虏的耻辱；跟随主人死来表示对主人的忠诚；表示对上司的某项政策的反抗；或是表示抵偿失职之罪。被迫切腹自杀是对武士采用的一种极刑，他们在刺伤自己后，再被别人斩首。被迫切腹自杀于1873 年被废除，但自愿切腹自杀的事件仍持续至今。三岛由纪夫的切腹自杀便是 20 世纪的一个著名例子。

切枝 cutting 植物学上，来自茎、叶或根的植物切块，可以发育成新的植物。切枝通常放在温暖潮湿的沙中。许多植物借由切枝繁殖，特别是园艺与造园品种；使用一些新技术，许多原本不容许以切枝繁殖的植物也都较为成功地繁殖。从切枝发育的植物是无性生殖系。参阅嫁接。

茄科 nightshade family 由约 95 属，至少2 400种显花植物组成的科。虽分布世界各地，但拉丁美洲热带地区的数量最多。该科有许多具重要经济价值的食用或药用植物。重要的医用茄科植物为尼古丁、阿托品和东莨菪碱等生物碱的有效来源，包括颠茄、曼陀罗（*Datura stramonium*）、天仙子和茄参。最重要的茄科植物有马铃薯、茄子、西红柿、庭园辣椒、烟草和许多花园观赏植物，包括矮牵牛。茄属包含该科几乎一半的种类。苦甜茄（*S. dulcamara*）在北美洲和英国常被称为 nightshade，亦称苦甜藤和木茄。

茄子 eggplant 茄科多年生植物，学名为 *Solanum melongena*。需在气候温暖的环境下生长，现在东亚、南亚（原产地）和美国广泛生长。为一年生栽培作物，采收其肉质果实。直立茎，灌木状，有时疏生皮刺；叶大，卵圆形，浅裂；花下垂，紫罗兰色，通常单生；浆果

茄子（*Solanum melongena*）
Ingmar Holmasen

大，卵状，可食，色泽多，从深紫色到红色、淡黄色或白色等，有时具条纹，表面光亮。茄子是地中海地区的主要蔬菜之一。

切蒂斯格尔 Chhattisgarh 印度中部一邦。与中央邦、北方邦、恰尔肯德邦、奥里萨邦、安得拉邦和马哈拉施特拉邦相邻。面积135 194平方千米。首府赖布尔。大部分地区为切蒂斯格尔平原，北部和西部多丘陵。该地区原是印度中央邦的东部，2000 年被划为独立的邦。邦内矿产丰富，但人口大多从事农耕。人口约25 540 196（2011）。

切尔诺贝利事故 Chernobyl accident 发生在苏联切尔诺贝利（位于乌克兰）核电站的意外事故，为核能发电历史上最严重的一次事故。1986 年 4 月 25 ～ 26 日，几个技术人员试图进行一项设计极不合理的试验，导致反应堆芯的链式反应失去控制。反应堆的顶盖被炸毁，向大气层释放出大量的放射性物质。堆芯也发生部分熔毁。苏联当局试图掩盖事实真相，但在瑞典监测站报告发现随风飘至的放射性物质含量异常之后，苏联政府才承认了这一事实。此次事故除当场死亡32 人外，还有数千人会在未来很长一段时间里因受辐射而生病或死于癌症。此次事件引起国际社会对放射性射出物造成的危害提出强烈抗议。

切利尼 Cellini, Benvenuto（1500 ～ 1571）意大利佛罗伦萨雕刻家和金匠。早年在罗马工作，用贵重金属和半贵重金属制作硬币、大纪念章、印章、器皿以及各种其他物件。1540

弗兰西斯一世的盐碟，切利尼制作于1540 年；现藏维也纳艺术史博物馆
By courtesy of the Kunsthistorisches Museum, Vienna

年切利尼应法国国王弗兰西斯一世之邀，在枫丹白露用黄金制作了一个外面饰有一层珐琅的盐碟，并一举成名。后来又受王室委托制作了许多雕塑。他为科西莫一世·德·梅迪契雕刻了大型立体作品，铜像《珀尔修斯》（1545 ～ 1553）是他的杰作。切利尼的声誉不但源于他的艺术作品而且还来自他写的一部自传，该书因对他喧哗的人生以及文艺复兴时期的意大利有生动的描述，出版后很畅销。

切罗基人 Cherokee 美洲印第安人，属于易洛魁族系，大多数人现在居住在俄克拉何马州。他们的传统家园是在田纳西州东部和卡罗来纳州西部。切罗基人的文化与克里克人和其他东南部印第安人的文化非常相似。其族名源于克里克语，意思为“讲不同语言的人”。切罗基语属易洛魁诸语言，但与其他易洛魁语言有较大差别。在欧洲人首次与他们接触时，他们有各种石器，编织箩筐，制作陶器，种植玉米、豆类和南瓜属植物，并猎食鹿、熊和麋。18 世纪末进行的几场战争和签订的条约严重削弱了切罗基人的力量，拥有的土地大量丧失。在发动一连串对美国军队和平民移居者的突袭失败后，他们被迫让出土地以求得和平和偿还债务。1800 年以后，切罗基人在吸收欧洲人/美国人文化方面取得明显进展，组建了模仿美国政府形式的政府，并采用了欧洲人的耕作和管家方法。由塞阔雅发明的音节表得到推广后，大部分切罗基人都能够识字。从大约 1835 年开始，当在佐治亚州的切罗基人土地上发现黄金后，就不断有人鼓动向西部迁移。后来发生的一系列事件以眼泪之路而告结束，造成大约 4 000 名切罗基人死亡。切罗基人的后裔在 21 世纪初大约有730 000人。

切尼 Cheney, Richard B.（1941 ～ ）美国共和党政治人物，2001 年起任美国副总统。出生于内布拉斯加州林肯市，在怀俄明州卡斯珀长大。在怀俄明大学取得学士和硕士学位，1974 年成为 G. 福特总统的副助理，1975 ～ 1977 年任总统的幕僚长。1978 年从怀俄明州当选为美国众议院议员，并连任 6 届。1989 ～ 1993 年在 G. 布什总统的政府中任国防部长，在苏联解体之后负责美国军队的裁军计划。2000 年与 G. W. 布什搭档赢得总统大选，成为美国副总统，在此之前他曾离开政府部门在私人企业工作过数年。2004年竞选成功，连任副总统。

切萨皮克 Chesapeake 美国弗吉尼亚州东南部城市。位于诺福克的南部，1963 年诺福克县与诺福克市合并成为一个独立城市。占地 883 平方千米，是美国面积最大的城市之一。该地区包括迪斯默尔沼泽的一部分，以前曾是切萨皮克印第安人的住地，17 世纪30 年代有殖民者在此定居。人口 222 209（2010）。

切萨皮克湾 Chesapeake Bay 美国东部大西洋沿岸的海湾。南段在弗吉尼亚，北段在马里兰，长 311 千米，宽 5 ～ 40 千米，面积

约8 365平方千米。有多条河流注入，其中包括萨斯奎汉纳河、帕塔克森特河、波托马克河和詹姆斯河。詹姆斯敦是海湾区的第一个欧洲人居住区，建于1607年。一年后，J. 史密斯船长探测并绘制了海湾及其各河口的地图。切萨皮克湾的水域有丰富的海洋生物，但到20世纪70年代，周围地区的开发使得海湾的污染严重，捕鱼量急遽下降。为了弥补损失政府已采取了各种措施。

切斯纳特　Chesnutt, Charles (Waddell) (1858～1932)　美国作家，第一位重要的非洲裔美国小说家。作为北卡罗来纳州一名年轻的中学校长，他对黑人所受到的待遇感到极为苦恼，便举家搬往克利夫兰，在那里他成为一名开业律师，同时开始利用空余时间写作。他发表了许多故事和散文、2部短篇小说集、1部有关F. 道格拉斯的传记、3部小说，其中包括《上校的梦》(1905)。他是一个心理现实主义者，善于运用民间生活的熟悉场面抗议社会的不公平。

切斯特　Chester　古代称Deva或Castra Devana。英格兰城市，柴郡首府所在地。位于利物浦南部的迪河岸边，现在是活跃的港口和铁路中心。罗马人将此处作为第二十军团的总部，现在仍有保存完好的罗马城墙。这里是英格兰境内最后向征服者威廉一世投降的地方。在13～14世纪，这里成为一个重要港口，主要与爱尔兰进行贸易往来。大约从14世纪起，这里成为切斯特连台本戏的神秘剧上演地。迪河的逐渐淤塞导致城市萧条，但19世纪修通铁路后该市又重新获得繁荣。人口约118 207(2001)。

切斯特顿　Chesterton, G(ilbert) K(eith) (1874～1936)　英国文人。尽管原来学习美术，但他从未把美术当作一种职业，反而投身于新闻写作。他的有关社会和文学批评的

切斯特顿，粉笔画，J. 冈恩绘于1932年；现藏伦敦国立肖像画陈列馆

By courtesy of the National Portrait Gallery, London

作品包括《罗伯特·布朗宁》(1903)、《查尔斯·狄更斯》(1906)和《文学中的维多利亚时代》(1913)。甚至在他于1922年皈依天主教之前，就已对神学和宗教辩论产生了兴趣。他的小说包括《诺丁山的拿破仑》(1904)、广为流传的寓言小说《一个名叫礼拜四的人》(1908)，以及他最成功的创作——以侦探布朗神甫为主角的侦探小说系列。

切图马尔　Chetumal　墨西哥东南部城市，金塔纳罗奥州首府。濒临尤卡坦半岛的东岸，海拔仅6米。1899年建立，1902年金塔纳罗奥从尤卡坦州划出时成为地区首府。地处热带雨林区，经济来源主要靠林产品。人口151 243(2010)。

切维厄特丘陵　Cheviot Hills　英格兰和苏格兰边界沿线的高地。其最高处为切维厄特山，海拔高816米。史前有人居住的痕迹到处可见。该地区部分地方1956年被指定为诺森伯兰国家公园的用地。

钦博拉索　Chimborazo　厄瓜多尔的山峰。为厄瓜多尔境内最高峰，海拔6 310米。曾一度被认为是安第斯山脉的最高山(参阅阿空加瓜山)。钦博拉索为活火山，山顶覆盖着很厚的冰川。18和19世纪许多人曾尝试攀登该山，但都没有成功，直到1880年英国登山运动员E. 怀伯尔才首次到达峰顶。

侵权行为　tort　损害他人并且法律允许对此提出民事(非刑事)诉讼的不正当行为，而不是违约。法律补救方法可以采用损害赔偿金或禁制令的形式。侵权行为一词出自拉丁文tortum，意为"被扭曲、强行取得、欺诈的事物"。侵犯人身、破坏名誉、失职、过失、妨害行为、产品责任、财产损害、非法侵入等都是(不计其潜在的刑事及契约方面)侵权行为。

侵入岩　intrusive rock　在地壳深处岩浆形成的火成岩嵌入年代较久远的岩石，然后在地表下面缓慢固结，但以后可能由于侵蚀而露出地面。

亲鸾　Shinran (1173～1263)　原名Matsuwaka-Maru(松若丸)。日本哲学家和宗教改革家。9岁出家，在比睿山上最澄创办的中心研究佛学20年。后来遇到净土宗的创始人法然。法然的运动遭到压制，法然与亲鸾均被流放。在20多年的时间里，亲鸾一直过着写作和传教的生活，编著了6卷教义。1224年他建立了净土真宗。他精练净土宗的教义，即通过哪怕只念颂阿弥陀佛的名字，只要心诚，便可得救。他提倡净土真宗的僧人结婚以尽量缩小僧俗之间的距离。净土真宗现已成为日本最大的佛教教派。

亲属关系　kinship　经由生物学上的联系或由婚姻、收养及其他仪式而形成的一种身份。亲属关系范围很广泛，可以生而有之，也可以后天形成，在社会看来具有约束力。每个人都属于本原家庭(如母亲、父亲、兄弟和姐妹)；大多数的成年人也属于生育家庭(包括夫妻或夫妻及子女)。宗系遗传和婚姻的亲属关系可根据家谱来追溯，这是以书面或口述的方式将家族中个人的名字和他们与他人的亲属关系列出。遗产继承和继位(指社会上权力和职务的转移)通常根据亲属关系来决定。参阅族外婚与族内婚和乱伦。

亲王　prince　欧洲的等级称号，通常指享有完全或几乎完全统治权的人，或指皇室成员。亲王的妻子便是王妃。在英国，该称号直到1301年才开始使用，爱德华一世授予他的儿子——未来的爱德华二世——威尔士亲王的称号。从爱德华三世时期开始，国王(或王后)的长子和继承人通常被授予此称号。

芹菜　celery　伞形科草本植物，学名*Apium graveolens*。原产地中海地区和中东。18世纪末，芹菜经培育形成大而多汁的肉质直立叶柄。在欧洲，芹菜通常作为蔬菜煮食或作为汤料及蔬菜炖肉等的作料；在美国，生芹菜常被用来做开胃菜或色拉。芹菜的果实(或称籽)细小，具有与植株相似的香味，可用作佐料，特别是用于汤和腌菜。

秦梯利　Gentile, Giovanni(1875～1944)　意大利哲学家，有时被称为"法西斯主义的哲学家"。曾在大学教书，1903～1922年间与B. 克罗齐合编《批判》杂志。任B. 墨索里尼的法西斯政府教育部长。他的"现实的唯心主义"受了G. W. F. 黑格尔的强烈影响，他不承认个人思想的存在，也不承认理论与实践、主体与客体、过去和现在之间有任何区别。他计划并编辑了《意大利百科全书》(1936)，并写了很多有关教育和哲学的书。1943年墨索里尼倒台后，他又支持德国人在萨洛建立的法西斯社会共和国，最后被反法西斯的共产党人杀死。

琴斯托霍瓦　Czestochowa　波兰中南部城市，濒临瓦尔塔河。1826年由旧琴斯托霍瓦(建于13世纪)和亚斯纳古拉(建于14世纪)两住区合并而成。15世纪时，此城以富裕出名，1655年、1705年曾抵抗瑞典人的包围，但第一、二次世界大战时均曾被德国人占据。市内的亚斯纳古拉修道院有珍贵的壁画和著名绘画"琴斯托霍瓦的圣母"，为天主教圣地。现为重要的工业城市，有纺织、化工、造纸、食品和钢铁工业。人口约255 500(2000)。

寝殿造　shinden-zukuri　日本平安时代(794～1185)封建贵族邸宅的建筑式样。正中是寝殿(主殿)，有长廊与附属建筑相连。这种建筑，以寝殿为中心，坐北朝南，宅前为开阔的庭院，庭院内有带有池塘的花园。东西的对屋(厢房)，即辅助性的起居室，用宽阔的渡廊与寝殿相连。另有狭窄的回廊，自厢房向南延伸，两端有小亭，在庭院周围形成U字形。

青春期　adolescence　从发身期到成人期之间的过渡时期(约12～20岁)。特征是生理方面的改变、性情绪的发展、努力寻求认同、思考模式从具体进展到抽象。有时视青春期为一种过渡时期状态，在这期间他们开始脱离父母独立，但仍欠缺一种明确的社会角色定位。一般被视为是一段情绪高涨和充满压力的时期。

青光眼　glaucoma　因眼内虹膜外缘的水样液的流动发生梗阻而造成的眼内压增高的疾病。这个压力转移到视乳头及视网膜

上。慢性青光眼可用缩瞳药治疗。急性青光眼可能是间歇性的；但为根本解决高眼压问题，需动手术使水样液有流出的管道。无论是何种青光眼，若不治疗，会造成视力的损伤或失明。

青霉素 penicillin 由青霉属霉菌衍生而来的抗生素。1928年由A.弗莱明发现。到1940年，H.W.弗洛里、E.B.钱恩和其他人生产出以获利为目的的大量的青霉素，在治疗战争伤员中发挥了重要作用，使青霉素成为预防人体细菌感染的第一种成功的抗生素。许多天然和半合成的青霉素（如氨苄青霉素、阿莫西林）从此也出现了。所有的青霉素都是通过抑制细菌细胞壁合成发生作用的（因此对没有细胞壁或拥有某些易变的细胞壁的微生物没有作用，如结核病的结核菌）。对青霉素敏感的细菌，包括咽炎、脑脊髓膜炎、气性坏疽、梅毒和淋病的致病菌等。过度使用青霉素会导致抗药性。青霉素的主要副作用是变态反应，有可能导致生命危险。

青年风格 Jugendstil 大约在19世纪末出现于德国、奥地利的一种艺术风格。它的名称源自一本在慕尼黑出版、专门刊载“新艺术”设计作品的《青年》杂志（1896年创刊）。初期阶段主要以花卉为特色，源自英国新艺术和日本的版画；1900年以后的阶段就较抽象。主要是建筑和装饰艺术，其重要画家包括了奥地利著名画家G.克里木特。

青年寄宿舍 youth hostel 又译青年旅社。专为青年提供廉价住宿并有专人管理的住所。通常位于风景名胜或历史古迹地区，规模设施不一，从简单的农舍到能够容纳数百人的招待所。旅客经常自己做饭，自理卧具，并做些其他杂事，因此住宿费远较一般旅馆为低。寄宿舍对居住期限有限制，以前还规定旅客的最大年龄。寄宿运动由一名德国教师R.施尔曼发起，他很关心生活在工业化城市中整天呼吸污染空气的青年人的健康。20世纪初青年寄宿舍在德国已相当普遍，第一次世界大战后扩展到整个欧洲及世界其他地区。1932年成立了一个国际组织，现称国际青年寄宿舍联合会，成员包括70多个国家的全国性协会的5 000多家青年寄宿舍。现已不再设置年龄上限。

青年突尼斯党 Young Tunisians 1907年由在法国受过教育的突尼斯青年知识分子创建的政党。他们反对法国人的统治，要求完全由突尼斯人控制本国的政府和行政部门，突尼斯人与法国人有同样充分的公民权利。他们抗议意大利人侵利比亚（1911），并以暴力抗议法国在突尼斯的种种行为。法国放逐了该党领导人，迫使该党转入地下。1920年重新出现，改组为政宪党。1957年前一直很活跃。参阅H.布尔吉巴。

青年土耳其党 Young Turks 土耳其语为Jøntürkler。青年持不同政见分子联盟，该联盟结束了奥斯曼苏丹的统治。由大学生和持不同政见的军人组成。1908年该团体成功地迫使阿卜杜勒-哈米德二世恢复1876年宪法和重新召开议会，重新立法。次年废黜阿卜杜勒-哈米德，重组政府，开始推动土耳其社会现代化与工业化。他们随同盟国参加第一次世界大战，终被协约国击败。在战争结束前一个月内阁于1918年辞职。参阅凯末尔（土耳其之父）、恩维尔帕夏和奥斯曼帝国。

青骑士 Blaue Reiter, Der 表现主义艺术家团体，1911年成立于慕尼黑。其名源自创始人F.马尔克和V.康定斯基合编的一卷美学论文和图片集。其他成员包括P.克利和A.马克（1887～1914）等。他们受到青年风格、立体主义和未来主义绘画风格的影响，但缺乏特别的哲学纲领。他们常和一些国际团体共同展出作品，包括G.布拉克、A.德兰和P.毕加索。青骑士随着第一次世界大战的爆发而销声匿迹。参阅表现主义。

青铜器时代 Bronze Age 古代欧洲、亚洲和中东地区诸民族物质文化发展史上的第3阶段，紧接旧石器时代与新石器时代之后，而在铁器时代之前。青铜器时代一词也表示人类使用金属的第一个时代。青铜器时代开始的时间因地区而异；例如：在希腊和中国，青铜器时代开始于公元前3000年以前，而在不列颠，大约到公元前1900年青铜器时代才开始。青铜器时代的开始阶段有时称作铜石并用时代，以表示纯铜金属和石器一起开始用于工具制造。公元前3000年之际，铜的使用已遍及中东，并已推广至其西面的地中海沿岸，而且开始渗透到欧洲。只有到公元前2千纪时，真正青铜才开始大量使用。青铜器时代还出现了越来越多的分工，并且发明了车轮及牛拉的耕犁。大约自公元前1000年开始，人类开始对铁加热锻造，从而结束了青铜器时代而开始了铁器时代。

青肿 bruise 又称contusion（挫伤）。在皮肤无破裂的情况下，皮下组织深层血管破裂造成的皮下青紫色斑片。常因打击或挤压造成，但在老年人身上也可自发出现。在愈合过程中，因局部形成胆色素以及血液的分解和逐渐吸收，颜色逐渐淡化为黄色。在未治愈的血友病患者身上，几乎永远可见皮肤和软组织的青肿。

轻歌剧 operetta 类似歌剧结构的戏剧音乐作品。以浪漫、多愁善感的情节为特征，伴有歌曲、管弦乐和舞蹈并夹杂有对白。现代西方轻歌剧始于J.奥芬巴赫，他创作的作品不下90部。奥芬巴赫激励了F. von祖佩和J.施特劳斯（小）的创作。在英国，W. S.吉尔伯特和A.沙利文的14部轻歌剧（1871～1896）普受欢迎。20世纪初轻歌剧在美国获得发展，由欧洲移民而来的作曲家V.赫伯特、R.德科文、J.P.苏泽和S.龙伯格的作品在20世纪初期极为流行。参阅音乐剧。

轻驾车赛马 harness racing 由标准种马拉着一辆轻型单座两轮马车竞驶的运动。其起源要追溯到古代的马拉战车竞驶。如今使用两种马：快步马和溜蹄马。前者的步法是处在对角线的两条腿成对动作，后者则用同侧双腿同时动作。自从20世纪40年代确立了在灯光照明下比赛的赛马彩票后，这项运动以惊人的速度发展，变得十分受欢迎。

轻木 balsa 木棉科乔木，学名*Ochroma pyramidale*或*O. lagopus*。原产南美洲热带地区，材质特轻。木材外表与白松或北美椴木相似。浮力约为软木的两倍，适于制造救生索和救生圈。由于具有很好的弹性，所以是优良防震的包装材料。它还具有较好的绝缘性，可用作保温箱、冰箱和冷藏室的隔热材料。由于兼有质轻和高绝热的性能，所以是制造装运固体二氧化碳容器的良好材料。还可用于制造飞机的座舱隔板和飞机与船舰的模型。

轻骑兵 hussar 欧洲用于侦察的轻骑兵部队，仿照15世纪匈牙利轻骑兵部队模式。匈牙利轻骑兵的制服色彩鲜艳，其他欧洲国家的军队群起效法。其制服包括高顶军帽（高耸的圆柱形布帽）、佩有很多饰带的上衣以及土耳其式战袍（斜挂于左肩的宽松外套）。19世纪时，英国军队的几个轻骑兵团是从轻龙骑兵改编而来的。

轻子 lepton 费米子族中只受电磁作用、弱相互作用和引力作用，不参与强相互作用的任何一种。轻子有半整数的自旋，遵循泡利不相容原理。它们可能带一个单位的电荷，也可能是中性的。带电的轻子有电子、μ介子和τ介子。它们都带有负电和一定的质量。每种带电的轻子都伴随有协同的中性粒子，或者叫中微子，它们都不带电，几乎没有质量。

氢 hydrogen 最轻的化学元素，化学符号H，原子序数为1。一种无色、无臭、无味的可燃性气体，氢原子很活泼，可以彼此结合，形成分子式为H_2的双原子氢分子。其原子由一个质子（原子核）和一个电子组成，其同位素氘和氚分别多出一个和两个中子。虽然氢在地球上的丰度只占第九位，但占宇宙中所有物质质量的75%。氢过去用于填充飞艇，后被无味的氦所取代。氢气主要用于氨、乙醇、苯胺和甲醇的合成；处理石油燃料；作用于一种还原剂（参阅还原反应），和提供一种还原的雾；制备氯化氢（参阅盐酸）和溴化氢；还用于氢化。液态氢（沸点-252.8℃）用在实验室中产生极低的温度，用于气泡室，也用作火箭燃料。燃烧氢和氧可产生水。大多数酸尤其是在水溶液中的酸，其各种性质都是因存在氢离子（H^+，又可产生水合氢离子H_3O^+，因此任何有水的环境中都可发现氢离子）而产生的。参阅烃。

氢弹 hydrogen bomb 又作H-bomb或thermonuclear bomb（热核弹）。这种武器利用的是氢的同位素在高温聚变形成氦时所产生的巨大爆炸力。所需要的这个高温是由引爆一枚原子弹（它释放的能量是核裂变而非核聚变产生的）提供的。氢弹爆炸产生的冲击波可以摧毁方圆数英里范围内的所有建筑物，强烈的白光可以导致失明，炽热的高温足以形成一片火海。而它的放射性坠尘将污染空气、水和土壤。氢弹的威力可以是原子弹的数千倍，又可以制造得很小，装备在洲际弹道导弹上，而这种导弹在20～25分钟内就可以跨越半个地球。E. 特勒等美国科学家研制出第一枚氢弹，并在埃尼威托克环礁试验成功（1952年11月1日）。苏联首次试验氢弹是1953年，此后是英国（1957）、中国（1967）和法国（1968）。到20世纪80年代末，世界武器库中大约储备有40 000枚氢弹，苏联解体后这一数量有所减少。

氢键　hydrogen bonding　相邻分子中成对原子间的相互作用，比离子键或共价键弱，但是比范德瓦耳斯力强，排列分子并使其聚在一起。成对的原子一个是以共价键与氮原子或氧原子结合的氢原子（—NH或—OH），称为给体；另一个原子是氮或氧或带负电的粒子，称为受体。给体有效地将氢与受体氮或氧原子的电子共享。水是离子化合物和许多其他物质的良好溶剂，因其极易与溶质形成氢键。蛋白质内氨基酸之间的氢键决定其三级结构。DNA两条链上的核苷酸中含氮碱基之间的氢键（鸟嘌呤与胞嘧啶，腺嘌呤与胸腺嘧啶）掌握遗传信息传递的关键。

清唱剧　oratorio　又译神剧。根据宗教题材写出的大型音乐作品，由独唱、合唱和乐团演出。清唱剧一词衍生自oratory（私人礼拜堂）一词。私人礼拜堂是16世纪中叶，圣·菲利普·内里在反宗教改革运动中设立的社区居民在教堂之外的祈祷所，而清唱剧则是一种具有道德教育意义的音乐娱乐，一直保持着非礼拜仪式（非拉丁语）的形式。最早的清唱剧，实际上是具有宗教性质的歌剧，是E. 德尔希卡瓦列雷（约1550～1602）在1600年所作，之后清唱剧严格地依照此歌剧的形式发展。G. 卡里西米推出一种重要的意大利清唱剧的形式，而在17世纪后期，M.-A. 夏庞蒂埃成功地将意大利清唱剧移植到法国。在德国，H. 许茨的作品是J. S. 巴赫类似清唱剧的受难曲的先兆。最著名的清唱剧作曲家是G. F. 韩德尔，他最伟大的英语作品包括了无可比拟的《弥赛亚》（1742）。韩德尔启发了F. J. 海顿伟大之作《创世记》（1798）的灵感，并对19世纪的清唱剧有巨大的影响，当时的作曲家有H. 柏辽兹、F. 门德尔松和F. 李斯特。20世纪的清唱剧作曲家有E. 埃尔加、I. 斯特拉文斯基、A. 奥涅格和K. 彭德雷茨基，但清唱剧的发展已开始衰退。

清党审判　Purge Trials　苏联对J. 斯大林的批评者进行的审判。在S. 基洛夫被暗杀后，很多著名的布尔什维克被指控阴谋推翻斯大林。在三次公开审判（1936～1938）中，被告很多被判有罪而遭处决或入狱，但是他们的供词大部分是屈打成招或由秘密警察捏造的。许多苏联军事将领被秘密审判处决或投入监狱，同时在军队中进行了大规模整肃。这一系列的审判虽然清除了那些对斯大林不满的人以及他的潜在敌手，包括N. I. 布哈林、L. 加米涅夫、A. 李可夫、M. 图哈切夫斯基、G. 雅戈达和G. Y. 季诺维也夫，但却遭到世人谴责。

清教徒前辈移民　Pilgrims　普利茅斯（马萨诸塞）的第一批移民，普利茅斯是美洲新英格兰第一个永久殖民地（1620）。1620年包括34名英格兰分离教派（激进的清教主义）教徒在内的102个殖民地开拓者搭乘"五月花"号赴北美洲，并在那里成为统治群体。后来这些移民者被统称为老前辈。1820年的200周年庆典上D. 韦伯斯特首次使用"清教徒前辈移民"的称呼来指这些人。参阅《五月花公约》和普利茅斯公司。

清教主义　Puritanism　16世纪晚期和17世纪英格兰教会内部的"净化"运动，导致了英国的内战以及北美洲英国殖民地的建立。很多清教徒在英国内战中加入了议会党，并取得了相当大的权势，但王政复辟后，他们再次成为持不同政见的少数派。那些相信他们自己是被上帝选来改造历史的清教徒们迁移到美国（参阅清教徒前辈移民），建立了著名的马萨诸塞湾殖民地。马萨诸塞清教徒强调皈依经历，上帝的选民通过皈依经受恩典的降临。在他们的神权政治中，尽管所有受过洗礼和正统规矩的人都可享受教徒的特权，但只有上帝的选民才享有选举和统治的权利。

清洁派　Cathari　又称Albigensians（阿尔比派）。12～13世纪流行于西欧的基督教异端派别。该派信奉新摩尼派二元论，宣传善恶两元并存，物质世界为恶。他们认为耶稣只不过是一名天使，耶稣以肉身在世所历苦难而死亡，无非是一种幻象。该派将信徒分为"纯全信徒"和"一般信徒"两部分，要求也不同。到12和13世纪之交时期，该派在法兰西和意大利建立11个主教区。后来教皇英诺森三世宣布发动阿尔比派十字军镇压这些异端，结果他们在清洁派地区不分青红皂白滥杀无辜。随后在法兰西国王圣路易九世的赞许下，配合新成立的异端裁判所，进行较为有秩序的迫害活动，产生较大效力，1244年该派在蒙塞居尔的据点陷落，大部分信徒逃往意大利。15世纪该派消失。

清酒　sake　从发酵的稻米中酿造出的日本酒精饮料。至少早在约公元3世纪便开始制作。清酒颜色很淡，不含碳酸，略带甜味，酒精含量约18%。通常被误称为酒，但实际制作方法却更接近啤酒。蒸熟的稻米同一种酵母混合，将淀粉转化成发酵性糖。该混合物再被捏成团，在两度发酵（加上新鲜的稻米和水）后过滤装瓶。在日本，它是全国性的饮料和日本神道教敬神饮料，先在小瓷壶或陶壶中加热，然后在庆典中用小瓷杯饮用。

清迈　Chiang Mai　泰国西北部城市。濒临滨河，西距缅甸130千米。13世纪末成为独立的兰纳王国的都城。后来受缅甸统治，1774年被暹罗人收复，但与曼谷仍保持着某种程度的独立。现在是泰国北部的宗教、经济和文化中心。附近有皇室的夏宫普平宫寺庙群，寺院建于14世纪。人口约174 438（2000）。

清真寺　mosque　伊斯兰教的公共礼拜场所。"大清真寺"是集体礼拜的中心和星期五礼拜仪式的场所。虽然清真寺（起初是一块圣地）受各地建筑风格的影响，但基本上还是一个开阔场地，很宽敞，有屋顶，有的还有宣礼塔，且不允许有雕像或画等装饰。寺内台阶顶端、米哈拉布右侧的敏拜尔是宣教士的讲道坛。有时也有原用于防止参加礼拜的统治者被暗杀的间隔或木隔壁，即麦格苏赖。宣礼塔起初只是高台，现在多是塔楼，宣礼员在其上呼唤信徒参加每日5次的礼拜。礼拜时，穆斯林教徒都朝向麦加的克尔白（天房）。

蜻蜓　dragonfly　蜻蜓目差翅亚目飞行的捕食性昆虫。有2对网脉交织的狭窄膜翅，常为透明状，栖息时双翅伸平，而非彼此呈垂直状。蜻蜓体格比较强健，拥有巨大而突出

蜻蜓（*Libellula forensis*）
E. S. Ross

的双眼，占头部的大部分，有些翼展达到16厘米。蜻蜓是飞行速度最快的昆虫之一，也是昆虫捕食者；它们可以在30分钟内吃下与自己等重的食物。蜻蜓的雄性交接器在腹部的前方而非末端，这在昆虫中是少见的。交配时雌雄串联飞行。

鲭　mackerel　分布于全世界温、热带海域的鲈形目鲭科食用鱼和游钓鱼的统称。游动迅速，食肉，体呈鱼雷形，长30～170厘米。北大西洋的普通鲭（*Scomber scombrus*）以及盛产于加利福尼亚沿岸和大西洋的凤尾鲭（*S. colias*），都是具有重要经济价值的鱼类，同样具有重要经济价值的还有印度鲭[羽鳃鲐属（*Rastrelliger*）]、舵鲣[舵鲣属（*Auxis*）]。马鲛属（*Scomberomorus*）则为受欢迎的游钓鱼。mackerel一名也指某些鲨类、金枪鱼和狐鲣。

情报　intelligence　政府和军队运作系统中经过评估的信息，通常（但不一定总是）涉及敌方或对手的实力、活动和国际人物可能的行动路线。这个词亦指相关信息收集、分析与分类，以及秘密干预他国政治或经济事务，即称为"隐形行动"的活动。情报是国家权力的重要组成部分，也是在与国家安全、防御和外交政策有关的决策中一个基本要素。情报分3个层面来行动：战略情报、战术情报和反情报情报。尽管公众心目中的情报工作

者通常都是从事间谍活动的秘密探员，多数的情报工作其实都是针对"公开"资源，如电台广播和各种出版物等做冷静的研究分析。秘密情报的来源则包括来自空中和太空侦察的影像情报，来自电子窃听和破解电码的信号情报，以及由特务进行典型的间谍交易得来的人员情报。一流的国家情报组织有美国的**中央情报局**（CIA）、俄罗斯的联邦安全局、英国的 MI5 与 MI6 和以色列的摩萨德等。

情感障碍　affective disorder　多种**精神障碍**的统称，以心境发生戏剧性变化或极端表现为特征。可能包括躁狂或抑郁两种症状，比躁狂抑郁性精神病的症状轻。症状包括情绪高涨、异常欣快、易怒、过动且动作夸大、强迫言语、妄自尊大、和/或情绪低落、生趣索然、睡眠失调、焦虑不安、感到自己毫无价值或自罪自责。

情节剧　melodrama　一种感伤戏剧，以铺张华丽的戏剧演出为特色，不着重刻画人物的成长过程，而追求耸人听闻的情节。情节大多虚构，人物老一套，即高贵的男主角、长期忍受苦难的女主角和冷酷无情的反面人物，结局通常惩恶扬善。主要剧作家有 G. de 皮克塞雷古和 D. 鲍西考尔特。19 世纪时情节剧在欧洲和美国很流行。场面往往十分壮观，如描述船难、战争、火灾、地震和赛马等。20 世纪初期情节剧这种戏剧形式逐渐消亡，但在无声影片中仍很受欢迎。在当代的动作片等影片中仍能看到。

情侣鹦鹉　lovebird　鹦鹉亚科情侣鹦鹉属的 9 种小型鹦鹉的统称，产于非洲和马达加斯加。因其羽毛艳丽，常似乎充满深情地双双偎依而成为人们饲养的宠物。体长10～16 厘米，体矮肥，尾短。多数嘴红色，具明显的眼环。雌雄外形相似。集大群在林中和灌丛中觅食种子，可能危害庄稼。强壮，寿命长，好与其他鸟类争斗，叫声响亮粗厉。尽管不易驯化，但能通过训练学些技巧并模拟几句人类的讲话。

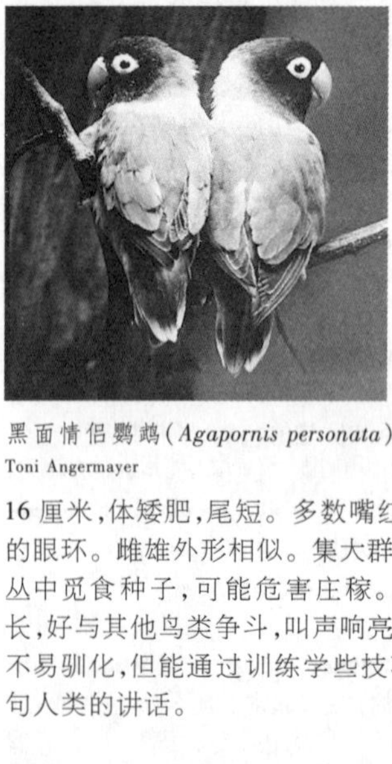

黑面情侣鹦鹉（*Agapornis personata*）
Toni Angermayer

情绪　emotion　**意识**的情感表现，通常被认为是主观的感受、行为的表达和神经化学活动的综合表现。大部分的研究者主张，情绪是人类进化遗迹的一部分，连同一般知觉和社会交往的便利以实现适应的目的。1872 年 C. 达尔文首度提出非人类的动物也具有情绪。有广泛影响的早期情绪理论家是 W. **詹姆斯**和 C. G. 兰格（1834～1900），他们认为情绪是人对外在刺激产生的体内生理反应的一种知觉。W. B. 坎农质疑这种观点，并引导人注意丘脑可能是情绪反应的一种源头。后来的研究者把焦点转向脑干结构（网状结构），它整合脑部活动，可能激发因情绪引起的认知或行动。认知心理学家们已着重研究在情绪形成中比较、相称性、评估、记忆、归属所扮演的角色。所有的现代理论家都认同情绪影响了人们的知觉、学习和记忆，以及在个性发展上的重要作用。跨文化研究显示，许多情绪在世界各地是普遍存在的，但它们表达的特别含意和方式却大不相同。

情绪主义　emotivism　元伦理学（参阅**伦理学**）的一种观点，主张道德的判断不在于事实陈述而在于说话者或作者的情绪表达。根据情绪主义论者的看法，当我们说"你偷钱的行为是错的"，除了说出"你偷钱"之外并不表达更多的事实。然而，我们为了要说明这件事是错的，便以一种厌恶的语调说出来，以表达我们对此不赞同的感受。在 A. J. **艾尔**的著作《语言、真理与逻辑》（1936），以及 C. 斯蒂文森的著作《伦理学与语言》（1945）中，都对情绪主义有详尽的阐述。

氰化法　cyanide process　又称MacArthur-Forrest process（麦克阿瑟-福莱斯特法）。是将含金和银的矿石溶解于氰化钠和氰化钾稀溶液中，以提取金和银的一种方法。1887 年由苏格兰化学家 J. 麦克阿瑟和 W. 福莱斯特、R. W. 福莱斯特发明，包括 3 个步骤：①将磨细的矿石与氰化物溶液接触；②把固体物从净溶液中分离出来；③通过加入锌粉沉淀从溶液中回收贵金属。

氰化物　cyanide　含有一价化合基团—CN 的化合物的总称。离子（参阅**离子键**）氰化物和有机氰化物的化学性质不同，但两者都有毒，尤其是离子氰化物。氰化物的毒素会阻止血细胞的氧化作用（参阅**氧化-还原反应**），由于毒性发作极为迅速，抢救取决于施用解毒剂的敏捷果断。在自然界，某些种子里存在着产生氰化物的物质，如苹果的籽、野樱桃的果核等。氰化物，包括氢氰酸（HCN，又名氰化氢），在工业上常用于制备丙烯腈，以之生产丙烯酸系纤维、合成橡胶和其他塑料，也被用于许多化学工艺流程中，包括熏烟消毒、钢铁表面淬火、电镀和选矿。

庆典　pageant　规模宏大、场面壮观的戏剧演出或列队行进。起源于中世纪，当时指的是为神秘剧一类的宗教剧演出而设计的彩车。由于演出这类戏剧时多伴有盛大典礼，场面壮观，因而此词含义进一步扩大，兼指任何盛大的戏剧演出和精彩的庆祝活动。庆典一般用以表现某一团体或宗教组织的特色。非宗教的庆典包括加冕典礼和皇室婚礼，而肥美的星期二（大斋首日的前一日）和其他狂欢节游行则是现代庆典的范例。

琼森　Jonson, Ben(jamin)（1572～1637）英国剧作家、诗人和评论家。他作为一个流浪演员学习了编剧技巧后，为 P. 亨斯洛的剧院写剧本。1598 年他的喜剧《人人高兴》使他一举成名。他为詹姆斯一世写了几出**假面剧**，还创造了"幕前滑稽节目"在假面剧正式开场前演出。他的经典剧《沃尔波内》（1605～1606）、《炼金术士》（1610）和《巴托罗缪市集》（1614）以讽刺挖苦的手法来暴露他那个年代的愚蠢和堕落，攻击了贪婪、欺骗和宗教的虚伪，还嘲弄那些成为牺牲品的傻子。他被公认为继 W. **莎士比亚**后该年代最重要的剧作家，影响了后来的剧作家们，特别是在王政复辟时期喜剧人物的性格描写方面。他也是一位抒情诗人，作品包括为他儿子和女儿写的两首著名的挽歌。

琼斯　Jones, Bobby（1902～1971）　原名 Robert Tyre。美国业余高尔夫球运动员。生于亚特兰大。1923～1930 年获 13 次主要锦标赛的冠军，这一纪录保持到1973年才被人打破。1930 年连获英国和美国公开赛及业余高尔夫球锦标赛冠军，成为唯一在一年内总括这 4 项主要比赛冠军的选手。28 岁从竞赛中退休，并未成为职业选手。琼斯协助举办优秀选手赛。

B. 琼斯
UPI/EB INC.

琼斯　Jones, (Alfred) Ernest（1879～1958）英国精神分析学家。在成为伦敦皇家内科医师学会会员后，他的兴趣逐渐转到**精神病学**。与 C. 荣格一起组织了第一次精神分析大会（萨尔茨堡，1908），在那里认识了 S. **弗洛伊德**。琼斯将精神分析引入北美洲和英国。1919 年成立英国精神分析学会，1920 年创办《国际精神分析杂志》，并任编辑至 1939 年。纳粹接管奥地利后，他协助弗洛伊德及其家人逃至伦敦。他关于弗洛伊德的传记（3 册，1953～1957）是多年来最具权威性的传记。

琼斯　Jones, Inigo（1573～1652）　英国画家、建筑师和设计师。成衣匠的儿子，在意大利学习绘画，得到了丹麦国王的惠顾，为国王设计了两座宫殿，然后回到英国。1605 年开始，他为 B. **琼森**及其他人的假面剧设计布景和服装。1615～1642 年间，他担任国王的工程总监，他的第一个重要项目是王后在格林尼治的居所（始于 1616 年），这是英国第一座帕拉迪奥风格的建筑。他最大的成就是白厅的宴会大厅（1619～1622），包括一间大会客厅，与墙相对有宏伟的浮雕廊柱支撑着梁上平顶天花板。琼斯为伦敦的第一座广场科文特加登(1630)所做的设计,使人们公认是他将城镇规划引进英国。

琼斯 Jones, Jim(1931 ～ 1978) 原名James Warren Jones。美国邪教首领。生于印第安纳州林恩。原是印第安纳波利斯的一名传教士。建立了福音集团人民圣殿教,并宣布自己是弥赛亚。1971 年这个集团迁到旧金山。有些教徒指控他欺诈,1977 年带着集团去圭亚那,并成立了一个农业公社,取名为琼斯敦,以此来威胁和控制信徒。当由国会议员李奥・瑞安带领的调查委员会来到琼斯敦时,信徒们杀死了瑞安和其他 4 个随从人员。第二天,可能由于他们内部冲突,琼斯命令信徒们喝下掺了氰化物的饮料,他自己则死于枪伤(可能是自伤)。琼斯敦大屠杀的死亡人数达 913 人,其中有许多儿童。

琼斯 Jones, John Paul(1747 ～ 1792) 原名John Paul。苏格兰裔美国海军英雄。他 12 岁上船,21 岁成为船上的大副。1775 年在弗吉尼亚跟随其兄弟。美国独立战争开始时,

J. P. 琼斯,肖像画;C. W. 皮尔绘于 1781 年

By courtesy of the Independence National Historical Park Collection, Philadelphia

他加入了E. 霍普金斯领导的新建的大陆海军。1776 年他指挥"普罗维登斯"号沿着大西洋海岸航行,俘获了 8 艘船只,还击沉了另外 8 艘。1777 ～ 1778 年间,奉命去法国攻击英国船只,夺取数艘战利船。1779 年他指挥"老好人理查"号截击了一个商船队。他与护航船只"塞拉比斯"号交手,尽管弹药用尽,仍继续激战要对方投降。在回答对方要他投降的挑衅时,他回答:"我还没有开始打呢!"不久他的船沉没了,他带了两艘英国的战利船去了荷兰。1790 年因病退休去了法国,45 岁逝世。

琼斯(夫人) Jones, Mary Harris(1830 ～ 1930) 原名 Mary Harris,别名 Mother Jones(琼斯妈妈)。美国劳工组织者。生于爱尔兰,1835 年被带到美国。1867 年孟斐斯流行黄热病时她失去了孩子和丈夫(一个铁工);四年后在芝加哥的一场大火中她又失去了全部家产。她向劳工骑士团请求帮助,而就是这个组织使她成为美国劳工运动中最受瞩目的人物。她走遍全国各地,组织美国联合矿工工会,哪里有罢工,她就去哪里支援。93 岁时她依旧为西弗吉尼亚州的煤矿工人罢工奔波。她积极支持禁止童工的立法。她是社会民主党(1898)和世界产业工人联盟(1905)的创始人之一。1925 年出版了她的自传。死时已百岁高龄。

丘比特 Cupid 古罗马宗教信奉的爱神,相当于希腊神话中的厄洛斯。据说是身生两翼为诸神传信的墨丘利与爱神维纳斯之子。其像通常为生有双翅的男童,手执弓箭,被其

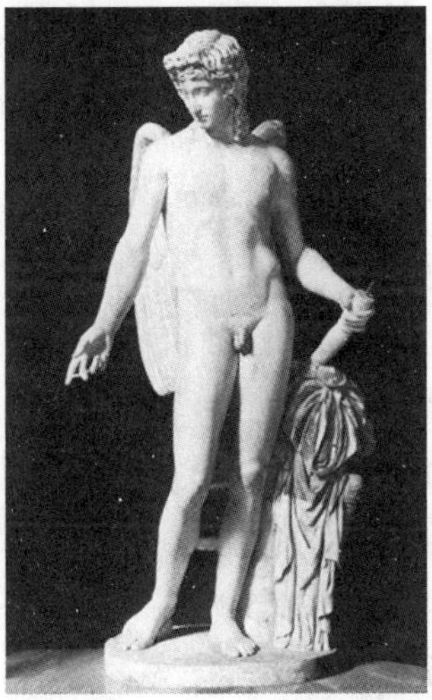

丘比特,塑像;现藏那不勒斯国立考古博物馆

Alinari-Art Resource/EB Inc.

箭所伤者就会坠入情网;有时则被描绘为俊美的青年。大致说来他是亲善的,但常在母亲维纳斯的指使下弄些恶作剧。

丘吉尔 Churchill, Randolph (Henry Spencer), Lord(1849 ～ 1895) 英国政治家。第 7 代马尔伯勒公爵的第 3 个儿子。1874 年进入下议院。19 世纪 80 年代初期,与其他的保守党人组成"第四党",鼓吹一种进步保守主义的"托利党民主"。1886 年 37 岁时,成为下议院的领袖,并担任财政大臣,但由于提出的第一个预算案没有通过而辞职。虽说他当时似乎铁定会成为首相,但这次却失算,从而结束了他的政治生涯。他仍留在下议院,直至去世,但对政治已失去兴趣,而把许多时间花费在赛马上。他的儿子是 W. 丘吉尔。

丘吉尔 Churchill, Winston (Leonard Spencer)(1874 ～ 1965) 后称 Sir Winston。英国政治家和作家。他是 R. 丘吉尔勋爵的儿子,其母亲是美国人 J. 杰罗姆。度过不快乐的童年,在校时也不被看好。1895 年参加第四轻骑兵团后,他同时担任士兵和记者,从印度和南非传送回来的报道广受注意。军事英雄的名声有助于他赢得 1900 年的下议院议员选举。他很快崭露头角,并在几届内阁中任职,包括海军大臣(1911 ～ 1915),但是在第一次世界大战和往后 10 年期间却被批评个性优柔寡断。在第二次世界大战爆发之前,他对希特勒领导的德国所产生的威胁提出警告,但一再遭到漠视。战争爆发时,他再度被任命为海军大臣。N. 张伯伦辞职后,丘吉尔以首相身份领导一届联合政府(1940 ～ 1945)。他把自己和国家投入一次全力以赴的战争,直到获得胜利为止。他滔滔不绝的辩才、旺盛的精力、不屈的坚毅性格,鼓舞了英国人的人心,特别是在不列颠战役中。通过《大西洋宪章》、开罗会议、卡萨布兰卡会议、德黑兰会议的磋商,他与 F. D. 罗斯福、J. 斯大林一起研拟出同盟国的战略。虽然他是胜利的设计师,其保守党政府却在 1945 年的选举中败下阵来。战后,他提醒西方国家注意苏联扩张主义的威胁。1951 年带领保守党重掌政权,并担任首相至 1955 年,因健康不佳而被迫辞职。写有许多著作,其中包括《第二次世界大战》(6 卷,1948 ～ 1953),于 1953 年获诺贝尔文学奖;晚期的作品有《英语国家人民的历史》(4 卷,1956 ～ 1958)。1953 年封爵,但后来他拒绝接受贵族头衔。1963 年成为美国荣誉公民。晚年获得了 20 世纪巨人的英雄地位。

丘奇 Church, Alonzo(1903 ～ 1995) 美国数学家。生于华盛顿(哥伦比亚特区)。普林斯顿大学博士。对数论的贡献及(计算机)算法与可计算性的理论,奠定了计算机科学的基础。丘奇原理或称丘奇命题(另由 A. M. 图灵独立提出)的规则说明只有递归的函数可以机械化计算,意味算术程序不能用来决定公式化陈述是否与算术定律一致。著有标准教科书《数学逻辑导论》(1956),协助创办《符号逻辑期刊》,并担任编辑到 1979 年。

丘奇 Church, Frederic Edwin(1826 ～ 1900) 美国风景画家。生于康涅狄格哈特福德。曾在纽约州卡茨基尔从画家 T. 科尔学画,不久成为哈得孙河画派的顶尖成员之一。他周游各地,寻找壮观景色和自然奇观,如尼亚加拉瀑布、火山爆发和冰山,以及南美热带丛林等。在美国和欧洲都享盛誉。他的原住宅在哈得孙河畔,现为博物馆。

秋海棠 begonia 秋海棠属(*Begonia*)植物,约1 000种,大多为肉质、热带或亚热带植物,有许多种的花或叶色彩鲜艳,用作室内盆栽植物或花园植物。秋海棠的栽培品种极多。蜡秋海棠(*B. semperflorens*)是夏天最常见的花坛植物;天使翼秋海棠的特征是茎高;多毛秋海棠具有毡状叶。多数种类都较柔嫩,不耐干旱;不宜受强烈光照。

秋葵 okra 锦葵科一年生草本植物,学名 *Hibiscus esculentus* 或 *Abelmoschus esculentus*。因其胶质果实可食而种植。植株被毛,叶心形;

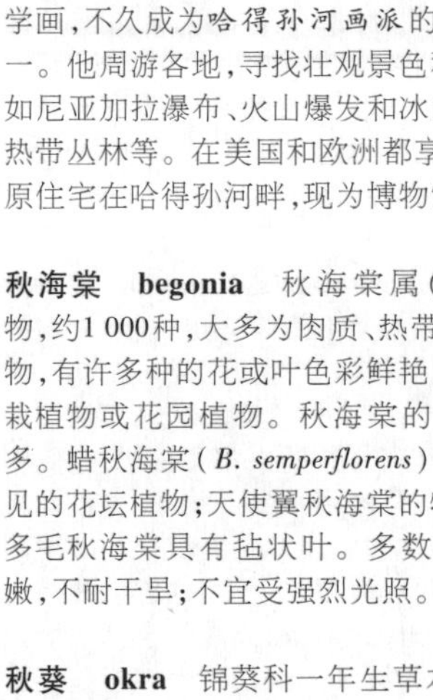

秋葵(*Hibiscus esculentus* 或 *Abelmoschus esculentus*)

Derek Fell

花黄色，中心绯红；果为蒴果，长10～25厘米，基部多毛，有10条棱。未成熟的幼嫩果实俗称秋葵荚，有多种调制方法，在美国南部的秋葵浓汤中用作特殊配料。由于其果实中有很多黏液胶质，可以用作汤的增稠剂。在某些国家其种子被作为咖啡的代用品。

秋田犬　Akita　于日本北部山区育成的役用犬品种。1931年被日本政府定为国宝。体形强健有力，肌肉发达。头宽。耳尖而耸立，尾大，常蜷曲于背部或两肋。毛色和斑纹各异，如纯白色、有斑纹或杂色等。除白色秋田犬外，口周围均呈黑色如面罩状。雄犬髻甲高达66～71厘米，雌犬60～66厘米。

蚯蚓　earthworm　环节动物门寡毛纲1 800余种陆生**蠕虫**，尤指正蚓属的种。几乎见于世界各地所有湿度合适并含足够有机物质的土壤，其中最常见的美国陆正蚓（*L. terrestris*），

陆正蚓（*Lumbricus terrestris*）
John Markham

长约25厘米，但一种澳大利亚蚯蚓可长达3.3米。蚯蚓的躯体分为多数体节，前后两端渐细。蚯蚓以土壤中腐烂的有机物为食，进食同时吞下土壤、沙及微小的石屑，利于土壤通气、排水，为植物提供更具养分的土壤。蚯蚓为许多动物的食物。

囚犯的两难　prisoner's dilemma　在对策论中提出的假设性情境。其中一个版本如下：两名囚犯被控告有罪。如果一人认罪而另一人不认罪，则认罪者当庭释放，不认罪者将被监禁20年；如果两人都不认罪，他们将仅被监禁几个月；如果两人都认罪，他们都将被监禁15年。囚犯彼此不能交谈。如果两人都纯粹自我打算，那么他将决定认罪。自相矛盾的是，当每个人都追求他自己的极大利益时，两人的结果都比如果他们不是利己主义者还要糟。参阅**利己主义**。

犰狳　armadillo　犰狳科20种具有护甲的哺乳动物的统称，与**树懒**和**食蚁兽**有亲缘关系。犰狳身躯粗壮、腿短、爪弯曲而有力，身披粉红色到褐色保护性覆盖物——甲胄。甲胄由坚固的圆盾形甲板组成，甲板由能活动

九带犰狳（*Dasypus novemcinctus*）
Appel Color Photography

的横向带状物分隔。分布于热带和亚热带地区，主要在南美洲。多栖息于开阔地区，有些栖息于森林。体形大小不一，长从约16厘米到1.5米不等。独栖，或成对、成小群栖息。夜间活动，栖于地穴，以白蚁或其他昆虫、植物、小动物和某些腐肉为食。

酋长领地　chiefdom　社会政治组织的形式，在此组织中一个人（或一群人）对许多群体行使政治和经济的权力。它意味着牺牲地方和自治团体的利益把权力和权限集中起来。在西非或波利尼西亚建立的那些酋长领地里，政治权威与经济权力是不可分割的，包括统治者索取贡赋和税收的权利。酋长领地头目们的一个主要经济活动就是促进经济盈余的生产，然后他们在各种场合把盈余重新分配给他们的臣民。

球潮虫　pill bug　又称wood lice。等足目*Armadillidium*属及*Armadillo*属陆生**甲壳动物**的统称，原产欧洲，现为世界性分布。其外表和行为类似微型的犰狳，体灰色，体节板状，

普通球潮虫（*Armadillidium vulgare*）
E. S. Ross

受惊扰时卷成小球状。体长约19毫米。球潮虫生活在干燥有阳光的地方，干落叶层中，以及森林边缘。

球果植物　conifer　球果植物目的种类。因其着生种子的鳞片（种鳞）沿轴螺旋状或轮状排列，形成球果而得名。该类群植巷通常为直立的常绿乔木或灌木，也有匍匐生长者（刺柏的某些种类）和落叶类型（如落叶松）。球果植物是裸子植物最大的类群，逾550种。全世界（南极洲除外）都有分布，较喜爱气候温和的地区。球果植物包括松（*Pinus*）、刺柏（*Juniperus*）、云杉（*Picea*）、铁杉（*Tsuga*）、冷杉（*Abies*）、落叶松（*Larix*）、紫杉类（*Taxus*）、柏（*Cupressus*）、秃柏（*Taxodium*）、黄杉（*Pseudotsuga*）和崖柏（*Thuja*）等。它们包含了世界最高和最矮的树种。球果植物属软木材质，用于一般建筑、坑木、围栏桩子、木箱和板条箱以及其他制品，又是制造纸浆的材料，同时也可用作燃料，制造纤维素制品、胶合板和贴面板等。这些树木也是树脂、挥发油、松节油、焦油和一些药品的原料。球果植物的叶的形状各异，但叶面积缩小，能使水分丢失减到最低限度，特别是松、枞和云杉的叶，均变得又长又硬，一般称为针叶。柏、雪松等的叶形较小，呈鳞片状。在被子植物出现前，球果植物曾是占优势的植被类型。

球海胆　sea urchin　海胆纲约700种棘皮动物的统称，世界性分布。体呈球形，表面覆有可移动的，有时还有毒的，长达30厘米的棘刺。沿内部的骨架上有孔，孔中容纳着细

石笔海胆（*Heterocentrotus mammillatus*）
Douglas Faulkner

长的，可以外伸的管足，管足末端通常有吸盘。球海胆生活在海底，借助管足或棘刺来移动。口位于体下面；齿能伸出从岩石上刮取藻类和其他食物。有些种能在珊瑚、岩石，甚至钢铁中开凿隐蔽场所。在一些国家人们食用某些球海胆的卵。

球花　cone　又称stsobilus（球穗花序）。由鳞片或苞片状的孢子叶聚生而成的器官，通常呈卵形。为某些无花植物的生殖器官，大致类似其他植物的花，是松树和其他针叶树的典型特征。也见于石松和木贼类植物。

球菌　coccus　一种球形细菌。其排列形式往往具有特征性，人们可借此鉴定其种类。成对排列的球菌称为双球菌；成行或链状排列的称为**链球菌**；排列如葡萄串的称为葡萄球菌（参阅**葡萄球菌属**）；8个或8个以上细菌组成一群的称为八叠球菌；每4个细菌一组呈方形排列的则称为四联球菌。这些特征性的排列方式，是由细菌繁殖方式的不同而引起。

裘宾　Jobim, Antônio Carlos（1927～1994）巴西歌曲作家及作曲家。在成为奥德翁唱片公司的音乐总监前，在里约热内卢的俱乐部演奏吉他和钢琴。1959年他和邦法为电影《黑人奥尔菲》合写《嘉年华会的早晨》，国际知名度旋即打开。他将桑巴音乐转化、融入波萨诺伐（意即新点子、新浪潮）舞曲，这种音乐融合了轻声的桑巴律动（悄静地敲击乐器、以不加大音量的吉他弹奏敏锐、复杂的节奏）、温和的唱腔，和冷爵士乐的高雅复杂的和声，在美国流行音乐中赢得了长久的认同。裘宾曾与F.**西纳特拉**、S.盖茨和A.吉贝尔合作，也为古典乐和电影配乐谱曲。所写歌曲逾400首，如《单音桑巴》、《冥想》和《来自依帕内玛的女孩》等。

区域熔化　zone melting　通过熔化一小部分（称为“区域”）并使这个液体区域缓慢流到一个相对长的固体铸模，用以提纯一种元素或化合物或者控制其化学成分的一整套技

术的统称。区域精炼是区域熔化技术中最重要的方法,在区域精炼中,一个固体被沿着同一方向通过的多个熔化区域精炼。每个区域都携带少量杂质到固体铸模的一端,因而使残留部分提纯。区域精炼是一种提纯石英晶体的重要方法,特别用于半导体装置。

曲棍球 field hockey 由两队进行对抗的户外球类运动,每队11人,在长91.4米宽55米的场地上,用曲棍末端击打小硬球攻入对方球门。19世纪晚期英国学校开始玩曲棍球,英国军队将这种运动带进印度和远东地区。1928年成为印度的国球。1908年开始,奥林匹克运动会将男子曲棍球列入正式比赛项目,女子组则在1980年列入。该运动于1901年引进美国,在女子学校、学院和俱乐部特别受欢迎。每年都会举行几次国际性的锦标赛,其中包括世界杯。

驱魔 exorcism 基督教会中驱除附于人身的魔鬼的仪式。据基督教传统,耶稣曾用言语赶鬼,耶稣的门徒及其他人也都曾"奉耶稣之名"赶鬼。到3世纪,驱魔的任务指派给受特别训练的低级教士。为人或地方驱魔的仪式也存在于其他许多传统。

驱逐舰 destroyer 保护其他船只的快速军舰。该词原指19世纪90年代建造的用于保护战列舰免受鱼雷艇袭击的船只。到第一次世界大战时,它们通常都部署在舰队前方用于侦察敌方舰队,用炮火击退敌方驱逐舰,然后发射鱼雷攻击敌方战列舰和巡洋舰。由于潜艇成为用来发射鱼雷的主要舰只,驱逐舰装备了深水炸弹以保护商船队和舰队不受潜艇袭击。在第二次世界大战中,又装备了雷达和高射炮,其护航作用扩大到了防空。现代驱逐舰的乘员约300名。装备包括舰空导弹、反舰导弹和1到2门大炮。许多驱逐舰载有反潜搜索直升机,有些还载有巡航导弹。

屈赛 Tracy, Spencer(1900～1967) 美国电影演员。出生于密尔沃基。最早的演出作品为在百老汇上演的《最后一英里》(1930)和影片《上游》(1930)。以其粗犷相貌、真诚和老练的表演而闻名。后成为20世纪30和40年代的顶级巨星之一。因《怒海余生》(1937)和《孤儿乐园》(1938)两次荣获奥斯卡金像奖。此外还因其他七个角色获得提名,包括《天下父母心》(1960)和《纽伦堡审判》(1961)。他与K.赫本保持着长期合作关系,与她合演了《小姑独处》(1942)、《亚当的肋骨》(1949)以及《猜猜谁来吃晚餐》(1967)等9部影片。

鼩鼱 shrew 鼩鼱科350多种食虫类动物的统称,约有40%分布于非洲,在北半球也可发现,但澳大利亚和南美洲大部分地区没有鼩鼱。眼和外耳均小,口鼻处可动,门牙长,成歪钩状。体长6～8厘米,尾巴短小。体重仅约14克,一些鼩鼱体重仅有几克,体长不超过6厘米,可能是世界上最小的哺乳动物。鼩鼱主要地栖,生活在地面的枯枝落叶层中,有的穴居,极少数半水栖或树栖。由于它们太小,代谢率是哺乳动物中最高的(脉搏每分钟高达800次),大部分时间都在觅食,因为连续数小时不进食即不能生存。主要食无脊椎动物,有时亦食其他小型动物。有些种分泌有毒唾液,人被咬后亦感疼痛。猛禽和蛇类捕食鼩鼱,但多数哺乳动物都避之。树鼩属于树鼩目,与鼩鼱无亲缘关系。

蠼螋 earwig 革翅目昆虫,约1 100种。特征为后翅大而膜质,隐藏于短而革质的前翅之下。体长5～50毫米,体形扁平,细长,色深,有光泽。咀嚼口器。有几个种的腹部腺体分泌一种难闻的液体,能射出10厘米远。腹部末端有一对角质镊状尾铗,可用于防卫、捕食、收拢翅膀和求偶时打斗。

龋 caries 又作tooth decay。牙的局部性疾病,表现为牙齿被腐蚀,形成腔洞。病损最初起于牙表面,向牙本质内部发展而进入髓腔。据信病因是口腔内的微生物作用于食入的糖或其他碳水化合物,产生酸性物质腐蚀了牙釉质。牙本质中的蛋白质结构又被酶的作用所破坏。饮食习惯、全身的健康情况、牙齿结构缺陷、遗传因素均与此病有关。龋的处理包括注意饮食(如少食糖果)、口腔卫生(刷牙、修复已形成的龋洞)等,在缺氟的城市供水中加入氟化钠,可使龋的发病率降低65%。

去甲肾上腺素 norepinephrine 又作noradrenaline。肾上腺分泌的两种儿茶酚胺激素之一(另一个是肾上腺素),并在神经末梢作为神经传导物质也有释放。其化学组成及对身体的作用类似肾上腺素,均有如刺激交感神经系统。去甲肾上腺素促进大多数血管的收缩,治疗某些类型休克。去甲肾上腺素来自酪氨酸,并转变成肾上腺素。去甲肾上腺素是在20世纪40年代中叶由U. von奥伊勒-凯尔平发现。

权力主义 authoritarianism 对权力绝对服从的原则,同个人思想和行动自由相对。权力主义是反民主的一种政治制度,政治权力集中在一个领导人或一小撮精英分子手中,实质上对被统治者是不负责的。与极权主义的区别在于,权力主义政府通常缺乏导向性的意识形态,容忍社会组织的多元化,缺乏动员全体人民追求国家目标的力量,并只在相当墨守成规的范围内行使权力。参阅专制主义。

权力转移战争 Devolution, War of(1667～1668) 法国和西班牙为了争夺西属尼德兰而发生的战争。根据土地继承习惯,首次结婚所生的女儿比以后结婚所生的儿子有优先权。法国路易十四即以此为借口发动这场战争,认为该习惯法也适用于拥有国家主权的领土。也就是说,应由他的妻子玛丽-泰蕾莎(1638～1683)继承她父亲腓力四世在西属尼德兰的领土。法国军队在1667年5月成功开进佛兰德斯,轻易达到它的目的。1668年双方在艾克斯拉沙佩勒缔结和约,法国放弃弗朗什孔泰,但保留了所征服的佛兰德斯城镇。

《权利法案》 Bill of Rights(1689) 英国宪法的基本文件之一。它包含了威廉三世和玛丽二世在登基时所接受的《权利宣言》的条款。其主要目的是宣布詹姆斯二世的各种措施为非法,如:在某些案件中王室的豁免特权等。它是英国人民及议会同斯图亚特王朝国王们进行长期斗争的成果,使君主政体受到议会意志的制约,并摆脱了专横的统治。它还确立了王位的继承顺序。

权利请愿书 Petition of Right(1628) 议会向查理一世国王提出的请愿书,抗议一系列违反法律的行为。该请愿书请求遵守4项原则:未经议会同意不得征收赋税;不得随意监禁他人;不得非法屯军;和平时期不得实行戒严令。为了继续为他的政策得到特别津贴,查理一世被迫接受这个权利请愿书,但他后来却无视该请愿书的原则。

全国大马赛 Grand National 英国每年在利物浦市举行的障碍跑马赛。创办于1839年,因其赛程中的高难度及危险性使得全世界对它的关注多于其他类似的竞赛。跑道必须跑两圈,全程7 219米,共有跳浜31处,其中一些十分惊险。

全国地理学会 National Geographic Society 美国科学团体,1888年在华盛顿特区成立,由一小群著名的探险家和"为提高和传播地理知识"的科学家们组成。现有900多万会员。学会支持5 000多项主要的科学项目及探险活动,包括R. E.皮里、R. E.伯德、利基家族、J.-Y.库斯托、J.古多尔和D.福赛。学会还出版了许多书籍、地图和新闻简报,创作了数百部电视纪录片。《国家地理杂志》是关于地理学、考古学、人类学和探险的一种月刊。它成为复制彩色照片以及印刷海底生物照片、同温层景观和天然栖息地动物照片的权威刊物。杂志也因其文章包含大量覆盖地区的环境、社会和文化方面的信息而驰名。

全国教育协会 National Education Association (NEA) 美国一个自愿组成的协会,成员有教师、行政管理人员和其他与初等学校、中等学校、学院及大学有关的教育工作者。1857年创建时称全国教师协会,现已成为世界上最大的专业组织(成员约240万人)。运作方式与工会相似,全国教育协会代表各地、各州的分会。该会旨在改进学校与工作条件、促进联邦立法和赞助研究。

全国有色人种促进协会 NAACP 全名National Association for the Advancement of Colored People。美国最早和最大的民权组织。1909年成立,目的是保障黑人的政治、教育和经济的平等权利。60名发起人中有W. E. B.杜波伊斯和I. B.韦尔斯。协会在呼吁修改法律、组织政治活动以及推动公众教育计划方面最为成功。1939年它组织了独立的法律辩护会和教育基金会作为其法律武器。1954 年在布朗诉托皮卡教育局案中提出控告,要求学校取消种族隔离政策。在第二次世界大战中它促进取消军队里的民族隔离政策,1948 年实现了这一目标。1967 年它的总顾问 T. 马歇尔成为美国最高法院的第一位黑人法官。

全面质量控制　Total Quality Control (TQC)　尽可能优化产品的制度,其基本理念是由日本工业界从 20 世纪 50 年代开始研发出来的。这种制度融合了东西方的理念,最早是由质量研讨小组的概念发展而来,也就是将 10 ～ 20 名员工编为一组,由他们自己负责所生产产品的质量。后来慢慢扩大到各种工艺,工人与管理人员都参与进来,最大限度地优化生产力和产品质量,包括密切注意员工和优异的顾客服务。全面质量控制的关键是"改善",也就是公司进步人人有责的概念。

全民公决和创制权　referendum and initiative　选民对政府政策或法案表示意见的选择方式。选择性全民公决在一定数量的选民签署申请书要求对议会通过的法律举行公民投票进行表决时举行。而强制性全民公决则是按法律规定进行的。自愿全民公决是立法机关要求公众决定某项法令或民意测验的方式。创制权被用来对提议的法案或宪法修改进行公众投票。直接创制权由规定数量的选民直接投票,而间接创制权则被提交给立法机关进行表决。全民公决和创制权在美国和瑞士经常采用。参阅公民投票。

全球变暖　global warming　由于温室效应的增强,特别是空气污染日益严重的原因,地球表面平均温度上升。2007 年联合国政府间气候变化专门委员会(警监会)预测到 2100 年地球表面平均温度将会增加 1.8 ～ 4.0℃,主要取决于温室气体排放的范围,并且认为有 90% 的把握可以肯定在过去半个世纪观测到的大部分变暖都是由于人类活动产生的温室气体排放(如工业生产和交通)造成的。许多科学家预测气温变暖会导致极地冰盖和高山冰川迅速融化,海岸水位明显升高,会产生干旱和降雨的新模式和极端天气,严重破坏一些地区的粮食产量。其他科学家坚持认为,此种预测言过其实。1992 年的地球峰会和 1997 年联合国气候变化框架会议提出的《京都议定书》都试图着手解决全球变暖问题,但这两次会议的努力都因相冲突的国民经济发展时间表和发达国家与发展中国就减少温室气体排放费用量所需的成本及影响存在的争议而受阻。

全球定位系统　Global Positioning System (GPS)　精确的卫星导航与定位系统,原为美国军事用途而开发。全球定位系统是由 24 个以上通信卫星组成,一天 24 小时传送信号到全球。用全球定位系统的接收器,就能快速且准确地算出地面上或上空一个点的纬度、经度,大多数情况下还能找出其高度。单一的全球定位系统接收器可以在数秒钟内从卫星信号找出自己的位置,精度达到 10 米,若是军事规格的精密接收器,精度可达 1 米以内。这种性能降低了制作地图所需空间数据的成本,增加了制图的准确度。其他应用如测量极区冰层的移动,或甚至在已知的地点之间找出最佳的行车路线等。

全球化　globalization　一种让以商品和思想观念的扩散为标志的日常生活经验在世界各地逐渐标准化的过程。促进全球化的因素包括:日益先进的传播与运输科技及服务、大规模的移民以及各民族的迁徙、由于跨国界的产业合并及商业集团化,使经济活动超越本国市场的层次和降低在国外经商成本的国际协议等。全球化为企业和国家提供了巨大的潜在利润,但也因为各地在期望值、生活水准、文化与价值观、司法体制,以及意料不到的全球因果关联等方面存在巨大差异而变得复杂起来。参阅自由贸易。

全息摄影　holography　借助激光器光束产生的干涉模式来记录或复制三维影像或全息图的方法。欲做出全息图,须将连续光束(激光)分开,一半光束原封不动地落在记录媒介(例如照相底片)上,另一半光束先从被摄物体反射出去,两束光一起在照相底片上产生带状和涡形的干涉条纹。感光的照相底片即是全息图。当光线照射于全息图时,原本物体的三维影像即由记录的干涉条纹产生。有些全息图需要激光再次影像,其他全息图可在一般白光下观看。全息术由匈牙利裔英国物理学家 D. 伽柏(1900 ～ 1979)于 1947 年发明,为此他在 1971 年获得诺贝尔物理学奖。

全新世　Holocene Epoch　旧称 Recent Epoch(最新世)。地球地质史的最后阶段,时间从约11 700年前到现在。是构成第四纪的两个世中年代较晚的一个,在更新世最后一个冰期之后,特点是气候条件比较温暖。这时期,人类技术有所精进,逐渐导向现代文明水平。

泉　spring　水文学中指流出地面或近地面处孔穴的地下水。可以流出地面,也可以直接流入河床、湖泊或海洋。地下水出露地面而无明显水流的称为渗水。

拳击　boxing　用双拳进攻和防守的运动。在现代拳击中,运动员戴着有衬垫的手套,在一个用绳子围着的方形台上进行比赛,每场比赛最多 12 回合,每一回合 3 分钟。古希腊斗士用皮带保护双手和前臂,而罗马角斗士则使用镶有金属的皮制手套,而且通常要战斗到死为止。一直到 1839 年才有伦敦职业拳击行会修订比赛规则,明确规定:踢、撞、抓、咬以及击打腰带以下部位的动作,均视为犯规。1867 年昆斯伯里侯爵规则要求赛者一定要戴拳套,不过,徒手拳击一直延续到 19 世纪 80 年代末期。最后一位伟大的徒手拳王是 J. L. 沙利文。从沙利文开始,美国变成主要的拳击赛场地,部分是因大批移民不断地提供新的拳击生力军。1904 年起,拳击被列入奥林匹克运动会的正式比赛项目。现今职业拳击按体重主要分为 17 个等级:麦秆量级,48 千克(105 磅)以下;超次最轻量级,49 千克(108 磅)以下;次最轻量级,51 千克(112 磅)以下;最轻量级,不超过 52 千克(115 磅);轻量级,不超过 53.5 千克(118 磅);超次轻量级,不超过 55 千克(122 磅);轻量级,不超过 57 千克(126 磅);超轻量级,不超过 59 千克(130 磅);轻量级,不超过 61 千克(135 磅);超次中量级,不超过 63.5 千克(140 磅);次中量级,不超过 67 千克(147 磅);超中量级,不超过 70 千克(154 磅);中量级,不超过 72.5 千克(160 磅);超中量级,不超过 76 千克(168 磅);重量级,不超过 79 千克(175 磅);次重量级,不超过 86 千克(190 磅);重量级,86 千克(190 磅)以上。将对手击倒,或击倒在地,裁判员数到 10 时尚未完全立起(一次击倒,称 KO),或击出重拳而积累最多分数的一方赢得一个回合。当一个拳击手受到重击(一次技术性击倒,称TKO)时,裁判员也可以停止比赛;裁判员也可以因为拳击手犯规而取消他的比赛资格,并判他的对手取胜。

犬　canine　又作 canid。犬科驯养狗、野狗、犬形哺乳动物(例如狼、豺和狐)的统称,除南极洲和大部分海岛外世界各地均可见到。犬体修长,腿长,鼻口部长,尾多毛,耳直立,犬牙和颊牙发达。它们以各类哺乳动物为食;有些也吃腐肉和植物。犬可能是被人类最早驯化的动物。虽然犬能帮助人类控制啮齿目动物和野兔的数量,但人类为了得到犬的毛皮和保护牲畜,也一直在捕猎和大量屠杀犬。

犬儒学派　Cynics　希腊哲学学派之一,活动时期在公元前 4 世纪～公元 6 世纪,以其聚会地点锡诺萨基斯得名。苏格拉底的门徒安提西尼被认为是这一学派的创始人,第欧根尼(锡诺普的)则是该派的典型。犬儒学派认为:贫穷、自足、禁欲的生活才是唯一的美德;它与其他学派的区别,主要在于与众不同的生活方式和态度,而不是其思想体系。该学派影响了斯多葛哲学的发展。

缺铁性贫血　iron-deficiency anemia　最常见的贫血类型,原因可能是在一定时间内(如快速生长时期、妊娠期、月经期)铁的丢失过多或贮存减少,饮食中铁摄入不足或同化效能(如饥饿、肠道寄生虫病、胃切除术引起)较差。美国约有 20% 的少儿、5% ～ 10% 的 15 ～ 45 岁的妇女患有缺铁性贫血。症状表现为精力不足,有时脸色苍白、呼吸短促、四肢发冷、舌头疼痛或皮肤干燥。随着病情的发展,红细胞变小,颜色变浅,血红蛋白低,血液内的铁量降低及体内贮存铁减少。给以铁剂治疗可使症状迅速改善。

雀　sparrow　多种嘴圆锥形的小型鸣禽,主要以种子为食。主要指家麻雀和新大陆鹀科的多数种类。常见者为鹀科中一些种类。外表整洁的啁啾雀和树雀具淡红褐色顶部。有细条纹的稀树草原雀和黄昏雀分布于草地。条纹浓的歌雀和狐雀则分布于林地。白

白喉雀(*Zonotrichia albicollis*)
William D. Griffin

冠雀和白喉雀体形大于多数种类,且头顶有黑、白冠状条纹。

雀巢食品公司 Nestlé SA 食品制造业的多国公司,总公司设在瑞士沃韦。其分公司和子公司分设在70多个国家。主要产品为炼乳和奶粉、婴儿食品、巧克力、奶酪、糖果、速溶咖啡和茶、辛辣调味品和冷冻食品。该公司的历史可追溯到1866年,原为两家公司,一家为英瑞炼乳公司,另一家为亨利·内斯特莱所创办的最先制造婴儿食品的公司。1905年两公司合并,称雀巢英瑞炼乳公司。雀巢公司最先制造出牛奶巧克力,并在1937年以雀巢咖啡为商品名制造出最早的速溶咖啡。雀巢公司还收购了许多其他企业,包括1960年收购克罗斯-布莱克韦尔公司,1973年收购史托弗冷冻食品公司,1984年收购三花公司。1977年改为现名,宣称其为全世界规模最大的食品制造商。

雀类 finch 分属几个科的数百种圆锥形喙、以种子为食的小型鸣禽的统称。包括:鹀、金丝雀、红衣主教雀、苍头燕雀、交嘴雀、达尔文雀、金翅雀、草雀、大嘴雀、雀和织布鸟。雀类体形小而结实,体长10～27厘米。多数雀类用其厚重的圆锥形喙去啄开禾草及杂草的种子;许多种类也兼食昆虫。许多雀类羽色鲜艳,常有深浅不同的红色和黄色。在整个北半球温带地区、南美洲和非洲部分地区,雀类都是引人注目的鸣禽。在许多地区雀类无论在个体数和种数方面都是占优势的鸟类。许多种类被养作笼鸟。

雀鳝 gar 雀鳝属的大型鱼类的统称,产于北美或中美。与弓鳍鱼近缘,在始新世就生活于欧洲和北美。主要栖于淡水,但有的种可降入半咸水甚至咸水。常像圆木一般,浮于流动缓慢的水面晒太阳并呼吸大气中的空气。两颌与面部形成一个有尖牙的喙,鱼体覆以菱形光亮而厚的硬鳞。它们的卵有很强的毒性。雀鳝是贪婪的掠食者,牙针状,排成数长行。产于美国南部的钝吻鳄雀鳝长约3米,是淡水鱼中最大的种之一。

雀鹰 sparrow hawk 鹰科鹰属的小型鹰,分布于非洲、欧洲和亚洲。雀鹰上体灰色,下体白色具横斑,尾有时具白色横斑。以昆虫、小鸟和小型哺乳动物为食。美洲红隼也称为雀鹰。

群论 group theory 近世代数中,一组元素及元素组合运算所构成的系统,一起满足某些公设。这些公设要求群在运算时是封闭的(任意两个元素组合产生该群的另一个元素);遵守结合律;并含有单位元素(它结合其他元素而不会改变对方);每个元素有反元素(与一元素结合产生单位元素)。如果群还满足交换律,称为交换群或阿贝尔群。如加法底下的整数集合的单位元素是0,其反元素是正负号相反的数,则该集合为阿贝尔群。

群体 colony 动物学术语,指一群同种的生物,它们以有组织的方式生活在一起并密切相互作用。群体与群聚不同,后者也包括一群同种生物,但没有合作和组织的职能。社会性昆虫的群体,如蚂蚁和蜜蜂,通常包括几个担负不同职能的社会等级。许多鸟组成临时性的繁殖群体,有时是为了刺激繁殖活动;有时则是由于繁殖地有限,需要协调行动保护其巢免受侵害。某些以稠密集群方式生活的哺乳动物,虽然个体之间缺少合作行为,而且每一个体保持一块领域,但是也被称为群体生物。

R

Rh 血型系统　Rh blood-group system　按照红细胞中有无 Rh 抗原(或称 Rh 因子)而划分血液的系统。Rh 阴性者接受 Rh 阳性血液输血时会产生抗 Rh 抗体,之后若再输

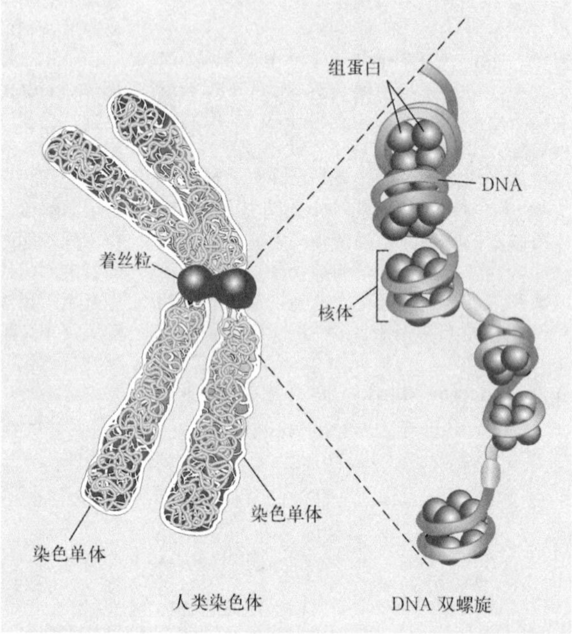

人类染色体和盘绕的 DNA 的特写。细胞即将分裂前,DNA 表现为很薄的展开的丝状体,复制后形成附着于着丝粒的两个子丝状体(染色单体)。细胞分裂的最初阶段,DNA 已包绕在一组蛋白周围,变成高度盘绕的密集的结构,能看出像棒质染色体。细胞分裂后,DNA 展开。展开了的 DNA 与相关的蛋白质一起组成染色质。

入 Rh 阳性血液,则抗体将攻击这些 Rh 阳性的红细胞,引起严重的症状,有时甚至死亡。为 Rh 阴性的妇女,若曾接受过 Rh 阳性血液输血或怀孕,则抗体亦会攻击 Rh 阳性胎儿的红细胞(参阅胎儿幼红细胞增多症)。虽然 Rh 阴性血型者在世界上罕见,但某些种族较常见。参阅血型分类。

RU-486　RU-486　米非司酮的俗称,在妊娠头几星期用于引起流产的药物。RU-486 阻塞维系妊娠所必需的孕激素(黄体素)的受体。该药物导致子宫内膜剥落,连同胚胎一起从阴道流出。从 1988 年起法国开始销售该药用于终止早期妊娠,2000 年获准在美国使用。RU-486 的名称来自制造公司 Roussel-Uclaf 及其产品序号。

蚺　boa　蟒科蚺亚科 60 余种体形粗壮的蛇类。东西半球皆有分布,主要见于温暖地区。长度不一,从 20 厘米至 7.5 米以上。多为陆栖或半水栖,有些品种为树栖。多数品种的体呈褐色、绿色或淡黄色,并点缀着斑纹和菱形花纹。捕食方法是先咬住猎物,然后收缩身体将其挤压死。若干种具热敏性的唇窝,用以检测热血动物。多数为胎生。蚺并不会危害人类,这一事实与民间传说相反。

髯狗　schnauzer　德国培育的三种狗,毛硬而卷曲,黑色、胡椒盐色或黑-棕黄色相间。标准型肩高 43 ~ 51 厘米,体重 12 ~ 17 千克,源于 15 世纪;吻端钝,颊毛密而长,体形方正。小型髯狗肩高30 ~36 厘米,体重 6 ~ 7 千克,19 世纪时用标准型髯狗和猴㹴育成。大型髯狗是标准型髯狗与各种役用狗的杂交品种,肩高 53 ~ 66 厘米,体重 30 ~ 35 千克。

染色体　chromosome　细胞核中载有遗传信息(基因)的物质,在显微镜下呈线状。染色体的主要特征是紧密性,这一特性可在细胞分裂时帮助组织遗传物质,使其与细胞核等结构结合。染色体的结构和位置是在病毒、原核细胞和真核细胞之间是不同的(参阅原核生物和真核生物)。每种生物的细胞都有其特定的染色体数目。人类共有 22 对常染色体(即无性染色体)和一对性染色体。人类的染色体主要由脱氧核糖核酸(DNA)构成。在细胞分裂期间(参阅减数分裂和有丝分裂),所有染色体都以同样方式进行分裂、复制。在有性繁殖生物中,生物体的体(无性)细胞染色体数目均为二倍体(成对分布);而性细胞,或曰配子(在人,即精子、卵子)则为单倍体,其染色体数目仅是体细胞的一半,在减数分裂期间形成。在受精时,两种配子结合产生合子——含有一套二倍体染色体的单个细胞。

饶勒斯　Jaurès, (Auguste-Marie-Joseph-) Jean(1859 ~ 1914)　法国社会主义运动领袖。曾担任几届众议员(1885 ~ 1889, 1893 ~ 1898,1902~1914),是第一个采用A. 米勒兰思想的人。1899 年社会主义者分裂为两派时,他领导了法国西班牙工人社会党,鼓吹与国家协调一致。1904 年与他人合创《人道报》,拥护民主的社会主义,但当第二国际代表大会(1904)驳斥其见解时,他也只能默认。1905 年法国的两大社会主义党统一,他的威信日益增长。第一次世界大战前夕,他主张通过仲裁来维持和平,并拥护法德友好关系,结果被法国民族主义分子所憎恶。

饶勒斯
H. Roger-Viollet

1914 年被一位年轻的狂热分子所暗杀。曾撰写过几部书,其中具有影响力的是《法国大革命史》(1901 ~ 1907)。

桡足类　copepod　桡足亚纲分类广泛的一类甲壳动物,是多种鱼类的食物,有重要生态意义。已知有13 000种,多数自由生活于海中,分布自海面到深海。部分分布淡水,少

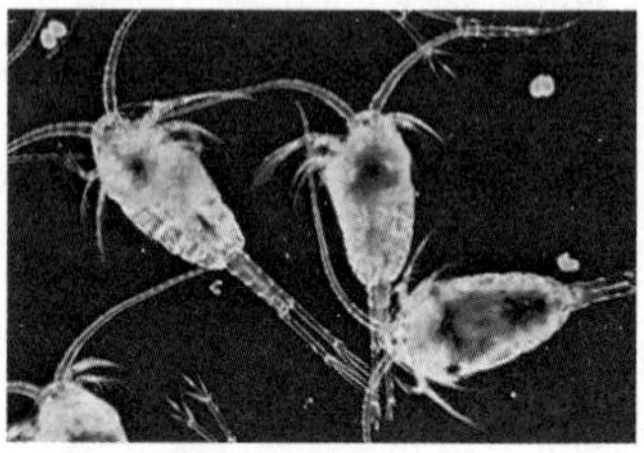

桡足类(*Temora*)
Douglas P. Wilson

数生活于潮湿的苔藓、叶基的小水体或腐殖土中。有的是寄生种类。多数种类长 0.5 ~ 2 毫米。寄生于鳍鲸的种最大,长达 32 厘米。桡足类无复眼。这与大多数甲壳类不同,无背甲。有的取食微小的生物,有的甚至取食与它们大小相仿的动物。剑水蚤目淡水剑水蚤属的桡足类统称水蚤。参阅几内亚龙线虫。

热　heat　因温度差引起的由一物体传递给另一物体的能。当两个物体靠近时,热就会从较热物体传递到较冷物体。这种能量传递的结果通常是较冷物体的温度升高,较热物体的温度下降。但有时候物体在吸热后温度并没升高,只是从一种相(或物理状态)转变为另一种,如熔化或沸腾时。热(一种形式的能)和温度(一种能量的测定)之间的区别一直到 19 世纪才由 J. B. 傅里叶、G. 基尔霍夫和 L. 玻耳兹曼等科学家阐明。

热带海牛　manatee　海牛目海牛科(Trichechidae)3 种行动缓慢、以浅水中的水草为食的水生哺乳动物之统称。身体圆锥形,尾部为一圆形阔鳍;无后肢,前肢鳍形,紧靠头部。美洲海牛栖息于美国东南部沿岸和南美洲北部,亚马逊海牛和西非海牛栖息于河流或河口。成年海牛体长 2.5 ~ 4.5 米,体重达 700 千克。单独或以小族群活动,在大部分地区受法律保护。海牛或近缘种儒艮,可能即是民间传说中的美人鱼。参阅海牛。

热带气旋 tropical cyclone 在热带海洋上形成的剧烈大气扰动。热带气旋中心(眼)的低气压带是晴朗平静的好天气，外部则环绕着降雨、云和强风。在大西洋和加勒比海的热带气旋被称作飓风，而在太平洋则被称作台风。由于地球的自转，热带气旋在南半球按顺时针方向运动，而在北半球则按逆时针方向运动。它们的直径可达到 80 ～ 800 千米，一般风速可保持在每小时 160 千米。但热带气旋的中心则只有微风甚至是平静的海面。地球上最低的海洋气压出现在热带气旋的中心或中心附近。

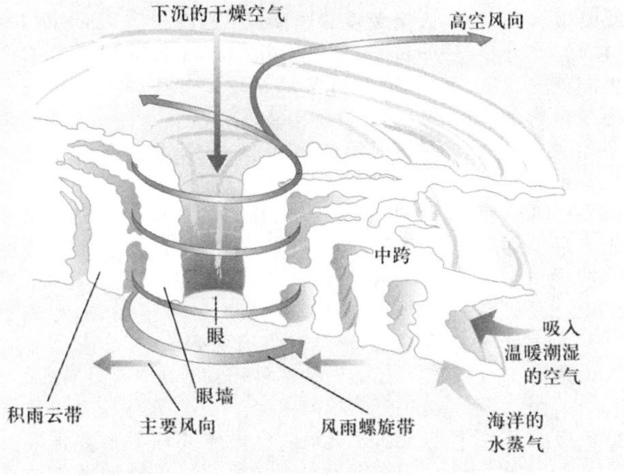

热带气旋的剖面图。气旋出现在热带纬度，由温暖的空气和水驱动。风环绕低压中心“风眼”转动，中心通常无风。在风眼壁里面或附近风雨通常最为猛烈

热处理 heat treating 通过包括加热等过程改变金属(铁、钢、铝、铜和钛等)的性质。热处理常用来提高金属的硬度。金属在低温和高温条件下的晶体结构不同，将金属加热后迅速冷却(淬火)可以保持高温时的组分。通过适度加热(回火)可以获得预期的硬度。加热后缓慢冷却(退火)可以降低金属的硬度。

热里科 Géricault, (Jean-Louis-André-) Théodore(1791 ～ 1824) 又译籍里柯。法国画家。他在 P. 盖兰(1774 ～ 1833)的指导下，掌握了古典主义的人物造型和构图技巧。他还从 J. 凡尔纳学得捕捉运动中动物形象的能力。热里科深受 P. P. 鲁本斯的着色和 A. -J. 格罗的当代主题内容的影响。1816 ～ 1817 年旅游意大利期间，开始欣赏米开朗琪罗和巴罗克时期的艺术。回到巴黎后，创作了《梅杜萨之筏》(1818 ～ 1819)，这是一幅以死亡为主题并牵扯到政治议题的大型油画，引起很大的争议。1820 ～ 1821 年他前往英国，其间选择马和赛马骑师为题材，创作了许多石版画、水彩画和油画作品。他热爱骑马，后来坠马而亡。他的作品影响广大，尤其是对 E. 德拉克洛瓦，对法国浪漫主义艺术的发展也有很大的影响。

热力学 thermodynamics 研究热、功、温度以及能之间关系的物理学分支。任何物理系统都会自发地达到平衡状态，这种状态可以通过指明它的一些特性(如压力、温度或化学组分等)性状来加以描述。如果外部约束改变，那么一般来说这些特性也会改变。热力学三定律描述了这些变化，并能预言系统的平衡态。第一定律说明，无论能量何时从一种形式转换到另一种形式，能量的总量保持不变。第二定律说明，在一个封闭系统内，系统的熵不会减少。第三定律说明，当系统趋近绝对零度时，进一步提取能量会变得越来越困难，理论上认为最终会变得不可能。

热罗姆 Gérôme, Jean-Léon(1824 ～ 1904) 法国画家、雕刻家和教师。金匠之子，在巴黎学习绘画，他的作品笔法极其夸张，并常带有色情味的历史和神话成分。他是善于运用 J. –A. –D. 安格尔严谨线条的素描家。他最著名的作品含有东方景色，曾数次访问埃及。晚年专注在雕刻创作上。曾在美术学校任教，其学生有 O. 雷东和 T. 伊肯斯。他是学院派传统忠实的捍卫者，1893 年曾企图阻止政府接受 G. 卡耶博特印象派作品的遗赠。

热那亚 Genoa 意大利语作 Genova，古(拉丁)语作 Genua。意大利西北部城市和海港。利古里亚大区首府，又是意大利里维埃拉的中心。在罗马人统治下逐渐繁荣，12 ～ 13 世纪成为地中海的一个主要商业城市，只有威尼斯可与之匹敌。14 ～ 15 世纪在与威尼斯为争夺黎凡特而僵持一世纪之久后失败，繁荣开始走下坡。19 世纪初为拿破仑所夺，后来又获得独立，再度繁荣，尤其是在意大利统一后。第二次世界大战期间城市虽遭严重破坏，但一些历史建筑幸存下来。热那亚是C. 哥伦布的诞生地，现仍具有活跃的海运传统，造船业为主要产业。热那亚大学(1471 年创办)以经济和海事研究闻名。人口约601 338(2004)。

热内 Genet, Jean(1910 ～ 1986) 法国小说家和剧作家。是一个被母亲遗弃的私生子。因偷窃被关进监狱，在狱中开始写作。他的第一部小说《繁花圣母》(1944)描述了充斥着凶手、老鸨和骗徒的下层社会。《玫瑰花的奇迹》(1945 ～ 1946)以他在声名狼藉的感化院中度过的少年时光为背景。《偷儿日记》(1949)详述了他那段沦为流浪汉、扒手和男妓的生活。他成为前卫戏剧的主要人物，作品有《女仆》(1947)、《阳台》(1956)和《黑人》(1958)等，都是以表现主义为手法的大型风格化讽刺剧，以揭露在剥削社会中的伪善和共谋来震撼并暗示观众。他受到存在主义者的赞赏，J. -P. 萨特所写的巨著《圣热内》(1952)就是恭维他的一部传记。

热致发光 thermoluminescence 某些受热物质由于早先曾暴露在高能辐射中而产生的光辐射。辐射使物质晶格中的电子产生位移。在受热时，被俘获的电子会返回到它们正常的低能量位置上，在这返回过程中就会释放出能量。该物质暴露于辐射的时间越长，释放出来的能量就越大。只要测量出所辐射的光量，就可以测量出暴露于辐射的时间长短。因此热致发光已经用来测定各种矿物和考古文物的年龄。

人格 personality 个人行为和情感特征的总和。人格涵盖人的情绪、态度、意见、动机，以及思考、感知、讲话和做事的风格。人格形成个人独特性的一部分。人格理论早已存在于大部分的文化和有史记载中。古希腊人运用生理学观念来解释气质的异同。18 世纪 I. 康德、C. -L. 孟德斯鸠、G. 维科提出理解个人及群体差异的几种方法，而在 20 世纪早期，E. 克雷奇默和心理分析学家 S. 弗洛伊德、A. 阿德勒、C. 荣格等人都提出了竞争性的人格理论。弗洛伊德的模式基础是受到本我、自我、超我结构成分调和的性心理驱力，还有意识与无意识动机的交互作用。个人所运用的一系列防御机制是特别重要的。和弗洛伊德一样，容强调无意识动机，但不强调性的作用，他提出一种典型理论，把人区分为内倾与外倾，并宣称个别人格是源自传承性记忆库“集体无意识”的人格面貌(社会面貌)。后来 E. H. 埃里克松、G. W. 奥尔波特、C. R. 罗杰斯的理论也具有影响力。当代的人格研究倾向经验主义(以投射测验的施行或人格调查表为基础)而理论上较不全面，趋向于强调个人的认同及发展。人格特质通常被视为遗传倾向和经验的产物。参阅人格障碍和心理测验。

人格障碍 personality disorder 又称性格障碍。个人人格所固有的并且还被认为是不适应的或变态的一般行为模式或存在态度。人格障碍与其说是一种疾病，不如说是明显背离文化准则的人格所具有的一些持久和普遍的特征。它们包括依赖型、装腔作势型、孤芳自赏型、强迫性神经症型、不爱交际型、回避反应型、不稳定型、偏执狂型和精神分裂症型。病因既有遗传方面的，也有环境因素。最为有效的治疗方法是结合行为疗法和心理治疗。

人工授精 artificial insemination 不经性交而将精子引入雌性动物阴道或子宫颈内的方法。20 世纪初，动物人工授精的实际应用方法在俄国研究成功。现已广泛用于使妇女受孕(因丈夫不能生育)。将丈夫(或其他献精者)的精液，用注射器注入。虽然这项技术已能使妇女成功怀孕，但人类人工授精还有一些道德问题尚未得到完全解决。在动物方面，从雄性动物得到的被深度冷冻的精子可储藏很长一段时间而不失去其繁殖力。一头公牛通过人工授精每年能产生 1 万头或更多的小牛。

人工心脏 artificial heart 维持人体血液循环的机器或机械泵。心肺机是一种机械泵,在手术过程中心脏停止跳动时来维持几个小时的血液循环。可将血液自心脏引出,将氧气充入血中,再将血液送回体内,从而维持人体的血液循环。现有技术尚不足以制成功能与天然心脏一样完好的永久性人工心脏。这种现有的人工心脏,在心跳之间泵出或作为辅助心室来减少心脏的工作负担。这种人工心脏只作为等待移植的病人的临时替代品。参阅**起搏器**。

人工影响天气 weather modification 通过人类活动有目的地或在无意中改变大气的状态,并足以影响局部或地区范围内的天气。技术上并不复杂的措施,如遮盖植物以确保其在夜间保暖,制造云层以增加降水,将碘化银输送到低于冰点的液态水珠所形成的云层中,用以在飞机场上驱散雾等是控制天气的几种成功方法。由于工业化和大城市的迅速增加,造成每年数十亿吨的二氧化碳和其他气体排放到大气中,已使气候产生明显变化(参阅**酸雨**、**全球变暖**和**温室效应**)。

人工智能 artificial intelligence (AI) 机械所具有的,完成被认为需要人类智能才能完成的任务的能力。典型的应用包括计算机游戏、语言翻译、**专家系统**和**机器人学**。尽管伪智能机器可追溯到古时,真正的智能研究于20世纪40年代随着数字计算机的发展而兴起。此后人工智能技术的发展速度与计算机处理能力的发展相当,计算机的发展成为人工智能发展的重要制约因素。与视觉模式识别、复杂的决议和自然语言的使用等相比,早期的人工智能项目如下棋、解决数学问题等已属十分平常。参阅**图灵测试**。

人祭 human sacrifice 将人的生命奉献给神。在一些古老文化中,杀人献祭或以动物替代人献祭是为了与神交谈,并参与神的生活。有时也为了安抚神,救赎人的罪行。在农业民族(如古代近东地区的民族)中尤其盛行,他们希求确保土地肥沃多产。**阿兹特克人**每年给太阳神献祭数千人(通常是奴隶或战俘);**印加人**则在统治者就任时献祭。在古埃及和非洲某些地方,人祭与**祖先崇拜**有关,奴隶与仆役在国王死后作为陪葬被杀害或活埋,以便在死后的生活中提供服务。中国也有类似的传统。欧洲民族中施行人祭的有凯尔特人与日耳曼民族。

人科动物 hominid 灵长目人科成员的统称,包括类人猿(**猩猩**、**大猩猩**、**黑猩猩**和**小黑猩猩**)以及人类。以前只有人(和他们已故的祖先)被归类为人科动物,而类人猿则被归为猩猩科类人猿,即灵长目动物巨猿科的成员。然而,形态学和分子构成的研究现在表明人类与黑猩猩非常接近,而大猩猩和猩猩则与人类相差较多。最终,动物学家们普遍认为人类和类人猿是人科动物。

人口过度 overpopulation 某一种族的人数超过环境所能供养的上限的情形。可能导致的后果是环境恶化、生活质量降低以及人口爆减(因为高死亡率或无法有效养活后代,造成人口突然大量减少)。

人口普查 census 一个国家或地区在特定时间对管辖区域内的人口、住房、企业或其他重要项目的详细统计。美国第一次人口普查是在1790年,目的是为国会的代表名额打好基础。英国、法国和加拿大分别于1801、1836和1871年进行了人口普查。中国是最晚进行人口普查的大国,在1953年才开始此项工作。人口普查的信息是通过一个预先准备好的调查表获得的,通常包括居住地、性别、年龄、婚姻状况、职业、公民身份、语言、种族、宗教信仰、受教育程度等内容。人口学家根据这些内容的反馈得出有关人口分布、家庭和成员构成、境内迁移、劳动力参与以及其他情况的数据。参阅**人口统计学**。

人口统计学 demography 对人口的统计学研究,尤其是对有关人口的规模和密度、分布以及人口动态统计的研究。当代人口统计学所关心的问题包括全球的"人口爆炸"、人口和经济发展的相互影响、**节育**的效果、城市人口拥挤、非法移民以及劳动力统计等问题。人口统计研究的基础是**人口普查**和出生、死亡登记。

人类基因组计划 Human Genome Project 美国进行分析人类 DNA 的研究工作,1990年由美国能源部及国家卫生研究院发起。计划预计15年完成,预计确认出每个人类基因的染色体位置,测定每个基因精确的化学结构,以显示其对健康与疾病的作用,并测定整组基因(基因组)的核苷酸精确序列。另一项计划则是处理这些信息在道德、法律与社会相关层面的问题。搜集到的信息将成为研究人类生物学的基本参考依据,将能提供对人类疾病的遗传基础的根本了解。计划过程中发展的新技术将可应用于许多生物医学领域。2000年美国政府与私人公司塞莱拉基因公司共同发表声明,计划已经基本完成,比原预计的提前了5年。

人类进化 human evolution 从灭绝的非人和类人形态到现代人类的进化。基因证据表明800万～500万年之前人类的后裔与非洲大陆类人猿后裔之间的进化差异。被认为是古人类遗骸的最早期化石在非洲,至少追溯到400万年之前;他们包括南方古猿属和其他形态。下一个主要的进化阶段,**能人**,大约200万～150万年之前居住在撒哈拉沙漠以南。能人似乎被一种生活在170万～20万年前之间的身材更高更像人类的物种**直立人**所取代,他们逐渐迁移到亚洲和欧洲的部分地区。在60万～20万年前之间的这段时间里,海德堡人,有时称作**智人**,生活在非洲、欧洲,也许还有亚洲的一些地方。由于具有与直立人和现代人相近的特征,海德堡人可能就是现代人的祖先,20万年～2.8万年之前居住在欧洲和西亚的**尼安德特人**的祖先可能也是海德堡人。真正意义的现代人似乎是在15万年前出现在非洲,也许是直立人的直系后裔,或者是像海德堡人这样的中间物种的后裔。

人类免疫缺陷病毒 HIV 全称human immunodeficiency virus。与**艾滋病**相关的**反转录病毒**。HIV 病毒攻击并逐渐破坏**免疫系统**,导致受体不能抗御感染。它不会通过偶然的接触传播,而主要通过血液和血制品(例如共享皮下注射的针头或者偶然被感染过的针头刺中)、精液和妇女的阴道分泌液或者乳汁来传播。孕妇可以通过胎盘将病毒传给胎儿。病毒首先在接近感染部位的淋巴结中繁殖。通常约10年后,病毒扩散到全身,这时就会出现症状,标志着艾滋病的开始。一种多种药物合成的"鸡尾酒"可以推迟症状的发生,但是剂量不足会导致抗药性。像其他病毒一样,HIV 病毒也需要一个寄主细胞来繁殖。它攻击辅助性 **T 细胞**并感染其他的细胞。一次快速的**突变**可以帮助它既击垮免疫系统又对抗药物治疗。到目前为止还没有疫苗或治愈的方法。在性方面不要滥交,使用安全套或其他的手段来避免通过性来传播疾病,还要避免共用针头,在有些地区采取这些措施后已经降低了感染率。

人类迁徙 migration, human 个人或群体居住地的永久性变动,这不包括游牧和流动劳工在内。可分为国内迁徙或国际迁徙、自愿迁徙或被迫迁徙几种。自愿迁徙通常是为了谋求更好的生活;被迫迁徙则包括战争期间递解出境和奴隶贩运或流刑永住。人类最早是从非洲迁徙到南极洲以外的世界各大洲的,历时约5万年。近代大规模迁徙包括1820年到1980年期间从欧洲横渡大西洋到北美的大迁徙,总人数达3 700万。还有就是2 000万非洲人被迫迁徙到北美为奴。与战争相关的被迫迁徙和难民流动人数一直居高不下。另外从发展中国家向工业化国家的自愿迁徙人数也一直很多。国内的迁徙方式则趋向于从农村地区流向城市中心。

人类生殖系统 reproductive system, human 人类用以生殖的器官系统。女性的**卵巢**位置靠近输卵管的开口,输卵管将**卵**从卵巢带往**子宫**。子宫颈从子宫的下端延伸进入阴道,阴道的开口以及尿道的开口(参阅**泌尿系统**)由四层褶皱的皮肤(阴唇)覆盖;阴蒂是小型勃起器官,位于阴唇前方连接处。除了妊娠及哺乳期间之外,卵巢与子宫的活动在生育年龄每个月都经历一个变化周期(参阅**月经**)。男性的睾丸位于皮肤构成的囊袋阴囊之中。细长的导管(输精管)与睾丸相连,将**精子**引导至**前列腺**里面的射精管;射精管连接到尿道,尿道通过阴茎。在尿道中,精子与精囊、前列腺及尿道球腺的分泌物混合,形成精液。胎儿早期的生殖系统尚未分化。将出生之前,与性别相应的生殖器官通常已经形成但无功能。出生后生殖器官继续发育到青春期时活动增加并成熟,方能行

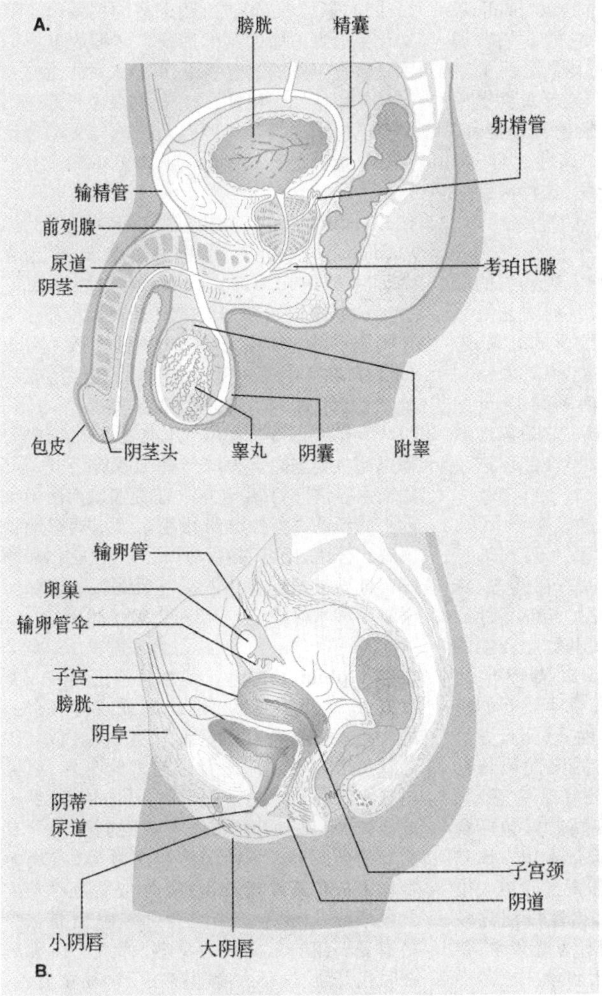

生殖系统示意图说明

A.男性生殖系统。阴囊有两个囊,其中各有一个睾丸及相连的附睾。睾丸中的小管包含各发育阶段的精子。精子离开睾丸后进入附睾,附睾有繁密盘曲的小管,是储存精子的仓库。输精管是从附睾引出的导管,通过前列腺时与精囊的导管相接,形成单一的精管。射精管与尿道相通,尿道将精液和尿液通过阴茎排出体外。

B.女性生殖系统。有月经的妇女,每个月两个卵巢之一内有一枚卵子的卵泡成熟。成熟卵泡破裂排出卵子(排卵)。卵子落入与该卵巢一侧的输卵管,输卵管外侧中有一个指状凸起(输卵管伞)。卵子通常是在前往子宫的途中,在输卵管中受精。受精卵成功植入子宫即发育成为胎儿。由肌肉构成的阴道通往子宫,可以使精子进入子宫,也是分娩时胎儿出生的通道。

有性生殖。

人类性征 sexuality, human 人类能激起性兴奋或与性兴奋有关的倾向或行为。对性征造成很大影响的因素包括:基因遗传的确保生殖的性反应模式、社会对性的态度以及个人的成长经历。生理学仅对人类性征作出了很概略的界定;而大部分发生在人身上的变化都产生于学习和条件反射作用。在一个社会被看作不正常的现象,有可能在另一社会是属于正常的。性征包括性别特征、性取向、实际实践以及人们对他人人格的以上诸方面的接受度,这一点也许比其他特征更重要。参阅同性恋和易性癖。

人类学 anthropology 关于人类的科学。人类学家的研究包括智人的生物学史、进化史和区别人与其他动物的社会文化特征等方面。由于涵盖了不同主题,自20世纪中叶,人类学已包含了诸多更为专业的领域。体质人类学是研究人类进化及生物学的分支。研究人类社会和文化结构的分支被归为文化人类学(人种学)、社会人类学、语言人类学和心理人类学。19世纪下半叶以来,考古学作为史前文化的研究方法,已成为人类学不可分割的一部分。

人马座 Sagittarius 拉丁语,意为"弓箭手"。位于摩羯座与天蝎座之间的黄道星座,在占星术中,人马宫是黄道带第九宫,它被看作是主宰11月22日至12月21日前后的命宫。人马宫的形象是一位张弓拉箭的半人半马怪骑士。早在公元前11世纪,巴比伦人就把人马座看成是一位骑在马上的弓箭手。

人马座A Sagittarius A 来自人马座方向的最强的宇宙无线电波。1932年由K.央斯基发现。它已被证认为银河系的核心。该区相当小,还是很强的红外辐射源。据认为其中一部分是由恒星发射的,另一部分则由星周尘埃发射的。在区内是一个更小的放射源人马座A,似乎表明是银河系的中心。观测表明,在星系核中含有一个黑洞,质量是太阳的431万倍。观测还表明人马座A就是这个黑洞。银河系中心的活动与一个活动星系核的活动相似,只是规模要小得多。

人民大会党 Congress of the People(COPE) 南非政党,由前非洲人国民大会(ANC,简称非国大)部分成员建立。2008年M.希洛瓦、M.乔治和M.莱科塔因不赞成非国大党的前进方向而组建该党。人民大会党将自身确立为接受各种社会成分的进步政党,许诺接纳妇女和少数族裔。该党派的名称源自历史上重要的1955年反对种族隔离事件,那次事件之后通过了一份重要的文件《自由宪章》,号召在南方实现不分种族的社会民主。

人民主权论 popular sovereignty 允许美国联邦领土的居民自主决定是否加入联邦成为一个自由州或奴隶州的政治学说。由S.A.道格拉斯参议员提出以作为《堪萨斯-内布拉斯加法案》的折中办法。批评该学说的人贬称其为"擅自占地者主权论"。接下来在反对和支持奴隶制的党派之间展开的暴力活动表明它作为一种可行的折中办法是失败的。参阅德雷德·斯科特裁决。

人权 human rights 个人与生具来的权利。此词在第二次世界大战后广泛使用,取代早期使用的"天赋权利",后者据说源于自然法和斯多葛哲学。依照现今的理解,人权的范围广泛且连续,反映人类环境、历史和价值的多样性。人权被视为普遍、通俗而且是固有的。有些理论家把人权局限于生命权,或机会的自由平等权。在17～18世纪的欧洲和美国,J.洛克等思想家强调公民权利和政治权利(包括言论自由、宗教自由,以及免于被奴役、虐待、随意逮捕的自由)。19世纪时,人权的重点转移到经济及社会权利,包括工作权和维持生活最低水准的权利。1948年通过的《世界人权宣言》是一个里程碑。20世纪末,这个概念有时延伸到自决、和平及卫生的环境等领域。

《人权法案》 Bill of Rights 美国宪法的第一次10条修正案,1791年作为单独的法案获得通过。它规定了美国人民的基本权利,限制了联邦政府和州政府的权力,起因于各州对宪法中对人权的有限保证的不满。第一届国会将麦迪逊起草的12条宪法修正案提交各州,其中10条修正案获得批准。第1条修正案保证人民有宗教信仰、言论和出版的自由,并享有请愿伸冤和和平集会的权利。第2条修正案保证人民有持有及携带武器的权利。第3条修正案规定士兵平时不得驻扎在私人住宅。第4条修正案规定人民的人身、住宅、文件和财产等不受无理搜查和扣押的权利。第5条修正案规定重案建立大陪审团起诉制度、同一刑事案件不得重复判刑、不得迫使被告自证其罪。第6条修正案规定被告有权要求进行迅速审讯和公证的陪审团、有权取得律师为其辩护并有权取得对其有利的证人。第7条修正案规定重大的民事案件中保留陪审团审判的权利以及陪审团判决的民事案件不得重新审查。第8条修正案规定不得要求过高的保释金,也不得施加残酷和不合理的惩罚。第9条修正案声明本宪法对某些权利的列举不得解释为取消那些未提及的人民的权利。第10条修正案规定宪法未授予合众国政府的权力由各州和人民保留。

《人权和公民权利宣言》 Declaration of the Rights of Man and of the Citizen 法国国民议会1789年通过的宣言,包括激励起法国大革命的诸项原则。作为人权自由的基本宪章之一,它是《1791年宪法》的导言。其基本原则是"人人生而自由,权利平等",这些权利明确规定为自由、私人财产、人身不可侵犯和反抗压迫的权利。它还建立起在法律面前人人平等以及宗教和言论自由的权利。该宣言代表了对大革命前的君主政体的批判。

人身保护状 habeas corpus （拉丁语："你应有人身保护权。"）在普通法中指传讯诉讼当事人出庭的几种令状的统称。其中最重要的是人身保护状（*habeas corpus ad subjiciendum*），用以矫正那些侵犯个人自由的行为，做法是对羁留的合法性进行司法调查。一般获释的理由包括：基于非法取得的证据而做成判决；律师的有效帮助遭到否决；由不当选择或选任之陪审团做成判决。人身保护令可用于民事，以挑战个人对儿童的监护权或被宣告无行为能力之个人的收容。

人参 ginseng 五加科2种草本植物，主要是指其根部。在东亚地区常被用作药或茶。西洋参原产于北美洲，从魁北克及马尼托巴地区向南延伸至墨西哥湾的大片区域都有分布。亚洲人参，原产于中国东北地区及朝鲜，韩国和日本现在也有种植。气味甜蜜芬芳。中国人自古便用它的根入药，并取得了不错的疗效。人参有改善精神状态的功能，可以提高学习能力、记忆力及感知能力。

人虱 louse, human 寄生于人体的三种吸虱。体虱（也称人虱或虱子）和头虱通过人与人的接触，共用的衣服，被褥，梳子以及其他个人用品而传播。体虱携带能导致回归

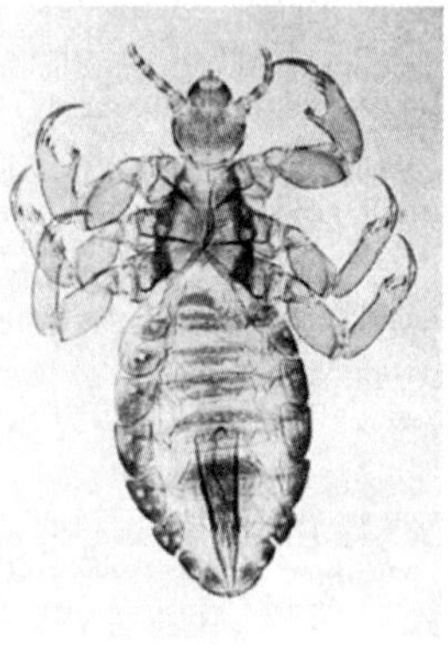

雄性人虱（*Pediculus humanus*，放大约15.5倍）

William E. Ferguson

热，战壕热和斑疹伤寒的微生物，头虱可以引起脓疮病。这两种虱在过于拥挤的环境里，特别是儿童之中，都很容易传播。毛虱，即阴虱，主要寄生于阴部，有时也寄生在其他毛发处。其第一对足比其他两对稍短，以致看上去像蟹。毛虱主要由性交传播。虱子的侵扰可以用洗发剂，肥皂和含六氯化苯的擦洗剂迅速消除，同时要彻底清洗被褥和衣服。

人属 Homo 灵长目人科的一属。人属成员的特征是头盖骨（脑容量）相当大，肢体结构适于直立姿势和双脚行走，拇指发育完全并可与其他手指相对动作，手力大且能准确抓握，并有制造精密工具的能力。该属包括现代人（智人）、已绝灭的物种能人和直立人，以及尼安德特人和智人的早期形态克罗马农人。

人文学科 humanities 研究人类、人类文化和自我表达能力的学科。与物理学和生物学不同，与社会科学也有些不同，人文学科包括语言和文学、艺术、历史和哲学等的研究。人文学科的现代概念源于古希腊语"paideia"一词，原指公元前5世纪所设立的一门普通教育课程，目的是培养青年人具备公民的素质。它还可追溯到公元前55年西塞罗提出把《人之品质》作为训练辩论家的基本课程。文艺复兴时期的人文学家将"人性之学"与"神性之学"相对比；约19世纪，这种区别引申到人文学科与自然学科之间。

人文主义 humanism 关注人类领域的任何信仰、方法或哲学。主要指欧洲文艺复兴时期的文化运动，特点是古典文学的复兴，着重个人主义和批评的精神，并把注意力从宗教转移到世俗。其起源可以追溯到13世纪佛罗伦萨学者B. 拉蒂尼的作品。以各地语言和拉丁语出版的古典主义文学作品促进了人文主义的传播。

人性 human nature 人的基本倾向与特性。每种文化都有人性的理论。在西方，传统上的争论焦点在于人是自私的与竞争性的（参阅T. 霍布斯和J. 洛克），还是社会性的与利他的（参阅K. 马克思和E. 涂尔干）。遗传学、进化生物学与文化人类学最近的研究指出，人可能兼具上述两类性质，而且先天遗传继承的因素（"天性"）与后天发展与社会的因素（"教养"）之间有着复杂的互动。与其他灵长类有共同的基本内驱力，包括食物、性欲、安全感、娱乐以及社会地位。性差异则包括女性在生殖和儿童养育上的更大投入，因而较少冒险；相对的是，男性投注的较少，也有较大的冒险性。参阅行为遗传学、智人、人格、哲学人类学和社会生物学。

人造奶油 margarine 从一种或多种动植物脂肪或混合了牛奶和其他调味料的油脂制成的食品。它用于烹调，也可作涂抹食料作为黄油的替代品。它首先由法国化学家H. 梅热-穆里埃于19世纪60年代末发明。所用的脂肪变动很大，多不饱和脂肪油脂，如玉米和向日葵油，被认为是比饱和油更加健康的脂肪，因此在今天广泛使用。

人造卫星 Sputnik 特指苏联发射的一系列人造地球卫星，标志着太空时代的开始。"人造卫星"1号是人类发射的第一枚人造卫星（1957-10），1958年初坠入地球大气层而陨落。"人造卫星"2号载了一只狗莱卡，这是第一只进入太空、绕地球飞行的生物。但由于在设计该卫星时并未考虑让其维持生命，所以莱卡没能在飞行过程中存活下来。以后又发射了8枚类似的卫星，用各种动物进行试验，以检测生命维持系统，也试验了重返大气层的程序，并提供有关太空温度、压力、粒子、辐射和磁场的数据。

人种志 ethnography 对人类特定社会的描述性研究项目或研究过程。当代人种志的研究工作几乎完全根据实地调查。许多人种志学者都在调查地区居住一年或更长的时间，学习当地的语言，而且尽最大的可能投入当地人的日常生活之中。但同时还要保持一个观察者不偏不倚的立场。人种志工作者通常都设法与"通报者"形成比较亲密的关系以了解文化生活各方面的具体情况。详细的笔记仍然是调查工作的主要手段，但是人种志工作者已经使用诸如照相机、录音机和录像机等以增加自己笔记的内容。当代人种志与文学理论交互影响。参阅B. 马林诺夫斯基。

仁川 Inch'ŏn 又作Incheon。旧称Chemulpo（济物浦）。韩国港口城市，靠近首尔。14世纪起为渔港，1883年成为通商口岸。日本占领时期（1910～1945）之前已成为国际商贸港口。日本占领时期改称Jinsen。朝鲜战争期间，联合国军队在仁川成功登陆（1950）。现在是韩国的大都会城市。2011年仁川国际机场取代首尔金浦机场成为韩国的主要空港。2003年韩国政府设立了仁川自由经济区，其中包括一座建在填海所得土地上的新的高科技城市松岛。仁川拥有地铁系统和公路、铁路网络，与周边地区、首尔和韩国其他城市相连。其工业包括钢铁、玻璃、化学制品和木材等。人口2 662 509（2010）。

仁慈 philanthropy 基督教理论中的人类之爱，广义说法则为人性之大爱或对人有益的作为。仁慈是以基督教人类学为根基，认为从每个人身上都能看到基督的身影，后世信徒则眼见当今上帝的形象，从出生、遭受苦难至死，但又为了引领全人类回到天国而复活。教会历史一开始即将遴选教条（参阅加尔文主义和得救预定论）视为与上帝对人类之爱相背离，因为上帝之爱远较渴望罪恶终将遭受天谴的正义更为宽容、伟大。自奥利金时代开始，这种态度即存在于神秘主义者、东方教会和西方基督教国之中。

忍冬科 honeysuckle family 又称Family Caprifoliaceae。包括近500种，以其灌木和藤本的装饰功用而著称。以北方温带品种居多，也有热带高山品种。忍冬的叶子成对生长，花朵多汁艳丽。日本忍冬（金银花，*L. japonica*）是一种很香的攀缘木，它爬上其他植物，遮断日照令其死亡。该科还包括接骨木。

认识论 epistemology 对人类知识起源、本质及局限的研究。几乎每位伟大的哲学家都对认识论有所贡献。一项主要问题为：是否所有知识皆来自经验。经验主义坚持这个观点，认为所有非解析的命题均是如此，唯理论则加以摒弃。其他相关问题包括：经验无法证实或证伪的信念是否能被视为知识。长期以来，哲学家们都在争论：知识是不是一种信念，以及知识是否需要一种特殊心力或以特定方式行事的意向。柏拉图把知识描绘为正当的真实信念，大部分现代认识论的探讨即以此为起点，但不接受那种简单的描述。

认知 cognition 获取知识之过程及行为。认知涵盖了所有与获取知识经验有关的心理过程（包括知觉、认识、理解和推论），这些过程不同于情感或意愿的体验。自古以来哲学家即反复讨论认知的本质及人类头脑与外在事实间的关系。20世纪时，心理学家也注重认知的研究。参阅认知心理学和认知科学。

认知科学 cognitive science 一种跨专业的研究领域，以符号运算为模型来仿真人类的信息处理过程，这种模型的结构与人脑中相应的生理过程可能十分不同。这个研究领域大量吸取**人工智能**、心理学（参阅**认知心理学**）、语言学、神经科学、哲学等领域的成果。这些仿真认知作用的模型与计算机程序（软件）流程图的相似程度，比与神经网络（硬件）的来得高；这些模型经常使用计算机术语并以计算机作模拟，也常在计算机上测试。参阅**联结主义**。

认知失调 cognitive dissonance 当信念或设想与新的信息发生矛盾时所产生的心理冲突。此种概念是由心理学家 L. 费斯廷格（1919～1989）在 20 世纪 50 年代首次提出的。他和后来的研究者发现，人们在遭遇到新的信息挑战时，大部分会采取一些防御手段来保持现状。这些防御手段包括拒绝、躲避新的信息或为旧的信息辩解；或说服自己相信实际上并不存在冲突。然而，认知失调仍被认为是态度转变的一种解释。

认知心理学 cognitive psychology 心理学的一个分支，致力于研究人类的**认知**（过程），尤其因为它影响到**学习**和行为的认知过程。这个领域是从**格式塔心理学**、**发展心理学**、**比较心理学**、计算机科学（尤其是**信息处理**研究）的进展当中发展出来的。认知心理学与**认知科学**有许多相同的研究课题，某些专家还将前者划归为后者的一个分支。当代认知理论有两大研究途径：①发展取向，由 J. **皮亚杰**的著作衍生而来，关注的是"表象思维"以及对世界的心智模型（基模）建构；②信息处理取向，认为人类心智类似一个复杂的计算机系统。

认罪 confession 指根据犹太教或基督教的传统，公开或个别承认罪过以求上帝赦免。在神庙时期，赎罪日包括集体认罪。在犹太教中，这一天继续作为祈祷、圣餐和认罪日。早期基督教遵循施洗者约翰的做法：在洗礼前认罪，但很快制定为在洗礼后犯的罪行请求恕罪的认罪和悔罪。1215 年第四次拉特兰公会要求每年认罪。天主教和东正教认为悔罪是一种忏悔礼，但大多数新教教会不这么认为。

韧带 ligament 坚韧的纤维结缔组织带，用以支撑内脏器官和将骨骼在**关节**处恰当地连结起来。它由致密的纤维束和纺锤形的细长细胞（成纤维细胞）以及少量的基质组成。白韧带富有胶原纤维，坚强有力而无弹性。黄韧带富有坚韧的弹性纤维，可以做较多的运动。参阅**腱**。

妊娠 pregnancy 从受精到分娩，胎儿在女性体内发育的过程，又称为怀孕。在来自男性的精子与来自卵巢的卵在输卵管融合（参阅**受精**）的那一刻开始。受精卵（合子）前往子宫的时候通过细胞分裂而增大，植入子宫壁并长成胚胎，接着成为胎儿。发育出胎盘与脐带作为母亲与胎儿之间的养分与废物交换之用。充满液体的羊膜包裹保护胎儿不受震动。妊娠早期较高浓度的雌激素与孕酮使月经停止，造成恶心，通常还会呕吐（孕妇晨吐），乳房变大并为日后泌乳作好准备。随着胎儿的发育，子宫扩张迫使其他器官移位。正常情况下妊娠期孕妇的体重会增加 9～11.5 千克。为满足胎儿的营养需求，母亲必须摄取更多的热量，尤其是蛋白质、水分、钙和铁。在妊娠早期建议补充叶酸，以避免神经管缺陷。吸烟、酒精以及许多合法和非法药物会造成先天性疾病，在妊娠期间均应该避免。超声成像通常用于监控胎儿的组织发育与机能进展状况。预产期是从最后一次月经算起 280 天；90% 的婴儿是在预产期前后两个星期内出生。参阅**羊膜穿刺术**、**先兆子痫和子痫**和**早产**。

日 day 天体绕自转轴旋转一周所需的时间，特别是指地球的自转周期。恒星日（恒星时）是地球相对恒星背景自转一周所需的时间，亦即一个恒星两次通过同一子午圈所观测到的时间。视太阳日是太阳连续两次通过同一子午圈之间的时间。由于地球的轨道运动，看上去太阳相对于恒星每天略微向东移动，所以太阳日比恒星日长约 4 分钟。平太阳日是太阳日的平均值。这是由于太阳日的长度在一年中因地球轨道运动速度的变化而略有改变。

日和月名称的由来

日	来源
星期日（Sunday）	源自古英语对拉丁文 *solis dies*（太阳之日）的翻译
星期一（Monday）	源自古英语对拉丁文 *lunae dies*（月球之日）的翻译
星期二（Tuesday）	源自古英语 *tīwesdæg*（提尔之日）*
星期三（Wednesday）	源自古英语 *wōdnesdæg*（沃登之日）*
星期四（Thursday）	源自古英语 *thursdæg*（托雨之日）*
星期五（Friday）	源自古英语 *frīgedæg*（弗丽嘉之日）*
星期六（Saturday）	源自古英语对拉丁文 *saturni dies*（萨图恩之日）的翻译

月	来源
1 月（January，31 天）	罗马历的 Januarius 月，取自肇始之神 Janus（雅努斯）之名
2 月（February，28 天，闰年 29 天）	罗马历的 Februarius 月，源自 Februa，即 2 月 15 日的涤罪节
3 月（March，31 天）	罗马历的 Martius 月，取自战神 Mars（马尔斯）之名
4 月（April，30 天）	罗马历的 Aprilis 月，可能从希腊的阿佛洛狄忒（Aphrodite，相当于罗马宗教的维纳斯，该月专为祭祀此神）演变而来，或源自拉丁文 *aperire*（开放），表示植物发芽开花
5 月（May，31 天）	罗马历的 Maius 月，可能取自女神 Maia（迈亚）之名

续表

月	来源
6 月（June，30 天）	罗马历的 Junius 月，可能取自天后 Juno（朱诺）之名
7 月（July，31 天）	罗马历的 Julius 月（以前称 Quintilis），取公元前 44 年 Julius Caesar（凯撒）之名
8 月（August，31 天）	罗马历的 Augstus 月（以前称 Sextilis），取自公元前 8 年 Augustus（奥古斯都）之名
9 月（September，30 天）	早期罗马共和历的第七个月，来自拉丁文的 *septem*（七）
10 月（October，31 天）	罗马共和历的第八个月，来自拉丁文的 *octo*（八）
11 月（November，30 天）	罗马共和历的第九个月，来自拉丁文的 *novem*（九）
12 月（December，31 天）	罗马共和历的第十个月，来自拉丁文的 *decem*（十）

＊在翻译拉丁文名字时，日耳曼人有时会以自己的神的名字来替换。因此，*Martis dies*（战神之日）改成 *tiwesdæg*（提尔之日），*Mercurii dies*（墨丘利之日）改成 *wōdnesdæg*（沃登之日），*Veneris dies*（维纳斯之日）改成 *frīgedæg*（弗丽嘉之日）。

日本 Japan 日语作 Nippon 或 Nihon。东亚岛国，位于太平洋西部。其 4 个主岛为**北海道**、**本州岛**、**四国**和**九州岛**。与亚洲大陆隔着**日本海**（东海）。面积：377 930 平方千米。人口：约 127 556 000（2009）。首都：东京。日本人是非常单一的亚洲民族。语言：日语（官方语言）。宗教：**神道教**、佛教和基督教。货币：日元。日本位于地球上地质最活跃的地带，地震、火山活动频繁。山脉占有全国 4/5 的土地，最高峰是**富士山**。日本是世界经济大国之一，以制造业和服务行业为主，出口电子设备和电气设备、机动车辆、化学品以及钢铁制品。由于政府干预银行业导致公共和私人部门之间的独特合作关系。它也是世界主要的航海业国家，海洋渔业占重要地位。日本为君主立宪政体，两院制。国家象征是天皇，政府首脑是首相。据信，早在至少 3 万年之前日本就有人类居住。公元 4～5 世纪大和朝廷建立了日本最早的统一国家。在这段时期，佛教从朝鲜传入日本。此后数百年间，日本大量吸收中国文化，但到了 9 世纪开始断绝与中国大陆的联系。藤原家族在11世纪居统治地位。1192年源赖朝建立了日本第一个幕府。足利幕府的室町时代(1338～1573)是强大家族相互征战的时代。到16世纪末和17世纪初才在织田信长、丰臣秀吉和德川家康等人的领导下统一日本。在德川幕府时期(1603～1867)实施孤立政策。后来在明治天皇(1867～1912)的领导下,颁布一部宪法(1889),并开始实行现代化和西化政策。日本的帝国主义使它发动了甲午战争(1894～1895)和日俄战争(1904～1905),并吞并了朝鲜(1910)和中国东北(1931),而后发动全面侵华战争。第二次世界大战时期,日本袭击驻防夏威夷岛和菲律宾的美军(1941年12月),并占领了欧洲人在东南亚的殖民地。1945年美国在日本的广岛和长崎两市投下原子弹,日本不久向盟军投降。战后美国占领日本,并促其在1947年颁布一部新的民主宪法。在重建日本残破的工厂时,日本人在各个主要工业部门引进了新技术。继之而来的是经济快速复苏,日本成为世界上最富有的国家之一。日本仍能维持贸易顺差,尽管国家经济长期衰退。1912年日本首次参加在斯德哥尔摩举办的夏季奥运会。日本举办过1964年的东京夏季奥运会。1972和1998年在札幌和长野分别举办冬季奥运会。

日本电气株式会社　NEC Corp.　日本大型计算机、电子产品和电信设备制造商。该公司最早为成立于1899年的日本电气有限公司(1983年正式命名为日本电气株式会社),资金来自美国西方电气公司,为日本第一家与外资合股的公司。身为日本卓越的电信公司,NEC致力于移动电话、光纤网络、专用小交换机、微波、数字化、卫星通信系统等领域的开发。除了生产计算机主机,NEC也是早期个人计算机制造商。1997年NEC将其北美个人计算机运作部门与天顶数据以及帕卡德·贝尔等公司合并,组成帕卡德·贝尔-NEC公司。

日本法　Japanese law　在日本发展形成的法律。8世纪时,日本借用了中国唐朝的法律制度。随着武士阶级的兴起,发展出一些氏族法典,规范了武士家族的行为举止。在明治维新(1868)之后,日本开始借鉴欧洲的法律制度,尤其是《德国民法典》。第二次世界大战后,日本把美国法律制度的许多方面融入自己的法律体系,包括各种民事程序、劳动法和商业法的基本要素。但日本至今仍用传统的、法律以外的方法来解决争议,诉讼情况不像美国那样普遍。

日本古琴　koto　日本乐器,通常为13根弦的长齐特琴,琴马可移动。琴身平放在地上或矮桌上,用戴在右手指上的拨子拨弦,左手按压或操纵每个琴马另一边的弦来改变每根弦的音高或装饰其声音。它可以用于独奏、室内乐(尤其与尺八和日本三弦一起演奏)和雅乐中。古琴是日本的一种民族乐器。

日本国会　Diet　日本国家立法机构。依据明治天皇宪法,日本国会由权力相等之两院组成,上院称贵族院,下院称众议院。其权力在许多方面主要属否定性的:它可以反对立法和否决预算。基于美国支持的1947年宪法,参议院(上院)有250人(100名由全国普选产生,152名由各县选出),众议院(下院)500人。首相由下院多数党领袖担任。

日本海　Japan, Sea of　又称East Sea(东海)。西太平洋边缘的海,西至亚洲大陆的俄罗斯和朝鲜,东至日本和萨哈林岛。面积约978 000平方千米。平均深度1 752米。最深处3 742米。是个相当温暖的水域,对形成日本温和的气候影响很大。东亚国家间渐增的贸易使它日渐成为一条商业水道。

日本丽金龟　Japanese beetle　鞘翅目金龟科丽金龟亚科昆虫,学名*Popillia japonica*,为植物的主要害虫。1916年左右在无意中传入美国,已知以逾200种植物为食。幼虫以地下植物的根为食,成虫则以植物的花果和叶为食。分布范围从缅因州至南卡罗来纳州,但北美其他地区显然也已受其侵扰。成虫长约10毫米,金绿色,色泽明亮,鞘翅铜褐色。美国已尽力防止其扩散,如喷洒毒剂、利用甲虫芽孢杆菌的生物防治方法,以及引入天敌(捕食其幼虫的寄生蜂、寄生蝇)。

日本文字　Japanese writing system　改变汉字用来书写日语的文字体系。日本人发展了一种混合文字体系,部分为词符的(依据中国文字),部分为表音节的。公元9世纪或10世纪左右渐次发展出两套音节符号:平假名为汉字草书的简化变体;片假名则是依据汉字的构成元素而成。现代日本语即以这两种音节文字和汉字书写。

日本哲学　Japanese philosophy　自6世纪初以来,表现日本文化观念的思想。日本哲学一般而言并不是本土性的,其思想家通常精巧地吸收外国哲学范畴,再发展成自己的体系。日本有两个主要思想流派,其中之一起源于佛教,因而带有浓厚的宗教色彩而且是玄奥的;另一个流派起源于儒家,因而基本上是一种道德哲学体系。自明治维新(1868)以后,西方哲学大量引入。最初是英美哲学占优势,可是到了20世纪,德国哲学的影响越来越大。主要的日本哲学家都深受德国唯心主义、现象学和存在主义的影响。为了区别西方哲学和佛教、中国的思想,创造了"哲学"一词,现在已普遍使用。

日产汽车公司　Nissan Motor Co., Ltd.　日本汽车制造商及工业公司。总部设在东京。生产小轿车、卡车和大客车,以及通信卫星、游船和机器。1925年由两家小公司合并而成,1934年取现名。第二次世界大战期间曾生产军用汽车,因此1945年被同盟国军队接管,直到1955年才全面恢复生产。60年代进入世界市场后生产和销售发展迅速,在澳大利亚、德国、墨西哥和美国等几个国家设有装配厂。90年代该公司经营状况不佳,1999年法国雷诺汽车制造公司买下了该公司37%的股份。

日德兰　Jutland　丹麦语作Jylland。北欧一半岛,构成丹麦王国的大陆部分和德国的石勒苏益格-荷尔斯泰因州,西和北以北海为界。政治上仅指丹麦大陆部分。面积29 775平方千米,分成七个行政区。第一次世界大战时日德兰半岛之战便是在这里的海岸爆发的。

日德兰半岛之战　Jutland, Battle of(1916-05-31～06-01)　第一次世界大战中,英国与德国舰队唯一的一次主要遭遇战。发生于丹麦日德兰半岛北海岸外的斯卡格拉克海峡。该战役的胜负无从判定,双方均宣称获得胜利。德国击沉、击伤舰只更多,致敌伤亡;英方则说北海仍在其控制之下。英国海军上将杰利科的战术曾受到批评,但他战略上的成功使得德舰无用武之地。

日俄战争　Russo-Japanese War(1904～1905)　俄国和日本在东亚进行领土扩张的冲突。俄国租借了在战略上十分重要的中国旅顺口后,扩张进中国东北,面临着日本逐渐强大的力量。当俄国反悔和日本签订的从中国东北撤军的和约时,日本舰队在旅顺口袭击了俄国海军分舰队,在1904年2月开始对城市进行围困。日本陆军切断俄军支援旅顺口的路线,将其推回到奉天(今沈阳)。得到增援后的俄军在10月发动进攻,但糟糕的军事指挥以致劳而无功。在日本对旅顺口长期围困后,1905年1月俄国将领没有咨询他的官员就率部队投降,虽然在持续防卫上仍有充足的给养和军火。1905年3月在奉天进行了激战,俄国军队在A.库罗帕特金领导下撤出。决定性的对马海峡之战日本占有优势,迫使俄国回到谈判桌上。《朴次茅斯和约》签订后,俄国放弃了在东亚的扩张政策,日本获得对朝鲜和中国东北的大部分实际控制。

日耳曼法　Germanic law　各日耳曼民族的法律,从古代至中世纪止。主要是口述部落惯例,根据通行的实践演化而来,而且各部落带着自己的法律迁徙。随着基督教的传布,源于罗马法的教会法亦趋重要,特别是与婚姻和财产有关的。迄12世纪,因应商人的需要而产生的商法甚为普遍,又进一步降低了地方法的重要性。

日耳曼诸语言　Germanic languages　印欧语系日耳曼语族。由几种源于原始日耳曼语的语言组成。分成西日耳曼语支,包括英语、德语、弗里西亚语、荷兰语、阿非利堪斯语、意第绪语;北日耳曼语支,包括丹麦语、瑞典语、冰岛语、挪威语、法罗斯语(法罗斯群岛上使用的语言);东日耳曼语支,现已消亡,仅包括哥特语、汪达尔语、勃艮第语及其他少数部族语言。公元350年的哥特语圣经是现存最早的日耳曼语文献。西日耳曼语支环绕北海而发展,海外有被殖民化地区。北日耳曼语支,或称斯堪的纳维亚语支,通行地区经过中世纪早期海盗时代的扩张,向西远及格陵兰,向东远及俄罗斯。中世纪晚期大陆斯堪的纳维亚语言深受低地德语影响,但冰岛语和法罗斯语仍保留许多古斯堪的纳维亚语语法。

日耳曼宗教 Germanic religion 操日耳曼诸语言的各民族在皈依基督教以前所发展出来的信仰、仪式和神话，从黑海扩展到中欧和斯堪的纳维亚，并进而到冰岛和格陵兰。公元4世纪，中欧皈依基督教，本土的宗教传统几乎荡然无存；但在斯堪的纳维亚国家则持续到10世纪。中世纪冰岛的古诺尔斯语所写的作品，如《诗歌体埃达》（约1200）和《散文埃达》（约1222）详述许多日耳曼诸神的故事。人们相信大地是从一名叫吉南盖盖普的裂着大口的虚空中创造出来的；另一种说法是大地由最初的诸神用一原始巨人的躯体来造的。日耳曼诸神可分为两群：埃西尔反映战士贵族文化的英雄神族；瓦尼尔参与定居农业社会事务的神族。日耳曼宗教中亦包含许多女性守护神、精灵和侏儒。崇拜仪式常在户外或树丛、森林中举行；祭品是动物和人。世界末日是日耳曼宗教的最后审判日。

日记 diary 又作journal。为事件、事务或观察的记录，每天记或隔几天记，为作者平常对自己的活动和感想的记录。日记主要供作者本人回忆往事使用，它不同于出版的书籍，文字简单明了。日记盛行于开始强调个人重要性的文艺复兴末期，对记载社会、政治历史有极其重要的作用。S.佩皮斯是最著名的英语日记作家，其他还有J.伊夫林、J.斯威夫特、F.伯尼、J.鲍斯韦尔、A.纪德和V.吴尔夫。

日莲 Nichiren（1222～1282） 原名Zennichi（俗名善日，又名房莲长）。日本佛教高僧，日莲宗的创始人。渔民之子，11岁进佛教寺院。对日本已有的佛教各主要宗派作了彻底的研究后，1253年他得出结论，佛教真义端在《妙法莲华经》，并预言，若不放弃其他诸宗，将给日本带来灾难。日莲因此而被逐出寺院。他还宣称，日本是被佛选中的国家，佛教徒的拯救将从日本扩散到其他地方。后来他被流放到日本海的一个岛上，1272年在岛上写有其主要著作《开目钞》。

日莲宗 Nichiren Buddhism 日本佛教中最大的宗派之一，由日莲创立。日莲认为佛陀教义的精华包含在《妙法莲华经》中，其他的佛教宗派都曲解真理。日莲宗认为诵读《妙法莲华经》的标题就可以得救。日莲死后，日莲宗分裂成多个支派。著名的有日莲宗和日莲正宗。前者控制着日莲在身延山建立的寺院，后者的总部设在富士山脚下的一个寺院里。在美国有日莲正宗的追随者；该派在日本的在家信徒组织是创价学会。

日冕 corona 太阳（或任何星体）大气的最外层，由等离子体组成。温度约2 000 000℃，密度则很低。日冕从光球向外延伸到1 300万千米以外。它没有明显的边界，大小、形状和结构都不断受磁场的影响而发生变化。太阳风是由日冕气体的膨胀形成的。日冕的亮度只及月球亮度的一半，因而通常被淹没于耀眼的日光中，无法用肉眼看到。但在日全食时，肉眼就能看到。

日内瓦 Geneva 法语作Genève，德语作Genf，意大利语作Ginevra。瑞士西南部城市，日内瓦州首府。位于日内瓦湖西南端，在湖与罗讷河的汇流处。公元前6世纪时，曾是凯尔特部落阿洛布罗克斯人的中心，后被罗马人征服。16世纪J.加尔文把日内瓦转变为神权政治邦国和新教欧洲的知识分子中心。18世纪，这里是J.-J.卢梭的出生地，以及伏尔泰的避难地，吸引了启蒙运动的精英分子。1814年加入瑞士联邦。1864年《日内瓦公约》签署于该市。1919年于此设立国际联盟。现为国际商业和金融业的中心，国际红十字会（1864）和联合国驻欧洲总部所在地。都会区人口约497 386（2007）。

日内瓦大学 Geneva, University of 日内瓦高等学府。1559年J.加尔文和T. de贝兹（1519～1605）创设了一所神学院，当时称为日内瓦学校（后来改为学院）。后加入自然科学、法律以及哲学等课程，19世纪时成立了一所医学院。1912年成立的一所私立教育学院"卢骚学院"，于20世纪30年代并入日内瓦大学。如今，该校在国际研究、植物学、教育学等领域的声誉吸引了许多外国学生前去就读。注册学生人数约14 000。

《日内瓦公约》 Geneva Conventions 在瑞士日内瓦缔结的4次国际条约（1864、1906、1929、1949），目的是签约国在战时要以人道主义原则对待敌国的士兵与平民。第一次公约是由红十字会的创始人J.-H.邓南特发起的，公约规定，一切治疗伤病员的机构及其工作人员有免除被占、被俘或被破坏的权利，一切参与战争者应得到公平的待遇和治疗，援助伤员的平民应受到保护，公认红十字作为识别公约涉及的人员和装备的标记。第二个日内瓦公约对第一个公约作了修改和补充。第三个日内瓦公约规定交战国必须以人道主义精神对待战俘，允许中立国代表视察战俘营。1949年的公约包含保护那些沦于交战一方管辖之下的人们的详细条款。1977年通过两项议定书，将保护范围扩大至游击战士，但美国没有签署同意。对于违约者，只有诉诸公共舆论和非难来制裁。参阅《海牙公约》、战争罪。

日内瓦湖 Geneva, Lake 法语称Lac Léman（莱蒙湖），德语作Genfersee。瑞士西南部和法国东南部之间的湖泊，湖泊面积347平方千米属瑞士，234平方千米属法国。罗讷河从东部注入，再从西端排出，流经日内瓦市。海拔372米，长72千米，平均宽8千米。湖水有"静振"现象：水面上下波动明显，湖水自此岸至彼岸有节奏地往返动荡。

日语 Japanese language 日语是包括琉球群岛在内的日本列岛1.25多亿人的语言。在日本列岛中唯一其他语言阿依努语虽然曾一度传播开来，但现今只有北海道少数人讲这种语言。日本语与任何一种语言都没有近缘关系。但是现在有的学者认为它可能跟朝鲜语有一点亲缘关系，甚至可能跟阿尔泰诸语言有亲缘关系。公元8世纪时，首度证实有日本语，当时日本人采用古汉字作为语音符号，以书写其本土文字。日本语保留相当多的汉语借词而长久与本土的语音适应。从类型上看，日本语是一种以主语-宾语-动词为顺序基础的黏着（胶合）语，修饰词组按规则置于被修饰者前面。

荣格 Jung, Carl (Gustav)（1875～1961） 瑞士心理学家，精神病学家。幼时广泛阅读有关哲学和神学的书籍。在取得医学学位（1902）后，在苏黎世随E.布洛伊勒研究精神疾病。从这个研究中产生了容的"情结"概念，即情绪性的（多是无意识的）联想丛。1907～1912年间他是S.弗洛伊德关系密切的同事，几乎可以说是他的接班人。后来因为他反对弗洛伊德坚持以性欲为神经症病因的主张而中断合作关系。接下来的数年中，他创立了分析心理学，以回应弗洛伊德的精神分析。他进一步研究外倾型性格、内倾型性格、原始意象及集体无意识（一代传一代的人类经验）等概念。他制定了一套心理治疗的技术，用来重新认识一个人以及他或她独有的"故事"，这个故事可能属集体无意识，而在梦或想象中表现出来。尽管他的工作有时当作虚伪的宗教被抛弃，并因缺乏可核实的证据受到批评，但荣格的观点仍然影响到宗教、文学和精神病学。荣格的重要著作包括《无意识心理学》（1912，修订后改为《转变的符号》）、《心理类型》（1921）、《心理学与宗教》（1938）和《记忆、梦境和反应》（1962）。

狨 marmoset 狨科南美洲树栖、昼行性长尾猴类之统称。分成两类：下犬牙短的8个品种称狨；下犬牙长的25个品种称塔马林猴。狨猴行动灵巧急促，主要以昆虫为食，亦食果实及其他小动物。狨属的普通狨猴体长约15～25厘米，不包括25～40厘米长的尾。毛浓密、呈丝状，色白、淡红或灰黑；耳上通常有簇毛。自17世纪早期以来，人们饲养狨猴作宠物。

《容忍法》 Toleration Act（1689） 又译《宽容法》。由英国议会通过的承认不从国教派的信仰自由的法案，并允许其拥有自己的礼拜场所和传教士。但是该法案不适用于天主教徒和上帝一位论派信徒，并保持现有的对不从国教者的社会和政治限制（包括不能从政）不变。

溶液 solution 化学上，两种以上的物质的均匀混合物，相对的量可以连续变化，直至溶解度达到极限（饱和）。大多数溶液是液态，但也存在气态和固态的溶液，例如空气（主要由氧和氮组成）或黄铜（主要由铜和锌组成）。溶液中的液体是溶剂，加入的物质是溶质；若两者都是液态，通常将较为少量的当作溶质。要是超过饱和点，多余的溶质会分离出去。带有离子键材料（如盐类）和许多带有共价键的材料（如酸、碱、醇类）经过解离变成离子溶解，称为电解质。这些溶液可以导电并与其他非电解质的溶液不同。溶液参与了大多数的化学反应、精炼与纯化、工业制程和生物学现象。

溶液栽培 hydroponics 又称水培（水耕）营养液栽培、无土栽培或桶箱农业。在营养丰富的水中栽培植物的方法，可以用或不用像沙或砂砾这类惰性培养基作为机械的支撑，定期泵入肥料溶液。随着植物生长，溶液的浓度和泵入肥料的频率相应增加。很多种蔬菜和花卉都可以在砂砾中生长得很好。自动添水和加肥可以节省劳力，但装置的成本很高，还要经常测试肥料溶液。产量与土壤栽培的作物差不多。

榕树 banyan 桑科榕属（即无花果属）乔木。树形奇特，原产于热带亚洲。枝条上生气生根，向下伸入土壤，变成新的树干。榕树高达30米，可向四面无限伸展。有时一株树的气生根和新树干交织在一起，好像稠密的丛林。

熔点 melting point 纯物质的固态和液态得以平衡共存的温度。对固体加热，温度就会升高，直至到达熔点为止。在这一温度下，进一步加热，会使固体变成液体，而温度保持不变。固态水（冰）的熔点是0℃。虽然一般认为固体的熔点和相应液态的凝固点相同，但是因为液体可能会冻结成不同的晶系，而杂质的存在也会降低冰点，所以实际的凝固点可能不同于熔点。

熔炼 smelting 从矿石中获取金属（金属元素或简单化合物）的加工过程，通常通过加热超过沸点，并加入氧化剂（如空气，参阅氧化-还原反应）或还原剂（如焦炭）。在熔炼过程中金属氧化物（铁、锌、铅氧化物）在鼓风炉中（根据金属的不同而设计）加热（还原熔炼）到高温后，氧化物中的氧和焦炭中的碳，生成一氧化碳或二氧化碳逸出。其他杂质与熔剂结合形成熔渣后清除。如果矿石是硫化物（如铜、镍、铅、钴），将空气或氧气吹入炉中，氧化矿石，生成二氧化硫，或将铁氧化为渣，只剩下金属。参阅选矿。

熔模铸造 investment casting 金属成型的精密浇铸技术。浇铸青铜或贵重金属铸件的流程包括几个步骤：在雕塑好的原始模型上浇一层模具；取下模具（分成两个或多个部分）；在模具内侧涂上一层蜡；沿蜡壳外表面用耐热黏土做成第二个模具，蜡壳内部还要填充黏土实心；烘烤组件（黏土硬化，蜡层熔化后从外层模具开孔处流出）；在蜡层留下的空间注入熔融的青铜；打碎模具，取出青铜铸件。现代工艺用翻砂、塑料，有时还有凝固的水银来代替蜡。参阅脱蜡浇铸。

熔岩 lava 来自地幔经火山口涌出地表的岩浆（熔融状态的岩石），其温度约为700～1 200℃（参阅火山）。镁铁质岩熔岩，如玄武岩等，形成夏威夷人称之为绳状熔岩和渣状熔岩的流。绳状熔岩表面光滑，轻微起伏；熔岩在称为熔岩管的天然形成孔道中移动。渣状熔岩表面非常粗糙，覆盖一层称为熔岩块的疏松碎片，在敞开的孔道中移动。开始流出时为绳状熔岩，冷却后会变成渣状熔岩。中性熔岩形成另一种类型的块状熔岩流，与块熔岩相似，顶部也布满疏松的碎石，不过形状比较规则，大多数呈多边形，各个侧面相当光滑。

蝾螈类 salamander 有尾目的两栖类的统称，共10科约400种，在北半球温带地区淡水和潮湿的林地中常见。蝾螈类通常夜间活动、身体短小，约10～15厘米长，颜色鲜

蝾螈（*Salamandra terrestris*）
Jacques Six

明，有尾巴和两对前后肢，几乎同样大小，皮肤潮湿光滑，双颊和口腔上部都有牙齿，通常体内受精。最大的蝾螈是中国巨蝾螈，长1.5米。蝾螈食取昆虫、毛虫、蜗牛和其他小动物，包括它们自己的同类。参阅水栖蝾螈。

融贯论 coherentism 一种关于真理的理论，它界定一个命题真伪的方式，视其是否包含在一个广泛且逻辑上相互连贯的系统中，建构出一般视为“真实”或“客观真实”的内容。融贯论通常与观念论者的范畴结合，认为最根本的真实是由一个命题系统（参阅唯心主义）所组成，并与真理的符合说相对立（参阅实在论）。真理的符合说主张，一个命题的真理在于它是否与独立存在的事实相符合。在认识论中，融贯论与基础主义是互相对立的，后者认为我们的知识是建构在经验或推论上，而与是否和我们的认知相符无关。

柔道 judo 一种强调以快速移动和手段优势摔倒对手的武艺，所用技巧是顺对手之势为我所用，不与对方直接较劲。目的是干净利落地摔倒对方，或通过对对方臂部关节或颈部使用压力的方法按住或制服对方。柔道现在主要是体育运动。1964年成为奥林匹克运动会比赛项目；1992年加入女子比赛项目。19世纪末从日本的柔术发展而成。

肉豆蔻 nutmeg 由芳香肉豆蔻（*Myristica fragrans*）种子制成的香料。原产于印度尼西亚的摩鹿加群岛。肉豆蔻有独特的刺激性芳香，通常用于烹调、制作小香囊和熏香。播种后8年结果，25年后为生长盛期，结果期长达60余年。有些国家把其他植物的果实或

芳香肉豆蔻（Myristica fragrans）
G. R. Roberts

种子也称为肉豆蔻，包括巴西肉豆蔻（取自Cryptocarya moschata）、秘鲁肉豆蔻（取自Laurelia aromatica）和加利福尼亚肉豆蔻（取自Torreya californica）。

肉毒中毒 botulism 由肉毒杆菌毒素引起的中毒，是已知最强的毒素之一，是肉毒梭状芽孢杆菌所产生的。最常发生于食用含有毒素而未经妥善消毒的罐头食品以后。肉毒梭状芽孢杆菌可在土壤中形成抗热的孢子，并污染制罐头用的新鲜食物。细菌在繁殖过程中分泌毒素，如果在食用之前没有加热完全，毒性还是很强。肉毒中毒阻止神经冲动传递。如果及时确定是肉毒中毒，可投以抗毒素以中和毒素。中毒的开始症状是恶心和呕吐，之后出现疲劳、头晕、头痛、视力模糊、全身肌肉虚弱无力。当呼吸肌受累时，应早期作导管切开并及时使用器械呼吸以抢救生命。如不死于肌肉麻痹则大部分可完全康复。因细菌具有强烈的毒性，所以近几十年来有人秘密将其研发为生物武器。

肉类 meat 动物（尤指哺乳动物）的肉和其他可食部分，用作食物。不仅包括肌肉和脂肪，也包括肝、肾和心。肉类作为完全的蛋白食物很有价值，因其含有所有人体所必需的氨基酸。肉的消化较为缓慢，主要是脂肪的原因。牛肉是消费得最多的；猪肉其次；羊肉和羔羊肉、山羊肉、鹿肉还有兔肉都属于常见的食用肉。美国生产并消费世界上约1/3的肉类，不过尽管普遍看好，世界上还有不少人很少吃肉。

肉质植物 succulent 任何具有可以贮水的肉质而肥厚的组织的植物。一些肉质植物（如仙人掌）只在茎部贮水，无叶或叶子很小，而另一些（如龙舌兰）则主要靠叶子贮水。许多肉质植物有深或宽大的根系，是沙漠或半干旱季节地区的原生植物。肉质植物的气孔在日间关闭、夜间张开（普通植物则与之相反），以将蒸腾作用降到最低。

如来 Tathagata 佛陀的称号之一，佛常用以自称。如来也用以指其过去和将来其他的佛。根据一般解释，如来指证得觉悟，到达苦难尽头，并逃脱轮回的众多佛陀之一，这也暗示其将教导人们搭上证得觉悟之路。在后世的大乘佛教教义中，如来指人人固有的潜在佛性。

儒安韦尔 Joinville, Jean, Sire de（1224？～1317） 法国编年史作者。香槟省一个不太显赫的小贵族。参加了第七次十字军东征（1248～1254），成了路易九世的朋友。1309年前后完成的《圣路易史》是一部散文编年史，对东征作了最好的说明，生动地描述了经济的困难、海上航行的危险、疾病的折磨、十字军中的混乱和缺少纪律，以及穆斯林的习俗等。回来后他成为香槟省的执事，同时还在王室任职。

儒艮 dugong 热带海牛目大型海洋哺乳动物，儒艮科唯一的现存种，学名*Dugong*

dugon。栖息于从红海及非洲东部到菲律宾、新几内亚和澳大利亚北部一带沿岸的浅水中。长约2.2～3.4米，重230～360千克。体圆，从头端到尾端渐细，尾端为一水平的鳍，分成两叉，叉的末端尖细。前肢成圆形鳍足，无后肢。头与躯体紧接，无明显的颈部。嘴宽呈方形，吻部多硬毛。成对或成群（可达6只）栖息。一度被大量捕杀，以取其肉、油及皮。现在大多数分布区内受法律保护，但有些种群由于滥捕而趋于绝灭。参阅热带海牛和海牛。

蠕虫 worm 又译虫。数千种非近缘无脊椎动物。通常身体细长，管状，一般无附肢。主要的无脊椎动物门包括：扁形动物门（扁虫）、环形动物门（环节动物）、纽形动物门（纽虫）、棘头动物门（棘头虫）及袋形动物门（线虫及其他）。体长从某些袋形动物的不足1毫米到某些纽虫的30米以上。蠕虫分布于陆地和水中。它们为寄生性或自由生活。蠕虫对人类来说非常重要，有的可改善土壤情况，有的寄生于人类、家养动物或寄生于庄稼。在所有生态系统中，蠕虫也是食物链中重要的一环。参阅吸虫和绦虫。

乳齿象 mastodon 乳齿象科乳齿象属数种灭绝象类的统称。2 370万～1万年以前分布全球，期晚时仍分布于北美洲，与历史上的北美印第安人部族同期。保存完好的化石很普遍。以树叶为食，磨牙小，上门齿长，互相平行，有点向上弯，雄性还有短的下门齿。比现代象矮小，身体较长且粗壮，柱子般的四肢短而粗壮，覆盖着棕色带红的长毛。头骨类似现代象，不过更低更平，两耳小。人类的捕杀可能是乳齿象灭绝的原因之一。参阅猛犸象。

乳房切除术 mastectomy 将乳房切除的外科手术，通常用于乳腺癌。如果癌细胞已经扩散，必须将肿瘤周围的组织及/或邻近组织一并切除，包括胸肌和淋巴结，即根治切除术。改良根治术至少保留胸大肌，并且也有很高的存活率，也使再生更容易。单纯乳房切除术只切除乳房，而肿块切除术则仅将肿瘤切除。

乳糜泻 celiac disease 又称nontropical sprue（非热带性口炎性腹泻）。一种比较少见的不明病因综合征。营养吸收不良导致大便量多，有恶臭并带油脂。有营养不良、成长缓慢以及与恶性贫血类似的贫血。家族中会有多人发病。儿童乳糜泻发病常在出生后6～21个月，表现为周期性出现肠胃不适、腹泻及消瘦。成人乳糜泻常发生在30岁之后，症状表现为食欲不振、体重减轻、精神抑郁、烦躁、便秘与腹泻交替出现。晚期病例的症状是由于缺乏营养，可能需要采取辅助措施。高蛋白、低谷蛋白及低饱和脂肪的饮食通常会减轻症状，可能是缺乏消化谷蛋白所需要的酶。

乳酸 lactic acid 在某些植物的汁液、动物的血液和肌肉里以及土壤里发现的一种羧酸。当乳酸盐破坏肌肉中糖原的产物时，血液中就会出现乳酸；而在肝脏里它又可以转变成肝醣。长时间剧烈运动后会感到肌肉僵硬和酸痛，就是肌肉中积累的乳酸引起的。乳酸也是细菌发酵的最终产物，是发酵的乳制品（例如酸牛奶和奶油、奶酪、脱脂牛奶、酸奶等）中最普通的酸性成分。也可以作为添加剂和防腐剂用于其他食品，或用于鞣制皮革、羊毛染色等行业；在许多化学反应中，乳酸则作为原材料或催化剂。

乳糖 lactose 由2个单糖，即葡萄糖和半乳糖联结而成的微甜糖（双醣）。患有乳糖不耐症的成人和少见的婴儿患者因为缺乏可将乳糖分解为单醣的酶所以无法消化乳糖，并且当吃进含有乳糖的食物后便会有腹泻腹胀的症状出现。乳糖在所有哺乳动物乳类的成分中占2%～8%，是唯一来源于动物的常见糖。大量的乳糖可由乳清制备，乳清是奶酪制造过程中的副产品。乳糖被使用于食物、制药和营养素培养基中以制造青霉素、酵母菌、核黄素和其他产品。

乳头状瘤病毒 papillomavirus 一组病毒的统称，能在人体长出疣或其他的良性肿瘤。这些小型病毒含有环状DNA。现在已知有50多种不同的类型。不同类型的病毒会造成手上的疣、脚底的疣、扁平疣和喉疣。生殖器疣由其他的类型造成，并可通过性交传染。有一些乳头状瘤病毒与各种恶性肿瘤有关，尤其是子宫颈癌，通过一般的帕氏涂片即可发现该病毒的存在。

乳突炎 mastoiditis 乳突（耳后之骨质突起）的炎症，几乎均继发于耳炎。可能会扩展到骨质内的小孔中，阻碍其流通，极严重的还可影响整个中耳道。会引起耳后和一侧头痛，体温和脉搏也有可能升高。骨表面组织肿胀，形成脓肿引起骨皮质损害。向内发展的并发症包括颅内脓肿、血栓形成和内耳感染，若引起脑膜炎则十分危险。现代药物治疗已能有效控制中耳炎，故此病已罕见。通常可在早期用抗生素治疗，否则应行手术引流，并去除所有病变骨质。

乳腺癌 breast cancer 乳腺的恶性肿瘤，多见于绝经期后的女性。易患者包括有家族病史者、机体受雌激素影响的时间过长者、高龄产妇（30岁以后）、肥胖者、酗酒者。乳腺癌多为腺癌。发现乳房有任何肿块都应作详细检查，因为有可能是癌。癌性肿块的治疗为乳房切除，有时则仅切除肿块，再施以放射疗法。后者对早期乳腺癌的疗效一如乳房切除术。术后有时辅以放射治疗、卵巢或肾上腺切除或用激素等化疗药物。

乳香 frankincense 产自橄榄科乳香属树木的芳香胶质树脂，特别是索马里、也门和阿曼地区的各种乳香树。在古代用于宗教祭典和药用。它是犹太教至圣所中所燃的香的原料之一。在《摩西五经》中常提及乳香。乳香是东方三博士送给婴儿耶稣的礼物之一。乳香今用于烧香和熏蒸剂中，还用作香水中的防挥发剂。

入法礼 upanayana 印度教入教仪式，限于3个高级瓦尔纳。它标志着一个男子进入四行期中的第一行期梵行期，成为教团的正式成员。5～24岁的男子在受洗礼后，穿上苦行者的衣服并被带到自己的古鲁面前，以聆听教诲。新入法礼之人得到一根他一生都要戴在身上的圣线，这被看作他的再生，这第二次出生要接受曼怛罗秘咒才算完成。入法礼仪式越来越少见，现在基本上只有婆罗门种姓还保留这种传统。

入籍 naturalization 一国授予外国人以该国国民身份的行为。可以通过本人申请、根据立法规定、与该国公民结婚或随其父母的入籍而获得。当某人的居住地被外国吞并时，也会发生非自愿的入籍。一般情况下，入籍的要求是一定的居住时间、最低的年龄、能遵守法律、身心健康、可自立谋生、对新国家有相当的了解以及愿意放弃以前的国籍等。

软材 softwood 产自针叶树（主要是松杉类）的木材。除秃柏、美国落叶松和落叶松外，软材皆为常绿植物。波罗的海沿岸、斯堪的纳维亚和北美地区为主要产地。软材约占世界木材总产量的80%。软材一词有时也不精确地被指称所有在温带地区作为建材的软材和硬材。软材中的长叶松、道格拉斯氏杉和紫杉，其机械强度比若干硬材还要硬。

软骨 cartilage 人类骨骼中一种致密的结缔组织。软骨由深埋在坚实的凝胶状基质中的致密胶原纤维网所组成，不含血管。软骨可分三种：①透明软骨分布最广，组成胚胎的骨架，并持续存在于成人活动关节的骨端、肋骨末端及鼻、喉、气管、支气管中。②纤维软骨构成椎间盘的纤维环，极为坚韧。③弹性软骨中除胶原纤维外还含有弹性纤维，因此最为柔韧；人类的外耳即由弹性软骨构成。在胚胎期，人的大部分骨骼由软骨构成，以后才被骨取代。

软流圈 asthenosphere 位于地球岩石圈下方的地幔区域，一般认为比岩石圈热得多而较呈流体。人们认为，软流圈约从地表以下100千米延伸到700千米左右。

软式墙网球 squash (rackets) 用长柄穿弦球拍和小橡皮球在四周有墙围住的场地上进行单打或双打的游戏。球击墙次数不限（只要击中前壁）。软式墙网球是从壁球发展而来的，可能是在19世纪中叶左右发源于英国的哈罗公学。正式比赛用球质地较软，速度较慢；在美国流行硬式墙网球，在较狭窄的场地上使用一种质地较硬、速度较快的球来打。这项运动的目的是将球打在前壁或令其反弹在前壁上，使对方接不着球或不能把球打在前壁上。

软体动物 mollusk 又拼mollusc。软体动物门无脊椎动物的统称，约75 000种。其中许多种是完全或部分地包在套膜分泌而成的碳酸钙壳中，这是由体壁形成的软覆盖物，在套膜和躯体间是套腔。软体动物分布于各种

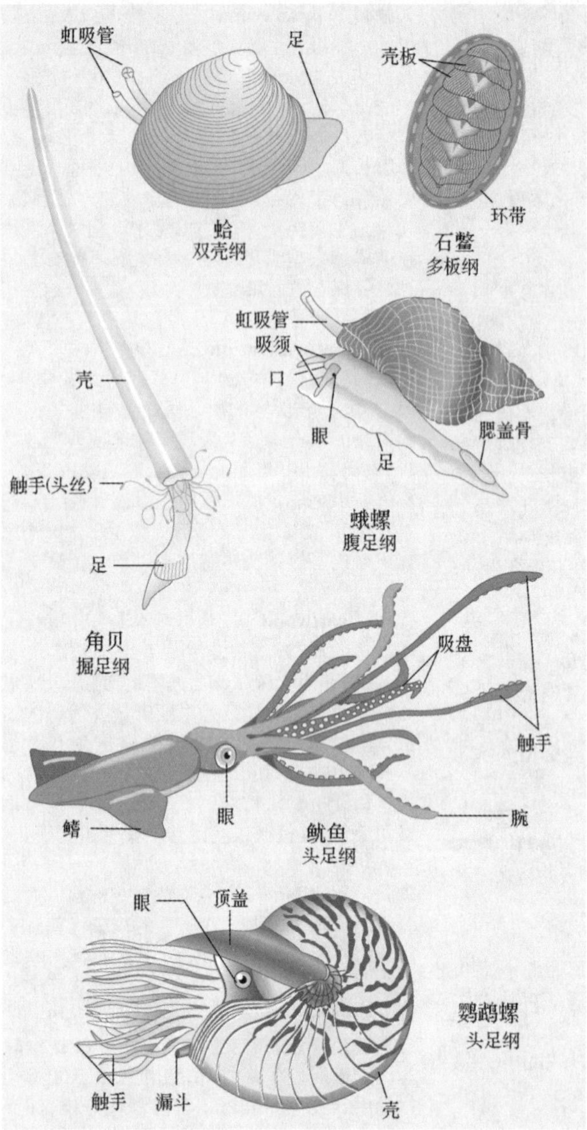

代表性的软体动物双壳类有两枚贝壳，过滤进食，通过虹吸管吸入食物和水。蛤强壮的足可用来挖洞和爬行。石鳖类通常附着在岩石和贝壳上，其壳分成覆瓦状排列的八片。角贝类是挖洞的软体动物，其壳两端开口，大的一头埋在沙里，用触须捕捉微生物为食。蛾螺，像多数腹足类一样，有一壳，通常螺旋形卷曲，受威胁时，躯体可以退回壳内，用盖封闭壳口。头足类的头很发达，足则分成许多触手。鱿鱼的两条长触手用来捕捉食物，短的触手则把食物送到口腔。头足类中只有鹦鹉螺还保有外壳，它能通过调节内室的气体和液体量从而调节自身浮力。

生境，从深海到高山。现存种类通常分成八大类：腹足纲、双壳纲（参阅**双壳类**）、头足纲（参阅**头足类**）、掘足纲（角贝）、沟腹纲、尾凹纲、多板纲（石鳖）和单板纲。软体动物有重要经济价值，可食用，其贝壳广泛用于珠宝和装饰品。

软饮料　soft drink　不含酒精的饮料，通常充有碳酸气，含水（苏打水）、香料和甜味剂。仿制有益于健康的天然矿泉水的努力起源于公元1700年前，J. 普里斯特利对“充气水”（二氧化碳）的实验使日内瓦的 J. 施韦普在18世纪90年代成功地制出含二氧化碳的“矿泉水”。到了19世纪初，这种饮料被装瓶出售，现在市场上已有数百种不同口味的软饮料。一些世界上最大的软饮料生产厂家（包括**可口可乐公司**和**百事可乐公司**）已经建立了专门生产软饮料的工厂。

瑞　Re　又称Ra。古代**埃及宗教**中万物的创造者和太阳神。被认为是在白天乘坐太阳船横跨天空，夜晚乘坐另一船驶过地狱，在那里他必须战胜魔鬼后而获重生。作为造物神，他从混沌海洋中诞生，先创造出自身，然后生成其他8个神。从第四王朝起，埃及国王都称自己是瑞的儿子，瑞后来成为国王即位时王位名称的一部分，也被附加到**阿蒙**和塞贝克这些神的名字上。

瑞典　Sweden　全称Kingdom of Sweden（瑞典王国）。北欧国家，位于**斯堪的纳维亚半岛**东部。面积：450 295平方千米。人口：约9 592 000（2013）。首都：**斯德哥尔摩**。居民多属同种族的，另有芬兰人、萨米人两个少数民族和10%的移民或其后裔。语言：瑞典语（官方语言）。宗教：基督教（主要为新教，也有罗马天主教），还有伊斯兰教。货币：瑞典克朗。瑞典分成3个传统区。多山的诺尔兰区涵盖全国3/5的地区，有许多森林及丰富的铁矿。斯韦阿兰区有起伏的冰川山脉，瑞典近9万个湖泊大部分集中于此。高塔兰区则包含了多石的斯莫兰高地和富庶的斯科讷平原。瑞典近15%的土地在北极区内。经济大多以服务业、重工业和国际贸易为主。有丰富的铁矿；工业包括了采矿、伐木、钢铁生产和旅游业。农产品则有谷物、糖用甜菜、马铃薯和畜产。为全世界最富裕的国家之一，以其广泛的社会福利体系闻名。瑞典是君主立宪政体和议会国家，一院制。国王是国家元首，总理是政府首脑。瑞典最早的人类活动可追溯到大约9 000年前。在海盗时期（9～10世纪），瑞典人控制着波罗的海与黑海之间欧洲东部的河上贸易，并袭击欧洲西部的土地。11～12世纪瑞典人松散地团结在一起，实现基督教化。12世纪时征服了芬兰，14世纪时与挪威和丹麦统一在一个君主国下。1523年在**古斯塔夫一世（瓦萨）**领导下退出联合。17世纪时成为欧洲波罗的海地区一支强大的力量，但在第二次北方战争（1700～1721）中被击败后，它的优势渐衰。1809年瑞典成为君主立宪国，1814年与挪威联合；1905年承认挪威独立。在两次世界大战中瑞典都保持中立。它是联合国的创始成员，但拒绝参加**北约**，并且直到1995年才加入**欧洲联盟**。1975年起草的新宪法将君主的权力减少到只作为国家的礼仪首脑。1997年瑞典决定开始关停它有争议的核动力工业。21世纪初该国成为欧洲电信和信息技术大国。该国于1896年参加了在雅典举办的首届夏季奥运会。曾举办过1912年的斯德哥尔摩夏季奥运会。

瑞士　Switzerland　全称Swiss Confederation（瑞士联邦）。欧洲中部国家。面积：41 285平方千米。人口：约8 083 000（2013）。首都：**伯尔尼**（行政）、卢塞恩（司法）。人口组成有德国人、法国人和意大利人。语言：德语、法语、意大利语（均为官方语言）和罗曼什语。宗教：基督教（天主教、新教）、伊斯兰教。货币：瑞士法郎。瑞士地形分成3个部分：草地覆盖的侏罗山脉；中部的中央高原，为富庶农业及城市化地区；巍峨崎岖的阿尔卑斯山脉区。该国是世界著名的金融中心之一；经济主要以国际贸易、银行业及轻、重工业为基础。制造业主要生产手表、精密仪器、机器和化学产品。旅游业和农业亦重要。农产品有谷物、糖用甜菜、水果和蔬菜、乳制品、巧克力和葡萄酒。除了有不同的族群、语言和宗教外，瑞士还维持了近700年的民主体制，是世界最古老的民主国家。瑞士是联邦国家，两院制。总统是国家元首暨政府首脑。最初的居民是赫尔维蒂亚人，公元前1世纪被罗马人征服。从3～6世纪起日耳曼部落向该地区渗透，10世纪期间穆斯林和马扎尔人侵者也前来冒险。9世纪时由法兰克人统治，11世纪时属**神圣罗马帝国**。1291年三个州组成反哈布斯堡联盟，成为瑞士邦联的核心。它是**宗教改革运动**的中心，这场运动分裂了邦联，并导致一段时期的政治和宗教上的冲突。1798年法国人把瑞士组织成为赫尔维蒂共和国。1815年维也纳国会承认瑞士独立并保证它的中立。1848年组成新的联邦国家，首都为伯尔尼。瑞士在两次世界大战中都保持中立，并继续保持这种姿态。1960年加入欧洲自由贸易联盟，但是没有选择加入欧盟。2002年参加联合国。该国于1896年参加了在雅典举办的首届夏季奥运会。1928和1948年两次在圣莫里茨举办冬季奥运会。

瑞氏综合征　Reye's syndrome　继发于**流行性感冒**、**水痘**或其他病毒感染后的儿童急性神经疾患。病童看似康复时，开始出现呕吐、嗜眠与精神混乱，数小时或数日后显现倦睡、定向障碍、抽搐、呼吸停止和昏迷。最严重时可导致脂肪肝变性和可能致命的脑肿胀。虽然此病没有特别的治疗法，但矫正各种失衡现象的治疗可帮助70%以上的病人存活（有些留有脑部损伤）。自从知道其常在儿童患病毒病时使用阿司匹林或其他水杨酸衍生物后发生，瑞氏综合征的发生率已减低，父母也被告知此讯息。此病亦可在黄曲霉毒素或华法令中毒后发生。

若安（女教皇） Joan, Pope 传说中的女教皇，据说她自855～858年在位约25个月，称约翰八世。传说她是一个英国女子，与一个本笃会教士相恋，女扮男装后参加了他的团体。在获得了丰富的知识后她移居罗马，成为枢机主教后成为教皇。在最早版本的故事中说，在选举时她已怀孕。登位时，在列队向拉特兰宫行进的过程中分娩，随即被拖到罗马城外被乱石击死。17世纪以前，这段传说一直被信以为真，之后证明是没有根据的。

若虫 nymph 在昆虫学中，昆虫经历不完全变态时，有性发育未成熟的形体（例如蚱蜢）。其外形和生活方式像成虫，但其身体各部位比例与成虫迥异。若成虫有翅，则自最初几次蜕皮后于体表形成的翅芽长出。随着每一个相连的成长阶段（虫龄）的增加，若虫的外形与成虫越来越相似。水生种类的若虫（也称为稚虫），如蜻蜓，有鳃等适应水中生活的构造，在水面滑行。成熟后即浮出或爬出水面，经历最后一次蜕皮并成为有翅的成虫。

若斯坎·德普雷 Josquin des Prez（1440～1521） 法国北部地区作曲家。可能是J.欧克赫姆的学生。在意大利他到处当歌手，并不断改变职位，包括安茹宫廷（1475～1480）和教廷唱诗班（1486～1494）。1504年回到孔代，在那里终其余生。他能够使模仿性的多声部的复杂对位与用之不竭的旋律天赋很好地达成平衡。他留下了60首经文歌（包括《押沙龙，我的儿子》）和大约18首完整的弥撒曲，以及许多意大利和声风格的非宗教歌曲。第一个音乐作品出版商O.彼得鲁奇把整册书都用来刊登若斯坎的作品，这是其他作曲家都得不到的荣誉。正如M.路德和其他人所证实的那样，他被认为是到他那个年代为止最伟大的作曲家。在16世纪里，他的作品广为他人模仿。

若斯潘 Jospin, Lionel（1937～ ） 法国社会党政治人物，1997年出任法国总理。生于默东。1963年进入法国国家行政学院就读，以优异成绩毕业。毕业后参加国际服务，然后在巴黎索镇科技大学教经济学。1977年选为国会议员，并获F.密特朗总统提名成为党的首脑。后来出任教育部长，1995年参加总统大选，以小幅差距输给J.希拉克。之后社会党人与盟友在国会选举获胜成为多数党，若斯潘于是在1997年被希拉克提名出任总理。

弱力 weak force 又作weak nuclear force（弱核力）。自然界的一种基本力，是若干类型放射性和亚原子粒子之间某些相互作用的起因。弱力对所有自旋为1/2的基本粒子起作用。粒子通过弱力借交换具有整数自旋的粒子而相互作用。它们质量较大，约为质子的100倍。由于其重，所以在涉及放射性的低能量下，弱力表现微弱。例如，在放射性衰变中，弱力的强度约为电磁力的十万分之一。然而，现在已知弱力的固有强度与电磁力相同，人们认为这两个表现不同的力是单一“电弱”力的不同表现形式。

S

撒旦崇拜 satanism 对犹太教和基督教认为的邪恶代表和上帝敌人的撒旦即魔鬼的崇拜。对撒旦的崇拜在17世纪已有记载，尽管很简略。其中心特点是以黑色弥撒为主，是基督教圣餐的堕落和相反的化身。其礼拜据说包括牲畜的祭献和越轨的性行为。其崇拜的基础是撒旦的实力超出了善良的力量，因此他实现对其崇拜者追求的结果的能力也更强大。

撒丁 Sardinia 意大利语作 Sardegna。意大利岛屿和自治区。位于意大利南部外海，为地中海西部诸岛中第二大岛，面积约23 813平方千米，首府卡利亚里。数千个称为努拉吉的截顶圆锥体建筑是该岛显著的特点，有些建筑的历史约在公元前1500～前400年之间。腓尼基人约在公元前800年在这里定居，是这里有文字记载的最早的定居者。其后是希腊人和迦太基人；公元前238年罗马人开始统治这里。中世纪初期比萨和日内瓦曾争夺其统治权。撒丁王国集中在意大利西北部的皮埃蒙特和撒丁岛。1720年开始受萨伏依王室的统治，直至1861年意大利统一为止。农业、渔业和采矿业是当地重要经济来源。人口约1 599 511(2001)。

撒都该人 Sadducee 犹太教祭司派成员，该派在耶路撒冷第二圣殿被毁（公元70年）前曾流行近200年。撒都该人一般比他们的对手（法利赛人）富有、保守，政治关系更良好。撒都该人只相信书面传世的托拉（《旧约》的首五卷），因此不承认灵魂不灭、躯体死后复活以及天使的存在。他们以不信任的眼光看待耶稣的传教事业，据说耶稣的死多少与他们有点关系。他们富足多金，并对罗马统治者妥协让步，因而不受一般百姓欢迎。

撒尔撒 salsa 西班牙语，意为“增添乐趣的东西”。现代拉丁美洲舞曲。撒尔撒是在20世纪40年代发展于古巴，利用当地的音乐形态如贾浪卡（主要是弦乐和长笛）及乐队舞曲，包括声乐、小号与非洲打击乐器，并混合爵士乐要素。在20世纪50年代撒尔撒开始风靡纽约，在此结合传统的波多黎各节奏，后来还加上来自委内瑞拉与哥伦比亚音乐和节奏与布鲁斯等要素。撒尔撒音乐明星有C.克鲁斯、T.普安第和W.科隆。

撒哈比（圣门弟子） Companions of the Prophet 阿拉伯语作 Sahaba 或 Ashab。指穆罕默德的信徒中与他有过直接接触的人，包括当代见过他的穆斯林。撒哈比亲自见闻过先知言行，因此是圣训材料的主要提供者。逊尼派推崇的四大哈里发就包括在据穆罕默德说可以进入乐土的10位撒哈比之中。什叶派穆斯林则看轻这些撒哈比，认为他们应为阿里家族丢掉哈里发的头衔负责。

撒哈拉沙漠 Sahara 世界上最大的沙漠，几乎包括整个北非。西临大西洋，北接阿特拉斯山脉和地中海，东濒红海，南连萨赫勒。撒哈拉包括摩洛哥、阿尔及利亚、突尼斯、利比亚、埃及、毛里塔尼亚、马里、尼日尔、乍得和苏丹的部分地区。主要地形特点包括季节性大片绿洲洼地、广阔的多石平原、布满岩石的高原、陡峭的山脉，以及沙滩、沙丘和沙海。撒哈拉广阔地区完全没有人居住，但在有可靠水源的地方，分散的小群居民在十分脆弱的生态平衡中生活。居民主要是游牧民，只有绿洲地区有人定居。面积8 600 000平方千米。参阅利比亚沙漠。

撒谎者悖论 liar paradox 源自克里特预言家埃庇米尼得斯（公元前6世纪）陈述“克里特人都是撒谎者”之悖论。如果埃庇米尼得斯的陈述意味着克里特人所说的话都是虚假的，那么由于埃庇米尼得斯是克里特人，他的陈述也是错的（也就是说，并非所有克里特人都是撒谎者）。这个悖论的最简单形式源于对“这个句子是错的”一语的考虑。如果这句话是对的，那么它就是错的；如果是错的，那么它就是对的。考虑这种语义上的悖论，使逻辑学家能够区分客观语言与元语言，并归结出没有语言能够持续包含自身句子的完整语义的理论。

撒迦利亚 Zechariah（活动时期公元前520～前518） 《旧约》中的十二小先知之一，其预言记载在《撒迦利亚书》（犹太教《十二先知书》之一卷）中。他预见经过巴比伦囚虏之后，犹太人返回耶路撒冷，耶路撒冷圣殿重建，整个世界都承认以色列人的上帝。该书还记载了他对末世的启示论。

撒拉 Sarah（活动时期约公元前第二千纪） 《旧约全书》所载犹太人祖先亚伯拉罕之妻，以撒之母。她90岁时才生下孩子。根据《创世记》记载，上帝曾应许亚伯拉罕说，要使撒拉成为“多国之母”，但撒拉并不相信，并且她已将其使女夏甲赠给亚伯拉罕，夏甲又为他生了以实马利。然而撒拉确实在高龄怀孕，并且生了亚伯拉罕的儿子以撒。

撒拉弗 seraph 犹太教、基督教和伊斯兰教经籍中记载的天上的一种生物。有两对或三对翅膀，守卫着上帝的王座。据基督教天使学，撒拉弗是级别最高的天使。在艺术作品中，撒拉弗常被画为红色，象征火。在《旧约圣经》中，它曾出现在以赛亚的幻象中，以赛亚看到的是一正在赞美上帝的六翼生物。参阅噻璐啪。

撒罗米 Salome 希律·安提帕的继女。她导致了圣约翰（施洗者）之死。此事件在《马可福音》和《马太福音》中都有记载，但是她的名字是由历史学家约瑟夫斯起的。施洗约翰因公开指责希律和希罗底之间通奸性质的婚姻而被监禁，但希律并不敢杀害他。后希罗底之女撒罗米为国王希律表演舞蹈，后者答应给她任何一样想要的东西作为奖赏，撒罗米要求施洗约翰的头颅放在盘中。这个情节在基督教艺术中是一个常见的题材。

撒马尔罕 Samarkand 又拼 Samarqand。乌兹别克斯坦中东部城市。中亚最古老的城市之一。公元前4世纪称为马拉坎达，公元前329年被亚历山大大帝攻占。自公元6世纪起，该城曾被土耳其人、阿拉伯人和波斯人所统治，在当时是从中国到欧洲的丝绸之路上的一个重要据点，直到1220年被蒙古的成吉思汗摧毁。1370年成为帖木儿帝国的首都，帖木儿使它成为这一地区最重要的经济和文化中心。1887年成为俄国的一个省会，在苏联时期该市有了相当大的扩展。老城中有许多中亚建筑的精品，有些可追溯到14世纪，该地区在2001年被联合国教科文组织列为世界遗产。人口约312 863(2007)。

撒马利亚人 Samaritans 古代巴勒斯坦地区的撒马利亚居民。公元前772年，亚述人占领以色列之后，这里成为没有被驱逐的犹太人的避难所。犹太人返回家乡后，在修建耶路撒冷圣殿的过程中拒绝接受那些后来被称为撒马利亚人的帮助。公元前4世纪，撒马利亚人在纳布卢斯（今约旦境内）修建了他们自己的神庙，该建筑的一小部分一直存留至今。撒马利亚人讲阿拉伯语，但用希伯来语祷告。犹太人对撒马利亚人的反感是《善良的撒马利亚人》这一寓言故事诞生的背景。

撒母耳 Samuel（活动时期约公元前11世纪） 《旧约全书》中的先知。是继摩西之后第一位也是古代以色列士师中最后一位。有关撒母耳的资料见于《圣经》中《撒母耳记》上、下两书。这两本书叙述在公元前11～前10世纪以色列的历史。在这段期间，以色列第一个君主政体成立了，以色列的各部族也都团结在一个单一王国之下，建都耶路撒冷。撒母耳得到启示拥护扫罗就任国王，但不久宣布一神谕拒绝扫罗，并秘密为大卫涂油，立其为王。学者们怀疑历史上的撒母耳是否就是以他名字命名的那两本书的作者。

撒普 Tharp, Twyla（1941～ ） 美国女舞蹈家、艺术指导、编舞。1963～1965年效

T. 撒普

力于P.泰勒舞蹈团。后参与各种舞蹈团的编导工作，并创作多个舞蹈作品，其中包括《噩运马车》(1973)、《养痈遗患》(1976)、《13个》(1979)、《九首辛纳屈的歌》(1982)和《既成事实》(1984)等。1965年成立了她自己的舞蹈团——撒普舞蹈团；后于1988年解散。1988～1991年，撒普成为美国芭蕾舞剧院的常任编舞。她还曾参与百老汇戏剧(其中包括《转轮》，1981)和数部电影(其中包括《阿玛迪斯》，1984)的舞蹈指导工作。撒普以其诙谐幽默的编舞风格而闻名，特别值得指出的是她是第一位用流行音乐创作舞蹈作品的美国人。

撒切尔夫人 Thatcher, Margaret(1925～2013) 后称Baroness Thatcher (of Kesteven)。原名Margaret Hilda Roberts。英国政治家和首相(1979～1990)。曾就读于牛津大学并

M.撒切尔，摄于1983年
AP/Wide World Photos

成为牛津大学保守党协会第一批女领袖之一。获得学位之后从事化学研究工作。1951年与丹尼斯·撒切尔结婚后，她开始学习法律并专门研究税法。1959年当选为议员，后任英国教育和科学大臣(1970～1974)。作为英国保守党新成立的右翼团体的成员，撒切尔夫人于1975年继E.希思之后成为该党的领袖。1979年撒切尔夫人成为英国第一位女首相。她主张个人的开创性，反对工会，对国营企业采取私有化，并支持医疗和教育机构私有化，实行严格的货币政策并签署协议坚决支持北约组织。1983年她的再次当选成功，应部分归功于其在福克兰群岛战争中的果断领导。她的欧洲货币和政治一体化政策使保守党内部分裂，最终导致她于1990年辞去首相职务。她是1827～1990年间连续在位时间最长的英国首相。

萨阿迪亚·本·约瑟 Saadia ben Joseph(882～942) 阿拉伯语作Said ibn Yusuf al-Fayyumi。埃及裔巴比伦犹太评注家、哲学家。约在905年离开埃及，最后定居巴比伦，担任希伯来语的苏拉学院院长。他编成一部希伯来文-阿拉伯文辞典，并把《旧约圣经》许多篇章译成阿拉伯语。935年出版主要哲学著作《信仰和评价》。他的神学理论视上帝的唯一与公平原则而定，后者与盛行于伊斯兰教中仅依上帝旨意行事的观点相左，他认为在人类中所发现的道德标准无一合乎上帝的旨意。萨阿迪亚及穆尔太齐赖派反对这种原则，他们认为公平与不公平是人类行为的真正特性，不能借由神谕而改变。

萨奥什延斯 Saoshyans 琐罗亚斯德教(祆教)中最后一位救世主。在琐罗亚斯德的三位身为救世主的遗腹子中，他居于首要地位。人们指望他在世界最后一个千禧年结束之际现身，神奇地由一位在保存琐罗亚斯德之"种"的湖中游泳的处女所孕育。他将征服恶魔的势力，让死者复活，并在所有的灵魂都洁净后，赐予他们永恒的完美。

萨巴岛 Saba 加勒比海东北部背风群岛岛屿。曾属荷属安的列斯群岛，2010年成为荷兰特别行政区。面积13平方千米。位于圣尤斯特歇斯岛西北26千米。该岛实际上是一座死火山的山峰(齐纳丽峰)。1632年，荷兰人到萨巴岛定居，由于交通不便，道路崎岖，经济一直没有发展，过去经常是海盗出没之地。现在旅游业是主要经济支柱。人口约1 737(2010)。

萨宾人 Sabine 古意大利部落，定居台伯河东岸，据传罗马城创建者罗慕路斯与雷慕斯曾邀请萨宾人赴宴，然后掳走("强奸")其妇女，充作其属下男子的妻子。罗马第二任国王努马·庞皮利乌斯，可能是萨宾人，据说实际创造了所有罗马人的宗教制度和习俗。后来，萨宾人被逐出罗马。萨宾人最后为罗马所征服，290年被授予部分公民权，268年获得完全公民权。

萨波潘 Zapopan 墨西哥中西部哈利斯科州中北部城市。地处瓜达拉哈拉河谷地，为一个农业区的商业和制造业中心，周围的农业区产玉米、甘蔗、棉花、蔬菜、水果和家畜。养蜂业和旅游业为当地经济的辅助收入来源。17世纪的萨波潘教堂为每年的朝圣地。人口约1 142 483(2010)。

萨波特克人 Zapotec 居住在墨西哥南部瓦哈卡州的印第安人。萨波特克人的早期文明集中在阿尔班山(今瓦哈卡市附近)，创造出中美洲第一种文字，并发明了周期为52年的历法，后为其他部族所采用。当代传统的萨波特克人社会基本上以农业为主，种植仍然采用刀耕火种的原始方法。手工业以制陶和编织为主。信仰天主教，但对灵魂和神话的信仰依然存在。参阅中美洲文明。

萨达姆·侯赛因 Hussein, Saddam(1937～2006) 伊拉克总统(1979～2003)。1957年加入复兴党，1963年复兴党取得政权后，他进入开罗法律学校和巴格达法律学院学习，复兴党被推翻后被捕入狱，后逃出，并于1968年协助该党重掌大权。1972年领导石油工业的国有化。他就任伊拉克总统后，致力于取代埃及成为阿拉伯世界的领袖，取得波斯湾地区的霸权，并提高伊拉克人民的生活水平。为了实现这些目标，他对伊朗(1980～1988)和科威特(1990～1991)发动了战争，但都以失败告终。20世纪80年代建立起粗暴的独裁政权，全面镇压伊拉克国内的少数族裔，特别是库尔德人。美国担心他发展大规模杀伤性武器，致使西方国家对伊拉克实行长期制裁。第一次波斯湾战争(1991)，美国领导的军事联合行动将伊拉克军队赶出了科威特。在第二次波斯湾战争(2003)中，美国军队占领了巴格达，萨达姆的两个儿子乌代和库塞被杀，萨达姆本人也在他的家乡提克里特附近一个农舍旁的小地洞中被美军抓捕。2004年6月被移交给新的伊拉克政府监管。2006年被处以绞刑。

萨达特 Sadat, (Muhammad) Anwar al-(1918～1981) 埃及总统(1970～1981)。毕业于开罗军事学院，1950年参与G.A.纳赛尔废黜埃及君主的密谋，后来当上副总统(1964～1966、1969～1970)。1970年纳赛尔死后继任总统。1973年他联合叙利亚一起对以色列发动突袭，虽然在军事上失利，但却在政治上获益。1977年前往耶路撒冷向以色列提出和平解决计划。1979年他和以色列总理M.贝京签订和平条约，两人在1978年共获诺贝尔和平奖。萨达特在国内面临日益恶化的经济问题，压制了公众的不满。他被一位穆斯林极端分子伊斯兰布里暗杀，引起世界的震惊和悲伤。参阅阿以战争、《戴维营协议》和H.穆巴拉克。

萨德 Sade, Marquis de(1740～1814) 原名Donatien-Alphonse-François, comte (count) de Sade。法国小说家、哲学家。在七年战争结束后放弃军职。他结婚并卷入同妓女、被他诱拐的当地年轻人之间的放荡与暴虐的性丑闻事件，为此他多次被囚，并因此差点被处死。尽管出身贵族，他还是支持法国大革命，视其代表政治解放，与他自己所代表的性解放不相上下。他曾两度被送至精神病院(1789～1790、1801～1814)，最后在那里过世。在监狱中他克服了厌烦和怒火开始写色情小说和戏剧。1785年写的《所多玛的一百二十天》是4个浪荡子诱拐受害者从事不停地反常纵欲狂欢的故事。最著名的小说《朱斯蒂娜或美德的不幸》(1791)中女主人公因不能理解没有道德的上帝及欲望是唯一真实之事而备受折磨。其他作品包括《卧室的哲学》(1793)和《激情的罪恶》(1800)。

萨迪斯 Sardis 又作Sardes。小亚细亚古城，位于士麦那东部。公元前7世纪起为吕底亚王国重要城市及首都，也是第一个铸造金银币的城市。约公元前546年被波斯人占领，公元前133年归属罗马人。公元17年毁于一场地震，后重建，直至拜占廷时代晚期依然是小亚细亚的大城市之一。1402年为帖木儿所灭。其遗迹包括古吕底亚城堡，但挖掘出的仿希腊风俗和拜占廷建筑风格的城市的遗存比古吕底亚镇的还要多。

萨蒂 Satie, Erik(1866～1925) 原名Eric Alfred Leslie。法国作曲家。母亲是苏格兰人，在他7岁时去世。他被送回到住在诺曼底的祖父母处，由当地的管风琴师教他学习音乐。返回巴黎后，进入巴黎音乐学院学习(1879～1882)。自1888年起，开始在黑猫

歌厅一个波西米亚人的聚居地表演钢琴，并成为“玫瑰十字会运动的正式作曲家”。他居住在一个工人阶层的贫困地区，1911 年因 M. 拉威尔演奏了他的《三首萨拉班德舞曲》(1887)而开始成名，并被认为是现代音乐的先驱。虽然被视为名人，但他还是保持着怪异的生活方式，并经常同崇拜他的人，包括 C. 德彪西、J. 科克托和六人团发生争执。他的大部分短篇钢琴曲都跟他一样怪异而富有智慧，也像他一样迷人。他还常常起一些奇怪的作曲名称，如《三首梨形乐曲》。

萨蒂　suttee　又作 sati。印度的一种习俗，指寡妇在亡夫火化时跳入火中或在亡夫火化后不久自焚。这种习俗可能源于丈夫死后也需要伴侣的古老观念，反对者认为这是一种对妇女敌视的体现。萨蒂在公元前 4 世纪发展，17 ～ 18 世纪广泛传播。1829 年在英属印度被禁止，但其后很多年仍不断出现，至今边远地区仍有发生。

萨顿胡　Sutton Hoo　英国萨福克庄园，内有一盎格鲁-撒克逊国王的坟墓或衣冠冢。为在欧洲发现的最富丽堂皇的日耳曼墓葬之一(1939)，里面有一 24 米长的木船棺椁，内有为死者准备后世用的物品(但没有尸体)。萨顿胡兼有异教和基督教的特点，有很多金银器，如杯子和碗，可能是雷德沃尔德(624 年卒?)或埃塞尔希尔(654 年卒)的坟墓。墓葬的一些瑞典特色表明东英吉利王朝的祖先可能是瑞典人。

萨尔　Saarland　又作 Saargebiet。德国西南部一州。濒临萨尔河。该地区从 17 世纪起为法德两国所争夺，直到 1815 年法国根据《巴黎条约》将该地区大部分割让给普鲁士。1871 年阿尔萨斯-洛林加入德意志帝国疆土时，萨尔就不再是一个边界州，并快速发展为采煤和工业地区，生产钢铁。第二次世界大战后为法军占领，后来归还德国，1957 年设州。首府萨尔布吕肯。面积2 569平方千米。人口约1 066 470(2002)。

萨尔布吕肯　Saarbrücken　德国西南部萨尔州首府。濒临萨尔河。1321 年设建制，属拿骚-萨尔布吕肯伯爵所有，直到 1793 年为法国人占领，1815 年落入普鲁士之手。1919 年成为萨尔地区首府。1909 年由原萨尔布吕肯和布尔巴赫-马尔斯塔特、圣约翰以及圣阿努阿尔等地合并组成现在的城市。1959 年成为萨尔州首府。古建筑包括 18 世纪的巴罗克式路德维希教堂、圣阿努阿尔的哥特式修道院教堂(约 1270 ～ 1330)及萨尔河上的古桥(1546)。人口约182 858(2002)。

萨尔茨堡　Salzburg　古名 Juvavum。奥地利中北部城市，位于萨尔察赫河河畔。最初为凯尔特人定居点，后成为罗马人的城镇。739 年圣卜尼法斯将其设为主教区，798 年升格为大主教区。1278 年该地大主教成为神圣罗马帝国诸侯，萨尔茨堡市遂成为他们强大的教会公国所在地。数世纪以来，萨尔茨堡一直是音乐中心。W. A. 莫扎特就在该地出生。这里举办一年一度的萨尔茨堡节。醒目的建筑包括文艺复兴时期和巴洛克时期的房屋、大主教的宅邸以及一座 17 世纪的大教堂。人口约142 662(2001)。

萨尔蒂约　Saltillo　墨西哥东北部城市，科阿韦拉州首府。1575 年建立，是西班牙人在该地区的第一个定居点。1824 ～ 1836 年为一大省(包括现今得克萨斯州和美国西南部其他地区)首府。现为商业、交通和制造业中心。生产毛织品、针织品和面粉。附近山脉有金、银、铅和煤矿。海拔1 600米，气候干爽宜人，为避暑胜地。人口约709 671(2010)。

萨尔贡　Sargon(公元前 2334 ～前 2279 年？在位)　古代美索不达米亚统治者。他的事迹来源于神话和传奇，其都城阿加德确定的位置不得而知。最初可能是一个王室尝酒侍臣，后因打败闪米特国王而成名，并夺得了美索不达米亚南部的王国，成为第一个操阿尔卡德语而不是苏美语的国王。他将帝国疆土从伊拉克扩展到安纳托利亚，与印度河流域、阿曼、波斯湾海岸、卡帕多西亚和地中海地区的贸易繁荣。

萨尔贡二世　Sargon II(？～公元前 705)　亚述国王(公元前721 ～前 705)。他继续进行父亲提革拉·帕拉萨三世的帝国修建工程，其目标之一是扩展他所继承的帝国以证明亚述神阿舒尔的威力。他征服的疆域从巴比伦南部一直延伸到亚美尼亚及地中海地区。他可能是在波斯西北部的战斗中阵亡的。其子辛那赫里布继承了他的王位。

萨尔贡二世，豪尔萨巴德王宫的浮雕局部；现藏巴黎卢浮宫
By courtesy of the Musee du Louvre, Paris; photograph, Maurice Chuzeville

萨尔加多　Salgado, Sebastião(1944 ～　)　巴西摄影记者。生于巴西艾莫雷斯。曾一度当过经济学家，1971 年转向摄影工作。在此后的十年他拍摄过尼日尔的饥荒与莫桑比克的内战。1979 年加入知名摄影记者的玛格纳摄影协会，两年后他因所拍的 J. 欣克利企图暗杀 R. 里根总统的照片而声名卓著。自 20 世纪 80 年代中期，他全身心致力于做长期项目，这些项目通过一系列的影像来进行叙述，通常是以流浪汉与受压迫者为主题。他深受赞扬的摄影集包括《另类美洲》(1986)、《工人》(1993)和《移民：变迁中的人》(2000)。

萨尔马特人　Sarmatian　可能是公元前 6 ～前 4 世纪从中亚地区迁徙到乌拉尔山，在俄罗斯(欧洲部分)的南部和巴尔干东部地区定居的伊朗人的后代。他们同西徐亚人有紧密联系，是出色的骑士和战士，以行政和政治的精明获得广泛的影响。萨尔马特妇女可能是受了希腊神话中亚马孙的影响，与男子一同征战。到了公元前 5 世纪，他们已经控制了乌拉尔山和顿河之间的土地，到公元前 2 世纪已经征服了西徐亚人，统治了俄罗斯几乎全部南部地区。他们同日耳曼部落联合，在公元 1 世纪前一直对西方构成威胁。在入侵达契亚和下多瑙河后，他们被哥特人打垮。许多萨尔马特人加入了哥特人对西欧的侵略。萨尔马特人在公元 370 年后被匈奴人打败。他们的后代在公元 5 世纪之后已不可考。

萨尔塔　Salta　阿根廷西北部城市。位于安第斯山莱尔马灌溉谷地，濒临萨拉多河的源头。1582 年建立，当时名为莱尔马桑非力。在 1813 年的阿根廷独立战争中西班牙皇家军队在此被击败。现在经济以农业、伐木业、畜牧业和采矿业为主。为旅游中心，附近有温泉，很受游客欢迎。作为对印加人和其他前哥伦布时期印第安人文化进行考古研究的中心，萨尔塔的重要性不断得到提升。人口约536 113(2010)。

萨尔瓦多　El Salvador　正式名称 Republic of El Salvador(萨尔瓦多共和国)。中美洲共和国。面积：21 042 平方千米。人口：约 6 109 000(2013)。首都：圣萨尔瓦多。人口大多数是梅斯蒂索人，其他主要为印第安人。语言：西班牙语(官方语言)。宗教：基督教(主要为天主教，也有部分新教和其他基督教派)。货币：美元。是中美洲面积最小、人口最稠密的国家。两座火山山脉横跨该国，南部有一狭长的海岸地带和高的中央平原。气候分布从低地的炎热、潮湿，到高地的较凉爽、更加潮湿。高海拔地区布满云林。该国经济为发展中经济，以服务业、贸易、制造业和农业为基础，咖啡、甘蔗和棉花是主要出口作物。居住在美国的侨民寄回汇款是该国最大的收入来源。该国属共和政体，一院制。国家元首暨政府首脑为总统。1524 年西班牙人来到该地区，1539 年征服了皮皮尔印第安人的库斯卡特兰王国。西班牙人将萨尔瓦多划分为两个区，即圣萨尔瓦多和松索纳特，两地都附属于危地马拉。1821 年西班牙人的统治结束后，圣萨尔瓦多人反对并入墨西哥帝国。1823 年帝国瓦解，松索纳特和圣萨尔瓦多在中美洲联省内组成新的萨尔瓦多国。1841 年获得独立。建国后，该国经历了政治大动荡，势力强大的经济利益集团在 19 世纪的大部分时间和 20 世纪初控制着这个国家，但后来被一个军事独裁政府所取代，并从 1931 年一直持续到 1979 年。1982 年举行大选成立了新政府，但是，尽管新宪法于 1983 年通过，内战在 20 世纪 80 年代仍然持续不断。1992 年签署和平协议，战争结束，但暴力犯罪成为了一个大问题。尽管采取了经济改革措施,该国在21世纪还是受到通货膨胀和高失业率的困扰。2006年萨尔瓦多正式加入与美国签订的《中美洲自由贸易协定》。萨尔瓦多于1968年首次参加在墨西哥城举办的夏季奥运会。

萨尔瓦多 Salvador 又称Bahia(巴伊亚)。巴西东北部城市和港口,巴伊亚州首府。位于万圣湾和大西洋之间的半岛的南端。为巴西最古老的城市之一,建于1549年,当时是葡属殖民地首府。由于位于海湾沿岸蔗糖贸易中心,萨尔瓦多常遭海盗袭击,荷兰人也于1624年短暂占领该地。被葡萄牙人夺回后,成为非洲奴隶贸易主要中心。1940年后开始蓬勃发展,其港口是全国最好的港口之一。重要工业包括食品和烟草加工,制陶业以及造船业。人口2 675 875(2010)。

萨尔温江 Salween River 中国境内称怒江。位于亚洲东南部。发源于西藏东部。长约2 400千米。向南流经中国云南省和缅甸东部,在毛淡棉注入安达曼海的马达班海湾。下游构成缅甸和泰国间约130千米的国界线。萨尔温江是缅甸最长的河流,在某些河段可通小船,但危险的急流使其难以成为一条重要水道。

萨凡纳 Savannah 美国佐治亚州东南部城市。位于萨凡纳河河口,是佐治亚州最古老的城市,也是一个重要港口。由J.奥格尔索普始建于1733年,是佐治亚殖民地的旧址、殖民地政府所在地和1786年前的州首府。它在美国南北战争时期是南方邦联的主要物资补给站,也是1864年W.T.谢尔曼将军进军海洋的目标。该城市因其修建在一系列小公园周围的古老美丽建筑而闻名,是一个旅游中心。有几所高等学府。人口约136 286(2010)。

萨凡纳河 Savannah River 美国佐治亚州东部河流。发源于塔加卢和塞尼卡河在哈特韦尔坝汇合处,向东南流,形成佐治亚州和南卡罗来纳州的边界。流经505千米后在萨凡纳上游注入大西洋。在萨凡纳有8千米的远洋航道可以通远洋船,驳船可通奥古斯塔。

萨夫迪 Safdie, Moshe(1938～) 以色列裔加拿大建筑师。在加拿大麦吉尔大学建筑学院学习后,开始在L.卡恩的建筑事务所工作。他所设计的"1967年生境馆"是一组以个人公寓为单位的预制式混凝土住宅群,分布在锯齿形构架上,状如不规则地堆积起来的建筑砌块,使人想起了意大利的山城小镇或印第安人集体居所普韦布洛。此类运用比例基准单位建造的预制组合式住屋作为大胆的实验,引起当时各国建筑界的注意,但作为造价低的建造方式却无法风行起来。后来的作品有耶路撒冷的一所犹太教拉比学院(1971～1979)、美国马里兰州巴尔的摩附近的科德斯普林新城(1971)。1978～1984年在哈佛大学任都市设计中心主任、教授。

萨伏那洛拉 Savonarola, Girolamo(1452～1498) 意大利传教士、宗教改革家和殉教士。1475年加入多明我会,并被派往佛罗伦萨在圣马可女修道院传教,在那里因其学识和禁欲主义闻名。他提出教会需要改革,认为教堂应该遭到鞭笞以获得重生。在推翻了梅迪契家族的统治(1494)后,他成为了佛罗伦萨的领导人,在那里建立了民主但清苦的政府,并寻求建立一个天主教的共和国作为改革意大利和教会的基地。他遭到梅迪契家族的支持者阿拉比亚党和教皇亚历山大六世的反对,教皇还试图制止他对经文的阐释以及他所宣称的预言能力。萨伏那洛拉受到审判,被定为异端(1498),被判处绞刑与火刑。尽管他受到广泛崇拜,但试图将他封为圣人的努力最终还是没有成功。

萨伏那洛拉,F.巴托洛米奥绘;现藏佛罗伦萨圣马可博物馆
Alinari-Art Resource/EB Inc.

萨伏依 Savoy 法语作Savoie。意大利语作Savoia。法国东南部和意大利西北部历史地区。从11世纪起,萨伏依伯爵就统治着神圣罗马帝国的属国阿尔勒国的这部分地区。后事实上独立并越过阿尔卑斯山脉扩张,包括了意大利皮埃蒙特的平原地带。18世纪皮埃蒙特和萨伏依被并入撒丁王国,萨伏依的公爵成为撒丁的国王。萨伏依和皮埃蒙特在1792年被割让给法国,但萨伏依在1815年恢复了其传统统治,并将热那亚纳入版图。1860年萨伏依、热那亚和皮埃蒙特与其他意大利州一起组成了意大利王国。萨伏依王室在1946年意大利共和国建立前一直是统治意大利的王室。

萨伏依王室 Savoy, House of 欧洲历史上著名的王朝,1861～1946年统治意大利的王室。其建立者为拥有萨伏依、罗讷河以东及日内瓦湖以南地区的亨伯特一世(?～1048?)。中世纪时期,他的继承人,包括阿马戴乌斯六世在内,将法国、意大利和瑞士交界的阿尔卑斯山西部并入了版图。1416年该王室被提升为神圣罗马帝国的公爵,但此后直到16世纪晚期一直处于衰败的状态。虽然它在17世纪归法国统治,但该王室在维克托·阿马戴乌斯二世时代获得了意大利东北部的领土,并夺得皇室的头衔,先是西西里国王(1713),后改为撒丁国王(1720)。萨伏依王室在复兴运动时期很强盛,在国王维克托·伊曼纽尔一世、二世和查理·阿尔贝特领导下对19世纪意大利统一作出了贡献。它后来失去了其主导地位,其君王翁贝托一世和维克托·伊曼纽尔三世只是名义上的国王,1946年的公民投票,赞成共和政体,从而结束了萨伏依王室的统治。

萨福 Sappho(活动时期公元前610～前570) 希腊抒情诗人。尽管有许多关于她的传说,但是她的生平鲜为人知。只知道她出生在莱斯沃斯岛,并且成为一个非正式的女性社团蒂阿兹的领导,该组织的目的是为年轻妇女提供教育,特别是婚姻教育。她的诗歌主题是个人的,反映了蒂阿兹的活动和氛围。她的作品大部分用方言写成,不是正式的书面语,措词简洁、直截了当、描写生动,并且涉及许多方面。作品包括祝婚歌和她对别的女人所表达的爱慕之情,因而衍生出lesbian(女同性恋,源自莱斯沃斯岛的名称Lesbos)一词。虽然她在古代颇受赞赏,但大部分作品到中世纪初就已不知去向,现在保存完好的仅有一首《阿弗洛狄忒颂》,全诗共28行。

萨福克 Suffolk 英格兰东部一郡。濒临北海,北部有史前的燧石矿。在盎格鲁-撒克逊时代是东英吉利亚王国的一部分,在萨顿胡埋的船棺椁可追溯到那个时期。中世纪因羊毛业的兴起而十分繁荣。从那时起,农业成为其主要经济活动,农作物包括谷类、甜菜和蔬菜。纽马基特因其赛马训练站而著名,沿海地区有多处度假胜地。首府伊普斯威奇。人口约668 548(2001)。

萨福克绵羊 Suffolk 黑脸无角的中细毛绵羊品种,19世纪初在英格兰以诺福克有角母羊配南丘公绵羊育成。萨福克羊多产,早熟,胴体质优,而且精力充沛,动作敏捷,耐力好。于1888年被引进美国,其羔羊肉很受欢迎。

萨格勒布 Zagreb 克罗地亚首都。1093年首次被提及,当时一个天主教教区设于此地。中世纪时,该区域还保留着一个市民居住处和一个教会的居住处。19世纪兴建了大量新建筑并扩展到萨瓦河泛滥平原。19世纪克罗地亚民族复兴时期,该市是泛南斯拉夫运动和克罗地亚独立运动的中心。1991年克罗地亚脱离南斯拉夫,在随后发生的内战中城市受到严重破坏。现为克罗地亚的重要工业中心。人口约691 724(2001)。

萨根 Sagan, Carl (Edward)(1934～1996) 美国天文学家、科普图书作家。生于纽约州布鲁克林。在芝加哥大学获得博士学位。1962～1968年在史密森天体物理天文台从事行星天文研究和塞提计划(SETI,地外智力的探测)。萨根以清晰的写作和对科学的热忱闻名,成为受欢迎的科普图书作家和科学评论员。1977年出版的《伊甸园之龙:人类智力演化的推论》获普利策奖。他是1980年电视剧《宇宙》的制作人之一,也是叙事人,而与这个节目搭配的书是最畅销的英语科普书籍。20世纪80年代他参与研究核战对环境造成的后果,"核冬"一词的普及与他的推广有关。

萨瓜罗掌 saguaro 仙人掌科大型植物,学名*Cereus giganteus*或*Carnegiea gigantea*。原

产自墨西哥及美国亚利桑那及加利福尼亚。初期生长缓慢，成熟后可能高到15米，生长50～75年始开花，株龄可达150～200年（重量可达10吨或9 000千克），最主要死因是被风拔起或被雨水冲倒。根系分布浅而宽，适于大面积沙漠吸水，以支持沉重的顶部的生长。花白色，夜间开放，可延续到次日白天，此白花是亚利桑那州的州花。红色果实一直是美洲印第安人的重要食物。

萨哈罗夫 Sakharov, Andrey (Dmitriyevich)（1921～1989） 苏联核物理学家和倡导人权的学者。他曾同I. Y. 塔姆（1895～1971）一起研发出苏联的第一颗氢弹，但在1961年他却反对N. 赫鲁晓夫在大气层试爆一亿吨当量氢弹的计划。1968年在西方发表了"进步、共存和思想自由"的文章，要求裁减核武器并批评苏联对持不同政见者的压迫。他和妻子Y. G. 波奈尔继续在苏联为争取公民自由和进行改革而努力。1975年获得诺贝尔和平奖，但却被禁止前往奥斯陆领奖。1980年被流放到封闭的高尔基市（今下诺夫哥罗德），他的妻子在1984年也被流放到这里。在1986年他们被释放并返回莫斯科。1989年恢复名誉，他的很多提议在M. 戈尔巴乔夫的政府中成为国策。

萨基 Saki（1870～1916） 原名H(ector) H(ugh) Munro。苏格兰作家。早期当过记者，撰写政治讽刺文章，并任报刊驻外记者。1908年定居伦敦。撰写喜剧性短篇小说和小品文，有《雷金纳德》（1904）、《雷金纳德在俄国》（1910）、《克洛维斯记事》（1911）和《野兽和超级野兽》（1914）。最著名的作品有《托伯莫里》和《开着的窗》。作品中警句甚多，结构严谨，揭示出作者残酷的性格，他自认为是那种"可怕的孩子"。在第一次世界大战中阵亡。

萨迦 saga 在挪威和冰岛，基本上以散文形式叙述杰出的人物和英雄事件的文学体裁，尤其是指12世纪末及13世纪时冰岛的手抄本中所记载的故事。曾经被认为是口传而最后被记载下来的历史，但现在认为萨迦是运用了各种不同程度的想象力并根据美学原则来重现过去的历史。在萨迦中，英雄气概和忠诚是重要的完美典型，而复仇也常出现其中。叙事时对行动的展现着墨较多，甚少描述主角的内心动机及观点。现代学者将这一体裁分为3大类：王室萨迦（记叙斯堪的纳维亚各统治者的生平）、神话萨迦（主题从神话和传说而来）和冰岛家族萨迦。

萨金特 Sargent, John Singer（1856～1925） 美裔英国画家。他是一对富裕的美国夫妇的儿子，出生在意大利，在欧洲长大，直到1876年才来到美国。曾在巴黎学习绘画，1879年旅行到马德里和哈勒姆学习D. 委拉斯开兹和F. 哈尔斯的作品。此后不久他最优秀的作品就产生了。最著名的是《某夫人》，在1884年的沙龙上引起流言蜚语。评论家认为该画怪异、色情，被画像之人的母亲认为该画使其女儿成了笑柄。遭受此挫折后，他迁往伦敦定居，但时常访问美国。《蓓尔美尔新闻报》投票认为他的作品《维克斯姊妹》（1884）为年度最差作品，直到1886年赢得声誉后，他才快乐地在美国和英国安度余生。他高贵的肖像画创造了爱德华时期上流社会不朽的形象，其中最优秀的作品用文雅的画风把握住了人物真情流露的瞬间。1907年他几乎放弃了肖像绘制，以后一直致力于壁画和风景画的创作。

萨卡加维亚 Sacagawea（1786?～1812） 肖肖尼印第安人妇女，曾背负幼儿，随刘易斯和克拉克远征（1804～1806）长途跋涉蛮荒之地。虽然当远征队开始时，她已和她的族人分隔10年，萨卡加维亚帮忙购买马匹并雇用一队肖肖尼人为向导（由其兄弟卡米亚韦特率领），使几陷绝境的远征队重逢生路。萨卡加维亚不避艰难险阻的顽强毅力极富传奇色彩。

萨卡特卡斯 Zacatecas 墨西哥中北部一州。面积73 252平方千米。首府萨卡特卡斯。地处多山岭的中央高原，海拔平均约2 350米。16世纪中叶西班牙人占领该地后不久即发现丰富矿藏，其中一些矿物至今仍在开采。农业、牲畜饲养和肉类加工在当地经济中也占有重要地位。人口约1 490 668（2010）。

萨卡特卡斯 Zacatecas 墨西哥萨卡特卡斯州首府。位于一个低洼狭窄的谷地，海拔2 500米。在此地发现银矿两年后（即1548年）建，1585年授予市的地位。19世纪以前，萨卡特卡斯一带的白银产量始终占世界总产量的1/5。现仍为矿业中心，也是商业和制造业中心。城西南奇科莫斯托克大片的印第安废墟附近建有当地著名的大教堂。人口约129 011（2010）。

萨柯-万泽蒂案 Sacco-Vanzetti case 美国马萨诸塞州具有争议性的谋杀罪审判案件（1920～1927）。1920年发生一桩鞋厂被抢、出纳员及保镖被杀的骇人事件，警察逮捕了意大利裔无政府主义者鞋匠N. 萨柯（1891～1927）和卖鱼小贩B. 万泽蒂（1888～1927）。经审判裁决这两人有罪。结果引发社会党人和激进分子的抗议，他们认为这两人是无辜的，许多人认为他们是因信仰而被定罪。1925年另一名被证明有罪的谋杀者招认曾参与犯罪，但是要求重审的努力失败，两人在1927年被判死刑。结果掀起全国性的抗议集会，A. 富勒州长任命一个咨询委员会，委员会同意他拒绝行使从宽的权力，于是罪犯仍被处决。他们成为激进分子心目中的殉难者，这些人认为司法制度有私心。舆论对两人是否犯罪一直持有不同看法，但多数人认为审判有瑕疵，应重新审理。

萨科齐 Sarkozy, Nicolas（1955～　） 法国总统（2007～2012），负有雄心并才能卓越的政治人物，曾任讷伊市市长（1983～2002）。2002年任希拉克政府的内政部长。2004年被任命为财政部长，但是同年辞去该职位，当选右翼政党人民运动联盟主席。2005年再次出任内政部长（2005～2007），并成功处理了持续三周左右的"巴黎骚乱"（巴黎北郊两名非洲裔穆斯林少年为躲避警察追捕，不幸触电身亡，引发巴黎郊区及周边城市的骚乱）。萨科齐对法律和秩序持强硬立场，并主张实行严格的移民政策，这为他赢得了众多支持者。2007年当选法国总统。他在欧洲事务中表现活跃，在应对欧洲主权债务危机中担当主要角色。然而，由于法国面临高失业率和经济不稳定，他的国内支持率逐渐下滑。在2012年总统大选中，他被社会党挑战者奥朗德击败，未能连任。

萨克拉门托 Sacramento 美国加利福尼亚州首府。位于萨克拉门托河和亚美利加河汇合处的中央谷地内。1839年由J. 萨特首先建立居民点，当时称新海尔维希亚，成为淘金热期间重要的贸易中心。现代城市规划始于1848年，且以萨克拉门托河命名。1854年定为州首府，后来发展为繁荣的交通运输及农产品中心。1856年成为第一条加利福尼亚铁路的终点站，1860年成为快马邮递西端终点站。1963年一条航行船只的运河竣工后，该市成为深水港。主要工业除了政府公共事业之外，还包括食品加工、印刷和航天工业。市内还有数所高等学府。人口约466 488（2010）。

萨克雷 Thackeray, William Makepeace（1811～1863） 英国小说家。曾学习法律和艺术，但不久成为一名多产的期刊作家，并使用过多个笔名。其早期作品出现于《势利人脸谱》（1848，收集他在《笨拙周刊》的文章）及《杂记》（1855～1857）中，其中包括历史小说《巴利·林登的遭遇》（1844）。萨克雷主要依靠其以拿破仑时代英国为背景的小说《浮华世界》（1847～1848）和以18世纪早期为背景的小说《亨利·埃斯蒙德》（1852）而扬名。此外，萨克雷还著有部分自传体小说《彭登尼斯》（1848～1850）。在其生活的那个时代，萨克雷所著的当代小说使其成为最可能与C. 狄更斯竞争的小说家，但到了20世纪，他受欢迎的程度开始下降。

萨克雷，油画，S. 劳伦斯绘；现藏伦敦国家肖像画陈列馆

By courtesy of the National Portrait Gallery, London

萨克林 Suckling, Sir John（1609～1642） 英国骑士诗人、戏剧家和朝臣。18岁时继承父亲的庞大遗产，成为朝廷的要人，以侠义和

赌棍著称，据说克里巴奇牌戏是他发明的。在参与营救囚禁在伦敦塔中的斯特拉福德伯爵的谋划败露后，他逃亡法国，据说后来自杀身亡。曾写过4部剧本，最优秀的是生动的喜剧《妖精》(1638)。他最著名的诗是抒情诗，其中最好的作品是轻松自然的诗。他的巨著《诗人盛会》是按当时的街头民谣的风格和韵律写成的。

萨克森　Saxony　德语为Sachsen。德国历史地区，过去曾是州，今为德国新建的州。1180年前，萨克森一名指的是在200～700年被日耳曼撒克逊人攻占的领地。8世纪晚期被查理曼征服并基督教化。9世纪中期成为日耳曼法兰克王国的一部分。1180年该地区分成两个较小且相距甚远的州：位于易北河下游的萨克森-劳恩堡和位于易北河中游的萨克森-威登堡。从1422年起，该地名被用来指一片宽广的地区，包括从图林根至卢萨蒂亚的波西米亚周边地区。1871～1918年间是德意志帝国的一部分，在1919～1933年**魏玛共和国**期间是一个自由州。该州1952年取消，分割到德意志民主共和国时期的几个区内。1990年德国统一后，成立了一个新的萨克森州。

萨克斯　Sachs, Nelly (Leonie) (1891～1970)　德国女诗人、剧作家。出身富裕家庭，写诗多为自娱，直至纳粹出现才使她的作品变得黯淡起来，并被迫逃往瑞典。这时期她的抒情

N. 萨克斯，摄于1966年
UPI

诗既简朴精练，又充满种种温柔、冷酷或神秘的意境。她的名诗《啊！烟囱》(1967)，描写犹太人的尸体化作清烟从纳粹的死亡营里飘走。她最有名的剧本是《艾利》(1951)。1966年与S. Y. **阿格农**同获诺贝尔文学奖。

萨克斯　Sacks, Oliver (Wolf) (1933～　)　英裔美国精神医学家、作家。1960年移居美国，在加州大学专修精神医学，1965年进入纽约爱因斯坦医学院工作。他写有许多关于精神病患个案病史的著作。对受到特殊病例折磨的同情，包括图洛特-加龙省氏症候群、健忘症、自闭症，已成为其著作的特色。有关**睡眠病**的长期影响之《睡人》，于1990年拍成电影。其他的著作包括《错把太太当帽子的人》(1986)、《火星上的人类学家》(1995)。

萨克斯　Sax, Adolphe (1814～1894)　原名Antoine Joseph。比利时乐器制作家。他是一名熟练的乐器制作家的儿子，帮助父亲干到1842年，改进了单簧管和低音单簧管。他后来在巴黎开店，得到了H. **柏辽兹**和F. 阿列维(1799～1862)等音乐家的支持，但遭到法国乐器制作商的反对。他发明了几种新的乐器系列，包括萨克斯小号、萨克斯大号和最成功的萨克斯管。他是一个优秀的木管乐器演奏家，1857～1871年在巴黎音乐学院教萨克斯管。

萨克斯管　saxophone　带圆锥形金属管和指孔的单簧族管乐器。虽然它由黄铜制成，但却属于木管乐器。其吹奏方法与单簧管类似。萨克斯管家族包括至少8种不同的乐器，最常见的是高音和低音萨克斯管。最小的(高音段)萨克斯管是直的；而其余的萨克斯管则有弯曲的颈部，其喇叭口都是向上及向外弯。都是降B调和降E调的移调乐器，具有同样的3个半八度音程。A. **萨克斯**于1846年获得专利，他发明了两个独立的乐器家族，分别供军队和交响乐团使用。虽然很少有作曲家将萨克斯管加入乐曲的编排，但它们在军队、舞蹈和爵士乐队中有重要作用。

萨克索　Saxo Grammaticus(活动时期12世纪中期～13世纪初期)　丹麦历史学家。生平不详，只知他出身西兰岛的一个丹麦武士家庭，可能做过隆德大主教的执事。他的16卷《丹麦人的业绩》是丹麦历史的第一部重要作品和丹麦对世界文学的第一个贡献。这是一部对丹麦古代和传统的全景描绘，给许多19世纪的丹麦浪漫主义诗人带来了灵感，也是W. 莎士比亚的《哈姆雷特》故事的原始出处。萨克索流畅优美的拉丁语在14世纪为他赢得了"语法老师"的美名。

萨拉班德舞　sarabande　17～18世纪流行于法国宫廷和整个欧洲的3拍节奏缓慢、严肃的行进舞。源于西班牙或墨西哥，最初是活泼的舞蹈，男女舞者分别排成两行，由轻快的音乐和响板击节伴奏。原被认为不合礼仪，1583年遭西班牙禁止。17世纪初，在法国和意大利该舞蹈被改成节奏慢且高贵的宫廷舞版本。通常在第二拍时会有一装饰音的慢板萨拉班德舞，后成为巴罗克式**组曲**的标准节奏。

萨拉查　Salazar, António de Oliveira (1889～1970)　葡萄牙总理(1932～1968)。曾是一名经济学教授，后被A. 卡尔莫纳任命为财政部长(1928)，1932年被任命为总理。他的新宪法建立了极权主义的新国家，削弱了政治自由，并致力于经济恢复政策，他本人也因此成为一名实际上的独裁者。他赞同F. **佛朗哥**和轴心国，但在第二次世界大战期间一直坚持葡萄牙的中立地位。他极大地改善了该国的交通、公用事业和教育系统。在普遍非殖民地化之后他还试图保留葡萄牙在非洲的殖民地。掌权36年后，1968年他患中风无法继续任职，在不知情的情况下由别人接任总理一职。

萨拉丁　Saladin (1137/1138～1193)　全名Salah al-Din Yusuf ibn Ayyub(萨拉哈丁·优素福·伊本·阿尤布)。他是埃及、叙利亚、也门和巴勒斯坦的库尔德人苏丹和阿尤布王朝的开国君主。年轻时喜欢学习宗教而不是军事，后在其叔父引导下开始军事生涯。他在叔父去世后下令刺杀埃及**法蒂玛王朝**的势力强大的首相沙韦尔，后出任埃及首相。他在1171年废黜了什叶派法蒂玛王朝的哈里发并宣布在埃及恢复伊斯兰教逊尼派的教义。他从1174年起作为埃及和叙利亚的苏丹，成功地将埃及、叙利亚、美索不达米亚北部和巴勒斯坦统一。他的声望极高且被认为是一个有品德的人，其严厉的统治重新激起了穆斯林人对十字军的反抗。在1187年，他将自己的全部力量集中起来反抗拉丁的十字军王国，将88年来处于**十字军**统治下的耶路撒冷重新收回。当天主教军队滥杀无辜时，他的军队却有严明有礼的秩序。他的胜利震惊了西方世界，并导致了历史上的第三次十字军东征(1189～1192)，他同理查一世对抗。他们之间的对峙最终以和平结束，十字军只得到了从提尔到雅法的一小片土地。萨拉丁被认为是最伟大的穆斯林英雄之一。

萨拉多河　Salado River　阿根廷东部河流。流经**南美大草原**，大致向东南流约640千米，到达布宜诺斯艾利斯东南部并注入大西洋。在1800年以前，它是东北面的西班牙殖民地和西南面的土著印第安人的界河。

萨拉戈萨　Saragossa　西班牙语作Zaragoza。西班牙东北部阿拉贡自治区首府，位于厄波罗河南岸。公元前1世纪末，原为凯尔特的萨尔杜巴城被罗马人征服，成为奥古斯都皇帝的属地，改名凯撒奥古斯塔。3世纪设主教辖区。约714年被摩尔人夺取。12～15世纪为阿拉贡首府。该地1808～1809年两度遭法军围困，在《恰尔德·哈罗尔德游记》一诗中受到英国诗人拜伦的歌颂。现在是工业中心，也是每年一次的全国贸易交易会所在地。著名建筑物有罗马式和哥特式教堂和宫殿。有一所大学，建于1474年。人口约614 905(2001)。

萨拉马戈　Saramago, José (1922～2010)　葡萄牙小说家。出身贫困，在做焊接工期间坚持半工半读。后来转而从事新闻和翻译工作。1947年出版他的第一部小说《罪恶的国家》。1982年，他的突破性新作《修道院纪事》问世。小说将寓言式的幻想穿插于残酷的现实描写之中，讲述成千上万的劳动者修筑修道院的故事。他的后期作品融合了神奇的写实主义与坦率的政治评论，包括《石筏》(1986，可能是他最著名作品)，《盲》(1995)。1998年获诺贝尔文学奖。

萨拉曼卡　Salamanca　古称Salmantica或Helmantica。西班牙西部城市，一个重要的伊比利亚人居住地，公元前217年被**汉尼拔**洗劫。后来成为一个罗马商站。8世纪被摩尔人占领，1087～1102年间被基督教徒重新征服。**半岛战争**期间被法国人占领。该城是

一个文化中心以及一个农业区的商业中心。它的许多有历史意义的建筑物包括 12 世纪的罗马式大教堂、哥特式大教堂(始于 1513 年)和萨拉曼卡大学(1218 年成立)。人口约 156 368(2001)。

萨拉米斯　Salamis　塞浦路斯古代城市。位于塞浦路斯东部海岸,同腓尼基、埃及和西利西亚都有频繁的贸易往来。根据记载,该城市由特洛伊战争中的英雄陶瑟建立。在希腊和波斯战争时期是一个主要的希腊中心,也是公元前 449 年希腊海军获胜的地方。公元前 306 年德米特里一世(围城者)在此打败埃及的托勒密一世(救星)。后来圣保罗和圣巴拿巴来过此地。在拜占廷统治下,337 ～ 361 年经君士坦丁二世重建后成为康斯坦蒂亚。647 ～ 648 年被阿拉伯人毁坏后遭遗弃。

萨拉热窝　Sarajevo　波斯尼亚-黑塞哥维那首都。15 世纪晚期土耳其人入侵后,该地发展成贸易中心和穆斯林文化的堡垒。从 1878 年开始成为奥匈帝国的一部分(参阅奥匈帝国)。1914 年弗兰西斯·斐迪南大公遭塞尔维亚民族主义者暗杀,从而引发第一次世界大战。1992 年波斯尼亚和黑塞哥维那宣布脱离南斯拉夫独立后,这里成为一个激烈的内战战场,当时塞族民兵将数千名波斯尼亚族穆斯林从农村驱赶到城市避难。内战前该市的工业有酿酒、家具、烟草加工和汽车制造。1984 年冬季奥运会曾在此举行,现在是公路运输网中心,有铁路连接亚得里亚海。萨拉热窝保留了穆斯林特色,市内有许多清真寺和一个古代集市。人口约304 065(2007)。

萨拉托夫　Saratov　俄罗斯西部城市。位于伏尔加河畔,1590 年建为要塞,以保障沿伏尔加河的贸易路线。1616 年迁至新址,1674 年一次暴动中城堡被毁后再次迁移。19 世纪 70 年代连接莫斯科的铁路通车,萨拉托夫成为主要商业中心。市内跨越伏尔加河的公路桥(1965 年通车)是欧洲最长的公路桥之一。现在,萨拉托夫是重要的工业中心,生产电气与石化设备、机床。有一所大学(1909 年创办)和一所音乐学院。人口约 850 086(2006)。

萨拉托加战役　Saratoga, Battles of(1777)美国独立战争期间的几个战役。英国军队在 J. 伯戈因率领下从加拿大出发,与其他英军会合,在纽约的萨拉托加扎营后,与 H. 盖茨所率领的大陆军打响弗里曼农庄战役,即第一次萨拉托加战役(9 月 19 日)。英军未能突破美军战线,后在比米斯高地战役中遭到 B. 阿尔诺将军率领的美军的猛烈反击,此为第二次萨拉托加战役(10 月 7 日)。由于军力减少到只有5 000人,伯戈因开始撤退,但盖茨率领20 000人包围了萨拉托加的英军,迫使他们投降(10 月 17 日)。美军的胜利促使法国公开承认美国独立,并给予军事援助。

萨莱纳斯·德戈塔里　Salinas (de Gortari), Carlos(1948 ～ 　)　墨西哥总统(1988 ～ 1994)。墨西哥一参议员之子,曾在哈佛大学获得经济学博士学位,并担任过各种政府职位。1988 年以微弱优势当选总统,其舞弊行为受到广泛谴责。他实施经济紧缩和私有化计划,出售了数百个低效率的国营公司,并将部分款项用于基础设施和社会服务建设上。他的政府在 1991 ～ 1992 年间参与《北美自由贸易协议》。他的任期满后紧接着就是经济崩溃,使他成为了被严厉批评的目标。他的党内继承提名人被暗杀,使人认为是他策划的,他因此被迫逃亡美国,最终到了爱尔兰。他的兄弟劳尔涉嫌大量受贿,1999 年因另一桩谋杀案被判处死刑。

萨莱诺　Salerno　意大利南部城市。位于萨莱诺湾,由罗马人在公元前 197 年成立,原为一个古老的城镇。从 646 年起是伦巴第公爵领地的一部分,后在 839 ～约 1076 年是独立的伦巴第公国首府。在被诺曼人罗伯特·圭斯卡德占领后成为其首府。萨莱诺后来成为那不勒斯王国的一部分。在第二次世界大战期间,该城市是盟国登陆部队和德军一个主要战役的战场(1943-09)。它是该工业区的一个繁忙港口,其主要建筑包括一个医学院(欧洲最早的医学院,可能建于 9 世纪)和大教堂(始建于 845 年,在 1076 ～ 1085 年重建),内有圣马太和教皇圣格列高利七世的陵墓。人口约144 078(2001)。

萨勒河　Saale River　德国中东部河流。为易北河左岸支流。源出巴伐利亚高地,往北流,在巴尔比之上与易北河汇合。全长 426 千米。流经图林根州时,进入一段两岸有多座城堡矗立的深谷。

萨雷马　Saaremaa　又作 Sarema。爱沙尼亚穆胡群岛的最大岛屿,位于波罗的海和里加湾之间,面积2 671平方千米。13 世纪时为利沃尼亚骑士占领,后来相继为丹麦、瑞典及俄罗斯人统治,1918 年成为爱沙尼亚的一部分。第二次世界大战时被德军占领。经济活动包括农业、畜牧业和渔业。

萨里　Surrey　英格兰南部一郡。位于伦敦西南。中世纪以牧羊为主,16 世纪发展起布料贸易。其森林覆盖的山区是木炭、建筑和造船业木材的主要来源。这些产品早期主要依靠河流运输,1801 年第一条公共铁路萨里运铁铁路的开通进一步促进了运输的发展,19 世纪其北部发展成为世界上最密集的郊区铁路网。第二次世界大战后郊区依规划持续发展。人口约1 059 015(2001)。

萨里伯爵　Surrey, Henry Howard, earl of(1517 ～ 1547)　英国诗人。由于其贵族出身和背景,伴随着亨利八世的政策,萨里卷入一场争权夺利的斗争中。1546 年从国外战场返回英格兰后,被对手指控犯有叛国罪。后来他的姐姐确认他依然是天主教徒,随后被处死,享年 30 岁。大多数诗歌在其死后 10 多年才发表。萨里与 T. 怀亚特一起将意大利人文主义诗人的风格和韵律介绍到英国,为英国诗歌伟大时代的来临奠下基础。他翻译了两卷维吉尔的《埃涅阿斯纪》,首次在英语中使用无韵诗。他还最先发展了莎士比亚采用的十四行诗形式。

萨利埃里　Salieri, Antonio(1750 ～ 1825)意大利作曲家。1766 年随 F. 加斯曼(1729 ～1774)迁至维也纳,并在那里度过他的大部分职业生涯。加斯曼去世后,他开始在帝国的宫廷中创作和指挥意大利歌剧,后来成为宫廷乐长(1788)。他是 18 世纪最后 25 年里最流行的歌剧作曲家,有很多重要的学生,包括 L. van 贝多芬、F. 舒伯特和 F. 李斯特,除了 40 多部歌剧外,他还写了很多世俗歌曲和圣歌。虽然他和 W. A. 莫扎特是对手,但他毒害 W. A. 莫扎特的传闻是没有证据的,他也不太可能在临终前宣称干过这件事。

萨利纳斯　Salinas　美国加利福尼亚州西部城市。位于蒙特雷湾东面萨利纳斯谷地,是位于埃尔卡米诺雷厄的活动中心,是圣地亚哥及旧金山间的古西班牙小道。建于 1856 年,并成为了牲畜集散地。1868 年修建了南太平洋铁路,促进了当地农业的发展。该地是 J. 斯坦贝克的出生地,在其作品尤其是《伊甸园东》中曾多次提及。人口约 150 441(2010)。

萨卢基狗　saluki　猎狗品种,其祖先可追溯到公元前 7000 年。古埃及人视它为神圣的狗,称为"埃及的忠诚狗",用它来猎取瞪羚。视觉灵敏,耐劳。外形似灵猩。耳长,皮毛柔滑。颜色可呈全白色、淡棕褐色、红棕色,也有黑色、淡棕褐色和白色混杂的。肩高 46 ～ 71 厘米,体重 20 ～ 27 千克。

萨罗特　Sarraute, Nathalie(1900 ～ 1999)原名Nathalie Ilyanova Tcherniak。法国女小说家、随笔作家。约 1940 年以前一直从事律师业,后来成为一个专业作家。她的《向性》(1939)是一部随笔集,其中介绍了她的向性运动的观点,即"没有说出来的事情和在我们的意念中一转而过的念头"。作为一名早期的新小说和法国反小说的作家和主要理论家,萨罗特抛弃了小说传统的情节、时间顺序、人物刻画以及作者观点。她的小说包括《无名氏的画像》(1948)、《马尔特罗》(1953)、《天象仪》(1959)和《这里》(1997),而她的戏剧侧重在人的相互影响中不表达出来的"近乎会话"。

萨罗扬　Saroyan, William(1908 ～ 1981)美国作家。生于加利福尼亚州弗雷斯诺。他是一名美国移民的儿子,主要靠自学成才。在大萧条时期他写出许多浮华、原创和玩世不恭的故事来歌颂生活,而不是只看到当时的贫困、饥饿和不稳定。他的很多故事都以他自己的童年和家庭为背景。其故事集包括《秋千架上的大胆青年》(1934)、《吸气和吐气》(1936)和《我叫阿拉姆》(1940)。其他作品还包括戏剧《你生活中的好时光》(1939 年,获普利策奖)和关于加利福尼亚州一个小镇的伤感小说《人间喜剧》(1943)。

萨洛蒙 Salomon, Haym（1740 ～ 1785） 波兰裔美国爱国者和金融家。因从事革命运动而被迫逃离波兰，1772 年来到纽约，很快成为一个成功的商人和金融家。曾在美国独立战争中支持殖民地人民，被英军逮捕和监禁。1778 年逃到费城，开办经纪事务所。他为新政府提供了总额逾 60 万美元的贷款，并为 J. 麦迪逊、T. 杰斐逊、J. 门罗和其他一些政治家提供无息贷款，还为美国政府争取到法国贷款。

萨马 Samar 菲律宾中东部岛屿，为该国第三大岛，仅次于吕宋和棉兰老。属米沙鄢群岛，面积13 080平方千米。1942 年被日本人占领。1944 年又被美国人夺回。岛内地势高低不平，人烟稀少。长住居民都住在沿海地区。主要经济作物为椰子和蕉麻。岛上森林遍布，东海岸有伐木业和锯木厂。人口约1 517 585（2000）。

萨马拉 Samara 旧称 Kuybyshev（古比雪夫，1935 ～ 1991）。俄罗斯西部城市和内河港。位于伏尔加河左岸，为伏尔加河与萨马拉河的汇流处。1586 年建为伏尔加河贸易通道上的要塞。1773 ～ 1774 年该地曾爆发 Y. 普加乔夫反抗叶卡捷琳娜二世的起义。后成为主要的贸易中心。第二次世界大战期间，莫斯科受到德国人威胁，许多政府部门迁来此地，促进了城市的发展。该市工业化程度很高，是管网运输中心。石油和石化是其主要工业。人口约1 158 100（2002）。

萨满 shaman 通过法术来医治疾病，占卜未知事物或控制事件的人。传统上，萨满教与北极和中亚的某些民族有关。如今这一术语被用来指世界各地与之相类似的宗教和准宗教体系。作为行医术者和祭司，萨满为人治病，主持社团祭祀，并护送死者的灵魂进入另一个世界。他通过超脱的技法来进行操作，这是一种能让他在恍惚状态中任意离开躯体的力量。在有萨满存在的文明中，患病往往被看作是失掉了灵魂，因此萨满的任务就是进入精神世界，捉拿灵魂，把它重新置入人体内。一个人可由继承或自我选择成为萨满。参阅泛灵论。

萨米恩托 Sarmiento, Domingo Faustino（1811 ～ 1888） 阿根廷教育家、政治家、作家和总统（1868 ～ 1874）。曾是乡村教师，后进入地方政界，因其坦率直言而被独裁者 J. M. de 罗萨斯流放智利。他在那里成为重要的新闻和教育界人士。在其重要的著作《法昆多》（1845）中批判罗萨斯的独裁和加乌乔的文化。1852 年返回阿根廷帮助推翻罗萨斯统治。1868 年当选为总统，他结束了巴拉圭战争，发展公立学校体系，建立技术和职业学校，并支持公民自由。

萨米人 Sami 又称 Lapp（拉普人）。斯堪的纳维亚北部游牧民族的后代。可能是古代西伯利亚民族或者是中欧的山地居民。从远古时候起，他们便靠捕猎驯鹿为生，放牧在不久前一直是他们的经济基础。数世纪前成为游牧民族。三种拉普语有时被认为是乌拉尔语族芬兰-乌戈尔语支的一种语言的几种方言，但互相间都听不懂。现在有约 3 万人。

萨缪尔森 Samuelson, Paul (Anthony)（1915 ～ 2009） 美国经济学家。生于印第安纳州加里。在哈佛大学获得博士学位。自 1940 年起在麻省理工学院任教。1986 年成为名誉退休教授。其《经济分析基础》（1947）一书阐述了他的工作的基本主题，即消费者行为的共性乃经济理论之钥。他的研究领域包括经济系统的动态学、公共财物分析、福利经济学和公共支出。其最具影响力的著作可能是有关乘数和加速效应的数学公式，以及消费分析方面重要的学说。其经典的《经济学》（1948）是美国最畅销的经济学教科书。基于他对几乎所有经济学领域做出的重要贡献，1970 年他成为获得诺贝尔经济学奖的第三人。

萨谟奈人 Samnites 古代居住在意大利南部山区中心的好战部落。这些部落可能属萨宾人一旁系。最初他们与罗马人一同抵抗高卢人（公元前 354 年），后来 3 次卷入反抗罗马人的战争（公元前 343 ～前 341、公元前 316 ～前 304、公元前 298 ～前 290）。尽管被击败，但萨谟奈人后来又帮助皮洛士和汉尼拔对抗罗马人。他们还参加过同盟者战争和反对苏拉（公元前 82 年）的内战，在内战中被击败。

萨摩利 Samory（约 1830 ～ 1900） 又称 Samory Touré（萨摩利·杜尔）。穆斯林改革家、军事冒险家。作为马林克人的一员，萨摩利 1868 年宣称自己为宗教首领，率一帮斗士在几内亚康康区建立起一个酋长国。他在 1883、1886 及 1891 年与法国人作战，并企图将疆域扩大到苏丹境内，但最后被迫将其王国迁移到上科特迪瓦。1898 年被俘，两年后去世。

萨摩斯 Sámos 希腊爱琴海中的岛屿。位于土耳其西海岸近海处，隔着萨摩斯海峡与大陆相望。岛上多树木和山峦，面积 476 平方千米。爱奥尼亚人约于公元前 11 世纪在此居住。至公元前 7 世纪萨摩斯已成为希腊主要的商业中心。该地以文化成就而闻名，尤其是于公元前 6 世纪在波利克拉特斯统治期间所取得的雕刻成就。该岛屿先后被波斯、雅典、斯巴达、罗马、拜占廷和土耳其统治。1912 年并入希腊。为一富庶岛屿，出产葡萄、橄榄、水果、棉花和烟草。人口约 33 809（2001）。

萨摩亚 Samoa 全称 Independent State of Samoa（萨摩亚独立国）。旧称 Western Samoa（西萨摩亚）。太平洋中南部岛国，波利尼西亚诸岛国中最西边的之一。面积：2 785平方千米。人口：约190 000（2013）。首都：阿皮亚（位于乌波卢岛）。人民主要为波利尼西亚人，与汤加人及新西兰的毛利人种族接近。语言：萨摩亚语与英语（均为官方语言）。宗教：基督教（主要为新教，亦有天主教及其他基督教派）。货币：塔拉。萨摩亚为萨摩亚群岛的一部分，有乌波卢岛以及萨瓦伊两个主要岛屿，皆为火山，另有 7 座小岛，其中只有阿波利马岛和马诺诺岛有人定居。属发展中经济，以农业为主，还有些轻工业、渔业、伐木业和旅游业。萨摩亚是君主立宪政体，一院制（称立法大会）。国家元首由立法大会选举产生，政府首脑为总理。波利尼西亚人在 18 世纪欧洲人到来之前在这个群岛上已居住了数千年。该群岛一直为美国、英国以及德国所争夺，直到 1899 年被美德两国瓜分。1914 年西萨摩亚被新西兰占领，1920 年国际联盟委托新西兰对该岛进行管理。第二次世界大战后，成为由新西兰管理的联合国托管地区，1962 年获得独立。1997 年西萨摩亚改名为萨摩亚。该国于 1984 年首次参加在洛杉矶举办的夏季奥运会。

萨莫耶德狗 Samoyed 又称 Samoyede。在西伯利亚培育的一种狗品种，体壮如西伯利亚爱斯基摩狗。当代的西伯利亚诸民族饲养它来拉雪橇，做陪伴，也用于放牧驯鹿。

萨莫耶德狗
Sally Anne Thompson-EB Inc.

耳直立，眼杏仁形，色深，带一种特别的“笑容”。被毛长而厚，呈白色、奶油色、灰黄色或白和淡褐色。肩高 48 ～ 60 厘米，体重 23 ～ 30 千克。萨莫耶德狗性驯顺、忠诚、伶俐，是能干的守卫和好陪伴。

萨默塞特 Somerset 英格兰西南部一郡，首府陶顿。在该地区发现了史前的村庄遗迹。罗马人曾在此开采铅矿，修建别墅；7 世纪起属于韦塞克斯王国最西端部分。萨默塞特西部的一大部分由埃克斯穆尔国家公园组成，绵长的海岸线受到保护。经济以农业为主，以苹果酒闻名；旅游业也吸引了许多游客到布里斯托尔海峡的度假城镇和历史遗迹去参观。人口约498 093（2001）。

萨默塞特公爵 Somerset, Duke of（约 1500 ～ 1552） 原名Edward Seymour。英国政治家。1536 年其妹简·西摩与国王亨利八世结婚，他备受恩宠，青云直上。任海军大臣期间曾率兵进犯苏格兰，劫掠爱丁堡（1544）。1545 年在布洛涅对法国作战，又取得辉煌战绩。1547 年亨利八世死后，他被任命为爱德华六世的摄政，实际为代理国王。他劝说苏格兰人自愿与英格兰合并，没有成功，遂入侵苏格兰，1547 年在平基战役中获胜。他采取温和的新教改革措施，却导致英格兰西部的天主教徒起义；其土地改革遭到地主和诺森伯兰公爵的反对，后者于 1549 年解除其摄政职位。1551 年被诬告犯叛国罪，次年被处以极刑。

萨默维尔 Somerville, Edith (Anna Oenone) (1858～1949) 爱尔兰作家。萨默维尔于1886年第一次见到其表妹V. F. 马丁，3年后她们出版了第一部作品《一位爱尔兰表亲》(1889)，以其合用笔名：萨默维尔和罗斯。她们共同写作了14本书，包括短篇小说集《一个爱尔兰水兵的经历》(1899)，该书及其续集是她们姐妹俩最受欢迎的作品。她们的作品以俏皮的文笔和同情的态度描绘19世纪末期的爱尔兰社会。萨默维尔在表妹马丁去世后，仍使用她们的联合笔名从事创作。

萨姆特要塞国家纪念地 Fort Sumter National Monument 美国南卡罗来纳州查尔斯敦港入口处沙利文岛上的国家纪念地，为1861年4月12日美国内战首次交锋之地。1829年开始修建，到1861年尚未竣工。这座国家纪念地于1948年落成，还包括莫尔特里要塞——美国独立战争期间美军打败英军(1776年6月28日)的地方，当时名为沙利文要塞。塞米诺尔印第安人领袖奥西奥拉就安葬在那里。

萨那 Sanaa 也门首都。位于该国西部，其所在地原为前伊斯兰时期的古霍姆丹要塞遗址，据传说此要塞在公元1世纪便已存在。632年该城皈依伊斯兰教。虽名义上从1516年开始为奥斯曼统治，但实际上从17世纪早期到1872年，该城一直为栽德派教长所控制。奥斯曼在第一次世界大战中战败后，该城成为独立的也门的首都。1990年也门与也门人民民主共和国合并，萨那成为统一后的国家首都。几百年来，萨那一直是也门高原的主要经济、政治和宗教中心。人口约1 747 627(2004)。

萨帕塔 Zapata, Emiliano (1879～1919) 墨西哥革命者和农村贫苦人民的捍卫者。西班牙人与印第安人的混血儿，17岁成为孤儿并承担起抚养弟弟和妹妹们的责任。他带领

萨帕塔，摄于1912年
Archivo Casasola

众乡民抗议大庄园主占用他们的土地，并最终用武力将土地夺回。他组织了一小支游击队帮助F. 马德罗将P. 迪亚斯赶下台。由于对马德罗政府进行的土地改革不满，萨帕塔带领游击队夺回大庄园主的土地，并将土地归还给印第安人共有的埃基多。V. 韦尔塔废黜并暗杀了马德罗之后，萨帕塔帮助打败了韦尔塔将军。他与P. 比利亚一起占领了墨西哥城，并开始进行土地改革，但得到美国承认的V. 卡兰萨总统的军队设下埋伏，使萨帕塔遭到伏击并被杀害。

萨丕尔 Sapir, Edward (1884～1939) 波兰出生的美国语言学家、人类学家。人类文化语言学(探讨人类文化和语言的关系)的奠基人和美国结构主义(描写)语言学派的主要建立者。他对美洲印第安诸语言的研究所做出的贡献广为人知。《语言》(1921)一书是他最著名的作品。

萨桑德拉河 Sassandra River 科特迪瓦西部河流。发源于西北部高地的坚巴河，与费雷杜古巴河汇流后成为萨桑德拉河。后向东南流650千米，在萨桑德拉海港注入几内亚湾。其上游出产钻石，下游是塔伊自然保护区的东部边界，因出产小河马而闻名。

萨瑟兰 Sutherland, Graham (Vivian) (1903～1980) 英国画家。在伦敦学习艺术后，1926～1940年从事并讲授版画。早期作品为严格的表现主义，后发展成超现实主义。约1935年主要转向油画，1940～1945年担任官方战地美术工作者，其战争作品记录了一种荒凉。其"荆棘时期"以重要作品《耶稣受难》(1946)为开端。萨瑟兰在他的晚期作品中加入了神人同形论、植物形式，尤其是荆棘，并将其转化为强大的、恐怖的图腾形象。他还为新考文垂大教堂设计过巨幅壁毯(约1955～1961)。

萨瑟兰 Sutherland, Joan (1926～2010) 澳大利亚女高音歌唱家。1947年在悉尼首次登台，后移居伦敦。1952年开始在科文特加登剧院的皇家歌剧团演出小角色，1959年在《拉美莫尔的露契亚》中担任主角，使她成为20世纪最负盛名的花腔女高音歌唱家之一。1961年在纽约大都会歌剧院的首演使她成为那里最受欢迎的女歌唱家。萨瑟兰以用美声唱法出演的角色著称于世，直到1990年退休。

萨斯喀彻温 Saskatchewan 加拿大西部省份。北接西北地区，东邻马尼托巴省，南与美国的蒙大拿州接壤，西接艾伯塔省。面积651 036平方千米。首府里贾纳。为平原地区，南部有草原，北部有林地，野生动物资源丰富。在哈得孙湾公司宣布占有这片土地以前，克里族印第安人已在此居住了5 000多年。该公司自1670年开始控制这片土地，直到1868年割让给英国为止。1869年之前属鲁伯特地区，1870年成为加拿大领土的一部分。从1882年起，铁路线的延伸带来了大量的欧洲移民。1905年设省。其经济依靠石油、天然气、钾碱、谷类和牲畜。萨斯卡通是该省最大城市。人口约1 033 381(2011)。

萨斯喀彻温大学 Saskatchewan, University of 加拿大萨斯喀彻温省公立大学，位于萨斯卡通市，1907年创办。设有多个文理科学院，包括研究生院、农业、兽医、工程、法律、医学、牙医、护理、药学、商业、教育、体育等学院。现有注册学生约18 000人。

萨斯喀彻温河 Saskatchewan River 加拿大东南部和中南部河流。它是艾伯塔省和萨斯喀彻温省的最大河系，源于加拿大落基山中，河源有两条：北萨斯喀彻温河和南萨斯喀彻温河，前者长1 287千米，后者长1 392千米。两条河流汇合后，向东流550千米注入温尼伯湖。曾是一条皮毛贸易的主要商道，现在提供灌溉和水力发电。

萨斯卡通 Saskatoon 加拿大萨斯喀彻温省中南部城市。1883年建立在萨斯喀彻温河畔，被提名为当时自治殖民地的首府。1890年铁路修建到此。1906年与邻近的两个城镇合并后开始迅速发展起来。作为萨斯喀彻温省最大城市，该市为文化和教育中心，也是交通枢纽和物品集散地。市内有萨斯喀彻温大学(1907年创办)。人口约222 189(2011)。

萨斯奎哈纳河 Susquehanna River 美国纽约州中部、宾夕法尼亚州和马里兰州河流。为美国东部最长的河流之一，长约715千米。发源于纽约州中部的奥齐戈湖，穿过阿巴拉契亚山脉，注入切萨皮克湾北部。由于河中的障碍和激流，它不是重要的水上航道，但其河谷是通往俄亥俄河水系的重要陆上通道，该河谷后来成为采煤中心。

萨苏埃拉 zarzuela 西班牙音乐剧，由说白、歌曲、合唱和舞蹈组成。起源于17世纪50年代贵族阶级的一种娱乐节目，以神话和英雄事迹为题材。因最初在马德里附近的萨苏埃拉皇家别墅演出而得名。重要的早期作曲家是J. 伊达尔戈(1614～1685)；早期歌词作者有L. de 维加和P. 卡尔德隆·德·拉·巴尔卡。当意大利歌剧开始流行时，萨苏埃拉采用了正歌剧的主要演唱形式，但仍然一蹶不振。18世纪末以大众化的风格重新兴起；约1840年该剧对日常生活，包括民俗音乐、舞蹈和即兴表演等进行讽刺性描述，再度兴起，在以后的100年时间里上演了大量的萨苏埃拉。自从1940年以后，几乎没有任何新作品问世。

萨索斯 Thásos 希腊岛屿，位于马其顿东北部地区，爱琴海北部。面积379平方千米。约公元前700年该岛成为来自帕罗岛希腊人的殖民地，而后希腊人在此开采金矿并建立了一所雕塑学校。公元前5世纪早期，波斯人占领该岛，后该岛又被雅典人控制并成为提洛同盟的一部分。公元前202年成为马其顿的附属国，公元前196年又成为罗马人的统治地。从15世纪中期开始，土耳其人占领该岛直至1913年其归属希腊。萨索斯的产业包括造船、捕鱼和旅游，20世纪70年代开始该地成为近海石油基地。当地发现有公元前7世纪～前2世纪的许多古代遗址。

萨特 Sartre, Jean-Paul (1905～1980) 法国哲学家、小说家和剧作家，也是存在主义最主要的代表人物。曾就读于巴黎大学，并

萨特,G.弗罗因德摄于1968年
Giséle Freund

在那里结识终身伴侣和学术上的合作者S. de 波伏瓦。他的第一部小说《恶心》(1938)叙述一个年轻人面对生存的偶然性时所体验到的一种厌恶感。在三部连续的出版物《想象》(1936)、《情感理论梗概》(1939)、《想象心理学》(1940)中,萨特巧妙地运用了E. 胡塞尔的现象学。在《存在与虚无》(1943)中,他把人的意识(或虚无)与存在(或物性)对立起来;意识是非物质的,因此可以逃脱所有决定论的控制。他在第二次世界大战结束后完成的论文《存在主义与人道主义》(1946)中,把这种偏激的自由描述成为他人幸福承载的一种责任。20世纪40和50年代,他写了许多颇受好评的剧作,其中包括《苍蝇》(1943)、《密室》(1946)、《阿尔托纳的隐居者》(1959),以及研究论文《圣热内:演员和殉难者》(1952)和《摩登时代》月刊上的许多文章,这是他与波伏瓦共同创办和编辑的一本评论杂志。作为战后法国左翼的重要人物,他曾对苏联大加颂扬——尽管他本人并非法国共产党员——直到1956年苏联坦克开进匈牙利镇压那里的起义时,他才开始谴责苏联。他的《辩证理性批判》(1960)指责马克思主义没有能够使自身适应于一些特定社会的具体境况,并且不尊重个人自由。他的晚年作品包括一部自传《话语》(1963),以及《福楼拜》(4卷,1971～1972),后者是对这位作家的冗长研究。他谢绝了授予他的1964年诺贝尔文学奖。

萨图恩　Saturn　罗马的农神,与希腊农神克洛诺斯相似。他的妻子是丰收女神奥普斯,其子女包括朱诺、尼普顿和刻瑞斯。他的庆典萨图恩节(从12月17日开始)是罗马最流行的节日。其影响力在圣诞节和西方新年的冲击下仍能感受到。在萨图恩节期间,一切贸易暂停,人们互换礼物,奴隶可以享受一下象征性的自由。现今保留的萨图恩神殿位于罗马大广场。Saturday(星期六)一词就是源自萨图恩。

萨瓦河　Sava River　又作Sabi River。欧洲南部巴尔干半岛西部河流。全长940千米,流域涵盖了斯洛文尼亚、克罗地亚、波斯尼亚及塞尔维亚北部的大部分地区。源于尤利安山,源头有两条河,在拉多夫利察汇合。后流经斯洛文尼亚和克罗地亚,形成克罗地亚和波斯尼亚的界河,最终在贝尔格莱德与多瑙河汇合流向塞尔维亚。

萨旺尼河　Suwannee River　美国佐治亚州东南部和佛罗里达州北部河流。发源于奥克弗诺基沼泽,在萨旺尼海峡注入墨西哥湾,全长400千米,绝大部分都在佛罗里达境内。该河即S. 福斯特的名曲《双亲在家园》中的萨旺尼河。18世纪80年代萨旺尼海峡的海湾和入口是海盗的聚集地。

萨文比　Savimbi, Jonas (Malheiro)(1934～2002)　安哥拉游击队领导人、政治家。在国外获得博士学位后回国,于1966年建立争取安哥拉彻底独立全国联盟(UNITA,简称安盟)。在中国、南非和美国的支持下,争取安哥拉彻底独立全国联盟建立了一支庞大的游击队,并开始进行大规模的战争,反抗苏联支持的安哥拉政府。1991年萨文比同意参加自由的多党选举,但在选举失败后继续其军事行动。一个和平协议(1994)和后来的几个协议(1996)同意安盟加入联合政府,许多协议条款在联合国的主持下得以实现,但萨文比拒绝出任副总统,并继续其暴力斗争。

萨沃奇岭　Sawatch Range　美国科罗拉多州中部落基山脉的山岭。该山岭绵延160千米,位于阿肯色河与埃尔克山之间。它的中部与耶鲁山、哈佛山和普林斯顿山一起被称为科莱贾特岭。许多山峰海拔超过4 300米,包括落基山脉的最高点埃尔伯特山(高4 399米)。1860年该地区发现金矿,吸引了大批人来此居住。畜牧业、乳制品业和旅游业是当地的主要产业。

萨彦岭　Sayan Mountains　俄罗斯中东部与蒙古边境上的大片高原地区。萨彦岭从阿尔泰山至贝加尔湖大致形成弧形山地,并与外贝加尔湖的哈马尔达坂山系相连。该山脉的西段和东段各自有不同的地理历史,在海拔3 000米的高地中心相连。

萨伊　Say, J(ean-) B(aptiste)(1767～1832)　法国经济学家。曾编过一本杂志并开办过纺织厂,后成为工艺美术学院教员(1817～1830)和法兰西学院教员(1830～1832)。其主要作品《政治经济论》(1803)发展了他的市场说,认为供给会自行创造需求。他将经济萧条不归因于需求的普遍下降而归因于某些市场的临时生产过剩和另外一些市场的临时生产不足。这种不平衡一定会因生产厂家重新安排生产以迎合消费者的需求得到自动调节。萨伊的学说在大萧条之前一直是正统经济学的主要原则。

塞班岛　Saipan　西太平洋北马里亚纳群岛的一岛。面积122平方千米。主要居住地查兰卡诺亚是北马里亚纳共和国的中心。1565～1899年被西班牙统治。1899～1914年属于德国。1920～1944年是日本的托管地。在第二次世界大战的激战后,为美军占领,成为太平洋岛屿中由美国代管的联合国托管地的总部(1990年终止托管)。主要出产椰干。人口约62 392(2000)。

塞得港　Port Said　埃及东北部港口城市。位于地中海苏伊士运河北端。1859年建于将地中海同曼宰莱湖分割开的低地沙土带,成为世界上最重要的加煤站。1956年埃及运河国有化引起的苏伊士危机期间,塞得港是英法军队登陆的地方。1967年六日战争中,以色列军占领了运河东岸,苏伊士运河一直被封闭到1975年才开放。该市在1975年后恢复了活力,工业包括纺织、服装、化妆品和玻璃制造。人口约570 603(2006)。

塞德可　zydeco　源于路易斯安那州西南部的克里奥尔舞曲形式,融合了法国、美国黑人以及加勒比海的音乐风格。塞德可与卡津人的音乐相似。由克里奥耳人首创,其名称来自歌名《四季豆不咸》。此种音乐通常采用吉他、手风琴以及敲击板(一种敲击节拍的乐器),也可能包括电吉他、电低音琴、萨克斯管和键盘乐器。20世纪80年代,塞德可由于C. 切尼埃、Q. 伊达、B. 塞德可、B. 查维斯、B. 乔克,以及其他艺人的演出而大受欢迎。

塞迪略　Zedillo (Ponce de León), Ernesto(1951～　)　墨西哥总统(1994～2000)。出身于工人阶级家庭,1971年加入墨西哥执政党,获耶鲁大学经济学博士学位。在担任计划和预算部部长期间,他成功控制了墨西哥的巨额外债,降低了通货膨胀,并且平衡了政府预算。他在革命制度党(PRI)原总统候选人L. D.克洛西奥遇刺后当选总统。他着手进行各种改革以减少贫困,根除腐败,并使选举制度进一步民主化。1994年他使比索贬值的策略造成了一场经济危机,后靠大量的美国援助才得以缓解。恰帕斯州发生的叛乱使他的政府处于困境,被指控在该地区侵犯了人权。

塞顿　Seton, Ernest Thompson(1860～1946)　原名Ernest Evan Thompson。英裔美国博物学家、动物小说作家。全家1866年从英国移居加拿大。一度曾以野生动物画家为生,1898年出版了他最受欢迎的《我所知道的野生动物》。深切关心北美大草原的前途,曾为建立美洲印第安人保留地尽了很大力量,并争取为濒临灭绝的动物设立公园。他在1902年创办了印第安森林知识学习小组,为孩子们提供一个了解自然的机会。后来成为创办美国童子军的委员会的主席。

塞尔　Szell, George(1897～1970)　匈牙利出生的美国指挥家。11岁即作为钢琴演奏家首演,20岁生日之前就已成为柏林爱乐乐团的钢琴演奏家、指挥家和作曲家。曾在德国许多城市担任歌剧指挥,包括柏林(1924～1930),后去布拉格(1930～1936)任指挥。战争爆发后移民美国,先后在纽约市大都会歌剧院(1942～1946)和克利夫兰交响管弦乐团(1946～1970)担任指挥。在那里他排练极为严格,并以其高度奉献精神赢得乐团演奏者们的热爱。他指挥乐队所获得的传奇般的精确效果使克利夫兰乐团成为全世界最优秀的乐团之一。

塞尔金 Serkin, Rudolf(1903 ～ 1991) 奥匈帝国出生的美国钢琴家。12 岁时在维也纳首次登台演出,1920 年起便是 A. 布施的亲密合作者,并于 1935 年与布施之女结婚。1939 年移民到美国,在柯蒂斯音乐学院任教,1968 ～ 1975 年担任该学院院长。1950 年与布施一同组织了佛蒙特州万宝路音乐节,这一音乐节在赛尔金的指导下成为美国室内乐最重要的盛典。赛尔金也以演奏德国、奥地利古典曲目而闻名,他的演奏富于智慧,表现力丰富,又不露锋芒。他的儿子彼得(1947 年生)也是一位能演奏各类曲目的著名钢琴家。

塞尔维特 Servetus, Michael(1511?～1553) 西班牙医学家、神学家。他的观点既疏远了天主教徒,又疏远了新教教徒。其开端是 1531 年发表的《论三位一体论的谬误》,他在该书中攻击三位一体。其最重要的著作是《圣帕吉尼译的圣书》(1542),以其预言的理论闻名。在另外一些著作中,他也质疑洗礼的有效性,并对《尼西亚信经》提出批判。后遭到 J. 加尔文的迫害,在日内瓦被判为异端,并被烧死在火刑柱上。他对医学做出的显著贡献在于他准确地描述了血液的心肺循环(1553)。

塞尔维亚 Serbia 欧洲国家,位于巴尔干半岛中西部。伏伊伏丁那自治省位于其境内。面积:77 498平方千米。人口:约7 131 000(2013)。首都:贝尔格莱德。塞尔维亚是一个山地国家,中部多森林,北部为低地平原。该国的农业和采矿业依然很重要,但大部分工人受雇于集中在北部工业区的制造业。为一院制共和国。国家元首是总统,政府首脑是总理。塞尔维亚人于公元 6 ～ 7 世纪在该地区定居。公元 9 世纪,名义上受拜占廷封建统治的塞尔维亚人皈依了东正教。奥斯曼帝国在 1389 年的科索沃战役中大获全胜;经过长期的抵抗之后,塞尔维亚于 1459 年归属该帝国。1828 ～ 1829 年的俄土战争结束后,塞尔维亚成为一个受奥斯曼封建统治和俄国保护的自治公国。1878 年脱离奥斯曼帝国获得完全独立。第一次世界大战之后,成为塞尔维亚-克罗地亚-斯洛文尼亚王国的一部分,该王国于 1929 年更名为南斯拉夫。1946 年塞尔维亚成为南斯拉夫的 6 个联邦共和国之一。20 世纪 80 年代南斯拉夫经济出现衰退,国家开始分裂。在 1991 年未能成功制止斯洛文尼亚脱离联邦之后,南斯拉夫军队中的塞族人将波斯尼亚的穆斯林和克罗地亚人逐出波黑的东部和北部。南斯拉夫分裂后,塞尔维亚于 1992 年与黑山联手成立了新的南斯拉夫联盟。该地区依然动荡不安。1995 年签署的《达顿和平协议》最终稍微缓解了这一状况。S. 米洛舍维奇在 20 世纪末控制了该国权力,而科索沃的阿族为争取更多的自治权力,于 1998 ～ 1999 年又引发了新一轮的争斗(参阅科索沃冲突)。由于暴力升级,北约军队派飞机对该地区进行了轰炸,此次行动导致 1999 年 6 月签署了一项和平协议。南斯拉夫政府后来在 2000 年发生了改变,恢复了在联合国的合法权益。2003 年,尽管黑山政府威胁宣布独立,这两个制宪国政府依然以塞尔维亚和黑山的名义联合在一起。2006 年联盟解体,塞尔维亚和黑山各自成为独立国家。2008 年科索沃正式宣布脱离该国,但塞尔维亚拒绝承认它是一个独立的国家。在塞尔维亚 2008 年参加在北京举办的夏季奥运会之前,该国运动员曾代表塞尔维亚-克罗地亚-斯洛文尼亚王国、南斯拉夫以及塞尔维亚和黑山参加过往届奥运会。

塞尔维亚-克罗地亚语 Serbian and Croatian language 又作Serbo-Croatian language。克罗地亚、波黑、塞尔维亚、黑山和科索沃等国约2 100万人使用的南部斯拉夫语。该语言 1991 年以前在南斯拉夫占有主导地位,为该联邦大多数种族集团所使用和理解。中部新斯托卡维亚方言是构成标准塞尔维亚语和标准克罗地亚语的基础。从历史上看,塞尔维亚的文字语言是教会斯拉夫语的塞尔维亚变体。19 世纪,一种以塞尔维亚口语为基础的新的书面语由 V. S. 卡拉季奇成功推广。用拉丁字母书写的克罗地亚文最早出现于 14 世纪中期。在 19 世纪,以萨格勒布为基地的伊利亚人政治运动(旨在建立南部斯拉夫人联盟)转而将中部新斯托卡维亚方言作为书面语言基础,因为该语言能够团结克罗地亚人,使他们更加靠近其斯拉夫同胞。政治上统一的南斯拉夫王国(1918 ～ 1941)及奉行共产主义的南斯拉夫(1945 ～ 1991)都支持呈现一种统一的塞尔维亚-克罗地亚语。南斯拉夫政治上解体以后,便不再开展实现语言统一的运动,从而产生了各不相同的塞尔维亚语、克罗地亚语和波斯尼亚语。

塞尔柱王朝 Seljuq dynasty(约 11 ～ 13 世纪) 又作Saljuq dynasty。曾统治过波斯、伊拉克、叙利亚和安纳托利亚的穆斯林土库曼王朝。塞尔柱为一游牧突厥部族的酋长。他的两个孙子查格里・贝格和图格里勒・贝格占领了伊朗境内领土。在艾勒卜-艾尔斯兰和马利克・沙阿的统治下,帝国疆域大为扩展,范围包括整个伊朗、美索不达米亚、叙利亚和巴勒斯坦。艾勒卜-艾尔斯兰对拜占廷帝国的胜利导致了几次十字军东征。塞尔柱人为逊尼派伊斯兰教信徒,采用波斯人文化,并用波斯语取代了伊朗境内的阿拉伯语。到 1200 年,塞尔柱王朝的权力仅在安纳托利亚的兰姆苏丹国还有保留,该国在 1230 年反抗花剌子模沙王朝的战争中战败,1243 年王朝被蒙古人推翻。

塞菲里斯 Seferis, George(1900～1971) 原名 Giorgios Stylianou Seferiades 或 Yeoryios Stilianou Sepheriades。希腊诗人、散文家和外交官。曾在巴黎学习法律,后担任过多种外交职务(1926 ～ 1962)。他的诗作发表在众多的作品集中,第一部作品集为《转折点》(1931)。被认为是"30 年代一代"中最杰出的希腊诗人,这一代人把象征主义引入现代希腊文学。1963 年获诺贝尔文学奖。

塞克雷塔里亚特 Secretariat(1971 年出生) 美国纯血马。它是继 1948 年西泰勋获三王冠之后获得美国三王冠的第一匹赛马(1973)。在贝尔蒙特大奖赛中,它以 31 个马身长的巨大优势获胜。在两年比赛生涯中,它 16 次夺冠,3 次获第 2,1 次第 3 名。常被认为是历史上最伟大的纯血马。

塞克斯顿 Sexton, Anne(1928 ～ 1974) 原名Anne Gray Harvey。美国女诗人。生于马萨诸塞州牛顿。曾当过模特、图书管理员和教师。第一本诗集《欲去疯人院半途归》(1960),带着强烈的自白分析她自己的精神崩溃和后来的康复;在其后的《我一切美好的东西》(1962)和《生或死》(1966,获普利策奖)两部作品中,她继续剖析自己的生活。其他作品有非小说散文集《没有邪恶之星》(1985)。她死于自杀,有几卷诗作在其死后出版。

塞拉 Cela (Trulock), Camilo José(1916 ～ 2002) 西班牙作家。作为年轻人,他曾在西班牙内战中加入 F. 佛朗哥的军队;他的文学作品表达了对他以前同情西班牙长枪党的摈弃。主要写长篇小说、短篇小说,以及西班牙和拉丁美洲的旅游札记,这些作品的特点是在形式和内容上都有创新。他有时被认为创立了一种"恐怖主义"的小说风格,倾向于强调暴力和怪诞形象。他也许是因第一部小说《帕斯库亚尔・杜亚尔特一家》(1942)而奠定声誉。其他作品包括《蜂房》(1951)、《圣卡密罗,1936》(1969)。1989 年获诺贝尔文学奖。

塞拉利昂 Sierra Leone 全称 Republic of Sierra Leone(塞拉利昂共和国)。非洲西部国家。面积:71 740平方千米。人口:约 6 255 000(2013)。首都:弗里敦。塞拉利昂约有 18 个族群,其中以门德人和滕内人最多。语言:英语(官方语言)、克里奥尔语(衍生自英语和多种非语)。宗教:伊斯兰教(主要为逊尼派)、传统宗教信仰和基督教。货币:利昂。塞拉利昂全境分 4 个地理区:沿海沼泽地区;塞拉利昂半岛为林木茂密的山区,从海岸沼泽地升起;内陆平原,包括草原和林木茂密起伏不平的丘陵;内陆高原和山区。野生动物有黑猩猩、虎猫、鳄鱼以及多种鸟类。经济属发展中的混合经济,主要以农业和采矿业为基础。米、木薯、咖啡、可可和油棕榈为主要农作物。矿产有钻石、金红石和铝土矿。该国为一院制共和国;国家元首暨政府首脑为总统。最早的居民可能是布隆姆人和滕内人。15 世纪,门德人到达塞拉利昂。葡萄牙人于 15 世纪来到沿海地区,在今弗里敦的所在地建有一个葡萄牙要塞。欧洲船只定期停泊在当地沿海,从事奴隶和象牙贸易。17 世纪英国人在近海岛屿建立了贸易站。1787 年,英国的废奴主义者和博爱主义者建立了弗里敦,作为获得自由和逃亡奴隶的立身之地。1808 年,沿岸居民点成为英国殖民地。1896 年该地区成了英国保护地。1961 年获得独立。1971 年成为共和国。独立后,国家经历了多次军事政变。长达 11 年的内战使国家深受其害,最终于 2002 年结束。塞拉利昂于 1968 年首次参加在墨西哥城举办的夏季奥运会。

塞勒姆　Salem　美国俄勒冈州首府。位于威拉米特河畔，波特兰的西南部，建于1840年，因越过俄勒冈小道的大量移民的迁入后繁荣起来。1859年成为首府。早期为一个内河港口，19世纪70年代因铁路开通而兴盛起来。它是一个乳制品加工中心和水果出产地，有木材和轻工业制造厂。人口约154 637(2010)。

塞勒姆女巫审判　Salem witch trials(1692-05～10)　美国殖民地迫害女巫的事件。在马萨诸塞湾殖民地塞勒姆镇，几名少女因受到一个西印度群岛奴隶所讲的神奇故事蛊惑，声称她们被魔鬼缠身并控诉三名女巫。在逼迫下，被指控的女巫以伪供控诉他人。受到一名牧师的鼓动，一个由三名法官(包括S.休厄尔)组成的特别民事法庭执行了审判。他们作出判决将19名女巫吊死，有近150人被监禁。在公众热情减退后，该审判终止，后遭谴责。殖民地司法部门后来撤销了该判决。

塞里托　Cerrito，Fanny(1817～1909)　原名Francesca Teresa Giuseppa Raffaela Cerrito。意大利芭蕾舞女演员和编舞。1832年在那不勒斯首次登台演出，1840～1848年在伦敦赢得国际声誉。以舞姿优美、有力和活泼著称。她扮演最出色的角色是在舞剧《翁金娜》(1843)中，这是J.佩罗为她创作的。1845年她与常搭配的舞伴圣-列翁结婚。1854年在巴黎歌剧院的《吉玛》舞剧中编舞和跳舞。1857年退休。她是19世纪获得声誉的几位女性编舞之一。

塞利纳　Céline，Louis-Ferdinand(1894～1961)　原名Louis-Ferdinand Destouches。法国作家。出身贫寒，第一次世界大战时受过伤并患有战斗疲劳症，身心的影响伴随其一生。从1924年他开始行医。他的处女作《长夜漫漫的旅程》(1932)，描写一个人苦于追求人生的意义，以一种热情而不连贯的风格写作，显示此词尤指拉丁美洲地区的军事独裁者。19世纪初开始拉丁美洲独立运动之后，政治上不稳定的状况和长期武装冲突的经历使得该地区许多新成立的国家出现强人，他们通常具有领袖的魅力，而他们掌握权力主要是靠对军队、任命权和警戒的控制。由于他们的权力是基于暴力和私人关系，军事独裁者统治的合法性总是遭到质疑，其中很少有人能够应对从他们自己的追随者及富有的赞助商中崛起的新领导者的挑战。参阅大男子主义和个人统治。

塞林格　Salinger，J(erome) D(avid)(1919～2010)　美国作家。生于纽约市。1940年开始在期刊上发表短篇小说。第二次世界大战后，以他在军队中的生活为题材写的小说在《纽约客》杂志中出现，并逐渐增多。一生共写了13部小说，收录在《九个故事》(1953)、《弗兰尼和佐伊》(1961)、《木匠们，把屋梁升高；西摩，一个介绍》(1963)中。《麦田里的守望者》(1951)是一本描写青春期烦恼的小说，赢得极高评价并广受读者欢迎，尤其受到大学生的喜爱。他后来神秘地隐居在新罕布什尔并停止发表小说。

塞琉古一世　Seleucus I Nicator(公元前359/354～前281)　马其顿军队将领，塞琉西王国的缔造者。曾为亚历山大大帝效命。在亚历山大死后的斗争中，塞琉古分得以叙利亚和伊朗为中心的帝国。后被安提柯一世(独眼的)驱逐，他于是为托勒密一世(救星)效力，于公元前312年夺回巴比伦。公元前305年塞琉古称王，到公元前303年他已将疆域扩大到印度。公元前301年在伊普苏斯战役中他帮助打败安提哥那，因而获得了叙利亚，后来从托勒密手中又夺走叙利亚南部地区。与德米特里一世(围城者)之女的婚姻破裂，公元前294年，其子因爱上他的妻子(儿子的继母)而害病，塞琉古将妻子让与儿子，并让他与自己联合执政。为了重建亚历山大帝国，塞琉古俘获了德米特里一世(公元前285)，并战胜了利西马科斯(公元前281)，后者也是以前亚历山大的将领，当时已是小亚细亚总督。之后塞琉古挺进马其顿，在该地被谋杀。

塞琉西王国　Seleucid dynasty　马其顿人建立的希腊王国(公元前312～前64)，由塞琉古一世创立。是从亚历山大大帝的帝国分割出来的，领土范围包括从色雷斯到印度边境的广大地区，其中包括了巴比伦、叙利亚和安纳托利亚。公元前281年安条克一世索泰尔继塞琉古之后为王，一直统治到公元前261年。之后的继任者为安条克二世(公元前261～前246年在位)、塞琉古二世(公元前246～前225年在位)、塞琉古三世(公元前225～前223年在位)和安条克三世(公元前223～前187年在位)。在安条克三世统治时期，王国处于巅峰状态。但在亚洲领土地区开始出现了抵制其王国势力和希腊文化传播的运动。安条克三世与罗马人的交锋象征国势的衰退，尤其是在公元前190年战败之后。马加比家族从安条克五世(公元前175～前164年在位)手中夺得犹太地区，在他去世后，王国加速衰退。德米特里一世和安条克七世即使想力挽狂澜也无法阻止王朝终结的命运，公元前64年毁在罗马的庞培手中。

塞伦盖蒂国家公园　Serengeti National Park　坦桑尼亚中北部的野生动物保护区。1951年建成，面积14 763平方千米。该公园吸引了世界各地的游客，是非洲唯一仍有众多陆地动物栖息迁移的地区。公园有35种以上的平原动物，350多种鸟类，以及狮子、豹、大象、犀牛、河马、长颈鹿和狒狒。偷猎是公园管理面临的主要问题。

塞马湖　Saimaa，Lake　芬兰东南部湖泊。在赫尔辛基东北部。面积1 147平方千米，为芬兰最大的大塞马湖水系主湖。该水系约120个湖泊和无数河流与溪流把芬兰东南部绝大部分地表水经塞马湖、武奥克希河和塞马运河排入芬兰湾。该湖水系为该区主要城镇的运输纽带并提供水力发电，当地森林风景吸引了不少游客。

塞缪尔　Samuel，Herbert Louis(1870～1963)　后称Viscount Samuel (of Mount Carmel and of Toxteth)。英国政治家。早年在伦敦贫民区从事社会工作，1902年选入下议院。在下议院任内他完成立法，建立了少年法庭和对少年犯实行拘留和教养的博斯托尔制度。作为邮政总长(1910～1914，1915～1916)，专员将电话系统国有化。1920～1925年间，被任命为英国第一位驻巴勒斯坦的高级专员，改善了这个地区的经济状况，并促进了地区各教派之间的和谐。1931～1935年为自由党领袖。1937年受封为子爵，1944～1955年任上议院自由党领袖。作为英国(后称皇家)哲学研究所所长(1931～1959)，著有《实用伦理学》(1935)和《信仰与行动》(1937)等通俗著作。

塞姆利基河　Semliki River　非洲中东部河流。连接爱德华湖与艾伯特湖，全长230千米。下游部分河段形成刚果和乌干达的部分疆界。野生动植物众多，包括象、河马、鳄鱼和羚羊。三角洲上田皂角(一种多刺速生树)和纸莎草丛生，并不断向艾伯特湖水域扩展。

塞纳河　Seine River　古称Sequana。法国第二长河。源出第戎西北30千米处的朗格勒高原，向西北流经巴黎后，在勒阿佛尔附近注入英吉利海峡。全长780千米。其支流包括马恩河和瓦兹河。塞纳河在法国北部所占流域面积约为78 700平方千米；其河道网构成了法国内地水路交通的大部分。

塞内加尔　Senegal　全称Republic of Senegal(塞内加尔共和国)。非洲西部的国家，面积：196 722平方千米。人口：约13 300 000(2013)。首都：达喀尔。塞内加尔有7个主要族群，其中包括沃洛夫人、塞雷尔人、富拉尼人和马林克人，各自讲不同的语言，还有其他若干较小的部族。语言：法语(官方语言)。宗教：伊斯兰教、基督教、其他传统宗教信仰。货币：非洲金融共同体法郎。气候变化很大，从干燥沙漠气候到湿润热带气候。森林占土地总面积的1/3。约有1/3土地可作为草场或牧场，其他为可耕地。农业为主要的产业，花生是最重要的经济和出口作物。其他产业包括渔业、采矿、制造业和旅游业。塞内加尔的磷酸盐和铁矿储量丰富。塞内加尔为多党制共和国，两院制。国家元首和政府首脑为总统，总理起辅佐作用。在10世纪之前，塞内加尔与北非各部族之间建立起联系；11世纪伊斯兰教传入，然而泛灵论在塞内加尔各地一直流行到19世纪。约1444年，葡萄牙人登上塞内加尔沿岸探险。1638年法国人在塞内加尔河口建立贸易站。在整个17和18世纪期间，欧洲人从塞内加尔境内运走大批奴隶、象牙和黄金。19世纪初期，法国控制海岸地区，并向内陆扩张，阻止图库洛尔帝国的扩展。1895年塞内加尔成为法属西非的一部分。1946年塞内加尔全体居民都成为法国公民，并成为法国的一个海外领地。1958年投票要求自治；1959～1960年与马里结成联邦；1960年独立。1982年与冈比亚成立邦联，称作塞内冈比亚，1989年邦联解散。20世纪80年代初就在该国南部战斗的分离主义者于2004年与政府签署了和平协议。塞内加尔于1964年首次参加在东京举办的夏季奥运会，此前其运动员曾代表法国参赛。

塞内加尔河　Senegal River　非洲西部河流。发源于几内亚，往西北流经马里，然后向西注入大西洋，形成毛里塔尼亚和塞内加尔之间的国界线。全长1 641千米。有两大源头：巴芬河和巴科伊河在马里汇合成塞内加尔河。河上建有大坝，用于控制洪水，并防止旱季的盐水侵蚀。

塞尼加　Seneca, Lucius Annaeus（公元前4？～公元65）　罗马哲学家、政治家和剧作家。生于西班牙。曾被训练成为一个雄辩家，约公元31年开始在罗马从事政治和法律

塞尼加，大理石胸像，据公元1世纪的胸像于公元3世纪复制；现藏德国柏林国家博物馆

By courtesy of the Staatliche Museen zu Berlin, Germany

工作。因为通奸罪而被流放到科西嘉岛（41～49），在此期间他写了哲学论文《安慰》。曾担任过皇储尼禄的老师。公元54～62年间是罗马最主要的知识分子。他是斯多葛哲学的拥护者，撰写过一些哲学著作，包括《论道德》，这是一部关于道德问题的论文集。还创作过一系列以暴力和流血为特征的悲剧诗篇，包括《提埃斯忒斯》、《赫丘利斯》和《美狄亚》。他创作的剧本影响了文艺复兴时期伊丽莎白戏剧的发展，尤其是W.莎士比亚的《泰特斯·安德洛尼克斯》和J.韦伯斯特的《马尔菲公爵夫人》。

塞尼卡福尔斯会议　Seneca Falls Convention　1848年7月19～20日于美国纽约州塞尼卡福尔斯召开的大会，在这次大会上发起了美国争取妇女选举权运动。这次会议是由E.C.斯坦顿（夫人）（她住在塞尼卡福尔斯）和L.莫特（夫人）发起的。与会者达200多人，其中有40位男性。大会通过了"舆情宣言"，该宣言以类似独立宣言的口吻宣泄不平并提出要求，号召妇女们组织起来，争取自己的权利。有关选举权的决议案引起了争议，最后勉强得以通过。

塞浦路斯　Cyprus　全称Republic of Cyprus（塞浦路斯共和国）。地中海东部岛国。面积：5 896平方千米。人口1 192 000（2013）。首都：尼科西亚。塞浦路斯实际上分为两个国家，一般国际上承认的合法政府为塞浦路斯共和国，据有该岛南部2/3的土地。以希腊人为主。语言：希腊语、土耳其语（均为官方语言）。宗教：基督教（以东正教为主）。货币：欧元。北塞浦路斯土耳其共和国据有该岛北部1/3的土地，只有土耳其承认该政权，绝大多数是土耳其人。语言：土耳其语（官方语言）和英语。宗教：伊斯兰教。货币：欧元。为地中海第三大岛，位于土耳其南部近海岸约65千米处。大部分为山地，沿海平原和中心地带土壤肥沃。奥林帕斯山海拔1 951米，为最高峰。气候属地中海型。实行以贸易和制造业为基础的自由企业经济，航运业居世界前列。国际上承认的塞浦路斯为单一制的多党制共和国，一院制，总统为国家元首暨政府首脑。未受国际公认的北塞浦路斯土耳其共和国为实际上的一院制共和国，国家和政府首脑为总统，由部长会议辅佐。新石器时代早期即有人类居住；到青铜时代末，迈锡尼人和亚该亚人来到岛上定居，引进希腊文化和语言，成为贸易中心；公元前800年腓尼基人开始移居此地。此后几个世纪，该岛先后受亚述人、波斯人及托勒密王朝统治，公元前58年被罗马共和国和罗马帝国并吞。公元4～12世纪是拜占廷帝国的一部分，1191年为英王理查一世征服。从1489年起为威尼斯贸易帝国的一部分，1571年被奥斯曼土耳其人占领。1878年英国取得控制权，1925年成为英国王室直辖殖民地。1960年获得独立。由于希裔塞人和土裔塞人不断爆发冲突，联合国于1964年派出一支维和部队。1974年土耳其唯恐塞浦路斯与希腊合并，又派出军队控制了塞岛北部1/3领土，并建立一个执政政府，但只有土耳其承认其为主权国家。至今希、土两裔塞人仍然时有冲突，联合国维和部队继续执行维和任务。两国重新统一的和谈在2004年毫无进展，但双方放松了边境管制。2004年加入欧盟，2008年采用欧元为本国货币。塞浦路斯于1980年首次参加在莫斯科举办的夏季奥运会，其运动员从1924年起曾代表希腊队参加奥运会。

塞奇　Sage, Russell（1816～1906）　美国金融家。生于纽约州谢南多厄。曾做过童仆，空闲时研读算术和簿记。1839年开起杂货批发站，赚了许多钱，开始经营哈得逊河航运贸易。1853～1857年为国会议员。他在威斯康星州成功地投资拉克罗斯铁路。最后在40余条铁路中拥有股权，并任20条铁路的董事或总经理。他还帮助组建大西洋及太平洋电报公司。1872年他首创股票出售权和购买权，持有人有在一定期限内按一定的市价出售或购买一定份数股票的选择权。1884年金融大恐慌时期塞奇在股票市场上有过一次失利，损失700万美元。此后未再做此项交易。他的遗孀M.O.塞奇在他去世后设立塞奇基金，并在纽约州特洛伊创建罗素·塞奇学院。

塞奇瓦约　Cetshwayo（1826？～1884）　祖鲁人最后一个国王（1872～1879年在位）。是大恰卡的侄子，统领过一支4万人的训练有素的军队。1879年受到英军攻击，塞奇瓦约在伊桑德哈瓦纳击败英军，但在乌伦迪战败。他的王国的部分土地于1883年归还，但他的臣民还是把他赶下了王位。

塞切尼　Széchenyi, István, Count（1791～1860）　匈牙利改革家和作家。出身于维也纳一匈牙利贵族家庭，曾在欧洲各地旅游。后返回布达佩斯建立匈牙利国家科学院（1825），并写作数本著作倡议经济改革，力促贵族为匈牙利的现代化而纳税。他领导修缮道路的工程，使多瑙河航运可以直通黑海，还在布达佩斯修建第一座吊桥。19世纪40年代他的追随者转向更激进的L.科苏特。1848年罹患精神病。

塞萨洛尼基　Thessaloniki　旧称Salonika（萨洛尼卡）。希腊马其顿地区海港城市。建于公元前316年，公元前146年后为罗马的马其顿省首府并逐步发挥其重要作用。圣保罗约于公元49～50年访问该城，后来向塞萨洛尼基的皈依者进行传教。在拜占廷帝国时代，尽管受到阿瓦尔人和斯拉夫人的反复攻击，但它还是繁荣起来。1430～1912年间，塞萨洛尼基成为奥斯曼帝国的一部分。1908年该地成为青年土耳其党活动的中心，1913年回归希腊。第一次世界大战期间，塞萨洛尼基是同盟国重要的基地之一。第二次世界大战该地被德军占领。它是希腊第二大城市和港口。人口约363 987（2001）。

塞尚　Cézanne, Paul（1839～1906）　法国画家，现代绘画的创始人之一。1859年进入法学院学习，1861年赴巴黎学习绘画。尽管在落选者沙龙（1863）展示的作品受到抨击，但

P.塞尚的自画像（约1878～1880），油画；现藏华盛顿菲利普斯收藏馆

By courtesy of the Phillips Collection, Washington D. C.

他仍然坚持不懈。他加入到印象派画家的行列；1874和1877年与他们一起展出作品。与印象派其他的画家不同，他强调物体的结构，而不是光线照射到物体所反映出来的客观形象，并运用立体色块和结构线条来创作。到19世纪70年代，他与印象派画家分离，摸索出一种激荡人心同时表现深邃空间和表面结构的新格调。晚期作品被归为"后期印象派"。从1890年到1905年他的杰作不断涌现。该时期的代

表作是一系列描绘圣维克多山的大幅风景画、穿红马甲的男孩、许多静物画和浴女系列裸体画。1895年举办了首次个人画展,但参观者对其作品反应冷淡,后慢慢得到承认。他的作品对立体派画家G. 布拉克、P. 毕加索、J. 格里斯等人都有重要影响。

塞舌尔 Seychelles 全称Republic of Seychelles(塞舌尔共和国)。印度洋西部岛国。面积:452平方千米。人口:86 900(2013)。首都:维多利亚。人口具有法国、非洲和亚洲的混合血统。语言:克里奥尔语、英语、法语。宗教:基督教(主要为天主教,亦有圣公会);有少部分人口是印度教徒和穆斯林。货币:塞舌尔卢比。该国位于坦桑尼亚东北部的东面,由两个大的岛群组成:一个是马埃岛群,由40多个中部多山的花岗岩岛屿组成;另一个岛群由周边70多个平坦的珊瑚岛组成。该国属发展中经济,主要依靠服务业,尤其是旅游业。出口产品包括鱼、椰子和桂皮。塞舌尔为多党制共和国,一院制。国家元首和政府首脑为总统。据记载,英国东印度公司的一支考察队于1609年首次登上荒无人烟的塞舌尔。1756年法国人宣布该群岛归属法国,1810年由英国人控制。1903年成为英国的一个直辖殖民地,1976年成为英联邦的一个共和国。自1976年起,该国是一党制的社会主义国家,1992年举行多党选举并于1993年通过了一部新宪法。该国于1980年首次参加在莫斯科举办的夏季奥运会,该国运动员此前曾代表英国参赛。

塞斯比阿 Thespiae 希腊中东部比奥蒂亚古镇。塞斯比阿是缪斯女神神庙和节日的发祥地,同时也是普拉克西特利斯著名雕像厄洛斯像的所在地。塞斯比阿在希腊历史上的重要性主要在于它是近邻第比斯的仇敌。公元前480年塞斯比阿与莱奥尼达斯领导的斯巴达军队合作,与波斯人进行了温泉关战役,并于公元前479年在普拉蒂亚继续进行抵抗。公元前379～前372年,塞斯比阿成为斯巴达对抗第比斯的重要基地。公元前371年,第比斯毁灭了塞斯比阿,但不久重建。在罗马帝国时期塞斯比阿仍为重要的比奥蒂亚城市。

塞斯佩德斯 Céspedes(y Borja del Castillo), Carlos Manuel de(1819～1874) 古巴革命英雄。出身大庄园主家庭,后去西班牙学习法律。返回古巴后执律师业,并秘密组织独立运动。1868年发动起义。有数千人加入到他的起义军行列,并取得几次重大的胜利。他领导一个革命政府,并积极谋求与美国领土合并。他在1873年被罢免,躲藏起来,但被西班牙士兵发现并枪杀。

塞特 Seth 又称Set。古埃及的神,上埃及第十一区的佑护神。如同魔术师一般,塞特既是天之神,又是沙漠之主,还掌管着暴风雨、混乱和战争。他是俄赛里斯的兄弟,并将后者杀害,他还是俄赛里斯的姐姐伊希斯之子何露斯的对手。公元前1000年,对塞特的崇拜已在很大程度上消亡,他也逐渐地被驱逐出万神殿。后来他被看作是完全邪恶的,并被认为是波斯人和侵入埃及者信奉的神。

塞提计划 SETI 全名Search for Extraterrestrial Intelligence(寻找外星智能生物)。正在进行中的计划,试图搜寻外星生命。以美国为基地,塞提计划专注于接收并分析来自太空的讯号,主要是在电磁波谱的无线电波范围,寻找可能是由智慧生命发出的非随机形态。方法是将目标搜寻类似太阳的恒星并有条理地往各方向扫查。这项搜寻工作仍有争议,美国航空航天局从1988年开始提供资金给塞提计划,但是国会在1992年终止拨款,此后一直由私人提供资金。

塞提一世 Seti I(?～公元前2379) 埃及第十九王朝国王(公元前2390～前2379)。其父拉美西斯一世在位仅两年。塞提才是伟大的拉美西斯王朝的真正创建者,尽管其子拉美西斯二世更为著名。塞提为埃及的繁荣昌盛作出许多贡献,他加强边防、开采矿藏和采石场、挖掘水井、重修庙宇和神殿等。他还继续进行凯尔纳克大厅的修建工作,并在阿比多斯建造了一座有精美雕刻浮雕的神庙。

塞瓦斯托波尔 Sevastopol 旧称Sebastopol。乌克兰南部克里米亚州海港城市。1783年俄国人并吞克里米亚,并在古希腊殖民地切尔松尼苏斯附近开始修建塞瓦斯托波尔湾海军基地,该海湾是黑海的入口。19世纪初成为商埠。在克里米亚战争期间,此地被英法联军包围了11个月(1854～1855),这一痛苦经历被L. 托尔斯泰载入其编年体著作《塞瓦斯托波尔故事》。遭到破坏的城市后来得以重建。在俄国内战期间(1918～1920),这里成为反抗布尔什维克的白军的指挥部。第二次世界大战期间,该市在经历德国人长达一个月的围困之后,再次被破坏,但随后又被重建。自19世纪初便是俄国黑海舰队的基地,建有大型造船厂和兵工厂。人口约342 000(2001)。

塞万提斯 Cervantes (Saavedra), Miguel de(1547～1616) 西班牙小说家、剧作家和诗人,是西班牙文学举足轻重的人物。在马德里求学后,他加入了意大利步兵,在勒班陀与土耳其人作战,后来与他的兄弟一起被俘并被卖到阿尔及利亚当奴隶5年。回到西班牙后,他长期的经济问题和纠结的事务导致轻微的犯法行为和短期监禁。在从事单调的文职工作的同时,他写完了田园传奇《伽拉苔亚》(1585)和戏剧、诗歌、短篇小说,获得小小的成功。他的巨著《堂吉诃德》(1605, 1615)出版后立即为他带来成功和文坛声誉,只是没有给他带来财富。该书诙谐模仿当时的骑士传奇故事,叙述一位痴呆的年迈骑士带着老马驽骍难得和务实的随从桑丘出门的滑稽冒险。该书被视为第一部小说,也是最伟大的小说之一,影响了许多作家,并激励了其他体裁和媒介的无数创作。他还为戏剧艺术出版了一套8部的喜剧和8个幕间短剧(1615),还有传奇故事《贝雪莱斯和西吉斯蒙达历险记》(1617)。

塞维利亚 Seville 西班牙语作Sevilla。古称Hispalis(伊斯帕利斯)。西班牙安达卢西亚自治区和塞维利亚省首府。位于瓜达尔基维尔河畔,是西班牙最主要的内河港和第四大城市。原为一伊比利亚城市,在罗马人统治下,公元前2世纪开始繁荣。公元5～8世纪在汪达尔人和西哥特人的统治下,成为西班牙南部主要城市。711年落入摩尔人之手,在穆斯林统治下成为文化和商业中心,直至13世纪被费迪南德三世率领的西班牙基督教徒占领。约1500年成为西班牙与北美洲殖民地贸易的中心。1808～1812年被法国人占领,西班牙内战期间(1936～1939),这里由民族主义者控制。现为西班牙主要旅游中心之一,建有历史上著名的清真寺、大教堂以及建于12世纪的阿尔卡萨尔宫。该城于1929年和1992年分别举办过伊比利亚-美洲博览会和世界博览会。塞维尔大学创办于1502年。人口约690 160(2008)。

塞维鲁 Severus, Septimius(146～211) 全名Lucius Septimius Severus Pertinax。罗马皇帝(193～211年在位)。皇帝P. H. 佩提纳克斯被杀害时,他正在欧洲指挥罗马最庞大的一支军队,其后被他的军队拥立为皇帝。他进军罗马,未遭到抵抗,并取得了王位。他努力将罗马建成一个军事君主制国家,赋予军队在政府中的支配地位,无视元老院,从罗马骑士中挑选官员,将法院置于禁卫军长官的控制之下。他吞并了美索不达米亚,但在试图征伐不列颠岛上尚未归属罗马统治的地区时身亡,当时他已指定其子卡拉卡拉为继承人。

塞维鲁·亚历山大 Severus Alexander(208～235) 全名Marcus Aurelius Severus Alexander。原名Gessius Bassianus Alexianus。罗马皇帝(222～235)。在其母亲和祖母怂恿下杀害埃拉加巴卢斯之后,14岁时继任成为皇帝。他在位期间实权都操在祖母和母亲手中。由元老院议员组成的委员会赋予元老院名义上的权力。塞维鲁对国家实行违法统治,由于他军事上的无能,被波斯人打败。当他企图馈赠财物给阿勒曼尼人以达成和解时,他们母子俩被一群愤怒的士兵杀死。

塞维尼侯爵夫人 Sévigné, Marquise de(1626～1696) 原名Marie de Rabutin-Chantal。法国作家。出身勃艮第旧贵族家庭,受过良好教育,1644年结婚后进入巴黎宫廷社交圈。此后一心照顾子女,女儿结婚并移居普罗旺斯以后,塞维尼夫人开始给她写信。这些信没有一点书卷气,只是叙述发生的事件,描绘人物和日常生活的细节,并对许多话题发表评论。她们的通信共有1 700封,其中的故事和闲谈笔调自然而不做作,生动描绘出17世纪法国贵族的生活。

塞文河 Severn, River 威尔士语作Hafren。古称Sabrina。威尔士东部和英格兰西部河流。从源头到入海处长290千米,是英国最长的河流。源出威尔士中东部,经什鲁斯伯里附近的英国边境后继续南流,至布里斯托尔海峡注入大西洋。

塞西尔 Cecil, William(1520 ～ 1598) 后称Baron Burghley。英格兰政治家。伊丽莎白一世在位大部分时间的主要顾问,也是文艺复兴时期治世经国的人才。曾在爱德华六世统治时期担任大臣和合作秘书,1558年伊丽莎白即位后,任命他为她的唯一秘书。他忠心耿耿,善于提出谏言,1571年受封为伯利男爵,并在1572 ～ 1598年担任财政大臣。他授权审判并处决了玛丽(苏格兰女王),因而确保了新教徒的继承权。由于他做好了充分准备,英国得以战胜西班牙的无敌舰队。但他未能说服伊丽莎白结婚或继续按照新教路线改革她的教会。

塞西尔子爵 Cecil (of Chelwood), Viscount (1864 ～ 1958) 原名(Edgar Algernon) Robert Gascoyne-Cecil。又称Lord Robert Cecil。英国政治家。索尔兹伯里侯爵之子。在第一次世界大战期间,他担任过封锁大臣、助理外交大臣。他是1919年通过的《国联盟约》的主要起草人之一,1923 ～ 1945年担任国联主席。在国际联盟被联合国取代之前,他一直是国联最忠诚的工作人员之一。1937年获诺贝尔和平奖。

塞西利亚,圣 Cecilia, Saint(活动时期2世纪或3世纪) 早期基督教的女殉教士,音乐的主保圣人。作为一个自幼向上帝发贞洁愿的高贵罗马人,她违背自己的意愿嫁给了一个名叫瓦莱里安的异教徒。她将自己发的誓告诉了瓦莱里安,他保证他会尊重她的誓愿,如果他能看到与她交谈的那个天使。在接受洗礼之后,瓦莱里安看到了塞西利亚在与天使谈话。瓦莱里安的弟弟也改信了基督教,他们最终一同殉教。塞西利亚的善举激怒了罗马地方行政长官,他下令用火把她烧死,但火焰却不伤害她,于是将她斩首。

塞欣斯 Sessions, Roger (Huntington) (1896 ～1985) 美国作曲家。生于纽约布鲁克林。曾在哈佛大学和耶鲁大学学习。1925 ～1933年居住在意大利和德国,之后主要在普林斯顿大学(1935 ～ 1945、1953 ～ 1965)任教。在采用十二音阶以前(约1953),他曾采用新古典主义。其作品包括歌剧《卢库卢斯的审判》(1947)和《蒙提祖马》(1963)、《黑假面人》(1923)的配乐、8部交响曲、《管弦乐团协奏曲》(1982,获普利策奖)、清唱剧《当最后一朵丁香在门前庭院盛开时》(1970),以及几部被广泛阅读的关于音乐的著作。但他的严肃风格使其作品难以取悦广大的听众。

塞扬努斯 Sejanus, Lucius Aelius(? ～ 31) 提比略时期罗马皇帝的行政官员。公元14年任禁卫军司令,并赢得了皇帝的信任。在提比略之子德鲁苏斯神秘死亡后(23),他怀疑大阿格丽品娜,因为她的儿子很可能因此成为继承人。由于塞扬努斯被禁止与德鲁苏斯的遗孀结婚,他把皇帝调离到卡普里(27),并将阿格丽品娜和她的儿子尼罗流放(29)。皇帝怀疑塞扬努斯图谋叛变,将其处死以安抚大众。

塞耶斯 Sayers, Dorothy L(eigh) (1893 ～ 1957) 英国学者、作家。她在1915年成为首批从牛津大学毕业的女生。她的第一部重要作品是《谁的尸体?》(1923),其中创作了机智英勇的年轻侦探彼得·温姆西勋爵,一位绅士兼学者,在后来的短篇小说集和小说《强力毒药》(1930)、《九个裁缝》(1934)和《公车司机的蜜月》(1937)等书中还有刻画。20世纪30年代后,她将精力集中在神学剧本和著作、广播戏剧和学术翻译上,最著名的是翻译但丁的《神曲》。

塞泽尔 Césaire, Aimé (-Fernand-David) (1913 ～ 2008) 马提尼克诗人、剧作家和政治家。曾在巴黎学习,1945年返回马提尼克岛,当选法兰西堡市长,任职至2001年。1946年代表共产党人选国民议会。与L.桑戈尔共同创建黑人特性运动,坚定支持非洲的法国殖民地摆脱殖民统治,在《回乡札记》(1939)和《被斩首的太阳》(1948)两首诗中对压迫者进行了猛烈的鞭挞。塞泽尔后来抛弃了黑人特性运动,转向戏剧创作,作品包括《国王克利斯托夫的悲剧》(1963)、《刚果一季》(1966)。

赛费尔特 Seifert, Jaroslav(1901 ～ 1986) 捷克诗人。1950年以前以从事新闻工作为生。尽管其早期作品反映出他青年时期对苏联共产主义未来情境的向往,但在1929年他还是脱离了共产党。后期作品抒情成分明显增多。发生在捷克斯洛伐克的历史和现实事件是他近30卷作品中最常见的题材。20世纪80和90年代,他的很多作品被翻译成外文,其中包括《蜜月之旅》(1938)、《波泽娜·涅姆科娃的扇子》(1940)和《哈雷彗星》(1967)。他还为一些报刊撰稿,并从事儿童文学和回忆录的创作。1984年成为获得诺贝尔奖的第一位捷克人。

赛戈维亚 Segovia, Andrés(1893 ～ 1987) 西班牙吉他演奏家。几乎全靠自学成材。1909年在格林纳达初次登台演出,20世纪20年代举行国际巡演;年逾90高龄时,仍举行演奏会。在当时是将吉他应用于音乐会的最重要人物。M. de法雅、A. 鲁塞尔和H. 维拉-洛博斯等人曾为他作曲,他本人则将文艺复兴时期至19世纪的音乐整理为吉他独奏曲。

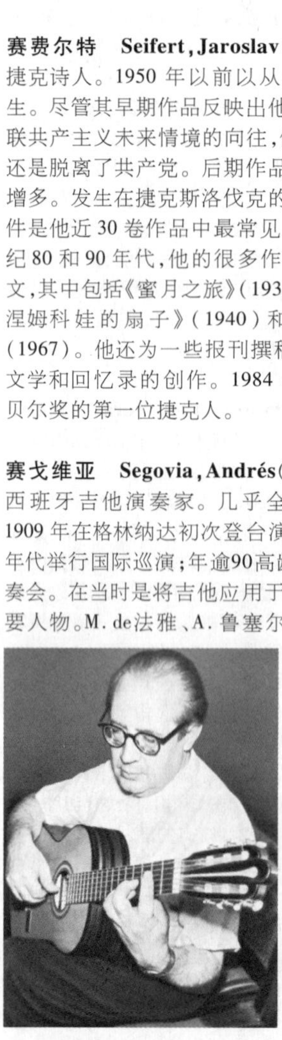

赛戈维亚
AP/Wide World Photos

赛拉 Serra, Richard(1939 ～) 美国雕塑家。生于旧金山。他以在铁工场的工作支付其在加利福尼亚大学读书的学费。1961年起他在耶鲁大学受教于J. 艾伯斯。1966年左右定居纽约,并开始实验新的质材,1968年展示了橡胶与霓虹灯雕塑。1969 ～ 1970年间重力成为其作品的中心主题。"支撑"系列由彼此相倚靠的大铅盘或大钢盘所组成,仅由彼此间相抗的重量来支撑。他以与环境互动的户外作品而闻名,其体积庞大,有时具有争议性,特别是1981年安放在纽约联邦广场的《倾斜的弧》,该作品在1989年已拆除。

赛马 horse racing 由骑手跨骑纯血马或由标准种马拖着一名驭者及其驾具,奔跑竞速的运动。赛马由来已久,但第一次真正有组织的全国性赛马发起人是英格兰的查理二世(1660 ～ 1685年在位),北美的首次比赛则始于1665年的长岛。早期的赛马是在二匹或三匹马之间进行的;每匹马都至少要跑两个赛次才能评判出获胜者。到18世纪中叶,较大的赛马场和一次定胜负成为比赛的规范。让步赛也在此时出现,与此同时,赌马也成为赛马的一部分。以赛马彩票下注的方式始于20世纪。吸引赌金最多的是纯血马在一英里长的椭圆形平坦跑道上的竞赛,其次是轻驾车赛马和四分之一英里马赛。在美国,最重要的纯血马赛马有肯塔基赛马会、普利克内斯有奖赛和贝尔蒙特大奖赛。参阅障碍赛跑。

赛门 Simon, Paul (Frederic) (1941 ～) 美国流行歌手、作曲者。生于新泽西州纽瓦克。20世纪50年代他开始与A. 葛芬柯(生于1941年)一起演出,使用的名字是"汤姆与杰利"。分开一段时间后,1964年二人以"赛门和葛芬柯"的名字重新合作。他们的第一首流行单曲是《沉默之声》(1966)。在以后的6年中,其他的作品有《罗宾逊太太》(电影《毕业生》的插曲)和《忧愁水上的大桥》。两人分手后,赛门出了几张畅销的专辑,包括《多年以后依然疯狂》(1975),还为电影《醒悟》(1980)写作并主演。他与非洲音乐家们一起录制的《仙境》(1986)成为新崛起的"世界音乐"最成功和最有影响力的专辑。非洲和巴西的音乐加入了他后来的《圣者之节奏》(1990)。1998年他与D. 沃尔科特一起写作百老汇音乐剧《穿斗篷的人》(1998)。

赛纳特 Sennett, Mack(1880 ～ 1960) 又译塞纳特,原名Michael Sinnott。加拿大出生的美国电影导演。生于魁北克。曾在滑稽剧和歌舞杂耍中表演,后于1908年加入比沃格拉夫电影制片厂,不久便在D. W. 格里菲思的指导下执导喜剧片。1912年辞职成立自己的启斯东公司。1914年他拍摄出第一部美国喜剧长片《蒂丽情史》,但他还是以其拍摄的1 000多部短喜剧片而最为知名,这些短片常显现出启斯东公司的闹喜剧和疯狂滑稽

赛纳特
By courtesy of the Museum of Modern Art Film Stills Archive, New York

动作的特色。他聘请的明星包括M.诺曼德、F.阿柏克和C.卓别麟等人。赛纳特能够出色地抓住喜剧恰当的时机、即席创作和有效编辑,他还利用绝妙的摄影技巧以及高速与慢动作摄影制作出著名的追逐场景。1937年获得奥斯卡特别奖。

赛斯-因克瓦特　Seyss-Inquart, Arthur(1892～1946)　奥地利纳粹首脑。第一次世界大战期间曾效力于奥匈帝国军队,并受重伤。后来他在维也纳担任律师期间成为奥地利纳粹温和派领导人。1937～1938年在联邦国务委员会任职,迫于德国的压力,他被任命为内政和安全部长,1938年接替K. von舒施尼格担任总理。他对德奥合并表示欢迎,后成为奥地利政府总督(1938～1939)。第二次世界大战期间为德国驻荷兰高级专员(1940～1945),并对荷兰犹太人实施纳粹政策。他在纽伦堡审判中受审,作为战犯被判处死刑。

赛艇运动　rowing　用桨推动使艇前进的运动。赛艇运动包括两种船:单桨船,由8位划手在一位舵手的指挥下划单桨推进的轻型赛艇;双桨船,由一位或两位划手使用双桨(成对的单桨)推进的赛艇。19世纪20年代有组织的比赛始于牛津大学和剑桥大学之间。1839年举行的亨利赛艇大会(1851年起改名为亨利皇家赛船会)使这项运动达到高潮。在美国,1851年哈佛大学和耶鲁大学首次进行比赛。奥林匹克运动会的男子赛艇比赛始于1900年,女子始于1976年。

赛珍珠　Buck, Pearl(1892～1973)　原名Pearl Sydenstricker。美国女作家。生于西弗吉尼亚州希尔斯伯勒。她在中国度过青年时代,父母都是在中国的长老会传教士,她后来在中国的一所大学任教。1931年因第一部长篇小说《大地》而出名,此书获普利策奖。这部小说描写了一个中国农民和他的奴隶般的妻子为争取土地和地位而奋斗。继《大地》之后她又出版了《儿子们》(1932)、《分家》(1935),合称三部曲《大地的房子》(1935)。后来的作品有短篇小说、长篇小说(其中有5部用笔名约翰·塞奇斯发表)和一本自传。1938年获诺贝尔文学奖。

三K党　Ku Klux Klan(KKK)　美国两个不同的种族恐怖组织的名称。第一个由南方邦联退伍军人组织,开始时为社交俱乐部,后成为对抗重建时期的秘密手段,目的是要恢复白人对新近解放的黑人的优势地位。三K党人身穿长袍,头戴面罩,在夜间鞭笞或杀戮获得自由的黑奴和他们的白人支持者(参阅私刑)。到19世纪70年代,他们在很大程度上实现了目的,后来逐渐销声匿迹。第二个三K党兴起于1915年,部分出自对古老南方的怀旧,部分则是对俄国共产主义的兴起和美国社会正在改变种族特性的恐惧。他们把天主教徒、犹太教徒、外国人和工会都列为敌人。20世纪20年代成员数达到顶峰,有400多万人,但在大萧条时期衰退。20世纪60年代美国民权运动期间再次活跃起来,制造爆炸、鞭笞和枪击等事件,攻击黑人和白人民权工作者。到20世纪末,日益增长的种族容忍使该组织成员减少到只有几千人。

三宝颜市　Zamboanga　菲律宾棉兰老岛西部港口城市。由西班牙人始建于1635年,后来成为菲律宾南部主要的市场。在第二次世界大战中曾是日本的防卫基地,1945年被美国军队占领。该市出口橡胶、珍珠、椰干和桃花心木,是摩洛人的黄铜和紫铜制品的销售中心,也为旅游胜地。人口约601 794(2000)。

三层划桨战船　trireme　靠划桨推动的战船。该船轻巧快速,灵活性很强,是波斯、腓尼基和希腊城邦在萨拉米斯之战(公元前480)到伯罗奔尼撒战争(前404)结束时占据地中海控制权期间使用的主要战船。雅典人的三层划桨战船长约37米,由170名桨手在三层高的船两边划动,速度可达13千米/小时。战船不进行作战时,通常在桅杆上挂方形帆。该船还配备了铜制的撞角,能运送弓箭手和矛手前往打击敌军。在公元前4世纪末期,装甲兵在海战中很重要,因此该船被更重的船取代。参阅桨帆船。

三重奏鸣曲　trio sonata　巴罗克时期主要室内乐流派。虽然名为三重奏,但实际上需要四名演奏者,即两名旋律乐器演奏和两名通奏低音(通常是一个键盘乐器和一个低音乐器)。该流派在17世纪早期以意大利声乐二重奏的一个乐器版本出现。高音部分的乐器通常是小提琴,在旋律和高于伴奏的乐曲上交织在一起。1750年后出现了两种标准的版本:奏鸣曲,或称教堂奏鸣曲,通常是四个乐章(按慢-快-慢-快的顺序排列);和组曲类奏鸣曲,或称室内奏鸣曲。到1770年,该流派因独奏奏鸣曲的出现而消失。

三船敏郎　Mifune, Toshiro(1920～1997)　日本电影演员。第二次世界大战期间在日本服役。退役后,首次登上银幕的电影是《愚蠢的时代》(1947),后来演出《泥醉天使》(1948),并因《罗生门》(1950)而获得国际声誉。他曾演出100多部电影,最出名的是他在黑泽明的古装片中饰演的武士角色,包括《七武士》(1954)、《秘堡三恶人》(1958)、《保镖》(1961)和《椿三十郎》(1962),因此成为日本最伟大的国际影星。他出演的影片还包括《蛛网宫堡》(1957)、《在底层》(1957)、《红胡子》(1965)和《中途岛》(1976)。他还演出了电视剧《幕府将军》(1980)。

三岛由纪夫　Mishima, Yukio(1925～1970)　原名Hiraoka Kimitake(平冈公威)。日本作家。由于体检不符合服兵役标准,第二次世界大战期间在东京一家工厂工作,战后攻读法律。其首部小说《假面的告白》(1949)获得好评。其小说主要角色都沉迷于无法实现的理想和肉欲,如《金阁寺》(1956)。史诗《丰饶之海》(4卷,1965～1970)可能是他最持久的成就。三岛强烈反对日本在战后模仿西方,他组织了小型私人队伍,希望能够保留日本的武士道精神,保护天皇。在占领了自卫队一个指挥部后,他切腹自杀。他被公认为是日本20世纪最重要的小说家。

三帝同盟　Three Emperors' League　德语作Dreikaiserbund。由德国首相O. von俾斯麦于1872年策划形成的德国、奥匈帝国和俄国的外交结盟。其目的是消除奥匈帝国与俄国之间在巴尔干地区势力范围上存在的分歧,并孤立德国的敌人法国。第一次三帝同盟(1872～1878)瓦解之后,俾斯麦又两次成功续签了三帝同盟(1881,1884)。当俄国拒绝第三次续签后,俾斯麦与俄国谈判达成了另外一份协议,即《俄德再保险条约》(1887)。

三叠纪　Triassic Period　距今约2.52亿～2.01亿年前的地质时期,标志着地球历史上的中生代的开始。三叠纪出现许多脊椎动物,预示着中生代不管是陆地或海洋生物的形成都要发生重大变化。海洋开始成为海底爬虫类的栖居地。陆地上,与爬虫类一样,许多现代两栖动物的祖先已开始形成,例如乌龟和鳄鱼。到三叠纪晚期,初龙逐渐占统治地位,而最早的哺乳类动物——杂食性动物开始进化。种子蕨成为冈瓦纳古大陆南部的主要植物,而包括针叶树、苏铁类、银杏树在内的裸子植物,则在整个盘古大陆上非常多见。

三段论法　syllogism　辩论的形式,在最普遍讨论的例子中有两个直言命题作为前提,一个直言命题作为结论。三段论法的一个例子是下面的论据:"每个人都会死亡(每个M都是P);每个哲学家都是人(每个S都是M);所以每个哲学家都会死亡(每个S都是P)。"这样的论据正好有3个词(人、哲学家、死亡)。在这里,论据由三个直言(相对假设而言)命题组成,因此它是一种直言三段论。在直言三段论中,出现在两个前提中而不出现在结论中的词(人)是一个中词;结论中的谓词称作大词,主词为小词。S、M和P 3个词(小、中、大)排列的模式称作三段论格。在这个例子中,三段论为第一种格,因为大词出现为第一个前提中的谓词,而小词出现为第二个前提中的主词。

三国同盟 Triple Alliance(1882) 德国、奥匈帝国和意大利之间签订的秘密协议。该协议规定德国和奥匈帝国在意大利遭到法国入侵时必须支持意大利,而意大利也应以同样的方式对待德国。如果奥匈帝国与俄国发生战争,意大利将保持中立。该同盟推进了O. von 俾斯麦孤立法国的努力。意大利和奥匈帝国在巴尔干半岛上的利益冲突使意大利同法国在1902年达成了谅解性中立。尽管三国同盟在1907和1912年续订,但这次中立使意大利在三国同盟中对其他两个成员的保证被取消。

三国同盟战争 Triple Alliance,War of the 又称 Paraguayan War(巴拉圭战争)。拉丁美洲历史上最大的流血冲突,参战双方是巴拉圭和由阿根廷、巴西、乌拉圭组成的联盟。1864年巴拉圭独裁者F. S. 洛佩斯(1827～1870)为反对巴西干涉邻国乌拉圭的内政而向巴西宣战,翌年阿根廷与巴西、乌拉圭结成三国同盟。经过3年的流血战争后,同盟国击败了巴拉圭军队。但洛佩斯继续领导游击战,直到1870年被杀。此一次战争使巴拉圭受到重创,战后巴拉圭人口减少一半,140 000平方千米的领土被巴西和阿根廷吞并。

《三国协约》 Triple Entente(1907) 英、法、俄三国之间的联合。它从1894年的法俄同盟、1904年的《英法协约》和1907年的《英俄条约》发展而来。该协约的形成是为了协调各国之间的殖民地争端,并成为了第一次世界大战中联盟国家的核心。

三级跳远 triple jump 又作hop,step,and jump。由三个不同的连续动作组成的田径运动的跳远项目。第一跳为单脚跳,即运动员单脚起跳并用同一只脚落地;第二跳为跨步跳,即用另一只脚落地;第三跳为跳跃,运动员可采用任何方式落地,一般是两脚同时落地。

三角龙 Triceratops 晚白垩纪(1亿年～6 550万年前)鸟臀类草食性大型恐龙。三角龙有非常长的头骨盖(有些长达1.8米),巨大的骨质颈盾,3个长而尖的角(一个在鼻上,两个较长的在眼的上方),嘴前部像钩状鸟喙,在眼上的角长1米多。成年的三角龙重3.6～4.5吨,长9米。四肢短粗,后肢比前肢粗大。

三角学 trigonometry 研究三角形的边和角之间关系的数学学科。从字义上讲,它意味着三角测量,其实它的应用远远超过了几何学范围。15世纪时作为一个严格的学科出现,当时需要精确的测量技术以及导航的方法,因而用三角学来解直角三角形,或者给定一个直角三角形的一个锐角和一条边长后来计算其余两条边的长度。用三角函数形式的比例关系可以求解。

三角洲 delta 河流入海时在河口处堆积的低平原,主要由河流沉积物构成。早在史前时期,三角洲就对人类起了重要作用。泥沙等洪水沉积物极有利于农业生产,尼罗河及底格里斯-幼发拉底河的三角洲平原上兴起了伟大的文明。近年来地质学家发现世界大部分石油资源都是在三角洲岩系中发现的。三角洲的大小、外形、结构、组成及成因极为多样,但是许多三角洲都呈三角形,即希腊字母Δ(delta)的形状。

三菱集团 Mitsubishi group 若干日本独立公司的松散结合体。集团的头一家公司是一家贸易和船运商号,1873年由岩崎弥太郎建立。第一次世界大战之后,成立了几家子公司,到20世纪30年代已成为日本第二大财阀。第二次世界大战期间为一主要军火承包商,最有名的产品为零式战斗机。到第二次世界大战结束时,该集团已控制了200多家公司。但这个财阀被美国占领当局解散,子公司的股票也被卖给公众。占领结束后,各个独立的公司开始重新组合,但没有一个主导的控股公司。如今,该集团由十多个独立公司组成;主要公司都是总部设在东京的大型跨国企业。

三权分立 separation of powers 将政府的立法、行政和司法职权分给各自独立的部门。这种分权可防止任何一部分专权,因为公共政策的制定、执行和管理必须经过三方面的合作。该学说首出于孟德斯鸠。他认为三权分立是维护自由的最有效方法。他影响了美国宪法的制定者,他们又影响了19～20世纪的宪法的制定者。参阅制约与平衡。

三色堇 pansy 堇菜属几种常见的栽种种类的统称。由于已有悠久的栽种历史,加上种植情形和花的颜色、形式各有不同,因此其起源无法确定。庭园三色堇(*V. wittrockiana*)

田野三色堇(*Viola tricolor*)
Kitty Kohout-Root Resources

可能是田野三色堇(*Viola tricolor*)的一种,为欧洲麦田中的杂草。一年生或生长期短,高约15～30厘米,有心形的基生叶和卵圆形的茎生叶。一朵花通常具蓝、黄、白3种颜色,柔软光滑如天鹅绒。花形较小,通常为紫色的野生三色堇,在英语中亦作Johnny-jump-up,heartsease和love-in-idleness。

三色猫 calico cat 北美地区一种带斑点的家猫,通常为白色,间杂红色和黑色花斑(又称"龟壳白")。由于猫的有些颜色的遗传基因与性染色体有关,所以三色猫几乎全部是雌性。

三身 trikaya 大乘佛教中指佛陀三身的概念或三种存在形态的概念。自性身,即未显露的形态;受用身,即具形态;以及变化身,即人间的形态或佛陀在人间出现时的各种形态。三身的概念适用于释迦牟尼佛和其他所有的佛。

三十僭主 Thirty Tyrants(公元前404～前403) 公元前404～前403年伯罗奔尼撒战争之后,斯巴达人用来统治雅典的寡头政权。由克里提亚斯领导的这个极端保守的寡头政权共有30个委员。他们发动了一次血腥屠杀,约有1 500名市民被杀。许多温和派逃离雅典,他们招募了一支军队,公元前403年重返雅典,在比雷埃夫斯一役击败僭主的军队。三十僭主逃离雅典,在以后几年陆续被刺杀。

三十年战争 Thirty Years' War(1618～1648) 由于宗教、朝代、领土及商贸对抗等多种原因在欧洲进行的一系列断断续续的战争。全面战争主要是由奥地利哈布斯堡王室控制的罗马帝国和由瑞典、荷兰反天主教势力支持的新教诸侯之间发生的斗争。其中也包含了与哈布斯堡王室联合的反法势力。冲突爆发于1618年,但是未来的皇帝斐迪南二世在其统治区域对罗马天主教施压,导致新教贵族起义。"布拉格抛出窗外"事件是此次战争的导火线。战争的战场集中在德国诸侯国,因争夺战利品导致这些诸侯国遭到严重破坏。天主教联盟早期的胜利与瑞典的军事积累相抵消。《威斯特伐利亚和约》(1648)标志着"三十年战争"的结束。此后,欧洲的势力均衡已经被完全打破。法国成为主要的西欧强国,而神圣罗马帝国的成员也完全独立,一个由主权国家组成的欧洲基本结构已经形成。

三羧酸循环 tricarboxylic acid cycle 又称Krebs cycle(克雷布斯氏循环)、citric acid cycle(枸橼酸循环)。活细胞氧化食物并从中获得能量的化学过程的最终阶段。该循环的所有反应于1937年为H. A. 克雷布斯首先阐述,又在动物、植物、微生物和真菌等不同类型的细胞内得到证实。这是一个复杂的反应过程,开始和结束都包含混合的草醯乙酸。除了再生成的草醯乙酸,生成二氧化碳和富有能量的混合腺苷三磷酸TP。每一步催化所需的酶位于动物的粒线体、植物的叶绿体或微生物的细胞膜上面。从循环期间生成的中间产物中迁移出来的氢原子和电子通过一个载体分子体系最终(在动物细胞中)传给氧或(在植物细胞中)传给二氧化碳。

三头政治 triumvirate 古罗马由三名官员组成的委员会,协助最高司法官处理司法事务,管理庆典宴会或负责铸造钱币。第一个三头政治（公元前60）由庞培、J.凯撒和M.L.克拉苏组成，是不分权的三个强大的领导人之间的非正式组织。第二个三头政治（公元前43）由M.安东尼、李必达和屋大维（后称奥古斯都）组成，是正式的"为组织国家而成立的三头政治"，掌管独裁权力。

三位一体 Trinity,Holy 基督教教义。谓圣父、圣子和圣灵三位统一于上帝。三位一体这个词汇在《圣经》中并没有提到，它只是早期的教堂在解释上帝显圣的过程中形成的，最初在以色列使用，后来指救世主基督，最后指教堂的保护者圣灵。三位一体的教义在教会早期和325年的尼西亚会议中被明确提出。

三相神 trimurti 在印度教中，三位大神梵天、毗湿奴和湿婆的合一。学者认为三相神的教义是不同的一神论法门互相协调的尝试，以及与终极实体的哲学教义相调适的企图。在三相神的象征性意义上，三位神复合成拥有三个面容的单一形体。每个神掌管创造宇宙的一个方面：梵天担任创造神，毗湿奴担任守护神，湿婆则是破坏神。然而，部分教派将所有创造宇宙的局面都归之于他们所选立的神祇。虽然三相神有时被称作印度教的三位一体，但其实与基督教的圣三位一体几乎没有共同之处。

三叶虫 trilobite 三叶虫亚门一类卵圆形的节肢动物，约5.4亿年前在海洋中占统治地位，而在大约2.45亿年前灭绝。三叶虫有几丁质的外甲和三个体叶：一个隆起的中叶

三叶虫
Leslie Jackman-Natural History Photographic Agency

以及两侧各有较低的一叶。头、胸和尾分成三节；每个体节有一对附肢。最前面的附肢是感觉和摄食器官。多数种有一对复眼，然而有些无眼。有些是捕食者，而其他的则只食腐肉，还有一些很可能吃浮游生物。见于波士顿附近的哈兰奇异虫（*Paradoxides harlani*）长达45厘米，体重有4.5千克。其他的品种都很小。

三一学院 Trinity College 美国康涅狄格州哈福特的私立文学院，成立于1823年。该校在历史上一直有新教圣公会背景，不过学校的课程设置是无宗派的。该校有35个不同的研究领域授予学士学位，7个系授予硕士学位。三一学院与12个新英格兰地区的学院和大学有合作交流计划。现有注册学生约2 100人。

三英里岛 Three Mile Island 美国宾夕法尼亚州哈利斯堡附近的核电站。曾发生过美国核工业史上最严重的事故（1979－03－28）。机器故障和人为的失误造成核反应堆核心区的部分熔毁以及放射性气体的释出。尽管有保证说对人体健康无害，但这件事仍增加了公众对核电站安全的恐惧，加强了公众反对利用核能的力度，有效阻止了核反应堆的建立和美国核电厂的进一步发展。

三藏 Tripitaka 巴利语为Tipitaka。上座部巴利语经典中的三部主要典籍。该词的意思是"三个篮子"，其中包括《论藏》、经藏和律藏，曾被僧伽进行口头传授，直到佛陀逝世后约500年才写成。三藏文本以梵语和巴利语两种语言出现，巴利语版本目前保存较好，而梵语版本已被译成藏语、汉语和其他语言。

伞菌 agaric 伞菌科的真菌的统称，包括人们熟悉的有商业价值的各种蘑菇。其担子（形成孢子的细胞）着生于薄片状的菌褶上。最著名的是伞菌属（*Psalliota*），约60多种，其中最重要的是可食的草间蘑菇或田野蘑菇（*A. campestris*），以及普通栽培蘑菇——双孢伞菌（*A. bisporus*）。

散光 astigmatism 在角膜的曲度中，或偶尔在眼球的晶状体中缺少对称。此种不相等的曲度散布微量射线，使它们不能被精确聚焦在视网膜的一个点上，导致部分影像模糊不清。眼球的中心与角膜的主经线不在一条直线也可以引起散光的后果。散光视力需配戴眼镜来矫正（参阅接触镜片和眼镜），此种镜片可弥补曲度缺陷造成的不对称，在反方向把微量射线折射到适当的角度。

散沫花 henna 热带灌木或矮树，千屈菜科，学名*Lawsonia inermis*，原产于非洲北部、亚洲与澳大利亚。其叶可提取红棕色的染料。叶子小型对生，花小型芳香，白至红色。除了作为染料之用外，还可作观赏植物。

散文 prose 一种文学形式，与诗不同之处在于其不规则性、丰富的韵律，以及与日常对话极为类似的形态。虽然它与诗歌的不同之处还在于它不将一行视为一个正式单位，但二者间最明显的不同还是在于其语气、节奏，有时主题也不尽类似。

散财宴 potlatch 西北太平洋沿岸美洲印第安人，特别是夸扣特尔人，实行的对财产和礼物的礼仪性分配。散财宴由后嗣或继承人举办，为的是使他新继承的社会地位有效化。其正式的仪式包括宴请客人、进行演说和根据继承人的社会地位进行财物分配。人类学家为了解其财产、财富、名誉和社会地位的性质而对这种仪式做了大量研究。参阅礼品交换。

桑 Sand, George（1804～1876） 原名Amandine-Aurore-Lucile Lucie Dupin。法国小说家。童年时她就深切地热爱乡村，这一切后来都生动地反映在她的许多作品中。1822年结婚，但不久就对她的丈夫杜德望男爵感

G.桑
By courtesy of the Musee Carnavalet, Paris

到厌倦。其后卷入了几次婚外恋情。她的情人中有P.梅里美、A.缪塞，最重要的是F.肖邦。她以笔名出版的小说《安蒂亚娜》（1832）为她赢得了声誉，小说表达了她对那种将妻子束缚在丈夫身边的社会传统观念的强烈抗议。之后在《莱莉亚》（1833）一书中，她把对自由结合的理想引申到更广泛的社会和阶级关系上去。相同的主题及她对穷人的同情在她最优秀的作品中反复出现，这些作品都是以乡村为题材。其中包括《魔沼》（1846）、《弃儿弗朗索瓦》（1848）和《小法岱特》（1849）。

桑巴 samba 源自巴西的舞厅舞，20世纪40年代流行于美国和欧洲。伴奏音乐为带切分音节奏的4/4拍。特征为简单的向前向后舞步，身体侧倾，摇摆等。在巴西还有一种更古老的非洲式桑巴舞，这是一种舞者围成圈或排成双行来跳的集体舞。几十年来桑巴舞一直主导巴西的流行音乐。

桑贝内 Sembène, Ousmane（1923～2007） 塞内加尔作家与电影导演。在第二次世界大战和"自由法国"一起战斗，战后在马赛当过码头工人并自学法文。他的著作通常以历史政治为主题，包括《黑码头工人》（1956）、《上帝的木材》（1960）与《尼瓦姆与塔乌》（1987）。1960年左右开始对电影产生兴趣，自从在莫斯科学习以来，他的电影强烈地反映了社会关怀，包括《黑女孩》（1966），这被认为是第一部由非洲电影人制作的重要电影。从《曼达比》（1968）开始他以塞内加尔语制片，后期电影有《哈拉》（1974）、《切多》（1977）、《提亚洛耶营地》（1987）与《盖勒瓦》（1993）。电影《莫拉德》（2004）在戛纳电影节获得特别关注奖。

桑代克 Thorndike, Edward L(ee)（1874～1949） 美国心理学家。出生于马萨诸塞州威廉斯堡。曾师从W.詹姆斯和J.M.卡特尔，后来在哥伦比亚大学任教（1904～1940）。他是动物学习和教育心理学领域的先驱，提出一种称作联结主义的行为主义形式，认为学习是通过相关联结发生的。他对定量实验方法的发展和提高学校教育的效率都作出过巨大贡献。他的著作包括《心理和社会测量理论导言》（1904）、《教育原理的心理学基础》（1906）、《动物智慧》（1911）和《欲求、兴趣和态度的心理学》（1935）。

桑德堡 Sandburg, Carl(1878 ～ 1967) 美国诗人、历史学家、小说家、民俗学者。生于伊利诺伊州盖尔斯堡。先后从事过各种不同职业，并参加了美西战争。1913年到芝加

桑德堡，摄于 1949 年

By courtesy of the Illinois State Historical Library, Springfield

哥从事新闻业。1914 年，他的作品在《诗歌》杂志上发表，为其赢得了声誉，其中包括最著名的《芝加哥》。他的惠特曼式自由诗歌颂了工人，如《烟与钢》(1920)、《人民，是的》(1936)。《美国歌谣汇编》(1927)和《美国歌谣新编》(1950) 中收集了他演唱过的民歌。其他作品有：《亚伯拉罕・林肯：草原岁月》(1926)、《亚伯拉罕・林肯：战争岁月》(1939，获普利策奖)、《纪念岩》(1948)和4本儿童读物，其中包括《鲁特巴格故事》(1922)。

桑德贝 Thunder Bay 加拿大安大略省中西部城市。位于苏必利尔湖西北岸。最早的定居点为约 1678 年建的法国皮毛贸易站。19 世纪 70 年代和 80 年代，银矿的发现以及加拿大太平洋铁路的贯通使得此处的阿瑟港和威廉堡两镇得以迅速发展。其竞争随着 1906 年港口设施的统一而结束。1970 年两镇合并，成立了桑德贝市。现为加拿大最繁忙的港口之一，建有谷物贮存和装运仓库。其他行业包括造船业。人口约 108 359(2011)。

桑德海姆 Sondheim, Stephen (Joshua) (1930 ～) 美国作曲家和歌词作者。出生于纽约市，学习钢琴和风琴，15 岁时在他们家的朋友 O.哈默斯坦的指导下写出首部音乐剧。后来师从 M.巴比特，在百老汇的《西城故事》中第一次写歌词(1957)，获得成功。后来又为《吉卜赛人》(1959)写词，还为《在去古罗马广场途中遇到的趣事》(1962，获托尼奖)、《陪伴》(1970，获托尼奖)、《一支小夜曲》(1973，获托尼奖)、《理发师托德》(1979，获托尼奖)、《星期天与乔治同游公园》(1984，获普利策奖)以及《拜访森林》(1987)等作词作曲。其舞台作品以内涵的智慧、音乐的复杂性和频繁的阴暗基调见长。1993 年获肯尼迪中心荣誉奖，1997 年获国家艺术奖章。

桑地诺主义者 Sandinista 桑地诺民族解放阵线(FSLN)的成员。该组织成立于 1962 年，以反抗美国占领(1927 ～ 1933)中的英雄 C. A. 桑地诺命名，目的是为了推翻索摩查家族的独裁统治。该组织从学生、工人和农民当中寻求支持。他们以洪都拉斯和哥斯达黎加为基地对尼加拉瓜国民警卫队进行攻击。到了 20 世纪 70 年代中期，桑地诺民族解放阵线分裂成几个派别，但 1978 ～ 1979 年再度联合，并推翻了 A. 索摩查总统的统治。以奥尔特加・萨维德拉为首的一个派别领导了桑地诺政府(1979 ～ 1990)，推行扫盲和社区医疗计划。美国为颠覆该政府对其实行贸易禁运，力压国际借贷组织撤销对其援助，并训练和支持其反对集团。桑地诺民族解放阵线最终失去支持，在 1990 年大选中失败，交出权力。2006 年奥尔特加再度当选总统后，该阵线重新掌权。参阅 V. 查莫罗。

桑蒂利亚教 Santería 在古巴发起的宗教活动。它将西非的约鲁巴人信仰习俗和天主教的元素相结合，包括对一个最高神的信仰，但崇拜和仪式的中心是“奥里沙”，即将自然和人类特点相结合的神或圣人(同罗马天主教当中的圣人相似)。其仪式包括跳神、有节奏的击鼓、鬼魂附身和动物献祭。桑特利亚教在美国，尤其是佛罗里达州及其他有大批非洲人及西班牙裔人聚居的地区有许多信徒。参阅马库姆巴教和伏都教。

桑戈尔 Senghor, Léopold (Sédar) (1906 ～2001) 诗人，塞内加尔总统(1960 ～ 1980)，非洲美术和文学中的黑人特性运动创始人之一。在巴黎完成学业，并在巴黎当教师。1939 年应征入伍，后被俘获，在纳粹集中营里度过了两年，在集中营里他创作了他最优秀的诗篇。1945 年被选入法国国民大会。于 1948 年编辑了《黑色的奉献》，这是一部按照非洲作诗法用法语创作的文选，它成为萌芽的带有黑人色彩的作品。他于同年创建了塞内加尔民主集团，该组织 1958 年与另一个政党合并，成为塞内加尔进步联盟，该联盟(自 1976 年起称社会党)一直是塞内加尔的执政党。塞内加尔于 1960 年获得独立后，全体一致推选他为总统。他提倡适度的“非洲社会主义”，既不要无神论，也不要过分强调唯物主义，成为在国际上受到尊重的非洲和第三世界的发言人。1984 年成为法兰西学院的第一位黑人院士。

桑格(夫人) Sanger, Margaret(1879 ～ 1966) 原名Margaret Higgins。美国节制生育运动的先驱。生于纽约州科宁。她曾在纽约市下东区实习产科护理业务，体会到了贫

桑格夫人

By courtesy of Planned Parenthood-Federation of America, Inc.

穷、无控制生育、婴儿及产妇高死亡率之间的关系。1914年桑格夫人开始发行杂志《女性反叛者》，后改名为《节制生育评论》，后因被控有伤风化遭取缔。1916 年因邮寄主张节制生育的资料被捕，后因设立美国第一家节制生育诊所再次被捕。她的上诉使节制生育运动受到舆论界的注意和支持。联邦法院不久颁布法案，允许医生开避孕处方。1921 年她成立了美国节育协会。其后不久她将这场运动推广到全世界，组织了第一次世界人口会议(1927)，成为国际计划生育协会的首任主席。

桑海帝国 Songhai empire 又作 Songhay empire。西非古代穆斯林商业大国。中心位于尼日尔河中游，即今马里中部，后扩大版图，西至大西洋之滨，东达尼日尔和尼日利亚。由桑海人于公元 800 年前后建立，到 16 世纪最为强盛，1591 年落入摩洛哥军队之手。主要城市有加奥和廷巴克图。

桑给巴尔岛 Zanzibar 坦桑尼亚的主要岛屿(人口：2002 年约622 459)，位于非洲中东部近海的印度洋上。面积1 651平方千米。桑给巴尔市(人口：2002 年约205 870)位于西岸，是该岛的主要港口和商业中心。桑给巴尔与奔巴两岛曾是非洲大陆的一部分。17 世纪末为阿曼的阿拉伯人所控制，1832 年阿曼苏丹将桑给巴尔市设为首都。1861 年桑给巴尔岛脱离阿曼，成为一个独立的苏丹国。但在巴加什苏丹统治期间(1870 ～ 1888 年在位)，欧洲列强瓜分了大部分领土。1890 年英国宣布桑给巴尔岛和奔巴岛为它的保护地。1963 年苏丹国重新获得独立，并成为英联邦成员。1964 年苏丹国被推翻，建立共和国。该国随后与坦噶尼喀合并，成立坦桑尼亚共和国。经济依赖农业和渔业。

桑科 mulberry family 指桑科落叶或常青树，约 1 000 种，40 属。主要产于热带和亚热带地区。该科植物有乳状浆，产许多复果。普通桑树(桑属)、无花果(最大的榕属)上的果实和面包果食。蚕几乎只吃白桑树的叶。该科的纸桑和桑橙为观赏植物。其他桑科植物还有放置在办公楼前厅的印度橡胶树和分布广泛的榕树。

桑普拉斯 Sampras, Pete(1971 ～) 美国网球名将。生于华盛顿。1978 年搬到南加利福尼亚之后，他开始学打网球。他 5 次获美国公开赛冠军(1990、1993、1995、1996、2002)、7 次获温布尔登公开赛冠军(1993 ～ 1995、1997 ～2000)，以及两次澳大利亚公开赛冠军(1994、1997)。2000 年当他赢得第 7 个温布尔登公开赛男子单打冠军奖杯时，桑普拉斯创下 13 次大满贯冠军的世界纪录。在 2002 年的美国公开赛他获得了第 14 次大满贯。这项记录于 2009 年被 R. 费德勒打破。他以大力发球、精确的拦击和谦逊的行为举止而闻名。2003 年退役。2007 年入选国际网球名人堂。

桑索维诺 Sansovino, Andrea(约 1467 ～ 1529) 原名Andrea Contucci。意大利雕刻

家。早期代表作品有：佛罗伦萨圣斯皮里托教堂大理石祭坛（1485～1490），其特点是细部精致，表情强烈；大理石雕《耶稣受洗》（1502），现置于洗礼堂中门上端，其沉着而尊严的姿势，强烈而有节制的表情，标志着向文艺复兴盛期风格的转向。他为波波洛圣母堂两位主教所作的墓碑（1509年完成），是其最有影响的创新之作，采用了凯旋门拱门形式和新颖的两主教长眠的姿态。其作品反映了文艺复兴由初期向盛期的过渡，其温和文雅风格的影响对16世纪米开朗琪罗的大型肌肉发达的雕刻起到抗衡作用。

桑索维诺　Sansovino, Jacopo（1486～1570）原名Jacopo Tatti。意大利雕刻家、建筑师。1502年入佛罗伦萨雕刻家A.桑索维诺的作坊学习雕刻，钦佩其师而改随师姓。1505～1506年赴罗马，研究古建筑及从事古雕刻的修复。1527年罗马遭到劫掠后逃往威尼斯，并出任威尼斯首席建筑师（1529）。他设计的圣马可教堂图书馆（始建于1537年）为16世纪主要建筑之一。他所作的生动的雕像常为其设计的建筑物的主要的装饰。他最有名的作品为位于威尼斯总督府石级上的巨型雕像《马尔斯（战神）和尼普顿（海神）》（1554～1566）。在建筑与雕刻的结合方面，他比文艺复兴时期任何其他建筑师都更有成就。

桑塔亚那　Santayana, George（1863～1952）原名Jorge Augustín Nicolás Ruiz de Santillana。西班牙裔美国哲学家、诗人和人文主义者。出生在马德里，1872年来到美国。哈佛大学毕业后，留校同W.詹姆斯和J.罗伊斯一起担任哲学教师（1889～1912）并开始撰写美学、思辩哲学和文学评论方面的文章，包括《美感》（1896）、《释诗歌与宗教》（1900）和《理性生活》（1905～1906）。1912年返回欧洲。《怀疑主义和非理性信仰》（1923）最好地表达了他的即刻理解的精髓，并描绘了他的"非理性信仰"在不同形式的知识中的作用。写有小说《最后的清教徒》（1935）和自传《人物和地点》（3卷，1944～1953）。

桑坦德　Santander　西班牙北部坎塔夫里亚自治区省会和海港城市。重要的海港和夏季度假胜地，位于马约尔角南岸，是一个岩石半岛向东延伸并遮掩了比斯开湾的小海港桑坦德海湾。该城市在1941年一场大火后重建。地区经济除了旅游业外，还有渔业、炼钢和轮船制造。附近有阿尔塔米拉洞窟及卡斯蒂略洞窟。人口约180 717（2001）。

桑威奇伯爵　Sandwich, Earl of（1718～1792）　原名John Montagu。英国首位海军大臣（1748～1751，1776～1781）。曾任北方事务大臣（1763～1765，1770～1771），其间主持了对J.威尔克斯的控告。美国独立战争期间，他被任命为海军大臣。他坚持在欧洲海域保持大部分舰队以防法国人进攻，并因此受到指责。他鼓励英国探险家J.库克船长领导的探险，这使得1778年库克以他的姓氏命名桑威奇岛（后为夏威夷）。1762年他有一次连续赌博24小时，仅用夹肉面包充饥，"三明治"面包（sandwich）由此得名。

丧礼　antyesti　印度教的丧葬仪式。他们通常将尸体火化，把骨灰投入圣河。尸体尽快运到火化场（通常是河边），最后火化仪式由死者长子和祭司执行。其后10天内居丧的直系亲属必须遵守一定的禁忌，他们举行礼仪，使亡魂在转生来世的途中有所依附。礼仪的内容包括陈设奶、水和饭团，然后择日把遗骨埋葬或投入河水。

扫雷舰　minesweeper　用来清除布雷区潜艇水雷的军舰。在海战中，用于清除航线上的水雷以保证商船运输，也用于清除参加会战或两栖作战船只航线上的水雷。最早的扫雷舰使用带有锯齿的扫雷索切断水雷的系泊缆，使之浮出水面，再用炮火将其击毁。朝鲜战争中磁性水雷（在钢舰磁场内爆炸）的广泛使用导致木制船身扫雷舰的出现。

色　colour　可用色相、饱和度和明度来形容的任何物体外观。它与电磁辐射的可见波长有关联，这些波长刺激了人眼的感觉细胞。红光的波长最长，蓝光的波长最短，橙色、黄色和绿色等其他色居中。色相是指主要的波长。明度表示色的强度或细微的差别；相当于对亮度的主观感知。饱和度属于纯度，或与一种色相混的白光量。红、绿、蓝三色被称为原色，能够按照不同比例混合构成所有其他色。按照同样比例混合的原色构成合成色。相混合形成白光的两色被称为互补色。

色界　rupa-loka　在佛教中，指弃绝感官欲望的存在物再生成的存在的十六个阶段。位于物质存在产生的欲界和只有意识存在的无色界之间。它的高级境界称为纯洁处所，是那些在后来的出生中不会到低界的存在物的产生地。色界，没有感官欲望，但仍有形体的限制，为天神所住之处。参阅业。

色拉尼　Sharani, al-（1492～1565）　原名Abd al-Wahhab ibn Ahmad。埃及学者、神秘主义者，苏非派色拉尼教团的创始人。他的一生试图避免他在伊斯兰各教派以及其他苏非派中所见的极端论，其目的是从各派中吸取精髓而忽略它们之间的冲突。由于他的思想和著作不成体系，也含混不清，其教诲主要在于他个人的风采。他死后，该教团逐渐没落，尽管在19世纪之前还很流行。

色雷斯　Thrace　巴尔干半岛东南部的古代和现代地区。色雷斯的边界在历史上不同时期各有不同。在古希腊时代，色雷斯以多瑙河、爱琴海和黑海为界。现代色雷斯则相当于今保加利亚南部地区、希腊的色雷斯省及土耳其的欧洲部分，包括加利波利半岛。古色雷斯人为印欧血统，公元前第2千纪已在此定居。他们的文化以诗歌和音乐著称，他们的士兵则以勇敢善战闻名。公元前7世纪希腊人在这里建立起殖民地。公元前6世纪此地臣服于波斯。公元前4世纪又被马其顿征服。公元1世纪时这里缩为罗马的一个行省，其北部被并入莫西亚。此后它又成为拜占廷帝国的一部分，1453年又成为奥斯曼帝国的一部分。1885年其北部地区并入保加利亚；东部地区则在1923年归土耳其所有。当地盛产玉米、稻米、葡萄、牡蛎和鳗鲡；主要经济作物为土耳其烟草。

色楞格河　Selenga River　蒙古和俄罗斯中东部河流。发源于蒙古境内库苏古尔湖以南，在苏赫巴托尔与鄂尔浑河汇合，形成色楞格河。继续北流，进入俄罗斯境内，最后流入贝加尔湖。全长1 480千米。从河口到苏赫巴托尔以北，无冰期（5～10月）可以通航。

色盲　color blindness　一种眼科疾病，表现为对红、绿、蓝三种颜色的一种或一种以上无分辨能力。人类视网膜中有三种锥体细胞能吸收光谱不同部分的光，缺少其中一种或多种细胞便会造成对红、绿和（或）蓝色的色盲。色盲是伴性隐性遗传疾病，男性发病率为女性的20倍。

色诺芬　Xenophon（公元前431～公元前350年以前）　希腊历史学家。出生于富有的雅典人家庭。他批评极端民主政治，被斥为卖国贼判处流放。一生的重大经历是在波斯王子居鲁士的希腊雇佣兵团中服役。这次经历成为他的名著《远征记》的素材。他的作品还包括《马术》、《论狩猎》、《居鲁士的教育》、《论经济》（一部房地产专论）以及为修昔底德著作写的续篇。

色情作品　pornography　为了引起性兴奋而对色情行为的描写。原意是指描述妓女生涯的任何美术或文学作品。但是该词的起源很古老，早期历史已不清楚，因为在传统上认为不值得保存与流传。色情画的出现促使色情文字的产生，目的在于娱乐和引起兴奋。最早的纯粹为了引起兴奋的现代色情作品出现在18世纪的欧洲。摄影技术和电影的发展又极大地促使色情作品泛滥。自从第二次世界大战以来，文字的色情作品基本上已被毫无掩饰的视觉图像作品所取代。

色萨利　Thessaly　希腊中东部历史区域，现为行政区。其古城区域与现在的区域大体相当。在公元前第3千纪和第2千纪，该地是众多文化的聚集地。到约公元前1000年，希腊在此建立政权。公元前2世纪，该地加入罗马的马其顿行省。公元4世纪，该地成为独立的罗马省。7～13世纪，该地先后受斯拉夫人、萨拉森人、保加利亚人、诺曼底人控制。14世纪晚期，色萨利成为土耳其的势力范围。1881年回归希腊。1941年同盟国和轴心国军队在此展开激战。该地是奥林波斯山所在地，皮尼奥斯河流经该地。

色素痣　mole　扁平或赘肉样、有色素沉着的皮肤斑记，主要由产生黑素的细胞聚集构成。呈浅褐至深褐以至黑色，当黑素沉积于真皮时，皮损则带蓝色。较厚的色素痣中也有神经及结缔组织成分。色素痣通常在儿童时期出现，多为扁平状，位于表皮与真皮之间。始终保持在这一交界处的色素痣有可能是恶性的。多数向真皮发展，表面微隆起。儿童的色素痣可发生类似癌的变化，但实际上良性的。恶性黑素瘤可能源于色素痣，但青春期前几乎不会发生。怀孕期间色素痣可能增大，还可能出现新的色素痣。有的痣会随着年龄增长而消失。术语"痣"指的是天生就有的皮肤斑记，而色素痣则可能是出生后发展起来的。表皮上"痣"的颜色通常与周围皮肤的颜色相同。

涩艺术　art brut　社会承认的艺术圈之外的人创作的艺术，特别是指精神病患者或未受专业训练的人所画的粗糙、不熟练，甚至粗鄙的作品。该词由 J. 杜比费所创。他把涩艺术看作最纯粹的表现形式。

涩泽荣一　Shibusawa Eiichi(1840～1931)　日本实业家、政府官员。出生于一个殷实农民之家。被幕府德川庆喜(1837～1913)授予侍的称号。1868 年德川幕府被推翻后，在新政府的财政部工作。1873 年辞职，任日本第一国立银行(现在的第一劝业银行)总裁。1880 年建立大阪纺织公司，确立了他在日本实业界的霸主地位。此外还建立一个从事棉纺织的财阀或称卡特尔，以帮助振兴工业，让发货人和商人能互相利用对方的长处。这种方式在日本工业化过程中被普遍采用。他还帮助建立及管理其他多家公司，成立了东京商业和银行家协会。退休后，他积极投身于社会福利事业。

铯　cesium　周期表中Ⅰa 族碱金属族的化学元素，化学符号 Cs，原子序数 55。铯是 1860 年用光谱法发现的第一个元素。铯是银白色、很活泼，可能还是最柔软的金属，在温室中为液体(熔点在 28.4℃)。丰度大约为铅的一半，存在于铯榴石矿和锂云母矿中。铯遇水发生爆炸性反应，极易与氧化合，因而被用作电子管的吸气剂。铯的光电特性很强(光照下易失去电子)，广泛用于光电池，以及在电视摄像机中形成电子图像，另外还用于等离子体推进器、原子钟等。

瑟堡　Cherbourg　法国西北部的港市和海军基地。濒临英吉利海峡，据说该地过去是古罗马的军事基地。中世纪时，法英两国曾为争夺此地而战。1758 年英国人占领此地，后来又落入法国人手中，路易十六在此大兴土木建立防御工事。第二次世界大战期间德国军队占据该地，1944 年同盟国军队将该地夺回，成为同盟国军队重要的补给港。工业包括跨大西洋船运业、造船业以及电子和电话设备制造等。帆船运动与商业捕捞对当地经济也很重要。人口约40 500(2005)。

瑟伯　Thurber, James (Grover)(1894～1961)　美国作家、漫画家。出生于俄亥俄州哥伦布。就读于俄亥俄州立大学，1926 年来到纽约市。1927～1933 年供职于《纽约人》杂志，此后一直是该杂志的主要撰稿人。他曾为自己的第一部书《性是必须的吗?》(1929，与怀特合著)绘插画，他的卡通作品成为一些在美国最受欢迎、最熟知的作品。1940 年由于视力减退不得不停止绘画。他的著作包括《我的生活和艰难岁月》(1933)、《当代寓言集》(1940)、《瑟伯画册》(1952)、《纽约人》文集《和罗斯在一起的岁月》(1959)，以及儿童读物《十三座钟》(1950)。他以描绘沉溺幻想、逃避现实的人著称，如《华尔德·米蒂的秘密生活》(1939；1946 年拍成电影)中的主人公。

瑟蒂斯　Surtees, Robert Smith(1805～1864)　英国小说家。年轻时即热衷于骑马狩猎，他所有的作品几乎都涉及马和骑术。1831 年创办《新体育杂志》。其最著名的喜剧角色，乔罗克斯先生——一个沉溺于猎狐活动的、反应迟钝的伦敦食品商——出现在他的小说《乔罗克斯的远足和欢乐》(1838)、《汉德利十字碑》(1843)、《希林登大厅》(1845)中。其他小说也描述了英国乡村生活的沉闷、病态、不适以及劣等的食物，包括《霍巴克·格兰奇》(1847)和《罗姆福德先生的猎犬》(1865)。

瑟克　Sirk, Douglas(1900～1987)　原名 Claus Detlef Sierck。德裔美国电影导演。1937 年逃离德国前，曾在不来梅(1923～1929)与莱比锡(1929～1936)剧院担任艺术导演并制作过数部电影。1939 年进入好莱坞，在 1950 年进入环球影片公司之前，仅干过一些与编导有关的次要工作。在环球影片公司导演了喜剧、西部片与战争电影，不过以通俗音乐剧《地老天荒不了情》(1954)、《总有明天》(1956)、《苦于恋春风》(1956)与《碧海青天夜夜心》(1957)最为人知。他在《春风秋雨》(1959)一片中获得最大成功，之后退休并回到德国。

瑟斯顿　Thurstone, L(ouis) L(eon)(1887～1955)　美国心理学家。出生于芝加哥。大部分时间在芝加哥大学任教(1927～1952)。他关注人的态度和智商的测量，为心理测量学的发展起了重要作用。他的主要著作《心理向量》(1935，1947 年修订为《多因素分析》)提出了多种要素分析，以解释心理测验结果之间的相互关系。

森　Sen, Amartya(1933～　)　印度经济学家。由于他对福利经济学和社会选择的贡献，于 1998 年获诺贝尔经济学奖。森因为研究饥荒的起因而闻名，进而发展出限制食物短缺效应的方法。他曾在加尔各答的总统学院就读，后来到剑桥大学三一学院读书(1955 年获学士学位，1959 年获硕士学位和博士学位)。先后在贾达福布尔大学(1956～1958)、德里大学(1963～1971)、伦敦大学经济学院(1971～1977)、牛津大学(1977～1988)和哈佛大学(1988～1998)教授经济学。1998 年被任命为三一学院院长。他在《贫穷与饥荒:关于权利与剥夺的论文》(1981)中指出，工资减少、失业、食品价格上涨以及食品的低效分配会导致饥荒。他的观点鼓励决策者维持食品价格稳定。

森达克　Sendak, Maurice (Bernard)(1928～2012)　美国艺术家、作家。生于纽约市。曾在艺术学生联合会学习。他为其他作家创作的 80 多本儿童读物绘制过插图，后开始自己写作。在《肯尼的窗户》(1956)之后，又创作了有创新意义的三部曲:《野兽在哪里》(1963)、《夜间在厨房》(1970)和《在那外边》(1981)。后与金恩合作音乐剧《真实的罗西》(1978)，设计了舞台剧《魔笛》(1980)和《胡桃夹子》(1983)。1996 年，获得美国国家荣誉艺术奖章。

森德兰　Sunderland　英国北部海港。该城市位于北海威尔河口，在撒克逊时期被称为威尔口。先前包括 674 年修建的、受人尊敬的 V. 比德学习过的修道院旧址所在地芒克威尔茅斯。森德兰在 12 世纪末得到了特许状。该港口在 17 世纪因煤炭贸易发展而迅速兴旺起来，到 18 世纪中叶已经是一个主要的造船中心。现代工业包括玻璃制造业和汽车制造业。人口约280 807(2001)。

森林　forest　以乔木为主要生物类型的复杂生态系统。在最暖和的月份气温高于 10℃、年降水量大于 200 毫米的地方，以乔木占优势的森林便能存在。在上述气候范围内，森林能在多种多样的条件下发育形成。森林中土壤、植物和动物类型又依环境影响的悬殊而异。在凉爽的高纬度接近极地的地区，泰加林以耐寒的球果植物为主；在较温暖的高纬度气候条件下，由针叶树和落叶的阔叶树组成的混合林占优势；在中纬度气候条件下，落叶阔叶林占优势；在赤道带潮湿的气候条件下，热带雨林得以形成，由于降雨量大，有利于常绿阔叶树种生存，而不像凉爽地区的森林主要为针叶树种。森林属于世界上最复杂的生态系统之列，显示了多种多样的垂直分层结构。针叶林的结构最简单:乔木层高约 30 米；灌木层分布不规则，甚至没有；地被层覆以地衣、藓和苔。落叶林的垂直分层结构较为复杂，其树冠层分为上下两层，而雨林的树冠至少分为 3 层。生活于森林中的动物具有高度发达的听力，许多种类受环境影响而适应于竖向运动。因为除了地表植物外，食物稀少，许多地栖动物仅将森林当作栖身之所。森林是大自然界最有效率的生态系统，光合作用率极高，这能影响处于一系列复杂的有机联系中的动物和植物。

森林管理　forestry　指林地(参阅森林)的经营以及相关水源、荒地的管理，林木伐植为其主要目的，兼及自然保护和娱乐目的。林学科学的基本原则是多效用林地管理，不过基本活动是采伐和再植。其主要目标是经由精心计划采伐和更替保持木材的持续供应，森林管理人员还要负责实施其他林地管理，包括野生生物保护，实行防止杂草、虫害、真菌病(参阅真菌)、侵蚀和火灾。森林经营计划起源于中世纪早期的欧洲，许多国家都有关于森林的立法、管理林木的砍伐及狩猎活动。19 世纪欧洲成立了私立的林业学校，1891 年美国政府批准了第一个林地保护区，到了 20 世纪，许多国家开始从事造林或再造林计划。

森林沼泽 swamp 淡水湿地生态系统，特征是有排水不良的矿物质土壤，植物以树木占优势。森林沼泽供水充足，以保持地面浸满水。这种水含有很高的矿物质，以刺激有机体腐化，阻止有机物堆积。森林沼泽遍布世界各地。参阅草本沼泽。

森奈 Chennai 原称 Madras（马德拉斯）。印度南部泰米尔纳德邦首府，位于孟加拉湾的科罗曼德尔海岸。1639 年由英属东印度公司建为要塞和贸易站，当时称圣乔治堡，为东印度公司在印度南部拓展的基地。16 世纪由葡萄牙人建立的圣托美市，1749 年割让给英国并被并入该市。1800 年英国人把森奈设为他们的行政和商业首府。现为工业中心，有许多教育和文化机构。传统认为该地是基督教使徒圣多马的葬身地。都会区人口约6 560 624（2001）。

僧伽 sangha 佛教名词，即僧团。根据传统，僧伽由比丘、比丘尼、在家男居士、在家女居士四种人组成。僧伽由佛陀所创，是世界上最古老的禁欲教团。佛、法、僧伽共为佛教三宝，为佛教基本信条。佛陀为男众建立了比丘僧伽，后来又为女众建立了比丘尼僧伽。僧人均不从事商业或农业活动，仅依赖大众的布施，现在僧团都依照律藏生活。

僧帽水母 Portuguese man-of-war 水螅纲僧帽水母属所有漂浮、暖洋海产刺胞动物的统称，分布在世界各地，但最常见于墨西哥湾流以及印度洋和太平洋。僧帽水母型由半透明、果冻状、充气的浮器构成，长 9 ～ 30 厘米。下面有成簇的水螅体，其触手可下垂达 50 米深，有些具刺丝囊可麻痹小鱼和其他猎物。其他水螅体则吸住、包覆和消化猎物。水螅体的第 3 种形式则与生殖有关。僧帽水母螫人极痛，能引起发热、休克和心肺功能障碍。

杀婴 infanticide 杀死新生婴儿。杀婴常被解释为节育的原始方法，也是摆脱病弱的和不想要的孩子的手段。但是，大多数的社会都欢迎儿童，只有在特殊的情况下——例如完全没有可能养活婴儿——才会让他们死去（或让他们自然死亡）。在 18 世纪以前的一些欧洲国家里，不想要的婴儿都被扔掉或遗弃。从《圣经》以及埃及、希腊、罗马和印度的历史里知道有“第一胎祭献”之说，即把人们最珍贵的东西奉献给神。

沙贝塔伊·泽维 Shabbetai Tzevi（1626 ～ 1676） 犹太教的冒充的弥赛亚。生于士每拿。他学习过喀巴拉教的神秘知识，22 岁时声称自己是弥赛亚。曾在黎凡特一带游历，其间赢得了追随者，但也树敌不少。在掌权的修道士和政治人物的支持下，他的运动传播到欧洲和北部非洲部分地区。他在 1666 年预言以色列即将复兴，结果被奥斯曼苏丹监禁，在酷刑逼迫下改信伊斯兰教。他的大多数追随者都离他而去，但仍有一些人忠实于他，并力图使他的主张与他现实中出卖犹太教的行为调和起来。

沙宾 Sabin, Albert Bruce（1906 ～ 1993） 波兰出生的美国医师、微生物学家。1921 年随同双亲移居美国，1931 年获纽约大学医学博士学位，首次证明人类神经组织中的脊髓灰质炎病毒能在人体外生长，并证明脊髓灰质炎非呼吸道感染，而主要是经由消化道传染。他认为口服疫苗会比索尔克注射死病毒维持时间更长，并且分离出无致病力但保持免疫原性的所有三型脊髓灰质炎病毒，1960 年美国核准使用沙宾脊髓灰质炎口服疫苗，后来成为全世界主要对抗脊髓灰质炎的药物。

沙袋鼠 wallaby 袋鼠科（参阅袋鼠）25 种中等大小的有袋哺乳动物的统称，主要产于澳大利亚。灌丛沙袋鼠（11 个种）身体结构似大袋鼠，只是牙列稍异。岩沙袋鼠常栖息于临水的岩石间，甲尾沙袋鼠因尾尖具角质而得名，跳动时转动其前肢。兔沙袋鼠形小，有些动作及习性似兔。灰沙袋鼠体小，鼻尖，后腿短，常被人捕猎以取其肉及皮。短尾灰沙袋鼠（*Setonix brachyurus*）与之近似，现仅残存于西澳大利亚 2 个近海岛屿。有些种已灭绝或濒于灭绝。

系带甲尾沙袋鼠（*Onychogalea fraenata*）

沙德韦尔 Shadwell, Thomas（1642？ ～ 1692） 英国剧作家。为复辟时期（1660）以后的宫廷才子之一，写有 18 部剧本，而以风俗喜剧广为人知，最成功的作品《埃普瑟姆矿泉》（1672）上演近半个世纪。在与 J. 德莱顿因政治和戏剧手法上的分歧断交之后，两人都开始创作讽刺作品攻击对方。德莱顿创作的作品（包括《麦克傅莱克诺》）更让人难忘。1688 年沙德韦尔继德莱顿之后成为桂冠诗人和皇家史官。

沙丁鱼 sardine 鲱科某些小型（15 ～ 30 厘米长）食用鱼类的统称，尤指沙丁鱼属、拟沙丁鱼属和小沙丁鱼属的种类。普通鲱遍布北大西洋。5 种拟沙丁鱼属的鱼类见于太平洋与印度洋。沙丁鱼为细长的银色小鱼，背鳍短且仅有一条，无侧线，头部无鳞；密集群息，沿岸洄游。通常用围网捕获沙丁鱼，主要在晚上，趁鱼群浮于水面取食浮游生物时。

沙恩 Shahn, Ben(jamin)（1898 ～ 1969） 立陶宛出生的美国油画家、书画刻印艺术家。1906 年举家移民到纽约，青年时代当过平版工学徒，后在纽约大学和纽约全国设计学院学习。1931 ～ 1933 年创作的关于萨柯和万泽蒂的组画使他声名大振，这一系列作品将现实主义和抽象主义相结合，表现出对社会政治的尖锐评论。1933 年协助 D. 里维拉创作洛克菲勒中心的壁画，并参与公共艺术作品规划的工作。1935 ～ 1938 年在农业保险局担任美术师和摄影师，描绘了农村生活的贫困。第二次世界大战后专注于架上画、海报设计和书籍插图的创作。

B. 沙恩，摄于 1966 年

沙恩霍斯特 Scharnhorst, Gerhard Johann David von（1755 ～ 1813） 普鲁士将军。1778 年加入汉诺威军队，18 世纪 90 年代在比利时与法国革命军的战役中表现突出。从 1801 年起担任普鲁士军队的军官，曾在军事学院任教，后在对抗拿破仑战争中成为参谋长（1806）。作为军队改革委员会主席（从 1807 年起），他发展了现代的参谋人员制度并重组了普鲁士军队。他同格奈泽瑙伯爵一起制定了速成兵制度和后备部队的使用。在被迫退休后，他担任 G. von 布吕歇尔的参谋长（1813），后在吕岑战役中受伤，并因此去世。

沙斐仪 Shafii, Abu Abd Allah (Muhammad ibn Idris) al-（767 ～ 820） 穆斯林法学家，沙斐仪教法学派的创始人。他是穆罕默德的远亲，于贫困中在麦加长大成人，后穿越阿拉伯半岛和黎凡特跟随伊斯兰教学者学习。他的一大贡献是对伊斯兰教法学思想进行创新性总结，将许多为人熟知但不成系统的思想归结为前后一致的形式，主要探讨伊斯兰教法的来源以及如何运用来解决当代问题。其著作《雷沙来》（约 817）使他获得“穆斯林法学之父”的称号。

沙夫茨伯里伯爵（第一） Shaftesbury, 1st Earl of（1621 ～ 1683） 原名Anthony Ashley Cooper。英国政治家。曾参加英国内战，起初为国王而战（1643），继而又投向议会（1644）。后被 O. 克伦威尔任命为国务委员会委员（1653 ～ 1654，1659），并在议会任职（1654 ～ 1660）。为被派去邀请查理二世回国的 12 名专员之一，查理还政后，他进入枢密院（1660），1661 ～ 1672 年任财务大臣，1672 ～ 1673 年任内阁大臣。在任贸易与海外殖民事务委员会主席期间（1672 ～ 1674），他在其被保护人 J. 洛克的协助下，为北美的加利福尼亚州拟订宪法草案。后因支持反天主教的《宗教考查法》及反对查理的兄弟詹姆斯（后为詹姆斯二世）与天主教徒结婚，而被查理革职，之后成为反对派辉格党的领导人。他利用T.欧茨造成的政治混乱，巩固自己在议会中的势力，并企图通过拒绝詹姆斯登基的《排斥法案》，但未果。查理于1681年解散议会，沙夫茨伯里以叛国罪受到审判，但最终宣告无罪。1682年逃亡到荷兰，客死他乡。

沙夫茨伯里伯爵（第三）　Shaftesbury, 3rd Earl of（1671～1713）　原名Anthony Ashley Cooper。英国政治家、哲学家。沙夫茨伯里伯爵（第一）之孙，J.洛克指导过他早期的教育。1695年进入议会，1699年继任为第三代伯爵，在上议院工作3年。他的大量哲学论文都受到新柏拉图主义的影响，收集在1711年出版的《人的特征、风习、见解和时代》中，这些著作成为英国自然神论的主要源泉，影响了A.蒲柏、S.T.柯尔律治和I.康德等人。

沙夫茨伯里伯爵（第七）　Shaftesbury, 7th Earl of（1801～1885）　原名Anthony Ashley Cooper。英国政治家、社会改革家。1811年其父继承伯爵爵位，他成为阿什利勋爵。任议会议员期间（1826～1851），他反对《1832年改革法案》，但支持天主教解放和废除谷物法。1833年起成为议会中工厂改革运动的领袖，促成《矿山法》（1842）和《10小时工作制法》（1847）的通过，后者称为《阿什利勋爵法》，缩短了纺织厂里的工作时间。在担任贫民免费学校联合会主席期间（1843～1883），他为贫困儿童提供免费受教育的机会。1851年继承其父的爵位后，继续推行其工作，成为19世纪英国最有成效的社会改革家之一。他还在英国圣公会内领导福音派运动，并资助一些传教士团体。

沙皇　czar　又拼tsar。拜占廷或俄国皇帝。该词源自中世纪caesar一词，指最高统治者，尤指拜占廷皇帝。1453年拜占廷帝国亡，俄国君主成了仅存的东正教君主。俄罗斯东正教会认为俄国君主有可能成为东正教新的最高领袖。1547年，伊凡四世（雷帝）第一个加冕为沙皇。在理论上，沙皇拥有绝对权力，但实际上他和他的继承者都受到东正教会、贵族会议以及1497年、1550年和1649年公布的法典制约。1721年沙皇彼得一世废除沙皇之称，改而采用“全俄罗斯皇帝”这个头衔，但在民间，他和他的继承者继续被称为“沙皇”。

沙·贾汗　Shah Jahan（1592～1666）　印度莫卧儿帝国皇帝（1628～1658年在位）。在其父贾汗季在位期间，沙·贾汗所属的派系在莫卧儿王朝的政治中占有主导地位。贾汗季去世后，他赢得足够的支持，自立为王。在位期间以成功反抗德干各国著称，尽管他收复失地的尝试几乎使得帝国国力枯竭，但他的统治使莫卧儿宫廷达到鼎盛。在他伟大的建筑成就中（包括他从阿格拉迁都到德里时修建的堡垒式宫殿），最著名的是泰姬陵。他是比他父亲更加保守的穆斯林，但又较其子（也是他的继任者）奥朗则布开通；相对而言，沙·贾汗对待其印度子民还比较宽容。

沙克尔顿　Shackleton, Ernest Henry（1874～1922）　后称Sir Ernest。英国探险家。1901年参与R.F.斯科特的南极探险。1908年再次赴南极，由他率领的一支雪橇队到达距离南极约180千米处。1914年率领英国横越南极探险队，打算经由南极点穿越南极洲。他的“耐力”号探险船撞到浮冰，漂流了10个月后终被压碎。沙克尔顿和其他人员在浮冰上又漂流了5个月后到达象岛。他和另外5人一同航行1 300千米来到南乔治亚岛求援，然后带领4支营救探险队去援救他的人员。他在另一次南极远征出发前死于南乔治亚。

沙里宁　Saarinen, Eero（1910～1961）　芬兰出生的美国建筑师。其父艾利尔（1873～1950）为他那个时代芬兰杰出的建筑师，主要作品包括赫尔辛基火车站（1904～1914）和1923年移民美国后为密歇根州布卢姆菲尔德希尔斯的克兰布鲁克基金会设计的几座大楼（1925～1941）。他自耶鲁大学毕业后加入父亲的建筑事务所。他设计了密歇根州瓦伦市的通用汽车公司技术中心（1948～1956）大楼之后，接着又设计了圣路易的盖特威拱门（1965年完成）。麻省理工学院的克雷斯吉礼堂和小礼拜堂均于1955年建成，前者采用手帕型的穹隆顶，支承在三个支点上。后者用清水红砖建造，为圆柱体形。纽约市肯尼迪国际机场环球航空公司的候机楼（1956～1962）采用两个大型的悬臂式混凝土薄壳顶向外飞展，宛如双翼。

沙利文　Sullivan, Arthur (Seymour)（1842～1900）　英国作曲家。曾在伦敦皇家音乐学院和莱比锡音乐学院学习，后靠教书、弹奏风琴及地区盛会作曲为生。他是一名天生的重要作曲家，他为《暴风雨》所谱的曲子（1861）以及《爱尔兰交响乐》（1866）和众多歌曲（包括《前进吧！天主教士兵们》和《失去的和弦》）在各处上演。1871年首次同W.S.吉尔伯特在轻歌剧中合作，1875年的作品《陪审团的审判》成为一大流行曲目，为两人的事业开辟了道路。他们的合作延续下去，写出的曲子包括《魔法师》（1877）、《皇家海军舰艇围裙号》（1878）、《彭赞斯的海盗》（1879）、《忍耐》（1881）、《约兰特》（1882）、《艾达公主》（1884）、《日本天皇》（1885）、《鲁迪戈》（1887）、《王室警卫》（1888）、《船夫》（1889）等，多数在国际上流传了100多年。后受封为爵士。

沙利文　Sullivan, Harry Stack（1892～1949）　美国精神病学家。生于纽约州诺威奇。他在马里兰的普拉特医院工作期间（1923～1930）开始从事临床研究，在使用心理治疗法治疗精神分裂症方面进行研究，他认为精神分裂症是早期童年时代受挫的人际关系引起的。他认为神经症状的发展是由个人同周围的人及人际环境的冲突引起的，而人格也与此相似是在与其他人的相互关系中形成的。他协助建立了W.A.怀特精神病学基金会（1933）和华盛顿精神病学院（1936），还创办了《精神病学》杂志（1938）并担任其编辑。作品包括《人际关系的精神病学》（1953）和《精神病学与社会科学的融会》（1964）等。

沙利文　Sullivan, Louis H(enry)（1856～1924）　美国建筑师，美国现代建筑之父。生于波士顿。年轻时期的沙利文曾在巴黎艺术学院学习，但并非是一个安分的学生。他为芝加哥几家公司工作之后，1879年加入D.阿德勒（1844～1900）的公司，24岁时成为阿德勒的合伙人。他们14年的合作创作出100多幢建筑，其中有不少成为建筑史上的里程碑。他们第一件重要的作品芝加哥的会堂大厦（1889），是一座承重的石头结构，附有一座17层的塔楼，正面的外部未经装饰，内部则金碧辉煌。他们最重要的摩天大楼设计则是10层高的钢构架的圣路易斯的温赖特大厦（1890～1891），在其两层高的基座上强调垂直的线条，将横线条放在凹处，顶部是带装饰的檐壁和檐口。在这期间，年轻的F.L.赖特花了6年时间拜沙利文为师，他给了这位年轻建筑师很大影响。1895年沙利文同阿德勒的合作结束，他的创作开始下降。后期主要作品之一是芝加哥的卡森·皮里·斯科特公司的百货大厦（1898～1904），以其宽阔的窗户和丰富的装饰而闻名。其装饰并不基于先前有的形式，而是以几何形状和自然形式为基础。他认为建筑设计代表其功能是理所当然的，而只要功能不变，形态就不应该发生变化，因此他有影响的设计理念是“形式从属于功能”。

沙龙　Salon　法国政府主办的官方艺术展览会。创始于1667年，当时路易十四赞助了一个皇家绘画雕塑学院院士的作品展览会。由于作品陈列在卢浮宫内的阿波罗沙龙（阿波罗厅），故袭用了沙龙这个名称。1737年之后沙龙艺术展览会定为每年举办一次。1748年起选择作品实行评定制。在法国大革命期间，沙龙第一次向法国的所有画家开放，但是学院派在19世纪的大部分时间中仍然左右着绝大多数展览会及几乎全部的艺术教学。1881年法国艺术家协会成立，沙龙展览改由该协会负责举办；之后前卫派艺术家作品独立展出，并日益受到重视，沙龙的影响和声誉渐趋衰落。

沙龙　Sharon, Ariel（1928～2014）　以色列军人和政治家。早年受过军事训练，以色列独立后从事过情报和侦察工作。在苏伊士危机（1956）和六日战争（1967）期间，他带领的一支队伍占领了具有战略意义的米特拉山口。在赎罪日战争（1973）中指挥了一次以色列反击战。1977年被任命为农业部长，负责犹太人定居点。他积极鼓动犹太人在约旦河西岸和加沙地带定居。作为国防部长（1981～1983），他策划了以色列军队黎巴嫩的入侵。一个以色列调查法庭认为沙龙应对巴勒斯坦难民营的大屠杀事件负有间接责任，迫使他于1983年辞职。从20世纪80年代到90年代，他在以色列内阁担任过多个部长职位，1999年成为利库德集团领袖。2001年当选为以色列总理，面临以色列人和巴勒斯坦人之间冲突不断加剧的问题。他提出了一项计划，让以色列士兵和犹太定居者在2005年从加沙地带和约旦河西岸部分地区撤离。2005年11月沙龙脱离利库德集团，组建走温和路线的前进党。2006年1月出现严重中风症状，政府权力移交给了一名代总理。

沙龙平原 Sharon, Plain of 以色列西部地中海沿岸平原。从卡尔迈勒山脉延伸至特拉维夫-雅法，全长89千米，大致呈三角形，从远古时期就有居住者。平原的名字曾在《圣经》中出现，在埃及的法老碑铭中也有提及。现代该地的移民定居是19世纪晚期犹太复国主义向巴勒斯坦农业地带移民运动的一部分。到20世纪30年代初期，该地区已成为犹太巴勒斯坦最密集的定居点。盛产柑橘、蔬菜、棉花，并且是旅游胜地。

沙玛什 Shamash 美索不达米亚宗教所崇拜的太阳神。与其父辛、女神伊什塔尔共为联立三神。作为太阳神，沙玛什是英勇的对黑夜和死亡的征服者，他也以公平正义之神而闻名。据说他曾为巴比伦国王陈述《汉穆拉比法典》。在夜里，他是地狱的法官。祭拜沙玛什的主要中心在拉尔萨和西巴尔。

沙门氏菌病 salmonellosis 几种由沙门氏菌属引起的细菌性传染病的统称，包括伤寒，类似发烧，及胃肠炎（参阅食物中毒）。来自病禽、病畜的肉带有细菌，任何食物都可能从土地中受污染的粪便或在储藏过程中染上细菌，在加工过程中为脏手所污染的食物或器具也会带有细菌。病菌的来源有时难以追踪。受感染的母鸡产的鸡蛋里面就会含病菌，不只是在蛋壳。该病发病急，有时很严重，伴有恶心、呕吐、腹泻、虚脱及低烧等症状。多数病例于数天内恢复，且可获得某种程度的免疫。防止沙门氏菌病需要小心处理食物，尤其是要彻底煮熟。

沙门氏菌属 Salmonella 肠杆菌属中一类革兰氏染色阴性兼性厌氧的杆状细菌。主要生存于人类及其他动物的肠道。2 200种中的有些种栖于动物体内并不造成任何疾病；其他则为人类严重疾病的病原体。沙门氏菌造成的各种程度不等的感染统称沙门氏菌病，包括人类的伤寒和副伤寒。冷冻可阻止细菌繁殖却不能杀死它们；因此，沙门氏菌可在食物中孳生，人食入后即可致胃肠炎。鸡为沙门氏菌属主要的载体，鸡肉和蛋是人类中毒的主要来源，其症状有腹泻、呕吐、颤抖发寒和头痛，其他沙门氏菌所存在的食物来源包括未经低温杀菌处理的牛奶、绞肉和鱼。

沙米尔 Shamir, Yitzhak（1915～2012） 原名Yitzhak Jazernicki。波兰出生的以色列政治家。1935年移居巴勒斯坦，参与建立"以色列自由战斗者"，即后来的斯特恩帮。曾两次被英国当局逮捕（1941、1946），后均侥幸逃脱，最后在法国获得庇护。以色列独立后，他任秘密工作人员至1965年。此后又陆续担任以色列议会发言人（1977～1980）和M.贝京政府的外交部长（1980～1983）。1983年当选总理；1984年的一次未分胜负的选举让他与工党领袖S.佩雷斯共同执政。自1986年起，沙米尔担任了6年总理，其间他在1988年又经历了一次未分胜负的选举，并于1990年成立联合政府，1992年下台。1996年，他从以色列议会退休。

沙钱海胆 sand dollar 楯形目海胆纲棘皮动物的统称。体扁盘形。身体上部中心向外呈5辐射对称。此类动物钻入沙底，以飘入嘴里的有机质为生。口位于体下面的中央。体表覆以细小的刺，用于挖沙和爬行。经常可见于北美洲和日本的海滩上的普通沙钱海胆，直径5～10厘米。

沙丘 sand dune 小山、沙堆、沙埂或风的作用形成的其他松散的物质，如黏土颗粒。沙丘通常与沙漠地区和海岸有关。南极洲非冰地带有大面积的沙丘。

沙鼠 gerbil 仓鼠科穴居啮齿动物的统称，约近100种。分布于非洲和亚洲，栖息在干燥的沙质地区，也有些栖于草原、耕地或森林中。眼和耳大。被毛柔软，浅褐或浅灰色。多数体长10～15厘米（不计尾长），通常尾长而有茸毛，端部有丛毛。许多种后腿长，能跳跃。以种子、根和植物其他部分为食。有一种叫长爪沙鼠（*Meriones unguiculatus*），是受欢迎的宠物。俄罗斯的大沙鼠（*Rhombomys opimus*）有时破坏庄稼和堤防。非洲有一属（沙鼠属）可能传播腺鼠疫。

沙斯塔山 Shasta, Mt. 美国加利福尼亚州北部喀斯喀特山脉的山峰。为高耸的双峰死火山，海拔4 317米，是方圆百里内的主要景观。山坡上的几处冰川使其成为著名滑雪场和登山区。1854年人类首次登上该山峰。

沙特 Saud（1902～1969） 全称Saud ibn Abdul Azizal-Faisalal-Saud。沙特阿拉伯国王（1953～1964）。他是伊本·沙特·阿不杜勒·阿齐兹的儿子和继承者，即位后继续其父的现代化进程，强调医学和教育机构的建设。他在财务问题上的失策导致反对呼声加剧。最后被迫退位给他自己的弟弟费萨尔（1905～1975），后者在经济建设方面比他更有能力。

沙特阿拉伯 Saudi Arabia 全称Kingdom of Saudi Arabia（沙特阿拉伯王国）。西南亚中东国家，占阿拉伯半岛4/5，临红海和波斯湾。面积：2 149 690平方千米。人口：约30 033 000（2013）。首都：利雅得。人口主要为阿拉伯人。语言：阿拉伯语（官方语言）。宗教：伊斯兰教（国教，主要为逊尼派）。货币：沙特里亚尔。该国为一高原区，沿狭窄的红海沿岸升起，形成一个高地。境内9/10以上是沙漠，其中包括世界最大的不间断沙地鲁卜哈利沙漠（又称阿拉伯大沙漠）。沙特阿拉伯是石油输出国组织中最大的石油生产国，也是世界主要石油输出国之一，其储量占世界总量的1/4。其他产品包括天然气、石膏、海枣、小麦和脱盐水。为君主国家，国家元首暨政府首脑为国王，由王储辅佐。沙特阿拉伯是伊斯兰教的发祥地。在前现代时期，本地和外来统治者争夺半岛的统治权，1517年奥斯曼帝国名义上获得对半岛大部分地区的控制。18～19世纪，支持宗教改革的伊斯兰组织控制了阿拉伯半岛中部大部分地区；后来遭受政治挫折，但到1904年基本上又收复了大部分领土。1915～1927年英国将沙特阿拉伯作为自己的保护国，随后承认了汉志和内志王国的主权。1932年这两个王国合并，成立了沙特阿拉伯王国。自第二次世界大战以来，沙特阿拉伯一直支持中东的巴勒斯坦运动，与美国保持着密切关系。2000年沙特阿拉伯与也门解决了两国长期的边界纠纷。该国于1972年首次参加在慕尼黑举办的夏季奥运会。

沙特尔 Chartres 法国西北部城市。位于巴黎西南的厄尔河左岸。曾为卡纽特人（一个凯尔特人部族）的都城和德鲁伊特教崇拜的中心。诺曼人于858年攻打并烧毁了该市。在中世纪，这里成为布卢瓦伯爵和香槟伯爵的领地。1286年该市卖给了法国，1417～1432年被英国人占领。亨利四世于1594年在此地登基加冕。1870年德国人占领此地。第二次世界大战期间遭到严重破坏。当地主要建筑有哥特式的沙特尔大教堂。人口约40 022（2006）。

沙特尔大教堂 Chartres Cathedral 法国沙特尔的圣母大教堂，为重要的哥特式建筑最具影响力的典范之一。该教堂的主体部分建于1194～1220年。它是在一座12世纪

法国沙特尔大教堂
Everett C. Johnson-Dewys Inc.

教堂的基础上重新修建的，只保留了教堂地下室、塔楼的底座以及西面的正墙。取消传统廊道的设计以及一种独特的拱扶垛的使用，为教堂侧廊留下了较大的空间。引人注目的彩色玻璃和一个文艺复兴时期风格的唱诗班装饰性围屏给该教堂增添了许多美感。

沙特王朝 Saud dynasty 现代沙特阿拉伯的统治者。在18世纪，从未受奥斯曼帝国控制的阿拉伯村庄的首领穆罕默德·伊本·沙特（1765年去世）在瓦哈比教派宗教运动中掌权。他与其子阿卜杜勒·阿齐兹一世（1764～1803年在位）占领了阿拉伯的大部分地区；沙特一世（1803～1814年在位）在

1804 年占领了麦地那,1806 年占领了麦加。奥斯曼苏丹劝服了埃及总督,在 1818 年成功地摧毁了沙特和瓦哈比的军队。穆罕默德·伊本·沙特的孙子图尔基(1823 ~ 1834 年在位)在 1824 年重建了新的沙特王朝,利雅得成为其首都。当图尔基的儿子费萨尔(1843 ~ 1865 年在位)去世后,继承权的争夺引发了内战。直到 1902 年,大权才重又回到沙特王朝手中。伊本·沙特·阿不杜勒·阿齐兹在 1902 年重新占领了利雅得,在 1932 年颁布皇家法令建立了沙特阿拉伯王国。他的一个儿子,法赫德(生于 1923 年)是该国现在的国王。

沙提赫　shath　伊斯兰教苏非主义用语,指信徒在归真状态下受安拉启示所发的言语。苏非派认为,当安拉临在之时,修行者达到狂喜,一瞬间完全超脱现实世界。这一瞬间他们所说的话似乎不合伦次或亵渎神明,必须按照隐喻法去理解。由于这种神秘状态持续时间很短,这些话也就不超过六七个词。但是苏非派仍认为其所有著作,尤其是诗歌,具有沙提赫的成分。

沙勿略,圣方济各　Xavier, St. Francis(1506 ~ 1552)　西班牙裔法国传教士。出生于巴斯克贵族家庭,在巴黎大学完成学业,与罗耀拉的依纳爵是同学,并成为首批七人耶苏会会士之一。1537 年受神职为司铎。1542 年奉使至印度传教三年。1545 年在马来群岛建立教会。1549 年抵达日本传教,首次系统地介绍基督教义。1551 年返回印度,翌年正准备前往中国时染病而死。据说经他接受洗礼的信徒约有 3 万人。1622 年被谥为圣徒;1927 年成为所有外方布道团的主保圣人。

刹帝利　Kshatriya　又拼Ksatriya。在印度的印度教中,4 个瓦尔纳或社会阶级中居第二等的阶级,传统上为武士或统治阶层。在古代种姓制度完全建立前,刹帝利(确切说作为僧侣阶级)被视为第一级,其次才是婆罗门。刹帝利因施暴政而被毗湿奴化身降级的传说可能反映了历史上僧侣与统治者之间长期争夺高位。现代刹帝利包括地位高低悬殊的许多种姓集团,由在政府或军队中当官或拥有土地的地主结合而成。

砂　sand　直径为 0.02 ~2 毫米的矿物的、岩石的或土壤的颗粒。大多数造岩矿物都可以在砂中发现,但石英最为常见。大部分的砂中含有少量的长石,也有少量的白云母。所有的砂均含有少量的重造岩矿物,包括石榴子石、电气石、锆石、金红石、黄玉、辉石和闪石。在陶器和玻璃制造业中使用很纯的石英砂作为二氧化硅的来源。制造酸性炼钢炉的炉衬也需要类似的砂。在铸造厂浇铸金属采用的铸模是由砂和黏土黏合剂制成的。石英和石榴石砂被广泛用作磨料。普通砂有许多其他用途,例如,配制砂浆、水泥和混凝土等。

砂岩　sandstone　由直径在 0.06 ~ 2 毫米之间的砂粒构成的沉积岩。砂粒之间的间隙可以是空的或被化学胶结物氧化硅或碳酸钙所充填,也可被细粒的基质充填。骨架的主要矿物组分是石英、长石和岩屑。砂岩可开采用作建筑石料。砂岩因为其量甚多,结构构造和矿物成分多样、复杂,故在为地质学者们研究侵蚀作用和沉积过程提供指示方面十分重要。

莎士比亚　Shakespeare, William(1564 ~ 1616)　英国诗人、剧作家,常被视为世界文学最伟大的作家。在埃文河畔斯特拉福度过早年,最多受过文法学校的教育,18 岁娶当地女子 A. 哈瑟维为妻。1594 年时,他显然是逐渐在伦敦崭露头角的剧作家,也是宫内大臣供奉剧团(后为国王供奉剧团)的重要成员,剧团从 1599 年起在寰球剧院演出。莎士比亚戏剧的写作及演出顺序极难确定。最早的戏剧似乎可从 16 世纪 80 年代后期追溯到 90 年代中期,包括《爱的徒劳》、《错中错》、《驯悍记》、《仲夏夜之梦》,另有以英国国王生活为本的历史剧,包括《亨利六世》、《理查三世》、《理查二世》,还有悲剧《罗密欧与朱丽叶》。显然写于 1596 ~ 1600 年间的戏剧大致是喜剧,包括《威尼斯商人》、《温莎的风流娘儿们》、《无事生非》、《如愿》,还有《亨利四世》、《亨利五世》、《尤利乌斯·凯撒》等历史剧。1600 ~ 1607 年他写了《第十二夜》、《皆大欢喜》、《一报还一报》等喜剧,还有伟大的悲剧《哈姆雷特》(可能始于 1599 年)、《奥塞罗》、《麦克白》、《李尔王》,这些都标示着莎士比亚艺术的高峰。晚期作品(约 1607 ~1614)包括《安东尼与克丽奥佩脱拉》、《科里奥拉努斯》、《雅典的泰门》,以及幻想传奇戏剧《冬天的故事》和《暴风雨》。他可能也写过《爱德华三世》和《两个贵族亲戚》中的部分章节。2010 年,一项研究证明莎士比亚与 J. 弗莱彻合作创作了《将错就错》。莎士比亚的戏剧大致以五步抑扬格诗句写成,散发着不寻常的诗意,有生动微妙而复杂的人物刻画,还有高度自创的英文句法。他的 154 首十四行诗出版于 1609 年,但显然大多写于 16 世纪 90 年代,常以精心控制的形式呈现出强烈的感情。1610 年之前莎士比亚退居斯特拉福,以乡村绅士身份居住,直到去世。莎士比亚戏剧的第一版合集称为第一对开本,出版于 1623 年。与当时大部分作家一样,人们对莎士比亚的生活及工作了解极少,而其他作家,尤其是牛津伯爵(第十七),常被指认为是这些戏剧和诗歌的真正作者。

鲨鱼　shark　鲨目 300 多种食肉的软骨鱼类的统称。作为一种古代动物,它在 1 亿年中几乎没有变化。典型肤色为暗淡的灰色,皮肤粗糙,上有似牙的鳞片。多数鲨的尾部富肌肉,尾鳍不对称,向上翘起;鳍尖;吻部尖,有尖锐的三角形牙齿。鲨无鳔,必须不断游动才能保持不沉。多数种类胎生。有几种鲨鱼会对人类构成危险(如白鲨、锤头鲨、沙鲨、虎鲨);体型较小的一些种类,如翅鲨类、角鲨类以及狗鲨等有商业捕捞价值。参阅马科鲨、长尾鲨和鲸鲨。

晒伤　sunburn　一种急性皮肤炎症,由来自太阳光或其他光源的紫外辐射过度照射引起。肤色浅的人往往更易得病且更严重。其程度可由轻微潮红、触痛、剧痛、水肿直至起泡不等,有时还伴有休克、发热和恶心。晒伤可以始于在太阳下暴晒 15 分钟以后,但明显表现常开始在第一次紫外线照射后 6 ~ 12 小时,症状到达极点是在 24 小时以内。由表皮黑素细胞产生的黑素增加了皮肤上的黑斑。应用冷敷并服用止痛药能缓解某些晒伤的疼痛。防止过多地在阳光下暴晒、使用防晒霜或穿上防晒衣物可以预防严重晒伤。长期在阳光下暴晒最终可能导致皮肤癌,也易使皮肤产生皱折和变厚。

山　mountain　明显高出周围地面的地形,通常有陡坡、相对狭窄的顶部和相当大的局部地势起伏。一般认为山比丘陵大,但该词并无标准的地质含义。山是因板块运动引起地球表面的褶皱、断层或地表向上挠曲(参阅板块构造学)而产生的,或因火山岩在地面积聚而形成。如印度与欧亚板块相交的喜马拉雅山就是由于板块碰撞所形成的极度挤压褶皱和大片的隆起地区。环绕太平洋盆地的山脉多是因一个板块沉入另一个板块下面而造成。参阅高原。

山本五十六　Yamamoto Isoroku(1884 ~ 1943)　日本海军军官。参加日俄战争后,于 1939 年任日本联合舰队司令。当决定与美国开战时,山本即断言日本取胜的唯一机会就是发动突袭,使太平洋上的美国海军瘫痪,并提出偷袭珍珠港的计划。成功后,山本又寻求与美国太平洋舰队残存力量,主要是航空母舰进行决战,但在 1942 年 6 月的中途岛海战中失败。山本在所罗门群岛进行的作战也很不成功。美军破译了日军通信密码,得知其行踪,在布干维尔岛上空设伏,击落其座机,他因此而毙命。

山鹑　partridge　雉科鸟类,小型猎禽,原产于旧大陆。欧洲灰山鹑(*Perdixperdix*)被引进北美洲,脸和尾淡红色,胸灰色,两侧具横斑,腹部有深色 U 形斑。雄性灰山鹑体长约 30 厘米。每窝产 15 枚卵在田地或篱笆上由草搭建的杯形巢中。一小群寻找种子和昆虫为食。鹧鸪属在亚洲有 5 种,在非洲有 35 种,腿有距,体长 25 ~40 厘米。雪鹑(*Lerwalerwa*)栖息于亚洲高山中。山鹑比鹌鹑体大,嘴和脚较为强健。松鸡类和山齿鹑常被误称为山鹑。

山地雪橇滑雪　Skeleton sledding　与短雪橇运动类似的冬季运动,以头朝前俯冲的姿势乘小雪橇冲下山坡。19 世纪 80 年代在瑞士圣莫里茨著名的克里斯塔竞速赛中发展出来。因早期"骨骼般的"雪橇而得名。选手的竞速可达时速 129 千米。1928 年首次列入冬季奥运会比赛项目。

山核桃　hickory　胡桃山核桃属(*Carya*)约 18 种落叶乔木的统称。其中约 15 种原产于北美洲东部,3 种原产于东亚。果卵形,核果状,包在肉质外果壳内。某些种类有味甜可食的大种子,如粗皮山核桃(*C. ovata*)、细条裂山核桃(*C. laciniosa*)、茸毛山核桃(*C. tomentosa*)和**美洲山核桃**。美洲山核桃的经济价值最大,果肉别具风味,木材淡色。其他山核桃的木材可作燃料、工具柄、运动设施、家具及地板。

山毛榉类 beech 几个不同类型树种的统称,尤指山毛榉科山毛榉属(*Fagus*)约10种落叶观赏树和材用树,产于北半球温带和亚热带地区。约40种外形相似的树种称为假山毛榉类(*Nothofagus*),产于南半球气候较凉爽的地区。山毛榉科树形高大,枝条开展,树冠圆头状,树皮平滑,铁灰色。叶互生,亮绿色,叶缘有锯齿。美洲山毛榉(*F. grandifolia*)原产于北美东部,欧洲山毛榉(*F. sylvatica*)分布于整个英国和欧亚大陆,是最常见的树种。两者均为具有重要经济价值的材用树种,常栽为观赏植物。山毛榉木材在水中经久不腐,适宜制作家具、工具柄和货柜。坚果为狩猎动物的食料,亦可用来育肥家禽或生产食用油。山毛榉生长缓慢,但能活到400年以上。

山崎闇斋 Yamazaki Ansai(1619～1682)中国朱子理学(新儒学)的日本学者。早年是佛僧,后逐渐摈弃佛教,提倡儒学,讲授儒经,弟子数千。他把新儒学说归化为一部道德礼法之典,后来更把儒家学说与本土的神道教义合而为一,把理学原理和理论与神道史称的大神等同起来,创造一个儒神合一的哲学体系,从而较只有本源之说更具权威。其思想是日本极端民族主义和崇拜天皇的根源之一,并在日后得到发展。

山墙 gable 双坡屋顶房屋两端墙体上部自屋檐至屋顶的三角形部分,有时也指天窗或入口处上方的微型山墙。如果山墙伸出屋顶以上形成女儿墙,则其边缘常有装饰,做成各种装饰轮廓(如弧形或梯级形),如同16～17世纪荷兰的城市住宅。在亚洲,山墙上常装饰着悬挑的瓦,屋脊和檐口处还有奇形怪状的动物雕塑。

山县有朋 Yamagatan Aritomo(1838～1922)日本议会政体下的第一位首相(1889～1891,1898～1900)。出身于长州藩最下层的武士家庭。年轻时在长州提出"尊王攘夷"的口号。1864年下关事件(西方列强的混合舰队炮轰长州)使他认识到,必须拥有与西方列强同等的现代化武器。参与明治维新后,他出国学习了军事基本原理,后任约1万名帝国卫队的司令。他推行征兵制,携带武器不再是武士阶层的特权;1877年山县率军平乱,镇压了西乡隆盛在萨摩藩的反政府叛乱。政治上他比同时代的伊藤博文更为保守,喜欢大权独揽。身为日本首相,他采取扩张政策,当中国发生义和团运动时,日本是八国联军中出兵最多的。他提高军队的自主权,试图镇压在日本国内刚出现的社会劳工运动。退休后,仍以元老身份操纵政权。

山魈 mandrill 栖息于赤道非洲雨林的昼行性猴科(通常列入山魈属)动物,以其醒

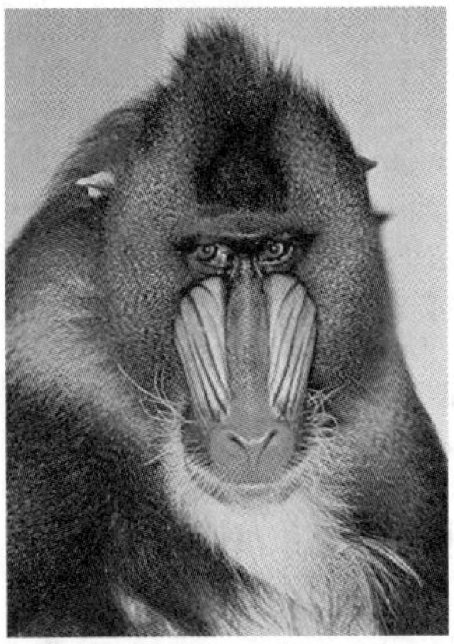
山魈(*Mandrillus sphinx*)
Russ Kinne-Photo Researchers

目的色彩闻名。体强壮,主要地栖,尾短,眉脊突出,眼小而凹陷,两眼距离近。成年雄性山魈的两颊裸区有棱纹,呈鲜蓝色,鼻部为鲜红色;臀胝粉红至深红色,到两侧渐渐变成浅蓝色;髯毛和颈毛为黄色。成年雄性体长约90厘米,重约20千克;雌性体色较暗淡,体型较小。食果实、根、昆虫、小型爬虫类和两栖类。

山羊 goat 山羊属有空心角的反刍哺乳动物的统称。与**绵羊**相比,山羊体较轻,毛较直;角后弯,尾短。公山羊通常有须。野山羊包括巨角**北山羊**和捻角山羊。家山羊源自野山羊,可能原产于亚洲。在中国、英国、欧洲和北美,家山羊主要用于产奶。大部分山羊奶用于制作干酪。有些品种用于取其羊毛,著名的品种有**安哥拉山羊**和克什米尔山羊;山羊羔为羔皮的来源。

山岳派 Montagnard (法语,意为"高山人"。)**法国大革命**期间**国民公会**激进派议员。他们之所以称为山岳派,是因为他们在开会时坐在议会中较高的长凳(高山)上,俯视平原派的成员。山岳派产生于1792年,最初是温和的**吉伦特派**的反对派,后来在救国委员会中同激进的**雅各宾俱乐部**关系密切。在热月反动之后,许多山岳派成员被判处死刑,或从国民公会中清除出去,成为少数派,称为"山巅"。

山楂 hawthorn **蔷薇科**山楂属(*Crataegus*)植物,为棘刺状灌木或小乔木,原产北温带。许多种原产于北美。单叶,通常具齿或分裂,

山楂(*Crataegus*)
Walter Chandoha

花白色或粉红色,通常簇生成团;果红色(蓝色或黑色果罕见),似小苹果。许多栽培品种供观赏其艳丽的花和果实。山楂非常适合栽作树篱,其枝条强壮,木质坚硬,又多棘枝,牛、猪等牲畜不敢靠近。

珊瑚 coral 刺胞动物门珊瑚虫纲约2 300种海生无脊椎动物。具石灰质、角质或革质的内外骨骼。这些动物的骨骼也称珊瑚。分布于世界各地温暖海域。形体为**水螅体**,软

软珊瑚(*Sarcophyton*)
Valerie Taylor-Ardea

珊瑚、柳珊瑚及蓝珊瑚为群体。石珊瑚最常见,分布也最广,单体或群体。由石珊瑚组成的**环礁**、**珊瑚礁**每年以0.5～2.8厘米的速度成长。参阅**海扇**。

珊瑚海 Coral Sea 南太平洋部分海域。位于澳大利亚昆士兰岛以东,瓦努阿图和新喀里多尼亚以西,巴布亚新几内亚和所罗门群岛以南,面积4 791 000平方千米。南连塔斯曼海,北接所罗门海,西经托雷斯海峡与阿拉弗拉海相通。珊瑚海因有大量珊瑚礁而得名,尤以**大堡礁**最著名。在第二次世界大战期间,它是美国对日作战中取得海军和空军战略性胜利的场所(1942)。

珊瑚礁 coral reef 由大量的**珊瑚**骨骼在浅海区形成的隆起或小丘。这些珊瑚骨骼由碳酸钙($CaCO_3$)或石灰石组成。珊瑚礁可能形成永久性的珊瑚岛。礁有4种主要形态:裙礁由一非礁岛屿周围坦的礁组成;堡礁可能离岸1英里或更多,由潟湖或海水通道将它与陆块分开;环礁是无中心陆块的环形礁;点礁呈不规则的台形或小尖塔状的特征。较小的点礁存在于环礁潟湖内。较大的点礁则作为其余3大类礁中任何一种的孤立的一部分存在,它们有时与其他类型的礁完全分离。

珊瑚蛇 coral snake 眼镜蛇科洞穴蛇类。约65种,身体上花纹图案醒目。真正的珊瑚蛇仅分布在新大陆,主要见于热带地区;有相似的种类分布在亚洲和非洲。过隐蔽生活,性情温顺,拿在手中也很少咬人;但某些种类毒性很强,能致人于死。大多数种类捕食其他蛇类。小尾眼镜蛇属(*Micrurus*)最大,分布于美国南部至阿根廷一带;有50多种,大多数带有红、黑、黄或白色环状斑纹。北卡罗来纳和密苏里至墨西哥东北部的东部珊瑚蛇(*M. fulvius*),体长约76厘米,身上有宽的红、黑色带状斑,间隔以窄的黄色带状斑,故

俗语说“红环接着黄环,咬上一口就完”。

煽动叛乱 sedition 通过引起反抗合法国家当局的起义、骚乱或暴行,以达到颠覆或破坏意图的犯罪行为。因为该行为仅局限于组织和煽动对政府的反抗,而没有直接参与颠覆,因此煽动叛乱的严重性比叛国罪轻。在美国,展示某种旗帜或鼓吹某一特殊运动,如工团主义、无政府主义或共产主义等,在某段时期被看作是煽动叛乱。在近几十年中,法庭采用了更加严格的检测,以确保宪法为言论自由提供的保障不被削弱。参阅《客籍法和镇压叛乱法》。

闪电 lightning 当部分大气获得足够的电荷以克服空气阻力时所见到的放电现象。雷暴时,云与云间、云内、云和大气间或云到地面都可能发生闪电。闪电经常发生在积雨云(雷雨云)中,但也发生在雨层云、雪暴和尘暴中,有时还出现在活火山喷出的灰尘和气体中。在一次典型的闪电中,云和地面之间的电位差可达几亿伏特。闪道温度大约为30 000K(50 000°F)。从云到地面的闪电至少包括两次闪电:打到地面的闪光较微弱的先导闪电和回闪到云的强大亮光。先导闪电约在20毫秒内到达地面,回闪则约在70微秒内到达云中。伴随闪电的雷声是因为在整个闪道上空气被迅速加热产生的,被加热的空气以超音速向外膨胀,但在一两米内冲击波衰减为声波,受到空气介质和地形的影响,因此产生一系列隆隆的雷声。参阅雷暴。

闪电战 blitzkrieg 德国人在第二次世界大战中运用的军事战术,利用出其不意、速度以及物质或火力上的优势达到对敌军造成心理震动并使其瓦解的目的。德国人在1938年的西班牙内战和1939年对波兰的战争中试验过闪电战,并在1940年成功地利用闪电战攻入比利时、荷兰和法国。德国的闪电战将地面和空中的攻击协同起来,使用坦克、俯冲轰炸机以及装甲炮车,主要破坏敌人的通信和协同作战的能力,从而使敌方瘫痪。

闪米特人 Semite 使用一群相关语言之一的民族,推测原来源自一个共通的语言闪米特语(参阅闪米特诸语言)。此语包括阿拉伯人、阿卡迪亚人、迦南人,部分埃塞俄比亚人和包含希伯来人在内的阿拉米人。闪米特人在约公元前2500年开始由阿拉伯半岛迁徙至地中海沿岸、美索不达米亚与尼罗河三角洲。闪米特人在腓尼基成为航海家。在美索不达米亚则与苏美尔文化相融合。希伯来人最后与其他闪米特人定居于巴勒斯坦,建立了新的宗教与国家。参阅犹太教。

闪米特诸语言 Semitic languages 通行于北非和南亚的亚非语系,有2亿多人使用。该语系有着最悠久的书写历史——从公元前第3千纪至今。传统的和近代的一些划分法都把该语系分为东西两支。直到近期,唯一为人所知的东部闪米特语是阿卡得语。如今有一些学者把埃卜拉语也算作东部闪米特语,埃卜拉语是在埃卜拉古城发现的楔形文本文件中的语言,这些文件可追溯至约公元前2300～前2250年。西部闪米特语为西北部闪米特语的主要分支,包括乌加里特语,这是从约公元前1400～前1200年的楔形字母文本中被发现的文字;近缘的迦南语(包括摩押语、腓尼基语以及古希伯来语)以及阿拉米语。更细的划分则存在争议:传统上,阿拉伯语被归为西部闪米特语的一个独特南支,但是较现代的划分把它归入西北部闪米特语。南部闪米特语包括碑文南部阿拉伯语、现代南部阿拉伯语(该语族的6种语言通行于也门东部、阿曼西南部以及索科特拉岛)以及埃塞俄比亚诸语言。

疝 hernia 任何一种器官或组织从正常位置突入其他部位的疾病。此词通常指先天性或后天获得性腹部疝气。组织可突入在腹股沟、大腿股骨或脐部等薄弱部位。血液循环被阻断,导致炎症、感染和坏疽。如果该组织不能推回原位,或用疝带把组织固定在原部位,就需手术。其他一般的疝有食管裂孔疝(部分或全部的胃突入横膈膜上方)和椎间盘突出症(组织从脊柱的盘中脱出外层)。

扇贝 scallop 扇贝科的海产双壳类软体动物统称。有400多种,遍布在世界各地的潮间带到深海区。其两片贝壳(阀)除去直立的蝶铰两端的翼状突出,通常呈扇状,长2.5～15厘米。一般较光滑,有时有辐射肋,呈红色、紫色、橙色、黄色或白色。其纤毛可从水中过滤细小的微生物并将它们送到嘴里。扇贝通过扇动贝壳向前运动。其控制贝壳的肌肉是很受欢迎的食物。

掸族 Shan 掸语作Tai。东南亚民族,主要生活在缅甸东部及西北部,也有一些生活在中国的云南省。掸族为缅甸最大的少数民族,有400多万人口。他们主要生活在掸部高原的山谷和平原地带,他们种植水稻,或从事刀耕火种的农业。掸族人为上座部佛教徒,有自己的书写文字和文学。在13至16世纪他们统治着缅甸的大部分地区。在过去的几十年中,掸族一直与缅甸政府就地方自治问题发生争执。

善饥 bulimia nervosa 又称暴食症。饮食失常,常见于女性,由于过度担心体重和体形导致在大吃大喝之后出现的弥补行为,如自己导致的呕吐或过量服用泻药或利尿剂。通常开始于青春期或成年的早期,伴随有抑郁、焦虑症和自尊心不强等。善饥可引起严重的并发症,如龋齿和脱水。可能需要心理治疗。该病与神经性厌食不同,大部分暴食症患者的体重接近正常值。

伤寒 typhoid 又称typhoid fever(伤寒热)。很像斑疹伤寒到19世纪时才把它们区分开)的一种急性感染。通常从食物或饮水中摄入伤寒沙门氏菌,在肠壁中繁殖,然后进入血流,导致败血症。早期症状为头痛、全身痛和烦躁不安。逐渐出现高烧,伴随神志不清,躯体出现斑疹。芽胞杆菌聚集繁殖的地方发炎,可能发生溃疡,导致肠出血或腹膜炎。病人变得筋疲力尽而衰弱,如果不及时进行治疗,约有25%的患者会死亡。服用抗生素是有效的。潜伏期可达数周、数月(30%)或数年(5%)。食物经带菌者触摸后会受污染。预防措施主要是对饮用水和污水进行处理,并禁止带菌者从事接触食品的工作。

伤寒玛丽 Typhoid Mary(1870?～1938) 原名Mary Mallon。美国伤寒带菌者。1900～1907年间在纽约和长岛蔓延开的流行性伤寒,经调查起源于玛丽当过厨师的家庭。当时她就失踪了,但当局最终还是将她逮捕并把她囚禁在布隆克斯近海的一个孤岛上。她于1910年被释放,并承诺不再从事与食品有关的工作,但她并没有遵守诺言,导致更多伤寒病例的爆发。于是她又被送回孤岛,并在那里度过余生。估计有3例死亡和51个新病例是由她直接造成的。

商标 trademark 工商企业用于标明商品所有权并区别于其他商品的标志。商标可以是词或词组、字母、数字、图案、名称、产品的形状或其他外观、包装或色彩组合。商标(通常用TM表示,注册后通常用符号®表示)是其所有人的财产,受法律保护,未经授权,他人不得擅自使用。商标所有人不需特地向美国专利和商标局或其他州政府部门注册便可获得商标或服务标志(标定服务来源)的法律权利,但经正式注册往往在法律上更具优势。参阅著作权法。

商船 merchant marine 一个国家的商用船只(不论私有或公有)及操作这些船舶的人员,区别于海军舰船人员。商船用于运送人员、原料和制成品。对于自然资源不多或工业基础薄弱的国家来说,商船队会是重要的经济资产。在海上运载其他国家的商品,商船队有利于本国的外汇收入,也可促进贸易、提供就业机会。美国商船学院(创立于1943年)位于纽约州金斯波因特。

商会 chamber of commerce 又作commercial association。各种由公司、公务人员、专业人员以及热心公益的公民自发成立的组织的统称,主要致力于宣传、促进和发展本地区的工商机会,通常还要宣传社区学校、街道、住房和公共设施等。国际商会(1920年建立)在国际上起到一个商界代言人的角色,并管理一个仲裁法院,负责解决贸易纠纷。大多数工业发达的市场经济国家都有全国商会。第一个使用商会名称的组织于1601年在巴黎成立;第一个美国商会是1768年成立的纽约州商会。

商羯罗 Shankara(约700～750) 又作Samkara。印度哲学家和神学家。生于喀拉拉邦虔诚的婆罗门种姓家庭,其父死后他变为遁世者。据说他曾到印度各地与各派哲学家辩论。商羯罗的梵文著作有300多种,多为对吠檀多派经文的评注和解释。作为吠檀多派哲学中不二论学派最为著名的代表,他的贡献在于奠定了印度教的正统地位,削弱了几个世纪以来耆那教和佛教对印度的影响。

商品交易所　commodity exchange　买卖小麦、金块、棉花及金融证券(如美国短期国库券)等远期交货合同的有组织的交易市场。此等合同即称期货,在商品交易所中通过竞价完成买卖(也叫期货市场)。世界上最大的商品交易所是芝加哥交易所。

商业法　business law　又作commercial law或mercantile law。与商业组织和商务有关的法律规范和原则。它规范了各种不同的合法商业实体,包括独资企业、合伙企业、承担有限责任的注册公司、代理商和跨国企业。几乎所有的法令都是为了管理企业组织,以保护债权人和投资者。此外,还有特殊的法律来规范商业交易,包括货物的贩卖与载运(期限和条件、合约的具体履行、违反合约、保险、提货单)、消费者信托协议(信用卡、贷款、担保、破产)和劳资双方的关系(薪资、工作条件、健康状况与安全、附加福利以及工会)等。这是一个范围很大且持续发展的领域。参阅代理、公司、知识产权和劳动法。

商业改进局　Better Business Bureau　美国和加拿大的几个民间组织,旨在维护社会风尚,使人们免遭不正当、骗人或欺诈性广告和推销行为的诓骗。这些组织属于地方附属机构,商业改进局对商业活动进行调查研究,制定规范标准,接受对不正当业务行为的申诉,开展教育运动,使公众警惕广告和推销中的各种欺骗手段。

商业银行　commercial bank　向企业、消费者及非企业的机构发放贷款的银行。早期商业银行的业务局限于接受存款、接受贵重物品存放保险箱、核对硬币或将某一辖区的货币换成另一辖区的货币。到17世纪,现代银行的大部分基本业务,包括外汇业务、付息及发放贷款等业务均已到位。个人和公司凭一张汇票就可通过银行换成现款,这是很普通的业务,这张汇票便是现代支票的前身。由于商业银行只需要将部分存款额留作储备金,因而能动用一些存款来发放贷款。当借款人收到一笔贷款时,该贷款金额即记入借款人活期存款账户的贷方;直到归还这笔贷款之前,活期存款总数就这样增加了。现代商业银行还为顾客提供各种各样的附加业务,如储蓄存款、保险箱和信托业务。参阅银行、中央银行和投资银行。

熵　entropy　物质系统的不能用于作功的能量或系统的无序程度的度量。如果将热能加进保持恒温的系统,则熵的改变即与能量改变、压强、温度以及体积的改变相关。其大小可以从零变化到系统内的全部能量值。熵的概念是德国物理学家R. 克劳修斯(1822～1888)于1850年首先提出的,有时也被说成是热力学第二定律。根据这一定律,在热气体与冷气体的自发混合、气体向真空的自由膨胀以及燃料的燃烧之类的不可逆过程中,熵都是增加的。在多数非科技使用上,熵被认为是一种对系统的混乱和随机性的度量。

上埃文河　Avon River, Upper　英格兰中部河流。源出英格兰中部北安普敦郡,往西南流,在蒂克斯伯里注入塞文河,全长154千米。以风景优美闻名,著名胜地为伊夫舍姆谷地。沿河重镇有斯特拉福,为W. 莎士比亚的出生地。

上帝　God　神或至高之物。各种主要的一神宗教皆崇拜一位最高的神,他是宇宙中唯一的神,是创造万物的主宰,是全知全能,也是良善的。古代以色列的上帝,名叫雅赫维。希伯来圣经中的上帝后来也就成为基督教信仰中的上帝,但一般西方的词汇,如希腊文的theos和拉丁文的Deus常用来指男性神。伊斯兰教的上帝称安拉。参阅一神论。

上帝的休战　Truce of God　中世纪天主教会采取的措施,规定在一个星期的几天里和在某些教会节日和大斋节暂时停止战争。早在1027年法国便已制定此措施,欧洲其他地方(英国除外)在以后的数十年里也开始实施。教皇后来将此措施为其所用。克莱蒙会议(1095)的第一道教令,宣布整个基督教世界应每周休战一次,凡年满12岁以上男子都必须宣拆信守休战命令。上帝的休战曾有效贯彻于12世纪,但从未彻底执行过。

上帝所命　Manifest Destiny　认为美国领土应向西扩张到太平洋的观念。该用语是编辑J. L.奥沙利文在1845年首先提出,以表达美国兼并得克萨斯州以及通过扩张占领美洲大陆其余领土是美国人的神圣权力,因而成为美国兼并俄勒冈、新墨西哥、加利福尼亚以及后来干涉阿拉斯加、夏威夷和菲律宾的借口。

上帝一位论　Unitarianism　宗教运动,强调在宗教中自由运用理性,坚持认为上帝只有一个位格,否认基督的神性和三位一体的教义。该运动的现代根源可追溯到新教宗教改革运动的几位自由、激进和理性至上的思想家,他们先后受到阿里乌的启示。英国和美国的上帝一位论的主流来自卡尔文派的清教主义。科学家J. 普里斯特利是英国上帝一位论派的创始人,该派一些人在议会很有势力,是社会改革的著名拥护者。在美国,上帝一位论从反对18世纪奋兴运动的新英格兰公理主义发展而来。超验主义为上帝一位论注入了一个新的令人感兴趣的事物,吸引了众多追随者。参阅加尔文主义和普救论。

上帝正义论　theodicy　为上帝辩解,以上帝为义,设法调和上帝的圣善和正义与世上显然存在的邪恶和苦难之间的矛盾。这种辩解多数都是有神论的必要组成部分。根据多神论的观点,这种矛盾被解释为邪恶是诸神之间意向的冲突。在一神论中,这种矛盾的解释却过于简单,说法也不相同。其中一些解释认为,由神创造的完美世界由于人类的违抗或罪恶所扰乱;另一些解释认为这是神在创造世界后逐渐衰亡的结果。然而通常神都被认为是世间美好万物的缔造者,而人类却是所有邪恶的始作俑者。

上帝之国　Kingdom of God　亦称Kingdom of Heaven(天国)。基督教用语,上帝以王者身份统治或最后实现上帝对世界之意志的神灵国度。上帝之国一词常用于《新约》,也是圣约翰(施洗者)与耶稣布道过程的中心主题。对于耶稣意指王国随他而来或被预期为未来事件,神学家们持不同意见。如今,基督教正统派坚持:王国借着世界上教堂的出现而部分实现,而最后审判之后将会完全实现。

上男高音　countertenor　又称最高男高音。音乐中指成年男子的最高声部,包括真声和假声。有些作家用这术语专指真声男高音,用"男高音"来指假声高音。和阉人歌手一样,上男高音也是因为妇女不能在教堂唱诗班和舞台上演唱而发展形成的。由于假声缺乏力道,因此很少用于歌剧。过去上男高音传统保存于英国教堂唱诗班,现代则在国际间得到广泛的复兴,主要用于演唱文艺复兴时期与巴罗克时期的音乐。

上新世　Pliocene Epoch　新第三纪的第二世。距今约530万～260万年。继中新世之后,在第四纪的更新世之前。上新世的环境通常比新第三纪和古新世之前的环境更凉爽,也更干燥。一般而言,上新世的哺乳动物体型比早期的要大。更高级的灵长类动物继续进化。第一个可被称为人的南猿(参阅南方古猿),可能就是在上新世后期发展的。

上议院　Lords, House of　英国两院制议会的上院。13～14世纪一直是贵族的议院,1999年之前其成员包括教士、世袭贵族、终身贵族(1958年后由首相任命)以及最高法院(英国最终的上诉法院)的法官。虽然它在时间上先于下议院,而且在几百年中都占优势地位,但它的权力正在逐渐缩小。《1911年议会法》限制了上院左右国家财政提案的权力,1949年的议会法取消了它延迟颁布任何已被下院通过一年以上的议案的权力。1999年世袭贵族失去了上院的席位,不过还有一个过渡性的改良形式,允许他们以更有限的方式发表意见。上议院的价值在于对尚未充分定型的议案提供附加的考虑。

上座部　Theravada　流行于缅甸、斯里兰卡、泰国、柬埔寨和老挝的主要佛教派别。上座部仅幸存于小乘佛教中,并被看做是佛教中最古老、最正统和最保守的教派。该教派不受本地其他教派信仰的影响,自称是由500名高僧沿袭下来最为完好的教派,这些高僧都继承了第一批僧伽的传统。尽管资深的教徒在上座部中受到尊敬,但该教派没有等级权力之分。他们以古代巴利文经籍为正典(参阅三藏),小乘佛教尊崇历史上的佛陀,但他们不承认大乘佛教所崇敬的许多天界佛陀与菩萨。

尚普兰　Champlain, Samuel de(1567～1635)　法国探险家。在1608年建立魁北克之前,曾与32名殖民地开拓者一起对北美洲进行过多次探险,第一个寒冬过后,他们当中的存活者寥寥无几。他与北方的印第安人部落联合行动击退易洛魁强盗，使法国与印第安人的毛皮贸易得到发展。1609 年他发现了尚普兰湖，并对现在纽约州的北部、渥太华河、五大湖的东部进行过勘察。1628 年英国海盗包围了魁北克城，当时英法两国正在交战，他成为俘虏。1632 年该殖民地归还法国，1633 年尚普兰最后一次乘船前往魁北克，并在那里居住到去世。

尚普兰湖　Champlain, Lake　美国佛蒙特州和纽约州之间的湖泊，位于这两个州的北部边界，并延伸到加拿大境内约 10 千米，长约 200 千米，面积1 115平方千米。1609 年由 S. de 尚普兰发现。1776 年该湖是第一次英美海军交战的战场。1814 年美国海军在此战胜英军。作为纽约市港口与圣劳伦斯河下游之间水道的一个纽带，湖面上频繁往来的主要是商船和游船。

尚松　chanson　又译香颂。法国艺术歌曲。此种无伴奏的单声部尚松可追溯到 12 世纪，开始是游吟诗人，后来是行吟诗人为其谱曲。有伴奏的尚松，在有些段落有一件或多件乐器伴奏，始于 14 ～ 15 世纪，由 G. de 马肖和其他人按照严谨的定格来写。约 1500 年，若斯坎·德普雷和他的同时代人开始写多声部的尚松。在近几个世纪，尚松一词通常指任何用钢琴伴奏的法国艺术歌曲。

烧结　sintering　小颗粒的金属在低于熔点的温度下焊接在一起。这种方法可用来使一个复杂形状成形、生产合金或对熔点非常高的金属进行加工。烧结也可被用来使陶瓷或玻璃的粉末成型，再经过焙烧定型。

烧伤　burn　接触火焰、炽热物件、某些化学物质、辐射（包括阳光）或电力所造成的身体损伤。烧伤根据皮肤损坏的深度和损坏部分的百分比来分类。一度烧伤只伤及表皮（最上层），出现发红和疼痛，极轻微的水肿。二度烧伤造成的损害扩展到真皮（内层），其特征是发红和有水泡。三度烧伤破坏整层皮肤，无痛感，因痛觉感受器已随真皮全被破坏。深及皮肤以下的烧伤会释放出有中子吸收剂质进入血液，可能需要截肢。严重烧伤可立即导致二级休克，这是因为烧坏了的组织中失去体液以及损伤区渗漏也失去体液而造成的。治疗方法取决于烧伤的严重程度，一度烧伤只需要紧急处理；三度烧伤则需要长期住院。根据烧伤的类型、范围和部位来决定该如何处理，伤口可能应任其曝露，或用绷带包扎，或切去坏死的组织，准备植皮。烧伤的并发症包括呼吸问题、感染、胃或十二指肠溃疡，特别是皮肤会留下褐色和厚的瘢痕。烧伤后抽搐发作和高血压病几乎全都发生在儿童身上。存活下来的人通常需要做整形手术、长期身体康复及心理治疗。

芍药　peony　芍药科中唯一属芍药属约 33 种显花植物的统称，以花形大而艳丽著称。分布于欧洲、亚洲和北美洲西部。草本芍药为多年生，高约 1 米，由一年生的茎上生出大型、有光泽、多分裂的叶和白色、粉红色、玫瑰色或深红色的单瓣花或重瓣花。木本芍药是高达 1.2 ～ 1.8 米的灌木，有永久的根状茎和木质茎，茎上可开出从白色到淡紫色、紫色和红色的花朵。

猞猁　lynx　短尾的森林猫科动物，学名 *Felis lynx*，分布在欧洲、亚洲和北美洲北部。加拿大猞猁有时被列为一个单独的种［加拿大猞猁（*Felis canadensis*）］。猞猁腿长，爪大，耳有簇毛，脚底有茸毛，头宽而短。被毛黄褐至奶油色，有棕色和黑色斑点，颈毛形成浓密皱领。冬季毛密而柔软，可用于服装饰边。体长 80 ～ 100 厘米，尾长 10 ～ 20 厘米，肩高约 60 厘米，体重 10 ～ 20 千克。除交配季节外单独或结成小群栖息，夜间活动，不出声，会爬树，善游泳，以鸟类和小兽为食，偶也食鹿。一些种类已濒于灭绝。

舌　tongue　口底的肌性器官。舌在吃、喝和吞咽动作方面有重要作用，其复杂的运动形成讲话声。舌的表面有数千个突起（乳突）。这些味觉感受器（味蕾）位于乳突中，对 4 种基本味觉敏感：甜、咸、酸、苦。更精确的味觉则受嗅觉的影响。舌的外表（例如覆有舌苔或发红）可暗示身体其他处的疾病。舌的疾病有癌（常因抽烟过多引起）、黏膜白斑病、霉菌感染和先天性疾病。不同动物的舌的功能也各异，例如蛙的舌细长，适于捕食猎物；蛇用舌收集气味并传至特定感觉构造以寻找猎物所在；猫则用舌梳理及清洁皮毛。

舌蝇　tsetse fly　蝇科舌蝇属约 21 种非洲双翅目昆虫统称，体粗壮，有稀疏的硬毛，体型通常大于家蝇。生有坚挺的刺吸口部。只有两种会传播使人类得睡眠病的锥虫（锥虫属）：中非舌蝇（*G. palpalis*），主要在溪水边浓密的植被中；东非舌蝇（*G. morsitans*），见于较开阔的林地。雌蝇需要吸食足够的血液才能生育出能存活的幼虫，但雌雄两性几乎每天都要吸血。

蛇　snake　有鳞目蛇亚目中约 11 科爬行类的统称，无四肢，不发声，无外耳或眼睑，只存一个功能肺和细长的身体。已知现存约 2 700 种，绝大多数分布于热带。体表有鳞，视觉锐利，并不断以舌探试周围环境。虽缺乏发声构造，蛇仍可发出嘶嘶声。多数生长于陆地上，有些则为树栖或水栖，亦有些居于洞穴中。移动借肌肉收缩和伸长的腹鳞帮助。蛇是大胆的捕食者，独处的时间中 70% 用以跟踪、捕捉并消化活的猎物。其颚及身体的构造能将大型猎物整个活吞下去。交配和产卵（或卵胎生）为短暂的季节活动。约1/5 的蛇类有毒，有些能咬人致死。其他种类靠缢缩身体或活吞而杀死猎物。体长范围从不及 12 厘米至超过 9 米。蛇类终生生长，在每一生长期蜕去外皮。各大洲皆有分布，极少数种类见于岛屿或冬季较长的地区。

蛇咬伤　snakebite　蛇（特别是毒蛇）咬后的伤口。被无毒蛇咬的伤口可以像擦伤一样治疗；被毒蛇咬伤的人则需要尽快治疗，必须注射相应的抗蛇毒血清，因此需要确认毒蛇的种类或准确描述。不同的动物毒液可以破坏不同的红血球或侵入神经系统，导致瘫痪，局部组织的破坏会引起坏疽。及时注射血清可防止毒液向身体其他部位扩散。被咬伤的肢体应该用宽绷带牢牢沿伤口上方缠绕（但不能缠得太紧），并保持在心脏的水平面下，避免过度用力和兴奋。最好不要切开、吮吸、使用止血带或是冰敷。

舍赫　sheikh　操阿拉伯语的部落（尤指贝都因人）中家族的男性长者，同时也是构成整个部落组织的较大社会单位的首领。舍赫由部落中的男性长者组成的非正式委员会协助。这个词还可作为尊敬的名称或头衔，或用以命名宗教权威。

舍金纳　Shekhina　犹太教神学名词，表明上帝为永在之神。有时被认为是神光。尽管舍金纳是耶路撒冷第二圣殿中缺少的 5 种物品之一，但据说它会降临在圣所及所罗门圣殿之上。舍金纳和圣灵之间存在着密切的关系，虽然两者并不完全一致，但都表示了神的存在，并同预言相结合，会因罪恶的出现而消失，并同托拉的研究有关。

舍伍德森林　Sherwood Forest　英格兰诺丁汉郡林地和原皇家猎场。该地因与传说中的罗宾汉有关而闻名。以前森林几乎覆盖整个诺丁汉郡西部并延伸到德比郡，现在面积已减小，只分布于诺丁汉与沃克索普之间。

舍真主而拜他神　shirk　伊斯兰教名词，指偶像崇拜和崇拜多神论，这两种崇拜均被视作异端。《古兰经》强调真主与他神不能并立，并警告说，相信其他偶像的人会在最后审判日受到严惩。随着伊斯兰教义的发展，

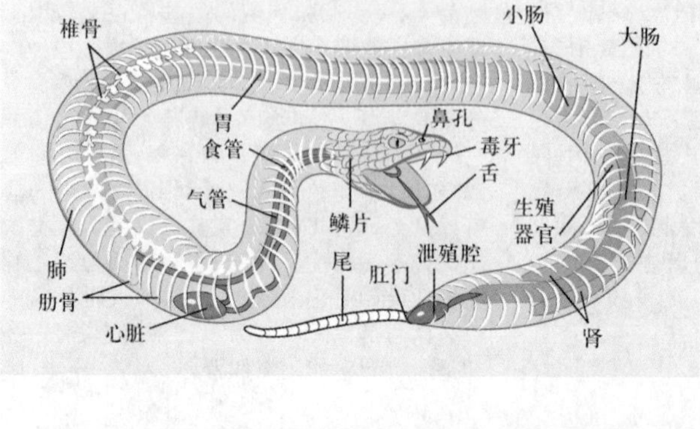

蛇的各部位名称

崇拜他神这一概念逐步延伸，不仅指信奉非伊斯兰教的偶像，而且成为认主独一一词的反义词。伊斯兰教的法规将崇拜他神的程度进行了划分，包括迷信，相信被创造之物的力量（比如敬畏圣人）以及相信先知，不过它们在真正的崇拜多神前都相形见绌。

设得兰牧羊狗　Shetland sheepdog　又称 sheltie（谢尔特狗）。牧羊犬的一种，用看管设得兰群岛的小绵羊的苏格兰使役狗培育而成。貌似皮毛粗糙的科利牧羊狗，但体形较小，肩高 33 ～ 41 厘米。体壮，敏捷，以善于牧羊、聪明和易亲近的天性著称。被毛长而直，通常为黑色、棕色或蓝灰带黑色斑点。

设得兰牧羊狗
Sally Anne Thompson

设得兰群岛　Shetland Islands　又作 Zetland Islands。苏格兰约 100 个岛屿的群岛。位于苏格兰大陆以北 210 千米，北极圈以南 640 千米。该群岛包含设得兰行政区在内。首府为勒威克。群岛上有居民的岛屿不到 20 个。为英国的最北点。海岸呈峡湾状。由于受北大西洋暖流的影响，岛上气候温暖。8 ～ 15 世纪这里由古斯堪的纳维亚人统治。1472 年，该群岛与奥克尼岛同时划归苏格兰王室。岛上的牲畜颇为有名，其中包括设得兰小型马和设得兰绵羊，优良绵羊毛用于极具特色的设得兰和费尔岛花式针织品。北海的石油工业促进了当地经济发展。

设得兰小型马　Shetland pony　一种小型马。原产苏格兰的设得兰群岛。能适应该岛恶劣的气候及贫乏的食物，初用作驮马。1850 年左右引入英格兰充作煤矿的役马。引入美国，后被培育成适于儿童骑乘的体型更优美的品种。除某些侏儒小型马外，设得兰小型马是马中最矮的，平均肩高 102 厘米（设得兰马不用手宽进行测量）。此种马寿命长，容易饲养。只要训练得法便表现得性情温和驯服。

设菲尔德　Sheffield　英格兰南约克城市。位于奔宁山脉山脚下。最初为盎格鲁-撒克逊村庄，12 世纪初成为城堡和堂区教堂所在地，中世纪时期因出产刀具而出名，到 1700 年已跃居英国刀具贸易的垄断地位，直到今天都还是该行业的中心。19 世纪中叶起发展钢铁工业，并对冶金作了一些创新，制作不锈钢的方法就是从那里起源的。1568 年玛丽（苏格兰女王）被囚禁于其北部的诺曼城堡（现已成为废墟）。人口约513 234（2001）。

设拉子　Shiraz　伊朗中南部工商业城市。在塞琉西（公元前 312 ～前 175）、安息（公元前 247 ～公元 224）和萨珊王朝（约 224 ～ 651）时期均占有重要地位，在穆斯林时期其经济和文化达到鼎盛。14 世纪末被帖木儿两次占领，而此时设拉子已成为与巴格达地位相似的穆斯林中心。1724 年遭阿富汗侵略者洗劫。后成为桑德王朝（1750 ～ 1794）首都。以葡萄酒、花园、神殿和清真寺而闻名。该市是波斯诗人萨阿迪和哈菲兹的出生地。这两位诗人也葬于此地。人口约1 227 331（2006）。

社会保险　social insurance　针对各种经济风险（如因疾病、年老以及失业导致丧失收入）提供保障的强制性公共保险计划。社会保险被认为是社会保障的一种类型，虽然有时这两个词可以互换使用。第一批强制性的国家社会保险规划是由德国在 O. von 俾斯麦执政时期建立的：包括 1883 年的健康保险，1884 年的工人抚恤金，以及 1889 年的老年与伤残退休金。奥地利和匈牙利也很快起而效仿。1920 年后，社会保险在欧洲以及西半球迅速推广。美国起步稍迟，1935 年才通过《社会保障法》。现在美国的社会保障提供退休金、65 岁以上老人的医疗保健以及伤残保险。社会保险的保险费用缴纳通常是强制性的，可能由被保险人的雇主缴纳，也可能由州政府以及被保险人个人缴纳。社会保险资金大多是自我筹集资金，将各方缴纳的款项投放于特定的基金来增值。参阅福利。

社会保障　social security　指保障所有个人经济收入和社会福利的公益事务。社会保障计划的实施旨在保护个人以及家庭，使其免除因失业、工伤、生育、疾病、年老和死亡而蒙受的经济损失，并通过公益服务来提高他们的福利。社会保障不仅包括社会保险，而且包括保健和福利事业以及各种收入保障计划。第一个有组织、合作的向个人提供社会保障的计划是由一批工人组织、互惠社团和工会联合提出来的，但社会保障的广泛建立直到 19、20 世纪才得以实现。几乎所有发达国家现在都有社会保障计划，通过多种主要途径提供福利或服务，包括社会保险和基于需要只为贫困人口提供福利的社会援助计划。参阅福利。

社会达尔文主义　social Darwinism　把 C. 达尔文在自然界动植物中所观察到的自然选择法则应用于个人、群体及种族的理论。著名的社会达尔文主义者有英国的 H. 斯宾塞、W. 白哲特和美国的 W. G. 萨姆纳，他们认为人类在社会中的生活如斯宾塞所说的“适者生存”那样，是一场为了生存而进行的斗争。财富是自然优势的象征，而财富的匮乏则是不适的象征。这一理论从 19 世纪晚期起被用来支持自由放任的资本主义和政治保守主义。随着科学知识普及，社会达尔文主义逐渐没落。

社会地位　social status　个人在以荣誉和声望为基础的社会等级体系中所具有的相对位置及其附带的权力、义务和生活方式。地位一方面与性别、年龄、家庭关系及出身有关，所有这些将特定的人置于一个特定的社会团体，这一切同个人的能力与社会建树没有直接的关系。但另一方面，一个人的实际地位又往往是建立在教育程度、职业选择、婚姻状况及其他与个人努力密切相关的因素基础上。地位集团与社会阶级不同，前者更注重社会声誉而不是仅看重经济地位。相对的地位高低是人们在社会交往中对某人采取某种姿态的重要决定因素，争取提高社会地位的竞争也是人类一种重要的心理动力。

社会福利工作　social work　向经济条件差的、贫困的或易受伤害的个人或群体提供社会服务的各种专业活动或方法，例如调查、处置治疗或婚姻协助。社会服务事业源自 19 世纪晚期欧洲和美国的慈善组织。这些组织对志愿工作者提供训练，其直接影响是促使社会工作学校成立，间接影响则是造成政府增加对经济条件差者照护的责任。社会工作者服务的对象包括：儿童及家庭、贫民或流浪汉、移民、退伍军人、精神病患者、残疾人，还有强暴或家庭暴力案件的受害人，以及酗酒或吸毒者。参阅福利。

社会阶级　class, social　一个社会内具有相同社会经济地位的群体。在 18 世纪后期工业革命和政治革命后，“阶级”一词在 19 世纪便开始广泛使用。早期最有影响的阶级理论是 K. 马克思提出的。他着重于一个阶级控制并管理生产的流程，而另外各阶级则是直接的生产者和为统治阶级提供服务的人。因此各阶级之间的关系被看成是对抗性的。M. 韦伯则强调政治权力、社会地位或维持阶级特性的重要性。尽管对阶级理论的看法有争议，但是社会科学家对于现代资本主义社会各阶级特征的认识则普遍一致。上层阶级有别于其他阶级的主要之处在于拥有大量主要来自遗产的财富（在美国，全部财富的 30% 以上集中在 1% 的财产所有者手中，将近 2/3 的财富集中在最上层的 5% 的人手中）。工人阶级主要是体力劳动者和餐饮业以及服务业劳动者。他们的工资中等或较低，极少或根本没有机会获得遗产财富。中层阶级包括中上层办公室工作人员、从事技术和专业的人员、管理人员和经理，以及小店主、商人和农场主这类个体经营者。经常还有一群城市底层的永久失业和未充分就业的工人，他们被称为下层阶级。

社会科学　social science　研究人类在社会文化方面行为的学科，大体上包括文化人类学、经济学、政治学、社会学、犯罪学以及社会心理学。法律比较研究和宗教比较研究（对不同国家和不同文化之间的法律制度和宗教进行比较的学科）有时也被划入社会科学的范畴。

社会民主主义　social democracy　一种政治思潮，提倡利用已经建立的政治程序，采用和平、改良的政策来实现从资本主义到社会主义的转变，反对马克思主义的社会革命。19 世纪 70 年代在德国作为政治运动兴起。E. 伯恩施坦在1899年提出资本主义正在克服K.马克思见到的许多资本主义弱点(包括失业和生产过剩),而大众的赞同将会把政府和平转变为一个社会主义政府。1945年后,社会民主主义政府在西德、瑞典执政,在英国是工党当权。社会民主主义思潮逐渐认为国家法则(在没有国家所有权的情况下)足以保证经济增长和收入的公平分配。

社会契约论 social contract 指被统治者与他们的统治者之间订立实际的或假想的契约的概念。最初的灵感可能来自于圣经中上帝和亚伯拉罕之间的契约,但与之最紧密的联系则是T.霍布斯、J.洛克和J.-J.卢梭的作品。霍布斯认为社会契约给予统治者绝对的权力,作为回报,他们必须保障人民的自然状态和福利。洛克则假定了一种良性的自然状态,并认为统治者不仅必须保护人民,而且必须保护他们的个人财产不受侵犯。卢梭认为,人民牺牲了个人自由,因此具有道德和民权的义务,政府必须依照被统治者的普遍意志来实现统治。社会契约论的观点影响了美国和法国的革命以及随之而来的宪法。

社会群岛 Society Islands 南太平洋法属波利尼西亚群岛。主岛为塔希提岛。社会群岛分为两组:向风群岛和背风群岛。原为火山喷发岛,多山。1767年被英国占领,1769年J.库克船长来到此地,皇家学会随船来进行科学考察。1786年被法国人占领,1842年成为其保护国,1881年起成为法国的殖民地,1903年为法属大洋洲的一部分。主要出产椰干和珍珠。人口约214 445(2002)。

社会生物学 sociobiology 系统研究社会行为的生物学基础的科学。这一概念因E.O.威尔逊的著作《社会生物学》(1975)和R.道金斯(生于1941年)的著作《自私的基因》(1976)而得到推广。社会生物学试图以自然选择及其他生物学进程为基础来了解并解释动物(包括人类)的社会行为。其主要原则之一是:在动物为生存而进行的斗争中,基因的传递是最重要的激发因素,而动物行为的方式能使它获得尽可能多的机会以使自己的基因传递给后代。虽然社会生物学为动物行为学提供了独到见解(例如群体昆虫的利他主义以及某些物种的雄雌性差异),但仍与人类社会行为有所分歧。参阅行为学。

社会心理学 social psychology 心理学的分支,主要研究个人或群体在一定的社会交往中的人格、态度、动机和行为。20世纪20年代在美国兴起,主要研究课题包括根据知觉线索来判断其他人的社会地位、社会因素(如同等级别的人)对于个人处世态度以及信仰的影响、小群体和大组织的功用的发挥以及面对面交流的动力学。

社会学 sociology 对社会、社会机构以及社会关系进行考察的学科,尤其是对有组织的人类群体的发展、结构、相互作用和集体行为进行系统专业研究的学科。在19世纪末通过法国的E.涂尔干、德国的M.韦伯和G.西梅尔以及美国的R.E.帕克和A.斯穆尔的著作建立起来。今天的社会学采用观测技术、测量和采访、数据分析、控制性的实验以及其他方法来研究家庭、种族关系、学校教育、社会阶级、官僚机构、宗教运动、异端学说论、老年问题和社会变化等课题。

社会主义 socialism 私有财产和收入的分配受到社会控制的一种社会组织体系;也指将这类体系付诸实施的政治运动。由于"社会控制"的含义可作多种解释,所以社会主义也有种种差异,可以是中央集权的,也可以是自由意志的;可以是马克思主义的,也可以是自由主义的。社会主义一词最初是用来描述法国C.傅立叶、H. de圣西门以及英国R.欧文阐发的理论。他们主张在一种非强制性的合作社区中,人们共同进行无竞争的劳动,谋求全体人民心灵和物质上的幸福(参阅乌托邦社会主义)。此后K.马克思和F.恩格斯将社会主义看作是从资本主义通向共产主义道路上的一个过渡阶段,将社会主义运动中他们认为有用的部分用来发展他们的"科学社会主义"。在20世纪,苏联是那种严格的中央集权社会主义的典范,而瑞典和丹麦则采纳众所周知的非共产主义的社会主义。参阅集体主义和社会民主主义。

社会主义现实主义 Socialist Realism 1932年至20世纪80年代中期盛行于苏联并为官方承认的文学创作理论与方法。继承19世纪俄国现实主义的传统,主张创作必须忠实、客观地反映生活。但不批判社会,而是把通过斗争建立社会主义和没有阶级的社会作为基本主题,提倡文学艺术的教育意义,以培育社会意识。它要求艺术家对社会主义社会要持肯定的观点,并考虑到其历史背景。但这种要求却很少与其实际创作吻合,反而常常破坏了作品的艺术真实性。

社团主义 corporatism 把整个社会组织成从属于国家的各种"社团"的理论和实践。按照这种理论,工人和雇主被组织到产业社团和职业社团中。这些社团作为政治代表机关,在很大程度上支配其管辖之内的人员和他们的活动。这种思想的主要代言人是梅特涅公爵的宫廷哲学家A.米勒(1779～1829),他勾勒出一个理想的"阶级国家",这些阶级如同业公会或公司一样运作,每个公会或公司控制一种特定的社会生活。这种理论在法国革命后在中欧获得人们的好感,但一直到意大利B.墨索里尼夺取政权后才付诸实现,他在第二次世界大战刚开始时实施这种主张,结果导致他垮台。20世纪70年代以来,出现了一种新型的社团主义(民主或新社团主义),它与一种利益代表制有关,国家要通过与工会、商业联盟的沟通来制定政策。

射电和雷达天文学 radio and radar astronomy 通过测量天体发射或反射的射电波的能量来研究天体的一门学科。始于1931年K.央斯基发现了来自宇宙的射电源。1945年后,巨大的雷达圆盘天线、经改进的接收器和数据处理方法以及射电干涉仪等,使得天文学家能够研究更暗弱的射电源并获得大量有关细节。无线电波能穿透太空中大多数的气体和尘埃,比起光学观测来,能更清楚地了解银河系中心的图像以及银河系的结构。这样就能研究我们银河系中的星际介质,发现以前不知道的宇宙天体(例如脉冲星、类星体)。在雷达天文学中,射电信号送往接近地球的天体或天象(例如,流星尾迹、月球、小行星、附近的行星),然后测出它们的回波,从而提供目标的距离及其表面结构的精确测量结果。由于雷达波能够穿透浓密的云层,所以它为我们提供了金星表面的最好的地图。在人类登上月球以前,对月球所作的射电和雷达研究就已经揭示了月球表面的类沙性质。射电观测也提供了许多关于太阳的知识。参阅射电望远镜。

射电望远镜 radio telescope 由射电接收机和天线组成的装置,在射电天文学(参阅射电和雷达天文学)中用于观察。射电望远镜形式多样,但都有两个基本部件,即一个大射电天线以及一个辐射计或射电接收机。由于有些天文的射电波源在地球上看异常昏暗,所以射电望远镜一般都非常大,并且只能使用最灵敏的射电接收机。第一台大型可操纵射电望远镜于1957年在英国的焦德雷尔班克完成。世界上最大的可操纵射电望远镜的天线直径为100米,在德国的普朗克射电天文研究所里使用。世界上最大的单个射电望远镜是在波多黎各的阿雷西沃天文台。其固定的球形反射器直径305米。射电天文望远镜使得研究人员能够发现来自木星的强烈射电发射,并能用来测量所有行星的温度。

位于英国柴郡焦德雷尔班克的可操纵射电望远镜——洛维尔望远镜
Jodrell Bank Science Centre

射击　shooting　使用步枪、手枪(包括左轮手枪)或猎枪向各种枪靶射击以练习枪法的一种运动。世界锦标赛的竞赛项目为:小口径步枪、自由步枪、中心发火手枪、自选手枪、快射手枪、气步枪、气手枪和猎枪。射击从1896年现代奥运会开始即列入比赛项目;1984年设立女子项目。参阅双向飞碟射击和多向飞碟射击。

射击军　streltsy　(俄语:火枪手。)俄国军事部队。建立于16世纪中期,此后100年间构成俄军的主力,并为沙皇提供卫队。在17世纪中叶成为一个世袭军事阶层,人数约5.5万,在莫斯科承担警察和保安责任并驻守周边城镇。1682年该部队卷入皇位继承争斗,最后导致索菲亚摄政。她退位后(1689),射击军被彼得大帝解散,其中成百上千的人被处死或流放,逐渐融入常规军中。

射箭运动　archery　用弓和箭射击的体育运动。16世纪起枪炮取代弓箭成为战争和狩猎的主要利器,弓箭逐渐变成一种运动装置。到了19世纪中叶,英美涌现许多射箭运动俱乐部。20世纪初奥运会把标靶射击列入竞赛项目,此后中断了一个时期,直到1972年的奥运会才恢复。其他射箭运动包括地面靶射箭、依次射靶苑和射远比赛。

射影几何　projective geometry　研究几何图形及其由射影产生的影像(映像)之间关系的数学分支。射影的例子有电影、地球表面的地图以及物体的影子。促使这一课题发展的因素之一是要了解绘画中的透视。被射影物体的每个点与它影像中的相应点必须位于通过射影中心的直线(射线)上。现代射影几何强调的是射影中保留的数学性质(比如线的直线性以及交叉点)而不管长度、角度和形状的畸变。

赦免　pardon　在法律上,指免除罪责或刑罚。赦免权通常由国家元首行使。赦免可分为完全或有条件两种。有条件赦免通常是减刑,或以其他义务来代替受刑。在有些国家,获得赦免的罪犯仍被禁止担任公职或取得专业执照。

摄尔西乌斯　Celsius, Anders(1701～1744)瑞典天文学家。从1730年到他去世一直在乌普萨拉大学教书。1733年发表对北极光进行316次观察的记录汇编。1740年建立乌普萨拉天文台。他因1742年发明了现在世界大多数地区通用的摄氏温标而闻名,该温标设定水的冰点是0℃,沸点是100℃。

摄影分离派　Photo-Secession　受新艺术主义运动影响的美国摄影家团体。1902年由A. 施蒂格利茨所创。这个艺术团体试图将摄影当做一种艺术,以其自身的观念来评判。它和伦敦的连环会团体类似,其名称表明他们也是分离派运动团体(尽管以数字291闻名,那是施蒂格利茨的画廊的地址)。施蒂格利茨并不追求润饰或处理负片或相纸,但该团体的其他摄影家如E. 施泰肯,则是印象主义的柔焦学派和新技术的拥护者。关于摄影分离派的记录都保存在季刊《照相机工作》(1903～1917)中。

麝牛　musk ox　偶蹄目牛科体毛粗浓蓬松的北极反刍动物。有麝香的气味,头大,耳小。颈、腿和尾均短。雄体肩高约1.5米,重可达近400千克。雄雌都有角。雄体的角可长至60厘米,从颅骨的中线向旁伸展,在头的两侧向下弯,末端向上弯曲。皮毛深褐色,毛粗,几乎长达脚部。粗毛下有一厚层绒毛,夏季脱落,爱斯基摩人用其绒毛制类似羊绒的细布。麝牛成群活动,一群常有20～30只。以草、地衣和柳树和其他低矮植物为食。

麝牛(*Ovibos moschatus*)
Leonard Lee Rue III

麝鼠　muskrat　仓鼠科2种半水栖棕色啮齿动物。栖息于北美洲的沼泽、浅湖和溪流,并已传入欧洲。体结实,肥胖,长约30厘米,不包括长而有鳞、扁平的尾巴。后脚部分有蹼,边缘有短而硬的毛。肛门附近有麝囊,分泌物有麝香味。上层为长、硬而光滑的针毛,其下是浓密而柔软的绒毛,具商业价值。麝鼠居于岸边挖成的洞穴或堆砌在水里的芦苇和灯心草垛中,以莎草、芦苇和植物的根为食,偶吃水生动物。圆尾麝鼠(又称佛罗里达水鼠)体形较小。

麝鼠(*Ondatra zibethica*)
John H. Gerard

申博尔斯卡　Szymborska, Wislawa(1923～2012)　波兰女诗人。1953至1981年一直是《文学生活》周刊的编辑,获得了诗人、书评家和法语诗译者之名。最早的两部诗集尝试遵循社会主义现实主义。后期的诗作则以其精确而具体的语言和富于反讽意味的超然态度表达她对共产主义的不满,并对哲学、道德和伦理问题进行探讨。她的诗作选集被翻译成英文出版,名为《一粒沙里看世界》(1995)。1996年获诺贝尔文学奖。

申卡尔　Shankar, Ravi(1920～2012)印度锡塔尔琴演奏家。生于贝纳勒斯(今瓦拉纳西)。曾学习音乐和舞蹈,并跟随其兄乌达伊的舞蹈团到处巡演,学习过数年的锡塔尔琴。1948～1956年任全印广播电台音乐导演,此后连续赴欧美巡回演出。1955～1959年为S. 雷伊的电影《阿普三部曲》配乐。为印度国家管弦乐队的创立人之一,并先后在孟买(1962)和洛杉矶成立了金纳拉音乐学校。申卡尔与小提琴家Y. 梅纽因和原甲壳虫乐队成员的哈里森合作演出,使印度音乐引起西方听众的广泛注意。

申命改革　Deuteronomic Reform　犹大国王约西亚(约公元前640～前609年在位)所推行的宗教改革。他在亚述控制以色列的力量减弱时,发起反外国宗派的活动,并把异教祭坛与偶像迁出圣殿。他呼吁恢复遵守摩西律法,根据公元前622年左右在耶路撒冷的圣殿发现的律法书(据说该书即《申命记》所载的律法)。农村的圣坛和丰产神被摧毁,耶路撒冷被确立为对雅赫维(以色列神)的崇拜中心。

申请书　petition　写给某个人、某个官员、某个立法机关或法院要求洗刷冤屈或给予优待的书面文件。当申请书被足够多的人数提出时(用他们的签名表示),可以使候选人获得选票,或在选民面前提出问题(参阅全民公决和创制权),也可以用来对代表施加压力,要他们按一定方式进行投票。在美国,递交申请书的权利是受到美国宪法第一条修正案保障的。

身心交感论　interactionism　精神哲学的一种身心二元论学说,主张心灵与身体尽管是分离的、有区别的实体,但都是互为因果地交相感应的。身心交感论者断言,一个心理事件(例如,当某人想踢墙时),便能够成为一个身体行动(他用脚踢墙)。反之,他用脚踢墙的身体事件也能够成为他感到疼痛的心理事件的原因。R. 笛卡儿给身心交感论作了经典的陈述,但他对于交感如何发生,却未作出令人满意的说明。这个问题直接引来了N. de 马勒伯朗士和A. 海林克斯所主张的机缘论及其他与身心有关的学说，包括 G. W. 莱布尼兹主张身与心之间有一种经上帝在创世时所预先设定的和谐的理论；以及 B. de 斯宾诺莎的身和心是一个潜在本体的两种属性的观点。

身心问题 mind-body problem 心灵与身体之间关系的形而上学问题。这个现代问题基于 R. 笛卡儿的思想中，他对二元论作过经典的论述。笛卡儿的身心交感论在他那个时代就已受到许多批评。T. 霍布斯主张，除了运动中的物质之外，别无一物存在，也没有所谓的心灵的实体，只有物质的实体。某种唯物主义也受到和笛卡儿保持通信的 P. 伽桑狄（1592 ～ 1655）的支持。B. de 斯宾诺莎则设想有单一的实体，其中心灵和物质都是属性；他的理论又称为心身平行论。其他近来受到许多讨论的观点是中枢状态唯物论（又称同一论、两面论）。

参宿四 Betelgeuse 阿拉伯语作 bat al-dshauza，意为“巨人之肩”。猎户座星座中最亮的恒星，位于猎户东肩上。距地球约 430 光年，从它的亮度、在明亮的猎户座中的位置以及它深红的颜色，很容易辨认出参宿四。它是一颗红色的超巨星，是已知体积最大的恒星之一；直径是太阳直径的 500 ～ 800 倍之间，周期为 4 ～ 6 年，不太规则。

砷 arsenic 介于非金属与半金属之间的一种化学元素，原子序号 33。化学符号 As。它存在两种稳定（和数种非稳定）同素异形体，即灰砷和黄砷，但大多发现于自然界的硫化物和氧化物中。砷通常用于制造金属（特别是铅）合金和半导体（从砷化镓的结晶体制得）。氧化砷（As_2O_3）常用作杀虫剂、色素，以及皮革和木制品的防腐剂，在许多侦探小说中曾提及这种有毒物质“砷”，即砒霜。五氧化二砷（AS_2O_5）是杀虫剂、除草剂以及金属黏合剂的主要成分。

砷（灰色）、雄黄（红）和雌黄（黄）
By courtesy of the Joseph and Helen Guetterman collection; photograph, John H. Gerard

深闺制 purdah 用隐身服饰（包括面纱）、高墙以及屋内的屏风和帘子等，将女人困于家中，不让外人看到。此风俗似乎源于波斯。公元 7 世纪阿拉伯人征服今伊拉克所在的地区时，始成为穆斯林习俗。穆斯林控制印度北部之后，深闺制进入印度上流社会，但在英国结束对印度的统治后，印度教徒遂废除此风俗。在许多伊斯兰国家中，这一风俗仍然流行。

深海裂口 deep-sea vent 海水循环流经洋底岩石后形成的热液（热水）裂口。通常位于正在形成的新生海洋地壳处。裂口也会产生于海底火山上。上述两种情况中，热液与冷海水汇合后都会生成富含铁、铜、锌和其他金属的矿物沉积堆积。这些热水的流出，可能占地球热量流失的 20%。现在已知有奇异生物群落生存于这些裂口附近。此类生物的生态系统完全与太阳的能量无关，不是依靠光合作用，而是靠固硫细菌的化学合成作用。

神道教 Shintō 日本本土宗教，基于对神灵的崇拜。该教没有创建者，也没有正式经籍，只是将其神话收集在《古事记》和《日本书纪》两本写于 8 世纪的书中。神道教一词的使用是为了把日本人的本土信仰与佛教区别开来，后者是 6 世纪传入日本的。神道教核心内容是对神的不可思议的创造和协调力量的信仰。据说在最初的一批神出现后，伊奘诺尊和伊奘冉尊神孕育出日本各岛和神，后来成为各氏族的祖先。日本皇室自称是伊奘冉尊之女，即天照大神的后代。据说所有的神相互合作。人们相信，如果身心能和谐，便能产生得到保护、合作和支持的神秘力量。从对神社仪式的尊重和观察（比如仪式的纯洁性）来看，神道教的实践者能逐步理解神的意愿，并与其和睦相处。21 世纪初神道教教徒有近 280 万人。参阅神佛习合。

神风飞行员 kamikaze 第二次世界大战中的一批日本飞行员，他们驾驶飞机自杀性地冲向敌方目标（通常是船只）并与之同归于尽。“神风”原指 1281 年将进逼日本的蒙古舰队吹垮的一股强台风。这种行动在战争的最后一年里最为盛行。大部分的神风飞行员的飞机都是原来的战斗机或轻型轰炸机，在自杀性俯冲之前，机上通常满载炸弹或加装了油箱。神风飞行员共击沉舰船 34 艘，损伤舰船几百艘。在冲绳之战中，他们使美国海军蒙受了单次战役中最大的损失，令近 5 000人丧生。

神佛习合 Shinbutsu shugo 佛教与日本神道教的混合。佛教一在日本出现（公元 6 世纪中期），便开始了两教的融合。8 世纪起，人们开始在佛寺内建神社，神社附近建佛堂和浮屠。为了改变这种局面，政府于 1868 年颁布法令，要求将与神道教有联系的佛教徒重新任命为神道教士或者还俗。因为日本国教为神道教，因此政府禁止在皇家举行佛教仪式。但大多数日本人在生活中仍将两种宗教结合在一起。他们在神道教圣殿庆祝与生活有关的仪式（如出生、成年、结婚），丧葬和纪念仪式则依佛教之礼。

神和女神 god and goddess 古今多神崇拜宗教中对诸神的统称。凡界与天界可能充斥着各种神明，这些神与人类世界的价值标准、消遣娱乐和制度习俗（包括爱情、婚姻、狩猎、战争和技艺）皆息息相关。他们有可能死亡，但通常都是长生不死的；虽然在人类的描述中，人类所具备的缺点、思想和情感他们通通都有，但他们的力量总是比人类还要强大。参阅多神论。

神户 Kōbe 日本本州岛中西部城市。位于大阪湾，介于山脉和海洋之间的狭长地带。与大阪和京都两个城市为邻，是一个主要工业带的中心。明治维新前只是个渔村，但在 19 世纪后期发展迅速。在第二次世界大战中受到猛烈的轰炸，1945 年以后完全重建。1995 年遭受大地震。神户是日本重要港口，也是造船业和钢铁业的中心；市内有神户大学。人口1 544 200（2010）。

神话 myth 表面是历史事件的传统故事，用于呈现一个民族的部分世界观，或解释一种行事、信念与自然现象。神话讲述外在于一般人类生活，但为其根本的神或超自然的事件、情境或行为。这些事件设定在一个完全异于历史时间的时间中，通常是在创世之初，或史前的早期阶段。一个民族的神话通常与他们的宗教信仰和仪式紧密相连。现代对神话的研究源于 19 世纪早期的浪漫主义。W. 曼哈特、J. G. 弗雷泽等研究者后来都采用一种比较的研究方法。S. 弗洛伊德视神话为遭到压抑的观念的表现；这种观点后来由 C. 荣格在他的“集体无意识”以及起源于集体无意识的神话原型的理论中加以扩充。B. 马林诺夫斯基强调神话如何发挥共同的社会功能，并提供一个人类行为的模型。C. 莱维-斯特劳斯则在全世界神话的形式关系与模式中区辨出潜在的结构。M. 埃利亚代和 R. 奥托则认为，神话见解作为宗教现象来理解。其他种类的文学也共有若干神话的特色。起源传说解释了自然、人类社会与生活各个方面的根源与原因。童话讲异常的生物与事件，但缺乏神话的权威。萨迦和史诗具有权威性与真实性，却反映了特定的历史背景。

神迹 miracle 归因于超自然力量的神奇惊人事件。对神迹的信仰存在于所有文化和几乎所有宗教中。奥义书声称宗教上的洞察力和变化的灵性经历是唯一值得一提的“神迹”，但盛行的印度教把神奇的力量归因于苦行的瑜伽修行者。儒家不怎么提及神迹；而道教和中国民间宗教结合在一起，产生了很多关于神迹的说法。神迹在《旧约》中被认为是理所当然的，在古希腊-罗马世界也相当普遍。虽然佛陀低调处理他自己的神奇力量，认为它缺乏灵性意义，但关于他不可思议的出生和生活的描述后来却编入了后来佛教高僧的传说中。《新约》记录了由耶稣施行的治病的神迹和其他奇事。神迹也证明基督教圣徒的神圣。穆罕默德在原则上否认神迹（《古兰经》即是伟大的神迹），但他后来的生活却充满了神奇的细节。流行的穆斯林宗教，尤其是在苏非派影响下，充满了神迹和施行神迹的圣徒故事。

神经毒气 nerve gas 一种有机磷酸酯，

会阻断神经传导,并造成严重而致命的支气管痉挛。神经毒气是氟磷酸的衍生物,被用作化学武器或杀虫剂。神经毒气由德国在第二次世界大战期间研发出来,但未曾使用;根据《日内瓦议定书》,在现代战争中禁止使用神经毒气。神经毒气的种类包括维埃克斯、梭曼、塔崩、沙林等,其中沙林毒气曾在1995年被日本奥姆真理教用于东京地铁的恐怖攻击行动。

神经管缺陷 neural tube defect 胚胎发育早期神经管发育(参阅**胚胎学**)异常所致的脑或**脊髓**先天性缺陷,通常伴有脊柱或颅骨的缺陷。神经管闭合不全、部分缺损,或部分阻塞(参阅**脑积水**)均可致神经管畸形。脊髓背侧的椎管闭合不全即致脊柱裂。通常发生于基部,若没有其他更进一步的缺陷(脊髓膨出,即无皮肤或**脑脊膜**覆盖,组织突出,脊髓的开放性缺陷),通常不影响其正常功能。更严重的类型可导致瘫痪、削弱膀胱和肠的功能。在脑膨出中,包含脑组织的脑膜囊自颅骨突出,症状视受累神经组织的多少而定。妇女在怀胎期间摄取足够的叶酸可减少发生神经管缺陷的风险。早期手术治疗可预防或减少残疾。

神经介质 neurotransmitter **神经元**释放的化学物质,用来刺激邻近的神经元,使神经冲动在整个**神经系统**内从一个细胞传向另一个细胞。到达一个神经元轴索终端的神经冲动刺激释放出神经介质,在几毫秒的时间内,它跨越微小的间隙(参阅**突触**)而到达相邻的神经元突触。许多化学物质都可以起神经介质的作用,已经辨认出的少数几种中有乙酰胆碱、多巴胺和血清素。有些神经介质启动神经元;另一些则抑制神经元。某些改变精神状态的药物是通过改变突触的活动而起作用的。

神经痛 neuralgia 周围感觉神经分布区周期性发作的原因不明的疼痛。三叉神经痛(痛性抽搐)以沿三叉神经任何分支(位于耳前)的短暂及剧痛为主要特征,通常进入中年后发病,女性发病率高于男性。初期发作间隔为数周或数月,之后发作越来越频繁,碰触患部、说话、吃东西或冷风吹面即可轻易引起发作。使用止痛药有帮助,但要根治则需进行手术。舌咽神经痛引起反复发作的剧烈疼痛,通常发作于40岁以上男性。剧痛起于咽喉,放射到耳,或沿颈部下行。疼痛可自然或经诱发(例如喷嚏、哈欠或咀嚼)而产生。发作间隔期一般较长,在止痛药起作用前发作即已平息。严重病例施行外科手术可能有帮助。参阅**神经炎**。

神经网络 neural network 一种并行计算模式,其中计算元素模仿构成动物神经系统的神经元网络设计。该模式意图是仿真大脑处理信息的方式,让计算机可以"学习"到某个程度。类神经网络的特色是由一些互相连接的处理器或节点组成。每个节点管理特定的知识领域,有数个输入端和一个网络输出端。基于获得的输入程序,节点可以"得知"数据组之间的关联,有时利用模糊逻辑的原理。例如一个巴加门程序(15子游戏)可以将一盘棋的棋步储存及对其答案评分,在下一盘棋能根据它储存的结果来下棋,如果此招不灵的话,还能重新给储存的答案评分。类神经网络已用于模式辨识、语音分析、石油探勘、天气预报,以及思想和意识的模拟。

神经系统 nervous system 特化的细胞系统(神经元或神经细胞),负责将自感受器中接收的刺激经由**神经元**的网络传递至产生反应动作的地方(例如腺体或肌肉)。在人类体内包括中枢神经系统和周围神经系统,前者由脑和**脊髓**组成,而后者则由将冲动传入或传出中枢神经系统的神经所组成。颅神经与头、颈部的感觉和活动有关,仅迷走神经是例外,该神经负责传递信号至内脏器官。每一脊神经都以感觉纤维(背侧根)和运动纤维(腹侧根)连接于脊髓上。脊神经由椎间孔出椎管,联合组成大型混合性神经,再分支以支配身体特定部位。神经系统障碍包括**肌萎缩性侧索硬化**、**舞蹈病**、**癫痫**、**重症肌无力**、**神经管缺陷**、**帕金森氏症**和**脊髓灰质炎**。神经系统障碍所造成的影响从短暂的抽搐、轻微的人格变化到重大的人格分裂、疾病发作、瘫痪和死亡。

神经心理学 neuropsychology 涉及整合对行为的心理学观察与对中枢神经系统(包括脑的)神经学观察的科学。该领域由于P.白洛嘉和韦尼克(1848 ～ 1905)的研究而出现,两人确认了在大脑皮质涉及语言产生和理解的位置。描述神经解剖学与高等心智活动的关联,往前迈进了一大步。神经精神病学的相关领域致力于研究失语症、柯萨科夫氏综合征、图洛特氏综合征及其他中枢神经系统异常。

神经性病变 neuropathy 周边神经系统的疾病。可能是遗传或后天造成,发展速度有快有慢,包括运动神经、感觉神经,或自主神经(参阅**自主神经系统**),只侵袭特定神经或是全面性。造成疼痛或丧失感觉、无力、麻痹、反射作用丧失、肌肉萎缩;若是自主神经性病变,血压、心跳速率、膀胱或肠控制失调;阳痿;眼睛无法聚焦。有些种类神经元本身受到伤害,其他种类则是隔绝神经元的髓鞘受损。例子有腕小管综合征、肌萎缩性侧索硬化、脊髓灰质炎(小儿麻痹症)、运动失调、带状疱疹及神经性耳聋。病因有疾病(如糖尿病、麻风、梅毒)、受伤、中毒与维生素缺乏(如脚气病)。参阅**神经痛**和**神经炎**。

神经性厌食 anorexia nervosa 常见于年轻女性的饮食失调,主要表现为由于极为渴望保持身材苗条,担心体重增加,或对身体形象感到忧虑而未能保持人体的正常体重。神经性厌食通常在青春期的后期出现。女性常见的症状是月经不调。该病症患者会经常想尽一切办法拒吃东西,以期达到减肥目的,医疗并发症有可能危及生命。治疗方法可以包括心理治疗和社会治疗。

神经炎 neuritis 一条或多条神经的炎症。发病原因可能为机械伤害、血管疾病、过敏、毒素、代谢不足或病毒感染。其症状常局限于发炎神经所辖的身体特定部位,感觉神经元有刺痛、灼痛或戳痛感;运动神经元则有肌肉张力下降至完全麻痹不等。贝尔氏麻痹,是因颜面神经发炎造成面部肌肉特征性变形。服用止痛药可缓解疼痛。一旦针对病因治疗,则较轻病例常可迅速恢复,但严重病例的恢复则可能不完全,并会遗留某些运动及感觉障碍。参阅**神经痛**。

神经元 neuron 又称 nerve cell(神经细胞)。构成**神经系统**的各种细胞。感觉神经元传递自感觉器官处传来的信息,运动神经元则传递神经冲动至肌肉和腺体处,而联络神经元则负责传递感觉神经元和运动神经元之间的神经冲动。典型的神经元包括树突(接受刺激并将其向内传导的纤维)、细胞体

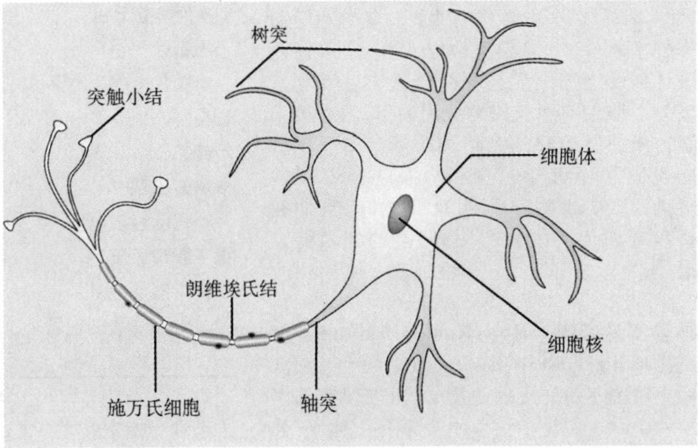

神经元的构造。树突通常是分支的纤维,接收与引导神经冲动至细胞体。细胞体整合来自各个树突的输入信息,送出神经冲动至轴突。当神经冲动到达轴突的尽头,末端释放神经递质进入此神经元与邻近神经元之间的缝隙(突触)。神经递质扩散穿越缝隙,激活邻近神经元或效应器细胞(如肌肉或腺体)的神经冲动。施万氏细胞围绕着轴突,构成绝缘的髓鞘。在两个施万氏细胞之间的缝隙(朗维埃氏结)让神经冲动沿着轴突快速前进。

(接受树突所传来信息,带核)和轴突(将神经冲动从细胞体传出至末端突触的纤维)。树突和轴突的可称为神经纤维。神经冲动由轴突的突触小体分泌的称为神经递质。化学物质穿过突触(连接神经元或介于神经元和诸如肌肉细胞的效应器细胞之间的结点)传导,或是直接由神经元至神经元完成传导工作。大多数的神经元由一层包绕周围轴突的由细胞——施万氏细胞形成的起绝缘作用的髓鞘。成束的来自多数神经元的纤维由结缔组织包绕形成神经。

神秘学 occultism 以奥秘知识特别是关于灵界和未知宇宙力量为基础的理论、习俗和礼仪。一般称为神秘学的信仰和习俗包括:炼金术、万灵秘方、长生秘方、占卜、法术和巫术。热衷于神秘学的人力图通过他们所谓高级心灵力量探索灵界的奥秘。西方的神秘学传统源出希腊化的法术和炼金术(尤其是《赫耳墨斯秘义书》)以及犹太教喀巴拉派的奥秘修行法。

神权政体 theocracy 由那些被认为具有神圣权力之人所领导的政府。政府领导人可能为神职人员,或者国家的司法体系可能是建立在宗教法的基础之上。神权统治是人类早期文明的一个不变的事物。大多数西方国家的神权统治在启蒙运动时期结束,当代神权政体的例证可见于沙特阿拉伯、伊朗、阿富汗、梵蒂冈。参阅*教会与国家*和*君权神授*。

神社 jinja 日本*神道教*祭神或参神的场所。最初是在乡村风景优美的地方,现在还包括城市里的神殿。它们大小不一,有路边的小祈祷场地,也有像*院政*这样大的建筑群。日本有97 000多个这样的神社。

神圣联盟 Holy League(1576 ～ 1598)法国宗教战争中的天主教团体。最初是在*吉斯公爵(第三)*的领导下组成,目的是反对*亨利三世*对新教徒*胡格诺派教徒*的妥协。1584 年胡格诺派的领袖纳瓦拉的亨利(后来的*亨利四世*)成为王位继承人,联盟在西班牙帮助下推出了另一个候选人。亨利三世为了结束向他权威挑战的联盟,派人暗杀了吉斯公爵(1588)。但这个行动不仅没有摧毁联盟,反而导致亨利本人在 1589 年被暗杀。联盟反对亨利四世即位,但当他在 1593 年成为天主教徒后,联盟的势力就衰退了。

神圣罗马帝国 Holy Roman Empire 德语作Heiliges Römisches Reich。中世纪欧洲领土范围不断变化的王国,大致在现代的西欧和中欧。传统上认为由查理曼所建立,公元 800 年教皇利奥三世为他加冕,该帝国存在时间一直持续到 1806 年*弗兰西斯二世*废弃神圣罗马帝国皇帝称号。德意志国王*奥托一世*(962 ～ 973)在位时,他在卡洛林王朝衰落之后重新恢复帝国称号,所以有时被视为神圣罗马帝国的开端时期。神圣罗马帝国名称(一直到*腓特烈一世*才采用)反映了查理曼所宣称的:神圣罗马帝国是罗马帝国的继承者,而通过他在世俗领域上的地位——神的主要代理人(与教皇在精神领域上是并行的),使这种世俗权力扩大了。帝国的核心由德意志、奥地利、波希米亚和摩拉维亚组成。瑞士、尼德兰和意大利北部有时构成帝国的一部分;法国、波兰、匈牙利和丹麦是原始成员,英国和西班牙是名义上的一部分。从 11 世纪中期起,帝国的历代皇帝为了统治权问题与教皇展开激烈的纷争,尤其是在势力强大的*霍亨斯陶芬王朝*时期(1138 ～ 1208,1212 ～ 1254),他们与教皇争夺意大利的控制权。1273 年鲁道夫一世成为第一个哈布斯堡皇帝,自 1438 年开始,哈布斯堡王朝掌控帝位数百年。1356 年以前皇帝是从德意志诸侯中选出来的,以后是

神圣罗马帝国皇帝

加洛林王朝	
查理曼(查理一世)	800 ～ 814
路易一世	814 ～ 840
内战	840 ～ 843
洛泰尔一世	843 ～ 855
路易二世	855 ～ 875
查理二世	875 ～ 877
空位	877 ～ 881
查理三世	881 ～ 887
空位	887 ～ 891
斯波莱托王朝	
居伊	891 ～ 894
兰伯特	894 ～ 898
加洛林王朝	
阿努尔夫	896 ～ 899
路易三世	901 ～ 905
法兰克尼亚王朝	
康拉德一世	911 ～ 918
加洛林王朝	
贝伦加尔	915 ～ 924
萨克森王朝(利乌多尔夫家族)	
亨利一世	919 ～ 936
奥托一世	936 ～ 973
奥托二世	973 ～ 983
奥托三世	983 ～ 1002
亨利二世	1002 ～ 1024
萨利安王朝	
康拉德二世	1024 ～ 1039
亨利三世	1039 ～ 1056
亨利四世	1056 ～ 1105/6
对立朝廷的皇帝	
鲁道夫	1077 ～ 1080
赫尔曼	1081 ～ 1093
康拉德	1093 ～ 1101
亨利五世	1105/06 ～ 1125
苏普林堡王朝	
洛泰尔二世	1125 ～ 1137
霍亨斯陶芬王朝	
康拉德三世	1138 ～ 1152
腓特烈一世(红胡子)	1152 ～ 1190
亨利六世	1190 ～ 1197
腓力	1198 ～ 1208
韦尔夫王朝	
奥托四世	1198 ～ 1215
霍亨斯陶芬王朝	
腓特烈二世	1215 ～ 1250
对立朝廷的皇帝	
亨利(七世)	1220 ～ 1235
亨利·拉斯佩	1246 ～ 1247
威廉(荷兰的)	1247 ～ 1256
康拉德四世	1250 ～ 1254
大空位期	
理查	1257 ～ 1272
阿方索(卡斯蒂利亚的阿方索十世)	1257 ～ 1275
哈布斯堡王朝	
鲁道夫一世	1273 ～ 1291
拿骚王朝	
阿道夫	1292 ～ 1298
哈布斯堡王朝	
阿尔贝特一世	1298 ～ 1308
卢森堡王朝	
亨利七世	1308 ～ 1313
哈布斯堡王朝	
腓特烈(三世)	1314 ～ 1326
维特尔斯巴赫王朝	
路易四世	1314 ～ 1346
卢森堡王朝	
查理四世	1346 ～ 1378
瓦茨拉夫	1378 ～ 1400
维特尔斯巴赫王朝	
鲁佩特	1400 ～ 1410
卢森堡王朝	
约布斯特	1410 ～ 1411
西吉斯蒙德	1410 ～ 1437
哈布斯堡王朝	
阿尔贝特二世	1438 ～ 1439
腓特烈三世	1440 ～ 1493
马克西米连一世	1493 ～ 1519
查理五世	1519 ～ 1556
斐迪南	1556 ～ 1564
马克西米连二世	1564 ～ 1576
鲁道夫二世	1576 ～ 1612
马蒂亚斯	1612 ～ 1619
斐迪南二世	1619 ～ 1637
斐迪南三世	1637 ～ 1657
利奥波德一世	1658 ～ 1705
约瑟夫一世	1705 ～ 1711
查理六世	1711 ～ 1740
维特尔斯巴赫王朝	
查理七世	1742 ～ 1745
哈布斯堡王朝	
弗兰茨一世	1745 ～ 1765
约瑟夫二世	1765 ～ 1790
利奥波德二世	1790 ～ 1792
弗兰西斯二世	1792 ～ 1806

从选侯中正式选出。皇帝在其所继承的领土之外,与帝国议会分权治理。在宗教改革运动时期,德意志诸侯大部分叛教加入新教阵营,反对信奉天主教的皇帝。三十年战争结束时的《威斯特伐利亚和约》(1648)承认帝国内各邦的主权,神圣罗马帝国自此成为松散的国家联盟,皇帝的头衔主要是尊称。18世纪时,帝位的继承争议问题导致奥地利王位继承战争和七年战争。拿破仑的胜利使得势力大衰的帝国加速灭亡。参阅归尔甫派与吉伯林派、主教叙任权之争和《沃尔姆斯宗教协定》。

神圣同盟 Holy Alliance 欧洲大多数君主参加的松散组织。在打败拿破仑后,由俄国的亚历山大一世、奥地利的弗兰西斯一世和普鲁士的腓特烈·威廉三世于1815年成立。该同盟所宣称的目的是促进基督教教义对国际事务的影响,但实际上几乎没有兑现,反而成为中欧和东欧国家保守和压迫的象征。

神圣之父 Divine, Father(1877? ～1965) 原名George Baker(乔治·贝克)。美国宗教领袖,生于佐治亚州萨凡纳附近。1900年前后开始在佐治亚州农村传教。后移居巴尔的摩成为"信使",1915年迁纽约,改名M. J. Devine。1919年在纽约长岛塞维尔地方创立和平布道团运动。该教团信徒主要是黑人,在20世纪30和40年代发展迅速,他建立的社区称作"天堂",最后发展到约170个。他要求信徒放弃个人财产。他宣讲的严格的道德规范包括过独身生活、禁止信徒吸烟和饮酒。他的许多信徒自称"天使",认为他就是"上帝"。

神通 abhijna 在佛教哲学里指神奇的力量,特别是透过禅定和智慧所获得的神秘灵力。神通通常有5种:①神足通,即身能飞天入地、出入三界、变化自在;②天眼通,即能见一切事物;③天耳通,即能闻一切声音;④他心通,即能知他人思想;⑤宿命通,即能忆及前世事迹。此外,还有第6种神通,名漏尽通,即能断一切烦恼惑业,永远摆脱生死轮回,是佛陀和阿罗汉所专有。以上6种神通是心灵进步的迹象,但沉溺于此则背离了通向般若(智慧)之道。

神武天皇 Jimmu 传说中的日本第一代天皇和皇朝的奠基人。公元前660年他在大和平原上建立了他的国家(大和平原上一个真实的国家从公元3世纪始有记载)。据说神武天皇是琼琼杵尊的后代,而琼琼杵尊又是太阳神天照大神的孙子。

神仙鱼 angelfish 一些并非近缘的鲈形目鱼类的统称。最著名的神仙鱼是家庭水族箱中最普遍的淡水丽鱼(*Pterophyllum*,天使鱼属),体高而薄,通常呈银白色,具垂直的暗色花纹,但也有纯黑或部分黑色的,体长可达15厘米。色彩鲜艳的海洋神仙鱼产于大西洋、印度洋-太平洋的热带珊瑚礁中,属刺盖鱼科。以海藻及各种海产无脊椎动物为食,最大的长达46厘米。

一种水族箱养神仙鱼(*Pterophyllum*)
Jane Burton-Bruce Coleman Ltd.

神学 theology 对上帝的禀性及人与神的关系的研究。神学一词起源于柏拉图及其他希腊哲学家的著作,其意义为讲解神话。但是其含义在基督教中被扩展,并应用于所有的有神论宗教(参阅有神论)中。神学旨在研究与宗教教义相关的课题,如罪恶、信仰及仁慈等,并探讨与世间人类相关神的立约的术语,如救恩和末世论等。神学基本上承认宗教导师的权威性或宗教领受的合法性。神学与哲学的区别在于神学注重于证明并阐释一种信仰,而不是质问这种信仰或对这种信仰作出根本的假设,但神学通常也会运用类似哲学的方法。

神学院 seminary 一种传习神学的教育机构。在美国,这个名词以前也用于指女子高等教育机构,尤其是女子师范学院。至少在公元4世纪,就已经出现训练神职人员的神学院,而历史上最早的著名神学院学生是由圣巴西略召集到一起的,但神学院这个名词在中世纪则被舍弃,而以修道院,以及后来的大学作为神学教育的地点。在宗教改革运动及新宗派出现之后,神学院一词再度使用,尤其是在美国。16世纪的特伦托会议更是命令各教区都必须开办神学院。

神学自由主义 liberalism, theological 以关心内在动机,反对外部控制为特征的宗教思想学派。最初于17世纪由R.笛卡儿提出,表示相信人的理性,并且受到B. de斯宾诺莎、G. W.莱布尼兹、J.洛克等哲学家的影响。它的第二阶段和18～19世纪的浪漫主义运动相一致,以注重个人的创造力为标志,这种思想在J.-J.卢梭、I.康德等哲学家和神学家F.施莱艾尔马赫的著作中都有所表述。第二阶段,从19世纪中期到20世纪20年代,则强调进步观念。受产业革命和C.达尔文《物种起源》(1859)启发,一些思想家如英国的T. H.赫胥黎、H.斯宾塞,美国的W.詹姆斯、J.杜威等都着重从心理学角度研究宗教经验,从社会学角度研究宗教体制,从哲学方面研究宗教的价值观。

神鹰 condor 新大陆产的两种新域鹫科巨型秃鹫之一,是最大的飞行鸟类,均长约120厘米。喜食已死亡的动物。安第斯神鹰(*Vultur gryphus*)分布于南美洲太平洋沿岸至安第斯高山,翅稍长,翅展可达3米以上;体羽黑色,具白色翎领,光秃的头和颈略带粉红色。加利福尼亚神鹰(*Gymnogyps californianus*)体羽几呈黑色,翅具白色线纹;头光秃、黄色,颈红色。20世纪80年代已趋于灭绝,南加州少数的野生残存者则于捕捉后给予保护圈养,近来已有200多只神鹰被放飞大自然。

神谕 oracle 为回答请求者的询问而传达的神旨。古希腊和罗马有许多神示所。最著名的古神示所是德尔斐的阿波罗神示所,在那里传达神谕的是一个被称为皮提亚的50多岁的妇女。在卡斯提利亚泉沐浴后,皮提亚显然会下到神殿里的一间地下室,登上一个神圣的青铜三脚祭坛,口中嚼着阿波罗的圣树月桂的叶子。皮提亚宣示的神谕,常常都是模棱两可的,由祭司们加以解释并记录下来。在其他的神示所,包括克拉罗斯(阿波罗)、安菲克莱亚(狄俄尼索斯)、奥林匹亚和埃皮达鲁斯(阿斯克勒庇俄斯),神谕是使用各种其他的方式来请示的,例如在最古老的神示所,即多多纳的宙斯神示所,神谕是经由神圣的橡树树叶发出的沙沙声来传达的。在某些神坛中,请示者睡在教堂四周的场地上,以便在梦中取得神谕。

神召会 Assemblies of God 美国最大的五旬节教派。1914年由几个小五旬节教派在阿肯色州霍特斯普林斯联合组成。该会强调《圣经》在基督教信仰和崇拜的中心地位。神召会取消基督教圣餐礼,而设有两个圣餐礼,举行完全沉浸的洗礼和圣餐。教徒相信神圣化是逐步形成的,而不是突然形成的,坚信救世主第2次到来的千禧年教义和建立神的国度是十分重要的。神召会在美国和海外的传教活动非常活跃。参阅五旬节派。

神智学 theosophy 源于古代世界研究奥秘现象的一种宗教哲学。神智学称只有在神秘的体验(参阅奥秘修行)中通过直接体验才能认识上帝,其本质作为一个绝对的实在遍布整个宇宙。神智学以道义深奥,且对神秘现象感兴趣为主要特点。神智学的信仰起源于新柏拉图主义哲学、诺斯替教以及喀巴拉的学生中,但J.伯麦发展了一套完整的神智学系统,因此被称为现代神智学之父。今天的神智学与神智学社有联系,该组织系由H.勃拉瓦茨基于1875年创建的。参阅贝赞特夫人。

审计 audit 会计专家而不是负责编制账册者对企业账册和报表的审查。由独立会计师承担的公共审计常见于大公司。会计师通过审核确定企业报表是否符合审计法则,是否如实反映财务状况和经营成果。个人税收审计是为了确定个人在纳税时是否如实报告其财政状况。如果未经审计就可能被罚,如果是蓄意的大宗欺骗行为还有可能受到刑事起诉。

审判 trial 在法律上,一种对事实或法律争论的司法检查,目的在于裁定相关各方的权利。原告及被告的辩护人向法官或陪审团进行公开陈述,再由原告辩护人要求传唤证人以说明案件,被告辩护人也可对证人进行交互诘问。除非案件因缺乏充分证据而撤销,否则即轮由被告辩护人要求传唤证人,而原告辩护人也可对证人进行交互诘问;接着即由两方进行结辩。在有陪审团的审判中,由法官以适当法律指导陪审团进行,然后陪审团退席以达成一致判决。如果被告获判有罪,则由法官宣判刑罚。

审判地点　venue　法律上指发生刑事犯罪的地点,也是有权审理该项犯罪的法院所在地点。有关法令通常规定:审判应在对犯罪的主要事实有管辖权的地区举行。改换审判地点的理由包括:新闻报道使陪审员可能有偏见、有发生暴力的危险和种族歧视。

肾　kidney　脊椎动物和某些无脊椎动物维持水的平衡和排除代谢废物的成对器官。人类的肾为豆形,长约10厘米,位于膈下腹膜后。每45分钟能过滤血液中4.5公升的水分。葡萄糖、矿物质和所需的水分会在重吸收后回到血液。剩下的液体和废物通过集合小管流入输尿管和膀胱成为尿。每个肾含有100多万个肾单位,参与过滤和重吸收过程。肾还会分泌肾素,一种调节血压的酶。肾的疾病包括*肾功能衰竭*、*肾结石*和*肾炎*。参阅*泌尿系统*。

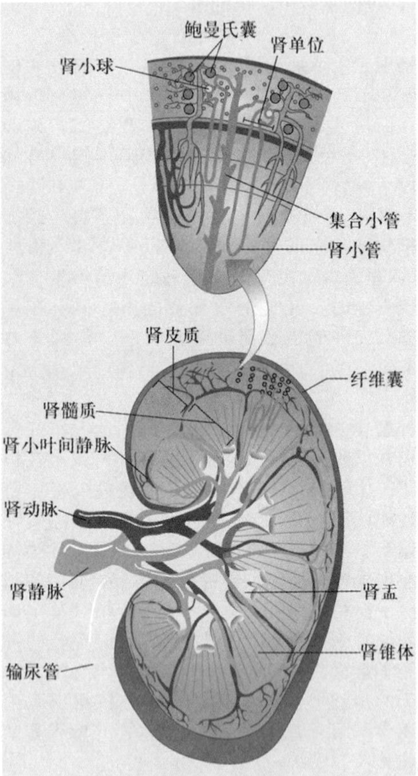

肾的剖面图。肾的外部是肾皮质,中间是肾髓质,内部是肾盂。血液经由肾动脉进入,肾动脉分支为更小的血管,每条血管终止于一簇毛细血管(肾小球)。血液中的液体通过过滤作用从肾小球滤入周围的鲍曼氏囊。肾小球、鲍曼氏囊与肾小管一同组成肾单位。血液的所有重要物质(葡萄糖、矿物质和大量的水)过滤之后由肾小管重吸收之后回到血液之中。肾髓质分为三角形的组织(肾锥体),里面的导管收集没有重吸收进入血液的液体(尿)。当尿液经过收集导管进入通到输尿管的漏斗状的肾盂时,还会进一步去除水分。

肾癌　renal carcinoma　又称clear-cell carcinoma(透明细胞癌)或hypernephroma(肾上腺样瘤)。肾曲管上皮细胞的恶性*肿瘤*。多发生于40岁以后肾血管病患者。疼痛仅见于晚期。肾癌往往转移到其他部位(如肺、脑、肝和骨)后,这些部位有症状产生时才被发现。早期可能出现无痛性血尿,但往往被患者本人忽视。在初期阶段作X射线检查即可发现肾脏变形。肾癌可自行消退。肿瘤手术切除后可无复发但也可能在20年后复发。

肾功能衰竭　kidney failure　又作renal failure。肾脏功能部分或全部丧失的一种病理状态。急性肾功能衰竭导致少尿,血内化合物失衡,包括*尿毒症*。患者通常于6周左右恢复。造成各种肾结构损坏的病因包括曝露于化学药剂下、大量失血、挤压伤、*高血压病*、严重*烧伤*、肾脏严重的细菌感染、*糖尿病*、肾动脉阻塞、尿路梗阻以及肝病等。肾功能衰竭的并发症包括*心力衰竭*、肺水肿及血钾过多。慢性肾功能衰竭通常为肾脏疾病迁延所致。表现为酸中毒、骨骼脱钙,亦可发生神经退化性变。肾脏在肾功能丧失约90%之前,仍能维持生命。若切除一侧肾脏,另一侧的肾脏则会变大,功能增强以作补偿。急慢性肾功能衰竭通常需要用透析法或*肾移植*来治疗。

肾结石　kidney stone　又作renal calculus。矿物质及有机物在肾内沉淀形成的物质。尿内溶解着多种盐类,若其浓度过高,过剩的盐类即沉积、长大,形成结石。较大的肾结石能造成尿路梗阻,促成感染并引起肾小管痉挛-肾绞痛。结石亦可在各点引起泌尿系统的梗阻。肾结石的治疗包括处理任何潜在的问题(如感染或梗阻),试用药物或超音波溶解结石,体积较大的结石则需手术取出。

肾上腺素　epinephrine　又作adrenaline。肾上腺分泌的两种激素之一(另一种是*去甲肾上腺素*)。也可从有些神经末梢释出(参阅*神经元*),作为神经传达体。两者的化学结构差别不大,对身体的反应也类似。两者都会使心率加快,心脏收缩率增强,增加心脏血排出量,使血压上升。肾上腺素可使肝中贮存的肝糖分解为葡萄糖,使血糖升高。两种激素都能增加游离脂肪酸的流通。当人在紧张或危险时,即可借助这些作用增强警觉和体力。肾上腺素可用来治疗心跳停止、哮喘、急性过敏症(参阅*变态反应*)。

肾炎　nephritis　肾脏的炎症。因涉及的肾脏组织不同,有许多不同种类的肾炎,最常见的为布赖特氏病。不同种类的肾炎引发的症状也不相同。严重时可导致*肾功能衰竭*。引起肾炎的原因包括感染、*变态反应*或自体免疫疾病、*泌尿系统*阻塞和遗传性疾病。肾炎的治疗均为对症治疗。

肾移植　kidney transplant　又作renal transplant。用健康的肾来替代患病或受损肾脏的手术,被移植的肾可取自活的亲属或合法捐赠的死者,前者的配型较容易吻合,排异反应较少,患者在手术前可有更多的时间接受透析治疗,以便控制已有的肾病。但手术切除活人的肾会使捐赠者冒有很大的风险,而死者捐赠的肾比较容易获得。新肾被移植时,其血管和输尿管需与原有部分缝合。手术后可能需要两个月的时间才能恢复较正常的生活,但仍需持续服用药物以避免排斥,不过这种药会降低机体对感染的抵抗力。

肾盂肾炎　pyelonephritis　肾组织及肾盂的*感染*(常为细菌性)和炎症。急性肾盂肾炎通常只影响局部区域,其发病多无明显诱因。症状包括发热、寒战、下背部疼痛和尿内有细菌及白血球。使用*抗生素*治疗需持续1～3周。在感染处形成瘢痕组织,但肾功能通常不受影响。慢性肾盂肾炎起因于反复的细菌感染,可能无症状出现,但数年下来有越来越多的组织被破坏。若在大多数功能丧失之前被诊断出来,手术治疗可能有帮助,但*尿毒症*、严重感染和心血管功能障碍则会导致死亡。透析或*肾移植*有时可延长患者生命。

甚大天线阵　Very Large Array(VLA)　位于美国新墨西哥州索科罗附近的圣奥古斯丁平原上的射电望远镜系统。1980年开始工作,由美国国家射电天文台操作。天线阵由27个抛物面天线组成,每个直径25米。每个天线被安装在运输车上,车可沿铁轨移动,铁轨呈巨大的Y字形(每条Y字臂长约21千米)。每个天线所记录的信号经由计算机综合,从而使整个天线阵运作起来就像一个单个射电天线,使天线阵的分辨率与地面上最好的光学望远镜相当。曾负责制出许多类星体、星系、超新星和银河中心的最精细射电图像。

渗透　osmosis　水或其他溶剂自发通过或扩散穿过半透膜的过程。如果将溶液和纯溶剂用一块能够透过溶剂,但不能透过溶质的膜分隔开来,溶液趋于通过膜吸收溶剂而变稀。由溶液通过半透膜的移动所形成的压力,称为渗透压。

渗析法　dialysis　一种化学分离方法,利用通过半透膜(如羊皮纸、胶棉、赛璐玢)微孔时扩散率的不同,分离悬浮的胶态粒子和溶于液体的离子或小分子的方法。用渗析法进行分离是个慢过程,加热和对带电的粒子施加电场(电渗析),都可以使过程加速。

升降机　elevator　在多层建筑物竖直升降机井的不同高度之间,用以载送乘客或货物的起重机械。采用机械提升平台,至少可追溯到罗马时代。19世纪时,采用了蒸汽和液压升降机,至该世纪末,已开始使用电动升降机。大多数现代升降机借助钢丝绳和滑轮系统及平衡锤等由电动机驱动，不过仍有一些低层建筑使用液压升降机。1853 年美国人 E. G. 奥蒂斯(1811 ～ 1861)采用了一种安全装置，使乘人电梯成为可能。升降机开辟了通向高层建筑之路，因此在开创现代城市所特有的都市布局方面起了决定性的作用。

生产率 productivity 经济学中指生产效率的计量，即成品与生产该产品所需投入之间的比率。虽然生产力的计算因土地或资本的生产力难以计算而很少真正把它们算在内，但在原则上任何传统的生产要素(土地、劳动力或资本)都可用作这一生产比率的分母。劳动力在多数情况下很容易量化，如可用某一产品占有的劳动者数量来计算。在工业国家中，生产率提高的结果主要表现在劳动力的使用上。生产率不仅可以被视为有效的计量方法，还是经济发展的一个指标。从原始采集经济发展成技术上较复杂的经济时，生产率会提高。生产率提高的模式一般表现为长期的稳定性，时而因技术上的突破而产生飞跃。欧洲和美国生产率的提高是伴随着蒸汽动力、铁路和汽油发动机等技术的发展而产生的。生产率的提高一般会导致长期提高工人的实际工资。

生产者货物 producer goods 又称capital goods(资本货物)或intermediate goods(中间货物)。为进一步制造、加工或转售所制造和使用的货物。中间货物可以成为最终产品的一部分，或在生产过程中失去原有的特征，而资本货物则是用于生产最终产品的厂房、设备和存货。中间货物对一个国家国内生产总值的贡献可以通过加值方法来计算出每个生产环节对最终消费品的增值量。这一系列的价值累计起来就可估算出最终产品的总价值。

生活费用 cost of living 指维持特定生活水准的货币支出，通常是通过物价指数，例如消费价格指数，计算出若干商品和劳务的平均费用加以衡量。计算最低生活水准的费用，对于确定救济拨款、社会保险赔偿金和最低工资等都是不可缺少的，还可用于比较不同地区维持类似生活水准的费用。测定生活费用的变化，对于工资谈判颇为重要。参阅社会保险。

生活水平 standard of living 指个人或集团对物质享受的期望或企求的尺度。它不仅包括私人购买的商品和服务，也包括集体消费的商品和服务，诸如公用事业和政府所提供的。对一个群体如一个国家的生活水平的测定，必须用其所构成的价值来批判地衡量。如果随着时间的推移，平均值有所增长，但与此同时富者愈多，就不能说这个群体的生活水平整体上改善了。有不同的定量指标，包括预期寿命、能否享用营养食品、安全供水及医疗条件等。

生境 habitat 又称栖息地。一个生物体或生物体组成的群落所栖居的地方，包括周围环境中一切生物的和非生物的因素或条件。被寄生物所栖息的宿主生物体与树丛等陆地生境或小池等水生生境一样，也是一种生境。“小生境”指与植物或动物毗邻的环境条件和生物体。

生理学 physiology 研究活的生物体或其组织或细胞功能的科学。在高倍显微镜的发展使得细胞和分子层面的结构和功能不可分离这一点得到肯定之前，生理学和解剖学通常被分开考虑。了解生物化学对生理学来说是最基本的。生理学过程是动态的；细胞根据其周围环境组成的变化来改变自己的功能，生物体对其内部和外部环境的变化都会作出反应。许多生理反应的目的都是保持内部的物理和化学环境不变(自稳态)。

生命 life 以具有能代谢营养物质(处理这些物质来得到能量并构成组织)、生长、繁殖以及对环境刺激作出反应和适应为特征的状态。化石证据表明，地球上第一批有生命的有机体细菌和蓝绿藻出现在大约 35 亿年以前。所有已知的生命形式都具有脱氧核糖核酸(DNA)或者核糖核酸(RNA)。病毒也具有 DNA 和 RNA，但没有寄生细胞就不能繁殖，而且不能代谢营养物质，所以无法肯定它们属于有生命还是无生命。科学家不认为存在外星生命的可能性。

生命意愿书 living will 病人为一旦失去行为能力而明确说明采用或停止医疗措施的文件。现在医疗技术的进步，使人体在通常会导致死亡的情况下(例如无法进食、呼吸或维持心跳)仍能保持存活；但很多人并不希望在不可能康复的情况下继续生存。由于在植物人状态下无法表达个人意愿，所以采用生命意愿书方式事先表达。此类文件通常明确说明各种情况，病人一旦处于此类情况，“放弃复苏”(DNR)的嘱咐生效并授权另外一人代行决定。

生态恐怖主义 ecoterrorism 又称ecological terrorism或environmental terrorism(环境恐怖主义)。指对环境施以破坏或威胁来恫吓、胁迫政府。此词亦适用于为阻止或干扰据说对环境有害的活动而针对公司或政府机构所犯的罪行。生态恐怖主义包括恐吓污染供水系统，或破坏电力设施，以及散布炭疽菌等行为。生态恐怖主义的另一种形式通常指的是环境战争，包括蓄意且非法地对环境加以破坏、掠夺或改变，作为战争时期的一种战略，如美军在越南战争期间使用除叶的橙剂，1991 年波斯湾战争时，伊拉克军队撤离时破坏科威特油井。某些环境保护激进分子的活动亦被归纳为生态恐怖主义。这类活动包括非法战胜伐木公司和其他公司资产，通过破坏活动以及对自然资源进行环境上无伤害性的改变，使这些资源无法再为商业利用，从而达到妨碍公司经营的目的，即所谓的“捣蛋”行为。

生态位 niche 指一个生物所占据的生境的最小单位。生境生态位是生物体所占据的自然空间；生态学生态位则表示该生物在本生境的生物群落中所起的作用。一个生物的活动以及它与其他生物的关系，决定于它的具体结构、生理和行为。

生态系统 ecosystem 具体空间单位内活生物体、其自然环境及其所有相互关系组成的综合体。生态系统的非生物构成包括矿物、气候、水、土壤、阳光和所有其他无生命成分；其生物构成包括一切生物种类。将这些成分联系在一起的是两种力量：能量流转和营养循环。几乎所有的生态系统都以来自太阳的辐射能作为基本能源；有机物质和能量沿生态系统的食物链移动。到了 20 世纪下半叶，对生态系统的研究变得越来越复杂，如今在评估农业发展和工业化对环境的影响方面起很大的作用。

生态学 ecology 研究生物与其环境之间交互关系的学科。生理生态学的重点在研究生物个体与其环境的物理、化学特征之间的关系。行为生态学研究生物个体对其环境作出反应的各种行为。种群生态学研究影响动、植物种群分布和繁衍的各种过程。群落生态学研究动植物种群的组织和功能。它常常注重生物的某些特定子系统，如植物群落或昆虫群落。生态系统生态学研究大范围的生态问题，即经常在计量方面提出的问题，如生物量、能流和营养循环。应用生态学，将生态学原理用于作物或动物种群的管理。理论生态学家的工作是提供某些实用问题的模拟研究，并设计一般实用生态学的发展模型。参阅系统生态学。

生物多样性 biodiversity 某一环境中动植物种类的多样性。有时，生境多样性(生物存活之处的变异)和基因多样性(物种内部基因数据的多样性，亦即物种的个体数)也被视为生物多样性的不同类型。地球上 300 万～3 000万的物种在世界生境的分布并不均匀，其中世界上 50%～90% 的物种分布于热带地区。生境越多样，在改变或威胁之下留存的机会越大，因为更容易形成新平衡。生物多样性较低的生境(例如北极苔原)，对于改变较难适应。1992 年地球峰会促成了保护生物多样性条约的签署。

生物反馈 biofeedback 即时提供的有关某个个体自身各种生理活动的信息。这些数据包括心血管系统的活动(如血压和心率)、体温、脑电波或肌肉张力情况等，用电子仪器的方法来监控，并通过仪表读数或声、光信号返回或“反馈”给个体。目的是让病人用这些生物学数据来学会自主地控制机体对外界产生压力事件的反应。生物反馈训练是一种行为疗法，有时与心理疗法一起使用来帮助病人承受压力并改变他们对压力的习惯性反应。可以用生物反馈治疗的最佳适应症包括周期性偏头痛、消化系统问题、高血压病以及癫痫发作等。

生物工程 bioengineering 将工程原理及设备应用于生物学及医学的学科。包括研究和制作水下和太空探测所用的维生系统、医疗设备(参阅假体),以及监视生物学过程的仪器等。在人造器官方面的发展尤为迅速,1982年第一颗人工心脏成功地植入病人体内,使这一发展达到了顶峰。生物工程还研制使人体在恶劣环境下能维持正常功能的装备,如航天员在太空漫步时所穿的宇宙飞行服。

生物技术 biotechnology 利用生物学解决问题并制造有用的产品。该领域的成长与20世纪70年代遗传工程的发展紧密相连。生物技术把生物信息与计算机技术合为一体,促进其他领域的研究,包括纳米技术和再生医学。如今,有许多从事商业活动的生物技术公司,它们生产转基因物质,为医学、农业和生态学提供广泛的用途。

生物碱 alkaloid 来自植物,含复合氮的碱性(参阅碱)有机化合物,属于胺类化合物,所以字尾都带有ine,如咖啡因、尼古丁、吗啡、奎宁等。大多数具有多环系统的复杂化学结构,对人类和其他动物有不同但重要的生理作用,但在植物生长过程中的作用至今仍不明。某些植物可产生许多不同的生物碱(如鸦片罂粟和麦角病真菌),但大部分只产生一种或几种。某些植物科类(包括罂粟科和茄科)的生物碱含量特别丰富。在稀释的酸液中溶解植物可萃取生物碱。

生物降解 biodegradability 一种物质借生物反应而分解的能力,通常指微生物对环境废弃物的分解。一般来说,植物和动物产品是可以降解的,而矿物(例如金属、玻璃、塑料)则不可降解。当地的情况(特别是有氧或无氧)影响着生物降解。对非生物降解物的处理是污染的主要来源。可以吸收的外科手术物质也是能够生物降解的。

生物节律 biological rhythm 生物体内周期性的生物变动,与环境的周期变化相对应,也是对这种变化所作出的反应,如白天和黑夜的交替,以及高潮与低潮的更迭等。即使没有明显的环境刺激而仍能维持这种节律的内部机构是"生物钟"。当这种节律被中断时,生物钟的调节便被推迟,这说明了跨时区旅行时的时差反应现象。生物节律有24小时的近日节律、月节律或年节律。参阅光周期现象。

生物圈 biosphere 地球表面维持生命体的相当薄的一层,范围从进入大气圈中的几千米延伸到深海裂口。生物圈是一个全球生态系统,可以分成地区性的或局部性的生态系统,或称生物群系。生物圈里的生物体又可以营养等级(参阅食物链)和社群来分类。

生物群系 biome 最大的地理生物单位,对环境条件有相似要求的植物和动物的大群落。包括不同的生物群落和群落的各个发展阶段,并按占优势的植被类型命名,如草原或针叶林。若干类似的生物群系组成一个生物群系型,如温带落叶林生物群系型包括亚洲、欧洲和北美洲的落叶林生物群系。在欧洲,对生物群系的标准用词是"大生物带"。

生物物理学 biophysics 应用物理科学的原理和方法研究生物学问题的一门学科。主要研究范围是:依赖物理因子的生物学功能,如电或机械力;生物体与光、声或离子辐射等物理因子之间的相互作用;以及生物体与其环境之间的相互作用,如在移动、领航和通信过程中所发生的。研究的主题包括骨骼、神经冲动、肌肉和视觉,以及有机体分子,所用的方法如纸色层分析法和X射线晶体学。

生物学 biology 研究生物体及其生命过程的学科。由于研究的范围极广,生物学划分为许多分支学科。当前的研究途径取决于所研究生物学组织的层次(如分子、细胞、个体、群体),以及具体研究对象(如结构和功能、生长和发育)。根据这个框架,把生物学划分为以下的主要分支学科:形态学、生理学、分类学、胚胎学、遗传学和生态学,每个分支学科又可再细分。生物学还可作另一种分类,专门关注一类生物,如植物学、动物学、鸟类学、昆虫学、真菌学、微生物学和细菌学等。

生物战 biological warfare 又称germ warfare(细菌战)。指军事上使用病源物,如细菌(包括引起炭疽病和肉毒中毒、病毒等,以及对抗这些致病物的方法。1925年日内瓦协议禁止在战争中使用生物武器,1972年70多个国家签订生物和有毒武器条约,禁止生产、贮存或研制生物武器,并要求销毁现有的生物武器。禁止的原因是为了避免对这些病源物失去控制,据说1347年在围攻克里米亚的卡法时曾发生过这种失控情况,当时蒙古人将鼠疫患者的尸体投过热那亚保卫者的城墙,后来热那亚人的船将细菌带到欧洲,造成黑死病爆发流行。法国和印第安人战争中的英国人,以及19世纪的美国军队都曾将天花病人用过的毯子给了印第安人。第一次世界大战中,德国曾使罗马尼亚骑兵的战马和美国的牲畜感染鼻疽病。20世纪30年代,日本人曾在中国使用过生物武器。虽然国际禁止生产和使用,但一些国家如伊朗、伊拉克、俄罗斯和其他前苏联国家据说仍囤积了许多生物战制剂。

生育高峰 baby boom 美国1946～1964年间出生的一代人。大萧条和第二次世界大战期间生活的艰苦和不稳定,令许多未婚男女推迟婚姻,许多已婚男女推迟生育。战争结束之后适逢经济持续繁荣时期(20世纪50年代到60年代早期),导致人口大增。生育高峰一代人口陡增的规模(7 600万)对社会造成巨大冲击:当这些人年轻时,他们确立的青年文化占据了主要舞台;成年之后,他们的消费模式支配着市场;开始退休时,可以预期的是他们的需求将对公共资源造成压力。

生源说 germ theory 认为某些疾病是由于微生物侵入体内而引起的一个医学学说。L.巴斯德、J.利斯特和R.科赫对这一理论的发展贡献很大,19世纪末普遍为人接受。巴斯德证明,发酵和食物腐败起因于空气中的生物体。利斯特首次使用一种防腐剂来消除空气中的病菌,以防止感染;科赫第一次鉴定了某种特定的生物体与一种疾病有关(如炭疽)。生源说尽管早就被试验所证实,但是对它医学上的含义一开始并不明显。迟至19世纪90年代,外科医生做手术时还不戴口罩和帽子。

生长激素 growth hormone (GH) 又称human growth hormone(HGH)(人类生长激素)或somatotropin(促长激素)。由垂体前叶所分泌的肽激素。能够刺激蛋白质合成和脂肪分解(放出能量),以促进骨骼和身体其他组织的生长。激素生产过量时会导致巨人症、肢端肥大症或其他畸形;激素生产不足时会造成侏儒症,而如在青春期以前给予生长激素,则会显著减轻。如今,遗传工程技术可为此大规模生产足量的生长激素。

声 sound 以纵波形式借由固体、液体或气体传播的物理扰动。声波是由振动的物体产生。振动造成介质的粒子交替压缩(聚集的区域)和稀疏(稀少的区域)。粒子在波的传播方向前后运动。声音通过介质的速度取决于介质的弹性、密度与温度。声波的频率,感觉为音调,是单位时间通过定点的压缩(或稀疏)数目。人耳听得见的频率约20赫兹～20千赫。强度是单位时间内通过定面积介质的能量平均流动,与音量相关。参阅声学、耳、听觉和超声波。

声呐 sonar 利用声学方法探测和确定水下目标的距离和方位的技术。其名称来自sound navigation and ranging(声波导航和测距)的缩写音译。声呐设备探测从目标发射或反射的声波,分析其中所含信息。在有源声呐系统中,声发射装置发出的声波向外传播并被目标物反射回来。无源声呐系统仅具有接收目标(如舰船、潜艇或水雷)所发噪声的接收传感器。第三类声呐设备是声通信系统,它在声道两端各有一个发射装置和接收装置。1916年首次用于探测潜艇。声呐的非军事用途包括鱼群寻找、深度探测、海底制图、多普勒导航(参阅多普勒效应)、寻找失事船只的残骸或其他在海中的人工制品等。

声学 acoustics 研究声音的产生、控制、传送、接收及其效果的科学。声学主要分成建筑声学、环境声学、音乐声学、工程声学和超声波。环境声学主要是研究噪声控制的问题,如飞机引擎、工厂、建筑机械与汽车发出的声音;音乐声学研究的是乐器运作与设计的原理原则,以及乐声影响听众的方式;工程声学主要研究的是声音录制以及原音重现系统;超声学研究包括超音波之振动(其频率高于可听得见的范围)及其在工业和医学方面的应用。

声音基础教学法 phonics 将语言分解成最简单的成分,用以教导阅读的方法。儿童首先学习个别字母的发音,而后学习结合字母或简单单词的发音。经过词汇有限的简单阅读练习,可以强化此一过程。以声音为基础的教学法,在面临来自"全面性的语言"教学法的竞争,近年有所衰微。在后一种教学法中,每次介绍给儿童完整的单词,并给予儿童真正的文学作品,而非阅读练习,并鼓励儿童写日记;而在日记中,儿童获准有创意地进行拼字。对于全面性的语言教学法的强烈反动,已经使得阅读教学这一领域沦为战场,而现在大多数教师愿意结合两种技巧来进行教学。

声障 sound barrier 飞机速度接近音速时所出现的气动阻力急剧增大现象,过去曾认为是超音速飞行的障碍。如果飞机以稍小于声速的速度飞行,它所产生的压力波(声波)的传播比飞机的速度快,在飞机的前面传播。飞机的速度一旦达到声速,飞机在飞行中就无法避开这些压力波。在机翼和机身处形成很强的局部冲击波,飞机周围的气流就变得不稳定,从而可能产生剧烈的抖震,飞机极难稳定,并将失去控制。通常为超音速飞行而适当设计的飞机通过声障就没有什么困难,但这样的设计对于亚声速飞行可能变得极危险。首位通过声障的飞行员是 C. 耶格尔(1947),当时他驾驶的是试验飞机 X-1。

圣埃克苏佩里 Saint-Exupéry, Antoine (-Marie-Roger) de(1900～1944) 法国飞行员、作家。他担任过飞行员、试飞员及军事侦察驾驶员,也是法国空军武官及记者。他在一次地中海上空侦察飞行中被击落身亡。他的作品展现危险的飞行及冒险的行动,如在小说《南方信使》(1929)和《夜航》(1931)。《风、沙和星》(1939)是一部具有达观的沉思的抒情实录。《小王子》(1943)是一部为成年人写的童话。

圣安布罗斯 Ambrose, Saint(339～397) 米兰主教。出生于罗马,后来出任罗马的省长。374年,被当作一个妥协条件下的候选人,意外地从一个未受洗礼的俗家人被遴选为米兰的主教。他建立了中世纪对皇帝的概念,即基督教皇帝必须接受主教的劝告及批评,当时他迫使提尔多修皇帝向主教请求原谅。他反对容忍阿里乌主义的支持者。他所编写的神学专论受到希腊哲学的影响,包括《论圣灵》及《论教士的职责》,还作有一系列赞美诗。圣奥古斯丁是听了安布罗斯的精彩传教而皈依基督教的。

圣安布罗斯,湿壁画,平图里乔绘于15世纪80年代;现藏罗马圣玛利亚·波波洛教堂
Alinari-Art Resource/EB Inc.

圣安德烈亚斯断层 San Andreas Fault 美国西部两个构造板块之间的转换断层区。断层穿经加利福尼亚州北部,长1 300千米,在旧金山附近入海。沿断层的运动表现为频繁的地震,包括1906年的旧金山大地震(当时部分断层线的移动超过了6.4米)、程度较轻的1989年地震以及1994年的洛杉矶大地震。

圣安德鲁斯 Saint Andrews 苏格兰东部法夫政务会辖区和历史郡的城市和渔港。曾是苏格兰的基督教会首府。当地的宗教传统始于公元6世纪,据说圣肯尼思已在那儿形成一个凯尔特宗教社区。1160年被授予皇家自治市的大部特权,在中世纪的苏格兰发展成为主要城镇之一。1472年当地的总主教被认可为苏格兰的大主教,并参与了苏格兰改革时期的重要事务。为受欢迎的海滨游乐场,以高尔夫球场及圣安德鲁斯大学而著名。人口约16 640(2006)。

圣安德鲁斯大学 Saint Andrews, University of 苏格兰最古老的大学,1411年建于圣安德鲁斯近郊。大学校舍包括圣萨尔瓦特学院(1450)、圣伦纳德学院(1512)和大学图书馆(1612);第三所学院圣玛利学院(1537)仅限于教授神学。现有注册学生约5 000人。1747年圣萨尔瓦特学院和圣伦纳德学院合并。1967年医学院和牙科学院独立,成为丹地大学。

圣安纳 Santa Anna, Antonio (López de)(1794～1876) 军人,曾任数届墨西哥总统(1833～1836, 1844～1845, 1847, 1853～1855)。圣安纳几乎为当时所有争执的对立双方作过战。几次战斗的胜利使他声望大增,其中包括抵抗西班牙重新占领墨西哥的战斗(1829)。但他的失败同样使他声名狼藉,1836年平定得克萨斯叛乱时,他在圣哈辛托被S.休斯敦击败并俘虏。墨西哥战争(1846～1847)爆发后,圣安纳找美国总统J.波尔克提出议和,但他回国后反而领导墨西哥军队对抗美国,直到被击败而遭流放。马克西米连被扶植登上墨西哥皇位时,他表示愿意为其效劳,但同时也表示愿与其反对者合作,但均遭拒绝。1855～1874年他流亡国外,最后返回墨西哥,在贫困中死去。参阅阿拉莫和军事独裁者。

圣安纳,银版照相;F. W. 塞德尔斯制
By courtesy of the San Jacinto Museum of History Association, San Jacinto Monument, Texas

圣安娜 Santa Ana 萨尔瓦多西北部城市。为全国最大的城市之一,主要的咖啡加工业中心,拥有世界最大的咖啡加工厂之一。其他工业生产包括棉纺织品、家具、皮革制品。该市的科特佩克湖附近有夏日度假区,市西14千米处有印第安古城查尔丘阿帕废墟。附近还有圣安娜火山(2365米)。人口约204 340(2007)。

圣安塞姆(坎特伯雷的) Anselm of Canterbury, St.(1033～1109) 经院哲学学派的创始人,生于伦巴第。1057年离开故乡去法国贝克(诺曼底境内),进本笃会修道院。1078年成为贝克大隐修院院长。1077年安塞姆写出神学论文《独白》,试图以诉诸理性的方法来证实上帝的存在和属性。后来在一篇《关于上帝存在的谈话》里创立了上帝存在的本体论论证。1093年升任坎特伯雷大主教。在主教叙任权之争中,他声明只有教会当局(而不是世俗当局)有权给他授职。1099年完成《为什么上帝与人同形?》书稿,成为赎罪的经典理论。1720年安塞姆被列为基督教初期长老之一。

圣奥古斯丁 Augustine (of Hippo), St.(354～430) 天主教神学家。出生于罗马统治下的北非。他信奉摩尼教,在迦太基教授修辞学,育有一子。移居米兰以后,受圣安布罗斯的影响改信天主教,并于387年由圣安布罗斯施洗礼。后来回到非洲开始过着寺院生涯,396年担任希波(今阿尔及利亚安纳巴)主教直至430年辞世,当时该城处于汪达尔人军队包围之下。最著名的著作包括深入思考上帝恩典的自传《忏悔录》和基督教在历史上地位的《上帝之城》。他的神学著作《基督教义》和《论三位一体》也广泛流传。他的布道和书信显示了受新柏拉图主义的影响,并同摩尼教、多纳图斯派和贝拉基主义的支持者论战。他的宿命论影响了后来的神学家,尤其是J.加尔文。中世纪早期被尊为教会权威神学家。

圣奥古斯丁 Saint Augustine 美国持续有人居住的最古老城市,在佛罗里达州东北部。1513年西班牙人J.庞塞·德莱昂到此,寻找"青春之泉",且要求土地归属西班牙。1821年归属美国。当地象征西班牙统治的圣马科斯堡现为圣马科斯堡国家保护区。美国独立战争时期,该城成为效忠派避难所。印第安人战争中,当地关押奥西奥拉和其他塞米诺尔印第安人俘虏。它是冬夏休闲度假区,也是大西洋沿岸水道上的港口。经济以旅游和捕鱼为主。人口约12 975(2010)。

圣奥古斯丁(坎特伯雷的) Augustine of Canterbury, St.(? ~604?) 英格兰坎特伯雷首任基督教大主教。曾任罗马本笃会修道院院长。597年奉教皇圣格列高利一世之命率领40名修士组成的传教团到英格兰传教,受到坎特国王艾特尔伯赫特一世的款待,应王后的要求,他们被安置在坎特伯雷的一座教堂。他们的传教工作进展顺利,包括国王在内的许多人都改信基督教。后来他升任英格兰主教。在教皇的指示下,他清除了异教徒圣堂,并任命了另外12个主教。他首建坎特伯雷基督堂作为主教座堂,自此坎特伯雷遂成为全英格兰大主教驻地。奥古斯丁曾想与威尔士北部的凯尔特教会统一,但未能成功。

圣巴拿巴 Barnabas, St.(活动时期1世纪) 原名Joseph the Levite(利未人约瑟夫)。基督教使徒时代教父和早期传教士。生于塞浦路斯。他是个希腊化犹太人,耶路撒冷教会成立不久他就加入了教会。据《使徒行传》,他参与建立安提阿教会,请求圣保罗帮助他。两人最后因严重对立而分离,巴拿巴回到他出生的岛上。有一种传说是他后来在塞浦路斯殉教而死。其坟墓十分有名,位于萨拉米斯圣巴拿巴隐修院附近,这里的基督教区是由保罗和巴拿巴建立的。

圣巴特里克 Patrick, St.(活动时期约5世纪) 爱尔兰的主保圣人。出身于罗马化的不列颠家庭,16岁被爱尔兰人入侵者掳去当作奴隶,做了6年的牧羊人,后来逃脱,终于与家人在不列颠团聚。他受托梦的影响到爱尔兰传播基督教,他重返爱尔兰,四处游历,替酋长和国王施洗礼,皈依整个氏族。一个流行的传说是圣巴特里克用三叶苜蓿花向爱尔兰人解释上帝的三位一体。三叶苜蓿花是现在的爱尔兰国花。另有传说讲他曾驱逐爱尔兰的蛇。

圣巴托罗缪日惨案 Saint Bartholomew's Day, Massacre of(1572-08-24 ~08-25) 法国天主教徒在巴黎屠杀法兰西胡格诺派教徒(新教)人士的惨案。当宗教战争仍在进行时,卡特琳·德·梅迪契同意吉斯家族暗杀胡格诺派领导人G. de科利尼的阴谋,而当科利尼仅受皮肉之伤时,卡特琳唯恐事迹败露,遂召集一帮贵族秘密开会,密谋把仍在巴黎欢庆未来的亨利四世婚礼的胡格诺派要人斩尽杀绝。8月24日屠杀开始并扩大范围:在所有要人被杀之后,胡格诺派人士的住宅和商店也被洗劫,主人遭残杀,许多尸体被丢入塞纳河。8月25日国王下令停止屠杀,但是巴黎的杀戮仍然持续,而且延及外地。鲁昂、里昂、布尔日、奥尔良和波尔多等地的多名胡格诺派人士惨死。动乱一直持续到10月初。在巴黎的胡格诺派人士被杀的约有3 000人,其他省份中伤亡人士可能数以万计。

圣保罗 Paul, St.(约公元10 ~67?) 原名Saul。基督教早期的传教士和神学家,非犹太人称为使徒。出生于小亚细亚的塔尔苏斯,为犹太人,原被训练为拉比,但后来以制作帐篷为生。他是热诚的法利赛人,曾迫害第一批基督教徒,直到他有一次在大马士革途中见到耶稣的幻影,才转而皈依基督教。3年后他遇见圣彼得(使徒)和耶稣的兄弟雅各布,此后被认为是第十三使徒。他从基地安条克出发,开始四处旅行,向非犹太人传教。借着主张基督的非犹太规定不必遵守犹太法律,有助于让基督教成为一个独立的宗教,而非犹太教的支派。在前往耶路撒冷途中,他引起犹太人的敌意,致使暴民聚集起来将他逮捕并囚禁了2年。他的死亡情况不明。保罗的职务和观点大致见于《新约全书》中所收集的书信或使徒书信,这本书是基督教第一部神学著作,也是基督教许多教条的出处。基督教成为世界性宗教,主要归功于圣保罗。

圣保罗 São Paulo 巴西东南部城市,圣保罗州首府。距大西洋的圣多斯港50千米。1554年由葡萄牙耶稣会建立,17世纪为一探险基地,1711年建为市。1822年佩德罗一世在此宣布巴西独立。从19世纪晚期起该地发展迅速。现在是拉丁美洲最重要的工业中心,生产钢铁、汽车、机床和各式消费品,如纺织品和电器制品。圣保罗也是巴西最大城市,为重要的文化和出版中心,以及世界人口最稠密的城市之一。都会区人口约19 638 975(2010)。

圣保罗大教堂 Saint Paul's Cathedral 英国伦敦圣公会的大教堂。现存的建筑是古典巴罗克风格的开放式大型圆顶建筑,由C.雷恩设计并用波特兰产石料修建(1675 ~1710)。它代替了原来在1666年伦敦大火中被焚毁的旧圣保罗大教堂。其内部以精巧工匠设计的铁制品和木刻为代表。其华丽的圆顶修建在廊柱鼓形座上,高达111米。其细微处十分精美,设计师只采用了很少的原先已经接受的古典哥特式风格,但为何要这样设计至今仍是一个谜。

圣杯 grail 又称Holy Grail。亚瑟王传奇中圆桌武士们所寻找的一只神圣的杯子。圣杯传说的灵感可能来自记述充满大量神奇的锅子或角状容器的古代凯尔特故事,首先赋予它基督教象征而奉为神秘圣物的是12世纪克雷蒂安·德·特罗亚的传奇故事《帕尔齐法尔或圣杯的故事》。据说这是耶稣在最后的晚餐所用的杯子,也是后来约瑟(亚利马太的)在基督被钉在十字架上时用来盛接基督鲜血的杯子。与圣杯有关的最著名人物,是T.马洛礼所写《亚瑟王之死》中的传奇英雄加拉哈,他得到了这个圣杯并与上帝取得神秘联系。

圣贝尔纳德狗 Saint Bernard 一种救援狗。300年间在本宁阿尔卑斯山脉大圣伯纳山口一家救济院服务中,有救活2 500多人的光荣纪录。可能源出似大驯犬品种;约在17世纪末引入该救济院。圣贝尔纳德犬体壮,肌肉发达。头大而重,耳悬垂。肩高至少可达65厘米,体重50 ~90千克。毛浓密为红棕色和白色相间或花白色。被毛或短或中等长度。在19世纪初与纽芬兰狗杂交育成长毛型圣贝尔纳德狗。

圣贝尔娜黛特(卢尔德的) Bernadette of Lourdes, St.(1844 ~1879) 原名Marie-Bernarde Soubirous。法国有幻觉的人。磨坊主的女儿,童年贫寒,自幼体弱多病。1858年屡见圣母马利亚的幻象,她的父母、教士以及民间当局都提出怀疑,但她为幻觉的真实性辩护。1866年加入讷韦尔隐修院,并一直隐居到35岁去世。卢尔德的石窟成为一个朝圣地,相传窟中之水可以治病。1933年被封为圣徒。

圣彼得(使徒) Peter the Apostle, St.(? ~约公元64) 原名西门(Simon)。耶稣的门徒,十二使徒之首。耶稣称彼得为"磐石"(Cephas,阿拉米语意为"石头",还原为希腊语为"Petros"),而且说要把教会建造在这磐石上。耶稣被捕时,正如他所预言的那样,圣彼得3次否认与他相识。关于圣彼得的生平和神职源于四福音书、《使徒行传》、《保罗书信》以及《彼得前书》、《彼得后书》。曾与圣保罗一起在安提阿工作,后在小亚细亚担任神职,最后殉难。据说圣彼得大教堂就建在其罗马墓地旁边。天主教会认为他是第一代教皇。耶稣曾许诺交给他天国的钥匙,因此人们普遍认为他是天堂的看门人。

圣彼得堡 Saint Petersburg 俄语作Sankt-Peterburg。旧称Petrograd(彼得格勒,1914 ~1924)或Leningrad(列宁格勒,1924 ~1991)。俄罗斯西北部城市及港口,位于涅瓦河三角洲,在芬兰湾的顶端。圣彼得堡是俄罗斯第二大城市(仅次于莫斯科)。1703年为彼得大帝所建,1712 ~1917年为俄罗斯帝国的首都。1825年十二月党人起义以及俄国1905年革命中流血星期日攻击工人事件都发生于此。布尔什维克革命的原发地(参阅俄国1917年革命)。1918年将首都的地位让给了莫斯科。在第二次世界大战期间,圣彼得堡遭受德军围攻(1941年9月~1944年1月),死亡人数多达数十万(参阅列宁格勒之围)。从1990年起改革派的市议会和市长帮助该市脱离了共产党的控制。圣彼得堡是文化、教育、工业中心以及俄罗斯最大海港。工业有机械工程、印刷、制造业及造船业。作为欧洲最漂亮城市之一,该市有许多运河纵横交错,数百座桥梁横跨河面。它有许多皇宫、大教堂、博物馆(参阅爱尔米塔什博物馆)及历史纪念碑,其中大部分于1990年被联合国教科文组织列为世界遗产。人口约4 580 620(2006)。

圣彼得达米安 Peter Damian, St.(1007 ~1072) 意大利枢机主教和教义师。曾任亚平宁山区丰泰阿韦拉纳修道院院长,1057年被任命为枢机主教。为11世纪修道院改革运动的领导人,在教廷改革中提倡教士独身,抨击牧师买卖圣物神职的行为,并提倡自愿清贫。他拥护教皇亚历山大二世对抗敌对教皇洪诺留二世,并调解亚历山大与拉韦纳市之间的不和。

圣彼得大教堂 Saint Peter's Basilica 罗马现存的圣彼得大教堂，由教皇尤里乌斯二世于1506年始建，1615年完工。它是教皇的教堂，也是世界上最大的教堂之一，是为代替原君士坦丁在圣彼得传统安葬地上修建的旧圣彼得大教堂而兴建的。根据D.布拉曼特的原设计，它应被修建成中央带圆顶的希腊十字架形。布拉曼特去世后，后来的设计师包括拉斐尔在内，改变了原来的设计，将希腊十字架形状改为拉丁十字架形。达·桑迦洛（小）恢复了布拉曼特的对称设计。继任的米开朗琪罗在去世前已经将中央巨大的圆顶部分基本完成。但教皇保罗五世（约1605～1621年在位）坚持为了礼拜而将其修建成纵长十字形，并接受了C.马代尔诺（1556～1629）的设计，将中央广场扩展到东面。G. L.贝尔尼尼后来为之增加了带柱廊的椭圆形广场作为通往会堂的通道。教堂内部充满了文艺复兴时期和巴罗克时期的大师作品，包括米开朗琪罗的《圣母怜子》、贝尔尼尼修建的华盖、圣龙基纳像、乌尔班八世墓和圣保罗的青铜制主教座。

圣波拿文都拉 Bonaventure, St.（1217？～1274） 中世纪意大利神学家、枢机主教和方济各会士会长。生于教皇国，医生之子，幼时曾罹患重病，通过圣方济各（阿西西的）的代祷才使他康复。在巴黎大学就读后，于1244年加入方济各会。1254年接管巴黎方济各会学校。有人指责托钵修会乞求施舍败坏了福音书的名誉，他对此进行驳斥。1257年当选方济各会会长，当时该会内部出现分裂，有人强调赤贫初旨，有人则主张管理要放松，他调停了分歧。教皇格列高利十世于1273年任命他为意大利阿尔巴诺的枢机主教，在第二次里昂会议上，他在调和地方神职人员与各修会之间的矛盾方面发挥重要作用。

圣伯尔纳（明谷的） Bernard de Clairvaux, St.（1090～1153） 法兰西天主教西多会修士、神秘主义者和圣师。出生于第戎附近的贵族之家，他放弃文学教育而出家，1112年进入西多一个俭朴的宗教社团。1115年在香槟的明谷建立隐修院，自任院长。1130～1145年曾数次在宗教和世俗会议及神学辩论会上任仲裁调停人。先后成为五位教皇的心腹，可能是当时欧洲最有名的宗教人物。他反对阿伯拉尔的唯理论，为圣母马利亚的崇拜辩护。

圣伯夫 Sainte-Beuve, Charles-Augustin（1804～1869） 法国文学史家、评论家。他在1825年开始将所写的评论文章向期刊投稿。在其随笔合集《文学评论与文学家肖像》（1832～1839）和《当代人物画像》（1846）中，他用一种新的方式来评论当代作家，从他们的内心世界来解释传记作品。他著名的《月曜日漫谈》于1849～1869年间发表在报纸上，是详尽和全方位的文学研究，将历史参考框架应用到当代写作上。他的方法是法国批评史的改革，使其从个人偏见和一时的激情中解放出来。他的《皇港》（1840～1848）是对一所修道院和17世纪法国的学术性研究。

圣卜尼法斯 Boniface, St.（约675～754） 英国传教士和改革家。生于韦赛克斯。他成为本笃会会士和神职人员。曾两度到欧洲大陆向弗里西亚-撒克逊人传教。718年奉教皇格列高利二世之命，去莱茵河以东地区传教。722年他到达黑森建立第一所本笃会隐修院。10年间（725～735）卜尼法斯在图林吉亚辛勤传教。他在巴伐利亚建立4个主教区，为巴伐利亚并入加洛林枢机主教帝国铺平了道路。740～745年间卜尼法斯召开5次教会会议整顿法兰克人神职人员和爱尔兰传教士。747年召开会议改造整个法兰克教区王国。754年，当卜尼法斯向信徒朗读《圣经》时被一群不信教的弗里西亚人杀死。

圣餐 Eucharist 又称Holy Communion或Lord's Supper。基督教纪念耶稣同门徒共进最后晚餐的圣礼。在最后的晚餐上，耶稣掰饼分给门徒时说："这是我的身体。"分酒给门徒时又说："这是我的血。"圣餐是基督教的主要礼仪之一。圣餐是由教士奉献饼和酒给礼拜者食用。原意在通过吃饼和喝葡萄酒（大多数新教徒改用葡萄汁）增进教会的团结，但因对其性质的解释不一，也引起了教会的不合与论争。根据天主教教义，饼和酒"变体"为基督的身体和血，即饼和酒的本体果然转变为耶稣的身体和血；所以圣餐在天主教是一种圣事。安立甘宗和信义宗在圣餐问题上也强调神的存在；其他新教则认为圣餐礼主要是具象征意义的纪念仪式。

圣大巴西勒 Basil the Great, St.（约329～379） 早期教会神父。出生于卡帕多西亚的基督教家庭。曾在凯撒里亚、君士坦丁堡和雅典就读，后在阿内西其家族的庄园创办隐修道团。他反对罗马皇帝瓦林斯和其主教迪亚尼乌斯所支持的阿里乌主义，并在365年以后开始组织反抗的势力。370年继优西比乌斯（凯撒里亚的）之后任凯撒里亚主教。巴西勒在瓦林斯死后不久也过世，瓦林斯战死沙场，为巴西勒宗教事业的成功除去了障碍。留存约300封书信，他的一些经典书信已成为东正教法典的一部分。

圣大巴西勒，12世纪的镶嵌画；现藏巴勒莫巴拉丁礼拜堂
Alinari-Art Resource

圣丹尼斯 Saint Denis, Ruth（1877～1968） 原名Ruth Dennis。美国当代舞蹈革新家、教师。出生于新泽西州纽瓦克。原是轻歌舞剧的表演者，后根据东方（亚洲）舞蹈形式发展出她戏剧化的舞蹈。她到欧洲巡回演出（1906～1909）获得成功，回到美国巡回演出。1915年她和她丈夫T.肖恩共同建立了丹尼斯肖恩学校和舞蹈团，演出抽象的"音乐视觉化"的舞艺。她和她的舞蹈团又巡回演出，直到1931年她和肖恩分居才解散了舞蹈团。之后她创办了一个宗教艺术团体，促进舞蹈在宗教方面的应用。她继续表演、教学及演讲，一直到20世纪60年代。

圣但尼 Saint-Denis 西印度洋法国海外省留尼汪城镇和首府。位于岛北岸圣但尼河河口盆地。北临印度洋，南为陡峻山地。原是岛上主要港口。19世纪80年代被在其西北岸修建的人工港勒波尔所取代。圣但尼现在主要是一个行政中心。人口约133 600（2004）。

圣但尼 Saint-Denis 法国圣但尼省城市。位于巴黎北郊。一直到19世纪中叶，它仅仅是以埋葬法国国王的著名修道院教堂为中心的小镇。7世纪达戈贝尔特一世在圣但尼墓上修建了修道院，圣但尼为法国的守护神。修道院院长絮热建造了一座新的长方形教堂，絮热设计的教堂标志着西方建筑风格从罗马式艺术转变为哥特式艺术。12世纪后期，大部分法国大教堂，包括沙特尔大教堂，皆以圣但尼建筑风格为基础。其他著名的墓碑有路易十二、安娜（布列塔尼的）、亨利二世、卡特琳·德·梅迪契等。该市现已成为一个重要工业中心。人口约97 875（2006）。

圣诞节 Christmas 为纪念耶稣诞辰，定于每年12月25日庆祝的基督教节日。12月25日在公元221年就已经被S. J.阿非利加努斯确定为庆祝圣诞节的日子。公元336年罗马就有人举办过庆祝活动。圣诞节在中世纪极受人们欢迎，各种礼拜庆典活动层出不穷。交换礼物的习俗始于15世纪。圣诞柴、蛋糕和冷杉树均源自日耳曼人和凯尔特人的风俗。圣诞节现已成为一个家人团聚的节日，一般会准备各种以圣诞老人（参阅圣尼古拉）的名义带来的礼物。圣诞节逐渐成为一个世俗节日，许多非基督教徒现在也开始加入到庆祝行列。

圣德雷克塞尔 Drexel, Saint Katherine（1858～1955） 美国传教士。生于费城。金融家和慈善家德雷克塞尔的侄女，她用继承的遗产从事慈善事业，包括在南达科他、明尼苏达、新墨西哥、怀俄明等州建立教会学校。1887年教皇利奥十三世（1878～1903）私下召见她，要求她成为一名传教士。1891年成立印第安人及有色人种圣事姊妹会（现为天主教圣事姊妹会），该会是献身于为美洲土著和黑人谋福利的传教修女团体。她为少数民族学生设立几所学校，还在新奥尔良为黑人女孩创办了泽维尔大学（1915）。2000年行封圣礼，册封为圣人。她是第二位被册封为圣人的美国人，第一位是圣塞顿（1975年被册封）。

圣德太子 Shotoku Taishi(574 ～ 622) 日本古代重要的摄政。他提倡佛教和儒教，重新派遣使节出使中国。采用中国的历法和朝廷等级。兴修法隆寺，《十七条宪法》的制定应归功于他，其内容为儒家道德和中国的官僚制度。自从他死后，他一直被视为佛教圣人。

圣地 tirtha 印度教中所指的圣河、圣山，或其他因与某一神祇、圣徒有关而变得神圣的地点。这些地点通常都是朝圣者的目的地，也是大型宗教节日的活动场所。印度教徒来此朝圣是为了表示一种宗教热情、还愿、祈求赦罪或祈福。朝圣者一到圣地，要先去沐浴，然后围绕寺庙或圣所行右旋礼、献祭、举行祖灵祭、向特设祭司登记姓名，晚间听圣乐和讲道。

圣地亚哥(古巴的) Santiago de Cuba 古巴东部海港城市，为古巴第二大城市。始建于1514年，后在1522年迁至目前所在地。它在早期殖民时代占据了加勒比海北部一个重要的战略位置，1589年前为古巴首都。它是美西战争的一个焦点，1898年整个西班牙舰队在该城市海岸附近全军覆灭。1953年F.卡斯特罗率众在此袭击蒙卡达兵营的地点。现在是一个农业和矿产地区的中心，出口铜、钢铁、锰、食糖和水果。人口约423 392(2002)。

圣地亚哥(孔波斯特拉的) Santiago (de Compostela) 西班牙西北部加利西亚自治区首府。该城市有1211年竣工的罗马大教堂，修建在圣徒詹姆斯的陵墓上。此陵墓在9世纪被发现，继罗马之后成为欧洲最重要的天主教朝圣地。围绕陵墓发展的城镇在997年被摩尔人毁坏，中世纪时重建。主要经济活动包括农业、银器打造、木刻以及亚麻布和纸张的制造。该城市有几所学院和一所大学。人口约90 188(2001)。

圣地亚哥(智利的) Santiago (de Chile) 智利首都。位于智利中部的马波乔河河畔，海拔520米。该市由西班牙人在1541年建立，屡次遭受地震、洪水和内乱的破坏，1817年独立战争期间被占领。1818年成为独立的智利的首都，是该国的经济和文化中心以及主要工业城市，出产纺织品、鞋类和食物。该城市拥有大都会的文化生活，也是智利大学所在地。人口约4 630 000(2002)。

圣殿骑士 Templar 又作Knight Templar。十字军东征时成立的宗教军事骑士团成员。成立之初(约1119年)，圣殿骑士团由八或九个法兰西骑士组成，这些骑士保护前往耶路撒冷的朝圣者不受穆斯林武士侵犯。他们在从前的耶路撒冷圣殿的旁边得到一住处，因此而得名。圣殿骑士团立誓保持简朴和忠贞，显示出极大的勇气，成员迅速增加，部分由于圣伯尔纳(明谷的)的宣传著作，他们也写下他们的生活规律。圣殿骑士活跃了两个世纪，扩展到其他国家，人数增加到2万人，获取了大量的财富和财产。到1304年，对圣殿骑士非宗教活动和渎神的谣传使他们成为迫害的目标。1307年法兰西的腓力四世和教皇克雷芒五世开始了对圣殿骑士的进攻，导致圣殿骑士团最后在1312年被镇压。他们的财产被没收，许多成员被关押或处死，最后一位领袖J. de莫莱(1243 ～ 1314)受火刑而死。

圣迭戈 San Diego 美国加利福尼亚南部的港口城市。濒临圣迭戈湾，是重要的海军及空军基地。1542年被西班牙人发现，起名圣米格尔，1602年改名为圣迭戈。1769年西班牙人在此建立军事驻防地，J.塞拉在此建立了加利福尼亚第一个传教所。1846年美国从墨西哥手中夺得该地之后，于1867年设计了一座新城市，1885年圣大非铁路的通车刺激了该市的发展。工业以航天、电子和造船为主。该市也是南加州农产品的主要商业输出口岸。巴尔博亚公园和园内的圣迭戈动物园以及这里的大学区都颇为著名。人口约1 307 402(2010)。

圣多马 Thomas, St.(? ～ 53?) 耶稣的十二门徒之一。以不相信耶稣复活，要求出示耶稣复活的具体证据而出名，因此有了"怀疑的多马"这一成语。当耶稣重新出现，让多马摸到他的伤口时，多马成为明确承认耶稣神性的第一人，说道："我的主，我的上帝。"多马后来的历史不确切，但据说曾到安息(今伊朗呼罗珊)甚至印度宣讲福音。

圣多美 São Tomé 圣多美和普林西比的首都。处于圣多美岛的东北海岸上，位于几内亚湾的赤道上。它是该国最大城市及主要港口。人口49 957(2001)。

圣多美和普林西比 São Tomé and Príncipe 全称Democratic Republic of São Tomé and Príncipe(圣多美和普林西比民主共和国)。中非洲国家，地处赤道，位于非洲大陆西部几内亚湾内。面积：1 001平方千米。人口：约194 000(2013)。首都：圣多美。人口大多数是非洲人与欧洲人的混血。语言：葡萄牙语(官方语言)、克里奥耳语。宗教：基督教(主要为罗马天主教，亦有新教)。货币：多布拉。该国由圣多美和普林西比两个主岛及一些小岛组成，两主岛隔海相距约145千米，其东北部均为低地，中部为火山高地，有急流的河川。经济部分受政府控制，部分为私营，长期依靠国际援助。主要以农业和渔业为基础，但自从20世纪90年代以后石油收入一直在增加。该国为共和国，一院制。国家元首是总统，政府首脑为总理。15世纪70年代，欧洲航海家首次抵达。不久成为葡萄牙人殖民地，从事奴隶贩卖和转运。糖和可可是主要经济作物。1951年该岛成为葡萄牙的一个海外省。1975年独立。1995年普林西比自治。该国于1996年首次参加在亚特兰大举办的夏季奥运会。

圣多明各 Santo Domingo 多米尼加共和国首都。位于伊斯帕尼奥拉岛东南岸，奥萨马河口处。1496年由C.哥伦布的兄弟B.哥伦布建立，作为新大陆第一块西班牙殖民地的首府。该市也是西半球由欧洲人所建最古老的永久城市。1795 ～ 1809年被法国占领，1861 ～ 1865年随国家一起归属西班牙。1865年多米尼加共和国脱离西班牙独立后，圣多明各便成为该国首都。1936年一度正式改名为特鲁希略城，以向独裁者R.特鲁希略(莫利纳)示敬，1961年特鲁希略遇刺后又改称为圣多明各。该城市是全国的商业、文化中心及主要海港。重要的工业有冶金和石油化工业。哥伦布的墓地被认为在该城。都会区人口约2 581 827(2010)。

圣菲小道 Santa Fe Trail 美国历史上从密苏里州的独立城到新墨西哥州的圣菲的著名车道。1821 ～ 1880年间是重要的商业路线，由W.贝克内尔开辟供商人的运货大篷车队行进。它从密苏里河沿阿肯色河和堪萨斯河各支流间的分水岭向西到今堪萨斯州大本德，后继续沿阿肯色河前行。在其西方的尽头，多条分支转西南到达圣菲，最短的是穿过锡马龙河河谷的"锡马龙捷径"。当圣菲铁路1880年竣工后，该小道停止使用。

圣佛提乌 Photius, St.(约820 ～ 891?) 君士坦丁堡牧首(858 ～ 867年和877 ～ 886年在位)。原本位居高官，后来在教会晋升很快，继依纳爵任君士坦丁堡牧首，这恼怒了教皇尼古拉一世。圣佛提乌拒绝恢复先前由罗马转交给拜占廷的主教教区，进一步加剧了他和教皇之间的矛盾。由于罗马教皇尼古拉一世不承认圣佛提乌为牧首，圣佛提乌一怒之下将教皇处以绝罚(867)，因此开始了佛提乌分裂。同年圣佛提乌被免职，但在877年其继任者死后又复职。他和教皇约翰八世同意将保加利亚归还给罗马教会，但允许希腊保留主教。

圣弗朗西斯河 Saint Francis River 美国密苏里州东南与阿肯色州东部的河流。源出密苏里州东南部，向南流，进入阿肯色州正好在海伦娜北部汇入密西西比河。全长684千米，部分河段为密苏里-阿肯色州界。可通航河段有201千米。

圣弗朗西斯科河 São Francisco River 巴西东部河流。是整个流域均在巴西境内的最大河流，它自河源向北流，再折向东越过广大的中央高原，全长约2 914千米，注入大西洋。上游河谷为多刺林带植被；流域盆地的气候干热。河里产的鱼是一项重要的食物来源。该河的水力发电供应巴西东北部用电。

圣高登斯 Saint-Gaudens, Augustus(1848 ～ 1907) 19世纪末爱尔兰裔美国杰出雕刻家。其父为法国人，其母为爱尔兰人。婴儿时期即被带到美国，13岁时成为宝石浮雕匠学徒。他在纽约及巴黎的美术学院学习雕刻(1867 ～ 1870)。1872年定居纽约。中年时期(1880 ～ 1897)以其大量名作获得巨大声誉，成为19世纪后期一流的美国雕刻家。他的第一个重要作品是位于纽约麦迪逊广场的

D. 法拉格特海军上将纪念碑（1878 ～ 1881）。1897 年圣高登斯在波士顿为内战时期的 R. 肖上校及其黑人团建了一个浮雕纪念碑。其作品还有华盛顿特区的 H. 亚当斯夫人纪念碑（1886 ～ 1891），一个脸部阴暗覆盖面纱的神秘形象，这通常被认为是他最伟大的作品。

圣哥达山口　Saint Gotthard Pass　瑞士南部勒蓬廷山脉山口，是中欧与意大利之间重要的公路和铁路通道。山口长 26 千米，海拔2 108米。罗马人虽然知道有这个山口，但在 13 世纪初以前并没有广泛用作穿越阿尔卑斯山的路线。一条长而蜿蜒曲折的汽车路通过山口。山口下的圣哥达隧道长 14 千米以上。在既有的圣哥达隧道下面又修筑了一条 57 千米的铁路隧道，于 2010 年建成通车。

圣海伦斯山　Saint Helens, Mt.　美国华盛顿州西南部喀斯喀特山脉的火山峰。1857 年起一直处于休眠状态。1980 年喷发，为北美洲有记录以来最强烈的火山爆发中的一次。地震、火山熔岩的喷出及雪崩造成 60 人及数以千计动物死亡，1 000万棵树木被侧面气流烧毁，火山爆发前圣海伦斯山高2 925米以上，火山爆发后使该山降低到2 550米。自 1980 年以来又喷发多次，火山口内断断续续形成熔岩穹丘。1982 年树立了圣海伦斯国家火山纪念碑。

圣何塞　San José　哥斯达黎加共和国首都。约建于 1736 年，原为努埃瓦镇。位于开阔、肥沃的山谷内，海拔约1 160米。西班牙殖民时代缓慢地发展成为一个烟草中心。1823 年设为首都，19 世纪 40 年代为咖啡生产中心。在整个 19 世纪，咖啡一直是哥斯达黎加收入的主要来源。作为全国的政治、社会和经济中心，该市在 20 世纪人口和面积都迅速增加。人口约309 672（2000）。

圣赫勒拿岛　Saint Helena　南大西洋东部的岛屿，在非洲以西1 950千米。面积 122 平方千米。詹姆斯敦为其首府及港口。与阿森松岛和特里斯坦-达库尼亚群岛组成英国海外领地（面积 308 平方千米，2003 年约有 5 104 人）。该岛于 1502 年被发现。不久该岛便成为欧洲与东印度群岛海上航线的停靠港。17 世纪该岛归英国东印度公司所有。由于该岛远离欧洲，1869 年苏伊士运河通航，圣赫勒拿岛的重要性减低。人口约3 800（2003）。

圣痕　stigmata　基督教奥秘修行名词，指人体上出现与耶稣受难伤痕相应的瘢痕、伤疤或疼痛部位，或在手足、心脏附近，有时在头部（耶稣曾戴荆棘冠冕），或在肩上、背上（耶稣曾背负十字架并受鞭笞）。通常被认为是宗教狂热和神圣的象征，最早出现圣痕的是圣方济各（阿西西的）（1224）。14 ～ 20 世纪先后有 330 多人身上发现圣痕，其中 60 人被天主教会奉为圣徒或受真福。

圣胡安　San Juan　波多黎各首府及港市。1508 年 J. 庞塞·德莱昂曾到过该地，16 世纪初期该城为西班牙人所建，壁垒森严，成为西班牙人探索新大陆的出发地。后该城曾多次被英国人袭击，其中包括 1595 年由 F. 德雷克所指挥的战役。在美西战争期间，该城于 1898 年为美国人占领。该城在 20 世纪得到迅猛发展，成为西印度群岛的主要港口和游览胜地之一。有炼油、制糖、酿酒、蒸馏等工业，并为全国金融中心，许多美国银行和企业都在此设有办事处。该市的历史遗迹有埃尔莫罗和圣克里斯托瓦尔要塞。1983 年被联合国教科文组织列为世界遗产。人口381 931（2010）。

圣胡安河　San Juan River　美国西南部河流。源于科罗拉多州南部的圣胡安山脉，位于大陆分水岭的西部。向西南流入新墨西哥州，后折向西北进入犹他州，最后向西汇入科罗拉多河。全长580 千米。不通航。在新墨西哥州、犹他州、亚利桑那州、科罗拉多州的交界处有众多深达 300 多米的 S 状溪谷。这些溪谷被称为“鹅颈”。

圣基茨和尼维斯　Saint Kitts and Nevis　全称Federation of Saint Kitts and Nevis（圣基茨和尼维斯联邦）。东加勒比海背风群岛上的岛国。面积：269 平方千米。人口约51 100（2013）。首都：巴斯特尔（在圣基茨岛上）。大部分人民是非裔黑人。语言：英语（官方语言）。宗教：基督教（主要为新教，亦有天主教）。货币：东加勒比元。圣基茨和尼维斯以及松布雷罗岛为火山发源地，山区可达1 156米高。圣基茨和尼维斯均位于热带，内地山区大都草木茂密。经济以农业为主，制糖一直是岛上经济支柱，旅游业也占重要地位。圣基茨和尼维斯联邦是君主立宪制国家，一院制。国家元首是总督（代表英国君主）。政府首脑为总理。圣基茨在 1623 年成为西印度群岛第一个英国殖民地。17 世纪形成英法抗衡，延续了 100 多年，1783 年，根据《凡尔赛和约》，该两岛全部成为英国领地。1882 ～ 1980 年这两个岛屿和安圭拉联合，但于 1983 年成为英联邦中独立的联邦。该国于 2000 年首次参加在悉尼举办的夏季奥运会。

圣纪　mawlid　又拼milad。伊斯兰教中指圣者的生日，尤其是指穆罕默德的诞辰纪念日。他的生日在传统上定在伊斯兰教历 3 月 12 日（实际上是他逝世的日子）。13 世纪时开始在穆斯林中庆祝，穆罕默德的诞辰纪念日的前一个月开始庆祝，以欢庆为主，献祭和火炬游行为结束。圣纪包括一个公共的布道和圣餐。虽然圣纪被伊斯兰原教旨主义者认为是盲目崇拜，但这个节日仍在伊斯兰教世界里得到广泛的庆祝，并已经被扩展到了一些圣者和苏非派创立者身上。

《圣经》　Bible　犹太教和基督教的圣书。犹太教的圣书包括托拉（律法书）、奈维印（《先知书》）和克图温（《圣录》）3 部分，共同组成基督教所称的《旧约》。《律法书》和《约书亚记》是叙述有关以色列如何形成民族而占有“上帝应许之地”。《先知书》描述王国的建立和发展，并传达众先知向百姓发出的信息。《圣录》中包括诗、关于善与恶的思索以及历史。天主教和东正教的《圣经》则包括称为外典的犹太人著作。《新约》由早期基督教著作组成。《福音书》记叙耶稣生平、为人和学说。《使徒行传》叙述基督教最早的历史。《使徒书信》是早期基督教会一些首脑（主要是圣保罗）的书信，解决早期基督教会中的各类问题。早期基督教曾出现许多启示著作，《启示录》是这类作品唯一的正典代表。参阅《圣经》的原始资料和《圣经》翻译。（表格见下页）

《圣经》的原始资料　biblical source　供编纂为《圣经》的所有原始口头或书面材料。在许多《圣经》书籍的作者身份不明或使用假名的情况下，学者利用对内容的考证和圣经评论方法来认定原始资料并依写作时间排序。“摩西五经”有四种原文：J 典（原文中称上帝为雅赫维〔YHWH〕，德文作 JHVH）、E 典（原文中称上帝为埃洛希姆）、D 典（体例与《申命记》相似）和 P 典（记载礼仪形式和内容的原文）。从《旧约》中也确认出亡佚书籍的部分，《新约》的原始资料包括圣书的原稿和口头传述。前三部《福音书》具有共同的出处，《马太福音》与《路加福音》依据于《马可福音》和称为 Q 来源的亡佚原文，《约翰福音》则是另一个独立的传播体系。人们研究圣经原文以揭示经文的历史，并且尽量恢复其原本的内容。学者们还可以分析圣经的原始资料以努力重建原始资料背后的口头传统。

《圣经》翻译　biblical translation　翻译《圣经》的技艺和实践。《旧约》原以希伯来文写成，有些分散的段落以阿拉米文写的。最初全文被译为阿拉米文字，然后在公元 3 世纪被译为希腊文（《七十子希腊文本圣经》）。希伯来学者从阿拉米文《塔古姆》创造出权威的马所拉本（6 ～ 10 世纪），原本的希伯来卷轴已经亡佚。《新约》原为希腊文或阿拉米文。基督教徒把《旧约》和《新约》译为科普特文、埃塞俄比亚文、哥特文、拉丁文。圣哲罗姆的通俗拉丁文本《圣经》（405）当作标准的基督教翻译，长达1 000年。15 ～ 16 世纪的新学产生新的翻译。M. 路德把整部《圣经》译为德文（1522 ～ 1534）。第一部完整的英译本《圣经》（归功于 J. 威克里夫）出现于 1382 年，不过却是国王詹姆斯的版本（1611）在 3 个多世纪中一直奉为标准版本。到 20 世纪后期，整部《圣经》已被译为 250 种语言，部分翻译的超过1 300种。

圣克莱尔湖　Saint Clair, Lake　澳大利亚塔斯马尼亚中西部湖泊。位于克雷德尔山-圣克莱尔湖国家公园南部边缘，在塔斯马尼亚高原，海拔 737 米。面积 28 平方千米。最深处约 215 米，为澳大利亚最深的湖。

圣克里斯托瓦尔岛　San Cristóbal Island　东太平洋加拉帕戈斯群岛岛屿之一，属厄瓜多尔。为加拉帕戈斯群岛中人口最多和最富

旧约:犹太教正典			
创世纪	以赛亚书	那鸿书	雅歌
出埃及记	耶利米书	哈巴谷书	路得记
利未记	以西结书	西番雅书	哀歌
民数记	何西阿书	哈该书	传道书
申命记	约珥书	撒迦利亚书	以斯帖记
约书亚记	阿摩司书	玛拉基书	但以理书
士师记	俄巴底亚书	诗篇	以斯拉记
撒母耳记上、下	约拿书	箴言	尼希米记
列王纪上、下	弥迦书	约伯记	历代志上、下
旧约:天主教正典和新教正典			
天主教正典	**新教正典**	**天主教正典**	**新教正典**
创世记	创世记	智慧篇	
出谷记	出埃及记	撒落满颂	
肋未记	利未记	依撒意亚书	以赛亚书
户籍记	民数记	耶肋米亚哀歌	耶利米书
申命记	申命记	哀歌	哀歌
若苏尼记	约书亚记	巴路克书	
民长记	士师记	厄则克尔书	以西结书
卢德记	路得记	达尼尔书	但以理书
撒母耳记上、下	撒母耳记上、下	欧瑟亚书	何西阿书
列王纪上、下	列王纪上、下	岳厄尔书	约珥书
编年纪上、下	历代志上、下	亚毛斯书	阿摩司书
以斯拉记	以斯拉记	亚比底亚斯书	俄巴底亚书
尼希米记	尼希米记	约纳书	约拿书
多比传		米该亚书	弥迦书
犹滴传		纳鸿书	那鸿书
艾斯德安传	以斯帖记	哈巴克古书	哈巴谷书
约伯传	约伯传	索福尼亚书	西番雅书
圣咏集	诗篇	哈基书	哈该书
箴言	箴言	匝加利亚书	撒迦利亚书
训道篇	传道书	玛拉基亚书	玛拉基书
雅歌	雅歌	玛加伯传上、下	
旧约:新教外典			
以斯拉记一、二	以斯帖记补篇	巴录书	彼勒与大龙
多比传	所罗门智训	亚萨利亚祷言	玛拿西祷言
犹滴传	便西拉智训	苏撒拿传	马加比传卷一、卷二
新约			
马太福音	哥林多前书	帖撒罗尼迦前书	希伯来书
马可福音	哥林多后书	帖撒罗尼迦后书	雅各书
路加福音	加拉太书	提摩太前书	彼得前后书
约翰福音	以弗所书	提摩太后书	约翰一、二、三书
使徒行传	腓立比书	提多书	犹大书
罗马人书	歌罗西书	腓利门书	启示录

庶的岛屿,出产蔗糖、咖啡、木薯和酸橙。原为火山,面积大约505平方千米,是该群岛中唯一能定期供应淡水的岛。C.达尔文于1835年登上圣克里斯托瓦尔岛的居民点,在该岛搜集日后编入《物种起源》(1859)一书中的资料。

圣克鲁斯　Santa Cruz　玻利维亚中东部城市,由从巴拉圭来的西班牙人于1561年在现在的圣何塞德奇基托斯地址上修建。1595年以前,该地不断遭到印第安人袭击。后来迁到了现址,并更名为圣克鲁斯。1811年当地居民宣布脱离西班牙独立。作为玻利维亚的第二大城市,它是一个农作物贸易中心,包括邻近地区种植的甘蔗和大米。该城市有一家炼油厂和一所大学。人口约1 116 059(2001)。

圣克罗伊岛　Saint Croix　加勒比海中美属维尔京群岛的最大岛屿,在圣托马斯岛南面,面积218平方千米。首府克里斯琴斯特德,弗雷德里克斯塔德为商业中心,1493年C.哥伦布来到该岛时,将它起名为圣克鲁斯。17世纪中叶,圣克罗伊岛依次为荷兰人、英国人、西班牙人和法国人的殖民地。1733年被丹麦国王购得,1917年卖给美国。1989年受到飓风蹂躏,后得到美国政府的大量援助才得以重振家园。旅游业是全岛的经济基石。朗姆酒用蒸馏法酿造并出口。人口约53 898(2002)。

圣劳伦斯　Lawrence, St.(?～258)　又称St. Laurence。罗马殉教士。在教皇圣西克斯图斯二世时期,他是罗马的7个助祭之一。在瓦莱里安迫害基督教教皇被处死后,罗马当局要劳伦斯把各教堂的财富交给国家,他反而把钱散发给穷人,为此他被判死刑。他临刑前的大无畏精神感召了许多人改信基督教;根据一种传说,他是被放在烤架上烤死的,他对刽子手们说:"我的那一侧烤好了,把我翻过来,吃掉。"

圣劳伦斯河与航道　Saint Lawrence River and Seaway　北美中东部的水道系统。它连通北河(美国明尼苏达州的圣劳伦斯河源头,注入苏必利尔湖)与卡伯特海峡,在加拿大的最东部流入大西洋,横跨北美内陆大约4000千米。这条航道允许深水海轮驶抵五大湖区富足的工业区和农业区,对美国和加拿大在地理、水道和经济上都具有非常重要的作用。该水道系统包括三个宽阔的区域:五大湖区,有连接各大湖之间狭窄的河流水道;从安大略湖的东部流出口,靠近安大略省的加拿大城市金斯顿,到魁北克城下游奥尔良岛的中部区域(大体与圣劳伦斯河一致);以及圣劳伦斯河口,位于纽芬兰和拉布拉多与新斯科舍之间,河口经安蒂科斯蒂岛之后更加宽阔,形成椭圆形的海水域,称圣劳伦斯湾。圣劳伦斯航道,一个加拿大和美国共同承担并于1959年完工的大型航道工程,通过在蒙特利尔和安大略湖之间开辟出一段299千米的直通航道构筑了这条水道的最后一环。尽管这条官方航道仅包括这一段和韦兰运河(连通安大略湖和伊利湖),但整个五大湖区加上圣劳伦斯水系已逐渐被统称为圣劳伦斯航道。

圣列翁　Saint-Léon, (Charles-Victor-) Arthur (Michel)(1821～1870)　法国舞蹈家、编导和小提琴手。受训于做芭蕾舞教师的父亲,曾环游欧洲(1838～1859),常在舞蹈的同时演奏小提琴。曾是圣彼得堡帝国剧院的芭蕾舞指导(1859～1869),他的《神驼马》是第一部以俄罗斯民间故事为主题的芭蕾舞。他在1870年成为巴黎歌剧院芭蕾舞教师,并在那里完成了他最著名的《葛蓓莉娅》。他研究出早期舞谱体系,并在1852年出版。

圣灵　Holy Spirit　又作Holy Ghost或Paraclete。基督教教义中三位一体中的第三位。虽然《旧约全书》里多次提到耶和华(上帝)之灵,基督教所谓的圣灵主要源自福音书。《使徒行传》中提到,耶稣受洗时圣灵降临到他的身上,当圣灵显灵时,就有了治病、预言、驱邪和用各种口音说话的能力。在圣灵降临节期间,圣灵也会降临到信徒们的身上。381年在君士坦丁堡会议上确定了圣灵作为神性的一位,本质上等同于圣父和圣子。

圣灵降临节　Pentecost　希腊文为pentecoste,意为"第五十天"。基督教节日,纪念当年圣灵在耶稣基督被害、复活和升天后于犹太人的五旬节降临人间。门徒开始用多种语言与聚会的人群讲话，象征门徒将基督的信息传遍全世界。犹太教的五旬节本来是对小麦第一次收获的感恩节，并与纪念上帝在西奈山颁赐摩西律法有关。基督教圣灵降临节定于复活节之后50天结束后的星期日。

圣卢西亚　Saint Lucia　加勒比海东部向风群岛中的岛国。面积：617平方千米。人口：约171 000（2013）。首都：卡斯特里。大部分人是非裔黑人。语言：英语（官方语言）、法语方言。宗教：基督教（天主教及新教）和拉斯特法里教派。货币：东加勒比元。圣卢西亚原为火山运动形成的岛屿，境内的卡利布火山口还继续喷出蒸汽和各种气体，为主要观光景点，林木茂密的山脉呈南北走向，最高点为吉米山（958.6米）。圣卢西亚的经济以农业和旅游业为支柱。是君主立宪制政体，两院制。国家元首是总督（代表英国君主），政府首脑为总理。约800～1300年间加勒比人赶走了原先居住在圣卢西亚的阿拉瓦克人。1650年法国人在此定居。1814年割让给英国，1871年成为向风群岛中的一岛。1979年，该岛获得完全独立。该国于1996年首次参加在亚特兰大举办的夏季奥运会。

圣路易斯　Saint Louis　美国密苏里州中东部城市。位于密西西比河畔，在密西西比河同密苏里河交汇处下游。1764年由法国人建为一个商站，以法王路易九世的名字命名。后成为西进运动开发队、皮毛贸易和穿过圣菲和俄勒冈小道的拓荒者向西扩展的门户。从19世纪汽船时代和50年代铁路交通初步发展起，该城市就成为重要的交通枢纽。其多样的工业包括酿酒、食品加工和飞机制造。它是该州最大的城市，是多所高等院校的所在地，包括华盛顿大学和圣路易斯大学。该地还有E.沙里宁设计的圆拱门。人口319 294（2010）。

圣路易斯波托西　San Luis Potosí　墨西哥东北部一州，面积63 068平方千米。州首府圣路易斯波托西。土地肥沃，粮食多产于内陆高原和热带山谷低地。畜牧业占重要地位，出口皮革、牛脂和羊毛以及少量木材。境内有几个墨西哥品位最高的富银矿。人口2 585 518（2010）。

圣路易斯波托西　San Luis Potosí　墨西哥圣路易斯波托西州首府，位于中央高原，海拔1 850米。1583年始为方济各会所建，1658年成为市，是该地区殖民统治的中心。1863年为B.胡亚雷斯政府所在地。1910年F.马德罗计划在此公布，提出墨西哥革命的基本政治和社会目标。现为银矿业和农业区中心，也是制造业和金属冶炼业中心。人口722 772（2010）。

圣洛朗　Saint-Laurent, Yves (-Henri-Donat-Mathieu)（1936～2008）　出生于阿尔及利亚的法国时装设计师。中学毕业后来到巴黎学习时装设计，17岁时受雇为C.迪奥的助手。4年后迪奥尔去世，他被任命为公司领导人。1962年开办了自己的时装公司，很快成为世界最具影响力的设计师之一。他擅长设计女裤。他在20世纪60年代的设计里增加了金属材料和透明材料；70年代的设计受到少数民族服装的启发，引入了高档民俗风时装。60～70年代他的企业发展迅速，除了女士时装之外又开拓了配饰、家庭亚麻制品、香水和男士服装等业务。他于2002年退休。

圣马丁　San Martín, José de（1778～1850）　阿根廷民族英雄，他帮助领导了阿根廷（1812）、智利（1818）和秘鲁（1821）人民反对西班牙外来统治的斗争。其父为职业军人、殖民地管辖者。他在西班牙接受教育，最初为西班牙国王效力，曾与摩尔人（1791）、英国人（1798）、葡萄牙人（1801）作战，但1812年他回到南美，开始投身那里的革命运动。解放利马的战役是他领导的最重要的战役，利马的解放使阿根廷的独立得到保证。在这次战役中，他大胆地采用跨过安第斯山脉的战略计划，率领军队完成了艰难的跋涉，取得了战争的胜利。1817年他解放了智利并将其移交给B.奥伊金斯，其后他率领舰队驶向秘鲁，封锁那里的主要港口，使保皇军被迫撤退。随后他率领军队进入利马并宣告秘鲁独立，但他并没有足够强大的军队击垮其内部的保皇党人。1818年他与S.玻利瓦尔会晤，他们之间发生的事情至今不为世人所知，但其后不久圣马丁便流亡法国，由玻利瓦尔完成解放秘鲁的事业。

圣马丁　Saint Martin　荷兰语作Sint Maarten。西印度群岛东部背风群岛的岛屿。位于加勒比海的东北部、圣基茨和尼维斯的西北部，面积88平方千米。1493年由C.哥伦布发现，1648年被法国和荷兰分割。该岛屿的北部地区之前为法国瓜德罗普海外省一个附属地。但在2007年获得分离，成为法国海外领地，人口约37 500（2009），其主要城镇是马里戈特。该岛屿的南部1954～2010年期间是荷属安的列斯的管辖地，2010年成为荷兰的自治属地，其主要城镇菲利普斯堡是该岛首府。该岛的经济支柱为旅游业。

圣马丁鸟　martin　燕科数种鸣禽的统称。在美国专指紫马丁鸟（亦称紫崖燕），体长20厘米，是最大的美洲燕子。沙马丁鸟（亦称灰沙燕、岸燕）长12厘米，褐白相间，在北半球各地繁殖，于沙岸上挖穴为巢。家马丁鸟（亦称毛脚燕）背部蓝黑色，尾部白色，在欧洲常见。刚果的非洲河川马丁鸟（亦称非洲河燕）黑色，眼及喙红色。

圣马可教堂　Saint Mark's Basilica　又作San Marco Basilica。威尼斯的教堂，为存放圣马可遗体而建。最初的巴西利卡建于829年，976年在一次暴动中被焚毁。现存的建筑完成于1071年，是欧洲最美丽的建筑之一。建筑平面为希腊十字架形（参阅教堂），有五个圆顶，设计具有明显的拜占廷风格，并可能在建造和装饰中同时聘用了拜占廷和意大利的建筑师和工匠。教堂内部用金底镶嵌的细工作为装饰，地面用大理石和玻璃铺嵌，在暗淡的光线下，鲜明浓重的色彩异常突出。数百年来，不断增加的雕塑作品、镶嵌细工作品和礼仪用品极大地丰富了圣马可教堂的收藏。

圣马力诺　San Marino　全称Republic of San Marino（圣马力诺共和国）。欧洲南部意大利半岛中部国家。靠近亚得里亚海，但四周疆土均与意大利接壤。面积：61.2平方千米。人口：约32 600（2013）。首都：圣马力诺。人口中大多是圣马力诺人，意大利族裔也很多。语言：意大利语（官方语言）。宗教：基督教（以罗马天主教为主）。货币：欧元。其领土呈不规则长方形，最长处为13千米，有河川穿过，注入亚得里亚海。主要地形为蒂塔诺山（739米），首都圣马力诺位于山顶，四周有3层围墙。圣马力诺的经济以私人企业为基础，包括旅游业、商业、农业、手工业和精美的印刷品，尤其是邮票。圣马力诺为单一制的多党制共和国，一院制。国家元首暨政府首脑为两位摄政首领。据传，圣马力诺于4世纪初由圣马里纳斯建立。12世纪时已发展成一个自治体，尽管面临来自邻近的统治者的威胁，包括里米尼附近的马拉泰斯塔家族的侵犯，自治体始终仍能保持独立。圣马力诺作为意大利自治城邦的一处遗迹，在文艺复兴之后幸存下来。1861年意大利统一后，仍为一个独立共和国。圣马力诺是世界上最小的共和国之一，也可能是欧洲最古老的国家。21世纪初，国民享受高生活水平。该国于1960年首次参加在罗马举办的夏季奥运会。

圣米歇尔山　Mont-Saint-Michel　法国西北部诺曼底和布列塔尼间的圣米歇尔湾中几乎呈圆形的岩石小岛。唯有在涨潮时才是个岛。岛的周围有中世纪的城墙和高塔，山上有村落，山顶有古老的大隐修院。数世纪以来，这里一直是朝圣中心、要塞和监狱。岛上修道院教堂有庄严的11世纪罗马式中殿和哥特式唱诗班席。哥特式修道院的围墙兼有军事要塞的雄伟和宗教建筑的朴素。狭窄弯曲的街道两侧的一些房屋建于15世纪。

圣莫里斯河　Saint-Maurice River　加拿大魁北克省南部河流。全长523千米，是圣劳伦斯河主要支流，从古安水库向南流，并在三河城注入圣劳伦斯河。它是主要的木材运输河流，为拉蒂克、格朗梅尔、沙威尼根和三河城的大型纸浆和造纸厂提供木材。从1900年起，该河又成了重要的水力发电资源。

圣母大学　Notre Dame, University of　美国印第安纳州南本德附近圣母院地区的一所私立大学。建立于1842年，20世纪20年代重组，1972年改为男女合校，附属于天主教会。设有文理、工程以及企业管理等学院，还有一所研究生院和法学院。现有注册学生约1万人。

圣母军 Maria Legio 又作Legio Maria或Legion of Mary Church。受天主教影响的非洲独立教会。1963年起源于肯尼亚，当时卢奥人的两名天主教徒S. 翁代托和G. 奥克声称遇见了先知。该教会通过祈祷和驱邪进行治疗，并在天主教礼拜和等级制度中加入五旬节派的特点。圣母军在第一年就赢得了大约9万名拥护者，但是10年后人数下降到5万。该教派抵制西医和传统医药、戒烟酒、禁舞，但容许一夫多妻，并有强烈的民族情绪。

圣母怜子 Pietà 基督教艺术题材，描绘圣母马利亚支撑着耶稣基督的遗体。源出《杰里迈亚哀歌》的主题，呈现的是耶稣从十字架上被取下和被埋葬之间的那一刻情景。

米开朗琪罗的《圣母怜子》大理石雕塑（摄于1972年雕像损毁前），作于1499年；现藏罗马圣彼得大教堂
SCALA/Art Resource, New York City

14世纪初第一次在德国出现。15世纪这种题材在北欧比意大利更加流行，然而最杰出的代表作却是米开朗琪罗所作的《圣母怜子》（1499），藏于圣彼得大教堂。此题材广泛见于画像和雕像。在16世纪以前，米开朗琪罗标准的圣母怜子样式是圣母坐着，耶稣的遗体横卧在她双膝上，后来的艺术家则开始描画耶稣躺在圣母的脚下。17世纪后，宗教艺术大多日趋衰落，但此题材在整个19世纪仍非常普遍。

圣母无原罪始胎 Immaculate Conception 天主教（罗马公教）信条，谓圣母马利亚不受原罪的影响。早期拥护这种论点的是圣查斯丁（殉教士）和圣伊里奈乌斯；卜塔和圣托马斯·阿奎那则持反对意见。1439年巴塞尔会议阐明此信仰符合天主教信念。1709年教皇克雷芒十一世决定圣母无原罪始胎是应该感恩的圣日。1854年教皇庇护九世发布教皇诏书，宣布圣母无原罪始胎是正式的教会信条。参阅童贞女之子。

圣母像 Madonna 基督教艺术中圣母马利亚的画像。圣母像一般伴有圣婴耶稣，但也有圣母（Madonna为意大利文，意思是"我的夫人"）单人像。拜占廷艺术最早创作了

《大公的圣母像》（1505），拉斐尔绘。现藏佛罗伦萨的碧提宫
Scala-Art Resource

一系列的圣母像——圣母怀抱圣婴坐在宝座上的形象、圣母当调解人的画像、圣母哺喂圣婴的画像等。西方艺术在中世纪时对拜占廷形式的圣母像作了增改，所画的圣母像主要是表现出她的美和慈悲以鼓舞宗教热情。在文艺复兴和巴罗克时期，最盛行的圣母像是圣母预见了基督将被钉在十字架上，于是忧郁地掉头不看顽皮的耶稣。

圣母行洁净礼日 Candlemas 基督教节日，定于2月2日，纪念圣母马利亚当年遵照犹太法律在分娩40天后前往耶路撒冷圣殿行洁身礼，并把头胎男孩耶稣献给上帝。该节日的最早文字记载见于4世纪末的耶路撒冷；手持点燃的蜡烛（Candle为该节日名称的来源）庆祝该节日的习俗可至少追溯到5世纪中叶。

圣尼古拉 Nicholas, Saint（活动时期4世纪） 又称Santa Claus（圣诞老人）。与圣诞节有关的小圣者。他可能是米拉主教。据说他曾向三个穷苦的姑娘提供嫁妆，使她们免于因贫穷所迫而沦为娼妓。他还曾使三个被屠夫剁碎了的孩子起死回生。他成为俄罗斯和希腊的主保圣人，还是慈善团体和行业公会、儿童、海员、未婚女子、商人和典当业者的主保圣人。宗教改革运动后，除了荷兰以外的欧洲新教徒国家都不再崇拜尼古拉，但在荷兰，他依然是家喻户晓，称圣克拉斯。荷兰移民将这一传统带到新阿姆斯特丹（今纽约市），操英语的美国人把他称为圣诞老人，人们认为他住在北极，圣诞节时会给孩子们带来礼物。

圣佩德罗苏拉 San Pedro Sula 洪都拉斯西北部城市，该城距特古西加尔巴西北部160千米。1536年为西班牙人所建，该城现在几乎已完全重建。为全国主要工业中心和第二大城市，生产多种商品，其中包括纺织品、食品、服装、饮料和家具。人口约439 086（2001）。

圣皮埃尔岛和密克隆岛 Saint-Pierre and Miquelon 法国海外领地。靠近纽芬兰岛南岸，由大西洋的一个群岛组成。密克隆岛面积为215平方千米，圣皮埃尔岛面积为26平方千米，后者为该地区的行政和商业中心，几乎有90%的人口居住在这里。17世纪初由法国西部的航海人在此居住，后由法国和英国两国交替管理，直到1814年的条约使其最终成为法国领地。1946年划分为法国一领地。1976年成为一个县。1985年成为一个完整的属地。渔业为当地主要经济基础。人口约6 125（2006）。

圣乔治 George, St.（活动时期约3世纪） 早期基督教殉教者和英格兰的主保圣人。生平事迹不详，但是从6世纪起就传说他是一位圣战士，据说曾从恶龙爪下拯救了利比亚国王的女儿，他杀了龙后，国王的臣民承诺以受洗信教来回报他。在艺术作品中，这位年轻的圣人通常身着饰有红十字形的骑士盔甲。他可能在14世纪成为英格兰的主保圣人，当时英格兰国王爱德华三世尊他为嘉德勋位的主保圣人。

圣乔治 Saint George's 西印度群岛中的城镇，为格林纳达的首都。位于该岛的西南岸的一个小半岛上。法国人于1650年在此建居民点。该地1885～1958年为前英属向风群岛首府。现为港口，出口可可、肉豆蔻、肉豆蔻干皮和香蕉。它是1983年美国和加勒比海的部队对格林纳达实行军事干涉期间的战场。人口约4 300（2004）。

圣乔治海峡 Saint George's Channel 爱尔兰海与北大西洋之间的宽阔水道。长达160千米，爱尔兰的康索尔角和威尔士的圣戴维角之间为最窄处，宽仅76千米。圣乔治海峡一词源自圣乔治传奇，该传奇叙述他经由海路旅游至英国。

圣让湖 Saint-Jean, Lac 加拿大魁北克省中南部湖泊。湖水很浅，面积1 003平方千米，有水流入萨格奈河。在20世纪，该湖上游的伐木业导致湖区大型造纸厂的兴建。自1926年两座水电站大坝竣工后，湖水的季节性涨落已得到控制。近年来，圣让湖已成为以垂钓鲑鱼闻名的旅游中心。

圣人 saint 神圣的人，在《新约全书》中圣保罗用该词指基督教会的任何一位教友，但它更普遍是用来指那些在他们一生中或死后因他们的神圣而出名及受尊崇的人。在天主教和东正教中，圣人被教堂所当众承认且认为是能为神职人员生计而代求于上帝者。他们在特殊节日中被膜拜，他们的遗骸和私人财产被当作遗宝一样尊崇。基督教的圣人常常在他们活着的时候有奇迹显现出来或者奇迹在他们死后随着他们名字发生，在伊斯兰教中"吾力"（真主之友）常被译为圣人。在佛教中阿罗汉和菩萨大致上也与圣人等同，印度教中的娑度和士伐明多少也相似。参阅追谥圣人。

圣日比目鱼 halibut 又称大比目鱼。鲽形目几种比目鱼，特别是庸鲽属（*Hippoglossus*）的大西洋和太平洋产的大型比目鱼的统

称。两眼一般在体右侧，且仅该侧有颜色。大西洋庸鲽见于北大西洋两岸，形大，可长达2米，重325千克；身体有眼侧为褐色、淡黑色或深绿色。太平洋庸鲽体较小，且较细长，产于北太平洋两侧。其他食用比目鱼有见于大西洋北极和近北极水域的格陵兰大比目鱼和产于加利福尼亚沿海的加利福尼亚大比目鱼（鲆科）。

圣日前夕祝祷 kiddush 犹太教礼仪。在安息日或重要节日前夕的晚餐前举行，举起酒杯诵读祝词和祷文，宣告圣日开始。通常由家长诵读，家里所有成员都可以参加诵读，诵读后每人从杯中啜饮一口酒。在德系犹太人的传统中，桌上要放两条面包，象征当年以色列人在旷野迁徙时期收获的上帝所赐予的双份吗哪。

圣茹斯特 Saint-Just, Louis (-Antoine-Léon) de(1767～1794) 法国革命领导人。他为了支持法国革命而写了激进的《法国革命与宪法的精神》(1791)，并在1792年被选

L. de 圣茹斯特，肖像画；据 C. 盖兰所绘的红粉笔画创作于1793年

By courtesy of the Bibliotheque Nationale, Paris

举为国民公会成员。他同 M. 罗伯斯比尔有密切联系，也是救国委员会成员，在1793年被选举为国民公会主席，他发起没收革命敌人财产并分配给穷人的三月法令。他成功地在弗勒侣斯（今比利时境内）领导了对奥地利人的进攻。他是恐怖统治的狂热领导人，在热月反动中被捕并在26岁时被斩首。

圣萨尔瓦多 San Salvador 萨尔瓦多首都。1525年西班牙人在苏奇托附近建立，1528年该城迁至现址。1546年设市。1839年成为萨尔瓦多首都。20世纪70年代末该城成为政府与左翼政治团体武力争夺的焦点。该城为国家的金融、商业和工业中心，主要生产纺织品、服装、皮制品和木制品。该城也是萨尔瓦多国立大学的所在地。曾在1854、1873和1917年屡遭地震袭击，1934年又遭受洪水侵袭，该城又屡次重建。1986年该城再次发生地震，有900余人丧生。都会区人口约2 232 300(2005)。

圣塞顿 Seton, St. Elizabeth Ann(1774～1821) 原名 Elizabeth Ann Bayley，又称 Mother Seton。美国宗教领袖、教育家。第一位被天主教会封圣的美国本土公民。出生于纽约一上层阶级家庭，1794年与 W. M. 塞顿结婚。1797年创立一个为有小孩的年轻寡妇减轻痛苦的协会。1803年她自己也成了带5个孩子的寡妇。1805年脱离基督教圣公会改奉天主教。1809年在巴尔的摩成立一所免费的天主教小学。1813年创立仁爱姊妹会，这是美国的第一个宗教社团，她任该社团主席直至去世。她常被视为美国教会学校体制之母。1975年正式封为圣者。

圣塞瓦斯蒂安 San Sebastián 巴斯克语作Donostia。西班牙北部港口，位于法国边界附近比斯开湾的乌鲁梅阿河口。1014年始见记载，1775年左右纳瓦拉国王智者桑乔准许设建制。1813年半岛战争期间，被英葡联军从法军手中夺取并焚毁。后一度成为西班牙王室避暑行宫，现成为时尚的海滨度假区。其附近的乌格尔山峰顶有16世纪建造的黏土城堡。

圣桑 Saint-Saëns, (Charles) Camille (1835～1921) 法国作曲家。他从孩提时代起即富有天分，能做到过目不忘（11岁时因演奏钢琴出名，并提出不用乐谱独奏贝多芬的任何奏鸣曲），后成为沙龙上的宠儿和即兴演奏名人。为了促进法国作曲家新音乐的发展，他在1871年成立了全国音乐学会。他的创作在效果上很华美，但并不深刻。在他的13部歌剧中，《参孙与达利拉》(1877)最成功。他还写了5首钢琴协奏曲、3部交响乐（包括管风琴交响乐）和2部大提琴协奏曲。他的诗曲《死之舞》(1874)和组曲《动物狂欢节》很有名。

圣山 Athos, Mount 希腊北部的山，高达2 033米，位于哈尔基季基半岛上的阿克提。正教修士居住在这一地区的20所修道院内。有组织的修道院生活始于963年，圣亚大纳西在此创建了第一座修道院后。到1400年时约有40座修道院。长期以来被认为是希腊东正教的圣山，1927年宣布这里是神权治下的地区。教堂和图书馆中藏有拜占廷时期极为珍贵的艺术品、古代及中世纪手稿。

圣事 sacrament 宗教的活动或象征仪式，被认为神圣的力量是透过其中的物质要素或仪式表演来传达。这种概念源自古代，史前人类相信神圣的力量可以经由仪式的表演有益地影响自然界中之事物，如天气格局。在现代宗教中，圣事主要与基督教有关，而且据说是来自耶稣所制定的几种仪式，如洗礼、洗脚及驱除魔鬼。由圣托马斯·阿奎那编成法典，再由特伦托会议颁布的天主教圣事共有7项，即洗礼、坚振礼、圣餐、补赎、终傅、授圣职礼和婚配。参阅家祭。

《圣斯特凡诺条约》 San Stefano, Treaty of (1878) 俄土战争后由俄国强加给奥斯曼政府的一项和平条约。该条约内容包括建立一个独立的保加利亚公国（公国将包括马其顿大部分），将奥斯曼帝国欧洲部分重新分配，将土耳其的亚洲部分割让给俄国。该条约受到奥匈帝国和英国的反对，在柏林会议上得到修改。

圣所 Tabernacle 在犹太教历史中，指摩西在率领希伯来族到达迦南之前的一段流浪时期中为拜神而立的可移动式帐篷。《出埃及记》中曾详细描述，圣所分成外部的房间（即“圣地”）和放置约柜的内室（即至圣所）两部分。当耶路撒冷圣殿建成后，圣所即不再使用。在现代的天主教和东正教中，放置在神坛上保存圣餐的容器也被称为圣所。

圣索非亚教堂 Hagia Sophia 伊斯坦布尔的教堂，后来成为清真寺，如今是博物馆。为拜占廷建筑杰作，查士丁尼一世在位时，由特拉利斯的安提米乌斯和米利都的伊西多尔设计，原建筑物花了不到6年(532～537)的时间完成。以完全原创的风格把纵向巴西利卡式与集中式建筑结合起来，有一个巨大的主穹顶(563年重建)，两边由穹隅和半圆顶支撑。设计图上几乎是正方形的，有3条侧廊，被圆柱分隔，圆柱上方为楼台，巨大的大理石扶垛往上升起支撑穹顶；楼台上方的墙壁和圆顶基部设有窗户，射入的光线遮住了支撑物，给人留下天篷浮在空中的印象。

圣徒传记 hagiography 叙述圣徒生平的文献。基督教的圣徒传包括圣僧、主教以及虔信宗教的君主或贞女的生平；有关圣徒遗物、画像或塑像的神迹记录。最早的圣徒传写于2世纪，流行于中世纪，圣徒传记专注于圣人个人的生平或圣徒（如殉教者）阶层的故事。

圣托马斯岛 Saint Thomas 美国维尔京群岛的主要岛屿。该岛位于加勒比海东北边缘、波多黎各之东，面积83平方千米。首都夏洛特阿马利亚有一个避风港。由 C. 哥伦布在1493年发现，最初由荷兰人将其作为殖民地(1657)，后来属丹麦人(1666)。在1673年以后开始实行奴隶制，该岛成为了加勒比海地区主要的糖制品生产基地和奴隶贩卖中心。在1820年食糖价格下跌和1848年废除奴隶制后，该岛经济利润下降。美国于1917年将其购买，作为海军基地。其主要行业为旅游业。人口约51 634(2010)。

圣瓦伦廷节 Valentine's Day 每年的2月14日是情人节，也就是圣瓦伦廷节。圣瓦伦廷是3世纪时两位同名殉教者之一。圣瓦伦廷被认为是情人的守护者，尤其是在爱情中不幸的情侣的守护者。于14世纪成为情人节，情人节可能是在2月中旬庆祝异教徒爱的节日和丰收仪式的延伸。今日情人节，情侣互相交换浪漫的卡片（圣瓦伦廷节贺卡）、花和其他礼物。

圣维森特角 Saint Vincent, Cape 葡萄牙西南端的海角。与萨格里什角共同构成大西洋中一岬角。古希腊和罗马时期，此地被称作“圣角”，因为那里有圣祠。经济以畜牧业和渔业为主。萨格里什是主要的居住区。附近有因凡特镇，亨利（航海家）约于1420

年在该镇建有航海观察站和航海学校。沿海曾发生过多次海战。

圣文森特和格林纳丁斯　Saint Vincent and the Grenadines　加勒比海东部向风群岛上的岛国。由圣文森特岛与格林纳丁斯群岛北部组成。面积:389.3平方千米。人口:约104 000(2013)。首都:金斯敦。人口大多是非洲裔。语言:英语(官方语言)。宗教:基督教(主要为新教,亦有天主教)以及印度教、伊斯兰教。货币:东加勒比元。由火山岩构成。其地形特征为南北走向,森林密布于火山山脉,有许多急流小溪穿越其中。苏弗里耶尔活火山为最高峰(1 234米),该火山曾猛烈喷发,对该岛造成严重破坏。农业一直是该国经济支柱。出口的农作物为香蕉和竹芋。旅游业也很重要。该国为君主立宪政体,一院制。国家元首是总督(代表英国君主),政府首脑是总理。法国人与英国人为控制圣文森特岛一直争斗到1763年,后根据《巴黎条约》将其让给英国。该岛原居民加勒比海人承认英国的统治权,但于1795年进行反抗。大多数加勒比人被放逐,而大部分留下的加勒比人则在1812和1902年的火山爆发中丧生。1969年该岛成为英国的自治邦,1979年获得完全独立。该国于1988年首次参加在汉城(今首尔)举办的夏季奥运会。

圣西门　Saint-Simon, (Claude-)Henri (de Rouvroy, comte) de(1760～1825)　法国社会理论家。17岁时加入法国军队,被派往协助美国独立战争中的殖民地居民。返回法

H. de 圣西门,平版画;L. 戴马卢制于19世纪
BBC Hulton Picture Library

国后(1783),因土地投机而致富,但不久就挥霍殆尽。他重新开始学习科学技术以寻求解决社会问题的方法,并写了《欧洲社会的重组》(1814)和《工业》(1816～1818,同A.孔德合著),书中发表了他对被现代科学管理的工业化国家的见解。在《新基督教》(1825)一书中,他认为宗教应该引导社会提高穷人的生活。他的信条影响了基督教社会主义的崛起。

圣西门(柱头修士)　Simeon Stylites, St.(约390～459)　又称Simeon the Elder(老圣西门)。叙利亚的苦行修士。原是牧羊人,进入修道院,但因过于严格而被逐,成为隐士。420年前后,他的出了名的非凡奇迹吸引了大量人群,以致使他住到一根2米高的柱子顶端,成为第一个柱头修士。后来他坚持住在第二根15米高的柱头上直到去世。柱端围上栏杆以防跌落,由他的门徒们为他提供食物。他激励了其他的苦行修士,人们称他为老圣西门以区别于6世纪时一个同名的柱头修士。一直到19世纪在俄国仍有柱头修士的记载。

圣西米恩　San Simeon　W. R. 赫斯特以前的地产位于加利福尼亚州南部建在占地99 000公顷的大片私人土地上,19世纪60年代由赫斯特父亲开发。1919～1920年赫斯特支持建筑师J.摩根将其建成具有华丽的房邸和庭园的复合式建筑,作为乡间邸宅。后来称为赫斯特古堡的主要宅第是一个西班牙文艺复兴风格的建筑,有150个房间,外观像大教堂,有两座钟楼,其丰富的内部装饰得自欧洲教堂和皇宫。这个古堡在1919～1948年间继续不断扩建、增建附属建筑物、地中海式庭园、雕像、游泳池、喷泉、凉亭和从世界各地收集来的无价艺术珍宝。现辟为州立历史纪念地。

圣像　icon　在东正教中,以壁画、镶嵌画或木屏画等形式表现圣者及圣迹的艺术作品。8～9世纪的圣像破坏之争(因圣像的宗教功能和意义而引发的争论,参阅破坏圣像主

《圣母领报》,君士坦丁堡双面油画板圣像画的反面,绘于14世纪初;现藏马其顿斯科普里博物馆
Hirmer Fotoarchiv, Munchenm

张)结束后,东派教会提出正式的教义,认可圣像的采用,认为既然上帝可以通过耶稣基督的身体呈现物质形象,他和其他圣者人像当然也可以在画中呈现。圣像通常描绘的是耶稣或圣母马利亚,但有时也有圣人,取决于以何人为崇拜对象或作为教诲的工具。

圣像屏　iconostasis　设在遵守拜占廷传统的东派教会教堂中的结实屏壁,常放置在高坛与中殿之间,用木头、石板或金属做成。圣像屏中部有正门,两边各有一个侧门。正门左侧绘"道成肉身像",显示圣母及圣婴,右侧绘"基督复临图"。正门屏上分别绘有四位传福音使徒像、圣母领报图和最后晚餐图。

圣训　Hadith　又称哈底斯。伊斯兰教中有关先知穆罕默德、他的家庭和撒哈比(圣门弟子)的口述传统。被穆斯林奉为教法和道德规范的主要根据。它包含了两个部分:口述教义正文和伊斯纳德,或称传述世系。各种不同圣训集是研究伊斯兰教初期数百年间教义发展的主要资料。

圣训学　ilm al-hadith　伊斯兰教传统派在公元9世纪开创的分析方式,旨在考证鉴别各家所传圣训的真伪。圣训是记述穆罕默德的言行录,其中有些被认为是伪造的或资料可疑。学者们根据仔细审阅伊斯纳德来辨别真伪,伊斯纳德通过世代相传的故事详述了根据的传承。

圣雅各　James, St.(?～约公元44)　又称James the Great(大雅各)。耶稣基督的12使徒之一。雅各和他的兄弟圣约翰(使徒)是加利利海的渔夫,是最早受耶稣感召的门徒。雅各是使徒中的核心圈内人物之一,他见证过耶稣的一些重大事迹,如主显圣容和耶稣在客西马尼园中忧伤祈祷。公元44年犹太国王希律·亚基帕一世下令把他斩首。据传,雅各的遗体被运到西班牙的圣地亚哥-德孔坡斯特拉。该地的圣雅各祠长久以来是一个朝圣地。

圣伊莱亚斯山脉　Saint Elias Mountains　太平洋海岸山脉的一部分,在育空地区西南、阿拉斯加东边。从朗格尔山沿美国阿拉斯加-加拿大边界向东南延伸400千米,止于克罗斯海峡。有许多5 200米以上山峰,其中包括圣伊莱亚斯山(5 489米,耸立在美、加边界)、洛根山(5 959米)。1741年V.白令从他的船上看到圣伊莱亚斯山脉,成为第一位正式发现美国西北部的欧洲人。整个山脉有极地冰盖以外的世界最大冰原。南端划入冰川湾国家公园和保护地。

圣议会　Holy Synod　沙皇彼得大帝于1721年建立的教会管理机构,以领导俄罗斯正教会,取代了莫斯科牧首管辖权。圣议会代表都是听命于彼得一世的神职人员,创建的目的在使教会臣服于国家之下,彼得一世另任命一名世俗官员为总检察官,监督议会活动。圣议会迫害所有持异议者并检查出版品,彼得一世还随意处置教会资产和收入为国家所用。1917年的一次教会评议会重建了牧首管辖权,但新建立的苏维埃政府不久即将教会持有的所有土地国有化。

圣尤斯特歇斯　Sint Eustatius　又称Statia。小安的列斯群岛岛屿,位于加勒比海东北部。原为荷属安的列斯群岛的一部分,2010年成为荷兰王国境内的专属区。面积:21平方千米。距萨巴岛东南沿岸26千米,由北向南延伸约10千米长,自东向西约5千米。首府及主要聚居区是奥拉涅斯塔德。岛上主要有两座死火山,一块平坦的中部平原横亘其中。岛上种植了一些根茎作物,龙虾的捕获主要用于出口。旅游业对当地经济日益重要。英国、法国和荷兰竞相争夺该岛,直到1674年该岛的控制权才被荷兰获

得。1776年11月16日,该岛总督下令向悬挂美国国旗的双桅横帆船“安德鲁·多利亚”号鸣礼炮致意,成为第一个承认新成立的美利坚合众国的海外政府。人口:约3 897(2013)。

圣约翰河 Saint John River 在美国东北部和加拿大东南方的河流。源于美国缅因州西北部。流向东北到加拿大边境,再转向东南,形成美加两国的边界;在加拿大流经新不伦瑞克,在圣约翰注入芬迪湾。全长673千米,在大瀑布镇河水下降23米,在河口处形成“倒流瀑布”湍流,海湾大潮时可使河水逆流而上。

圣约翰斯 Saint John's 加拿大纽芬兰-拉布拉多省港口和省会,位于大西洋海岸东南部。该城市在16世纪初期为小渔业基地,1583年被英国人殖民化。后屡次遭到法国人入侵,从1762年起全由英国人居住,虽在19世纪曾因几场大火而遭到毁坏,但它仍发展成一个渔港。该城市现在是一个商业和工业中心、主要海港和该省渔船基地。工业包括造船和渔产加工。每年在此地举行的赛舟会是北美洲最古老的体育运动之一。信号山史迹公园用于纪念许多事件,包括G.马可尼在此接收到的从欧洲发来的第一封无线电报(1901)。人口106 172(2011)。

圣约翰斯 Saint John's 西印度群岛安提瓜和巴布达的首都。位于安提瓜西北海岸,是一个度假区和重要港口,进出口蔗糖、棉花、机械和木材。附近的圣约翰堡曾在几个世纪间(1690～1847)受到地震、大火和飓风的破坏。人口21 475(2011)。

圣约翰斯河 Saint Johns River 美国佛罗里达州东北部河流。源于佛罗里达中东部,向北同海岸线平行流动,到杰克逊维尔注入大西洋,全长459千米,对航运和娱乐都很重要。

圣约瑟 Joseph, St.(活动时期公元前1世纪～公元1世纪) 《新约》里记载的马利亚的丈夫和耶稣的世俗父亲。他是大卫的后裔,拿撒勒的一个木匠。他与马利亚订婚时,发现马利亚已经怀孕,有位天使来到他面前告诉他说,未来的孩子是上帝的儿子。他和马利亚一起到伯利恒,罗马的人口普查把他们统计在内。他们在那里时,孩子降生了。《路加福音》里最后一次提到约瑟,是在他和马利亚带着12岁的耶稣去耶路撒冷的时候。

圣约之子会 B'nai B'rith 历史最悠久、规模最大的犹太人服务组织。1843年在纽约市成立,现在世界各地设有男、女及青年的分支组织。其宗旨包括保卫人权,资助犹太大学生(主要通过希勒尔基金会),赞助犹太成年人和青年的教育计划,赈济灾民,资助医疗慈善机关,并促使以色列兴办福利事业等。1913年成立反侮辱联盟以对抗排犹主义。

圣战 jihad 伊斯兰教用语,指一条号召信徒们与他们的宗教敌人作战的教义。根据《古兰经》和圣训,可以用四种方法来完成圣战的义务:用心、用舌、用手和用剑。第一种方法(苏非主义“大圣战”)包含对邪恶欲望的斗争。用舌和手的方法是指言辞辩护和正确的行动。用剑的圣战是指与伊斯兰教的敌人进行战争。死于战斗的信徒成为烈士,并保证能在天堂占一席之地。在20世纪里,圣战的概念有时已经成为一种意识形态的武器,用来与西方的影响和非宗教的政府作斗争,建立一个理想的穆斯林社会。

圣战者 mujahidin 阿富汗的游击反叛军,反抗苏军入侵及执政的阿富汗共产党政府(1979～1992)。由于内部政治分裂,他们的军事行动在阿富汗战争期间一直未能取得一致。1992年各反叛组织将共产党人的总统M.纳吉布拉驱逐下台后,敌对派系在1992～1994年起相互交战,期间塔利班崛起。两年后塔利班攻陷喀布尔,并建立律法严格的伊斯兰教国家。

胜红蓟 ageratum 菊科胜红蓟属(*Ageratum*)植物的统称,原产南美洲热带地区。叶广椭圆形,齿裂,对生。花蓝色、粉红色、淡紫色或白色,密集簇生;瘦果,小。普通庭园胜红蓟(*A. houstonianum*,即熊耳草)的矮化变种栽为沿边植物。本属有些种俗名绪丝花、猫脚花。

盛田昭夫 Morita Akio(1921～1999) 日本实业家,索尼公司创办人之一。父亲是日本清酒酿造者。盛田昭夫获得物理学学士学位。1946年与井深大创办了东京电信工程公司,1958年改名为索尼公司。盛田昭夫主要负责财务和营销业务,采用了美式广告手法。1972年建立了索尼第一家在美国的工厂。1971年担任总经理,1976年成为董事长,在这个职位上他一直工作到1994年。在他的领导下,索尼公司成为世界闻名的家用电器制造商。

尸体剖检 autopsy 又称necropsy(尸体检验)或postmortem(尸后检验)。对尸体进行解剖和检查,旨在确定死因,以及了解各种病变的发生过程,这种方法不可能应用在活人身上。至少从中世纪开始,尸体剖检对医学的发展贡献很大。除了断定个人的死因外,尸体剖检对疾病和死亡统计数字、医学院学生的教学、新型和正在变异的疾病的了解,以及医学的进展等十分重要。

失禁 incontinence 不能控制大小便排泄。开始与结束排尿,要依靠骨盆和腹部的肌肉、隔膜和控制神经的正常机能。婴儿的神经系统发育不完全,无法控制排尿。长大后的失禁可能表明机能紊乱(如导致“神经性膀胱”的神经管缺陷)、泌尿系统肌肉麻痹、长期膀胱胀、某种泌尿生殖畸形。骨盆肌肉无力会在咳嗽或打喷嚏时有少许出尿(应力性失禁)。排粪失禁可能是脊柱或身体受伤、年老、极度恐惧或严重腹泻的结果。参阅遗尿症。

失眠 insomnia 得不到充分睡眠的一种症状。其原因可能包括睡眠条件差、循环系统或脑部疾病、呼吸系统疾病(如呼吸暂停)、精神忧虑(如紧张、抑郁)或心理不安。轻度失眠可用改善睡眠条件、睡觉之前洗热水澡、喝一些牛奶或全身松弛疗法等方法治疗。呼吸暂停及其所致失眠可能要以外科手术或呼吸装置来治疗。严重或慢性失眠,则需暂时应用巴比妥酸盐类、安定药,但这些药物长期服用会产生有害作用,机体会产生耐药性,甚至成瘾。其他治疗方法还有催眠疗法和心理治疗。

失业 unemployment 一个人有能力工作,又在积极寻找工作,但却无法找到工作的状况。许多国家的政府劳动部门都在收集和分析有关失业的统计资料,并将其列为经济繁荣的一个重要指标。自从第二次世界大战以来,充分就业一直是许多政府的一个既定目标。充分就业并不一定就指零失业率,因为在任何特定的时期,失业率都将包括一些长期以来有时有工作有时又无工作的人。在美国,2%的失业率经常被作为一个基础比率提出。失业是一个专门名词,用以指那些仅能找到临时性工作(例如计时工人、季节性工人)的人的状况,也可指那些资历过高在工作中无法施展他们所受的教育或培训的人的状况。

失语 aphasia 又作dysphasia(言语困难)。因大脑损害引起的言语功能障碍。症状与受损脑组织的部位及程度有关。例如某失语患者虽能活动嘴的各部,也能发出声音,并能听懂别人的话,但可能完全没有自发性言语。“失语”一词的应用范围又可扩大到一组与之有关的障碍:失写(书写困难)患者的说话、阅读及画图能力完全正常,但文字书写功能可完全或部分地丧失。感知性失语称为失认,患者的视力可能很好,却不能辨识所见的物体,虽然可以通过触、听或嗅来加以辨认。阅读困难(失读、诵读困难)是视觉性失认的一种特殊类型。各种失语在心理学及精神病学上都有重要意义,因为它们说明了脑内功能上独立的各部分间存在着相互作用,“精神活动”的统一性即以此为基础。

诗 poetry 诗是一种语言的选择和安排,利用其语义、语音和韵律来表达某种浓缩过的、充满想象力的经历体验,从而创造出某种特定的情绪反应的写作方式。与散文相比,诗更加精练,运用更多的格律和韵,以行为语句单位,词汇量更大,句法更加灵活。它的感情通过多种技巧来表达,从直接描述到象征主义,其中包括明喻与暗喻的运用。参阅韵律学。

诗篇 psalm 圣歌或圣诗。这个词是以《旧约全书》中的《诗篇》最为人所知。这150篇的诗歌,其主题范围从愉悦的信仰与感恩之歌,到苦痛的抗议与哀叹之歌,可以列入所有时代不朽的诗歌中。这些作品对于犹太教和基督教的礼拜仪式一直有深远的影响。关于这些作品的年代与真正的作者有非常大的疑难;传统上将它们归之于大卫王的看法,已不再被接受。在原始的希伯来文本中,这本书并没有名字。当《希伯来圣经》翻译成希腊文(《七十子希腊文本圣经》)时,它被题为Psalterion,指的是伴奏这些歌曲的弦乐器。

诗琴 lute 16～17世纪流行于欧洲的一种拨弦乐器。源自阿拉伯的厄乌德琴,13世纪时传到欧洲。像厄乌德琴一样,诗琴有厚的梨形琴体,带装饰的声孔,用回纹装饰的琴

弹奏诗琴的天使,出自1510年V.卡尔帕乔所绘的祭坛屏《在神殿演出》
Scala-Art Resource

颈上带有后弯的轸斗,弦绷紧在粘于琴腹上的琴马上。在以后的年代里,琴上又加了几根不停振动的低音弦。它是高素质的业余音乐家喜爱的乐器,大量用于伴奏、独奏以及音乐会的乐曲。

虱 louse 虱目无翅寄生性小昆虫,约3 300多种,主要由咬虱或嚼虱(寄生于鸟类及各种哺乳动物身上),以及吸虱组成。虱的身体扁平,卵黏附于宿主的毛发或羽毛上,称为虮子,大多终生生活在宿主动物身上。严重的浸染使动物感到瘙痒难忍,有时还引起二度感染。从一个宿主个体转移到另一个体时会传播多种疾病,包括狗的绦虫病和鼠的鼠伤寒。参阅**人虱**。

狮 lion 体格强壮的大型猫科动物,学名*Panthera leo*,俗称"百兽之王"。现在主要分布于撒哈拉以南的非洲地区,不过在印度约有200多头亚洲种狮子受到严密的保护。狮

雄狮(*Panthera leo*)
R. I. M. Campbell/Bruce Coleman Ltd.

栖居于多草的平原和开阔的稀树草原。雄狮身长约1.8～2.1米,不包括1米的尾长;肩高约为1.2米;体重170～230千克。雌狮体型较小。雄狮的体毛通常为浅黄或橙棕色,而雌狮为茶色和沙黄色。雄狮的显著特征是鬃毛。狮是群居动物,这点在猫科动物中甚为独特,通常约15头一群。雌狮是主要的猎手。它们猎食各种大小的动物,包括河马,但它们最喜捕猎的动物是牛羚、羚羊、斑马等。通常它们在大嚼一顿后,可休息一个星期。

施本格勒 Spengler, Oswald(1880～1936) 德国哲学家。转向写作前是小学校长,其影响深远的著作《西方的没落》(2卷;1918～1922)为他赢得声誉,这是一部关于历史哲学的研究著作。他主张文明都必须经历一个如同自然有机体般成长和衰落的生命周期,西

施本格勒,铅笔素描,K.格洛斯曼绘于1920年。私人收藏
Deutsche Fotothek, Dresden

方文明已不可改变地经历了它的创造性阶段,开始走向衰落。他的著作虽然获得被第一次世界大战唤醒的公众的赞扬,却受到专业学者和纳粹党的批判,尽管他的思想和纳粹的信条有某些相似之处。

施蒂格勒 Stigler, George J(oseph)(1911～1991) 美国经济学家。生于华盛顿州伦顿。在芝加哥大学获博士学位,后执教于多所大学,1977年在芝加哥大学创建经济与国家研究中心。他研究信息经济学后,对传统理解中市场运作的有效性作了阐述。他还研究政府调节并得出结论:政府调节通常有损于消费者的利益。1982年获诺贝尔经济学奖。

施蒂格利茨 Stieglitz, Alfred(1864～1946) 美国摄影家,现代艺术展的先驱。生于新泽西霍博肯。1881年随其富裕的家庭到欧洲

A.施蒂格利茨,1934年摄于"291画廊",身后是其妻子G.奥基夫的画作
Imogen Cunningham

求学,1883年放弃在德国柏林攻读机械工程,改为从事摄影工作。1890年回到美国,首批拍摄雪景、雨景和夜景的作品获得成功。1902年成立**摄影分离派**团体,将摄影当作艺术来追求。1917～1927年他个人最为成功的摄影作品是以他的妻子G.**奥基夫**为肖像和表达情绪感受的抽象云景为主题的两组作品。他的摄影作品是最早在美国主要博物馆中展出的。他在纽约开设的"291画廊"则最先展出了欧洲与美国现代派画家的作品,比著名的**军械库展览会**早5年。

施蒂里亚 Styria 德语作Steiermark,又译作施泰尔马克。奥地利东南部州。面积16 378平方千米,首府**格拉茨**。从石器时代就有人居住,后来为罗马人控制,成为凯尔特人的诺里库姆王国的一部分。8世纪时由巴伐利亚人统治,976年之后归属于**卡林西亚**公爵,11世纪时成为法兰克王国的边界领土,1180年成为公爵领地,1282年成为哈布斯堡王室加冕地。第一次世界大战之后,南部的一片土地被割让给南斯拉夫。人口约1 183 303(2001)。

施恩告尔 Schongauer, Martin(约1435/1450～1491) 德国画家、版画家。虽然他是个多产画家,其版画在很多国家都可看见,但他在北欧无人能及的是他的雕刻家地位。他的雕版约有115幅,表现出高度精致的晚期哥特式精神。他将版画的对比和材料扩展,将艺术家的敏感扩展到金匠的技术范围,因而使作品达到成熟。其作品的优雅风格在当时很受尊重,他被人们称为迷人的马丁和漂亮的马丁。

施莱格尔 Schlegel, August Wilhelm von(1767～1845) 德国学者、批评家。曾担任私人家庭教师,并为F.**席勒**创办的昙花一现的杂志《季节女神》写稿,后来同弟弟F. von **施莱格尔**合办期刊《雅典娜神殿》(1798～1800),成为德国**浪漫主义**运动的舆论工具。曾担任耶拿大学教授,并在那时开始翻译W.莎士比亚的作品(1797～1810),成为莎剧的德语范本,是德国文学最优秀的译作之一。他的《戏剧艺术和文学讲演录》(1809～1811)被翻译成多种文字并帮助了浪漫主义基本观念在整个欧洲传播。从1818年起在波恩大学任教直到去世。

施莱格尔 Schlegel, Friedrich von(1772～1829) 德国作家、评论家。他将自己的许多计划和理论通过与哥哥A. W. von **施莱格尔**在耶拿合办的《雅典娜神殿》(1798～1800)等季刊杂志发表。对梵文的研究使他出版了《印度人的语言和智慧》(1808),是比较印欧语言学的先锋作品,也是研究印度-雅利安诸语言和比较语言学的起点。他的有关广泛的、历史的和比较的文学学术成就的观点影响深远,他被认为是许多哲学思想的创始者,开启了早期的德国**浪漫主义**运动。

施莱谢尔 Schleicher, Kurt von(1882～1934) 德国将军,**魏玛共和国**最后一任总

K. von 施莱谢尔，摄于1932年
Archiv fur Kunst und Geschichte, Berlin

理。他是一名职业军人，1929年升为少将，成为魏玛共和国的重要人物之一。其政治谋略帮他获得了国防部长（1932）和总理（1932～1933）之职。他欲将纳粹置于军队的控制之下，提议与 A. 希特勒共同主持政府，但希特勒拒绝了他，并从此将施莱谢尔视为其主要对手。P. von 兴登堡免除其职务，让希特勒继任，后来他在长刀之夜的血腥清洗中被杀。

施利芬计划　Schlieffen Plan　第一次世界大战爆发时，德国军队实施的进攻计划。该计划以其策划人、德国前总参谋部首脑施利芬（1833～1913）的名字命名。为了面对德国在西部同法国作战并在东部同俄国作战这一两线作战的可能性，施利芬提议，先不进攻俄国，而是先经过比利时对法国的侧翼进行突袭，然后用南部的少部分德国军队横扫法国军队。施利芬计划在第一次世界大战初期曾被 H. von毛奇改动并使用，他减少了进攻军队的数量，这成为德国未能速战速决的原因。

《施马尔卡尔登条款》 Schmalkaldic Articles　1536年 M. 路德所撰写的信义宗信纲之一，1537年为施马尔卡尔登同盟各诸侯国的领导人接受。这是响应教皇保罗三世为处理宗教改革运动而召开的天主教普世议会所颁发的通谕，目的在于决定同天主教协商哪些条款，而哪一些是不可退让的。其第一部分讨论了上帝的一体、三位一体、道成肉身和基督等问题，在这些主题上，他们同天主教并没有不一致。第二部分讨论因信称义，是争论的主要重点。第三部分讨论罪恶、忏悔、圣事和认罪等问题。

施密特　Schmidt, Helmut（1918～　）德国政治家，联邦德国总理（1974～1982）。他是社会民主党成员，1953～1961年及1965～1987年间在联邦议院工作。曾担任国防部长（1969～1972）及财政部长（1972～1974），后继 W. 勃兰特在1974年任联邦德国总理。他是一个有能力的总理，受人爱戴，是最具影响力的西欧领袖之一。在维护德国在北约和欧盟中重要地位的同时继续了东进政策。1982年他因与多党联合政府在社会福利政策上的分歧而辞职。他写了很多关于联邦德国政治和国际关系的书籍。

施纳贝尔　Schnabel, Artur（1882～1951）奥地利钢琴家、作曲家。7岁时随家人来到维也纳，在那里师从 T. 列希蒂兹基学习，列希蒂兹基告诉他，他的音乐天赋已超出了他的指导范围。他还结识了 J. 勃拉姆斯等音乐家。1890年首次成名。1900～1933年间以柏林为基地，他从事作曲和教育，并为 L. van 贝多芬和 F. 舒伯特的百年庆典传奇式地完整演奏了这两位大师的奏鸣曲。在20世纪30年代，他成为第一个完整录制贝多芬名曲的人。纳粹统治期间，他移居伦敦，然后又到了美国。虽然他大部分时间是在演奏前人的曲子，但他自己的音乐也是超现代的。如今，他仍受到严肃的钢琴家的尊敬。

施纳贝尔　Schnabel, Julian（1951～　）美国画家。生于纽约市。曾就读于休斯敦大学与惠特尼美国艺术博物馆。在20世纪80年代是新表现主义的倡导者。其作品表现了矛盾性情感的基调，破坏色彩的协调以及原始风格。他最知名的作品中加入了破盘子的碎片。虽然他获得了成功，但是各界对于其艺术的质量与他激进的自我推销却有所争论。自20世纪90年代起，施纳贝尔开始拍摄电影。他所执导的《走向夜幕》（2000）是一部有关古巴诗人阿里纳斯的电影，得到了广泛赞扬。

施尼茨勒　Schnitzler, Arthur（1862～1931）奥地利剧作家、小说家。一生大部分时间在维也纳行医，也研究精神病学。他因心理剧和大胆刻画人物的性爱生活而闻名，早期戏剧包括《阿纳托尔》（1893）。他最著名的戏剧《轮舞》（1897）是一套10组戏剧对话，描写在一系列情爱追逐中的男女关系，1920年首次上演时被认为是丑恶可耻的。该剧在1950年被 M. 奥菲尔斯改编成电影《轮舞》。他的戏剧《恋爱游戏》（1896）和他最成功的小说《古斯特少尉》（1901）揭示了奥地利军队的荣耀准则的虚伪性。

施尼特科　Schnittke, Alfred (Garrievich)（1934～1998）　俄罗斯作曲家。最初在维也纳学习音乐，后转至莫斯科。1962～1972年间在莫斯科音乐学院教学。曾为超过60多部的电影配乐，并且是俄罗斯首批尝试采用序列主义的作曲家之一。D. 肖斯塔科维奇去世之后，他成为当时苏联的主要作曲家，并因为研究出博采众长的风格（"多重风格"）而获得重要的国际声誉。1985年他遭受第一次严重中风，不过依然持续作曲。他写了9部交响曲、6部大协奏曲、许多协奏曲、4部弦乐四重奏、歌剧《与白痴的生活》（1992）、《杰苏尔多》（1995）与《浮士德的历史》（1995）。

施佩尔　Speer, Albert（1905～1981）　德国纳粹军官。1927年成为建筑师，1931年加入纳粹党，为活跃分子。他的效率和天分甚得 A. 希特勒赏识，1933年被任命为第三帝国总建筑师。他为纳粹党代表大会设计了检阅场和纳粹集会旗帜，包括被 L. 里芬施塔尔拍摄下来的1934年纽伦堡大会。1942年任军备和军火部部长，扩大征募和奴役体系以保证德国的战时生产力。他在纽伦堡审判被宣告有罪，服刑20年。写有回忆录《第三帝国内幕》（1969）、《施潘道》（1975）。

施皮茨　Spitz, Mark (Andrew)（1950～　）美国游泳运动员。生于加利福尼亚莫德斯托。大学期间代表印第安纳大学参加游泳比赛。1968年的奥运会上，他在自由泳接力赛中获得两面金牌。1972年奥运会获得4项男子个人项目冠军（并均创世界纪录）和3项团体项目冠军（一项创世界纪录）。施皮茨成为第一位在一届奥运会上获得7枚金牌的运动员。

施皮特勒　Spitteler, Carl（1845～1924）瑞士诗人。曾在俄国和芬兰任私人教师，回国后写出第一部伟大作品、神话史诗《普罗米修斯与埃庇米修斯》（1881）。第二部伟大作品是史诗《奥林匹亚的春天》（1900～1905），在这里他为大胆构思和生动的表达力找到充分的活动余地。晚年改写第一部作品，题名为《受难者普罗米修斯》（1924）。虽以其悲观却雄壮的诗篇出名，他也写作抒情诗、故事、小说和散文。1919年获诺贝尔文学奖。

施泰肯　Steichen, Edward (Jean)（1879～1973）　原名Édouard Jean。卢森堡出生的美国摄影家。1881年随家人移居美国，原习绘画，对其以后从事的摄影工作有重要影响。

E. 施泰肯，1960
Joanna T. Steichen

他常在底片或相片上进行化学处理，以获得像绘画那种柔和、模糊和松散的效果。1902年与 A. 施蒂格利茨等人组成摄影分离派，宗旨在于促进摄影成为一种艺术。第一次世界大战后，作品风格从摹仿绘画中的印象派转而为精确而清晰的现实主义。20世纪20和30年代他为许多艺术家和名流人士拍摄的人像非常出色地展示了人物的内在性格。1955年主办著名的大型影展"人类大家庭"，从200多万张照片中选择503张，在世界各国作巡回展览，观众逾900万人次。

施泰因贝格　Steinberg, Saul（1914～1999）原名Saul Jacobson。罗马尼亚出生的美国连环漫画家和插图画家。曾在米兰学习建筑学，其间在意大利杂志上发表漫画作品，1942年定居纽约后，成为自由职业艺术家、插图画家和连环漫画家，主要投稿于《纽约人》杂志。其最有创意的作品通常为对美国现实所

S. 施泰因贝格，A. 纽曼摄于 1951 年
© Arnold Newman

做的超现实主义的、古怪的、噩梦般的表现，经常使用流行文化的奇特图示。

施特赖谢尔 Streicher, Julius（1885～1946） 德国纳粹煽动家和政治家。1921 年加入纳粹党，成为 A. 希特勒的朋友。他在 1923 年创办反犹太的周刊《冲锋》，集中反映了希特勒的种族政策。作为最狂热的迫害犹太人的支持者之一，他发起了一场运动，导致 1935 年纽伦堡法令的通过。他被任命为法兰克尼亚行政区长官，但其暴虐行为使党内官员同其疏远，并使他在 1940 年被解职，但因希特勒的保护继续担任《冲锋》编辑。1945 年被同盟军逮捕，在纽伦堡受审，以战争罪犯被判处绞刑。

施特劳斯 Strauss, Richard (Georg)（1864～1949） 德国作曲家和指挥家。父亲是慕尼黑宫廷乐团的圆号演奏员，他 6 岁就开始乐曲写作，20岁之前他的两首交响乐和一首小

R. 施特劳斯，肖像画，M. 李卜曼绘于1918年；现藏柏林国家博物馆
By courtesy of the Staatliche Museen zu Berlin, Germany

提琴协奏曲已作了首次公演。1885 年指挥家 H. 比洛挑选他作为自己的接班人。其后他转向瓦格纳式的音乐风格，开始写作标题交响诗，作品有交响诗《唐璜》（1889）、《死与净化》（1890）、《蒂尔·奥伊伦施皮格尔的恶作剧》（1895）、《查拉图斯特拉如是说》（1896）、《堂吉诃德》（1897）和《英雄的一生》（1898）。1900 年后转向歌剧，他的第三部歌剧《莎乐美》（1905）初获成功。从歌剧《厄勒克特拉》（1908）开始，他与奥地利诗人兼剧作家 H. von 霍夫曼斯塔尔开展一系列合作，其中包括他最杰出的歌剧《蔷薇骑士》（1910）、《阿里阿德纳在纳克索斯》（1912）和《没有影子的女人》（1918）。此后他继续写作了 8 部歌剧。第二次世界大战期间他滞留在奥地利，后来澄清他并没有与纳粹分子进行过合作。在多年少有作品问世之后，晚年又创作了几部力作，包括《变形》（1945）和《4 首最后的歌》（1948）。

施特劳斯（小） Strauss, Johann (Baptist), Jr.（1825～1899） 奥地利作曲家。其父老约翰·施特劳斯（1804～1849）是一位自学成才的音乐家，曾在维也纳建立起一个音乐的王国。作为一名小提琴手，他从 1819 年起开始在一个舞蹈乐队演奏，当该乐队在 1824 年分裂为两部分后，施特劳斯参加了第 2 组，并开始谱写华尔兹、加洛普舞、波尔卡舞和卡德利尔舞，总共发表了 250 多部作品。作为当地乐团的指挥，他还写了一些进行曲，包括《拉特斯基进行曲》。小施特劳斯离开家后（1842），他的知名度和作曲量很快超过了父亲，成为著名的“圆舞曲之王”。他后来劝服弟弟约瑟夫（1827～1870）和爱德华（1835～1916）来接替他的指挥职务，因此赢得了更多的创作时间，谱写他最为人熟知的有交响乐特点的圆舞曲，包括《蓝色多瑙河》（1867）和《维也纳森林的故事》（1868）。轻歌剧有广受欢迎的《蝙蝠》（1874）和《吉普赛男爵》（1885）。爱德华的儿子约翰（1866～1939）也曾在柏林担任指挥和作曲，是这个音乐家族最后一名成员。

施特劳斯家族 Straus family 德裔美国商业家族，在公共服务以及慈善事业方面声名卓著。原居巴伐利亚，族长 L. 施特劳斯于 1852 年移民到美国，其妻与 3 个儿子伊西多（1845～1912）、内森（1848～1931）以及奥斯卡·所罗门（1850～1926）也随后到来。他们先开设了一家百货店，用赚得的钱投资于梅西公司，最后在 1896 年实现了对梅西公司的全资控股。伊西多成立了亚伯拉罕与施特劳斯连锁店，一度出任美国国会议员，并从事慈善事业。他和妻子在“泰坦尼克”号邮轮事件中丧生，其妻将登上救生艇逃生的希望让给了他们的女佣。内森也以热心慈善事业著称，1892 年经济萧条期间他在纽约分发食物和燃煤，向 36 个城市的儿童提供巴氏灭菌牛奶，1909 年建立第一家儿童防肺病疗养院，1914～1915 年的寒冬为纽约的穷人提供食物。他晚年全身心投入巴勒斯坦的公共医疗服务事业。奥斯卡·所罗门曾出任 T. 罗斯福总统政府的商业与劳工部长，成为美国内阁中第一位犹太人（1906～1909），后任美国驻土耳其使节以及 W. 威尔逊总统的顾问。他强烈主张保护欧洲的少数族裔犹太人。

施特罗海姆 Stroheim, Erich von（1885～1957） 原名 Erich Oswald Stroheim。奥地利出生的美国电影导演。父亲为犹太制帽匠。早年当过兵，后移民到美国。1914年到好莱

E. von 施特罗海姆在《愚蠢的妻子》中的剧照，1922
Brown Brothers

坞，为导演 D. W. 格里菲思工作，塑造了一个普鲁士军官形象，令人难忘。1919 年第一次执导《盲目的丈夫》，随后又导演了《魔鬼的万能钥匙》（1920）和《愚蠢的妻子》（1922）。其代表作《贪婪》（1924）在正式上映前被大量剪辑；紧跟着又拍摄了《风流寡妇》（1925）、《婚礼进行曲》（1928）和《女王凯莉》（1928）。过于追求豪华场面的奢侈以及对艺术控制的追求导致了他导演生涯的过早结束。后又重操演员生涯，其后引起关注的作品有《大幻灭》（1937）和《红楼金粉》（又译《日落大道》，1950）。

施托克豪森 Stockhausen, Karlheinz（1928～2007） 德国作曲家。第二次世界大战时失去父母，靠接各种杂活（包括担任爵士乐钢琴师）来维持生活，直到 1947 年就读科隆国家音乐学院。1951 年在达姆施塔特听了 O. 梅西昂的音乐后，开始师从这位作曲家，并追求纯“序列主义”。早期作品有《钢琴练习曲 1～4》（1952）和《复调音乐》（1952～1953）。他还学习电子音乐，在他著名的《少年之歌》（1955～1956）中，一个男童声音的录音混合着高度复杂的电子音响。他继续用序列主义创作《拍子》（1955～1956）和《群》（1955～1957），成为先锋派的代言人。在《时段》（1962～1969）中，施托克豪森将序列主义运用到大段的音组中，而不仅仅局限于个别音节。他还开始加上偶然音乐。从 60 年代晚期开始，他创作了一批主题更宏大的作品。在《光》（1977～2003）音乐系列中，他加入了文学、舞蹈和宗教仪式。

施托斯 Stoss, Veit（1445/1450～1533） 德国雕塑家及木刻家。生于德国。1477～1496 年主要在波兰工作。主要作品是波兰克拉科夫圣马利亚教堂内的高大祭坛（1477～1489）。回德国后定居于纽伦堡，在当地和班贝格创作了很多木雕和石雕作品。他刚劲有力、有棱有角的外观，现实主义的细节和娴熟的木雕手法，综合了佛兰德斯和多瑙河地区

《天使长拉斐尔》,木刻,V.施托斯作于1516～1518年;现藏纽伦堡德国国家博物馆

By courtesy of the Germanisches National Museum, Nurnberg

艺术的雕刻风格,对德国晚期哥特式雕刻有巨大影响。

施托伊本男爵 Steuben, Frederick William (Augustus)(1730～1794) 德裔美国革命军官。16岁参加普鲁士军队,七年战争中升为上尉,自称曾被封为男爵。被推荐给G.华盛顿后,1777年来到美国,受命在宾夕法尼亚福吉谷训练驻军,建立一支训练有素的战斗力量,成为整个大陆军的楷模。后来被任命为陆军总监,领少将衔(1778)。曾协助指挥约克敦围城战役。

施瓦布 Schwab, Charles M(ichael)(1862～1939) 美国企业家、钢铁工业的先驱。生于宾夕法尼亚州亚威廉斯堡。曾在宾夕法尼亚州布雷多克A.卡内基的钢铁公司当工人,并在卡内基王国中地位迅速爬升。1892年卡内基派他去霍姆斯特德工厂要求在流血罢工后恢复正常生产。他成功地改善了劳工关系并提高了生产,1897年被任命为卡内基钢铁公司总裁,当时年仅35岁。施瓦布提议将几个竞争的钢铁公司合并,成立美国钢铁公司,1901年成为公司第一任总裁。他1903年辞职,将精力转移到了伯利恒钢铁公司,将它建设成为美国最大的钢铁生产厂家之一。

施瓦茨科普夫 Schwarzkopf, Dame (Olga Maria) Elisabeth (Friederike)(1915～2006) 德国女高音歌唱家。在柏林音乐学校学习后,1938年在《帕西法尔》中首次出演卖花女。受奥地利指挥K.博姆邀请加盟了维也纳国家歌剧院。1947年在伦敦科文特加登剧院首演,并成为该剧院的长期演员。她还长期在萨尔斯堡音乐节(1949～1964)和史卡拉歌剧院(1949～1963)表演。她在每年举办的艺术歌曲独唱会的表演都是传奇式的。1971年退出歌剧舞台的告别演出是在《玫瑰骑士》中饰演马莎琳。1979年退休。

施瓦茨科普夫 Schwarzkopf, H. Norman(1934～2012) 美国陆军将领。生于新泽西州特伦顿,陆军准将之子。毕业于西点军校,曾参加越南战争(1965～1966,1969～1970)。在担任各种其他任务后,被提升为少将(1983),并在入侵格林纳达时担任指挥。1988年成为四星上将和美国中央司令部总司令,执行包括中东地区在内的任务。为了抵挡伊拉克1990年对科威特发动的进攻,他在沙特阿拉伯指挥70万美军和多国联军,并在波斯湾战争中成功地执行了沙漠风暴计划(1991)。战后退役,结束了军事生涯。

施韦策 Schweitzer, Albert(1875～1965) 阿尔萨斯出生的德国神学家、哲学家、风琴家和传教医生。早年曾获得哲学学位(1899),并成为一个有成就的风琴师。在他为J.S.巴

施韦策,Y.卡什摄

© Karsh from Rapho/Photo Researchers

赫写的传记(2卷;1905)中,他认为巴赫是一名宗教神秘主义者。他还写了有关风琴构造的书,并出版了一套巴赫的风琴作品。他的宗教书籍包括了对圣保罗的描述。他的《历史真实中的耶稣之研究》(1910)造成了很广泛的影响。1905年宣布他将成为传教士医生,并献身慈善工作。他和妻子在1913年迁往法属赤道非洲的兰巴雷内(今加彭省),并在当地人的帮助下在奥果韦河畔修建了医院,后附加了一个麻风病治疗区。1952年他因代表"各国兄弟会"所做的努力获得了诺贝尔奖。在他去世的前两年,他的医院和麻风病治疗区有500名病人。他的哲学书讨论了他的著名的"尊重生命"原则。

施维特斯 Schwitters, Kurt(1887～1948) 德国达达主义艺术家、诗人。1918年起与柏林达达派艺术家交往,1924年移居汉诺威。他用各种日用品(火车票、线轴、报纸和邮

K.施维特斯《中心光亮的画》(1919),拼贴油画;现藏纽约市现代艺术博物馆

By courtesy of the Museum of Modern Art, New York City

票)组配成拼贴画和其他浮雕构造。他的诗歌是新闻标题、广告语和其他印刷品用语的合成。他把自己的一切艺术活动(以及后来的日常活动,甚至他自己本身)称为"梅尔茨",即从单词Kommerzbank(商业银行)剪下一些字母后所剩下的音节。1937年纳粹党宣布其艺术"颓废"后,他先移居挪威,后来又前往英国。

施刑 torture 施加心灵或肉体上难以忍受的痛苦。当权者采用这一方法来达到惩罚、威压和强迫的目的,尤其是针对敌人,以逼取口供或获得情报。曾在希腊人和罗马人中被广泛使用;亚里士多德为这种做法进行过辩解,而西塞罗、L.A.塞尼加和圣奥古斯丁却对此表示反对。作为一种获得口供的方法,施刑在12世纪的欧洲越来越多地被使用。从14世纪中叶至18世纪,施刑是一种普遍且获得准许的做法。罗马天主教会也支持异端裁判所采用此法。通常采用的手段及工具为吊刑(利用背在背后的手腕来反复升降身体),拷问台(用来拽拉四肢和身体)和拇指夹(用来挤压拇指)。到1800年,大多数欧洲国家已在法律上废除施刑,但在20世纪这一做法又再次被广为利用,尤其是在纳粹德国和苏联。至今,施刑在拉丁美洲、非洲以及中东还被广泛采用。认为只有虐待狂才有可能是施刑者的看法,受到20世纪60年代美国的一项研究报告的质疑,这项研究表明普通人很容易被说服对他人施加痛苦。

湿度 humidity 空气中水蒸气的含量,是大气变化最大的特性之一,也是气候和天气的重要因素:它通过吸收来自太阳和地球的热辐射来调节空气温度;与产生暴风雨的潜在能量成正比;是一切形式的凝结和降水的基本来源。由于空气持水的能力取决于温度,所以湿度会随之变化。当在给定温度下的一定量空气有最大可能的水蒸气含量时,这部分空气就是饱和的。相对湿度是指空气中的水蒸气含量相对于它在饱和时的含量。饱和空气的相对湿度为100%,接近地面的相对湿度很少低于30%。

湿法冶金 hydrometallurgy 将矿石中的金属溶解(例如溶解它的一种盐),再从溶液中回收金属的金属提取方法。整个过程通常包括浸取(溶于水中),通常用添加剂;分离废料并纯化浸取液;用化学或电解的方法使金属或其纯化合物从浸取液中沉淀。湿法冶金开始于16世纪,在20世纪获得重大发展。现在通过离子交换、溶剂萃取及其他一些方法,用湿法冶金可以生产70多种金属元素,包括大部分的金、许多银及大量的铜和锌。

湿婆 Shiva 又作Siva。印度教所崇奉的主神,集多种神威于一身。同毗湿奴一样,他是复杂而矛盾的神话人物之一。他既是毁灭者,又是起死回生者;既是大苦行者,又是色欲的象征;既有牧养众生的慈心,又有复仇的凶念。他的配偶在雪山神女、难近母和迦利

湿婆，马德拉斯的青铜像；作于约公元900年
By courtesy of the Government Museum, Madras; photograph, Royal Acadamy of Arts, London

中有不同的形象。他在**湿婆教**中是主神。

湿婆教 Shaivism 又作 Saivism。现代**印度教** 3 大派别之一，主要崇奉**湿婆**。崇拜湿婆的教派始于公元前 4 世纪，公元 3 世纪的湿婆崇拜者所撰写的经文是印度教和其他印度宗教**坦陀罗**的基础。今天的湿婆教包括了不同的世俗和宗教活动，但都将湿婆作为最高和最强有力的神和教导者，并将获得湿婆的力量作为人生最大目标。据说印度教复杂的仪式就是由此而来的。参阅**性力教**和**毗湿奴教**。

十八部派 eighteen schools 印度佛教在**佛陀**死后（约公元前 483 年）300 年间所分成的部派，数量可能接近 30 而不止 18。最初的分裂发生在公元前 4 世纪第二次佛教结集大会上，当时阿阇梨部从上座部分离出来，组成**大众部**。此后 700 年间大众部又细分出许多支派，包括说出世部、一说部和鸡胤部。公元前 3 世纪，**上座部**内部又发生分裂，产生说一切有部和分别说部。上座部的其他著名支派还有正量部、犊子部、经量部、化地部、法藏部和以巴利文命名的上座部。

《十二铜表法》 Twelve Tables, Law of the **罗马法**最早的法典，传统上认为是在公元前 451 ～前 450 年编写而成。公认是应平民的要求编写而成的，因为这些平民不满法律被贵族控制。《十二铜表法》仅有一些零散的摘录留存至今；而有关其内容的许多知识都是源自后来的法律文献提供的引文。罗马人非常尊重该法典，将其视为主要的法律渊源。

十二伊玛目派 Ithnā ʿAshariyyah 又称 imāmīs（伊玛目派）。英语作 Twelvers。伊斯兰教什叶派中的主要支派，相信从第四代哈里发和穆罕默德的女婿阿里开始，十二代伊玛目逐代相传。第十二代伊玛目于 873 年失踪，据说仍然活着，只是隐遁而已，他将在最后审判日复临。十二伊玛目派认为没有伊玛目这个世界无法存在，朝觐这些伊玛目的墓地必得善报。在伊朗萨非王朝（1502 ～ 1736）时期此支派为国教。该派还在伊拉克和巴林居多数。在其他一些穆斯林国家占数量较大的少数。

十二月党人起义 Decembrist revolt（1825 年 12 月） 由俄国革命者领导的一次未获得成功的起义。十二月党人原为上层阶级分子，且多为军人背景出身，他们趁沙皇**亚历山大一世**去世而新王尚未即位的短暂混乱时期发动起义，企图阻止尼古拉一世继位。但这次组织不够充分的暴动很快就被镇压下来。其结果是 289 名十二月党人受审，5 人被处死，31 人被监禁，其余的被放逐到西伯利亚。这次殉难事件激励了后来的俄国持不同政见者。

十诫 Ten Commandments **犹太教**与**基督教**奉为神圣的一套宗教戒律。其中规定信奉上帝；在安息日拜奉上帝；尊敬父母；禁止崇拜其他神祇和偶像；禁止亵渎神明、谋杀、通奸、盗窃、作伪证、妄羡。《旧约·出埃及记》中记载，上帝在**西奈山**上启示**摩西**，并将这些戒条铭刻在两块石板上。大部分神学家认为十诫产生于公元前 16 ～前 13 世纪间，但也有人认为晚至公元前 750 年。直到公元 13 世纪，十诫才为基督教徒严肃对待。

十四点和平纲领 Fourteen Points 1918 年 1 月美国总统 **W. 威尔逊**在一次演说中提出的关于第一次世界大战战后和平解决问题的十四点建议。其中强调以公开的方式缔结公开的和约，是要改变欧洲一直在实行的秘密外交做法。其他各点则概括了战后的领土调整。最后一点则是呼吁成立一个普遍性的国际组织，促成了**国际联盟**的建立。

十四行诗 sonnet 有正式韵律的十四行抒情诗，有 5 个抑扬格韵脚，并遵循规定的格式。其在西方文学的诗歌格律中之所以占有独特的地位，是因为 500 年间大诗人一直喜欢用这种诗体写诗。可能是在 13 世纪形成，源自宫廷诗人的西西里诗派。14 世纪在诗人**彼特拉克**的作品中臻于成熟。意大利（彼特拉克体）十四行诗的特点是，前 8 行句的韵式为 abbaabba，用来陈述一个问题、提出一个问题，或者表达紧张的情绪；后面 6 句为不同的节奏，用来解决问题、回答问题，或者缓和紧张的情绪。采用新的诗体加速了伊丽莎白时期抒情诗的发展，形成了莎士比亚十四行诗体（或英国诗体）。这种诗体包括 3 组四行诗，每组诗有自己的韵律格式，以押韵的对句结尾。

十五子棋戏 backgammon 用两粒骰子和棋子玩的棋盘游戏，双方试图抢先把自己的棋子聚集到内区（亦称本区），然后逐步将其从棋盘移开。棋盘分为 4 部分（或称 4 大区），每部分用两种颜色交替标出 6 个楔形狭长区（或小据点）。15 枚黑色棋子和 15 枚白色棋子代表对立双方。靠掷两枚骰子决定走棋的步数，一点一点地移到对面位置。这种棋主要流行于地中海东部，是最古老的游戏之一，可追溯到公元前 3 000 年。

十项全能 decathlon 混合运动的竞赛，包括 10 个田径运动项目：100 米、400 米和 1 500米赛跑、110 米跨栏、**掷标枪**、**掷铁饼**、**推铅球**、**撑竿跳高**、**跳高**和**跳远**。1912 年十项全能以一个持续 3 天的比赛项目进入奥林匹克运动会，后来赛程变成 2 天。根据国际业余田径联合会确立的评分表对运动员们在各项比赛中的得分进行评定。十项全能运动员通常被认为是世界上最优秀的全能运动员。

十月节 Oktoberfest 德国慕尼黑每年一度的节日，历时两周，于 10 月的第一个星期日结束。起源于 1810 年巴伐利亚储君（后来的国王路易一世）为庆祝婚礼而举行的赛马会。不久，赛马与农村交易大会合并举行，并供应饮食。到 20 世纪末，慕尼黑的各啤酒厂为庆祝十月节，纷纷设立临时啤酒厅，每个厅可容纳3 000～5 000人入座，并请乐队在酒厅演奏，以招徕顾客。节日期间啤酒消费总量超过 100 万加仑。

《十月宣言》 October Manifesto 沙皇尼古拉二世 1905 年 10 月颁布的文件。为应付 1905 年俄国革命的骚乱，在首相 S. Y. 维特的建议下，他发表《十月宣言》，承诺保障公民自由及建立民选的**杜马**。宣言满足了革命的温和派，起义被镇压。1906 年颁布了《基本法》作为宪法，成立杜马。但杜马在政府中只有有限的发言权，而给予公民的权利也远远少于宣言的许诺。

十字架 cross 基督教的主要标志，象征耶稣基督被钉在十字架上受难死亡以救赎罪人。行画十字礼，可以表明信仰、祈祷、献身或祝福。十字架有 4 种基本形式：希腊式十字架，四臂等长；拉丁式十字架，下垂之臂长于其他 3 臂；三出十字架，又称圣安东尼十字架，呈 T 字形；侧置十字架，又称圣安得烈十字架，状如罗马数字 X。传统认为拉丁式十字架是用来象征基督被钉死在十字架上。科普特派所用的十字架形如古埃及的象形文字安可；天主教和东正教的十字架上，有耶稣受难的苦像。在 4 世纪君士坦丁一世废止**钉十字架**的刑罚之前，十字架还不是很普遍。

几种传统的十字架样式
© 2002 MERRIAM-WEBSTER INC.

十字军 Crusades 1095～1291年西方基督教徒组织反对穆斯林国家的几次军事远征（该词源自拉丁文，意为"十字"），目的是控制圣城耶路撒冷。处在穆斯林统治下的拜占廷和东派基督徒遣使向西方求救。教皇乌尔班二世便在1095年召开克莱蒙会议，号召信徒进行圣战。由于教皇的倡导，加上隐士彼得的说教，便有了第一次十字军东征（1095～1099）。第一次十字军（1095～1099）由戈弗雷（布永的）、雷蒙六世等贵族领导，帮助拜占廷击退塞尔柱土耳其人，收复安纳托利亚西部、亚美尼亚和叙利亚部分地区，以及耶路撒冷（1099），并在这些地方建立了几个西方公国，包括耶路撒冷和安条克公国，由此形成十字军运动的基础，重点放在保卫已得到的土地。第二次十字军（1147～1149）旨在从突厥人手中解放埃德萨，但归于失败，至1187年大部分公国都已丢失。努尔丁之侄萨拉丁于1187年占领耶路撒冷，导致第三次十字军（1189～1192）。其间英王理查一世和法王腓力二世只夺取了塞浦路斯和阿克，未能抵达耶路撒冷。第四次十字军（1202～1204）目标指向埃及，但受到威尼斯—拜占廷政策的干扰，转而攻陷君士坦丁堡，建立了拉丁君士坦丁帝国。解放圣地所体现的为宗教理想奋斗的热情一直很高，酿成了1212年的所谓儿童十字军。以后，又发动了进攻埃及的第五次十字军（1217～1221），没能攻占开罗，以停战结束。第六次十字军（1227～1229）由德意志皇帝腓特烈二世领导，通过谈判与埃及苏丹缔结条约，取得耶路撒冷；但该城后又被突厥人占领（1244）。法王路易九世发动第七次十字军（1248～1250），以征服埃及、解放巴勒斯坦为目标。尽管有审慎的计划，西方国家还是惨败于埃及。路易九世发动的第八次十字军（1270）中途夭折，路易及其大部分军队在突尼斯登陆不久即染病而死。1291年阿克的陷落及大陆前哨阵地的丢失，结束了十字军时代。但对其兴趣却一直持续到14世纪。参阅阿尔比派十字军。

什里达哈 Shridhara（活动时期约750年） 极受尊重的印度数学家，写有若干篇有关印度数学的论文。现存作品有部分保存下来的《程序数学》、《数学的本质》和《用25行诗写成的数学》。《程序数学》中包含了诗化的数学法则，不加证明。第一部分处理整数和分数的算术运算（包括平方、开方、立方和立方根的计算）、分数的减法和比例。第二部分给出混合问题以及在平面图形法则中间断裂以前的各种序列。他编写《数学的本质》和《用25行诗写成的数学》是作为一部更大著作的概要，这部巨著可能是也可能不是《程序数学》。他给出了印度最早的计算球和截头圆锥体体积的正确公式。

什里帕提 Shripati（活动时期约1045） 印度天文学家、占星术家和数学家。著有《数学的装饰》以及天文学著作《确立的学说的顶峰》、《到达知识顶点的过程》和《不朽的思想》等。《确立的学说的顶峰》中有两章是关于数学的，为这一时期存留下来的少数文献资料之一，它使人们对婆罗门笈多和婆什迦罗第二之间的印度代数学状态有了重要的了解。关于星象占星术，什里帕提写过《计算降生的方法》和《星际科学的一串珠宝项链》，对印度占星术的发展产生重大影响。

什鲁斯伯里 Shrewsbury 英格兰什罗普郡的首府。位处英格兰-威尔士边界，有塞文河环绕四周。该城公元5世纪由波伊斯的威尔士王国所建，在8世纪末成为了盎格鲁-撒克逊麦西亚王国的一部分。11世纪，罗杰·德蒙哥马利在此建修道院，使之成为第一批英国的伯爵领地。在中世纪末结束与威尔士之间的战争后，该地区开始与威尔士进行羊毛和亚麻贸易，于是逐渐繁荣起来。为C.达尔文的出生地。人口约67 126（2001）。

什罗普郡 Shropshire 英格兰西部单一政区，也是地理郡和历史郡。被塞文河分为两部分，首府在什鲁斯伯里。曾发现大量新石器晚期和青铜器时期和铁器时代早期的居住遗迹。公元1世纪，罗马人在佛罗科尼厄姆建立了一个要塞，是罗马不列颠最大的城镇之一。撒克逊人统治时期修建了奥发大堤，成为英格兰和威尔士的边界。1066年的诺曼征服之后，在此建了一条双线城堡防线以防范威尔士。13世纪，当地出产的优质羊毛促进了经济繁荣；18世纪初成为英格兰最大产铁区。铁器铸造和农业现在仍很重要。人口约283 240（2001）。

什切青 Szczecin 德语作Stettin。波兰西北部海港，靠近奥得河口。几个世纪以来一直是斯拉夫渔业和贸易中心，10世纪时被梅什科一世并入波兰。1360年加入汉萨同盟，1648年为瑞典所有，1720年归属普鲁士，从此受德国控制，直到第二次世界大战后移交给波兰。战争中其港口完全被毁，城市人口剧减。在波兰政府管理下，港口和城市都得以重建，现为波兰最大港口联合体的一部分。是波兰西部的文化中心，有数所高等院校位于此。人口约416 500（2000）。

什叶派 Shiite 伊斯兰教的一个派别，是在教内领导权之争造成的第一次菲特纳（即分裂）后产生的。什叶派教徒在第三任哈里发遇刺之后拥护穆罕默德的女婿阿里为先知的继承人；而当时穆斯林的多数（组成逊尼派）反对阿里。阿里被刺杀后，什叶派逐渐成为一场宗教运动。阿里的追随者坚持认为哈里发或伊玛目应是阿里与他的妻子法蒂玛的直系后裔。什叶派的合法传统与逊尼派中4个主要派别的想法不同，通常被看做是最保守的。虽然什叶派大约只占全世界穆斯林的10%，但在伊朗和伊拉克他们是多数，在也门、叙利亚、黎巴嫩、东非、巴基斯坦以及印度北部人数也相当多。什叶派中最大的支派是十二伊玛目派，该派承认12个历史性伊玛目（包括阿里）。其他较小的什叶派支系包括伊斯玛仪派和栽德派。

石斑鱼 grouper 鮨科鱼类的统称。广布于暖海中，尤其是石斑鱼属和鼻鲈属。石斑鱼的特征是口大，体粗壮，有些种类体长可达2米，重达225千克，石斑鱼体色一般呈暗绿或暗褐色，有些种类可以改变花色。栖居深海的比生活在近海的体色更红。它们是上好的食用鱼，也是游钓鱼，亦可用鱼叉捕捉。少数种类的肉含有毒物质，食后能引起中毒。参阅海鲈。

石蛾 caddis fly 毛翅目水生昆虫，约7 000种。分布于世界各地，通常栖于淡水环境，但有时也在咸水或潮水涨落的地方见其踪影。体长1.5～40毫米，触角长丝状。外观与蛾相似。口器欠发达。其两对膜翅有毛，不动时呈屋脊状。许多种的幼虫以黏液、沙土以及枝叶的碎屑构筑一个可携带的巢匣居于其中，只露出硬化的头和足。蛹用强有力的锯状上腭破巢（或茧）而出，游到水面变为成虫。成虫无咀嚼口器，只以水和花蜜为食。其卵产出后附在水中物体上。石蛾对淡水生态系统极为重要，因为它们消化掉了水中动植物的碎屑，净化了水质，而且幼虫和成虫还是一些鱼类（特别是鳟）的重要食物。

石灰岩 limestone 主要由碳酸钙（$CaCO_3$）组成的沉积岩。碳酸钙通常以方解石的形式出现，较少见的形式是文石。石灰岩也可能包含相当数量的碳酸镁（白云岩）。多数石灰岩都有颗粒状结构，这些颗粒往往是贝壳类动物化石的细小碎片。对石灰石和其他碳酸盐岩中包含的化石进行研究，可以得到关于地球历史的许多知识。石灰岩可以用作土壤改良剂，并用来制造玻璃，还能用于农业。有些具有装饰价值的种类用来铺设地面、建筑的外立面和内墙以及纪念碑等。

石勒苏益格-荷尔斯泰因 Schleswig-Holstein 德国西北部的历史著名地区和州名。面积15 761平方千米。地处日德兰半岛南半部，包括波罗的海的费马恩岛和弗里西亚群岛的众多岛屿。从15世纪起，石勒苏益格-荷尔斯泰因的前公爵领地曾是丹麦、瑞典、神圣罗马帝国、普鲁士和奥地利反复争夺的地区。丹麦人在1864年将他们自己占有的部分地区割让给普鲁士和奥地利，1866年这些地区均落入普鲁士手中。石勒苏益格北部于1920年归属丹麦。石勒苏益格-荷尔斯泰因地区的德国部分在第二次世界大战后被组建成西德的一个州。工业包括造船、电力机械、造纸、纺织、服装和旅游业。首府为基尔。人口约2 834 254（2006）。

石榴 pomegranate 石榴科两种植物的果实，一种为原产于亚洲的灌木或小乔木，学名*Punica granatum*；另一种产于索科特拉岛，对其所知甚少。原产于伊朗，但很早已在地中海沿岸地区和印度栽培，也生长在新大陆温暖地区。果实大如柑橘，有6条不明显的边，外皮光滑，革质，褐黄色至红色；里面分隔成数室，含有许多形小透明的颗粒，颗粒外层是微红的多汁果肉，内有一粒具棱角的长形种子。果可鲜食，石榴汁可制成石榴糖浆，用于调味和甜露酒。植株高可达5～7米，有鲜绿色椭圆形叶和美丽的橘红色花。在整个东方，石榴自古与葡萄、无花果一样重要。《圣经》、先知穆罕默德和希腊神话都曾提及石榴。

石榴子石 garnet 具有相似的晶体结构和高度变异的化学成分的一组常见硅酸盐矿物。最常出现在变质岩中，但也出现在某些类型的火成岩中，还往往少量地出现在碎屑沉积物和沉积岩中。呈无色、黑色或各种红、绿色调。其硬度及其锋利的断口，适合做磨料，用于木材、皮革、玻璃、五金和塑料的砂磨和抛光，还可以用作喷砂剂和止滑面覆层。石榴子石是与一月份相关的生辰宝石。在美国纽约、缅因和爱达荷州皆有开采。美国是世界石榴子石主要产国，另外产量较多的国家有澳大利亚、中国和印度等。

石龙子 skink 石龙子科约1 275种蜥蜴的统称。分布在世界各热带地区和北美温带地区。体呈圆柱形，头为圆锥形，尾长渐尖。某些体长可达66厘米，但多数不及20厘米。

宽头条纹石龙子(*Eumeces laticeps*)
John H. Gerard from The National Audubon Society Collection/Photo Researchers

有些种类肢体不发达或完全退化以及耳鼓凹陷。多数隐匿地下或穴居，有些种类树栖，其余为半水栖。以昆虫和其他小型无脊椎动物为食，大型种类则以植物为食。卵生或胎生。

石棉 asbestos 可分离出柔软长纤维的矿物。纤蛇纹石约占所有商用石棉的95%。石棉是一种水合硅酸镁。其他类型均属角闪石族矿石，包括纤维状的直闪石、石棉状铁闪石、纤铁钠闪石、透闪石和阳起石。石棉纤维以前广泛用于刹车带、垫圈和隔热材料，以及屋瓦、地板、天花板、水泥管和其他建筑材料。此外，还用于安全服和剧场幕布以及公共建筑中的防火帘。20世纪70年代，发现长期吸入微小石棉纤维会引起肺部的*石棉沉着病*、肺癌或间皮瘤以及所有严重的肺部疾病。间皮瘤的发病率与大量吸入闪石石棉有很大关系。1989年美国政府对大多数石棉制品的生产、使用和出口逐步加以禁止。

石棉沉着病 asbestosis 长期吸入石棉纤维而引起的一种肺病。是一种肺尘埃沉着病，这种病不仅仅局限于接触石棉的工人，亦可发生在居住在石棉工厂附近的居民当中。石棉纤维留在肺部数年后，会引起过度的疤痕化和纤维化，其结果引起呼吸短促和血液充氧不足。该病的晚期患者有干咳的症状。目前，对石棉沉着病尚无有效的治疗方法。与此相关增加的心脏负担会继发心脏病。吸烟将会进一步加重石棉沉着病的症状。肺癌和恶性间皮瘤亦和石棉吸入及石棉沉着病有关。

石墨 graphite 又称plumbago(笔铅)或black lead(黑铅)。*碳*矿物同素异形体。深灰色至黑色，不透明，极软，由6个碳*原子*形成的环排列在间距很宽的水平层中构成，造成滑腻触感的特性。存在于自然界中，与黏土混合被当做铅笔中的"铅"使用，也被用于制造润滑剂、坩埚、上光剂、弧光灯、电池、电动机的电刷以及核反应的堆芯。

石器时代 Stone Age 已知史前人类文化的最早时代，以使用石制工具为特点。目前专家们已很少使用此术语。参阅*旧石器时代*、*中石器时代*、*新石器时代*、*青铜器时代*和*铁器时代*。

石墙暴动 Stonewall rebellion(1969-06-28) 发生在纽约市的同性恋者行动。石墙客栈是位于格林尼治村一处同性恋者经常出入的酒吧。由于一星期内两次被警方驱赶，同性恋者及其声援者约1 000人聚集向警方辱骂并丢掷石块，结果警方以武力回应。接连几个晚上，同样的暴动事件一再发生，最后演变成示威大游行。这个事件标志着美国同性恋权益组织的萌芽，后来每年都会有男同性恋(女同性恋后来也加入)纪念此"骄傲的一周"。

石山羊 mountain goat 又称Rocky Mountain goat。牛科反刍动物。分布范围从育空地区到落基山脉北部地区。虽形似*山羊*，但与*羚类*的亲缘关系较近。体粗壮，鬐甲部微

石山羊(*Oreamnos americanus*)
Earl Kubis-Root Resources

隆起，肩高约1米。两性均有角，角短，空心，稍向后弯，双角黑色。毛粗，白色，蓬松，粗毛下有厚而软的绒毛。吻细长，有颌毛。四蹄黑色。石山羊是攀岩高手，能跳跃3.5米以上。一般结成小群栖息于树线以上，以苔藓、地衣、灌木叶为食。

石狩川 Ishikari River 日本北部*北海道*河流。发源于北见山地中部附近，向西南流注入*日本海*(东海)的石狩湾。全长365千米，为日本第二大河。河名来自阿依努人用语ishikaribetsu("蜿蜒流淌的大河")。

石蒜科 amaryllis family 百合目的一科，约65属，至少835种，多年生草本，主要产于热带和亚热带地区。花显著，着生于平滑中空的茎上，少叶或无叶。许多种可供观赏。许多热带的百合状植物也属于本科，如网球花属(*Haemanthus*，俗名血百合或血莲)、六出花属(*Alstroemeria*，俗名秘鲁百合)和朱莲属(*Hippeastrulll*)。有些品种属室内植物。

石炭纪 Carboniferous Period 距今3.589亿～2.989亿年的一段地质时期，是世界地质发生巨大变迁的时期。所有的陆块因板块构造运动而紧密地靠拢到一起。冈瓦纳古大陆占据了南半球的大部分。到石炭纪末，现在的北美洲、格陵兰和欧洲北部也与冈瓦纳古大陆相连。西伯利亚和中国(包括东南亚)都是单独的大陆，仍然处在北半球的高纬度区。在这段时期，沼泽森林开始广泛分布，大量煤矿层开始形成。植物为适应复杂的森林环境也产生很大进化，脊椎动物也发生全面演化。两栖类开始广泛分布而且变得种类多样，爬虫类首次出现并迅速适应了许多栖息环境。

石英 quartz 地壳中第二种最丰富的矿物(仅次于长石)，由硅石即二氧化硅(SiO_2)组成，在经济上很重要。许多变种是宝石，包括紫晶、黄晶、烟晶、蔷薇晶。主要由石英组成的*砂岩*是重要的建筑材料。大量的石英砂(即硅砂)用来制造玻璃和瓷器，并在金属铸造中用于铸模。在砂纸、喷砂、磨石和砂轮中被用作研磨材料。石英和石英玻璃在光学上用来透过紫外线。由石英熔制的管道和各种容器在实验室里具有重要的用途。石英纤维用在高度灵敏的称量设备中。

石英岩 quartzite 转变为坚硬的石英质岩石的砂岩。通常是雪白色，具有平滑的断口，在冰冻作用下碎裂为角砾。砂岩转变为石英岩可以是通过来自地下间隙水中二氧化硅的沉淀来完成的，这些岩石被称为沉积石英岩；而那些由重结晶作用产生的是变质石英岩。由于缓慢风化，常成为丘陵或山岳。阿巴拉契亚山脉的很多著名山脊，就是由石英岩所组成。纯石英岩是冶金用和制造硅砖的二氧化硅来源。石英岩还被开采用作铺路石块和屋顶材料。

石油 petroleum 又称crude oil(原油)。*烃*类的复杂混合物，源于地质变化和生活在几亿年以前的动植物的分解，以液态(原油)、气态(*天然气*)或固态(*烟煤*、*沥青*)的形式存在于地球。石油和天然气是最重要的主要*矿物燃料*。沥青自古以来就用于防止船漏水和铺路。19世纪中期，石油在电灯照明方面开始取代鲸油，1859年第一口专门的油井开掘。汽车的发展使石油成为*汽油*来源，扮演了新的角色。石油和其产品自此开始用作取暖、陆地、空中和海洋运输，以及发电的燃料，还用作*石油化学制品*和润滑剂的来源。原油和天然气多产自沙特阿拉伯、美国和俄罗斯，现在约占世界能源消耗量的60%，美国是目前最大的消费国。按目前的消耗速度，已探明的储量会在21世纪中期消耗殆尽。石油通过钻井开采，再通过管道或油轮运输到精炼厂，在那儿转变为燃料和石化制品。

石油化学制品 petrochemical 严格地说，指从石油和天然气获得的一系列化学制品中的任何一种（不包括燃料）。该类别现已扩大到包括有机化合物和一些无机化合物（包括碳黑、硫和氨）的更宽的范围。有些制品难于划分，因为它们具有可替代的来源（苯从煤来，乙醇从发酵而来）。与原油和天然气一样，大多数石油化学制品主要由碳和氢组成，称为烃。用作原材料的石油化学制品（"给料"）包括乙烯（最大量）、丙烯、丁二烯、甲苯、二甲苯和萘。石油化学制品包括塑料（聚乙烯、聚丙烯、聚苯乙烯）、肥皂和洗涤剂、溶剂、药物、肥料、杀虫剂、炸药、合成纤维、橡胶、颜料、合成树脂、地板和绝缘材料、箱包、唱片和磁带。

石油输出国组织 Organization of Petroleum Exporting Countries (OPEC) 简称欧佩克。1960 年为协调成员国石油生产与出口政策而成立的多国组织。原始成员国为伊朗、伊拉克、科威特、沙特阿拉伯和委内瑞拉。后参加的有卡塔尔（1961）、印度尼西亚（1962）、利比亚（1962）、阿布扎比（1967，1974 年由阿拉伯联合酋长国接替）、阿尔及利亚（1967）、尼日利亚（1971）和安哥拉（2007）。厄瓜多尔（1973）和加蓬（1975）已不再是成员。政策由成员国在维也纳总部一致同意决定。欧佩克以提高石油价格对在 1973 年阿以战争中支持以色列的西方国家进行报复，结果其成员国的收入大幅增加。内部意见不一、代用能源的研制和非欧佩克成员国家的石油开发，使欧佩克的影响力大为下降。石油输出国组织国家提供的石油产量占世界石油消耗的 2/5，并占有世界已探明石油储量的 2/3。

石钟乳和石笋 stalactite and stalagmite 由缓慢的滴水带来溶于水中的各种矿物淀积而成的狭长形体。石钟乳像冰柱一样由洞顶或洞壁向下悬垂；石笋则好像颠倒的石钟乳，由洞底向上生长。并非所有的石笋都有对应的石钟乳，但当二者成对出现时，最终可能连成石柱。这类沉淀物中的主要矿物是方解石。石灰岩和白云岩溶洞中的石钟乳和石笋形体最大。

时差综合征 jet lag 从一个时区移动到另一个时区之后生物节律的不同步。症状包括疲劳、注意力不集中、睡眠障碍、乏力、行动缓慢、定向力消失、肠胃不适、食欲丧失等。时差综合征表明正常的光暗周期被打乱，这个周期对荷尔蒙和褪黑激素的分泌有影响。褪黑激素对调节睡眠与觉醒的昼夜节律有很大作用，因为褪黑激素分泌受光暗周期的影响。定时接触少量亮光能有效缓解时差综合征。此外，补充褪黑激素可以加快人体生物钟与新时区的再同步。时差综合征持续的时间和严重程度取决于在多短时间里飞行了多长距离。乘坐喷气式客机旅行之后此种现象可能会持续数日，开始引起人们注意，故取此名。

时代-华纳公司 Time Warner Inc. 全球最大的传播媒介和娱乐联合大企业，1989 年由时代公司与华纳传播公司合并而成。时代公司 1922 年成立，出版《时代》杂志，随着《财富》（1930）、《生活》（1936）、《体育画刊》（1954）、《货币》（1972）和《人民》（1974）等多本杂志创刊而发展。该公司还创建了时代-生活图书公司（1960），并收购了利特尔-布朗出版公司和每月一书俱乐部。1971 年该公司收购美国电视传播公司一份股权（1978 年获得全部所有权），并于 1972 年创建家庭票房（HBO）电影院。1989 年的并购包括华纳兄弟影片公司制片厂、一家唱片公司和一家有线电视运营公司。1995 年时代-华纳公司再次收购两个有线电视公司，并创建了 WB 广播联播公司。1996 年该公司又收购了 T. 特纳的特纳广播设备公司。2000 年该公司与美国在线公司合并，这是有史以来最大的公司合并。

时间 time 有限的或可计量的周期。更概括地说，时间是缺少空间范围的持续体。哲学家通过思考时间与物质世界之间的关系，以及时间与意识之间的关系这类广泛的问题，探索时间的意义。采纳时间绝对主义理论的人认为时间就像一种容器，宇宙在里面存在并发生改变，认为时间的存在和特性是独立于物质世界以外的。根据与之相对的关系主义理论，时间除了在物质世界中变化之外什么也不是。现在认为时间不能脱离空间（参阅时空）来对待，主要是由于 A. 爱因斯坦。有人争辩爱因斯坦的相对论证明关系主义理论是正确的，其他人则认为相对论证明绝对主义理论是正确的。关于时间与意识之间关系的主要问题即便有，也是广度问题，即时间或时间的方位取决于知觉生物的存在。时间中的重大事件通常是按照过去、现在和将来的概念来思考的，有些哲学家把这种概念解释为心里依赖，其他哲学家则相信时间是独立于知觉的，并坚持认为过去、现在和将来是这个世界客观上存在的特征。参阅地质时期、格林尼治平时和标准时。

时间膨胀 time dilation 狭义相对论中指与时钟有相对运动的观察者所测得的时钟"变慢"。时间膨胀仅仅在速度达到光速时是显而易见的，并已经通过接近光速时不稳定亚原子微粒运动导致时间增长和机载原子时钟精确时间选择而被证实。

时空 space-time A. 爱因斯坦在相对论中假定的在四维结构中联系空间和时间的单个实体。牛顿宇宙中空间和时间是假定为无联系的。空间被设想为一个平直的三维连续统（点的所有可能的位置的一种配置），能够用笛卡儿坐标表示；时间被看做是独立的一维连续统。爱因斯坦证明了相对运动的完整描述需要包括时间和三维空间的方程式。他还证明了时空是弯曲的，这使得他在广义相对论中解释了引力作用。

时事讽刺剧 revue 轻松的戏剧院演出形式，由讽刺故事、歌曲和舞蹈组成。最初从中世纪的法国街头表演起源，现代时事讽刺剧则是 19 世纪早期在巴黎的马里尼游乐厅产生，后来出现在女神游乐厅。英国的时事讽刺剧发展出了两种形式：一种是 19 世纪 90 年代的服装展示和皇家剧团的演出，另一种则是 20 世纪 20 年代的"夏洛特时事讽刺剧"和伦敦马戏团表演，主要强调巧妙的应答和时事性话题。在美国，"齐格飞时事讽刺剧"始于 1907 年，通常刻画一个中心人物。时事讽刺剧在百老汇和西区舞台定期上演，直到电影和电视的竞争使其让位于小型夜总会和即兴表演剧场。

时态 tense 语法中动词的屈折变化形式，用以表达所述事情发生的时间与叙述者说话的时间之间的关系。时间通常被划分为包含过去、现在、将来三大部分的连续，以定义所述事情与时间的联系。其他范畴包括语态和动词的语体（aspect），可以进一步指定所述动作行为的确定或不确定、完成或未完成、连续或非连续，及重复发生或是只发生一次。

时装 fashion 在特定时期或特定地点流行的任何服饰式样（即当前的式样）。可能这个时期与下一个时期不同，也可能代代不同。时装能反映出当时的社会和经济状况，也具有一种可解释整个服装史上许多样式受欢迎的功能。在西方，宫廷是流行时装的一个主要来源。

实蝇 fruit fly 双翅目两个科的统称，即大实蝇（实蝇科）与小实蝇（果蝇科），其幼虫以水果或其他植物体为食。成虫翅上有褐色斑点或条纹。许多种的幼虫为害果树，有时

实蝇（*Trypetidae*）
E. S. Ross

造成严重经济损失。有些种是潜叶虫，另一些实蝇在茎上挖洞。常见实蝇害虫包括：地中海果蝇、美国的苹果实蝇、墨西哥和东方实蝇以及地中海地区的橄榄实蝇。

实用主义 pragmatism C. S. 皮尔斯和 W. 詹姆斯首先系统阐明的哲学运动，后由 J. 杜威传承和改变。实用主义者强调知识的实用功能是一种适应现实并控制现实的工具。实用主义与经验主义都强调经验先于先验知识。当真理在传统上用一致性（参阅融贯论）或相通性解释时，实用主义认为真理是在验证的过程中被发现的。实用主义将观念作为行动的工具和计划。同现实形象的概

念相对的是，实用主义强调观念的实用功能：认为观念是可能的行为的暗示和预期，是一个已知行为结果的假设或预言，是现实世界中组织行为的方法。参阅 W. V. O. 奎因和 R. 罗蒂。

实在论　realism　哲学中把任何不依人的观察和思考为转移的存在作为人的知识对象的观点。与否认万物都是现实存在（除了语言外）的唯名论和将万物作为意念中的概念存在的概念论不同的是，实在论认为万物是独立于表达它们的语言以及人类的意念存在的。而与唯心主义和现象主义相反的是，它宣称物质的存在和其本身特性是独立于人的概念的。同样地，道德实在论认为行为的道德特性（例如在道德上的好、坏、不好不坏或伦理上的正确、错误或义务等）是属于行为本身而不应该只是作为在思考上接受或摒弃它们的头脑的产物来解释。与约定主义相反，实在论认为科学理论因其与独立存在的现实相符（或不相符）而客观地正确（或错误）。

实证主义　positivism　任何将其局限于经验的数据，拒斥先验知识的或形而上学的思辨，并强调科学成就的哲学体系。实证主义同经验主义、实用主义和逻辑实证主义有紧密关系。从更狭义上来讲，此词指 A. 孔德的哲学，他认为人的思想必然要经过一个神学的阶段上升到一个形而上学的阶段，然后再上升到一个积极或科学的阶段。他认为尽管天启宗教已经衰败，但宗教冲动却依然幸存，他构想出一种人类的崇拜，包括教会、历法和教阶制度。

食　eclipse　当三个天体排成一线时，一个天体被另一个天体全部或局部遮掩的天文现象。一种情形是：交食天体进入观测者和发光天体之间，如月球运动到地球和太阳之间，观测者看到的是被食天体全部或局部地被交食天体遮掩（日食）。另一种情形是：交食天体进入发光天体和被食天体之间，被食天体因进入交食天体的影子而变暗，如当月球运行到地球影子中（月食）。影子有本影和半影之分。本影无日光直接穿过（全食），半影只为部分来自日面之光所及（偏食）。古人见到日食、月食时多惊恐万状，在巴比伦、马雅、中国等古文献和典籍中都可见到不少有关记载，且当时已知如何准确预测。日食每年发生 2～5 次，多数年中有一次全食，地球各部分均可见到。如一次日食发生在日地距离最近，而月地距离最远时，月球将不能完全遮盖日面，还露出太阳在月面周围（环食）。日全食能提供更多有关色球和日冕的知识，通常它们总是隐没于光球的夺目光芒之中。月食发生的次数与日食同，发生月全食时，日光通过地球大气层折射，月球可能呈古铜色。其他恒星或行星的交食现象，也可以提供科学家研究这些天体的资料。

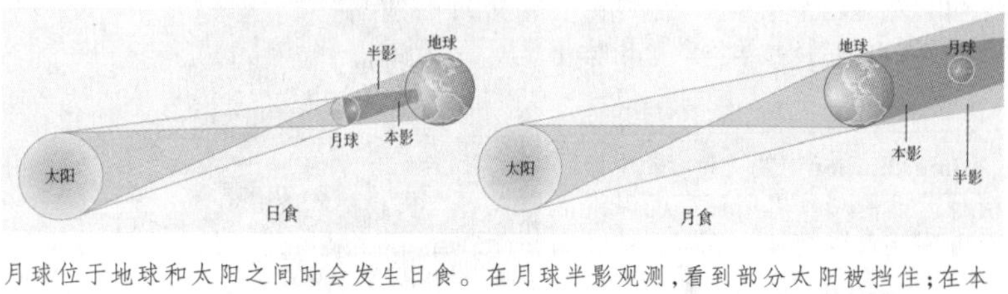

月球位于地球和太阳之间时会发生日食。在月球半影观测，看到部分太阳被挡住；在本影内看见太阳整个被月球盖住。地球位于月球之间时会发生月食。在地球半影内，月球略微变暗；进入本影，整个月球变得极为暗淡，略带红色。

食草动物　herbivore　单以植物组织为生的动物。包括范围甚广，从昆虫（如蚜虫）到大型哺乳动物（如象），但该词最常指有蹄类动物。对植物性食物的适应变化包括：反刍动物的四室胃，啮齿类动物不断生长的切牙，牛、绵羊、山羊和其他牛科动物的特化的用以磨食的磨牙。某些食草动物为单食性，如树袋熊（考拉），但绝大多数食草动物至少食几种食物。

食虫类　insectivore　食虫目哺乳动物，包括猬、鼹鼠和一些鼩鼱（有的专家将它归为灵长类）。更简单地说，就是主要以昆虫为食的动物。食虫类一般体小、敏捷，属于夜行性动物。除了南极洲、澳大利亚和南美洲以外，几乎广布世界各地。多数种喜独居（繁殖期除外），寿命短。

食品和药物管理局　Food and Drug Administration（FDA）　美国卫生和公众服务部的下设机构。1927 年建立，对食品和食品添加物、药物、化学制品、化妆品以及家用和医疗设备进行检查、检验、批准及制定安全标准。有权阻止出售未受检验的产品，采取法律手段制止显然有害的产品和对健康及安全构成威胁的产品的出售，但权力仅限于州际贸易。

食人俗　cannibalism　人吃人肉。此语源于西班牙语对加勒比人（*Caríbales* 或 *Caníbales*）的称呼，哥伦布最先遇到过他们。有关此种习俗的第一手可靠报道现在几乎没有，使得一些人对真正食人俗的存在表示怀疑。多数人认为吃掉人体某一部分或器官是一种礼仪方式，大概是要获取被食用者的某些优点或者借此施展魔力或巫术。在有些情况下，死者的一小部分会由他的亲属们礼仪性地吃掉。割取首级的人（参阅割头俗）有时要吃掉部分尸体或死去的敌人的头。阿兹特克人显然把食人俗普遍当作人祭仪式的一部分。

食肉动物　carnivore　哺乳纲食肉目所有食肉动物的统称，包括 10 科，主要是食肉性的哺乳动物：犬科（如狗）、熊科（熊）、浣熊科（浣熊）、鼬科（鼬）、灵猫科（灵猫类）、鬣狗科（鬣狗）、猫科（猫科动物）、海狗科和海豹科（海豹）以及海象科（海象）。虽然大部分食肉动物仅以肉为食，但也有些动物主要靠吃植物（如大熊猫）。大部分食肉动物有复杂的牙齿结构和一个仅能上下移动但咬食能力很强的下颚。最早的食肉动物可能是从食虫类祖先演化而来，出现在古新世时期（约 6 500万～5 500万年以前）。食肉动物有较高的智力。

食肉植物　carnivorous plant　又称食虫植物。约 400 种形态各异能借助特化的结构捕取昆虫或其他小动物，并能消化含氮丰富的动物蛋白质以获取营养的植物的统称。这些适应形态被认为能够使这种植物在极端环境下生存。其诱捕机制（多为叶的变态）用来吸引猎物上当。半数以上的种属于狸藻科，其特点是花两侧对称，花瓣融合，大多数是狸藻。其余的食肉植物属于其他一些科，包括瓶子草类、茅膏菜和捕蝇草。大部分食肉植物都生长在潮湿荒地、酸沼、树沼、泥岸等水分丰富而土壤酸性氮素缺乏的生境。大部分食肉植物是多年生草本，猪笼草属有些种为大灌木状藤本，最小的茅膏菜属种类常隐藏在水藓沼泽的地衣中。

《食糖条例》　Sugar Act（1764）　英国为增加北美殖民地税收而实行的法律。它是对 1733 年未实行的《糖浆条例》的一个修订，对从非英国的加勒比海地区进口到殖民地的食糖和糖蜜进行了新的规定，并允许扣留违反新法令的货物。这是第一个试图从殖民地获得对法英北美殖民地争夺战花费的补偿，并为英国在北美屯军提供经费的法令。殖民地反对该法令，指出这是在他们没有派出代表情况下通过的税收法令，而一些商人则同意不进口英国货物。在《印花税法条例》通过后反对的呼声更高了。

食物链　food chain　物质和能量以食物形式从一个生物体传递到另一个生物体的关联。因为多数生物体都能消费一种以上的其他生物体或被其消费，这些相互连接的喂养关系局部地区相互缠结而形成一个食物网。植物和其他光合生物体（如浮游植物）通过光合作用把太阳能转变为食物，是初级食物来源。在捕食链中，植食性动物被较大的动物所食；在寄生链中，较小的生物体消耗较大的宿主的一部分，本身又可能被更小的生物体所寄生（参阅寄生现象）；在腐生链中，微生物以死的有机物质为生。由于以热的形式存在的能量每个阶段（或营养级）中都有损失，因此食物链一般不超过 4 或 5 个营养级。

食物中毒　food poisoning　因进食含有毒素的食物而造成的急性胃肠道疾病。毒素主要来自某些动植物含有的天然毒物、污染食物的化学毒物和微生物的毒性产物。大多数中毒病例由细菌（包括沙门氏菌属和葡萄球菌属）及其毒性产物（包括肉毒中毒）引起。原本在常态下无害的细菌，如大肠杆菌，有时也会转变成有害的品系。化学毒物包括重金属(参阅**汞中毒**),不是来自食物就是由于炊具受酸性食物腐蚀而沥出的。食物添加剂长期食用也会产生累积毒性效应。因为尸碱的臭味常让人联想起腐败的食物或分解的尸体,因此也有人把食物中毒称为尸碱中毒,这是不科学的。参阅**蘑菇中毒**。

食蚁兽 anteater 食蚁兽科4种无齿、吃昆虫的兽类的统称。栖息于从墨西哥到阿根廷北部和乌拉圭的热带稀树草原和森林。毛厚,尾长,颅骨狭长,吻呈管形。口小,舌长且呈蠕虫状。唾液腺大,分泌黏性的唾液。单独或成对生活,主要以蚁类和白蚁为食。用长而锐利弯曲的前爪扒开蚁穴,把长而黏的舌伸进蚁穴舔食蚁类。身长从37厘米到1.8米不等。食蚁兽曾被认为与针鼹和穿山甲同族,现认为它们族群不同。

蚀刻法 etching 用酸液将图案蚀刻在金属版(通常为铜版)上的版画制作法。线条所产生的形象犹如用钢笔或铅笔在纸上直接画出的一样。蚀刻法作画始于16世纪初期,但用蚀刻金属版制作版画的方法是从在甲胄上蚀刻图案的做法演变而来。早期用此法作画的著名画家有**A. 阿尔特多费尔**、**A. 丢勒**和**帕米贾尼诺**;最伟大的蚀刻画家要属**伦勃朗**。20世纪时,蚀刻法常被用来绘制书本的插画。参阅**雕版**。

炻器 stoneware 一种在大约1 200℃高温下烧成达到玻璃化(即类似玻璃,液体不能渗透)的**陶瓷**。因为炻器是致密的,所以上釉只是为了装饰。炻器源于公元前1400年的中国,17世纪出口到欧洲,这些由红到深棕色的炻器由德国、英国和荷兰相继复制和仿造。参阅**骨灰瓷**和**瓷器**。

史迪威 Stilwell, Joseph W(arren) (1883～1946) 美国陆军将领。生于佛罗里达帕拉特卡。毕业于西点军校,参加过第一次世界大战。他学习过中文,曾在天津服役(1926～1929),后在北平任武官(1935～1939)。第二次世界大战爆发时,蒋介石聘他为参谋长,命其指挥中国军队在缅甸作战(1939～1942)。他后来指挥美军在中国、缅甸和印度作战,还监督莱多公路(又称史迪威公路)的修建,这条公路是连接缅甸公路的军事要道。1944年升任将军,指挥美国第10军在太平洋战场作战(1945～1946)。

史蒂倍克家族 Studebaker family 美国汽车制造商,其公司是世界上最大的马车制造商和汽车制造的龙头。1852年C. 史蒂倍克(1831～1901)与其弟亨利(1826～1895)在印第安纳州南本德开办了一家铁匠和马车店。后来其兄弟约翰、彼得和雅各布也加入了他们的行列。该家族在南北战争期间供应交通工具给美国政府,后来为西进的人提供马车。到1902年,该公司已经生产出了第一台电力车,到1904年开始生产汽油发动的车。1954年史蒂倍克集团同帕卡德汽车公司合并,1966年停产。

史密斯 Smith, Bessie (1894～1937) 原名Elizabeth。美国布鲁斯和爵士乐歌手,经典布鲁斯最具权威性的代表和当时最成功的黑人艺人之一。生于田纳西州查塔努加。在游吟诗人和歌舞杂耍舞台演唱通俗歌曲和布鲁斯,1923年开始录制唱片,1929年在电影《圣路易斯布鲁斯》中演出。她的演艺代表了布鲁斯乡村传统向城市结构和表现的完全转变。史密斯是一位大胆、极有自信的艺人,其声音有力,用词精确,被称为"布鲁斯女皇"。后在一场交通事故中因种族偏见未能及时获救而死亡。

史密斯 Smith, David (Roland) (1906～1965) 美国雕刻家。生于伊利诺伊州迪凯特。起初在汽车厂从事金属加工,1926年去纽约,一边在艺术学生联合会学习绘画,一边从事各种工作。其雕刻从他的抽象绘画作品中发展而来,他把许多小块的木头、金属细片和找到的许多物品贴附在画布上,最后把画布当作雕刻建筑物上层结构所依据的模板。他是美国第一位焊接金属雕刻家。1940年移居纽约博尔顿兰丁,创作了大型但看上去很轻的金属雕像。后死于车祸。他的抽象的生物和地理形式因其创造性、风格多样和高度的美学价值而著称。

史密斯 Smith, Ian (Douglas) (1919～2007) 英国殖民地南罗得西亚第一位本地出生的首相(1964～1965)。为白人统治的热心鼓吹者。1965年宣布罗得西亚独立,退出英联邦。20世纪70年代的大部分时间里他面对着**R. 穆加贝**和**J. 恩科莫**领导的游击队的攻击。1977年终于被迫参加谈判,将权力移交给黑人多数,整个移交过程在两年后结束,此后继续任国会议员至1987年。

史密斯 Smith, John (1580～1631) 英国探险家。曾参加军事探险,后加入前往北美洲建立殖民地的英国人之列。伦敦弗吉尼亚公司派三条船前往切萨皮克湾,1607年到

J. 史密斯,版画;S. van de 帕斯制于1616年

By courtesy of the trustees of the British Museum; photograph, J. R. Freeman & Co. Ltd.

达,建立了英国在北美洲的第一个居民点詹姆斯敦,史密斯成为这块新殖民地的首领。他在探索该地区周围环境的航行中被波瓦坦帝国的印第安人俘虏,根据他自己口述,他被酋长女儿**波卡洪塔斯**营救。作为詹姆斯敦的首领,他督导了该殖民地的扩张。1609年因受伤被迫返回英国。但是史密斯急于探险,与**普利茅斯公司**接触后,1614年航行至他命名为新英格兰的地区。他将沿岸绘制成地图,撰文描述弗吉尼亚和新英格兰,这鼓励了其他人去拓殖新世界。

史密斯 Smith, Joseph (1805～1844) 耶稣末世圣徒教会(**摩门教徒**)创始人。生于佛蒙特沙伦。青少年时期在纽约州巴尔米拉就曾有过神启梦幻的经历。1827年声称蒙

J. 史密斯,油画为匿名画家所绘;现藏密苏里州独立城赫里蒂奇厅博物馆

By courtesy of the Reorganized Church of Jesus Christ of Latter Day Saints, Independence, Mo.

天使指引发现了埋藏于地下的金片,上面有上帝的启示;经他翻译,便成了《摩门经》(1830)。他带领信徒辗转俄亥俄州、密苏里州以及伊利诺伊州,并于1839年在伊利诺伊州将原先的一个小镇改名诺伍,很快这里成为全州最大的城镇。在他试图压服摩门教的反对者们并因此引发动乱后,史密斯被以叛国罪逮捕。其后有暴民闯入关押他的监狱将他杀死,时年38岁。他的事业随后由**B. 扬**继承。

史密斯 Smith, W(illiam) Eugene (1918～1978) 美国新闻摄影记者。生于堪萨斯威奇托。先在地方报纸担任摄影工作,后到纽约为几家杂志社工作。1943～1944年作为《生活》杂志的战地记者,记录了太平洋战区的许多重要战役。他为《生活》杂志创作了一系列的专题摄影报道,如《西班牙乡村》(1951),表现村民们在贫瘠的土地上日复一日的辛勤劳作。最著名的作品《到天国乐园去》摄取了他自己的孩子们步入丛林空地时的一瞬,后来被选用为摄影展《人类大家庭》的压轴作品。

史密斯学院 Smith College 私立女子文科学院,位于马萨诸塞州北安普敦市。1871年用索菲亚·史密斯(1796～1870)的遗产创办。提供大多数主要学科的学士学位课程,以及教育、生物、舞蹈、戏剧、音乐、宗教、社会工作等学科的硕士学位课程,其中社会工作学院设有博士学位课程。该校与其他四所学校有合作教学计划,它们分别是阿默斯特、汉普郡、芒特霍利奥克三所学院及马萨诸塞大学。现有学生人数约2 800人。

史前巨石 megalith 新石器时代和青铜时代早期建造各种纪念物的未经加工的巨石。最古老形式的史前巨石建筑可能是石棚。这是一种由数个直立的支撑物和一块作顶用的扁平大石构成的石室墓葬。另一种形式是史前巨石柱,这是一块与其他直立石块放在一起组成一个圆圈的直立石碑,如英格兰的巨石阵和埃夫伯里村,或排成直线,如法国的卡纳克村石林。史前巨石遗址的意义仍不十分明确,但它们某些共同的建筑和技术上的特点说明了修建者想在自然景观上留下显眼的人工设计的东西,使之充满文化的象征。参阅岩画艺术。

史前宗教 prehistoric religion 从考古研究推断出的史前人类的宗教行为与信念。证实拥有死后来生之信念的最古老墓葬,可追溯至公元前50 000~前 30 000年。埋葬尸体时附带诸如石制工具的物品以及动物的器官,暗示有安抚死者的尝试,或者为他们前往来世作准备。旧石器时代中期提供最早的动物祭献的证据;祭献可说一直是给死者、给更高的权能者,或为了动物物种之繁殖的供品。也曾发现史前人类的祭献,通常是女性和孩子。从青铜器时代起,武器和珠宝经常作为祭献(可能是战利品的祭献)被丢入泉水、水井和其他水域。像熊这样的动物在史前宗教中相当重要;自旧石器时代晚期起,可能就被视为守护精灵,并与魔力有关。人类也行使祈求繁衍的仪式,如以维纳斯小雕像为名、过度夸饰胸部与臀部的小型肥胖女性体态。

史诗 epic 文体庄严、歌颂英雄业绩的长篇叙事诗,涉及重大的历史、民族、宗教或传说主题。"原始的"(或传统的)史诗源于英雄时代传说;"非原始的"(或文学的)史诗则是由老练的诗人为特定的文学和观念目的而有意识地改写的传统史诗。荷马史诗通常被认为是首批重要的史诗且是西欧史诗传统的主要来源。史诗传统的内容为:一位英雄,英雄有时是半人半神人物;广阔甚至无边的地理环境;英勇的战斗;旷日持久的旅程以及在情节中出现神灵。

使徒 Apostle 指耶稣挑选的 12 个使徒,他们是圣彼得(使徒)、西庇太的儿子圣雅各和圣约翰(使徒)、使徒安德烈、腓力、使徒巴多罗买、圣马太、圣多马、亚勒腓的儿子雅各、达太或犹大(加略人)(雅各之子)、奋锐党西门和犹大(加略人)。其中 3 人——彼得、雅各和约翰构成核心,只有他们目睹耶稣复活,彰显圣容,在客西马尼园祈祷的事件。犹大叛卖耶稣而死,他的缺位立即由新选出的马提亚充任。保罗经常自称使徒,他所根据的理由显然是曾面见基督并亲领命令。

使徒安德烈 Andrew, St.(? ~公元 60 或 70) 十二使徒之一,与圣彼得(使徒)为兄弟。为苏格兰和俄罗斯的主保圣人。据福音书记载,他原是渔夫,曾是施洗约翰的门徒。早期拜占廷传统称安德烈为先召(protokletos)。彼得和安德烈在捕鱼时受到耶稣召唤,耶稣承诺让他们做福音传教士。教会早期传说他在黑海附近传教。4 世纪的传说描述他被钉于十字架上,而 13 世纪的传说则说那个架子是呈 X 形的。死后遗骸曾被搬动过数次,他的头骨从 15 世纪起就一直摆放在罗马圣彼得教堂,直到 1964 年,教皇为了对希腊示好而奉还。

使徒巴多罗买 Bartholomew, St.(活动时期 1 世纪) 耶稣的 12 使徒之一。他的名字仅在《新约》中简短提及,他的希伯来文名字可能是 Nathanael bar Tolmai。据传巴多罗买曾到埃塞俄比亚、美索不达米亚、安息(今伊朗)、利考尼亚(今土耳其)和亚美尼亚等地传教。据说他被亚美尼亚国王阿斯提亚格斯下令剥皮砍头而死。

使徒统绪 Apostolic succession 基督教教义,谓主教(会督、监督)的职权是从耶稣基督的使徒一脉相传而来。根据这种教义,主教秉承使徒的特别权力,包括接纳教会成员、任命司铎、按立其他主教以及统辖本教区神职人员和教会成员。早在公元 95 年,罗马主教克雷芒便陈述这一教义,且为天主教、东正教、老公会、瑞典信义会和其他一些教会承认。有些新教教会将统绪维持为神式及教条式的,而不是仪式性或历史性的方式。

使役狗 working dog 培育作为警卫、拉曳或救助动物的各类犬种。种类从中型到大型,全部健壮有力、聪明且忠诚。警卫犬包括秋田犬、拳师犬、斗牛獒犬、杜宾犬、巨型与标准史纳沙犬、大丹犬、獒犬及洛威拿犬。家畜警卫品种有大白熊犬、可蒙犬(匈牙利)、哥威斯犬(中国西藏)及比利牛斯山犬(英国)。畜牧犬有德国牧羊犬、喜乐蒂牧羊犬及威尔士柯基犬。培育作为拖曳与救助工作的则有伯恩山犬、葡萄牙水犬、纽芬兰犬、圣伯纳犬与雪橇犬。

始新世 Eocene Epoch 早第三纪的大分期,始于5 580万年前,终于3 390万年前。继古新世之后,在渐新世之前。始新世之名源于希腊文 *eos*(开端),指的是现代生物的开始;在始新世期间,现代哺乳动物的所有大类,即所有的目,以及现代鸟类的许多基本的目全都出现了。气候温暖、潮湿,温带和亚热带森林分布广泛,但在此时期草原范围有限。

始祖鸟 Archaeopteryx 已知最早的鸟类化石属。在侏罗纪晚期(距今 1.59 亿~1.44 亿年)兴旺。化石标本显示始祖鸟的体格小如蓝色□鸟,大不过公鸡。解剖特征既像鸟(具有发育良好的翅膀和似鸟的骨骼),又像兽脚类恐龙(有发育良好的牙齿和长尾巴)。

士的宁 strychnine 有机化合物,含毒生物碱,提取自印度马钱子树(即番木鳖树)以及其他相关的马钱属植物种子。不溶于水,也很难溶于酒精,味极苦。被用作毒鼠药。服用20 分钟之内便能导致疼痛异常的肌肉收缩和抽搐,使头后仰,背部拱曲;死亡则通常由呼吸肌的抽搐引起。兽医有时候会使用小剂量的士的宁作兴奋剂。

士瓦本 Swabia 德语作 Schwaben。中世纪德国公国,包括今巴登-符腾堡州、黑森州、巴伐利亚州西部以及瑞士东部和阿尔萨斯的一部分。士瓦本和阿勒曼尼部落从 3 世纪起即占领该地区,直到 11 世纪该地区一直被称作阿列曼尼亚。7 世纪时爱尔兰传教士开始到此传播基督教。大约从 10 世纪开始,士瓦本成为早期中世纪德国五大宗族公国之一。约 1077 ~ 1268 年公国瓦解,处于霍亨斯陶芬王朝的统治之下。14 ~ 16 世纪成立士瓦本城市联盟,即士瓦本联盟;16 ~ 19 世纪该地区成为神圣罗马帝国的分割领地。主要城市包括奥格斯堡、弗赖堡(布赖斯高)、康斯坦茨和乌尔姆。

氏族 clan 许多社会结构中重要的基本亲属群体。一个氏族的成员可以实际上或名义上是一个共同祖先的后裔。这种后裔是单系的(母系或父系)。按照常规,氏族实行族外婚制,而氏族内的婚媾关系被视为乱伦。氏族可分为亚族或家系,在引进与本族没有亲缘关系的新成员时,可变通族谱或氏族神话。氏族成员的资格对于保证相互支持和相互保护是有用的,对于调解产权转移和婚后居住方式等争端,也是有用的。一些氏族用共同的标志表明他们的统一。参阅族外婚与族内婚。

示巴女王 Sheba, Queen of(活动时期公元前 10 世纪) 犹太教和伊斯兰教传说中阿拉伯半岛西南部赛伯伊(示巴)王国的国王。在《旧约》中,她曾拜访所罗门王,以测试他的智慧。在伊斯兰教传说中,她名为毕勒吉斯,最初崇拜太阳,后转而崇拜阿拉,并嫁给了所罗门或海姆达尼部落的男子。在波斯传说中,她被认为是一个中国国王与一个仙女的女儿。埃塞俄比亚传说称她为玛奇达,她与所罗门所生的儿子被认为是埃塞俄比亚皇朝的建立者。

世 epoch 沉积一个统的岩石的地质时代单位,是地质纪的次级单位。正式使用时,该词以大写字母开头,可加上有关的时间术语,例如早、中、晚,作进一步区分。世的使用通常限于第三纪和第四纪的划分。

世阿弥 Zeami(1363/1364 ~ 1443) 又作 Seami。日本能剧剧作家和理论家。在足利义满将军的赞助下,他与父亲观阿弥(1333 ~ 1384)一起创造出现在这种形式的能剧。在现存的大约 230 个剧目中,约有 90 部出自他之手,且多为佳作。在写给其弟子作为学习手册的专著中,尤其是在《风姿花传》(1400 ~ 1418)中,他阐明了能剧的演出原则。在后来的几个世纪里这些原则一直都具有指导作用。

世代交替 alternation of generations 生物学中,有机体生活周期中有性期(配子体)

和无性期(孢子体)交替出现的现象。在结构上,有时在染色体组成上,两期(或两代)是不同的。藻类、真菌、苔藓、蕨类、种子植物的世代交替是常见的。在植物和藻类的不同族群之中,两期的特性和范围则有很大的差别。在演进的过程中,配子体阶段已逐渐退化,于是在高等(如维管)植物中,以孢子体为主;而在较原始、无维管植物中,以配子体为主。许多无脊椎动物有有性和无性世代的交替(如原生动物、水母、扁虫)。

世纪树 century plant 又称 American aloe 或 maguey(美洲龙舌兰,*Agave americana*),产于墨西哥和美国西南部。要过很多年(5～100年)才能成熟,仅开花一次,然后就枯死。广泛栽培于室内外,叶大,叶缘具刺,花束极大,树高可达6米。世纪树为龙舌兰酒和麦斯卡尔酒提供了一种独特的配料。

《世界报》 Monde, Le 巴黎出版的日报,世界上最重要及广受尊重的报纸之一。为不接受政府和私人资助的独立机构,创建于1944年,当时德国军队刚刚撤离巴黎。从一开始就致力于深度报道国内和国际新闻,很快便以其独立性和准确性赢得声誉。虽然它常与左派联系在一起,但是作者可以阐述他们各自的观点,这就使该报并无统一的政策和一致的思想观点。

世界杯 World Cup 三个主要国际运动比赛和奖杯的通称。世界杯足球赛是先进行分区循环赛,选出16个优胜队,然后进行淘汰赛。于1930年首次主办,每四年举行一次(除第二次世界大战期间外)。全世界有上亿人观看,至目前是世界上单项运动比赛项目中观众最多的。世界杯滑雪赛自1967年以来每年举办,从三个高山滑雪项目(滑降、小回转、大回转)中累计成绩,总分最高的男、女运动员即为优胜者。世界杯高尔夫球赛(1953年设立时为加拿大杯),每年由各国派2名职业球员组成一队,参加比赛。

世界产业工人联盟 Industrial Workers of the World (IWW) 又称 the Wobblies。1905年在美国芝加哥建立的激进劳工组织。该组织反对美国劳工联合会的温和政策,其创办者包括西部矿工联合会的W. D. 海伍德、社会劳工党的D. 德莱昂,以及E. V. 德布兹。1908年该联盟分裂,由海伍德领导的激进组织占了上风。为达到劳工取得生产资料控制权的目的,该组织鼓吹发动总罢工、抵制和破坏等行动。其策略导致有人被捕和公众的反对,尽管采矿业和伐木业因罢工取得了一些成果。该联盟反对美国参加第一次世界大战,一些领导人受到迫害。到了20世纪20年代成员数量大为减少。

世界基督教协进会 World Council of Churches (WCC) 1948年成立于阿姆斯特丹的普世教会运动组织。谋求教会的合一和更新,为各教会提供一个讲坛,共同商谈,共同祈祷。第一次世界大战后普世教会运动产生两个组织:生活和工作运动(关注具体活动);信仰和制度运动(着重于教义议题以及联合的可能)。两个组织通过了建立单一的机构的计划。1948年世界基督教协进会第一次大会召开。协进会成员有基督教大多数派别和若干东正教会,罗马天主教会不是协进会成员,但派代表出席了会议。多数原教旨主义的新教派别则拒绝参加。

世界贸易中心 World Trade Center 纽约市一个中央广场周围原本由7座大楼组成的建筑群,靠近曼哈顿岛南端。两座孪生般巨型塔楼(1970～1972年建成),由山崎美能登(1912～1986)设计,分别高417米和415米,为当时世界上最高的建筑物,后于1973年被芝加哥的西尔斯大厦超过。1993年恐怖分子安放在2号大楼地下停车场的炸弹发生爆炸,炸死数人,炸伤约1 000人。2001年9月11日纽约市受到恐怖分子攻击,两座塔楼及周围的几座建筑受到被劫持的民航客机的冲撞全部倒塌,造成大约2 750人死亡,数千人受伤的惨剧。参阅九一一事件。

世界贸易组织 World Trade Organization (WTO) 设立于瑞士日内瓦,致力于监督世界贸易的国际组织。成立于1995年,前身为关税及贸易总协定。按当时的设想,旨在鼓励多边贸易和减少贸易屏障,要求成员国遵守所有原关税及贸易总协议的协议,并洽谈和落实新的贸易协定。世界贸易组织的批评者,包括许多反对经济全球化的人,指责该组织只考虑大型跨国公司的利益,破坏了国家主权,而且该组织鼓励的贸易自由化破坏了环境并导致发展中国家普通工人生活水平的下降。截至21世纪初,世界贸易组织成员有145个。

世界末日 Ragnarok 斯堪的纳维亚神话中指神与人世的终结。从10世纪的冰岛叙事诗《沃卢斯帕》以及其他来源得知,在世界末日到来之前,会出现严酷的冬天和道德混乱。巨人和魔鬼们将对诸神发起进攻,诸神将像英雄一样战死。太阳行将昏暗,众星消失,大地沉入海中。在这之后,大地会再次隆起,无辜者死而复生,正直的人们将生活在金顶的厅堂里。R. 瓦格纳的歌剧《众神的黄昏》就取材于世界末日的传说。

世界七大奇观 Seven Wonders of the World 由众多希腊、罗马观察家列举出的卓越的古代建筑及雕刻成就。最广为人知的有:①吉萨的金字塔,为奇观中最古老的,也是唯一至今大体上仍完整存留的建筑;②巴比伦的空中花园,位于塔庙顶上的一系列分层设圆露台,传为尼布甲尼撒二世、半传奇的萨穆-拉玛特女王或亚述国王辛那赫里布所建;③奥林匹亚的宙斯雕像,由菲迪亚斯用金子和象牙雕刻成的坐在宝座上的大型神像;④以弗所的阿耳忒弥斯神庙,建于公元前256年,以宏伟的规模和用于装饰的艺术作品闻名;⑤哈利卡纳苏斯摩索拉斯陵墓;⑥罗得岛巨像;⑦法罗斯岛灯塔,公元前280年建于亚历山大城外的法罗斯岛上,据说高逾110米。在这些奇观的启发下,后人又列出许多其他七大奇观。

《世界人权宣言》 Universal Declaration of Human Rights 联合国大会于1948年通过的有关世界人权的宣言。该宣言被一致通过,但有8票弃权。宣言的30个条款中有关于公民权和政治权(包括免于奴役的权利和享有国籍的权利)的解释,以及有关经济、社会和文化权利(包括享有社会保障的权利和参与社会文化生活的权利)的解释,所有这些条款都是根据成员国统辖下的人民的需要制定的。该宣言获得了比最初预想还要多的法律地位,并被广泛(甚至被一些国家法院)当做遵从联合国人权义务的手段。该宣言已成为某些非政府组织(如大赦国际)的工作基础。

世界树 world tree 又称宇宙树。世界的中枢,是尚无文字的民族,尤其是亚洲、澳大利亚和北美洲不同民族的许多神话和民间故事的广泛主题。已知有三种主要的形式。按照有关垂直的传说,这棵树在天地之间伸展。神谕和审判或先知的其他活动均在其下进行。按照有关水平的传说,这棵树植于世界的中心,并由具有超自然力的卫士保护。它是大地繁育和生命之源。

世界卫生组织 World Health Organization (WHO) 联合国专门机构,1948年成立于日内瓦,旨在促进国际合作以改善卫生环境。其章程还规定它有促进所有民族获得"最高可能的健康水准"的广泛任务。世界卫生组织的工作范围是:①设置世界卫生情报及科研中心。它确立了一整套编纂好了的国际卫生规章条例。②发起、推广各种防治传染病及地方病的措施(包括防病运动和供应洁净用水)。③鼓励各成员国加强并扩大其公共卫生行政机构。世界卫生组织成功地在全世界消灭了天花(1980)。

世界系列赛 World Series 美国棒球比赛。由两个主要职业棒球组织美国棒球联盟(AL)和全国棒球联盟(NL)在赛季后为决出冠军而进行的决赛。1903年首次举办。第二年纽约巨人队拒绝再次与波士顿队比赛,世界系列赛被取消。1905年恢复举行,1994年球员罢工被迫取消。自1922年以来,7局4胜赛制成为标准赛制。

世界野生动物基金会 World Wildlife Fund 又称 World Wide Fund for Natune(世界自然基金会)。世界上最大的私人赞助国际保护组织。1961年由一个欧洲科学家、博物学家、企业家与政治领袖(包括P. M. 史考特)组成的小团体创立。该组织筹措基金,供给其他保护团体。旨在保护濒危的环境如珊瑚礁,拯救濒危物种,对抗全球性的威胁如污染。协助建立并管理公园及保留区,以各种方法拯救大熊猫(基金会的标志就是大熊猫)及其他濒危物种。

世界遗产保护区 World Heritage site 根据国际《保护世界文化及自然遗产公约》

世界遗产保护区(部分)

遗址所在地*	国　家	备　注
非洲		
阿布鲁韦斯	埃及	考古遗迹
阿克苏姆	埃塞俄比亚	历史纪念碑
迦太基	突尼斯	古代城市遗迹
代赫舒尔	埃及	金字塔和陵墓
吉萨	埃及	金字塔和陵墓
戈雷岛	塞内加尔	奴隶贸易据点
大津巴布韦	津巴布韦	绍纳首都废墟
哈达尔	埃塞俄比亚	早期人类遗迹
凯尔奈克	埃及	底比斯神庙废墟
乞力马扎罗	坦桑尼亚	山地国家公园和保护区
国王谷地	埃及	底比斯陵墓
拉利贝拉	埃塞俄比亚	巨石教堂
大莱普提斯	利比亚	罗马建筑遗迹
卢克索	埃及	底比斯废墟
马拉喀什	摩洛哥	历史聚居区
孟斐斯	埃及	古代城市遗迹
肯尼亚山	肯尼亚	国家公园和森林保护区
恩戈罗恩戈罗	坦桑尼亚	野生生物保护区
奥杜威峡谷	坦桑尼亚	早期人类遗迹
菲莱	埃及	努比亚纪念建筑物
塞加拉	埃及	阶梯式金字塔和陵墓
塞伦盖蒂	坦桑尼亚	国家公园、野生生物保护区
底比斯	埃及	古埃及首都废墟
廷巴克图	马里	中世纪伊斯兰文化中心
维多利亚瀑布	赞比亚和津巴布韦	国家公园、大瀑布、赞比西河、雨林和野生生物
维龙加	刚果(金)	国家公园、多种多样的栖息地
孔多阿岩画遗址	坦桑尼亚	岩画
洛佩—奥坎德生态系统与文化遗迹景观	加蓬	自然与文化景观
哈勒尔	埃塞俄比亚	历史要塞
德拉伊耶遗址的阿图赖夫区	沙特阿拉伯	宫殿遗迹及城市景观
阿钦安阿纳雨林	马达加斯加	自然生态
亚洲		
阿旃陀洞穴	印度	佛教岩洞修道院
皖南古村落	中国	安徽,西递和宏村
吴哥窟	柬埔寨	考古遗迹
阿瑜陀耶	泰国	首都废墟
贝加尔湖	俄罗斯	独特的淡水环境
婆罗浮屠	印度尼西亚	佛教庙宇组合
秦始皇陵	中国	考古据点、兵马俑
乔加-赞比尔	伊朗	埃兰人城市废墟
周口店	中国	早期原始人类住地
大马士革	叙利亚	历史城市中心
大足石刻	中国	重庆
德里	印度	历史纪念建筑物和陵墓
象岛	印度	印度教洞穴庙宇
埃洛拉洞	印度	佛教、印度教、耆那教洞穴庙宇
峨眉山、乐山大佛	中国	四川,风景区
珠穆朗玛峰	中国和尼泊尔交界处	山地国家公园
故宫	中国	北京、辽宁沈阳的清皇宫
长城	中国	大型防御工事
下龙湾	越南	风景如画的岛屿
阿特拉	伊拉克	安息人城市废墟
广岛	日本	和平纪念碑
法隆寺	日本	佛教纪念建筑物
黄龙	中国	四川,风景名胜区
黄山	中国	安徽
明清皇家陵寝	中国	北京十三陵、江苏南京孝陵
顺化	越南	王宫
耶路撒冷	以色列	犹太教、伊斯兰教和基督教圣城
九寨沟	中国	四川,风景名胜区
康提	斯里兰卡	神圣的佛教城市
希瓦	乌兹别克斯坦	伊斯兰教建筑
高句丽王城、王陵及墓葬	中国	辽宁桓仁县、吉林集安市
京都	日本	历史首都
拉合尔	巴基斯坦	莫卧儿要塞、王宫和园林
丽江古城	中国	云南
龙门石窟	中国	河南洛阳
庐山	中国	江西,国家公园
莫高窟	中国	甘肃敦煌
避暑山庄及外八庙	中国	河北承德
巴尔米拉	叙利亚	古代城市废墟
佩特拉	约旦	古代城市遗迹
平遥古城	中国	山西
青城山、都江堰	中国	四川
布达拉宫	中国	西藏拉萨的达赖喇嘛前住所
沙那	也门	历史建筑
孙德尔本斯	孟加拉和印度	国家公园(印度)、圣所、红树林和沼泽
颐和园	中国	北京,皇家园林
苏州园林	中国	江苏,古典园林
泰山	中国	山东
孔庙、孔府、孔林	中国	山东曲阜
天坛	中国	北京,皇家祭坛
三江并流	中国	云南三江源保护区
泰姬陵	印度	纪念陵墓
提尔	黎巴嫩	3 000 年住地废墟
库隆角	印度尼西亚	爪哇岛上的国家公园和保护区
武当山	中国	湖北,古建筑群
武陵源	中国	湖南,风景名胜区
武夷山	中国	福建
云冈石窟	中国	山西大同
澳门历史城区	中国	历史建筑
四川大熊猫栖息地	中国	四川邛崃山、夹金山
殷墟	中国	考古遗址
中国南方喀斯特	中国	喀斯特地貌
开平碉楼与村落	中国	广东民居
中国丹霞	中国	丹霞地貌景观
登封"天地之中"历史古迹	中国	嵩山,历史建筑遗址

续表 1

遗址所在地*	国　家	备　注
海法和西加利利的巴海圣地	以色列	宗教建筑遗迹
萨迈拉古城	伊拉克	伊斯兰都城遗址
阿尔达比勒的谢赫萨菲·丁圣殿与哈内加建筑群	伊朗	伊朗传统建筑群
德里红堡群	印度	历史建筑群
济州火山岛和熔岩洞	韩国	地貌景观
河回村和良洞村	韩国	历史村落
萨拉子目古城的原型城市遗址	塔吉克斯坦	考古遗址
河内升龙皇城	越南	历史建筑遗址
澳大利亚和大洋洲		
大堡礁	澳大利亚	海洋生物国家公园
豪勋爵岛	澳大利亚	多种多样的栖息地
伦尔内岛	索罗门群岛	独特的岛屿生态系统
沙克湾	澳大利亚	稀有海洋生物和陆地生命形体
乌卢鲁(艾尔斯山)	澳大利亚	国家公园、砂岩巨石
欧洲		
雅典卫城	希腊	纪念建筑物综合体
艾勒汉布拉宫	西班牙	摩尔人王宫和要塞
阿尔塔米拉洞窟	西班牙	史前洞穴绘画
亚眠大教堂	法国	罗马式和哥特式风格
阿尔勒	法国	罗马式纪念建筑物
奥斯威辛	波兰	纳粹集中营
埃夫伯里	英国	史前巨石群
卑尔根	挪威	汉撒同盟码头
伯尔尼	瑞士	中世纪城市中心
坎特伯雷	英国	大教堂和大修道院
沙特尔大教堂	法国	哥特式建筑
德尔斐	希腊	圣所综合体遗迹
费拉拉	意大利	文艺复兴时期建筑
佛罗伦萨	意大利	历史性城市中心
枫丹白露	法国	皇家府邸和庭园
贾恩茨考斯韦角	北爱尔兰	玄武岩构成的海角
格拉纳达	西班牙	摩尔人、安达鲁西亚人建筑物
哈德良长城	英国	罗马人防御工事
赫库兰尼姆	意大利	被维苏威火山摧毁的城镇废墟
伊斯坦布尔	土耳其	无数的史迹
克拉科夫	波兰	中世纪城市中心
拉科斯洞穴	法国	史前洞穴绘画
吕贝克	德国	汉撒同盟建筑
卢森堡市	卢森堡	要塞和古城
迈泰奥拉	希腊	正统派基督教修道院
圣米歇尔山	法国	中世纪村庄和大修道院
莫斯科	俄罗斯	克里姆林宫和红场
那不勒斯	意大利	历史性城市中心
奥林匹亚	希腊	古圣城废墟
巴拉丁礼拜堂(亚琛大教堂)	德国	查理曼的皇家礼拜堂、加洛林式和哥特式风格
巴黎	法国	塞纳河河畔

遗址所在地*	国　家	备　注
庞贝	意大利	被维苏威火山摧毁的城镇废墟
波多	葡萄牙	历史性城市中心
布拉格	捷克共和国	历史性城市中心
兰斯大教堂	法国	哥特式建筑
罗德岛	希腊	中世纪城市中心
里拉修道院	保加利亚	保加利亚"民族复兴"的发源地
圣彼得堡	俄罗斯	历史性城市中心和纪念建筑物
萨尔斯堡	奥地利	历史性城市中心
萨摩斯	希腊	古代港口和神庙遗迹
圣地亚哥	西班牙	旧城市和朝圣路线
塞哥维亚	西班牙	旧城镇和罗马输水道
斯普利特	克罗地亚	罗马宫殿、其他纪念建筑物
圆形石林	英国	史前巨石群
塔林	爱沙尼亚	历史性城市中心
托莱多	西班牙	历史性建筑物
特兰西瓦尼亚	罗马尼亚	撒克逊要塞教堂、村庄
梵蒂冈城	梵蒂冈	天主教教皇驻地
威尼斯	意大利	岛屿城市和口湖环绕
凡尔赛	法国	皇家宫殿和庭园
维斯比	瑞典	汉撒同盟历史城镇
科孚古城	希腊	历史建筑遗迹
雷根斯堡旧城	德国	中世纪建筑
斯里兰卡中央高地	斯里兰卡	维尔德尔内斯峰保护区、霍尔顿平原国家公园、那科勒斯保护林地
贾姆济格勒-罗慕利亚纳的加莱里乌斯宫	塞尔维亚	罗马宫殿建筑
阿尔比市主教旧城	法国	历史古城
泰德国家公园	西班牙	特内里费岛
北美洲		
班夫	加拿大	国家公园、落基山脉
查科峡谷	美国	历史公园、普韦布洛文化废墟
奇琴伊察	墨西哥	马雅-托尔特克建筑
科科斯岛	哥斯达黎加	国家公园、森林和海洋生物
科潘	洪都拉斯	马雅古城遗迹
冰川湾	美国	阿拉斯加州国家公园、禁猎区
大峡谷	美国	国家公园
哈瓦那	古巴	殖民地城市中心
夏威夷火山	美国	国家公园
贾斯珀	加拿大	国家公园、落基山脉
克卢恩	加拿大	阿拉斯加州国家公园
库特内	加拿大	国家公园、落基山脉
兰斯奥梅多	加拿大	纽芬兰中世纪诺斯人居民点遗迹
马默斯洞穴	美国	岩洞系列和国家公园
梅萨台地	美国	史前悬崖住所
墨西哥城	墨西哥	历史性城市中心
帕伦克	墨西哥	国家公园、马雅城市
圣多明各	多米尼加共和国	殖民地城市
自由女神像	美国	国家纪念建筑物

续表 2

遗址所在地*	国　家	备　注
特奥蒂瓦坎	墨西哥	前哥伦布时期最大废墟
蒂卡尔	危地马拉	国家公园、马雅废墟
乌斯马尔	墨西哥	马雅城市和仪式中心
弗兰格尔-圣伊莱亚斯	美国	阿拉斯加州国家公园、禁猎区
霍奇米尔科	墨西哥	阿兹特克人水道和水上公园
黄石	美国	国家公园、地热组
约霍	加拿大	国家公园、落基山脉
瓦哈卡州中央谷地的亚古尔与米特拉史前洞穴	墨西哥	考古遗址
帕帕哈瑙莫夸基亚	美国	海洋生态保护区
南美洲		
阿雷基帕	秘鲁	殖民地时期建筑
巴西利亚	巴西	城市规划和建筑
卡塔赫纳	哥伦比亚	殖民地港口、要塞、纪念建筑物
昌昌	秘鲁	前印加奇穆王国首都的废墟
科洛尼亚-德尔萨克拉门托	乌拉圭	葡萄牙、西班牙殖民时期建筑
科尔多瓦	阿根廷	耶稣会教堂和庄园
科罗	委内瑞拉	西班牙、荷兰及当地建筑
库斯科	秘鲁	印加和殖民地时期建筑
复活节岛	智利	纪念性雕塑品
加拉帕戈斯群岛	厄瓜多尔	国家公园、独特的生态系统
瓦斯卡兰山	秘鲁	山地国家公园
伊瓜苏	巴西和阿根廷	国家公园、瀑布、亚热带雨林
洛斯卡蒂奥斯-达连	哥伦比亚和巴拿马	边境上的国家公园、雨林、沼泽
马丘比丘	秘鲁	印加废墟
纳斯卡图案	秘鲁	沙漠方山上刻画的巨型几何图案
潘特纳尔	巴西	淡水沼泽生态系统
波托西	玻利维亚	殖民地工业城市
基多	厄瓜多尔	殖民地城市中心
巴尔德斯半岛	阿根廷	海豹、鲸
圣克里斯托旺的圣弗朗西斯科广场	巴西	巴西东北部教派的典型建筑

* 本表地名的称法可能与联合国教科文组织的《世界遗产保护区名录》不同。此外，某些地名代表一个或数个较大的世界遗产保护区的构成部分。

所指定的任何“具有全球性价值”的地区或物体。该公约由联合国教科文组织于 1972 年正式通过，为国际合作以保存和保护全世界文化宝藏和自然环境提供了一个框架。凡是被列出的地点，都由其所在国家依法严格予以保护。文化遗产保护区中有许多世界著名的建筑。在世界遗产表上，文化保护区与自然保护区之比约为三比一。

世界音乐　world music　一种音乐流派，它把非洲、东欧、亚洲、中南美洲、加勒比海及非主流西方民歌等各种不同的音乐结合起来。起初大致反映了 20 世纪 80 年代在英国和美国推出的非英语唱片量的剧增，到 90 年代早期，世界音乐成为一种真正的音乐流派，与西方流行音乐的逐渐合成化形成对比。开始非洲音乐与世界音乐实际上同义。其巨星包括尼日利亚的 K. S. 艾德、F. A. 库提和塞内加尔的 Y. 恩多尔。喀麦隆出生的法国人 F. 贝比是最早提倡非洲音乐的人之一。到 21 世纪，世界音乐包括巴基斯坦歌手努斯拉特・法特赫・阿里・汗、法国弗拉明科流行音乐团体“吉普赛国王”以及“环境全球”音乐项目，后者融合了所谓的原住民人声取样和最新的节奏编排技术。

世界银行　World Bank　联合国为战后重建而在布雷顿森林会议上设立的专门机构。它是主要的国际发展机构。设有 5 个分部，分别为国际复兴开发银行（主要组成部分）、国际开发协会（IDA）、国际金融公司（IFC）、多国投资保证机构（MIGA）和解决投资争端国际中心（ICSID）。国际开发协会（1960 年成立）对世界银行中最贫穷的成员国发放无息贷款。国际金融公司（1956 年成立）提供贷款给发展中国家的私人企业。多国投资保证机构（1985 年成立）支持那些鼓励外国直接投资的国营和私人机构，提供它们应付非商业性危险的保险。解决投资争端国际中心（1966 年成立）的作用是减轻国际复兴开发银行调解投资争端的负担。参阅**国际货币基金组织**。

世界语　Esperanto　波兰眼科医师 L. L. 柴门霍甫（1859 ～ 1917）于 1887 年设计的一种人造语言，试图用作国际通用的第二语言。柴门霍甫的《世界语基础》（1905），提出此种语言的结构和构词的基本原则。世界语的词汇大都源自欧洲诸语言，有共同词根，全部词的拼写与发音都一致。语法简单而合规范。名词无性的区别，一律用词尾 *-o* 表示。世界语只有一个定冠词 *la*（如 *la amiko*“朋友”）；无不定冠词。形容词以 *-a* 结尾。动词全部都是规则的，每种时态或语气只有一种形式，没有人称或数的变化。国际世界语协会（1908 年创立）在 83 个国家中都拥有会员，讲世界语的人数估计有 10 万至数百万。

世宗　Sejong（1397 ～ 1450）　朝鲜李朝国王。在位期间（1419 ～ 1450）朝鲜文化发展到巅峰。世宗创造了朝鲜字母（参阅**朝鲜语**），禁止佛教僧侣进入首尔，从而削弱了佛教阶层的权力和财富。

市场　market　买卖双方相互接触而产生商品和服务交易的方式。该词原本指产品买卖的一处具体地方；现在则指任何场所，不论多么抽象或多么遥远，只要能够促成买卖双方完成交易即可。例如伦敦和纽约的**商品交易所**，就是交易员通过电话、计算机联机及直接喊价而构成的国际市场。市场交易的标的物，不只包括看得到摸得着的商品，例如谷物和牲畜，也包括金融工具，例如**证券**和**货币**。古典经济学家发展了“完全竞争”的理论。他们设想的自由市场，是一处大批买方和卖方能轻易沟通并交易商品的地方；在这样的市场中，价格完全由**供求**所决定。20 世纪 30 年代以来，经济学家的关注点已转移到“不完全竞争”，认为供给和需求并不是影响市场运作的仅有因素。在不完全竞争中，买方或卖方的数量是有限的，竞争产品是有差异的（不同的设计、质量和品牌等），而且有各种障碍来阻挡新的生产者进入市场。

市川崑　Ichikawa, Kon（1915 ～ 2008）　日本电影导演。曾在日本东宝影片公司动画部任职，后导演他的首部电影《道成寺娘》（1946）。他在《触脚女人》（1952）和《蒲山》（1953）等影片中把精美的西方喜剧介绍给日本观众。他因拍摄反战影片《缅甸竖琴》（1956）、《野火》《1959》和纪录片《东京奥运会》（1965）得到国际社会的赞誉。其他主要电影作品包括《炎上》（1958）、《大海我的敌人》（1963）和《演员的报复》《1963》。

市政厅　cabildo　拉丁美洲殖民地的地方政府主要机构。负责管理市政府的正常运转，包括治安、卫生、税收、物价和工资规定，以及司法管理等。它的管辖范围从城市扩大到周围的村落和农村。到 16 世纪中叶，市政厅官员通常由西班牙国王任命，官位可以出售或世袭。市政厅往往腐败成风，但公开的市政会议对 19 世纪初拉丁美洲的独立运动起了相当大的作用。

事界　event horizon　标示着**黑洞**极限的边界。在事界，逃逸速度等于**光速**。由于一般**相对论**指出没有东西行进得比光快，事界内没有东西能够跨越界线而逃逸出来，包括光在内。因此，进入黑洞的东西都无法跳脱出来，或从事界外观察得到。同样地，任何事界内产生的辐射都无法跳脱出来。对非旋转式黑洞来说，史瓦西半径限定了球形事界。旋转式黑洞拥有扭曲而非球形的事界。由于事界不是物质表面，而仅是数学上定义的分界，物体或辐射进入黑洞时并不受阻挡，只在跳出时受阻。虽然黑洞本身可能不辐射能量，粒子能借着霍金辐射仅从事界外部放出。

势力范围 sphere of influence 在国际政治中，一国对外国某一地区或领土提出的排他性或占支配地位的控制权。合法协议在19世纪80年代开始流行，这时欧洲列强在其海外殖民地都是采取和平协议。包括保证不干涉在互相认可的势力范围内的对方的事务。到了殖民扩张活动的最后阶段，竞争势力范围普遍采用地理政治要求而不是通过法律要求。例如美国在早得多的门罗主义的原则下，对西半球提出势力范围的要求；又如苏联在第二次世界大战后对东欧扩张其势力范围。

侍 samurai 日本武士阶级。在日本早期历史中，文化是与皇室相联系的，武士多受人蔑视。随着私人庄园的出现，武士变得日益重要，因为庄园需要武士的保护。武士的势力不断增强，当源赖朝建立起镰仓幕府（1192～1333）后，侍成为统治阶级。侍以遵守纪律、禁欲以及服务为特征。侍文化在室町时代（1338～1573）在禅宗佛教影响下有了进一步的发展。在德川家族（1603～1867）统治的两个太平世纪中，侍在很大程度上演变为世俗的官僚主义者。作为政府雇员，侍领有固定的薪金，在18～19世纪江户（今东京）和大阪的商业经济蓬勃发展的过程中，薪金的价值日益减少。到19世纪中期，官衔较低的侍渴望社会变革，同时希望面对西方列强的入侵能有一个强大的日本，他们于1868年在明治维新中推翻了幕府政府。封建阶级在1871年被废除。一些侍起来造反（参阅西乡隆盛），但他们当中的大多数使自己融进了日本的现代化进程。

试管受精 in vitro fertilization (IVF) 又译试管受孕。又作 test-tube conception。自妇女体内取出卵子，在体外与精子结合使之受精，再将卵子移入同一妇女或另一妇女子宫内的医学技术，用来治疗不育。1978年诞生第一个试管婴儿。试管受精包括：抽取卵子，收集精子，在培养液中受精，然后在8细胞期植入子宫。如果操作成功，胚胎会在子宫壁上着床，于是妊娠开始。最常遇到的问题是胚胎植入失败。试管受精从开始研究就引起了道德、伦理和宗教方面的争论。

试金法 assaying 化学分析方法，用以测定矿石和冶金产品中的金属含量，特别是贵金属含量。古代炼金术士和首饰匠企图通过将贱金属或矿物加热以寻求或创造贵金属。试金法这项非常重要的技术就是从他们的经验中发展起来的，并一直沿用至今。贵金属因分散颗粒无规则地分布，分析时需要取用大量矿石样品。这类含有金、银和铅的大量样品用火焰法作试金分析最为经济，该法包括加热和冷却的许多步骤。近代较复杂的方法（如光谱化学分析）不适合分析贵金属矿，因为那些必须使用的杂质矿样品比工具大得多，不能操作。

试金石 touchstone 用以检测金银纯度的黑色硅质石。将待鉴测的金属在试金石上摩擦，然后将一已知纯度的金属在旁边一块试金石上摩擦。用硝酸来处理金属在石头上留下的条纹，由于硝酸可溶解杂质，因而能在比较时强化两个样品的对比。由于诸如铜类的其他金属可以和银成为合金而其颜色没有明显变化，所以现在已不常使用试金石法试银，但此方法仍被用来试金，并对质量提供一个相当准确的基准。

视差 parallax 观测者从两个距离遥远的点所见天体方向的差异，用来判定天体距离的单位。观测者的两个点以及天体的位置构成三角形，顶角（在天体位置）是视差的两倍，距离越遥远，顶角越小。在地球表面两个地方同步观测可以算出太阳的视差。如果观测者刚好站在直径的两端，视差值最大值可达8 794弧秒。从地球相隔6个月，在轨道两端上看见恒星位置的差异（恒星视差，或称周年视差）可以测量大过地球两地无法测量的距离。最近的恒星系统南门二（半人马座α星），恒星视差0.76弧秒。从地球观测超过30秒差距的恒星视差，都已由欧洲太空总署的希帕克斯卫星测定。

视网膜黄斑变性 macular degeneration 黄斑（视网膜中央部分）的变性，伴随着视野缺陷。黄斑变性是老年失明的主要原因。或许是由于血液循环降低，现在知道有遗传的成分在内。吸烟者出现的比率是不吸烟者的两倍，并与终身阳光曝晒时间有关。周边视觉通常继续存在，但丧失中央的视觉敏锐度使得阅读和细微的工作困难或无法进行，即使戴上专用的放大眼镜也无济于事。有些形式的黄斑变性可以用激光外科手术使其停止恶化（但是不可逆转）。

适应 adaptation 生物学上，动物或植物适合其环境的过程。这是自然选择作用于可遗传变异的结果。甚至简单的生物也必须采取各种方式来适应环境，包括结构、生理、遗传方式、运动或散布方式、攻击和防卫的手段、生殖和发育等方面的改变。适应过程常需在身体几个不同的部位同时进行才能生效。

室内给排水设施 plumbing 为输送分配可饮用的洁净水和排出污水而在房屋内部安装的管道及装置系统。与为建筑群或一个城市设计的供水及下水道系统相比，室内给排水设施通常有明显的不同。室内给排水设施体系的改进非常缓慢，从使用铅管的高架渠系统的罗马时代一直到19世纪都几乎没有任何进步。最终，独立的地下供水与下水道系统的发展代替了开放性沟渠。现在的水管通常由钢、铜、塑料或其他无毒材料制成。一栋建筑的废物处理系统有两个组成部分：排水系统和通风系统。排水部分由一系列管道组成，这些管道将多个排水口设备与主排水管相连，主排水管则与下水道系统相通。通风系统则由一端为气口（通常开口在屋檐上）的管道组成，管道另一端开口于排水系统内的多个孔洞。通过在系统内提供空气的循环，通风系统可以保障室内卫生器具的水封处不致出现虹吸反应或倒灌的压力。参阅下水管道系统。

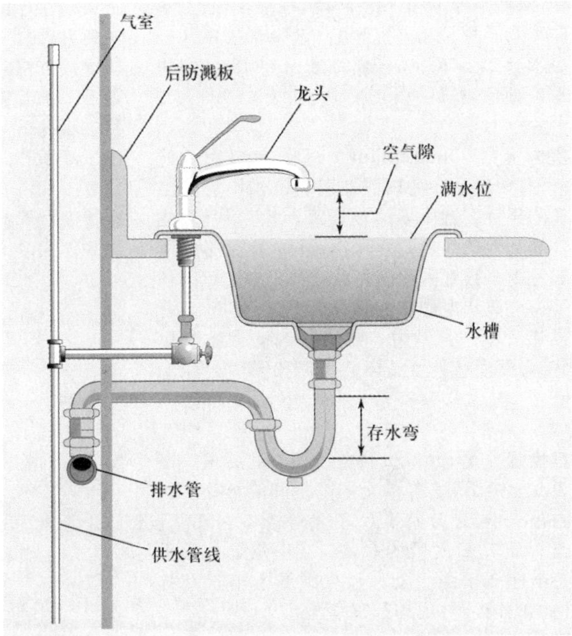

室内给排水设施的基本组件有供水管线、控制水流的阀门或龙头，以及将废水排出的排水管。可以给供水管线增加一个气室以缓冲水锤作用。排水管线的存水弯留下一些存水在管中，以防止讨厌的下水道气体从排水管进入室内。

室内设计 interior design 内部空间的设计，与建筑有密切的关系，有时还包括内部美化。设计者的目的是展现一个协调、和谐的整体，把室内的建筑、位置、功能和视觉效果统一起来，使人的身心舒畅，并能在这些空间里从事各种活动。设计的标准包括色彩、材质、照明、比例的协调。家具必须与所占空间及住户的需要和生活方式相配。对于非居住空间，如办公室、医院、商店和学校等建筑的空间设计，必须先妥善安排好室内空间的功能，然后再考虑纯审美方面的问题。

室内乐 chamber music 为小型器乐合奏谱写的音乐，演奏时没有指挥。过去通常在一个房间或大厅里表演，仅仅是为了表演者的自娱自乐，如今在音乐厅就经常可以听到室内乐。开始于16世纪的器乐音乐会,长期以来一直为贵族家庭服务。二重奏鸣曲(通常为小提琴和通奏低音谱写)和三重奏鸣曲出现于17世纪初的意大利。弦乐四重奏开始于18世纪50年代,现在仍然是最著名的室内乐类型和合奏。小夜曲、夜曲和嬉游曲是为不同的器乐表现力所谱写的经典曲目,通常是为了宴会和其他活动的伴乐。标准的室内乐合奏包括弦乐三重奏(小提琴、中提琴和大提琴)、弦乐五重奏(两把小提琴、两把中提琴和一把大提琴)、钢琴三重奏(钢琴、小提琴和大提琴)。室内管弦乐团一般不到25名乐师,经常演奏一些18世纪的音乐,通常需要一个指挥。

室内植物 houseplant 适于室内生长的植物,一般是一些只能在温暖气候中自然生长的品种。有很多植物可以在室内栽培,成功的两大条件是:必须容易照料,而且必须能够忍受多数室内阳光和湿度都不够充足的环境。选择室内植物主要取决于它们的叶或花或者二者一并考虑。要使室内植物生长良好,必须注意其生长环境,包括光线、温度、湿度、土壤、水和营养等。

室女座 Virgo 又译处女座、室女宫。在天文学中,狮子座和天秤座之间的星座。在占星术中,是黄道第六宫,是主宰8月23日至9月22日时段的命宫。其形象是一个手持一捆麦子的少女。她被想像为丰收女神(如伊什塔尔)或珀耳塞福涅。

铈 cerium 化学元素,周期表III_B族过渡金属中丰度最大的稀土金属。化学符号Ce,原子序数58。呈铁灰色,柔软性和延展性与锡相近。存在于许多矿物中,丰度与铜相近,比地壳火成岩中的铅多两倍。铈及其化合物有很多种用途,二氧化铈在光学工业中用于玻璃的精细抛光(代替铁丹),在瓷器涂层中用作不透明剂,在玻璃制造业中用作脱色剂。硝酸铈用来制造汽灯纱罩,其他铈盐用于陶瓷、摄影和纺织工业,金属铈是渗碳弧光灯的配料之一,这种灯可用于电影、电视及其他相关工业的照明。铈和其他稀土金属一起,是许多铁合金和有色金属合金的组成部分。在电子管制造业中用作收气剂,以去除痕量氧。

释战草 loosestrife 千屈菜科(尤其是千屈菜属和*Decodon*属)及报春花科的两个属(珍珠菜属和假珍珠菜属)观赏植物的统称。紫释战草(*L. salicaria*)原产于欧亚大陆,高0.6～1.8米,生于河岸和沟边;茎分枝;叶窄而尖细,轮生,无柄。穗状花序顶生,花红紫色。19世纪初引进北美洲,现已成为美国和加拿大许多地方的有害杂草,因为其密集生长,数量超越了原有的湿地植被,而这些植被是野生动物的食物和栖地。

嗜血菌属 Haemophilus 短小的杆状细菌属。所有种类均为严格寄生菌,存在于包括人类在内的温血动物及某些冷血动物的呼吸道中。呈革兰氏阴性,有的需氧有的厌氧,不能运动,培养时需要血液中的某种生长因子。有一种嗜血菌引起人类的性病——下疳。还有一种嗜血菌是人类流行性感冒患者继发感染的病原。

誓约派 Covenanters 又称圣约派。17世纪基督教苏格兰长老会中的一派,多次立约要维持自己所选定的教会行政体制和礼拜仪式。1638年的《民族圣约》签订以后,苏格兰议会决定废除主教制。在1639～1640年的主教战争中,苏格兰和英格兰作战,保卫宗教自由。在英格兰方面,这几次战争的军费开支是引起英国内战的一个因素。根据1643年的《庄严盟约》,苏格兰保证支持英格兰国会派,条件是沿长老会路线改革圣公会。克伦威尔政体稳定后没有满足誓约派的要求。1660年英格兰王政复辟,誓约派遭受残酷迫害,主教制又恢复。直到1688年爆发光荣革命,苏格兰教会才恢复长老制行政,但誓约并未续订。

噬鱼蛇 moccasin 响尾蛇亚科水噬鱼蛇和墨西哥噬鱼蛇的统称。墨西哥噬鱼蛇见于里奥格兰德至尼加拉瓜的低洼地带;被其咬伤很危险。体褐色或黑色,背部和身体两侧有窄的、不规则的苍白色线条斑。一般体长约1米。

手 hand 臂的末端,由腕关节、手掌、拇指和手指构成。整个手和手指均显示出很大的活动度和灵活性。人用两足行走,双手得到解放,可以用来抓握和操作。拇指能在腕掌关节处转动,可以和其他四指相对,因而可以捡拾小东西和抓握物体。据信,人在进化过程中,手灵巧度的发展与脑体积的增加相关。

手风琴 accordion 便携式乐器,用手拉风箱和两个键盘使活簧片发出声音。活簧片是一种小金属舌片,当空气吹过它时,便会振动发声。风箱的两边有键盘,类似簧风琴。右手键盘弹奏高音或合音。左手(低音)键盘的大部分键可发出3音和弦,"自由低音"手风琴可弹奏单一音调。最原始的手风琴使用的是按钮而不是琴键,1822年F.布施曼在柏林获得专利,他也是口琴的发明者。这种乐器广受舞蹈乐队的喜爱,也被视为一种民俗乐器。参阅六角形手风琴。

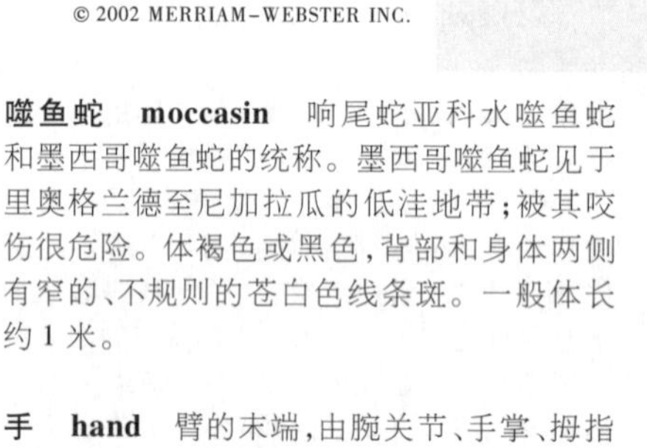

19世纪的意大利手风琴

Richard Saunders-Scope Associates, Inc.

手枪 pistol 可单手使用的小型武器。名称可能源自意大利的城市皮斯托亚(Pistoia),那里的手枪制造始于15世纪。手枪最初是骑兵使用的武器。然而,由于手枪的火力必须小才能减轻重量便于携带,而且只有技术过硬的战士才能在10码之外的地方准确射击,手枪一直没有成为令人满意的武器装备。警察和其他保安人员经常配备手枪,可以合法使用,主要作为一种万不得已的防卫武器。手枪体积小、价格低、易使用的特点使它成为罪犯最常用的武器,因此手枪的拥有受到法律的限制。手枪分为左轮手枪和自动手枪两种。自动手枪有一个靠后坐力驱动的装置,可将枪弹从枪把内的弹夹中装到枪膛里。

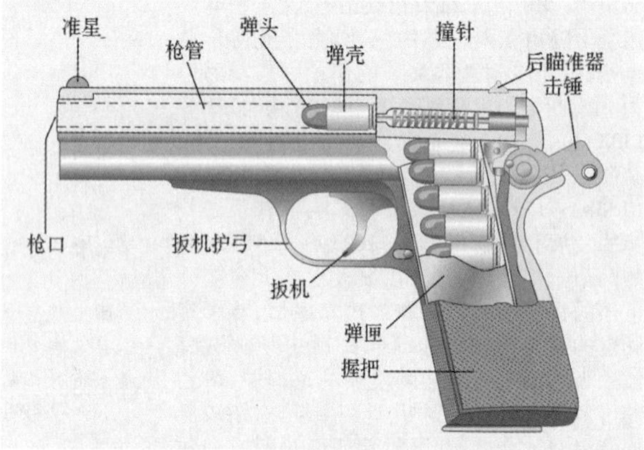

半自动手枪零件

手势语 sign language 任何用肢体语言代替口头语言进行交流的方式,尤指用手和手臂。这种方式很早以前就已经被相互之间语言不通的人们(例如:19世纪北美各个不同的大平原印第安人部落间)和聋哑人使用。C.米歇尔(1712～1789)在18世纪中叶为聋人制定了第一种手语,他的这一系统传入法国,发展出了法国的手语,至今仍在法国使用。1816年手势语被T.加拉德特(1787～1851)引进美国后,发展出了美国手语,现仍有超过50万人在使用。各国的手语大致都是表达某些概念,而不是语素,因此比起各国的口语,其共同点更多。

手相术 palmistry 通过解释人的手掌条纹来断定人的性格和占卜未来。手相术最初可能起源于古印度,而吉卜赛人的预言吉凶可能也是从他们的故土印度衍生出来的。在中国西藏及其他地区、波斯、美索不达米亚、埃及和古希腊也很流行。在中世纪欧洲,人们曾利用手相术来搜捕女巫,因为人们认为女巫手上有与魔鬼订誓约时留下的色斑。虽然手相术至今仍有流传,但其说法并无任何科学依据。

手印 mudra 佛教和印度教名词,指以手和手指表示出的有象征意义的姿势，用于典礼、舞蹈、雕塑和绘画。典礼和舞蹈中的手印多达数百种，涉及的部位不仅有手和手指，而且还有腕、肘和肩。在典礼中，特别是佛教典礼中，手印被视作一种印记，表达某种奥秘或法术性的誓词或话语，例如祈求祛灾。手印往往伴有曼怛罗。

手治法　chiropractic　一套治疗方法，其理论根据是：人体的疾病起源于缺乏正常的神经功能，经常是由于错位的脊椎压迫神经根造成的。治疗采用调整身体结构，主要是脊柱，必要时也可使用其他技术。该方法注重人体的肌肉骨骼的结构和功能与神经系统的关系。手治法形成于1895年，由D. D. 帕尔默（1845～1913）所创。专业医师在正规的手治法学院接受培训。

守恒定律　conservation law　又称law of conservation。物理学名词。该定律表述在孤立的物理系统中，某些物理性质（即可测度的量）不随时间而变化。在孤立系统内物质改变位相时，总质量保持不变。在孤立系统内，能量从一种形式转变为另一种形式时，能量的总和保持不变。在孤立系统内，动量发生转移时，系统的总动量（矢量）保持不变。系统中的电荷总量也如此：一个粒子中丢失的电荷为另一个粒子所获得。守恒定律的重要作用是：可能利用它们预言系统的宏观行为，而无须考虑物理变化和化学反应过程的微观细节。

守贞专奉　bhakti　南亚（尤其是在印度教内）的虔修运动，强调信徒必须专心恋慕一位个人的神。守贞专奉学说不同于不二论，以二元的观点看待信徒与神的关系。虽然毗湿奴、湿婆和性力等大神都可以是守贞专奉的对象，但典型的守贞专奉运动是以毗湿奴，特别是他的两个化身罗摩和黑天为本尊的。活动包括背诵神的名字、唱颂歌、佩戴神的标志以及朝圣。7～10世纪南印度的颂歌作者传播守贞专奉，并激励了诗和艺术的发展。如米拉巴伊等诗人用熟悉的人类词汇（如爱者和被爱者）来比拟神与信徒的关系，而写更抽象诗歌的诗人如迦比尔和他的弟子那纳克（锡克教创始人）则把神描写成是卓越超群和不可言喻的。

首尔　Seoul　旧译汉城。韩国首都（自1948年）。濒临汉江，在朝鲜半岛之中心附近。曾为朝鲜李朝（1394～1910）的首都，日本统治朝鲜期间（1910～1945），这里也是国家中心。朝鲜战争期间该城是美国军事管制政府的首都，遭受到严重破坏；1953年以后，城市大部分得以重建。1988年曾举办夏季奥运会。现为韩国的商业、文化和工业中心，也是高等教育中心，设有首尔国立大学（1946）等几所大学。人口约9 794 304（2010）。

首领　doge　8～18世纪威尼斯共和国的最高官吏。在威尼斯，首领职位始于该城在名义上属于拜占廷帝国的时代，8世纪才固定下来。首领由威尼斯各统治家族选出，为终身任职，享有广泛的权力。E. 丹多洛（1192～1205年在位）即为例证。但从12世纪起，贵族们对首领的权限加以限制。在F. 福斯卡里（1423～1457年在位）领导下，威尼斯第一次征服意大利本土。1797年拿破仑征服意大利北部后，该职位即被废止。

首陀罗　Sudra　印度瓦尔纳（社会等级）中的第四等，即最低等。传统上该等级由工匠和劳动者组成，最初可能包括了所有印度文明中被征服并编入种姓系统的人民。其成员不能参加入法礼，也因此不能阅读吠陀。首陀罗最高的成员包括一些地主，而最低成员则是不可接触者。参阅婆罗门、刹帝利和吠舍。

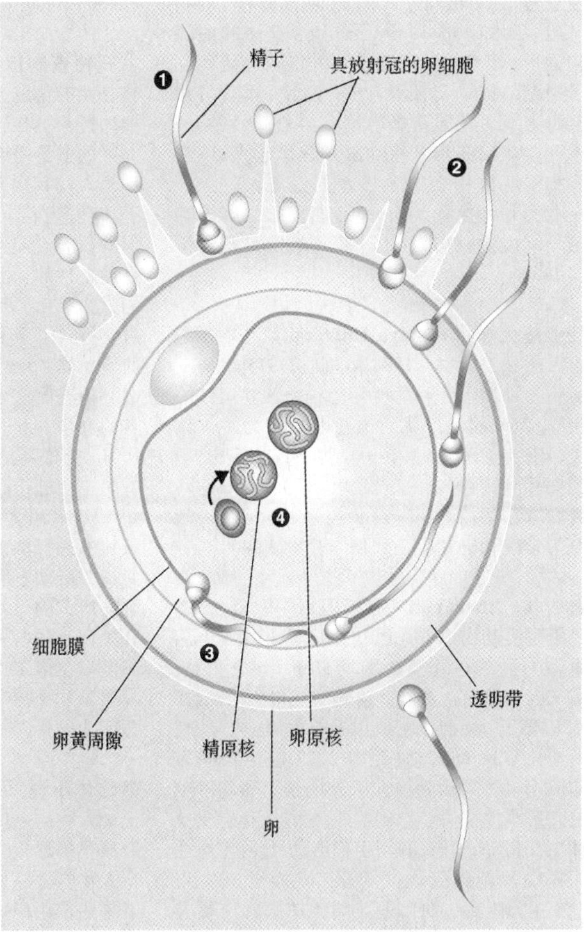

人类卵子的受精：①精子释放有助于分散放射冠细胞而与透明带结合的酶。②精子头部外层脱落，暴露出一些酶，借以消化透明带，从而打开一条通路。③精子与卵细胞膜融合，使透明带无法被其他精子穿透。④精子尾部与头部分离，精原核增大，向位于卵细胞中的卵原核移动。

首相　prime minister　又作premier。议会制或半总统制国家的政府首脑。首相是政党或有绝对多数席位的联盟的领袖，由国家元首正式任命。尽管这一称谓最初源自17世纪的法国——1624年红衣主教黎塞留被任命为首席大臣，但该职位主要是在18世纪的英国设立的。R. 沃波尔被认为是英国第一任首相（1721～1742），其权力在皮特（小）手中加强。首相在许多英联邦国家、欧洲和日本已成为政府首脑的典范。首相有任命权，负责政府的立法计划、预算和其他各项政策。任期一直到下一届预定的选举或失去立法支持为止。法国和俄罗斯为半总统制国家，既有总统又有总理，总统握有较大的权力，但总理控制国内的立法议程。参阅大臣。

受诫礼　Bar Mitzvah　犹太人庆祝男子满13周岁和成为犹太教徒的典礼。通常在安息日做礼拜时举行，男孩诵读托拉，还要解释一段经文。仪式后的当天或次日通常举办喜庆式的圣日前夕祝祷和家庭晚宴。1810年后犹太教改革派坚振礼（为男女少年举办）取代受诫礼，但在20世纪许多会堂又恢复受诫礼。改革派和保守派犹太教都有一种单独为及龄女子举行的女受诫礼。

受精　fertilization　雄性细胞（精子）结合雌性细胞（卵）的生殖过程。在此过程期间，卵子和精子融合形成一个合子，合子再分裂成一个胚胎。在人类受精过程中，精子从阴道穿过子宫到达输卵管，在此包围了一个通常两三天前从卵巢排出的卵子。一旦有一个精子融合进卵细胞膜，其外层就会挡住其他精子的进入。

狩猎　hunting　追捕猎物的活动，主要作为一种运动。对于早期的人类，狩猎是必须的，直到现在在许多地方还是如此。在现代，狩猎者已知道要限制狩猎的方法，并建立了一些法规，给予猎物逃跑的看似公平的机会，避免已受伤猎物不必要的痛苦。现在的游戏规则着重于保护猎物和限制狩猎。使用的武器有步枪和弓箭，方法有潜步靠近、伏击（趴下等待）、循迹跟踪、围赶和模拟鸟兽叫声加以引诱。有时也会利用狗来跟踪、惊吓或捕捉猎物。

狩猎和采集文化　hunting and gathering culture　又称foraging culture。以狩猎、捕鱼

和采集食物为生的人类文化或社会的统称。直至1.2万年前～1.1万年前,人类均靠捕猎野生动物或采集野生植物为生。至20世纪仍有许多人以传统的狩猎方式维生,但到中世纪这些民族与定居族群已经有了密切联系。在传统的狩猎和采集社会中,社会群体规模很小,通常由一个家庭的成员组成,或由几个有亲属关系的家庭组成一个宗族。基本上妇女和儿童采集相对固定的食物,如植物、蛋、有壳水生动物和昆虫,而男人则猎杀大型猎物。饮食非常均衡和充足,而且是分享的。狩猎和采集社会有大量的闲暇时间可以从事社交和宗教活动。

授业座　yeshiva　犹太教教育机构,专门传授《塔木德》。对于《圣经》和律法的注疏和运用,为若干世纪犹太人的宗教生活确立了规范。传统上授业座是犹太教师学习和授职之所。在耶路撒冷第二神殿遭毁后,一系列授业座在黎凡特地区兴建了起来,以汇编和讲解数百年犹太学者的论著。中世纪在欧洲有大批犹太人,授业座盛行。美国的第一间授业座(1886)后来成为授业座大学(1945)。

授业座大学　Yeshiva University　美国纽约市的私立大学。1886年创立;1915年与一所犹太神学院合并。现今为一所独立运作的大学,但课程仍以犹太文化和历史为主。该校目前有文理学院、女子学院、希伯来研究学院、爱因斯坦医学院以及犹太研究、塔木德研究、商业、法律(卡多索学校)、社会工作、教育等学院和研究院。注册学生约5 500人。

兽脚类　theropod　兽脚亚目中双足、食肉的蜥臀类动物统称。已知体形最小的成年恐龙,大小如鸡的秀颌龙属,可能重1～2千克;霸王龙体重可达数吨。兽脚类还包括跃龙、恐爪龙属、斑龙、食蛋龙属以及迅掠龙属。从晚三叠纪到晚白垩纪(距今2.27亿～6 500万年)的地层中,除南极洲以外的各大陆均发现有兽脚类的遗迹。它们的后肢发达,适合支撑体重及行动;前肢短小,手部活动灵活,可能适于攫住及撕碎猎物。尽管其名字含义中有"兽"(即哺乳动物),但兽脚类的脚其实更类似鸟类的脚。许多科学家相信所有的现代鸟类都是由小型兽脚类的一支演化而来。

兽医学　veterinary medicine　处理动物病症和涉及人畜间传播的疾病的医学学科。在古埃及和巴比伦就已经有兽医专业。18世纪中叶第一批兽医学校在欧洲成立。兽医从事内科、外科和预防医学,使用的技术与应用于人类的技术相同。他们在世界各地服务,如私人和公司的诊所、大学课堂、私有企业、政府部门、公共卫生服务部门以及军队。许多兽医擅长治疗小动物(宠物)或者大型动物(家畜);精于治疗野生动物的兽医人数很少。

兽主　animals, master of the　超自然的形象,被视作早期狩猎民族传说中猎物的保护者。在某些传说中,他是森林的统治者和所有动物的护卫者;其他传说则说他只是一种动物(通常是对部落具有经济或社会意义的大动物)的统治者,可能兼具人和动物的特征。猎人要杀动物来款待他,以示尊敬,否则他会扣留猎物直到通过仪式或由一位萨满来安抚他。

书法　calligraphy　用笔(或毛笔)和墨书写的优美而高雅的艺术,要求字体结构正确,各部排列有序,比例协调匀称。在伊斯兰和中国的文化里,书法的地位与绘画同等重要。14～16世纪,欧洲出现了对后来所有的手写体和印刷体都有影响的两种手写体:罗马体和斜体风格。随着现代印刷术的发明(1450),书法变得更加洒脱,具有装饰性。

书刊检查制度　censorship　对被谴责危害公共道德的言论或文章进行修改或禁止传播的行为。在过去,多数政府认为规范本国人民的道德是政府的职责;只有当个人地位和个人权利提升之后,这种书刊检查制度似乎才会遭到非议。书刊检查制度可以是预防性的(避免不良信息的出版或传播),也可以是惩罚性的(处罚那些出版或传播违法内容的人)。在欧洲,天主教教会和新教教会都曾实行过书刊检查制度,就像17～18世纪的专制君主所作的那样。在美国,20世纪的书刊检查制度主要针对那些被认为有淫秽内容的文学作品,如J. 乔伊斯的《尤利西斯》和D. H. 劳伦斯的《查泰莱夫人的情人》,尽管有时也会进行政治方面的书刊检查,如20世纪50年代针对学校可能涉及到左派观点的教科书进行清理。20世纪末,有些人提出要对认为威胁(有时仅仅是冒犯)不同阶层人群的所谓的仇恨言论、语言加以检查。美国公民自由联盟通常反对任何形式的书刊检查制度。在第二次世界大战的德国,出版否认大屠杀和支持纳粹的公开出版物被认定为犯罪行为。参阅五角大楼文件。

书信体小说　epistolary novel　以一个或几个人物的书信为叙述手段的小说。它是小说最早的形式之一。书信体小说的长处是表现人物内心深处的思想和感情,把发生的事情陈述得栩栩如生,它使作者能不受干扰地从几个不同的角度描述发生的事情。A. 贝恩的诗作《一位贵族和他的妹妹之间的情书》(1683)预示了书信体小说的出现。S. 理查森的《帕美勒》(1740)是早期的佳作;后来的出名作品还有T. 斯摩莱特的《亨佛利·克林克》(1771)、P. 拉克洛的书信体小说《危险的交往》(1782)。这种体裁到19世纪一直受到欢迎。书信体小说依赖主观见解,因而成为现代心理小说的先驱。

枢机　cardinal　天主教枢机团的成员。负责选举教皇,为教皇的主要参谋人员,参与管理全世界的天主教会。枢机是罗马教廷机构的主要官员、主要教区的主教,往往代表教廷出使。自769年起只有枢机有资格成为教皇,1059年后只能由枢机选举教皇。第一个枢机管辖罗马7个主教区。他们现在的继任者是枢机助祭。枢机主教是继承罗马之外的主教辖区和东正教的大主教辖区。枢机司铎是散布各地的重要辖区主教,构成人数最多的枢机团。近400年来枢机团人数一直规定为70人,但教皇约翰二十三世(1958～1963)于1958年取消了这种限制,现在人数已逐渐增至百余人。在教皇保罗六世(1963～1978)期间人数为145人,在教皇保罗二世(1978～2005)期间人数为182人。由于枢机人数的增加,教皇提出了新的限制。保罗六世要求75岁还未辞职的枢机在80岁时放弃他们选举教皇的权利。他还把有投票资格的枢机人数限定在120人。这一人数限制在保罗二世任教皇期间被确定。红色的法冠和环形饰物是这一职位的象征。

叔本华　Schopenhauer, Arthur(1788～1860)　德国哲学家。银行家和小说家之子,曾学习多个领域的知识,后来获得哲学博士学位。他把奥义书以及柏拉图和康德的著作视为自己哲学体系的基础。他的哲学反对黑格尔的唯心主义,是一种以意志为核心的形而上学学说。他的著作《意志和表象的世界》(1819)由两个系列的反应组成,包括了认识论和自然哲学、美学及伦理学。他从精神和理性转向直觉力、创造力和非理性,影响了(一部分是通过F. 尼采)生命主义、生命哲学、存在主义、人类学的理念和方法。其他作品还包括《论自然界中的意志》(1836)、《道德的两个主要问题》(1841)和《哲学小品》(1851)。叔本华是一个郁郁寡欢、性格孤独的人,其作品使他得到"悲观主义哲学家"的绰号。他的哲学直到1853年之后才为世界所重视。

叔本华,1855年摄
Archiv fur Kunst und Geschichte, West Berlin

梳理　carding　生产纱时把个别纤维分开,使许多纤维保持平行的过程,同时还除去大部分残留的杂质。棉花、羊毛、废丝和人造纤维都需要梳理。梳理产生厚度统一的薄层,然后再经过压缩,形成一股粗的、连续不断的、未捻在一起的线,称为银线。若要得到高质量的纱线,梳理工序之后还要进行精梳,这个过程可除去短纤维,留下全部由长纤维组成的银线,纤维全部保持平行,比未经精梳的纱线更顺滑,更有光泽。梳理和精梳过的银线可以用于纺纱。

梳毛工起义　Ciompi, Revolt of the(1378)　佛罗伦萨制衣工人和其他工匠的一次起事,使佛罗伦萨一个民主的政府得以上台。梳毛工是起事中最激进的集团,起事由主要行会内部派别斗争所触发,各下层阶级响应号召起事。他们向执政团要求执行更为公平的财政政策,为尚未组织起的群体争取建立行会的权利。他们曾一度接管政府,但经济状况继续恶化,加上已建立的各行会的联合努力,使他们很快被取代。

舒 Shu 埃及宗教中代表空气及承托苍天的神,由太阳神阿图姆创造。舒和他的妹妹特福努特(湿润女神)是被称为赫利奥波利斯的九个神中的第一对夫妇。他们的结合产生了苍天女神努特和大地之神盖布。舒通常作人形,头戴鸵鸟羽,高举双臂支撑苍天女神努特的躯体。后来舒常被认为是神瑞的儿子,并被认为是战神的化身。

舒伯特 Schubert, Franz(Peter)(1797～1828) 奥地利作曲家。他跟任小学教师的父亲学习小提琴,跟他哥哥学习钢琴。他加入维也纳男童唱诗班的前身(1808),在那里进步极为迅速,使A.萨利埃里开始对他实行训练(1810～1816)。在他的家人坚持下,他成为一名小学教师。同年,演奏他的第一部弥撒,他还谱写了第一批重要歌曲。1815年写了两部交响曲和100多首歌曲以及4部舞台作品。1818年为了追求独立而辞去在他父亲的学校教师职务,为J.埃斯泰尔哈吉的几个女儿当家庭教师。1819～1820年他写了伟大的《鳟鱼五重奏》和一部弥撒。1821年出版他的20首最流行歌曲,取得极大成功。同年,他写了歌剧《阿方索与艾斯特雷拉》。1822年意识到自己的疾病(可能是梅毒)是致命的,但他惊人的创作力并没有停止,写有《未完成的交响曲》和《"流浪汉"狂想曲》。他一生的最后5年一直受疾病困扰,但仍然继续其音乐创作。包括系列歌曲《美丽的磨坊少女》、《冬之旅》和最后三首钢琴奏鸣曲和《C大调交响曲》。他的最后几年因病而不是贫困在生活上十分苦恼,实际上他的伟大已获广泛认可。他去世时年仅31岁,所写的杰作数量之多超过了历史上任何一位作曲家。他创作的600多首歌曲使利德成为一种严肃题材,并引发了在后来几十年间它的大发展。

舒卜拉海迈 Shubra al-Khaymah 埃及东北部城市。位于开罗北部郊区,尼罗河岸。原本是一个从富饶的三角洲向开罗供应农业产品的市场。第一次世界大战之后成为一个工业中心。它位于连接苏伊士运河和尼罗河的伊斯梅利亚运河南端之西。人口约1 025 569(2006)。

舒尔茨 Schulz, Charles(1922～2000) 美国漫画家。明尼阿波利斯的理发师之子,他通过函授学习漫画并当过自由职业漫画家。后来创作了漫画《花生》(原名为Li'l Folks, 1950),成为美国一直以来最流行的漫画系列。该系列的主角都是3～5岁的小孩子和具有丰富想象力的密探,描述日常生活中的失望和孩子中间存在的残酷,通常具有哲学和心理寓意。在从事50年不间断的创作之后,他宣布封笔,不久即去世。

舒尔茨 Schurz, Carl(1829～1906) 德裔美国政治家、新闻记者。在被卷入的一场革命运动失败后,于1852年逃往美国。他在威斯康星州定居,开始积极参加反奴隶制运动并加入共和党。南北战争中被任命为志愿兵准将,并亲眼目睹了几场战役。战后在圣路易成为报社编辑(1867～1869),1869年在那里被选入美国参议院。1877～1881年任美国内政部长,支持民政改革和改进的印第安人政策。后来编辑《纽约晚邮报》和《国民报》(1881～1883),并为《哈泼周刊》撰写社论(1892～1898)。舒尔茨为了追求自己在改革上的兴趣,加入共和党独立派(1884),并领导全国行政部门改革联盟(1892～1901)。

舒尔茨
By courtesy of the Library of Congress, Washington, D. C.

舒曼 Schuman, Robert(1886～1963) 法国政治家。从1919年起就是法国国民议会议员。第二次世界大战期间曾参加抵抗运动,帮助成立人民共和运动。后来担任财政部长(1946)、总理(1947～1948)、外交部长(1948～1952)、司法部长(1955～1956)。1950年提出促进欧洲经济和军事联合的"舒曼计划",最终建立了欧洲煤钢共同体和欧洲经济共同体(EEC)。曾担任EEC协商机构主席(1958～1960)。

舒曼 Schumann, Robert (Alexander)(1810～1856) 德国作曲家。一名书商的儿子,曾经想成为一个小说家。曾为了让母亲高兴而学习法律。后来开始师从F.维克学习钢琴而不去上课。1830年他休学一学期想当演奏名家,并搬到维克家中。1831年开始作曲。1833年因早期交响乐得不到赏识、不可思议的手部受伤和长期疾病的困扰,他一度试图自杀。1834年创办《新音乐杂志》重新振作起来。他被16岁的克拉拉·维克吸引,克拉拉不顾父亲的警告爱上了他。他们在1840年私自结婚,克拉拉父亲的阻挠最终失败。舒曼创作的第一个阶段随着大量钢琴曲的出版而结束(1837～1839),当时的作品包括《戴维同盟舞曲》、《嘉年华》、《儿时情景》和《克赖斯勒偶记》,他因此在一个时期专注于一个流派。1840年为"歌曲之年",他谱写了《诗人之恋》、《女人的爱情与生活》和其他100多首曲子。在接下来的一年,他专心创作交响乐,谱写了他的4部交响乐中的两部以及他的钢琴协奏曲。在1842年他专心创作室内乐。在他最后的创作时期中,他开始创作戏剧或半戏剧性的作品。由于精神崩溃(或许同梅毒和家庭精神病史有关),舒曼被送进了疗养院,两年后在疗养院去世。

舒施尼格 Schuschnigg, Kurt von(1897～1977) 奥地利政治家、总理(1934～1938)。1927年被选入奥地利议会,曾在E.陶尔斐斯的政府担任司法部长(1932)和教育部长(1933～1934)。陶尔斐斯被谋杀后,他被任命为总理。1936年解散保安团,并试图阻止德国占领奥地利。1938年2月对A.希特勒作出退让后,准备在3月13日通过公民投票寻求国家重新独立的途径。但3月11日德军入侵奥地利,实行德奥合并,舒施尼格被一直关押到战争结束。他后来在美国生活和教书(1948～1967)。

舒特 Shute, Nevil(1899～1960) 原名Nevil Shute Norway。英国出生的澳大利亚小说家,原是一名航天工程师。他将具体的工程知识融入了他的小说中。他早期的作品包括《如此受人蔑视》(1928)和《科贝特家发生的事》(1939),作品中预示了第二次世界大战中对平民的轰炸。战后,他定居澳大利亚,其后期作品都以澳大利亚为背景,反映出他对人类前途的日益绝望。其主要代表有《像艾丽斯一样的城市》(1950,1956年拍成电影)和他最著名的描绘核战争给人类带来彻底毁灭的小说《在沙滩上》(1957,1959年拍成电影)。

舒兹 Schutz, Alfred(1899～1959) 奥地利裔美国社会学家、哲学家,发展了一门以现象学为基础的社会科学。原是银行职员,1939年移民美国,在纽约社会研究新学院任职(1943～1959)。他关注以日常生活为基础的社会预测,以及通过符号和人类行为为创造出来的社会现实。他的理论为民族方法学领域打下了基础。其代表性著作为《社会世界的现象学》(1932)。参阅身心交感论。

输精管切除术 vasectomy 为绝育或防止感染而切断输精管的一种手术。是在诊查室以局部麻醉即可施行的较简单的手术。切除可以除去生孩子的能力但不影响达到勃起和性高潮。输精管是在阴囊内管端上切除的。切口可以封闭,也可以不封闭。不封闭可以使回复易于成功。应用显微手术技术可增加其成功率。

输血 blood transfusion 从一个人的身上取得血液而转移到另一个人的循环系统中去以恢复后者的血液量,提高血红蛋白的水平或对抗休克。发现了血液群组的抗原、抗体(参阅Rh血型系统)后,捐血者和受赠人的血型分类使输血很安全。换血是把全部或大部分的血液除去而置换他人的血液。输血常见不良反应。

蔬菜 vegetable 草本植物(根、茎、叶、花和果实)的新鲜、可食的部分,可生食或烹食;广义上指所有植物或植物产品(蔬菜物质)。现在的蔬菜几乎全是古代新旧大陆文明中栽培出来的,不过有些经过改良,有了极大改变。蔬菜含有人体所需的矿物质(钙和铁)、维生素(特别是A和C)和纤维素。合成蛋白质所需各种氨基酸在蔬菜中都有。新鲜蔬菜很快会成熟和腐烂,但储藏时采用脱水、罐装、冷藏、发酵和腌制等方法,可使蔬菜延缓生命。

赎罪 atonement 宗教概念,借此以排除障碍而与上帝和好,通常是通过献祭。大多数宗教都有净化和赎罪仪式,以加强个人和神灵的关系。在基督教中,赎罪是通过耶稣的死亡和复活取得的。天主教、东正教和一些新教教派中,忏悔也是一种赎罪方式(参阅认罪)。在犹太教中,每年的赎罪日是为期十天的以认罪悔改为中心的活动。

赎罪日 Yom Kippur 英语作 Day of Atonement。犹太教节日,定在犹太教历提市黎月的第10日(公历9月末或10月初)。这天将结束自岁首节开始的10天的悔罪。目的是通过忏悔以求得上帝的宽恕,从而使个人或社区得到净化。耶路撒冷神殿被毁前,这天由高级教士主祭仪,包括替罪羊的牺牲。现在则是禁绝性欲。赎罪日前夕,开始咏唱《柯尔·尼德里》,随后赎罪日全天,犹太教徒都要进行祈祷和默念。

属 genus 介于科和种之间的生物分类阶元。多由结构和种系发生上相类似的种构成,单种属则仅包含一个具有与众不同的特征的种。例如,各种蔷薇组成蔷薇属,马、驴和斑马等组成马属。属名是二名法学名中的第一个字,其首字母恒大写,通常为斜体。

属地 dependency 在国际关系中,意指较弱小的国家受到较强大的国家支配与统治,但并非被正式并吞。例如美属萨摩亚群岛(美国属地)和格陵兰(丹麦属地)。支配国控制属地的某些事务,如国防、外交和国家安全等,并允许他们在国内事务上的自治,如教育、公共卫生和公共建设发展等。在20世纪60和70年代,该词也指一种理解第三世界发展的研究取径,这种观点强调全球的政治和经济秩序对第三世界国家的压迫束缚。

鼠海豚 porpoise 鼠海豚科(有些专家将其归属海豚科)齿鲸的统称。其中4种普通钝吻海豚或港湾钝吻海豚(隶于鼠海豚属),常成对或成大群栖息,主要食鱼,体上部为灰或黑色,下部为白色。胆怯的大西洋鼠海豚(*P. phocoena*)分布遍及北半球,很少跳出水面。鼠海豚属另外几种分布在加利福尼亚州和南美洲海岸。北太平洋的多尔氏钝吻海豚(*Phocoenoides dalli*)和日本的特鲁氏钝吻海豚(*P. truei*)群栖,性情活跃,常游在海船的前方,一般2～20只为一群,都以头足类和鱼为食,均为黑色,体两侧各有一大白斑。黑色无鳍钝吻海豚(*Neomeris phocoenoides*)体小,动作迟钝,分布于太平洋和印度洋。最大长度约2米,鼠海豚的体型较海豚小而丰满,吻钝。与海豚一样,鼠海豚也因高智力而出名。

鼠兔 pika 兔形目鼠兔科鼠兔属许多无尾圆耳动物的统称,分布在亚洲、欧洲东部和北美西部的一些地区。尽管不是野兔,但有时也被称为鼠野兔和小酋长兔。其后肢发育

北美鼠兔(*Ochotonaprinceps*)
Kenneth W. Fink-Root Resource

不如兔发达,鼠兔经常是疾走而非跳跃前进。毛柔软长而厚,呈浅褐或淡红色。体长15～30厘米,重125～440克。大多生活在多岩石的山地,但有些亚洲种则为穴居。鼠兔似乎不冬眠,但在夏天和秋季,鼠兔"收获"植物,放在太阳下晒干,然后再放在安全地点(例如岩石下)作为冬粮。

鼠尾草 sage 药用鼠尾草或洋苏草。唇形科多年生芳香草本植物。原产于地中海地区。干叶或鲜叶用作多种食物的调味料。植株高约60厘米。叶片广椭圆形,具短绒毛,灰

鼠尾草(*Salvia officinalis*)
Ingmar Holmasen

绿至白绿色,粗糙或具细皱。花有紫色、粉红色、白色或红色。用其叶片泡的茶,从中世纪以来一直作为补药和兴奋剂,认为能增强记忆和益智。

鼠疫 plague 由鼠疫Yersinia pestis(耶尔森氏菌)所致的发热性传染病,通过鼠蚤传播。仅在蚤类跑出啮齿宿主时才向人类传播。有3种形式:腹股沟腺炎鼠疫,最温和的一种,特征是淋巴结肿胀(腹股沟淋巴结炎),只由蚤类传播,占鼠疫病例的3/4;肺鼠疫,更多的牵涉到肺,从肺以小滴形式传播,不及时治疗时3～4天即可致命;败血性鼠疫,细菌破坏血管,其他症状还没发病,24小时就会死亡。14世纪鼠疫横行欧洲和亚洲,称为"黑死病"。青霉素对鼠疫不起作用,但其他抗生素有效。加强卫生措施可扑灭疫情:消灭鼠蚤、隔离患者、对可能染菌的物体进行彻底消毒等。相关疫苗也能够制止鼠疫。

薯蓣 yam 又称山药。薯蓣科薯蓣属几种植物的统称。全球温暖地带均有种植,某些品种在热带地区栽作粮食作物。尤其在西非和新几内亚,薯蓣是主要的农产品,在复杂的仪式中也不可或缺。薯蓣的肉质颜色不同,味道有甜、有苦或无味。可烹食作含淀粉的蔬菜。常将薯蓣煮熟,然后捣烂成糊状,可炒、烤或烘熟食用。真正的薯蓣在植物学上不同于番薯。墨西哥薯蓣含抑制人类排卵活动的化学成分,为制避孕药之基本成分。称作薯蓣豆的薯蓣即为豆科的豆薯。

树袋熊 koala 结趾䶉科有袋哺乳动物,学名*Phascolarctos cinereus*,澳大利亚东海岸的树栖动物。身长约60～85厘米,无尾,身体肥硕,毛浅灰或浅黄色;脸宽;鼻坚韧如皮革,

树袋熊(*Phascolarctos cinereus*)
Anthony Mercieca from The National Audubon Society Collection/Photo Researchers

大而圆;眼小而黄;耳上有绒毛。脚上有强爪,有几个可相对的趾。树袋熊只以桉树叶为食。幼熊(每胎生一个)在向后开口的育儿袋内一直生活到7个月大。过去因遭人捕杀以取皮毛及疾病的侵袭,现今因失去栖息地及疾病继续蔓延,而导致树袋熊的数量大大减少。

树胶 gum 植物产生的黏性物质,多得自豆科乔木或灌木树皮的渗出物。阿拉伯胶(来自金合欢属植物)用作印刷。黄芪胶(来自几种黄芪属植物)用作丸药生产的黏合剂和覆盖层;在食品加工中用作乳化剂,在酱汁中用作增稠剂。某些植物树胶用于制造化妆品。

树蕨 tree fern 多种似乔木习性且具有木本茎的蕨的统称,尤指桫椤蕨科和合囊蕨科的种类。许多种类茎高可超过15.2米。原产南半球热带、亚热带和暖温带地区的潮湿山区森林中。合囊蕨科含6属,其中一种观音莲座蕨(*A. evecta*),叶长4.5米或更长,茎高60～180厘米。合囊蕨科中已灭绝的种类可追溯至石炭纪(3.54亿～2.9亿年前)。桫椤蕨科种类体型巨大,陆生,具树干

状、直立的根状茎；含 7 属近1 000个种类。

树懒　sloth　树懒科树栖**哺乳类**，夜间活动，独居，分布于南美洲和中美洲。体长约 60 厘米，尾细小，齿尖，爪长而弯曲，前肢长。其蓬乱毛上生有绿藻。有4种三趾树懒，又称 ais，只以喇叭紫薇的叶为食。有 2 种二趾树懒，又称 unaus，前足上有二趾，以各种植物的果实、茎和叶为食。树懒不能行走，常垂直地抱着树的枝干，或倒悬于树上（可以此姿势睡觉，一日约 15 小时），或两臂交替，极缓慢地活动（为其名的由来）。树懒的天然保护色是其躲避捕食者的主要手段。

三趾树懒（*Bradypus tridactylus*）
Des Bartlett-Bruce Coleman Ltd.

树木年代学　dendrochronology　分析树木年轮来测定年代的科学方法。因为树木的环轮宽度随气候情况变化，树心采样的实验室分析使科学家可以重建当时树木年轮发展时的气候情况。研究者在一个特定地区的不同地点和不同地层采集数千样本，可建立范围广泛的历史前后关系，而成为科学记录的一部分。考古学家、气候学家和其他学者都使用这种重要的年表来作研究。

树木整形术　topiary　将树和灌木修剪成人工的装饰形状的技术。据说该技术在公元 1 世纪已开始使用。最初的整形术可能根据园林风景需要，简单地对树木边缘加以修饰，修剪出锥体形、柱形与螺旋形。后来采用这种塑造性方法将树木修剪为船形、猎手和猎狗的形态。17 世纪末至 18 世纪初树木整形术曾在英国流行一时，但后来被自然庭园所取代。

树皮　bark　木本植物维管形成层外部的组织。该词更常用来指木材外面的所有组织。内层较软的树皮是由形成层产生的；该层包括次生韧皮部（营养输导）组织，其最内层将养分从树叶输送到植株的其他部位。外层树皮为木栓和老化、死掉的韧皮部。树皮通常较茎或根的木质部分要薄。

树蛙　tree frog　又称 tree toad（树蟾）。雨蛙科 550 多种主要是树栖的**蛙**的统称，分布于世界各地，主要在新大陆。多数种类体小而细长，腿长，指趾末端有吸盘。有些种类不善攀缘，生活于水中、陆上或洞内。多数种在水中产卵。南美的袋蛙（囊蛙属）幼体在雌蛙背上的育囊中发育。

欧洲绿色树蛙（*Hyla arborea*）
Jane Burton-Bruce Coleman Ltd.

树眼镜蛇　mamba　眼镜蛇科树眼镜蛇属（*Dendroaspis*或*Dendraspis*）4 ～ 5 种细长、敏捷的眼镜蛇类之统称。鳞片较大，前牙颇长，栖息于非洲撒哈拉以南地区，猎食小动物。好攻击的黑色树眼镜蛇体长达 4.2 米，暗灰色或浅绿褐色或黑色，随年龄而异；穴居于多岩石的旷野；常主动攻击人，能立起身体咬人的头或身躯，被咬伤后若不用抗蛇毒素治疗，死亡率几近 100%。绿色树眼镜蛇略小（2.7 米），更喜树栖，较少攻击人。

绿色树眼镜蛇（*D. angusticeps*）
E. S. Ross

树园　arboretum　为了科学及教育目的而栽培乔木、灌木或草本植物的地方。可能自成一体，或作为植物园的一部分。美国重要的树园有哈佛大学（马萨诸塞州牙买加平原）的阿诺德树园和华盛顿特区的美国国家树园。

树螽　katydid　螽斯科数个亚科的昆虫，尤指树螽亚科（Pseudophyllinae）。触角长，一般为绿色，带长翅，生活在树上、灌木丛或草丛里，许多品种长得与树叶相像。它们的跳跃能力很强，许多品种不会飞，只是在跳跃时振动翅膀。主要以植物为食，有一些也吃其他的昆虫。北美洲东部的真树螽被认为是最好的歌手。每个品种都有自己的重复歌调，但只在夜间鸣叫。

叉尾灌丛树螽（*Scudderia furcata*）
E. S. Ross

竖笛　recorder　带指孔的圆柱形吹奏乐器，通常是木材做成。为一种管乐器，它圆润的音调是靠把气引向冲击下面的锐边产生的。一个大型的竖笛家族包括从超高音直笛到倍低音的多种乐器。竖笛最初出现在 14 世纪，在文艺复兴晚期和巴罗克时期常常被合唱队和管弦乐队使用。后被**长笛**代替，但在 20 世纪重新流行。

竖琴　harp　弹拨的弦乐器。它的共鸣箱或琴腹与弦的平面垂直。形状大致呈三角形。早期的竖琴和许多民间竖琴中，弦成线索状从共鸣的琴身排列到琴颈。早期的这些竖琴缺乏前柱或柱子（构成三角形的第三边），此乃框架竖琴的特征；前柱可使弦绷紧，音调提高。原始小竖琴的发明年代至少可追溯到公元前3000年的古地中海地区和中东地区。竖琴后来在欧洲的凯尔特人社会中变得特别重要。现代大型管弦乐器的竖琴是在 18 世纪出现的，有 47 根弦，音域几乎涵盖 7 个八度。竖琴可通过 7 个踏板演奏整个半音音阶，每个踏板可由两个半音（通过扭转叉状突起物可调紧或放松琴弦）来改变音的音

两极变音踏板竖琴
By courtesy of Lyon-Healy

高(在所有的八度音中);因此称为两极变音竖琴。其巨大的共鸣体可产生相当大的音量。参阅风鸣琴。

竖琴海豹 harp seal 栖息在北大西洋和北冰洋的迁徙性无耳海豹,学名*Pagophilus groenlandicus*(或作*Phoca groenlandica*)。成年雄性为亮浅灰或浅黄色,头部为褐色或黑色,背部和两侧有一 U 形有色斑纹;雌性斑纹不明显。成年海豹体长达 1.8 米,体重基本上在 120 ～ 135 千克之间。善游泳,以鱼和甲壳纲动物为食,一年大部分时间都在海上度过。冬末迁至加拿大纽芬兰附近和格陵兰及白海繁殖。在大块浮冰上产仔,出生约 2 个星期后,幼仔长出白色绒毛,这种绒毛在毛皮商眼中极为珍贵。由于捕杀新生海豹的方法残忍(包括活剥毛皮)而激起公愤,于是纽芬兰地区猎捕海豹活动受到控制和监督。

数寄屋风格 sukiya style 发展于桃山时代(1574 ～ 1603)及江户时代(1603 ～ 1867)的日本建筑模式,起初是用于茶馆,随后亦用于私人住宅及餐厅。根据自然及农村俭朴的美学,数寄屋风格的建筑倾向于与其周围的环境相互协调。使用木头的结构并保留木材自然的形态,有时树皮依然留在上面。外墙一般多是使用泥土。对于细节及比例投注相当多的注意力,而呈现出精致的俭朴。建筑师吉田五十八(1897 ～ 1974)首先开创出使用当代建材的现代数寄屋风格。

数据处理 data processing 计算机对数据的运用。包括将原始数据转换成机器可读的形式,数据流过中央处理器和内存到输入设备,以及输入的格式化或变换。利用计算机执行特定的数据运算都可以包括在数据处理中。在商业界,数据处理涉及组织运作与商务运作所需数据的处理。

数据加密 data encryption 将信息隐藏起来成为"密文",即使数据对未经许可的人变得无法识别的过程。反过来,解密则是将密文重新转变成其原始文件形式的方法。计算机使用某种算法对数据进行加密,只有转译信息和预定接收的人才知道密钥。随机选择并有足够长度的密钥被认为几乎是无法破译的。从美国信息交换标准代码(ASCII)的 256 个现成的字符中随选组成 16 个字符长的密钥,即使有人每秒能测试 1 亿个不同的组合,也需要大约 150 亿年才能破译。传统的对称加密要求加密与解密使用同样的密钥。不对称的加密,或使用公开密钥的密码体系,则需要一对密钥:一个用于加密,一个用于解密。

数据库 database 为实现计算机快速检索而专门组建的数据或信息集。数据库的组建方便了与各种数据处理运作有关的数据储存、检索、修改和清除。一个数据库由一份文件或一组文件组成。文件中的信息可能被分成若干记录,每个记录则由一个或数个字段组成。字段是数据储存的基本单位。用户主要通过问句来检索数据库的数据,使用关键词和各种分类命令可在众多的记录中迅速查找、整理、组合和选择字段,针对特定数据集成检索或生成报告。

数据压缩 data compression 储存或传送一个特定信息(文本、图形、影像和声音等)时减少其数据量的过程,一般通过编码技术实现。较为先进的方法能分析、识别经常出现的语词模式,并用一个字符或符号来取代,如在短语"going to"中的"ing to"可以被转换成"$"。数据压缩的主要优点是可储存更多的数据,特别是在只读光盘上;通过传真机和调制解调器传送信息时效率会更高;以及可更有效地为数据加密。大部分先进的数据压缩方法都需要在时间与速度之间作出权衡。

数论 number theory 研究整数性质的以及它们之间关系的数学分支。在非专业数学家中数论是个普遍的题目,因为在这方面提出了大量看起来似乎简单的问题,但要对它们做出回答却十分困难。据说所有引起兴趣的,而经历 100 年以上仍未解决的问题都属于数论。其中最好的例子之一是最近解决的费马大定理。

数论派 Samkhya 印度哲学的六派正统体系之一。数论持一种前后一贯的物质和灵魂的二元论。这两者足以解释宇宙的存在,无须以神的存在作前提。数论一方面将心理和生理功能作了彻底区分,另一方面建立了纯粹"人格"。

数学 mathematics 关于结构、序和关系的科学,由计数、度量和描述物体形状等基本实践演化而来,涉及逻辑推理和数量计算。17 世纪以来,数学一直是物理科学和技术必不可少的助手,以至于被认为是科学的基本语言。数学的主要分支有:代数学、分析学、算术、组合学、欧几里得几何和非欧几里得几何、对策论、数论、计算数学、最优化、概率论、集合论、统计学、拓扑学和三角学。

数学基础 mathematics, foundations of 对数学理论的本质和数学方法的范围进行科学的研究。开始于欧几里得的《几何原本》,对数学的逻辑和哲学基础提出探究。其基本点是任何系统的公理(不管它是欧几里得几何还是微积分)是否可以保证它的完整性和一致性。在近代,经过一段时间的争论,分成了 3 个学派。逻辑主义者认为抽象的数学对象全部可以从基本的关于集合以及合理的或逻辑的思想发展出来;称为数学柏拉图主义的一个变型把这些对象看作是观察者之外的、独立的存在。形式主义者认为数学是按照预先规定好的规则来操纵一些符号的配置,是与这些符号的任何物理解释无关的一种"游戏"。直觉主义否认某些逻辑概念,否认公理方法的注释已经足够解释数学的全部,而是把数学看作是处理与语言和任何外部现实无关的思想构造(参阅构成主义)的一种智力活动。20 世纪,哥德尔定理终止了寻找既完整又没有矛盾的数学公理基础的任何希望。

数学物理学 mathematical physics 数学分析学的分支,着重于物理学家与工程师专用的工具和技术。重点在于向量空间、矩阵代数学、微分方程(特别是边界值问题)、积分方程、积分变换、无穷级数以及复变函数。其方法适用于电磁学、古典力学与量子力学的应用。

数学哲学 mathematics, philosophy of 有关数学的认识论和本体论的哲学分支。20 世纪早期,兴起了 3 个主要学派——称为逻辑主义、形式主义和直觉主义——来解释并解决数学基础中的危机。逻辑主义主张,所有数学上的概念,都可化约至抽象思考的法则,或逻辑原则;在此主张下的另一个不同看法,叫数学柏拉图主义,则认为数学概念是超验的完美典型,或称为形式,是独立于人类的意识之外。形式主义则认为,数学是依据规定好的规则,由运用有限符号配置所组成;只是一场独立于对任何符号进行物理解释的"游戏"。直觉主义的特征是,对任何对于真理持超越知识或证据的观念,都加以排斥。因此,只有在数目有限的步骤中能够加以建构(参阅构成主义)的对象才获得承认,至于实际上的无限,以及排除中间项的法则也不被接受。这 3 个学派分别以 B. 罗素、D. 希尔伯特和荷兰数学家 L. E. J. 布劳威尔(1881 ～ 1966)为首。

数值控制 numerical control (NC) 经由数据直接输入控制系统或装置,数据形式可以是数字、字母、符号、单字或是这些形式的组合。这是计算机整合制造的首要元素,特别是控制机器工具的操作。数值控制对于现代工业机器人的操作也是不可或缺的。数值控制有两种基本类型:①点对点,由程序装置执行一系列的动作,有固定的起点和终点;②连续通路,点对点程序装置有足够的内存"察觉"先前的动作与其结果,而与这项信息做出一致的行动。

数字命理学 numerology 用数字解释人的性格或占卜未来。其理论根据是毕达哥拉斯的思想,即万物都可以用数字表明,因为万物最终都可以分解为数。现代数字命理学家采用类似希腊和希伯来字母的方法(即每个字母都代表 1 个数字),使用一系列的数字代表问卜者的名字,再加上生辰,用这些数字来算出问卜者的真正性格和前途。

数字用户回路 DSL 全名Digital Subscriber Line。宽频数字通信线路,通过标准的电话机铜线运作。用户需要数字用户回路转调-解调器,将传输分割为两个频带:较低频给语音用(一般电话机);较高频给数字数据,特别是供因特网的联机。数据经由数字用户回路传送比起普通拨接转调-解调器服务要快得多,不过数字用户回路信号的范围极小。线路范围只能在发送站附近几英里之内。数字用户回路和"某某数字用户回路"是许多不同协议和技术的统称。"非对称性数字用户回路"(ADSL)是数字用户回路常见的类型,把大部分的线路频带宽度用来从网络下载数据,只留下一点联机来上传数据。"高速数字用户回路”（HDSL）和“对称性数字用户回路”（SDSL）的数据流是对称性的，也就是说上行和下行的速率相同。“单向数字用户回路”（UDSL）和“超高速数字用户回路”（VDSL）等还在研发阶段，试图提供甚至更高的数据传输速率。

摔跤　wrestling　一种由两名竞赛者进行的运动项目。比赛时双方用强力迫使对手倒地或失去平衡。形式有多种，包括：自由式摔跤，比赛时抱住对手腰以上或以下的部位；古典式摔跤，只限抱住腰以上的部位；俄罗斯创造的桑勃式，酷似柔道；相扑是日本特有的摔跤。美国职业摔跤是当今所有人们喜爱观看的运动项目中最受欢迎的项目之一，主要是猛烈、炫耀的表演技艺，包括踢头部的动作，如果双方摔跤队员没有被确实拉住，则有致命的危险。

栓塞　embolism　血流被栓子堵塞的一种病理现象。栓子是血流中不应出现的物质。这种物质可能是血凝块，也可能是一滴油脂（来自遭受挤压伤的脂肪组织）或气泡。若向脑供血的血管被堵塞，可引起中风。若栓子堵塞肺动脉或其一分支的血流，会引起呼吸困难，胸骨后不适，还会使一段肺组织坏死（称为肺栓塞），引起发烧、心跳加快。冠状动脉栓塞，可导致心肌梗塞。参阅血栓形成。

双簧管　oboe　双簧的木管乐器。双簧管是在17世纪由肖姆管改进而来的。不同于肖姆管的是，双簧管一般在室内和弦乐器一起演奏，声音比较柔和，也不那么华丽。早期双簧管只有两个键，现有13个键。到17世纪末，它以其温柔但尖锐的音调成为管弦乐团和军乐队的主要乐器和仅次于小提琴的重要独奏乐器。随着军乐队的逐渐失控，双簧管也不再那么流行。现在的管弦乐团一般有两个双簧管。抒情双簧管是低音双簧管，柔音双簧管有一个梨形喇叭口的中音双簧管，流行于18世纪。现在的中音双簧管是英国管。

双壳类　bivalve　双壳纲软体动物之统称，特征是有两片壳（贝壳）。蛤、乌蛤、蚌、牡蛎、扇贝和船蛆都是双壳类动物。多数是完全包在壳内的，有弹性韧带以及称作“外套膜”的两层组织把两片壳连在一起。双壳类无头部。以浮游植物为食，将水泵入过鳃，滤出食物粒子，将其移动到嘴里。双壳类动物分布于海洋大部分地区，从潮间带到深海带都能找到。

双领鸻　killdeer　鸻形目鸻科的美洲滨鸟，学名 *Charadrius vociferus*，有时作 *Oxyechus vociferus*。常出现于多草泥滩、牧场和田野，英文名字得自其响亮而连续的鸣叫声。体长约25厘米，背部褐色，腹部白色，胸部有两条黑色带。繁殖于整个北美洲及南美洲的西北部，迁徙只是为了避雪，比大多数鸣禽更早飞回繁殖地。以甲虫、蝗虫、蜻蜓和其他昆虫为食。为了保护幼鸟，亲鸟会假装受伤，艰难地拍打翅膀离巢而去，好像很容易被吃掉的样子以引开掠夺者。

双人舞　pas de deux　由两位演员表演的舞蹈。为古典芭蕾的一大特色，包括一段男女演员共同表演的慢板共舞；一段男演员的变奏独舞和紧接着的一段女演员的变奏独舞；以及一段男女共舞显示娴熟技巧的“结尾”。在《睡美人》、《天鹅湖》、《吉赛儿》等芭蕾舞剧中都有著名的双人舞。

双体艇　catamaran　由两个船体组成并以发动机为动力的小艇。其原型是印度尼西亚及波利尼西亚和密克罗尼西亚群岛的居民所使用的双木筏，即将两根原木用板材固定在一起。早期双体艇长约21米，装帆后可连续航行3 700千米以上。19世纪70年代双体艇因性能绝对优于单体船，而被排斥在正式比赛之外。现代双体艇的长度约12米，从1950年开始生产。双体艇的航行速度非常快，每小时可达32千米。

双向飞碟射击　skeet shooting　打靶人使用猎枪，朝由抛靶器抛向空中的泥靶（或泥鸽子）射击的一种运动。与多向飞碟射击的区别，主要在于抛靶器固定在地上两点，目标从射手视野的对角方向抛出。此项运动1968年被列入奥运会比赛项目。

双星　binary star　一对围绕其公共重心作轨道运动的恒星。它们的相对大小、亮度和它们之间的距离差别很大。在银河系中，也许有一半星体是双星或更复杂的聚星系统的成员。某些双星组成一类变星，而其余的只能通过单一可见星体的运动来检测。

双鱼座　Pisces　Pisces 为拉丁语。天文学中位于白羊座与宝瓶座之间的星座；在占星术中，是黄道带第十二宫，主宰2月19日～3月20日前后的命宫。双鱼宫的形象是联在一起的两条鱼。它与阿佛洛狄忒和厄洛斯的希腊神话有关，他们为了摆脱怪物堤丰的追捕，跳进河里，变成了鱼。在另一个版本的神话中，两条鱼把他们带到了安全的地方。

双语能力　bilingualism　讲两种语言的能力。在大部分成人操两种语言的地方（例如阿尔萨斯的法语和德语方言），儿童可在幼时获得。凭借两个不同的社会背景学习语言，儿童也会具有双语能力，例如在英属印度的英国儿童从保姆和家仆那里学得印度语言。第二语言也能从学校学得。双语能力也指在教学中使用两种语言，特别是教导那些试着学习一种新语言的学生。双语教育提倡者论述：对在家说外国语言的儿童来说，所有科目都学得更快，也使他们避免在英语学校中被排斥；贬抑者则反驳：这阻碍了儿童精通较大社会的语言，也限制了他们就业和升大学的机会。

双子座　Gemini　在天文学上，介于巨蟹座和金牛座之间的一个黄道星座。在占星术中，双子宫是黄道十二宫的第三宫，被看作是主宰5月21日至6月21日前后的命宫。双子宫的形象是一对孪生子，此孪生子通常是指神话中的卡斯托尔与波勒克斯两神（即狄俄斯库里兄弟），但也指其他有名的孪生子，如罗慕路斯与雷穆斯。

“双子座”号飞船　Gemini　美国在1964～1967年发射到绕地轨道运行的双人航天器系列，共12艘。在它之前的是“水星”号飞船单人航天器系列，在它之后则是“阿波罗”三人航天器计划。其主要目的是试验航天员手控操纵航天器机动飞行的能力。“双子座”号系列有助于发展轨道交会和对接技术，对下一步的“阿波罗”号登月计划十分重要，也让美国国家航空和航天局的工程师们有机会改善航天器的环境控制和电力系统。

霜　frost　大气中的水汽直接冻结在地表或暴露在空中的物体表面上。这个词也指冰点以下，足以对植物和庄稼产生影响的低温。霜的结晶体有时称作白霜，是由水汽不经过中间液相而直接冻结形成的。当温度高于冻结点时霜会融化为露。在农业上，霜也指植物细胞内水分的冻结，使细胞爆裂，作物受到破坏。

水　water　化学元素氢和氧组成的一种物质，分子式为 H_2O；以液态、气态（蒸汽、水蒸气）和固态（冰）的形式存在。室温下，水是无色、无臭、无味的液体。水是最丰富的化合

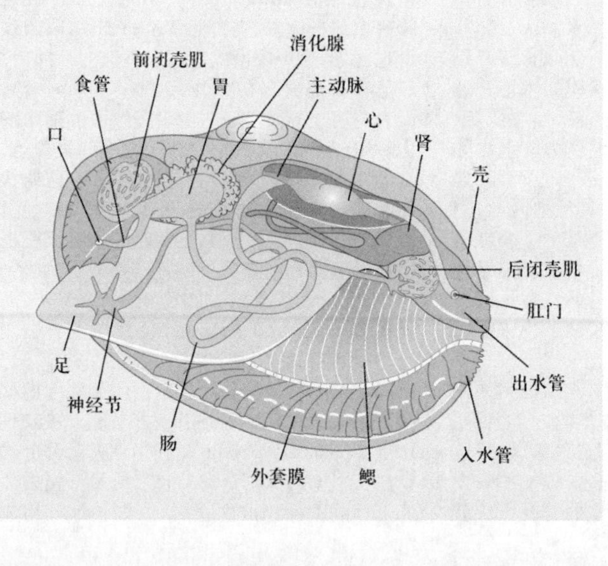

蛤的内部构造。韧带把两片壳打开，鳃上的纤毛拍动使水流进入入水管。当水流过鳃时，氧扩散进入血液，食物颗粒由黏液捕捉送往口部。一对闭壳肌能将壳紧闭。折叠的组织（外套膜）包裹住器官，并分泌物质构成外壳。大型的肉足使蛤可以爬行及挖掘。循环系统由心脏和血管组成，肾脏去除血液中的废物。去氧的血液和废物移入水中，水从出水口排出。

物之一，覆盖地表的75%以上。水对生命是必需的，实际上参与了动植物中发生的每个过程。它最重要的性质之一是能溶解许多其他的物质。水作为溶剂的多用性对活生物体是必需的，生命来源于海洋世界的复杂溶液。活生物体利用水溶液（如血液和消化液）作为实行生物过程的介质。由于水分子是不对称的，因此，不论是在气、液或固态，氢键能使分子排列成特殊的立体构型，从而有效地影响水的性质。水的许多物理和化学性质（如熔点、沸点、黏度、表面张力、液态的密度高于固态）是受氢键的影响。水是非常活泼的物质，自电离性很小，但却极为重要。水在有限的程度上离解为氢离子（H^+，使溶液呈酸性）和氢氧离子（OH^-，使溶液呈碱性），因此水能有时作为酸，有时作为碱。水有无数种工业用途，包括了溶解剂、稀释剂和氢的来源；它还用于渗透、洗涤、石灰和水泥的水合、纺织、水解、水力学，同时也用在食物和饮料上。

水坝 dam 横亘于江河或海湾上的挡水建筑。旨在解决人类生活、生产用水的需要，并具有防洪、发电、改善航运条件等作用。文献记载中最早的水坝是约公元前2900年埃及人为向首都孟斐斯供水在尼罗河上建造的一座高15米的砌石坝。现代水坝多用填土、填石块、砖石或混凝土建成。填土坝通常是横跨宽阔的河流来拦蓄水，如埃及的阿斯旺高坝，其侧面看起来是一个广底三角形。混凝土坝可分为几种形式：重力坝是靠本身重量抵挡水的水平推力；混凝土支墩坝的迎水面大约倾斜25°～45°，以使水的推力向坝基倾斜，支墩坝较高，因此也较宽；用拱将各支墩的突出部分作刚性连接就形成了连拱坝，拱坝是面向水库建成的一种弯曲的薄壳结构，水的侧向压力被传到河的两岸。这种坝有极大的蓄水能力，但只适宜建在有坚固岩石的良好地段上，如胡佛水坝。

水波 wave 在海洋中，水体表面的一个隆起或浪头通常具有前进运动，这种运动不同于那些构成浪头的质点的运动。海洋水波是相当有规律的：相邻的波峰之间有可辨认的波长，并具有固定的振荡频率。当产生波的力（通常是风）使表面的水改变位置时，一个恢复力使其恢复未被扰动时的位置。表面张力是波长很短的水面扰动（即涟波）的恢复力。对大的水波来说，重力更重要。

水彩 watercolor 用树胶（一般为阿拉伯树胶）调制，用笔和水施于画面（通常为纸）的颜料；该词也指以此种方法绘制的作品。水彩颜料一般透明，但加调白粉后即不透明，称为不透明或树胶水彩颜料（参阅广告色画），也可加调酪蛋白，即牛奶的磷蛋白。就范围和种类而言，水彩画堪与任何其他绘画法相比。透明水彩色泽鲜艳明亮，可使画家淋漓挥毫。

水产养殖 aquaculture 又作fish farming（鱼类养殖）或mariculture（海水养殖）。养殖鱼类、贝类和栽培某些水生植物以补充自然供应不足的产业。世界各地都在受控条件下饲养鱼类。绝大多数的水产养殖部门，其经营目的为向市场提供水产品，而若干政府机构则从事河湖养鱼以供游钓之用。另外，金鱼及其他家庭水箱观赏鱼类也是鱼类养殖业的对象。水产养殖的从业人员也为商业性捕鱼和游钓捕鱼供应饵料鱼。世界上大部分地区都养殖鲤鱼、鳟鱼、鲶鱼、吴郭鱼属、扇贝、蚌、虾和牡蛎。

水稻 rice 可食用的淀粉质的谷物，亦指产生此种谷物的禾本科一年生禾草类植物。世界上近一半人口，几乎整个东亚和东南亚的人口都以稻米为主食。4 000多年前首次

栽培稻（*Oryza sativa*）
Grant Heilman

栽种于印度，后逐渐向西传播，如今广泛栽植于水田和热带、亚热带和温带区的三角洲河谷。株高约1.2米，叶长而扁，圆锥花序由许多小穗组成，所结子实即稻谷。只去掉外壳的稻米叫糙米，含约8%的蛋白质和铁、钙及B族维生素。碾去外壳和米糠者叫白米，其营养价值大大降低。强化白米则加入了B族维生素和矿物质。所谓的菰是禾本科中一种茎叶粗大的一年生禾草，其谷物长久以来即为北美印第安人的重要食物，现常视为一种美味食品。

水貂 mink 鼬科鼬属两种夜行性、半水栖食肉动物的统称，因毛皮珍贵而被诱捕和饲养。美洲水貂分布在整个北美洲，但美国西南部干旱地区除外。体长约43～74厘米，体重约1.6千克。欧亚水貂较小。深褐色的毛皮包含了浓密柔软的绒毛上覆一层色深而有光泽的保护性硬毛。除了杂交产生的许多毛色变异外，野生水貂的毛皮较饲养的昂贵。

水痘 chicken pox 又作varicella。传染性病毒病，症状为皮肤出现发痒的水泡。通常流行性发作，患者为少年儿童，伴有低烧，病程轻微，痊愈后患者具有免疫力。水泡如被挠破会结成疤。导致出现水痘的病毒（疱疹水痘-带状疱疹）能够在数年后被激活，造成带状疱疹。带状疱疹免疫球蛋白（ZIG）可为接触了此类病毒并患有白血病或免疫系统障碍的儿童注射，防止他们出现水痘。目前一种供普通人使用的疫苗已经研制出来。

水肺式潜泳 scuba diving 在水面下使用水下呼吸器（SCUBA）整套装备的一类游泳，与潜泳不一样，潜泳只要求有通气管、护目镜和脚蹼。1943年J.-Y.库斯托和E.加尼安发明水中呼吸装置。随着新技术的普及很快就成立了潜水俱乐部。水肺式潜水用于海洋学、水下探测和打捞工作、研究水污染以及娱乐。

水龟 terrapin 水龟科杂食性水生龟的统称，尤指菱纹背水龟（*M. terrapin*）。菱纹背水龟生活在新英格兰至墨西哥湾一带的近海水域和盐碱滩。其背甲略呈褐色或黑色，上有

红耳龟（*Pseudemys scripta elegans*）
Leonard Lee Rue III

隆起的菱形纹样。雌体甲长约23厘米；雄体甲长约14厘米。拟龟属或称锦龟属的8个种有时也称水龟，分布于美国东北部至阿根廷一带的淡水水域。雌体甲长15～40厘米。红耳龟（*P. scripta elegans*）的幼体在宠物商店出售。

水葫芦 water hyacinth 又称水风信子。雨久花科凤眼莲属（*Eichhornia*）植物。约5种，水生，原产于热带美洲。一些种浮生于浅水，另一些固着于河岸湖边。两类均具细长

普通水葫芦（*Eichhornia crassipes*）
W. H. Hodge

根状茎，根羽状；叶具柄，丛生；花多少不等，成穗状花序或簇生叶腋。普通水葫芦（*E. crassipes*）分布最广，其海绵状叶柄膨大成囊；花紫色，花冠浅裂，具蓝色和黄色斑点；繁殖很快，常致水道堵塞。可种植于室外水池和鱼缸供观赏。

水虎鱼 piranha 又称caribe。脂鲤科锯脂鲤属几种体厚、肉食性鱼类的统称，以凶残贪吃闻名，盛产于南美东部和中部的江河中。最危险种类之一的大锯脂鲤（*S. nattereri*），最大的可达60厘米长，但大多数种类都比较小。体色多样，有的银白色而胸腹部呈橙色，有的几乎完全黑色。所有种类皆长有锯状齿，上下剪状相接。成群游动，并掠食其他鱼类，可被血腥气味吸引，在短时间内甚至能把一只大型动物啃食到只剩下一副骨架。

水晶宫 Crystal Palace 伦敦海德公园内一座玻璃和钢铁构件的巨型展览厅，曾举办过1851年的万国博览会。其后这所展览厅的构件被取下，在锡德纳姆山重新装建（1852～1854），一直保存到1936年毁于大火。由J.帕克斯顿爵士（1801～1865）设计，是一幢宏伟的由预制构件组成的建筑，以细长铁杆组成

1851 年伦敦万国博览会后，由 J. 帕克斯顿重新设计，在锡德纳姆山重建的水晶宫（1852 ～ 1854 年重建；1936 年被毁）
BBC Hulton Picture Library

的复杂的网状结构支撑着透明的玻璃墙壁。水晶宫为后来的国际博览会和展览会树立了一个建筑规范，那些展览会的展厅也照样采用玻璃温室式样。

水晶之夜　Kristallnacht　又作 Crystal Night 或 Night of Broken Glass。1938 年 11 月 9 日到 10 日的夜间，德国纳粹党成员发起反犹太人的暴行，暴行后到处是破碎的玻璃，故而得此名。这场暴行是 J. 戈培尔煽动的，造成 91 名犹太人死亡，数百人受重伤。大约 7 500家犹太商店被洗劫一空，约 177 座犹太教会堂被毁。盖世太保逮捕了 3 万名富有的犹太人，释放的条件是移居国外和奉献财产。这次事件标志着纳粹迫害犹太人计划的一次大升级，预示着大屠杀的到来。

水力　waterpower　用水流推动水轮或类似装置而产生的动力。可能在公元前 1 世纪时即被发明，它在整个中世纪得到了广泛的应用。直至近代，它仍用于磨谷物、向炉内鼓风以及为其他用途提供动力。更紧凑的水轮机是水流经一系列的固定桨叶和转动桨叶，发明于 1827 年。水轮机最初用于直接驱动灌溉机械，但现在几乎专用于水力发电。

水力发电　hydroelectric power　用水轮机将下泄的或快速流动的水的势能转换成机械能，驱动发电机发电。高处的水通过粗管道或隧道（水渠）向下流动，下泄的水推动水轮机，水轮机再带动发电机，将水轮机的机械能转换为电能。比起用矿物燃料发电和核裂变发电，水力发电的优点是持续再生，没有污染。挪威、瑞典、加拿大和瑞士的很大一部分电皆来自水力发电，因为它们有不少工业化地区靠近雨量丰富的山区。而美国、俄罗斯、中国和巴西水力发电所占总电量的比例就小得多。

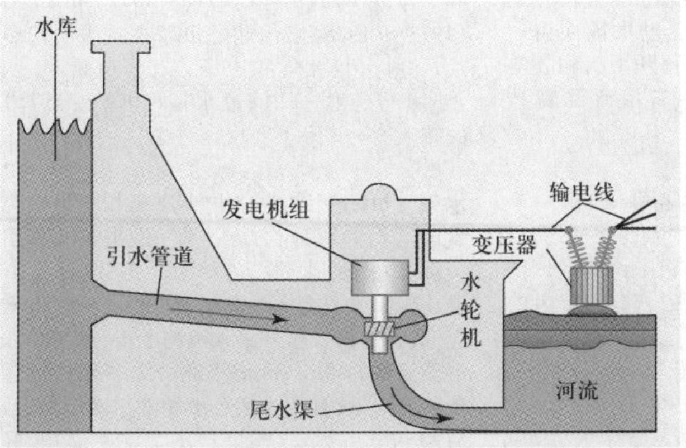

在河流筑坝形成水库，水力发电厂控制水库的放水来发电。流动的水转动涡轮，推动发电机产生电力。变压器加高电压以利远程电力输送。
© 2002 MERRIAM-WEBSTER INC.

水力学　hydraulics　有关流体（主要是液体）运动的实际应用的学科。与流体力学有关，流体力学在很大程度上为它提供了理论基础。水力学研究管道、河流和沟渠中液体的流动，以及水坝、储水池的拦蓄问题。它的一些原理也应用于气体，通常应用在气体密度变化相对较小的情况下。水力学的范围已扩展到诸如传动装置和控制系统等机械设备。参阅帕斯卡定律和泵。

水门丑闻　Watergate scandal（1972 ～ 1974）指R. 尼克松总统在任期内卷入非法活动的政治丑闻。水门是华盛顿的一座综合大厦。1972 年 6 月有 5 个人因闯入大厦内的民主党全国总部而被捕。白宫否认与此事有关，而尼克松亦竞选连任成功。1973 年 1 月美国哥伦比亚特区地方法院首席法官 J. J. 赛里卡主持审讯，他质疑证人 H. R. 霍尔德曼、J. D. 埃利希曼、J. W. 迪安等人隐瞒事实。4 月司法部长 R. G. 克兰丁斯特辞职。新的司法部长 E. L. 理查森（1920 ～ 1998）指定哈佛大学法学教授 A. 考克斯（1912 年出生）为特别检察官。后来一个由参议员 S. 欧文领导的委员会举行电视转播的听证会，欧文委员会根据证词判定白宫和竞选委员会成员有罪。然而只有迪安一个人证明尼克松总统直接卷入掩盖活动。后来一位前白宫工作人员揭露：在总统办公室的谈话都录了音。考克斯和欧文发传票命令交出录音带。但尼克松拒绝交出，并在 10 月 20 日解除考克斯的职务。理查森辞职以示抗议。赛里卡法官命令尼克松向特别检察官 L. 贾瓦斯基提交录音带。7 月众议院司法委员会通过弹劾案。8 月 5 日总统提交三盒录音带的文字本，这些文字本清楚表明总统与掩盖活动有关。尼克松于 1974 年 8 月 8 日宣布辞职。一个月后继任总统 G. 福特给予他无条件赦免。

水母　jellyfish　水母纲和立方水母纲海洋刺胞动物，已知约有 200 种，许多种呈钟形。此词通常也指其他类似的刺胞动物（如僧帽水母）和无亲缘关节的种类（如栉水母和海樽）。在钵水母纲的水母种类中，自由游泳的水母型形式是主要的形态，固着的水螅体形式只出现于幼虫发育时期。自由游泳的水母见于各海洋，包括常见的沿海岸线漂流的盘形动物（如甲壳动物）。直径一般 2 ～ 40 厘米，但有的直径可达 1.8 米。多以具刺丝胞的触手捕食小动物，触手上的刺丝胞使猎物麻痹；有的种类则滤食水中的微型动植物（如甲壳类动物）。人类触及刺丝胞后局部会发炎，有时很危险。立方水母纲的水母约有 50 种。球形，但边呈方形，故俗称箱水母。

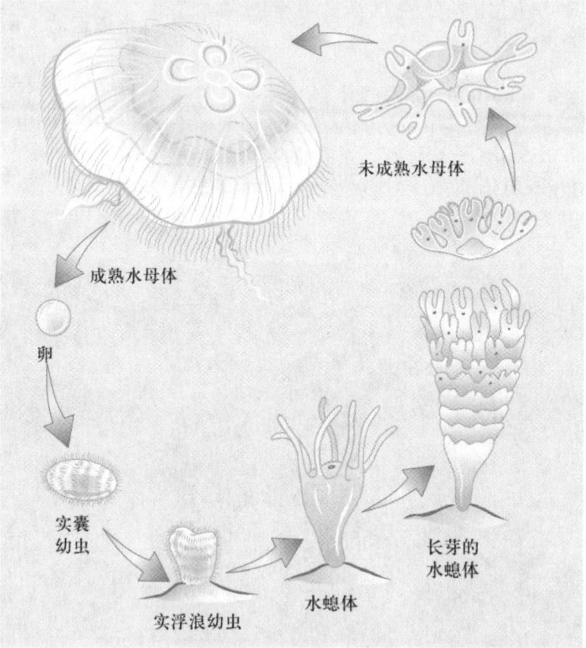

常见的海月水母的生活史。卵由雌性释出，通过口部并暂住在触手的凹处。雄水母放出的精子使卵受精，受精卵发育早期仍然留在触手上。受精卵发育成实虫、浮浪幼虫定居并附着于基质（如岩石）上，发育成具有口和触手的水螅体。水螅体进行无性生殖通过出芽，形成碟状的未成熟水母体，未成熟水母体发育成为能进行有性生殖的成熟水母体。
© 2002 MERRIAM-WEBSTER INC.

直径约 2 ～ 4 厘米。

水母型 medusa 刺胞动物两种主要体型之一，也是钵水母的主要体型。因其触须与希腊神话中女妖怪墨杜萨的蛇发很像而取名。体钟形或伞形。中央有一垂管，其下端

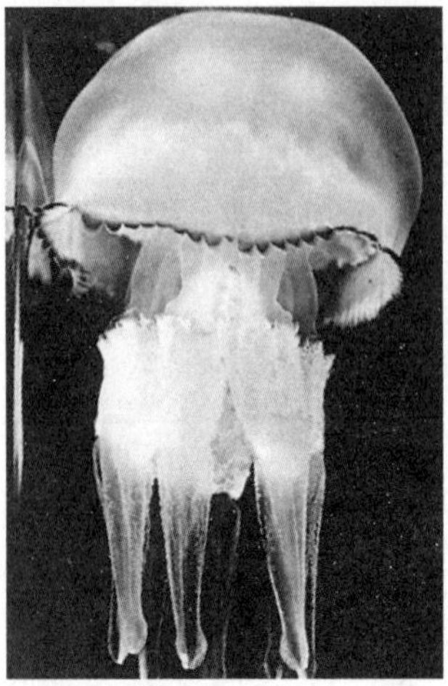

海蜇的水母型
Tom McHugh-Photo Researchers

有口。口通入消化腔，消化腔伸出辐管通到伞的外缘。这种体型能自由游泳，肌肉有节律地收缩，产生对水的缓慢推力，靠反作用力而游动。刺胞动物的另一主要体型是水螅体。

水牛 buffalo 偶蹄目牛科几种反刍哺乳动物的统称，其中包括体型庞大的印度水牛和好望角水牛。此名亦常指北美的美洲野牛。西里伯斯水牛（*Anoa depressicornis*）是一

好望角水牛（非洲水牛）（*Syncerus caffer*）
Mark Boulton from The National Audubon Society Collection - Photo Researchers/EB Inc.

种小型深褐色水牛，胆小，栖息于苏拉维西的浓密森林中。肩高0.75～1米，角直而尖。常被猎取其肉、皮和角。比它稍大的小水牛（*A. mindorensis*）与之近缘，栖息在菲律宾民都洛岛；极为胆小难驯，现已所剩无几。

水牛 water buffalo 又称 Indian buffalo（印度水牛）。学名*Bubalus bubalis*。牛科反刍动物。从人类有历史记载以来，水牛即在亚洲驯养。水牛体大，粗壮，肩高 1.5 ～ 1.8 米，体长可达 2.8 米，体重可超过1 000千克。体色黯黑或深灰，覆以短毛。角大，向外上方生长，两角间的距离可达 2 米。水牛有两个主要的类型。沼泽水牛是中国南部及东南亚产稻地区的主要挽畜。另一个类型为河水牛，饲养于南亚、西南亚及埃及，主要培育以食其奶、肉或作挽畜。

水栖蝾螈 newt 又作 eft。蝾螈科 40 余种动物的统称。主要分布于美国东南部和墨西哥，也见于亚洲和英国。水栖者称水栖蝾螈，而陆栖者称水蜥。体躯细长，尾高大于宽。

冠北螈（*Triturus cristatus*）
Toni Angermayer

以蚯蚓、昆虫、螺类和其他小动物为食。水栖和陆栖种类都繁殖于池塘中。英国的 3 个种（北螈属）有时被称作北螈。北美东部的赤水蜥（*Notophthalmus viridescens*）在幼年陆生时体呈鲜红色，之后变为永久的水栖动物，体色转为暗绿。

水橇运动 waterskiing 又称滑水运动。用汽艇牵引，脚穿宽水橇的运动员在水面上滑行的一项水上运动。滑行时运动员握住系在汽艇尾部的绳索末端的把手，身体稍后仰。这项运动在 20 世纪 20 年代起源于美国。1946 年开始举行国际比赛。单人曲道滑水比赛参赛者必须回转绕过赛道上一定数量的浮标。跳台比赛中运动员被拖到一个斜台上，裁判员对运动员飞跃距离和姿势判分。有的比赛还包括赤脚滑水和特技滑水。

水禽 waterfowl 美国对各种鸭、雁和天鹅的统称，有时包括无亲缘关系的水栖鸟类，如蹼鸡、鹭鹱和潜鸟等。在英国，水禽一词仅指驯养的用以观赏的天鹅、雁、鸭类，野生的上述鸟类则称为野禽，尤其是在用猎枪狩猎的场合。

水球运动 water polo 两队（每队 7 人）用类似足球的浮球在游泳池内进行比赛的球类运动。在较早的一种形式中队员骑在绘成马状的浮筒上用棍击球，所以其英语名称看来像是“水中马球”。19 世纪中期发源于英格兰。设置门柱就是那个时候提出来的。水球是一项剧烈和对体力要求极高的运动。1900 年现代水球运动成为奥林匹克运动会正式比赛项目。

水蚺 anaconda 蟒科蚺属（*Eunectes*），共两种。会绞死其猎物。巨蚺蛇或称巨水蚺的个体通常不超过 5 米，但最长可超过 7.5 米，足以和最大的巨蛇匹敌。黄蚺蛇小得多，呈

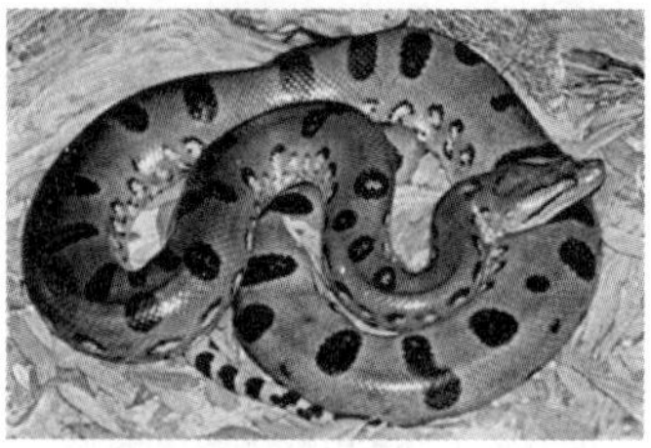

巨蚺蛇（*Eunectes murinus*）
© 1971 Z. Leszczynski-Animals Animals

墨绿色，夹有交错排列的卵圆形黑斑点。巨蚺蛇分布于安第斯山脉以东的热带江河沿岸和特立尼达岛。巨蚺蛇在夜晚潜伏在水中捕食，巨蚺蛇把小猪和凯门鳄那么大的猎物紧紧地缠绕并绞死，偶亦上树捕鸟。胎生，每次产 75 仔。

水生有壳动物 shellfish 有壳的水生软体动物、甲壳动物或棘皮动物的统称。牡蛎、蚌、扇贝和蛤的商业价值最为重要。某些腹足纲的软体动物，如鲍、蛾螺和前鳃类海螺也是市场商品。属甲壳类的主要食用种有虾、龙虾和蟹。棘皮动物中球海胆和海参在某些地区很受欢迎。捕捞上来后，所有的水生有壳动物都极易腐烂。许多种类都是活烹，以保护消费者不致受腐败食物的影响。

水噬鱼蛇 water moccasin 参阅噬鱼蛇。

“水手”号探测器 Mariner 美国发射到金星、火星、水星附近的 10 个无人太空探测器系列。“水手”2 号（1962）和“水手”5 号（1967）分别在离金星 3.5 万千米及4 000千米的距离内飞越金星，并对它的温度和大气密度进行了测量。“水手”4 号（1965）、6 号和 7 号（1969）、9 号（1971 ～ 1972）和 10 号（1973 ～ 1975）出色地拍摄了火星表面的照片，并对火星大气和磁场进行了分析。“水手”10 号是唯一访问过水星（1974 ～ 1975）的航天器。

水獭 otter 鼬科 13 种半水栖和蹼足兽类食肉动物的统称。分布于非洲、北美洲和南美洲、欧洲及亚洲。各种大小不同，体型似鼬，但总体长是1 ～ 2米，体重是3 ～ 26 千克，最大的海獭除外。水獭的毛皮，尤其是北美洲河獭的毛皮，价值极高。大多数种栖息于河流附近，有一些栖息于湖泊和溪流附近，海獭完全海栖。水獭捕食小型水生动物。好

河水獭(*Lutra canadensis*)
Kenneth W. Fink-Root Resources

奇,好嬉戏,最爱好的运动是顺着泥岸或雪岸下滑潜入水中。

水田芥 watercress 十字花科多年生植物,学名*Nasturtium officinale*,原产欧亚,已在北美归化。生长于凉爽的溪流中,沉水、浮在水上或平铺在泥地表面。常用大桶栽培,采其嫩梢作色拉。叶纤细,淡绿色,有胡椒味,富含维生素C。花白色。角果小,豆荚状。种子成两行。扦插易生根。

水豚 capybara 水豚属两种半水栖的中美和南美啮齿动物的统称。现存啮齿动物中最大的种类。南美水豚(*Hydrochoerus*)体长可达1.25米,体重50千克以上。水豚毛稀,浅褐色。吻钝,腿短,耳小,几乎无尾。性胆怯,群栖于湖泊、河流沿岸。晨昏觅食,白天大部分时间躲在岸边隐蔽处休息。以植物为食,由于吃瓜类、谷物和小果南瓜,有时成为农业区的害兽。会游泳,喜潜水,常跳入水中以逃避食肉动物。

水螅属 hydra 刺胞动物门水螅纲的一属,淡水无脊椎动物,约20～30种。体细管状,通常透明,长可达25毫米。体上端开口,食物和残屑均由此进出。一般雌雄同体,经常进行无性的出芽生殖。不同的种主要区别在于颜色、触手长度和数目、生殖腺的位置和大小。以小型无脊椎动物(如甲壳类)为食。

水螅体 polyp 动物学中指两种主要的刺细胞体形态之一,有时是苔藓虫群落内的个体。刺细胞水螅型体是中空的圆筒构造。下端附着在其他生物体或表面。上端透空的口往上,周围伸长的触手具有刺般的构造,称为刺丝胞。触手捕捉猎物,接着拉进口中。水螅可为独个(参阅海葵)或群体(参阅珊瑚)。体壁由3个皮层组成。另一种刺细胞体形态是水母型。

水仙属 narcissus 石蒜科的一属,约40种,有鳞茎,常芳香的观赏植物,原主要产于欧洲。受欢迎的春季庭园花卉有黄水仙(*N. pseudonarcissus*)、长寿花(*N. jonquilla*)和诗人水仙(*N. poeticus*)。花梗上有一大型花,花被中央的副花冠喇叭状(如黄水仙),或浅杯状(如红口水仙)。叶基生,扁平或灯心草状,鳞茎虽有毒,但也曾用于医药中。

水星 Mercury 太阳系中最靠近太阳的行星。距太阳的平均距离约5 800万千米,但由于其轨道呈大椭圆形,因此它距离太阳最近和最远时可比平均距离分别少和多1 200万千米。它是太阳系中最小的行星,其直径约4 880千米,质量约是地球的1/18。它的公转周期最短(只有88个地球日),而平均轨道速度最快(48千米/秒),因此以罗马神话中的快腿信使命名。它的自转很慢,其自转一周同其他星球相比,相当于59个地球日,而受其公转的影响,它的一个太阳日(两个日出之间的间隔时间)是176个地球日。它的表面布满陨星坑,给人印象最深刻的也许是它半径达1 550千米的卡路里盆地,是由一个巨大的陨石撞击而成。水星上还有陡峭的悬崖,绵延几百千米。在盆地附近发现的引力场证明它有一个大的铁质内核,其密度几乎同地球相当。它的大气可忽略不计,地表重力约为地球的1/3,只能保持住非常稀薄的一层大气。地表温度变化很大,面对太阳的地方温度高达425°C,而夜晚温度则低至-180°C。

"水星"号飞船 Mercury 美国第一个载人航天器系列(1961～1963)。在苏联航天员Y. A. 加加林成为"太空第一人"约3周后,"水星"号开始进行绕地球飞行航程。1961年5月A. B. 谢泼德(小)搭乘第一艘"水星"号太空舱"自由"7号进行了15分钟486千米的亚轨道飞行,高度达186千米。J. H. 格伦(小)搭乘的"友谊"7号是美国第一次进行轨道飞行,于1962年2月发射,共完成了三圈轨道飞行。1963年5月"水星"号最后一次发射,这一次"信心"7号绕地球飞行了22圈,历时约34小时,创造了"水星"号最长的飞行纪录。

水芋 calla 天南星科两种不同植物的统称。水芋属(*Calla palustris*)含一种水生的沼泽水芋,即野水芋。水芋通常也指几种马蹄莲属植物,均原产于南非。沼泽水芋广泛分

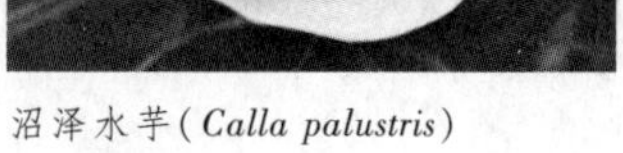

沼泽水芋(*Calla palustris*)
Ingmar Holmasen

布在北温带和亚极地凉爽潮湿的地区;植株美观,叶心形,佛焰苞白色,浆果鲜红成串;其汁液剧毒。马蹄莲的最主要品种均产自南非,是普通花匠的水芋(*Z. aethiopica*),为植株粗壮的草本植物,佛焰苞白色光泽,芳香,叶箭形,自粗根茎上部伸出,是受欢迎的室内植物,可用为切花。

水蚤 water flea 枝角目甲壳动物,约450种,分布全球。大多数在淡水中,少数海产。以溞属最常见,遍布欧洲和北美的池塘、河流

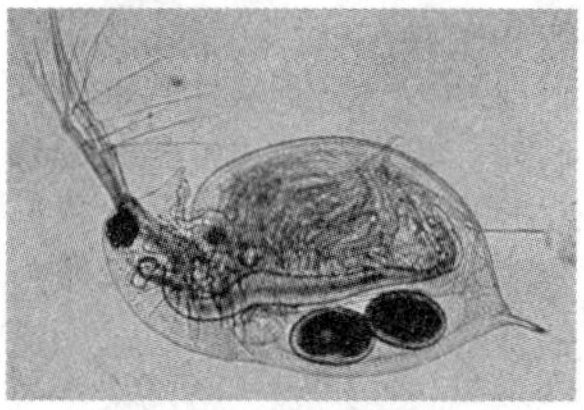

水蚤(*Daphnia*)(约放大30倍)
Eric V. Grave-Photo Researchers

中。水蚤体小,头部露在背甲外,触角大,背甲分两瓣,包住躯干和腹部的全部或大部。但可长达18毫米的薄皮溞属例外,其背甲退化为一个小的孵育囊。多数水蚤靠大触角有力地击水而游泳,触角连续击水,水蚤便以特有的一跳一沉的动作游进。除少数掠食性种类外,多以特化的胸肢从水中滤食微小的有机物颗粒。参阅桡足类。

水肿 edema 结缔组织细胞间的空隙中不正常积聚水样液体的病理现象。水肿通常是肾脏、心脏、静脉或淋巴系统病变的症状,是细胞、组织、血液中水平衡的生理机制受到影响。水肿会以凹陷(即当受压后仍维持压痕的状态)或非凹陷的方式呈现。水肿的治疗一般都是矫治引起水肿的疾病。水肿可为局部性(如过敏引起的荨麻疹),也可为全身性(又称浮肿或积水)。有时及于体腔或组织。

水族馆 aquarium 贮养淡水或海水水生生物的处所,或为搜集水生生物供展览或作科学研究的设施。世界上第1个供展览用的水族馆于1853年在英国摄政公园对公众开放。现在世界上许多重要城市都设有公立的以及营业性的水族馆。另一类水族馆则是主要以科学研究为目的。水箱不分大小,小到装不了1加仑水的小罐,大到能盛100万加仑水的巨型水箱,都必须精心制作;许多物质,尤其是塑料和胶粘剂,虽对人无毒,但对在水中呼吸的动物却有毒。水质是维护水族箱生物最基本的要求。

税 tax 政府向个人、团体或企业征收的款项。纳税是纳税人的基本义务,不以任何具体的利益作为交换。税自古代即已存在,例如古罗马即有著名的财产税和商业税,不过对于当时的税收,关税比国内税更重要。但是现代经济则出现相反的趋势,税收绝大部分都是以国内税为主,并且逐步废除关税。税有三种主要功能:支付政府的花费;维持经济成长的稳定;减少收入和财富的分配不公平。税也可能用于非财政的理由,例如鼓励或不鼓励某些活动(例如香烟消费税)。税可分为直接税与间接税,直接税指的是纳税人不能转移给他人的税;主要是以个人为对象的税,且是以个体的能力为基础来课征,依据纳税人的收入或净财富而征收。直接税包括所得税、财产净值税、死亡税(包括遗产税和继承税)、赠与税等。间接税指的是可以全部或部分转移给非法定纳税人的税。间接税包括执照税、营业税、增值税等。税也可根据其对财富分配的效果而分类。对所有纳税人都课以同样相对负担的为比例税,另外还有累进税和累退税。

税收分享 revenue sharing 一个政府单位将部分税收转让给其他政府单位的一种款项安排方式。例如,省或州可以分享地方政府的税收,或中央政府可以与省或州分享税收。税收分享方案由法律制定以限制供款单位对收款单位的控制,并规定收款单位是否必须提供相应款项。一些国家采用税收分享的方式,例如加拿大、印度及瑞士。1972～1986年美国也推动一个税收分享计划,州和地方政府会收到联邦政府认为适当的拨款。

睡莲 water lily 睡莲科淡水植物的统称,有8属,原产于温带和热带。除仅见于亚洲的芡实属(*Euryale*)外皆多年生。多数种具圆形飘浮叶,叶表面具蜡质,柄长,内有气隙,

圣克鲁斯睡莲(*Victoria cruziana*)
Gottlieb Hampfler

由肥厚、肉质、匍匐于水下泥中的地下茎上生出。有的具沉水叶。单花顶生,色艳丽,着生于从地下茎生出的长柄上。花杯状,花瓣多数,螺旋排列。有些种的花仅于晨昏开放。多数种具多数雄蕊。果实呈坚果状或浆果状。有的果实在水下成熟,裂开或腐烂后种子飘走或沉没于水中。睡莲属(*Nymphaea*)约35种。北美白睡莲(*N. odorata*,即香睡莲)于幼嫩时具淡红色叶,花大、芳香。埃及蓝睡莲(*N. caerulea*)常出现于古埃及艺术作品中。最大的睡莲科植物为产于热带南美洲的王莲属(*Victoria*),共2种:亚马逊王莲(*V. amazonica*,前称 *V. regia*)及圣克鲁斯睡莲(*V. cruziana*),叶均为浅盘状,直径60～180厘米,叶脉粗壮,叶缘向上翻卷,故俗称水盆。睡莲为鱼和野生动物提供食物。但因生长迅速,有时会影响排水。常栽培于花园池塘中和温室,用作观赏植物,并培养出很多变种。

睡眠 sleep 意识自然地、阶段性地终止,用于恢复身体的力量。人类通常在晚上睡眠,而夜间活动的动物在白天睡眠。成年人每晚睡眠时间为6～9小时,尽管越来越多的人每晚睡眠不足6小时。睡眠主要有两种类型:REM(快速眼球运动)和NREM(非快速眼球运动)。正常睡眠期间这两种类型交替规则出现。REM型睡眠的主要特点是前脑和中脑的神经活动增加,肌肉运动降低,做梦(参阅梦),快速眼球运动,性器官血管充血。NREM睡眠则分为四个阶段,最后一阶段就是我们平常称为"好觉"的最能恢复精力的平静熟睡。参阅失眠和发作性睡病。

睡眠病 sleeping sickness 由舌蝇咬伤所感染的原虫病。由不同种类的鞭毛原虫所导致的两种形式出现在非洲的不同地区。寄生虫进入血液,侵袭淋巴结和脾脏,导致其肿胀、变软变弱。会出现不规律的发烧和神经疼痛迟缓。在罗得西亚型中,病人很快就会死于严重的毒血症。冈比亚型会进一步侵袭脑和脊髓,导致严重的头疼、精神和身体疲惫、痉挛性或软弱瘫痪、舞蹈病和深度困乏,接下来的两三年则会有瘦弱、昏迷和死亡。某些病人已产生一定的忍耐性,但仍然携带锥虫。这种病越早开始治疗,康复的机会就越大。尽管作了很大的努力,但睡眠病至今仍流行于非洲的部分地区。

睡鼠 dormouse 啮齿目睡鼠科7个属约20种小动物的统称。分布在整个欧亚大陆和非洲北部。眼大,毛柔软,耳圆,有一条长满毛、有时是蓬松的尾。生活在树上、灌木丛

可食睡鼠(*Glis glis*)
Schunemann-Bavaria-Verlag

中和岩壁上以及用植物材料筑成的巢中。以果实、坚果、鸟卵、昆虫和小动物为食。许多种睡鼠以嗜睡闻名,睡眠时间极长,特别是在冬季。可食睡鼠是这类动物中最大者,灰色,最大体长约20厘米,尾长15厘米不计在内。

顺磁性 paramagnetism 材料磁性的一种,这种材料可受到强磁铁的弱吸引。含有铁、钯、铂和稀土元素的化合物呈现强顺磁性,因为这些元素的原子有不完全的内电子壳层。它们的未成对电子使原子成为小型的永磁体,它们沿外磁场排列,并因此增强外磁场。强顺磁性随温度的升高而减弱,这是因为原子磁体的较强的无规律运动产生反排列作用。在许多固态金属元素中可发现与温度无关的弱顺磁性。

顺化 Hue 越南中部城市。公元前约200年为中国在南越王国设立的军事据点。约公元200年归属占人,1306年割让给大越(越南)。从16世纪中叶到20世纪中叶为王室城堡所在地,由阮氏家族统治。第二次世界大战(1940～1945)期间被日本占领。1947年4月成为越南的一个非共产主义委员会所在地,但在1949年失去了这个地位,当时新宣布成立的国家选择了西贡(参阅胡志明市)作为首都。在越南战争中的1968年新春攻势期间受到严重破坏,现已重建。人口302 983(2009)。

顺势疗法 homeopathy 1796年S.哈内曼建立的一种治疗法。其基本原理是"以毒攻毒",即对患者施予在健康人身上会引起该待治病症的物质治疗该病。哈内曼进一步指出,当这种物质被稀释后,其治疗的效果增加。顺势疗法是一种温和的、受欢迎的治疗法,用以替代放血一类的剧烈疗法,但也有人批评它只注意症状而忽视病因。非正统医学兴起后,顺势疗法再度复兴。

顺应 acclimatization 生物体对其所处环境变化的一种逐渐的、长期的应答。如果条件转回到较早状态,这种应答多少具习惯性或逆转性。这些特点使它不同于自稳态、成长和发育(不能反转回来)、进化适应(发生在经历好几代的人口中)。顺应可发生在预感变化时而使生物以超出其自然经验的方式存活下来。例如,生物会顺应季节的变化,高度的改变等。

说唱剧 p'ansori 朝鲜语,意为"故事演唱"。一种歌唱民间叙事文学的形式。曾经是结合萨满颂歌的叙述表演,后成为描述大众习俗与日常生活的载体。

说唱乐 rap 一种吟唱有节奏文字的音乐风格,常有音乐伴奏,主要的重点在于节拍。说唱乐最早出现在纽约市的黑人与拉丁美洲人社区,随着糖丘帮的《说唱者的欢乐》(1979)成为全国知名的曲风。它以稍带节奏的歌词吟唱奇克的迪斯科金曲并伴有贝斯演奏。在20世纪80年代初期,霹雳舞更助长了说唱乐的流行,当时的著名艺人包括K.布洛、"大师弗莱什和疯狂五人组"、"Run-DMC"、"LL酷J"与"人民公敌"。80年代末则出现了"帮派说唱音乐",充满了厌恶女性的歌词,更赞扬毒品与暴力。这种趋势在1996～1997年因为T.沙库尔和"恶名昭彰的B.I.G"两位说唱乐歌手的被杀而达到高峰。近年的知名说唱艺人则有"大师P"与柯姆。如今说唱乐也有广大的白人乐迷,因此发展的热度仍然持续上升。

说方言 tongues, gift of 又作 glossolalia。指在精神恍惚或狂乱的情况下,自口中发出类似语言的声音,且通常难以理解。据宗教上的解释,这是人被超自然灵体附体,人与神灵交谈或代神灵发出谕旨。说方言的现象在古希腊宗教和各种原始宗教中都曾出现过。基督教中的说方言现象始见于耶稣的门徒在圣灵降临节的经历,圣保罗宣称对其非常熟悉。如今,该现象主要与具有超凡魅力的新教徒活动相关,如五旬节派。

说一切有部 Sarvastivada 在佛陀升天后的头四五个世纪中发展起来的小乘佛教中的18个学派之一。此名称的意思是对一切东西都存在的教义进行讲解,包括关于过去、现在和将来都存在的概念。说一切有部在印度西北部和东南亚部分地区有很大影响力。

司法机关 judiciary 政府的执法部门,

主要工作是对争讼作出裁决。在裁决争讼时，有一套规则规定哪些当事人可被准许出庭，哪些证据可被采纳，哪些审判程序必须遵守和可能作出哪些类型的判决。虽然法官是中心人物，但除争讼的当事人各方和代表他们的律师外，还有其他的一些个人：包括证人、书记员、执行员，如果程序中有陪审团参加的话还有陪审员。虽然法院明确的任务是按照立法部门通过的规则执法，但不可避免法院本身也立法。例如，在决定怎样将法律条文适用于特定案件时，法院就是以为未来案件制定规则的方式在立法，称为判例法。

司法审查　judicial review　指由国家的法院对政府的立法、行政和管理部门的活动进行审查，目的是保证这些活动符合宪法的规定。不符合宪法的活动就是违宪的，因而是无效的。司法审查被认为是始于美国最高法院在马伯里诉麦迪逊案（1803）的裁决中提出。第二次世界大战后，在欧洲和亚洲起草的许多宪法都写入各种形式的司法审查条款。在美国特别常受到仔细审查的是涉及公民权利（或**公民自由**）、法律上的**正当程序**和**同等保护权**、宗教自由、言论自由和隐私权的活动。参阅**制约与平衡**。

司各特　Scott, Walter（1771～1832）　后称Sir Walter。苏格兰作家，常被推崇为历史小说的创始者与最杰出的作者。从童年开始，司各特就熟知苏格兰边境区的故事。

W. 司各特，油画，E. H. 兰塞尔绘于1824年；现藏伦敦国家肖像画陈列馆

By courtesy of the National Portrait Gallery, London

1786年在当律师的父亲身边当见习生。后来成为赛尔扣克的代理郡长和爱丁堡高等民事法庭的职员。他对边界叙事诗兴趣浓厚，收集整理出了《苏格兰边境歌谣集》（1802～1803）。第一部浪漫诗歌创作《最后行吟者之歌》（1805）使他名声远扬。《湖上夫人》（1810）是他浪漫诗歌的最成功作品。他编辑了J. **德莱顿**的作品集（18卷；1808）和J. **斯威夫特**（19卷；1814）作品集。因债务缠身，1813年起司各特部分是为了挣钱而写作。他已厌烦叙事诗的形式，转向传奇故事散文。最受欢迎的现称作《威弗利》的小说系列，包括描写苏格兰历史的20多部作品，其中杰作有《扫墓老叟》（1816）、《罗布·罗伊》（1817）以及《米得洛锡安之心》（1818）。他在《艾凡赫》（1819）、《凯尼尔沃思》（1821）和《昆丁·达沃德》描述了英国历史及其他主题。他的小说在1827年之前一直是匿名出版。

司提反，圣　Stephen, St.（1世纪）　基督教第一个殉教士。根据《使徒行传》记载，司提反是在外国出生的犹太人，住在耶路撒冷，很早就改信基督教。他是由传教士选任的7名执事之一，负责照顾老年妇女、寡妇及孤儿。作为已经希腊化的犹太人，他强烈反对犹太教的祭献礼仪，因表达了自己的意见，他被带到**犹太教公会**。他为基督教所作的辩护激怒了听众，结果被用石头打死。赞成处死他的人中有一个是后来称作**圣保罗**的扫罗。

丝　silk　某些昆虫分泌的动物纤维，作为茧或虫网的材料。商业用丝几乎全部来自几种家蚕属的蛾的幼虫所结的茧，通常称这些昆虫为桑蚕。丝是绕在每个茧上连续不断的单丝。缫丝时，将茧在水中软化，找出丝头；同时从几个茧子上抽出丝头，有时轻捻成单股生丝。在拈丝的过程中，将几股非常细的生丝拈成较粗、较坚实的纱。第二次世界大战以来，像**尼龙**这类合成纤维的取代大大缩小了丝绸工业，但丝绸仍是一种重要的华贵材料，是日本、韩国和泰国的主要产品。

丝瓜　loofah　又作luffa。葫芦科丝瓜属6种一年生攀缘藤本植物，原产于旧大陆热带。栽培于温带地区的两种（粤丝瓜和埃及丝瓜）果形似黄瓜，长约30厘米。嫩绿时可食，老后草黄色。除去其果皮、软髓和种子，剩下紧密交织的网状维管束（原为输送养料和水分），结构类似海绵，可用于沐浴、洗碗碟和工业过滤。

丝光处理　mercerization　对棉纤维或织物进行的化学处理工序，以提高其对染料和各种化学整理剂的亲和力。1850年英国印花平布工人J. 默塞尔获得这种方法的专利权，也使棉布的抗拉强度和吸收性能大增。高质量的棉织物通常都要经过丝光处理。方法是把纱线或纤维置于氢氧化钠溶液中浸渍，然后用水或酸中和。

丝兰　yucca　龙舌兰科丝兰属肉质植物，约40种，原产北美南部。多无茎，坚挺的剑

丝兰

By courtesy of the New Mexico Department of Development

形叶丛生于基部。花蜡白色，簇生。约书亚树（*Y. brevifolia*，即短叶丝兰）有高达10余米的茎。形状不凡，花簇美丽，有西班牙刺刀（*Y. aloifolia*，即千手兰、芦荟叶丝兰）、西班牙短剑（*Y. gloriosa*）和亚当针（*Y. filamentosa*，即熊草、丝状丝兰）等种类，普遍为人所栽培观赏。

丝印　silkscreen　又称serigraphy（绢印）。用于表面印刷之精致模版印刷技术，将涂料或墨水经拓印、滚动或涂抹的方式印刷于裁剪之纸张或其他薄且强韧物质所形成的图样上，以使涂料或墨水透过剪去的区域。此技术之发展可能起源于1900年，且起初是应用于广告业及出版业。20世纪50年代，艺术家开始使用这种制作法。绢印乃是将具细致筛孔之丝绸钉到木制框架上，以支撑粘贴于其上之印刷用裁剪纸张，故得名。为了制作一个绢印，具有绢网的木框被放置在一个更大一些的木质板上，而要印刷的纸则置于板上及绢网之下，涂料则被与绢网同宽之橡胶清洁器（橡胶刀）透过绢网而印压。可以印许多种颜色，一种颜色使用一个绢网。

丝足鱼　gourami　鲈形目热带淡水褶鳃鱼类的统称，尤指东印度捕捉或养殖作食用鱼的丝足鱼（*Osphronemus goramy*）。体结实，卵圆形，腹鳍具长丝状鳍条，体重可达9千克。

倭密鲈（*Colisa lalia*）

Jane Burton–Bruce Coleman Ltd.

成鱼褐色或灰色，腹部色淡。其他丝足鱼都是不同科属的亚洲种类，其中一些是家中水族箱中受欢迎的观赏鱼。一般体较高，口小。常见的有：条纹密鲈（*Colisa fasciata*），蓝绿及淡红褐色相间，长12厘米；倭密鲈（*C. lalia*），长6厘米，具红和蓝色鲜艳条纹；吻鲈（*Helostoma temmincki*），淡绿或粉白色，以特殊的"亲吻"习性著名。

私刑　lynching　暴民以执法为名，不经审判就将他们认为是罪犯的人处死。往往还对被害人进行拷打和肢解。私刑常常发生在动乱的社会情况下。该名词源于一个名为林奇的弗吉尼亚人，在**美国独立战争**期间，他主持一个非法的法庭迫害**效忠派**。在美国，私刑在南方重建时期中被广泛用来对付黑人，常用来恫吓其他黑人不要行使他们的民权。

斯巴达　Sparta　又称Lacedaemon（拉塞达埃蒙）。古希腊城邦，拉科尼亚州首府，**伯罗奔尼撒**主要城市。起源于**多里安人**，公元前9世纪建立，发展成为严格的军事主义社会。前8～前5世纪征服邻近的麦西尼亚。前5

世纪起斯巴达的统治阶级热衷于战争，建立起希腊最强大的军事力量。和雅典在伯罗奔尼撒战争（前460～前404）长期竞争后，获得了整个希腊的霸权。前371年斯巴达的势力在留克特拉战役中被第比斯破坏。约前192年被击败后失去了独立地位，被迫加入亚该亚同盟。前146年成为罗马的亚该亚省的一部分。公元396年被西哥特人占领并破坏。其卫城、市场、剧院和神庙等遗迹仍保存至今。

斯巴达克思　Spartacus（？～公元前71）抵抗罗马的"角斗士战争"（公元前73～前71）领袖。色雷斯人，曾在罗马军队服役。曾做过强盗，被擒后卖为奴隶。他和其他角斗士策划了一次起义，逃出角斗士训练学校，在维苏威火山上扎营；当地其他逃跑的奴隶和一些农民加入他的队伍。他率领9万人的军队，占领了意大利南部大部分，公元72年打败两个执政官。他带领军队向北面阿尔卑斯山的高卢挺进，他原本希望解散军队去寻找自由，但士兵们拒绝离开，宁愿继续战斗。南返时，他企图越过海峡进占西西里，但没有成功，M. L. 克拉苏的罗马军团在卢卡尼亚击败并擒获奴隶军队，斯巴达克思在激战中阵亡。庞培的军队拦截并击杀了许多向北方逃亡的奴隶，6 000名囚犯被克拉苏钉死在阿庇亚大道沿路上。

斯巴达克思同盟　Spartacists　又作Spartacus League。1914～1918年在德国活动的革命社会党团体。由德国社会民主党发展而来，1916年K. 李卜克内西、R. 卢森堡等人正式建立，强烈反对德国在第一次世界大战中所扮演的角色，并要求进行社会主义革命。同盟促成了1918年12月的大游行，由此导致1919年1月的斯巴达克斯暴动，但以失败告终。暴动后，同盟的领导人被自由军团成员杀害。此后同盟经改组成为德国共产党。

斯巴克　Spaak, Paul-Henri（1899～1972）比利时政治家。1921～1931年从事律师工作，1932年进入众议院，为社会党代表。1936～1966年间的大部分时间里担任了比利时的外交部长，并且两次担任总理（1938～1939、1947～1950）。他是欧洲合作的倡导者，致力于比荷卢经济联盟的建立（1944），还参与起草了《联合国宪章》，1946年担任第一届联合国大会主席。他签署了《布鲁塞尔条约》，参与创立北约，1957～1961年担任其秘书长。他还致力于成立欧洲经济共同体和欧洲原子能共同体。

斯宾诺莎　Spinoza, Benedict de（1632～1677）　希伯来语作Baruch Spinoza。荷兰犹太人哲学家，17世纪唯理论的主要代表人物。出生于阿姆斯特丹，其父母为逃避葡萄牙的天主教迫害而来到荷兰。早期对新科学和哲学思想的兴趣使他在1656年被逐出犹太教，其后靠磨镜片和抛光工作来谋生。他的哲学代表了对R. 笛卡儿哲学的发展和否定，其大多数震撼性的学说中很多都是对笛卡儿哲学难题的解决。他在笛卡儿形而上学中发现了3个不足之处：上帝的超然存在、身心二元论、归属于上帝和人类的自由意志。斯宾诺莎认为那些学说使世界变得难于理解，因为这不可能解释上帝和世界、心灵和身体的关系以及说明由自由意志引起的事件。在他的巨著《伦理学》（1677）中，他试着用极易理解和充分确定的方式来建构能解决这些问题的形而上学一元论体系。海德堡大学请他出任哲学教授，但他拒绝了，以追求自身独立。其他主要著作有《神学政治论》（1670）和未完成的《政治论》。

斯宾塞　Spencer, Herbert（1820～1903）英国社会学家和哲学家，社会达尔文主义理论的倡导者。他在《综合哲学》（9卷，1855～1896）中认为自然、有机体和社会领域都是内在联系的，它们的发展依据的是同样的进化法则，与生物物种的进化相同。他认为人类社会经不断的劳动分工而进化，从无分化的游牧部落发展到复杂的文明。故而社会文化演化是一个不断"个性化"的过程，个体天赋的卓越将压倒社会，而科学将压倒宗教。斯宾塞推测性的社会学说很快被文化人类学的发现和更有经验基础的社会学所代替。他是维多利亚时代最好辩也是最常被讨论的思想家之一。

斯宾塞　Spenser, Edmund（1552/1553～1599）　英国诗人。进入剑桥大学以前的生活鲜为人知。第一部重要作品《牧人月历》（1579），可称作英国文艺复兴的第一部作品。1580年时他显然正在莱斯特伯爵手下服务，并成为以西德尼爵士为首的文人团体的成员。1580年担任爱尔兰领主的秘书，在那儿度过余生；1588或1589年在科克附近的基尔科曼获得一块很大的地产。1590年出版长篇讽喻诗《仙后》的第一部分（首次对开版，1609），为虚构的新教和清教间的辩护，是对英格兰和伊丽莎白一世女王的赞美。这是伊丽莎白时代的重要诗篇，也是英语诗最伟大的作品之一；其所采用的富于革命性的九行诗节形式，称为"斯宾塞诗节"，被后来的很多诗人采用。他为这部诗计划了12部书，但只完成了刚过一半。其他诗作还有十四行诗组《爱情小诗》（1595）和《结婚曲》（1595）。1598年的爱尔兰起义中，基尔科曼被烧毁，斯宾塞可能在不久后于绝望中死去。

斯波克　Spock, Benjamin（McLane）（1903～1998）　美国儿科医师。生于康涅狄格纽黑文。自哥伦比亚大学取得医学博士学位，后致力于小儿科，并教授精神病学和儿童发展学。他的《婴幼儿保健常识》（1946；1998年第7版改为《斯波克医生的婴幼儿保健书》），极力要求父母对婴幼儿要有理解和灵活性，反对肉体惩罚；影响了几代父母，以39种语言出版了5千多万册，并不断修订、更新，适应新的社会和医学问题。1967年停止医学方面工作，投身于反越战运动。晚期提倡儿童素食的生活饮食（参阅素食主义），引起极大争议。

斯大林　Stalin, Joseph（1879～1953）　原名俄语作Ioseb Dzhugashvili。苏联政治家和独裁者。生于格鲁吉亚。鞋匠之子，在一所神学院求学，但因革命活动而在1899年被开除。他加入一个地下革命团体，1903年支持俄国社会民主工党中的布尔什维克派。作为V. I. 列宁的追随者，他担任并不重要的党职，后来奉派至布尔什维克中央委员会（1912）。他在幕后和流亡期间（1913～1917）一直很活跃，直到俄国1917年革命布尔什维克掌权为止。采用"斯大林"（俄语意为"钢"）为姓后，他在布尔什维克政府担任民族事务人民委员和国家监督人民委员（1917～1923）。他是政治局成员，1922年起成为该党中央委员会的总书记。列宁去世后（1924），斯大林战胜了包括L. 托洛茨基、G. Y. 季诺维也夫、L. 加米涅夫、N. I. 布哈林和A. 李可夫在内的对手，掌控了苏联的政治。1928年推行五年计划，急剧改变的苏联经济和社会结构，导致数以百万计的人民死亡。20世纪30年代他进行清党审判和广泛的暗杀及迫害，致力于消除权力上所受的威胁。第二次世界大战期间，他签订了《德苏互不侵犯条约》（1939），进而攻入芬兰（参阅苏芬战争），还兼并东欧部分地区，以强化西部边界。当德国入侵苏联时（1941），斯大林负责军事指挥。他在德黑兰会议、雅尔塔会议、波茨坦会议中与英美两国结盟，证实了自己的谈判能力。战后他在东欧巩固苏联的力量，并把苏联建设为世界军事强国。为了控制国内异议分子，他持续政治上的压迫措施；他逐渐变得偏执，去世前正准备在所谓医生阴谋案之后进行另一次整肃。斯大林因把苏联变为世界强国而闻名（人民付出了可怕的代价），他留下了工业及军事力量，也留下了压迫与恐惧的遗产。1956年斯大林和他的个人崇拜受到N. 赫鲁晓夫的谴责。

斯大林格勒战役　Stalingrad, Battle of（1942～1943）　第二次世界大战期间德国对苏联的不成功的进攻。德军于1941年开始进攻苏联，1942年夏推进到斯大林格勒郊区（今伏尔加格勒），遭到V. I. 崔可夫将军指挥的红军顽强抵抗。经过激烈巷战，德军挺进至市中心。11月苏联发动反攻，包围了F. 保卢斯率领的德军，其所属余部9.1万人于1943年2月投降。轴心国军队（德国、罗马尼亚、意大利和匈牙利）死亡80万人，苏联军队死亡人数逾百万。该战役为德军进攻苏联所达最远之处。

斯丹达尔　Stendhal（1783～1842）　原名Marie-Henri Beyle。法国小说家。生于格勒诺布尔，1799年到巴黎，部分原因是出于躲避父亲的管束。1802年起开始写日记（在他死后以他的《日记》为名出版）以及其他一些记录个人想法的文字。1806年起在拿破仑军队任职，1814年法兰西帝国垮台后移居意大利。因在政治上及情感生活中受挫，他又返回法国。1821～1830年间在巴黎的社会生活和知识分子阶层中相当活跃，也是在这一时期，他完成了代表作《红与黑》（1830）。该书对一位野心勃勃的年轻人的性格作了淋漓尽致的描绘，也是对法国复辟时期的精确描述。另一部主要著作《巴马修道院》（1839），

斯丹达尔，油画，P.-J. 德德洛-道尔西绘；现藏法国格勒诺布尔市立图书馆

By courtesy of the Bibliotheque Municipale de Grenoble, Fr.; Photograph, Studio Piccardy

以其对人类心理的出色分析和对生活细致入微的描画而著称。未能完成的自传体著作《自我主义者的回忆》(1892)和《昂利・勃吕拉传》(1890)也被归入他最有创意的作品之列。

斯德哥尔摩　Stockholm　瑞典首都。该市建在很多岛屿和半岛之间，由古桥和现代高架公路桥相连，被认为是世界上最美丽的首都之一。据记载，斯德哥尔摩城约于1250年由瑞典统治者雅尔伯吉尔所建。中世纪成为瑞典主要贸易港口，1436年设为首都。经历多年瑞典和丹麦战争之后，古斯塔夫一世(瓦萨)于1523年将该市从丹麦统治中解放出来。17世纪中期由于瑞典成为强国，斯德哥尔摩发展迅速，18世纪成为瑞典文化中心，19世纪又大规模重新开发。为瑞典第二大港口，也是重要的文化、商业、金融和教育中心。人口：都会区约1 889 945(2005)。

斯登堡　Sternberg, Josef von(1894～1969)　原名Jonas Stern。奥地利出生的美国电影导演。出身于维也纳一个东正教犹太人家庭，少年时移民到美国。1923年成为好莱坞编

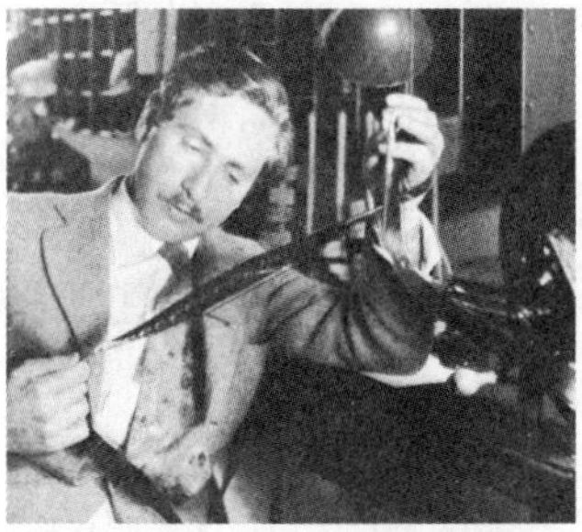

正在剪辑影片的 J. von 斯登堡

Culver Pictures

剧和摄影师，1927年拍出首部警匪片《下层社会》(1927)。其电影特色为动人的视觉效果和光明与黑暗的气氛营造。1930年在德国拍摄的《蓝天使》，使主角M. 黛德丽成为国际影星。她后来和斯登堡一起回到好莱坞，主演他执导的《摩洛哥》(1930)、《上海快车》(1932)、《金发维纳斯》(1932)、《红色女皇》(1934)和《魔鬼是个女人》(1935)。尽管他后来拍摄的电影《澳门》(1952)和《阿塔纳汉传奇》(1953)都受到赞扬，但事业已日渐衰落。

斯蒂尔　Still, William Grant(1895～1978)　美国作曲家。生于密西西比伍德维尔。原想当医生，却到奥伯林学音乐，学习单簧管、双簧管和小提琴，曾为百老汇热门剧《闲逛》(1921)演奏。又向G. 查德威克(1854～1931)和E. 瓦雷兹学习作曲。初期风格标新立异，如《来自黑人区》(1926)。约1930年开始致力于发展鲜明的非洲-美洲艺术音乐，创作5部交响乐(包括1930年的第一交响乐《美国黑人交响曲》)、芭蕾、歌剧以及其他独唱曲、合唱曲，如《分离之歌》(1949)。

斯蒂芬　Stephen(1097?～1154)　又称Stephen of Blois。英格兰国王(1135～1154)。亨利一世的侄子，曾立誓支持亨利的女儿马蒂尔达继承王位，但后来却自己继承了王位。在随之而来的国内争斗中他没能赢得所有男爵的支持。马蒂尔达在1139年入侵，斯蒂芬以骑士精神将她护送到布里斯托尔港口。她控制了英格兰西部大部分地区，并在1141年的战役中俘虏了斯蒂芬，但其傲慢激起叛乱，被迫离开英格兰(1148)。后达成协定，1153年入侵英格兰的马蒂尔达的儿子安茹的亨利(后来的亨利二世)，被任命为史蒂芬的继承者。

斯蒂芬一世　Stephen I(约970～1038)　又称St. Stephen，原名Vajk。匈牙利第一位国王(1000～1038年在位)，匈牙利国家的创立者。马扎尔大酋长之子，原为异教徒，后受洗成为基督徒。打败其表兄后即匈牙利王位，其皇冠为罗马教皇西尔维斯特二世赠送的礼物。其统治期间，除了1030年康拉德二世入侵和与波兰、保加利亚的小冲突之外，比较太平。后来他按照德国模式组织了匈牙利政府和教会管理机构。他被尊为匈牙利的主保圣人。

斯蒂盖尔　Stiegel, Henry William(1729～1785)　原名Heinrich Wilhelm。德裔美国制铁业者和玻璃制造商。1750年到费城，很快成为富有的制铁业者，1762年在兰开斯特县买进一大片土地，投资建设一个市镇，取名曼海姆。他在曼海姆开设美利坚燧石玻璃厂，从威尼斯、德国和英国招来玻璃工人，制造实用的器皿和蓝、紫、绿及透明的精美餐具。斯蒂盖尔有3处豪宅，进出有人敬礼并有军乐伴随。但奢侈的生活和萧条的经济最终导致他破产。

斯蒂格利茨　Stiglitz, Joseph E.(1943～)　美国经济学家。1967年获得麻省理工学院博士学位并在多所大学执教，包括耶鲁、哈佛、斯坦福和哥伦比亚。1997～2000年担任世界银行首席经济师，但经常不赞成该组织的各项政策。他帮助创立了现代发展经济学，改变了经济学家们对于市场运作方式的看法。他对于不对称市场信息的研究表明，通过一个筛选过程信息匮乏的个体可以从信息充分的个体那里获取信息，例如，当保险公司确定它们客户的各项风险因素时。他与G. A. 阿克洛夫和A. M. 斯彭思一起分享了2001年诺贝尔经济学奖。

斯蒂格纳　Stegner, Wallace (Earle)(1909～1993)　美国作家。生于艾奥瓦州莱克米尔斯。曾就读于艾奥瓦大学，后来在几所大学任教，特别是斯坦福大学。《大石糖山》(1943)是关于一个家庭到西部旅行寻找财富的小说，使他首次在评论界和大众中获得成功。后来的小说包括《流星》(1961)、《休止角》(1971，获普利策奖)与《鸟目击者》(1976，获美国国家图书奖)。非小说类写实的作品有两部关于开拓犹他州的历史，《摩门乡》(1942)与《天堂的聚会》(1964)，《在第100条子午线之后》(1954)以及J. W. 鲍威尔的传记。

斯蒂伦　Styron, William(1925～2006)　美国小说家。生于弗吉尼亚州纽波特纽斯。曾就读于杜克大学，并在美国海军陆战队服役。20世纪50年代他成为美国旅居巴黎侨团的成员。他的第1部小说《在黑暗中躺下》(1951)讲述的是一名神志不清的少妇自杀的故事。他的第4部小说《奈特・特纳的忏悔》(1967，获普利策奖)描述1831年的奴隶起义。后期作品包括讲述纳粹大屠杀时期故事的小说《苏菲的抉择》(1979；1982年拍成电影)和描述自己情绪消沉的非小说类写实作品《可见的阴暗面》(1990)。以擅长处理悲剧题材并以辞藻华丽知名于世。

斯蒂文森　Stevenson, Robert Louis (Balfour)(1850～1894)　苏格兰散文家、小说家和诗人。曾取得律师资格，但从未开业。游历广泛，部分是为了寻找有利于治疗肺病的气候，但最终还是因肺病而于44岁去世。以为期刊写游记(如1879年发表的《驴背旅程》)和散文而出名，这些文章起先被收录在《维琴吉布斯・朴瑞斯克集》(1881)中。他那些备受青睐的小说《金银岛》(1883)、《绑架》(1886)、《化身博士》(1886)和《巴伦特雷的少爷》(1889)是在连续几年中写成的；《儿童诗园》(1885)是19世纪影响力最大的儿童作品之一。他在萨摩亚度过生命的最后几年，并写出更臻成熟的作品，包括《法勒萨海滩》(1892)以及未完成的代表作小说《赫米斯顿的韦尔》(1896)。

斯蒂文斯　Stevens, Wallace(1879～1955)　美国诗人。生于宾夕法尼亚雷丁。原在纽约市当律师，1916年加入哈特福德市一家保险公司并担任副董事长一职直到去世。1914年他的诗歌开始在文学杂志上发表。在其第一本也是他用词最具才华的诗集《簧风琴》(1923)中，他开始写“想象与现实的联系”这一贯串他毕生创作的主题，并将他的作品连成一个整体。后来的诗集《关于秩序的思想》(1936)、《携蓝色吉他的人》(1937)和《秋天的晨曦》(1950)等在思想上和力度上进一步阐述这个主题。他一生平淡，几无重大的事情，直到晚年才被承认是重要诗人，1955年

W. 斯蒂文斯，摄于 1952 年

© Rollie Mckenna

仅因《诗集》获普利策奖。现在人们常认为他是 20 世纪美国最伟大的诗人。

斯多葛哲学　Stoicism　古希腊和罗马时期兴盛起来的一派哲学思想。受苏格拉底和第欧根尼(锡诺普的)教学的鼓励，斯多葛哲学约于公元前 300 年由芝诺(基提翁的)在雅典建立，并影响着古希腊和罗马至少到公元 200 年。它强调责任；认为通过理智，人类能够认识到宇宙是基本正常的，是由命运而不是表面现象掌控的；并觉得通过制约自己的生活，学会坚定平静地接受事实，建立崇高的道德价值观，人类就能够变得像宇宙那样沉静而有序。通过现存的西塞罗和罗马斯多葛派著作 L. A. 塞尼加、爱比克泰德和马可·奥勒利乌斯等人的著作，斯多葛哲学流传了下来。

斯法克斯　Sfax　又作Safaqis。突尼斯中东部港口城镇。建于两个古代殖民点上，后来发展为伊斯兰教贸易中心。12 世纪诺曼人占领此地，16 世纪为西班牙人夺取，后来成为柏柏里沿岸海盗的据点。法军在 1881 年占领突尼斯前曾炮轰该镇，第二次世界大战时成为德军基地，再次遭到法军轰炸，直到 1943 年被英国人占领为止。现为突尼斯最大城市之一，也是主要的渔港与交通枢纽。人口约265 131(2004)。

斯芬克斯　sphinx　神话中的狮身人首怪兽，常见于埃及和希腊艺术作品和传说中。据说底比斯的有翼斯芬克斯用缪斯所传授的谜语要求人们回答来为难人，这个谜语是：今有一物，同时只发一种声音，但先是四足，后是两足，最后三足，这是何物？猜不中的人就要被它吃掉。后来俄狄甫斯答出正确答案"人"——人在婴儿时期匍匐爬行，长大后两脚步行，年迈时拄杖行走；斯芬克斯随即自杀。作为艺术作品，最古老、最著名的斯芬克斯是埃及吉萨地方的巨大斯芬克斯卧像，约建于公元前 2500 年。斯芬克斯在公元前 1600 年左右出现在希腊地区，前 1500 年左右出现在美索不达米亚。

斯福尔扎　Sforza, Carlo, Conte (Count)　(1873 ～ 1952)　意大利外交官。1896 年进入外交界，在世界各国的大使馆任职。1920 ～ 1921 年任外交部部长，1922 年 2 月奉派为意大利驻法国大使，后因拒绝在 B. 墨索里尼领导下工作而辞去该职。斯福尔扎是一名坚定的反法西斯主义者，曾自愿流亡到比利时(直至 1939 年)和美国(1940 ～ 1943)。返回意大利后，他担任过多个政府职务，包括外交部长(1947 ～ 1951)。

斯福尔扎　Sforza, Ludovico(1452 ～ 1508)　意大利文艺复兴时期的摄政(1480 ～ 1494)和米兰公爵(1494 ～ 1498)。F. 斯福尔扎次子，因皮肤和头发皆黑，因而获得"摩尔人"的诨名。曾图谋夺取担任其年轻侄子摄政的权力。他使米兰成为意大利各州中最强大的，再加上他是学者和莱奥纳多·达·芬奇等艺术家的保护人，他的朝廷在欧洲享有名望。他曾贿赂马克西米连一世，封他为米兰公爵，并发动战争将法国人驱逐出米兰。路易十二占领米兰后(1498)，斯福尔扎曾企图夺回该城(1500)，但未成功，后被逮捕，死于狱中。

斯福尔扎家族　Sforza family　1450 ～ 1535 年统治米兰的意大利家族。原为富裕农民，家族名称源自雇佣兵队长穆齐奥·阿滕多洛(1369 ～ 1424)的诨名"斯福尔扎"(力量)。其私生子 F. 斯福尔扎于 1450 年成为米兰公爵。弗朗切斯科的儿子 G. M. 斯福尔扎(1444 ～ 1476)于 1466 年继承父位，他虽然是一位专制的统治者，但他引种水稻、修建运河并鼓励发展商业，同时还是各类艺术的赞助人。后被反叛者暗杀，他们希望借此挑起人们起义，但未能如愿。其子 G. G. 斯福尔扎(1469 ～ 1494)于 1476 年继位，由他的母亲和叔父L. 斯福尔扎摄政。后者在1481年篡夺政权，将米兰建设为最强大的城市。L. 斯福尔扎 1499 年被法国的路易十二赶下台后，其子 M. 斯福尔扎(1493 ～ 1530)返回米兰，进行统治，但时间不长(1513 ～ 1516)，他后来将公国让给法国。在法国战败后，他的另一个儿子 F. M. 斯福尔扎(1495 ～ 1535)回到米兰，自 1522 年起实行统治。由于他死后无嗣，公爵头衔自 1535 年消亡，公国转归查理五世和哈布斯堡王室。S. 塞孔多(F. 斯福尔扎的私生子)的后代成为斯福尔扎伯爵，其中有外交官 C. C. 斯福尔扎。

埃及吉萨第 4 王朝时期的大斯芬克斯像

E. Streichan-Shostal Assoc.

斯海尔德河　Schelde River　又作 Scheldt River。法语为 Escaut。欧洲西部河流。发源于法国北部，流经比利时西部到安特卫普，后转向西北，在荷兰境内注入北海，全长 435 千米。它与莱茵河下游及默兹河流经之处为世界人口最稠密的地区之一。斯海尔德河西部的运河使远洋船只在海水涨潮时可抵达安特卫普。

斯金纳　Skinner, B(urrhus) F(rederic)　(1904 ～ 1990)　美国心理学家和行为主义有影响力的理论家。生于宾夕法尼亚州萨斯奎汉纳。在哈佛大学取得博士学位，以《生物行为》(1938)而引起关注。20 世纪 40 年代中期，他设计了"空调小室"，这是一种隔音、无菌、有空调的盒子，可为新生儿提供一个在两岁内的最佳生长环境。在他最受欢迎但是具有争议性的著作《华尔腾第二》(1948)中，他描述了一个以行为工程学为基础的理想社会中的生活。斯金纳主要在哈佛大学任教(1948 ～ 1974)。其他著作包括《科学与人类行为》(1953)、《言语行为》(1957)、《超越自由和尊严》(1971)和一套自传(3 卷，1976 ～ 1983)。1968 年获国家科学奖。

斯卡伯勒　Scarborough　原加拿大安大略省东南部城市。1998 年与东约克、埃托比科克、约克、北约克以及多伦多一起构成多伦多市。原名格拉斯哥，1793 年因其沿海峭壁让居民想起英国的斯卡伯勒而更名。最初是农业社区，第二次世界大战后发展成为一个工业和居住城市区。人口约593 297(2001)。

斯卡拉蒂　Scarlatti, (Pietro) Alessandro Gaspare(1660 ～ 1725)　意大利作曲家。可能曾师从 G. 卡里西米在罗马学习。他的第一部知名歌剧取得了成功(1679)，后在 1680 年成为瑞典克里斯蒂娜女王的礼拜堂乐师。他后来离开这份稳定的工作，担任那不勒斯总督的礼拜堂乐师(1684 ～ 1702)。此间在这座城市推出的大部分歌剧都是他自己创作的，但也逐渐流传到了其他的城市，包括莱比锡和伦敦。他的大部分器乐音乐都属晚期创作。他至少写了 70 部(也许是 100 多部)歌剧和 600 首世俗清唱剧。他的歌剧序曲是交响乐的重要先驱。D. 斯卡拉蒂是他的儿子。

斯卡帕湾　Scapa Flow　奥克尼群岛的海域盆地。位于苏格兰最北端，长约 24 千米，宽 13 千米。在第一和第二次世界大战期间由于其辽阔的背风水域而成为英国主要海军基地。德国在第一次世界大战后在此凿穿其船舰。该海域在1939年第二次世界大战期间德国袭击并击沉战舰“保王栎枝”号后防护加强。该基地于1956年关闭。

斯堪的纳维亚 Scandinavia 欧洲北部地区，通常认为包括挪威、瑞典和丹麦。有时也泛指包括芬兰和冰岛在内的地区，挪威和瑞典位于斯堪的纳维亚半岛，丹麦则属北欧平原。斯堪的纳维亚民族因文化上的相似性而连接在一起，使用关联紧密的日耳曼诸语言。

斯堪的纳维亚半岛 Scandinavian Peninsula 欧洲北部的大海角。由挪威和瑞典两个国家占据，长约1 850千米，面积75万平方千米，从巴伦支海向南延伸。该半岛多山，东部平缓地向波罗的海倾斜，西部则是山区，一直到海岸，被峡湾深深地切割成不同的部分。

斯柯席斯 Scorsese, Martin(1942～) 美国电影导演。生于纽约市小意大利居民区一个西西里人家庭。获得纽约大学电影制作专业的硕士学位。执导几部短片后，以长篇电影《小街陋巷》(1973)获得评论关注，并以《出租车司机》(1976)获得广泛好评，两部影片中的主角都是他的主要演员R.德·尼罗。斯柯席斯以对纽约街道生活的现实主义描绘和创新的摄影而闻名。《愤怒的公牛》(1980)、《喜剧之王》(1983)、《好人》(1990)、《纯真年代》(1993)以及《纽约帮》(2002)使他成为美国大牌导演。2007年他凭借《无间道风云》获得奥斯卡最佳导演奖。

斯科菲尔德 Scofield, (David) Paul(1922～2008) 英国演员。第二次世界大战中曾为军队演出。1946年加入埃文河畔斯特拉福镇的剧院(后来的皇家莎士比亚剧团)，以扮演亨利五世和哈姆雷特出名。在伦敦(1960)和纽约市(1961～1962)以出演《可祸福与共之人》获得极大成功，后来又在电影中重演(1966，获奥斯卡奖)。他继续出演舞台剧，最有名的有《万尼亚舅舅》(1970)和《阿玛迪斯》(1979)。他还出演了电影《李尔王》(1971)、《精巧的平衡》(1973)、《亨利五世》(1989)以及后来的《智力竞赛》(1994)和《考验》(1996)。

斯科帕斯 Scopas(活动时期公元前4世纪)又作Skopas。希腊雕刻家、建筑师。古代作家将他与普拉克西特利斯和利西波斯并列为后古典时期的三大雕塑家。他使表现强烈感情成为一种艺术主题。显然曾致力于三大古建筑：泰耶阿的雅典娜神庙、以弗所的阿耳忒弥斯神庙以及哈利卡纳苏斯的摩索拉斯陵墓。在他的许多独立式雕刻作品中，以德累斯顿的《侍女》和罗马的《帕索斯》(渴望)最引人注目。

斯科普里 Skopje 阿尔巴尼亚语作Shkup，塞尔维亚语作Skoplje。马其顿首都。旧城位于河岸阶地上，阶地上有一古城堡，城北有罗马时代的水渠桥。是罗马上莫西亚省的重要城市，也是中世纪塞尔维亚的首都。1392～1913年处于土耳其统治之下，后并入塞尔维亚。1963年的一场地震使该市80%的地区被毁，后在78个国家的援助下重建。今天的斯科普里是工业、商业、教育和行政中心。人口约486 600(2008)。

斯科普斯审判案 Scopes trial(1925-07-10～07-21) 美国田纳西州达顿的著名审判案。中学教师J. T. 斯科普斯(1900～1970)因讲授C.达尔文的进化论而被指控违反禁止讲授任何否认上帝造人的学说的州法。这一审判通常被称为“猴审”，通过广播直播，并引起了世界的关注。公诉人为W. J. 布赖恩，被告辩护律师为C.达罗。法官将这一辩论限制在基本指控之内，以避免检验这项法律是否违宪以及对达尔文理论的讨论。斯科普斯被叛有罪，罚款100美元。但后来在具体处理时被宣告无罪。

斯科特 Scott, Winfield(1786～1866) 美国陆军军官。生于弗吉尼亚州彼得斯堡。在1812年战争中参加奇珀瓦战役和伦迪小路战役(1814)。后来晋升为少将，前往欧洲研究战术。他主张军人要受严格训练和讲求纪律，因强调军队礼仪而得到“爱摆排场的老人”的绰号。1841年成为美国陆军指挥将领。后来在墨西哥战争中指挥作战，领导美国军队入侵韦拉克鲁斯，并取得塞罗戈多战役的胜利。1852年获辉格党总统候选人提名，但在竞选时输给F.皮尔斯。

斯科特 Scott, Paul (Mark)(1920～1978) 英国小说家。20世纪40年代进入军队并在印度服役，后来成为伦敦书商的主管，于1960年辞职，专心写作。他以描述英国对印度统治的衰亡的编年史而知名，特别是英国对印度统治的四部曲：《皇冠上的珠宝》(1966)、《天蝎座的时代》(1968)、《寂静之塔》(1971)、《掠夺的分配》(1975)，以及《继续留下》(1977，获布克奖)。他所有的作品，包括在印度之外的故事，都包含印度的主题或特色。

斯科特 Scott, Robert Falcon(1868～1912) 英国探险家。1880年加入皇家海军，证明他具有指挥南极探险队的能力(1901～1904)，晋升为上尉。1910年进行第二次探险。1911年10月与其他11名成员通过陆路前往南极。当他们的摩托雪橇抛锚，7名探险队员返回营地后，斯科特与其他4名队员艰苦跋涉81天，于1912年1月抵达南极，却发现R.阿蒙森比他们早到约1个月。他们筋疲力尽，又受恶劣的天气和供给不足的困扰，全部死于返回途中，此时斯科特和其他两名幸存者距营地仅有11千米。尽管斯科特的判断能力受到质疑，他仍以其无畏的勇气被视为英国民族英雄。

斯克尔顿 Skelton, John(1460～1529) 英国诗人。1488年成为亨利七世的宫廷诗人，后来成为亨利八世的老师，最终成为其顾问。1498年被任命为牧师。主要作品是具有独特风格的政治和宗教短韵讽刺诗，即斯克尔顿体，包括讽刺宫廷生活的《宫廷饮食》、讽刺葬仪社的《麻雀菲利普》、攻击不称职的牧师的《当心老鹰》。1516年斯克尔顿写了第一部英语世俗道德剧《壮丽》。他的讽刺作品《说吧，鹦鹉》(1521)、《科林·克劳特》(1522)和《你为何不进宫?》(1522)，锋芒直指枢机主教T. C. 沃尔西及人文主义新学问的危险性。

斯克里布 Scribe, (Augustin) Eugène(1791～1861) 法国剧作家、歌剧剧本作家。一生共写了350多部戏剧，其中大多数获得极大成功，他也成为当时最受欢迎的歌剧脚本作家。他写的歌剧包括G.罗西尼的《奥理伯爵》(1828)、V.贝利尼的《梦游女》(1831)、G.唐尼采蒂的《爱情的灵药》(1832)、G.梅耶贝尔的《胡格诺派教徒》(1836)以及G.威尔地的《西西里晚祷》(1855)。1836年入选法兰西学院。

斯克里亚宾 Scriabin, Alexander (Nikolayevich)(1872～1915) 俄国作曲家、钢琴家。曾在莫斯科音乐学院学习钢琴，随后开始了成功的音乐会生涯。他早期的音乐作品

A. 斯克里亚宾
Novosti Press Agency

大部分是钢琴曲(包括练习曲、前奏和奏鸣曲)，也有两首交响乐和一首钢琴协奏曲。受R.瓦格纳和F.尼采的困扰，他开始创作一种以“神秘和音”为基础的崭新的非音调风格，产生了第三交响曲和《神圣之诗》(1904)。后来相信通神论，创作了诗曲《狂喜之诗》(1908)，又在他的《普罗米修斯》(1910)中试验融洽的轻音乐，为他宏大的歌剧仪式《神秘物质》做准备，但是未能开始。43岁时死于唇瘤。

斯库克拉夫特 Schoolcraft, Henry Rowe(1793～1864) 美国探险家、人种学家。生于纽约州奥尔巴尼。曾在密苏里和阿肯色南部探测金矿(1817～1818)，并在前往苏必利尔湖的探险队(1820)中担任地形测量人员，后与一名奥吉布瓦族女子结婚，并成为印第安人代理商。1832年他发现密西西比河的源头在明尼苏达州艾塔斯卡湖。1836年他签订了一个条约，将奥吉布瓦人在密歇根北部的大片土地割让给了美国。他的6卷《美国的印第安部落》(1851～1857)虽然有许多不足，但却是一部开创性的作品。

斯库纳纵帆船 schooner 两桅或多桅的全帆装备帆船。虽然该帆船很明显是从17

世纪荷兰人设计的帆船演化而来的，但第一艘真正的斯库纳纵帆船却是在北美殖民地，可能是1713年在马萨诸塞州格洛斯特由罗宾逊制成的。与方帆船不同的是，此种船特别适合沿海岸航行，在沿岸不同的海风中更容易驾驶，且吃水较浅，适合在浅海中航行。比同样大小的船所需的船员要少。到了18世纪末期，此种帆船成为北美最重要的船只，用来进行沿海贸易和渔业。1800年以后，在欧洲和全世界都很流行。快帆船也采用了斯库纳纵帆船的设计而改变了原来的三桅商船设计。

斯拉奥沙 Sraosha 琐罗亚斯德教和帕西人的宗教教义中至高之神阿胡拉·玛兹达的使者、神谕的化身、人与神之间的媒介。琐罗亚斯德教徒认为只有他在场的典礼才是有效的。传说中他是健壮而圣洁的青年，居住在有千根大柱的天宫里。他严惩那些每天夜里扰民的恶魔，借着人死后3天对其进行神裁法来引导正义。作为人神之间的媒介，他终将促成恶魔的灭绝。

斯拉夫派 Slavophile 俄国19世纪一个知识运动的成员，活跃于19世纪40和50年代。斯拉夫派认为俄罗斯文化具有独一性，并声称俄国未来的发展应走一条由其自身特色和历史决定的道路。为了完善俄国社会，他们希望使专制政体和教会恢复到彼得大帝引入西方改革前的理想形式，也支持解放农奴，言论、出版自由等。这个运动在19世纪60年代逐渐没落，但其原则被极端国家主义者、泛斯拉夫主义和革命的民粹派修改和简化。它的对立团体是西方派，它们认为西欧是俄国现代化的样板。

斯拉夫人 Slavs 欧洲各民族和语言集团中人数最多的一支。主要分布在欧洲东部和东南部，也有一部分跨越亚洲北部远达太平洋地区。习惯上分为东斯拉夫人（俄罗斯人、乌克兰人、白俄罗斯人）、西斯拉夫人（波兰人、捷克人、斯洛伐克人、文德人或索布人）和南斯拉夫人（塞尔维亚人、克罗地亚人、斯洛文尼亚人、马其顿人）。在历史上，西斯拉夫人属于西欧，其社会沿着西欧国家的轨迹发展。东斯拉夫人和南斯拉夫人曾遭受蒙古人和土耳其人的入侵，发展成为更独裁、更中央集权的国家。宗教上随斯拉夫语和拉丁语的使用划分（主要是东正教和天主教）。中世纪斯拉夫国家留下了丰富的文化遗产，并在波西米亚、波兰、克罗地亚、波斯尼亚、塞尔维亚、保加利亚继续发展，但是18世纪末，这些国家都被其强大的邻国同化（奥斯曼帝国、奥地利、匈牙利、普鲁士、俄国）。东斯拉夫历史则经常在设法驱逐亚洲侵略者，均以失败告终，直至16世纪古俄罗斯帝国即后来的俄国向亚洲北部和中部扩张，成为最强大的斯拉夫国家。19世纪泛斯拉夫主义对第一次世界大战后新斯拉夫国家的形成有一定影响，尽管20世纪末，曾试图把不同的斯拉夫民族组成单一国家的捷克斯洛伐克和南斯拉夫都处于分裂状态，但捷克斯洛伐克和平解体，南斯拉夫则通过暴力方式分成若干国家。

斯拉夫诸语言 Slavic languages 又作Slavonic languages。印欧语族的一支，在中欧、东欧与北亚有超过3.15亿人使用。斯拉夫诸语言一般分为3个语支：西斯拉夫语，包括波兰语、斯洛伐克语、捷克语与索布语（卢萨蒂亚语、文德语）；东斯拉夫语，包括俄语、乌克兰语与白俄罗斯语；南斯拉夫语，有斯洛文尼亚语、塞尔维亚语、波斯尼亚语、克罗地亚语，有时包括门的内哥罗语、塞尔维亚-克罗地亚语、保加利亚语与马其顿语。波兰语属于列克提克语，属西斯拉夫语支，其中包括今日波兰西部不到15万人使用的卡舒布语（在波兰被视为方言）和数个现今已经消失的语言。这个语支的特色在于保存了原始斯拉夫诸语言的鼻音元音。另一个残存的语言为索布语，在德国东部有6万～7万人使用。西列克提克语与索布语都是原来在中欧一个更大的斯拉夫语言区的遗存，该地区约在9世纪后逐渐日耳曼化。在印欧诸语言中，斯拉夫语最接近波罗的诸语言的语族。

斯拉夫宗教 Slavic religion 东欧古代斯拉夫民族的信仰与宗教行为，包括俄罗斯人、乌克兰人、波兰人、捷克人、斯洛伐克人、塞尔维亚人、克罗地亚人和斯洛文尼亚人。大多数的斯拉夫神话学相信，神命令魔鬼从海底带起一撮沙，并以此创造了大地。斯拉夫宗教常见的特色是二元论，其中有一位是在咒语中称呼其名的黑暗之神，以及另一位祈求庇护与恩典的光明之神。闪电之神与火神也很常见。古代的俄罗斯人似乎将神的偶像树立在屋外，但波罗的海斯拉夫人则建神殿和封闭圣地，并在这些处所举行祭典，并且有动物献祭以及以人类殉祭的情形。这些祭典经常也包括各部落举办的宴席，从中食用献祭动物的肉。

斯里巴加湾市 Bandar Seri Begawan 旧称Brunei Town（文莱城）。文莱首都。濒临文莱河，邻近文莱湾的河口。为贸易中心和河港。第二次世界大战中受严重破坏，后大部分得以重建。较新的建筑物包括东亚最大的清真寺。人口：城镇约27 285（2001）；都市区约74 700（2002）。

斯里兰卡 Sri Lanka 全称Democratic Socialist Republic of Sri Lanka（斯里兰卡民主社会主义共和国）。旧称锡兰。印度洋上的岛国，与印度东南海岸隔海相望。面积：65 610平方千米。人口：约20 463 000（2013）。首都：科伦坡（行政）；斯里贾亚瓦德纳普拉·科特（立法与司法）。约3/4的人口为僧伽罗人。其他种族集团有泰米尔人和穆斯林。语言：僧伽罗语和泰米尔语（均为官方语言）、英语。宗教：佛教，也有印度教、伊斯兰教和基督教。货币：斯里兰卡卢比。高地构成了斯里兰卡的中南部地区和中心处，有狭窄的峡谷以及深深的河谷。四周低地有小山和肥沃的平原。斯里兰卡属发展中混合经济，主要以农业、服务业和轻工业为基础。服装、茶叶、宝石和橡胶为主要出口产品。斯里兰卡以出口多种宝石而著称于世，有蓝宝石、红宝石和黄宝石。在优质石墨生产方面居世界领先地位。斯里兰卡为共和国，一院制。国家元首暨政府首脑为总统，由总理辅助。斯里兰卡的僧伽罗人可能由土著居民与公元前5世纪前后开始从印度来到该地的印欧人通婚形成的。泰米尔人是以后来自达罗毗荼印度的移民。他们的移民活动从公元初期一直延续到约公元1200年。佛教在公元前3世纪传入。随着佛教的普及，僧伽罗人王国的政治控制在该岛扩张开来，但于10世纪失于来自南印度的入侵者。1200～1505年间，僧伽罗人的势力逐渐转到该岛西南部。与此同时，一个南印度王朝在北方崛起，并于14世纪建立了一个泰米尔王国。在13～15世纪，发生了来自印度、中国和马来亚的入侵。1505年，葡萄牙人到达。到1619年，葡萄牙人控制了该岛的大部分领土。僧伽罗人借助荷兰人的帮助，把葡萄牙人赶了出去，但该岛最终却落入了东印度公司（荷兰）的手中，1796年让予英国人。1802年成为英国政府的锡兰直辖殖民地。1948年获得独立。1972年成为斯里兰卡共和国。1978年改国名为斯里兰卡民主社会主义共和国。自20世纪80年代初以来，随着泰米尔人要求在斯里兰卡北部建立分离的自治国家，泰米尔与僧伽罗集团之间的内斗一直侵扰该国。2004年斯里兰卡受到海啸破坏，损失惨重，数万人丧生。该国于1948年首次参加在伦敦举办的夏季奥运会。

斯利那加 Srinagar 印度西北部查谟和克什米尔邦的夏季首府。位于克什米尔山谷，濒临杰赫勒姆河，四周有清澈的湖水及崇山峻岭，长久以来旅游业在其经济中占有相当比重。杰赫勒姆河在该市河段有7座木桥横跨两岸，邻近的许多运河与河道中轻舟点点。达尔湖的“水上花园”是著名景点。人口约898 400（2001）。

斯隆 Sloan, Alfred P(ritchard), Jr. (1875～1966) 美国企业主。生于康涅狄格州纽黑文。起初在新泽西州的凯悦轴承公司工作，26岁任该公司总裁。后该公司并入通用汽车公司，1923年斯隆担任通用公司总裁及首席执行官。在他的领导下，通用公司销售额超过福特汽车公司，成为世界上最大的公司。从1937年至1956年退休前，他一直担任公司董事长。斯隆也是有名的慈善家，他捐赠了斯隆基金和纽约市的斯隆-凯特林癌症治疗中心以及在麻省理工学院的管理学院。

斯隆 Sloan, John (French) (1871～1951) 美国画家。生于宾夕法尼亚州洛克港。曾是费城的一家商业报纸画家，并师从R.亨利学画，后随亨利到纽约。1908年他们和另外6位画家在纽约一起展出“八人画派”的作品，他以现实主义描绘城市生活，因而得名垃圾箱画派。他的作品《星期日，妇女晾头发》（1912）、《麦克索利酒吧》（1912）、《格林尼治村里的后院》（1914）表现了对劳动男女的同情。他也偶尔在如《随渡船醒来》（1907）等作品中表达一种浪漫的忧郁。

斯洛伐克　Slovakia　全称 Slovak Republic（斯洛伐克共和国）。欧洲中部国家。面积：49 034平方千米。人口：约5 422 000（2013）。首都：布拉迪斯拉发。人口中4/5以上为斯洛伐克人。匈牙利人是最大的少数民族。语言：斯洛伐克语（官方语言）。宗教：基督教（主要为罗马天主教，亦有新教和其他基督教派）。货币：欧元。全境地形以喀尔巴阡山脉为主。西南部和东南部为低地。摩拉瓦河和多瑙河形成南部和西部的部分边界。该国种植谷物、甜菜和土豆，饲养猪、羊和牛。经济以服务业和制造业为基础。该国为共和国，一院制。国家元首为总统，政府首脑为总理。公元最初的数世纪先有伊利里亚人、凯尔特人和日耳曼人在此居住。6世纪时，斯洛伐克人在此定居。9世纪成为摩拉维亚的一部分。10世纪初被马扎尔人征服。斯洛伐克领土后来归属匈牙利王国，直至第一次世界大战结束。1918年，斯洛伐克人与捷克人共同组成新的国家捷克斯洛伐克。1938年，斯洛伐克人宣布为捷克斯洛伐克联邦内的一个自治体。1939～1945年，斯洛伐克成为在德国保护下一个徒有虚名的独立国家。驱逐德国之后，斯洛伐克加入重组的捷克斯洛伐克。1948年苏联控制了捷克斯洛伐克。1989年共产党政权解体后，当地民众要求自治。1993年斯洛伐克成为一个独立国家。2004年加入北约和欧盟。该国于1994年首次参加在挪威利勒哈默尔举办的冬季奥运会。此前，斯洛伐克运动员曾代表捷克斯洛伐克参加奥运会。

斯洛文尼亚　Slovenia　全称 Republic of Slovenia（斯洛文尼亚共和国）。欧洲中部巴尔干半岛西北端国家。面积：20 273平方千米。人口：约2 060 000（2013）。首都：卢布尔雅那。人口绝大部分是斯洛文尼亚人。语言：斯洛文尼亚语（官方语言）。宗教：基督教（主要为罗马天主教，亦有其他教派）。货币：欧元。斯洛文尼亚多山区和森林，有肥沃的深谷地和众多的河流。斯洛文尼亚是巴尔干半岛一个较为繁荣的区域，经济主要以服务业、制造业、林业、畜牧业和农作物（马铃薯、谷物和水果）为主。该国为共和国，两院制。国家元首为总统，政府首脑为总理。公元6世纪，斯洛文尼亚人定居在该地区。8世纪并入加洛林王朝的法兰克帝国版图。10世纪被纳入日耳曼，为神圣罗马帝国的一部分。在短暂的法国拿破仑统治（1809～1814）之后，大部分土地属于奥地利，直至1918年，组成了塞尔维亚-克罗地亚-斯洛文尼亚王国。1946年斯洛文尼亚成为组成南斯拉夫的一个共和国。1947年取得原意大利亚得里亚海海岸线的一段。1990年，斯洛文尼亚举行了自第二次世界大战前以来南斯拉夫境内的第一次多党选举。1991年脱离南斯拉夫。1992年，其独立得到国际社会承认。随后，该国寻求经济私有化，加强与西欧的联系（2004年成为欧盟和北约的成员），解决与克罗地亚和意大利两国存在的领土纠纷。该国于1994年首次参加在挪威利勒哈默尔举办的冬季奥运会。此前，斯洛文尼亚运动员曾代表塞尔维亚-克罗地亚-斯洛文尼亚王国和南斯拉夫参赛。

斯美塔那　Smetana, Bedrich（1824～1884）　捷克（波西米亚）作曲家。起初想成为一名钢琴家，但是他的第一场音乐会（1847）就结束了这一梦想，后来开设两所音乐学校教授音乐。19世纪60年代转向歌剧，1866年成为国家剧院指挥。他的第二部歌剧《被出卖的新娘》（1866）经多次修改后赢得持久的成功。随后创作了《达里波》（1868）又获成功，其后又完成了五部歌剧。1874年因梅毒而变聋，但晚年仍然创作了一些最著名的音乐，包括《穆尔道河》（1875）、四重奏《我的一生》（1876）。1883年他精神崩溃，后死于精神病院。他的带有强烈民族特点的音乐使其成为卓越的捷克民族主义作曲家。

斯米顿　Smeaton, John（1724～1792）　英国土木工程师。1756～1759年重建涡石灯塔（普利茅斯外海），在此期间重新发现水下建筑最好的灰浆是黏土含量高的石灰岩（罗马灭亡后消失）。他建造的有苏格兰的福斯-克莱德运河，建设了珀斯、班夫和科尔德斯特里姆等地的桥梁，并在肯特郡拉姆斯盖特完成了港口工程。他是从运用风力、水力过渡到运用蒸汽力的重要人物。由于他的改进，T. 纽科门的大气蒸汽发动机达到最好的性能。他为煤矿、矿山、船坞设计了大型大气抽水机。1771年他成立了英国土木工程师协会（现为斯米顿协会）。斯米顿被看作是英国土木工程的奠基人。

斯密　Smith, Adam（1723～1790）　苏格兰社会哲学家、政治经济学家。海关官员之子，曾在格拉斯哥大学和牛津大学求学。在爱丁堡的一系列公开演讲（1748年起）使他与D. 休姆建立终生的友谊，也使斯密在1751年受到格拉斯哥大学聘任。在出版《道德情操论》（1759）后，他成为未来之布克鲁奇公爵的家庭教师（1763～1766），与他一起旅居法国，并在那里结识其他重要的思想家。1776年在工作9年之后，斯密出版了《国富论》，第一次把政治经济形成一个完整的体系。他在书中论述以个人私利为本的经济体系较佳，好比由一只“看不见的手”引领，以获得最佳的好处，书中并把劳动分工视为经济成长的首要因素。此书为当时盛行之重商主义体系的反应，站在古典经济学的开端。《国富论》立即为他赢得巨大声望，最后成为已出版的对经济影响最深远的作品。虽然常被视为资本主义的权威著作，但该书却严厉批判了毫无节制的自由企业与垄断的缺点。1777年斯密奉派为苏格兰海关专员，1787年成为格拉斯哥大学校长。

斯摩莱特　Smollett, Tobias (George)（1721～1771）　苏格兰讽刺小说家。一生从事医生和作家两种职业，最著名的小说是系列描绘英国海军生活的流浪汉小说《罗德里克·兰登历险记》（1748），以及对英国18世纪社会的野蛮性作了戏剧性描写的《佩里格林·皮克尔历险记》（1751）。在活跃的写作生涯中，还做过不少翻译工作，撰写了《英国通史》（1757～1758），编辑过《文献评论》等杂志，编撰58卷的《世界史》。18世纪60年代中期，他因肺结核病重而退休到法国，1766年出版至今仍有人阅读的非小说类作品《法、意游记》。他最优秀的作品是一部幽默书信体小说《汉弗莱·克林克尔探险记》（1771）。

斯摩莱特，匿名画家所绘油画，约绘于1770年；现藏伦敦国立肖像画陈列馆

By courtesy of the National Portrait Gallery, London

斯摩棱斯克　Smolensk　俄罗斯西部城市。为俄罗斯最古老、历史最悠久的城市之一，从9世纪起就是第聂伯河上的重要堡垒，后因波罗的海与拜占廷帝国之间商船直通航线开通而成为商业中心。1240年鞑靼人入侵时遭洗劫，后落入立陶宛手中。经屡次围攻，1340年被莫斯科攻占，1408年被立陶宛夺回，经历了一系列战争后，1654年被俄罗斯占领。1812年拿破仑入侵俄国期间被烧毁，第二次世界大战时又经历了重大的战争破坏，1941～1943年被德国人占领。现为轻工业和教育中心。人口约317 915（2006）。

斯穆茨　Smuts, Jan (Christian)（1870～1950）　南非政治家、军人和总理（1919～1924，1939～1948）。为阿非利堪人，在剑桥大学学习法律，后返回南非，1897年被P. 克鲁格总统任命为国家检察官。曾参加反抗英国的南非战争，与L. 博塔一起反对A. 米尔纳的求和条款。他在1905年认同了英国的统治，并寻求使南非留在英联邦内。第一次世界大战期间再度与博塔一起镇压反抗，占领西南非，并在东非发起一场运动。他参加了凡尔赛和会，支持建立国际联盟。博塔去世后，他成为总理，但在1924年被南非国民党联盟击败。1933年协助J. B. M. 赫尔佐格势力摆脱极端的民族主义者，并在1939年接替赫尔佐格为总理。在他的领导下，南非协助阻止了德国和意大利征服北非。1948年被D. F. 马兰领导的国民党击败，后在剑桥大学担任名誉校长，直到去世。

斯内克河　Snake River　美国西北部河流。为哥伦比亚河最大的支流，也是西北太平洋沿岸地区最重要的河流之一。发源于怀俄明州黄石国家公园的山区，向南和向西穿过爱达荷州，在俄勒冈州边境向北流动1 670

斯内克河下游流经俄勒冈和爱达荷两州之间的赫尔峡谷国家游览区
Greg Vaughn/Tom Stack & Associates

千米后，在华盛顿州东南并入哥伦比亚河。该河下游流经北美洲最深的河谷赫尔峡谷。

斯诺　Snow, C(harles) P(ercy)（1905～1980）　后称 Baron Snow (of the City of Leicester)。英国小说家、科学家和政府官员。曾在剑桥大学从事分子物理学工作约

C. P. 斯诺
Camera Press-Pictorial Parade/EB Inc.

20年，并担任英国政府的科学顾问。他的11分卷系列小说《陌生人和兄弟们》（1940～1970）描写官僚主义影响下的人以及权势的腐败，其中包括《大师》（1951）、《新人》（1954）和《权力的回廊》（1964）。《两种文化与科学革命》（1959）和其他非小说作品，则描写了科学与文学的研究者之间在文化上的差别。

斯诺登　Snowden, Philip（1864～1937）　后称 Viscount Snowden (of Ickornshaw)。英国政治家。1893年起成为社会主义独立工党的演说家和作家，后成为该党领袖（1903～1906）。他在下院中（1906～1918，1922～1931）因在社会和经济问题上的辩论脱颖而出，1924和1929～1931年在J. K. 麦克唐纳的政府中担任财政大臣，1931年使英国废除金本位制。

斯诺里·斯图鲁松　Snorri Sturluson（1179～1241）　冰岛诗人、历史学家和首领。生于富有影响力的家庭，后成为冰岛最高法院的法律代言人（或院长）以及挪威国王哈康四世的属下。曾编写《散文埃达》和关于挪威国王历史的《挪威王列传》，以历史家的眼光将所见事物用戏剧手法直接表现手法于文字。与哈康四世的关系恶化后，被其下令暗杀。

斯帕克　Spark, Muriel (Sarah)（1918～2006）　原名 Muriel Camberg。英国作家。她在中非生活了几年，第二次世界大战期间返回英国。1957年前只出版诗集和评论集，包括对雪莱（夫人）和勃朗特姐妹的评传。她的小说幽默而睿智地描写严肃主题，常对善和恶进行质疑。《死的象征》（1959）是她最广泛受到赞扬的小说；最有名的则是《琼·布罗迪小姐的青春》（1961；1969年拍成电影）。晚期小说主题更具有揭露邪恶事物的性质，包括《克鲁的女修道院院长》（1974）、《与肯辛顿天壤之别》（1988）和《现实与梦》（1996）。

斯帕拉丁　Spalatin, Georg（1484～1545）　原名 Georg Burkhardt。德意志人文主义者。曾就学于爱尔福特大学，1505年参加人文主义学者的团体。1508年受神职为司铎，并任萨克森选帝侯腓特烈之子的教师。1511年在维滕贝格结识M. 路德，1512年起任腓特烈宫廷的图书管理员，游说选侯在关于赎罪券问题的争论中一直庇护路德。在沃尔姆斯议会上，以及在萨克森继任两代选侯统治时期，他一直支持宗教改革。1530年他帮助P. 梅兰希顿拟订《奥格斯堡信纲》的文本，在组织施马尔卡尔登同盟（1531）上他也很有影响。有很多历史著作，包括《宗教改革编年史》（1718）。

斯佩尔曼学院　Spelman College　美国私立女子文科学院，传统招收黑人女生，位于亚特兰大。创校历史可溯至1881年，最早是两位波士顿来的女教师，在亚特兰大一所教堂的地下室教11名黑人妇女读书，这些妇女以前大都是奴隶。1884年起该校收到J. D. 洛克菲勒的捐助，保证了学校的发展，学校之名是取自洛克菲勒妻子的母亲之名。斯佩尔曼学院提供超过20个领域的大学本科课程，该校是亚特兰大地区6所招收非洲裔美籍学生的学院之一，6校并共同分享学生、教师及课程等资源。现有学生约2 000人。

斯佩里　Sperry, Elmer (Ambrose)（1860～1930）　美国发明家和实业家。生于纽约州科特兰。20岁时这位早熟的有天赋的青年就在芝加哥成立了自己的工厂，制造发电机和弧光灯。他设计了一种工业用电力机车和市内电车用的电动机传动机械，后来制造电力汽车，用其获得专利的蓄电池作动力。他还发明了回收锡、制取铅白和制作保险丝的方法。他最伟大的发明源自陀螺仪（当时仅被视为玩具），一经校准就始终指向正北方向。1911年他的陀螺罗盘首次安装于"德拉瓦"号军舰上。他将陀螺仪的原理运用到鱼雷制导和驾驶船只、稳定飞机的驾驶仪上，后来又用于船舶稳定装置上。他一生创立了8家制造公司，取得400多项专利。

斯彭德　Spender, Stephen (Harold)（1909～1995）　后称 Sir Stephen。英国诗人和评论家。在牛津大学求学时，遇见W. H. 奥登和C. 戴-刘易斯两位诗人，19世纪30年代他们成为政治上良心不安的左派"新写作"的代表。他的诗表达了自我批判和富于同情心的人格特性，从《诗集》（1933）到《海豚》（1994）的类似诗篇都编辑成册。他更以富洞察力的评论闻名，体现于《破坏性因素》（1935）、《一首诗的创作》（1955）和《现代的斗争》（1963），以及他的有影响力的评论《遭遇》（1953～1967）中。他也写作短篇小说、散文和自传。

斯彭思　Spence, A. Michael（1943～　）美国经济学家。生于新泽西州蒙特克莱尔，曾就读于耶鲁大学（1966年获学士学位）、剑桥大学（1968年获学士和硕士学位）和哈佛大学（1972年获博士学位），并在哈佛大学和斯坦福大学任教，1990～1999年任斯坦福大学商学院院长。他以进一步完善不对称信息市场理论而闻名。他的研究工作说明在某些情况下，那些具有信息优势的个体能够通过传递信息给那些具有劣势的个体增加市场回报。例如，汽车经销商可以通过提供产品担保书来传递他们所售车辆质量过硬。因其著作《市场信号》，斯彭思与G. A. 阿克劳夫和J. E. 斯蒂格利茨一起分享了2001年诺贝尔经济学奖。

斯皮尔伯格　Spielberg, Steven（1946～　）美国电影导演和制片人。生于辛辛那提。因制作了一部有关他从加利福尼亚州立学院毕业的短片《长滩》（1970）而引起环球影业的注意。作为电视剧的导演，他制作了惊险片《决斗》（1971），1974年导演了故事片《横冲直撞大逃亡》。他的噬人鲨惊险片《大白鲨》（1975）成为电影史上最卖座的影片之一。他继续导演了一些极为成功的影片，如《第三类接触》（1977）、《夺宝奇兵》（1981）及其续集、《外星人》（1982）。他因导演《辛德勒名单》（1993）和《拯救大兵瑞恩》（1998）获得了奥斯卡最佳导演奖。前者讲述一群波兰犹太人在一位德国企业家的鼎力帮助下没有被送进纳粹灭绝集中营；后者以1944年诺曼底登陆为背景，讲述战争开始后美国士兵的境遇。他导演的其他影片包括：《紫色》（1985）、《太阳帝国》（1987）、《侏罗纪公园》（1993）、《人工智能》（2001）、《少数派报告》（2002）、《慕尼黑》（2005）和《战马》（2011）。1994年他与别人合作创建梦工场，这是一家电影、动画和电视制作公司，2006年卖给了维亚康姆。

斯皮尔曼　Spearman, Charles E(dward)（1863～1945）　英国心理学家，以其在人类脑力尤其是智力方面的研究闻名。其中最著名的是他所提出的统计学的技术方法（因素分析），用于测定在心理学测试中的个体差异和确认造成这些差异的潜在根源。著作有《人的能力》（1927）、《创造性的头脑》（1931）和《人类的能力》（1950）。

斯皮克　Speke, John Hanning（1827～1864）　英国探险家，第一个抵达东非维多利亚湖的欧洲人。他是R. 伯顿探险队的成员，1858年和伯顿成为最先到达坦噶尼喀湖的

欧洲人。归途中与伯顿分手，单独向北前进，1858 年 7 月到达大湖，并将其以维多利亚女王命名。他宣称**尼罗河**发源于这个湖的论断被人质疑，但在 1860 ～ 1863 年的第二次探险中，他发现了尼罗河自此湖流出的出口。

斯普利特 Split 古称 Spalatum。克罗地亚**达尔马提亚**海港。公元前 78 年罗马人在附近建立萨洛纳殖民地，国王**戴克里先**居住在斯普利特，直到公元 313 年去世。615 年阿瓦尔人洗劫了这座城市后，居民在戴克里先以前的宫殿上修建了新城，其后不断有人居住。9 世纪处于拜占廷的统治之下，1420 年转为威尼斯统治，18 和 19 世纪受奥地利控制，1918 年又归南斯拉夫，1992 年成为独立的克罗地亚的一部分。第二次世界大战期间港口设施受到破坏，但旧城损坏极小。为商业、教育和旅游中心。人口188 694(2001)。

斯普林菲尔德兵工厂 Springfield Armory 美国国会 1794 年在马萨诸塞州斯普林菲尔德市建立的武器工厂。前身是 1777 年革命政府设立的兵工厂，选择此地的部分原因是英国军力无法接近。兵工厂率先倡导大量生产的制造技术，生产的武器从早期滑膛毛瑟枪到第二次世界大战的 M1 步枪。最知名的武器包括著名的斯普林菲尔德步枪和格兰步枪。1968 年关厂，现为国家历史遗址。参阅**哥兰德**。

斯普林菲尔德步枪 Springfield rifle 美国陆军在 1873 ～ 1936 年用做步兵编制武器的步枪，名称得自**斯普林菲尔德兵工厂**。最有名的一种始自斯普林菲尔德 1903 型，为德国毛瑟枪改造而成。该型号经改进，可适用 1906 型弹药，这就是历史上最可靠和最准确的轻兵器斯普林菲尔德 O. 30 - 06。1936 年以前斯普林菲尔德步枪是美国最主要的步兵武器，直到第二次世界大战中才被该厂设计的哥兰德步枪取代。O. 30 - 06 步枪退役后被广泛改装成流行的运动步枪，以其准确性佳而受人珍视。

斯普林斯汀 Springsteen, Bruce (Frederick Joseph) (1949 ～) 美国歌手和歌词作者。生于新泽西弗里霍尔德。自学吉他，曾参加几个乐队演出，在 20 世纪 70 年代早期成立自己的 10 人乐队。第 3 张专辑《天生好手》(1975)获得巨大成功，后来发行的《河流》(1980)和《生在美国》(1984)也成绩斐然。他极具抒情意味的作品表达出他对工人阶级的同情，也使得其作品颇具吸引力。所举办的多次音乐会属最受欢迎的摇滚音乐会之列。

斯塔尔 Staël, Germaine de (1766 ～ 1817) 原称Baronne (baroness) Anne-Louise-Germaine Necker de Staël-Holstein，以斯塔尔夫人著称。法裔瑞士作家、政治活动家、沙龙交际家。生于巴黎。早年以活泼机敏赢得赞誉，因《论卢梭的性格与作品》(1788)一书而一举成名。其生涯中最出色的一段始于 1794 年，在大恐怖结束后她回到法国；她举办的私人沙

斯塔尔夫人，肖像画，J. -B. 伊萨贝绘于 1810 年；现藏巴黎卢浮宫

©Giraudon-Art Resource/EB Inc.

龙十分兴旺，文艺界和知识界著名人物为她的沙龙带来了声誉。与此同时，她还发表了一些政治和文学论文，著名的有《论激情对个人与民族幸福的影响》(1796)，这篇文章成了欧洲**浪漫主义**的重要文献之一。1803 年厌憎她持敌对态度的拿破仑将她驱逐出巴黎，她则把自己在瑞士科佩的住所当成了行动总部。她最重要的著作或许是《论德国》(1810)，这是一本关于德国的风格、文学与艺术、哲学与道德以及宗教的严肃著作。其他作品有小说、剧本、道德散文、历史研究以及回忆录。

斯塔福德 Stafford 英格兰中西部斯塔福德郡首府。由**阿尔弗烈德**大王之女建成，自艾塞斯坦到亨利二世统治期间该镇都有自己的财政来源。1206 年获特许状，发展为集镇。11 世纪的城墙和城堡在 1643 年**英国内战**期间被国会分子毁坏。位于伦敦-伯明翰-曼彻斯特公路和铁路线上，有电机、机械等工业。是 **I. 沃尔顿**的出生地，这里的天鹅旅馆曾接待过 **C. 狄更斯**。人口约120 653(2001)。

斯塔福德郡 Staffordshire 英格兰中部郡，首府**斯塔福德**。北部高沼地区为**奔宁山脉**南端，往南是北斯塔福德煤田区，俗称产陶瓷地区。现有新石器时代、青铜器时代和铁器时代的居民点遗迹。罗马人修建道路穿过这一地区。7 ～ 9 世纪末成为**麦西亚**王国的中心，9 世纪末遭丹麦人劫掠。自 13 世纪以来，该地即开采煤矿和铁矿。陶器工业因 **J. 韦奇伍德**所做的革新而在 18 世纪开始闻名。人口约806 737(2001)。

斯塔诺夫山脉 Stanovoy Range 亚洲俄罗斯东部山脉，为北冰洋与太平洋之间分水岭的一部分。山势一般并不高，尽管东部海拔2 520米。蕴藏有金、煤和云母。

斯塔滕岛 Staten Island 美国**纽约市**纽约港内的岛屿与自治镇。面积近 155 平方千米，由韦拉扎诺海峡桥与**布鲁克林**连接，并有数座桥梁可通往新泽西州，还有渡轮往返**曼哈顿**。1630 年荷兰人开始向该岛殖民，但被德拉瓦印第安人击退，直到 1661 年荷属西印度公司将这些岛交给法国，始建殖民地。1664 年英国人承认新荷兰之后，英格兰和威尔士的农夫开始在这个岛上建立家园和农场。1898 年成为纽约市的一个自治区，称为里奇蒙；1975 年正式命名为斯塔滕岛。岛屿的大部分地方为居民区，但工业也有所发展，有造船厂、印刷厂、储油库和炼油厂。设有瓦格纳学院(1883 年建于罗切斯特，1918 年迁此)。人口约443 728(2000)。

斯泰克方丹 Sterkfontein 南非境内相邻的 3 个考古遗址之一(另两个是克罗姆德莱和斯瓦特克朗)。曾出土化石人科遗存，包括**南方古猿**属的非洲南猿、粗壮种南方古猿以及**直立人**。1996 年前曾发现非洲南猿个体的化石，起名为**露西**。1996 年研究者发现最完整的更新纪灵长动物的化石，具有类人猿的骨盆，却有类似现代小猩猩的肢体。在其北边 240 千米处的马卡潘斯盖发现了大约 40 个非洲南猿个体的遗存。

斯泰因 Stein, Gertrude (1874 ～ 1946) 美国先锋派女作家。生于宾夕法尼亚阿勒格尼一个富裕家庭，去巴黎之前曾在拉德克利夫学院学习，1909年起和其终身伴侣A. B.

G. 斯泰因，油画，P. 毕加索绘于 1906 年前后；现藏纽约大都会艺术博物馆

By courtesy of the Metropolitan Museum of Art, New York City, bequest of Gertrude Stein, 1946

托克拉斯(1877～1967)一起住在巴黎。她的住所成为最重要的艺术家和作家的沙龙，包括 **P. 毕加索**、**H. 马蒂斯**、**G. 布拉克**、**S. 安德森**以及 **E. 海明威**等人。她是立体派的早期支持者，试图将其理论融入自己的作品里，包括诗卷《柔软的纽扣》(1914)。其散文风格独特，运用重复和片断化的手法，尤其是其重要小说《美国人的成长》(1906 ～ 1911 年写成，1928 年出版)。其唯一一本受广泛阅读的作品为《艾丽斯 B. 托克拉斯的自传》(1933)，其实是她自己的自传。其他作品还有《三幕剧中四圣人》(1934)和《我们大家的母亲》(1947)两部歌剧，皆是由作曲家 **V. 汤姆森**配乐。

斯坦贝克 Steinbeck, John (Ernst) (1902 ～ 1968) 美国小说家。生于加利福尼亚萨利纳斯。在其作品取得成功之前，曾断断续续就读于斯坦福大学，同时靠体力劳动谋生。一生大部分时间在加利福尼亚州的蒙特雷度过。其声誉主要建立在 20 世纪 30 年代创作的无产阶级题材的自然主义小说之上，包括

斯坦贝克
EB Inc.

《托蒂亚平地》(1935;1942 年拍成电影)、《胜负未决的战斗》(1936)、《鼠与人》(1937;1939 年拍成电影)以及颇获好评的《愤怒的葡萄》(1939,获普利策奖;1940 年拍成电影),该书唤起了人们对漂泊不定的农业工人悲惨命运的普遍同情。第二次世界大战期间担任战地记者。后期小说有:《罐头厂街》(1945;1982 年拍成电影)、《珍珠》(1947;1948 年拍成电影)、《任性的公共汽车》(1947;1957 年拍成电影)以及《伊甸园以东》(1952;1955 年拍成电影)。1962 年获诺贝尔文学奖。

斯坦迪什 Standish, Myles(1584? ～ 1656) 英裔美国殖民者。曾在尼德兰作战,在那里遇见一些清教徒流亡者,1620 年他与这些人同乘"五月花"号来到北美洲。作为普利茅斯殖民地军队领导人,曾几次率军袭击印第安部族。1644 ～ 1649 年任助理总督和殖民地财务官。美国诗人 H. W. 朗费罗在《迈尔斯・斯坦迪什的求婚》(1858)诗中叙述他请 J. 奥尔登代为求婚之事,并无史料可证。

斯坦顿(夫人) Stanton, Elizabeth Cady(1815 ～ 1902) 原名 Elizabeth Cady。美国社会改革者和女权运动领袖。生于纽约州约翰斯敦。1840 年与 H. B. 斯坦顿结婚,并开始为在纽约通过一部赋予已婚妇女财产权的法案而努力。1848 年与 L. 莫特(夫人)共同组织塞尼卡福尔斯会议。1850 年与 S. B. 安东尼一同参加争取妇女选举权运动。之后两人合作出版女权刊物《革命周刊》(1868 ～ 1870)。1869 年当选全国妇女选举权协会首任主席。

斯坦厄普伯爵(第三) Stanhope, 3rd Earl(1753 ～ 1816) 原名 Charles Stanhope。英国政治家和发明家。1780 ～ 1786 年任英国下院议员,被称为马翁勋爵。后继承父亲头衔,并当选为革命协会主席,主张进行议会改革。他同情法国的共和派,反对英国与革命的法国作战。他还是一名科学家,曾发明计算器、一种印刷机、一种以他名字命名的显微镜透镜、凸版印刷机以及蒸汽机车。

斯坦恩 Steinem, Gloria(1934 ～) 美国女权主义者、政治激进分子及编辑。生于俄亥俄托莱多。起初在纽约当作家和新闻工作者,20 世纪 60 年代末深深卷入妇女解放运动之中。1971 年成为国家妇女政治干部会议的创立者之一。1972 年创办具创新风格的《妇女》杂志,后来任主编,从妇女运动的远景来论述当代的问题。70 和 80 年代建立或参与建立其他妇女组织,包括妇女组织。其作品包括《暴行与作乱》(1983)、《玛丽莲》(1986)和《内在的革命》(1992)。

斯坦恩 Styne, Jule(1905 ～ 1994) 原名 Julius Kerwin Stein(朱利叶斯・克温・斯坦)。英国出生的美国歌曲作曲家。出生于伦敦,父母是乌克兰犹太人,他同其家人在 1912 年定居芝加哥。第一首走红的歌曲发表于 1926 年。为了避免同另一位歌手名字相混淆,他更改了自己的名字,并在 1937 年来到好莱坞为电影创作音乐。20 世纪 40 年代同 S. 卡恩合作,为 F. 西纳特拉创作民谣,并为电影音乐剧《起锚》(1945)和百老汇舞台音乐剧《高帮鞋》(1947)创作歌曲。他还同其他作词者一起为很多电影创作了歌曲,包括《绅士喜欢金发女郎》(1949; 1953 年拍成电影)、《铃儿响叮当》(1956; 1960 年拍成电影)、《吉卜赛人》(1959; 1962 年拍成电影)、《哆来咪》(1960)、《为睡眠修建的地铁》(1961)和《妙女郎》(1964; 1968 年拍成电影)。他创作的歌曲包括《下雪吧》、《舞会已经结束》和《人民》。

斯坦利 Stanley, Henry Morton(1841 ～ 1904) 后称 Sir Henry。原名 John Row lands(约翰・罗兰茨)。英裔美籍的中非探险家。为私生子,小时候有一段时间是在英国的一

H. M. 斯坦利,肖像画,H. von 赫克默绘;现藏英格兰布里斯托尔城市艺术陈列馆
By courtesy of the City Art Gallery, Bristol, England

间济贫院中度过的,1859 年以客舱服务员的身份搭船来到美国。1867 年成为《纽约先驱报》的新闻记者后,于1871年开始寻找 D. 利文斯敦的旅行,利文斯敦从 1866 年前往非洲后一直杳无音信。斯坦利在坦噶尼喀湖的乌吉吉地区找到了利文斯敦,斯坦利说出了有名的一句话:"阁下就是利文斯敦博士吧?"他延长了在非洲的探险。1874 ～ 1884 年期间,他进一步地探险了中非,并服务于比利时国王利奥波德二世之下,为其建成刚果自由邦铺平道路。斯坦利最后一次非洲探险(1888)是为了营救 M. 艾敏帕夏,当时艾敏正被马赫迪派信徒叛乱分子围困在苏丹,斯坦利护送艾敏和其他约1 500名人员到达东海岸。他极受欢迎的著作包括《穿过黑暗大陆》(1878)和《最黑暗的非洲》(1890)。

斯坦利兄弟 Stanley, Francis Edgar and Freelan O.(弗兰西斯 1849 ～ 1918;弗里兰 1849 ～ 1940) 美国发明家。蒸汽动力汽车的发明人。生于缅因州金菲尔德。1883 年发明照相干底版工艺,并领导有关蒸汽机的实验。1897 年他们造出一辆蒸汽汽车,1902 年开办工厂生产斯坦利蒸汽汽车。1906 年两兄弟造出的蒸汽汽车以 28.2 秒行驶 1 英里的速度创造了该年度世界车速最高纪录。1917 年退休。他们的工厂继续生产汽车,直到 1924 年,当时已出现了以汽油为燃料的更易发动和操作的汽车,蒸汽汽车开始走下坡。

斯坦利兄弟 Stanley brothers 美国蓝草音乐二重奏,由演奏五弦琴的 R. 斯坦利(1927 年生)与吉他手 C. 斯坦利(1925 ～ 1966)组成。两兄弟在弗吉尼亚谢南多厄河谷出生和成长,以演奏阿帕拉契蓝草风格传统宗教歌曲闻名,其特色为和谐的高音调,受到 B. 门罗的强烈影响。与他们的乐团"克林奇山男孩"灌制了许多卖座的唱片。在 C. 斯坦利死于车祸后,R. 斯坦利重组其乐团。他录制了超过 150 张的唱片。在 1985 年成为"国家人文基金美国传统音乐奖"的第一位受奖人。

斯坦尼斯拉夫斯基 Stanislavsky, Konstantin (Sergeyevich)(1863 ～ 1938) 原名 Konstantin Sergeyevich Alekseyev。俄国导演及演员。14 岁即加入家庭组织的业余剧团参加表演,1888 年与他人一起成立文艺协会,附设一个永久性的业余剧团。1891 年演出第一部独立制作的《启蒙之果》,为他带来了声誉。1898 年与聂米罗维奇-丹钦科(1858 ～ 1943)一起成立莫斯科艺术剧院,因重新上演 A. 契诃夫的《海鸥》而受到欢迎。此后他继续成功地导演和上演一系列俄罗斯戏剧,包括契诃夫的《万尼亚舅舅》(1899)及《樱桃园》(1904)。他训练演员们从内心深处认同所饰演的角色,这种技巧后来称为斯坦尼斯拉夫斯基表演法。1922 ～ 1924 年艺术剧院到欧洲和美国巡演,他的表演法也借由其著作《我的艺术生活》(1924)和《演员自我修养》(1926)对后来的同仁剧团以及演员排演场产生了重大影响。

斯特德 Stead, Christina (Ellen)(1902 ～ 1983) 澳大利亚女小说家。游历甚广,曾在伦敦、巴黎和美国居住,20 世纪 40 年代早期为米高梅影片公司编写剧本。1974 年回到澳大利亚。首次发表的作品为短篇故事集《萨尔茨堡故事集》(1934);最著名的小说是《爱孩子的人》(1940),讲述新政时期华盛顿附近一个破裂家庭的生活。

斯特恩 Stern, Isaac(1920 ～ 2001) 乌克兰出生的美国小提琴家。婴儿时期随家人移民美国,1936 年首次和旧金山交响乐团一起表演,17 岁首次在纽约登台。战后开始到处旅游(包括 1956 年到苏联)。1960 年和钢琴家 E. 伊斯托敏(1925 年生)、大提琴演奏家 L. 罗斯(1918 ～ 1984)一起表演著名的三重

奏。他成功地阻止了卡内基大厅被拆除，帮助建立国家艺术基金会，是以色列音乐界中的重要人物。

斯特恩　Sterne, Laurence（1713 ～ 1768）　英国小说家和幽默作家。曾多年在约克郡任牧师，后来在教会争议中写斯威夫特式的讽刺文章以维护其主持牧师时，发现了自己的

斯特恩，油画，J. 雷诺兹绘于1760 年；现藏伦敦国立肖像画陈列馆
National Portrait Gallery, London

潜力。将教区工作交给副牧师后，开始写《特里斯特拉姆·尚德》（1759 ～ 1767），这是一部试验小说，分为 9 个部分，故事听凭讲述人自由联想，还常常离题，但被认为是心理学和意识流小说最重要的先驱之一。长期遭受肺结核困扰，他离开空气潮湿的英国开始旅行，并着手写小说《在法国和意大利的感伤旅行》（1768），但未完成。该小说是喜剧小说，对传统的旅游书籍进行挑战。

斯特凡·巴托里　Stephen Báthory（1533 ～ 1586）　匈牙利语作 István Báthory，波兰语作 Stefan Batory。特兰西瓦尼亚君主（1571 ～ 1576 年在位）和波兰国王（1575 ～ 1586 年在位）。1571 年被匈牙利人选为特兰西瓦尼亚大公，作为西格蒙德一世的女婿，1575 年被波兰贵族选为波兰国王。他是一个雄心勃勃的强大君主，成功地抵御了俄国对波兰境内波罗的海东部地区的袭击，1582 年迫使俄国割让利沃尼亚给波兰。他计划统一波兰、莫斯科大公国和特兰西瓦尼亚为一体，到快去世时仍准备再次进攻俄国。

斯特拉　Stella, Frank (Philip)（1936 ～　）　美国画家。生于马萨诸塞莫尔登。曾在普林斯顿大学学习历史，后移居纽约，在那里开始其创造性的“黑画”（1958 ～ 1960），画面还配合一系列对称的细白线条，当对着黑色背景看时，它们重复画布的形状。作为极简抽象派艺术运动的领导人物，60 年代中期开始在一系列有影响的绘画中采用多色画法，特点是几何图形与曲线图形交错，颜色活泼而和谐。70 年代开始制作颜色悦目、混合绘画方式的浮雕，以表现更加怪诞的形状为特色。1970 和 1987 年曾在现代艺术博物馆举办作品回顾展。

斯特拉博　Strabo（公元前 64/63 ～公元23?）　希腊地理学家和历史学家。出生于小亚细亚一交游广泛的家庭，初与亚里士多德学派成员学习，后去罗马（公元前 44）学习亚里士多德学派理论，最后又转向斯多葛学派。著有一部 47 卷的《历史概论》，叙述公元前 145 ～前 31 年之间发生的事（约公元前 20 年出版），但只有很小一部分保留下来。所著《地理概论》（约公元 14 年后）记载了奥古斯都统治时期希腊人和罗马人所知道的民族和国家，是类似记载中唯一尚存的一部。

斯特拉迪瓦里　Stradivari, Antonio（1644 ～ 1737）　意大利乐器制作家。约 1666 年起在 N. 阿马蒂店中学艺，后在克雷莫纳建立自己的作坊，和儿子弗朗切斯科（1671 ～ 1743）、奥莫博诺（1679 ～ 1742）一起制作小提琴。虽然他也制作其他乐器（包括竖琴、笛子、曼陀林和吉他），但鲜有所存。1680 年后集中制作小提琴。他摒弃阿马蒂的制作方法，而在约 1690 年创立“长形”提琴制作法。后期制作的大提琴较小，以配合演奏者提高了演奏的水平，是现代大多数乐器的典范。1700 ～ 1720 年间是他乐器制作的鼎盛时期，制作的乐器质量也最佳。

斯特拉斯堡　Strasbourg　德语作 Strassburg。法国东部城市，位于法、德边界上。原为凯尔特人村落，后成为罗马要塞，5 世纪被法兰克人占领，842 年联合东、西法兰克的《斯特拉斯堡誓词》就是在这里签订的。1262 年成为神圣罗马帝国内的自由城市。1681 年被法国占领，普法战争期间又被德国占领。第一次世界大战后归还法国，但第二次世界大战期间再次被德国占领且受到严重破坏。为主要内河港口和工业中心，也是欧洲委员会和国际联络中心的所在地。著名建筑有重建的中世纪大教堂，带有 14 世纪时期的天文钟。1979 年开始，欧洲联盟议会都在这里举行。人口约272 975（2006）。

斯特拉斯克莱德　Strathclyde　中世纪苏格兰的凯尔特王国。位于克莱德河南岸，始建于 6 世纪，首府邓巴顿。8 ～ 9 世纪曾遭到皮克特人和维京人侵略，英国在 10 世纪早期侵占它时曾将其严重毁坏，盎格鲁-撒克逊国王埃德蒙一世在 945 年将它租借给苏格兰国王马尔科姆一世。11 世纪斯特拉斯克莱德国王曾协助马尔科姆二世在卡汉打败英格兰人，国王去世后成为苏格兰的一个省。

斯特拉文斯基　Stravinsky, Igor (Fyodorovich)（1882 ～ 1971）　作曲家。俄国出生，后移民法国和美国。其父为俄国杰出歌剧男低音歌唱家。他在 20 岁时决定学作曲，师从 N. 里姆斯基-科萨科夫（1902 ～ 1908）。1908 年创作《焰火》，演出经纪人 S. 佳吉列夫听过演出后，约请他为芭蕾舞剧《火鸟》（1910）创作音乐。《火鸟》的成功使他成为俄罗斯年轻一代作曲家中的杰出人物。其后芭蕾舞剧《彼得鲁什卡》（1911）再获成功。1913 年的《春之祭》以其发自内心的激情以及野兽派的音响效果成为音乐史上的代表作。该剧在巴黎的首场公演带来了一场骚动，确立了他的国际地位。此后他开始转向短小的器乐和声乐效果，创作了芭蕾康塔塔《婚礼》（1923）。尽管当时受到第一次世界大战的影响，许多作曲家正在回避对 19 世纪末叶作品的过度摹仿，他却采用有所节制的新古典主义纷繁杂然的不同风格，并取材于旧日音乐中的一些搞笑片段，创作了《管乐八重奏》（1923）。他采用新古典主义手法的主要作品有《伊底帕斯王》（1927）、芭蕾舞剧《阿波罗》（1928）、康塔塔《诗篇交响曲》（1930）、《C 调交响曲》（1940）和《三乐章交响曲》（1945），以及歌剧《浪子的历程》（1951），并以该歌剧为其古典主义的创作作了一个总结。维也纳作曲家 A. 勋伯格去世后，斯特拉文斯基从 1954 年起开始了系列主义作曲阶段，并很快形成自己的作品风格。后期作品有芭蕾舞剧《竞赛》（1957）、《哀歌》（1958）、《乐章》（1959）和《安魂圣歌》（1966）等，《竞赛》是他众多由 G. 巴兰钦编舞的芭蕾舞剧中的最后一部。

斯特来斯曼　Stresemann, Gustav（1878 ～ 1929）　德国魏玛共和国总理和外交部长，以国内事务专家和经济问题作家著称。1907 年作为国家自由党的代表被选为国会议员。

斯特来斯曼
By courtesy of Bildarchiv Preussischer Kult urbesitz BPK. Berlin

1918 年组织德国人民党，尝试与其他民主党派组成联合政府。在担任总理（1923）以及外交部长（1923 ～ 1929）期间，力图重新确立德国在国际事务中的地位，调和与协约国之间的关系。他参与了《洛迦诺公约》谈判，支持在《道威斯计划》和杨计划中重新审议减少德国的赔款，确保德国被接纳进入国际联盟。1926 年与法国外长 A. 白里安共获诺贝尔和平奖。

斯特兰德　Strand, Paul（1890 ～ 1976）　美国摄影家。生于纽约市。曾师从 L. W. 海因学摄影术；在海因的督促下，经常造访 A. 施蒂格利茨的“291 画廊”，在那儿看到 P. 毕加索、P. 塞尚、G. 布拉克等人的先锋派绘画，引导他在自己的摄影作品中强调抽象形式和

P. 斯特兰德拍摄的《白栏杆》（1916）
By courtesy of Paul Strand

图案,如《华尔街》(1915)。他摒弃软聚焦拍摄,赞同通过使用大型相机而获得的入微细节和丰富、微妙的色调范围。晚期拍摄的大都是北美洲和欧洲的生活场景和风景,还曾和 C. 希勒、P. 洛伦茨合作拍摄纪录片。

斯特雷霍恩　Strayhorn, Billy(1915～1967)　原名 William。美国钢琴家、作曲家和乐曲改编家,与 D. 埃林顿合作近 30 年。生于俄亥俄代顿。1938 年因一支曲子结识埃林顿,很快开始为其乐队编曲并提供原创作品。他在 1941 年录制的《乘上 A 号列车》成为该乐队的主题曲。他的曲子同埃林顿的创作融为一体,很难区分。表现力很强的民谣成为其特色,并因其结构和和谐上的复杂性而闻名,代表作有《生活》、《生存的目的》、《西番莲花》和《白日梦》。

斯特雷奇　Strachey, (Giles) Lytton(1880～1932)　英国传记作家和评论家。剑桥大学毕业后成为布卢姆斯伯里团体的领导人物。虽然他自己承认是同性恋者,但和吴尔夫(夫人)曾有过一段婚约。对过去采取一种不敬的态度,他撰写《维多利亚女王时代名人传》(1918)时,开创传记体小说的新纪元。这部传记讲述 4 个维多利亚时代的名人,将他们描写成多面的、有缺点的人。他常被人物的个性和动机所吸引,用独特的、有时甚至是讽刺的口吻叙述人物。他还发表了《维多利亚女王传》(1921)、《伊丽莎白和埃塞克斯》(1928)和《人物小传》(1931)以及一些评论文章,尤其是对法国文学的评论。

斯特丽普　Streep, Meryl(1949～　)　原名 Mary Louise Streep。美国电影女演员。生于新泽西州萨米特。就读于瓦莎学院与耶鲁大学戏剧学院,初在百老汇演出,接着演出电视剧《死寂季节》(1977)与《大屠杀》(1978,获艾美奖)。戏路极度宽广且富表现力,在出演《猎鹿人》(1978)、《曼哈顿》(1979)及《克莱默夫妇》(1979,获奥斯卡奖)后跻身一流影星之列。之后出演的电影有《苏菲的抉择》(1982,获奥斯卡奖)、《西尔克伍德》(1983)、《走出非洲》(1985)、《暗夜哭声》(1988)、《廊桥遗梦》(1995)与《时时刻刻》(2002)。2003 年因出演《改编剧本》(2002)获得第 13 次奥斯卡奖提名(最佳女配角),打破了 K. 赫本当初获得 12 次提名的纪录。后又因影片《穿普拉达的女王》(2006)、《虐童疑云》(2008)、《朱莉与朱莉娅》(2009)和《铁娘子》(2011,获奥斯卡奖)多次获得奥斯卡提名。

斯特林　Stirling, James (Frazer)(1926～1992)　后称 Sir James。苏格兰建筑师。工作初期(1956～1963)和 J. 高恩合伙,进行新粗野主义风格设计。建成莱斯特大学工程系馆(1963)后,以其精确的水晶建筑外表初次崭露头角。1971 年起和 M. 威尔福德合作。70 年代形成了自己的建筑风格——后现代主义,运用复杂的几何抽象外观、大胆的色彩和经典元素。斯图加特的新州立美术馆(1977～1984)是他最有名的代表作之一。1981 年获普里茨克建筑奖。

斯特林堡　Strindberg, (Johan) August(1849～1912)　瑞典剧作家和小说家。他一边当记者,一边写历史剧《奥洛夫老师》(1872)。剧本虽被国家剧院所拒绝,并一直

斯特林堡,平版画,E. 蒙克制于 1896 年
By courtesy of the Munch-Museet, Oslo; photograph, O. Vaering

到1890年才获出版,现在则被公认是第一部现代瑞典戏剧。以小说《红房间》(1879)闻名,书中讽刺了斯德哥尔摩的艺术界。一生不幸,包括 3 段婚姻,以及间断性的心理不稳定情况。在其创造力最丰富的时期,他毫不停歇地在欧洲四处旅行,在这段长达 6 年的时间里写下 3 部主要剧本:《父亲》(1887)、《朱丽小姐》(1888)和《债主》(1890),这些作品以悲苦和打破传统为特色,结合戏剧的自然主义与心理学手法来描述两性之间的冲突,还写了 3 部小说。精神崩溃后,转向宗教寻求慰藉,并被激发写了几部象征性的戏剧,如《死魂舞》(1901)、《一出梦的戏剧》(1902),以及 5 部"室内剧",其中包括《黑旗》(1907)。

斯特灵　Sterling, Bruce(1954～　)　美国科幻小说作家。生于得克萨斯布朗斯维尔。1976 年得克萨斯大学毕业,同年,出版第一篇故事《人造自身》。网络黑客的主要拥护者,其科幻小说描述在计算机科技主宰下都市社会的严酷未来,编辑《镜影:网络黑客文选》(1986),并出版小说《分裂》(1985)、《网络之岛》(1988)、《差分机》(1990,与 W. 吉布森合著)与《狂乱》(1999)。

斯特龙博利岛　Stromboli　意大利西西里东北部火山岛。是欧洲最活跃的火山之一,海拔 926 米。虽然其最后一次大喷发是在 1921 年,但岩浆仍不断从山口流向大海。该岛以火山、气候和海滩吸引游客。

斯特罗斯纳　Stroessner (Matiauda), Alfredo(1912～2006)　巴拉圭军事领导人和总统(1954～1989)。德国移民后裔,1932 年加入军队,并在 1951 年提升为总司令。1954 年他推翻了 F. 查维斯总统(1881?～1978),成为是年选举中唯一一名总统候选人。他稳定货币、缓和通货膨胀,并修建了一些新的学校和公共医疗设施,但将国家收入的一半用在军事建设以确保其政权。他参加过几个南美洲统治者发动的清除政敌的神鹰行动。在第 8 次连任后,他在一场军事政变中被推翻并遭流放。

斯特伊弗桑特　Stuyvesant, Peter(1592?～1672)　荷兰殖民总督。1643 年担任荷属西印度公司加勒比海殖民地的经理,1645 年成为北美的荷兰所有财产的总经理,包括新荷兰和加勒比海地区。1647 年到达新阿姆斯特丹(后来的纽约市),很快与公民要求的自治权起冲突。他建立起一个地方自治政府,但仍享有控制权。他解决了与康涅狄格州的边境问题(1650),将瑞士人从特拉华河的新瑞士赶走,并将该殖民地并入荷兰准州(1655)。来自新英格兰殖民地的压力和查理二世派遣的一支军队入侵,迫使他将新荷兰割让给了英国(1664)。

斯滕　Steen, Jan (Havickszoon)(1626～1679)　荷兰画家。啤酒制造商之子,1646 年进入荷兰莱顿大学学习,1648 年成为莱顿画家协会的创立人之一。是荷兰最著名的画家之一,以其幽默和捕捉细微面部表情的能力著称,尤其擅长捕捉儿童的表情。后期作品中的人物更大也更有个性,如玩扑克牌、九柱木或闹饮取乐,并常以小酒店为背景。作品表现出高超的技巧,尤其是对颜色的熟练把握。后期作品越来越优雅,但缺少了一些活力。

斯滕马克　Stenmark, Ingemar(1956～　)　瑞典高山滑雪运动员。13 岁开始随瑞典少年国家队受训,1974 年获得第 1 次世界杯赛的冠军。1976、1977、1978 年 3 届世界杯赛的冠军(回转、大回转和速降)。1980 年奥运会上获得回转和大回转滑雪金牌;同年晚些时候成为职业运动员,1989 年退休。一共获得 86 项世界杯冠军,成为纪录,他可能是最伟大的回转和大回转滑雪运动员。

斯梯尔　Steele, Richard(1672～1729)　后称 Sir Richard。英国报纸撰稿人、剧作家、散文作家和政治家。与 J. 艾迪生的长期友谊开始于上学时,在转向写作前曾从事军旅生涯。他创办了散文期刊《闲谈者》(1709-04～1711-01),并为其主要撰稿人(笔名爱萨克·彼克斯塔夫),创造了一种教诲道德和消遣娱乐的混合风格,他与艾迪生在《旁观者》中将该风格发挥得更完美。斯梯尔文风轻松动人,和艾迪生较沉稳、雕琢的文字相得益彰。之后他在新闻工作中做了许多大胆尝试,其中有些偏向政治党派,并担任了一些政府公职。1714 年成为特鲁里街剧院经理,并创作出《自觉的情人》(1723),是 18 世纪最受欢迎的剧本之一,并可能是英国感伤喜剧的最好典范。

斯提尔　Still, Clyfford(1904～1980)　美国画家。生于北达科他格兰丁。就读斯波堪大学与华盛顿州立学院。在试验几种风格之后专注于抽象表现主义,是极大的、单色绘画作品的先驱。其同事 B. 纽曼和 M. 罗思科用未经调色的稀薄颜料作画,他则不同,用浓厚的不透明颜料(厚涂画法)多色锯齿状的形状表现原始风味的强劲力道。

斯提克斯 Styx 希腊神话中的冥河。该名称源自希腊语,意为仇恨和极端的冷酷,表达了对死亡的厌恶。在荷马的史诗中,诸神凭着斯提克斯的河水起誓作为其最有信用的誓言。赫西奥德将此河拟人化,说它是俄刻阿诺斯的女儿,竞争、胜利、权力和力量的母亲。古人认为斯提克斯河的水有毒,能溶解除了用马或驴的蹄之外制成的一切船只。

斯通 Stone,Edward Durell(1902～1978) 美国建筑师。生于阿肯色弗耶特维尔。获得建筑学位后即游览欧洲,其后加入纽约的一家建筑事务所,设计了广播城音乐厅。1936年自立建筑事务所。作为国际风格的重要一员,他设计了巴拿马城的巴拿马旅馆(1946)、新德里的美国大使馆(1954)、布鲁塞尔世界博览会中的美国馆(1958)、首都华盛顿的肯尼迪表演艺术中心(1971)和芝加哥的怡安中心(1974)。他还曾在耶鲁大学(1946～1952)任教。

斯通 Stone,Harlan Fiske(1872～1946) 美国最高法院大法官。生于新罕布什尔切斯特菲尔德。毕业于哥伦比亚大学法学院,后担任该法学院院长(1910～1923),同时兼当

H. F. 斯通,摄于1929年
By courtesy of the Library of Congress, Washington, D. C.

律师。1924年C.柯立芝总统任命他为美国司法部长,任期内他重组了因蒂波特山丑闻及其他丑闻而名誉大损的联邦调查局。1925年柯立芝总统任命他为最高法院大法官。1941年F. D.罗斯福总统提升他为首席大法官,他去世前一直担任此职。他写了600多条意见,很多是关于重要的宪法问题,人们常把他和L.布兰代斯、O.文德尔及O. W.霍姆斯(小)相提并论。

斯图尔特 Stewart, James (Maitland)(1908～1997) 美国电影演员。生于宾夕法尼亚印第安纳。原为普林斯顿大学建筑系学生,在加入好莱坞之前曾在马萨诸塞州的剧团工作。1935年步入影坛,后演出F.卡普拉的《浮生若梦》(1938)和《史密斯到华盛顿》(1939)中一个惹人喜爱的单纯而又充满理想的角色。第二次世界大战中曾担任轰炸机领航员。战后演出的作品《美妙生活》(1946)成为圣诞节经典名片。其他影片有:《碧血烟花》(1939)、《费城故事》(1940;获奥斯卡奖)、《哈维》(1950)、《格伦·米勒传》

《风云人物》(1946)中的J.斯图尔特
Culver Pictures

(1954)、《河湾》(1952)、《血战蛇江》(1955)、《桃色血案》(1959)以及A.希区柯克的惊险片《绞索》(1948)、《后窗》(1954)、《知道得太多的人》(1955)和《迷魂记》(1958)。

斯图尔特 Stewart, Potter(1915～1985) 美国最高法院大法官。生于密歇根杰克逊。在耶鲁大学研读法律,第二次世界大战后定居辛辛那提市,在该市市政委员会工作并担任副市长。1954年被任命为第六司法区上诉法院法官,1958年D. D.艾森豪威尔总统任命他为最高法院大法官,1981年卸任。作为温和派,他代表多数大法官在"谢尔顿诉塔克"案中认定:要求教师登记其全部社会关系是违宪的。他还在米兰达诉亚利桑那州案中写下了值得注意的不同意见。

斯图尔特 Stuart, Gilbert (Charles)(1755～1828) 美国画家。生于罗得岛北金斯敦。1775年前往伦敦,在B.韦斯特的画室工作了6年。1782年开办了自己在伦敦的

《耶茨夫人》,油画,G.斯图尔特绘于1793～1794年;现藏华盛顿特区美国国家画廊
By courtesy of the National Gallery of Art, Washington, D. C., Andrew Mellon Collection

画室,取得了很大成功,但在1787年逃往都柏林躲债。在都柏林居住6年后,返回美国,发展了一种独特的美国肖像画风格,并很快成为美国主要的肖像画家。评论家认为他的作品美术风格独特,色彩明亮,能恰当掌握人物心理。在近1 000幅肖像画中,最著名的是未完成的G.华盛顿头像。

斯图尔特 Stuart,Jeb(1833～1864) 原名James Ewell Brown。美国军官。生于弗吉尼亚州帕特里克县。毕业于西点军校。在打败J.布朗对哈珀斯渡口的袭击一役中担任南军R. E.李将军的助手。1861年他加入南军,晋升为准将,担任骑兵军司令官。在骑兵突袭中获取重要情报,帮助己方夺取了七日战以及第2次布尔溪战役的胜利。为此,李将军称他为"部队的眼睛"。升为少将后,在弗雷德里克斯堡以及钱瑟勒斯维尔战役中协助己方赢得胜利。在葛底斯堡战役之前,受李将军之命对敌方进行侦察;但他耽误了突击,且在战斗开始后才到达。为此受到批评,但仍继续为南军提供情报。在斯波西尔韦尼亚县城战役中,南军战败,斯图尔特也在战斗中身负致命重伤。

斯图加特 Stuttgart 德国西南部城市,滨内卡河。该市在10世纪时是马匹养殖场,13世纪成为城镇并隶属符腾堡伯爵,在19世纪以前一直是其首府。17世纪法国入侵的三十年战争和第二次世界大战时期的轰炸使城市人口伤亡惨重。其后许多历史建筑都已重建,包括13世纪的一座古堡。现为文化、交通、工业和出版中心。斯图加特大学成立于1829年。人口约587 152(2002)。

斯图亚特王室 Stuart, House of 又作House of Stewart或Steuart。苏格兰(1371～1714)和英格兰(1603～1649、1660～1714)王室。这个家族的最早成员可追溯到11世纪的布列塔尼,其中一人曾效力于苏格兰戴维一世,后被任命为国王管家。1315年第六代管家沃尔特与国王罗伯特一世的女儿结婚。他们的儿子罗伯特于1371年成为国王罗伯特二世(1316～1390),即苏格兰的第一代斯图亚特国王(1371～1390年在位)。其后代在15～17世纪中据有王位的有詹姆斯一世、詹姆斯四世、玛丽二世和詹姆斯六世(他后来继承英格兰王位,称詹姆斯一世)。斯图亚特家族最终取受法国影响的名字拼写。1649年詹姆斯的儿子查理一世被处死后,斯图亚特家族被排斥在王位之外,直到1660年查理二世复位。随之继位的有詹姆斯二世、威廉三世和玛丽二世,以及玛丽的妹妹安妮。斯图亚特王室的传承止于1714年,此后英格兰的王位由汉诺威王室接替。詹姆斯二世的儿子詹姆斯·爱德华(老觊觎王位者)和孙子查理·爱德华后来曾经提出过传承的要求,但没有成功。

斯托 Stowe,Harriet Beecher(1811～1896) 原名Harriet Elizabeth Beecher。美国作家和慈善家。生于康涅狄格利奇菲尔德。为著名公理会牧师莱曼(1775～1863)的女儿,H. W.比彻尔和C. E.比彻尔的姐姐。离开学校后在哈特福德和辛辛那提教书,并开始和在逃的奴隶们交往,了解了南方的生活,后和丈夫(一神学院教授)定居缅因州。她的反奴隶制小说《黑奴吁天录》(1852)对社会产生了巨大影响,在美国南北战争中经常被人引用(例如美国总统林肯)。其他作品有反奴隶制小说《德雷德》(1856)和《牧师的求婚》(1859)。

斯托科夫斯基 Stokowski, Leopold (Anthony)(1882～1977) 原名 Antoni Stanislaw Boleslawowich。英国出生的美国指挥大师和乐师。尽管口音奇怪，他确实出生于英国，并曾就读于伦敦皇家音乐学院和牛津大学。担任乐器手并指挥过一些音乐会后，他到辛辛那提交响乐团任指挥(1909～1912)，并取得极大成功。后到费城交响乐团，在1912～1938年间将之发展成世界级的乐团，创造了享誉全球的"费城之音"。他创作了很多现代音乐，很早就意识到录音的重要性。他还在W.迪斯尼的影片《神话》(1940)和其他电影中担任演员，成为影星。他利用自己的名气，推进那些踯躅不前的乐团发展，例如他自己在1962年建立的美国交响乐团。他积极支持新音乐，对结束美国音乐风格的地域差别做出很大贡献。

斯托克 Stoker, Bram(1847～1912) 原名Abraham。爱尔兰作家。虽然7岁时还不能站立，后来竟锻炼成为杰出的运动员。他在政府部门工作10年，为H.欧文当了27年的经纪人，代其写信，陪同演出。这期间他开始写小说，代表作就是哥特式小说《德拉库拉》(1897)，是一部非常成功的作品。这部小说基于吸血鬼故事，并为以后的类似文学和电影奠定了基础。其他作品有《白蚁穴》(1911)，无论在受欢迎的程度上还是在质量上，都无法和《德拉库拉》相匹敌。

斯托克波特 Stockport 英格兰西北城市，大曼彻斯特都市区的一部分。1220年获特许状，原城建在一峡谷中，泰晤士河和戈伊特河在此相汇，形成默西河。新城区扩展到高地。19世纪棉纺织业为主要工业，20世纪工业多样化带来了电子业和重型机械业。人口约284 544(2001)。

斯托克顿 Stockton 美国加利福尼亚州中部城市，临圣华金河，通过该河126千米长的深水河道和旧金山湾相连。为美国两大内陆港口之一，建于1847年，1849年淘金热期间迅速发展为矿业供给点。建起灌溉系统和通铁路后，成为农产品和葡萄酒的市场。1933年凿通深水河道后，成为主要港市和美国太平洋战区补给品储存地。人口291 707(2010)。

斯托里 Story, Joseph(1779～1845) 美国最高法院大法官。生于马萨诸塞州马布尔黑德。1801～1811年在塞勒姆当律师，1805～1811年入州议会和任联邦众议员。1811年虽然年纪轻(仅32岁)，也没有法院工作经验，却被J.麦迪逊总统任命为最高法院大法官。他和J.马歇尔一起修改美国宪法，扩大联邦政府的权力。他在"马丁诉亨特的承租人"一案(1816)中为最高法院所写的意见，树立了最高法院在所有涉及联邦宪法、法令和条约的民事案件中有高于州的最高法院的上诉管辖权。在法院任职期间，他还在哈佛大学授课(1829～1845)，并写了一系列很有影响力的评论，包括《美国宪法评论》(1833)、《法律之抵触》(1834)和《衡平法法理学》(1836)。他和J.肯特被认为是美国衡平法理学的奠基人。

斯托帕特 Stoppard, Tom(1937～) 原名Tomas Straussler。捷克出生的英国剧作家。第二次世界大战期间和家人住在东亚，后移民英国，改姓其继父的姓氏。第一部作品《漫行水上》在1963年被拍成电视，荒诞剧《罗森克兰茨和吉尔登斯特恩都已死去》(1967)使他成名。晚期作品语言生动，情节有独创性，对重要历史时刻的描写显得戏剧化，如《跳跃者》(1972)、《夜以继日》(1974)、《每个好男孩都应受嘉许》(1977，由A.普烈文配乐)、《不为人知的国度》(1980)、《真实事物》(1982)和《阿卡迪亚》(1993)。他也写广播剧，还为电影《太阳帝国》(1987)和《莎翁情史》(1998，获奥斯卡奖)写过剧本。

斯瓦尔巴 Svalbard 挪威群岛，位于北极圈以北北冰洋中。由9个主要岛屿组成，最大的岛屿是斯匹次卑尔根岛。这些岛屿都多山，几近60%的地区为冰川与雪原覆盖。1596年荷兰人最先登陆该岛屿。20世纪初包括美国等许多国家争论此群岛的采矿权。1920年起正式为挪威所有，成为许多极地科学探险的所在地(始于1773年)。当地人口有周期性变化，大约为3 000人，没有土著居民。朗伊尔城为行政中心。

斯瓦希里语 Swahili language 通行于坦桑尼亚、肯尼亚、乌干达和扎伊尔的班图语，作为母语使用者有200多万人，作为第二语言使用者约6 000万人。标准的斯瓦希里语以19世纪时由桑给巴尔的寻找象牙和奴隶的商人传播到内陆地区的基庸古加方言为基础，19世纪末被侵占东非的欧洲殖民政府巩固。现代斯瓦希里语以拉丁字母形式书写，但阿拉伯体的斯瓦希里文学可追溯到18世纪早期。在班图诸语言中，斯瓦希里语以吸收大量的外来语著称，特别是借自阿拉伯语。

斯旺西 Swansea 威尔士语作Abertawe。威尔士南部海港。临布里斯托尔海峡，是威尔士第二大城市。历史可追溯到12世纪，直到18世纪初一直是小市镇和煤港，此后稳定发展为工业中心，到19世纪中期已成为世界铜贸易的中心。1941年市中心几乎全被德国人炸毁，后来重新发展。现在是威尔士西南部主要的购物和服务中心。为诗人D.托马斯的出生地。人口223 293(2001)。

斯威夫特 Swift, Gustavus Franklin(1839～1903) 美国肉类加工厂厂主。生于马萨诸塞西桑威克。14岁时做屠宰商帮手，1859年开办自己的肉铺。1872年成为一个波士顿肉类食品零售商的合伙人，3年后他将他们的牛肉经营业务迁至芝加哥。他相信如果能将鲜肉而不是活牛运到芝加哥，利润将会提高，因此请人设计冷冻车厢，1877年第一次成功地将一车鲜肉运到东部。1885年他和他的哥哥一起创办了斯威夫特公司。担任总经理18年，公司资本从30万美元增加到2 500万美元。就像他的竞争对手P.D.阿穆尔和N.莫里斯一样，斯威夫特是一个综合利用副产品的倡导人，也经营肥皂、胶水、化肥、人造黄油等相关行业。

斯威夫特 Swift, Jonathan(1667～1745) 爱尔兰作家，杰出的英语讽刺散文作家。1688年英格兰发生反天主教革命时他正在都柏林的三一学院读书，在爱尔兰的天主教徒起而反击时，他为安全起见避往英格兰，在那里时断时续地住到1714年，1695年成为英国圣公会教士。第一部主要作品《一只澡盆的故事》(1704)由3篇讽刺宗教界和学术界的小品组成。此时他也因撰写一些宗教与政治论文以及用"比克斯塔夫"的笔名写的滑稽小册子而成名。尽管斯威夫特并不愿意放弃辉格党人的信仰，但因为托利党人支持建立教会，他开始为托利党写稿。《致斯特拉的信》(1710～1713年写就)一书中的书信便记录了他对变迁中的世界的态度。他为托利党人编写刊物得到了回报，1713年他被任命为都柏林圣巴特里克大教堂主教。他在爱尔兰几乎度过了余生，他致力于揭露英国的一些错误作法及其对爱尔兰的不公正待遇，例如在他的讽刺作品《一个小小的建议》(1729)中，建议将爱尔兰穷人的幼儿卖给富有的英格兰地主当食物。著名讽刺小说《格利佛游记》表面上看是小说主角在远方遭遇到不同种族与社会的故事，实际上反映了斯威夫特揭示人性介于兽性与理性之间那种不确定地位的观点。

J.斯威夫特，油画，C.杰瓦斯绘；现藏伦敦国立肖像画陈列馆

By courtesy of the National Portrait Gallery, London

斯威士兰 Swaziland 全称Kingdom of Swaziland(斯威士兰王国)。非洲南部国家。面积：17 364平方千米。人口：约1 237 000(2013)。首都：姆巴巴内(行政和司法)；洛班巴(立法)。约4/5的人口为斯威士人，近1/10为祖鲁人，还有少量少数民族。语言：斯威士语和英语(均为官方语言)。宗教：基督教(非洲的独立基督教派，亦有新教、罗马天主教)和传统宗教。货币：里兰吉尼。为一内陆国，有高草原、中草原、低草原和东部的卢邦博陡崖。动物有河马、羚羊、斑马和鳄鱼。包括科马蒂在内的4条主要河流流贯全国，并灌溉柑橘和甘蔗产区的土地。矿产有石棉和钻石。斯威士兰为君主国，两院制。国家元首暨政府首脑是国王，另由总理辅佐。石器工具以及岩壁上的绘画表示史前时代该地区就有居民，但直到18世纪操班图诸语言的斯威士人移居该地后才定居下来，并建立起斯威士国家的核心。19世纪时，斯威士国

王请求英国帮助对付祖鲁人后，英国就取得了控制权。南非战争后，德兰士瓦的英国总督负责管理斯威士兰；1906 年总督的权力转移给了英国的高级专员。1949 年英国拒绝南非联盟控制斯威士兰的请求。1963 年斯威士兰获得有限的自治，1968 年获得独立。20 世纪 70 年代，在国王以及传统的部落政府最高权威的基础上制定了新的法规。尽管在 21 世纪初该王国仍维持原状，但宪法已在制定之中。是世界上艾滋病感染最严重的国家之一，有大约 2/5 的人口染病。该国于 1972 年首次参加在慕尼黑举办的夏季奥运会。

斯韦阿兰　Svealand　瑞典中南部地区。穿越整个瑞典，面积80 844平方千米。早在石器时代就有定居者，起初是斯韦尔人的居住地，瑞典因此而得名。后来成为政治和文化中心，瑞典由此而发展，后来取得独立。经济多样，包括农业、制造业、林业和采矿业。

斯韦沃　Svevo, Italo（1861 ～ 1928）　原名 Ettore Schmitz。意大利作家。早年由于家境贫困不得不离开学校任职银行，但坚持自学，并且开始写作。他在小说《一生》（1892）中对无一技之长的主角的分析和反思具有革命性，但未受到重视，《年老之时》（1898）同样也不受重视。后来放弃写作，直到受到 J. 乔伊斯（当时居住在蒂里雅斯特）鼓励，才写出他最著名的小说《塞诺的意识》（1923）。斯韦沃后来死于车祸，死后发表的作品有两部短篇小说集、与 E. 蒙塔莱的书信集以及未完成的《塞诺的意识续集》（1969）。他被认为是心理小说的先驱。

斯维登堡　Swedenborg, Emanuel（1688 ～ 1772）　瑞典科学家、神学家、神秘主义者。从乌普萨拉大学毕业后，他在国外呆了 5 年学习自然科学。回国后开始出版瑞典的第一种科学杂志《北极代达罗斯》，国王查理十二世任命他为皇家矿务局顾问。由于他开始相信宇宙有一种基本的精神结构，他的著作逐渐转向自然哲学和形而上学。1744 年他在幻想中见到耶稣，1745 年接到放弃世俗学说的命令，余生主要致力于翻译圣经以及叙述关于他在幻境中的所见。他坚持认为，上帝是所有生物的力量和生命，基督教的三位一体代表了上帝的 3 种基本品质：仁爱、智慧和活力。他相信赎罪存在于通过耶稣的光辉重新按照上帝的形象创造的人类中。他发表了 30 多部著作，包括《真正的基督宗教》（1771）。后来他又成立了宣传其泛神论的组织，尤其是 1787 年在伦敦建立的新耶路撒冷教会。18 世纪 90 年代斯维登堡派传到美国。

斯温伯恩　Swinburne, Algernon Charles（1837 ～ 1909）　英国诗人、批评家。进入伊顿和牛津就读后，依靠父亲的资助生活。诗剧《阿塔兰忒在卡吕冬》（1865）首次展现出他的抒情才华；《诗歌与民谣》（1866）收集了他最好的一些作品，表现出其对异教、受虐狂和鞭笞的关注；第二辑（1878）少了些狂热和纵欲。其诗歌特点是有力的韵律、反复出现

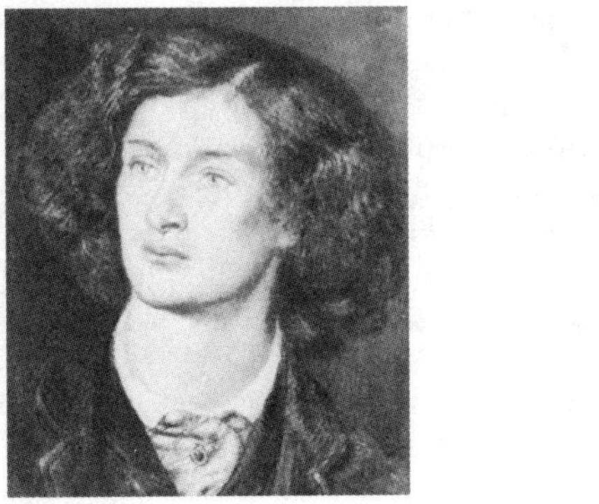

斯温伯恩，水彩画，D. G. 罗塞蒂绘于 1862 年；现藏剑桥菲茨威廉博物馆

By courtesy of the Fitzwilliam Museum, Cambridge

的头韵和中间韵、华丽的主题。1879 年完全病倒，在一个朋友的监护下度过了以后的 30 年。早期的诗歌因对韵律学的革新而闻名，后期的作品则较不重要。杰出的评论作品是《研究文集》（1875）以及对 W. 莎士比亚（1880）、V. 雨果（1886）、B. 约翰逊（1889）的专著。

锶　strontium　化学元素，碱土金属之一，化学符号 Sr，原子序数 38。锶是软金属，新切开的表面有银白色金属光泽，但一接触空气会迅速反应。锶及其化合物（化合价为 2）与钙和钡的性质很相近，绝大多数情况下使用钙和钡更便宜，所以只有极少量情况下才会使用锶。卤化锶、硝酸锶和氯酸锶极易挥发，并能使火焰呈亮猩红色，用于各种照明弹、烟花和曳光弹中。经核爆炸形成的带放射性的同位素锶-90，被认为是放射性沉降中最危险的成分，它能取代食物中的一些钙，浓集于骨骼和牙齿，而造成辐射损伤。

死谷　Death Valley　美国加利福尼亚州东南部谷地。长约 225 千米，宽 8 ～ 24 千米，是北美洲最低、最干燥、最炎热的地区。阿马戈萨河从南部流入，恶水盆地包含北美洲的最低点（低于海平面 86 米）。早先的拓荒移民在此很难通过，故名“死谷”。后成为开发硼砂的中心。1933 年辟为国家保护区，1994 年成为国家公园。公园面积约13 650平方千米，并延伸到内华达州。

死海　Dead Sea　阿拉伯语作 Al-Baḥr al-Mayyīt，希伯来语作 Yam Hamelaḥ，古称 Lacus Asphaltites。以色列和约旦之间的内陆盐湖，地球上最低的水域，水面平均低于海平面约 400 米。长 80 千米，宽 18 千米。其东岸属于约旦；西岸南半部属以色列，北半部位于以色列在“六日战争”（1967）后占领的西岸。西岸为犹太山地，东岸为外约旦高原，约旦河从北注入。自亚伯拉罕时代以来，死海一直同有关《圣经》的历史联系在一起。

《死海古卷》　Dead Sea Scrolls　1947 ～ 1956 年在死海西北海岸几处隐秘地点发现的古代手稿，大部分是希伯来文。这些手稿撰写的日期可追溯到公元前 3 世纪到公元 2 世纪之间，在约15 000块断简残篇中共拼凑了 800 ～ 900 多份手稿。多数学者认为在库姆兰废墟附近 11 处洞穴发现的大量文献是属于犹太教的一个教团所有（大多认为是艾赛尼派），而有些学者则认为是属于撒都该人或另一个犹太教派奋锐党所有。这个教团排斥其他的犹太人，把世界截然划分为善与恶。他们营造了一种纯正仪式的共同生活，称作“联合会”，由一位弥赛亚的“正义之师”领导。《死海古卷》宏观地呈现了犹太人信仰，这些在公元 66 ～ 73 年战争期间从耶路撒冷被藏匿起来的手稿一直是图书馆的藏书。参阅《大马士革文献》。

死刑　capital punishment　又作 death penalty。法庭对犯有严重罪行的罪犯判以剥夺生命的处罚。死刑在古希腊被广泛用于惩治那些犯有谋杀罪、叛国罪、纵火罪和强奸罪的人，古罗马人也运用死刑惩处许多种犯法行为。大部分世界主要宗教也曾经准许过死刑。1794 年美国的宾夕法尼亚州成为第一个限制给一级谋杀罪定死刑的管辖区域，1846 年密歇根州废除了所有谋杀罪和其他普通犯罪的死刑。1863 年委内瑞拉成为第一个废除死刑的国家。葡萄牙是第一个废除死刑的欧洲国家（1867）。到 20 世纪 60 年代中期约有 25 个国家废除了杀人犯的死刑。在 20 世纪最后1/3时间里，废除死刑的国家增加了 3 倍多。尽管如此，仍然有许多国家保留了死刑，一些国家还扩大了死刑的执行尺度。在美国，联邦政府和差不多 3/4 的州政府保留了死刑。在中国、沙特阿拉伯、新加坡和伊朗，法院经常宣判死刑。死刑的支持者声称终身监禁对于犯罪行为形不成有效震慑。反对者则坚持认为死刑从来就不是一个有效的震慑方式，判决有误有时会导致无辜者被杀，而且死刑的判决并不公平，绝大多数受刑的是穷人和少数族裔。

《死者书》　Book of the Dead　古埃及陪葬文集，包含符咒，用于保佑阴间的死者。该文集大约在公元前 16 世纪编修而成。较晚近的编辑本内容包括献给太阳神瑞的颂诗，往往附有彩色插图，出售给死者的家属，用于安葬。在许多现存的版本中，没有一种全本（包括已知的近 200 个篇章）。

四百人会议　Four Hundred, Council of the（公元前411）　伯罗奔尼撒战争期间，因安梯丰与亚西比德所引发的政变而短暂掌握雅典政权的寡头会议。这个极度反对民主的会议很快就在雅典舰队的坚持下遭到撤换，代之为比较温和的寡头政权，即五千人会议。新的会议只持续了10 个月，但完全的民主政体在公元前 410 年才告恢复，并设立了一个委员会以避免寡头政治再度发生。

四大自由　Four Freedoms　美国总统 F. D. 罗斯福在 1941 年 1 月的国情咨文中对世界性的社会和政治目标的概括说明。四大自由是：言论自由、宗教自由、不虞匮乏的自由和免于恐惧暴力侵犯的自由。对于最后一项，罗斯福号召通过全世界范围的裁减军备，

使任何国家都不能以明目张胆的侵略行为反对其邻国。同年8月,他和W.丘吉尔将这四大自由纳入《大西洋宪章》。

四谛 Four Noble Truths 佛教用语,指佛陀第一次说法时所讲教义的精华。四谛是①苦(生存是痛苦),②集(痛苦有原因),③灭(痛苦可消灭),④道(消灭痛苦的方法,即八正道)。虽然对四谛有各种不同的阐释,但事实上为佛教各流派所接受。

四分之一英里赛马 quarter horse 为参加四分之一英里马赛而培育的一种赛马,由纯血马、摩尔根马、美国骑乘马和其他种马杂交繁育而得。虽不如纯血马好,但在美国西部和西南部被用作种马。现代的四分之一英里赛马身材矮壮,肌肉发达,胸宽而深。以起步、转弯和停止迅速,短途速度快而驰名。肩高145～163厘米,体重431～544千克,性安详,易训练。

四国 Shikoku 日本四个主岛中最小的岛。位于本州岛南部,九州岛东部。面积18 292平方千米,大部为山地。人口集中在沿海城市区。稻米、大麦、小麦和柑橘为岛上主要农作物。工业包括炼油、纺织、造纸和渔业。20世纪下半叶修建的桥梁连接了四国与本州岛。人口3 977 282(2010)。

四国同盟 Quadruple Alliance(1718) 奥地利、英国、荷兰共和国和法国组成的联盟,以共同阻止西班牙改变乌得勒支和约(1713)的条款。当西班牙国王腓力五世夺取撒丁和西西里两岛后,英国舰队运送奥地利军队至西西里,而法国则派兵占领了西班牙北部,迫使腓力放弃了对意大利的权力要求。

四国同盟 Quadruple Alliance(1815) 1813年由英国、俄国、奥地利和普鲁士最初缔结的联盟,以在拿破仑战争的最后阶段击败法国。1815年正式重申,并实施维也纳会议达成和平决议。联盟同意随时会晤以确保欧洲政治局势的发展符合1815年和平解决欧洲问题的各项条款。该方案通过艾克斯拉沙佩勒会议(1818)、特罗保会议(1820)、莱巴赫会议(1821)及维罗纳会议(1822)得以部分实施。

四环素 tetracycline 抗菌谱广的一族抗生素,具常见的基本构造,包括氯四环素(金霉素)、四环素和强力霉素。可直接由链霉菌属几种放线菌中分离出来,或自化合物中分离。可有效对抗立克次氏体、衣原体感染和支原体。四环素和其他抗生素使用过量可导致微生物中的抗药性。

四色地图问题 four-color map problem 拓扑学问题,找出给地图着色所需用的不同颜色的最小数目,使所有相邻的区域都有不同的颜色。最早在1852年由一名英国数学学者F.格思里提出。这个问题由K.阿佩尔和W.哈肯于1976年在计算机的辅助下验算解决。

四字母圣名 Tetragrammaton 希腊语,意为"有四个字母"。四个希伯来语子音you、he、vav和he——有JHVH、JHWH、YHWH或YHVH等不同的拼写方式——合起来代表上帝的名字。传统上四字母圣名并不发音;Jehovah与Yahweh则是两个有声之例。

泗水 Surabaya 印度尼西亚爪哇东北海岸海港城市。为印度尼西亚第二大城市,自14世纪以来一直是东部爪哇的主要贸易中心。18世纪荷兰殖民者控制该市,并建立其主要的东印度海军基地。第二次世界大战期间被日本占领,遭受严重破坏;印度尼西亚独立战争期间(1945～1949)再次遭到破坏。现为印度尼西亚主要海军基地所在地,有一所海军学院及艾尔朗加大学(1954)。人口约2 660 381(2003)。

松 pine 松科中10属针叶树(极少为灌木,参阅球果植物)的统称,原产于北温带,尤指松属约90种观赏和材用常绿球果植物。其针状叶和球果单生或成束排列。浅根系统

奥地利松(*P. nigra*)的带花粉的小孢子叶球
Grant Heilman

使得松易受风和地面侵扰的影响。松科的植物包括冷杉、黄杉、铁杉、云杉、落叶松和雪松。许多种类为软木材、纸浆、油和树脂的来源。有些种类则作为观赏植物栽种。

松恩湾 Sogne Fjord 又作Sognefjorden。挪威最长、最深的峡湾。从挪威海向内陆延伸204千米,最深处1 308米。沿峡湾及其分叉部分有挪威最绮丽的风光。

松果菊 coneflower 菊科三个属的植物,原产北美的杂草。每个属都有边花反折的种。紫松果菊属(*Echinacea*)开紫花,多年生,常栽作沿边植物,尤其是狭叶紫松果菊(*E. angustifolia*)和紫松果菊(*E. purpurea*);其根黑色,气味浓烈,茎有毛。*Ratibida*属边花黄色,盘花淡褐色。北新大陆松果菊(*R. columnaris*)及*R. pinnata*种植于野花花园。金光菊属(*Rudbeckia*)约25种,边花黄色,盘花褐色或黑色。黑眼苏珊、顶针花(*R. bicolor*,即二色金光菊)和松果菊(*R. laciniata*,即条裂金光菊)栽作沿边植物。

松果腺 pineal gland 又称pineal body(松果体)或epiphysis cerebri(脑上腺)。脑内的内分泌腺体,可调节褪黑激素的产生。儿童的松果腺相当大,但于青春发动期之初开始萎缩,成人的松果腺重0.1克多一点。有迹象显示人类松果腺的功能在性成熟、昼夜节律与睡眠诱导、季节性情绪失调和抑郁症方面极为重要。动物体内的松果腺则在性发育、冬眠与新陈代谢和季节性生育方面,均起重要作用。

松鸡类 grouse 鸡形目松鸡科的几种猎鸟。包括草原鸡、雷鸟或沙鸡(鸠鸽目)。最著名的旧大陆种类为黑琴鸡,产于威尔士、苏格兰、斯堪的纳维亚和中欧北部。雄鸟(黑松

黑琴鸡(*Lyrurus tetrix*)
Ingmar Holmasen

鸡)体羽蓝黑色,尾下覆羽白色,体长约55厘米,体重几乎可达2千克。体型较小的雌鸟,羽衣呈斑驳的褐色,有黑色横斑。松鸡类引人注目的是雄鸟常一起进行求偶表演。北美种类中最著名的是流苏松鸡。

松鼠 squirrel 松鼠科50属约260种,多为昼行性的啮齿类动物,几遍布全世界。许多种类为树栖,有些则地栖。所有种类皆有强壮的后腿和多毛的尾。毛色和斑纹变化很大,体长从10厘米(非洲倭松鼠)到约90厘米(亚洲巨松鼠)不等。树栖种居于树洞或窝内,多数为终年活动。地栖种居于地穴,其中有许多进行冬眠或夏眠。多数以素食为主,嗜食种子和坚果。有些吃昆虫,或偶食动物蛋白质。参阅花鼠、飞鼠、地松鼠、旱獭和草原犬鼠。

松鼠猴 squirrel monkey 卷尾猴科松鼠猴属2种常见的昼行性、树栖新大陆猴的统称。群居于中、南美洲的河岸森林中,有时一群达数百只。以果实、昆虫和小动物为食。体长25～

普通松鼠猴(*Saimiri sciureus*)
© Gerry Ellis Nature Photography

40厘米,尾粗大而不能卷曲,末端为黑色,长37～47厘米。脸小呈白色,眼大,耳大而常具丛毛,被毛短而柔软,毛色灰至绿色,臂、掌和脚为黄或橙色。普通松鼠猴(*S. sciureus*)具橄榄色或浅灰色毛冠。红背松鼠猴(*S. oerstedii*)毛冠黑色,背部微红。常被饲养为宠物。

松下电器产业公司 Matsushita Electric Industrial Co. Ltd. 日本主要的电器与消费电子产品制造商。1918年松下幸之助

(1894～1989)创立，主要生产电灯插头和插座。1935年改组为股份有限公司。20世纪30年代，该公司生产各种电子产品，包括收音机和留声机。50年代公司又生产电视机、录音机和家用电器。10年后开始生产微波炉、空调和录像机。其产品以Panasonic和Quasar的品牌在市场销售。松下以巨额投资研发闻名，总部设于大阪附近的门真，在海外设有许多产销子公司。

诵读困难　dyslexia　其他方面智力正常，但不能学习拼音和阅读或在这方面有极大困难的一种现象。是一种慢性的神经障碍，阻遏人的认识和处理书写符号（尤其是与语言有关的符号）的能力。具有许多不同的症状，主要是阅读能力极差，阅读和书写单词和字母时往往次序颠倒，书写字迹模糊不清。通常在低年级中更为明显。如果进行早期有专门指导的训练，大部分诵读困难者可以学会阅读。近年来的研究指出，患诵读困难的人的大脑与阅读有关的途径功能异常。

诵经人　qurra　专职诵读《古兰经》的人。穆罕默德早年的门徒都熟记安拉的启示，在《古兰经》汇编成书之后，背记诵读《古兰经》全部经文在虔诚的穆斯林中很常见。《古兰经》古阿拉伯语抄本字迹难辨，因而在读音和词义问题上学者往往需要请教于这些诵经人，9世纪时，诵经人已成为一种被确认的专业人员。各清真寺现在仍设专人诵读《古兰经》，以便向信徒解释启示。在某些阿拉伯国家里，诵经的职务一般由盲人担任。

颂歌　ode　为盛大仪式写的诗歌，诗中个人感情同总的主题结合在一起。其形式通常以颂扬的情感与格调为标志，每行的长短不一，有着复杂的诗节。希腊语ode一词的意义是合唱歌，唱时通常伴有舞蹈。颂歌的形式有品达罗斯颂歌，常用于庆祝社会上的大事，如奥林匹克竞技会；还有与贺拉斯有关的形式，优雅，有其亲切的和沉思的颂歌有2行或4行的诗节和优雅的格律。这两种形式在文艺复兴时期得到恢复，而且对西方抒情诗的影响一直持续到20世纪。颂歌在伊斯兰教以前的阿拉伯诗歌中也十分盛行。

苏埃托尼乌斯　Suetonius（69？～122年以后）　拉丁语作Gaius Suetonius Tranquillus。罗马传记作家和文物收藏家。出身骑士阶层。他的作品包括一部简短的文学人物传记《名人传》，现今人们所知有关古罗马著名作家生平的情况几乎全出自该书。《诸凯撒生平》是他的另一部重要作品，记录了最初11位皇帝生活的流言传闻，生动描绘了罗马社会生活和颓废的领导人，这些资料主宰了人们对该段历史的看法，一直到现代通过非文字证据的考证才得以修正。

苏巴朗　Zurbarán, Francisco（1598～1664）　西班牙画家。1614年在塞维利亚跟一位画家学画并在当地居住，1658年搬到马德里。他曾受皇室委托作画，但一生始终是一名宗教题材的地方画师。他创作的使徒、圣者和修士形象几乎全都采用雕刻式的实体感表现法，由于注重人物服饰的细节，因而使得他们的神奇、幻觉和狂喜都更加逼真。这种写实主义与宗教易感性的独特结合，符合特伦托会议为反宗教改革画家制订的方针。他曾受委托为西班牙南部各地的隐修院和教堂作画，有许多作品被送往秘鲁的利马。晚年的祈祷画明显受到B. E. 牟利罗的影响。

苏比克湾　Subic Bay　菲律宾吕宋岛西南部中国海的小海湾。1901年起为美国操纵的苏比克湾海军基地所在地，是菲律宾最大的海军设施。该地区在第二次世界大战期间曾遭严重破坏，并在1942～1944年被日本占领。该基地在越南战争（1955～1975）期间曾对美军的供给和维修发挥重要作用。1992年归还菲律宾，现有计划将其建设成一个自由贸易区。

苏必利尔湖　Superior, Lake　美国和加拿大之间的湖泊。为五大湖中最大的湖，也是世界上最大的淡水湖。长616千米，最宽处258千米，面积82 362平方千米，深达405米，以其风景秀丽的海岸线和众多的海滩闻名。主要岛屿有罗亚尔等岛。苏必利尔湖为五大湖至圣劳伦斯航道的源头，东南端通过苏圣玛丽水闸与休伦湖相连。全年通航期8个月，运输谷物、面粉和铁矿石。1667年法国耶稣会传教士C.-J.阿卢埃绘制出该湖的全图。1763～1783年该地区受英国控制，一直到1817年美国皮毛公司接管加拿大边境以南部分。

苏丹　Sudan　泛指非洲中北部地区面积广大的开阔热带稀树草原。绵亘500多万平方千米。北邻撒哈拉沙漠和利比亚沙漠南缘，南抵赤道热带雨林的北界。西起非洲西海岸，东至埃塞俄比亚高地和红海，横跨5 500多千米。萨赫勒地区为其北部边界。

苏丹　Sudan, The　全称Republic of the Sudan（苏丹共和国）。非洲东北部国家。面积：1 844 791平方千米。人口：约34 848 000（2013）。首都：喀土穆（行政），乌姆杜尔曼（立法）。主要为阿拉伯人，也有其他族群。语言：阿拉伯语、英语（均为官方语言）、努比亚语和其他语言。宗教：伊斯兰教（主要为逊尼派）、基督教、传统宗教。货币：苏丹镑。苏丹包括一广阔平原，其北部是撒哈拉沙漠，西部为沙丘，中南部为雨量极少的灌木带。尼罗河流贯全国。野生动物有狮、豹、大象和长颈鹿。为发展中的混合型经济，以石油和农业为主。有全世界最大的灌溉计划，由青尼罗河和白尼罗河供给农田用水。主要经济作物有棉花、花生和芝麻；畜牧业亦重要。工业包括食品加工和轧棉以及石油出口。现由伊斯兰教军政府统治，国家元首与政府首脑均为总统。证据表明，人类居住的历史可追溯到几万年以前。从公元前4千纪开始，努比亚（现在的苏丹北部）多次处在埃及人的统治下。公元前11世纪到公元4世纪，它是库什王国的一部分。在6世纪期间，基督教的传教士们使苏丹的三个主要王国皈依基督教；这几个黑人基督教王国与他们在埃及的穆斯林阿拉伯邻居们共处了数百年，直到13～15世纪，阿拉伯移民的流入才使它们崩溃。1874年埃及占领了整个苏丹，鼓励了英国人干预这个地区；这引起了穆斯林的反对，导致马赫迪的起义，1885年他占领了喀土穆，在苏丹建立起一个神权政治国家，直到1898年他的军队被英军打败。英国人统治这个国家，总体上是与埃及共管，直到1956年苏丹实现独立。此后，这个国家就在无效的国会政府与不稳定的军事统治之间摇摆起伏。北方政府与南方反对派之间进行了多年内战（1955～1972；1983～2005）。2003年苏丹西部达尔富尔地区重燃战火，致使数万人丧生和数十万人流离失所。2011年南苏丹举行公投，绝大多数人支持独立，并于7月9日与北方分离。该国于1960年首次参加在罗马举办的夏季奥运会。

苏蒂恩　Soutine, Chaim（1893～1943）　立陶宛裔法国画家。在维尔纽斯学习美术后，于1913年去巴黎美术学校深造。一位艺术品商人使他得以在法国南部作画3年，在那里他显露出成熟风格。其画风虽然是表现主义的一种形式，但具有高度个人主义风格，以施厚颜色、运笔奔放、构图节奏激荡、具有拨人心弦的力量为特点。他最著名的习作包括描绘唱诗班男童和厨师、一系列僮仆的图像和描绘吊死的家禽和菜牛的尸体图，后者生动表现了尸体腐烂后的色泽。

苏尔马河　Surma River　印度东北部、孟加拉国东部河流。发源于印度曼尼普尔邦北部，当地称为巴拉克河，向西流进孟加拉国。在孟加拉国境内穿过一片富饶的盛产茶叶的谷地后，注入布拉马普特拉河古河道，称梅克纳河，最后汇入恒河。全长900千米。

苏发努冯　Souphanouvong（1909～1995）　巴特寮革命运动领导人、老挝总统（1975～1986）。为梭发那·富马的同父异母兄弟，学过土木工程，1938～1945年在越南修筑桥梁和道路。第二次世界大战后，他反对法国继续其殖民统治，与自由老挝流亡政府决裂，与越盟联合，建立亲共产主义者的巴特寮，曾在1974～1975年取得政权。

苏非主义　Sufism　伊斯兰教内的一种神秘派别，主张通过个人对安拉的亲身体验，来寻求神爱和神知。包含很多神秘的方法来探知人和神的本质，并使世上存在的神爱和神知易于感受。苏非主义是在穆罕默德去世（632）后，以一种有组织的运动在一些不同的派别中崛起的，他们都认为正统伊斯兰教在精神上令人窒息。当时的苏非派的修行规定没有一致性，但最重要的规定包括反复念诵安拉的名字或《古兰经》的某些词语，作为松懈自身卑微面的一切束缚，使灵魂能够体验更高的真理，此即是灵魂所自然向往的目标。虽然苏非主义的修习者同伊斯兰教神学和教法的主流常起冲突，但其在伊斯兰教发展历史中举足轻重。苏非主义文学，尤其是爱情诗，代表了阿拉伯语、波斯语、突厥语和乌尔都语的黄金时代。参阅阿赫默底亚教派、德尔维希和道乘。

苏芬战争　Russo-Finnish War(1939～1940)　又称 Winter War(冬季战争)。第二次世界大战初,《德苏互不侵犯条约》签订后,苏联对芬兰发动的战争。由于芬兰拒绝向苏联转让一个海军基地和其他的让步,苏联军队在1939年11月从数个方向对芬兰发起进攻。在数量上极占优势的芬兰人在C. G. E. 曼纳林领导下,进行了有效的防御,直到1940年2月,苏军采取大规模炮火轰击,突破了芬兰南方防线。1940年3月双方签订和约,芬兰将卡累利阿西部割让给苏联,允许在汉科半岛修建一个苏联海军基地。

苏格拉底　Socrates(公元前约470～前399)　希腊哲学家,古希腊三大哲学家(还有柏拉图和亚里士多德)中的第一位,他们为西方文化奠立了哲学基础。由于苏格拉底没有著作,因此关于其人格和教义的信息主要见于柏拉图的对话录和色诺芬的《回忆录》。生活于伯罗奔尼撒战争的混乱时期,当时的道德价值沦丧,苏格拉底觉得有必要出面支撑起生活中的伦理局面,做法是劝人"认识自己"和探索美德的根本。参与战斗后,他成了雅典下议院议员。他生活在贫穷中,身体力行自己的道德教化。他的教学方法大致包括询问尖锐问题,逐渐让学生毫无根据的假设和错误观念无所遁形(苏格拉底法)。拥戴他的学生,包括柏拉图、亚西比德和克里蒂亚斯(约前480～前403年),有许多是雅典的精英。当亚西比德成为叛徒而克里蒂亚斯加入斯巴达所立的三十僭主时,苏格拉底受到许多人谴责,包括阿里斯托芬。被控对神不敬和腐蚀雅典青年,前399年他被判死刑;柏拉图的《斐多篇》描述了他的末日,还有他服从判决所表现出来的尊严。苏格拉底影响了所谓的"小苏格拉底派"(包括犬儒学派、昔兰尼学派和麦加拉哲学学派),但他的影响力主要通过对柏拉图的影响而产生了名垂后世的丰硕成果。

苏格兰　Scotland　联合王国最北部的国家。面积:77 925平方千米。人口5 295 400(2011)。首都:爱丁堡。民族是凯尔特、盎格鲁和诺曼人的混合后裔。语言:英语(官方语言)、苏格兰盖尔语和苏格兰语。宗教:苏格兰长老会(国教)。货币:英镑。苏格兰有三个主要的地理区域:北方高地主要是一系列湖泊和格兰扁山脉;低地包括苏格兰一些最好的农田,构成其他两个主要区域:米德兰峡谷(中央低地)和南部高地;南部高地以分隔台地的狭窄平坦山谷为特点。气候为温和的海洋性气候。重要工业有煤、石油、电子、林产和海洋渔业。约公元80年罗马人侵时此地为匹克特人居住。5世纪时分裂成4个王国,由皮克特人、苏格兰人、不列颠人及盎格鲁人统治。苏格兰的统一始于9世纪。从11世纪开始,苏格兰深受英格兰的影响,1174年其统治者被迫向英格兰王室效忠,导致以后的许多纷争。1603年玛丽(苏格兰女王)之子詹姆斯六世登上英格兰王位(称詹姆斯一世)时,苏格兰和英格兰王国统一。1707年苏格兰和英格兰政府通过《联合条约》后,苏格兰成为大不列颠联合王国的一部分。18世纪在苏格兰的两次叛乱中英语开始流行。1745年以后,苏格兰历史成为联合王国历史的一部分。苏格兰没有主权行政部门,但在它自己的司法和教育体系中保留了一些古代主权的痕迹。1997年苏格兰人通过公民投票获许在爱丁堡建立自己的议会以对广泛的政治议题进行表决,同时仍属联合王国。1999年苏格兰议会第一次召开。2011年选举中苏格兰民族党第一次组成多数派政府,并决定在2015年举行全民公投以决定是否独立于联合王国。

苏格兰场　Scotland Yard　正式名称 New Scotland Yard(新苏格兰场)。伦敦大都会警察局总部,广义上指警力本身。伦敦警察队于1829年由R. 皮尔爵士创立,总部当时设在白厅街4号,在大苏格兰场处有一入口,1890年迁入新楼,就称新苏格兰场。到1967年再一次搬迁仍用此名称。除所有都市警察的普通职责外(包括侦察阻止犯罪、交通管理),在紧急时刻该部队也授权执行民防,并有一支特殊警力以保护来访的贵宾、皇族和政要。苏格兰场保存有英国一切重大的刑事案件档案。英国其他地方的警力经常寻求苏格兰场的协助。该部门还协助英联邦国家训练警察。

苏格兰法　Scottish law　苏格兰的法律惯例与法律制度。1707年英格兰议会和苏格兰议会合并时,两国的法律制度是大不相同的。苏格兰以从法国和荷兰法律制度中改编的民法原则作为对传统法律的补充。在合并统一之后,苏格兰法律体系吸收了许多英国法,具有重大意义,尤其是在商法领域。苏格兰最高民事法庭为终审法庭,由18名法官组成,分为内、外院。最高刑事法庭为最高司法院。在这两个最高法庭下有6个郡管区,每个郡管区都有自己的法庭,为一种很古老的法制。轻微刑事案件则由地区法庭审理。

苏格兰㹴狗　Scottish terrier　又称 Scottie。一种短腿㹴狗,可能是最早的高地猎狗。是一种强壮而勇敢的狗,体小而矮,有胡须,双眼机警,步态摇摆,与众不同。肩高约25.5厘米,重8～10千克。被毛坚硬,有多种颜色。

苏格兰折耳猫　Scottish fold cat　家猫的品种,耳朵往前并向下折叠。苏格兰牧羊人在1961年发现起源猫苏西,是白色的谷仓猫。苏格兰折耳猫的毛有长有短,花色图案不一。苏西的折耳是由于基因突变,不是每只幼猫都显现的。折耳和回溯至苏西的纯种系谱是猫展时所必须的。苏格兰折耳猫温顺安静。

苏哈托　Suharto(1921～2008)　印度尼西亚第2任总统(1967～1998)。最初在荷兰军队中服役,在日本占领印度尼西亚后(1942)加入日本人扶植的保卫团。在日本投降后,他加入游击队以争取印度尼西亚脱离荷兰而独立。印度尼西亚独立(1950)后,他为中校。他是一个强烈的反共产主义者,1965年粉碎了一次所谓的共产主义政变并在全国残酷地清除共产主义分子和左翼分子,共造成30万人死亡。他免除了苏加诺总统的职务,1967年自任为总统。他建立独裁统治,并在无人敢反对的情况下连任。1975年吞并东帝汶,10多万东帝汶居民被杀。1998年一场严重的经济危机使人民把注意力转向其腐败的政府上,并导致大规模的示威活动。他在统治印度尼西亚31年后被迫辞职。

苏哈托
AP/Wide World Photos

苏加诺　Sukarno(1901～1970)　印度尼西亚第1任总统(1949～1966)。爪哇教师之子,在语言方面表现杰出,精通爪哇语、巽他语、巴厘语和现代印度尼西亚语,并对现代印度尼西亚语的发展作出了贡献。他在印度尼西亚争取独立的运动中是个具有超凡魅力的领导人。1942年日本人侵时,他担任日方的主要顾问,并施加压力迫使他们同意印度尼西亚独立。日本战败后,他立刻宣布独立。但荷兰人一直到1949年才移交政权。在他担任总统后,印度尼西亚在医疗、教育和文化方面有所进步,民族自尊心亦大有提高,但在民主和经济方面却很失败。他的政府贪污腐败,通货膨胀严重,国家经历了一连串的危机。1965年所谓的共产党政变导致军事强人苏哈托接管了政府,其后清除共产党分子,30万人被杀。

苏恺设计局　Sukhoy　正式名称 OKB imeni P. O. Sukhoy,旧称 OKB-51。俄罗斯航天设计局,是该国第二大喷气式战斗机制造商(仅次于米格)。苏恺设计局起源于1953年,苏联政府允许苏恺重组其在第二次世界大战领导的飞机设计团队成为设计局,命名为OKB-51。在20世纪50与60年代,OKB-51计划并建造了一系列超音速喷气式战斗机,包括Su-7和Su-9,后来经过改进,广泛为苏联及其他华沙条约国家采用。将Su-9改良推出Su-11和Su-15战斗拦截机。在苏恺去世(1975)之后,设计局冠以其姓。苏恺设计局最著名的产品可能是多功能空优战斗机Su-27(1977年第一次飞行)。在20世纪90年代设计局推出Su-37战斗轰炸机及重新设计的Su-39地面攻击机。第5代多任务空中优势战斗机S-37金雕(1997),有最先进的电子设备、前掠翼,推进动力控制。1997年俄罗斯结合设计局与生产工厂等相关公司成立部分国有的苏恺公司。在21世纪开始多样化,进入民用市场,生产运动飞机、运输机与客机。

苏克雷　Sucre, Antonio José de(1795～1830)　厄瓜多尔解放者,玻利维亚第1任总统(1826～1828)。他是S. 玻利瓦尔的亲密战友,曾在委内瑞拉、哥伦比亚、大哥伦比亚(今厄瓜多尔)、秘鲁和上秘鲁(今玻利维亚)等国参加革命斗争,在该地区打败了皇家军队。他在1826年建立起一个玻利维亚政府，并短时期担任过总统，但不久退休，前往大哥伦比亚。1829年为保卫大哥伦比亚不受秘鲁侵略而被召回国担任官职。1830年被谋杀，年仅35岁。他是拉丁美洲独立战争中最受尊敬的领袖之一。

苏克雷　Sucre　玻利维亚的法定首都。1539年前后由西班牙人在查尔卡斯印第安人的居住地上建立，1561年成为上秘鲁查尔卡斯区首府，1609年成为大主教管区。当地的许多殖民地教堂至今仍保留着。它是早期反抗西班牙的起义地点之一（1809），1825年玻利维亚的独立宣言在此签订，1839年这里成为首都。1898年因试图迁都拉巴斯（德阿亚库乔）而引起一场内战，结果使这两座城市同时成为首都。国家最高法院设于此地。现在逐渐发展为商业中心。圣方济各·沙勿略大学（1624年建）坐落在此，是南美洲最古老的大学之一。人口约193 873（2001）。

苏拉　Sulla（Felix），Lucius Cornelius（公元前138～前78）　罗马内战中的胜利者（公元前88～前82）和独裁官（公元前82～前79）。曾与G.马略一起进攻努米底亚国王

苏拉，大理石胸像；现藏梵蒂冈博物馆
Alinari-Art Resource/EB Inc.

朱古达。他用巧计生擒朱古达，却由此导致与马略的分手。担任掌握军权的执政官后，他曾受命负责指挥对小亚细亚本都王国米特拉达梯六世的反击战。当马略被提名取代他时，他带兵向罗马开进，马略逃跑了。虽然他成功地征服了米特拉达梯，当时在罗马掌权的平民派却宣布他是人民的公敌。他从意大利南部出发，又一次成功地进军占领了罗马（公元前83）。苏拉成为没有任期限制的独裁官（此时他给自己取名Felix，意为“幸运”）。他重建了元老院的优势地位，增加了刑事法庭，颁发了新的叛逆法和公民保护法。尽管如此，他的统治主要还是以残忍无情著称。公元前79年宣布退位。

苏拉特　Surat　印度中西部古吉拉特邦东南部城市。靠近达布蒂河河口与坎贝湾，从16世纪起即为主要海港。1573年被莫卧儿人征服，17世纪两次遭马拉塔人洗劫。后来成为纺织制造业和造船业的中心。1612年英国人在此建立第一个印度贸易站，标志着大英帝国在印度殖民的开始。18世纪该地开始衰败，但随着印度铁路的开通再度繁荣。苏拉特的棉织品、丝绸服装、织锦和金银饰品依然很有名。人口约2 433 835（2001）。

苏莱曼一世　Süleyman I（1495/1495？～1566）　又称Süleyman the Magnificent。奥斯曼帝国苏丹（1520～1566年在位）。曾在祖父巴耶塞特二世和父亲苏丹谢里姆一世（1512～1520年在位）手下担任省总督。后来成为苏丹，不久即领导反对天主教徒的战争，占领了贝尔格莱德（1521）和罗得岛（1522～1523）。在第一次摩哈赤战役（1526）中打败了匈牙利。1529年包围维也纳，但未能占领之。在匈牙利的战役（1541、1543）后把该国一分为二，哈布斯堡主控一半，另一半由奥斯曼帝国控制。他第一次和波斯萨非王朝进行的战役（1534～1535）占领了伊拉克和东安纳托利亚，第二次战役（1548～1549）占领了凡湖附近的南安纳托利亚。第三次战役（1554～1555）未能取得成功。其海军在巴尔巴罗萨的领导下控制了地中海地区。他修建了清真寺、桥梁和沟渠，并在身边云集了伟大诗人和法学家。其在位时期被认为是奥斯曼文化的巅峰时期。

苏黎世　Zürich　又作Zurich。瑞士北部城市。位于苏黎世湖西北端，该地最早的居住者是史前时期的湖区居民，后为凯尔特赫尔维西亚人，公元前58年罗马人又占领了该地区。苏黎世先后落入阿勒曼尼人和法兰克人之手。这里逐渐形成一个贸易中心，并于1218年成为一个自由的宗主权城市；1351年加入瑞士联邦。在H.茨温利的领导下，苏黎世在16世纪成为瑞士宗教改革的中心。由于反宗教改革造成大批难民迁居此地，19世纪30年代建立起一种自由的民主制度。作为瑞士最大城市和历史悠久的工业中心，苏黎世现在还是一个重要金融中心和主要的旅游胜地。市内文化设施包括瑞士国家博物馆（1898）和苏黎世歌剧院（1891）。人口约368 677（2010）。

苏黎世湖　Zurich，Lake　又作Zürichsee。瑞士中北部湖泊。从苏黎世城区向东南延伸，海拔406米，面积约88平方千米。该湖长29千米，最深处143米。有林特河注入，流出湖区后该河称利马特河。

苏里南　Suriname　全称Republic of Suriname（苏里南共和国）。旧称Dutch Guiana（荷属圭亚那）。南美洲北部沿海国家。面积：163 820平方千米。人口：约555 000（2013）。首都：巴拉马里博。人口包括南亚人、克里奥尔人和爪哇人，也有少数非洲人、华人、印度人和荷兰人后裔。语言：荷兰语（官方语言）、英语、斯拉南语（一种克里奥尔语）、爪哇语和萨尔纳米语（源于印地语和乌尔都语）。宗教：基督教（罗马天主教和莫拉维亚教为主）、印度教、伊斯兰教、传统宗教。货币：苏里南元。该国有一狭窄低平的沿海平原、内陆稀树草原区、森林覆盖的高原区及山脉。包括科兰太因河、马罗尼河及苏里南河在内的几条主要河流均流经该国注入大西洋。铝土矿的开采、铝的生产和农业占经济的大部分。出口产品有稻米、香蕉、甘蔗、柑和虾。苏里南为多党共和国，一院制。国家元首暨政府首脑是总统。在欧洲人前去定居以前，苏里南居住着南美印第安人。1593年西班牙的探险家们宣称拥有所有权，但荷兰人于1602年到那里定居，接着是1651年英国人到来。1667年苏里南被割让给荷兰，1682年荷属西印度公司引进了咖啡和甘蔗种植园，并运来非洲的奴隶种植它们。1863年废除了奴隶制，一批批从中国、爪哇和印度来的契约劳工从事耕种，人口更加混杂。除了中间短期的英国统治（1799～1802，1804～1815）外，苏里南一直是荷兰的殖民地。1954年获得内部事务的自治权，1975年获得独立。1980年的军事政变结束了文职控制，直到1987年全体选民通过了一部新宪法。1990年政变后恢复了军人统治。1992年举行选举，文职民主政府重新恢复。到21世纪初，大规模的非法经济，包括毒品交易和黄金走私，发展较快。2007年在与圭亚那的长期海洋边界争端中败北。该国于1968年首次参加在墨西哥城举办的夏季奥运会。

苏里南河　Suriname River　苏里南中、东部河流。源于高原，向东北延伸480千米，在巴拉马里博北部注入大西洋。在阿福巴卡筑有拦河坝，形成苏里南最大的湖泊布洛梅斯泰恩湖。

苏利·普律多姆　Sully Prudhomme（1839～1907）　原名René-François-Armand Prudhomme（勒内-弗朗索瓦-阿芝·普律多姆）。法国诗人。最初受到一次不幸的恋情的刺激，

苏利·普律多姆
H. Roger-Viollet

出版了流畅忧郁的诗卷，以《长短诗集》（1865）为开头，包括最著名的《破碎的花瓶》。后接受了帕尔纳斯派诗人的写作手法并试图通过诗歌表现哲理。晚期最著名的作品包括《正义》（1878）和《幸福》（1888）。1901年击败当时广受欢迎的L.托尔斯泰，成为获得诺贝尔文学奖的第一人。

苏联共青团　Komsomol　前苏联14～28岁的青年政治组织，旨在传播共产主义思想，培养未来的共产党员。1918年成立。团员们参加卫生保健、体育运动、教育和出版等活动以及各项工业建设。共青团员在就业、奖学金等方面常常比非团员享受优待。20世纪70年代和80年代初，团员人数达到最高

峰,约4 000万人。20世纪90年代初,由于苏联共产主义的瓦解,苏联共青团也随之解散。

苏禄群岛 Sulu Archipelago 菲律宾西南部棉兰老和婆罗洲之间的火山和珊瑚礁群岛。为两道平行的群岛链,延伸270千米,由约400座有名字的岛屿和500多个未命名的岛屿组成,占地2 688平方千米。其岛民在15世纪中叶改信伊斯兰教。西班牙人想征服他们称之为摩洛人的当地居民,但基本上未果。该群岛在19世纪最终成为西班牙保护地,1899年成为美国领地。1940年割让给菲律宾。该群岛一直为走私者的天堂。

苏美尔 Sumer 美索不达米亚南部地区和已知最早文明的遗址。公元前4500～前4000年之间非闪族的欧贝德人最先来到此地。他们抽干沼泽地的水种植庄稼并且发展贸易。苏美尔人操后来在该地区十分流行的闪米特语,在公元前3300年来到此地并建立了一些世界上最早的城市。这些社会群体逐渐发展为城邦,最终形成君主政体,后来在某一个城市统治下结成松散的联盟,公元前2800年基什最先成为中心。此后,基什、埃雷克、吾珥、拉格什为了统治地位相互争夺了数百年;尼普尔后来成为一个宗教中心。该地区后来被区域外的多个王朝所统治,最初是埃兰领地(公元前2530～前2450),后来成为阿卡得国王萨尔贡(公元前2334～前2279)统治下的阿卡得王国。阿卡得王朝覆灭后,城邦大部分独立,直到吾珥第三王朝(公元前22世纪～前21世纪)将它们重新统一起来。苏美尔人的最后王朝受到外来势力的入侵逐渐削弱,最终瓦解。苏美尔国家作为一个独立的政治实体也随之消失,在公元前18世纪成为巴比伦帝国的一部分。苏美尔人的遗产包括多项技术和文化创新,如已知的第一辆轮车、制陶轮、文字体系(参阅楔形文字),以及有文字记载的法典。

苏门答腊 Sumatra 印度尼西亚西部岛屿。该岛屿为巽他群岛之一,是印度尼西亚第二大岛,长1 706千米,宽400千米,主要城市为巨港。苏门答腊位于海上航线上,同印度文化很早即有接触。室利佛逝帝国在7世纪崛起,并统治该岛屿的大部分地区。在14～16世纪归麻喏巴歇帝国统治。从16世纪起,先是葡萄牙,接着是荷兰和英国的要塞相继在此建立。第二次世界大战期间该岛被日本人占领,1950年成为印度尼西亚共和国的一部分。出口产品包括橡胶、烟草、咖啡、胡椒和木材产品。矿产包括石油和煤矿。2004年由地震引发的巨大海啸给印度洋沿岸地区造成惨重伤害。人口约43 309 707(2000)。

苏摩 soma 古代印度宗教中一种种属不明的植物,其汁液为古代印度吠陀教祭典中所使用的主要祭品。信徒们用其茎压榨出汁液,经过羊毛过滤,和以水和奶。先祭奠众神,然后由众祭司和献祭人饮用。因为它使人兴奋,也可能会使人产生幻觉,所以信徒珍视苏摩酒。人们认为苏摩是神让鹰从天堂送到地球的,苏摩神是植物之主,能医治疾病并能使人发财致富。参阅吠陀教。

苏人 Sioux 与北美印第安人有血缘关系的族群,主要居住在大平原地区,操属于苏人语族的各种相近语言。苏人的构成主要有操达科他语的桑蒂人(东部苏人)、操那科他语的扬克顿人以及操拉科他语的特顿人(西部苏人),东部苏人和西部苏人内部又分出更小的族群(如黑脚人和奥格拉拉人)。苏人的称呼是一个奥吉布瓦语名称的法文派生词,意为"敌人"或"蛇"。17世纪前苏人的各个族群生活在现在的明尼苏达州,以及苏必利尔湖周围;由皮毛生意引发的冲突迫使他们迁移到大平原地区。在那里他们过起游牧生活;捕杀水牛,生活在圆锥形帐篷里,推崇战争中的勇猛,并且跳太阳舞。苏人于1862年抗击袭击其领地的美国人,19世纪60和70年代双方再次发生冲突。1876年小比格霍恩河战役苏人大获全胜,抵抗美国人殖民的斗争达到高潮。但是,经济压力最终导致大部分苏人投降并移居到保留地,在那里许多苏人信奉鬼舞道门宗教。1890年美国第7骑兵团在翁迪德尼对苏人平民进行大屠杀,该地于1973年美国印第安人运动爆发时被占领。21世纪初苏人大约有16万人。参阅坐牛。

苏撒拿 Susanna 圣经外典中的人物。《苏撒拿传》讲述的是在犹太放逐时期的巴比伦,一名妇女被两个以前企图引诱她的长者诬告通奸,后来由于但以理干涉而免于死亡。这个故事是《但以理书》被翻译成希腊文时添加到其传统中的一段,其中这两个长者偷窥她洗澡这一场景是广受文艺复兴艺术家欢迎的主题。

苏圣玛丽 Sault Sainte Marie 美国密歇根州上半岛东部城市,位于苏必利尔湖和休伦湖之间的圣玛丽河的激流处,有铁路和桥梁与加拿大安大略省的姊妹城苏圣玛丽(人口约81 000[1991])相连接。美国和加拿大分别管理圣玛丽斯福尔斯运河(或称苏运河)的一部分,是圣罗伦斯航道的运输枢纽。美国的第一个运河在1855年投入使用,后来被取代,现分成了北部运河(1919年竣工)和南部运河(1896年竣工)。加拿大运河上有一道水闸,1895年竣工。人口14 144(2010)。

苏台德 Sudetenland 波希米亚西部、北部和摩拉维亚北部地区,在苏台德山脉附近。以前是奥地利的一部分,该地区主要操德语,第一次世界大战后被并入捷克斯洛伐克。20世纪30年代期间纳粹党和当地领导人K.亨莱恩利用苏台德地区德国人的不满情绪煽动其独立,英国和法国为了避免战争而说服捷克斯洛伐克同意苏台德自治。A.希特勒要求将该区割让给德国,最初遭到了拒绝,但后来在《慕尼黑协定》中如愿以偿。第二次世界大战后,该地区又归还给捷克斯洛伐克,并将境内德国人赶走,让给捷克人居住。

苏铁 cycad 苏铁目4科——苏铁科、泽米科、斯坦杰氏树科、鲍恩氏树科——棕榈状木本植物。特点是具由大型羽状复叶构成的冠部,孢子叶球生于枝末端。有些茎干高大而不分枝,外形甲胄状;其他种类则树干膨大,部分埋于土中。生长缓慢,用作温室观赏植物,但某些种类在温带地区可生长于户外。某些苏铁的茎部淀粉经透彻烹调除去生物碱后可食用,另一些种类的嫩叶和种子也可食。

苏瓦 Suva 斐济首都和海港。1849年建立,1952年设市,现为南太平洋岛屿最大的城市中心之一。由于拥有良港,该市也是斐济主要港口和商业中心,有许多教育和文化机构。人口约210 472(2003)。

苏维埃社会主义共和国联邦 Union of Soviet Socialist Republics (U. S. S. R.) 又称Soviet Union(苏联)。地跨欧洲东部及亚洲北部和中部的前共和国。在其最后的几年中该国共有15个苏维埃社会主义共和国,这些共和国在苏联解体时纷纷获得独立:亚美尼亚、阿塞拜疆、白俄罗斯、爱沙尼亚、格鲁吉亚、哈萨克斯坦、吉尔吉斯(今吉尔吉斯斯坦)、拉脱维亚、立陶宛、摩尔多瓦、俄罗斯、塔吉克斯坦、土库曼斯坦、乌克兰和乌兹别克斯坦。苏联还有20个苏维埃社会主义自治共和国:俄罗斯有16个、格鲁吉亚有2个、阿塞拜疆有1个、乌兹别克斯坦有1个。首都:莫斯科。苏联的疆土从波罗的海和黑海一直延伸到太平洋,面积大约22 400 000平方千米,是当时世界上最大的国家,东西最大长度约10 900千米,南北最大宽度约4 500千米。国土跨越11个时区,与6个欧洲国家和6个亚洲国家接壤。地区包括肥沃的土地、沙漠、冻原、高山、一些世界最长的河流和大片的内陆水域,包括里海的大部。北冰洋的海岸线长4 800千米,太平洋的海岸线长1 600千米。农业、采矿业和工业都很发达。俄国1917年革命后,在前俄罗斯帝国的版图上成立了4个社会主义共和国:俄罗斯苏维埃社会主义联邦共和国、外高加索苏维埃社会主义联邦共和国、乌克兰苏维埃社会主义共和国和白俄罗斯苏维埃社会主义共和国。1922年,苏维埃社会主义共和国联盟就建立在这4个加盟共和国的基础上,在以后的年代里又有更多的加盟共和国相继加入。1924年共产党领袖V.I.列宁去世,随后开始了一场权力斗争,1927年J.斯大林获得领导权。1928年开始实施的第一个五年计划以工业为中心并实行农业集体化。20世纪30年代末的清洗运动,总共关押或杀害了数百万被认为对国家有危险的人(参阅清党审判)。第二次世界大战后,苏联和美国(以及各自的同盟国)开始了冷战。20世纪40年代末,苏联在东欧的大部分地区帮助建立了共产主义政权。1949年苏联成功爆炸了第一颗原子弹,1953年又成功爆炸了第一颗氢弹。斯大林去世以后,该国在N.赫鲁晓夫的领导下经历了有限的政治和文化自由。1961年进行了第一次载人空间轨道飞行。在L.勃列日涅夫领导下,苏联迈向自由化的进程又部分受阻。20世纪80年代中期,苏联领导人M.戈尔巴乔夫制定了一项激进的重建政策。到1990年年底,苏联共产党垮台,建立市场经济的计划得以实施。苏联于1991年12月25日正式解体。

苏亚雷斯 Suárez, Francisco(1548～1617) 西班牙神学家和哲学家。他在《形而上学论文集》(1597)一书中引用亚里士多德、圣托马斯·阿奎那、J.邓斯·司各脱和L. de莫利纳(1535～1600)的作品来讨论自由意志以及其他一些哲学问题。他常被认为是继阿奎那后最伟大的经院哲学家(参阅经院哲学)和耶稣会会士重要的神学家。他后来偏离阿奎那的立场,建立了自己的独立分支系统——苏亚雷斯主义。

苏伊士湾 Suez, Gulf of 红海的西北部海湾,位于非洲本土和埃及西奈半岛之间。长314千米,宽19～32千米,通过苏伊士运河与地中海相连,是重要的航线。在20世纪70和80年代,该海湾中多处发现了石油矿藏。

苏伊士危机 Suez Crisis(1956) 埃及总统G.A.纳赛尔将苏伊士运河收归国有,以此作为对西方违背诺言、停止为阿斯旺高坝提供资金的反应,因此引起的国际危机。对拥有该运河的公司有着控制权的法国和英国派遣军队占领了运河地区。其同盟以色列占领了西奈半岛。国际反对的呼声使法国和英国很快撤出,而以色列也在1957年撤军。该事件导致了英国首相A.艾登的辞职,并被认为是结束了英国身为国际大国的地位。而纳赛尔的声望则因此在发展中国家得到提升。参阅阿以战争。

苏伊士运河 Suez Canal 埃及苏伊士地峡的海平面水路。它将红海同西边的地中海相连,自塞得港向苏伊士湾延伸163千米,轮船因此可以直接航行于地中海和印度洋之间。该运河由法属的苏伊士运河公司经过10年的修建完成于1869年。其主权一直掌握在法国和英国手中,直到1956年被埃及收归国有,引起一场国际危机(参阅苏伊士危机)。苏伊士运河最窄处为55米,在低潮期深12米。尽管有国际协议的保护,运河还是关闭了两次。第一次是在苏伊士危机期间,后又因六日战争(1967)的爆发而再次关闭,直到1975年重新开放。它是世界上最繁忙的航道之一。

苏泽 Sousa, John Philip(1854～1932) 又译苏萨。美国军乐队指挥、作曲家,被誉为"进行曲之王"。父为葡萄牙移民,母为德国人,在华盛顿特区长大,从小学习小提琴和其他各种乐器。1868年参加海军陆战队,1880～1892年指挥海军乐团,并将其变成一个高水平的乐团。1892年组建自己的乐团,并带领这个乐团在国际上巡回演出,获得广泛的赞誉和好评。他创作了136首军队进行曲,包括《永远忠诚》(海军官方进行曲)、《华盛顿邮报》、《自由之钟》和《星条旗永不落》。他也成功地创作过一些轻歌剧,包括《船长》(1896)和许多其他作品。19世纪90年代他发展了一种称为"苏泽大号"(苏萨大号)的乐器。

窣堵波 stupa 为纪念佛陀或佛教圣者而修建的纪念性建筑,通常是一个圣地的标志,用以纪念某一事件或存放某圣物。窣堵波是

印度中央邦桑吉的第3号窣堵波和它唯一的大门
Holle Bildarchiv

佛陀升天的象征性建筑。一个简单的窣堵波包括很大的圆形的底座支撑的大型穹顶,并撑起一个伞盖,以示保护。这一基本的设计为其他的佛教建筑,包括在亚洲到处可见的佛塔提供了灵感。其膜拜包括顺时针方向沿窣堵波行走。许多重要的窣堵波都成了朝圣地。

诉辩 plea bargaining 关于起诉人和被告之间的协商,被告请求对其罪行的诉讼减轻或(在多重辩护的情况下)仅起诉有辩护的一个或多个起诉,以交换更宽容的审判、建议、特别审判或撤销其他起诉。支持者认为诉辩加快了法律审判程序,并确保定罪;反对者则认为它妨碍司法执行。

诉讼法 procedural law 规范权利和义务的执行程序和方法,并进行错误补正(如在诉讼案中)的法律。该法律同实体法(即创造、说明以及规范权利和责任的法律)不同。诉讼法是一套成形的用于审判和规范事前事后事件处理方式的法则。它规定了司法、答辩程序和开庭、选举陪审团、搜集证据、上诉、判决的执行、律师代理、诉讼费用、登记(如股票作价)、对犯罪进行起诉、转让(契约、财产等的转让)以及其他相关问题的解决方法。

诉讼时效法规 limitations, statute of 指规定当事人在引起诉因的事件发生后可以提起诉讼的期限的法规。制定此种法规的目的在于保护当事人不至于在证据消失、记忆衰退或证人死亡的情况下受到追诉。不同司法管辖对不同诉讼的时限规定差异很大。

素可泰型 Sukhothai style 可能是14世纪从素可泰(现泰国)发展起来的佛像典型式样。素可泰型的佛像的典型姿态为坐在半圆的莲花座上,右手触地或一脚向前走动,右手同时抚胸,展现了飘逸的风度。其身体各部分追求抽象的理念,以贴近自然的形态为基础(如两肩如象的躯干,躯干如狮)。神像的头通常有一个隆起物如火焰,被认为是其中还有一脑腔。

素描 drawing 一种正式的艺术创作,以单色线条来表现直观世界中的事物。通常是利用炭笔、粉笔、铅笔和钢笔或蜡笔等在纸上作画。素描是画家工作的最初成果。根据G.瓦萨里的说法,素描和设计是绘画、雕刻和建筑这3门艺术的基础。关于素描角色的争论始于意大利文艺复兴时期,一些人认为它是一种独立的艺术形式,而另一些人认为它是绘画和雕刻的初级阶段。到了17世纪,素描有了确定的市场价值。行家专攻收集,伪造者开始利用需求谋利。20世纪,素描作为一种艺术形式具有完全自主性,在几乎每位主要艺术家的作品中都占有重要位置。素描线条本身因其具象性和表现力也被开发运用。

素食主义 vegetarianism 仅以植物为食的理论或实践。素食主义的食物包括谷物、蔬菜、水果及坚果,肉、禽和鱼类完全排除在外,但某些素食者食用乳产品(乳素食者)、蛋产品(蛋素食者)或两者(蛋乳素食者)。不食动物产品者(包括蜂蜜)被称为纯素食者。素食的动机有几种情况:道德伦理(不愿意杀牲以食和憎恶饲养牲畜为了食肉)、克己或宗教禁忌、生态学(包括对菜牛饲养之破坏性的环境损害和关切)以及健康。素食对健康有益,包括心脏疾病、糖尿病、结肠癌和体重超常。在富裕的社会里,获得蛋白质不成问题,但素食主义者要注意摄取足够的铁,而对纯素食主义者尤其重要的是钙和维生素D与B_{12}。影响深远的早期素食提倡者是毕达哥拉斯(公元前6世纪)。许多印度教派和大多数佛教信徒都是素食主义。启蒙运动指导人们关心动物,到19世纪,英国成为素食主义的主要中心,素食主义运动在德国、美国和其他国家也正逐渐兴起。

速度 velocity 表示物体运动的快慢和方向的量。它既有方向又有量值,因此速度是一种矢量(以箭头表示运动的方向),它与时间、长度等标量不同,只用数字不能完整地说明。点总是沿其路径的切线方向运动;对于圆形路径,它在任意瞬间的点上都是圆的正切,都与该点到圆心的半径垂直。速度的量值为点沿其路径运动的速率。点在任意瞬间的速率可以由包括该瞬间的一个短时间间隔内的平均速率去逼近。牛顿为解决这一特定问题发明了微分运算,它为确定瞬时速度精确值提供了手段。

速度滑冰 speed skating 滑冰竞赛速度的运动。速滑用的冰刀比冰球或花样滑冰所用的冰刀要窄而长。国际速度滑冰比赛的赛道有两种:长赛道为400米的水平椭圆圈道(两边为直道,两头为弯道),两名运动员在赛道上同时比赛;较晚发展起来的短赛道为111米的椭圆道,每轮有4～6名运动员比赛。1924年长赛道竞速第一次成为冬奥会比赛项目,1992年增加短道速滑项目。

宿务 Cebu 菲律宾中部岛屿和省。岛长224千米,宽32千米,面积4 421平方千米。北临米沙鄢海,西为塔尼翁海峡,东南是保和海峡,东濒卡莫特斯海。较低的火山山地将该岛分为两部分,除北端的博戈平原外,岛上极少平地,博戈平原主要产甘蔗。1521年F.麦哲伦航行经过此岛,1565年被西班牙人占领。现在是菲律宾人口最稠密的岛屿之一,中部山区产煤、铜等矿。主要城市是宿务市。人口约2 377 588(2000)。

塑料 plastics 通常用加热和加压方法进行塑造或成型的聚合物,大多是重量轻、透明、不能很好传导电的坚韧有机化合物。主要分成两类:热塑性树脂(如**聚乙烯**和聚苯乙烯)能反复熔融和固化;热固性树脂(如**聚氨酯**、合成树脂)一旦成型,加热只能被破坏,而不能熔化。一些塑料只含聚合树脂,许多也含有可塑剂(以改变熔点,使其变软)、着色剂、加固剂、填塞物(提高机械属性如硬度)、稳定剂和抗氧化剂(以防止老化、光照或生物制剂作用)。传统塑料不能**生物降解**,但塑料的资源回收与再利用,尤其是热塑性树脂,已成为一个重要的行业。开发低成本的可生物降解塑料和塑料替代品是工业研究的重要方向。塑料的主要商业用途包括汽车、建筑、包装、纺织、涂料、黏合剂、管道、电和电子组件、修复术、玩具、毛刷和家具等。普通塑料包括聚对苯二甲酸乙二醇酯或PET(如使用在饮料瓶上)、**聚氯乙烯**(管道和软管)、起泡沫的聚苯乙烯或聚苯乙烯泡沫塑料(隔热的食物容器)和卢西特(防碎玻璃)。

酸 acid 一类物质的统称,它在水溶液中有酸味,可使某些酸碱指示剂(如石蕊)变色,与某些**金属**(如铁)反应放出**氢**,与**碱**反应生成**盐**,而且能加速某些**化学反应**(如**酸催化**)。酸包括**硫酸**、**硝酸**、**盐酸**和**磷酸**等无机酸或矿物酸,以及羧酸、磺酸和酚基化合物等有机酸。这类物质含有一个或多个氢原子,并能在溶液中以带正电荷的氢离子的形式释放出来。较广义的酸的定义还包括没有水的情况。

酸橙 lime 广泛栽培于热带和亚热带地区的小型灌木状乔木,学名 *Citrus aurantifolia*,果实味酸可食。分枝与小枝开展而不规则,枝端上着生绿叶。花小,白色,簇生。果

酸橙(*Citrus aurantifolia*)
Grant Heilman

小,椭圆形,皮薄,呈淡黄绿色。果肉多汁,在酸度和甜度上都比**柠檬**高。酸橙可用于许多食物的调味,富含维生素C。以前在英国海军用酸橙预防坏血病,故英国水兵被诨称为limey。

酸碱度 pH **溶液**中酸性(或**碱性**)的强度的定量量度,其定义为用克分子/升表示的氢离子(H^+)浓度的自然**对数**的负数:$pH = -\log_{10}[H^+]$。其名称中的字母源自pH是氢离子浓度(H)的幂数(p)。水中H^+和OH^-(氢氧化物离子)的浓度的乘积总是在10^{-14}左右。最强的酸溶液有超过1克分子/升的H^+(约10^{-14}的OH^-),对应于$pH<0$。最强的碱溶液约有10^{-14}克分子/升的H^+(约1的OH^-),对应$pH=14$。中性溶液的H^+和OH^-的浓度大约都是10^{-7}克分子/升,对应$pH=7$。用pH计、滴定或指示剂(例如石蕊)条来测定pH值,可以帮助化学家了解物质的性质、组分或反应的程度;帮助生物学家了解有机体或它们的各部分或流体的组成和环境,帮助医生了解整个身体系统的功能情况和帮助农学家了解土壤对作物的适应性,是否需要作任何处理等。现在用电化学的表示方法来定义pH。

酸奶 yogurt 半流体的发酵(通常加香料)的乳制品,在世界各地广为人知并食用。传统制作是在原奶里添加嗜热链球菌或保加利亚乳酸杆菌。以后制作均从前次酸乳取用部分作引子。现代制作酸乳时,有时还添加乳糖发酵酵母,在43℃～44℃培养4或5小时,候其凝结。酸奶可以加各种香料和甜料。

酸雨 acid rain 含有高浓度**硫酸**和硝酸降水,包括雪。这种降水在许多大都市和工业区已成为严重的环境问题。燃烧矿物燃料的汽车、某些工业生产和发电厂释放二氧化硫和氮的氧化物进入大气,它们和云里的水蒸气结合形成硫酸和硝酸。这些高浓度的酸水从云中降落下来,会污染湖泊和河流,毒害鱼类和其他水生生物;对植被造成伤害,包括农作物和树木;会破坏土壤;还会腐蚀建筑物和其他设施的外观(历史遗迹尤其易受影响)。虽然通常在大都市和工业区附近造成的情况最严重,但有时也可能发生在离污染源下风处有一大段距离的地方。

蒜 garlic 葱科多年生植物,学名 *Allium sativum*。原产中亚,在意大利和法国南部有野生的。其鳞茎是许多民族菜肴中经典的配料,味芳香而辛辣。自古代和中世纪以来,蒜的医疗价值一直受到重视,从前人们把它当作护身符带在身上避邪。蒜的鳞茎可切片或磨成粉末,用在调味汁炖肉和沙拉调料中以提味。蒜茎的薄膜外衣内包着蒜瓣,最多可有20瓣。参阅**葱**。

算术 arithmetic 数学的一个分支,研究数的性质及通过加、减、乘、除来运算。原本只是用来计算数字,现在范围已扩大,不仅包括有理数,还包含无理数和复数。其可除性和质数定理部分与**数论**重叠。算术最重要的是建立演算的顺序(先乘除,后加减)和演算的性质。例如,在加法和乘法中,先后顺序无关紧要:$a+b=b+a$ 和 $ab=ba$;还可任意组合:$a+(b+c)=(a+b)+c$ 和 $a(bc)=(ab)c$。减法和除法就没有这种特性。

绥靖政策 appeasement 为了防止战争,通过会谈安抚受侵害国家的外交政策,主要的范例是20世纪30年代英国对法西斯意大利和纳粹德国的政策。1935年N.**张伯伦**容忍意大利入侵埃塞俄比亚,而在1938年德国吞并奥地利时,也没有采取任何行动。当A.**希特勒**准备兼并种族上属于德国人的捷克斯洛伐克时,张伯伦与之订定了恶名昭彰的**《慕尼黑协定》**。

随笔 essay 一种分析性、诠释性或评论性的文学作品,对题材的处理囿于有限的或常是个人的观点。体裁相当有弹性和多角度,经M. de **蒙田**之笔臻于完善,其法文原文为 *essai*,强调此种体裁是"试图"表达他的思想和经验。随笔在某些国家是文学和社会评论的媒介,在其他国家则为半政治、十足国家主义感的文体,且常带有争论性、嬉笑或讥讽性。

随机变量 random variable 在统计学中,一个(随机变量的)函数可以取有限个值,每个取值都有一个相应的概率;也可以有无限多个取值,它们相应的概率用密度函数来刻画。在对随机事件的研究过程中,为了对事件中各种可能出现的结果进行描述而引入了随机变量:若可能出现的结果为有限种(如:扔三次硬币,其中正面朝上的次数),则该随机变量称为是离散的,其所有结果对应的概率之和为1;若可能出现的结果为无限种(如灯泡寿命的期望值),则该随机变量称为是连续的,并符合某个密度函数,其在所有结果所对应的取值范围上积分为1。某些特定结果的概率定义为其中所包含的各个结果的概率之和(离散型)或密度函数在相应区间上的积分(连续型)。

岁差 equinoxes, precession of the 地球自转轴的旋进所引起的太阳越过天赤道各点的移动。希腊天文学家**喜帕恰斯**在编制他著名的星表过程中,发现恒星的位置与早先测得的位置有一个系统的偏移。这说明不是恒星,而是作为观测地点的地球有了运动。这种运动称为岁差,它是地球自转轴在空间的方向作周期约为26 000年的摆动引起的。产生岁差的原因是太阳和月球引力对地球赤道隆起部分的作用。行星对此也有作用,但程度小得多。地球自转轴在天球的投影在北天极和南天极。旋进使这两个点在空中描绘出两个圆,也使天赤道摆动,改变其与黄道相交(二分点)的点位。

岁首节 Rosh Hashanah 犹太教历新年。有时亦称审判日,在提市黎月初一(公历9月或10月),迎来10天期的自省悔罪,10天的最后一天是**赎罪日**。仪式包括吹奏公羊角,目的在唤醒犹太人的精神去联想**摩西**在**西奈山**的启示。岁首节也被称为纪念节,因为犹太人在此日纪念世界的诞生,并提醒犹太民族作为上帝的选民所应负的责任。这是一个庄严而又充满希望的节日;人们享用蘸蜂蜜的面包和水果,预示着来年的甜美。

隧道 tunnel 水平或接近水平的地下或水下通道。这种通道或被用来采矿,或作为火车或机动车的轨道,或用作堤岸附近江河的改道,或埋藏电站等机构的地下设施,或引导水源等。古代人用隧道进行灌溉或运送饮用水,在公元前22世纪,巴比伦人修建了隧道来实现幼发拉底河下的交通。罗马人修建了**高架渠**隧道,通过用火加热岩石并用水迅速冷却使岩石裂开的方法,让隧道从山体穿过。

17世纪开始使用火药爆破后，在岩石开采上有了质的进步。较软的岩石可以用开隧道的方法来实现，用转动的轮子将物质连续地开采出来并靠传送带运输出去。19和20世纪的铁路运输使隧道的数量和长度得到了很大提高。早期隧道主要用砖石来支撑，而现代隧道则以钢架为支撑，直到混凝土建筑的完成。一般的通道修筑方法包括在开采后立刻喷射混凝土来加固等。

隧道效应　tunneling　又称barrier penetration（势垒穿透）。在物理学上指微粒穿过似乎不能通过的势垒。虽然在传统物理学上，微粒的能量太低不足以通过势垒，但微粒因量子力学波的特性就可以穿过势垒。该现象的一项重要应用就是在扫描隧道显微镜中的运用。

燧发机　flintlock　火器点火系统。始于16世纪初，取代火绳点和转轮点火机一直沿用到19世纪中叶。最成功的真正的燧发机是于17世纪在法国发明的。扣动扳机时，弹簧机构带动火镰打击燧石。产生火花点燃药池内的火药，进而引燃枪膛内的主装药，将弹丸射出。

孙迪亚塔　Sundiata（卒于1255）　西非古代马里帝国建立者。生于马林克人的凯塔家族。在组织一支私人军队并巩固了他的统治地位后，在13世纪30年代发动了对周边国家的侵略。1240年占领了昆比并将其夷为平地，昆比是古加纳帝国的最后一个首都。在他统治马里期间建立马里的领土基地，并为其未来的昌盛和政治统一打下了基础。

隼　falcon　隼形目隼科鸟类。近60种，为昼出的猛禽，主要特征是翅长而尖，飞行迅速有力。隼一名严格说只适用于隼属35种以上的真隼。体型大小从约15厘米到约60厘米。真隼的雌鸟个体较大，较凶猛，故鹰猎者喜用雌隼。隼遍布全球，营巢于树洞内和悬崖的突出部。有些种能在半空中追捕鸟类。另一些种主要以野兔、小鼠、蜥蜴和昆虫为食。参阅白隼、鹰、红隼和游隼。

娑度和士伐明　sadhu and swami　印度人对宗教苦行者或圣人的称呼。萨图人是典型的流浪苦修者，靠救济金为生。他们可能遵循一种特殊信仰体系的教义，如印度教或耆那教，但他们更经常被看作是德高望重的人。swami一词指的是在一特别顺序中命定为娑度并且特别与吠檀多派有关。娑度和士伐明不是群居在社区，就是离群索居，他们基本上一无所有，回避传统的和现代的服装，剃光头或盘发于顶。

梭发那·富马　Souvanna Phouma（1901～1984）　老挝首相（1951～1954，1960，1962，1974～1975）。西萨旺·冯国王的侄子，但不支持第二次世界大战后他叔叔欢迎法国统治者回来的决定。他和同父异母的弟弟苏发努冯参加了"自由寮"运动，在法国重新占领老挝时流亡。1949年法国开始承认老挝主权，他回到老挝，1951年开始担任首相并紧缩开支。巴特寮共产主义者与极右派政府之间发生内战期间，梭发那断断续续任首相一职。他试着在越南战争中保持老挝中立，但后来又仰靠于美国的军事援助；美国从越南撤军后，老挝稳定下来。梭发那担任政府顾问直至去世。

梭伦　Solon（公元前约630～前约560）　雅典政治家、改革者、诗人，以"希腊七贤人"之一闻名。出身贵族，但家道平平。虽然在公元前594年左右便已担任雅典的执政官，但直到约20年以后才获得作为改革家和立法者的充分权力。他终止了世袭贵族的统治，废除对血统的要求，允许所有取得一定财富的公民参与政务。他用更为人性的法律取代德拉古法典，释放了因债务被卖身为奴的公民，赎回他们的土地，鼓励职业化，改革货币以及度量衡制度。尽管来自各方面的非议众多，人们还是接受这些变革。梭伦曾离开雅典10年，进行了系列的旅行；返回雅典后，他告诫雅典人提防别让他的亲戚庇西特拉图成为僭主。

梭罗　Thoreau, Henry David（1817～1862）　美国思想家、随笔作家、博物学家。出生于马萨诸塞州康科德。毕业于哈佛大学，在决定成为自然诗人之前曾做过几年教师。后来回

梭罗，肖像画，S. W. 罗塞绘于1854年；现藏马萨诸塞州康科德大众图书馆

By courtesy of the Corporation of the Free Public Library, Concord, Mass.

到康科德，受R. W. 爱默生的影响，并在超验主义杂志《日晷》上发表文章。1845～1847年为展示简单生活如何令人感到满足，他住到康科德的沃尔登池边的一个小屋里，记载他每月生活的随笔被收入《沃尔登》（1854）。他的《在康科德河与梅里马克河上一周》（1849）是其一生中唯一出版的另一部著作。他曾在监狱冥思一晚，并在随笔《论公民的不服从》（1849）中抗议美国对墨西哥的战争。他的这一思想后来影响了M. K. 甘地和M. L. 金等著名人物。后来梭罗对超验主义的兴趣逐渐减退，成为热诚的废奴主义者。他的许多关于自然的作品以及他在加拿大、缅因州以及科德角的见闻记录显示了一位自然主义者敏锐的思想。梭罗死后出版了20卷作品集，并不断有更多作品出版。

梭状芽孢杆菌属　Clostridium　芽孢杆菌科的一属。通常为革兰氏阳性，生存于土壤、水及人类等动物的肠道中。多数种是严格厌氧菌。休眠细胞，对热、干燥、有毒的化学物质、清洁剂有高度的抵抗力。肉毒梭菌（*C. botulinum*）产生的毒素是肉毒中毒的病因，而且是已知的毒性最强的毒素。破伤风梭菌（*C. tetani*）产生的毒素可引起破伤风。其他一些杆菌则会引起人类的坏疽。

蓑鲉　lionfish　鲉科蓑鲉属几种体色艳丽的印度洋-太平洋海域鱼类的统称。以鳍棘有毒而闻名。其鳍棘可造成刺伤疼痛，但很少致死。胸鳍大，背鳍棘长，各个种均有其特别的醒目的斑马状条纹。受到惊扰时立即展开并显示其鳍，若受进一步逼迫，即竖起背鳍棘进行攻击。飞蓑鲉有时为鱼类爱好者所饲养，体上有红、褐、白色的条纹，体长可达30厘米。印度洋-太平洋地区还有几种较小的短鳍蓑鲉属鱼类亦称蓑鲉。

缩绒　fulling　将编织的羊毛加湿、加热、摩擦、加压、收缩10%～25%，以增加其密实度的加工方法。使其在经和纬上均衡收缩，生产出光滑、牢固的织物成品，具有轻、暖、相对抗风雨的特点。常见的例子是16世纪首先产于奥地利的罗登缩绒呢。

缩写词　abbreviation　以单词或词组的一部分代表整体的方法。19～20世纪缩写词剧增，用来节省书写或交谈的时间，特别是用来指那些新的组织机构、官僚机构和典型工业社会的科技产品。现在缩写词可看作一个单词，无论是首字母缩略词（读法是按首字母逐个发音，如TV或FBI），或是首音缩略词，其字母可组合成音节发音，如scuba，laser和NAFTA。

所得税　income tax　政府对辖区内个人或公司的收入所征收的赋税。在私营企业体系先进的国家，所得税是政府岁入的主要来源。对个人或家庭征收的所得税称为个人所得税。1799年英国立法批准综合所得税，以筹款应付拿破仑战争。在美国，所得税首先在美国南北战争期间试征，1881年最高法院认为它是符合宪法的，但在1894年宣布另一种所得税违宪。1913年美国宪法第16修正案使个人所得税成为永久性税赋。个人所得税的公平性是基于这样一个前提：个人收入是个人有能力支持政府作出贡献的最佳单一指标。大部分个人所得税的理论基础是：当人们的经济条件有差别时，他们的纳税义务也应不同。因此，美国的所得税是累进税，赚钱越多税收越重；对房屋抵押贷款所支付的利息、大额医药支出、慈善捐款、州和地方的所得税与财产税等项目，个人所得税可以减免。通过从工资和薪金中代扣所得税，税收实施已经很便利。参阅资本收益税、公司所得税、累退税、营业税和增值税。

所多玛和蛾摩拉　Sodom and Gomorrah　传说中的古巴勒斯坦城市。据《圣经·创世记》记载，这两座城因邪恶而被"燃烧的硫磺"焚毁。古城址不可考，但可能是在现在

死海海水下面。考古发现证明,这一地区可能有过肥沃的土地,可能吸引了圣经中的罗得前去放牧。该城市的恶名被记载在很多作家的作品中,包括J.季洛杜和N.卡赞扎基斯。

所罗门　Solomon(活动时期公元前10世纪中叶)　大卫的儿子和继承者。几乎所有关于他的记载都来自《圣经》(《列王纪》1-11和《历代志》1-9)。通过其母亲拔示巴和先知拿但的努力,所罗门在其父大卫在世时被施以涂油礼。登基后,他无情地消灭敌人,将亲友安排到重要职位上。他在王国边界之外建立的以色列殖民地,和示巴女王等友好的统治者合作,以期促进商业。其庞大王国的防御工事需要大的建筑计划,其中最壮观的就是耶路撒冷圣殿。他重新划分整个国家,把它分成12个部落,分别处于12个行政区。据说他有700个妻子和300多个妾。其子罗霍博姆继位后,北部部落分离出去,形成以色列王国,结束了所罗门帝国的辉煌。其传奇式的智慧都被记录在《圣经·旧约》的《箴言》中,据说他是圣经所罗门之歌的作者。他被认为是以色列最伟大的国王。

所罗门群岛　Solomon Islands　太平洋西南部岛国,包括瓜达尔卡纳尔岛、马莱塔岛、圣克里斯托瓦尔岛、舒瓦瑟尔岛、圣伊莎贝尔岛、伦内尔岛、拉塞尔岛、佛罗里达岛、肖特兰群岛、圣克鲁斯岛和新乔治亚群岛以及多处小岛和环礁。该国包括所罗门群岛的大部分岛屿,不包括属于巴布亚新几内亚的布卡岛和布干维尔岛。面积:28 370平方千米。人口:约604 000(2013)。首都:霍尼亚拉。人口以美拉尼西亚人为主。语言:英语(官方语言)、皮钦语(一种混杂英语),另有60多种美拉尼西亚土语。宗教:基督教(多为新教,也有罗马天主教)以及传统宗教。货币:所罗门群岛元。该群岛由许多火山岛构成,形成两串平行的岛链,集中于东南部。大部分岛屿林木茂密,地势崎岖不平,河流不长,但水流湍急。气候炎热。经济以农业、渔业和木材业为基础。旅游业已发展起来,以乘客轮游览和参观第二次世界大战战场为主。该国为君主立宪政体,一院制。国家元首为英国君主,由总督作为代表。政府首脑为总理。所罗门群岛在公元前2000年就开始有人居住,大概是讲澳斯特罗尼西亚语的民族。1568年西班牙人来到此地。后来,法国人和英国人也先后探险至此。19世纪90年代由英国人管辖,1893年成为英属所罗门群岛保护地。1942年,日本人入侵,在所罗门群岛上的战事是太平洋战区中最为激烈的,尤以瓜达尔卡纳尔为甚。1976年保护地被允许自治。1978年获得完全独立。20世纪末到21世纪初,种族冲突导致政局不稳,其中包括2000年6月的一次政变。以澳大利亚为首的多国部队帮助恢复秩序。该国于1984年首次参加在洛杉矶举办的夏季奥运会。

索恩　Soane, John(1753～1837)　后为Sir John。英国建筑师。1788年为英格兰银行的建筑师,之后担任各种政府任命的职位,1806年继承他的老师G.丹斯(1741～1837)成为皇家学院的建筑学教授。其作品特征是将古典的成分减弱至结构上必需的程度,并以简洁的线条取代装饰纹样,采用较平的穹顶和顶部采光,对室内空间的处理也颇具匠心。

索恩河　Saône River　古称Arar。法国东部河流,向南流经里昂汇入罗讷河。从里昂上溯可航里程达373千米。该河有水闸30个,几乎完全运河化。由于下游驳船运输量大,该河通过运河与莱茵河和塞纳河相接。

索尔　Sol　罗马宗教中两位太阳神的共同名称。原来的索尔(本土索尔),每年都要在奎林那尔山上和大竞技场举行祭祀。叙利亚人不同的太阳神仪式传入后,罗马皇帝埃拉加巴卢斯在巴拉丁为本土索尔立庙,意在把对他的崇拜立为罗马主要宗教。皇帝奥勒利安后来重新提倡崇拜索尔,为他在阿格里帕广场兴建堂皇庙宇。崇拜索尔一直是帝国的主要宗教生活内容,直到基督教兴起为止。

索尔蒂　Solti, Georg(1912～1997)　后为Sir Georg。匈牙利裔英国指挥家。12岁首次登台表演钢琴,后随B.巴尔托克学习钢琴,又随Z.科达伊学习作曲。1936～1937年在萨尔斯堡担任A.托斯卡尼尼的助手。战争爆发时他在瑞士,继续弹钢琴,成为1942年日内瓦国际钢琴比赛的冠军。后来受命任慕尼黑的巴伐利亚国家歌剧院(1945～1952)、法兰克福歌剧院(1952～1961)的音乐总监。作为科文特加登剧院(1961～1971)的音乐总监,1958～1965年他完成的R.瓦格纳《尼贝龙根的指环》的首次完整录音,成为世界上最受欢迎的作品之一。1969～1991年在其领导下,芝加哥交响乐团获得非凡的荣誉和成功。

索尔费里诺战役　Solferino, Battle of(1859-06-24)　第二次意大利独立战争中奥地利军和法国-皮埃蒙特联军在伦巴第进行的一次重要战役。马真塔战役失利后,奥地利军队向东逃亡,与拿破仑三世及维克托·伊曼纽尔二世率领的军队不期而遇。一场混战之后,法国人终于突破奥地利中路,但奥地利人顽强抵抗,使联军精疲力竭,无法追击逃兵。此役奥军死伤1.4万人,法-皮联军死伤1.5万人。由于伤亡惨重,因此拿破仑三世决定与奥地利停战言和(自由镇和约),促进了意大利的统一。

索尔克　Salk, Jonas(Edward)(1914～1995)　美国医生和研究员。生于纽约市。在纽约大学获得博士学位,与其他一些科学家一起将脊髓灰质炎病毒归类,并确认了早期认定的三种类型。他证实了清除这三种病毒可获得免疫力而不导致任何疾病。索尔克的疫苗1955年开始在美国投人使用。1963年起他出任加利福尼亚州拉霍拉的索尔克生物学研究所所长。1977年他被授予总统自由勋章。

索尔仁尼琴　Solzhenitsyn, Aleksandr (Isayevich)(1918～2008)　俄罗斯小说家与历史学家。第二次世界大战中曾参军作战;1945年因批评斯大林而被捕,在监狱和劳改营中服刑8年,刑满后又继续被流放3年多。1962年根据自己在劳改营中的经历写成《伊凡·杰尼索维奇的一天》,使他成为对政府镇压的雄辩的抗述人。此后的作品被迫在国外出版,包括《第一圈》(1968)、《癌症病房》(1968)和《1914年8月》(1971)。1970年获诺贝尔文学奖。1973年《古拉格群岛》第一卷问世,这是俄国文学中最杰出的作品之一,却导致索尔仁尼琴被控以叛国罪。1974年索尔仁尼琴被驱逐出境,移居美国,享誉世界。20世纪80年代末苏联实行"公开性政策"后,索尔仁尼琴的作品又可以出版,但人们也随之失去了对其作品的兴趣,对索尔仁尼琴本人所声称的他是俄罗斯历史上的预言家的角色不予欣赏。1994年索尔仁尼琴结束了流亡生活,返回俄罗斯。1998～2003年他陆续发表了自传,2007年被授予俄罗斯国家奖。

索尔维法　Solvay process　制造工业碳酸钠(纯碱)的现代方法。由E.索尔维发明,并于1865年在比利时投入工业生产。在严格控制条件下,先后用氨和二氧化碳处理食盐,得碳酸氢钠和氯化铵。加热碳酸氢钠即得所需产品碳酸钠。用石灰处理氯化铵得到氨和氯化钙,氨可供循环使用。因为制造玻璃、洗涤剂和清洁剂要用大量纯碱,所以此法证明有极大商业价值。

索尔兹伯里侯爵　Salisbury, Marquess of(1830～1903)　原名Robert Arthur Talbot Gascoyne-Cecil。英国首相(1885～1886,1886～1892,1895～1902)。他曾在B.迪斯累里政府担任印度事务大臣(1874～1878)和外交大臣(1878～1880),并协助召开了柏林会议。他任上议院内反对派保守党领袖,在1885年后三次组阁担任首相,通常还兼任外交大臣。他反对联盟,维护国家的强大利益并扩张英国的殖民地王国,尤其是在非洲。他于1902年退休,将职位让给外甥A.J.巴尔福。

索非亚　Sofia　古名Serdica。保加利亚首都。约在公元前8世纪是色雷斯人的居住地,后在罗马统治下昌盛起来。公元5世纪被匈奴人攻占,后被拜占廷帝国重建。809年成为保加利亚的一个镇,但在1018～1185年第二保加利亚帝国建立时转而受拜占廷帝国统治。1382年起该地区受土耳其人统治,直到1878年被俄国人解放。1879年成为保加利亚首都,是该国主要的交通运输和文化中心,也是许多工业的所在地。教育机构有保加利亚最古老的大学索非亚大学(1888)。历史名胜有建于6世纪的圣索非亚大教堂。人口1 096 389(2001)。

索佛　sofer　又作sopher。公元前5～前2世纪犹太教转录、编撰和诠释《圣经》的学者的称号。第一位索佛是以斯拉,他同他的门徒一起首倡拉比学术传统,至今仍是犹太教的中心。它的兴起是为了迎合人们对托拉所持的理想主义的愿望以及人们在日常生活中的口头文化传统,从而在实际上编纂了摩西律法。索佛在历史上占有重要地位,因为他们确定了《旧约》中的真经。后来,索佛这个词被用来指教孩子们学习圣经的人或是有资格编写托拉经卷的人。

索福克勒斯　Sophocles(公元前496？～前406)　希腊剧作家,与埃斯库罗斯、欧里庇得斯为古代雅典三大悲剧作家。身为雅典闻名的公众人物,他先后在雅典担任司库、司令、顾问等重要职务。他参加戏剧节比赛,公元前468年击败了埃斯库罗斯而赢得首次胜利。随后达到无与伦比的成功,为戏剧竞赛写作123部戏剧,并赢得20次以上的胜利。但只有7部悲剧剧本完整留存至今,包括《安提戈涅》、《埃阿斯》、《埃勒克特拉》、《特拉基斯少妇》、《菲罗克忒忒斯》、《俄狄甫斯在科罗诺斯》,而《俄狄浦斯王》是他最著名的作品。他扩大了合唱队的规模,并且率先引进舞台上的第三演员。他的戏剧语言流畅、人物描写生动、形式完美,被视为希腊戏剧的典范。

索格斯铁工厂　Saugus Iron Works　北美殖民地时期第一个成功的铁工厂。由于马萨诸塞州波士顿北方的索格斯发现大量的沼铁矿,1646年R.布立基与J.詹克斯遂于当地成立了一家铁工厂。该厂主要铸造家庭用具,替移民碾压、切割钉杆。约1688年关闭,部分原址被保留为国家历史遗迹。

索古一世　Zog I(1895～1961)　阿尔巴尼亚语作Ahmed Bey Zogu。阿尔巴尼亚总统(1925～1928)和国王(1928～1939)。第一次世界大战期间曾在奥地利军队服役,战后成为阿尔巴尼亚的改革派人民党领袖。1920～1924年在政府担任过多个部长职位,1925年当选阿尔巴尼亚共和国总统。1928年宣告为国王,他奉行亲意大利的政策。由于无法抵制B.墨索里尼对该国财政和军队日益加强的控制,他在意大利入侵并使阿尔巴尼亚沦为保护国时(1939)被迫流亡。第二次世界大战结束后阿尔巴尼亚成为一个社会主义共和国,1946年索古正式宣告退位。

索科洛夫　Sokolow, Anna(1910～2000)　美国现代舞演员、舞蹈创作者、舞蹈老师。生于康涅狄格州哈特福德。1930～1938年受教于M.葛兰姆,并加入其舞团。她从事教学,并在1934年组成自己的舞蹈团,直到1954年退休为止都在此团体演出。1939～1949年她每年都抽空前往墨西哥城教学与编舞,在那里创立了墨西哥第一个现代舞团。她一直为自己的舞团编舞,其主题多为社会关注的问题。

索科特拉岛　Socotra　印度洋也门岛屿。在也门东南方约340千米,面积约3 600平方千米。内陆多山,植物包括没药、乳香、龙血树等。该岛在很多传奇中都被提及,长期以来受也门东南部马赫里苏丹国统治,1507～1511年曾受葡萄牙统治,1886年成为英国的保护国,1967年归属于独立的也门。主要城镇是泰姆里代(旧称哈迪布)。

索科托　Sokoto　尼日利亚西北部城市。在索科托河畔,地处向北穿过撒哈拉沙漠的古商道上。过去是富拉尼人帝国的首都,现为农业和皮革工艺主要的贸易中心。有苏丹宫殿、清真寺、奥斯曼·丹·弗迪奥的陵墓和其他圣殿,成为朝圣中心。奥斯曼·丹·弗迪奥大学建于1975年。人口约428 760(2006)。

索拉　Saura (Atarés), Carlos(1932～　)　西班牙电影导演。因拍摄《狩猎》(1965)而受到瞩目,在这部他首次拍摄的寓意性电影中,批评了F.佛朗哥统治下的西班牙社会。自己撰写或与人合作撰写全部电影剧本,执导了《欢乐花园》(1970)、《安娜与狼》(1972)与《天使表妹》(1973)。与编舞家A.盖兹合作弗拉明科舞剧《血婚》(1981)、《卡门》(1983)与《爱上魔术师》(1986)。后来的电影包括《弗拉明科》(1997)与《探戈》(1999)。

索勒里　Soleri, Paolo(1919～2013)　意裔美籍建筑师。在都灵工业学院获得博士学位之后,到美国亚利桑那州随建筑师F.L.赖特学习(1947～1949)。1959年开始为一系列紧凑的城市中心设计建筑,其为高密度垂直型而不是横向占据土地。设计这些巨型建筑意在保存能量和资源(部分依靠太阳能和减少城市里汽车的使用),保护自然环境,将人类活动集中到综合性的环境当中。1970年他开始在菲尼克斯和弗拉格斯塔夫之间设计一个7 000人的居民点,称为阿尔科桑底。这项工程主要由学生和志愿者进行,现仍未完工。

索雷尔　Sorel, Georges (-Eugène)(1847～1922)　法国社会主义者和革命工团主义者。学过土木工程,40岁时才开始对社会问题感兴趣,1893年发现了马克思主义,但对他所看到的左派在A.德雷福斯事件中的被利用感到愤慨,开始相信社会的颓废可以通过革命工团主义来净化。在《暴力论》(1908)中,他论述了历史进程中的神话和暴力,并论述对革命来说暴力是必然的。1909年之后,对工团主义不再着迷,转而支持法国君主制主义者运动,该运动希望重建一个统一和传统的道德秩序。俄国1917年革命之后,他希望布尔什维克带来社会道德的重建。墨索里尼借用了索雷尔的部分观点来支持法西斯主义。

索里利亚(莫拉尔)　Zorrilla (y Moral), José(1817～1893)　西班牙诗人和戏剧家。他因1837年在讽刺作家M.J.de拉腊的葬礼上当众吟诵一首挽诗而引起人们注意。作为西班牙浪漫主义运动民族主义派系的主要人物,他写了描述远古时代和宫殿的诗歌《传奇》(1841)并因此而出名。他最大的成就是《唐璜·特诺里奥》(1844),为19世纪西班牙最流行的剧本。他的作品被认为具有纯正的西班牙风格和情调。1889年封为民族诗人。

索罗斯　Soros, George(1930～　)　匈牙利裔美国金融家。1944年离开祖国匈牙利,1947年定居伦敦,并在该地就学及进入一家商业银行工作。1956年他搬到纽约,最初是当欧洲证券分析师。1979年以前,他的大胆投资和投机性货币操作,为他赚取大量财富,他将其部分用于成立索罗斯基金会,在东欧国家及俄罗斯致力建设开放社会。其他的索罗斯计划案,则致力于为争议性议题打造更宽广的公共讨论空间。1992年他在英国政府主导英镑贬值的过程中,获利约10亿美元,财富也达到新高峰;但1998年在俄罗斯的货币投机交易则损失惨重。

索洛　Solow, Robert M(erton)(1924～　)　美国经济学家。生于纽约布鲁克林。获哈佛大学博士学位,1949年开始在麻省理工学院任教。他发展了一种数学模型,可显示导致国民经济持续增长的各因素所起的相对作用。与传统经济学思想相反,他证明:在取得这种增长中,技术进步的速度较资本积累和增加工人还重要。自20世纪60年代以来,在说服各国政府为促进经济增长而将资金投入技术的研究开发上,索洛的学说颇有影响。1987年获诺贝尔经济学奖。

索马里　Somalia　东非国家,位于非洲之角。从赤道以南延伸至亚丁湾。面积:637 657平方千米。人口:约10 252 000(2013)。首都:摩加迪沙。人口绝大多数是游牧或半游牧的索马里人。语言:索马里语和阿拉伯语(均为官方语言),英语,意大利语。宗教:伊斯兰教(国教,主要为逊尼派)。货币:索马里先令。大部分国土为半沙漠。中部和南部地区平坦。北部地区升起,形成崎岖的山脉,全国土地面积仅有极少量为可耕地。一半以上是牧草地。索马里属开发中的混合型经济,主要以畜牧业和农业为基础。是世界上最贫穷的国家之一。该国为联邦共和国,两院制,国家元首是总统,政府首脑是总理。公元7～10世纪期间,阿拉伯穆斯林和波斯的移民首先在沿岸一带开辟了贸易站。到10世纪,索马里游牧民族占领了自亚丁湾到内陆的地区;以畜牧为基础的奥罗莫人则居住在南部和西部。1839年英国人占领亚丁之后,欧洲人在当地开始深入探险。19世纪后期,英国和意大利在该区建立起保护地。第二次世界大战期间,意大利人入侵英属索马里兰(1940),一年后英国军队又将该地夺回;此后,英国一直统治着整个地区,直到1950年意属索马里兰为一个联合国托管地。1960年,该托管地与前英属索马里兰合并成为独立的索马里共和国。该国几十年来一直遭受政治斗争和内乱,包括军事独裁、内战、暴动、干旱和饥荒。从20世纪90年代初开始就不存在一个有效的中央政府。1991年,一个分离组织宣布成立索马里兰共和国,其领土相当于原英属索马里兰。1998年东北部的蓬特兰德自治区也宣布独立。两地均未得到国际社会的承认,但两地比索马里其他地方更加稳定。曾经多次尝试结束国内冲突并建立一个新的中央政府。索马里的过渡政府是在2004年建立的,2012年通过了新的临时宪法,随后过渡政府将权力移交给了新的中央政府。但是该国随后依然动荡不定。21世纪初海盗事件沿该国海岸线猛增,引起国际社会的高度关注。该国于1972年首次参加在慕尼黑举办的夏季奥运会。

索马里兰 Somaliland 赤道和亚丁湾之间的东非地区的历史名称，包括索马里、吉布提和埃塞俄比亚的东南部。面积约777 000平方千米。该地区可能是古埃及人认为的“朋特地区”的一部分。7～12 世纪阿拉伯半岛和伊朗的穆斯林商人来到沿海地区定居，并建立了伊斯兰苏丹国。10～15 世纪游牧索马里人占领这个地区的北部，接受伊斯兰教并在苏丹国的军队中当兵。他们逐渐控制苏丹国。19 世纪末法国、意大利、英国瓜分了这个地区。1960 年英属索马里兰和意属索马里兰联合成为独立的索马里共和国；法属索马里兰于 1977 年独立，成为吉布提共和国。

索马里人 Somalis 居住在索马里全境和吉布提、埃塞俄比亚、肯尼亚部分地区的居民。语言属闪含语系库施特语族。人数约 700 万人，分为北、中、南 3 支。至少从 14 世纪起便都为穆斯林教徒。他们主要是游牧民族，由于对少量资源的激烈竞争，常常极端个人主义，并频繁卷入与邻近部落或民族的流血事件或战争中。第二范畴的索马里人是以城市为中心的居民和农民，特别是非洲之角沿岸的居民，其中许多人成为阿拉伯世界和内陆索马里人放牧部落之间的商业中间人。

索姆峰 Imeni Ismail Samani Peak 旧称 Communism Peak（共产主义峰）或 Stalin Peak（斯大林峰）。位于帕米尔高原西部，塔吉克斯坦共和国东北部的山峰。为科学院山脉的一个山峰，海拔 7495 米，是塔吉克斯坦及科学院山脉最高峰。1933 年苏联登山队员首次登上峰顶。

索姆河 Somme River 法国北部河流。源出圣康坦附近，向西流注入英吉利海峡，全长 245 千米。上游河谷的运河连接该河流与可通航的水路，这些水路连接巴黎和佛兰德。上游盆地在第一次世界大战中曾是激烈战斗的战场，尤其是在 1916 年的索姆河战役。

索姆河战役 Somme, Battle of the（1916-07-01～11-13） 第一次世界大战中协约国的进攻战役。英法联军对法国索姆河北部的德国军队发动正面进攻。经过 1 周的炮击，英国步兵“跳出战壕”开始发起进攻，但德军阵地坚不可摧。进攻第 1 天英军就伤亡近 6 万人（2 万人阵亡）。进攻战役逐渐变成一场消耗战。10 月倾盆大雨将战场变成无法通行的泥潭。到放弃该战役时，协约国仅前进 8 千米。估计伤亡人数德国约 65 万、英国约 42 万、法国约 19.5 万。索姆河战役成为徒劳无益和疯狂残杀的代名词。

索尼公司 Sony Corp. 日本家用电子产品的大制造商。1946 年由井深大和盛田昭夫创办，名为东京通信工业株式会社，1958 年改现名。开始时公司生产伏特计、电报共鸣器及其他类似装置，所生产的第一项主要家电产品为 1950 年在日本推出的卡式录音机。此后继续带头利用新技术来制造家用产品并在全世界推销，包括首先推出的袖珍式晶体管收音机（1957）、彩色盒式录像机（1969），以及便携式录音播放器（1979）。1994 年索尼公司发布视频游戏主机。该公司娱乐部门包括哥伦比亚三星电影公司、索尼影视公司，以及史诗唱片公司和哥伦比亚唱片公司。

索涅特 Thonet, Michael（1796～1871） 德裔奥地利人，家具生产工业化的先驱。约 1830 年发展了蒸汽弯曲木板生产体系，制造了轻巧的曲木椅。到 1856 年，他完善了通过加热弯曲坚固的山毛榉木材的方法，开始大规模生产曲木家具。他在匈牙利和摩拉维亚建立工厂，从莫斯科到芝加哥都建立了家具陈列馆。到 1870 年，他开始大量生产家具，数量迄今无人能超过。他的家具生产至今从未间断。

索诺拉 Sonora 墨西哥西北部一州。北界美国的亚利桑那州和新墨西哥州，西临加利福尼亚湾，面积182 052平方千米，首府埃莫西约。16 世纪 30 年代被西班牙人开发，成为开采金矿、银矿、铜矿的重要殖民地区。1830 年成为州，但雅基族印第安人直到 20 世纪才屈服。土地贫瘠，气候半干燥，依靠灌溉生产冬季蔬菜、谷物、棉花、烟草和玉米。人口2 662 480（2010）。

索诺兰沙漠 Sonoran Desert 北美洲西部不毛之地。面积310 000平方千米，跨越美国亚利桑那州西南部、加利福尼亚州东南部以及墨西哥索诺拉州西部、下加利福尼亚州北部；其下属地区包括科罗拉多沙漠和尤马沙漠。因灌溉形成大片肥沃农田，主要有科切拉谷地和因皮里尔河谷。冬季温暖，吸引游客来度假，景点有棕榈泉、图森和菲尼克斯，即凤凰城。境内有许多印第安人居留地。

索普 Thorpe, Jim（1888～1953） 全名 James Francis Thorpe。美国运动员。具有美洲印第安人（索克人和福克斯人）血统。在宾夕法尼亚州卡莱尔的印第安人工业学校（1908～1912）就读时，是美式橄榄球的前卫。他还擅长棒球、篮球、拳击、兜网球、游泳和曲棍球。1912 年获得奥运会十项全能和五项全能冠军，但由于调查显示他曾参加半职业棒球赛，奥委会 1913 年追回所授予他的金牌。后来又成为职业橄榄球运动员。1920～1921 年担任后来的全国橄榄球联盟第一任主席。在他死后，他的奥运会金牌于 1983 年被归还。

J. 索普示范踢反弹球
The Bettmann Archive

索韦托 Soweto 南非共和国东北部的城市综合体。西南邻约翰内斯堡，其名源于“西南部黑人居住区”的首字母缩写。最初是南非白人政府为黑人居住建立的。索韦托由临时搭盖的棚户区发展而来，这些棚户区是随着乡村地区的黑人劳工于两次世界大战之间的到来而出现的。几无工业；索韦托的大多数居住者去约翰内斯堡找工作。它是该国最大的黑人城市综合体，其居住者活跃于抗议活动，其活动助使种族隔离制度在 1991 年宣告结束。人口约896 995（2001）。

索绪尔 Saussure, Ferdinand de（1857～1913） 瑞士语言学家。虽然他唯一的作品出现在其大学时代，但他作为教师，主要是日内瓦大学的教师（1901～1913）对该学科产生了很大的影响力。他的两个学生将他的讲义和其他资料进行收集整理，编写了《普通语言学教程》（1916），被认为是20世纪语言学的开端。他认为语言是一种可以予以同时（因为语言存在于任一特定时间）和历时（因为语言随时间的推移而变化）考察的结构体系。他还为这两种语言的学习提供了原则和方法。他的概念可以被认为是语言结构主义的开端。

索因卡 Soyinka, Wole（1934～ ） 全名 Akinwande Oluwole。尼日利亚剧作家。在英国利兹学习后，回到尼日利亚，从事文学刊物的编辑、教授大学程度的戏剧和文学等工作，还成立了两个剧团。他的戏剧用英语写作，描绘西非的民间传统，通常将重点放在传统和进步间的紧张状态上。包括《森林之舞》（1960）、《雄狮与宝石》（1963）、《死亡与国王的马夫》（1975）和《爱你的济亚敬上》

索因卡
Vernon L. Smith

(1992)。写过几卷诗集;最著名的小说是《译员们》(1965)。作为尼日利亚民主政治的斗士,他被反复监禁和流放。1986 年成为第一个获得诺贝尔文学奖的非洲人。

琐罗亚斯德　Zoroaster(公元前 628? ～前 551?)　又作 Zarathustra。伊朗宗教改革家和先知,**琐罗亚斯德教和帕西人的宗教**的创始人。他原是本部族宗教的祭司,最终他对该宗教不再抱幻想。由于智慧之主阿胡拉·玛兹达向他显现,他开始宣讲阿胡拉·玛兹达是至高之神,只有这唯一的神值得崇拜,这与伊朗宗教的多神论观念相悖。他禁止在他那个时代流行的与动物祭牲相伴的狂欢仪式,但保留了古代崇拜火的仪式。劝说一位叫维什塔斯巴的国王支持他的教义之后,琐罗亚斯德继续留在朝廷。他成为传奇人物和多种职业的典范。希腊人把他当作哲学家、数学家、占星家或巫师;犹太教徒和基督教徒认为他是占星家、巫师、先知或异教徒。

琐罗亚斯德教和帕西人的宗教　Zoroastrianism and Parsiism　源于伊朗的古代宗教,信奉琐罗亚斯德的教义。创始于公元前 6 世纪,对一神教的宗教,如犹太教、基督教和伊斯兰教产生过影响。该教反对多神教,只接受一个至高之神阿胡拉·玛兹达。在早期的琐罗亚斯德教中,善与恶之间的斗争被看作是阿胡拉·玛兹达的孪生儿子(斯彭塔·曼纽代表善良;安格拉·曼纽代表邪恶)之间永恒的对立。后来琐罗亚斯德教的宇宙论造成阿胡拉·玛兹达本人(当时称奥玛兹达)与恶之神之间的对立。这个后出现的宇宙论将历史确定为 4 个时期;最后一个时期始于琐罗亚斯德的诞生。琐罗亚斯德教的习俗包括一个入会仪式,以及各种不同的净身仪式,目的是要抵挡魔鬼。圣火必须不断燃烧,每天必须至少添加燃油 5 次,火崇拜(早期宗教遗留下来的习俗)就在圣火中得以延续。主要仪式包括供奉圣露与圣酒,并且吟诵重要经文《阿维斯陀》(即《波斯古经》)中的主要章节。琐罗亚斯德教在伊斯兰教创立之前在各个不同时期均享有正教地位,但琐罗亚斯德教信徒却在8 ～10 世纪受到迫害,有些信徒离开了伊朗移居到印度。到 19 世纪,这些印度的琐罗亚斯德教信徒(或称帕西人)因为富有和受过良好教育而出人头地。仍然留在伊朗的少部分琐罗亚斯德教信徒称作伽巴尔。

锁子甲　chain mail　又作 mail。欧洲骑士和其他中世纪士兵穿着的护身铠甲。一种早期的锁子甲是把许多铁环缝在织物或皮革上制成的,在罗马时代末期有人穿过,可能来源于亚洲。中世纪制造盔甲的工匠把许多铁环串联起来,用锻接或铆接方式固定。在 8 世纪,锁子甲是一件短上衣,持剑臂有一只单独的袖子。到诺曼征服时(1066 年),铠甲加长并有两只袖子;头盔下面一般带有护甲,保护头部和颈部。到 12 世纪,手部、腿部、足部也都装有锁子甲。14 世纪逐渐开始在胸和背部加装金属防护铠甲,后来全身都用金属板盔甲,不再使用锁子甲。

16 世纪的土耳其锁子甲
By courtesy of The John Woodman Higgins Armoury Museum

T

T 细胞　T cell　两种主要的白细胞之一，另一种是B细胞，为免疫系统的必要组成。T细胞源自于骨髓，在胸腺成熟，随血液循环进入到其他淋巴组织，如脾脏、扁桃腺与淋巴结。通过其表面的受体分子，T细胞直接与入侵者（抗原）结合而对其加以攻击，并将其从体内移除。因为人体内有数以百万计的T细胞和B细胞，其中有许多携带特别的受体，因此几乎对任何抗原都有反应。参阅抗体。

TCP/IP 协议　TCP/IP　全名 Transmission Control Protocol/Internet Protocol（传输控制协议/因特网协议）。因特网的标准通信协议，使数字计算机能够长距离通信。因特网是封包交换网络，信息分解成小封包，同时通过许多不同的通路，逐一传送，然后在接收端重组。传输控制协议（TCP）就是集合与重组数据封包的组件，因特网协议（IP）则负责将封包送达正确的目的地。TCP/IP 协议是在 20 世纪 70 年代发展起来的，1983 年成为阿帕网（因特网的前身）的协议标准。

他加禄人　Tagalog　菲律宾最大的文化-语言群体。他们在马尼拉及其附近几个省的居民中都占绝对多数。大部分人信奉天主教。多为农民，主要生产甘蔗和椰子。马尼拉的重要地理位置使城市里的他加禄人在菲律宾经济中处于领导地位。他加禄语是菲律宾国语的基础。

他加禄语　Tagalog language　菲律宾人的澳斯特罗尼西亚语，是吕宋岛上约1 700万人和至少 50 万菲律宾移民的第一语言。作为菲律宾首都和主要大都市马尼拉的当地语言，他加禄语的重要性早已超出其使用地区。通过吸收来自菲律宾其他语言的词汇，它已成为菲律宾国语的基础。菲律宾语广泛用于教育界和新闻界，现为超过 60% 的菲律宾人所接受。尽管 16 世纪时他加禄语使用一种源于南亚的字体（参阅印度诸文字体系），但所有近代文学语言都已采用拉丁字母的一种变体。

他人意识问题　other minds, problem of　认识论中关于一个人如何可能知道他人内心感受的性质，乃至他人是否有内心感受的问题。例如，由于每个人的痛苦感觉都是私人的，一个人不可能真正知道他人的所谓痛苦真正具有自己所谓痛苦的相同性质。虽然他人显示的身体现象可能被感知，但似乎只有他人自己才能够知道他或她的意识内容是什么。

塔百里　Tabari, al-（约 839 ～ 923）　全名 Abu Jafar Muhammad ibn Jarir al-Tabari。穆斯林学者、古兰经注释者和历史学家。曾在伊拉克、叙利亚和埃及等地的伊斯兰学术中心学习。其作品《古兰经注》，按照圣训里传述的法律、词意和历史的解释对古兰经加以注释。另一主要作品为《历代先知和帝王史》，叙述自天地创造之始到伍麦叶王朝灭亡的一段历史。

塔布拉鼓　tabla　印度北部、巴基斯坦和孟加拉国的兴都斯坦音乐演奏用的一对小鼓。右手演奏的、音较高的有时称达希那鼓，是略呈圆柱体、单面皮的鼓，通常为木制，一般是按拉加的主音定调。左手演奏的巴希那鼓是一种深的锅鼓，通常为铜制，演奏者用手掌后部的压力改变音高。一块黑色调音膏放在每个鼓上，可以调音高以及产生有特色的泛音。

塔布曼　Tubman, Harriet（约 1820 ～ 1913）　美国废奴运动者。生为奴隶，1849 年利用"地下铁道"逃到北方。不顾南方悬重金缉捕的风险，频频往返北南之间，并带领 300 多名奴隶获得自由。她被誉为"奴隶的摩西"，受到 J. 布朗等废奴运动者的崇拜，将她称为"塔布曼将军"。南北战争期间，为南卡罗来纳州联邦军担任护士、洗衣工和侦探。她后来定居纽约州奥本，最终因在战争中的贡献而获得政府养老金。

塔蒂　Tati, Jacques（1908 ～ 1982）　原名 Jacques Tatischeff（雅克·塔蒂舍夫）。法国电影演员兼导演。曾为职业英式橄榄球选手，1931 年成为音乐厅娱乐演员，其表演主要靠面部表情和身体动作来勾勒运动员和裁判员的形象。后来参加了多部喜剧短剧的拍摄。他还编写、执导并演出了一系列滑稽喜剧电影，其中包括《节日》（1949）、《于洛先生的假日》（1953）、《我的舅舅》（1958）、《娱乐时间》（1968）、《车流》（1971）和《游行》（1974）等，并以其形体喜剧的灵感及影片《于洛先生的假日》而闻名。

塔尔　Tull, Jethro（1674 ～ 1741）　英国农艺学家和发明家。曾在牛津大学受教育。1701 年前后制作了一种马拉播种机，可以整齐地进行播种，后来又改进了一种马拉的锄头。他强调肥料的使用和土壤疏松的重要性。塔尔的耕作法起初受到抨击，但后来为多数大农场主采用，为现代农业奠定了基础。

塔尔卡瓦诺　Talcahuano　智利中南部城市。位于康塞普西翁湾的西南海岸。现为智利主要的港口和海军基地，也是重要的商业、渔业、制造业中心。1879 年太平洋战争中被智利缴获的秘鲁装甲舰"瓦斯卡尔"号现在还停泊在这个海港。人口约245 000（2002）。

塔尔科夫斯基　Tarkovsky, Andrey (Arsenyevich)（1932～1986）　苏联电影导演。诗人之子。曾在苏联国家电影学院学习，第一部故事片《伊凡的童年》（1962）受到好评。他的宗教和美学观点在影片《安德烈·鲁勃廖夫》（1966）中有所表现，这部影片叙述的是一位中世纪俄国圣像画家目睹战争的残酷的故事。后期作品具有震撼人心的视觉影像和象征性的梦幻般的格调，但没有传统的情节，其中包括《飞向天空》（1972）、《镜子》（1975 年）、《潜行者》（1978）。他的作品在苏联国内遭到当局禁演，在完成《怀乡》（1983）的制作后，他于 1984 年决定留在西方，在西欧完成了最后一部作品《奉献》（1986）。

塔尔奎尼亚　Tarquinia　旧称科尔内托（1922 年前），意大利中部拉齐奥区北部的城镇。为埃特鲁斯坎联盟的主要城市之一，是以古城塔丘纳为基础发展起来的。公元前 4 世纪被罗马征服。公元前 1 世纪成为罗马的殖民地（塔尔奎尼）。公元 6 ～ 8 世纪期间，伦巴第人和萨拉森人入侵，将该城迁到现址。中世纪时称科尔内托。古城遗迹有雄伟的埃特鲁斯坎寺院，院中有赤陶翼马，为埃特鲁斯坎的艺术珍品。该城著名的大墓地中，有意大利埃特鲁斯坎人最重要的绘画墓穴。人口约16 058（2006）。

塔尔玛　Talma, François-Joseph（1763 ～ 1826）　法国演员、剧团经理。1787 年在法兰西喜剧院首次登台演出。在 J.-L. 大卫的影响下，他成为历史服装的早期提倡者之一，并在舞台上穿着罗马托加袍引起轰动。1789 年公司因政治立场分歧而分裂，亲共和派的塔尔玛建立了一个剧团与之匹敌。他在舞台布景上发展出写实主义，并坚持自然主义而不是朗读式的表演风格。1799 年他的剧团重新与法兰西喜剧院合并。身为剧院经理，他还被视为当时水平最高的悲剧演员，赢得拿破仑的赞扬。

塔尔奇夫　Tallchief, Maria（1925 ～ 2013）　具有美洲土著血统的美国芭蕾舞演员。出生于俄克拉何马州费尔法克斯。曾师从 B. 尼金斯卡学习，后加入蒙特卡洛俄罗斯芭

M. 塔尔奇夫在《天鹅湖》中的剧照
Martha Swope

蕾舞团（1942 ～1947）。1948 年加入纽约市芭蕾舞团，并成为该团首席芭蕾舞女演员。在 G. 巴兰钦（1946 ～ 1952 年是她的丈夫）编排的许多芭蕾舞中担当最主要的角色，其中包括《西班牙交响曲》（1947）、《旋转楼梯》（1952）和《双人舞》（1955）。1965 年离开公司，成为芝加哥抒情歌剧院芭蕾舞团艺术总

监。1980 年创办芝加哥市芭蕾舞团。

塔尔萨　Tulsa　美国俄克拉何马州东北部城市。濒临阿肯色河。建于 1836 年，原为克里克印第安移民的村落。1882 年铁路修建后白人开始在此居住。20 世纪初期在附近发现石油，掀起油气开发热潮，发展迅速。现有多家重要的石油公司在该市设立工厂和办事机构。为阿肯色河航运系统的起航港，水道长达 708 千米，连接阿肯色河和密西西比河。是一个富饶的农业地区的商业和金融中心，设有塔尔萨大学（1894）和奥勒尔·罗伯茨大学（1965）。人口约391 906（2010）。

塔尔沙漠　Thar Desert　又称 Great Indian Desert（印度大沙漠），位于印度西北部和巴基斯坦东南部炎热干燥的沙漠地区，由沙丘、沙质平原以及陡立荒芜的丘陵构成，地势起伏不平。有数个盐湖散布在各处。塔尔沙漠的面积约 20 万平方千米，与印度河平原、阿拉瓦利岭及旁遮普平原接壤。

塔尔苏斯　Tarsus　土耳其中南部城市，位于地中海海岸附近。从新石器时代开始就有居民，后被夷为平地，由亚述国王辛那赫里布于公元前 700 年重建。此后，该城由阿契美尼德和塞琉西王国轮流实行自治统治。公元前 67 年并入罗马新设的西利西亚行省，成为东罗马帝国和拜占廷帝国主要城市之一。公元前 41 年 M. 安东尼与克娄巴特拉七世初次在此相识。该城同时也是圣保罗的出生地。拜占廷初期，该城是主要的工业和文化中心。10 ～ 15 世纪，曾受多个强权国家统治，16 世纪初归奥斯曼帝国。今塔尔苏斯仍然是一个农业和棉纺业中心。人口约216 382（2000）。

塔尔塔罗斯　Tartarus　希腊神话中冥界的最深处。永无止尽的黑暗，恶人在触怒神祇死后在此接受惩罚。宙斯将众提坦幽禁于此处，由百臂巨人看守以防他们脱逃。后期古典文学作家有时用哈得斯替换塔尔塔罗斯来称呼整个冥界。

塔夫脱　Taft, William Howard（1857～1930）美国第 27 任总统（1909 ～ 1913）。生于辛辛那提。曾供职于州最高法院（1887 ～ 1890），

W. H. 塔夫脱，1909 年摄
By courtesy of the Library of Congress, Washington, D. C.

任美国司法部副部长（1890 ～ 1892）及美国第六巡回上诉法院法官（1892～1900）。曾任菲律宾委员会会长，并赴菲律宾组织文官政府，成为第一任总督（1901 ～ 1904）。1904 ～ 1908 年任 T. 罗斯福内阁的陆军部长，罗斯福在 1908 年曾支持塔夫脱竞选总统。他赢得了选举但却与保守的共和党联合，导致与党内改革派不和。1912 年他再度被提名，但与罗斯福和公麋党的分裂使得 W. 威尔逊最终当选。他后来在耶鲁大学教授法学（1913 ～ 1921），1918 年任职于美国战时劳工委员会，是国际联盟的支持者。作为美国最高法院的大法官（1921 ～ 1930），他引入了改革并使其运作更有效率。他确保了 1925 年《法官法》的通过，该法案使得法院对是否接受案件有更宽泛的决定权限。在《迈尔斯诉美国案》（1926）中他表明支持总统撤换联邦官员的权力，这一表态作用重大。鉴于健康状况不佳，他于 1930 年辞职。

塔格利德　taqlid　在伊斯兰教法中，指在不了解那些判例之依据的情况下对他人判例的绝对承认。在穆斯林不同宗派和学派中，对于塔格利德的看法差异很大。什叶派教徒必须执行塔格利德制度，而在逊尼派的 4 个法学派别中，沙斐仪学派、马立克学派和哈乃斐学派都接受塔格利德原则，但罕百里学派却拒绝接受。塔格利德制度的实行，主要基于早期穆斯林法学家是最有资格推出权威律法见解的信条，因为当时这些法学家最接近穆罕默德。

《塔古姆》　Targum　泛指希伯来文《旧约全书》的数种阿拉米文译本或部分译本。最早的《塔古姆》是犹太人被掳往巴比伦（参阅巴比伦囚虏）以后之作，目的是为了满足没有学问的犹太人的需要，因为他们看不懂希伯来文。《塔古姆》的地位与影响力的确立是在约公元 70 年耶路撒冷第二圣殿被毁之后，此后犹太教会堂取代圣殿而成为举行礼拜的场所，在会堂中人们普遍诵读译成阿拉米语的《旧约全书》。对圣经的诠释和解说最终也成为这些诵读的一部分。《塔古姆》在整个犹太法典时期（参阅《塔木德》）具有相当的权威性，在公元 5 世纪开始才被承认而编译成书。

塔古斯河　Tagus River　西班牙语称 Río Tajo（塔霍河），葡萄牙语称 Rio Tejo（特茹河）。伊比利亚半岛最长的河流。源出西班牙中东部，向西流经西班牙和葡萄牙，全长 1 007千米，在里斯本附近注入大西洋。流域跨西葡两国中心地区，在经济上具有重要意义。通过水库大坝拦截河水，用于灌溉和水力发电，并形成了几个人工湖。下游约有 160 千米为通航河段，形成里斯本的天然良港。

塔霍湖　Tahoe, Lake　美国加利福尼亚州和内华达州边界上的湖泊。位于内华达山脉北部的断层盆地，面积 500 平方千米。南北长 35 千米，东西宽 16 千米，湖面海拔 1 899 米。近几十年湖水水面随旱季的到来变化很大。有许多溪流注入，深蓝色的湖面与周边

塔霍湖，位于内华达州托伊亚比国家森林
John F. Shrawder-Shostal

的国家森林使这里成为一个旅游胜地。

塔吉克斯坦　Tajikistan　全称 Republic of Tajikistan（塔吉克斯坦共和国）。中亚国家。面积：约143 100平方千米。人口：约6 952 000（2009）。首都：杜尚别。主要居民为塔吉克人（波斯人后裔），乌兹别克人是最大的少数民族。语言：塔吉克语（官方语言）、俄语。宗教：伊斯兰教（以逊尼派为主）。货币：索莫尼。塔吉克是个地形起伏多山的国家，全国一半地区海拔在3 000米以上，东部是帕米尔高原。全境为地震易发地带。阿姆河和锡尔河贯穿全国，有灌溉之利。生产棉花、家畜、水果、蔬菜和谷物。重工业有采煤、石油和天然气提炼、金属制造、氮肥生产。主要的轻工业有食品加工和纺织。该国是共和国，两院制。总统为国家元首，总理是政府首脑。公元前 6 世纪波斯人在此定居，这里曾隶属波斯帝国阿契美尼德王朝和亚历山大大帝及其继承者的帝国。公元 7 ～ 8 世纪阿拉伯人占领了塔吉克，带来了伊斯兰教。15 ～ 18 世纪乌兹别克人控制了该地区。19 世纪 60 年代俄国夺取了塔吉克斯坦的大部分地区。1924 年成为乌兹别克苏维埃社会主义共和国管理下的一个自治共和国，1929年取得正式共和国的地位。1991 年苏联解体，塔吉克斯坦实现了独立。在 20 世纪 90 年代的大部分时间里都处于政府军与反对派（多数为伊斯兰教势力）之间的内战之中，至 1997 年才实现和平。塔吉克斯坦于 1996 年首次参加在亚特兰大举办的夏季奥运会，该国运动员曾代表苏联参加过此前的奥运会。

塔拉斯科人　Tarasco　墨西哥中部米却肯州的印第安民族，其居住地是火山岩高原及湖泊的干燥凉爽地带。传统上以农业为主，也有人捕鱼、狩猎、经商或做雇工等。每个村庄都有特殊的工艺技术（例如木工、编织、陶艺、织网、刺绣、缝纫等）。他们信仰天主教，受哥伦布到达美洲之前的宗教影响非常少。他们逐渐被梅斯蒂索文化同化，但他们的主要语言仍是塔拉斯科语。

塔兰托　Taranto　古称 Tarentum。意大利东南部海港城市，位于普利亚地区。濒临塔兰托湾，该市包括位于一个小岛上的老城区和位于临近陆地上的新城区。由斯巴达人建于公元前 8 世纪，当时称塔拉斯，是意大利南部希腊殖民区的主要城市之一。公元前 4 世

纪在阿契塔的统治下,该镇的经济和军事实力均达到顶峰。公元前272年该城为罗马人统治,公元5～11世纪又在哥特人、拜占廷人、伦巴第人和阿拉伯人之间反复易手。到15世纪成为那不勒斯王国的一部分。1815年起归两西西里王国所有,1861年加入意大利王国。在第一次世界大战和第二次世界大战中成为意大利海军基地之一。1940年遭到猛烈轰炸,1943年被英国军队占领。现在仍为重要的海军基地,建有大型造船厂和钢铁厂。人口201 349(2001)。

塔兰托毒蛛 tarantula 最初仅指狼蛛,现为捕鸟蛛科蜘蛛的泛称。此蛛在美国西南以及南美大陆都有发现。多藏身于地穴,多数种类躯体和长腿有毛。主要于夜间捕食昆虫,

美洲塔兰托毒蛛(*Aphonopelma*)
Lynam-Tom Stack & Associates

偶亦捕食两栖动物。南美的一些种还捕食小鸟。在美国西南部,*Aphonopelma* 属的塔兰托毒蛛的体长可达5厘米,腿长可达12厘米左右,被激惹时螫咬人甚痛。最常见的北美塔兰托毒蛛是加利福尼亚庞蛛(*E. californicum*),寿命可达30年。

塔里斯 Tallis, Thomas(约1505～1585) 英国作曲家。1532年起担任修道院和教堂的管风琴师。到1543年已是皇家小礼拜堂的缙绅,同时为管风琴师和作曲家。虽然他是一个天主教徒,但他是首批用英语为圣公会写赞美诗的人之一。在玛丽一世的天主教统治时代,他写了大量拉丁弥撒曲,但他在伊丽莎白一世继位后仍然受宠。《耶利米哀歌》被视为他最伟大的作品。他的40声部赞美诗《歌唱与赞美》也是最著名的作品。他还写了3部弥撒曲和大约40部其他的经文歌。1575年塔里斯和他的学生W.伯德被授予在英格兰印刷音乐乐谱的专利权。

塔里辛 Taliesin 建筑师F. L. 赖特的两所住宅,也兼做建筑学校。位于威斯康星州斯普林格林附近,1911年创建,1914和1925年大火之后分别重建。西塔里辛位于亚利桑那州斯科茨代尔市附近,创建于1938年,作为赖特和他的学生冬季住宅。两所建筑都不断地翻修和扩建,直至1959年赖特去世。此后这里一直由赖特基金会的成员使用。赖特是威尔士人的后代,他将住宅以威尔士著名诗人塔里辛(活动时期约公元6世纪)之名命名。

塔利奥尼 Taglioni, Marie(1804～1884) 意大利芭蕾舞演员,其娇弱而柔和的舞蹈风格是19世纪初期浪漫主义的典型代表。主要接受担任编舞指导的父亲菲利普·塔利奥尼(1777～1871)的训练,1822年在维也纳首次登台。其父帮助她发展了自己独特的技巧,1832年在巴黎歌剧院演出父亲创作的《仙女》时获得巨大成功。她曾在欧洲巡回演出,1837～1842年在圣彼得堡与皇家芭蕾舞团一起演出。1847年退出舞台。她是最早用足尖跳舞的演员之一,她首创的经典技巧包括空中漂浮的跳跃和"阿拉贝斯克"等舞姿(一种演员向前曲身,单腿直立,臂向前伸,另一臂及腿向后伸展的芭蕾舞姿),还首先穿着宽松的薄纱连衣裙,这种裙子后来演化成由腰部撑开的芭蕾舞短裙。

塔利班 Taliban 政治和宗教派别以及民兵组织,20世纪90年代中期执掌阿富汗政权。1989年苏联军队撤出阿富汗(参阅阿富汗战争)之后,塔利班(波斯语意为"学生")——该名称指伊斯兰教的学生,他们是该组织的主要招募对象——因不满全国陷入混乱而展开反抗行动。在M. M. 奥马尔的领导下,塔利班在阿富汗的势力由一个城市,扩张到近乎半个国家,并在1996年攻陷首都喀布尔,建立了一个严格的伊斯兰教政权。到1999年,塔利班控制了几乎整个阿富汗,但它的政权却未能获得国际承认,原因在于统治政策粗暴(例如几乎完全禁止妇女在公共场所活动),以及他们为伊斯兰教极端分子提供掩护。这些极端分子包括流亡在外的沙特阿拉伯人本·拉登,据传他是涉及多起国际恐怖活动的伊斯兰激进分子组织的领导人。2001年9月11日美国世界贸易中心及五角大楼发生恐怖袭击后,塔利班拒绝把本·拉登交给美国的要求,因此遭到美国及其盟国的军事报复。

塔列朗 Talleyrand(-Périgord), Charles-Mauricede(1754～1838) 法国政治家。曾受神职,1788年任欧坦主教。1789年被选为僧侣代表参加三级会议,成为"革命的大主教",要求征用教会财产资助新政府,并代表神职人员支持《教士公民组织法》。1790年被教皇逐出教会,1792年被派往英国作为外交特使。在恐怖统治时期被逐出法国,1794～1796年住在美国。后回到法国任督政府的外交部长(1797～1799)。由于卷入贿赂丑闻(包括XYZ事件),他被迫暂时辞职。塔列朗精于政治生存之道,因支持拿破仑而再次成为外交部长(1799～1807),并出任宫廷侍卫长(1804～1807)。后因反对拿破仑的对俄政策而辞职,但继续向拿破仑提供建议,安排他与奥地利的玛丽-路易丝联姻。当拿破仑面临失败时,塔列朗秘密运作恢复君主政体,1814年被任命为路易十八的外交大臣,并代表法国出席维也纳会议。1815迫于极端保王党的压力而辞职,后来还参加了1830年的七月革命,1830～1834年担任驻英大使。

塔林 Tallinn 旧称Revel(1918年以前)。爱沙尼亚首都,海港城市,濒临芬兰湾。从公元前第1千纪末期就存在设防的定居点。12世纪设镇。1219年被丹麦人占领,并建立新要塞。1285年加入汉萨同盟后贸易开始繁荣起来。1346年被卖给条顿骑士团。1561年归属瑞典。1710年被俄国占领。直到1918年才成为独立的爱沙尼亚首都,1940～1991年爱沙尼亚为苏联的一个加盟共和国。在第二次世界大战期间,该市被德军占领,遭到严重破坏。重建后,1991年成为独立的爱沙尼亚的首都。现为爱沙尼亚的主要商业和渔业港口、工业中心和文化中心。设有众多教育机构。历史建筑包括中世纪的城墙和13世纪的教堂。塔林的老城中心区于1997年被联合国教科文组织列为世界遗产。人口约402 075(2011)。

塔罗特牌 tarot 用于占卜和游戏的一种成套纸牌。其真正发源地不详,类似现在形状的塔罗特牌最早出现在14世纪后期的意大利和法国。标准的现代塔罗特牌每副有

月,大阿卡纳牌的第18张牌
Mary Evans Picture Library

78张牌,其中22张印有图画,代表各种势力、人物、美德和邪恶。剩下的牌被分成4种花色:①魔杖或棍棒(梅花),②杯(红桃),③刀剑(黑桃),④钱币、五角星形或圆盘(方块);每种花色14张牌,其中10张是数字牌,另外4张是宫廷牌(国王、皇后、骑士和侍从)。现代的扑克牌就是从后面描述的这种牌演变而成的。塔罗特牌起先只用来游戏,18世纪时被赋予深奥的含义,现在则普遍被用来占卜。每一张牌的基本寓意按照算命人把几张牌摊开时是否被颠倒放置、牌所处的位置以及邻近牌的含义而有所变化。

塔马林猴 tamarin 狮面猴属(或按照某些权威称之为狮头狨属)和亚马孙柽柳猴属的25种长牙狨的统称。塔马林猴身长20～30厘米(不包括30～40厘米长的尾巴)。皇帝塔马林猴有灰色的长毛,淡红色的尾以及长而白的触须。狮面猴属的3个品种现在濒临灭绝。

塔马约 Tamayo, Rufino(1899～1991) 墨西哥画家和平面设计艺术家。曾就读于墨西哥城美术学校,后任教于墨西哥国立考古

博物馆(1921 ～ 1926)。与 J. C. 奥罗兹科、D. 里韦拉、D. A. 西凯罗斯等人的巨幅绘画和政治艺术语言相比,他更喜欢在画架上绘画。其独特的风格混合了立体主义和超现实主义,并结合了墨西哥民间艺术主题如半抽象人物、静物和充满活力色彩的动物。自 1936 年起,他主要居住在纽约。1950 年威尼斯双年展为其带来国际赞誉。他还为墨西哥城国立美术宫(1952 ～ 1953)和联合国教科文组织总部(1958)设计过壁画。1974 年他将所收藏的前西班牙艺术品捐赠给故乡瓦哈卡。

塔毛利帕斯　Tamaulipas　墨西哥东北部一州。境内多山,但北部平原广阔肥沃,墨西哥湾海岸地区多沙丘和潟湖。多数地区得到灌溉。农业是主要产业,产有高粱、大豆、甘蔗、棉花、咖啡和水果。渔业和铜矿也很重要。天然气产量占墨西哥的 1/3,原油产量也十分丰富。首府维多利亚城。面积79 384 平方千米。人口3 268 554(2010)。

塔庙　ziggurat　公元前 2200 ～前 500 年美索不达米亚各大城邦中独特的庙塔,为阶梯式金字塔形。塔庙主要由泥砖建成,外部砌一层烧过的干砖。塔庙没有内室,通常为方形或长方形。已知的塔庙约有 25 座,分布在苏美尔、巴比伦和亚述。保存最为完好的塔庙在乌尔,最大的塔庙在埃兰。传说中的巴别塔与巴比伦的马尔杜克大神庙的塔庙有联系。

《塔木德》　Talmud　犹太教对《密西拿》、革马拉的段落和其他口传律法,包括《托塞夫塔》的系统详述和分析。有两部《塔木德》存在,分别由两群不同的犹太学者编纂:巴比伦系塔木德(约 600)和巴勒斯坦系塔木德(约 400)。巴比伦系塔木德的内容更广泛,因而受到更多的尊敬。两个塔木德都通过定义托拉和论证它的完美性和全面特征来阐明自己的解经原则,以表达他们的神学系统。塔木德保持了文本的中心重要性,尤其是在正统派犹太教里。目前以色列和美国正在对现代塔木德进行深入研究。参阅哈拉卡。

塔那托斯　Thanatos　古希腊的死亡化身。他是夜女神尼克斯的儿子,睡神许普诺斯的兄弟。他在命运女神所定时间结束之时现身,将人们带往冥界。塔那托斯曾被赫拉克勒斯击败,他为了拯救阿尔刻提斯的生命而与之摔跤,他还受到西绪福斯蒙骗,后者得到了第二次生命。

塔纳格拉陶俑　Tanagra figure　公元前 3 世纪起出现的小赤陶人像,以其发现地希腊比奥蒂亚的塔纳格拉命名。这些小雕像主要是服饰华丽的年轻妇女,或坐或立,都用模子翻制而成,先覆盖一层白色涂料,然后再上色。19 世纪发现这些陶俑后曾轰动一时,结果导致赝品充斥。

塔纳河　Tana River　肯尼亚最长的河流。发源于阿伯德尔山脉,流向曲折,向东北流后转向东,最后向南注入印度洋,全长 708 千米。小船可在上游航行约 240 千米。

塔纳湖　Tana, Lake　埃塞俄比亚最大湖泊,面积约3 620平方千米。是青尼罗河(参阅尼罗河)的主要源头,青尼罗河从这里流过一个熔岩屏障,倾泻 42 米形成提斯厄萨特瀑布。中世纪时,在湖中两座岛上修建了科普特修道院。

塔帕若斯河　Tapajos River　巴西北部河流。由特利斯皮里斯河与茹鲁埃纳河汇流而成,向东北方向流经1 298 千米后,注入亚马孙河。塔帕若斯河虽有一些急流,但全程可通航。沿岸有几个重要的橡胶园。

塔什干　Tashkent　又作 Toshkent。乌兹别克斯坦首都。该城的历史追溯至约公元前 1 或 2 世纪,当时是连接欧洲与东亚商路重要的贸易中心。8 世纪初,阿拉伯人占领塔什干,13 世纪被蒙古人征服,14 ～ 15 世纪被土耳其人控制。1865 年俄国人接管该城。1867 年塔什干成为土耳其斯坦的行政中心,并在旧城旁建起另一座新式欧洲城市。1966 年该城由于地震遭到严重破坏。现在塔什干仍然是中亚地区的主要经济和文化中心,建有多个高等学府,其中包括乌兹别克科学院(1943)。人口约1 959 190(2007)。

塔斯基吉大学　Tuskegee University　美国亚拉巴马州塔斯基吉的私立大学。1881 年 B. T. 华盛顿建立此学校时是一个黑人师范学院,至今该校的学生仍以非洲裔美国人为主。G. W. 卡弗在塔斯基吉大学进行了他的大部分研究工作(1896 ～ 1943),联合黑人大学基金会(1944)的建立者 F. D. 帕特森曾担任该校校长(1935 ～1953)。从 20 世纪 30 年代开始,一所美国公共健康服务中心以这里为基地,进行过一项臭名昭著的研究,即在黑人身上检测未经治疗的梅毒生长过程。如今这所大学拥有文理学院、农学院、商学院、教育学院、工程和建筑学院、护理学院以及兽医学院。现有注册学生约3 200人。

塔斯科　Taxco　全称 Taxco de Alarcón,墨西哥中南部格雷罗州城镇。在哥伦布到达美洲之前的时期为一个银矿,是最早的矿业中心之一,有西班牙人定居于此。在殖民统治时期,塔斯科经济繁荣,并以其丰富的银矿资源而闻名。塔斯科具有殖民时期的风貌,内有大鹅卵石街道和巴罗克式圣普里斯卡教堂,目前该城已被定为国家地标。人口52 217(2010)。

塔斯马尼亚　Tasmania　旧称 Van Diemen's Land(范迪门陆地),澳大利亚联邦的一个岛州。靠近澳大利亚大陆的东南角,由巴斯海峡与大陆隔开。塔斯马尼亚岛州面积68 401 平方千米,还包括许多小海岛。霍巴特为州首府。早期的居住者为澳大利亚土著民族。1642 年 A. J. 塔斯曼发现该岛并将之命名为范迪门陆地。19 世纪初受英国控制,1825 年成为英国的殖民地。50 年代前该地一直被用作流放地。1856 年被批准实行自治并重新命名为塔斯马尼亚。1901 年成为澳大利亚联邦的一个州。主要经济活动包括铜、锌、铅和银等矿产的开采和畜牧业,特别是羊毛生产,以及旅游业。该岛州的几处自然保护区统称为塔斯曼莽原,于 1982 年被联合国教科文组织列为世界遗产。人口约507 643(2010)。

塔斯曼　Tasman, Abel Janszoon(1603? ～ 1659?)　荷兰探险家。在服务于东印度公司(荷兰)期间,他于 1634 ～ 1639 年勘察了东亚和东南亚地区并进行贸易活动。1642 年受命于 A. 范迪门前往假设的太平洋南方大陆探险,并寻找通往智利的航道。他从巴达维亚(现在的雅加达)起航,到达南纬 49 度、东经 94 度处,然后向北航行发现了他命名的范迪门陆地(现在的塔斯马尼亚),随后他又沿新西兰海岸航行,并相信这就是所谓的南方大陆。同时,他还发现了汤加和斐济群岛。1644 年塔斯曼再次出航,驶入卡奔塔利亚海湾,并沿澳大利亚北部和西部海岸航行。

塔斯曼半岛　Tasman Peninsula　澳大利亚塔斯马尼亚州东南部半岛。长约 42 千米,宽约 32 千米,岛屿海岸多陡崖和奇石。1642 年被首次发现,但到 1830 年在亚瑟港建立罪犯监禁所之前是没有人居住的。其部分遗址现已修复,成为吸引游客的名胜。该半岛现为澳大利亚国有土地的一部分。

塔斯曼海　Tasman Sea　南太平洋海域的一部分,位于澳大利亚东南岸和新西兰西岸之间。宽约2 250千米,最深处位于塔斯曼海盆,可超过5 200米。1642 年由 A. J. 塔斯曼发现,18 世纪 70 年代 J. 库克船长也发现这部分海域。塔斯曼海以其咆哮的风暴而闻名,经济资源包括渔业和石油储藏。

塔索　Tasso, Torquato(1544 ～ 1595)　意大利诗人。身为一名诗人和朝臣之子,塔索成为费拉拉公爵阿方索二世的廷臣。在当时诗歌盛行的一段时期内,塔索写成一部描写理想化田园生活的牧歌剧《阿明达》(1581, 1573 年上演)。1575 年他又完成杰作《耶路撒冷的解放》(1581,完成于耶路撒冷),这部八行诗的历史史诗以第一次十字军东征为背景,穿插了浪漫的甚至超自然的插曲。1579 ～1586 年间塔索精神失常并被关人圣安娜医院。《耶路撒冷的解放》后来被翻译成欧洲多种文字出版,并被效仿,而塔索也成为数个世纪中的文学传奇人物,并被认为是文艺复兴后期最伟大的意大利诗人。

塔特美术馆　Tate Gallery　位于伦敦的艺术博物馆,约从 1870 年开始收藏英国绘画和雕像以及现代英国和欧洲艺术的国家级藏品。1890 年糖业大亨及糖块的发明人亨利・塔特爵士(1819 ～ 1899)将其收藏的维多利亚时代艺术品捐献给国家,该馆遂命名为塔特美术馆。这个新古典主义的建筑由 S. R. J. 史密斯设计,1897 年开放。最初该馆的管理权属英国国家美术馆,1954 年才完全独立。1987 年该馆增建克洛尔陈列馆,主要用于收藏 J. M. W. 特纳的主要作品。1988 年其分馆在利物浦开放。此外,由发电厂改装的泰特现代艺术博物馆已于2000年开放，主要用于收藏现代艺术品。

塔特姆 Tatum, Art(hur)（1909～1956）美国钢琴家、爵士乐技法最好的演奏家之一。出生于俄亥俄州托莱多，一出生就是盲人。由于受到F.沃勒和E.海因斯的影响，他的演奏风格融合了传统钢琴和摇摆乐演奏的特点，并形成了一种独特的技术，协调控制钢琴的演奏手法，能够快速弹奏并可展示音调的复杂细节。到1937年，塔特姆被认为是爵士乐杰出的钢琴演奏家。1943年，他设计了一支与吉他和低音提琴共同演奏的三重奏乐曲，但他通常通过独奏表演展露自己独特的技巧。

塔瓦斯科 Tabasco 墨西哥东南部一州。面积25 267平方千米。首府比亚埃尔莫萨。濒临墨西哥湾和危地马拉。哥伦布到达美洲以前的印第安文化包括基切人文化、奥尔梅克文化、塔瓦斯科文化和纳瓦人文化。1518年欧洲人首次来到塔瓦斯科，1519年H.科尔特斯首次与印第安人发生冲突，其中部分印第安人在16世纪30年代和40年代被制伏。1824年设州。在20世纪60年代石油开采前，农业、林业、养蜂业，以及墨西哥湾内的渔业和养牛业为该州的主要收入来源。该州也是石油的主要生产区。人口2 238 603（2010）。

塔西佗 Tacitus（公元56?～120?） 拉丁语全名为Publius Cornelius Tacitus。罗马演说家和高级官员。学习过修辞学。从低级地方行政官员开始其政途，最终成为亚洲总督，当时最高的省级行政长官（112～113）。公元98年他写了《阿格里科拉传》和《日耳曼尼亚志》，前者是一本记录他的岳父不列颠总督事迹的传记，后者描写的是莱茵河上的罗马边境的居民。他关于罗马历史的著作包括描写帝国自公元69至96年间的《历史》和后来写成的描写公元14～68年间罗马帝国的《编年史》，后者有力地评价分析了他在《历史》一书中所描述的罗马政治自由的衰落。两部书都仅有部分尚存。塔西佗或许是最伟大的历史学家和最伟大的以拉丁文写作的散文家之一。

塔希提岛 Tahiti 南太平洋中部法属波利尼西亚社会群岛东部诸岛中的最大岛屿，总面积1 042平方千米。帕皮提为该岛行政中心，也是法属波利尼西亚的首府。岛上内陆为山地，奥罗黑纳山海拔2 237米。城市坐落于沿海平原。原住民为波利尼西亚人。1767年英国海军S.沃利斯船长到过塔希提。L.A. de布干维尔随后于1768年来到岛上，他宣布该岛属于法国。最早来此定居的欧洲人是伦敦新教会的成员，他们于1797年到达。1880年这里成为法国殖民地。目前这里是法属波利尼西亚海外自治领的一部分。法国在该地区连续不断的核试验激怒了当地居民，以至近年来要求独立的呼声不断。旅游业对该地经济有重要影响。

鳎 sole 数种比目鱼的统称，专指鳎科约100种鱼类。从欧洲到澳大利亚和日本的种类均为海产，而有些新大陆种类则生活于淡水中。两眼均位于头的右侧。多佛鳎分布于

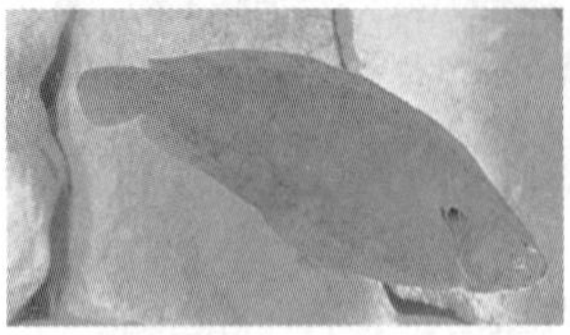

多佛鳎（*Solea solea*）
Jacques Six

东大西洋与地中海的河口到近岸水域，体长约50厘米。三鳍鳎（*Trinectes maculatus*）体长很少超过25厘米，见于从新英格兰到中美洲的大西洋近岸浅水，也常见于深入内陆同大河川相连的淡水水域中。

苔 liverwort 苔藓植物的苔纲小型、无维管束、产生孢子的8 000多种陆生植物之统称。呈世界性分布，但主要分布于热带。原植体苔通常生长于潮湿的土壤或岩石上，而叶状苔既见于类似的生境，又见于潮湿林地的树干上。苔类的生活周期中有性（配子体）世代及无性（孢子体）世代交替出现（参阅世代交替）。苔的原植体类似分叶的肝脏，其英文名因此而得。苔类对人无重要经济价值，但能保持水分，可以为动物提供食物，促进林木的腐朽，有助于岩石的崩解。

苔巴尔迪 Tebaldi, Renata（1922～2004）意大利歌剧女高音歌唱家。1944年在《梅菲斯托费尔》剧中首次演出，1946年同指挥A.托斯卡尼尼一起为拉斯卡拉歌剧院重新开张的音乐会演唱，并在拉斯卡拉歌剧团演出10年。她在伦敦的科文特加登广场剧院（1950）和纽约市大都会歌剧院（1955）的演出中都演唱德丝狄蒙娜。她在大都会歌剧院演唱了17年，饰演过托斯卡、曼侬、莱丝考特、咪咪和维奥拉塔等角色。1976年退休。

胎儿 fetus 一切脊椎动物，尤其是哺乳动物已具基本外形的未出生的幼儿。以人类来说，这个阶段始于受孕（参阅胚胎）8周后。胎儿阶段代表着胎儿逐渐长大、器官系统的成形发育，直至出生。第三个月终止时，人类胎儿的臂和腿可移动并开始有反射性运动（如吸吮）。受孕四个月后，胎儿长约13.5厘米，重约170克。第五个月时，身体长出绒毛状的毛发，皮肤也变得不太透明。第七个月时，生出一层有保护作用的胎儿皮脂，覆盖在红色、多皱纹的皮肤上。第八个月时，皮下有脂肪积存，这时胎儿约2.2千克。一个完整的胎儿期约为266天。

胎儿酒精综合征 fetal alcohol syndrome (FAS) 孕妇在受孕时或妊娠期因饮酒造成新生儿的各种先天性疾病。主要症状包括：生长障碍、中枢神经系统不正常，以及某些面部和头部的畸形。小孩也可能精神发育迟滞。行为上的问题（如注意力不集中、容易冲动等）有时是唯一明显的症状。现今的保健机构通常建议妇女在整个孕期当中都不要饮酒。其他疾病与母乳中的酒精有关。

胎儿幼红细胞增多症 erythroblastosis fetalis 又称hemolytic disease of the newborn（新生儿溶血病）。孕妇对其胎儿的红细胞内的抗原产生抗体所引起的婴儿贫血。Rh阴性妇女（参阅Rh血型系统）遇上Rh阳性胎儿的ABO血型与其相配时，可能会在第一次怀孕时发生免疫反应，使母亲在胎儿红细胞进入其血液时产生敏感症状，且通常是发生在分娩之时。若血型分类的结果是配合禁忌，可在母亲生产后进行反Rh抗体注射以摧毁胎儿红细胞，预防后续怀孕时会发生的困扰。若羊膜穿刺术发现血液被破坏的情况，则在生产前为胎儿输入Rh阴性血液或在胎儿诞生后为其换血，可以拯救婴儿性命。ABO配合禁忌的情况很常见，但通常不严重。

胎盘 placenta 多数哺乳动物子宫内与胎儿一起发育的器官，居间负责代谢交换。脐带连接胎儿肚脐的位置。母体血液中的养分与氧气通过胎盘到胎儿，代谢废物及二氧化碳从胎儿反方向通过胎盘；两种血液替换而不混合。母体血液的其他物质（如酒精或药物），也会通过胎盘造成新生儿的先天性疾病与药瘾（胎儿酒精综合征）；有些微生物会经过胎盘感染胎儿，但是母体的抗体同样也会进入。胎盘在妊娠后期重约500克，在分娩时排出。有些动物将胎盘吃掉当作养分来源，有些物种借此刺激泌乳作用。

胎痣 birthmark 出生时，皮肤上不寻常的一种瘢或疤。大部分的胎痣不是血管瘤就是色素痣。通常无害，有许多在孩童时期会自动褪去，褪不掉的有时可用激光器手术或磨蚀来除去。

台伯河 Tiber River 意大利语作Tevere。意大利第二大河流，发源于亚平宁山脉，向南流405千米，穿过罗马城，最后在奥斯蒂亚注入地中海。罗马时期重要的航海贸易路线。尽管几个世纪以来一直在清淤，现在河里的淤泥限制了对该河的利用。

台口 proscenium 剧院中将舞台与观众厅分开的拱形或框架结构，观众通过它来观看演出。在古希腊剧院中，台口起初是指永久性剧场背景建筑的前面区域，后来则指整个舞台。现代意义的台口于1618年首次装在帕尔马的法尔内塞剧院。虽然这种拱形结构确曾包含一个舞台幕，但其主要目的是想提供创作气氛和壮观场面，换景依然在观众的注视下进行。直到18世纪舞台大幕才被作为遮盖换景的工具。台口的开启对19世纪一些写实主义剧作家而言非常重要，因为台口可使观众产生在一个画框中窥看舞台人物的幻觉。

台球 billiards 在铺有布料、四周围有橡皮垫的长方形球台上进行的各种游戏，用一根长球杆将一些小而硬的球打向对方或击入袋内。卡罗姆台球（或称法式台球）是在无落球袋的球台上进行的，使用3枚球（两白一

红),目标是触击白色母球,设法使它连续击中另两个目标球,如此记一次双球连击(得一分)。英式台球也有3枚球,但球台有落球袋;有各种记分法。落袋台球是另一种流行的英式台球游戏。北美洲主要的台球游戏是落袋式台球。美国台球大会管理美国的锦标赛,包括被认为是世界锦标赛的美国落袋式台球锦标赛。

跆拳道　tae kwon do　一种类似空手道的韩国武艺。跆拳道的特点是除了用拳猛击以外,还大量使用高踢和跳踢。它既是一项体育运动,又是一种自卫防身术或精神修炼的方法。在击打中,出拳点到即止而不接触对手。源于韩国自卫防身术的早期形式,1955年经规范后被正式命名为跆拳道。2000年成为奥运会比赛项目。

太巴列　Tiberias　希伯来语作Teverya。以色列东北部太巴列湖(加利利)沿岸的城市和旅游胜地。低于海平面210米,是世界上海拔最低的城市之一。约公元20年由希律·安提帕创建,以当时的罗马皇帝提比略之名命名。公元70年耶路撒冷被罗马人毁坏以后,太巴列成为犹太学术中心,后来又成为犹太教公会和犹太教拉比院的所在地。3～6世纪,犹太法典在此编辑。1187年萨拉丁从十字军手中夺回该城。现在的城市在1922年归英国委任统治时重建,1948年成为独立的以色列的一部分。历史古迹包括著名犹太学者M.迈蒙尼德的墓。太巴列是犹太教四圣城之一(其他三城为希伯伦、耶路撒冷和采法特)。人口约40 100(2004)。

太巴列湖　Tiberias, Lake　参阅加利利海。

太甫绥鲁　tafsir　指注释伊斯兰教经典《古兰经》的学科。产生于穆罕默德死后,主要为了解决文稿中语意含糊,阅读偏差,原文错讹和明显矛盾等问题。从最早的纯粹个人推测开始,太甫绥鲁发展成为一个系统的对《古兰经》原文的注释体系,逐节地,有时还是逐字地进行注释。初期阶段依赖圣训,形成一种独断古板的太甫绥鲁。最富于包容性的太甫绥鲁由塔百里编辑。穆斯林现代派将太甫绥鲁作为阐发其改革思想的工具。

太古宙　Archean Eon　又作Archaean Eon或Archeozoic Eon(始生代)。前寒武纪两个分段中较早的一个分段。始于40亿年前地壳形成时,延续到约25亿年前元古宙开始时。元古宙是前寒武纪第2个分界点。最早、最原始的生命形态细菌和蓝绿藻起源于35亿多年前的太古宙中期(太古宙的另一名称"始生代"意指"古老的生命")。

太空探测　space exploration　利用载人或无人的航天器探索地球大气层之外的宇宙。研究利用火箭作为太空飞行开始于20世纪初期。30年代德国研究火箭推进,结果发展出V-2导弹。第二次世界大战后,美国与苏联由移居的德国科学家的协助,开启"太空竞赛",在高空火箭技术上获得实质性的进展。双方都在20世纪50年代晚期发射第一颗人造卫星(参阅"探险者"号卫星),之后还有其他人造卫星与无人的月球探测器,1961年发射第一艘载人航空器(参阅"东方"号和"水星"号飞船)。随后是更远更复杂的载人太空任务,最著名的是美国的阿波罗计划,包括1969年第一次登月,还有苏联的"联盟"号与"礼炮"号。60年代开始,美国和苏联科学家也发射无人的太空探测器,研究太阳系行星与其他星体(参阅"先驱者"号探测器、"金星"号探测器、"海盗"号探测器、"旅行者"号探测器和"伽利略"号飞船),还有绕地球轨道飞行的"天文"卫星(参阅哈勃太空望远镜)在地球大气上方观测宇宙的物体,不受大气的滤光与扭曲失真的干扰。20世纪70与80年代,苏联专注于发展科学研究与军事侦察的太空站(参阅"礼炮"号航天站和"和平"号航天站)。在1991年苏联解体之后,俄罗斯继续太空计划,但由于经济条件限制而缩小。1973年美国发射了自己的太空站(参阅"天空实验室"计划),从70年代中叶起专注于载人的太空任务乃至航天飞机计划,近年则与俄罗斯等国共同合作发展国际空间站。

太平洋　Pacific Ocean　南起南极洲,北至北极圈的咸水水域。位于亚洲大陆(西)、澳大利亚(西)和南北美洲大陆(东)之间,占地球总面积的1/3,是世界上最大的海洋。面积165 250 000平方千米(不包括邻近的海),为大西洋的两倍,比地球上所有的陆地面积还大得多。平均深度是4 280米。西部太平洋以有许多属海而闻名。

太平洋岛屿托管地　Pacific Islands, Trust Territory of the　前联合国托管地,1947～1986年委由美国管理。该托管地由2 000多座岛屿组成,散布于热带西部太平洋、赤道以北7 770 000平方千米的海面上。太平洋岛屿托管地包括密克罗尼西亚地区,由3大岛群组成:马里亚纳群岛、加罗林群岛和马绍尔群岛。首府在北马里亚纳群岛的塞班岛。1986年美国宣布托管地协约不再具有效力,于是密克罗尼西亚联邦和马绍尔群岛共和国成为独立自主的国家,而北马里亚纳群岛则成为美国的一个自治邦。1994年帕劳共和国成为一个主权国家。

太平洋战争　Pacific, War of the(1879～1883)　智利、玻利维亚和秘鲁之间为争夺具有丰富矿藏资源的太平洋沿岸地区而引发的冲突。这里的国界过去从未划定。19世纪70年代智利控制了位于秘鲁、玻利维亚境内的硝酸盐矿场,当需求硝酸盐的情况日增时,就爆发了领土争议的战争。智利打败其他两个国家,控制了两国最有价值的采矿区。玻利维亚丧失了整个太平洋沿岸地区。1904年订立条约,保证玻利维亚商品可以自由通过智利领土,但玻利维亚仍继续试图摆脱内陆国不靠海的情况(参阅查科战争)。战后数十年秘鲁在经济上遭到重挫。1929年在美国的调解之下,秘鲁与智利签订了最后协议。

太阳　Sun　地球和太阳系其他成员围绕着公转的恒星。年龄约46亿年,是主宰太阳系的中心天体,占太阳系全部质量的99%以上。每秒在核心以核聚变将约450万吨的物质转变成能量并产生中微子与太阳辐射。这些能量有少量穿透地球大气,提供生命所需的光和热。太阳是发光气体构成的直径1 392 000千米球体,约为地球质量的33万倍。核心温度接近15 000 000K,表面温度约为6 000K。太阳是一个G2V光谱型(黄色)恒星,位于主星序(参阅赫罗图)中间偏下。太阳在不同的纬度自转的速率不同。在两极自转一圈要36天,在赤道只需25天。光球不停运动着,太阳黑子的数量和位置随着规律的太阳周期而改变。太阳外部的现象还包括延伸进入色球与日冕、太阳闪焰、日珥与太阳风等的磁性活动。太阳对地球的影响包括极光、无线电波通讯和电力线路的紊乱等。除了这些活动之外,太阳似乎经历数十亿年而保持相对不变。

太阳崇拜　sun worship　对太阳或代表太阳的神灵的崇拜。几种早期文化中都有出现,尤其是在古代埃及、印欧文化和中美洲文化中,这些地区的都市文明化同崇拜神圣君王的强烈意识形态相结合,宣扬了国王受太阳力量的统治,并声称国王是太阳的传人。太阳的形象是上天和人间的统治者,他每天都巡视这里,并且无所不在。太阳英雄和神在很多神话中也有记载,包括印度、伊朗、希腊、罗马和斯堪的纳维亚神话。在后期罗马历史中,太阳崇拜占据极其重要的地位,后被称为"太阳一神教"。参阅天照大神、瑞、沙玛什和索尔。

太阳风　solar wind　主要是由质子、电子和氦核组成的粒子流。这种粒子流由于日冕的高温而不断加速,使得粒子速度加大到足以使粒子脱离太阳。太阳耀斑能使其增强。太阳风可引起地球磁层和彗星尾部向远离太阳一端偏离。未与地球和其他行星发生相互作用的一部分太阳风继续移动约110～170个天文单位而变冷,最后扩散到星际空间。

太阳活动周　solar cycle　几种重要的太阳活动重复发生的时间间隔,由S.H.施瓦贝(1789～1875)于1843年宣布发现。这一周期平均为22年,它包含两个11年的太阳黑子周期,在每个周期中,太阳黑子的磁极性在太阳的南、北半球间改变,同期间也有两次高潮和两次低潮的现象变化(例如日珥、极光)。有人试图把太阳活动周期与其他各种现象联系在一起,包括太阳直径的微小变化、树木年轮的变化,甚至股票市场行情的涨落。

太阳能　solar energy　来自太阳的辐射,能够产生热,引起化学反应,或用于发电。太阳能收集器将太阳辐射收集起来并转换为热能,传送给传热流体,便可以用来取暖。太阳能电池可以通过光生伏打效应将太阳辐射直接转换成电。太阳能可以无穷尽地提供能量而且无污染,但是将其转换成电能在商业上尚不具备竞争力,因为生产大规模太阳能电池组的造价过高，以及在转换过程中存在固有的无效性。

太阳系　solar system　在太阳引力控制下，由太阳、8颗主要的行星、矮星、小天体以及行星间尘埃和气体组成的集合体。太阳系的另一组成部分是太阳风。太阳质量占太阳系总质量的99%以上；剩余的质量中，行星占据主要部分，其中木星约占70%。根据主流学派的学说，太阳系源起于太阳星云。参阅地球、火星、水星、海王星、冥王星、土星、天王星和金星。

太阳星云　solar nebula　在太阳系起源的所谓星云说中，凝聚成太阳和各行星的气体云。德国哲学家I. 康德在1755年提出，一个星云在它自身引力作用下会收缩并扁化成为一个旋转星云盘，并从中形成太阳和各行星。P.-S. 拉普拉斯在1796年提出一个相似的模式，即一个旋转并收缩的气体云——年轻的太阳——散发出同心圆般的环状物质，收缩后成为行星。J. C. 麦克斯韦则指出，若已知各行星所含的全部物质确曾一度分布在环绕太阳旋转的圆盘上，则较差转动所产生的剪切力将使各行星无法凝聚。另一种反对的观点是，太阳拥有的角动量似乎比理论所要求的小。在20世纪初期，大多数天文学家倾向于所谓碰撞理论。根据这一理论，行星的形成被认为是由于某个恒星走近太阳的结果。因为对碰撞理论的异议比对星云说的反对意见更有说服力，所以修改后的星云说成为太阳系起源的主要说法。即一个旋转的盘状物质通过凝聚而不断变大，从宇宙尘埃到星子，再到原行星，最后变成行星。

太阳熊　sun bear　又称honey bear（蜜熊）。熊科中最小的种，学名*Helarctos malayanus*，栖息在南亚的森林中。夜间活动，能爬树，体重仅27～64千克，体长1～1.2米，尾长5厘米，前爪长，被毛短，黑色，胸前有一橘黄色的新月形斑纹。其长而弯曲的爪子利于撕扒或挖掘，觅食昆虫巢穴，尤其是蜂巢和白蚁穴。也杂食水果、蜂蜜和小型脊椎动物。太阳熊胆小但很聪明；在传说中其胸前的新月形斑纹代表旭日。

太阳耀斑　solar flare　太阳表面小区域的突然增亮，常出现在太阳黑子群附近。耀斑在几分钟内形成，可持续存在几小时，发出强X射线和高能粒子流，其出现似乎与太阳活动周内磁场的变化有关。发出的粒子需要1～2天才能到达地球附近，会干扰无线通信，引起极光，也会对宇航员造成辐射伤害。

太阳鱼　sunfish　多种体色鲜明的北美肉食性淡水鱼类的统称，与莓鲈和黑鲈同属棘臀鱼科。体长通常不足20厘米，被认为是上等食用鱼和游钓鱼。著名的有黑带九棘日鲈（*Enneacanthus chaetodon*，产于美国东部）以及蓝鳃太阳鱼（*Lepomis macrochirus*，腹部橙色，头及鳃盖下缘蓝色）。长耳太阳鱼具橙

瓜仁太阳鱼（*Lepomis gibbosus*）
Jacques Six

色斑点及鲜蓝色波状条纹。瓜仁太阳鱼腹部呈橙色，耳叶上有一红斑。岩钝鲈具不规则暗色斑纹。

太阳中微子问题　neutrino problem, solar　地球上所检测到太阳产生的中微子数目不足的现象。实验只检测到理论预测太阳核心核聚变产生而发射中微子数目的1/3～2/3。此差异可以解释成太阳核心温度比计算结果要冷，或是核心的元素组成不同于以表面成分为基础的预期，不过这些解释似乎都不大可能。天文学家猜想，太阳物质的相互作用将一些中微子转变成无法检测的类型，这种情况只有在中微子具有质量时才能产生。

太子港　Port-au-Prince　西印度群岛海地共和国首都和主要海港。位于戈纳夫湾东南部海滨。该城市由法国人在1749年修建，1751和1770年毁于地震，并常常受火灾和民众冲突的破坏。1807年，该港口开始向国外商船开放。它是该国最重要的港口和商业中心，出产糖、面粉、棉花籽油和纺织品。人口约703 023（2003）。

态度　attitude　在心理学方面，与一个事实或一种状态有关的精神立场。态度反映了区分目标和事件的倾向，也反映了某些连续地对这些目标和事件产生影响的倾向。各种态度，并不能直接观察出来；他们的态度必须从其行为上推论而得知。这样一来，调查者们便要更加依靠有关态度的行为指标了，例如：要看人们所说的内容，要看他们对一组问题是怎样回答的，或看诸如心率变化之类的生理征象。态度研究被社会心理学家、广告专业人员及政治学家等应用。民意研究人员常常试图将态度与其相关概念（如价值、意见和知识等）区分开来。

肽　peptide　有机化合物，由一系列氨基酸组成，这些氨基酸是靠一个氨基酸的羧基与相邻氨基酸的氨基形成肽键（参阅共价键）而连在一起的。相当于10多个氨基酸那么长的肽链就是蛋白质。肽的生物合成在核糖体中发生，来自核糖核酸分子转化而成的一组氨基酸，并由酶控制和激化。许多激素、抗生素以及其他参与生命体的化合物都是肽。

钛　titanium　金属化学元素，过渡元素及其化合物之一，原子序数22。为银灰色、质地轻、强度高、耐腐蚀的结构金属。几乎所有的岩石、土壤、植物、动物、天然水以及深海矿物中都有钛的化合物。有商业价值的主要矿石是钛铁矿和金红石。钛合金用于制造高速飞机、宇宙飞船、导弹和船舶的零部件；用作电极；用于化工工业、海水淡化以及食品处理设备；还可用于整形外科手术。钛的化合物（其中钛的化合价为2，3或4）包括三氯化钛（在聚丙烯生产中作催化剂）、二氧化钛（在油漆、釉药和漆器中广泛用作颜料，在所有白色颜料中掩盖能力最强）以及四氯化钛（用于空中显示图形文字、烟幕以及催化剂）。

泰德峰　Teide, Pico de　又拼Pico de Tenerife。西班牙加那利岛特内里费岛中央的火山峰。海拔3 718米，是西班牙土地的最高点。火山口内和斜坡上的出气孔喷出许多灼热的气体。该峰为埃尔泰德山顶部的火山锥。埃尔泰德山本身则是若干火山结成的团块。泰德峰的最近一次爆发是在1798年。它位于泰德国家公园内，附近是国际太阳观测站。

泰恩河　Tyne River　英格兰北部诺森伯兰河流。由北泰恩河和南泰恩河汇流而成，向东流至北海。全长48千米，连同北泰恩河共长129千米。至少持续6个世纪是运送煤的渠道。河口处现有很多工厂和大型社区。

泰恩威尔　Tyne and Wear　英格兰东北部都会郡。因境内的两条主要河流——泰恩河和威尔河而得名。史前时期就已有人居住，后被罗马人侵占，在此修建了哈德良长城，后相继有撒克逊人和诺曼人到此居住。从13世纪起直到现代，该地区经济以当地的煤矿资源和以煤矿为依托的工业（如玻璃制造、陶艺和化工）为主。现在的主要工业包括造船业和大型电力工程。人口约1 075 979人（2001）。

泰尔博赫　Terborch, Gerard（1617～1681）亦作Gerard ter Borch。荷兰画家。1648年泰尔博赫完成在英国、意大利、西伐利亚和西班牙的旅程回国，并于1654年定居代芬特尔。他的作品几乎一半是肖像画，一半是风俗画。在肖像画中，他以微妙的色调层次和各种表面结构的描绘技巧，从而取得异常完美的效果。在风俗画中，他通过庄重的色彩感观表现特点，对17世纪荷兰中产阶级富裕的生活氛围进行描绘，作品表现出优雅气质和逼真效果。

泰戈尔　Tagore, Debendranath（1817～1905）印度教哲学家、宗教改革家。出身于加尔各答的富有地主家庭。受过东西方哲学的教育。极力抵制印度教的陋习，猛烈抨击萨蒂（殉夫）制度并大力普及教育。是梵社的活跃人士。出于对扫除偶像崇拜和非民主习俗的热情，他断然否定吠陀，认为它不足以指导人类的行为。他本想在激进的理性主义和婆罗门保守主义之间进行折中但未能如愿，于是退出了社会活动。他被人们称为“大圣”。诗人R. 泰戈尔是他的儿子。

泰戈尔　Tagore, Rabindranath（1861～1941）印度孟加拉语诗人、作家、作曲家和画家。

R. 泰戈尔
EB Inc.

D. 泰戈尔之子。20 多岁时即出版了几本诗集，其中包括《心中的向往》。后期的宗教诗收录在《吉檀迦利》(1912)中被介绍到西方。通过在世界各地旅行和演讲，他将印度文化全方位地介绍给了西方，也将西方文化介绍到了印度。他坚决支持印度的独立。为表示对阿姆利则血案的抗议，他放弃了 1915 年受封的爵位。他在孟加拉建立了一所试验学校，试图融合东西方哲学。这所学校是维斯瓦-瓦拉蒂大学(1921)的前身。1913 年荣获诺贝尔文学奖。

泰国　Thailand　全称 Kingdom of Thailand (泰王国)。旧称 Siam(暹罗)。东南亚的大陆国家。面积：513 120平方千米。人口：约 66 777 000(2013)。首都：曼谷。人口以泰族人占多数，其次是华人、高棉人和马来人。语言：泰语(官方语言)。宗教：佛教，亦有伊斯兰教。货币：泰铢。该国地形包括森林覆盖的丘陵和山脉，涵盖了昭披耶河三角洲的中部平原，以及东北部的高原。市场经济主要以服务业(主要是贸易)、轻工业为基础，劳动力中的多数服务于农业。泰国为主要的钨和锡生产国。重要的农产品有稻米、玉米、橡胶、大豆和菠萝；制造业包括服装、罐头食品、电力设备和水泥。旅游业也很重要。泰国为君主立宪政体，两院制。国家元首是国王，政府首脑为总理。在过去的 2 万年里，人类活动在泰国几乎从未间断。从 9 世纪起，它是孟王国和高棉王国的一部分。10 世纪前后，讲傣语的民族从中国移民过来。13 世纪出现了两个泰人国家：一个是反抗高棉人成功后，于 1220 年成立的素可泰王国；另一个是打败孟人后，于 1296 年成立的清迈(后发展为兰那王国，以清迈为国都)。1351 年大城府的傣王国继承了素可泰。缅甸人是大城府王国最强的对手，16 世纪曾一度占领大城府，并在 1767 年结束了它的统治。1782 年却克里王朝兴起，将首都迁到曼谷，沿着马来半岛扩展帝国，并进入了老挝和柬埔寨。1856 年称国名为暹罗。虽然 19 世纪期间西方的影响增加，但暹罗的统治者们通过给欧洲国家特权而避免了殖民地化，这在东南亚国家是绝无仅有的。1917 年该国参加第一次世界大战，属协约国一方。1932 年军事政变后，它成为君主立宪国家，1939 年正式更名为泰国。第二次世界大战中被日本占领。作为联合国军成员它参加了朝鲜战争。在越南战争中它与南越结盟。与其他东南亚国家一样，泰国也遭受了 20 世纪 90 年代的区域性金融危机。该国虽发展为地区性的经济强国，但社会问题仍然严重，如贫富分化加剧和艾滋病流行。泰国于 1952 年首次参加在芬兰赫尔辛基举办的夏季奥运会。

泰河　Tay River　苏格兰最长的河流。发源于本卢伊山北坡，穿过泰湖，经过邓迪后注入北海。全长 193 千米，流域面积6 200平方千米，是苏格兰流域面积最大的河流。

泰姬陵　Taj Mahal　又译泰吉·马哈尔。位于印度阿格拉郊外亚穆纳河南岸的陵墓。该陵是莫卧儿皇帝沙·贾汗为纪念死于 1631 年的妻子蒙泰吉·马哈尔而建。泰姬陵始建于约 1632 年，历经 22 年才完工。其中央是一正方形花园，边上是两个较小的长椭圆形区域，一为陵墓所在，一为门廊。陵墓由纯白色的大理石建成，上嵌硬石。陵墓两侧配有两座红色砂岩建筑，一边是清真寺，另一边是一座完全一样的建筑，以实现审美上的平衡。整个建筑建在一个高大的大理石底座上，每个角上都有一个尖塔。建筑的四面完全相同，每面各有一座 33 米高的巨大中心拱门，都有一个球根状的双穹顶和四座穹顶凉亭。建筑内部石雕装饰精美，中心是盛放大理石棺的八角形大厅，石棺上方是一面镂空雕饰的大理石屏壁。泰姬陵被认为是世界上最美丽的建筑之一。

泰加林　taiga　又称 boreal forest(北方森林)。在通常为地衣所覆盖的沼泽地上生长的开阔针叶林(参阅球果植物)。欧亚大陆北部(主要是俄罗斯，包括西伯利亚和斯堪的纳维亚)和北美洲北部的典型植被。北接更为寒冷的冻原带，南接较暖的温带。云杉和松树是优势树种。土壤中的生物体有原生动物、线虫和轮虫。较缺少能够分解植物残株的较大型无脊椎动物(如昆虫)，故腐殖质的沉积速度很慢。泰加林中有很多长有软毛的动物(如黑貂、狐狸和白貂)，还是麋鹿、熊和狼的栖息地。仅西伯利亚的泰加林就占世界森林面积的 19%和总林木体积的约 25%。尽管泰加林地处偏远，但仍是建筑用木材的主要来源，大片宽阔区域都被一次性砍伐完毕。

泰孔德罗加　Ticonderoga　美国纽约州东北部乔治湖岸上的小镇。1755 年法国人在尚普兰湖畔修建卡里隆堡。后来被英国人占领(1759)，该堡改名泰孔德罗加。美国独立战争中，E. 艾伦及其格林山兄弟会的伙伴于 1775 年占领此堡。1777 年英国人重新占领，但在萨拉托加战役以后放弃。修复后的芒特霍普堡以及城镇附近地区现为旅游胜地。人口5 042(2010)。

泰勒　Taylor, Dame Elizabeth (Rosemond) (1932～2011)　美国电影女演员。生于伦敦。第二次世界大战爆发时随其美国双亲离开英国，前往洛杉矶。自小就以异常貌美而闻名，后来在比佛利山庄被一星探发现。1942 年拍摄第一部电影，1943 年出现在《灵犬莱西》中，1944 年以《玉女神驹》一举成名。她在《郎心似铁》(1951)、《朱门巧妇》(1958)、《青楼艳妓》(1960，获奥斯卡奖)中都是魅力四射的明星。泰勒曾和她的丈夫 R. 波顿共同主演过《灵欲春宵》(1966，获奥斯卡奖)等电影。20 世纪 70 年代中叶以后，她只偶尔出现在电影、百老汇戏剧和电视剧中。她的私生活和八次婚姻备受大众媒体的关注，常常掩盖了其演艺事业的成就。

泰勒　Taylor, Frederick W(inslow) (1856～1915)　美国发明家、工程师。出生于宾夕法尼亚州日耳曼敦。后来进入米德瓦尔钢铁公司工作(1878～1890)，引入了时间与动作研究以便使车间管理系统化并降低生产成本。虽然他的管理制度执行得过分时曾激起劳工的愤慨和反对，但这一制度对大量生产技术的影响巨大，并在事实上影响了每个现代的工业国家。泰勒被认为是“科学管理之父”。

泰勒　Taylor, Maxwell (Davenport) (1901～1987)　美国陆军军官。出生于密苏里州基特斯维尔。毕业于西点军校，第二次世界大战初期曾协助组建美国陆军第一个空降师。他指挥过诺曼底战役和楔入战役(1944)。曾任联合国军驻朝鲜总指挥(1953)，美国陆军参谋长(1955～1959)，以及参谋长联席会议主席(1962～1964)。后来被任命为美国驻越南共和国大使(1964～1965)。是 L. B. 约翰逊总统(1965～1969)的特别顾问。他主张保持传统的步兵团，作为对战时使用核武器的一种慎重的替代抉择。

泰勒　Taylor, Paul (Belville) (1930～　)　美国现代舞蹈家、编舞和导演。生于匹兹堡。1953 年加入 M. 格雷厄姆的舞蹈团，成为主要的独舞表演者，直到 1960 年。1957 年他成立了泰勒舞蹈团，经常在美国各地和国外巡回演出。泰勒指导了 100 多部不同风格的作品，包括《双人舞》(1957)、《华盖》(1962)、《行星轨迹》(1966)、《野兽之书》(1971)以及《茄》(1979)。20 世纪 70 年代退休，但退休后仍继续领导他的舞团。

P. 泰勒与 B. 德永 1967 年演出《斯库多拉马》
Jack Mitchell

泰勒　Taylor, Zachary (1784～1850)　美国第 12 任总统。出生于弗吉尼亚州蒙特

贝洛。在肯塔基边疆长大，参加过1812年战争、黑鹰战争（1832）和佛罗里达的塞米诺尔战争（1835～1842），由于他置困难于度外，而博得"老粗犷"的绰号。后来被派往得克萨斯参加与墨西哥的战争，在帕洛阿尔托战役和雷斯卡德拉帕尔玛战役（1846）中打败墨西哥侵略者。墨西哥战争正式开始后，他收复了蒙特雷，允许墨西哥军队有8个星期的休战时间。J. 波尔克总统因此不快，而在入侵韦拉克鲁斯时将泰勒最好的部队转交W. 斯科特指挥。泰勒无视让他留在蒙特雷的命令，向南进军，在布埃纳维斯塔战役（1847）中击败强大的墨西哥军队。他成为民族英雄，并被提名为辉格党总统候选人（1848）。他击败L. 卡斯赢得大选。他短暂的任期内发生的大事主要有关于给予新领土以州地位的争议，这场争议产生了《1850年妥协案》，以及其内阁成员卷入的一场丑闻。泰勒任职16个月后死于霍乱，由M. 费尔莫尔继任。

泰勒　Tyler, Anne（1941～　）　美国作家。出生于明尼阿波利斯，在北卡罗来纳州长大，曾就读于杜克大学。曾当过图书目录编撰者和图书管理员，1967年定居巴尔的摩，开始从事全职写作。她的小说属于风尚喜剧，特点是机智而富有同情心，对家庭生活描写入微，包括《开挂钟的钥匙》（1972）、《乡愁小馆的晚餐》（1982）、《意外的旅客》（1985；1988年拍成电影）、《生命课程》（1988，获普利策奖）、《可能是圣人》（1991）、《岁月之梯》（1995）和《补缀的星球》（1998）等。其中一些描写生活在巴尔的摩混乱和分裂家庭中行为古怪的中产阶级。

泰勒　Tyler, John（1790～1862）　美国第10任总统（1841～1845）。出生于弗吉尼亚州查理城县，原为律师，后来进入弗吉尼亚州议会（1811～1816，1823～1825，1839），

泰勒，粉笔画，G. 博纳维亚绘；现藏伦敦国立肖像画陈列馆
By courtesy of the National Portrait Gallery, London

1825～1827年任该州州长。在担任美国众议员（1817～1821）和参议员（1827～1836）时，是一个拥护州权者。虽然泰勒自己是个奴隶主，但他试图在哥伦比亚特区禁止贩卖奴隶，马里兰州和维吉尼亚州也同时禁止。他宁可辞去参议员之职，也不愿意接受州议会的命令而改变他对谴责A. 杰克逊总统的支持。泰勒与民主党关系破裂后，被辉格党提名为副总统候选人，成为总统候选人W. H. 哈里森的搭档。他们小心地避开了争议问题，强调对党忠贞，打出"蒂珀卡努，还有泰勒！"的口号，赢得了1840年的选举。哈里森就职后一个月就去世了，泰勒成为第一个因"意外事件"而得到总统之位的人。他否决了辉格党支持的国家银行提案，结果除一人外内阁全体辞职，让他失去了党内的支持。然而，他重组了海军，解决了佛罗里达州的第二次塞米诺尔战争，并监督了得克萨斯州的兼并过程。泰勒再次被提名竞选连任，但他毅然退出，推举J. 波尔克出来竞选，自己则回到弗吉尼亚的种植园过退休生活。他虽致力于提高州权但反对脱离联邦，他组织了华盛顿和平会议（1861）来解决各派歧见。但是当参议院拒绝了他提出的一项妥协方案后，泰勒敦促弗吉尼亚州脱离联邦。

泰勒　Tylor, Edward Burnett（1832～1917）　后称Sir Edward（爱德华爵士）。英国人类学家，被称为文化人类学之父。曾在牛津大学担任教师（1880～1909），并成为该校首位人类学教授。他受C. 达尔文影响写的《原始文化》（2卷；1871），发展了一种原始文化和现代文化之间的进化论关系的理论，强调所有人类从"野人"到"文明人"在文明上的成就。在当时有关人类在生理和心理上是否都是从同一物种演变而来的这个问题仍有很大争议，但泰勒坚持认为人类是一个统一的整体。他在将人类学建成一个学科分支方面发挥了重要作用。参阅泛灵论。

泰勒阿马尔奈　Tell el-Amârna　埃及尼罗河畔古城，位于底比斯和孟斐斯两地的中间，公元前14世纪时，由埃及国王阿肯那顿所建，他把他的臣民移到那里，以建立一个新的一神教宗教。19世纪在当地发现的手工艺品包括数百块楔形文字泥板。20世纪晚期进行考古发掘，出土了许多雕刻和绘画作品。

泰勒曼　Telemann, Georg Philipp（1681～1767）　德国作曲家。10岁时已经学会了数种乐器，12岁时创作歌剧，后来他的母亲责令他停止。在莱比锡大学学习法律时，他组织了学生乐队，成为歌剧音乐指导（1702），在新教会当管风琴师（1704）以及宫廷合唱团指挥（1705）。后来移居爱森纳赫（约1708），在那里遇到J. S. 巴赫，创作了法国风格的器乐和具有德国风格的宗教音乐。他后来搬到哥达（1717）和汉堡（1721），成为歌剧的音乐指导（1722～1738），创作了几十首受意大利风格影响的作品。他有600多部清唱剧，总共创作2 000多篇，其中许多作品的质量很高。

泰勒斯（米利都的）　Thales of Miletus（活动时期公元前6世纪）　希腊哲学家。其著作已失传，当时的资料也已不在。泰勒斯是西方哲学创始人这一说法主要源于亚里士多德。亚里士多德在著作中提及，泰勒斯首先提出了水为万物本质的宇宙论。泰勒斯的重要贡献基于他试图通过对自然现象的简化来解释自然，并从自然界本身去寻求原因，而不是在具有人形的诸神中去寻求原因。

泰卢固语　Telugu language　一种达罗毗茶语，在印度南部和其他的移民区中使用者逾6 600万。安得拉邦的官方语言。最早的泰卢固语碑铭出现于6世纪，文学作品则始于11世纪。泰卢固文字源于遮娄其王朝所使用的字母，与坎纳达字母相近（参阅印度诸文字体系）。与其他主要德拉威语一样，泰卢固语有明显的文言、口语以及社会方言之分。

泰伦提乌斯　Terence（约公元前195～前159）　原名Publius Terentius Afer。古罗马著名喜剧作家，出生于迦太基。作为一名奴隶，他被主人带到罗马，并接受教育，后来获得自由。他的6部诗剧目前保存完好，即《安德里亚女子》、《婆母》、《自责者》、《阉奴》、《福尔米翁》和《两兄弟》，这些作品都创作于公元前166～前160年之间，且大都根据希腊新喜剧（包括米南德的作品）改编而成。在作品中，泰伦提乌斯删除了其先前的序言，采用当时拉丁语口语体，并引入写实主义写作手法。后来的剧作家莫里哀、W. 莎士比亚都受其作品影响。

泰米尔猛虎组织　Tamil Tigers　又称Liberation Tigers of Tamil Eelam。斯里兰卡的游击队组织，宗旨是在斯里兰卡东北部的泰米尔地区建立一个独立国家。1972年成立，被认为是世界上最为精干老练、组织严密的叛乱团体之一。1985年他们曾控制斯里兰卡北方的贾夫纳半岛大多数地区，并占领贾夫纳港。1987年失去贾夫纳的统治权后，他们开始了频繁的攻击行动，包括暗杀斯里兰卡总统、暗杀前印度总理（不过他们否认与此事有关），并在首都科伦坡进行自杀性爆炸，造成100多人死亡。90年代中期，泰米尔猛虎组织和斯里兰卡政府的谈判破裂。90年代后期尽管双方的和谈一直在进行，但泰米尔猛虎组织的攻击行动更为激烈，并持续到21世纪。2009年5月斯里兰卡军方宣布猛虎组织最高领导人普拉巴卡兰已经被击毙。该国长达25年的内战正式结束。

泰米尔纳德　Tamil Nadu　原称Madras（马德拉斯）邦。印度东南部的一个邦。濒临印度洋，沿海岸的飞地包括本地治里和加赖加尔（二者均属本地治里中央直辖区）。该邦与喀拉拉邦、卡纳塔克邦和安得拉邦交界。内陆有肥沃的高韦里河三角洲。面积130 058平方千米。首府森奈（即马德拉斯）。到公元4世纪该区为泰米尔王国占领。14世纪中叶至16世纪中叶，维查耶那加尔的印度王国统治南部地区。17世纪英国人建立一个居民点。1653～1946年英国人向外扩张，从而使之成为一个独立的管辖区，称作马德拉斯。1956年设邦，成为印度工业化程度最高的邦。生产汽车、电气设备和化学制品。人口72 138 958（2011）。

泰米尔语　Tamil language　达罗毗茶语系的一种，逾6 300万人使用此语。泰米尔语是印度泰米尔纳德邦的官方语言，也是斯里

兰卡的官方语言之一。许多使用泰米尔语的族群居住在马来西亚与新加坡、南非以及印度洋的留尼旺及毛里求斯岛。最早的泰米尔碑文可追溯至公元前200年左右；有文字记载的历史有2 000年。泰米尔文字承袭印度南部的帕拉瓦文字（参阅**印度诸文字体系**）。泰米尔语有几种区域性的方言，即婆罗门方言与非婆罗门方言，文言与口语形式之间也有明显分别。

泰莫西芬　tamoxifen　又译三苯氧胺。合成激素，以商品名称 Nolvadex 销售，防止雌激素与对雌激素敏感的乳腺癌细胞结合。最初是用在乳腺癌治疗后防止复发，后来发现可以预防高危女性的首次发病。最严重的副作用是有增加血栓形成的风险，可能需要病人同时服用抗凝血剂。对抗乳腺癌及其他癌症的效果仍在持续研究中。

泰纳　Taine, Hippolyte(-Adolphe)（1828～1893）　法国思想家、文艺评论家和历史学家。青年时代即相信知识必须建立在感官经验、观察和有控制的实验基础上，这一信念指引了他一生的事业方向。1864～1883年间在巴黎美术学院任教，尝试将科学的方法应用于人文学科的研究，被认为是19世纪法国**实证主义**最受尊敬的代表人物之一。他的著作包括：《英国文学史》（1863～1864），解释了他的文化与文学史理论以及他对文学批评的科学态度；《论知识》（1871），一部心理学著作；《当代法国的由来》（3卷本，1876～1899），一部不朽的历史分析著作。

泰人　Tai　参阅**掸族**。

泰斯庇斯　Thespis（活动时期公元前6世纪）　希腊诗人，常被认为是**悲剧**的创始者。他是约公元前534年有记载以来在大酒神节（戏剧节）获悲剧奖的第一人。据修辞学家忒弥修斯讲，**亚里士多德**说过，悲剧在其最初阶段完全是合唱，直到泰斯庇斯首次引进开场白和台词。因此泰斯庇斯的确是第一个"演员"，悲剧对话始于泰斯庇斯和合唱队领唱的对白。

"泰坦尼克"号　Titanic　英国豪华客轮，1912年4月15日在从英国南安普敦驶往纽约市的首航途中出事沉没。船上2 200名乘客中有1 500人丧生。这艘船是当时最大和最豪华的海上巨轮，其船体具双层底，分成16个防水隔舱。其中即使有4个防水隔舱灌满了水也不致危及客轮的浮力，所以人们认为它是不会沉没的。但在4月14日子夜，该船在纽芬兰东南的雷斯角与一座冰山相撞；5个防水隔舱破裂，致使该船沉没。该事件导致新规定的产生，要求每艘船上的救生艇必须能容纳船上所有的人员（"泰坦尼克"号有2 224名乘客，救生艇却只能容纳1 178人）；每一次航行中都要进行救生艇训练；船上无线电报务员必须24小时值班（一艘距"泰坦尼克"号32千米的船没有收听到"泰坦尼克"号遇难时的求救信号，就是因为没有人值班）；在北大西洋海运航线上建立国际冰情巡逻队，监控航运线冰山的动态。1985年这艘失事船被发现，船体已分成两段，笔直地躺在深约4 000米的海底。这是在美、法两国科学家的指挥下，由一艘无人驾驶的潜水艇探测到的。

"泰坦尼克"号
The Bettmann Archive

泰特　Tate, (John Orley) Allen（1899～1979）　美国诗人和小说家。生于肯塔基温切斯特。曾就读于范德比尔特大学，参与创办美国南部发行量最大的诗歌刊物《逃亡者》（1922～1925），后出版诗歌《我会严阵以待》（1930），描述了一位逃亡者对地方保守社会的辩护宣言。1934年开始从事教学工作，曾在普林斯顿大学和明尼苏达大学任教，成为**新批评派**的主要代表。他强调作家需要遵循一个传统；他自己遵循的传统是南方文化，于1950年改信天主教，后来就遵循罗马天主教。他最著名的诗是《南军死难将士颂》（1926）。

泰特　Tate, Nahum（1652～1715）　爱尔兰裔英国诗人和剧作家。毕业于都柏林三一学院，后前往伦敦。尽管泰特本人也写过几部剧本，但他还是以改写伊丽莎白时代的作品而著称，其中最著名的是他改写的莎士比亚剧作《李尔王》，他给其加上一个幸福的结局，该剧一直上演到19世纪。泰特还给H.**普赛尔**的《狄多与埃涅阿斯》（1689?）写了脚本，并与N.布雷迪合译了著名的《诗篇新译》（1696）。泰特最好的诗歌作品是《万应灵丹：咏茶诗》（1700）。1692年成为英格兰的桂冠诗人。

《泰晤士报》　Times, The　伦敦出版的日报，是英国历史最悠久、最具影响力的报纸之一，也是世界上历史最长的报纸之一。《泰晤士报》1785年由J. I. 沃尔特创建，当时称为《每日环球纪事报》，1788年改名为《泰晤士报》，刊登商业新闻和布告，并附带登些丑闻。到19世纪中期，该报发展成为一份颇受重视的全国性大报和每日历史纪事报。19世纪末，其声誉和发行量开始下降，但被**诺思克利夫子爵**收购（1908）后财务恢复正常，在主编W.哈利（1952～1967）的带领下，该报在编辑和新闻报道方面的优势得以重新确立。1981年《泰晤士报》被R.**默多克**收购。

《泰晤士报文学副刊》　Times Literary Supplement (TLS)　英国文学周刊，长期以来以报道文学各个方面的文章而闻名。1902年创刊，当时是伦敦的《星期日泰晤士报》的副刊。它在文学评论领域定下调子和评判标准。它刊载对用数种语言出版的小说和非小说主要作品的评论，文章具有深度和权威性，风格活泼多样。同时，它也以其详尽的书目、世界一流学者所撰写的时事文章和其读者致编者信而闻名。参阅**《泰晤士报》**。

泰晤士河　Thames, River　古称Tamesis。英国的主要河流。发源于格洛斯特郡科兹沃尔德，蜿蜒向东，穿过英格兰中南部注入北海，河口宽阔，全长330千米。较为湍急的河段长约104千米。泰晤士河在罗马人和早期英国的编年史中都有所记载，在历史上，该河一直受到吟游诗人的歌颂。它是世界上最重要的商业水道之一，河上可以通航的船只包括驶往伦敦的巨型轮船。

泰西封　Ctesiphon　美索不达米亚中部的古城。在今伊拉克巴格达东南，滨底格里斯河。起初只是一个希腊军营，位于塞琉西亚（底格里斯河畔）这个希腊化城市的对面。公元前2世纪成为安息帝国的都城，公元1世纪被罗马人摧毁，3世纪波斯萨珊帝国再度移民于此，637年为阿拉伯人攻占。763年建都巴格达，泰西封遂衰落。遗址有萨珊国王的巨大宫殿——塔格基斯拉殿，其单跨砖拱为世界最大的同类建筑之一。

泰伊-萨克斯氏病　Tay-Sachs disease　隐性遗传性代谢性疾病，多见于**德系犹太人**中，可导致越来越严重的智力及神经组织退化以及5岁时夭折。一种**脂质**化合物，即神经节甙脂 G_{M2}，由于抵抗它的生化酶活动不足而在脑中聚集，进而破坏神经功能。患儿初生时表现正常，但很快就会出现精神委靡，反应性弱，失去动作能力，还会导致癫痫发作。死亡前常出现失明及全身性麻痹。通过检验可发现胎儿的疾病以及携带泰伊-萨克斯的基因。目前该病还没有治疗方法。

瘫痪　paralysis　又称palsy（麻痹）。一块或多块随意肌肌力丧失或减弱的症状。表现为肌肉无力或僵硬。偏瘫通常是由**中风**或大脑另一侧的脑**肿瘤**引起，双侧瘫痪（如**大脑性麻痹**）则由一般的脑部疾病所致。**脊髓**损伤（由骨头或关节疾病，如骨折或感染性椎骨肿瘤；炎性和变性疾病，或**恶性贫血**引起）能使症发处及症发处以下的躯体瘫痪（腿部和下身的症状是下肢麻痹，手臂和腿部的症状是四肢麻木）。**脊髓灰质炎**和多神经炎（多根神经的**神经炎**）会导致伴随有肌肉消瘦的瘫痪。贝尔氏麻痹（神经炎的一种）引起面部一侧的肌肉瘫痪。**肌营养不良**侵袭肌肉也能导致瘫痪。重症肌无力为引致神经肌肉机能障碍的代谢性疾病。瘫痪也有可能有精神病方面的原因。

弹劾 impeachment 立法机构针对某个政府官员提起的刑事诉讼程序。在美国,总统、副总统和其他联邦官员,包括法官,都有可能被众议院弹劾。众议院起草弹劾罪状,详列其指控和确实的依据。一旦经大多数众议员通过,弹劾罪状就会提交参议院,由参议院付诸审判。在审判结束时,每个议员对每条罪状的定罪投票表示赞成或反对,定罪需要有2/3的多数票。被判有罪的官员可能被免职。美国宪法明确规定"犯有重罪和品行不端"的官员要被弹劾;专家赞同对非刑事的过失(例如违宪)也可进行弹劾。美国历史上曾有两位总统(即A.约翰逊和B.克林顿)被弹劾但都被宣告无罪。1974年众议院起草了弹劾R.尼克松的罪状,但他在正式诉讼开始之前就辞去了总统职务。在英国,由下议院提出起诉,上议院负责审理弹劾程序;弹劾,在过去只是议会免去不得人心的大臣的一种手段,后者往往是受君主保护的宫廷宠臣。19世纪初此程序被废弃,因为内阁大臣改为对议会负责而不是对君主负责。

弹簧 spring 一种有弹性的机器零件,能在承载时变形到预期的状态,卸载后又恢复到原状。一个压缩弹簧中的力和位移组合就是能量,当活动负载被固定住或弹簧绕紧时,此能量就贮存在弹簧中,作为力的来源(例如在表中)。大多数弹簧是机械的,但也有液压弹簧和空气弹簧。

弹性 elasticity 当引起物体变形的力撤掉后,变形物体恢复其原来形状和尺寸的能力。大多数固体材料或多或少地都表现出弹性性状,但通常有一个极限,称为弹性极限,在这个极限内,该材料形变的弹性恢复是可能的。超出弹性极限的应力将引起材料屈服或流变,结果产生永久形变或断裂。弹性极限主要取决于材料的内部结构。例如,钢虽硬但一根钢棒或钢丝弹性延伸时只能达到原长度的1%,而相对于某种橡胶类带材,其弹性延伸率可达1 000%。R.胡克是率先研究弹性的人之一,发展了一种数学上的张力和外延之间的关系。

檀君 Tangun 朝鲜神话中的开国君王,公元前2333年开始统治。一种传说是檀君的父亲桓雄从天而降,居太白山顶以统治世界。一熊一虎求变为人,桓雄命令他们躲入洞中一百日。虎忍耐不住离开了,熊则变成美女,就是檀君之母。佛教和道教认为檀君建立了一国的宗教,提出了朝鲜格言"弘益人间"。檀君的诞辰日是学校休假日。

檀香 sandalwood 檀香科檀香属半寄生植物或其木材,尤指真檀香(即白檀)。可用作制成家具或提取其中的檀香木油用以制香水、香皂、蜡烛或熏香。近10种檀香分布南亚和南太平洋岛屿,檀香科植物包括400多种半寄生植物(其中包括灌木、草本和树木),分属约36个不同的属,分布于温带、热带地区。有些檀香属植物的叶片呈鳞状。其绿色叶片包含一定量的叶绿素,可供其制造养料,但所有的檀香科植物在一定程度上都是寄生的,从其宿主那里获得水分和养料。大部分(包括白檀)为根部寄生植物,但也有一部分为茎部寄生植物。

坦博 Tambo, Oliver(1917～1993) 1969～1991年任南非非洲人国民大会主席。1944年与N.曼德拉及其他人共同创建非洲人国民大会青年团。1958年任非洲人国民大会副主席。1960年非洲人国民大会遭查禁,被迫流亡赞比亚。1969年A.卢图利去世后当选非洲人国民大会主席。1990年带病回到南非,将党主席之位让给了曼德拉。

坦噶尼喀湖 Tanganyika, Lake 非洲中部湖泊。位于坦桑尼亚和刚果(扎伊尔)边境上。为世界最长的淡水湖,长660千米,同时也是世界第二深的湖泊,深1 436米。有几条河流汇入该湖,已日趋盐化。陡峭的湖岸上种植水稻和油棕榈等作物,有很多河马和鳄鱼。1858年寻找尼罗河源头的欧洲人最先发现了它。

坦圭 Tanguy, Yves(1900～1955) 法国出生的美国画家。早年在商船上工作。虽然没有受过任何正规的美术训练,1923年在画廊中见到G. de 希里科的画作后,深受感动,便立即开始执笔作画。1925年加入超现实主义画家群,并参加了他们所有的重要画展。他找到了自己独特的风格,让人想起S.达利的画法,描绘古怪,将无定形的生物和无法识别的物体放置于空旷而明亮并具有无限地平线的地形中。尽管作品顺畅,细节考究,但他的画仍然具有一种超越时间、梦幻般的特质(如《不可见元素》,1951)。1939年移居美国。

坦克 tank 靠两条称为履带的环形金属链来运动、有强大火力和重装甲的战斗车辆。通常配备一个架在旋转炮塔上的火炮和一些轻型自动武器。英国人在第一次世界大战期间发明了坦克,作为有装甲防护的进攻车辆,以便能穿过泥泞和不平坦的堑壕战地域。坦克在第一次索姆河战役(1916)中投入实战。在第二次世界大战中,德国的坦克部队因为被编组成在进攻中具有强大火力的快速机动密集队形,所以在欧洲最先得到最有效的应用。第二次世界大战以后,坦克变得更大,装备了更多的重型武器。大多数现代化的主战坦克的重量都超过50吨,公路行驶速度能达到每小时50～70千米。标准的主战武器是一部120毫米火炮,能够发射穿甲弹。激光测距仪和红外线影像装置可以帮助观察战场。

坦克雷德 Tancred(?～1194) 西西里国王(1190～1194),最后一位诺曼人统治者。曾两次(1155、1161)谋反他的叔叔西西里的威廉一世,威廉二世死后,他取得西西里的王位。在理查一世占领了墨西拿后,1191年他屈服于理查对归还威廉二世为其所留遗产的要求及其妹妹琼(也是威廉的遗孀)归还嫁妆的要求。神圣罗马帝国皇帝亨利六世欲从坦克雷德手中夺取西西里王位,1191年他包围那不勒斯未获成功,1194年再次进军西西里。在亨利到达西西里之前,坦克雷德去世,亨利得以称王。

坦曼尼协会 Tammany Hall 纽约市民主党的执行委员会。为了反对"贵族式"联邦党的统治于1789年成立。1805年坦曼尼协会成为慈善机构。其名称源自一个美国独立战争之前的协会名称,当时以慈善的印第安酋长坦曼尼德的名字命名。人们将这个团体视同该市的民主党。1817年,因爱尔兰移民反对褊狭和要求享有会员资格及利益的权利,使协会发生重大改变。此后鼓吹把公民权扩展到无财产的白人。由于仅在个别民族和宗教小团体中受欢迎,且施小惠于穷人,贿赂敌对政治派别领导人,特别是W. M.特威德任会长阶段的腐败,致使协会成为政治腐败的同义语。它的势力在19世纪末20世纪初达到顶峰。20世纪30年代在F. D.罗斯福总统和F.拉瓜迪亚市长的整顿下,该协会力量开始不断削弱。

坦尼 Taney, Roger B(rooke)(1777～1864) 美国大法官。1801年开始执律师业,在担任州总检察长(1827～1831)之前一直在马里兰立法机构任职。1831年被A.杰克逊总统

坦尼,M.布雷迪摄

By courtesy of the Library of Congress, Washington, D. C.

任命为司法部长。由于反对美国银行而闻名全国。1835年杰克逊提名他为美国最高法院大法官,但参议院否决了这项提名。虽然遇到很大的阻力,同年晚些时候他还是成为J.马歇尔大法官的继任者。他的大法官任期是最高法院历史上第二长的。主要以德雷德·斯科特裁决案为人们所知。也因在"艾布曼诉布思案"(1858)以及查尔斯河桥梁公司诉沃伦桥梁公司案中的观点而闻名,在前一案中他否决了州有阻挠联邦法院程序的权力。虽然他认为奴隶制是一种罪恶,但他相信消除奴隶制应逐步解决并主要由那些蓄奴州自己解决。

坦涅尔 Tenniel, John(1820～1914) 后称Sir John。英国插图画家和讽刺画家。以其壁画装饰引起人们的注意之后,1850年被《笨拙》周刊聘为插图画者,不久成为该杂志主要的漫画家。他的作品使政治性漫画受到人们的重视。他为许多书画过插图,其中最著名的是为L.卡罗尔的作品《艾丽丝漫游奇

境记》(1865)及《镜子背后》(1872)所作的插图,作品以微妙精巧著称。

坦皮科 Tampico 墨西哥东北部塔毛利帕斯州东南部海港。位于帕努科河畔,周围几乎全是沼泽地和□湖。该港由大约1532年建的圣方济会修道院发展起来。1683年遭海盗破坏,1823年才有人重新定居。1846年墨西哥战争期间由美军短期占领,1862年又被法国占领。1901年以前因为环境不卫生而一直是个二流港口。随着周围石油资源的迅速开采,当地发展迅速。现为墨西哥最现代化的港口,也是该国最主要的海港和海滨游览胜地。人口297 284(2010)。

坦桑尼亚 Tanzania 全称United Republic of Tanzania(坦桑尼亚联合共和国)。非洲东部国家。国土绝大部分在非洲大陆,亦包括印度洋中的桑给巴尔、奔巴和马菲亚诸岛屿。面积:945 454平方千米。人口:约45 941 000(2013)。最大城市和政府所在地是达累斯萨拉姆;法定新首都为多多马。有120多个已确认的族群;其中最大的是苏库马人,约占总人口的1/10。语言:斯瓦希里语和英语(均为官方语言)。宗教:基督教(新教、天主教)、伊斯兰教(以逊尼派为主)、传统宗教。货币:坦桑尼亚先令。虽然坦桑尼亚大部分地形属平原和高原,但仍有一些明显的轮廓特征,如乞力马扎罗山和伦盖山,后者是一座活火山。尼亚萨湖、坦噶尼喀湖、维多利亚湖和鲁夸湖部分或全部位于该国境内。尼罗河、刚果河和赞比西河主流亦发源于该国。塞伦盖蒂国家公园是最著名的野生动物保留区。该国重要的矿产有黄金、金刚石、宝石、煤和天然气。农业在经济中占绝对主导地位。主要作物有棉花、咖啡、玉蜀黍、稻米、丁香、西沙尔麻、腰果和烟草。工业有食品加工、纺织、水泥和酿酒。该国是单一制多党制共和国,一院制。国家元首暨政府首脑是总统。公元前1000年始有人居住,到公元10世纪时,被阿拉伯和印第安部落以及操班图诸语言的民族占据。15世纪晚期,葡萄牙人得到了沿海地区的控制权,但在18世纪晚期,被阿曼和桑给巴尔的阿拉伯人驱逐。19世纪80年代,德国的殖民者进入该地区,1891年德国宣称该区域为其保护区,属德属东非。第一次世界大战中,英国夺取了德国的领地,该地区成为英国的托管区(1920),称坦噶尼喀。第二次世界大战后它成为联合国的托管地,英国继续对该地区拥有控制权。1961年坦噶尼喀获得独立,1962年成为共和国。1964年它与桑给巴尔联合组成坦桑尼亚,直至1985年一直由J. 尼雷尔总统领导。近年来,该国经历了政治和经济两方面的斗争。1995年首次举行多党选举。坦桑尼亚于1968年首次参加在墨西哥城举办的夏季奥运会,该国运动员(代表坦噶尼喀)于1964年开始参加奥运会。

坦塔罗斯 Tantalus 希腊神话中西皮罗斯(弗里吉亚)国王。有关他的传说有两种说法:一种说法是坦塔罗斯是诸神的密友,曾被允许与诸神同桌进餐,直到他向世人透露诸神的秘密而触怒了他们;还有一种说法是坦塔罗斯杀死其子珀罗普斯,并做成菜肴给诸神吃,从而触怒了诸神。后来他被关在冥界,站在齐颈的水中,每次口渴想喝水时,水就会退去;他头上悬着果树树枝,每当他想吃果子时,风就会把果树枝吹开。

坦陀罗 Tantra 某些印度宗教派别中神秘修炼的经文。在印度教、佛教中包含大量的坦陀罗著作和教义,还有小部分保存在耆那教中。因为坦陀罗代表了相当晚期发展的教义,并结合了不同传统的各种因素,从而常被正统的实践者所疏远。在印度教中,坦陀罗论述了多种宗教风俗,如咒语、礼仪和标记。佛教中坦陀罗文献被认为可追溯至7世纪或更早,文献中已提及大量的实践活动,有些包括性活动,这些著作通常没有正规的文学基础。

钽 tantalum 金属化学元素,过渡元素之一,化学符号Ta。原子序数73。是一种高密度、坚硬、银灰色的金属,熔点极高(2 996°C)。相当稀少,自然界只有几处地方有发现。钽与铌在矿中共生,很难将它与铌分开。在周期表中,铌是在钽上面的一个元素,两者许多化学性质很相近。钽最重要的用途是制作电解质电容器以及耐腐蚀化学设备。还可用于制作牙科和外科手术器械、工具、催化剂、电子管零件、整流器以及医用整形假体。相对来说,钽的化合物没有太大的商业价值。钽的碳化物用于制造机床刀具和钢模。

毯魟 manta ray 又称devil ray或devil-fish(蝠鲼)。几种暖水海产魟属蝠鲼科鱼类的统称。体宽大于体长。头前有由胸鳍分化出的两个突出的头鳍,看似魔鬼的角,它们将浮游生物和小鱼扫入口中。尾长,鞭状,可能有一个或多个毒刺。它们在近水面处游弋,靠拍打胸鳍前进。最大的为大西洋毯魟,即巨蝠鲼,宽可超过7米,强劲有力,但不伤人。与旧时传说相反,它们并不将潜水采珠的人包住吞食。

炭疽 anthrax 温血动物的传染性疾病由炭疽杆菌(*Bacillus anthracis*)引起。这种细菌形成有高度抵抗力的芽孢,在土壤或其他物体上保存毒力多年。该病主要是草食动物的病,当人触摸到患病动物的毛、皮、骨或尸体后,也会感染。感染后会导致呼吸或心脏机能紊乱而死亡(严重者1～2日内死亡),而动物则有可能痊愈。人发生炭疽是由于皮肤、肺或肠道感染,最常发生的类型是以痈的形式在皮肤上发生原发性局部感染,重者会导致败血症而死亡。肺型炭疽的病程发展很快,常造成死亡。肠型炭疽常因使用污染了芽孢的刷子或衣服而使人传染。应用抗炭疽血清、砷制剂和抗生素可获得显著的疗效。操作可能被污染的原料之前要先消毒,穿工作服,戴口罩,并需创造良好的卫生设施。对于死于此病的动物尸体不要剥皮或解剖。近年来,许多国家企图以炭疽作为生物战的武器,许多事实显示,炭疽是最好的生物战致病物(比任何化学战效应都更强)。2001年因美国政府及媒体单位相继接获炭疽信件而使得炭疽又成为关注焦点。

炭疽病 anthracnose 一种植物疾病,发生于温暖潮湿地区,侵染多种草本和木本植物,由真菌(通常是刺盘孢属或盘长孢属)所致。症状是叶、茎、果或花中出现各种颜色的凹陷斑。斑点常扩展而导致萎蔫、萎凋或组织死亡。山茱萸炭疽病是被毁灭性座盘孢感染所致,在凉爽的气候条件下十分多见,曾造成美国山区自然生长的梾木成片死亡。防治炭疽病的方法是除去病部。采用无病种子及抗病品种、应用杀真菌剂及防制将致病真菌在植株间传播的昆虫和螨虫。

探戈 tango 一种活泼的舞蹈,也是一种南美舞厅舞。可能受到古巴哈巴涅拉舞的影响,在布宜诺斯艾利斯的舞厅甚或贫民区的妓院演变成一种社交舞。卡斯尔夫妇使探戈在美国流行起来。到1915年风靡整个欧洲。早期的探戈活泼欢快,采用2/4拍音乐。后来被改良为较平缓的室内舞步,以时间较长的暂停、程式化的体姿以及4/4拍的音乐为特征。探戈舞的著名艺术家和音乐家包括J. 达里恩佐、A. 特洛伊罗、O. 普格里谢、C. 迪萨利、F. 卡纳罗、A. 皮亚佐拉和C. 伽达尔。

电影《启示录四骑士》(1921)中R. 瓦伦蒂诺与舞伴跳探戈舞

By courtesy of Metro-Goldwyn-Mayer Inc., 1921; photograph, from the Museum of Modern Art Film Stills Archive

"探险者"号卫星 Explorer 美国不载人航天器最大的一个系列(55颗科学卫星),于1958～1975年之间发射。"探险者"1号是美国第一颗进入空间轨道的人造卫星。它发现了最内层的范艾伦辐射带。其他一些有名的有:"探险者"38号(1968年发射),它测量了银河射电源并研究空间低频;"探险者"53号(SAS3,1975年发射),它被送往探测银河星系内外的X射线和γ射线源。

碳 carbon 化学元素,周期表中IVa族非金属。化学符号C,原子序数6。一般稳定的同位素是碳12;另一个稳定的同位素是碳13,是天然碳的1%。碳14是5种放射性同位素(参阅放射性)最稳定和最有名的一种,半衰期约5 730年,在碳14年代测定法和放射性追踪研究中十分有用。元素碳以三种形式存在:金刚石、石墨和炭黑(包括煤炭、焦炭和木炭)，其物理特性各异。每个碳原子可和至多4个其他原子形成4种键合(4个单键、2单1双键、2个双键，或1单3双键)，产生多种链形、分支状、环状和三维空间的结构。对碳的化合物的研究已构成一个特殊的化学领域，即有机化学。碳跟氢、氧、氮以及某些其他元素，形成的化合物约占生命机体物质18%，如蛋白质、碳水化合物、脂质化合物和核酸。生物化学是研究这些化合物如何合成、分解，以及它们又如何与其他有机体发生联系的科学。生物体消耗碳的同时又将碳送回到环境中的一系列过程构成了碳循环。碳以二氧化碳的形式约占地球大气体积的0.03%，它溶解于所有天然水中。碳在地壳中以碳酸盐的形式存在于大理石、石灰石、白垩等岩石中，以碳氢化合物的形式(化合物仅含碳和氢)存在于煤、石油和天然气中。海洋中含有大量分解的二氧化碳和碳酸盐。

碳水化合物　carbohydrate　自然界存量丰富和分布广泛的有机物，包括糖、淀粉和纤维素。一般分为4类：单糖(如葡萄糖、果糖)、双糖(如蔗糖、乳糖)、寡糖(3～10个单糖)和多糖(分子可由多达1万个单糖单位连接而成，包括纤维素、淀粉和糖原)。绿色植物借光合作用产生碳水化合物。对于大多数动物，碳水化合物是可以迅速利用的能量存储器，并在组织中使葡萄糖发生氧化，增强代谢过程。许多碳水化合物(但绝不是全部的)具有$Cn(H_2O)n$的通式，这表示碳(C)原子连接氢原子(—H)、氢基(—OH)和羰基(—C═O)，这种组合、次序和几何排列导致大量的同分异构体，也就是具有相同分子式的物质却具有不同的结构和性质。

碳14年代测定法　carbon-14 dating　又称radiocarbon dating(放射碳测定法)。测定过去是活体物质的年龄的方法，约1946年由美国物理学家W. 利比发明。它根据放射性碳衰变成氮来测定年龄。所有活的动植物都会持续接收碳：绿色植物从空气吸收二氧化碳，再通过食物链传给动物。这种碳有些是放射性碳14，它会慢慢衰变为稳定的同位素氮14。当有机体死亡时，就停止吸收碳，因此组织内的碳14量会逐渐减少。因为碳14以一定的速率衰退，所以靠测量机体中残留放射性碳的数量就能估算出机体死亡的年代。这种方法通用于测定年龄在500～50 000年之间的化石和考古标本，也广泛被人类学家、地质学家和考古学家所采用。

汤菜　Brussels sprouts　又称抱子甘蓝。十字花科的一种小甘蓝，学名*Brassica oleracea*，广泛栽培于欧洲和美国。实生苗和幼株似普通甘蓝，其后，主茎可高到60～90厘米，腋芽也发展为小头，形似甘蓝头，但直径仅2.5～4厘米。喜温和、凉爽的气候，不耐过热的气候。富含维生素A和C。

汤豪泽　Tannhäuser(约1200～约1270)　德国抒情诗人和民间传说中的英雄。作为职业恋诗歌手，他曾为许多贵族恩主效劳；很少有他的作品传世。有关他的传说都保存在一首流行的民谣《汤豪泽》之中。传说他曾过着花天酒地的生活，但不久就深感后悔，遂前往罗马朝圣请求宽恕。罗马教皇曾对他说，由于他的朝圣杖再也长不出叶子来，因此他的罪愆绝不能被饶恕。但不久后，他那被弃置的朝圣杖又长出了绿叶，于是教皇遣人寻找汤豪泽，但再也没找到他。这个传说在19世纪的浪漫主义作家笔下十分盛行，作曲家R. 瓦格纳还根据该传说写成歌剧《汤豪泽》(1845)。

汤加　Tonga　正式名称Kingdom of Tonga(汤加王国)。南太平洋岛国。面积：748平方千米。人口：约103 000(2013)。首都：努库阿洛法。人民多为波利尼西亚人后裔。语言：汤加语、英语(均为官方语言)。宗教：基督教(以新教为主，亦有罗马天主教和其他教派)。货币：潘加。汤加是一个包含约170个岛屿的群岛，由北向南分成两条绵延800千米的平行列岛。东列岛屿由珊瑚岩石灰构成；西列岛屿则以山脉和火山地形为主，其中包括4座活火山。该国属发展中的自由市场经济，主要以农业为基础。主要产品包括鱼、椰子、红薯和香蕉。旅游业也很重要。汤加为立宪君主国，一院制。国家元首是国王，政府首脑是首相。至少在3 000年以前，拉皮塔文化的民族就在汤加居住。汤加人发展出一种阶层分明的社会体系，以最高统治者为首，13世纪时其统治扩展到了夏威夷群岛。17世纪荷兰人来到此地，但从1773年起才开始实际的接触，当时英国的J. 库克船长到达并命名该群岛为"友谊群岛"。在国王G. 图普一世统治时期(1845～1893)建立了现代的王国。1900年成为英国的保护国。1970年此种关系终止，汤加这个从前欧洲时期在波利尼西亚唯一保留下来的古王国在英联邦内实现了完全的独立。21世纪初，因美国投资者操纵的某一政府基金的损失，使汤加成为金融丑闻的中心，并使其金融问题更为加剧。2008年，一场政治改革运动使政府发生变化。国王乔治·图普五世放弃了许多君主权力，并同意在大部分政府决策的制定上征询首相的意见。汤加于1984年首次参加在洛杉矶举办的夏季奥运会。

汤姆森　Thomson, Virgil(1896～1989)　美国作曲家、评论家。出生于堪萨斯城。后入哈佛大学，希望成为一名钢琴家和风琴家。在巴黎师从N. 布朗热学习时(1921)，他遇到音乐家六人团，并开始从事作曲。1925～1940年住在巴黎，他遇到G. 斯泰因，并与之合写了歌剧《三幕四圣人》(1928)及《众生之母》(1946)，充满了迷人的天真风格。回到纽约后，他成为《先驱论坛报》(1940～1954)的音乐评论员。他的评论优雅，注重音乐而不是表演者，因此受到尊重。其他作品包括电影歌曲《破土之犁》(1936)和《路易斯安那的故事》(1949，获普利策奖)。

汤姆斯通　Tombstone　美国亚利桑那州东南部城市，由E. 席费林命名。1877年席费林在该地发现银矿，在此之前他曾被告之他的发现将成为他的墓碑。到1881年，D. 霍利德和J. 林戈等探矿者在此地掀起了一股淘银热，并带给该镇"无法无天"之名声。世仇是一种普遍现象，包括1881年易尔普(参阅W. 厄普)和克兰顿家族之间在克瑞尔发生的枪战。1962年，该地被辟为国家历史保护区。人口1 380(2010)。

汤姆孙　Thomson, J(oseph) J(ohn)(1856～1940)　后称Sir Joseph。英国物理学家。曾就读于剑桥大学，1884～1918年在剑桥大学的卡文迪什实验室任教，并将这一试验室发展成世界著名机构。1918～1940年任剑桥大学三一学院院长。1897年他证实阴极射线是急速运动的微粒，并通过用电场和磁场使其发生位移后，对这些位移的测量结果确定，这些微粒比已知最轻的原子还要小2 000倍。这就是现在所说的电子，汤姆孙起初将其称为微粒。这一发现推动了原子结构知识的革命。1903年他提出光的不连续理论，预示了A. 爱因斯坦的光子理论。他后来又发现了同位素并发明了质谱测定法。汤姆孙因气体导电率的研究获1906年诺贝尔物理学奖。汤姆孙也是一名杰出的教师，他有7名助手后来也获得诺贝尔奖。

汤普森　Thompson, Dorothy(1894～1961)　美国女记者。出生于纽约州兰开斯特。第一次世界大战后以一个自由撰稿记者身份前往欧洲。她对纳粹的报道大大激怒了A. 希特勒，

D. 汤普森，摄于1934年
AP/Wide World Photos

1934年成为第一个被驱逐出德国的美国记者。她的专栏"立此存照"备受欢迎，1941～1958年曾刊登在170多份报纸上。她的著作包括《我见到了希特勒!》(1932)、《难民》(1938)、《让记录说话》(1939)以及《敢于快乐的勇气》(1957)。1928～1942年期间她的丈夫是小说家S. 刘易斯。

汤普森　Thompson, Emma(1959～　)　英国女演员。从剑桥大学毕业后，她开始从事舞台剧及电视剧演出，靠着电视连续短剧《战争的运气》(1987)而成名。1989～1994年间与K. 布莱纳结为夫妻，并在他的几部电影中演出，包括《亨利五世》(1989)、《再续前世情》(1991)以及《都是男人惹的祸》(1993)。随后她主演《此情可问天》(1992，

获奥斯卡奖）、《长日将尽》（1993）、《理性与感性》（1995），该片使她获得奥斯卡最佳编剧奖，以及《风起云涌》（1998）。

汤森（雷纳姆的） Townshend (of Rainham), Viscount（1675～1738） 原名 Charles Townshend。英国政治家。1687 年继承其父头衔，并与 R. 沃波尔的姐姐结婚。1714～1716 年任国务大臣。曾和沃波尔一起领导辉格党，1720 年成为枢密院院长。1721～1730 年再次出任国务大臣。1725 年组建了汉诺威同盟，把英国、法国和普鲁士联合起来，对抗奥地利和西班牙。但当时掌权的大臣沃波尔反对对奥地利采取攻击性政策，汤森因而辞职。出于对农业改革的关注，汤森还在轮作中推广使用芜菁，从而得诨名“芜菁汤森”。

汤婷婷 Kingston, Maxine Hong（1940～ ） 原名 Maxine Hong。美国作家。出身于一个移民家庭，在数所学校和大学教书。她的小说和非小说类的作品探讨社会迷信观念、现实、中国和美国家庭的文化认同和中国文化里的妇女角色。她颇被赞赏的小说《女战士》（1976）和《中国男人》（1980）混合事实与幻想来述说她本身家族历史的方方面面；《猴行者》（1988）则讲述一位年轻华裔美国人的故事。

汤因比 Toynbee, Arnold (Joseph)（1889～1975） 英国历史学家。在伦敦大学和皇家国际事务学会担任过多年教授，也曾在英国外交部任职。12 卷本的《历史研究》（1934～1961）是他最著名的著作，该书以对 26 种文明的发展和衰落的分析为基础，提出一种历史哲学。由于他在书中将神话和比喻与事实资料相提并论，并表示相信宗教是一种可再生的力量，因而受到批判。其他著作包括《文明在考验中》（1948）、《从东方到西方：世界周游记》（1958）及《希腊文明史》（1959）。

唐菖蒲属 gladiolus 鸢尾科的一属，约 300 种显花植物的统称。原产非洲、欧洲和地中海地区，广泛栽培以供插花之用。穗状花序从球茎上抽出，高 60～90 厘米，有许多漏斗状的花簇生于花序轴的一侧；花被裂片 6 枚，花瓣状；叶剑形，稀疏。栽培唐菖蒲花色众多，大部分源于非洲南部和东部。

唐纳队 Donner party 一批美国开拓者，他们受困在前往加利福尼亚州的路途中。1846 年底，由乔治与雅各布·唐纳率领的 87 名移民，因大风雪受困在内华达山。这群人中有 15 个人开始寻求救援。当其他人的食物耗尽，他们开始吃那些已死之人。47 名生还者在 1847 年 2 月获救。加利福尼亚的唐纳湖与唐纳山口，即得名于这群人。

唐尼采蒂 Donizetti, Gaetano (Domenico Maria)（1797～1848） 意大利歌剧作曲家。曾受教于歌剧作曲家 S. 迈尔（1763～1845）。他的歌剧《格拉那达的佐雷达》在罗马首演（1822）成功。但 1830 年在米兰演出《安娜·波莲娜》使他扬名国外。后来成功的作品有《爱情的灵丹》（1832）、《吕克莱斯·波尔吉》（1833）、《拉美莫尔的卢西亚》（1835）、《罗伯特·德弗勒兹》（1837）、《联队之花》（1840）和《唐帕斯夸莱》（1843）等。作为多产作曲家，他可以在数周内完成一部歌剧。一生大约完成近 70 部歌剧、150 余首圣乐作品、数百首歌曲。因感染梅毒，生活的最后 4 年饱受病痛之苦。唐尼采蒂、G. 罗西尼和 V. 贝利尼同为 19 世纪初意大利最著名的歌剧作曲家和美声唱法风格的大师。

唐氏综合征 Down's syndrome 又作 trisomy 21（21－三体）或 Down syndrome。先天愚型，旧称蒙古型痴呆。一种先天性疾病，病因是在第 21 对染色体上多了一条额外的染色体。症状和体征特点如下：面阔而平，双眼斜向外上，且偶伴有眼裂内角内眦赘皮，智能发育迟缓，心、肾畸形，异常指纹。大部分唐氏综合征患者都能独立生活和工作，或在受保护的环境下生活和工作。但因易于提早出现老年性退行性变化，故其寿命较正常人短（55 岁）。新生儿的发病率随产妇年龄的增长而提高，可由对胎儿作羊膜穿刺术来测定。

糖 sugar 存在于种子植物汁液与哺乳动物乳汁中种种味甜、无色、溶于水的化合物。为一类最简单的碳水化合物。最常见者为蔗糖，一种双糖。其他还有许多种，如：葡萄糖和果糖（两者皆为单糖）；转化糖（蔗糖经酶作用后生成的一种葡萄糖和果糖各半的混合体）；以及麦芽糖（由大麦发芽而制成）和乳糖（两者为双糖）。商业化生产的糖几乎全部供食用。

糖果 candy 糖或可可为主要原料做成的甜食。埃及人用蜂蜜（与无花果、椰枣、坚果和香料混合在一起）制作糖果，当时还没有糖。随着 15 世纪甘蔗种植的传播，糖果生产开始发展。18 世纪末出现首台糖果制造机。糖果的主要成分包括蔗糖和甜菜糖，再混以其他碳水化合物食品，如玉米糖浆、淀粉、蜂蜜、糖蜜和枫糖浆等。糖果的底料可加入巧克力、水果、坚果、花生、鸡蛋、牛奶、调味剂和色素。品种通常分为硬糖（晶体糖），焦糖和太妃糖、凝胶软糖、果浆软糖、杏仁蛋白软糖、巧克力糖、棉花糖、甘草糖和口香糖。

糖酵解 glycolysis 又作 glycolytic pathway 或 Embden-Meyerhof-Parnas pathway。在大多数细胞内先后发生的 10 个化学反应，分解葡萄糖，释放被捕获并储存在腺苷三磷酸之中的能量。一个葡萄糖分子（加上辅酶和无机磷酸）制造出两个丙酮酸分子及两个腺苷三磷酸分子。假如有足够的氧气，丙酮酸就进入三羧酸循环，若是不足就发酵成为乳酸或乙醇。因此，糖解作用不但产生腺苷三磷酸供给细胞能量，而且提供其他细胞产物合成所需的基础材料。

糖精 saccharin 合成的有机化合物 $C_7H_5NSO_3$，比蔗糖甜 200～700 倍，糖精的钠盐和钙盐被广泛用作食物疗法的甜味剂，虽然获美国食品与药物管理局（FDA）批准，但却因它会产生一点致癌物而引起安全性方面的争议。参阅天门冬氨酰苯丙氨酸甲酯。

糖尿病 diabetes mellitus 一种碳水化合物新陈代谢障碍的疾病，发病机制为胰岛素分泌不足或机体对胰岛素的敏感性降低。胰岛素在胰岛合成，是新陈代谢葡萄糖所必需的。糖尿病的血糖浓度升高（高血糖），多余的血糖随尿液排出，而形成糖尿。症状包括多尿、尿频、口渴、消瘦、软弱。该病分为两类：Ⅰ型，即胰岛素依赖型（IDDM），一种自体免疫疾病，其胰腺不能产生胰岛素，须注射胰岛素治疗；Ⅱ型，即非胰岛素依赖（NIDDM），组织无法对胰岛素发生作用，常与遗传和肥胖有关，可限制饮食以控制病情。90% 以上的病者都属于Ⅱ型，许多Ⅱ型患者经多年未确诊。该病不经治疗可致酮症，血液内脂肪新陈代谢产物——酮体堆积、继之发生酸中毒（血酸含量高），致恶心、呕吐，引起糖尿病性昏迷。所有病例均应限制饮食，饮食要定时，定期检查血糖，这样能控制糖尿病。否则须注射或口服胰岛素。并发症是造成死亡的重要因素，包括心脏疾病、糖尿病性视网膜病（可致盲）、肾脏病、神经系统疾病（特别是腿和脚）。血糖浓度的控制并不总是与并发症的发展有关。妊娠糖尿病可治愈。

糖用甜菜 sugar beet 指各种甜菜。全球糖产量的 2/5 来自甜菜，为仅次于甘蔗的糖料作物。与甘蔗不同的是，甜菜可以在气候温和或寒冷的地区种植，比如欧洲、北美和亚洲；而这些地区恰恰是人口稠密的发达地区，大部分糖的产出在当地即可被消费。在被用作糖料作物之前，甜菜曾长期被当作田园蔬菜及饲料栽培。

糖用甜菜（*Beta vulgaris*）
Grant Heilman

糖原 glycogen 动物贮存碳水化合物的重要形式，主要见于肝脏及静态下的横纹肌内。在许多细菌、真菌和酵母体内亦可见。糖原是多糖的分支，由一长链葡萄糖单位组成，机体需要能源时糖原可降解为葡萄糖。

糖原贮积症 glycogen storage disease 又作 glycogenosis。一组因酶缺陷引起糖原新陈代谢障碍的疾病。按临床表现可分两组，分别累及肝脏或横纹肌，二者都是糖原贮存处。肝组的症状从低血糖伴酮症到无症状的肝肿大。肌肉组则是从软弱、肌肉痉挛到致命的心脏扩大。

螳螂 mantis 又称praying mantis。螳螂目螳螂科1 500多种昆虫的统称。体型长,行动缓慢。只吃活的昆虫,以其巨大的前足胫节钳住挣扎的猎物。交尾后雌虫常吃掉雄虫。欧洲薄翅螳螂和中华千叶螳螂已被引入北美洲,后者体长7～10厘米。英文名源出希腊语,意为"占卜者",因古希腊人认为螳螂具有一种超自然的力量。

绦虫 tapeworm 扁形动物门绦虫纲身体两侧对称的寄生性扁虫,约有3 000种,呈世界性分布。体长从约1毫米到大于15米。头节上有吸盘,通常还有钩,用于固着在寄主的肝和消化道内。一旦固着成功,就通过其体壁吸收食物。整个躯体通常分为数段:头或头节,上有吸盘和钩;不分段的颈;以及一列形状相同的节片(内含雌雄两性的生殖器官)。节片由颈基部的一个生长区连续生成。受精后内含数千个胚体的成熟节片爆裂,随寄主粪便排出。绦虫的整个生命周期可能需要不止一个寄主,但其生活周期亦可与属于圆虫的旋毛虫的生命周期相像。若被动物(中间寄主)吃入,则在消化道内孵出幼虫。幼虫穿过肠壁进入血管,被带到肌肉组织里,在此发育成囊尾蚴。多种以人为寄主的绦虫属于带绦虫属;从其名称即可知其中间寄主(如牛带绦虫是以牛为中间寄主)。人若食用了烹饪不充分的肉,即被感染,绦虫会固着在人类的消化道内。人被绦虫感染的途径主要是接触了受到粪便污染的土壤或水。

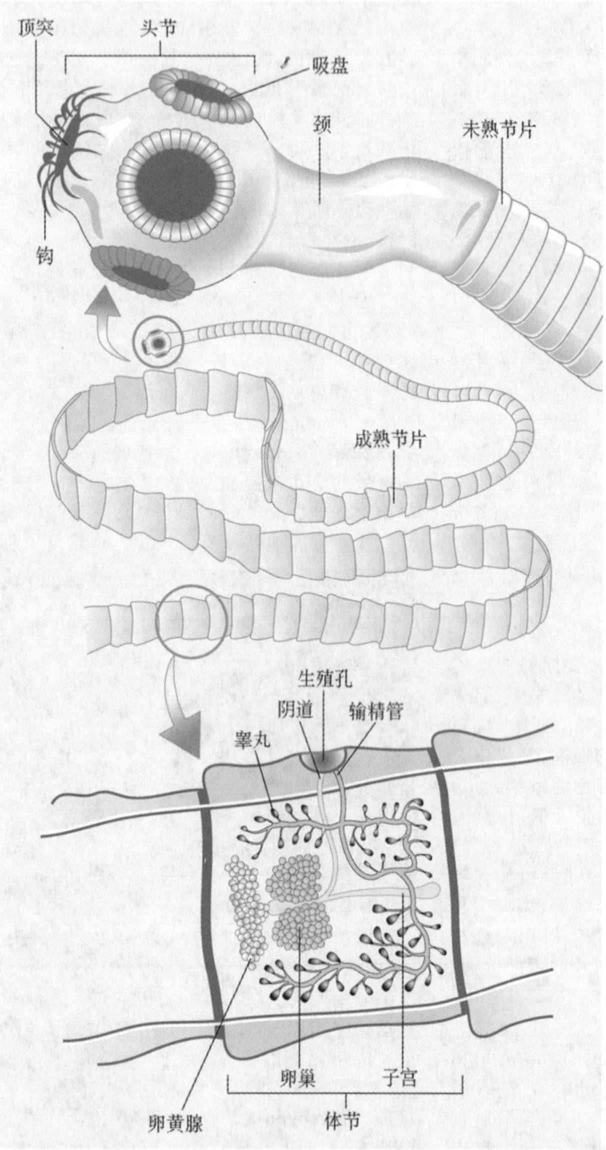

牛带绦虫的主要特征。头节有吸盘和钩来固着于人类宿主。在颈的基部形成连续一系列的生殖器官(体节),在受精之后成熟并脱落。在宿主粪便中排出的每个体节含有数千个胚胎。如果牛(中间宿主)吃了受到粪便污染的食物而摄入这些胚胎,它们就会发展成幼虫,钻过肠壁进入循环系统并附着在肌肉组织上,它们在此钻洞形成一个蛰伏的囊胞。如果人吃了没有煮熟的肉,就会受到幼虫感染,这些幼虫固着在肠壁上。

《逃亡奴隶法》 Fugitive Slave Acts 美国1793年和1850年的两个规定捉拿和押回逃亡奴隶的法律(1864年废除)。1793年的法律授权一名法官即可单独决定一个被指控的逃亡奴隶的身份。这一措施在北方各州遭到反对,其中有些州通过人身自由法规定奴隶有权要求陪审团审判。早在1810年,就有人帮助黑奴经由"地下铁道"逃离南方各州。南方日益强烈的压力导致通过《1850年妥协案》。对于拒绝执行此项法律的联邦法院执行官科以重刑;对于协助奴隶逃跑的个人也要科刑;逃亡者不得为自己辩护,也不允许陪审团审判。妥协案的严厉规定导致废奴运动日益强烈。北方各州通过了更多的人身自由法以反对妥协案,这又被南卡罗来纳州引为1860年脱离美国联邦的借口。

逃逸速度 escape velocity 天文学和空间探测名词。当物体一旦达到逃逸速度,不再作任何加速也能逃离引力中心的吸引,逃逸速度随高度的增加而减少,且等于在同一高度作圆轨道运动速度的2的平方根(约1.414)倍。在地球表面,如果大气阻力可忽略不计,则逃逸速度约为每秒11.20千米。在质量较小的月球表面,逃逸速度约为此速度的1/3。

桃 peach 蔷薇科小型至中型果树,学名*Prunus persica*,生长遍及南、北半球温带。桃很可能源于中国,并向西方传播。桃树不能耐受严寒,但要求冬寒以促使其在春季生长发育。叶亮绿色,披针形,叶尖细长。花为粉红色或白色,单生或丛生。果外部肉质、多汁,为可食部分;里面部分质硬,称为核。离核型的果实成熟后,果核易与果肉分离,黏核型则果核与果肉紧密相连。桃树已育成数以千计的品种。桃果皮表面有柔毛,果皮光滑的品种称为油桃。桃被广泛地用于鲜食和甜点烘焙。桃罐头是许多地区的主要商品。其近缘品种包括扁桃、李和樱桃。

桃(*Prunus persica*)
Grant Heilman

桃花心木科 mahogany family 无患子目楝科,由51个属575个种的树和灌木组成,但灌木罕见,生长于热带和亚热带地区。西印度桃花心木属和非洲楝属的树通常称作桃花心木,而香椿属的树则是具有重要经济价值的成材乔木。楝树(又称无患子)和波斯丁香是装饰性的亚洲树种,花朵芳香,淡紫色,果实圆形,黄色,诱人但有毒,常种植在热带和温带地区。该科的树大多树叶为大型复叶,花簇生。少量属的果实可食。

陶波湖 Taupo, Lake 新西兰最大的湖泊,位于北岛中部。面积606平方千米,湖水覆盖数座火山口。有怀卡托河横穿此湖。陶波湖四周多地热温泉,被当作疗养地和用于发电。位于湖西南的汤加里罗国家公园为旅游胜地,1990年被联合国教科文组织列为世界遗产。

陶瓷 pottery 最古老、最常见的装饰艺术品之一,是将黏土烧热变硬而成的器具(主要为功能性的器具,如器皿、盘子、碗等)。陶器是最古老和简单的陶瓷形式,而炻器则是在高温下形成的玻璃状硬器皿,瓷器则是一种精致半透明的陶瓷。中国人在新石器时代就已经开始制作复杂的陶瓷,并在公元7世纪开始制作瓷器。中国的陶瓷或称为

“瓷器”被广泛出口到欧洲，对欧洲的生产工艺和品质，都产生了深刻影响。古希腊和伊斯兰文化也因其在陶瓷工艺上的独创性而著称。

陶顿　Taunton　英格兰城镇，索美塞得郡首府。约710年由一个盎格鲁-撒克逊国王建立，其城堡在**英国内战**期间被包围，后被拆除。该地后来成为**蒙茅斯公爵**的叛乱地点（1685）。陶顿是个农业区，旅游业是当地重要的经济来源之一。人口约60 800（2005）。

陶尔斐斯　Dollfuss, Engelbert（1892～1934）　奥地利政治家。在奥地利政界迅速上升，1932年出任总理。为反对纳粹，与B.墨索里尼结为盟友。他推行的外交政策使奥地利实际上变成了意大利的卫星国。1933年他废除国会，在保守的天主教和意大利法西斯主义原则的基础上建立独裁政权。1934年，忠于他的准军事组织镇压了奥地利社会民主党以后，他颁布新宪法，建立一个独裁政权。同年6月，德国唆使奥地利的纳粹分子发动内战，在纳粹分子对总理府的袭击中，他被一名纳粹分子刺死。

陶里亚蒂　Togliatti, Palmiro（1893～1964）　意大利共产党领袖。在第一次世界大战服役之后，1919年他帮助创办了左翼《新秩序》周刊，并成为分离的社会党（1921）共产主义派系中的核心人物。1922年开始主编《共产主义报》，1924年当选为共产党中央委员会委员。1926年当陶里亚蒂在莫斯科时，意大利共产党被取缔。从此他开始流亡，并于1935年成为共产国际书记处书记。1944年他返回意大利，并于1945年当选为意大利联合政府副总理。他主张建立一个全民的、发扬民主的共产主义形式，并把意大利共产党发展为西欧最大的共产党。

陶器　earthenware　一种烧成温度未到玻化点的陶瓷器皿，气孔率比**炻器**和**瓷器**稍大，也更粗糙。为了实用和装饰，陶器通常上釉。在土耳其新石器时代村落遗址发掘出的一种

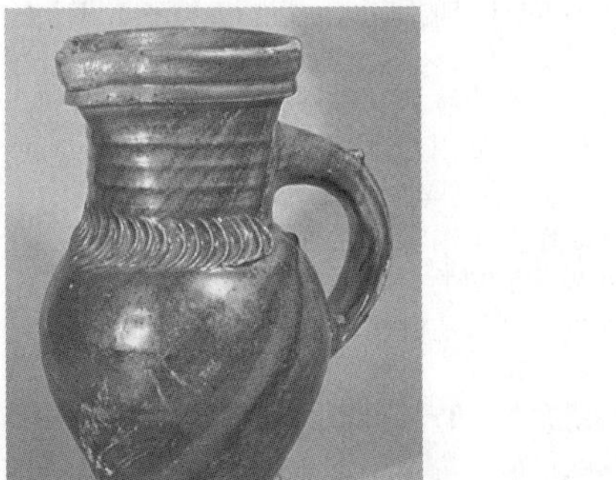

15世纪的法国铅釉陶水罐

By courtesy of the Musee National dela Ceramique, Severes

粗制软质陶器，被认为具有约9 000年的历史，是已知最早的陶器。时至今日，陶器仍被广泛用于烹调、冷冻和盛放食品。

淘金热　gold rush　渴望发财的人大量涌至新发现的金矿区。北美最著名的大淘金热于1848年发生在加利福尼亚，木匠J.马歇尔为J.萨特建造锯木厂时发现黄金。一年内约8万名淘金者（史称“四九人”，因1849年的淘金热而得名）蜂拥来到加利福尼亚黄金矿区，到1853年人数已达25万。有的矿场形成新的永久居民点，对食物、住房的需求促进了该新建地区的经济发展。当发现黄金开采更困难时，公司和机械采矿的方法取代了个人采矿。在整个19世纪下半叶，小型的淘金热发生在科罗拉多州、内华达州、爱达荷州、蒙大拿州、南达科他州、亚利桑那州和阿拉斯加州，出现了许多有人定居的地区；当矿源枯竭，许多居民点便成为死城。大淘金热也发生在澳大利亚（1851）、南非（1886）和加拿大（1896）。

忒奥克里托斯　Theocritus（约公元前310～前250）　希腊诗人。其生平记载甚少。仅存的诗歌有以乡村为背景的**田园诗**和哑剧，也有以城镇为背景的叙事诗、抒情诗和短诗。其中忒奥克里托斯的田园诗最具特点和影响力，他将**田园文学**引入诗歌之中，从而成为**维吉尔**的田园诗和许多文艺复兴时期诗歌戏剧的来源。忒奥克里托斯最著名的田园诗包括《泰尔西斯》和《收获节歌》，前者是为传说中牧羊诗人达夫尼斯而作的哀歌，后者是装扮成乡下人讲述他当时的朋友和敌人。

忒修斯　Theseus　古希腊传说中的英雄。雅典国王埃勾斯之子。在其前往雅典的途中，忒修斯斩妖除怪，将辛尼斯、斯奇隆及普洛克路斯忒斯等恶人杀死。到了雅典他发现父亲埃勾斯与**美狄亚**成了婚；美狄亚先于他父亲认出了他，试图将其毒死，但最终失败，埃勾斯宣布其继承皇位。忒修斯后来在克里特岛遇到阿里阿德涅并将**弥诺陶洛斯**杀死；在返回雅典的途中，忒修斯忘记扯起表示胜利的白帆，换下原来的黑帆，当埃勾斯看到黑帆时，他悲伤地跳下卫城自杀身亡。忒修斯继续统一并扩展**阿提卡**的势力范围。他还降服**亚马孙**女王希波吕忒，为此亚马孙人入侵雅典，希波吕忒战死在忒修斯军中。他又绑架了**海伦**并试图从冥府偷取珀耳塞福涅，但被扣押在冥界直至被**赫拉克勒斯**所救。后来他被斯基洛斯国王推下悬崖死亡。

特奥蒂瓦坎　Teotihuacán　墨西哥中部前哥伦布时期最大城市，在今墨西哥城东北约50千米处。在公元前900年之前，特奥蒂瓦坎的影响力曾一度遍及整个中美地区，后被**托尔特克人**所占领。特奥蒂瓦坎占地面积约21平方千米，最多时拥有居住人口15万人，城内建有广场、庙宇和宫殿等，其中主要建筑是月神金字塔和太阳神金字塔。特奥蒂瓦坎是早期**中美洲文明**的中心，同时有专家认为它也是托尔特克文化的中心。参阅**图拉**。

特大城市　megalopolis　美国东海岸高度城市化区域，由几个都会区串连而成，起自东北端的波士顿，向西南延伸到华盛顿。是法国地理学家J.戈特曼所创的概念。这个词汇描述的是人口稠密、包含两个以上都市的社会经济实体，而且都市化空间还在不断增加。美国的特大城市还包括纽约、费城和巴尔的摩等都市。

特德　Tedder, Arthur William（1890～1967）　后称Baron Tedder（of Glenguin）。英国空军元帅。1913年参加英国陆军，1916年调到英国皇家飞行大队，第一次世界大战以后指挥一支英国皇家空军。第二次世界大战中任英国皇家空军中东司令部司令，指挥在北非和意大利的盟军空军作战，1944年被任命为在西欧的盟军空军作战指挥。他轰炸德军交通系统并对地面部队提供有力的空中支持的策略，为诺曼底登陆以及盟军开进德国的成功作出了巨大贡献。他后来成为第一位和平时期的空军参谋长（1946～1950）。

特氟隆　Teflon　聚四氟乙烯（PTFE）或氟化的乙烯-丙烯（FEP）的聚合物的商标名。特氟隆是一种坚韧、蜡质、不易燃烧的有机化合物，表面光滑，只有很少几种化学物质能黏附其上，在很大的温度范围内保持稳定。它的这些特性使它能用于制作垫圈、轴承、容器和管道内衬、电绝缘、在腐蚀性流体中使用的阀门和泵的部件，以及炊具、锯片和其他物品上的保护层。

特古西加尔巴　Tegucigalpa　洪都拉斯共和国首都。位于丘陵地区，四面有山环绕。建于1578年，当时为金银矿中心。1880年设为洪都拉斯永久性首都。出产纺织品和糖。主要建筑包括总统府和立法机构的宏伟建筑、洪都拉斯国立大学以及一座18世纪的教堂。人口约769 061（2001）。

特卡奎萨　Tekakwitha, Saint Kateri（1656～1680）　第一个被天主教会封为圣人的北美印第安人。她的母亲是阿尔冈昆族基督徒，父亲是摩和克人非基督徒。儿童时代由于患天花几乎失明。11岁时遇见3个耶稣会传教士，深受其言行和生活方式的感染，20岁时受洗。但在故乡常遭到骚扰和威胁，她奔走320千米逃到蒙特利尔附近的印第安人传教堂。在当地由于其善良、忠贞以及她英年早逝之前所受的巨大苦难而被称为“莫霍克人的百合花”。1980年天主教为其行宣福礼，2012年将其封为圣人。

特卡那瓦　Te Kanawa, Kiri (Janette)（1944～　）　后称Dame Kiri（基里夫人）。新西兰女高音歌唱家（有一半毛利人血统）。在新西兰获奖后，1966年赴伦敦深造，1970年在伦敦科文特加登皇家歌剧院首次演出。不久就出演主角，尤其以在《费加罗的婚礼》中扮演的伯爵夫人而出名。1974年在纽约大都会歌剧院首次演出获得极大成功，最后一刻在**G.威尔地**的《奥瑟罗》中替代他人出场。特卡那瓦光彩照人，表现冷静，音色丰富，在查理王子1981年的婚礼上应邀演唱，还录制了许多唱片。

特克斯和凯科斯群岛　Turks and Caicos Islands　**西印度群岛**中的英国附属国。由巴

哈马东南端的两个小岛群组成。特克斯岛群包括大特克斯、盐岛以及一些较小的沙洲。凯科斯岛群包括南凯科斯、东凯科斯、中(或大)凯科斯、北凯科斯、普洛维登西莱斯、西凯科斯以及若干个较小的沙洲。政府所在地是大特克斯岛上的科克本城。1512年西班牙探险家J.庞塞·德莱昂来到此地时,群岛上居住着印第安人。1678年来自百慕大的英国殖民者到达这里。该群岛最初被置于巴哈马政府的管理之下,但在1874年被合并到了牙买加殖民地中。1962年特克斯和凯科斯群岛成为英国直辖殖民地,1965～1973年该群岛与巴哈马共有一位总督。1988年采用新宪法。主要行业是旅游业和近海金融服务。人口约18 738(2002)。

特库姆塞　Tecumseh(1768～1813)　北美洲肖尼印第安人酋长。美国独立战争时特库姆塞还很年少,参加了英国和印第安人对美国人的联合袭击。1794年与A.韦恩将军的军队作战但失败。后来成立由克里克人和其他国家军队组成的联盟。1811年其兄在蒂珀卡努河袭击W.H.哈里森的部队,同样战败。随着1812年战争的开始,特库姆塞在英国旗下组织军队,占领底特律。取得了几次小胜利之后,他在安大略湖的泰晤士河中战死,标志着印第安人对旧西北地区抵抗的结束。

特拉法尔加战役　Trafalgar, Battle of(1805-10-21)　拿破仑战争的一次海战,该战役确立了英国在欧洲的海军优势。海战在西班牙的特拉法尔加角进行。P. de 维尔讷夫(1763～1806)率领33艘法西联军战舰与H.纳尔逊率领的27艘英国战舰交战。当维尔讷夫试图悄悄溜出被围困的加的斯港时,遭到纳尔逊拦截。法国舰队一字排开,但遭到英国舰队的两头夹攻。发出著名训令"英国期望大家恪尽职守"之后,纳尔逊率舰队从中间打破法军舰列,在混乱中俘获了维尔讷夫及20艘军舰。战争即将结束时,纳尔逊不幸被狙击手击中,伤势严重。此次海战,英国战舰无一损失,拿破仑最终放弃其入侵英国的计划。

特拉华　Delaware　美国大西洋沿岸中部的一州,与宾夕法尼亚州、新泽西州和马里兰州交界。原为阿尔冈昆部落定居处,1638年瑞典人在克里斯蒂娜堡(今威尔明顿)建立了第一个白人永久居民点。1655年新阿姆斯特丹的荷兰人占据了"新瑞典",1664年被英国人占领,后来特拉华一直是纽约的一部分,1682年割让给W.佩恩。虽然在1704年批准它有自己的议会,但在1776年以前一直受宾夕法尼亚州管辖。该州是批准联邦宪法的第一州,面积在美国各州中倒数第二,但也是人口最稠密的州之一。化学制造业是主要工业,其次是食品加工。该州最重要的运输动脉是切萨皮克-特拉华运河,该运河经深挖后缩短了费城与巴尔的摩之间的水路。首府多佛。面积5 240平方千米,人口约917 092(2012)。

特拉普提派　Therapeutae　犹太教苦修派别,公元1世纪定居在埃及亚历山大附近的马里奥蒂斯湖滨。该教派的起源与结局记载不详,关于该教派的唯一记载源于斐洛。特拉普提派与艾赛尼派都持有灵肉二元论观点(参阅二元论),但两者之间的不同在于特拉普提派以"智慧"为主要争取目标。他们以隐喻的手法解释经文,并完全投身于向神祈祷和精神修行的活动中。特拉普提派教徒一周有6天时间是独自度过,安息日那天所有教徒在一起讨论教义并共同进餐。

特拉斯卡拉　Tlaxcala　全称Tlaxcala de Xicohténcatl。墨西哥特拉斯卡拉州首府,位于马林切火山山脚的山区,纳瓦人于14世纪左右定居于此,15～16世纪与阿兹特克人的特诺奇蒂特兰(墨西哥城)展开权力争斗。尽管居民最初与H.科尔特斯对抗,但最终还是与科尔特斯结盟,并帮助他征服了阿兹特克国王蒙提祖马二世。1520年,当那瓦特人被赶出特诺奇蒂特兰后,该地便成为西班牙人的避难所。1521年,科尔特斯在此建立了美洲第一座天主教教堂(圣方济各教堂)。该地区附近有奥科特兰圣母朝圣地和遗址。人口89 795(2010)。

特拉维夫-雅法　Tel Aviv-Yafo　又拼Tel Aviv-Jaffa。以色列城市及主要港口,1950年通过将古代港口雅法和它以前的郊区特拉维夫合并而成。特拉维夫1909年建立,1948～1950年为以色列的首都。20世纪初随着犹太移民的增加而发展,1936年成为巴勒斯坦最大和最重要的城市。雅法是古迦南城市,公元前15世纪被埃及占领,后来被以色列国王大卫和所罗门占领。在以后的几个世纪里,该城先后被托勒密人、叙利亚人、罗马人统治,亦曾被十字军占领,后来被马木路克人夷为平地。1917年英军占领该城。第一次阿以战争(1948)时该城向犹太军队投降。特拉维夫-雅法是以色列的主要商业、交通和文化中心。全国一半以上的工厂都在此地。市内有证券交易所、特拉维夫大学(1953)和巴-伊兰大学(1953)。人口约384 400(2006)。

特拉西梅诺湖　Trasimeno, Lake　位于意大利中部翁布里亚区的湖泊,是意大利半岛的最大湖泊。面积128平方千米,水浅、最深处仅6米。该湖由一些小溪流补给,湖水经人工地下水道(1898年开辟)排入台伯河。在公元前217年的第二次布匿战争中,汉尼拔大胜弗拉米尼乌斯在当地率领的罗马军队。1944年(第二次世界大战期间),该地区成为英德两国军队激烈交火的战场。

特兰士瓦　Transvaal　原名South African Republic。南非东北部的旧省(1856～1877,1881～1902)。位于林波波河与瓦尔河之间,1800年时主要居住着操班图语的民族。在19世纪30年代的大迁徙中,布尔人(阿非利堪人)开始向北迁移,并于1856年建立起短暂的南非共和国。1868～1874年间该地区丰富的钻石和金矿资源被发现,增强了英国人对该地区的兴趣,1881年将其并为附属国。1881年的一场布尔人起义又重新恢复共和国的独立。1886年更多金矿的发现引来更多的外国人,他们的人数最终超过了布尔人。1895年L.S.詹姆森企图煽动这些外国人推翻布尔人政府。1899年特兰士瓦联合奥兰治自由邦发动对抗英国的南非战争。英国于1900年和1902年取得战争的胜利之后,特兰士瓦成为其直辖殖民地。1906年特兰士瓦获得自治,1910年加入南非联邦(今南非共和国)。1994年特兰士瓦被分为4个省。该地区矿产和农业资源异常丰富。

特兰斯凯　Transkei　南非共和国的班图斯坦。濒临印度洋,与莱索托接壤。1959年由南非政府设立的第一个班图斯坦,是讲科萨语民族的居住地(与西斯凯一起)。1976年南非政府宣布特兰斯凯独立,南非所有与特兰斯凯使用相同语言的黑人,不管他们是否住在特兰斯凯,一律失去南非公民身份,成为这个新国家的公民。由于它是南非种族隔离政策的产物,因此国际社会并不予承认。该地区于1994年重新并入南非,分别划入东开普省和夸祖鲁-纳塔尔省。

特兰西瓦尼亚　Transylvania　罗马尼亚西北部和中部历史区,包括喀尔巴阡山脉所包围的高原和特兰西瓦尼亚阿尔卑斯山脉。处于达契亚王国的核心部位,公元2世纪成为罗马的达契亚省的一部分。马扎尔人在9世纪末征服该地区。16世纪匈牙利被哈布斯堡王朝和土耳其瓜分时,特兰西瓦尼亚成为奥斯曼帝国境内的一个自治公国。17世纪末又被划归哈布斯堡王室控制的匈牙利。1848年匈牙利爆发了反抗奥地利的革命,该地区发生过激烈的战斗。奥匈帝国在第一次世界大战中被击败后,该地区的罗马尼亚人宣布与罗马尼亚合并。第二次世界大战期间,匈牙利重新得到这一地区的北部,但1947年整个地区又割让给了罗马尼亚。

特朗布尔　Trumbull, John(1756～1843)　美国画家、建筑师和作家。出生于康涅狄格州韦斯特伯里。他是J.特朗布尔将军(1710～1785)的儿子,在美国内战期间曾担任G.华盛顿的副官,后在伦敦担任J.杰伊的秘书。1784年在伦敦师从B.韦斯特习画,并在韦斯特的鼓励下开始创作后来广受欢迎的历史画和雕刻,并将此职业持续了一生。他在1817年受国会委托为美国国会大厦中央大厅作了4幅装饰巨画(1826年完成)。在经常被复制的《独立宣言》中的很多重要人物在当时都是根据真人画的。

特朗布尔　Trumbull, Lyman(1813～1896)　美国政治家。出生于康涅狄格州科尔切斯特。曾在伊利诺伊州担任律师,1855年选入美国参议院。最初是一名民主党人,后转为共和党人并支持废奴政策。1864年担任参议院司法委员会主席,他协助起草了宪法《第13修正案》。虽然他是一个激进派共和党人,但他仍投票反对对A.约翰逊总统的弹劾。从政界退出后,他继续从事律师行业(1873),后重返民主党并在1876年有争议的选举中担任S.J.蒂尔登的顾问。

特朗普 Trump,Donald J(ohn)(1946～) 美国房地产开发商。出生于纽约市,他加入了其父的特朗普房地产集团(1968),并扩展了公司在出租公寓上的产业。到20世纪90年代,他的产业已经包括25 000套出租和合作公寓、特朗普大厦和新泽西州大西洋城的几个酒店赌场。虽然在经济衰退的影响下,他被迫将其部分产业转让给债权人,但他后来在纽约西区进行了大量的建筑工程,其中有准备建设的世界最高的建筑物。他的私人生活、政治野心和名人身份使他一直都是公众关注的焦点。

特勒 Teller, Edward(1908～2003) 原名Ede。匈牙利裔美国原子核物理学家。生于一个富裕的犹太人家庭。在莱比锡大学获得博士学位(1930)。1933年离开纳粹德国,

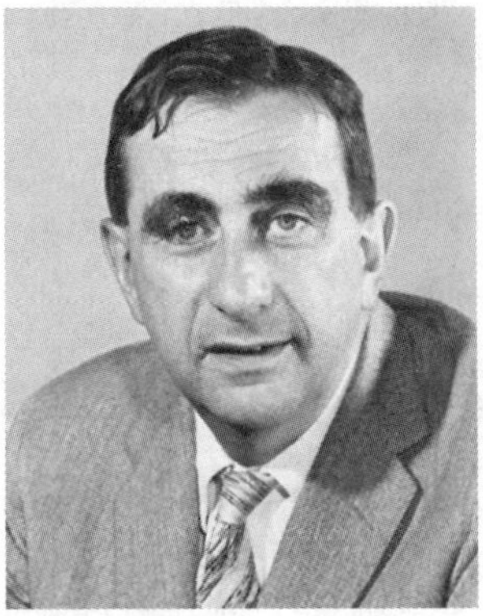

特勒
By courtesy of the University of California Lawrence Berkeley Laboratory, Berkeley, Calif.

1935年定居美国。1941年加入E.费米研究小组打算制作第一个自持核反应。1943年J.R.奥本海默吸收他参加曼哈顿计划。第二次世界大战结束时,特勒提出研制热核弹,开始时受到政府阻止,但后来又获得准许。1952年与S.乌拉姆一起研制出氢弹。同年,他帮助建立了劳伦斯·利弗莫尔实验室(在加利福尼亚州的利弗莫尔),该实验室成为美国主要的核武器工厂。1954年他参与反对奥本海默继续拥有安全许可证。特勒是坚定的反共产主义者,他把他的大部分精力用于保持美国在核武器方面领先于苏联的地位。他反对禁止核试验条约,是让R.里根总统相信需要战略防御倡议的主要人物。

特雷布尔卡 Treblinka 德国纳粹集中营。位于波兰村庄特雷布尔卡附近。1941年建成,为一强迫劳役营。另一个更大并绝对保密地方,建于1942年,为处决犹太人的营地,与第一营地相距约1.6千米,代号T.Ⅱ。在这里,受害者被剥去衣服,驱入公共浴室,并由浴室顶部管道施放毒气。乌克兰监狱看守人和多达1 500名的犹太囚犯工人来执行死刑。总共死亡人数估计为70万～90万人。1943年一群囚犯工人奋起反抗并逃跑,但多数人被杀或重新抓回。特雷布尔卡2号营1943年10月关闭,劳役营1944年7月关闭。

特雷弗 Trevor, William(1928～) 原名William Trevor Cox。爱尔兰作家。特雷弗曾在都柏林的三一学院学习,在移居英格兰当全职小说家之前,曾当过老师、雕刻家及广告文案编写人。他的作品大多描述怪人或被遗弃的人的心理。他的第二部小说《老校

特雷弗,1982年摄
Mark Gerson

友》(1964)描写一个"老校友委员会",其迅速衰老的成员相互算计彼此的故事。他后期的作品包括《费丽西亚的旅行》(1994)和《夏日之死》(1998)。他最为著名的作品应该是其精彩的短篇小说集。

《特里阿农条约》 Trianon, Treaty of(1920-06-04) 第一次世界大战结束时在法国凡尔赛的特里阿农宫签订的条约,签字一方为匈牙利代表,另一方为协约国代表。根据该条约规定,匈牙利至少割让其领土的2/3,由捷克斯洛伐克、奥地利、未来的南斯拉夫和罗马尼亚平分。匈牙利的武装力量被限制为35 000名装备轻武器的士兵,仅用于维持国内秩序。

特里波利 Tripoli 阿拉伯语作Tarabulus al-Sham。黎巴嫩西北部港口城市,该城市始建于公元前700年,成为3个腓尼基城邦西顿、提尔和阿尔瓦德同盟的首邑。后来受到塞琉古王朝和罗马人的控制,公元7世纪中叶被穆斯林人占领。12世纪早期遭到十字军的包围和部分破坏后,被后继的十字军重建。19世纪30年代,被埃及人占领。1918年又被英军占领,1941年再次被英国人和自由法国军队占领。1946年成为黎巴嫩共和国的一部分。在黎巴嫩历史上,它几度成为基督教-伊斯兰教冲突的中心地区,也是1983年巴勒斯坦叛乱者反对Y.阿拉法特的地方。该城市主要是一个港口和商业、工业中心以及海滨度假胜地。作为从伊拉克延伸过来的石油管道的终端,它还是一个重要的石油储备和提炼中心。人口约212 900(2003)。

特里波利斯 Tripolis 希腊南部城市,伯罗奔尼撒半岛中部的商业中心。该城市最初在公元14世纪作为德洛伯利察取代了古代的帕兰提厄姆、泰耶阿和曼提尼亚城市。1770年重建后,它成为当地土耳其帕夏的驻地。在1828年希腊独立战争中遭破坏前一直是一个繁荣的城市,1834年后得以重建。人口28 976(2001)。

特里普拉 Tripura 印度东北部一邦。与孟加拉国三面(北、西、南)接壤,东面与本国的米佐拉姆邦和阿萨姆邦为邻。面积10 486平方千米。首府阿加尔塔拉。在17世纪成为莫卧儿王朝的一部分之前一直是印度教的一个独立王国。1808年以后,它受英国人控制。1956年成为直辖区,1972年获得一个邦的所有特权。该邦的主要经济活动是农业,其中以稻米和黄麻为主。人口3 671 032(2011)。

特里萨修女 Teresa (of Calcutta), Blessed Mother(1910～1997) 原名Agnes Gonxha Bojaxhiu。出生于阿尔巴尼亚的修女,天主教仁爱传教会的创立者。一个杂货商的女儿,后来成为修女并以一个年轻妇人身份前往印度。学习护理之后,她迁入贫民窟行善。1948年创建仁爱会以救济盲人、老人、麻风病人、残疾人和重症患者。1963年印度政府授予她"莲花主"勋章以表彰她为印度人民提供的帮助。1971年教皇保罗六世为她颁发第一个教皇约翰二十三世和平奖。1979年她又获得诺贝尔和平奖。尽管晚年患有严重心脏病,但她还是继续为穷人和病人服务,并明确表示反对离婚、节育和堕胎。她的仁爱会在90多个国家拥有数百个服务中心,约4 000名修女及数十万世俗工作人员。后来在印度出生的诺玛拉修女继承了她的事业,逝世两年后她被宣布为圣徒,教皇约翰·保罗二世颁布了一个特许状以加快这一追封过程。

特里维西克 Trevithick, Richard(1771～1833) 英国发明家,发明了世界上第一辆铁路蒸汽铁路机车。特里维西克并未受过很多教育。1790年他担任康沃尔几家矿场的工

特里维西克,油画,J.林内尔绘于1816年;现藏伦敦科学博物馆
By courtesy of the Science Museum, London, the Woodcroft Bequest

程师。1797年他通过高压蒸汽实验发明出较小较轻的蒸汽机,替代了较大的低压的机器(用于提升矿产石)。1801年建造了第一辆蒸汽马车,后来他在伦敦驾驶的就是这辆车。1803年为韦尔斯的一家铁制部件工厂建造了第一辆铁路蒸汽机车。1808年他放弃了制造火车头的计划,因为铁轨太脆不能承受火车头的重量。1806年又制造出第一辆蒸汽挖泥机。1816年他来到南美洲,把他的机器运到秘鲁的银矿区,希望能发一笔大财,结果却于1827年身无分文地回到英格兰。

特立尼达和多巴哥 Trinidad and Tobago 全称Republic of Trinidad and Tobago(特立尼达和多巴哥共和国)。西印度群岛中的岛国,包括特立尼达和多巴哥两岛屿。是安的

列斯岛链最南端的两个岛，位于委内瑞拉的东北和圭亚那的西北。面积：5 155平方千米。人口：约1 344 000（2013）。首都：西班牙港。居民多为南亚人和非洲人后裔。语言：英语（官方语言）。宗教：基督教（天主教、新教）、印度教和伊斯兰教。货币：特立尼达和多巴哥元。该国岛屿多是平坦或坡度平缓的平原，有一些带状的高地和雨林。卡罗尼森林沼泽是特立尼达一处重要的鸟类保护地，是红鹳、白鹭、朱鹮的栖息地。该国的石油和天然气储量丰富，亦是世界最大的沥青生产国之一。其他行业还有农业、渔业和旅游业。主要农产品有甘蔗、柑橘、可可和咖啡。该国是共和国，两院制。国家元首为总统，政府首脑是总理。1498 年 C. 哥伦布到达特立尼达时，那里居住的主要是阿拉瓦克人，亦有少数加勒比人；多巴哥则居住着加勒比人。16 世纪时西班牙人来到这两个岛定居。17 ～ 18 世纪输入了非洲奴隶作为种植园劳工，取代了为欧洲人工作劳累而死的原印第安人。1797 年特立尼达向英国投降。1721 年英国人试图在多巴哥定居，但法国人在 1781 年占据了该岛，把它改造成一个生产食糖的殖民地。1802 年英国人取得了多巴哥。1834 ～ 1838 年间该群岛上废除了奴隶制，从印度带来的移民从事种植业。1889 年特立尼达和多巴哥在行政上联合，1925 年实行局部自治，1962 年该群岛成为英联邦内的一个独立国家，1976 年成立共和国，之后发生了几次政治动乱。1990 年穆斯林原教旨主义者试图推翻政府后造成政治动乱。特立尼达和多巴哥于 1948 年首次参加在伦敦举办的夏季奥运会。

特利维廉　Trevelyan, G(eorge) M(acaulcy)（1876～1962）　英国历史学家。他的作品赞赏英国思想中的辉格党传统，反映出英国宪法中盎格鲁-撒克逊成分的强烈兴趣，为大多数普通老百姓所接受。作品包括三部有关 G. de 加里波第的作品（1907、1909、1911）、《威克利夫时代的英格兰》（1899）、《19 世纪英国史（1782 - 1901）》（1922）、《英格兰史》（1926）及《威廉四世的七年》（1952）。

特林布尔　Trimble, David（1944 ～　　）北爱尔兰的前任首席部长，1998 年与 J. 休姆共获诺贝尔和平奖。他在 1990 年被选入议会，1995 年成为北爱尔兰统一党（UUP）领导人。他代表北爱尔兰统一党参加了 1997 年 9 月开始的多党和平会谈。这些会谈包括新芬党成员和爱尔兰共和军政治派成员，谈判最终达成了 1998 年 4 月的《受难节协议》，旨在恢复北爱尔兰的自治政府。他不顾强硬派的反对签订了该协议，并在北爱尔兰和爱尔兰地区成功地进行全民投票。在接下来的新北爱尔兰议会选举中，他被选为首席部长。他与爱尔兰共和军之间在裁军方面的冲突，导致他于 2001 年辞去首席部长职位。同年末在裁军开始后他重返政府，次年他的首席部长一职中止。2005 年他失去了在英国议会的席位，随后辞去北爱尔兰统一党主席的职务。

特隆赫姆　Trondheim　挪威中部城市。该城市位于特隆赫姆峡湾，是挪威海向内陆延伸 130 千米而形成的小海湾。该地由奥拉夫一世在 997 年修建，14 世纪前该城一直是挪威的首都。它在汉萨同盟商人以卑尔根为主要港口前一直是一个贸易中心。该城市在 19 世纪晚期前一直处于衰落状态，直到铁路将它与奥斯陆相连为止。现为挪威第三大城市，也是挪威主要的陆地和海上交通枢纽和制造业中心。人口148 859（2000）。

特鲁多　Trudeau, Pierre (Elliott)（1919 ～ 2000）　加拿大总理（1968 ～ 1979，1980 ～ 1984）。曾担任律师，后被选举到加拿大参议院（1966 ～ 1984）。曾在 L. 皮尔逊内阁担任司法部长（1967 ～ 1968）。1968 年担任自由党领袖和总理。他倡导强有力的联邦政府，并使魁北克分裂主义运动失败。离职九个月后，在 1980 年返回职位并提倡改革，号召进行宪法"本土化"，将英国议会的修正宪法权力转换到加拿大议会。在这一活动的末期，他监督了《加拿大法案》的通过。在任期内他还通过了官方的双语制。特鲁多在国际社会长期扮演重要的角色，并成为发展中国家的代言人以及苏联集团与西方之间的和平调解人。在长期担任西方民主团体的领导人后，于 1984 年辞去自由党领导职务，并退出政界。

特鲁里街剧院　Drury Lane Theatre　伦敦一家至今仍在使用的最古老的英国剧院。由剧作家 T. 基利格鲁为其演员组成的剧团所建的皇家剧院（1663）。1672 年遭火灾，1674 年重建，由 C. 雷恩爵士任建筑师。剧院在演员经理人 C. 西伯（1710 ～ 1734）和后来的 D. 加里克（1747 ～ 1776）及 R. B. 谢里丹（1776 ～1788）的经营下日益兴盛。一座有防火设施的剧院在 1794 年开幕，1809 年被烧毁。1812 年重建，内有2 000多个座位。19 世纪 40 年代其受欢迎程度逐渐下降，但至 80 年代因音乐剧和场面壮观的历史剧以及 H. 欧文、E. 特里等人成功的演出而再度兴盛。近年来许多美国的音乐剧在这里演出。

特鲁思　Truth, Sojourner（1797? ～ 1883）原名 Isabella Van Wagener。美国福音传教士和改革家。原是一名奴隶，育有 5 个孩子。被解放之后，她在纽约市为别人担任女仆

S. 特鲁思
By courtesy of the Burton Historical Collection, Detroit Public Library

（1829 ～ 1843），并同福音传教士皮尔逊一起开始在大街上进行传教工作。改名为索琼纳·特鲁思后，她听从旅行和传教的号召离开了纽约。她在传教中加入了废奴和妇女权利的内容，并在中西部旅行中获得了大批支持者。南北战争期间，她为黑人志愿者收集物资并曾与 A. 林肯会面。南北战争结束后，她为自由民救济组织工作并鼓励向堪萨斯和密苏里移民。

特鲁希略（莫利纳）　Trujillo (Molina), Rafael (Leónidas)（1891 ～ 1961）　多米尼加共和国独裁者（1930 ～ 1961）。1918 年参军，并得到提拔，1927 年晋升为将军。1930 年从总统 H. 巴斯克斯手中夺取政权，此后一直完全控制该国的权力直到被暗杀。虽然他在经济现代化方面作出了贡献，但其利益分配却不均等，政府极为腐败，而多米尼加共和国人民也在他统治时期饱受丧失人身和政治自由之苦。

特吕福　Truffaut, François（1932 ～ 1984）法国电影导演。经过一个不安的童年并在感化院里生活了一段时间后，他成为前卫派《电影手册》杂志的一名电影评论家，电影导演作者论的拥护者，并参与建立了新浪潮派。他的第一部故事片是半自传体的《四百下》（1959），描写一个失足少年，此片为他赢得国际声誉。他受 J. 雷诺阿和 A. 希区柯克的影响，制作出多变和广受称赞的电影，如《枪击钢琴师》（1960）、《华氏 451 度》（1966）、《偷吻》（1968）、《野孩子》（1969）、《日以继夜》（1973，获奥斯卡奖）、《巫山云》（1975）以及《最后一班地铁》（1980）。

特伦蒂诺-上阿迪杰　Trentino-Alto Adige　旧称Venezia Tridentina（1947 年前）。意大利北部的边境自治区，首府特伦托。全区多山，有一些欧洲最高的山峰及通往瑞士和奥地利的山口。中世纪时是特伦托和布雷萨诺内公国。1815 年成为奥地利附属国。第一次世界大战期间当地曾发生多次战役，战后并入意大利。北部居民讲德语，南部居民讲意大利语。讲德语和意大利语的居民轮流担任地区议会主席。该地区种植谷物和葡萄，养牛业、旅游业发达。锌、铅等矿产丰富。人口约 937 107（2001）。

特伦顿　Trenton　美国新泽西州首府，位于特拉华河航运起点。约 1679 年由英国公谊会建立的居民点，1745 年设镇和自治镇。1776 年圣诞夜 G. 华盛顿率军穿过冰封的特拉华河，进攻驻扎在特伦顿的雇佣军。1784 和 1799 年先后为美国临时首都，1790 年成为新泽西州首府。19 世纪 30 年代完成的运河和铁路，促进了当地工业发展，至今特伦顿还是一个工业城市。人口84 913（2010）。

特伦托　Trento　英语作 Trent。旧称 Tridentum。意大利北部城市，特伦蒂诺-上阿迪杰区的首府，濒临阿迪杰河。相传公元前 4 世纪为雷蒂亚人建立，后为古罗马殖民地，处于通往阿尔卑斯山布伦纳罗山口的途中。曾

分别是东哥特人、伦巴第人和法兰克人的领地，后以特伦托会议(1545～1563)举办地而闻名。19世纪早期先是归属法国拿破仑的王国，1814年转给奥地利，1918年归属意大利。特伦托农产品丰富，有一些轻工业。人口104 844(2001)。

特伦托会议 Trent, Council of (1545～1563) 罗马天主教会的第19次普世会议，该次会议进行了彻底的改革，规定和阐明了几乎所有新教徒们所争议的教义。会议由教皇保罗三世主持，在意大利北部的特伦托召开，目的是重振欧洲各国的罗马天主教会。第一阶段会议(1545～1547)接受《尼西亚信经》天主教信仰的依据，确定《旧约》和《新约》正典卷目，确定七项圣事，阐明原罪的本质和后果。会议驳斥M.路德所提出仅因信就得称义的观点。第二阶段会议(1551～1552)确定圣餐变体的教义，确定主教权限和神职人员纪律。第三阶段(1562～1563)会议规定弥撒为真正的祭礼以及其他一系列问题的教义。到16世纪末，许多促使新教徒进行宗教改革运动的弊端已不复存在，教会重新召回许多欧洲信徒。

特罗布里恩群岛 Trobriand Islands 又称 Kiriwina Islands(基里维纳群岛)。巴布亚新几内亚的小珊瑚岛群。位于南太平洋所罗门海，该群岛地势低洼，周围都是珊瑚礁，陆地总面积约440平方千米。最大的基里维纳岛是个环礁，长48千米，宽5～16千米，大部分为沼泽地，1943年被盟军用作空军的海军基地。1915～1918年人类学家B.马林诺夫斯基在该群岛上进行过科学研究。

特罗布里奇 Trowbridge 英格兰南部威尔特郡城镇。该镇是该地区的行政中心，有一些著名的建筑，包括14世纪修建的圣詹姆斯教区的教堂。G.克雷布曾在此担任牧师直到去世。该城镇因其精致的羊毛服装而著名。人口32 304(2011)。

特罗洛普 Trollope, Anthony (1815～1882) 英国小说家。曾在邮局工作(1834～1867)，1844年开始写作，共写了47部小说，主要靠每天在早饭前一小时固定写1 000个字来完成的。他最受欢迎和最著名的作品是6部连续

特罗洛普，油画，S.劳伦斯绘于1865年；现藏伦敦国立肖像画陈列馆

By courtesy of the National Partrait Gallery, London

的巴塞特郡小说，包括《巴切斯特塔楼》(1857)和《巴塞特最后的纪事》(1867)。书中描绘一个想象中的英国郡县的社会生活，在人物和环境上都有关联。而关于政治事务和塑造普朗塔格涅特·帕利瑟这一角色的帕利瑟系列小说则包括了讽刺性的《尤斯塔斯的钻石》(1872)。其他作品如《他知道他是对的》(1869)则对人的心理进行了深刻的刻画。《我们现在的生活方式》(1875)以其对维多利亚上层社会的讽刺而受到了很高的评价。他的母亲弗朗西斯·特罗洛普(1780～1863)以她富有争议性的小说《美洲人固有的礼仪》(1832)赢得声誉。

特洛伊 Troy 又作 Ilium。安纳托利亚西北部古代特洛阿斯平原的城市。它在很长的时期内一直是文学和考古研究的中心。在文学中，这里是著名的特洛伊战争的战场。这个考古中心是门德雷斯河(斯卡芒德河)旁土耳其希萨尔利克的一个巨大的土墩，1870～1890年首次被考古学家H.谢里曼发掘。这里包括从青铜器时代初期到罗马时期(公元前3000年～公元4世纪)的九个主要层次。在希腊传说中，特洛伊曾被包围并最终在10年特洛伊战争中被毁坏。该故事在荷马的《伊利亚特》和《奥德赛》以及维吉尔的《埃涅阿斯记》中均有记载。此地是否是这些文学作品中的古城一直存有争议，但是考古发掘证实，在公元前1260～前1240年当地有一座城池被摧毁，并且有可能是荷马笔下的特洛伊。遗址于1998年被联合国教科文组织列为世界遗产。

特洛伊战争 Trojan War 传说在小亚细亚西部希腊人和特洛伊人之间发生的战争。后由希腊人在公元前12或前13世纪记载。在荷马的作品《伊利亚特》和《奥德赛》以及希腊悲剧和罗马文学中对此事件也均有记载。荷马的书中认为特洛伊王子帕里斯和斯巴达王墨涅拉俄斯的王后海伦私奔，于是墨涅拉俄斯的兄长阿伽门农带领希腊部队去解救她。该战争持续了10年，其参与者包括赫克托耳、阿喀琉斯、普里阿摩斯、奥德修斯和埃阿斯。战争最后在一次诡计中结束，希腊人修建了一个巨大的木马，并将一支突击队隐藏其中。当希腊人假装败退时，特洛伊人将木马带进了城内。希腊人在夜间从木马中出来，为他们的军队打开了城门并对特洛伊进行洗劫，将男子杀害，女子俘虏。该传奇的史实部分不可知。考古发掘发现公元前3000～公元1200年该地有人居住，并在公元前1250年遭到破坏。

特曼 Terman, Lewis M(adison) (1877～1956) 美国心理学家。1910年在斯坦福大学任教之后，他修改了比奈-西蒙智力量表，并发表斯坦福-比奈智商测试方法(1916)，在美国各地很快被广泛接受。第一次世界大战期间，特曼为美国陆军设计了团体智力测试法。1921年他开始了一项长期的计划，以对天才儿童进行研究。1916年发表《智力测量》，并与他人合著了《天才的遗传学研究》(5卷，1926～1959)一书。

特纳 Turner, Frederick Jackson (1861～1932) 美国历史学家。出生于威斯康星州波蒂奇。曾在威斯康星大学和哈佛大学任教。深受在威斯康星州童年生活的影响，他不认为美国的机构源于欧洲，并且在一系列论文中证明了自己的观点。他在《美国历史中边疆的重要性》(1893)中宣称美国的特点是被边疆生活和边疆时代的结束所塑造出来的。他后来将注意力放在地方主义在美国发展过程中所起的推动作用上。他的论文被收集在《美国历史中的边疆》(1920)和《地区在美国历史中的重要性》(1932，获普利策奖)中。

特纳 Turner, J(oseph) M(allord) W(illiam) (1775～1851) 英国风景画家。理发师之子，1789年进入皇家学院。1802年成为皇家学院正院士，1807年担任透视学教授。早

J. M. W. 特纳，肖像画，绘于1798年；现藏伦敦泰特艺廊

By courtesy of the trustees of the Tate Gallery, London

期作品精确地对地点进行描绘，但很快从R.威尔逊那里学会了更有诗意的和富有想象力的手法。《沉船》(1805)展示了他对光线、气氛以及浪漫的、戏剧性主题的重视。在1819年的意大利之旅之后，他使用的色彩更纯净，更具有折射效果，对重点着色较重。后期作品如《日出，在海角有艘船》(1845)中，建筑和自然的细节都被颜色和光线的效果取代，对物体的刻画很模糊。其作品变得更具流动感，体现出运动和空间。在打破传统的表现手法后，预示了法国印象派的到来。他在19世纪享有盛名，主要因J.罗斯金对其早期作品极为热衷。其晚期色彩画所体现的抽象特征也受到20世纪评论家的称赞。

特纳氏综合征 Turner's syndrome 可致女人性发育异常的染色体疾病(所有或某些体细胞中只具有1个性染色体X)。综合症状包括卵巢缺如或发育不全、第二性征发育不全、发际低、蹼颈、胸廓扁阔加上乳头距离增宽和肾脏、心脏畸形及主动脉缩窄。此病有时等到患者年过青春期但尚无性发育，才引起注意。雌激素疗法使患者出现第二性征、外表成熟及拥有正常性冲动，但仍不育。手术可矫治一些畸形特征。

特尼尔斯 Teniers, David 两位佛兰德斯画家的名字。老特尼尔斯(1582～1649)的作品几乎无人所知，只知主要是宗教题材。其子小特尼尔斯(1610～1690)较为知名并且作品颇丰，最著名的是表现农家生活的作品，许多

被用作18世纪的挂毯图样。他处理空旷场地人群拥挤的场面非常出色,并擅长用充满热情人性与富于幽默的笔法描绘人物。身为威廉大公的宫廷画师,他也绘制大公搜藏的小型副本;刻版印刷成《绘画集》(1660),是17世纪绘图搜藏品目录的重要来源。

特诺奇蒂特兰 Tenochtitlán 阿兹特克帝国的古都。位于现今墨西哥城所在地,约1325年建于特斯科科湖的湖泽区。15世纪末与特斯科科及特拉可潘结成联盟,并成为阿兹特克的都城。最初坐落在特斯科科湖中的两个小岛上,不过经由人工岛屿的兴建,逐渐发展成一个占地13平方千米以上的大城,由数条堤道与大陆相连。1519年该城约有40万人口,是中美洲有史以来最大的人口集中地。城中有蒙提祖马二世的皇宫,据说有300个房间;此外,尚有数以百计的神庙。1521年该城被西班牙征服者H.科尔特斯摧毁。

特皮克 Tepic 墨西哥中西部纳亚里特州首府,濒临特皮克河,位于死火山山脚。建于1542年。特皮克保持着西班牙殖民时期的城市风貌,由于交通不便,城市发展缓慢,1912年建起铁路后,情况有所好转,并发展成商业、工业和农业中心。托尔特克遗址就位于特皮克城附近。人口332 863(2010)。

特殊奥林匹克运动会 Special Olympics 以奥林匹克夏季和冬季运动项目为内容向智力残疾人提供全年体育训练和运动竞赛的国际活动。在E.K.施赖弗和芝加哥公园区的努力下,首届特殊奥林匹克运动会于1968年开幕,并于1988年正式被国际奥林匹克委员会承认。每两年举办一次,冬季项目与夏季项目交替举行。该组织的国际总部设在美国华盛顿。

特殊教育 special education 对有特殊需要的学生(包括身体残疾和智力发展迟缓者)的教育。对盲童教育的首倡者是V.阿维,他于1784年在巴黎开办了一所专门学校,其后L.布拉耶继续阿维的努力。教育聋人的尝试开始比阿维早,但直到F.M.希尔(1805～1874)提出了口授教育法,聋人教育才真正建立起来。标准化手势语的发展进一步推动了聋人教育。J.-M.-G.伊塔尔(1775～1838)对"阿韦龙的野男孩"的教育标志着试图用科学的方法教育智力迟钝儿童的开始。伊塔尔的工作对后来的理论家,如E.塞甘、M.蒙台梭利有很大的影响。现在,具有行动能力缺陷的孩子一旦被认为适用特殊教育,通常是被编入设有轮椅和改良型课桌的常规班级;而具有学习障碍和言语困难的孩子,则需要专门的技术来进行教育,这些方法通常是建立在个人基础之上的。对那些具有社会交际和情感问题的孩子,可能会提供特殊的治疗和临床服务。

特殊效果 special effects 电影或电视演出所采用的人工视觉或机械效果。最早的特效是通过特殊的摄影镜头,或在演员身后投影一个会动背景等窍门而创造出来。随着可结合分开影片片段并取代部分影像的光学复印机的发展,特效也因此具有较大的灵活度,比如可得到角色飞过天空的效果。通过使用如钢丝、爆炸物及玩偶等装置,以及借由建造仿真如小规模战役的壮丽场景,特效也可以机械地在摄影场上被创作出来。更多地使用计算机绘图及计算机产生影像,已经可创作出越来越好的精巧真实的视觉效果。虽然以往每一个电影制片厂都有其自己的特效部门,但是特效现在已经由如G.卢卡斯之"工艺灯光与魔术"这样的私人公司来创造,以提供在《星球大战》(1977)及后来的电影中所见的革命性特效。

特斯卡特利波卡 Tezcatlipoca 阿兹特克人崇奉的重要神衹,主管大熊星座。作为奴隶的保护者,特斯卡特利波卡给予那些残酷的奴隶主严厉的惩罚。对此神的崇拜始于托尔特克人黄金时代的末期。此神的崇拜者每年都会从战俘中挑选一名英俊男子作为祭品,而这名被挑选中的战俘在此前可养尊处优地生活一年。在绘画中,特斯卡特利波卡的胸膛或一只脚被画成一个黑曜岩镜,通过它特斯卡特利波卡可看见世间的一切。

特斯科科湖 Texcoco, Lake 墨西哥中部湖泊。原是墨西哥谷地的五湖之一。17世纪早期,该湖通过湖道流入帕努科河致使湖水排干,现在湖水面积很小,周围是墨西哥城东部的盐碱滩。阿兹特克人的首都特诺奇蒂特兰就坐落在老特斯科科湖的几个岛屿上,通过河堤与陆地相连。

特斯拉 Tesla, Nikola(1856～1943) 塞尔维亚裔美国发明家、研究员。曾在奥地利和波希米亚学习,在巴黎工作,1884年来到美国。他虽受雇于T.A.爱迪生和G.威斯汀豪斯,但更愿进行独立研究。他的发明使交流电的产生和配送成为可能。他在1891年发明的感应线圈——特斯拉线圈,至今仍被广泛应用于无线电技术。威斯汀豪斯公司利用他开发的特斯拉系统在1893年为芝加哥世界博览会提供照明。他在尼亚加拉瀑布上建立了一座发电站,该电站于1896年向纽约州布法罗供电。他的研究还包括碳钮灯和电谐振动力装置。他于1899～1900年发现了大地驻波,将大地作为导体。由于资金匮乏,他的笔记中记载的许多设想未能得以实现,至今仍被热心于此的人士研究借鉴。

特斯拉
Culver Pictures

特万特佩克湾 Tehuantepec, Gulf of 墨西哥东南部太平洋的海湾。从瓦哈卡延伸至恰帕斯,长约500千米,湾口宽约160千米。海岸有许多环礁,特万特佩克河及其他许多小溪都注入该海湾。南岸是特万特佩克地峡。

特威德河 Tweed River 苏格兰东南部和英格兰东北部河流。发源于苏格兰东南部的边境地区,后向东流,形成苏格兰与英格兰边界的一部分。然后经英格兰,在贝里克注入北海,全长156千米。

特沃德罗斯二世 Tewodros II(1818?～1868) 又作Theodore II。埃塞俄比亚皇帝(1855～1868年在位),通常被称为埃塞俄比亚近代史上第一个统治者。在打败其主要竞争对手后,特沃德罗斯二世成功登基。他将埃塞俄比亚各王国重新统一为一个帝国,并试图置教会于王权之下,取消封建制度,虽未成功,但为以后继承者指出了方向。因拘押一些英国传教士和使节,他受到内皮尔率领的英国军队的攻击,最终战败,其统治时代也随之结束。

特许状 charter 由国家最高权力机构颁发给个人、法人团体、城市或其他地方组织单位的文件,目的是授予某种权利、权力、特权或职能。在《大宪章》中,国王约翰赐予了英国国民某些自由。在中世纪欧洲的其他地方,君主通常颁发特许状给城镇、同业公会、大学以及其他机构,授予它们某些特权,有时还具体规定这些机构应该如何管理它们的内部事务。后来,特许状也颁发给海外的贸易公司(如英属东印度公司授予它们在某些地区的垄断权。英国在北美的殖民地都是有了特许状才建立起来的。现代的特许状可以是法人团体的或地方性的。公司特许状由政府机构颁发,授予个人组建一个法人团体或有限责任公司。地方性的特许状是一项建立新的行政区划的法律,允许该地区内的人民自己组成一个地方性的市政当局,实际上是把地方自治政府的权力授予人民。

特种部队 Special Forces 参阅绿色贝雷帽。

疼痛 pain 与身体不适(如生病或受伤)相关的肉体痛苦,并伴随有精神或情绪上的苦恼。最简单形式的疼痛是一种预警机制,让机体避开有害刺激物(如针刺),有助于保护机体。较复杂形式的疼痛,例如伴随抑郁或焦虑的慢性病,可能难以分隔和治疗。疼痛受体存在于皮肤和其他组织中,是反应物理、热与化学刺激的神经纤维。疼痛脉冲进入脊髓并传送到脑干与丘脑。疼痛的感觉对不同个体有很大差异;受到以前的经验、文化见解(包括性的刻板模式)及遗传构造的影响。药物、休息与情感支持是标准治疗方法。最有效的解痛药物包括鸦片和吗啡,其次是不易上瘾的非麻醉止痛药,如阿司匹林和布洛芬。

滕比河谷 Tempe, Vale of 希腊语作Témbi。希腊色萨利区东北部峡谷,在奥林匹斯山和奥萨山之间。匹尼奥斯河流过10千米的河谷，然后注入爱琴海。古希腊人将此作为对太阳神阿波罗的崇拜。传说中该河谷是海神波塞冬用三叉戟劈裂而成。地质学家认为该河谷是由河水侵蚀形成。由于谷地是从希腊滨海区通往色萨利平原的要道，该地也是历来入侵者的必经之路。河谷现有古罗马时期至中世纪期间修建的城堡要塞遗迹。

藤本植物　liana　又拼 liane。长茎、木本的藤蔓植物，在热带雨林地区特别多。其根着生土中、茎缠绕其他植物之上以往上生长。藤本植物常纠缠成网悬挂于支撑树的树木之间，长度可达100米。

藤本植物　vine　茎需要支撑，用卷须攀爬或沿着地面盘绕匍匐的植物，或指这类植物的茎。例如白英、大多数的葡萄、某些忍冬、野葛、藤本植物及瓜类。

藤壶　barnacle　蔓足亚纲约1 000种海生甲壳动物中大部分种类的统称。成体一般都有钙质壳板，头端朝下固着在岩石、桩基、船体、浮木和海草上，或从蛤到鲸等较大的动物

藤壶
Anthony Mercieca, from Root Resources-EB Inc.

体上。由蔓足（胸肢变化而成，顶端弯曲，形如瓜蔓，可伸出壳外）捕食微小的食物颗粒。成体藤壶通常为雌雄同体。

藤森　Fujimori, Alberto (Kenyo)（1938～　）秘鲁总统（1990～2000）。日本移民的儿子，1961年毕业于秘鲁国立农业大学。1989年首次参加政治活动，是新成立的"改革90"党的领袖。1990年出人意料地当选总统。1992年解散国会并采取其他步骤使权力集中于总统之手。当年逮捕光辉道路派起义运动的领袖。1997年成功地袭击了日本大使驻利马的官邸，当时图帕克·阿马鲁的游击队在那里拘禁了十几名人质。1995年再次当选，2000年不顾对他的欺诈指控，又赢得总统选举。由于卷入他的秘密警察首领的丑闻而逃往日本。藤森在2005年赴智利时被当局应秘鲁政府的要求而逮捕。两年后，还在狱中的他竞选日本国会议员未果。经过长期的司法审判，他于2007年9月被引渡回秘鲁。两年后他被判犯有四项罪：滥用职权、派突击队绑架和杀人、挪用公款、授权窃听和进行行贿。他被判处44.5年监禁。

藤原家族　Fujiwara family　9～12世纪操纵日本朝政的显赫家族。藤原家族和皇室保持着紧密的亲属关系，他们把女儿嫁给天皇，于是他们的外甥和外孙成为天皇。藤原得以作为幼年天皇的摄政行事，后来又建立了关白之职，实际上就是成年天皇的摄政。最能体现藤原家族的权势和荣耀的是藤原道长（966～1028）。他将3个女儿嫁给天皇，一个女儿嫁给皇太子，这个皇太子后来也成为天皇。道长的权势标志着在平安时代达到高峰。他也看到紫式部《源氏物语》的创作。道长死后，藤原家族开始没落。到12世纪，藤原家族的势力被肃清。

藤原式　Fujiwara style　日本平安时代（897～1185）后期的雕刻风格。其主要雕像的风格与佛教净土宗之注重感情相一致，而和神秘派相反。因此雕像虽仍然高大胖硕，

吉祥天女（梵语作Mahasri，意为幸运女神），藤原式多彩木雕，作于公元12世纪末、平安时代后期；现藏日本奈良附近的净璃寺
Asuka-en, Japan

但已比较秀美。色彩鲜艳，在衣褶上有精致的切金模式，面部形状是贵族式的。表情的精美是雕刻家定朝发明拼木法的结果。对装饰效果的关注可以从使用珠宝上看出，而这在早期是画或者塑造在雕像表面上的。

梯恩梯　TNT　全称 trinitrotoluene（三硝基甲苯）。淡黄色固体有机化合物，由甲苯逐步硝化制成。由于梯恩梯的熔点低于水的沸点，且只有在高于240℃时才会爆炸，故可安全地加热熔化，灌装在容器中。梯恩梯对撞击相对来说不太敏感，而且没有引爆剂不会爆炸，因此是最适合使用的化学炸药，广泛用于军火和爆破。

梯林斯　Tiryns　希腊南部伯罗奔尼撒半岛东部古城。从新石器时代开始有人居住，后在青铜器时代发展为重要的迈锡尼人中心，公元前1400年左右达到鼎盛时期。公元前1100年以后，阿尔戈斯开始崛起，梯林斯则衰败下来。公元前468年左右，阿尔戈斯人摧毁该城。现存的宫殿和大片城墙遗址可追溯到公元前15～前12世纪。"独眼巨人石工"一词源出其建筑所使用的巨石，传说这些建筑是独眼巨人（参阅库克罗普斯）为普洛透斯所建。该城还与佩尔修斯和赫拉克勒斯有关。

梯也尔　Thiers, (Louis-) Adolphe（1797～1877）　法国政治家和历史学家。1821年前往巴黎，成为一名新闻记者。1830年，参与创办反对派报纸《国民报》。七月革命期间，他支持路易-菲利普，并先后担任内政大臣（1832，1834～1836）、总理（1836）兼外交大臣（1840）之职。作为保守派领导人，梯也尔曾残酷镇压所有起义运动。二月革命时期，他帮助路易·拿破仑（后来的拿破仑三世）当选为第二共和国的总统。作为一名反对派领导人，他批评拿破仑三世的帝国政策。1871～1873年，梯也尔当选为第三共和国总统，并就结束普法战争与普鲁士进行谈判。同时他还取缔巴黎公社以恢复国内秩序。梯也尔曾撰写过许多历史作品，其中最重要的是《法国革命史》（10卷，1823～1827）和《执政府和帝国的历史》（20卷，1845～1862）。

锑　antimony　周期表中Va族金属元素（参阅金属），化学符号Sb，原子序数51。可形成多种同素异形体，其共同特点都是有光泽、呈蓝色、易破碎的固体。在自然界中，锑主要存在于灰色硫化物辉锑矿（Sb_2S_3）中。纯锑虽无重要用途，但其合金和化合物用途相当广泛。部分锑合金物质在结合后可表现出良好的品质，并被用于铸造业和铅字合金工业。铅锑合金用于汽车蓄电池极板、子弹头和通信电缆的外皮。锑与锡、铅和铜构成耐磨的巴比特合金，用于机器轴承部件。锑的化合物（化合价3、4、5）也在油漆、塑料、橡胶和纺织品中被用于阻燃剂，部分还可被用做油漆颜料。

踢踏舞　tap dance　一种美洲风格的舞台舞蹈，以精确的各种节奏型的脚的动作和击地为其特点。踢踏舞主要源自英格兰北部的传统木鞋舞、爱尔兰和苏格兰的吉格舞和里尔舞及非洲的节奏性跺脚舞。19世纪流行于黑脸歌唱团表演中，后期出现两种不同的跳法：独人踢踏舞（穿木制鞋底跳的激烈舞蹈）和软底鞋踢踏舞（穿软底鞋跳的缓和舞蹈）。1925年这两种舞蹈再次混合在一起，舞鞋的前掌和后跟都钉上了铁片，以便发出更响的踢踏声。踢踏舞在各种演出和早期的音乐剧中也很受欢迎。

提埃坡罗　Tiepolo, Giovanni Battista（1696～1770）　又作 Giambattista Tiepolo。意大利画家、蚀刻师。到18世纪30年代他的名声已传到故乡威尼斯以外，曾接受委托装饰米兰的两座宫殿（1731）、贝加莫的科利欧尼礼拜堂（1731～1732）以及比龙的洛斯奇别墅（1734）。1736年他应邀为斯德哥尔摩的皇家宫殿做装饰，但由于威尼斯的教士

和贵族竞争其作品，他在那里一直待到1750年，同年他与儿子和合作者G. D. 提埃坡罗、L. 提埃坡罗（1736～1776）一同前往维尔茨堡装饰王子大主教宫殿。他的维尔茨堡壁画和帆布油画是其色彩最明亮的作品。1762年他与儿子一同接受了绘画马德里皇家宫殿天花板的邀请，以逃避七年战争的政治动乱，这也是他一生最后的事业。此后他一直住在西班牙，直到逝世。虽然他起初倾向于忧郁的明暗风格，但后来的作品则充满明亮的颜色以及大胆的笔触。他的色彩明亮充满诗意的壁画既发展了巴罗克屋顶装饰的传统技法，又融合了洛可可风格的轻盈与优雅。提埃坡罗至今仍被誉为历史上最伟大的画家之一。

提埃坡罗 Tiepolo, Giovanni Domenico（1727～1804） 又作Giandomenico Tiepolo。意大利画家、版画家。约1745年在威尼斯跟随其父G. B. 提埃坡罗学画，1762年起随其父在马德里工作，直到父亲去世为止。他最著名的早期作品是维琴察的瓦尔马拉那别墅带有中国风俗的装饰（1757）。回到威尼斯以后，他画了《艺术喜剧》中的一些场景。他是一个很有天赋的风俗画家和漫画家，为收藏者绘画了许多作品，并以按照他自己和他的父亲的设计创作的雕刻而闻名。

提包客 carpetbagger 美国重建时期（1865～1877）对想在南部发财的北方佬的谑称。此词当时指不受欢迎的外地人，他们只身携带一个装有个人物品的小提包来到南方。许多提包客参与了金融腐败阴谋，但也有一些人对美国南部的经济重建起了作用，并参与了当地的教育与社会改革。

提比略 Tiberius（公元前42～公元37） 全名Tiberius (Julius) Caesar Augustus。原名Tiberius Claudius Nero。古罗马第二代皇帝（公元14～37）。由奥古斯都抚养成人，奥古斯都娶了提比略的母亲利维亚·德鲁塞拉。他22岁时初次指挥战役，夺回几十年前在安息丢掉的几个罗马军团的旗帜，因而声名大振。但是他被迫放弃心爱的妻子，娶奥古斯都的女儿尤莉亚为妻（公元前12年）。尽管担任罗马执政官，但他自愿前往罗得岛过流放生活（公元前6年），成为一个愤怒的隐士。公元前4年其妻由于不守妇道被奥古斯都流放。奥古斯都将提比略召回罗马并指定他为继承人。成为皇帝以后，最初他能有效地管理国家，开始了一些改革，只是偶尔才很严酷，如借口驱逐罗马的犹太居民。其子德鲁苏斯神秘死亡以后，他开始信赖塞扬努斯，并听从劝说移居卡布利（公元27年）。他逐渐变得越来越强暴，随意杀人和拷打人。公元31年塞扬努斯成为执政官后，提比略怀疑其野心，并将其处死，然后指定卡利古拉为其继承人。公元37年罗马禁卫军宣布支持卡利古拉，杀死了卧病在床的提比略。

年轻时的提比略，大理石胸像，1896年在埃及出土；现藏哥本哈根新嘉士伯艺术博物馆

By courtesy of the Ny Carlsberg Glyptotek, Copenhagen

提鞞 Devi 该词过去常指印度教的女神。在印度，有时会为女性冠以这个尊敬的称呼，也可指整个印度的地方女神。5～6世纪时，印度教的文献中开始以提鞞来指伟大的女神，指物质、能和幻觉的化身。她以各种各样的形象现身，有善有恶，其中包括美丽又阴险的难近母、具有毁灭性的迦利，以及拥有强大性能力的性力。

提尔 Tyre 阿拉伯语作Sur。黎巴嫩南部城市。从公元前2000年的腓尼基人时期至罗马人统治时期是腓尼基人的港口。后因出产丝绸服装和提尔紫染料而闻名。可能被建为西顿的殖民城市。其地名最早于公元前14世纪被提及，在《圣经》中也多次被提到。它成功地抵抗了公元前6世纪巴比伦国王尼布甲尼撒二世对该地区长达13年的包围。公元前332年被亚历山大大帝攻克，后来相继受塞琉西王国和罗马人统治，公元7世纪转由穆斯林管理。1124年被十字军占领，成为耶路撒冷王国的主要城市。1291年再度落入穆斯林之手并被摧毁。现代的提尔市于1920年划归黎巴嫩，1982～1985年曾被以色列占领。主要行业是渔业。提尔古城遗址于1984年被联合国教科文组织列为世界遗产。人口约117 100（2003）。

提尔皮茨 Tirpitz, Alfred von（1849～1930） 德国海军上将。任鱼雷艇舰队指挥官时，他研究出一套新的战术原则。后被提升为海军少将，1896～1897年在东亚指挥一支巡洋舰中队。1897年担任帝国海军部大臣，对德国海军进行重组，使之拥有一支强大的海上力量。1911年升任海军上将，他在第一次世界大战中支持无限制的潜艇战，但因其政策遭到反对而于1916年辞职。1917年他与人共同创建爱国的祖国党。

提革拉·帕拉萨三世 Tiglath-pileser III（活动时期约公元前745～前727） 亚述国王，曾领导亚述扩张的最后和最伟大的阶段。提革拉·帕拉萨三世即位以后立即着手巩固亚述。他将大省分成几个部分以取消独立运动，要求官员直接向他奏事，并移民数万人以保持对他的忠诚。他打败了北方邻国乌拉尔图（公元前743），接着又征服叙利亚和巴勒

提革拉·帕拉萨三世，尼姆鲁德出土的浮雕，成于公元前8世纪；现藏不列颠博物馆

By courtesy of the trustees of the British Museum

斯坦（公元前734），夺取巴比伦王位。

提拉克 Tilak, Bal Gangadhar（1856～1920） 印度学者和民族主义者。出生于中产阶级的婆罗门家庭。曾当过数学教师，1884年创办德干教育会向大众普及教育。后分别创办两种周报，批评英国对印度的统治，并希望将民族主义运动扩大。孟加拉国分割事件后，他发起了抵制英货和消极抵抗的运动，这两种形式的运动后来也被M. K. 甘地所采用。1907年，他因被指责煽动暴乱而离开印度国民大会党，但于1916年重新加入，并与M. A. 真纳签署了印度-穆斯林协议。尽管提拉克对于外国统治充满敌意，但在其晚年时期，他为了完成印度改革提倡与英国进行合作。

提洛同盟 Delian League 公元前478年波希战争期间在雅典领导下成立的古代希腊城邦联盟，总部设在提洛岛。成员包括爱琴海诸城邦和岛屿；雅典负责派遣部队的指挥官，并规定各国应出多少船只或金钱。公元前467～前466年，同盟取得重大胜利，赶走波斯在安纳托利亚南海岸的驻军。公元前454年同盟金库迁往雅典以策安全，结果雅典动用同盟的储备金来重修神庙，并视同盟为雅典帝国。伯罗奔尼撒战争时，大部分同盟国支持雅典，这场战争转移了同盟对波斯的注意力。斯巴达在公元前405年打败雅典后，次年即解散同盟。公元前4世纪初，因害怕斯巴达势力壮大，所以又恢复结盟，但因强敌斯巴达日渐势微，同盟也日见衰微，公元前338年在喀罗尼亚战役中被腓力二世打垮。

提契诺河 Ticino River 瑞士和意大利河流。源于圣哥达山脉的山坡，向南蜿蜒至提契诺州，穿过马焦雷湖，继续向南注入波河。全长248千米。马焦雷湖以下河段可通航。该河也是瑞士重要水电资源。公元前218年汉尼拔曾在提契诺河岸打败罗马军队。

提坦 Titan 又译泰坦。希腊神话中天神乌拉诺斯和地神该亚的子女及其后裔。提坦原共12名，男神为俄刻阿诺斯、科俄斯、克里厄斯、许珀里翁、伊阿珀托斯和克洛诺斯，女神为忒伊亚、瑞亚、忒弥斯、摩涅莫绪涅、福柏和忒提斯。由于该亚的教唆，这些提坦都起来反抗他们的父亲乌拉诺斯。在克洛诺斯的带领下，他们废黜乌拉诺斯，拥戴克洛诺斯为

领袖。但是克洛诺斯的儿子宙斯却反叛他的父亲，战斗随之而起，大多数提坦都支持克洛诺斯。经过10年的激战，宙斯和他的兄弟姊妹们终于打败众提坦。宙斯将他们掷入冥界囚禁在一个洞穴里。

提图斯 Titus（公元39～81） 全名Titus Vespasianus Augustus。原名Titus Flavius Vespasianus。罗马皇帝（公元79～81）。在其父韦斯巴芗麾下指挥在朱迪亚的一个罗马军团。69年韦斯巴芗称帝后，立即授予提图斯在朱迪亚的全权，公元70年提图斯占领并摧毁了耶路撒冷。后来他掌管帝国的军权。作为皇帝，他非常愿意在罗马大量花费资财，他的工程包括建成古罗马圆形剧场。后暴卒，可能被图密善所杀。

提香 Titian（1488/1490～1576） 原名Tiziano Vecellio。意大利画家，曾活跃于威尼斯。年轻时师从贝利尼家族，并与乔尔乔涅合作密切。早年作品类似乔尔乔涅的风格，以致难以辨别，但随着乔尔乔涅早死，提香成为威尼斯共和国主要的画家。他最重要的宗教绘画是为托钵修会教堂所绘的具革新意义和划时代的《圣母升天》（1516～1518），其中圣母在一片彩色火焰中升天，身边伴随着半圈的天使。提香也对神话题材感兴趣，他对维纳斯的许多描绘展现了作品的纯粹美感和惯有的情欲倾向。《酒神与阿里阿德涅》（1520～1523）带着异教式的放纵，为文艺复兴艺术最伟大的作品之一。提香因刻画内心入微的肖像而大受欢迎，包括意大利主要贵族、宗教人物、皇帝查理五世的肖像。他以《欧罗巴的被劫》（约1559～1562）而达到才能的巅峰，这是他为西班牙国王腓力二世所绘的几件作品之一。他生前被视为极具绘画天分，其声誉经久不衰。

鹈鹕 pelican 鹈鹕科鹈鹕属约8种白或褐色水禽的统称，特征为大而具有弹性的喉囊。某些种体长可达180厘米，翅展可达3米，体重可达13千克。鹈鹕将小鱼群驱向浅

褐鹈鹕（*Pelecanusoccidentalis*）
Norman Tomalin-Bruce Coleman Inc.

水处后，再用喉囊捞鱼，并立即把鱼吞下。栖息于全世界许多地区的淡水和海滨。鹈鹕成群繁殖于岛屿，通常在由树枝构成的巢中产1～4枚卵。幼雏将嘴伸进亲鸟的食道取食亲鸟反胃吐出的食物。

蹄兔 hyrax 蹄兔目3个属的小型有蹄哺乳动物的统称。原产于非洲和亚洲南端，外形像啮齿动物。头部粗圆，颈、耳和尾均短，腿短而细，身体短粗。成兽体长30～50厘

岩蹄兔（*Heterohyrax*）
Leonard Lee Rue Ⅲ

米，体重4～5千克，主要食草。动作敏捷，善用脚上特有的爪垫攀缘。它们和有蹄类动物的亲缘关系不明。

鳀 anchovy 鲱形目鳀科的100多种集群性咸水鱼类的统称。与鲱鱼近缘，但其口大，几乎伸过眼后，且吻尖。多生活于热带或暖温带浅海，常进入河口附近的半咸水地带。

北方鳀（*Engraulis mordax*）
Tom McHugh-Photo Researchers

成鱼长10～25厘米。温带种类如北方鳀和欧洲鳀为重要食用鱼；热带种类如鲸鳀是重要的钓饵鱼。

体操 gymnastics 作为竞技运动，运动员要完成自选和规定动作，大部分在专门器械上，以展示体力、平衡和身体控制能力。为古代奥运会比赛项目的一部分。现代体操实际上是由德国人弗里德里希·杨（1778～1852）再发明的结果。1896年恢复奥运会，体操被包括在国际比赛项目中。1936年开始有女子项目。男子项目包括单杠、双杠、鞍马、跳马、吊环和自由体操。女子项目包括平衡木、高低杠、跳马、自由体操和韵律体操。

体温过低 hypothermia 体温异常降低的一种现象，伴有生理活动普遍减慢。在进行某些外科手术时，在控制某些癌症时，均可人工降低体温（常采用冰浴）以降低对氧的需要。浸在冰冷的水中，或严冬季节在雪地逗留时间过长，可引起偶然的体温降低。不过这种情况发生前，如已有脑血管病或中毒，则会更加危险。体温低于35℃，情况就十分严重。体温降到32.2℃，正常的战栗反应即停止，这时需要急救处理。由于生理过程减慢，脉搏和呼吸减慢，因此血压下降。有时患者看似死亡，但如果治疗恰当，仍可复苏。参阅冻伤和温度应激反应。

体育场 stadium 可供进行体育比赛，并为大量观众提供成排座位、四周围住的宽敞场地。该名称是从希腊度量衡单位演绎而来，斯泰特（约185米）是古代奥林匹克运动会赛跑的长度。体育场根据不同用途而有不同形状，有的是带弯道的长方形，有的是椭圆形，还有的是U形。作为一种跨度较大的建筑物，体育场在20世纪建筑技术上起过重要作用。钢筋混凝土、钢铁以及膜结构的使用大大促进了体育场设施的建设，使建筑设计有可能出现大胆的革新。美国休斯敦的透明圆顶体育场是第一座顶部完全覆盖的大型体育场。使用钢缆大大加快了建造进度，减轻屋顶的重量，并降低造价。明尼阿波利斯的大型汉弗莱圆顶馆（1982年开放）就是用这样的钢缆系统建成的。

替罪羊 scapegoat 在《旧约全书》中象征性地承担犹太人所犯之罪，并在赎罪日被宰杀以洗刷耶路撒冷的不公正的山羊。相似的仪式在古代社会被广泛采用以转移罪责和过失。在古希腊，拿人当替罪羊被鞭打并逐出城市以减轻灾难。在早期的罗马法律中，一个无辜的人被允许承担他人罪责，天主教将这一行为反映在耶稣是为人类罪恶而牺牲的教义中。

天 deva 梵语，又译提婆。印度吠陀教称神为天。这些神分为天神、气神和地神等。在吠陀时期，诸神分为两类：提婆与阿修罗。在印度，众提婆逐渐强于阿修罗，阿修罗最终成为魔鬼。吠陀晚期时一神论兴起，提婆都从属于一个至高之神。

天才 genius 具有超常智力的人物。天才应有独创性、创造性，能在完全生疏的环境中从事思想和工作。尽管天才人物常常只在某一特殊领域中作出杰出贡献，但他们的一般智力水准也异常高。天才是遗传和环境两者共同作用的结果。

天鹅 swan 鸭科天鹅属水鸟，颈长，体坚实，脚大。为水鸟中体形最大、游泳和飞行最快的；疣鼻天鹅（即哑天鹅）重约23千克，是最重的飞鸟。天鹅通常在浅滩觅食。有5种

哑天鹅（*Cygnus olor*）和幼鹅
Arthur W. Ambler-The National Audubon Society Collection/Photo Researchers

全身白色脚呈黑色的种栖息于北半球，另有一种黑色黑颈的种生活于南半球。雌雄外形相似，结成终生配偶。平均每窝产6枚，雌天鹅在一堆草上孵卵时，雄天鹅在巢附近担任警戒；幼雏通常需双亲照料数月。天鹅浮游于水面的优雅姿势使它们数百年来一直被视为美的象征。

天鹅座 A 射电源　Cygnus A　迄今所知最强的天体射电源。位于天鹅座中，距地球约7亿光年。从外表看，它是一双星系，曾一度被认为是两个星系在相撞，但这种方式无法解释它的巨大能量输出。最近观察表明，天鹅座 A 射电源的性质相当接近类星体，中心被周围的尘埃云遮蔽而晦暗不明。

天蛾　hawk moth　又称 sphinx moth。鳞翅目天蛾科各种飞蛾的统称。全球分布。体粗壮，前翅狭长，后翅较小，翅展 5 ～ 20 厘米。许多种类在吸花蜜时给花传粉。一些种类喙长，有的达 32.5 厘米。有的种类有迁移习性。幼虫能发出独特的爆裂般的声音。天蛾幼虫体光滑，有特征性的尾角，故俗名角虫。北美的烟草天蛾（即南天蛾）和番茄天蛾（即北天蛾）这两种的幼虫为害烟草、番茄和马铃薯。

天宫图　horoscope　占星术士使用的图，显示太阳、月亮和行星在某一时间与黄道带相对应的位置。用于分析出生于某个时间的人的个性，以提供其目前生活状态的信息并预卜其未来。天宫图是基于相信每个天体都有自己的特性，但在某一特定时刻在与其他天体处于相应位置时会有所变化。用天宫图占卜时，将天空分成 12 个"宫"，这些"宫"会影响人类各方面的生活，诸如健康、财富、婚姻、友谊或死亡。参阅占星术。

天花　smallpox　又作 variola。1977 年以前世界上最恐怖的瘟疫之一。出现在古代中国、印度和埃及。16 世纪蔓延到西半球的欧洲，对缺乏抵抗力的欧洲人是具有毁灭性的灾祸。天花是一种只发生在人类身上的病毒性传染病，会导致发烧，随后出现丘疹、脓，然后干缩，遗留明显疤痕。天花不易传播，但是病毒可长期存活于体外（如床上）。E. 詹纳从牛痘中研究出一种疫苗。世界卫生组织的根除工程将天花死亡人数从 1967 年的 200 万下降到 1977 ～ 1980 年的零。现在天花病毒只存在于实验室，某些国家可能为生物战的目的而发展这种病毒。

"天空实验室"计划　Skylab　1973 年美国将第一个航天站（取名"天空实验室"）用"土星"5 号火箭送入绕地球轨道的太空计划。后来连续有三组航天员在太空逗留的第一个 171 天中从天空实验室进行各种研究和试验。太空站轨道的高度后调整到相信能使其运行到 1983 年，届时将再次进行调整，再用于航天飞机计划。但是，由于太阳黑子活动的增加，天空实验室遇到的大气阻力比预计的要大，而航天飞机发射计划又因故推迟，所以 1978 年"天空实验室"开始偏离轨道，最终于 1979 年坠入地球大气中烧毁，大部分碎片落入印度洋。

天狼星　Sirius　又称 Dog Star（犬星）。夜空中最亮的恒星，目视星等为 -1.5 等。大犬座中距太阳约 8.6 光年的一颗双星。双星中的亮子星是一颗比太阳亮 23 倍的蓝白星，体积约为太阳的 2 倍，温度则比太阳高得多。其伴星是第一颗被发现的白矮星。其名称可能来自希腊语的一个字，意为"发火花的"或"灼热的"。古埃及人以其偕日升起，来预测尼罗河三角洲每年的泛滥。古罗马人则认为，每年最热的时节与犬星的偕日升起有关，并称该时节为"犬日"。

天理教　Tenrikyo　日本现代神道教中势力最大的一派。其创始者，具有号召力的农村妇女中山美伎（1798 ～ 1887）40 岁时宣称自己被智慧的神附体。提倡拜神时唱歌狂舞及实行萨满教的做法，宣传仁慈爱人和诚心则灵、包治百病的教义。她的言行都被看作是神的典范。天理教运动是第二次世界大战刚结束时期日本最有影响力的宗教运动之一，信徒在 20 世纪末达到约250 万。

天门冬氨酰苯丙氨酸甲酯　aspartame　由苯丙氨酸和天门冬氨酸合成的有机化合物（一种二肽）。甜度是蔗糖的 150 ～ 200 倍，作为非营养的桌上增甜剂，也用于低热量食品［商标名为 NutraSweet 和怡口健康糖（E-qual）］，但不适合用于烘焙。由于内含苯丙氨酸，患有苯丙酮尿症的人禁食。虽然经由美国食品与药物管理局（FDA）批准，但无病的人依然需要谨慎服食。参阅糖精。

天门冬属　asparagus　百合科的一属，约 300 种，原产于西伯利亚至非洲南部。最有名的和最具经济价值的是石刁柏（*A. officinalis*，如芦笋、龙须菜），栽培作蔬菜，食其春季发出的肉质茎。几个非洲种栽培供观赏。几种有毒天门冬属植物因其枝叶美观而为人喜爱，如文竹（*A. plumosus*，其小枝羽毛状展开）、天冬草（*A. sprengeri*，即羊齿竹）和卵叶天门冬（*A. asparagoides*）。

天幕毛虫　tent caterpillar　鳞翅目枯叶蛾科天幕毛虫属蛾子的幼虫（参阅幼体）。无幕毛虫往往有鲜艳的颜色。北美东部的天幕毛虫（*M. americanum*）在树杈上群集吐丝织成一个帐篷状公用的巨网。盛夏时蛾子在树上产卵，翌春孵化。孵化出来的幼虫移居树杈，织一丝网，整个夏季每日离网在周围的树叶上取食。美国南部常见的是森林天幕毛虫（*M. disstria*）。

天平座　Libra　拉丁语作 Scales。又译天秤座。天文学上指天蝎座和室女座之间的一个黄道星座。在占星术中指黄道带十二宫的第七宫，是主宰 9 月 22 日到 10 月 23 日前后的命宫。它的标志是一个女子手持一杆秤或单独的一杆秤。有时该女子被认作是罗马正义女神阿斯特拉雅。

天气　weather　在一定地区短时段内的大气状态。它包括诸如温度、湿度、降水（形态与量）、气压、风、云等大气现象每日的变化。天气大多发生于大气的对流层内，但更高处的大气现象如急流以及高山、大面积的水体等地表形态对天气也有影响。参阅气候。

天气预报　weather forecasting　运用物理学和气象学的原理对某地区未来的天气作出报告。天气预报除报告大气本身的各种现象外，还包括因受大气的影响在地表上发生的各种变化，如积雪、覆冰量、风暴潮和洪水等。科学的天气预报依赖经验和统计数字来完成，包括温度、湿度、气压、风速和风向、降水的测量及计算机控制的数学模型。

天球　celestial sphere　天空的视表面，恒星好像都被固定在它上面。为了建立能表示天体位置的坐标系，可设想有一个距地球无穷远的大球、无限延伸的地轴与这个球的南天极和北天极相交，而整个天空则好像围绕着这个轴旋转。地球的赤道面无限延伸并与天球相交的大圆就是天赤道。

天然气　natural gas　主要由甲烷和乙烷组成的无色、易燃的气体烃。也可能包含某些更重的烃、二氧化碳、氢气、硫化氢、氮气、氦气和氩气。一般与原油（参阅石油）共存。生产者通过向地下打井开采得到天然气。有些天然气从井里开采出来不必精炼就可使用，但大多数还是需要经过加工。可以用管道直接输送其天然的气态，也可以通过冷却进行液化，然后用容器运输。液化后的天然气体积只有气态体积的 1/600。20 世纪 30 年代以来它被当作能源而逐渐被开发利用。

天使　angel　主要指西方宗教中居于神圣与世俗境界间的一切仁慈的灵体。天使的任务是充当神的使者或仆人及个人或国家的保护者。在琐罗亚斯德教中，阿梅沙・斯彭塔共分为 7 个阶层。犹太教和基督教根据《旧约》中提及的神的仆人和天神群而有天使的概念。在《旧约》中曾提及两位天使长——米迦勒和加百列，在《外典》中又提到拉斐尔和乌列。伊斯兰教的天使等级为：安拉的 4 位宝座天使、颂赞安拉的凯鲁比云、4 位天使长，以及较次要的天使，如守护天使等。参阅撒拉弗。

天堂　heaven　上帝或其他神灵的居所，也是受上帝祝福的人在离世后的住处。此词也指天球，即太阳、月球、行星和恒星的所在地，以及光的来源，是善的象征。对后来的犹太教和基督教来说，天堂是死者大复活后信仰坚定者的目的地，正好与地狱相反，地狱是坏

《天使为约翰演示天堂耶路撒冷》，选自《启示录》，约 1020 年；现藏德国班贝格国家图书馆

By courtesy of the Staatsbibliothek Bamberg, Germany

人受惩罚的地方。伊斯兰教有类似的信仰。在中国宗教中,“天”指的是“天意”,是自然规律与道德法则的指向。在大乘佛教的某些宗派里,天堂是佛陀超度之人所去的西方极乐世界。

天体力学 celestial mechanics 研究天体运动数学理论的天文学分支,传统上尤指太阳系动力学问题。J. 开普勒的行星运动定律(1609～1619)和牛顿运动定律奠定了天体力学的基础。18世纪时,数学分析的各种有效方法一般都可以为在太阳系观测到的天体运动作出成功的解释。天体力学的一个分支研究有关自转体的引力效果,可应用于地球(参阅潮汐)和宇宙中其他物体。一个现代派生分支叫做轨道力学或飞行力学,研究航天器在地心引力、发动机推力、大气阻力以及其他力量影响下的运动情况,可用于计算航天器升入太空、进入轨道、集结、下降、进行月球和星际飞行的轨迹。

天体物理学 astrophysics 天文学的分支,主要研究包括作为整体的宇宙在内的各种天体的性质和结构。19世纪才开始把光谱学和摄影术应用在天文研究上,使研究宇宙物体的亮度、温度和化学成分成为可能。很快就了解到只有依据其大气和内部的物理成分,才能明了这些物体的性质。X射线天文学、γ射线天文学、红外天文学、紫外天文学和射电和雷达天文学基本上都牵涉到扩大的电磁范围以限制天文物体的物理特性。

天体坐标 celestial coordinates 用于精确地确定一个天体物体空间位置的一套数字。使用的坐标系包括地平线系统(地平纬度和地平经度)、银道坐标、黄道系统(根据地球轨道面测得的相对物)、赤道系统(直上和直下,近似地球的纬度与经度)。

天王星 Uranus 距离太阳由近及远排列的第七颗行星。1781年由赫歇尔家族发现,以象征上天的希腊神的名字命名。它是一颗蓝绿色的气态巨星,其质量几乎是地球的15倍,体积超过地球的50倍。它的密度比地球小;在它大气顶部的引力要比地球弱11%。它的赤道直径为51 100千米。天王星有10条形状清晰、窄而暗的环,每条环之间有一些宽的尘带,这些环主要由巨砾大小的暗物质团块组成。天王星至少有15颗卫星(大多以莎士比亚戏剧人物的名字命名)以及强度与地球磁场相当的磁场。估算出该行星每17小时自转一周,自转围绕一个不常见的水平轴,所以它看起来像是在侧着身子自转。它绕行太阳一圈要84年,与太阳的平均距离为28.7亿千米。科学家认为它的内部由冰和气体组成,或许还有一个很小的岩核。它的大气看起来深达几千千米,大气中的甲烷吸收了红光,因而大气层呈蓝色。其大气的上层主要由氢气和氦气组成。

天文单位 astronomical unit (AU) 长度单位,等于地球到太阳的平均距离:149 597 870.7千米。天文单位为描述太阳系物体间的距离以及进行各种天文计算提供了一种便捷方式。

天文馆 planetarium 为普及天文学及相关学科,尤其是航天科学的教育而设立的机构,其主要的教育工具是用一个称为天象仪的仪器把地球上所看到的天象投影在一个半球形的屏幕上。主要的天文馆都有大天象厅、收藏品陈列室、相当规模的工作人员、直径25米以上的投影圆顶和能容纳600多人的座位。

天文台 observatory 设有观测天体和现象的望远镜及其附属设备的机构。天文台可以根据其所观测的电磁波谱的区域来划分。大多数天文台都是光学天文台,即它们观测的是可见波段及其附近的波段。有的配置一定的设备以观测能发出射电波的天体。另一些则是携带有特殊望远镜和检测器的人造地球卫星(空间天文台),专门观测大气以外高能辐射(如γ射线,红外射线,X射线)的天体发射源。巨石阵可以说是最早的光学天文台。第一个使用仪器来精测天体方位的可能是公元前150年喜帕恰斯建立的天文台。现代以前的第一个欧洲天文台是1576年在天文堡为第谷所建的天文台。在英国劳斯,由W.赫歇尔建立和操作的天文台是18世纪的一个技术奇迹。世界上最大的光学望远镜群是在美国夏威夷州冒纳凯阿峰顶上和智利的托洛洛山上。其他的大型天文台有:阿雷西沃天文台、威尔逊山天文台、帕洛马天文台和格林尼治天文台。

天文学 astronomy 研究宇宙内所有天体和散布其中的一切物质的起源、演化、组成、距离和运动的科学。天文学是一门最古老的科学,自有记载的文明之初就已出现。许多最早关于天体的知识往往被认为源出巴比伦人。古希腊人提出了多种对后世有影响的宇宙学概念,包含地球与宇宙其他地方的相关理论。公元2世纪,托勒密致力于传播宇宙地心说,这一天文思想影响了1 300多年。16世纪,N. 哥白尼提出日心说(参阅哥白尼体系),象征了现代天文学时代的来临。17世纪出现了几项重大进展:J. 开普勒发现行星运动原理,伽利略将望远镜应用于天文观测,I. 牛顿建立运动定律和引力定律。19世纪,分光方法和照相术都用于天文研究,使天文学家能够研究所有天体的物理性质,从而导致天体物理学的发展。1927年E. 哈勃发表宇宙膨胀论。1937年完成第1台射电望远镜。1957年苏联发射第1颗人造卫星,开创了宇宙探索的新时代。1959年起开始发射能够摆脱地球引力并发回太阳系相关数据的航天器(参阅“先驱者”号探测器)。参阅宇宙学、红外天文学、射电和雷达天文学和紫外天文学。

《天文学大成》 Almagest 托勒密在公元140年前后编纂的天文学和数学百科全书,在17世纪初以前一直是阿拉伯和欧洲天文学家的基本指南。该书名取自阿拉伯文,意为“至大”。共13卷,内容涵盖的主题包括:地球中心说(托勒密体系)、太阳系平面图、日月蚀、某些恒星的坐标及其大小,以及到太阳和月球的距离。

天线 antenna 又作aerial。无线电、电视、雷达系统中的一个部件,用以导入和送出无线电波。天线通常是金属的,具有各种大小不同的形式。无线电和电视广播用的天线像一个桅杆,用来接收卫星信号和由远距离的天体发出的无线电波则用碟形天线,直径可达数千英尺。最早的天线是德国物理学家H.赫兹于19世纪80年代设计的,其后意大利物理学家G.马可尼对天线及其他无线电器材做了重大改进。

天蝎座 Scorpio 又作Scorpius(拉丁语,意为“蝎”)。天文学上,天秤座和人马座之间的星座。在占星术上指黄道第八宫,主宰10月24日至11月21日这一段时期。其形如蝎子,指希腊神话中螫奥利安(又译为“猎户座”)的蝎子。据说这是蝎子座一升起猎户座就落下的原因。另一希腊神话的说法是经验不足的法厄同驾驶太阳马车时,蝎子使马匹狂奔。

天照大神 Amaterasu (Omikami) 日本神道教所奉之神,即太阳女神,日本皇室的祖神。她司理高天原,即诸神所居之处。其弟之一风神素戋鸣(Susanoo)被派掌管海原,他们一起制造婴儿,其后,素戋鸣举动粗暴,天照大神怒而隐入天石窟,天地阴暗。她被其他神祇引出洞窟,诸神向窟口投出注连绳(稻草绳),使天照大神不再能退隐其中。天照大神的主要奉祀地是伊势神宫,为神道教最重要的庙宇。

天主教 Roman Catholicism 又译罗马公教。世界上最大的基督教教派,信徒人数接近10亿。天主教对西方文明的发展有过深厚的影响,并将基督教传播到世界许多地方。天主教认为本教是耶稣的唯一合法继承者,从圣彼得(使徒)开始不间断地延续到现在。它认为教皇是神启的一贯正确的解释者。其教会组织有严格的等级。枢机主教由教皇指定并统领,其名额在20世纪末期大幅度增加,在保罗二世(1978～2005年在位)时期增至182名。教会500名大主教中的每一个都是一个大主教辖区的首领。这些大主教辖区又分成约1 800个主教辖区,每个辖区有一名主教为首。在主教辖区内有许多堂区,每个堂区有一个教堂和一个神父。只有男子可以担任神职,女子想从事圣职可以当修女,修女们也可组织修会和建立女隐修院。礼拜的基本形式是弥撒,是举行圣餐的圣事。从神学上说,天主教与新教的不同之处在于它们对启示的来源和恩典的方式理解不同。东正教认为经籍和教会传统都是基督教信仰和教会组织的基础的展示。天主教确立了七种圣事[洗礼、复圣(旧称赎罪)、圣餐、婚礼、圣职授任、坚振礼和施于病人的涂油礼];在丰富的圣事生活中还有其他的奉献行为,主要是感恩祭和向圣人奉献。**第二次梵蒂冈会议**（1962～1965）增加了教会中的世俗内容，如批准使用本国语做弥撒，并努力改善与其他宗教的关系。保罗二世积极改善与其他宗教的关系，特别是与犹太教的关系，此举虽有争议，但却颇受欢迎。尽管面临许多挑战，罗马天主教在21世纪初依然是世界上最大且最有影响的教会。

天主教联盟　Catholic League（1609～1635）　德意志天主教各邦的军事联盟，以巴伐利亚公爵马克西米连一世为盟主，目的在于防止德意志境内新教的扩张。1608年新教联盟的组成，使长期争论不休的天主教联盟最终形成。由**蒂利伯爵**率领的联盟军队与哈布斯堡王朝的皇帝联合，在**三十年战争**中起到重要作用。1635年的《布拉格和约》使联盟解散。

天主教阴谋　Popish Plot（1678）　英国历史上一个纯属虚构但却被人们广为相信的阴谋，据说当时的耶稣会士计划谋杀国王查理二世并拥立其弟，即信仰天主教的约克公爵（后为詹姆斯二世）。这一谣言是T. 欧茨捏造的，他曾将一份发过誓的证言的"证据"交给一个伦敦的司法官。当后者被谋杀后，在民众当中引起了恐慌，并带来了一系列的指控和审判，使35人无辜受到牵连。直到欧茨被审判后，恐慌才逐渐平息。

天主事工会　Opus Dei　罗马天主教的在俗人员和司铎组织，其行动和信仰在外界有褒有贬。其会士发愿一方面追求个人成为完美信徒，另一方面在自选职业中贯彻天主教理想并提倡教会生活与社会生活合二为一。天主事工会，全名为圣十字架司铎会和事工会，由J. 埃斯克里瓦（1992年列入真福）于1928年在西班牙创立。该会在神学上态度保守，在教规上完全忠于天主教会的训诲权威。教皇**约翰·保罗二世**于1982年8月23日发布教令，授予天主事工会特别的地位，是教会中首例且唯一的自治司铎会。天主事工会创办了许多职业学校和大学。但天主事工会颇受争议，被指责过于神秘，使用宗教崇拜雇用工作者，且有强烈政治野心。该会分为男会和女会，从1982年开始由会众选出的高级教士领导。在20世纪末，司铎人数只占其中的一小部分，在80个国家近84 000人的会众中只有约1 600位司铎。

添加剂　additive　任何添加到食品中产生特殊效应的化合物。包括人造或天然色素和调味料，稳定剂、乳化剂、定形剂和增稠剂，防腐剂、保湿剂和营养增补剂等。虽然大多数添加剂是有益的，至少没有害处，但有的会掩饰劣质原料与工艺，有的会降低营养价值。

田径运动　athletics　又称track and field或track-and-field games。在跑道和近邻的田赛场地上进行的各种体育比赛。它是最古老的有组织的体育竞技运动形式，从大约公元前776年至公元393年一直是古代奥林匹克竞赛会的一部分。现代的田径比赛项目包括各种全速短跑和中长跑、接力比赛、跨栏、障碍赛跑、跳高、撑杆跳高、跳远、三级跳远、推铅球、掷链球、投标枪、十项全能运动、五项全能运动和七项全能运动。越野赛跑、马拉松和竞走通常被认为是田径运动竞技的辅助比赛。比赛可在室内和室外举行，成绩分别记录。为了比赛能在室内进行，有些项目被修改或取消。

田纳西　Tennessee　美国东南偏中部一州。面积109 155平方千米，首府纳什维尔。北邻肯塔基州和弗吉尼亚州，东接北卡罗来纳州，南连佐治亚州、亚拉巴马州和密西西比州，西界阿肯色州和密苏里州。**大雾山**为其东部边缘，密西西比河则构成其西部边界。田纳西河谷穿越全州大部地区。气候温和，一半地区为森林区。早期为美洲印第安人聚居地，其中有奇克索人、**切罗基人**以及肖尼人。16～17世纪西班牙、法国以及英国探险家们先后来到此地。英国人的卡罗来纳特许殖民地以及法国人声称对路易斯安那拥有主权时都将此地纳入，但在**法英北美殖民地争夺战**后此地被正式割让给英国。大约1770年首批永久移民到达。1785年之前这里曾为北卡罗来纳州的一部分。但1785年当地居民试图脱离北卡罗来纳并成立了一个自由的富兰克林州。1789年北卡罗来纳撤回其诉求，田纳西于1796年成为美国的第16州。1861年田纳西脱离联邦；此后**美国南北战争**中的多次激战，如塞罗战役、查塔诺加战役、斯通斯河战役以及纳什维尔战役都发生在这里。1866年田纳西成为首个再次被接纳加入联邦的州。在美国的**重建时期**，当地黑人失去了他们本来就很少的一点权利。第二次世界大战后，这里成为美国民权运动的一个试验场。该州的经济以制造业为主。**田纳西河流域管理局**拥有美国最大的电力生产系统。人口约6 456 243（2012）。

田纳西河　Tennessee River　位于美国田纳西州、亚拉巴马州北部和肯塔基州西部的可通航河流。该河由霍尔斯顿河和弗伦奇布罗德河在田纳西州东部汇合而成，长1 049千米，流入肯塔基州的俄亥俄河。美国南北战争期间，该河作为北军战略部署中，对南部邦联西面几个州的进攻路线。从1933年**田纳西河流域管理局**成立到现在，该河已建成世界上最大的灌溉和水力供电系统之一的水利工程，并与汤比格比河相连构成田纳西-汤比格比水道。

田纳西河流域管理局　Tennessee Valley Authority（TVA）　美国政府机构，1933年创立。主要为了控制田纳西河及其支流，防止洪水泛滥，改善河运，发展电力。该局属国家机构，由一个董事会管理。管辖范围包括整个田纳西河流域，包括亚拉巴马、佐治亚、肯塔基、密西西比、北卡罗来纳、田纳西及弗吉尼亚等7个州的部分地区。该局的成立属美国**新政**计划所要建立的公益机构中的重要一项。该局修建防洪堤坝系统使该地区长期以来的洪水问题得到控制，并挖深河道改善航路，促进了沿岸港口设施的改善。这些工程大大增加了田纳西河的通航量，提供了廉价的电力，刺激了该地区长期不景气的经济发展。

田纳西走马　Tennessee walking horse　又作plantation walking horse（种植园走马）。小型马的一个品种，其臀部倾斜，步态特殊，行走时似跑动。美国南部养殖这种马用来巡视种植园。高约157厘米，体重约450千克。毛色呈多样。先前，所有行走时似跑步，生来具有这种特殊步态的马都被称作田纳西走马。后来，这个名字主要用来称这种马中最有影响的一个品种**标准种马**。这种马跑动似的行走比一般马行走的速度快。其行走时身子较低，步态流畅，方向性强，前蹄落地瞬间，后蹄已向前踏至前蹄印前方的数英寸处。

田鼠　field mouse　又作wood mouse。泛指栖息于田野的鼠类，但严格说专指啮齿目鼠科姬鼠属约7种鼠类的统称。体小，尾长，为典型小鼠。此类田鼠栖息在欧亚大陆热带和温带地区的田野、林地和山地草甸。浅灰色、浅褐色或浅红褐色。体长6～12厘米（不计尾长）。它们一般居于洞穴，用草及其他植物作窝。吃种子、根和植物其他部分。常对农作物或幼树造成伤害。

田鼠　vole　啮齿目仓鼠科多种鼠形动物的统称，特别是田鼠属。其特征为尾短，吻钝，眼、耳小，四肢短。一般吃植物。分布于北美和欧亚大陆。田鼠属约有45种，常被称

田鼠（*Microtuspennsylvanicus*）
Judith Myers

为草甸田鼠，体长10～26厘米（包括尾长）；毛粗而长，通常背面呈灰褐色。松田鼠约有10种，其生境有沼泽、田野和稀疏的硬木林。红背田鼠栖息在寒冷地区的森林中；水鼠是欧亚大陆所独有的，居于溪流、沟渠和湖泊旁。

田园诗　idyll　又作idyl。有各种不同含义的文学名词。可以是一首描写田园或农村生活的短诗（参阅**牧歌**）；一个简单题材的作品（诗歌或散文），描写乡间生活或田园景色，或只是讲述一种平和满足的心境；或者是一首以史诗、传奇或悲剧为题材的叙事诗，例如**A. 丁尼生**写的《国王叙事诗》。

田园文学　pastoral　文学作品的一种，通常以矫饰手法描绘牧羊人和农村生活，基本上以简单生活的单纯和宁静与城市或宫廷生活的悲苦和败坏形成强烈对比。作品中的人物通常表达了作者的道德、社会或文学观点。田园诗有时运用两个或更多的牧羊人对歌的手法，牧羊人和牧羊姑娘常常是诗人和其朋

友的化身。田园诗的传统和主题主要是忒奥克里托斯立的，他的牧歌是最早的田园诗典范。维吉尔的《田园诗集》以及文艺复兴时期E. 斯宾塞的《牧人月历》同样具有很大影响。田园文学这种以一种简单的世界对照了一个更复杂的现实世界的思想也出现在不同小说家的作品中，如F. 陀思妥耶夫斯基、L. 卡罗尔和W. 福克纳。参阅哀歌。

田中角荣 Tanaka Kakuei（1918 ～ 1993）日本首相（1972 ～ 1974）。担任首相后，他推行了许多政府计划，带动了日本西部的经济繁荣，并与中国建立了外交关系。1976年被控在首相任期内接受洛克希德航空公司200万美元，影响所有的日本航空公司购买洛克希德的喷气式飞机。1983年被判有罪。

甜菜 beet 藜科植物*Beta vulgaris*的栽培品系，最重要的蔬菜之一。共有4种类型：①作蔬菜的菜园甜菜；②制糖的糖用甜菜，是商业上最重要的类型；③作为牲畜多汁饲料的饲料甜菜；④供食用或作调料的叶用甜菜（瑞士莙荙菜）。甜菜是核黄素、铁以及维生素A和C的来源。广泛种植于温带和寒温带地区，或在凉爽季节种植。

甜菜（*Beta*）
Grant Heilman

甜瓜 melon 7种甜瓜品种的统称。为蔓性藤本，果可食、甜美，具麝香味。甜瓜为园艺变种繁多的葫芦类科成员，是不耐霜寒的一年生植物，原产于中亚，现已在世界各温暖地区有许多栽培变种。茎柔软，多毛，蔓生；叶大，圆形或有瓣裂；花黄色，种子大而扁平。各栽培变种的果实在大小、形状、表面质地、果肉色味和重量上差别很大。例如哈密瓜、蜜瓜和冬甜瓜。像甜瓜的植物包括西瓜、冬瓜、番木瓜和茄瓜。

条顿堡林山 Teutoburg Forest 德语作Teutoburger Wald。德国北部森林覆盖的山脉。公元9年该地爆发条顿林山战役，德国部落击败古罗马军团，遂将莱茵河定为德国-罗马边界线。巨大的赫尔曼铜像，作为此次战役的纪念，坐落于山林东北坡代特莫尔德城外。此外，条顿堡林山山区的小城镇还有许多疗养和度假胜地。

条顿骑士团 Teutonic Order 又作Teutonic Knights。全称House of the Hospitallers of St. Mary of the Teutons（条顿圣马利亚医院修士团）。中世纪后期欧洲东部重要的宗教团体。1189 ～ 1190年第三次十字军东征期间创建于巴勒斯坦，负责为伤员提供救护。1198成为军事组织，并在耶路撒冷和德国拥有领地。13世纪，该组织将其活动基地转至欧洲东部地区，1283年控制了普鲁士，建立军事国家，马林堡为其中心。此后，条顿骑士团的影响日益扩大，直至在坦嫩贝格战役中战败（1410）。1466年条顿骑士团再次被波兰人打败，并被迫向波兰割让土地，成为波兰国王的附庸。1809年拿破仑宣布解散该团，并重新分配其占有的土地。1834年奥地利国王重建该团，作为一个宗教慈善组织，总部设在维也纳。

条形码 bar code 打印出来的一连串不等宽的平行线条，用于把数据输进计算机，主要用来确认印有此码的物品。条形的宽度和间距代表二进制信息，可通过计算机系统中的光学（激光）扫描器读取。条形码广泛应用于制造业和市场销售业的许多不同领域，包括库存控制和追踪系统。超市和其他零售商品上所印的条形码是通用商品条形码（UPC）。

条约 treaty 根据国际法对两个或更多国家具有约束力的契约或其他文件。该名词一般仅用于重要的国际协议，通常要求受全权委任的人签字，并得到各自的政府批准。条约可以是双边也可以是多边的，通常包括前言，同意事项的列举，有关审批过程的规定条款，有效期限及终止条款。条约可以是政治方面的，商业方面的、法规方面的或行政管理方面的，可能与刑事和民事法规有关或按国际法制定。

调解 mediation 法律上，在双方间就申诉、和解、财产赠与以及妥协等方面促成解决的无约束力的干预。特别是用于劳工争端。在许多工业国家里，政府为了保护公众利益出面进行调解。在美国，国家调解委员会就起这个作用。调解在国际冲突中也经常使用。参阅仲裁。

调制 modulation 电子学中，通过改变与信号一致的波的一种或多种特性，从而将信息（声音、音乐、图像或数据）加到射频载波上的一种技术。调制形式多种多样，都是用来改变载波的某种特性。改变最频繁的载波特性包括振幅、频率、相位，脉冲序列和脉冲宽度。

调制解调器 modem 可将数字数据转换成可以在模拟通信线路（如传统电话线）上传输的模拟（调制波）信号，并将接受到的模拟信号进行解调制以还原出被传输的数字数据的电子设备。它使得通过现有的通信线路得以实现多种数字通信功能，包括电子邮件的收发、因特网的接入以及传真的发送。用传统电话线工作的普通调制解调器的数据传输速率上限约为56千位/秒，整体服务数字网络线路允许的传输速率约为这个速度的两倍以上，而线缆调制解调器和数字用户回路线路的传输速率则可以超过1兆位/秒。

跳高 high jump 在田径运动中跳起越过一定高度的横竿的运动项目。该运动的设备包括一个半圆形的助跑区，至少要有15米的助跑距离，有一根可升降的横竿和垂直支持架，还有一个铺了软垫的着地区。跳高者必须单脚起跳。早期的跳高方式包括近乎直体过竿的剪式跳高以及面朝下的西方俯卧式过竿方式，自1968年以来大都已被"福斯伯里跳跃"即背越式所替代，这一称谓是以它的发明人，美国的跳高运动员D. 福斯伯里（1947年生）的姓氏命名的。

跳伞运动 skydiving 在空中适当高度（1 800米）从飞机上跳下，在打开降落伞之前做各种动作的运动。比赛项目包括特技跳伞、定点跳伞和团体造型跳伞（如做自由落体造型）。运动降落伞比安全降落伞更容易操作。

七人自由下落组合
Guy Sauvage-Agence Vandystadt/Photo Researchers

跳水 diving 跳入水中的运动，通常是头部先入水，同时作出一种或多种特技动作（如空翻）。19世纪后期成为一项竞技运动，1904年成为奥林匹克运动会的比赛项目之一。比赛时，从水面上方5米或10米处一个坚固的台上跳下，或者从1米或3米高、富有弹性的跳板上跳下。在奥运会比赛中，只使用10米跳台和3米跳板。参赛运动员要求做某些规定动作，根据每个动作难度打分，以及几个自选动作。裁判为每一跳打分，总分要乘上难度系数。

跳远 long jump 又作 broad jump。在平地上向前跳出一段距离的田径运动项目。以前分立定跳远与助跑跳远两项,现在在重大比赛中不再设立定跳远项目。公元前 708 年的奥林匹克运动会以及从 1896 年开始的近代奥运会上都有助跑跳远项目。1935 年 J. 欧文斯创造了 8.13 米的记录,直到 1960 年才被打破,1968 年美国的 B. 比蒙创造的8.90 米记录保持到 1991 年。1948 年女子跳远也成为奥林匹克运动会比赛项目。

跳韵 sprung rhythm 一种接近于正常说话节奏的诗律。特点是频繁出现单个重音节,音步所含音节数变化不定,其排序中插入非重读音节,而这些非重读音节不计入韵律。因为重音音节在这种格律中连续出现,因而这种韵律被称为"跳韵"。由英国诗人 G. M. 霍普金斯提出,他将跳韵看作是一系列英国早期诗歌和童谣的基础,如 W. 朗格兰的《耕者皮尔斯》和童谣"*Ding*, *dong*, *bell* / *Pussy*'s *in* the *well*"(斜体为重读音节)。

帖木儿 Timur(1336 ～ 1405) 又作 Tamerlane 或 Tamburlaine。信仰伊斯兰教的突厥人征服者,曾征服从印度、俄罗斯到地中海的辽阔地区。生于撒马尔罕附近,加入成吉思汗儿子察合台的一支后,居住于河间地带(今乌兹别克)。后来其使用诡计,接管了河间地带地区,并宣布他本人是蒙古帝国的重建者。14 世纪 30 年代他开始征服波斯,并于 1383 ～1385 年期间占领呼罗珊和波斯东部。1386 ～1394 年期间,波斯西部、美索不达米亚和格鲁吉亚也被其征服。他曾占领莫斯科一年时间。当波斯爆发起义时,他对此进行了残酷的镇压,并屠杀了所有城市的居民。1398 年他入侵印度,一路杀戮,血流成河。接下来,他又进军大马士革和巴格达,将大马士革的工匠迁往撒马尔罕,并摧毁巴格达所有纪念建筑。1404 年他又准备入侵中国,但却在 3 月初死去。尽管帖木儿试图使撒马尔罕成为亚洲最壮丽的城市,但他本人还是愿意不断地出征作战。他最永久的纪念物是撒马尔罕及其所建王朝的建筑纪念碑,撒马尔罕在当时是一个学术和科学中心。

贴现率 discount rate 又作 bank rate(银行利率)。中央银行贷给商业银行或其他金融中介用作储备基金款项的收费利率。贴现率是衡量货币政策的一项重要经济指标。由于提高或降低贴现率会影响到银行的借款成本,从而会改变其放款利率,因此调整贴现率就成为控制经济衰退或通货膨胀的一种手段。

铁 iron 金属化学元素,过渡元素之一,化学符号 Fe,原子序数 26。铁是最常使用和最便宜的金属,在地壳中,其丰度在金属中居第二位,在所有元素中居第四位。地壳中铁很少作为游离金属出现,偶尔存在于合金(特别是陨石)及数百种矿物中,包括赤铁矿、磁铁矿、褐铁矿和菱铁矿。人体内平均含铁量约 4.5 克,大部分在血红蛋白和它的前身中。铁对人的饮食健康非常重要。铁在常温下具有铁磁性,也是唯一可被回火的金属。用于制造各种类型的钢,以及用于铸铁和熟铁(统称"含铁金属")。用杂质(尤其是碳)来改变其性质是生产钢的基础。化合物中铁的化合价为 2(亚铁)或 3(三价铁)。氧化亚铁和三氧化二铁用于制作颜料,后者还用作宝石匠的红铁粉。铁锈是三氧化二铁含水分形成的;铁氧体是从一种中间的氧化物制得,广泛用于制造计算机存储器和磁带。硫酸亚铁和硫酸高铁,以及氯化亚铁和氯化高铁在工业应用上均十分重要,如用作媒染剂、还原反应剂、絮凝剂或原料,还可用于生产墨水和化肥。

铁磁性 ferromagnetism 某些不带电材料对别的同类材料具有强吸引力的现象。铁磁性是与铁、钴、镍和一些含有以上这些元素的合金或化合物相联系的一种磁性。磁性由组成原子的排列图案产生。这些原子本身是由电子绕其核运动和电子绕其轴自旋产生的简单电磁铁。这种像小磁体一样的原子会自发地沿同一方向排列,所以它们的磁场彼此增强。铁磁性材料易于磁化,但当加热到居里点以上的温度时,会失去磁性,而冷却到居里点以下又会变为铁磁性。参阅亚铁磁性。

铁路 railroad 一种陆地运输工具。装有凸缘轮的车辆由铁路机车牵引或自备发动机推进,在两条平行的钢轨上运动。最早的铁路建于 16 世纪欧洲的矿区,使用人力或马力牵引轨道上的车辆。随着蒸汽机车的发明,1825 年修建了第一条铁路,近代铁路就迅速发展起来。美国的第一条铁路,从巴尔的摩到俄亥俄,于 1828 年开始建造。后来为运送货物和乘客而制造出专门的车辆,包括 1859 年由 G. 普尔曼研制的卧铺车。在 19 世纪,铁路对每个国家的经济和社会发展都有着重要的影响。在美国,1869 年完成了横贯大陆的铁路,开始了铁路扩张和巩固的时代,一些金融帝国建筑商都参与其中,如 C. 范德比尔特、J. 古尔德、E. H. 哈里曼、J. J. 希尔和 L. 斯坦福等。20 世纪初铁路在美国的重要性开始下降,但在欧洲、亚洲和非洲,铁路仍是国家内部以及国与国之间充满活力的运输线。参阅西伯利亚大铁路。

铁路机车 locomotive 自力推动的车辆,用来拖拉轨道上的铁路列车。最早的实验性蒸汽机车是从 1803 年起,由 R. 特里维西克在威尔士和英格兰制造的。第一部实用的蒸汽机车"火箭"号在 1829 年由 G. 斯蒂芬森研制出来,在"蒸汽喷发"系统中,来自多管锅炉的蒸汽推动连至一对凸缘主动轮的活塞。美国第一部蒸汽机车由 J. 史蒂文斯建于 1825 年,而商业上可用的第一部机车"大拇指汤姆"在 1830 年由 P. 库珀建于巴尔的摩。后来的改进使机车能让 200 节车厢编组的运货列车加速到每小时 120 千米。特别是在欧洲,尽管 20 世纪早期已经使用电力,但直到 20 世纪中期为止,由木材或煤炭产生蒸汽仍是主要的动力来源。第二次世界大战以后,柴油动力取代了蒸汽动力,因为它有较高的效率和较低的成本,不过也使用柴油-电力和燃气体涡轮-电力联合动力装置。

铁幕 Iron Curtain 第二次世界大战结束后苏联设置的政治、军事和意识形态屏障,旨在把本国及依附于它的东欧同盟国封闭起来,不与西方和其他非共产党地区公开接触。1946 年 W. 丘吉尔在美国密苏里州富尔顿的演说中提到这个词语。1953 年 J. 斯大林去世后,铁幕的限制和严格程度有所松动,尽管 1961 年建造柏林墙又恢复了铁幕制度。1989 ～1990 年由于共产党放弃了在东欧的一党统治,铁幕基本上已不复存在。

铁器时代 Iron Age 石器—青铜器—铁器时代序列(或三时代体系)中最后的技术和文化阶段。在此阶段,铁基本上取代青铜用于打造器具和武器。铁器时代开始的时间因地而异,在中东和东南欧大约始于公元前 1200 年,但在中国直到约公元前 600 年才开始。铁器具的大规模生产带来了更加固定的新型居民点,用铁制造武器第一次使民众手中拥有了兵器,引发一系列大规模的迁移和征服活动,这些活动持续了2 000年尚未结束,并使欧洲和亚洲的面貌发生变化。参阅青铜器时代。

铁钦纳 Titchener, Edward Bradford(1867 ～1927) 英裔美国心理学家。曾在莱比锡大学 W. 冯特的实验室进行研究工作,后任教于康奈尔大学(1892 ～ 1927)。他协助建立了美国的实验心理学,并成为构造心理学派最重要的代表,该领域着重研究心理的状态和过程的组成要素和排列方式。最主要的著作是《实验心理学》(1901 ～ 1905)。

铁人三项 triathlon 运动员在三种不同项目中的长距离比赛(如游泳、骑自行车和赛跑)。一般的比赛包括 3.8 千米的海中游泳比赛,180 千米的自行车比赛,以及 42.2 千米的马拉松赛。

铁杉 hemlock 松科铁杉属(*Tsuga*)10 种常绿乔木的统称。原产北美、中亚及东亚。有些种为重要材用树,许多种是受欢迎的观赏树。此外,hemlock 一词又指许多其他植物,如平地铁杉(参阅紫杉)、毒参和毒芹(欧芹科)。真正的铁杉是高大乔木,呈金字塔形,树皮淡紫色或红棕色;枝条细,水平或下垂;叶短,先端钝,生于小枝,叶基下有一木质垫状结构。

铁托 Tito Josip Broz(1892 ～ 1980) 南斯拉夫政治家、总理(1945 ～ 1953)和总统(1953 ～1980)。出生在克罗地亚一个农民家庭,第一次世界大战中参加了奥匈帝国军队,1915 年被俄国人俘虏。在俄国期间,他参加了 1917 年的七月危机游行,并加入了布尔什维克党。1920 年返回克罗地亚,成为当地南斯拉夫共产党的领导者,除了关入监狱的一段时期（1928～1934）外，铁托在党内不断升职，1939年成为南斯拉夫共产党总书记。第二次世界大战中，铁托（1935年左右开始使用的化名）成为南斯拉夫党派中最有效率的领导者。1943年担任元帅，加强了共产党在南斯拉夫的统治。担任南斯拉夫总理和总统后，他抵制苏联的控制，发展了一套独立自主的社会主义统治模式，奉行不结盟政策，与其他不结盟国家建立关系，并改善了南斯拉夫与西方强国的关系。在国内他实行“对称联邦主义”（1974），一方面使境内6个共和国和塞尔维亚自治区（包括科索沃）之间建立了平等的关系；另一方面实行强有力的控制以防止分裂活动。他死后，对塞尔维亚的统治引起的憎恨逐渐导致国家联邦制度的解体。

听觉　hearing　又称audition。感知声音的生理过程。将声的振动变换成神经冲动，才能传入大脑，被理解为声音。节肢动物和脊椎动物这两类动物都能感受声音。听觉使动物能感觉到危险、定位食物、寻找配偶，并能和更高级的动物进行通讯。脊椎动物都有两耳，常有一内室，内有听觉毛细胞（乳突），还有一外耳鼓，它接收和传递声音的振动。声音的定位依赖于声音来到两耳的时间上和强度上的细微差别。哺乳动物的声音感受作用通常都很发达，并常高度专化，如蝙蝠和海豚有回声定位机制，又如鲸和大象能听到几十甚至几百英里外求偶的叫声。犬和其他犬类动物也能用相似方法测定远处的声音。人耳能测定的频率在20～20 000赫兹（Hz）范围内；对其中1 000～3 000赫兹间的频率最敏感。脉冲沿中央听觉路径从耳蜗神经、经骨髓到大脑皮质。听觉会因疾病、损伤或年老而削弱；有些病包括聋可能是先天的。

烃　hydrocarbon　只含碳和氢两种元素的有机化合物。碳原子形成化合物的骨架，氢原子附着在骨架上。烃是石油和天然气的主要成分，可用作燃料、润滑剂以及生产塑料、纤维、橡胶、溶剂、炸药和化工产品的原料。若有足够的氧且完全燃烧，则可生成二氧化碳和水；氧不足时就生成一氧化碳。烃的两种主要类型是脂肪类和芳香类。脂肪烃中的碳原子排成直链或支链，或者连接成非芳香性的环。脂肪族化合物可以是饱和的（烷烃）；如果碳原子间含有双键或三键，则称为不饱和烃（例如烯烃、链烯烃、炔）。除了最简单的烃外，烃都有同分异构体（参阅同分异构体）。乙烯、甲烷、乙炔、苯、甲苯和萘都是烃类。

廷巴克图　Timbuktu　法语作Tombouctou（通布图）。马里城镇，位于撒哈拉沙漠的南部边缘，靠近尼日尔河。公元1100年由图阿雷格人游牧部落建立，并成为跨越撒哈拉沙漠旅行车队路线上的一个重要驿站。大概于13世纪末划入马里帝国版图之后，该地成为伊斯兰教文化的一个中心（1400～1600）。该地在1500年发展到鼎盛时期，成为桑海人统治下的一个商业和文化中心，但在16世纪晚期被摩洛哥征服后迅速衰落。法国人于1894年占领该地。1960年，成为独立的马里领土的一部分。于1988年被联合国教科文组织列为世界遗产。因地区的武装冲突，该地在2012年被联合国教科文组织列入世界濒危遗产名录。当年年底，很多文化和历史遗迹被伊斯兰武装分子毁坏。人口约54 453（2009）。

廷伯根　Tinbergen, Nikolaas（1907～1988）　荷兰出生的英国动物学家，行为学的创始人（与K.洛伦茨合作）。他是经济学家J.廷伯根的弟弟，曾就读于莱顿大学并获得博士学位，留校任教至1949年，同年前往牛津大学任职。他强调本能的和后天的行为对动物生存都很重要，并以动物行为为基础来推究人类的暴力及攻击行为。他通过观察海鸥对求偶和交配行为作出重要的概括。从20世纪70年代开始，他和妻子伊丽莎白开始研究人类行为障碍，尤其是自闭症。1973年他与洛伦茨和K. von弗里施共获诺贝尔奖。

廷布　Thimphu　不丹首都。位于喜马拉雅山脉，拉伊达克河河岸。1962年被定为政府所在地。喇嘛庙札什曲宗堡是不丹一座传统的寺庙和传统的不丹建筑典范之一，现为皇家政府公署。当地经济主要依靠农业和伐木业。人口约45 000（2002）。

廷潘胡同　Tin Pan Alley　美国流行音乐的一种类型，源于19世纪末的纽约市。“廷潘胡同”一名由歌曲作家M.罗森费尔德杜撰，取自20世纪初唱片行业聚集的小巷，位于纽约市第五大道和百老汇之间的第28街上；后来该唱片发行中心于20年代迁至百老汇与第32街附近，最后都集中在百老汇第42街与第50街之间。“廷潘”一词是指向唱片业者介绍歌曲曲调时弹奏钢琴的叮当作响声。“廷潘胡同”音乐包括谱写抒情曲、舞曲和歌舞杂耍表演的歌曲作家的商业性音乐，最后它成了美国流行音乐的同义词。“廷潘胡同”的消逝归结于电影、录音带、收音机和电视的兴起，这些行业引起对更多不同音乐形式的需求，商业歌曲创作中心在诸如好莱坞和纳什维尔等城市兴起。

通巴　Tomba Alberto（1966～　）　高山滑雪选手。出生在博洛尼亚附近，并在当地学会滑雪。获得过三块奥运金牌（1988年的障碍滑雪赛和大回转滑雪赛，1992年的大回转滑雪赛），一次高山世界杯锦标赛冠军（1995），两次世界滑雪锦标赛金牌（1996年的障碍滑雪赛和大回转滑雪赛）。他在1998年的奥运会上没有获得冠军，但在同年3月的世界杯赛上赢得一项障碍滑雪赛项目的冠军，随后决定不再参加滑雪赛事。由于他在滑雪坡道上的出色表现，他的声誉大大超过一般的高山滑雪选手。

通古斯事件　Tunguska event　把西伯利亚中部石通古斯河附近2 000平方千米的松林区夷为平地的大型空中轰炸。其能量相当于1 000万～1 500万吨三硝基甲苯炸药。有不确定的证据显示，那次事件可能是由冰和尘组成的彗星碎片在地球表面上空爆炸，产生火球和爆炸波，但没有形成坑洞。目击者看见了在地平线的火球，最初在800千米外都可见，随后出现了地面的震动和强力热风，足以掀翻人和建筑物。该物质的蒸汽使粉尘从高空落入大气层，在西伯利亚和欧洲很长的时期内造成夜间反常明亮的现象。

通货　currency　在工业化国家中，指国家货币供应量里作为交换媒介而无需背书的那一部分，由银行钞票、政府纸币和铸币构成；在欠发达社会中，还包含各种不同的物品（如牲畜、烟草等）。自从20世纪30年代放弃金本位制以来，各国政府不必以任何形式的贵重金属偿还货币的持有者，因而通货数量取决于政府或中央银行的行动，而不再像过去那样受贵重金属的供应量影响。

通货膨胀　inflation　经济学名词，指价格水平的上升。通货膨胀通常被认为是一般物价水平的过度上涨。解释通货膨胀的常用理论有4种。货币数量说是第一种也是最古老的一种，18世纪由D.休姆提出，认为货币供应增多后价格亦会随之提高。20世纪中叶M.弗里德曼改进了货币数量说，认为稳定物价的前提是按照经济增长的比例增加货币供应。第二种理论是J. M.凯恩斯的收入决定论，认为当对商品和服务的需求大于供应时便会发生通货膨胀。该理论要求政府通过调整消费水平和税收，提高或降低利率来控制通货膨胀。第三种理论是成本推动论。该理论把通货膨胀归因于称作价格-工资螺旋上升的现象，即劳动者要求增加工资导致雇主提高价格以反映出他们更高的成本，因此又为新一轮要求增加工资埋下种子。第四种理论是经济结构论，它重视经济中的结构失调，比如在发展中国家当进口的增长快于出口时，会使这些国家货币的国际价值下跌并造成国内物价上涨。

通信委员会　Committees of Correspondence　英属北美13个殖民地的立法机关成立的组织，以提供殖民地之间一种通信手段。1772年S.亚当斯在波士顿成立第一个常设小组。3个月内马萨诸塞州各地相继成立80个这样的小组。1773年弗吉尼亚州成立一委员会，有11位委员，包括T.杰斐逊和P.亨利在内。这些委员会对促进殖民地团结和促成1774年第一届大陆会议的召开起了重要作用。

通行费　toll　对某些公路、运河、桥梁、隧道以及其他交通设施的使用者征收的费用，主要用作建设费和保养费。古代已有通行费，并在中世纪欧洲广泛作为支持桥梁建筑的手段。18～19世纪，欧洲开始大规模开凿运河，其所需资金主要来自通行费，私营公司也因有权征收通行费而建造了许多主要道路。1806年，美国开始修筑的国道靠出售公地来筹集资金，但保养费用问题使得国会不久便授权征收通行费。收费公路政策于19世纪后期被废除，但在20世纪30年代，该政策又在宾夕法尼亚州收费公路上重新启用，到第二次世界大战结束后，许多国家都建造了收费高速公路。在美国，通行费还是筹建大桥和重要隧道的主要资金来源。目前，世界部分地区仍然收取运河通行费，如苏伊士运河和巴拿马运河。

通用电气公司 General Electric Co.(GE) 美国的大公司，也是世界上最大的公司之一。其产品有电气和电子设备、塑料、飞机发动机、医疗成像设备等，还经营金融服务。1892年成立，当时它收购了爱迪生通用电气公司（前身是1878年T.A.爱迪生建立的爱迪生电灯公司）和其他两家电气公司的资产。1900年公司组建一个研究实验室，公司后来的许多产品，包括各种家用电器，都是由该实验室科技人员开发出来的。1986年收购了美国无线电公司，包括其拥有的电视广播网——全国广播公司(NBC)。总公司设在康涅狄格州费尔菲尔德。

通用面粉公司 General Mills, Inc. 美国包装消费食品的主要生产者，尤以生产面粉、谷类食物、点心、快餐等产品为主。该公司成立于1928年，当时并进沃什伯恩·克罗斯比公司和其他4家面粉公司。专门经营谷类和面粉食品，曾开发出顶好早餐麦片粥、金奖面粉和比斯奎克焙烤食品混合料，以及贝蒂·克罗克系列产品。20世纪60年代初开始多样化经营，涉足于玩具和时髦用品领域。但至90年代又开始专营消费食品。总部设在明尼苏达州的明尼阿波利斯。

通用汽车公司 General Motors Corp.(GM) 美国企业，在20世纪和21世纪初的大部分时期是世界最大的汽车制造公司。1908年由W.C.杜兰特所创立，合并几家汽车公司而成立。不久又合并了生产别克、奥斯摩比（2004年停产）、凯迪拉克、奥克兰（后改称庞迪雅克，2010年停产）等牌号汽车的公司。1918年兼并出产雪佛兰的汽车公司，1919年兼并通用汽车金融服务公司。到了1929年它已超越福特汽车公司成为美国汽车制造业的龙头，并进一步扩张，增加一些海外营运，如建立英国的沃克斯霍尔公司。1984年收购电子数据系统公司，1986年购得休斯飞机公司（更名为休斯电子公司）。1984年成立一个新的子公司——土星（2010年停止运营），以和日本进口车竞争。此后，重点发展汽车业务，1996年剥离了电子数据系统公司，1997年卖掉休斯电子公司的股份，2000年成为萨博汽车公司的唯一控股商（2010年售出）。在次贷危机后，公司2008年接受政府贷款以避免破产。然而公司的财务问题不断加剧，遂按照《破产法》第11章申请破产重组。次年，公司分为四个子公司：别克、凯迪拉克、雪佛兰、吉姆西汽车公司。

通用商品条形码 Universal Product Code (UPC) 用于识别食品杂货和其他零售商品的标准条形码。在UPC系统中，左侧的5个数字分配给一个特定的制造商，右侧的5个数字被那个制造商用于识别一个具体的产品类型。

通用语 lingua franca 操不同本土语言的两个或多个语族之间用于交流的语言。它可以是一种标准语言，例如英语和法语是在国际外交场合常使用的通用语；斯瓦希里语是东非许多操不同当地语言的人通用语。通用语也可以是一种皮钦语，像南太平洋地区广泛使用的美拉尼西亚皮钦语。lingua franca（拉丁语称“法兰克人的语言”）这个词最早用于地中海地区在法语和意大利语的基础上发展出的一种混合语。参阅克里奥尔语。

通奏低音 continuo 又称basso continuo。在巴罗克音乐中为乐队中一个特殊的小乐器组，由读同一乐谱的两种乐器组成：低音乐器（大提琴或巴松管）和和弦乐器（通常为羽管键琴，有时为风琴或诗琴）。17世纪初出现通奏低音，反映了有伴奏旋律的全新音乐结构，这种旋律是典型的歌剧的新声乐种类。通奏低音（和摇滚乐队中的低音吉它和节奏吉它相对应）在巴罗克音乐时代几乎用于所有合奏音乐。

同步加速器辐射 synchrotron radiation 以接近光速的速率运动的带电粒子，当它们的路径改变时所发射的电磁辐射。如此命名是因为它是由同步加速器中的高速粒子产生的。这种辐射是高度偏振化的，而且是连续的。其强度和频率取决于改变粒子路径的磁场强度，还取决于这些粒子的能量。当高能电子在空间的磁场中螺旋前进时（就像木星周围的电子那样），它发射无线电频率的同步加速器辐射。各种天体，从行星到超新星残存体到类星体，都发射此类辐射。

同等保护权 equal protection 在美国法律上，指宪法保障任何人或团体不得被剥夺类似的人或团体根据法律所享有的保护权，即情况相同的人必须受到同样的对待。美国宪法第14条修正案禁止各州剥夺任何人法律上的“同等保护权”。直至20世纪中叶实施范围仍有限，主要用于歧视黑人的案件，比如用文化测试和祖父条款为由限制黑人选举权。在“普莱西诉弗格森案”(1896)中，联邦最高法院赞成“隔离而平等”原则，从而认可了种族隔离。从20世纪60年代开始，由首席大法官E.沃伦领导的最高法院，引人注目地改变了同等保护权的概念，把它应用到涉及福利、歧视性的分区制、市政服务和学校经费等案件上。在首席大法官W.E.伯格和W.雷恩奎斯特领导下的最高法院大量增加了可以根据同等保护权原则处理的情况，包括性别歧视，侨民的身份和权利，堕胎的权利，以及进入法庭的权利。

同分异构体 isomer 又称异构体。分子式相同但构型不同的两种或多种物质之一，仅在它们组成原子的排列上有差别。通常指立体异构体（而不是组成异构体），其中还分为两类。旋光异构体，又称对映异构体，以镜像成对地产生；几何异构体往往因分子结构的刚性而形成，在有机化合物中，这种刚性通常是由双键（参阅键合）或环状结构引起的。在两个碳原子之间为双键的情况中，如果每个碳原子还键合着两个其他的基团，而且都严格固定在同一平面上，那么相应的基团可以在C=C键的同一侧（顺式）或彼此分布于C=C键两侧（反式）。对于都在同一平面上的环状结构也可以作类似的区分，即组分基团在同一侧的同质异能素和组分基团在平面两侧的同分异构体。不是对映异构体的非对映异构体也属于这一类。大多数的顺-反式同分异构体都是有机化合物。

同类相食 cannibalism 动物学中指同类动物吃掉其他成员的现象。某些蚁类时常吃掉受伤的幼蚁，并在食物缺乏时吃健康的幼蚁；此种做法让成蚁在缺少食物时能够活下来，以后再重新繁殖。狮群里新产生的领头雄狮会咬死并吃掉已有的幼狮。失去幼崽的母狮会很快与新的领头雄狮交配并怀孕，以保证雄狮的基因延续。水族馆里的虹鳉常常食掉大部分幼体以调节它们的数量。

同盟 alliance 在国际关系中，不同的诸国为共同行动结成的联合，如：第二次世界大战期间，欧洲列强与美国为共同抗击德国及其盟邦而结成的同盟，又如：反对苏联及其盟邦的北约。许多同盟着重于集体安全原则，对其中一国的攻击，将视同对全会员国的攻击。20世纪的主要同盟包括美澳新安全条约、阿拉伯国家联盟、东南亚国家联盟、美洲国家组织、东南亚条约组织和华沙条约组织。

同盟国 Central Powers 第一次世界大战的联盟，败于协约国。主要成员是德意志帝国和奥匈帝国，即从1914年8月起与英国、法国和俄国开战的“中部”欧洲国家。奥斯曼帝国于1914年10月加入同盟国作战，随后保加利亚也于1915年10月参战。

同盟者战争 Social War（公元前90～前89） 又称Italic War（意大利战争）或Marsic War（马尔西战争）。古罗马的意大利人同盟为反抗罗马人而发起的战争。意大利人曾经支持罗马人的战争，却被罗马人剥夺了公民权。意大利中部的山区人民组成了一个联盟并开始为独立而战，在北部和南部打败了罗马人的军队。在罗马人将公民权授予未参加起义以及愿意立刻投降的人后，意大利人进行这场斗争的兴趣被削弱了。苏拉在南部打败了被削弱的反叛者们，并将波河以南的意大利统一了起来。

同时供热发电 cogeneration 在电力系统中，利用蒸汽同时发电和加热。从锅炉与过热器出来的高温高压蒸汽先经过涡轮机发电，然后以适合于加热目的的温度与压力排出进行加热，而不是令其在涡轮机中膨胀至最低可能的压力，然后再排到冷凝器中，这样就会失掉留存在蒸汽中的能量。在同时供热发电中，从涡轮机排出的较高压力的蒸汽可以提供大量的较低温能量，应用于建筑物的暖气，或是在化工厂中进行盐水或海水蒸发。利用同时供热发电可以节省相当多的能量。

参阅蒸汽发动机。

同位素　isotope　一种化学元素的两种或多种类型，它们的原子核具有相同的质子数，但中子数却不同。它们有相同的原子序数，因此化学行为几乎完全一样，但原子量不同。自然界里的大多数元素都是几种同位素的混合；例如锡，有10种同位素。在大多数情形下，自然界中只能找到稳定同位素。放射性元素能自发地衰变成不同的元素（参阅放射性）。所有比铋还要重的元素的同位素都是放射性的；有些存在于自然界中，是因为它们的半衰期很长。

同性恋　homosexuality　对同性别他人有直接性欲倾向者的人格特质或状态。女同性恋经常被称为莱斯沃斯恋情，该词源于爱琴海上的莱斯沃斯岛，首位同性恋者古希腊女诗人萨福教书之地点。“gay”一词虽然可以专指“男同性恋者”，但也常用于泛指“同性恋”和莱斯沃斯恋情。在不同的时代和不同的文化背景下，同性恋行为可能受到纵容，也可能受到惩罚或严禁。在古希腊和罗马时代，成年和青少年男性之间的同性恋并不罕见；而在犹太教-基督教文化和伊斯兰教文化里，同性恋被普遍视为罪恶，尽管很多宗教领袖都曾表示他们的教义禁止同性恋行为，而不禁止同性恋倾向。20世纪70年代初以前，美国精神病学会仍把同性恋界定为心理疾病的一类，到1973年才将之删除。对同性恋的传统观点（相信同性恋都有固定的类型，例如男同性恋都是娘娘腔，女同性恋则具有男人气质）慢慢式微，这是因为社会逐渐变得无所不谈，个人的性偏好和性生活成为可以公开讨论的事情，同性恋被视为只是人类性行为的不同形式而日益被承认，特别是在同性恋者多的地方。同性恋倾向来自于遗传、生理因素以及环境和社会影响，这种倾向经常与异性恋感情共同存在，在不同的个人身上呈现出不同程度的差异。虽然在21世纪的欧洲和北美，同性恋的社会环境已大幅度改善，但在世界其他地区，同性恋受到攻击的事件仍不断发生。

同一论　identity theory　心身问题的一种答复，认为心与身的性质尽管在逻辑上能够加以区别，但在现实中只不过是物质性的单一实在的不同表现。强调经验所证实的论题，例如“思想归结于头脑的运动”。

铜　copper　化学元素，过渡金属之一。化学符号Cu，原子序数29。淡红色，极易延展，是电和热的极优良导体。自然界存在游离金属铜，铜在青血软体动物和甲壳类动物血青素中，起着和铁在红血动物血红素中相同的作用。世界上所生产的铜主要用于电气工业，其余大部分用来与其他金属形成合金。以铜为主要组分的重要合金有黄铜、青铜、镍和银。几乎所有货币合金中都含有铜。铜在其化合物中通常是一价或二价。一价铜化合物包括氧化亚铜，主要用作红色颜料和杀菌剂；氯化亚铜，在某些有机反应中用作催化剂；硫化亚铜，用途极广。二价铜化合物则包

产自密歇根州的结晶铜
By courtesy Of Ted Boente Collection; Photograph, John H. Gerard

括氧化铜，用作颜料（蓝-绿）、脱色剂和催化剂；氯化铜，是一种催化剂、木材防腐剂、媒染剂、消毒剂、饲料添加剂和颜料；硫酸铜，主要用于农业上作杀虫剂、杀菌剂、饲料添加剂和土壤改良剂。

铜头毒蛇　Copperhead　又称Peace Democrat（主和派民主党人）。美国南北战争期间用来称呼北方那些反对战争政策、主张与南方谈判的人。《纽约论坛报》于1861年初次使用该词，意指毫无预警就袭击的铜头毒蛇。铜头毒蛇的势力主要在中西部，那里许多家庭都有着南方渊源，那里的农户出于自己的利益对联邦政府日益增长的权势深感忧心。主要领袖包括C. L. 伐兰狄甘。虽然此运动不能扭转战争的进展，但共和党人用铜头毒蛇这一绰号来诋毁民主党的声誉。

童工　child labor　在非农业工作中雇用儿童。由于有效执行了20世纪前半叶通过的各项法律，童工在欧洲、北美、澳大利亚和新西兰是被严格控制的。在许多发展中国家，使用童工的现象仍然很普遍。限制性法律在几乎没有学校的贫穷社会里证明无效。

童话　fairy tale　谈及超自然事物（如精灵、魔法师、巨人或龙）的简单故事，通常源自民间传说，为了愉悦儿童而成书或口述；或者是一种较复杂的故事，包含超自然或显然不可能发生的事件、场景和人物，通常带有一种离奇、讽刺或道德说教的意味。此词也包括受人欢迎的民间故事，如《灰姑娘》、《靴子里的猫》，以及后来虚构的艺术童话，如H. C. 安徒生的作品。人们往往很难区分书面故事和口头故事的来源，因为民间故事从很早开始就被编成书面文字，而书面故事通常又可溯源于口头传说。

童贞女之子　Virgin Birth　正统基督教基本教义谓耶稣基督没有肉体的父亲，马利亚是从圣灵感孕而生他的。根据《马太福音》和《路加福音》有关婴孩耶稣的记载，此说到2世纪已为基督教会所普遍承认，它目前仍然是天主教、东正教新教和伊斯兰教所信奉的一条基本教义。由这项信条推演出来的教义是，马利亚是终身童贞。东正教会、天主教会、新教安立甘宗和信义宗某些神学家也予以承认。

统计学　statistics　数学的一个分支，内容为收集、分析资料并据此作出推论。原本只用于处理政府数据（如户口普查数据），现在也用于所有学科。统计的工具不仅通过诸如平均数（参阅平均数、中位数与众数）和标准差来总结旧的数据，还可以借由频数分布表功能来预测未来状况。统计学提供了设计有效试验的方式，用来消除费时的试验和误差。双盲的民意测验、智商测验、医学、生物学和工业实验都受益于统计学的方法和理论。尽管可能会发生变化，这些数据仍可用于预测事物将来的发展情况。参阅最小平方法、概率论和回归。

统一场论　unified field theory　试图以量子场论为基础按照单一理论架构来描述基本粒子之间全部基本相互作用的理论。到目前为止，弱力和电磁力在电弱理论中已经成功统一起来，而强力则在称为量子色动力学的类似的量子场论中得到描述。但是，在大统一理论中统一强力理论和电弱理论的尝试却失败了，有关引力的自相一致的量子场论的尝试也没有成功。

统一教团　Unification Church　全称Holy Spirit Association for the Unification of World Christianity（世界基督教统一神灵协会）。1954年由文鲜明在韩国创立。该派受阴阳学说和朝鲜萨满教的影响，以复临之主文鲜明及其妻复临圣母的结合为基础，寻求通过家庭的复位在世界建立神的统治。该组织力求完成它坚信是耶稣的未竟功业——婚娶生育。该教团吸收新信徒的规定（据说还包括洗脑）及商业行为受到了批评。它组织的集体结婚庆典引起了媒体注意。据说在全世界100多个国家里有大约20万信徒。

痛风　gout　遗传性代谢失调，因体内尿酸盐含量过多，在关节沉积为针状结晶而反复引发严重的急性炎症；在正常情况下，尿酸盐应随尿液排出。最常见的发作部位是拇趾末端关节。痛风是医学文献中所记述的最古老的疾病之一，男性罹患的比例远高于女性。首次发作通常到中年才出现。症状有皮肤红热、疼痛及明显触痛，通常一二周后即消失。秋水仙碱用于治疗急性发作，别嘌呤醇等药物能抑制尿酸在体内的合成。

痛经　dysmenorrhea　经前或经期疼痛或腹部绞痛的一种妇科病。分原发性或继发性两种：原发性痛经占大多数，起因于内分泌失调，疼痛程度有很大的差异，一般症状有易怒、疲乏、背痛和作呕等。长久以来一直认为心理因素起很大作用，现在确知主要是因为前列腺素分泌过多，刺激子宫平滑肌收缩，导致腹部绞痛。制止前列腺素生成的去痛片可缓解症状，许多患者在生育后症状可缓解。继发性痛经肇因于生殖道梗阻、盆腔炎症感染、息肉或肿瘤。治疗应针对病因。

痛性痉挛　cramp　不随意性、持续性、疼痛性的肌肉挛缩。最常见于四肢，也可累及内脏器官，起因可能是神经性、反射性或心理

因素。一般肌肉性痛性痉挛有:游泳者抽筋,大多是在冷水中用力过度引起;热性痛性痉挛,因大量排汗导致失盐(氯化钠)而引起;小腿痛性痉挛和职业性(如作家)痛性痉挛。痛经表现为经前或经期的子宫平滑肌的痛性痉挛。**帕金森氏症**和亨廷顿氏**舞蹈病**患者发生痛性痉挛。手足搐搦是四肢肌肉痛性痉挛的一种严重形式。

头颅　skull　头部的骨架。除下颌外,头颅的骨以不动关节(骨缝)相连接成一体,借以保护脑和感觉器官,并形成面。盖住脑的脑颅包含额骨、顶骨、枕骨、颞骨、蝶骨和筛骨。

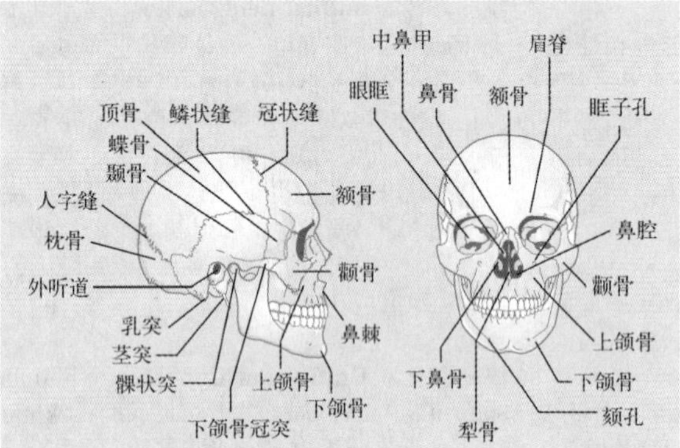

人类头颅的正面与侧面图
© 2002 MERRIAM-WEBSTER INC.

脑颅呈球状,比面颅大。底部有一孔,**脊髓**在此处与大脑相连。头颅在脊椎顶部,使头能够前后运动。向侧面运动时,脊椎转向另一侧轴。参阅**囟门**。

头皮屑　dandruff　头皮的一种皮肤疾病,是一种温和性的**皮炎**。一般来说,头皮表层细胞死去就会持续自然脱落,但是当头皮屑开始间歇性地脱落时,大多数人会受到一定影响,因它们在脱落前会形成鳞片状组织,因而在片状掉落时会很醒目。头皮屑不会传染,通常会自动痊愈,用特制洗发液可加以控制。

头痛　headache　头颅上部的疼痛。阵发性紧张型头痛最为常见,一般为头颅两边轻度到中度的疼痛。肇因于面部和颈部肌肉的持续紧缩,通常是因过度劳累、压力和挫折而产生。可用**阿司匹林**、**对乙酰氨基酚**或其他的非类固醇类消炎药(NSAID)治疗。慢性每日发作的头痛的症状和阵发性紧张型头痛类似,但更具规律性。通常是心理因素造成,或对某种抗抑郁药的反应,也可能是过度服用止痛药所致。**偏头痛**和集束性头痛是血管型头痛。头痛也可能由于发烧、宿醉或突然高血压病发而导致颅底的动脉膨胀,头痛可能是**脑脊髓膜炎**、出血性的**中风**或**肿瘤**的征兆。

头韵　alliteration　又称 head rhyme。韵律学中连续的或紧紧并列的两个词或更多词中开头的辅音重复。通常是作诗的一种手法,常与母韵(指具有不同辅音词尾的语词中重读元音的重复)和子韵(指词尾或词中间辅音的重复)结合在一起。

头足类　cephalopod　软体动物门头足纲所有海生软体动物的统称,如**章鱼**、**乌贼**、**鹦鹉螺**、**枪乌贼**等,包括最活跃和最大的无脊椎动物(大王乌贼)。主要特征是:身体分头、颈、躯干三部分;有头足,又分腕及触手两种形态,腕端通常有吸盘。足基部腹面有管状的漏斗,用以排出外套腔内的水。漏斗喷口可转向任一方向,可向前或向后运动。眼部的影像形成结构近似脊椎动物。中枢神经系统高度发达。多数头足类皮肤有色素细胞和反光细胞(虹细胞),在攻击、伪装、休息、警告或防卫时呈现不同的体色。大部分是食肉动物,主要吃鱼、甲壳动物和软体动物。

投镖　darts　室内射靶游戏。玩法是将一个插有羽毛的镖投向划分成许多扇形区的圆靶,每一个区都标有数字。圆靶通常由软木、猪鬃或榆木制成。靶面分成 20 个扇形区,上面标有 1 ~ 20 分的数字。有 6 个同心圆,由里靶心到外靶心各有不同的记分。在大部分国家正式的投标距离是 2.37 米,但也有长距为 2.75 米的。在英国这种游戏通常在酒吧里玩。

投入-产出分析　input-output analysis　美国经济学家 **W. 列昂捷夫**创立的经济分析方法,通过把各个行业的产品视为消费商品,同时也视为生产此商品及其他商品的要素,来观察某一经济各生产部门之间的相互依存关系。例如,投入-产出分析可以分析一个国家卡车的总产量,说明一些卡车被用于生产更多的卡车,一些卡车用于农业生产,一些用作建造房屋等。投入-产出分析通常以网格表形式概要说明不同行业之间产品买进和卖出的情况。

投石党运动　Fronde, the(1648 ～ 1653)　路易十四未成年期间,在法国发生的一系列内战。投石党(得名于巴黎儿童不顾当局的禁令在街上玩耍用的"投石器")运动是企图抑制王国政府权势增长的行动的一个部分;运动的失败为路易十四亲政后的专制独裁铺平了道路。第一阶段,大理院的投石党运动(1648 ～ 1649)企图从宪法上限制摄政太后安娜(奥地利的)及首相 **J. 马萨林**的权力。暴动迫使政府对大理院让步。更重要的第二阶段为"亲王的投石党运动"(1650 ～ 1653),因贵族反对马萨林而暴发。军事领袖**孔代亲王(第四)**被捕,他的朋友掀起骚乱(史称第一次亲王战争)。孔代的支持者和巴黎党人(老投石党)联合一致,使孔代获释,马萨林被免职。安娜加入老投石党人一边,孔代失势,酿成第二次亲王战争(1651 ～ 1653)。孔代被王军击败,逃离巴黎。1652 年,国王胜利返回巴黎,1653 年,马萨林也随后进入。投石党运动是**法国大革命**以前对君主制权威的最后一次严重挑战。

投资　investment　在一定时期内期望在未来能产生收益而将收入转化为资产的过程。投资者放弃当前的消费以期获得更多的报酬。在整个资本主义历史中,投资主要是私人企业的职能;但在 20 世纪,实行计划经济的政府和各发展中国家已成为主要投资者。投资可能受到利息率的影响,当利率降低时,投资率就会上升,但其他更难以估计的因素可能也重要,例如,商人对未来需求及利润的期望、生产技术的改变,以及预期**劳动力**与**资本**的相关成本。投资必然会产生**储蓄**,它提供了资金。由于投资增加了经济的生产能力,因此它是反映经济增长的因素。

投资银行　investment bank　发起、认购和分销公司与政府机构新证券的商行。1933 年美国的《银行法》规定了投资银行和**商业银行**的不同功能。投资银行以某价格买进一个公司全部新证券,再以包含其推销费和利润的价格将小额新证券转售给投资大众。投资银行可以评估利率及大概的需求,负责制订公共报价。为分担风险,在认购和分销证券时,会组织一个投资银行辛迪加。参阅**银行**、**中央银行**和**证券**。

透镜　lens　用玻璃或其他透明材料制成的片状光学元件,用于把来自物体的光线会聚或发散成像。由于透镜的表面是弯曲的,所以不同的光线以不同的角度**折射**。凸透镜使光线会聚于一点,即焦点。凹透镜使光线散射,就好像从一个焦点上发散出来的那样。两种类型都能生成物体看得见的像。像可以是实的,即是倒立的,可以拍摄的,或者可以在屏幕上看见的;也可以是虚的,即是正立的,只有通过透镜才能看到。

透视法　perspective　在二维空间平面上描绘立体(3D)物体和空间关系。西方美术通常运用直线透视法体系以构成立体感和空间感。当一物体离观者越远,看上去就觉得越小,因此各物体并行线和平面都会聚到无穷远的一些消灭点上。希腊人和罗马人可能早已会使用这种消灭点的概念,但后来失传,直到 15 世纪初意大利的 **F. 布鲁内莱斯基**才再度发现透视画法的直线或"数学"规则。直线透视法在西方绘画中持续到 19 世纪末,直到 **P. 塞尚**将文艺复兴传统的画面空间平面化为止。立体派和 20 世纪的其他画家都放弃了这种三维空间的画法。

透特　Thoth　埃及的月神以及计算、学问与写作之神。据说他发明了写作、语言,代表太阳神**瑞**,为诸神担任文书、译员和顾问。在奥西里斯神话中,透特保护怀孕的伊西斯,并治愈了其子何露斯的眼睛。他裁判死者并把结果报告给奥西里斯。他的祭牲为朱鹭和狒狒,数百万的这两种动物都被制成木乃伊以纪念他。透特通常被表现为人形,有一个朱鹭头。在希腊神话中透特与赫耳墨斯为同一神,作为赫耳墨斯·特利斯墨吉斯忒斯,他被认为是赫耳墨斯秘义书的作者。

秃鹫 vulture 视觉敏锐的猛禽,有22种,头秃并具大的嗉囊。广布于温带和热带地区。新大陆秃鹫(新域鹫科,与鹳有亲缘关系)体长60～80厘米。旧大陆秃鹫(鹰科,与雕有亲缘关系)包括最小(50厘米)和最大的种。青灰色或黑色秃鹫(秃鹫亚科)是现存最大的能飞行的鸟类之一,体长约100厘米,重达13千克,翅展约2.7米。大多数秃鹫是广食性,食腐肉、垃圾和排泄物,偶尔也吃活动物。参阅神鹰和红头美洲鹫。

突变 mutation 细胞内传递给细胞后代的遗传物质的改变。突变可以是自发的或由外在因素(诱变因子)诱发。突变发生于基因里。碱基的排列顺序决定生物体的遗传密码。当其中一个碱基被另一个碱基取代,或者一个或多个碱基插入或缺失时,就发生了突变。许多突变是无害的,因为它们的作用被其显性正态基因掩盖了。而有一些则会引起严重的后果,例如一种从父母双方遗传而来的突变会导致镰状细胞性贫血。只有发生于生殖细胞(卵子或精子)的突变才会遗传给后代,这种突变通常是有害的。极少数情况下突变会产生有益的变化。具有这种有益基因的生物体在种群中的百分率会增高,直到这种变异基因成为种群中的正常基因。通过这种方式,有利的突变成为进化的原材料。

突触 synapse 两个神经细胞之间或神经细胞和效应器细胞(如腺体细胞、肌肉细胞等)之间传导神经刺激的接点。分为化学性突触和生物电性突触两类。就化学性突触来说,刺激穿越突触间隙是通过称为"神经介质"的化学物质传递的;生物电性突触则有可能直接地在神经细胞间发生。此时神经细胞间的细胞膜互相融合,并有许多孔隙,允许带电离子通过以传导神经兴奋。生物电性突触多见于无脊椎动物或低等脊椎动物,其传递信息快于化学性突触。化学性突触看来是随更复杂的大型脊椎动物的神经系统进化形成的,在此类系统中,多种信息需要通过较长的距离来传递。

突击队 commando 约等于一个步兵营的军事单位,由受过从肉搏到打了就跑的游击战的特别训练的人员组成。这个词通常也指由小规模正规部队实行的非正规战术或游击战术。

突厥斯坦 Turkistan 又作Turkestan。中亚历史地区。这一广袤区域的范围在西伯利亚(俄罗斯)以南和中国西藏、印度、阿富汗、伊朗以北。因当地居民主要是突厥族,故名突厥斯坦。面积在2 600 000平方千米以上,被帕米尔和天山分为西部和东部突厥斯坦。西部突厥斯坦包括今土库曼斯坦、乌兹别克斯坦、塔吉克斯坦、吉尔吉斯斯坦和哈萨克斯坦南部,19世纪时属沙俄统治。东部突厥斯坦包括现在中国的新疆维吾尔自治区。

突厥诸语言 Turkic languages 从巴尔干半岛到西伯利亚中部的地区,约有1.35亿人使用的阿尔泰诸语言的20多种语言。按照传统分法,突厥语被分为4种:①东南语支(或称维吾尔语支),包括主要在中国新疆流行的维吾尔语,以及主要在乌兹别克、其他中亚共和国和阿富汗北部流行的乌兹别克语;②西南语支(或称乌古思语支),包括土耳其语;在阿塞拜疆和伊朗西北部流行的阿塞拜疆语;主要在乌克兰和乌兹别克流行的克里米亚塔塔尔语(克里米亚突厥语);以及主要在土库曼、伊朗北部和阿富汗北部流行的土库曼语。③西北语支(或称钦察语支),包括主要在哈萨克、其他中亚共和国和中国西部和蒙古流行的哈萨克语;主要在吉尔吉斯、其他中亚共和国和中国西部流行的吉尔吉斯语;主要在巴什基尔和俄罗斯邻近地区流行的巴什基尔语;主要在俄罗斯高加索地区流行的卡拉恰耶-巴尔卡尔语和库梅克语;以及在立陶宛和西南部乌克兰流行(参阅卡拉派)的卡拉伊姆语。④东北语支(或称阿尔泰语支)包括在额尔齐斯河东北部的西伯利亚地区以及邻近蒙古的包括阿尔泰、哈卡斯、索尔和图瓦地区流行的数种语言和方言;以及主要在雅库特及其邻近地区流行的雅库特语(或称萨哈语)。而在俄罗斯楚瓦什共和国和邻近地区流行的楚瓦什语与其他所有的语言截然不同。所发现的最早的突厥语是在蒙古北部发现的8世纪的墓碑铭,它们是用如尼字母或突厥文字的特殊书写系统写成的。在约900年开始,额尔齐斯河西南部几乎所有的突厥人都被伊斯兰化,突厥语开始采用阿拉伯字母。现今则多采用拉丁字母和西里尔字母。

突尼斯 Tunis 突尼斯首都。位于两个环礁湖之间的地峡中,其港口哈勒格瓦迪位于东部突尼斯湖的顶端。由利比亚人建立,后为迦太基的一个小镇,在穆斯林于公元7世纪占领该地后地位变得重要,在艾格莱卜王朝(9世纪)成为宗教中心,在哈夫西德王朝时期(13世纪)也是穆斯林世界领先的城市。西班牙和奥斯曼帝国在16世纪占有该地区。后在1942年被德国人占据。1956年突尼斯脱离法国独立后,该城市成为突尼斯国家的首都。该地出产纺织品、地毯和橄榄油,还有冶金工业。旅游业也很重要。该市的老城中心区于1979年被联合国教科文组织列为世界遗产。人口728 453(2004)。

突尼斯 Tunisia 全称Tunisian Republic(突尼斯共和国)。北非国家。面积:163 610平方千米。人口:约10 882 000(2013)。首都:突尼斯。居民为阿拉伯人和柏柏尔人(阿马兹格人)的后裔。语言:阿拉伯语(官方语言)、法语。宗教:伊斯兰教(国教,以逊尼派为主)。货币:第纳尔。突尼斯的地形包含了海岸地区、山脉、广阔的丘陵草原、一系列盐湖洼地,以及撒哈拉沙漠地带。迈杰尔达河是最长(460千米)且唯一的一条常流河。突尼斯是非洲最大的磷酸盐和天然气储藏地之一,石油藏量丰富。服务业、农业、轻工业,以及生产和出口石油和磷酸盐是经济的重要项目。以突尼西亚海岸风光和罗马遗址为主的旅游业也很重要。政府形式是共和国,两院制。国家元首为总统,政府首脑是总理。从公元前12世纪开始,腓尼基人在北非海岸就有一系列的贸易站。到了公元前6世纪,迦太基王国包含了如今突尼斯的大部分地区。公元前146年罗马人开始统治。直到公元7世纪中叶穆斯林阿拉伯人入侵为止,曾属拜占廷帝国。该地区经过多次的战斗,有胜有负,包括阿拔斯王朝、阿尔摩哈德王朝、西班牙以及奥斯曼帝国。1574年起奥斯曼帝国占领了突尼斯,直至19世纪晚期。当法国、英国和意大利在竞争统治权时,它保持了一段时间的自治。1881年它成为法国的保护国。第二次世界大战(1939～1945)中,1943年美国和英国的军队夺取了它,结束了德国的短暂占领。1956年法国给予该国完全独立;H.布尔吉巴执政至1987年,被迫辞职。继任者本·阿里继续其专制式的统治,2011年在一场空前的国家动荡中下台。突尼斯于1960年首次参加在罗马举办的夏季奥运会。

突袭珍珠港 Pearl Harbor attack 日本于1941年12月7日对位于夏威夷瓦胡岛的美国珍珠港海军基地实施的空中突然袭击,此次突袭最终促使美国参与第二次世界大战。在此之前的近十年当中,美日两国关系持续恶化,尤其是在1940年日本与轴心国(德国和意大利)结盟之后,到1941年后期美国实际上已中断了与日本的一切商贸往来。同年11月26日,一支日本舰队驶往夏威夷以北约440千米(275英里)处,大约360架飞机从那里起飞。第一架俯冲轰炸机于12月7日当地时间早上7时55分出现在珍珠港上空,随后飞来成群的鱼雷攻击机、轰炸机和战斗机。由于侦察疏忽且时为周日上午,许多军舰上的人员没有全部到位,海军基地无法组织有效抵抗。"亚利桑那"号战舰被彻底摧毁;"俄克拉何马"号倾覆;"加利福尼亚"号、"内华达"号和"西弗吉尼亚"号沉没;180多架飞机被炸毁;许多舰船受损。此外,还有2 300多名美军士兵战死。美国总统F.罗斯福把这一天定为"国耻日",它使美国民众空前团结,一扫此前对采取中立的支持。1941年12月8日,美国国会向日本宣战。

突眼性甲状腺肿 exophthalmic goiter 参阅格雷夫斯氏病。

图阿雷格人 Tuareg 操柏柏尔语言的撒哈拉沙漠西南部游牧民族。他们的封建母系文化将社会分成贵族、教士、家臣、工匠和劳动者(以前为奴隶)。北方图阿雷格人主要居住在纯沙漠地区,南方图阿雷格人则居住在草原和稀树草原。他们传统上从事畜牧业和农业,并在其居住区内进行迁移。他们将许多前伊斯兰教仪式和风俗同逊尼派穆斯林信仰相结合。20世纪70年代和80

年代的干旱使其人口减少并对其传统生活造成了破坏。

图波列夫　Tupolev, Andrei (Nikolayevich) (1888～1972)　俄罗斯飞机设计家。1918年与他人合作成立苏联中央流体动力研究院,并在1922年成为该院设计局局长,生产了全金属结构的飞机。他在1937年以反叛国家罪被捕,受命担任设计军用飞机的工作。他在受到限制的情况下领导一个团队设计出图-2型双发动机轰炸机,在第二次世界大战中得到广泛使用。在战争期间获得释放后,他和重建的设计局仿制了美国的B-29重轰炸机。后来的图-4型成为苏联20世纪50年代中期以前的主要战略轰炸机。在采用喷气式推动器以制造活塞式发动机飞机后,他制造出了图-16型(北约称之为"獾式")喷气式轰炸机(1952年试飞)和民用的图-104型(1955),这是第一架提供定期载客服务的交通工具。图波列夫和他的儿子阿列克塞主持设计出了图-144型超音速运输机(1969),是速度超过1马赫(速度与音速的比值)的第一架喷气式客机。

图卜鲁格　Tobruk　古称Antipyrgos。利比亚东北部港口城市,曾是古希腊的农业殖民地,后成为罗马人保护昔兰尼加的边境要塞。数个世纪以来,这里一直被当作海上商船航线的一个中继站。1911年成为意大利的军事基地,在第二次世界大战中长期饱受战乱之苦。1941年英国人从意大利人手中夺得图卜鲁格,1942年遭到德国人围攻,同年又被英国夺回。战争之后的重建工作一直延续到20世纪60年代,包括建造一座连接塞里尔油田管道的终点站。人口约114 680(2003)。

图德　Tudor, Antony (1908～1987)　原名William Cook(威廉·库克)。英国裔美国舞蹈家、教师和编导。1927年加入M. 兰伯特的舞蹈团,在那里编导和表演了如《星球》(1934)和《丁香花园》(1936)等作品。1940年迁往纽约进入了新的芭蕾舞剧院(后来的美国芭蕾舞剧院),在那里待了10年,创作了许多所谓的心理芭蕾舞,包括《火柱》(1942)和《风影》(1948)。20世纪50年代在大都会歌剧院芭蕾舞学校和朱利亚音乐学院任教。1974年成为美国芭蕾舞剧院总监。

图尔　Tours　法国西北偏中的城市。罗马人入侵之前,这里由高卢部落居住。3世纪起受主教管辖,但在4世纪马丁(图尔的)任主教之前,基督教团体的规模不大。5世纪末,在圣马丁的墓地上建起一座雄伟的长方形廊柱大厅,数百年来它一直是朝圣者向往之地。5世纪成为法兰克领地的一部分。在732年的普瓦捷战役中,查理·马特在图尔附近击败了摩尔入侵者。在阿尔昆的统治下,图尔发展成为一个学术中心。尽管在中世纪经历了繁盛期,但随着17世纪新教胡格诺派教徒的迁入,该城开始衰败。在普法战争巴黎遭包围期间(1870),这里是当时法国政府所在地。为卢瓦尔湖河谷的主要旅游中心,这里有古老的圣马丁长方形廊柱大厅的遗迹,也是H. de 巴尔扎克的出生地。人口136 942(2006)。

图尔卡纳湖遗址　Lake Turkana remains　在肯尼亚西北部图尔卡纳(鲁道夫湖)湖畔所发现的大量人科化石。这是利基家族成员在库比福勒挖掘出来的遗址,被证明是世界上最丰富的人科残骸贮存,蕴藏着230个不同个体的化石,包括能人、直立人和南方古猿的肢体。在西岸则发现了一个重要并保存完整的11岁男孩骨骼(后称图尔卡纳少年),后来分类为匠人或直立人,年代约在180万年前。这个令人惊讶的人类标本,使人联想到匠人可能就是100万年前由非洲迁往欧亚大陆的原人的直接祖先。参阅人类进化。

图盖拉河　Tugela River　南非夸祖鲁-纳塔尔省主要河流。发源于苏尔斯山高地,落差948米,形成一连串的瀑布切割成图盖拉峡谷。全长502千米,注入印度洋。为1899～1900年南非战争的战场。在历史上,图盖拉为祖鲁兰南部边境的标记。

图画文字　pictography　用图画(图画文字)表达词语和思想的手段,常被视为真正文字的祖先。图画文字有固定的表示方法,并略去不必要的细节。用来表达单个概念或意义的图画文字叫做意符(ideogram)。如果图画文字表示单个的词,则叫做词符(logogram)。

图季曼　Tudjman, Franjo (1922～1999)　克罗地亚政治人物、1990～1999年为克罗地亚总统。第二次世界大战期间是铁托领导下的游击队员,1963～1967年间在萨格勒布大学教授政治学与历史学,而后著有多本历史与政治作品。1967年因在书中宣扬民族主义思想而被逐出南斯拉夫共产党,并在1972～1981年间入狱。后来他成为右翼克罗地亚民主联盟主席(1989),当选克罗地亚总统后,他在1991年宣布克罗地亚脱离南斯拉夫联邦而独立,并因而与塞尔维亚发生武装冲突。他介入波斯尼亚冲突并主张自治原则,使他赢得强硬名声。

图拉　Tula　墨西哥托尔特克人古都,9～12世纪为鼎盛时期。该城的确切位置尚无定论,历史学家们大都认为今伊达尔戈州图拉城附近一考古遗址即为古图拉旧址。该城市应有人口上万人。主要市中心包括一个5级金字塔、两座其他金字塔和两个球场环绕的广场。图拉艺术及建筑风格同阿兹特克人都城特诺奇蒂特兰风格明显相同,其题材表现了阿兹特克人将自己作为太阳神的武士和祭司的观念是直接借自图拉人的。

图拉真　Trajan(公元53～117)　拉丁语全名Caesar Divi Nervae Filius Nerva Traianus Optimus Augustus。又称Caesar Nerva Traianus Germanicus。原名Marcus Ulpius Traianus(马尔库斯·乌尔皮乌斯·图拉伊阿努斯)。第一个出生非意大利地区的罗马皇帝。公元91年被任命为罗马执政官之前,一直在亚欧两洲指挥罗马军团。公元97年他被内尔瓦指定为继位人。98年内尔瓦死后,他神化前任皇帝并把自己命名为主神派到地球上的代表。他加强北部边界的防御,弱化罗马执政官禁卫军,赋予元老院新的权限,减少税收,通过政府福利帮助穷人,改革地方管理,建立公共事业,如建立纪念达契亚战争胜利的图拉真圆柱广场。他把达契亚、美索不达米亚及安息一同并入罗马帝国。亚洲的征服地爆发起义之后,他在亚洲指挥战争。由于受到挫折和疾病,返回罗马之后去世。

图拉真,大理石胸像(局部);现藏不列颠博物馆
By courtesy of the trustees of the British Museum

图赖讷　Touraine　法国西北部的历史地区。包括前图赖讷省;首府为图尔。在罗马时代,高卢的图赖讷人曾在此居住。5世纪该地区与西哥特王国合并。507年成为法兰克王国的一部分。在接下来的数百年间,曾与不同国家发生争战,13世纪初受法国人统治。1700年左右开始衰退,法国大革命期间该省被取消(1789)。该地区,包括罗亚尔河谷在内,以其雄伟的城堡而闻名,有时被称作法兰西花园。

图林根　Thuringia　德语作Thüringen。德国历史上著名的地区和州。包括以前民主德国西南部的图林根森林周围地区。首府爱尔福特。日耳曼图林根人约于公元350年始见记载,5世纪中期被匈奴占领。1485年成为萨克森的一部分,后来又分裂为几个小国。1871年这些小国加入德意志帝国,第一次世界大战以后统一。随着1945年德国的分治,图林根成为民主德国的一部分。1990年重新成为统一德国的一个州。经济主要以工业为主。人口约2 411 000(2002)。

图灵　Turing, Alan (Mathison) (1912～1954)　英国数学家和逻辑学家。曾就读于剑桥大学和普林斯顿高级研究所。1936年的期末论文《论可计算的数》中证明没有任何普遍正确的数学公理体系,而数学通常都包括了不能判定的(同不可知的相对)命题。该论文还介绍了图灵机。他认为计算机最后能像人那样独立思考,与人无差别,并用一个简单的实验(参阅图灵测试)来证明了这一点。在这方面的论文被广泛认为是人工智能的研究基础。他在第二次世界大战期间曾对破译德军密码机作出重大贡献。战后在曼彻斯特大学任教,同时开始研究人工智能。在这一开创性研究的过程中,他被发现死在床上,死于氰化物中毒。之前,他因同性恋(当时属罪孽)而被捕,并被判处进行12个月的荷尔蒙“治疗”。

图灵测试　Turing test　A. M. 图灵提出的一种测试计算机能否“思维”的方法。图灵提出了“模仿比赛”,即一个在远处的提问人,在一定的时间内,根据人和计算机对他提出的各种问题的回答来判断哪个是人、哪个是计算机的回答。一系列这样的实验通过人的辨认错误,可以证明计算机“思维”的可能性。如今用在竞赛中演示该测试,能成功测出人工智能。

图灵机　Turing machine　由A. M. 图灵提出的假想的计算装置(1936)。它并非是真的机器,只是一个设想能将任意计算设备的逻辑结构分解为其要素的理想化数学模型。它由可伸缩并在磁带上进行运算的卡带、一个改进后能储存运算方法的控制机制组成。按照图灵的设想,它能作为不连续的步骤来发挥功用。他对信息处理要素的推断在现代数字计算机的发展中起了重要的作用,并提出他的输入/输出装置(磁带和磁带读取头)、中央处理器(CPU或控制机构)和存储器的基本构架。

图卢兹　Toulouse　古称Tolosa。法国南部城市,濒临加龙河。建于古代。1世纪时罗马人从凯尔特居民手中夺走该城。778年后成为土鲁斯封建伯爵领地。在16世纪的宗教战争中新教教徒在此遭到大屠杀。在半岛战争的最后一次战役中英国人在这里战胜了法国(1814)。图卢兹既是铁路枢纽、运河港口,又是法国航空工业的中心。这里有众多的历史性建筑,包括一座哥特式大教堂,一个罗马式的长方形廊柱大厅以及圣托马斯·阿奎那的墓地。该市的大学成立于1229年,是世界上最古老的大学之一。人口约426 700(2004)。

图论　graph theory　网络的数学理论。一个图包括结点(也称点或顶点)和连接某两个结点的边(线),连接一个结点回到其本身的边称为环。1735年L. 欧拉发表了关于一个古老谜题的分析,谜题内容为:河中有两座岛,在岛与岛及岛与岸之间有7座桥,如何才能不重复走过每一座桥再回到起点。欧拉证明这个问题没有解,并且给出了对解决其他可能的网络问题的判定法则,如今被视为图论和拓扑学的起源。自20世纪中期以来,图论成为分析与设计通信网络、动力传输系统、交通运输网络和计算机体系的标准工具。

图洛特氏综合征　Tourette syndrome　罕见的神经系统疾病,可造成反复发作的运动性及发音性抽搐。病名取自最早于1885年描述本病的G. G. dela 图洛特,此症全世界分布,通常为遗传性,在2～15岁间发病,男性发病率是女性的3倍。约80%的病例是运动性抽搐先发生,其他病例则是发怪声的冲动在先。说淫秽语言的冲动,这曾被视为本病特征,但也不常存在。想重说听到的言语的冲动和自发地重复自己的言语是图洛特氏综合征的两个特殊症状。其他发音性抽搐还包括无意义的声响。运动性抽搐可能只是注意不到的简单动作,更复杂的抽搐为看似有意的行为(例如跳跃、鼓掌)。睡眠、精神集中和体力活动可抑制上述症状,而情绪紧张则会加重症状。图洛特氏综合征不像其他强迫行为,它源自神经而不是源自精神,用精神作用药物可改善其症状。患者脑中神经介质可能发生异常,但内在原因现在仍不清楚。

图们江　Tumen River　朝鲜东北边境与中国、俄罗斯之间的界河。源自朝鲜最高山白头山,总体上向北和东北流,然后转向东南注入日本海。全长521千米,但通航里程只有85千米。两岸有许多古战场遗址。

图密善　Domitian(公元51～96)　拉丁语全名为Caesar Domitianus Augustus。原名Titus Flavius Domitianus。罗马皇帝(公元81～96年在位)。韦斯巴芗的次子。接替其兄长提图斯即帝位,他兄长可能是被他谋杀的。他执政表面上主张平等,并按先例行事,但他制定严格的法律。在不列颠和日耳曼的战事相继失败,但他提高军饷使军队对他效忠。公元89年更是变本加厉,实行恐怖统治,随意惩治著名的元老院议员。图密善没收受害人的财产来弥补帝国开支。暗杀他的人包括他的妻子,他的继承人内尔瓦可能也是其中一员。

图默　Toomer, Jean(1894～1967)　原名Nathan Eugene。美国哈勒姆文艺复兴的诗人和小说家。出生于华盛顿特区。写作前曾短期从事教学。代表作《甘蔗》(1923)是一部描写在美国当黑人的经历的实验小说,对年轻的黑人作家产生了极大的影响,被认为是他的最佳之作。图默也为《日晷》等其他小杂志撰稿。1926年访问法国的古尔捷耶夫学会,并领导哈勒姆和芝加哥的古尔捷耶夫组织。1940年,成为贵格会教徒,由于其混血身份及对宗教问题的关注,在后来的作品中,他避免涉及种族主题。

图帕克·阿马鲁　Túpac Amaru　秘鲁的革命组织,成立于1983年。该组织最著名的事件是在驻利马的日本大使馆中绑架了490名人质(1996),试图营救被捕的革命组织成员。几周相持局面之后,军队突然冲进大使馆并杀掉所有的游击队员。此后成员数量因组织内部问题逐渐减少到100人以下。该组织得名于印第安人革命家图帕克·阿马鲁第二(原名何塞·加夫列尔·孔多尔坎基1742?～1781),他在1780年带领秘鲁印第安农民进行反对西班牙的最后一次大规模革命运动。印第安人将其视为他的祖先图帕克·阿马鲁(1572年卒,印加领袖阿塔瓦尔帕的第二个继位者,最后被西班牙人处决)的化身。

图森　Tucson　美国亚利桑那州东南部城市。位于索诺拉沙漠平原环山的圣克鲁斯河畔。1700年西班牙人在附近建立多个传教机构,1776年在图森建造了一个围有墙的印第安人村庄,使其成为西班牙要塞,在被墨西哥人统治前一直是该省区的军事总部。美国通过加兹登购地(1853)获得了该地区,1867～1877年为准州首府。1880年铺设铁路,附近发现汤姆斯通银矿、比斯比铜矿,经济迅速发展。当地气候干燥,阳光充足,沙漠景色独具情趣,为受欢迎的旅游和休养胜地。设有亚利桑那大学(1885)。人口约520 116(2010)。

图森·路维杜尔　Toussaint Louverture(1743～1803)　原名François Dominique Toussaint。法国大革命期间海地独立运动领袖。奴隶出身,1777年成为自由民。1791年参加奴隶起义,不久便组建了他自己的军队,并在游击战中对其进行训练。1793年法国对西班牙开战,他与其他黑人指挥官一同加入了西班牙军队,但由于法国后来废除了奴隶制,而西班牙却没有,因此他在1794年向法军投诚。他通过起义,在拉丁美洲建立了第一个独立国家。他由圣多明各的副总督晋升为总督,并逐渐使自己摆脱了名义上的法国统治者的地位。他与英国签订条约,确保英军从圣多明各撤离,并开始与英美开展贸易。1801年他重新把注意力转向在伊斯帕尼奥拉岛上西属圣多明各,赶走了西班牙人,并解放了那里的奴隶。他封自己为终身总督。1802年被法国人罢黜,死于法国狱中。参阅J.-J. 德萨利讷。

图书　book　书是手写的或印刷的,有相当长度的信息,用于公开发行。信息记载在轻便而耐久的材料上,便于携带。古代埃及的纸莎草纸书卷较泥制书板更近乎是现代图书的直接祖先。但这二者均起始于公元前3 000年左右。稍后中国人凭借书籍单独地创造了广博的学术,原始的中国书是用绳子将竹简或木简编系起来而制成。灯烟墨约在公元400年始用于中国,6世纪时出现木版印刷。希腊人采用纸草纸并将其传给罗马人。到公元400年时,犊皮纸或羊皮纸手抄本取代了纸莎草纸书卷,并在书的形式上起了革命性的变化。中古时的犊皮纸和羊皮纸书页是用动物的皮革制成的,到15世纪时,纸质的手写本已很普遍。15世纪末期印刷术迅速传播。随后的技术成就,如平版印刷的发展,改进了图书文化的诸多方面。

图书馆　library　经过规划管理,收藏图书或其他形式信息资料,以方便人们阅读或研究的场所。library源于拉丁文liber(书)。图书馆起源于保存记事的做法,这种做法至少可追溯到公元前第3千纪的巴比伦。最早的图书馆是希腊神庙的藏书之所和附属于希腊哲学书院(公元前4世纪)的藏书之所。现代的图书馆除了收藏书籍之外,通常还收藏期刊、缩微胶片、录音带、录像带、光盘,以及其他形式的资料。在线通信网络的发展使图书馆使用者能通过计算机系统连接世界各地的数据库来搜寻资料。

图斯库卢姆 Tusculum 意大利拉丁姆古城。位于罗马附近，早在公元前第1千纪即为拉丁人居住地，并可能是埃特鲁斯坎人的势力范围。在后来的共和国和帝国时期（公元前1世纪～公元4世纪）是富裕的罗马人所喜爱的度假胜地，也是雄辩家西塞罗故乡。当地的古罗马废墟包括一座广场、一座2世纪的竞技场和一座中世纪古堡。

图斯特拉-古铁雷斯 Tuxtla（Gutiérrez） 墨西哥东南部恰帕斯州首府。16世纪到达此地的西班牙人常遭到当地印第安人围攻，城镇发展很缓慢。1892年定为州首府。现为该州重要的商业和制造业中心，也是农产品集散地。该区有前哥伦布时期文化的考古遗迹。人口537 102（2010）。

图特安哈门 Tutankhamen（公元前1333～前1323在位） 原名Tutankhaten，埃及第18王朝的法老。约8岁时继承王位，并听从建议，把首都从其岳父（即前任法老阿肯那顿）

图特安哈门，公元前14世纪陵墓中的金质面具；现藏开罗埃及博物馆
Lee Boltin

所设的首都埃赫塔吞迁回孟菲斯。在他统治期间，他恢复了阿肯那顿改革过的传统宗教。在他去世前不久，十几岁的他还派遣军队前往叙利亚协助一支联军反抗赫梯附庸国。由于他的名字在第19王朝被人从皇族名单上删去，因而其陵墓所在地被人遗忘。他的墓穴直到1922年由H. 卡特（1873～1939）发现后，才被人打开。尽管他早世，也无任何建树，但墓穴中的宝藏仍使图特安哈门成为最著名的法老。

图特摩斯三世 Thutmose III（？～公元前1426） 埃及第18王朝国王（公元前1479～前1426年在位），被视为古埃及最伟大的法老。10岁左右登基，但是他的姑母哈特谢普苏特起初为其摄政，后来又独自统治了20年。她死后，图特摩斯三世开始了在叙利亚和巴勒斯坦重建埃及霸权的战争。后来他袭击并打败了埃及强大的美索布达米亚对手米坦尼王国。他征服了南方的努比亚部落，将努比亚人用于开发金矿，奠定埃及的财富基础。他后来又发动更多的战争以巩固他的胜利，并且规定各地统治者每年都要向埃及进贡，并把他们的子嗣送到埃及宫廷接受教育并作为人质。在国内，他扩建了凯尔奈克的阿蒙神庙。他的木乃伊于1889年被发现，陵墓发现于1962年。

图腾崇拜 totemism 基于人与动植物等天然物体之间有亲缘关系或神秘关系的信仰而形成的一套思想和习俗。该术语源于奥吉布瓦语的ototeman一词，意为血缘关系。如果一个社会被划分为数目明显固定的若干氏族，而每个氏族都与一种有生或无生物种（图腾）间存在着特殊关系，那么这个社会便体现出了图腾崇拜。图腾可以是让人害怕的或受人尊敬的猎物，也可是可食用的植物。图腾常跟起源神话以及起始道德有关，几乎完全用代表回避或经过严格仪式化后始可接触的禁忌加以限制。图腾、禁忌和族外婚（参阅族外婚与族内婚）似乎不可避免地联系在了一起。参阅图腾柱。

图腾柱 totem pole 由许多西北海岸印第安人竖立的着色木刻圆柱。图腾柱表现的是神话形象，一般是动物幽灵，其意义在于它们与血统的联系。每种形象各代表一类家族。有的图腾柱以象形文字的形式来讲述家族传说。通过竖立图腾柱，可表明房屋或其他财产的所有者身份，对参观者表示欢迎，指名人口或过道，为墓地做标记，甚至奚落他人。参阅符号和图腾崇拜。

图图 Tutu, Desmond（Mpilo）（1931～ ） 后称Sir Desmond（德斯蒙德爵士）。南非圣公会牧师。曾在南非大学和伦敦国王大学学习神学。1961年成为圣公会牧师，1976年成为赖索托主教。1978年担任南非基督教协进会秘书长，是一位口才极佳、坦率直言的南非黑人权利倡导者。他强调非暴力的抗议方法，并鼓励其他国家对南非施加经济压力。1984年因反对种族隔离政策而获得诺贝尔和平奖。1986年被选为开普敦第一位黑人大主教和南非圣公会160万教徒名义上的领袖。1996年卸任，成为真理与和解委员会主席，这是一个针对在白人统治下侵犯人权的事项举办听证的委员会。1988年，任南非贝拉维拉的西开普大学名誉校长。2010年退出公众生活。

图图奥拉 Tutuola, Amos（1920～1997） 尼日利亚作家。只受过6年正规教育。他用英文写作，不属于尼日利亚的主流文学，他把约鲁巴神话与传奇结合在一起，采用传统的主题构成结构松散的散文史诗。最优秀的作品是《棕榈酒酒鬼的故事》（1952），讲述一个古典传说，成为第一部赢得国际声誉的尼日利亚作品。后期作品包括《边远城镇的女巫》（1981）、《约鲁巴民间传说》（1986）和《乡村巫医》（1990）。

图瓦卢 Tuvalu 南太平洋中西部岛国。面积：25.6平方千米。人口：约11 300（2013）。首都：丰阿法莱岛上的斐伊亚古（位于富纳富提环礁）。大多数居民是波利尼西亚人。语言：图瓦卢语，也广泛流行英语。宗教：基督教（主要为新教）。货币：图瓦卢元（相当于澳大利亚元）。图瓦卢由5座环礁岛和4座珊瑚礁岛构成，地势皆低，最高海拔不到6米，岛上遍布椰子树、面包树和草本植物。经济以自给自足式农业和畜牧业为主。政府形式为君主立宪政体，一院制。国家元首是总督（代表英国君主），政府首脑为总理。原始的波利尼西亚人移民可能主要来自萨摩亚或汤加。16世纪为西班牙人所发现。19世纪欧洲人才移民至此，与当地的图瓦卢人通婚。在此期间，秘鲁的贩奴商（俗称"贩卖黑奴者"）使岛上人口锐减。1856年美国宣称拥有南部4座岛屿以开采岛上的鸟粪。1865年欧洲传教团抵达这里，迅速改变岛民的宗教信仰，使其皈依基督教。1892年并入英属吉尔伯特群岛，当时称埃利斯群岛。1916年成为吉尔伯特和埃利斯群岛殖民地保护地。1974年投票与吉尔伯特（今吉里巴斯）分立，因吉尔伯特人民是密克罗尼西亚人。1978年获得独立，1979年美国撤销其要求。1981年举行选举，1986年通过一部修正的宪法。随后的政府努力改善经济，为本国公民在海外寻找工作机会。21世纪初，南太平洋的海平面上升，图瓦卢海岸开始沉降，海岛的淡水层受到污染，导致人们担心海岛在未来的几十年里可能变成荒岛。

图西人 Tutsi 居住在卢旺达和布隆迪的非洲族群，传统上被归为尼洛特人，人数有150万。他们代表着一个占少数人口的传统贵族阶层，这一阶层统治过人口众多的胡图人。图西人最初是好战的放牧人，在14世纪或15世纪到达该地区，后来在德国和比利时殖民政权的帮助下取得对胡图人的统治。处在这一政治金字塔形政体结构顶端的是姆瓦米（国王），他被视为神的传人。如今胡图人和图西人在文化上已有很大程度的融合，两个民族都操卢旺达语和隆迪语，保留着相似的传统和基督教信仰。1961年以前图西人在卢旺达一直保持着对胡图人的统治地位，直到其君主被推翻。1972年胡图人在布隆迪进行了一场不成功的暴动，导致10万人死亡，其中多数为胡图人。1993年在布隆迪和1994年在卢旺达又发生了更严重的冲突，在卢旺达的冲突中还发生了胡图人的种族大屠杀，导致总共100万人死亡，100万～200万胡图人被迫住进了扎伊尔（今刚果）和坦桑尼亚的难民营。

图形交换格式 GIF 全名Graphics Interchange Format。图像的标准计算机档案格式。图形交换格式利用数据压缩减少档案大小。最初的格式版本是1987年由Compu Serve发展出来。现在的版本支持动态的图形交换格式（可移动的图像）。图形交换格式和JPEG格式是因特网上最常采用的图形格式。

图形使用者界面 graphical user interface（GUI） 计算机显示形式，让使用者利用鼠标指着屏幕上的图形标志（图标）或是选单列表来挑选命令、呼叫档案、开启程序以及进行其他日常工作，而不用输入文字命令。个人计算机上最早采用的图形使用者接口出现在苹果计算机的Lisa，于1983年推出，这套接口成为苹果计算机极为成功的产品麦金托什(1984)的基础。麦金托什的图形使用者接口风格广为其他个人计算机及软件制造商所使用。1985年微软公司推出视窗操作系统，一套给MS-DOS计算机使用的图形使用者接口(后来成长为操作系统)，许多功能和麦金托什相同。除了用于操作系统的接口，图形使用者接口也用于其他类型的软件，包括浏览器和应用程序。

涂尔干 Durkheim, Émile(1858～1917) 法国社会科学家，曾提出一套实验研究与社会学理论相结合的方法论，普遍推崇为社会学法国学派之父。他深受哲学家A. 孔德的影响，其社会学思想从不远离他归属的伦理哲学，第一次表达于其博士论文《社会分工论》(1893)和另一部著作《论自杀》(1897)中。他认为，伦理和社会结构因技术和机械化的出现而受到威胁和损害，分工在工人中产生异化，而19世纪晚期增加的繁荣产生了威胁社会平衡的贪婪和愤怒。涂尔干注意到失范，即社会的断开，并研究自杀现象。随着A. 德雷福斯事件的发生，他越来越关心教育和宗教，认为这是改造人性最强有力的手段，也是塑造社会新制度、新风气的最有效的方法。涂尔干晚年的另一重要著作是《宗教生活之初级形式》(1912)，这是一部人类学著作，主要探讨图腾崇拜，即研究宗教的起源和作用，认为宗教是社会集体意识的表现，可以促进团结。他还撰写在社会学方法方面有影响的著作。参阅M. 莫斯。

屠格涅夫 Turgenev, Ivan (Sergeyevich) (1818～1883) 俄国小说家、诗人和剧作家。在柏林大学读书时就认识到西方的优势和俄国进行现代化的必要性。约1862年后

I. 屠格涅夫
From the collection of David Magarshack

居住在欧洲。其作品以对俄国农民的写实和充满感情的刻画，以及对试图将国家推进到一个新时代的俄国知识分子的敏锐观察而著名。其最著名的作品包括《多余人日记》(1850)，对19世纪俄国文学界意志薄弱的一般知识分子冠以"多余的人"的称呼。他因短篇小说连载《猎人笔记》(1852)博得名声，书中批判了农奴制。其戏剧代表作是《村居一月》(1855)，小说《罗亭》(1856)随后出版。他对改变和两代人之间的差距的兴趣反映在《前夜》(1860)和富有争议性的《父与子》(1862)。他最伟大的小说《烟》(1867)对学术界的左翼和右翼都进行了批判和嘲笑。后来的《草原上的李尔王》(1870)和《春潮》(1872)将流畅的回忆同半幻想性相结合，而《处女地》(1877)则集中描写民粹派人士希望在农民当中播下革命的种子。

土阿莫土群岛 Tuamotu Archipelago 法属波利尼西亚约80个岛屿组成的群岛。其75个环礁、1个珊瑚礁和无数暗礁作为两组链状群岛，大致从西北向东南延伸1 450千米。欧洲人于16世纪至17世纪来到土阿莫土群岛。1844年法国占领该群岛。1880年并入塔希提，为其属地。现与甘比尔群岛一起组成法属波利尼西亚的一个行政区。1947年海尔达尔的"康-提基"号考察队在拉罗亚(土阿莫土群岛一处暗礁)因船触礁而结束。法国在该群岛无人居住的环礁进行过核试验。人口约15 973(2002)。

土耳其 Turkey 全称Republic of Turkey(土耳其共和国)。亚洲西部和欧洲东南部国家。面积：785 347平方千米，绝大部分国土在亚洲。人口：约76 248 000(2013)。首都：安卡拉。民族包括土耳其人和库尔德人。语言：土耳其语(官方语言)、库尔德语和阿拉伯语。宗教：伊斯兰教(多数是逊尼派)。货币：土耳其里拉。土耳其是个多山的国家，其高原覆盖了整个安纳托利亚中部地区。最高峰为亚拉腊山(海拔5 165米)，该国南部是托罗斯山脉。河流有底格里斯河、幼发拉底河、克孜勒河、门德雷斯河。生产及出口以铬铁矿为主，其次还有铁矿、煤、褐煤、铝土矿和铜矿。该国是中东主要钢产国。主要的农产品有小麦、大麦、橄榄和烟草。旅游业亦重要。政府形式是多党制的共和国，一院制。国家元首为总统，政府首脑是总理。土耳其早期的历史相当于安纳托利亚、拜占廷帝国以及奥斯曼帝国的历史。当君士坦丁一世将君士坦丁堡(今伊斯坦布尔)定为其首都之后，拜占廷的统治就开始了。12世纪开始的奥斯曼帝国统治了600多年；1908年青年土耳其党暴动，最终迫使该帝国在1918年让出权力，结束了奥斯曼帝国的统治。在凯末尔(土耳其之父)的领导下，1923年宣布成立共和国。在第二次世界大战(1939～1945)的大部分时间里，土耳其都保持中立，1945年站在同盟国一边。战后，土耳其政府在文官与军人之间来回变换，与希腊就塞浦路斯问题发生过几次冲突。该国的多元化经济发展势头良好，但因伊斯兰教徒与非信徒、日益加剧的库尔德分离主义分子等矛盾而经历过政治和民间动乱。土耳其于1908年首次参加在伦敦举办的夏季奥运会。

土耳其安哥拉猫 Turkish Angora cat 长毛家猫品种，可能是源于鞑靼人的家猫，在其迁移到土耳其时引进，现为土耳其国宝。身长，骨架细，脸尖，丝质毛皮，毛不长不短。最常见的颜色是白色，但也有其他纯色或是两种以上的颜色。

土耳其梵猫 Turkish van cat 半长毛家猫品种，以奇特的花色而著名。白色，仅在头尾有色彩斑纹。"梵"是原产于亚洲中部与南部的品种常见的名称，也用于描述其他类似斑纹的猫。该品种由十字军带回欧洲。特征是像羊毛般防水的皮毛；喜欢水，在原产地称为游泳猫。这种猫体型大，活动力强并且聪明。

土耳其语 Turkish language 流行于土耳其的语言，为该国约90%的人所使用。其使用者约为5 900万，在巴尔干半岛、塞浦路斯(从奥斯曼帝国起)和西欧的许多分散的地区内也使用。13～14世纪土库曼部落入侵土耳其时，把土耳其语带到安纳托利亚。用阿拉伯字母系统书写的安纳托利亚土耳其语出现于13世纪。奥斯曼土耳其语也受到波斯和阿拉伯语的大量影响，已丧失一些土耳其语的特征，对下层社会而言已经无法理解。自18世纪起有人试图将这些语言重新土耳其化，但没有收到很好的效果，直到20世纪和土耳其帝国建立后才实现。许多波斯-阿拉伯的词汇被去除，重新采用了拉丁字母，并加上音调以注明土耳其特有的发音。土耳其语在语言学上是一种特殊的语言，元音和谐(音节间元音特点一致)词法特征为黏着式，并遵循主语-宾语-谓语的语序。

土耳其浴 Turkish bath 源于中东的一种沐浴，先是赤身接触暖空气，然后置身蒸汽中，进行按摩，最后是冷水浴和淋浴。土耳其浴将按摩、东方浴传统中的美容功效，以及罗马人的管道技术和加热技术结合在一起。土耳其浴的浴室较罗马的公共浴场小，光线也比后者暗。君士坦丁堡的土耳其浴场是圆顶的房间，房间里装饰有大理石和镶嵌物。土耳其浴不仅是沐浴，也是一种社交和放松心情的方式，在伊斯兰教国家很盛行。一些浴场至今仍在使用。19世纪土耳其浴得到改进，并被传到欧洲和美国。

土库曼人 Turkmen 又作Turkoman或Turcoman。使用突厥语西南分支的穆斯林。人数逾430万，大部分居住在土库曼(前苏联的一部分)及其邻近的中亚地区。也有不少土库曼人居住在土耳其、伊朗北部和阿富汗地区，还有少数居住在伊拉克北部和叙利亚。他们原本是一个居住在帐篷里的游牧民族，在苏联的统治下从事农业。传统上，他们按经济职能划分为若干群体，每一支由一个汗领导。

土库曼斯坦 Turkmenistan 中亚国家。面积：491 210平方千米。人口：约5 113 000(2013)。首都：阿什哈巴德。土库曼人逾总人口的3/4，有少数乌兹别克人、俄罗斯人、哈萨克人和鞑靼人。语言：土库曼语(官方语言)。宗教：伊斯兰教(以逊尼派为主)，亦有东正教。货币：马纳特。虽然散布着丘陵和低山，该国近9/10的地区是沙漠，主要是卡拉库姆沙漠。主要河流有阿姆河和穆尔加布河。建有许多灌溉沟渠和水库，其中包括卡拉库姆运河，该运河全长1 400千米，连接阿姆河和里海。土库曼斯坦主要生产石油和

天然气、棉花、丝织品、地毯、渔产和水果。政府形式是单一制的一党制共和国，一院制。国家元首暨政府首脑是总统。在土库曼斯坦发现的中亚地区最早的人类定居迹象，可追溯到旧石器时代。游牧部落的土库曼人可能是在11世纪进入这个地区的。19世纪80年代初被俄国征服，该地区成为俄国土库曼的一部分。1924年成立土库曼苏维埃社会主义共和国，1925年成为苏联的加盟共和国。1991年脱离苏联完全独立，国名土库曼斯坦。在S.尼亚佐夫高度集权的统治下，以后的数年经济困难，直至石油和天然气得到更大规模的开采。土库曼斯坦于1996年首次参加在亚特兰大举办的夏季奥运会，但该国运动员曾代表苏联或与别国组成联合队参加过更早的奥运会。

土鲁斯-劳特累克 Toulouse-Lautrec (-Monfa), Henri (-Marie-Raymond) de（1864～1901） 法国画家和书画刻印艺术家。出生在一旧式贵族家庭。少时双腿在两次事故中骨折（1878、1879），留下永久后遗症，使他行走困难。在长期的康复过程中，他开始对艺术产生兴趣，1881年他决心要成为一名艺术家；在接受指导之后，于1884年在巴黎蒙马尔特区成立了自己的画室，并开始了与当地的咖啡馆、卡巴莱（餐馆）表演家、艺术家的终生交往。他捕捉舞蹈演员、马戏演员以及其他表演艺术家的动态，并用简单的线条和并列的强烈色彩将其表现出来，这种手法能产生一种充满活力的跳动感。他的平版画属于他最有影响力的作品，他所创的让人难忘的海报使得这一画派的可能性得以体现。其作品常带有尖刻的讽刺，但同时他又很富有同情心，这一点尤其体现在他对妓女的描绘中[比如《在酒吧里》（1896）]。他独特的风格为持续几十年的前卫派艺术开辟了道路。因为酗酒，他去世时年仅36岁。

土壤 soil 覆盖陆地表面的泥土物质，经由自然的物理、化学和生物诸力作用于地球表面的松散的基岩和矿物质之上而形成。土壤中最重要的组成为黏土结晶和有机物。土壤主要是因风化和淋滤而形成。诸如降雨、地貌和植被等环境因素可影响土壤的形成和质地，它也会受到一些动物活动的影响，所以即使是同一生成环境也可形成相差甚巨的土壤质地。

土豚 aardvark 又称African ant bear（非洲蚁熊）。*Aardvark* 为南非荷兰语，意为“土猪”。体型笨重似猪的哺乳动物，产于撒哈拉沙漠以南的森林或平原。体长达180厘米（包括60厘米尾长），吻长，耳长如兔，腿短，趾长，并有大而扁平的利爪。穴居，白天在穴中休息，夜间方敢外出，掘开蚂蚁或白蚁巢穴，用其带黏性的长30厘米的舌头迅速舐食昆虫。土豚虽无攻击性，但能用利爪抵挡攻击者。土豚与其他哺乳动物的亲缘关系仍待研究。

土星 Saturn 太阳系九大行星之一，按距离太阳由近及远的顺序排列为第六颗，得名自罗马种植和种子之神。它是太阳系中仅次于木星的第二大非恒星体，其质量约为地球的95倍，体积则超过地球700倍。它的外层有大气，主要是氢气。其内部模型表明它的地核是由岩石和冰构成，外围有液态金属氢，再往外一层是分子氢。土星70%的成分是水，它的平均密度在太阳系的所知星体中是最小的。土星至少有60个卫星（包括最大的土卫六）和一个扩展开的光环系统，从地球上的望远镜中可以观察到主要的几个部分。土星的光环是由无数不同大小的粒状物组成，包括细小的尘埃。水冰可能构成了光环物质的大部分。1610年伽利略就观测到了光环的存在，由于观测设备分辨率低，他将光环误认成是其他两个行星。土星的一天约有10.8小时，一年等于约29.5个地球年。它自转很快，由地核的电子流推动，产生强大的磁场和很大的磁层。土星快速的自转使它成为太阳系行星中形状最扁的一个。它的极直径（南北直径）比赤道直径（东西直径）小10%。距太阳的平均距离是14.3亿千米。

土伊勒里宫 Tuileries Palace 法国王室驻地，临近巴黎卢浮宫，1871年被人纵火焚毁。最初为卡特琳·德·梅迪契的宫室，由P.德洛尔姆（约1515～1570）于1564年开始兴建，在此后的200年间，J.比朗（1520?～1578）、J. du塞尔梭（约1520～1585）等人进行了增建和改建。土伊勒里宫自A.勒诺特尔于1664年进行重新设计后改动很少。他的设计使中央的道路穿过公园进入了田野和王宫西边的小山顶，现为凯旋门所在地。

吐根 ipecac 又作ipecacuanha。两种茜草科热带美洲植物（*Cephaelis acuminata* and *C. ipecacuanha*）中任何一种晒干的根茎。自古就有使用，特别是当作药物的来源，通过诱发恶心和呕吐来治疗中毒。药名与植物名相同。

钍 thorium 金属化学元素，元素符号Th，原子序数90。为锕系元素之一；天然钍是多种放射性同位素的混合物，其中主要为钍-232（半衰期超过百亿年）。为致密金属，纯净的钍呈银白色，但长久暴露于空气中会变为灰或黑色。尽管其本身不是一种核反应堆燃料，但可用于增殖反应堆中，因为它能捕获慢中子而衰变成能裂变的铀-233。钍添加入镁，其合金能改善高温强度。添加入玻璃，可以生成高折射率的玻璃，用于特殊的光学装置。钍以前被大量用于瓦斯灯和煤油灯的纱罩，现在已被用来生产用于日光灯和光电管的敷钍灯丝。

兔 rabbit 兔科所有小型蹦跳、啃啮哺乳动物的统称。耳长，尾短，后腿长，有两对上门牙，前面一对门牙较大，具有多种功能。许多种类被毛为灰或褐色。体长约25～45厘米，重0.5～2千克。主要以草为食。兔的繁殖率极高。与野兔不同，兔初生时裸露无毛，眼不能睁开，需要母体照顾。多数种夜间活动、独栖于地穴，但产于欧洲和亚洲的欧洲兔，亦称旧大陆兔（*O. cuniculus*），为所有家兔的祖先，住在许多洞穴组成的穴群里。13种北美棉尾兔（棉尾兔属），尾下侧为白色。

东部棉尾兔（*Sylvilagus floridanus*）
Steve and Dave Maslowski

团 regiment 大多数国家的陆军中，由一名上校指挥的队伍，下分连、营或中队。早在1558年法国的骑兵单位称作团。在早期美国的军队里，像当时的欧洲军队一样，通常一个团下设10个连。19世纪初，拿破仑将法军的每个团分成3个营。1901年美国陆军也采用了一个步兵团辖3个营的编制。

推铅球 shot put 将一个金属球向远处掷出的田径项目。起源于古代推掷石头的游戏。后来用炮弹代替石头进行比赛。1896年第一届现代奥运会所规定国际比赛中所使用的铅球，男子用球重7.3千克，女子用球重4千克。

推移板游戏 shuffleboard 由两个人或四个人用长把推杆将圆盘推至平坦、光滑的推移板（长15.8米、宽1.8米）上的不同得分区的游戏。它早在15世纪已流行于英格兰，尤其流行于贵族阶层。后推广至远洋班轮和巡航船，为甲板上的游戏。现代推移板游戏在1924年定型于美国佛罗里达州圣彼得堡。

推智学 Dianetics 参阅科学论派。

颓废派 Decadents 19世纪末的诗人团体，包括一些法国象征派诗人（参阅象征主义运动），特别是以S.马拉梅和P.魏尔兰为代表，以及同时代晚期的英国唯美派诗人（参阅唯美主义运动），以A.西蒙斯、O.王尔德为代表。许多不是诗人的人也常和颓废派来往密切，包括小说家J.-K.于斯曼、艺术家A.比尔兹利。颓废派强调为艺术而艺术，认为艺术是自动自发的，反对工业社会的本质和唯物主义的先入为主的观点，极力主张在作品和生活上表现出怪异、不协调和矫揉造作。

退火 annealing 将金属、合金或其他材料加热到预定温度，保持一段时间，然后冷却到室温，以提高韧性并降低脆性。中间退火是在金属工件加工过程中间断进行的，用以恢复由于反复锤打或其他方式加工而丧失的韧性，如果需要多次冷加工作业，而在第一次作业后金属变硬，进一步的冷加工会造成开裂，这就需要做中间退火。完全退火是为了使机床工业用的锻坯部件易于加工。退火也用来消除金属和玻璃内部的应力。退火温度和时间随不同的材料和所要求的性能而异，钢材通常需要在680℃下保持几个小时，然后在几个小时内冷却下来。参阅热处理。

退伍军人节 Veterans Day 美国于11月11日向退伍军人表示敬意和纪念阵亡将士的法定节日。原称休战纪念日,以纪念1918年11月11日第一次世界大战的结束。第二次世界大战后被确定为所有服役人员的假日,并于1954年定名为退伍军人节,以向历次战争中的退伍军人致敬。节日中通常有列队游行、演说和向阵亡将士陵墓或纪念碑献花等。在加拿大将此节日称为阵亡将士纪念日,在英国则为阵亡将士纪念星期日(最接近11月11日的星期日)。

退伍军人协会会员病 Legionnaires' disease 肺炎的一种类型,首次确定的病例是1976年美国退伍军人协会会员,该会员中有29人因此死亡。其病原体为一种前所未知的杆菌*Legionella pneumophilia*,后来发现此种杆菌即是发生于许多互相隔离地方的这种疾病的病源。常见症状为全身不适、头痛,继之高热,常伴有畏寒,干咳、气短、疼痛,偶见精神错乱。受污染的水源(例如排水系统、增湿器和漩涡浴)通常被怀疑为污染源。可用抗生素治疗。

退休金 pension 连续而定期地对因年老、伤残或工作已满规定期限而退休的人员发放的货币支付。这种支付通常一直延续到领取者死亡为止,有时也支付给其遗孀或其他活着的亲人。军人退休金已实施了好几个世纪;个人退休金计划始于19世纪的欧洲。基本的退休金计划有两种:确定提拨制与确定给付制。确定提拨制是每段时期定量投资,个人对怎样投资需要有判断力。退休金给付的数量取决于这些投资是否成功。确定给付制根据某些计算公式支付,但是投资于基金的数量可能有所不同。储存退休金的方式可能将其给付交给信托基金经营或向保险公司购买年金保险。在所谓的"多雇主计划"中,由不同的雇主捐款给一个中央信托基金,由一个信托联合董事会管理。

豚草 ragweed 菊科豚草属约15种杂草(参阅杂株)的统称。多数种原产于北美。茎粗糙被毛,叶多分裂,花不明显,稍带绿色,聚生成小型的头状花序。普通豚草(*A. artemisiifolia*)遍布北美大陆。豚草于夏末产生大量花粉,是北美东部及中部枯草热的主要病原。由于这些种类为1年生,在传粉季节前割除可将其消灭。

豚鼠 guinea pig 一种驯养的豚鼠科动物,学名为*Cavia porcellus*。原产南美洲。与大部分其他豚鼠一样,体结实,长约25厘米,腿短。耳小,无外尾。毛黑、棕黄、奶油色、褐色、白色或诸色相间。毛长各不相同。豚鼠主要以青草和其他绿色植物为食。在印加时代以前即已驯化,16世纪初期,便引进欧洲。为受人喜爱的玩赏动物和有价值的实验动物。

豚鼠类 cavy 南美洲啮齿目豚鼠科几种动物的统称。豚鼠属、岩豚鼠属、盔豚鼠属以

巴塔哥尼亚豚鼠(*Dolichotis patagona*)
George Holton—Photo Researchers

及小豚鼠属与豚鼠类似。它们体型粗壮,灰或棕色,体长25~30厘米,耳小,腿短,尾不明显。巴塔哥尼亚豚鼠和盐滩豚鼠腿长,形似兔。豚鼠类群居,栖息在平原、沼泽和岩石地区。栖于地洞(有时将地下掏空,人在地面行走时会陷入洞中)。以草、树叶等为食。

《托德西利亚斯条约》 Tordesillas, Treaty of(1494) 西班牙与葡萄牙签订的条约,旨在解决15世纪末的航海家们发现的陆地的争端。为回报西班牙同意让新世界的各民族成为基督教徒,1493年教皇亚历山大六世承认佛得角以西556千米处的分界线的西部地区全归西班牙所有。葡萄牙的远征考察活动只能在分界线以东进行。西班牙和葡萄牙两国大使在托德西利亚斯(西班牙的一个村庄)会晤时将该分界线西移,从而允许葡萄牙在巴西于1500年被发现时,对该地提出领土要求。

托尔 Thor 日耳曼神祇,常被描述为一个力大无穷、蓄着红胡须的武士。根据传说,托尔是奥丁和地球女神乔之子。他专与有害的巨人作对,但是对人类却很慈善。托尔的

持锤的托尔,冰岛北部出土的青铜小雕像,作于约1000年;现藏雷克雅未克冰岛国家博物馆
By courtesy of the National Museum of Iceland, Raykjavik

名字在日耳曼语中是雷的意思。他的武器是锤子——米约尔尼尔。托尔的最大的敌人是盘绕在世界四周的毒蛇约尔孟干德。托尔注定要杀死这一恶魔,最后在世界末日将其杀死。英语中"星期四"(Thursday)就是以托尔命名的。

托尔金 Tolkien, J(ohn) R(onald) R(euel)(1892~1973) 生于南非的英国小说家、学者。为牛津大学盎格鲁-撒克逊语和英国语言与文学教授(1925~1959)。托尔金的名声主要是因为其所著的史诗三部曲《指环王》,又称《魔戒三部曲》(1954~1955),其中包括《护戒使者》(2001年拍成电影)、《双塔奇兵》(2002年拍成电影)和《国王归来》(2003年拍成电影)。史诗将《哈比历险记》(1937)引入系列丛书中,并选择《精灵美赞》 (1977)和《胡林的儿女》(2007)为史诗的前传。这部富有创造性的史诗以古代神话故事的方式,记载了善良与邪恶王国之间为争夺可控制世界力量平衡的魔戒而展开斗争的故事。到20世纪60年代,这部杰作备受年轻人的青睐,一度成为一种社会文化现象。2001~2003年放映的一系列根据小说改编的电影广受好评,使得他的史诗重又引起人们的关注。

托尔克马达 Torquemada, Tomás de(1420~1498) 西班牙第一任总裁判官(1487~1498)。他是多明我会会士,后成为费迪南德二世和伊莎贝拉一世的告解司铎和

托尔克马达,平版画
By courtesy of the Biblioteca Nacional, Madrid

顾问。他掌管西班牙的异端裁判所,负责对犹太人、摩尔人以及其他被定罪为异教徒、巫师和罪犯的人进行迫害。他采用酷刑来获取供词,在他的任期内,约有2000人被绑在木桩上烧死。他很可能对费迪南德和伊莎贝拉施加过影响,使他们作出将犹太人驱逐出西班牙的决定(1492)。他的名字亦成为异端裁判所疯狂暴行的代名词。

托尔曼 Tolman, Edward C(hace)(1886~1959) 美国心理学家。出生于马萨诸塞州西牛顿。1918~1954年任教于加利福尼亚大学伯克利分校。尽管托尔曼是一名行为主义者,但他认为传统的行为主义过于局限,他希望通过重点关注个体的条件反射作用来探讨行动的整体性和不可测的"插入变量"。托尔曼同时还推动了"潜在学习"概念(暗示,间接学习)的发展,其主要著作是《动物及人的目的行为》(1932)。

托尔讷河 Torne River 瑞典语作Torneälv。瑞典最北部河流。源头出自靠近挪威边境的托尔讷湖。往东南和南流经570千米后注入波的尼亚湾。下游河段多急流,几乎不可通航,形成瑞典与芬兰的分界线。该河以出产鲑鱼闻名。

托尔斯泰 Tolstoy, Leo(1828～1910) 俄语全称 Lev Nikolayevich, Count Tolstoy。俄罗斯作家,世界最伟大的小说家之一。托尔斯泰是大贵族的后裔,在亚斯纳亚波利亚纳的家族庄园度过其生命的许多时光。在有点放纵的青春期以后,他在陆军服役,并到欧洲旅行,后来回到家乡,开办一家农家子弟学校。他早年因《塞瓦斯托波尔故事》(1855～1856)中的短篇小说和小说《哥萨克》(1863)而成为一个有才华的作家,《战争与和平》(1865～1869)则确立了他作为俄罗斯重要小说家的地位。书中背景为拿破仑战争时期,描述一大群人物的生活,故事围绕着部分自传式人物——追求精神生活的皮埃尔。此书架构毫厘不差地把复杂的人物置于暴乱的历史背景中,被视为西方小说最伟大的艺术成就之一。另一部伟大的小说《安娜·卡列尼娜》(1875～1877)着重描写了一名为了情人而抛弃丈夫的贵族妇女,以及另一名自传式人物列文对生命意义的探索。该书出版后,托尔斯泰历经了一次精神危机,转向基督教无政府主义。他提倡简朴和非暴力,献身于社会改革。他晚期的作品包括:《伊凡·伊里奇之死》(1886),常被视为俄罗斯文学史上最伟大的中篇小说;《什么是艺术?》(1898),谴责时髦的美学而赞美艺术的道德和宗教功能。他在大庄园里过着简朴的平民生活,实践彻底的苦行主义,但与其妻子不断发生争执。1910年11月,他发现自己无法容忍婚姻,秘密离开庄园。在途中染上肺炎,不日辞世。

托尔特克人 Toltecs 操纳瓦特尔语的民族,公元10～12世纪统治现今墨西哥中部地区。他们的城市中心是图拉还是特奥蒂瓦坎目前还有争议。在10世纪,托尔特克人把许多不同民族的小邦国联合成一个帝国。之后,托尔特克人开始采用魁扎尔科亚特尔(羽蛇)神祭仪,托尔特克人的一些宗教和军事影响传播到犹加敦各地,并被马雅人所吸收。托尔特克人以建筑业与手工业而闻名,其制作的史前古器物包括精细的金属制品、巨型人像柱、人形及兽形掌旗者塑像。他们的继承者是阿兹特克人。参阅中美洲文明。

托克劳 Tokelau 旧称 Union Islands(联合群岛,1916～1946)。南太平洋上的岛域领地,属于新西兰。位于萨摩亚以北。托克劳群岛包括3个珊瑚环礁:法考福、努库诺努和阿塔富。每个珊瑚环礁都由众多低洼的小岛组成。托克劳群岛最初的定居者为萨摩亚人,欧洲人于18世纪首次登陆该群岛。1863年,秘鲁奴隶贩子诱拐岛上众多岛民,与此同时,岛上暴发疾病,导致人口减至约200人。1889年英国在该群岛建立保护国。1916～1925年在联合群岛的名义下,托克劳群岛成为英国吉尔伯特群岛和埃利斯群岛殖民地的一部分,之后新西兰恢复对该岛行使主权。1948年该岛成为新西兰的一部分。1946年命名为托克劳群岛,1976年简称为托克劳。1994年新西兰将行政管理权移交给当地政府。人口约1 074(2006)。

托克维尔 Tocqueville, Alexis (-Charles-Henri-Maurice Clérel) de(1805～1859) 法国政治学家、历史学家和政治家。出身贵族家庭,后来选择从政。1830年七月革命

托克维尔,油画,T.夏斯里奥绘;现藏凡尔赛博物馆
H. Roger-Viollet

后,由于他的家族与被驱逐的国王的关系,其政治地位开始岌岌不保,随后与朋友 G. de 博蒙赴美国开始为期9个月的学习之旅。此行之后他撰写了著名作品《美国的民主》(4卷;1835～1840),这是一本洞察美国政治和社会制度的著作,书中他对美国政治社会制度进行了深刻的解剖,对其未来民主制度的发展做了预见性的分析,同时他还以此与法国的现状进行对比。1839年当选为众议院议员,并在1848年革命后担任多项政治职务。《旧制度与大革命》(1856)是一本有关法国政治趋势的分析著作,也是他对法国革命研究未完成的第一卷著作。

托拉 Torah 亦称 Pentateuch(摩西五经)。犹太教名词,指上帝启示给以色列人的真道。狭义上专指《旧约》的首五卷:《创世记》、《出埃及记》、《利未记》、《民数记》与《申命记》。传统看法认为托拉由摩西所著,但研究旧约的学者认为它是在远晚于摩西的时期被编写完成的,很有可能是在公元前9世纪到前5世纪,尽管它引用了更为久远的传统。托拉的卷轴(律法书卷)被保存于会堂法柜中。托拉(但不是摩西五经)也常用来指全部希伯来圣经(即《旧约》的后部分),从更广义上讲,这一术语也指犹太教的宗教文献和口头圣传。

托莱多 Toledo 古称 Toletum。西班牙中南部卡斯蒂利亚-拉曼查自治区城市,濒临太加斯河。公元前193年,托莱多被罗马人征服,在此之前该城是强大的伊比利亚部落卡本蒂尼的要塞。公元6世纪,成为西哥特人在西班牙建立的首府。712～1085年,被摩尔人所统治,发展为希伯来和阿拉伯文化中心,并以铸剑业而闻名。1085年,阿方索六世将该城收复,定为新卡斯蒂莱的首府,1230年,该城成为卡斯蒂利亚-莱昂联合王国的首府。11～15世纪期间,托莱多城因对犹太人和阿拉伯人实施宗教宽容政策而著名。1560年,腓力二世迁都马德里后,托莱多开始衰败。半岛战争(1808～1814)期间,托莱多又被法国占领。西班牙内战中,民族主义军队(1936)围攻了该城。众所周知,托莱多拥有许多著名的建筑,其整个城区已被列入国家文物保护单位。此外,托莱多还是格列柯的家乡。人口68 382(2001)。

托勒密 Ptolemy(活动时期127～145) 拉丁语作 Claudius Ptolemaeus。希腊天文学家和数学家。主要在亚历山大工作。在他伟大的天文学著作《天文学大成》中,很难决定哪些发现是属于托勒密的,哪些是属于喜帕恰斯的。他认为太阳、月亮、行星和恒星附于水晶球体,以地球为中心,转而创造了昼夜循环和太阴月等。为了解释行星的逆行,他改进了一个复杂的几何周期模型,可以在这些周期中非常成功地预测行星在天空中的位置。托勒密的地心体系变成西方基督教所主张的学说,直到哥白尼体系的日心学说取代它为止。他的地理学包含了对地球大小的估测、地表的描述以及用经纬度定位的地名表。托勒密还涉足力学、光学和音乐理论。

托勒密 Ptolemaïs 昔兰尼加沿海城市,位于尼罗河左岸,孟斐斯的南部。公元前3世纪托勒密三世将昔兰尼加并入埃及,此城遂以他的名字命名。其经济建立在与内陆的贸易上,在希腊化时代和罗马帝国初期十分繁荣;从3世纪末罗马皇帝戴克里先把它设为上利比亚行省省会时起,再度繁荣。

托勒密二世(爱兄弟) Ptolemy II Philadelphus(公元前308～前246) 埃及国王(公元前285～前246),也是托勒密王朝的第二任国王。公元前285～前282年他和其父亲托勒密一世(救星)联合执政,而后清除了他家族的对手,包括他的第一任妻子,并娶了她的妹妹阿尔西诺伊二世为妻。同塞琉西王国的统治者及安提柯王朝的战争削弱了他在爱琴海的势力,并几乎使他的同盟国雅典和斯巴达惨遭战祸。他用外交和联姻手段结束了这些战争,并成功重获他在爱琴海的影响力。他设法划出一个领土缓冲带使埃及免遭袭击,并通过外交和对手周旋。托勒密二世是个谨慎和开明的统治者,他促进经济发展,使亚历山大成为诗人和学者集中之地。

托勒密三世至十五世 Ptolemy III—XV(统治时期公元前246～前30) 埃及托勒密王朝的马其顿诸王。托勒密三世(施主,活动时期公元前246～前221)在第三次叙利亚战争(公元前245～前241)中打败塞琉西王国。托勒密四世(爱其父)在荒淫无度的统治下(公元前221～前205),使埃及国势衰微。托勒密九世(救星二世)与母后共治(公元前116～前110、公元前109～前107),直到母后放逐了他,并以其弟托勒密十世(亚历山大,公元前107～前88)取代他。亚历山大的统治不得人心,导致他也被放逐,公元前88年死于海上。托勒密九世(救星二世)恢复单独统治(公元前88～前81),并将其弟的遗孀(即他的女儿)迎回,与他联合执

政。托勒密十一世(亚历山大二世,公元前80)是埃及最后一位完全合法继承王位的托勒密国王。他娶了托勒密九世(救星二世)的遗孀为妻,并共治,在苏拉的指挥下,他谋害了她以独揽政权,亚历山大人民因此杀死他替王后报仇,他仅执政19天。托勒密十四世(神爱其父二世,公元前47～前44)与姐姐克娄巴特拉七世共同执政,可能被其姐谋杀,以便为她与凯撒所生的儿子铺路。托勒密十五世(凯撒)与母后从公元前44年开始共同执政,公元前30年克娄巴特拉七世自杀后,他也被屋大维杀害。他的死象征罗马人征服埃及和该王朝的结束。

托勒密一世(救星)　Ptolemy I Soter(约公元前365～前283/282)　埃及统治者(公元前323～前285)和托勒密王朝的建立者。为亚历山大大帝的马其顿将军,在亚历山大死后和其他将军分割了帝国,成为埃及总督。亚历山大的后继者马上发起战争。虽然他和其他人抵制了安提柯一世(独眼的)对埃及的进攻,但在公元前306年托勒密仍被安提柯打败。在罗得岛(304)击败安提柯之后,他获得救星称号,但安提柯直到公元前301年的伊普苏斯战役中才最终被征服。托勒密通过联盟和婚姻确保并扩大了他的王国。他和其后继国王赢得了对马其顿的德米特里一世(围城者)的最后一战的胜利(公元前288～前286),将雅典从马其顿的占领下解放出来。他获得了岛上居民联盟(包括爱琴海的大部分岛屿)的控制权,形成了埃及海上霸权的基础。作为国王,他尊重埃及文化,融合希腊和埃及民族和宗教,建立了亚历山大图书馆和博物馆。死后埃及人将他尊奉为神。他的儿子托勒密二世继承了他的王位。

托雷斯海峡　Torres Strait　新几内亚岛和澳大利亚约克角半岛之间的水道。连接珊瑚海和阿拉弗拉海。1606年被西班牙航海家L. V. de托雷斯发现。宽约130千米,该海峡多礁石、浅滩以及岛屿,其中包括托雷斯海峡群岛,不适于航行。

托雷斯海峡群岛　Torres Strait Islands　位于澳大利亚与新几内亚之间的托雷斯海峡中的岛群。岛上杂居着波利尼西亚人、美拉尼西亚人以及原住民。该群岛行政上属澳大利亚昆士兰州,分为3组:西部(地势高,多岩石,荒凉),中部(珊瑚岛)以及东部(有火山,植被茂密);各部分都有自己的地方政府。这些岛屿可能是曾经连接亚洲和澳大利亚的陆桥的残迹。19世纪70年代被昆士兰合并。珍珠养殖业、渔业和旅游业是其主要的收入来源。

托里霍斯　Torrijos (Herrera), Omar(1929～1981)　巴拿马事实上的独裁者(1968～1978)。曾在委内瑞拉和美国研读军事科学。1952年进入国民警卫队,后晋升为少尉。在1968年的一次军事政变中成为领袖。作为民族主义者和民粹主义者,他是少数几个会见过古巴总统F.卡斯特罗的拉丁美洲领导人之一,但他也镇压国内左派工运鼓动家和学生。1977年美国总统J.卡特与他签订了两份条约,同意于1999年将巴拿马运河以及运河区的主权交还巴拿马,托里霍斯也由此达成了他的最高目标。他在一次军事视察途中死于飞机失事。

托卢卡　Toluca (de Lerdo)　墨西哥中部墨西哥州首府,海拔2 680米,是北美洲地势最高的城市之一。该城遗址于1530年被发现,13世纪印第安奥托米人曾在此居住。托卢卡周边地区以农业和畜牧业为主,为商业和交通中心。最古老的教堂是西班牙征服后不久建立的,于1585年重建。托卢卡地区存有大量的考古遗迹,其中部分遗址表明其文化受到阿兹特克人和托尔特克人的影响。人口489 333(2010)。

托罗斯山脉　Taurus Mountains　土耳其南部巨链形山脉,与地中海沿岸平行。西起埃里迪尔湖,东至幼发拉底河上游,呈弧状。其多数山峰海拔3 700多米。有西利西亚山口穿过跨越塔尔苏斯北部地区,自古以来常有商队和军队通行。

托洛茨基　Trotsky, Leon(1879～1940)　原名Lev Davidovich Bronshtein。苏联共产党领导人。出生在一个俄罗斯犹太人家庭,曾参加地下社会主义者组织,并在1898年因其

托洛茨基
H. Rogert-Viollet

革命活动被流放。他在1902年用一个假护照逃脱,护照上用了托洛茨基的名字。他流亡到伦敦,在那里遇见了V. I.列宁。1903年俄国社会民主工党分裂,托洛茨基成为孟什维克,同列宁的反对党人联合。他返回圣彼得堡协助领导了俄国1905年革命,再度被捕并流放西伯利亚后,他写了《结果与前景》,提出了他的"不断革命"的理论。他在1907年逃到维也纳,在巴尔干战争中担任记者(1912～1913),并曾游历欧洲和美国,直到俄国1917年革命将他召唤回圣彼得堡(那时已更名为彼得格勒),他在那里成为一名布尔什维克,并被选举为工人苏维埃的领导人。他在推翻临时政府以及建立列宁的共产主义国家方面,起到了重要作用。作为战争的人民委员(1918～1924),托洛茨基在俄国内战期间重建并指挥了红军。虽然列宁希望让他成为自己的接班人,但他却在列宁逝世(1924)后失去了支持并受J.斯大林排挤而失去权力。在经历了一系列的谴责之后,他被逐出政治局(1926)和中央委员会(1927),离开苏联(1929)后过着一种流亡的生活。他曾在土耳其和法国居住,并在那里撰写了他的回忆录和革命历史。在苏联的压力下,他被迫在欧洲各国流浪,最终在1936年定居墨西哥。在那里,他被诬陷为反对斯大林的主要阴谋家,1940年被一名西班牙共产党人暗杀。

托洛茨基主义　Trotskyism　由L.托洛茨基首先论述的建立在不断革命论基础上的马克思主义思想。托洛茨基认为由于各个国家的经济发展都受到国际市场的影响,因此一个国家革命的持久成功要依靠其他国家的革命。这一立场使他与J.斯大林的"一国实行社会主义"相对立。1929年托洛茨基继续抨击苏联的专制,将其称为"波拿巴主义者"(以个人为基础的独裁)。在20世纪30年代,托洛茨基倡导同工会组成反对法西斯主义的统一战线。在托洛茨基被暗杀后(1940),托洛茨基主义成为一个反对苏联共产主义形式的各种革命学说的通用术语。

托马斯　Thomas, Clarence(1948～　)　美国法官。出生于佐治亚州平波恩特。毕业于耶鲁大学法学院,历任密苏里州助理检察长(1974～1977)、蒙桑托县律师(1977～1979)、参议员J.丹福思的法律助手(1979～1981)、美国教育部助理部长(1981～1982)、平等就业机会委员会主席(1982～1990)。1990年G.布什总统任命其为美国上诉法院法官,后任美国最高法院大法官以接替T.马歇尔,他是该法院的第2位黑人法官。由于A.希尔(法律教授,生于1956年)控告其性骚扰而使其批准任命听政会复杂化,当时成为公众关注的焦点并引起争议。他否认这种控告,后经参议院投票勉强使其通过任命。尽管他在最高法院中较少表态,但他始终是一个强烈的保守主义者。

托马斯　Thomas, Dylan (Marlais)(1914～1953)　威尔士诗人和散文作家。16岁便离开学校成为一名记者。早期诗歌,如《爱情地图》(1939),隐喻语言丰富、情怀激越,他

D.托马斯,1952年摄
Rollie McKenna

也由此而闻名。在其最具影响的诗歌《死亡和人口》(1946)和《羊齿蕨山丘》中,他经常采用吟游诗人般的语调。后来著有《在乡间睡觉》(1952)和《诗集》(1952)。托马斯的散文包括喜剧《扮成小狗的艺术家肖像》(1940),剧本《奶树林下》(1954)以及回忆录《一个韦尔斯小孩的圣诞节》(1955)。他所写的华丽的诗句使其名声远扬。债务和大量

饮酒开始在20世纪30年代末对他造成危害,他后来在纽约旅游因饮酒过量死亡。

托马斯 Thomas, Lowell (Jackson) (1892～1981) 美国广播评论员、记者和作家。20多岁时在欧洲和中东任战地记者,曾帮助T. E. 劳伦斯发出许多著名报道,后来又

L. 托马斯
Brown Brothers

写有《在阿拉伯半岛与劳伦斯在一起》(1924)一书。从1930年开始是哥伦比亚广播公司著名播音员,他的夜间新闻广播曾是美国几乎两代人必不可少的节目,并且很早就出现在电视上。曾环游世界,发表过许多旅行见闻、演讲,写出了50多部探险书籍和评论,包括《爱斯基摩人的卡布鲁克》(1932)和《世界七大奇观》(1956)。

托马斯 Thomas, Norman (Mattoon) (1884～1968) 美国社会改革家、政治家。出生于俄亥俄州马里恩。他被授以长老会牧师职,后来又成为纽约东哈莱姆教会牧师。1918年加入社会党,同年辞去牧师职务,任"和睦共处会"的秘书。他协助成立了美国公民自由联盟,1922～1937年担任工业民主联盟执行理事。他曾经是社会党的州长(1924)、纽约市市长(1925、1929)和美国总统(1928～1948)候选人,并从1926年开始领导社会党。第二次世界大战以后,他出任战后世界理事会主席,竭力主张核裁军。

托马斯(肯彭的) Thomas á Kempis(1379/1380～1471) 原名Thomas Hemerken(托马斯·赫默肯)。德国修士、神学家。生于莱茵省肯彭市,约1392年来到尼德兰境内的代芬特尔,加入致力于关注和教育穷人的共同生活弟兄会。1387年进入阿格尼滕伯格的奥古斯丁修道院。1413年受神职,其后终身从事抄写书稿和辅导新修士工作。据说他就是继《圣经》以后基督教文学最具影响力的信仰著作《效法基督》的作者。该书风格朴实无华,强调灵性生活高于物质生活,确信以基督为中心必得善报。

托马斯主义 Thomism 圣托马斯·阿奎那所发展的哲学及神学体系。托马斯主义坚持认为:人类灵魂是不朽的,并有其独特存在形式;人类知识源于感觉经验,但也仰赖内心的思考能力;所有生物皆有爱上帝的倾向,并能借由恩典和实用来改善和提升。20世纪期间,托马斯主义由É. 吉尔松(1884～1978)和J. 马利丹加以发展。第二次世界大战后,托马斯主义者面临三大任务:发展一种适当的科学哲学,对现象学和精神病学的研究成果作出解释以及评价存在主义和自然主义的本体论。

托梅 Tormé, Mel(vin Howard) (1925～1999) 美国歌手、作曲家,美国流行音乐及爵士乐最多才多艺的歌手之一。出生于芝加哥,以为奇哥·玛尔克斯乐团打鼓及唱歌(1942～1943)开始其事业。他的声乐合唱梅尔之声与A. 肖(1945～1946)一起演出。托梅后来成为民谣与强节奏爵士音乐最出色的演唱者之一,能够即兴进行拟声唱法。作为作曲家,他以《圣诞歌曲》最为出名,他的音质反映在他的绰号"天鹅绒青蛙"中。

托尼 Tawney, Richard Henry(1880～1962) 英国经济史学家。曾就读于拉格比学校和牛津大学,并在牛津大学学习期间完成其第一部重要著作《十六世纪的土地问题》(1912)。从1913年开始在伦敦经济学院任教。作为一名热心的社会主义者,他在20世纪20年代和30年代参与阐述工党的经济和道德观点。在其最具影响的著作《贪得无厌的社会》(1920)中,他认为资本主义社会的贪得无厌是道德败坏的原动力。另一部作品《宗教与资本主义的兴起》(1926)是以M. 韦伯理论著作为基础写成的,也是一部经典之作。

《托塞夫塔》 Tosefta 约公元300年编撰的《密西拿》的附录。由《密西拿》中列举的权威写的律法组成,基本上遵循《密西拿》的论题纲要和结构。《托塞夫塔》与《密西拿》都是主要在巴勒斯坦工作的犹太学者的成果。他们对大量源自以斯拉时代的材料进行收集、评价和综合。编写《托塞夫塔》可能旨在通过保存有旁注的或是相反观点的材料来补充《密西拿》。

托斯卡纳 Tuscany 意大利语作Toscana。意大利中西部自治区。面积22 992平方千米。公元前1000年左右埃特鲁斯坎人最早定居于此,公元前3世纪成为古罗马领地。6世纪时是伦巴第公国。12～13世纪该地区包括几个独立的城邦,后来被佛罗伦萨的梅迪契公爵(参阅梅迪契家族)统一。1737年归属洛林王室,19世纪60年代成为萨丁尼亚和意大利王国的一部分。该地区在第二次世界大战期间遭到严重破坏,并在1966年因洪水泛滥受到损坏。其矿产资源包括世界著名的卡拉拉大理石,农产品包括橄榄、橄榄油、葡萄酒和牲畜。旅游业在其历史中心(包括佛罗伦萨和比萨)具有重要地位。首府为佛罗伦萨。人口约3 673 457(2011)。

托斯卡尼尼 Toscanini, Arturo(1867～1957) 意大利指挥家。9岁进入音乐学校,学习大提琴、钢琴和作曲。以大提琴演奏家的身份开始其职业生涯。在威尔第的《阿依达》(布宜诺斯艾利斯,1886)代替一位不称职的指挥之后,开始在多家意大利歌剧院担任指挥,初次公演剧目为《丑角》(1892)和《波希米亚人》(1896)。数次出任米兰拉斯卡拉歌剧院的音乐总监(1898～1903,1906～1908,1920～1929),并于1946年开放了重建后的歌剧院。在大都会歌剧院任音乐总监期间(1908～1915),向世界公演了《金色西方的女孩》,在美国公演了B. 戈东诺夫和J.-B. 吕里的《阿依达》。1930年成为第一位在拜罗伊特担任指挥的非德国人,但为了对纳粹政策表示抗议,他结束了在德国的演出。1937年组建了美国全国广播公司管弦乐团,他一直任该乐团指挥直到1954年退休。

托瓦尔森 Thorvaldsen, Bertel(1768/1770～1844) 丹麦雕塑家。父为冰岛木刻家。曾在哥本哈根上学,后来获得前往罗马学习的奖学金。他在罗马居住了40多年,努力成为19世纪最成功的雕塑家之一。1838年回到哥本哈根,他的回归被当作是一件国家大事来庆祝。其大部分雕塑作品是对经典人物和主题的重新诠释,他也制作宗教神像和人物胸像。

脱氮细菌 denitrifying bacteria 把土壤中的硝酸盐转变为大气中的游离氮的微生物,这会降低土壤肥力及农作物产量。因硝酸盐极易溶解于水,所以会不断从土壤中滤入附近水体,若无脱氮作用,地球上的氮最后会汇集到海洋。

脱蜡浇铸 lost-wax Casting 制作金属雕塑和其他铸件用模具的传统方法。用耐火材料做成实心的正像,外面覆以蜡层。正像可以用蜡直接在一个制作好的型芯上浇铸成型(直接脱蜡浇铸),也可以浇在一个模具中,或者从主铸型上取下来的活动模具中。正蜡像外面披上一层耐火材料制成的模具,然后加热使蜡熔化,留下核心与披盖模具之间的狭窄空腔。然后把熔融的金属注入这个空腔。当金属固化后,打碎并取走披盖层和核心即可。参阅熔模铸造。

脱噬 apoptosis 又作programmed cell death(编程性细胞死亡)。允许细胞在受适当触发因素刺激时能自行毁灭的机制。脱噬有各种不同的起因,像身体不再需要该细胞或该细胞已变为对生物体健康有害等情况。脱噬的异常触发或抑制可导致许多病变,包括恶性肿瘤。虽然胚胎学家已熟悉编程性细胞死亡,但直到1972年才认识到此种机制有更广泛的意义。脱噬不同于坏死,坏死是损伤导致的另一种细胞死亡形式。

脱水 dehydration 指人体内水分的丢失。脱水通常伴随盐分的丢失,这是喝水太少或水分大量流失所造成的。早期脱水症状是口渴、唾液增加,以及吞咽减少(当电解质比水分流失得多时,渗透会把水拉进细胞,所以此时患者不渴)。之后,组织开始皱缩,皮肤开始干燥起皱,眼睛发涩。血容量和心输出量减少,则首先降低皮肤的供血量,使出汗减少直至无汗——主要散热通路闭塞,体温急遽上升。如果脱水持续,尿量开始急遽减少,肾

脏就不能把废物从血液中排出，此时就会不可避免地产生休克。治疗时首先要找出病因，然后以正确的比例补充水分和电解质。

脱水 dehydration 食品保藏的方法。在加工时除去食品中的水分，以抑制微生物的生长。脱水通常也减轻了食物的重量。为古老的食物保藏方法，史前时期的人用太阳晒干种子，北美印第安人通过日晒保存肉片，日本人则用此法保存鱼和米。第二次世界大战时，脱水食物用作军队配给，后来它的好处被露营者和救济组织发现。脱水方法和设备包括隧道干燥、窑式干燥、烤炉、烘箱、真空设备等。冷冻干燥在冻结条件下脱水，适于热敏性食品。冷冻干燥的肉类制品稳定性好，复水后接近鲜肉。乳制品是最主要的脱水食品，主要采用喷雾干燥法生产大量脱水全脂奶粉、脱脂乳和蛋类等。

脱盐 desalination 又作 desalting。从海水、内陆海的微咸水、富含矿物质的地下水和城市污水中排除盐分的过程，以使不能使用的水用于人类消费、灌溉、工业用途和其他用途。蒸馏是使用最广的脱盐方法，另有冰冻和解冻法、逆渗透法和电透析法。这些方法都需要大量的能量，所以制法昂贵。现今全世界有数千个脱盐工厂，每天生产 800 万立方米以上的淡水。世界最大的脱盐工厂建在阿拉伯半岛。

脱氧核糖核酸 DNA 全称 deoxyribonucleic acid。核酸的两种形式之一［另一种是核糖核酸(RNA)］；分子结构复杂的有机化合物，见于所有活的细胞及多种病毒中。它是基因的化学物质。1953 年 J. D. 沃森和 F. 克里克确定其分子结构为两条长链相互盘旋形成双螺旋的聚合体，每条链都是由一系列核苷酸单体连接而成：腺嘌呤(A)、鸟嘌呤(G)、胞嘧啶(C)和胸腺嘧啶(T)。这两条核苷酸链含有互补的碱基：腺嘌呤只与胸腺嘧啶氢键结合，胞嘧啶只与鸟嘌呤氢键结合。DNA 复制时，双链分开，每条单链作为模板，构成一条新的互补的链。最后，产生了两个新的双链 DNA 分子，每个分子包含一条原有的 DNA 链和一条新链，这种形式的复制是遗传性状得以稳定继承的关键。DNA 是以染色体(稠密的蛋白质-DNA 复合体)形式存在于细胞中。真核细胞的染色体位于细胞核内，但在粒线体和叶绿体中也可发现 DNA。原核生物在细胞质内有一单个圆形染色体。有些原核细胞(如细菌)和一些真核细胞的"质粒"中有染色体外 DNA 结构。参阅 R. 富兰克林、遗传工程、突变和 M. 威尔金斯。

脱氧核糖核酸计算 DNA computing 利用 DNA 分子来解析基本但复杂数学问题的计算方式。将生物细胞当成类似复杂的计算机的实体。DNA 组成的四个碱基，习惯上以字母 A、T、C、G 表示，将其当成算子，就像计算机使用的位 0 与 1。将 DNA 分子依据研究人员的说明加以编码，然后使其重组，同时进行亿兆次的"计算"。该领域才刚起步，蕴涵的意义还有待探索。参阅量子计算。

陀螺仪 gyroscope 主要组成部分是安装在框架内能向任何方向自由倾斜、或绕任意轴高速旋转的转子。当框架翻转时，转子的动量能使转子保持其姿态。这一特性使陀螺仪能用于罗盘、船舶和飞机的自动驾驶器、鱼雷的转向机构、大型船只的防滚设备和惯性制导系统中。

陀思妥耶夫斯基 Dostoyevsky, Fyodor (Mikhaylovich) (1821～1881) 俄罗斯小说家。生于莫斯科的一个中产阶级家庭，为了写作，很早就放弃工程师生涯。1849 年因隶属于激进的论政团体而被捕，被判枪决，而在最后一刻被营救出来；被送到西伯利亚服4 年劳役，在那里癫痫发作，并历经了宗教信仰深化的过程。后来，他发行期刊，并为几种期刊撰稿，也写出他最好的小说。他的小说特别涉及了信仰、苦难、生活的意义，因其心理深度和处理哲学、政治主题时近乎预言的洞察力而闻名。出版第一本书《穷人》(1846)后，同年又有《双重人格》。《死屋手记》(1862)以他的坐牢经历为基础，《赌徒》(1866)论述自己沉迷于赌博的情形。最著名的作品是中篇小说《地下室手记》(1864)和伟大的小说《罪与罚》(1866)、《白痴》(1869)、《群魔》(1872)、《卡拉马佐夫兄弟》(1880)，后者是他的杰作，关注罪恶问题、自由的本质以及人物对某种信仰的渴望。晚年，他被誉为国内最伟大的作家之一，他的作品对 20 世纪的文学产生深远的影响。

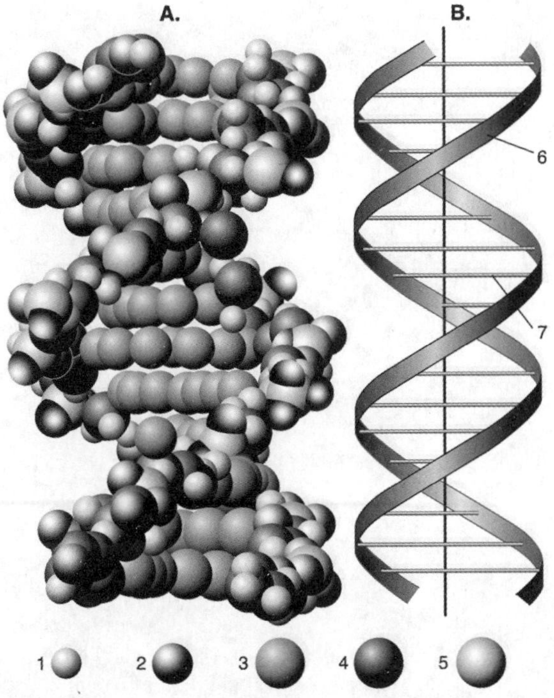

DNA 双螺旋 A. DNA 的分子模型。其分子包括：①氢，②氧，③相连的含氮碱基中的碳和氮，④糖脱氧核糖中的碳，⑤磷。B. DNA 的图式表达。盘绕的两条长链形状包括：⑥由氢键结合的含氮碱基对，⑦糖-磷酸盐支柱

© 2002 MERRIAM-WEBSTER INC.

驼背鲸 humpback whale 又称座头鲸、锯臂鲸、巨臂鲸或子持鲸。一种粗壮的须鲸(*Megaptera novaeangliae* 或 *M. nodosa*)，栖息在所有主要大海洋的近海，偶尔游近海岸，甚至进入港湾和游入河道。体长达 12 ～ 16 米。背黑色，腹白色，鳍肢极长，头部和下颌两侧各有一排球形突起。夏天移栖两极水域，冬天洄游至热带或亚热带的繁殖场。食虾样的甲壳动物、小鱼及浮游生物。驼背鲸可能是最善发声的鲸类(可连续发出 5 ～ 35 分钟的各种声音)，也是最善于耍特技的鲸类(会表演翻筋斗)。由于滥捕，数量大为减少，20 世纪 60 年代中期起在全世界受到保护，但仍列为濒危种。

驼鹿 moose 鹿科最大的种，分布于北美洲和欧亚大陆，欧洲称 elk。腿长、颈下有垂肉、颈和尾短，被毛粗而蓬松，褐色。肩高1.5 ～2米，体重可达820千克。雄性有尖大茸角，呈掌状，具突出的分叉，每年会脱落再长出。驼鹿常涉进森林边缘的湖泊和溪流，食沉水的水生植物，还吃草类、树皮等。平常独栖，北美的驼鹿冬季常结集成小群。驼鹿分布在加拿大全境和美国北部的针叶林。已受法律保护，猎捕驼鹿受严格控制以避免灭绝。参阅美洲赤鹿。

有鹿茸的雄性驼鹿(*Alces alces*)

Leonard Lee Rue III-Photo Researchers, Inc.

鸵鸟 ostrich 两趾、长颈的平胸鸟，产于非洲，是现存的最大鸟类。雄鸟成体高达 2.5米，重达 155 千克。雄鸟体羽大部呈黑色，但翅和尾有白羽；雌鸟大部褐色。鸵鸟常结成 5 ～ 50 只一群生活，与食草动物相伴。鸵鸟主要以植物为食，偶尔也吃动物性食物；雄鸟互相争夺 3 ～ 5 只雌鸟，发出吼

叫和嘶嘶声。几只雌鸟在地上刨成的共享巢中合产 15～60 枚卵。雄鸟在夜间孵卵，白天则由各雌鸟轮换。1 月龄的幼雏即能以每小时 65 千米的速度紧跟着成鸟奔跑。为了不被发觉，鸵鸟可卧于地上仅伸出长颈。这种习性引出一个说法，即它们在危险临近时将头埋于沙中。

拓扑学 topology 在数学中，研究几何对象在遭到诸如弯曲、拉伸或挤压变形（但不破损）时保持不变的性质。在拓扑学看来，球形相当于立方体，因为只要不破碎它们，一个就可以变形成另一个，好似它们是用橡皮泥捏的一样。球形不等同于环圈，因为要让球形中间出现一个洞就必须把它弄破。拓扑学的概念和方法是许多近代数学的基础，拓扑学方法在数学的许多分支中已经归类为非常基本的结构概念。参阅代数拓扑。

U

U-潜艇 U-boat 德语作 Unterseeboot。德国潜艇。第一艘德国潜艇 U-1 建造于 1905 年。第一次世界大战前夕，德国拥有 90 米长、载货能力达到 700 吨的商用潜艇。这些潜艇安装了用于作战的鱼雷发射管和舱面火炮（相比之下，第一次世界大战的“标准”潜艇仅有 60 米长）。德国成为第一个在战争中使用潜艇的国家，它对商船发起的无限制的潜艇战成为促使美国参战的主要原因。在第二次世界大战中，U-潜艇最初战果辉煌，但同盟国的战术最终成功使得德国潜艇的威胁减少。德国在第二次世界大战期间共建造U-潜艇1 162艘，其中有 785 艘被摧毁。

UNIX 操作系统 UNIX 数字计算机操作系统，1969 年由贝尔实验室的 K. 汤姆森开发出来。该系统最初是给单用户设计的（UNIX 是以前的操作系统 Multics 的谐音）。C 语言是后来专为 UNIX 操作系统而开发的，该系统几乎全部以 C 语言重写；由于增加了多元程序设计和分时能力，以及增强的可移植性，系统得到改进。UNIX 操作系统在大学十分普遍，主要用于科学和工程的工作站，以及用于因特网服务提供商的大多数服务器。因为它的模块化结构允许该系统随意被修改，学术和行业机构已在许多方面对其加以改进（参阅 Linux 系统）。

U-2 型飞机事件 U-2 Affair（1960） 美苏两国之间对抗的一次事件。1960 年 5 月 1 日苏联击落一架美国 U-2 型侦察机，并称此次飞行是一种“侵略行为”。苏联声称飞机驾驶员 F. G. 鲍尔斯已供认他的任务是收集苏联情报，美国方面对此予以否认。N. 赫鲁晓夫宣布苏联将不参加计划召开的苏、美、英、法四国峰会，除非美国立即停止在苏联领空上的飞行、进行道歉，并惩处有关责任人。由于 D. D. 艾森豪威尔总统只同意接受第一个条件，峰会无限期休会。鲍尔斯在苏联受审，被判 10 年监禁。1962 年他与苏联间谍 R. 艾贝尔互换获释。

V

V-1 导弹　V-1 missile　又称 flying bomb（飞弹或飞行炸弹）、buzz bomb（嗡嗡炸弹）。第二次世界大战时德国军队使用的导弹。为现代巡航导弹的先驱。长约 8 米，翼展约 5.5米。从发射架上发射，间或由飞机发射。可携带重约 850 千克的爆炸性弹头；平均射程 240 千米。1944 ～ 1945 年共向伦敦发射了8 000余枚，另有少量导弹射向比利时。参阅 V-2 导弹。

V-2 导弹　V-2 missile　第二次世界大战时德国军队使用的弹道导弹。为现代航天运载火箭和远程导弹的先驱。1936 年开始由 W. von 布劳恩主持研制，1944 ～ 1945 年向巴黎、英国和比利时发射。第二次世界大战后，美国和苏联用缴获的大量 V-2 导弹进行研究，使他们的导弹和太空探测计划得以发展。

W

蛙 frog 无尾目各种无尾两栖类动物之统称。在严格的意义上仅指蛙科动物(真蛙),常常将体肥、皮肤多疣、齐足跳的(蟾蜍)与皮肤光滑、善跳的无尾目动物加以区别。一般来说,蛙类具凸出的双眼,无尾,肥壮,后足有蹼,适于游泳和跳跃,皮肤光滑,潮湿。许多种类主要为水生,但有些种类陆栖。体长9.8毫米至30厘米(从吻端至肛门端)。虽然蛙类的皮肤有毒腺,但通常靠保护色免遭

哥斯达黎加飞树蛙(*Agalychnis spurrelli*)
HeatherAngel

哺乳动物和蛇类的捕食。大多数蛙类食昆虫和其他小型节肢动物或蠕虫,但一些蛙类也食其他蛙类、啮齿动物和爬虫。蛙类通常在淡水中繁殖,产卵孵化成蝌蚪。1989年以来研究人员对全球蛙类数量明显减少日益担心,怀疑与气候因素或真菌疾病有关。

瓦茨 Watts, Isaac(1674 ～ 1748) 英国非国教派牧师,被公认为英国赞美诗之父。曾在伦敦非国教学校学习。任伦敦马可雷因独立教堂(即公理会)副牧师、正牧师。任职期间写了一些著名赞美诗,第一集赞美诗和圣歌集写于1706年,1707年又写了《赞美诗和属灵歌曲》,其中包括《奇妙十字架歌》和《喜悦之乡歌》。其最有名的赞美诗是《千古保障歌》和《耶稣普治歌》,这些都包括在著名的《仿新约文字改写的大卫诗篇》一书中。

瓦茨拉夫二世 Wenceslas II(1271 ～ 1305) 波希米亚国王(1278 ～ 1305)。7岁继承王位,由表兄勃兰登堡奥托四世摄政,直至1283年。亲政后,发现国家实际由母亲的情夫野心家扎维什统治。他在1289年逮捕扎维什,翌年将其处决。从此,他努力扩大国家的疆域,增加王国的财富。在兼并上西里西亚的大部分土地,占领克拉科夫以后,1300年成为波兰国王。1301年拒绝成为匈牙利国王,而使其儿子登上匈牙利国王宝座(至1304年)。

瓦茨拉夫一世 Wenceslas I(1205 ～ 1253) 波希米亚国王(1230 ～ 1253)。1241年阻止蒙古人入侵波希米亚,但无法保卫摩拉维亚。他控制了奥地利,1251年使其子鄂图卡二世成为奥地利公爵。在他统治下,波希米亚繁荣昌盛,文学和艺术得到很大的发展。

瓦尔德海姆 Waldheim, Kurt(1918 ～ 2007) 联合国第4任秘书长(1972 ～ 1981)。第二次世界大战前及期间在德国服役,后进入奥地利外交界。先后任奥地利驻加拿大公使

瓦尔德海姆,摄于1971年
UPI

(1958 ～ 1960)和驻联合国大使(1964 ～1968,1970 ～ 1971)。1968 ～ 1970年任奥地利外交部长。继吴丹担任联合国秘书长,连任两届。他在孟加拉国、尼加拉瓜和危地马拉的救济工作中,以及在塞浦路斯、中东、安哥拉和几内亚维持和平行动方面,监督有方。后回到奥地利,于1986年竞选奥地利总统。由于第二次世界大战期间及战后的文件表明他曾加入德国军队,并参与了1943年驱逐希腊萨洛尼卡市的大多数犹太人到纳粹死亡集中营的行动,他的候选人资格引起争论。虽然赢得了选举,但任职期间(1986 ～ 1992),他在外交上被孤立。

瓦尔哈拉 Valhalla 日耳曼宗教中阵亡将士的殿堂,该处阵亡将士在奥丁神的领导下过着幸福的生活。瓦尔哈拉被描绘为一座壮丽的宫殿,屋顶是用盾牌盖的。将士们在这里每日享用一只野猪,而这只野猪每到晚上又被重新拼凑完整。他们饮用山羊的乳汁,每天相互格斗成为他们的娱乐,被杀的当天晚上又复活。他们就这样生活到世界末日,到那时他们将走出瓦尔哈拉,站在奥丁神一边与巨人们作战。参阅阿斯加尔德、弗蕾娅和瓦尔基里。

瓦尔河 Vaal River 南非共和国的河流。发源于姆普马兰加省。向西流,全长1 210千米,形成姆普马兰加省与自由邦省之间的部分边界,在北开普省汇入奥兰治河。主要用于灌溉。

瓦尔基里 Valkyrie 日耳曼宗教中,为奥丁神派赴战场选择有资格进入瓦尔哈拉殿堂的阵亡者的一组少女中的任何一人。少女骑马驰向战场;在有些故事中,她们腾空飞越天空和大海。有些瓦尔基里能够把她们不喜欢的战士置于死地;另一些则保护她们所中意的战士的生命和船只。据不同的神话所说,她们或者是完全超自然的,或者是人类而有某些超自然的力量。但都和公正、光明、黄金和流血有关。

瓦尔拉 Walras, (Marie-Esprit-) Léon(1834 ～ 1910) 法裔瑞士经济学家。1865 ～1868年和L. 萨伊(J.-B. 萨伊之孙)创建了一家为生产合作社服务的银行。在瑞士洛桑学院开创了后来以"洛桑学派"著称的经济学学派(1870 ～ 1892)。《纯粹政治经济学纲要》(1874 ～ 1877)是最早用数学方法对一般经济均衡进行全面分析的著作之一。瓦尔拉在完全自由竞争社会制度这一假设下,创立了一种数学模型,其中生产要素、产品和价格会自动调节达到均衡。这样,他把生产、交换、货币和资本各方面的原理联系起来。

瓦尔纳 varna 印度教4个传统社会等级的统称。《黎俱吠陀》中的一首赞美诗宣称婆罗门、刹帝利、吠舍、首陀罗由钵啰慧的口、臂、腿、足生成。传统立法者针对每个瓦尔纳订立了一套义务(主要仅在理论上遵守):婆罗门的任务是学习和咨询;刹帝利是保卫国家;吠舍是种田;首陀罗是服役。此外,还创造出一个非正式的第五阶级,包括某些不可接触者和被排除在这种体制外的部落团体。种姓制度与阶级制度之间的关系是复杂的,而个别的种姓(有数十种之多)一直试图提升自身的社会地位,做法是认同一种特定的瓦尔纳,并要求与阶级和荣誉相关的特权。

瓦尔纳 Varna 保加利亚海港城市。位于黑海沿岸。公元前6世纪由米利都希腊人建立,名为奥德萨斯。后相继归属色雷斯、马其顿和罗马。公元681年隶属保加利亚第一帝国(约679 ～ 1018),命名为瓦尔纳。1391年归奥斯曼帝国统治。1444年在其附近进行了土耳其与匈牙利之间的战役,波兰和匈牙利的国王弗瓦迪斯瓦夫三世被杀。根据《柏林条约》,于1878年割让给保加利亚。是重要的行政、经济、文化和旅游中心。工业有出口、造船和制造业。人口约314 539(2001)。

瓦尔帕莱索 Valparaiso 智利中部城市和海港。由西班牙人建于1536年。历经海盗劫掠、严重风暴、大火和地震(最近的在1906年和1971年),殖民地时期的建筑已所剩无几。1818年智利独立后,该市的港口随海军的成长而发展起来。1884年在此签订条约,玻利维亚将其盛产硝酸盐的沿岸地区割让给智利。智利大部分进口商品经此运入。至今仍有海军设备。这里也生产化学和纺织品。人口约262 000(2002)。

瓦尔特·封·德尔·福格威德 Walther von der Vogelweide(约1170 ～约1230) 最伟大的中世纪德语抒情诗人。出身于骑士之家。曾在寺院受教育。先后在不同宫廷效力。曾在维也纳宫廷学习作诗技巧。他的诗强调在社会的和个人的范围内保持平衡生活的好处。现存瓦尔特的诗200首左右,其中半数以上为政治、道德或宗教诗,其余则是爱

情诗。其中著名的有《菩提树下》。

瓦冈诺娃 Vaganova, Agrippina (Yakovlevna) (1879 ～ 1951) 俄罗斯芭蕾舞女演员和教师。她以古典风格为基础，结合革命后发展起来的体育和杂技技巧发展出一套新的芭蕾教学体系。1897 年加入了马林斯基剧院，直到 1917 年。1921 年任教于列宁格勒舞蹈学校（原俄罗斯帝国芭蕾舞学校），1934 年成为校长。她在这里培训了许多著名舞蹈演员和教师。她的教科书《古典舞蹈基础》(1934) 被广泛采用。

瓦格纳 Wagner, (Wilhelm) Richard (1813 ～1883) 德国作曲家。童年分别在德累斯顿和莱比锡度过，并接受作曲课程。由于他才华出众，他的老师拒绝收费。他的第一部歌剧《仙女》(1834) 因准备不足，演出彻底失败。接着写了《禁恋》(1836)。《黎恩济》(1840) 的一举成功，使他在《漂泊的荷兰人》(1843) 和《汤豪舍》(1845) 中更具开拓精神。在 1848 年的政治动乱中被捕，被迫逃亡至苏黎世。这期间写出具有影响的散文，宣称音乐在 L. von 贝多芬之后已达到极限；"未来的艺术作品"将是融音乐和戏剧为一体的"整体艺术作品"。1850 年《罗恩格林》首演。他开始创作杰出的四部曲《尼伯龙根的指环》，因为需要大规模的布局，提出"主导动机"的概念。因与 M. 韦森东克的不伦之恋陷入痛苦，使他放下《指环》的第 3 部《齐格弗里德》的创作工作，写出了作品《特里斯坦与伊索尔德》(1859)，该剧打破了音调性的束缚。1863 年出版《指环》的脚本，并寻求经济资助，后获得巴伐利亚王路易二世的资助，邀请他在慕尼黑完成作品。19 世纪 60 年代晚期至 80 年代初期，瓦格纳完成了《纽伦堡的名歌手》、《齐格弗里德》、《诸神的黄昏》和《帕西法尔》等作品。他还监督在拜罗伊特兴建的节日剧院 (1872 ～ 1876)，以便能演出他的歌剧。瓦格纳惊人的作品使他成为西方音乐和西方文化史上最具影响和最重要的人物之一。20 世纪晚期，瓦格纳在作品中表达的强烈的种族主义和反犹太人观点使他在音乐领域的声望受到挑战，其歌剧中的反犹太主义观点也被不断证实。

瓦哈比教派 Wahhabi 伊斯兰教的一派，主张谨守传统教规。18 世纪由瓦哈布创立于阿拉伯半岛中部的内志。瓦哈比教派自称是认主独一派，他们反对一切含有崇拜多神意义的行为，如朝觐圣人陵墓、尊崇圣人等。遵循《古兰经》和圣训的表义，主张穆斯林国家的建立只能以伊斯兰教为基础。1744 年为沙特家族所承认，1932 年沙特阿拉伯王国建立，该派取得统治地位。

瓦哈布 Wahhab, Muhammad ibn Abd al- (1703 ～ 1792) 又译瓦哈卜。伊斯兰教教义学家、瓦哈比教派创始人。出生于阿拉伯半岛，曾在阿拉伯圣城麦地那受正规教育，其后在伊拉克和伊朗执教几年。他驳斥他所谓的苏非主义各种极端思想。他将他的理念陈述在《论主独一书》(1736) 中。主张严谨束身，尊重传统，恢复先知穆罕默德阐述的原则。反对多神论，反对装饰清真寺和崇拜圣徒。因宣传的教旨引起争论，最终定居于伊本·沙特统治的内志，他的教义在那里赢得拥护，并逐渐占据了统治地位。

瓦哈卡 Oaxaca 墨西哥南部一州，濒太平洋。面积93 952平方千米，包括特万特佩克地峡的大部分。首府瓦哈卡市。南马德雷山脉止于地峡，在米特拉和阿尔班山有萨波特克人及米斯特克人建筑遗迹。是墨西哥印第安人后裔最集中之地。为农业区和矿区。人口3 801 962 (2010)。

瓦哈卡 Oaxaca 全称 Oaxaca de Juárez。墨西哥南部瓦哈卡州首府。位于肥沃的瓦哈卡谷地，海拔1 500米。1486 年建立，为阿兹特克人要塞。1521 年被西班牙人占领，在墨西哥历史上曾有重要作用，是 B. 胡亚雷斯和 P. 迪亚斯故乡。当地的 16 世纪建筑及手工艺品十分有名。人口255 029 (2010)。

瓦胡岛 Oahu 夏威夷的火山岛。位于考爱岛和莫洛凯岛之间，面积1 574平方千米，在夏威夷群岛居第三位；人口密度居首位。原为火山，中央高原两侧有平行的科奥劳岭和怀厄奈岭。岛上有火奴鲁鲁、珍珠港和怀基基。军事设施、旅游、菠萝和糖对当地经济非常重要。人口876 165 (2000)。

瓦加杜古 Ouagadougou 非洲西部布基纳法索首都和最大城市。曾是 15 世纪建立的瓦加杜古莫西王国的首都，莫西的大王现仍居住在该市，不过其权力已被法国的殖民当局和独立后的政府所凌驾。现为制造业中心，有铁路通往科特迪瓦阿比让港。瓦加杜古电影节是非洲最大的电影节，每两年举行一次。人口约1 181 702 (2006)。

瓦加斯 Vargas, Getúlio (Dorneles) (1882 ～ 1954) 巴西总统 (1930 ～ 1945；1951 ～ 1954)。1928 年任南里奥格兰德州州长。1930 年竞选总统失败，同年发动革命推翻共和政府，任临时总统。1937 年，推翻制宪政府，建立极权主义的新国家。加强中央权力，予妇女以政治权利，推行教育改革，实施社会保险，实行秘密投票。1945 年军人政变推翻了他的政府。1951 年再度当选总统。但受到国会和舆论的掣肘，得不到各界的支持，并逼他辞职，他不甘下野，自杀身亡。

瓦拉 Valla, Lorenzo (1407 ～ 1457) 意大利人文主义者、哲学家和文学评论家。由于未能担任教皇的秘书，1430 年他离开罗马，到意大利北部漫游，历时 5 年。1435 ～ 1448 年，瓦拉在阿拉贡的阿方索五世宫廷任秘书和史官。瓦拉以其雄辩的风格，批判波伊提乌、亚里士多德和西塞罗的著作。由于他拒绝相信使徒信经是由十二使徒所制订，被异端裁判所认定为异端分子，差一点受火刑。瓦拉的《优雅的拉丁语》(1471 年出版) 是中古以来第一部拉丁语语法教科书。他的后期主要著作是《新约全书集注》(1505 年出版)。

瓦拉几亚 Walachia 欧洲中南部前公国。位于今罗马尼亚特兰西瓦尼亚阿尔卑斯山脉和多瑙河之间。1290 年由黑拉尔夫建立。为匈牙利附庸国。1330 年打败匈牙利，维护了瓦拉几亚的独立。14 ～ 17 世纪首府为特尔戈维什特。15 世纪时受土耳其控制。16 世纪末期并吞了摩达维亚和特兰西瓦尼亚。18 世纪，俄国对瓦拉几亚的影响日益增大。1774 年，尽管仍承认土耳其的宗主权，但实际上已被置于俄国的监护之下。克里米亚战争以后，结束了俄国的保护。1859 年与摩达维亚合并建立罗马尼亚。

瓦拉纳西 Varanasi 又称 Benares (贝拿勒斯)。印度北方邦城市，位于北方邦东南部恒河岸边，为世界上一直有人居住的最古老的城市之一，公元前 2 千纪即是雅利安人的定居点。是印度教七圣城之一。有许多神坛、庙宇、宫殿和数英里的沐浴石阶。每年有 100 多万的朝圣者。瓦拉纳西以北的萨尔纳特为释迦牟尼第一次布教处。人口1 100 748 (2001)。

瓦莱里 Valéry, (Ambroise-) Paul (-Toussaint-Jules) (1871 ～ 1945) 法国诗人、散文作家、评论家。原学法律。1888 ～ 1891 年间写过不少诗，刊登在象征主义运动的杂志上。

瓦莱里
EB Inc.

1894 年以后写了大量札记，后均收在著名的《杂文集》中。他修订早期的诗作，结集出版了他最伟大的诗作《年轻的命运女神》(1917)。随后又出版了《旧诗集存，1890 ～ 1900》(1920) 和《幻美集》(1922)。其中包括脍炙人口的《海上墓园》，成为当时最杰出的法国诗人。后来成为著名的公众人物，写有许多散文、文学专题文章，并对科学和政治问题有极大的兴趣。

瓦莱里安 Valerian (? ～260) 拉丁语名为 Publius Licinius Valerianus。罗马皇帝 (253 ～260)。他在塞维鲁·亚历山大皇帝 (222 ～235 年在位) 属下任执政官；在加卢斯皇帝 (251 ～ 253 年在位) 属下曾任上莱茵军团司令官，与僭主埃米利安作战。因他的兵团到达太晚未能挽救加卢斯。后被其士兵拥为皇帝。在位期间，他变本加厉地迫害基督教徒，258 年处决了教皇西克斯图斯二世。

他任命自己的儿子 P. L. 加列努斯统治帝国西部,自己率军东进迎击入侵的波斯人。起初取胜,后被波斯国王沙普尔一世战败,在囚禁中去世。

瓦莱塔　Valletta　马耳他首都和海港城市。位于一个岩岬上,两面均为海港。1565 年"马耳他之围"遏制住奥斯曼在欧洲南部的威势后创建,以马耳他骑士团团长 J. P. 德拉·瓦莱塔之姓命名。1570 年定为都城。1814 年后成为英国地中海舰队最重要的基地,第二次世界大战中遭轰炸破坏严重。有数座 16 世纪的建筑仍然存在。经济以贸易和旅游业为主。人口约6 154(2007)。

瓦劳人　Warau　又作 Warrau 或 Guarauno。南美游牧印第安人,现居住于委内瑞拉奥里诺科河三角洲的沼泽地和圭亚那东部;也有一些居住在苏里南。他们主要以渔、猎和采集为生,在比较干燥的地区也有种植。莫里茨棕对他们特别重要:树汁可制作发酵饮料,树心可作面包,果实可食,纤维可编织吊床和衣服。他们的祭祀礼仪和复杂的社会结构虽属常见,但在狩猎采集牧民中尚不普遍。

瓦雷兹　Varèse, Edgard (Victor Achille Charles)(1883 ～ 1965)　法裔美国作曲家。父亲禁止他学音乐,但他偷着学,并在表兄钢琴家 A. 科尔托(1877 ～ 1962)的帮助下进入圣歌合唱学校。1907 年赴柏林,受到 R. 施特劳斯和 F. 布索尼的影响。他的作品《勃艮第》因为不和谐而受轻视。刚刚开始的指挥事业由于第一次世界大战而中断,后移居美国。1921 年创立国际作曲家联合会。他的作品不多,但每一首都成为经典,有《祭品》(1921)、《亚美利加》(1921),《超光谱》(1923)、《八雄蕊》(1923)、《奥秘》(1927)和《电离》(1931)。这些乐曲在乐器的选择上也很不平常,特别是打击乐器,能产生出音调的顿挫。第二次世界大战后谱写了《沙漠》(1954)和《电子诗篇》(1958),很显然,他在期待着更高的技巧来表达他的想象。

E. 瓦雷兹
The Bettmann Archive

瓦利斯和富图纳　Wallis and Futuna　中西太平洋岛群,法国的海外地方行政区,包括瓦利斯岛(又称乌韦阿岛),富图纳群岛(又称霍恩群岛,包括富图纳岛和阿洛菲岛),以及若干小岛。行政中心为瓦利斯岛上的马塔乌图。在 1961 年以前一直是法国的保护地,附属于新喀里多尼亚。人口约14 944(2003)。

瓦伦贝里　Wallenberg, Raoul(1912～1947?)　瑞典商人和人道主义者。银行家、工业家和外交家家族的后裔。1936 年任一家匈牙利贸易公司驻外代表。这家公司的总裁是一位犹太人。1944 年纳粹军队进入匈牙利搜捕犹太人,他要求前往布达佩斯任外交工作。在那里,他在挂着瑞典国旗的"保护所"里收容了成千上万匈牙利犹太人,或通过行贿或伪造证件帮助他们出国。苏军进驻布达佩斯(1945)后不久,他以间谍嫌疑被捕,遣送至莫斯科。1947 年在莫斯科的牢房里因心脏病死去。但是,据从苏联获释的一些人说,他们于 1951、1959 和 1975 年在监狱里见到过他。

瓦伦达　Wallenda, Karl(1905 ～ 1978)　德裔美籍特技表演家。大瓦伦达杂技团创立人。这个杂技团在欧洲出名的节目是 4 人不系安全带在自行车上叠罗汉走高钢丝。他的妻子 H. 克顿斯(1910 ～ 1996)1926 年加入他的班子,随后他们加入美国林林兄弟和巴纳姆-贝利联合马戏团,遂把叠罗汉的节目发展到 7 人表演。后来,这个团的成员大多数因意外事故丧生。瓦伦达本人在波多黎各圣胡安一次表演时遇到大风,从露天的 37 米高钢丝上掉下来摔死。

瓦伦蒂诺　Valentino, Rudolph(1895～1926)　原名 Rodolfo Alfonso Raffaello Pierre Filibert Guglielmi di Valentina d'Antonguolla。意大利裔美国电影演员。1913 年移民到美国,1918 年到好莱坞之前当舞蹈演员。在《四骑士》(1921)中饰演主角使他成名。媒体的渲染使他在妇女中的人气大增。他在浪漫悲剧如《酋长》(1921)、《碧血黄沙》(1922)、《鹰》(1925)和《酋长的儿子》(1926)中饰演英俊、神秘的情人。31 岁时因病猝死,好几人为此自杀,引起了世界性的歇斯底里和他葬礼上的骚乱。

瓦伦提尼安一世　Valentinian I(321～375)　全名 Flavius Valentinianus。罗马皇帝(364 ～ 375)。入伍后随其父在非洲服役。各军司令拥他为帝。他与弟瓦林斯共同执政:瓦林斯统治东部,他自己驻守西部。两人协议,实施宗教宽容。与瓦林斯不同,他在整个统治期间维持了该协议的实施。365 年在高卢击败阿勒曼尼人,后移师支援守卫不列颠。367 年宣布其 9 岁之子格拉提安为共治皇帝以确保其帝位。在日耳曼,沿莱茵河构筑防御工事。夸迪人侵入潘诺尼亚,他亲赴前线御敌,不久病故。虽然他在抗击外敌入侵方面多有建树,但因性格残酷而留有恶名。

瓦罗　Varro, Marcus Terentius(公元前 116 ～前 27)　罗马学者和讽刺家。热心公务,任财务官。曾效力于庞培,后顺从 J. 凯撒。以其所著《梅尼普斯式讽刺诗》最为著名。都是些嘲讽当时荒唐作风的散文,夹杂着诗歌的杂烩。瓦罗写了约 75 部计 600 多卷著作,题材广泛,包括法学、天文、地理、教育、文学史,以及讽刺作品、诗歌、演说词及信札。

瓦努阿图　Vanuatu　全称 Republic of Vanuatu(瓦努阿图共和国)。南太平洋由 13 座主岛和若干座小岛组成的岛国。面积:12 190平方千米。人口:约265 000(2013)。首都:维拉山。当地居民几乎全部为土著美拉尼西亚人。语言:比斯拉马语、法语和英语(均为官方语),以及美拉尼西亚语和各种方言。宗教:基督教(大多数为新教,也有天主教),以及传统的信仰和船货膜拜。货币:瓦杜。国土南北延伸 650 千米,包括瓦努阿拉瓦、圣玛丽亚、圣埃斯皮里图、奥巴、迈沃、彭特科斯特、马勒库拉、安布里姆、埃皮、埃法特、埃罗芒阿、塔纳、阿纳托姆诸岛。较大的岛原为火山,岛上多山,还有几座活火山。其中一些岛有优良港口,尤其是埃法特和马勒库拉岛。全国最高峰是圣埃斯皮里图岛上的塔布韦马萨纳峰,高1 879米。属发展中的自由市场经济,以农业、饲养牛和渔业为主。旅游业日益重要。瓦努阿图是共和国,一院制。国家元首是总统,政府首脑为总理。美拉尼西亚人在岛屿上定居了大约3 000年。与欧洲的联系始于 1606 年葡萄牙人到达该岛。1768 年法国探险家 L.-A. de 布干维尔再次到达该岛,1774 年 J. 库克船长将其命名为新赫布里底群岛。19 世纪中叶檀香木商人和欧洲传教士到来,英国和法国的棉花及其他农作物种植园主也接踵而至,英国和法国皆图谋控制该岛群,1906 年两国同意建立共管政府。第二次世界大战期间,为盟国的重要海军基地(设于圣埃斯皮里图岛),整个群岛未被日军侵占。1980 年新赫布里底群岛宣布独立,定国名为瓦努阿图共和国。自此之后,其政府频繁更迭,政治却相对稳定。瓦努阿图于 1998 年首次参加了在韩国汉城(今首尔)举办的夏季奥运会。

瓦萨里　Vasari, Giorgio(1511 ～ 1574)　意大利画家、建筑师、作家。虽然是风格主义的多产画家,但更被认为是建筑师(曾设计乌菲齐宫,现为乌菲齐美术馆)。而作为建筑师的成就,又被他的著作所胜过。其《最杰出建筑师、画家和雕刻家生平》(1550)一书,是文艺复兴早期至晚期艺术家们的传记。其风格是内容丰富,可读性高,资料都经过推敲,史实不详的都立即予以填补。他认为,乔托是黑暗时代文艺衰落之后复兴的代表,后来的艺术家使艺术日趋发展,直到米开朗琪罗臻于完美。这部著作的第二版(1568)已成为艺术史家的宝贵资料。

瓦萨里,自画像,油画;现藏佛罗伦萨乌菲兹美术馆
SCALA-Art Resource

瓦萨列里 Vasarely, Victor(1908 ～ 1997) 原名 Viktor Vásárhelyi。匈牙利裔法国画家。曾在布达佩斯接受包豪斯传统的艺术教育。1930 年定居巴黎,以商业艺术为生。20 世纪 30 年代受构成主义影响很深,但 40 年代,他利用生动的几何形和互相掩映的色彩形成自己的风格。50 年代中期和 60 年代,他的风格趋于成熟,利用人对形状和色彩的错觉达到引起动势感的效果,如《天狼星》(1954),从而成为**奥普艺术**的领先人物之一。

瓦萨王朝 Vasa dynasty 瑞典(与波兰)王朝。瓦萨王朝的创建者古斯塔夫·埃里克松·瓦萨于 1521 年任瑞典摄政,1523 年成为国王古斯塔夫一世。其后代统治瑞典到 1818 年,最后一位国王是查理十三世。古斯塔夫一世的一个孙子于 1587 年成为波兰国王,称西格蒙德三世,并从 1592 ～ 1599 年同时统治瑞典。他死后,其子弗瓦迪斯瓦夫四世·瓦萨(1632 ～ 1648 年在位)和约翰二世·卡齐米日·瓦萨(1648 ～ 1668 年在位)相继为波兰国王,此后瓦萨王朝即在波兰结束。

瓦斯 Wace(约 1100 ～ 1174 年以后) 盎格鲁-诺曼语作家,著有 2 部诗体编年史:《布鲁特传奇》(1155)和《鲁的传奇》(1160 ～ 1174),分别得名于不列颠人及诺曼人的发展的奠基人。《布鲁特传奇》是蒙茅斯的杰弗里所写《不列颠诸王纪》一书的传奇式的改写本,书中增加了许多虚构情节(包括亚瑟王圆桌骑士的故事),有助于亚瑟王传奇的传播。《鲁的传奇》由英王亨利二世授命编写,是一部记述诺曼公爵的历史(约 911 ～ 1106)。

瓦特 Watt, James(1736 ～ 1819) 苏格兰机器制造家和发明家。他所发明的高效率瓦特**蒸汽发动机**对**产业革命**的发生有根本上的贡献。自学成才,青年时曾从事数学仪器

瓦特,油画,H. 霍华德绘;现藏伦敦国家肖像画陈列馆

By Courtesy of the National Portrait Gallery, London

制造。1769 年他在修理一台纽科门型蒸汽机时,在机身外加一个冷凝器,减少了蒸汽潜热的损失,使效率大为增加。1775 年和 M. **博尔顿**共同制造新的蒸汽机。1781 年发明了行星式齿轮,将蒸汽机的往复运动变为旋转运动。1782 年发明的双作用蒸汽机使活塞沿两个方向的运动都产生动力。1784 年发明了平行运动连杆机构,解决了双作用蒸汽机的结构问题。1788 年发明了自动控制蒸汽机速度的离心调速器,并在 1790 年发明压力计,这就使瓦特蒸汽机配套齐全,切合实用。他还提出了**马力**的概念;功率单位瓦特就是以他的姓氏命名的。

瓦文萨 Walesa, Lech(1943 ～) 波兰工会领袖和波兰总统(1990 ～ 1995)。1967 ～1976 年在格但斯克列宁造船厂当电工,但因参加反政府活动而被开除。1980 年加入工人罢工,不久成为团结工会主席。1981 年团结工会遭禁,瓦文萨被拘留到 1982 年。1983 年获诺贝尔和平奖。由于担心出国后不允许返回,他留在了波兰,他的妻子达努塔则代表他前往挪威接受该奖。他继续领导地下团结工会,直到 1988 年工会取得合法地位。团结工会在 1989 年 6 月上院有限议席的自由选举中,以压倒多数赢得胜利,瓦文萨拒绝与波兰共产党组建联合政府,议会被迫接受一个由团结工会领导的政府,但瓦文萨本人拒绝担任总理。1990 年以压倒优势赢得波兰第一次总统直接选举,并把波兰带入自由市场经济。他的对抗作风使他逐渐失去民心,在 1995 年竞选连任的选举中以微弱之差败北。

瓦西里·布拉仁教堂 Saint Basil the Blessed 又称 Pokrovsky Cathedral(波克罗夫斯基大教堂)。俄国沙皇**伊凡四世**为了纪念征服鞑靼人在 1554 ～ 1560 年于莫斯科红场南边所建造的作为谢恩奉献的教堂。这所砖石结构的教堂是由俄国建筑师波斯尼克和瓦尔马二人设计(实际上可能为同一人)。它奇特华丽建筑上寓于想象的设计呈现出拜占廷的影响。八个上为洋葱圆顶的附属礼拜堂围绕着一个顶端尖塔有帐篷式屋顶及一小金色圆顶的中央教堂,每一个彩绘圆顶的设计和颜色均不相同。

瓦兹河 Oise River 法国北部河流。由两条河流汇合而成,其一源出比利时的希迈,另一源出法国罗克鲁瓦附近。汇合后向西南流,注入塞纳河,全长 302 千米。是连接塞纳河与法国北部运河的重要一环。第一次世界大战期间,在瓦兹河有多次战役。

袜带蛇 garter snake 游蛇科袜带蛇属爬行动物。有十几种。身具条纹图案,犹如袜带:通常是身上有 1 或 3 条纵向黄色或红色条纹,条纹之间夹着方格斑。条纹不明显或无条纹的种类称草蛇。袜带蛇为加拿大至中美洲一带最常见的蛇类之一,见于花园和空地。体小,一般不足 60 厘米,无害。不过有些蛇在受惊扰时也会发动袭击。主要以昆虫、蚯蚓和两栖类动物为食。

外典 Apocrypha 在圣经文学中,没有被列入正典的经籍。在现代用法中,外典指的是古犹太书籍,不属于希伯来《圣经》的一部分,但在天主教中和东正教中则被视为正统经籍。这类经籍包括《多比传》、《犹滴传》、《巴录书》、《马加比传》、《德训篇》和《所罗门智训》。新教教会根据犹太教的传统来判断这些作品是否属于外典或是非正统经籍。"次正典"或"次经"通常指的是在某一教派而非所有教派中被接受的著作。伪经则是指那些声称出自圣经作者之手的伪造著作。

外汇 foreign exchange 为了各种交易,人们需要将一国货币兑换成另一国货币;这种买卖不同国家货币的市场叫做外汇市场。外汇使得进出口和政府之间资金的转移成为可能。一种货币兑换成另一种货币的价值由汇率来决定。

外激素 pheromone 生物体分泌的一种微量化合物,可以引起同种的其他生物体的特殊反应。外激素在昆虫和脊椎动物(除了鸟类)中普遍存在,在一些真菌、黏土和藻类中也有。该化合物可由特定的**腺体**分泌,或混杂在其他物质(如尿)中,可以随意散发或置于特意选择的地方。外激素用来将生物聚集在一起(如在白蚁、蜜蜂和蚂蚁群体中),引导它们寻找食物(如蚁类留下的臭迹),发出危险讯号(如受伤的鱼类警告其他同类而释放),吸引配偶并发生性行为(无数的例子,也许包括人类),影响性行为的进行(存在于许多哺乳动物和某些昆虫中)。比起其他类型,警告性的外激素常持续时间较短,并且传递的距离较短。在脊椎动物中,化学刺激物常会影响年轻双亲的反应。用作性引诱剂的外激素在特定产品中用来诱惑和捕捉多余的和有害的昆虫。

外籍军团(法国) Foreign Legion, French 法语作 Légion étrangère。原指由法国雇用外国志愿者组成的军团,但现在也包括许多的法国人。1831 年成立,是一个训练有素的职业军队,协助控制法国在非洲的殖民地。自成立以后一直在欧洲、墨西哥、叙利亚和东南亚作战或驻扎。入伍时应征者须宣誓,不是为法国,而是为军团服务;服役满三年、品行优良者,有资格成为法国公民。由于军团对志愿应征者的过去保守秘密,被那些寻求新身份的人,包括罪犯,设想为一个庇护所,但军团士兵通常是职业军人。军团司令部原设在阿尔及利亚,阿尔及利亚独立后转移到法国本土。

外交 diplomacy 处理关系的艺术,既能谋取利益又不致引起冲突。是对外政策的主要手段,方法包括由特派使节进行秘密谈判(有时政治领袖也进行谈判)、国际协定和法律。有迹象表明史前社会即有外交。外交的目标是为了在地理、历史、经济等方面进一步增加本国的利益。保卫国家的独立、安全和领土完整是头等重要的大事;使国家保有最大可能的行动自由几乎也同样重要。此外,外交寻求国家利益最大化而又不使用武力,最好还能避免招致怨恨。

外交政策 foreign policy 一个国家在与其他国家交往中其行动和国际关系的基本方针。外交政策的形成受着国内因素、他国的政策和行动,以及推进某项地缘政策方案的影响。L. 兰克强调在制定外交政策中地理与外来威胁的重要性,但后来的学者则强调国

内的需要。外交政策的手段是外交，而战争、联盟和国际贸易都可能是它的表现。

外科 surgery 医学的一个分支学科，主要涉及需采用手术和器械方法而非仅用药物的治疗。除了需要进入人体内部进行的手术外，外科也包括体外操作（诸如断骨接合或皮肤移植）。现代外科始于19世纪中叶麻醉药和抗生素的应用。其他方面重要的进展包括：影像诊断学、血型分类、使用插管帮助呼吸、静脉输液和给药、心-肺呼吸机（参阅人工心脏）、内窥镜检查以及各种监视机体功能的仪表。用于外科手术的特殊器具还有：切割体内组织的手术刀、挤压血管使之关闭的止血钳和掌控各类组织器官的镊子、固定或挤压组织的夹具、用来吸液以保持手术区域干燥的纱布、保持切口张开的牵开器以及缝合切口的弯针等。术前与术后的护理对外科手术的成功具有决定性的意义。参阅整形外科和移植。

外滩群岛 Outer Banks 美国北卡罗来纳州沿海一串岛屿。自弗吉尼亚边界沿海岸向南延伸282千米至卢考特角。由海岸沙丘构成。高度由几英尺到100多英尺不等。多由道路和堤道连接。有许多海滩，为著名的游乐区。曾一度为海盗隐藏处和多次船舶失事之地。有罗厄诺克岛、基蒂霍克村和莱特兄弟第一架动力飞机试飞地等几处历史遗址。

外阴炎 vulvitis 外阴（女性外生殖器）的炎症。表皮红肿、发痒，且可能变白、皲裂、起疱。外阴潮湿、温暖，是细菌繁殖之处，特别是酵母菌的感染，但也易于生长其他真菌、细菌或病毒，尤其是如果内衣太紧，不透气，不吸水，以及不讲卫生。连裤袜、化纤内衣、洗涤剂、阴道喷剂和除臭剂都可能造成变态反应和发炎。更年期以后，使用干爽而薄的卫生巾，可以防止感染和发炎。外阴炎治疗的办法是穿着宽松、吸水的棉质内衣，涂抹药膏以杀死感染的微生物。

外援 foreign aid 将资金、货物或服务由捐赠国给予受援国的转移。出于民用或军事目的的外援可能是以现金或技术援助的形式赠与受援国。外援的运用始于18世纪普鲁士对其盟国的资助。第二次世界大战以后，外援由一种资助发展为外交政策更加微妙的手段，而联合国善后救济总署的成立则表明富国开始将官方的国际援助视为战后重建的重要组成部分。于是建立了一些国际组织向遭受战火破坏的国家和新独立的殖民地提供援助。但赠与国对他们提供的援助常常附加条件，包括必须购买赠与国的商品等。参阅国际货币基金组织和世界银行。

外长会议 Foreign Ministers, Council of 第二次世界大战中的同盟国美国、英国、法国和苏联的外交部长组织。在1945～1972年间的会议中企图达成战后政治上的一致。会议制定了对意大利、匈牙利、罗马尼亚、芬兰及保加利亚的和约，并于1946年解决了里雅斯特问题。1954年为朝鲜战争召开了日内瓦会议，并于1955年就对奥地利的和约达成协议。1959年因对德国统一问题未能达成一致意见而暂停活动；1972年为东、西德同时进入联合国扫清了道路。

弯曲杆菌属 Campylobacter 革兰氏阴性螺旋形细菌的属，会感染哺乳动物。许多种类，尤其是胚胎弯曲杆菌（*C. fetus*）会导致羊与牛流产。空肠弯曲杆菌（*C. jejuni*）是食物中毒的常见起因；美国近90%的鸡受过感染。感染源还包括其他肉类和未经杀菌的牛奶。感染会导致急性胃肠炎、发烧、头痛、关节与肌肉疼痛；病情严重的还会造成神经受损，甚至死亡。

湾流 Gulf Stream 北大西洋中的温暖海流。湾流是大体上按顺时针方向流动的北大西洋环流的一个组成部分，它的主要贡献是使邻近陆地地区的气候变暖。在冬季，挪威以西大洋上方的气温比同纬度其他地区的平均气温高出22℃之多，是世界上最大的气候反常现象之一。英格兰西南部这样的高纬度地区，冬季却是异常温暖，这得归功于湾流。湾流地区，如大浅滩，是世界上最大的渔场之一。

豌豆 pea 豆科（参阅荚果）一年生草本植物几个种的统称，包括数百个品种，种子可食，栽培遍及全世界。*Pisum sativum* 即西方常见的圆豌豆，G. 孟德尔即用此豌豆进行最

圆豌豆（*Pisum sativum*）
Walter Chandoha

早的遗传研究。豌豆的起源尚未确定，但已知豌豆是最古老的作物之一。有些称为甜豆的变种长出可食的豆荚，在东亚烹饪中很普遍。

完备性 completeness 一个形式系统之适当性的概念，同时运用到证明论和模型论（参阅逻辑）。在证明论中，要表明一个形式系统的语句结构是完整的，唯一的条件是该系统中每个封闭的句子本身或它的否定，必须在系统中是可证明的。在模型论中，要表明一个形式系统的语义是完整的，唯一的条件是该系统中的每一种定理，必须在系统中是可证明的。

玩偶 doll 模仿人的形状做成的一种儿童玩具。玩偶可能是人类最早的玩具。有些古代玩偶可能具有宗教含义或巫术功能（类似雕成克奇纳神的小木偶的功能）。在埃及、希腊和罗马的儿童坟墓以及早期基督教墓窖

埃及漆木玩偶（公元前2000）
By courtesy of the trustees of the British Museum

中葬有玩偶。欧洲大约从16世纪开始进行商业生产木偶。玩偶头部由木材、赤陶、雪花石膏和蜡制成。约在1820年，用上釉的瓷（德累斯顿）和不上釉的陶器做的玩偶头颇为流行。这种玩偶制作法一直流行到20世纪被塑料制品取代时为止。在日本，玩偶多半不是玩具而是节日的人物。在印度，印度教徒和穆斯林都向很年轻的新娘赠送穿戴考究的玩偶。现在，玩偶常被当成古物来收集。

玩赏狗 toy dog 几种被育成体型小、性情和善的狗品种的统称。传统上是由世界各地的贵族当宝贝娇生惯养着，有些品种的历史相当长。有的无毛（如中国冠毛犬），有的长有浓密的毛皮（如西施犬）。有些品种如哈巴狗，只有王族才能拥有。查尔斯王骑士犬受到英国皇室的偏爱。英国玩赏猎犬与鬈毛狗则在美国受到欢迎。一种短尾狗与多伯曼氏短尾狗相似，但血缘不同。其他包括猴㹴、马耳他狗、蝶耳狗、波美拉尼亚狗、约克夏㹴狗。

万丹 Bantam 爪哇岛古苏丹国和旧城址。地处爪哇岛西端，爪哇海和印度洋之间。16世纪初成为一强大的穆斯林苏丹国，势力范围扩展到苏门答腊和婆罗洲部分地区。曾遭到荷兰人、葡萄牙人和英国人入侵，最后在1684年承认荷兰宗主权。该城曾是爪哇和欧洲进行香料贸易的最重要港口，直到18世纪末其港口淤塞为止。1883年因喀拉喀托火山喷发而遭严重破坏。

万福马利亚 Hail Mary 又称“圣母经”。拉丁语作 Ave Maria。天主教向贞女马利亚说的主要祈祷文。开头1～4行是天使长加百列和马利亚的亲戚以利沙白问候马利亚的话（出自《路加福音》）：“万福马利亚，满被圣宠者，主与你偕焉。女中尔为赞美，尔胎子耶稣并为赞美。”最后一段祷词：“天主圣母马利亚，为我等罪人，今祈天主，及我等死候。阿门。”于14世纪成为普遍诵念的祷文。教徒在告解后常被要求复诵圣母经为所犯罪行赎罪。

万花筒 kaleidoscope 类似望远镜的视觉玩具。它的管筒里松散地装着一些彩色材料

(如玻璃或塑料)的碎片,放在两块平板和两块平面镜之间。当碎片的位置改变时(通过旋转或晃动)就可以反射出变化无穷、绚丽耀目的彩色图形。由D. 布鲁斯特在1816年前后发明。

万灵节 All Souls' Day 天主教节日。纪念被认为是在炼狱中进行涤罪的基督徒亡魂。一般为11月2日,11世纪由克吕尼主教奥狄洛(卒于1048年)建立,13世纪才普遍庆祝。此节日紧跟在**万圣节**后面,当初的构想是在纪念天上所有的圣徒之后,应该谨记还有那些等待救赎的灵魂。根据天主教义,在世信徒的祈祷有助于这些亡魂的涤罪,使他们得以有资格觐见上帝。

万隆 Bandung 印度尼西亚城市,西爪哇省省会。位于爪哇岛腹地海拔近730米的高原北缘。1810年为荷兰人所建。四周风景优美,万隆也是巽他人文化生活的中心。西爪哇省人口大多为巽他人,其习俗和语言同邻近的爪哇人迥异。万隆也是巽他人文化保存中心和教育中心。人口约2 394 873(2010)。

万塞会议 Wannsee Conference(1942-01-20) 纳粹官员在柏林郊区格罗森-万塞召开的会议,讨论"犹太人问题"的"最后解决"方案。出席者为以R. **海德里希**为首的15名纳粹官员,包括A. 艾希曼在内。最初,他们想要将全部犹太人放逐到马达加斯加,由于无法执行,就放弃了这一计划。最后的计划,是在欧洲各地搜捕全部犹太人,将他们东运,并组成劳动队。艰苦的生活条件足以使大批犹太人"自然减少",而残余的则可以"相应处理"。万塞会议的最后文件没有明确提到灭绝犹太人。但不出几个月,就在**奥斯威辛**和**特雷布尔卡**设置了第一批毒气室。参阅**大屠杀**。

万神庙 Pantheon 古罗马建筑。始建于公元前27年,当时可能采取了普通古典神庙的长方形形式,**哈德良**皇帝曾彻底重建(118～128)。万神庙规模宏大,设计卓越,至今无人

罗马的万神庙,阿格里帕于公元前27年始建,哈德良约于公元118～128年重建
Frederico Arborio Mella

知晓其确切的建造方法。庙为圆形,用混凝土建造,外加砖面层,有一巨大的圆屋顶,直径约43米。正面有带三角墙的科林斯式列柱门廊。建筑主体内的巨大圆形空间完全通过圆屋顶中间一个直径8米的圆孔进行采光。神庙内部使用了彩色大理石,内墙面上有7个深壁龛,每个壁龛前有一对柱子。

万圣节 All Saints' Day 基督教节日。纪念有名的和无名的所有圣徒。在天主教为11月1日,在东正教为**圣灵降临节**后的第1个星期日。837年由教皇格列高利四世下令立为节日。当年第一次过万圣节。中世纪时,在英格兰称此节日为All Hallows,现在仍称其前夕为**万圣节前夕**。

万圣节前夕 Halloween 西方的"鬼节"。10月31日即**万圣节**前夕的节日。其异教起源可溯至凯尔特人的夏末节(Sambain),古英格兰和爱尔兰地区庆祝凯尔特人新年的开始。据说,亡者的灵魂将在夏末节前夕归来,而女巫、小妖精、黑猫和鬼都会在外面游荡。当晚也是占卜婚姻、运势、健康和死亡的最佳时刻。这些异教的习惯影响到基督教在同一天庆祝的万圣节前夕。19世纪晚期,这个节日逐渐世俗化并引入美国,但仍与恶灵和超自然有关。这个节日主要由儿童庆祝,他们化了装,挨家挨户按门铃并喊着"要恶作剧还是要请客"(trick or treat)来索要糖果。所谓"恶作剧"即开玩笑和一些破坏行为,这些都是万圣节传统的一部分。

万寿菊 marigold 菊科万寿菊属植物,约30种,一年生草本,原产北美西南部。也指金盏花以及其他几科无亲缘关系的植物。万寿菊包括几种广泛种植的庭园观赏花,如非

法国万寿菊(*Tagetes patula*)
Robert Bornemann-Photo Researchers

洲万寿菊和法国万寿菊。它们的花单生或簇生,色红、橙和黄,叶缘通常细裂。由于它们的叶有害虫所不喜欢的强烈气味,所以往往在蔬菜作物中种植。

万维网 World Wide Web (WWW) 又作Web。因特网主要的信息交换服务。万维网由伯纳斯-李和他在欧洲核研究组织(CERN)的同事创造出来,并在1991年推向全世界。万维网让用户连接各式各样的文件,这些文件通过超文本或超级链接彼此相连。具有相关文字和超级链接的超文本文件以超文本置标语言(HTML)写成,并签下一个网络地址或统一资源定位器(URL)。万维网在因特网的基本主从式架构中运作。具有独特电子地址的个别超文本置标语言档案称为网页,而共有一组类似地址的网页和相关档案(例如图文件、指令程序和其他资源)合集称为网站。网站的主页或介绍页通常称为该站的首页。用户可以键入适当地址而进入任何网页,使用搜索引擎来寻找感兴趣主题的网页,或者点击其中的超级链接而在网页之间快速移动。万维网虽在1991年引进,却到1993年具有图形接口的马赛克浏览器问世后才流行起来。最后,网景公司和微软公司的浏览器居于主宰地位。

万象 Vientiane 老挝语称Viangchan。老挝首都及城市,位于湄公河东北岸。建于13世纪末期。16世纪中期成为老挝王国早期的行政中心。1778年被暹罗人(泰人)占领。1828年反抗暹罗霸权时被毁。19世纪90年代,法国占领老挝后为法国总督府驻地和行政中心。1953年老挝独立后仍为行政中心。是全国主要经济中心和主要进口港。人口约702 000(2005)。

万用串行总线 USB 全称Universal Serial Bus。又称通用序列总线。一种序列**总线**,允许接口设备(磁盘、调制解调器、打印机、数字板、数据手套等)轻松与计算机连接。它有"随插即用"界面,允许不用适配卡,不用重启计算机就可以增添设备(后称"热插拔")。USB标准是由几家主要的计算机和电信公司开发出来的,支持数据传输速率达到每秒12Mb,多重数据束,以及多达127个外围设备。

腕小管综合征 carpal tunnel syndrome (CTS) 由于长期不断弯曲或压迫手腕造成的痛苦状态。腕关节由一组腕骨形成,腕小管是手腕内侧一条小通道,三面包着腕骨,第四面包着韧带。9条腱经过腕小管,腱能曲指,即让手指在握拳时得以合拢。正中神经也经过腕小管。指和腕活动时,手指由腱摩擦着腕小管壁。由于腱的伸展空间小,腱会压紧正中神经,该神经是腕小管中最软的组织。压力会引起手和手腕中的麻木、刺感和疼痛,即腕小管综合征的主要症状。如果压力加剧,患者可能有一些手部肌肉会暂时失控。腕小管综合征最常见于装配线的工人,还有长时间在计算机键盘上打字的人。治疗包括减少或避免致病活动,较严重的病例可用消炎药舒解,病人同时戴上腕梏或腕夹,有时也采用手术矫正。

汪达尔人 Vandals 日耳曼民族的一支,429～534年在北非建立一个王国。455年曾洗劫罗马。他们为了躲避匈奴而逃往西方,曾侵入高卢。409年定居西班牙。在国王盖塞里克(428～477年在位)领导下迁徙到北非定居,435年成为罗马的联邦。4年后盖塞里克摆脱了罗马宗主权并占领迦太基。他们后来占领了撒丁岛、科西嘉岛和西西里岛;他们的海盗船队控制了地中海西部大部地区。455年入侵意大利并攻陷罗马城,洗劫该城及其艺术品。此后他们的名字就成了肆意破坏和亵渎圣物的同义语。汪达尔人宗奉阿里乌基督教(参阅**阿里乌主义**),在非洲迫害天主教徒。拜占廷攻入北非(533～534)时,摧毁了汪达尔王国。

王蝶 monarch butterfly 鳞翅目斑蝶科

的蝶。世界性分布，但主要在北美至南美。是鳞翅类唯一真正迁徙的蝴蝶。秋季，成千上万的北美王蝶集体向南迁移越冬，旅程有时超过2 900千米。次年春北返。成蝶翅红褐色，翅脉黑色，翅缘黑色，中缀两列白色斑点。以独特的色彩向天敌表示其味道不佳。还有几种模拟生物色以保护自己。

王尔德　Wilde, Oscar (Fingal O'Flahertie Wills) (1854～1900)　爱尔兰才子、诗人和剧作家。生于爱尔兰都柏林一个著名的医生家庭，在都柏林三一学院毕业后去牛津大学深造。在牛津期间，他的长诗《拉凡纳》获文学奖。他是英国**唯美主义运动**的主要代表，19世纪80年代赴美讲学，宣传他的美学主张。回国后，担任杂志评论员和编辑。他唯一的一部小说《道林·格雷的肖像》(1891)既有哥特式小说超自然力量的因素，又模仿法国颓废派小说对隐私罪恶的描写。剧作《莎乐美》(1893)被理查·施特劳斯改编成歌剧。其他成功的剧作还有《少奶奶的扇子》(1893)、《无足轻重的女人》(1893)、《理想丈夫》(1895)。其最大的文学成就之一是揭露维多利亚时代伪善态度的喜剧杰作《不可儿戏》(1899)。1895年被控和青年道格拉斯搞同性恋，被判入狱服劳役两年。在狱中写了《我心深处》的长信，抱怨道格拉斯对他的引诱。1897年出狱后即去法国，写了长诗《雷丁监狱之歌》(1898)，揭露英国监狱中非人道的待遇。46岁在巴黎死于急性脑膜炎。

王尔德，摄于1882年

By Courtesy of the William Andrews Memorial Library of the University of California, Los Angeles

王蛇　king snake　游蛇科王蛇属7种蛇的统称，见于加拿大东南部到厄瓜多尔的多种生境。以缠绞方式杀死猎物，因也吃其他蛇类而得名，还取食小型哺乳动物、两栖动物、鸟类和鸟蛋。主要生活于陆地上，行动缓慢。身上有醒目的斑纹，鳞片光滑，头小，体长通常不到1.2米，有些品种可以长达2米。普通王蛇遍布美国和墨西哥北部，通常为黑色或深褐色，带有各式各样的黄色或白色环圈或斑纹。

普通王蛇(*Lampropeltis getulus*)

Jack Dermid

王蟹　king crab　又称Alaskan king crab(阿拉斯加王蟹)或Japanese crab(日本蟹)。海生十足类可食用蟹，学名*Paralithodes camtschatica*。见于日本和阿拉斯加沿岸的浅水中，也栖息于白令海。为最大的蟹类之一，体重常达4.5千克以上。体大肉美，是一种很有价值的食物，每年都有大量商业性捕捞。

王鱼　kingfish　许多种鱼类的统称，包括数种鲭和石首鱼。王马鲛，或称王鱼(*Scomberomorus cavalla*)产于大西洋西部，长约170厘米，重36千克或更重。王鱼，或称大西洋牙鳕(*Menticirrhus saxatilis*)，是以无鳔闻名的石首鱼。

王政复辟时期　Restoration　1660年英格兰的君主复辟。指O.克伦威尔执政的共和时期结束后，查理二世重登王位(1660～1685年在位)。在国会中恢复设置主教，建立严格的英国国教式政权。这段复辟期间也包括詹姆斯二世(1685～1688)时代，以扩大殖民地贸易为特征，并且发生英荷战争，英国的戏剧与文学也重新复兴。

网点图版制版法　halftone process　**印刷**时，把图像分解为许多小点，以重现照片或画稿上浓淡深浅不同色调的工艺。通常将印有密集的线条格网的网屏放在待曝光的印版前对图像进行分解。格子将图像分成数百个小点，每个点在暗箱下看到的不是黑色便是白色，若是彩色图像，则看到的不是单一的印色便是白色。完成的图像称为网版，再重新照相用来印刷。网屏的线数视不同用途而定：报纸为每英寸80～120线，铜版纸杂志为每英寸133～175线。

网球　tennis　由两个或两对运动员手执球拍在一个以低网分隔开的长方形球场上，击打一个又轻又有弹性的球的运动。网球可在室外或室内打，场地可以是硬地、红土地或草地。目的是将球打过网并进入对方发现区，并让对手接不到或无法回击。每一名运动员发球满局。得分以15、30、40和局中的决胜分来记分("love"表示0分)。平分(称为"deuce")时，比赛继续，直到一名运动员获得净胜2分，才能获胜。率先赢得6局并领先对手2局的选手即赢得一盘。一场胜负需要三盘两胜(或五盘三胜)才能定输赢。20世纪70年代之后，开始使用平局决胜局的规定以取消马拉松式的比赛。网球源于19世纪70年代英国的球拍和球的游戏。世界第一场草地网球冠军赛于1877年在**温布尔登**举行，之后红土地与硬地网球陆续加入。目前的国际团体比赛包括男子选手的**戴维斯杯**以及女子选手的联合会杯(1963年开赛)；主要的个人巡回赛包括网球大满贯：英国(温布尔登)、美国、澳大利亚和法国四大公开赛。

网球场宣誓　Tennis Court Oath (1789-06-20)　**法国大革命**期间**第三等级**代表们的宣誓。他们深信刚成立的**国民议会**将被强行解散，于是当代表们被摒于会场凡尔赛宫门外时，就前往凡尔赛宫附近的一个网球场聚会。他们宣誓：如未能为法国制订出一部成文宪法，就绝不离散。第三等级的团结一致迫使国王路易十六命令教士和贵族与第三等级一起参加国民议会。

旺代战争　Vendée, Wars of the (1793～1796)　法国大革命期间，发生在法国西部的叛乱。充满宗教激情和经济落后的旺代地区，由于新政府对罗马天主教教会施加严格控制(1790)而产生不满。因反对征兵法而发生暴动(1793)，后来逐渐蔓延到整个区域。保王党联合农民成立天主教王军，由C.德·拉孔特里(1763～1796)率领，连占数城。旺代军约6.5万人在肖莱被政府军打败，被迫撤退。后又在勒芒(约有1.5万名叛乱分子被杀)和萨沃奈进一步失败，1793年12月全面结束战争。政府的残酷报复激起进一步的反抗，直到1794年宣布大赦。1795年给予旺代人豁免征兵的自由。同年，德·拉孔特里会合登陆的由英国支持的流亡贵族再次作乱，后被击败，德·拉孔特里被处死(1796)，反革命斗争结束。

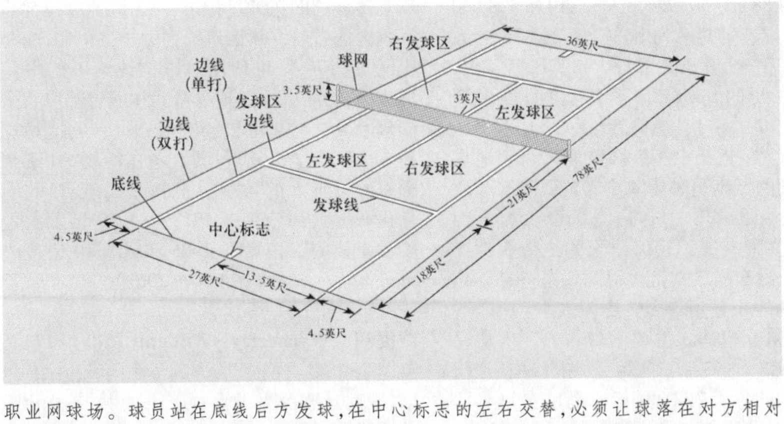

职业网球场。球员站在底线后方发球，在中心标志的左右交替，必须让球落在对方相对的发球区内。球场较窄的部分用于单打(一边一位球员)而非双打(一边两位球员)，但是发球区的大小不变。双打时，两位队友交替发球，除此之外在整个场地都可以自由移动。

望加锡海峡 Makassar Strait 印度尼西亚太平洋中西部的狭窄水道。位于**婆罗洲**和西里伯斯(苏拉威西)之间,将西里伯斯海和爪哇海连接起来。该水道长800千米,宽130～370千米,有无数岛屿,最大的是劳特岛和塞布库岛。1942年第二次世界大战期间,盟国海军和空军试图阻止日本人占领婆罗洲而在此交战。

望远镜 telescope 收集远处目标发出的光并将远处影像放大的设备,无疑是**天文学**最重要的研究工具。最初的望远镜中,可见光通过多个**透镜**的**折射**来聚焦;后来的仪器

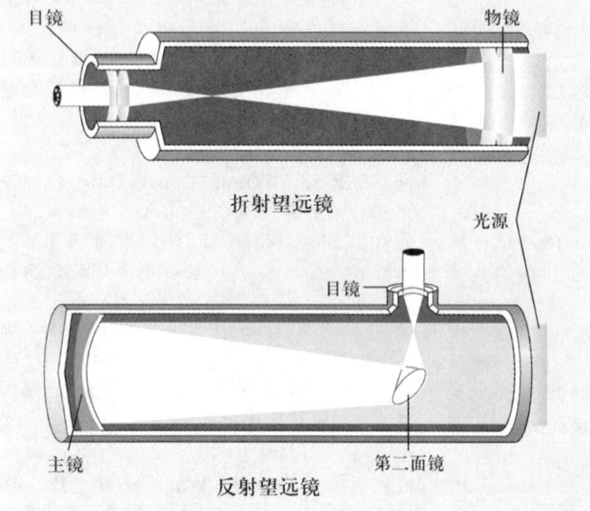

折射望远镜将来自远方物体的光线利用透镜聚焦形成影像。反射望远镜利用曲面镜聚焦光线。两种望远镜的目镜都用透镜来放大已经形成的影像。
© 2002 MERRIAM-WEBSTER INC.

利用曲面镜的**反射**(参阅**光学**)来聚焦。传统上把望远镜的发明归于H.利珀希(1570?～1619?)。伽利略望远镜是最早的望远镜之一,它是按照**伽利略**制作的简单仪器制成的。伽利略是第一个利用望远镜来研究天体的人。从20世纪30年代以来,射电望远镜一直用于使天体发出的无线电波成像。最近几年,又设计出检测电磁波谱其他波段(参阅**γ射线天文学**、**红外天文学**、**紫外天文学**和**X射线天文学**)的望远镜。太空飞行可以把望远镜带入地球轨道以避免大气的光散射和光吸收效应(如**哈勃太空望远镜**)。

危地马拉 Guatemala 全称Republic of Guatemala(危地马拉共和国)。中美洲国家。面积:108 889平方千米。人口:约15 528 000(2013)。首都:**危地马拉市**。超过3/5的人口是梅斯蒂索,其余大多数人口是印第安人,其中最主要的是**马雅人**。语言:西班牙语(官方语言)。宗教:基督教(主要为天主教,也有新教)。货币:格查尔和美元。危地马拉最广阔的低地是**尤卡坦半岛**的佩滕区和北面加勒比海沿岸。山脉占全国面积的大部分,贯穿该国中部。北部佩滕的热带森林产出高级木材和橡胶。危地马拉的经济是正处于发展中的市场经济,主要以农业为基础。咖啡、糖和香蕉是其主要出口产品。危地马拉是共和国,一院制。国家元首暨政府首脑为总统。从公元前2500年的简单农耕村落开始,危地马拉和尤卡坦的马雅人展示出一种高度发达的文明。其核心在佩滕北部,在那里发现了最古老的马雅石柱和**蒂卡尔**的祭祀中心。公元900年以后,马雅文明衰败,而西班牙人在1523年开始征服他们的后裔。1821年中美洲殖民地在危地马拉城宣布从西班牙独立,危地马拉被并入墨西哥帝国,直到1823年帝国解体为止。1839年危地马拉成为独裁统治下的独立国家,独裁者相继上台,几乎持续掌权到19世纪末。1945年一个自由民主联盟执政,进行了彻底的改革。政府试图没收那些隶属于美国企业(联合水果公司)产权的土地,促使美国政府在1954年支持由被流放的危地马拉人发动的一次军事入侵。以后几年中,危地马拉的社会革命结束,大部分的改革被扭转过来。此后,长期政治动荡与暴力成为危地马拉政治的特点,政治暴力造成约20万人死亡,其中大部分要归咎于政府的军队。1976年一场强烈地震袭击该国,又造成数千人死亡。1991年危地马拉放弃长久以来对伯利兹的主权要求,两国建立了外交关系。由于游击队试图掌权,危地马拉继续受到暴力之害。1996年签订和平条约,但是劳工的不满、普遍的犯罪和贫穷问题,以及对人权的侵害行为一直延续到21世纪。危地马拉于1952年首次参加在芬兰赫尔辛基举办的夏季奥运会。

危地马拉市 Guatemala City 危地马拉城市和首都,**中美洲**最大城市。地处中央高地,海拔1 490米。建于1776年,以取代受地震严重破坏的旧危地马拉市,作为危地马拉都督管辖区的首府。从西班牙独立出来以后,成为墨西哥皇帝A. de伊图尔维德统治下的中美洲省省会,后成为危地马拉共和国首都。为全国政治、社会、文化和经济中心。有危地马拉圣卡洛斯大学(1676)、国家考古博物馆(藏有稀有的马雅人的各种手工制品)。今日的现代化城市大部分是在1917～1918年多次地震后重建的。该市在1976年地震中又遭严重破坏。人口约1 024 000(2007)。

威彻利 Wycherley, William(1640～1716) 英国剧作家。在上牛津大学和学习法律之后,因对戏剧的兴趣而成了一个经常出没于游乐场所的人。他写了一些风俗喜剧,试图调和其根深蒂固的清教徒式的生活准则和火热的自然生理需要。《林中爱情》(1671)一剧获得朝廷的喜爱;《爽快人》(1676)讽刺贪得无厌。《乡村妻子》(1675)可能是他最成功的作品,剧中对习俗和社会进行了十分严厉的批判,讥讽过分的嫉妒和自满,剧中人物在引人发笑的谈话中不自觉地暴露出他们的特点。后失宠于朝廷,并在债务人监狱待了7年,直到詹姆斯二世将他救出。

威尔伯 Wilbur, Richard (Purdy)(1921～) 美国诗人、评论家、编辑和翻译家。出生于纽约市,在哈佛大学攻读文学。《美好的变化及其他诗》(1947)与《礼仪及其他诗》(1950)发表后,成为有影响力的年轻作家。早期诗作优美典雅,遵守通常的韵脚等规律。人们热烈赞扬他的《世事:诗歌》(1956,获普利策诗歌奖)这部诗集,认为它虽然技巧不如以前完美,但是却更富有个人的特色。他还翻译别人(如莫里哀)的剧作,并撰写儿童读物和评论文章。1987～1988年成为美国的桂冠诗人。

威尔伯福斯 Wilberforce, William(1759～1833) 英国政治人物。1780年进入下议院,支持议会改革和天主教徒的政治解放。他支持反对奴隶制的立法(1785),并作为提案人使英属西印度群岛废除奴隶贸易的立法获得通过(1807)。1823年组成反奴隶制协会并任副会长。1825年自下议院退休。他追求的废奴法在他死后一个月通过。

威尔地 Verdi, Giuseppe (Fortunano Francesco)(1813～1901) 意大利歌剧作曲家,其父为客栈老板,自幼显露出音乐才华。靠弹风琴维生。在米兰开始谱写歌剧。1839年作歌剧《奥贝托伯爵》,在拉斯卡拉剧院成功上演,此后开始了和G.里科尔迪的长久友谊。第一部喜歌剧《一日王》(1840)首演失败,加上丧妻失女之痛,发誓不再创作。待创伤愈合后,创作了《纳布科》(1842),首演获巨大成功,随后的《伦巴第人》也取得了同样的成功。在接下来的几十年里,他每年都有一部造成轰动的歌剧。他反对流行的意大利歌剧结构,认为都是些随意由咏叹调、双人舞和三重奏拼凑的杂烩。他开始探索保持一出歌剧动力的方法,开始创作由一系列协调的场景构成一个统一体的戏剧。着眼于个人生活与公共生活之间的矛盾冲突,他创作了一系列最杰出的作品,包括《弄臣》(1851)、《吟游诗人》(1853)、《西蒙·波卡内格拉》(1857)、《假面舞会》(1859)、《唐卡洛斯》(1867)和《阿伊达》(1871)。他和女高音G.斯特雷波妮(1815～1897)的长期交往招致一些指责,他弃之不理。他是一个热情的民族主义者,因而成为伟大的民族形象。在谱写了著名的《安魂曲》(1874)之后他决定退休,但是在里科尔迪和A.博伊托来看他以后,又着手修改《西蒙·波卡内格拉》。他们的相互尊重又促使创作出《奥瑟罗》(1886)和《法尔斯塔夫》(1890)。

威尔夫里德,圣 Wilfrid, St.(634～709?) 又称Wilfrid of York。英格兰基督教主教,以建立起盎格鲁-撒克逊教会与教皇的密切关系

而闻名。在惠特比会议上成功地使罗马教会礼仪取代了凯尔特教会礼仪。身为约克主教，他在赫克瑟姆创办修道院，把本笃会会规引入英格兰。一场关于他的教区的划分争执，迫使威尔夫里德拒绝接受并逃至苏塞克斯。他劝化当地人信奉基督教，还在塞尔西建立修道院。后来担任麦西亚的主教。他两度到罗马，抗议他的管辖权受到侵犯(679、704)。

威尔基　Willkie, Wendell L(ewis)(1892～1944)　美国政治人物。出生于印第安纳州埃尔伍德，1929 年移居纽约市，在联邦与南方公司法律部工作，精明干练，4 年后即升任总经理。后因领导私营公用事业与联邦政府田纳西流域管理局进行竞争而闻名全国。他对罗斯福新政的有说服力的批评使他成为 1940 年共和党提名时爆出冷门的总统候选人。大选中仅在 10 个州获胜，但他得到超过 2 200万张的选票(共和党人从未得到过的最多票数)。他在周游全世界后，写了《天下一家》(1943)一书，该书成为战后呼吁国际合作的畅销书。

威尔金斯　Wilkins, Maurice (Hugh Frederick)(1916～2004)　新西兰裔英国生物物理学家。在伯明翰和剑桥受教育。曾参与曼哈顿工程，从事以质谱法分离用于原子弹的同位素。返回英国后，开始一系列研究工作，最终完成了对 DNA 的 X 射线衍射研究。由于他的研究对于证实 J. D. 沃森和 F. 克里克所确定的 DNA 分子结构至关重要，三人共获 1962 年诺贝尔生理学或医学奖。他后来用 X 射线衍射来研究 RNA。

威尔金斯　Wilkins, Roy(1901～1981)　美国民权运动领袖。出生于圣路易斯，曾担任黑人主办的《堪萨斯城呼声报》的记者和责任编辑。1931 年加入全国有色人种促进协会，1934～1949 年主编该会机关刊物《危机》月刊。1955 年开始了 22 年的全国有色人种促进协会执行主席生涯。他领导该协会进行全国性的反对种族歧视活动。1963 年参与组织有历史意义的为争取民权向华盛顿进军的示威游行并发表了演说。1968 年担任美国代表团团长出席国际人权大会。

威尔克斯　Weelkes, Thomas(约1575～1623)　英国管风琴家和作曲家，英国牧歌最重要的作曲家之一。1597 年出版第一部牧歌作品，翌年被任命为温切斯特学院管风琴师。其最佳作品分别收入 1598 和 1600 年问世的 2 本牧歌集中。其最后一部作品于 1608 年出版。威尔克斯的牧歌有近百首传世。为特殊意味的目的而采用强烈的半音体系常被视为他作品的标记。

威尔克斯　Wilkes, John(1725～1797)　英国政治人物。早年生活放荡，1757 年通过贿选进入议会。1763 年在所办的报纸《北不列颠人》上著文反对政府，后以毁谤罪被逮捕并逐出议会。再次选入议会后，他又印发文章攻击政府，同样，再次被定以毁谤罪并逐出议会(1764)。1769 年初他的朋友和同情者组成"保卫权利法案协会"，支持他进行斗争。他再次被选入议会及逐出议会(1769)。1774 年当选为伦敦市长。1774～1790 年重新回到下议院。他的真正成就在于扩大了英国的新闻出版自由。

威尔士　Wales　威尔士语作 Cymru。大不列颠及北爱尔兰联合王国的组成国。位于不列颠岛西部的一个半岛。面积：20 732平方千米。首府：加的夫。人口有凯尔特人、盎格鲁-撒克逊和盎格鲁-诺曼人血统。语言：英语、威尔士语。宗教：循道宗。威尔士几乎完全是一个高地区，中心为寒武山脉。斯诺登山位于斯诺登国家公园，是英国及威尔士的最高点。最长的河流有塞文河、瓦伊河和迪河。重要的经济资源有煤(采煤业在 20 世纪后期经历了严重下滑)、页岩和铅。输入并炼制石油；制造消费性电子产品。旅游业是重要的产业。史前时期即有讲凯尔特语的移民大批涌入。自公元 1 世纪至 4、5 世纪被罗马统治。凯尔特人与入侵的盎格鲁-萨克逊人展开了斗争。许多小王国纷纷建立，但没有一国成功地统一该地区。约在 1093 年，南威尔士作为威尔士接界地区成为英格兰的属地，并效忠英格兰国王，但仍保持自治。后并入英格兰版图。19 世纪成为国际采煤中心的先驱。1925 年威尔士国民党成立，直到 20 世纪 60 年代才取得一定程度的势力。1997 年公民投票赞成权力下放，成立威尔士议会，1999 年议会第一次开会。人口约3 063 456(2011)。

威尔士短腿狗　Welsh corgi　用来守卫牛群的两种使役狗。外观相似，但祖先不同。两个品种因杂交而趋于相似。卡迪根威尔士短腿狗因卡迪根郡而得名，其历史源自公元前 1200 年凯尔特人带到威尔士的狗品种，和猎獾狗的祖先有关。潘布罗克威尔士短腿狗因潘布罗克郡而得名，来自佛兰芒织布工于 1100 年左右带到威尔士的狗品种。两种均体小腿短，头似狐狸，耳直立。卡迪根狗尾长，耳末端圆。潘布罗克狗尾短，耳朵尖。两个品种均善于守卫。肩高 25～30 厘米，体重 11～17 千克。卡迪根狗的被毛中等长度，红棕色、杂色、黑色带褐棕或白色斑点，也有蓝灰色带黑色斑点的。

威尔士亲王　Wales, Prince of　英国王储的专用称号。英王爱德华一世征服威尔士，并处死威尔士的最后一个亲王(1283)。1301 年他把这一称号赐给自己的儿子。此后，英王的长子绝大多数都被赐予这一称号。威尔士亲王即位成为国王之后到他把这一称号赐给自己的儿子之前，该称号停止使用。

威尔斯　Wells, H(erbert) G(eorge)(1866～1946)　英国小说家、记者、社会学家和史学家。曾是著名生物学家 T. H. 赫胥黎的学生。他的作品文体生动、幽默，颇为成功，并开创了新的科幻小说领域。《时间机器》(1895)使他一举成名，随后又发表《隐身人》(1897)和著名的《星际战争》(1898)。威尔斯第二个时期的作品从预言未来转向改造现实。这时期的著名作品有《托诺-邦盖》(1908)和《波里先生的历史》(1910)。第一次世界大战后看到各国政治家未能实现正义的和平，曾寄希望于国际联盟，并企图用作品唤起人们重视世界秩序不稳定的危险，如《世界史纲》(1920)。晚期的作品表现出一种悲观的世界观。他给英国小说带来新的活力，也使人们认识到技术世界的危险与希望。

威尔斯　Wills, Bob(1905～1975)　原名 James Robert。美国乡村音乐小提琴手、歌手及词曲作家。出生于得克萨斯州科斯，从父习琴，1934 年在塔尔萨组建了得州花花公子乐团，该团的电台演出使得他成为美国中西部的明星；1942 年举团迁往加利福尼亚州，在一些舞厅和电影中献艺。他们是"西部摇摆乐"音乐类型先锋，这类音乐混合了传统小提琴与大乐团式摇摆乐和布鲁斯。其最为人知的曲子有《圣安东尼奥玫瑰》及《行乞雷格曲》。

威尔特郡　Wiltshire　英格兰南部一郡。位于布里斯托尔海峡、英吉利海峡和泰晤士河之间分水岭地区。行政中心在特罗布里奇。大部分地区属白垩高地，史前时期这里是英格兰人口密集的地区之一；现存许多史前遗迹，包括圆形石林和铁器时代的要塞。索尔兹伯里长期以来是该郡的基督教中心，以大教堂著名。除索尔兹伯里和工业城镇斯温登以外，农业是最重要的经济活动。人口约432 973(2001)。

威尔逊　Wilson, Alexander(1766～1813)　苏格兰出生的美国鸟类学家和诗人。早年当过纺织工人和小贩，同时写诗。1792 年因支持纺织工人斗争撰写讽刺诗而被罚款、监禁并遭政治迫害。由于穷困，1794 年移民美国任教。受 W. 巴特拉姆的影响，1804 年决定撰文论述北美鸟类，同时业余时间开始研究艺术和鸟类学。《美洲鸟类学》(9 卷；1808～1814)这一开创性巨著确立了他作为美国鸟类学奠基人及杰出博物学家的地位。1808 年《美洲鸟类学》第一卷出版后，他大部分时间用于预售其昂贵的著作及采集标本编写尚未完成的其他各卷。

威尔逊　Wilson, August(1945～2005)　美国剧作家。出生于匹兹堡。主要靠自学成才。为黑人美学运动的一员，与他人共同组建匹兹堡黑人地平线剧院(1968)并担任总监，又在非洲裔美国人杂志上发表诗文，制作数出戏剧，包括 1982 年的《汽车站》、1984 年在百老汇上演的《马·雷尼的黑臀舞》。其灵感来自非洲裔美国人口头语言、音乐、民俗及口耳相传的传统，源源不绝地推出新作，在 20 世纪每隔 10 年即有一批作品问世，计有《围栏》(1986，获普利策奖)、《乔·特纳的忽隐忽现》(1988)、《钢琴课》(1990，获普利策奖)、《两列奔驰的列车》(1992)、《七把吉他》(1996)、《海洋之珍》(2003)、《海德力国王二世》(2005)、《高尔夫电波》(2005)。

威尔逊　Wilson, Edmund(1895～1972)　美国评论家和随笔作家。出生于新泽西州雷

E. 威尔逊
EB Inc.

德班克，毕业于普林斯顿大学，先后担任报纸记者和杂志编辑。他的许多作品在《新共和》和《纽约人》上发表。他最有影响的评论著作有：《阿克瑟尔的城堡》(1931)，是对各国象征派诗人的一次总评；《去芬兰车站》(1940)，对为俄国革命奠定了思想基础的思想家进行了史论性研究；《爱国者戈尔》(1962)，剖析了美国南北战争文学。其他的著作还包括剧作、诗集、短篇小说集《赫卡特县的回忆》(1946)，和他死后出版的五卷本日记。一生既关注文学问题，又关心社会问题。他写史论、诗歌、长短篇小说，又是位编辑。他写作的题目涉及面极为广泛，议论起每一问题来总是视野宽阔，目光如炬。之所以如此是因为他学识渊博，常识丰富，用来表达观点的文字风格晓畅精确。他被视为当代重要的评论家。

威尔逊 Wilson, (James) Harold (1916 ～ 1995) 后称 Baron Wilson (of Rievaulx)。英国政治人物及首相(1964 ～ 1970, 1974 ～ 1976)。工业化学家之子。在牛津大学读书时与 W. H. 贝弗里奇合作，使贝弗里奇主张社会保险和其他福利措施的划时代报告得以顺利完成(1942)。第二次世界大战期间任文官，曾提出一份关于采矿业的研究报告。所著《煤炭问题新对策》(1945)一书成为工党矿藏国有化计划的基础。1945 年被选为英国下院议员，后出任贸易大臣(1947 ～ 1951)。1963 年当选为工党领袖，1964 年出任首相。他使工党在 1966 年选举中大胜，但 1967 年英镑贬值后面临经济问题。他在第二任期内确定了英国在欧洲经济共同体的地位(1975)。1976 年辞职，1983 年受封为终身贵族。

威尔逊 Wilson, Harriet E. (1828?～1863?) 原名 Harriet Adams。美国作家，可能是首位在美国出版英文小说的非洲裔美国人。1850 年以前的经历鲜为人知。她可能是新罕布什尔州米尔福德签了卖身契的奴隶，之后到马萨诸塞州当家仆。1851 年她嫁给一名逃亡的奴隶，但在儿子出生前丈夫又出海去了。威尔逊的唯一一部作品《我们黑人一族》(1859)是为了筹钱将收养中的儿子赎回来而写的，为描绘南北战争前北方种族主义的自传性小说。

威尔逊 Wilson, J(ohn) Tuzo (1908～1993) 加拿大地质学家和地球物理学家。出生于渥太华，是加拿大所有大学中第一个地球物理方面的学士(1930)。第二次世界大战后，在多伦多大学任地球物理学教授。20 世纪 60 年代初，在认为各个大陆是固定不动的主张盛行之时，他是复活大陆漂移理论的首要的世界性发言人。以往大陆漂移理论把板块运动设想为，或者是运动挨近到一起，或是运动分开。威尔逊提出第三种运动，就是板块相互之间滑动。该理论后来成为板块构造学的基础，后者使地球物理学发生了变革。南极洲有一座山脉以他的姓氏命名。

威尔逊 Wilson, William Julius (1935 ～) 美国社会学家。出生于宾夕法尼亚州小镇德里。曾在芝加哥大学任教 24 年，1996 年转至哈佛大学任教。他主张黑人贫穷的困境不是来自于种族主义或黑人对社会福利的依赖，而主要来自于全球经济的变化使得低技术的制造工作从内城区移出。因此，唯有种族中立的计划，如全民健康保险以及政府资助工作机会，才能减少下层阶级的问题。

威尔逊 Wilson, (Thomas) Woodrow (1856 ～1924) 美国第 28 任总统(1913 ～ 1921)。出生于弗吉尼亚州斯汤顿，毕业于普林斯顿大学，后获约翰斯·霍普金斯大学博士学位。1890 ～ 1902 年回普林斯顿大学教授法学和政治经济学，后任该校校长(1902 ～ 1910)。在校长任内，进行多项改革。竞选新泽西州州长成功。在该州的政绩受到全国的注意，遂于 1912 年被提名为民主党总统候选人。竞选中提出"新自由"的口号，以压倒共和党总统 T. 罗斯福的"新国家主义"(主张国家对企业多加干预)，当选为总统。担任总统期间，促使国会通过一系列新的法律：降低关税税率，建立联邦储备系统，设立联邦贸易委员会，强化工会组织。在外交上，反对大国欺凌小国，尊重弱国的权益，如对菲律宾逐步给予自治地位等。1914 年第一次世界大战期间仍努力保持美国中立的地位，并致力于调停战争。但在"卢西塔尼亚"号和其他非武装船只被德国潜艇击沉(1915)后，1916 年向德国提出最后通牒式的照会，以最强硬态度迫使德国放弃了潜艇战略。1917 年德国突然恢复无限制的潜艇战，美国乃对德宣战。1918 年提出"公正和持久和平"的十四点和平纲领。德国战败后，这一纲领成为协约国与德国谈判的基础。共和党占优势的国会对他带回的《凡尔赛条约》草案持保留态度。他周游全国发表演说，为维护和约与国际联盟吁请公众的支持。但因身体欠佳，中途折返华盛顿时，突然患脑血栓半身不遂。11 月参议院决定修改和约，病中的威尔逊坚持要求诉诸民意，由公民投票决定和约的命运。结果是提出国际联盟原则的美国，战后却没有参加这个组织。1920 年总统选举，民主党失败，他的理想主义进一步破灭。1919 年获诺贝尔和平奖。

威尔逊山天文台 Mount Wilson Observatory 位于加利福尼亚州帕沙萨迪附近威尔逊山顶上的天文台。1904 年由 G. E. 海尔(1868 ～ 1938)建立，1948 ～ 1980 年与帕洛马天文台合并为海尔天文台。其直径 2.5 米的光学望远镜使 E. 哈勃及其同事能够找出膨胀宇宙的证据，并估计其大小。

威尔逊氏病 Wilson's disease 又称 hepatolenticular degeneration(肝豆状核变性)。与铜代谢有关的隐性遗传疾病，特征为大脑基底神经节进行性变性、角膜边缘出现棕色环及肝组织逐渐纤维化。通常在 20 ～ 30 岁时首次发病，伴有震颤、共济失调及人格改变。其病因是由于循环血液中缺少一种铜结合蛋白——血浆铜蓝蛋白——而导致体内游离铜过多，这些铜沉积在组织中，引起特有的症状。治疗中常给予高蛋白、低铜饮食，同时使用青霉胺等螯合物，以把铜从组织中清除到尿中。

威克岛 Wake Island 太平洋中部的环礁，美国无建制领地。包括 3 个珊瑚小岛，总陆地面积 6.5 平方千米。3 岛有堤道相连，呈新月形展开，中间有潟湖。1899 年归属美国。1935 年成为商业航班横渡太平洋的中转站。美国海军 1939 年开始建机场及潜艇基地。1941 年 12 月工程完成一半时，威克岛被日军占领。日本投降后，由美国空军管辖。1974 年后一直作为商业飞机的紧急着陆站。现在也是气象研究站所在地。岛上没有土著居民，但有一小部分民工。

威克里夫 Wycliffe, John (约 1330 ～ 1384) 英格兰神学家、哲学家、宗教改革者。1372 年获神学博士学位。爱德华曾派他赴布鲁日与教皇代表就英格兰与教廷双方在教廷赋税和神职任免权等重大问题上的分歧进行商谈。他批评宗教政策，认为教会既然有罪就应当放弃财产而恢复安贫乐道的本来状况，剥夺教会资产应由国家特别是国王执行。他的论点受到广泛注意，为此，教皇在 1377 年要求逮捕他。1379 年开始有系统地批判天主教，主要抨击变体论即认为圣餐礼上所用的饼和酒果真变为耶稣的肉和血的教义。1380 年参与《圣经》英译的工作，并筹组"穷修道"修会，以便将《圣经》的真理传播到民众中去。他的追随者被称为罗拉德派。教会高层将农民起义(1381)归咎于他的煽动；他的许多著作被禁。他的著作后来激励了宗教改革运动的许多领袖，其中最著名的是 M. 路德。

威廉二世 William II (1154 ～ 1189) 绰号 William the Good(好人威廉)。意大利语作 Guglielmo。西西里的末代诺曼人国王(1166 ～1189 年在位)。继位后，由母后摄政，1171 年亲政。因对各城镇和贵族采取宽容和公正的政策，而以"好人威廉"著称。他和拜占廷皇帝曼努埃尔一世的友谊结束，因为曼努埃尔拒绝威廉与他的女儿的婚事。他与英格兰国王亨利二世的女儿结婚。1185 年对拜占廷发动了一场大规模的进攻，初期得胜，但后来在君士坦丁堡遭伏击而惨败。

威廉二世 William II (1626 ～ 1650) 荷兰语作 Willem。奥兰治亲王，拿骚伯爵，腓特烈·威廉之子，1647 ～ 1650 年成为尼德兰联合省(菲仕兰省除外)的执政者。1647 年父死后继承奥兰治亲王称号。争取荷兰独立的八十年战争结束后他与法国联系，意图挑起战火,夺取西属尼德兰(今比利时)的一部分。荷兰省议会见他野心勃勃,就解散了一部分军队。他下令拘禁6名荷兰省议会主要成员,并向阿姆斯特丹进军,结果以失败而告终。后因患天花去世。

威廉二世　William II(1792～1849)　荷兰语全名为Willem Frederik George Lodewijk。尼德兰国王和卢森堡大公(1840～1849)。威廉一世之子,1795年随家人流亡英格兰。任威灵顿公爵的副官,在英国军队中服役。1815年在**滑铁卢战役**中指挥尼德兰部队。1830年被派往布鲁塞尔镇压革命,但未能制止独立运动。后退居英格兰。1840年成为尼德兰国王。身为国王他稳定了国家的经济。1848年授权自由党政治家托尔贝克起草一部新宪法。这部宪法确立了直接选举的原则,保障了基本的公民自由。

威廉二世　William II(1859～1941)　德语全名为Friedrich Wilhelm Viktor Albert。别名Kaiser Wilhelm。德国皇帝和普鲁士国王(1888～1918年在位)。腓特烈王储(后称腓特烈三世)和英国女王维多利亚长女的儿子。1888年继承其父的王位。两年后威廉迫使O. von **俾斯麦**辞去宰相职位。由于他好战的作风和优柔寡断的政策,他的大臣不自觉地受到伤害,包括比洛亲王和L. von **卡普里维**。1897年鼓励海军上将A. von **提尔皮茨**强化德国的舰队,并与法国争夺非洲殖民地摩洛哥(参阅**摩洛哥危机**)。在塞尔维亚危机(1914)时支持奥匈帝国。在第一次世界大战期间,名为总司令,实际上掌握战争命运的是德军将领,他只是助长了那些将领和高级官吏的狂妄战争野心。德国战败后逃至荷兰,结束了德国的王权政体,去世前一直过着流亡的生活。

威廉三世　William III(1650～1702)　荷兰语作Willem Hendrik。尼德兰联合省执政(1672～1702)、英格兰、苏格兰、爱尔兰国王(1689～1702)。奥兰治亲王威廉二世和英格兰查理一世之女玛丽·斯图亚特之子。《退隐法案》(1654)明文规定奥兰治亲王及其子孙不得担任国家公职,此法于1660年废除。1672年威廉出任联省共和国军队统帅,同年总议会推举他为执政。他成功地抵抗了英格兰查理二世和法国国王路易十四的入侵。1677年威廉与约克公爵詹姆斯(后来的英王詹姆斯二世)之女玛丽(后来的英格兰女王玛丽二世)结婚。当时,英王詹姆斯二世专横暴虐,极不得人心。1688年,反对詹姆斯的一派请威廉进行干预,他率领荷兰军队在德文登陆。1689年威廉和玛丽成为英格兰、苏格兰和爱尔兰的统治者;1694年玛丽死后由他单独统治。他领导欧洲反抗路易十四,最终导致他死后的**大同盟战争**。在英国,他维护宗教自由,强化议会,通过的《王位继承法》授予司法独立。

威廉三世　William III(1817～1890)　荷兰语全名为Willem Alexander Paul Frederik Lodewijk。尼德兰国王和卢森堡大公(1849～1890)。国王威廉二世的长子,1849年父死后即王位。他反对1848年宪法,但仍任用宪法制定者托尔贝克领导代议制新政府。1862～1868年间得以通过内阁实行统治。1867年企图将卢森堡卖给法国,由于普鲁士出面干涉,没有成交。这次危机后,他在议会的影响显著减小。死后由女儿威廉明娜继承王位。

威廉斯　Williams, Eric (Eustace)(1911～1981)　长期在位的特立尼达和多巴哥首任总理(1962～1981)。获牛津大学博士学位,1956年组织人民民族运动党(PNM)前曾在美国霍华德大学社会政治科学系工作。该党在特立尼达和多巴哥全国选举中大获全胜。1962年国家独立后任总理。他实行所谓的"经验社会主义",强调社会服务、改进教育和吸引外资发展经济。蕴藏的石油使该国收入增加。1970年以前他一直受到大众欢迎,后因经济衰退导致几次不成功的暴动。他担任总理一职直到去世。

威廉斯　Williams, Hank(1923～1953)　原名Hiram King。美国歌手与吉他演奏者。"西部与乡村"音乐的领头人物之一。生于亚拉巴马州乔治亚娜一贫困家庭,8岁开始弹奏吉他,13岁在电台首演,14岁组成自己的第一个乐队。在F. 罗斯的帮助下,1949年录制的《相思布鲁斯》成为畅销曲,同年在一次特殊的演出后加入了大奥普里。他著名的畅销专辑包括《我很寂寞我想哭》、《什锦饭》和《欺骗的心》,唱片中几乎所有的歌曲都是他自己写的。29岁时死于心脏病,可能是滥用药物和酗酒造成的。威廉斯至今仍是乡村音乐史上最受推崇的歌手。他的儿子小威廉斯(生于1949年),14岁开始灌录唱片,至今已发行逾60张,获得了许多奖项。

威廉斯　Williams, Jody(1950～　)　美国社会活动家,1992年帮助建立了国际禁雷运动(ICBL)组织,1997年她和该组织共获诺贝尔和平奖。她与6个国际组织合作,协调建立国际禁雷运动组织,旨在废除杀伤性地雷的使用,但目前世界上70多个国家里仍有几千万枚未爆的地雷。1997年12月她的努力最终获得了成功,100多个国家在加拿大渥太华签署《禁雷条约》,到2003年,该条约在约130个国家获得批准,但其中不包括主要的生产国,如美国、俄罗斯和中国。该条约呼吁禁止发展、销售和使用地雷,呼吁销毁未爆的地雷和现有的储备。她与S. 罗伯茨合著了《枪炮沉寂之后:持久的地雷隐患》(1995)一书。2007年她被任命领导一个联合国高级特别团到饱受战争蹂躏的苏丹**达尔富尔**地区调查人权问题。

威廉斯　Williams, John (Towner)(1932～　)　美国作曲家及指挥家。生于纽约皇后区,曾于加利福尼亚大学洛杉矶分校和朱利亚音乐学院修习音乐。以爵士乐钢琴手的身份开始音乐生涯,但在20世纪60年代即开始为电视和电影配乐。曾为逾75部电影配乐,如《大白鲨》(1975)、《星球大战》三部曲、《第三类接触》(1977)、《外星人》(1982)及《辛德勒的名单》(1993)等,并曾5度获奥斯卡奖。他亦谱写了许多演奏曲,1980～1993年任波士顿流行管弦乐团指挥。

威廉斯　Williams, Tennessee(1911～1983)　原名Thomas Lanier。美国剧作家。12岁开始居住在圣路易。曾在几所学院学习,后毕业于艾奥瓦大学。他的独幕剧集《美国的布鲁斯》赢得"同仁剧团"奖(1939),《玻璃动物园》(1944)获得成功,接着《欲望号街车》(1947,获普利策奖;1951年拍成电影)、《卡米诺·里尔》(1953)和《热锡皮屋顶上的猫》(1955,获普利策奖;1958年拍成电影)等剧相继搬上舞台。他的剧作还有《去夏突至》(1958;1959年拍成电影)、《可爱的青春小鸟》(1959;1962年拍成电影)和《鬣鳞蜥的夜晚》(1961;1964年拍成电影),后者写一位被解职的牧师如何变成不称职的导游。他还写了小说《斯通夫人的罗马之春》(1950;1961年拍成电影)。作为一个目光锐利的脆弱幻象描绘者,他被视为美国最伟大的剧作家之一。

威廉斯　Williams, William Carlos(1883～1963)　美国诗人。小儿科医生,毕生在家乡新泽西州拉瑟福德行医和写诗。擅长以明晰细致的比喻把平凡的题材写得有声有色。《红色手推车》是他的代表作。5卷本长诗《佩特森》(1946～1958)通过一个错综复杂的城市场景刻画了当代美国人错综复杂的形象。其他诗作还有《来自布吕格尔的图画和其他诗歌》(1962,获普利策奖)。他还写了一些散文、随笔、短篇故事集、剧本和自传。

威廉斯堡　Williamsburg　美国弗吉尼亚州东南部城市。位于詹姆斯河与约克河之间受潮汐影响的半岛上。1633年始有人定居。1693年威廉与玛丽学院在此成立。1699年詹姆斯敦附近大火后成为州首府,直到1780年州府迁往里士满。南北战争期间,1862年南方邦联军队在威廉斯堡战役中被击败。1926年开始复原殖民地时期的威廉斯堡,包括几百幢殖民地时期建筑,1936年划为科洛尼尔国家历史公园。人口14 068(2010)。

威廉·退尔　Tell, William　德语作Wilhelm Tell。瑞士民族英雄,在历史上是否存在现在还有争议。传说13世纪或14世纪初退尔蔑视奥地利当局,怀恨在心的奥地利总督命令他向相距80步、放在他儿子头上的苹果射箭。他后来设下埋伏并杀死总督,该事件被认为是向人民发出反对奥地利统治的信号。最初是从1470年开始的史书中提到退尔。对射手的测试在民间传说中广泛流传,这一故事与其他国家的神话也有类似之处。

威廉王之战　King William's War(1689～1697)　威廉三世领导的英国与法国之间为争夺北美洲领地而发生的战役。为**大同盟战争**在北美洲的延伸,法属加拿大人、新英格兰的殖民者和他们的印第安盟友都卷入这场战争中。英军占领了阿卡迪亚(后称新斯科舍)的罗亚尔港,但未能攻克魁北克;法军在**弗隆特纳克伯爵**领导下,赢得了纽约州斯克内克塔迪和新英格兰地区的小规模战斗，但在进攻波士顿时失利。这场不分胜负的战争最后以签订《赖斯韦克条约》(1697)结束。参阅**法英北美殖民地争夺战**。

威廉一世 William I(1028？～1087) 绰号 William the Conqueror(征服者威廉)。法国诺曼底公爵(1035～1087)、英格兰第一位诺曼人国王(1066～1087年在位)。继承父亲的公爵位。曾多次平息贵族的叛乱，成为法国最强有力的封建领主。1051年忏悔者爱德华一世承诺让他继承英格兰的王位，1066年爱德华去世，却由韦塞克斯的哈罗德(即哈罗德一世)继承王位。为了争取继承王位的权力，他决定对英格兰开战。他引兵渡海，在黑斯廷斯战役击败前来迎敌的哈罗德一世。随后被加冕为国王。诺曼征服结束后，英国又发生骚乱直至1071年。为确保英格兰边界的安定，他入侵苏格兰(1072)和威尔士(1081)。1086年下令编写《末日审判书》，后来将领地分给儿子们，把诺曼底和曼恩封给罗贝尔二世，英格兰则给了威廉二世。

威廉一世 William I(1143～1214) 绰号 William the Lion(狮王威廉)。苏格兰国王(1165～1214年在位)。他继承父亲诺森伯兰伯爵苏格兰人亨利的爵位(1152)，但1157年被迫把他的领地交给英格兰国王亨利二世。他继承其兄马尔科姆四世的王位，并于1173年参加亨利的几个儿子发动的叛乱，企图夺回诺森伯兰。1174年被俘，在同意承认英格兰国王为领主和英格兰教会对苏格兰教会的至高权力之后获释。为了巩固自己在苏格兰全境的权力，他建立了一个规模不大但却颇有成效的中央集权行政机构。他在苏格兰建立了许多自治市。

威廉一世 William I(1533～1584) 荷兰语作 Willem。绰号 William the Silent(沉默者威廉)。尼德兰联合省第一任世袭执政(1572～1584)。拿骚-迪伦堡伯爵威廉之子，1544年从堂兄弟那里继承奥兰治公国和其他不动产。在布鲁塞尔的哈布斯堡宫廷受教育，后被腓力二世指派进入议会(1555)。他参与《卡托-康布雷齐和约》的谈判。在出使法国时，法王亨利二世讲述了把基督教新教徒赶出尼德兰的计划，威廉却缄口不提反对的意见，从而获得"沉默者"的绰号。1559年被任命为荷兰、泽兰和乌得勒支联合省的执政。1568年领导荷兰人发动反西班牙的武装叛乱。他为宗教的自由或政治的自由而战。虽然没有完成解放整个尼德兰的任务，然而北部诸省于1572年宣布独立，威廉被选为执政。他曾寻求法国的协助对抗西班牙，腓力二世即西班牙王位后，悬赏除掉这个"叛徒"。1584年遭一天主教狂热分子枪击而亡。

威廉一世 William I(1772～1843) 荷兰语全名为 Willem Frederik。尼德兰国王和卢森堡大公(1815～1840)。奥兰治亲王威廉五世之子，1791年结婚，在法国入侵荷兰共和国后，随家人移居英格兰(1795)。站在普鲁士一方反对拿破仑。在普鲁士宫廷过着流亡生活至1812年。在荷兰发生反对法国统治的暴动后，成为荷兰共和国首脑(1813)和包括比利时、列日和卢森堡大公国的尼德兰王国国王(1815)。他推行经济复兴计划，促成商业的复兴。1830年布鲁塞尔发生叛乱，导致比利时成为独立国家。1840年在荷兰人民日益不满的情况下让位于其子威廉二世。

威灵顿公爵 Wellington, Duke of(1769～1852) 原名 Arthur Wellesley。英国将领。爱尔兰莫宁顿伯爵之子，1787年进入陆军，1790～1797年在爱尔兰议会服务。1796年奉派至印度，在马拉塔战争(1803)中领军获胜。回到英国后服务于英国下议院，1807～1809年担任爱尔兰秘书长。他在半岛战争中指挥英国军队，在葡萄牙和西班牙战胜法国，并入侵法国，1814年赢得战争的胜利，为此他被提升为陆军元帅，并封为公爵。在拿破仑对欧洲强国重启战端后，这位"铁公爵"指挥联军在**滑铁卢战役**(1815)中获胜。受到英国和外国君主丰厚的奖赏，成为欧洲最尊荣的男子之一。在指挥军队占领法国(1815～1818)并在托利党内阁担任军械署大将军(1818～1827)后，于1828～1830年出任首相，但因反对议会改革而失去政权。去世时举行了极其盛大的葬礼来彰显他的荣耀，葬于圣保罗大教堂**H.纳尔逊**墓地之旁。

威尼斯 Venice 意大利语作 Venezia。意大利北部主要港口，威尼托区的首府。建于一个潟湖上，周围长145千米，包含118个岛屿和2个工业城镇。公元5世纪，许多大陆居民为躲避北部入侵者在潟湖诸岛定居。10世纪时是拜占廷帝国的属国。由于地处黎凡特商路的要冲，自第四次**十字军**(1202～1204)时期开始兴起，成为包括**克里特**、**埃维亚**、**基克拉泽斯**和**爱奥尼亚群岛**在内的一个殖民帝国的统治者，也是摩里亚采邑和伊庇鲁其采邑的据点。1381年在长达一个世纪的争夺黎凡特和东地中海商业优势的斗争中挫败了**热那亚**。15世纪，威尼斯共和国在取得邻近地区之后，成为一个疆域广大的意大利城郭。15～18世纪期间，威尼斯在与奥斯曼土耳其的断续战争中逐渐丢失了东部的属地。1715年放弃了爱琴海上的最后一个据点。1797年威尼斯共和国解体，其领土割给奥地利。1805年并入**拿破仑**的意大利王国，1815年复归奥地利。1848～1849年反抗奥地利的叛乱结束后，又归意大利(1866)。第二次世界大战期间遭受破坏不大。市内有多条运河贯穿，1966年遭受洪灾。潟湖水位上升，经常造成市内洪水，保护市内的建筑变得更加复杂。威尼斯建筑包括文艺术复兴时期和意大利、拜占廷、阿拉伯的巴罗克式建筑的风格。有艺术、历史名胜约450处。包括著名的教堂圣马可教堂、宫殿、博物馆、艺术馆和剧院等。市里约有400座桥梁，其中叹息桥最著名，建于公元800年左右。众多教堂中，**圣马可教堂**最为著名。城市工人多数就业于旅游业及其相关的工业。威尼斯在活跃的威尼托地区经济体系中起着主要的市场作用。人口约270 884(2011)。

威尼斯玻璃制品 Venetian glass 13世纪至今在威尼斯生产的各种玻璃制品。15世纪，威尼斯人大力改进制作水晶玻璃品(外观酷似水晶的清澈玻璃)的工艺。到了16世纪，他们掌握了使玻璃脱去烟色和着色的技术以及在玻璃上镀金和上釉的方法。这种技术和其他秘方都严格保密，背叛的人要受到严厉的惩罚。但由于威尼斯玻璃工人外逃，技术外流，使英、法、德、荷兰等国家都能生产威尼斯式样的玻璃器皿。

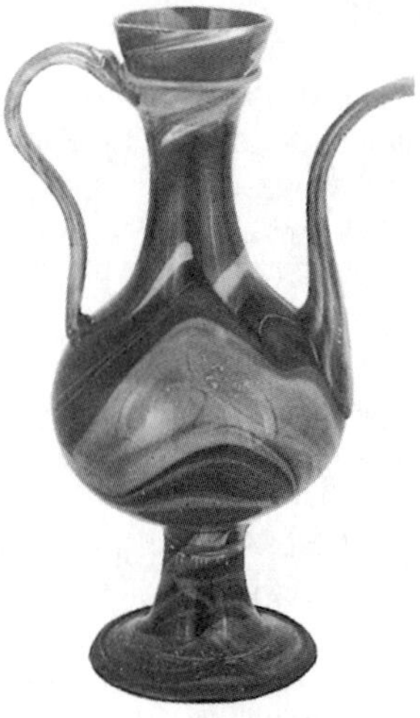

16世纪初期的威尼斯玉髓玻璃花瓶状水罐；现藏德国美因河畔法兰克福工艺博物馆

By courtesy of the Museum für Kunsthandwerk, Frankfurt am Main, Ger.; photograph, Foto Marburg—Art Resource/EB Inc.

威尼斯画派 Venetian school 文艺复兴时期的威尼斯艺术和艺术家，特色是对光和色彩的偏爱。该派的奠基人和最重要的画家是J.贝利尼以及他的儿子G.贝利尼，文艺复兴最重要的大师还包括**乔尔乔涅**和提香。后来，提香成为威尼斯画派的主力，其丰富色彩和绘画技巧被广泛效仿。其他16世纪的大师有：韦罗内塞，以篇幅巨大、色彩华美、场面宏伟著称；丁托列托，他把风格主义的急遽淡化斜纹和威尼斯画派透视画法的缩小结合起来，用威尼斯画派喜用的光来勾勒轮廓和突出戏剧化场景的方法来表现。G.B.提埃坡罗是威尼斯画派最后一位重要画家，他也是洛可可时期最伟大的画家之一。

威尼斯湾 Venice, Gulf of 亚得里亚海北段。西起意大利波河三角洲，东至伊斯特拉半岛，长95千米。沿岸多沼泽地、潟湖和沙嘴，远至意大利的里雅斯特，吹袭亚德里亚海沿岸的东北冷风布拉风造成了崎岖海域，航行危险。

威慑 deterrence 一种军事战略，指一个强国以迅速和压倒一切的报复行动有效地威胁其对手，使其不敢发动攻击。威慑主要指核大国和其主要盟国的基本战略。前提是每个核大国必须保持高水平的即时的和压倒性的破坏能力来对付侵略国。总之，必须具备两个基本条件：使人信服在它遭到一次突然袭击之后仍有力量进行报复，使人看到决心进行报复的可能性，虽然不是进行报复的必然性。

威士忌 whiskey 由谷物的糖化醪发酵后制成的蒸馏酒。各国所产威士忌，由于不同的制作方法、谷物的种类和特点以及用水的特点，而各有特色。常在木制贮酒槽中进行陈酿。最早的关于威士忌制造的直接叙述，见于始自1494年的苏格兰档案中。苏格兰威士忌的酒体稍微淡薄，带有明显的烟熏麦芽香味。它们先由发芽的大麦制得，然后在泥炭火上加热、发酵、蒸馏产生类似的威士忌，再逐次用水稀释到按体积计含酒精43%。爱尔兰威士忌没有烟熏的特性，经过3次蒸馏，并且有时与中性的谷类威士忌相混合，以制成酒体较淡薄的产品。加拿大威士忌的酒体和香味淡薄，经常是高度加香的谷类威士忌与中性的谷类威士忌二者的混合物。美国是最大的威士忌生产和消费国，纯威士忌（含至少51%的糖化醪）和混合的威士忌都有生产，通过分别混以酸性糖化醪和糖化醪制得。（酸性糖化醪，是用酵母发酵的，这种酵母包含一部分先前发酵过的酵母；糖化醪则是用鲜酵母制得。）波旁威士忌原产于肯塔基州的波旁县，具有玉米（以玉米为原料）香味。威士忌可以单独饮用，也可以与鸡尾酒或其他饮料混合饮用。

威士忌酒反抗 Whiskey Rebellion（1794） 美国历史上宾夕法尼亚州西部农户拒纳酒税的反抗。此次反抗为新生的美国政府提供了第一次使用军事手段在州界内树立联邦权威的机会。约500名武装人员袭击并焚毁税务稽查官吏住宅，华盛顿总统发布公告，命令反抗者息事还乡，旋派联邦军13 000人进入闹事地区，抵抗运动不攻自溃。事件确立了联邦法律在各州的管辖权，支持联邦主义者建立强有力中央政府的主张。

威士忌酒集团 Whiskey Ring（1875） 美国一群偷税的威士忌酿造商。他们贿赂税务官员，侵吞酒税，主要在圣路易、密尔沃基和芝加哥活动。后经财政部调查，有238人被起诉，110人证明有罪。据说这笔非法窃取的税金是要用于共和党为U. S. 格兰特总统连任而进行的全国竞选活动，因而群众大哗。格兰特总统虽未涉嫌，他的私人秘书O. E. 巴布科克却被控参与密谋，但在格兰特证明他无辜后，亦宣告无罪。

威思 Wythe, George（1726～1806） 美国法官和政治家。出生于弗吉尼亚州伊丽莎白城，先学习法律，后来在移民议会工作。在威廉斯堡执律师业，后来当选总统的T. 杰斐逊曾在他的律师事务所里学习过法律。在威廉与玛丽学院期间（1779～1789）成为美国第一位法学教授，J. 马歇尔是他的学生。作为大陆会议代表之一，签署了《独立宣言》。1776年受杰斐逊总统等3人指派，修订弗吉尼亚的法律。在担任衡平法官期间（1778～1806），他在"弗吉尼亚州诉卡顿"案（1782）中声称法院有权拒绝执行违宪的法律。他是美国制宪会议（1787）的成员。

威斯巴登 Wiesbaden 德国南部黑森州首府。地处莱茵河右岸。公元1世纪古罗马人在此修筑防御工事，以后以一处矿泉闻名。1241年为帝国城市，1255年归拿骚伯爵所有，1806～1866为拿骚公爵领地首府，后转归普鲁士所有。1946年成为新设置的黑森州首府。18～19世纪这里就是著名的矿泉疗养地，歌德、勃拉姆斯、陀斯妥耶夫斯基常来这里，至今仍是广受欢迎的旅游胜地。现为铁路枢纽，有铸铁、印刷、电影制片等多种工业，也是酿酒业中心，以出产赛克特酒（德国香槟）著称。人口约271 276（2002）。

威斯康星 Wisconsin 美国中北部的一州。包括密歇根湖的一部分。北接苏必利尔湖西部和密歇根州上半岛，东濒密歇根湖，南邻伊利诺伊州，西部和西南部邻明尼苏达州和艾奥瓦州。密西西比河上游是威斯康星州与其他州的分界线。不寻常的地表特点包括密歇根湖和格林湾之间的多岩石多尔半岛。北部地区是世界上最大的湖泊集中地之一。威斯康星河贯穿全州。森林覆盖率为40%以上。早期为印第安人居住地。欧洲人到来前，若干不同的印第安人部落居住在此，包括奥吉布瓦人、梅诺米尼人和温内巴哥人。1634年法国探险家J. 尼科莱到达本地。1717年第一个永久性欧洲居住地建立。1763年归英国管辖。1848年加入联邦，成为美国第30个州。1900年左右掀起了进步运动，通过了一些法案使该州成为社会立法的带头人。该州的牛奶、奶油和奶酪生产在全国首屈一指。旅游业和娱乐业也是主要经济行业。通过该州港口装运的货运量占大湖区货运总量的大部分。最大城市密尔沃基。首府麦迪逊。面积169 639平方千米。人口约5 627 967（2008）。

威斯敏斯特教堂 Westminster Abbey 位于伦敦的教堂，原为本笃会会士隐修院。英格兰国王忏悔者爱德华在原址上重建了一座诺曼风格教堂（建于1065）；1245年亨利三世将爱德华所建教堂除中殿外全部拆除，采用当时流行的哥特尖顶式改建成现在的大隐修院教堂。中殿于1376年开始改建，间断地持续至都铎时代。附属结构亨利七世小堂（约1503年开工）采用哥特垂直式，以其扇形拱顶著称。1560年由英格兰女王伊丽莎白一世将其改为威斯敏斯特城（现大伦敦的一个自治市）圣彼得大教堂。西面的尖塔（1745）是最后增建的部分，由N. 霍克斯穆尔与J. 詹姆斯设计。自威廉一世往后，除两位未加冕的英王爱德华五世及爱德华八世外，历代英王均在此加冕。许多国王和名人也葬于此地，南耳堂的一部分是著名的"诗人角"，北耳堂有许多英国政治家的纪念碑。

《威斯敏斯特条例》 Westminster, Statute of（1931） 英国议会规定不列颠和各自治领平等的条例。当时的自治领有加拿大、澳大利亚、新西兰、南非、爱尔兰共和国和纽芬兰。条例确认1926年和1930年两次大英帝国会议的决议。会议特别宣告：各自治领都必须被看做大英帝国内地位平等的自治共同体，它们虽同样效忠于国王，并作为英联邦成员国家而自由联合，但在内政和外交事务中决不听命他人。

威斯特伐利亚 Westphalia 普鲁士旧州，今属德国。约700年时威斯特伐利亚人（萨克森人的一支）在此定居，1180年建立公爵领地，数百年来受科隆大主教管辖。《威斯特伐利亚和约》（1648）在明斯特签署。1807年拿破仑为其弟热罗姆建立威斯特伐利亚王国，首府设在卡塞尔。1815年根据维也纳会议重组，1816年成为普鲁士一州，首府明斯特。第二次世界大战时受到大面积轰炸。1946年被分割成西德的北莱茵-威斯特伐利亚、下萨克森和黑森州。

《威斯特伐利亚和约》 Westphalia, Peace of（1648） 1648年欧洲协议的总称。它结束了西班牙、荷兰八十年战争和德国三十年战争的局面。1644年在威斯特伐利亚的明斯特和奥斯纳布吕克两城开始谈判，1648年分别签订了西荷条约（1月30日）以及包括神圣罗马皇帝费迪南德三世、德国其他诸侯、法国、瑞典间的条约（10月24日）。决议载明，法国、瑞典及其同盟国，或获得了领土，或对领土主权的要求得到确认。教会问题也同时得到解决。由于确认了《奥格斯堡和约》，以及把条约的条款扩大到新教（加尔文宗），帝国的三大教派——天主教、信义宗和加尔文宗获得了信仰自由。困难的宗教地产所有权问题也通过妥协获得解决。神圣罗马帝国被迫承认德国各诸侯在其各自领地的绝对主权，帝国的权力被极大削弱。

威斯汀豪斯 Westinghouse, George（1846～1914） 美国发明家和实业家，美国用交流电传输电力主要是他倡导的。出生于纽约州森特勒尔布里奇。南北战争期间曾在军队服役。他的第一项重要发明是空气制动器（1869年获得专利），后来规定所有美国火车都必须装有这种空气制动器。他研发铁道信号设备，研制成一种完整的电气和压缩空气信号系统。后来还有许多与天然气输送管道有关的发明。他最重要的成就是改进了美国交流电的电力传输。19世纪80年代美国开始发展直流电，但欧洲已发展出交流电系统。威斯汀豪斯购买了特斯拉的交流电动机专利并请特斯拉来改进电动机以适用于他的电

威斯汀豪斯
By courtesy of Westinghouse Electric Corporation

网。1886 年组成威斯汀豪斯电气公司。在当时曾受到拥护直流电的人们的诽谤，但最终还是威斯汀豪斯占了上风。1893 年威斯汀豪斯公司为芝加哥的世界哥伦比亚展览会提供了照明电。另外，他还获得以交流发电机开发尼亚加拉大瀑布的权利。参阅电流。

微波 microwave 电磁辐射波谱的一部分，频率范围大约从1吉赫(10^9赫)到1太赫(10^{12})。微波是电视、电话以及数据传送的主要载体，资料可以通过微波在地球上的不同站点之间传送，也可以在地球与卫星之间传送。雷达束是微波的短脉冲，用来确定船只和飞机的位置，跟踪气象系统，确定移动物体的速度。玻璃和陶瓷这类物体不会吸收微波，因此不会被微波加热。不过金属会反射微波，所以金属容器会把微波排拒在外。参阅微波激射器。

微波激射器 maser 产生并放大频谱中微波波段的电磁辐射的装置。第一台微波激射器由美国物理学家 C. H. 汤斯制成。其名为microwave amplification by stimulated emission of radiation的首字母缩略词。微波激射器产生的波长稳定并且可复制，可以用来调节钟表，使之数百年间的时间误差不超过 1 秒。微波激射器现用于放大雷达和通信卫星反馈的微弱信号，并且可用来测量金星发射的微弱电波，显示该星球的温度。微波激射器是激光器的主要前身。

微处理机 microprocessor 具备完成数字计算机的中央处理器功能所需的算术、逻辑以及控制电路的微型电子装置。微处理机是一些集成电路，能够解释并执行程序指令，还能进行算术运算。20 世纪 70 年代晚期微处理机的发展使计算机工程师可以研制出微型计算机。微处理机也导致了所谓“智能”终端设备的出现，如银行的自动提款机和销售点终端机，还能应用于许多工业和医院设备的自动控制，可编程的微波炉以及电子游戏机等。许多汽车也使用微处理机控制的点火装置和燃料系统。

微观经济学 microeconomics 对个别消费者、公司和行业的经济行为以及总产量和总收入在它们之间分配的研究。微观经济学认为个人既是土地、劳动力、资本的供应者，也是最终产品的最后消费者。它分析公司既是产品供应者，又是劳动力和资本的消费者。微观经济学还试图分析市场或其他形式的能确定各种商品和劳务相对价格的、并能在许多可供选择的用途中分配社会资源的机制。参阅宏观经济学。

微积分 calculus 数学的一个分支，分析连续函数自变量改变时的变化率。通过它的两个主要工具导数和积分可精确计算出在这一系统下的变化率和变化总量。导数和积分的基本概念来自“极限”，这是关于差异越来越微小的一种函数概念的逻辑延伸。17 世纪末分别由 I. 牛顿和 G. W. 莱布尼兹发现。微积分是现代科学的一大突破。

微生物学 microbiology 研究微生物(包括原生动物、藻类、霉、细菌和病毒等多种简单生物)的科学。微生物学主要研究其构造、功能、分类和如何控制、利用其活动等课题。其基础是在19 世纪后期建立在 L. 巴斯德和 R. 科赫的研究工作上的。从那时起，已识别出许多致病的微生物，并已找到有效防治的方法。此外，已发现了引导各种不同微生物活动的方法，使医学、工业和农业受益。如霉能生产抗生素，尤其是青霉素。参阅遗传工程。

韦伯 Weber, Carl Maria (Friedrich Ernst) von(1786 ～ 1826) 德国作曲家。乐师和剧院经理之子，W. A. 莫扎特妻子的表兄弟，先天性髋部畸形，自幼多病。曾随M. 海顿之弟学习作曲(1737 ～ 1806)，后师从福格勒神父继续学习(1749 ～ 1814)。通过福格勒介绍，被任命为布雷斯劳的音乐总监(1804 ～ 1806)。1813 年任布拉格歌剧院指挥，事必躬亲，使他几乎无暇创作，遂于 1816 年辞职。1819 年写下了著名的《邀舞》和《音乐会曲》(1821)。《魔弹射手》也是这期间的作品，1821 年在柏林上演时使他一举成名，成为国际巨星。他的下一部歌剧《欧丽安特》(1823)，因剧本拙劣而导致其极好的音乐未能获得成功。他的最后一部作品《奥伯龙》(1826)是为伦敦创作的，但仅在伦敦受到欢迎。后死于英国，享年 39 岁。韦伯是德国古典音乐过渡到浪漫主义时代的主要人物，被称为德国民族歌剧的先驱。

韦伯 Weber, Max(1864 ～ 1920) 德国社会学家和政治经济学家。父亲是一位富有的民族自由党成员，母亲为卡尔文宗信徒。他自己是个勤奋的学者，但偶尔为神经方面疾病所苦。《基督教新教伦理和资本主义精神》(1904 ～ 1905)是最有名也最引起争论的一部著作，书中探讨了卡尔文宗信徒的道德、强迫劳动、官僚主义、资本主义条件下经济成功等的相互关系(参阅新教伦理标准)。所著关于新教教义与资本主义的论文影响了历史思潮和宗教社会学。他在方法论方面强调学术上的客观性。他对人类行为动机的分析，对社会学的理论研究，影响都是深远的。有许多著作是在他死后出版的，包括《经济与社会》(2 卷，1922 ～ 1925)和《经济史通论》(1923)。

韦伯恩 Webern, Anton (Friedrich Wilhelm von)(1883 ～ 1945) 奥地利作曲家。幼时即学习钢琴和大提琴。以关于荷兰作曲家 H. 伊萨克的音乐的论文获维也纳大学音乐学博士学位。1904 年开始和 A. 贝尔格师从 A. 勋伯格学习作曲。三人共同探索音乐表现新的一面，即无调性音乐。当勋伯格创立一种 12 音的作曲方法时，韦伯恩在其钢琴曲《儿童小曲》中首先采用，并在此后所有作品中都运用其序列技巧。此即所谓表现主义的“新维也纳学派”。韦伯恩虽然作了《交响曲》(1928)、《协奏曲》(1934)和《钢琴变奏曲》(1936)等曲，但他主要还是以指挥为生。在第二次世界大战晚期奥地利被占领期间，他在艺术上完全与世隔绝，后被美国占领军误杀。虽然生前广被误解与忽视，死后却被公认为是对第二次世界大战后的音乐影响最大的作曲家之一。

韦伯斯特 Webster, Daniel(1782 ～ 1852) 美国律师和政治人物。出生于新罕布什尔州索尔兹伯里，曾担任美国众议员(1813 ～ 1817)。1816年举家迁居波士顿。经营起一家

D. 韦伯斯特，索思沃思和霍斯摄制的达盖尔式照片

By courtesy of Metropolitan Museum of Art, New York City, gift of I. N. Phelps Stokes, Edward S. Hawes, Alice Mary Howes, Marion Augusta Hawes

成功的律师事务所，并在马萨诸塞州再次当选美国众议员(1823 ～ 1827)。他在最高法院为一系列日后成为判例的重要案件辩护，包括达特茅斯学院案、麦卡洛克诉马里兰州案、吉本斯诉奥格登案。后当选参议员(1827 ～1841，1845 ～ 1850)。他成了支持联邦的雄辩家，反对州有权不遵守联邦法律的做法及其倡导者 R. Y. 海恩和 J. C. 卡尔霍恩。在担任国务卿(1841 ～ 1843，1850 ～ 1852)期间，他谈判并签署了《韦伯斯特-阿什伯顿条约》，解决了加拿大-缅因州之间的边界争端。

韦伯斯特 Webster, John(约 1580 ～ 约 1625) 英国剧作家。生平不详，但可能最初做过演员，后成为剧作家。曾和一些著名剧作家，如 T. 德克合作写过一些剧本。他最著名的作品是《白魔》(1612)和《马尔菲公爵夫人》(1623)。二者都属报仇悲剧，叙述因谋杀和血腥的证据引发意大利贵族家庭间的争端的故事；被公认为 W. 莎士比亚的作品之外 17 世纪英国最重要的悲剧。

韦伯斯特 Webster, Noah(1758 ～ 1843) 美国词典学家及作家。出生于康涅狄格州西哈特福德，曾在耶鲁大学学习法律。在纽约教书时开始了他终身致力的创办一种特殊的美国教育的事业。他首先出版了《英语语法原理》，包括《美国拼音课本》(1783)，亦即著名的《蓝脊拼音课本》，至今已销售了 1 亿册以上，这可能是美国历史上最畅销的书，为韦氏提供了大量收入，是其一生的主要生活来源。韦伯斯特是狂热的联邦主义分子，曾创办两份支持联邦主义的报纸(1793)，并撰写了许多这方面的文章。1821

年与人共同创办阿默斯特学院。1806 年出版第一本字典《简明英语词典》；1807 年开始编纂《美国英语大词典》（1828，1840 年第二版）。该字典反映出他的主张：拼写法、语法和惯用法应完全根据活的口语，摒弃人为的规定。其版权后来转让给乔治和查理·梅里亚姆公司所有，该公司出版了一系列的梅里亚姆-韦氏词典。

韦布夫妇　Webb，Sidney（James）and Beatrice（西德尼 1859 ～ 1947；比阿特丽斯 1858 ～ 1943）　比阿特丽斯原名为 Martha Beatrice Potler。又译韦伯夫妇。英国社会改革家，对于英国的社会思想和制度影响很深。西德尼原是公务员，认识萧伯纳后，于 1885 年加入费边社。他为该社撰写第一部宣传小册子《社会主义者的论据》（1887），并公开讲演社会主义。1891 年结识《英国的合作运动》（1891）一书的作者比阿特丽斯，二人于 1892 年结婚。他们研究工作的第一批成果是两部巨著《工联主义史》（1894）和《产业民主》（1897）。1892 ～ 1910 年，西德尼在伦敦郡议会工作，他还致力于对公共教育进行广泛的改革。韦布夫妇曾共同参与创办伦敦经济学院和重组伦敦大学。比阿特丽斯在 1905 ～ 1909 年间担任制定济贫法的皇家委员会委员，后来写了一部有关福利国家的报告。1914 年夫妇二人加入工党，西德尼起草了该党的一份重要政策声明书《劳工与社会新秩序》（1918）。1922 ～ 1929 年间进入议会，1929 ～1931 年担任殖民地事务大臣，1929 年受封为帕斯菲尔德男爵。1932 年赴苏联旅行，对苏联印象深刻，后著有《苏维埃共产主义：一种新文明？》（1935）。

韦登　Weyden，Rogier van der（1399/1400 ～ 1464）　佛兰德斯画家。27 岁到 R. *康平*的作坊当学徒时才开始绘画事业。早期风格明显受康平的影响，具有浓郁的和注重细节刻画的写实主义特征；J. van *爱克*雅致精确的风格也在他的作品中留下痕迹。1435 年移居布鲁塞尔，次年被指定为城市画家。大约在1435 ～ 1440 年间为卢万射箭公会的礼拜堂完成著名油画《耶稣下十字架》。他的国际声誉提高，作品在意大利尤其受到很高的评价。虽然他的画作大都属宗教性质，但也画了一些世俗画（已佚失）和肖像画。他的艺术影响了数代佛兰德斯画家并且将佛兰德斯风格传遍欧洲。

韦恩　Wayne，Anthony（1745 ～ 1796）　美国独立战争中的将领。出生于宾夕法尼亚州佩奥利附近。1776 年任大陆军上校前拥有一家制革厂。奉命增援从加拿大败归的美军，继而指挥纽约的泰孔德罗加堡。1777 年晋升准将。夺取纽约州斯托尼波因特英军要塞（1779）是他生平最辉煌的战绩，为此赢得“疯子安东尼”的绰号。1792 年被 G. 华盛顿总统任命为陆军总司令；当时美军装备很差，在向中西部进军途中屡为印第安人部落联盟所败。在鹿砦战役（1794）中，韦恩所率久征惯战的部队在莫米河畔迈阿密堡将印第安士兵彻底击溃。

韦恩　Wayne，John（1907 ～ 1979）　原名 Marion Michael Morrison。美国电影演员。出生于艾奥瓦州温特塞特。结识导演 J. 福特前，他在福克斯影业公司担任道具员，1928 年开始在福特的影片中扮演小角色。在《大追捕》（1930）中第一次扮演主角，后来在获得福特导演的《驿站马车》（又译《关山飞渡》，1939）演出前，曾主演了 80 余部低成本电影。他把身强力壮和沉默寡言的牛仔和士兵的形象表演得栩栩如生，绰号“公爵”。他成为电影史上票房价值最高的演员之一。他演出的西部片还有（许多是福特执导的）：《红河谷》（1948）、《她系着一条黄丝带》（1949）、《里奥格兰德》（1950）、《搜寻者》（1956）、《骑兵》（1959）、《真正的勇敢》（1969，获奥斯卡金像奖）。此外，他还担任过《蓬门今始为君开》（1952）的导演，《哈塔里！》（1962）和《越南大战》（1968）两部影片的导演之一。

韦尔　Weill，Kurt（Julian）（1900 ～ 1950）　德裔美国作曲家。是一个合唱团指挥的儿子，15 岁时担任剧院伴奏。曾短时期随 E. 洪佩尔丁克学习作曲，而指挥工作丰富了他的经验。1920 年随 F. *布索尼*学习，创作了第一首交响曲。独幕剧《先驱者》（1925）为他确立了作曲家地位。1927 年与 B. *布莱希特*共同创作《三分钱歌剧》（1928），这是一种新的时事讽刺剧风格，在柏林和其他各地都获得极大的成功。歌剧《马哈哥尼城的兴亡》于 1930 年在德累斯顿首次上演，被认为是他的杰作。1933 年纳粹掌权后，他与妻子逃至巴黎，创作了《七死罪》（1933）。1935 年移民美国，1938 年《纽约人的假日》问世，接着是《迷失在星空下》（1949）。他的两首作品，《三分钱歌剧》中的“小刀麦基之歌”和《纽约人的假日》中的“九月之歌”，依然非常受欢迎。

韦尔蒂　Welty，Eudora（1909 ～ 2001）　美国女短篇和长篇小说家，其作品多以严谨的态度描写类似其出生地密西西比的小城镇及德尔塔乡间的居民生活。人际关系的错综复杂是韦尔蒂小说的一大主题。以《绿色的帷幕》（1941）受到注意。其他短篇小说集还有《大网》（1943）、《金苹果》（1949）和《英尼斯福伦的新娘》（1955）。她的小说有《德尔塔婚礼》（1946）、《沉思的心》（1954）、《失败的战争》（1970）和《乐天者的女儿》（1972，获普利策奖）。她还出版了她的照片集，其中包括那些她在大萧条时期担任公职时拍的照片。

韦尔多派　Waldenses　法文作 Vaudois，意大利文作 Valdesi。起源于 12 世纪法国宗教运动的成员。信徒追随耶稣基督和他的门徒，寻求贫穷的布道生活。该派创始人 P. 韦尔多在没有教堂的许可下在里昂传教，受到里昂大主教谴责。教皇卢西乌斯三世于 1184 年宣布取缔该派后，韦尔多继续信奉天主教，希望最终得到教会许可，但其追随者逐渐从天主教中分离出来，反对神职人员管理圣礼以及教义中炼狱和圣人崇拜的观点。罗马教廷绝罚和迫害该派信徒，到 15 世纪末，信徒减少。16 世纪该派采用新教的一些教义，在教会组织上迎合新教日内瓦派。随后的几个世纪里，他们继续受迫害，仍有小规模的宗教运动，现分布在阿根廷、乌拉圭和美国等地。

韦尔夫王朝　Welf dynasty　日耳曼贵族王朝。韦尔夫家族源于巴伐利亚的韦尔夫伯爵（9 世纪初），他的女儿分别嫁给路易一世和日耳曼人路易。11 世纪时，韦尔夫王朝和埃斯特王室有联系。他们支持教皇党，反对国王亨利四世，同时也是意大利和欧洲中部霍亨斯陶芬王朝的强劲对手。由于属汉诺威王朝，后来成为英国的统治者。

韦尔豪泽　Weyerhaeuser，Frederick（1834 ～ 1914）　原名 Friedrich。德国出生的美国木材大王。18 岁移民美国，在伊利诺伊州一家锯木厂当工人。1857 年他和亲戚将该工厂买下。韦尔豪泽四处奔走，买下出产木材的林地，他还买了许多伐木厂与木工厂的股权。1872 年成立密西西比河木业公司，该公司是经营整个密西西比河流域木材加工的大联合企业。1900 年买下太平洋西北岸900 000英亩的林地；并成立韦尔豪泽木材公司（现韦尔豪泽公司），以华盛顿州塔科马为中心。在其一生中，该公司购买了美国西北部近2 000 000英亩土地。

韦尔奇　Welch，William Henry（1850 ～ 1934）　美国病理学家。出生于康涅狄格州诺福克。曾在德国学习病理学，回到美国后在贝尔维医学院开办了全国第一家病理学实验室（1879）。1893 年在新创办的约翰斯·霍普金斯大学建立了美国第一个真正的大学病理系。他聘请著名内科医生 W. 奥斯勒和外科医生 W. 霍尔斯特来校任教，并担任医学院的第一任院长（1893 ～1898）。他要求学生学习自然科学，积极参加临床实验和实验室工作，从而革新了美国的医学。他最著名的成就是证明白喉毒素产生的病理效应，发现与创伤性热和气性坏疽有关的细菌。

韦尔斯　Welles，（George）Orson（1915 ～ 1985）　美国电影演员、导演、制片人。出生于威斯康星州基诺沙，16 岁开始舞台表演，1934 年开始在百老汇演出。曾为联邦戏剧计划导演《麦克白》——联邦戏剧计划的一部分，演员全部是黑人。1937 年和 J. 豪斯曼共组墨丘利剧团，创作了一系列的广播剧。1938 年演出由 H. C. 威尔斯的小说《星际战争》改编的广播剧，模拟新闻广播形式宣布火星人入侵新泽西州，在千千万万听众中引起一场虚惊。后前往好莱坞发展。在《公民凯恩》（1941）中以富于创新的叙事手法，运用摄影、布光和音乐推动剧情发展，制造所需要的气氛。该片由他自编、自导、自制作、自演，是艺术史上最具影响力的影片之一。其他电影还有《安倍生大族》（1942）、《陌生人》（1946）、《上海小姐》（1948）、《奥赛罗》（1952）、《审判》（1963）、《午夜钟声》（1966）、《罪恶的接触》（1958）。由于和好莱坞片场间的问题，他缩短了制片的时间，移居欧洲。他在《简·爱》（1944）、《第三人》（1949）和《强制》（1959）等影片中的演出亦令人称。

韦尔斯利　Wellesley（of Norragh），Marquess（1760 ～ 1842）　原名 Richard Colley

Wellesley。英国政治家。威灵顿公爵的兄长。继承其父爱尔兰莫宁顿伯爵的头衔，1781年起在爱尔兰上院任议员。1784～1797年在英国下院任议员。1797～1805年任马德拉斯邦督和孟加拉总督期间，用武力和外交手腕扩大了英国在印度的殖民帝国，但由于开支巨大而被东印度公司召回。1809年去西班牙，为进行半岛战争作外交上的准备。同年晚些时候任外交大臣。1812年辞职。1821～1828和1833～1834年间两度任爱尔兰总督。

韦尔斯利学院　Wellesley College　美国马萨诸塞州韦尔斯利的私立女子学院，1870年获准成立。长久以来一直是美国最出色的女子学院之一，是第一所设有科学实验室的女子学院。该校颁授人文（包括中文、日文、俄文等）、社会科学（包括非洲研究、宗教、经济等）、自然科学和数学（包括计算机科学）等领域的学士学位。校内设有高等科学中心及天文观测站等设施。现有注册学生约2 300人。

韦尔塔　Huerta, Victoriano（1854～1916）　墨西哥总统（1913～1914）。生于印第安人家庭，P.迪亚斯统治期间在军队里一直晋升到将军。后推翻迪亚斯的继承人自由主义者F.马德罗，建立了高压的军事独裁。立宪派联合起来反对他，并得到美国总统W.威尔逊的支持，出兵参与起义。1914年韦尔塔被打败，逃往西班牙，后移居美国。因被指控在墨西哥煽动叛乱而遭到逮捕，死于狱中。

韦尔特海梅尔　Wertheimer, Max（1880～1943）　德国心理学家。在移民美国任新社会研究学院教授（1933～1943）之前，曾先后在法兰克福和柏林大学教书（1916～1929）。与K.科夫卡（1886～1941）、W.克勒共同创立格式塔心理学。虽然他的许多研究以知觉为对象，但格式塔学派很快就扩展到心理学的其他领域，不过它总是强调动态分析和整体结构中各要素间的联系，以整体优于其各部分总和的概念作为基本态度。他的著作《创造性思维》在他死后于1945年出版。

韦弗　Weaver, John（1673～1760）　英国舞蹈演员和芭蕾舞大师，英国哑剧之父。1700～1736年间在特鲁里街剧院和林肯律师学院菲尔兹剧院演出和制作舞剧。他的《马尔斯与维纳斯的爱情》（1717）是第一部正式发表的适宜于舞剧的歌剧剧本。他的最佳演出以情节和表演取胜，而不是当时流行的那种专业炫技。因此他成了J.-G.诺维尔和G.安哥里奥尼一位重要的老前辈。后者是富有创造性的舞蹈动作设计者。

韦格纳　Wegener, Alfred (Lothar)（1880～1930）　德国气象学家和地球物理学家。1905年取得天文学博士学位后，对古气候学产生兴趣，并参加了赴格陵兰的考察队去研究北极的大气环流。最早正式提出了关于大陆漂移假说的完整陈述，并在重要著作《大陆和大洋的起源》（1915）中充分阐述他的理论。韦格纳的大陆漂移论在其后的10年内赢得了一些拥护者，但是他对大陆运动推动力的假定却似乎并不可取。至1930年，他的学说已经被多数地质学者所舍弃，在随后几十年间默默无闻，直到20世纪60年代，成了板块构造学学说的一部分，才又复苏。

韦科　Waco　美国得克萨斯州中北部城市。位于布拉索斯河畔。1849年在一个印第安村庄的基础上兴建。早年经济几乎全部以棉花为基础。现在它的多元化经济包括制造业和旅游业。1953年一场龙卷风袭击了韦科，死亡114人。1993年4月19日，在与联邦执法人员对峙51天之后，大卫教的大约80名成员在韦科附近他们的一座庄园的大火中丧生。人口124 805（2010）。

韦克菲尔德　Wakefield, Edward Gibbon（1796～1862）　南澳大利亚和新西兰的英国殖民者。当看到刑罚制度的弊端并获悉当时盛行把罪犯强迫迁往贫穷和环境恶劣的英国海外领地后，他在著作《悉尼来信》（1829）中建议：皇家在该地的土地应以"适当价格"分成小块出售给一般平民。在他的影响下，南澳大利亚成为非罪犯定居地。他是新西兰大陆公司（1838～1849）创办人和经营者。他派殖民者到新西兰定居，迫使英国政府承认其为殖民地。作为达拉谟伯爵的顾问，他影响了达拉谟的报告，导致上加拿大和下加拿大联合。他在新西兰的坎特伯雷建立了一座英国殖民地教堂（1847）。

韦克菲尔德　Wakefield　英格兰约克郡西区城市和行政中心。原为皇家庄园，1086年以后成为男爵领地。玫瑰战争时约克公爵在此地遭到兰开斯特家族的袭击身亡。15世纪英国奇迹剧韦克菲尔德组剧在此上演。1643年英国内战时期曾一度为国会将军费尔法克斯攻陷。16世纪以后成为著名的纺织中心，专门生产羊毛和人造丝。人口约315 173（2001）。

韦拉克鲁斯　Veracruz　墨西哥中东部一个州。邻墨西哥湾。沿海有低平的沙土带，向内陆地势升高成中部高原，有墨西哥最高峰锡特拉尔特佩特火山（海拔5610米）。首府哈拉帕。当地有大量前哥伦布时期文化（包括奥尔梅克文化）的考古遗迹。1519年H.科尔特斯作为第一个欧洲人在此首次登陆。1824年成为州。该州石油蕴藏占全国的25%以上，并有几座炼油厂。经济以农业、林业和制造业为主。面积71 699平方千米。人口7 643 194（2010）。

韦拉克鲁斯　Veracruz　全称Veracruz Llave。墨西哥中东部港市，位于韦拉克鲁斯州中东部，临墨西哥湾。1519年H.科尔特斯发现拉克鲁斯的里卡村，并在此建镇，但由于居住条件不利于健康，曾两度被遗弃。现在的城市约建于1600年，作为殖民时期墨西哥和西班牙的主要联系点而建为港口，是最西班牙化的城市。曾屡遭袭击和占领，首先是私掠船，后来是法国和美国军队。又名利亚巴，以纪念1857～1860年的韦拉克鲁斯总督利亚巴。1857和1917年墨西哥宪法均在此颁布。1912年曾发生反对F.马德罗总统的暴乱。现为墨西哥主要海港和商业中心。人口428 323（2010）。

韦伦斯基　Welensky, Sir Roy（1907～1991）　罗得西亚政治人物。出生于南罗得西亚（今津巴布韦）索尔兹伯里。年轻时是铁路工人，后来成为铁路工会领袖。1925～1927年一直保有罗得西亚重量级拳击冠军头衔。1938年当选为北罗得西亚立法议会议员，开始进入政界。身为罗得西亚和尼亚萨兰联邦（今赞比亚、津巴布韦和马拉维）的坚强支持者，他被选入首届国会，1956年开始担任总理职务。他担任该职到1963年联邦瓦解。

韦罗基奥　Verrocchio, Andrea del（1435～1488）　意大利画家和雕刻家。早年生活不详。他最重要的作品都是在他最后20年，由梅迪契家族赞助，在家乡佛罗伦萨创作的。

B.科莱奥尼青铜像；A. del 韦罗基奥制作于1483～1488年
Brogi-Alinari from Art Resource

他作为一位大师早就远近闻名，许多著名的艺术家，包括莱奥纳多·达·芬奇和佩鲁吉诺，都曾在他的工作室学习。年轻的达·芬奇曾在他的《基督受洗》（约1470）中画了一位天使和一部分风景。韦罗基奥作为浮雕大师的声誉始于他为皮斯托亚大教堂制作的纪念碑，但死时尚未完成，后人虽对他的原设计有所改变，但他以透视法将人物布置成戏剧性综合体，则预示了17世纪巴罗克雕刻所表现的强烈戏剧性风格。他制作的军官B.科莱奥尼青铜像（1483年委托，1496年在威尼斯落成）是文艺复兴时期最伟大的骑马青铜雕像之一。

韦罗内塞　Veronese, Paolo（1528～1588）　原名Paolo Caliari（保罗·卡里雅利）。意大利画家。幼时随父亲学习石匠技艺，13岁当画家学徒。1553年起，在威尼斯接受了委托绘画的工作，后成为16世纪威尼斯画派的主要画家，以色彩华丽、结构宏伟而闻名。他在威尼斯的第一个作品是总督府的天顶画，运用巧妙的透视法短线交错使人物像是飘浮在空中。他以富有生气的华美色彩装饰贵族宫廷和别墅，接受许多壁画、祭坛画、礼拜画的委托，其中有许多"晚宴"画（如《以马斯朝圣》和《法利赛人家宴》），使他在建筑的背景上安排大量的人物。为玛莎尔别墅的蓝色天顶所画的优美风景（约1561），强调了别墅设计者帕拉第奥的和谐韵律，使人们幻觉般地感到传统神话中的人物，像是突破了墙壁，打开屋顶直上蓝天。他的《最后的晚餐》（1573年委托）中那些想入非非的细部招致宗教裁判对他的传讯。同时代以及后许多世纪的画家,都从他运用色彩表达丰富语言的风格中获得启发并以之作为楷模。

韦尼泽洛斯 Venizélos, Eleuthérios (Kyriakos)(1864～1936) 希腊革命领袖。其父是克里特的革命者。曾任克里特自治政府的司法部长(1899～1901)。1905年,他组织武装起义,迫使专横的高级专员离开克里特。在雅典担任军事同盟的领导,致力于克里特与希腊的统一。他出任首相(1910～1915)后,建立巴尔干同盟。在巴尔干战争中,他的政策使领土和人口增加了一倍。第一次世界大战时,他支持协约国,遭国王康斯坦丁反对,因而辞职。他领导反君士坦丁的起义,迫使康斯坦丁出逃。他重新担任首相(1917～1920)。与协约国结盟,在巴黎和会中成功地保护了希腊的利益。他又担任了3任首相(1924,1928～1932,1933)。1935年试图阻止恢复君主政体失败,被迫流亡。

韦奇伍德 Wedgwood, Josiah(1730～1795) 英国陶器设计者和制造商。其家族从17世纪开始就从事陶器生产。在随大哥学艺后,和另一位陶工合作了一段时间,最后独立创业。他以科学方法成功地改进陶器的制造,大获成功,甚至对法国塞夫尔和德国迈森等大工厂的经营也产生了影响。他的多项发明中包括现在仍受欢迎的绿釉,改良米色陶器和发明高温计。他的女儿苏珊娜为C. 达尔文的母亲。参阅韦奇伍德陶瓷器。

韦奇伍德陶瓷器 Wedgwood ware 英国的一种炻器,包括米色陶器、黑色和碧玉细炻器,产于英国斯塔福德郡的J. 韦奇伍德的工厂。他努力使米色陶器臻于完善;这种陶器尽管是大量生产,但仍然质量高、重量轻、坚固耐用,而且造型和装饰雅致,常具有当时流行的新古典主义风格。它满足了中产阶级长期以来对优质餐具的需求。1768年韦奇伍德厂发展了一种黑色不上釉的质地精细的炻器,叫作黑炻器。这种炻器烧成后,表面无光泽,但能够抛光及刻成平面,是仿制古董和文艺复兴时期制品的理想材料。为了适应对新古典主义的爱好,韦奇伍德于1775年创制了碧玉细炻器。这是一种白色、无光、未上釉的炻器,像素瓷,与黑炻器一样也可作为装饰品。韦奇伍德陶瓷至今仍在生产。

英国斯塔福德郡生产的韦奇伍德碧玉炻器花瓶(约1785);现藏伦敦维多利亚和艾伯特博物馆

By courtesy of the Victoria and Albert Museum, London; photograph, Wilfrid Walter-EB Inc.

韦塞克斯 Wessex 古代盎格鲁-撒克逊王国,位于不列颠南部。其领土相当于今汉普郡、多塞特郡、威尔特郡、萨默塞特郡、伯克郡和埃文郡,首府设在温切斯特。根据传统的说法,该王国是约494年由撒克逊入侵者建立。它征服了肯特和萨塞克斯,9世纪时在阿尔弗烈德大帝的率领下成功地抗击了丹麦人的入侵。927年阿尔弗烈德之孙艾特尔斯坦完全收复丹麦人所占领的地区之后,韦塞克斯的国王就成为全英格兰的国王。亚瑟王是这个地区最著名的传奇人物(参阅亚瑟王传奇)。

韦瑟尔 Wiesel, Elie(1928～) 原名Elizer。罗马尼亚裔美国小说家。原居住在锡盖特镇小小的犹太教虔敬派聚居区中,1944年和家人被投入奥斯威辛集中营,随后又迁至布痕瓦尔德集中营,他的父母亲和妹妹都死于营中。其全部作品在一定意义上反映了他作为这场大屠杀的幸存者的经历,以及他对这场大屠杀为什么会发生和它暴露了人类天性中的哪些方面这类折磨人的道德伦理问题的探索。其作品包括《夜》(1958)、《耶路撒冷的一个乞丐》(1968)、《一个遇害犹太诗人的遗言》(1980)、《遗忘》(1989)。作为著名的演说家,他因把对个人的关注化为对一切暴力、仇恨和压迫的普世的谴责而获得1986年诺贝尔和平奖。

韦思 Wyeth, Andrew (Newell)(1917～2009) 美国画家。出生于宾夕法尼亚州查兹福德。自幼随父亲习画,他的主题几乎全部来自查兹福德附近地区和缅因州库欣避暑地附近地区。其技法精确细腻,使人览之如入幻境。《克里斯蒂娜的世界》(1948)是他著名的画作,描绘一名小儿麻痹症患者正努力爬上一座小山,画中显示他善于使用特殊透视角度和光线明暗表现动态。1971～1985年,韦思秘密绘制了百余幅画像,主人公都是他在查兹福德的邻居海尔格·泰斯托夫,其中包括她的裸体画。他是第一位获总统自由奖章的画家(1963),也是第一位获国会金质奖章的艺术家(1990)。他的儿子杰米也是一位有成就的画家。

A. 韦思绘《克里斯蒂娜的世界》(1948),蛋彩画;现藏纽约市现代艺术博物馆

By courtesy of the Museum of Modern Art, New York City

韦斯巴芗 Vespasian(9～79) 全名Caesar Vespasianus Augustus,原名Titus Flavius Vespasianus(提图斯·弗拉维乌斯·韦斯帕西亚努斯)。罗马皇帝(69～79)。弗拉维王朝

韦斯巴芗,在奥斯蒂亚发现的胸像;现藏罗马国立博物馆

Anderson-Alinari from Art Resource

的创建者。虽然出身贫寒,由于在不列颠屡建功勋,获得克劳狄举行凯旋式的殊荣。63年任阿非利加总督。67～68年,占领了除耶路撒冷以外的犹太地区。68年尼禄死后,他随即停止战斗。加尔巴被杀害后,军团拥立他为皇帝。其时维特利乌斯也在科洛尼亚称帝,被韦斯巴芗在意大利击败。尽管他享有完全的权力,他和儿子们把持执政官的职位,他是一位受群众欢迎的皇帝,生活俭朴。他为了弥补尼禄时代和内战时期的赤字,提高各行省的赋税额。兴建和平庙和大斗兽场,整顿军队和禁卫军。结束了与犹太人的战争(70年)和莱茵兰暴动。吞并日耳曼和不列颠的部分地区。平定威尔士。王位由其子提图斯继承。

韦斯顿 Weston, Edward(1886～1958) 美国摄影家。出生于伊利诺伊州海兰帕克,

E. 韦斯顿,1945年摄于加利福尼亚州卡梅尔湾的洛博角
Imogen Cunningham

自少年时代起就热衷于摄影。早期作品属于画意派风格,用暗房加工的方法删除细节,模仿印象派绘画;但1915年的一个现代艺术展览使他转而强调抽象的形式和清晰的纹理,通过巧妙的构图和微妙的色调、光线、质地的安排得到表达自然景物之美的清晰而写实的相片。他最著名的作品是一系列裸照和在加州拍摄的沙丘照片。

韦斯普奇 Vespucci, Amerigo(1454? ～ 1512) 意大利裔西班牙航海家、新大陆探险家。年轻时为梅迪契家族服务,1491年被派往塞维利亚,协助装备C.哥伦布的远航探险船只。1496年任经理。他参加两次(或四次——此数字有争论)新大陆航行。1499～1500年参加西班牙探险队的一次远航,发现亚马孙河口。又曾领导一次葡萄牙探险(1501～1502),发现瓜纳巴拉湾(里约热内卢)和拉普拉塔河。1507年发表的航行报告中第一次使用阿美利加和新大陆的名字以表述阿美利哥·韦斯普奇来到的这片土地。身为西印度群岛商业委员会(自1508年)的首席航海员,按船长们所提供的数据资料,负责测绘新发现土地的地图。

韦斯特 West, Mae(1893～1980) 美国电影女演员。出生于纽约布鲁克林。1901年跟随布鲁克林一家固定剧团演出。1907年成为到全国各地作歌舞杂耍巡回演出的演员。1911年,韦斯特以歌手和演员的身份在百老汇演出。1926年开始在百老汇戏剧中自编、自导、自演,其中包括引起轰动的《性》(1926)、《钻石李尔》(1928)和《坚贞的罪人》(1931)。韦斯特被视为性感的象征,其肆无忌惮的淫荡,雍容华贵的风度,因过度享乐而厌烦了的俏皮话,成为她的标志。韦斯特通常扮演为追求欢娱生活而玩世不恭和不顾贞操的女人。她演出的电影有《我不是天使》(1933)、《她冤枉了他》(1933)、《90年代的美女》(1934)和《我的小山雀》(1940)。第二次世界大战期间,盟军为表示对她的纤腰盈掬的身材的爱慕,把他们的充气式救生衣叫作"梅·韦斯特衣"。20世纪60年代,韦斯特的电影再度受到欢迎,她出演了《迈拉·布雷肯里奇》(1970)和《老相好群英会》(1979)。

韦斯特 West, Nathanael(1903～1940) 原名Nathan Weinstein。美国作家,以20世纪30年代的讽刺小说闻名。出生于纽约市,曾就读于布朗大学。曾担任旅馆经理,为未成名作家提供免费或便宜房间。他的第二部小说《"寂寞芳心"小姐》(1933)叙述了一位失恋的专栏作家的故事。《整整的一百万》(1934)写一个主角在做公认的正当的事时却越发变坏,以此嘲笑H.阿尔杰宣传的美国人的成功之梦。他最后一部小说《蝗虫猖獗之时》(1939)被认为是描写好莱坞最好的小说。韦尔斯37岁时死于一场意外车祸,虽然他的作品未被广泛阅读,但至今仍被认为是重要的美国小说家之一。

韦斯特 West, Rebecca(1892～1983) 后称Dame Rebecca。原名Cicily Isabel Fairfield。英国女记者、小说家和评论家。曾受过演员训练,1911年参与新闻工作,经常为左翼报刊写文章并以一名争取妇女选举权的斗士初具名声。她的小说,包括《法官》(1922)、《能思考的芦苇》(1936)和《小鸟坠落》(1966),远不如她关于社会和文化题材的文章受人注意。她的关于纽伦堡审判的优秀报道汇集为《炸药列车》(1955)。其南斯拉夫史《黑羔羊与灰猎鹰》(1942)被视为20世纪最佳非文学类作品之一。后期作品还有《叛逆的意义》(1949)和《叛逆的新意义》(1964)。

韦特 Waite, Morrison (Remick)(1816～1888) 美国法学家。出生于康涅狄格州莱姆。其父为法官。曾在俄亥俄州执律师业。因"亚拉巴马"号索赔案而誉满全国。1874年U.S.格兰特总统任命他为美国最高法院首席大法官,直到去世。韦特最著名的意见是在"芒恩诉伊利诺伊州"一案(1877)中,认为当一个企业或私人财产"妨害公众利益"时,它就要听从政府的规定。在"美国诉克鲁克香克"一案中,他说,尽管《第十五修正案》的词句显然很平易,但它没有赋予黑人以联邦选举权,因为"选举权来自各州"。

韦特米勒 Wertmüller, Lina(1928～) 原名Arcangela Wertmuller von Elgg。意大利电影导演,主要以反映两性间无休止的争斗以及当代政治与社会问题的喜剧而著称。在担任木偶戏演员、舞台演员和导演后,成为导演F.费利尼的助手,1963年开始为自己的影片写剧本并执导。因《咪咪的诱惑》(1972)和《爱与虚无》(1972)获得国际声誉,前者是一部揭露两性间的虚伪和移风易俗的讽刺剧。《一扫而光》(1974)和《七个美人》(1976)是她最受争议的两部影片。韦特米勒后期的影片甚少获得好评,票房也不理想。

韦维尔 Wavell, Archibald Percival(1883～1950) 后称Earl Wavell (of Eritrea and of Winchester)。英国陆军元帅。公认的部队优秀教官。1939年任中东的英军总司令。第二次世界大战初期在北非(1940～1941)击溃人数上占优势的意大利军队,创一生中最辉煌战绩,但后来被E.隆美尔的非洲兵团打败。他在任东南亚英军总司令时,马来亚、新加坡和缅甸都被日军攻陷。后晋升陆军元帅,1943～1947任英国驻印度总督。

韦辛格托里克斯 Vercingetorix(?～公元前46) 阿维尔尼人的高卢部落首领,他反对罗马人统治的顽强抗争为J.凯撒粉碎。公元前52年领导高卢人反对凯撒,用游击战来骚扰凯撒的补给线。成功地守住了热尔戈维山寨,随即乘胜向罗马军队发起进攻,结果失败。后来被围困在阿莱西亚城堡,被迫投降。他被戴上镣铐解往罗马,在为凯撒举行的凯旋式中示众,6年后遭到处决。

唯理论 rationalism 一种哲学观点,认为推理是知识的主要源泉和检验标准。唯理论长久以来一直与经验主义对立,后者的学说认为一切知识最终来源于感觉经验,并由经验检验。与这一学说相对立,唯理论者坚持认为理性可以超越感知范围,把握具有确定性和普遍性的真理。为了强调"自然法则"的存在,唯理论者反对主张奥秘知识的各种体系,不管它是来自神秘的经验、启示,或是来自直觉。唯理论与各种非理性主义也是对立的,非理性主义往往在损害理性的情况下强调本能、感情和意志,强调无意识,或是存在。

唯灵论 spiritualism 认为死人的灵魂可以与活人进行沟通的一种信仰,通常有赖一个灵媒或处于反常心智状态(例如恍惚状态)进行。唯灵论的基础在于坚信灵魂是生命的本质,以及躯体死亡后灵魂继续存在。灵媒是对灵界幽微讯息具有敏锐知觉的人,能举行所谓"降神会"的聚会来寻找灵魂传来的讯息。"帅巫灵"(control)是指向灵媒传达讯息的灵魂,灵媒再把这些讯息转达给活着的人们。灵魂也通过轻击物体或使其升空等方式来彰显自身。一些巫师声称具有超自然的救治能力。对巫师现象的科学研究一直是1882年成立于英国的通灵研究协会的重点。

唯美主义运动 Aestheticism 19世纪晚期在欧洲兴起的艺术运动,其理念是艺术只为本身之美而存在。这个运动是为了反对当时功利主义的社会哲学,以及工业时代的丑恶和市侩作风而开始的。其哲学基础是I.康德奠定的,他主张审美的标准应和道德、功利和快乐观念分开。J.M.惠斯勒、O.王尔德和S.马拉梅等将这一运动培养优美的感受性的理想可能发展到了最高点。唯美主义与法国象征主义关系密切,并倡导了新艺术。

唯物主义 materialism 在形而上学中,认为实在在本质上属于物质的学说。在精神哲学中,唯物主义的典型主张是,心灵的状态等同于大脑的状态。支持此理论的人认为心灵与身体在概念上各自区别,但他们通常依据本体论的经济法则(参阅奥康姆的剃刀),主张心灵与身体等同。看起来是心灵状态者,实际上是大脑的状态,因此精神被化约为肉体。批评者则指出,目前为止在精神层面出现上的变化与大脑的状态之间所建立的相关性，充其量都还不够完整。参阅同一论和身心问题。

唯心主义 idealism 一种形而上学的观点，强调在世界的构成和人类对经验的阐明方面，理念或精神的主要作用。唯心主义坚持认为：世界或实在在本质上是以精神或意识的形式存在的；抽象概念和法则在实在性方面比感性事物更加根本，或者，至少存在的任何事物对人类知识来说主要是精神方面的——也就是精神上的信念。形而上学唯心主义主张实在的理想性，认识论唯心主义则坚持精神在认识过程中仅能把握住自身的内容。因此，形而上学唯心主义与唯物主义完全相反，而认识论唯心主义则与实在论完全相反。绝对唯心主义（参阅 G. W. F. 黑格尔）包括以下原则：①人和事物的日常世界并非真正的世界，显示的仅仅是非批判范畴中的模样；②世界的最佳反映是自我意识的见解；③思想是每个具体的经验与这个经验所表达的无限整体之间的关系；④真理存在于思想之间的连贯关系，而不是思想与外部实在之间的对应。参阅融贯论。

维奥埃·卡萨雷斯 Bioy Casares, Adolfo（1914～1999） 阿根廷作家和编辑。因在他本人著作和与 J. L. 博尔赫斯合著的作品中运用魔幻现实主义而著称。他的小说包括《莫雷尔的发明》（1940）、《英雄们的沉睡》（1954）和《肮脏战争日记》（1969）。1990 年维奥埃·卡萨雷斯获得塞万提斯文学奖（西班牙文学最高荣誉）。

维奥莱-勒-杜克 Viollet-le-Duc, Eugène-Emmanuel（1814～1879） 法国仿哥特式风格建筑师和作家。学习建筑和考古后，负责韦兹莱的教堂修复工程（1840）。协助修复

维奥莱-勒-杜克
Archives Photographiques, Paris

圣徒小教堂（1840）和巴黎圣母院（1845），并主管许多中世纪建筑的修复事宜，包括亚眠大教堂（1849）和卡尔卡松堡的加固（1852）。在他后来的修复中，往往添加由他自己设计的部分，为此，在 20 世纪遭受批评。他的著述甚多，有两部百科全书式的巨著，即《11 至 16 世纪法国建筑辞典》（1854～1868）和《建筑论述》（1858～1872）。他的建筑设计理论，将浪漫主义时期的复古倾向与 20 世纪的功能主义联系在一起，影响了芝加哥学派的建筑。

维达尔 Vidal, Gore（1925～2012） 原名 Eugene Luther Vidal。美国小说家、剧作家和散文作家。第二次世界大战在陆军服役后从事写作。虽然他写舞台、电视和电影剧本，但还是以其玩世不恭而构思巧妙的小说闻名。《城市和柱石》（1948）以同性恋为主题，震动了读者。《迈拉·布雷肯里奇》（1968）是一部成功的讽刺喜剧。其他小说多据史实，且大部分畅销，包括《尤里安》（1964）、《华盛顿哥伦比亚特区》（1967）、《伯尔》（1974）、《1876 年》（1976）和《林肯》（1984）。他还出版了散文集和回忆录《多层淀积》（1996）、《点对点导航》（2006）。维达尔以打破传统的极"左"政治分析而著称。他竞选众议员两次都未成功。

维多里尼 Vittorini, Elio（1908～1966） 意大利小说家、翻译家、文学评论家。17 岁辍学，后任校对员时学习英语。他和 C. 帕韦泽同为译介英美作家作品的先驱。他的新写实主义的一些优秀长篇小说，记录了他的国家遭受法西斯统治的经历，以及 20 世纪的社会、政治和精神创痛。《西西里的谈话》（1941），明确表达了他反法西斯的思想感情，是他最重要的小说。

维多利亚 Victoria（1819～1901） 原名 Alexandrina Victoria（亚历山德里娜·维多利亚）。大不列颠和爱尔兰联合王国女王（1837～1901）和印度女皇（自 1876 年）。肯特公爵爱德华的独生女。1837 年继承她的叔叔威廉四世的王位。在位初期，她接受辉格党首相梅尔本子爵的指导。1840 年与艾伯特亲王结婚。维多利亚对艾伯特言听计从，在这个时期有时称"艾伯特专权"。他们有 9 个子女，她的子女与许多欧洲王室联姻。艾伯特死后，维多利亚极为悲伤，每逢重大决定都会想到艾伯特会如何建议。经常与 W. E. 格莱斯顿意见不合，很高兴 B. 迪斯累里于 1874 年替代他担任首相。维多利亚在位时期称作维多利亚时代，标志着英国扩张和恢复君主政体的威严和声望的时期。正如她在位 50 周年（1887）和 60 周年（1897）大庆所表明的那样，女王是受群众欢迎的。她是英国有史以来在位时间最长的君主。

维多利亚 Victoria, Tomás Luis de（1548～1611） 西班牙作曲家。约 1565 年来到罗马，师从 G. P. da 帕莱斯特里纳，任罗马神学院音乐指导。1584 年成为马德里德斯卡尔萨斯皇家修道院的司铎兼管风琴乐师。这段时间，他写了经文歌、弥撒曲、尊主颂和赞美诗。1587 年回西班牙任国王姐姐的牧师，在她的修道院任管风琴师和唱诗班指挥直至去世。他写了 20 首弥撒曲、18 首《尊主颂》和 52 首经文歌。他的音乐神秘动人，是文艺复兴时期西班牙最伟大的作曲家。

维多利亚 Victoria 澳大利亚东南部一州，首府墨尔本。面积227 600平方千米。该州中部和东部的高地是澳大利亚阿尔卑斯山的南端。西部和西北部是沙漠和低地。西南沿岸地区是吉普斯兰。墨累河形成与新南威尔士州的界河。土著民于欧洲人到来之前在维多利亚至少已生活了 4 万年。J. 库克船长于 1770 年首先望见该州，其后 60 年塔斯马尼亚移民来此定居，带来了他们的疾病，使原来的土著人口大量死亡。1851 年，成为单独的殖民地。1901 年成为澳大利亚一州。维多利亚州的经济基础甚为广泛，是富饶的农业地区。人口约5 297 600（2008）。

维多利亚 Victoria 加拿大不列颠哥伦比亚省省会。位于温哥华岛东南端，俯瞰胡安·德富卡海峡。1843 年由哈得孙湾公司建立为毛皮交易站，名为卡莫森要塞，后以英国女王维多利亚之名更名。1866 年温哥华岛并入不列颠哥伦比亚后成为行政中心，现为全省最大商业中心，也是旅游和休养胜地。为加拿大太平洋海军基地和主要港口。人口约 311 902（2001）。

维多利亚 Victoria 塞舌尔共和国首都。在马埃岛东北岸。是塞舌尔群岛上唯一的港口和唯一的城镇。是该国商业与文化中心。人口约25 500（2004）。

维多利亚 Vitória 巴西东部城市。位于维多利亚岛西侧，临圣埃斯皮里图湾。1535 年由葡萄牙人创建。1823 年成为州首府。20 世纪 60 年代以前一直是巴西主要铁矿砂出口港。现在的经济建立在纺织厂、制糖厂和其他小型制造厂的基础上，此外还有咖啡装运。人口327 801（2010）。

维多利亚 Vitoria-Gasteiz 西班牙东北部巴斯克自治地区的首府。公元 581 年后由西哥特国王莱奥维希尔德创建。12 世纪时由纳瓦拉国王桑乔六世特许建市。1200 年卡斯蒂利亚王国阿方索八世占领该城，将其并入王国版图。附近的盆地是 1813 年由英国将军 A. 韦尔斯利（后称威灵顿公爵）指挥的联军击败法军，将其赶出西班牙，使半岛战争最终结束的战场。逐渐发展为制造业中心，有数座中世纪建筑。人口约 216 852（2001）。

维多利亚大沙漠 Great Victoria Desert 地跨西澳大利亚、南澳大利亚两州荒漠。介于北方的吉布森沙漠与南方的纳拉伯平原之间，自卡尔古利向东延伸几乎至斯图尔特岭。沙漠东端大部分为中央与西北土著居民保留地。境内大部分为浩瀚沙丘，有一条拉弗顿-沃伯顿传教道路横跨其中，连接沃伯顿岭上的布道站和其西南方 560 千米远的拉弗顿。有多处国家公园和保护区，包括维多利亚大沙漠自然保护区和纳拉伯国家公园。

维多利亚大学 Victoria, University of 加拿大不列颠哥伦比亚省维多利亚市的一所公立高等学府，建于 1963 年。该校设有商业、教育、工程、美术、研究生、人类与社会发展、法学、科学、社会科学以及医学研究和继续教育学院。

维多利亚岛 Victoria Island 加拿大北

极群岛中的第二大岛屿。岛长约515千米，宽270～600千米，面积217 291平方千米。1838年被T.辛普森发现，以英国女王维多利亚名字命名。1851年由J.雷第一次探测。行政管理分属西北地区和努纳武特区。

维多利亚和艾伯特博物馆 Victoria and Albert Museum 位于伦敦的装饰艺术博物馆。是由艾伯特亲王创意，陈列最优秀的典范以供研究，以提高英国的装饰设计水平。重要的收藏是在1851年水晶宫大博览会上买到的展品。起初名为装饰艺术博物馆，1857年由维多利亚女王御准开馆。后又由A.韦布设计建造新馆，1899年更名为维多利亚和艾伯特博物馆。1909年爱德华七世御准对大众开放。该馆广泛收藏欧洲中世纪至20世纪的雕刻、陶瓷、家具、金属制品、珠宝纺织品和乐器，以及中国陶瓷、玉器和雕刻。意大利文艺复兴时期的雕刻是意大利之外最好的收藏品。此外还集中了国家收藏的英国水彩画和细密画、版画、素描。被认为是世界上最大的装饰艺术博物馆。附属机构包括贝纳尔·格林儿童博物馆和惠灵顿博物馆。戏剧博物馆也曾是其分支，于2007年1月关闭。

维多利亚河 Victoria River 澳大利亚北部地区最长的河流。流向西北约560千米，注入帝汶海的约瑟夫·波拿巴湾。下游160千米受潮汐影响。1839年英国船只"比格尔"号船长J.C.威克姆抵达此河，将此河命名维多利亚，以此向英国女王维多利亚表示敬意。

维多利亚湖 Victoria, Lake 又作Victoria Nyanza。非洲最大的湖泊和尼罗河主要水库。在非洲中东部。南半部在坦桑尼亚，北半部在乌干达，东北为肯尼亚的界湖。面积69 484平方千米，为世界第二大淡水湖（仅次于北美的苏必利尔湖）。长337千米，宽240千米，深82米。虽然最大的支流是卡盖拉河，降雨仍然是湖水最重要的来源。该湖唯一出口是维多利亚尼罗河。1858年英国探险家J.H.斯皮克为寻找尼罗河的发源地而成为发现此湖的第一个欧洲人，并以女王维多利亚之名命名，阿拉伯人称之为乌凯雷韦湖。1875年H.M.斯坦利勘探维多利亚湖。1954年修建了欧文瀑布水坝（现称纳卢巴奥水坝），使维多利亚湖水位提高，并使该湖成为大水库。

维多利亚尼罗河 Victoria Nile 乌干达河流。尼罗河上游的一段。从维多利亚湖北端流出，经过纳卢巴奥水坝和凯拉水坝，穿过基奥加湖，经过卡巴莱加瀑布到达艾伯特湖东北端，全长约480千米。

维多利亚瀑布 Victoria Falls 位于非洲赞比亚与津巴布韦接壤处的瀑布。宽1 700余米，其最宽处与赞比西河等宽，最高处108米。宽度和高度比尼亚加拉瀑布大一倍。邻近有两个国家公园，维多利亚瀑布国家公园在津巴布韦，莫西奥图尼亚公园在赞比亚。1855年英国探险家D.利文斯顿抵达瀑布所在地，为第一个见到该瀑布的白人，他以维多利亚女王之名为其命名。1989年维多利亚瀑布被指定为世界遗产保护区。

维尔加 Verga, Giovanni（1840～1922） 意大利作家，其家族为西西里地主。是意大利真实主义学派小说家中最著名的人物。他杰出的作品包括短篇小说集《乡村故事》（1883）和长篇小说《马拉沃利亚一家》（1881）、《堂·杰苏阿多师傅》（1889），以及戏剧《乡村骑士》（1884），后又被P.马斯卡尼改编成歌剧。他影响了二战后一代的意大利作家。L.维斯孔蒂的新现实主义电影杰作《大地在波动》（1948）即改编自《马拉沃利亚一家》。

维尔纳 Werner, Abraham Gottlob（1750～1817） 德国地质学家。他反对花岗岩和很多其他岩石都是火成来源的观点。创立水成派，认为地球过去曾一度全部被海水覆没，随着时间的推移，各种矿物都从水中沉淀成清楚的层，形成了各种岩石和矿物。他反对均变论。他的精彩讲演和个人魅力征服了他的许多学生。尽管其中许多人最终抛弃了水成论，但当维尔纳在世时，他们却不愿公开否定它。

维尔纽斯 Vilnius 立陶宛首都。建于公元10世纪。1323年成为立陶宛首都。1377年毁于条顿骑士团，后重建。1795年归俄国统治。数世纪以来，它以欧洲犹太文化中心而闻名。两次世界大战中被德国侵占，受到严重破坏。1920～1939年并入波兰。1939年被苏军占领，复归立陶宛。1940年苏联兼并立陶宛。第二次世界大战被德国占领的结果是该城的数以万计的犹太人被残杀。犹太人口数量由1941年的80 000人减少至1945年的6 000人。1991年成为独立的立陶宛首都。维尔纽斯为重要的工业中心，有许多代表哥特式、文艺复兴式和巴罗克式建筑风格的历史建筑物。1994年维尔纽斯老城区被联合国教科文组织列为世界遗产。人口约553 038（2004）。

维尔斯特拉斯 Weierstrass, Karl (Theodor Wilhelm)（1815～1897） 德国数学家，现代函数论的创立人之一。1856年开始在柏林大学教书。在与数学界没有接触的情况下研究多年后，1854年起发表了一系列重要论文。他最大的成就是函数理论，被称为现代分析之父。通过他的学生（其中包括S.柯瓦列夫斯卡娅），人们感觉到他的巨大影响，他的许多学生都成了有创造性的数学家。

维管植物 vascular plant 又作tracheophyte。具有专门的输送系统，即主要由韧皮部（输送养分的组织）和木质部（输送水分的组织）组成的系统的植物的统称。蕨、裸子植物和显花植物均为维管植物。和苔藓植物相对应，维管植物中更为明显的世代是孢子体（参阅世代交替）。由于有维管组织，这些植物有真正的茎、叶和根，它们的复异使各种维管植物能够在极不相同，甚至极端的环境中的多种多样生境中维持生存。这种在如此众多的不同生境中保持茂盛的能力，是维管植物在各种地方性植物中得以占优势的主要原因。

维吉尔 Virgil（公元前70～前19） 又作Vergil。原名Publius Vergilius Maro。罗马最伟大的诗人。富裕地方农民之子，受过良好教育。维吉尔过着平静的生活，但后来成为屋大维（后称奥古斯都）身边的亲密成员之一，并受梅塞纳斯资助。首部重要作品《牧歌》（公元前42～前37）包含10首田园诗，可以解读为平静的预言，其中一首甚至可以解读为基督教的预言。《农事诗》（公元前37～前30）以具有实际目标的形式指向黄金时代，表明乡间的人丁兴旺和农业复兴。他的伟大史诗《埃涅阿斯纪》（约公元前29年动笔，但死时未完成）是世界文学的杰作之一，诗中颂扬传说中的埃涅阿斯在奥古斯都（在公元前31～前30年集权而统一罗马世界）请求下建立罗马，诗中也探索战争的主旨和单恋的凄楚。在以后的世纪中，他的作品在罗马帝国实际上被视为圣物，他也受到基督教徒的尊崇，包括但丁在内。但丁在诗作《神曲》中把维吉尔作为地狱和炼狱的向导。

维加 Vega, Lope de（1562～1635） 全名Lope Félix de Vega Carpio。西班牙"黄金世纪"杰出的剧作家。参加西班牙无敌舰队，后去马德里，1605年起担任塞萨公爵等贵族的秘书。维加是杰出的多产作家，被誉为"西班牙的凤凰"。著有1 800部之多的剧作，现存431部。他是西班牙黄金世纪感伤喜剧（社会悲喜剧）奠基人。他的剧作均以西班牙为背景，可分为两大类：一类是以传说为蓝本的历史剧（《贝里巴涅斯》和《国王是最好的法官》）；一类是描述当代世态人情及阴谋事件的袍剑剧。维加剧中所创造的丑角以其常识和机智评论上流社会的愚蠢。《所有公民都是军人》是维加在西班牙以外地区最知名的作品。他还写了21部非戏剧作品的诗和散文，包括《喜剧写作的新艺术》（1609）。

维加诺 Viganò, Salvatore（1769～1821） 意大利舞蹈演员和编导。自幼跟父亲学习舞蹈。后到西班牙（1788）和维也纳（1793～1795，1799～1803）作巡回表演。他开始用舞蹈和哑剧的综合形式编导，称之为"舞蹈剧"，类似J.-G.诺维尔的"情节芭蕾"。他创作了40多部芭蕾，包括《普罗米修斯的创造物》（1801）、《奥赛罗》（1818）和《泰坦神》（1819）。1811年他到米兰担任拉斯卡拉剧院的舞剧编导。在他的影响下意大利芭蕾得到繁荣。

维捷布斯克 Vitsyebsk 又称Vitebsk。白俄罗斯东北部城市。1021年始见于记载，为要塞和商业中心。曾属一独立公国约200年，1320年归立陶宛，后归波兰，1772年被俄国兼并。曾先后遭波兰人、瑞典人、拿破仑（1812）和德国人（第二次世界大战期间）破坏。现为重要工业中心，生产机床、电工仪器及一系列的消费品。人口约349 000（2001）。

维金纳琴 virginal 又称Virginals。小型长方形拨弦键琴，有一组琴弦和单键盘。琴弦与键盘平行，键盘只占长方形琴箱的一部

英国维金纳琴，R.哈特利在伦敦制于1664年；现藏伦敦汉普斯特的国立托拉斯

From the Benton-Fletcher Collection at the National Trust Property, Fenton House, Hampstead, London

分。组合的维金纳琴有一个轻便的维金纳琴放在大维金纳琴的键盘上，组成一个双键盘乐器。维金纳琴在16和17世纪的英格兰最流行，由W.伯德、T.莫利和T.威尔克斯创作许多乐曲。

维科　Vico, Giambattista（1668～1744）意大利哲学家，精通文化史和法律。在最重要的著作《新科学》（1725）中，试图将历史和更有系统的社会科学结合，相互渗透变成单一的人文科学。维科有他自己的人生观和宇宙观，他提出人生意义和历史意义的现代问题。维科认为神掌握了历史的进展，使人类免于卷入不断的大灾难。维科已成为欧洲文化史上的重要人物，是当今公认的文化人类学先驱。

维克托·伊曼纽尔二世　Victor Emmanuel II（1820～1878）　意大利语作Vittorio Emanuele。撒丁国王（1849～1861），意大利统一后的第一个国王（1861～1878）。查理·阿尔

维克托·伊曼纽尔二世

Alinari-Art Resource

贝特的儿子，曾参加对奥地利作战（1848），1849年其父退位，成为国王。任命C.加富尔为首相。致力于巩固王国并为了国家统一而支持复兴运动。在对奥地利作战（1859～1861）中，他指挥军队取得马真塔和索尔费里诺战役的胜利。他暗地里鼓励G. de加里波第攻克西西里和那不勒斯，并入侵教皇国。1861年任意大利国王，后来占领威尼斯（1866）和罗马（1870）。

维克托·伊曼纽尔三世　Victor Emmanuel III（1869～1947）　意大利语作Vittorio Emanuele。意大利国王（1900～1946）。1900年父亲翁贝托一世遇刺后即位。他接受自由派内阁，同意对土耳其战争（1911～1912）和参加第一次世界大战。战后，法西斯分子攫取政权，他成为B.墨索里尼的傀儡。1943年意大利军队遭毁灭性失败后，盟军在西西里岛登陆，他把墨索里尼逮捕起来，改任P.巴多格里奥为首相。1944年，他任命王储翁贝托（参阅翁贝托二世）为摄政，自己放弃一切权力，但保持国王称号。1946年意大利实行共和制以后与其子流亡国外。

维克托·伊曼纽尔一世　Victor Emmanuel I（1759～1824）　意大利语作Vittorio Emanuele。撒丁国王（1802～1821）。维克托·阿马戴乌斯三世之子，维克托·阿马戴乌斯二世之曾孙。曾率领撒丁军队与法国作战（1792～1797）。1802年其兄查理·伊曼纽尔四世退位，他继承了王位。1802～1814年间，除撒丁外，他的领地全被法国人占领。后来根据维也纳会议（1815）的议定书，他的王国得到恢复，并增加了热那亚。1821年传位给其弟查理·费利切（1765～1831）。

维拉　Vila　又作Port-Vila（维拉港）。南太平洋西南部瓦努阿图共和国的首都、海港和最大城镇。虽然从外表看是一座法国城市，但居民来自不同国家，包括英国人、法国人和越南人。第二次世界大战中成为美军基地，之后逐渐成为瓦努阿图的商业中心。人口33 987（2003）。

维拉德　Villard, Henry（1835～1900）　原名Ferdinand Heinrich Gustav Hilgard（斐迪南·亨利希·古斯塔夫·希尔加德）。美国新闻工作者和金融家。1853年由德国移居美国，先为德文报社雇用。南北战争时期，是两家纽约报社的记者。1881年购置了《民族》和《纽约晚邮报》。19世纪70年代在俄勒冈组织数条铁路施工，1881～1884年为北太平洋铁路公司的总经理，这是在他的经营下，不顾巨额超支而完成的一条横贯大陆的铁路；1888～1893年任该公司董事长。1889年买下两家爱迪生公司，创办爱迪生通用电气公司，任总经理至1892年该公司改组为通用电气公司。

维拉尔公爵　Villars, Claude-Louis-Hector, duc (Duke) de（1653～1734）　法国军人。在法国对荷兰（1672～1678）和对大同盟战争中，战功卓著。在西班牙王位继承战争中获得胜利后，成为法国元帅（1702）和公爵（1705），接着在德国战役（1705～1708）中再次获得胜利，马尔普拉凯战役（1709）中使马尔伯勒公爵伤亡极为惨重的，又在德南击败欧根亲王（1712）。幼王路易十五即位之初，他是摄政会议成员。波兰王位继承战争爆发后授法国大元帅衔（1733），被派往意大利北部进攻奥地利属地。

维拉洛博斯　Villa-Lobos, Heitor（1887～1959）　巴西作曲家。自幼就接触民间音乐，后来对民族音乐进行广泛研究，这对他的音乐作品有极大的影响。自学成为作曲家。1917年与D.米约和A.鲁宾斯坦相识，后者演奏了他的音乐并扶持他。在圣保罗（1922）的"现代艺术周"他的音乐引起了全国注意；在巴黎（1923～1930）受到热烈的欢迎。回国后，主管音乐教育，创立一所教通俗唱法的音乐学院（1942）和巴西音乐学院（1945）。他的作品很多，包括9首一套的《巴西的巴哈风格》，是各式各样的合奏曲；14首一套的《乔罗斯舞曲》，是根据流行的街头音乐创作的。

维龙加山脉　Virunga Mountains　非洲中东部的火山山脉。位于基伍湖以北。沿刚果（民）、卢旺达、乌干达边界延伸约80千米。有8座主要火山，其中最高的是卡里辛比峰，最西端的是尼拉贡戈火山。1861年J. H.斯皮克是第一位到达此地的欧洲人。部分山脉在维龙加国家公园、火山国家公园（卢旺达西北部）和大猩猩国家公园（乌干达）内。

维罗纳　Verona　意大利北部城市。位于阿迪杰河沿岸。公元前89年成为罗马殖民地；是诗人卡图卢斯的出生地。罗马帝国覆灭后被哥特人占领。也是奥多亚塞被东哥特国王西奥多里克打败（489）之处。774年被查理曼占领。1260～1387年由斯卡拉家族统治，W.莎士比亚的罗密欧与朱丽叶的故事即出于此时此地。1405年属于威尼斯，1797年割让给奥地利。1866年归属意大利王国。最著名的是古罗马竞技场（公元1世纪），现为歌剧院。市内多罗马式和哥特式建筑。人口约243 474（2001）。

维纳　Wiener, Norbert（1894～1964）　美国数学家。出生于密苏里州哥伦比亚，18岁就获得哈佛大学哲学博士学位。1919年到麻省理工学院数学系工作，直至退休。他在

维纳

By courtesy of the Library of Congress, Washington, D. C.

现今称为随机过程的领域（特别是布朗运动理论）和广义调和分析领域中做了高度独创的具有基本意义的工作，同时对数学分析的其他问题也有深入研究。1933年荣获美国数学会五年颁发一次的博彻尔奖。1948年发表了《控制论：或关于在动物或机器中控制或通信的科学》，从而建立了控制论这一学科。他对随机过程和量子理论做

出贡献，第二次世界大战期间研究炮火控制。月球上的维纳环形山就是以他的姓氏命名的。

维纳斯 Venus 古罗马女神，司掌农田和园林，后来认为她就是司掌爱情的希腊女神阿佛洛狄忒。朱庇特和狄俄涅之女，伏尔甘之妻、丘比特之母。维纳斯象征爱情和女性美，自古就是重要艺术题材，著名的维纳斯像包括《米洛的维纳斯》和S.波提切利所画《维纳斯的诞生》。

维尼 Vigny, Alfred-Victor, comte (count) de(1797～1863) 法国诗人、小说家和剧作家。曾担任军职，后转向写浪漫诗。他的小说《桑-马尔斯》(1826)，是法语中第一部重要的历史小说。对君主政体的幻想破灭，1832年出版小说《斯泰洛》，将诗人和政治生活分开。戏剧《夏特东》(1835)，美化被误解艺术家的痛苦。这部剧作是他最好的戏剧，也是浪漫主义戏剧的佳作之一。他的悲观也表现在《军人的荣誉与屈辱》之中(1835)，这是由3个短篇组成的，其中第一和第三篇是他的散文杰作。他的后期作品包括诗集《命运集》(1864)。维尼在中年时退出巴黎社交界。

维齐 vizier 阿拉伯语写作wazir。是阿拔斯哈里发的首席大臣或代表，后来指各穆斯林国家的高级行政官员。8世纪巴尔马克家族开始设此官职；他们代表哈里发，后来代表苏丹，执行一切与臣民有关的事务。奥斯曼帝国把维齐的称号同时授给几个人。在穆罕默德二世时代，称首席大臣为维齐，但加一个"大"字。大维齐为苏丹的全权代表。维齐在古代埃及是拥有总督权力的民政官员。

维齐洛波奇特利 Huitzilopochtli 阿兹特克人信奉的太阳神和战神。其形象或为蜂鸟，或为头戴羽盔手持绿蛇杖的武士，他的动物化身是鹰。大地女神是他的母亲，天上的群星是他的兄弟，月亮女神则是他的姊妹。有些神话里说他曾带领阿兹特克部落长途跋涉移居到墨西哥谷地。阿兹特克人在教历十五月供奉维齐洛波奇特利，向他奉献人祭，认为他要以人的血和心脏作为每日的营养。

维热勒布伦 Vigée-Lebrun, (Marie-Louise-) Elisabeth(1755～1842) 法国画家，她的父亲是粉彩肖像画家，是她的第一位老师。后来，从J.韦尔内学习。1779年，应诏去凡尔赛宫绘制皇后玛丽-安托瓦内特的肖像，至少为她画了25张。1789年革命爆发时离开法国，在国外旅行，曾为拜伦勋爵、斯塔尔夫人等贵族画肖像，并在社交界起主导作用。其画作以清新、迷人和观察敏锐著称。她是当时技巧最熟练的肖像画家之一。

维萨里 Vesalius, Andreas(1514～1564) 佛兰芒语作Andries van Wesel。佛兰芒医师。出身于医生世家。曾在巴黎大学医学院学习。当讲师时坚持亲自解剖人的尸体。他以自己的观察和旧教科书对照，从而对加伦的学说提出质疑，当时加伦的著作被认为是权威。维萨里1543年出版了自己的完整解剖学教科书《人体结构七卷》。是人体解剖学出版史上描述最广泛和精确的著作。

维森特 Vicente, Gil(1465?～1536?) 葡萄牙剧作家。1502年上演了第一部剧作。其后的34年一直在宫廷服务，身份类似桂冠诗人，每逢节庆上演他的戏。被认为是葡萄牙戏剧的奠基人。他同时用葡萄牙语和西班牙语写作。维森特的44部剧本包括悲喜剧、闹剧和短圣经剧。反映了他生活的时代的变乱和动荡。他的作品有《赞美战争》(1513)、《爱情的熔炉》(1524)和《受害的朝圣者》(1533)。

维生素 vitamin 饮食中所需的维持身体正常代谢功能的少量有机化合物。当人们了解到维生素并非全是胺(即不是全部含氮)时，1911年所创的vitamine一词即变为vitamin。许多维生素充当(或转变为)辅酶。它们不提供能量，也不并入组织里。水溶性维生素(维生素B复合体、维生素C)很快被身体排出。脂溶性维生素(维生素A、维生素D、维生素E、维生素K)需要胆盐才能被吸收，并储存在体内。现已了解许多维生素的正常功能，而缺乏特定维生素会导致疾病(包括脚气病、神经管缺陷、恶性贫血、佝偻病、坏血病)。维生素(特别是脂溶性维生素)过量也是危险的：维生素A太多导致肝脏受损，这种后果在有β-胡萝卜素时看不见，因为身体会将β-胡萝卜素转化为维生素A。已知几种维生素会支持免疫系统。大部分的维生素在均衡饮食中供给充足，但需求量较高的人可能需要补充。

维生素A vitamin A 一种脂溶性醇，在鱼类特别是鱼肝油中含量很多。主要的维生素A是树脂馏油。植物中没有维生素A，但许多蔬菜和水果包含胡萝卜素，在身体中能够轻易转化为维生素A。它直接在视力方面发挥作用，特别是夜间视力。衍生物网膜质是视觉色素的成分，包括视网膜中的视紫红质。人类需要少量维生素A(建议成人每天摄取1毫克)。与胡萝卜素不同，大量维生素A是有毒的，而暴露于热、光、空气中会被轻易破坏。

维生素B复合体 vitamin B complex 性质、自然资源分布、生理功能有点类似的一些水溶性有机化合物。大部分的维生素B复合体是辅酶，在所有动物的代谢过程中可能是不可或缺的。它们包括硫胺素(维生素B_1)、核黄素(维生素B_2)、烟酸(维生素B_3)、吡哆醇(维生素B_6)、泛酸、叶酸、生物素、钴氨酸(维生素B_{12})，有些说法还包括了胆碱、肉毒碱、硫辛酸、肌醇、对氨基苯酸。在氨基酸的代谢和皮肤、神经疾病的预防中，维生素B_6是必需的。良好来源是植物油脂、全粒谷物、荚果、酵母菌、肌肉类、肝、鱼类。维生素B_{12}能够预防恶性贫血，并与核酸的合成、脂肪代谢、碳水化合物转化为脂肪，以及氨基酸的代谢有关。来源为牛奶、肉类、肝、蛋、鱼类。

维生素C vitamin C 又称ascorbic acid(抗坏血酸)。类似六碳醣类的水溶性有机化合物，在动物新陈代谢中具有重要作用。动物大致在体内自行生产，但人类、其他灵长类、天竺鼠需要从饮食中摄取，以预防坏血病。人们对其功能不甚了解，但在胶原的合成、伤口复元、血管维修、铁质的吸收、特定氨基酸的代谢、免疫、肾上腺素的合成与释放中具有重要作用。维生素C能够缩短并减轻普通感冒的症状，如今也普遍认为能预防感冒。维生素C在体内充当抗氧化剂并被用作防腐剂。容易被热和氧破坏。良好的来源是柑橘和深绿色蔬菜。

维生素D vitamin D 一类脂溶性醇(麦角固醇、胆利钙醇、导钙素)的统称，在动物体内钙的代谢中起重要作用，能使骨骼和牙齿健壮，并预防佝偻病和骨质疏松。在人体中，维生素D由阳光照射皮肤中的固醇(参阅类固醇)而形成。维生素D存在于鱼肝油中，由于非热带地区人们冬季可能日晒不足，而将其加入人造奶油、牛奶、谷物中。儿童每日约需10毫克。由于身体无法将之排出，长期大量摄取会导致中毒反应，包括疲劳、恶心和不正常的钙质累积。

维生素E vitamin E 又称tocopherol(生育酚)。2个环和26～29碳原子的一种脂溶性化合物，主要存在于一些植物油中和蔬菜的绿叶，麦胚油含量尤其丰富。维生素E是一种机体组织生物氧化过程的抑制剂，减慢膜的氧化，帮助延长生命。某些啮齿目动物用来保持正常的生育。此外，在食物和营养品中生育酚可以阻滞脂肪(尤其是植物油)的变质。

维生素K vitamin K 对凝血必需的几种脂溶性萘醌化合物。缺乏维生素K时会引起凝血时间延长。1929年发现凝血过程需要一种存在于绿叶植物中、以前不认识的脂溶性物质。该物质被命名为维生素K，取丹麦语*Koagulation*(凝血维生素)的首字母。1939年分离出纯品并测定其结构；几个与之有关也具有维生素功能的化合物也分离出来并合成。1939年鉴定的是维生素K_1，是植物合成的，而维生素K_2则为微生物合成，并且是哺乳动物组织中的重要形式。所有其他形式的维生素K在体内都转化为维生素K_2。除天然化合物外，还有许多具有维生素K活性的合成化合物也用于减少凝血时间。

维斯孔蒂 Visconti, Gian Galeazzo(1351～1402) 又称Count of Valor(瓦洛尔伯爵)。意大利米兰的领袖，他使维斯孔蒂王朝达到权势的顶峰。加莱阿佐二世之子。其父与叔父分享米兰统治权。维斯孔蒂企图建立一个统一的国家。1387年，得以控制特雷维索的马尔凯的大部分。通过贿赂成为神圣罗马帝国的亲王。到1402年兼并比萨、锡耶纳、翁布里亚和博洛尼亚。正值计划攻打佛罗伦萨、最终控制整个意大利北部时,死于鼠疫。

维斯孔蒂　Visconti, Luchino(1906～1976)原名Don Luchino Visconti, conte (Count) di Modrone。意大利电影和戏剧导演。出身贵族家庭。1935年,J.雷诺阿聘他为助手,他拍的第一部影片《沉沦》(1942)树立了他的导演声誉。这部杰作,成为R.罗塞里尼和V.德·西卡新写实主义电影的先声。他后来的影片包括,一部纪录风格的影片《大地在波动》(1948)、《战国妖姬》(1954)、《罗科和他的兄弟们》(1960)、《豹》(1963,获戛纳电影节金棕榈奖)、《众神之死》(1969)和《魂断威尼斯》(1971)。作为戏剧导演,他把J.科克托、A.米勒和T.威廉斯的作品搬上意大利舞台。在歌剧方面,由名演员M.卡拉丝担纲,把写实主义与豪华场面相结合。

维斯太　Vesta　罗马宗教祀奉的女灶神,相当于希腊宗教的赫斯提。早年因珍视永不熄灭的灶火,各家各户一起礼拜她。国家对于维斯太的祀奉很隆重。她在罗马庙中的

维斯太(左侧坐者)与维斯太贞女,古典浮雕;现藏意大利巴勒摩博物馆
By courtesy of the Palermo Museum, Italy

灶火长燃,由维斯太贞女照料。此火每年3月1日由官家派人熄灭再重燃。此火若在其他时间熄灭,被视为罗马将要遭受灾祸的凶兆。

维斯太贞女　Vestal Virgin　罗马宗教里的6名女祭司,代表皇族的女儿,主持对女灶神维斯太的国祭。祭司长从6～10岁的女童中挑选,选中后便要供职30年,并必须守童贞,失身则要活埋。维斯太贞女的责任是照料维斯太庙中的灶火长燃,从圣泉中取水,准备仪式的食物,看管庙中内圣所的物品,并主持公开的维斯太礼拜。维斯太贞女享受许多荣誉与特权,包括从父亲的控制下解放出来。

维斯特里　Vestris, (Marie-Jean-) Auguste(1760～1842)　法国芭蕾舞演员。从小受父亲G.维斯特里的训练,1776年正式登台首演。其令人眼花缭乱的敏捷舞蹈为芭蕾舞带来一种新风格。晚年是位令人尊敬的教师。

维斯图拉河　Vistula River　波兰语作Wisła。波兰最大的河流。源出波兰西南部喀尔巴阡山脉北麓。维斯图拉河向东流,弧形流过华沙和托伦,在格但斯克注入波罗的海。全长1 047千米,大部分可通航。支流有布格河、杜纳耶茨河等。

维苏威火山　Vesuvius　意大利南部活火山。位于那不勒斯湾东边。起源于约20万年前;目前高1 280米,但每次大喷发后高度都有很大变化;1900年高1 303米,1906年高1 118米,20世纪60年代高1 281米。索马山从北面围住火山锥。维苏威火山有数起破坏性的爆发:公元79年,庞贝和赫库兰尼姆两城被埋没,1631年约3 000人死亡。约200多万人居住在维苏威火山地区,肥沃的山麓遍布葡萄园和果园。

维特　Witt, Katarina(1965～　)　德国花样滑冰选手。1983年赢得生涯6个欧洲冠军杯的第一个,之后又赢得2枚奥运金牌(1984、1988)和4个世界杯冠军(1984、1985、1987、1988)。优美典雅的姿态与高超的技术为她赢得无数观众的爱戴。1988年成为职业运动员。

维特尔斯巴赫家族　Wittelsbach, House of　德意志贵族世家,12～20世纪统治巴伐利亚。1124年舍耶恩伯爵奥托五世(卒于1155年)举家移居至维特尔斯巴赫城堡,并以此为名。1180年其子奥托六世被封为巴伐利亚公爵,称奥托一世。1214年奥托二世获得莱茵的巴拉丁领地。其后裔神圣罗马帝国皇帝路易四世将领地授予侄子鲁佩特一世(统治时间1353～1390年)。经过几次划分,阿尔贝特四世(卒于1508年)又将这些领地统一起来。巴伐利亚诸公爵自1623年起也成为选侯。家族最后一位成员卒于1777年,从此绝嗣。1799年巴拉丁领地与巴伐利亚由马克西米连四世约瑟夫公爵统一起来,他于1806年成为巴伐利亚国王,称马克西米连一世。马克西米连的后裔(路易一世和路易二世)一直担任巴伐利亚国王,至1918年路易三世逊位。

维特根斯坦　Wittgenstein, Ludwig (Josef Johann)(1889～1951)　奥地利裔英籍哲学家,20世纪哲学界的主要人物之一。奥地利大钢铁制造商之子,在柏林和曼彻斯特学机械工程。B.罗素的著作使他对数学产生了更多的兴趣。后赴剑桥随罗素学习(1912～1913)。他曾创造出两个具有原创性及影响性的哲学思想体系,即其逻辑理论与稍晚的语言哲学。第一次世界大战期间在奥地利军队中服役。在战俘营中完成他的伟大著作《逻辑哲学论》,该书的中心问题是:语言是如何可能成其为语言的?而他所获得的答案是:一个描述事物的句子(命题)一定是"实在的一幅图像"。他对维也纳学派和逻辑实证主义深具影响。其后,放弃了大笔财富,另觅其他职业。由于发现自己能在哲学中进行有创造性的工作,于1929年回到剑桥。由于他的演讲和学生所作笔记广为流传,他逐渐对整个英语世界的哲学思想产生有力影响。死后出版的《哲学研究》(1953)一书,其观点与《逻辑哲学论》有很大不同,认为无穷无尽的各种语言用法背后,并未隐藏着统一的本质。其第二个哲学体系突出的特点是较注重于揭示概念怎样与行为和反应相联系,怎样同人们生活当中对概念的表达相联系。

维特鲁威　Vitruvius(创作时期公元前1世纪)　全名Marcus Vitruvius Pollio(马可·维特鲁威·波利奥)。罗马建筑师、工程师,名著《建筑十书》的作者。该书是罗马建筑师的参考书。生平不详。他根据自己的经验写了《建筑十书》。全书分10卷,内容几乎涉及建筑和城市规划的各个方面。他的理想是在神庙和公共建筑的设计中保存古典的传统,但在序言中对当时的建筑缺乏信心。在文艺复兴时期、巴罗克古典化时期以及新古典主义时期,他的著作成为古典建筑的经典。

维提岛　Viti Levu　斐济最大岛屿,位于南太平洋。面积10 388平方千米。首都苏瓦位于东南岸。1789年由W.布莱发现。岛上的中央山脉将该岛分隔成干湿两部分。最高点托马尼维峰海拔1 323米。出产甘蔗、菠萝、棉花、稻米和烟草。中北部有金矿。人口594 791(1996)。

维瓦尔第　Vivaldi, Antonio (Lucio)(1678～1741)　意大利作曲家。由其父教授小提琴。1703年受神职。他富有特色的淡红色头发后来使他得到"红发神父"的诨名。多年从事小提琴教学,并指挥威尼斯女孤儿院的乐团。约1718年后,以作曲家和剧团经理人的双重身份投入歌剧活动。维瓦尔第完善了古典三乐章协奏曲的形式。确定了协奏曲3个乐章的快-慢-快布局。大胆地把里托奈罗(叠歌)和独奏段落并列,为独奏器乐家的炫技表演开创了新的可能性。他的小提琴与弦乐队协奏曲集《和谐的灵感》(1711)出版后,在国际上备受瞩目。创作的《诡异》(约1714)和《四季》(1725)都获得极大成功。维瓦尔第所作协奏曲有500余首。他最受欢迎的圣歌是《天福》(1708)。他的作品对J.S.巴赫有很大影响。

维沃尔德　Verwoerd, Hendrik (Frensch)(1901～1966)　南非(出生于荷兰)总理(1958～1966)。幼时他的家庭迁居南非。在斯泰伦博斯大学学习,后在该校任教授,1937年在约翰内斯堡国民党的阿非利堪人报任主编。1948年任参议员。1950年任土著事务部长,制定许多种族隔离的法律。1958年任总理,严格推行种族隔离立法,将黑人移至保留地。他的政策激起示威,有时酿成暴动。1960年白人选民通过他提出的关于南非脱离英联邦的建议,他建立共和国的梦想遂实现。他在议会会议厅里被一名议会临时信差、一个混血移民刺死。

维亚尔　Vuillard, (Jean-) Edouard(1868～1940)　法国油画家、版画家和装饰美术家,与P.勃纳尔共同发展了内景主义绘画风格。其大部分作品是小幅的描写家庭场面的,如《扫地的女人》(约1892)。他是"纳比画派"创始会员之一。其作品《巴黎公园》(1894)装饰嵌板组画,用弱光和中性色引起恬静感,是典型的纳比派作品。曾为夏乐宫(1937)和

《树下》,蛋彩画,选自E.维亚尔的《巴黎公园》(约1894);现藏克利夫兰艺术博物馆
By courtesy of the Cleveland Museum of Art, Cleveland, gift of Hanna Fund

日内瓦国际联盟大厦(1939)作装饰画,还为俄罗斯芭蕾舞团做过设计。

维也纳 Vienna 德语作Wien。奥地利首都。临多瑙河。原由凯尔特人建立。公元前1世纪成为罗马人的战略重镇。曾被许多统治者,包括法兰克人(6世纪)和马扎尔人(10世纪)统治。十字军时期为重要的贸易中心。为神圣罗马帝国(1558～1806)、奥地利(和哈布斯堡王朝)帝国(1806～1867)和奥匈帝国(1867～1918)的都城。1814～1815年在此地举行维也纳会议。1938～1945年为德奥的行政中心。第二次世界大战期间多次被盟军轰炸,1945年被苏军占领。1945～1955年受苏联-西方联盟管制。20世纪70年代美国与苏联的限制战略武器谈判(SALT)在此地举行。维也纳是奥地利的工商业中心,也是文化中心,以建筑和音乐闻名。维也纳是作曲家F.舒伯特、J.施特劳斯(小)和A.勋伯格的出生地,是W.A.莫扎特、L.van贝多芬、J.勃拉姆斯和G.马勒的故乡。也是S.弗洛伊德、G.克里木特、O.考考斯卡和J.霍夫曼的故乡。维也纳也是许多国际组织的总部所在地,包括国际原子能机构、联合国工业发展组织和石油输出国组织(OPEC)。面积:城市415平方千米。人口约1 664 146(2007)。

维也纳大学 Vienna, University of 维也纳的一所国立高等学府。建于1365年,依照巴黎大学的模式开办,是德语国家中历史最久的大学。1384年改组,成为以医学、法律和神学最为著名的大学。1848年该大学成为革命中心,梅特涅被迫下台。现在这所大学设有神学、社会科学和经济学、医学、理学、数学和自然科学等学院。学生人数约72 000人。

维也纳会议 Vienna, Congress of(1814～1815) 在拿破仑战争之后召开的改组欧洲的会议。四国同盟于拿破仑第一次退位前一个月签订了《肖蒙条约》,并同意在维也纳举行会议,波旁法国被准许作为主要参与国参加会议,还有瑞典和葡萄牙;许多小国家也派代表参加。主要谈判者为梅特涅代表奥皇弗兰茨二世(奥地利),沙皇亚历山大一世(俄国),腓特烈·威廉三世和K. A. von哈登贝格(普鲁士),卡斯尔雷子爵(英国)和C. M. de塔列朗(法国)。会议达成的主要协议是:法国缩小至1789年的边界。建立波兰新王国,由俄国统治。制止法国未来侵略的可能性,加强其邻国:荷兰王国得到比利时,普鲁士得到莱茵河沿岸的地区,意大利王国得到热那亚。德意志制定了宪法纲要,使它成为一个松散的联盟,从属于奥地利。英国得到重要的殖民地,包括马耳他、好望角和锡兰。维也纳会议所制定的协议是欧洲前所未有的最广泛的条约,会议建立的局面维持了40多年。

维也纳学派 Vienna Circle 德语作Wiener Kreis。20世纪20年代由哲学家、科学家、数学家组成的一个团体。它定期在维也纳聚会,探讨科学的语言和科学方法论。创始人M.施利克(1882～1936)任教于维也纳大学。主要成员有G.贝格曼、R.卡纳普、H.费格尔、P.弗兰克、K.哥德尔、V.克拉夫特、O.诺伊拉特和F.魏斯曼。和这个学会相联系的哲学运动名称为逻辑实证主义。注重科学理论的形式,提出证实原理和意义标准,赞成统一的科学学说是各成员的共同特点。1938年,纳粹入侵奥地利后,该团体解散。

维永 Villon, François(1431～1463年以后) 原名François de Montcorbier或François des Loges(弗朗索瓦·德·蒙科比耶)。法国抒情诗人。是受过严格训练的学者,但以其犯罪的一生而闻名。1455年刺杀一名教士,后加入犯罪组织,参与抢劫、偷窃和打架。曾多次被监禁。1462年被判死刑,次年改判放逐,从此不知所终。他死后出版的作品包括《小遗言集》(1489),以讽刺的口吻表示在离开巴黎之际,准备把财产"遗赠"亲友;《大遗言集》(1489),以激动的感情和诗人的深邃回顾自己的身世,主要由谣曲、尚松和回旋曲组成。他的诗朴实无华,寓意深刻,充满火一般的感情,通过个人切身的感受去描写传统的主题——幻想的破灭、失恋的痛苦和对死亡的恐惧。

伪丢尼修 Pseudo-Dionysius the Areopagite(活动时期约500年) 可能是叙利亚修士。他假托丢尼修(大法官)的笔名写了一系列论文,将新柏拉图主义哲学和基督教神学与神秘主义的经验结合起来。学说的内容涉及三位一体、天使世界、肉身化和救赎,提供了对所有这些的解释。他的论文《以神的名义》讨论了冥思祈祷的本质和效果。其狂欢文集被吸收进希腊和东部基督教神学中,还影响了西方教派的神秘主义。圣托马斯·阿奎那是对这些作品撰写注释的人之一。

伪季米特里 Dmitry, False 又称Pseudo-Demetrius。3个不同的争夺莫斯科王位的人。在混乱时期,他们自称是伊凡四世之子季米特里·伊凡诺维奇,实际上真季米特里在幼年时就可能在B.戈东诺夫的指使下于1591年被杀。第一个伪季米特里与戈东诺夫夺权,并于1605年宣布为沙皇。1606年V.舒伊斯基(1552～1612)将其杀死,并继承其位。谣传季米特里并没有死,于是第二个季米特里出现,1610年被杀前有大批的拥护者。第三个季米特里于1611年出现,他得到哥萨克和普斯科夫居民的效忠。1612年5月被处死。

《伪教令集》 False Decretals 9世纪的一部教会法汇编,其中包含伪造文件。又称《伪伊西多尔教令集》,因为是假托西班牙百科全书编纂家兼史学家圣伊西多尔(塞维利亚的)的名义。伪造者的主要目的是使教会独立,结束加洛林王朝的控制。这部教令集包括律法、教皇书信和会议教令,有些是真的但许多(包括著名的《君士坦丁惠赐书》)是伪造的。到10世纪末,此伪造的教令集已为人们普遍接受,直至17世纪才证明是骗人的。

伪装 camouflage 在战争中隐蔽自己并在视觉上迷惑敌方的技术和做法。其目的是阻止敌方对军事设施、人员、装备和活动的观察。第一次世界大战期间为对付空中打击而开始广泛使用。空中侦察(后来发展为空中轰炸)需要部队和设备进行隐蔽。到第二次世界大战时,远程轰炸威胁到交战国的每一块土地,几乎所有具有军事意义的东西都要进行不同程度的伪装,使用的材料包括斑驳灰暗的油漆花纹、布装饰物、网状物以及天然枝叶。假人和假目标(包括假的城市和机场)诱骗敌方飞机对无价值目标进行轰炸。第二次世界大战后,伪装依然是一项重要技术,在越南战争中北越的游击队就成功地运用了此项技术。

苇子 reed 植物学中数种高大水生禾草类的统称,尤指早熟禾科芦苇属(*Phragmites*)的4个种。普通芦苇(亦称水生芦苇,*P. australis*)分布于由极地到热带的湖泊、沼泽、湿地和河流边缘。叶宽,株高约1.5～5米,花序羽状,茎挺硬光滑。刺香蒲(黑三棱属*Sparganium*)和苇豆蔻(香蒲属*Typha*)不属早熟禾科。干燥的芦苇茎数千年以来一直用作茅屋顶和建屋材料,编篮筐,制箭杆、笔和乐器。

纬度和经度 latitude and longitude 一种坐标系统,可以用来确定和描述地球表面上任何地点的位置。纬度是对赤道南北位置的度量。纬度线称为纬线或纬圈。经度是对本初子午线东西位置的度量,本初子午线通过英国的格林尼治。把经度的子午线与纬度的纬线结合在一起就可以编织出一个网格,从网格上就可以确定准确的位置。如用北纬

40°、西经 30°来描述一个点,那么这个点就位于赤道以北 40°的弧线和格林尼治子午线以西 30°的弧线交叉点上。

委拉斯开兹 Velázquez, Diego (Rodríguez de Silva)(1599～1660) 西班牙画家。生于塞维利亚,他师从 F. 埃雷拉(老)当学徒,后来接受 F. 帕切科自然主义风格训练。他的早期作品大多是宗教或风俗体裁。1623 年抵达马德里后,他绘制了腓力四世的肖像,立即获得了成功,并担任宫廷画家。其地位使他得以接近皇室收藏,其中包括提香的作品,对他的绘画风格产生了极大的影响。意大利之旅(1629～1631)使其风格进一步发展,回到马德里即开始他最具创造力的时期。他为腓力的狩猎小屋创作出一种新的非正式肖像类型,而委拉斯开兹的宫廷侏儒肖像展现了与皇室人物一样的洞察眼神。第二次拜访罗马时(1649～1651),他绘制了优秀的教皇英诺森十世肖像。晚年他创造出杰作《宫女》(1656)。在这偶然的场景中,显然艺术家正在为国王和王后作画的时候,玛格丽特公主和其随从来到了;他在接近实物大小的人物绘画中创作出一种真实世界的幻觉,这是当代没有其他艺术家能够超越的。他被一致认为是西方艺术的巨人之一。

委内瑞拉 Venezuela 全称 Bolivarian Republic of Venezuela(委内瑞拉共和国)。南美洲北部国家。面积:916 445 平方千米。人口:约 30 135 000(2013)。首都:加拉加斯。约2/3的人口是梅斯蒂索人,其余大部分人口是欧洲人或非洲人的后裔。语言:西班牙语(官方语言),约 25 种印第安语。宗教:基督教(主要是天主教)。货币:博利瓦。山脉和平原支配着委内瑞拉的地形。西部安第斯山脉的东北凸起成为玻利瓦尔山。中部为亚诺斯平原,约占国土面积的 1/3。奥利诺科河河系几乎遍布全国,还有广阔而浓密的森林三角洲。安赫尔瀑布为世界最高的瀑布。主要的湖泊有马拉开波湖和巴伦西亚湖。主要矿藏资源是石油和天然气。其他矿藏还有铁、铝、黄金和钻石。工业包括钢铁、化学、纺织和炼油。农产品主要有糖、咖啡、玉米、香蕉和可可。委内瑞拉是一院制多党制的联邦共和国。国家元首暨政府首脑为总统。土著居民已在委内瑞拉居住了几千年。1498 年 C. 哥伦布发现委内瑞拉海岸。欧洲探险家看到当地印第安人居住在马拉开波湖沿岸的水上高脚屋里,于是将该地区命名为委内瑞拉(西班牙语,意为"小威尼斯")。1523 年西班牙传教团在库马纳建立第一个欧洲人定居点。1717 年被纳入新格拉纳达总督辖区。后来 F. de 米兰达和 S. 玻利瓦尔率领委内瑞拉克里奥尔人首先发动了南美洲的独立运动。虽然早在 1797 年委内瑞拉就宣布脱离西班牙独立,但一直到 1823 年最后一批保皇军投降后才被确认。1830 年起委内瑞拉先后由许多军事独裁者统治,直到 1958 年 M. 佩雷斯·希门尼斯被推翻为止。1961 年颁布新宪法,象征民主的开始。为石油输出国组织(OPEC)创始会员之一,20 世纪 70 年代石油工业带来了经济繁荣,而其经济也主要依赖世界石油市场。1999 年 H. 查维斯政府颁布一部新宪法,同年在首都附近发生一场暴风雨,造成好几千人丧生。这是委内瑞拉历史上最严重的事件之一。21 世纪初,石油价格上涨,该国经历了巨大的政治动荡。委内瑞拉于 1948 年首次参加在伦敦举办的夏季奥运会。

萎缩 atrophy 身体的某部分,或细胞、或器官、或组织,从以前正常体积的缩小。器官或部分身体细胞可能在数目、大小或二者都会减少。某些细胞和器官在生命的一定阶段的萎缩是正常的。造成萎缩的原因还有营养不良、疾病、不被使用、受伤或内分泌失调。

《卫报》 Guardian, The 英国伦敦和曼彻斯特发行的有影响力的日报。被认为是英国最佳报纸之一。1821 年创建时为周报《曼彻斯特卫报》。1855 年改为日报。100 年后去掉"曼彻斯特"一词,因已成为享有国际声誉的全国性报纸。该报由一托拉斯拥有,财政上可获得保证。《卫报》的社论始终保持独立的自由派立场和新闻报道的广度和深度。

卫城 acropolis 希腊文意为"顶端城市"。古希腊城邦兼有防卫性质的中心地区,建于最高地,内有市政与宗教建筑。著名的雅典卫城,建于公元前 5 世纪,位于陡峭的山冈上,有 4 座重要建筑物:卫城山门、帕台农神庙、厄瑞克忒翁庙(以女像柱闻名的爱奥尼亚神殿)和雅典娜的奈基神殿,它们都是以该地区盛产的白色大理石筑成。

公元前 5 世纪后半期建立的雅典卫城,中央为帕台农神庙,其左则为厄瑞克忒翁庙
Toni Schneiders

卫斯理 Wesley, John(1703～1791) 圣公会牧师、福音传播者,与其弟查理同为基督教循道宗(卫斯理宗)的创始人。其父为早期不信奉国教的牧师。毕业于牛津大学,1728 年被任命为英格兰教堂牧师。1729 年加入其弟查理(1707～1788)在牛津成立的宗教研究小组,他们强调在学习和灵修中循规蹈矩,被称为"循道派"。小组人数增加,并开始进行社会和慈善活动。在对北美佐治亚殖民地传教(1735～1737)失败后回到伦敦,受到摩拉维亚教会的影响。1738 年受到 M. 路德神学的鼓励,有了宗教经验,认为人可以经由个人的信心而得到救赎。圣公会伦敦主教拒绝为到美洲工作的卫斯理派布道人员行按手礼,于是卫斯理在 1784 年开始亲自按立神职人员,并宣布他的教会脱离圣公会而独立。

卫星 satellite 围绕一个大型天体,通常是一个行星运行的天然或人造天体。月亮就是一个最明显的例子,也是在伽利略卫星发现前唯一已知的卫星。所有太阳系的行星,除了水星和金星外,都有天然的卫星,其大小和构成有很大差别,有的完全由岩石构成(如月亮),有的则是火山或大部分是冰。第一颗人造卫星是苏联的人造卫星 1 号(1957)。从那时起,数百颗卫星已经被送上围绕地球和围绕金星、火星、木星以及太阳和月亮的轨道。人造卫星用于科学研究和其他用途,如通信、气象预报、地球资源管理以及军事情报等。参阅陆地卫星。

未成年人犯罪 delinquency 少年人实施的犯罪行为。根据报道,许多国家的男孩构成青少年犯罪人数的大部分(美国占 80%)。有关未成年人犯罪原因的理论集中在这些青少年家庭的社会和经济情况、受父母影响的价值观,以及青少年与犯罪亚文化(包括帮派)的性质等问题上。一般包括了"推力"和"拉力"。大多数少年犯不把这种行为延续到他们的成年生活中,而是调节到符合社会标准。缓刑是最常用来处理少年犯的方法,对少年犯判处缓期执行刑罚,而在一位缓刑官的监督之下,少年犯则必须按照一些规定的规则生活。参阅犯罪学和刑罚学。

未来主义 Futurism 约在 1909 年始于意大利的文学、艺术和政治运动,特别以强烈地反传统和致力于在形式上表现动能和机械程序。其最显著的效果是在视觉艺术和诗这两方面。未来主义最初由 F. 马里内蒂的一篇宣言显示出来。主要的意大利未来主义艺术家有 G. 巴拉(1871～1958),U. 波丘尼、C. 卡拉(1881～1966)和 G. 塞维里尼(1883～1966)。其后不久由 V. 马雅可夫斯基和 V. 赫列勃尼科夫(1885～1922)创立的俄罗斯未来主义在革命的政治与社会观点上比意大利模式走得更远。到 1930 年这个运动的影响已经让人察觉不到了。

胃 stomach 人体左上腹腔消化器官,依内存食物量或涨或缩。人的胃分为 4 部分:与食管相连的贲门;位于贲门上侧的膨出部胃底;胃体,也是容积最大的部分;在幽门处与十二指肠相连的狭窄部分。铁及易溶于脂肪的物质(如酒精和某些药物)可直接由胃吸收。胃的蠕动将食物与处于胃壁上的胃腺分泌的消化酶及盐酸混合,由此形成的食糜被推送入小肠。胃的分泌及运动受迷走神经及交感神经支配,情绪激动可影响胃的正常功能。胃部常见的疾病有胃炎、消化性溃疡、胃下垂和胃癌等。

胃癌 stomach cancer 胃的恶性肿瘤。导致胃癌的主要危险因素有高盐分饮食、烟熏或腌制食物、幽门螺旋杆菌感染、抽烟酗酒、年龄(60岁以上)以及有胃癌病家族史。男性的罹患率约是女性的一倍。病症包括腹部疼痛或有肿块、原因不明的体重骤减、呕吐、消化不良。手术是治疗的唯一途径,放射性治疗或化学药物治疗有时也用作手术的辅助手段或用于减轻症状。

胃肠炎 gastroenteritis 泛指发生在胃和小肠黏膜的急性炎症。主要症状特点为腹泻、呕吐和胃肠痉挛性疼痛。轻者,仅为急性、短暂性的腹泻;重者,常可导致重度脱水而危及性命,儿童和老人尤其要注意后者情况。许多致病微生物是通过释放各种毒素引起水泻或直接侵犯胃肠壁,引起胃肠组织的炎症。胃肠炎的病因还有食物中毒、霍乱和旅行者腹泻等。治疗依病因和症状严重程度而定,可用抗菌素也可只用支持疗法。

胃食道逆流病 gastroesophageal reflux disease (GERD) 胃里面的东西经常回流到食道的疾病。该病的症状有胸口灼热、咳嗽、经常清喉咙及吞咽困难。可能是连接食道和胃的肌肉松弛,食道或胃的流出延迟、食道裂孔疝气、肥胖或妊娠所致。治疗方法有服用抑酸剂或抗酸药物及改变生活习惯,如睡前不进食、避免食用酸性或油腻食物及饮料、戒烟和减轻体重等。病情严重可能需要施行外科手术。

胃炎 gastritis 胃部炎症。急性胃炎常由饮食不当或感染引起,突然发作,症状有上腹剧痛、呕吐、口渴及腹泻等,但很快就平息。治疗仅需短暂禁食,随后给予无刺激性的饮食、镇静药、止痉挛药。口服腐蚀性化学药物造成的化学性胃炎需清空胃部和洗胃。慢性胃炎症状不明显,包括不正常的不适或疼痛、食欲不佳、胀气和排便不规律,病因不明。通常无需治疗。进食不足者应该补充一些营养剂。

胃蝇类 botfly 几个双翅目昆虫家族的成员,成虫外表似蜂,幼虫寄生于哺乳动物身上。有些品种会对马、牛、鹿、绵羊、兔和松鼠造成危害,有一种则会危害人类(人肤蝇)。有若干品种的成蝇在宿主身上产下许多卵,幼虫孵化后穿透皮肤。幼虫再从皮肤中穿出,成熟后又成为会产卵的成虫。在新大陆热带地区,胃蝇的感染常造成牛肉和兽皮的大量减产。

猬 hedgehog 猬科14种旧大陆哺乳动物的统称。喜以动物为食,但也吃植物。刺猬类有9种,背部有短而无倒钩的刺,体形圆,头小,脸尖,尾小或无。体长10～44厘米。刺猬原产于英国、北部非洲和亚洲,有一种已被引进新西兰。毛猬有5种,产于亚洲,有粗糙而具防卫性的毛,但没刺,体臭难闻。毛猬一般体长46厘米,另尾长30厘米。参阅豪猪。

魏茨曼 Weizmann, Chaim (Azriel) (1874～1952) 俄国出生的巴勒斯坦化学家,以色列第一任总统(1949～1952)。生于今白俄罗斯。获化学博士学位,还发明了几种染料并取得专利权,1904年到英国任教职。1912年发现一种能将碳水化合物转化成丙酮的方法,在第一次世界大战中为英国军火工业作出贡献。这一成就大大有助于他当时正与英国政府进行的关于犹太复国问题的谈判,促使英国政府发表《贝尔福宣言》(1917),主张在巴勒斯坦建立犹太人国家。1920～1931年任世界犹太复国主义组织主席。1948年赴美国,争取到华盛顿方面对以色列建国的支持。翌年当选为以色列首任总统。

魏德金德 Wedekind, Frank (1864～1918) 原名Benjamin Franklin。德国演员和剧作家。1872～1884年住在瑞士,后移居慕尼黑直到去世。1891年开始戏剧创作,悲剧《青春觉醒》出版后引起人们的非议。全剧描写3个青年人的情窦初开。在《卢卢》组剧《地神》(1895)和《潘多拉的盒子》(1904)中,他把性的主题扩大到下层社会,写了缺乏道德意识的妇女卢卢被毁于性的自由,及其与伪善的资产阶级伦理道德所发生的悲剧性冲突。魏德金德在其戏剧中使用了插曲式场面、断续式对话、歪曲式漫画手法,从而形成了从他那个时代的写实主义到下一代人的表现主义之间的过渡时期。被认为是荒诞派戏剧的鼻祖。

魏德曼 Weidman, Charles (1901～1975) 原名Charles Edward Weidman, Jr.。美国现代舞蹈家、教师和编舞家。生于内布拉斯加州林肯。曾在丹尼斯萧恩舞蹈学校学习,20世纪20年代成为该舞蹈团成员。1928年和D.汉弗莱建立汉弗莱-魏德曼舞蹈学校和舞蹈团,在该团他编排了许多舞蹈。1945年建立了自己的学校。1948年又创办了戏剧舞蹈团,并为该舞蹈团编排了他的杰作之一《当代寓言》。他继续从事教书、编舞和舞蹈表演工作,直到20世纪70年代。

魏尔兰 Verlaine, Paul(-Marie) (1844～1896) 法国抒情诗人,在当公务员时,与帕尔纳斯派诗人交往。1866年出版的《现代帕尔纳斯》中有他的作品。早期的诗集有《感伤集》(1866)、《戏装游乐图》(1869)、《美好的歌》(1870)和《无言浪漫曲》(1874)表现出他所有诗篇激情奔放,悦耳动听的特色。他的婚姻被他对A.兰波的迷恋所粉碎。他们的放荡行为(1872～1873)震惊了巴黎。在比利时,魏尔兰酒醉后开枪打伤兰波,被判两年监禁。出狱后皈依了天主教,这一时期的诗作收集在1880年出版的《智慧集》中,表达了他的宗教虔诚和情感历程。后来教法语和英语,晚年生活贫困,但有人资助他作国际巡回讲学。名著《诗艺》(1882),受到了当时象征派的热烈推崇。他的《厄运诗人》(1884)包括S.马拉梅、兰波等6位诗人的小传。他被认为是颓废派中仅次于C.波德莱尔和马拉梅的第三个主要人物。

魏玛共和国 Weimar Republic 1919～1933年的德国政府,因1919年在魏玛召开制宪会议,故名。初期,共和国被战后经济、金融问题和政治不稳定所困扰,但在20年代晚期这些问题都得到了解决。其主要的政治领袖包括了F.艾伯特(1919～1925)、兴登堡(1925～1934)两位总统,以及曾担任总理(1923)和外交部长(1923～1929)的G.斯特来斯曼。在大萧条期间,政治和经济的崩溃导致A.希特勒势力的崛起,希特勒成为总理(1933)后解散了魏玛共和国。

魏玛狗 weimaraner 19世纪初魏玛宫廷的日耳曼贵族培育的一种猎狗,耳悬垂,眼为蓝、灰或琥珀色。被毛短而光滑,呈鼠灰色或银灰色。肩高58～69厘米,体重32～39千克。特点为机警、平衡感佳,是活跃的猎犬,也是好的伙伴和看门犬。

鳚 blenny 鲈形目鳚亚目许多种鱼类的统称。大多体型小,海产,广布于热带到寒带海域。体细长如鳗。生活于各种生境,包括岩潭、沙滩、礁盘和藻床。多数生活于浅水,

大头鳚(*Blennius pholis*)

Jane Burton-Bruce Coleman Ltd.

但有些可深至水下450米处。有些主要为草食性,有些则部分或完全为肉食性。一般为底栖,没有多少经济价值。

温布尔登 Wimbledon 伦敦外自治市默顿的一部分。每年一届的全英草地网球锦标赛,即著名的温布尔登网球锦标赛,就在这里举行。这个每年6月下旬到7月上旬举行的比赛是全世界最早(1877年开始)也是最著名的比赛。它是构成网球"大满贯"的四项比赛之一,也是其中唯一在草地球场进行的比赛。1968年向职业运动员开放。

温得和克 Windhoek 纳米比亚首都。地处该国中部。非洲民族最早定居此地。1890年,现城市所在地被德国政府宣称归己。1915年南非军队占领温得和克,宣布该地属南非所有,当时称西南非。1990年纳米比亚独立,温得和克成为国家首都。温得和克是纳米比亚主要商业和交通中心。人口约289 000(2005)。

温德米尔 Windermere 英格兰西北部湖泊。位于坎布里亚郡湖区东南部,为英国最大的湖泊。湖长17千米,宽1.6千米。面积16平方千米。最深处67米。为湖区国家公

园的一部分，是著名旅游中心。

温度 temperature 用几种标度中的任何一种，如华氏、摄氏或开氏温标表示的热度标准。热量从较热的物体流向较冷的物体，直到二者达到相同温度为止。温度是物体中分子的平均能量的量度，而热量是物体中总的热能的量度。例如，一杯沸腾水的温度与一大锅沸腾水的温度是相等的（212℉或100°C），但大锅具有更多的热，或地热能。烧开一锅水比烧开一杯水需要更多的能量。最常用的温标建立在随意规定的一些固定点上。华氏温标规定水的冰点为32℉，水的沸点为212℉（在标准大气压下）。摄氏温标规定水的三相点（在该温度下固相、液相和气相三相共存，达到平衡）为0.01°C，水的沸点为100°C。开氏（K）温标主要用于科学和工程的目的，规定零点为绝对零度，而刻度大小与摄氏温标相同。

温弗里 Winfrey, Oprah（1954～　）美国电视访谈节目主持人及演员。出生于密苏里州科西阿斯科，童年贫穷困苦，后在巴尔的摩担任电视台记者和主持人，其间主持了生平第一个访谈节目（1977～1983，与人共同主持），1984年开始主持的《芝加哥早晨》迅速成为芝加哥收视率最高的晨间节目，1985年重新命名为《欧普拉·温弗里脱口秀》并在1986年将之企业化，使她成为主持广受欢迎、全国性日间访谈节目的首位黑人女性。这个收视率极高的节目因它振奋人心、抚慰心灵的作用而知名。1986年温弗里成立了自己的电视制作公司哈珀制作公司。2000年出版发行了《欧普拉杂志》。2011年欧普拉·温弗里电视网首次亮相，同年播出了最后一期《欧普拉·温弗里脱口秀》。她曾参与电影《紫色姊妹花》（1985）及《宠儿》（1998）的演出。

温哥华 Vancouver, George（1757～1798）英国航海家。13岁时进入皇家海军，曾随J.库克船长进行他的第二次和第三次航行（1772～1775，1776～1780）。1791年率领考察队对澳大利亚、新西兰、塔希提和夏威夷海岸进行探测。1792年到达北美太平洋海岸。接下来的两年多时间他仔细绘制了大部分海岸的地图。1798年他出版了地图和他的长篇旅游纪事。

温哥华 Vancouver 加拿大不列颠哥伦比亚省西南部城市。位于天然良港处。19世纪70年代原为锯木业居民点。一场大火（1886）后又恢复为加拿大的主要港口。它的发展得益于1887年横贯大陆铁路的建成和1914年巴拿马运河的通航，使其能比较经济地向美国东海岸和欧洲出口谷物和木材。经济活动有木材加工、炼油、捕鱼、造船和影视制作。温哥华如画的自然风光和丰富的文化设施助其成功申办了2010年冬季奥运会。城市人口603 502（2011），都会区人口2 313 328（2011）。

温哥华岛 Vancouver Island 加拿大不列颠哥伦比亚西南部近海岛屿，是北美洲太平洋岸最大的岛屿，面积31 285平方千米。几座山峰高于2 100米。有数个优良港口。主要城市是维多利亚。早在西班牙和英国探险家，包括J.库克船长于1778年到达以前，沿海印第安人已经在该岛居住了几千年。1792年由G.温哥华测量，此后归属于哈得孙湾公司，直到1849年成为英国直辖殖民地。1866年并入不列颠哥伦比亚。重要实业有伐木、捕鱼、农业和旅游业。人口705 000（2001）。

温克尔曼 Winckelmann, Johann (Joachim)（1717～1768） 德国考古学家和艺术史家。补鞋匠之子。在发现希腊艺术之前，他学习神学和医学。他的论文《希腊绘画雕塑沉思录》（1755）问世不久，便有数种译本，成为希腊艺术和教育的宣言书。后接受天主教的信仰，到了罗马（1755），在梵蒂冈担任重要职务。他的《古代艺术史》（1764）一书率先对古代艺术作了分期；把艺术史作为一个单独学科来研究，将考古学当做一门人文学科来对待。其著述有助于古典艺术（尤其是希腊艺术）的普及，同时，无论对西方的绘画和雕塑，还是对文学乃至哲学，都产生了重大影响。

温克尔曼，油画，A.R.孟斯绘于1758年；现藏纽约市大都会艺术博物馆

By courtesy of the Metropolitan Museum of Art, New York City, Harris Brisbane Dick Fund, 1948

温尼伯 Winnipeg 加拿大城市，马尼托巴省省会。在雷德河和阿西尼博因河汇合处。1738年，法国人将该地作为皮毛交易站。19世纪初期托马斯·道格拉斯建苏格兰人移民点。1885年加拿大第一条铁路通达后成为主要谷物市场和储运地，1950年遭特大洪水袭击后重建。为文化、金融、商业、工业和政治中心。都会区人口约671 274（2001）。

温尼伯河 Winnipeg River 加拿大马尼托巴省东南部和安大略省西南部的河流。源出伍兹湖。向西北流经约320千米后注入温尼伯湖。该河通航后曾是早期欧洲探险者和毛皮商的往来路线。下游多急流瀑布，不利航行，建有许多水电站。

温尼伯湖 Winnipeg, Lake 加拿大马尼托巴省中南部湖泊。由萨斯喀彻温、雷德、温尼伯等众多河流汇成，湖水向东北经纳尔逊河注入哈得孙湾。湖长425千米，宽达109千米，面积24 387平方千米，平均深15米。1733年加拿大探险家P.拉韦朗德里到此。在航运、商业性捕鱼业和娱乐方面具有重要性。

温切尔 Winchell, Walter（1897～1972）原名Walter Winchel。美国新闻工作者和播音员。出生于纽约市，13岁时加入歌舞杂耍演出，后来开始写文章刊登在内部刊物《轻歌舞剧新闻》上。成为该刊的专职人员，从此开始闲谈专栏作家生涯。后来进《纽约每日镜报》，该报1963年以前一直刊登他的专栏文章。1932年开始主持每周一次的广播节目，直到50年代初期。但如同他在写作和广播讲话中使用的百老汇习语一样，他的报道在30～50年代给他带来了广大的听众和重大影响。

温切斯特 Winchester 英格兰汉普郡城市。为凯尔特人发现，处于罗马道路系统中心的位置表明其在早期很重要。曾是韦塞克斯的首都；在阿尔弗烈德大帝统治下成为学术中心；后成为丹麦国王克努特大帝政府所在地。在诺曼人统治后，该地仍很繁荣。最著名的是大教堂（11～14世纪）和成立于1382年的温切斯特学院。人口约107 213（2001）。

温泉 hot spring 又作thermal spring。又称热泉。水温明显高于周围地区空气温度的泉水。大多数温泉是地下水与岩浆或已经固化但仍很热的火成岩相互作用的结果。但是有些温泉与火山活动无关，而是由于地层深处的水循环作用使水渗到地壳较深的部分，那里岩石的温度极高，从而形成温泉。

温泉关战役 Thermopylae, Battle of 波斯战争中发生在希腊北部的战役（公元前480）。当时波斯国王薛西斯一世率领大军来犯，斯巴达国王莱奥尼达斯为了抵御其向南推进，率领以斯巴达人居多的希腊军队守关三天。后来希腊军队因叛徒出卖，被波斯军队包围。莱奥尼达斯令希腊主力部队撤退，自己率领一支小股部队断后，抵抗敌军进攻，最终全部被杀。

温塞特 Undset, Sigrid（1882～1949）挪威小说家，其父是一位考古学家。由于家庭的影响，她对挪威的历史、民间传说均有很大兴趣。早期小说描写当时社会中下阶层妇女的地位。她的代表作《克里斯汀·拉夫朗的女儿》（1920～1922）三部曲，以中世纪的挪威为背景，描写一个坚强女人的精神成长过程。她于1924年皈依天主教。后期作品反映出她对宗教的兴趣，其中包括历史小说《马湾的主人》（1925～1927）以及现代题材的小说。1928年获诺贝尔文学奖。

温莎 Windsor 加拿大安大略省南部城市。位于底特律河南岸，对岸为美国密歇根州底特律市。1701年底特律建要塞后不久该地便有法国农民定居，最初地名为“渡口”，后称里士满。1836 年改名温莎。该城坐落在底特律地区的中心，成为水路交通要冲、铁路枢纽和五大湖区的港口。工业产品有机动车辆及零件、食品和饮料及药品。温莎是美国到加拿大的主要进口港。人口约 210 891(2011)，都会区人口319 246(2011)。

温莎城堡　Windsor Castle　英国皇家居住地。坐落在英格兰南部伯克郡温莎-梅登黑德区东北边缘的小山上，位于泰晤士河北岸。由两个四方形的庭院构成，院落之间隔着一个巨大的圆塔。圆塔建于人工堆成的小丘上，数英里之外都能看见。圆塔西边为下院，东边为上院。1070 年前后，征服者威廉一世在此地建土岗及围栏。下院包括圣乔治教堂和艾伯特纪念教堂。葬有 10 位君主。上院有皇家专用居室、宾客专用住房和皇家图书馆。1992 年一场大火烧毁了上院东北角。

温莎公爵夫人　Windsor Duchess of(1896～1986)　原名Bessie Wallis Warfield。温莎公爵（前爱德华八世）的妻子。出生于宾夕法尼亚州蓝岭顶，是巴尔的摩的社交界名人。1916 年与斯宾塞伯爵结婚。离异后（1927）于 1928 年与 E. 辛普森结婚，随夫移居伦敦。辛普森夫人活动于英国上流社交界时与威尔士亲王爱德华相遇，逐渐坠入情网。1936 年申请离婚，显然打算与爱德华（当时为爱德华国王）结婚，但是像她这样一个两次离婚的女人，不可能被容许将来成为英国的王后。爱德华宣布退位，她得到离婚裁定书后，两人于 1937 年结婚。伉俪婚后生活美满，大部分时间住在法国。

温莎王室　Windsor, House of　旧称House of Saxe-Coburg-Gotha（萨克森-科堡-哥达王室，1901～1917）或House of Saxe-Coburg and Gotha（萨克森-科堡和哥达王室）。英国王室。汉诺威王室的最后一代君主。维多利亚女王逝世后，该王室由温莎王室继承。萨克森-科堡-哥达为维多利亚女王的德裔丈夫艾伯特亲王的姓氏。这一朝代包括爱德华七世、乔治五世、爱德华八世、乔治六世和伊丽莎白二世。在第一次世界大战反德气氛正浓的时候，乔治五世以敕令（1917）宣告：凡属维多利亚女王男系子孙并为英国臣民者，必须采用“温莎”的姓氏。

温室　greenhouse　专为保护稚嫩或过季植物而设计的建筑，使之不致过热或过冷。通常是一座围以玻璃或塑料片的框架结构，骨架是由铝、镀锌钢，或诸如红杉、雪松和柏树等木材所制成。用以栽培蔬、果、花卉或任何需要特殊气温条件的植物。温室的取暖部分来自阳光，部分则用人工方法。这种控温的环境可以适应各种特殊植物的需要。

温室效应　greenhouse effect　随大气中水蒸气、二氧化碳和其他微量气体增多，地球表面和大气层下部变暖的现象。来自太阳的可见光到达地表并使之加热。一部分这种热能又以长波红外辐射形式被地表反射回大气

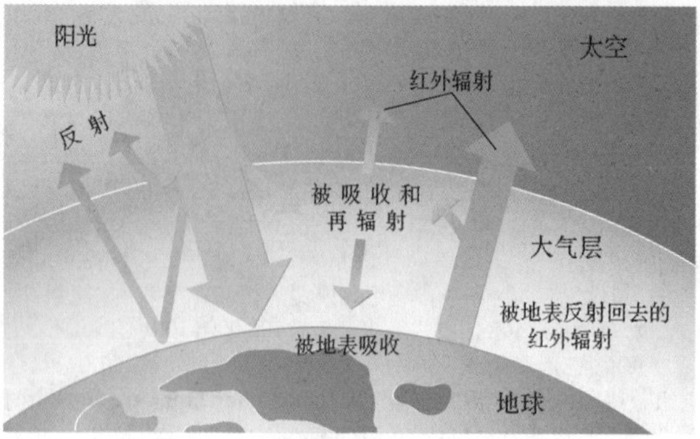

进入大气层的日光被地球大气层和地表反射，但大部分被地表吸收，使地表变暖。红外(IR)辐射从地表释放。一部分红外辐射逃逸到太空，但一部分则被大气层温室效应气体（尤其是二氧化碳、水和甲烷）所吸收，并向各方向再辐射（一部分向太空再辐射，一部分被再辐射回地表），从而进一步使地表和大气层下部变暖。

层，其中很大部分被大气中的二氧化碳和水蒸气的分子所吸收，作为热能再辐射到地表。虽然名为温室效应，但它同温室窗玻璃所产生的效应不同：温室窗玻璃能使可见波段的日光透过，并把热量阻止在室内。这种红外辐射的吸收促使地表和大气层下部变暖，温度比没有大气的情况下要高，使地球表面可以居住。由于现代工业社会普遍燃烧矿物燃料引起大气中二氧化碳含量升高，使得地球上的温室效应可能得到加强，亦可能造成长期的气候变迁。类似地，其他微量温室气体，如氯氟烃、氧化亚氮、甲烷之类在大气中浓度增加，可能也会使温室条件更加严重。自工业革命开始至 20 世纪末，大气中二氧化碳量已增加了 30%，同时甲烷量增加了 1 倍多。据估计，今日美国承担所有人类制造的温室气体排放量的 1/5 左右。参阅全球变暖。

温思罗普　Winthrop, John(1588～1649)　英属美洲政治人物。马萨诸塞湾殖民地首任总督，为清教徒。1629 年马萨诸塞湾公司获得在新英格兰建立一块新殖民地的王室特许

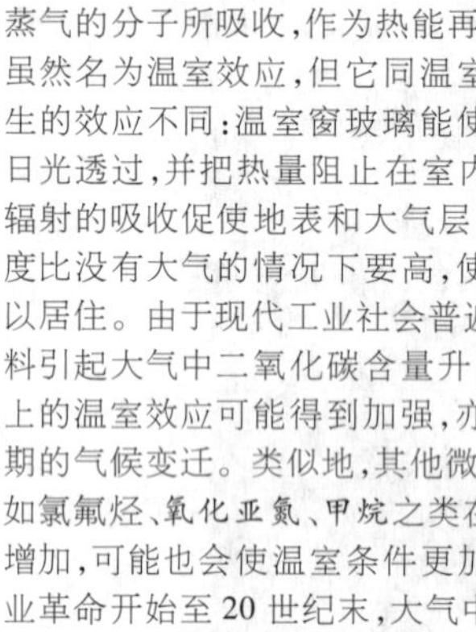

J. 温思罗普，油画，A. 范戴克约绘于 1625～1649 年；马萨诸塞州伍斯特美国古玩学会收藏
By courtesy of the American Antiquarian Society, Worcester, Mass.

状以后，温思罗普携带全家前去美洲。马萨诸塞湾公司任命他为新殖民地的总督。1630 年到达北美。他受到移民的尊敬，1631～1648 年间 12 次当选为总督。其子小温思罗普(1606～1676)是一位具有影响力的康涅狄格总督(1659～1676)。

瘟热　distemper　两种病毒疾病：犬瘟热与猫瘟热。犬瘟热是高度传染性的急性疾病，侵袭犬、狐、狼、鼬、浣熊及雪貂。未经治疗大多会致命。受感染的动物最佳治疗方法是及时注射血清球蛋白，用抗生素避免继发性感染。接种疫苗可以免疫。猫瘟热使受感染的猫白血球细胞数量剧降。病程很少持续超过一个星期，但死亡率高。疫苗提供有效的免疫。

文策斯劳斯　Wenceslas(1361～1419)　德意志国王和神圣罗马皇帝(1378～1400)、波希米亚国王（称文策斯劳斯四世，1363～1396）。神圣罗马帝国皇帝查理四世之子，在位期间懦弱无能，德意志战争频仍，诸侯争权，陷于混乱状态长达 10 年之久。1389 年埃格尔议会订立全面和约，解决了绝大多数的争端。他长期居住布拉格，并且拒不理睬帝国邦君们要求任命帝国摄政的建议，故于 1400 年遭废黜。

文达　Venda　前班图斯坦，位于南非共和国东北部，近津巴布韦边界。18 世纪初，文达人从今津巴布韦移入此地，并建立许多统治家族。1898 年被德兰士瓦吞并。文达在正式独立前，是南非内部一独立行政单位。1962 年南非指定文达为操文达语民族的班图斯坦，并建立一个地方政权。1973 年该地获准半自治，1979 年宣布为独立共和国，但从未被国际承认。废除种族隔离政策后，文达在 1994 年重新并入南非，成为新成立的北部省（今林波波省）的一部分。

文德人　Wend　斯拉夫部落群，公元 5 世纪时，即已定居今德国东部奥得河和易北河之间的地区。文德人占据法兰克人及其他日耳曼民族统治区东部边陲地带。自 6 世纪起，法兰克人不时与文德人发生战争，而到 9 世纪初查理大帝在位期间，开始征服文德人的行动并强迫他们改宗基督教。日耳曼人吞并文德人领土是从 929 年亨利一世在位期间开始的，但 983 年文德人爆发叛变时，日耳曼人对易北河以东地区失去控制。1147 年，天主教会同意由狮子亨利三世率领一支德意志十字军去攻打文德人。此后，德国人在易北河-奥得河地区的殖民活动，几乎没有受到文德人的反抗；文德人成为农奴，最后为德国人所同化，只有少数文德人生活在其传统居住地区卢萨蒂亚（现德国东部），称为索布人。

文德斯　Wenders, Wim(1945～　)　德国电影导演。1967 年开始执导短片，1973 年开始创作剧情长片，如《艾丽斯漫游记》(1974)及《道路之王》(1976)。他以《巴黎，

得州》(1984)及《欲望之翼》(1987)获美国影坛瞩目。文德斯以擅长处理疏离和不安主题著称,后续的作品有《咫尺天涯》(1993)、《里斯本的故事》(1994)、《暴力终结》(1997)和纪录片《乐士浮生录》(1999)。

文化 culture 人类知识、信仰与行为的统合形态,包括语文、意识形态、信仰、习俗、禁忌、法规、制度、工具、技术、艺术品、礼仪、仪式及符号,其发展依人类学习知识及向后代传授之能力而定。文化在**人类进化**中扮演着决定性的角色,它让人类可以依据自己的目的去适应环境,而不单只是依靠**自然选择**来完成其适应性。每一个人类社会,都有其特别的文化或社会文化体系。各文化间的差别与下列因素有关:生存环境及其资源;诸如语言、礼仪和社会组织所固有的可行性范围;以及与其他文化间的联系的发展等历史现象。个人的态度、价值、理想与信仰等,受其生活于其中的社会文化影响很大。各文化间的差异与生存环境及资源,语言、礼仪和风俗习惯等活动领域所固有的可行性范围,工具的制造和使用,以及社会发展程度等,都有很大的关系。文化常会因生态、社会经济、政治、宗教或其他足以影响一个社会的重大变革而发生变迁。

文件传输协议 FTP 全名file transfer protocol。允许一部计算机接收另一计算机的文件或把文件送至另一计算机的**因特网**的协议。文件传输协议和许多互联网资源一样,借依靠主从架构工作;用户运行客户端软件,以连接互联网上的服务器。在文件传输协议服务器上,称为守护进程的程序允许使用者上传和下载文件。在推行**万维网**之前,文件传输协议是在互联网上交换信息方面最受欢迎的方法之一,至今许多网站仍然用它来传输较大的文件。

文莱 Brunei 全称State of Brunei Darussalam(文莱达鲁萨兰国)。西太平洋婆罗洲岛北部独立的苏丹王国,国土分为两部分,每一部分都为马来西亚的沙捞越邦所包围,两个海岸线都濒临南海和文莱湾。面积:5 765平方千米。人口:约407 000(2013)。首都:**斯里巴加湾市**。文莱人口是东南亚种族的混合体:约有2/3是马来人,1/10是华人,其余为土著民族和印度人。语言:马来语(官方语言);英语(一般都懂)。宗教:伊斯兰教(国教,主要是逊尼派)、传统信仰、佛教和基督教。货币:文莱元和马来西亚林吉特。北部海岸为狭长平原,南部则是崎岖不平的山区。西部包括白拉奕河、都东河与文莱河等河谷;主要是山丘。东部包括潘达鲁安河和淡布伦河流域,以及全国最高点巴干峰(海拔1 850米)。文莱大部分为浓密的热带雨林所覆盖,只有很小部分土地适合耕种。经济以大油田和天然气田的生产为主。为亚洲国家平均每人所得最高的国家之一。政府形式为有立法咨询机构的君主国家(苏丹王国)。国家元首暨政府首脑是苏丹。在6世纪时已与中国通商。13～15世纪由于臣事爪哇麻喏巴歇王国而受到印度教影响。15世纪初因麻喏巴歇王国势衰,许多人皈依伊斯兰教,文莱也成为独立的苏丹国。1521年麦哲伦的船造访文莱,当时文莱的苏丹几乎控制了整个婆罗洲岛和邻近的岛屿。16世纪末,因葡萄牙人和荷兰人在此区的活动(不久又加上英国人)而丧失权力。到了19世纪,当时的文莱苏丹国范围包括沙捞越(现在的文莱)和部分的北婆罗洲(今沙巴的一部分)。1841年发生一起内乱反叛苏丹,一位英国士兵詹姆斯・布鲁克帮助苏丹平定叛乱,后来被宣布为总督。1847年与英国订立条约,到了1906年把管理权完全让给英国的常驻代表。1963年拒绝加入马来西亚联邦。1979年和英联邦商谈一项新的条约,1984年获得独立,成为英联邦成员。如今文莱朝着经济多元化的道路前进,并鼓励旅游事业发展。文莱于2000年首次参加在澳大利亚悉尼举办的夏季奥运会。

文兰 Vinland 1000年左右**莱弗・埃里克松**(**幸运者**)在北美发现的一片森林地区。位置可能是在加拿大东部或东北部沿大西洋一带。北欧英雄传奇中记载着维金人到文兰(因有野葡萄,故称"酒之地")的资料。埃里克松被认为是第一个探险文兰的人。1003年左右,埃里克松的兄弟托瓦尔作了第二次探险。约1004年有130人的殖民探险队与土著印第安人间交战后撤出。约1013年间埃里克的女儿弗雷蒂斯作最后一次探险。1963年在纽芬兰最北端的草原湾,发现古斯堪的纳维亚人定居点遗迹。

文森 Vinson, Fred (erick Moore)(1890～1953) 美国法官。1923年起任美国众议员,除间断两年外,一直任职至1938年。1938～1943年任哥伦比亚特区美国上诉法院法官。后任一些临时机构的高级行政职位。1945年成为H.杜鲁门总统内阁的财政部长。在任期间协助成立国际复兴开发银行及国际货币基金组织。1946年杜鲁门总统任命他为美国最高法院首席大法官,任职到1953年。他在职期间,赞成杜鲁门的国内安全政策并支持少数民族的权利。

文森山 Vinson Massif 南极洲最高峰,海拔4 897米。位于埃尔斯沃思山脉,在森蒂纳尔与赫里蒂奇岭之间。1935年由美国探险家L.埃尔斯沃思发现。

文身 tattoo 指刺破皮肤而在创口敷用颜料使身上带有永久性的记号或花纹图案。在皮肤上造成隆起条纹瘢痕的做法,有时也称作纹身。世界大多数地区均有文身的习惯,此行为最早可追溯到公元前2000年埃及人和努比亚人的木乃伊,尽管文身可能具有表明身份、等级、资格及渴望避免疾病和灾难的发生等作用,但文身本身所具有的装饰作用可能是导致此种行为最普遍的动机。根据1769年J.**库克**探险队的记载,文身一词最早来自塔希提岛。最早的电子文身器械1891年在美国获得专利保护。

文书鸟 secretary bird 即蛇鹫。蛇鹫科的非洲**攫禽**,为现代唯一生存的用腿捕猎的陆栖**猛禽**。腿长有鳞,浅灰色,肩高1.2米,翅展长2.1米。重约3.5千克。头上有20根黑色冠羽,看似耳后带着羽笔。文书鸟主要以蛇为食,它们把蛇踩死或在地面上把蛇摔打致死,或者将蛇带到空中然后摔到地上。它们的巢大,由树枝构成,造在荆棘树丛中。幼鸟以双亲反哺的食物喂养。在大多数非洲国家里,文书鸟都受到保护。

文书鸟(*Sagittarius serpentarius*)

文图里 Venturi, Robert (Charles)(1925～) 美国建筑师,在普林斯顿大学和罗马的美国艺术学院深造学习。曾在E.沙里宁和L.卡恩等建筑事务所工作。与他的妻子D.S.布朗和J.劳什合开一个建筑公司。在《建筑的复杂性与矛盾性》(1966)和《向拉斯韦加斯学习》(1972)中阐明了自己的建筑哲学。他主张在设计中兼容并蓄,广泛吸收多方面的影响,包括历史传统、普通商业建筑、波普艺术。他设计的建筑物往往带有讽刺幽默性。他的杰出作品有纽约州立大学人文科学教学楼(1973)和普林斯顿大学的戈登・吴大厅(1983)。1991年获普利策建筑奖。

文鲜明 Moon, Sun Myung(1920～2012) 韩国宗教领袖。深信自己是上帝派来接替**耶稣**的使者。1946年开始在北朝鲜宣讲一种基于基督教的新宗教。被朝鲜当局拘捕后,一说越狱,一说获释,逃往韩国。1954年建立**统一教团**,并创建资产几百万美元的企业帝国。1973年将总部迁到纽约州塔里敦市后,他因筹款方法、逃税和教化信徒(通常称为文氏子弟)而成为争论焦点。1982年因逃税而判罪入狱18个月,并罚款2.5万美元。

文学评论 literary criticism 关于文学的哲学性、描述性和评价探究的范畴,包括文学是什么、做什么以及其价值何在。西方批评传统始于**柏拉图**的《理想国》(公元前4世纪)。一代之后,亚里士多德在其《诗学》中发展出一套影响深远的写作原则。欧洲批评主义自文艺复兴以来主要将焦点放在文学的道德价值与性格和现实之间的关系上。16世纪末,P.**西德尼爵士**认为文学的特质在于提供某些方面优于现实的想像世界。一个世纪后,J.**德莱顿**提出较少理想主义的观点,他觉得文学主要是为"人类的愉悦与教诲"提供正确的艺术作品,成为A.**蒲柏**和S.**约翰逊**伟大评论著作的基础。以W.华兹华斯为代表的浪漫主义时期的文学评论似乎脱离了这种观念,主张诗的目的是"用热情使真理在人们的心中活跃起来"。到19世纪晚期发展为两个支派:"为艺术而艺术"的美学理论和以M.阿诺德为代表的观点主张文学必须要继承以往宗教所承担的道德和哲学功能。文学批评的内容在20世纪有很大扩展,近年来出现了从根本上重新评估传统评论方式的现象和评论流派多元化的发展。参阅结构主义、后结构主义和解构。

文艺复兴 Renaissance 中世纪晚期欧洲文明中的文化运动,对古典学术和价值观产生了新的兴趣。文艺复兴开始于13世纪晚期的意大利,随后扩展到欧洲中西部其他地区,于17世纪初结束。被古代作家的价值观和修辞口才所吸引,彼特拉克、G.薄伽丘、L.瓦拉反对中世纪的经院哲学,提倡哲学和文学以人为中心。在北欧国家,D.伊拉斯谟发展基督教人文主义,F.拉伯雷和W.莎士比亚等一批作家的作品强调人性的复杂性。受古代希腊和罗马作品的启发,文艺复兴时期画家和雕塑家们取材于现实世界,并按照平衡、和谐以及透视等数学原理进行创作。新的美学表现在一些意大利艺术家的作品里。这些艺术家包括莱奥纳多·达·芬奇、S.波提切利、拉斐尔、提香和米开朗琪罗。意大利城市佛罗伦萨成了文艺复兴的艺术中心。也用于指8世纪在英格兰,9世纪在法兰克王国和12世纪在欧洲的文化复兴。参阅文艺复兴时期建筑。

文艺复兴时期建筑 Renaissance architecture 一种建筑风格,反映古典文化的再生。起始于15世纪早期的佛罗伦萨,后来扩展到整个欧洲,取代了中世纪的哥特式风格。复兴古罗马的形式,包括廊柱和圆拱,地道的拱顶以及穹顶。基本的设计要素是柱式。古典建筑的知识来自古建筑的废墟以及维特鲁威的著作。像古希腊时期那样,比例成为美的最重要因素;文艺复兴时期的建筑师们发现了人的比例与建筑之间的和谐。对比例的关心表现为明晰和容易理解的空间和形体,使文艺复兴时期的风格与更复杂的哥特式风格区分开来。F.布鲁内莱斯基是第一位文艺复兴时期的建筑师。L.B.阿尔贝蒂在维特鲁威启发下写的《论建筑十篇》成为文艺复兴时期建筑的"圣经"。早期的文艺复兴风格从佛罗伦萨扩展至整个意大利。D.布拉曼特移居罗马昭示文艺复兴时期的顶峰(约1500～1520)。文艺复兴后期(1520～1600)的风格过于强调个人特色,特点是精巧讲究、复杂和新奇,而不再是文艺复兴顶峰时期的和谐、明晰和宁静。文艺复兴后期也出现了不少建筑理论,S.塞里奥(1475～1554)、G.la维尼奥拉(1507～1573)和A.帕拉弟奥等人都出版了有影响的书籍。

文乐 bunraku 日本传统木偶剧。用与真人一般大小的玩偶演出一种以日本三弦(三味线)伴奏的说唱曲艺,叫"净琉璃"。18世纪,木偶剧以演出近松门左卫门的剧本而达到了顶峰。后来,因缺乏优秀的净琉璃作家而日渐衰微。

文职 civil service 又译文官。政府官员主体,这些人被雇用来担任文职,这些文职既非政治职务,也非司法职务。大多数国家公职人员是经由考试录用,并按考绩与年资作为晋升基础;而在某些地方,腐败和裙带关系十分猖獗。他们在遴选官员和指派政务官时通常扮演顾问的角色,立场中立。尽管文官并不制定政策或决定,却需负责政策之执行。文官之起源可追溯到古代中东的社会。现代欧洲文官制基础,则可追溯到17与18世纪之普鲁士和勃兰登堡选侯。在美国,资深文官会随着每一次的新政府上台而调动;欧洲在19世纪已建立调整的制度以减少徇私并确保拥有各种知识、技术领域的人才。

文字 writing 人类用语言符号或代号进行视觉交际的系统,与语言单位的意义或声音有约定俗成的联系,可记载于纸、石、泥板或木头上。文字的先驱是图画文字,这是一种象征符号,用来记述一个人或一件事,目的在于识别其各不相同的特性。词符文字是指代表单字的符号,基本上是从图画文字发展来的。词符文字为各种可能的单字或名称提供了数千个符号。表音系统是指与一个特定的词相关联的书写符号,转而可以用来表示其他与此读音相同或相似的词。通常使用此法时,书写符号代表的已不再是词,而是词的组成部分,如音节。字母提供了所有元音和辅音的符号。

文字处理 word processing 在计算机上制备文件。文字处理系统基本上包含一台连接打印机的个人计算机,但也可能运用一台连接大型主机计算机的终端机。文字处理异于多样化打字的打字机。电子文件可以随意移动,拼错的用语可通过单一指令而全篇改正。拼写及语法检查器能够自动提醒使用者注意拼写、标点、句法的明显错误,文件的格式、版面、字型及大小可以一变再变,直到设计令人满意为止。由于所有的编辑过程完美地呈现于屏幕,文字处理能够减少纸张的使用,并使编辑过程简化。当定稿完成时,可将文件打印出来(必要时可打印多份),以电子邮件附件形式寄出,或仅存为电子文件。

纹章学 heraldry 研究有关遗赠、展示和赐予的纹章徽饰的艺术和科学,也是用来追溯和记载系谱的艺术和科学。13世纪欧洲贵族中流行用象征性纹章来标识身份。纹章的主要表现形式是盾形纹。随着盾形纹章的发展,盾形纹增加了头盔、顶饰、彩饰、王冠、花环、格言等内容。盾形纹章是世袭的,被赐予盾形纹章的人的所有男性长嗣都佩戴这种纹章。纹章是荣誉的徽章,因而在欧洲君主国家,爱尔兰、瑞士以及南非、津巴布韦受到法律的保护。参阅盾形纹章。

蚊 mosquito 双翅目蚊科昆虫,约有2 500种。多数雌蚊需吸血一次后体内的卵才会成熟。各种雌蚊(伊蚊属、按蚊属和库蚊属)通过吸血会传播人类疾病,包括黄热病、疟疾、

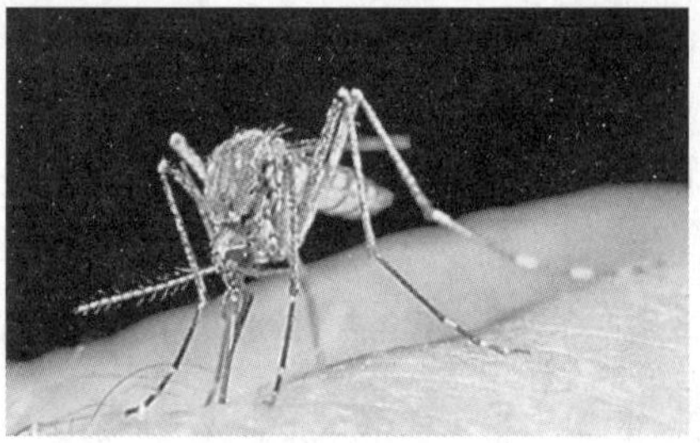

具环洗蚊(*Theobaldia anulata*)
N. A. Callow-EB Inc.

脑炎、象皮病、丝虫病和登革热。蚊喙长,体细长、覆盖鳞片,足细长、外观脆弱。雄蚊(有时雌蚊)食植物汁液。蚊的叫声由翅的快速扇动引起;雌蚊卵产于水面,孵化为水生幼虫(孑孓)。在极北地区,幼虫会冻结成冰过冬。孑孓会被鱼和水生昆虫吃掉,成虫则会被鸟和蜻蜓吃掉。防治方法包括消除孳生地,水上喷洒油层以阻塞孑孓的呼吸管,以及药杀孑孓。

蚊蝇类 fly 泛指各种会飞的小型昆虫(小飞虫)。但昆虫学上,fly一词专指约120 000种双翅目昆虫。许多其他昆虫也称为fly,但它们的翅与双翅目昆虫迥异。

稳恒态理论 steady-state theory 膨胀宇宙的一种理论,但认为其平均密度保持不变,当老的恒星和星系后退至看不见时,新的物质就以同样的速度不断产生出来,形成新的恒星和星系。稳恒态宇宙在时间上无始无终,而且其平均密度和星系的分布在任何点来看都相同。各种年龄的星系都互相掺杂在一起。这一理论是由W.麦克米伦(1861～1948)在20世纪20年代首先提出的,F.霍伊尔随后又加以发展,并与大爆炸中提出的问题联系起来。20世纪50年代以来的观测则发现有许多与稳恒态模型矛盾,但支持大爆炸宇宙模型的证据。

翁贝托二世 Umberto II(1904～1983) 萨伏依亲王,一度为意大利国王(1946)。他是维克托·伊曼纽尔三世之子,在第二次世界大战中指挥过一个意大利陆军师。1946年5月其父退位,由他即位,但在意大利人民投票赞成共和国之后,翁贝托本人被迫在6月正式宣布放弃权力。他和他的男性后裔被永久逐出意大利。他定居在葡萄牙。

翁贝托一世 Umberto I(1844～1900) 意大利国王(1878～1900)和萨伏依公爵。他是维克托·伊曼纽尔二世之子,曾参加抗击奥地利的战争(1866)。1878年即位后,他使意大利摆脱孤立并加入三国同盟(1882)。然而,与法国进行的一场关税战导致经济困难(1888),而翁贝托在非洲的殖民政策也因意大利被埃塞俄比亚击败(1896)而宣告结束。面对社会动荡不断加剧,他支持实行戒严(1898),致使一度产生社会混乱,他被一名无政府主义者刺杀后社会恢复正常。

翁布里亚 Umbria 意大利中部的自治区。位于亚平宁山脉,首府佩鲁贾。最早的

居民为古意大利的翁布里人，约公元前300年受罗马统治，公元1世纪成为罗马的行政区之一。在基督纪元期间，该地成为**教皇国**的一部分。这里是包括**佩鲁吉诺**和平图里乔等人在内的15～16世纪翁布里亚画派的发祥地，也是阿西西的圣方济各的故乡。目前，经济以农业为主，工业有钢铁、化工和纺织业。人口约815 588(2001)。

翁布里亚人　Umbrians　古代前埃特鲁斯坎时期的民族，因受**埃特鲁斯坎人**和高卢人的压迫而聚集到意大利中部(翁布里亚)。他们从未与罗马人进行过大的战争。在**同盟者战争**中，他们属于那些最早与罗马媾和的民族。根据古代作家描述，翁布里亚人在文化上与他们的对手埃特鲁斯坎人非常相近。翁布里亚语字母肯定源自埃特鲁斯坎语字母。他们的方言属于印欧语系。

翁达切　Ondaatje, (Philip) Michael(1943～　)　斯里兰卡裔加拿大小说家、诗人。19岁时移民蒙特利尔，并就读于多伦多大学与皇后大学。对美国西部的迷恋成就了他最著名作品中的一部：《比利小子选集》(1970，为模仿之作)。1992年出版的小说《英国病人》(获普利策奖，1996年拍成电影)为他赢得国际声誉。之后于2000年出版《阿尼尔之魂》。其富于音乐性的诗歌与散文，融铸了神话、历史、爵士、回忆录以及其他形式。他也执导过数部影片。

翁加雷蒂　Ungaretti, Giuseppe(1888～1970)　埃及出生的意大利诗人。曾在亚历山大居住到24岁；埃及的沙漠地区成为他的作品经常描述的景色。在巴黎学习时他受**象征主义运动**诗人的影响很深。他是**隐逸派**的创始人，该诗派从他的作品《埋葬了的港口》(1916)开始产生，改变了意大利现代诗歌的发展方向。尽管处于尝试阶段，他的诗歌在《快活的船只失事》(1919)以及后期的诗集中还是按照既定方向发展。第二次世界大战以后，他的作品变得更加注重结构，格调也更加率直。

翁特瓦尔登　Unterwalden　原瑞士中部一州。1173年以后受哈布斯堡历代伯爵统治。1291年该地与乌里、施维茨结成永久联盟，瑞士联邦由此发展起来。1340年该地分成两个独立的半州，即下瓦尔登和上瓦尔登；1803年它们成为拥有同等权利的半州。

莴苣　lettuce　一年生可生食的蔬菜作物，学名*Lactucasativa*，有松脆包卷，水分充足的叶片。最常见的品种有头型卷心莴苣(*var. capitata*)、玻璃生菜(*var. crispa*)、长叶莴苣(*var. longifolia*)和莴苣笋(*var. asparagina*)。头型卷心莴苣有黄油头型和脆头型(例如卷心莴苣)。在美国，大型农场主要栽种脆头型，并运送到全国各地。小型地方性农场则种植玻璃生菜和黄油头型卷心莴苣。莴苣是在温暖气候和充足水分条件下才生长良好的一年生时鲜作物。莴苣多用于沙拉，亦可烹食。

卷心莴苣(*Lactuca scariola var. capitata*)
Derek Fell

我　atman　梵语为“呼吸”或“自我”。印度哲学中最基本的概念之一，指人本身的永恒核心。它在人死后继续存在，并且转移到一个新的生命里去，或者从生存的羁绊中获得解脱。这个词后来成为**奥义书**的哲学中心思想，认为“我”是人的一切活动的基础，正如梵(绝对)是宇宙活动的基础一样。在印度哲学的不同流派中，**数论派**、**瑜伽派**和**吠檀多派**都特别重视“我”的概念，不过对于这一概念的解释则按照每派的一般世界观而有所不同。参阅**灵魂**。

我思故我在　Cogito, ergo sum(原文为拉丁语，意为“我思故我在”。)　R.**笛卡儿**在1637年提出的一句格言，作为确认能获取可靠知识的第一步。该格言是经受了笛卡儿本人的系统置疑试错法的测试之后留存下来的唯一陈述。笛卡儿申辩说，此陈述是不容置疑的，因为即使有一个万能的魔鬼想要欺骗他，让他在不存在的时候认为他自己是存在的，他也必须首先存在着以便能够接受欺骗。所以，无论何时只要他在思索，他就必定存在着。笛卡儿进一步证明说，“我在”这一陈述表达的是一种直接的直觉，而不是推理过程的结论，因此是不容置疑的。

沃　Waugh, Evelyn (Arthur St. John)(1903～1966)　英国作家，被认为是当时最优秀的讽刺小说家。曾在牛津大学求学。后热衷于独自旅行考察和写小说，很快便因讥

E.沃，M.热尔松摄于1964年
Camera Press

讽的妙语和出众的技巧而远近闻名。1939年以前的作品多为讽刺性的，以《衰落与瓦解》(1928)、《邪恶的肉体》(1930)、《黑色恶作剧》(1932)、《一抔土》(1934)、《独家新闻》(1938)和《爱人》(1948)较有价值。第二次世界大战后过着退休的生活，且越来越保守和不愿与人往来。晚期的作品有《旧地重游》(1945)、《荣誉之剑》三部曲——《武装的人》(1952)、《军官与绅士》(1955)和《无条件投降》(1961)，剖析了世界大战的性质，特别是涉及世界大战和善与恶之间的永恒斗争，以及它和文明与野蛮之间的短暂斗争的关系。

沃邦　Vauban, Sébastien Le Prestre de(1633～1707)　法国军事工程师。在参与孔代家族的叛乱(1651～1653)后，归顺皇室，参加新成立的工兵部队，任围攻格拉沃利讷城的总工程师(1658)。他设计了许多城镇和军事基地的防御工事，彻底改革了关于围攻技巧和防御性筑城学，赢得了路易十四统治时期的许多战役。他又发明了跳弹射击法和将刺刀固定于枪口插座上的办法，改变以往每当射击时必须取下刺刀的做法。他的筑城理论体系对军事学术的影响长达一个世纪以上。1703年升为元帅。

沃波尔　Walpole, Horace(1717～1797)　原名Horatio。后称Earl of Orford。英国作家、鉴赏家和收藏家。R.**沃波尔**之子。在议会生涯中，表现平凡。1747年在特威克纳姆弄

H.沃波尔，油画，J.雷诺兹绘于1757年；现藏伯明翰市立美术馆和市立画廊。
By courtesy of Birmingham Museums and Art Gallery

到一栋小别墅；后来他把别墅改成仿哥特式的游览胜地。沃波尔的文艺作品以多种多样而闻名。他著名的作品是《奥特朗托堡》(1765)，该书开创了哥特式小说的风气。他的私人信札有3 000多封，大多数信件是给英国外交官麦恩的。据此可概观当时的历史、风俗和情趣。

沃波尔　Walpole, Robert(1676～1745)　后称Earl of Orford。英国政治家。常被视为英国首任首相。1701年当选议员，成为辉格党少壮派领袖之一。1708～1710年任陆军大臣，1710～1711年任海军财务总监。他也是基特-卡特俱乐部的成员。执政的托利党为了除掉他，1712年以贪污罪将他革出下院并关入伦敦塔。1714年乔治一世即位，他恢复职位并很快升任财政委员会首席委员兼财政大臣(1715～1717，1721～1742)。虽然与**南海泡沫**丑闻有关，他仍赢回了对政府的信任票，保持了辉格党的执政地位。自1727年培养乔治二世对他的支持。他利用这种支持达到各种政治目的。他在宫廷和财务部门培植起的派系成为辉格党的力量核心。他运用对

R. 沃波尔，油画，G. 内勒绘于约 1710～1715 年；现藏伦敦国家肖像画陈列馆
By courtesy of the National Portrait Gallery, London

国王的一切影响，成为无名有实的英国第一任首相。他避免外交事务的纠缠，使英国保持中立，直到 1739 年被迫对西班牙宣战(詹金斯的耳朵战争)。1742 年沃波尔被迫辞职，被封为伯爵。他所收藏的艺术品于 1779 年卖给俄国，成为爱尔米塔什博物馆收藏品的一部分。

沃德　Worde, Wynkyn de(? ～1534/1535)　原名Jan van Wynkyn。英国印刷商。出生于阿尔萨斯。他在英国首先采用斜体活字(1524)。1476 年 W. 卡克斯顿印刷所开办时，沃德即受雇于该所。卡克斯顿去世后，便由沃德接管了这家印刷所。曾出版大批图书(从 1501 年起至少出版了600 种)。

沃德豪斯　Wodehouse, P(elham) G(renville)(1881～1975)　后称 Sir Pelham。英裔美籍小说家、短篇故事作家、抒情诗人和剧作家。1909 年后曾在美国和法国生活工作多年。第二次世界大战后在美国定居。他成功地塑造了伍斯特和吉夫斯这两个登峰造极的"绅士中的绅士"形象，因而闻名，两主角出现于《解救青年格西》(1915)和《多谢你，吉夫斯》(1971)中。一生写了 90 多本书、20 多个电影剧本。与人合作写了 30 多个剧本和音乐喜剧。

沃蒂　Watie, Stand(1806～1871)　原名 De Gata Ga。美国切罗基印第安人酋长。出生于佐治亚州罗马。入教会学校学习英语，后协助其兄出版本族报纸《切罗基凤凰》。1835 年与其他 3 个切罗基族首领一起签署《新埃科塔条约》，交出佐治亚州的切罗基族土地，强制该族西迁至印第安人居留地(在今俄克拉何马州)。创建并指挥一个切罗基民团，后该团并入南方联盟军，他被授予上校军衔，后晋级准将(1864)。他竭力破坏站在联邦一边的印第安人的土地和财产。他忠于南方，直到 1865 年 6 月才投降。

沃恩　Vaughan, Henry(1622～1695)　英国威尔士诗人和神秘主义者，在伦敦学过法律，但 17 世纪 50 年代开始行医。出版两卷诗集后，受宗教诗人 G. 赫伯特作品的影响，从此不再写"闲诗"。他新颖而有说服力的宗教诗篇中的心灵幻象和丰富的想象给人以深刻印象，被认为是玄学派诗作的主要实践者之一。诗作《闪光的燧石》(1650)和散文《橄榄山》(1652)表明他宗教信念的虔诚。他还翻译了几部道德与宗教的短篇著作和医学著作。

沃恩·威廉斯　Vaughan Williams, Ralph(1872～1958)　英国作曲家，曾就读于皇家音乐学院和剑桥三一学院，在获得剑桥学位之前曾在柏林师从 M. 布鲁赫。作为学术研究工作，他收集英国民歌，以民歌的旋律与精湛的交响乐技巧(部分从 M. 拉威尔学得)及对现代合声发展的兴趣相结合，形成他自己的风格，代表了 20 世纪英国音乐的精髓。他写有 9 首交响曲，其中《大海交响曲》(1909)、《伦敦交响曲》(1913)、《田园交响曲》(1921)和《南极交响曲》(1952)是他最具探索性的作品。其他管弦乐作品有《云雀飞升》(1914)、《小夜曲》(1938)。他还写有 5 部歌剧，包括《奔向大海的骑手》(1936)。他一生曾从事无数次指挥，并且编有《英国赞美诗集》(1906)。

沃尔顿　Walton, Izaak(1593～1683)　英国传记作家。曾受过几年教育，后师从一位亚麻布商，在伦敦开店后，生意兴隆。他博览群书，培养了研究学术的兴趣，常与有学问的人交往。与 J. 多恩成为朋友和钓鱼的伙伴。多恩的诗集死后出版时(1633)，沃尔顿为这部诗集创作了"一曲哀歌"。他撰写了多恩(1640)、G. 赫伯特(1670)等人的传记。他的古典田园诗《高明的垂钓者》(1653)，描写了钓鱼的快乐和技巧。这部书是英国文学史上再版次数最多的书之一。1676 年的修订本由 C. 科顿(1630～1687)做了补充。

沃尔顿　Walton, Sam(uel Moore)(1918～1992)　美国零售业大亨，沃尔玛商店(Wal-Mart Store)的创办人。出生于俄克拉何马州马金菲希尔。曾就读于密苏里大学，随后在潘尼百货公司受训。1945 年起开始在阿肯色州开设一家连锁杂货商店，1962 年他的第一家沃尔玛商店于阿肯色州罗杰斯开张，提供多样的折扣商品。鉴于其他的连锁折扣商店多开设在大城市或大城市的邻近地区，沃尔顿将他的连锁商店开在小城镇以避免与这些连锁店竞争。借由这个方法，他的连锁商店在 1985 年时已经多达 800 家。1983 年他的第一家山姆仓储会员店开业。沃尔顿于 1988 年卸任沃尔玛商店首席执行官的职位，但一直到去世他都是沃尔玛商店的董事长。在沃尔顿过世时已拥有1 700多家沃尔玛商店，沃尔顿的家族也成为美国最富有的家族。20 世纪 90 年代，沃尔玛在市中心附近开设商店，夺走了邻近商家的商机，因而备受争议。目前，沃尔玛商店是全世界最大的零售商。

沃尔顿　Walton, William (Turner)(1902～1983)　后称Sir William。英国作曲家。父母都是音乐家。早年学习歌唱、弹钢琴和小提琴。配合伊迪恩·西特韦尔的诗朗诵的一套室内乐《前线》(1923)、为钢琴和管弦乐团写的《交响协奏曲》和《朴次茅斯一角》使他获得管弦乐作曲家的声望。他也为很多电影，包括《亨利五世》(1944)、《王子复仇记》(1947)和《理查三世》(1955)写过配乐。他还为乔治六世和伊丽莎白二世写了加冕进行曲。

沃尔夫　Wolf, Christa(1929～2011)　原名Christa Ihlenfeld。德国小说家、散文作家及电影编剧。生于前纳粹中产阶级家庭，在德国于 1945 年战败后与家人迁往东德。她的作品反映了自己在第二次世界大战期间的经历及战后在社会主义国家生活的点滴，所著小说有表达自己政治偏好的《分离的天堂》(1963)；严词抨击东德的《对克莉丝塔的调查研究》(1968)；《模范童年》(1976)；最广为人知的《卡桑德拉》(1983)；《多么不平凡的遗物》(1990)，谈的则是国家监视及自己与东德国家安全部间的关联。

沃尔夫　Wolf, Hugo (Filipp Jakob)(1860～1903)　奥地利作曲家。15 岁时进入维也纳音乐学院，性情暴躁、喜怒无常，一次因直率批评老师而被开除。18 岁时染上梅毒，使他情绪极度不稳定，也不能教学生。作为音乐评论员(1884～1887)，他的辱骂性评论引起了读者的注意。根据海泽和盖贝尔的诗而创作的《西班牙歌曲集》于 1891 年问世，同年开始写《意大利歌曲集》，之后 3 年内没有作曲。接着很快创作了歌剧《长官》(1896)并完成了《意大利歌曲集》(1896)。1897 年因为严重的精神失常和麻痹性痴呆的征兆住进精神病院。

沃尔夫　Wolfe, Thomas (Clayton)(1900～1938)　美国作家。出生于北卡罗来纳州阿什维尔，曾在北卡罗来纳大学求学。1923 年到纽约，曾在纽约大学任教。以第一部小说《天使望乡》(1929)一举成名。1935 年和 1936 年分别出版了《时间与河流》和《一部小说的故事》。此后在 38 岁因结核病而去世前没有再出版其他小说，但却留下大量手稿，包括小说《罗网与磐石》(1939)和《你不可能再回家》(1940)等。

沃尔夫　Wolfe, Tom(1931～　)　原名 Thomas Kennerly Wolfe, Jr.。美国新闻记者及小说家。出生于弗吉尼亚州里奇蒙德。获耶鲁大学博士学位，曾为报纸撰文并担任杂志编辑，以鼓吹应用于新闻业方面的小说写作技巧的新新闻主义闻名。著作《令人振奋的兴奋剂实验》(1968)记述了一群四处旅行的嬉皮士的生活；《太空先锋》(1979，1983 年改编为电影)检视了美国首次太空计划。沃尔夫其他引起争议的非小说类作品攻击了 20 世纪 60 年代风行的左派主义、现代抽象艺术及国际建筑风格。他的第一本小说《走夜路的男人》(1987，1990 年改编为电影)描写了城市中的贪婪和腐败，极为畅销。后期作品包括小说《完美的男人》(1998)和《我是夏洛特·西蒙斯》(2004)。

沃尔夫拉姆·冯·埃申巴赫　Wolfram von Eschenbach(约 1170～约 1220)　德国诗人。破落的巴伐利亚骑士，曾为许多领主效劳。

史诗《帕尔齐法尔》为其8首抒情诗之一，是中世纪最杰出的文学作品之一，根据克雷蒂安·德·特罗亚的爱情故事写成。瓦格纳据此写了其最后一部歌剧《帕西法尔》(1882)。沃尔夫拉姆与**哈特曼·封·奥厄**和**戈特夫里德（斯特拉斯堡的）**一起被称为中古高地德语三大叙事诗人。

沃尔科特　Walcott, Derek (Alton) (1930～　) 又译瓦科特。西印度群岛诗人和剧作家。在圣卢西亚和牙买加接受教育，1958年后居于特立尼达和美国。许多作品是探索加勒比地区文化发展的过程。沃尔科特的主要成就在诗歌，如《在一个绿色的夜晚》(1962)、《海湾》(1969)、《星和苹果的王国》(1979)、《幸运的旅行者》(1981)、《赏金》(1997)和《白鹭》(2010)。他广博的学识在充满节奏和美感的韵律中表现出来。他的长篇诗歌《奥梅罗斯》(1990)是对《荷马史诗》的改写，以20世纪的加勒比海为背景。另有长篇诗歌《挥霍者》。《提埃坡罗的猎犬》(2000)是西印度群岛出生的法国画家C.毕沙罗的诗体传记。在其近30部剧作中，最著名的有《梯琴与他的弟兄们》(1958)、《猴山之梦》(1967年上演)和《哑剧》(1978)。1992年获得诺贝尔文学奖。

沃尔克　Walker, Alice (Malsenior) (1944～　) 美国作家。出生于佐治亚州伊顿藤。就读史柏尔曼和莎拉罗伦斯学院后搬到密西西比州，就此投入倡导人权运动的行列。她的作品因深触亚裔美人文化而知名。第三部作品《紫色姐妹花》是最知名的一部(1982年获普利策奖；1985年被拍成电影)，描写一名黑人女性在种族与性别不平等的社会挣扎的故事。其他作品有《亲密精灵之神殿》(1989)、《拥有喜悦的秘密》(1992)。她也写散文，部分作品收在《寻找母亲的花园》(1983)一书中。此外，还出版了几本诗集、短篇故事、儿童故事等。

沃尔姆斯议会　Worms, Diet of (1521)　神圣罗马帝国议会在德意志境内沃尔姆斯召开的会议，**M.路德**在会上为自己的信仰辩护。路德被教皇利奥十世开除教籍，但皇帝查理五世答应他在会议上听取说明后再处理。1521年4月17日，路德在会上拒绝撤回他的观点，议会陷于混乱。于是皇帝宣布休会。路德随即离开沃尔姆斯，隐匿在他处。当年5月议会通过《沃尔姆斯敕令》，宣布路德为违法分子和异端分子。

《沃尔姆斯宗教协定》　Worms, Concordat of (1122)　1122年教皇加里斯都二世与神圣罗马帝国皇帝亨利五世(1106～1125年在位)为解决**主教叙任权之争**而订立的和解条款。这一协定标志着教权与王权斗争第一阶段的结束。协定对于高级教士的神职性质与他们作为封地领主对皇帝的臣属地位有明确的规定。主教及大隐修院院长由教士推选，若选举中发生分歧，皇帝有权决定其人选。当选者首先被授予代表世俗权力的权标，然后被授予代表宗教权力的牧杖和权戒。

沃尔特河　Volta River　非洲西部加纳的主要水系，源自黑沃尔特河和白沃尔特河汇入的沃尔特湖。流向南，穿过加纳至贝宁湾，汇入几内亚湾。全长1 600千米。

沃尔图诺河　Volturno River　意大利中南部河流。源出阿布鲁齐山，转西注入加埃塔湾。全长175千米，有水坝以调节排水并提供灌溉水。意大利统一战争期间，民族领袖G. de加里波第于1860年在此打败一支那不勒斯军队。第二次世界大战期间，意大利南部的德军退出那不勒斯后而以该河为防线，直到1943年10月才为盟军突破。

沃尔西　Wolsey, Thomas, Cardinal (1475？～1530)　英格兰枢机主教和政治家。先后任亨利七世和亨利八世的宫廷司铎。组织对法国的远征，取得成功(1513)。在亨利八世的推荐下，教皇任命他为林肯主教(1514)、约克大主教(1514)、枢机主教(1515)和教廷使节(1518)。1515年任英格兰大法官。他利用自己的权势大量聚敛财富。为了保持欧洲平安无事，1521年与查理五世结盟对抗法国。虽然推动了司法和僧院的改革，但由于征税而不得人心。1529年未能说服教皇承认亨利八世与阿拉贡的凯瑟琳的婚姻无效，被革除约克大主教以外的所有职务。1530年又被指控犯有叛逆罪(与法国王室通信)，死于被捕后去面见国王的途中。

沃尔西人　Volsci　公元前5世纪罗马扩张史上著名的古意大利民族。属奥斯卡-萨贝利部落群，公元前约600年居住在利里斯河上游河谷(在当时拉丁姆的南部)。与罗马人及拉丁人断续争战约200年。公元前340年沃尔西人参加拉丁人反罗马的叛乱，但被击败，于公元前304年向罗马投降。其后被迅速罗马化。

沃霍尔　Warhol, Andy (1928？～1987)　原名Andrew Warhola。美国艺术家和电影制片人。沃霍尔为捷克移民之子，1949年毕业于匹兹堡卡内基工业技术学院。后前往纽约市，从事商业绘图工作。20世纪50年代后期开始绘画，1962年因展出坎贝尔汤罐头画、可口可乐瓶及布利洛肥皂盒木复制品而一夜成名。1963年利用照相丝漏版技术大规模复制消费品图像，之后用炫耀的色彩复印变化无穷的名人画像。照相丝漏版技术非常适合他，因为重复的图像简化为非人性化的文化符号，既反映了美国物质文化的空虚，也反映了他与其艺术实践之间的情感距离。沃霍尔的作品使他处于美国新兴波普艺术的前沿。在20世纪60年代将精力更多地用于制作电影。他的"地下"电影以其新颖的色情、情节的烦闷及无节制的长度而知名。从20世纪70年代起直到去世，他继续制作描绘政治名人及好莱坞明星的图片，从事广泛的广告绘图及其他商业艺术计划。他是20世纪末期美国文化界最著名和最重要的人物之一。其作品的艺术观念和名人效应至今仍具影响。

沃勒　Waller, Edmund (1606～1687)　英国诗人。在17世纪40年代的政治动乱中，他不再支持国会，转而同情国王。因卷入一项阴谋，要把伦敦建立为国王的堡垒而被捕。他出卖大批同事，并不惜破费进行贿赂，才得免于死刑。出版《献给我的护国主的颂诗》(1655)和《献给国王：恭贺陛下光复归来》(1660)。他反对深奥难懂的**玄学派诗歌**，写作中采用概括说明、联想行文和文雅的社会评论等手法，强调措辞明确，句序优化，语句整齐，为英雄体偶句诗的出现铺平了道路。到17世纪末，英雄体偶句诗已成为英文诗歌的主要表现形式。他的抒情诗中包括著名的《去吧，可爱的鲁思！》。

沃勒　Waller, Fats (1904～1943)　原名Thomas Wright。美国钢琴家、歌唱家和作曲家。是著名爵士乐音乐家之一。出生于纽约市。早期受爵士乐钢琴家J. P.约翰逊的深刻影响。20世纪20年代末确立了歌曲作家的地位。自1934年起，与自己的小乐队共同录制了数以百计的唱片，其中优秀的爵士乐与敲板结合，形成一种独具一格的混合体。作为才华横溢的歌曲作家，他的重要性持久不衰。最著名的歌曲包括《别胡闹》、《金银花》。巡回演出过程中死于肺炎。

沃里克　Warwick　英格兰中部沃里克郡一城镇。以古城堡著名。大约公元915年即建城堡，城镇在埃文河渡口、城堡周围发展起来。1086年成为皇家城堡，威廉一世下令扩建。现存城堡约建于14～15世纪。该城堡规模宏大，结构完整，收藏有精美绘画和兵器，是英格兰中部主要旅游胜地。该镇是行政中心和集镇，有轻工业。人口约125 962(2001)。

沃里克伯爵　Warwick, Earl of (1428～1471)　原名Richard Neville。英国贵族，对**玫瑰战争**有重要的影响。索尔兹伯里伯爵之子，1449年经由婚姻成为沃里克伯爵并获得许多领地。他和父亲帮助约克家族赢得圣奥尔本斯战役(1455)。1460年从加来渡海进军英格兰，在北安普敦击败并俘获亨利六世。1461年被兰开斯特军队打败，沃里克与约克公爵之子爱德华联合进入伦敦，不久，爱德华便自立为国王，称爱德华四世。爱德华在位(1461～1464)初期沃里克掌握实权，但双方关系日益紧张。1469年沃里克在英格兰北部发动叛乱，迫使爱德华在1470年逃至佛兰德斯。后加入兰开斯特家族并恢复了亨利六世的王位，为此被称为"拥立国王者"。后来在巴尼特战役中被爱德华的军队杀死。

沃里克郡　Warwickshire　英格兰中部地区一郡，郡首府是**沃里克**。在撒克逊时代，该地区位于**韦塞克斯**和**麦西亚王国**之间。在中世纪沃里克城和凯尼尔沃思发展为两个主要中心。保存了许多历史建筑，包括诺曼人和英格兰早期的教堂和埃文河畔斯特拉特福与**莎士比亚**有关的建筑。**英国内战**中第一次重大的战役埃奇丘陵战于1642年发生在该郡与牛津郡边界线附近。畜牧、乳品、水果种植、园艺农业和煤矿开采等都是重要的经济活动。行政郡人口约505 885(2001)。

沃伦 Warren,Earl(1891～1974) 美国法学家和政治人物。出生于洛杉矶。毕业于加利福尼亚大学法学院。历任县地方检察官(1925～1939)、州检察长(1939～1943)和

E. 沃伦,摄于1953年
UPI-EB Inc.

3任加州州长(1943～1953)。1948年成为共和党的副总统候选人,与T. E. 杜威搭档竞选,但未能当选。1953年被D. D. 艾森豪威尔总统任命为最高法院首席大法官,1969年退休。在他主持最高法院期间,大胆而自由地对美国宪法进行广泛改革。沃伦著名的案例有"布朗诉托皮卡教育委员会"案、雷诺兹诉西姆斯的"一人一票"的决定要求州立法机关重新分配议席(1964),以及"米兰达诉亚利桑那州"案。J. F. 肯尼迪总统被暗杀后任沃伦委员会主席。

沃伦 Warren,Robert Penn(1905～1989) 美国小说家、诗人和评论家。出生于肯塔基州加斯里。就读于范德比尔特大学,在大学里参加一个自称为"逃亡派"的诗人小团体;主张在南方实行农业生活方式。后在几所大学任教,参与创办并主编《南方评论》(1935～1942)。其著作以长于刻画南方各州传统的农村价值观念消失带来的精神困境闻名。他最著名的小说是《国王的人马》(1946,获普利策奖;1949年拍成电影)。短篇小说集有《顶楼上的马戏团》(1948)。其诗集曾两次获普利策奖(1958、1979)。1986年成为美国第一位桂冠诗人。

沃纳 Warner,W(illiam) Lloyd(1898～1970) 美国社会学家和人类学家。出生于加利福尼亚州雷德兰兹。师从A. L. 克罗伯和A. R. 拉德克利夫-布朗,后任教于芝加哥大学和密歇根大学。他对美国社会阶级体系的研究有广泛的影响。20世纪30年代末出版了对马萨诸塞州纽伯里波特的研究著作共5册。其他著作包括《黑色文明》(1937)、《现代社区的社会生活》(1941)和《生者与死者》(1959)。

沃萨奇山 Wasatch Mountains 美国落基山脉中南段。从爱达荷州东南向南延伸至犹他州中部,绵亘400千米。最高峰为廷帕诺戈斯峰(3 660米)。廷帕诺戈斯洞窟国家保护区位于境内。

沃森 Watson,Doc(1923～2012) 原名Arthel Lane Watson。美国乡村音乐歌手、五弦琴手、吉他手。出生时即双眼失明,在北卡罗来纳州一个农场长大,自幼学习弹吉他、五弦琴、口琴。尽管直到30多岁才有了专业录音作品,但他在演奏会上传统、流行乐曲搭配大师般弹奏吉他的快速拨弦法,使他迅速走红。1963年在新港民谣爵士会上获得极大好评,与儿子默尔合作演出多年(1949～1985)。

沃森 Watson,James D(ewey)(1928～) 美国遗传学家和生物物理学家。出生于芝加哥。1950年获印第安纳大学博士学位。他在英国同F. 克里克利用X射线衍射技术研究脱氧核糖核酸(DNA)的结构问题。1952年测出烟草花叶病毒蛋白质外壳的结构,但在DNA方面无大进展。1953年春他突然认识到,DNA的主要成分——4种有机碱必然要结成固定的碱基对。这个发现使他和克里克勾画出一个DNA的分子模型——一个双螺旋,很像一个双栏转梯。这项发现使他们和M. 威尔金斯共获1962年诺贝尔生理学或医学奖。沃森的畅销书《双螺旋》(1968)描述了DNA发现的经过及参与这项工作的人,这本书曾引发一些争议。他曾在哈佛大学任教(1955～1976),1968～1994年担任位于科尔德斯普林港的卡内基协会实验室的主任。

沃森 Watson,John B(roadus)(1878～1958) 美国心理学家,建立并大力宣传行为主义。曾在芝加哥大学学习,1908～1920年担任J. 霍普金斯大学心理学教授。在他的划时代文献《一个行为主义者心目中的心理学》(1913)中,他宣称心理学是研究人类行为的科学,人类行为和动物行为一样应置于严格的实验条件下进行研究。他在其第一部主要著作《行为:比较心理学导论》(1914)中,极力主张用动物进行心理学的研究,把本能描述为一系列由于遗传而活化了的反射。在《一个行为主义者看来的心理学》(1919)中,他力求把比较心理学原理和方法推广到人类研究上,并极力主张在研究中使用条件方法。1920年离开学术机构从事广告事业。

沃森(老) Watson,Thomas J(ohn),Sr.(1874～1956) 美国实业家。出生于纽约州坎贝尔,1899年入俄亥俄州代顿国民收款机公司任推销员。1914年任计算-报表-记录机公司总经理,1924年该公司改称为国际商用机器公司(IBM),他把这家公司建成为世界上最大的电动打字机与数据处理设备的制造商。沃森是卓越的售货员和企业组织者,他的业务班底有高度的事业心,训练精良,报酬优厚。他经常做鼓动工作,并采取一些措施,使国际商用机器公司在市场上占统治地位。20世纪30和40年代他进行国际贸易,把IBM的影响力延伸至世界各地。他的儿子T. J. 沃森(小)继他之后担任公司总经理(1952)、总裁(1961)和首席执行官(1972)。

沃森-瓦特 Watson-Watt,Robert Alexander(1892～1973) 后称Sir Robert。苏格兰物理学家。起初作为气象学工作者从事研制探测陨石的设备的工作,1935年在主管国家物理实验室无线电方面的工作期间,从事飞机无线电定位工作,已经能对相距110千米的飞机定位,办法是向飞机发射无线电波束,再接收由飞机反射的无线电波,并通过所耗费的时间计算距离。这一成果使他设计出世界上第一个实用雷达系统,在1940年英国抗击德国空袭时发挥了极其重要的作用。他的其他贡献包括:用于研究大气现象的阴极射线探向器,对电磁辐射的研究,以及用于飞行安全的一些发明。

沃思 Worth,Charles Frederick(1825～1895) 英裔法籍时装设计师。原为簿记员,1845年离开英国,在巴黎一家女装零配件商店工作。1858年开设了一家自己的妇女成

C. F. 沃思,版画
BBC Hulton Picture Library

衣店,很快得到了欧仁妮皇后的赞助。他是"服装秀"(筹备并展出设计作品)的先驱,首位在服装界表现杰出的男性,率先倡导由工厂成批生产女装,然后分销到世界各地。他领导巴黎时装新潮流,设计的豪华的礼服反映了第二帝国时期高贵典雅的风尚;他设计的裙撑成为19世纪70和80年代妇女时装的标准。

沃斯特 Vorster,John(1915～1983) 原名Balthazar Johannes。南非共和国总理(1966～1978)。第二次世界大战期间支持德国,1942年被捕。在1948年的议会选举中因些微票数之差而落选。被H. F. 维沃尔德(1901～1966)任命为司法部长(1961～1966),厉行种族隔离政策。维沃尔德被刺后,他被选为继任人。20世纪70年代,他派兵进入安哥拉以反对苏联和古巴支持的安哥拉政府。1978年辞职后任南非总统,这主要是个礼仪性职务。因丑闻辞去总统职务。

沃斯通克拉夫特 Wollstonecraft, Mary(1759～1797) 婚后名Mary Wollstonecraft Godwin。英国作家。曾任教职、女家庭教师及为伦敦出版商工作。1797年与W. 戈德温结婚。38岁生下第二个女儿玛丽数日后去世。以热诚争取妇女平等的教育机会和社会地位而闻名。早期著作《论妇女教育》

M. 沃斯通克拉夫特，油画，J. 奥佩绘于约 1797 年；现藏伦敦国家肖像画陈列馆
National Portrait Gallery, London

(1787)为其论述妇女在社会中的地位的成熟作品《为女权辩护》(1792)的先声。

沃特福德玻璃器皿 Waterford glass 18 世纪 20 年代起爱尔兰沃特福德生产的重花刻花玻璃制品。其特点是壁厚，以深刻的几何图案装饰，抛光明亮。有代表性的沃特福德产品包括饰有菱形刻花或扇形分枝的洛可可式吊灯、壁灯，装在墙上的烛台、碗和花瓶等。大约 1770 年以后沃特福德玻璃已逐渐扬弃洛可可式风格，开始生产在英国受到欢迎的新古典主义或亚当式制品。

沃特斯 Waters, Ethel(1896? ～ 1977) 美国布鲁斯和爵士乐歌手、女演员。出生于宾夕法尼亚州切斯特。17 岁时即成为职业歌手，20 世纪 30 年代曾同著名的爵士乐手 D. 埃林顿、B. 古德曼等人合录唱片。1927 年首次登上百老汇舞台，演出全部由黑人扮演的小型歌舞剧《阿非利加》，但在《黑鸟》(1930)一剧才完全确立了自己的地位。1933 年在 I. 伯林的《万众欢呼之时》中演唱《热浪》一曲，获得显著成功。后来还演出了《空中楼阁》(1940；1943，电影)、《参加婚礼的一个人》(1950；1952，电影)。她出演的其他电影还包括《尖尾船》(1949)等。

沃特斯 Waters, Muddy(1915 ～ 1983) 原名McKinley Morganfield。美国布鲁斯吉他手和歌手，现代"节奏布鲁斯"风格的主要创始人。童年自学口琴，后来学习吉他，1941 年开始录音。1943 年迁居芝加哥。由于采用了电吉他琴和加用钢琴与鼓群来演奏强烈的舞蹈节奏，他与乡村布鲁斯风格分道扬镳。他保留了时而悲哀、时而自负、时而又赤裸地耽于色情中的悲叹与喊叫的歌唱风格和歌词。结果，这种具有独特的芝加哥形式的音乐被认为是都市布鲁斯。后来的摇滚乐和灵乐形式很大部分是从这种由沃特斯首创的音乐中衍生出来的。20 世纪 60 年代初流行音乐的盛行使得沃特斯声名远播，70 年代开始在国际上表演。

沃兹涅先斯基 Voznesensky, Andrey (Andreyevich)(1933 ～ 2010) 俄罗斯诗人。第二次世界大战对他幼年时的深刻影响生动地反映在他的诗作中。包括最著名的诗作《戈雅》(1960)。他是 B. 巴斯捷尔纳克的门生。并成为流行诗歌朗诵的明星。但在 1963 年从事"过度实验"风格的苏联艺术家和作家遭到官方镇压，他受到官方批判。他的诗歌主题是无政治意义的颂扬艺术自由和人类不受拘束的精神。他的作品收集在双语的《墙上的箭》(1987)和《在边缘上》(1991)中。

渥美清 Atsumi, Kiyoshi(1928 ～ 1996) 日本喜剧演员。在东京的贫民窟长大，曾到剧院打杂，1968 年首次在电视影片中演出寅次郎的角色。接着，他在 48 集系列电影《男人真命苦》中扮演这个角色到 1996 年为止，该片成为播出最久的同一演员扮演主角的系列电影。剧中寅次郎为中年小贩，是个迷人而不负责任的无赖，卖廉价饰物给路人，并徒劳地追求漂亮女子。渥美清把风趣诙谐的俏皮话及庶民的真诚融入角色中。

渥太华 Ottawa 加拿大首都。位于安大略省东南部渥太华、加蒂诺和里多河汇流处。1613 年，S. de 尚普兰来此时，当地由美洲印第安人居住。在以后的两个世纪中，上述 3 条河流成为探险家和毛皮商人往来的通道。1826 年修建运河，加速了该地的发展。原称为拜镇，1855 年将拜镇设为市，重新命名为渥太华。1857 年，为解决多伦多和魁北克与蒙特利尔和金斯顿之间的政治争端，维多利亚女王选定渥太华作为加拿大的首府。联邦政府为主要的雇主，全国各地的商业和金融机构均在该市。为教育和文化中心。有国家艺术中心和加拿大国家画廊。人口约774 072(2001)。

渥太华河 Ottawa River 加拿大中东部河流，圣劳伦斯河的主要支流。源出魁北克省西部的劳伦琴高地。在蒙特利尔西面汇入圣劳伦斯河。是魁北克和安大略两省的界河。全长1 271千米，流程多湖泊。1613 年由 S. de 尚普兰勘察后，渥太华河即成为探险家、毛皮商和传教士前往五大湖北部地区的主要通道。19 世纪开通渥太华河和安大略湖之间的里多运河，沿河两岸伐木业兴起。现建有水电站。

乌班吉河 Ubangi River 非洲中部河流。由博穆河和韦莱河在刚果(扎伊尔)中北部边界汇流形成，流向西部和南部，形成刚果与中非共和国之间的部分边界，最后注入刚果河。该河全长 1126 千米；如果将它最长的源头计算在内，其长度则增加一倍。

乌布利希 Ulbricht, Walter(1893～1973) 德国共产党领袖和民主德国的政府首脑(1960 ～ 1973)。第一次世界大战后加入德国共产党，1923 年被选入德国共产党中央委员会。1929 ～ 1933 年在柏林担任该党的领导，纳粹上台后逃亡国外。作为第三国际的执法官，他曾迫害过托派分子以及其他偏离共产国际路线的人。1945 年返回德国的苏联占领区，帮助在苏占区组建统一社会党，1950 ～ 1971 年任该党的总书记。1949 ～ 1960 年担任民主德国的副总理。1960 ～ 1973 任国务委员会主席。他一贯敌视联邦德国，1961 年下令修建柏林墙。他对民主德国实行严格的控制，但同时也使该国的工业实力得到增强。

乌丹尼 Houdini, Harry(1874 ～ 1926) 原名Erik Weisz。美国魔术师。可能生于匈牙利，1 岁起与家人生活在美国威斯康星州。开始时表演空中飞人，1882年起在纽约表演

乌丹尼
Pictorial Parade-EB Inc

杂耍。约自 1900 年开始，因能戴着手铐、脚镣从封锁着甚至没入水中的箱子里逃出来的大胆绝技而赢得国际声誉。他的成功取决于他超人的体力、敏捷和操纵各类锁的非同寻常的技能。他在 7 部电影(1916 ～ 1923)中展示了他的技能。曾著书揭穿魔术师的把戏，提醒读者不要相信超自然的力量，包括罗贝尔-乌丹的魔术(他的艺名乌丹尼即源于此)。

乌得勒支 Utrecht 荷兰中部城市。先后为罗马人、弗里斯兰人和法兰克人的要塞，公元 696 年成为圣威尔布罗尔德统治下的主教教区。11 ～ 12 世纪是该市最为繁荣的时期，当时是一个重要的商业中心。1527 年改由神圣罗马帝国皇帝查理五世统治，成为哈布斯堡王朝领地的一部分。西班牙对乌得勒支的统治持续到 16 世纪 70 年代，该地成为当时新教徒抵抗的一个中心。乌得勒支同盟(1579)即在此签署，建立了尼德兰北方七省组成的反抗西班牙联盟；该联盟为未来的荷兰王国奠定了基础。1795 ～ 1813 年被法国占领，成为荷兰国王 L. 波拿巴(1806 ～ 1810)王室所在地。唯一的荷兰教皇阿德里安六世在此地出生。现为交通、金融和保险业中心。人口约256 420(2001)。

乌得勒支画派 Utrecht school 主要由 3 位来自乌得勒支的荷兰画家组成的画派。他们分别是：D. 范・巴比伦(约 1590 ～ 1624)、G. van 洪特霍斯特和 H. 泰尔布吕亨。在罗马游历期间，他们深受卡拉瓦乔的艺术影响。他们把新学到的绘画技法主要用在宗教题材画中，但同时也创作妓院场景和系列画，如专门表现官能的 5 幅作品。他们的画中有许多蜡烛、灯笼及其他人工光源，这也是他们与卡拉瓦乔之间的区别，后者从未使用过这样的技法。洪特霍斯特在当时名声最大，但泰尔布吕亨现在却被认为是 3 位画家中最有天分

和才华的一位。

乌德里 Oudry, Jean-Baptiste(1686～1755) 法国洛可可艺术画家、挂毯设计师、插图画家。乌德里的挂毯就像他的绘画,色调精妙,对自然作了生动的描述,受到高度重视。乌德里的作品为俄国沙皇彼得大帝、瑞典王后和路易十五所赏识。路易十五曾命乌德里为他的狗画像,并任命他为官方皇家狩猎画师。

乌东 Houdon, Jean-Antoine(1741～1828) 法国雕塑家。原在巴黎随毕加尔学习,1761年获罗马奖。在罗马期间(1764～1768),以所作男子人体解剖研究模型立像(约1767)而

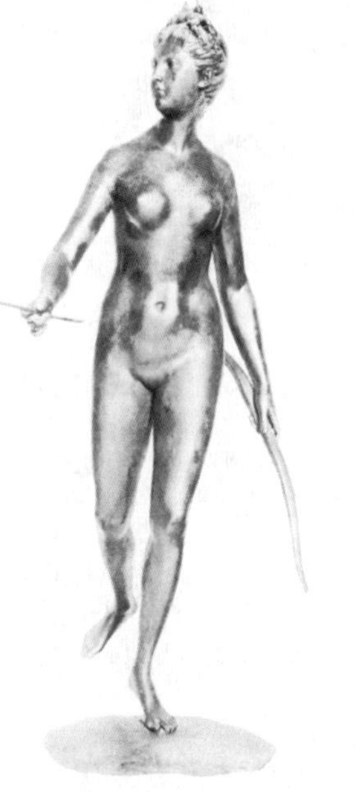

《狄安娜》,乌东作青铜雕像,约1777年;现藏巴黎卢浮宫
Giraudon-Art Resource

迅速成名,并为各美术学院广泛采用。因作《莫耳甫斯》卧像(1777),而被巴黎皇家美术学院接纳为院士。他还作有许多宗教和神话作品,但主要的精力还是放在他最感兴趣的人物胸像上,如D. 狄德罗、叶卡捷琳娜二世、B. 富兰克林、拉法耶特侯爵和伏尔泰等名人的胸像。在美国,他制作了G. 华盛顿的大理石雕像(1788)。他制作的胸像容貌和个性生动、逼真,使他居于历史上最伟大的肖像雕塑家之列。

乌鸫 blackbird 新大陆地区几种属于拟黄鹂科的鸣禽,统称拟黄鹂,也指旧大陆鸫科的鸫(*Turdus merula*)。最著名的拟黄鹂是红翅乌鸫(*Agelaius phoeniceus*),分布自加拿大到西印度群岛和中美洲。体长20厘米,雄鸟的黑色羽衣衬着红肩斑。旧大陆的乌鸫体长25厘米,常见于树林和花园,遍布于欧亚温带地区,以及澳大利亚和新西兰。

乌尔班二世 Urban II(约1035～1099) 原名Odo of Châtillon-sur-Marne(马恩河畔沙蒂永的奥多)。教皇(1088～1099年在位)。原为克吕尼克修道院院长,任主教时继承教皇圣格列高利七世的事业,整顿教会。1088年当选教皇后,为了巩固自身地位,对抗敌对教皇克雷芒三世,并且通过改革强化了教皇的职权。为了引起阿历克塞一世康尼努斯注意,乌尔班二世在克莱蒙会议(1095)上提出关于发动第一次十字军东征的号召,以推动东西两派教会的统一,并支持基督教对西班牙摩尔人的重新征服。

乌尔都语 Urdu language 巴基斯坦和印度的穆斯林使用的印度-雅利安语。在这个社会政治的领域,乌尔都语与印地语是不同的语言,但两种语言都具有共同的口语基础,乌尔都语作为书面语与印地语的主要区别在于它吸收了更多的波斯二阿拉伯语词汇,另外一些句法结构也不同。该语言以阿拉伯字母书写,其中有些字母的修饰是为了标明印度伊朗语族的发音。作为巴基斯坦官方语言,乌尔都语已经被标榜为民族团结的象征,尽管只有8%的巴基斯坦人——主要为移民和1947年分裂后从印度来的移民后代——将该语言作为第一语言。

乌尔曼 Ullmann, Liv(1939～　) 挪威裔瑞典电影女演员。在加拿大和美国长大,后来回到挪威在奥斯陆开始她的演出生涯。因在I. 贝里曼执导的影片,包括《人》(1966)、《安娜的情事》(1969)、《哭泣与低语》(1972)、《婚姻实况》(1973)和《秋光奏鸣曲》(1978)中担任不同角色而闻名国际影坛。她以面部表情丰富,演技精湛而为人们津津乐道,参与过其他的挪威和国际影片的演出,包括《移民》(1971)和《新天地》(1973),在美国和欧洲的舞台上也展现过她的演技。曾导演《索非》(1993)并参与该片的编剧,还导演过根据伯格曼的剧本拍成的电影《隐秘的告白》(1999)。

乌尔曼尼斯 Ulmanis, Karlis(1877～1942) 拉脱维亚独立运动领袖和拉脱维亚总理(1918, 1919～1921, 1925～1926, 1931～1932, 1934～1940)。早年为农艺师,曾努力改善拉脱维亚的农业,同时积极参与拉脱维亚的独立运动。1905年被迫流亡到美国,在内布拉斯加大学教授农艺至1913年。返回拉脱维亚后,于1917年创建拉脱维亚农民联盟,竭力主张摆脱俄国成为独立的拉脱维亚。1918年成为新独立的拉脱维亚共和国总理。在担任总理期间,他努力消除国内分歧(1934年实行独裁统治),反抗来自苏联的军事威胁。苏军的占领迫使他于1940年辞职。他被苏军逮捕并押解到苏联,后死于该国。

乌尔米耶湖 Urmia, Lake 波斯语作Daryacheh-ye Orumiyeh。伊朗西北部的浅水盐湖。中东地区最大的湖泊,面积在5 200～6 000平方千米之间。湖面长约140千米,宽约40～55千米,最大深度16米。湖的南部大约集中了50个小岛屿。有3条河注入,但没有出水口。自1967年起成为湿地保护区。

乌法 Ufa 俄罗斯西部城市。位于别拉亚河(白河)与乌法河汇流处。1574年建为要塞,保护从喀山穿越乌拉尔山脉到秋明的贸易通道。1586年设镇。从19世纪末,特别是在第二次世界大战以后,该市发展成为一个工业中心。目前,主要工业包括电器设备、木材和镶面板,以及炼油。人口约1 029 616(2006)。

乌菲齐美术馆 Uffizi Gallery 佛罗伦萨的艺术博物馆,藏有世界上最精美的意大利文艺复兴时期的绘画。最重要的收藏品来自托斯卡纳的梅迪契家族。1559年梅迪契的科西莫一世雇请G. 瓦萨里设计乌菲齐宫(1560～1580),最初是用作政府办公楼(意大利语uffizi)。1565年瓦萨里在韦基奥桥上修建走廊,使乌菲齐宫与皮蒂宫相连接。1737年梅迪契家族的末代传人M. 卢多维卡将家族收藏品遗赠给托斯卡纳;全部收藏品交由博物馆管理,1769年正式对公众开放。在第二次世界大战期间遭轰炸受损以及1966年受洪水危害之后,该建筑得到修复并扩建。除了佛罗伦萨画派的绘画之外,该馆还藏有其他的意大利画派和非意大利画派的作品、古代雕塑、一个自画像画廊,以及10万幅艺术复制品和素描。

乌弗埃·博瓦尼 Houphouët-Boigny, Félix(约1905～1993) 科特迪瓦总统,自科特迪瓦独立后一直任职到去世(1960～1993)。原为乡村医生,兼营种植园。20世纪40年代进入政界,50年代末任法国国家议会议员和内阁成员,同时也是领地议会议长和阿比让市市长。作为总统,他推行开明的自由企业政策,大力发展经济作物,与法国紧密合作。在他的治理下,科特迪瓦成为非洲撒哈拉沙漠以南最繁荣的国家。但在他任期的最后几年发生的经济逆转、内部骚乱以及对他在自己的出生地亚穆苏克罗修建庞大的天主教堂的批评,损害了他的声誉。

乌干达 Uganda 全称Republic of Uganda(乌干达共和国)。非洲东部国家。面积:241 551平方千米。人口:约34 759 000(2013)。首都:坎帕拉。许多非洲族群的家乡,并有一个人数不多的亚裔社团。语言:英语(官方语言)和斯瓦希里语。宗教:基督教(大多数是天主教,也有新教)、伊斯兰教以及传统信仰。货币:乌干达先令。作为一个位于赤道的内陆国家,乌干达全境大部分位于高原,东部和西部边界有一连串的火山,玛格丽塔山(5 119米)是全国最高峰。维多利亚湖的部分湖面几乎占据了乌干达的整个东南部,其他主要湖泊包括艾伯特湖、基奥加湖、爱德华湖、乔治湖和比西纳湖。尼罗河穿越其境。许多大片的土地被划为国家公园和禁猎区。经济主要依靠农业和食品加工。畜牧业和渔业也很重要,此外也有一些制造业和采矿业。乌干达是一院制多党制共和国。总统为国家元首和政府首脑,总理辅政。到19世纪,该地区分成几个独立的地方王国,在此居住的有多个不同的操班图语和尼罗语的部族。19世纪40年代阿拉伯商人来到乌干达。1862年第一批欧洲探险家访问了当地的布干达王国。19世纪70年代新教和天主教的传教士来到此地,宗教派系的发展导

致宗教迫害和国内冲突。1894 年布干达正式宣布成为英国的保护国。1962 年以乌干达之名获得独立,1967 年正式通过共和国宪法。1971 年当政的文人政府被推翻,改为以 I. 阿明为首的军人政权对国家进行统治。1978 年阿明率军队入侵坦桑尼亚,结果导致他的政权崩溃。1985 年文人政府再次被军方废除,而该军人政权亦于1986年被推翻。1995 年立宪会议颁布了一部新宪法。乌干达于 1956 年首次参加在澳大利亚墨尔本举办的夏季奥运会。

乌卡亚利河　Ucayali River　秘鲁中东部河流。作为亚马孙河的主要源头,该河由阿普里马克和乌鲁班巴河汇流而成,然后蜿蜒向北与马拉尼翁河汇合,形成亚马孙河。全长约 1 610千米,其中可通航河道约占全长的 2/3。

乌克兰　Ukraine　欧洲东部国家。面积:603 628平方千米。人口:约45 523 000(2013)。首都:基辅。乌克兰人占该国总人口的 3/4 以上,少数民族主要有俄罗斯人。语言:乌克兰语(官方语言)、俄语、罗马尼亚语、波兰语、匈牙利语、白俄罗斯语和保加利亚语。宗教:基督教(主要是东正教,也有天主教、新教和其他基督教派)和伊斯兰教。货币:里夫尼亚。全境由平坦的平原和喀尔巴阡山脉构成,喀尔巴阡山脉在西部地区绵延约 240 千米。主要河流有第聂伯河、南布格河、顿涅茨河及德聂斯特河。中东部的顿涅茨煤田是欧洲主要的重工业和采矿-冶金联合企业的集中地之一。采铁矿石和煤炭,生产天然气、石油、铁和钢。为冬小麦和甜菜的主要生产国。乌克兰是单一制多党制共和国,一院制。总统为国家元首,总理为政府首脑。在公元前第 1 千纪,该地区的不同地方被辛梅里安人、锡西厄人和萨尔马特人侵入和占领,在公元 1 千纪又受到哥特人、匈奴人、保加利亚人、阿瓦尔人、哈扎尔人和马扎尔人(匈牙利人)的占领。公元 4 世纪以后斯拉夫人定居此地。基辅成为一个主要城镇。13世纪中叶蒙古人的征服使基辅政权彻底倾覆。14 世纪至 18 世纪期间,乌克兰部分地区分别被立陶宛、波兰和俄国统治。此外,哥萨克人控制了一块很大程度上自治的领土。18 世纪大多数地区被俄国统治。第一次世界大战和 1917 年俄国革命后,大部分地区成为苏联的一个共和国,但西部的部分地区被波兰、罗马尼亚和捷克斯洛伐克分割统治。在 J. 斯大林统治时期,乌克兰于 1932 ～ 1933 年遭受严重饥荒。第二次世界大战期间,轴心国军队于 1941 年推翻了该国政府使其遭到蹂躏,1944 年重新被苏联占领。战争结束后,乌克兰苏维埃社会主义共和国的边界被重新划定,包括了乌克兰西部领土。1986 年当地由苏联建造的一座核电站发生了切尔诺贝利事故。1991 年宣布独立。20 世纪 90 年代因尝试落实经济和政治改革而引发动乱,最终导致 2004 年存在争议的总统选举;群众对选举结果表示抗议,由此爆发橙色革命。革命的影响是短暂的,政治分歧在该国继续存在。2014 年,另一场以基辅独立广场为中心的大规模抗议活动推翻了政府。乌克兰于 1994 年首次参加在挪威利勒哈默尔举办的冬季奥运会,此前曾代表俄国、苏联和独联体队参加奥运会。

乌克森谢纳　Oxenstierna (af Södermöre), Axel (Gustafsson), Count(1583～1654)　瑞典政治家。曾为参政员。1612 年古斯塔夫二世任命他为首相。他和国王一起对政府进行改革。在外交方面,乌克森谢纳与丹麦(1613)、波兰(1622)签订和平和约。三十年战争时任波兰总督(1626)和德意志军队指挥官(1631)。他在德意志实行瑞典的政策,1636 年返回瑞典。作为女王克里斯蒂娜(1636 ～ 1644)的摄政之一,对瑞典的治理成绩斐然。

乌拉尔河　Ural River　俄罗斯和哈萨克斯坦河流。源于乌拉尔山脉南端,流向西南,穿过哈萨克斯坦西部在阿佳拉乌注入里海。全长2 428千米,流域面积237 000平方千米。下游河道可通航。

乌拉尔山脉　Ural Mountains　俄罗斯和哈萨克斯坦的山脉。普遍认为构成欧亚两洲之间的分界,从喀拉海南端南北延伸约2 500千米至乌拉尔河。支脉向南延伸至哈萨克斯坦西北部。山脉平均海拔1 000 ～1 100米;最高峰纳罗达峰海拔1 895米。乌拉尔山中南部有俄罗斯最大的工业区之一,生产金属制品、化学制品和机械产品。第二次世界大战期间(1939 ～ 1945)该地区经济发展迅速,因为当时为防止德国人破坏,许多工厂从苏联西部搬迁到此地。

乌拉尔诸语言　Uralic languages　在欧亚中部和北部大约2 500万人使用,包括 20 多种语言的语族。主要分为芬兰-乌戈尔诸语言,占乌拉尔语族中的大部分语言,使用人数也比较多,以及萨莫耶德诸语言。萨莫耶德诸语言在历史上流行于西伯利亚北部的森林区和苔原,以及从鄂毕河到白海,并向东延伸到泰梅尔半岛的近海岸带。已知的语言是恩加纳萨尼语、埃内茨语、涅涅茨语、塞尔库普语、卡马斯语和马塔语。卡马斯语在 20 世纪晚期消失,马塔语在 19 世纪消失。在其他仍被使用的语言当中,涅涅茨语是最有可能继续存在下去的语言,现有25 000人操此种语言,并有不少孩子仍在学习。萨莫耶德诸语言与芬兰-乌戈尔诸语言基本上没有共同的词汇。在最早阶段,乌拉尔诸语言很可能包含尤卡吉尔语的先祖,有时也包含古西伯利亚语言。

乌拉圭　Uruguay　全称 Oriental Republic of Uruguay(乌拉圭东岸共和国)。南美洲东南部国家。面积:177 879平方千米。人口:约3 298 000(2013)。首都:蒙得维的亚。欧洲血统人口(大多具有西班牙人和意大利人血统)约占总人口的 90%;其余为梅斯蒂索人或欧非混血,印第安人很少。语言:西班牙语(官方语言)。宗教:基督教(主要是天主教,新教,也有其他分支)和犹太教。货币:乌拉圭比索。南美洲唯一位于热带以外的国家。地形主要由低高原和低丘陵区构成。主要水路是内格罗河;乌拉圭河构成该国与阿根廷的整个西部边界。矿产和能源资源有限。牧场几乎占土地面积的 4/5,饲养了大量牲畜,为肉类、羊毛和皮革生产提供了保障。主要作物有水稻、甘蔗、橘子、小麦和玉米。其他重要经济活动包括旅游业、渔业以及纺织品和化学制品的生产。乌拉圭是两院制共和国;总统为国家元首和政府首脑。在欧洲人来此殖民以前,乌拉圭主要居住着查鲁亚和瓜拉尼印第安部落。1516 年西班牙航海家 J. D. 德索利斯驶入拉普拉塔河湾。1680 年葡萄牙人建立移民镇。之后,西班牙人将葡萄牙人逐出,于 1726 年建立蒙得维的亚城;50 年后乌拉圭成为拉普拉塔总督辖区的一部分。1811 年脱离西班牙独立。1821 年葡萄牙人重新占领该地区,并把它并为巴西的一省。1825 年反抗巴西的起义导致乌拉圭 1828 年被承认为一个独立国家。1864/1865 ～ 1870 年该国与巴西和阿根廷一起参加了三国同盟战争,反对巴拉圭。第二次世界大战(1939 ～ 1945)和朝鲜战争(1950 ～ 1953)期间,各国对原材料的需求使该国经济受益。1951 年废除总统职位,代之以一个 9 人委员会。1966 年通过新宪法并恢复总统制。1973 年发生一场军事政变。1985 年该国恢复文官统治。20 世纪 90 年代该国经济总体好转,主要是改革措施和加入南方共同市场(1991)的结果。乌拉圭于 1924 年首次参加在巴黎举办的夏季奥运会。

乌拉圭河　Uruguay River　南美洲东南部河流。源于巴西南部,成为阿根廷与巴西南部边界以及阿根廷与乌拉圭边界的界河。在布宜诺斯艾利斯北部该河与巴拉那河汇流,形成拉普拉塔河河口湾。河道全长1 593千米,其间有多处因急流受阻,但从河口出发有约 210 千米航道可供海轮航行。

乌拉诺斯　Uranus　又作 Ouranus。希腊神话中天的化身。从原始的混沌中出现的该亚(大地)产生了乌拉诺斯、山和海。乌拉诺斯后来又与该亚结合生提坦、独眼巨人和百臂巨人。他憎恨自己的子嗣并把他们藏在该亚体内。该亚要他们起来报仇,克洛诺斯阉割了乌拉诺斯。滴到该亚身上的血又使她生出复仇女神、巨神和梣树仙女(墨利亚)。被割下的生殖器漂在海上产生泡沫,从中又跳出阿佛洛狄忒。乌拉诺斯还有另外的妻子:克吕墨涅、赫墨拉、赫斯提和尼克斯。

乌兰巴托　Ulaanbaatar　又作 Ulan Bator。蒙古国城市和首都。位于一个受大风侵袭的高原,建于 17 世纪中叶,为活佛(*bodgogegen*)的居住地。之后,该地变成中国与俄国之间商路的一个贸易中心。现在该市依然处在蒙古运输通道的主要中枢。外蒙古 1911 年独立就以该地为中心。1924 年蒙古人民共和国建立时,乌兰巴托成为首都。1992 年国家更名为蒙古国后该市仍为首都。现为该国的主要工业中心。人口约812 500(2002)。

乌兰诺娃　Ulanova, Galina (Sergeyevna)(1910 ～ 1998)　苏联的第一位首席芭蕾舞

女舞演员。曾在列宁格勒跟 A. 瓦冈诺娃学习舞蹈,1928 年加入基洛夫剧团,她在该剧团开始担任主要角色,并形成那种独特的热情奔放的戏剧舞蹈风格,为她赢得广泛赞誉。1944 年来到莫斯科大剧院芭蕾舞团。20 世纪 50 年代随团在欧洲和美国演出,获得盛赞。1962 年告别芭蕾舞台,但仍担任大剧院芭蕾舞团的芭蕾舞教师。

乌木 ebony 几种广布热带的柿科柿属(*Diospyros*)乔木的木材。最好的乌木仅取自心材,质重,色深黑。因乌木色佳,坚硬,耐用,易于抛光,故用于细木家具、镶嵌材料、钢琴键、刀把及镟床制品。最好的印度和锡兰乌木取自锡兰乌木(*D. ebenum*),该种广布斯里兰卡亭可马里以西的平原地区。牙买加乌木、美洲乌木或绿乌木取自豆科乔木或灌木(*Brya ebenus*)。

乌纳穆诺 Unamuno(y Jugo),Miguel de (1864 ～ 1936) 西班牙哲学家和作家。1901 ～1914 年和 1931 ～ 1936 年任萨拉曼卡大学校长。因在第一次世界大战中公开支持协约国,后来又因谴责 F. 佛朗哥的长枪党而被两次解除职务。虽然他也写诗和剧本,但影响最大的却是他的随笔和小说。在《对生活的悲戚感情》(1913)中,他强调精神上的渴望在促使人们尽可能度过充实的一生时所起的作用。他最著名的小说是《阿维尔·桑切斯》(1917)。《委拉斯开兹的基督》(1920)被认为是现代西班牙诗歌的最完美的典范。

乌珀塔尔 Wuppertal 德国西北部城市。位于乌珀尔河岸。1929 年由巴门、埃尔伯费尔德、拜恩堡等镇合并成巴门-埃尔伯费尔德,1930 年改名乌珀塔尔。早在 16 世纪时这里即以纺织业著称,至今仍是地区纺织业中心。其他工业产品还有化工品、橡胶产品和机械产品等。还有许多公园、植物园及一座知名的动物园。人口约364 784(2002)。

乌普萨拉 Uppsala 瑞典城市。位于斯德哥尔摩北部,紧邻一个最初是公元前斯韦阿王国的都城的村庄。到 13 世纪时,这里成为重要商业中心。政治地位被斯德哥尔摩取代后,这里仍然是瑞典大主教的驻地;当地的哥特式大教堂(13 ～ 15 世纪)是瑞典最大的教堂。为瑞典教育中心,有全国最古老的大学。20 世纪成为工业城市和交通枢纽。C. 林奈曾在此居住。人口约191 110(2001)。

乌切洛 Uccello, Paolo(1397 ～ 1475) 原名Paolo di Dono。意大利画家。尽管曾师从雕刻家 L. 吉贝尔蒂,但他从未以雕塑知名,18 岁时便加入佛罗伦萨的画家同业公会。《洪水》是他在新圣马利亚教堂中的一幅湿壁画,展现出他对透视画法的深入研究。乌切洛对透视画法的支持异常坚定,以至于 J. 罗斯金认为是他发明了这一画法。他描绘圣罗马诺之战的 3 幅嵌板画,与他中年时期所有的尚存作品一样,兼有装饰性的晚期哥特式风格以及文艺复兴时期早期新的宏伟风格。

乌戎潘当 Ujung Pandang 原称Macassar(望加锡)。印度尼西亚苏拉维西省城市。16 世纪葡萄牙人来此时,这里已是一个繁荣的港埠,后来受荷兰人控制,1607 年荷兰人在此建了一个贸易站,并于 1667 年最终废除了苏丹。1848 年成为一个自由港,1946 年为荷兰资助的印度尼西亚帖木儿国(东印度尼西亚)的首府。1949 年成为印度尼西亚共和国的一部分。设有哈桑努丁大学(建于 1956)。人口1 100 019(2000)。

乌斯马尔 Uxmal 墨西哥东南部尤卡坦州古城。为马雅帝国(600 ～ 900)后期的主要城市。公元 1000 年以后,该城主要建设全部停止,尽管它仍被占领并加入了马雅潘的政治联盟。当联盟解散时,乌斯马尔与北部其他大城市一样被废弃(1450)。马雅遗址包括金字塔、巫神庙、方形尼宫。

乌苏马辛塔河 Usumacinta River 墨西哥东南和危地马拉西北部的河流。发源于危地马拉西北部,由萨利纳斯河(或奇霍伊河)和帕西翁河汇合而成,流向西北,形成危地马拉与墨西哥之间的一段边界,然后注入墨西哥的希利加瓦河。加上萨利纳斯河,该河全长约1 000千米。

乌塔拉坎德 Uttarakhand 印度北部一邦。面积:51 125平方千米;首府:台拉登。与尼泊尔及中国的西藏自治区,印度的北方邦、哈里亚纳邦和喜马偕尔邦相邻。位于喜马拉雅山山麓,在其北部地区有一些印度最高的山峰。恒河和亚穆纳河的上游向南流经该邦。南部有马苏里、奈尼达尔和拉尼凯德等避暑山庄。该地区在 1947 年印度独立后是北方邦的一部分,直到 2000 年才成为一个邦,称为乌多安查邦,2007 年更名为乌塔拉坎德邦。目前,大多数人口从事农业,但旅游业也很重要。人口约10 116 752(2011)。

乌提卡 Utica 北非地区古腓尼基人的居民点。相传为腓尼基人在北非地区最早的居民点,位于现在的突尼斯。约公元前 8 世纪建立,之后发展迅速,其重要地位仅次于迦太基。第三次布匿战争(公元前 149 ～前 146)后成为罗马阿非利加行省的省府,奥古斯都皇帝重建迦太基之后,乌提卡开始衰落。现已发掘出公元前 8 世纪腓尼基人墓地多处和这座罗马人城市一个颇具规模的住宅区。

乌头类 aconite 毛茛科多年生草本植物的统称。乌头属(*Aconitum*)是夏季开花的有毒植物(如乌头和牛扁);菟葵属(*Eranthis*)为春季开花的观赏植物(如冬乌头)。普通乌头(*A. napellus*)的干燥块根以前用作镇静剂和止痛药。

乌托邦社会主义 utopian socialism 19 世纪中叶的政治与社会理想。乌托邦社会主义者秉承 R. 欧文和 C. 傅立叶等改革家,从早期共产主义和社会主义的理想中汲取灵感。倡导者包括:L. 勃朗,以其工人控制的"社会工场"理论而闻名;J. H. 诺伊斯,美国的奥奈达社团创建者。有些宗教团体,如门诺宗信徒、震颤派信徒和摩门教徒还曾尝试建立乌托邦移民区。

乌鸦 crow 雀形目鸦科鸦属 20 多种黑色鸣禽的俗称,比大多数渡鸦小,嘴也不那么厚实。其英文名称crow得名于其叫声。常见的有北美洲的短嘴鸦和欧亚的小嘴乌鸦。鸦为

食腐鸦(*Corvus corone corone*)
Eric Hosking

杂食性,吃谷物、浆果、昆虫、腐肉及其他鸟类的蛋。虽然危害作物,但也吃掉许多经济害虫。有时数万只成群,但多数种类不集群营巢。一般认为鸦是所有鸟类中最聪明的,某些供玩赏的笼养鸦可训练模仿人"说话"。

乌贼 cuttlefish 又称墨鱼、墨斗鱼。乌贼目约 100 种海产头足类软体动物。与章鱼和枪乌贼近缘,特征为有一片厚的石灰质内壳(乌贼骨)。体长2.5～90厘米,稍扁,两侧

乌贼(*Sepia officinalis*)
Douglas P. Wilson

有狭窄的肉质鳍。有 8 条腕,还有两条长触腕用以捕食,腕及触腕顶端有吸盘。生活在热带和温带沿岸浅水中,主要吃甲壳类、小鱼,还互食。肉可食,墨囊可制墨水,内壳可喂笼鸟以补充钙质。

乌兹别克斯坦 Uzbekistan 全称Republic of Uzbekistan(乌兹别克斯坦共和国)。亚洲中部国家,卡拉卡尔帕克斯坦自治共和国位于其边界处。面积:447 400平方千米。人口:约29 994 000(2013)。首都:塔什干。人口的 3/4 以上为乌兹别克人,其余为俄罗斯人、塔吉克人、哈萨克人、鞑靼人和卡拉卡尔帕克人。语言:乌兹别克语(官方语言)、俄语、塔吉克语和哈萨克语。宗教:伊斯兰教(主要为逊尼派)和东正教。货币:苏姆。大部分土地位于锡尔河和阿姆河之间。虽然在其东部和南部不乏肥沃的绿洲和高山峻岭,但全境几乎 4/5 的土地为平坦干硬的低地。咸海的 2/3 伸入到境内。是天然气的主要生

产国和出口国,也有储量可观的石油、煤矿和各类金属矿藏。这里是主要的棉花种植国,也种植水果和蔬菜,并饲养卡拉库尔绵羊。也是中亚地区机械和重型设备的主要生产国。乌兹别克斯坦是两院制共和国。总统为国家元首和政府首脑,总理辅政。13 世纪成吉思汗之孙接受封疆。蒙古人在该地区统治了若干个主要的突厥部族,他们最终与突厥人通婚,其后裔便是乌兹别克人和中亚的其他突厥民族。16 世纪初叶,一支蒙古和乌兹别克人的联军入侵并占据了几个移民居住区,包括一个叫外乌浒的地区,该地区后来成为乌兹别克人的永久家园。到 19 世纪初,该地区被希瓦、布哈拉和浩罕的可汗权力控制,最后它们全都屈服于俄国的统治。1924 年成立乌兹别克苏维埃社会主义共和国。1990 年 6 月乌兹别克斯坦成为中亚第一个宣布拥有独立主权的共和国。1991 年脱离苏联获得完全独立。该国经济后来成为中亚各国中最强的。乌兹别克斯坦于 1994 年首次参加在挪威利勒哈默尔举办的冬季奥运会,但从 1952 年开始乌兹别克运动员(代表苏联和独联体队)就已开始参加奥运会。

乌兹冲锋枪　Uzi submachine gun　紧凑型自动武器,是世界各地广泛使用的警察和特种部队装备。枪的名称源自它的设计者——以色列军官乌兹·盖尔,他在 1948 年的阿以战争之后设计出这款武器。金属折叠托打开时该枪全长 650 毫米。枪管仅有 260 毫米长。装上 25 发或 32 发 9 毫米口径子弹弹匣后,乌兹冲锋枪重约 4 千克。后来衍生出几种微型冲锋枪,全长只有 460 毫米。

巫术崇拜　Wicca　现代西方巫术运动。一些表演者认为现代巫术是前基督教欧洲宗教,迫于教会压力而流于台面下,但历史学者并不接受这一论点。现代巫术通常被认为始自 G. B. 伽纳(1884 ～ 1964)和 D. 华伦提(1922 ～1999)的著作,他们在 1951 年最后的《英格兰巫术法》废除后,即公开他们以多产的有角之神及大地神祇为崇拜中心的次巫术,伽纳即被认为是引介了巫术这个形式的人。被称为"女神"巫术者,将神视为至高无上,且通常将男性排除在外,信奉者散布女性原则的重要性,对自然高度崇敬,具备多神论的世界观;他们实行某些几近被认为好的、具建设性的魔术仪式;他们当中有些是孤僻的魔术表演者,有些则隶属于女巫团。

巫术和法道　witchcraft and sorcery　为了反社会的邪恶目的而以人力运用据说是超自然的力量。法道有时有别于巫术,法道只要有一定技巧者都能实行,使用符咒、咒语、药物等;巫术则据说源出于天生的神秘力量,其手段是无形的。行法道的人称为术士。在技术发达的现代文化形态中,仍有人相信巫术;在许多无文字的社会中,对它的信仰依然是具有强大潜在力的因素。在古希腊,荷马的著作中就提到巫术(参阅*喀耳刻*)。古典时期最著名的女巫是传说中的美狄亚。罗马诗人贺拉斯在《讽刺诗集》中描述了两个女巫。《圣经》中包含一些关于巫术的资料,其中最显著的例子就是国王扫罗前去求教隐多珥女巫(《撒母耳记上》第 28 章)。早期的基督教作家普遍认为巫术都是一种幻想和骗术。中世纪巫术令人着魔,走向异端,成为*异端裁判所*的处理权力之内的事。16 ～ 17 世纪搜捕巫者时,欧洲法庭往往把巫婆与术士视为同类而处以火刑。虽然对被杀的人数有种种不同的估计,但在搜捕巫者期间,被处死的很可能是在 4 万～6 万人之间,另有许多人被严刑拷打和监禁。参阅*法术*和*塞勒姆女巫审判*。

钨　tungsten　又作 wolfram。金属化学元素,化学符号 W,过渡元素之一,原子序数 74。非常坚硬,白色略带灰色,脆性,在所有的金属中,钨的熔点最高(3 410℃),热膨胀系数最低。主要用于钢材中以提高硬度和强度,并用作灯丝,还应用于电触点、火箭喷嘴、化学装置、高速转子以及*太阳能*器件。钨的化学性质相对不活泼,但已经知道它有化合物(其中钨有各种*化合价*)。最重要的是碳化钨,以其硬度著称,用来增强铸铁以及工具切割刀口的耐磨性。

无齿翼龙属　Pteranodon　绝灭的飞行*爬行类*属,是*翼指龙*的后代。化石分布在欧洲、亚洲和北美的晚白垩纪(9 900 万～6 500万年前)沉积物中。翼展约 7 米或更长,最大型的标本其翼展就有 15. 5 米长。身体大约和现代的火鸡一样大。头骨后有长的顶脊,没有齿的颌部很长,类似鹈鹕。似乎有筑巢的行为,多数时间在海面上滑翔搜寻鱼类。它们可能是依靠气流而不是靠振动双翼来起飞。

无敌舰队(西班牙)　Armada, Spanish　1588 年西班牙国王腓力二世为会同西班牙陆军从佛兰德斯入侵英格兰而派遣的庞大舰队。腓力二世长期以来一直试图在英格兰恢复罗马天主教,英格兰针对西班牙的贸易和殖民地采取的海盗行动也激怒了西班牙。无敌舰队的指挥官为梅迪纳-西多尼亚公爵,率有 130 艘舰船。在为时一周的战争中,英格兰舰队在上风方向放出几艘纵火船,冲入西班牙舰队,打乱其队形,使其暴露在英格兰舰队的重型火炮攻击下,因而惨败。无敌舰队在返航期间还遭到一连串灾难,死亡人数可能有15 000人。在此战役中,英格兰的 F. *德雷克*功不可没,无敌舰队的失败使英格兰和荷兰免遭西班牙帝国的吞并。

无调性　atonality　字面意思为缺乏*调性*。起初可能为贬义,指极端半音阶音乐。后被广泛用作 20 世纪的音乐术语,与调性并无很大关联。A. *勋伯格*及其学生 A. *贝尔格*和 A. von *韦伯恩*都是著名的初期无调性作曲家,他们晚期作品的*序列主义*通常与早期的"自由无调性"大为不同。

无国界医师组织　Doctors Without Borders　法语作Médecins Sans Frontières。全世界最大的国际性民间医疗救援组织,由一群法国医师于 1971 年创立。该组织对军事冲突、传染病、自然与人为灾害的受害者提供援助,协助对象亦包括那些由于处地偏远或族群(种族)因素而缺乏医疗照护的人;他们的行迹遍及前线医院、难民营、灾难现场、城镇、乡村。医疗队提供基础的健康照护、施行手术、为儿童接种疫苗、重建医院、进行紧急营养及卫生计划、训练当地医疗人员。其运作独立于各国政府之外,依靠的是志愿的医疗专业人员(每年超过2 000人)与私人捐款。该组织于 1999 年获得诺贝尔和平奖。

无花果　fig　桑科榕属(即无花果属)植物,尤指普通无花果(*Ficus carica*)。该种原产土耳其的亚洲部分至印度北部,自然分布于地中海沿岸多数国家,果实是有名的商品水果。在地中海沿岸国家,无花果广泛供鲜食或制干果。无花果为落叶灌木或小乔木,叶宽,粗糙,深裂,稀近全缘。世界各地栽培的无花果品种多达数百种,是最古老的栽培果树之一。其果实富含钙、钾、磷和铁。

无脊椎动物　invertebrate　没有脊椎的动物的统称,包括*原生动物*、环节动物、刺胞动物、棘皮动物、扁虫、*线虫*、*软体动物*和*节肢动物*。现存动物的 90% 以上都是无脊椎动物。它们既有很小的原生动物也有巨大的鱿鱼,分布于世界各地。除了没有脊椎以外,无脊椎动物并没有太多的共同之处。一般身体都很柔软,但常有一个外骨骼,用于附着肌肉并保护身体。参阅*脊椎动物*。

无穷级数　infinite series　无穷个有次序的数的和,它们的关系基本上可用一个公式或函数来表示。一个无穷级数可求得有限和便称为收敛级数,否则称为发散级数。常采用数学*分析学*研究给定函数形成收敛无穷级数的条件。这种级数(如*傅里叶级数*)在解微分方程中特别有用。

无色界　arupa-loka　*佛教*中指"非物质形式的世界",是生死轮回 3 个生存境界之中的最高者。其他两个生存境界则是*色界*和欲界。在无色界中,生存依据前生所得禅定阶段而定次第,共分为 4 级:空无边处、识无边处、无所有处、非想非非想处。人在无色界中不会拥有实质之身。

无神论　atheism　批判并否定对上帝或其他神祇、神物的形而上学的信仰。不像不可知论提出"神是否存在"的开放性问题,无神论者的否定是极其肯定的。古希腊哲学家如*德谟克利特*、*伊壁鸠鲁*,在唯物主义论点中曾提出无神论。现代国家的无神论概念是由意大利政治家 N. *马基雅弗利*创立的。18 世纪时,D. *休姆*和 I. *康德*虽非无神论者,但都主张反对传统的证明神的存在。无神论者如 L. *费尔巴哈*认为神是人类理想的投射,认清这种虚构就可自我认知。*马克思主义*是现代唯物主义的典范。从 F. *尼采*开始,存在主义者宣布上帝已死,人类可自由决定人生的价值和意义。逻辑实证主义则认为主张上帝存在或不存在是荒谬或无意义的。

无套裤汉　sansculotte　(法语,意为"没有穿套裤"。)该词原指*法国大革命*时期衣着褴褛、装备低劣的革命军志愿兵，后来也指巴黎极端民主派。无套裤汉穿着长裤以区别穿套裤的上层阶级。在恐怖统治时期无套裤汉与雅各宾派站在同一战线（参阅雅各宾俱乐部），其成员包括各阶层的极端民主分子。随着M.罗伯斯比尔倒台（1794），无套裤汉逐渐失势。

无痛苦致死 euthanasia 又称mercy killing（安乐死）。指让患者在十分痛苦的不治之症或身体机能完全失调的情况下无痛而死。大多数法制视此是他杀，但在许多审判中内科医生可以合法地决定不必拖延其生命（尽管他或她也可以因为作出那个决定而受到起诉），或使用药物减轻病人痛苦，即使医生明明知道这样做会缩短病人的生命。促进合法安乐死的协会已存在于许多国家。医学技术虽延长了病患者的生命，但也让病患者备受煎熬，且患者常陷于昏迷而无法表达他们的意愿。医学技术的进步也使安乐死合法化运动获得了一定基础。2001年荷兰将安乐死合法化，2002年比利时也给予安乐死合法地位。1997年美国俄勒冈州成为美国第一个将医生辅助自杀合法化的州。

无线通信 wireless communications 利用无线电波、红外线、微波或其他种类的电磁波或声波取代电线、缆线或光纤来传送信号或数据的系统。无线设备包括移动电话、双向无线电、遥控车库门开启装置、电视遥控器，以及全球定位系统接收器（参阅全球定位系统）。无线调制解调器、微波发射器，以及人造卫星使得世界各个角落都可以进入互联网。无线标记语言WML基于可扩展标记语言（XML），用于移动电话和呼叫器的窄频设备，传送并显示文字。

无性繁殖系 clone 又译克隆。基因上完全相同的细胞或生物体的群体，借无性方法从单一细胞或生物体得来。无性繁殖对大部分生物来说是基本的，因为动植物的体细胞就是单一受精卵有丝分裂最后形成的无性繁殖系。较狭义地说，复制体可定义为：由基因上完全同于母体的单一体细胞长成的生物个体。自古以来无性繁殖在园艺业中就很普遍，许多类植物仅靠切下的根、茎、叶的取得和重栽而复制。成年动物和人类的体细胞照例可以在实验室中无性繁殖。已从胚胎细胞成功复制完整的青蛙和老鼠。1996年英国研究人员I.威尔慕特率先成功地复制出成年哺乳动物。已从绵羊胚胎造出复制体后，他们用成年绵羊的DNA造出小羊（多利，该羊因感染肺疾，已于2003年实施安乐死）。无性繁殖的实际应用在经济上很有前景，但在哲学上仍有争议。

无烟煤 anthracite 又称hard coal（硬煤）。含固定碳比任何煤都高，挥发分含量最低，热值最高，因此是最有价值的煤，但储量最小。在美国发现的煤炭中无烟煤不到2%，绝大部分已知矿床在美国东部。无烟煤黑而亮，有近于金属的光泽，它硬而脆，可以磨光用作饰物。难于点火，燃烧时带有浅蓝色火焰，只需稍加照料即可维持燃烧。有时与烟煤混合用于工厂和其他建筑的取暖以减少烟尘，但因价格较高，单独为此目的使用较少。

无韵诗 blank verse 指不押韵的抑扬五音步诗行，是英语中卓越的戏剧诗和叙事诗形式，也是用意大利语和德语写成的戏剧诗的标准形式。无韵诗于16世纪和其他古典诗律一起被引入意大利，从无韵的希腊和拉丁英雄诗变通而来，后来传到英国，莎士比亚就是用无韵诗写出英国最伟大的诗体戏剧。无韵诗一度受到贬低，后又因J.弥尔顿的《失乐园》（1667）而恢复其先前的宏伟气派。

无政府主义 anarchism 政治理论的一种，坚持不需要也不欢迎所有的政权统治形式，鼓吹一种基于志愿合作和个人、群体自由联系的社会。法国作家P.-J.蒲鲁东在所著《什么是财产》（1840）中首次使用这个词，一般学者公认他就是无政府主义运动的缔造者。无政府主义者M.巴枯宁在第一国际会上与马克思发生冲突，1872年第一国际解散，巴枯宁及其追随者继续控制诸如西班牙、意大利等拉丁语国家的工人组织。即使是相信过渡到无政府的社会需要暴力革命的无政府主义者，也不赞同政权自然转移。无政府工团主义形成于19世纪80年代末期，将其思想意识寄托在工会上而不是个人，号召大罢工，使国家瘫痪。19～20世纪无政府主义也鼓舞了英国新拉纳克和美国布鲁克农场等实验性团体的兴起。20世纪30年代法西斯主义压制了无政府主义。第二次世界大战后，革命式无政府主义丧失其舞台，被许多自由意志主义的和共产主义的支派所取代。

芜菁 turnip 芥科耐寒的二年生植物，为取食其肉质的根与嫩叶而栽培。有两个品种：一为蔓菁（或称真芜菁，*Brassica rapa*），一为瑞典芜菁或称芜菁甘蓝。真芜菁可能源自中亚及东亚，经栽培而广泛分布于温带地区。两个品种都是较冷季节的作物。芜菁生长发育得很快，早春或夏末播种，夏末或晚秋前即可收获。

吾珥 Ur 又译乌尔。美索布达米亚南部苏美尔的古代城市和行政区。位于今伊拉克南部幼发拉底河的一个旧河道。美索不达米亚最古老的城市之一，约建于公元前第4千纪。在公元前25世纪，该地是南美索不达米亚在其第一王朝统治下的都城。尽管后来一度衰落，但约在公元前22世纪再次崛起。《圣经》中提到（迦勒底的吾珥）曾是希伯来人的族长亚伯拉罕（公元前2000年）的早期住地。在后来的几个世纪里吾珥被许多部落占领和破坏，其中包括埃兰人和巴比伦人。尼布甲尼撒二世于公元前6世纪重建该城。考古发掘，特别是20世纪20和30年代出土的文物，至今仍有重要考古价值。

吾珥的金字形神塔东北面（上坡路部分已修复）
Hirmer Fotoarchiv, Munchen

吴丹 Thant, U（1909～1974） 联合国第三任秘书长（1961～1971），也是任该职的第一位亚洲人。生于缅甸，早年就读于仰光大学但中途辍学，曾执教高中，后进入政府部门供职。1952年进入联合国，1957年被任命为缅甸驻联合国大使。1961年，联合国秘书长D.哈马舍尔德去世，他成为联合国代理秘书长，1962年正式就任此职。在吴丹的两任联合国秘书长期间（1962～1971），他在古巴导弹危机事件中发挥了外交作用，并制定计划结束刚果内战（1962）以及派遣维和部队到塞浦路斯（1964）。

吴尔夫（夫人） Woolf, (Adeline) Virginia（1882～1941） 原名Adeline Virginia Stephen。英国女小说家和评论家。L.斯蒂芬的女儿。她和她的姐妹成为早期布卢姆斯伯里团体的核心。1912年与L.吴尔夫结婚，1917年两人创建霍加斯出版社。她的优秀小说《黛洛维夫人》（1925）和《到灯塔去》（1927），具有实验性，审视了人们对时间的经历，性格的复杂性及外部环境对意识的影响。《奥尔兰多》（1928）是一部历史幻想作品，它唤起人们对从伊丽莎白一世到20世纪早期之间的英国的回顾。在《海浪》（1931）中，她限于记录意识流的轨迹。读者生活在六个人物中的这一个或那一个的心中，从他们的童年到他们的暮年。她的优秀评论都收入《普通读者》（1925，1932）。她在长篇随笔《一间自己的房间》（1929）中，描述了女作家在一个男人的世界中所遇到的困难。其他小说包括《雅各布的房间》（1922）、《岁月》（1937）和《幕与幕之间》（1941）。她还写过一部R.弗莱的传记。她因精神病复发投河自尽。她的日记和书信已出版。

吴哥 Angkor 柬埔寨西北部的考古遗址，位于现代城镇暹粒以北6千米处。是9～15世纪高棉（柬埔寨）王国的都城。最引人注目的古迹是吴哥窟，是国王苏耶跋摩二世在12世纪建造的一组庙宇群；和吴哥通王城，是由阇耶跋摩七世王在1200年左右建造的一组庙宇群。在历时300余年的吴哥大规模建设时期，可以看出因宗教信仰的改变（从印度教转为佛教）所呈现的许多建筑艺术风貌的变化。15世纪高棉被泰人征服后，该城市变为废墟,庙宇建筑群被湮没在丛林里。1863年法国殖民地政权建立后,整个吴哥遗址成为学者们关注的焦点。20世纪后半期,柬埔寨出现了政治动乱,吴哥庙宇群也遭到一些战争破坏,但主要问题在于被人们忽视。1992年被联合国教科文组织列为世界遗产。

吴哥窟 Angkor Wat 柬埔寨西北部吴哥城的庙宇建筑群,是高棉建筑中最伟大的作品。长约1 550米,宽1 400米,是世界上最大的宗教建筑物。12世纪由国王苏耶跋摩二世建造,用来奉祀毗湿奴神。吴哥窟有如一座人造山,四周原有一大片围墙和壕沟围绕,主殿建在一个3层台基上,顶部为一个平台。平台顶部现存5座塔庙(神庙),此塔庙群是由石板层层堆砌而成,为典型的亚洲建筑。

吴奈温 Ne Win, U(1911～2002) 又称Shu Maung。1962～1988年的缅甸首脑。20世纪30年代中期参与了缅甸独立运动。第二次世界大战期间,开始在日本人主持成立的军队里服务,后来协助组织地下抗日活动。1962年赶走了选举产生的总理吴奴。在他统治下,实施军事独裁与社会主义经济纲领相结合的政策。在吴奈温领导下的缅甸成为孤立和贫穷的国家。1988年辞职,但继续在幕后掌权。

吴奴 Nu, U(1907～1995) 原名Thakin Nu。缅甸独立运动的领袖、缅甸联邦总理(1948～1958,1960～1962)。从学生时代起,就是一位杰出的民族主义积极分子。1948年成为独立的缅甸联邦的第一任总理。尽管他是位能干的政治家,但其政府困扰于少数民族暴动以及经济困难。1958年辞去总理之职,1960年再度任总理,1962年被吴奈温推翻并入狱。释放后,组织反对吴奈温政府的抵抗运动。1988年奈温政府倒台后,竞选未果。

吴庭艳 Ngo Dinh Diem(1901～1963) 南越总统(1955～1963)。贵族出身,与越南帝国家族保持友好关系。1933年任保大皇帝的内政大臣,但因法国人不支持他的立法改革而辞职。胡志明曾劝他参加北方政府,但他拒绝而流亡国外。1954年保大邀请他回国任南越政府首相。1955年他赶走了皇帝,自任总统。他拒绝实行1954年日内瓦协议关于举行自由选举建立民族政府的要求,实行专制统治,在佛教徒占压倒优势的国家里偏向天主教。他是一个不受欢迎的领袖,1963年被他手下的将领们刺杀。

蜈蚣类 centipede 唇足纲节肢动物的统称,约2 800种。白天藏于石块、树皮下和落叶层,夜间捕食其他小型无脊椎动物。除最末节外,每节长有一对足,共有14～177对足,行动迅速。有一对多节的长触角,头的后部有一对毒爪。蚰蜒俗称钱串子,见于欧洲及北美,属蚰蜒目,体短,长2.5厘米,有条纹,步足长,15对,是唯一常见于住所的唇足纲动物。最大的种类在热带地区,长达28厘米,咬人可致剧痛。

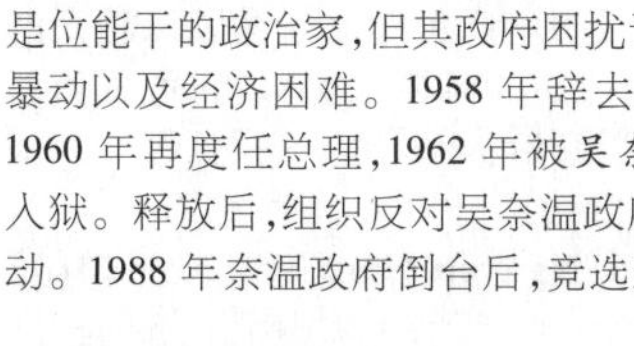

蜈蚣类(*Scolopendra*)
E. S. Ross

五百人会议 boule 古希腊城邦的咨询议会。几乎每一个制宪城邦都设有五百人会议,特别是从公元前6世纪末起。公元前594年在雅典,梭伦成立了一个四百人会议,为一种贵族政治机构。后来克利斯提尼(雅典的)把议会人数增至500名,这500人是从10个部族中推派出来的,每个部族选50名。一些名额是由各德谟依地区大小按比例选派代表的。五百人会议辅助公民大会和阿雷奥帕古斯(贵族会议)的工作,主掌财政,支配舰队和骑兵的经费,鉴定官吏人选是否称职,接见外国使节,为将军担任军事顾问。在希腊化时期,五百人会议对其他城邦的议会组织产生过极大影响。

五大湖 Great Lakes 北美洲中东部大湖群。包括苏必利尔湖、密歇根湖、休伦湖、伊利湖和安大略湖,形成美国与加拿大间的自然边界,总面积约245 660平方千米,是世界上最大的淡水水域。五大湖连结成单一的水道,流入圣劳伦斯河后注入大西洋。加上圣罗伦斯航道构成超过3 200千米的航运路线,海上交通最远可至明尼苏达州的德卢斯。大量的铁矿、煤、谷物和制成品在各湖港间运送,或运往海外。商业性捕鱼一度为此地主要行业,但污染和其他原因使鱼种数量减少导致渔业衰落,其后恢复缓慢并且仅是部分的。在五大湖可从事多种娱乐,例如驾驶机动船和帆船。

五港同盟 Cinque Ports 中世纪时期英格兰东南部英吉利海峡沿岸诸港的同盟。最初由桑威奇、多佛尔、海斯、新罗姆尼和黑斯廷斯5港组成。后增加温切尔西和拉伊。同盟始创于忏悔者爱德华时期(1042～1066年在位),目的是为了共同保卫沿海和跨英吉利海峡的航行,他们获王室授予的特权,作为交换条件,他们为王室长期提供战船和水手。14世纪以后已不再具重要性。

五功 Islam, Pillars of 每个穆斯林必须履行的五项义务。第一项是念功,即确认安拉唯一和确认穆罕默德是他的使者。另四项分别是:拜功,即一天祈祷5次;课功,即纳财供赈济贫民之用;斋功,即在赖买丹月封斋;朝功,即朝觐麦加。

五行打油诗 limerick 一种通俗的幽默短诗,往往流于荒唐和下流。由五行诗句组成,韵式是*aabba*,主要格律是抑抑扬格,第三和第四行是两个音步,其余各行是三个音步。它的起源不详,18世纪时在爱尔兰的利默里克郡有一群诗人用爱尔兰语写五行打油诗。用英语写的第一个集子出现在1820年前后。其中最有名的是E.利尔《胡闹集》(1846)中的那些。

五角大楼 Pentagon 美国弗吉尼亚州阿灵顿县内一座五边形的大型建筑(1941～1943),为美国国防部总部所在地。由G. E.伯格斯特龙设计,竣工时为当时世界上最大的办公大楼,占地14公顷,可用空间约有344 000平方米,可容纳工作人员25 000人。五角大楼用结构钢和钢筋混凝土建成,有一些石灰岩饰面,耗资8 300万美元,楼高5层,由5座同心的五边形楼房组成,通过10条辐状走廊连为一体。2001年9月4架被自杀式恐怖分子同时劫持的飞机中的一架撞毁大楼西南边的一部分,造成大量人员伤亡。

五角大楼文件 Pentagon Papers 详细记载从第二次世界大战到1968年间美国在印度支那地区所起作用的秘密文件。美国国防部授权整理了该文件,曾参与该项计划的D.艾尔斯伯格(生于1931年)因反对美国参加越南战争而将该文件详情透露给了新闻界。1971年6月《纽约时报》开始刊登根据此项研究撰写的文章。美国司法部引用国家安全法令暂时得到法院支持勒令该报不准刊行。美国最高法院裁定政府没有提出限制发表的正当理由,该文件因此得以被广泛刊登,引发人们对美国的越战政策的不满。

五人团 Five, The 又称The Mighty Five(五人强力集团)。指19世纪60年代走到一起,致力于创作俄罗斯民族音乐的俄罗斯作曲家集团。成员有C.居伊(1835～1918)、A.鲍罗丁、M.巴拉基列夫、M.穆索尔斯基和N.里姆斯基-科萨科夫。在这一核心周围有一个人数多一些的被称为"强力一小撮"的音乐家集团。

五人长老会 panchayat raj 印度的乡村政府机构。在印度赢得独立之后,宣布政府"应该采取行动组织五人长老会"。第一个五人长老会于1959年在拉贾斯坦成立。1993年五人长老会制度成为印度宪法的一部分。其成员由选举产生,其中1/3要求为女性。在册种姓(旧称贱民)和部落也根据其人口数获得相应比例的席位。五人长老会所扮演的角色和取得的成功至今仍是讨论的热门话题。参阅印度国民大会党。

五日节 Gahanbar 琐罗亚斯德教的重大节日。全年共有6个五日节,各节间隔不等而与季节有关,也可能分别纪念世界创始的6个阶段,即造天、造水、造大地、造植物、造动物和造人,每一节日持续5天。祆教庆祝五日节时分两个阶段,以礼拜仪式和献上供品开始,最后以一个严肃的筵席结束。

五朔节 May Day 欧洲的传统春季节日(5月1日)。可能是起源于前基督教时期的农业仪式。庆祝活动包括举着小树、枝叶或花环游行;选出一位五月国王和王后,并竖立五月柱。1899年国际社会主义者代表大会规定5月1日为国际劳动节，至今仍是全球的劳动节，只有加拿大和美国等少数国家例外。它在前苏联和其他共产主义国家都是主要节日，也曾是重要政治游行的日子。

五五节 Cinco de Mayo 墨西哥节日，纪念1862年墨西哥人在普埃布拉胜法国人。拿破仑三世派出法军去征服墨西哥，法军在装备上比墨西哥军队优良，人数更远远超过。墨西哥军队在G. I. 萨拉戈萨将军指挥下在普埃布拉打败了法军，使法军损失惨重。法军撤至沿海地区，但第二年又重返夺取普埃布拉。在接下来的4年里，他们控制了墨西哥的大部分地区。五五节的庆祝活动通常包括音乐、舞蹈和游行。

五项全能运动 pentathlon 需要进行5种不同比赛的运动竞赛。古希腊奥林匹克运动会上，五项全能包括短跑、跳远、掷铁饼、掷标枪和摔跤。1912～1924年恢复比赛的奥林匹克运动会包含了修改过的五项全能（以中距离赛跑取代摔跤）。现代（或军事）五项全能在1912年奥运会上首次被列为比赛项目，团体比赛则始于1952年，包括障碍赛跑、击剑、射击、自由式游泳以及越野赛跑。1981年女子五项全能（推铅球、跳高、跨栏赛跑、短跑和跳远）由七项全能运动取代。

五旬节派 Pentecostalism 19～20世纪起源于美国的新教运动。该派认为基督徒必须追求一种叫作圣灵的洗礼这类后来改变信仰的宗教体验。这种经验与圣灵一次在耶路撒冷降临在基督十二使徒身上的情况相同（圣灵降临节），以说方言、预言、治病为证。五旬节派是从19世纪的圣洁运动发展而来，并且和圣洁运动同样强调按字面解释圣经、悔改重生以及道德力量。天主教的神授超凡能力运动和基督教的主流派别表现了同样的精神。现今美国和世界各地有许多五旬节派别，包括神召会。五旬节派在加勒比海地区、拉丁美洲及非洲尤为盛行。

《五月花公约》 Mayflower Compact（1620）"五月花"号船上的41名男乘客在普利茅斯（马萨诸塞湾殖民地）登陆前签署的文件。之所以签署这一公约，是由于担心有些人会自行离开创立自己的殖民地。W. 布雷德福等人起草的这个公约，把该群人结合成政治体，并要他们发誓遵守此后制定的一切法律和规章。该文件将教会的圣约运用到世俗的情况中，奠定了殖民地政府的基础。

伍德 Wood, Grant（1891～1942） 美国画家。出生于艾奥瓦州阿讷莫萨附近，曾学习工艺、设计以及绘画。1928年到德国，深受15世纪各位德国和佛兰德斯大师们极为精细的绘画的影响。随后放弃印象派风格，开始用写实主义手法来作画，并因此成名。1930年他的《美国哥特人》展出时造成轰动。作为中西部严肃、勤劳的乡村居民的生动肖像，这张画成为美国艺术中最有名的肖像画之一。该画常被误解，作品画的是一位鳏夫农民和他的未婚女儿，而非他的妻子，站在他们的农舍之前。

伍德森 Woodson, Carter G(odwin)（1875～1950） 美国历史学家。出生于弗吉尼亚州一穷困家庭，早年当煤矿工人谋生。直到20岁才进大学学习。获哈佛大学哲学博士学位。1915年创立黑人生活历史研究会，鼓励白人学者研究黑人历史。也主编《黑人历史杂志》。20世纪20年代早期，创建并担任专出版有关黑人生活和文化著作的协会主席。其著作中有以黑人经历为课题的教科书《我国历史上的黑人》（1922）。

伍尔科特 Woollcott, Alexander (Humphreys)（1887～1943） 美国作家、评论家和演员。1909年进入《纽约时报》，1914年成为戏剧评论员。以其尖刻的妙语闻名。自封为阿尔贡金圆桌的领袖。该组织是20世纪20和30年代设在纽约市阿尔贡金饭店中一个非正式的午餐俱乐部。后为《纽约人》撰稿。著有《两个绅士和一位夫人》（1928）、《罗马在燃烧》（1934）。曾在《来赴宴的人》（1939）中扮演主角。

伍斯特 Worcester 英格兰赫里福德-伍斯特郡郡治。位于塞文河畔，公元680年以前已有人居住。在中世纪是重要的羊毛城镇。手套制造业也成为重要的工业。由O. 克伦威尔率领的议会军队在伍斯特战役中重创了查理二世的苏格兰军队，从而结束了英国内战。1751年J. 沃尔建立的瓷器厂，至今仍很著名。伍斯特酱油产于1838年。该城著名的教堂（11～14世纪）中建有约翰、亚瑟王及亨利七世的长子的坟墓。人口约93 358（2001）。

伍斯特 Worcester 美国马萨诸塞州中部城市。临布莱克斯通河。最早的殖民点（1673）在菲力浦王战争（1675～1676）期间被毁。1713年始有永久居民点。1789年建立纺织业，生产美国最早的灯芯绒。布莱克斯通运河通航（1828）使城市经济进入工业化阶段。该市早期支持废奴主义者，为"地下铁道"的重要一站。是主要工商业中心和全州第二大城市。高等学府有圣十字学院和克拉克大学（1887）。人口约172 648（2000）。

伍兹 Woods, Tiger（1975～ ） 原名Eldrick Woods。美国高尔夫球选手。出生于加利福尼亚州赛普里斯。其父为美国黑人，其母为泰国人。他是一位高尔夫球奇才，15岁时赢得美国少年业余高尔夫球锦标赛三连冠（1991～1993）的第一个冠军。18岁时伍兹成为美国业余锦标赛最年轻的赢家，1995和1996年又连续赢得锦标赛。1997年成为首位赢得名人赛的亚非裔选手，同时也是最年轻选手（21岁），比赛中领先所有选手12杆以上。1997年赢得5次其他美国职业高尔夫球锦标赛，成为有史以来世界高尔夫球排名第一的最年轻选手。2000年7月23日，继G. 萨拉曾、J. 尼克劳斯、B. 霍根和G. 普莱耶之后，成为高尔夫球历史上第五位赢得四大主要赛事（名人赛、美国公开赛、英国公开赛和美国职业高尔夫球锦标赛）冠军从而实现职业生涯大满贯的选手，也是最年轻的大满贯得主。2005年赢得第二轮大满贯。

伍兹湖 Woods, Lake of the 横跨在加拿大安大略省西南部、马尼托巴省东南部和美国明尼苏达州北部交界处的湖。形状不规则，长110千米，宽95千米，水域面积4 472平方千米，其中1 663平方千米在美国境内。湖岸线长约40 000千米，有雷尼河自东南注入。湖中岛屿超过14 000个。湖水向西北经温尼伯河注入温尼伯湖。

武尔卡诺岛 Vulcano 意大利西西里岛东北利帕里群岛中的一个岛屿。岛上有3座火山。1888～1890年岛上火山喷发，现仍有一座火山活动。面积21平方千米。

武功歌 chanson de geste 几首古老的法国史诗的统称，这些史诗构成了查理大帝传说的主要内容。有80多首武功歌保留在12～15世纪的手稿中。这些武功歌主要描述8～9世纪发生的大事，在保持历史真实性的基础上又添加了一些传说。多数武功歌没有署名。《罗兰之歌》对晚期的武功歌写作产生了影响，这些武功歌后来对整个欧洲的文学又产生了影响。

武术 martial art 作为健身运动的各种搏斗运动或自卫术。武术可分为持械和徒手两类，大多源于东亚的传统格斗术。现代的持械武术包括剑道和弓道等。徒手术包括合气道、柔道、空手道、功夫和跆拳道。受道教和佛教禅宗的影响，武术十分强调练功人的心理和精神状态。根据水平不同，可分为白带（新手）到黑带（大师）等不同级别。

武元甲 Vo Nguyen Giap（1912～2013） 越南军事领袖，青年时即为越南自治而奋斗。中学与胡志明同学。作为河内的历史教授，他使许多同事和学生转向他的政治观。1939年印度支那共产党被法国查禁，武元甲逃往中国。1941年返回越南。第二次世界大战期间日本占领了越南，1945年他领导越盟军队击败日本。在第一次印度支那战争中赢得奠边府战役（1954），从此结束了法国的殖民统治。他领导北方武装部队在越南战争（1955～1975）中击败美国和南越，赢得胜利。战后于20世纪90年代早期之前在越南政府担任多项职务。

舞蹈 dance 运用身体动作的一种艺术表达形式，通常有节奏、模式（有时是即兴的）以及音乐伴奏。跳舞是最古老的艺术形式之一，存在于各种文化当中。舞蹈表演的目的包括仪式、礼拜、魔术、戏剧、社交，或者纯为美感而舞。在欧洲，部落舞蹈通常演变为民间舞蹈，而后又融入16世纪欧洲宫廷的社交舞。芭蕾是从宫廷舞发展而来，因为舞蹈设计和技巧方面的革新而变得十分精致。到了20世纪，现代舞发展出一种表现动作的新形式。参阅阿勒曼德舞、舞厅舞、加沃特舞、小步舞、帕凡舞、波尔卡、波洛内兹、卡德利尔舞、桑巴、萨拉班德舞、探戈、踢踏舞和华尔兹。

舞蹈病 chorea 神经系统疾病，导致人体不同部位肌群的不规则、不自主和无目的的运动，一般认为是大脑皮质的基底节神经细胞病变所致。西德纳姆氏舞蹈病（即圣维杜斯舞蹈病）常常和风湿热有关。本病多发生在5～15岁的孩子，更多是在女孩身上。典型的症状是抽搐，大部分发生在脸部和四肢，可能会影响到说话和吞咽，症状轻重不等。常常复发，每次发作的病程约为数周。和西德纳姆氏舞蹈病相同，老年舞蹈病也是一种日益严重的疾病，但其通常在晚年发作。亨廷顿舞蹈病较为少见，是遗传性的，会致命。发病年龄一般多在35～50岁之间，经年累进，成为一种无目的的、不能控制的而且常常是剧烈的痉挛性抽搐。从发病到死亡，大约要经过10～20年，本病尚无有效疗法。患者的孩子得此病的概率为50%。

舞蹈设计 choreography 创作和编排舞蹈的艺术。本词源出希腊文，意为“舞”及“写”，其早期的意思为舞蹈的文字记录。到了19世纪，此字转为舞蹈创作，而舞蹈的文字记录则以舞谱称之。16世纪的法国宫廷舞蹈大师将该国社交舞编成一种新的舞蹈形式。17世纪时，这种舞蹈变得更复杂，并由受过训练的专业人员表演戏剧芭蕾。18世纪后期编舞家J.-G.诺维尔和G.安吉奥利尼以结合表情丰富的哑剧和舞步的舞蹈设计创造出剧情芭蕾。19世纪由M.佩季帕、J.佩罗和A.布农维尔等编舞家进一步把它发展为浪漫芭蕾。20世纪从俄罗斯芭蕾舞团的编舞家开始，舞蹈设计发生了急剧的变化，这些编舞大师包括：M.福金、L.马辛、G.巴兰钦、M.格雷厄姆、F.阿什顿、J.罗宾斯、M.坎宁安和T.撒普。参阅A.艾利、A.德米尔、S.里法尔、B.尼金斯卡和S.维加诺。

舞毒蛾 gypsy moth 鳞翅目毒蛾科昆虫。学名为*Lymantria dispar*。对树木造成严重危害。欧洲品种约于1869年传入北美东部。雌蛾体粗壮，白色，有“Z”字形斑纹，翅展38～50毫米，不善飞行。雄蛾较小，色暗，善飞翔。幼虫食量大，几周内可把树叶吃光。亚洲舞毒蛾（翅展约90毫米）对树木威胁更大，雌蛾能飞，可迅速扩散，幼虫淡褐色，食球果树及阔叶树的叶；1991年传入北美西北部。对卵和幼虫喷杀虫剂仍然是控制舞毒蛾的有效方法。

舞谱 dance notation 舞蹈动作的书面记录。最早的舞谱出现在15世纪末，当时以字母符号记录。后来几个世纪曾尝试把舞步描述下来，但一直到20世纪20年代R.拉班设计出“拉班舞谱”体系之前，都没有一个包含音乐节奏和舞步的统一舞谱。20世纪50年代，由R.贝尼什和J.贝尼什所设计的“贝尼什舞谱”体系开始为世人所使用。

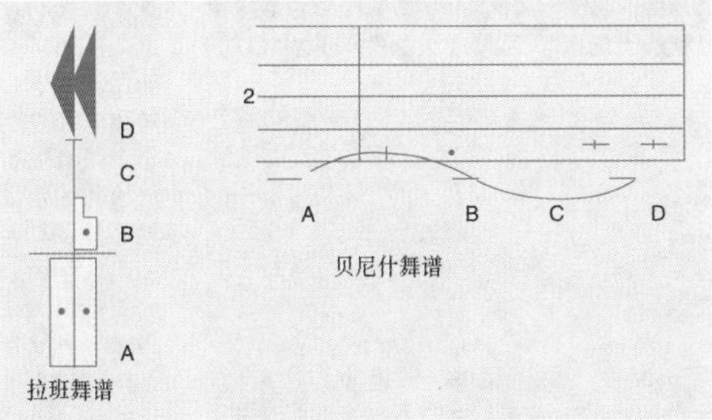

拉班与贝尼什记谱法的比较。(A)两脚并拢站立。(B)右脚往前踏(数一)。(C)跳跃腾空。(D)左脚着地，两脚并拢，膝盖弯曲(数二)。

舞台机械装置 stage machinery 为达到剧场演出效果而设计的装置，诸如快速换景、灯光、音响效果及幻觉。自公元前5世纪起就开始使用，当时希腊人利用起重机将扮演天神的演员从空中降落到舞台上（解围之神）。希腊人还使用安装在轮子上的可移动布景。中世纪的神秘剧也使用舞台机械装置，包括让魔鬼出现的活板门，以及供天使使用的空中飞行机械装置。意大利文艺复兴时期，人们开始为教堂里的祭日表演设计精巧的机械装置。17世纪意大利人G.托雷利（1608～1678）发明了一种移动舞台两翼装置，能快速转换布景。19世纪人们利用反射镜和活板门制造出魔术般的幻景。到20世纪末，除音乐剧外，大场面已经过时，但液压舞台机械装置能快速、无声地变换布景。参阅舞台设计。

舞台设计 stagecraft 舞台演出中灯光、布景、服装、音响等组合效果的技术层面。早在公元前5世纪的古希腊戏剧中，诸如描画的屏风以及能旋转的平台等就有所使用。但舞台设计中使用的大部分创新发明是在文艺复兴时期的意大利出现的，当时绘景式背景、透视式建筑背景以及众多的布景变换都很常见。意大利的舞台置景技术于1605年由I.琼斯介绍到英国供宫廷假面剧使用。到19世纪后期，舞台置景更多地受到新起的自然主义的影响，主张要历史地还原真实的原貌。到了20世纪，简化了的舞台设计更多地把注意力集中到演员身上。舞台技术和设计一直受到灯光进步的影响，从文艺复兴时代使用蜡烛，到18世纪使用油灯，直到19世纪使用煤气灯和电灯。当代的舞台灯光由计算机控制板来操控，取得复杂的灯光效果，能将整个舞台的所有视觉元素组合成一个完整的统一体。

舞厅舞 ballroom dance 欧洲和美国男女成对跳的交际舞，包括各种标准舞，如狐步舞、华尔兹、波尔卡、探戈、伦巴、查尔斯顿、吉特巴舞以及默朗格舞等。卡斯尔夫妇、F.亚斯坦以及后来的A.摩雷（1895～1991）等人在美国各地建立舞厅而使舞厅舞推广开来。舞厅舞比赛（在欧洲尤为流行）由职业演员和业余的舞者参赛。

舞乐 bugaku 日本宫廷舞蹈，舞蹈形式主要源自中国和朝鲜。这种舞蹈包括两种基本类型，即由唐乐（主要源于中国式的音乐）伴奏的“左舞”和基本上由高丽乐（从朝鲜传入的音乐）伴奏的“右舞”。两种类型还以舞蹈者的富丽绣花衣服的颜色来区别，“左舞”衣红，“右舞”衣蓝或绿。舞蹈者均戴着假面具。舞乐假面具有时有活动部分，并将耳目口鼻缩小，以表达所代表的虚构人物的特征。

物理学 physics 研究物质的结构以及可观察宇宙的基本组分之间相互作用的科学。长期以来物理学一直被称作自然的哲学（来自希腊语physikos），关注的是自然界的各个方面，包括在给定力的作用下物体的行为，以及引力场、电磁场和原子核力场的性质和起源。物理学的目的是要系统全面地说明一些原理，将所有看得见的现象都归在一起并作出解释。参阅力学、核物理学和量子力学。

物质 matter 构成可以观察到的宇宙的实体，与能量一起构成所有客观现象的基础。原子是物质的基本组成部分。在物理和数学上，每个物理实体都可以用与质量、惯性和引力相关的一些量来描述。大多数物质以几种状态存在；最熟悉的是气体、液体和固体（等离子体、玻璃及各种其他态的定义还不大明确），每种状态都有其独特的性质。根据A.爱因斯坦的狭义相对论，物质与能量是等价的，而且可以相互转化（参阅守恒定律）。

雾 fog 由接近地面的、密集得足以使水平能见度小于1 000米的小水滴构成的云，也可以指烟粒（烟雾）、冰粒或烟粒与冰粒混合物构成的云。能见度大于1 000米的现象，根据其模糊不清是由于水滴还是由于固体颗粒，分别称为霭或霾。雾是由水蒸气凝聚在天然大气中总是存在着的凝聚核上而形成的。当地表比上面的空气冷时，就出现最稳定的雾。当冷空气流经暖而湿的地表并因下面地表水分的蒸发而变得饱和时，也能产生雾。当雾形成时对流的气流把雾往上带，所以看起来像蒸汽或烟从潮湿的地表升起来。

X

X 射线　X-ray　一种波长极短(0.001 纳米到 100 纳米)的电磁辐射,由带电粒子减速或原子内电子跃迁产生。X 射线运行速度同光速,显示出有与波的本质相联系的现象,但实

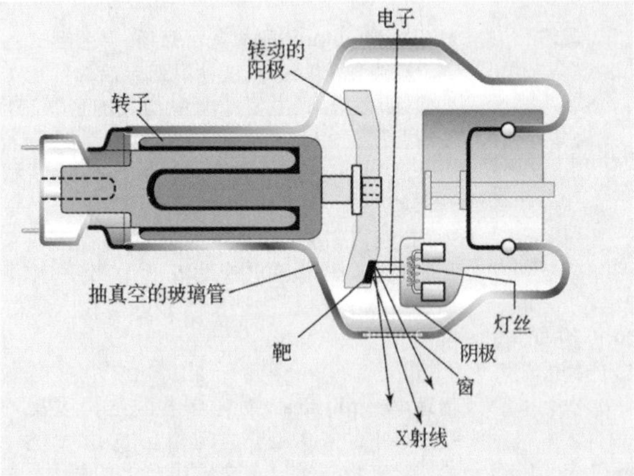

X 射线管。电流加热灯丝将电子从阴极激发出去。阴极和阳极之间的高电压致使电子往阳极加速,阳极转动避免靶过热。当电子轰击阳极的靶区,放出 X 射线。

验表明其能具有粒子的行为(参阅波粒二象性)。在电磁谱上,X 射线处于伽马射线与紫外线之间。X 射线是 W. C. 伦琴于 1895 年发现的,因为其性质不明,故以名之。X 射线应用在医学中用于诊断和治疗:诊断包括骨折、体中异物、龋洞以及诸如癌等疾病的检查;在治疗处置中,则用 X 射线来制止恶性肿瘤的扩散。在工业上,X 射线可用于无损检测铸件中不能直接观察到的裂痕。

X 射线天文学　X-ray astronomy　对发射 X 射线波长辐射的天文物体和现象的研究。由于地球的大气层吸收大部分的 X 射线,所以要用气球和航天器将 X 射线望远镜和探测器带到高纬度或进入到太空。1949 年搭载在大气探测火箭上的探测器显示太阳发射 X 射线,但它是一个弱源;又过了 30 多年才清楚地探测到来自其他普通星体的 X 射线。从"自由"号 X 射线人造卫星(1970 年发射)开始,载有先进仪器的太空观测站不断进入到地球轨道。航天员们发现大多数种类的星体都发射 X 射线,但通常只占它们的能量输出的极少部分。超新星残留体是较强的 X 射线源;在银河系中已知的最强 X 射线源是一些物理双星,其中的一个星体很可能是黑洞。除了无数的点源之外,航天员们还发现了 X 射线辐射的一个模糊背景,从各个方向向外发出;与宇宙背景辐射不同,它看上去像是有许多个遥远的独立源头。钱德拉 X 射线天文台和 XMM -牛顿 X 射线卫星(均于 1999 年发射)完成了许多与宇宙黑洞的性质和数量、星体和星系的演变,以及超新星残留体的构成和活动有关的发现。

XYZ 事件　XYZ Affair(1797 ～ 1798)　美国和法国之间的外交事件,J. 亚当斯总统派专使 E. 格里和 J. 马歇尔协助 C. C. 平克尼与法国谈判商务协议,以保护美国的航运。在得到接见之前,法国商业部长 C. M. de 塔列朗的三个谍报人员就来求见他们,建议向塔列朗贿赠 25 万美元,并给法国1 000万美元贷款,作为谈判的先决条件。亚当斯拒绝法国的要求,宣告谈判失败。当他被迫公布外交信函内容时(3 个法国谍报人员在外交通信中被称为 X、Y、Z),群情激昂,要求与法国开战。通过了《客籍法和镇压叛乱法》以限制法国的同情者。这次事件最后由《1800 年协议》解决。

西安大略大学　Western Ontario, University of　加拿大安大略省伦敦的公立大学,成立于 1878 年。该校设有应用健康科学、人文艺术、商业管理、牙医、教育、工程、新闻、法律、图书馆学、医学、音乐、护理、自然科学、社会科学等学院和一所研究生院,以及一所新闻研究所。现有注册学生约 24 000 人。

西岸　West Bank　约旦河以西和耶路撒冷以东地区,人口约2 733 000(2009),包括305 000以色列犹太人。面积约5 900平方千米,不包括东耶路撒冷,该地区在以色列境内按照圣经名称又被称作朱迪亚和撒马利亚。这是一个有深厚历史底蕴的区域,构成古巴勒斯坦的中心。主要城区有纳布卢斯、希伯伦、伯利恒和杰里科。根据 1947 年联合国协议,现在西岸的大部分地方当时本应属于巴勒斯坦国的一部分。当以色列建国时,阿拉伯人攻打以色列(参阅阿以战争),这一分割计划未被批准。停战之后,约旦依然控制该地区并于 1950 年将该地兼并。后来,以色列在 1967 年的六日战争中占领该地区。20 世纪 70 ～ 80 年代期间,以色列在那里建立犹太人定居点,引发当地阿拉伯人的憎恨和国际社会的抗议。1987 年阿拉伯人在加沙地带举行暴动,并蔓延到西岸(参阅抗暴行动)。约旦于 1988 年放弃该地区的主权,巴解组织(PLO)接管了权力。1993 年巴以双方多次举行秘密会议,最终结束了暴力冲突并达成协议,允许巴勒斯坦在西岸的部分地方和加沙地带实行自治。20 世纪 90 年代又断断续续地举行了多次谈判,以解决长期存在的问题,但由于谈判破裂,2000 年末暴力事件重起。2007 年巴勒斯坦主要党派哈马斯和法塔赫之间发生武装冲突,联合政府的运作失败。这导致哈马斯武装控制了加沙地带,而法塔赫领导的紧急内阁则控制了西岸。

西澳大利亚　Western Australia　澳大利亚西部的州。面积2 529 875平方千米,占大陆面积的1/3。但人口仅为澳大利亚总人口的 1/10。首府珀斯。内陆区域有 3 个沙漠:大沙沙漠、吉布森沙漠和维多利亚大沙漠。仅帝汶海和印度洋沿岸有一些良好港口;著名的海湾有约瑟夫·波拿巴湾和埃克斯茅斯湾。澳大利亚土著在西澳大利亚约有 4 万年之久。1616 年荷兰航海家首次来到澳大利亚西海岸,后来英国探险家 W. 丹皮尔于 1688 和 1699 年来此。J. 斯特林船长于 1829 年带来首批定居者,建立澳大利亚第一个非流放犯的殖民区。1886 年发现了金矿,导致地区经济革新,并推动了自治运动。1900 年西澳大利亚成为当时新组建的澳大利亚联邦的最后一个州。该州最初发展缓慢,但从 1960 年起该地经济受到农业和采矿业(主要是化石燃料)的刺激,一直不断发展。人口约2 293 510(2010)。

西班牙　Spain　全称 Kingdom of Spain(西班牙王国)。西南欧国家。欧洲最大的国家之一,位于伊比利亚半岛,并包括巴利阿里群岛和加那利群岛。面积:505 991平方千米。人口:约47 888 000(2013)。首都:马德里。该国人口由许多不同的族群组成。全国划分成许多个自治区;每个自治区有自己的地域习俗,其中三个自治区——加泰罗尼亚、加利西亚和巴斯克,有它们自己的官方语言。有一少部分吉卜赛人。语言:卡斯蒂利亚西班牙语(官方语言)、加泰罗尼亚语、加利西亚语和巴斯克语。宗教:基督教(主要为罗马天主教)。货币:欧元。西班牙的大片中部高地周边有埃布罗河流域、多山的加泰罗尼亚区域、巴伦西亚的地中海沿海区、瓜达尔基维尔河流域以及从比利牛斯山脉一直延伸到大西洋沿岸的山区。西班牙发达的市场经济主要以服务业、轻工业、重工业和农业为基础。矿产资源包括铁矿、汞和煤。农产品有谷物和牲畜。西班牙是世界主要的葡萄酒和橄榄油生产国之一。旅游业也是主要产业,尤其是在南部的太阳海岸一带。西班牙为君主立宪政体,分成参众两院;国王为国家元首,首相为政府首脑。在西班牙境内各地曾发现约 3.5 万年前石器时代的人类遗迹。公元前 9 世纪,凯尔特人来到这里,接着是罗马人。自公元前 200 年,罗马人统治了西班牙,直到 5 世纪初西哥特人入侵。8 世纪初,半岛大部分地区落入来自北非的穆斯林(摩尔人)手中,此后该地区一直由穆斯林控制,直到逐渐被卡斯蒂利亚和阿拉贡地区的基督教王国及葡萄牙重新占领。随着阿拉贡的费迪南德二世和卡斯蒂利亚的伊莎贝拉一世的成婚,西班牙于 1479 年统一。1492 年,征服了最后穆斯林王国格拉纳达。大约此时,西班牙也在美洲建立了殖民帝国。1516 年将王位传给哈布斯堡王朝。1700 年,腓力五世成为西班牙第一个波旁国王,结束哈布斯堡王朝统治。腓力登基引发了西班牙王位继承战争,结果丧失了许多欧洲属地。战争的胜利使多数西班牙美洲殖民地的人民

受到鼓舞，纷纷起来革命。在1898年的美西战争中，西班牙在海外所剩的属地（参阅古巴、关岛、菲律宾和波多黎各）丧失殆尽。1931年西班牙成为一个共和国。西班牙内战（1936～1939）以由F.佛朗哥将军领导下的国家主义者取得胜利而告终。佛朗哥实行独裁统治至1975年去世。国家元首的继承人——胡安·卡洛斯一世就任王位，恢复君主体制。1978年新宪法实行君主议会制。1982年加入北约。1986年加入欧洲共同体。1992年为纪念C.哥伦布从西班牙首航美洲500周年，西班牙在塞维利亚举办博览会并在巴塞罗那举办奥运会以示庆祝。20世纪末和21世纪前10年，国内仍受到巴斯克分离主义者要求独立的威胁。但是2004年3月11日在马德里发生的爆炸事件是伊斯兰武装人员所为，有200多人丧生，这是第二世界大战以来欧洲最严重的恐怖事件。该国于1900年首次参加在巴黎举办的夏季奥运会。1992年举办了巴塞罗那夏季奥运会。

西班牙港　Port-of-Spain　特立尼达和多巴哥的首都和主要海港。曾为西印度联盟首都，位于特立尼达岛的西北部，濒帕里亚湾。该市是加勒比海地区的航空中心，经济形式多样，出产朗姆酒、啤酒和木材。该港也是一个重要的港口和船运中心，出口产品包括石油、食糖、柑橘和沥青。人口约49 031（2000）。

西班牙回力球　pelota　运动员用手套或其他工具轮流击打橡皮心球的运动。分为两种：直接式要求运动员面对面往返对打，间接式要求运动员把球投到墙上反弹回来。后者发展为墙手球和回力球，有2或4名选手，在一面、两面或三面有墙的场地使用手套、球拍或球棒。在西班牙和其他某些地方，西班牙回力球是一种观众可下赌注的职业运动。

西班牙椒　pimiento　又称pimento。番椒属各种味道温和、独特但缺乏辛辣感的辣椒，包括欧洲辣椒粉。辣椒粉为匈牙利菜肴中常见的调味料，由干辣椒磨粉而成。由于早期西印度群岛和中美洲的西班牙探险家，将热带多香果树上非常芳香的浆果误认为是辣椒的一种，并称之为pimenta，因此西班牙椒有时也指多香果。

西班牙内战　Spanish Civil War（1936～1939）　反对西班牙政府的军事叛乱。1936年的选举产生了一个主要受左翼政党支持的人民阵线政府后，西班牙全国的驻军城镇发生武装暴动，由反叛的国民军为首，支持者包括教士、军队和地主阶层中的保守派以及法西斯主义长枪党。由社会党人拉尔戈·卡瓦列罗和J.内格林（1894～1956）担任总理的共和政府以及自由派的共和国总统M.阿萨尼亚则受到工人、许多受过教育的中产阶级以及好斗的无政府主义者和共产党人的支持。共和政府的军队扑灭了大部分地区的反叛，但西北与西南的部分地区被国民军控制，并任命F.佛朗哥为国家元首。双方都在各自控制的区域内镇压反对者，超过5万受怀疑的人被处决或暗杀。国民军从国外争取支持，接纳了来自纳粹德国和意大利的军队、坦克和飞机；德国和意大利则乘机将西班牙当成新的坦克战和空战的试验场。共和军（也称效忠派）主要接受来自苏联的援助，由志愿者组成的国际纵队也加入了共和军这一边。双方展开血腥的消耗战，国民军逐渐夺占地盘，1938年4月成功地从东到西将西班牙切成两半，迫使25万共和军逃入法国，剩余的共和军于1939年3月投降。共产党人和反共人员各自盘踞的马德里于3月28日落入国民军之手。西班牙内战中死亡的人数大约有50万人，这在西班牙人心中留下了深深的创伤。战争的结束带来了一段独裁的历史，几乎一直持续到1975年佛朗哥死后才结束。

西班牙王位继承战争　Spanish Succession, War of the（1701～1714）　因国王查理二世死后无嗣，导致王位继承之争而引发的战争。查理二世是西班牙哈布斯堡王朝的末代国王，在世时曾提名法国波旁家族的腓力为其继承人。查理二世死后，腓力立为西班牙国王，号腓力五世，他祖父法王路易十四进犯西属尼德兰。于是，在大同盟战争中一度形成的反法同盟于1701年再次复活，成员有英国、荷兰共和国和神圣罗马帝国，后者在此前1698和1699年的分割条约中已经被承诺获得西班牙帝国的一部分。由马尔伯勒公爵率领的英国军队在1704～1709年在和法国的一系列战争中取得了胜利，其中布伦海姆战役迫使法国撤出低地国家和意大利。另一位大英帝国的将军欧根（萨伏依的）也在几场战役中得胜。1711年反法联盟内部的争议导致联盟瓦解。1712年开始和平谈判。1713年乌得勒支和约的签署标志着英国的崛起，法国和西班牙则为此付出了代价。1714年又签署了《拉施塔特和巴登条约》。一系列条约的签署表明战争结束。

西班牙系犹太人　Sephardi　自中世纪到15世纪末被驱逐，这段时期定居在西班牙和葡萄牙的犹太人或其后裔。最初他们逃往北非和奥斯曼帝国的其他部分地区，最后在法国、荷兰、英格兰、意大利和巴尔干半岛各国定居。与德系犹太人不同之处在于他们使用自己的传统语言拉迪诺语，并且持守巴比伦犹太教传统而不依循巴勒斯坦犹太教传统。在现今约70万西班牙系犹太人中，有许多人居住在以色列。

西班牙语　Spanish language　西班牙和美洲大部分地区使用的罗曼诸语言。使用人口超过3.58亿人，包括墨西哥的8 500万人、哥伦比亚的4 000万人、阿根廷的3 500万人和美国的3 100万人。最早的书面资料源于10世纪，第一部文学作品可溯至1150年。现代标准西班牙语由卡斯提方言发展而来，后者产生于9世纪西班牙中北部（旧卡斯蒂利亚），11世纪扩展到西班牙中部（新卡斯蒂利亚）。15世纪末卡斯蒂利亚王国和莱昂王国与阿拉贡王国合并，卡斯提语从而成为整个西班牙的官方语，加泰罗尼亚语和加利西亚语（葡萄牙人仍在使用的一种方言）成为地区性语言，阿拉贡语和莱昂语降为它们原来语言范围的少数语种。拉丁美洲地区方言从卡斯提语发展而来，但在音系学上有所不同。

西半球　Western Hemisphere　南北美洲及其周围的水域组成的部分地球。通常以西经20度和东经160度为其界限。

西北大学　Northwestern University　美国私立大学。位于伊利诺伊州埃文斯顿，1851年创建。为一所综合性研究机构，设有多个学院，包括文理、音乐、教育、社会政策、法律、医学、牙医等学院。另设有梅迪尔新闻学院、麦考密克工程及应用科学学院、凯洛格管理研究生院等。研究机构另包括学习研究中心、都市事务与政策研究中心、超导研究中心。学生人数约为12 000人。

西北地区　Northwest Territories　加拿大北部地区。面积1 346 106平方千米。与北冰洋、努纳武特、萨斯喀彻温、艾伯塔、不列颠哥伦比亚和育空地区为邻，深入到北极圈的北部。首府耶洛奈夫。包括许多岛屿及河流，如班克斯岛、马更些河、大熊湖和大奴湖等。2/5以上居民为因努伊特人（即爱斯基摩人）和美洲印第安人。18世纪时，S.赫恩为哈得孙湾公司到这块大陆探险考察，西北公司的A.麦肯齐也探险至此。20世纪20年代以前，来自欧洲的移民主要是捕鲸者、毛皮商以及传教士。后来这一地区发现石油，随之建立起行政管理机构。采矿业为主要行业，金刚石、石油和天然气是重要的资源。人口41 462（2011）。

《西北法令》　Northwest Ordinances（1784，1785，1787）　美国国会通过的几项立法，为西北地区（从俄亥俄河以北到大湖区、自宾夕法尼亚州以西到密西西比河）的划分和垦殖制定措施。最初由T.杰斐逊起草的法令将这块地区分成几个自治区，并规定选派国会代表所需的人口数。最后的法令由R.金起草，确定授予土地的大小和价格，向学校提供公有的土地，禁止奴隶制，并保障公民的各项自由。此法令还确立了新建各州与原有13个州地位平等的原则。

西北航道　Northwest Passage　大西洋和太平洋之间沿着北美洲北部海岸的一条海上通道。从15世纪末以来，西方探险家就开始探寻一条可以绕过美洲大陆的海上贸易航线，吸引了诸如J.卡蒂埃、F.德雷克、M.弗罗比舍和J.库克船长等探险家。1903～1905年R.阿蒙森终于成功地完成了航行。由于在北极冰盖附近和格陵兰岛与巴芬岛之间的巨大冰山以及太平洋白令海峡中航行困难重重，作为一条现代的贸易航线，西北航道的使用十分有限。加拿大和美国一直鼓励国际贸易利用这条航线，指出它会大大缩短许多国际海运的距离。然而，为抵御冰山撞击的船只加固费用以及在北极地区航行要支付的高额保险费等诸多因素都制约了西北航道作为贸易通道的发展。

西贝柳斯 Sibelius, Jean(1865～1957) 原名Johan Julius Christian。芬兰作曲家。自幼就开始学习小提琴和作曲,后师从K. 戈尔德马克(1830～1915)学习作曲。开始专注于室内乐,之后他很快成为一名管弦乐作曲家,并开始卷入芬兰脱离俄国的独立运动。他的爱国热情被融入了他以芬兰民间传说为蓝本的作品,如《库勒沃交响曲》(1892),《卡累利阿》组曲(1893),《卡勒瓦拉》传奇乐章(1893)和《芬兰颂》(1900)。其最重要的成就是他的七部交响乐(1899～1924),小提琴奏鸣曲(1903)和《塔比奥拉》(1926)。他的作品显现出典型的悲伤的浪漫主义情调,在国际上享有盛名。在他生命的最后三十年里,由于对当时流行的音乐没有灵感,加之长期酗酒,没有再写任何作品。

西比尔 Sibyl 希腊传说中的女预言家,是传说中神秘的人物,她的预言记述于希腊的六音步诗句之中并流传下来。公元前4世纪晚期,西比尔的人数急剧增加,西比尔一词就成为了一种头衔。西比尔常与神谕有关联,尤其是据说为其灵感来源的阿波罗的神谕。她们常常被刻画成生活在山洞里的老太婆,在疯癫的状态下说出预言。著名的西比尔预言书《西卜林书》按传统被保存在朱庇特的神殿里,只有在紧急情况下才可翻看。

西庇阿(大) Scipio Africanus (the Elder) (公元前236～前183) 全名Publius Cornelius Scipio Africanus。第二次布匿战争中的罗马将军。生于一个贵族家庭,他的家族曾产生过数名罗马执政官。他在坎尼战役(公元前216)中担任军官,战败时设法逃脱。年轻时曾于公元前206年为罗马夺取西班牙,将迦太基人赶出西班牙,并为他父亲的去世报了仇。公元前205年担任执政官,奉命攻打非洲的迦太基人。公元前202年,他在扎马战役中打败汉尼拔,结束了第二次布匿战争,得名非洲的征服者。但是他的政敌在加图的领导下指责西庇阿及其兄卢修斯在与马其顿的交战中给予马其顿过于仁慈的条件,并且没能得到这些条件所应该带来的金钱。尽管该罪行并无证据,但西庇阿仍然引退,最后死于流放途中。

西庇阿(小) Scipio Africanus (the Younger) (公元前185/184～前129) 又作Scipio Aemilianus,全名Publius Cornelius Scipio Aemilianus Africanus Numantinus。罗马将军,据信曾最后平息迦太基。为保罗斯亲生子,西庇阿(大)之子帕布琉斯·西庇阿的养子。波利比奥斯给他灌输荣誉、光荣和军事胜利的思想。最初在第三次马其顿战争(公元前168)中名声大振。后来到西班牙作战,又进入非洲(公元前150),在非洲作为军官在与迦太基人的作战中运用了极大的军事技巧,大众要求由他来指挥与迦太基人的战役。公元前147年尽管年龄不够,他还是被选为执政官。后来又回到非洲,包围并摧毁迦太基(公元前146),结束第三次布匿战争,建立非洲行省。后来再一次成为执政官(公元前134),指挥凯尔特伊比利亚战役,包围并摧毁努曼提亚(公元前133),夺取西班牙。回到罗马后,在其友T. 格拉古支持的一项法案中处于不受欢迎的地位,在他将要就问题作答复时意外死亡。

西伯 Cibber, Colley(1671～1757) 英国演员兼演出经理、剧作家和诗人。1690年开始演戏生涯。他的剧本《爱情的最后一着》(1696)被认为是第一部感伤喜剧。1710年他和另外两个演员兼演出经理成为著名的"三巨头",他们共同经营特鲁里街剧院(1710～1733)。他写作和改写剧本包括《拒绝宣誓效忠者》(1717)和《被激怒了的丈夫》(1728)。1730年被封为桂冠诗人。1745年才从舞台上退休。他曾被嘲弄是A. 蒲柏的讽刺剧《群愚史诗》里的傻瓜国王。

西伯利亚 Siberia 中亚北部地区,大部分在俄罗斯。西起乌拉尔山脉,东迄太平洋,北临北冰洋,南抵哈萨克斯坦中部以及中国与蒙古的边界。面积1 295万平方千米。那漫长、严寒而又几乎无雪的冬季为人所知。有史以来的最低温度达到-68℃。第一批居民可能在旧石器时代到达西伯利亚的南部。公元前1000年前后,该地区受中国的影响,接下来在公元前3世纪时受突厥-蒙古人的影响。16世纪晚期俄罗斯猎兽皮者以及哥萨克探险者来此殖民,到了18世纪中叶,西伯利亚的大部分都在俄罗斯的控制之下。西伯利亚大铁路将它与俄罗斯的其他部分连接起来。西伯利亚东部是1918～1920年间A. 高尔察克反布尔什维克的政府所在地。1922年,西伯利亚成为苏联的一部分。苏联将罪犯和政治犯都流放到西伯利亚,20世纪30年代,J. 斯大林在那里建立了劳改营,刺激了工业的成长。第二次世界大战期间,苏联的许多工厂迁入西伯利亚,在战争中该地区发挥了重要作用。该地区有煤、石油、天然气、钻石、铁矿石以及黄金等矿产资源。主要的工业产品包括钢铁、铝和机械。西伯利亚南部生产小麦、黑麦、燕麦以及向日葵。主要城市有新西伯利亚、鄂木斯克、克拉斯诺亚尔斯克和伊尔库茨克。

西伯利亚爱斯基摩狗 Siberian husky 楚克奇人在西伯利亚培育的使役狗。用于拉雪橇、守卫和与人做伴。此种狗在1909年被带到阿拉斯加参加雪橇狗比赛,成为常胜将军。其姿态优雅,耳直立,被毛厚而软,肩高51～60厘米,体重16～27千克。毛色常为灰色、棕褐色或黑白相间。头部可能有帽状、面罩状或眼镜状斑纹。此种狗的纯种在西伯利亚已培育了几百年,以聪明、驯顺闻名。

西伯利亚大铁路 Trans-Siberian Railroad 又译泛西伯利亚铁路。俄罗斯最长的单线铁路系统,从莫斯科至符拉迪沃斯托克(即海参崴),全长9 198千米。沙皇亚历山大三世构想的这条铁路于1891年开始修建,全线同时进行,其中有一段穿过满洲里。1904年完工,但随即发生的日本强占满洲里事件,使得在俄国境内不得不修建一段复线,1916年完工。通过主线与连接西伯利亚偏远地区的支线相接。该铁路使得西伯利亚大部分地区建有居民区和工厂。全程需8天左右。

西部小说或电影 western 以1850～1900年美国西部为背景的小说、电影、电视剧与广播剧体裁。当时白人移民正在开拓这个地区。这种创新的类型基本上是美国的产物,但阿根廷的加乌乔文学和澳大利亚内地移民的故事都与它十分类似。白人开拓者和印第安人间及牧场主和农场主间的冲突是两个重要主题。牛仔、警长和执法者是主要人物,而不法之徒和枪战则是不可少的。O. 威斯特的《弗吉尼亚人》(1902)被认为是最早的西部小说;这类小说在20世纪初期和中期最受欢迎,之后便逐渐衰落。

西德 Germany, West 全称Federal Republic of Germany(德意志联邦共和国)。欧洲中西部前共和国(1949～1990)。包括现德意志联邦共和国西部三分之二的领土。1949年美、英、法三国的占领区统一后建立为西德,而苏占区成了东德。1955年成为主权国和北大西洋公约组织的一个成员国,但美、英、法三国仍保持其军事基地。1957年和萨尔州统一,1973年加入联合国。1990年10月和东德统一。

西德尼 Sidney, Sir Philip(1554～1586) 英国伊丽莎白时期的朝臣、政治家、军人和诗人。生于贵族家庭,接受当政治家和军人的教育。曾担任过各种不重要的官职,后转而从文,为他的精力找到了一个发泄途径。《爱星者和星星》(1591)的灵感来自于他对他姑姑的已婚女仆的激情,被认为是继莎士比亚之后最好的伊丽莎白十四行诗。《诗辩》(1595)是一篇流畅的想像文学作品,将文艺复兴时期理论家的评论观点介绍给了英国。他的英雄浪漫诗《阿卡迪亚》虽未完稿,但却是16世纪英国最重要的散文体小说。他一生从未发表过任何作品。他31岁时在荷兰作战负伤,后因感染身亡,当时受到普遍哀悼,被认为是那个时代最理想化的绅士。

西德维纳河 Western Dvina River 俄语作Zapadnaya Dvina。拉脱维亚语作Daugava。欧洲中北部河流。源出俄国的瓦尔代丘陵,全长1 020千米,呈很大弧形向南流经俄罗斯、白俄罗斯,然后折向西北穿越拉脱维亚。注入波罗的海的里加湾。自古即为重要水路,其上游与第聂伯河、伏尔加河和涅瓦河相连,曾是波罗的海地区至拜占廷和阿拉伯东部贸易通道的组成部分。该河有多处险滩,加上20世纪期间河道上修了一些堤坝,只有局部河段通航。

西登斯 Siddons, Sarah(1755～1831) 原名Sarah Kemble。英国女演员。曾随其父的巡回剧团演出,1773年嫁给演员W. 西登斯。1782年在伦敦的特鲁里街剧院演出《致命的婚姻》剧中的伊莎贝拉一角,结果空前成功,并成为当时最主要的悲剧女演员。从1785年起到1812年退休为止,她演出了许多莎士比亚剧本,其中最著名的是麦克白夫

S. 西登斯，粉笔画，J. 唐门绘于1787年；现藏伦敦国家肖像画陈列馆
By courtesy of the National Portrait Gallery, London

人。著名肖像画家T. 庚斯博罗和J. 雷诺兹都曾为她画过肖像。

西顿 Sidon 黎巴嫩西南沿海港口城市。位于公元前第3千纪建的一座古城旧址，在公元前第2千纪是腓尼基重要城市，提尔城的前身。曾先后处在亚述、巴比伦和波斯的统治之下。公元前330年被亚历山大大帝侵占。公元前1世纪受罗马人统治，成为玻璃和紫色染料的主要生产地。在十字军东征时期几易其主，1291年成为穆斯林领地。1517年后曾在土耳其人统治下一度繁盛，现为沙特阿拉伯一条石油管道在地中海边的终点站。人口约149 000万(2003)。

西多会士 Cistercian 又称 White Monk（白衣修士会）或 Bernardine（伯尔纳会）。天主教修会西多会成员。1098年由圣哈定建于勃艮第地区的西多。起因于本笃会一批修士对所在隐修院内戒规松弛不满。新戒规要求修士严格修行，禁绝一切封建收入，并规定修士必须从事体力劳动。各修道院共同严格遵守一套戒规和惯例，每年在西多举行总会会议。圣伯尔纳（明谷的）终其一生共创建了68所修道院。随着修道人士的增加，戒规趋向涣散。在宗教改革运动之后，北欧不再有西多会会士的踪迹。16、17世纪在法兰西发生了几番改革运动。那些坚持严格遵守戒规的人因跟随特拉普修道院院长而被称为特拉普派。这些重整西多会的会士同眠、同食、同劳动，永久沉默。这种习俗一直持续到20世纪60年代末。同时老会（现称普通教规西多会）自1666年起也进行了温和的整顿，至今仍存在。

西尔斯 Sills, Beverly（1929～2007） 原名 Belle Miriam Silverman。美国女高音歌唱家。生于纽约州布鲁克林。童年时即在电台唱歌，1946年首次登上戏剧舞台。1955年开始在纽约市歌剧团演唱。1966年在《尤利乌斯·凯撒》中的花腔女高音引起了人们的注意，并成为了全世界最著名的歌剧明星之一。在随公司演出25年后，她在1979～1989年间担任艺术总监。她在1975～1980年黄金时期之后还随大都会歌剧院演出。她性格开朗，曾主持广播音乐会和参加歌剧表演，受到广大听众及观众的欢迎。她还担任过纽约林肯中心董事会主席（1994～2002）和大都会歌剧院董事会主席（2003～2005）。

西尔斯大厦 Sears Tower 2009年后改名为 Willis Tower（韦莱大厦）。美国芝加哥的一幢摩天办公大楼。有110层，高442米，1974年落成时是世界上最高的建筑物。设计师是F. 汗（1928～1982），他设计一个成捆的管状结构（参阅摩天楼），以抵抗侧风力。其设计图被制成标准尺寸，由9个23米见方无柱的方形单位组成，外部装修采用黑色铝和青铜色玻璃。百叶窗覆盖了完全被用作该建筑的机械动作的4个楼层。在1996年马来西亚吉隆坡的佩特罗纳斯双子星大厦（452米）建成之前，西尔斯大厦一直是世界上最高的建筑。

西尔斯-娄巴克公司 Sears, Roebuck and Company 美国商品公司，为历史上世界最大的零售商之一。1893年由R. W. 西尔斯（1863～1914）和A. C. 娄巴克（1864～1948）成立。公司通过邮购目录以低价将商品出售给无其他方便渠道购买零售品的农村居民，因此发展迅速。在R. E. 伍德（1928～1954年担任总裁）领导下，公司在美国各地建立了零售商店，到1931年该公司的零售业务已超过邮购业务。到20世纪80年代公司又增加金融服务，并于1985年引进"发现"信用卡。但在1992年公司开始卖掉金融服务的子公司。1993年公司停止其著名的邮购业务，并于1995年抛售子公司全州保险公司（1931年由西尔斯成立）。2005年与凯马特公司合并，在西尔斯控股公司旗下出现两个零售连锁店。

西尔维斯特二世 Sylvester II（约945～1003） 原名 Gerbert of Aurillac。第一位法籍教皇（999～1003）。为著名逻辑学家和数学家，曾被任命为兰斯大主教（991）和拉韦纳大主教（约998）。作为教皇，他与奥托三世关系紧密，在意大利和遥远的邦国如基辅和挪威等地都加强了教皇的权力。他坚决反对买卖圣物神职，要求教士谨守独身生活，并限制主教的权力。写有数学、自然科学、音乐方面的教科书及哲学著作《关于理性和理性的应用》。

西番莲科 Passionflower family 20属，约有600种，为草质或木质藤本或乔木，多分布于温暖地区。许多品种的果实可食，本目中最大的属为西番莲属（*Passiflora*），其花色鲜艳，美丽悦目，极受珍视。花中央有柱座结构，生殖器官位于其上，雌雄共株。世人常以西番莲花象征基督生命的最后几个小时，故名此类为受难花（*Passion*）。

西番雅 Zephaniah（活动时期公元前7世纪） 《旧约》中的十二小先知之一，传为《西番雅书》（犹太教正典并为一卷）的作者。他在约西亚统治时期受神启示而说，谴责对外来神祇的崇拜，此点表明他是在约西亚实行改革之前进行说教的。他的主要论点是"主日"来临即是上帝审判犹大罪行之时。

西方教会大分裂 Schism, Western（1378～1417） 又作 Great Schism。天主教历史上有两位甚至三位教皇争位的时期。各自都有枢机主教团。教廷从阿维尼翁（参阅阿维尼翁教廷）迁回罗马后不久便发生分裂。罗马当地要求选意大利籍教皇乌尔班六世为教皇，但另一派同情法国的枢机主教选克雷芒七世为教皇，在阿维尼翁即位。1409年两派枢机主教在比萨会晤，商定选出第三位教皇，以结束这场分裂。但直到1417年康斯坦茨会议宣布这三位教皇均无效并另选马丁五世为教皇，裂痕才算抚平。

西弗吉尼亚 West Virginia 美国中东部一州。美国密西西比河以东最高的州。北界宾夕法尼亚州，东连马里兰州和弗吉尼亚州，西南邻肯塔基州，西北邻俄亥俄州。最高处位于东部的斯普鲁斯峰（1 482米），最低处位于谢南多厄河和波多马克河汇合处陡峭岬角上的哈珀斯费里。土地崎岖不平，从丘陵到高山，没有广阔的平原。是阿帕拉契亚山系的一部分。传统上在美国诸州中一直属于穷州。该州有丰富的天然资源，煤是最有价值的矿物，同时还生产大量的石油和天然气。20世纪时旅游业是重要经济来源。原是印第安人居住地，18世纪30年代白人殖民者进入该区，英国人在18世纪50和60年代从法国人手中夺得该区的控制权。西弗吉尼亚原是弗吉尼亚州的一部分，但是在1861年其大多不实行奴隶制度的人投票反对退出联邦，因而与弗吉尼亚分离。于1863年以新成立的独立州加入联邦，成为美国第35个州。面积62 755平方千米。首府查尔斯顿。人口约1 855 413(2012)。

西哥特人 Visigoths 哥特人的西部分支。4世纪时与东哥特人分离，376年遭到匈奴人的袭击，从达契亚被赶过多瑙河，进入罗马帝国。因不堪帝国官吏的勒索而造反，劫掠帝国的巴尔干诸行省。在阿德里安堡战役（378）中，击溃瓦林斯。狄奥多西一世让他们在莫西亚（382）定居，要他们担负保卫边界的责任。皈依阿里乌基督教。395年在阿拉里克领导下离开莫西亚，入侵希腊和意大利。410年洗劫罗马，然后在高卢南部和西班牙定居（415）。他们的首领提奥多里克一世在阿提拉之战（451）中阵亡。475年欧理克宣称自己是独立的国王。在他的领导下，扩展王国的版图，从卢瓦尔河直达比利牛斯山脉，并延伸到罗讷河下游，包括西班牙的大部分。于507年被克洛维一世率领的法兰克人击败。此后仅统治着塞蒂马尼亚和大部分西班牙地区，711年最终被穆斯林消灭。

西格 Seeger, Pete(r)（1919～2014） 美国民歌歌手、作曲家。生于纽约市。人种音乐学先驱C. 西格（1886～1979）之子，作曲家R. 克劳福德·西格的继子。1938年，在他离开哈佛大学两年后，搭坐便车和运货火车到全国各地旅行，收集民歌，并学弹班卓琴。

西格,1971 年摄

David Gahr

1940 年与 W. 格思里组建了"阿尔马内克演唱小组",到各处的工会大厅和农场集会演出。1948 年他与 L. 海斯、R. 吉柏特、F. 黑勒曼另组"织工演唱小组",但由于西格先前参加过左翼和工党政治活动,该团体被列入了黑名单。他促进了乡间音乐(演出者相互伴奏和演唱的一种集会)的成长,创作了《花落何处》、《若我有铁槌》等标准民歌。他还是一位卓越的反战、民权和环保事业的支持者。

西格尔 Segal, George(1924 ～ 2000) 美国雕刻家。生于纽约市。曾在数所大学就读。最初为抽象派画家。20 世纪 60 年代初参与波普艺术运动,但他的雕塑品与众不同,他从模特身上翻制石膏像,或单独或成群,置于平常的布景中,这些作品以能够捕捉住一种无个性特色和疏离的感觉而著名。其名作包括《加油站》(1963)、《货车》(1966)和《热狗摊》(1978)。

西格尔(布拉班特的) Siger de Brabant(约 1240 ～ 1281/1284) 法国哲学家。任教于巴黎大学,是激进的亚里士多德主义学派,或称异端的领袖。约从 1260 年起,他和他的一些同事不顾教会确定的教义,开始讲授希腊、阿拉伯和中世纪时期一些哲学家们的著作。1276 年被异端裁判所传唤时,他逃往意大利。在《神曲》中,但丁把西格尔放入天堂之光中。

西格拉姆大厦 Seagram Building 纽约市一座摩天办公大楼(1958)。由 L. 密斯·范·德·罗厄和 P. 约翰逊共同设计,位于公园大道。这座圆形的摩天大楼是用玻璃和青铜装饰的直线棱柱的典范,将国际风格发挥到顶点。尽管严格而径直地使用了最现代的材料,该大厦还是显示了密斯对比例的特别判断力和对于细部的特别关注。

西瓜 watermelon 葫芦科一种多汁瓜果,学名 *Citrullus lanatus*(旧作 *C. vulgaris*)。原产热带非洲,除南极洲外各大陆均有栽培。西瓜藤匍匐生长,有分枝的卷须,叶深裂,花淡黄色。果肉甜而多汁,有红、白、黄诸色。西瓜的大小、形状、果肉颜色和果皮厚度因品种而异,每个植株产瓜 2 ～ 15 个。西瓜含有维生素 A 和维生素 C。通常生食,西瓜皮可以腌食。

西哈诺·德·贝尔热拉克 Cyrano de Bergerac, Savinien(1619～1655) 法国讽刺作家及剧作家。其作品结合了政治讽贬及科学幻想,影响后进作家如J. 斯威夫特颇深。年

西哈诺·德·贝尔热拉克,版画

H. Roger-Viollet

轻时投身军旅,1641 年因伤退役,随哲学家 P. 伽桑狄(1592 ～ 1655)学习。一生行径成为戏剧家编剧的素材,例如在 E. 罗斯丹的《西哈诺·德·贝尔热拉克》(1897)一剧中,他被描写成殷勤多才但害羞貌丑的情人,并据说他有一个硕大的鼻子。

西红柿 tomato 茄科植物,学名 *Lycopersicon esculentum* 有许多栽培变种。植株常多分枝,叶被毛,味浓烈,羽状复叶。花黄色,悬垂,簇生。果红色、绯红或黄色,挂在一根弱

西红柿(*Lycopersicon esculentum*)

Grant Heilman

茎的许多分枝上。西红柿果实的形状从圆球形到长圆形不等,大小差异很大,直径 1.5 ～ 7.5 厘米以上。16 世纪早期,西班牙人从南美将西红柿带到欧洲;18 世纪 80 年代从欧洲引入北美。西红柿可作为蔬菜生食或烹食,或制成果酱,也可腌制,做成罐头或晒干。西红柿这个词也指一种小西红柿 *L. pimpinellifolium* 的果实。

西卡莫 sycamore 几种完全不同科、不同属的树木的统称。在美国指悬铃木,一种沿街种植的硬木树种。此外,西卡莫槭(*Acer pseudoplatanus*,假悬铃木槭),有时也简称西卡莫。《圣经》中所记载的"西卡莫",实际上是指西卡莫无花果,古埃及人用于制作木乃伊箱。

西凯罗斯 Siqueiros, David Alfaro(1896 ～ 1974) 墨西哥画家。从青年时起就是一名马克思主义的活跃分子,曾在 V. 卡兰萨的队伍中参加墨西哥革命,后受卡兰萨资助在欧洲学习。1922 年返回墨西哥,开始用壁画装饰公共建筑,并组织画家和工人联合会。他同 D. 里维拉和 J. C. 奥罗兹科一起成立著名的墨西哥壁画学校。他的激进主义使他数次被监禁和流放,后来参加了西班牙内战,这些都使他的事业受阻。其壁画的特色是活力充溢、构图生动、画幅巨大、气魄雄伟,只使用有限的几种颜色来突出明暗反差以达到戏剧效果。他的架上画(如 1937 年的《呼喊的回声》)为他赢得了国际声誉。1968 年出任墨西哥艺术学院的第一任院长。

西科尔斯基 Sikorsky, Igor (Ivan)(1889 ～ 1972) 俄国出生的美国飞机设计先驱者。在基辅学习工程学后,他自己的工厂开发直升机。1910年试图制造模型失败后,他转而

I. 西科尔斯基

By courtesy of Sikorsky Aircraft

研究固定翼飞机,1913 年建成第一架四引擎的飞机,并创造性地附加了一个封闭式机舱。1919 年移民美国,1931 年造出双引擎的水陆两栖飞机,成为"泛美世界航空公司"快速飞机的原型。1939 年,最终制成一个可行的直升飞机模型。1929 ～ 1957 年他一直指挥着他的公司(联合航空集团子公司)的运作。

西克斯图斯四世 Sixtus IV(1414 ～ 1484) 原名 Francesco della Rovere。教皇(1471 ～ 1484 年在位)。原为热那亚方济会会士,通过买卖圣物神职和收取高额税收而使家庭和教皇国致富。容许法国教会自由行动的布尔日国事诏书曾造成他同法国关系紧张,而其使俄罗斯教会与罗马教会重新联合的意图也未能实现。他虽未认可对梅迪契(罗伦佐)的暗杀,但却认可帕齐阴谋。他还唆使威尼斯向费拉拉进攻,其间变节,认为威尼斯反教皇国而向其下禁令(1483)。他资助艺术和文学,修建了西斯廷礼拜堂,并以自己的姓氏命名。

西克斯图斯五世 Sixtus V(1520 ～ 1590) 原名 Felice Peretti。教皇(1585 ～ 1590 年在位)。在教皇国混乱时期被选为教皇,他用严厉的措施使之恢复秩序,但也因此树敌颇多。他靠贷款、税收和买卖官职来筹集大量资金,并在罗马修建了不少建筑。他确定了枢机主教院(1586)的界限,整顿了罗马教廷机构(1588),并成为反宗教改革肇始人。他的外交政策主要目的在于攻击新教,绝罚新教徒纳

瓦拉的亨利(后为法兰西国王亨利四世),并承诺在西班牙人侵英国后给予其资助。

西克索人 Hyksos 公元前18世纪居住在埃及北部的一个闪米特-亚细亚混血族群。公元前1630年左右西克索人夺得政权并统治埃及108年。他们在大体上已埃及化,并没有影响到埃及文化。崇奉塞特,把塞特与一个亚洲的风暴之神视为一体。曾把马匹、战车、弓弩、改良的战斧和先进的防御技术传入埃及。其法老试图平定底比斯的叛乱,但他们的王朝于公元前1521年为雅赫摩斯推翻。

西兰岛 Zealand 丹麦语作 Sjælland。丹麦最大和人口最稠密的岛屿。位于卡特加特海峡和波罗的海之间。面积7 031平方千米。主要城市有哥本哈根。沿曲折的海岸线有两个峡湾。岛北部沿岸为景色优美的沙滩。有许多石器时代和北欧海盗时期的遗迹,其中包括茨赖勒堡的斯堪的纳维亚人城堡(约1000年)以及中世纪的教堂、城堡和庄园住宅。主要经济为种植谷物、饲养牲畜、渔业和旅游业。人口约2 096 449(2003)。

西里伯斯 Celebes 又称苏拉威西(Sulawesi)。印度尼西亚岛屿。大巽他群岛的四大岛之一,位于婆罗洲之东,连同附近小岛总面积共191 671平方千米。岛上多山,有些活火山,半岛南部有较大平原,最高峰是兰特孔博拉山,海拔3 455米。15世纪穆斯林抵达此地。1512年葡萄牙人首先登陆,当时是为了开发摩鹿加的香料贸易。1607年荷兰人在望加锡建立第一个外国殖民点,与当地的土著苏丹发生权力争斗,并一直持续到20世纪。1950年并入印度尼西亚,但近几年发生了共产党反对中央政府的叛乱。东半岛大部分尚未开发,人口稀疏,主要是生存性农业。西南半岛和岛的中部是国家移民计划的中心,根据该计划,中央政府试图从爪哇和巴厘岛大量移民来此定居,以减轻那些岛屿的人口压力。该计划使地方经济日益发达,经济部门也逐渐多样化。人口约14 946 488(2000)。

西里伯斯海 Celebes Sea 太平洋西部的部分洋面。临界苏禄群岛、棉兰老、桑义赫群岛、苏拉威西和婆罗洲。南北长675千米,东西宽837千米,总面积约28万平方千米。通过望加锡海峡与爪哇海连接。一半以上海域的深度达4 000米以上,最深处为6 220米。婆罗洲及附近岛屿的商人和海盗过去控制着这片海域,直到19世纪末西方殖民者来到此地。

西里尔(亚历山大的),圣 Cyril of Alexandria, St.(约375～444) 基督教神学家。412年任亚历山大教区主教,因坚持正统信仰,他关闭了一个异教派别诺瓦替安的教堂,并驱逐犹太人出亚历山大城。他最为人知的是与聂斯脱利关于耶稣基督神人两性的争论:他强调两种性质统一于一位;聂斯脱利则强调两种性质的区别。431年在以弗所会议上谴责聂斯脱利,结果他自己反被支持聂斯脱利的主教所谴责。最后聂斯脱利被宣布为异端,433年有关基督本性发表一项折中声明,至此教会内才恢复平和。

西里尔与美多迪乌斯,圣 Cyril and Methodius, Saints(西里尔827～869;美多迪乌斯815～884) 使多瑙河流域的斯拉夫人成为基督教教徒的两兄弟。生于马其顿。863年开始在摩拉维亚的斯拉夫人中间传教。两人都是天才的学者、神学家和语言学家,他们把《圣经》译成斯拉夫语(后称为古教会斯拉夫语)。一般认为他们创造了格拉哥里字母(参阅西里尔字母)。868年他们到罗马争取在礼拜仪式中使用斯拉夫语。西里尔死后,美多迪乌斯回到摩拉维亚任大主教。这两个兄弟被称为"斯拉夫人的使徒",影响了斯拉夫所有民族的宗教和文化发展。

西里尔字母 Cyrillic alphabet 公元9世纪发展起来的一种字母体系,为信奉东正教的操斯拉夫语诸民族所采用。现在用于俄语、塞尔维亚语(参阅塞尔维亚-克罗地亚语)、保加利亚语、马其顿语、白俄罗斯语、乌克兰语,以及前苏联境内其他一些非斯拉夫语言和喀尔喀蒙古语(参阅蒙古诸语言)。其发展历史十分复杂并具争议性,显然源自于9世纪的希腊安色尔字体,而其非希腊字母部分可能来自格拉哥里字母(古教会斯拉夫语使用的书写文字)。一般认为是圣西里尔与美多迪乌斯创制的,9世纪末他们的追随者在巴尔干南部推广。最初有44个字母,被引入其他地方语言时普遍去掉一些不必要的字母,因此数目略有减少;特别在转写非斯拉夫语时,要附加一些原有字母。

西里西亚 Silesia 波兰语作 Śląsk,德语作 Schlesien。历史地名,原地处欧洲中部偏东地区。现该地区主要在波兰西南部,有部分领土在德国和捷克共和国境内。它原为波兰行省,后成为波西米亚领地,因此在1335年属神圣罗马帝国的一部分。由于继承权上的纠纷及该地区的繁荣,在15世纪晚期,该地区至少有16个西里西亚公国。它在1526年归属奥地利哈布斯堡王朝;1742年被普鲁士占领。第一次世界大战后被波兰、捷克斯洛伐克和德国瓜分。第二次世界大战中,波兰属西里西亚地区被德国占领,成为纳粹施加暴行的一个地区,后又受到苏联势力的不良影响。1945年盟军将几乎整个西里西亚地区划归波兰,如今它的9个波兰行省,人口约占波兰总人口的1/4。

西利托 Sillitoe, Alan(1928～2010) 英国作家。其父是一名制革工人。从14岁起开始在工厂做工。他后来的小说和故事中有不少是对底层劳动者生活的愤怒的描写,始自他的第一部成名小说《星期六晚上和星期日早上》(1958,1960年拍成电影)。或许他最著名的小说是同名的小说集里的《长跑选手的寂寞》(1959,1962年拍成电影)。他的其他作品还包括小说《威廉·波斯特斯之死》(1965)、《鳏夫之子》(1976)、《开着的门》(1989)以及短篇小说集《拾破烂的人的女儿》(1963,1974年拍成电影)和《第二次机会》(1981)。

西利西亚 Cilicia 小亚细亚南部的古地区。位于托罗斯山脉南部,濒临地中海。在古代,它是从小亚细亚到叙利亚的必经之地,所以成为各国都重视的一块领地。公元前14～前13世纪为赫梯人的附庸。公元前8世纪臣服于亚述。公元前6～前4世纪归属波斯人,后来相继由马其顿人和塞琉西人统治。公元前1世纪成为罗马的一个行省。圣保罗曾访问该地区,至今仍有早期基督教遗迹。公元7～10世纪为阿拉伯穆斯林占领。后来再度被拜占廷人占领。1515年沦入奥斯曼土耳其人之手,1921年以后属土耳其。

西伦佩 Sillanpää, Frans Eemil(1888～1964) 芬兰小说家。出身于一个农场主家庭,曾学习自然科学,但却在学成后返回家乡从事写作。1918年受芬兰内战震撼,写出他最充实的小说《赤贫》(1919),描写一个微贱的佃农如何参加了赤卫队的故事。20世纪20年代后期出版了几本短篇小说集之后,他发表了他最著名的小说《少女西丽亚》(1931),描写一个古老的农民家庭。《夏夜的人们》(1934)是他最完美、最富诗意的小说。1939年成为芬兰第一位获得诺贝尔奖的作家。

西洛内 Silone, Ignazio(1900～1978) 原名Secondo Tranquilli。意大利小说家、短篇故事作家和政治领袖。1921年成为意大利共产党创建人之一,积极参与党的工作直到法西斯将他流放。1930年在瑞士定居,开始对共产主义失去信心,并开始创作反法西斯作品。他因第一部小说《丰塔玛拉》(1930)而获得国际声誉,后又写了《面包和酒》(1937)、《雪地下面的种子》(1940)以及讽刺小说《独裁者的学校》(1938)。第二次世界大战以后,他返回意大利政界,退休后写了《一把黑莓》(1952)等作品。

西梅尔 Simmel, Georg(1858～1918) 德国社会学家、哲学家。在柏林大学(1885～1914)和斯特拉斯堡大学(1914～1918)讲授哲学期间,他致力于在德国将社会学建成一门基础学科。他试图把社会相互作用的一般形式或普遍规律同某种活动(例如政治、经济、美学的活动)的特殊内容分离开来。他特别注重权威和服从的问题。在《货币哲学》(1900)一书中,他将自己的原则运用到经济学上,强调货币经济在社会活动的专业化方面以及个人关系和社会关系的反个性化方面所起的作用。他的理念对美国社会产生了很大影响,在R. E. 帕克、A. 斯莫尔和E. 柏基思的作品中均有体现。参阅身心交感论。

西门子 Siemens, (Charles) William(1823～1883) 原名Karl Wilhelm。后称Sir William。德裔英国工程师、发明家。1844年移民英国,1861年发明平炉炼钢法,很快就

在炼钢中得到应用，并最终取代了早期的贝塞麦炼钢法。他还在钢缆和电报机业中名利双收，并在铺设第一条跨大西洋的电报电缆的公司(1866)中任负责人。他的三个兄弟也都是著名的工程师和企业家。

西蒙　Simon, Claude (Eugène Henri)(1913～2005)　法国作家。第二次世界大战期间在作战中被纳粹俘虏，后得以逃脱，并参加了法国抵抗运动。他在战争期间完成了第一部小说。作品将叙述与意识流相结合，结构紧密，是20世纪50年代出现的“新小说”或称法国“反小说”的代表。他最重要的小说是他的4部小说《草》(1958)、《佛兰德公路》(1960)、《宫殿》(1962)和《历史》(1967)，构成一组人物和事件互有关联的作品。其他小说还包括《风》(1957)、《三联画》(1973)、《阿拉伯树胶》(1989)和《有轨电车》(2001)。1985年获诺贝尔文学奖。

西蒙　Simon, Herbert (Alexander)(1916～2001)　美国社会学家。生于威斯康星州密尔沃基。1943年获芝加哥大学博士学位。1949年起在卡内基-梅隆大学讲授心理学，后讲授计算机科学。在《论管理行为》(1947)一书中，他试图确认公司的决策是有多方面因素(包括心理因素)的，而不是只将获取最大利益作为原始动机。1978年获得诺贝尔经济学奖。他后来致力于用计算机技术研究人工智能的领域。

西蒙弗雷泽大学　Simon Fraser University　加拿大的私人捐助大学，位于不列颠哥伦比亚省伯纳比，另有一分校设在温哥华。1963年创办，校名取自探险家西蒙弗雷泽之名，设有艺术、科学、应用科学、研究院、商业管理、教育、在职进修等学院，并有一个当代艺术学院。现有注册学生约1.7万人。

西蒙斯　Symons, Arthur (William)(1865～1945)　英国诗人和评论家。对先锋派杂志《黄皮书》作出了贡献，又曾编辑《卷心菜》杂志(1896)。其作品《象征派文学运动》(1899)是第一部支持法国象征主义诗歌运动的英语作品，在其后10年间引发各种阐释，并影响了W. B. 叶芝和T. S. 艾略特。他的诗大多充满世纪末情感，主要辑录于《剪影》(1892)和《伦敦之夜》(1895)中。他也翻译P. 魏尔兰的诗作，并写了一些游记。1908年经历一次精神失常后，作品极少，只有《忏悔录》(1930)，是关于他的疾病的令人感动的记述。

西蒙兹　Symonds, John Addington(1840～1893)　英国散文家、诗人和传记作家。曾因健康的缘故而云游四方，最后定居于瑞士。其代表作《意大利文艺复兴》(1875～1886)是一系列关于文化历史的、内容广泛的散文组合。他的作品包括译作、游记、数卷诗集和对P. B. 雪莱、B. 琼森、P. 西德尼、米开朗琪罗和W. 惠特曼等人的研究。《希腊伦理的一个问题》(写于1871年)和《现代伦理的一个问题》(1881)是最早探讨同性恋问题的严肃作品之一。他的《回忆录》(1984年首次出版)有部分

西蒙兹，粉笔画，C. 奥尔西绘；现藏伦敦国家肖像画陈列馆

By courtesy of the National Portrait Gallery, London

内容非常直白地描述了他的性行为。

西孟加拉　West Bengal　印度东部一邦，人口约91 347 736(2011)。与之交界的国家有尼泊尔、不丹和孟加拉，周边相连的还有印度的奥里萨邦、贾坎德邦、比哈尔邦、锡金邦和阿萨姆邦。面积88 752平方千米；首府加尔各答。该地区包括两个广阔的自然区域，即南部的恒河平原和北部的喜马拉雅山地区。从公元前3世纪起，更加广阔的孟加拉地区构成了阿育王帝国的一部分。公元4世纪并入笈多帝国。13世纪起受穆斯林统治，直到18世纪该地区被英国人接管。1947年印度独立时，孟加拉被分割，东部成为东巴基斯坦(后为孟加拉国)，西部成为印度的西孟加拉。农业是该邦的主要经济活动。该地区以热衷各种艺术事业著称，包括电影制作。

西米德兰兹　West Midlands　英格兰中西部都市郡，以伯明翰为中心。原是一个行政单位，1986年都市郡失去了行政权力，现在是地理上和形式上的郡，无行政权。撒克逊殖民者进入河谷地带定居之前，早期在偏僻而茂密的林区，人烟稀少。考文垂是14世纪末期该区唯一重要的城市。16世纪在伯明翰开始有小型的金属制造业，到了18世纪，这个地区的煤田对制铁业来说已变得很重要。本地区的许多传统冶金与制造业一直继续存在至20世纪，电机工程及机动车、飞机和化学纤维的制造已成为该地最重要的工业。人口约2 555 596(2001)。

西摩　Seymour, Jane(1509?～1537)　英王亨利八世的第3位妻子。原为凯瑟琳王后和安妮王后的女侍，约1535年亨利八世喜欢上她，但她拒绝当亨利的情妇。这也许加速了安妮的失势和被处决(1536)。之后西摩和亨利秘密结婚。她使亨利和女儿玛丽(后来的玛丽一世)重新和好，并生有一子，为亨利唯一的男性继承人，即后来的爱德华六世，但产后12天即去世，让亨利悲痛不已。

西默农　Simenon, Georges (Joseph Chrétien)(1903～1989)　比利时法语小说家。1923～1933年他匿名撰写了200多本低级趣味小说。他在第一本以真名发表的小说《立陶宛人彼得的案件》(1931)中首次描写了侦探小说中最有名的角色之一巴黎警探麦格雷。除此以外，西默农还创作了80余部以麦格雷为主人公的侦探小说，约130部心理小说，以及无数的短篇小说和自传，是20世纪最多

G. 西默农

© Jerry Bauer

产和发行范围最广的作家之一。西默农的小说的中心主题是描写在孤独中变得神经质和不正常的人。

西纳特拉　Sinatra, Frank(1915～1998)　原名Francis Albert。美国歌手、演员。生于新泽西州霍博肯。20世纪30年代中期开始其歌唱事业，被H. 詹姆斯发现后，立刻吸收他到乐队工作。1940～1942年他与T. 多尔西团合作演出，受到全国的欢迎。1943～1945年在广播节目《流行歌曲风云榜》中演唱，成为剧院和夜总会最受欢迎的表演者。1953年他演唱及灌录由N. 里多尔、B. 梅依和G. 詹金斯等人编曲的歌曲后，发行《短暂的时刻》(1955)、《献给热恋中情侣的歌曲》(1956)、《与我一同翱翔》(1958)和《只有寂寞》(1958)，使他的事业达到顶峰。他共演出80余部电影；在《乱世忠魂》(1953，获奥斯卡奖)中的演出拯救了他已走下坡的事业，后来在《红男绿女》(1955)、《上流社会》(1956)、《酒绿花红》(1957)等音乐片及戏剧《金臂人》(1955)和《谍网迷魂》(1962)中演出。1961年成立雷普莱斯唱片公司。其精巧的表演，加上其歌声所表达的敏锐抒情泛音，使他获得美国流行音乐史上极大的成功。

西奈半岛　Sinai Peninsula　埃及东北部半岛。位于苏伊士湾和红海北端的亚喀巴湾之间，面积约61 000平方千米。南部地区多山，西奈山坐落于此。北部2/3以上地区是干旱的平原，被称为西奈沙漠。该地区在史前已有人居住，是传说中著名的以色列人出埃及的路线。数世纪以来，其北岸是埃及和巴勒斯坦间的主要贸易之路。从2世纪到7世纪伊斯兰崛起前，它一直是罗马帝国及其后者拜占廷帝国的领土。该地被伊斯兰王朝一直统治到16世纪，后成为奥斯曼帝国的一部分。在第一次世界大战后期主权回归埃及。曾是苏伊士危机(1956)、六日战争(1967)和赎罪日战争(1973)期间的战场；1967～1982年间被以色列人占领，后又归还给埃及。参阅阿以战争。

西奈山 Sinai,Mt. 又称 Mount Horeb(何烈山)。埃及西奈半岛中南部山峰,海拔2 258米。被认为是摩西接受十诫的地方。虽然人们按照《圣经》并不能确定现在的地点,但它在犹太教、基督教和伊斯兰教的传统中一向被视为重要的朝圣地。位于它北部的圣凯瑟琳修道院也许是世界上最古老的一直有人居住的修道院。

西南非洲人民组织 South-West Africa People's Organization(SWAPO) 西南非洲(今纳米比亚)政党,主张立即脱离南非独立。1960年成立,1966年以前一直运用外交手段实现该党的目标,其后转为武装斗争。在S.努乔马的领导下,该组织得到安哥拉执政党和苏联的支持,以安哥拉为基地进行游击战争。1978年起,南非不时侵入安哥拉进行报复性打击,同年联合国承认该组织为纳米比亚人民的唯一代表。南非终于接受联合国的决议:1988年南非军队从纳米比亚撤离。1990年纳米比亚宣布独立,该组织转变为政党。后称纳米比亚人组党。至21世纪,该党一直主导纳米比亚的政治舞台。

西尼罗病毒 West Nile Virus 属于黄病毒科的病毒,可能会引起脑炎。主要对鸟类有致命的感染危险,但能够通过蚊子叮咬传染给人类。多数人类感染者出现的症状是不明显或温和的,引起类似流感的疾病,通常几天后就会痊愈。少数人会引发成脑炎,症状包括头痛、发热、颈部僵硬及肌肉无力,也可能导致死亡。没有专门的治疗方法,在严重的情况下,必须加强医疗护理,包括必要的静脉注射液体和辅助呼吸治疗。该病毒原本只局限于非洲、中东和东南亚地区,现已传播到欧洲和北美洲。

西涅克 Signac,Paul(1863 ～ 1935) 法国画家。18岁时放弃建筑学转而学习印象派画作。1884年成为独立沙龙的创立者。他同G.修拉一起运用点彩开发了一种精确的数学系统,并将这种方法称为"点画法"。他沿欧洲沿海广泛游览,创作风景画和海景画。晚年时,他创作了巴黎和别的城市的街景。他是一名水彩画大师,并在自由运用水彩以获得即景效果上取得了很大成就。他的作品对H.马蒂斯产生了很大影响。

西纽雷利 Signorelli,Luca(d'Egidio di Ventura de')(约1445/1450～1523) 又称Luca da Cortona(科尔托纳的卢卡)。意大利画家。他深受佛罗伦萨画家的影响,可能是P.D.弗朗切斯卡的学生。他约在1483年前往罗马,在那里的西斯廷礼拜堂创作了关于摩西的壁画。在这幅画和他的类似画作中展现出的对肌肉力量的戏剧化刻画使他在本质上成为了一名佛罗伦萨自然派画家。他在奥尔维耶托大教堂的代表作《世界末日》和《最后的审判》,展现了各种姿势的强壮裸体,对米开朗琪罗产生极大影响。

西欧联盟 Western European Union(WEU) 前协调欧洲安全和防务问题的10国联盟。成立于1955年,肇始于1948年《布鲁塞尔条约》,成员国包括比利时、法国、德国、希腊、意大利、卢森堡、荷兰、葡萄牙、西班牙和英国。它促成北约和欧盟的建立,并与该组织合作。该联盟由会员国外交部长和国防部长组成的理事会管理。2011年西欧联盟停止运作而解散。

西普里安,圣 Cyprian,St.(约200 ～ 258) 拉丁语全名为 Thascius Caecilius Cyprianus。早期基督教神学家和神父。生于迦太基。约246年信奉基督教,不到两年即被选为迦太基主教。250年初隐居,以逃避罗马皇帝德西乌斯的迫害,当时许多基督教徒背信。翌年返回迦太基。公会议的主教们支持他如下主张:教会可宽恕背信之罪;公会议的主教们有最终的惩戒权;即使是最不足道的俗人也必须接纳入教。在和罗马主教的争执中,他主张人民和他们的主教组成教会;罗马不存在"主教中的主教";所有主教都同样拥有圣灵;他们的意见一致表达了教会的团结。在罗马皇帝瓦莱里安统治时,他被处死。

西奇威克 Sidgwick,Henry(1838 ～ 1900) 英国哲学家。曾就读于剑桥大学,毕业后留校任研究员(自1859起),1883年成为教授。他所写的《伦理学方法》(1874)被一些人认为是19世纪最重要的以英语写成的伦理学著作。在融合J.S.穆勒的功利主义和I.康德的绝对命令的基础上,他提出了"普天快乐主义"的主张,以解决个人和他人享乐之间的冲突问题。其他作品包括《政治经济学原理》(1883)和《政治学原理》(1891)。他在1882年与人合作成立了心理研究学会,并协助建立了剑桥第一所女子学院。

西墙 Western Wall 又称 Wailing Wall(哭墙)。耶路撒冷旧城内的一座墙壁,是犹太教徒祈祷和朝拜的圣地。耶路撒冷第二圣殿为罗马人所毁,此墙为仅存遗迹。传说、史料和考古发现都证实,这一座墙就是约公元前2世纪所建的哭墙,但其顶部则是后世所增建。该墙现为伊斯兰教岩顶穹顶寺和阿克萨清真寺围墙的一段。犹太人和阿拉伯人曾为占有或得以拜谒此墙而长期争执。以色列在1967年战争中占领了耶路撒冷旧城,这一遗址重新被犹太人所控制。

西撒哈拉 Western Sahara 旧称Spanish Sahara(西属撒哈拉)。非洲西北部的地区,面积:252 120平方千米。人口:约405 000(2009)。首府阿尤恩。该地区的史前史鲜为人知,只能从在萨吉亚阿姆拉和南部一些孤立地点所发现的岩石雕画推断,当时有一些游牧的族群曾先后居住在这里。在公元前4世纪,该地区与欧洲之间已有途经地中海的贸易往来,但在19世纪以前,这里与欧洲人的接触不多。1884年西班牙政府声称里奥德奥罗湾沿海地带为其保护地。1900和1912年与法国签订边界协议。1958年,西班牙正式把该地区的北部和南部合组为西属撒哈拉,定为西班牙海外省。1973年一个萨拉威人的分离组织西撒人阵成立,领导了一场反对西班牙殖民统治的暴动。1976年西班牙放弃其主权,随后该地区被毛里塔尼亚和摩洛哥分割。同年,西撒人阵宣布成立流亡政府,即撒哈拉阿拉伯民主共和国。从20世纪70年代中期开始,摩洛哥和毛里塔尼亚军队与西撒人阵之间偶尔发生武装冲突。虽然毛里塔尼亚于1979年宣布放弃主权,但摩洛哥很快就将这部分土地兼并。尽管西撒人阵和摩洛哥政府之间在1991年达成停火协议,并在联合国的调解下举行过多次谈判,但在21世纪初西撒哈拉的地位问题始终悬而未决。西撒哈拉有储量丰富的磷酸盐以及一些钾碱和铁矿。

西萨塞克斯 West Sussex 英格兰东南部行政郡,濒临英吉利海峡。行政中心是奇切斯特。旧石器时代曾有人类在此居住。从新石器时代到罗马时代的原始农业公社建在地势较高的地方。罗马人入侵以前这里受不列颠国王的统治,罗马人离开后,撒克逊入侵者在5世纪末征服萨塞克斯。他们先后被邻近的韦塞克斯和诺曼人打败,后者还在这里修筑了城堡和修道院。从14世纪初开始,该地区沿海的海滨旅游地迅速发展,但内地仍以农业为主。人口约753 612(2001)。

西塞罗 Cicero, Marcus Tullius(公元前106～前43) 罗马政治家、律师、古典学者和作家。出生在富裕家庭。曾迅速在法律界立下威名,后来投身政治,而后与党派之争和阴谋反叛事件纠缠在一起。公元前63年当选为执政官。在他所有的演说中最有名的可能是他对喀提林暴乱所作的演说,最后他镇压了叛乱。在破坏罗马共和国的内战中,他努力维护共和体制,却白费工夫。J.凯撒死后,他连续发表14篇演说辞(通称"反腓力辞"),抨击M.安东尼,支持屋大维。后来屋大维、安东尼、M.李必达结成"后三头"同盟。不久,西塞罗被杀。遗作有58篇演说稿和900多封书信,还有许多诗作、哲学和政治论文,以及修辞学的书。他是罗马最伟大的演说家,也是西塞罗修辞学的创立者,是许多世纪以来最杰出的修辞学典范。

西属尼德兰 Spanish Netherlands 西班牙占据的低地国家南部省份,大致相当于现在的比利时和卢森堡。1578年外交官A.法尔内塞代表西班牙前往尼德兰,到1585年他已重新建立西班牙对南部省份的控制权,结束了根据《根特协定》与北方省份的联盟关系。17世纪该地区经历了经济和文化发展的苏醒时期。作为新教和天主教诸州的缓冲地,该地区长期陷于战争,曾被割让给荷兰共和国(1648)和法国(1659)。17世纪晚期该地区开始走向衰落。在西班牙王位继承战争后,西班牙丧失了控制权,该地区于是归属神圣罗马帝国皇帝查理六世,成为奥属尼德兰。

西斯凯 Ciskei 南非共和国从前的班图斯坦。主要是由讲科萨语的民族居住。该地区与印度洋和南非相连。18世纪末,科萨人自西斯凯屡次侵扰欧洲垦殖者。接下来发生一连串开普边境战争,西斯凯于19世纪末被并入开普殖民地。1961年成为南非境内的一个行政特区。1972年宣布自治,首府为比肖。南非政府宣布西斯凯是独立的,但它的独立没有得到国际社会承认。1994年撤销种族隔离之后,西斯凯重新并入南非,成为新设立的东开普省的一部分。

西斯莱 Sisley, Alfred(1839～1899) 英裔法国风景画家。父母为英国人,出生在巴黎,最初是以业余画家的身份作画。其早期作品受到C.柯罗的影响。后来他与C.莫奈、A.雷诺阿等人结识,成为印象主义创始人之一。他的作品和他的同事们的不同,色彩十分柔美和谐。他的家庭毁于普法战争,使得他后来生活贫困。其才华直到他死后才得到世人的肯定。

西斯廷礼拜堂 Sistine Chapel 罗马梵蒂冈教皇宫中的教皇礼拜堂,由乔凡尼在1473～1481年为教皇西克斯图斯四世所建。它是教皇举行典礼的主要场所之一。外部为土褐色,未加装饰,但内部的墙体和天花板则由佛罗伦萨文艺复兴时期的大师,包括佩鲁吉诺、平图里乔、S.波提切利、D.吉兰达约和L.西纽雷利饰以壁画。部分墙体曾覆以拉斐尔设计,并于1515～1519年间织成的挂毯。其中最著名的是天花板和西墙祭坛后由米开朗琪罗所作的壁画,被认为是西方画作的最高成就。天花板的壁画由教皇尤里乌斯二世在1508～1512年间委托米开朗琪罗所作,描绘的是《圣经·旧约全书》的情景。西墙上的《最后的审判》受教皇保罗三世委托绘制于1536～1541年间。一次有争议的对天花板长达10年的清扫和恢复在1989年完成,1994年完成西墙的整修。

西特韦尔家族 Sitwell family 英国的一个作家家族。伊迪丝·西特韦尔(1887～1964)是大姐,她同她的兄弟们一起反对乔治时代诗歌引起了人们的注意。她的早期作品强调声音的价值,其中有《农夫陋室》(1918)以及《门面》(1923),W.沃尔顿曾为后者谱了曲。从《黄金海岸习俗》(1929)开始,她诗歌中早期的那种刻意的人工化和实验风格逐步弱化,第二次世界大战期间她更成了一位情感比较深沉的诗人。她的晚期作品则具有宗教象征主义的色彩,如《园丁们和天文学家们》(1953)以及《被弃者》(1962)。她本人则以其杰出的品格,伊丽莎白时代的穿着以及古怪的见解著称。她的弟弟奥斯伯特(1892～1969)也因在文学与艺术领地和假想敌作战的勇气而与姐姐及弟弟一起著称。其最著名的作品为回忆录,包括《左边!右边!》(1944)、《绯红色的树》(1946)、《多好的早晨》(1947)、《隔壁房间的笑声》(1948)以及《高尚的本质》(1950)。在这些作品中,他以发自内心的怀旧思绪刻画了一个逝去的贵族时代。小弟弟瑟谢佛勒尔(1897～1988)则以他关于艺术、建筑以及旅游的作品著称。他的《南方巴洛克艺术》一书(1924)成为许多有关学术研究的先驱。他的诗歌,诸如《人民的宫殿》(1918)和《格兰德河》,主要是用传统的风格写成,显示出他对艺术和音乐中规中矩的兴趣所在。

西貒 peccary 又称javelin。西貒科约3种新大陆具偶蹄的有蹄类动物,形如小猪。分布在得克萨斯州到巴塔哥尼亚一带,栖于荒漠和潮湿的热带森林中。体深灰色,有白

环颈西貒(*Tayassu tajacu*)
Jen and Des Bartlett-Bruce Coleman Inc.

色条斑,耳小而竖立,几乎无尾。体长达75～90厘米,体重15～30千克。有一臭腺开口于背部皮下,发出一种强烈的麝香似的气味,因此传说西貒有两个脐。上切牙似矛,以植物、小动物和尸肉为食。一般5～25只或50～100只一群生活,其群居数量依种类而不同。

西沃德 Seward, William H(enry)(1801～1872) 美国政治家。生于纽约州佛罗里达。1830～1834年任纽约州参议员,1839～1843年任州长。在任美国参议员期间,他是辉格党和共和党内反对奴隶制的领袖。作为A.林肯总统的顾问,他于1861～1869年任国务卿。他参与阻止外国政府承认南方邦联,并解决了"特伦特"号事件。1865年被J.W.布思的同谋者刺伤,后得以康复。他因1867年成功达成阿拉斯加购买的谈判而闻名,当时被批评家讥为"西沃德办的蠢事"。

西沃内人 Ciboney 加勒比海大安的列斯群岛的已灭绝的印第安人。在16世纪西班牙人抵达时,他们已被邻近更强大的泰诺人驱赶到现今的海地和古巴的一些偏远地方。他们的住区并不大,仅由一两户家庭组成,显然以海产为主食。古巴西沃内人的工具是以贝壳为主,而海地西沃内人的工具则以石制为主。在与欧洲人接触之后的一个世纪内即已消亡。

西西里 Sicily 意大利语作Sicilia。意大利岛屿和自治区。隔墨西拿海峡与意大利半岛相望。是地中海最大岛屿(面积25 460平方千米),岛上还有欧洲最高的活火山埃特纳火山。首府巴勒莫。因位于地中海战略地位中心,使得该岛一直处于历史的活动中心上。公元前8～前6世纪为希腊的殖民地。公元前3世纪成为罗马第一个行省。公元6世纪受拜占庭统治,965年被来自北非的阿拉伯人征服。1060年被诺曼人接收。12～13世纪和18世纪两次组成两西西里王国。19世纪时成为革命运动的中心;1860年自波旁王朝的统治下解放,1861年与意大利王国合并。农业是当地经济重心;工业包括炼油、食品加工、酿酒和造船。人口约5 016 861(2007)。

西西里晚祷 Sicilian Vespers(1282) 西西里人屠杀法国人的事件,该事件开始了西西里人对安茹国王查理一世的反叛。在亚拉冈佩得罗三世的支援下,西西里人在巴勒摩城圣神教堂晚课时把一些污辱他们的法国士兵杀死后开始了起义。全城人民行动起来,杀死了城中的2 000名法国居民。全西西里岛的人民开始叛变,并向亚拉冈人寻求帮助。这次叛变很快演变成亚拉冈和法国之间争夺西西里政权的战争。其争端最终以西西里人在1302年选择亚拉冈国王的弟弟腓特烈三世作为君王告终。

西乡隆盛 Saigo Takamori(1828～1877) 日本德川时期末和明治时期初的著名将领和政治领袖。作为来自萨摩领地的一个侍,西乡隆盛联合大久保利通和木户孝允密谋推翻德川幕府恢复帝制。他指挥军队从德川幕府中接管了皇宫,并且继续领导一场打击幕府支持者的战争。明治维新(1868)之后,他受命指挥新的皇家卫队。1873年他支持对朝鲜用兵,但意见被否决,后辞去政府职务。他在故乡鹿儿岛开办了一所军事学校,吸引了一些对政府不满的前武士(等级差异在1871年已经被废除)。1877年他的一些学生抢劫政府军火库,他本人被裹胁为首。这场叛乱持续了6个月,双方死亡约12 000人,包括西乡隆盛本人。他被日本人视为一个悲剧英雄。

西徐亚人 Scythians 又译斯基泰人。公元前8～前7世纪从中亚迁徙至俄罗斯南部的具有伊朗血统的游牧民族。为凶猛的武士,并且是最早的熟练骑兵,因此得以建立从波斯西部穿过叙利亚和犹太到埃及的强大帝国,并将辛梅里安人驱逐出他们在高加索和黑海北部的领地。他们被米底亚人(参阅米底)赶出安纳托利亚之后,仍占有波斯边界到俄罗斯南部的领土。约公元前513年他们击退波斯大流士一世的入侵。其文明产生于富有的贵族(西徐亚皇室),他们的坟墓中有制作精美的金质和其他珍贵材料制成的物品。军队由自由人组成。士兵献上敌人的首级便可分享战利品。他们的武器有双曲弓、三叶草形的箭,以及波斯剑。葬礼要以死者的妻子和仆人当做祭品。公元前5世纪西徐亚人皇室与希腊人通婚。公元前2世纪西徐亚被萨尔马特人摧毁。

西绪福斯 Sisyphus 希腊神话中的科林斯国王,被罚在冥府把一块巨石推到山上,巨石滚下后再推上去,永无休止。他是埃俄罗斯的儿子、格劳科斯的父亲。当死神来抓他时,他将死神捆了起来,因此在阿瑞斯前来帮助死神逃脱以前,没有一人死掉。当他要被带到地狱时,他嘱咐他的妻子不要把他安葬。当他到达冥府时,他被允许返回人间惩罚他的妻子,因此活到了很大的年纪,直到死神第二次带他走。他的伎俩使他受到冥府的惩戒。

西雅图 Seattle 美国华盛顿州城市和海

港。为该州最大城市，也是太平洋西北地区的商业、工业和金融中心。位于埃利奥特湾（皮吉湾）和华盛顿湖之间，两侧为奥林匹克山和**喀斯喀特山脉**。1853年规划，历经印第安人的进攻（1856）、反华骚乱（19世纪80年代），以及一场灾难性的大火（1889），现在成为通往东方和阿拉斯加州的门户港口。19世纪90年代是育空和阿拉斯加淘金热的主要补给站。第二次世界大战为这座城市带来了极大的繁荣，造船和飞机制造工业起到了重要作用。1962年世界博览会的会址西雅图中心有一根长185米的太空针。教育机构有华盛顿大学（1861）。人口约608 660（2010）。

西印度群岛 West Indies 包围**加勒比海**的岛群。位于北美洲东南方和南美洲北方，被分成几个岛群：大安的列斯群岛，包括**古巴**、**牙买加**、伊斯帕尼奥拉岛（**海地**和**多米尼加共和国**）和**波多黎各**；小安的列斯群岛，包括维尔京群岛、向风群岛、**背风群岛**、**巴巴多斯**，委内瑞拉以北加勒比海南部的岛屿（大致上是**特立尼达和多巴哥**）和**巴哈马**。**百慕大**虽然在地形上并不属于西印度群岛，但常被归入这一地区。

西印度铜像 Western Indian bronze 6～12世纪及其后盛行于印度的一种金属雕刻，主要在今古吉拉特邦和拉贾斯坦邦。铜像大部分是**耆那教**神像，如救世主渡津者像；还有

勒舍婆那陀，9世纪马哈拉施特拉邦肯代什西部的西印度铜像
P. Chandra

供祭祀用的东西，如香炉和灯台。神像大都是作为私人奉祀的小尊铜像，用失蜡法铸成，眼睛和饰物常用银或金嵌成，明显具有笈多时代的风格。

西约克郡 West Yorkshire 英格兰北部都市郡，以韦克菲尔德为中心。原是一个行政单位，1986年都市郡失去了行政权力，现在是地理上和形式上的郡，无行政权。盎格鲁-撒克逊人和东部的斯堪的纳维亚人建立了第一处居民点。15世纪时曾发生数次战役，纺织工业也在此时得到发展。18、19世纪因煤储量大而拥有丰富的水力和火力资源，刺激了该地区的工业成长。当机械工业兴起时，纺织业仍有其重要性。人口约2 079 217（2001）。

吸虫 fluke 又作trematode。近6 000种寄生性扁虫的通称，世界性分布。体长5毫米至10厘米。常寄生于鱼、蛙和龟体；但也寄生于人体、家畜和无脊椎动物（如贝类、甲

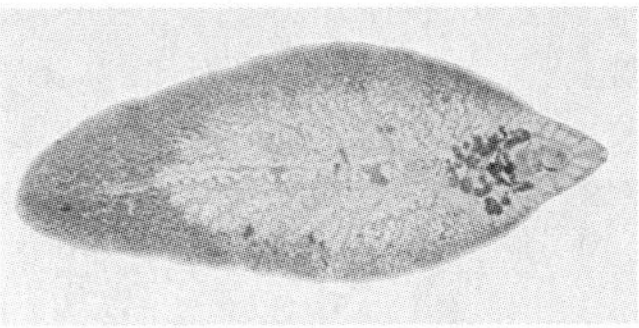

肝片吸虫（*Fasciola hepatica*）
Grant Heilman

壳类）。外寄生、内寄生或半外寄生（吸附于口腔壁、鳃或泄殖腔），有的仅寄生于一个宿主，有的需两个或两个以上宿主才能完成生活史。多数扁平，叶状或带状，但有的横切面呈圆形。底面有吸盘及钩、刺用以吸附于宿主。感染吸虫会引起疾病（如**血吸虫病**），甚至造成人类死亡。

吸气音 click 语音学术语。口腔内任何一个部位所发出的一种吸气音。许多非洲语言里都有吸气音，而在其他语言里则常用作感叹音。例如，英语用tsk、tsk表示不赞成。吸气音是**科伊桑诸语言**和**班图诸语言**的辅音系统的正规部分，其中班图诸语言受科伊桑语（包括祖鲁语和科萨语）影响很大。

吸血蝠 vampire bat 吸血蝠科3种吸血蝙蝠的统称，原产于美洲热带。棕色，无尾，体长约6～9厘米，体重约15～50克。跑动迅速，跳跃灵活。它们聚居在山洞、树洞和阴沟，夜间离开隐蔽的栖息处，在近地处低飞觅食。吸血蝠吸食熟睡的鸟类和哺乳动物，偶尔也吸人血，用尖利的切牙在它们身上咬一个小口（常不惊动被吸血的动物），从切口中舔食流出的血。所咬的伤口不大，但可能传染狂犬病或其他疾病。

吸血鬼 vampire 传说中的吸血动物，夜晚离开墓穴，有时变为蝙蝠出现，吮吸人血。它们在破晓前必须回到墓穴或进入装满它出生地泥土的棺材。虽然在亚洲、欧洲都普遍有

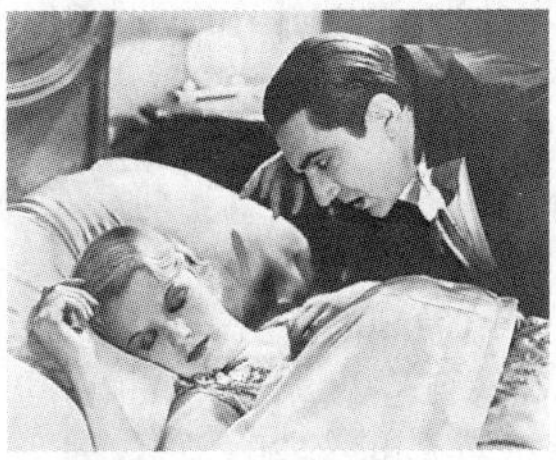

B.卢戈希在影片《德拉库拉》（1931）中饰演的吸血鬼
By courtesy of Universal Pictures; photograph, the Bettmann Archive

吸血鬼的说法，但这主要是匈牙利和其他斯拉夫地区的传说。1725～1732年间在塞尔维亚挖掘出据村民说是饱含液体的尸体，此后吸血鬼的迷信在西欧引起人们极大的兴趣并想象出各种应对办法。吸血鬼可能是死人（异教徒、罪犯或自杀者）咬穿活人的喉咙而吸取血液，以保持它们的生命；受害者死后也变成吸血鬼。吸血鬼没有影子也没有镜像。出示十字架或大蒜做的花环可抵挡吸血鬼。吸血鬼可以用橡木椿穿刺其心，或使它们暴露在阳光下将其杀死。最有名的吸血鬼是B.斯托克在他的小说《德拉库拉》（1897）中创造的。

吸烟 smoking 从香烟、雪茄或烟斗中吸入燃烧的植物原料（尤其是烟叶）的有害烟雾。尽管社会学和医学都有反对使用烟草的论证，但人们依然在世界各地吸烟。**尼古丁**是烟叶中一种让人上瘾的**生物碱**，能够起到刺激和镇定心理状态的作用。烟叶燃烧后产生的焦油（残留物）和气体有许多不利于健康的作用。它们包括**肺癌**、胰腺癌、**喉癌**、心脏病、**中风**、**肺气肿**和慢性**支气管炎**。吸烟还会增加其他与健康有关的风险因素（**石棉沉着病**）。一个吸入二手烟（例如从点燃的烟头冒出的烟）的不吸烟者同样增加了患有上述疾病的风险。二手烟还增加了**婴儿猝死综合征**的风险。医生指导计划以及尼古丁贴剂和戒烟口香糖都会对那些想要戒烟的人有帮助。还有很多广泛宣传的戒烟方法，比如催眠术、针灸和草药治疗等。正当许多欠发达国家的吸烟人数增加时，在健康意识强的西方社会吸烟现象已经大为减少。

希波克拉底 Hippocrates（公元前460～前375） 希腊医生，被誉为医学之父。在他一生当中，他是受人钦佩的医生和教师。**柏拉图**和**亚里士多德**在他们自己的多部书中提

希波克拉底，罗马胸像，仿希腊原作，约公元前3世纪。现收藏于意大利
By courtesy of the Soprintendenza Alle Antichita Di Ostia, Italy

到他，亚里士多德的学生米诺也讲述到希波克拉底提出的疾病成因。《希波克拉底文集》是为埃及的亚历山大图书馆而汇集的。大约有60部署名希波克拉底的医学著作保留了下来，但其中大部分不是由他所写。该文集讲述了解剖学、临床学科、妇幼疾病、病情预断、药物疗法、外科手术和医学道德准则。希波克拉底誓言（怀疑并非出自他本人）也收入文集当中。在该誓言中，规定医生对医学学生的责任和学生对老师的义务；要求医生保证只给患者开利于治疗的药物，不得伤害患者，并且终生为人楷模。

希伯来律法 Hebraic law 古代以色列人

的法典，见于《旧约》的许多章节。通常区分为3部各自独立的法典：约书或约典、申命法典、祭司法典。约书见于《出埃及记》第20～23章，和比它更早的巴比伦人的《汉穆拉比法典》相似。申命法典见于《申命记》第12～26章，是对较早的以色列律法的重新解释或修正，并用于脱离迦南和其他地方的影响（参阅申命改革）而崇拜雅赫维（神）。祭司法典载于《出埃及记》的许多章节、《利未记》全部以及《民数记》的大部分，多记载祭典仪规。

希伯来语　Hebrew language　属闪米特语西北支，为犹太教的祭祀语言和现代以色列的国语。同阿拉米语（与它关系密切）一样，希伯来语有文献记载的历史已近3 000年，最早完全证实的希伯来语阶段是圣经希伯来语：较早的部分（"标准圣经希伯来语"）溯自公元前500年以前，甚至包括较古老的诗篇文字；较晚的部分（"晚近圣经希伯来语"）约形成于公元前500～前200年。后圣经希伯来语（又称密西拿希伯来语或拉比希伯来语）具有早期（希伯来语可能在某种程度上还算是一种国语时）及晚期（约于公元200年之后，当阿拉米语成为南亚犹太人的日常用语时）的特色。6～7世纪标志着过渡到中古希伯来语的时期。希伯来语再度复兴为以色列国语与18世纪的哈斯卡拉运动和20世纪的犹太复国主义有密切关系。在以色列和国外讲现代以色列希伯来语的人数约有500万人。其发音在整体上与德系犹太语和西班牙系犹太语之间有很大的差别（参阅德系犹太人和西班牙系犹太人）。参阅希伯来字母。

希伯来字母　Hebrew alphabet　用来书写希伯来语的文字，也用来书写犹太人作为当地方言的其他若干语言，包括拉迪诺语、意第绪语。如今使用的22个现代字母的字母表仅稍微有别于公元前数世纪犹太文献所采用的文字——用来书写皇家阿拉米语的方体字。采用这种文字之前，希伯来文是借用腓尼基人的线体字，可以追溯到公元前9世纪；虽然线体字逐渐不受犹太人喜爱，但撒马利亚人（犹太教古代分支）却持续使用到现代。希伯来文从右到左书写，字母形状（至少在最初）仅代表辅音，后来某些辅音被用来表示特定位置的元音，到了公元600年左右，一种辨别系统，或"点"，被用来呈现《圣经》文字中所有的元音。

希伯伦　Hebron　阿拉伯语作 Al-khalil。约旦河西岸城市，在耶路撒冷的西南部。由于这里是始祖亚伯拉罕的故乡和安葬地（麦比拉洞），所以被视为犹太教和伊斯兰教的圣城。公元前10世纪，国王大卫曾一度把这里当作他的都城。除了在12世纪曾被十字军占领过一段时间外，该城市受多个穆斯林王朝的统治，从公元635年一直延续到第一次世界大战（1914～1918）之后。从20世纪20年代初到1948年第一次阿以战争爆发，这里一直是英国的巴勒斯坦托管地的一部分，后来该地被外约旦（后改名为约旦）控制。1950年该市与西岸的其他地方一起被约旦兼并，但在六日战争（1967）期间被以色列占领。以色列军队对该市的全权管理一直持续到1997年，后来以色列和巴勒斯坦解放组织达成协议，部分以色列军队从希伯伦和约旦河西岸其他城市撤出。人口约160 500（2005）。

希俄斯　Chios　又作 Khíos。希腊岛屿。位于土耳其以西爱琴海8千米处。原为火山岛，长约48千米，宽13～24千米，面积831平方千米。在古代，该岛以荷马的出生地而著称。爱奥尼亚人最早移民来此，但公元前546年臣服于波斯。尽管后来成为提洛同盟的成员，但却屡次反抗雅典。后来在罗马、威尼斯、热那亚和奥斯曼帝国相继统治下，经济繁荣。巴尔干战争（1912～1913）结束后该岛归还给希腊。希俄斯市是主要自治市。

希尔　Hill, Joe（1879～1915）　原名 Joel Emmanuel Hägglund。瑞典裔美国歌曲作曲家、世界产业工人联盟（IWW）的组织者。约于1902年移民美国，1910年加入IWW。他的那些表达抗议和团结的歌曲非常流行，其中有一首《传教士和奴隶》，唱词中他创造了"天上的馅饼"这一短语，用来挖苦那些等待来世酬报的逆来顺受者。1914年他在盐湖城被捕，罪名是在抢劫过程中杀害了一名杂货商和他的儿子。仅根据间接证据，他就被判有罪，法院全然不顾群众的游行抗议。由行刑队执行枪决。他的死使他成为激进的美国劳工运动的烈士。

希尔伯特　Hilbert, David（1862～1943）德国数学家。他的工作目标是要建立数学的公式化基础。1884年他在柯尼斯堡大学获得博士学位，1895年转到了格丁根大学。1900年在巴黎举行的国际数学家大会上，他列举了23个研究问题，向20世纪的数学提出挑战。从那以后，许多问题已经解决了，每解决一个问题他都受到赞誉。他的名字突出地与一个叫做希尔伯特空间的无穷维空间联系在一起，这是一个在数学分析学和量子力学中都很有用的概念。

希尔德加德（宾根的）　Hildegard von Bingen（1098～1179）　德国女隐修院院长和有幻觉的神秘主义者。1136年她成为迪西博登堡本笃会隐修院副院长。自幼屡见异象，最终获准写出《西维亚斯》（1141～1152）一书。书中记录了26种异象，有预言，有象征，还有天主的启示；以后又出过两本续集。约1147年，她在鲁珀茨堡建立了一个女隐修院，在那里她继续发布预言。她以"莱茵河的女预言家"而知名，欧洲最有权势和最著名的人物都来征求她的建议。她的其他著作还有：一部说教剧本、一部圣徒传记、关于医药和博物学的多篇论文以及大量的书信。她的《上天启示的和谐旋律》一书中包含了77首抒情诗，全部配有专门的音律。显然，她是西方传统上第一个其音乐作品为人所知的女作曲家。虽然她长期被看做是圣徒，但她却从未正式受封。

希尔顿　Hilton, Conrad (Nicholson)（1887～1979）　美国实业家，世界上最大的旅馆业组织之一的创始人。生于新墨西哥州圣安东尼奥。幼年时曾帮助父亲把家里的砖坯房改造成供过路推销员用的小客店。1918年其父去世后，他买下了得克萨斯州的几家旅馆。1939年，他在加利福尼亚、纽约、伊利诺伊等州以及其他地方兴建、租用和收购旅馆。1946年组成希尔顿饭店公司。随着业务向海外发展，1948年又组成希尔顿国际公司。以后经营日益多样化，包括一个信用卡公司和一个汽车租赁企业。1966年他的儿子巴伦接手其总裁之职。

希尔曼　Hillman, Sidney（1887～1946）原名 Simcha。立陶宛裔美国劳工领袖。1907年移民到美国，成为一名制衣工人。1914年当选为美国服装工人混合工会主席。在他的领导下，该工会会员人数大增，会员争取到了失业保险，还开设了两家银行。他在各种新政的劳工组织里任职，包括国家复兴署。他帮助建立了产业组织代表大会，并一直为它积极活动直到去世。

希夫　Schiff, Jacob H(enry)（1847～1920）德裔美国金融家和慈善家。1865年移民美国，1875年加入库恩-洛布公司的投资银行。1885年继承岳父成为该公司总裁，是美国最主要的铁路银行家之一。他在数家横贯大陆的铁路公司的重组中起到了关键作用，尤其是联合太平洋铁路公司和北太平洋铁路公司的重组。日俄战争期间，他在美国出售日本债券，并因此受到日本天皇嘉奖。他的广泛的慈善活动包括对巴纳德学院和犹太神学院的大量捐助。

希吉拉　Hegira　又作 Hejira。阿拉伯语作 Hijra，意为"迁徙"。指622年先知穆罕默德自麦加迁到麦地那以避迫害之事，此举也是为了在那里创建一个信奉者团体。伊斯兰教纪元自此开始。第二代哈里发欧麦尔·伊本·哈塔布开始以迁居的那一年事件为穆斯林历的起点，现在年份以希吉拉纪元 AH（拉丁文 *Anno Hegirae* 的缩写）来表示。当年追随穆罕默德迁到麦地那的门徒称撒哈比（圣门弟子）。

希科克　Hickok, Wild Bill（1837～1876）原名 James Butler。美国边疆拓荒者。出生于

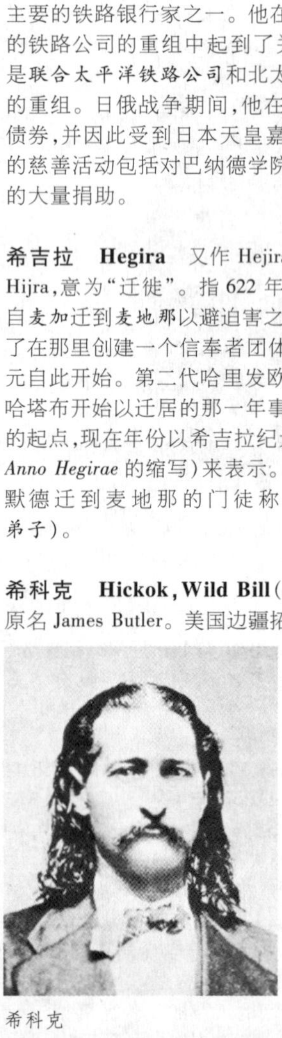

希科克

Culver Pictures

伊利诺伊州特洛伊格罗夫，后来迁往堪萨斯种田，之后曾在堪萨斯的蒙蒂塞洛镇担任警官。1861年当驿站马车赶车人时，曾驾车击毙歹徒D.麦坎尔斯，从而开始了他的神枪手传奇故事。南北战争时期参加联邦军队，当过侦察兵和间谍，后任美国联邦法院代理执行官（1866～1867）。他还担任过海斯市的警长（1869～1871）和阿比林的执行官（1871），用铁腕帮助制服堪萨斯诸城镇。1872～1874年随水牛比尔的西大荒演出团巡回演出。抵达达科他准州的黑山金矿后，他在酒店打扑克牌时被陌生的醉汉J.迈克用枪打死。

希克斯　Hicks, Edward（1780～1849）　美国自然派画家。生于宾夕法尼亚州阿特尔伯勒。早年曾为仪礼马车作彩画并作广告画，中年才开始画田园景色和风景画。虽害怕艺术创作有违其贵格会宗教信仰，但认为艺术或可带来生命的意义，故常在画面上写有带教诲意义的诗句。作品以《宁静的王国》最为闻名，共约100幅，约25幅留传至今。在这些动人的贵格会盛大场景中，W.佩恩出现在画面左方，正在与印第安人谈判，同时画面右侧聚集了一些动物，孩子们玩耍于其间。

希克斯绘《康奈尔农场》（1848），现藏华盛顿国家美术馆

By courtesy of the National Gallery of Art, Washington, D. C., gift of Edgar William and Bernice Chrysler Garbisch

希克斯　Hicks, John R(ichard)（1904～1989）　后称Sir John。英国经济学家。曾在几所大学任教，最著名的是牛津大学，1964年封爵。最优秀的著作为《价值与资本》（1939），它有助于解决商业周期理论与均衡理论之间的基本冲突，主张经济力量并非单纯反映循环趋势而是趋于互相平衡。1972年与K.阿罗共获诺贝尔经济学奖。

希拉波利斯　Hierapolis　古城，今在叙利亚，位于阿勒颇东北方。为叙利亚女神阿塔迦蒂斯的崇拜中心，因而成为希腊人的圣城。3世纪时为叙利亚最大城市之一，以后衰落。8世纪末，哈伦·赖世德加以重建，12世纪被十字军占领，1175年被萨拉丁夺回，后成为蒙古人大本营，继之被彻底毁掉。

希拉毒蜥　Gila monster　毒蜥科两种有毒蜥蜴之一，学名*Heloderma suspectum*。原产于美国西南部和墨西哥北部，以希拉河谷地得名。体粗壮，可长到50厘米左右。体具黑色和浅红色斑纹或条纹，鳞片为串珠状。天气和暖时夜出觅食，以小型哺乳动物、鸟类和各种动物的卵为食。其尾部和腹部可储存脂肪，以备冬季耗用。动作迟缓，但咬啮有力。多数牙上有两道沟槽，以便引出下颌毒腺的分泌物，但很少能致人死亡。墨西哥串珠蜥（*H. horridum*）是另一种有毒蜥蜴。

希拉河　Gila River　美国新墨西哥州和亚利桑那州河流。发源于新墨西哥州西南部的埃尔克山脉，向西流，过沙漠地，在亚利桑那州尤马汇入科罗拉多河。全长1 015千米。在亚利桑那州格罗布附近建有柯立芝大坝（1928），用于灌溉，并与索尔特河上的罗斯福大坝将所有可获得的地表水都蓄存起来。因此希拉河床一直到科罗拉多河段都是干的，其河谷地是希拉毒蜥主要栖息地。源头附近有希拉悬崖住所国家保护区。

希拉克　Chirac, Jacques(René)（1932～　）　法国总统（1995～2007）。1967年作为戴高乐主义者入选国民议会。1974～1976年担任法国总理，因与总统吉斯卡尔·德斯坦政见不合而辞职，另成立新的戴高乐主义组织——保卫共和联盟。1981年他第一次竞选总统，因保守党的选票分散而使得社会党的F.密特朗取胜。右翼势力在议会选举中获胜之后，形成一种少见的分权局面，密特朗后来任命他为总理（1986～1988）。虽然在1988年的总统选举中希拉克又尝败绩，但在1995年第三次竞选时终于当选。2002年以压倒性优势击败J.-M.勒庞再次当选总统。2007年6月卸任法国总统。

希拉里　Hillary, Sir Edmund (Percival)（1919～2008）　新西兰登山运动员和探险家。出生在奥克兰，是一名专业养蜂人，但喜欢攀登新西兰的阿尔卑斯山。1951年，希拉里加入一个从中路攀登喜马拉雅山的新西兰登山队，然后继续协助勘查珠穆朗玛峰南坡。1953年，作为英国的珠穆朗玛峰探险队成员，希拉里和登京格·诺尔盖一起于5月29日登上峰顶，成为已知最早征服珠峰的人。这个成就使希拉里名扬天下，同年受封为爵士。1958年他参加了首次驾车穿越南极的探险活动。从20世纪60年代起，希拉里帮助尼泊尔的夏尔巴人修建了一些学校和医院。

希拉里，摄于1956年

UPI

希腊　Greece　全称Hellenic Republic（希腊共和国）。欧洲东南部巴尔干半岛国家。面积：131 957平方千米。人口：约10 893 000（2013）。首都：雅典。人民以希腊人占大多数。语言：希腊语（官方语言）。宗教：基督教，主要为东正教（国教）。货币：欧元。地形与海洋紧密相关，有岛屿2 000多个，海岸线很长。境内多山，只有大约1/5的地方是低地，大多为爱琴海沿岸的沿海平原或山谷及河口附近的小平原。内陆地形主要是品都斯山脉，从西北部的阿尔巴尼亚边界处延伸至伯罗奔尼撒，奥林匹斯山是全国最高峰。主要岛屿有爱琴群岛、爱奥尼亚群岛和克里特岛。属地中海型气候。经济主要以农业、制造业和旅游业为基础，私有企业占大多数。希腊为单一制多党制共和国，一院制。国家元首为总统，政府首脑是总理。公元前2000年在克里特岛上以宫殿为中心的弥诺斯人，是希腊最早的城市社会。其后随着印欧民族的人侵，在公元前1600年兴起了大陆本土的迈锡尼文明。公元前1200年左右第二波入侵摧毁了青铜器时代诸文化，随之而来的是荷马史诗中多次提到的黑暗时代。这一时期末，古希腊以一个独立城邦的联合体开始形成（约公元前750），包括伯罗奔尼撒的斯巴达和阿提卡的雅典。这一文明在公元前5世纪初击退波斯人入侵后达到顶峰，但在该世纪末的伯罗奔尼撒战争的内战纷扰中开始走下坡。公元前338年马其顿的腓力二世占领了希腊诸城邦，其子亚历山大大帝将希腊文化传遍整个帝国。公元前2世纪深受希腊文化熏陶的罗马人征服了希腊诸城邦，罗马覆亡后，希腊仍是拜占廷帝国的一部分，直到公元15世纪中叶，成为日益扩大的奥斯曼帝国的一部分。1832年获得独立。第二次世界大战期间被纳粹德国占领，其后内战爆发，持续到1949年共产党军队战败方告结束。1952年加入北大西洋公约组织。1967年发生军事政变，到1974年才恢复民主制度，同年公民投票废除了希腊的君主政体。1981年加入欧洲共同体（参阅欧洲联盟）。20世纪90年代的巴尔干动乱，使得希腊与几个邻近国家的关系趋于紧张。2001年修改宪法。希腊是古代奥林匹克运动的发祥地，首都雅典于1896年举办首届现代奥运会。2004年再次举办夏季奥运会。

希腊法 Greek law 古代希腊的法律制度。每一城邦各具有其自订的法律,其中许多为成文法。严酷的**德拉古**法典和较人道的**梭伦**法典,是许多法典中最著名的两本。虽然哲学家们的旨趣在于发掘抽象的公正标准,但是不同于**罗马法**,希腊法律只有少量的**法理学**分析。担任审判的审理官将判决建立在成文法律字面含义的基础上,而不是依据含糊的公平概念。个人诉讼与公诉都必须将被告传至对本案具有裁判权的地方长官,并须向其呈递书面申诉状,以便初步审查。**仲裁**的形式也存在于民事诉讼中。在个人诉讼案中胜诉的原告,通常必须自行执行该项判决。

希腊复古式 Greek Revival 19世纪前半叶,以公元前5世纪希腊神庙为范本流行于整个欧洲和美国的建筑风格,为当时社会被希腊文化吸引的表现。建筑师经常在现有的建筑物正面增加希腊式的柱子,银行和公共机构模仿多利斯神庙的建筑。希腊复古式的房子通常炫耀由大尺度的壁柱和重新装饰的山花组成的大型门廊。在美国,希腊复古式包括许多新奇的扭曲手法,也被大量采用。伦敦大英博物馆(1847)的建筑设计使用了大尺度的希腊爱奥尼亚柱式,是希腊复古式在英国的最强有力的表现。参阅**新古典建筑**。

希腊化时代 Hellenistic Age 在地中海东部和中东自**亚历山大大帝**逝世(公元前323)至罗马征服埃及(前30)之间的历史时期。亚历山大和他的继承者们建立的各代希腊君主政权控制了从希腊到阿富汗的辽阔地区。马其顿的安提柯王国、中东部的塞琉西王国和埃及的托勒密王国传播了希腊文化,融合了希腊人和非希腊人,也混合了希腊要素与东方要素。他们产生了有效的官僚体制,以及以**亚历山大**为基地的一种通俗而有创造力的文化。公元前280～前160年间的艺术、文学和科学发展尤为繁荣。当罗马逐渐强盛时,希腊化各国便开始衰落,罗马人先后打败马其顿和米特拉达梯六世的军队,并把这些王国和他们的联盟国改为罗马各行省。在埃及卷入**M. 安东尼**和屋大维(**奥古斯都**)之间的内战后,成为最后落入罗马人手中的国家。

希腊燃烧剂 Greek fire 数种古代和中世纪战争所使用的可燃混合物的统称,尤指7世纪拜占廷希腊人首创的石油基混合物。诸如沥青或硫这类可燃物早在古代就已被用于战争中,但真正的希腊燃烧剂是最致命的。装入罐内投掷或由发射管发射,显然它会自燃,而且无法用水扑灭。希腊在673年攻击君士坦丁堡时,即利用战舰上的炮管发射希腊燃烧剂,成功地大败阿拉伯舰队。希腊燃烧剂在战争中的奇效,是拜占廷帝国能长期存在的主要原因。其制法因系密传,确切成分至今不详。

希腊神话 Greek mythology 口头或文字上一切有关古希腊人的神、英雄、自然和宇宙历史的传说。今日所知的希腊神话或传说大多来源于希腊文学,包括如**荷马**史诗《伊利亚特》和《奥德赛》,**赫西奥德**的《工作与时日》和《神谱》,**奥维德**的《变形记》等经典作品,以及**埃斯库罗斯**、**索福克勒斯**和**欧里庇得斯**的戏剧。神话谈到诸神与世界的起源、诸神争夺最高地位及最后由**宙斯**取得胜利的斗争、诸神的爱情与争吵、神的冒险与力量对凡世的影响,包括与暴风或季节等自然现象和崇拜地点与仪式的关系。希腊神话和传说中最有名的故事有**特洛伊战争**、**奥德修斯**的游历、伊阿宋寻找金羊毛、**赫拉克勒斯**的功绩、**忒修斯**的冒险和**俄狄浦斯**的悲剧。参阅**希腊宗教**。

希腊陶器 Greek pottery 古代希腊人制造的陶瓷,陶器上的图饰成为了解希腊绘画艺术发展过程的主要来源。根据不同用途,大小和形状也各不相同:大型的器皿主要用于储藏和运送液体(酒、橄榄油、水),较小的陶罐则用来装香水和药膏。最早的风格,即**几何图形风格**(约公元前1000～前700),以几何装饰图案为特色,后来发展出格式化的人物形象描述故事场景。从公元前8世纪末到前7世纪初,东方的影响日益增加,形成"东方化"主题(如狮身人面怪、狮身鸟首兽),著名的为科林斯制陶器(约公元前700),当时的画家创造出黑彩陶器。雅典人采用了这种黑彩陶器风格,从公元前600年开始雅典渐渐成为希腊制造陶器的重镇,并在公元前530年左右发明**红彩陶器**。到了公元前4世纪,陶器图案已衰退,至该世纪末已在雅典消亡。

希腊语 Greek language 主要通行于希腊的**印欧诸语言**。其发展历史可分为4个阶段:古代希腊语、古希腊共同语、拜占廷希腊语和现代希腊语。古代希腊语又分为迈锡尼希腊语和古典标准希腊语,后期发展出许多**方言**(例如爱奥尼亚语、阿提卡语)。第二阶段的古希腊共同语(希腊化的希腊语)兴起于公元前4世纪亚历山大大帝时期,共同语加上简化的语法,在希腊化时代广为传播。认为古希腊共同语是不标准的阿提卡语而拒绝使用的纯粹主义者,成功地提倡使用古代语来写作,因此书面语体的拜占廷希腊语(公元5～15世纪)仍根植于雅典学派传统中,口语则继续发展。现代希腊语从15世纪开始发展,并衍生出许多地方性方言。标准现代希腊语,现为希腊官方的口语和书写语言,主要根据通俗希腊语(使用于大众口语)而来,但包含了纯正希腊语的元素在内,而其书写形式过去使用于政府文件与公共生活。

希腊正教会 Greek Orthodox Church 独立的希腊东正教教会。有时也被误用于泛指**东正教**。希腊正教会一直都属于君士坦丁堡牧首区之下,直到1833年才独立出来。由67名都主教治理,统归1名大主教管辖。

希腊字母 Greek alphabet 约公元前1000年在希腊发展起来的文字体系,是现代欧洲一切字母的直接或间接的祖先。经**腓尼基人**从北闪米特字母派生而来。它把闪米特字母中所有代表辅音的符号改为代表元音的符号,而将希腊语中没有的音符字母变成希腊语字母 *alpha*、*epsilon*、*iota*、*omicron*、*upsilon*,以表示 *a*、*e*、*i*、*o*、*u* 5个元音字母,大大增进了这种新文字体系的精确度和易读性。在希腊字母变体卡尔西迪字母可能衍生出意大利埃特鲁斯坎字母,并间接影响后来的**拉丁字母**时,公元前403年雅典正式采用了爱奥尼亚字母。它此后成为古典的希腊字母,有24个字母,皆由大写字母组成,适于制作碑铭;之后数种适合手写的字体由此派生而来。

字母	英语发音	名称	字母	英语发音	名称
Α α	*a*	alpha	Ν ν	*n*	nu
Β ϐ, β	*b*	beta	Ξ ξ	*x*	xi
Γ γ	*g*	gamma	Ο ο	*o*	omicron
Δ δ	*d*	delta	Π π	*p*	pi
Ε ε	*e*	epsilon	Ρ ρ	*rh, r*	rho
Ζ ζ	*z*	zeta	Σ σ, ς	*s*	sigma
Η η	*ē*	eta	Τ τ	*t*	tau
Θ θ	*th*	theta	Υ υ	*y, u*	upsilon
Ι ι	*i*	iota	Φ φ	*ph*	phi
Κ κ	*k*	kappa	Χ χ	*kh*	chi
Λ λ	*l*	lambda	Ψ ψ	*ps*	psi
Μ μ	*m*	mu	Ω ω	*ō*	omega

现代希腊字母,附英语发音

希腊宗教 Greek religion 古希腊人的信仰、仪式与神话的统称。虽然对天神**宙斯**的崇拜最早开始于公元前2千纪,但有确定意义的希腊宗教开始于公元前750年左右,并持续了一千余年,其影响遍及地中海及其以

希腊神祇

埃俄罗斯	风神	赫利俄斯	太阳神
阿佛洛狄特	爱、美和生殖女神	赫菲斯托斯	火和锻冶之神
阿波罗	阳光、预言、音乐和诗歌之神	赫拉	天后、婚姻和妇女之女神
阿瑞斯	战神	赫耳墨斯	诸神的使者，商业、丰产和睡梦之神
阿尔特弥斯	动物、狩猎和丰产女神	赫斯提	女灶神
雅典娜	智慧女神	艾丽丝	彩虹女神、诸神的使者
玻瑞阿斯	北风神	摩耳甫斯	睡梦之神
赛比利	诸神、人类和动物之母	涅墨西斯	报应女神
得墨忒耳	果实、丰产和植物之神	奈基	胜利女神
狄俄尼索斯	酒神	潘	牧场、森林和牧群之神
厄俄斯	曙光女神	珀尔塞福涅	冥后
厄洛斯	爱神	波塞冬	海神
盖亚	大地女神	瑞亚	诸神之母
哈德斯或普路托	冥王	塞勒涅	月亮女神
赫伯	青春女神	乌拉诺斯	天空之神
赫卡忒	魔法、鬼和巫术女神	宙斯	天神

外的地区。希腊人崇拜很多神，被认为能主宰种种自然的或社会的力量，例如波塞冬司掌海洋、得墨忒耳管收获、赫拉司掌婚姻。不同地区崇拜不同的神祇，但荷马的史诗为这些神创立了一个统一的宗教，据信主要的神都住在奥林波斯山上，受宙斯管辖。希腊人也礼拜乡间的种种神祇，例如潘、仙女、纳伊阿得斯、树神、涅瑞伊得、萨堤尔，以及复仇女神和命运女神；此外，亡故的英雄人物，如赫拉克勒斯和阿斯克勒庇俄斯，也受到崇拜。牲畜祭品极为重要，通常供在神庙中的神坛前。其他礼拜活动包括祈祷、献酒、游行、运动竞赛和占卜（特别是借神谕或鸟而作）。大型宗教节庆有在雅典的酒神节和在西伯罗奔尼撒为宙斯举行的庆典，包括奥林匹克运动会。死后的世界被视为是一个充满怨恨的地方，死者住在哈得斯的国度里，只有英雄能前往埃律西昂，作恶多端的人在塔尔塔罗斯受处罚。为了满足个人想要获得指引、救赎或永生的渴望，因而有秘传宗教的出现。希腊宗教因为基督教的兴起和最大的护持者尤里安在363年去世而衰落。参阅希腊神话。

希勒　Schiele, Egon（1890～1918）　奥地利画家、描图家和版画家。受到青年风格思潮的强烈影响，其作品的线条感和精致性受到了G.克里木特高雅的装饰手法的影响，但他常常强调超越装饰的表现，用激动紧张的线条来加强感情的力量。他率直、炽热和色情的形象处理曾引起轰动。他在1912年因粗鄙的行为而一度遭监禁。他的风景画展现了同样的色彩质地和线条。1918年的维也纳画展为他的作品专门开辟了一间展室。他于1918年因流感去世，从那时起他被认为是表现主义的伟大画家之一。

希勒尔　Hillel（活动时期公元前1世纪～公元1世纪）　犹太哲人，拉比犹太教的缔造者。他生在巴比伦境内，后前往巴勒斯坦，从法利赛人完成学业。他成为以他的名字命名的学校希勒尔学院的受尊敬的领导，他谨慎的注释方法被称为希勒尔"七规则"。他把经文从死板的逐字逐句的解释中解放出来，设法让所有的犹太人理解经文和律法的真意。他的律法文章对《塔木德》的编纂有着重大影响，《塔木德》一书中也包含了关于他的许多故事和传说。人们将他视作一位模范学者和大众的领袖，所有拉比人都竭力仿效他的才华、耐心和善良。

希雷河　Shire River　位于马拉维南部和莫桑比克中部的河流，也是马拉维最重要的河流。全长402千米。源出马拉维湖南岸，汇入赞比西河。在马拉维境内流经80千米的峡谷区，大小瀑布连续不断，总落差达384米。在利翁代修建的拦河大坝能起到调节马拉维湖的流量和起到防洪的作用。

希里科　Chirico, Giorgio de（1888～1978）　意大利（希腊出生的）画家。父母均为希腊人，曾在慕尼黑学习绘画，并开始将古怪的和常见的造型排列在一起，构成奇特的画面。1911年搬到巴黎，在那里他创作出带有古典雕塑的废弃阳台、孤独的人物以及令人感到压抑的建筑等一系列不祥的场景。他的作品中的神秘色彩对20世纪20年代的超现实主义产生了重大影响。他被认为是"形而上绘画"的先驱之一，其他两位分别是C.卡拉和G.莫兰迪。

希利亚德　Hilliard, Nicholas（1547～1619）　英国画家。金匠的儿子，被培养成为一个珠宝匠，并在年轻时开始画细密画。1570年被选为伊丽莎白一世的细密画师。他画了许多女王及宫廷人物肖像，如F.德雷克和W.雷利等人的像。1603年詹姆斯一世继位后，希利亚德仍保持着原有职位，同时也做金匠和珠宝匠。他是文艺复兴时期英国第一位本土出生的伟大画家，他把细密画艺术推向了发展的顶点，并影响了17世纪初期英国的肖像画。

希律　Herod（公元前73～前4）　又称Herod the Great（希律大帝）。罗马人任命的犹太国王（公元前37～前4）。为虔诚的犹太教徒，具有阿拉伯人血统。他对罗马帝国控制犹太持批评态度，虽然他早期曾支持M.安东尼，罗马皇帝还扩增其领地。在他统治之初，犹太国欣欣向荣，他增加贸易，修筑城堡、渠道和剧院，但并不敢放手大有作为和促进繁荣，因为怕法利赛人（犹太教的主要派系）掣肘。由于日益残暴，并显然谋害其妻子、儿子和其他亲戚而失去民心。当他逐渐心智失常、身体衰弱后，他对王国的控制减弱。杀死长子和伯利恒的婴儿（参阅耶稣），后来自杀未遂，不久去世。

希律·安提帕　Herod Antipas（公元前21～公元39）　希律大帝之子，耶稣在世时任加利利的郡守（公元前4～公元39）。他要为施洗者约翰之死负责（应其妻希罗底和继女撒罗米的要求杀死他），但在后来当P.彼拉多向他施压去审判耶稣时，他拒绝合作。后来卷入叙利亚人和纳巴泰人之间的阴谋中。在抨击希律·亚基帕一世后，被卡利古拉流放到高卢。其最有名的成就是创建了太巴列城。

希律·亚基帕一世　Herod Agrippa I（约公元前10～公元44）　原名Marcus Julius Agrippa。犹太国王（公元41～44）。希律大帝之孙，希律·安提帕之侄。先后与罗马皇帝提比略和卡利古拉成为好朋友。卡利古拉封他为国王，治理他叔父在巴勒斯坦东北部和加利利的领地。卡利古拉被暗杀后，他因拥戴克劳狄即帝位而成为犹太国王，在那里赢得犹太人的支持，并镇压犹太的基督徒。他在贝鲁特建造公共建筑，为欢迎克劳狄曾在凯撒城举行盛大的竞技大会。在竞技大会期间突然过世。

希罗（亚历山大城的）　Heron of Alexandria（活动时期约公元62年）　又称Hero of Alexandria。希腊数学家和发明家，以求三角形面积的希罗公式和发明汽转球（第一台蒸汽发动机）而著名，他的设计是喷气发动机的先驱。在他的众多论文中，有一篇是求一个数的平方根的近似法。他的机械学著作曾论述5种简单机械、日常生活中的机械问题，以及各种机器的构造。

希罗多德　Herodotus（公元前484？～前430或420）　希腊历史学家。可能出生于小亚细亚的哈利卡纳苏斯，曾在雅典居住，然后迁居意大利南部的图里。他曾游历了波斯帝国的大部分地区。所著关于波斯战争的《历史》一书是古代第一部记叙体的伟大史书。这是一部自成一体的艺术杰作，在叙事中精湛地写出具有启发性的枝节内容。作品虽有许多误谬，但却是公元前550年至公元前479年间希腊历史以及西亚和埃及历史原始资料的主要来源。

希洛人　helots　斯巴达征服和控制的拉科尼亚和麦西尼亚地区原始居民。他们是城邦拥有的农奴或奴隶，替斯巴达人耕田，并提供食物和衣物，他们的人数众多，大量超过斯巴达人。主人既不能释放也不能贩卖他们。斯巴达人由于在数量上居于劣势，经常惧怕希洛人暴动。每年斯巴达人都会对希洛人宣战，以迫使他们安分。在战争期间，希洛人伴随主人参加战斗，担任轻装部队，有时又充任战船上的划手。约于公元前370年时，麦西尼亚的希洛人被解放，但拉科尼亚的希洛人则一直到公元前2世纪才获解放。

希梅内斯　Jiménez, Juan Ramón(1881～1958)　西班牙诗人。他早期的诗反映了R.达里奥的影响。1917年前后，这种高度情绪化的风格让位于更严肃、简洁的格调。他写了关于一个人与他的驴子的散文故事《小毛驴与我》(1917)，使他在美洲出了名。西班牙内战期间(1936～1939)他站在共和势力一边。共和势力失败后他移居波多黎各，在那里度过了余生。他是个多产的诗人。1956年获诺贝尔文学奖。

希梅内斯·德克萨达　Jiménez de Quesada, Gonzalo(约1495～1579)　西班牙殖民地征服者。他去新大陆任殖民地行政官，1536年领导一个900人的探险队沿马格达莱纳河向上进入新格拉纳达(现在的哥伦比亚)的中部平原，打败了奇布查人而为西班牙赢得了这块土地。1538年另外两名征服者与他争功，他把此事呈交给在马德里的国王，却没有得到决定性的裁决，但他成了新格拉纳达最有影响的人物。1569年他带领500人去寻找神话中的埃尔多拉多。1571年他只带了剩下的25人回来。

希姆莱　Himmler, Heinrich(1900～1945)　德国纳粹政客、第三帝国的第二号权势人物。他于1925年参加纳粹党并升任为A.希特勒的党卫军首脑。1933年以后，他指挥大多

希姆莱
Camera Press

数的德国警察局。1934年成为盖世太保的头目，在达豪建立起第三帝国的第一个集中营。他很快把党卫军建成强大的全国性恐怖网络，1936年他掌握了帝国警察力量的全部指挥权。在第二次世界大战中，他扩张了武装党卫军的力量使之与军队抗衡。1941年以后，他在东欧组织起若干座死亡营。在战争的最后几个月里，他秘密策划德国向盟军投降；希特勒命令将他逮捕，当他试图逃跑时被英军抓获，最后服毒自杀。

希姆斯　Hims　又称Homs(霍姆斯)，古称Emesa(埃梅萨)。叙利亚中部城市，临奥龙特斯河。像埃姆萨一样，城内有太阳神埃尔格伯尔的大庙。它也是祭司王埃拉加巴卢斯的出生地，公元218年埃拉加巴卢斯成为罗马皇帝。272年奥勒利安皇帝在这里击败了巴尔米拉的芝诺比阿女王。636年被穆斯林攻占，改名为希姆斯。1516年又落入奥斯曼土耳其人手中，直到第一次世界大战后划归叙利亚。该市是一个繁华的农产品贸易中心，还有炼油和制糖业。它是内地城市与地中海沿岸之间的交通枢纽。人口约800 400(2004)。

希尼　Genée, Dame Adeline(1878～1970)　原名Anina Margarete Kirstina Petra Jensen。丹麦出生的英国舞蹈演员、编舞和教师。10岁就在挪威首次登台演出。1897年加入伦敦的帝国剧院，成为爱德华时代戏剧的主要人物之一。1909年以后偶尔在自己编的芭蕾舞剧中演出，包括讲述芭蕾舞历史的《舞蹈》(1912)。1920年她建立了一个舞蹈组织，1936年该组织成为皇家舞蹈学院。1950年获大英帝国女爵士勋位。

希尼　Heaney, Seamus (Justin)(1939～　)　爱尔兰诗人。在贝尔法斯特的女王大学毕业后，担任中学和大学教师。他对故乡北爱尔兰的暴力活动十分惊骇，于1972年迁居爱尔兰共和国。从20世纪80年代起，在哈佛大学、牛津大学和剑桥大学任教。他的作品植根于北爱尔兰的乡村生活，再现爱尔兰历史事件，并引用爱尔兰神话，但也反映了近几十年来在这块土地的动荡和不安。诗集包括《一个自然主义者之死》(1966)、《进入黑暗之门》(1969)、《北方》(1975)、《号令灯》(1987)和《明见诸事》(1991)、《酒精水平仪》(1996)和《地区与圆圈》(2006)。文集《先人之见》(1980)、《归发现者所有》(2002)包含了对诗和诗人的评论。曾翻译过《贝奥武甫》。1995年获诺贝尔文学奖。

希区柯克　Hitchcock, Alfred(1899～1980)　后称Sir Alfred。英裔美国电影导演。从1920年起，在一家美国电影公司的伦敦办事处工作，1925年被提升为导演。他的电影《房客》(1926)写的是一个普通人在一次非常事件中被逮捕，这样的情节在他的许多电影中屡见不鲜。他着迷于表现窥淫癖和犯罪，他以《知道事情太多的人》(1934)、《三十九级台阶》(1935)和《失踪的女人》(1938)等电影，证明了自己是恐怖片的大师。他的第一部美国电影《蝴蝶梦》(1940)，是一部爱情小说改编的心理悬念剧。他以后的许多著名电影如《救生船》(1944)、《意乱情迷》(1945)、《迷魂咒》(1946)、《后窗》(1954)、《眩晕》(1958)、《北偏西北》(1959)、《精神病患者》(1960)、《群鸟》(1963)和《疯狂》(1972)都表明他有着非凡的技巧。

希思　Heath, Sir Edward (Richard George)(1916～2005)　英国政治家，1970～1974年担任英国首相。1950年选入议会后，曾担任过各政府官职。1964年保守党失败后，他成为反对党的主要人物。担任首相时，面临了与北爱尔兰暴力冲突的危机，1972年他实行英国直接统治北爱尔兰，并赢得法国同意接纳英国加入欧洲经济共同体。但是他无力改善英国攀升的经济问题，主要是通货膨胀、失业率上升以及工人罢工，在1974年败给工党的H.威尔逊。1975年撒切尔夫人取代他为保守党领袖。1992年希思被封为爵士，至2001年一直担任下院议员。

希斯　Hiss, Alger(1904～1996)　美国政府官员。出生于巴尔的摩。曾入哈佛大学法学院，并为霍姆斯(小)的书记员。20世纪30年代在美国国务院工作，作为F.罗斯福总统的顾问参加了雅尔塔会议，任刚建立的联合国临时秘书长。1946～1949年任卡内基国际和平基金会主席。1948年，钱伯斯向美国众议院非美活动调查委员会指控希斯20世纪30年代曾是共产党间谍网的成员。在没有得到国会豁免而公开了这一指控后，希斯控告钱伯斯诽谤罪。但当钱伯斯出示了希斯让他转给苏联人的国务院文件后，希斯被判有伪证罪。1949年对他的第一次审判，由于陪审团意见不一致而被搁置；1950年第二次审判确定有罪。1954年获释后，他仍然坚持自己是无罪的。1992年新开放的俄罗斯档案没有发现希斯是苏维埃间谍的证据，但1996年美国的安全文件仍认为他可能曾经是苏联特务“阿切赫”(Ales)。希斯一案在J.麦卡锡时代非常轰动，它也给R.尼克松带来了国会调查员的名声。

希特勒　Hitler, Adolf(1889～1945)　纳粹德国的独裁者(1933～1945)。出生于奥地利。在第一次世界大战中他是德国军队中的一名士兵，受过伤，中过毒。1920年成为更名后的国家社会主义党即纳粹党的宣传部长，1921年成为该党的领袖。他开始使用不断的宣传来发起群众运动。该党成长快速，在1923年的啤酒店暴动时达到高潮，而他为此在监狱中服刑9个月，在狱中他开始撰写充满毒素的自传《我的奋斗》。他把“种族”的不平等视为自然规律的一部分，赞美“雅利安种族”，同时提出反犹太主义、反共产主义和极端的德意志民族主义。1929年的经济衰退加快了他权力的上升。在1930年的国会选举中，纳粹成为德国第二大党，1932年成为第一大党。1932年他竞选总统失败，但通过阴谋获得了合法权力。1933年P. von兴登堡邀请他担任总理。谋取“领袖”头衔后，他借助《授权法》获取了独裁的权力，并在H.希姆莱和J.戈培尔的帮助下压制反对派。希特勒还开始采取反犹太的措施，导致了一场大屠杀。他的侵略性外交政策促成与法国、英国和意大利达成《慕尼黑协定》，允许德国兼并捷克斯洛伐克的苏德台区。他与B.墨索里尼结成罗马-柏林轴心。1939年签订的《德苏互不侵犯条约》使他能够放心地入侵波兰，第二次世界大战由此开始。1945年战败前夕，他在柏林的总理府地堡里与爱娃·布劳恩结婚。第二天，两人自杀身亡。

希特勒青年团　Hitler Youth　德语作Hitler-Jugend。1933年由A.希特勒建立的组织，旨在用纳粹主义教育和训练13～18岁

的男青年。在 B. von 希拉赫(1907 ～ 1974)的领导下,到 1935 年该组织几乎吸收了 60%的德国男青年。到 1936 年,它变成一个希望所有的德国"雅利安"青年都参加的国家机构。青年团员们过着斯巴达式的生活,要有献身精神、良好的伙伴关系以及对纳粹的信仰,几乎没有家庭教育。与希特勒青年团类似的另一个组织是德国女青年团,对德国女孩进行家政和母道方面的培训。

希西家 Hezekiah(活动时期公元前 8 世纪末～前 7 世纪初) 耶路撒冷犹大国王。他在位时期不详,但一般记载为约公元前 715 ～前 686 年。他是一位改革者,在亚述帝国称霸时期,他试图阻止外来教派以维护以色列的传统宗教。公元前 703 年左右,巴勒斯坦爆发的那场叛乱可能由希西家率领。虽然他坚守耶路撒冷,但其他犹大城市纷纷沦陷,公元前 701 年叛乱被平定。亚述人要求耶路撒冷进贡重金,但据说一场瘟疫摧毁了亚述军队,耶路撒冷幸免于难。

昔兰尼 Cyrene 非洲北部古城。约公元前 630 年为来自爱琴海锡拉岛的一群移民所建,他们的领袖巴都斯成为第一代国王,建立了巴都斯王朝,连续统治昔兰尼至公元前

昔兰尼的阿波罗神庙
Josephine Powell, Rome

440 年左右。后来在托勒密埃及(公元前 323 年起)的庇荫下,昔兰尼成为古典世界伟大的知识中心之一,拥有像地理学家厄拉多塞(昔兰尼的)和昔兰尼学派创始人亚里斯提卜这样的学者。公元前 96 年受罗马统治,到阿拉伯人占领时期(642)城市已荡然无存。近来在古城旧址已发掘出多处废墟。

昔兰尼加 Cyrenaica 又作 Cirenaica。今利比亚东北部地区。约公元前 631 年希腊殖民者已在此定居,建立 5 座城市。公元前 67 年成为罗马的一个行省。公元 642 年阿拉伯军队征服这一地区。15 世纪以后,它又成为奥斯曼帝国的属地。20 世纪初成为意大利殖民地,第二次世界大战期间意大利退出该地区,由英国占领。1963 年并入利比亚。

息肉 polyp 具黏膜的腔壁上形成的突起物。形状各异;可能有肉茎或许多裂片。息肉通常出现在鼻腔、膀胱及消化道,特别是直肠和结肠。若有症状的话,要看位置与大小;可能是压力或是通道阻塞造成。息肉偶尔造成出血。因为有少部分是癌症的前体或实际上含有癌细胞,可取的做法是摘除并用显微镜检查,50 岁以上的人应定期进行结肠镜检查。

硒 selenium 半金属化学元素,化学符号为 Se。原子序数 34。通常以少量广泛分布,偶尔出现游离状态,但往往是以铁、铅、银或铜的硒化物出现。硒有几种同素异形现象;灰色的金属结晶在室温下最稳定。当受到光照时,它的电导率增加,可以将光直接转换成电,所以硒被用于光电管、太阳能电池及测光计。它也用于整流器,将交流电转换成直流电。还用作玻璃和釉面的着色剂。硒在化合物中的化合价有+2、+4 和+6 三种。虽然硒元素无毒,但它的许多化合物是有毒的。二氧化硒是有机化学中重要的试剂。硒在身体中是一种抗氧化剂,因此对生命细胞是必需的,现在正在对它各种可能的有利效用进行研究。硒还用作营养补充剂和动物饲料。

悉多 Sita 印度教神话所传罗摩的配偶。她在国王遮那竭耕地时从犁沟里跳了出来,由其抚养成人。罗摩通过比武赢得她为妻。她曾被魔王罗波那诱劫,在《罗摩衍那》有对

悉多,莫卧儿绘画;约绘于 1600 年
Pramod Chandra

她后来逃跑的描述。她长期持守贞节,后为证实自己的清白而接受火验。她是考验和女性力量的象征,是印度教中最受尊重的人物之一。

悉尼 Sydney 澳大利亚最大的都会区,新南威尔士州首府。位于澳大利亚东南海岸,是澳大利亚最古老和最大的城市,也是重要的商业和制造业中心。1788 年作为犯人监禁地开始建立(参阅植物学湾),迅速发展成为贸易中心。整个城市建筑在一些低矮的小山丘上,环绕着世界上最优秀的天然良港之一,港口设施完善。悉尼港湾大桥是世界上最长的单孔大桥之一,与悉尼歌剧院构成了悉尼的主要风景线,并以其水上运动、娱乐设施及文化生活著称。悉尼大学(1850)、新南威尔士大学(1949)和麦夸里大学(1964)都坐落于此。悉尼是 2000 年夏季奥林匹克运动会的主办城市。人口约4 119 191(2006)。

悉尼歌剧院 Sydney Opera House 澳大利亚悉尼港口的表演艺术中心。设计生动,富有想象力。由丹麦建筑师 J. 乌特松设计,在 1956 年的建筑设计竞赛中名列第一,使他获得国际名声。建筑过程中的各种问题,许多是因为大胆地设计了一连串闪亮白色贝壳形屋顶引发。在数年的研究之后,乌特松将拱顶设计得更加符合球面几何的要求,使得建造更容易且经济。屋顶是由预制混凝土块构成,用钢缆支撑在一起。该中心最终在 1973 年启用。

犀 rhinoceros 犀科 5 种现存的、栖于非洲和亚洲的三趾有角的有蹄类动物的统称。为最大型陆上动物之一(白犀体型仅次于象),犀的特征为吻部上表面生有一个或两

非洲黑犀(*Diceros bicornis*)
Camera Press-Pictorial Parade/EB Inc

个角,由角蛋白组成。所有种类皆皮厚,几乎或完全无毛。亚洲的 3 种犀在两肩和大腿上形成铠甲状褶皱。体长 2.5 ～ 4.3 米,肩高 1.5～ 2 米,成年犀重 3 ～ 5 吨。犀多独栖于开阔的草地、灌木林或沼泽,但苏门答腊犀现今只见于森林深处。非洲黑犀食肉质植物,白犀和印度巨犀以矮小草类为食,苏门答腊犀和爪哇犀则以灌木和竹子为食。20 世纪后半叶,犀因猎人捕杀而濒临灭绝边缘,多数人是为了其吻上的角。这 5 种犀均濒临灭绝。

犀鸟 hornbill 旧大陆 54 种佛法僧目犀鸟科(热带鸟类)的统称,以某些种类的嘴部骨质盔突闻名。体长 40 ～ 160 厘米,一般头大,嘴突,颈细,翅宽,尾长,羽毛褐色或黑色,

红嘴犀鸟(*Tockus erythrorhynchus*)
Mark Boulton-The National Audubon Society Collection/Photo Researchers

通常带有鲜明的白色斑纹。在洞穴中营巢,通常是大树的洞。大部分种类的雄鸟会将孵卵的雌鸟用泥封于树洞内,仅留一个小孔供喂食用。幼雏孵出后,雌鸟破泥而出,但幼雏

又被封于洞内。

锡 tin 金属化学元素,化学符号 Sn,原子序数 50。一种质地柔软、略带蓝色的银白色金属,古代就把它用于青铜(铜锡合金)中。主要以氧化物状态存在。由于它无毒、可延展、有韧性,且容易加工,所以用来制作食品罐头("锡罐")的铁皮,以及其他物品的涂层。纯锡太软,不易单独使用,而是用它的许多合金,包括软焊料、白镴、青铜以及低温浇铸合金。在化合物中的化合价为+2和+4。化合物包括氯化亚锡(用于电镀锡以及制造聚合物和染料)、氧化亚锡(制备化学试剂和电镀用的锡盐)、氟化亚锡(用于牙膏)、氯化锡(香水的稳定剂以及其他锡盐的原料)以及氧化锡(催化剂以及钢材的抛光粉)。锡与碳的键合形成有机锡化合物,用于稳定 PVC 材料,还用在杀虫剂和杀真菌剂中。

锡安 Zion 古耶路撒冷两个山丘的东山,大卫在此建都。在《旧约》中,"锡安"经常指整个耶路撒冷;它完全是一种带有诗意和预言性的名称。锡安山是雅赫维(上帝)居住之所,是他进行救世主式解救的基地。此名称意指犹太人的家园、犹太教或犹太人的民族愿望的象征;因此也是犹太复国主义一词的出处。尽管锡安一词很少见于《新约》,但在基督教文献和赞美诗中却经常被引用,泛指天上之城或体现基督教的信仰与博爱的地上之城。

锡巴里斯 Sybaris 意大利南部古希腊城市,位于他林敦湾。约公元前 720 年由亚该亚人建立,以富有和奢侈闻名(因此英语称之为 sybarite),是大希腊最古老的城市之一。两次被克洛托那人夷为平地(公元前 510、约公元前 448),虽试图重建,但再也没有重现往日的重要地位。

锡当河 Sittang River 缅甸中东部河流。发源于掸高原,向南流过 420 千米汇入安达曼海的马塔班湾。虽然通航区很短,但却被用于木材(主要是柚木)筏运,向南部出口。第二次世界大战期间这里曾发生过激战。

锡德 Side 安纳托利亚西南部古城。古潘菲利亚的主要城市和港口,原位于地中海沿岸,现位于内陆。该城市虽然是由希腊人所建,但通用的却是一种非希腊语。亚历山大大帝曾占领该城(公元前 333 年);塞琉西国王安条克三世于公元前 190 年在此被一支罗马人率领的舰队击败。公元前 1 世纪,海盗曾在此开设奴隶市场。该城主要的遗址为建有多个拱门的大剧场,被认为是安纳托利亚最精美的建筑之一。

锡尔河 Syr Darya 古称 Jaxartes River。中亚河流,流经乌兹别克斯坦、塔吉克斯坦和哈萨克斯坦三国。由肥沃的费尔干纳内的两条源流汇合而成,流向西北,注入咸海,全长 2 212千米。下游处在克孜勒库姆沙漠的东部边缘上。是中亚最长的河流,但水量小于阿姆河。广泛用于水力发电和灌溉,河水因此经常不能流至咸海。

锡金 Sikkim 印度东北部一邦。喜马拉雅山脉东部的世界第三高峰干城章嘉峰构成锡金与尼泊尔西部边界的一部分。锡金还与中国的西藏自治区、不丹和西孟加拉邦交界,面积7 096平方千米。首府甘托克是该邦最大的人口聚集地。作为一个独立的国家,锡金在 18 和 19 世纪曾经与不丹和尼泊尔长期作战。1817 年开始受英国的影响,但依然是处在英属印度和西藏之间的一个半自治土邦。1950 年成为印度的一个保护国,1975 年成为印度的一个邦。锡金是印度最小的邦之一。该地出口农产品并且是世界主要的小豆蔻产地之一。当地的矿产资源包括铜、锌、煤和铁矿石。人口约607 688(2011)。

锡克教 Sikhism 印度宗教,由第一代被称之为"古鲁"的锡克教领袖那纳克于 15 世纪晚期创建。该宗教成员被称为锡克教徒,2 500万信徒中的绝大部分现在聚居在旁遮普,这里有他们最神圣的圣地金寺,也是锡克教最高权力中心永恒王位的所在地。《阿底・格兰特》是锡克教的圣典。锡克教的信仰核心是上帝,他主掌正义与恩惠。每一个人,不论种姓或性别,都有机会与上帝合一。人类自私的缺点可以通过对神的虔诚信仰、努力工作、服务社会和分享劳动果实来加以克服。锡克教徒自认为是十位古鲁的信徒。当最后一位古鲁戈宾德・辛格(1666 ～1708)去世后,《阿底・格兰特》虚构了古鲁的职位。锡克教信徒接受印度教关于轮回和因果报应的教义。锡克教最重要的团契是卡尔沙,男女信徒在青春期时就加入到该组织当中。卡尔沙团契的记号(简称"5K")分别是:留长发(kes 或 kesh)、梳头发(kangha)、穿短裤(kachha)、配匕首(kirpan)和戴钢镯(kara)。

锡克战争 Sikh Wars(1845～1846;1848～1849) 锡克教徒与英国人之间的两次战争。在第一次战争中,锡克教徒以预先阻止英军攻击锡克教在旁遮普(参阅兰季特・辛格)的领地为借口,攻打英属印度。锡克教徒被打败,英国人将他们的部分领地并入版图,英军军队和一个英国人居民区设在拉合尔。第二次锡克战争是一次锡克教的反英叛变,以英军胜利告终,旁遮普被英国吞并。

锡拉 Thíra 古称 Thera。前称 Santorini。希腊基克拉泽斯群岛南部岛屿。该岛包括一座已爆发过的火山的一半,并与熔岩围绕形成一个礁湖。其岛上熔岩断壁高达 300 米。早在青铜器时代,该岛就有人居住,弥诺斯人中保留的记载可追溯到公元前 2000 年之前。约公元前 1500 年锡拉爆发了一次规模最大的火山喷发,沉积的灰末和浮石远达埃及和以色列。此次火山爆发已经被人们拿来与诸如《出埃及记》中的奇迹和大西岛的沉没等现象相联系。在火山喷发的瓦砾下已挖掘出一个遭掩埋的弥诺斯文化古城。约公元前 1000 年,多里安人侵者开始在该城定居。

锡拉库萨 Syracuse 意大利语作 Siracusa,古称 Syracusae。又译叙拉古。意大利西西里岛东岸海港城市。公元前 734 年由来自科林斯的希腊人创建,公元前 485 年被杰拉的希波克拉底夺占,从此受暴君统治,直到约公元前 465 年发生一场革命运动,建立了民主宪政。公元前 413 年在伯罗奔尼撒战争中打败雅典人的入侵军队。公元前 405 ～前 367 年在狄奥尼西奥斯一世的统治下,锡拉库萨成为最强大的希腊城邦,与对手迦太基进行了 3 次战争。公元前 211 年被罗马人攻占,公元 280 年为法兰克人劫掠,878 年又被阿拉伯人占领,到中世纪其重要性衰退。现为农业区的商业中心,也是渔港和旅游中心,保留了许多中世纪和文艺复兴时期的建筑典范以及希腊与罗马时代的遗迹。忒奥克里托斯和阿基米德均出生于此。人口约 121 000(2001)。

锡兰肉桂 cinnamon 樟科的一种灌木状常绿乔木,学名 *Cinnamomum zeylanicum*。原产斯里兰卡、印度和缅甸,又见栽培于南美和西印度群岛。其内层树皮可制香料,这种香料亮褐色,有幽香,味甜。桂皮曾比黄金贵重,现今用做各种食物的调味料。欧美人喜用于焙烤食品中。将树皮碎片蒸馏得精油,用于食品、利口酒、香水和药物。

锡利哈姆㹴狗 Sealyham terrier 19 世纪晚期由 J. 爱德华船长培育的一种㹴狗。爱德华用这种狗在锡利哈姆的庄园内猎取狐狸、水獭和獾。这种狗体形小,腿短而壮,以勇气、毅力和善猎而著称。被毛有两层,下层松软,上层坚硬,呈单一白色或体白而在头和耳上有黑白相间的斑纹。肩高约 25.5 厘米,体重约 9 千克。

锡利群岛 Scilly, Isles of 又作 Scilly Isles。英格兰西南部单一政区和群岛,约由 50 个小岛和许多礁石组成,位于兰兹角外海面上。总面积约 16 平方千米,是康沃尔大陆花岗岩地质构造的延伸。英国内战期间,查理亲王曾藏匿于此,直到 1646 年才逃往泽西群岛。过去岛上有海盗出没,并因走私活动而声名狼藉。现在是康沃尔历史郡的一部分。人口约2 200(2011)。

锡姆科湖 Simcoe, Lake 加拿大安大略省东南部湖泊,位于佐治亚湾和多伦多以北的安大略湖之间,面积 743 平方千米。有很多小溪流以及特伦特运河为该湖供给水源,湖长 48 千米,湖中有几个岛屿,最大岛乔治娜岛为印第安人保留地。该湖是一个著名的避暑胜地。

锡那罗亚 Sinaloa 墨西哥西北部一州。濒临加利福尼亚湾,首府库利亚坎。面积58 328平方千米。在 1830 年建州,包括一个位于加利福尼亚湾沿岸的热带沿海平原区,向内陆则地势上升到西马德雷山系。旅游胜地马萨特兰在其沿海。锡那罗亚主要是一个农业区,生产小麦、棉花、烟草和甘蔗。矿产有盐、石墨、锰、金等。人口约2 767 761(2010)。

锡斯坦 Sistan 又作 Seistan。伊朗东部和阿富汗西南部的广大边境区域。人烟稀少，大部分人口和 40% 的土地属伊朗。该地区包括一个大沼泽地，是典型的沙漠气候。它是传说中著名的波斯卡亚尼王朝的发祥地，在波斯历史中占有重要地位，尤其是在萨非王朝统治时期(1502 ～ 1736)。在 19 世纪它是波斯和阿富汗争端的中心，导致后来划定了现在的边界。

锡塔尔琴 sitar 一种长颈琴弦乐器，流行于印度北部、巴基斯坦和孟加拉。作为印度斯坦音乐的主要乐器，它被用作独奏乐器，与塔姆布拉琴(低音琴)和塔布拉鼓一起演奏，也用于乐队合奏。它有一个厚的梨形琴身，金属琴弦，调音部位在前方和侧面，颈很宽，品可移动。通常有 5 根旋律弦，用套在食指上的金属线制成的拨子弹奏，还有几根低音弦和无数和弦(能被别的琴弦引动的弦)。琴颈的轸斗一端的下面有一个葫芦。

锡特拉尔特佩特 Citlaltépetl 又作 Orizaba(奥里萨巴)。墨西哥中南部的火山。位于墨西哥高原南端，海拔5 700米，其匀称而白雪皑皑的火山锥是墨西哥境内最高山，也是北美洲第三高峰。1687 年以后火山休眠。

锡瓦 Siwa 旧称 Ammonium。埃及西部绿洲，靠近利比亚边境。该绿洲长 10 千米，宽 6 ～8 千米，有约 200 眼泉水。土地极其肥沃，种植有数千株海枣树和橄榄树。是阿蒙神寺院的所在地，有寺院的遗址和公元前 4 世纪的雕刻和许多罗马遗迹。

锡耶纳 Siena 古称 Saena Julia(塞纳朱利亚)。意大利西部城市。位于佛罗伦萨以南，由埃特鲁斯坎人兴建。后由罗马人和伦巴第人统治。12 世纪时该城市成为一个自治镇。与佛罗伦萨之间的竞争使其成为吉伯林派在托斯卡纳的根据地。它在 1270 年被那不勒斯和西西里国王安茹的查理占，1270 年加入归尔甫派(参阅归尔甫派与吉伯林派)。它在 13 ～ 14 世纪被佛罗伦萨控制之前一直是一个重要的银行和商贸中心。1555 年被神圣罗马帝国国王查理五世侵占后，于 1557 年割让给了佛罗伦萨。现代锡耶纳是一个集贸镇和旅游中心，历史遗址包括哥特-罗马式的城堡，锡耶纳大学(建于 1240 年)和坎普斯广场——中世纪时期赛马的发源地，至今仍在此赛马。人口约54 366(2001)。

熙德 Cid, the(1043 ～ 1099) 西班牙语作 El Cid(“上帝”)，原名 Rodrigo Díaz de Vivar。卡斯蒂利亚的军事英雄。出身贵族，在费迪南德一世的宫廷内长大，为国王的长子桑乔二世服务，历经征战，助其控制了莱昂王国。桑乔二世被杀后，转为阿方索六世效命。1081 年他擅自出兵攻打托莱多王国，促使阿方索六世将其放逐。他只好投奔萨拉戈萨王国(穆斯林)，在这期间他多次击败基督教徒的军队，被誉为常胜将军。1086 年西班牙遭到来自北非的穆斯林侵略，阿方索六世意图召他回国抗敌，但他不愿效力。他巧施计谋征服巴伦西亚的摩尔人王国，1094 年继位为王。卡斯蒂利亚人尊他为民族英雄，在 12 世纪的一首著名史诗中受人传颂。

蜥脚龙 sauropod 蜥脚形亚目四脚食草类蜥臀类恐龙的统称。蜥脚龙包括所有恐龙中最大的恐龙，也是曾在世界上出现过的最大型动物。它们生存在晚三叠纪到白垩纪(距今2.27 亿～0.65 亿年)。所有的蜥脚龙都有一个很小的头，颈极长，身躯庞大，脚像巨大的柱子，尾巴很长，尖端很细，像一条鞭子。它们用细小稀疏的牙齿从哪怕是最高的树木上食取树叶，很显然是靠吞咽石头或细菌来消化植物。其身长从 15 米长到身长达 30 米的长臂龙，重达 80 吨。参阅梁龙和兽脚类。

蜥蜴 lizard 蜥蜴亚目爬虫类的统称。约 5 500种，以热带地区种类和数量最多，但从北极到非洲南部、南美洲和澳大利亚皆有分布。蜥蜴与蛇相似：有角质鳞，雄性有一对交接器官，头骨有弹性。典型的蜥蜴身体略呈圆柱形，四肢发达(但是有些蜥蜴无足)，尾巴比头加身体的长度略长，下眼睑可动。体长从 3 厘米(壁虎)大至 3 米(科莫多龙)。其头、背或尾部具肉冠，有脊柱，喉部皮肤有皱褶且颜色鲜艳，喉下垂。多数蜥蜴以昆虫及啮齿动物为食，但有些种类(如鬣鳞蜥)食草。参阅希拉毒蜥。

嬉游曲 divertimento 18 世纪的一种轻松活泼和娱乐性的室内乐体裁，通常由几个乐章组成，供弦乐器、管乐器或管弦乐器演奏。虽然该名称所指的作品(约 1750 ～ 1800)多种多样，让人分辨不清，但几乎总是指这样的作品：每一部分只用一种乐器，可以包括弦乐四重奏，乃至键盘奏鸣曲。

蟋蟀 cricket 直翅目蟋蟀科约2 400种昆虫的统称，因雄虫鸣声悦耳而闻名。长 3 ～ 50 毫米，触角细，后足适于跳跃，腹部有 2 根细长的感觉附器(尾须)。前翅硬、革质，后翅膜质，用于飞行。雄虫通过前翅上的音刮与另一前翅上的一列齿(约 50 ～ 250 个)互相摩擦而发声。最普通的鸣声有招引雌性的寻偶声、诱导雌性交配的求偶声以及用以驱逐其他雄性的战斗声。

席勒 Schiller, (Johann Christoph) Friedrich (von)(1759 ～ 1805) 德国戏剧家、诗人和文学理论家，德国文学界最伟大的人物之一。他曾在一位专横的公爵指导下接受教育，后因无法忍受其专制，转而从事写作。他的第一部戏剧《强盗》(1781)一举成功，并从此开始在作品中对自由进行探索，这是一个贯穿他的全部著作的主题。他的第一部主要的诗剧《唐·卡洛斯》(1787)帮助将无韵诗建设为德国诗剧被认可的媒介。他的《欢乐颂》后来被 L. van 贝多芬用在了《第九交响曲》中。1789 年他被聘为耶拿大学历史学教授，写出了他的著名史诗剧《华伦斯坦》(1800)。在他建立自己的美学观念时期，他写了很多哲学散文、精致的思考诗和优秀的民谣。晚年健康状况下降，他在威玛与好友 J. W. von 歌德一起度过余生。他的成熟时期的戏剧包括《玛丽亚·斯图亚特》(1800 年上演)和《威廉·退尔》(1804)，探讨了使人战胜脆弱和物质生活压力的灵魂深处的自由问题。

洗礼 baptism 基督教的入教礼，通过把水倒在或撒向受洗者头上或将受洗者头部浸在水中来表示。这一仪式中施洗礼者通常要说“我以圣父、圣子和圣灵的名义为你施洗”。在圣保罗制定的教条中，洗礼代表洗去过去的罪过，个人重获新生。犹太教通过浸身实行净化仪式。据福音书载，圣约翰(施洗者)曾为耶稣施洗。到公元 1 世纪时洗礼是早期教会的一种重要仪式，3 世纪时出现了婴儿洗礼。天主教、东正教和大部分新教教会都实施婴儿洗礼。再洗礼派改革者则坚持实施成人洗礼，礼前要自觉申明信仰。现在的浸礼宗信徒和基督会徒也实行成人洗礼。

洗脑 brainwashing 说服的一种，指通过各种各样系统性的努力，摧毁一个人以前的信念和效忠，代之以效忠于一个新的意识形态或政权。一些宗教崇拜和激进的政治组织都曾使用这种方法。洗脑的方法通常是：使之与以前的伙伴和消息来源隔绝；实施一种强迫的统治方式，要求绝对服从和百依百顺；保持强大的社会压力和对合作者进行奖赏；对不合作者进行肉体上和心理上的惩罚，对他进行社会排斥和批判，剥夺食物、睡眠和社会接触直至奴役、苦刑，并且不断地加重。清除受毒化的思想的工作将对比和强化的心理疗法相结合，但其效果有时相反。

喜剧 comedy 戏剧文学的一类，欢快和逗笑，间或也以轻松、随便或讽刺的方式论述严肃、深奥的题材。喜剧可追溯到公元前 5 世纪希腊与崇拜神有联系的喜庆狂欢活动。阿里斯托芬、米南德、泰伦提乌斯和普劳图斯等剧作家都曾写出古典喜剧。中世纪喜剧再度出现，当时该词仅用来指有美满结局的故事(如但丁的《神曲》)，这和近三个世纪的小说(如 J. 奥斯丁的故事)中的含义相同。参阅悲剧。

喜林芋属 Philodendron 天南星科的一属，约 450 种植物，大部为攀缘草本，原产美洲热带。有些种在较寒冷的地带栽作室内观赏植物，在较暖地区则作风景植物。叶通常很大，边缘光滑或具程度不等的裂或缺刻。室内栽培时花期罕见。培养品种极多，其中最重要的为普通心叶喜林芋(*Philodendron scandens oxycardium*)。再大型的还有铲形叶喜林芋(*P. domesticum* 或 *P. hastatum*)和喜林芋(*P. selloum*)，前者叶三角形，长 60 厘米，后者叶具深裂，长可达 1 米。

喜马拉雅山脉 Himalayas 又作 Himalaya。亚洲南部的山系。它在北面的西藏高原和南面的印度次大陆平原之间筑起了一道屏障。它构成了地球最大的山系，拥有 110 多个海拔超过7 300米的山峰，包括珠穆朗玛峰。山脉东西长2 500千米，总面积约595 000平方千米。传统上从北到南把它分成四个平行区域:西藏喜马拉雅山脉、大喜马拉雅山脉(包括多个主峰)、小喜马拉雅山脉(包括3 700～4 500米的次峰)以及外喜马拉雅山脉(包括最低的那些山峰)。在宽广的喜马拉雅弧区的东西两端之间有几个印度的邦以及尼泊尔和不丹王国。这个山脉就像是一条巨大的气候分界线,在南面一侧产生大量的雨雪,而北面一侧却很干燥。在该山脉的许多地方实际上是不可逾越的,即使飞机也飞不过去。山脉的冰川和积雪是19条主要河流的源头,包括印度河、恒河和布拉马普特拉河。

喜马偕尔邦 Himachal Pradesh 印度北部一邦。位于喜马拉雅山脉西侧,其周边有中国西藏自治区、北阿肯德邦、哈里亚纳邦、旁遮普邦,以及查谟和克什米尔。面积55 673平方千米。首府是西姆拉。该地区的历史可追溯到吠陀时期,当时雅利安人进入该地区并与当地土著同化。若干世纪以来,该地区连续遭受外来人的侵略,最后英国人于19世纪统治了这个地区。从1948年到1971年成为印度的一个邦期间,它在所辖的领土范围和行政体制方面经历了多次变动。它是印度都市化程度最低的一个邦,大部分人口都是自耕农。人口约6 856 509(2011)。

喜帕恰斯 Hipparchus(?～公元前127年后) 又作Hipparchos。希腊天文学家和数学家。他发现了二分点的旋进;计算了一年的时长,误差在6.5分之内;编纂了已知的第一部星表;还制定了早期的三角学公式。他的天文观测极端艰苦但非常准确。他摒弃占星术,也不接受宇宙的日心观。他的观点对托勒密有很深的影响。他的星表采用天体坐标记录恒星位置,列出了大约850颗恒星,并且使用类似于今天使用的六个大小星等来描述恒星的亮度。他确定月球是椭圆形,其轨道不是很规则的。他对地理学的主要贡献是把严格的数学原理应用于确定地球表面上任意点的位置,同时他也是第一个用纬度和经度来标定地理位置的人。

喜鹊 magpie 雀形目鸦科几个属长尾鸣禽的统称。黑嘴喜鹊长45厘米,身上是醒目的黑白两色,尾有蓝绿色的虹彩,分布于北非、整个欧亚大陆和北美洲西部。常见于农田和树木散布的原野,食昆虫、种子、小脊椎动物、其他鸟类的卵和幼雏,以及新鲜的动物尸体。其巢大而圆,用泥黏合细枝筑成,常储存有闪光的细小物件。其他种类(灰喜鹊属、绿鹊属和蓝鹊属)包括亮蓝色或绿色的亚洲喜鹊。

戏法 conjuring 又译魔术。艺术表演形式之一,以技巧假装做出似乎不可能之事。魔术师基本上是运用灵巧手法,常常还使用机械器具并结合心理因素表演技艺的演员。到中世纪魔术已成为一种娱乐形式,江湖艺人在集市和贵族家宅表演。19～20世纪,魔术开始在舞台上表演,著名的魔术师有罗贝尔-乌丹、H. 霍迪尼和H. 布莱克斯通。20世纪50～60年代公众对魔术的兴趣已减弱,D. 亨宁和D. 考伯菲尔德等魔术师帮助复兴了这种艺术,常常在电视上表演。而后现代的魔术队佩恩和特勒则表演一种不太闹的魔术,强调讽刺和幻觉。

戏剧 theatre 戏剧性动作的现场表演,以述说故事或塑造情节。"戏剧"一词源于希腊字theatron(意为"观赏之地")。戏剧是全世界文化中最古老、最重要的艺术形式之一。剧本是戏剧表演中最基本的元素,也在不同程度上依靠表演、歌唱、舞蹈,以及舞台设计、灯光等制作的技巧。戏剧通常被认为其最早的起源是宗教仪式;经常上演属于文化结构中心的神话或故事,或借着扭曲这样的故事而创造出喜剧。在西方文明中,戏剧始于古希腊,在罗马时期得到改进;它在中世纪的礼拜式戏剧中复苏,并在文艺复兴时期以意大利即兴喜剧形式和17～18世纪的法兰西喜剧院等著名剧团而达到顶峰。各种不同的戏剧形式可以改进以迎合不同观众的品味(例如日本的歌舞伎和宫廷的能剧)。在19世纪和20世纪初的欧洲和美国,戏剧是社会各阶级主要的娱乐来源,其形式从诙谐作品和歌舞杂耍表演到莫斯科艺术剧院表演风格的严肃戏剧,不一而足。虽然百老汇的音乐剧和伦敦西区剧院的闹剧仍然具有很大的吸引力,但电视和电影的发展已使去现场观看戏剧的观众减少,并逐渐使其观众局限在一些受过教育的上层人士。

戏剧表演艺术 performance art 20世纪60年代兴起于欧洲和美国的艺术形式。早期的范例,通常称为"即兴演出",通过创造出一种无法被捕捉或购买的艺术经验类型,对正统艺术形式与文化准则提出挑战。典型的戏剧表演艺术采用携带道具的现场表演者,并可以结合诸如诗歌、音乐、舞蹈和绘画等艺术。它可以在不符传统的地点,如咖啡馆、酒吧间、街巷等地演出。如今许多戏剧表演艺术家主要是独白者。杰出的戏剧表演艺术家有J. 凯奇、D. 奥本海姆、Y. 欧诺、白南准、M. 蒙克和L. 安德森。

戏剧公会 Theatre Guild 美国的戏剧协会,1918年在纽约由L. 兰纳(1890～1962)等人成立,他们提出要上演高品质的、非商业性的戏剧。其董事会承担剧本选择、剧院管理和演出的责任。1920年首演萧伯纳《伤心之家》之后,公会便成了作者在美国的代理,共演出了他的15部剧作。戏剧公会还成功上演了E. 奥尼尔、M. 安德森、R. 舍伍德等作家的剧作,主要演员有伦特夫妇和H. 海斯。公会还上演了美国的音乐剧《波吉与贝丝》(1935)、《俄克拉何马!》(1943)以及《喧闹的酒会》(1945),从而推动了美国音乐剧的发展。公会还成立了"戏剧公会广播电台"(1945)播放广播剧和现代电视剧。1950年戏剧公会成为美国国家戏剧学院(ANTA)的一部分。

戏剧音乐 incidental music 又译"配音音乐"或"配乐"。为配合戏剧表演而作的音乐。起源可追溯到仪式主义的希腊戏剧,因此现在与在其他仪式中使用的音乐有关。有时仅限于用作开场或幕间的插曲(营造一种氛围和交代某段历史)。它也可为对白伴奏(参阅情节剧)。电影音乐和电视音乐也可看作戏剧音乐。

系谱 pedigree 表示世系或血统纯正的记录。在许多国家中,由政府或私人记录协会或育种组织保存驯养动物的系谱。在人类遗传学中,系谱图用于追溯具体性状、异常及疾病的遗传。用标准符号代表男性、女性、配偶(婚姻)和后代。后代符号按出生顺序从左至右排列,与婚姻线之间以垂直线相连。表示所研究性状的个体用实心符号表示,而不具有所研究性状的个体用空心符号表示。

系谱学 genealogy 家族渊源和历史的研究。在世界大部分地方均有发现,在范围上是国际性的。原本与追溯皇室、贵族或神教士的血统有关,历经好几个世纪系谱学已在范围上扩展许多,现在有许多普通人士也把追查系谱当作一种消遣。在有文字记载以前的文化里,系谱的形式是口耳相传的,通常是一大串的名单,后世记录了这种数据。国王和英雄人物常被形容是神的子孙。现代系谱学家使用古器物(包括古代记录、钱币、契约、织锦画、绘画和碑文)来协助其研究。

系统分析 systems analysis 信息处理中系统工程的一个阶段。系统分析阶段的主要目的是详列系统必须要符合用户的哪些需求。在系统设计阶段这些列表转化成图表阶层,界定需要的数据,以及对数据的处理,因此可以表示成计算机程序的指令。许多信息系统是以通用软件来进行,而不是用那些特别定做的程序。

系统工程 systems engineering 利用工程与科学各学科的知识,将技术创新带入系统规划与发展阶段。最早在20世纪20与30年代应用于商业电话系统的组织。许多系统工程技术在第二次世界大战期间发展,是为了更有效率地部署军事装备。此领域在战后成长是受到电子系统与计算机和信息论发展的激励。通常包括结合新的技术到复杂的人造系统,某个部分的一点改变会影响其他许多部分。系统工程师使用的一种工具称为流程图,以图解的方式说明系统,几何图案表示不同的子系统,箭头表示互相之间的影响。其他工具包括数学模式、概率论、统计分析与计算机仿真。

细胞 cell 构成所有生物体的基本单位;能独立发挥功能的有生命物体的最小结构单位。一个细胞本身可以是一个完整的生物体,如细菌、原生动物。特化的细胞群组组织成多细胞生物体,如高等植物和动物的组织和器官。细胞有两大类型:原核细胞和真核细胞。两类细胞在结构上虽然不同,但其分子成分和活动却非常相似(参阅原核生物、真核生物)。细胞内的主要分子是核酸、蛋白质和多糖。细胞由一层膜包绕,细胞通过这层膜可与其周围环境交换某些物质。在植

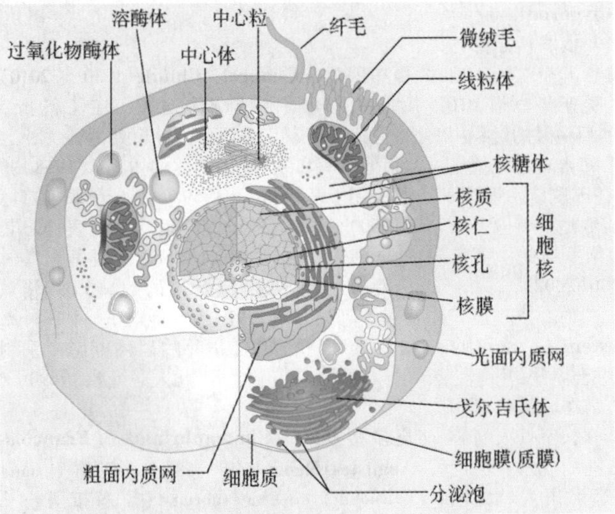

动物细胞的主要构造。细胞质围绕着细胞的特化构造(称为胞器)。核糖体是蛋白质合成的地方,在细胞质里四处漂移或是附着于内质网上。内质网将物质输送到细胞各处。细胞所需的能量是由线粒体释放出。戈尔吉氏体是由扁平的囊泡堆积而成,处理并包裹细胞分泌泡释出的物质。溶酶体含有消化酶。过氧化物酶体含有去除危险物质毒性的酶。中心体含有中心粒,中心粒在细胞分裂中发挥作用。微绒毛是见于某些细胞的指状突起。纤毛是从许多细胞表面突出来的毛状构造,可以引起周围液体的移动。核膜是包着细胞核的双层膜,上含有控制物质进出的核孔。染色质由脱氧核糖核酸与蛋白质组成,盘旋形成染色体,构成核质的很大部分。致密的核仁是制造核糖体的地方。

物细胞中,有一层坚韧的细胞壁包着这层细胞膜。

细胞核　nucleus　除细菌外见于大多数细胞内的一种特化结构,以核膜与细胞其他成分隔开。核膜可能与内质网相延续。核膜上有孔,可使一些大分子通过。细胞核控制、调节细胞的活动(如生长、代谢),并携带基因。核仁位于细胞核内,在核糖核酸和蛋白质的合成中起重要作用。一个细胞通常只有一个细胞核。

细背鲸　finback whale　参阅鳍鲸。

细菌　bacteria　显微镜下才可见到的原核生物,几乎可在各种环境下生存,包括土壤、水、有机物质,以及多细胞动物体内。细菌可在某种程度上通过它们的形态特征和基因特征来辨认;例如,它们可能是球状的、杆状的或螺旋状的。细菌还可以分为两大类,革兰氏阳性菌或革兰氏阴性菌,根据细胞壁结构和它们对革兰氏染色的反应来决定。许多细菌借助鞭毛游动。许多细菌的脱氧核糖核酸(DNA)可见于单个圆形染色体,并且分布在整个细胞质中,而不是封闭的生物膜核内。虽然一些细菌会引起食物中毒或传染疾病给人类,但大多数细菌对人类无害,而其中有许多反而有益。细菌还用于各种工业加工中,特别是食品工业(如生产酸奶、乳酪和泡菜)。细菌在基因上有别于原始细菌。作为原核生物,它们也有别于真核生物。参阅脱氮细菌。

细密画　miniature painting　小型、精描细绘的画,通常为肖像画,用水彩画在羊皮纸、扑克牌、铜版或象牙板上,能拿在手里或作为珠宝佩戴。名称出自"红铅"一词,以强调中世纪彩饰手抄本的首字母。结合了彩饰和文艺复兴纪念章的传统,细密画从16世纪早期到19世纪中期长盛不衰。可考的最早作品由J. 克卢埃在法国弗兰西斯一世的宫廷中完成。在英格兰,H. 霍尔拜因(小)在亨利八世宫廷中创作了许多细密画名作,影响了绘画实践的长期传统,被称为"彩饰肖像"。N. 希利亚德则为伊丽莎白一世当了30多年的细密画师。17～18世纪在法国流行用瓷漆在金属上作画。意大利的R. 卡列拉采用象牙板作为透明颜料的发光面(约1700),大大刺激了这一画法在18世纪后期的复兴。到19世纪中期,细密画被视为奢侈品,后因摄影新方法的出现而成为过去。

细香葱　chive　葱科多年生植物,学名*Allium schoenoprasum*。与洋葱有亲缘关系。鳞茎小、白色、形状长;叶薄、管状、成丛生长。花淡蓝色或淡紫色,球状伞形花序紧密而鲜艳,直立并高出叶丛,通常仅结少许种子。叶

野生细香葱(*Allium schoenoprasum*)

Ingmar Holmasen

可从根部剪下用于调味。

潟湖　lagoon　相对浅而平静的水域,有入海的通道,但被沙坝、堤岛或珊瑚礁隔开。海岸潟湖有低到中等的浪,此类潟湖在全世界的海岸线中约占13%。水温在冬天比外海冷,而夏天则较暖。在温暖地区,水的蒸发使注入的淡水失去平衡,造成湖水盐度过高,甚至形成厚厚的盐层沉积。另一类是珊瑚潟湖,出现于有边缘礁石之处,如大堡礁,最壮观的例子是在太平洋环礁地区,其中一些宽度超过50千米。

虾　shrimp　游泳亚目近2 000种十足类动物。体半透明、侧扁、腹部可弯曲,末端有尾扇。腹肢是游泳肢。第二触角长,鞭状。浅海、深海及湖泊、溪流中都有。大小从数毫米

刚毛对虾(*Peneus setiferus*),可食

Marineland of Florida

到约20厘米。体型大者称为大虾。借腹部和尾的弯曲可迅速倒游;吃微小生物,有的吃腐肉。许多种为具重要商业价值的食物。

鰕虎鱼　goby　鲈形目鰕虎鱼亚目约800余种鱼的统称,为肉食性的小型鱼类。遍布全世界,尤以热带为多。大部分为底栖鱼,特征是具一个由腹鳍愈合而成的吸力不强的吸盘。有700种以上体型为典型的长形,有些无鳞,见于热带和温带沿海和岩礁间。特征是具二背鳍;无侧线(沿头和体侧的成行的小感觉器);尾鳍一般为圆形。多数体色鲜艳,大多数成鱼长10厘米左右。

峡谷　canyon　河流切蚀坚韧的岩石形成的非常窄而深的谷地,两岸陡峭几乎垂直。峡谷多见于干旱或半干旱地区。有些峡谷(如大峡谷)是壮观的自然景色。

峡湾　fjord　又作fiord。冰川谷被海水淹没形成的狭长海湾,通常向内陆延伸很远。许多峡湾深度极大;人们设想巨厚的冰川在

新西兰南岛西岸峡湾地带的布拉德肖湾

By courtesy of the New Zealand Geological Survey; photograph, T. Ulyatt

海水淹没之前足以把冰川谷底侵蚀到海面下很低的位置。当冰川融化后，海水即侵入谷地。

霞飞　Joffre, Joseph-Jacques-Césaire（1852～1931）　第一次世界大战中西线的法军总司令。对于在1914年对德战争中，法国军队开始作战而遭到毁灭性失败的那场战

霞飞，肖像画；H. 雅基耶绘于1915年
H. Roger-Viollet

役负有责任的。但是后来，由于他改变了军事力量，创建了一支直接在他指挥下的新法国军队，在第一次马恩河会战（1914）中取得了巨大的胜利。作为总司令（1915～1916），他命令法国军队去突破德军的阵地，却付出了毁灭性的代价。他的威望下降了，加上法军对凡尔登战役（1916）缺乏准备，他终于被剥夺指挥权并辞职。1916年升任法国元帅。

下埃文河　Avon River, Lower　英格兰西南部河流。发源于格洛斯特郡，流向西南，经布里斯托尔，在布里斯托尔港口埃文茅斯注入布里斯托尔海峡。全长121千米。在布里斯托尔以南，该河横穿石灰岩山岭，形成克利夫顿峡谷，这里以悬索桥闻名。

下加利福尼亚　Baja California　英文作Lower California。墨西哥西北部半岛。北接美国，东临加利福尼亚湾，西部和南部濒太平洋。长约1 220千米，面积143 396平方千米。行政上划为下加利福尼亚和南下加利福尼亚两州。海岸线超过3 200千米，在西岸和加利福尼亚湾有深水避风港。在1533年西班牙人抵达时，此地已有人定居了9 000多年。17世纪末耶稣会会士建立了永久居民点，但原住民印第安人却因西班牙人无意中带来的流行病而遭到浩劫。1848年墨西哥战争后，签订和约，该地区从现在的美国加利福尼亚州分出。

下加利福尼亚　Baja California　墨西哥西北部一州，位于下加利福尼亚半岛北部。旧称北下加利福尼亚。虽然长期都有人居住，但人口稀疏，一直到20世纪50年代人口才开始大幅增长。部分原因是因靠近美国边界，一些外国公司来此设装配厂（边境加工厂），1994年北美自由贸易区的建立更加速了这一趋势。首府墨西卡利。面积69 921平方千米。人口约3 155 070（2010）。

下诺夫哥罗德　Nizhniy Novgorod　原称Gorki（高尔基，1932～1990）。俄罗斯西部城市。位于伏尔加河南岸和奥卡河交汇处。建立于1221年，1392年被并入莫斯科公国。16世纪中叶，在俄国征服伏尔加河地区的过程中占有重要的战略地位。因M. 高尔基在此地出生，1932年更名为高尔基。在苏联统治时期，它是A. 萨哈罗夫在国内的流放地。市内有若干16～17世纪的建筑。为俄罗斯的主要工业中心之一。人口约1 311 200（2002）。

下水管道系统　sewage system　由回收管、总管和排放管网组成的综合系统，用于处理社区废水。早期文明社会常在城区修建排水系统，以解决暴雨的排放问题，罗马人精心建造的系统还可排放公共浴池的废水。中世纪时这些系统年久失修，随着城市人口的增加，由于没有把污水和饮用水有效地分开，导致霍乱、伤寒等时疫流行。19世纪中期人们开始采取措施处理废水。产业革命时期，人口的集中以及制造业废水的增加，提高了有效污水处理的必要性。下水管道沿街道的路线铺设，并附有加金属盖的出入口，供定期检查和清理之用。街角的集水池和沿街的沟渠收集地表雨水并将雨水引入管道。工程师们确定可能的污水量、系统的路线以及管道倾斜度，保证雨水在重力作用下不留固体残物而均匀流走。在平坦地区有时须增设泵站。现代的下水道系统包括日常生活污水、工业污水和雨水的排水管。污水处理厂通过一系列步骤清除掉废水中的有机物。污水进厂后，先通过巨大的网栅，以清除如木块和砾石等大的杂物；接着通过沉积或较细的滤网清除灰砾和泥沙。然后流入初级沉淀池，使许多悬浮物（污泥）沉淀下来。接下来在污水中加入化学气体或微生物，使其中的有机物分解。再经过二级沉淀池，让所有残余的固体物质都沉淀下来，然后将余下的净水排入水体。从各沉淀池中收集的污泥可填埋洼地、倾入海中、用作肥料或置于加热池（煮解池）中进一步分解产生沼气，为处理厂提供能源。

下议院　Commons, House of　英国两院制议会中由普选产生的立法机构。通过立法是该机构的主要功能。因为只有它有权征税和拨款，所以它是英国的主要立法机构。该机构源于13世纪末，当时土地持有人和其他的财产所有人开始派代表前往议会诉说民情和向国王请愿，并且接受纳税义务。下议院的权力过去一直不大，但到1911年《改革法案》赋予了它否决英国上议院的权力。在下议院占多数的政党负责组建政府，英国首相从该党党员中挑选内阁成员。现有646名下议院议员，按照单名选区制选出。参阅加拿大议会。

夏布里埃　Chabrier, (Alexis-) Emmanuel（1841～1894）　法国作曲家。虽然他具有钢琴方面的音乐天分，但他的父母仍要求他取得法律学位，并在政府部门任职。1880年他放弃了政府部门的工作，开始专门从事作曲。最佳作品包括钢琴曲《十首如画的乐曲》（1880）、管弦乐曲《西班牙》（1883）、歌剧《飞来的王位》（1887）。

夏布罗尔　Chabrol, Claude（1930～2010）　法国电影导演、编剧兼制片人。在任职于二十世纪福斯影片公司法国办事处的公关部之后，他编写和制作了《苦涩的重逢》（1958）并导演了《表姐妹》（1959）、《小女职工们》（1960），这些都是新浪潮运动的代表作。其他电影作品有《牝鹿》（1968）、《薇奥列塔·诺西德尔》（1978）、《女人的故事》（1988）、《包法利夫人》（1991）等。他对A. 希区科克非常崇拜，并在几部神秘的恐怖电影中采用相似的风格，其中包括《此人必死》（1969）。

夏多布里昂　Chateaubriand, (François-Auguste-) René（1768～1848）　后称vicomte（viscount）de Chateaubriand（夏多布里昂子爵）。法国作家和政治家。法国大革命初期

夏多布里昂子爵，油画（局部），吉罗代-特里奥松绘；现藏法国凡尔赛国家博物馆
Cliche Musees Nationaux

曾任骑兵军官，他拒不加入保王党，反而乘船前往美国，在那里与毛皮商人一起旅游。路易十六垮台后，他返回英国加入保王军。1801年发表的《阿塔拉》是一篇未完成的史诗片断，记录了他在美国旅游的见闻。《基督教真谛》（1802）一书从诗歌和艺术的角度赞美了基督教的价值，影响了众多的浪漫派作家，并使他一度获得拿破仑的青睐。1814年波旁王朝复辟，他成为一位主要的政治人物。其他作品包括小说《勒内》（1805）和他的回忆录（6卷；1849～1850），这也许是他的传世之作。他是他那个时代最著名的法国作家。

夏尔巴人　Sherpa　喜马拉雅山脉山地民族的统称。夏尔巴人属西藏文化和血统，操藏语方言。除农业生产和牧牛之外，他们还纺织羊毛制品以维持生活。他们以喜马拉雅山上的挑夫闻名世界，在当地夏尔巴人的称呼基本上就等同于挑夫。人数约5万。

夏尔丹　Chardin, Jean-Baptiste-Siméon（1699～1779）　法国画家。1728年成为巴黎皇家画院院士，开始小有名气。他描绘中产阶级日常生活的小型景物画获得很大成功，风格多少有点类似J. 弗美尔的作品。晚年开始画粉彩肖像画。他是18世纪最伟大

的静物画家，其版画作品当时也很出名。许多20世纪的画家都因他的构图抽象特征而受到激励。

夏尔科　Charcot, Jean-Martin(1825～1893)　法国医学教师和临床医师，他与G. 迪歇恩(1806～1875)同为现代神经病学的奠基人。1882年在巴黎开设了欧洲当时最大的神经科诊所。作为一名极为出色的教师，他以研究癔症和催眠而闻名，此项工作影响了他的许多学生，其中包括S. 弗洛伊德。他描述了因运动性共济失调或其他类似疾病造成的关节面及韧带损伤(夏尔科氏病或夏尔科氏关节)的症状，最早提出大脑不同的部位与具体功能之间的联系，并发现了大脑中的粟粒性动脉瘤。

夏加尔　Chagall, Marc(1887～1985)　白俄罗斯裔法国画家、版画家和设计师。曾在圣彼得堡学习绘画，1910年来到巴黎发展。曾在独立沙龙展出作品，1914年在柏林举办个人展。他回家乡探亲访友时，恰好赶上第一次世界大战爆发，然后是布尔什维克革命。他被指派为维捷布斯克的革命艺术学院的院长，但在1923年得以返回巴黎。在巴黎开始从事版画创作，为许多纪念版图书制作了数百幅蚀刻画。1941年他离开巴黎前往纽约，为I. 斯特拉文斯基的芭蕾舞剧《火鸟》设计舞台背景和服装。1948年再度定居法国之后，他为耶路撒冷、巴黎和美国的一些公共建筑制作了不少彩画玻璃窗和壁画。他独特的神话梦幻风格主要取材于犹太人的生活以及白俄罗斯的民间传说和《圣经》。

夏兰斯基　Shcharansky, Anatoly (Borisovich)(1948～　)　后称Natan Sharansky。苏联持不同政见者。生于乌克兰，曾是计算机专业人员，后成为A. 萨哈罗夫的翻译。他是犹太人，1973年申请移民以色列，但遭拒绝并被免职。他成为持不同政见者的支持者，与西方媒体接触来宣传他们的事业。他在1977年被克格勃以叛国罪和间谍罪逮捕，被判处13年监禁，流放到西伯利亚的古拉格集中营。他的妻子阿维塔尔于1974年移民以色列，一直支持他的事业。他在1986年获释，定居以色列，并在那里建立了一个重视移民事务的政党，1996年赢得一个内阁席位。

夏朗德河　Charente River　法国西部河流。源于中央高原边缘上维埃纳省，大致往西流，最后注入比斯开湾，全长360千米。其主要支流是布托讷河，在北部的普瓦图平原与之汇流。小驳船可通航至昂古莱姆。

夏里亚宾　Chaliapin, Feodor (Ivanovich)(1873～1938)　俄国歌唱家。出身于农民家庭，早年几乎没有受过正规的音乐教育，但他的音乐天分使他在十几岁时就在巡回歌剧团中担任主唱角色。经过D. 乌萨托夫(1847～1913)的指导，他于1894年和1896年先后在圣彼得堡和莫斯科举行首演，扮演鲍里斯·戈东诺夫，该角色是他最熟悉的。1901年在拉斯卡拉歌剧院首演《梅菲斯特费勒斯》一剧获得极大成功。他的不同凡响的台风和精湛的表演使他在男声歌唱家中仅次于E. 卡鲁索。

夏令时　Daylight Saving Time　统一将时钟拨快，以便在通常的非睡眠时间内延长白昼时间的一种时制。主要在夏季施行。在北半球，通常在3月末或4月开始拨快一小时，到9月末或10月拨回。在美国，夏令时始于3月的第二个星期日，止于11月的第一个星期日。在西欧的多数国家中，夏令时始于3月的最后一个星期日，止于10月的最后一个星期日。

夏洛特皇后群岛　Queen Charlotte Islands　2010年后称海达瓜伊群岛(Haida Gwaii)。加拿大不列颠哥伦比亚省西部岛群。约有150个岛屿，最大的是格雷厄姆和莫尔兹比两岛，形状不规则，海拔约1 200米。岛上居民有海达印第安人，以捕鱼和放牧为生。面积9 596平方千米。人口约4 935(2001)。

夏目漱石　Natsume Soseki(1867～1916)　别名Soseki(漱石)，原名Natsume Kinnosuke(夏目金之助)。日本小说家。原是教师。以两部非常成功的喜剧小说《我是猫》(1905～1906)和《哥儿》(1906)而成名。1907年后，他放弃教学，写了一些忧郁的作品以试图摆脱孤独，包括《行人》(1912～1913)、《门》(1910)、《心》(1914)和《道草》(1915)。他用清晰而有说服力的笔触描绘了当代离群索居的日本知识分子的困境，是日本现代第一位写实主义的作家。

夏内尔　Chanel, Gabrielle(1883～1971)　又译夏奈尔。别名Coco Chanel。法国女装设计师。早年生活不详。1913年她在多维尔开设了一家女帽专卖店，不到5年时间，她对针织衣物和首饰独具匠心的利用吸引了有钱顾客的兴趣。她的非传统的设计，强调服装的简洁与舒适，在以后的30年时间使时装业发生根本变化。她大力推广套头运动衫、"小黑套裙"和基本上模仿他人的"夏内尔套装"。夏内尔企业包括一家巴黎时装店、一个纺织品公司、几个香水化学厂和一家女装珠宝饰物店。1922年上市而至今仍受欢迎的夏内尔五号香水是她这个大企业的主要资金来源。

夏庞蒂埃　Charpentier, Marc-Antoine(约1634～1704)　法国作曲家。17世纪60年代在罗马师从G. 卡里西米学习作曲。回到巴黎后，他接替J.-B. 吕里成为莫里哀演出剧团(后来成为法兰西喜剧院)的音乐总监。他成为巴黎主要的耶稣会教堂的音乐总监，并在他生命的最后6年中在圣堂任受人尊敬的乐长。他的作曲数量很多，是他那一代最重要的法国作曲家。写有11部弥撒曲、84首圣歌和207首经文歌，包括约35首戏剧经文歌或拉丁清唱剧。

夏威夷　Hawaii　旧称Sandwich Islands(桑威奇群岛)。美国一州，由太平洋中部的岛群组成，面积16 752平方千米。首府火奴鲁鲁(檀香山)，东距旧金山3 857千米。主要岛屿从西到东分别为：尼豪岛、考艾岛、瓦胡岛、莫洛凯岛、拉奈岛、卡霍奥拉韦岛、毛伊岛和夏威夷岛，另有124个小岛。州内的活火山有冒纳罗亚火山和基拉韦厄火山。该州居民大部分居住在瓦胡岛上。其土著居民是波利尼西亚人，公元300年从马克萨斯群岛迁移到夏威夷。1778年J. 库克船长在夏威夷群岛登陆，取名为桑威奇群岛。19世纪初酋长卡米哈米哈一世统一了其族群。美国捕鲸船队开始驻留在这里，1820年新英格兰传教团抵此，夏威夷人受西方人的影响，文化大为改观。1851年卡米哈米哈三世让夏威夷接受美国的保护，因美国蔗糖利益而酿成一次推翻君主政权的政变，建立了夏威夷共和国(1893)。1898年新共和国同意和美国合并，1900年成为美国准州。1941年日本人轰炸珍珠港导致美国卷入第二次世界大战，夏威夷因而成为一个重要的海军基地。1959年8月21日成为美国的第50州。旅游业为经济主要命脉。夏威夷也是一个世界天文中心，在冒纳凯阿峰顶部设有望远镜。人口约1 392 313(2012)。

夏威夷岛　Hawaii　火山岛，属美国夏威夷州的一部分。位于毛伊岛以南，设夏威夷县，希洛是岛上主要的城镇[人口：约40 759(2000)]。又称大岛，面积10 433平方千米，为夏威夷群岛最大和东南端的岛屿。地质年代最年轻，由5座火山组成，之间连接着熔岩山脊。基拉韦厄火山是世界上最活跃的火山，位于夏威夷火山国家公园内。该岛还有冒纳凯阿峰等其他火山。制糖、旅游、养牛、兰花和咖啡是该岛经济的基础。

夏威夷人　Hawaiians　夏威夷波利尼西亚后裔的土著居民。夏威夷曾经历过两次移民潮：第一次约在公元400年从马克萨斯群岛迁来；第二次是9或10世纪从塔希提岛迁徙而来。由于没有金属、陶器和牲畜可供使用，夏威夷人用石头、木材、贝壳、牙齿和骨头制造工具。他们有一种高度发展的口语文化，也有打击乐器、弦乐器和管乐器。他们的土地基本单位为"阿胡普阿"(*ahupuaa*)，经常从海岸延伸到山顶，土地所有者因此可以种植和采集一切所需要的东西。他们有4个主神，还有许多小神。夏威夷人的法律(包括一些复杂的禁忌)沉重地约束了一般大众，尤其是妇女。1820年基督教传教团抵达以后，才废除某些苛法和禁忌，但是本土人口却因染上西方人带来的疾病而锐减。1778年夏威夷人口约有30万，但现在纯正血统的夏威夷人已不足1万人。

夏延　Cheyenne　美国怀俄明州首府(1869年设)及该州最大城市。是布莱克山金矿的物资供应点和从得克萨斯入境牲畜的主要转运站。当地的放牧地因他们的牛群和养牛大王而闻名。每年7月该市都要举办各种活动庆祝拓边节，其中的放牧人竞技会是美国历史最久、规模最大的此类竞技会之一。附近的弗朗西斯·E. 沃伦堡是美国第一个洲际弹道导弹的发射基地(1957)。人口约53 011(2000)。

夏延人 Cheyenne 北美大平原印第安人,为阿尔冈昆人的一支,19世纪居住在普拉特河及阿肯色河附近的地区。他们原来以农耕、狩猎和采集为生,得到马匹之后便更多地靠猎杀水牛为食,并形成了一种圆锥帐篷式的游牧生活方式。他们表演太阳舞并且特别注重幻觉仪式:一个动物精灵在仪式中收养了一个人并把法力给予他。他们有组织完善的军事会社,与基奥瓦人长年兵戎相见,直到约1840年双方才达成和平协议。19世纪70年代他们参与了多次印第安人起事,1876年在小比格霍恩与苏人一起战斗。现在有约5 000夏延人居住在蒙大拿州东南部,有约5 000夏延-阿拉帕霍人居住在俄克拉何马州。

仙女星系 Andromeda galaxy 又称M31。位于仙女座中的大旋涡星系,也是地球所在的银河系的伴星系中最近的星系。是肉眼可见的少数几个星系之一,外表像模糊的光斑。距地球约200万光年;直径约20万光年,是本星系群中最大的一个星系。好几个世纪以来,天文学家一直认为它是银河的一部分,一直到20世纪20年代E. 哈勃才认定它是一个独立的星系。

仙人果 prickly pear 仙人掌属茎扁平,带刺植物的统称(参阅仙人掌),或指某些种类的可食用果实。原产西半球。恩格尔曼仙人果(*Opuntia engelmannii*)和海狸尾仙人掌

恩格尔曼仙人果(*Opuntia engelmannii*)
Grant Heilman

(刺梨状仙人掌,*O. basilaris*)通常分布于美国西南部。印度无花果(霸王树,*O. ficus-indica*)是热带和亚热带国家的一种重要食物。由于茎含水分多,仙人果可作为饲料作物和干旱季节的应急饲料。某些仙人果也作为观赏植物栽培,因其花型大而受重视。

仙人球毒碱 mescaline 一种致幻药,为佩奥特掌花球中的有效成分。1896年首度被分离出来,为一种与肾上腺素、去甲肾上腺素有关的生物碱。通常是从佩奥特掌萃取出来,再经过精炼而成,但也可以合成。用药2～3小时后开始有致幻效果,可持续12小时以上。致幻作用个体差异很大,而且每次用药的效应也会大不相同,但本药常致幻视而非幻听。副作用为恶心、呕吐。

仙人掌 cactus 石竹目仙人掌科显花植物的统称,约1 650种,原产于南北美洲大部分地区,墨西哥的仙人掌品种和数量最多。仙人掌为肉质多年生植物,大多生长并适应于

金虹仙人掌(*Echinocereusdasyacanthus*),一种野毛茛仙人掌,生长在得克萨斯州西南的沙漠地带
© Robert And Linda Mitchell

干燥地区。其茎通常肥厚,草质或木质,含叶绿素。多数种类的叶或消失或极度退化,从而最大限度减少水分丢失的表面积,而光合作用则由茎代行。根系通常纤细,纤维状,浅且分布范围广,用以吸收地表层的水分。仙人掌类植株的大小及形状差别很大,小的有如纽扣状的佩奥特掌、矮小团块状的仙人果;大的有如高柱状的圆桶掌(猛仙人掌属和仙人球属)和高大乔木状的巨山影掌(Cereus giganteus)。仙人掌与其他肉质植物的不同之处为茎上具垫状的构造——小区。几乎所有种类的小区内生长棘刺或钩毛,花、枝和叶(如果有叶的话)又由此长出。花的形状大而艳丽,多为单生。仙人掌作为观赏植物而被广泛培育,有些种类(特别是仙人果和乔利亚掌)还被培育为食用作物。圆桶掌在紧急情况下可当作人的水源。

"先锋"号卫星 Vanguard 美国的3颗实验性不载人卫星。"先锋"1号(1958)是继"探险者"号卫星之后美国射入轨道的第二颗人造地球卫星。是一个重1.47千克的小球体,装有两台无线电发射机。它的飞行轨迹发现地球几乎是梨状的,证实了以前的理论。"先锋"2号(1959)带有光电池,可提供地球云层情况的数据,但由于卫星翻滚运动,使数据无法判读。"先锋"3号(1959)用来绘制地球磁场图。

先寒武纪时期 Precambrian time 距今46亿年(已知最古老的岩石的年龄)到5.41亿年前(寒武纪开始)的一段地质时期。这一时期代表了80%以上的地质记录,因此提供了各大陆如何通过时间发生演变的重要史料。先寒武纪被分成两个宙:太古宙和元古宙,二者之间的时间界限在距今25亿年前。最初被定义为寒武纪生命出现前的纪元,但现在所知生命是从太古代早期开始的。埃迪卡拉纪期间,在先寒武纪末期开始出现无外骨骼的软体生物。

"先驱者"号探测器 Pioneer 美国最早的一系列不载人的外层空间探测器的统称。"先驱者1号"至"先驱者4号"都被用作绕月飞行,但只有"先驱者4号"成功摆脱地球引力(1964)。"先驱者1号"是美国国家航空航天局发射的第一个宇宙飞船(1958)。"先驱者6号"至"先驱者9号"都成功发射进入绕日轨道(1965～1968),用于研究太阳风、太阳磁场和宇宙射线。1972年发射的"先驱者10号"为第一个宇宙探测器,它实现了首次横穿行星带并掠过木星(1973),发现木星磁层伸展出来的巨大磁尾。后成为第一个脱离太阳系的人造物体。科学家们利用"先驱者11号"发回的资料和照片(1979)发现了两颗以前未知的卫星,环绕土星的另外一条光环以及磁层的辐射带。两个"先驱者"号金星探测器——轨道探测器和多星球探测器("先驱者12号"和"先驱者13号"),于1978年到达金星。轨道探测器观察到了这颗行星的云层和大气层,并用雷达绘制了金星表面的地图;多星球探测器在不同的位置向金星大气层释放了4个探测仪。

先天性缺陷 birth defect 婴儿出生时就带有因遗传因素或各种意外事故造成的畸形。先天性缺陷所受的限制较先天性疾病多,包含胚胎在器官和组织形成时引起的畸形,但不包括像梅毒一类的感染性疾病所造成的结构上的畸形。

先兆子痫和子痫 preeclampsia and eclampsia 由怀孕引起的高血压状态。先兆子痫患病者主要在怀孕后半期或分娩后出现高血压、蛋白尿以及手部和面部水肿症状。持续的高血压会危及胎儿的供血并损坏母亲的肾。注意血压和体重增加量可在症状(头痛、视觉障碍、胃痛等)出现前查出此病。子痫可能伴随5%左右的患者,并会出现痉挛,对母亲和胎儿都会造成威胁。该病可通过特殊饮食、药物治疗、限制活动和早期分娩来控制。

先知 Prophet, The(1768～1834) 原名Tenskwatawa。北美印第安人的领袖。特库姆塞的兄弟。他于1805年声称得到"生命之主"的启示,并与超自然接触。此后,他一直为肖尼人所追随,力主恢复印第安人的传统生活方式,拒绝白人带来的酒类、纺织衣物和个人财产所有制观念,并同特库姆塞一起试图建立一个印第安人同盟以抵制美国蚕食部落土地。在特库姆塞不在时,他使肖尼印第安人卷入蒂珀卡努之战(1811),最终战败,同盟解体。

先知 prophet 在神灵的指引下传达或解释神之意愿者。在历史上的很多宗教中都存在先知。在西方最熟悉的是《旧约》中的领导人,如摩西、以赛亚和但以理以及先知穆罕

默德。先知不同于回答一些私人问题的征兆的占卜人(参阅**占卜**)或解说人,先知常对一个群体解释神灵和道德。一些先知试图建立一个能实现他们预言的新的宗教社会。其他的先知则只是想改革或净化现存的社会和宗教。先知预言变化很大,可能是出神入化的状态、受灵感激发的言语、对充满激情的社会批判的种族热情、对未来的预测,或是对天启的期待。

先知清真寺 Prophet's Mosque 在麦地那**穆罕默德**居住过的庭院处修建的清真寺,被认为是**伊斯兰教**世界三大圣地之一。最初是一个土坯结构的简单房屋,门前是有围墙的庭院,为当年人们听先知讲道的地方。后来穆罕默德修建了一个带屋顶的回廊为人们遮蔽风雨,并在628年修建了一个讲台。706年哈里发瓦利德一世拆毁土坯建筑,在原址建**清真寺**,其中包括穆罕默德的坟墓。该清真寺成为后世伊斯兰教建筑的楷模。

纤维光学 fiber optics 又作fibre optics。利用光通过透明的细纤维传输数据、声音和图像的科学。在电信领域中,纤维光学技术实际上已取代了铜线用于长途电话,并被用来在局域网络中连结计算机,以数字化的光脉冲代替作为信号的电流。纤维光学应用到电信业,通常利用它可使红外光经由纤维传导。在各种技术器械中,如应用于内窥镜检查,纤维光学采用可见波长中的光直接传输图像。

纤维素 cellulose 复杂的多糖,由1 000～3 000个或更多的葡萄糖分子组成。是自然界分布最广的有机化合物,植物细胞壁的基本结构成分,平均约占全部植物质料的33%(棉花占90%、木材占50%)。哺乳动物(包括人)不能消化它,但草食性动物以纤维素为食,食入后在其消化道内停留的时间很长,这样生活于其消化道内的微生物便得以将它消化。白蚁之类昆虫肠内的原生动物也能消化纤维素。纤维素在经济上的应用十分重要,可制纸张、纤维,经化学处理后可制造塑料、胶片及人造丝等。纤维素衍生物又可用作黏着剂、炸药、食物增稠剂及防潮涂料等。

纤维性肌炎 fibromyalgia 慢性症候群,特征是肌肉骨骼疼痛,通常发生于多处。病因不明。罹患纤维性肌炎的人有相当一部分会带有精神疾病,特别是抑郁症。许多人的症状与其他所谓的机能性躯体症候群(特别是慢性疲劳症候群)有重叠现象,如疲劳、僵硬、大肠激躁症及睡眠紊乱。常见于年轻女性和中年女性。没有完全有效的疗法,不过药物治疗、物理疗法或咨询可以降低无力感,协助病人应对病痛。

氙 xenon 化学元素,化学符号为Xe,原子序数54。稀有气体之一。无色、无臭、无味,差不多是惰性,只和氟、氧化合或存在于复合物中(参阅**键合**)。氙在大气和岩石中有痕量的存在,可从液体空气的分馏中获得。用于频闪仪、激光及在示踪研究中作麻醉剂。

暹罗斗鱼 Siamese fighting fish 鲈形目格斗鱼科或攀鲈科的热带淡水鱼。以雄鱼好斗而闻名。原产于泰国,并被家养用于比赛。搏斗时主要咬鳍,同时张鳃、展鳍、体色变深。

暹罗斗鱼(*Betta Splendens*)
Douglas Faulkner

体细长,长约6.5厘米。野生者淡绿或褐色,具红鳍。家养者则具飘垂的长鳍,体色红、绿、蓝或淡紫。

暹罗猫 Siamese cat 一种受欢迎的短毛小体型**家猫**,原产暹罗(今泰国)。多为浅褐色或灰白色,耳、面、腿及尾有深色的斑点,颜色可为深棕色(海豹斑)、蓝灰色(蓝点)、牛奶巧克力棕色(巧克力斑)、浅红灰色(紫丁香斑)或橙红色(红点)。头长呈楔形,眼可能稍斜,为蓝色。斜眼和带斑点的尾巴均为隐性性状。暹罗猫很聪明,声音柔和,能发出特殊叫声。

弦论 string theory 粒子物理学理论的一种类型,它把基本粒子(参阅**亚原子粒子**)看作是无限小的一维的"似弦"物体,而不是在**时空**中无尺寸的一些点。弦线的不同振动代表不同的粒子。20世纪70年代引入这种理论试图来描述**强力**。80年代发现弦论有可能提供一种完全自洽的**量子场论**,能够描述引力以及**弱力**、强力和电磁力,因此这种理论就盛行起来。在理论粒子物理学中发展统一的量子场论是它的主要目标,但要把引力包括在内就会在计算中遇到难以处理的无穷量的问题。这很有发展前途的弦论提出了11维空间的概念,其中4维对应于3个普通的空间维以及一个时间维,其余的维都是卷曲的,不能感知。

弦乐四重奏 string quartet 由两把小提琴、一把中提琴和一把大提琴所演奏或为这样的乐器组合而谱写的乐曲。从约1775年起,这样的乐曲就一直成为**室内乐**的主要体裁。主要由F. J. **海顿**发展(即便不是由他发明的),他在1757～1803年间谱写了约70首四重奏。W. A. **莫扎特**、L. van **贝多芬**、F. **舒伯特**、B. **巴尔托克**和D. **肖斯塔科维奇**是继海顿之后的著名四重奏作曲家。弦乐四重奏的作品在传统上遵循**奏鸣曲**和**交响曲**的4个乐章设计。同多数室内乐体裁一样,四重奏在传统上主要供业余音乐家的私人娱乐之用,而不是公开演奏的曲目。

咸海 Aral Sea 哈萨克斯坦和乌兹别克斯坦之间的大咸水湖。面积曾达68 000平方千米,曾为世界第4大内陆湖,但由于**锡尔河**和**阿姆河**的灌溉用水而大量减少了流入量,自1960年以来已缩小了一半湖面面积。容量骤减,海水含盐量增加。干涸的湖床土壤已被发现含有盐和有害物质。

咸水虾 brine shrimp 鳃足纲无甲目的咸水虾属(*Artemia*)小型**甲壳动物**的统称,栖息在世界各地咸水池和其他高盐度的内陆水域中。咸水卤虫有重要商业价值,在美国犹

咸水卤虫(*Artemia salina*)
Douglas P. Wilson

他州大盐湖内数量巨大。在水族馆中用其干卵孵出的幼体饲养鱼类或其他小动物。长可达15毫米。头部和其他虾明显不同,腹部细长。游泳时腹面朝上。主要取食绿藻,以附肢滤食。

显克维奇 Sienkiewicz, Henryk (Adam Alexander Pius)(1846～1916) 波兰小说家。1869年开始发表评论文章,显示出他受到**实证主义**的影响。曾担任报社记者并出版了一些成功的短篇小说。之后出版了他著名的三部曲:《火与剑》(1884)、《洪流》(1886)和《伏沃迪约夫斯基先生》(1887～1888)。这三部曲描写了波兰反抗哥萨克人、鞑靼人、瑞典人和土耳其人的斗争,重点突出波兰人的英勇精神,作品风格活泼,像史诗般的明晰和简朴。被译成多种文字的《你往何处去》(1896)是一部描写尼禄统治下的罗马历史小说,为他赢得了国际声誉。1905年获诺贝尔文学奖。

显生宙 Phanerozoic eon 从大约5.43亿年以前(**元古宙结束**)到现在的地质年代。显生宙即可见生物的时期,分为3个主要时期:**古生代**、**中生代**和**新生代**。虽然生命起源于**先寒武纪时期**,但直到显生宙,许多生物形式才迅速发展和演化。地球通过板块构造、造山运动和大陆冰川作用等过程,逐渐形成现在的形态和自然特征。

显性 dominance 遗传学术语,在控制同一遗传性状的一对等位基因中,其中一个对表型发挥较为明显的影响。一株具有一高等位基因和一矮等位基因的豌豆,其高度如果等于具有两个高等位基因的植株,则高等位基因(高性状)为完全显性;如果高度较两个等位基因植株矮,较两个矮等基因植株高,则高等位基因为部分或不完全显性。

藓 moss 苔藓植物门藓纲小型陆上孢子植物,至少10 000种。早在二叠纪(2.9亿～2.48亿年前)就已存在,分布于全世界各地除海水之外的地区。常见于潮湿阴暗的地方(如森林地面)。藓类大小不一,小者用显微镜才能观察到,大者长达1米以上。藓类可

防止侵蚀作用，并释出养分。其生活史显示有明显的有性配子体（茎状和叶状结构产生卵子和游动的精子）和孢子体（包含直立的茎状蒴柄，其终端为孢子囊）之间的世代交替现象。藓类也可借分枝进行无性生殖。有重要经济价值的藓类是泥炭藓属的种，可形成泥炭。有许多植物也称作 moss，但实际上不是藓类。如爱尔兰藓是一种红藻；须松萝、冰岛衣、栎扁枝衣和石蕊都是地衣；铁兰既指一种地衣，又指一种菠萝科气生植物。石松是石松科常绿草本植物。

苋科　amaranth family　石竹目的一科，约 60 属，800 余种。大多是草本，少数为灌木、乔木或藤木。原产热带美洲和非洲。千日红属（*Gomphrena*）和鸡冠属（*Celosia*）栽培供观赏。苋属的观赏植物有老枪谷（*A. caudatus*，即红缨花、尾穗苋）、雁来红（*A. tricolor*），还有许多称猪草的野生植物，尤指反枝苋（*A. retroflexus*）。有的苋属植物称为风滚草，某些苋属植物是有潜力的高蛋白质谷类作物。

岘港　Da Nang　旧称 Tourane（土伦）。越南中部港市。1787 年割让给法国，1858 年后成为法国保护国以外的法租界。1954 年南北越分治后，该市地位日益重要。越南战争期间，美军在此建立军事基地。港口为优良的深水港，制造业包括纺织和机械。人口 770 911（2009）。

现代爵士乐四重奏　Modern Jazz Quartet（MJQ）　美国的爵士乐队，由钢琴师 J. 刘易斯（1920 ～ 2001）、电颤琴手 M. 杰克逊（1923 ～ 1999）、鼓手 K. 克拉克（1914 ～ 1985）和贝斯手 R. 布朗（1926 ～ 2002）于 1951 年创立。1946 年，他们原本在 D. 吉莱斯皮的大乐团一起担任节奏部分的演奏。这个乐团在 40 年代中期将原创乐曲和爵士流行曲与古典室内乐的元素融合，从而开创出一条含蓄精巧、创新现代爵士乐的途径。P. 希思（1923 ～ 2005）于 1952 年替换布朗、C. 凯（1927 ～ 1994）于 1955 年替换克拉克。该乐队于 1974 年解散，但在 20 世纪 80 年代重新开始年度巡演。凯去世后，P. 希思的兄弟 A. 希思加入了这个乐队。

现代舞　modern dance　20 世纪为了对抗传统芭蕾而在美国和欧洲兴起的一种舞台表演舞蹈。其先驱人物包括 L. 富勒与 I. 邓肯。1915 年 R. 圣丹尼斯与 T. 肖恩创办的丹尼斯肖恩学校开始正式教授现代舞。以 D. 汉弗莱和 M. 格雷厄姆为代表的该校毕业生后来对现代舞进行了创新性的定义：一种基于“跌倒和复起”（汉弗莱）、“收紧和放松”（格雷厄姆）的技巧。较之于叙事性的风格和芭蕾通常表现的古典故事，现代舞动作更加注重的是情感力量的表达和当代题材。20 世纪 50 年代由 M. 坎宁安领导的反表现主义潮流进一步发展了现代舞运动，坎宁安引入了一些芭蕾舞技巧和偶然性元素。参阅 A. 德米尔、J. 利蒙、H. 霍尔姆、A. 尼古拉斯、A. 索科洛夫、P. 泰勒和 T. 撒普。

现代艺术博物馆　Museum of Modern Art（MOMA）　纽约市的博物馆，收藏有从 19 世纪末到当代的欧美艺术品，范围之广为世界之最。该馆于 1929 年由一群私人收藏家建成。原馆在 53 街，1939 年开放。后又增添一座建筑物和一个雕塑园，为 P. 约翰逊设计（1953）。收藏林林总总，有立体派、超现实主义、抽象表现主义的画作。另外还收藏雕塑、版画、工业产品设计、建筑、摄影作品和电影。通过其永久的收藏品、展览及众多出版物，对公众的欣赏品位及艺术创作产生了强烈的影响。

现代主义　modernism　19 世纪晚期至 20 世纪中叶，在文艺创作上藐视传统规范、意在求“新”的实验。现代主义的起源很大程度上可归因于造就时代为现代的因素：工业化、快速的社会变迁、科技与社会科学（如达尔文主义、弗洛伊德理论）的进展，以及紧随而来的异化感。现代主义作品倾向于不再为一个社会或人群代言，而是要么相当个性化、强调个人特有的手法（只代表创作者本人心声），要么具有广泛的普世性（超越民族性或文化传统）。现代艺术和现代舞蹈都是现代主义的表现形式。文学中 T. S. 艾略特、J. 乔伊斯和 V. 吴尔夫的作品，音乐中 A. 勋伯格、E. 斯特拉文斯基和韦伯恩的曲子，建筑中包豪斯和国际风格的建筑，都被视为典型的现代派。

现实主义　realism　文学中指忠实于自然和真实生活并准确记载日常生活、不将其理想化的理论和实践。18 世纪 D. 笛福、H. 菲尔丁和 T. 斯摩莱特的作品是英国早期现实主义的代表。19 世纪中期在法国现实主义被认为是美学的纲领而采用，当时的人们对记录现实生活和社会的兴趣与日俱增。G. 福楼拜的《包法利夫人》（1857）在欧洲文学界掀起了写实运动。写实主义强调超然和客观性，对社会的认识评价清醒而有一定限度，并在 19 世纪末期成为小说的基本原则。该词现在也被用来指对细节的过度重视或对细小主题的夸大。参阅自然主义。

现象学　phenomenology　E. 胡塞尔开创的哲学学科。他发展了现象学方法，使得对“直接经验到的现象的基本结构的描述性说明”成为可能。现象学强调经验的直接性，尝试将它孤立，置于存在或因果影响的假设之外，显露出它的基本结构。现象学将哲学家的注意力限定在意识的纯材料，不受形而上学理论或科学假设的感染。胡塞尔关于生活世界的概念，即个体直接经验的个人世界，直接表达了同样的思想。胡塞尔主编的《哲学和现象学研究年鉴》（1913 ～ 1930）出版后，他的个人哲学思考已发展成一个国际运动。它最著名的拥护者是 M. 谢勒和 M. 海德格尔。

限制战略武器谈判　SALT　全称 Strategic Arms Limitation Talks。美国与苏联间旨在削减制造能携带核武器的导弹的谈判。第一轮谈判开始于 1969 年，达成了反弹道导弹条约和冻结洲际弹道导弹及潜射弹道导弹的条约，1972 年由 L. 勃列日涅夫和 R. 尼克松签订。第二轮谈判（1972 ～ 1979）的基本问题是双方的战略力量不均问题，后达成限制战略导弹发射器的协定（参阅多弹头分导重返大气层运载工具），由勃列日涅夫和 J. 卡特签订。虽然美国国会参议院从未正式通过这一协议，但双方仍遵守协议的规定。后来的谈判都称为削减战略武器谈判（START）。参阅《禁止核试验条约》。

线虫　nematode　又称 roundworm（圆虫）。袋形动物门线虫纲超过 15 000 种已命名和许多未命名蠕虫的统称。寄生于动植物体内，或于土壤、淡水和海水环境中，甚至在醋和啤

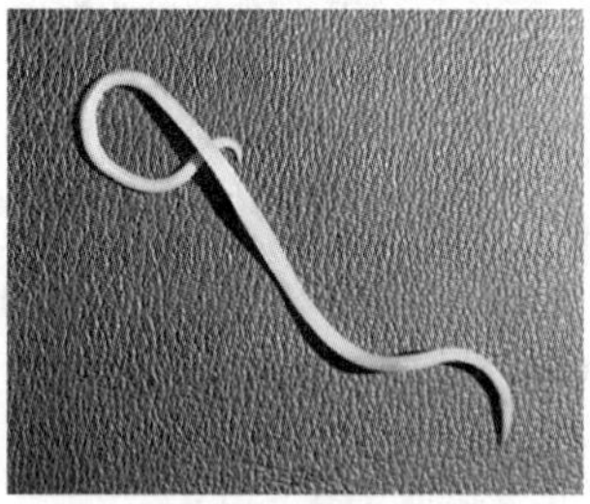

线虫（*Ascaris lumbricoides*）
Javier Palaus Soler-Ostman Agency

酒中的自由生物。线虫属两侧对称，通常两端尖。一般为雌雄异体，有些则为雌雄同体。大小由肉眼不可见至长 7 米不等。寄生于动物体内的线虫可寄生于所有器官，但最常见寄生于消化、循环与呼吸系统。钩虫、蛲虫和小线虫也为线虫。参阅几内亚龙线虫。

线形文字甲和线形文字乙　Linear A and Linear B　公元前第2千纪爱琴海诸文明书写用的线形文字形式。例如线形文字甲，其音节文字（参阅字母表）是从左到右书写的，通行于约公元前 1850 ～前 1400 年。用线形文字甲写的语言尚不清楚。线形文字乙来自线形文字甲，是由迈锡尼希腊语借用弥诺斯人的文明而成，可能是在公元前 1600 年前后，用于书写迈锡尼希腊语的方言。线形文字乙的例证已经在出土的泥版和泥瓶上找到，年代约在公元前 1400 ～前 1200 年。这些文书代表了已知最古老的希腊文形式。1952 年线形文字乙经 M. 文特里斯辨认为希腊字母。

线性代数　linear algebra　在代数学中关于求解线性方程系统之方法的一个分支；更一般地讲，是线性变换和向量运算的数学。“线性”指的是所包含的方程形式，在二维问题中为 $ax+by=c$。从几何上看，该方程代表一条直线。如果其中的变量是向量、函数或者衍生性商品，那么该方程就成为线性变换。这类的方程组是线性变换系统。因为它能指出这样一个系统何时有解以及如何求解，所以线性代数对数学分析学和微分方程的理论都很重要。它的应用已超越了物理学的范围而进入到生物学和经济学这类学科的范畴。

宪法　constitution　形成一个政治体基本

组织原则的整套法规和做法。可以是成文法(例如《美利坚合众国宪法》),或是部分成文法和不成文法(例如英国宪法)。其条款通常指出政府如何组成、有何权力,人民保有何种权利。现代的宪法思想发展于启蒙运动期间,当时T. 霍布斯、J.-J. 卢梭、J. 洛克等哲学家提议:立宪政府应该是稳定、可以调整、负责任和开放的,应该代表着被统治者,且应该根据目的而分权。目前仍然运作的最古老宪法是马萨诸塞州宪法(1780)。参阅社会契约论。

宪章运动　Chartism　英国工人阶级要求议会改革的运动。该运动因W. 洛维特(1800～1877)1838年起草的议案《人民宪章》而得名。该宪章要求:确定男子普选权,设立平等选区,进行投票选举,议会每年选举一次,规定议员的薪俸,废除议员候选人的财产资格。人民宪章运动产生于经济萧条时期,后来在F. 奥康纳的领导下得到全国的支持。英国议会拒绝接受交上来的3份宪章运动请愿书,1848年以后该运动逐渐平息下来。

腺病毒　adenovirus　由裹有一层蛋白质外衣的脱氧核糖核酸组成的一群椭圆状的病毒,可致人类喉咙痛、发烧,引发狗的肝炎和鸡、鼠、牛、猪、猴的多种疾病。腺病毒在受染细胞的核内发育。腺病毒在人体会引发上呼吸道和眼睛的急性黏膜感染,常累及局部淋巴结,病状颇似普通感冒。腺病毒和感冒病毒一样,临床上常可从健康者身上发现潜伏性感染。因为只有少数类型可致人类疾病,所以可针对这些病毒制备疫苗。

腺体　gland　动物体内的细胞或组织,能吸取血液中的特异性物质,并加以改变或浓缩,然后将其释放以供身体进一步使用,或将其排出体外。典型的腺体机能细胞附着于膜上,由血管丛或血管网包绕。内分泌腺或称无管腺(如垂体、甲状腺、肾上腺等)产生激素,不经导管而直接进入血液。外分泌腺(如消化腺、乳腺、唾液腺、汗腺等)的分泌物经导管排出。

腺样体　adenoids　又称pharyngeal tonsils(咽扁桃体)。为一团淋巴组织,类似(上腭的)扁桃体,附着于鼻咽的后壁。如果儿童时期受到感染,腺样体会肿大和发炎,腺样体会妨碍鼻子呼吸,影响鼻窦的引流,从而易患鼻窦炎,并造成连结中耳的耳咽管阻塞,导致耳炎。腺样体肥大或腺样体受到感染的儿童,通常可施行腺样体摘除术。

乡村音乐　country music　又称Country and Western(乡村与西部音乐)。源于美国南方和西部乡村地区白人之间的音乐风格。"乡村与西部音乐"这个用语由唱片业在1949年采用,以取代逐渐失色的"乡土音乐"。其本源是定居于阿巴拉契亚山脉及美国南方其他地方的欧洲移民的音乐。20世纪20年代早期南部山区传统弦乐团音乐开始录成商业唱片,F. J. 卡森在1923年录制了第一张热门唱片。对乡村音乐的发展来说,无线电广播比唱片更重要。20年代在南方和西部较大的城市中出现许多小电台,专门播放适合乡间白人听众的现场音乐演出或录音。影响力最大的两个常态节目是芝加哥的"民族谷仓舞"和纳什维尔的大奥普里。这类节目立刻受到欢迎,既推动更多唱片生产,也鼓励山区有才气的音乐家走向广播电台,包括卡特家族和J. 罗杰斯。随着大萧条和第二次世界大战期间许多南方乡下白人迁移至工业城市,乡村音乐被带到新的地区,接受布鲁斯和福音音乐等新的影响。由于乡村音乐普遍具有怀旧倾向,那些描写白人的贫穷、失去父母的孤儿、失恋的情人和远离家乡的工人的歌词,在人口大规模迁徙的时代具有特殊的感染力。30年代若干称为"歌唱牛仔"的影星,其中以G. 奥特里最著名,把乡村音乐配上妥善改写的歌词,成为一种综合的"西部"音乐。其他乡村音乐的变体还有:以B. 威尔士为代表的西部摇摆风格,随E. 塔布、H. 威廉斯等人崛起的酒吧音乐。到40年代,兴起一股回复乡村音乐某些根源价值的努力(参阅蓝草音乐)。但事实证明,商业化的影响力更为强烈。50年代和60年代乡村音乐成为一种大型的商业性企业,流行歌手常以纳什维尔风格来录制歌曲,而许多乡村音乐唱片使用华丽的管弦乐伴奏。乡村音乐对全国城市听众变得更能接受。风格不同的表演者如W. 纳尔逊、W. 詹宁斯、D. 芭顿、R. 特拉维斯、G. 布鲁克斯、E. 哈利斯和L. 洛维特,使乡村音乐始终蓬勃发展。尽管乡村音乐吸收了其他流行风格,但它仍保持着美国少数真正本土音乐风格的鲜明特性。

相对论　relativity　物理学概念,处在不同运动状态的观察者获得的测量结果不同。在经典物理学中,认为宇宙中任何地方的观察者对空间和时间间隔测量的结果都是一致的。根据相对论,这些测量结果是不同的。所有的测量取决于观察者与观察目标的相对运动。有两种不同的相对论,两者都是A. 爱因斯坦所提出。狭义相对论(1905)是爱因斯坦基于光速在所有参照系中都相同,与参照系之间的相对运动无关而发展出来的。它处理的是非加速的参照系,主要关心的是电磁现象以及它们在空间和时间中的传播。广义相对论(1916)主要为了处理引力的问题,还包括加速参照系。这两个理论都是近代物理史上的重要里程碑。参阅时空。

香槟　Champagne　法国东北部的历史和文化区。那里的低矮山丘和马恩河谷地相互交错。曾为一个重要的中世纪法国城镇,由韦尔南德瓦、布卢瓦和纳瓦拉等家族控制。过去有6个大型贸易集市,并且还是当时整个欧洲的银行业务中心。香槟伯爵与法兰西国王之间的冲突,因女伯爵继承人纳瓦拉的让娜嫁给了未来的腓力四世国王而宣告结束。1314年该地区并入法国王室。因地处法国边界,经常遭受侵略;第一次世界大战和第二次世界大战曾在此发生过激烈战斗。该地区以盛产葡萄酒而闻名。

香槟酒　champagne　一种发泡葡萄酒,因产地在法国东北部的香槟地区,故取名香槟酒。它只用3种葡萄为原料:皮诺特和默尼尔(均为黑葡萄)、沙尔多内(白葡萄)。这些葡萄的汁首先要在不锈钢大桶内发酵。加入酒、糖和酵母菌的混合物,然后再移到耐压瓶中进行二次发酵,让其产生二氧化碳和发泡。经冷却、加糖、装瓶后,存放一边等待酿熟。通常口感清爽、有股金属味,因各种香槟酒的甜度不同而有所变化。

香蕉　banana　芭蕉科芭蕉属植物,又指其果实。植株为大型草本,从根状茎发出,是世界最重要的粮食作物之一,热带地区广泛栽培食用。香蕉味香、富于营养,终年可收获,在温带地区也很受重视。栽培品种数百个,最重要的品种可能是普通香蕉(圣者香蕉,*M. sapientum*)。成熟果实碳水化合物含量高,主要是糖分;含丰富的钾及维生素A、C,蛋白质和脂肪含量低。香蕉可鲜食,也可烹调食用。美国是最大的香蕉输入国。参阅大蕉。

香料和香草　spice and herb　各种栽培植物的干制部分,内含芳香、辛辣、药用或其他人们所需要的物质。香料是热带、亚热带芳香或辛辣植物的制品,有小豆蔻、锡兰肉桂、丁香、姜、辣椒。香料籽包括茴芹、葛缕子、欧莳萝、茴香、罂粟和芝麻。香草是墨角兰、薄荷、迷迭香和百里香等植物气味芬芳的叶片。在远古,香料和香草最主要的用途是制药、制造圣油和油膏,又可用作春药。也用作食物和饮料的调料,并抑制或遮掩食物变质。香料贸易(包括茶)在人类史上扮演了重要的角色。早期重要的贸易路线,包括亚洲与中东之间和欧洲与亚洲之间的路线,即是为取得外国香料与香草而形成的。15世纪时的探索之旅主要是因香料贸易而开始,17世纪时,葡萄牙和英属、荷属、法属东印度公司间为取得控制权而有过激烈的战斗。参阅东印度公司和东印度公司(荷兰)。

香农　Shannon, Claude (Elwood)(1916～2001)　美国电机工程师。生于密歇根州佩托斯基,获得了麻省理工学院博士。长时间担任贝尔电话研究所数学专家(1941～1972)及麻省理工学院教授(1957～1978)。以1948年的论文《通讯的数学理论》为基础,他被公认是通讯理论的奠基者。1966年获得国家科学奖章,1985年获京都奖。

香农河　Shannon River　爱尔兰最长河流。发源于卡文郡西北部,长约370千米,在利默里克市以下注入大西洋。沿河多水草地和沼泽,多处河道展宽成湖泊,许多河心有岛屿。19世纪早期香农河在爱尔兰水道中起着重要的连接作用,现用于游船航行。

香石竹科　pink family　石竹科,有89属,约2 070种显花植物,主要产于北温带。石竹属中有约300种为纯香石竹,极易于栽培,在岩石花园中因其艳丽芳香的花朵而受欢迎。虽然石竹科的植物在外表和生境上各有不同，但多数种类具膨大的叶及茎节。该科植物包括康乃馨、满天星、美国石竹、冠军花和鸡草。

香桃木 myrtle 桃金娘科香桃木属常绿灌木的统称。对本属可分多少种，意见分歧很大。主要产于南美洲，有些见于澳大利亚和新西兰。普通香桃木原产于地中海地区和中东，英格兰南部和北美温暖地区已引种栽培。其他许多植物也称 myrtle，包括山月桂和蔓长春花。桃金娘科通常也称作香桃木科，包括多香果、丁香和桉属植物。

香榭丽舍大街 Champs-Élysées 在法语中意为“乐园”。世界闻名的主要街道之一。位于巴黎，从凯旋门至协和广场，总共长1.88千米。香榭丽舍圆形广场把这条大街分为两段。南段通往协和广场，街的两边有许多花园、博物馆、剧院和餐馆；北段通往凯旋门，过去是一个奢华的商业区。12条壮观的街道在香榭丽舍大街北端形成一个星形呈放射状向外延伸，凯旋门正好位于星的中间；从1753年起这里称星形广场，1970年改名为戴高乐广场。

香脂 balsam 由植物自然溢出或由切口流出的芳香树脂状物质，主要用于配制药剂。某些芳香性更强的香脂被掺入燃香中。秘鲁香脂是一种芳香、深棕色或黑色的黏稠液体，用于化妆品，是生长在萨尔瓦多局部地区的一种高大的豆科植物秘鲁胶树所产的一种真正香脂，后传入斯里兰卡。哥伦比亚托卢香脂用于化妆品和作为镇咳糖浆及锭剂的成分。香脂在存放中会变成固体。加拿大香脂和麦加香脂并非真正香脂。

香子兰 vanilla 即香草。兰科香子兰属热带攀缘兰花的统称，蒴果可制成使用广泛的调味剂。香子兰具长的肉质攀缘茎，通过气根附着于树干；其根也伸进土壤。花极多，逐渐分批开放，每批只开一天，花期持续约两个月。蒴果长可达20厘米。当果实基部呈金绿色，便可收获。暴晒和加工，果实变成巧克力般的深褐色。香子兰用于各种甜食和饮料，还用于制作香水。

箱龟 box turtle 几种水龟科箱龟属陆栖爬行动物的统称。产于美国、墨西哥或者亚洲的亚热带和热带。箱龟背甲高，呈圆形，最长可达18厘米左右。腹甲中间有关节，可向

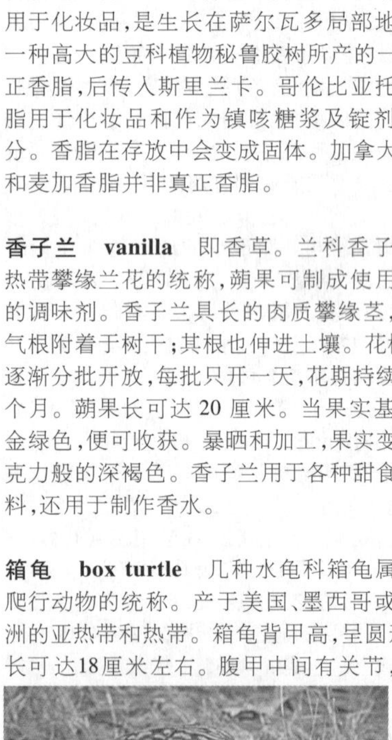

普通箱龟（*Terrapene carolina*）
John H. Gerard-EB Inc.

背甲方向收紧连在一起，形成一保护“箱”，将身体的软件部分保护在内。箱龟常被用来当宠物饲养，杂食性，食蚯蚓、昆虫、蘑菇和浆果。

响尾蛇 rattlesnake 新大陆两属约30种响尾蛇科毒蛇的统称，特征为尾部具响环，摆动时发出声响。响环由疏松连接若干角质环片组成，每次蜕皮便增加一节。侏响尾蛇属

木纹响尾蛇（*Crotalus horridus*）
Jack Dermid

（*Sistrurus*）头顶上有大鳞片，响尾蛇属（*Crotalus*）头顶上的鳞片都很小。体形大小范围为30～250厘米。多数种类捕食小型动物，主要是啮齿类动物、鸟类和蜥蜴。皆为卵胎生。响尾蛇在炎热地区为夜行性，寒冷地区则群集休眠。头部两侧各有具热感受能力的器官，有助于寻找捕捉猎物。被响尾蛇咬伤虽然很痛苦，但经过治疗不会致死。参阅侧进蛇。

响尾蛇科毒蛇 pit viper 响尾蛇亚科蝰蛇的统称，除长有两只可移动的尖牙外，头部两侧眼鼻向凹陷处还有热敏器官，用来帮助瞄准它的温血猎物。从沙漠到雨林都可见到，但以新大陆为主。它们可能是陆栖、树栖或水栖动物。有些种产卵，其他种直接产下小蛇。参阅矛头蛇、噬鱼蛇和响尾蛇。

向日葵 sunflower 60多种菊科向日葵属一年生草本植物的统称，主要原产于北美和南美洲。普通向日葵有一高约1～4.5米且多毛的粗茎；叶宽阔，呈疏齿状，表面粗糙，长

向日葵（*Helianthus annuus*）
John H. Gerard

约7.5～30厘米；扁平的复合花呈圆盘状，很大，直径可达7.5～15厘米。心花棕色、黄色或紫色，螺旋状紧密排列；边花黄色。叶可用做饲料，花可提炼黄色染料，种子含油，用作食物。种子榨出的油可作食用油，也可用作制造肥皂和油漆的原料，以及用作润滑油。仅少数品种有人工栽培，某些是因其花特别大而栽种。

相 phase 热力学中指化学上和物理上都均匀的物质部分，可以用机械方法从非均匀混合物分离出。相可以是单质，也可以是几种物质的混合物。物质的三种基本相是固体、液体和气体；也有人认为还有晶态、胶态、玻璃状、非晶态以及等离子体等相。纯物质的各不同的相之间温度和压力存在着固定的关系。例如，如果一种固体的温度上升得够高，或压力减得够小，它就会变成一种液体。

相扑 sumo 日本的一种角力比赛。比赛的选手尽力把对手推出场（一块直径约4.6米的比赛场地），或迫使对手除脚以外的任何部位触地。在相扑中，选手的重量、个头和力量都是至关重要的因素，速度和突发袭击也会产生作用。选手要吃特定的蛋白质食品，有些体重达136千克以上。他们只穿兜裆缠腰带互相紧握对方腰带。相扑是有排行复杂的古代运动，其最顶尖的选手被称为“横纲”（即大冠军）。比赛有长时间的仪式和复杂的手势，但比赛时间很短，往往只有几秒钟。

相位 phase 在波动中，一个点在上一次通过参考位置后所经过的时间与完成整个周期所需时间的比例数。两个周期运动的相应点同时达到位移的最大值或最小值，这样的两个周期运动就称作是同相的。如果两个波峰同时通过同一点，则它们在那个位置上是同相的。如果一个的波峰与另一个的波谷同时通过同一点，则它们的相角差180°，称这两列波是反相的。在交流电技术中相位差是重要的。

象 elephant 长鼻目象科有蹄类动物。有印度象（*Elephas maximus*，即亚洲象）和非洲象（*Loxodonta africana*）两个种。特点是身躯高大，具长鼻，腿圆柱状，耳大（尤其是非洲

亚洲象（*Elephas maximus*）
E. S. Ross

象），头巨大。浅灰至褐色，体毛稀疏而粗糙。鼻用来呼吸、饮水和取食。象吃草、树叶和水果。分布于撒哈拉以南的非洲象是现存最大的陆地动物，重可达7 500千克，肩高3～4米。产于印度次大陆和南亚的印度象重约5 500千克，肩高3米，耳较非洲象小得多。两者皆生活在茂密的丛林到热带稀树草原，以小的家族群形式活动，由年老母象带领。大多数雄象离开雌象单独成群。象随着可得到的食物和水的情况而进行季节性迁徙。一天消耗的青草和其他植物可超过225千克。印度象被认为是濒危种，而非洲象也面临数量减少的危机。

象海豹 elephant seal 鳍脚亚目海豹科两种最大的鳍脚类水生哺乳动物的统称，即北方象海豹（北方小吻象海豹*Mirounga angustirostris*），淡黄或灰褐色，现在主要栖于加利福尼亚和下加利福尼亚的沿海岛屿；南方象

雄性象海豹(*Mirounga*)
Anthony Mercieca-Root Resources

海豹(*M. leonina*)为蓝灰色,栖于整个南极附近地区。均为群居无耳海豹。雄兽鼻粗壮能膨胀,似象鼻,因而得名。两个种的雄性体长均约6.5米,体重约3 530千克,比雌性大得多。以鱼类和枪乌鲗或其他头足类动物为食。繁殖季节雄兽互相搏斗以在海滩上占据领地和拥有多至40头的雌兽。

象甲　weevil　又称snout beetle。鞘翅目象甲科昆虫,约40 000种。象甲科不仅是鞘翅目最大的科,也是动物界最大的科。多数的触角长、膝状,喙突出,有专门的沟以容纳触角。喙的末端为口器。有的无翅,有的善飞行。多数长不到6毫米,但最大的超过80毫米。许多种为单色并有斑纹,专吃植物。幼虫多数只取食植物的某一部分或吃某一种植物,成虫的食谱较广。该科包括若干重要害虫,如棉铃象甲。

象头神　Ganesha　又作Ganesa。印度教所信奉的神灵,人身象头,是湿婆与雪山神女(钵伐底)所生之子。也受到耆那教的崇拜,在亚洲的佛教艺术和神话里也很重要。据说

跳舞的象头神,印度北方邦法鲁卡巴德的浮雕,作于10世纪;现藏印度勒克瑙邦立博物馆
Pramod Chandra

他能排除障碍,在开始礼拜或开创新事业时都首先要祈求他保佑。他最受印度民族主义者的欢迎,因为他们视英国殖民主义是一种必须移除的障碍。他司掌文学和学术,传说《摩诃婆罗多》就是由象头神笔录的。他受人欢迎的程度在20世纪有增无减,他的庆典在印度马哈拉施特拉邦尤其流行。

象形丘　effigy mound　状似飞禽走兽(如熊、鹿、乌龟、水牛)的土丘,发现于美国中北部,特别是俄亥俄河谷一带。人们对象形丘的了解不多,只知大部分是坟冢。象形丘的文化起自公元300年,迄17世纪中叶。

象形文字　hieroglyph　几种文字体系的书写符号。这种文字近似图画,但读出时不一定和图形一致。这个术语原用于古埃及最古老的文字体系。埃及象形文字可按照图形(宅院可用pr表示,即房屋)、语音(房屋的记号可有pr的读音)及其相互关系(代表一物的记号可以代表另一个同音异义词)去读。和当代楔形文字不同,语音式象形文字代表辅音而非音节,所以没有书写元音的正规方式;传统上,埃及学家为了读出埃及文字,会把元音e插在辅音之间。中王国时期(公元前2050～前1750)标准化的拼字法运用了约750个象形文字。在公元纪年的最初几个世纪里,象形文字的使用逐渐减少——最后的文本日期是394年,而记号的意思也随之消失,直到19世纪初才被解读出来(参阅罗塞塔石碑)。"象形文字"一词一直用于相似的书写体系,特别是用来指书写古安纳托利亚诸语言中的卢维语,以及马雅人使用的文字(参阅马雅象形文字)。

象牙雕刻　ivory carving　将象牙刻成装饰品或实用性器具,象牙的利用可追溯到史前时代。石器时代象牙大部分在法国南部出土。早期实用品所采取的形式为小尊裸女像

《私奔》(有时称作《朗斯洛和圭尼维尔》),法国哥特式象牙镜盒,约制于14世纪
By Courtesy of the Liverpool Museum, England

和动物雕刻。早期的埃及牙雕杰作中是古夫小雕像,即吉萨金字塔的建造者之像。中国的象牙雕刻品已经在商(公元前18～前12世纪)帝王陵墓中被发掘出来。在日本,象牙雕刻的主要艺术用途是制作形似坠子的"根付",这种物品为男性服饰中不可或缺的佩饰。早期爱斯基摩人将海象牙制成不同的实用物品,如桶柄、鱼叉柄和针盒等。他们在这些物品上蚀刻由细线条组成几何或弯曲优美的图形。

象牙嘴啄木鸟　ivory-billed woodpecker　鴷形目啄木鸟科动物,学名*Campephilus principalis*。羽色黑白相间,冠闪亮(雄鸟冠红色),嘴稍白而长。北美地区最大的啄木鸟,据说已灭绝,但20世纪90年代末在美国南部曾

象牙嘴啄木鸟(*Campephilus principalis*)
Kenneth W. Fink from Root Resources

有人见过此种鸟,只是无法肯定。20世纪80年代末在古巴最后一次看到小群象牙嘴啄木鸟。然而,在2005年研究人员宣布在阿肯色州东部发现了这种鸟。其消亡与原始森林的砍伐有直接关系,因为这种鸟靠吃死树上的昆虫生存。一个亚种古巴象牙嘴啄木鸟可能也已灭绝。近缘种墨西哥的帝国啄木鸟几乎濒于灭绝。所有这些鸟的生存环境显然都需要大片树林和不受人类干扰。

象征主义　Symbolism　19世纪80和90年代盛行的组织松散的艺术运动,与文学上的象征主义运动紧密相关。反对写实主义与印象主义,象征主义画家着重艺术的主观、符号与美观功能,转向晦涩神秘的方向,试图用视觉方式唤起精神主观状态。虽然象征主义的观点出现在P.高庚、V.凡·高以及纳比画派的作品之中,代表人物是G.G.莫罗、O.雷东和P.皮维斯·德·夏凡纳。该运动虽大多与法国联系在一起,其实风行全欧洲,并产生巨大的国际影响力,影响了20世纪的艺术与文学。

象征主义运动　Symbolist movement　19世纪末叶一群法国诗人发起并扩展到绘画与戏剧的文学艺术运动,影响了20世纪的俄罗斯、欧洲和美洲的文学。象征主义的艺术家们竭力通过细致入微、富有暗示性地运用高度象征化的语言去表达个人的感情经验,他们反对在传统法国诗歌中严格的陈规旧套,如帕尔纳斯派诗人在诗歌中的精确描绘所显示的那样。具有神秘意味和间接意义的符号语言被运用起来以替代日益削弱的具有概括性和普遍性意义的语言。主要的象征派诗人有:S.马拉梅、P.魏尔兰、A.兰波和E.维尔哈伦。许多象征主义者也被认为是颓废派成员。正如象征主义画家青睐于幻想与想象力的运用而避免写实性的表达,象征派的剧作家只有通过神话、情绪与气氛的渲染来间接地揭示生存的深层意义。

像差　aberration　光线通过透镜或曲面镜使生成的物像变得模糊产生偏差。在球面像差中,由于透镜或镜子表面的弯曲,使光线通过透镜不会全都聚在同一像点上。从透镜中心近处通过的光线聚焦得远,从透镜外缘通过的光线聚焦得近,所以物体的影像接近模

糊。色像差是因透镜（但不是镜子）不能把所有的颜色（参阅**波长**）聚焦在同一平面上所致，所以物体影像模糊，并在边缘附近出现彩虹纹路。参阅**散光**。

像素 pixel 全名picture element（图像元素）。视讯影像最小的解析单位，有特定的光度和颜色。像素大小由扫描光栅（构成影像点的形状）形成的线数以及沿着每条线的分辨率来决定。在最常见的**计算机绘图**类型，数以千计的微小像素构成一幅影像，投影在显示屏上变成发光的点，远看好像连续的影像。电子束产生像素的网格，是从左至右一次一个像素地描绘水平线，从上而下。像素也是高感度装置的最小元素，例如使用电荷耦合组件的相机（参阅**光电耦合组件**）。

橡胶 rubber 又称natural rubber（天然橡胶）。有机化合物，一种富有弹性的聚合物，用取自各种**橡胶树**和**印度橡树**的**胶乳**制成。天然橡胶在工业上仍很重要，但现在面临人工合成替代物的竞争。橡胶的用途在于它独特的弹性，使其能够变形（拉伸）并恢复原形。这个功能通过添加**硫**或另一种交叉连接剂，伴随着加速剂和催化剂的硫化过程（本质上将聚合体的热塑性变为热硬性，参阅**塑料**）实现。填充剂和其他一些添加剂的加入使得物体可以用于想要的用途（如通过发泡、定型与漂白）。半数以上的橡胶被用于制造轮胎，其余的主要用于制作皮带、胶管、垫圈、鞋、衣物和玩具。

橡胶树 rubber tree 南美洲的热带乔木，大戟科，学名巴西橡胶树（*Hevea brasiliensis*）。栽种于热带与亚热带的种植园内，特别是在东南亚和非洲西部，取代20世纪早期的橡胶植物，作为主要的天然**橡胶**来源。木质柔软，高大，有分叉的树枝和大面积的树皮。乳状的液体（乳胶）从树皮的伤口渗出，浓缩成60%的橡胶含量，用来制造浸制品（外科手套、避孕用具、玩具、瓶子、鞋子和球）。

橡胶植物 rubber plant 又称India rubber plant（印度橡树）。热带的**桑科**弹性榕属（*Ficus elasticel*）树木。产于东南亚和其他温暖地区的橡胶植物高大，其他地方的则是一般的室内盆栽植物。大而厚的长椭圆形树叶和无花果般的果实成对着生于树枝上。其乳状汁液（胶乳）一度曾是次天然橡胶的重要来源。花商销售的幼株耐寒，在不够理想的室内环境中也生长良好。有些培育的变种有暗绿色的宽叶，有些颜色斑斓。参阅**印度橡树**。

肖 Shaw, Artie（1910～2004） 原名Arthur Jacob Arshawsky。美国单簧管演奏家，**摇摆乐**时代最流行的一支乐队的领导人。生于纽约市。他是一名技术纯熟的单簧管演奏家，领导他自己的乐队之前是一个自由职业者。1935年他与一个弦乐四重奏乐队一起演出，后来将乐队扩展为一支更传统的伴舞乐队。第二次世界大战期间他曾指挥过一支美国海军乐队，后来又指挥了各种其他乐队，直到1954年退休。他最著名的唱片是《跳起比根舞》和《法兰纳西》。

肖邦 Chopin, Frédéric (François)（1810～1849） 原名Fryderyk Franciszek。波兰裔法国作曲家。父母属于波兰的法裔中产阶级，7岁就发表了他写的第一首曲子，8岁开始在

F. 肖邦肖像画（局部），E. 德拉克洛瓦绘；现藏卢浮宫
Giraudon Art Resource

贵族沙龙中演奏。1830年在华沙正式首演后，获邀到世界各地巡回演奏，获得很大成功，这实际上确立了他的波兰民族作曲家的地位。1831年他移居巴黎，翌年举办他在巴黎的首场音乐会，此后成为法国上层社会的名流。他是一位名气很大的钢琴老师，基本上生活在巴黎最上层的贵族圈子里。在19世纪30年代，他显然染上了肺结核。1837年他与女作家乔治·桑（参阅**G. 桑**）开始了长达10年的同居生活；乔治·桑于1847年离他而去，由于病情迅速恶化，他两年后去世。肖邦不仅是波兰最伟大的作曲家，而且也可能是钢琴史上最重要的作曲家。其卓越的想象力及精湛的技巧使他成为世界最伟大的音乐诗人之一。除了2首钢琴协奏曲（均创作于1830年）以及其他4首为钢琴和管弦乐创作的作品之外，他所有的作品几乎都是以钢琴独奏为主，包括大约60首玛祖卡舞曲、27首练习曲、26首前奏曲、21首梦幻曲，大约20首华尔兹、16首波洛奈兹舞曲、4首叙事曲、4首诙谐曲和3首奏鸣曲。

肖邦 Chopin, Kate（1851～1904） 原名Katherine O'Flaherty。美国作家。出生于圣路易斯，婚后居住在路易斯安那州，丈夫去世后开始写作。作为当地的一个色彩设计家和新奥尔良文化的诠释者，她预示了后来的女权主义文学主题。共写有100多篇短篇小说，其中包括《德西雷的娃娃》、《切莱斯廷夫人的离婚》。《觉醒》（1899）是一部现实主义长篇小说，描写一位抛弃家庭的年轻母亲的性和艺术觉醒。该小说因直言不讳地谈论性，出版后受到谴责，但后来却因文笔优美而得到好评。

肖恩 Shawn, Ted（1891～1972） 原名Edwin Myers。美国现代舞蹈家、教师、编舞。生于密苏里州堪萨斯城。1914年开始舞蹈生涯后不久，与**R. 圣丹尼斯**结婚。他们于1915年共同成立了丹尼斯-肖恩舞蹈学校和舞团，

演出《欢乐心情》的肖恩
Pictorial Parade

并通过巡回演出首次将现代舞介绍到美国各地。1931年肖恩和丹尼斯分手后，建立了男舞蹈演员公司，指导体现活力、男性美的舞蹈作品。1933年肖恩创立了马萨诸塞州的雅各布之枕舞蹈节，作为他的舞蹈演员的夏季根据地和剧场。他的舞蹈和编舞工作一直持续到20世纪60年代。

肖克莱 Shockley, William B(radford)（1910～1989） 美国工程师、教师。生于加利福尼亚州帕洛阿尔托。获哈佛大学博士学位。1936年进入贝尔电话实验室工作，开始进行实验，推动了**晶体管**的发展。第二次世界大战期间，他任美国海军反潜战运筹学组研究主任；后来（1954～1955）任国防部武器系统鉴定组副主任。1955年，他参加贝克曼仪器公司并建立肖克莱半导体实验室。1956年因研制成晶体管而与**J. 巴丁**和**W. H. 布拉顿**共同获得1956年诺贝尔物理学奖。1958～1974年在斯坦福大学教书。20世纪60年代晚期，因他对黑人智力的论点而备受争议。

肖洛霍夫 Sholokhov, Mikhail (Aleksandrovich)（1905～1984） 苏联小说家。出生于顿河流域。参加过红军，并于1932年加入苏联共产党。最为著名的作品是长篇小说《静静的顿河》，这部作品的英文本被译为《顿河静静地流》（1934）和《顿河流向大海》（1940）两部分。它描写的是哥萨克人和布尔什维克之间的斗争，被誉为**社会主义现实主义**的有力典型，成为苏联流传最广的小说。**A. 索尔仁尼琴**和其他一些作家认为《静静的顿河》抄袭了哥萨克作家F. 克留科夫（1920年卒）的作品，从而引起争议。肖洛霍夫的后期作品包括《被开垦的处女地》（1932～1960）。1965年获诺贝尔文学奖。

肖洛姆·阿莱赫姆 Sholem Aleichem（1859～1916） 原名Sholem Yakov Rabinowitz。俄国作家。年轻时即喜爱写作，17岁任家庭教师，后来任政府所设拉比。从1883年起，即从第一篇意第绪语小说问世到他去世时止，他共写了40多本意第绪语长、短篇小说和剧本，这些作品被广泛翻译。《犹太儿童和古老国家》是其14卷全集里英文译作中的一篇。养乳牛者提瓦耶，是他创作的最有名的人物形象，这是一本短篇故事集中的主人公，后来成为音乐剧《屋顶上的提琴手》（1964）的创作来源。

肖斯塔科维奇 Shostakovich, Dmitri (Dmitrievich) (1906～1975) 苏联作曲家。出生于一个知识分子家庭，由于青年时代发生的政治骚动，13岁就进入圣彼得堡音乐学院学习。他所创作的第一交响曲(1925)引起了国际关注。作品显示出其能够充分驾驭大调的能力，能表现多种风格，既有朴实的抒情，又有辛辣的讽刺，还有宏伟的史诗。他以后创作的交响曲以及《鼻子》(1928)、《黄金时代》(1930)和《姆钦斯克县的麦克白夫人》(1932)等戏剧作品，也许为其"最现代派的"作品。《真理报》对《姆钦斯克县的麦克白夫人》的批评(1936)，很有可能出自J. 斯大林本人，迫使肖斯塔科维奇采用了一种完全不同的风格。他战时创作的《第七交响曲》被认为是对德军入侵的描绘，成为爱国主义的象征。在苏联政府公开谴责其音乐后(1948)，他再次消沉，并寄个人情绪于室内乐作品中，尤其体现在他的15首四重奏中。20世纪50年代后期解冻之后，他创作了两部极为个性化的交响曲，包括13号交响曲《巴比雅》(1962)。他被认为是I. 斯特拉文斯基之后最伟大的俄国作曲家。

肖托夸运动 chautauqua movement 在美国蓬勃发展的成人教育运动，创始于1874年。最初是在纽约州肖托夸湖举办的主日教师培训集会，但逐步发展成各种不同的巡回"肖托夸"，教学内容也扩大到包括普通教育和大众娱乐。当时还请来著名的演讲者为暑期讲座和教学班授课。该运动在1924年达到鼎盛时期，此后便开始衰落(尽管该组织现在仍召开会议)。该运动的影响对后来美国社区大学和继续教育的发展起到了推动作用。参阅学园运动。

鸮 owl 鸟纲鸮形目夜行性猛禽。有典型鸮(鸱鸮科)、仓鸮和草鸮(草鸮科)、湾鸮(褐鸮科)。仓鸮(*Tyto alba*)及短耳鸮(*Asio flammeus*)等是分布最广的鸟类之一，而帕劳鸮(*Pyrroglaux podargina*)及塞舌尔鸮(*Otus insularis*)，仅在某些岛屿有地方性分布。鸮以树洞、峭壁岩洞为巢，或巢于地面。飞行时无声，有保护色(一般棕色)，借以捕捉昆虫、鸟和小型的哺乳动物。眼圆形，均向前方。喙尖端钩状。听觉、视觉灵敏。体长13～70厘米。有些种的面部有面盆，耳大，围以纸状羽毛构成的羽翎，其功能为集中声音，有助于寻找猎物。头可向任何方向转动180°以上(有些种能转动270°)。参阅角鸮、鸣角鸮。

消费价格指数 consumer price index 以零售物价的变动为基准衡量生活费用的指标，广泛应用于衡量维持一定生活水准的费用的变动。这种指标通常以有关居民抽样调查为基础，确定应包括哪些商品和服务；然后定期算出这些商品和劳务的价格，按照各商品的相对重要性把价格组合起来。拿这组价格与原先在基年所搜集的一组同类商品价格相比较，进而确定其增减的百分比。编制指数统计时，居民分组局限于工薪人员家庭或城市居民，但特殊的指数可能是某些特定的人口群体(如退休人口)。这种消费价格指数没有考虑人们购买什么样的物品随着时间的推移会有变化；考虑到消费者主观偏好的指数称为不变效用指数。全世界有100多个国家公布这种指数。

消费者剩余 consumer's surplus 经济学中，指消费者为耗尽市场上交易的商品所愿意支付的总金额和他们购买这些商品时不得不支付的金额之间的差额。前者一般被理解为消费者满意度的货币值。这一概念1844年由土木工程师J. 杜普伊(1804～1866)首先提出，后经A. 马歇尔应用推广。虽然经济学家在20世纪对消费者满意度的测试用了难以计算的方法，不过，它仍被利用在福利经济学和课税领域中。

消费主义 consumerism 为了买方的权益旨在控制制造厂商、卖方和广告商的产品、服务、做法和标准的活动或政策。这种控制章程可能是社会团体性的、法定的，或订在某一行业所接受的自愿遵守的典籍中，或订在受消费者组织较为间接影响而形成的守则中。为保障消费者，政府常建立正式的管理机构(例如，美国的联邦贸易委员会和食品和药物管理局)。早期曾制定一些消费者保护法律管理腐败食品和有害药物的销售。美国消费者保护运动始于20世纪60和70年代，当时消费者卫士R. 纳德游说制定汽车、玩具和许多家庭用品的安全标准的法律。另外还通过法律规定广告商对其产品必须做真实的描述和防止销售人员使用欺骗的销售策略。消费主张由国际消费者联盟(IOCU)在世界各地推动。

萧伯纳 Shaw, George Bernard (1856～1950) 爱尔兰剧作家、评论家。1876年移居伦敦以后作为音乐和艺术评论家多年，并著书和戏剧评论，同时是社会主义费边社活跃的成员。在第一部戏剧《鳏夫的房产》(1892)中，他强调社会经济问题而不是浪漫，采用了他的作品的一贯特点——反讽喜剧的格调。萧伯纳形容他最初几部戏剧为"不愉快的"，因为它们迫使观众面对不愉快的事实。这些"不愉快的戏剧"包括《华伦夫人的职业》(1893)，该剧关注卖淫，1902年前一直被禁止演出。萧伯纳后来又写了四部"愉快"戏剧，包括喜剧《武器与人》(1894)和《康蒂妲》(1895)。接着又写了《凯撒和克娄巴特拉》(1899)和《人与超人》(1905)等剧。在《巴巴拉少校》(1905)、《医生的窘境》(1911)和他的喜剧杰作《卖花女》(1913)中，他用高雅喜剧来探讨社会的弱点。其他的戏剧包括《安德罗克勒斯和狮子》(1912)、《伤心之家》(1919)以及《圣女贞德》(1923)。他的其他作品和言论使他成为一个备受争议的公众人物。1925年获诺贝尔文学奖。

G. 萧伯纳，Y. 卡什摄
Karsh-Woodfin Camp and Associates

萧条 depression 在经济学上，指经济周期中经济活动的严重下降。其特征是工业生产急剧减缩，普遍失业，建筑业严重衰退或停止增长，国际贸易和资本流动额锐减。它不像经济衰退那样可能只局限于个别国家，严重的萧条几乎都是世界性的，如1929年的大萧条。参阅通货膨胀。

硝化甘油 nitroglycerin 又称甘油三硝酸酯。一种有机化合物，烈性炸药，也是多种类型达纳炸药的重要组分。它是无色油状稍有毒性的液体，有甜而辣的味道。19世纪60年代，A. P. 诺贝尔发明了达纳炸药，他使用一种惰性的多孔材料(减速剂)，像木炭或硅藻土，这样才可能安全使用硝化甘油来做炸药。硝化甘油也用于火箭推进剂中。在医学上用来扩张血管，尤其用以缓解心绞痛。

销售 marketing 引导货物和劳务从生产者流转到消费者的活动。在先进工业国家经济中，销售因素在制定企业政策时发挥主导作用。过去企业的销售部门主要通过广告和其他促销手段增加销售额，而现在通常要关心信用政策(参阅信贷)、产品开发、顾客支持、分配和公司的信息。销售人员可寻求出售公司产品的销路，如通过零售店、邮购和批发来出售产品。他们可对产品的潜在市场进行心理和人口统计的研究，利用不同的销售方法进行试验，也可与售货对象进行非正式的会晤。销售学可用以提高某现存产品的销售额，也可用于推销新产品。

小比格霍恩河战役 Little Bighorn, Battle of the (1876-06-25) 又称Custer's Last Stand(卡斯特的最后抵抗)。在蒙大拿州小比格霍恩河发生的战斗，交战一方为G. A. 卡斯特率领的联邦军，另一方为一群印第安人(东苏人和北夏延人)。美国政府下令让北部的平原部落回到指定的保留地，派A. H. 特里将军率领军队去强制执行这项命令。特里企图包围在小比格霍恩河河口的一个印第安人营地，但是卡斯特带领的一个200多人的小分队提前发起攻击，结果全遭杀戮。接着政府军血洗了该地区，迫使印第安人投降。

小扁豆 lentil 一年生矮小荚果，学名*Lens esculenta*。其种子形如双凸透镜，含丰富蛋白质，可食。是最早栽培的食用植物之一，含维生素B、铁和磷。原产地不明，欧洲、亚洲和非洲北部均普遍种植，西半球则种植较少。但在美国日常饮食中的比例正在增加。株高15～45厘米，复叶，开淡蓝色花。其茎叶可作动物饲料。

小步舞 minuet 高雅的男女对舞，起源于法国民间舞蹈，风行于17至18世纪的欧洲宫廷舞厅。舞者通常跟随3/4节拍的音乐用缓慢的小步表演多种精心设计的花样与队形，其中组合了程序化的鞠躬和屈膝礼动作。这种18世纪最流行的贵族舞蹈在1789年法国大革命之后不再流行。在艺术音乐方面小步舞曲意义重大：约1650～1775年间小步舞曲通常出现在组曲中，至1800年前后它一直是唯一一种保留在交响曲、奏鸣曲、弦乐四重奏及其他一些多乐章的艺术音乐形式中的舞蹈。

《小部》 Khuddaka Nikaya 佛教经籍（巴利文意为"短集"）集，是上座部教最神圣的巴利文经藏的第五部，也是最后一部。写于公元前500年到公元1世纪之间，内容包括佛陀说法以及对教义和伦理方面的论述，还收录了巴利文正典中的全部主要诗歌作品（参阅三藏）。

小乘 Hinayana 佛教信徒对坚持正统教义的保守派的称呼。它是梵文中的一个词，意思是"较小的车"（因为它只关心个人的自救）。最初它是大乘（"较大的车"，因为他们关心的是救世）的那些较开放的信徒们对这些所建立的佛教派别的贬称。公元1世纪大乘佛教兴起后，古老的小乘派继续发展，但在13世纪印度佛教衰落后小乘派中只有上座部佛教还保持着牢固的地位。

小虫 bug 泛指所有的昆虫，昆虫学中则指异翅目昆虫（如麦长蝽、臭虫）。当bug为异翅目昆虫俗名之一部分时，该字与前字分开，如chinch bug（美洲谷长蝽）；当bug用在非异翅目昆虫的名字中时常与前字相连，如鞘翅目的ladybug（瓢虫）等，但仍有许多例外，如badbugs。

小船工狗 schipperke 原产于佛兰德斯的狗品种，主要用来看守驳船。小船工狗（"小船长"）是洛文纳尔犬的后代，并因此提升了比利时牧羊犬的地位。该狗毛短且厚，无尾，毛色为黑色，头似狐狸，肩高31～33厘米，重可达8千克。这是一种生性活泼的狗，好奇心强，耐劳，精力充沛，能猎捕害兽，也是看守门户的好手。

小豆蔻 cardamom 姜科多年生草本植物完整的果实或种子，或其干粉末，学名*Elettaria cardamomum*。用作香料，微辣，其味似樟，是一种普遍的调味品。原产印度南部潮湿的森林，可采自野生的植物，但多数是栽培的。整颗果实呈绿色，为三面体椭圆形蒴果，内含15～20粒黑色、红褐色至褐黑色硬而有棱的种子。

小号 trumpet 发音管呈折叠状的低音乐器（在广义上指任何用嘴吹奏的乐器）。现代小号多数为圆柱形，有三个发音阀门和一个杯状发音口，通常为降B调或C调低音乐器。小号约在公元1500年形成现在的样式。在17至18世纪，它采用了环状管（可伸缩的管）来演奏不同的音调。带阀门的小号在19世纪20年代得到发展。从16世纪开始，小号往往与仪式和军队乐器有关。它在1700年左右成为交响乐团的标准乐器，尽管其使用是有选择性的，通常和定音鼓被同时选用。其美妙的声音从此使其在很多乐队中都成了不可缺少的一部分。参阅短号。

小黑猩猩 bonobo 大型类人猿的几个品种，学名*Pan paniscus*，曾被视为黑猩猩的一个亚种，两者在大小、外形及生活习性上都很相似。小黑猩猩分布范围较黑猩猩小，仅见于刚果民主共和国中部的低地雨林中。小黑猩猩的臂更长且更细，身体更细长，面部不那么向前突出。主要以果实为食，辅以叶子、种子、草以及小动物。50～120个个体组成一大群。它们的社会生活有个突出的特点，即性活动十分频繁，通常把它当作解决争吵的手段，不太在乎性别或年龄。目前数量正在减少，主要原因是人类破坏其森林栖息地及非法捕猎，已被列入濒危物种。

小花砖 azulejo 自14世纪以来在西班牙、葡萄牙生产的光滑彩色瓷砖。摩尔人占领时期由阿拉伯人引入西班牙，用于伊斯兰建筑的墙面和地面。早期图案呈几何形，

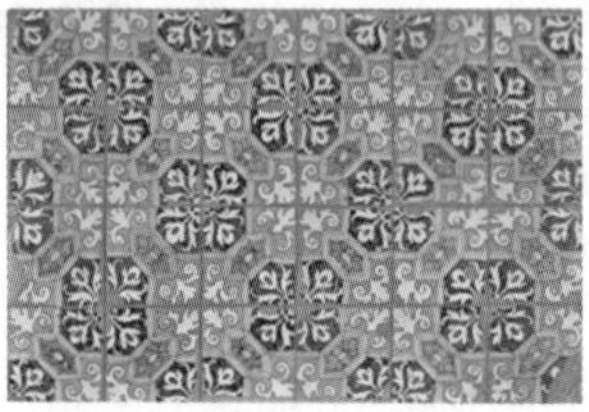

16世纪晚期塞维利亚的小花砖，现藏鹿特丹博伊曼斯-范伯宁根博物馆
By courtesy of Museum Boymans-van Beuningen, Rotterdam

面积13～15平方厘米。15～16世纪葡萄牙从西班牙进口这种花砖，用于宗教和私人建筑。17世纪葡萄牙人将花砖出口到亚速群岛、马德拉群岛和巴西，西班牙人又把花砖引进其在美洲的殖民地。18世纪墨西哥的普韦布拉建筑内外都贴有色彩明亮的小花砖，规模之大无处能比。

小津安二郎 Ozu Yasujiro（1903～1963） 日本电影导演。1923年入东京松竹影片公司担任摄影助理。3年后拍摄了他的第一部影片。他开创所谓的"庶民剧"。庶民剧是描写日本下层中产阶级家庭生活的影片样式。《我毕业了，但……》（1929）、《我出生了，但……》（1932）和《户田家兄妹》（1941）是庶民剧无声喜剧片的代表。后期作品以深入细致的人物性格刻画、优美的画面、恬静沉思的气氛而知名，包括《晚春》（1949）、《东京故事》（1953）、《早春》（1956）、《晚秋》（1960）、《夏末》（1961）和《一个秋天的午后》（1962）。他被认为是最典型的日本导演，在国内受到的赞誉比其他导演都要多。

小蓝帽 bluebonnet 豆科几种显花植物，包括得克萨斯羽扇豆（*Lupinus subcarnosus*）。它是一种一年生北美洲荚果，原产于得克萨斯平原。高约30厘米；复叶，被丝状毛；花簇生，紫蓝色，中心白色或黄色。春天时像蓝色地毯一般覆盖着得克萨斯南部和西部的广大地区，是得克萨斯州最普遍的野花之一。在苏格兰，小蓝帽又称矢车菊（*Centaurea cyanus*）和山萝卜（*Succisa pratensis*）。

小笠原群岛 Bonin Islands 日语作Ogasawara-Shotō。西太平洋岛群。位于东京以南大约950千米处，由日本管理。该群岛总面积约100平方千米。包括30多个多山的岛群，如父岛列岛、母岛列岛、婿岛列岛和嫁岛列岛。1830年起受欧洲人和夏威夷岛人统治，1876年被日本正式并吞。1945～1968年受美国控制。

小猎兔狗 beagle 一种小型猎狗。作为宠物及用于狩猎。外貌似小型的猎狐狗。眼大，棕色，耳悬垂，被毛短，黑、棕和白色相间。体态健壮，从体高上看体重为重型。小猎兔

小猎兔狗
Sally Anne Thompson-EB Inc.

狗有两种体形：一种肩高低于33厘米，体重8千克左右；一种肩高约38厘米，体重约13.5千克。小猎兔狗通常在猎兔上表现出色，生性机敏而温驯。

小灵狗 whippet 似灵缇，19世纪在英格兰育成，用以在表演场内追逐兔子。由㹴狗和英格兰及意大利的灵缇育成。肩高46～56厘米，体重约13千克。被毛短而有光，常

小灵狗
Sally Anne Thompson-EB Inc.

为灰色、棕黄或白色。速度可达每小时56千米。可用于赛狗和狩猎小猎物。性情温顺。

小麦 wheat 禾本科小麦属（*Triticum*）禾谷类作物，种子供食用，是最古老最重要的谷类作物之一。中国是最大的生产国。叶窄长，茎多中空，花穗顶生。现已知的小麦品种数以千计。最重要的有普通小麦（*T. aestivum*），供制作面包；硬粒小麦（*T. durum*），适于制作意大利面食，如意大利式细面条及通心粉；紧粒小麦（*T. compactum*，即棍状小麦），属软小麦型，适于做糕点、薄脆饼干、小甜饼、花式点心和家用面粉等。冬小麦和春

小麦是两种主种类型，根据冬季严寒程度决定种何种类型。冬小麦在秋天播种，春小麦通常在春天播种，但在冬季不冷的地区亦可在秋天播种。小麦粉绝大部分用来制作面包，少量用于工业生产淀粉、糨糊、麦芽、葡萄糖、面筋、酒精等产品。劣质小麦、过剩小麦及面粉加工的副产品可用作饲料。

小脑　cerebellum　人脑的一部分，负责整合来自内耳迷路与肌肉中位置觉感受器的神经冲动后发出信号，决定并调整具体肌纤维收缩的范围与时间，以维持平衡与体位，并使大肌群产生平稳、协调的随意运动。位于大脑半球的后下方和延髓的上面，分为左右两半球，每侧半球由中央白质和表层灰质构成，分成三叶。小脑的损伤或疾病经常造成神经肌肉障碍，特别是共济失调。

小牛肉　veal　出生几个星期的小牛的肉。口味鲜美，颜色淡灰发白，细致紧密，组织柔软光滑，没有花纹，含少量细腻的白色脂肪。近代畜牧场为获得高品质的小牛肉，在室内空调温度下大量喂奶或高蛋白饲料，或两者混喂而不喂草饲料。因缺铁，肉色不深。近10年来动物保护组织谴责饲养小牛是残酷的。

小农　peasant　耕种土地的小土地所有者或农业劳工。小农经济通常拥有简单的技术，按年龄与性别分工。基本的生产单位是家庭或家族。小农家庭自给自足，虽然一部分产品可以在市场上出售或付给地主。劳动者的平均生产率和土地单位面积产量通常都很低。随着社会的工业化，小农阶级趋于消失，但是类似小农的社会结构仍将可能在新的经济形势下存在。参阅封建主义、种植园和农奴制。

小球藻属　Chlorella　淡水绿藻的一个属，见于淡水、海水和土壤中。具杯状的叶绿体现在常被用于研究光合作用、大面积培养实验以及污水净化。由于该属增殖迅速，富含蛋白质和复合维生素B，因而已被研究作为人类在地球和外层空间的一种潜在食品。小球藻属养殖场是提供人类食品、水和氧的封闭系统，已在美国、日本、荷兰、德国和以色列建立。

小泉纯一郎　Koizumi Junichiro(1942～　)　日本第三代政治家，2001～2006年担任首相。其父亲和祖父都曾在日本议会中任职。1969年其父去世后，他竞选议员未获成功；后于1971年当选为议员。1988～1989、1992～1993和1996～1998年曾担任过各种内阁职务。1995和1998年竞选自由民主党总裁没有成功；2001年4月终于获胜，不久被提名为首相。小泉以非常规的改革主张著称，他组成的内阁有5名女性。他的经济政策包括对国家的邮政储蓄系统实行私有化，减少政府开销，终止对破产企业的支持。根据规定，小泉于2006年离任。

小圣伯纳德山口　Little St. Bernard Pass　萨瓦山的山口。位于法国东南部，意大利边界的西南，连接法国的圣莫里斯堡和意大利的拉蒂勒。公元前218年汉尼拔带领迦太基军队在去罗马的途中可能曾穿过这个山口。在公元前77年开放蒙热内夫尔山口以前，小圣伯纳德山口一直是阿尔卑斯山上通往长毛高卢的主要通道。山口旁有11世纪芒通的圣伯纳德修建的救济院。

小石城　Little Rock　美国阿肯色州首府，位于阿肯色河畔。1722年法国探险家拉阿尔普因河岸岩层的构造而名之为"小石"。1821年成为阿肯色州的首府。美国南北战争开始时，它坚决反对联邦；1863年联邦军队占领该城。后发展成为农业地区的贸易中心，也是铁路和河运的枢纽。1957年为阻止州政府干预中心中学废除种族隔离，曾派联邦军队介入。小石城是阿肯色州最大的城市，有许多高等教育机构，包括小石城的阿肯色大学(1927)。人口约193 524(2010)。

小鼠　mouse　啮齿目许多体小、到处奔跑的啮齿动物的统称。小鼠和大鼠不同之处主要是体形较小。主要原产于亚洲，但现在已散布至世界各地。其他的啮齿类(如白足鼠

小家鼠(*Mus musculus*)
Ingmar Holmasen

和小囊鼠)也叫小鼠，但无科学根据。小鼠吃谷类、根、果实、青草和昆虫。它们可造成危害，但总体上对人有益，是多数毛皮兽和掠食动物的主要食物。若无小鼠，这些肉食性动物将会捕食对人类更有价值的动物。实验用的小白鼠是家鼠的一种。参阅田鼠。

小提琴　violin　弓弦乐器家族包含小提琴、中提琴、大提琴、低音提琴。称为小提琴的乐器是其中音调最高的一种。指板没有品，四弦，木制琴体形状独特，其"腰身"便于弓法的运用。被置于肩上，由右手拉弓。有极广的4个八度以上的音域。16世纪在意大利改进而成，源于中世纪的提琴及其他乐器。它的一般体积在17世纪确立，但18～19世纪的改革增加了本身的音色能力。小提琴音色灿烂、灵活，在西方艺术音乐中一直是非常重要的，在所有弦乐器中拥有最多而最著名的曲目，包括数以千计的协奏曲。从17世纪中期以来，它一直是管弦乐团的基础，如今管弦乐团通常包括20～26支小提琴；小提琴也广用于室内乐，或作为独奏乐器。它在许多国家以民俗乐器的形式演奏，许多民族的小提琴常被称为提琴。

小协约国　Little Entente　在法国的支援下，捷克斯洛伐克、南斯拉夫和罗马尼亚于1920～1921年达成的共同防御协定。旨在反对德国和匈牙利在多瑙河地区的统治，保卫成员国的领土完整。20世纪20年代这个协定是成功的，但在1933年A.希特勒上台后，各成员国逐渐奉行独立的外交政策。1938年德国吞并了捷克的苏台德地区后，小协约国瓦解。

小行星　asteroid　又作minor plant。绕太阳运转的为数众多的岩状小天体的统称，主要位于火星和木星的轨道之间的一条小行星带。太阳系形成的时候，在木星形成过程中产生的向心力影响下，那些小行星可能没有聚集成为一个行星。小行星比太阳系主要的行星中的任何一个都小，约有30颗直径超过200千米，已知最大的一个是谷神星。估计在太阳系中有数百万个像巨砾一样大的小行星碎块。这些小行星或它们的碎块经常撞击地球。以陨石形式穿过大气层到达地球表面。最大的小行星的质量才能大到足以使它们在形成之际在具体引力作用下塑造成球形。小行星是由碳、石质物质和金属物质(主要是铁)组成。参阅越地小行星。

小型护卫舰　corvette　小型快速海军船只，比中型护卫舰低一个等级。在18～19世纪，小型护卫舰是三桅船，其方帆帆装与中型护卫舰和帆船时代的大型军舰相类似，但仅在高层甲板装有约20门大炮。经常在战斗舰队的船只之间传递公文，有时又护送商船。早期美国海军小型护卫舰曾在1812年战争中在五大湖区作战，功绩显著。19世纪中叶改用蒸汽作为动力后，不再是一个等级，但是在第二次世界大战中，皇家海军把这一名称用于在大西洋中保护护航舰的小型反潜艇船只。现代小型护卫舰一般的排水量为500～1 000吨，配备导弹、鱼雷和机关枪，在世界小规模海军中行使反潜艇、防空和沿海巡逻任务。

小型计算机系统接口　SCSI　全名Small Computer System Interface。标准接口类型，用于连接到小型至中型计算机的接口设备(磁盘、调制解调器、打印机等)。因为所有的SCSI硬件装置和软件驱动程序都要符合SCSI标准，这代表所有符合SCSI标准的设备(计算机和接口设备)可以一同工作，有时以菊链方式连接在一起。

小型马　pony　几种肩高不到147厘米的小型马品种的统称，以温驯耐劳著称。常见的品种有设得兰小型马；强壮耐劳，体态优美的韦尔斯小型马；以高步动作著称的韦尔斯矮脚马；埃克斯穆尔小型马及达特穆尔小型马，原产于英格兰的穆尔高地，今用于繁殖打马球用的小型马；高地小型马，粗壮，呈灰色，供骑乘用。

小亚细亚　Asia Minor　又称Anatolia(安纳托利亚)，土耳其语作Anadolu。地处亚洲最西端的半岛，北临黑海，南临地中海，西边濒临爱琴海，东部界托罗斯山脉的东南段。小亚细亚大致在土耳其的亚洲部分。因地处欧亚两洲交接地带，这个地区经历了无数

的迁徙和征服。原为赫梯王国(约公元前1700～前1180)所在地,后来印欧语系民族(可能是色雷斯人)建立了弗里吉亚王国。公元前6世纪,波斯帝国阿契美尼德王朝统治该区。公元前334～前333年亚历山大大帝侵占了安纳托利亚。公元前1世纪时,罗马共和国开始扩张到这里,公元395年罗马帝国分裂,这一地区属拜占廷帝国。后来仍不断遭到阿拉伯人、土耳其人、十字军、蒙古人和帖木儿的突厥军队入侵,直到15世纪奥斯曼帝国建立霸权为止。1923年以后的历史是现代土耳其的历史。

小杂志 little magazine 各种小开本的、通常是前卫性的、专门发表严肃文学作品期刊的统称。这个名称表明绝大多数的编辑、经营和财务上通常是非商业性的。这些杂志自1880年前后开始出版,直到20世纪的大部分年代,盛行于美国和英国,而法国和德国的作家也常常得益于它们。这些杂志中排在最前列的有美国的两份期刊,《诗刊》和更为古怪常常使人激动的《小评论》(1914～1929);英国的《自我中心者》(1914～1919)和《疾风》(1914～1915);以及法国的《变迁》(1927～1938)。

哮喘 asthma 因支气管(肺部的呼吸道)收缩和黏膜水肿而引起的呼吸急促、喘鸣和咳嗽等慢性疾病。主要是因**过敏反应**和呼吸道感染。被动吸烟也能引起儿童哮喘。哮喘普遍有家族倾向,无种族和性别差异。被确诊的哮喘疾患者中,锻炼、紧张和气候突然变化都能引起哮喘发作。发作的持续时间从1到几个小时不等。严重的可能致死。肾上腺素能够控制哮喘。注射肾上腺素能够缓解哮喘猛烈的发作。预防措施则是避免接触过敏源。

哮吼 croup 一种以剧咳、声音嘶哑和呼吸困难为特征的小儿急病。大多由上呼吸道尤其是喉部的各类感染、过敏或物理性刺激引起,多发于3岁以下的儿童,多数患者可在家以喷雾器喷出的冷空气治疗。细菌性哮吼(又称会厌炎)是一种比较严重的情况,通常侵犯3～7岁的儿童,发作急速,患者会有呼吸和吞咽困难,必要时以导管插入气管,并给予抗生素。

笑翠鸟 kookaburra 又作 laughing jackass。澳大利亚东部翠鸟科的一种食鱼鸟,

笑翠鸟(*Dacelo gigas*)
Bucky Reeves from the National Audubon Society Collection/Photo Researchers

学名 *Dacelo gigas*,因其鸣叫声似狂笑而得名。清晨和日落时分能听到它们的鸣叫声。灰褐色,栖息于树林。体长可达43厘米,喙长8～10厘米。在其原始居住地,以无脊椎动物和小型脊椎动物为食,包括毒蛇。被引进澳大利亚西部和新西兰后,也攻击鸡和鸭。

效忠派 Loyalists 美国独立战争中忠于英国的殖民地居民。约有1/3的美洲殖民地居民都是效忠派,包括为英国王室服务的官吏、大地主、富商、安立甘宗的牧师及他们教区的居民,还有贵格会教徒。在美国南部、纽约和宾夕法尼亚,效忠派的人数最多,但在任何一块殖民地地区都没有构成多数。在争取殖民地权利时先是主张温和适度,但在他们遭到极端爱国分子痛斥后,又变成积极的支持者。有些效忠派加入了英国军队,其中包括来自纽约的23 000人。他们在战斗中被俘,被当做叛徒处理。所有各州都通过了反对他们的法律,没收他们的财产或征收重税。1776年开始,约有10万名效忠派人士出逃,流亡在外,许多人去了加拿大。1789年后公众反对他们的情绪逐渐消退,1814年撤销了各州的惩罚性法律。

楔入战役 Bulge, Battle of the (1944-12-16～1945-01-16) 第二次世界大战中德国在西线的最后一次攻势,企图将盟军分割,并阻止盟军进入德国,但未成功。"楔子"指的是德军形成楔子切入盟军战线。1944年12月盟军在比利时南部阿登森林高地突遭德军袭击。当盟军飞机受阻于恶劣天气之际,德国将军G. von **伦德施泰特**指挥装甲师发动两线进攻,企图重占安特卫普港。刚开始时很成功,但后来由于德军补给不足及盟军抵抗,终于被阻。后来盟军方面派G. **巴顿**将军前来援救,并开始反攻。德军在1945年1月间撤退,双方的损失都很惨重。

楔形文字 cuneiform writing 古代中东地区曾被几种语言广泛使用的一种文字。原先是用一支斜尖的芦苇在软泥板上刻画,所以笔画呈楔形。已经证实的最早用楔形文字书写的文献是苏美尔语文献,这种语言是这种印记的形态,组成一个字母或一个符号。原始楔形文字符号可追溯到约公元前3200～前3000年,与其说是刻印上去的,不如说是刻画上去的,很大程度上是象形文字的,不过随着书写体的进化,这些特点逐渐失去了。单个楔形文字符号有可能是代表一个词的缩记符,或可能是代表一个音节的音的书写符号。到公元前约2350年阿卡德人开始用楔形文字书写他们的语言,之后其他一些南亚语言也曾使用。前第一千纪阿拉米语为交际语广泛流传,腓尼基文字使用增多,楔形文字的使用越来越少。19世纪中期,欧洲学者逐渐解读出古代楔形文字,其价值才开始受到重视。

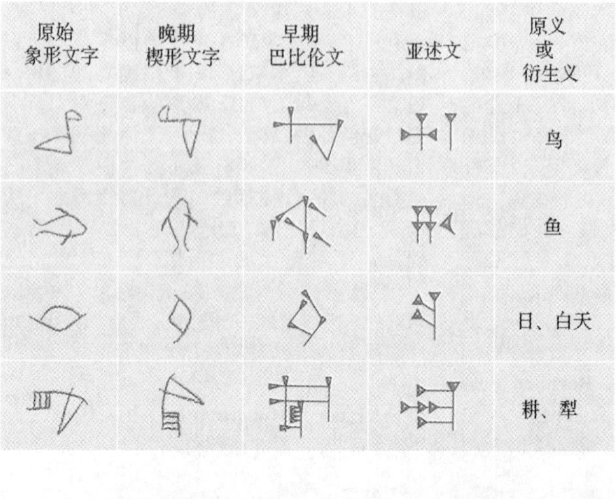

说明楔形文字进化的例子
© 2002 MERRIAM-WEBSTER INC.

蝎 scorpion 螯肢动物亚门蝎目约1 300种夜行**蛛形动物**的统称,特征为体细长,尾部分节,末端有毒刺,有6对附肢。第一对附肢小,用以撕开昆虫和猎物。第二对附肢较大,强有力,呈钳状,水平地伸向前方,用作触角,并在吸食猎物的体液时用以攫住猎物。后4对为步足,末端皆呈钳状。蝎毒或为血液毒,或为神经毒,前者可致人局部水肿、发红和疼痛;后者则可能造成惊厥、瘫痪、心律不整甚至死亡。大多数蝎不会主动螫人,除非受到骚扰。蝎为夜行猎手,多数种生活在热带或亚热带。

协和式飞机 Concorde 最早的载客商用超音速飞机。由英、法两国联合制造,1976年正式加入营运。其速度每小时最高可达2 179千米,是音速的两倍以上;从伦敦飞达纽约不到4个小时,但所需费用约1万美元。

协和音与不协和音 consonance and dissonance 指音乐中能感受到的和弦和音程的特质。协和音常被描述为相对的"稳定",不协和音则为"不稳定"。在具体音乐环境中,某些音程似乎要求全音中的一个音来进行,以"解决"感受到的不协和音。最协和的音程一般认为是同调和8度和音,其次一个最为协和的音程是完全5度和音。协和音往往反映早期泛音音程系列[除了8度和音和完全5度和音,还有3度(大、小)和音和完全4度和音],但许多音乐因素能影响对协和音和不协和音的感受。

协奏曲 concerto 一种器乐作品,其中的独奏乐器在管弦乐合奏的衬托下得以突出。其前身是大协奏曲。1698年G. 托雷利的小提琴协奏曲是已知最早的独奏协奏曲。A. 维瓦尔第是首位重要的协奏曲作曲家,写了

大约350首独奏曲，大部分是为小提琴而作的。J. S. 巴赫写了第一首键盘乐协奏曲。从古典时期起，协奏曲几乎都是为钢琴而作，其次是小提琴和大提琴。W. A. 莫扎特写了27首钢琴协奏曲；其他著名的钢琴协奏曲作曲家有L. V. 贝多芬、F. 门德尔松、F. 肖邦、F. 李斯特和J. 勃拉姆斯。协奏曲最初几乎都包含快—慢—快3个乐章，通常旨在显示独奏者的精湛技巧，尤其是在第一和第三两个乐章接近末尾时的无伴奏、即兴发挥的装饰乐段。19世纪的协奏曲中独奏乐器往往与管弦乐或器乐重奏形成对比。后来的作曲家喜欢在独奏乐中融入管弦乐。

斜视 strabismus 又称squint或heterotropia。一种眼病，指两眼视轴不能对准所视目标，有斜视毛病的眼睛有可能出现内斜视或外斜视。将形象传递到大脑的光感或神经方面的问题可造成固定的视觉角度偏差（共同性斜视）；而控制眼球调节的肌肉的神经方面的缺陷则可造成非共同性斜视，斜视程度随斜视方向而变化。两种情况都会导致婴儿双眼视线无法一致，因而两眼看到的图像无法重合成同一印象。如果脑神经压迫由斜视眼传导过来的物体形象，则可能造成功能上的视觉缺失。可以通过锻炼有缺陷的眼睛、加强其作用或者借助手术或两者配合治疗的方法来医治。

写实主义 realism 视觉艺术中强调对自然和现实生活精细、忠实地加以描述的美学观点。现实主义摒弃形象的理想化，推崇对外部表象的仔细观察。它是法国1850～1880年间的艺术主导形式。19世纪30年代早期，巴比松画派的画家在他们对临近乡村风景的忠实再现中提出了写实主义。G. 库尔贝是第一位宣扬和采用写实主义手法的艺术家；他的《奥尔南的葬礼》和《石工》（1849）以其对农民和劳动者的真实记录而震惊了公众和评论家。在H. 杜米埃的讽刺画像中，他使用了强有力的线条和大胆的细节来批评他在法国社会中看到的不道德行为。写实主义在美国主要出现在W. 霍默和T. 伊肯斯的作品中。20世纪新客观派的德国画家用写实主义风格来表达他们在第一次世界大战后的醒悟。被称为社会写实主义的大萧条时期运动采用了接近于现实主义的手法来表现美国社会的不公平。参阅自然主义。

谢贝利河 Shebeli River 索马里语作Shabeelle River。非洲东部河流。发源于埃塞俄比亚高地，向东南流经干旱的欧加登高原。穿过索马里后，流向摩加迪沙附近的海岸，然后转向西南，与海岸线平行约322千米。全长2 011千米。在埃塞俄比亚的雨季，该河与朱巴河汇流，最后注入印度洋。在少雨的年份，该河在与朱巴河汇流处东北方的一系列沼泽和沙地中消失。

谢尔河 Cher River 法国中部河流。源于中央高原的西北部，向西北流经舍农索，那里有一座横跨谢尔河的古堡，然后流经图尔南部汇入卢瓦尔河。全长349千米。

谢尔曼 Sherman, John（1823～1900） 美国政治家。生于俄亥俄兰开斯特。W. T. 谢尔曼之弟。1855～1861年任美国众议员。他是一位财政专家，帮助建立全国银行制度

J. 谢尔曼
By courtesy of the Library of Congress, Washington, D. C.

（1863）。他支持立法，使美国恢复金本位制。1877～1881年任财政部部长。在任职参议员期间（1861～1877，1881～1897），提出《谢尔曼反托拉斯法》和《谢尔曼收购白银法》（1890）。后曾担任国务卿（1897～1898）。

谢尔曼 Sherman, Roger（1721～1793） 美国法理学家、政治家。生于马萨诸塞州牛顿。在康涅狄格州积极从事贸易和法律事务。1766～1785年任高级法院法官。1784～1793年任纽黑文市市长。作为大陆会议代表，参加签署了《独立宣言》，并协助起草《邦联条例》。在美国制宪会议上他提出综合了大、小州代表制方案的折中方案，即结合双方反对方案的各个方面。此次会议通过的"康涅狄格妥协案"为美国两院制联邦政体奠定了基础。

谢尔曼 Sherman, William Tecumseh（1820～1891） 美国军官。生于俄亥俄州兰开斯特。J. 谢尔曼之兄。毕业于西点军校，之后在佛罗里达州和加利福尼亚州服役。1853年脱离军队，进入银行界。南北战争爆发后再次加入联邦军。曾参与布尔溪战役，在塞罗任职于U. S. 格兰特手下期间晋升少将。和格兰特将军一起赢得维克斯堡战役和查塔努加战役的胜利。作为密西西比师的司令，他调集10万大军攻进佐治亚（1864）。在与格拉纳多斯率领的同盟军交战后，攻下亚特兰大，并放火烧毁该城。之后开始其极具破坏性的"向海洋进军"，以夺取塞芬拿。部队所经之地几乎成为一片废墟。1865年向北挺进，毁坏了同盟军的铁路和南、北卡罗来纳的供应基地。4月26日接受约翰斯顿军队的投降。后晋升为上将，并继承格兰特担任军队司令（1869～1884）。由他提出的"战争即为地狱"常被后人引用。他是现代总体战争的主要设计者。

谢拉顿 Sheraton, Thomas（？～1806） 英国家具制造家，新古典主义家具设计的主要代表人物。他的设计刚柔相济，带有一种乔治时代后期女性的妩媚，后来这种式样就以他的姓氏命名，为18世纪后期家具领域内最有影响的权威。他所著的《家具制造和装潢画册》（分为四部分，1791）对英美两国的设计产生了重大影响。他的设计优点是自然的现代设计法：在设计中运用木料的本色，而不是用镀金表面来过分装饰木料。

谢勒 Sellars, Peter（1957～　） 美国舞台导演。生于匹兹堡。曾就读于哈佛大学，并在此开始发展出其独创而又具争议性的导演风格。他为许多国际剧院编导背景迥异于原典的戏剧与歌剧，并以此闻名。他在富争议性作品《埃加斯》（1986）中，采取后越南战争军事考验的形式。在他许多引人瞩目的歌剧作品中，W. A. 莫扎特的《唐·乔凡尼》以城市贫民区为舞台，《女人心》以小饭馆为背景，而《费加罗的婚礼》则以高楼幕为背景。

谢勒 Sellers, Peter（1925～1980） 原名Richard Henry。英国电影演员。歌舞团表演者之子，从小就在他双亲的喜剧中表演。20世纪50年代早期，他曾在收音机的通俗喜剧系列《傻瓜秀》中演出。50年代中期开始登上银幕，包括《河东鼠吼》（1959）、《我很好，杰克》（1959），《洛丽塔》（1962）与《奇爱博士》（1964），他所扮演的角色广受欢迎。他在喜剧《粉红豹》（1964）及续集中扮演的经常出错的探长克鲁索特别受到欢迎。后来因为在《妙人奇迹》（1979）中饰演一位心智单纯的园丁而获奖。

谢里丹 Sheridan, Richard Brinsley (Butler)（1751～1816） 英国剧作家。生于都柏林。在哈罗公学接受教育，定居于伦敦，拒绝法律工作而从事戏剧事业。1775年他的喜剧《情敌》中的角色马拉普罗太太广为人知，也使谢里丹成为戏剧界的重要人物。1776～1809年，他先任特鲁里街剧院的经理，后成为该剧院的老板，并在该剧院上演他的剧作。1777年上演他的喜剧《造谣学校》，赢得了广泛的赞扬。《批评家》（1779）再次证明了他具有讽刺智慧的天资。他的戏剧成为风俗喜剧史上连接王政复辟时期的戏剧与后来的O. 王尔德戏剧之间的桥梁。1780年成为国会议员，是少数派辉格党的著名演说家。

谢里登 Sheridan, Philip H(enry)（1831～1888） 美国军官。生于纽约州奥尔巴尼。毕业于西点军校，曾在边防服役。南北战争期间，曾率领田纳西州的联合师，他的骑兵部队攻占了米申纳里岭，为夺取查塔努加战役的胜利立下汗马功劳。1864年任东线骑兵部队司令，在弗吉尼亚州里奇蒙附近猛袭邦联军部队。后受命指挥谢南多厄方面军，将J. 厄尔利率领的南方邦联军逐出谢南多厄流域。他和U. S. 格兰特一起，取得彼得斯堡战役的胜利。战后晋升陆军五星上将。

谢里曼 Schliemann, Heinrich（1822～1890） 德国考古学家，特洛伊、迈锡尼和梯林斯的发掘人。在年幼时热爱荷马史诗，后来学习了古代和现代希腊语，以及许多其他语言。后

在克里米亚战争中从事军火生意，赚了一大笔钱并在36岁时弃商，从事考古工作。1873年他在土耳其的希萨立克发现了古特洛伊城遗址（证实了**特洛伊战争**这一历史事件）和一个金质珠宝的宝藏（“普里阿摩斯宝藏”），

谢里曼，版画；A. 魏格据照片复制

By courtesy of the Deutsche Staatsbibliothek, East Berlin

并将其走私带出了土耳其。因奥斯曼政府阻止他返回，他转而在希腊发掘迈锡尼城，并在那里发现了更多极有价值的文物和财宝。1878年他和德普菲尔德一起继续对希萨立克进行发掘，将遗址地层更加清晰地展现出来，并使用了先进的考古技术。1884年他们发掘了梯林斯大型设防的遗址。谢里曼的发掘工作使人类历史得以提前，并普及了考古学。虽然他的书面叙述有不少是捏造的，但其贡献却是重大的。

谢里姆三世　Selim III（1761～1808）　奥斯曼苏丹（1789～1807）。谢里姆即位时，奥斯曼帝国正与奥地利和俄国交战（1787～1792），结果奥斯曼帝国战败，谢里姆与他们

谢里姆三世，肖像画，H. 贝尔托绘于19世纪早期；现藏伊斯坦布尔托普卡珀宫博物馆

Sonia Halliday

签订了条约。1798年拿破仑入侵埃及，谢里姆只得与英、俄两国结盟。但后来见到拿破仑如日中天的势力，于1806年转而和法国交好。在国内，他尝试推行税收和土地改革，建立了欧洲式的军队，但面对兵变，他无力执行改革，最终放弃。其继任者穆斯塔法四世下令将他绞死。

谢林　Schelling, Friedrich Wilhelm Joseph von（1775～1854）　德国哲学家、教育家。受到**I. 康德**、**J. G. 费希特**和**B. de 斯宾诺莎**的影响，他试图在《先验唯心论系统》（1800）一书中将自己的自然观点同费希特的哲学相结合。他认为当自然（非意识性的）和精神（意识性的）的产物在艺术创造中得到统一时，艺术便成了自然和物理领域之间的协调物。他认为“绝对”在所有的存在中以主客观结合的形式表达出来，这一观点遭到了**G. W. F. 黑格尔**的批判。在《论人类的自由》（1809）中，他宣称人类的自由只有在善恶同时获得自由的情况下才能实现。这形成了他晚年哲学的基础。他是后康德**唯心主义**哲学的一个主要人物，对浪漫主义有重要影响。

谢泼德　Shepard, Roger N(ewland)（1929～　）　美国心理学家、认知科学家。出生于加利福尼亚州帕洛阿尔托。在耶鲁大学获得博士学位后，进入贝尔实验室工作（1958～1966），后赴斯坦福大学任教（1968年起）。他最著名的是有关多元尺度法的研究，以及运用空间模型来表达数据的同与异。他还检测了“心理旋转”现象，一种形像转化的形式。他在1995年获得国家科学奖章。

谢泼德（小）　Shepard, Alan B(artlett), Jr.（1923～1998）　美国航天员。生于新罕布什尔州东德里。毕业于美国海军军官学校。第二次世界大战期间在太平洋战区服役。1959年成为“**水星**”**号飞船**计划的最初7名航天员之一。1961年5月在**Y. A. 加加林**完成人类第一次绕地球飞行23天后，谢巴德完成了一次15分钟的亚轨道飞行，达到185千米的高度。1971年他指挥“阿波罗”14号宇宙飞船，完成第一次在月球高地着陆。

谢斯起义　Shays' Rebellion　1786～1787年美国马萨诸塞州西部的起义。在经济萧条和为抵债而土地被没收后的一段时期里，几百名农夫在D. 谢斯（1747？～1825）领导下向斯普林菲尔德最高法院前进，使之无法实施取消抵押品赎回权和讨债。谢斯后来领导约1 200人进攻附近的联邦军火库，但被B. 林肯指挥的军队击溃。由于这次起义，该州颁布了放宽债务人经济条件的法律。

谢瓦尔德纳泽　Shevardnadze, Eduard (Amvrosiyevich)（1928～　）　苏联格鲁吉亚政治家。在共青团的组织机构里青云直上，1957～1961年任格鲁吉亚共青团中央委员会第一书记。1976年任苏共中央委员。1985年成为政治局委员。在**M. 戈尔巴乔夫**领导下，曾作为外交部长（1985～1990、1991）执行1988年苏联自阿富汗的撤兵。与美国进行新武器谈判，并在1989～1990年默认东欧各共产党政府的垮台，同时还积极支持**开放政策与重建政策**。苏联解体后，他回到新独立的格鲁吉亚共和国，并从1992年起当选为国家元首。2003年末被迫辞职。

谢瓦利埃　Chevalier, Maurice（1888～1972）　法国歌唱家、演员。1909年在女神游乐厅首次作为歌唱家和喜剧演员登台演

M. 谢瓦利埃

Brown Brothers

出。第一次世界大战期间曾被关押在德国俘虏营两年。他以他的时髦草帽和领结，以及他欢乐调皮的举止而知名。1929年前往好莱坞，在多部影片中担任角色。这些电影有助于把音乐剧确立为一个电影门类，其中包括《璇宫艳史》（1929）和《风流寡妇》（1934）。他因为在第二次世界大战法国被占领期间为德国人表演节目而受到批评。他的后期电影有《吉吉》（1958）和《范妮》（1961）。1958年获奥斯卡荣誉奖。

蟹　crab　十足目短尾的甲壳动物。约4 500种，见于所有海洋、淡水及陆地。蟹的尾部与其他十足目（如虾、龙虾、螯虾）不同，卷曲于胸部下方，背甲通常宽阔，第一对胸足

普通水蟹（*Portunus holsatus*），正在展示它的桨状附肢

Dr. Eckart Pott-Bruce Coleman Ltd.

特化为螯足。大部分生活于海中，以鳃呼吸，但真陆蟹的鳃腔扩大，功能如肺。通常为横向步行或爬行，一些种类善于游泳。一般为杂食性，但许多种为掠食性，有的为植食性。日本的巨螯蟹（蜘蛛蟹的一种）和塔斯马尼亚蟹是已知最大的甲壳动物。前者步足伸展后，两侧步足尖端之间的宽度近4米；后者重逾9千克，背甲宽46厘米。另一极端种类成体仅1～2厘米长。较为人们所熟悉的有**寄居蟹**、**黄道蟹**（英国和欧洲）、**蓝蟹**、**邓杰内斯蟹**、**招潮**和**王蟹**。

蟹状星云　Crab Nebula　人们研究得最彻底的亮星云，是少数几个已进行全波观测的天体之一。位于金牛座中，距地球约5 000光年，直径约5～10光年。是中国和其他国家天文学家于1054年最早观测到的**超新星**遗迹，白昼可见达23天，夜间可见几乎达2年之久。约1731年确认为一**星云**可能是因

为其形状与螃蟹相似，而在19世纪中叶取名蟹状星云。1921年发现它仍在膨胀，速度约为每秒1 100千米。

心电描记法 electrocardiography 一种将心动周期内心肌所产生的电流用心电描记器加以描记成图（心电图）的方法，能提供有关心脏状况及活动的资料。描记心电图时要把电极置于四肢和胸壁，以便将微细的心脏电流导至记录仪上。正常的心电图显示一系列典型的向上和向下的波形，反映心房和心室的交替收缩。心电图中任何一个波形偏离正常，都表明心脏可能有病并指出其部位所在。高血压病等也可在心电图上得到反映。

心动过速 tachycardia 心率每分钟超过100次（最高可达240次）。作为对运动和压力的正常反应，心动过速对健康人来说没有危险，但如果心动过速不是由心脏的自然起搏器调节引起的，则为心律失常。症状包括疲劳、晕厥、呼吸急促和心悸等。可能在几分钟或数小时内停止，并无持续性的不良影响；但在严重的心肺或循环疾病情况下将会引发心房纤颤或心肌梗塞，必须立即加以治疗。心动过速的治疗方法包括对心脏实施电除颤，使用抗心律失常的药物和抗心动过速的起搏器。

心肺复苏术 cardiopulmonary resuscitation（CPR） 促使呼吸和心跳恢复正常的紧急施救方法，包括畅通呼吸道和体外心脏按摩两个步骤。心肺复苏术只能施行于丧失意识、无法自行呼吸者，且只能由受过心肺复苏术培训的救援人员进行。复苏本身包括交替的口对口呼吸和反复按压胸部促使血液循环。

心绞痛 angina pectoris 胸部绞痛，因血液供氧不足，不能向心肌提供足够的富氧血而引起，常见于冠状动脉硬化性心脏病患者。是一种深处似被钳夹的疼痛，发生于心及胃区，甚至可传达至左臂。剧烈运动或情绪紧张易产生心绞痛，可以强迫病人休息以缓解疼痛。若休息不起作用，可使用扩张血管的药物。如果心脏病恶化，即使少劳累也会一再发作。

心理测验 psychological testing 用测验来测量个人或群体的技巧、知识、智力、能力。最著名的为IQ智力测验，其他测验有成就测验（评估学生成绩或表现程度）、人格测验等。人格测验有以下几种类型：调查型测验；投射型测验，例如罗尔沙赫墨迹测验；主题统觉型测验，例如图片-主题测验；这些测验经常被心理学家和精神科医师门诊用来协助诊断心理疾病，也常被心理治疗师及咨询员用来协助评估患者。实验心理学家定期设计各种测验，以获取有关知觉、学习和动机的数据。

心理学 psychology 研究人类和动物心理过程和行为的学科。心理学的字面意思是"对心理的研究"，重点放在个人和群体行为上。临床心理学和精神疾病精神障碍的诊断和治疗有关。心理学的其他专门领域包括儿童心理学、教育心理学、运动心理学、社会心理学和比较心理学。心理学家研究的课题涉及广阔的范围，包括学习、认知、智力、动机、情绪、知觉、人格，以及个体差异被遗传或环境影响的程度。在心理学研究中使用的方法包括观察、面谈、心理测试、实验和数据分析。

心理治疗 psychotherapy 通过患者和受过培训的咨询员或治疗师之间的沟通，来治疗心理或情绪上的障碍。现代许多个别和集体治疗方法的目的在于建立信任的中心关系，使小组成员或患者能随意表达个人想法和情绪，以对自身情况有所顿悟，并一同分享言语治疗的效果。此类疗法包括精神分析及其变体（参阅A. 阿德勒、C. 荣格）、以患者为中心的或非指导式心理治疗、格式塔疗法（参阅格式塔心理学）、戏剧与艺术治疗和一般咨询。与之相反，行为疗法则着重通过强化方式来改变行为，而不涉及其内心状态。

心力衰竭 heart failure 左心和（或）右心无力排出足以适应身体需要的血液量。心力衰竭的原因包括肺原性心脏病、高血压病、冠状动脉粥样硬化（参阅动脉硬化）。左心衰竭的症状为：活动后气短、平卧时呼吸困难、夜间阵发性呼吸困难及肺静脉压异常升高；右心衰竭的症状为：体循环静脉压的异常升高、肝肿大和下肢水肿；双心室衰竭者心脏扩大，出现奔马律。治疗包括卧床休息、给予洋地黄（强心剂）、限制钠摄入、增加钠排出、排除心力衰竭的病因等。参阅充血性心力衰竭。

心灵现象 parapsychology 又称超心理现象。指各种不能用自然法则解释、无法以平常的感官感知的现象。心灵学研究的认知现象称为超感官知觉，因为这种对他人思想或未来事件的认知不是通过五官感觉得来的。心灵学也研究诸如使物体在空中漂浮或通过意志力使金属弯曲一类的物理现象。对心灵现象的信仰可追溯到久远的年代，但直到19世纪末才成为严谨科学的一个研究项目，部分原因是唯心灵论者运动的兴起。1882年心灵研究会在伦敦成立，此后这类研究机构也在美国和欧洲许多国家迅速发展。20世纪一些大学也开始进行心灵学研究，其中最著名的是以美国心理学家J. B. 莱因为首的美国杜克大学心灵学实验室。

心内膜炎 endocarditis 心内膜的炎症。可伴发于非感染性疾病（如红斑狼疮），也可能因任何一种微生物的感染所引起，感染部位常在心瓣膜的表面。严重细菌感染患者病情急性发作，表现为发热、出汗、寒战、关节肿大、关节痛、衰弱和栓塞等。亚急性（或慢性）心内膜炎的病原细菌一般不致病。细菌性心内膜炎一般应长期连续服用抗生素。非细菌性血栓性心内膜炎是一种原因不明的炎症，特征为血凝块沿着心瓣膜的关闭线增长。

心身性障碍 psychosomatic disorder 心理或情绪上的侵扰导致的身体病痛和症状，患病的心理压力对生理（身体）机能的不良影响可达到痛苦的程度。心身性障碍类的疾病可能有高血压病、呼吸系统病症、胃肠道侵扰、偏头痛与紧张性头痛、性功能障碍、皮炎和溃疡。许多心身性障碍患者对药物和心理治疗的混合疗法有反应。

心丝虫 heartworm 寄生哺乳动物特别是犬类的丝虫物种，学名*Dirofilaria immitis*。犬的心脏内心丝虫成虫数目可达500只，每只的长度可达15～30厘米，幼丝虫进入血液。蚊子在犬与犬之间传送带有寄生虫的血液。成虫和幼丝虫都会增加心脏的负担，限制送往肺、肾及肝的血液流动。出现明显的症状时（咳嗽不停、呼吸困难、倦怠、心力衰竭），再治疗可能为时已晚。有预防药物与治疗方法，包括外科手术。

心脏 heart 推动血液到身体各部分循环的泵样器官。人类的心脏是一个四室的双泵，左右两边由隔完全分离，两边再被分为上方的心房和下方的心室。右心从上下腔静脉获得静脉血，并将之推送至肺循环。左心从肺静脉接获血液，并将之送至体循环。从自

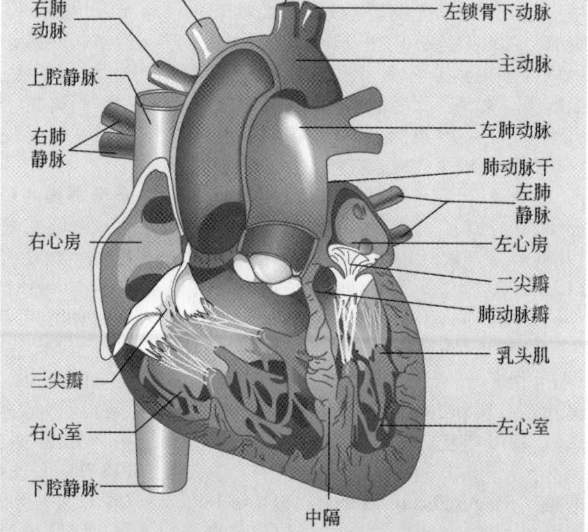

人的心脏结构。来自肺部的富氧血通过肺静脉进入左心房并继续进入左心室。左心室肌肉收缩，将血液压入主动脉。二尖瓣使血液在左心室肌肉收缩时不致回流入左心房。从主动脉发出的分支动脉向全身各部位供血。从身体各处流入上下腔静脉的乏氧血流入右心房，通过三尖瓣进入右心室。右心室收缩，乏氧血流过肺动脉瓣进入肺动脉，再往前到肺部接受氧气。

然起搏器产生的电子信号导致心脏肌肉收缩。心脏里的瓣膜使血液只往一个方向流动，每次收缩后，它们的闭合产生听起来便是心跳的声音。

心脏病突发　heart attack　又称 myocardial infarction（心肌梗塞）。部分心肌因其血液供应中断而坏死，通常是动脉硬化造成冠状动脉狭窄处形成血栓。高血压、糖尿病、高胆固醇、吸烟及冠状动脉硬化性心脏病会增加其风险。症状包括剧烈胸痛，通常往左臂延伸，呼吸急促。多达 20% 的患者来不及送到医院就死去。诊断方法是用心电图以及分析血液的酶。治疗目标是限制组织死亡（梗塞）的面积，预防并治疗并发症。可以用溶血栓药物。β 阻滞药减轻疼痛并降低心跳速率。血管修复术或者冠状动脉搭桥术恢复血流到心肌。后续手段可以包括药物、运动以及有关改变饮食与生活方式的建议。

心脏移植　heart transplant　一种治疗措施：将患者已无治愈希望的心脏切除，代之以刚被合法地宣告死亡者的健康心脏。1967 年 C. 巴纳德首次进行人体心脏移植手术取得成功。手术程序为：切除患者的心脏（除某些心房组织，以保留到窦房结的神经联系）；新的心脏移植时缝在患者体内原来心脏的位置，接通患者的血管。虽然努力使患者及供体的血型和其他免疫指标能相配，但仍需抑制身体的天然免疫系统以防发生移植排斥（参阅免疫抑制）。一项成功的移植手术可使患者多活好几年。

辛　Sin　苏美尔语作 Nanna（南那）。美索不达米亚宗教中的月神。太阳神沙玛什之父，在其他一些神话中也被说成是女神伊什塔尔的父亲。辛被认为是一名控制河水涨落和芦苇生长，使牛群繁殖生长的神。他的神力主要体现在幼发拉底河沿岸，人们对他的崇拜就是从那里兴起的。公元前 6 世纪，人们曾试图在巴比伦万神殿中将他提升到至高无上的地位。

辛格　Singer, Isaac Bashevis（1904 ～ 1991）意第绪语作 Yitskhok Bashevis Zinger。波兰出生的美国小说家和散文作家。早年在波兰华沙拉比派神学院受到传统的犹太教育。出版第一部小说《撒旦在戈雷》（1932）后，于 1935 年移民到美国，为纽约的一家意第绪语报纸撰写文章。此后他虽然仍主要以意第绪语写作，但还亲自对有关的英语翻译进行指导。其作品描写犹太人在波兰和在美国的生活，融嘲讽、风趣与智慧于一炉，具有一种神秘怪异的独特风格。其主要的长篇小说有《莫斯卡特一家》（1950）、《卢布林的魔术师》（1960）、《冤家，一个爱情故事》（1972；1989 年拍成电影）；短篇小说集有《傻瓜吉姆佩尔》（1957）、《市场街的斯宾诺莎》（1961）和《羽毛做的王冠》（1973；获美国国家图书奖）；还有剧作《杨朵》（1974；1983 年拍成电影）。1978 年获诺贝尔文学奖。

辛格　Singer, Isaac Merrit（1811 ～ 1875）美国发明家、制造商。生于纽约州皮茨汤。19 岁时成为一名机械学徒。1839 年获得凿岩机的专利，1849 年又取得金属和木料两用雕刻机的专利。1851 年他改进了 E. 豪的缝纫机，之后，很快成立了胜家公司。1854 年何奥状告他侵犯专利胜诉，但这并未能阻挡辛格生产他自己的机器。他的公司很快成为世界上最大的缝纫机生产厂家。他在这方面获得了多项专利权，同时也是实行分期付款购货方法的先驱。

辛格　Synge, John Millington（1871 ～ 1909）爱尔兰剧作家。曾在都柏林和法国学习语言和音乐，受到 W. B. 叶芝的影响而燃起了对爱尔兰语和人民的热爱之情。1899 ～ 1902 年的夏天他都在阿兰群岛度过，并以岛民的故事为蓝本写成早期的剧本《峡谷的阴影》（1903）和《骑马下海人》（1904）。在爱尔兰西岸的旅行给了他灵感，因此写出了最著名的剧本《西方世界的花花公子》（1907），由于剧中对爱尔兰人性格特点的描写毫不留情，该剧在阿比剧院首演时引起骚动。他未完成的作品《戴尔德拉的忧患》于 1910 年上演。他作为一位极有才能的诗剧作家，是爱尔兰文艺复兴的主要代表人物。

辛克莱　Sinclair, Upton (Beall)（1878～1968）美国小说家。生于巴尔的摩。当他撰写《屠场》（1906）这部描写和揭露芝加哥屠宰场黑幕的畅销书时，还只是一名普通记者。作为一部无产阶级里程碑式的自然主义小说，该书激起了公众对肉类加工不洁的愤怒，迫使国会通过了《美国洁净食品暨药物法》。他还写了许多其他主题的小说，包括成功的以兰尼・巴德为主人公的 11 本现代史小说，以 1940 年出版的《世界末日》开场，描写一名反法西斯主义者；还包括 1942 年获普利策奖的小说《龙之牙》。在 20 世纪 30 年代，辛克莱组织了一场社会主义改革运动，为他赢得了民主党加利福尼亚州州长的提名。

辛梅里安博斯普鲁斯　Cimmerian Bosporus　又作 Kingdom of the Bosporus。古希腊王国，位于现乌克兰南部。公元前 6 世纪米利都人到潘蒂卡派（今刻赤）定居，后来潘蒂卡派定为首都。王国逐渐扩大，包括整个克里米亚地区。公元前 5 ～前 3 世纪和雅典人保持密切联系，公元前 4 世纪权力达顶峰。约公元前 100 年被本都国米特拉达梯六世统治。归属罗马帝国达 300 年，公元 342 年后，交替受野蛮人和拜占廷人统治。

辛辛那提　Cincinnati　美国俄亥俄州城市。濒俄亥俄河，有桥梁跨河通肯塔基州。1788 年始建居民点，1790 年改此名以纪念辛辛那提会，1811 年成为内河港口。1832 年迈阿密-伊利运河开通，其地位日益重要。经济以制造业为主，包括运输设备和建筑材料，也是全国最大内陆煤港之一。为著名文化中心，当地有交响乐团、歌剧团、芭蕾舞团以及多个知名博物馆。设有辛辛那提大学（1819）。名胜有 W. H. 塔夫脱总统诞生地（现为国家历史遗址）和作家 H. B. 斯托的故居。1832 ～ 1850 年斯托在该市任教期间曾在此短期居住，并经常看望她的家人。人口 296 943（2010）。

欣古河　Xingu River　巴西中北部河流，由几个河流的源头所形成。该河向北流，穿过马托格罗索州东北和帕拉州的中部，在靠近河口处注入亚马孙河。长约2 100千米，只有 201 千米可通航，中间一段是绵延 644 千米的湍滩。20 世纪 50 年代，欣古国家公园被指定为巴西印第安人（包括濒临灭绝的特奇考人）的保留地。

锌　zinc　化学元素，化学符号为 Zn。低熔点金属，原子序数 30。锌是人体必不可少的痕量元素，在红细胞中其浓度很高，是碳酸脱水酶的主要成分，能促进许多与二氧化碳代谢有关的反应。新浇铸的锌表面呈发蓝的银白色，在空气中可缓慢氧化，生成灰白色保护性氧化物膜。高纯锌（99. 99%）有延展性；主要用于钢铁表面镀锌，制造黄铜和压铸合金。可用于涂料、紫外线光吸收器（可防止晒斑）、食物添加剂、种子处理剂及光电导体。锌的其他化合物（其中化合价为 2，极少为 1）可用于工业和消费用品，包括杀虫剂、涂料、媒染剂、助熔剂以及木材防腐剂。

新爱尔兰　New Ireland　旧称 Neu-Mecklenburg。巴布亚新几内亚俾斯麦群岛中的岛和省。该岛面积8 651平方千米，长约 350 千米，大部分都是山脉。该省还包括附近许多小岛。1616 年由荷兰航海家发现，1884 年以前对它所知甚少。1884 年归属德国保护领地。第一次世界大战后，受澳大利亚托管。第二次世界大战中该岛被日本人占领。1975 年巴布亚新几内亚获得独立，新爱尔兰成为该国一部分。大部分居民生活在北方。商业发展以椰干生产为主。人口约118 350（2000）。

新奥尔良　New Orleans　美国路易斯安那州东南部城市。位于密西西比河与庞恰特雷恩湖之间，是该州最大城市和主要的深水港。1718 年由法国殖民主义者 J. -B. 边维尔建立，1763 年割让给西班牙。1800 年又交还给法国，三年后被拿破仑卖给美国。1805 年建市，1812 ～ 1849 年为州首府。在美国南北战争期间该市被联邦军占领（1862）。新奥尔良是一个著名的旅游中心，旅游胜地包括肥美的星期二和以美食、夜总会和克里奥尔式建筑闻名的法国区。该市也是一个医学、工业和教育中心。2005 年 8 月卡特里纳飓风给该市造成严重破坏，堤坝决口，洪水泛滥。人口约343 829（2010）。

新保守主义　neoconservatism　美国政治运动。该运动源于 20 世纪 60 年代的保守派和部分自由派人士，他们对当时所观察的政治和文化倾向感到不满或幻灭，诸如左翼政治激进主义、缺少对权威与传统的尊重，以及享乐主义与不道德的生活方式等。新保守主义者通常鼓吹自由市场经济，要求尽量减少赋税和政府的经济监管；主张严格限制政府提供的社会福利计划；主张由大笔国防预算扶持的强大军事力量。新保守主义还主张政府的政策应尊重诸如宗教和家庭等传统机制的价值。与早期大部分保守主义者不同的是，新保守主义者认为美国应该积极参与国际事务，尽管他们通常对联合国和国际法庭等国际机构持怀疑态度，认为此类国际机构的权威可能会干扰美国主权或限制国家按其自身利益行动的自由。参阅保守主义。

新不列颠岛　New Britain　旧称 Neu-Pommern。巴布亚新几内亚的俾斯麦群岛的最大岛屿。1700 年英国探险家 W. 丹皮尔到此地并命名。经过德国、澳大利亚和日本的几个统治时期后，1975 年成为刚独立的巴布亚新几内亚的一部分。该岛呈新月形，森林茂密，有几座火山。最高峰辛内威特山海拔2 438 米，1937 年曾猛烈喷发。该岛出产椰子、可可和棕榈油。海港包括白兰琪湾、塔拉塞亚和贾奎诺特湾。人口约404 641(2000)。

新不伦瑞克　New Brunswick　加拿大东部 3 个滨海诸省之一。与美国和加拿大的魁北克省接壤，东为圣劳伦斯湾，南为芬迪湾，与新斯科舍之间有奇内克托地峡连接。省会弗雷德里克顿，为新不伦瑞克大学(1785 年创办)的所在地。新不伦瑞克是最初的阿卡迪亚的一部分，18 世纪法国人将该地辟为殖民地，后被英国人占领，他们于 1755 年驱赶走讲法语的阿卡迪亚人，将该地区与新斯科舍合并。美国独立战争之后，来自美国的大约14 000保守党人在该地定居。由于大量人口突然涌入，该地区与新斯科舍分离，1784 年成立新不伦瑞克省。1867 年该地成为加拿大自治领的初始成员。该省大约 4/5 的面积为林地所覆盖，主要城市包括圣约翰和蒙克顿。林业、矿业和商业捕鱼是重要产业。人口约751 171(2011)。

新不伦瑞克大学　New Brunswick, University of　加拿大新不伦瑞克省公立大学，位于弗雷德里克顿，创办于 1785 年。设有管理、艺术、计算机科学、教育、工程、林业、研究生院、法律、护理、体育、自然科学、商学、商学进修、语言及社会科学等系。分校设在圣约翰。现有注册学生约9 000人。

新大陆北部草原　prairie　平坦或地势起伏的草地，尤指见于北美洲中部的草原。降水量从东部森林边缘的约1 000毫米，逐渐减少到西部荒漠状边缘的 300 毫米以下，而随着降水量的变化，新大陆北部草原的物种构成也有不同。植被主要由多年生禾草组成，杂有豆科和菊科的显花植物。新大陆北部草原有 3 个主要亚型：高草草原、中草(或混合草)草原和低草草原(或称低草平原)。沿海草原、太平洋(或加利福尼亚)草原、帕卢斯草原和荒漠平原草地，主要覆盖着长在一起的混合草和低草。

新德里　New Delhi　印度首都，位于亚穆纳河的西岸，德里国家首都辖区中旧德里的南面。城市建设开始于 1912 年，1931 年正式建成为首都。与旧德里狭窄曲折的街道规划不同，新德里采用有序的、斜线式的街道布局，其特点是有大片的绿地和开阔的空间。东西主轴上的中央维斯塔公园，是一条两边由政府办公大楼、博物馆以及研究中心构成的大道。人口约302 363(2001)。

新法西斯主义　neofascism　一种政治哲学及政治运动，出现于第二次世界大战之后，并如早期法西斯主义一样，宣扬极端的民族主义和独裁主义，反对启蒙传统的自由个人主义，攻击马克思主义及其他左倾的意识形态，陷入种族主义之中，并将仇恨发泄于外国人身上，以传统民族文化及宗教的护卫者自居，颂扬暴力，支持民粹式的右派经济方案。早期法西斯主义仇视左派及犹太人，新法西斯主义主要的仇视对象则是国内的非欧洲移民。他们并不特意强调通过武力征服他国来获取“生存空间”，而是努力提出具体计划将自己描绘为民主和“主流”的形象。在欧洲各国的主要政治团体当中，被认为是新法西斯主义者如下：在意大利，有 G. 费尼所领导的国家联盟(原名意大利社会运动)；在德国，有前武装党卫军成员 F. 萧恩伯领导的共和党；在法国，有 J.-M. 勒班领导的民族阵线；在俄罗斯，有 V. 日里诺夫斯基领导的自由民主党；V. 舍舍利领导的塞尔维亚激进党、D. 帕拉加领导的克罗地亚权利党。在欧洲以外的新法西斯主义者，则有阿根廷的 J. 庇隆政权(1946 ～ 1955、1973 ～ 1974)，南非的白人劳工党(原名南非非犹太裔民族社会主义运动)，以及利比亚的卡扎菲政权和伊拉克的萨达姆·侯赛因政权。

新芬党　Sinn Féin　爱尔兰语意为“我们自己”。爱尔兰民族主义政党。由 A. 格里菲思等人在 1902 年建立，政策包括对英国的消极反抗、停止缴税和建立一个爱尔兰人控制的参议会。新芬党在复活节起义(1916)之前都没起什么作用，直到它的领导人 E. 德·瓦勒拉提出建立一个联合的共和国的要求，使它在 1918 年大选中赢得 105 个席位中的 73 席。在 1926 年德·瓦勒拉建立替天行道士兵党并吸收了大多数新芬党的成员后，该政党的力量逐渐削弱。新芬政党一直支持爱尔兰统一事业，是爱尔兰共和军的一支有力的政治力量。20 世纪末和 21 世纪初，在 G. 亚当斯的领导下，该政党参加了有关北爱尔兰的和平谈判，并成为北爱尔兰主要的罗马天主教政党之一。在 2007 年的选举中，新芬党的得票数仅次于民主统一党。这两个过去势不两立的政党共同组建了一个分权政府。2010 年新芬党创造了历史，首次在英国大选中在北爱尔兰获得最多票数。

《新共和》周刊　New Republic, The　W. 斯特雷特于 1914 年创办的评论性周刊。H. D. 克罗利任主编。该刊物是美国长期以来最具影响的自由主义杂志之一。早期反映进步运动，寻求美国政府和社会的改革。20 世纪 20 年代自由主义观点不受欢迎，该刊随之衰落，但 30 年代再度兴起。起初反对 F. D. 罗斯福的政府，后来又支持他的新政。前副总统 H. A. 华莱士于 1946 年任周刊主编后，使《新共和》更向左倾，直到他被迫辞职。1974 年 M. 佩雷茨买下周刊后开始刊登一系列反映美国政界保守主义抬头的评论文章。2007 年，该刊由周刊改为半月刊。

新古典建筑　Neoclassical architecture　18 和 19 世纪早期的现代古典主义(当时之名称)。此运动关注于整个古典体式的逻辑，而非古典复兴主义(参阅希腊复古式)，倾向重新使用古典的成分。新古典建筑的特色是：宏伟的规模，简明的几何形式，希腊(尤其是多立斯柱式)和罗马的细节，采用引人注目的圆柱，以及对于空白墙壁的偏好。对于古代朴素风格的新的趣味，反映出总体上对过度的洛可可风格的反动。新古典主义在美国和欧洲颇为兴盛，几乎每个主要城市都有范例出现。俄罗斯的叶卡捷琳娜二世，像当时任何一位法国或英国的作品所提倡的那样，将圣彼得堡改造成一处新古典建筑无与伦比的收藏地。1800 年前后，几乎所有新的英国建筑都反映出新古典的精神(参阅 R. 亚当和 J. 索恩)。法国最大胆的创新者是 C.-N. 勒杜，他在新古典建筑的发展中扮演了核心角色。在美国，新古典主义在整个 19 世纪持续昌盛。

新罕布什尔　New Hampshire　美国东北部新英格兰地区一州。面积24 035平方千米。首府康科德。与加拿大和美国的缅因州、马萨诸塞州、佛蒙特州为邻。东南濒大西洋。西部以康涅狄格河与佛蒙特州为界。中部为怀特山脉，包括高耸的华盛顿山。1623 年首批英国人在朴次茅斯附近定居时，当地的土著主要是操阿尔冈昆语的种族。1641 年以后这里一度属马萨诸塞殖民政府管理，自 1679 年起成为一块单独的英国殖民地。1776 年它是第一个向英国宣布独立的殖民地。美国独立后，当地的发展加快。农业繁荣，制造业在沿河地区发展起来。朴次茅斯成为一个主要的造船基地。目前该州的经济以制造业与旅游业为主，乳制品和花岗岩建材业也很重要。该州最早在国内举行总统预选，对许多总统候选人来说，这里是提供第一个预测胜出概率的地方。达特茅斯学院和新罕布什尔大学是闻名美国的两所大学。人口约1 320 718(2012)。

新几内亚　New Guinea　印度尼西亚语作 Irian(伊里安)。马来群岛东部岛屿，位于太平洋西部，澳大利亚北部。新几内亚是世界第二大岛(仅小于格陵兰岛)。全岛大致分为两部分，西部属印度尼西亚，东部属巴布亚新几内亚。全岛长约2 400 千米，最宽处为 650 千米，总面积800 000平方千米。地域包括低地热带雨林、肥沃的高地和一条高低不平的山脊，属热带气候。主要矿藏资源有铜和金。人口大多数是自耕农。

新加坡　Singapore　全称 Republic of Singapore(新加坡共和国)。东南亚岛国。位于马来半岛南端。由新加坡岛和60座小岛构成。面积：714 平方千米。人口：约5 444 000 (2013)。首都：新加坡。该国 3/4 的人口为华人，其余大部分为马来人和印度人。语言：英语、华语、马来语和泰米尔语(均为官方语言)。宗教：佛教、伊斯兰教、基督教、道教和印度教。货币：新加坡元。全境近 2/3 为起伏不平的低地，海拔不足15米。气候炎热潮湿。尽管只有2%的土地为可耕地，但都是高产量的耕地。经济的主要基础是国际贸易和金融。新加坡有100多家商业银行，其中大部分为外国人所有，是亚洲美元市场的总部。新加坡是世界最大的港口之一，也是世界主要的石油精炼国之一。制造业（主要为电子设备）也很重要。新加坡为共和国，一院制。国家元首是总统，政府首脑为总理。长期由渔民和海盗居住，是苏门答腊室利佛逝帝国的前哨。一直到14世纪，先后受爪哇和暹罗所控制。15世纪，成为马六甲苏丹国的一部分。16世纪葡萄牙人控制该区域，17世纪当地又被荷兰人控制。1819年割让给英属东印度公司，成为海峡殖民地和英国在东南亚殖民活动的中心。第二次世界大战期间日本人占领该岛（1942～1945）。1946年成为英国直辖殖民地。1959年取得内部完全自治，1963年成为马来西亚的一部分，1965年获得独立。新加坡在东南亚国家联盟的事务上极具影响力。独立后的30年以来，该国政治上的主要决策者是李光耀。新加坡现已成为一个区域经济强国。新加坡于1948年首次参加在英国伦敦举办的夏季奥运会。

新加坡 Singapore 新加坡共和国城市和首都。作为新加坡岛南部的一个自由港，该城市在整个岛国具有举足轻重的地位，新加坡也时常被称作城市国家。城内众多的公共绿地以及绿树成行的大街使它被誉为花园城市，来自亚洲各地的移民也使众多不同的文化竞现一城。按传统说法，室利佛逝王子最早在此自立为王，13世纪时这里已经成为一个重要的马来城市。14世纪此地被入侵的爪哇人洗劫一空，此后直到1819年才由英属东印度公司的S. 莱佛士重建。1833年它成为海峡殖民地的首府，发展成为一个海港以及海军基地。如今这里已经成为世界主要商业中心之一。发达的银行、保险和证券业使它成为东南亚的主要商贸金融中心。市内有国立新加坡大学（1980）。人口约4 291 000（2005）。

新教 Protestantism 基督教三大分支之一，起源于16世纪的宗教改革运动。此词指的是不遵从天主教或东正教的基督教徒的信仰。在宗教改革运动中发展出了很多新教派别。M. 路德的追随者建立了德国和斯堪的纳维亚半岛的福音派教会；J. 加尔文的追随者和更加激进的改革者，如H. 茨温利，则在瑞士和苏格兰（长老制）等一些国家建立了归正宗。新教的另一个重要分支（以英国圣公会和美国圣公会为代表）源自16世纪的英国，是现在在神学和崇拜方面最接近天主教的新教宗派。各种新教宗派教义有也很大区别，但在宗教信仰和仪式方面都强调《圣经》的至高无上地位，都强调通过因信称义而不是通过行为来判断人的善行，以及都重视神职人员。参阅基督复临派、浸礼宗信徒、门诺宗信徒和循道宗。

新教会 New Church 又作 Suedenborgians（斯维登堡派）。成员信奉E. 斯维登堡学说的教会。斯维登堡自己并未创办教会，但他相信他的著作会成为"新教会"的基础。他把"新教会"与《启示录》里提到的"新耶路撒冷"联系在一起。1788年他去世不久，他的一批信徒在伦敦成立了一个教会。在美国，1792年在巴尔的摩组织了第一个斯维登堡社团。洗礼和圣餐是该教会的两种圣事，除已有的基督教节日外，该派还加进了新教会节（6月19日）。新教会分成三个团体：新教会大会、美国新耶路撒冷教会大会和新耶路撒冷教会总会。

新教伦理标准 Protestant ethic 按照某些新教教义，尤其是加尔文主义的那些观点，与勤奋工作、节俭和自我约束联系在一起的价值。M. 韦伯在《新教伦理标准和资本主义精神》（1904～1905）一书中认为这种新教伦理标准是欧洲资本主义早期阶段新教组织在经济上获得成功的重要因素，因此被解释为得到上帝救赎的征兆。韦伯的论题虽然遭到各种批判，但在整个20世纪得到详述。参阅新教和R. H. 托尼。

新喀里多尼亚 New Caledonia 法国特殊行政区，位于南太平洋西南，包括新喀里多尼亚、沃尔波尔、松树岛以及其他一些群岛。面积：18 575平方千米。首府努美阿。法国和瓦努阿图均对位于新喀里多尼亚东部的两个小岛（马修岛和亨特岛）声称拥有主权。新喀里多尼亚为其主要岛屿，镍的储藏非常丰富，位居世界前列。考古发掘表明在公元前2 000～前1 000年左右该地曾有澳斯特罗尼西亚人活动。J. 库克船长于1774年首次登上这里的岛屿，此后18～19世纪有许多航海家和商人也到过该地。1853年法国人占领了这些岛屿，1864～1897年为罪犯流放地。新喀里多尼亚于1940年加入C. 戴高乐领导的自由法国运动。太平洋战争期间这些岛屿成为同盟国的军事基地。1946年成为法国的海外领地。1987年当地居民投票决定维持作为法国海外领地的现状。人口约260 000（2013）。

新浪潮 New Wave 法语作 nouvelle vague。20世纪50年代末一批个人主义者的法国电影导演，包括C. 夏布罗尔、F. 特吕福、J.-L. 戈达尔、L. 马勒、E. 侯罗默、A. 雷乃等人。大多数新浪潮导演都与重要的电影杂志《电影手册》有关，在这份杂志中他们提出影响很大的电影导演作者论，主张电影要表达导演个人的观点。新浪潮电影的特点是以新颖出色的技巧为特征，甚至使电影的主题相形见绌。最重要的新浪潮电影有戈达尔的《精疲力尽》（1959）、特吕福的《四百击》（1959）和富斯内的《广岛之恋》（1959）。

新模范军 New Model Army（1645） 英国内战中为议会赢得胜利的军队。这支队伍由从英国各地抽调并经过良好训练的人员组成，而不是地方民兵。新军也取代了由个别将军带领的缺少统一指挥的私人军队。在B. 费尔法克斯和O. 克伦威尔的指挥下，新模范军取得了内兹比战役的胜利，实际上结束了内战的第一阶段。

新墨西哥 New Mexico 美国西南部一州。与墨西哥和美国的科罗拉多州、俄克拉何马州、得克萨斯州和亚利桑那州相连接。面积314 917平方千米。首府圣菲。其西部被南北走向的大陆分水岭分为两部分。格兰德河将该州分为两半，该河流的一小段成为新墨西哥州与得克萨斯州的分界线。当地的人类活动大约已有上万年历史。15世纪纳瓦霍人和阿帕切人到来之前，当地务农的普韦布洛印第安人已经修筑了灌溉系统，普韦布洛式村落和悬崖住所的残余至今仍保留在该州的许多地方。16世纪从墨西哥来的西班牙人声称该地为西班牙所有，1540年F. V. de科罗纳多的探险队到达这里。最初的定居点是1610年在圣菲建立的。17世纪最初的10年里从密苏里来的商人在当地相当活跃。1821年这里成了墨西哥的一部分，但美西战争结束后归美国所有。1850年美国国会决议建立新墨西哥准州。1912年新墨西哥正式成为美国的第47州，仍保留着其原有的疆界。第二次世界大战加快了该州的经济和社会发展，给当地带来了诸如洛斯阿拉莫斯等研究机构。目前当地的经济主要依靠输出原材料；石油和天然气的生产也很重要。旅游业是该州的主要产业。在阿尔伯克基有新墨西哥大学（1889）和一个美术社区学院。在圣菲也有美术社区学院。人口约2 085 538（2012）。

新南威尔士 New South Wales 澳大利亚东南部的一州。濒太平洋，接昆士兰、维多利亚和南澳大利亚，面积800 642平方千米，首府悉尼。大分水岭是州内重要的地理分界线。史前时期就有人居住，1770年J. 库克船长宣布该地为英国所有。殖民地包括除西澳大利亚外的整个大陆。19世纪时其腹地被彻底勘察，并建立了殖民地，与新南威尔士分开。1901年成为澳大利亚联邦的一部分。从1911年，该州割让出澳大利亚首都直辖区的地区。新南威尔士是澳大利亚商品农业、工业和文化的中心。人口7 232 589（2010）。

新烹饪法 nouvelle cuisine 20世纪60～70年代在法国发展起来的一种国际烹饪技术，强调新鲜、清淡和味道纯正，以区别于油脂过多和热量过高的传统烹饪法。常见的特点是用蔬菜和水果泥制作的酱汁，各种小量食物的新颖组合，突出造型、质地及色泽的优雅外观。

新生代 Cenozoic era 地球历史和时间间隔的第三个主要的代，在这一时期，各大陆形成了它们现代的轮廓和地理位置。新生代也是地球上的植物群和动物群向现代的植物群和动物群进化的时期。Cenozoic 一词源出希腊语，意为"近代生物"，大约始于6 500万年以前，并分成两个时期：第三纪（6 500万年至180万年以前）和第四纪（180万年以前至现代）。

新石器时代 Neolithic period 又作 New Stone Age。史前人类工艺发展或文化演进的最后阶段。以磨制石器、驯化动植物、定居和制陶或编织等手工艺为特征。处于旧石器时代（欧洲西北部为中石器时代）之后青铜器时代之前。新石器时代的出现，与公元前9 000年南亚出现村落以及约公元前7 000年以来底格里斯河和幼发拉底河流域的丰饶有关。农业向北传播至欧亚大陆，直到公元前3 000年以后才传至不列颠和斯堪的纳维亚。新石器时代的工艺也在公元前5 000年传至印度的印度河流域，另在约前3 500年传至中国黄河流域。虽然新石器时代的生活形式曾于约公元前2 500年在新大陆独立出现，但该术语并不用来指新大陆。

新时代运动　New Age movement　20世纪70和80年代通过秘密社群所蔓延开的运动。它企盼一种爱与和平的"新时代"，并通过个人转化和治疗对这即将来临的重要日子提供一种预先体验。该运动最坚定的支持者为奥秘主义的信众，其宗教信念根基于习得神秘知识。新时代运动巅峰时期影响了数百万美国人，让他们热衷于占星术、瑜伽和传道，并以水晶作为治疗的工具。新时代运动者试图改变全世界，1987年众多信奉者参与了和谐会师，以期达到这个目标。

新斯科舍　Nova Scotia　加拿大省份，滨海诸省之一。面积55 284平方千米。由新斯科舍半岛、布雷顿岛角和附近几个小岛组成。以诺森伯兰海峡、圣劳伦斯湾、大西洋、芬迪湾和新不伦瑞克省为界。省会哈利法克斯。该地区被米克马克人占据长达数百年，此后在公元1000年北欧海盗可能到过这里，到15世纪末该地区肯定受到欧洲人的关注。法国移民在17世纪初建立了多个贸易站，并将该地称为阿卡迪亚。1621年英格兰和苏格兰殖民者到达。1713年签订乌得勒支条约将该地判与英国后，英法两国间对此地控制权的冲突结束。18世纪50年代英国将大部分法国移民逐出。随着美国独立战争爆发，许多保皇党人移居到此。1867年加入加拿大自治领，成为创始成员之一。传统的经济活动如渔业、林业和煤矿业已经衰落，取而代之的是旅游业和其他服务业。人口约921 727(2011)。

《新闻报》　Prensa, La　阿根廷的一份日报，被认为是全世界最优秀的西班牙语报纸。1869年在阿根廷布宜诺斯艾利斯创刊，很快就打破了报纸强调宣传作用的传统，而强调新闻报道应准确、专业化，社论要有独到见解。该报一贯关心人民福利，因而总是面临着来自政府的刁难，尤其是在20世纪40年代遭到J.庇隆政府的管制，1951年终于为政府所控制成为庇隆主义的宣传喉舌。庇隆下台之后，1956年该报重新以独立日报的姿态出版。

新闻业　journalism　指对新闻、特稿与相关性评论加以采集、整编，通过手册、新闻通讯、报纸、杂志、广播、电影、电视与书籍等媒体加以传播的事业。新闻业原指将报道时事的文字印刷出来，特别是指报纸。但随着20世纪广播与电视的发明，新闻业已扩展到涵盖所有处理时事的印刷与电子传播手段。该词有时用来指以直接陈述事实或描述事件，并不企图加以阐释为特点的文字。

新西伯利亚　Novosibirsk　旧称Novonikolayevsky(1895～1925)。俄罗斯亚洲地区中南部城市。新西伯利亚州首府，西伯利亚的重要城市。位于鄂毕河畔，后来横贯的西伯利亚大铁路在此地与鄂毕河相交。该市始建于1893年，1895年以沙皇尼古拉二世的名字命名。第二次世界大战中，许多工厂从苏联西部搬迁至此。当地以工业和科学研究著称。作为西伯利亚的文化和教育中心，它建起了卫星城阿卡杰姆戈罗多克，城内有多个研究机构和一所大学。人口约1 397 015(2006)。

新西伯利亚群岛　New Siberian Islands　俄罗斯东北部，东西伯利亚以北北冰洋中的群岛。这些岛屿把拉普捷夫海与东西伯利亚海分开。它们与西伯利亚大陆之间隔有德米特里·拉普捷夫海峡。总面积约38 000平方千米，这里一年中大约有9个月被冰雪覆盖。岛上栖居的动物有北极狐、北方鹿、旅鼠和许多种鸟类。

新西兰　New Zealand　南太平洋岛国。面积：270 692平方千米。人口：约4 461 000(2013)。首都：惠灵顿。绝大多数人口来自欧洲，约有1/10的人口是毛利人，还有部分是太平洋岛民和华人。语言：英语和毛利语(均为官方语言)。宗教：基督教(新教、天主教)，还有佛教、印度教。货币：新西兰元。新西兰包括以库克海峡相隔的南岛和北岛，以及数个小岛。两个主岛上均有山脉横贯。该国发展中的市场经济以农业(主要为养羊)、小型工业和服务业为主。政府形式为君主立宪政体，国家元首是代表英国君主的总督，政府首脑为总理。公元1000年前后，波利尼西亚人占据此地。1642年首先被荷兰探险家A. J. 塔斯曼发现，1769年J. 库克船长给几个主要岛屿绘制了海图。1840年该地区成为英国直辖殖民地，整个19世纪60年代该地区不断发生殖民者与土著毛利人之间的战争。1865年首府从奥克兰移到了惠灵顿，1907年该殖民地成为新西兰自治领，1919～1962年间拥有对西萨摩亚(今萨摩亚)的行政管理权，并参加两次世界大战。英国于20世纪70年代初加入欧洲经济共同体，在它的影响下新西兰开始扩大海外市场，进行经济的多元化。新西兰在对外关系方面也变得更加独立，强烈反对核扩散。识字率几乎是100%。该国的文化环境主要受欧洲影响，但当地的毛利人文化和艺术也很有竞争力，从20世纪末开始，毛利人的社会和经济活动对新西兰的政治发展一直非常重要。1920年首次参加在安特惠普举办的夏季奥运会，尽管新西兰运动员(代表澳大利亚，一支主要由澳大利亚人组成的运动队)曾在1908年参加过奥运会。

新星　nova　一类能爆发的恒星，其亮度在短时间内增强到普通恒星的数千到上百万倍。大多数新星以双星出现，其中之一为白矮星，能把另一个星体上的物质吸引过来，直到它变得不稳定，造成爆发而抛出外层物质为止。爆发后几小时内新星达到最大亮度，并维持这种强烈的发光状态数日甚至数周之久；然后慢慢恢复到原来的亮度。变成新星的那些恒星爆发前通常都很昏暗，一般很难用肉眼看到；一旦增亮，有时会很容易在夜晚的天空中看到它们。对观察者来说，这样的星星好像是新诞生的恒星，故得其名(拉丁文意为"新的")。参阅超新星。

新艺术　Ars Nova　14世纪盛行的音乐风格。作曲家开始在音乐中使用较短的音符，旧式的节拍模式被停用。1323年在P. de维特里(1291～1361)编写的论文《新艺术》中，为相关的较长较短音符提出了测量方案，每一个音符能够被分成另外2个或3个更短的音符。尽管从表面上很抽象，但这种革新对乐音产生了明显的影响，因为作曲家能够更好地控制几个声部的相对进行。因此，14世纪音乐听起来不像"中世纪"的音乐，而更像现代的音乐。该派最重要的作曲家包括G. de马肖和F. 兰迪尼。参阅固定乐思。

新异教　Neo-Paganism　企图复兴欧洲与中东地区多神教的宗教运动。主要形成于20世纪60年代，在美国、英国和斯堪的纳维亚各国较为流行。它的拥护者往往对生态环境有深切的关注，并依附于自然；许多人崇拜女神地母，并把他们的宗教仪式集中在换季的时候。自20世纪70年代末以来，新异教也吸引了一批易接受神的女性化身的女权主义者。主要的新异教团体有世界总教会、费拉菲里亚教、异道、北美洲德鲁伊特改革教会、永源教和维京弟兄会。参阅巫术崇拜。

新英格兰　New England　美国东北部地区。它包括缅因、新罕布什尔、佛蒙特、马萨诸塞、罗得岛和康涅狄格6个州，面积172 668平方千米。由1614年到此考察的J. 史密斯命名，后来有英国清教徒(参阅清教主义)到此定居。新英格兰地区在这些自给自足农民的推动下，发展出代议制政府。该地区的许多港口很快发展起海外贸易和蓬勃的造船业。在18世纪，新英格兰成为独立战争的策源地，当地的爱国人士在美国独立战争中扮演了重要角色。

《新约》　New Testament　基督教《圣经》两大部分中的第二部分。基督教将《新约》视为对《旧约》中诺言的实践。《新约》回顾了耶稣的生平与传教经历，为早期教会阐述了其意义，尤其注重上帝与耶稣门徒之间订立的新的盟约。《新约》共27卷，包括叙述耶稣生平言行的4部福音书；叙述早期基督教会历史的《使徒行传》；21封使徒书信，对早期教会提出建议和指导；以及《启示录》对未来启示论的描述。全书大部分写于公元1世纪后期，不过没有一卷是可以明确地确定其写作日期的。作者中间只有两位是可以被确认的：使徒圣保罗被认为写了13封书信；路加写了第3部福音书以及《使徒行传》。后人为其他篇章指认的作者，有的很可能真是作者(如其他3部福音书的作者)，有的却根本无从知晓(如《致希伯来人书》)。这些篇章在早期的教会中流传，被用来作为讲道和说教的教材。目前所知最早的《新约》篇目编排出自367年圣亚大纳西的著作。382

年的一次教会会议最终批准了这一编排。

新泽西 New Jersey 美国东部一州。面积20 233平方千米。首府为特伦顿。哈得孙河为其东北部边界，特拉华河为其西部边界。在欧洲殖民者到来之前，这里的原住居民是特拉华人印第安部落。虽然韦拉扎诺和H.哈得孙是最早发现这里的人，但第一批来到这里的殖民者是荷兰和瑞典的商人。在美国独立战争期间，这里曾经是许多战斗的战场，包括1776年由G.华盛顿将军指挥的那场横渡特拉华河后的战役。1787年成为批准美国宪法的第3个州。独立战争以后直到南北战争之前，运河和随后的铁路建设大大推进了该州工业化进程。18世纪丰饶的农业为它带来"花园州"的美誉，但该州的经济仍以制造业为主。当地有许多研究机构和实验室。以大西洋城著称的旅游业在地方经济中起着举足轻重的作用。州内主要城市有纽瓦克、泽西城、帕特森和伊丽莎白。人口约8 864 590(2012)。

新政 New Deal 美国总统F.D.罗斯福为缓解经济压力而制定的国内计划(1933～1939)。"新政"一词出自1932年罗斯福在接受总统提名时的演说，他承诺"给美国人民一项新政"。新政的立法主要在1933年的前3个月(罗斯福的"百日")里颁布实施。并建立了一些机构，诸如民政署和公共资源保护队来缓解失业；国家复兴署以振兴工业生产；联邦储蓄保险公司和证券交易委员会来规范金融机构；农业调整署来支持农业生产；田纳西河流域管理局来提供公用电力和控制洪水。立法的第二阶段(1935～1936)常被称为第二次新政，建立全国劳工关系局、公共事业振兴署和社会保障系统。有些立法被美国最高法院宣布为违宪，有些计划没有实现制定的目标，但许多改革被后来的管理部门继续下去，永久地改变了政府的角色。

新宗教运动 new religious movement (NRM) 任何源于近几个世纪、包括折中主义和融合主义、宣称具有超凡能力的领导者，以及"反文化"方面等典型特征的宗教。新宗教运动被视为在社会主流之外，在西方门派繁多，不仅仅包括千禧年运动(如耶和华见证人)、西方化的印度教与佛教运动(如国际黑天觉悟会)，所谓的"科学"团体(如科学论派)，以及自然宗教(参阅新异教)。在东方，它们包括中国在19世纪的太平天国运动、日本的天理教和完全自由教团，以及韩国的天道教和统一教团。部分新宗教运动逐渐消退，或遭遇悲惨结局。其他新宗教运动，诸如摩门教会，则最终被接纳成为主流。

信贷 credit 指一方(债权人或贷款人)供应货币、商品、服务或有价证券，而另一方(债务人或借款人)在承诺的将来时间偿还的交易行为。这类交易通常还包括向贷款人支付利息。公共或私人机构都可以提供信贷，为商业活动、农业经营管理、消费者开支或政府建设项目融通资金。大数额信贷通常是通过专业化金融机构(如商业银行)或政府借贷计划提供的。

信贷协会 credit union 又称信用合作社。一种具有共同契约约束、有组织的信用合作的社团，其成员共同储蓄积聚资金，并由协会向成员提供低利率的贷款。贷款多为短期消费信贷，主要用来支付汽车、家庭必需品、医药费用和意外事故救急款项。通常由政府批准发给执照，并受政府监督。在欠发达国家中，这种贷款尤为重要，它可能是许多人唯一的借款来源。第一个这种提供信贷的合作社团体，约在19世纪中期成立于德国和意大利。北美洲第一个信贷协会为1900年A.德雅尔丹在魁北克莱维所组织，1909年他又在新罕布什尔州的曼彻斯特协助组织了第一个美国信贷协会。1934年美国信贷协会全国联合会(CUNA)成立，1958年发展为世界性的组织。

信德 Sindh 又作Sind。巴基斯坦东南部一省。与俾路支省、旁遮普省和印度接壤，其南部为阿拉伯海。首府卡拉奇。该地区是古代印度河文明的中心地带，公元前6世纪被古波斯的阿契美尼德王朝兼并。公元前325年被亚历山大大帝征服后，在公元前3世纪成为孔雀帝国的一部分。大约在711年落入阿拉伯人之手。16～17世纪由莫卧儿王朝统治。1843年英国人控制了此地。巴基斯坦独立后，一度并入西巴基斯坦省，但于1970年再次成为一个独立省份。省内许多地区为干燥不毛之地，只有印度河河谷除外，那里灌溉便利，盛产棉花、小麦和稻米，也是人口的主要聚居地。人口约35 864 000(2006)。

信经 creed 教团基本信条的陈述，经正式认可且通常是简短的，常在礼拜仪式方面用于公开的崇拜或入会仪式。最常见于西方宗教。伊斯兰教的清真言认为上帝是唯一的神，而穆罕默德是上帝派来的先知，是每位穆斯林的信仰核心。在犹太教，早期的信经证言保存于希伯来文《圣经》，晚期较重要的是信仰十三条。在基督教，《尼西亚信经》是381年确立的，以排除阿里乌主义异端。今本《使徒信经》可溯至公元8世纪，但它可能源自更早的浸礼信经。其他宗教主要通过礼拜仪式来宣示宗教信仰，只有琐罗亚斯德教、佛教和印度教一些现代运动才有名副其实的信经。

信浓川 Shinano River 日本最长的河流，位于本州岛，全长367千米，源自甲武信岳山麓。向东北偏北流，至新泻市注入日本海，长期以来一直是日本的内陆水道，港口众多。

信天翁 albatross 鹱形目信天翁科十几种大型海鸟的统称，是最善滑翔的鸟类之一。在有风的气候条件下，能在空中停留几小时而无须拍动翅膀。能喝海水，通常吃乌贼。仅在繁殖时才成群地登上偏僻的海岛。成鸟一般展翅约有200～350厘米长。信天翁寿命很长，是仅有的能活到很老的鸟类之一。海员一度颇为敬畏信天翁，他们认为杀死信天翁会带来坏运气。

信托 trust 法律上指信托人或受托人有权处理财产，而另一方受益人有权从财产中得取利益的关系。信托在不同的情况中使用，多数在家庭财产分割和慈善捐助中采用。传统的信托要求是有明示的受益人和信托方、确认的财产(组成信托的最重要部分)和需要一个受托人来完成的对信托人的财产移交。信托常被用作节税的方法(包括免税)。一个慈善的信托同多数信托不同的是它不需要一定的受益人，并可以永久存在。参阅信托公司。

信托公司 trust company 作为受托人对个人或公司提供相关金融或财产计划建议的商业银行等公司。为个人开办的信托服务通常包括财产的管理、生时信托(信托人仍健在的财产处理)和遗嘱信托(在遗嘱中提到的财产处理)。为公司开办的信托业务包括对企业债券契约的管理和企业年金资金的管理。信托公司还可以担任企业股票转让中间人员和发放股息的代理人。

信息处理 information processing 对信息的获取、记录、组织、检索、显示和传输的过程。现在，该名词通常指计算机的操作。它包括查找和捕捉信息，利用软件将信息转换成想要的格式，并将数据发送出去。与任何一个复杂的信息检索系统一样，因特网搜索引擎就是一个信息处理工具的例子。参阅数据处理。

信息系统 information system 为收集、存储和处理数据并为传递信息、知识和数字产品而构建的一体化系统。信息系统的主要构成是计算机硬件和软件、电信、数据库和数据仓库、人力资源以及程序。

信息学 information science 研究信息的储存与传播的方法的学科。它试图把图书馆学、计算机科学与工程学、语言学、心理学及其他应用科学的概念和方法结合起来，发展有助于信息处理的技术和装置。在20世纪60年代信息学的初级阶段，它主要研究任何把当时新开发的计算机技术应用于文献的处理和管理。后来，信息学的计算机应用技术和理论研究则渗入到许多其他学科。计算机科学与工程学现在依然倾向于吸收该学科以理论及技术为目标的课题，管理科学则倾向于吸收有关信息系统的课题。

信仰疗法 faith healing 借助于神力治愈精神或肉体上的病痛或残疾而不是使用传统的医疗方式。通常由神职人员或通灵的俗人充当治疗的中间人。有些地方，如法国的卢尔德岩洞，众信徒相信那里具有疗效。古希腊时代，供奉医药神阿斯克勒庇俄斯的神庙就建在疗养泉水的附近。在基督教中，信仰疗法的例子尤其应推耶稣和他的使徒实行的治病神迹。基督教科学派以信仰疗法闻名，五旬节派则以更激情的方式来实践，如透过按手礼的习惯方式。

信仰十三条 Thirteen Principles of Faith 又作Thirteen Articles of Faith。犹太教基本信

条的总结。M.迈蒙尼德在《密西拿》中所总结的犹太教基本信条,目的在于阐述正确的神和信仰的概念,并将其作为避免错误的工具。尽管以教条的形式出现,但迈蒙尼德的阐述属个人观点,常被拿来讨论并加以修改。该原则阐述了与神的禀性、法律和摩西相关的各种教条,并断言弥赛亚即将来到,死者将会重生。信仰十三条有多种版本,其中包括多数祈祷礼拜采用的赞美诗《依格达尔》。

信义宗 Lutheranism 以M.路德的宗教原则为基础的新教运动。起于宗教改革运动之初,路德把《九十五条论纲》张贴在维滕贝格教堂门上之后。路德派运动经大半个德国传播到斯堪的纳维亚半岛,在那里成为法定教会。新荷兰和新瑞典的移民把路德主义带到新大陆,并在18世纪传播到美国中部滨大西洋诸州,19世纪传播到中西部。其信条包含在路德的教义问答和《奥格斯堡信纲》中。路德的信条强调单因信仰而获救恩,以及《圣经》作为教会权威的至上性。"世界信义会联合会"的总部设在日内瓦。参阅虔敬主义。

兴德米特 Hindemith, Paul(1895～1963)德国作曲家。早年就显示出了他的天才,后又接受了中提琴、小提琴、单簧管和钢琴的系统训练。20岁时任法兰克福歌剧院乐队领队,并在现代音乐节上成为人们注意的作曲家。由于他的妻子是犹太人,他的音乐又被纳粹视为"堕落的",因此他在1938年离开德国,1940年来到美国,投入"实用音乐"的创作。他为通用的交响乐乐器写了许多独奏曲和协奏曲。他的六部歌剧里最著名的是《画家马西斯》(1935),据此创作的交响乐以及《韦伯主题交响变奏曲》(1943)被广泛演出。他的以扩大传统调性为基础的和声理论表现在他改写(但不见得提高)他许多早期的作品中。

兴登堡 Hindenburg, Paul von(1847～1934)全名Paul Ludwig Hans Anton von Beneckendorff und von Hindenburg。德国陆军元帅,魏玛共和国的第二任总统(1925～1934)。出

兴登堡
Culver Pictures

生于普鲁士贵族家庭,1911年,他以普鲁士军队的将军身份退休。第一次世界大战中又应召入伍,指挥东普鲁士的德国军队,在坦嫩贝格战役(1914)后成为国家英雄。有E.鲁登道夫为他的副官,战争结束前他一直只是名义上指挥着全部德国军队,1919年再次引退。在保守集团的支持下,1925年他当选为德国总统。当时发生的大萧条导致了政治危机,他被迫使政府从议会的控制下更多地独立出来。1930年,他让总理H.布吕宁去解散国会,然而在新的一次选举中纳粹就作为第二大党出现了。1932年,纳粹的反对派推选他为总统,而他的顾问们却认为纳粹是有用的,于是说服他在1933年任命了A.希特勒为内阁总理。

"兴登堡"号飞艇灾难 Hindenburg disaster 指有史以来建造的最大的可操纵硬式飞艇"兴登堡"号的爆炸。它于1936年在德国升空,开始第一次跨越北大西洋的商业飞行,先后完成了10次成功的往返飞行。1937年5月6日,当它在新泽西州莱克赫斯特着陆时,它的氢气爆炸起火,烧毁了飞艇,艇上97人中有36人罹难。这场灾难记录在胶片和磁带上,完全终止了硬式飞艇在商业上的应用。

兴都库什山脉 Hindu Kush 拉丁语作Caucasus Indicus。亚洲中南部山系。全长约800千米,起自东面靠近中-巴边境的帕米尔高原,经巴基斯坦进入阿富汗西部,是西北部的阿姆河流域与东南部的印度河流域之间的分水岭。该山脉的各个隘口在历史上都曾有过重要的军事意义,是通向印度次大陆的北部平原的通道。它包括20多个海拔超过7 000米的山峰,最高峰是海拔7 690米的蒂里杰米尔山。

兴奋药 stimulant 能兴奋机体功能的药物。通常指刺激中枢神经系统的兴奋药,用于警醒、改善心情、提神消倦、增加言语和运动能力,以及控制食欲。其提神的作用往往使某些兴奋药(如苯丙胺、咖啡因以及与之相近的可卡因和尼古丁)被滥用。用于儿童注意力缺乏(或多动)症的利他林,是一种软性的兴奋药。

星等 magnitude 天文学中,指恒星或其他天体的亮度。天体的亮度越大,星等数越低。在古代,恒星的亮度分为6等,1等星是最亮的恒星(参阅喜帕恰斯)。现代使用的星等系统中,规定一个星等为亮度比的2.512倍,因此星等差5等相当于亮度差100倍。视星等是地球上的观测者所见的天体的亮度,例如太阳的视星等为-26.7等,满月约为-11等。绝对星等是在距天体10秒差距(32.6光年)处所看到的亮度,太阳的绝对星等为4.8等。参阅反照率和光度学。

星际介质 interstellar medium 恒星之间空间中的物质,包括大量弥散气体云及微小的固体粒子。银河系中这种稀薄的星际介质占了银河系总质量的5%,恒星之间的空间绝不是完全的真空。星际介质主要包含氢气,还有少量的氦以及相当大量的成分未定的尘埃粒子。原始的宇宙线也穿过星际空间,磁场更是扩展于星际空间的大部分。大多数星际介质都以与云类似的浓度存在,它们可能浓缩密集成恒星。反过来说,恒星通过星风(参阅太阳风)而不断失去质量。超新星和行星状星云也向星际介质发送质量,与尚未形成恒星的物质混合(参阅星族I和星族II)。

星盘 astrolabe 一种用来推算时间和天文观测的古代科学仪器。该仪器的出现时间可以上溯到公元6世纪,到中世纪初期在欧洲和伊斯兰教世界广泛流行,15世纪中叶为

1582年后制造的铁制星盘
By Courtesy of the Peabody Museum of Salem; photograph, M. W. Sexton

航海者采用。一种广泛使用的变体平面星盘可以算是最早期的模拟计算器,它能让天文学家计算出太阳和重要天体相对于地平线和子午圈的方位。

星系 galaxy 恒星和星际物质组成的系统。几十亿个这样的系统构成了宇宙。在大小、组成、结构和活动等方面,彼此差别很大,但它们几乎全都排布成群或团,其成员少者几个,多者可达上万个。每个星系均由为数众多(从几百万个到一万亿个以上)的恒星组成。在许多星系(如银河系)中,都能检测到由星际气体和尘粒组成的星云。星空中,大部分的亮星系都是旋涡星系。旋涡星系有一个恒星主盘,沉陷在盘结构中的是旋臂,从中心向外旋伸。在旋臂中,最大量地集聚着旋涡星系的星际气体和尘埃。在集聚区域内,能形成恒性。旋涡星系的中央核周围是一个巨大的核心隆起结构,大多数情况下均接近于球体。在核球和盘结构之外是一个稀疏的、或多或少为球状的星系晕。椭圆星系是一个由对称分布的恒星构成的球形或椭球形,这种星系的大小范围相差很大。虽然没有一个矮椭圆星系在天上引人注目,但它们却是星系中最常见的一类。不规则星系(如麦哲伦云)是相当罕见的。无线电星系是无线电波很强的来源。塞佛特星系有非常亮的核,常放出很强的无线电波,可能与类星体有关。

星系团 cluster of galaxies 星系受重力绑缚成群,数量从数百个到数万个以上。大型星系团通常会从加热至数千万度的星系际气体大范围地射出X光。星系与星系或是与星系团际气体的交互作用,同样可能会耗尽星系本身的恒星际气体。银河系属于本星系群,位于处女座星系团的外围。

星系晕 galactic halo 天文学名词,指包

围旋涡星系(包括地球所在的银河系)的一个近似球状的系统,其中稀疏地散布着恒星、球状星团和稀薄气体。它可能延伸到银河系这圆盘之外,并且含有这个星系大部分质量。据认为银河系的银晕半径为5万光年,可能主要由暗物质组成。

星云 nebula 银河系中的非恒星状气体尘埃云的总称。星云只占星系质量的很小部分。暗星云(如煤袋)是十分浓密、冰冷的分子云,在天空中呈现出大片模糊的、不规则形状的区域。亮星云(如蟹状星云、行星状星云)则呈现模糊发光或明亮的表面;它们自身发光,或者反射它们附近的恒星的光。

星子 planetesimal 理论上推定在太阳系历史早期从扩散物质中凝聚而成的连在一起组成行星的一类星体。根据星云假说,部分星际尘埃和气体的云块经历重力的收缩后,最后形成太阳星云。收缩时在它的中段平面留下了尘埃块,结合成鹅卵石大小、漂石大小的星体,然后形成直径有几百英里的星子。然后这些星子在重力的作用下结合成原行星,这是现在大多数行星的前身。

星族Ⅰ和星族Ⅱ Populations Ⅰ and Ⅱ 两类大型的星族,其成员在年龄、化学成分和在银河系中的位置等许多方面互不相同。这一概念由W. 巴德(1893～1960)提出。星族Ⅰ由年轻的恒星和星群组成,存在于银河系和其他旋涡星系的旋臂及其附近和某些年轻的不规则星系(如麦哲伦云)中。星族Ⅰ中的成员被认为是源自星际气体的不同变化过程,包括超新星的爆炸,并因此使其组成物质带有偏重的元素。星族Ⅱ由较老(通常在10至15亿年)的恒星和星群组成,被认为是源自在银河系早期出现的星际气体云,主要由氢和氦构成,存在于旋涡星系的星系晕和球状星团中,在椭圆星系中也大量存在。天文学家们有时用星族Ⅲ来指大爆炸之后出现的第一代恒星。

星座 constellation 在天文学中,按外观取名的星群,其名称多少能让人联想到物体的形状、神话中的人物或动物的外貌。有助于天文学家和航海者找出恒星的位置。星座诸星常标以星座名称,并按其亮度注上希腊字母。西方天文学命名了88个星座,其中48个是保留托勒玫在《天文学大成》中的命名。参阅黄道带。

猩红热 scarlet fever 又作scarlatina。一种由某些类型的链球菌引起的急性传染病。可出现发热、咽痛、头痛等症状,而儿童可能出现呕吐,两三天后出现红疹。其中1/3的患者出现皮肤脱落现象。在舌苔剥脱后舌头肿大、发红并出现突出物(草莓舌)。腺体也会发生肿大。常出现鼻窦、耳朵(有时是乳突炎)和颈部并发症。脓肿也很常见。以后还可能出现肾炎、关节炎和风湿热等症状。可使用青霉素或γ球蛋白进行治疗,需卧床休息,多喝水。从20世纪中期起,猩红热已经很罕见,症状也在减轻,但与抗生素的应用无关。

猩猩 orangutan 又作orang。猩猩科,栖息于树上的昼行性大型类人猿,学名*Pongo pygmaeus*。现只分布于婆罗洲低地沼泽森林,但从前亦生活于东南亚大陆的丛林中。

猩猩(*Pongo pygmaeus*)
Russ Kinne–Photo Researchers

猩猩(英文名源自马来语,意为"森林人")体短而结实,臂长,腿短,体覆淡红色的浓密粗毛。成年雄体高约137厘米,体重约85千克;雌体较小。猩猩性情温和,谨慎,灵巧,有恒心。雄性有颊部肿垂和垂在咽喉处的袋状气囊。在步行及爬行时四肢并用。以野生无花果及其他果实为食,亦食少量树皮、树叶,甚至昆虫。睡在树上由枝条交织成的睡巢中。成体独栖,仅于交配前的求偶活动时才短时间地聚在一起,猩猩间的栖息处相隔甚远。母猩猩将幼仔带在身边并照顾幼仔近3年时间。猩猩极少出声,但成年雄猩猩会发出响亮悠长的吼声。猩猩现为受到法律保护的濒危动物。

刑罚学 penology 犯罪学的一个分支,涉及监狱管理和如何对待人犯。刑罚学研究致力于阐明刑罚的道德基础以及社会施加刑罚的动机和目的;对整个历史和各个国家的刑罚法律和程序进行比较研究;研究在某个特定时期执行的政策所产生的社会后果。具有影响力的历史著作包括C. 贝卡里亚的《论罪与罚》(1764)、J. 边沁的《"圆形监狱"设计》(约1800)、C. 隆布罗索的《罪》(1876)和M. 傅科的《纪律与惩罚》(1975)。

刑法 criminal law 界定刑事犯罪,规定对嫌犯的逮捕、起诉和审判,以及决定适用于被定罪的罪犯的惩罚方式的所有法律体系。刑事犯罪被解释为反国家的犯罪。独立存在的刑法界定着犯罪,而诉讼法为对罪行的起诉建立程序。现今独立存在的刑法大致源于普通法,后者后来被编入联邦及国家的法令中。现代的刑法受到社会科学影响颇大,尤其是在定罪、法律研究、立法、改造方面。参阅犯罪学。

行动绘画 action painting 一种直接的、本能的和充满活力的绘画艺术,追求冲动性的狂放笔触和在画布上任意泼洒颜色所造成的偶然效果。代表人物有J. 波洛克、W. 德·库宁和F. 克兰。20世纪20及30年代欧洲超现实主义画家的"无意识"技巧,对美国画家的影响很大,他们视绘画不仅为一件完成品,也是创作过程的一种记录。在50年代,行动绘画派在抽象表现主义中占有很重要的地位。

行为疗法 behaviour therapy 又称behavior modification(行为矫正)。用根据实验得出的学习原理来治疗心理障碍和控制行为。这一概念源于E. L. 桑代克的工作,通过包括B. F. 斯金纳在内的行为主义理论家而在美国推广开来。行为疗法的基础是操作性条件反射,即对符合要求的行为给予奖励。这与有意识的经验或无意识过程关系极少或没有关系。这种疗法常用于遗尿症、抽搐、恐怖症、口吃、强迫性神经官能症以及各种精神神经症状,具有一定效果。行为矫正更笼统指应用某些辅助手法按所要求的目标塑造个体行为,或控制教室或公共场所的行为。参阅心理治疗。

行为学 ethology 研究动物行为的科学,将实验科学与野外科学相结合,并和其他学科有密切关联(如神经解剖学、生态学、进化论等)。虽然许多博物学家研究动物行为方面的问题已有几个世纪,但是现代行为科学之所以成为一个独立的学科,通常认为是始于20世纪20年代N. 廷伯根和K. 洛伦茨的工作。行为学家对于行为过程比对特定动物类群更感兴趣,他们常常研究一些没有亲缘关系的动物中的同一类行为(例如进攻性行为)。

行为遗传学 behaviour genetics 研究遗传与环境对行为的交互影响的学科。关于行为的决定性因素的问题,一般称作"天性与教养"争议,最初由英国科学家F. 高尔顿提出。20世纪70年代一种承认遗传与环境都具有重要性的平衡观点开始流行。现代研究主要集中于鉴定遗传基因影响行为的范围,比如个性、智力以及诸如沮丧与多动等反常行为。孪生儿法和收养法为该研究中的两种准实验方法,被用来量化遗传与环境因素对个人行为的影响。

行为主义 behaviourism 两次世界大战之间的时期曾主导美国心理学理论的有高度影响力的心理学学派。经典的行为主义专注于行为的客观表现(由对刺激的反应测得),而排除观念、情绪和各种内在的精神体验。行为主义来源于20世纪20年代J. B. 沃森(借自I. 巴甫洛夫)的工作,在以后几十年中,又经C. L. 赫尔和B. F. 斯金纳加以发展。通过E. C. 托尔曼的工作,严格的行为主义学说开始被一些灵活的理论所补充或取代,例如承认有报告提到的知觉中的精神状态和差异。行为主义理论的自然延伸就是行为疗法。

行星 planet 环绕太阳或另一个恒星(系外恒星),并且不从内核聚变中发出能量的大型天然星体的统称;不包括矮行星、彗星、小行星、流星体(参阅流星)和天然卫星。英文planet源自希腊语,意为"流浪汉",因为行星的位置相对于恒星的位置是不断变化的。绕行太阳的八大行星(过去为九大行星),按照由近而远的距离分别是:水星、金星、地球、火星、木星、土星、天王星和海王星。前4个被称作类地行星;后4个为巨行星或类木行星。类地行星(其中最大的是地球)由岩石构成,大气相对稀薄或微不足道。通常认为太阳的高温使得太阳星云里的大量挥发物质无法凝结成类地行星的形状。巨行星形成的位置较远,气体在低温下能够凝结,因此这些行星变得非常巨大,积聚了由轻质气体(主要是氢和氦)形成的厚厚大气。4个巨行星都不具有可触及的表面;它们的气态大气逐渐与它们的液态内部相融合。冥王星在过去数十年也曾被认为是一个行星,但它有别于这两类行星,比上述八大行星中的任何一个都要小很多,类似于一个巨大的彗核。2006年国际天文学联合会将冥王星降级,把它归类为矮行星,这表明了天文学家所得出的结论——冥王星是柯伊伯带非常大的成员。在外太阳系还有与冥王星同样大小或更大的天体(如阋神星)的存在。英文 minor planet 有时用于指称主要位于类地行星和巨行星之间的任何一个小行星。西方的占星术非常重视行星在黄道十二宫中的位置。参阅星子和太阳系。

行星状星云　planetary nebula　用小望远镜观看颇似行星的亮星云(参阅星云),实际上都是一些垂死星体周围的发光气体的扩展的外壳。行星状星云是由一颗红巨星散发的外部包层,这种巨星还不够大到成为超新星。相反地,星体高度炽热的中心暴露出来(参阅白矮星),并使气体的周围外壳离子化,该外壳以每秒16千米的速度扩张。

行医术者　medicine man　神职行医者或萨满,尤其是在美国印第安人中。行医术者(在某些社会中通常是女的),一般携带珍禽羽毛、石头或灵花神草等与神奇法力有关的物件。行医术者治病时往往用吮吸、抽拔等方法将致病物质从病人体内抽出。治疗过程中常伴随着唱歌、讲述神话和其他仪式。

行政法　administrative law　行政法是管理公共行政权力、程序和职能的法律。应用于所有的公共官员和公共机构。与立法与司法当局不同,行政当局的权力是根据法令法规来颁布一些规章制度、授予许可、允许实施政府的事业行为、对于申诉和问题发动调查并去除弊病、发布命令来指导各方遵守政府的法规或制度。行政法的法官是具有准法官权力的政府官员,其权力包括举行听证会、寻找事实根据、对有关公共机构行为的争端推荐解决方案等。

行政长官　praetor　古罗马的司法官,在衡平法方面拥有广泛权威以及执政官不在时在政府中拥有广泛的行政权力。他还负责组织公共竞技。在一年任期之后,行政长官一般继续管理一个省。最初该职位只由贵族法官担任,从约公元前337年起开始有平民担当此职务。到公元前1世纪,行政长官的数量上升到8个,2个负责民事,另外6个负责专门法庭。在不同的政府领导人和帝王执政时期,此职位不断发生变化。到了最后一个帝国时,只有负责公共竞技的行政长官仍被保留。

形而上学　metaphysics　哲学的分支,其目的在于确定事物的真实本质,确定存在物的意义、结构和原理。在西方哲学史上,对形而上学有4种看法:①是对基本存在物(如精神和物质)的探求;②是一种"实在"(相对于"表象")的科学;③是对世界整体的研究;④是第一原理(或本体)的理论。形而上学的字面意义是"物理学之后",曾用于指亚里士多德著作中他自称的"第一哲学"那部分。亚里士多德为哲学家区分了两种任务:研究存在于自然界或现实世界的本质和特性,并探求"存在"以及"不动的物质"、"不动的行动者"的特点。前一条组成"第二哲学",主要在他的《物理学》中论述;第二条也叫做"神学"(因为上帝是不动的行动者),在其著作《形而上学》中有论述。

形式　form　在柏拉图和亚里士多德的哲学中,一个事物的有效的、重要的原则。该词过去一般用于翻译柏拉图的核心术语 eidos,他用此术语指形成一个事物本身的永恒现实,与有限的和随时变化的特殊事物形成对比。每个形式都是这个世界上事物特定分类的模式,因此有人、石头、形状、颜色、美和正义的形式。但是,通过感官察觉的有形世界是永恒流动的,从中获得的知识受到限制并且多变。形式的领域只能通过心灵来理解,是永恒不变的。特殊事物通过"参与"或欠完美地模仿形式得到它们具有的实在。亚里士多德反对柏拉图抽象的形式概念,认为每个感觉得到的客体都包括物质和形式这两个方面,两者缺一不可。对亚里士多德来说,事物的物质是由它的各种要素构成的,当这个事物出现时,可以说它是各种要素"变"成的;事物的形式则是这些要素的排列或组织,由此变成所讲的事物。因此,一堆铜就是变成,假设某种形式,一座雕像的物质,或假设另一种形式,一把剑的物质。亚里士多德的形式概念被圣托马斯·阿奎那和其他经院哲学家们加以改进。启蒙运动哲学家 I. 康德用形式的概念来描述感觉得到的经历内心强加的条件,即空间和时间。

形式谬论和非形式谬论　fallacy, formal and informal　哲学用语。因用词或形式上的缺陷而无法建立结论的推理。传统上,谬论被分为形式和非形式两类。形式谬论是演绎上不能成立的论点,在典型情况下犯了显而易见的逻辑错误。非形式类型的谬论又可分为实质谬论和语言谬论。实质谬论又称假设谬论,因为前提"假设"太多,或是片面假设了结论或回避了考虑中的议题,"以问题为据"的谬论就是一例,这发生于前提假设了须加以证明之结论的时候。语言谬论又称含糊谬论,发生于借着不当使用字词而获得结论的时候,例如一个用语在前提和结论中的意义截然不同。

形式系统　formal system　在逻辑中,指可以借以由其他公式推导出合式公式的一组形式语言与可演绎资料。每一个形式系统都有一种形式语言,包括一定形式规则(关于本系统所容许之词语的叙述)和由一组公理推论出来的一组定理。在任何公理系统中,基设符号都是不下定义的,其他所有符号都借基设符号来界定。例如,在欧几里得几何中,"点"、"线"、"介于"通常都当做初始术语。由初始符号所组成的某些公式被定义为合式的,其中一部分被列为公理;推演规则被用来从一个或多个作为前提的公式推演出一个作为结论的公式。在这样的系统中,一条定理是可以通过合式公式的有限序列加以证明的一个公式,这些合式公式中的每一个公式不是公理,就是从前面公式可以推得的公式。

形态学　morphology　生物学的分支学科,研究生物的整体及其组成部分的大小、形状和结构。解剖学描述生物的结构,但形态学以普遍原则如进化关系、功能和发展等术语来解释有机体各部分的形状和排列。

形态学　morphology　语言学术语,指词的内部结构系统及对其进行研究的学科。各种语言的词可以分析成多少词素大不相同。英语中的许多单词有多个词素,如 replacement 由 re-、place 和-ment 组成。许多美洲印第安语言的形态十分复杂,其他语言如汉语,形态非常简单。形态学包括屈折变化和派生两种语法过程。屈折变化表示人称、时态和格这些范畴(如 jumps 中的-s 表示第三人称单数的现在时态)派生即由已有的词造出新词的过程,如 acceptable 是从 accept 而来。

杏　apricot　学名 *Prunus armeniaca*。蔷薇科乔木,普遍栽培于世界温带地区。鲜果可加入面团食用,也可制成果酱、罐头、杏干等。树大,树冠开展,叶阔心形,深绿色。花白色,果平滑,形状似桃,但少毛或无毛。杏富含维生素 A 和天然糖分;杏干是铁的良好来源。

性　gender　语言中的语法类别,表示性别或活动性的区别。词性的标示可能是自然的,其中词性的语言学标志等于真实世界的词性,也可能是纯语法的,其中词性的标志部分基于语意,而部分在语意上是随意的。在有语法词性的语言中,名词被分为不同的组。属于某一组的名词可借其形式和(或)该名词所控制的语言其他部分的形式来表示。在语言中,类别体系与词性体系关系密切,例如在班图诸语言中,名词所属的组别数目大得多,而植物、动物、工具等物体属于独特的种类;尽管和欧洲语言中的名词一样,大部分名词所属的类别在语意学上是随意的。

性　sex　一部分植物或动物种类借以分成两个互补的生殖群体——雄性与雌性——的主要特征。无论是植物还是动物,性都由其机体产生的生殖细胞(即配子)决定。雄性产生精子细胞,雌性产生卵细胞。雌性、雄性生物不一定具有外观构造上的差异,但它们在功能、激素和染色体方面总有不同之处。在某些物种中,也可以借由行为方式(有时很复杂)来区分性。

性传播疾病　sexually transmitted disease (STD)　经直接性接触而传播的疾病。通常

侵犯生殖器官、生殖系统和泌尿系统,但通过口交或肛交也可能扩散到口腔或直肠;疾病后期也可侵犯其他器官和系统。最为人所知的性传播疾病有**梅毒**、**淋病**、**艾滋病**以及**单纯疱疹**第二型。酵母菌感染(参阅**念珠菌**)后会生成一厚层发白的鞘膜,使女性的阴道发炎、瘙痒,有时也会使男性的阴茎发炎。阴虱感染(参阅**人虱**)也可以认为是性传播疾病。性传播疾病的发生受**抗生素**、**节育**方法以及性行为等因素影响。参阅**衣原体**、**肝炎**和**疣**。

性功能障碍 sexual dysfunction 由于生理或心理上的问题,无法在正常情况下体验性刺激或获得性满足。最常见的性功能障碍在传统上称为性无能(指男性)和性感缺失(指女性),但这两个名词已逐渐被其他更具体的术语取代。大多数性功能障碍可通过**咨询**、**心理治疗**或药物治疗来解决。

性力 shakti 又作 sakti。**印度教**中指固有的来自神的"创造能量",以女性节操、女性生殖器官或**湿婆**的妻子女神萨克蒂为本。作为一种能量,性力被看作由男性诸神所发射能力合并而成,是每个人都具有的。在坦陀罗印度教中,性力与最低的**轮**联系在一起,以一条盘旋的蛇(**贡荼利尼**)潜伏在体内,必须与头顶的湿婆联合才能升起而达到精神解放。参阅**性力教**。

性力教 Shaktism 又作 Saktism。崇奉印度最高女神萨克蒂的教派(参阅**性力**)。与**毗湿奴教**、**湿婆教**同为现行**印度教**的主要形式。该教在孟加拉国和阿萨姆尤为盛行,根据对萨克蒂的不同概念,性力教有着多种不同形式。在流行的崇拜中,她有许多名称,一些学者认为印度教中的大多数女性神都是萨克蒂的不同表现。人们崇拜并供奉萨克蒂,把她看作是能引导人们实现精神解放的力量。性力教与印度秘教派信徒实现身心净化的实践体系有着密不可分的关系。

性骚扰 sexual harassment 未经当事人同意,本质上与性有关的语言或肢体行为。现在性骚扰的定义可含括当事人认为被侵犯且具有性动机的行为。工作场合的性骚扰案件可通过法律手段追诉,尽管定罪十分困难。1994 年美国最高法院判决,如果他人的行为造成一种不友善和不愉悦的环境,那么此种行为可被视为性骚扰与侵犯个人的公民权。

性无能 impotence 男性的阴茎无法达到或维持勃起的状态,从而无法进行性交。不能勃起的性无能可能是由于生理原因(如酗酒、内分泌疾病),或心理原因(如焦虑、抵制性伴侣)。不能射精的性无能在性交时无法达到性高潮,有时能够维持长时间的勃起。这种性无能几乎总是由于心理原因所致。

匈奴 Huns 曾在公元 370 年前后人侵东南欧的游牧民族。在 4 世纪中叶开始从中亚崛起,他们首先征服了占据伏尔加河和顿河流域平原的阿兰人。此后又征服了居住在顿河和德聂斯特河之间的东哥特人。大约在 376 年打败了居住在大致是现在罗马尼亚地方的**西哥特人**,达到了罗马帝国的多瑙河边界。他们作为武士,准确地说是马弓手,给整个欧洲带来了空前的恐怖,迅猛狂暴的冲杀赢得了势不可当的胜利。他们统治了中欧的大部分日耳曼民族,并与罗马帝国结盟。到 432 年,路阿统一了匈奴的各个部族。在 434 年他死后,他的两个侄子布列达和阿提拉继承了他的汗位,与东罗马帝国签订了和平协议,罗马帝国答应给匈奴双倍贡奉。当他们逐渐难以支付沉重的贡金时,阿提拉在罗马多瑙河一线陈重兵迫其就范(441 年),匈奴的一系列袭击使他们的势力渗透到希腊和意大利地区。在 453 年阿提拉死后,他的多个儿子瓜分了他的帝国,并引发了一系列与其部属的耗费巨大的内战。匈奴人最终在公元 455 年**潘诺尼亚**的伟大战役中,被格庇德人、东哥特人、赫鲁利人等的联军击溃。东罗马统治者关闭了与匈奴的边界,匈奴人作为一个社会和政治实体逐渐消失。

匈牙利 Hungary 全称 Republic of Hungary(匈牙利共和国)。欧洲中部国家。面积:93 030 平方千米。人口:约 9 813 000 (2013)。首都:**布达佩斯**。匈牙利人在种族上称为**马扎尔人**,还有斯拉夫、土耳其和日耳曼等不同民族。语言:匈牙利语(官方语言)。宗教:基督教(主要为天主教,也有新教)。货币:福林。匈牙利大平原为肥沃的农田,占全国总面积的一半;两条最重要的河流是**多瑙河**和**蒂萨河**;**巴拉顿湖**位于外多瑙高地,是欧洲中部最大的湖。近 1/5 的土地为森林覆盖。匈牙利是东欧较繁荣的国家之一,也是世界主要的铝土矿生产国。20 世纪 80 年代末开始自社会主义经济转变为自由市场经济。匈牙利是单一制多党制共和国,一院制。国家首脑是总统,政府首脑是总理。公元前 14 世纪时,该国的西部并入罗马帝国。公元 9 世纪末,马扎尔人的一支游牧民族在匈牙利大平原定居。公元 1000 年**斯蒂芬一世**加冕后,推动了匈牙利的基督教化,并将王国建成了一个强大的国家。蒙古人和奥斯曼土耳其人于 13、14 世纪大举入侵,蹂躏了这个国家。至 1568 年,现代匈牙利的领土被分割为 3 个部分:皇家匈牙利归哈布斯堡王朝;**特兰西瓦尼亚**于 1566 年取得在土耳其宗主权下的自治;中部平原仍由土耳其控制,直到 17 世纪末由哈布斯堡王室统治。1849 年匈牙利宣告脱离奥地利而独立。1867 年建立了二元君主制的**奥匈帝国**。第一次世界大战(1914 ~ 1918)中奥匈帝国战败,导致匈牙利被分解,只保留了以马扎尔为主的那些地区。为了收复一些失地,匈牙利于第二次世界大战(1939 ~ 1945)期间同德国合作,对抗苏联。战后,建立了亲苏的临时政府,1949 年匈牙利人民共和国成立。1956 年爆发了反对这个斯大林主义政权的行动,但被苏联镇压。不过,在 1956 ~ 1988 年,共产主义的匈牙利成为东欧苏联集团国家中最为宽容的一个。1989 年获得独立后,很快吸引了欧洲中东部最多的外国直接投资。1999 年匈牙利加入**北约**(NATO),2004 年加入欧盟。匈牙利于 1896 年参加了在雅典举办的首届现代奥林匹克运动会。

匈牙利语 Hungarian language 属**芬兰-乌戈尔诸语言**,使用人口多集中在匈牙利,在斯洛伐克、罗马尼亚的特兰西瓦尼亚和西伯利亚北部的少数民族实际上也讲此语。全球约有1 450万人使用匈牙利语,比任何一种乌拉尔语言的使用者都多,其中包括北美的 40 万~50 万人。已知最早的匈牙利语文献出现于 12 世纪末,后续的文学传统则始自 15 世纪。虽然它受欧洲诸语言的影响更胜于乌拉尔语的任何其他语言,但仍保留有乌拉尔语的一些典型特征,如元音和谐(跨音节元音特色和谐一致)、复杂的名词系统、以后缀表达所有格以及有定宾语和有不定宾语的及物动词的不同词型变化。匈牙利语与土耳其语、伊朗语和斯拉夫语间也有关联,而许多外来语则来自高地德语方言和拉丁语。

匈雅提 Hunyadi, János(1407? ~ 1456) 匈牙利将领。骑士之子,他为国王西吉斯蒙德监督军队。在意大利时随 F. 斯福尔扎学习新兵法;回到匈牙利南部,成功地抗击土耳其人的进攻(1437 ~ 1438),并成为特兰西瓦尼亚行政长官。在威尼斯和教皇的协助下,发动对土耳其人的战争(1441 ~ 1443),瓦解了奥斯曼帝国对巴尔干国家的控制,尽管他在瓦尔纳战役(1444)被奥斯曼苏丹击溃。1446 年匈雅提成为幼主拉斯洛五世的摄政。1446 ~1452 年成为匈牙利王国的总监。1456 年解除土耳其人对贝尔格莱德的包围,后病故。他打败了难以征服的土耳其军队,被认为是匈牙利的民族英雄。

胸腺 thymus 胸骨与心脏之间的角锥形的淋巴器官(参阅**淋巴组织**)。从青春期开始,胸腺体积逐渐缩小。没有淋巴血管通往胸腺,胸腺也不能过滤淋巴。相反,胸腺外皮层的茎细胞发展成为不同的 **T 细胞**(参阅**淋巴细胞**)。一些移到内骨髓,进入血流,没有进入的 T 细胞则被毁掉,以阻止自体免疫反映。这一过程在婴儿时期最为活跃。如果新生儿的胸腺被切除,就不能产生足够的 T 细胞,**脾脏**和**淋巴结**也不能产生组织,免疫系统失灵,造成逐渐的、致命的萎缩病。成年人的胸腺切除几乎没有影响。

雄激素 androgen 一组主要影响雄性生殖系统生长发育的**激素**。其中分泌量最多、活性最强的是睾丸产生的**睾丸甾酮**,其余的雄激素主要由肾上腺产生,量少,起辅助睾丸甾酮的作用。雄激素会导致男孩在**发身期**正常发育,然后促使精子的形成,让男人对性爱有兴趣,也会造成秃头。雌性动物血浆中也含微量的雄激素,大多由卵巢及肾上腺分泌。

熊 bear 熊科(*Ursidae*)大型动物,是食肉目动物中进化最晚者,分布于欧洲、亚洲、美洲和北非。与狗和浣熊近缘,体粗大,腿短,尽管身体笨重但大多数都能爬树和擅长游泳。熊通常杂食,但各种间食性很不相同(从以海豹为食的**北极熊**,到以草为食的**眼**

镜熊等)。熊虽然不是真正的冬眠动物,但冬天大部分时间均在断续的睡眠中度过。熊野生时能活15～30年,圈养时寿命会长得多。人们猎熊或作陈列品,或用熊皮,或食熊肉。参阅黑熊、棕熊和太阳熊。

熊彼特　Schumpeter, Joseph A(lois) (1883～1950)　摩拉维亚裔美国经济学家和社会学家。曾在奥地利受教育,后在欧洲几所大学任教,之后在哈佛大学任教(1932～1950)。因其资本主义发展和经济周期的理论而闻名。他写的通俗的图书《资本主义、社会主义与民主》(1942),认为资本主义最终会因其自身的成功而消亡。他去世后出版的《经济分析史》(1954)是对经济学中分析法发展的透彻研究。

熊蜂　bumblebee　膜翅目蜜蜂科熊蜂族的两个属昆虫的统称。分布于世界大部分地区,在温带最常见。熊蜂体粗壮多毛,一般长1.5～2.5厘米。多为黑色,并带黄或橙色宽带。熊蜂属在地下筑巢,常找废弃鸟巢或鼠洞栖身。营社会性生活,每巢有一只蜂后、多只雄蜂和工蜂(参阅等级)。拟熊蜂属的种类为社会寄生性昆虫(参阅寄生现象),将卵产在熊蜂属种类的巢内,由其工蜂照看。

休达　Ceuta　阿拉伯语拉丁字母转写作Sebta。北非的西班牙飞地,为军事基地和港市,与梅利利亚一起成为西班牙的一个自治区。坐落在连接阿乔山(海格立斯的立柱之一)与大陆的狭窄地峡上。扼地中海通往直布罗陀海峡要津。先后有迦太基人、希腊人和罗马人在此殖民。长期以来一直是繁荣的贸易城镇,1415年葡萄牙人占领该地,1580年交给西班牙统治。1995年西班牙政府批准休达实行自治。人口约68 697(2008)。

休厄尔　Sewell, Anna (1820～1878)　英国女作家。在她母亲的引导下开始写作,其母是深受青少年喜爱的畅销书作者。早年便关注人类对待马的行为。去世的前几年,她卧病在家,创作出经典的儿童文学作品《黑美人》(1877)。该书是一匹温驯的良种马的虚构自传,带有很强的说教目的,据说对取消使用勒马缰绳的残酷做法起到了作用。

休克　shock　生理学用语。因循环系统衰竭全身外周器官和组织的血液灌注不良导致的一组病理综合征。临床表现为:脉搏细速而弱,血压下降,虚汗等。但不是每个病例都有这些症状。造成的原因包括低血容量,由烧伤和脱水引起;心排血量不足,见于大片心肌梗塞、肺栓塞、胸主动脉的夹层动脉瘤和大量心包积液压迫心脏引起的心包填塞;因败血症、过敏(包括过敏反应)或药物引起的血管扩大。这些都会导致血管血流的减少;反射作用增加心率并收缩小血管以保护重要脏器的血液供应。休克的治疗要针对病因,但病因并不全都是很清楚,病症往往需要不同的并且偶尔是相反的治疗(例如,大量补液可挽回大量失血的病人性命,但对衰竭的心脏会造成过重负担)。

休伦湖　Huron, Lake　美国和加拿大湖泊。北美五大湖中的第二大湖,与密歇根州和安大略省接界,长约330千米,面积59 570平方千米。湖水来自苏必利尔湖、密歇根湖和众多溪流,湖水在南端注入伊利湖。湖中有许多岛屿,包括麦基诺岛以及密歇根州沿岸锯齿形的萨吉诺湾。为圣劳伦斯航道的一部分,4～12月间有繁忙的商业运输。是五大湖中欧洲人最早发现的一个。1615～1679年法国人在此考察,以印第安人的休伦人命名。

休梅克　Shoemaker, Bill (1931～2003)　又称Willie Shoemaker(威利·休梅克),原名William Lee(威廉·李)。美国赛马骑师。生于得克萨斯州费本斯。1949年开始赛马生涯。参加了24场肯塔基赛马会,赢4场。5次在贝尔蒙特大奖赛上夺魁,两次夺得普利克内斯大奖赛冠军。在他41年的赛马生涯中,他所骑过的马一共有8 800匹获得过冠军。1989年结束其赛马生涯。他被看作是20世纪下半叶美国最杰出的赛马骑师。

休梅克-利维9号　Shoemaker-Levy 9　1994年7月撞上木星的彗星,由休梅克夫妇与D.利维在16个月之前发现。这颗彗星在1992年接近木星时被撕裂成20多个碎片,2年之后就像一串断线的珍珠项链相继撞上木星,为期一个星期,在撞击点的木星大气留下比地球还大的暗斑。

休姆　Hume, David (1711～1776)　又译休谟。苏格兰哲学家、历史学家和经济学家。首部著作《人性论》(1739～1740),是他表述全面的哲学体系的一次尝试,但最初反应冷淡。《道德和政治论文集》(1741～1742)则受到欢迎,并极大地影响了他的朋友A.斯密的经济思想。《政论集》(1752)出版后,接着又出版了巨著《英格兰史》(5卷,1754～1762)。他把哲学设想为对人性进行归纳的经验科学,以I.牛顿的科学方法为模型,以J.洛克的经验主义为蓝本,尝试描述求知的心理状态。他归结出:形而上学是不可能的,经验以外没有其他知识。并归结出:人是感情动物,而非理性动物。进而质疑物质概念及因果必然性以及归纳法的客观有效性。他的影响广泛。I.康德认为自己构思批判哲学就是出于对休姆的直接反应,而休姆在导致A.孔德走向实证主义方面也起到了重要的作用。在英国,休姆的正面影响见于J.边沁,他因休姆的《人性论》而转向功利主义,而受休姆影响更大的则是J.S.穆勒。

休姆　Hume, John (1937～　)　北爱尔兰社会民主工党(SDLP)领袖(1979～2001),1998年与D.特林布尔共获诺贝尔和平奖。原为教师,20世纪60年代成为北爱尔兰民权运动的天主教徒领袖。他被选为北爱尔兰议会议员(1969)、欧洲议会议员(1979)、英国议会议员(1983)。他是个温和派分子,谴责爱尔兰共和军(IRA)使用暴力手段的方式。20世纪80年代后期,他试图说服爱尔兰共和军放弃暴力反抗英国而实行民主政治。他曾多次冒着生命危险与新芬党(爱尔兰共和军的一个派系)领袖秘密会晤,在1998年4月签订的《耶稣受难节和约》中扮演关键角色,这是统一派和民族主义派之间达成的多党和平协议。6月被选为新的北爱尔兰议会议员,两年后因健康问题辞职。

休斯　Hughes, Howard (Robard) (1905～1976)　美国制造商、飞行家和电影制片商。17岁辍学并接管其父在休斯顿的休斯工具公司,这是一家拥有石油钻探工具专利权的公司,是他以后致富的基础。20世纪30年代初期创立休斯飞机公司。1935年驾驶一架自己设计的飞机创造了567千米/小时的飞行纪录。1938年驾驶飞机作环球飞行,又创下了91小时的纪录。1947年他驾驶一种8引擎的木质飞船"云杉鹅号"进行了唯一的一次飞行。20世纪30年代在好莱坞摄制了一些影片,50年代初买下整个雷电华影片公司。他控制了环球航空公司的大部分股票,1966年在一次诉讼之后被迫售出所持股票。约于1950年开始离群索居,死后曾出现其回忆录和多份遗嘱的伪造丑闻。

休斯　Hughes, (James Mercer) Langston (1902～1967)　美国诗人和作家。19岁即发表诗作《黑人谈说江河》,曾短期在哥伦比亚大学就读,后在航行非洲的货船上工作。

L.休斯,J.德拉诺摄于1942年

By Courtesy of the Library of Congress, Washington, D. C.

当他在餐馆里当服务员时,他写的诗被前来用餐的V.林赛看到,从此他的生涯发生了戏剧性的变化。著有诗集《萎靡的布鲁斯》(1926)和《缓梦蒙太奇》(1951)。后来的《黑豹与鞭子》(1967)反映黑人的愤怒和战斗精神。其他作品有短篇故事(《白人的行径》[1934])、自传、许多舞台作品(例如为K.韦尔的《街景》写的抒情诗)、选集以及F.加西亚·洛尔卡和G.米斯特拉尔的诗的译本。他还在报纸专栏上塑造了著名的喜剧人物J. B.森普尔。

休斯　Hughes, Ted (1930～1998)　原名Edward James。英国诗人。店主之子,就读于剑桥大学。1956年与美国女诗人S.普拉斯结婚。第一批诗集有《雨中的鹰》(1957)和《牧神记》(1960)。1963年普拉斯自杀后,他几乎三年没有写作。以后又开始频频发表作品，常以附有插图或照片的集子形式出现。诗集有《深林中的野蛮人》(1967)、《乌鸦》(1970)、《洞中鸟》(1975)、《天使之音》(1977)和《观狼》(1989)。其作品最大的特色是句子艰涩，有时不连贯，通常着重描写动物的机敏和残忍。他为儿童写了许多诗集(如《铁面人》，1968)，还编有杂志《现代诗译》。1984年成为英国桂冠诗人。去世前不久发表《生日信件》(1998)，透露他与普拉斯的关系。

休斯敦 Houston 又译休斯顿。美国得克萨斯州南部城市。为内陆港口，休斯敦航道在加尔维斯顿与墨西哥湾和海湾沿岸航道相连接。1836年建立，地名取自S.休斯敦。1837～1839年为得克萨斯共和国的首都。现为该州最大城市和主要港口，也是石油、石化工业以及航天科技研究和发展中心(参阅国家航空和航天局)。也是稻米、棉花和牛的重要产区。高等院校很多，其中有赖斯大学和贝勒医学院。该市还拥有一支交响乐团和芭蕾舞团、歌剧院及一些剧团。人口约2 099 451(2010)。

休斯敦 Houston, Sam(uel) (1793～1863) 美国政治家。年轻时与切罗基印第安人住在田纳西。1812年战争中在A.杰克逊的麾下作战。后来在纳什维尔作律师并任国会众议

S.休斯敦，M.布雷迪摄
By Courtesy of the Library of Congress, Washington, D. C.

员(1823～1827)，后任州长(1827～1829)。婚姻失败后辞去职务，再度与切罗基人生活在一起。他揭发政府代表们所捏造的不利于印第安人的骗局，因而1832年被杰克逊总统派往得克萨斯，与印第安人谈判，后又到墨西哥州进行相同工作。1835年开始爆发武装叛乱时，临时政府选择他指挥军队，他在圣哈辛托击败墨西哥人，使得克萨斯获得独立。曾于1836～1838、1841～1844年两度出任得克萨斯共和国总统，并于1845年协助得克萨斯取得州的地位。1846～1859年进入参议院。1859年当选州长，但他亲联邦的观点遭到民主党州领导们的反对，他们于1861年投票退出联邦。在他拒绝向南部邦联宣示效忠后被免职。休斯敦市即是以他的名字命名以示纪念。

休斯顿 Huston, John (1906～1987) 美国电影导演和电影剧本作家。演员W.休斯顿的儿子。在从事剧本写作以前曾短暂当过拳击手、墨西哥骑兵军官、记者及演员。他首次执导的电影是《马耳他之鹰》(1941)，开始了他辉煌的电影事业，其他优秀影片有：《碧血金沙》(1948，获奥斯卡最佳导演奖和剧本奖)、《盖世枭雄》(1948)、《夜阑人未静》(1950)、《非洲女皇号》(1951)、《红磨房》(1952)、《鬣蜥之夜》(1964)、《大战巴墟卡》(1975)、《普里奇家族的荣誉》(1985)和《死者》(1987)。休斯顿执导的电影中许多是自己撰写的剧本，其他还有《红衫泪痕》(1938)、《华雷斯》(1939)和《高高的山岭》(1941)。他还继续其表演事业，最著名的是《唐人街》(1974)。他的女儿安洁莉卡(生于1951年)是一名优秀演员，出演过下列电影：《普里奇家族的荣誉》(1985，获奥斯卡奖)、《死者》(1987)、《敌人，一个爱的故事》(1989)和《致命赌局》(1990)，同时她也参与电视剧《来自卡罗莱纳的私生女》(1996)的导演工作。

修辞学 rhetoric 有效地讲话和书写的技巧。它可以指对古代评论家们所制定的作文原则和规定的研究，也可以指把写作和讲话作为交流和说服的手段来研究。古典修辞学可能是在公元前5世纪时与锡拉索萨的民主一起发展起来的。当时，被剥夺了财产的土地所有者们在跟随他们的民众面前论说要求讨还权力。精明的讲演者到演说老师(修辞学教师)那里去寻求帮助。对语言的运用也是一些哲学家感兴趣的题目，如柏拉图和亚里士多德，因为演说的论点会引发出语言、真理以及道德之间的关系问题。罗马人认识到组织讲话过程的几个方面，这种划分随着时间的推移而日益明显。文艺复兴时期的学者和诗人都很仔细地研究修辞学。但到了19世纪，修辞学这个词成了空洞的政治演说，或者是没有实质内容而精心炮制的一种风格。

修拉 Seurat, Georges(-Pierre) (1859～1891) 法国画家。1878年进入美术学校，1883年在沙龙展出作品，但是当时他已对沙龙的保守政策不再有好感。他研读科学著作，试图通过科学的方法来实现印象主义者所追求的色彩效果。他进一步发展了点彩画法，这是一种将有色彩对比的细小笔画进行并列来描绘光色的技法。他使用这种方法创作了一些大的构图，包括《阿涅尔的沐浴》(1883～1884)和经典之作《大碗岛上星期日的下午》(1884～1886)。作为美学理论家，他研究了由三原色以及它们的混合色所能产生的效果。

修昔底德 Thucydides (约公元前460～前404) 古希腊最伟大的历史学家。雅典人。曾在伯罗奔尼撒战争中指挥舰队，但未能阻止重镇安菲波利斯的陷落，后来被流放20年。流放期间，他写了《伯罗奔尼撒战争史》，显然他生前未能完成写作，因为该书记载到公元前411年就突然中断。该书对国家战争策略提供了第一个记录式的政治和道义上的分析，描述冲突的原因、两国的特点以及战争技巧，还严格按年代记录了重大事件，包括他自己曾积极参与的事件。

修昔底德，仿希腊雕像做成的罗马胸像(局部)；现藏英格兰诺福克霍尔克姆厅
By courtesy of National Monuments Reccords, London

修验道 Shugen-do 日本教派，融合民间宗教、神道教和佛教，又吸收道教内容而成。修习者将身体和精神的修炼结合在一起，以寻求一种神的力量来抵抗邪恶。该教盛行于平安时期，并与深奥的佛教密宗天台宗、真言宗相结合。许多佛教修习者也渐渐接受了一些修验道的方法，修验道修习者往往都是神道教的修习者。政府在1872年禁止了该教。1945年后，随着宗教自由思想的建立，该教的一些团体试图恢复其当年盛况，但其传统的成员和影响大部分已消亡。

溴 bromine 周期表$\mathrm{VII_A}$族(即卤族)非金属化学元素，化学符号为Br，原子序数为35。是一种稀有元素，深红色，常温下以发烟液体形态存在(熔点：-7.2℃[19℉]。沸点：59℃[138℉])。溴的液体和气体分子都含有两个原子(Br_2)，分散于整个地壳，仅以溴化物形式存在。溴的主要来源是海水和盐床。有极强刺鼻气味和毒性。溴是强氧化剂(参阅氧化-还原反应)。它的化合价在1、3、5或7的化合物有许多用途，如石油添加剂(二溴乙烯)、相纸乳剂(溴化银)、镇静剂和面粉中(溴酸钾)等。

须鲸 baleen whale 须鲸亚目约13种鲸类的统称，与其他种的区别在于有特化的进食构造，即鲸须，或称鲸骨，用来滤取海水中的浮游生物和小甲壳类动物。鲸须固定在嘴的上腭，由两块角质板组成，每块角质板(露脊鲸的角质板长达3.6米)是一组平行的带有缘缨的板条，缘缨缠结在一起形成一个密筛。其他的须鲸有蓝鲸、鳍鲸、灰鲸、驼背鲸、鳕鲸和鳁鲸。鲸骨曾一度广泛用作妇女紧身胸衣的支撑物，现在仍在一些工业电刷中使用。

虚拟实境 virtual reality 通过计算机模拟使人可以与一种人造的三维空间视觉环境或其他感应环境互动。虚拟实境的应用可以让使用者沉浸在一种由计算机生成的环境中，这种环境通过使用交互式装置来仿真实境。交互式装置可以是特制的眼镜、耳机、手套或紧身衣，它们具有发送和接收信息的功

能。用户头带一个有立体影像显示器的头盔，两眼分别注视着虚拟环境中的动态图像。运动感应器接收用户的动作并通常是实时（事件发生时的实际时间）地据此调整显示器上的影像，从而使人产生置身实地的幻觉。虚拟实境技术的基础最初是在20世纪60年代教飞行员如何飞行。到了80年代，虚拟实境进入商业时代，用在游戏、展览、销售演示以及航天模拟器上。虚拟实境在许多领域中都有着潜在的应用前景，特别是在娱乐、医疗和生物技术、工程、设计以及市场等方面。

虚无主义　nihilism　一种怀疑主义哲学，产生于19世纪的俄国。虚无主义否定任何形式的审美观念，主张功利主义和科学的理性主义。这个词通过I. 屠格涅夫的小说《父与子》（1862）中巴扎罗夫的形象而广泛传播。虚无主义反对社会科学和传统的哲学体系以及现存的社会秩序。他们否认国家、教会或家庭的一切权威，其根据是他们除了科学真理以外不相信任何事情。虚无主义逐渐与政治恐怖结合在一起，最后退化为暴力哲学。

许茨　Schütz, Heinrich（1585 ～ 1672）　德国作曲家。旅店老板之子，一次住在旅店的一名贵族听见了他的歌声，便资助他读书。他转入马尔堡大学读书。1609年开始在威尼斯师从G. 加布里埃利学习。1614年德累斯顿的一名萨克森选侯“借用”许茨“几个月”，然后拒绝让他回去。1619年起在德累斯顿担任乐长，出版了他的第一部圣歌合集《大卫的赞美诗》。1628年到意大利旅游，当地的C. 蒙特威尔地使他熟悉了音乐的新发展。他在《神圣交响曲集》（1629）中的合唱和乐器上加入了意大利风格的元素，他后来发表了第二和第三部合集《神圣交响曲集》（1647、1650）。在以后的15年间他在丹麦和其他地区居住了很长时间。由于经济状况恶化，在17世纪50年代选侯已不再支付他薪金，到1656年选侯去世后他才得到解脱。

序列主义　serialism　在音乐创作中使用一组序列音调作为基础。十二音音乐与序列主义这两个词虽然不完全同义，但常常可以互换使用。1916 ～ 1923年A. 勋伯格创造了序列法，同时J. M. 豪尔（1883 ～ 1959）也提出了另外一种序列法。对于勋伯格来说，此法代表了19世纪末和20世纪初半音应用成长的高峰。勋伯格关心的是抹去他认为已经陈旧了的所谓调性系统，但是他也意识到，即使那些想超越这个系统的作曲家们所谱写的音乐中，还经常出现调性系统。勋伯格最初的方法是规定（在若干其他要求中），在使用完其他11个半音音阶之前不能重复任何一个音。序列主义这个词的含义比十二音音乐更宽，可以使用少于12个音。20世纪40年代末，出现了“全序列主义”的概念，除了十二音外，还试图将节奏、音量、音域和乐器演奏法都编到有序的组合中去。

序曲　overture　一种音乐体裁，通常指位于一首乐曲（多为戏剧音乐）前面的开场音乐。起源于C. 蒙特威尔地的歌剧《奥菲欧》（1607），其序曲为歌剧的开场音乐。J.-B. 吕里建立了大型的2或3段的《法国式序曲》形式。吕里的序曲形式被歌剧作家普遍效仿达一个世纪。交响协奏曲为标准意大利序曲形式，是奏鸣曲的前身，成为后来歌剧序曲的标准形式。19世纪形成的音乐会序曲，是按浪漫乐派歌剧序曲风格写的一种独立的单乐章乐曲。它既可用古典的奏鸣曲曲式，也可用自由的交响诗曲式。轻歌剧和音乐剧的序曲传统上都是主旋律的集成曲。

叙多　Sydow, Max von（1929 ～　　）　原名Carl Adolf von。瑞典演员。就学于斯德哥尔摩皇家戏剧学校，后成为马尔默和斯德哥尔摩的著名演员。以演出I. 伯格曼电影中忧郁寡欢的角色闻名，著名的有《第七封印》（1957）、《魔术师》（1958）、《纯洁泉》（1960）、《冬日阳光》（1963）、《猎狼时刻》（1968）、《耻辱》（1968）和《安娜之怒》（1969）。演出许多美国和国际电影，包括《一个从未讲过的最伟大的故事》（1965）、《驱魔人》（1973）、《征服者佩尔》（1988）、《必需品》（1993）。

叙尔特塞　Surtsey　冰岛南部海岸外火山岛。1963年11月一次猛烈火山喷发后露出于大西洋上。4年中其火山核形成一座面积2.5平方千米的小岛，海拔超过170米。其名称源自冰岛神话中的火神，现在是自然保护区，也是冰岛和美国联合进行的一项生物研究的所在地。

叙利亚　Syria　全称Syrian Arab Republic（阿拉伯叙利亚共和国）。中东国家，位于地中海东岸。面积：185 180平方千米。人口：约21 469 000（2013）。首都：大马士革。阿拉伯人是主要族群，库尔德人是最大的少数民族。语言：阿拉伯语（官方语言）、库尔德语、亚美尼亚语。宗教：伊斯兰教（主要为逊尼派），亦有基督教和德鲁兹教派。货币：叙利亚镑。叙利亚的地形分为水资源丰沛的沿海地带；包含东黎巴嫩山脉的山区；及叙利亚沙漠的一部分。幼发拉底河是最重要的水源也是唯一有航运之利的河流。经济是以农业、贸易、矿业和制造业为基础的混合型经济。农作物包括棉花、谷物、水果、烟草和畜产品。主要矿产资源有石油、天然气和磷酸盐；制造业包括纺织、水泥和钢铁。叙利亚是单一制的多党制共和国，一院制。国家元首暨政府首脑是总统，法律规定总统必须是穆斯林。法律系统主要以伊斯兰法为基础。该地区有居民的历史已达数千年。从公元前3世纪起，它在不同时期分别处于苏美人、阿卡得人、阿莫里特人、埃及人、西台人、亚述人和巴比伦人的统治之下。公元前6世纪，它成为波斯阿契美尼德王朝的一部分，公元前330年该王朝落入亚历山大大帝手中。公元前301 ～前164前后，为塞琉西王国的统治者们控制，然后是安息人和纳巴泰人瓜分了这个地区。在成为罗马的一个省（公元前64 ～公元300）和拜占廷帝国（300 ～ 634）的一部分时繁荣起来，后穆斯林入侵并建立统治。1516年它归于奥斯曼帝国，除了几次短暂时期外，奥斯曼帝国一直控制着它直到第一次世界大战（1914 ～ 1918）中英国入侵。大战结束后，它成了法国的托管地；1946年实现完全独立。1958 ～ 1961年间它与埃及联合，组成阿拉伯联合共和国。在六日战争期间，它的戈兰高地被以色列军队占领。20世纪80和90年代，叙利亚的军队经常在黎巴嫩与以色列的军队发生冲突。哈菲兹·阿萨德的长期统治（（1971 ～ 2000）还表现为与叙利亚的邻国土耳其和伊拉克的对抗。2000年阿萨德去世后，他的儿子巴沙尔·阿萨德接任总统职务，2007年再次当选。叙利亚于1948年首次参加在伦敦举办的夏季奥运会。

叙利亚沙漠　Syrian Desert　南亚干旱荒漠。遍及沙特阿拉伯北部、约旦东部、叙利亚南部及伊拉克西部大部分地区。大部分被熔岩流覆盖，在近代以前一直是黎凡特和美索不达米亚两处人口居住区之间几乎无法穿越的屏障，现有数条公路和输油管贯穿。

叙事剧　epic theater　第一次世界大战后在德国由B. 布莱希特等人创立的戏剧形式，旨在激发理性思维而非创造幻觉。它表演的是松散相连的场景，常被插入与观众的直接对话，进行分析、探讨或提供事实材料。布莱希特的目的是利用异化或间离效果，以阻止观众对戏作感情投入，迫使他们客观地思考剧情。要求演员在自己与所饰演的角色之间保持一定距离，专注于外部动作而非感情。

叙事曲（诗）　ballade　14和15世纪法国抒情诗和抒情歌曲中几种固定体裁之一。严格地说，当时这种诗体是由三个诗节与一个缩短的结尾奉献诗节组成；全诗都用同一韵脚和相同的最后一行，这最后一行形成叠句。内容常很严肃、正式，包含精巧的象征主义手法和古典的引文。虽然在许多时代、许多地区的诗歌中都有出现，但最纯正的形式仅在法国和英国可见到。最早的叙事曲（诗）可见于吟游诗人和行吟诗人的歌曲中。

絮热　Suger（1081 ～ 1151）　圣但尼大教堂的修道院长，法王路易六世和路易七世的顾问。出身农民家庭，曾在圣但尼修道院学习，是后来的路易六世的同学和密友。1122年被选为修道院院长，他利用大众对圣人的崇拜，以教会的名义来为国王召集军队。絮热在圣但尼的工作对哥特式建筑的发展有重要作用。他还起草了结束路易七世和他的封臣蒂博的内战的条约，在国王进行第二次十字军东征期间任摄政王（1147 ～ 1149）。

宣传　propaganda　可以影响公众舆论的信息操纵。该词源自“传播信仰会”，是1622年由教皇创立的一个传教士组织。宣传者强调支持他们立场的信息因素，不强调或排除那些不支持他们立场的因素。误导性言论甚至谎言都可能被用来在公众中制造想要达到的效果。院外活动、广告和传教士活动都是宣传的形式，但此术语多被用来指政治活动。20世纪之前，图片和书面媒体是宣传的重要手段，广播、电视、电影和互联网后来也加入了这一行列。独裁和极权政体利用宣传来赢得并保持民众的支持。在战争时期，宣传能鼓舞平民和士兵的士气,而针对敌人的宣传则是心理战的一个因素。

宣信会　Confessing Church　德语作 Bekennende Kirche。20 世纪 30 年代在德国新教教会内发展起来的反抗希特勒将教会变成纳粹宣传工具和政治工具的企图的运动。宣信会在 M. 尼默勒、D. *朋谔斐尔*的领导下,反对德意志基督教徒派的各项计划,也由于纳粹压力日渐增强而被迫走入地下。1939 年第二次世界大战爆发,宣信会教士和信徒大批应征入伍,元气大伤,但继续活动。1948 年德国各地教会联合成立新的德国福音会,宣信会即不复存在。

宣叙调　recitative　一种模仿演讲韵律和重音的、有伴奏的独唱。由于古希腊人想尝试一种富于表现力的乐曲,1600 年左右与*歌剧*先后出现。第一部歌剧主要就是用宣叙调写成的。宣叙调逐渐从抒情*咏叹调*中分离出来。宣叙调和咏叹调的规则交替成为歌剧和*康塔塔*的规则,而宣叙调在*清唱剧*中也是主要形式。它也是歌剧作品的部分。宣叙调(与口头对白不同)的出现使歌剧与音乐剧以及相关剧种有了明显的区别。

玄武岩　basalt　硅含量低、而铁和镁含量较高的深色*火成岩*。有些玄武岩是玻璃质的(没有可见的晶体),有许多是极细粒和小块的;也可能是多孔的和浮石状的。橄榄石和辉石是玄武岩中最常见的矿物,斜长石也很常见。玄武岩大致可分为两大类:一为钙碱性玄武岩类,在一些造山带的熔岩当中占有优势,如夏威夷的冒纳罗亚和基拉韦厄的活火山喷发出的就是钙碱性熔岩;二为碱性玄武岩类,在大洋盆地的熔岩中占优势,在造山带中也常见。

玄学派诗歌　Metaphysical poetry　主要在 17 世纪英国发展出的一种高度理性的诗歌。玄学派诗歌不太注重表达情感,而较强调分析感情,其特色是运用大胆独创的奇想(如有时将表面上明显互不关联的概念或事物突然联系在一起),复杂微妙的思想,频繁使用反论,直截了当的戏剧性语言和取自生活用语的韵律。*J. 多恩*是最主要的玄学派诗人,其他还有 *G. 赫伯特*、*H. 沃恩*、*A. 马韦尔*和 *A. 考利*等人。

悬钩子　raspberry　蔷薇科悬钩子属所有结果的灌木统称。采收时,多汁的红、紫、黑色浆果自果心分离,与之近缘的*黑莓*,其果心则为果实的一部分。红悬钩子靠母植株上的根出条或自根*切枝*繁殖。黑色和紫色品种的茎呈拱形,用枝端压条繁殖。悬钩子含铁和维生素 C,可生食,使用悬钩子果酱做为糕饼馅料极受欢迎,也用作甜露酒调味品。

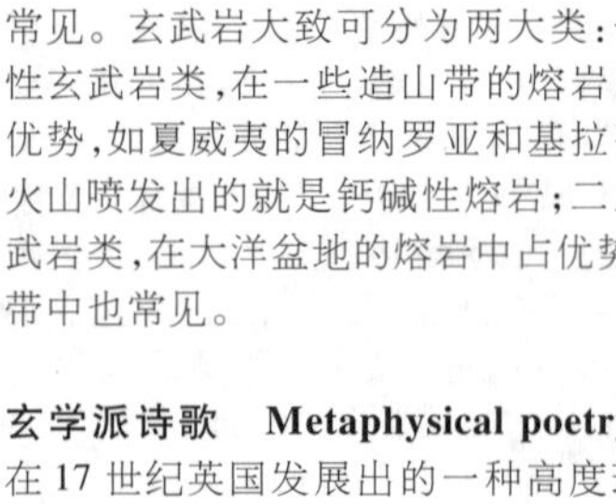

黑悬钩子(*Rubus occidentalis*)
Grant Heilman

悬挂式滑翔运动　hang gliding　运动员使用形似风筝的滑翔翼从山顶或陡崖上向下滑翔。滑翔翼原是 20 世纪 60 年代美国国家航空和航天局从降落伞发展出来的,但很快被重新设计成娱乐和竞赛运动使用的滑翔器。1976 年起,开始举行世界锦标赛并登记纪录。

悬崖住所　cliff dwelling　美国西南部普韦布洛印第安人史前房屋,筑于峭壁之边或悬崖之下,约始于公元 1000 年。他们使用手工磨制的石块、土坯、泥浆来建筑,其结构足以与后世建筑物媲美。上面各层房间可从邻室门口或天花板洞口用梯子进去。地面层房间只能通过天花板进入,人们认为他们建造这些房屋是用来防御北方的纳瓦霍人和阿帕切人的入侵。约 13 世纪末,悬崖住所为居民所废弃。有许多住所遗留下来,其中最著名的包括谢伊峡谷国家保护区、弗德台地国家公园和蒙提祖马堡国家保护区。

旋毛虫病　trichinosis　旋毛虫引起的疾病,通常因食用未煮熟的受污染*猪肉*引起。其幼虫侵入小肠,并在一周内成熟。成熟的雌虫产生新的幼虫,在血液的运输下进入肌肉(多数集中在膈、眼、喉和舌上),它们在那里形成囊,并将在那里生存多年。虽然旋毛虫病最终会消减,但如果心脏或脑部被虫侵入,则是致命的。在美国,尸检材料显示美国人的感染率为 15% ～ 20%。少数被感染的人体内的寄生虫过多会产生严重症状(包括腹泻、恶心、呕吐和高烧,并伴随有疼痛和身体僵硬及不同肌肉组织的肿胀)。抗炎症的药物可以减轻症状。噻苯达唑对杀灭小肠内的寄生虫有良效。目前还没有可以有效对猪肉进行检测的方法,最保险的方法就是在烹调过程中保证将食物煮熟。

旋转式发动机　rotary engine　燃烧室、汽缸与从动轴一起围绕着附加有活塞的固定控制轴旋转的*内燃机*。燃烧产生的气压被用于推动轴的旋转。汪克尔发动机是研制最完善、应用最广泛的旋转发动机。在汪克尔发动机中,三角形的转子在特殊形状的缸体中按轨道运动,在转子边和缸体曲线壁之间形成旋转的月牙形燃烧室。

漩涡主义　Vorticism　1912 ～ 1915 年在英格兰风行的文学与艺术运动。由 W. 刘易斯提出,试图将艺术与工业革命结合在一起。反对 19 世纪多愁善感,赞扬机器和机器制品的活力,提倡充满暴力的表现方式。漩涡派的视觉艺术强调抽象与敏锐,显现出*立体主义*和*未来主义*的影响。加入漩涡派运动的艺术家有诗人 *E. 庞德*和雕刻家 *J. 爱泼斯坦*。

选举　election　投票人按照自己的政治主张,对公决或公职候选人进行选择的正式程序。现代世界普遍采用的选举源自 17 世纪以来欧洲和北美逐渐出现的代议制政府。定期安排的选举不仅用来选择领导人,而且也使得这些领导人对任职期的工作负责,此外,还使管理者与被管理者之间可以互相施加影响。选举的必要条件是有可供选择的对象。投票可以是秘密的,也可以是公开的。参阅*公民投票*、*初选*和*全民公决和创制权*。

选举教皇会议　conclave　在罗马天主教会中,指枢机主教们聚集在一起选出新教皇的会议,以及他们所要遵守的严格与外界隔绝的制度。从 1059 年起,这种选举就成为枢机主教们的责任。然而,克雷芒四世去世(1268)后,枢机主教们一直举棋不定,耗费了两年多的时间,地方选侯把这些枢机主教关入主教宫殿,只给他们提供面包和水,直到他们选出格列高利十世。这种在教皇选举密室中开会的制度是 1904 年由庇护十世定为教规的。选举采用无记名投票的方式;在教皇选举会议首日的下午举行第一轮投票,接下来每天举行四轮投票表决,上午两轮,下午两轮,直到选出新的教皇。1996 年约翰·保罗二世宣布,在 30 轮投票表决过后,选举新教皇传统所需的 2/3 多数加 1 的规则可根据枢机主教们的决定,替换为简单多数选举规则。每次选举结束后,所有选票都要放入炉内焚烧,焚烧选票产生的烟会从窗户上架设的特制烟筒中冒出,向聚集在圣彼得广场上的信众暗示是否有新的教皇选出,如果还没有人获得多数票,冒出的将是黑烟。此外,还要鸣钟确认这一暗号。为确保烟的颜色符合要求,焚烧选票时还掺入了一些添加物。

选举团　electoral college　美国宪法规定的选举总统和副总统的程序。各州应按该州在国会参众两院中的议员人数指派选举人(但美国的参议员、众议员和政府官员则不得作为选举人),哥伦比亚特区则享有三票权。除了缅因州和内布拉斯加州以外,各州均施行胜者获得全部选票的制度。至今有 3 位总统赢得选举团选举却输了全国普选(*R. B. 海斯*于 1877 年、*B. 哈里森*于 1888 年,以及 *G. W. 布什*于 2000 年)。一个候选人要在全国 538 票中赢得 270 票才算当选。

选矿　ore dressing　又作 mineral processing。原矿石经机械处理分离出有价值的*矿物*。过去只用于贵金属矿石,后亦用以回收其他金属和非金属矿物,也被使用于处理煤的过程中以提高原煤的价值。选矿的基本操作是粉碎和精选。粉碎通常先用大型颚式破碎机破碎,随之用较小型的滚筒研磨机磨细。一般的精选方法是重选和浮选分离。重选方式包括跳汰选(将粉碎的矿石从箱口送入脉动水流中,较重的矿石沉淀到底部选出,较轻的废物则留在顶部)以及在斜面、螺旋或摇床上用水流冲洗使矿物和废物沉积在不同的区域。参阅*采矿*。

选择　selection　在生物中,指凭借自然因素或人工控制因素,使具有某基因型的生物个体优先获得生存和繁殖的机会或更容易被淘汰的现象。通过**自然选择**的进化理论由**C.达尔文**和**A.R.华莱士**于1858年提出。人工选择与自然选择的区别在于,人工选择中某一物种的遗传变异是由人类通过有约束的育种来控制的,以使其达到人类所希望的经济目标或审美品质,而不是为了对自然环境中的生物体有益。

癣 ringworm 由生长在皮肤上、靠角蛋白生存的**真菌**引起的表皮疾病。所导致的皮肤反应从轻度鳞屑到水疱和明显的角蛋白分裂(取决于身体部位和真菌的种类),通常呈圆圈状。癣包括**足癣**、皮癣,以及身体、手、指甲、胡须和头皮的真菌感染。其中头皮真菌感染性很强,而别的几种的传播则取决于易感性和受感染倾向的因素(如过度排汗)。可以将药物涂抹在患处或口服药物治疗癣。适当的紫外线照射有助于治疗。

眩晕 vertigo 感到周围事物或自身在旋转的感觉,常表现为精神迷惑或不能保持平衡,严重时可伴有**恶心及呕吐**。眩晕常常发生在旋转停止之后,因为内耳液一直在流动,一旦身体停止转动,就会产生视觉与内部感觉之间的不协调。缺少视觉的稳定参照标志,也会产生同样的结果。造成晕眩的原因还有脑震荡、内耳变态(如内耳炎)和传达信号的神经或接收信号的脑中枢反常(如中风)。人们常把晕眩和昏厥感相混淆,因为二者都是头晕。参阅**晕动病**。

薛定谔 Schrödinger, Erwin(1887～1961) 奥地利物理学家。曾在苏黎世(1921～1927)和柏林(1927～1933)教授物理,后因反对迫害犹太人而离开德国。他在爱尔兰定居,加入都柏林高等研究院(1940～1956)。他对量子力学作出了最重要的贡献,因其1926年提出的波动方程(现称薛定谔方程)而在1933年与P.A.M.狄拉克共获诺贝尔奖。除了科学上的贡献外,他对哲学和科学史也有贡献。其著作包括《生命为什么?》(1944)、《自然与希腊人》(1954)和《我的世界观》(1961)。

学生争取民主社会组织 Students for a Democratic Society (SDS) 美国学生中激进主义分子的组织。1960年成立于密歇根大学,其最初章程同美国民权运动有关。1962年的《休伦港声明》原则要求新的"参与民主"权。在1965年组织了反对美国参加**越南战争**的全国游行后,该组织斗争性大增,组织学生参加静坐以抗议大学参与国防相关的研究。到1969年底,学生会分裂为几个派系,最臭名昭著的是恐怖主义导向的"气象人"(或称"地下气象")。至20世纪70年代中期,该组织解散。

学徒训练 apprenticeship 根据一种规定有师徒关系、训练年限和条件的合法契约进行的技艺、职业或手艺训练。学徒训练古已有之,中世纪时欧洲兴起的手工业行会(参阅**基尔特**)也使学徒训练变得重要,标准的学徒训练时期是7年。工业革命时期,一种新的学徒训练发展起来,雇主是工厂的老板,在他施以训练之后,学徒就成为工厂工人。大规模机器生产的发展增加了对半熟练工人的需要,技工学校便在欧洲和美国发展起来,特别是第二次世界大战以后。在美国,有些行业(如建筑行业)仍有学徒训练计划,学徒们通过资格考试后再进行另一阶段的训练,工资是正常薪资的60%～90%不等。

学习 learning 对既有的知识、技能、习惯或倾向,通过经验、实践或练习而取得修正的过程。学习包括联想过程(参阅**联想**)、感觉材料辨认、心理动作与知觉学习、模仿、概念形成、问题解决、顿悟学习等。动物的学习是由动物行为学家和比较心理学家在研究,比较心理学家多认为人类的学习与动物的学习是完全不同的平行线(参阅**比较心理学**和**行为学**)。俄罗斯的I.巴甫洛夫及美国的E.L.桑代克最早对联想学习进行实验。对这种早期"刺激-反应"理论的批评者,例如E.C.托尔曼,则指责刺激-反应论者化的并且忽略了主体的内在行为;格式塔心理学研究者则较注重知觉与学习的类型及方式的重要性;结构语言学家则认为语言的学习是基于一种遗传来的"语法";发展心理学家如J.皮亚杰强调学习的成长阶段。近年来,认知科学揭示学习是一种信息处理的形式,然而研究人脑的科学家如G.M.埃德尔曼则提出思考与学习是大脑路径建立的持续过程。相关的研究主题还包括注意、理解、动机、训练转移。参阅**行为遗传学**、**行为主义**、**教育心理学**、**印记**、**本能**和**情报**。

学习能力倾向测验 SAT 全称Scholastic Aptitude Test。美国高中生申请大学时要参加的标准化测验。测验分为两大部分:语文与数学。主要是由J.B.科南特设计,作为促进以才能原则(而不是考生等级原则)的大学新生录取的手段,第二次大战结束之前只有很少学生接受此项测验,但现在每年都有数百万学生参加。测验分数随着受测者逐渐增加而降低,1995年测验分数重新制定,每部分以500分(在200分至800分的中间)为参加测验者的实际平均分数。现在SAT被绝大多数大学当作评估学生能力的一种方式,因认为明显有利于白人中产阶级以及测验中的多项选择题,已经持续受到批评,批评者认为此种测验无法测出各种重要的能力。

学习障碍 learning disabilities 在阅读、书写、拼音、计算等学习上具有长期性的困难,而且这种困难被认为是来自神经病理因素。虽然致病的原因和本质尚未完全解明,但一般认为学习障碍并不表示智力低下,而是因为神经系统有关处理语言或图形的部分出现问题,必须利用特殊的学习方法及特别的辅导来矫正。一般的学习障碍包括阅读障碍、书写障碍、运算障碍。学习障碍可以通过测验来诊断,障碍儿童可以参加特殊辅助的课程矫治。如果学习障碍未被诊断出来,可能导致学习表现不佳而造成自尊降低及偏差行为。

学园运动 lyceum movement 19世纪中期流行于美国的成人教育形式。学园是一种自愿参加的地方组织,就当前感兴趣的题目组织讲演和辩论。第一个学园建于1826年,到1834年在西北部和中西部有近3 000个。它们吸引了**R.W.爱默生**、**F.道格拉斯**、**H.D.梭罗**、**D.韦伯斯特**、**N.霍桑**和**S.B.安东尼**等一批演讲人。美国南北战争爆发后,该运动开始衰退,最后融入战后的肖托夸运动。在学园运动的全盛期,它对扩展学校的课程设置以及地方博物馆和图书馆的发展都有相当的贡献。

雪 snow 水在大气中结晶而成的固体形式,降于地面并永久或暂时性地覆盖地球表面23%的地方。雪花大多数是由六角形的冰晶构成,降雪对于气候、植物、动物和人类都有重要作用。它能增加太阳光的反射度,调节地表温度,带来寒冷的天气。低温的状态能使幼小的植物不受冬季最低气温的侵害;另一方面,春天积雪融化延迟也可延缓植物的生长。

雪豹 snow leopard 又作ounce。大型**猫科动物**,濒危品种,夜行长毛。栖于中亚和印度的高山地区。体长约1.8米(包括1米尾长),肩高约0.5米,体重27～55千克。毛浓密柔软,有一层隔热的内部绒毛和外面一层5厘米长的粗毛,淡灰色,有黑色玫瑰花纹,脊背有一条深色条纹,体下部苍白色绒毛约10厘米长。猎食旱獭、野绵羊、山羊、鸟类和其他动物。人们捕猎雪豹主要是供亚洲传统医药使用。

雪貂 ferret 鼬科鼬属2种兽类的统称。普通雪貂(*Mustela putorius furo*)是一种驯化的欧洲**艾鼬**,体长而柔软,体毛棕色、黑色或白色。身长平均51厘米,包括13厘米的尾长,体重约1千克。原本饲养雪貂来抓老鼠和兔,现在则是拿来当宠物。北美平原的黑足雪貂(*M. nigripes*)的双眼之间有一块黑色,脚和尾尖上有浅棕黑色斑纹。由于其主要食物来源**草原犬鼠**已几乎消失,所以被列为濒危物种。

雪花莲 snowdrop 石蒜科雪花莲属植物的

雪花莲(*Galanthus*)
Derek Fell

统称，约12种并有许多变种，原产欧亚。有鳞茎，春天开白花。包括普通雪花莲（*G. nivalis*）和巨雪花莲（*G. elwesii*）等几种，因其花俯垂，有时有芳香，而被栽种作为观赏植物。雪花莲是春天最早开花的庭园花卉。名称相似但却相差颇多的种类，即安息香科的四翅银钟花，为长于美国南部的高大乔木，其花朵呈钟状簇生。snowdrop bush（*Styrax officinalis*）产于欧洲东部和小亚细亚，高约6米，也与本种无亲缘关系。

雪花石膏 alabaster 细粒的块状石膏。几个世纪以来用于雕塑、雕刻及其他装饰品。一般是雪白色，半透明，并能人工染色；通过热处理可变成不透明，表面类似大理石。佛罗伦萨、里窝那、米兰以及柏林都是雪花石膏贸易的重要中心。古时的雪花石膏为褐色或黄色细纹大理石。

雪莱 Shelley, Percy Bysshe（1792～1822）英国浪漫派诗人。作为大量财产的继承人，他是个叛逆的青年，1811年因拒绝承认是《无神论的必要性》一书的作者而被牛津大学

P. B. 雪莱，油画，A. 库伦绘于1819年；现藏伦敦国家肖像画陈列馆
By Courtesy of the National Portrait Gallery, London

开除。就在同年晚些时候，雪莱与一个小旅馆老板的女儿海里霭·威斯特布鲁克私奔。逐渐地，他把对个人爱情与社会正义的热烈追求转到诗歌创作中去。他的第一篇主要诗作《仙后麦布》（1813）是一部乌托邦式的政治史诗，他在诗中表露出自己进步的社会思想。1814年他与玛丽·戈德温（参阅雪莱（夫人））一起私奔到法国；1816年，海里霭投水身亡后，雪莱与玛丽·戈德温结婚。1818年，他们移居意大利。脱离了英国的政治，他较少关注社会的改革，而更致力于在诗歌中表达他的思想。雪莱编写了诗歌悲剧《钦契一家》（1819）以及他的经典之作歌剧《解放了的普罗米修斯》（1820），与他最好的一些较短的诗篇一起出版，包括《西风颂》和《致云雀》。《埃皮普锡乞狄翁》（1821）是一个关于性欲望、精神恋爱与艺术创作之间关系的但丁式寓言。《阿多尼斯》（1821）是为了纪念J. 济慈之死。雪莱在29岁时，乘船在意大利沿海航行，不料遭遇暴风雨溺水身亡，留下他未完成的最后一部，可能也是最伟大的一部幻想诗《生命的凯旋》。

雪莱（夫人） Shelley, Mary Wollstonecraft（1797～1851） 原名Mary Wollstonecraft Godwin（玛丽·戈德温）。英国浪漫派小说家。她是W. 戈德温和M. 沃斯通克拉夫特

雪莱夫人，油画，R. 罗思韦尔绘，1840年首次展出；现藏伦敦国家肖像画陈列馆
By Courtesy of the National Portrait Gallery, London

妇的独生女。1814年，她与P. B. 雪莱相识，并与之私奔。1816年，在雪莱的第一位妻子自杀之后，两人正式结婚。玛丽·雪莱最著名作品为《弗兰肯施泰因》（1818），写一位科学家人工造出了一个人，从而引起可怕的后果。1822年，在丈夫死后，她致力于宣传雪莱的作品，并教育他们两人的儿子。在其他作品中，《最后这个人》（1826）被认为是她的最佳小说，它描述未来一场瘟疫如何将人类毁灭的情景。

雪利酒 sherry 源于西班牙的一种酒精含量增加的葡萄酒。它的名字取自于西班牙的赫雷斯·德·拉·弗龙特拉。它独特的口味来自它的酿造方法，葡萄发酵一段时间以后，稍微透点空气，促使它发生类似发霉的现象。另一个独特之处是用陈年葡萄酒勾兑。雪利酒发酵后，用浓度高的白兰地来增加酒精含量，一般增加16%～18%。雪利酒主要用作开胃酒，某些更甘甜醇厚的雪利酒则用作餐后甜葡萄酒。

雪橇狗 sled dog 用于在冰雪上拉载有人或物的雪橇的使役狗。最常见的品种有阿拉斯加马拉缪特狗、莱卡狗、萨莫耶德狗和西伯利亚爱斯基摩狗。所有这些狗都硕大有力，皮毛丰厚，有耐力。参阅爱斯基摩狗。

雪绒花 edelweiss 又作火绒草。紫菀科（菊科）多年生植物。原产于欧洲和南美洲的高山地区。一般2～10个黄色花头为一簇。花头下有6～9根长矛形的白色毛绒叶子，以星形排列。多数品种为观赏性植物。

雪山神女 Parvati 又译钵伐底。印度教大神湿婆之妻。她代表印度至高女神萨克蒂（参阅性力）仁慈的一面。传说她严格苦修，才为湿婆所垂青。为湿婆生有两子，即象头神和六头之神塞犍陀。在雕塑中，雪山神女总是以成熟的美女形象出现。宗教作品《坦陀罗》，就是以雪山神女和丈夫湿婆的对话为内容。

雪山神女，朱罗王朝早期的青铜像；作于约公元10世纪；现藏华盛顿弗里尔画廊
By Courtesy of the Smithsonian Institution, Freer Gallery of Art, Washington, D. C.

雪松 cedar 松科雪松属针叶乔木，有4种，其中3种原产地中海地区的山地，另一种原产喜马拉雅山脉西部。大西洋雪松（*C. atlantica*）、短叶雪松（*C. brevifolia*）、喜马拉雅雪

黎巴嫩雪松（*C. libani*）
G. E. Hyde from the Natural History Photographic Agency

松（*C. deodara*）和黎巴嫩雪松（*C. libani*）是“真正的”雪松。雪松木材轻软，带有树脂，不易受潮。有些木材芳香、红色或淡红色，能防腐和抗虫的常绿针叶树，英文也称作cedar。大崖柏、北美翠柏和某些桧（红柏）与用来制作箱子、铅笔、衣柜的雪松木相似。

雪兔 snowshoe hare 又称snowshoe rabbit（雪鞋兔）或varying hare（变色兔）。北美洲北部的野兔物种，学名*Lepus americanus*。毛色在夏季是棕色或灰色，到冬季变成纯白。后脚毛皮浓密，四脚相对于身体的大小比例都很大，它们起类似雪鞋的适应作用，使雪兔能在雪上移动。

鳕鱼 cod 鳕科大型冷水性重要经济鱼，学名*Gadus morhua*。产于北大西洋两侧，一般栖于冷水区近底层，分布由近岸地区到深

海区。是名贵食用鱼，其肝可制鱼肝油，还可制成其他产品。体色多样，从淡绿或淡灰到褐色或淡黑，也可为暗淡红色到鲜红色；体上有深色斑点。一般重达11.5千克，但最大的可达1.8米长，91千克重。主要以其他鱼类及无脊椎动物为食。

血管成形术　angioplasty　使阻塞的血管畅通的方法。通常把血小板平压在动脉壁上（参阅动脉硬化），做法是在导管尾端附近把一个气球充起。血管成形术在冠状动脉上进行，在治疗冠状动脉硬化性心脏病时，对冠状动脉搭桥术来说是较不具侵害性的替代方法。包括栓塞、流泪在内的并发症极少，而效果很好，但手术后血小板容易再度集结。血管成形术也用来扩展严重阻塞的心瓣膜。

血管瘤　hemangioma　一种新生血管构成的先天性良性皮肤肿瘤。①毛细血管血管瘤（又称焰色痣或葡萄酒色痣），是由毛细血管在头部、颈部和脸部异常聚集所引起的皮肤损害，表面光滑，呈粉色至深蓝红色。大小形态不等，随年龄增长，变得较不明显或消失不见。②发育不全的（未成熟的）血管瘤（又称单纯性血管瘤或草莓状痣），是由扩张的小血管聚集而成的红色小肿块，损害一般在婴儿6个月左右达到最大，有时破溃，1岁后可逐渐缩小。③海绵状血管瘤，较少见，由较大的血管组成，紫红色，隆起，外有结缔组织网和脂肪组织包绕。最多见于皮肤，有时又见于黏膜、脑及内脏。一般出生后即有，且很少继续发展。为了美容，可考虑手术切除。

血红蛋白　hemoglobin　多种动物血液中的一种蛋白质，从肺部运送氧气到组织，然后带回二氧化碳。脊椎动物的血红蛋白存在于红细胞内。血红蛋白与氧结合后呈鲜红色，缺氧时呈紫蓝色。每个血红蛋白分子由1个珠蛋白（蛋白质的一种）分子和4个血红素基团构成。血红素（一种复杂的杂环化合物）是一种有机分子，来自中心处含铁原子的卟啉。异常的血红蛋白（参阅镰状细胞性贫血）有助于追溯人类过去的迁移情况，并有助于对人群中遗传关系的研究。

血浆　plasma　血液除去血球和血小板后的液体部分（包含溶解其中的化学物质）。人血浆为草黄色，其功能有作为血液运输的介质、帮助维持血压、分配身体热能和保持血液和身体的酸碱度平衡。含有90%以上的水，7%的蛋白质和少量其他物质（新陈代谢后的废物）。重要的血浆蛋白有白蛋白、凝血因子和球蛋白（包括γ球蛋白和刺激红细胞生成的激素）。血清为血液凝固后所剩的液体部分。

血尿　hematuria　尿内含血的一种病理状况，表明肾或泌尿系统其他部位有损伤或病变（男性尿内出现血液可能来自生殖系统）。可能因感染、发炎、肿瘤、肾石或其他疾病造成。尿内血液表现（颜色、形状）和何时出现（排尿开始或结束）可反映出血的部位是在尿道、膀胱还是肾。

血栓形成　thrombosis　在心脏或血管内形成血凝块（血栓）的一种病理现象。导致血栓形成的因素包括炎症引起的血管内膜损害（血栓性静脉炎）或动脉粥样硬化（参阅动脉硬化）、血流紊乱（例如由于动脉瘤）或缓慢（例如由于长期卧床）或者凝血异常（例如由于血小板增多或血脂肪过高）。血栓形成，尤其是在腿部静脉深处，在大手术之后特别危险。血栓可阻塞血栓形成处的血流或脱落形成栓子阻塞其他部位的血管（栓塞）。

血吸虫病　schistosomiasis　又作bilharziasis。由血吸虫属寄生的扁虫引起的慢性疾病。由于其品种的不同，其雌性产生的成千上万的卵可以通到肠道或膀胱，并通过粪便或尿液排出，在接触到新鲜的水后繁殖。其幼虫生长在螺类体内，长到第二个阶段便进入水中，后侵入哺乳动物体内，并在血液中繁殖生长。初期会发生过敏反应（发炎、咳嗽、下午发烧、肝肿大等），粪便会带血，由于虫卵堆积在器官壁上导致纤维化。这种情况可因肠道疾病而导致严重的肝损坏或引起膀胱结石，其他器官的纤维化和泌尿系统细菌感染。在多数病症中，早期发现和坚持治疗可杀死成虫并得到康复。

血小板　platelet　又称血栓细胞。小型、无色、形状不规则的血球细胞，在凝血过程中起重要作用。血小板在骨髓内产生，储存于脾脏。血管破损时血小板凝集，堵塞破损处，使在其表面形成血凝块的纤维蛋白收缩，并参与凝血因子的转换过程。血小板还能储藏、运输多种化学物质，此外还能吞噬异物（如病毒）。人在反复输注全血或血小板后可产生血小板抗体。

血型分类　blood typing　根据由遗传决定的红细胞中的抗原来将血液分类。最常考虑的是ABO血型系统和Rh血型系统。若不先确认这些因素而从一个不相容的供体输血，就会导致红细胞被破坏或凝血的现象。此外，血型分类还可以帮助诊断某些疾病，如胎儿幼红细胞增多症。

血压　blood pressure　血液作用于血管壁的压强，产生于心脏的泵作用。血管的舒张和收缩对维持血液的流动有所帮助。人的血压通常在臂动脉处或股动脉处可测得，用两个数字来表示；正常的成人血压约为120/80 mmHg。较大的数字（收缩压）是在心室收缩时测得的，较低的数字（舒张压）为心室舒张时测得的。参阅高血压病和低血压。

血液　blood　多细胞动物体内循环的液体。在许多动物中血液还携带激素和一些免疫抗体。借助循环系统之力，血液流经体内各器官及组织，将取自肺的氧及消化道的营养物带给体内一切细胞以新陈代谢，再将二氧化碳及其他废物送至肠和肾脏排出。各种动物的血液成分各异，哺乳动物的血液包括血浆、红细胞、白细胞和血小板。血液疾病包括红细胞增多症（红细胞数量异常增加）、贫血、白血病、血友病。参阅血液分析、血压、输血、血型分类和Rh血型系统。

血液分析　blood analysis　指对血液标本进行化验检查，用以获取有关血液理化性质及其组成的情况。血液分析包括：测定红细胞和白细胞的数量；红细胞的容积，沉降率及血红蛋白含量，血型分类；血细胞的形状及结构；血红蛋白和血中其他蛋白质的结构；酶的活性；以及血液的化学成分等。此外，在某些专门的感染时血中存在一些特异性物质，则要做专项检查。

血液学　hematology　研究血液的性质、功能及血液病的医学分支。其研究范围包括血液中的细胞和血清成分、凝血过程、血细胞形成、血红蛋白合成，以及一切与上述相关的疾病。17世纪时，M.马尔皮基是研究红细胞的第一人。18世纪，英国的生理学家W.休森（1739～1774）研究了淋巴系统结构和凝血过程。19世纪，骨髓已被确认是血细胞形成的所在，也验明了贫血、白血病等血液病。20世纪初，发现了ABO血型系统，也研究了在血液形成中营养素所扮演的角色。第二次世界大战后，血液学的研究更加深入到血液疾病的性质和改进治疗方式等方面，并查明了血红蛋白合成和在凝血过程中血小板的作用。

血友病　hemophilia　一种遗传性出血性疾病，因先天性缺乏某种凝血因子而引起。在典型的血友病中缺乏的是凝血因子Ⅷ；其他的血友病是因缺乏凝血因子Ⅸ或Ⅺ。前两种是由性连锁遗传来传递，第三种具有主导的遗传性质，女性和男性都有发生。可能发生自然的出血现象，即使是普通的受伤也可能造成威胁到性命的大出血。服用药物可止血。严重出血时，需要输血补充。

勋伯格　Schoenberg, Arnold (Franz Walter)　（1874～1951）　奥地利裔美国作曲家。由犹太父母培养成天主教徒，8岁时开始学习小提琴，后来自学大提琴。A.策姆林斯基

勋伯格
Pictorial Parade

（1871～1942）成为他唯一的作曲教师，后来成为他的姐夫。他的第一部弦乐四重奏（1898）受到好评，他在R.斯特劳斯的帮助下在柏林谋得一份音乐教职工作，但在写出

《古雷之歌》(1901;1913 年改为管弦乐)后很快返回了维也纳。从 1904 年起 **A. 贝尔格**和 A. von **韦伯恩**投其门下,并对他们后来的艺术生涯产生了很大影响。约 1906 年,勋伯格开始相信应该抛弃调性。他在"自由调性"时期(1907 ～ 1916)创作出了独幕剧《期望》(1909)、《五首管弦乐曲》(1909)和著名的《月光下的彼埃罗》(1912)。1916 ～ 1923 年几乎没有写出任何作品,将时间全花在教书和指挥上,但仍在寻求组织无调性的途径。他的思想最终在他划时代的 12 音调方法中确定下来(参阅**序列主义**)。1930 年他开始撰写单一音调的三幕剧。《摩西和亚伦》直到他去世也没有完成。纳粹主义的兴起使他重新认清自己的犹太人身份,并被迫逃到美国,1936 ～ 1944 年间一直在加利福尼亚大学洛杉矶分校任教。虽然他的音乐没有受到大众的广泛欢迎,但他对 20 世纪的音乐仍产生了比其他任何作曲家都深远的影响。

薰衣草 lavender 唇形科薰衣草属约 20 种常绿灌木的统称,其花、叶有散发香气的油腺。原产地中海沿岸国家,如今被广为种植。某些种类的薰衣草精油使用于高级香水和化

法国薰衣草(*Lavandula stoechas*)
W. H. Hodge

妆品中。有香味的窄叶干后用于制作小香囊,而紫色花穗蒸馏所得的酒精溶液,即薰衣草水,则用于芳香疗法和百花香之中。

寻猎物狗 retriever 数种会寻取猎物狗类的统称,被毛厚且防水力强,嗅觉灵敏,衔猎物时咬得松,不致伤害猎物。肩高 55 ～ 62 厘米,体重25～34千克。金黄色寻猎物狗其颈部、大腿和尾上的被毛长,被毛金黄带棕

金黄色寻猎物狗
Sally Anne Thompson

色。拉布拉多寻猎物狗被毛短,呈黑或深棕色。两种都经常作为导盲犬,且为受欢迎的宠物。其他品种的寻猎物狗包括切萨皮克湾猎狗、卷毛寻猎物狗和平毛寻猎物狗。

寻血猎狗 bloodhound 嗅觉最灵敏的狗品种,大多数借嗅觉寻找猎物的猎狗由此品种育成。在基督教创立以前该品种已出现在地中海地区,但当时它的外形与如今的品种不同。性情安稳温顺,常用于追踪人兽。体大而壮,肩高 58 ～ 69 厘米,体重 35 ～ 50 千克。被毛短,耳长,头和颈部皮松有皱褶。毛色黑棕相间,或呈红棕色、棕色或茶色。

巡航导弹 cruise missile 美国和苏联分别在 20 世纪 60 年代和 70 年代开始研制的一种低空战略**导弹**。第二次世界大战时,德国使用的 V-1 飞弹是巡航导弹的先驱。动力装置为**喷气发动机**,能携带核弹头或常规弹头,设计成雷达截面积很小并用较低的速度贴近地面飞向目标,可以从船舰、潜水艇、飞机和地面发射。

巡视官 ombudsman 大型组织和政府指定的代表人,专门调查公民的不满和建议解决办法。该职务于 1809 年创始于瑞典,后被斯堪的纳维亚国家、新西兰、英国、德国、以色列、美国的某些州、澳大利亚和加拿大的某些省份以不同的形式袭用。巡视官的职责是接受和调查公民的控诉,作为独立公正的仲裁人,针对控诉者的要求,建议应采取的措施,或对不需要采取行动作出解释。其管辖范围包括大学、公司、市政府和机关(如医院)。

巡洋舰 cruiser 速度快、巡航半径大、比**战列舰**小但比**驱逐舰**大的军舰。这个名称最初是指风帆船时代的**护卫舰**,用于侦察敌舰队、截击敌运输船队,1880 年后成为一种特定战舰的名称。第二次世界大战期间,巡洋舰主要作为实施两栖进攻时的水面炮台,以及保护航空母舰特遣队的防空屏障。现在,装备地对空导弹的美国海军巡洋舰已经成为舰队防空屏障的主力。由于采用核动力,某些巡洋舰具有几乎无限的航程。

荨麻疹 hives 又作 urticaria。**变态反应**引起的皮肤病,特征是突然出现轻度隆起、顶部平滑且非常痒的小肿块。急性荨麻疹大多在 6 ～ 24 小时后消退,而由于情绪和精神紧张造成的慢性荨麻疹则会历时很久。急性荨麻疹也可能由药物引起,特别是**青霉素**。吸入花粉类过敏原或者**毒素**,以及某些疾病也会引起荨麻疹。治疗包括确诊和避免过敏原。**肾上腺素**、**抗组织胺药**可以帮助消退急性皮肤症状。

循道宗 Methodism 18 世纪在英国由 J. **卫斯理**发起的新教运动。卫斯理原是圣公会牧师,1738 年曾有过一次"显灵"体验,确信自己获得救恩,不久就开始在户外布道。循道宗起初是以振兴英国圣公会的运动为开始,1795 年才正式脱离圣公会。循道派的组织良好的教会管理体制把强大的中央集权与有效的地方机构和雇用非专业牧师结合起来,特别受到工业区工人阶级的欢迎,并在 19 世纪迅速传播开来。1784 年美国成立了美以美会,循道宗巡回布道员在边疆地区吸收了许多信徒。英国和美国的传教士自此将教义传播到全世界。其教义强调圣灵的力量,建立个人与上帝的关系,礼拜仪式从简,且关怀下层民众。

循环系统 circulation system 在整个生物体内转运营养物质、呼吸气体和代谢产物的系统。人类的血液在一个封闭的心血管系统(由心脏、血管和血液构成)中循环。心脏将富氧血高压泵向动脉,动脉不断分支,最后形成毛细血管网,分布在全身各种器官、组织中。各种营养物质和代谢产物之间的物质交换就是在毛细血管完成的。完成了物质交换的脱氧血从毛细血管汇入小静脉,然后再经由大静脉返回心脏。左、右心室分别把血液送入肺循环和体循环。在肺循环中,血液从心脏进入肺,它带走氧气,释出二氧化碳;在

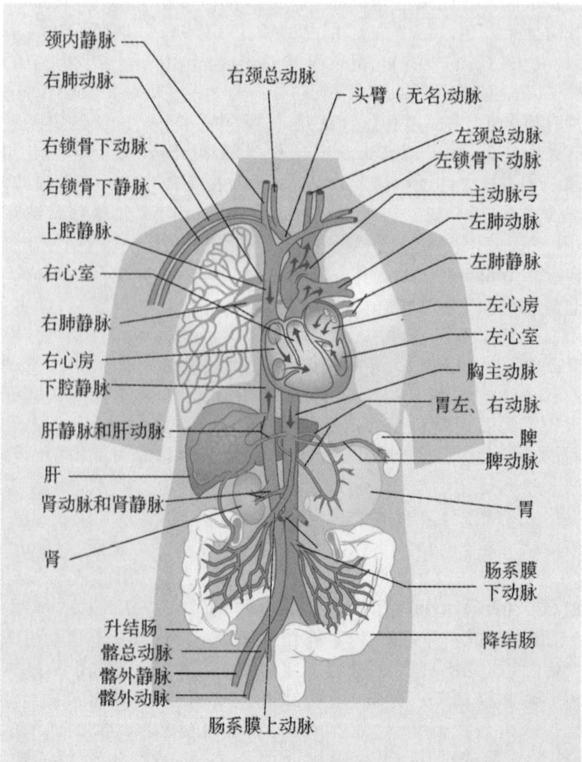

人类循环系统。肺循环由右心室、肺动脉及其分支、小动脉、毛细血管、肺小静脉和肺静脉组成。和别的动脉和大静脉不同,肺动脉输送的是乏氧血,而肺静脉输送的则是充氧的血。主动脉起自左心室,头臂动脉起自主动脉,再分成右颈总动脉和右锁骨下动脉。左、右颈总动脉向颈的两侧伸展,向头部和颈部供血。左锁骨下动脉(起自主动脉)和右锁骨下动脉向左、右臂供血。主动脉在下腹部分成髂总动脉,其髂总动脉又分成髂内动脉和髂外动脉,向腿部供血。

体循环中血液被从心脏带到身体其他部位，携带氧气、营养物质、代谢产物和废物。

鲟鱼 sturgeon 鲟科约20种大型原始鱼类的统称，主要生活在俄罗斯南部、乌克兰以及北美地区。鲟大多生活于海中，上溯至内陆河流产卵；但也有少数永居淡水。吻长，无牙，吻下具四条触须，用以搜寻水底泥浆中的无脊椎动物和小鱼为食。鲟鱼肉和卵（或制成鱼子酱）可出售供食用。鳔可制作鱼胶，是一种明胶。常见的波罗的海鲟（*Acipenser sturio*）和几种其他种类已濒临灭绝。但是，大西洋鲟（*A. oxyrhynchus*）在北美洲东海岸多有发现，通常长约3米，重约225千克。参阅欧洲鳇。

迅掠龙属 Velociraptor 即伶盗龙属。兽脚亚目驰龙科（即奔龙属）的一属，晚白垩纪（9 900万年前～6 500万年前）繁盛于中亚和东亚。出现时间迟于恐爪龙属，与之有亲缘关系并与之十分相似。恐爪龙于早白垩纪（1.44亿年前～9 900万年前）生活于北美洲。两者后肢均具镰刀形的利爪，尾部由骨化的腱加强，捕食时利爪猛击猎物，此时用尾部保持身体平衡。体长仅1.8米，重量不超过45千克。

驯化 domestication 人们按照自己的愿望，把野生动、植物品种转化为家养的或人工栽培品种的遗传重组过程。严格来讲，驯化指的是人类驯服野生动、植物的最初阶段。驯化后的动、植物品种和它们的野生祖先之间最基本的区别是：前者系人类为满足其自身的特殊需求，用人工的方法创造的；它们只适应在人们为它们保持的连续关心的条件。许多动物被驯化是为了各种不同的目的，如：食物（牛、鸡和猪）、衣料（羊、蚕）、运输和劳动（骆驼、驴和马）、娱乐（猫和狗）。参阅选择。

驯鹿 reindeer 鹿科驯鹿属北极鹿的统称，尤其是旧大陆种类，有些种类已被驯养。新大陆种类常称为北美驯鹿。萨米人饲养驯鹿用来拉车、载物，并食其肉、乳，取其皮毛作帐篷、靴子和衣服。在西伯利亚，驯鹿也用于载物和乘骑。

逊奈 sunna 组成伊斯兰教正统习俗的传统的社会习惯和法律惯例。早期的穆斯林在逊奈上因其皈依的教众先前习俗的变化多样而没有一致性，这些习俗必须被同化、取得和谐或者被放弃。在8世纪，保存在聆听者的记载中的穆罕默德的逊奈，被沙斐仪编成圣训。后来的穆斯林学者们想出一套体系，可用来证明那些声称是穆罕默德传承下来的各种各样惯例是否真实，从而增强了逊奈的权威性。参阅圣训学、伊斯纳德、伊斯兰教法和太甫绥鲁。

逊尼派 Sunni 伊斯兰教两大派中较大的一派，包括世界上90%的穆斯林。他们认为自己是伊斯兰教的主流和传统主义的分支，以区别于较小的分支什叶派。他们承认前4个正统哈里发，认为他们是穆罕默德的合法继承人。由于逊尼派认为穆罕默德的神权是现世、暂时的统治，他们也乐于接受普通甚至国外的哈里发，只要他们的法令和宗教传统能够得以保留。逊尼派正统强调社区内大多数人的意见和习俗的一致性，并因此使他们能将不同的习俗和历史上出现的同《古兰经》无关的宗教法规统一起来。逊尼派承认6部真实圣训，并接受伊斯兰教法学派的四大主要派别。现全世界逊尼派穆斯林约有10亿人。

殉教士 martyr 宁愿捐弃生命也不愿否定自己宗教信仰的人。担当殉教士的意愿在古代犹太教中是一种集体理想，尤其在马加比家族时代，其重要性一直延续到现代。天主教把殉教士所受的苦难看作是对其宗教信仰的考验。早期教会的许多圣人都在罗马皇帝的迫害中经历过殉教折磨。殉教士无须有神迹的表现就能加入圣徒之列。伊斯兰教认为殉教士包含两部分信徒：在圣战中牺牲的和被不公正地杀害的。佛教认为菩萨也是殉教士，因为他们为了减轻众人苦难，宁可推迟自己成佛。

巽他海峡 Sunda Strait 爪哇岛与苏门答腊岛之间的海峡。该海峡宽26～110千米，沟通了爪哇海与印度洋。包括几座火山岛，其中最著名的是喀拉喀托岛。

巽他群岛 Sunda Isles 自马来半岛向摩鹿加延伸的群岛。该群岛组成印度尼西亚的大部分地区，除了北部和西北部的婆罗洲外均在印度尼西亚统治之下。它包括大巽他群岛（苏门答腊、爪哇、婆罗洲、西里伯斯及邻近小岛）和小巽他群岛（巴厘、龙目、松巴哇、松巴、弗洛勒斯、帝汶、阿洛尔岛及邻近小岛）。多数岛屿在地理上均属不稳定的火山活动岛弧。该群岛占主导地位的是马来西亚文化和语言。

Y

压电现象　piezoelectricity　某些不导电晶体受到机械压力时产生电场的现象。某些晶体(如石英)受压后它的正电与负电的中心会稍稍分开而极化,从而产生电场,并可测出电势差。这种现象具有可逆性,即对晶体施加电压可使晶体发生形变。利用这一效应,可以把高频交流电信号转换成同一频率的超音波。反过来,也可以将声波等机械振动转换成相应的电信号。压电现象常被应用于麦克风、留声机唱片以及电话通信系统。

压力　pressure　单位面积上的垂直作用力,或容器中某点的应力。一个固体作用在地面的压强等于它的重量除以接触面积。地球上大气的重量形成气压,大气压各处不同,但总是随高度而减小。容器内气体所作用的压强是气体分子大量地、连续不断地作用在容器壁上的力的平均效果。流体的静压强是一种应力或压力,作用在容器中流体各点的所有方向上。岩体静压是地壳内部岩体受周围岩石施加的应力,随地表下深度的增加而增加。压强的国际单位是帕斯卡(Pa),等于每平方米上1牛顿的力。

压指疗法　acupressure　又作shiatsu。是替代药的一种疗法。按压全身12条经络的穴位,通常为短时间,以改善生命活力"气"的流动。虽然常提及其日文名字shiatsu,但实际是几千年前起源于中国。可只按压单一穴位以缓解某一特定征状或病情,也可按压一系列穴位来改善人的整体状况。有些研究指出压指疗法可对某些疾病有效,包括恶心、疼痛和与心脏有关的衰弱。如实施时小心,风险极小。

押沙龙　Absalom(活动时期约公元前1020年)　古以色列国王大卫第三子,为大卫所宠爱。其事迹载于《塞缪尔记下》13～19章。他容貌俊美、不遵守法度、刚愎自用。他因为胞妹谭玛被大卫长子、他的异母哥哥暗嫩奸污而杀死暗嫩,因而一度被放逐。后来,他发动反抗父亲的叛乱,占领耶路撒冷,但在(以法莲)树林中全军覆没。他的堂哥约押趁押沙龙的头发被橡树枝缠住时将他杀死。尽管押沙龙有叛乱之举,大卫对他的死仍然十分悲痛。

鸦片　opium　又译阿片。有机化合物,自古希腊时代即是麻醉性镇痛药。取自罂粟未成熟蒴果渗出的汁液。鸦片的合法用途是用于医疗,包括提取纯鸦片生物碱(如吗啡、可卡因等)及制造此类生物碱的衍生物。生鸦片或提纯的鸦片生物碱及其衍生物(如海洛因)等也常被非法应用。一类生物碱作用于神经系统,以吗啡、可卡因为代表,酷似内啡呔,有镇痛药、麻醉作用,能成瘾。另一类包括罂粟碱、诺司咳平等,无麻醉、成瘾及镇痛作用,但能松弛平滑肌。吸食鸦片成瘾后,可引起体质衰弱及精神颓废,寿命也会缩短。过量使用鸦片,可因呼吸压抑而死亡。

鸦片罂粟　opium poppy　罂粟科显花植物,学名*Papaver somniferum*,原产于土耳其。可从未成熟蒴果中的乳白色液体提取鸦片、吗啡、可卡因和海洛因。在美国是常见的一年生园艺植物,鸦片罂粟花宽约13厘米,蓝紫色或白色,植株高1～5米;叶银绿色,分裂或有锯齿。其成熟种子小而无麻醉性,呈肾形,颜色从灰蓝到深蓝色都有,可用来烘焙食物,以及当作调味料、鸟饵和提炼成油。

鸭　duck　鸭科鸭亚科水禽的统称,或称真鸭。体小,颈短而嘴大。腿位于身体后方(如同天鹅一样),因而步态蹒跚。大多数真鸭与天鹅、雁不同,雄鸭每年换羽两次,雌鸭每窝产卵数亦较多,卵壳光滑;腿上都覆盖着相重叠的鳞片;叫声和羽毛显示出某种程度的性别差异。所有真鸭,除翘鼻麻鸭和海鸭,都在头一年内性成熟,仅在繁殖季节成对。鸭可分为钻水鸭、潜水鸭和栖鸭三个主要类群。哨鸭不是真鸭,而与雁和天鹅的亲缘关系更密切。

鸭嘴兽　platypus　又称鸭獭。单孔类、两栖的哺乳类动物,学名*Ornithorhynchus anatinus*。栖于澳大利亚东部和塔斯马尼亚的湖泊和溪流中。体长约60厘米,身体短粗,吻部似鸭嘴,肢短,趾间有蹼,其尾似河狸尾。以甲壳类、鱼类、蛙类、软体动物、蝌蚪和蚯蚓为食,每天食量约相当于其体重,缺少牙齿,以嘴内的突起压碎食物。雌兽产1～3枚卵于窝中,其窝位于水线之上长而弯曲的通道里。幼仔孵化4个月后断奶。雄兽后肢上有一连接毒腺的毒距。其天敌是大鱼,或许还有蛇。以前,为了其浓密柔软的毛皮,鸭嘴兽常被人诱杀,现已受到法律保护。

牙　tooth　口中用来咬物、咀嚼和说话的坚硬结构。每颗牙有一个在牙龈之上的牙冠和牙龈之下的一个或多个固定于颌骨中的牙根。牙髓内有血管和神经,为骨质的牙本质提供营养,在牙冠内牙本质由牙釉质包覆,牙釉质是身体内最坚硬的组织。人类有20颗乳牙,2岁半时长全,5～13岁时乳牙由32颗恒牙取代。前方的切牙主要用来咬食物,尖的犬牙撕裂食物,而前磨牙和磨牙则用来磨碎食物。牙易患龋,龋由牙面淡黄色薄膜(状菌斑)中细菌产生出的酸造成。上、下颌间的牙齿排列不齐可磨损牙齿并造成咀嚼问题。此外,它也会造成外表美观问题。两者皆可用牙套矫正。参阅牙科学。

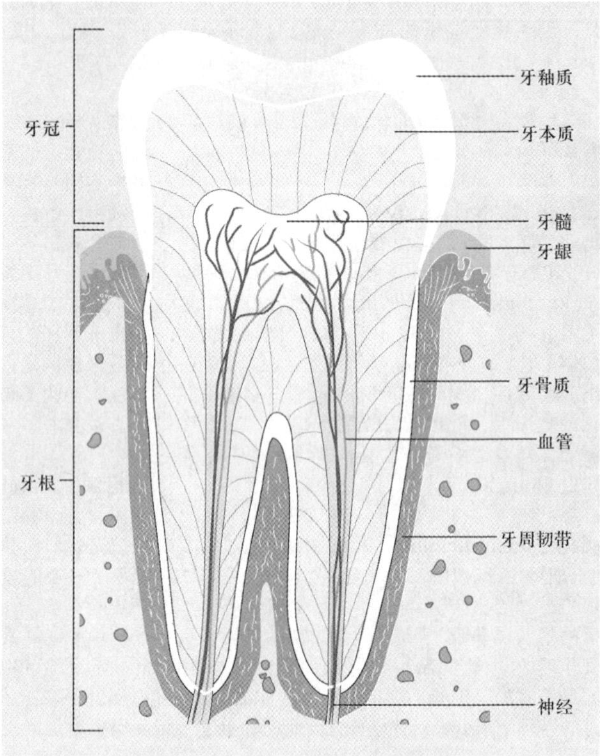

成人磨牙的剖面图。牙冠(牙龈上方的部分)由坚硬的牙釉质保护。牙根位于颌骨的凹槽内,由牙骨质覆盖。牙周韧带将牙骨质固定在颌内,并缓冲牙齿咀嚼产生的压力。牙齿的主要部分称为牙本质,围绕着柔软的牙髓。牙髓中有血管和神经。牙髓内特化细胞的丝状胞浆突起经由狭窄的沟槽进入牙本质,以使血液中的矿物质形成新的牙本质。

牙科学　dentistry　与牙和口有关的一种医学专业。包括龋齿的修补或拔除,咬合畸形的矫正,假牙的设计、制作和安装,以及其他的镶补装置。可用X射线检查肉眼无法看到的蛀牙情况。治疗龋齿时会使用局部麻醉,钻除染上病菌的地方,然后填补各种材料。蛀蚀到牙根会感染神经,需要根管治疗。拔除的牙齿要用假齿冠代替(单颗),多颗牙齿则需装上全口假牙或部分假牙或种植牙。牙医师也要教育患者注意口腔卫生,如何检查和清洁牙齿,以及涂氟预防蛀牙。

牙买加　Jamaica　西印度群岛岛国,位于古巴南面。该岛为加勒比海第三大岛,东西长约235千米,南北宽约56千米。面积:10 991平方千米。人口:约2 720 000(2013)。首都:金斯敦。大部分人口是非洲奴隶的后裔。语言:英语(官方语言)、牙买加克里奥尔语。宗教:基督教(主要为新教,也有天主教)、拉斯塔法里教。货币:牙买加元。牙买加主要分为3个地区:沿海低地,环绕整个岛屿,耕作密集;石灰岩高原,覆盖一半的岛屿面积;内陆高地,山区森林茂密,其中包括蓝山。农业雇用约1/5的劳力,主要的农业出口产品是原糖,以及其副产品朗姆酒和糖蜜。工业以铝土矿、矾土的生产为主,此外还有服装工业。旅游业也很重要。牙买加为君主立宪政体,两院制。国家元首是由总督代表的英国君主,政府首脑是总理。公元600年时,阿拉瓦克印第安人定居于此。1494年哥伦布曾看见过。16世纪初,西班牙人来此殖民但并不重视它,因为牙买加没有金矿。英国在1655年获得控制权,到了18世纪末,因奴隶劳工生产了大量的糖,牙买加已成为价值甚高的殖民地。19世纪30年代废除奴隶制度,种植园体制随之瓦解。1959年获得完全内部自治,1962年成为英联邦内的独立国家。20世纪末,在M.曼利的领导下,把许多企业收归国有。牙买加于1948年首次参加在伦敦举办的夏季奥运会。

牙龈　gum　又称gingiva。附于并环绕牙颈及毗邻的牙槽骨的黏膜。牙龈与牙齿附着处为游离缘;两牙之间的牙龈形成小楔状,充满牙间隙,牙周膜有纤维进入牙龈,使之紧密附于牙上。健康的牙龈呈粉红色,表面有点彩,质坚韧,对疼痛、温度、压力有一定的感受能力。牙龈炎的早期症状为颜色改变、点彩消失或感觉过敏。此时牙龈和牙齿间形成囊,受感染,伴有炎症、出血,严重时甚至牙齿脱落。

牙周炎　periodontitis　牙周围软组织的炎症。若不注意牙齿卫生,就会有菌斑黏附牙龈线下的牙齿,从而刺激并侵蚀邻近的组织。若仍不治疗,牙龈的发炎边缘会开始退缩而把齿根暴露出来。最后影响到使牙齿固着的齿槽骨,使牙齿松动,最后脱落。如这时除去所有的菌斑堆积物和受影响的软组织尚可制止齿槽的损坏,但不能使它复原。

蚜虫　aphid　同翅目昆虫,体小而软,大小如针头。腹部有管状突起(腹管),吸食植物汁液,为植物的大害虫。不仅阻碍植物生长,形成虫瘿,传布病毒,而且造成花、叶、芽畸形。蚁可以保护蚜虫免受气候和天敌的危害,把蚜虫从枯萎植物转移到健康植物上,并轻拍蚜虫以得到蜜露(蚜虫分泌的甜味液体)。

哑剧与童话剧　mime and pantomime　仅靠肢体动作叙述剧情的戏剧表演形式。哑剧最早出现在公元前5世纪的希腊,是一种主要强调模仿动作的喜剧表演,但也包括歌唱和对白。公元前100年左右开始,一种独立的罗马哑剧形式发展起来,集中于粗俗的、淫乱的题材。罗马童话剧不同于罗马哑剧的地方在于它的主题更为高尚,表演中使用面具,这就要求演员通过姿态和手势来表演。从古时起,哑剧在亚洲戏剧中就很重要,在中国和日本的戏剧中是构成主要戏剧类型的要素(如日本的能剧)。罗马传统的童话剧在16世纪的即兴喜剧中得到改进,即兴喜剧先后影响了18世纪法国和英国的幕间幽默短剧;后者逐渐发展成为19世纪的童话剧,一种强调出洋相的儿童剧。现代西方哑剧发展为一种纯粹无言的艺术,仅靠手势、动作及表

法国哑剧演员M.马尔索扮演自己塑造的角色——拉小提琴的比普

Ronald A. Wilford Associates, Inc.

情来传达意念。著名哑剧演员有J.G.德布劳、É.德克劳(他发展了一套手语系统)和M.马尔索。C.卓别麟以及S.西泽和马戏团小丑E.凯利都是哑剧大师。

雅典　Athens　希腊语作Athínai。希腊首都。地处希腊东部萨罗尼克湾,湾内有港口比雷埃夫斯。为西方智慧和文化概念来源,亦是民主发源地。原为古代城邦国家,公元前6世纪开始发挥其影响力。公元前480年被薛西斯一世所毁,后又立即重建。公元前450年在伯里克利的领导下,成为商业繁荣、占尽文化和政治优势的城市。在以后的40年间,它完成了许多重要建筑,如:卫城和帕台农神庙。雅典的黄金时代出现了许多著名大师:哲学家有苏格拉底、亚里士多德、柏拉图;剧作家有索福克勒斯、亚里斯多芬、欧里庇得斯;历史学家有:希罗多德、修昔底德和色诺芬;雕刻家有:普拉克西特利斯和菲迪亚斯。公元前404年,伯罗奔尼撒战争结束,雅典败于斯巴达;但又迅速恢复其独立和繁荣。公元前338年以后臣服于马其顿,在公元前197年与罗马的库诺斯克法莱(Cynoscephalae)战役中曾出兵协助马其顿。公元前146年受罗马统治。13世纪时被十字军占领,1456年被奥斯曼土耳其人占领直至1833年成为独立的希腊的首都。雅典目前是希腊重要的商业和对外贸易中心,有许多遗址和博物馆,使它成为大多数旅游者的目的地。人口约745 514(2001)。

雅典娜　Athena　又作Athene。在古希腊宗教里,她是战争、工艺和智慧的女神以及雅典的守护神。罗马人把她视为密涅瓦。赫西奥

瓦洛奇恩;仿菲迪亚斯制雅典娜黄金象牙雕像(公元前438年)之罗马大理石复制品(约130);现藏雅典国立考古博物馆

Alinari-Art Resource

德说她是从宙斯的前额中跳出来的。在《埃利奥特》里,雅典娜激励希腊英雄,并同他们一起战斗;在战争中,她代表了正义和技巧纯熟,与嗜杀成性的战神阿瑞斯相反。她同鸟类(特别是猫头鹰)和蛇都有关系,经常代表处女形象。在帕台农神庙的山墙上有描绘她的出生,以及她和波塞冬争夺雅典宗主权的故事。泛雅典娜节为其诞辰的庆典。

雅尔塔　Yalta　乌克兰城市。在克里米亚半岛南岸,濒临黑海。史前已有人定居,19世纪初具有现代规模,1838年建镇。此处背山面海,风景如画,冬暖夏凉,是乌克兰著名的旅游区和疗养地。1945年第二次世界大战期间,同盟国首脑的雅尔塔会议所在地。人口约82 000(2001)。

雅尔塔会议　Yalta Conference(1945-02-04～11)　第二次世界大战时同盟国首脑的一次重要会议。F.罗斯福、W.丘吉尔和J.斯大林在克里米亚的雅尔塔开会,商讨有关最后战胜并占领德国的计划,包括:战后对德国人民的援助、解除德国军备、战犯交国际法庭审判、处理东欧其他战败国和被解放的国家、拟订有关联合国安全理事会投票以及德国赔偿问题。斯大林同意在德国投降后参加对日本作战。两个月后罗斯福逝世,斯大林没有实践他在东欧国家举行自由选举的允诺。参阅波茨坦会议。

雅各　Jacob　希伯来人族长,祖父是亚伯拉罕,父亲是以撒。以色列人传统上以他为祖先。据《创世纪》记载,他是以扫的孪生弟弟,雅各以欺骗的手法,从他父亲那里获得祝福和以扫的长子名分。在一次前往迦南的旅途中,他和一位天使搏斗了一个晚上,最后这位天使赐福给他,并把他的名字改为以色列。

雅各共有13个子女，其中10个创立了以色列部族。他最宠爱的儿子是约瑟，约瑟被他的兄弟卖到埃及当奴隶。后来一场饥荒促使雅各率领众子迁往埃及寻找粮食，并在那里与失散多年的约瑟重聚。

雅各宾俱乐部　Jacobin Club　又称Jacobins(雅各宾派)。法国大革命时期的政治团体，以极端激进主义和暴力闻名。1789年成立时以“宪政之友社”为名，但以雅各宾俱乐部知名，因为会议是在过去的一个多明我会隐修院举行(该会修士在巴黎称雅各宾修士)。原由国民议会的代表组成，旨在保护革命成果免受可能发生的贵族反动的侵害。虽然在1792年雅各宾派没有直接参与推翻君主政体，但后来俱乐部改名为“雅各宾自由和平等之友社”。它接受国民公会中左翼山岳派的代表，并主张人民处决国王、推翻吉伦特派。到了1793年，全国约有8 000个俱乐部，会员约有50万人，雅各宾派成了恐怖统治的工具。巴黎的雅各宾俱乐部支持M.罗伯斯比尔，不过在1794年罗伯斯比尔倒台后，巴黎俱乐部被关闭。后来虽然正式被取缔，但一些地方俱乐部仍持续活动到1800年。

雅各布　Jacob, François(1920～2013)　法国生物学家。获医学博士学位后，到巴黎的巴斯德研究所工作。1958年他和J.莫诺开始合作研究细菌酶合成的调节，他们发现了“调节基因”(因它们控制了其他基因的活性而得名)。他们还提出有某种RNA信息载体存在，这是一种DNA的部分复制品，可把遗传信息携带到细胞其他部分。1965年两人和利沃夫同获诺贝尔生理学或医学奖。

雅各布·本·亚设　Jacob ben Asher(1269?～1340?)　犹太教律法学家。可能出生在科隆，1303年全家迁往西班牙，他的父亲在托莱多担任大拉比。据传以放高利贷为生。他把犹太律法分门别类，汇编为《四类书》法典，成为15世纪最受欢迎的犹太教神学作品，拉比断案也以之为据。直到16世纪卡洛的著作取代它以前，此书一直是律法汇编的标准。

雅各布斯(夫人)　Jacobs, Jane(1916～2006)　原名Jane Butzner。美裔加拿大都市学家。生于宾夕法尼亚州斯克兰顿。她与当建筑师的丈夫在纽约市定居，积极投入社区活动。在《建筑论坛》杂志任编辑达10年之久。她撰写的第一本书《美国城市之变迁》(1961)，将现代都市地区的多重需要作了直率而热切的重新解释，深具影响。《城市经济》(1969)论述经济多样性对于都市繁荣的重要性。后来的著作有《城市与国富》(1984)、《帝国边缘》(1996)和《走向黑暗时代》(2004)。参阅城市规划。

雅加达　Jakarta　旧称Djakarta(1949～1972)。印度尼西亚首都和全国最大的城市。位于爪哇岛西北海岸，在万丹的苏丹打败葡萄牙人之后在该址建城(1527)。1619年被荷兰人夷为平地，改名巴达维亚，把它重建成东印度公司(荷兰)的总部。1949年改名，并定为印度尼西亚首都。该市发展迅速，不久即成为世界上人口最多的城市之一。该市为重要的商业、工业和金融中心，设有一些大学。人口：市约8 347 083(2000)；大都会约12 300 000(2003)。

雅卡尔　Jacquard, Joseph-Marie(1752～1834)　法国发明家。1801年发明自动织机，促进了纺织工业的技术革命，1806年这种织机被宣布为公共财产，他则被酬以年金和每台机器的专利使用费。他的织机利用可交替的穿孔卡来控制布料的织法，如此可自动织出想要的图样。雅卡尔提花织机技术成为现代自动机织机的基础，也是现代计算机的先驱。C.巴贝奇采用他的穿孔卡来实验所构想的分析机的输入、输出媒介。H.霍勒里思则用以把资料馈送入人口普查的机器。穿孔卡还用于把数据输入早期的数字计算机。

雅卡尔提花织机　Jacquard loom　可控制个别经线的特别纺织机，可织出样式错综复杂的织物，如壁毯、织锦缎、花缎，也可用以生产各种样式的针织物。1804～1805年由法国的雅卡尔发明，这种织机利用穿孔卡控制布料的织缀，能自动构成任何预期的图样。他的织机激起纺织工人的强烈反抗，他们害怕采用这种节省劳力的机器会使他们失业，里昂的织工不仅烧毁机器还袭击雅卡尔本人。但因为它的优点很多，终于被普遍接受，到1812年法国已有11 000台。19世纪20年代这种织机传到英国，并从英国扩大到全世界。

雅里　Jarry, Alfred(1873～1907)　法国作家。雅里于18岁时抵达巴黎，靠一小笔遗产度日。其财产不久即挥霍殆尽，遂堕入浑噩而无规律的生活状态之中。闹剧《乌布王》(1896)被认为是荒诞派戏剧和超现实主义之先驱，故事以一个古怪角色乌布为主人翁，后来他却当上波兰国王。雅里为《乌布王》写了两部续集，一部在死后才出版。雅里也写过一些短篇小说、长篇小说和诗，但这些作品中炫目的想象与智慧常陷于支离破碎，并且沦为一种无谓的、同时也常是粗鄙乏味的象征主义。他是个酗酒者，死时年仅34岁。

雅利安人　Aryan　史前时期居住在伊朗和印度北部的一个民族。在19世纪中，由于戈宾诺伯爵伯爵及其门徒H.S.张伯伦的积极鼓吹，出现过一种“雅利安人种”的说法，认为凡是讲印欧诸语言(特别是日耳曼诸语言)和居住在欧洲北部的人，都是“雅利安人种”；这些雅利安人比其他种族优越。这种说法已被F.博厄斯等绝大多数人类学家所否定，却被A.希特勒所利用，并成为纳粹对犹太人、吉卜赛人以及其他一切非“雅利安人”采取灭绝政策的依据。参阅种族主义。

雅鲁泽尔斯基　Jaruzelski, Wojciech (Witold)(1923～　)　波兰陆军将领、政府首脑(1981～1989)和总统(1989～1990)。原在军中服役，后来加入波兰共产党，在党和军队中不断升迁。当波兰受到团结工会运动越来越大的压力之际，雅鲁泽尔斯基于1981年被选为总理和第一书记。1981～1983年实行军事管制法，大肆逮捕异议分子。在推动恢复波兰停滞经济的努力失败后，1988年雅鲁泽尔斯基开始和团结工会谈判，他们终于达成协议，对波兰的政治体制进行改革。1989年当选为总统，接着辞去共产党的所有职务。1990年L.瓦文萨当选总统后，雅鲁泽尔斯基将共产党的最后一点权力交给了反对派。

雅罗斯拉夫　Yaroslav(980～1054)　又称Yaroslav the Wise(智者雅罗斯拉夫)。基辅大公(1019～1054)。弗拉基米尔一世之子。他击败他的长兄斯维雅托波尔克成为基辅大公。通过行政改革和军事胜利整合国家，制定法典，促进基督教的发展，还修筑许多要塞工事和拜占廷风格的教堂，包括圣索菲亚大教堂。雅罗斯拉夫从波兰人手中收复加利西亚，扩大基辅公国在波罗的海地区的领土。但在1043年远征君士坦丁堡时失败。

雅那切克　Janáček, Leoš(1854～1928)　原名Leo Eugen。捷克(摩拉维亚)作曲家。父亲是教堂乐师，直至40岁之前都在教书和担任合唱团指挥。1887年婚姻破裂后，开始撰写第一部歌剧，并在次年着手收集民歌。1894年开始进行第一部成熟歌剧《耶奴发》的创作，具有民歌风格。1904年在布尔诺首演时十分成功，之后他退休下来专心作曲，成为音乐界罕见的大器晚成型音乐家。最后20年的主要作品包括《节日弥撒曲》(1927)，以及歌剧《卡佳·卡巴诺娃》(1921)、《狡猾的小狐狸》(1924)、《马克罗普洛斯案件》(1925)、《死者之房》(1928)。晚年韵事激发他创作了《克鲁采尔》和《熟悉的乐章》弦乐四重奏(1923,1928)。

雅那切克

Eastfoto

雅努斯　Janus　罗马的门神和拱门神，原拉丁文名称1月即由他的名字衍化而来。通常被描绘为两面人，是象征肇始之神。对雅努斯的崇拜可追溯到罗马城创立初期，该城设有许多独立的仪式性拱门，称作jani，用来象征好兆头的出入口。最出名的是雅努斯·

雅努斯神，罗马钱币；现藏巴黎法国国家图书馆
Larousse

吉米纳斯门，战时此双门打开，罗马和平时则关闭。雅努斯的节日称阿戈尼昂姆节，于1月9日举行。

雅普拉河　Japurá River　南美洲西北部河流。发源于哥伦比亚西南部中科迪勒拉山，称卡克塔河。蜿蜒流经哥伦比亚东南部，至巴西边境接纳阿帕波里斯河，始称雅普拉河。再往东流，汇入**亚马孙河**。全长约2 820千米（包括卡克塔河在内）。水流湍急，在巴西境内可航行小船。

雅司　yaws　又称frambesia（热带莓疮）。常发生于热带潮湿地区的一种接触性传染病。病原为极细密螺旋体，与引起梅毒的螺旋体不易区分，可能是个亚种，主要从皮疣的分泌物中传染。雅司不是性病。幼儿期最易感染此病，并因此获得免疫力。雅司初期的主要特征为表皮疣状增厚，随后纤维化，表皮开裂，易出血并排出浆液性液体，一个多月后愈合，遗留疤痕。第三期（比梅毒鲜见）可发生皮肤、黏膜及骨骼的毁形性破坏。初期可用青霉素治愈。预防在于隔离和及时治疗以及注意个人与集体卫生。

雅斯贝斯　Jaspers, Karl(Theodor)（1883～1969）　德国出生的瑞士哲学家和精神病学家。身为研究型精神病学家，他把心理病理学建立在严格、科学描述的基础上，特别是他的著作《普通心理病理学》（1913）。1921～1937年他在海德堡大学教授哲学，1937年纳粹政权禁止他工作。从1948年起，他居住于瑞士，并在巴塞尔大学授课。在他的巨著《哲学》（三卷；1969）中，他阐述了哲学的目标是实用的而其目的是人类存在的实现（存在主义）等个人观点。对雅斯贝斯来说，哲学启发来自界定人类状态的冲突、犯罪与青少年犯罪、受苦、死亡的极限处境经验，也来自人类面对其中达到存在人性的这些极端。身为最重要的存在主义哲学家之一，他从人类对自身存在的直接关心中研究这个主题。

雅温得　Yaoundé　喀麦隆首都。1888年喀麦隆为德国保护国时建市。1922年为法属喀麦隆首都。1940～1946年杜阿拉取代该城为首都，1960年喀麦隆独立后这里再度成为首都。有小型制造业和加工业（锯木厂和印刷厂），也是地区的农产品市场。人口约1 434 700（2004）。

雅乐　gagaku　日本传统的宫廷和宗教音乐。最早于5世纪由高丽传入，8世纪成为约定俗成的宫廷传统。虽然自12世纪以前的乐谱很少留存下来，但大部分后来的音乐体裁都保存在神道教的祭典仪式中。雅乐使用的乐器有横笛、筚篥、排箭、锣以及琵琶和古筝等弦乐器。可能伴随舞蹈（**舞乐**）或单独演奏（管弦乐）。有时更被划为唐乐，又称"左方音乐"，或当作高丽乐，又称"右方音乐"。

亚伯拉罕　Abraham　约活动于公元前2000年。首任希伯来族长，为**犹太教**、**基督教**和**伊斯兰教**所崇敬。据《旧约·创世纪》所载，亚伯拉罕75岁时受主召唤，离开吾珥城，携带不孕的妻子**撒拉**和其他人至**迦南**建立新国家。神与他定约，其后裔将来会继承这块土地，并成为大国。后来亚伯拉罕果与其妻之婢女夏甲生下一子名以实马利，之后撒拉生下嫡子名以撒。当主要求亚伯拉罕牺牲以撒以考验其忠诚时，他也准备遵命，但主后来态度软化了。在犹太教里，亚伯拉罕是美德的典范；在基督教里，他是所有信徒之父；在伊斯兰教里，他是穆罕默德的先祖和宽大的楷模（于**苏非主义**的教义中）。

亚琛　Aachen　法语作Aix-la-Chapelle（艾克斯拉沙佩勒）。德国西部城市，位于科隆西北方。公元1世纪时罗马人在此定居。作为加洛林文化中心和查理曼帝国第2座城市，亚琛也是皇宫所在地。亚琛大教堂由查理曼建于公元800年左右。查理曼的礼拜堂及陵墓现在就保存在这座哥特式大教堂中。10～16世纪，日耳曼国王多在此加冕登基。亚琛1801～1815年间为法国的一部分。该城还以矿泉疗养地著称。人口约258 770（2007）。

亚大纳西，圣　Athanasius, St.（约293～373）早期基督教神学家和正统基督教的捍卫者，反对**阿里乌主义**。在亚历山大学习哲学和神学，325年参加**尼西亚会议**（谴责阿里乌派为异端）。328年被指派为亚历山大主教，但因神学上的争议导致他在336年第一次遭到惩罚。流放回来后仍回到原来职位，但阿里乌派的反对势力犹在。356年君士坦提乌斯二世再度惩治他，亚大纳西逃往上埃及，写了多部神学论著，其中包括《四驳阿里乌派》。361年君士坦提乌斯二世死后，他在尤里安皇帝的所谓宽容政策下稍事喘息，但因异教徒议题与皇帝意见相左而再度被迫逃至上埃及。在他死时再度恢复在亚历山大的职位。

亚当　Adam, Robert（1728～1792）　苏格兰建筑师和设计家，为建筑师威廉之子，他曾在其父亲的事务所当助手。1754～1758年到欧洲游历，研究建筑理论和罗马废墟。回到伦敦后，与弟弟詹姆斯（1732～1794）发展出一种本质为装饰的风格，综合了来自各种源泉的元素，将古典的建筑形式赋以时兴的轻巧和自由度。其风格以室内装潢的部分最令人印象深刻，每个房间形式明显不同，并有精美而典雅的装饰。亚当建造的建筑物以几座重建的宅邸为主，包括英格兰东南部米德尔塞克斯的奥斯特里公园（1761～1780）及英格兰中部德比郡的凯德尔斯顿厅（约1765～1770）。其他作品包括伦敦的艾德尔菲发展计划（1768～1772）和爱丁堡大学（1789）。他还是一流的家具设计家，其风格意在与他的室内建筑风格及细节处都和谐一致。后来被G. **赫普尔怀特**推广。

亚当峰　Adam's Peak　斯里兰卡西南部山峰。海拔2 243米。由于峰顶有一类似人类足迹的凹坑，长1.6米，该山被佛教徒、穆斯林和印度教徒尊为圣地，他们分别认为那是**佛陀**、**亚当**和**湿婆**的足迹。每年有各种教派的众多朝圣者前往。

亚当和夏娃　Adam and Eve　犹太教-基督教和伊斯兰教传统中这对夫妇是人类的祖先。关于创造亚当和夏娃的经过，《创世纪》中有两种叙述：第1种说法是上帝在创世的第6天"照着自己的形象造男造女"；第2种说法是上帝把伊甸园交给亚当掌管，并取下他的一根肋骨，为他创造了伴侣夏娃。后来夏娃受引诱吃了善恶禁果，上帝将他们逐出伊甸园，自此他们及后世皆须被迫辛勤工作以维生。他们的孩子是**该隐和亚伯**。基督教神学家以亚当和夏娃的故事为基础，发展了**原罪**理论。而《**古兰经**》则教导人们：亚当（即阿丹）的罪仅仅是他一人之罪，并不使所有人都成罪人。

亚当斯　Adams, Ansel（1902～1984）美国摄影家。生于旧金山。同时精通钢琴演奏与摄影，看过P. 斯特兰德拍摄的照片后选择以摄影为业，成为摄影史上最著名的摄影家之一，主要以戏剧化的山岳景观照闻名。《照片拍摄法》（1953）是他第一部有关摄影技巧的书。亚当斯穷其一生致力于使摄影被接纳为一门艺术。1940年协助纽约市现代艺术博物馆创立世界第1所摄影收藏馆，1946年在加利福尼亚美术学校成立第1个摄影学系。

亚当斯　Adams, Gerry（1948～　）　原名Gerard Adams。爱尔兰民族主义者及**新芬党**领袖，和1978**爱尔兰共和军**（IRA）的成员和该组织在贝尔法斯特的指挥官，1972、1973～1976和1978年在未受审判的情况下以涉嫌恐怖主义分子的身份遭到拘禁。1978年成为新芬党副主席，并说服该党参与1981年的选举。1983年选入英国议会，但他拒绝宣誓效忠，并从未就任。1991年，作为新芬党主席（自1983年起）他开始把新芬党的战略转向谈判，努力促成了该党与英国政府的间接会谈，且与英国和爱尔兰首相协商关于北爱尔兰前途的1993年协议（《唐宁街宣言》）。亚当斯被认为对1994年爱尔兰共和军首度宣布停火有重大贡献，并在为1998年《贝尔法斯特协议》赢得支持方面起到关键作用。该协议的签订促成在北爱尔兰建立分权议会。他代表西贝尔法斯特（1998～2010）当选北爱尔兰议会议员，2007年与民主统一党领袖I. 佩斯利达成具有历史意义的分权协议。2010年退出议会，竞选爱尔兰议会下议院议员，并于2011年当选。

亚当斯 Adams, Henry (Brooks) (1838～1918) 美国历史学家、作家。出身于波士顿望族，为两任总统后裔。对其所处的美国政治极度不满。年轻时担任记者及编辑期间，号召进行政治和社会改革，但后来醒悟到这个社会缺乏原则。1880年出版的小说《民主》，反映了他对社会丧失信心。1889～1891年写了9卷的《美国史》，是他对美国民主的研究的总结，获得好评。1913年出版的《圣米歇尔山与特许状》中则用建筑反映出他的中立世界观。1918年出版的自传《亨利·亚当斯的教育》是最为人所熟知的作品，成为杰出的西方自传体文学作品，探究了他面对20世纪的不确定感。

亚当斯 Adams, John (1735～1826) 美国政治家，第1任副总统(1789～1797)及第2任总统(1797～1801)。生于马萨诸塞州布伦特里。1755年从哈佛学院毕业后在波士顿当

J. 亚当斯，油画，G. 斯图尔特绘于1826年；现藏华盛顿国家美术馆

By courtesy of the National Collection of Fine Arts, Smithsonian Institution, Washington, D. C.

律师。1764年与A. 史密斯[参阅亚当斯(夫人)]结婚。积极参与美国独立运动，被选为马萨诸塞州议员，后来成为该州代表，前往参加大陆会议(1774～1778)。被选派入一个委员会，与T. 杰斐逊等人起草《独立宣言》。1776～1778年亚当斯参与议会中的各种委员会活动，包括建立海军的委员会和外交事务委员会。1778～1788年担任外交官，出使法国、荷兰和英国。在美国第1届总统大选中，他获得的票数居第二位，成为G. 华盛顿的副手。在其总统任期内，最受争议的是他签署的《客籍法和镇压叛乱法》(1798)以及他和保守的联邦党结盟。1800年竞选连任，但被杰斐逊打败，退休至马萨诸塞州，过着隐居的生活。1812年他与杰斐逊言归于好，并开始了富有启发的通信。1826年两人死于同一天，即7月4日(美国独立50周年纪念日)。他的儿子是J. Q. 亚当斯。

亚当斯 Adams, John (Coolidge) (1947～) 美国作曲家。曾在哈佛大学就读，在旧金山艺术学院执教，并四处担任指挥。他的作品最初受到简约主义很大的影响，进而又加入了表现派元素。他的《尼克松在中国》(1987)以及《克林霍佛之死》(1991)两部作品都是20世纪晚期最著名的歌剧。第三部歌剧《原子博士》(2005)亦经常上演。其他的著名作品包括《簧风琴》(1980)、《管风琴教本》(1984～1985)以及《灵魂转世》(2002;2003获普利策奖)。

亚当斯 Adams, John Quincy (1767～1848) 美国第6任总统(1825～1829)。生于马萨诸塞州布伦特里。是美国第2任总统J. 亚当斯及亚当斯(夫人)夫妇的长子。1778～1780年随其父出使欧洲，1794年任美国驻荷兰公使，1797年为驻普鲁士公使。1801年返回马萨诸塞州，1803～1808年获选为参议员。1809～1811年担任驻俄国公使，1815～1817年转任驻英公使。1817～1825年返国任国务卿，任内促成西班牙割让佛罗里达，也参与起草门罗主义。1824年总统大选时，亚当斯是3位总统候选人之一，另外两位是H. 克莱及A. 杰克逊将军。选举结果三人的选票都不过半数，不过杰克逊获得的票数最多，依法应由众议院投票决定。因得H. 克莱(第一轮投票得票数列第三)之助，亚当斯获得足够选票，当选总统。亚当斯指派克莱担任国务卿，因此更惹火杰克逊。亚当斯在总统任内做得并不成功，1828年亚当斯竞选连任，但杰克逊打败了他。1830年亚当斯当选为众议员，一直任职到去世为止。他反对奴隶制度，1839年曾提出一项宪法修正案，禁止各联邦新州实行奴隶制。南方议员以通过禁止发言规则来阻止讨论反对奴隶制的议案(由于亚当斯的坚持，1844年这个规则被废除)。1841年他在“爱米斯塔特”号暴动案中，替脱逃的奴隶辩护成功。

亚当斯 Adams, Samuel (1722～1803) 美国革命领袖。生于波士顿，为J. 亚当斯的堂兄。强力反对英国征税方式，组织人们抵抗《印花税法条例》。1765～1774年为州议员。1772年协助创立波士顿通讯委员会。后来影响人们反对1773年的《茶叶条例》，组织波士顿茶党案，并带头反对《不可容忍法》。亚当斯担任代表参加大陆会议(1774～1781)，坚决主张与英国分离，并签署《独立宣言》。1780年协助起草马萨诸塞州宪法，1794～1797年任该州州长。

亚当斯 Addams, Jane (1860～1935) 美国社会改革家。生于伊利诺伊州锡达维尔。对社会改革很有兴趣，曾游历欧洲，参观了位于伦敦的街坊文教馆托因比大厦。1889年和别人在芝加哥创建了赫尔大厦，成为北美第一个街坊文教馆，为贫民提供了习艺场所和受教育机会。她成功推动的社会改革包括青少年法庭法、黑人和移民的公平待遇、工人的权利和补助金以及妇女的选举权运动。1910年担任全国社会工作会议的第1任女主席。1915年任国际妇女大会主席，随即协助成立国际妇女和平自由联盟和美国公民自由联盟。1931年与N. M. 巴特勒共同获得诺贝尔和平奖。

亚当斯(夫人) Adams, Abigail (1744～1818) 原名Abigail Smith。美国第2任总统的夫人。生于马萨诸塞州韦茅斯。所受教育不多，但后来成为史书热爱者。1764年嫁给J. 亚当斯，生了4个孩子，包括J. Q. 亚当斯，并于马萨诸塞州昆西抚育他们成人。1774年开始与远在费城参加大陆会议的丈夫大量通信，描述日常生活情况和讨论时事，当时正逢美国独立革命期间，显示了其智慧和对政治的敏锐度。在其丈夫出使欧洲当外交官(1784～1788)和在华盛顿特区担任副总统和总统(1789～1801)期间，她仍和亲友以书信保持联系。

亚得里亚海 Adriatic Sea 地中海的一个大海湾。位于意大利与巴尔干半岛之间。长约800千米，平均宽175千米，最深处1 324米，面积131 050平方千米。意大利海岸相当平直延续，无岛屿；巴尔干半岛西岸沿海则有许多大小岛屿，总的说来与海岸呈平行走向。奥特朗托海峡在东南端连接伊奥尼亚海。

亚的斯亚贝巴 Addis Ababa 埃塞俄比亚首都和最大城市。位于该国地理中央的高原，海拔2 450米。1887年埃塞俄比亚建都于此，原因是前首都恩托托地理位置不佳。1935～1941年是意属东非首都，现已成为全国高等教育、金融保险业和商业的中心。有几个国际组织的总部设在该城，包括非洲统一组织的总部。近几十年来，该市因为国家政治情况不稳而遭严重破坏。人口约3 100 000(2007)。

亚丁 Aden 也门南部海港城市，濒临亚丁湾。公元3世纪以前为西部阿拉伯的香料之路的终点站，这种地位维持了约有1 000年之久。之后为贸易中心，为也门人、埃塞俄比亚人和阿拉伯人所统治。1538年奥斯曼帝国夺取这座城市。1839～1937年英国经由印度对其进行统治(英国于1800年左右在亚丁建立要塞)。苏伊士运河开通后，成为加煤站和转运点而重要性日增。1937年成为英国皇家殖民地。1963～1967年加入南阿拉伯联邦。1990年北、南也门合并之前亚丁一直是南也门首都。人口约580 000(2004)。

亚丁湾 Aden, Gulf of 位于印度洋，介于阿拉伯半岛与索马里之间，西部渐狭，形成塔朱拉湾，东面以瓜达富伊角的子午线为界。按这样划分，长约885千米，而从地质学角度来看，东西长约1 480千米，向东一直延伸到库里亚穆里亚群岛和索科特拉岛的大陆棚的东端。海湾中的生物种类繁多，浮游生物丰富。海岸线欠缺大规模的渔业设备，但有许多渔业城镇以及亚丁和吉布提两大港。

亚非诸语言 Afroasiatic languages 旧称Hamito-Semitic languages(含米特-闪米特诸语言)。约含250种语言的超语系，目前由北非洲和撒哈拉以南非洲、南亚部分地区估计2.5亿～3亿种族和体质相异的人使用。主要分支有闪米特诸语言、柏柏尔诸语言、埃及语、库施特诸语言、奥莫诸语言、乍得诸语言等。柏柏尔诸语言是一组关系密切的语言，由整个北非洲从摩洛哥到埃及西北部的飞地和西撒哈拉部分地区约1 500万人使用。

库施特诸语言是包含约30种语言的语系，由苏丹东北部、厄立特里亚、埃塞俄比亚、索马里、吉布提、肯尼亚和坦桑尼亚东北部少数地区超过3 000万人使用。奥莫诸语言原先被归为库施特诸语言的一部分，如今成为可能超过30种语言的语群，使用人数200万～300万，其中大部分住在埃塞俄比亚西南部奥莫河附近。乍得诸语言包含约140种语言，大部分尚未被语言学家了解，使用于尼日利亚北部、尼日尔南部、乍得南部和喀麦隆北部；除豪萨语外，几乎没有一种乍得语拥有超过50万的使用者。

亚该亚同盟　Achaean League　公元前3世纪时古希腊伯罗奔尼撒北部亚该亚人的城镇联盟。在公元前4世纪12个亚该亚城市就已组成同盟，共同对抗海盗侵袭，但在亚历山大大帝死后土崩瓦解。公元前280年10个城市重新结盟，后来也接受非亚该亚人的城市加入，先后抵抗马其顿、斯巴达和罗马人的入侵。罗马人在公元前146年击败同盟，同盟于是解散。然而不久又成立了一个规模较小的同盟，并延续到罗马帝国时期。

亚盖沃王朝　Jagiellon dynasty　波兰-立陶宛、波希米亚和匈牙利的王族，在15和16世纪时是中东欧一个最有权势的家族。王朝由立陶宛大公亚盖沃创建，1386年他与波兰女王雅德维加（1373？～1399）结婚后，成了波兰国王弗瓦迪斯瓦夫二世。弗瓦迪斯瓦夫三世（1424～1444）时王朝扩大了势力，1440年还成了匈牙利国王。卡齐米日四世继承其位为王，他把儿子捧上了波希米亚王位（1471）和匈牙利王位。然而在卡齐米日的儿子约翰·阿尔贝特（1459～1501）和亚历山大（1461～1506）统治时期，亚盖沃王朝的统治者在波兰已被贵族夺去了不少权力。1506年西格蒙德一世继承亚历山大之位时，他加强政治管理，并使条顿骑士团领地转变为世俗的普鲁士公爵领地（1525），且成为波兰的封地。1526年路易二世死后，结束了亚盖沃王朝在波希米亚和匈牙利的统治。1561年西格蒙德二世把利沃尼亚并入波兰，但他死后无嗣，亚盖沃王朝遂告结束（1572）。

亚喀巴湾　Aqaba, Gulf of　红海东北部海湾。在沙特阿拉伯与埃及西奈半岛之间，宽19～27千米，长160千米。顶端与埃及、以色列、约旦及沙特阿拉伯接壤，唯一的避风港为埃及的达哈布，约旦和以色列在此建有亚喀巴港和埃拉特港，分别为通向红海和印度洋的出口。

亚克兴角战役　Actium, Battle of（公元前31）　发生于希腊阿卡纳尼亚的一次海战。交战双方是屋大维（即后来的奥古斯都）和M.安东尼。安东尼率领500艘船、7万步兵驻扎在亚克兴（介于爱奥尼亚海和安布拉基亚湾之间）。屋大维率400艘船和8万步兵从北部切断安东尼的北方交通线。由于盟军的背弃和供给的缺乏，迫使安东尼采取行动。安东尼因为陆上败于对手，他听从埃及女王克娄巴特拉七世的劝告，在海上袭击屋大维的军队。安东尼的舰队包括他自己的和克娄巴特拉的战舰。但在战况正酣时，女王舰队逃遁，安东尼也自率数艘船随之，剩余的船只乃全部向屋大维投降，步兵也在一个星期后投降。屋大维的这场胜利使得他确立了在罗马世界毋庸置疑的统治地位。

亚克兴胜利城　Nicopolis (Actia)　希腊西北部的古城。古城遗址在普雷韦扎以北约6千米处。屋大维（后称奥古斯都）为纪念他在亚克兴角战役中战胜M.安东尼和克娄巴特拉七世，于公元前31年建立此城。它成为包括阿卡纳尼亚和伊庇鲁斯沿岸地区的首府，并以其建筑和亚克兴比赛著称。4世纪时被毁，后又重建，11世纪时最终被保加利亚人摧毁。遗址包括一座长方形廊柱大厅、一座罗马剧院以及一段高架渠。

亚拉巴马　Alabama　美国中南部一州，与田纳西州、佐治亚州、佛罗里达州以及密西西比州接壤，西南临墨西哥湾。面积133 905平方千米，首府蒙哥马利。原始居民为切罗基人、奇克索人、乔克托人和克里克人等，在塔斯卡卢萨卡可发现他们活动的证据。H.德索托曾到此地。1702年法国在路易堡建立了殖民地。1817年建立亚拉巴马准州。1819年被接纳为联邦第22州。1861年脱离联邦，加入南部邦联。1868年再次被接纳加入联邦。重建时期吸收黑人进入政府的努力失败，一直到20世纪60年代，亚拉巴马仍实行种族隔离。直到20世纪初，经济始终依赖棉花，后来才开始将农产多元化，并发展工业，特别是在伯明翰。莫比尔已成为大海港。人口约4 822 023（2012）。

亚拉腊山　Ararat, Mount　土耳其东部山地，位于阿格利省，近土耳其、伊朗交界处。亚拉腊山有两个山峰：大亚拉腊山海拔5 300米，是土耳其最高峰；小亚拉腊山海拔4 000米。亚拉腊山是传说中诺亚方舟在洪水渐退时停过的那座山。据当地传说，亚拉腊山坡的一处村庄是诺亚建造祭坛的地方，毁于1840年的地震中。

亚里士多德　Aristotle（公元前384～前322）　希腊哲学家和科学家。其父曾是马其顿国王亚历山大大帝祖父的御医，他是柏拉图的学生，后来在柏拉图学园任教20年。约公元前342年返回马其顿担任亚历山大的老师，公元前335年到雅典开办自己的吕刻昂学校。他与柏拉图哲学最大的不同点是：不需要假设一个超然而单独存在的理念领域，能知觉事物的世界就是真实的世界。著作丰富，现存的作品包括：《工具篇》、《论灵魂》、《物理学》、《形而上学》、《尼可马亥伦理学》、《欧德摩斯伦理学》、《动物志》、《政治学》、《修辞学》和《诗学》等，其他在自然历史和科学方面的作品也很多（大部分在公元前1世纪时首度刊印）。他把哲学论题划分为伦理、物理和逻辑三方面。对他而言，逻辑是研究每一论题所必需的。亚里士多德还提出四因：形式因、质料因、动力因和目的因，并主张一个永恒不动的原动力（神）是物理的必要元素。在伦理学方面，他主张对人类（或任何东西）有益的是达成他们的目的或功用，也就是所谓的目的论。亚里士多德和柏拉图被公认是西方哲学的创建者，而他对后来的西方科学和哲学有巨大的影响。

亚历山大　Alexander, Harold (Rupert Leofric George)（1891～1969）　后称Earl Alexander (of Tunis)。第二次世界大战中杰出的英国陆军元帅。1940年协助指挥敦刻尔克大撤退，并且最后一个上船。1942年任命为地中海战区英军总司令，他帮助指挥北非战役抗击德军。他还指挥对西西里和意大利的进攻，后来成为在意大利的盟军总司令。战后任加拿大总督（1946～1952）、英国国防大臣（1952～1954）。

亚历山大　Alexandria　阿拉伯语作Al-Iskandariyyah。埃及北部主要海港。在地中海和迈尔尤特盐湖之间的地带上。岬角东端的法罗斯岛灯塔是世界七大奇观之一，现为连接大陆的半岛。亚历山大的现代港口位于半岛西部，公元前332年为亚历山大大帝所建，为著名的古希腊文化中心，有古代最大的图书馆，后来遭摧毁；2002年重建新亚历山大图书馆。公元642年被阿拉伯人占领，1517年又被奥斯曼帝国占领。后来因开罗的崛起，亚历山大的商业地位逐渐下降。19世纪因穆罕默德·阿里于尼罗河兴建运河、引进棉花种植而再现繁华。现代的亚历山大是一商业繁荣的城市，棉花是主要的输出品，附近有重要的油田。名胜有亚历山大博物馆和亚历山大图书馆。人口：都会区4 110 015（2006）。

亚历山大博物馆　Museum of Alexandria　古埃及亚历山大城的古典学术中心。由各学部组成，以主席司铎为馆长。有著名的图书馆。约于公元前280年由托勒密二世或由其父托勒密一世建成。现存对该馆的最好描述出自斯特拉博。公元270年该馆大概被芝诺比亚女王摧毁，不过其教育兼研究的职能却似乎一直持续到5世纪。

亚历山大大帝　Alexander the Great（公元前356～前323）　亦称Alexander Ⅲ（亚历山大三世）。古代最伟大的军事领袖。马其顿国王腓力二世之子，受教于亚里士多德。18岁时在喀罗尼亚战役中指挥马其顿军队，展现了过人的军事才华。公元前336年腓力二世遇刺身亡，亚历山大继承王位，不久便控制色萨利和色雷斯；他残酷地镇压第比斯，将全城夷为平地，仅留下神庙和品达罗斯的故居；这种严厉手段是他一贯的手法，目的在使其他希腊城邦变得温驯服从。公元前334年到达波斯，在格拉尼库斯河击败了一支波斯军队。传说他在弗里吉亚劈开了戈尔迪乌姆结（前333），而这个绳结只有能够统治亚洲的人才能解开。公元前333年在伊苏斯战役中击败波斯国王大流士三世领导的军队，大流士三世仓皇逃窜。后来又拿下叙利亚和腓尼基，切断了波斯舰队与港口的联系。公元前332年结束了对提尔的7个月的围攻，他顺利地抵达并统治埃及，这是他最大的军事成就。他被戴上传统的双重法老王冠，建立了亚历山大，还拜访了阿蒙神殿。为控制地中海东部海岸，公元前331年亚历山大在高加梅拉决定性战役中击败大流士三世，大流士三世再度逃亡。接着他攻下了巴比伦省。公元前330年他在波斯波利斯焚毁了薛西斯一世宫殿，这时他已开始设想由马其顿人和波斯人联合组成统治阶层。他继续东进，控制了奥克苏斯河和药杀水（今锡尔河），并建立城市（多数均命名为亚历山大）以宣示其势力范围。在今塔吉克，他与罗克桑娜公主结婚，还接受了波斯专制主义，他穿上波斯皇帝服装，厉行波斯的宫廷礼仪。公元前326年亚历山大来到了印度的希法西斯，他的军队哗变。在班师回国途中发生了多次战斗及重大的无情屠杀；抵达苏萨（今舒什）时亚历山大身负重伤，使他身体变弱。他继续进行他的不受欢迎的种族融合政策，企图将马其顿人和波斯人融为一个优秀种族。公元前324年赫费斯提翁去世，亚历山大为他最亲密的朋友举行帝王葬礼，并要求将赫费斯提翁尊为英雄，这同亚历山大要求他本人被授予神的荣誉的意图也许相关。在一次延长的宴会和狂饮后，他在巴比伦突然病倒了，数天后逝世，享年33岁。遗体葬于埃及亚历山大。他的帝国，从色雷斯到埃及，从希腊到印度河谷地，在当时是最大的帝国。

亚历山大二世　Alexander II（1198～1249）苏格兰国王（1214～1249）。其父狮王威廉一世去世后即位。1215年他支持英格兰诸侯发动的反对国王约翰的叛乱，希望重新得到他所要求的英格兰北部的领土。1217年叛乱失败后，他向英王亨利三世表示效忠，并于1221年娶亨利之妹琼为妻。1237年亨利与他缔结《约克和约》，他放弃对英格兰领土的要求，而接受几处英格兰产业作为交换。

亚历山大二世　Alexander II（1818～1881）俄语作Aleksandr Nikolayevich。俄国沙皇（1855～1881）。克里米亚战争方酣时继承王位。俄国在这场战争中暴露了许多弱点，他顺应民意进行改革，其中最重要的就是废除农奴制度（1861）。他还改善了运输系统和行政组织。在改革中，减少了特权阶级的特权，促进慈善事业，经济得以发展。虽然有人认为亚历山大二世是自由主义者，实际上，他是独裁政治原则的坚定维护者。1866年一次不成功的刺杀行动，更加强了他的保守主义倾向。一段镇压时期之后，革命的恐怖主义活动再次兴起，至1881年亚历山大二世终于在恐怖组织民意党的一次阴谋中被炸而死。

亚历山大六世　Alexander VI（1431～1503）西班牙籍教皇（1492～1503），原名Rodrigo de Borja y Doms（罗德里戈·博尔吉亚）。生于博尔吉亚家族的西班牙支系。他聚积了大量财富，生活腐化堕落，在被选上教皇之前有4个私生子女，这主要是受到西班牙风气的影响。他对奥斯曼帝国发动战争，并迫使法国放弃对那不勒斯统治权的争夺。1497年其子胡安被暗杀，悲痛之余宣布对教廷的腐败进行整顿。1494年亚历山大主持对西班牙的谈判，缔结《托德西利亚斯条约》。他赞助艺术事业，装修梵蒂冈皇宫，嘱咐米开朗琪罗设计重修圣彼得大教堂。

亚历山大六世，壁画，平图里乔绘于1492～1494年间；现藏梵蒂冈
Alinari-Art Resource

亚历山大·涅夫斯基，圣　Alexander Nevsky, St.（约1220～1263）　俄国诺夫哥罗德王公（1236～1252）、基辅王公（1246～1252）和弗拉基米尔大公（1252～1263）。1240年在涅瓦河击退来犯的瑞典人（因此被称为“涅夫斯基”，意即涅瓦河的英雄）。1242年击败入侵的条顿骑士团，同时，他在对立陶宛人和芬兰人的作战中也屡屡告捷。他和金帐汗国联合，更巩固了蒙古人对俄罗斯的统治，为此，大汗立他为弗拉基米尔大公。亚历山大通过其子，得以继续统治诺夫哥罗德。因防止在诺夫哥罗德人造反时遭到报复，他协助蒙古人征敛赋税。他被尊为民族英雄，还被俄罗斯东正教会封为圣人。

亚历山大三世　Alexander III（约1105～1181）　教皇（1159～1181）。原名Rolando Bandinelli（罗兰多·班迪内利）。因担心神圣罗马帝国的势力日益壮大，推动与诺曼人结盟（1156）。他惹恼了红胡子腓特烈一世，起因于指称帝国为“封地”，暗喻为教皇的恩赐。1159年枢机主教推选他为教皇，但是在腓特烈一世支持下也选出第1位敌对教皇，使得他流亡法国（1162）。身为教皇威权的捍卫者，他支持T.贝克特反对英格兰国王亨利二世。1165年返回罗马，翌年腓特烈一世又迫使他再度流亡。在他的支持下伦巴第联盟成立，于1176年在莱尼亚诺击败腓特烈一世，为《威尼斯和约》铺平了道路。他参与宗教传统的改革，并主持1179年召开的拉特兰会议。

亚历山大三世　Alexander III（1241～1286）苏格兰国王（1249～1286）。亚历山大二世之子，即位时年仅7岁。1251年与英王亨利三世的女儿玛格丽特结婚，因亨利三世极想染指苏格兰。1255年苏格兰的亲英派掌控了他，但两年后反英派占了上风并控制政府，直到他成年（1262）。1263年他击败挪威人。1266年自挪威取得赫布里底群岛和马恩岛。其掌政后期被苏格兰人视为黄金时代，但与英格兰陷于长期冲突。

亚历山大三世　Alexander III（1845～1894）俄语作Aleksandr Aleksandrovich。俄国沙皇（1881～1894）。在其父亚历山大二世遇刺后接替王位。他所进行的一切国内改革，其目的都是纠正先帝时期过分“自由化”的倾向。他反对议会制度，坚决支持俄国国家主义。亚历山大的政治理想是建立一个只有一个民族、一种语言、一种宗教和一种政治制度的国家。他竭尽全力去实现自己的目标：在帝国境内实行俄罗斯化，并迫害其他非东正教的宗教团体。

亚历山大图书馆　Alexandria, Library of　最著名的古籍图书馆。是埃及亚历山大市一个研究机构亚历山大博物馆的一部分。博物馆和图书馆是自公元前3世纪初起由埃及的托勒密王朝历代继承人建立与管理的。它有成为一个国际性的图书馆的理想——收藏所有的希腊文学作品以及译成希腊文的文学作品，但并不能确定距离该理想究竟有多近。由卡利马科斯编纂的图书馆目录长期以来都是标准的参考著作，但在拜占廷时期丢失。公元3世纪晚期，博物馆和图书馆均被毁，图书馆的“分馆”则于391年被毁。

亚历山大一世　Alexander I（1777～1825）全名Aleksandr Pavlovich。俄国沙皇（1801～1825）。1801年其父保罗被暗杀后继位。他和顾问纠正了许多前朝不合理的事物，但却未能废除农奴制度。拿破仑战争时，他一方面对拿破仑作战，一方面又与之交好，最后组成同盟将拿破仑打败。他还参与维也纳会议（1814～1815），组成神圣同盟（1815）。1825年猝逝，但他退隐西伯利亚的传言一直经久不息。

亚历山大一世　Alexander I（1888～1934）南斯拉夫国王（1921～1934）。第一次世界大战期间任塞尔维亚武装部队总司令，1921年接替其父彼得一世成为塞尔维亚-克罗地亚-斯洛文尼亚王国国王。1929年废除宪法建立王室独裁政权。为了使国民团结一致，他改国名为南斯拉夫，致力于各项改革，将基于伦理、宗教、区域差异之上的政党宣布为不法，并承认各州，且将法律系统、学校课程、国定假日规范化。1934年被克罗地亚分离主义的特务刺杀。

亚历山德拉　Alexandra（1872～1918）俄语作Aleksandra Fyodorovna。原名Alix, Prinzessin（Pincess）von Hesse-Darmstadt。沙皇尼古拉二世的皇后，维多利亚女王的孙女。1894年与尼古拉结婚，企图恢复绝对专制权力。其子阿列克谢患血友病，她求助于G.拉斯普廷，自此拉斯普廷成为其精神顾问。1915年第一次大战期间尼古拉离开莫斯科亲临前线，她恣意解除一些大臣的职务，代之以拉斯普廷所喜欢的鸡鸣狗盗之徒。结果朝政陷于瘫痪。俄国1917年革命布尔什维克掌权后，皇室成员尽数被囚禁，随后处决。

亚历山德里·帕尔马　Alessandri Palma, Arturo（1868～1950）　智利总统（1920～1925，1932～1938）。意大利移民之子，1920年代表城市各阶级，首次成功地挑战智利寡头政治。他支持工人阶级并企图进行自由主义改革，但受到国会的阻挠。后被伊瓦涅斯(·德尔·坎波)领导的政变流放。后以修改宪法、扩大总统权力为条件应召回国。1932年“大萧条”期间再次出任总统。身为严格的宪政主义者，他主要靠右翼政治力量支持。由于他针对迅速蔓延的罢工活动宣布戒严状态，而失去大部分劳动者和中产阶级的支持。

亚历山德里亚　Alexandria　美国弗吉尼亚州北部城市。位于波多马克河畔，17世纪末始有人定居，1749年以地主J. 亚历山大之名命名。1801～1847年是华盛顿特区的一部分。后划归弗吉尼亚州。旧亚历山德里亚许多殖民时代的老建筑物至今犹在，附近有G. 华盛顿的宅院芒特弗农。人口128 283(2000)。

亚利桑那　Arizona　美国西南部一州，与墨西哥及美国的犹他州、新墨西哥州、加利福尼亚州以及内华达州接壤，首府凤凰城。汉弗莱峰高3 850米，是全州最高点。州内有大峡谷和石化林国家公园，并拥有大量美国印第安部落土地。人类很可能在25 000年前就在此居住过。在霍霍坎文化、阿纳萨齐文化消失后，游牧的阿帕切和纳瓦霍印第安人来到这个地区。16世纪中叶来自墨西哥的西班牙寻宝者，包括F. V. de 科罗纳多在内，建立墨西哥对此区的主权。1776年墨西哥军队在图森建立一个要塞。墨西哥战争后，亚利桑那割让给美国，在1848年成为新墨西哥州的一部分。1853年加兹登购地增加了一些领土。1863年成为准州，1912年成为美国的第48州。虽然人口稍嫌稀疏，但近几十年来人口迅速增长，大部分是因气候宜人。居民约有1/5的人讲西班牙语，5%是印第安人，包括纳瓦霍族、阿帕切族、霍皮族、帕帕戈族和皮马族。经济多元化，包括农业、采矿、航天、电子和旅游业等。面积295 235平方千米。人口约6 553 255(2012)。

亚伦　Aaron(活动时期约公元前13世纪)摩西的兄长，古代以色列的第一位大祭司。作为摩西的发言人，他劝说法老允许以色列人离开埃及。上帝指示亚伦和摩西设立逾越节，作为一年一度纪念出埃及的宗教节日，亚伦与其子均被摩西授予祭司的职分。亚伦在《出埃及记》里虽是中心人物，但此后的篇章里几乎未再提及。仅记载摩西在西奈山上接受上帝的律法时，亚伦负责铸造金犊供百姓崇拜。《民数记》中记载他享年123岁。

亚马多　Amado, Jorge(1912～2001)巴西小说家，出生和成长于可可种植园，20岁时出版第一本小说。早期作品包括《无边的土地》(1942)，描写种植园工人所受的剥削和苦难。尽管由于从事左倾政治活动而多次入狱和流亡国外，他还是继续写作小说，有许多作品在巴西和葡萄牙被禁止。后来的作品，如《加布里埃拉、丁香与肉桂》(1958)、《堂娜弗洛尔和她的两个丈夫》(1966)和《圣者的战争》(1993)，都在更隐晦的讽刺中保留着亚马多的政治态度。

亚马孙　Amazon　指希腊神话中由妇女战士组成的一个种族的成员。希腊英雄赫拉克勒斯所服的劳役之一就是率领一支远征队伍去夺取亚马孙女王希波吕忒的腰带。另一种说法是，忒修斯曾进攻过亚马孙人。亚马孙人的反应是进攻阿提卡，但是最后被打败了，并且忒修斯娶了她们当中一个名叫安提俄珀的女人。古希腊的艺术作品中，亚马孙人的形象神似雅典娜女神(带着武器和头盔)和阿耳忒弥斯女神(身着薄衣，腰带系得高以便于疾行)。

亚马孙国家公园　Amazonia National Park　巴西中北部公园，位于塔帕若斯河沿岸，约在马瑙斯市与贝伦市的中途。1974年成立，范围逐渐扩大到8 600平方千米，有各式各样动、植物。

亚马孙河　Amazon River　葡萄牙语作Rio Amazonas。南美洲北部河流。是世界上流量最大、流域面积最广的河流，其长度仅次于非洲东部和东北部的尼罗河。发源于秘鲁安第斯山脉，距太平洋不足160千米，穿过巴西北部到大西洋入海口，全长约6 400千米。在秘鲁的河段通称为马拉尼翁河，在巴西至内格罗河的河段则称为索利蒙伊斯河。亚马孙河已知的支流有1 000多条，发源于圭亚那高原、巴西高原和安第斯山脉。有7条支流长度超过1 600千米，其中马德拉河超过3 200千米。亚马孙河可全年通航，大货船入内陆可上行至离大西洋1 600千米远的巴西城市马瑙斯。1541～1542年F. de奥雷利亚纳是沿河而下的第1个欧洲人；据说他在与妇女部落(他比作希腊传说中的亚马孙人)打了几仗后，就把这条河流取名为亚马孙河。1637～1638年P. 泰谢拉实现了第1次溯河而上的探险，但在19世纪中叶以前，这条河一直很少被开发利用。最初由许多土著人沿河而居，但随着各路人马及入侵者想把他们当奴隶使用后，他们就往内地迁移。19世纪60年代，该河向全世界的船只开放；随着橡胶贸易的来临，河上交通呈指数型增长，1910年前后达到巅峰，但不久就衰退下来。亚马孙河流域有世界上最大的热带雨林，以及品种繁多的珍禽异兽。20世纪60年代以来，经济开发对该地区生态环境的影响和对热带雨林的破坏已受到全世界的关注。

亚美尼亚　Armenia　全称Republic of Armenia(亚美尼亚共和国)。西亚外高加索地区的国家。面积：29 743平方千米。人口：约2 850 000(2013)。首都：埃里温。全国人口约有9/10是亚美尼亚人，少数是阿塞拜疆人、库尔德人、俄罗斯人和乌克兰人。语言：亚美尼亚语(官方语言)和俄语。宗教：基督教(多数为亚美尼亚使徒教会，亦有罗马天主教)、伊斯兰教。货币：德拉姆。亚美尼亚是一个山地国家，平均海拔1 800米。小高加索山脉横越北部，东部中心有塞凡湖。属干燥的大陆性气候，气温随海拔而变化极大。虽然已高度工业化(在苏联统治时期大力发展水电的结果)和日渐都市化，但农业仍占重要地位。亚美尼亚是单一制多党制共和国，有一个立法机构。国家元首是总统，政府元首是总理。亚美尼亚是一个高加索历史地区的后继国家，历史上的疆界变化极大，但古亚美尼亚的范围曾达至现在的土耳其东北部和亚美尼亚共和国。这个地区相当于古代的乌拉尔图王国，这个王国约从公元前1270～前850年治理该地。后来被米底人(参阅米底)和马其顿人所征服，之后与罗马结盟。基督教在300年左右被奉为国教。接下来的几个世纪有阿拉伯人、塞尔柱人、拜占廷人和蒙古人争夺此地，1514～1516年处于奥斯曼帝国的统治之下。接下来的数个世纪，部分领土曾转让给其他统治者，散布各地的亚美尼亚人民族主义情绪开始高涨，19世纪末期引起广泛的争论。1828年部分领土割让给俄国后，奥斯曼帝国与俄国间的争斗逐渐升级，整个第一次世界大战期间仍断断续续发生一连串针对亚美尼亚人的大屠杀事件(参阅亚美尼亚人惨案)。奥斯曼帝国战败后，1922年属俄国部分的亚美尼亚成为苏维埃共和国的一部分。1936年亚美尼亚成为苏联中的立宪共和国。20世纪80年代末期苏联开始解体，1991年亚美尼亚宣布独立。接下来为了纳戈尔诺-卡拉巴赫的归属问题与阿塞拜疆发生冲突，虽经诸多努力，冲突仍持续未决。20世纪90年代，由于经济下滑，大量亚美尼亚人离开国家，其中许多人在经济开始好转之后仍未回国。亚美尼亚于1994年首次参加在挪威利默哈尔举办的冬奥会，但亚美尼亚运动员自1952年便开始参加奥运会(代表苏联和独联体)。

亚美尼亚人　Armenians　第1个被认定的印欧民族，公元前7世纪初迁到被巴比伦和米底征服的地区，该地区后来又在公元前331年被亚历山大大帝征服。亚美尼亚文化在公元14世纪达到巅峰，在雕刻、建筑和艺术方面表现了极高的水准。在历史上，亚美尼亚时常为了抵抗外国人统治而奋战，先是拜占廷帝国，后是塞尔柱王朝、奥斯曼帝国、波斯和俄罗斯。最近的外族统治时期(1922～1990)在苏联解体后结束。至20世纪亚美尼亚人主要务农，现已高度都市化。传统上信奉东正教或天主教，亚美尼亚被认为是第1个基督教国家。现在约有3 500 000人住在亚美尼亚共和国，还有少许人散居在西方。参阅亚美尼亚人惨案。

亚美尼亚人惨案　Armenian massacres　奥斯曼帝国苏丹阿卜杜勒-哈米德二世在1894～1896年以及青年土耳其党政府在1915～1916年对帝国内亚美尼亚族所进行的灭绝种族的迫害。1894年亚美尼亚人开始鼓动地方自治并拒缴高额的税赋，土耳其军队和库尔德人屠杀数以千计的亚美尼亚人。1896年为了引起人们对他们困境的注意，亚美尼亚革命者占领了伊斯坦布尔的奥斯曼银行。作为报复，政府所煽动的穆斯林土耳其人暴徒杀死了5万多名亚美尼亚人。其后20多年里零星屠杀时而发生。1915年，针对亚美尼亚人组织反土耳其军团，土耳其政府把境内的大约175万亚美尼亚人向南驱入叙利亚和美索不达米亚。在迁徙过程中，约60万亚美尼亚人被打死或饿死。

亚美尼亚语 Armenian Language 亚美尼亚人使用的印欧语言，全球的使用者约有670万人。长久以来亚美尼亚语与伊朗诸语言的历史渊源使其采用了许多波斯外来语。根据传统，亚美尼亚语独特的字母表是由教士梅斯罗布·马什托茨于405年创建，部分字母的创建基于希腊字母表。5～7世纪的亚美尼亚语（格拉巴尔语，有时亦称古典或旧亚美尼亚语）一直被当作文学语言沿用至今。19世纪文化复兴形成两种新的文学语言：西亚美尼亚语，以伊斯坦布尔亚美尼亚人所说的语言为基础；东亚美尼亚语，以外高加索亚美尼亚人所说的语言为基础。由于长期以来迁移的传统和奥斯曼统治的最后数十年间的屠杀和驱逐，使得操西亚美尼亚语者多居住在安纳托利亚以外的地区，而东亚美尼亚语则是今日亚美尼亚共和国的主要语言。

亚眠 Amiens 古称Samarobriva。后称Ambianum。法国北部城市。位于索姆河畔，为罗马的要塞。一个中世纪郡的重要城市，1435年归勃艮第所有，1597被西班牙人占领，后被亨利四世收复，1790年以前一直是皮喀第的首府。1870年普鲁士人占领该城，1914年日耳曼人短暂统治该城，它的名称是来自于1918年同盟国对德国的一次成功的反击。第二次世界大战中被德国人占领。自16世纪迄今是法国纺织业中心，也是法国最大的哥特式圣母大教堂的所在地。人口约136 000（1990）。

亚穆苏克罗 Yamoussoukro 科特迪瓦城镇、陪都。1960～1993年为该国的“第二首都”，因为这里是国家元首乌弗埃·博瓦尼的出生地和非正式的总部。1983年定为正式首都，分担阿比让的某些职能。渔业、林业在经济上占重要地位。镇内有和平圣母大教堂，是世界上最大的基督教堂，几乎完全按罗马的圣彼得大教堂仿建。人口约185 600（2003）。

亚平宁山脉 Apennines 意大利半岛中部的主干山脉。由西北的萨伏那附近延伸至南方的卡拉布里亚雷焦，全长约1 400千米，宽40～200千米。科尔诺山海拔2 912米，为最高点。意大利半岛许多河流都发源于亚平宁山脉，如阿诺河、台伯河和沃尔图诺河。

亚瑟王传奇 Arthurian legend 以描述传奇中的亚瑟王为主的英国中世纪传奇故事。这些故事记述了亚瑟王的一生、他的骑士们的冒险，以及他的骑士朗斯洛和亚瑟的王后圭尼维尔的奸情。亚瑟的传奇在11世纪前曾流行于威尔士，通过蒙茅斯的杰弗里而成为文学作品。克雷蒂安·德·特罗亚、瓦斯、雷亚孟、T. 马罗莱等其他中世纪作者都曾写过有关圣杯的故事。维多利亚时期这个题材再度流行，重要的作家有A. 丁尼生的《亚瑟王之牧歌》和T. H. 怀特的《曾经与永远的国王》。亚瑟是否为一历史人物现在仍无法确定。中世纪传说他是6世纪的战士，拥护基督教，团结不列颠部落反抗撒克逊人侵者，539年左右死于卡曼兰战役，后葬于格拉斯顿伯里。参阅加拉哈和墨林。

亚述 Ashur 古代亚述的宗教中心。在今伊拉克底格里斯河沿岸，摩苏尔南方97千米处。亚述这个名字被用于此城、国家和其主要供奉的神祇。约公元前2500年开始有人定居。公元前12世纪晚期为亚述人所掌控。其宗教圣地不断得到修葺，直到公元前614年，被巴比伦人摧毁。有碉堡、寺庙及宫殿等考古遗址。2003年被联合国教科文组织列为世界遗产。

亚述 Assyria 亚洲西南部的古帝国。原为亚述城（今伊拉克北部）附近的一个小地区，后来崛起为一个强国，统治范围从埃及延伸到安纳托利亚。亚述可能是在公元前第2千纪时出现，后来势力才慢慢壮大。公元前9世纪是其鼎盛时期，当时在亚述纳西拨二世（公元前883～前859）的统领下，远征到地中海地区。公元前746～前609年左右，新亚述帝国征服了中东大部分地区。后者中的伟大君主包括提革拉·帕拉萨三世、萨尔贡二世、辛那赫里布和亚述巴尼拔。亚述人不仅以残忍和勇敢著称，在尼尼微、亚述城和卡拉等地的考古发掘证明，他们还是巨大工程的建筑者。相传亚述巴尼拔在尼尼微的宫廷十分富丽。在艺术上，亚述人最有名的是石头浅浮雕。公元前612～前609年间亚述帝国被征服，当时的米底亚和巴比伦（加尔底亚）联合摧毁了尼尼微城。

亚述巴尼拔 Ashurbanipal（活动时期公元前668～前627） 亚述最后一位伟大的国王。公元前672年被立为皇太子，其同父异母兄弟被立为巴比伦王储。其父死后，亚述巴尼拔顺利接掌政权。他平定了埃及的叛乱，成功地征服了提尔。统治巴比伦的异母兄弟在臣服于他16年后，与亚述帝国的偏远民族联合，阴谋推翻亚述王国。但亚述巴尼拔发现了阴谋。经过3年围困，他攻占了巴比伦。到公元前639年，几乎所有已知的世界都为其所掌控。他是热忱的宗教徒，曾重建巴比伦和亚述的许多圣庙。其杰出贡献归功于他对学术的兴趣，他在尼尼微创建古代近东地区第1座系统化收集、归类图书的图书馆。那里收藏的泥板文书保留了预言、美索不达米亚神话、祈祷词和咒语、科学文献、词典学文献和民间故事。

亚述巴尼拔负篮图，公元前650年重建之巴比伦埃萨吉拉寺上的石制浅浮雕；现藏不列颠博物馆

Reproduced by courtesy of the trustees of the British Museum

亚松森 Asunción 全名Nuestra Señora de la Asunción。巴拉圭首都，位于皮科马约河与巴拉圭河汇合处附近。1537年由西班牙征服者建立。在布宜诺斯艾利斯人口锐减的那段时期（1541～1580），取而代之成为南美东部西班牙殖民活动的中心。1731年此地是最早反抗西班牙统治的起义地点之一，1811年巴拉圭宣告脱离西班牙而独立。现为全国人口最稠密地区的集散和出口中心，加工内地富庶农牧区的产品。主宰全国社会、文化和经济趋势。人口512 112（2002）。

亚速海 Azov, Sea of 乌克兰和俄罗斯南部海岸外的内陆海。向南通过刻赤海峡与黑海相连。亚速海长约340千米、宽135千米，面积约37 600平方千米。亚速海最深处约14米，是世界上最浅的海。流入亚速海的河流有顿河、库班河，在两河的入海口塔甘罗格湾水深不过1米。西部有阿拉巴特岬角，是一片113千米长的沙洲，将亚速海与锡瓦什隔开。锡瓦什是将克里米亚半岛和乌克兰大陆隔开的沼泽水湾。

亚速群岛 Azores 葡萄牙语作Açores。北大西洋中的群岛，为葡萄牙领土。群岛由9个主要岛屿组成，包括圣米格尔、圣玛丽亚、法亚尔、皮库、圣若热、特塞拉、格拉西奥萨、弗洛里斯和科尔武。首府为位于圣米格尔岛上的蓬塔德尔加达。各岛具有大致相同的特点：海岸陡峭，多岩石和卵石岩屑（岩屑堆或山麓碎石堆）。频繁的地震和玄武岩熔浆喷发显示出其不稳定的地质特性。群岛西距欧洲大陆约1 600千米。一般认为亚速群岛是在约1427年由葡萄牙国王的领航员D. de 塞尼尔发现的，所有岛上都没有发现人类到此或居住的痕迹。约1432年开始建立居民点，到15世纪末，所有岛屿均有人居住，并与葡萄牙建立了良好的贸易关系。1580～1640年，亚速群岛曾隶属西班牙，1591年曾是英国与西班牙和葡萄牙两个半岛强国之间海战的战场。1766年葡萄牙任命一名管辖整个群岛的总督兼提督；1895年群岛被给予有限的行政自治权。第二次世界大战时重要的空军和海军基地在此建立，1951年美国在拉日什设立北大西洋公约组织的空军基地。总面积2 247平方千米。人口242 073（2001）。

亚特兰大 Atlanta 美国城市，位于蓝岭山脚下，为佐治亚州首府及最大城市。1837年被选为铁路终点站，为美国东南部提供运输服务，起初名为终站，后名为马莎村，1845年始名为亚特兰大。南北战争时原是重要的补给站,但被 W. T. 谢尔曼率领的联邦军队烧毁。1868 设为州首府。在从战后重建中恢复后,致力于"新南方"精神的体现,以寻求与北方的协调。亚特兰大是 M. L. 金(遭暗害的南方基督教领袖会议的负责人)的故乡,也是南部大城市中第 1 个黑人当选市长的城市(1970)。该城还是美国东南部商业、运输的中心。人口约420 003(2010)。

亚铁磁性　ferrimagnetism　固体材料出现的一种永磁性,在这种材料中,各个原子的磁场自发地排列成行,有些平行或同向排列(如铁磁性材料),另一些反平行或成对反向排列(如反铁磁性材料)。那些反平行排列的原子的减弱效应,使这些材料的磁化强度往往低于纯铁磁材料(如金属铁)。亚铁磁性主要存在于磁性氧化物(称为铁氧体)之中。在温度超过这种铁磁材料所特有的居里点后,形成亚铁磁性的自发排列就完全破坏。当温度下降到居里点以下时,亚铁磁性又恢复。

亚西比德　Alcibiades(约公元前 450 ～公元前 404)　才气横溢却不够廉洁的雅典政治人物与军事统帅。其父在作战时阵亡,他的监护人是伯里克利,未能给他必要的指导和爱护。他结识了苏格拉底,苏格拉底为其俊秀的外表和机敏所吸引。两人曾在伯罗奔尼撒战争中并肩作战,互相救过对方,但他不像苏格拉底般正直廉洁。公元前 420 年当上将军。公元前 415 年在远征西西里途中,被控亵渎赫耳墨斯神像,于是逃到了斯巴达。他向斯巴达人献策,打击雅典军队,但最后斯巴达人也开始反对他,于是他又向波斯总督摇尾乞怜。后来雅典舰队召唤他回来。公元前 411 ～前 408 年他帮助雅典取得多次胜利。虽然赢得英雄地位,但他的政敌借机煽惑群众将他罢免。亚西比德前去色雷斯隐居,曾预见雅典在伊哥斯波塔米战役的危险性。后来从色雷斯逃到弗里吉亚。在那里斯巴达人密谋将他杀害。他的政治动摇,是伯罗奔尼撒战争中雅典失败的最大决定性因素。他的恶名也牵连到苏格拉底,加强了政敌对苏格拉底的指控(前 399)。

亚烟煤　subbituminous coal　介于褐煤和烟煤之间的深棕色到黑色的煤。比起褐煤来它含的水分较少且较硬,因此比较容易运输、贮存和使用。而比起烟煤来,它的燃烧值较低,但含硫量也往往较低,所以许多烧煤炭的发电厂已经从用烟煤改为用亚烟煤和褐煤(其含硫量也相对较低)。亚烟煤矿藏分布于美国、加拿大、巴西、德国、俄罗斯、乌克兰、澳大利亚和中国。

亚原子粒子　subatomic particle　又称基本粒子。物质或能量的自持的单元的统称。1897 年发现电子,1911 年发现原子核。这些发现确立了原子是由电子云围绕着一个极小的重核所组成。到 20 世纪 30 年代初,发现原子核是由甚至更小的叫做质子和中子的粒子组成。20 世纪 70 年代初,发现这些粒子由几类称为夸克的更基本的单元组成。夸克与几类轻子一起组成了所有物质的基本结构单位。第 3 组主要的亚原子粒子是玻色子,是它们传送着宇宙中的各种力。至今已经检测到 200 多种亚原子粒子,大多数都有相应的反粒子(参阅反物质)。

亚洲　Asia　世界上最大的一个洲。被北冰洋、太平洋和印度洋包围。西与欧洲接壤,由北至南分别是东乌拉尔山脉、里海、黑海、爱琴海、地中海地区、苏伊士运河和红海。斯里兰卡、中国台湾、印度尼西亚群岛(不包括新几内亚)、菲律宾和日本等岛屿也都是构成亚洲的一部分。面积:44 614 000平方千米。人口:约3 879 659 000(2004)。山脉和高原占优势,最高的山脉位于中亚地区和印度次大陆的北部。地球上陆地最高点8 850米的珠穆朗玛峰和海拔-400 米的陆地最低点死海都在亚洲。戈壁沙漠和塔尔沙漠是该洲两个最大的干旱区。这里有世界上数条最长的河流,包括幼发拉底河、底格里斯河、印度河、恒河、长江(亚洲最长的河流)、黄河、鄂毕河、叶尼塞河和勒拿河。里海、咸海和死海是主要的咸水湖。可耕地约占全洲陆地面积 1/5。亚洲主要语群有汉藏诸语言、印度-雅利安诸语言、澳斯特罗尼西亚诸语言、澳斯特罗亚细亚诸语言、闪米特诸语言;主要的单独语包括日语和朝鲜语。东亚有 3 个主要民族:中国人、日本人和朝鲜人。印度次大陆有许多不同的种族,所使用的语言大部分属印欧诸语言印度-雅利安诸语言。由于受到中国和苏联的影响,普通话和俄罗斯语被广泛使用。所有世界主要宗教和数百个小宗教都发源于亚洲。发源于南亚的印度教是世界最古老的主要宗教,耆那教和佛教分别于公元前 6 世纪和公元前 5 世纪出现。西南亚是所谓的"亚伯拉罕诸教":犹太教、基督教和伊斯兰教的摇篮。道教和儒家学说均起源于公元前 6 世纪或公元前 5 世纪,两者对中国文化和周边人民的文化有深刻的影响。亚洲各国贫富差异悬殊。少数国家,特别是日本、新加坡和阿拉伯半岛石油产出国,日常生活水准高;其他如孟加拉国、缅甸等国则属于最贫困国家;介于二者之间的是俄罗斯、中国和印度。亚洲文化种类繁多,主要受中国、印度、伊斯兰、欧洲和中亚 5 种势力影响。中国对东亚影响深远,因它是儒家学说、中国文字和文化的发源地。印度的影响是经由印度教和佛教传播的,影响了中国西藏、印度尼西亚、柬埔寨和中亚等地区。伊斯兰教源自阿拉伯,在中东、西南亚、中亚及其他地区显得重要。早期人类直立人约在 100 万年前从非洲迁徙至亚洲东部。约公元前 3000 年底格里斯河和幼发拉底河流域就已经使用文字(参阅美索不达米亚)。印度河文明及叙利亚北部的发展始于公元前 30 世纪中期左右。中国城市文明始于商朝(公元前 1600 ～前 1046)和周朝(约公元前 1046 ～前 256)。操印欧语系的民族(如雅利安人)在公元前 2000 ～前 1500 年入侵印度西部后发展出吠陀教。之后的帝国和包括马其顿亚历山大大帝在内的非凡领导者,将他们的政治影响力传播到军事力量所及之处。13 世纪,成吉思汗和他的蒙古人继承者把亚洲都纳入其统治之下。14 世纪时,突厥首领帖木儿征服了中亚大部分地区。15 世纪穆斯林突厥人摧毁了拜占廷帝国的剩余部分。19 世纪欧洲帝国主义开始取代了亚洲的旧帝国。俄国沙皇势力沿亚洲推展到太平洋沿岸,英国取得印度和缅甸的控制权,法国控制东南亚东部(法属中南半岛),荷兰占领东印度群岛(印度尼西亚),西班牙和后来的美国统治了菲律宾。第二次世界大战(1939 ～ 1945)后,由于前亚洲殖民地在 20 世纪后半期获得独立,欧洲帝国主义完全消失。

氩　argon　化学元素。化学符号 Ar,原子序数 18。地球上丰度最大、工业上最常用的一种惰性气体,无色、无臭、无味。按重量计,氩占空气的 1%。氩是通过分馏液态空气进行制备,氩气在焊接中,特别是在电灯泡、电子管、盖革计数器及特定金属的生产和制备中充当惰性气体保护层,因为它是稀有天然放射性同位素钾衰变而产生的,所以可以用来测定 10 万年以上的岩石及样品的年龄。

咽　pharynx　位于喉内,自口腔、鼻腔(参阅口、鼻)直到气管和食管。它有 3 个相连的部分:鼻咽,位于鼻腔的后部;口咽,位于口腔的后面,直到会厌(吞咽时封闭喉的一组织瓣);咽喉,从会厌一直到食道。口咽含有上颚扁桃体。咽鼓管将中耳连接到咽上,可调节作用在鼓膜上的气压。咽部疾病有咽炎、扁桃体炎和癌症。

咽炎　pharyngitis　咽部的炎症和感染(常为细菌或病毒感染)。症状有疼痛(喉咙痛,吞咽时更甚)、红肿、淋巴结肿大和发烧等。链球菌感染(链锁状球菌喉炎)如果没有及时使用抗生素治疗,会引起风湿热。对滤过性毒菌感染使用抗生素则无疗效,只能缓解症状。区分这两种感染的唯一办法就是对喉部细菌的辨别。

烟草　tobacco　烟草属中许多种植物的统称,或数种经过加工处理的烟草叶片,在各种不同方法加工之后制成烟丝、鼻烟、嚼烟或提取尼古丁。普通烟草原产于南美洲、墨西哥和西印度群岛。普通烟草通常高达 1 ～ 2 米,开粉红色的花朵并长有大叶片,叶片长度可达 0.6 ～ 1 米,宽度约为长度的一半。当 C. 哥伦布抵达美洲时,他发现美洲土著不但像现在的人们一样吸烟,同时还在宗教仪式中使用烟草。由于相信烟草的药效,烟草被引入欧洲和世界其他地区,并成为英国殖民者与欧洲国家交换商品的主要物品。现在由于考虑到吸烟对健康产生的极大危害,包括各种癌症和呼吸道疾病,人们开始反对吸烟,但是全球烟民的数量仍在继续上升。世界卫生组织估计,吸烟将导致每年 300 万人死亡,并且在 20 年内,因吸烟死亡人数将超过任何一种疾病所导致的死亡人数。

烟斗藤　Dutchman's-pipe　又作pipe vine。马兜铃科攀缘藤本植物,学名 *Aristolochia durior*。原产于北美中部及东部。叶心脏形或肾形;花黄棕色或紫棕色,管状,形似弯曲

烟斗藤(*Aristolochia durior*)
A. J. Huxley

的烟斗,因而得名。生长迅速,常种作绿篱或装饰门廊、棚架。

烟煤 bituminous coal 又称soft coal(软煤)。量最多的一种**煤**。褐色到黑色,发热量较高。分布广泛且资源丰富,是各种煤中商业用途最广泛的一种,长期用于电力厂和工业锅炉来生产蒸汽。某些品种可用来提炼焦炭,一种接近纯碳的坚硬物质,对熔炼铁矿石很重要。烟煤的主要缺点是含有中量到高量的硫,大量燃烧会造成空气污染,形成**酸雨**。参阅**无烟煤**。

烟酸 niacin 又作nicotinic acid或Vitamin B_3。动物(包括人类)生长和健康不可缺少的杂环化合物。它是一种嘧啶环形的芳香性羧酸。在身体里只以化合物的形式存在,如辅酶、烟酸胺腺嘌呤二核苷酸(NAD),它们参与碳水化合物的新陈代谢以及糖的衍化物和其他物质的氧化过程。它是最稳定的维生素(参阅**维生素B复合体**)之一,在烹调和大多数腌渍过程中都不被破坏。广泛存在于食品,尤其是瘦肉中。烟酸缺乏会引起**糙皮病**。它也用作药物来提高高密度脂蛋白胆固醇的水平。

烟雾 smog 广布于某一社区的污染空气。此词源自smoke(烟)和fog(雾)的组合,在20世纪早期普及,现一般被用来指很多城市上空由汽车或工业产生的废气。含硫烟雾是因使用含硫矿物燃料特别是煤而造成的,并因湿度过大而恶化。光化烟雾既不来自烟,也不来自雾,而是因汽车及其他来源所排出的各种氧化氮和烃类蒸气,在阳光下起反应,生成光化烟雾,使大气呈微棕色。光化烟雾会降低能见度、对植物造成损害、刺激眼睛和呼吸道。

阉人 eunuch 割去生殖器官的男子。自远古起,阉人即在中东地区和中国充当后宫或其他女性寓所的卫士和仆役,以及帝王的内侍。阉人身为后宫亲信,常能对君主施加重大影响。拜占廷时期的许多君士坦丁堡牧首都是阉人。他们参与朝政,成为一个社会阶层,直到奥斯曼帝国衰亡时才销声匿迹。参阅**阉人歌手**。

阉人歌手 castrato 在青春期以前阉割过的男性女高音或男性女低音歌唱者,音域宽广、灵活、有力。阉人歌手是在16世纪妇女被禁止在教堂唱诗班和舞台上演唱而采用的,在17～18世纪的歌剧中达到了"黄金时代"。他们的独特音色与高超的歌唱技巧相结合,能演唱难度很大的声乐段落,曾受到当时歌剧听众的热烈欢迎,为意大利歌剧的传播作出了贡献。18世纪歌剧舞台上的男歌手大部分是阉人,其中著名的有塞内西诺(约1750年去世)、卡法瑞利(1710～1783)和**法里内利**。直到1903年阉人歌手还在西斯廷礼拜堂唱诗班演唱。

延基韦湖 Llanquihue, Lake 智利中南部的湖泊。智利最大的湖,面积860平方千米,长35千米,宽40千米。远处有一些火山,山后阿根廷的边界处有特罗纳多峰(高3 554米)。湖边有一些著名的旅游城镇。

延森 Jensen, Johannes V(ilhelm) (1873～1950) 丹麦小说家、诗人和散文作家。原本攻读医学,后来转向写作。他首先给人的印象是一位神话故事作家,发表了100多篇一再以《神话》为题的故事。早期的作品还包括一部历史三部曲《国王的下台》(1900～1901),描写丹麦国王**克里斯蒂安二世**。他最著名的作品是《漫长的旅行》(1908～1922),为6部一套的系列小说,从人类原始时期叙述到C.哥伦布到达美洲。1944年获诺贝尔奖。

延展性 ductility 材料由于应力作用而永久变形的能力(如拉长、弯曲或展开)。例如一般常见的钢铁具有相当的延展性,因此可以承受局部应力集中。脆性的材料如玻璃,缺乏延展性,不能承受应力集中,因此容易破裂。当材料样品加压,最初是弹性变形(参阅**弹性**),超过一定的变形量,称为弹性限度,就会变成永久变形。

言论自由 freedom of speech 表达信息、思想和意见,依据其内容,不受政府限制的权利。在美国宪法修正案第1号和第4号中对此有所阐释。如果言论会造成"明确而现实的危险",即将严重危害或威胁社会安全或其他公共利益,也将受到限制(因此对发出虚假火情警报或煽动他人暴乱,要加以限制)。对言论和出版(新闻自由)以及人们一般行为(包括艺术的表现)的限制,在今天的美国已经比历史上任何时期都少了。有许多涉及言论自由的案件也与破坏名誉、淫秽,乃至预先禁令(参阅**五角大楼文件**)有关。参阅**书刊检查制度**。

言语 speech 人类以**语言**为手段的交流。其过程为:空气从肺部呼出,通过喉部的声带,再从声道(**咽**、口腔和鼻腔)出来。这股气流通过发音器官的调节而发出不同的声音,这些器官主要是**舌**、**腭**和唇(参阅**发音**)。发音**语音学**即以所运用的发音器官的位置和动作来描述每种声音。言语也可以用**句法**、词库(字和**词素**的总和)和**音系学**(声)等术语来描述。

岩顶穹顶寺 Dome of the Rock 又作Mosque of Omar(欧麦尔清真寺)。位于耶路撒冷,是现存最古老的伊斯兰教圣迹。其所在的岩石被伊斯兰教和犹太教奉为神圣。相传伊斯兰教创始人先知**穆罕默德**由此处登霄。按照犹太教的传说,希伯来人的祖先**亚伯拉罕**(易卜拉欣)就在这里准备将其子当作牺牲奉献给神。穹顶寺建于685～691年,供朝圣之用,八角形的建筑的墙装饰得富丽堂皇,穹顶镀金,下有一圈扶垛和圆柱。

岩画艺术 rock art 古代或史前时代在石头上记录,作画或其他类似事情。岩画艺术包括岩画(画或涂上去)、岩雕(刻上去或凿入)、镌刻(浮雕景物)、石雕(展现一种形象的石头)以及地质印痕。这些关于古代动物、工具以及人类活动的描绘可以帮助我们窥见远古的日常生活,即使图样通常是象征性的。有时某个地区的岩画艺术遗迹可以是好几世纪的活动。岩画艺术也在史前宗教中扮演重要角色,可能与古代**神话**或**萨满**的活动有关。重要的岩画艺术遗迹可见于南非、欧洲、北非以及澳洲。

岩浆 magma 形成**火成岩**的熔融或部分熔融的岩石,通常由硅酸盐液体组成。岩浆可能在地层深处也可能在地表移动,喷发出来就成为**熔岩**。有几种相互关联的物理性质决定了岩浆的特性,包括化学成分、黏度、溶解的气体和温度。结晶过程中可能发生的各种变化会影响最终形成的岩石,例如早期晶体从液体中析出,阻止了晶体间的反应;岩浆冷却太快,来不及发生反应;挥发分的散失,可能从岩浆中带走某些组分。

岩石 rock 地质学中指天然存在的由多种**矿物**黏结起来的集合体。岩石按其形成过程分三大类:**火成岩**、**沉积岩**和**变质岩**。这三类岩石根据不同因素又可细分为许多类别,其中最重要的因素是化学成分、矿物成分和结构构造特征(例如酸性和碱性岩石、结晶岩、喷出岩)。参阅**侵入岩**。

岩石圈 lithosphere 坚硬岩质的地球外层,由地壳和地幔上部固态的最外层组成。岩石圈的深度约100千米,破裂成12个独立的刚性块体,即板块(参阅**板块构造学**)。科学家认为,地球内部的放射热能使地幔深处缓慢对流,导致板块(大陆在板块的顶部)横向运动,速率是每年数英寸。

盐 salt 酸中的氢被金属或相当金属的基团如铵(NH_4^+)取代后所生成的化合物。通常,酸和碱反应生成盐和水。大多数无机盐在水溶液中离解(参阅**离子**)。氯化钠(普通的食盐)是人们最熟悉的盐;其他熟悉的盐类有碳酸氢钠(小苏打)、硝酸银以及碳酸钙等。

盐肤木 sumac 漆树科盐肤木属(漆树属)灌木或小乔木的统称。原产于温带和亚热带地区。均含乳状或树脂状树液,某些种(例如毒漆树)的树液可致接触性皮炎。以前多用作染料、药品或饮料的原料,现在则用作观赏植物、固土植物及覆盖植物。用作风景树的盐肤木树形优雅，秋叶美观或果簇鲜艳。光滑盐肤木(*R. glabra*，又称猩红盐肤木)是最常见的种，原产于美国东部和中部。

盐湖城 Salt Lake City 美国犹他州首府。位于约旦河畔，靠近大盐湖东南端。1847年B.杨和148名摩门教徒为躲避宗教迫害而创建。1868年以前称为大盐湖城。在兴建铁路网后发展成为西部商业中心，1896年成为州首府，是该州最大的城市。海拔为1 338米。现为附近矿业的商业中心，有多种制造业。作为耶稣基督末世圣徒教会总部所在地，盐湖城影响着该州及这一地区的社会、经济、政治以及文化生活。该市是摩门教寺庙和礼拜堂的所在地，是2002年冬季奥运会举办地。人口186 440(2010)。

盐酸 hydrochloric acid 又作muriatic acid。气态无机化合物氯化氢(HCl)的水溶液。盐酸是一种强酸，可以完全离解成水合氢阳离子(H_3O^+)和氯阴离子(Cl^-)，具腐蚀性和刺激性。盐酸与大多数金属反应产生氢和金属氯化物，还能与氧化物、氢氧化物及许多盐起反应。工业上广泛使用盐酸来处理金属和精选某些矿物，或用于锅炉除垢、食品加工、金属清洁和酸洗，还可作为化学中间体、实验室试剂以及酒精变性剂(参阅乙醇)。胃的消化液中也有盐酸，分泌过多会造成消化性溃疡。

檐壁 frieze 环绕建筑物内外墙上用作装饰的水平狭长镶板或饰带的统称。在希腊罗马的建筑物上常常是在额枋和檐口之间饰有浮雕的水平镶板。雅典帕台农神庙外墙的装饰檐壁长160米，表现泛雅典娜节仪式过程的浮雕，是最著名的例子。

衍射 diffraction 波绕过障碍物向四周的扩展。水波、声和电磁辐射波以及显示类波特性的原子、中子、电子等小的运动粒子都有衍射现象。当一束光照到某物体的边缘时，光在边缘处少许弯曲，致使物体阴影的边缘变得模糊。波的波长越长则衍射越明显。

衍生性商品 derivatives 金融合约，其价值是从其他资产衍生而来，可包括股票、债券、货币、利率、商品与相关指数。衍生性商品的买主本质上是对这项资产的未来表现下赌注。衍生性商品涵括广受公认的商品期货以及选择权。1994年几家形象良好的公司发生重大亏损，包括普罗克特-甘布尔公司、德国的五金公司、美国加州的奥兰治公司，使得衍生性商品的高风险性质逐渐受到关注，1995年以伦敦为基地的巴林商业银行破产之后，更加重了大众的焦虑。后来16个国家一致同意采取安全管理措施加强衍生性商品的管制。

眼 eye 接收光线和视觉影像的器官。不成像眼或定向眼见于蠕虫、软体动物、刺胞动物、棘皮动物和其他无脊椎动物，成像眼见于某些软体动物、大部分节肢动物和几乎全部脊椎动物。节肢动物拥有独特的复眼，可看见多重影像，这些影像在脑中各部分整合。鱼等较低级的脊椎动物在头部两侧有眼，能对环境有最大视界，但产生两个分立的视野。在掠食性鸟类及哺乳动物中，双眼视觉显得更为重要。眼睛位置的进化变迁让两个视野有较大的重叠，导致较高级哺乳动物有平行的直接视线。人眼大致为球形。光线通过眼睛透明的前部，刺激了视网膜上的感受器细胞(视锥细胞可辨别颜色，视杆细胞能在昏暗的环境中感受光线但只能区别明暗)，进而经由视神经把脉冲送到大脑。视觉疾病包括近视、远视、散光(可借助眼镜或接触镜片加以矫正)、色盲和夜盲。其他的视觉疾病(包括视网膜脱离和青光眼)会造成视野缺损或盲。参阅眼科学。

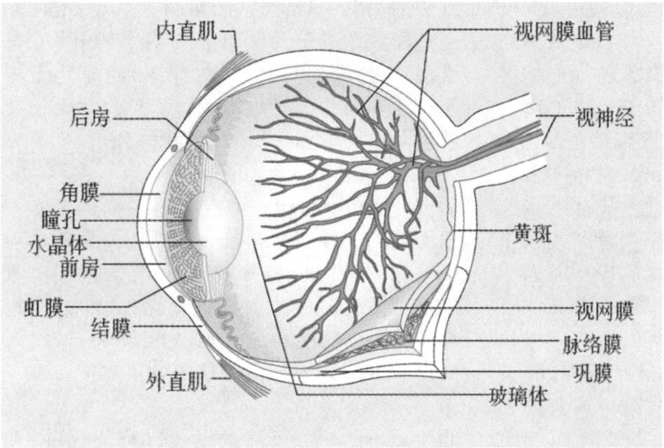

人眼的构造。外层的由白色用以保护眼球的巩膜和透明的角膜构成，光线从角膜进入。中层包括供应血液的脉络膜和含色素的虹膜。有多少光线经由瞳孔进入内部，由肌肉控制瞳孔的大小调整。视网膜是第三层，包含感光细胞(杆细胞与锥细胞)，这些细胞将光波转成神经冲动。位于虹膜正后方的晶状体，将光线聚焦在视网膜上面。位于视网膜中心的黄斑，是视觉高度敏锐与辨识色彩的区域。神经纤维从视神经至大脑的视觉中心。眼球的前房和后房内有水样液，用以滋养角膜和晶状体。玻璃液有助于维持眼球的形状。薄层的黏膜(结膜)保护眼球暴露的表面。眼外肌包括外直肌和内直肌连接等，用以将眼球与眼窝连接并在其中移动。

© 2002 MERRIAM-WEBSTER INC.

眼镜 eyeglasses 镶入框架、戴在眼前方以提高视力或矫正视力缺陷(参阅眼科学和验光)的透镜。矫正远视和近视的眼镜见于中世纪的后期。1784年B.富兰克林发明了双焦点眼镜；他把镜片分为视远和视近两部分。眼镜也可以矫正散光。大多数镜片是用玻璃或塑料(比玻璃亮和不易碎但容易有刮痕)制成。太阳镜的镜片带有颜色，可以减少透过的光线，防止炫目和经过处理减少紫外线的伤害。参阅接触镜片。

眼镜蛇 cobra 眼镜蛇科几种毒性剧烈的蛇的统称，颈部肋骨可扩张而形成兜帽状。

黑颈眼镜蛇(*Naja nigricollis*)
E. S. Ross

分布于非洲、澳大利亚和亚洲温暖地区。人被其咬伤后死亡率达10%。主要以小型脊椎动物为食。卵胎生或卵生。印度眼镜蛇(*Naja naja*)每年咬死几千人，主因是在潜入室内捕鼠时咬人。眼镜王蛇(*Ophiophagus hannah*)为世界上最大的毒蛇，体长一般在3.6米以上。一些非洲眼镜蛇可把毒液喷射到1.8米以外的地方。耍蛇人会挑逗眼镜蛇(蛇在白天的袭击通常无效)，使之采取身体前部抬离地面的防卫姿势，其实这是蛇本身的动作，并非对其笛声作出反应，因为蛇听不到频率高的声音。

眼镜熊 spectacled bear 又称Andean bear。熊科中唯一南美种的熊。学名为*Tremarctos ornatus*。栖息在山区的森林中，特别是在安第斯山脉。主要以植物的地上部分和果实为食。善攀爬。肩高约60厘米，体长1.2～1.8米，尾长7厘米。毛粗厚，深褐至黑色。眼旁围着一圈灰白至浅黄色的斑纹，如戴"眼镜"，这种斑纹常延颈部往下伸到胸部。

眼科学 ophthalmology 有关眼疾诊治的医学专科。1805年第一所眼医诊所开张，1864年F.C.东德斯首先利用眼镜解决具体视觉问题。检视眼内构造的检眼镜的发明，使得眼科医生可以把眼部缺陷与眼内科情况联系起来考虑。近来眼科学的进步主要为眼睛检查、早期治疗先天性眼部缺陷和储存移植角膜的眼库。眼科医生测试视觉功能，检查眼的发育缺陷、疾病、伤害、毒血症、变性、衰老或折射误差。他们开出治疗眼疾的处方，并配置眼镜以解决折射问题，必要时施手术。参阅验光。

眼泪之路 Trail of Tears 19世纪30年代美国东北印第安人和东南印第安人的被迫迁移。1828～1829年在佐治亚州切罗基人领地发现金矿，引发了将密西西比河以东的印第安人驱逐出领地的政治努力。《印第安人移居法》(1830)授权美国总统与部落进行土地转让以及西迁的谈判。大批印第安人被迫离开家乡，大部分都在严密监管之下踏上了西去的路程。由于旅途艰辛和疾病，大约15 000名切罗基人死在西迁途中，被称为"眼泪之路"。虽然眼泪之路主要特指切罗基人，更广意义上指东南印第安人，但被迫迁徙的100 000人中可能有1/3 到1/2 属于东北印第安人。

演技 acting 在舞台上或摄影机前，演员通过动作、姿势和声调来扮演某一角色的艺术。西方传统戏剧源于公元前6 世纪的希腊；悲剧作家泰斯庇斯被认为是在戏剧中首创演员角色的先驱。亚里士多德认为，演技是以正确的语调来诠释不同的情感；并认为这种才能是天生的，而且不认为演技是可传授的。表演这门艺术在中世纪时已逐渐式微，当时盛行由行会和业余者演出的基督教礼拜式戏剧。现代的职业表演随着16 世纪时意大利的即兴喜剧剧团的演出而出现；至W. 莎士比亚时代达于鼎盛。然而直到18 世纪，经由英国的演员兼经理D. 加里克，天才演员S. 西登斯、E. 基恩、H. 欧文等人的努力，表演才被视为一项专业。现代表演风格受俄国导演K. 斯坦尼斯拉夫斯基的影响，他强调演员对角色的认知，还受德国戏剧家B. 布莱希特的影响，他坚持演员的客观性和训练的重要性。在美国，斯坦尼斯拉夫斯基表演法被L. 斯特拉斯伯格和S. 阿德勒(1901 ～ 1992)采用，这是当前大部分表演训练的基础，这种表演法着重在情绪的培养、感觉的记忆、脸部和声音的训练和即兴表演等。

演绎 deduction 逻辑中的一种推论，其特点为：如果推论的前提全为事实，那么就会有结论，而且结论也是对的。这个特点使演绎有别于归纳。上述的演绎定义只是假设，仅提到演绎中前提与结论的正式关系，并不表示任何演绎的所有前提或结论一定是对的。"奇数除以2 都会有余数，4 是奇自然数，所以，4 除以2 会有余数。"这个推论是演绎的，但其第二前提与结构并不正确。

演员排演场 Actors Studio 以纽约为基地的专业演员工作室。1947 年由C. 克劳福德、E. 卡赞和R. 刘易斯等导演在纽约创建，成为运用斯坦尼斯拉夫斯基表演法的一个主要训练中心，1948 ～ 1982 年间L. 斯特拉斯伯格任总监。1962 年开办一家公司，1966 年在洛杉矶另开创了一个工作室。演员在此专心表演，免受商业性演出的压力。会员是属受邀性质；每年从1 000个面试者中选出6 或7 个新会员。这些会员包括M. 白兰度、M. 梦露、P. 纽曼和R. 德·尼罗。

鼹鼠 mole 食虫目鼹科(包括22 种真鼹鼠)或金毛鼹科(11 种金鼹)通常视觉极差的食虫穴居兽类的统称。多数种腿、尾俱短，头尖，有天鹅绒般的灰色被毛。缺外耳，气味难闻。体长9 ～ 20 厘米不等。前肢可转动，五趾成为宽爪，呈铲形。鼹鼠日夜活动，挖掘接近地面的地道是为了寻食蚯蚓、蛴螬等无脊椎动物，挖深部的地道(约深3 米)则用于居住。北美东北部的星鼻鼹，鼻上有22 个粉红色触角样触觉器官，呈辐射状排列。

验光 optometry 测定眼睛缺陷或屈光不正程度的一种业务。验光师开出光学辅助手段处方(如眼镜、接触镜片)，指导患者执行改善视力的锻炼计划和检查诸如青光眼、白内障等眼睛病变。验光师无权开药方，也未受过手术的训练。参阅眼科学。

雁 goose 雁形目鸭科雁属(称为灰雁)和黑雁属(称为黑雁)大型北半球水禽的统称。大小和体型介于大型鸭与天鹅之间，水栖习性不及鸭和天鹅。腿更靠近身体的前部，因而可以快速行走。嘴板适于咬食芦苇和草类。两性羽色相似，雄鸟通常较雌鸟大。飞行或遇险时，两性均能发出响亮而急促的鸣声。雁终生配对。迁徙性极强，飞到远离繁殖地的南方的固定地点越冬，迁徙时排成V 形队伍。

燕卜荪 Empson, William(1906 ～ 1984) 后称Sir William。英国诗人和评论家。曾就读于剑桥大学。后来到日本和中国执教。在《晦涩的七种类型》(1930)中，他认为用词意义模糊或重叠可以丰富诗歌的语言而不是缺点，这种论点对20 世纪的评论界影响很大，其细心斟酌诗文的态度帮助奠定了新批评派的基础。后来的作品包括《田园诗的几种变体》(1935)和《复合词的结构》(1951)。他深受玄学派诗人J. 多恩的影响，所写诗歌大多言不尽意，晦涩难懂，有悲观厌世的倾向。

燕麦 oats 禾本科一种谷类作物，学名*Avena sativa*。广泛种植于世界温带地区。能适应贫瘠土壤。这种谷物可食用，主要用作饲料，但也加工成燕麦片和燕麦粉供人类食用。燕麦含丰富的碳水化合物、蛋白质、脂肪、钙、铁和B 族维生素。燕麦秆可作饲料和铺草。

燕鸥 tern 鸥科燕鸥亚科中约40 种体态修长、蹼足、迁移性水禽的统称，几乎分布全球。不同品种的体长不等，在20 ～ 55 厘米之间。羽毛为白色、黑白相间或黑色；喙尖锐，颜色为黑、红或黄色；足为红色或黑色。多数品种有长而尖的翅以及叉形的尾。燕鸥从空中潜入水中捕食甲壳动物和鱼类。通常它们成群地在岛屿的地面繁殖。

燕子 swallow 燕科鸣禽的统称，几乎遍布世界各地。体长10 ～ 23 厘米，翅长、尖而窄，喙短，足弱小，有些有一叉状尾部，上部暗色的羽毛或带有金属光泽的蓝或绿色。善用翅膀捕捉昆虫。在树洞或树缝中营巢，或在沙岸上钻穴，或把泥粘在墙上为巢。有些种(如家燕)为远距离迁徙的候鸟；所有的燕都有强烈的归巢本能。栖息于加利福尼亚圣胡安卡皮斯特拉诺教堂的燕子是一种崖燕(*P. pyrrhonota*，红石燕)。参阅圣马丁鸟。

家燕(*Hirundo rustica*)
Stephen Dalton from the Natural History Photographic Agency-EB Inc.

扬 Young, Brigham(1801 ～ 1877) 美国宗教领袖，摩门教会第二任会长。1829 年定居于纽约州的门登。1832 年加入J. 史密斯的耶稣基督末世圣徒教会。1834年加入密苏里州的摩门教，1838 年率领摩门教徒(被逐出密苏里州)向伊利诺伊州诺伍迁移。1839 年在英格兰建立教会。1844 年史密斯被害后，扬接管该教领导权，率领受迫害的摩门教徒离开伊利诺伊州到犹他州(1846 ～ 1848)，以盐湖城为新摩门教基地。1847 年任教会会长。1849 年建立德塞列特临时州，担任州长，1850 年并入犹他州，他仍为州长。他的独裁专治和一夫多妻的立法导致J. 布坎南总统于1857 年免去其职务，并派军队至犹他州，以确立联邦政府的至高权力，即所谓的犹他之战。他去世前一直是摩门教领袖。他有20 多个妻子和47 个孩子。

B. 扬
By courtesy of Utah State Historical Society

扬 Young, Cy(1867 ～ 1955) 原名Denton True。美国职业棒球投手，身高1. 88 米，结实，右手投球。1890 年开始他的大联盟生涯，为克里夫兰印第安人球队(全国联盟)队员。后转至圣路易斯红人队(1899 ～ 1900)、波士顿红袜队(1901 ～ 1908)，1909 ～1911 又回到克里夫兰印第安人队(美国联盟)，1911 年至波士顿勇敢者队。1904 年投了第一次完全比赛(没有球员到一垒)。在16 个赛季中，每个赛季都超过20 场胜场，其中5 个赛季胜30 场以上。其他纪录包括816(或818)次先发，打完全场750(或751)次，投球局数7 356(或7 377)。为纪念他而在1956 年设立的塞扬奖每年颁给大联盟最佳投手；自1967 年起该奖授予各联盟的最佳投球手。

扬 Young, Lester (Willis)(1909～1959) 美国次中音萨克斯管演奏家，摇摆乐时代最有革新精神与影响力的音乐家之一。1936年参加巴锡“伯爵”乐队，被认为是在C.霍金

L.扬，约摄于1955年
By courtesy of down beat magazine

斯影响之下最主要的新风格演奏家，他与巴锡乐队和B.霍利戴在20世纪30年代的录音被奉为经典。B.霍利戴称他为萨克斯管的“普莱斯”(Prez，即“总统”President的略称)。他的音乐线条是流线型的，旋律清新。其风格影响颇广，比博普爵士乐和“冷爵士乐”风格大都是他的优美飘逸、抒情的演奏法的直接产物，影响整整一代爵士萨克斯管的演奏家。

扬哈斯本 Younghusband, Francis Edward (1863～1942) 后称Sir Francis。曾译荣赫鹏。英国军官和探险家。他力促缔结《英藏条约》(1904)，使英国取得贸易特权。他曾两次与中国西藏谈判贸易和边界冲突问题，未得结果。不久他随英军进入拉萨，尽管达赖喇嘛逃走，还是迫使中国西藏的统治者签订了贸易条约。

扬计划 Young Plan(1929) 又译《扬格计划》。关于德国的第一次世界大战赔款的支付问题的再度协商，由美国律师O.D.扬(1874～1962)主持的委员会在巴黎开会。扬计划是修订“道威斯计划”，把德国应付的赔款总额缩减为263亿美元，59年付清，结束外国对德国经济生活的控制。1930年开始生效，但是世界经济大萧条已经开始，德国支付能力大受影响。1933年A.希特勒掌握了权力，他拒绝履行凡尔赛和约，其中包括赔偿。

扬诺马米人 Yanomami 又作Yanomamö。南美洲印第安人，居住在委内瑞拉南部奥利诺科河流域的偏远丛林以及巴西亚马孙河流域的最北端。他们都是猎人和采集者，也从事刀耕火种式的农业。他们的文化奖励进攻行为，彼此间战事常年不断。由于他们的生存受到巴西采矿人员侵入的威胁，1991年巴西政府拨出93 000平方千米的土地作为扬诺马米人的家园。人口约10 000。

羊肚菌 morel 羊肚菌属和钟菌属各种可食用蘑菇的统称。菌盖表面凹凸不平，各种之间形态及生境各异。羊肚菌可食，初夏可在林中找到，是最珍贵的食用真菌之一。钟菌属钟状，一种有着钟状菌盖的可食蘑菇，早春见于树林和经营年久的果园。假羊肚菌以鹿花菌属和马鞍菌属的种为代表。鹿花菌属多数种有毒。

羊膜穿刺术 amniocentesis 用空心针经腹壁插入孕妇子宫内，吸出羊膜囊中的液体和胎儿细胞以供研究的外科手术。检查羊水及其中的胎儿细胞，可揭示诸如胎儿的性别(性连锁遗传疾病的重要因素)、染色体的异常及其他问题。首次羊膜穿刺术于20世纪30年代完成。这种手术通常在妊娠第15～17周在局部麻醉的情况下进行。

羊驼 alpaca 偶蹄目骆驼科动物，学名*Lama pacos*。产于南美，与美洲驼、栗色羊驼和骆马近缘。这几个种统称为羊驼类。在几千年前安第斯山脉的印第安人已将之驯化。体型细长，腿和颈长，尾短，头小，耳大而尖。肩高约90厘米，体重54～65千克。主产于秘鲁南部和中部、玻利维亚西部的高纬度沼泽地。在羊驼类中，羊驼的毛是最重要的毛织生产原料。

阳光地带 sunbelt 美国南部和西南部地区。其特点是有温暖的气候，从1970年起人口增长迅速，在选举模式上比较保守。由15个州组成，从东南部的弗吉尼亚和佛罗里达直到西南的内华达，包括加利福尼亚州南部地区。

阳极电镀 anodizing 一种镀覆金属的方法，其目的是抑止腐蚀、电气绝缘、导热控制、耐磨损、密封、改进涂料黏附力和装饰抛光。阳极电镀是在充当电解槽中阳极的某种金属(通常是铝)的表面上从水溶液中电沉积上一层氧化物膜。最典型的阳极电镀使用含15%硫酸的电解液，染料可于该氧化过程中加入，以获得彩色的表面。这种将铝阳极电镀和染色的方法，广泛应用于礼品、家用器具和建筑装潢。

杨 Jahn, Friedrich Ludwig(1778～1852) 德国教育家，德国体操协会的发起人。1809年起在柏林任教，在那里他开始推行学生户外运动，发明双杠、吊环、平衡木、跳马和单杠，这些全成了现代体操的标准设备。1819年因宣扬强烈的民族主义观点，对青年影响很大而受到怀疑，政府下令逮捕他，入狱几近一年才获释；他的体操协会被迫关闭，全国取缔体操的法令到1842年才解禁。

杨 poplar 至少35种杨柳科和多个自然杂交种的统称。广泛分布在北部温带地区，有少数种类甚至分布在北极圈以内。它们生长迅速的，但寿命相对较短。因其叶柄侧扁，故叶片在微风中也会颤动。其木质相对较轻，被用来做壁橱、柳条箱、纸品和薄板。北美有三种原产的杨树：三角叶杨类、颤杨和脂杨。

杨克斯 Yonkers 美国纽约州东南部城市。位于纽约市以北哈得孙河东岸。曾是印第安人村落，1639年为荷属西印度公司从印第安人手中买下。旧城的南部曾于1874年并入后来的布朗克斯。工业多样化，包括印刷、出版、起重机械、化工品、电子设备和服装业。人口195 976(2010)。

洋菝葜 sarsaparilla 百合科菝葜属的几种热带藤本植物，根可制取芳香调味剂。原产于墨西哥南部和西部海岸至秘鲁一带，植株大，多年生，攀缘或蔓生，长有短而密的刺，地下茎长出许多具有棱刺的地上茎，由触须支撑。一度曾是流行的酒类饮料，现在与冬绿及其他香料混合，用来制作根汁汽水和其他碳酸饮料，或用来做香料和药物的糖衣。在北美洲，裸茎楤木是最大的野生菝葜和五加科的假菝葜，常被当作菝葜的替代品。

洋葱 onion 葱科二年生草本植物，学名*Allium cepa*，其鳞茎可食，可能原产于亚洲西南部，今世界各地都有种植。是最耐寒和最古老的园圃蔬菜。有一株或多株无叶的茎，

洋葱(*Allium cepa*)
Walter Chandoha

顶端有一簇青白色小花。叶基在植物生长中膨胀，成为地下鳞茎。其特有的辛辣味来自含硫丰富的挥发油，去皮或切片时释出的挥发油可使人流泪。洋葱的大小、形状、颜色及辣味各不相同。洋葱营养价值低，但风味极佳。洋葱对感冒、耳痛、喉炎、动物咬伤、火伤及疣等轻微病症有疗效。同近似种的大蒜一样，经研究有其他有益的特性。参阅葱。

洋地黄 foxglove 又称毛地黄。玄参科洋地黄属20～30种草本植物的统称，尤指紫花洋地黄(*D. purpurea*)。原产欧洲、地中海地区和加那利群岛。叶着生于茎下部，互生，

洋地黄(*Digitalis*)
Derek Fell

卵圆形至长圆形；花序长，顶生，簇向一侧；花钟状，紫色、黄色或白色，瓣片内面常有斑点。紫花洋地黄是强心药洋地黄的原料，有栽培。

洋槐 locust 豆科(参阅**荚果**)洋槐属植物,约20种乔木,全部原产于北美洲东部和墨西哥。最著名的是黑洋槐(*R. pseudoacacia*),又称假金合欢洋槐或黄洋槐,是欧洲广泛栽

黑洋槐(*Robinia pseudoacacia*)
John H. Gerard

培的观赏植物,株高24米,具有长复叶。花白色,芳香,聚生成下垂的松散花簇。变种很多,有的变种无刺。黑洋槐是一种控制水土流失和提供用材的树种。所谓的皂荚(*Gleditsia triacanthos*)也属豆科,是一种北美洲乔木,一般用作观赏,也用作篱树。

洋蓟 artichoke 菊科菜蓟属的一种大型蓟状多年生草本植物。学名*Cynara scolymus*。未成熟头状花序的肉质部分是一种美味菜肴。洋蓟原产地中海地区,现在已广泛种植于其他土壤肥沃、气候温和潮湿的地区。菊芋(Jerusalem artichoke)也是块茎,但与洋蓟有别。

仰光 Yangon 旧作Rangoon。缅甸的前首都和主要港口,位于仰光河沿岸。原为渔村。现在的城市是18世纪50年代中期缅甸国王雍笈所建并开发为港口。1824～1826年第一次英缅战争爆发时,仰光被英国人占领。1852年第二次英缅战争中再次被占。1886年缅甸全境归并英国后,仰光成为首都。第二次世界大战期间,日本人进军占领该市,使其受到严重破坏。仰光集中了全国4/5的外贸业务。2005年,缅甸政府部门搬往仰光北320千米处的彬马那。随后又搬至其附近新城内比都,并于2006年宣布后者为新首都。人口约4 090 000(2007)。

养蜂 beekeeping 又作apiculture。指对**蜜蜂**的照顾和管理,使它们生产和储存多于它们本身需要的花蜜以供人采集。养蜂是最古老的动物饲养行业之一。早期收集蜂蜜的方法需要破坏蜂巢,现代养蜂人则使用分蜜机将蜂蜜从蜂房中取出而不损坏蜂房。采集蜂蜜时,养蜂人要戴上带纱网的防护面罩,还要有切割蜂房的刮刀以及让蜜蜂镇静下来的烟雾发生器。维护蜂箱包括保护蜂群抵抗疾病、寄生虫和天敌。

氧 oxygen 气体化学元素,化学符号O,原子序数8。无色、无臭、无味的气体,为地壳中含量最多的元素,它最重要的化合物是水。氧在大气中占21%(体积),在地壳中占46%以上(重量)。地面和下层大气的氧气,几乎都是以双原子分子O_2存在。动物和有些细菌呼吸(植物在夜间)时,从大气吸入氧气,呼出二氧化碳。绿色植物在阳光下通过光合作用吸收二氧化碳并放出氧气。溶于水中的少量氧对鱼和其他水生生物的呼吸至关重要。氧参与燃烧和腐化,但不是氧本身燃烧。在炼钢和其他冶金过程中,在生产乙炔和甲醇等控制氧化的化学制品的化学工业中,工业氧或富氧空气已逐渐取代普通的空气。氧在医学上用于氧气幕、人工呼吸器和早产婴儿恒温箱。氧是航天器、水中呼吸器和高压室的气体混合物中的气体之一。液态氧还用作火箭发动机的燃料。氧的化合价是2,能形成各种各样的共价化合物,其中水是最重要的。它所形成的氧化物是许多其他分子和官能团的成分,包括硝酸盐、硫酸盐、磷酸盐、碳酸盐,醇、醛、羧酸和酮,以及过氧化物。

氧化-还原反应 oxidation-reduction 又作redox。导致电子转移的化学反应。添加氢或电子称为还原,而除去氢或电子称为氧化(原指与氧结合,现在包括了氢或电子的转移)。一种物质被另一物质氧化,后者则遭到还原,这个过程总是同时出现,反应前后的物质状态称为氧化态,氧化态有数字,可以据以进行计算(化合价是类似但是不同的概念)。描述电子转移的化学方程式可以写为两个分立的半反应,理论上可在电解槽区中两个隔开的部分进行(参阅**电解**),电子经由连接两者的线路流过。强氧化剂包括氟、臭氧和氧本身,强还原剂包括钠、锂等碱金属。

氧化亚氮 nitrous oxide 又作laughing gas(笑气)。无机化合物,为氮的一种氧化物。无色气体,有一种令人愉快和微甜的气味,吸入时有**镇痛药**的效果,在牙科和手术中用作**麻醉药**(通常只称其为"麻醉气")。止痛效果出现前会表现出轻微的癔病,有时发出笑声(因此被称为"笑气")。也可作为粮食的烟雾喷射剂和用于测漏器。

恙螨 chigger 蜱螨亚纲前气门亚目无脊椎动物,约1万种。长0.1～16毫米。有些是陆生的;其他生活在淡水或海水里。可能有掠食、腐食或植食性。有些是人类的有害生物,或寄生或带病。在北美洲,攻击人类的普通恙螨分布在大西洋海岸至美国中西部以及墨西哥的范围内。幼虫细小,易穿透衣服,一旦附着在皮肤上,就吐出一种能消化组织的液体,可致奇痒。幼螨取食之后便落在地上,开始变为成螨。

腰果 cashew 漆树科腰果(*Anacardium occidentale*,即槚如树、鸡腰果)的种子或坚果,可食用。槚如树生于潮湿肥沃土壤的热带和

腰果树(*Anacardium occidentale*)的肉质果柄和坚果
W. H. Hodge

亚热带,为常绿灌木或乔木,原产热带气候的中南美洲。主要收获其坚果,木材还用于制作运输板条箱、烧炭或造船等;树胶与阿拉伯树胶的用途相似。由于有毒漆,处理腰果时要非常小心。腰果形如很大的大豆,有两层皮(或壳)。壳间的棕色油接触人的皮肤可致水疱,可当作润滑油和杀虫剂使用,并用于制造塑料。腰果的油性大并有种浓郁的独特香味。

尧人 Yao 操班图语的诸民族,居住在坦桑尼亚南部、莫桑比克的北部和马拉维的南部地区。殖民时期尧人是出名的奴隶贩子。他们从未联合到一起,而是分成许多小群,由酋长率领。到1900年,他们都在德国人、葡萄牙人及英国人的统治之下。现有220万人口。尧人从事农业,刀耕火种。大部分是穆斯林。

窑 kiln 也可称作窑房。用于烧制、烘干或硬化一种材料尤其是陶土产品的烤炉,但最初是用于烘干谷物。在现代,窑主要用于制陶技术,烧制陶器或瓷器。在冶金业,用于焙烧铁矿石、烧石灰和白云石,以及用于生产普通水泥。

谣曲 ballad 一种简短的叙事民间歌谣,其独特风格在中世纪后期形成于欧洲,成为口述传统一部分。作为一种音乐与文学的形式,谣曲一直被保存下来。口述的谣曲保存在民间歌谣中,书面、文学形式的谣曲则从口述的传统歌谣演化而来。典型的谣曲叙述紧凑的小故事,采用重复等手段强化效果。现代文学谣曲(例如奥登、布莱希特和毕晓普等人的作品)在韵律和故事性成分中体现出民间谣曲传统。

摇摆乐 swing 有稳定节奏的**爵士乐**,兼采流行歌曲的和声结构和**布鲁斯音乐**为基础进行即席创作、编排乐曲。作为约1930～1945年间的美国流行音乐,摇摆乐以切分的节奏元素和一节4拍等重音为特征。大型的爵士乐队需要一些事先准备好的材料,**F. 亨德森**、**D. 埃林顿**和**巴锡"伯爵"**是大型摇摆乐队的早期革新者。在小型组合中,即兴的乐器独奏通常跟随着悦耳音调的表演。

摇滚乐 rock music 又作rock and roll。在美国兴起的音乐风格,从20世纪50年代中期开始出现最后成为全世界流行音乐的主流。虽然摇滚乐使用许多不同乐器,但基本的配备是一个或多个歌手,一把扩音电吉他以及鼓。一开始的形式很简单,以强烈的、舞蹈的节奏,不复杂的旋律和和弦,以及抒情轻快的和声反映青少年听众关心的主题——年轻的爱情、青春期的压力、汽车。摇滚的起源基本上是**节奏与布鲁斯**(R&B)和**乡村音乐**。不论是节奏布鲁斯或乡村音乐20世纪50年代初期过后就不再是流行音乐的主流,在克利夫兰的唱片节目广播员A. 弗里德(1921～1965)等人推出结合节奏与布鲁斯的音乐节目以前,这个音乐基本上只演奏给黑人听众聆听。他的音乐表演的成功,使摇滚乐这一名词流行起来。1955～1956年间由C. 贝里、B. 哈利和他的彗星乐团,特别是**E. 普雷斯利**拨动了表演的快节奏,情绪高昂的音乐

在美国战后一代生活优越的青少年中间掀起狂波巨澜。60年代，在多种影响的综合之下使已经衰落到呆板乏味的摇滚乐重又兴起。在英国，摇滚乐发展得比较晚，当**甲壳虫乐队**和**滚石乐队**以他们早期的新鲜风格在美国获得巨大反响之际，英国成长中的新世代浑然不知新的巨星们的影响。同时，B. **迪伦**、J. 米歇尔、飞鸟乐队和其他美国歌手也发展出民谣摇滚，一种结合摇滚、传统民谣和诗的音乐，音乐人开始触及政治与社会问题。如"感恩而死"乐队、大门乐队和"发明之母"乐队作者 F. 扎帕以抒情曲风加上精湛技巧，其典型特色是大段的即兴独奏，还有 J. **乔普林**以及 J. **亨德里克斯**在传统的 R&B 中融入精心设计的异国风味都带动了许多跟随者。70年代出现能写能唱的歌手如 P. 西蒙、N. 扬、E. 约翰、D. 鲍伊以及 B. **斯普林斯汀**，摇滚乐进一步吸收其他音乐风格而有爵士摇滚、重金属音乐以及**朋克摇滚乐**的诞生。20世纪80年代，麦当娜、M. 杰克逊和猫王等人的迪斯科摇滚受到 L. 安德森、脸部特写合唱团（领队 D. 伯恩）以及舞韵合唱团等（他们的单曲都拍摄了音乐录像带）后朋克"新浪潮音乐"的冲击。到20世纪90年代，摇滚乐已经融合了垃圾乐、说唱和科技舞曲等其他形式。

摇蚊 midge 有时称gnats。小型双翅目昆虫统称，可分为摇蚊（摇蚊科）、拟蚊蠓（蠓科）和瘿蚊（瘿蚊科）3类。摇蚊像蚊但无害，傍晚前后在水边麇集发出嗡嗡声。血红色的

摇蚊（*chironomidae*）
N. A. Callow

幼虫水生，是水生动物的重要食料。拟蚊蠓，俗名"看不到"，是最小的吸血昆虫，长约1毫米。白蛉会侵袭人，但不会传播疾病；有许多种会攻击其他昆虫。瘿蚊的幼虫会使植物引起虫瘿。

徭役 corvée 欧洲封建时代奴仆对于领主或后来公民对于国家所必须承担的一种无偿劳动。既可附加于正式赋税之外，也可代替正式赋税。如付钱还不足以为公共项目提供足够劳力时就经常使用徭役，在战时有时也用徭役以辅助身份扩充正规部队。

鳐鱼 skate 鳐亚目9属中圆或菱形魟的统称。这些底栖的鱼类分布于热带到近北极水域，从浅海到2 700米以下的深水处。多数种类上表面有硬刺，有些则在细长尾部内有弱发电器官。鳐产长椭圆形、革质壳的卵，又叫做"美人鱼的荷包"，常见于海滩。其体长自50厘米～2.5米不等。游动靠胸鳍波浪状摆动前进。以软体动物、甲壳类和鱼类为食，由上面突然下冲，困住猎物。鳐的"双翼"（胸鳍）可食用。

药剂橙 Agent Orange 除草剂混合物。其成分包含了大致等量的两种酯：2,4-二氯苯氧乙酸丁酯（2,4-滴）和2,4,5-三氯苯氧乙酸丁酯（2,4,5-涕），以及少量的**二噁英**。越战期间，美军在越南共喷洒约1 300万加仑

16世纪重修的14世纪托莱多要塞，曾在西班牙内战中遭到严重的损坏，后加以修复
Alfonso Gutierrez-Escera

药剂橙，目的在于使越共游击队和北越部队藏身的森林脱叶和破坏其粮食供给。20世纪70～90年代越南人的流产、皮肤病、癌症、遗传缺陷和先天畸形等疾病发病率奇高，据说都是这些药剂橙所致。许多美国、澳大利亚和新西兰服役人员及其家属，也因长期接触药剂橙而出现一些癌症以及其他疾病。

药剂学 pharmacy 研究**药物**的收集、制备及标准化的科学。药剂师必须有合格的学位，具有制备和分发处方药物的能力。以前他们根据医生的处方从原料中合成和调配药物产品，现在还要负责标明、存储和提供正确的药物用量，现在通常由制药公司生产成预先调配好的药片或胶囊。他们也建议病人如何使用处方药和非处方药。管理制药行业的法律以国家药典（在美国，为美国药典）为基础，药典概述了多种药用产品的纯度和剂量。

药物 drug 指能够影响生物功能的各种化学物质。有些药，包括**抗生素**、**兴奋药**、**安定药**、抗抑郁药、**镇痛药**、**麻醉品**、荷尔蒙，有一般疗效。其他的一些药，如轻泻药、强心剂、**抗凝血药**、**利尿药**和**抗组织胺药**对特定系统起作用。**疫苗**有时也被视为一种药物。医学药物的作用包括：可保护以对抗入侵的有机体（或杀死它们、或中止其复制，或阻断其对宿主的影响），取代体内丧失的或有缺陷的物质，干扰一项不正常的程序。药物必须和细胞内或上的受体结合，如果缺乏受体或者药物的构型和受体的不匹配则不能奏效。药物的使用方法有口服、肛门塞剂、皮下注射和吸入等。已知最古老的药典是约公元前1700年古巴比伦的一块石碑，1928年抗生素的发明象征着现代药物时代的来临。现今，多数药物是由化学法合成，也有许多重要药物（如许多抗生素和疫苗）是由植物、动物、矿物和微生物中萃取纯化而得。使用药物不仅要其反应，也要安全，副作用的程度可从轻微到危险。许多违禁药物也可以用于医学上（参阅**可卡因**和**海洛因**）。参阅**抗药性**和**药剂学**。

要塞 alcazar 西班牙语作 alcázar 中世纪西班牙人建造的军事建筑物。外观通常呈长方形，有便于防守的城墙与雄伟的角楼。内有空旷的庭院，庭院四周建有小教堂、客厅、医院、花园等。保存最完整的要塞是从摩尔人时期就有的塞维利亚要塞宫殿，始建于1181年穆瓦希德人统治时期，基督教时代续建，展现出摩尔和哥特式风貌，包括一座十角形砖塔，称金塔。

耶格尔 Yeager, Chuck（1923～　）原名Charles Elwood。美国试飞员。第二次世界大战期间为一名飞行员，战后成为飞行教练和试飞员。获选担任秘密实验机 X-1 的试飞任务，1947年10月14日成为打破飞行声障时速1 066千米、高度为12 000米的第一人。他个性率直风趣，1975年以准将身份退休，1985年获颁总统自由奖章。

耶和华见证人 Jehovah's Witness 1872年由 C. T. **拉塞尔**在宾夕法尼亚州匹兹堡创立的国际性宗教运动的成员。这种运动原本名为万国读经会，后来由拉塞尔的后继人拉瑟福德（1869～1942）改为现称。见证人会是千禧年主义教派，这种信仰主要根据《圣经》中的启示部分，特别是《但以理书》和《启示录》。他们不服兵役，不向国旗敬礼，这种行径使他们与全世界各国的政府直接发生冲突。他们还以挨门传道和反对输血闻名。他们相信可根据圣经为他们所有的行为和信仰作辩解。其目标是在地球上建立上帝之国，主张耶稣（为上帝第一个创造出来的，而不是三位一体中的一位）是这个计划的上帝代理人。总部设在纽约的布鲁克林，主要刊物是《守望塔》和《觉醒》，用约80种文字发行。

耶利米 Jeremiah（约公元前650～约前570） 希伯来先知和改革者，《旧约全书·耶利米书》的作者。出生于耶路撒冷附近的一个祭司家庭，约在公元前627年开始传道活动，劝告那些从事不法活动和错误崇拜的同胞，并要求他们洗心革面。耶利米准确预言了犹大国将会被巴比伦灭亡。公元前586年耶路撒冷陷落后，许多犹太人流亡，但他在新统治者保护下继续留在耶路撒冷。后来总督被暗杀，一部分犹太人担心被报复，故挟持耶利米逃往埃及，他在埃及一直待到过世。耶

耶利米,米开朗琪罗湿壁画作品,作于约1512年;现藏罗马西斯廷礼拜堂

Alinari-Art Resource/EB Inc.

利米最重要的预言是上帝将要与以色列人订立新约。

耶鲁大学 Yale University 康涅狄格州纽黑文的一所私立大学,长春藤联合会的学校之一,建于1701年。在美国最古老的大学中名列第三。早期着重古典学科,严格坚持正统的清教派观点。医学院建于1810年,神学院和法律系分别建于1822、1824年。1802～1853年在耶鲁大学任教的地质学家B.西利曼(1779～1864)是在实验与应用科学方面做出许多贡献的教育家。19世纪中叶开办研究生课程及创办艺术、音乐、林学、护理、戏剧、管理和建筑学院。耶鲁大学图书馆藏书超过1 000万册,是美国最大的图书馆之一。美术馆建于1832年,耶鲁的皮博迪自然历史博物馆藏有古生物学、考古学和民族学的重要文物。耶鲁大学是美国名望最高的学校之一;该校的毕业生中有5位美国总统。在校学生约1.1万人。

耶路撒冷 Jerusalem 希伯来语作Yerushalayim,阿拉伯语作Al-Quds。中东古城,自1967年以来一直完全处于以色列统治之下的城市。位于西岸和以色列之间,处于历史上的巴勒斯坦地区的中心部分。老城为典型的中东围墙式封闭建筑,新城则是高层建筑和住宅区组成的城市群。由于是耶路撒冷圣殿的所在地而成为犹太教的圣城,由于是耶稣一生的活动地而成为基督教的圣城,由于是穆罕默德升天之处而成为伊斯兰教的圣城。犹太教的圣所包括哭墙。伊斯兰教的圣所包括圆顶清真寺。公元前1000年大卫王将其定为以色列的首都。公元前6世纪被巴比伦人夷为平地,此后仅享有短暂的独立期。罗马人在公元1世纪到2世纪期间将其摧毁,并禁止犹太人在此居住。从638年开始,一直处在伊斯兰王朝的统治之下,只有在十字军东征的短暂时期被基督教控制。之后受奥斯曼帝国统治,一直持续到1917年结束,成为英国托管下的巴勒斯坦首都。此后成为犹太复国主义者和巴勒斯坦民族的争夺对象。1948年阿以战争以后,以色列宣称其为首都,并于1967年的六日战争中夺得了整个城市。但其以色列首都的身份一直受争议:在地区领土归属问题最终解决之前,国际社会大部分未予承认。人口约729 100(2006)。

耶路撒冷会议 Jerusalem, Council of 公元50年左右,基督教使徒们在耶路撒冷举行的会议。会议决定,非犹太人的基督徒不必遵守犹太教的摩西律法。这次会议是因争论非犹太人改信基督教后是否必须行割礼而召开。由圣彼得(使徒)和圣雅各召集的这次会议作出了有利于圣保罗和非犹太人基督徒的决定,这有助于早期基督教脱离犹太教。

耶路撒冷希伯来大学 Hebrew University of Jerusalem 耶路撒冷的私立大学,建于1925年。是以色列最著名的大学,吸引了国外的许多犹太学生,也有阿拉伯学生就学。设有人文科学、自然科学、社会科学、法律、农业、牙科和医科等院系;教育、社会工作、药学、家政学和应用科学和技术等学院;以及一所图书馆学研究院。注册学生约23 000人。

耶洛 Yalow, Rosalyn(Sussman)(1921～2011) 原名Rosalyn Sussman。美国医学物理学家。在伊利诺伊大学获物理学博士学位。她发展了放射性免疫检验术(RIA)。这种技术对测定血液中或其他液体中的生物性和药物性物质的微小浓度是一种非常灵敏而简单的方法,是利用放射性同位素示踪法和免疫学原理相结合的技术。RIA技术最初是在研究糖尿病人血液中胰岛素(1959)的浓度时首先应用的。但不久这个方法获得了几百种其他方面的应用。1976年她成为获得艾伯特·拉斯克奖金的第一位女性,并与A. V. 沙利和R. C. L. 吉耶曼共同获得1977年诺贝尔奖。

耶洛奈夫 Yellowknife 加拿大城市,西北地区的首府。位于大奴湖西北岸,近耶洛奈夫河河口。1935年始建(在此发现金矿1年后),市名起自阿萨巴斯卡印第安人的分支黄刀印第安人。开采金矿为主要的经济活动,21世纪初被开采钻石矿床取代。1967年成为首府,是西北地区最大的社区和最重要的行政、商业和教育中心。人口19 234(2011)。

耶稣 Jesus 在基督教中,指上帝之子,三位一体的第二位。基督教教义认为他被钉十字架和复活,是替人类所犯的罪受罚。在《新约》的4卷《福音书》中详述了他的生平事迹。耶稣出生于伯利恒的犹太人家庭,时间在公元前4年犹太国王希律去世之前,而死于罗马的犹太总督彼拉多在位时期(公元28～30年)。他的母亲马利亚嫁给拿撒勒的木匠约瑟(参阅圣约瑟)。《马太福音》和《路加福音》中对他出生后的童年时期描述甚少,仅提到他和双亲造访过耶路撒冷。他约30岁才开始他的宗教事业,成为一个传教者、老师和医治者。耶稣在加利利地区广收门徒(包括12个使徒),并宣传上帝之国即将来临。他在《登山宝训》讲述的伦理教义,和他广为传说的神迹吸引了越来越多的信徒,他们相信耶稣就是上帝所应许的弥赛亚。他在逾越节时进入耶路撒冷,与他的使徒们共进了最后晚餐后,被犹大(加略人)给罗马当局通风报信而出卖。耶稣因而被捕、受审,以政治煽动者的罪名被判处死刑,他被钉在十字架上,之后埋葬。3天后,有人到他的坟上探看,结果发现是空的。根据《福音书》的说法,他在升天之前曾几次在门徒面前显灵。

耶稣会会士 Jesuit 天主教男修会耶稣会的成员。1534年由圣依纳爵(罗耀拉的)在巴黎大学创立,1540年经教皇保罗三世批准。该会不再奉行中世纪宗教生活的许多规矩,如必须苦修和斋戒、穿统一制服等,而主张军队式的机动灵活和适应性。其组织特色是中央集权,在发最后的誓愿之前需经过多年的考验,并对教皇特别顺从。耶稣会会士主要从事传教、教育,并组成传教团,积极宣传反宗教改革。1556年依纳爵去世后,其势力已遍布全世界。由于在事业上的成功和过于拥护教皇使他们在宗教和政治上的敌人更怀敌意。1773年在法国、西班牙和葡萄牙的压力下教皇克雷芒十四世不得不废除该会,但在1814年由教皇庇护七世恢复。此后耶稣会成为最大的男修会。

耶稣升天 Ascension 根据基督教教义,耶稣复活40天后升上天堂。《使徒行传》第一章载,耶稣在40天之内多次向使徒显现,此后,使徒目睹他升天,然后隐入云中。云象征上帝的存在。这一事件是为了指出耶稣和天父以及耶稣和信徒之间的新关系。庆祝耶稣升天的仪式为全世界的信徒所遵循,该庆祝仪式强调了基督的君王身份。从公元4世纪开始,将复活节后第40天,及圣灵降临节的前10天被定为耶稣升天日。

耶稣受难复活剧 Passion play 源于中世纪叙述耶稣受难、死亡和复活故事的宗教剧。早期的受难剧(用拉丁文写成)由福音书组成,插入一些耶稣受难和有关题材的诗歌部分(如他在最后的晚餐和去世之间所经受的折磨)。在这些故事中使用了本国语言,从而导致独立的方言戏剧的发展。16世纪由于受世俗影响,许多受难剧已蜕化为单纯的流行娱乐。流传到20世纪的最著名受难剧是每隔10年在德国上阿默高剧院由地方村民上演的那出剧目。参阅礼拜式戏剧。

耶稣受难节 Good Friday 基督教节日,即复活节前的星期五,纪念耶稣基督在十字架上受刑而死。早在2世纪基督徒便在此日斋戒认罪忏悔。东正教和天主教会在这天举行特殊的礼拜仪式,包括读经、祈祷,以纪念耶稣在十字架上的受难。新教教会也在这一天举行特别的仪式。

耶洗别 Jezebel(?～约公元前843) 见于《旧约》,以色列国王亚哈之妻,提尔和西顿国王兼祭司谒巴力之女。耶洗别劝亚哈把对提尔神巴力的崇拜引进以色列,因而阻挠了希伯来人对雅赫维一神的崇拜。《列王纪上》第一章记载了先知以利亚如何反抗她。亚哈死后,耶洗别的儿子约兰继位,但先知以利沙拥戴将军耶户起而叛乱,结果约兰被杀,耶洗别被丢出窗外摔死。她的尸体后来被狗群吃掉大半,应验了以利亚的预言。在历史和文学上,耶洗别是邪恶女人的原型。

椰子树 coconut palm 棕榈科乔木,学名*Cocos nucifera*。热带最重要的作物之一。树干细长,倾斜,具环痕,基部膨大。树顶长着巨大的羽状复叶,形成优美的树冠。成熟的坚果卵形或椭球形,外壳厚,纤维质,内果皮硬,骨质,内有白色、略带甜味的椰肉,生吃。椰肉或椰仁可榨出植物油——椰油。果中营养丰富的液体"奶"可直接从果中饮用,不怕咸水腐蚀的果壳纤维可制绳、垫、筐、刷子和扫帚等。椰壳可用做容器,常拿来雕刻装饰。

也门 Yemen 全称Republic of Yemen(也门共和国)。西南亚的中东国家。位于阿拉伯半岛南端,国土还包括印度洋的索科特拉岛和红海的卡马兰岛。面积:528 076平方千米。人口:约26 358 000(2013)。首都:萨那。居民以阿拉伯人为主。语言:阿拉伯语(官方语言)。宗教:伊斯兰教(官方宗教,主要为逊尼派)。货币:也门里亚尔。从亚丁湾和红海有一条狭窄的海岸平原,再逐渐向内陆隆起为高地,这些高地占有大部分的国土面积。北部地区是鲁卜哈利沙漠的南部和西南部。矿物资源有铁矿、岩盐、石油和天然气,均已开发。农业十分重要,工业包括石油化工和制盐业。也门是多党制的两院制共和国。国家元首是总统,政府首脑为总理。部落派别势力强劲,并直接影响到地方乃至国家的政策。也门是迈因、赛伯伊和希木叶尔王国的故土。公元1世纪罗马人侵占此地。6世纪先后被埃塞俄比亚和波斯人征服。7世纪皈依伊斯兰教后,至少在名义上是服从哈里发。12世纪末至13世纪初,埃及的阿尤布王朝统治整个也门,后为拉苏勒家族统治。1520～1918年奥斯曼帝国维持着对这里不同程度的控制,特别是在西北地区。由地方宗教首领统治的西北区(后称阿拉伯也门共和国,即北也门)和英国控制的东南区(后称也门人民民主共和国,即南也门)之间的边界协议,到1934年才最终达成。两个也门的关系始终紧张,在20世纪70和80年代时有冲突。两国于1990年正式合并,成立也门共和国。1993年的选举,是阿拉伯半岛上首次举行的多党自由普选,也是第一次有妇女参与的选举。1994年历经两个月的内战之后,通过了新的宪法。对政治和经济改革的渴求导致2011年爆发规模空前的抗议活动。在两国合并之前,北也门于1984年首次参加在洛杉矶举办的夏季奥运会,南也门于1988年首次参加在首尔举办的夏季奥运会。

野花 wildflower 非人工栽培的显花植物。野花是所有栽培的园艺花卉品种的来源。一般取于当地,亦可从其他地区引入。杂草与野花的区别决定于分类的目的,杂草指生非其地也就是该地所不需要的植物。显花植物约250 000种,其中数千种是野花。野花可依其所处地域分为3类:热带与亚热带的,温带的,长在高山之巅和北极、南极的。

野芥菜 cress 十字花科数种植物的统称。其幼嫩的基部叶片辛辣,可用于色拉或当做香料与饰菜。水田芥可能是最受欢迎的食用野芥菜。独行菜(*Lepidium sativum*)广植于世界各地,特别是卷叶的一型,用作饰菜。其他还有:近缘种山芹(*B. vulgaris*);野生变种芥菜(*Cardamine pratensis*);以及南芥属的观赏植物。

野口勇 Noguchi, Isamu(1904～1988) 美国雕刻家和设计家。生于洛杉矶,早年在日本度过。在哥伦比亚大学医科预科学习后,在巴黎当C. 布朗库西的助手。他还曾受到A. 吉亚科梅蒂、A. 考尔德、P. 毕加索和J. 米罗等人的影响。他所受的医学预科训练使他注意到骨骼与岩石形状之间的关系,从他的《青年雕像》(1945)中可以看出这一点。他的许多作品,像《飞鸟C(MU)》(1953～1958),都是由在磨光的石头上雕刻出的高雅抽象的圆形组成。他与M. 格雷厄姆长期合作为许多芭蕾舞剧设计舞台布景。他还设计了许多公共场所的雕塑、雕塑公园、游乐场及家具。

野驴 ass 又作wild ass。马科两个种的统称,是小型强健的动物,肩高90～150厘米。非洲野驴,又称真驴(*Equus asinus*),淡蓝灰色至浅黄褐色;亚洲野驴又称骞驴(*E. hemionus*),为浅红色至灰黄色。亚洲野驴与非洲野驴的差别在于前者腿较细长,耳较短(在马与家驴之间),蹄相对较大。非洲野驴会发出交替低调的"唏-呵"般声音。野驴生活于荒漠,经常栖息在其他大型兽类无法生存的地方。野驴善于奔跑。参阅驴。

野猫 wildcat 生息在欧亚森林中的猫科动物,特指欧洲野猫(*Felis silvestris*,即欧林猫)。与家猫相似,但腿较长,头较大较平,尾粗圆,较短,末端为圆形。毛浅黄灰色,花纹似斑猫,纹带色深。尾有黑色环纹。体长50～80厘米,尾长25～35厘米,肩高35～40厘米,体重3～10千克。性凶猛难驯,独栖,夜行性。在北美洲,猞猁和短尾猫有时也称为野猫,非洲的利比亚猫有时称为非洲野猫或埃及野猫。

野猫银行 wildcat bank 美国1816～1863年州银行业不受管制时期根据各州法律领取执照成立的不健全的银行。这些银行拿不可靠的担保发行几乎一文不值的货币,且都设在人迹罕至之处以阻止人们拿银行券去兑现。1863年《国民银行法》通过后才宣告州银行券流通的结束。野猫银行一词后来也用于指"不稳定"的银行。

野生生物资源保护 wildlife conservation 管理野生动植物使之成为一种自然资源而继续存在下去的实践。这种努力的目的在于不使目前的物种数量减少,也确保濒危品种得以生存下来。所使用的技术包括设立禁猎区和保护地;管制狩猎、土地利用、进口濒危物种、污染、杀虫剂的使用等。参阅生物多样性和濒危物种。

野兽主义 Fauvism 约1898～1908年在法国盛行一时的绘画风格,运用直接从颜料罐挤出的明朗的纯色,以直率、放纵的表现手法在画布上造成一种迸发感。主要的代表人物是H. 马蒂斯,还有A. 德兰、M. de弗拉曼克、R. 杜飞、G. 鲁奥和G. 布拉克等。其名称来自一位批评家,他参观了他们举办的巴黎首展(1905)后,给这些画家起了个绰号"野兽"。他们受到后印象主义大师P. 高庚和V. 凡·高的影响。野兽主义对大多数画家而言是个过渡时期,到了1908年,他们已经把兴趣转向P. 塞尚所讲求的秩序与结构,放弃野兽主义而接受立体主义。只有马蒂斯固守在他所开创的领域上踽踽独行。

野兔 hare 兔科的跳跃动物,与兔不同的是,其新生幼仔被毛,能睁眼,生下数分钟后即能蹦跳。普通野兔(*L. europaeus*)原产于欧洲中部和南部、中东和非洲;传入澳大利

加利福尼亚兔(*Lepus californicus*)

亚后,大量繁殖成为害兽。杰克兔和雪兔广泛分布于北美洲。很多其他种野兔自然分布于各大陆,但澳大利亚除外。野兔的后腿发达,耳通常比头长。体长约40～70厘米(短尾部除外)。北方高纬度地区的野兔冬季为白色,夏季通常为浅灰褐色;其他地区的野兔通常终年为灰褐色。野兔主要以植物为食。

野猪 boar 又作wild boar或wild pig。猪科动物野生种类的统称,为家猪的祖先。原产于西欧、北欧及北非到印度、安达曼群岛,以及中国一带的森林中,现已被引进到新西兰及美国。毛短而硬,灰、浅黑或褐色,肩高90厘米。除年老雄体独居外,一般群居生活。是杂食性动物,善游泳。有尖锐的獠牙,虽不经常主动攻击人类,但对人仍是一种危险。野猪力大,奔跑快,性凶猛,自古以来就是一种有价值的捕猎动物。

业 karma 印度哲学中,指一个人的过去行为对他未来或转世的影响。"业"所依据的信念是:今生只是生命锁链(即轮回)中的一环。一个人一生累积的道德能量可决定来生的性格、阶级和气质。这个过程是自动的,不受神的干预。在生命轮回中,一个人可以

改善自己,直至达到梵天的地位;否则贬损自己,以致转生为动物。“业”的观念来自印度教,也融入佛教和耆那教中。

叶 leaf 维管植物的一种器官,从茎上生出。扁平,绿色。叶会制造氧和葡萄糖,进而滋养并维持动植物的生命。叶和茎的组织从相同的顶芽生长出来。典型的叶具扁平宽阔

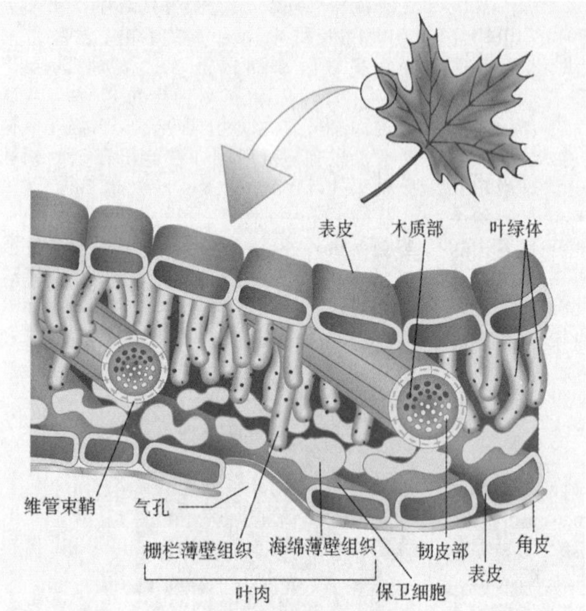

叶的构造。表皮通常覆盖一层蜡质的角皮,角皮有保护作用,可防止叶内部的水分丢失。氧、二氧化碳和水分经由气孔进出叶,气孔大部分分布于下表皮。维管或输送组织分为木质部和韧皮部:水分与矿物质经由木质部从根部送往叶;光合作用产生的糖借由韧皮部输送到植物的其他部分。光合作用发生于含有叶绿体的叶肉层里面。

的叶片,以叶柄与茎相连。叶可能是单叶或复叶,也可能退化为棘刺或鳞片。叶缘可能是平滑或锯齿状的。叶脉从叶柄伸入叶片,分布于叶片各处,其功能为支持叶片和将物质运入及运出叶组织。双子叶植物的叶脉为网状脉序,单子叶植物的为平行脉序。叶的外层(表皮)保护着内部(叶肉),其中细胞壁柔软、未特化的绿色细胞(薄壁组织)通过光合作用产生碳水化合物。在秋季,叶绿素分解,于是其他色素的颜色(从黄色到红色)便显露出来,树叶进而脱落。落叶后伤口愈合期间所形成的叶痕在冬季可用以鉴别植物种类。在球果植物中,常绿的针叶可以维持2或3年。

叶蝉 leafhopper 大叶蝉科中小型吸汁昆虫,体细长,常色彩艳丽。几乎各类植物上都有一种叶蝉存在。多数种类体长不超过12毫米。叶蝉可成为经济上的严重害虫。其取

红带叶蝉(*Graphocephala*)

Stephen Collins-Photo Researchers/EB Inc.

食行为会造成汁液损失、叶绿素破坏、传播疾病或使叶卷曲等,产卵时亦刺伤植株。跳虫烧灼病是叶蝉在取食时注入毒素而引起的病害。

叶尔马克 Yermak(? ～ 1584?) 原名Yermak Timofeyevich。哥萨克首领。1579年经商的斯特罗加诺夫家族招募叶尔马克以抵御西伯利亚部族的进攻。他率领840名哥萨克出发,1582年春到达西比尔鞑靼汗国的中央地区,他率军以火器击败人数占优势的库程汉并占领其都城西比尔。后来在库程汗的部队反叛中被杀害。他被认为是西伯利亚的征服者,也是俄罗斯民间的英雄人物。

叶夫图申科 Yevtushenko, Yevgeny (Aleksandrovich)(1933 ～) 俄罗斯诗人。流放到西伯利亚的乌克兰后裔,在莫斯科的一个小镇长大,他的第一首叙事长诗《济马车站》(1956)就以该镇为背景。由于他在国际上公开要求给予艺术家更多的自由,他成为后斯大林时期年轻一代俄罗斯诗人的代言人,这表明20世纪50年代末和60年代苏联对艺术家的控制有所放松。他使得粗鲁的、充满俚语的语言和传统的恋爱抒情诗和私人抒情诗又重新流行起来。他的感情强烈的长诗《娘子谷》(1961)和《布拉茨克水电站》(1965)使他闻名世界。

叶卡捷琳堡 Yekaterinburg 旧称Sverdlovsk(斯维尔德洛夫斯克,1924 ～ 1991)。俄罗斯中西部城市。1721年建起一座炼铁厂,1722年建要塞,并以叶卡捷琳娜一世之名命名。该城镇成为乌拉尔山地区所有炼铁厂的行政中心,1783年一条高速公路和大西伯利亚铁路的建成,其重要性增加。1918年布尔什维克在此关押并处决沙皇尼古拉二世及其家属,从而使这里成为著名之地。1924年为纪念Y.斯维尔德洛夫而将此市更名为斯维尔德洛夫斯克。1991年苏联解体后又恢复原名。该市是俄罗斯最重要的工业中心,特别是重型机械制造业。人口约1 308 441(2006)。

叶卡捷琳娜二世 Catherine II(1729～1796) 俄语作Yekaterina Alekseyevna。原名Sophie Friederike Auguste, Prinzessin (Princess) von Anhalt-Zerbst。又称Catherine the Great(叶卡捷琳娜大帝)。俄国女皇(1762 ～ 1796)。一位德意志亲王的女儿,14岁时被选作未来的彼得三世妻子。这门婚事完全失败。由于她患有精神病的丈夫根本没有能力治理国家,怀有野心的叶卡捷琳娜看到了除掉彼得、自己统治俄国的机会。1762年彼得登基后,她与情夫奥尔洛夫伯爵合谋逼迫彼得让位(不久彼得即被谋杀),宣布她自己是女皇。在她当政的34年间,她带领俄国全面参与欧洲的政治和文化生活。在众臣的辅佐下,她重新制定了俄国的行政和法律,并扩大了俄国的领土,把克里米亚及波兰的大部分土地纳入俄国版图。虽然她以前曾打算解放奴隶,但掌权后她却强化了那种她过去谴责为不人道的制度。她精力充沛,兴趣广泛,经常与多位情夫约会,其中包括G.波将金。

叶卡捷琳娜一世 Catherine I(1684 ～ 1727) 俄语作Yekaterina Alekseyevna。原名Marta Skowronska。彼得大帝的第二任妻子和俄国女皇(1725 ～ 1727)。原为立陶宛农妇,1702年成为彼得大帝的情妇。1703年两人的第一个孩子出生后,被俄罗斯东正教教会接纳,并改为洗礼名。1712年她与彼得大帝结婚。1724年成为俄罗斯皇后。1725年彼得大帝去世后,她当了两年俄国女皇。

叶利钦 Yeltsin, Boris (Nikolayevich) (1931 ～ 2007) 俄罗斯政治人物、总统(1990 ～1999)。曾在乌拉尔工业学院学习,1955 ～ 1968年在俄罗斯西部从事各种建筑

叶利钦,摄于1991年

Vario Press/Camera Press from Globe Photos

工程。1976年成为斯维尔德洛夫斯克州中央委员会第一书记。此后结识M.戈尔巴乔夫。戈尔巴乔夫派他整肃莫斯科党组织中的腐败现象,在担任莫斯科第一书记(市长,1985 ～ 1987)期间,证明了他是一个坚定干练的改革者。他批评改革速度缓慢,于是和戈尔巴乔夫之间出现裂痕。叶利钦被迫辞去职务。1989年,他被选入新的苏维埃议会。一年后成为俄罗斯共和国总统,并退出共产党。1991年获选连任,并成为俄罗斯历史上第一位民选总统。他粉碎了共产党强硬派发动的反戈尔巴乔夫政变;宣布独立国家联合体(1991)成立,并着手改革俄罗斯的经济,使之建立在自由市场和私有企业的基础之上。1993年强硬派曾发动一次不成功的政变。当车臣单方面宣布独立时,叶利钦即派兵镇压(1994)。车臣局势和俄罗斯严重的经济困境降低了他的声望,但他仍于1996年

击败共产党人竞选对手获得连任。后因心脏病疗养数月。但终因健康原因于1999年12月31日辞职。继任总统是V.普京。

叶绿素 chlorophyll 一组与光合作用有关的最重要的色素。叶绿素存在于绝大部分能进行光合作用的生物体,其中心为镁原子,周围环绕着一个含氮结构,称为卟啉环。一个很长的碳—氢侧链(称为植醇链)连接于卟啉环上。叶绿素在结构上与血红蛋白极为相似。叶绿素利用从光中吸收的能量将二氧化碳转变为碳水化合物。在较高等植物中,叶绿素可在叶绿体内发现。

叶绿体 chloroplast 绿色植物细胞内进

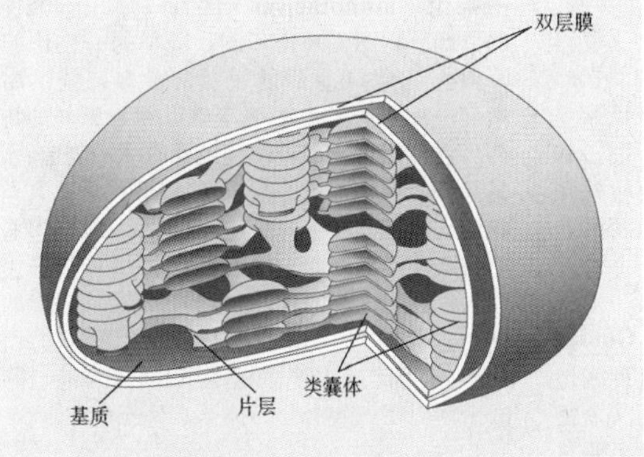

叶绿体的内部构造。内部容纳扁平盘状的管光合作用的膜(类囊体),由内膜套入及融合而成。类囊体通常成堆排列(叶绿饼)并含有光合作用色素(叶绿素)。叶绿饼之间由基质内单层的膜(片层)连接,含蛋白质的液体部分含对光合暗反应或卡尔文循环至关重要的酶。

行光合作用的结构。因含有叶绿素而呈绿色。含有呈扁球状结构的类囊体,可以形成三磷酸腺苷,它是一种高能存储化合物。

叶尼塞河 Yenisey River 俄罗斯中部河流。亚洲最长的河流之一,源头在俄罗斯中南部与蒙古国之间的边境地区。沿西西伯利亚平原边缘向北流淌,注入喀拉海。沿途接纳多条支流,其中包括安加拉河。全长为4 090千米(从大叶尼塞河算起),其中近3 000千米的河段可以通航。

叶蝌 leaf insect 又作walking leaf。叶蝌科约25种扁平绿色叶状昆虫的统称。分布于印度至太平洋斐济岛一带。体长约60毫米。雌虫的前翅(复翅)革质,两翅的边缘在腹部上方相接,翅脉的样式类似于树叶的中脉和脉纹。后翅退化无功能。雄虫的前翅小,后翅大,非叶状,能飞。刚孵化的幼虫淡红色,取食叶片后变为绿色。

叶芝 Yeats, William Butler(1865～1939) 爱尔兰诗人、剧作家、散文家。父亲为著名画家。早年就对神秘主义和虚幻传说以及爱尔兰的民间故事感兴趣,两者构成他诗歌形象的源泉。早期的作品包括诗集《奥辛游历记及其他》(1889)和散文集《凯尔特的曙光》(1893)。1889年,叶芝爱上了才气横溢、美丽的爱尔兰爱国主义者冈妮。她鼓励叶芝参加爱尔兰民族主义运动,但并不爱他。他与格雷戈里夫人及其他人一道创办了后来的阿贝剧院。叶芝去世前一直是该剧院的导演之一。他提供了自己的剧作,其中许多成为剧院的保留剧目,如《凯瑟琳伯爵夫人》(1899)、《在贝尔的海滩上》(1905)和《黛特》(1907)。1909～1914年,他的诗发生了决定性的变化:早期抒情诗中超俗、迷幻的气氛消失了,作品更趋精练和成熟,并常以政治作题材,不过他对神秘主义的兴趣及对冈妮的激情依旧。《责任》(1914)和《库尔的野天鹅》(1917)的发表,使他的成就达到顶峰。叶芝最优秀的诗作收入《钟楼》(1928)、《盘旋的楼梯》(1929)和《最后的诗》(1939)中。《最后的诗》是按照叶芝在《幻景》(1925)中运用星相学上诸多形象将个人的心理与较有代表性的历史模式联系一起形成的神秘主义体系而编排的。1922～1928年为爱尔兰参议院议员,1923年获诺贝尔文学奖。有些人认为叶芝是20世纪最伟大的英语诗人。

叶子花属 Bougainvillea 又称九重葛属。紫茉莉科的一属,学名*Bougainrillea*,约14种,灌木、藤本或小乔木。原产南美洲,在温暖地区生命力强。许多种有刺。仅木质藤本种广泛栽培,有几个种育出美丽的栽培变种,用于室内栽种。有些种,如巴西的光叶子花有色彩鲜明的纸状苞片围着不显眼的花,有一个品种*B. glabra*,称纸花。已育出苞片为紫色到柠檬黄诸色品种。

页岩 shale 由粉砂级和黏土级颗粒组成的细粒薄片状沉积岩,约占地壳沉积岩的60%。在商业上有着重要用途,尤其是在制陶工业中,为制造瓦片、砖块和陶器的贵重原料,含有制造硅酸盐水泥的主要原料氧化铝。此外,开采方法的进步将有朝一日使油页岩成为一种实用的液体石油来源。

页岩油 shale oil 用分解蒸馏法从油页岩中萃取的合成原油。但这种从油页岩中提取的油不能用天然原油炼制的方法加工,因为页岩油是含氢量低而含有大量氮和硫的化合物,必须加氢并用化学方法除去氮和硫后才能使用。由于这一处理成本过高,使得页岩油无法在价格上与天然原油竞争。参阅石油。

夜曲 nocturne 19世纪的钢琴特性曲。该词首见于苏格兰作曲家J.菲尔德(1782～1837)约1812年出版的作品。该作品在分解和弦中加入抒情诗般的旋律。F.肖邦那些风格相似的浪漫夜曲,是这种形式最著名的作品。

夜妖 Lilith 犹太民间传说中的女妖。在拉比文学作品中的说法不一,有的说她是亚当的第一个妻子;有的说亚当与夏娃离异后,在天堂外面与她生群魔(参阅亚当和夏娃)。她主要伤害儿童,但佩戴写有三个反对她的天使名字的护身符就可以消灾。夜妖崇拜在一些犹太人中一直保持到公元7世纪。

夜莺 nightingale 又称歌鸲。雀形目鸫科数种小型旧大陆鸫的统称,因鸣声美而闻名。尤指欧亚夜莺(*Erithacus megarhynchos*或*Luscinia megarhynchos*)。褐色,体长16厘米,尾

欧亚夜莺(*Erithacus megarhynchos*)
H. Reinhard-Bruce Coleman Inc.

赤褐色。昼夜在灌丛栖木上鸣叫。以其有力富于变化的鸣声,加上突出的渐强音效果,数世纪以来在欧亚被视为是所有鸣禽中声音最美的。近缘种鸫歌鸲(*E. luscinia*),分布稍北,羽衣略黑,鸣声无渐强音。歌鸲亦可指其他有响亮鸣声的鸟类。

液晶 liquid crystal 能像液体那样流动,但又保持晶体的一些有序结构特性的物质。有些有机物质在加热时不直接熔化,而是从晶状的固态转变成液晶状态。进一步加热后,才形成真正的液体。液晶有独特的性质。改变机械压力、电磁场、温度和化学环境都很容易影响它的结构。参阅液晶显示器。

液晶显示器 liquid crystal display (LCD) 用于手表、计算器、笔记本式计算机及其他电子设备的光电装置。电流通过特定部分的液晶溶液造成晶体排列起来阻挡光线的通过。这样以受控、有序的方式在显示屏上产生视觉影像。液晶显示器的优点是比其他显示器(如阴极射线管)量轻,耗电低。这些特点使其成为平板显示的理想选择,用于便携式和笔记本式计算机。

液体 liquid 物质的三种主要状态之一,介于气体和固体之间。液体既没有固体的有序性,又没有气体的无规性。它可以在很小的剪应力作用下流动。液体与它们自己的蒸汽或空气接触处有表面张力,使界面趋于最小面积的配置(球形)。液体与固体之间的界面存在面际张力,它决定了液体是否能润湿那另一种物质。除了液态金属、溶融盐类以及电离溶剂中的盐类溶液外,液体的电导率一般都很小。

谒师所 gurdwara 锡克教的礼拜场所。每个谒师所都放置一份《阿底·格兰特》,并作为经文吟咏、歌唱、阐述等崇拜活动的集会场所。该建筑物附设社区厨房,也常附设学校。在私人家庭中,单独分出作为献祭的房间也称为谒师所。人们常到与锡克教古鲁生

活有关的谒师所朝圣，尤其是金寺。

《1801年政教协定》　Concordat of 1801　拿破仑和教皇庇护七世达成的协议，确定天主教会在法国的地位，并结束法国大革命期间由于进行教会改革而引起的不和。罗马天主教被承认为法国大多数人民的宗教，但不宣布为该国的国教。拿破仑有权提名主教，但主教的职位由教皇授予。政府同意给教士们发工资，但教会被没收的财产不予归还。该协定直到1905年才被废除。

《1832年改革法案》　Reform Bill of 1832　英国议会扩展选举权的法案。它将选举的特权从贵族和缙绅控制的小市镇转移到人口密集而未被充分代表的工业城镇。该法案由首相E.格雷伯爵起草，罗素提出，曾三次在下院通过，但却一直遭到上院反对，直到格雷威胁要加封50名新的自由党人（足以使法案通过）才最终使他们同意。该法案在下院中重新分配了席位，降低了选举资格限制，使小宗地产拥有者也有了选举权（多为中产阶级）。

1848年革命　Revolutions of 1848　反对欧洲君主的一系列共和起义。始于西西里，扩展到法国。在法国，这次革命建立了第二共和国，在中欧也大多出现了自由主义的政治改革和民族的统一。然而由于军队的效忠，君主们很快又重新建立了他们的权力，撤销了大部分他们允诺的改革。起义遭到镇压，最后以失败告终，继之以自由主义者们的普遍绝望。

《1850年妥协案》　Compromise of 1850　美国国会为解决蓄奴问题和防止分离而通过的一系列措施。危机出现在1849年末，当时加利福尼亚准州请求加入联邦，并在州宪法中规定禁止蓄奴。由于当时蓄奴扩大到墨西哥在1848年割让给美国的其他地区的问题未获解决，此项请求便变得复杂了。参议员H.克莱提出了一系列措施，企图同时满足蓄奴和反蓄奴两派的要求。这些措施包括：允许加利福尼亚准州作为自由州加入美国；新准州的奴隶问题留待当地居民作出决定；允许逃走的奴隶在不得已的情况下回去；禁止在哥伦比亚特区买卖奴隶。由于D.韦伯斯特和S.A.道格拉斯的支持，使这个妥协案得以通过。联邦各地区的温和派人士接受了这些条款。国家分离又推迟了10年，但埋下了协调的隐患。

1812年战争　War of 1812　英国和美国之间的一场不分胜负的战争，因美国在法国革命战争中不堪忍受英国在海上的凌辱行为而引起。英国为封锁所有法国港口，在公海上拦截他们怀疑向法国运送货物的美国和其他中立国船只，并强迫美国海员服役。美国则通过立法如《禁运法案》予以抵制，国会中的鹰派号召将英国人逐出加拿大，以确保边界的安全。美国要求解除封锁，但英国拒绝，美国遂于1812年6月18日对英宣战。尽管一开始美国海军取得了一些胜利，其中著名的为“宪法”号与“战士”号的战斗，但英国仍然保持着对美国东部港口的封锁。一支英军烧毁了华盛顿特区的公共建筑，包括白宫，作为对美国在约克（多伦多）同样行为的报复。这场战争日益不得人心，尤其是在新英格兰地区，由哈特福德会议引发了一场脱离联邦的运动。1814年12月24日，双方签署了《根特条约》，这一条约基本上恢复双方战前领土状况。在签订这一协议的消息到达美国之前，美国在新奥尔良的胜利，使美国人声称自己赢得了这场战争。

1054年教会分裂　Schism of 1054　又称East-West Schism（东西两派教会分裂）。拜占廷教会和罗马教会分裂的事件。在圣灵发自圣父和圣子等教义问题上两派教会早就疏远了。罗马教会强行实行神职人员独身制，还规定只有主教才能主持坚振礼，对此东方教会非常不快。两派间还有司法争端。1054年教皇利奥九世和君士坦丁堡牧首米恰尔互相绝罚，这标志着两派教会的最终分裂。其后几个世纪中，裂痕更加扩大。虽然教廷和牧首于20世纪均已撤销这项绝罚，但两派教会仍然一直分裂。参阅天主教。

《1356年查理四世皇帝金玺诏书》　Golden Bull of 1356　神圣罗马帝国皇帝查理四世颁布的帝国大法，因钤用金玺，故名。《金玺诏书》授权7名选侯以简单多数票选定德意志统治者。并指定选侯，建立长子继承制。目的在于消除教皇在德意志政治事务上的影响，《诏书》废除了教皇原有的考察候选者和批准选举结果的权利，也增加了贵族们的权力。

一年生植物　annual　在一个生长期内完成其生命周期的任何植物。休眠的种子是一年生植物从一个生长期存活到下一个生长期的唯一部分。一年生植物包括许多杂株、野花、观赏花和蔬菜。参阅多年生植物。

一品红　poinsettia　大戟科最有名的显花植物，学名*Euphorbia pulcherrima*。原产墨西哥和中美洲。生长在潮湿、有林木的山谷中或岩石山坡上。其有色叶状苞片貌似花瓣，

一品红（*Euphorbia pulcherrima*）
Grant Heilman

苞片中央具黄色小花一簇。栽培的品种有白色、粉红色、斑纹和条纹的苞片，圣诞节期间最受欢迎的是深浅不同的红色品种。易敏感的人和动物对其茎叶的乳汁过敏，但一品红有剧毒的说法是过分夸张了。

《一千零一夜》　Thousand and One Nights, The　又译Arabian Nights' Entertainment（《天方夜谭》）。东方故事集，该书年代与作者不详。所采用的连环故事中，蓄意复仇的国王沙赫里亚尔，每天娶一个新娘，然后就把她杀掉。足智多谋的山鲁佐德，可能是印度人，挫败了国王的蓄谋。她用来诱劝国王以致能拖延并最终使国王不再杀她的那些故事，分别源自印度、伊朗、伊拉克、埃及和土耳其，有的可能来自希腊。现在人们普遍认为这些故事是将以前口头流传了数百年的传说收集整理而成的。18世纪欧洲的一个译本是已知最早出版发行的版本。R.伯顿爵士译的《一千零一夜》（1885～1888）是最著名的英译本。

一神论　monotheism　认为只存在一个神的信仰。它同多神论不同。最早的一神论起源自公元前14世纪的埃及阿肯那顿统治时期。一神论是犹太教、基督教和伊斯兰教的特点。它们都将上帝看作是世界的唯一创造者，并且是仁慈和神圣的至善者，管理并插手人类的活动。犹太教中的一神论起源于古以色列，它将耶和华作为唯一的崇拜对象，并排斥任何别的种族和国家的神，但起初并不否认他们的存在。伊斯兰教明确指出只有一个永恒的、自生的、无可比拟的神，而基督教则认为唯一的上帝体现在三人合一的神圣三位一体中。

一事不再理　double jeopardy　又译一事不重复追究。法律上指一个人不能因同一行为而两次受同一罪行的审判。美国宪法第5修正案规定，任何人不得“因同一罪名，使生命或肉体再受到伤害。”该条规定在宣告无罪或宣判有罪不得再进行第二次起诉，也禁止就同一起行为宣判多项有罪。因此，任何人不得因同一杀人行为而被判谋杀罪和过失杀人罪；但是，却可以被判犯有谋杀罪和抢劫罪，只要他在抢劫的同时还进行谋杀。一事不再理的辩护理由还足以阻止任何业经宣告无罪释放的人因同一罪行而受国家的第二次审判。参阅正当程序。

一线大型战舰　ship of the line　一种扬帆的战舰，是17世纪中期到19世纪中期西方世界大型海军中的主力战舰。从称为战列的海战战术发展演变而来。海战中，双方的船舶纵队遥遥相对，舷炮齐发，轰击对方。由于装有最大大炮的最大船舶在战斗中往往获胜，因而各方纷纷建造更多的大型战列舰。这些三桅船往往长60米，排水量1 200～2 000吨，水兵600～800人；通常在三层甲板的边沿装有60～110门大炮及其他火器。最后被蒸汽驱动的战舰取代。

一氧化碳　carbon monoxide　剧毒、无色、无臭的可燃性气体，化学分子式CO，工业上用于制造多种有机和无机的化工产品。由于内燃机和各种炉子中的碳或含碳燃料未完全转化为二氧化碳，而在其废气中含有一氧化碳。一氧化碳之所以有毒性，是因为它比氧更容易被红血球吸收，从而阻碍氧气从肺部输送到需氧的组织。一氧化碳中毒的症状包括头痛、虚弱、晕眩、恶心，严重者会昏迷、脉

弱和死亡。一氧化碳在工业上当作燃料使用,并合成许多种有机化合物,包括甲醇、乙烯和醛。

一元论 monism 在形而上学中,主张世界基本上是单一实体,或只包含一种实体的学说。一元论与二元论和多元论相对。一元论包括唯物主义、泛神论,以及形而上学的唯心主义等。参阅B. de斯宾诺莎。

一枝黄花 goldenrod 菊科一枝黄花属约100种多年生似杂草的草本植物。多数原产于北美,欧亚也有少许种。叶缘齿裂;头状花序,黄色,由管状花和舌状花组成。一枝黄花为北美东部特有的植物,分布于几乎各种生态环境——林地、沼泽、山地、田野及路边,是构成自大平原向东至大西洋美丽秋色的花卉。虽然花期与豚草相同,但不会引发枯草热。

伊巴丹 Ibadan 尼日利亚西南部城市。位于拉各斯东北,是该国第二大城市。当地最早为埃格巴人定居点,现代城市可能是从伊费、伊杰布和奥约来的约鲁巴人的军队所建的兵营发展起来的。1893年为英国人夺占。现为重要的商业中心,市内建有6座公园,其中最重要的是阿戈迪花园。市内有伊巴丹大学(1948年建)、理工学院和其他专科院校,以及两座主要的体育场馆和电视台。人口约3 080 000(2002)。

伊巴露丽 Ibárruri(Gómez),(Isidora) Dolores(1895～1989) 又称La Pasionaria。西班牙共产党领袖。贫穷矿工的女儿,年轻时思想变得很激进。1918年第一次使用笔名"热情之花"发表文章。1920年加入新成立的西班牙共产党。几经风雨之后,她成为共和国议会中的共产党议员之一。1936年西班牙内战爆发时,她已因在街头发表激烈(甚至有暴力倾向的)演说成为家喻户晓的人物,并提出了共和国的战斗口号"不准他们得逞!"。1939年F.佛朗哥取得胜利后,她逃往苏联。在佛朗哥去世和西班牙共产党重新合法化之后,她又于1977年回到国内。同年她重新当选为西班牙议会的议员,后因健康原因辞职,但一直担任该党的荣誉主席直至去世。

伊巴密浓达 Epaminondas(约公元前410～前362) 第比斯政治家、军事战术家和领袖。公元前371年在留克特拉战役中以新战术击败斯巴达人,使第比斯成为希腊最强的城邦。此战术是先以绝对优势的兵力对付敌军最强的部分。他还4次成功地攻入伯罗奔尼撒。前370～前369年从斯巴达人手中解放了麦西尼亚的希洛人。前362年,他率领联军在曼提尼亚击败斯巴达、雅典和他们的盟军。但是他也负伤身亡。

伊贝维尔 Iberville, Pierre Le Moyne d'(1661～1706) 法裔加拿大殖民地开拓者和探险家。蒙特利尔毛皮商之子,曾在哈得孙湾多次率人攻打英国的皮货贸易据点。后来指挥远征军攻占英国居民点,到1697年已拓展了新法兰西所控制的地区。之后被派往南方在密西西比河三角洲建立要塞,并保卫R.-R.拉萨尔所占领土的安全。1699年在比洛克西湾建立新的定居点,1700年在现今新奥尔良附近,1702年在莫比尔河分别建立要塞,导致后来路易斯安那地区的殖民。

伊本·阿拉比 Ibn al-Arabi(1165～1240) 伊斯兰教神秘主义者和神学家。出生于西班牙,曾在西班牙和北非游历四方,寻找苏非派神秘主义大师。1198年开始前往近东朝圣,造访了麦加、埃及和安纳托利亚地区,最后于1223年定居大马士革。他以精神导师闻名并受人崇敬,将其余生用于冥想、教书和著述。其伟大的著作《麦加的启示》是一部个人百科全书,内容涉及伊斯兰教中所有的神秘科学和对其个人内心世界的剖析。他还写了另一部在伊斯兰教的神秘主义哲学中占有极重要地位的作品《智慧的珠宝》(1229)。

伊本·阿齐尔 Ibn Aqil(1040～1119) 伊斯兰教教义学家。受教于罕百里派(参阅阿赫默德·伊本·罕百里),该派是伊斯兰教法学派中最传统的一派,他因力争把开明教义学思想并入该传统派而冒犯了他的几位老师。他致力于用理性和逻辑探究来解释宗教,并受到哈拉智教义的影响。1066年被任命为巴格达曼苏尔清真寺大师,但因遭到保守派神学家的迫害,不久即辞职,1072年被迫公开对自己的观点表示悔过。

伊本·拔图塔 Ibn Battutah(1304～1368/1369) 全名Abu Abd Allah Muhammad ibn Abd Allah al-Lawati al-Tanji ibn Battutah。中世纪阿拉伯旅行家。曾在丹吉尔受过传统的法律和文学教育。1325年到麦加朝圣后,决定尽可能地走访世界各地,而且发誓"绝不走重复路线"。他用了27年时间漫游非洲、亚洲和欧洲各地,总旅程长达12万千米。在返回后口述撰写回忆录《游记》,该书成为世界上最著名的旅行著作之一。

伊本·哈兹姆 Ibn Hazm(994～1064) 全名Abu Muhammad Ali ibn Ahmad ibn Said ibn Hazm。伊斯兰教学者和神学家。出生于西班牙,早年身处内战之中,这场战争结束了西班牙伍麦叶王朝,后来他因支持过伍麦叶王朝,而身陷囹圄。他是法学的扎希里学派领袖,主张仅按《古兰经》和圣训的字面含义去解释法学。他的信念常受人抨击,也有人公开焚烧他的书籍。他学问渊博,涉及领域不仅有法学和神学,还包括逻辑学、文学和历史。他也以精通阿拉伯语闻名,著作约400部,至今尚存不足40部。

伊本·赫勒敦 Ibn Khaldun(1332～1406) 全名Abu Zayd Abd al-Rahman ibn Khaldun。阿拉伯历史学家。出生于突尼斯,曾在突尼斯、非斯和格拉纳达的统治者宫廷担任官职。1375年从政坛退出后,撰写了他的杰作《历史导论》,书中研究了社会性质和社会变迁,发展了一种最早的非宗教性的历史哲学。他还写了一部有关穆斯林北非可靠历史的著作《训诫书》。1382年前往开罗,被指派为教授和宗教法官。1400年帖木儿围困大马士革期间被俘,在该城遭受洗劫之前曾参与谈判释放市民。他被视为中世纪最伟大的阿拉伯历史学家。

伊本·沙特·阿不杜勒·阿齐兹 Ibn Saud, Abdulaziz(约1880～1953) 简称伊本·沙特。现代沙特阿拉伯国家的创建者。虽然沙特家族在1780～1880年统治了阿拉伯半岛

伊本·沙特
Camera Press

很大部分地区(参阅沙特王朝),但伊本·沙特还在襁褓中时,他的家人就被敌对的拉希德人赶走。1901年,伊本·沙特率领军队大胆突袭拉希德人,重新夺回沙特首都利雅得。1904年,伊本·沙特败走,但不久他就重组军队,继续奋战,并利用宗教号召游牧部族加入他的事业。1920～1922年他打败了拉希德人,将自己的土地扩大了一倍。1924年他征服汉志(参阅侯赛因·伊本·阿里)。1932年他正式建立沙特阿拉伯王国,成为专制君主。1933年他签署了第一项石油协定,但是未能赢利,直到20世纪50年代才有了源源不断的石油收入。他的几个儿子继承其位。

伊本·太米叶 Ibn Taymiya(1263～1328) 伊斯兰教教义学家。出生于美索不达米亚,曾在大马士革受教育,并在那里加入虔修派。他力主伊斯兰教回归其最初的教义根据:《古兰经》和逊奈,并摒弃那些他认为违反法律的习俗,包括膜拜圣人。在他大肆批评并冒犯宗教当局后,屡次在开罗被监禁。暮年在大马士革生活15年,作为学派导师,聚集门生多人。死于狱中。他的著作是瓦哈布所创建的瓦哈比教派运动的源泉。

伊本·提本 Ibn Tibbon, Judah ben Saul(1120～约1190) 犹太医师和翻译家,出生于格拉纳达,但因当时西班牙人迫害犹太人,被迫于1150年逃到法兰西南部,在那里定居行医。他把那些讲阿拉伯语的犹太人写的哲学著作翻译过来,使阿拉伯文化和希腊文化在中世纪的欧洲得到传播。他的儿子和孙子也是知名的学者和翻译家。

伊本·图伦清真寺 Ibn Tulun Mosque 规模巨大、宏伟的红砖建筑群,由埃及和叙利亚的土耳其总督艾哈迈德·伊本·图伦

(835～884)于876～879年在今日的开罗建造。清真寺的雉堞式墙体上有按装饰图案成形和穿孔的城齿。它的3个殿院边缘排列着粗大的立柱和宽大的拱门构成的拱廊。拱门上饰有刻工精细的拉毛粉饰。主要空间被立柱分成5个长走道,初建时装饰有木雕栅栏。1890年清真寺被列为历史遗迹,从此得到全面修复。

伊本·伊斯哈格 Ibn Ishaq(704?～767) 全名Muhammad ibn Ishaq ibn Yasar ibn Khiyar。穆罕默德传记的阿拉伯作者。他的父亲和两个叔父收集和转述穆罕默德在麦地那的言行,他很快就成为有关这位先知的几次战役的权威。最初在亚历山大学习,后移居伊拉克,在这段期间许多人都为他写传记提供了大量资料。这部传记成为穆斯林世界最受欢迎的穆罕默德传记。

伊比利亚半岛 Iberian Peninsula 又作Iberia。欧洲西南部半岛,属于西班牙和葡萄牙两国。以希腊人所称的古代居民伊比利亚人得名,可能与半岛的第二大河埃布罗河的名称有关。东北的比利牛斯山脉形成与欧洲其他地方的天然分界,南端在直布罗陀海峡以狭窄海峡与北非隔开。西岸和北岸接大西洋,东临地中海。它包括欧洲大陆最西端的葡萄牙的罗卡角。

伊比利亚人 Iberian 西班牙南部和东部的史前民族。公元前8世纪凯尔特人开始迁移到西班牙北部和中部,伊比利亚人基本上未受到影响。在文化上,他们受希腊人和腓尼基人的贸易殖民地的影响。在东部沿海,部落似乎已形成独立的城邦,在南部还出现过君主国。经济以农业、采矿和冶金业为主。伊比利亚语不属于印欧语系,到罗马时代仍然流行。

伊壁鸠鲁 Epicurus(公元前341～前270) 古希腊哲学家。他倡导简朴的快乐、友谊和退隐无为的伦理哲学(参阅伊壁鸠鲁主义)以及基于原子论的玄学。他在雅典的花园学校里办学,与柏拉图的学园和亚里士多德的吕克昂学府竞争。但与后两所学校不同的是,花园学校也招收女学生,甚至还包括伊壁鸠鲁的一个女奴隶。学校里传授如何远离政治活动和公共生活,与现在的"*epicurean*"(爱奢侈享受的人)的常用含义不同,因为学校里的生活非常简朴。伊壁鸠鲁在公元1世纪时期的罗马受到人们的广泛尊崇。诗人兼哲学家卢克莱修以伊壁鸠鲁的思想为基础进行创作。17世纪时,P.伽桑狄(1592～1655)恢复了伊壁鸠鲁的原子论。

伊壁鸠鲁主义 Epicureanism 伊壁鸠鲁所讲授的哲学。在古代的论战里以及在后来的一般说法中,这个名词的意思多用作"快乐主义",即主张愉悦或快乐是唯一内在的善。一般说来,伊壁鸠鲁主义指的是为某种优雅风格的愉悦、舒适及高度生活而努力,虽然这些意义只是大体上和伊壁鸠鲁实际所讲授的内容相关。

伊达尔戈 Hidalgo 墨西哥中东部一州,面积20 813平方千米。原为墨西哥州的一部分,1869年单独设州,以纪念革命爱国志士伊达尔戈(-科斯蒂利亚)。为全国最多山的地区之一,有大片矿藏,包括金和银矿。在前哥伦布时期这里是托尔特克人文化中心。在州首府帕丘卡以西的图拉曾是托尔特克人的首府,现为考古遗迹。州内有大型金属加工厂,也是农产区。人口2 665 018(2010)。

伊达尔戈(-科斯蒂利亚) Hidalgo(y Costilla), Miguel(1753～1811) 天主教神父,被誉为"墨西哥独立之父"。1789年受神职,早年生活平静,对改善教区居民的经济福利不遗余力。他在拿破仑入侵西班牙之际,在多洛雷斯(今多洛雷斯-伊达尔戈)参与了脱离西班牙争取独立的团体。1810年9月16日,该团体被出卖,于是他敲响多洛雷斯教堂的大钟,召集教区居民,以"多洛雷斯口号"呼吁他们起而革命。数千名印第安人和梅斯蒂索人投奔他,他成功占领了瓜纳华托和其他城市,不久逼近首都墨西哥城,由于他的优柔寡断而导致革命失败,他也被枪决。殉难的伊达尔戈成为独立运动最有力的象征,独立运动也终获成功。9月16日被定为墨西哥独立纪念日,每逢此日总统都会在国家宫露台上带领大家呼喊"多洛雷斯口号"。

伊达山 Ida, Mount 土耳其一座山的名字和克里特岛一座山的名字。土耳其的伊达山位于安纳托利亚西部,在古代特洛伊城旧址附近,是古典神话传说中的圣地,帕里斯曾在此地评判过比美的希腊三女神。据说从山的最高峰(约1 800米),众神目睹了特洛伊战争。另一座伊达山在克里特岛的中西部,为最高峰,海拔2 456米。它也是古典神话传说中的圣地,据说宙斯(希腊宗教中的主神)被抚养长大的传奇式洞穴即在此山中。

伊顿 Eaton, Cyrus S(tephen)(1883～1979) 加拿大裔美籍企业家和慈善家。1907年开始经商,数年内即在加拿大西部建立了几家发电厂,不久在美国投资兴办其他公用事业、银行和钢铁厂。1930年他将所拥有的几家钢铁公司合并为共和钢铁公司,为美国第三大钢铁公司。大萧条时期伊顿丧失了他的大部分财产,但随后即东山再起。他也是核裁军和改善美苏关系的活跃鼓吹者,且为1957年帕格沃什会议发起人之一。

伊顿公学 Eton College 又译伊顿学院。英格兰最大也是最有名望的公学(独立中等学校)之一。位于伯克郡的温莎附近。亨利六世于1440～1441年间创办,他于同年还创办了剑桥大学的国王学院。男孩在13岁时进入伊顿公学。学校每年有70个国王奖学金名额,其中的14个名额给予新的获得者;他们是从竞争性考试中选拔出来的。奖学金的金额为免学费10%～100%不等。其他学生叫作校外寄宿生,人数在1 200人以上。大部分学生来自英格兰最富裕的家庭。

伊尔库茨克 Irkutsk 俄罗斯中东部城市。位于安加拉河附近,1652年建成时为一个过冬营地。很快发展成为一个毛皮贸易商业中心和俄罗斯通往中国和蒙古的商路基地。1898年西伯利亚大铁路开通后该地的重要性日益显现。现为地区工业和文化中心。设有国立伊尔库茨克大学和俄罗斯科学院西伯利亚分院。人口约578 073(2006)。

伊尔门湖 Ilmen, Lake 俄罗斯西北部湖泊。位于伊尔门平原中部,为一冰川低地,约有50条河注入,其中包括姆斯塔河、波拉河和洛瓦季河;此湖因此成为沃尔霍夫河的源头。湖水面积随河水流量而发生变化,约为733～2 090平方千米。夏季可通航,平均深度10米。

伊凡六世 Ivan VI(1740～1764) 俄语作Ivan Antonovich。俄国沙皇(1740～1741)。安娜女皇内侄。伊凡六世年仅8周时,安娜女皇指名他为皇位继承人,由其母摄政。1741年被彼得大帝之女伊丽莎白废黜,此后20年间他一直呆在不同监狱的单独牢房里。1764年当一名军官打算释放伊凡,以使其重掌皇权并赶走叶卡捷琳娜二世(她于1762年篡夺王位)时,伊凡为狱卒暗杀。

伊凡三世 Ivan III(1440～1505) 别名Ivan the Great(伊凡大帝)。莫斯科大公(1462～1505)。继承父位后决定扩大国家版图,他先后带兵在南部(1458)和东部(1467～1469)成功打败鞑靼人。伊凡兼并了诺夫哥罗德(1478),并于1485年控制了大俄国其余土地的大部分。他还拒绝臣服金帐汗国(1480),1502年打败汗的儿子,赢得最终胜利。他剥夺了波雅尔(地位仅次于王公的一个贵族阶层成员)的大部分权力,奠定了一个中央集权的俄国国家行政基础。伊凡四世(伊凡雷帝)是他的孙子。

伊凡四世 Ivan IV(1530～1584) 俄语作Ivan Vasilyevich。别名Ivan the Terrible(伊凡雷帝)。莫斯科大公(1533～1584),俄国第一位沙皇(1547～1584)。在经过长期摄政

伊凡四世,圣像图,16世纪末;
现藏哥本哈根国家博物馆
By courtesy of the National Museum, Copenhagen

后(1533～1546)才加冕为沙皇(1547),他以大刀阔斧地改革为施政特色,其中包括集中行政管理,设立使教会事务有序进行的教会公会议,并成立第一个国会(1549)。他还制定改革措施以限制波雅尔的权力。在征服喀山(1552)和阿斯特拉罕(1556)后,他与瑞典、波兰打了一场控制利沃尼亚的战争(1558～

1583)，但却失败了。在此次战败和几个俄国波雅尔涉嫌叛国以后，伊凡建了一块沙皇禁苑，由他个人控制并与国家其他地方分开的领地。他带领大批贴身护卫，待在深宫闭门不出，把俄国的管理事务交给其他人。同时，他还制定一套恐怖统治政策，处死数千名波雅尔，掠夺诺夫哥罗德城。16世纪70年代期间，他在9年之内娶了5个妻子，1581年在盛怒之下，杀了他唯一的继承人伊凡。

伊凡五世　Ivan V(1666～1696)　俄语作Ivan Alekseyevich。俄国有名无实的沙皇(1682～1696年在位)。尽管他长期身心有缺陷，但当他的兄弟沙皇费多尔三世去世时，伊凡仍与其同父异母兄弟*彼得大帝*共为统治者，由其姊索菲亚摄政。索菲娅1689年被推翻后，伊凡获准保留官位，但他从不过问朝政。

伊夫林　Evelyn, John(1620～1706)　英国作家。出身于富裕地主家庭。写有美术、森林学、宗教等方面的著作30余部。他的《日记》(1818年出版)，从1631年写到1706年，被认为是有关17世纪英国社会、文化、宗教和政治生活的珍贵史料。伊夫林的《戈多尔芬夫人的一生》(1847年出版)是17世纪最令人感动的传记之一。

伊夫尼　Ifni　摩洛哥西南部地区。位于大西洋沿岸，面积1 500平方千米。1476年加那利勋爵D. G. de赫雷拉首先定居于此，成为西班牙的捕鱼、贩奴和贸易活动地点。该地于1524年因疾病流行和摩尔人的敌对行动而被舍弃。1860年根据一个西班牙-摩洛哥条约又重新开拓。1934年才真正被西班牙人再次占领。1946年该地成为西属西非的一部分。1969年伊夫尼被割让给摩洛哥。

伊格德拉西尔　Yggdrasill　古斯堪的纳维亚神话中的世界树。它的一条根通向冥界，一条根通向巨人之国，第三条根通向*阿斯加尔德*。在它下面有三股泉水：命运之泉，命运之神用这里的水来浇灌此树；喧闹的水壶，魔鬼尼德霍格住在那儿咬它的根；弥米尔之泉，即智慧之源，*奥丁*神为取得这里的泉水献出了一只眼。在拉格纳勒克(世界末日)之后，受到极大震撼的伊格德拉西尔仍将成为新的生命之源。

伊格鲁　igloo　加拿大和格陵兰因努伊特人(*爱斯基摩人*)冬季临时的圆顶式房屋或狩猎场住所，以雪块筑成。建造者选择一个雪质细密紧凑的厚雪堆，用雪刀把雪切成许多块。把一排雪块先摆成一个圆圈，然后将雪块的顶面削出一个倾斜角，以便形成螺旋的第一圈。往螺旋上加雪块时逐渐内收，直到构成圆顶，仅在顶端留一通风孔。

伊瓜苏河　Iguazú River　又作Iguaçu River。巴西南部和阿根廷东北部河流。大致向西蜿蜒流过1 320米后，在阿根廷、巴拉圭和巴西三国交界处注入巴拉那河。该河虽有部分河段可以通航，但主要因*伊瓜苏瀑布*而闻名。在瀑布附近，该河的主要河段突然陷落到一个称为"魔鬼之喉"的裂口，此河段被形容为"陷入深渊之海"。

伊瓜苏瀑布　Iguazú Falls　又作Iguaçu Falls。旧称Victoria Falls(维多利亚瀑布)。*伊瓜苏河*上的大瀑布，靠近阿根廷与巴西的交界处。1541年A.努涅斯·卡韦萨·德巴卡首先发现

阿根廷和巴西边界伊瓜苏河上的伊瓜苏瀑布
© R. Manley/Superstock

这个马蹄形瀑布。瀑布高60～82米，宽2.7千米(约为*尼亚加拉瀑布*宽度的3倍)，分为275股急流或泻瀑。为了保护这一壮丽景观和当地动植物生态，巴西和阿根廷分别于1939和1934年各自建立了伊瓜苏国家公园，1984和1986年先后被联合国教科文组织列为世界遗产。

伊肯斯　Eakins, Thomas(1844～1916)　美国画家。早年就读于巴黎美术学院(1866～1870)，之后在家乡费城度过了大半生。他曾在宾州美术学院深造，并于医学院研习解剖学，以加强其对人体模特儿的研究。《格罗斯的外科临床讲习》(1875)描绘了手术进程，对当时的人来说虽然过于写实，但今天看来却是其杰作。1876年开始在宾州美术学院任教，但因在男女混合课堂上以裸体模特儿教授人体绘画而于1886年被迫辞职。除了数量颇丰的肖像画外，伊肯斯尚绘有划船及其他户外情景画作，反映出其对人体动作的着迷。他对肢体动作的兴趣引领他进入摄影界，并和摄影师E.迈布里奇结识，开始了同步创作摄影、雕塑及绘画的生涯。他是美国19世纪杰出的画家。

伊拉克　Iraq　全称Republic of Iraq(伊拉克共和国)。西南亚的中东国家，位于波斯湾西北端。面积：434 128平方千米。人口：约34 776 000(2013)。首都：*巴格达*。人口主要由占多数的阿拉伯人和占少数的*库尔德人*组成。语言：阿拉伯语和库尔德语(均为官方语言)。宗教：伊斯兰教(国教，多为什叶派)，亦有基督教。货币：第纳尔。伊拉克可分为4个主要地区：伊拉克中部和东南部的底格里斯-幼发拉底河流域的冲积平原；北部*底格里斯河*与*幼发拉底河*之间的杰济拉高地；西部和南部的沙漠地带(约占国土面积的2/5)；东北部的高地。伊拉克已探明的石油储藏量居世界第二，天然气储藏量也很可观。农业亦为国民经济的重要组成。该国为多党制共和国，一院制。总统是国家元首，政府首脑是总理。在古代被称为*美索不达米亚*。该地区诞生了世界上最早的文明之一，包括*苏美尔*、阿卡得和*巴比伦*文明。公元前331年，被亚历山大大帝征服。该地区后来变成战场，先是罗马人与安息人相争，后是萨珊人与拜占廷人互争。公元7世纪阿拉伯人将此地征服，其王朝一直统治到1258年被蒙古人征服。16世纪奥斯曼帝国占领了伊拉克，并一直统治到第一次世界大战期间英国人对该国的占领。英国人于1921年建立伊拉克王国。第二次世界大战期间，英国再次占领伊拉克。战后国王复位，但1958年一场革命结束了君主制。此后军事政变不断发生。1968年萨达姆·侯赛因领导的社会复兴党掌权，建立极权统治。20世纪80年代的*两伊战争*和*波斯湾战争*(1990～1991)，造成大量人员伤亡和破坏。在90年代联合国对其实施禁运期间，该国经济凋敝。至21世纪初，禁运开始减缓。在*伊拉克战争*中，社会复兴党政权于2003年被推翻。伊拉克于1948年首次参加在伦敦举办的夏季奥运会。

伊拉克战争　Iraq War　又称第二次海湾战争(2003～2011)。2003年在主要由美国和英国组成的联军与伊拉克之间进行的短暂军事冲突和随后由美国主导的对伊占领以及与反占领的伊拉克武装力量之间的长期对抗。在第一次海湾战争(1990～1991)之后联合国对伊拉克实施的贸易禁运和武器监管到2001年已部分地形同虚设。当时的美国总统布什认为同年针对美国本土的九一一袭击事件显示诸如伊拉克等敌对国家形成了对美国国家安全的威胁。2002年11月联合国发布安理会第1441号决议，要求伊拉克重新接受武器核查，并遵守所有先前达成的决议。尽管武器核查小组重新返回了伊拉克，但布什和*布莱尔*还是在2003年初不顾许多国家领袖的反对，宣布伊拉克在继续阻挠联合国武器核查，仍保存有被禁武器。3月20日，美国和英国(以及其他一些国家的少量军队)发起对伊拉克的一系列空袭，随后展开地面进攻。伊拉克军队被迅速击溃，4月9日美军控制了伊拉克首都巴格达。同一天，英军占领了伊拉克南部城市巴士拉，到5月1日，主要军事占领行动已经完成。然而，美国以及其他国家的占领军很快就在伊拉克陷入了逐步加剧的游击战，它妨碍了伊拉克的恢复重建工作，造成数千名士兵及数万名平民的死亡。这场战争一直受到世界各地许多人的反对，在美国国内也越来越不受欢迎。2007年初美国实施了增兵战略，临时增兵20 000多人以稳定局势。2007年底，暴力事件大幅减少，但此战略在加强安全方面的作用仍存在争议。2008年美国开始从伊拉克

逐步撤军,2011 年 12 月完全撤离。

伊拉斯谟 Erasmus, Desiderius(1469～1536) 荷兰牧师和人文学者,被视为 16 世纪最伟大的欧洲学者。生于鹿特丹,是牧师与医师之女的私生子,进入修道院后于 1492 年奉派为牧师。他在巴黎大学求学并游历了整个欧洲,受到 T. 莫尔与 J. 科利特的影响。使他成名的第一本书是《箴言》(1500,1508),是希腊及拉丁箴言的评注合集。他以编辑古典作家著作、教父的作品和《新约》而著名,同时他自己也著述,作品包括《基督教骑士手册》(1503)和《愚人颂》(1509)。他利用意大利人文学者首倡的语文学方法,对过去的历史评论进行研究奠定了基础。借助批评宗教滥用权力,他鼓励改革的热情,这分别见于他对新教的宗教改革运动和天主教的反宗教改革的表述中。虽然他认为 M. 路德有许多优点,他仍在受到压力下攻击路德;他站在独立的立场,同时驳斥了路德的得救预定论和教皇要求的权力。

伊朗 Iran 全称 Islamic Republic of Iran(伊朗伊斯兰共和国)。旧称Persia(波斯)。西南亚的中东国家。面积:1 648 200平方千米。人口:约76 779 000(2013)。首都:德黑兰。波斯人占总人口的多数;其他族群包括阿塞拜疆人、库尔德人、卢尔人、巴赫蒂亚里人和俾路支人。语言:波斯语(法尔斯语)为官方语言,还有其他几种语言。宗教:伊斯兰教(国教,主要为什叶派),亦有琐罗亚斯德教。货币:里亚尔。伊朗位于海拔 460 米以上的高原,四周群山围绕。全境一半以上的地区是盐碱荒漠和荒芜之地。约有 1/10 的土地为可耕地,另有 1/4 的土地适于放牧。伊朗有丰富的石油资源,储量约占全世界的 1/10,为该国的经济基础。伊朗为单一制伊斯兰共和国,一院制,另有几个由神职人员掌控的监督机构。总统是国家元首和政府首脑,但最高权威是宗教领袖。伊朗在约 10 万年前便有人居住,但有文字记载的历史始于公元前3000年的埃兰人。从公元前 728 年开始米底人在此生活繁衍,但公元前 550 年被波斯人推翻,波斯人于公元前 4 世纪又被亚历山大大帝征服。公元前 247 ～公元 226 年安息人(参阅安息)建立了一个帝国,后来控制权落入萨珊人手中。7 世纪起,几个不同的穆斯林王朝统治伊朗。1501 年萨非人建立起一个王朝,并一直延续到 1736 年。从 1796 年开始,卡扎尔人建立其统治,但在 19 世纪该国在经济上受到沙俄和英帝国的控制。礼萨汗(参阅 R. 巴列维)在一次政变(1921)中夺取政权。其子穆罕默德·礼萨沙·巴列维因推行现代化和西化而与宗教领袖失和,1979 年被推翻。什叶派教士 R. 霍梅尼后来建立了伊斯兰共和国,压制住了西方的影响。20 世纪 80 年代发生的破坏极大的两伊战争,后来因双方对峙而停止。20 世纪 90 年代以来该国政府逐渐以较开放的方式领导国家事务。伊朗于 1948 年首次参加在伦敦举办的夏季奥运会。

伊朗诸语言 Iranian languages 印欧语系印度-伊朗语族的一支。在西南亚和南亚约有8 000万人使用。只有阿维斯陀语和古波斯语为已知的两种古老的伊朗语言。中古伊朗诸语言(约公元前 300 ～公元 950)中的大部分是已知的,这些语言分为 4 个语群。西南语群包括现代波斯语(法尔斯语)、达利语(在阿富汗北部)、塔吉克语(在塔吉克斯坦和其他中亚共和国)、卢尔语、巴赫蒂亚里语(在伊朗西南部)和塔特语;西北语群包括库尔德语(在库尔德斯坦使用)、俾路支语(在巴基斯坦西南部、伊朗东南部和阿富汗南部);东南语群包括普什图语(在阿富汗和巴基斯坦西北部)和约 10 种帕米尔语言(在塔吉克斯坦东部、阿富汗与中国的毗连区);东北语群包括生活在高加索中部山区的奥塞梯人使用的奥塞梯语、以前在帕米尔高原一个谷地使用的雅格诺比语。几乎所有现代的伊朗语言都以阿拉伯字母的改写体书写。

伊朗宗教 Iranian religions 伊朗高原民族的古代宗教。米底人与波斯人由强势教士部族梅格斯所统治。梅格斯负责颂扬有关诸神缘起与承继的故事,他们可能是后来成为琐罗亚斯德教和帕西人的宗教(伊朗最著名的宗教)特征的二元论的始作俑者。琐罗亚斯德教之前的泛神论的主神是阿胡拉·玛兹达,万物的创造者以及宇宙与社会秩序的维护者。密特拉神则是第二个最重要的神祇,也是圣约的保护者。其他重要神祇包括战争女神阿娜希塔;正义之神拉什努;以及等同于天狼星的提市特里厄等星神。古代伊朗人不建造神庙也不为诸神塑像,喜欢在户外敬神。主要仪式是雅兹纳,其中包括一次祭宴,由敬神者献祭动物牺牲,邀请神祇做客入席。火被视为一种宗教元素。圣酒侯玛含有一种致幻药,用来激发敬神者对真理的洞察力,也用来激励战士参战。

伊里戈延 Irigoyen, Hipólito(1852 ～ 1933) 又拼Hipólito Yrigoyen。阿根廷政治家、总统(1916 ～ 1922,1928 ～ 1930)。先后当过律师、教师、农场主和政界人士,1896 年成为激进党领袖。他为自由选举的改革努力不懈,1912 年成功地使不记名投票方式获得通过。1916 年当选总统,他批准了改善劳动条件的各项措施,但实施不力,1919 年爆发了一次大罢工。腐败和推行民主改革失败使他在 1928 年重新掌权后失去民众支持,经济大萧条更进一步削弱了他的地位。一场几乎没有流血的军事政变结束了他的政治生涯。

伊里奈乌斯,圣 Irenaeus, St.(约120/140 ～约200) 主教和神学家。生于小亚细亚,父母均为希腊人。在被任命为卢格杜努姆(今法国里昂)的主教之前是高卢传教士。其所有主要著作包括《反异教》在内,均是为了批驳诺斯替派。为消除诺思替派的影响,他促使列出一个有关《新约》的权威的圣徒名单。他捍卫基督教的上帝与《旧约》中的上帝是同一人的信念,此举导致了使徒信经的制订。由于他在批驳诺斯替派的论点之前,要先对他们的观点进行概括介绍,所以他的著作被认为是了解诺斯替派理论的珍贵资料。

伊丽莎白 Elizabeth(1596 ～ 1662) 又称Elizabeth Stuart(伊丽莎白·斯图亚特)。英国公主,1619 年起为名义上的波希米亚王后。为苏格兰国王詹姆斯六世(后为英王詹姆斯一世)的女儿。1606 年进入英国宫廷。因貌美而受人注目,不久即成为许多诗人笔下赞美的人物。1613 年嫁给巴拉丁选侯腓特烈五世。1619 年波希米亚人立腓特烈为波希米亚国王,称腓特烈一世,但 1620 年波希米亚军队被天主教联盟击败,夫妇逃亡,伊丽莎白在外流亡 40 年。1661 年她的侄子查理二世勉强准其返回英格兰。她最出名的儿子是鲁珀特亲王。

伊丽莎白 Elizabeth(1709 ～ 1762) 俄语作Yelizaveta Petrovna(叶利扎维塔)。俄国女皇(1741 ～ 1761 年在位)。彼得大帝和叶卡捷琳娜一世之女。她发动政变,逮捕幼皇伊凡六世、他的母亲和主要大臣,自立为俄国女皇。即位后,发展教育和艺术,朝政则大部分委托自己的谋士和亲信。在她的统治下,宫廷阴谋层出不穷,国家财政恶化,乡绅贵族获得剥削农民的更大特权。然而,俄国的声望却提高了,逐渐成为欧洲强国。她采取亲奥反普的外交政策,在与瑞典大战后兼并了芬兰南部的部分领土;改善与英国的关系,在七年战争中屡屡击败普鲁士。继任者是外甥彼得三世。

伊丽莎白 Elizabeth(1837 ～ 1898) 奥地利皇后(1854 ～ 1898)、匈牙利女王(1867 ～ 1898)。当时被认为是欧洲最美丽的公主。1854 年与堂兄、皇帝弗兰西斯·约瑟夫结婚。颇为臣民爱戴,但由于她不能忍受宫廷的严格礼仪而触怒了维也纳的上流社会。匈牙利人很尊敬她,尤其是因为她努力促成了 1867 年《奥匈协约》。在一次访问瑞士期间,被意大利无政府主义者暗杀。

伊丽莎白二世 Elizabeth II(1926 ～) 原名Elizabeth Alexandra Mary。1952 年起为联合王国女王。她的伯父爱德华八世退位,让位给她的父亲乔治六世时,她即成为假定

伊丽莎白二世,摄于 1985 年
Karsh-Camera Press/Globe Photos

继承人。1947年与她的远房表兄爱丁堡公爵菲利普结婚,婚后育有子女 4 人,其中包括查尔斯(威尔士亲王)。1952 年父亲去世,伊丽莎白即位。即位后多次访问英联邦国家,并去世界各国进行国事访问。女王似乎越来越清楚现代君主政体的作用,素以提倡宫廷

生活简朴闻名。除了传统的和礼仪上的责任外,她还以关心并严肃对待政府事务著称。20世纪90年代因两个孩子的一些婚姻问题受公众高度瞩目而使得君主政体受到质疑。

伊丽莎白女王群岛 Queen Elizabeth Islands 加拿大北部岛群。加拿大北极岛群中北纬74°30′以北的所有岛屿,包括帕里群岛和斯弗德鲁普群岛。最大的岛屿是埃尔斯米尔岛、梅尔维尔岛、德文岛和阿克塞尔·海伯格岛。陆地总面积逾390 000平方千米。在行政上划归西北地区和努纳武特地区管辖。1953年命此名以向英国女王伊丽莎白二世表示敬意。

伊丽莎白时代文学 Elizabethan literature 指写于英国伊丽莎白一世在位期间(1558～1603)的文学作品。这也许是英国文学史上最辉煌的时期,此时的诗坛妍丽多彩(十四行诗、斯宾塞诗节、无韵诗剧),又是戏剧的黄金时代(尤其是莎士比亚剧作),同时出现了多种多样的优秀散文。当时的杰出作家有P.西德尼、E.斯宾塞、C.马洛、W.莎士比亚等等。虽然有些主题和形式一直延续下去,但从17世纪初开始,各种文学作品,尤其是戏剧,突然出现了明显的衰落,这个变化恰巧发生在伊丽莎白逝世的时候。参阅詹姆斯时期文学。

伊丽莎白一世 Elizabeth I(1533～1603) 英格兰女王(1558～1603)。为亨利八世和他的第二位妻子安妮·博林的女儿。自幼以端庄凝重著称,她和男嗣一样接受正规的严格教育。她在异母弟弟爱德华六世和异母姐姐玛丽一世先后继位期间,处境危险。1554年T.怀亚特爵士的叛乱后,伊丽莎白被监禁,但不久即被释放。玛丽死后,她继承王位时受到全国人民的欢迎。她网罗了一批经验丰富的大臣,其中包括W.塞西尔和F.沃尔辛厄姆,但她仍握紧最后的决定权。在位期间发生的大事如下:恢复英国的新教信仰;处决玛丽(苏格兰女王);打败无敌舰队(西班牙)。她一直生活在英格兰天主教徒的阴谋威胁中。很长时间她被视为"处女女王",嫁给了自己的王国。曾有过许多重要的求婚者,并且她也曾对莱斯特伯爵表示出情投意合,但最后她还是保持独身,可能是因为不愿失去权力。1601年她把另一位追求者埃塞克斯伯爵(第二)依叛乱罪处死。虽然晚年国家经济有所衰退,征服爱尔兰人也遭到军事挫败,但在她的统治下,英格兰成为世界强国,凝聚了国内力量一致对外。她极有智慧而意志坚强,使得人们对她忠心耿耿。她在位期间也是艺术蓬勃发展时期,特别是文学和音乐。去世后由詹姆斯一世继承王位。

伊利 Erie 美国宾夕法尼亚州西北部城市,以伊利印第安人的名字命名。1753年法国人在伊利湖畔建造要塞,要塞荒废后,1795年由美国取得。附近有海军船厂,1812年战争的伊利湖战役(1813)中击败英军所用的舰艇大部分建造于此。1844年伊利与匹兹堡之间的运河通航,19世纪50年代铺设了铁路,经济开始发展。伊利是宾夕法尼亚在圣劳伦斯航道上的唯一港口,是木材、石油、煤等商品的转运站。早期工业多与农业有关,现在电子设备、建筑机械等制造业均已获得良好发展。人口约101 786(2010)。

伊利湖 Erie, Lake 位于美国和加拿大的湖泊。北美五大湖的第四大湖。界于休伦湖和安大略湖之间,形成加拿大(安大略省)和美国(密歇根、俄亥俄、宾夕法尼亚和纽约)的界线。长388千米,最宽处约92千米,湖面水域约22 666平方千米。底特律河将来自西面休伦湖之水注入,伊利湖水从东端经尼亚加拉河排出。是圣劳伦斯航道重要的一段。沿湖地区工业主要依赖水上运输(铁矿石、烟煤、谷物)。伊利印第安人曾在此居住;法国人在17世纪抵达时发现易洛魁人在此生活。18世纪英国人来到这个地区,1796年之后美国的沿岸方有人居住。1812年战争的一次重要战役伊利湖战役便是在这里发生的。

伊利里亚 Illyria 巴尔干半岛西北部古国。从公元前10世纪起,印欧民族的一支伊利里亚人就居住在这里。后来他们专门抢劫罗马人的船只。在经历了与罗马的一连串战争之后,该国于公元前168年被打败,成为罗马的伊利里亚省。公元395年罗马帝国分裂时,德里纳河以东的伊利里亚成为东罗马帝国的一部分。从6世纪该地被斯拉夫人占领。8～11世纪改名为阿尔贝里,最后改称阿尔巴尼亚。

伊利诺伊 Illinois 美国中西部一州。人口约12 875 255(2012)。面积150 002平方千米。首府斯普林菲尔德。与威斯康星州、印第安纳州、肯塔基州、密苏里州和艾奥瓦州相邻。密西西比河为该州的西界,俄亥俄河和沃巴什河构成其东南界,伊利诺伊河横贯该州,密歇根湖位于其东北部。芝加哥位于其东北边界处,是美国第三大城市。公元前8000年就有印第安人居住于此。约公元1300年密西西比文化以霍基亚为中心。在欧洲人殖民时,所有居住在该州的部落均为阿尔冈昆族。1673年法国探险家J.马奎特和L.若利埃进入该地区。法国人控制此地到1763年,法英北美殖民地争夺战之后归英国人管辖。1783年成为西北准州的一部分,1800年划为印第安纳准州的一部分。1809年成立伊利诺伊准州,1818年加入联邦,成为美国的第21州。虽然南北战争时政治上处于分裂状态,但伊利诺伊仍是联邦的一员。20世纪,共和党人和民主党人之间的激烈竞争和该州的大量选票使它成为历届总统选举的主要战场。伊利诺伊州现为美国最大的工业中心之一和非电动机械的一流产区,也是主要的现代保险业中心。

伊利运河 Erie Canal 美国北部的水道,从伊利湖东岸的布法罗,穿过莫霍克谷地的山峡,到达哈得孙河上游的奥尔巴尼。纽约州长D.克林顿任内开始兴建,1825年通航。它将五大湖和纽约市连接起来并对中西部的发展有很大的影响,使人和物资均可利用这条运河运送。曾扩建多次,运河全长584千米,宽46米,深3.6米。今日,主要是供游艇娱乐之用。该运河为纽约州运河系统的一部分。

伊洛瓦底江 Irrawaddy River 缅甸河流,流经该国中部2 170千米,注入安达曼海。缅甸最重要的商运水道,由恩梅开江和迈立开江汇流形成;在中部干旱地区,其主要支流亲敦江与之汇合。沿江主要港口是曼德勒,稍埠、卑谬和兴实达。

伊玛目 imam 伊斯兰教社会的首脑。在逊尼派中,伊玛目等同于哈里发,是穆罕默德的指定政治继承人。逊尼派认为伊玛目也可能犯错误,但假如他坚持伊斯兰教的仪式,仍要服从他。在什叶派中,伊玛目成为拥有绝对宗教权力的人物,只有伊玛目才能明晓和解释《古兰经》的奥秘含义,他是真主选定的,不会犯罪。随着历史上最后一位伊玛目的消失,兴起一种对隐秘的伊玛目的信仰,被视作马赫迪。此外,在清真寺主持礼拜的穆斯林也称伊玛目,作为一种荣誉称号。

伊姆霍特普 Imhotep(活动时期公元前27世纪) 希腊语作Imouthes。古埃及圣贤和占星家,后世尊他为医神。希腊人把他与希腊医神阿斯克勒庇俄斯视为一人。伊姆霍特普是埃及法老左塞的宰相,以熟练的医生和建筑孟斐斯的塞加拉陵墓的阶梯式金字塔而闻名。约公元前525年波斯人征服埃及时,伊姆霍特普才被尊为真正的神灵,说他是卜塔和女战神塞赫迈特生的儿子。在希腊-罗马时代对他的崇拜达到鼎盛阶段,当时病人就睡在他的神庙里,以祈求他在梦中治愈他们的病。

伊诺第 Einaudi, Luigi(1874～1961) 意大利经济学家和政治家。1900～1943年在都灵大学任教。1936～1943年任《经济史评论》的主编,坚决反对法西斯主义,1943年逃往瑞士。1945年回国,担任意大利银行总裁(1945～1948)。在任预算部部长(1947)时,成功地遏制住通货膨胀并稳定了货币。他是意大利共和国第1任总统(1948～1955)。

伊诺努 Inönü, Ismet(1884～1973) 土耳其军官、政治家。奥斯曼帝国投降(1918)后,他担任国防部副部长。1923年出任总理,1938年凯末尔(土耳其之父)去世后他成为土耳其总统及其政党的终身主席。他的总统职务于1950年由C.拜亚尔接替,他领导反对党并成为民主的捍卫者。1960年军事政变后,他三次组成联合政府,但在1965年和1969年大选中他的政党遭到惨败。

伊普斯威奇 Ipswich 英格兰萨福克郡首府。位于伦敦东北,1200年设建制。从中世纪到17世纪是一个繁荣的港口,向外出口英国东部的纺织品。现在是该地区的一个农业市场。当地的标志性建筑包括16世纪的基督大教堂、C.狄更斯的小说《匹克威克外传》中提到的大白马旅店。该地还是沃尔西枢机主教托马斯的出生地。人口约117 074(2001)。

伊莎贝拉二世 Isabella II(1830 ～ 1904) 西班牙语作Isabel。西班牙女王(1833 ～ 1868)。费迪南德七世之女,她继承王位引起的争议导致第一次卡洛斯战争(参阅拥护卡洛斯运动)。伊莎贝拉未成年时期(1833 ～ 1843),由其母亲和B. 埃斯帕特罗将军摄政。1843年埃斯帕特罗被军官们废黜,伊莎贝拉宣布成年。开明派对该政权专制主义的抵制,有关她私生活问题的各种流言飞语,以及她对朝政横加干涉,导致了1868年的革命,迫使她流亡。她宣布退位,由其子阿方索十二世继位。

伊莎贝拉岛 Isabela Island 厄瓜多尔加拉帕戈斯群岛中最大的岛屿。位于东太平洋厄瓜多尔的西部。面积5 825平方千米。该岛北端的阿尔伯马尔有赤道横穿。岛上特有的动物种类是不会飞的鸬鹚和企鹅,以及数量极多的鬣鳞蜥和红鹳集群。

伊莎贝拉一世 Isabella I(1451 ～ 1504) 又称Isabella the Catholic(天主教徒伊莎贝拉)。西班牙语作Isabel la Católica。卡斯蒂利亚女王(1474～1504年在位)和阿拉贡

伊莎贝拉一世,肖像画;现藏马德里雷亚尔历史研究院
Archivo Mass, Barcelóna

女王(1479 ～ 1504 年在位)。她是卡斯蒂利亚-莱昂国王约翰二世的女儿,1469年与费迪南德结婚。伊莎贝拉在内战的烽火中度过即位最初的几年(1474 ～ 1479)。1479年卡斯蒂利亚王国和阿拉贡王国以两国统治者的名义合而为一,尽管两个王国依然分开管理。在长期的战斗(1482 ～ 1492)中,伊莎贝拉与费迪南德成功地征服了穆斯林在西班牙的最后据点格拉纳达王国。1492年伊莎贝拉批准支持C. 哥伦布的新大陆探险。同年在异端裁判所的说服下,伊莎贝拉参与驱逐犹太人。她与她的宗教顾问一起,改革了西班牙的教会。

伊舍伍德 Isherwood, Christopher(1904 ～ 1986) 原名Christopher William Bradshaw。英国出生的美国作家。曾就读于剑桥大学,与W. H. 奥登结为挚友,二人结伴旅行并合作写了3部诗剧,包括《攀登F6高峰》(1936)。1929 ～ 1933年住在柏林;有关这个时期的两部小说,后来编成《柏林故事集》(1946)出版,为剧本《我是照相机》(1951,1955年拍成电影)和音乐剧《餐馆》(1966,1972拍成电影)提供了灵感。他是一位和平主义者,第二次世界大战开始时移居加利福尼亚州南部,在那里教书和撰写电影剧本。他的晚期小说和回忆录表明他是同性恋。作为普拉布哈瓦南陀的追随者,他撰写并翻译了一些关于印度吠檀多派的作品。

伊什塔尔 Ishtar 美索不达米亚宗教中掌管战争与性爱的女神。在阿卡得称伊什塔尔,西闪米特人称其为阿斯塔特,苏美尔人称其为伊南那。在早期的苏美尔,她是仓库女神,同时也是雨神和雷神。曾为生育女神,后演变成一个具有互相矛盾身份的神,既快乐又悲哀,既平等待人又充满敌意。在阿卡得,她与金星联系在一起,是妓女和酒馆的守护神。在古代中东地区她广受崇拜,被称为宇宙女王。

伊什塔尔与她的崇拜动物狮子及一个拜神者,约公元前2300年一个圆筒印章上的伊什塔尔像
By courtesy of the Oriental Institute, University of Chicago

伊什塔尔门 Ishtar Gate 约公元前575年在古巴比伦城建成的大型砖砌双向通道。门楼高逾12米,饰有釉面砖浮雕。一条用石头和砖铺成的"行列道"从门楼下穿过。道路两侧放置大约120个砖狮,门上饰有约575条龙和牛,排成13列。

伊势神宫 Ise Shrine 全称Grand Shrine of Ise,日语作Ise-daijingū。日本最早的神道教社,位于本州南部的伊势湾。内神社(据说建于公元前4世纪)祭祀太阳女神天照大神;外神社(建于5世纪)与内神社相距6千米,祭祀主司食物、衣服和住房的丰收大神。两座神社的主体建筑都是茅顶屋,按照日本古代建筑风格,用本色日本柏木建成。神道教建筑的一个特别之处是千木,即屋顶前后的剪刀形叶尖饰。自7世纪以来,这些建筑每20年或21年会重新修缮一次。

伊斯法罕 Eṣfahān 又作Isfahan。伊朗中西部城市。为米底古国城镇,时称阿斯帕达纳。11 ～ 12世纪时是塞尔柱王朝的主要城市,后来成为伊朗萨菲王朝(16 ～ 18世纪)的重要城市,1598年波斯国王阿拔斯一世迁都于此,将这里重建为17世纪最大的城市之一。阿拔斯大帝在其市中心建立了巨大的皇家广场(现伊玛目广场),为一大长方形花园,中间是著名的沙阿清真寺(皇家清真寺,现称伊马目·霍梅尼清真寺)。1722年阿富汗人攻占该城,此后一蹶不振。20世纪已逐渐恢复,现在是主要的纺织中心,其他工业包括钢铁制造和炼油。1979年,皇家广场被联合国教科文组织列为世界遗产。人口约1 628 000(2007)。

伊斯基亚岛 Ischia 意大利南部岛屿,位于第勒尼安海加埃塔湾与那不勒斯湾之间。周长34千米,面积47平方千米,几乎全部由火山岩构成。埃波梅奥死火山海拔788米,该岛著名的葡萄酒即与此山同名。岛上气候温和,矿泉质高,是著名的度假区。包括伊斯基亚在内的几个主要城镇都位于该岛北部。

伊斯兰堡 Islamabad 巴基斯坦首都,位于拉瓦尔品第东北。1959年取代卡拉奇成为首都,体现出现代与传统伊斯兰建筑的结合。城市本身很小,面积仅有65平方千米,但规划的首都很广阔,面积有906平方千米,包括城市周围的自然阶地和草地。设有伊斯兰堡大学(建于1965年)。人口约780 000(2007)。

伊斯兰教 Islam 世界主要宗教之一,公元7世纪初由穆罕默德在阿拉伯半岛创立。阿拉伯语"伊斯兰"一词意为"顺从"——特别是顺从唯一真主安拉的意志。伊斯兰教是严格遵守一神论的宗教,其信徒称作穆斯林,认为先知穆罕默德是真主的使者中最后一位并且是最完美的一位,其他使者包括亚当和夏娃、亚伯拉罕、摩西、耶稣等人。伊斯兰教的圣典是《古兰经》,载有真主对穆罕默德的启示。逊奈详述的先知穆罕默德的言行举止,也是伊斯兰教信仰与实践的一个重要来源。所有穆斯林都必须履行的宗教义务,概括为穆斯林五功(即念功、拜功、课功、斋功和朝功)。伊斯兰教中的基本概念是沙里亚,即"伊斯兰教教法",包含了真主所指示的全部生活方式。严格遵守教规的穆斯林一天祈祷五次,每星期五在清真寺参加由一位伊玛目主持的集体礼拜。每个信徒一生至少要到圣城麦加朝圣一次,但贫困者与残疾者除外。赖买丹月要封斋。伊斯兰教禁酒、禁食猪肉,亦禁止赌博、高利贷、诈骗、毁谤和形象塑造。除了庆祝赖买丹月斋戒结束之外,穆斯林还庆祝穆罕默德的诞辰(参阅圣纪)与他的升天(参阅登霄)。宰牲节的庆典为麦加朝圣期拉开了序幕。穆斯林奉命要以圣战保卫伊斯兰教不受异教徒的侵犯。由于哈里发继承问题引起的争议(参阅哈里发),伊斯兰教很早就出现了分裂。大约有90%的穆斯林属于逊尼派。7世纪伊斯兰教中分裂出什叶派,该派后来又产生了一些支派,如伊斯玛仪派。伊斯兰教的另一个重要性质,是称作苏非主义的神秘论。从19世纪开始,伊斯兰教一体的意识就鼓励穆斯林民族摆脱西方的殖民统治,20世纪末的原教旨主义

运动威胁或动摇了一些中东地区的世俗政府。21世纪初,全世界有超过12亿的穆斯林。

伊斯兰教法 Sharia 又称沙里亚。伊斯兰教的法律和道德概念,在穆斯林纪元早期(8～9世纪)系统化。该教法建立在四个基础之上:《古兰经》;圣训中所记载先知的逊奈;伊智马尔,或称"公议";格亚斯,或"类比"。伊斯兰教法与西方法律根本的不同,在于它声称建立在真主的启示之上。在现代穆斯林国家中,沙特阿拉伯和伊朗还保持伊斯兰教法作为本国的土地、世俗和宗教的法律。但大多数其他穆斯林国家,当认为不可避免时,就脱离了伊斯兰教法的箴言,而采用西方化的民事法规。大多数伊斯兰教的原教旨主义者认为,穆斯林国家应由伊斯兰教法统治。

伊斯兰教原教旨主义 fundamentalism, Islamic 面对被认为是堕落和不敬神的西方现代思想,寻求重返伊斯兰价值观和伊斯兰教法的保守宗教运动。伊斯兰原教旨主义虽然在西方与中东的恐怖主义有广泛的联系,但只有少数人是恐怖主义者,而且并不是所有的阿拉伯恐怖主义分子都是原教旨主义者。1979年的伊朗革命建立了一个伊斯兰原教旨主义国家,塔利班在阿富汗也建立了一个翻版。伊斯兰原教旨主义在北非、巴基斯坦、孟加拉和东南亚的穆斯林中得到不同程度的支持,但是在世界伊斯兰的范围里原教旨主义只代表少数人的观点。

伊斯兰民族组织 Nation of Islam 又称 Black Muslims(黑人穆斯林)。混合了伊斯兰教和黑人国家主义等因素的非洲裔美国人的宗教运动。1931年由W. D.法尔德(1877?～1934?)创建。他自称是出生在麦加的穆斯林,并在底特律建了该组织的第一座清真寺。1934年法尔德神秘失踪后,其助手E.穆罕默德接管了该组织。他在芝加哥建了第二座清真寺。他坚持认为非洲人在道德和文化上要优于白人,敦促美国黑人放弃基督教,因为它是压迫者的工具。第二次世界大战后伊斯兰民族组织成长迅速,在20世纪60年代初,由于马尔科姆·艾克斯的作品,该运动为全美国所瞩目。领导权的纷争导致马尔科姆另成立自己的宗教组织,最后于1965年被刺杀。20世纪70年代以利亚·穆罕默德由其子瓦利兹·丁恩·穆罕默德(生于1933年)接任,他将该组织改名为美国穆斯林传教团。1985年他将组织解散,并敦促其成员成为正统的穆斯林。一个由L.法拉坎领导的支团,继续使用该组织初建时的名称和原则。

伊斯兰艺术 Islamic arts 从7世纪以来,信奉伊斯兰教的民族所创造的文学、音乐和视觉艺术。伊斯兰教的视觉艺术富于装饰作用,色彩鲜艳,就宗教艺术来说,是非具象的。典型的伊斯兰装饰图案称为阿拉伯装饰风格。从公元750年到11世纪中叶,是陶器、玻璃制品、金属制品、纺织品、彩绘手抄本和木制品兴盛的时期;虹彩玻璃成为伊斯兰教对制陶艺术最伟大的贡献。彩绘手抄本也是一门重要和备受尊重的艺术,而细密画在蒙古人入侵(1220～1260)后在伊朗兴起。书法艺术对阿拉伯语的书写文字很重要,不仅被用在手抄经书上,同时也是建筑的装饰。伊斯兰教的诗歌及散文以阿拉伯语、波斯语、土耳其语和乌尔都语4种语言写成。阿拉伯语作为诠释伊斯兰教和《古兰经》的语言,具有绝对重要地位。伊斯兰教音乐是一种单音音乐,没有和音,其特点在于有节奏和旋律两个截然不同的总乐谱表;装饰音采用微音程。伊斯兰教音乐的演出通常包括一名歌手和一个小型合奏组,使用的乐器包括打击乐器、管乐器和弦乐器等,其中最具特色的是厄乌德琴。

伊斯兰种姓 Islamic caste 在印度和巴基斯坦的穆斯林当中存在的几种社会分层单位的统称。其发展历史可追溯到印度教的种姓制度,以及从印度教改宗的穆斯林想要维持社会差别的倾向。地位最高的是穆斯林阿拉伯移民,称阿什拉夫人。这一级本身又分成几个种姓亚群,最高的亚群自称是穆罕默德之女法蒂玛的后代。非阿什拉夫穆斯林种姓则分为3个等级:高等级印度种姓的改宗者、手艺人种姓以及不可接触者。

伊斯玛仪派 Ismaili 伊斯兰教什叶派的一个支派。伊斯玛仪派是在第六代伊玛目加法尔·伊本·穆罕默德765年去世后成立的。只有少数人接受其子伊斯玛仪为继承者,这些人后来被称作伊斯玛仪派。他们的教义形成于8～9世纪之交,他们把普通穆斯林与经传授教义的伊斯玛仪派人加以区别。哈里发的后裔问题又产生数个小支派。卡尔马特支派9～11世纪在伊拉克、也门,尤其是在巴林确立了地位,法蒂玛支派969年征服了埃及,并建立了法蒂玛王朝。法蒂玛的一个支派尼查尔派在11世纪末控制了伊朗和叙利亚,称为阿萨辛派。在阿迦汗的领导下得以延续至今的尼查尔派,于1840年从伊朗迁至印度。德鲁士支派11世纪初从伊斯玛仪派中分离出来,建立了一个他们自己的封闭社会。

伊斯曼 Eastman, George(1854～1932) 美国发明家及制造商。生于纽约州沃特维尔。1880年他改进了制作摄影干片的方法。1889年伊斯曼推出透明胶卷,并于1892年将罗切斯特公司(纽约)重组为伊斯曼-柯达公司。第一部柯达(这个新造词后来成为商标名)相机的推出,对普及业余摄影大有助益。到1927年,伊士曼-柯达公司几乎垄断了美国摄影业,并在摄影领域内一直是美国最大的公司之一。伊斯曼慷慨捐出遗产予罗切斯特大学,该校中的伊斯曼音乐学院即以其姓氏命名。

伊斯梅尔帕夏 Ismail Pasha(1830～1895) 埃及总督(1863～1879)。在巴黎求学并在欧洲执行外交使命之后,被任命为总督,开始了苏伊士运河(1859～1869)建设工作。他打算设立一个新的埃及南部省以统一尼罗河流域的计划虽然未能实现,但却成为民族主义感情的一个重要因素。在埃及国债增加10倍之后,苏丹将其罢免。

伊斯纳德 isnad 伊斯兰教用语,指传述穆罕默德、他的家人或撒哈比(圣门弟子)的教诲或行为的权威人士名单。每次这样的传述(称作圣训)包括传下来的一串权威人士的名单,使用的格式为:"据某甲(往往是圣门弟子)对某乙说,某乙对某丙说,某丙对某丁说,某丁又对我说,穆罕默德说:……"参阅圣训学。

伊斯坦布尔 Istanbul 旧称 Constantinople(君士坦丁堡)。古称 Byzantium(拜占廷)。土耳其城市和海港。位于黑海口的一个半岛上,是土耳其最大城市,坐落在博斯普鲁斯海峡两岸,地跨亚欧两洲。公元前8世纪拜占廷被建成一个希腊殖民地。公元前512年移交给波斯帝国,后来又被亚历山大大帝统治,公元1世纪拜占廷成为罗马人治下的一个自由城。330年君士坦丁一世将罗马帝国的首都定于该城,后更名为君士坦丁堡。它一直是拜占廷帝国的都城,直到5世纪末罗马帝国衰落。6～13世纪该城先后被波斯人、阿拉伯人、保加利亚人和俄罗斯人围攻。第四次十字军东征时被占领(1203),由拉丁基督教徒统治。该城1261年重归拜占廷统治。1453年成为奥斯曼帝国的都城,取名为伊斯坦布尔。1923年土耳其将首都移到安卡拉,君士坦丁堡于1930年正式更名为伊斯坦布尔。该城许多历史古迹都位于中世纪有围墙的古城(斯坦布尔)。伊斯坦布尔的建筑珍品包括圣索非亚教堂、苏莱曼清真寺(1550～1557)和布鲁清真寺。其教育机构有伊斯坦布尔大学(1453年成立),为土耳其最古老的大学。人口约8 803 468(2000)。

伊斯特河 East River 美国纽约市连接上纽约湾与长岛湾的通航海峡。它将曼哈顿和布朗克斯与布鲁克林和昆斯分开,长约26千米,宽200～1 200米,在曼哈顿岛北端经由哈勒姆河、斯派腾戴维尔河与哈得孙河相连。河中有罗斯福(前弗尔费尔)、沃尔兹、兰多尔斯及里克斯诸小岛,该河有诸多港口设施。

伊斯特拉半岛 Istria 延伸到亚得里亚海东北部的半岛。面积3 160平方千米。北半部属斯洛文尼亚,南半部属克罗地亚。西北方海岸很小的带状地带是的里雅斯特的所在地,属于意大利。伊斯特拉古代的伊利里亚居民在公元前177年被罗马人推翻,斯拉夫人从公元7世纪来此定居。该地在地中海强国当中多次转手,最后奥地利在1797年取得控制权,并将此地建成海港。1919年伊斯特拉被意大利占领;1947南斯拉夫占领了半岛大部分地区。1991年克罗地亚和斯洛文尼亚独立后,南斯拉夫的伊斯特拉分属这两个国家。

伊斯特伍德 Eastwood, Clint(on)(1930～) 美国演员及导演。因在电视连续剧《皮鞭》(1959～1966)中饰演第二主角而首次引起人们注意。后在S.里昂涅导演的3部"通心粉西部片"中饰演角色而成为国际明星。其最广为人知的角色之一是在《辣手哈里》(1971)中扮演的精悍警官。他还展示了不凡的导演才能，拍摄了《假装糊涂》（1971）、《苍白骑士》（1985）、《杀无赦》（1992，获奥斯卡奖）、《完美的世界》（1993）、《廊桥遗梦》（1995）及《百万宝贝》（2004，获奥斯卡奖）等。此外由于对爵士乐的喜好，他执导并制作了《鸟》（1988），讲述 M. 帕克的故事。他简单抽象派的演出及导演方式渐渐获得影评的肯定，且成为票房常胜将军。

伊索 Aesop 相传是一部希腊寓言集的作者，几乎肯定是个传说人物。虽然在公元前5世纪时希罗多德说伊索确有其人，但“伊索”可能只是为这部动物寓言编造出的一个

描绘伊索与狐狸的双柄酒杯团花图（约公元前470），现藏梵蒂冈格利高里埃特鲁斯坎博物馆
Alinari-Art Resource

作者名字罢了。伊索寓言着重于人类的社会互动关系，所含的寓意多是劝人在竞争激烈的真实人生中如何自处。西方寓言的传统实际始于这些故事，现代版本有约200个伊索寓言。

伊藤博文 Ito Hirobumi（1841 ～ 1909） 日本政治家、首相、《明治宪法》的起草者。在明治维新中崭露头角，在此过程中结识了木户孝允和大久保利通。1878 年大久保利通被暗杀后，伊藤博文继任内相。他说服政府采用一部宪法，然后出国考察宪制。1889 年天皇颁布了宪法。此后，伊藤作为首相与英国达成协议，取消了英国在日本的治外法权。其他西方国家也随后效仿。这是西方开始以平等地位对待日本的信号。由于对政党能够在国会阻止政府的计划感到沮丧，他于1900 年建立了一个自己的政党立宪政友会。这一尝试使他失去了对元老的控制，但却使高级官僚与政党领袖之间的合作可以接受。1906 年伊藤成为日本驻朝鲜总督，1909 年在任上被一名朝鲜民族主义者暗杀。

伊瓦格 Ibagué 哥伦比亚中部城市。位于中安第斯山脉东麓。1550 年建于一个印第安人村落的旧址之上，由于受到印第安人的攻击才迁至现在的位置。1854 年一度成为共和国首府。位于连接亚美尼亚城和波哥大的公路线上，这使该城成为繁忙的商业中心。市内有托利马大学。人口约420 000（1997）。

伊维萨岛 Ibiza 西班牙巴利阿里群岛第三大岛。位于地中海西部，马霍卡岛西南方，面积 572 平方千米。首府伊维萨市。在古代是繁荣的居民点，最早的居民有腓尼基人和迦太基人，并以考古遗址闻名。岛上地形多山，北部海岸蜿蜒崎岖，悬崖高达 245 米。岛上有海滩，冬季气候宜人，为旅游胜地。人口：岛约70 000（1995）；市约28 000（1991）。

伊西多尔（塞维利亚的），圣 Isidore of Seville, St.（约 560 ～ 636） 西班牙高级教士和学者，教会的最后一位西方教父。约 600 年任塞维利亚大主教，主持过几个制订教会教义的公会议，包括第四届托莱多会议（633）。他还力劝西哥特人放弃阿里乌主义，皈依正统的基督教。其最有名的著作《语源学》是一部百科全书，成为中世纪的标准参考书。他还写有神学著作、传记以及关于自然科学、宇宙学和历史等方面的论文。1598 年被封为圣徒，1722 年宣布为基督教神学家。

伊希斯 Isis 古埃及的主要女神之一，俄赛里斯的妻子。俄赛里斯被塞特杀害后，伊希斯把他的尸体碎块拼在一起，为其哀悼，并使他死而回生。她瞒着塞特藏起她与俄赛里斯的儿子何露斯，直到他长大成人可以为父报仇。人们把她当作保护神膜拜，她有强大的法力，常被乞求治愈病人或保护死者。到希腊-罗马时期，她在埃及诸女神中居统治地位，对她的狂热崇拜发展成一种秘传宗教，遍及罗马世界的大部分地区。

伊奘诺尊和伊奘冉尊 Izanagi and Izanami 日本创世神话中的主要神祇，是天地混沌初开后出现的第八对兄妹。他们创造了第一个大陆。兄妹所生长子是畸形儿蛭儿惠比须。后来兄妹结合产生众岛和诸神。伊奘冉尊在生火神时被烧死，而去了黄泉。伊奘诺尊打算救她，但她已吃了当地的食物，无法离开。伊奘诺尊一怒之下离开了她开始腐烂的尸体，两人随即离异。后来当伊奘诺尊入水净身时，其他诸神纷纷由他而生，包括太阳女神天照大神、月神月夜见和风神素戋呜。他的净身是神道教净化礼的基础。

伊智提哈德 ijtihad 又译创制。在伊斯兰教律法中，指对《古兰经》、圣训和“公议”中都没有论及的问题所作的分析。在早期的穆斯林学术界，每个法学家都有权利提出这种创见，但各法律学派的成长促使逊尼派穆斯林当局宣布，主要的法律问题到 10 世纪已完全解决。什叶派穆斯林还是一直承认伊智提哈德，被认为博学并有能力分析这类问题的法学家拥有很大的权威。20 世纪，逊尼派曾试图恢复伊智提哈德，以帮助伊斯兰教适应现代世界。

伊兹密尔 Izmir 旧称Smyrna（士麦那）。土耳其西部城市，位于爱琴海海岸。土耳其最大港口之一和第三大城市。建于公元前3000 年。公元前 1000 年以前希腊人即在此定居。约公元前 600 年为吕底亚人占领并不再存在，公元前 4 世纪亚历山大大帝在旧址重建。它成为安纳托利亚主要城市之一。先后被十字军和帖木儿征服之后，大约于 1425 年它被奥斯曼帝国吞并。1923 年归入土耳其共和国版图。自从 1945 年以后，伊兹密尔发展迅速。现有大型工业和不断发展的旅游业。人口约2 606 294（2007）。

衣鱼 silverfish 快速运动、细长、扁平、无翅的昆虫，有三根短而硬的尾毛以及银色的鳞片。世界性分布。雌虫将受精的卵产在裂缝中和隐蔽的地方。孵出的幼体无鳞，附肢短。衣鱼通常生活在室内，由于它们吃淀粉类的食物（如面团、书籍的胶合剂以及壁纸等），因此会造成许多破坏。寿命为 2 ～ 3 年，一生不断蜕皮。

衣原体 Chlamydia 构成寄生菌属的细菌寄生生物的统称，可导致人类患多种疾病，包括结膜炎和衣原体肺炎。衣原体还可引起多种性传播疾病。男性患者的症状与淋病的症状相似。女性患者的衣原体感染一般症状不很明显，绝大部分感染女性因此没有得到及时护理。但如果不经治疗，衣原体能够导致女性不孕、易流产和宫外孕。衣原体感染经常会导致新生儿患肺炎或结膜炎。治疗衣原体感染的首选药物是四环素；其他抗菌素也有效。在 20 世纪 90 年代，衣原体被发现是美国最常见的性传播疾病。

医学 medicine 关于疾病的预防、诊断与治疗以及保健，在医师办公室、保健组织、医院和诊所内进行的各科学领域的统称。除了家庭医学、内科学以及特定身体系统的专科，还包括医学研究、公共卫生、流行病学与药理学。每个国家对医学学位及执照都有自己的规定。医学部门与医学委员会设定标准并监督医学教育。检定部门严格要求医师专业化并重视继续教育。疗法（参阅治疗学）与诊断技术的进步，在堕胎、安乐死及患者人权等方面，引起复杂的法律和道德伦理等相关问题。最新的转变包括治疗时将病人当作伙伴，考虑其关切的事项并考虑文化的要素。

医院 hospital 诊断并治疗疾病或受伤者的机构，在治疗与检查期间为病患提供病房，以及护理孕妇分娩。治疗后即可离去的门诊病人，来到医院是为了急诊或是一些私人诊所无法提供的诊断服务。医院有公立（政府所有）和私立（营利性或非营利性），除美国以外，大多数国家以公立医院为主。有为病患者提供各种医疗或手术的综合医院，也有仅为一类病患者或疾病提供服务的专科医院（如儿童医院、精神病院）。不过，综合医院通常也有专科，而专科医院往往隶属于综合医院。

依纳爵（罗耀拉的），圣 Loyola, St. Ignatius of（1491 ～ 1556） 原名 Iñigo de Oñaz y Loyola。西班牙耶稣会的创始人。出身贵族，一开始曾当过兵。1521 年被法军炮弹击中受伤，在养伤期间改变了宗教信仰。他到耶路撒冷朝圣后，在西班牙和法国从事宗教研究。他在巴黎时聚集了一批追随者（包括沙勿略），他们要和他一起创建耶稣会。1537 年受神职，1539 年成立耶稣会。1540 年获得教皇的批准，依纳爵担任总会长直到去世，当时耶稣会在意大利、西班牙、德国、法国、葡萄牙、印度和巴西都建立了分会。在《属灵操练》一书中依纳爵描述了在祈祷时他所看见的神秘幻象。晚年，他为耶稣会的制度奠定了基础。

铱 iridium 金属化学元素，过渡元素之一，化学符号Ir，原子序数77。一种非常稀有、珍贵、银白色、质地硬而脆，甚至能抗大部分酸腐蚀的金属，是地球上密度最大的物质之一。自然界中可能不存在纯铱，通常与其他贵（化学性不活泼的）金属共生于天然合金中。纯金属铱由于太硬无法加工，几乎没有任何重要用途；铂-铱合金用于制造珠宝、钢笔尖、外科手术针、枢轴、电接头和发火点，以及冲压模具。国际标准质量千克原器，就是由90%铂和10%铱的合金制成的。在年代可追溯到白垩纪和第三纪的岩石中发现含量极高的铱，引起一种有争议的假说，即一颗撞击地球的含铱陨石，导致了一次灾难性的连锁事件，其中包括恐龙和许多其他生命形式的绝灭。

胰岛素 insulin 一种调节血液中葡萄糖水平的激素（参阅肽）。当血糖升高时（如饭后），胰腺的朗格汉斯氏岛便会分泌出胰岛素，它可促进葡萄糖转移至细胞内，使细胞得以氧化葡萄糖而产生身体所需的能量或转化及储存脂肪酸和糖原。当血糖降低时，胰岛素停止分泌，肝脏释放葡萄糖至血液中。胰岛素对肝、肌肉和其他组织有不同的功能，控制血糖和相关化合物的平衡。与胰岛素有关的疾病包括糖尿病和低血糖。F.班廷和C.贝斯特因发现胰岛素而共获1923年诺贝尔生理学或医学奖。F.桑格因确定胰岛素分子结构而获得1958年诺贝尔化学奖。

胰腺 pancreas 复合型腺体，同时具有外分泌腺（经由导管分泌）与内分泌腺（无导管）的功能。不断分泌胰液（含有水、碳酸氢盐及消化醣类、脂肪与蛋白质所需的酶），经过胰管到十二指肠。在制造酶的细胞之间点缀的是胰岛，分泌胰岛素与抗胰岛素直接进入血液。胰脏的疾病有发炎（胰腺炎）、感染、肿瘤与囊肿。如果非得摘除80%～90%以上的胰腺，病人将需要服用胰岛素与胰酶。参阅糖尿病和低血糖。

胰腺癌 pancreatic cancer 胰腺内的恶性肿瘤。容易引发该病的因素有吸烟、高脂肪饮食、经常接触某些工业产品，以及糖尿病和慢性胰腺炎等病症。胰腺癌多见于男性。癌症发展至晚期时，症状才会出现；其中包括腹痛、体重无端减轻、难以消化油腻的食物等。治疗方法包括手术、放射治疗、化学治疗或是综合上述方法。

胰腺炎 pancreatitis 胰腺发炎，与酒精、外伤或胰管阻塞有关。活性酶漏进胰腺组织造成刺激与发炎。如果不消退可能会造成出血、组织死亡、形成瘢痕、化脓与感染。症状包括剧痛（背部平躺时最严重）、低烧、恶心与高血压。急性胰腺炎的治疗方法包括控制疼痛、预防或缓解休克、抑制胰液分泌（包括禁食）、避免感染，并补充流失的液体和盐分。慢性胰腺炎可以毁坏过多的胰腺，导致胰液缺乏和糖尿病。治疗方法包括低脂饮食、避免暴食和饮酒、服用胰酶与胰岛素。

移民议会 Burgesses, House of 弗吉尼亚殖民地的代表会议；在英国殖民地中，是第一个选任的行政实体。1619年为驻詹姆斯敦的殖民总督所建立的立法机构的一部分。弗吉尼亚的每个移民点有资格选举两个代表或移民（英国出生的公民）参加移民议会。参阅伦敦公司。

移植 transplant 又作graft。把部分或完整的器官或身体其他部位，从一处移到另一处。移植的器官可能来自相同或不同的人或动物。来自同一个人的移植不会有排异作用，通常用于皮肤移植。来自他人尤其是动物的移植会发生排异，除非极为兼容或没有血管（如眼角膜），或是接受者的免疫反应受到终身药物治疗所控制。移植组织必须比输血更需要相容性（经由血液试验）。以造成排斥的细胞为目标的单源抗体前景可期。现今的测试用单源抗体与抗原反应只有用在参与排斥作用的T细胞上，其他的还没有考虑。皮肤移植的排斥物质不多，只需要维持数个星期，骨骼移植在细胞死后结构仍在。骨髓移植时，捐赠者的骨髓细胞可能攻击接受者的组织，通常会致命。作为心肺移植的一部分，肺脏移植有较高的成功率。参阅心脏移植和肾移植。

遗产继承 inheritance 财产所有人去世时把财产移交给继承人。在民法中称之为继承，此概念建立于私有物品与私有财产的普遍观念之上。在某些体制下，土地被视为公共财产，社会成员死后土地的拥有权要进行重新分配，而不是按遗嘱传给其他人。在许多国家，死者不动产的最小部分必须分给活着的配偶，也常分给后代。无遗嘱死亡规则适用于那些遗嘱中没有说明如何分配的不动产的遗产继承，把死者与受益人之间的亲属关系一概视为主要的考虑内容。遗产继承通常需要支付继承税。

遗传 heredity 父母通过基因把特征传递给子代的生物学现象。G.孟德尔在19世纪中期进行了一些遗传学研究，从中得出一些基本的遗传概念，这些概念最后成为现代遗传学的基础。亲代中每一成员只把一半的基因传给子代，而不同子代个体所接受的是来自相同亲代基因的不同组合。许多特征属于多基因遗传的，也就是受到超过一个基因的影响。在整个人群中，许多基因以无数的变异形式（等位基因）存在。许多性状的多基因本质和复等位本质，使遗传特征具有巨大的变异潜力。基因型（个体的全部遗传组合）决定了个体可能表现的特点的极限，而真正表现出来的特点（表现型）则视基因与其环境之间的复杂相互作用而定。

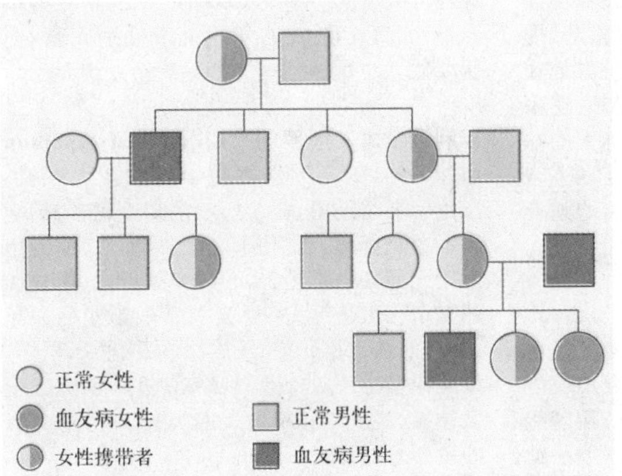

通过三代人跟踪有着性连锁性状血友病遗传的系谱表。血友病的隐性基因由X染色体携带。从母亲处接受一条带血友病基因袭过的X染色体的男性，和从父母双方接一条带血友病基因的X染色体的女性（这种情况较少），都会患血友病。从父母任一方处接受一条带血友病基因的X染色体的女性是血友病携带者。表中第一代是一个正常男性和一个携带血友病基因的女性。他们生下4个子女：一个正常的儿子、一个正常的女儿、一个患血友病的儿子和一个携带血友病基因的女儿。

遗传工程 genetic engineering 为了修改一种生物体或生物族群而对脱氧核糖核酸（DNA）或其他核酸进行人工操纵、修改和重组。遗传工程一词原本泛指经由遗传和繁殖而修改或操纵生物体的多种技术。如今，这个用语意指较小范围的重组DNA技术，或者基因克隆，其中出自两个或更多来源的DNA分子互相结合（在细胞内或试管中），然后被注入它们能够借着繁殖的宿主生物体。这种技术可以用来制造新的基因组合，对科学、医学、农业或工业具有价值。借着重组DNA技术，已经制造出能够合成人类胰岛素、人类干扰素、人类生长激素、乙肝疫苗和其他医学有用物质的细菌。重组DNA技术结合了大量制造抗体的技术发展，已经对医学诊断和癌症研究产生冲击。植物已有基因上的调整，以进行固氮，并产生自己的杀虫剂。能对油进行生物降解的细菌已经制造出来，用于油污的清除。遗传工程也引发了人们对基因逆向操作及其后果的恐惧（如耐受抗生素的细菌或新的疾病类型）。参阅生物技术。

遗传漂变 genetic drift 小种群内基因库随机增减的现象。其后果可为种群内某些遗传特性完全消失或广泛分布，而不论与这些特性有关的等位基因对种群的生存或繁衍是否有价值。遗传漂变是一种随机的统计学效应，仅发生在隔离的小种群里，种群的基因库小到等位基因的随机组合可使其组成发生巨大的变化。在较大的种群里，任何一个具体的等位基因均由如此众多的个体携带，几乎总能由某些个体传递给后代，除非该基因在生物学上对物种的生存不利。

遗传学 genetics 研究遗传的一般规律，尤其是基因的学科。现代遗传学始自19世纪G.孟德尔的研究工作，他总结出遗传的基本概念。1909年，W.约翰逊杜撰了新词"基因"，遗传学由此得名。T.H.摩尔根在同一年证明不仅基因就在染色体上，而且在同一条染色体上紧挨着排列的基因构成连锁群。这又导致了另一重要发现，即基因在细胞层次影响分子作用，以先天性代谢缺陷等人类遗传病为例证。分子遗传学真正起源于20世纪40年代，O.艾弗里证明脱氧核糖核酸（DNA）是携带遗传信息的染色体组分。J.D.沃森、F.克里克和M.威尔金推论出DNA的分子结构。这些和其他的发展导致DNA分子中遗传密码的破译，这又使得20世纪70年代发现的遗传工程的重组技术成为可能。了解遗传学之后，对于诊断、预防和治疗遗传性疾病、动植物选择育种，以及利用微生物的工业方法的发展都十分必要。参阅行为遗传学。

遗尿症 enuresis 指受过完整排便训练的正常儿童，反复地遗尿在被褥和衣服上的情形，通常发生在夜里。分为原发性和继发性。有可能是家族性的。紧张的生活经历、缺乏良好的排便训练，以及长期在社会群中处于不利地位等情况都可增加遗尿症的发生率。通常经过一些时间可自愈。治疗包括对家长和患儿进行辅导和安慰，以及行为疗法。在开始遗尿时用闹钟叫醒效果显著，但要完全成功须经过很长时间。药物治疗虽非最佳选择，但有时有效。

遗忘症 amnesia 因脑损伤、脑组织蜕变、休克、疲劳、衰老、用药、酗酒、麻醉、疾病或精神神经性反应等原因造成的记忆力丧失。有的为顺行性（对损伤或疾病后的事失去记忆），有的为逆行性（对发病前的事失去记忆）。发病前常有在情绪上受到严重打击的病史。在这种情况下，受影响的主要是与个人有关的记忆（实际上是身份），而不是语言技能等能力。这种遗忘症似乎表示，患者不愿意或拒绝记忆那些能引起焦虑的事情，这可称为压制性或动机性遗忘。实际上，这些记忆并没有真正丧失，在经过心理治疗或病愈之后，这些记忆还可以恢复。偶尔遗忘症可持续数周、数月甚至数年。这种长期反应称为神游状态。

遗嘱 will 指财产所有人处理其死后财产的合法方式，也指用于表示立遗嘱人处理财产意愿的书面文件。只要遗嘱符合法律手续就是有效的，这些手续通常（但并不总是）要求遗嘱有人见证。由律师起草遗嘱的好处在于他了解法律的要求。除其他情况外，遗嘱在下列情况下无效：立遗嘱人有精神上的缺陷，不能处理其财产；遗嘱为继承规定了不合理或苛刻的条件；立遗嘱人对于遗赠的财产没有确切无疑的所有权。

乙醇 ethanol 又作ethyl alcohol或grain alcohol。通称为醇的一类有机化合物中最重要的一种，分子式为C_2H_5OH。乙醇是用发酵法生产的酒精饮料的致醉成分。工业用乙醇是通过发酵或用化学合成的，再以蒸馏法纯化。因饮用乙醇在各国都要课税，工业用乙醇必须使其不适于饮用（变性）以避免纳税。典型变性剂是甲醇、苯与煤油等化合物。乙醇有多种用途，可作为溶剂、原材料，提取媒介、防冻剂、防腐剂和汽油添加剂及代用品。乙醇有毒，危害中枢神经系统，但对某些人是一种嗜好性毒品，导致酒精中毒症。少量能兴奋精神，松弛肌肉。但大量则损害肌肉运动的协调和判断力，甚至导致昏迷或死亡。乙醇和巴比土酸盐或相关药物混合服用危险性更大。

以弗所 Ephesus 希腊爱奥尼亚古城。故址在今土耳其西部塞尔丘克村附近，位于开斯特河以南，是阿耳忒弥斯神庙所在地。传统上是卡里亚人所建，为爱奥尼亚的12个城市之一，曾参与波斯战争和伯罗奔尼撒战争。公元前333年被亚历山大大帝征服，在整个希腊化时代都很繁荣。前133年落入罗马人手中；在奥古斯都大帝统治下成为其在亚洲行省的首府。曾是早期基督教的中心，圣保罗曾来此地，他的《以弗所书》便是写给当地教会的。公元262年哥特人摧毁了该城和神庙；二者都没有恢复。该城的多处废墟已被发掘。

以利沙 Elisha（公元前9世纪） 希伯来人先知，以利亚的继承人。他强烈主张保持以色列人的摩西传统，竭力反对所有的异教和外来宗教仪式。他鼓动叛变反对以色列统治家族（暗利王朝），结果造成国王全家被杀。《旧约》中《列王纪上》和《列王纪下》载有以利沙的故事。

以利沙·本·阿布亚 Elisha ben Abuyah（活动时期约公元1世纪） 犹太学者和放弃信仰者。出生在耶路撒冷第二圣殿被毁（公元70年）之前。他是一位令人尊崇的拉比，因蔑视犹太律法并放弃犹太教信仰而恶名远播。他精通希腊思想，叛教的动机可能是专心研究哲学，可能是加入了诺斯替教，也可能是改信了基督教。在《塔木德》中他未被指名，一般用“阿赫”（Aher，意为“别人”或“另一人”）指称，因为他的叛教行为已使其名声扫地。

以利亚 Elijah（公元前9世纪） 又作Elias。希伯来语作Eliyyahu。希伯来先知。圣经上提到他谴责异教，并在卡尔迈勒山同450名巴力的先知辩论。他因此而得罪亚哈国王和王后耶洗别，迫使他逃往郊野，后来乘旋风升天，留下继承人以利沙。以利亚强调一神论，宣传除以色列的上帝外别无真神。伊斯兰教也承认他是先知。

以利亚·本·所罗门 Elijah ben Solomon（1720～1797） 立陶宛学者和犹太领袖。出生于书香门第，曾游历波兰和德意志，后定居于东欧犹太人文化中心维尔纳。他拒绝出任拉比而去当隐士，潜心研究和祈祷，声誉传遍整个犹太社区，深受族人崇敬。他精通圣经诠释、塔木德研究、民族医学、文法和哲学。以利亚坚决反对哈西德主义，谴责它们的虔敬神秘、显圣说和精神入定状态，呼吁对上帝的爱要有理智。

以利扎·本·犹大（沃尔姆斯的） Eleazar ben Judah of Worms（约1160～1238） 原名Eleazar ben Judah ben Kalonymos。德裔犹太神秘主义者和塔木德学者。1196年十字军杀了他的妻女，但他继续宣扬博爱。他跟随亲戚犹大·本·塞缪尔学习后，于1201年任沃尔姆斯拉比。以利扎试图将喀巴拉的神秘主义和塔木德统一起来。其最伟大的著作是伦理法规《香料商人》（1505）。他相信神自身是不可知的，但卡沃德（*kavod*）是从神分离出的管理天使，是可知的。他的著作是中世纪哈西德主义的主要资料来源。

以赛亚 Isaiah（活动时期约公元前8世纪） 古以色列的先知，《旧约》中的《以赛亚书》即以其命名。据说他只写了该书前39章的部分内容；其他部分由一位或多位佚名作者完成。约公元前742年以赛亚的预言应验了，当时亚述开始向西扩张，后来占领了以色列。作为与阿摩司同时期的人，以赛亚谴责犹太人中经济与社会的不公，并敦促他们遵守律法，否则将冒取消上帝约定的风险。他正确预言了北以色列或撒马利亚于公元前722年的毁灭，他正式宣布亚述人将成为上帝发泄震怒的工具。基督教福音书引用《以赛亚书》比其他的预言书都多，该书中的“将刀打成犁头”一段引起普遍共鸣。

以色利 Israeli, Isaac ben Solomon（832/855～932/955） 又称Isaac the Elder（老伊萨克）。埃及出生的犹太医师、哲学家。他的医学事业以在开罗当眼科医师开始，后成为北非法蒂玛王朝的创始人马赫迪的宫廷医生。他用阿拉伯文撰写数部医学著作，后被译成拉丁文并在欧洲流传。由于受过古典学识教育，他写了几部哲学著作，包括他的《释义书》，此书记载了犹太教信仰和新柏拉图奥秘修行的内容。

以色列 Israel 全称State of Israel（以色列国）。中东国家。位于地中海东岸。面积：21 643平方千米。人口：约7 686 000（2013）（包括戈兰高地和东耶路撒冷人口，不包括约旦河西岸人口）。首都（自称）：耶路撒冷（首都地位未得到国际社会的广泛承认）。犹太人约占总人口的4/5，阿拉伯人约占1/5。语言：希伯来语和阿拉伯语（均为官方语言）。宗教：犹太教、伊斯兰教和基督教。货币：新以色列谢克尔（NIS）。以色列可分为4个主要地区：西部为地中海沿岸平原；丘陵区从北部边界伸入到以色列中部；东部为大裂谷，包含约旦河；干旱的内盖夫地区几乎占了以色列的整个南半部。主要水系是约旦河形成的内陆流域，太巴列湖（加利利海）为全国提供了大量农业用水。以色列的经济属混合型，主要以服务业和制造业为基础，出口包括机械和电子产品、钻石、化学制品、柑橘类水果和蔬菜，以及纺织品。以色列有9/10的人口居住在城市，主要集中在地中海沿岸平原一带和耶路撒冷周边地区。该国为多党制共和国，一院制（克奈赛）。国家元首为总统，政府首脑是总理。在以色列（巴勒斯坦），人类居住的历史可追溯到旧石器时代（参阅巴勒斯坦）。19世纪末，犹太人开始采取行动在其故土建立一个犹太人国家。英国支持犹太复国主义，并于1923年为当时的巴勒斯坦承担起政治责任。德国纳粹时期对犹太人的迫害，使移居到当地的犹太人数量增加，致使该地区的犹太人与阿拉伯人的关系恶化。1947年联合国投票通过将该地区分成犹太人和阿拉伯人两个国家。1948年以色列国成立,埃及、外约旦(后改称约旦)、叙利亚、黎巴嫩和伊拉克等国立即向以色列宣战,以色列获胜(参阅阿以战争)。在1967年的六日战争中以色列军队再次获胜,并占领了约旦河西岸、加沙地带、戈兰高地和东耶路撒冷。1973年以色列又与邻近的阿拉伯国家开战,但《戴维营协议》促使以色列与埃及于1979年达成和平协议。1982年以色列入侵黎巴嫩,企图把巴勒斯坦解放组织(PLO)逐出该国。1987年末,西岸和加沙地带被占领土的巴勒斯坦人举行暴动(参阅抗暴行动)。1991年以色列、阿拉伯国家和巴勒斯坦的代表开始举行和平谈判,1993年以色列和巴解组织达成一个5年计划,以便把自治政府移交给被占领地区的巴勒斯坦人。1994年以色列与约旦签订和平协议。整个20世纪90年代,以色列士兵和黎巴嫩民兵组织(真主党)多次发生冲突。2000年以色列军队自黎巴嫩撤军,但以色列和巴勒斯坦之间的进一步谈判破裂,在此期间双方的冲突夺去了数百人的生命。为制止战争,以色列于2005年从西岸部分地区及整个加沙地区撤军;该地区现正处于巴基斯坦控制之下。以色列于1952年首次参加在赫尔辛基举办的夏季奥运会。

以色列法 Israeli law 现代以色列的法律惯例和法律制度。古以色列人创造了托拉律法书和《密西拿》律法书(后者后来收入《塔木德》)。在20世纪以色列法反映出双重法律遗产:它是以历史上的犹太法和几代犹太人曾居住过的国家的法律为基础。现代以色列法源自土耳其和英国的立法及判例、宗教法庭观点、以色列议会通过的法律。法院必须由职业法官组成;不设陪审团。宗教法庭在某些个人法律身份的问题上运用犹太法,民事法院在要求审理涉及犹太人的此类问题时也运用犹太法。

以色列工党 Israel Labour Party 1968年成立的以色列政党,由3个社会主义-劳工政党合并而成。1948～1977年以色列工党(及其前身)连续领导执政的联合政府;自1977年起该党一直与保守的利库德集团竞争。该党的主要人物有D.本-古里安、M.达扬、G.梅厄、S.佩雷斯和Y.拉宾。

以色列支派 Israel, tribes of 《圣经》中古以色列人的十二支派,其中10个支派取雅各的儿子的名字(流便、西缅、犹大、以萨迦、西布伦、迦得、亚设、但、拿弗他利和便雅悯),另外2个支派取雅各的孙子,即约瑟的两个儿子的名字(以法莲和玛拿西)。雅各的另一个儿子是利未,为一个宗教氏族的始祖;与这12个支派不同,当古以色列人攻占迦南后,利未的后裔并没有得到一块他们自己的领地。在以色列后来的历史中,犹大和便雅悯的支派在南部联合组成了一个犹大王国,而北部的10个支派则联合组成了以色列王国。公元前721年被亚述征服后,北部的10个支派就从历史上消失了,成为后世所称失踪的以色列十支派。只有犹大和便雅悯的支派仍然存在;他们成为现代犹太文明的源泉。

以实马利·本·以利沙 Ishmael ben Elisha (活动时期约2世纪) 犹太教贤哲。生于一个富裕的教士家庭。公元70年洗劫耶路撒冷的罗马军团将其俘获,但他从前的老师把他赎回并送返巴勒斯坦学习。以实马利建了一所拉比学校,撰写了有关《塔木德》的注释,并根据希勒尔的7条准则把解经规定扩为13条。他诠释律法不拘泥于词义,讲求变通,以解除严守教规之犹太人的困苦。绘画中常有表现他与阿吉巴·本·约瑟争论的题材,因为他认为后者对律法书的诠释过于严格依照字面含义。

以斯拉 Ezra(活动时期公元前5世纪～前4世纪) 犹太人宗教领袖及改革者。他使被巴比伦流放的犹太人社会又得以恢复,劝说犹大的子民重新严格遵守摩西律法。他出任波斯政府的专员。波斯政府虽然宽容其他宗教,但要求遵纪守法。由于以斯拉的努力,在耶路撒冷重建的圣殿又得以恢复传统的礼拜,所有与异族的通婚均被解除。以律法为中心的犹太社会由此建立;犹太人虽然没有政治上的国家,但得以存在。他常被认为是现代犹太教的创始人。他的故事记载于《以斯拉记》和《尼希米记》。

以斯帖 Esther 巾帼英雄,《以斯帖记》的中心人物。她是个美丽的犹太妇女,波斯国王亚哈随鲁(薛西斯一世)的妻子。她与堂兄末底改劝说国王收回在帝国全境杀尽犹太人的成命。国王宠臣哈曼原定在掣签决定的日子屠戮犹太人,结果以他为首的敌对者反而被犹太人消灭,后来犹太人将此日定为掣签节(普珥节)。《以斯帖记》可能写于公元前2世纪。

以太网络 Ethernet 1979年施乐公司推出的电信网络协议。它以低廉的方式开发,即在一个房间或一栋建筑物内连接在一起的办公机器之间传送信息,但是很快就成为标准的计算机互联方法。数据速率从开始每秒10MB增加到100MB,新的标准称为高速以太网络。原始的规格需要同轴电缆作为通信媒介,但已因采用简单的双绞线降低了成本。

以西结 Ezekiel(活动时期公元前6世纪) 古代以色列先知和祭司,是《旧约·以西结书》中的主要人物,也是该书一部分的作者。公元前592年左右,他开始对巴勒斯坦的犹太人说预言,宣布上帝必将审判罪恶之民。他亲眼见到耶路撒冷被巴比伦所征服,以色列人被劫掠。在他著名的幻想中,山谷里的干骨复原成人形,预见到以色列必将复兴。在他的想象中,信神的人又围绕在耶路撒冷重建的圣殿四周。

蚁 ant 膜翅目蚁科昆虫,约10 000种。全球分布,但在热带更常见。社会性昆虫。体长2～25毫米,通常有黄、褐、红或黑色。动、植物都吃,有的仅食自己在巢中养殖的真菌或蚜虫。一般有蚁后、雄蚁和工蚁(包括兵蚁)3级,它的社群性行为同蜜蜂一样在昆虫中是最复杂的。常见的蚁类有:北美的大型黑色木工蚁、热带美洲的军蚁,以及会叮人的火蚁。

木工蚁(*Camponotus*)
Grace Thompson from The National Aubudon Society Collection——Photo Researchers

义人 tzaddiq 又作zaddik。指体现犹太教理想的人。这一称谓在《圣经》和《塔木德》中多次使用,被认为世界的继续存在端赖36位完美义人。在哈西德运动(参阅哈西德主义)中,宗教领袖被称为义人,他们被看作神和人之间的中保。最初,义人广泛参与社会活动以加强社团的精神生活。到18世纪末,他们终止了社会活动,改为在家中祈祷。

义务学 deontological ethics 一种伦理理论,主张一种行为的道德对错是根据行动的内在本质而非根据其结果性质来评断。义务学认为某些行为不管其结果如何,在道德上至少本身就是错误的,如说谎、违背诺言、惩罚无辜和谋杀。诸如"为义务而义务"、"美德是它本身的酬报"和"哪怕天塌下来,也要履行正义"等说法都是描述这种伦理学的。由于它的中心原则在于一个行为要符合某种规则或规律,所以被称为是形式主义的。最有名的杰出义务学家是I.康德。

艺术 art 也作视觉艺术。通过发挥技巧或想象力创作出的可视对象或视觉经验。"艺术"一词包含多种媒介,如绘画、雕塑、版画、素描、装饰艺术、摄影以及装置作品展。视觉艺术种类繁多,既有纯粹美学目的,也有纯粹以功利主义为目的的艺术。但是不能一概而论,特别是在一些文明中,日常用品因人们的精心打造而具有丰富内涵。特别是在20世纪出现了关于"艺术"定义的争论。达达派艺术家M.杜尚表示,艺术家仅需持有某种艺术观点,并能使大众接受即可。这种知识分子实验通过概念艺术和极简派艺术等运动形式持续了整个20世纪。21世纪之交,各种各样的新媒体(例如视频艺术)进一步挑战了艺术的传统定义。

议会 Cortes 中世纪伊比利亚半岛各王国的议会或国会。欧洲中古时期由各自由的自治市选出的代表,有权参加国王在宫廷里就某些事务举行的评议会。他们之所以获准参与其事,是由于国王除了征收例行的税收之外,还需要其他的财政补助,而国王在法律上又无权直接课征额外的税收,欲达到此目的,必须征得各自治市的同意。莱昂与卡斯蒂利亚王国的议会,早在13世纪初叶即已存在,很快便扩展至加泰罗尼亚(1218)、阿拉贡(1274)、巴伦西亚(1283)、纳瓦拉(1300)。现为西班牙与葡萄牙的国家立法机关。

议会 Parliament 英国的立法机构，也指以该模式建立的其他政府立法机构。英国议会是由英王、上议院和下议院组成。其源头可追溯到1300年左右由大参议会和国王法庭组成的联盟，这两个机构主要是与国王进行协商，并给国王提意见。议会于14世纪分为两院，一个是与上院议员展开精神上和世俗性（不仅包括贵族，还包括教会的高层）的辩论，另一院则与骑士和市议员进行辩论。14世纪议会也开始向国王递交请愿，若被批准，请愿则能成为法律。R. 沃波尔是第一个以首相身份领导政府的党派领导人。

议会程序 parliamentary procedure 又称rules of order。获得普遍认可的规则、先例以及惯例，用于审议机构的管理。目的在于维持规范性，探知大多数人的意愿，保护少数人的权利，并促进商业交往的顺利进行。议会程序的规则起源于英国16～17世纪，之后被世界各国的立法机构所采用。1876年美国将军H. M. 罗伯特（1837～1923）编撰了《罗伯特议事规程》，该规程经过几十年不断的修订和补充，现在仍是美国法律的标准。

异端 heresy 经教会当局斥为谬误的神学教义。在基督教中，教会的正统神学被认为是根据神授启示而来的，异端被视为顽固拒绝教会的引导。公元2世纪起出现了许多基督教异端，早期的异端包括阿里乌主义、基督一性论派、贝拉基主义和多纳图派教义。一些异端（如孟他努斯主义）表现在信仰一位被基督圣灵附身的新先知。诺斯替教的某些派别是基督教的异端支派。早期教会用以打击异端的主要手段是处以绝罚。12～13世纪时，教会成立异端裁判所来打击异端。经审讯后异端分子若仍不肯放弃其信仰，则通常加以处决。16世纪时，新教的宗教改革运动瓦解了西方基督教国家已统一的教义。在基督教各派教会中，异端的概念虽仍存在，但已不再那么受到重视了。在犹太教、佛教、印度教和伊斯兰教中也存在着异端概念。

异端裁判所 Inquisition 又译宗教法庭。中世纪和近代初期天主教的司法机构，用以镇压异端、巫术和法道。为对付清洁派和韦尔多派等异端的散布，教皇格列高利九世于1231年设立此机构。异端嫌疑犯被逮捕后，由宗教法庭审判官审问，然后再审判；1252年教皇英诺森四世批准用刑以使犯人忏悔认罪。量刑范围从祷告禁食到监禁；被认定为异端分子的人如果拒绝改变信仰，就要转交世俗司法当局判处死刑。中世纪异端裁判所主要是在意大利北部和法国南部活动。1478年西克斯图斯四世设立西班牙异端裁判所，办案极为严酷。教皇后来尝试限制裁判所的权力，但因西班牙国王拒绝放弃而失败。宗教公判大会是一项宣布判决的公开仪式，后成为精心策划的庆祝会，大审判官T. de 托尔克马达曾用火刑烧死近2 000名异端分子。西班牙异端裁判所还被引入殖民地，如墨西哥、秘鲁以及西西里（1517）和尼德兰（1522），直到19世纪初才在西班牙被完全取缔。

异化 alienation 社会科学中指一个人感到与自己的环境、工作、产品或自我本身处于分离或疏远的一种心态。这个观念可见于E. 涂尔干、F. 特尼斯、M. 韦伯、G. 西梅尔等人的著作中，而最著名的应属K. 马克思。他认为，资本主义制度下劳动者被他们的工作疏离了。在别的情况下，导化像失范一样，指无能为力、无意义、不正常、社会孤立、文化隔离或自我疏远的感觉。这是因为在个人需要或期望和社会秩序之间缺乏一致性。

异位妊娠 ectopic pregnancy 又称extrauterine pregnancy（宫外孕）。受精卵植入子宫腔外的器官而发育的状况（参阅受精）。早期颇似正常妊娠，也会有荷尔蒙改变、闭经和形成胎盘等现象，但随着胚胎的增大，牵动其所附着的组织，患者会感到腹痛，最后破裂而引起出血，会有生命危险。输卵管妊娠可能为受精卵在输卵管内移行受阻所致。卵巢妊娠则是卵从卵巢排出之前即已受精。腹腔妊娠则是胎盘植入腹腔其他部位。

抑郁症 depression 一种神经性或精神性疾病，主要症状是悲伤、没有活力、有思维和注意力障碍、食欲大增或大减、嗜睡、感觉沮丧和没有希望，有时伴有自杀倾向。抑郁症可能是最常见的精神病，人类对该病的认识最早可追溯到希波克拉底的那个时代，希波克拉底称之为"忧郁症"。患者的症状因人而异，病程可长可短，可轻可重。女性发病率较男性高，男性的发病率随年龄的增长而上升，女性患病的巅峰期在35～45岁。病因可能包括心理（如失去所挚爱的人）和生化机能方面（主要是去甲肾上腺素和血清素等单胺化合物的量减少）。治疗方法通常结合心理治疗和药物治疗。一个人如果交替出现过度亢奋或低落的情绪，则是罹患了躁郁症。

抑制 inhibition 在心理学中，指通过心理障碍的作用，包括内在的社会控制，对不受约束或不由自主的思想或行为进行有意识或无意识的压抑。抑制起到了一些社会功能，比如保护自己和他人不受伤害，遇上高兴事不会马上变得喜形于色。极度缺乏抑制和过度抑制对个人来说都不好。抑制在学习中亦起到重要作用，因为一个机体必须学会抑制某些本能的行为或过去习惯的方式以便掌握新的方式。在生理心理学中，抑制是指对神经生物电活动的压抑。

易北河 Elbe River 捷克语作Labe。旧称Albis。欧洲中部河流，为欧陆主要河流之一。发源于捷克和波兰边境的克尔科诺谢山脉，向西南流经波希米亚，折向西北，流贯德国，在库克斯港附近注入北海。1945～1990年，成为东德和西德边界的一部分。全长1 165千米，与多条运河相连，可通波罗的海、哈弗尔河、柏林、鲁尔工业区和莱茵河。1 000吨货轮可通过伏尔塔瓦河航至上游的布拉格。德国汉堡距河口上游88千米。

易卜拉欣帕夏 Ibrahim Pasha（1789～1848） 埃及将军。在协助培训埃及新军后，他打败了一支奥斯曼军队，在叙利亚赢得军事声誉，叙利亚和阿达纳最后都割让给埃及，他1833年任行政长官。他的政事比较开明，创立一个咨询会议，并废除封建制度。苏丹马哈茂德二世（1808～1839年在位）后来派遣一支奥斯曼军队入侵叙利亚，1839年易卜拉欣赢得重大胜利，奥斯曼舰队叛逃到埃及。然而，欧洲各大国害怕奥斯曼帝国解体，故而逼迫埃及人撤出占领区。1848年担任埃及总督，但不久便去世。

易卜劣厮 Iblis 伊斯兰教用语，为魔鬼的名字。原来是安拉身边的天使之一，拒绝听命于安拉创造的人类始祖阿丹亚当。他及其信徒被赶出天国，以待最后审判日予以惩处。在此之前，他可以引诱除真正信奉安拉者以外的众人走向邪恶。潜入伊甸园引诱阿丹和好娃（夏娃）使之失去天国的人就是易卜劣厮。

易卜生 Ibsen, Henrik (Johan)（1828～1906） 挪威剧作家。23岁时在卑尔根一所新的国家剧院里谋得编导和常驻剧作家的职位，负责创造一种"民族戏剧"。1857年易卜

易卜生，摄于1870年
Universitetsbiblioteket, Oslo

生在挪威剧院执导，至1863年剧院破产。此后，他开始广泛地游历欧洲，过着一种自我放逐的生活，直到1891年。在意大利他撰写了道德剧《布兰德》（1866）和轻松的《彼尔·英特》（1867）。在写完讽刺剧《社会支柱》（1877）后，他找到了他恰当的写作才情，而《玩偶之家》（1879）、《群鬼》（1881）、《人民公敌》（1882）、《野鸭》（1884）和《罗斯默庄》（1886）这些中产阶级道德剧，为他赢得国际声誉。他更具象征主义的剧本有《海达·加布勒》（1890）、《建筑师索尔尼斯》（1892）、《小艾友夫》（1894）和《当我们死而复生时》（1899），大部分写于1891年他回国以后。易卜生在剧本中强调人物性格重于情节的铺展，描写像政治腐败和妇女角色变化的社会问题，以及从受挫的爱情和破裂的家庭关系中产生的心理冲突。他对欧洲戏剧影响很大，被公认是现代散文剧的开创者。

易赫旺 Ikhwan 阿拉伯语，意为"兄弟"。一个宗教和军事团体——兄弟会，帮助伊本·沙特·阿不杜勒·阿齐兹统一了阿拉伯半岛。1912年开始组建，其成员定居在绿洲附近的聚居区，致力于打破部族忠诚关系，并迫使贝都因人放弃他们的游牧生活方式。他

们也信奉瓦哈布的极端传统派伊斯兰教义。自1919年起,他们在阿拉伯和伊拉克赢得多次胜利,包括征服麦加和麦地那。到1926年,易赫旺开始变得无法控制,抨击伊本·沙特引进电话和汽车等新技术。他们发动了一场流血叛乱,这场叛乱直到1930年靠英国人的帮助才最后平定。那些仍然效忠于伊本·沙特的易赫旺后来被招募到沙特阿拉伯的国民警卫队。

易性癖 transsexualism 一个人的自我认同为某一性别,其生殖器官及第二性征却是另一性别。在以前,这种人采取了另一性别的行为特征;自从1952年首次实施变性手术以后,手术和荷尔蒙疗法已能永远改变人的性别。由男变女的变性手术较为常见,因为其生殖器官的重建较能使当事人满意,一般先切除男性易性癖者的阴茎及睾丸,然后重建人工阴道,再以移植或注射女性荷尔蒙的方式塑造乳房。女性易性癖者则须切除乳房,再以荷尔蒙疗法产生男性第二性征,但重建人工阴茎的效果则仍不理想。

疫病 blight 又称枯萎病。植物病害,症状包括严重的点斑、凋萎或叶、花、果、茎或整株植物的死亡。苗芽和生长迅速的幼嫩组织常被侵袭。大都由细菌或真菌引起,有些是干旱所致。真菌和细菌疫病非常可能发生在凉爽、潮湿条件下。大多数重要经济作物均受一种或多种疫病感染。防治法包括毁灭罹病部分;采用无病种子或砧木以及抗病品种;轮作;植株修剪及疏植以利通风;控制带真菌害虫以免在植株间传播疫病;避免从株顶浇水或在潮湿植株间操作,需要时施用杀真菌剂或抗生素。保持卫生的环境是防止感染扩散的最重要方法。

疫苗 vaccine 由减毒的或灭活的微生物或类毒素制成的悬浮液。疫苗可口服,也可注射给药或鼻喷。将其注入人体后,可刺激机体产生抗该种微生物的特异性抗体,使机体获得对它的免疫性。一经某种疫苗刺激,体内的B淋巴细胞就被该种微生物(抗原)致敏,产生抗体。如再次感染,就会产生更多的抗体以对抗之。1798年E.詹纳第一个使用抗天花疫苗。已经研制出可以抵抗由细菌(如伤寒、百日咳、结核病)和病毒(如流行性感冒、狂犬病、麻疹、脊髓灰质炎)致病的疫苗。随着医学生物学的发展,疫苗的效果各有不同,有小部分人会有不良反应。有免疫缺损的人不宜接种活体疫苗。

意大利 Italy 全称Italian Republic(意大利共和国)。中南欧国家,国土由向东南延伸远至地中海的靴子形的半岛以及西西里岛、撒丁岛和若干小岛组成。面积:301 336平方千米。人口:约59 866 000(2013)。首都:罗马。人口中绝大多数为意大利人。语言:意大利语(官方语言)。宗教:基督教(主要为罗马天主教)。货币:欧元。意大利境内3/4以上为山脉和高地。阿尔卑斯山脉沿意大利北部边界自东向西延伸,亚平宁山脉向南贯穿意大利全境,境内平原(或低地)约占国土总面积的1/4;约有2/3的平原位于波河河谷。3大构造板块造成整个意大利南部和西西里岛一带地质状况不稳定。意大利南部有4座活火山,包括维苏威火山和埃特纳火山。经济以服务行业和制造业为主。主要出口商品为机械和运输设备、化学制品、纺织品、服装、鞋和食品(橄榄油、葡萄酒和西红柿)。意大利为共和国,两院制。国家元首是总统,政府首脑为总理。意大利在旧石器时代即有人居住。公元前9世纪,埃特鲁斯坎文化开始兴起。公元前4～前3世纪,罗马人打败埃特鲁斯坎人(参阅罗马共和国与罗马帝国)。公元4～5世纪蛮族的入侵,摧毁了西罗马帝国。若干世纪以来,意大利虽然在政治上一直处于分崩离析的局面,却成为西方世界的文化中心。在西方的历史上,意大利文艺复兴时期是艺术成就最伟大的时代之一。15～18世纪意大利先后被法兰西、神圣罗马帝国、西班牙和奥地利统治。当拿破仑的统治于1815年结束时,意大利又成为一个有许多独立城邦的国度。1861年的复兴运动使意大利的大部地区统一,包括西西里岛和撒丁岛;到1870年,整个意大利半岛完全统一为一个国家。第一次世界大战期间,意大利加入了协约国,但20世纪20年代的社会动荡使B.墨索里尼领导的法西斯主义得以掌权。意大利与纳粹德国在第二次世界大战结盟。由于1943年被同盟国军队击败,意大利在1946年宣布成立共和国。意大利是欧洲共同体(现欧盟)和北大西洋公约组织(1949)中的主要成员国。20世纪70年代完成建立地方有限自治议会的过程。自从第二次世界大战以后,意大利经历过多次政府更迭,但社会一直保持稳定。1896年意大利参加了在雅典举办的首届奥运会。罗马举办了1960年夏季奥运会,科蒂纳丹佩佐和都灵分别于1956和2006年举办了冬奥会。

意大利面 pasta 用粗粒小麦粉,即经过净化的硬质小麦的胚乳制成的淀粉类食品。这种面食在传统上与意大利烹饪有联系,尽管它很有可能是在13世纪蒙古人入侵时从亚洲传入欧洲的。在制作过程中,粗粒小麦粉被揉成面团,并通过模子挤压成带状、线状、管状和各种其他形状。每种都有各自的名称(如意大利细式面条、意大利通心面)。成形的生面然后在控制条件下风干。意大利面煮熟后,搭配其他食物即可供人享用。

意大利语 Italian language 通行于意大利(包括西西里岛和撒丁岛)以及瑞士和法国部分地区(包括科西嘉岛)的罗曼语。全世界有6 600万人讲意大利语,包括许多移民及他们在美国的后裔。书面意大利语源自10世纪。标准的意大利语是以佛罗伦萨方言为基础,但许多意大利人也讲当地的方言。其中包括上意大利方言(高卢-意大利语);意大利东北部的威尼斯方言;托斯卡纳方言;马尔凯、翁布里亚和罗马方言;阿布鲁其、普利亚、那不勒斯、坎帕尼亚和卢卡尼亚方言;卡拉布里亚、奥朗托和西西里方言。

意大利芝麻菜 arugula 又作rocket。花朵为淡黄色的十字花科欧洲草本植物,学名*Eruca vesicaria sativa*,其叶片通常用于制作色拉。此外,其嫩叶味道辛辣且多汁,但日久之后变为苦味。从其种子中可提炼出一种医药用油。

意第绪语 Yiddish language 阿什肯纳兹(德系)犹太人所操语言。用希伯来字母书写。意第绪语从12世纪起自中古高地德语的东南部方言进入中欧和东欧后发展起来。受希伯来语和阿拉米语的极大影响,其语汇的12%～20%来自其中。源自高地德语的东欧操意第绪语者的孤立状态及其处于斯拉夫诸语的环境,特别是波兰、乌克兰诸语的包围,意第绪语分成东西支,差异很大。自18世纪晚期起中欧的犹太人放弃意第绪语改操德语,这部分意第绪语实际已经消亡。东意第绪诸方言的明显差异在元音上,分中支、东北支和东南支。意第绪文学语言兴盛于19世纪和20世纪初。由于大规模的移民、同化作用和纳粹的种族灭绝政策而急剧衰落。今天,全世界可能仍有300万人操此语言,但多为中老年人。

意第绪语戏剧 Yiddish drama 意第绪语舞台剧的表演风格。欧洲的犹太人戏剧起源于中世纪。当时,舞蹈演员和哑剧演员在普珥节(掣签节)庆祝会上作娱乐性演出。至16世纪,这些剧目改用意第绪语演出。职业意第绪语戏剧始于1876年,A.戈德法登(1840～1908)与巡游音乐家在罗马尼亚演出他自己的两幕音乐短剧。1883年俄国颁布的反闪米特人的法律明确禁止意第绪语剧目后,剧作家及其许多演员均流亡到英国和美国。剧作家J.戈丁(1853～1909)将新编剧包括《犹太人里尔王》(1892)带往美国的意第绪剧院,由P.艾德勒主演。1918年,M.施瓦茨创建意第绪语艺术剧院,并担任导演和主要演员,在那儿培训出如J.本那米和M.魏森弗罗因德(后称P.穆尼)这样一些演员。第二次世界大战毁灭了东欧的大部分意第绪语文化。20世纪下半叶,一些意第绪语剧院在纽约、伦敦、布加勒斯特和华沙重新出现。

意识 consciousness 心理学概念。指觉醒的性质和状态。低等动物的意识指知觉的能力,通常还指简单的取舍能力。高等动物的意识可能还包括思想和情感。人类的意识包括"超意识"——意识到的一种意识。这术语也广义地指人意识到的、与无意识的过程相对的、精神生活的高级水平。意识水平(如注意对睡眠)和脑电活动(脑电波)的模式互相有关。

意识流 stream of consciousness 非戏剧性小说的一种叙事技巧,它产生无数连续不断的印象,有视觉的、听觉的、触觉的、联想的和潜意识的。这些印象影响个人的意识。为了表现运转中的注意力,作家可将似乎不连贯的思想片段、不合语法的句子结构组合在一起,因为它们是基于各种念头和意象的自由联想。意识流这个术语首先由W.詹姆斯在《心理学原理》(1890)一书中使用。20世纪,试图捕捉其作品中人物意识的全部流动过程的作家通常是使用内心独白的技巧,用以代表一系列的思想和感情。在J.乔伊斯的《尤利西斯》(1922)、W. 福克纳的《喧嚣和狂怒》(1929)和 V. 吴尔夫的《海浪》(1931)等小说中意识流起着重要的作用。

意识形态 ideology 属政治或哲学范筹,其实际价值与理论价值同等重要。1796 年由法国作家 A. L. C. 德斯蒂·德·特拉西(1754～1836)提出,用来标示他的"观念科学"。其思想的某些特点证明在广义上适用于各种意识形态,包括或多或少综合性的社会理论、政治纲领、对实现该计划需要奋斗的预期(因而需要忠诚的追随者)以及理智的领导才能。他的观念曾被法国革命政府所采用,以期建立一个民主、理性和科学的社会。拿破仑对他所谓的空想家表示轻蔑,最早赋予该词否定的含义。意识形态常被不恰当地拿来与实用主义对比。意识形态的重要性见于以下事实:没有某些观念或信念作支撑,力量很难发挥出来。

意属索马里兰 Italian Somaliland 从前的意大利殖民地,位于非洲东部。从阿西尔角向南延伸至肯尼亚边界,面积461 585平方千米。意大利 1889 年占领该地,1936 年并入意属东非,成为其中一个属地。1941 年英国入侵并获得控制权,直到 1950 年该地成为由意大利管理的联合国托管地。1960 年该地与英属索马里兰合并,成为独立的索马里共和国。

意向性 intentionality 被导向一个对象的性质。意向性显现于各种各样的精神现象。例如,如果一个人经历了对一个对象的感情,他对这个对象便有了一种意向的态度。对一个对象产生意向态度的其他例子是寻找、相信和思慕。意向态度还包括命题态度。意向性的一个特点是"不存在"。一个人可能有意把自己与一个并不存在的对象联系在一起。因此,一个人所寻找(和有意寻觅)的东西可能是不存在的,他或者她相信会发生的事情可能根本不会发生。另一个特点是意义上的晦涩。真正把意向状态归于一人的句子会变成错误的,当那种状态的对象的另一种描述取代它时。假设我的钢笔是今年生产的第 100 万支,那么"我的钢笔"和"今年生产的第 100 万支钢笔"就具有相同的所指意义。我可能处于作为我的钢笔寻找它的意向状态,而不是处于寻找今年生产的第 100 万支钢笔的状态;同样,我可能相信这是我的钢笔,但却不相信这是今年生产的第 100 万支钢笔。

意象主义 Imagism 英国和美国的诗运动,强调写诗时使用具体的语言和修辞手段、现代主题内容、自由韵律,回避浪漫或神秘的主题。意象主义是从象征主义运动发展而来,约于 1912 年由 E. 庞德发起,他受到 T. E. 休姆(1883～1917)的评论影响,系统地阐述了这个运动的信条。H. 杜利特尔也是创始人之一。1914 年左右 A. 洛威尔(小)基本接管了这个团体的领导权。C. 艾肯、T. S. 艾略特、M. 穆尔、D. H. 劳伦斯和 W. 斯蒂文斯等人的作品也受到意象主义的影响。

意义 meaning 在哲学中,词语与其所指意义(即词语与其所指对象之间的关系)相对比的含意。例如,"最高的人",意思是"身高比任何人都高的那个人",但它所指的可能是无名氏,也可能谁也不是,因为最高的人可能是 2 人或更多。因此,并不适合说,词指的是词所指定之事物(或者词让我们所想到的事物)。进一步的问题使这个意义的指称理论更加困扰。两个词也许有相同的所指对象,但其意义并不相同(例如,"晨星"和"昏星"表示相同的星球,但确切意义并不相同)。有意义的短语也能声称有所指称,但实际上并没有真的指称什么(如"法国现任国王"这句话具有意义,但今天并不存在法国国王)。相比之下,语义学的理论认为,最好是以实在的词语而非含义来解释意义;即一个词的意义应该以它满足所在句子中的真实条件而得到解释。语义学理论的难处导致了由 L. 维特根斯坦和 J.L. 奥斯汀著作所启发的意义的使用理论。它承认并不是所有的词都指称某个对象,也不是所有的话都非真即伪;所有的词和句子共同的是,人们在言语中使用它们;因此它们的意义可能只不过是使用而已;或者以另一种不同的方式来阐述,词句的意义在于支配词句运用的规则。参阅语义学。

翼龙 pterosaur 繁盛于侏罗纪和白垩纪(2.06 亿～0.65 亿年前)的已灭绝的飞行爬虫类。休息时靠长而细的后腿悬挂。它们靠脆弱的皮膜双翼来飞翔和滑翔,膜附着在每个前肢细长的第 4 指上,向后沿体侧延伸。前面 3 个指骨为爪状的细长钩,有细长的嘴,脑大。喙嘴龙属(*Rhamphorhynchus*)有牢固、锋利的牙齿,一条长尾,翅幅 1 米。很可能靠潜水捕鱼获取食物。

翼指龙 pterodactyl 翼指龙亚目翼龙的统称,化石最初见于东非和欧洲的晚侏罗纪至白垩纪(1.59 亿～6500 万年前)。典型的翼指龙属的成员,躯体大小从麻雀至信天翁不等。翼指龙有细长而脆弱的齿,向前成一定角度(可能作为过滤装置),掌骨长,尾短。大概是善于滑翔的动物,但不足以活跃地飞翔,且其显然缺乏羽毛。不像始祖鸟的成员,翼指龙并非鸟类的祖先。

因弗内斯 Inverness 苏格兰高地政务会辖区的皇家自治城镇。在西北部因弗内斯旧郡内,位于内斯河和喀里多尼亚运河河畔。长期以来一直是苏格兰高地区的中心,也是高地行政区总部的所在地。6 世纪时是布吕德国王的匹克特王国的都城,12 世纪成为马尔科姆三世城堡附近的自治市。现为教育和旅游中心,随着近海石油产量的增长,当地制造业也逐步扩大。人口约44 084(2001)。

因果关系 causation 一个事件(因)引发另一事件(果)时,这两个临时并起或连续事件之间的关系。D. 休姆主张必要关联的想法(属于一般因果关系概念的一部分)是主观的。根据休谟的说法,主张甲事件促成乙事件的客观内容只是通过经验我们发现甲事件之后总是跟着乙事件。有些哲学家认识到自然(又称物质或内在)因果关系("纵火犯放火")与事件(又称外在)因果关系("短路引发火灾")之间的差别。

因卡塔自由党 Inkatha Freedom Party 简称因卡塔。南非政党,主要由祖鲁人组成。最初是 1924 年迪尼祖鲁酋长领导的一个文化运动,他的孙子 M. G. 布特莱齐与非洲人国民大会(ANC)决裂后,于 1974 年将其恢复并组成政党。在布特莱齐的领导下,因卡塔致力于对抗种族隔离政策,但在无法得到多数票支持的情况下,愿意接受分权管理。20 世纪 80 年代末,因卡塔和非洲民族议会的追随者经常在强大的种族之间(祖鲁人与非祖鲁人)发生流血冲突。1991 年南非白人政府承认它曾秘密资助过因卡塔。

因斯布鲁克 Innsbruck 奥地利西部城市,濒临因河,位于萨尔茨堡西南方。12 世纪时是因河一座桥附近的小集镇。1239 年该市获特许状,1363 年转给了哈布斯堡王室,1420 年成为蒂罗尔州的首府。1806 年拿破仑将该市给了巴伐利亚,1809 年发生蒂罗尔州爱国志士反对巴伐利亚和法国的暴动。旧城狭窄的街道建有许多中世纪的房屋和拱门。为冬季运动中心之一,1964 年和 1976 年冬季奥林匹克运动会曾在此举行。人口约113 392(2001)。

因特网 Internet 全球共享的计算机网络,它连接着世界各地许多较小的网络。它的发展源于美国国防部称为阿帕网(ARPA-NET,高级研究规划署网络)的计划,1969 年建立,连接加州大学洛杉矶分校、斯坦福研究所、加州大学圣巴巴拉分校和犹他大学 4 个不同的计算机系统。阿帕网的目的是进行计算机网络的研究,以便一旦战争爆发能够提供一个安全通畅的通信系统。当该网络快速发展时,其他领域的学者和研究人员也开始使用这个网络。1971 年开发出第一个在主干网发送电子邮件的程序;到 1973 年,阿帕网的国际网络(从英国和挪威)建立,电子邮件占去阿帕网的大多数信息流量。20 世纪 70 年代还开发出邮件列表、新闻群组、电子公告板系统和传输控制/网间协议(TCP/IP),后者在 1982～1983 年正式成为阿帕网的标准协议,促成因特网的广泛使用。1984 年域名寻址系统被采用。1986 年美国国家科学基金会组建国家科学基金网(NSF-NET),这是一个能够容纳更大信息流量的主干网,在不到 1 年的时间里,就有逾 1 万台主机连上因特网。1988 年由于因特网中继聊天协议的开发,使网上实时交谈成为可能。1990 年阿帕网退役,国家科学基金网成为因特网的主干网,首次商业拨号访问因特网成为可能。1991 年万维网公诸于世[通过文件传输协议(FTP)]。1993 年马赛克浏览器发布,它的普遍使用导致万维网的网站和用户激增。1995 年国家科学基金网又回到一个研究网络的角色,让因特网的信息流量通过网络提供商而不是国家科学基金会的巨型计算机传输。那一年站点成为因特网最受欢迎的部分,信息总流量超过了文件传输协议。到 1997 年,因特网已有超过1 000万台的主机,注册域名亦超过 100 万。访问因特网现在可以通过无线信号、有线电视线、卫星和光纤连线获得,尽管多数信息流量目前还在利用公共电信(电话)网络。因特网被普遍认为是一个具有深远意义的产物，它将以现在还无法完全讲清楚的方式影响人类文化和商业的各个方面。

因陀罗 Indra 印度古代吠陀众神之首，也是战士的守护神。由于有雷电为武器，靠饮用长生不老药苏摩汁增强力量，他得以征服许多邪魔敌手，杀死延续季风雨的龙。在以后的印度教中，因陀罗被降为雨神和诸天的统治者。他是《摩诃婆罗多》中的英雄阿周那的父亲。因陀罗还出现在佛教和耆那教的神话中。

阴道炎 vaginitis 阴道的炎症。主要症状是从阴道流出一种白色或黄色的分泌物。治疗视病因而定。对性传播疾病（多由于加德纳氏菌或滴虫）和酵母菌感染，用适当的抗微生物药物治疗；萎缩性阴道炎发生在停经期后的妇女，会引起阴道黏膜表面变干，要定时涂抹雌激素膏，避免使用任何会引起发炎或过敏的药物。

阴蒂切开术 clitoridectomy 又称female circumcision（女性环切术）或female genital mutilation。一种仪式性的外科手术。最轻的只是吸一些血、只切除阴蒂。最重的则为锁阴术（又称法老环切术），切除外生殖器，再将两侧并拢缝合只在后面留下一小口。现在这种手术通常是违法的，女性环切的做法可追溯到古代。当时在欠发达世界许多地方传统社会里是为了维护童贞和减低性欲。锁阴术在苏丹、索马里和尼日利亚特别流行。手术通常由产婆操作，常在很不卫生的条件下进行。有时可导致严重出血、破伤风及其他感染、剧痛甚至死亡。就算伤口愈合正常，也可能在排尿和性交时发生疼痛，经血也可能淤滞在内。妇女在每生一胎之后便要重新做手术。

半音阶、大音阶及小音阶实例

音步 foot, metrical 诗句格律的基本单位，由抑扬（短长）音节的各种固定的组合或语群组成。音步的主要种类和数目决定诗的格律。英文诗最常见的音步是：抑扬格，一个非重读音节之后是一个重读音节；扬抑格，一个重读音节之后是一个非重读音节；抑抑扬格，两个非重读音节之后是一个重读音节；扬抑抑格，一个重读音节之后两个非重读音节。参阅韵律学。

音程 interval 在音乐中，指两个听起来有关联性的音，特别指两音间的高度距离。在西方音乐中，音程通常由特定调内所包含的度数命名；由此，从C至G（C-D-E-F-G）即为五度，因为音程中有5个度数（必须包括头尾两个音）。C-E-G和弦则是由两个音程构成，即C到G的五度和C到E的三度。音程除了可以用简单的数字表示外，还有更准确的名称，例如C-E即为一个大三度（因为它包括了4个半音），$^{\sharp}$C-E则为一个小三度（有3个半音），C-$^{\flat}$E亦为一个小三度（有3个半音），C-$^{\sharp}$E是一个增三度（有5个半音），$^{\sharp}$C-$^{\flat}$E则为减三度（有2个半音）。四度和五度音程则属于纯音程（一个纯四度音程包括5个半音，而一个纯五度音程则有7个半音），增音程（当被扩增一个半音时），或者减音程（当被缩减一个半音时）。

音高 pitch 音调根据音波每秒振动的次数（赫兹）变化，而显得有高有低的性质。较高的音高有着较高的振动次数。以2倍比率振动的音波似乎是彼此连在一起的；这样的音高说是用来表明“八度音阶等价”的，因此它们都指定为一个字母（像C或F调）。音高今天普遍标准化了；中央C上面的A被广泛地用作标准，为440赫兹，这意味着平调音阶中其他所有音符的音高。参阅音程。

音阶 scale 将调或调式限制在八度中的基本排列。音阶因其相邻音符之间间隔的模式而产生区别。一个音阶可以被看成从旋律中抽取的一部分，亦即：旋律中按阶梯式编排的音调。

音节 syllable 由一个元音加上（或不加）其前后若干辅音而组成的言语切分成分，如a、I、out、too、cap、snap、check。自成音节辅音，像button和widen中的尾音n也构成一个音节。闭音节以辅音结尾，而开音节以元音结尾。音节在言语研究、语音学和音系学中扮演重要的角色。

音品 timbre 又译音色。区别乐器、人声等声源与另一声源的声音品质。音品主要取决于不同乐器产生的泛音特性的结合。这种特别的结合（通常在高音音域内变化）可以使听众区分出长笛和黑管、女高音和男高音，甚至斯特拉迪瓦里制造的小提琴和瓜尔内里制造的小提琴（当两者都发出同样的高音时）。音品的要素取决于声音产生的不同方法（吹法、运弓法和打击法等），特别是音符开始瞬间的声音。

简单音乐音程范例

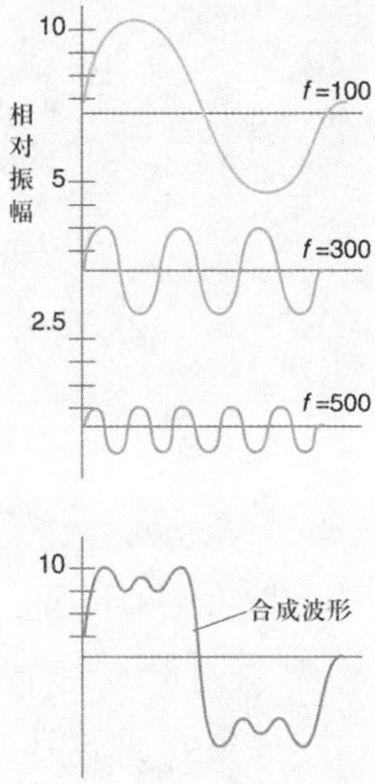

3个纯音（上图）的混合产生复杂的合成音（下图），例如真实的乐器产生让人感受到的质感或“色彩”，称为音品。强力的基本音（上图），让听者觉得只有弹奏出一个音，频率100。其余频率300和500的音，相对于基本音来说是较弱的泛音；相对的响度（振幅）反映在复杂的合成波形上，构成波形代表特殊音品的必要成分。

音位 phoneme 指一个词与另一个词（或词素）相区别的最小言语单位（如tap中的p音把tap一词与tab和tag等词区别开）。音位这一术语通常限用于元音和辅音范围内，但某些语言学家却将音调、重读和韵律等差别也包括在内。一个音位可能有很多变体，称为音位变体。这些变体的发音不同，但却对意思没有影响。音位可以用特殊符号记录下来，如国际音标。在抄写时，语音学家习惯于将音位放在两条斜线之间如：/p/。

音系学 phonology 一门研究各种语言内部语音模式的学科。历时音系学（历史音系学）考查和分析语音声音体系在一段时间内的变化，如英语sea（海）和see（看见）这两个词中的元音曾一度发音不同，而演变至今则发同样的音。共时音系学（描写音系学）研究一种语言在其发展的某一个别阶段的语音，揭示它可能存在的语音模式（如英语里nt和rk这两组音只能出现在词的中间和词尾，而不能出现在词首）。

音乐 music 声音的组合。音乐通常指音高不同而编为旋律的声音，并组合为节奏与节拍的模式。旋律通常有一个调或调式，也通常暗示着和声，而和声可能像和弦或对位那样明确。音乐用于崇拜、协调运动、沟通、娱乐等社会目的。

音乐记谱法 musical notation 以书面形式记录音乐的符号系统。将音乐以符号形式记录的基本方法有两种。符号谱（见于吉他

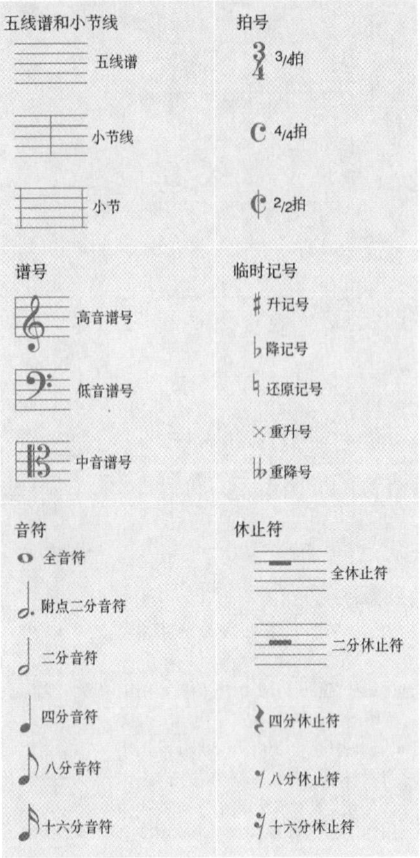

现代音乐记谱法中使用的常见符号
© 2002 MERRIAM-WEBSTER INC.

和弦图表)，描写演奏者的动作。具体地讲，就是说明要产生某种乐音需要怎样的手指动作。象征记谱法则描述声音本身，其方式多种多样，有的用不同的字母代表不同的音高，有的用图形符号来表示一定的音符组合。西方的记谱系统结合了节奏记号(音符外观形式指示声音持续时间)和音高记号(将音符置于五线谱的线或间的不同位置用来指示音高)两者。因此可用单一的记号同时表达出音高与音长，这样一连串的记号就可以同时表达出旋律和节奏。

音乐剧 musical (comedy) 又称音乐喜剧。一种戏剧表演形式，具有激发情感，给人乐趣的特点，情节简单但不落俗套，伴有音乐、舞蹈和对白。音乐剧可以追溯到18和19世纪的体裁，如叙事歌剧、德国轻歌剧和喜歌剧，其中对白大多是念的。1866年的《黑色弯柄杖》通常被认为是第一部音乐喜剧作品。它不仅引起低级歌舞表演的主办者，也引起一些歌剧和严肃戏剧赞助人的注意。V.赫伯特、R.弗里莫尔和S.龙伯格将一种轻歌剧形式带到美国，后来成为主要来源。G.M.科汉是该体裁全盛时期的开创者，在20世纪20～30年代进入鼎盛时代。代表人物有J.克恩与I.格什温(参阅G.格什温)、C.波特、R.罗杰斯、O.哈默斯坦和H.阿伦。克恩和哈默斯坦的《演艺船》(1927)可能是首部完全使用音乐配合叙述的音乐剧；后来的音乐剧结构紧凑，如罗杰斯与哈默斯坦的《俄克拉何马!》(1943)和《南太平洋》(1949)。该体裁随A.J.勒纳、F.勒威和L.伯恩斯坦的作品进入繁荣时期，但60年代后期开始衰退，分别向许多不同方向分化，比如说G.拉格尼、J.拉多和G.麦克德莫特的摇滚音乐剧《毛发》(1967)，J.坎德尔和F.埃布的《酒店》(1966)，S.桑德海姆的《斯威内·托德》(1979)，S.斯沃茨的《神的魔力》(1971)，A.劳埃德-韦伯和T.赖斯的《超级明星耶稣基督》(1971)，M.哈姆利什和E.克莱本的《合唱行列》(1975)，A.布利尔和C.-M.舍恩伯格的《悲惨世界》(1985)以及J.拉森的《吉屋出租》(1995)。

音乐学 musicology 对音乐进行科学研究的学科。18世纪末～19世纪初，这种工作是由像L.von克谢尔这样的业余人员进行的。随着对古代音乐兴趣的增长，对研究者的专业性要求也就提高了，包括要求能够解读关于音乐本身或与音乐有关的著述手稿并对其作出价值评估的能力。J.S.巴赫作品全集(1851～1899)第一版的出现是音乐学历史上的第一座里程碑。现今的音乐学融合吸收了一些更古老学科的元素，比如音乐理论、音乐史和社会学，还利用最新的技术方法。现代最优秀的演奏家仍在应用音乐学所提供的工具。最近几十年来，音乐理论又再次成了一个独立的专门学科。

音乐学院 conservatory 专门培养音乐人才的音乐教育机构，所收学生基本上没有年龄限制，但大多集中在10～25岁。该名词和机构源自16世纪意大利的一种孤儿院(来自拉丁文*conservare*："保护")，院中的弃儿被给予音乐训练。重要的美国音乐学院有柯蒂斯音乐专科学校、朱利亚音乐学院、伊斯曼音乐学校、曼哈顿音乐学院(纽约)、曼尼斯学院(纽约)、新英格兰音乐学院(波士顿)、皮博迪音乐学院(巴尔的摩)和旧金山音乐学院等。

铟 Indium 金属化学元素，化学符号In，原子序数49。具有银白色的金属光泽，质地极其柔软，能用指甲刻痕。最常见的同位素是铟-115，具有非常微弱的放射性，半衰期为数十亿年。与锡一样，这种纯金属弯曲时会发出尖锐的响声。与镓一样，液态铟能浸润玻璃等物质表面，可用于粘接玻璃、金属、石英、陶器和大理石。这种金属被用于高性能发动机轴承的涂层，其低熔点合金可用于灭火洒水喷头、防火门链条以及可熔插塞中。与镓、磷和砷等元素可构成具有半导体特性的化合物，用于各种电子器件，包括固体发光装置。氧化铟锡制成的透明电极被广泛应用于液晶显示器。

吟游诗人 bard 凯尔特部族中擅长写作和吟唱颂词和讽刺诗，或歌颂英雄及其功绩的诗歌的诗人歌手。这种习俗在高卢逐渐消失，但在爱尔兰和威尔士却保留下来，爱尔兰吟游诗人保存了吟唱颂诗的传统，在10世纪时威尔士的吟游诗人曾分为不同的等级。虽然在中世纪末这一类诗人没落了，但威尔士保存了每年举办全国艾斯特福德(诗人和音乐家的赛会)的传统。

银 silver 金属化学元素，过渡元素之一，化学符号Ag，原子序数47。为一种色泽白亮的贵金属，以它漂亮的外观而受重视。也以其在所有金属中最高的导电率而受重视。在

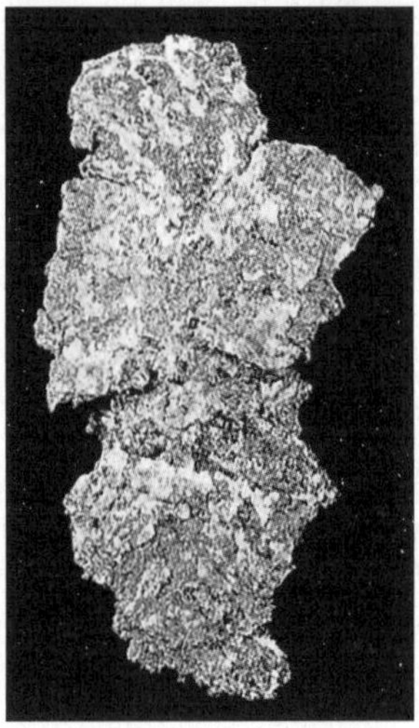

采自安大略的树状突银矿
By courtesy of Joseph and Helen Guetterman Collection; photograph, JohnH. Gerard

周期表中处于铜和金之间，在许多性能上银也在铜与金之间。以小量广泛分布于自然界，可以呈天然金属的状态，也可存在于矿石中，通常是生产铜与铅的副产品。20世纪60年代工业上对银的需求已压倒制作银锭和钱币的用途，尤其在摄影术中要求使用银。它还用于印刷电路、电子导体以及电接触。在将乙烯转化成氧化乙烯(许多有机化合物的前身)的过程中要以银作催化剂。它还用于标准纯银合金(92.5%的银，7.5%的铜)，镀银的银器、装饰品和首饰仍是它的重要用途；首饰中使用的黄金含25%的银，镶牙的金中含约10%的银。补牙用的银是银和汞的汞齐。银在化合物中，最重要的是硝酸银，化合价是1。银的氯化物、溴化物和碘化物都用于摄影，银的碘化物还用作云的催化剂。

银道坐标 galactic coordinate 天文学中，确定银河系成员相对位置和运动的一种合用的坐标系。银纬由银河系基本对称平面向南或向北计量。银经由通过银河基本平面的一条从地球到银河系中心方向(在人马座)的假想连线向东计量。

银行 bank 经营货币和货币代用品及提供其他金融服务的机构。银行接受存款、发放贷款，通过存贷的利率差获取利润；还从各项服务收取的费用中获利。银行主要分为3类：商业银行、投资银行和中央银行。银行业务的基础是公众对制度稳定性的信心。因为公众一旦同时要求提取现款(例如在危机时期)，没有一家银行能予以全部兑现。参阅信贷协会和储蓄与贷款协会。

银河系 Milky Way Galaxy 由恒星和星际物质组成的巨型盘状星系(直径大约15万光年)，包括地球所在的太阳系在内。银河系内含众多星体，它们的光产生横贯夜空、外形很不规则的平面光带。银河系包括约数千亿

颗恒星和大量的星际气体和尘埃。由于尘埃阻挡了天文学家的视线，因此在红外天文学和射电天文学（参阅射电和雷达天文学）发展之前，银河的大部分区域都无法研究。它的具体组成部分、形状和真正的大小和质量至今仍不可知，它包含大量的暗物质和位于中心的大质量的黑洞（参阅人马座A）。太阳位于此星系的一条旋臂上，距离银河系中心约2.7万光年。

银匠式风格 Plateresque 15世纪末和16世纪期间西班牙和其美洲殖民地的主要建筑风格。该名称（源于将其比作一位银匠的精细复杂作品）逐渐普遍用来指西班牙的晚期哥特式和早期文艺复兴式建筑；这些建筑物以源自摩尔式、哥特式和意大利文艺复兴的精细浮雕装饰为特色，建造时不考虑结构。最喜欢用的图形是曲柱、纹章盾牌和漩涡卷。一簇簇的装饰物同广阔的光平墙面形成对比。此种风格的杰出例子有巴利阿多利德的圣格雷戈里奥学院（1488）、塞维利亚镇礼堂（1527年始建）和格拉纳达大教堂（1528～1543）。腓力二世认为银匠式风格过于华丽，于是修建了埃尔埃斯科里亚尔博物馆。

银鲛 chimera 又拼chimaera。软骨鱼纲一些与鲨和鳐类近缘，但另分为全头亚纲或纲的鱼的统称，约有28个种。分布于各大洋的暖、冷水域。与鲨、鳐一样，其骨骼为软骨性，雄性具由腹鳍分化而来的体外交尾器官（鳍脚或攫握器）。与鲨和鳐不同，银鲛体侧仅各有一个外鳃孔，并与硬骨鱼一样，覆有瓣片。雄性银鲛在鱼类中有独具的辅交合器官，胸、腹鳍大，眼大，背鳍2个，第一背鳍具长尖棘。尾细长，因而有些种类又有鼠鱼之称。体长约60～200厘米，体色由银白色到灰黑色不等。栖息于江河、河口和近海，甚至在2 500米或更深的深海区都可见到。以小型鱼和无脊椎动物为食。肝油可用作枪炮和精密仪器的润滑剂。

银莲花 anemone 毛茛科银莲花属（*Anemone*）100多种多年生植物的统称。因其花色鲜艳而广为栽培。广布于世界各地，最常见于北温带的林地和草甸。罂粟状银莲花（*A. coronaria*）具块茎，有许多鲜艳的品种，是庭园花卉，也用于花卉贸易。春季开花的有亚平宁银莲花（*A. apennina*）、希腊银莲花（*A. blanda*）和孔雀状银莲花（*A. pavonina*）。其他种类有日本银莲花（*A. japonica*或*A. japonica*），是受欢迎的秋季开花的沿边花坛花卉；欧洲的木质银莲花指森林银莲花（*A. nemorosa*），能引起皮肤起疱，以前曾作为药用。银莲花也被称为白头翁花或秋牡丹。

银屑病 psoriasis 一种慢性复发性皮肤病，特征为红色、轻度隆起的斑块或丘疹，上覆以银白色鳞屑。皮损可融合成较大形状的斑块，围绕着一正常区域。指甲若受累，则变厚，表面凹凸不平，并从指甲床处分离。诱因包括皮肤外伤、感染、压力和某些药物。皮肤细胞自真皮加速移至表皮处，并在表皮脱落引起发炎症状。在某些病例中，病人同时还患有关节炎。通常在夏季及妇女怀孕时病情较不严重。现无治愈方法，但使用药物和紫外线照射可帮助缓解病情。

银杏 ginkgo 裸子植物银杏目唯一的现存种，学名为*Ginkgo biloba*。原产中国，被称为活化石。尚不清楚是否有野生者，在中国和日本的寺庙花园自古代就有栽培，银杏树

银杏（*Ginkgo biloba*）
Grant Heilman

形优美，抗真菌、抗虫、抗寒，与大多数裸子植物不同，又能适应都市的不良大气条件，故在世界各地广泛栽培。树冠金字塔形，树干柱状而疏分枝。木材色浅，材质疏软，经济价值不大。叶扇形，似铁线蕨，小叶革质，多数叶片被中央裂分成2个裂片。坚果银白色，种仁可烤食，被认为是美食。据研究显示，银杏对老年人有增强记忆的功能，可延缓阿尔茨海默氏病的发生。

淫秽 obscenity 指严重违反当代社会道德及行为准则的行为、言语或物品。美国最高法院裁定，凡以迎合能引起性行为淫欲为主，以显然令人作呕的方式叙述或描写性行为，以及不具有严肃的文学、艺术、政治、科学价值的资料，均是淫秽的。被法庭视为淫秽的资料不受宪法第1修正案关于言论自由规定的保护。

引渡 extradition 一国根据另一国的要求，将在本国以外犯有依照要求国法律应予以惩罚的罪行的人，移交给要求国审判的程序。引渡由各国内部的引渡法令和各国之间的外交条约加以规定。有些引渡原则是许多国家共同遵守的，大多数国家不承担交出其本国国民的任何义务。各国还普遍承认政治犯有避难权。然而出于镇压犯罪的共同目标，各国通常乐于合作，使罪犯能受到应有的惩处。

引力 gravity 作用于所有具质量的物体之间的一种普遍的吸引力。虽然是自然界4种已知相互作用力中最弱的一种，但对恒星、类星体以至整个宇宙的结构和发展具有决定性作用。万有引力定律描述太阳系中天体的轨道和地球上物体的运动（地球上的物体受到地球质量的吸引而被一个向下的引力吸引），引力的大小经实验证明等于重量。I.牛顿是第一位导出可以计算的引力理论，指出两物体间的引力与两者质量乘积成正比，而与两者间距离的平方成反比。A.爱因斯坦提出关于引力的一套全新概念，其中牵涉到四维时空连续统，而物质的存在导致时空的弯曲。在其广义相对论中，他证明处在匀加速运动中的物体和静止在引力场中的物体是不可区分的。

饮食教规 kashruth 犹太教关于饮食的规定，一方面禁止食用某些食物，另一方面规定用特殊方法处理某些食物。以此决定哪些食物可归为合礼（即符合饮食禁忌要求）的食物。饮食禁忌多见于《旧约》中的《利未记》、《申命记》、《创世记》和《出埃及记》。概略地讲，谨守饮食教规的犹太人的饮食范围，在鱼类为有鳍有鳞者，肉类则为反刍分蹄者，因此水生有壳动物和猪肉属禁忌。鸟兽等必须按教礼祈祷后屠宰，必须把肉食与乳类严格分离，两者不可于一餐中同食或合烹成套菜食用。对于蔬菜和水果没有禁忌。逾越节时面包和烤制食物不得含有酵母。

隐滴虫 cryptomonad 既被认为是原生动物，又被认为是藻类（参阅藻）的小型双鞭毛生物。生于淡水和海水中，含有仅红藻和蓝绿藻（藻青菌）才有的色素。有时栖于动物体内，但不伤宿主；有些种可行光合作用。有些无色素体，吞食有机物质；在某种条件下，单靠无机物也能存活。

隐身技术 stealth 使敌方雷达或其他电子探测设备难以发现己方运载工具或导弹的军事技术。反探测技术的研究开发早在雷达发明后不久就已开始。在第二次世界大战中，德国已经在其潜艇的水下通气管上涂抹了可以吸收雷达波的材料。战后的研究者们对雷达反射波的性质，以及电磁辐射如何从物体表面反射回来进行了研究。到20世纪80年代，美国已经开发出多种隐形技术，包括一种能隐形的轰炸机。这种轰炸机的细节至今仍属秘密，但大体情况已人所共知。例如其表面材料及涂层可以吸收雷达波，其光滑的外表和圆形的机体有利于减少雷达反射。将飞机携载的武器收藏于机身内部可以使飞机更难于被探测到，将飞机发动机废气屏蔽起来也会使红外线探测更为困难。

隐士 hermit 又称eremite。通常指那些出于宗教动机而脱离社会隐居的人。最早的基督教隐士于3世纪末出现在埃及，当时许多信徒遭迫害而纷纷遁入旷野，坚持祈祷和苦修的生活方式。第一位隐士可能是底比斯人保罗，他约在公元250年逃到旷野。其他著名的隐士包括圣安东尼（埃及的），他在4世纪时建立了基督教隐修的早期形式，还有圣西门（柱头修士）。后来隐修院的集体生活改变了隐士的严峻生活方式。在西方基督教会中隐士生活已消失，但在东方教会中仍存在。

隐私权 privacy, rights of 一个人的私事不受侵犯的权利。虽然隐私权在美国宪法里没有明确被提及，但在《权利法案》里隐私的权利被认为是绝对的，在婚姻和避孕方面保护公民不受无根据的政府侵犯。一个人的隐私权可能会被强制的国家利益所侵犯。在侵权行为法中，隐私是不让某人的私生活和事件暴露给公众的权利，否则就是侵犯。政府官员和其他由法律界定的“公众人物”（如

电影明星),得到的隐私保护范围较窄。

隐修 monasticism 制度化的宗教活动,参与者受誓言约束,进行祈祷、冥想或是善举等修道行为。修会的成员通常独身,他们生活在由修士或修女组成的团体中,或是作为修道隐士而远离社会。最早的基督教隐修团体建立在埃及的沙漠中,其中最著名的由埃及隐居者圣安东尼(251～356)创立。圣帕科缪(290～346)将之以修道院的形式推广。大圣巴西流使隐修院制度在东欧教会影响深远,J. 卡西安(360～435)使之在西欧广泛传播。6世纪时,努尔西亚的圣本尼狄克创立本笃会,要求教徒进行适度的苦行,并建立了定期的膜拜仪式。整个中世纪,隐修院制度不仅在传播基督教的过程中,而且在保存和发展学术方面发挥了极其重要的作用。这一制度不时地发生变革,著名的如10世纪的克吕尼会和12世纪的西多会,并且有托钵修会的建立,如多明我会和方济各会。隐修制度在东方的宗教中也很重要。在早期的印度(约公元前600～前200),很多隐居者聚居在一起(阿室罗摩),但是他们并不过严格组织的团体生活。耆那教可能是第一个存在有组织隐修生活的宗教,其隐修的特征为极端苦行。佛教徒遵守一种适度的准则,以避免自我放纵和苦行两个极端。

隐修院回廊 cloister 方形庭院四周带有屋顶的走廊,一般附属于隐修院或大教堂;也指回廊本身。历史上最早的一批隐修院回廊由开敞的连拱廊组成,常为坡顶木结构。这

法国阿尔勒圣特罗菲姆教堂的开敞式拱廊
Jean Roubier

种形式的回廊在英格兰被排窗代替了,使有拱顶的回廊变得亮堂。在气候温暖的南方地区仍采用开敞式连拱廊。特别精美的例子是D. 布拉曼特设计的罗马圣马利亚教堂(建于1500～1504)中的两层开敞式连拱廊。

隐逸派 Hermeticism 又作Hermetism。意大利语作Ermetismo。20世纪初发端于意大利的现代派诗歌运动。该派诗人作品的特点是非正统的结构、不合逻辑的顺序,以及高度主观性的语言。隐逸派的形式主义手法部分派生于未来主义。但隐逸派诗人那种暧昧的简洁、晦涩和繁杂,乃是两次世界大战之间法西斯统治对文学严加控制所造成的结果。G. 翁加雷蒂、S. 夸齐莫多和E. 蒙塔莱是这个运动的主要领袖。隐逸这个词是根据赫耳墨斯·特里斯墨吉斯忒斯的名字命名的,此神是秘义象征作品的著名作者(参阅赫耳墨斯秘义书)。

隐喻 metaphor 辞格的一种,指原本表示一种物体或行为的一个词或词组运用到别的地方,以标示这两者之间的相似或类似处(如"船犁过大海"或"连珠炮似的咒骂")。隐喻是一种暗含的比较(如"大理石面孔"),与明喻(如"脸色像大理石一样白")的清楚比较正好相反。隐喻通用于语言的各种层次,是诗歌中的基本要素。在诗歌中,隐喻有很多功能。既可只标示一种相似,也可以当作诗歌的中心概念和起支配作用的形象。

印地语 Hindi language 印度的一种印度-雅利安语,全国人口中有超过30%能讲或能听懂这种语言。现代标准的印地语是印度北方几百万人的通用语,也是印度共和国的官方语言。它有效地继承了由克里波利方言发展来的印度斯坦语,16～18世纪属于莫卧儿的德里的某些阶层和地区讲的就是克里波利方言。穆斯林作家使用的带有很重的波斯变型的克里波利语组成了乌尔都语的基础。英国人在加尔各答的威廉堡学院整理了印度斯坦语。18世纪后期和19世纪初期,印度的知识分子在那里推广用天城体文字书写的梵文化的印度斯坦语,它成为印度作家使用的现代书面印地语的先驱。在印度独立运动期间,印度斯坦语被看做是国家团结的因素,但是在1947年以后这种看法就改变了。这个名称实际上已被印地语或乌尔都语取代。语言学家们,尤其是G. A. 格里尔森,也把印度平原北部地区书面语以及所有方言统称为印地语(参阅印度-雅利安诸语言)。印地语已经大大简化了旧的印度-雅利安语的复杂语法,同时还保留着某些发声的特点。

印第安纳 Indiana 美国中西部一州,首府印第安纳波利斯。与密歇根州、俄亥俄州、肯塔基州和伊利诺伊州接壤。沃巴什河和俄亥俄河分别形成该州西南方和南方的界河。密歇根湖在其西北部。印第安纳州的原居民是操阿尔冈昆语的印第安人,包括迈阿密人、波塔瓦托米人和特拉华人。1679年法国人R.-R. 拉萨尔在此地探险,并宣布为法国所有。1763年印第安纳转给英国,1783年又转给美国,1800年成为准州。1811年,美军在蒂珀卡努之战中击败印第安人,取得最后胜利。1816年加入联邦,成为美国第19州之后,人口开始增长。从1850年起,当地农业得以发展,如同美国南北战争后的工业发展。在20世纪的大部分时间里,钢铁制造一直在当地经济占有重要地位。面积94 320平方千米。人口约6 537 334(2012)。

印第安纳波利斯 Indianapolis 美国城市,印第安纳州首府。靠近州的中心,濒临怀特河。1821年建立,1825年成为州的首府。地处公路、铁路和空中运输的枢纽。该市还是一个主要的谷物交易市场及工业中心,工业产品有医药、机械、运输与电气设备。每年举行的印第安纳波利斯500英里赛是国际赛事之一,建有赛车名人堂博物馆。该市还有数所学院和大学。人口约820 445(2010)。

《印第安人移居法》 Indian Removal Act (1830-05-28) 违背美国尊重印第安人权利的政策的第一部重要法规。该法规定,各州,主要是东南部地区境内的印第安部落须迁出,前往西部草原定居。有些部落拒绝放弃他们的土地,美国军队便以武力强迫这些部落,如切罗基人,沿着眼泪之路(1838～1839)向西迁徙。佛罗里达州的塞米诺尔人反对迁居,发动了塞米诺尔战争(1835～1842)。

印度 India 全称Republic of India(印度共和国)。南亚国家。东南临孟加拉湾,西南濒阿拉伯海。面积:约298万平方千米(译者注:不包括中印边境占区和克什米尔印度实际控制区等)。人口:约1 255 230 000(2013)。首都:新德里。印度的民族构成广泛,来自各个人种的不同混合,有些是在史前时期已定居次大陆的民族的后裔,有些是入侵者的后裔。语言有印地语、英语(均为官方语言);还有其他印欧语系语言:孟加拉语、克什米尔语、马拉塔语、乌尔都语、达罗毗荼诸语言和其他属于若干语族的数百种语言。宗教:印度教,也有伊斯兰教、基督教、锡克教、佛教和耆那教。货币:卢比。印度有3个主要的地理区:沿其北部边界的喜马拉雅山脉,由包括恒河在内的三大水系的冲积土沉积而成的印度河-恒河平原和以德干高原著称的南部地区。农产品包括水稻、小麦、棉花、甘蔗、椰子、香料、黄麻、烟草、茶叶、咖啡和橡胶。制造业多种多样,拥有重工业和高科技产业。印度是多党制联邦共和国,两院制。国家元首是总统,政府首脑为总理。印度已有人居住达数千年之久。农业在印度的出现可以追溯到公元前7千纪,而印度河流域的城市文明则始于公元前2600年。佛教和耆那教兴起于公元前6世纪,主要是为了抵制从吠陀教及其后继者印度教发展而来的种姓社会。伊斯兰教首次传入次大陆是在公元8世纪。穆斯林的入侵始于公元1000年以后,1206年建立历时颇久的德里苏丹国,1526年建立莫卧儿王朝。1498年,V. da 伽马航海至印度,延续数个世纪的葡萄牙、荷兰、英国和法国之间的商贸竞争就此肇端。18和19世纪英国征服印度,建立英属东印度公司的统治,1858年始由大英帝国直接管理。M. K. 甘地于1947年领导结束了英国人的统治之后,J. 尼赫鲁成为印度首任总理。此后除少数几年外,他和女儿R. 甘地、外孙拉吉夫·甘地在连续30多年间始终担任该职。1947年次大陆被分割成两个国家——印度(印度教教徒占多数)和巴基斯坦(穆斯林占多数)。后来与巴基斯坦发生冲突,导致1971年建立孟加拉国。在20世纪80年代和90年代,锡克人试图在旁遮普建立一个独立的国家。在这个国家的其他地方,民族和宗教冲突也不断发生。2004年,锡克教徒曼莫汉·辛格成为印度的首任非印度教徒总理。西北部的克什米尔地区是持久紧张的根源。印度于1920年首次参加在比利时安特卫普举办的夏季奥运会。

印度-阿拉伯数字 Hindu-Arabic numerals 10个符号的集合,即:1、2、3、4、5、6、7、8、9、0,

代表十进制数系中的数字。它们起源于6或7世纪的印度,大约在12世纪通过阿拉伯数学家传入欧洲(参阅花拉子密)。这些数字表明人们已突破早期的计数方法(如算盘),为发展代数学铺平了道路。

印度兵变 Indian Mutiny(1857～1858) 又作Sepoy Mutiny。在英属东印度公司服役的印度军队发动的广泛反对英国在印度统治的起事。兵变起因是印度士兵拒绝咬掉新式步枪子弹的可能涂有用猪油和牛油混合而成的润滑脂的弹壳。英国人把他们戴上镣铐关进牢狱;这种惩罚激怒了他们的伙伴。他们击毙英国军官,并向德里进军。后来的战斗双方都损失惨重,最后印度人战败。此次兵变直接导致东印度公司被撤销,由英国政府直接统治印度,以及英国开始有了与印度人协商的政策。英国人强迫实行的各种社会措施(例如,提出议案以废除对印度教妇女再婚设置的法律障碍),引起了印度教社会的对抗,最后也被迫停止。

印度法 Indian law 印度的法律惯例和制度。印度法有许多渊源,最早是古代吠陀的习惯法,后来又添附了印度教律法,后者主要涉及婚姻和继承等社会事务。公元8世纪阿拉伯人入侵以后,伊斯兰法律(参阅伊斯兰教法)在某些地区开始采用,尤其是在印度北部。英国的普通法成为受英国殖民控制的管辖区内的剩余财产法,而葡萄牙人和法国人则在他们的殖民地中使用他们自己的法律。自1947年独立以来,印度一直致力于编纂一部统一的民法典,并更新该国的刑法典。

印度国民大会党 Indian National Congress 简称印度国大党。又作Congress Party。基础广泛的印度政党,1885年成立。1917年党内"极端主义"的地方自治派接管党的领导权(参阅B. G. 提拉克)以前,该党是一个温和的改革党。20世纪20年代和30年代在M. K. 甘地的领导下该党发起不合作运动,抗议1919年软弱的宪法改革。第二次世界大战期间,国大党宣布在没有获得完全独立之前,印度不支持战争。1947年印度独立法案成为法律;1950年印度作为独立国家的宪法生效。J. 尼赫鲁从1951年到1964年逝世前一直领导着国大党。自印度独立后,印度政府几乎一直是由国大党主政;但在20世纪末曾由温和主义的印度教-国家主义党领导的一个联盟组成政府。

印度河 Indus River 南亚地区一条横贯喜马拉雅山的大河,是世界上最长的河流之一,全长2 900千米。年平均流量约2 070亿立方米,比尼罗河多一倍。发源于西藏西南部,然后沿喜马拉雅山麓向西北流,穿过克什米尔地区后向西北再向南流入巴基斯坦。进入旁遮普平原后接纳了杰赫勒姆、杰纳布、拉维、贝阿斯和苏特莱杰等5条支流。此后印度河的河道变宽,流速减缓。长久以来,印度河供水灌溉印度河流域平原。

印度河文明 Indus civilization(约公元前2500～约前1700年) 印度次大陆已知的最早城市文化,亦是世界三个古代文明中范围最广的。西至今日阿拉伯海的伊朗-巴基斯坦边界附近,东至德里附近,向南延伸800千米,向东北延伸1 600千米。其中有两座大城市,哈拉帕和摩亨约达罗(在今巴基斯坦境内),由其规模可推测是两个大国的政治中心或是一个国家的两个都城,但也可能是哈拉帕继摩亨约-达罗之后成为都城。印度河文明是一个有文字、语言的文明;其语言暂被归入达罗毗荼诸语言。种植小麦和大麦,已驯养许多动物(包括猫、狗和牛),也种植棉花。最著名的工艺品是图章,通常雕有一些现实或想像中的动物。印度河文明何时和为何结束现在仍未能确知;公元前第2千纪中叶摩亨约-达罗受到攻击和毁坏,但在南部,仍然可见晚期印度河文明与铜器时代文化之间的实际文化衔接,此种文化衔接也是印度当时中西部文化的特征。

印度教 Hinduism 世界最古老的主要宗教。它从古印度的吠陀教演变而来。印度教的主要分支为湿婆派和毗湿奴派,每个分支还包含许多不同的分支。尽管各派都有自己的经籍,但是他们都尊重古代的吠陀,那可能是在公元前2千纪中期创作的。富有哲理的吠陀文献称为奥义书,探求那些能让人类逃脱转世循环的知识。印度教最重要的就是相信最高实在的宇宙法则,即婆罗门以及它与个人灵魂的一致性。所有的生灵都要通过再生的循环,即轮回,这只能通过精神的自我实现来打断,然后就得到了解脱。业的原理决定着人在再生循环中的生存状态。拥有信徒最多的印度神是毗湿奴和湿婆,他们的诸多化身皆被崇拜。女神杜尔迦也拥有广泛的信徒。经典神话故事的主要来源是《摩诃婆罗多》(它包括最重要的印度教经籍《薄伽梵歌》、《罗摩衍那》和《往世书》)。从历史上看,在印度教里,种姓制度的等级社会结构也十分重要。在20世纪,印度教已经与印度的民族主义混合变成印度政治中一股强大的政治力量。21世纪初,世界各地的印度教徒多达8.5亿人。

印度教主要节日

日期	名称	代表的意义
制怛岁月(3～4月)(月盈2周)9	罗摩节(罗摩第9)	纪念罗摩诞辰
吠舍去月(4～5月)		
逝瑟吒月(5～6月)		
室罗伐拿月(7～8月)奎师那(月亏2周)8	里天节(黑天诞生第8天)	黑天的诞辰
安泾缚庚者月(9～10月)Sh. 7-10	难近母节(向难近母奉献)	孟加拉国特别节日,纪念杜尔迦女神
安泾缚庚者月 Sh. 15	吉祥天女节(向乐斯米神奉献)	当天商业账目结算 新的一年账目开始
迦利底迦月(10～11月)K. 15, Sh. 1	排灯节(迪瓦里节)	灯节,从月亏到月盈2周
末迦始罗月(11～12月)K. 13	湿婆节(湿婆之夜)	在该月最黑的夜晚纪念湿婆
报沙月(12～1月)Sh. 15	古鲁·那纳克节	锡克教创始人那纳克的诞辰
磨伽月(1～2月)		
颇勒衮那月(2～3月)Sh. 14	洒红节(女妖的名字)	丰收及角色改变节日,可戏弄上级
颇勒衮那月 Sh. 15	秋千节	奥里萨邦著名的钩吊仪式

印度尼西亚 Indonesia 全称Republic of Indonesia(印度尼西亚共和国)。旧称Netherlands East Indies(荷属东印度)。东南亚大陆沿海之外的群岛国家。约有岛屿17 500个,其中7 000个属于无人岛。面积:1 910 931平方千米。人口:约248 336 000(2013)。首都:雅加达(位于爪哇岛)。印度尼西亚有300多个民族,在西部群岛分为三大类:内陆稻田栽种者(主要在爪哇及其临近岛屿)、沿海从商、务农及捕渔业者(包括苏门答腊岛的马来人)、内陆轮作耕种者群体(如婆罗洲的达雅克人)。在东部群岛,沿海和内陆的地域差异较大。语言:印度尼西亚语(官方语言),另有几百种语言分属各个不同的民族。宗教:伊斯兰教、基督教、印度教以及传统信仰。货币:卢比。印度尼西亚群岛东西跨越达5 100千米。主要岛屿包括苏门答腊岛、爪哇岛(人口占印尼人口半数以上)、巴厘岛、龙目、松巴哇岛、婆罗洲(即加里曼丹岛,该岛约3/4的部分)、西里伯斯岛(苏拉维西岛)、摩路加群岛以及帝汶岛的西部和新几内亚岛。岛屿的特征是崎岖的火山和热带雨林。由于地质不稳定,该国地震频繁,有数百座活火山,其中包括喀拉喀托火山。约有1/5的土地可耕,水稻是主要农作物。石油、天然气、林业产品、服装和橡胶是主要出口产品。印度尼西亚为多党制共和国,两院制。总统为国家元首暨政府首脑。操南岛语族的人在公元前3000年左右开始移居印度尼西亚。公元1世纪与非洲建立商业往来,并受到印度的印度教和佛教的文化影响。印度商人也带来了伊斯兰教,到13世纪时,除巴厘岛仍维持了印度教的信仰和文化以外,整个群岛都受伊斯兰教支配。目前,印度尼西亚拥有世界上最多的穆斯林人口。欧洲人的影响始

于16世纪,从17世纪末开始,印度尼西亚一直受荷兰人统治。1942年日本人入侵,荷兰的统治结束。1945年苏加诺宣布印度尼西亚独立,1949年获荷兰人认可,仅在名义上维持与荷兰的联盟关系。1954年印度尼西亚解除该联盟。1965年镇压一场所谓的政变造成数万人死亡,这些人被政府宣称是共产党人。1968年苏哈托将军掌权。他的政府于1975～1976年强行将**东帝汶**并入印度尼西亚,造成更多人丧生。20世纪90年代该国为一系列政治、经济和环境问题所困扰,1998年苏哈托被罢免,由副总统哈比比代之。穆斯林领袖瓦希德于1999年当选总统,但在2001年由他的副总统梅加瓦蒂(苏哈托的长女)继任。2004年苏西洛出任总统。1999年东帝汶人民举行公民投票,赞成脱离印度尼西亚独立,并获得认可。东帝汶在联合国的监督下成立非自治领地,后于2002年获得完全独立。2004年,苏门答腊岛西海岸一场由地震引发的巨大海啸造成大范围的人员伤亡和破坏。印度尼西亚于1952年首次参加在芬兰赫尔辛基举办的夏季奥运会。

印度人民党 Bharatiya Janata Party(BJP) 英语作Indian People's Party。印度的亲印度教的政党。其前身为印度人民同盟(1951年创建),鼓吹以印度教文化来重建印度。1980年正式成立印度人民党。1989年该党在大选中第一次获得胜利,不过在1992年因破坏阿约提亚的巴布尔清真寺而引起人民对印度人民党的反感。1996年组建了一个为时甚短的政府。两年后,该党与它的支持党派联合组成一个多数派政府,瓦杰帕伊担任总理。1999年瓦杰帕伊再次当选总理,领导一个由印度人民党和其他政党联合组成的内阁。

印度斯坦 Hindustan 历史上指北印度;南印度称为德干高原。有时也指整个印度。它包括的区域北面以**喜马拉雅山脉**为界,南面则是温迪亚山脉和讷尔默达河,包括从**旁遮普**到**阿萨姆**的**恒河**流域。该名词也用于恒河上游盆地的一处小区域。

印度橡树 rubber plant 英语又作India robber plant。学名Ficus elastica。桑树科热带树。原产于亚洲东南部及其他温暖地区的大型乔木,但在其他地方则为常见的室内盆栽植物。它的长圆形树叶大而厚,树果与无花果相似,成对生于枝杈两侧。乳白色汁液(或称胶乳),曾是次等天然**橡胶**的主要来源。幼树可在花卉市场买到,容易栽培,在不太理想的室内条件下亦生长良好。一些培育的品种长有更宽和更绿的叶;其他品种的叶则有斑点。

印度-雅利安诸语言 Indo-Aryan languages 又称Indic languages(印度诸语言)。**印欧诸语言**印度-伊朗语族的主要语支。使用人口超过8亿,主要分布于印度、尼泊尔、巴基斯坦、孟加拉国和斯里兰卡。古印度-雅利安时期讲**梵语**。中印度-雅利安时期(约公元前600～公元1000年)主要有普拉克里特诸方言,包括**巴利语**。现代印度-雅利安语言基本上是分布在完整地理空间的单一方言统一体,因此语言与方言之间的分界多少有点人为的因素。使情况更加复杂的因素是:具有古老文学传统的语言之间的竞争性区别;操母语者的地方语言认同(例如在人口调查中);现代标准**印地语**和**乌尔都语**等超地区的语言;语言学家(特别是G. A. 格里尔森)所引进的符号。在印度-雅利安语言区("印地语区",包括印度北部并向南一直延伸到中央邦)的中心,最普遍的行政管理语言与教育语言是现代标准印地语。印度北部平原重要的地方语是哈里亚纳语、高拉维语、布拉吉语、阿沃提语、切蒂斯格尔语、波杰布尔语、摩揭陀语、弥湿罗语。拉贾斯坦的地方语言包括马尔瓦里语、通德哈里语、哈拉提语、马尔维语。在喜马偕尔邦的喜马拉雅山麓使用格利尔孙所称的帕哈里诸语言。在印地语区的周围,最重要的语言依顺时针方向分别为尼泊尔语(东帕哈里语)、阿萨姆语、**孟加拉语**、奥里雅语、马拉塔语、古吉拉特语、信德语以及巴基斯坦旁遮普省南部、西北部、北部的语言(格利尔孙称之为西旁遮普语或拉亨达语)、**旁遮普语**和多格里语。在**查谟和克什米尔**以及巴基斯坦远北部是达尔德诸语言,其中最重要的有克什米尔语、科希斯坦语、辛纳语、科瓦尔语。阿富汗西北部的努里斯坦诸语言,有时被视为印度-伊朗诸语言的独立语支。僧伽罗语(在斯里兰卡使用)、迪韦希语(在马尔代夫群岛使用)、**吉卜赛语**也都属于印度-雅利安诸语言。

印度洋 Indian Ocean 西连非洲,东接澳洲,北连亚洲,南接南极洲的一个咸水水体。面积7 344万平方千米,约占地球面积的1/7,是世界三大洋中最小的一个(参阅**大西洋**和**太平洋**)。最深处7 450米,在爪哇海沟。主要的边缘海有**红海**、**阿拉伯海**、**波斯湾**、**安达曼海**、**孟加拉湾**和大澳大利亚湾。主要岛屿和岛群包括马达加斯加岛、斯里兰卡岛和马斯克林群岛。

印度哲学 Indian philosophy 在印度次大陆发展起来的众多哲学体系的统称,包括正统体系,即正理派、胜论派、**数论派**、**瑜伽派**、弥曼差派和**吠檀多派**等哲学派别;以及非正统体系,例如**佛教**和**耆那教**。印度哲学的历史可分为三个时期:前逻辑期(到公元之初)、逻辑期(公元1～11世纪)和后逻辑期(11～18世纪)。达斯古普塔所称的前逻辑期涵盖了印度历史上的前孔雀帝国时期和孔雀帝国时期(约公元前321～前185)。逻辑期大约始于贵霜时期(公元1～2世纪),而在笈多王朝时期(3～5世纪)和根瑙杰帝国时期(7世纪)发展到鼎盛。19世纪,一些新大学的创立使得印度知识分子开始了解西方哲学思想,尤其是英国经验主义和功利主义哲学。20世纪初,印度哲学受到德国唯心主义的影响。后来的印度哲学学者对分析哲学做出了重要贡献。

印度支那 Indochina 亚洲东南部半岛,包括缅甸、泰国、老挝、柬埔寨、越南和西马来西亚。印度支那一词表示该地区文化受到印度和中国的混合影响。1858年以后法国控制了半岛东部地区,并建立起一个殖民帝国(参阅**法属印度支那**)。西部和南部则由英国人统治。第二次世界大战时印度支那部分地区被日本人占领(1940～1945)。

印度支那战争 Indochina wars 20世纪在越南、老挝、泰国和柬埔寨境内发生的战争。法国卷入法属印度支那战争(或称第一次印度支那战争),它把越南作为其殖民地进行统治,并占领了在**胡志明**领导下刚刚独立的越南民主共和国;这场战争以1954年越南人获胜而告结束。越南后来被分成共产党统治的北越和美国支持的南越;双方很快爆发了战争。北越获得第二次印度支那战争(或称**越南战争**)的胜利。尽管美国全力介入,越南仍然于1976年重新统一。在此时期,柬埔寨经历了该国共产党与非共产党之间的内战,1975年**红色高棉**取得胜利。经过数年**波尔布特**的恐怖暴政之后,越南于1979年入侵柬埔寨,并任命傀儡政府。红色高棉与越南之间的战争在整个20世纪80年代一直没有停止;1989年越南撤出大部分军队。1993年在联合国的调停下,选举产生过渡政府,恢复柬埔寨的君主制。在老挝,由于北越战胜南越,巴特寮共产党完全控制了老挝。

印度诸文字体系 Indic writing systems 过去或现在用于书写南亚和东南亚多种语言的数十种文字的统称。除了约公元前4世纪到公元3世纪使用的佉卢文字外,该地区所有现存文字皆源于婆罗米(Brahmi)文字,中世纪**阿育王**的印度-雅利安石刻(公元前3世纪)是最早的证明。在阿育王以后的6个世纪里,婆罗米文字分为北方和南方两种变体。北方形式发展成所谓的笈多体文字(4～5世纪),最后发展为天城体文字(现用来书写**梵语**、**印地语**、马拉塔语、尼泊尔语)、孟加拉文、奥里雅文和果鲁穆奇文,**锡克教籍**文字,也用于印度的现代旁遮普语的前身。南方形式则发展成僧伽罗语、**泰卢固语**、坎纳达语等文字以及帕那瓦文字。后者形成其他多种文字的基础,包括**泰米尔语**和**马拉雅拉姆语**、许多东南亚文字(例如那些用来书写孟加拉语、缅甸语、**高棉语**、泰语、老挝语的文字),以及若干**澳斯特罗尼西亚诸语言**。

印多尔 Indore 印度**中央邦**西部城市。位于**孟买**东北方。1715年由当地地主建为贸易市场,他们还兴建印多尔什沃尔庙,市名便由此而来。后成为印多尔王国的首都,属于马拉地人。英国统治时期为英属中央印度的总部。印多尔为中央邦最大城市,也是重要的商业和工业中心。人口约1 474 968(2001)。

《印花税法条例》 Stamp Act(1765) 英国议会在美国殖民地实施的征税办法。为了支付**法英北美殖民地争夺战**所造成的巨大开支,英国想通过对印刷品征税的方法来增加

《印花税所造成的后果》,1765 年 10 月出现在宾夕法尼亚日报上表示反对《印花税法条例》的宣传画;现藏纽约公共图书馆
Rare Books and Manuscripts Division, The New York Public Library, Astor, Lenox and Tilden Foundations

国家收入。这一英国征税的普遍方式事先没有向殖民地人民的代表商量,遭到殖民地人民的一致强烈抗议,他们拒绝使用邮票,合伙威胁邮票代理商。9 个殖民地的代表在纽约召开印花税法大会,请求英国议会取消法案。由于英国商人输往殖民地的货品受到抵制,他们也提出抗议,要求议会废除该法。迫于压力,议会于 1766 年取消该法,但又颁布《公告》。

印记　imprinting　又译铭记、印随。一种学习方式,幼年动物在学习时把注意力集中于它看到、听到和接触到的第一个物体,并在此后记住这个物体。实际上,这个物体几乎总是父亲或母亲;在实验条件下,可为其他动物和所用过的无生命物体。人们仅对鸟类的印记现象作过大量研究,但在许多哺乳动物、一些鱼和昆虫当中显然也有类似的学习方式。小鸭和小鸡的印记过程在数小时即可完成,但孵出后约 30 个小时即失去对印记刺激的感受性。

印加人　Inca　南美印第安人群,曾统治着一定的版图,沿太平洋海岸及安第斯高原延伸,由厄瓜多尔北部到智利中部。根据传说(印加人没有留下文字资料),印加王朝的开国者率领族人到库斯科,即后来的首都。从第四代皇帝开始扩张,而在第八代皇帝时,他们已开始计划永久性的征服,即在征服地区建立驻军。在托帕·印加·尤潘基和他的继承者的统治下,帝国的版图延伸到南北两端。16 世纪初统治着约1 200万臣民。他们建造了庞大的公路网,它最终为西班牙人征服印加帝国(1532)开了方便之门。印加人的建筑高度发达,在整个安第斯山区至今还能看到他们的灌溉系统、宫殿、寺庙和碉堡。印加人的社会等级森严,主要是贵族官僚体系。他们的众神在组织完善的国教中受到崇拜,其中有太阳神、造物神和雨神。印加人的后裔是现今安第斯山脉操克丘亚语的农民(参阅*克丘亚人*),可能占秘鲁人口的 45%。他们大部分是农民和牧人,生活在紧密结合的社区内。他们的天主教杂有异教神灵和圣人的信仰。参阅*安第斯文明*、*艾马拉人*和*F. 皮萨罗*。

印欧诸语言　Indo-European languages
使用人口最多的语族,在欧洲大部分地区、欧洲人拓殖区以及亚洲南部和西南部许多地区使用。源于一种单一的、没有记录的语言,一般认为约逾5 000年以前在黑海北部的大草原地区一直流行,到公元前 3000 年已经分为若干种方言。这些语言被迁徙的部族带至欧洲和亚洲,逐渐发展成不同的语言。主要语支是*安纳托利亚诸语言*、印度-伊朗语支(包括*印度-雅利安诸语言*和*伊朗诸语言*)、*希腊语*、意大利诸语言、*日耳曼诸语言*、*亚美尼亚语*、凯尔特诸语言、*阿尔巴尼亚语*、已消亡的吐火罗语、*波罗的诸语言*、*斯拉夫诸语言*。对印欧诸语言的研究始于 1786 年 W. 琼斯爵士提出的建议:希腊语、拉丁语、梵语、日耳曼诸语言、凯尔特诸语言都可追溯到一个“共同的来源”。19 世纪,语言学家在印欧语系中加入了其他语言,而像 R. 拉斯克这样的学者则建立起一个语音对照体系。此后,原始印欧诸语言一直在通过识别与其派生语言相同的词根和分析其共有语法模式而部分重构。

印刷　printing　图文复制的过程,传统上是通过压力将油墨印在纸上,但现在还有许多其他的方法。在现代商业印刷中,要使用 3 种基本技术。凸版印刷靠机械压力将凸起的着墨图像转印到待印的表面。凹版印刷则转印不同深度的凹陷小孔的油墨。在*胶印*中,印版的印刷区和非印刷区之间的差别不在高度上,而在可湿性上。

印刷电路　printed circuit　一种电器装置,在绝缘材料板上覆盖一薄层导电材料,在导电材料上印制出某种图案,组成电路中的导线以及某些组件。第二次世界大战后,许多电子设备中都用印刷电路取代了传统的导线。与以前用的手工焊接电路相比,印刷电路大大地缩小了尺寸和重量,同时提高了可靠性和均匀性。常用的是将集成电路安装在板上,用作计算机、电视机以及其他电子设备中的插入元件。大规模生产的印刷电路板可以实现电子组件的自动安装,明显降低了生产成本。

印象主义　Impressionism　又译印象派。19 世纪末在法国形成的艺术运动。在绘画方面,它包括约 1867 ～ 1886 年间一批有相近观点和技巧、不满学术界清规戒律的画家的作品,最初有 *C. 莫奈*、*A. 雷诺阿*、*C. 毕沙罗*、*A. 西斯莱*和 *B. 摩里索*。后来 *E. 马奈*(他的早期风格对他们当中的若干人影响很大)、*M. 卡萨特*及其他人也采用了印象派的风格。他们作品的特征是试图准确客观地记录风景或近代都市生活场景的视觉现实,捕捉光线对色彩和结构组织的瞬时效应。为了实现这一目的,他们放弃了传统的柔和的棕色、灰色和绿色,而喜欢使用较浅淡、更明亮的颜色,不再用灰色和黑色表示阴影;用许多不连续的彩色斑点和小色块来构成一些形状。他们采纳 E. 布丹的直接观察方式,全部在室外作画。由于法国美术学院的*沙龙*坚持排斥他们的大部分作品,他们于 1874 年举办了自己的画展;接着又举办了 7 次。一位批评家讥讽地称他们为“印象派画家”,于是他们就采用了这个称呼作为自己意旨的准确描述。至 19 世纪 80 年代结束之前,这群画家已经完成了对西方绘画的一场革命。参阅*后印象主义*。

应付账款　account payable　根据信用购买货物或劳务而产生的欠款。买方无需发出明文给付证明,而将其作为一项流动负债记入账目。公司经常会采取这种短期负债的方式以利资金筹措,尤其是在库存周转率快的行业。参阅*应收账款*。

应收账款　account receivable　根据信用购买货物或劳务所赊欠的款项。卖方不收买方明文给付证明,而仅将其作为一项流动资产记入账目。应收账款占许多公司资产的主要部分,甚至还可出售或在借贷时抵押为担保品。参阅*应付账款*。

英尺　foot　在英语国家中,以人脚长度为依据的长度测量单位,一般为 25 ～ 34 厘米。在大多数国家里和所有的科学应用中,英尺及其倍数和分数已分别被公制单位的米所取代;有些国家虽然仍沿用英尺,但还是用米来加以规定(美国于 1893 年开始实施)。美国在 1959 年将英尺定为 30.48 厘米。参阅*国际单位制*和*码*。

《英法协约》　Entente Cordiale(1904)
法语,意为“真诚理解”。英国与法国缔结的协议,目的在于解决一系列争端,结束英法之间的敌对状态。协约中规定:英国在埃及、法国在摩洛哥均可自由行动,同时还解决了一些主权争端。《英法协议》使德国人遭受打击,因为长期以来德国的对外政策是建立在英法对抗基础之上的。该协议为两国在第一次世界大战前进行外交合作、共同抵制德国,以及后来的军事同盟铺平了道路。

英格兰　England　大不列颠岛的南部,不含威尔士。面积:130 281 平方千米。人口:53 012 456(2011)。它是大不列颠及北爱尔兰联合王国的主要组成部分。英格兰常被误认为与大不列颠岛甚至整个英国同义。尽管政治、经济、文化的遗产使其名长存(英国的一些国家运动队仍在其名义下参加比赛),英格兰却不再以政府或政治单位的形式存在。土地属于低矮丘陵地和高原,海岸线长达3 200千米。大片高地的*奔宁山脉*将英格兰北部一分为二,切维瓦特丘陵界定了苏格兰边界。科茨沃尔德山和埃克斯穆尔、达特穆尔高原区位于西南部,唐斯位于东南部,南部为索尔兹伯里平原。英格兰的气候多变,属于海洋气候,通常温和,但不稳定。英格兰被分为 8 个地理区,常被称作英格兰的标准区域,这些区域并不发挥任何行政功能。以*伦敦*为中心的东南区,在经济上属于支配地位。其制造业和以科技为基础的行业门类繁多,商业经营范围广泛。*西米德兰兹*位于英格兰中西部,是多种制造业所在地区,以伯明翰为中心。该区还包括莎士比亚故乡,以埃文河畔斯特拉特福为中心。东米德兰兹位于英格兰中东部,也是一个制造业集中的地区,还包含一些英格兰最好的农地。东英吉利亚是英格兰的最东部分,主要是农业区,但高科技产业也在此发展。曼彻斯特和利物浦是西北区主要的工业城市,该区以纺织业生产而闻名,而今迅速让位给各种工业。亨伯赛德位于东部,以纺织和炼钢业而闻名,但经济开始趋向多样化并拥有广阔的农田。北部地区延伸至苏格兰边界,包括著名的湖区,也是工程和制药中心。包括康沃尔在内的西南地区拥有日益成长的旅游业,而有些地区已逐渐工业化。英格兰尤以其悠久和丰富的文学传统,以及著名的建筑、绘画、剧院、博物馆和大学闻名于世(参阅牛津大学和剑桥大学)。同时也是重要的摇滚乐中心。

英格兰银行　Bank of England　英国的中央银行,总部设在伦敦。1694 年根据议会法案建立,很快成为英国最大、最有威望的金融机构。19 世纪期间,该行逐渐承担起中央银行的职责。该行原为私有,1946 年国有化。

英国管　English horn　大型双簧管,音高比普通双簧管低 5 度,有一个鳞茎样的喇叭口,顶端有一个金属弯管,双簧片就放在里面,是 F 调变调乐器。该词"既非英国的,亦非管";原名"管"系指该乐器当时像圆号般的弯曲型,但为什么叫"英国管",来源无从查考。自大约 1750 年初次使用以来,这个乐器至今仍是乐团所使用的基本乐器。

英国航空公司　British Airways　全称 British Airways PLC(英国航空股份有限公司)。总部设在伦敦的国际客运航空公司。1936 年,三家较小的航空公司合并成立英国航空有限公司。1939 年与皇家航空公司合并,成立英国海外航空公司(BOAC)。1974 年政府指定英国海外航空公司与英国欧洲航空公司(BEA)合并,并重新启用英国航空公司为公司名称。1987 年公司私有化。随后又合并了一系列航空公司,其中最重要的是于 2011 年与伊比利亚航空公司的合并。合并之后各航空公司继续保留自己的名称。英国航空公司是欧洲最大的航空公司之一。

英国皇家海军　Royal Navy　英国海军组织。在英国,首次使用有建制的海上力量的人是阿尔弗烈德大王,他派遣舰只抵御北欧海盗的入侵。16 世纪,亨利八世组成了一支装备大型火炮的舰队,并建立海军管理机构。在伊丽莎白一世的领导下,海军发展成为英国主要的防御力量,并成为英帝国全球扩张的手段。查理二世将海上力量定名为皇家海军。18 世纪中,皇家海军与法国海军为争夺海上霸权进行了漫长的斗争。在英国抵御拿破仑的战争中,皇家海军发挥了关键作用。在 19 世纪剩下的岁月里,皇家海军有助于维持所谓英国式的和平,即依赖于英国海上霸权的长期相对和平局面。直到 20 世纪中叶它仍然是世界上最强大的海军。两次世界大战中,它在保护船只免遭潜艇袭击方面表现活跃。今日则保持着一支装备核武器的潜艇部队和许多水面舰艇。

英国皇家空军　Royal Air Force(RAF)　负责英国空防和其他国际防务的武装部队。最初在 1911 年组建了一个皇家工兵航空营,该营有一个气球连和一个飞机连。在第一次世界大战中,英国空军分为海军联队和陆军联队。1918 年皇家海军航空联队和皇家陆军联队合并组建成英国皇家空军。1920 年在林肯郡的克伦威尔成立了一所英国皇家空军学校;1922 年在汉普郡安多弗成立皇家空军参谋学院。第二次世界大战爆发时,皇家空军在英国的一线兵力约为 2 000 架飞机。英国皇家空军的飞行员在战争初期的不列颠之战中与数量占优势的德国空军交战,建立了功勋。

英国内战　English Civil Wars(1642～1651)　在不列颠群岛进行的议会派与王党之间的武装冲突。查理一世与下院之间的对立原已有一段时间。在他企图逮捕 5 名议员未能得逞后,双方均进行备战。战争的第一阶段(1642～1646)最初胜负未分,但最后由 O. 克伦威尔领导的议会军在马斯敦荒原和内兹比两次战役中获胜,局势大转。到 1646 年,王党军终于溃散。1647 年查理一世与一苏格兰团体订立密约,以换取苏格兰的援助。由此开始了战争的第二阶段,即一连串的王党暴乱和苏格兰人的入侵。但这些都被平定,最后查理于 1649 年被处死。战斗持续着,王党军在查理二世的领导下,于 1651 年入侵英格兰。同年议会军在伍斯特彻底将他击败,查理二世逃往国外,内战方告结束。这场战争的政治结果是共和制和摄政政体的建立。参阅新模范军。

英国摄政时期风格　Regency style　英格兰摄政时期(1811～1820)和乔治四世统治时期(1820～1830)的装饰艺术和建筑风格。设计师从希腊和罗马古代艺术中借用了不少结构以及装饰原理。1798 年拿破仑的埃及之战激起了对埃及风格的兴趣,成为摄政时期时尚的一部分。中国装饰风格再度流行,表现在摹拟竹子以及"日本式"的漆器上。权势人物对法国家具的青睐使得带黄铜镶嵌图案的法国风格流行起来。装饰主要依靠外国木材饰面与使用金属或油漆而非大量雕刻所产生的反差。

英国圣公会　England, Church of　英国的国定教会及安立甘宗的母教会。基督教于公元 2 世纪传入英格兰,后几乎被入侵的盎格鲁-撒克逊人摧毁,597 年坎特伯雷的圣奥古斯丁来此地传教,才得以恢复。中世纪时教会和国家间的冲突因宗教改革运动导致亨利八世与天主教决裂而达到顶峰。当教皇拒绝宣布亨利与凯瑟琳(阿拉贡的)的婚姻无效时,国王便颁布《至尊法》(1534),宣布英国国王是英国圣公会的首脑。亨利的继承者爱德华六世在位期间,新教改革之风益盛。玛丽一世在位的 5 年里天主教得以恢复,伊丽莎白一世即位(1558)后重新宣布英国圣公会为国定教会,以《公祷书》(1549)和《三十九条信纲》(1571)为礼仪和教义的标准。17 世纪清教徒运动兴起,终于演变成英国内战。在共和政体期间圣公会遭到镇压,但 1660 年王室复辟,圣公会又得以恢复。18 世纪圣公会中出现福音派,强调新教传统,19 世纪英国又兴起牛津运动,强调天主教传统。英国圣公会保留主教制,首脑是坎特伯雷大主教。1992 年教会通过决议按立女性为牧师。美国圣公会源自英国圣公会,二者间现在仍保持联系。

英荷壳牌石油有限公司　Royal Dutch Shell PLC　前身是英荷壳牌石油公司(Royal Dutch/Shell Group)。跨国集团公司,包括海牙的荷兰皇家石油公司和英国伦敦的壳牌运输与贸易公司两家初创公司。两家公司开始是竞争对手。1878 年,M. 塞缪尔在伦敦接管了他父亲的进出口业务(其中包括东方壳牌),并开始出售煤油。他后来进入了东亚的石油市场,1897 年建立了壳牌运输与贸易有限公司。同一时期,1890 年为了在荷兰的东印度殖民地开发油井,一群荷兰商人建立了荷兰皇家公司,并于 1892 年在苏门答腊岛建立了第一家炼油厂。1907 年两家公司合并为荷兰皇家壳牌石油公司。该公司收购了在埃及、伊拉克、罗马尼亚、俄国、墨西哥、委内瑞拉、加利福尼亚、俄克拉何马的炼油公司。该公司俗称"壳牌",自 20 世纪初便一直使用扇贝壳作为徽标。英荷壳牌石油的业务涉及液态天然气、石油化工产品、航空、海运及汽车燃料等领域,是世界上最大的石油公司之一。

英吉利海峡　English Channel　又作 The Channel。法语称 La Manche。英格兰南部海岸和法国北部海岸间的海峡。将大西洋经多佛尔海峡与北海相连。法语名("袖子")指其形状,它自西向东渐窄,最宽处约 180 千米,最狭处 34 千米(位于英国多佛尔和法国加来之间)。对历史上由欧洲入侵英国的人来说,英吉利海峡是通道也是障碍,是全世界油轮和矿石运载船使用最频繁的海上通道之一。海底隧道于 1994 年完工,提供了伦敦和巴黎间的陆上交通路线。

英里　mile　泛指几种距离单位,包括法定英里(5 280 英尺,1.61 千米)。源自罗马的千步,相当于 5 000 罗马尺或 4 840 英尺(1.475 千米)。海里是指地球表面 1 弧分的长度,或按国际单位制定义相当于 1 852 米[6 076.12 英尺(1.150 8 法定英里)]。这一度量单位在航海与航空运输业上仍普遍使用。时速 1 海里谓之 1 节。参阅国际单位制和米制。

英美烟草工业公司　BAT Industries PLC　1976 年英国烟草证券信托公司(TST)与英美烟草公司(BAT)合组而成的企业集团。是现今世界上最大的烟草制造商。公司其他业务包括零售业、纸张业和金融业。公司国际总部设于伦敦。美国子公司美国英美烟草公司(BATUS Inc.)总部设在肯塔基州路易斯维尔,拥有布朗和威廉森烟草公司,所生产的香烟品牌包括 Kool、Raleigh、Pall Mall 和 Lucky

Strike。

英尼斯 Inness, George(1825 ～ 1894) 美国风景画家。出生于纽约州纽堡。主要靠自学成才。早期绘画受哈得孙河画派的影响。曾花费许多时间在欧洲研究巴比松画派的作品,约 1855 ～ 1874 年间以探索出光亮的、有艺术氛围的风景画绘画技巧而闻名。其户外画明显表现出受到 C. 柯罗的影响。晚期作品,如《秋天的橡树林》(约 1875),带有重色彩、轻造型的倾向。他一直有很强烈的神秘主义色彩,画作往往会变成闪光的颜色,且没有要点或正式的结构。

英诺森三世 Innocent III(约 1160 ～1216) 原名Lothair of Segni(塞尼的洛泰尔)。意大利籍教皇(1198 ～ 1216 年在位)。他使中世纪教皇的威望和权力达到鼎盛。他为奥托四世加冕,称神圣罗马帝国皇帝,但奥托想联合德意志和西西里的举措激怒了他,1212 年转而支持腓特烈二世。英格兰的约翰王因拒绝承认 S. 兰顿为坎特伯雷大主教而被他处以绝罚,此后约翰王被迫屈服并宣布英格兰是教皇的领地(1213)。英诺森发动了第四次十字军和阿尔比派十字军行动,批准圣多明我和方济各(阿西西的)成立的托钵修会,还召开第四次拉特兰会议。

英诺森四世 Innocent IV(? ～1254) 原名Sinibaldo Fieschi(菲耶斯基)。意大利籍教皇(1243 ～ 1254)。他和神圣罗马帝国皇帝腓特烈二世之间的冲突是教皇和帝国之间斗争的重要一章。腓特烈要新选出的教皇解除其绝罚,但是英诺森从中搅乱了谈判并从罗马逃至法国(1244);他后来谴责腓特烈,并要求另选新皇帝。由于关心东方的基督教化,他说服路易九世发动了十字军东征,并派使团到蒙古。1253 年英诺森回到罗马,将西西里的王位授予英格兰国王亨利三世的儿子埃德蒙,但教皇的军队于 1254 年被曼弗雷迪击败。

英式橄榄球 rugby 一种足球运动,有联合式和联盟式两种。这项运动最早于 19 世纪 20 年代在英格兰拉格比学校发展起来。1895 年,一场关于橄榄球职业化的争论在英格兰橄榄球联合会和英格兰北部的几家俱乐部之间展开,导致联盟式橄榄球的诞生(诞生时就是职业赛事)。联合式橄榄球于 1995 年开始全面成为职业联赛。这项运动比赛时每队有队员 15 人(联合式)或 13 人(联盟式),使用充气的椭圆形球。比赛时,可以踢球、带球,或向侧面、向后面传球(但不能向前)。目标是将球踢进对方的球门,从而得分(3 分),或是将球带进对方球门线的后面触地得分(联合式得 5 份,联盟式得 4 分),称做达阵。达阵后,得分队还可以在通过达阵点与球门线垂直的假想线上定踢射门一次,称做追加射门,射中得 2 分。联合式橄榄球和联盟式橄榄球这两种足球运动都有国际赛事和世界杯联赛。今天,橄榄球运动是英国、南非、澳大利亚和新西兰最受欢迎的运动。

英属东非 British East Africa 泛指以前英国控制的东非地区。19 世纪末叶英国进入桑给巴尔岛。1888 年英属东非公司确认对现今的肯尼亚的领土要求。接着,桑给巴尔苏丹国和布干达王国(参阅乌干达)分别成为英国的保护地。1919 年原德国占有的坦噶尼喀成为英国的委任统治地。这些地方都在 20 世纪 60 年代获得政治独立。

英属索马里兰 British Somaliland 原为英国的保护国。位于非洲东部亚丁湾南岸。中世纪时期原是强盛的阿拉伯王国,17 世纪解体。19 世纪早期,其滨海地区为英国势力范围,但直到 1884 年才从埃及获得正式控制权。第二次世界大战期间受意大利控制。1960 年与从前的意属索马里兰联合,成为索马里。1991 年,一个反政府组织宣布包括前英属索马里兰的地区独立,但未得到国际社会认可。参阅索马里兰。

英属维尔京群岛 Virgin Islands, British 西印度群岛的英国海外领地。属维尔京群岛岛链的一部分,此群岛包括托尔托拉、阿内加达、维尔京格尔达、约斯特·范代克岛和 32 个面积较小,大多无人居住的小岛。主要城镇和港口是托尔托拉岛的罗德城。大多数岛民为非洲裔或欧非混血后裔。英语为官方语言。宗教:基督教(以新教为主)。岛上多山,有许多带珊瑚礁和滨外滩的潟湖。旅游业是当地经济的主要支柱。岛上最初的居民可能是阿拉瓦克印第安人,但 1493 年哥伦布抵达时,其居民为加勒比人。该群岛是海盗经常出没的地区,托尔托拉岛在 1666 年由英国种植场主接管之前,一直被荷兰海盗盘踞;1672 年并入由英国人管辖的背风群岛。19 世纪奴隶制被取消后英国的糖料作物种植园开始衰落。该群岛从 1872 年起就是背风群岛殖民地的一部分,直到 1956 年英属维尔京群岛成为一个单独的殖民地。2002 年,改为海外领地。人口约27 200(2005)。英属维尔京岛于 1984 年首次参加在洛杉矶举办的夏季奥运会。

英特尔公司 Intel Corp. 美国半导体计算机电路制造商。英特尔公司 1968 年创建时名为 NM 电子公司,由 R. 诺伊斯和 G. 穆尔共同创立。两人曾发明集成电路,后又生产大规模集成(LSI)电路。20 世纪 70 年代初该公司生产出功能最强大的半导体芯片,很快取代了以前计算机存储器使用的磁心。国际商用机器公司选择英特尔的 8088 型微处理器(1978 年问世),用在该公司最早的个人计算机(IBM PC)中;英特尔的微处理器后来成为所有个人计算机的标准配置。尽管其他一些制造商也研发出英特尔兼容的微处理器,英特尔公司仍占据 80% 个人计算机的市场份额。

英雄 hero 神话或传说人物,常是神的后裔,具有很大的力气或能力,如早期史诗吉尔伽美什、荷马的《伊利亚特》、《贝奥武甫》或《罗兰之歌》中所歌颂的英雄人物。这些英雄通常是优秀的战士或冒险家,常要完成一次远征(如维吉尔的《埃涅阿斯纪》中的埃涅阿斯建立了罗马国家,或贝奥武甫为他的人民驱逐了敌人)。他们通常拥有一些特殊品质,如长得非常俊美、早慧和多才多艺等。他们多半自负而蛮勇,经得起痛苦和死亡的考验而名垂千古,其所创造的光荣业绩在后世子孙的心中永远留存。

英语 English language 在世界 6 大洲广泛使用的语言,属印欧语系日耳曼语族。是美国、英国、加拿大、澳大利亚、爱尔兰、新西兰和加勒比海及太平洋各岛国的主要语言,也是印度、菲律宾和许多撒哈拉沙漠以南非洲国家的官方语言。以英语为母语的人数逾 3.5 亿人,居世界第二位。英语是学习人数最多的外语,是科学与商业方面的国际语言。英语主要依靠词序来表示词之间的关系(主语—谓语—宾语;参阅句法)。以拉丁字母书写,与弗里西亚语、德语、荷兰语有很深的渊源。英语的历史始于公元 5 ～6 世纪,朱特人、盎格鲁人及撒克逊人自德国和丹麦移入不列颠。1066 年诺曼征服将法语引进英语中,希腊语和拉丁语在 15 世纪也加入其中,现代英语始于 1500 年。英语从其他语言引进大量词汇,并且创造出许多可反映科技发展的新词汇。

莺 warbler 雀形目莺科(有时视为鹟科的莺亚科)、林莺科和绿林莺科的小型鸣禽。旧大陆莺近 350 种,新大陆莺约 120 种。旧大陆莺见于花园、林地以及沼泽地。喙细长,适于从叶间觅食昆虫。主要分布范围从欧洲、亚洲到澳大利亚和非洲,但少数种类(如蚋鹪鹩)分布于南、北美洲。多为绿色、褐色或黑色。体长9 ～26 厘米。

婴儿猝死综合征 sudden infant death syndrome (SIDS) 又称crib death(摇篮死亡)。外表健康婴儿的意外死亡。世界各地皆有发生,几乎均发生在夜眠时,2 ～4 个月大的婴儿最为常见。脸朝下睡卧以及睡眠中吸入香烟的烟气被认为可能与此有关。早产、出生时体重过轻,以及孕期照应不周都会增加产后婴儿猝死的可能。许多一度曾被认为是婴儿猝死症的病例已被证明是卧具导致的窒息或过热所致。一些死于婴儿猝死症的婴儿过后也被发现有先天脑干异常,导致他们在血液出现二氧化碳含量过高时无法作出适当反应。

婴儿期 infancy 人从出生到会讲话的 1 ～2年多这段时期。新生婴儿的平均体重为 3.4 千克,身长约 51 厘米。刚出生时,婴儿表现出一些遗传的反应,像吮吸、眨眼和抓握等动作。婴儿对亮暗的视觉反差和动静很敏感,并且明显地喜欢注视人脸;婴儿还能较早地辨认人的声音。到 4 个月大的时候,大多数孩子都能坐起;7 ～10 个月时,开始会爬;到 12 个月时,大多数能开始会走。在最早讲出有意义的词之前几个月,所有婴儿事实上都已经能够理解某些词的含义了。

罂粟科 poppy family 约 200 种,大多数

为草本,也有些木本(小乔木或灌木)。本科以庭园观赏植物(主要为罂粟属种类)和药用植物著称,多见于北半球。所有种类具杯状花,果为蒴果,叶通常深裂或分裂成小叶,汁液有颜色。包括鸦片罂粟和虞美人(*P. rhoeas*),其种子可休眠数年。后者被视为第一次世界大战的象征,因其盛开于受战争侵扰的地区。

樱桃 cherry 李属多种乔木及其可食用果实的统称。大部分樱桃树原产自北半球,在那里广泛栽培。主要用于产果而栽培的樱桃树有3种类型:甜樱桃(*P. avium*)、酸樱桃

酸樱桃(*P. cerasus*)
Grant Heilman

(*P. cerasus*)以及甜樱桃与酸樱桃杂交长出的公爵樱桃,后者种植面积很小。甜樱桃树高大,果实一般呈心形至近似于球形,颜色也有所不同,有黄樱桃、红樱桃和近似于黑色的樱桃,酸度低。酸樱桃树比较矮小,果实呈圆形至扁球形,颜色一般为深红,酸度高,不宜鲜食。公爵樱桃在树与果的特征方面介乎二者之间。有些樱桃树种的木材纹理细密,特别适合制作高档家具。樱桃花盛开时很美丽,现在许多公园为此种有供观赏的樱桃树种。

鹦鹉 parrot 鹦鹉科约333种鸟类的统称,其中约220种鹦鹉亚科的真鹦鹉分布于全球温暖地区(参阅长尾鹦鹉)。许多种类有鲜艳的体色,舌尖钝,吃种子、嫩芽、果实和

彩虹长尾吸蜜鹦鹉(*Trichoglossus haematodus*)
Bruce Coleman Ltd.

昆虫。其发声构造使得许多种类可以精确地模仿人言。非洲灰鹦鹉天资聪颖,说话能力强,体长约33厘米,体羽淡灰色,但尾和面分别为红色和白色,有的个体寿命可达80年。31种亚马逊鹦鹉属的鹦鹉也善于模仿说话,体长25～40厘米,体羽主要为绿色。其他4个亚科的鹦鹉主要分布于新西兰和澳大利亚,如美冠鹦鹉和澳洲鹦鹉(凤头鹦鹉科);它们通常也被称为鹦鹉,因为它们与鹦鹉科一样同属鹦形目。参阅鸡尾鹦鹉、凤头鹦鹉、啄羊鹦鹉、情侣鹦鹉和金刚鹦鹉。

鹦鹉螺 nautilus 两属头足类软体动物的统称。珍珠鹦鹉螺(*Nautilus*,鹦鹉螺属),壳光滑,平面盘旋,直径约25厘米,内部约分36壳室,最外一室为躯体所居。各室间有一

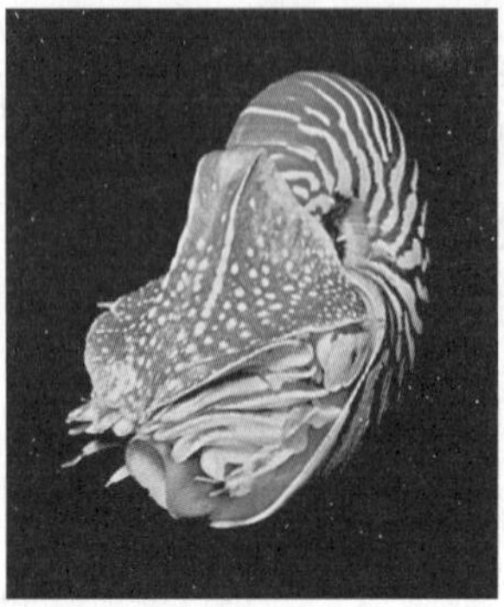

分室鹦鹉螺(*Nautilus*)
Douglas Faulkner

管相连,可调节室中气体含量,使壳得以漂浮。常于近海底处游动,以多达94条无吸盘、可伸缩的小触手捕食虾类或其他食物。纸壳鹦鹉螺(*Argonauta*,船蛸属)见于热带和亚热带海面附近,以浮游生物为食。雌体与章鱼相似,但有一个不分室的薄而卷曲的外壳,直径达30～40厘米。而雄体比雌体小许多,且无壳。

鹰 hawk 小型至中型的白昼活动的猛禽,尤指鹰属(*Accipiter*)的种类。hawk一词常用来称呼鹰科的其他种鸟类(如鹫、鹞和鸢),有时包括某些隼类。鹰通常以小型哺乳类、

红尾鹰(*Buteo jamaicensis*)
Alan Carey

爬虫类和昆虫为食,有时也会捕食小鸟。雌鹰与雄鹰的翅膀并无什么差异。鹰分布于六大洲。大多数种类营巢于树上,但有些种类营巢于多草的地面或悬崖上。真鹰在飞行时十分灵活,其尾长,翅短而圆。条纹鹰(*A. striatus*)一般体长约30厘米,背部灰色,腹部具细窄的锈色横斑,分布于新大陆大部分地区。参阅雀鹰。

鹰猎 falconry 使用隼或其他鹰类狩猎的活动。至少在公元前8世纪时中东地区就已有鹰猎活动。中世纪时,欧洲特权阶级都以之为消遣。在17世纪发明猎枪和开阔地围场出现之后,猎鹰活动开始逐渐没落。但20世纪70年代起,人们又重新燃起了对鹰猎的兴趣,出现了许多鹰猎俱乐部或协会。最常用的猎鹰是游隼,不过也常使用苍鹰和雀鹰。鹰是从野外抓来或从一出生就开始养的。训练时,包括选择性地使用皮制头罩和脚带,让它在熟悉新环境时能够加以控制。捕猎时,受过训练的鹰被放出来打倒猎物,然后回到养鹰者身边或停留在捕杀的现场。

鹰嘴豆 chickpea 又作garbanzo。一年生豆科植物,学名*Cicer arietinum*。因种子营养丰富已广泛在各地种植。此种似灌木般茂生的植物高约60厘米,有羽状的叶子,花形小,白色或淡红色。豆荚内有1～2颗棕黄色的豆子。鹰嘴豆在印度、非洲和中南美洲是重要的食品。为鹰嘴豆泥(一种源自中东的调料)的主要原料。在南欧,鹰嘴豆经常用于做汤、色拉和炖菜。鹰嘴豆也可制成粗磨粉。

荧光 fluorescence 材料中的原子受到激发放射出的电磁辐射,通常是可见光,这种电磁辐射几乎立即(在亿分之一秒内)会再放射。最初的激发通常由吸收来自入射光辐射或粒子的能量,如是X光或电子造成的。由于再放射的发生如此迅速,一旦激发的来源移除,荧光随即停止,不像磷光还会持续一段时间。荧光灯泡是在里面涂上一层粉末并装有气体;电力造成气体发出紫外线,刺激灯管的涂层发光。电视或计算机屏幕的像素是电子枪的电子打击而发出荧光。荧光通常用于分析分子,另外在洗衣粉中加入射出光谱蓝色区域的荧光剂,让衣物在阳光下看起来更洁白。X光荧光用于分析矿物。

荧光灯 fluorescent lamp 一种放电灯,在一玻璃管内充以混合的氩和汞蒸气,当电流通过混合气体时,就会发出紫外辐射。灯管内壁涂有磷光粉,磷光粉吸收紫外辐射并发出荧光。荧光灯较白炽灯省电且发热少。通常配装漫射器作为吊顶照明系统。参阅荧光。

萤火虫 firefly 又作lightning bug。鞘翅目萤科夜间发光的昆虫,约1 900种,居温带和热带地区(包括普通的的发光虫)。成虫长5～25毫米,在腹部的下方有特殊的发光器。体扁而软,暗褐或黑色,上有橙色或黄色斑点。有的成虫不取食;有的吃花粉和花蜜。雌雄一般都有翅并能发光。不同种所发闪光的节律不同;它是两性相互引诱的信号。

营养不良 malnutrition 由于膳食不当或由疾病引起的身体不能吸收或代谢营养素而造成的身体状况。摄取的食物不能提供充足的热量或蛋白质(参阅夸希奥科病),或是缺乏一种或多种必需的维生素或矿物质。缺乏人体必需的维生素或矿物质会导致营养素缺乏症(包括脚气病、糙皮病、佝偻病和坏血病)。代谢障碍,尤其是涉及消化系统、肝、肾或是红细胞的障碍,会妨碍营养的正常消化、吸收及代谢。

营业税 sales tax 对货物销售和各种服务

所征收的税。对特定商品的制造、购买、销售或消费所征收的营业税被称为货物税。虽然货物税自古以来一直被采用,但一般营业税却是一个相对较新的税种。营业税是从价税,按照"商品价值"(即货币价值)来对可征税的商品收取费用。它们按照商业活动的环节归类——生产、批发或零售。它们是美国大多数州及加拿大各省税收岁入的重要组成部分。在西欧广泛使用的是营业税的另外一种形式,即*增值税*。多数营业税都由消费者承担,因为即使他们在货物的生产及批发时要被课税,一部分或全部的价格也以较高的价格转嫁到了消费者身上。由于营业税在零售过程中是*累退税*,因此食品、服装或药品有时是免税的。参阅*累进税*和*所得税*。

影集 serial 以一系列单集放映长达数个月的影片。通常是冒险剧情片,可能是从杂志月刊连载的冒险故事发展而来。第一部风行国际的影集是《宝琳历险记》(1914),由怀特主演,另一部影集《海伦冒险记》演出119集(1914～1917)。影集的重点在于连续,每一集的结尾都要扣人心弦。它在20世纪40年代仍受电影观众特别是儿童的欢迎。

瘿 gall 由细菌、真菌、病毒及线虫浸染或昆虫、螨类刺激导致的植物局部组织异常过度生长或肿胀的现象。常见的植物疾病是根癌病,是由根癌土壤杆菌导致的植物病害,多在根部或茎基部形成瘿瘤。

应变 strain 在物理学与工程学中,描述弹性、塑性以及流质材料在外力作用下发生相对形变的数值。这种形变遍及整个材料,由材料中的粒子偏离了它们的正常位置而引起。法向应变是由垂直于材料各个面或截面的力引起,就像在各个面上都受到压力的体积中那样。剪应变是由与材料的各个面或截面平行并处于面内的力引起的,如绕纵轴扭转的短金属管内的应变。

应激 stress 心理学中因改变平衡的因素而产生的身体或神经的紧张状态。应激是生活中不可避免的,也是现代技术社会中的一种特别复杂的现象,并且与*冠状动脉硬化性心脏病*、*心身性障碍*和各种其他精神及生理疾病有关。治疗通常是*咨询*、*心理治疗*和药物治疗结合进行。

应力 stress 物理学与工程学中,材料内部由于受到外力作用、受热不均或永久性变形,而产生的单位面积上的力。法向应力由与材料的截面垂直的力引起,切应力由平行于截面的力引起。应力用力除以面积的商来表示。

应用心理学 applied psychology *心理学*分支,研究如何将科学心理学的发现和方法应用于解决人类行为的实际问题。智力测验、法律问题、工业生产效率、动机、少年犯罪等,都是20世纪初期应用心理学的一些课题。两次世界大战促进了职业测验、教学方法、对态度和信念的评价、在精神压力下的工作能力、宣传和心理战以及康复等方面的工作。航空工业和各种太空机构和组织,对工程心理学(研究人和机械的关系)的迅速发展起了重要的作用。其他方面还包括:消费者心理学、学校心理学、社区心理学。参阅*工业管理心理学*。

映山红 azalea 杜鹃花科杜鹃花属的某些种的统称,曾划为独立的属映山红属。这两个类群有一些不同的特征:映山红是典型落叶树,花筒状,略呈双唇形,通常芳香,雄蕊5个,突出。杜鹃类常绿,花钟状,无香味,雄蕊10个或更多,但两者间存在中间类型。两者间的差异不恒定,还不足以将它列为2个属。原产北美和亚洲山区的映山红经人工杂交而育出栽培变种。著名的北美映山红种类有乔木状映山红、金盏山花样映山红和粉红映山红。

硬材 hardwood 产自硬木阔叶开花树种的木材。这些树种,除热带地区以外,均为*落叶树*。硬材是材料分类上的名词,原指欧洲的一些硬木树种如山毛榉和橡树的木材,有时也包含一些最软的木材。硬材有许多种,如乌木、各种桃花心木(参阅*桃花心木科*)、*柚木*和美国黑胡桃木。

硬度 hardness *矿物*抗刮磨的能力,用10个矿物作为标准硬度相对测定,称为莫氏硬度标度。硬度是矿物鉴定的重要特征。硬度与化学组成(通过*晶体结构*)有一般性的关联:因此大多数含水矿物、卤化物、碳酸盐、硫酸盐及磷酸盐较软;大多数的硫化物也较软(两个例外是白铁矿和黄铁矿);大多数的无水氧化物和硅酸盐则较硬。

硬皮病 scleroderma 又称progressive systemic sclerosis(进行性全身硬化症)。一种使皮肤变硬并固着于皮下结构的慢性皮肤病。胶原纤维肿胀、堆积导致皮肤失去弹性。病因不明。通常开始于25～55岁之间,女性患者较多,主要的病理变化为皮下组织严重发炎、僵化、疼痛、皮肤发紧且肥厚。可能数年后才发生严重的全身病变,包括发热、呼吸困难、肺组织纤维化、心肌及心包膜发炎、胃肠紊乱和肾机能障碍。皮下堆积起钙的沉积。最后病情可能转稳定或缓慢消退。*类固醇*可能有帮助,物理治疗和热疗、按摩和被动运动(靠治疗人员来活动四肢)等康复治疗可防止肢体僵硬和畸变。

拥护卡洛斯运动 Carlism 西班牙具有传统性质的政治运动,始于19世纪20年代。西班牙国王*费迪南德七世*的兄弟唐·卡洛斯(1788～1855)反对费迪南德七世传位给女儿*伊莎贝拉二世*,他引用《萨利克法》(1703年引进西班牙,排除女性的王室继承权),声称自己享有继承权,结果引发了几场卡洛斯战争(1833～1839,1872～1876),但都未能成功。后来的追随者成立传统主义党(1918),1937年并入*长枪党*。

雍松 Johnson, Eyvind(1900～1976) 瑞典小说家。他有一个严酷的童年,幼时就从事艰苦的体力劳动。他早期的小说就显示出挫折失意的感情。《博比纳克》(1932)一书揭露了现代资本主义的阴谋诡计;《黎明时刻的雨》(1933)攻击了现代办公室的单调乏味。《返回伊塔卡》(1946)和《公爵大人活着的时候》(1960)都已被翻译成多种文字。雍松以工人阶级为题材的小说给瑞典文学带来了新的主题,并实验了新的形式和技巧。1974年与*H.马丁松*共获诺贝尔文学奖。

永久冻土 permafrost 常年冻结的土地,连续两年或两年以上温度低于0℃。永冻土约占地球陆地面积的20%以下,在西伯利亚北部深达1 500米。它占阿拉斯加的85%,占俄罗斯和加拿大领土的一半以上,南极洲几乎全部为永冻土。永久冻土对动植物有重要作用,并在工程项目中产生特殊的问题。冻土环境中的土地利用必须考虑当地特殊的地形敏感性,如果微妙的自然界平衡得不到保持,可能导致大面积的永久冻土退化,对生态造成破坏。

咏叹调 aria 在歌剧、清唱剧和神剧中由乐器伴奏的独唱歌曲。在诗节咏叹调中,每一新节起初可能代表一个不同的旋律。诗节咏叹调最早出现在蒙特威尔地的歌剧《奥菲欧》(1607)中,随后数十年来被广泛使用。标准的咏叹调形式出现于约1650～1775年,为返始咏叹调,开始的音调和唱词在一段音调-唱词小节(通常在一个不同的音调、节拍和韵律中)后被不断地重复;第一小节的重现通常是被歌手使用艺术的手段加以修饰。喜歌剧从未对返始形式加以限制。即使在严肃歌剧中,从约1750年开始采用了多种咏叹调形式;*G.罗西尼*和其他剧作家通常在表现两种或是更多的感情冲突时,也将咏叹调融入其中以达到更好的音乐效果。尽管*R.瓦格纳*的歌剧大多废弃了咏叹调而采用一种连续的音乐结构,但还是有人继续写作咏叹调。

蛹 pupa 昆虫生命中经历完全*变态*时的不活动、不进食阶段。在保护层的包裹下,*幼体*转变为成虫。化蛹时受激素的控制,幼虫结构解体,成虫结构形成,初次出现翅。成虫经由蛹皮裂开,咬开一条出路而蜕出;或分泌一种液体将茧软化而蜕出。

优等生联谊会 Phi Beta Kappa 美国著名的荣誉社团,会员自全国各学院及大学学生中挑选。这是美国历史最悠久的以希腊字母为名称的社团,创建于1776年,原是威廉与玛丽学院校内的一个秘密文哲性社团,后来在19世纪逐渐演变为荣誉社团。会员资格现在以总体学术成就为基础,新会员由优等生联谊会评审会挑选。

优生学 eugenics 研究如何借助遗传技术改善人类素质的学科。英国学者*F.高尔顿*最早阐述这种观念,他在《遗传的天赋》(1869)中提出,安排杰出的男人和富有的女人结婚会产生一个杰出的种族。美国优生学会成立于1926年,支持高尔顿的理论。美国优生学家也支持限制来自“劣等”民族的国家(如意大利、希腊和东欧国家)的移民,并主张疯人、弱智人和患癫痫的公民绝育。在他们的努力下,美国半数以上的州通过了绝育法,直到20世纪70年代尚有非自愿绝育的个别事例陆续出现。优生学家的臆断从30年代开始受到尖锐的批评,在德国纳粹利用优生学支持其消灭犹太人、黑人和同性恋者之后,优生学更是名声扫地。参阅遗传学、种族和社会达尔文主义。

优西比乌斯(凯撒里亚的) Eusebius of Caesarea(活动时期公元4世纪) 主教、早期基督教历史学家。在巴勒斯坦凯撒里亚受洗并被授予神职。他可能在罗马人大迫害时期遭到囚禁。他的声誉主要来自他那部《基督教会史》(312～324),其中保存了一些已散失的前人著作。大约在313年,成为凯撒里亚的大主教。因持阿里乌派观点于325年被开除教籍,不久在尼西亚会议上获得赦免。他坚决拥护君士坦丁一世谋求实现基督教教义的统一和标准化的种种努力。他的著作还包括《君士坦丁传》。

尤德尔 Udall, Nicholas(1505?～1556) 英国剧作家、翻译家和中学校长。1534年起任伊顿公学校长,1555年起任威斯敏斯特学校校长。以翻译家名闻遐迩。写有许多剧本,其中仅有一部保存至今,即《拉尔夫·罗伊斯特·多伊斯特》(约1553年上演),这是第一部已知的英国喜剧。该剧描写一个喜欢吹牛的士兵,结果只能证明自己是一个到处流浪的懦夫,它标志着除了中世纪的道德剧、幕间幽默短剧和笑剧以外,在英国又出现了喜剧。

尤登尼奇 Yudenich, Nikolay (Nikolayevich)(1862～1933) 俄国内战中反对布尔什维克势力的俄国将领。他是一名职业军官,曾指挥过日俄战争,1905年晋升将军。第一次世界大战中他在高加索地区领导俄军(1914～1915、1917)。退役后回到爱沙尼亚,在那里组织反布尔什维克的军队,发动一场对彼得格勒(圣彼得堡)的进攻战,但以失败告终。他与其他白军合作重新发动进攻,但为红军击败并被迫撤退到爱沙尼亚,他在此解散了军队(1920)。他后来逃往法国,在流亡法国期间去世。

尤风宁号 euphonium 又称tenor tuba(次中音大号)装有阀键的铜管乐器,为军乐队中奏次中音和低音音域的主要乐器。约1840年在德国由活塞军号和短号改制而成。号体宽大呈圆锥形,演奏时喇叭口向上或向前。有4个阀键和1个类似大号的圆锥形大孔。它的音域比小号和有音栓的短号低一个音阶。与上低音号非常相似,具有相同的音域与变调,唯一的区别在于锥形孔较窄。两者都是所有军乐队中不可缺少的乐器,并常用于重要的独奏表演。

尤卡坦 Yucatán 墨西哥东南部尤卡坦半岛北部一州。面积38 420平方千米。首府梅里达。1824年尤卡坦被设为州时,指的是整个半岛。但1858年坎佩切州和1902年金塔纳罗奥州的设立使这两个区域从尤卡坦中分离出来。后来的一些边界变化使面积缩减到现在的规模。尤卡坦曾长期被玛雅人占据,有许多玛雅文化古迹。人口约1 955 577(2010)。

尤卡坦半岛 Yucatán Peninsula 中美洲东北部半岛,位于墨西哥湾和加勒比海之间。面积197 600平方千米,其中包括墨西哥的坎佩切、金塔纳罗奥和尤卡坦等州,在南部还有伯利兹和危地马拉的大部分地区。半岛平均宽约320千米,海岸线长约1 100千米。1525年西班牙探险家H.科尔特斯穿越半岛的内陆之前,这里一直是许多前哥伦布时期文明的发源地。自从被西班牙征服以来,马雅印第安人紧守着半岛内陆的农村地区,维持着自己的独立,抵制中央政府的统治。沿海有极佳的海滨和旅游胜地。奇琴伊察、瓦哈克通和乌斯马尔,和渡假城市坎昆一样,是主要的古代考古遗址观光地。

尤克莱利琴 ukulele 一种小型的夏威夷四弦吉他,系从19世纪70年代传入夏威夷的一种形状相似的葡萄牙乐器演变而来。第一次世界大战后在美国得以流行,用于爵士乐和蓝草音乐,并更广泛地作为一种业余爱好的独奏乐器。

尤里安 Julian(331/332～363) 别名Julian the Apostate(叛教者尤里安,拉丁语作Julianus Apostata),原名Flavius Claudius Julianus。罗马最后一位异教皇帝(361～363)。

尤里安,大理石雕像;现藏巴黎卢浮宫

Giraudon-Art Resource

君士坦丁一世的侄子,他被教养成基督徒,但后来改信神秘异教。在担任西方的凯撒(副皇帝)时,他恢复了莱茵的边界,又被部下推戴为“奥古斯都”。虽然君士坦提乌斯二世最初反对尤里安成为其继承人,但在临终前又同意将帝国传给尤里安。361年,尤里安在君士坦丁堡宣布信仰异教和基督教的自由,他鼓励异教信仰,以暴力、迫害行动来对付基督教。他提倡简朴的生活,减少宫廷支出,并清理宫廷财政。为重整罗马在东方的霸权而出兵波斯;此举失败后,他在自巴格达附近撤退时被杀。

尤里乌斯二世 Julius II(1443～1513) 原名Giuliano della Rovere。罗马教皇(1503～1513)。西克斯图斯四世的侄子,1494年逃至罗马以躲过亚历山大六世的阴谋杀害。1503年当选为教皇。尤里乌斯以复兴教皇国为首要任务,征服佩鲁吉亚和博洛尼亚(1508),与康布雷同盟联合击败威尼斯(1509)。他企图排除法国在意大利北部的势力,但失败了。后来在1512年一次群众暴动中终将法国势力赶走,将帕尔马和皮亚琴察并入教皇国。尤里乌斯是所有教皇中最重要的艺术赞助人,他是米开朗琪罗的亲密朋友,曾委托后者制作摩西雕像和在西斯廷教堂绘画。他也曾委托拉斐尔在梵蒂冈作壁画。

尤利安山 Julian Alps 东阿尔卑斯山脉的山岭。自意大利东北部卡尔尼克山脉向东南延伸至斯洛文尼亚的卢布尔雅那市。主要由石灰岩构成。最高峰特里格拉夫峰(海拔2 864米),也是斯洛文尼亚最高峰。

尤曼斯 Youmans, Vincent (Millie)(1898～1946) 美国词曲作家。第一次世界大战期间服役于美国海军时开始创作歌曲,后在廷潘胡同做歌谱推销员。在百老汇时,曾与歌词作家I.格什温和O.哈默斯坦合作,作品包括《野花》(1923)、《不,不,纳内特》(1925)、《准备行动》(1927)、《伟大的日子》(1928);与F.阿斯泰尔和G.罗杰斯首度携手合作的电影《飞向里约》(1933)。他的代表作有《二人茶》、《比你知道的更多》、《时间由我自由支配》和《卡里奥克舞》。

尤内斯库 Ionesco, Eugène(1909～1994) 原名Eugen Ionescu。罗马尼亚出生的法国剧作家。曾在布加勒斯特和巴黎学习,1945年起定居巴黎。他的独幕“反戏剧”《秃头歌女》(1950)引发了戏剧技巧的一场大革命,促使荒诞派戏剧的产生。接着他又完成了其他独

E.尤内斯库,摄于1959年

Mark Gerson

幕剧,其中“反逻辑”的事件中创造了喜剧和怪诞的氛围,包括《功课》(1951)、《椅子》(1952)和《新房客》(1955)。尤内斯库最受欢迎的多幕剧是《犀牛》(1959),作品叙述了法国一个城镇里的居民都变成犀牛的故事。其他剧作还有《国王死去》(1962)和《空中行人》(1963)。1970年尤内斯库被选入法兰西学院。

尤瑟纳 Yourcenar, Marguerite(1903～1987) 原名Marguerite de Crayencour。比利

M. 尤瑟纳，摄于1971年
Gisele Freund 1971

时出生的法国-美国小说家、小品文作家和短篇小说家。父亲去世后，过着流浪生活，直至第二次世界大战移居美国。她的作品以严谨的古典主义风格，所表现出的博学及细腻的心理描绘令人瞩目。著名作品是《哈德良回忆录》(1951)，为讲述公元2世纪罗马帝国的历史小说。其他作品包括《致命一击》(1939)、《黑暗中的炼金术》(1968)、《东方故事》(1938)和散文诗《火》(1936)。1980年成为历史上被选为法兰西学院院士的第一位女性。

尤维纳利斯　Juvenal(约公元55～130)　拉丁语全名为Decimus Junius Juvenalis。罗马诗人。可能来自一个殷实的家庭，当过军官，但得不到升迁而心生不满。他写诗发牢骚，结果被放逐，财产被没收。他主要因16首《讽刺诗》而成名，讽刺人类的愚蠢和残暴，特别是罗马皇帝图密善及其仁慈的继承者内尔瓦、图拉真和哈德良统治下腐败的罗马社会。他的诗写得逼真、优美，5世纪时受到称赞及模仿，他写的许多句子及警语成为通俗的用法。

由迦　yuga　根据印度教的宇宙论，由迦是宇宙循环的一个单元。每一个由迦都依次比前一个短一些，对应于人类道德和生理状况的下降。4个由迦合成1个大由迦；2 000个大由迦组成基本的宇宙循环劫波。第一个由迦是个完美时代，历时1 728 000年。第四个也是最堕落的由迦始于公元前3102年；将持续432 000年。在这个由迦结束时，世界将毁灭，经过一段沉寂期后再循环复始。

邮政系统　postal system　将信件或包裹递交给本国或外国收件人的系统。邮政系统通常属于政府经营并由政府补贴和使用者付费共同支持。早在约公元前2000年的埃及和约公元前1 000年的中国周朝便有类似机构。古罗马帝国也设置了多种集中传递信件的系统。中古时代并无中央邮政系统。私人邮政服务同文艺复兴时期民族国家的兴起同步进行，后来成为了政府垄断的机构。根据重量而不是距离远近以及使用邮票的系统在1837年被建议使用。邮政总联盟(1875；后称为万国邮政联盟)改进了世界范围内的邮件传递服务，允许成员国保留其在寄递国际邮件所收之邮资，同时要求以对待国内信件的方式处理国外寄来邮件。航空邮件和自动邮政系统在20世纪得到发展。

犹大　Judah　以色列人12支派之一，雅各的第四子犹大的后代。犹大支派和逃出埃及后的其他以色列人进入上帝所应许之地迦南定居在耶路撒冷以南地区。这个支派最后成为最有势力的一派，相继产生了大卫和所罗门两位国王，并预言弥赛亚将从该支派产生。公元前721年亚述人征服后，北部的10支派消失，犹大和便雅悯两个支派是仅存的摩西圣约的后继者。犹大国繁盛至公元前586年，亡于巴比伦，许多人被迫流亡。居鲁士大帝于公元前538年允许犹太人返回故土，耶路撒冷圣殿得以修复。此后犹太人和犹太教的历史基本上就是犹大的历史。犹大王国后由犹太继承。

犹大(加略人)　Judas Iscariot(？～约公元30)　耶稣的十二门徒之一，是出卖耶稣的叛徒。他和犹太人当局勾结背叛耶稣，将他监禁；以30块银子的代价带兵到耶路撒冷附近的客西马尼园捕耶稣，并以亲吻耶稣来确认身份。后来他后悔自己的所为而自杀；根据《马太福音》第27章记载，他在自杀前将钱退还祭司。Iscariot一词可能与激进的犹太教恐怖组织西卡里派有关。

犹大·本·撒母耳　Judah ben Samuel(？～1217)　犹太教神秘主义者和学者。他是卡洛尼摩斯家族的成员，该家族为中世纪的德国提供了许多犹太教奥秘修行者和精神领袖。1195年前后，他居住在里根斯堡，在那里成立了一个授业座，聚集了像以利扎·本·犹大(沃尔姆斯的)这样的信徒。他是12世纪德国哈西德主义的创始人，这是一种超虔诚的运动，与18世纪的哈西德主义没有直接关系。他的《虔诚之书》是他父亲以及沃尔姆斯的以利亚撒等人作品的汇编，向严守教规的犹太人提供详细的行为指南，是中世纪犹太教最重要的文献之一。

犹大·哈-纳西　Judah ha-Nasi(约135～约220)　巴勒斯坦犹太教学者。是大贤哲希勒尔的后裔，任巴勒斯坦犹太人族长兼犹太教公会首领，在早期的拉比犹太教也是一个重要人物。他花了50多年时间研究口传律法，据说他把它们按主题分别编纂成6个部分，于是就创作出《密西拿》。他在《密西拿》编纂工作中的确切作用并不清楚；可能还有其他学者，像梅伊尔和阿吉巴·本·约瑟等人的参与。

犹大·马加比　Judas Maccabaeus(？～公元前161/160)　反叙利亚暴动的犹太人领袖。父亲是一位年长祭司，当安条克四世埃皮弗内兹企图强迫犹太人信奉希腊宗教时，他在山区发动暴动。父亲死后他成为抗争的领袖，公元前166～前164年间多次击败叙利亚人。前166年他净化耶路撒冷圣殿，这就是再献圣殿节的由来。前164年安条克去世，塞琉西王朝给予犹太人信仰的自由，但犹大继续发动战争，希望得到政治自由。他不久被杀，但他的兄弟继续抗争。关于这段历史在外典的《马加比传》有记载。

犹滴　Judith　传奇故事中犹太女英雄，是外典中《犹滴传》的中心人物(该书未列入犹太教正典)。犹滴是美丽的犹太寡妇，她居住的城市被亚述将军荷罗孚尼的军队围困，她假扮成逃出该城的难民，并告诉荷罗孚尼他必胜。荷罗孚尼邀她进帐，犹滴在他醉后沉睡时取下他的头颅。最后犹太人战胜无人领导的亚述人。此书可能是杜撰的，大概完成于公元前2世纪马加比暴动结束后。

犹他　Utah　美国西部一州。面积219 882平方千米。首府盐湖城。人口约2 855 287(2012)。犹他州北临爱达荷州，东北部与怀俄明州接壤，东接科罗拉多州，南部与亚利桑那州相邻，西临内华达州。在东南部的四角地区，犹他州与科罗拉多州、新墨西哥州和亚利桑那州接壤，是四个州的交界点，这在美国全境属唯一一例。该州包括大盐湖、中落基山脉和尤因塔山脉的一部分。这个西部第三大州是一个辽阔的荒漠区。约70%的土地属于联邦政府或州政府。早在公元前1万年这里已有人居住。约在公元400年，普韦布洛印第安人生活在犹他各地；随后其他族群也来到此地，包括肖肖尼印第安人、尤特印第安人和派尤特印第安人。西班牙传教士在18世纪末造访过那里。1821年犹他归墨西哥所有。虽然美国开拓者J. 布里杰于1824年成为第一个发现大盐湖的白人，但该地区首批永久定居者却是摩门教徒，他们在B. 扬的带领下于1847年来到大盐湖盆地。墨西哥战争结束后，美国获得了该地区，并于1850年成立犹他准州；到1868年该地区缩减到犹他州目前的面积。1857～1858年，摩门教领袖与美国政府之间发生了一场称作犹他战争的冲突，建州申请遭到拒绝，直到摩门教徒放弃多偶婚制。当他们同意美国政府的要求之后，犹他1896年作为第45州加入联邦。自20世纪初期以来，摩门教会一直在政治上保持中立，经济集团的影响变得更为重要。该州的石油和煤矿储量丰富，是世界最大的铍矿产地。主要行业包括农业和旅游业。

犹太　Judaea　又作Judea。古代巴勒斯坦3个传统区划最南边的一个，连续受波斯、希腊和罗马统治。北连撒马利亚，西濒地中海。犹大王国被巴比伦人摧毁后，建立了犹太王国。复兴的犹太王国由马加比家族建立，抵抗了罗马统治下对犹太教的镇压。公元前63年该家族的争执导致罗马人介入。在罗马的控制下，希律于公元前37年成为犹太国王。希律死后，王国的统治由希律的后代和罗马总督交替执行。后造成公元66年犹太人的起义，耶路撒冷被摧毁(公元70)。犹太现仍被用来粗略地表示与今以色列相同的区域。

犹太复国主义　Zionism　犹太人的民族主义运动，其目的是在巴勒斯坦建立一个犹太人国家。在16～17世纪，一些“弥赛亚”曾极力劝说犹太人返回巴勒斯坦，但到18世纪末其影响已基本消失。在东欧发生的集体迫害致使出现一批“锡安热爱者”，他们鼓励犹太农场主和艺人定居巴勒斯坦。面对持续不断的反犹主义，T. 赫茨尔主张在巴勒斯坦建立一个犹太人国家。1897 年他在巴塞尔召集了第一次犹太复国主义大会。第一次世界大战之后，犹太复国主义运动由于《贝尔福宣言》的发表而重新开展起来。生活在巴勒斯坦的犹太人从 1914 年的 9 万人增加到 1933 年的 23.8 万人。阿拉伯人坚决反对犹太复国主义，英国人曾试图调解犹太人和阿拉伯人的要求，但未能成功。1948 年以色列国成立，犹太复国主义达到了它的目的。参阅 D. 本-古里安和哈加纳。

犹太教 Judaism 犹太人的宗教信仰与实践。犹太教是世界三大一神教之一，最初是古代希伯来人的信仰，其神圣文献是希伯来文《圣经》，特别是托拉。犹太教的信仰基础是：以色列人为上帝的选民，他们必须充当其他民族的明灯。上帝与亚伯拉罕立约，然后与以撒、雅各、摩西另立新约。从大卫时期开始，耶和华（上帝）的崇拜即集中于耶路撒冷。耶路撒冷圣殿被巴比伦人毁坏（公元前 586），后来犹太人流亡，导致人们期望在一位弥赛亚领导下重建国家。后来，波斯人允许犹太人返乡，但在罗马统治时期的一次不成功起义造成第二圣殿在公元 70 年被毁，犹太人散落于世界各地的海外犹太人聚居区。拉比犹太教崛起，取代了与耶路撒冷的圣殿崇拜有关的信仰和仪式，同时犹太人依靠学术和严格遵守风俗的传统而传承自己的文化与宗教。大部分口传法律和评注被付诸《塔木德》和《密西拿》的文字。尽管在许多国家受到迫害，犹太教仍然保存下来。中世纪犹太教出现了二个分支：西班牙系犹太人以西班牙为中心，在文化上与巴比伦系犹太人相关；德系犹太人以法国和德国为中心，与巴勒斯坦和罗马的犹太文化相关。奥秘修行的要素也出现了，特别是喀巴拉的神秘文字以及 18 世纪称为哈西德主义的运动。18 世纪也是犹太启蒙运动（哈斯卡拉运动）的时期。保守派犹太教和犹太教改革派出现于 19 世纪的德国，试图改变正统派犹太教的严苛。到 19 世纪末，犹太复国主义成为改革的产物。欧洲犹太教在大屠杀期间有了恐怖的经历，当时有数百万犹太人被纳粹党处死；迁往巴勒斯坦的越来越多的犹太移民导致 1948 年以色列国宣布成立。21 世纪初，全球有近 1 500万犹太教徒。

犹太人节日

提市黎月（9～10 月）	1～2 日	岁首节
	3 日	基大利斋日
	10 日	赎罪日
	15～21 日	住棚节
	22 日	圣会节
	23 日	庆法节
基色勒夫月（11～12 月）	25 日	再献圣殿节（亦称烛光节）开始
太贝特月（12～1 月）	2 日或 3 日	再献圣殿节结束
	10 日	斋日
舍巴特节（1～2 月）	15 日	植树节
阿达尔月（2～3 月）	13 日	以斯帖斋日
	14～15 日	掣签节

闰阿达尔月插在阿达尔月之前，闰年时阿达尔月应守的宗教节日便改在闰阿达尔月。

尼散月（3～4 月）	15～22 日	逾越节
依雅尔月（4～5 月）	5 日	独立纪念日
	18 日	学校假日
息汪月（5～6 月）	6～7 日	七七节
塔幕汉月（6～7 月）	17 日	斋日
阿布月（7～8 月）	9 日	斋日

犹太教改革派 Reform Judaism 修正或摒弃了很多传统犹太教信仰和习俗以使犹太教适合现代社会的运动。1809 年源于德国，19世纪40年代在 I. M. 怀斯拉比的领导下传播到美国。犹太教改革派允许男性和女性在犹太教会堂坐在一起，以唱诗班和管风琴乐曲在祈祷中伴奏，为女孩举行与男孩的受诫礼相同的坚振礼，不监视日常祷告或严格的饮食教规的执行，也不对安息日的正常活动作出限制。其原则最初由《匹兹堡宣言》（1885）提出，后在哥伦布纲要（1937）中得到改进，支持传统的习俗和仪式以及用希伯来语礼拜。犹太教改革运动不断向正统派犹太教发展，而不奉行其各项戒规。

犹太教公会 sanhedrin 罗马帝国统治下的巴勒斯坦地区犹太人正式机构的统称，从马加比家族（约公元前 165）到族长统治时期（425）。虽然该名称指的是犹太人的最高法庭，但犹太教公会的实际组成和（宗教、司法、立法）权力却有不同说法。《圣经》中多次提到该公会参与了或者判决了对耶稣、圣彼得（使徒）及圣约翰（施洗者）的审判（在《圣马可书》、《路加书》、《使徒行传》中都有记载）。据《塔木德》记载，大公会由 71 名贤者组成，他们定期在耶路撒冷圣殿举行会议，为宗教立法机构，兼为法庭并司掌宗教仪式。

犹太剧团 Habima 又作 Habimah。又译哈比马剧团。希伯来语，意为“舞台”。希伯来戏剧团体，1912 年在波兰组建，1917 年受 K. 斯坦尼斯拉夫斯基的鼓励，在莫斯科又建立演出团。《阴魂附体》（1922）一剧为剧团树立起艺术水平高超的声誉，而犹太剧团也成为莫斯科艺术剧院的演出团之一。在演出《假人》（1925）后，剧团在欧洲和美国巡回演出。1931 年犹太剧团大部分成员前往特拉维夫，继续奉行上演意第绪语戏剧和圣经戏剧的方针，并不断增加戏目，其中包括以色列的、古典的和当代的外国剧本。1958 年成为以色列国家剧团。

犹太人 Jew 信奉犹太教的人。广义上说，指分布于全世界的一个继承古代希伯来人的种族和文化集团，他们在传统上奉行犹太人的宗教。希伯来语 Yehudi，翻译成拉丁文是 Jedaeus，翻译成英文则是Jew，原指犹大（以色列人 12 支派之一）。按犹太传统，由犹太妇女所生者即为犹太人，而犹太教改革派则认为，双亲中只要有一人是犹太人即为犹太人。

犹太人区 ghetto 原来指城市中的一条街或一个街区，分出来作为强迫犹太人居住的法定地区。ghetto是一岛名（一铸造厂的所在地），为威尼斯犹太人被迫居住的地方。对犹太人强行隔离的做法在 14～15 世纪遍布欧洲。习惯上，犹太人区用大墙围起来，设若干座门，夜间或宗教节日期间，门都上锁。通常犹太人区不能向四周扩大，因此人口越来越多，房子越盖越高，火灾的危险越来越大，卫生条件越来越差。西欧的犹太人区在 19 世纪彻底废除；纳粹党重建的犹太人区（参阅华沙犹太区起义）简直是一个牲口圈，这是种族灭绝的第一步。最近 ghetto 已用于泛指城市中专门为少数民族居住的地方，与其说是法律性措施倒不如说是经济和社会性压力使其永久存在。

犹太哲学 Jewish philosophy 由犹太人参与研究所反映出的各种思想。中世纪时，这意味着由犹太人研究的任何有系统的或学科方面的思想，不论其题材是否特别针对犹太教。在现代，通常不把那些不讨论犹太教的哲学家列为犹太哲学家。哲学在犹太教中兴起是受希腊影响，虽然从早期犹太宗教作品中可以找出一种显然不受希腊影响的哲学方法。从《圣经》开始，中世纪哲学家特别喜爱的作品是《约伯记》和《传道书》。《箴言》所介绍的智慧概念对犹太哲学思想具有根本的重要意义，而《所罗门智训》对基督教神学的影响也相当大。犹太哲学的主要人物包括斐洛、萨阿迪亚·本·约瑟、M. 迈蒙尼德和 B. de 斯宾诺莎。

油 oil 所有在室温下呈液态且不溶于水的油腻物质的统称，包括不挥发油、精油与矿物油（参阅石油）。不挥发油和（动物）脂肪是丙三醇酯和脂肪酸。这种油有许多种工业和食物用途。亚麻油、桐油与其他干性油

(即高度不饱和油)以及大量的豆油、葵花籽油和红花油(也用于食物)用于油漆与清漆。它们一接触空气便立刻吸收氧而聚合成薄层保护膜。有一些特制油和油衍生物可用于皮衣与织物制造业。

油橄榄 olive 阔叶常绿乔木,学名*Olea europaea*。产于亚热带,果实可供食用。希腊克里特岛在公元前3500年就已栽种食用油橄榄;闪米特人显然在公元前3000年也已栽种。古希腊和古罗马时代也使用橄榄油,之后传播到地中海各国。今日油橄榄主要用于榨取橄榄油。因其独特的风味和芳香以及有益健康的性能而闻名。近数十年在北美洲非常受欢迎。新鲜油橄榄极苦不能食,可用稀碱如灰汁将糖苷中和。油橄榄属木樨科。木樨科为木本,含24属,约900种。原产于森林地区,除北极外分布于世界各地。热带和暖温带种类为常绿植物,而在较冷地带则为落叶乔木。梣属乔木出产硬材。备受喜爱的园艺植物有:丁香、茉莉、女贞和连翘。木樨科许多种类被广为栽培以观赏其美观且芳香的花。

油桃 nectarine 学名为*Prunus persica*。果皮光滑的桃,在暖带地区广泛栽培。桃在异花或自花授粉后,由于种子的基因不同,可能

油桃(*Prunus persica var. nectarina*)
J. C. Allen and Son

长成油桃。富含维生素A和C,通常供鲜食或用于甜点和果酱。

油页岩 oil shale 含有在受热时能生成大量石油的固体有机物的任何一种细粒沉积岩。这种页岩油是一种有潜在价值的矿物燃料。但现行的开采和精炼方法价格昂贵,会破坏土地、污染水源,产生致癌废物。因此在其他石油资源近于枯竭前,可能不会大规模地开发页岩油。爱沙尼亚、中国和巴西有生产有限合成原油的精炼设备,美国政府则在科罗拉多州建有一个实验工厂。

疣 wart 又作verruca。由乳头状瘤病毒引起的境界清楚、形态各异的小型皮表赘生物。最常见者呈圆形、隆起、表面干燥、粗糙的皮疹。除发生于受压部位的跖疣外,一般无疼痛。皮损可单发或多发(特别是在体表潮湿部位)。单发皮损可数年不变,亦可蔓延至身体其他部分形成新的病变。治疗方法有电烧、化学腐蚀和手术,有时疣体亦可自然消退。

疣猪 warthog 偶蹄目猪科动物,栖于非洲的开阔和疏林地区,学名*Phacochoerus aethiopicus*。被毛稀疏,头大,灰黑或褐色;肩高

疣猪(*Phacochoerus aethiopicus*)
Karl H. Maslowski

约76厘米。从颈到背中部有粗的鬃毛。尾细长,有丛毛,奔跑时翘得很高。雄体脸部有两对隆起或肉疣。雌雄都有獠牙;下腭的獠牙锐利,上腭的獠牙向上,再向内弯曲,构成半圆形,雄性的可长达60厘米以上。群居,以草和其他植物为食。

铀 uranium 化学元素,锕系元素(有许多过渡元素特性)的稀土金属,化学符号U,原子序数92。铀是致密的银白色金属,从沥青铀矿等矿物中离析出来。1940年首次发现铀后元素,铀被认为是最重的元素。(A.)H.贝克勒尔发现了铀的放射性。它的所有同位素都是放射性的;某些同位素的半衰期很长,足以用铀-钍-铅测年和铀-234-铀-238测年判定地球的年龄。1938年发现经中子轰击过的铀会发生核裂变,此后陆续发现自持核链式反应、原子弹以及核能。铀可有多个化合价,铀的一些化合物可用于陶瓷制品的着色剂、灯丝、摄影以及媒染剂。

游动生活 nomadism 不是总在同一地区生活,而是周期性或定期迁移的生活方式。游动生活以一些暂时的中心为基础,这些中心的稳定程度取决于食物来源以及获取食物的技术。狩猎和采集文化形成游动群体。草原游牧民族依靠驯养家畜,在固定的地域内移动,为他们的家畜寻找牧场。流浪的工匠或小贩,如吉卜赛人和爱尔兰的手工匠人,是与更大的社团联系在一起的,但还保持他们游动的生活方式。20世纪随着城市中心的扩展,加上政府的管理或取缔,游动生活已日趋减少。

游隼 peregrine falcon 又称duck hawk(鸭鹰)。隼科猛禽,学名*Falco peregrinus*。遍布世界各地,但因杀虫剂在生物体内累积而

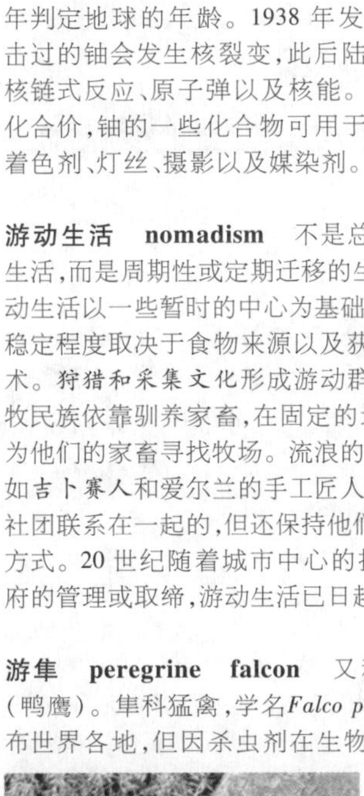

游隼(*Falco peregrinus*)
Kenneth W. Fink-Root Resources

变得稀少。体长33～48厘米,上体淡蓝灰,下体灰白,具黑色横斑。游隼飞得很高,能急速俯冲(每小时280千米,鸟类可达到的最高速度),用握紧的爪冲击并杀死猎物。经常筑巢于近水的陡崖高处突出的一个浅坑,附近有许多鸟类可捕食。饲育计划将游隼重新放归野外和都会区,游隼在都会区将摩天大楼当作悬崖而栖息其中,主要以原鸽为食(参阅鸽)。虽然该饲育计划取得成功,但游隼数量的保持仍很困难。

游戏 play 在动物学中,指表现出来的含有目的的一切行为因素,但没有明显理由的行动。游戏行为仅在哺乳动物和鸟类中有文献记录。最常见于未成年的动物,但成年动物也会游戏。马、牛和其他蹄类动物即使不是为了逃脱捕食者或自我防卫,也会奔跑和尥蹶子。狗用进攻姿势来诱使其他的狗参加争斗游戏。水獭以其类似泥流缓慢流下的行为而著称。雄鸟在没有入侵对手时也会本能地表演它们地盘性的叫声。

游泳 swimming 凭借臂和腿的协调动作在水中推进身体的一种娱乐或运动。游泳既是一种促进全身发展的运动,也是一项体育竞技项目,深受人们欢迎。奥林匹克运动会在1896年成立时,就把竞技性游泳列为比赛项目,包括50米、100米、200米、400米、800米和1500米自由泳(爬泳);100米、200米仰泳、蛙泳、蝶泳;200米、400米个人混合泳;4×100米和4×200米自由泳接力;4×100米混合泳接力。长距离游泳比赛,通常距离为24～59千米,一般在湖或内陆水域中进行。

鲉鱼 scorpion fish 鲉科,特别是鲉属多种食肉海鱼的统称,广泛分布于温带和热带水域。头大而多刺,鳍棘粗强,有的还带毒。许多品种的体色晦暗,因此与周围环境混杂

加利福尼亚鲉鱼
Bud Meese from Root Resources-EB Inc.

在一起,但有些品种的体色鲜艳,常呈红色。最大品种体长约1米。鲉鱼常静伏海底,处于岩礁之间。参阅蓑鲉。

有袋类 marsupial 有袋次纲哺乳动物的统称,特征为未发育成熟即娩出胎儿,在母体子宫外继续发育。在相应于胎生哺乳动物胎儿的后期发育阶段,幼体附着于母体的乳头上。在澳大利亚、新几内亚以及附近的岛屿上发现了170多个品种(如袋狸、袋鼠、树袋熊、毛鼻袋熊)。美洲约有65种负鼠,南美有7种类鼠的有袋类动物。许多品种都有一个育儿袋,即母体下腹盖住乳头的皮袋,幼体在袋内继续发育。

有轨电车 streetcar 又称trolley car。在城市街道的轨道上行驶的载客交通工具。19世纪30年代时用马来拉,后来用电动机作为能源,通过头顶的电线运送电力。在19世纪90年代到20世纪40年代,有轨电车在全世界的城市中得到广泛运用,后逐渐被汽车、公共汽车和地下铁道取代,到了20世纪50年代几乎绝迹。1873年在旧金山陡坡上设计使用的一种缆车,通过一根设置在轨道间槽沟中的循环缆绳牵引。

有机耕作 organic farming 又作organic gardening(有机园艺)。用生物学方法施肥和防治病虫害来代替化学肥料和杀虫剂的作物耕种方法。有机耕作法的支持者认为,化学肥料和杀虫剂有害健康,且污染环境,不是良好的收成所必需。有机耕作法有意识地摒弃现代农业化学技术,起源于20世纪30年代,由英国农业科学家A.霍华德爵士所采用。各种的有机物质,包括动物粪肥、堆肥、草皮、秸秆和其他作物残留物,被施用于田地,以改良土壤结构和提高保水能力,并供给土壤养分,这些东西反回来又滋养植物(使用化学肥料则是直接给予植物养分)。病虫害的生物防治是采取预防的方法,包括多种栽种、轮作和栽种抗病虫害作物,并采用病虫害综合治理技术,避免使用生物工程制造出的品种。由于有机耕作困难且耗时,有机种植的费用昂贵。有机农作物过去只占美国农产品产出的极少部分,但近年来的销售量已有大幅度增长。

有神论 theism 认为一切有限的事物都以某种方式从属于至高存在者或最终存在者的理论。这种观点通常认为对神的理解是超乎人的理解范畴,神是完美、持久不变的,但同时神又是与世界和一切事件相关的。有神论者寻求得到理性争论的支持,并呼吁进行实践。神存在的理论包括以下四种主要类型:宇宙论、本体论、目的论及道德论。有神论的中心思想是顺从于神,而神通常是伴随着魔鬼的存在而存在,是全能的和完美的。参阅不可知论、无神论、自然神论、一神论、多神论和上帝正义论。

有生命的假人 golem 在犹太人的民间传说中,指一个被赋予生命的偶像。它现在的含义源自中世纪,那时产生了许多关于术士的传说,这些术士能够以一道符咒,或把字母拼成一个神圣的字或神的名字而赋予一个雕像生命。早期的假人故事中,假人往往是一个完美的仆人,唯一的缺点是在执行主人的指令时,过于死板或机械化。后来假人被赋予犹太人被迫害时的保护人的性格,但仍然是一副吓人的面孔。

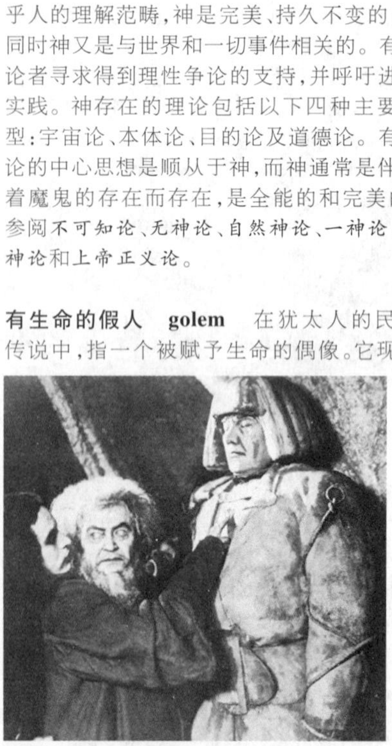

1920年德国影片《假人》中有生命的假人(右)

By courtesy of Friedrich-Wilhelm Murnau-Stiftung, Wiesbaden; photograph, Museum of Modern Art Film Stills Archive, New York

有丝分裂 mitosis 一种细胞复制或增殖过程。在此过程中,一个细胞生成两个遗传特性相同的子细胞。严格地说,有丝分裂是指染色体的复制和分配。有丝分裂前每一染色体进行自我复制,形成两个染色单体附在着丝粒上。分裂期间,细胞核周围的膜消失化,每个染色体的染色单体分开,各自牵向细胞两极。随着每组染色体的核膜重新形成,母细胞的胞质分裂,形成两个子细胞。有丝分裂后,细胞膜凹入,把子细胞分开。有丝分裂为生长和取代老旧的细胞提供新的细胞,因此对生命有着重要意义。根据物种和细胞种类的不同,一次有丝分裂的时间需要数分钟或数小时。有丝分裂也受每一天的不同时刻、温度及化学物质的影响。参阅着丝点和减数分裂。

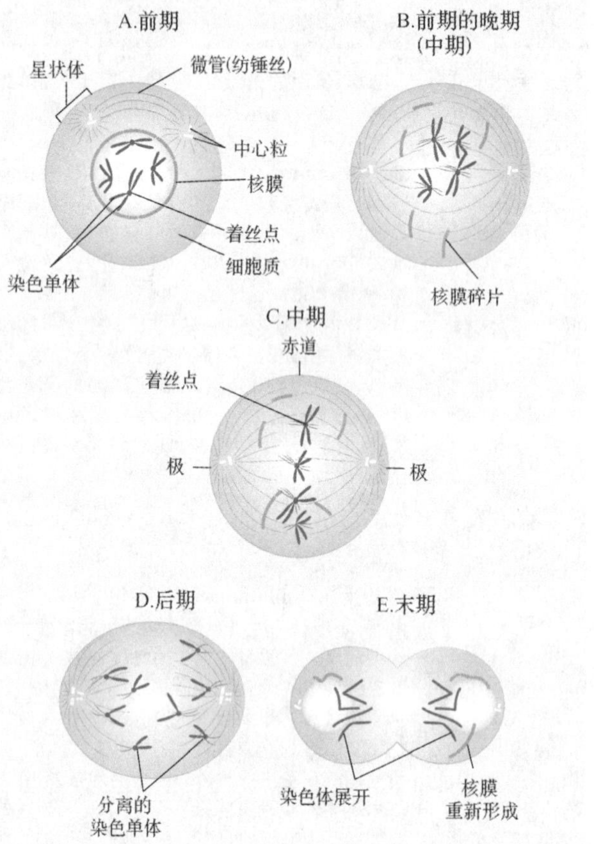

有丝分裂的五期。A.前期:复制了的染色体包括附着于一个着丝粒的两个染色单体,增加盘曲并收缩。两对特化的细胞器(中心粒)开始分开,在其间连以中空的蛋白质圆柱体,称为微管(纺锤丝)。微管呈辐射状排列从中心粒向细胞两极伸展,形成两个星状体。B.前期的晚期:随着中心粒的分开,核膜消失,微管从每个着丝粒向细胞的两极伸展。C.中期:着丝粒在细胞两极中间的平面(称作赤道板或中期平面)上排成一行。在中期的晚期,每个着丝粒一分为二,使两条姊妹染色单体相互分开。D.后期:着丝粒微管变短,两极微管变长,使得细胞两极相距更远,两条姊妹染色体单体被拉向细胞两极。E.末期:染色体不再呈盘曲状态,微管消失,核膜在每组子染色体周围重新形成。细胞质开始凹入,形成两个子细胞。在胞质分裂期间,细胞质分裂过程就完成了。

有效性 validity 在逻辑学中,一个论证的性质在于前提的真在逻辑上保证结论的真。当前提为真,结论必为真,这是基于论证的形式。除了形式逻辑(即归纳性强论证)以外,有些不具有效性的论证是可以接受的,而它们的结论绝非由逻辑的必然性来支持。相对于前提来说,这些必然性的支持能产生高或然率的结论,这种论证有时称为归纳地有效。在其他据称更具有说服力的论证当中,它们的前提实际上并未提供任何合理的理由让人接受它的结论;这种形式上有缺陷的论证就称为"谬论"(参阅形式谬论和非形式谬论)。

有氧代谢运动 aerobics 为了增强身体摄取氧的功能而进行的一套训练身体方法。典型的有氧代谢运动有跑、慢走、游泳和舞蹈等,都可刺激心脏和肺活动。为求确实有效起见,每次活动时,运动者的心率(脉搏)必须提升到他的训练水准,并保持该水准至少20分钟。有氧训练每周必须至少3次。有氧代谢运动的观念最先是由K. H. 库珀医生提倡的,在他的两部著作《有氧代谢运动》(1968)和《有氧代谢运动的方法》(1977)出版后开始流行。

有组织犯罪 organized crime 全国性或国际性犯罪集团所犯的罪行,也可用来指该类犯罪集团。其特征有依职责划分的等级制度;团体间共谋协调行动,以地理位置划分地盘,分配小至社区,大至国际间的资源;承诺保密;收买贿赂执法人员。收入来源之一提供非法货物和服务,包括毒品、赌博和卖淫;其他来源还包括勒索、诈骗、偷窃和抢劫。有组织犯罪源于美国,在实施禁酒令的时代提供非法酿造烈酒。近年来有组织犯罪在俄罗斯有相当大的势力,利用虚弱贫穷的政府和许多官员贪污收取好处。参阅黑手党。

幼儿园 kindergarten 招收4～6岁儿童的学校或班级,是学前教育的重要部分。始创于19世纪初,是英国的R. 欧文、瑞士的

J. H. 斐斯泰洛齐和他的学生德国的 F. 福禄培尔（“幼儿园”一词即由他所创）以及意大利的 M. 蒙台梭利等人的思想和实践的产物。幼儿园一般强调儿童在社会和感情方面的成长，借游戏和更大的自由来促使儿童自我了解，而不是强迫他们接受成人的思想。

幼发拉底河　Euphrates River　土耳其语作Firat Nehri。阿拉伯语作 Nahr Al-Furat。中东河流，是西南亚地区最大河流。发源于土耳其，流向东南，穿过叙利亚和伊拉克。由卡拉苏河和穆拉特河在亚美尼亚高原汇合而成。幼发拉底河以极大的曲折迂回于托罗斯山脉高大的群山之间，流至叙利亚高原。然后流向伊拉克西部和中部，与底格里斯河汇合而成阿拉伯河，注入波斯湾。幼发拉底河全长2 800千米。自古以来幼发拉底河流域广富灌溉之利，沿岸有许多重要城市，有些城市的遗址尚存。幼发拉底河与底格里斯河之间的地区史称美索不达米亚。

幼体　larva　许多动物从出生或孵化到成体之间的一个活性的、喂养发育阶段。幼体的构造不同于成体，一般都适应不同的环境。有的幼体活动而成体固着，因此靠活动幼体扩展该物种的地理分布。有的幼体水生而成体陆生。大多数的幼体极小，许多借着进入宿主体内而分散并进化成寄生生物的成体。许多无脊椎动物（例如刺胞动物）有结构单一的幼体，吸虫则有数个幼体期。环节动物、软体动物和甲壳动物有各种的幼体形式。昆虫幼体称为毛虫、蛴螬、蛆和蠕虫，许多昆虫的幼体期比成体期长得多（例如有些蝉的幼体期长17年，而成体期只有1周）。棘皮动物也有幼体形式。蛙和蟾蜍的幼体称作蝌蚪。参阅变态和蛹。

柚木　teak　马鞭草科落叶乔木，学名为*Tectona grandis*。最名贵和最耐用的木材之一。柚木在印度广泛应用已有2 000年以上的历史；有些寺庙里的柚木梁已超过千年。柚木的树干挺直，底部常常更粗，树冠广阔，小枝为四棱形。叶质硬，表面粗糙，对生，有的轮生。枝端生许多小白花。未经干燥的木芯有一种令人愉快的浓烈芳香气味，颜色金黄，干燥后变成褐色并杂有深色条纹。柚木具有抗水性，用于造船、高档家具、门窗框架、码头、桥梁、冷却塔的遮阳板、地板以及镶板等。由于需求量很大，现已造成热带雨林的柚木过度采伐。

鼬　weasel　鼬科数属小型贪婪的食肉动物的统称。夜行性，美洲、非洲及欧亚大陆均有分布。体细长；头小而扁平；颈长而柔韧；四肢短；各足具5趾，各趾有尖锐而弯曲的爪；毛短而密；尾尖而细长。不同的种，其大小和尾的相对长度不同。体长约17～50厘米，体重约30～350克。鼬属（*Mustela*）约有10种，由北美至南美以及欧亚大陆均可见；体通常呈浅红褐色，腹面白色或浅黄色；栖于寒冷地区者，冬季毛转白，其皮毛，尤其是扫雪（*M. erminea*）的皮毛，在皮毛贸易中称为白鼬皮。鼬一般在夜间单独捕食，主要以啮齿动物、鱼、蛙和鸟卵为食。

长尾鼬（*Mustela longicauda*）
John H. Gerard-EB Inc.

于格·卡佩　Hugh Capet（938？～996）法兰西国王（987～996年在位），卡佩王朝的奠基人。法兰克公爵之子，继承巴黎和奥尔良的大批财产，成为法兰西最强大的诸侯之一，对加洛林国王洛泰尔构成很大威胁。到985年，于格实际上已是法兰西的真正统治者，两年后被选为国王。他立刻为自己的儿子加冕以保证其继位，这种做法一直持续到路易七世时代。他善于调解法国贵族之间的争端，使他得以从把他出卖给奥托三世的阴谋中解脱出来。

于斯曼　Huysmans, Joris-Karl（1848～1907）　原名Charles-Marie-Georges。法国颓废派作家。早期作品受到当时自然主义的影响，多倾向于个人和暴力。《浮沉》（1882）是

J. K. 于斯曼，油画局部，J.-L. 福兰绘
J. E. Bulloz

他的第一部作品。他最著名的作品《逆流》（1884）描写一个无聊贵族的颓废经历。最受争议的自传体小说《在那儿》（1891）描写的是19世纪一位撒旦崇拜者的故事。他最后的小说都与他重新皈依天主教有关。他还著有犀利的艺术评论。

鱼　fish　一类见于世界淡水或咸水的冷血脊椎动物，各种之间差异甚大。现存的种类从原始的七鳃鳗和盲鳗、软骨的鲨鱼、鳐鱼和魟到数量庞大的千差万别的硬骨鱼。鱼体长度从10毫米到20米不等。鱼的身体一般是中间较粗，向头、尾两端渐细，大部分栖于水体表面或中层的鱼类，呈流线型或体侧扁；大部分底栖的鱼类体型扁平。热带的种类常有鲜艳的颜色。多数的鱼都有一对鳍，皮肤上覆盖骨质或牙状的鳞。鱼类一般是用鳃呼吸。大部分硬骨鱼有鳔，用以调节游泳的深度。多数的种类产卵，有的在体外受精，有的在体内受精。最早的鱼类于4.5亿年前出现。

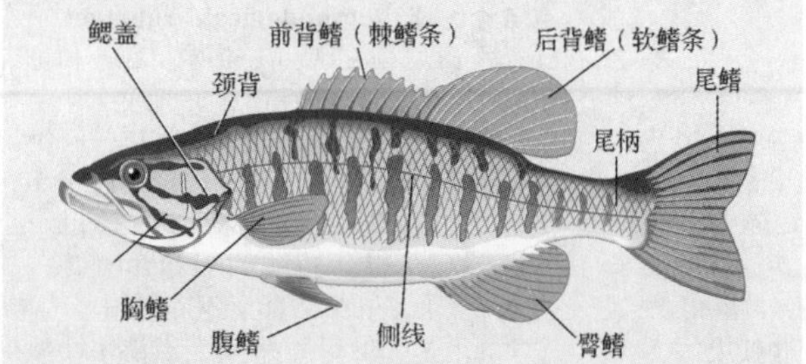

硬骨鱼的外貌特征

鱼雷　torpedo　形似雪茄烟的自推进水下导弹。由潜艇、水面船舰或飞机发射。根据设计，能在与水面船舰及潜艇的船身接触时发生爆炸。鱼雷带有一个控制深度和方向的装置以及一个能引爆弹头的雷管。鱼雷一词最初用来指任何一种爆炸性装置，包括现在被称作潜艇水雷的武器。第一颗现代鱼雷（1866）在其头部装载了8千克的炸药，用液压发动机带动单螺旋桨推进；射程为180～640米。在两次世界大战中，鱼雷都被潜艇成功地利用，当时许多商船沉入海底，大多数是被德国的U-潜艇击沉。现在的鱼雷通常采用电池供电的电动机提供推力。

鱼子酱　caviar　盐渍的鲟鱼子。所有货真价实的鱼子酱都是在俄罗斯和伊朗用从里海和黑海捕获的鲟鱼制作的。最上等的“培罗加”（beluga）由白鲟的黑色或灰色大鱼子制成；新鲜的培罗加相当稀少，价钱也极昂贵。次等鱼子酱是用大量盐重腌并经过压制的破或不成熟的卵。红鲑鱼子及其他鱼子通常也以鱼子酱的名称出售。

逾越节　Passover　犹太教节日，用于纪念在埃及当奴隶的希伯来人获得自由。在击杀埃及境内初生人畜之前，上帝吩咐摩西让以色列人在门框上贴上特殊标志以表明自己不受死亡天使之咎（即予宽恕之民），从而免遭击杀。逾越节开始于尼散月（三月或四月）15号，并于该月22号（在以色列为21号）结束。在此期间只能吃未发酵的面包，以此来象征希伯来人在奴役期间所遭受的苦难和他们离开埃及时的匆忙。在逾越节的第一个晚上要举行逾越节家宴，席间还要诵读哈加达。

逾越节家宴　Seder　逾越节第一个晚上举行的宗教餐宴，以此来纪念犹太人逃离埃及。家宴由一家之长主持，家宴之前要进行圣餐仪式哈加达，使参加者牢记《出埃及记》的故事意义。该仪式包括祝福、斟酒，以及让家中最年幼者依礼就此节日的意义提问（如“为什么

这个夜晚不同于其他夜晚？”）。餐食包括未发酵的面包和苦野菜，面包象征以色列人离开埃及时的匆忙，野菜象征奴隶所遭受的苦难。还要为**弥赛亚**的先驱**以利亚**斟上一杯酒。

魣 barracuda 鲈形目魣科约20种掠食性鱼类的统称。遍布于温带和热带区，有些也分布到较温和的地区。体细长，强健，游动快速；鳞小，下颚突出，口大且具许多大而尖

魣（*Sphyraena*）
C. Leroy French-Tom Stack & Associates

利的牙齿。体型大小不一，有些较小，大的可长达1.2～1.8米。主要捕食小鱼。属游钓鱼，也有食用价值。但在某些海域，体内却富含一种有毒物质。因其大胆而好奇，通常被看作是长成后可能危害人类的一种可怕鱼类。

瑜伽派 Yoga 印度六派正统哲学体系之一，其影响遍及许多其他印度思想派系。它为人所知主要是通过修习，而不是通过其建立在数论派哲学基础上的理论内容。瑜伽认为世界的进化分阶段进行，故欲逆而行之，使人们重入其成熟期，这可能要求若干生命期去通过。头两个阶段是道德准备，强调道德观、洁身和信神。第三、四两个阶段是形体准备，即“静坐”和“调息”。瑜伽的形体修习在西方已成功地得到普及。第五阶段是“制感”，能将感觉注意力从外界对象收回心中。余下的三个阶段是“执持”（专注）、“禅定”（静虑）和“等待”（专心），由此获得解脱。

瑜伽行派 Yogacara 又称Vijnanavada（唯识学派）。大乘佛教的重要唯心学派。抨击上座部佛教的彻底现实论和大乘佛教中观学派的务实假设现实论。唯识学派这一名词更能说明此派的哲学立场，即人所感知的实体并不存在，可以谓之存在的只是人对于法的识。但是识能够在这些所谓不真实的事件中清晰地看出连续性和规律性的模式。瑜伽行派的学说于公元2世纪前后出现于印度，7世纪由玄奘传入中国。7世纪中叶传入日本为法相宗。

榆树 elm 榆科森林及观赏阴生乔木，约18种，主要原产于北温带。植株高；叶簇美观，可供观赏。榆叶有重锯齿，基部常偏斜。花无花瓣，先开花后生叶，花成簇生于枝头。果为翅果，呈被毛的翅状结构。美洲榆（*Ulmus americana*）树皮深灰色，具皱纹，叶椭圆形。许多种榆树易感染荷兰榆树病。榆木

美洲榆（*Ulmus americana*）的叶与果实。
Kitty Kohout from Root Resources

耐水浸，适用于造船和建筑农舍，也用于制作家具。

愚人节 April Fools' Day 又作All Fools' Day。4月的第1天，因为根据习俗在这一天可以对别人恶作剧而得名。这种风俗尽管在某些国家已经持续数百年，包括法国和英国，但其起源仍然不详。它与其他节日，如古罗马的嬉乐节（3月25日）和印度的**好利节**（到3月31日止）有相似之处。在愚人节时捉弄人的习俗是由英国人带到美国的。

宇宙 universe 物质和能量构成的整个宇宙体系，地球只是其中的一部分。宇宙的主要构成部分是**星系**，星系内有恒星和星团，以及**星云**。太阳是我们的星系（**银河系**）中几十亿恒星当中的一个。所有的原子、亚原子粒子以及它们组成的每种物体也都是宇宙的一部分。宇宙由强力、弱力、电磁力和引力四大基本力量控制。为了解释宇宙的起源和结构，已有许多理论被提出。参阅**大爆炸**、**宇宙学**、**膨胀宇宙**和**稳恒态理论**。

宇宙背景辐射 cosmic background radiation **电磁辐射**，主要位于**微波**范围，依据**大爆炸**宇宙模型，一般认为是来自几十亿年前宇宙创生的爆炸经过高度红移之后的残存效应（参阅**红移**）。1964年由R. W. 威尔逊、A. 彭齐亚斯在偶然间发现，其存在支持大爆炸宇宙论的预测。

宇宙背景辐射探测器 Cosmic Background Explorer（COBE） 美国卫星，1989～1993年绘制出宇宙背景辐射。1964年，充满整个宇宙的电磁辐射被发现。这种辐射为大爆炸理论提供了强有力支持，即大爆炸时宇宙的温度是极高的。为了验证有关宇宙历史的各种理论，宇宙论者需要了解磁场是否真的是在每个方向都相同。宇宙背景辐射探测器的全天空辐射测绘表明密度变化量存在少量“皱纹”。这些变化量会刺激星系形成。光谱仪显示背景辐射的光谱完全吻合这个理论。

宇宙论论证 cosmological argument 在自然神学中，用来证明上帝存在的一种论证形式。圣托马斯·阿奎那在他的《神学大全》中出现了两种宇宙论论证：第一因论证和偶然-必然性论证。第一因论证以世界在变动的事实为论证的起始，而这些变动一定是某个或某些原因所导致的。而每个原因本身又是某个或某组更进一步的原因所造成。这个因果系列的链若非永不止息地向前推衍，就是由一个第一因所完成。这个第一因是基督教的上帝的含义的一个重要方面，但并非全部。偶然-必然性论证走的是另一条途径，但仍以类似的思考方式为基础，由自然界层层推衍到最终极的基础。

宇宙线 cosmic ray 贯穿银河系的高速粒子（原子核或电子）。其中一些粒子来自太阳，但大部分来自太阳系外。到达地球大气层顶部的宇宙线粒子称为初级宇宙线，它们与大气中的原子核碰撞后，产生次级宇宙线。因为较低能量的初级宇宙线受星际磁场和地球磁场的强大影响，在地球附近探测到的大部分具有很高的能量，速度相当于光速的87%或更高。由人造地球轨道卫星进行的γ射线测量显示，宇宙线主要来自银河系的银盘，但是具有最高能量的宇宙线可能是来自银河外。涉及宇宙线产生和加速过程的细节至今还不清楚，但来自超新星的膨胀冲击波明显能加速粒子。从20世纪30年代初期到50年代，对于宇宙线的研究在科学研究原子核和它的组分上起过重要作用，因为它们是唯一的高能粒子源。通过宇宙线的撞击发现了短寿命的**亚原子粒子**，因而建立了粒子物理学领域。即便是功率强大的**粒子加速器**所产生的能量也无法和具有最高能量的宇宙线的能量相比。

宇宙学 cosmology 把整个自然科学，尤其是天文学和物理学结合起来，对宇宙作为统一的整体进行探索的一门学科。分为3个伟大时期。第一个时期始于公元前6世纪的希腊，当时毕达哥拉斯提出了地球是一个球体的观念，与巴比伦人、埃及人不同，他设想这样一个宇宙，其中天体的运动都受自然规律的和谐关系所支配。最后归结为2世纪的托勒玫宇宙模型。到16世纪，N. **哥白尼**提出一个以太阳为中心的宇宙（参阅**哥白尼体系**），标志着第二个伟大时期的开始。第三个伟大时期是20世纪初由于A. **爱因斯坦**发现狭义相对论并发展成广义相对论而揭开序幕的。现代宇宙学的基本假设是：宇宙在空间上是同质的（就平均而言，在任何地方、任何时间都是一样的），因此物理规律也到处适用。

羽毛 feather 所有现代鸟类体表和翼面覆盖的结构。羽毛为鸟类所独有，似由鸟的祖先爬虫类的鳞演化而来。羽毛与毛发类似，由纤维状蛋白质角蛋白构成。羽毛特化为多种不同类型，各有专门用途，如隔温、飞翔、构成身体的轮廓、炫示和接受感觉。廓羽构成了鸟类体表的大部，使其呈流线型以利于飞行，并起防水作用。其根部呈绒毛状以隔温。翅膀上的主要廓羽（飞羽）和尾巴上的主要廓羽（驼羽）用于飞翔。成束生长的廓羽（羽管）由皮肤上的小囊生长出来，与无羽区（裸区）间隔分布。绒毛有疏松的羽片倒勾，均从极短的羽轴梢上生长出来。它们的作用是隔温，在成年鸟的飞羽和驼羽上都有分布。它们同时也构成了大部分幼鸟的第一层羽衣。毛羽是尖端有柔软倒勾的毛发状羽毛，它们与廓羽相连，功能是感知或装饰。在鸟喙、眼以及鼻孔周围生长有刺毛状或叶

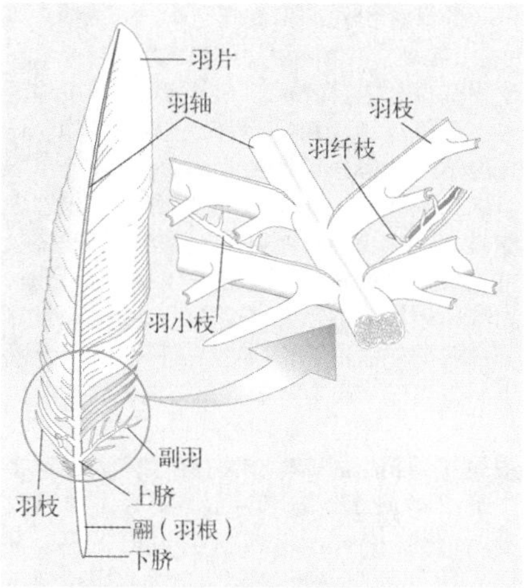

廓羽的一般特征（附放大图）

片状的羽毛。刺毛对一些栖息于地面的鸟类起睫毛作用；长在鼻孔边上的刺毛起过滤作用。

羽毛球　badminton　在室内场地或户外草地上使用轻型长把球拍和羽毛球进行的运动，中间有一网。大约在1873年以英国波福公爵的住所命名。由于风的原因，羽毛球比赛多在室内举行。比赛双方互相击球，不让球触地。全英锦标赛是最著名的赛事。1992年成为奥林匹克运动会的正式比赛项目。国际羽毛球联合会（IBF）是该项目的世界性管理组织，总部设在英国格洛斯特郡的切尔滕纳姆。

雨　rain　水滴直径大于0.5毫米的液态降水。较小水滴的降水通常称为毛毛雨。雨滴可能由小水滴碰撞、合并而成，或由降落近地面暖空气中的雪花和其他冰粒融化而成。夏威夷的怀厄莱阿莱峰20年内年平均降雨量为11 700毫米，是地球上已知最潮湿的地方。最干燥的地域是沙漠中的一些地区，当地的降雨有时甚至无法观测。对所有大陆来说，年平均降雨量低于250毫米和超过1 500毫米，大致都表明降雨量异常。

雨果　Hugo, Victor(-Marie)（1802～1885）法国诗人、剧作家和小说家。将军之子，20岁以前已是娴熟的诗人。诗剧《克伦威尔》（1827）使他成为**浪漫主义**的重要人物。诗

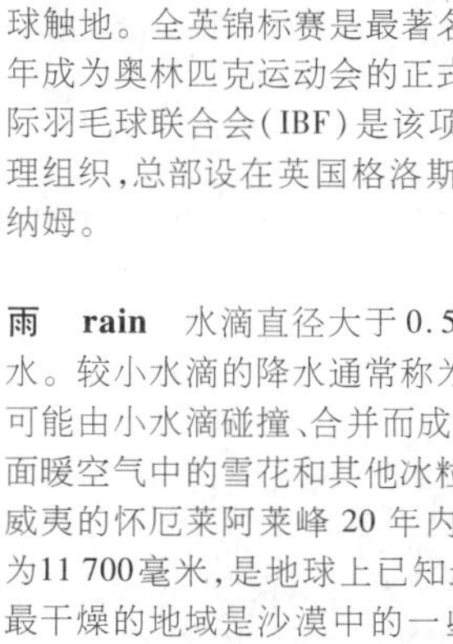

雨果，纳达尔（G.-F. 图尔纳松）摄
Archives Photographiques

歌悲剧《爱尔那尼》（1830）的成功上演，是浪漫主义对传统古典主义的一次著名的胜利。后来创作的剧本包括《逍遥王》（1832）和《吕伊·布拉斯》（1838）。最著名的小说有：《巴黎圣母院》（1831），描述了中世纪的生活；《悲惨世界》（1862），关于罪犯冉阿让的故事。这两本书受到极大欢迎，使他成为世界上最成功的作家之一。晚年为政治人物和政治作家，因持共和观点而于1851～1870年流亡。其间创作了范围最广泛且独创性最强的作品，包括政治讽刺诗集《惩罚集》（1853）、《静观集》（1856）、《街道与森林之歌》（1865）和《历代传说》（1859，1877，1883）。1876年任参议员。他去世后作为民族英雄葬于先贤祠。

雨林　rain forest　一种茂盛的**森林**类型，多由高大的阔叶树组成，通常分布于赤道附近的潮湿热带地区，主要分布在中、南美洲，中、西非洲，印度尼西亚，东南亚部分地区，以及澳大利亚热带地区。这些地区终年湿度很高，无明显季节变化。取决于年降雨量，其树木或为常绿树或主要为落叶林，前者需要更多的水量。温度很高，白昼间一般温度在30℃左右，夜间约20℃。土壤的营养情况随地区和气候的不同而变化，大多数雨林的土壤往往终年潮湿且不肥沃，因为高温高湿条件下，有机物分解很快，并很快地就被树根和真菌所吸收。雨林中植物和动物的发育呈许多垂直层次状态。最高的植物层（冠层）高30～50米，该层的动物多数在叶枝之间寻找食物和逃避肉食性动物。次冠层植物由小乔木、**藤本植物**和**附生植物**组成。雨林地表面被树枝、细枝和落叶所覆盖。许多种类的动物居于下层。雨林的地面并不是如一般所认为的那样不可通行，多数地面除了薄薄一层**腐殖质**和落叶外多是光裸的。生活于这个层次的动物（例如犀、大猩猩、象、豹和熊）善于行走和短距离的攀爬。在地表下生活着穴居动物，如犰狳、蚓螈。此外，土层中许多微生物能将各层动、植物遗留的有机物质分解。地层的气候异常稳定，因为冠层和低层树枝过滤了阳光和热辐射，减弱了风速，使得雨林中昼夜温度相当均匀。

雨燕　swift　雨燕科约75种鸟类的总称，几乎广布全球。其飞行速度是小型鸟类中最快的，可达每小时110千米。长约9～23厘米，翅长，体粗短，羽色暗；头宽，嘴短宽而微弯曲；尾或短或长，有分叉。雨燕能在飞行中捕食昆虫、喝水、洗澡，有时还在空中交配。双足常无法平直伸展，通常用以垂挂在一直立面上。巢由黏性的唾液黏合其他物而成，筑于洞壁或烟囱内侧以及树洞内。

语调　intonation　**语音学**术语，指发声的旋律模式。语调主要是音调的高低变化，但在英语这样的语言中也有重音和节奏。语调传达言语表达含义的差别（如惊奇、疑惑）。在很多语言中（包括英语在内）语调具有语法的功能，可以区分出不同的短语或句子。因此，"it's gone"（没有了）这句话以降调结束时是一个肯定句，若以升调结束时则是一个疑问句。

语法　grammar　说明**音系学**、**形态学**、**句法**和**语义学**的语言规则，亦指论述上列规则的摘要。最早编写语法的欧洲人是希腊人，最有名的是公元前1世纪的亚历山大学派。罗马人将希腊的语法系统应用于拉丁语中。拉丁语法学家多纳图斯（公元4世纪）及普里西安（公元6世纪）的作品，在中世纪欧洲被广泛使用于教授拉丁语法。至1700年，已编印出61种通俗口语语法，主要用于教授和语言规范的标准化。19～20世纪，语言学家开始把研究重点转至语言的演进过程而不是规定其正确用法。描写语法学家（参阅F. de **索绪尔**）经由收集分析语句来研究语言，转换-生成语法学家（参阅N. **乔姆斯基**）则研究语言的深层结构。过去语法被用来教学生如何能正确地说、写，现在仍然是初等和中等教育的基础。

语气　mood　又作mode。**语法**上的一个范畴，反映说话者对一个事件真实性、确切性或急迫性的看法。语气通常以特别的动词形式表明（动词屈折变化），包括用于事实或中性情况的陈述语气［如"You did your work."（你做了作业）］、用于传达命令或请求的祈使语气［如"Do your work."（做作业）］和虚拟语气。虚拟语气的功能很多，可以表示怀疑、可能、必要、愿望或者将来的时间。在英语中通常指和现实相反的情况［如"If he were to work here, he would have to learn to be punctual."（如果他要在这里工作，他得学会准时）］。

语态　voice　语法术语。动词的一种形式，表明一句话里所述事件之参与者（主语、宾语）同该事件之间的关系。英语语法把语态区分为主动语态（The hunter killed the bear. 猎人杀了熊。）和被动语态（The bear was killed by the hunter. 熊被猎人杀了。）。在主动语态句子里，主语作为动作者或施动者支配动作过程，而动作可以有一个宾语作为其目的。被动语态则表示主语是接受动作的。

语言　language　一种约定俗成的口头或书写符号系统，人作为社会群体的成员及其文化的参与者以此进行交流活动。语言反映并影响文化中的思考方式，而又在文化的影响下发展变化。原本相关的语言会因为使用者的互相隔离而越来越不相同。当言语集团互相接触时（例如经由贸易或征服），它们的语言会互相影响。大多数现存的语言与从一个共同母语传承下来的其他语言构成一类。最大范围的语言分类是语系，例如，所有的**罗曼诸语言**都源自于拉丁语，属**印欧诸语言**的意大利语族，是继承古老的母语原始印欧语而来。其他主要语系有，亚洲的**汉藏诸语言**、**澳斯特罗尼西亚诸语言**、**达罗毗荼诸语言**、**阿尔泰诸语言**和**澳斯特罗亚细亚诸语言**；非洲的**尼日尔-刚果诸语言**、含米特-闪米特诸语言和**尼罗-撒哈拉诸语言**；美洲的犹他-阿兹特克诸语言、马雅语系、**奥托-曼格诸语言**和图皮诸语言。考证语言间的关系是以比较**语法**和**句法**，尤其是以寻求不同语言间同源词

(相似的字)的方法来进行。语言有着复杂的结构,但可以通过分析而系统地表现出来(参阅语言学)。所有的语言都是从言语开始,其中许多继续发展形成文字体系。所有的语言都可以用不同的句子结构来表达语气。为表达语气各种语言有着不相同的表达方法,但在结构上都很灵活,这一点是相同的。其主要的表达方法是词序、构词、句法结构和言语中的语调。不同的语言保持了本身对数量、人称、性、时态、语气的表达法和其他与字根分离或连结在一起的范畴。人类天生学习语言的能力随年龄的增长而减弱,在大约 10 岁以后所学的语言其表达能力通常都不如在此之前所学的好。参阅方言。

语言学 linguistics 研究语言的性质和结构的学科。传统上包括语义学、句法学和音系学。共时语言学研究旨在描写在某一特定时间存在的某种语言,历时语言学研究探索某一语言的发展。公元前 5 世纪的希腊哲学家们最早关注语言理论,他们对人类语言的起源进行辩论。公元前 1 世纪狄奥尼索斯·特拉克斯编撰了第一部完整的希腊语语法书,成为罗马语法学家的楷模,而这些罗马语法学家的著作又成为中世纪和文艺复兴时期各种当地语法的基础。19 世纪由于历史语言学的兴起,语言学成为一门科学。19 世纪末和 20 世纪初,F. de 索绪尔建立了语言学的结构主义言学派(参阅结构主义),分析实际的言语法以了解语言的底层结构。20 世纪 50 年代,N. 乔姆斯基对结构主义的语言学方法提出质疑,主张语言学家应该研究操本族语者对自己语言之本能条件下的熟悉状况(语言能力),而不是实际语言成果(语言行为),他还提出了生成语法。他的一般研究方法,即转换生成语法,在以后的几十年里得到广泛修订,成为扩充标准理论、原则及参数(管辖与约束)方法以及最简方案。20 世纪 60 年代发展起来的其他语法理论包括概化词组结构语法、词汇功能语法、关系语法以及认知语法。乔姆斯基对语言能力的重视极大促进了心理语言学和神经语言学相关原则的发展。其他相关领域包括人类语言学、计算语言学、数理语言学、社会语言学以及语言哲学。

语言哲学 language, philosophy of 哲学的一个分支,主要目的为清楚表达意义理论的形式和必要条件与自然语言的关系。就历史来说,这和由于语言的误用、误解以致引起的哲学困惑的观点有关。然而,不是所有的语言哲学家都认为语言的逻辑分析是个适合的方法,遑论其作为解决哲学问题的唯一方法。参阅语言学和实用主义。

语义学 semantics 对语言意义的研究,是语言学的一个主要领域。对此语言学家有各种不同的方法。解释语义学学派的学者对独立于语境的语言结构进行研究。相反的,生成语义学学派的学者坚持认为句子的意义就是句子的一种使用功能。另外还有一派认为只有在研究了人们如何形成概念并使之与词的意义相关联的各种心理学问题后,语义学才能有所发展。

语音辨识 speech recognition 也称 voice recognition。计算机系统接受语音输入,执行其指令或将其转译成书写语言的能力。目前研究方向是应用自动语音辨识,目的在于将语音的内容转换成讯息,成为语言或认知工作的基础,例如翻译成另外一种语言。实际应用包括数据库查询系统,信息撷取系统,及身份识别与确认系统,例如电传银行业务系统。语音辨识在机器人学方面大有可为,特别是发展能“听”的机器人。参阅模式辨识。

语音学 phonetics 研究言语的声音学科。语音学研究它们的发音(发音语音学)、声学性质(声学语音学),以及如何组合起来构成音节、词语和句子(语言语音学)。最早的语音学家为印度学者(约公元前 300),他们试图保存梵文经文的发音。古代的希腊人被证明是首次以语音字母作为书写系统的人。现代语音学的创立者为 A. M. 贝尔(1819 ～ 1905),其《语音图解法 》(1867)研发一套书写语音的精确符号体系。20 世纪时,语言学家专注于开发一种分类系统,可以用来比较所有的人类语音。现代语音学关注的另一个方面是语音感知的心理过程。

语用学 pragmatics 语言学和语言哲学的分支,研究语言符号和其使用者之间的关系。通常认为与句法和语义学相对,是有关支配有意义的表达以完成沟通行为的规则和惯例的研究。语义学与语用学之间的差异,在于反映由说话者所使用的严谨字面本义用语(语义学研究范围)和特殊状况下用语(语用学研究范围)之间的不同。反语和隐喻则区别了句子的字面本义与特殊表达句子的含义两者之间的歧异。

玉 jade 两种坚韧、致密的宝石,典型的呈绿色,极易抛光。从很早有记载的时代起,这两种矿物就被雕琢为珠宝、饰物、小雕塑或实用物品。价值较高的一种玉石是硬玉,另一

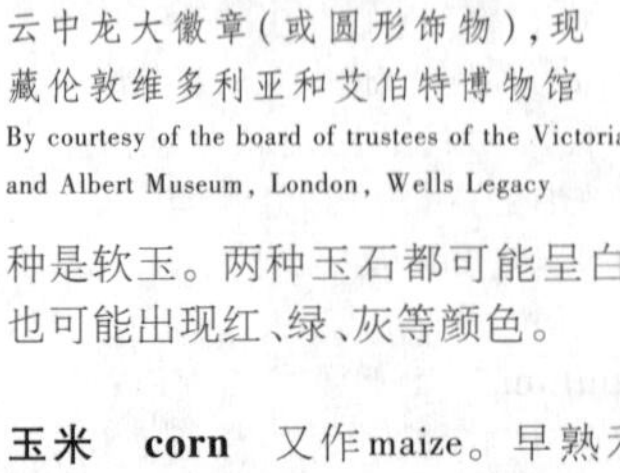

中国清代(可能是乾隆年间)玉雕云中龙大徽章(或圆形饰物),现藏伦敦维多利亚和艾伯特博物馆
By courtesy of the board of trustees of the Victoria and Albert Museum, London, Wells Legacy

种是软玉。两种玉石都可能呈白色或无色,也可能出现红、绿、灰等颜色。

玉米 corn 又作 maize。早熟禾科一年生谷类植物,学名 *Zea mays*,源自新大陆,今已遍布全世界。印第安人教会殖民者种植玉米,包括一些籽粒黄色的品种,该品种与红、蓝、粉红和黑色的品种一样,至今仍是受欢迎的食用品种。后几种颜色的品种常带有条纹或斑点,现代常当作观赏植物。在美国,杂色斑驳的品种称作印第安玉米。植株高大,茎强壮,挺直。叶窄而大,边缘波状,玉米用作动物饲料、人类食物和工业原料,在许多地区为主要粮食,但营养价值低于其他谷物。植株的不可食部分可供工业应用,玉米秆用于造纸和制墙板;外皮用作填充材料,玉米芯作燃料,可烧炭,也用来制造工业溶剂。长久以来玉米外皮也被用作民族艺术的一种材料,如编织成护身符和玉米皮娃娃。玉米是世界上分布最广的粮食作物之一,种植面积仅次于小麦。玉米也是美国最重要的粮食作物。

玉簪属 hosta 百合科玉簪属约 40 种多年生耐寒草本植物的统称,原产东亚。喜稍阴暗处,但可在各种情况下生长。因其引人注目的叶子而被频繁栽种,其叶颜色为浅至深绿、黄、蓝或杂色。具螺纹的叶成簇基生,自叶片处生出有白色或蓝紫色管状花簇的茎。

郁金香 tulip 百合科郁金香属植物的统称,约 100 种。培育出鳞茎草本植物的几乎 4 000个变种,原产于欧亚大陆。郁金香在所有花园花卉中最受欢迎。它的叶厚,浅蓝绿色,2 ～ 3 片,簇生于植株的基部。花单生,钟形,有三个花瓣及三个萼片。花色多样,从纯白色至深浅不同的黄色,从红色至褐色,从深紫色至几乎完全黑色。用无害的病毒感染使花色按一定的图案消失,现出白色或黄色,从而呈现带条纹的花。

郁特里洛 Utrillo, Maurice(1883 ～ 1955)法国画家。十几岁时嗜酒,其母苏姗纳·瓦拉东(1869 ～ 1938)是一位画家和美术模特,鼓励他利用绘画进行治疗;不久他就迷上了

《死胡同科坦》,油画,M. 郁特里洛绘,约 1910;现藏国家现代艺术博物馆,巴黎
1993 ARS N. Y. /SPADEM; Photograph, Scala/Art Resource

绘画。他没有上过正式的美术课,只是对尽可能真实地画出自己的所见之物感兴趣。他的大多数作品都是描绘巴黎蒙马特尔区破旧的房屋和街道。最佳作品创作于他的“白色时期”(约 1908 ～ 1914),之所以取这个名字是因为他在密集的层次中大量使用锌白,以表现陈旧残破的墙体。

育空 Yukon 旧称Yukon Territory(育空地

区）。加拿大西北部地区。西部与美国阿拉斯加州交界，东部接西北地区，南临不列颠哥伦比亚省，首府怀特霍斯。育空河系占该地区面积的约 3/4，周围是北美洲一些最高和最壮观的山脉，特别是圣伊莱亚斯山脉和加拿大最高峰洛根山。该地区原住有美洲印第安人和因努伊特人（爱斯基摩人），第一个来到该地区的欧洲人（1825）是英国探险家 J. 富兰克林，他曾探索西北通道。随后出现临时居民点。19 世纪 70 年代发现金矿，随后在克朗代克河掀起了淘金热。1898 年，从西北地区分离出来，另行设置建制。支撑当地经济的淘金热很快衰退，勘探开采其他矿藏在整个 20 世纪一直持续。地区经济的支柱是政府部门和旅游业。人口约33 897（2011）。

育空河　Yukon River　北美西北的河系。发源于育空地区中南部的麦克尼尔河，总长 3 190千米，北美第三长的河流和第四长的河系。自西北进入阿拉斯加，由西南穿过美国的阿拉斯加州，注入白令海。为北美第三长河。在阿拉斯加境内的2 035 千米河段可通航。该河因 1896 年其加拿大支流克朗代克河发现丰富金矿而闻名世界。

御灵　goryo　在日本神话中，指复仇心重的亡魂。原本专指在政治斗争中被陷害致死的贵族亡魂，借招致天灾、疾病或兵戎为自己复仇，但一升入神界成为御灵神，就会安分下来。后来人们逐渐相信，任何人如在咽气时愿作御灵，或是在非常情况下横死，都可以成为御灵。有各种驱邪祓魔的方法和法术可以驱除他们。

寓言　fable　一种故事形式，通常以拟人的行为和话语赋予动物或无生命物体，以灌输有益的真理。寓言和民间故事不同之处是，将道德教诲编入故事，并往往在结尾处明确指出。西方寓言传统始于*伊索*，兴盛于中世纪，17 世纪时法国*拉封丹*的作品使这种体裁达到顶峰。19 世纪期间，随着儿童文学的兴起，寓言找到了一批新的读者。寓言的根源也可追溯到古时候的印度、中国和日本的传统文学和宗教。

裕仁　Hirohito（1901 ～ 1989）　又称Showa emperor（昭和天皇）。日本在位时间最长的君主（1926 ～ 1989）。他的统治与日本 20 世纪的军国主义、第二次世界大战期间对中国和东南亚以及在太平洋上的侵略是等同的。虽然明治宪法赋予天皇最高的权力，但实际上他只是批准大臣和顾问们制定的政策。历史学家们争论裕仁本应把日本从军国主义的道路上拉回来，争论他应对战争期间他的政府和军队的行为负什么样的责任。1945 年 8 月，他在国家电台亲自广播，宣布日本投降，从而打破了天皇历来保持沉默的惯例；1946 年他第二次广播，宣布放弃日本天皇传统的准神地位。

愈伤组织　callus　植物学中指在受伤的植物表面形成的软组织，最后缓慢地愈合。愈伤组织来自形成层细胞。当一个愈伤组织形成时，其中有些细胞会组成一些生长点，有些细胞转而形成根部，其他细胞会生出茎和叶。因此，一个愈伤组织可能会再生一棵完整的植物。

鹬　sandpiper　鹬科多种海岸鸟的统称，几乎在世界范围内都有其繁殖地和越冬地。体长约 15 ～ 30 厘米。鹬的喙和腿长度中等，翅长而窄，尾较短。上体由褐色、浅黄色和黑

白腰滨鹬（*Calidris fuscicollis*）
Helen Cruickshank from The National Audubon Society Collection/Photo Researchers

色区域组成复杂的“枯草”图案，下体白色或淡黄色。鹬在海岸线和内陆水体的沙滩及泥滩觅食，沿水边奔跑，拣食昆虫、甲壳动物以及蠕虫，发出尖细的叫声。许多种鹬从北极大批迁徙至南美洲和新西兰越冬。

鸢　kite　多种体型轻巧的*猛禽*的统称。头小，脸部分裸露，嘴短，翅和尾部狭长。见于世界各地的温暖地区。有些捕食昆虫；另一些种类主要食腐肉，但也吃啮齿动物和爬行

燕尾鸢（*Elanoides forficatus*）
James A. Kern

动物；还有少数几种只吃蜗牛。飞行时先慢慢拍动翅膀，然后翅向后收缩成一定角度滑翔。分属于鹰科的 3 个亚科：鸢亚科（真鸢和蜗牛鸢）、白尾鸢亚科（包括白尾鸢，是少数几种数量在增长的北美*攫禽*之一）和蜂鹰亚科（包括新大陆的燕尾鸢）。参阅*鹰*。

鸢尾科　iris family　显花植物的一科，由大约1 700个多年生草本植物物种及一些灌木组成，约有 80 个属。著名的观赏植物如鸢尾花（鸢尾属）、*唐菖蒲属*、番红花、小苍兰。鸢尾花有像剑一样的平滑的叶片，在光滑的茎上长出艳丽的花朵，各种颜色和大小。非洲的数量与种类最多，几乎在全世界的温带、副亚热带与热带地区都可发现。地下茎可能是根茎（如美洲鸢尾物种）、球根（如欧洲西南部的鸢尾物种）或是球茎（如唐菖蒲）。

元旦　New Year's Day　新年开始的第一天。世界各地依当地的宗教、文化以及社会习俗对这一天加以庆祝。通常会举行仪式来象征抛弃旧的一年并庆祝新的一年。犹太教、基督教和伊斯兰教使用各自不同的历法，因此在不同的日子里来庆祝元旦。在西方，公历的 1 月 1 日是公认的元旦。犹太教元旦又称*岁首节*，以提市黎月初一为元旦，这一天有可能是公历 9 月 6 日至 10 月 5 日之间的任何一天。穆斯林的元旦则是穆哈兰圣月的第一天，由于伊斯兰教采用的是阴历，这一天相对于公历来说是逐年退行的。中国的农历新年通常是在公历的 1 月末或 2 月初，节庆活动往往持续很多天，包括用放鞭炮的方式来驱魔、演戏以及祭祀祖先和众神。

元古宙　Proterozoic Eon　*先寒武纪时期*两个分法中较晚的一个单元，距今 25 亿年到 5. 41 亿年。元古宙的地层在所有大陆上都已被认定，并常常构成金属矿石的重要来源，特别是铁、金、铜、铀和镍的矿石。在早前寒武纪时期形成的许多小的原始大陆在元古宙中期就合并为一个巨大的哥伦比亚大陆。后来哥伦比亚大陆裂解，在元古宙后期重新聚合为罗迪尼亚超大陆。元古宙岩层中含有原始生物类型的很多遗迹，例如*细菌*、蓝绿藻和多细胞软体生物的化石。

元老　genro　日本从《明治宪法》颁布（1889）起到 20 世纪 30 年代初控制日本政府的超宪法的寡头政治集团。在 1868 年明治维新时，元老扮演了主要角色。他们在官方政府结构之外扮演看管的角色，延续了日本的传统，即政权只是名义上的，军队才握有实权。参阅*藤原家族*、*北条家族*、*伊藤博文*和*山县有朋*。

元老院　Senate　古罗马时代的理政和咨询机构，是罗马宪政中持续时间最长的单位。在君主制时期，元老院是一个咨询机构，权力并不明确。在共和国时期，元老院为*执政官*提供咨询，其权力应该仅在执政官之下。元老院的成员由执政官指派，但由于他们是终身制，因此到了共和国后期，元老院已独立于执政官，享有广泛的权力。在公元前 312 年左右，监察官从执政官手中接过任命元老院成员的权力。公元前 81 年，*苏拉*使遴选自动化，例行公事地承认了之前所有的*度支官*。元老院成为主要的管理机构，控制着共和国的财政。后来 J. *凯撒*把元老院成员的人数增加到 900 名。*奥古斯都*又把人数减为 300 名，并削弱元老院的权力，赋予其新的司法和立法功能。其人数后来上升到约2 000人；其中很多为地方人士，最重要的元老院成员为富裕的大地主。元老院的权力后来不断减弱，直至 6 世纪该机构最终消亡。

元灵　genius　古罗马宗教中，指依附于一人或一地的灵。起初，祀奉的是一家男女主人的元灵，分别体现一家族或氏族的繁衍生殖之力。后来，元灵成为一种天然守护天使即我体的更高形式，每人都拜自己的元灵，特别是在生日时。其他还有地方的元灵和军团、国家和行会等团体的元灵。

元首　princeps　拉丁语，意为“第一位”或“领袖”。古罗马皇帝的非正式称号，从罗马

皇帝奥古斯都(约公元前 27 年～公元 14 年在位)到戴克里先(约 284 ～ 305 年在位)这一段期间使用。该称呼源于罗马共和国与罗马帝国时期,由元老院的主要成员专用。奥古斯都使用这个名称以强调自己是共和制度和美德的恢复者,尽管他和他的后继者实际上都是独裁者。

元晓大师 Wŏnhyo(617 ～ 686) 又称 Wŏnhyo Taesa 或 Wonhyo Daesa。佛教僧人,高丽十圣之一。兼取佛教各派教义进行系统化整理,使贤愚都能理解。他认为,必须在生活中调和理想与现实以追求精神目标。著有《大乘起信论疏》、《金刚三昧经论》和《二障章》。

元音 vowel 发音时从肺部呼出的气流通过起共鸣器作用的口腔,阻力极小并无摩擦声音。例如,*fit*(适合)中的 *i* 音。元音也指由字母 *a*、*e*、*i*、*o*、*u*、*y*(有时)所代表的音。从发音语音学的观点看,元音按舌面和双唇的部位分类,高元音如 *machine*(机器)中的 *i* 音、*rule*(规则)中的 *u* 音。发音时舌面拱起,但发 *u* 音时双唇呈圆形。单一元音发音是单元音,两个元音发音是双元音,其发音如 *round*(圆)中的 *ou*。

芫荽 coriander 又称cilantro。伞形科一年生羽状草本植物及其干果,学名 *Coriandrum sativum*。原产地中海和中东地区。用于许多食品的调味。芫荽的纤细嫩叶——在美国使用其西班牙语名称cilantro——广泛用于拉丁美洲、印度和中国菜中。具适度的芳香味和洋苏叶的香气。

园艺业 horticulture 农业的一个分支,主要是庭园植物——通常指水果、蔬菜、花卉及园林观赏植物——的栽培。繁殖是最基本的园艺实践,目的是保证植物长存,增加植株的数目,并保持植物的重要特性。繁殖可以是有性的,即通过种子繁殖;也可以是无性的,利用切枝、嫁接和组织培养等技术进行。成功的园艺业取决于对环境的全面调控,包括对光、水、温度、土壤结构和肥料的调控以及防治虫害。整形(改变植物的造型)和修剪(谨慎去除植物的某些部分)是两种重要的园艺技术,用以改善植物的外观或用途。参阅花卉园艺。

原核生物 prokaryote 缺少细胞核的细胞生物的统称。归于细菌(包括蓝绿藻)和古菌的生物域为原核生物。其他生物则为真核生物并归入真核生物域。原核生物缺少核膜,也缺少大部分真核细胞所具有的成分。细胞质由负责合成蛋白质的核糖体和通常为环形的双链脱氧核糖核酸组成。许多原核生物又含有额外的环形 DNA 分子,称为质粒。原核生物的鞭毛在结构和运动方式方面均与真核生物不同。

原鸡 jungle fowl 鸡形目雉科原鸡属(*gallus*)4 种亚洲鸟类的统称。与雉科其他种类的区别是:雄鸟有肉质冠和悬挂在喙下方的分叶的肉垂,尾高高隆起如拱形。红原鸡是家鸡(参阅鸡)的祖先。雄鸟有光亮丝状羽毛,头、背红色,身体其余部分的羽毛为黑或绿黑色;雌鸟锈褐色,有斑驳的颈和小的肉质冠。

原角龙属 Protoceratops 化石见于蒙古戈壁沙漠的白垩纪(1 亿 4400 万～6500 万年前)沉积物中的四足恐龙类。它们的后肢比前肢强壮,背部成拱形。成体长约 2 米,体重约 180 千克。头骨的长度约占全身长的 1/5。头骨上向后长有中间穿孔的饰边。颌像鸟嘴,上颌部有一些齿。口鼻部顶上可能有一角状构造。发达的尾部长有长椎棘,暗示其为半水栖习性。

原生动物 protozoan 任何微小的(常常在显微镜下才能观察到的)单细胞原生生物。为非丝状或异养类(以有机碳为能量来源)。在世界各地大多数土壤、淡水和海洋中都可见到。大多数是单独存在的个体,但也有不同的群居物种。原生动物之间以及原生动物与原生生物之间的分类学关系时常被改动。已知最小的原生动物是小于 2 微米的小型血液寄生虫,而最大的则可能有 16 毫米长,能被肉眼看见。原生动物的形态千差万别,但都有一些共同的真核生物特点,如都有脂质-蛋白质膜和用以膜的液泡及细胞器(参阅真核生物)。它们在活动方式、营养和生殖上的差别很大。在原生动物的分类上存在不同的分类系统。常见的原生动物包括腰鞭毛虫、阿米巴和草履虫。

原生生物 protist 原生生物界所有真核生物的统称,包括藻类、原生动物及低等真菌(参阅真菌)。绝大多数原生生物为单细胞生物,虽然藻类往往会是多细胞生物。原生生物多能活动,借鞭毛(参阅鞭毛)、纤毛或似脚的延伸物(伪足)而运动。原生生物界概念的发展,是为了指一些居间的生物体,即使它们具有某些动物或植物的特征,却未显

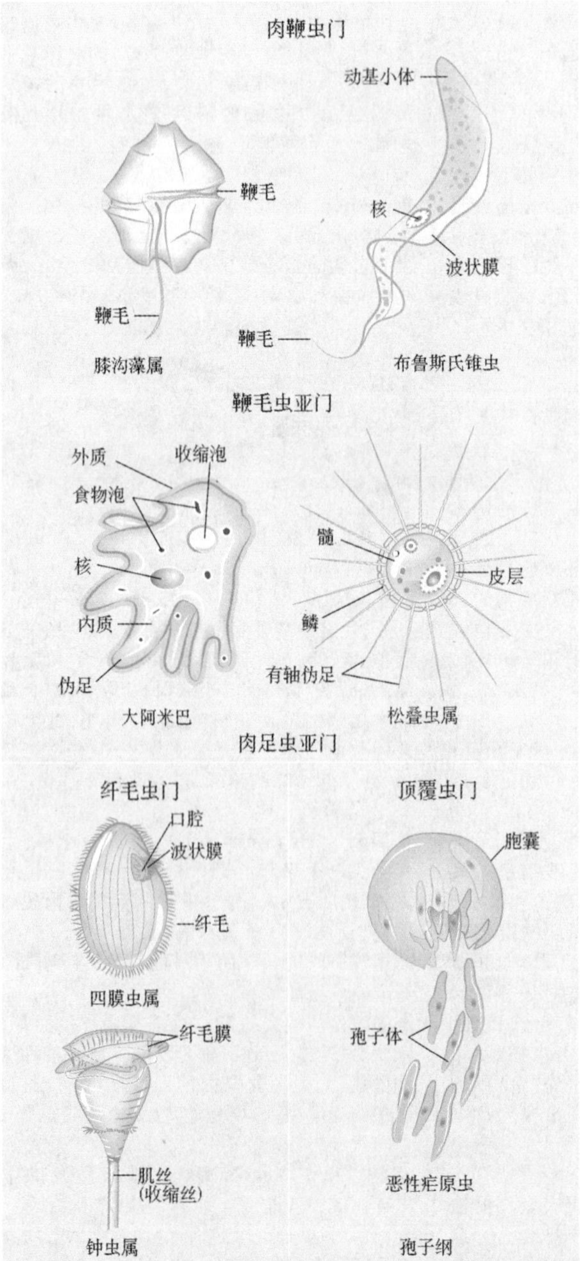

代表性的原生动物。动鞭毛虫纲的布氏锥虫是非洲睡眠病的病原。植鞭毛虫纲的涡鞭毛藻是导致赤潮的腰鞭毛藻之一。阿米巴是最常见的肉足亚门动物之一。其他肉足亚门的成员如放射虫、太阳虫及有孔虫,通常有保护层。太阳虫属(*Pinaciophora*)由鳞片覆盖。纤毛亚门包括四膜虫和钟形虫,是原生动物种的数目最多的一群,但同构型最高。造成疟疾的疟原虫经由蚊子叮咬将孢子(孢子体)注入血液来散布。

示出能指示其为动植物的专化特征。有些原生生物被认为是多细胞动植物和真菌的祖先。原生生物一词由E. 海克尔于1866年提出。随着高等生物化学、遗传学和影像技术的发展，许多以前确定的关系又重新受到仔细观察，有几类生物的亲缘关系不如以前所想的那么近。结果，原生生物的分类尽管提供了方便，但不再被认为完全令人满意。

原型　archetype　在文学评论中，一个原始的形象、性格或者模式在文学与思想中一再浮现，从而成为一个普遍的概念或境界。这个名词引自心理学家C. 荣格"集体无意识"的理论。原型产生于前逻辑思维，在读者和作者心中唤起惊人而相似的感觉。几个原型象征形象包括蛇、鲸、鹰和秃鹫。一个原型主题是从天真无知到有经验的阶段；原型的几种角色包括拜把兄弟、反叛者、贤明的祖父（母）和有善良心肠的妓女。

原子　atom　元素的特性保持不变的最小物质单元，它也是在不释放带电粒子的情况下物质能够分割的最小单元。该词源自希腊语atomos，意为"不可分割的"，20世纪初以前都认为原子是不可分割的，直到发现了电子和原子核。原子的中心是原子核，带正电，其质量约为整个原子的99.9%，但其体积只占原子体积的1/100 000。原子核由带正电的质子与电中性的中子所组成，质子与中子的质量均为单个电子的2 000倍。原子核被弥散的电子云环绕，电子是带负电的几乎没有质量的粒子。由于正负电荷间的吸引而使带负电的电子受带正电的原子核约束。在中性原子中，电子数和原子核的正电荷数相等，但有些原子可以拥有比原子核的正电荷更多或更少的电子，从而原子就带上负的或正的电荷，这类带电的原子称为离子。

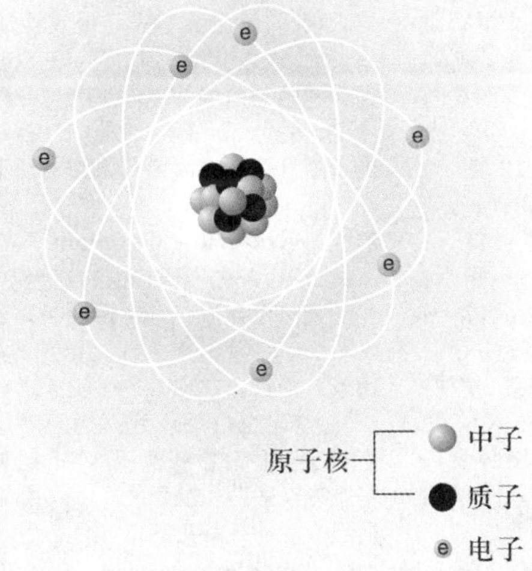

原子的经典"行星"模型。质子和中子在原子核内，轨道上的电子绕着原子核运行。质子的数目决定其所代表的元素，电子的数目决定其电荷，中子的数目决定代表该元素的哪种同位素。

原子弹　atomic bomb　由某些重元素，如钚或铀的原子核裂变突然释放能量而产生巨大爆炸威力的武器（参阅核裂变）。一颗仅包含5～15千克浓缩铀的现代原子弹能释放出相当于15 000吨的黄色炸药（TNT）的爆炸当量；原子弹爆炸时释放出巨大的热能形成一个巨大的火球，同时立即产生强大的冲击波和致命的放射性沉降。第二次世界大战期间，美国通过实施曼哈顿工程制造出第1批原子弹。1945年7月16日在新墨西哥的沙漠试爆成功。原子弹唯一一次在实战中使用是在1945年8月6日由美国投于日本广岛；3天后又投于日本长崎。1949年苏联首次试爆原子弹成功，随后，英国（1952）、法国（1960）、中国（1964）、印度（1974）和巴基斯坦（1998）相继试验了各自的核武器。以色列和南非也被怀疑曾于1979年试爆核武器。参阅氢弹、《防止核扩散条约》和核武器。

原子核　nucleus　原子中央带正电的核心。由带正电的质子和不带电的中子组成，这两者总称为核子，由强力使其结合。核子的数目从1到270，依元素而定。同位素是相同元素的原子有相同的质子数，但是中子数目不同。有些原子核并不稳定，特别是较重的核，或称具有放射性，以α射线、β射线或γ射线的形式发出能量。原子核几乎构成了原子全部质量，但体积却微乎其微。

原子量　atomic weight　一种化学元素的平均原子质量与同位素碳12的原子质量的1/12的比值。最初的原子量标准（氢的原子量定为1）是在19世纪建立的。大约从1900～1961年，氧曾作为原子量的参考标准，那时指定氧的原子量为16，因而原子质量单位定义为氧原子质量的1/16。后来发现天然氧中含有少量的比丰度最大的同位素稍重的另外两种同位素，于是16便代表自然界存在的氧的3种同位素原子质量的平均值。后来又建立了以碳12作标准的新的标度。依据这个新标度，原先的化学原子量数值只需作很小的变动。

原子论　atomism　广义地说，原子论一词是指一种用固定不变的粒子（或单元）组成的集合体的观点来解释复杂现象的学说，因而实质上是一种分析学说。它的3个特性是：原子不可再分；原子之间仅在大小、形状和运动方面有定量的不同；只有在并列时才会结合。原子论常与实在论和机械唯物主义有关，日常所见的物质性质的变化只是原子组态的改变，原子本身则永远不变。原子论与整体论的不同在于它借助整体的各组成部分的差异来解释整体的可观测的性质。

原子序数　atomic number　化学元素在周期表内的序号，在周期表内元素按其原子核内的质子数增加的次序而排列。在中性原子内，电子数与质子数相等，该数字也就是原子序数。

原罪　original sin　基督教教义名词，指人生来所处的罪恶状态；亦指这种状态的根源，由于亚当违背上帝吃下"分别善恶的树"上的果子，因而遗罪于后代。虽然《创世记》将亚当的受苦指为违背上帝的后果，但不认为其罪恶会遗传后世。原罪教义的主要经文根据见于使徒圣保罗的书信。圣奥古斯丁促成使人类罪恶的本性成为正统基督教神学的中心思想。

圆号　French horn　有键阀和大喇叭口的环形号，通常是F调的移调乐器。有较大的管径和3个（有时是4个）回旋式键阀；它的圆锥形吹口能吹出比其他铜管乐的环形吹口更柔和的音调。圆号长期以来都靠活的变音插管（环形管的长度要便于快速安装和拆卸）来使乐曲转换音调。约1900年以来标准的圆号都是"双调"乐器，有一个固定的F调与降B调的变音插管，可以由拇指键阀迅速选择音调。现在的交响乐团一般都有4支圆号，这种号虽然难吹，又很容易出明显的错误，但仍受到广泛的欣赏。

圆花窗　rose window　哥特式建筑中装饰富丽的圆窗，窗上常装有彩色玻璃。最早出现在12世纪中叶的大教堂。主要用在中堂的西端和耳堂的两端。哥特式盛期的圆花窗的棂条窗花格是由若干个放射形的图形组成，每个圆形的外侧都有一尖角的拱形作装饰。巴黎圣母院的圆花窗尤为引人注目。火焰式风格晚期的窗花格放射形窗棂为双曲线波状棂条组成的复杂的网格。

圆形剧场　theater-in-the-round　又称arena stage（圆形舞台）。舞台位于礼堂中央，观众围坐四周的剧场。这种形式从希腊剧场演变而来，中世纪时开始使用。自17世纪起，台口台把观众席限制在舞台的正前方。20世纪30年代莫斯科的现实主义剧团的戏剧在圆形剧场演出，圆形舞台开始在欧洲和美国受到欢迎。其优点是不拘泥于形式，可以在观众与演员之间营造出一种融洽关系，但演员必须不断转身面对不同位置上的观众。

圆形露天剧场　amphitheatre　平面为圆形或椭圆形独立式露天建筑，中央有表演场地，一排排座位呈同心圆状排列。起源于古代意大利（伊特鲁斯坎和坎帕尼亚），它反映了这些民族所喜爱的娱乐方式，即斗剑或斗兽（兽和兽斗或人和兽斗）。现存最早的竞技场（约公元前 80 年）见于庞贝城，其他竞技场也存在于罗马帝国各行省，罗马城的大斗兽场是其中最著名的竞技场。

圆锥截线　conic section　又称二次曲线。由平面和直圆锥面相交所产生的各种曲线。如平面和圆锥的轴成直角相交，得出的曲线是圆。以别的角度，则得出的曲线为椭圆、双曲线和抛物线。欧几里得几何研究圆锥曲线是分析其物理特性；解析几何研究圆锥曲线则是要得出它们的方程。不管是哪种，都能应用于光学、天线设计、结构工程学和建筑学中。

援助令状　Assistance, Writs of　英国人在美洲殖民地普遍使用的搜查证。授权海关官员查禁走私货物，在行政司法长官的帮助下，他们可以搜查任何住宅，无须指明搜查的房址或货名。18 世纪 60 年代该令状受到殖民地居民的挑战。援助令状是美国独立战争前殖民地民怨沸腾的主要原因之一。

源赖朝　Minamoto Yoritomo（1147～1199）日本镰仓幕府的创始人。作为源氏武士家族的一员，因其父反叛居于统治地位的平氏家族失败，年轻时遭到流放。流放期间，他在北条时政（参阅北条家族）支持下，于 1185 年打败了平氏家族。1192 年隐居的天皇封他为幕府，使他成为日本所有军事力量的最高主宰。他在全日本设置自己的守护和地头，借此创立了基层政府组织与天皇政权相争，并逐渐取而代之。这种在不推翻天皇的情况下获得统治权的模式后来被各个幕府政权所沿用。

院外活动　lobbying　个人或团体试图影响政府做出决定的任何努力。这个词开始于 19 世纪，是指影响议员们投票的努力，通常是在议会大厅外面走廊里活动。这种努力可能是直接向执行或立法部门的决策者提出要求，或者也可能采取间接方式（例如，通过影响公众舆论）。可能包括口头或书面的劝说、资助竞选活动、进行公关活动、向立法委员会提供调查研究结果，以及在立法委员会面前正式作证。院外活动分子可能是特殊利益集团的成员，也可能是愿意代表某个集团或个人的专业人士。在美国，《院外活动法》的联邦《管理条例》（1946）要求院外活动者以及他们所代表的团体登记注册，并报告他们的捐献和费用。

约　covenant　特指犹太教和基督教等宗教教义中所讲的约。在《希伯来圣经》中，是人与人或国与国之间的协议或条约。上帝在西奈山向摩西启示五经，创立了上帝和以色列之间的约，也称西奈约。最著名的是上帝与人类之间的承诺，例如上帝向挪亚承诺，不再用洪水毁灭世界；或向亚伯拉罕承诺，其子孙将成为繁族，并继承以色列这片土地。基督的死开辟了人同上帝建立新关系之路。伊斯兰教认为，与先知穆罕默德所立的约，是最终的约。

约阿基姆（菲奥雷的）　Joachim of Fiore（约 1130 ～ 1201/1202）　意大利奥秘修行者、神学家、历史哲学家。在赴圣地朝圣后，他加入西多会。1177 年任西西里境内科拉卓隐修院院长。约 1191 年他摆脱烦琐行政职务隐居山中祈祷隐修，1196 年在菲奥雷成立圣乔治治会。他的《旧约和新约对照书》阐述了历史的理论并追踪《旧约》和《新约》的共通点。在《启示录评注》中他阐示了伪基督的象征，在《十根弦的萨泰利琴》中详细说明了他关于三位一体的学说。约阿基姆是一个想像力丰富的人，他既被认为是先知又被宣布为异端。

约伯　Job　《旧约》中《约伯记》的中心人物，即使遭遇许多不幸，他还是敬畏上帝。最初，约伯是一位富裕且拥有庞大家族的人。撒旦作为坐探提出，应当让他收回对约伯的神恩以考验约伯。不久，他遭受到丧失财富、子女、乃至个人健康等可怕的厄运。他的三位朋友前来安慰他；他和三位友人辩论，并和上帝对谈。约伯始终自称无辜，是无端遭难，自信忠诚公义。他与上帝的对话结束了这次紧张的争论，但是并未解决遭难的难题。该书写于公元前 6 ～前 4 世纪。

约旦　Jordan　全称 Hashemite Kingdom of Jordan（约旦哈希姆王国）。中东地区西南亚国家，位于约旦河东岸。临亚喀巴湾，有 26 千米的海岸线。面积：89 778 平方千米。人口：约6 458 000（2013）。首都：安曼。多数人为阿拉伯人，约 1/3 是巴勒斯坦阿拉伯人，他们是阿以战争后从邻近的以色列和西岸逃难至约旦的。语言：阿拉伯语（官方语言）。宗教：伊斯兰教（国教，主要是逊尼派）。货币：约旦第纳尔。约旦 4/5 的领土是沙漠，不到 1/10 的土地是可耕地。该国海拔最高点是拉姆山（海拔1 754米），耸立于约旦河东岸的丘陵区。约旦河谷地区包含了死海。约旦经济主要仰赖制造业和服务业（包含旅游业）；出口服装、磷酸盐、钾碱、药物、水果、蔬菜及化肥。约旦为君主立宪政体，两院制。国家元首暨政府首脑是国王，由总理辅佐。约旦与以色列有许多相同的历史，因为两者均曾占领了史称巴勒斯坦的部分地区。今日约旦许多地区在公元前 1000 年左右是受以色列的大卫和所罗门统治。公元前 330 年沦入塞琉西王朝手中，公元 7 世纪受穆斯林阿拉伯人统治。1099 年十字军将耶路撒冷王国扩大至约旦河以东。16 世纪时该地区臣服于奥斯曼帝国。1920 年包含约旦（当时称为外约旦）的地区被并入英国托管的巴勒斯坦。虽然英国的托管直到 1948 年才结束，但 1923 年英国就承认了外约旦的部分独立地位。与以色列的敌意到 1950 年中止。西岸地区和东耶路撒冷并入约旦，这个地区的统治权在 1967 年六日战争后由以色列取得。1970 ～ 1971 年约旦政府因与巴勒斯坦解放组织（PLO）游击队的战事而国力日弱，经过一番争斗，约旦将巴解组织逐出。1988 年国王侯赛因重新宣布放弃对西岸的一切领土要求，归巴解组织所有。1994 年约旦和以色列签署全面和平条约。1999 年，侯赛因国王去世，他的儿子阿布杜拉二世继位。约旦于 1980 年首次参加在莫斯科举办的夏季奥运会。

约旦河　Jordan River　中东河流。源于叙利亚和黎巴嫩边界，穿越太巴列湖（加利利海），接着进入其重要的支流耶尔穆克河。最后注入低于海平面 400 米的死海，全长 360 千米。在基督教中，该河因圣约翰（施洗者）在这里为耶稣施洗礼而闻名。

约尔丹斯　Jordaens, Jacob（1593 ～ 1678）活跃在安特卫普的佛兰德斯画家。1615 年被接纳进入画家公会，到 17 世纪 20 年代有了一个欣欣向荣的画室和许多学生。受鲁本斯的巴洛克风格影响，在 P. P. 鲁本斯死后，便成了佛兰德斯的重要画家。其画作中挤满了健壮的人物，光影的强烈对比以及近乎粗鲁的活力气氛，是他的画引人注目的特点。他也绘制宗教画和肖像画。他最重要的两项委托作品是为海牙附近名为豪斯登堡的皇家住所绘制的两幅巨大壁画。后期作品水平参差不齐，经常由其助手来完成。

约珥　Joel　《旧约》中十二小先知的一位，《约珥书》的作者（他的预言是犹太教正典《十二先知书》的一部分）。第二圣殿时期（公元前 516 ～公元 70）他在耶路撒冷住过一段时间，但生平不详。他首次预言是关于蝗灾的，这是一则灾难将降临不信教人的寓言。他的神谕很简单：唯有人们真正归向雅赫维，神恩才会降临犹大。该书最后预言到最后的日子所有以色列人都将认识上帝。

约柜　Ark of the Covenant　在犹太教和基督教中，带有华丽装饰的镀金木柜，该木柜在圣经时代存放刻有上帝授予摩西十诫的两块石板。在希伯来人四处漂流期间，约柜由利未人抬运。在占领迦南后，约柜安放在示罗，但有时也被以色列人运至战场。大卫王把它迁到耶路撒冷，所罗门王把它安置在耶路撒冷圣殿中，在赎罪日时仅由最高祭司开柜观看。约柜最后下落不明。

约翰　John（1167 ～ 1216）　别名 John Lackland（约翰·拉克兰）。英格兰国王（1199 ～1216）。亨利二世的幼子，在一次反对亨利的叛乱（1189）中他与其兄理查（后来的理查一世）站在一起。约翰后被封为爱尔兰公爵。当第三次十字军东征结束，理查在回国的途中被德意志拘留时，他趁机夺取王位未遂（1193）。理查回国后，约翰被放逐（1194），但二人后又和解。1199 年成为国王，在与法国国王腓力二世的战争中约翰失去了诺曼底（1204）和大部分在法国的领土。他因拒绝任命 S. 兰顿为坎特伯雷大主教，被教皇英诺森三世处以绝罚，不得不宣布英国是教皇的领地（1213）。1214 年进军法国，但一无所获。由于他横征暴敛，滥用特权增加政府收入，国内怨声载道，终于引发内战（1215）。贵族们强迫他签署《大宪章》，但内战仍一直持续到他去世。

约翰 John, Augustus (Edwin) (1878～1961) 威尔士油画家、肖像画家、壁画家和绘图员。20岁时就因他那才华横溢的绘图技术而出名。他是一个多姿多彩的人物,曾漫游英国、与吉卜赛人共同生活并学习他们的习俗和语言;《在达特穆尔高地上宿营》(1906)就是根据他的这些生活经历创作的。他的最主要肖像画包括J.乔伊斯和萧伯纳的肖像。

约翰 John, Elton (Hercules) (1947～) 原名Reginald Kenneth Dwight。后称Sir Elton。英国摇滚歌手、钢琴家和歌曲作家。他年幼时靠耳听即能演奏钢琴,11岁时获得皇家音乐学院的奖学金。20世纪60年代末他与歌词作者B.托平(生于1950年)开始了极为成功的合作关系,二人合作了畅销专辑,如《再见黄砖路》(1973)和"火箭号人"、"班尼和喷射机"、"费城自由"等歌曲。二人在80年代初还作了多首畅销曲,包括"我想这就是他们所谓的忧郁"。1997年他重新诠释了1973年的作品"风中之烛",以悼念他的朋友戴安娜(威尔士王妃);他的录音立刻成为历史上最成功的流行单曲。

约翰(索尔兹伯里的) John of Salisbury (1115/1120～1180) 英格兰高级教士和学者。他是著名的拉丁语学者,先后任坎特伯雷大主教西奥博尔德和T.贝克特的秘书。他写有《教廷史》(1163?)、《论政治》(1159)和《元逻辑》(1159)。他拥护教会独立,这触怒了亨利二世被放逐到法国(1163)。亨利与贝克特和解后他回到英格兰,贝克特被暗杀时他在坎特伯雷大教堂。1176年任沙特尔主教,在第三次拉特兰会议上发挥了积极作用。

约翰八世(帕里奥洛加斯) John VIII Palaeologus (1390～1448) 拜占廷皇帝(1421～1448)。曼努埃尔二世·帕里奥洛古斯之子,1421年被其父加冕为同朝皇帝。当时帝国支离破碎,其统治仅限于君士坦丁堡周围地区。1422年君士坦丁堡遭到土耳其的围攻。当帖撒罗尼加被土耳其人攻陷(1430),约翰向西方求援。他促成拜占廷同拉丁教会(1439)的联合,但是西方阻遏土耳其人的努力失败,因此拜占廷人拒绝使他们的教会从属于罗马教皇。约翰最后心灰意懒,郁郁而终。

约翰·保罗二世 John Paul II, Blessed (1920～2005) 原名Karol Wojtyla(沃伊蒂瓦)。罗马天主教教皇(1978～2005),罗马主教以及罗马天主教首领。为455年间第一位非意大利籍教皇,也是首位来自斯拉夫国家的教皇。第二次世界大战期间,在克拉科夫一所隐秘的神学院学习。1946年受祝圣,成为司铎。他在罗马取得伦理学博士学位(1948),回到家乡后在教区工作,后又在公教大学获得神学博士学位(也是1948年)。1964年成为克拉科夫大主教,1967年成为枢机主教。在位仅33天的约翰·保罗一世(1912～1978)去世不久便当选为教皇。他精力旺盛、领导能力强、有智慧,持保守的神学观点并强烈反对共产主义。1981年约翰·保罗

约翰·保罗二世,摄于1979年
Lochon-Francolon-Simon-Gamma-Liaison Agency

在圣彼得广场遭到土耳其恐怖分子枪击,康复后继续工作,并宽恕了自称刺客的人。他出国访问时吸引许多民众。受到他的非暴力行动主义的激发,助长了1989年苏联和平解体。他为发展中国家争取经济和政治上的公平对待而努力。通过任命5大洲44位枢机主教(2001年2月),他的影响触及世界各地的文化。他还追封多位世界各地的圣人,总数超过以往任何一位教皇。他为普世基督教所作的努力包括与犹太教、伊斯兰教和东正教的领袖们会面,广受赞扬。但是他也常因在性别和性等问题上的保守观点而遭批评。尽管从20世纪90年代初便受到帕金森氏病的折磨,但约翰·保罗依然活跃并在2000年3月对耶路撒冷进行了历史性访问,试图改善教会与犹太人之间的关系。2011年5月1日被封列为真福。

约翰二十三世 John XXIII (1881～1963) 原名Angelo Giuseppe Roncalli(隆卡利)。教皇(1958～1963),早年在罗马研究神学,1904年受神职,担任过各种不同的教堂职务。

约翰二十三世,摄于1963年
Keystone

1944年担任教廷驻刚解放的法国使节,他成功地恢复了对梵蒂冈的同情。1953年成为枢机主教,庇护十二世(1939～1958)去世后他被选为教皇。由于他年事已高,原本认为他不会积极做事,但他却是20世纪主要的改革教皇。由于急于领导教会进入现代,1962年召开第二次梵蒂冈会议,并邀请东正教和基督教领袖参加天主教的会议。他也极欲与犹太人恢复关系,虽然在会议结束前去世,但会议继续对天主教仪式和管理进行了重要改革。他一生致力于世界和平,是历史上最受欢迎的教皇之一。2000年,约翰二世(1978～2005)为其行宣福礼。

约翰二世 John II (1319～1364) 法语作Jean。别名John the Good(好人约翰)。法国国王(1350～1364年在位)。常与英国和纳瓦拉起争执,曾试图与纳瓦拉国王查理二世持友好关系,后于1356年将查理二世下狱。英国爱德华三世的儿子爱德华(黑太子)领兵入侵法国南部。普瓦捷战役(1356)中法军大败,约翰被俘虏。他被迫签订《布雷蒂尼条约》(1360)和《加来条约》(1360),确定约翰的赎金,并将法国西南部大部分地区割让给爱德华。参阅百年战争。

约翰南·本·撒该 Johanan ben Zakkai (活动时期1世纪) 巴勒斯坦犹太教哲人。法利赛人的主要代表人物。在耶路撒冷第二圣殿被毁(公元70年)后,他帮助保留和发展犹太教。据说他躲在棺材里逃出了被围困的城市,去拜访了罗马营地,说服未来的皇帝韦斯巴芗允许他在靠近犹太滨海地区的贾姆尼亚成立一个学院。他在那里树立起一个犹太法学博士的权威形象,后成为一名优秀的教师和学者。

约翰内斯堡 Johannesburg 南非东北部城市,豪登省省会,该国最大城市之一。跨越威特沃特斯兰德高地地区。1886年因其附近发现金矿而建。1900年南非战争期间被英国占领。1991年以前一直是合法隔离的城市,非白种人被限制住在外围称为城镇的地区,包括索韦托。大约翰内斯堡有1 600多平方千米,包括500多个郊区城镇,为工业和金融中心。其文化和教育机构包括约翰内斯堡美术馆、市立剧院、威特沃特斯兰德大学和约翰内斯堡大学。人口:都会区3 288 000(2005)。

约翰三世(索别斯基) John III Sobieski (1629～1696) 波兰语作Jan Sobieski。波兰国王(1674～1696年在位)。因击败鞑靼人和哥萨克,被任命为波兰军队总司令(1668)。他因声誉显赫,而在哈布斯堡候选人优先的情况下当选为国王。1683年与利奥波德一世缔约共同对抗奥斯曼土耳其人。同年,土耳其军队接近维也纳时,他匆匆率军前往,指挥整个援军,并大获全胜。他最后一次尝试重建波兰-立陶宛王国。他企图把摩尔多瓦和瓦拉几亚从奥斯曼帝国的统治下解放出来而对匈牙利作战(1683～1691),但不成功。后来,他的家人与贵族间因争吵而导致叛乱,使得波兰在18世纪终至衰败。

约翰(施洗者),圣 John the Baptist, St. (活动时期1世纪初) 犹太人先知,早期基督教以他为耶稣的先驱。关于他的生平来源于4部福音书、《使徒行传》和史学家约瑟夫斯的著作。其母名伊利沙伯,可能是耶稣之母马利亚的亲属;其父是祭司撒迦利亚。约翰的成长时期在犹太旷野中度过,当时艾赛尼派和其他各派隐修人员在那里根据自己的理想教育青年。大约公元28年成为约旦河谷闻名的先知。他宣讲上帝的最后审

判即将来临，为悔改者施洗礼。他为耶稣施洗，耶稣受洗后立即开始传教活动。他由于批评希律·安提帕的婚姻不合法而被捕入狱，后来希律的继女撒罗米要求得到约翰的首级作为她为宾客跳舞的条件，约翰被处死。

约翰(十字架的)，圣 John of the Cross, St.（1542～1591） 西班牙语作San Juan de la Cruz。原名Juan de Yepes y Álvarez。西班牙基督教奥秘神学家、诗人、教义师。曾改革隐修院制度，在西班牙境内坎波城加入加尔默罗会，1567年任司铎。协助女奥秘神学家阿维拉的圣德肋撒恢复加尔默罗会的第一个隐修院。1568年他参与建立赤足加尔默罗会。次年在杜罗洛成立第一个赤足加尔默罗会的隐修院，但因改革使该会内部发生摩擦，使他在托莱多身陷囹圄。1578年他越狱逃走，后来在赤足加尔默罗会中任高职。在他的重要神秘诗作中（包括"灵魂的黑夜"），他描绘了灵魂升天与上帝结合的步伐。

约翰(使徒)，圣 John the Apostle, St.（活动时期1世纪） 又称St. John the Evangelist或St. John the Divine。耶稣的十二使徒之一，传统上认为是《新约》中第4部福音书和《使徒行传》的作者。《启示录》传统上也认为是他的作品。其父是渔夫西比太，约翰与兄弟雅各（参阅圣雅各）同属最早蒙耶稣召唤的诸门徒之列，耶稣复活后约翰在早期教会占有重要席位。约翰以后经历不详。据说他死后葬在以弗所，他的墓地成为朝圣地。《约翰福音》与其他3部福音书不同之处在于，它表达了成熟的神学观点，可与圣保罗的书信媲美。在序言中他确认上帝与道（逻各斯）的统一后，提出了从耶稣生平和活动中选出的一些事件。他对神学问题的阐述（如上帝之子的重要性）对基督教教义的发展产生重大影响。

约翰斯 Johns, Jasper（1930～ ） 美国画家、雕刻家和版画家。生于佐治亚州奥古斯塔。他最初的职业是商业艺术家，为纽约的商店橱窗生产摆设用品。1958年举办了他的第一次个人作品展，取得巨大成功。他与朋友R.劳申伯格一起，被认为是波普艺术流行的起源。他用简单的颜色描绘平常的二维对象（例如旗帜、地图、靶、数字、字母等）。他的画主题朴实，拒绝情绪化的表达方式，与当时在美国艺术界占主流地位的抽象表现主义有根本的不同。他最著名的作品有雕塑《着色青铜器》(1960)，这是用两个啤酒罐做成的铸塑品。1961年起他把实物放到画布上去。20世纪70年代他所作的画由一些他称为"交叉阴影线"的并行线的集合组成。他是至今尚在人世的最成功艺术家之一。

约翰逊 Johnson, Andrew（1808～1875） 美国第17任总统（1865～1869）。生于北卡罗来纳州，但长于田纳西州。他自学成材，最初是一位裁缝师。他组建过工匠党，当选为市议员（1835～1843）时成为小农的代言人。后来他成为国会众议员（1843～1853）和田

A. 约翰逊

By courtesy of the Library of Congress, Washington, D. C.

纳西州州长（1853～1857）。1857～1862年担任参议员时，反对禁奴宣传，但1860年他又反对南方脱离联邦。1861年田纳西州脱离联邦时，以及在南北战争期间，他是唯一留职并拒绝加入南部邦联的南部参议员。1862年被任命为田纳西州（当时处于联邦控制下）军事长官。1864年当选副总统，与A.林肯搭档；林肯被暗杀后由他接任总统职务。在重建时期，他采取温和政策，允许南方各州重新加入联邦而只附带有限改革或仅给予获得自由的奴隶以极少的公民权利。1867年激进派共和党人在国会通过民权立法并建立被解放黑奴事务管理局。总统对国会通过的《任职法》（规定总统未经参议院同意不得撤换某些联邦官员）也采取漠视态度，贸然将陆军部长E. M.斯坦顿（激进派的盟友）撤职。众议院决定弹劾他，这是美国历史上第一个受到弹劾的总统。但在决定性投票时却以一票之差未能达到定罪所需2/3票数。他一直工作到1869年，之后结束了总统工作。回到田纳西州后，重新当选为参议员，不久去世。

约翰逊 Johnson, James Weldon（1871～1938） 美国作家。他先在佛罗里达州从事法律工作，后与其弟作曲家J. R.约翰逊（1873～1954）一起移居纽约，兄弟二人在那里为百老汇舞台共同创作了约200首歌曲。他在委内瑞拉和尼加拉瓜都担任过外交职务，还担任过全国有色人种促进会的执行秘书（1920～1930）。1930年起，他在菲斯克大学任教。他的作品包括小说《一个曾被叫做有色人的自传》(1912)、《50年及其他诗》(1917)和他最著名的以诗体写的黑人方言布道词作品《上帝的长号》(1927)。兄弟俩合作首次编了一本诗集《美国黑人诗集》(1922)和《美国黑人灵歌集》(1925，1926)。他们最著名的原创歌曲"提高声音高声唱"变成一首民权运动的颂歌。

约翰逊 Johnson, Lyndon B(aines)（1908～1973） 美国第36任总统（1963～1969）。早期在休斯敦的中学任教，1932年去华盛顿（哥伦比亚特区），担任国会助理。他与S.雷伯恩结为好友，从此约翰逊的政治事业迅速发展。他在新政受到保守派的攻击期间，赢得联邦众议院席位（1937～1949）。他的忠心令F. D.罗斯福总统印象深刻，遂将约翰逊纳为门人。1949年在一次有缺陷的竞选上（双方在决定性的民主党初选中都有舞弊行为），被选入参议院。在担任民主党组织秘书（1951～1955）和多数党领袖（1955～1961）时，他发挥了他的才干，利用机智但又常常是无情的手段，在参议院建立起纪律严明的民主党党团。在1957年和1960年对民权法案的通过发挥了主要作用，这在20世纪尚属首次。1960年当选为副总统；J. F.肯尼迪被刺杀后，他成为总统。在他上任的最初几个月中，这位新总统竟能使国会通过了以前拖延不决的有关民权、减税、反穷困计划和资源保护等极为重要的立法。在1964年的选举中以空前多的选票击败B.戈德华特，并宣布他的伟大社会计划。他开始制定《东京湾决议案》以扩大美国在越南战争中的军事卷入程度。这一政策受到左右两派的批评，他受支持的程度也显著减少，被迫宣布不再寻求1968年的总统连任。退休后住在得克萨斯州的牧场。

约翰逊 Johnson, Philip C(ortelyou)（1906～2005） 美国建筑师和评论家。生于克利夫兰。在哈佛大学学习哲学和建筑。他是《国际风格：1922年以来的建筑》(1932)一书的作者之一，也是纽约现代艺术博物馆建筑部的主任（1932～1934，1946～1954）。为让美国人熟悉现代欧洲建筑，他做了很多努力。他为自己设计的住宅"玻璃屋"(1949)给他带来了声誉。这个建筑在L.密斯·范·德·罗厄（后来在设计西格拉姆大厦时是他的合作者）的影响与古典风格之间找到了折中办法。在为纽约的美国电话电报公司的总部(1984)所做的设计中，他的风格有了明显转变，是引起争议的后现代派的里程碑。1979年约翰逊成为获得普利策建筑奖的第一人。

约翰逊 Johnson, Robert（1911？～1938） 美国布鲁斯吉他手、歌手和作曲家。生于密西西比州比哈兹勒赫斯特的一个佃农之家。可能受到他个人所接触的三角洲布鲁斯歌唱家（如E.豪斯和C.巴顿）的影响，他学习口琴和吉他。足迹遍布南方各地，曾远达北方的芝加哥和纽约，常在家庭舞会、小型舞厅和伐木营区里表演。1936～1937年间，他演唱豪斯和其他人创作的歌曲并录制成唱片，其中有"我与魔鬼布鲁斯"、"魔犬追寻我的踪迹"和"徒然的爱"等原创歌曲。据说他死于27岁，是在一个小型舞厅里喝了搀有马钱子碱的威士忌酒（可能是一个嫉妒的丈夫所为）之后死的。他那怪异的假嗓唱腔与熟练的、富于节奏感的滑弦吉他技巧对同期艺人及后继的布鲁斯与摇滚乐歌手都有深远影响。

约翰逊 Johnson, Samuel（1709～1784） 又称Dr. Johnson（约翰逊博士）。英国文人，18世纪英国杰出人物之一。书商之子，曾短期在牛津大学读书。在办学失败后，迁居伦敦。他为期刊撰稿，1749年以本名发表了诗集《人类欲望的虚幻》。在辛劳8年之后，他发表划时代的《英文辞典》(1755)，这是第一部英语大辞典，也为他带来声誉。他继续为《绅士杂志》等期刊写稿，并且几乎独自写作并编辑双周刊《漫步者》（1750～1752）。《拉

塞拉斯》(1759)是他唯一的长篇小说著作。1765年他发表莎士比亚的评注版,其中的序文大大有助于确立莎士比亚在文学界的中心地位。他的游记有《苏格兰西部群岛之旅》(1775)。《英国诗人传》(10卷,1779～1781)是重要的评论作品。他有才气又健谈,参与创立了文学俱乐部(1764)。俱乐部以杰出的成员而闻名,包括D.加里克、E.伯克、O.哥尔德斯密斯、J.雷诺兹。他的格言使他成为最常被引用的英国作家之一。他的同伴J.鲍斯韦尔为约翰逊写了传记,成为古今最受赞赏的传记之一。

约翰逊 Johnson, William(1715～1774) 后称Sir William。英国殖民地官员。1737年从爱尔兰移居到纽约州莫霍克流域,成为英属北美洲最大的土地所有者。他鼓励与印第安人友好往来,1746年被任命为易洛魁联盟的上校。在法英北美殖民地争夺战中,他在纽约州乔治湖击败法国(1755),夺取了尼亚加拉堡(1759)。他被任命为6个易洛魁部落的督察专员(1756～1774),镇压了称为庞蒂亚克战争(1763～1764)的印第安人暴动,并参加了《斯坦尼克斯堡条约》(1768)的谈判。

约克 York 旧称Eboracum。位于英格兰北约克郡的城市和单一管理区。传统上隶属约克郡。位于乌兹河和福斯河汇合处,有约克大主教的主教座堂,历史上是英格兰北方的基督教中心,也是原约克郡的首府。凯尔特人和罗马人先后定居此地。公元306年君士坦丁一世在此宣誓为罗马皇帝。后来被丹麦人征服(867)。11世纪诺曼人征服英格兰北部以后,约克蒙受重大损失。中世纪时这里是一个繁荣的羊毛贸易城镇,也是约克剧的演出地。约克有制造业和以中世纪建筑为基础的旅游业。人口约181 131(2001)。

约克 York 加拿大安大略省东南部以前的城市,1998年与多伦多、埃托比科克、斯卡伯勒、北约克以及东约克自治镇共同组成多伦多都会区。面积23平方千米。1967年建市,与前约克镇和韦斯顿镇合并。原约克镇建于1793年。人口约150 255(2001)。

约克大学 York University 加拿大安大略省多伦多的一所私立大学,创建于1959年,设有行政管理研究、人文学科、教育、环境研究、美术,以及法律、商学、理科暨应用学科等学院及研究院。研究机构有难民研究、大气化学、法律与公共政策、信息教育等中心。

约克角 York, Cape 澳大利亚大陆最北点。位于昆士兰州约克角半岛北端,突入托雷斯海峡。长约25千米,宽19千米。1770年由英国航海家J.库克船长以乔治三世的兄弟约克公爵的姓氏命名。

约克郡 Yorkshire 英格兰北部旧郡,历史上曾分为3个区(北区、东区和西区)和一个市(约克市)。1000年来,3个区基本上是独立的行政单位。曾为英格兰最大的郡。1974年重划行政区后撤郡。为农业、渔业和制造业中心。主要市镇包括利兹、设菲尔德、赫尔、布雷德福和韦克菲尔德。

约克王室 York, House of 英格兰金雀花王室的年轻支系。创始于爱德华三世的第五子、第一代约克公爵兰利的埃德蒙(1341～1402)。15世纪从兰开斯特王室夺得王位,出过3位英国国王——爱德华四世、爱德华五世和理查三世。两个王室之间发生的玫瑰战争一直延续到理查在博斯沃思原野战役中被杀。第一代都铎王亨利七世,娶爱德华四世的长女为妻,从而使约克和都铎两个王室结合在一起。

约克夏㹴狗 Yorkshire terrier 又称Yorkie(约克郡狗)。一种玩赏狗。约于19世纪中期于英格兰的约克夏及兰开夏育成。其谱系似包括几个㹴狗品种,如斯凯㹴狗和丹迪·丁蒙㹴狗;特征为被毛直而光亮。被毛由鼻到尾从中分开披向两侧,一直拖到地面,呈深蓝灰色,头和胸部带棕色。肩高大约23厘米,体重约3千克。

约里奥-居里 Joliot-Curie, (Jean-)Frédéric(1897～1956) 原名Jean-Frédéric Joliot。法国物理化学家。1926年与皮埃尔和居里夫人的女儿伊雷娜·居里(1900～1958)结婚;他甚至冠上她的姓。1932年首次发现电子-正电子对的产生。夫妻二人较为人知的是发现新的人造放射性元素,并因此获得1935年诺贝尔化学奖。在第二次世界大战期间加入抵抗运动,后成为共产党员。战后大部分时间担任原子能领域的政府高级官员,后因政治理念被革职。1946～1956年伊雷娜领导镭研究所(早在1918年她就曾在那里工作)。弗雷德里克后接替了她的职务。两人后来的死因都与长期暴露在放射性物质下有关。

约鲁巴兰 Yorubaland 非洲西部的一个地区名称,在今天的尼日利亚。曾由各自为政的约鲁巴人国王统治的数个王国组成。在18世纪末各个小统治者之间开始发生纠纷之前,这里曾经十分繁荣。由于贸易通道维持困难和外力入侵,导致该地区走向衰败。塞奥、伊费和奥绍博是该地区仍保有约鲁巴人历史背景的城市。

约鲁巴人 Yoruba 尼日利亚境内两大民族之一,人口2 200万。他们的语言属于尼日尔-刚果语系贝努埃-刚果语支。约鲁巴诸国包括建于11～16世纪的奥约帝国。约鲁巴兰一直保持政治上各自为政的分裂状态,大大小小的王国各以其首都或首邑为中心,国王(奥巴)世袭被视为神圣。绝大多数的约鲁巴男人务农、种植薯蓣、玉米、黍类作为主食;可可为主要经济作物。妇女掌握着大部分复杂的市场交易方法,手工艺方面有铁工、织工、皮革工、玻璃工、铸铜工、象牙雕和木雕等。尽管有些约鲁巴人现已成为基督教徒或穆斯林,但是传统宗教信仰仍很普遍。约鲁巴语有大量文学作品,包括诗歌、短篇小说、神话和谚语。

约拿 Jonah(活动时期约公元前785年) 《旧约》中十二小先知之一,其事迹记录在《约拿书》中(关于他的记述是犹太教正典《十二先知书》的一部分)。上帝命约拿去亚述国大城市尼尼微宣告该城因罪恶将遭灾难,但他不认为如此罪恶深重的外国城市居民应得解救,所以将船朝反方向驶离。当这艘船受到暴风雨威胁将被摧毁时,他忏悔自己的过错并要求船员将他丢出船外。他被大鱼吞吃,但他因祷告求救,被鱼吐到旱地上。约拿来到尼尼微传达上帝的教诲,这个罪恶城市的人民遂悔改。《约拿书》可能写于公元前5或4世纪。

约拿单 Jonathan(约公元前10世纪) 《旧约》所载以色列国王扫罗的长子,大卫的朋友,以色列军人。初次被提到是在格巴战胜非利士人。大卫加入扫罗的家族后,他和约拿单成为挚友。扫罗妒忌大卫,企图除掉他,约拿单试图从中调解。二人最后一次碰面时,他们计划大卫继任国王后,由约拿单任宰相,但扫罗和约拿单在基利波山对非利士人作战时阵亡。

约尼 yoni 在印度教中,代表女性生殖器和女性繁衍能力之像,象征女神沙克蒂。在湿婆教画像中,约尼常与林伽一同出现,林伽是男性生殖器像,象征湿婆。艺术作品中林伽位于约尼之中,它们的结合代表创造与繁衍永恒的过程。

约瑟 Joseph 《旧约》中,牧首雅各与其妻拉结之子。约瑟最得父亲宠爱,他获赠一件耀眼的"彩衣"(原字面意义为"长袖外衣"),令兄长们十分嫉妒。兄长们将约瑟卖往埃及当奴隶,但跟雅各说约瑟遭野兽所害。在埃及,由于解梦的能力,以及取得谷物补给埃及度过饥荒,约瑟受到了法老赏识且担任高官。当饥荒迫使雅各派遣儿子们到埃及购买谷物时,家族与约瑟和解,并定居埃及。约瑟的故事,记载于《创世记》第37～50章,描写了以色列民族的留存,开始了以色列人在埃及的历史,《出埃及记》继续了这段历史。

约瑟芬 Joséphine(1763～1814) 原名Marie-Josèphe-RoseTascherde la Pagerie。拿破仑之妻,法国皇后。生于马提尼克岛。1779年嫁给军官博阿尔内子爵亚历山大(1760～

约瑟芬,油画,F.热拉尔绘;现藏巴黎马尔迈松国立博物馆

Giraudon-Art Resource

1794)。在法国大革命中亚历山大被送上了断头台,约瑟芬也被短期监禁。1796 年作为巴黎上流社会的一员,她嫁给了拿破仑,举行了世俗婚礼。她是一个冷漠而放荡的妻子,但在执政期间,她利用其社会地位,帮助丈夫取得政治利益。成为皇后(1804)后,她说服丈夫与她再进行一次宗教婚礼。1810 年拿破仑设法使他们的婚姻无效,这样他就能在政治上很方便地与玛丽-路易丝结婚。

约瑟夫(酋长)　Joseph, Chief(1840 ～1904) 内兹佩尔塞人部落首领。1877 年美国政府试图强迫内兹佩尔塞部落迁到爱达荷州的保留地区。约瑟夫酋长开始同意了,但最后决定带领他的伙伴们长途跋涉去加拿大。历时 3 个月,行程1 600多千米,他一路智胜和击败联邦军队,并且由于他的人道行为而博得许多白人的赞扬。最后内兹佩尔塞人在接近加拿大边境的地方被包围,接着被转移到一个印第安人的领地(俄克拉何马州)。1885 年又被安置到华盛顿州的保留地内。

约瑟夫二世　Joseph Ⅱ(1741 ～ 1790)　神圣罗马帝国皇帝(1765 ～ 1790)。他继承了父亲弗兰西斯一世的王位,开始时与他的母亲玛丽亚·特蕾西亚(1765～1780)共同执政。母亲死后,他试图继续她的改革工作。他是开明专制的拥护者,主张废除农奴制,确立在法律面前宗教平等,准许出版自由,并解放犹太人。由于试图把国家的控制强加给教会,因此与罗马天主教会发生了冲突。一些传统保守的国家像奥属尼德兰和匈牙利也反对他的改革。他的外交政策逐渐失败了,他试图用奥属尼德兰换取巴伐利亚,但被普鲁士制止了。与俄国叶卡捷琳娜二世的联盟使奥地利军队卷入了与土耳其的战争,但约瑟夫必须回来对付在匈牙利和奥属尼德兰发生的革命骚乱。

神圣罗马帝国皇帝约瑟夫二世,
P. 巴托尼绘于1769 年;现藏维
也纳艺术史博物馆
By courtesy of the Kunsthistorisches Museum, Vienna

约瑟夫森　Josephson, Brian (David)(1940～　) 英国物理学家。自剑桥大学获博士学位并根据国际商业机器公司(IBM)的江崎玲於奈和通用电气公司的 I. 加埃沃(1929 年生)的研究开始其早期的研究工作。他的贡献是发现了约瑟夫森效应。1970 年被选为皇家学会会员,1974 年成为剑桥大学教授。对东方玄学的研究有助于他对科学的了解。他和江崎玲於奈、加埃沃共获1973 年诺贝尔物理学奖。

约瑟夫森效应　Josephson effect　用一种薄层绝缘材料隔开的两片超导材料(参阅超导电性)之间的电流流动。1962 年 B. 约瑟夫森根据 BCS 理论(参阅 J. 巴丁)预言了这种效应。按照约瑟夫森的预言,电子对可以从一个超导层跨越绝缘层(穿越隧道)而移动到另一个超导层中去。发生这种穿越的地方就叫作约瑟夫森结。只有在两个超导层上不加电池的时候才有约瑟夫森电流的流动。这一发现的主要应用是在计算机中用作高速开关器件,它比通常的半导体电路要快 10 倍。

约瑟夫斯　Josephus, Flavius(公元 37/38 ～约公元100)　原名Joseph Ben Matthias。犹太教士、学者和历史学家。出生于耶路撒冷一个高级教士家庭,成为法利赛人的一员。出使罗马时对罗马的文化和军事力量留下了深刻的印象,公元 66 ～公元 70 年犹太人反罗马人起义中,他终于加入罗马一方。他在韦斯巴芗、提图斯和图密善等皇帝的宫廷都受到欢迎,写了颇有价值的历史著作。他的《犹太战争史》(公元 79)对公元 66 ～ 70 年的大起义作了详尽叙述,对罗马军队的战术及战略着墨甚多。《上古犹太史》(公元 93)是他最伟大的著作,追述了犹太教的历史,从犹太人的起源一直记录到起义。在《对抗阿皮翁》一书中他为保护犹太教而攻击希腊文化。

约书亚　Joshua　摩西死后以色列人的领袖。根据《旧约》中《约书亚书》的记载,他带领以色列人民越过约旦河入侵迦南。在他的领导下以色列人征服了迦南人并控制了上帝应许之地。《约书亚书》一开始记录了各次战役,包括著名的杰里科城墙遭破坏。约书亚将迦南分给古以色列人的 12 部落,告别了他的人民后去世。该书成书时间远远晚于书中所叙事件,可能写于公元前 6 世纪巴比伦囚虏期间。

约西亚　Josiah(约公元前 640 ～前 609) 犹大国王及宗教改革者。其父亚扪被暗杀后他于 8 岁之龄继任国王。亚述帝国崩溃后,犹大取得某种程度的独立。约公元前 621 年,约西亚开始一项复兴民族的计划。他将外国的崇拜仪式逐出,废除地方的圣所,将雅赫维(上帝)的崇拜集中在耶路撒冷圣殿举行。他的改革正在进行时,部分《申命记》的手稿在圣殿被发现,使他更致力于恢复摩西律法。约西亚希望犹大和以色列能重新统一,但他在一次与埃及对抗的战役中被杀害。

月海　mare　月球上所有低平而暗黑的平原。尽管mare拉丁文原意为“海”,但月海是附有山脊、地堑和断层的巨大熔岩流,那里没有水。最著名的月海为静海,是阿波罗 11 号登陆月球的地方。月球表面的 14 个月海全都在永远朝向地球的月球正面上;它们是月表最大地貌结构,在地球上用肉眼即可看见。所谓“月中人”的脸就是指月海。

月经　menstruation　妇女周期性地从阴道排出血液、分泌物和脱落的黏液性子宫内壁组织(子宫内膜)的生理现象。子宫内膜增厚和产生分泌物是为孕卵着床而准备。卵巢排出的卵若未受精,子宫内膜组织会脱落并经子宫收缩排出。月经第一次来潮(初潮)出现于发身期的其他变化之后。通常在 11 ～ 13 岁时,表面上看似乎是由于超过某一体重阈值而触发。月经初期,其周期可能不规律或是经血量较多。成年妇女的月经周期平均约 28 天,月经期持续约 5 天。不同妇女或同一个妇女各周期长短略异为正常现象。某些女性会因子宫收缩而有痛性痉挛。每次来潮血量通常少于 50 毫升。月经因绝经出现而结束。经期障碍包括痛经(月经来时疼痛)和闭经(无月经)、经血过多或过少、子宫出血。参阅经前综合征。

月球　moon　地球唯一的天然卫星。从西向东绕地球公转,平均距离为384 400千米。大小不及地球的1/3(赤道直径约为3 476千

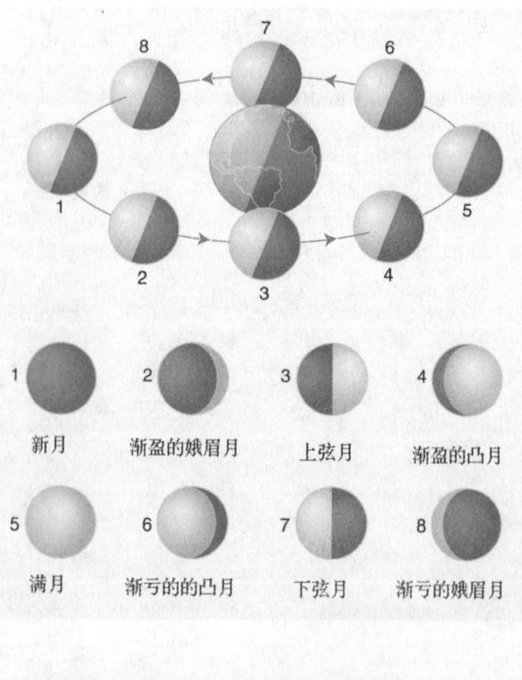

月球绕地球旋转,从地球上能见到的月球照亮的部分缓慢地增加和减少(月的盈亏)。月球围绕地球公转一周约需 29.5 天。
© 2002 MERRIAM-WEBSTER INC.

米），质量大约为地球的1/80，密度是地球的2/3。其表面重力大约是地球的1/6，其引力是造成地球潮汐的主要原因。月球反射太阳光，但其反照率仅为7.3%。月球围绕太阳公转一周大概需要29.5天，与围绕地球旋转一圈的时间完全一样，因此对着地球的一面总是不变。但随着月球的自转，这一面受太阳照射的角度不同，因此会出现一个月从新月到满月的不同状态。多数天文学家认为，在太阳系早期的历史阶段，一个火星大小的星体撞击了原始地球，结果，一片由碎块组成的云团被抛射到环绕地球的轨道上，随后，云团积合形成了月球。自1609年伽利略首次观察月球以来，人类一直使用望远镜研究月球表面。在"阿波罗"计划中月球上的岩石块还被带回地球。影响月球表面的主要作用是来自微陨石和陨石的撞击。微陨石将岩石碎块碾成细微的粉尘，而陨石则于历史早期，大部分大约在40亿年前，在月球表面形成分布广阔的陨石坑。月海是面积巨大的古代熔岩流。1998年在月球两极发现了可能是水冰的痕迹。在广义上，英语moon指任何围绕行星运转的天然卫星。

"月球"号探测器　Luna　苏联24个不载人月球探测器的统称，在1959至1976年间发射。有着各种月球"第一"。1959年的"月球2"号是第一个到达月球的宇宙飞船。1959年的"月球3"号第一次绕月球飞行，并拍摄月球背面的第一张照片。1966年的"月球9"号第一次在月球成功实现软着陆。1970年的"月球16"号是第一个带回月球土壤样品的无人宇宙飞船。1970年的"月球17"号第一次将用于探测的遥控自动车辆软着陆到月球；它还载有电视设备，并将离月球表面几英里内的实况图像发回地球。参阅"先驱者"号探测器、"徘徊者"号探测器和"勘测者"号探测器。

月天　Hemacandra（1088～1172）　原名Candradeva。印度耆那教圣人。诞生时伴随出现一些吉祥之兆，他受教于耆那教祭司。1110年受圣职，1125年任国王鸠摩罗波罗的顾问。因劝化这位国王信奉耆那教，于是巩固了耆那教在古吉拉特的地位。撰有许多著作，介绍了印度各哲学派别和科学门类，此外还有文学方面的著作，如梵文史诗《阿罗汉正道》。晚年按照耆那教传统绝食而死。

月形天蚕蛾　luna moth　北美洲东部的天蚕蛾种类，学名*Actias luna*。浅绿色，翅展约10厘米，翅美观，边缘淡褐色，后翅有尾状突出。幼虫以多种乔木和灌木的树叶为食。参阅蛾。

乐器数字接口　MIDI　全称Musical Instrument Digital Interface。在数码部件，如音响合成器和计算机的声卡之间，传输音乐数据的协议。采用8位异步的序列传输数据，速率为每秒31.25千字节。传送的数据并不能表现音乐的声音，但可以指定i（一个设定的音高、响度、开始和结束的时间点）。然后这些数据可以应用到以数字储存在计算机芯片上的波形，以产生特定的声音。

跃龙　Allosaurus　大型食肉恐龙类的属，近似暴龙。化石主要见于北美的晚侏罗纪的岩石中。体重1 800千克，身长10.5米，极其发育的尾巴占体长一半，可能有平衡身体的作用。行走时，靠两个强壮的后肢，前肢比后肢小得多，可能用于攫取食物。其颌强壮灵活，很可能以中型恐龙为食，也可能是成群猎食的一种腐食动物。有些有亲缘关系的跃龙属可能比暴龙（*Tyrannosaurusrex*）还要大。

越地小行星　Earth-crossing asteroid　绕太阳行进路径横越地球轨道的小行星。依据其轨迹的大小和其与太阳的距离的远近而将它们分为两种类型：阿托恩和阿波罗。二者几乎是不间断地横越地球轨道。天文学家已经在搜寻接近地球的星体，部分原因是尽早发现或许可能避免一场灾难。据估计，约有1 000～2 000个直径大于1千米的越地小行星存在。一般认为，直径1千米的越地小行星与地球的碰撞每百万年会发生几次。这种碰撞会释放出相当于几个氢弹的爆炸威力，可能会造成世界气候扰动或引发大海啸。人们认为，白垩纪末期，一个直径约10千米的星体撞击造成了包括恐龙在内的大规模物种灭绝。

越共　Viet Cong　全称Viet Nam Cong San（越南共产党）。自20世纪50年代末至1975年在共产党领导下寻求南北越南统一的游击队。初期作为反对南越总统吴庭艳政府的各个组织的集合体出现，1960年成为民族解放阵线的军事武装。1969年为临时革命政府。该组织绝大多数成员是在南方召集起来的，他们从北越那里获得武器、指示和援助。越共的游击队成功地击败了越南政府和美国军队。1969～1973年间，美国军队自越南撤离。随着北越军队全面进攻南越，1975年临时革命政府掌管南越。

越橘　lingonberry　杜鹃花科小型蔓生植物（*Vaccinium vitis-idaea*）的果实，与南方越橘和蔓越橘近缘。越橘又称牙疙疸、狐越橘、山蔓越橘或岩蔓越橘，是一种野生植物，北欧人和在美国的斯堪的纳维亚人用它来制作果酱和果汁。这种植物在森林的底层生长茂密，像蔓越橘一样可以用耙子来收割。

越南　Vietnam　全称Socialist Republic of Vietnam（越南社会主义共和国）。东南亚国家。面积：331 212平方千米。人口：约89 730 000（2013）。首都：河内。大部分人口为越南人，少数民族有华人、赫蒙（苗）人、傣（泰）人、高棉人和岱人。语言：越南语（官方语言）、法语、汉语、英语和高棉语。宗教：佛教、新兴宗教、传统信仰和基督教等。货币：盾。越南国土长约1 650千米，最大宽度340～550千米，最窄宽度50千米。越南北部多山，番西邦峰是全国最高山，高达3 143米。红河为主要的河流，湄公河三角洲位于南越，连接这两大河流三角洲的是一条相对狭长的沿海低地平原。森林密布的安南山脉延伸至越南中西部。北越有丰富的矿产资源，尤以无烟煤和磷酸盐最为重要。在南方近海处蕴藏有石油。重要的粮食作物为稻米、甘蔗、咖啡、茶和香蕉。重要的工业有食品加工、渔业、炼钢以及制取磷酸盐和磷酸酯。越南是社会主义共和国，一院制。国家元首是国家主席，政府首脑为总理。公元前200年左右，一个有独特语言和文化的越南民族开始形成，并建立了独立的南越王国。公元前1世纪该王国并入中国。公元10世纪以前，越南一直在中国的统治之下。15世纪后半期，来自北方的越南人逐渐侵占南部地区。17世纪初该国分裂为两部分。1802年重新统一。法国经过好几年的努力试图在该地区扩大殖民，1859年法国夺取了西贡（今胡志明市），随后也控制了其他地区，直到第二次世界大战（参阅法属印度支那）。1940～1945年日本侵占越南；第二次世界大战结束时，日本允许其宣告独立，但遭到法国反对。越南人在第一次印度支那战争中与受美国资助的法军作战，最后以1954年越南人在奠边府战役中的胜利而告终，法国军队撤离越南。同年在日内瓦签订条约，以北纬17°为临时分界线，将越南暂时分为两个部分，北部归共产党领导人胡志明统治，南部归受美国支持的前皇帝保大统治。原计划于1956年的统一选举而迟迟未能举行，保大于是宣布南越独立（越南共和国），同时共产党国家在北越成立（越南民主共和国）。北越游击队在南越的活动和南越出现亲共叛乱导致美国的干预并酿成越南战争。1973年签订停火协议，美国军队撤离。不久内战硝烟再起。1975年北越对南越发动进攻，南越政府垮台。1976年南北越实现统一，成立越南社会主义共和国。自20世纪80年代中期起，越南政府推行了一系列经济改革措施，开始同亚洲和西方国家改善关系。1995年与美国实现关系正常化。越南于1980年首次参加在莫斯科举办的夏季奥运会。

越南语　Vietnamese language　属孟-高棉语族，6 000～6 500万越南人的本族语言，也是该国50多个少数民族的第二语言，越南以外的地方也有约200万人使用。在越南历史的大部分时间里，古代汉语一直是唯一的文字语言。越南读音的汉字（越南语中的汉语词语）在越南语的词素中一直是重要的组成部分。到13世纪，汉字改写成本族的越南字。17世纪天主教传教士创造了一套用拉丁字母书写越南语的方法，利用复音符区分元音的性质和声调。但直到20世纪，此种方法才被广泛采用。

越南战争　Vietnam War（1954～1975）　南越和美国为阻止北越共产党人在其领导下将南北越统一所作的长期而不成功的努力。第一次印度支那战争后，越南被划为两部分以分开作战双方，直到1956年举行自由选举。北方的越盟深得人心，可望赢得这次选举。南越的吴庭艳拒绝已安排好的选举。在北越受训和武装起来的士兵（越共）进行游击战对抗由美国支持的南越，北越军队后来也加入到战争中。美国投入的兵力最多时达到50多万人。1968年，北越军队和越共在越南人民的节日农历新年发动大规模的突袭攻势，攻陷了南越44个省会城市中的36个，以及64个地级市，标示着战争的转折点。在美国，很多人从道义和现实出发反对参战。L. B. 约翰逊总统将政策转为逐步降级，在巴黎开始和平谈判。1969～1973年美国自越南撤军，但在1970年战争扩大到柬埔寨和老挝。1971年和谈继续陷于僵局。1973年恢复和谈，协议实施停火，尽管有停战协议，但战斗仍继续不断，互相指责对方多次破坏停火。1975年北越军队对南方展开全面进攻。同年4月南越投降。1976年全国正式统一为越南社会主义共和国。超过300万人（包括58 000名美国人）在此次战争中丧生，其中超过一半是平民。

晕动病 motion sickness 从眼睛传入的信息和内耳平衡器官传入的信息不一致而导致的疾病。例如，晕船是因内耳感觉到船的运动，但眼睛看到的是静止的船而导致，如此刺激应激性激素分泌和加速胃平滑肌收缩，引起晕眩、脸色苍白、冒冷汗、恶心和呕吐。减少速度和方向的变化会有帮助，向后仰靠、尽量使头部保持不动、闭眼、凝视远方也有助于减轻晕动病。使用药物可预防或缓解晕动病，但可能有副作用。按压手腕上针刺疗法穴位对有些人有帮助。

云 cloud 浮悬在空中、通常离地面很高处由水珠、冰晶或两者混合物组成的任何可见团块。紧贴地面或接近地面的薄云层称作*雾*。云通常是靠向上运动的气流所产生和支持的。气象学家主要按云的外观进行分类。十大云系根据高度分为三组。①高云，见于平均高度为13～5千米，由高至低依次是：卷云、卷积云和卷层云；②中云，高度7～2千米，依次是：高积云、高层云和雨层云；③低云，高度2～0千米，依次是：层积云、层云、积云和积雨云。

云杉 spruce 松科云杉属约40种观赏和材用常绿树的统称，原产北半球温带和寒冷地区。树冠金字塔形，具轮生枝和薄鳞片状树皮；叶针状，螺旋排列，每叶以一个离生的木质基部与茎干相连，叶落后，木质基部仍留在枝上。云杉质地坚韧、纹理细致、具共鸣性和柔韧性，因此可用做钢琴的共鸣板和小提琴体，也用于建筑、舟船、大桶和造纸。分布北美北部大部分地区的常见种类有黑云杉（*P. mariana*），为云杉*树胶*来源；和白云杉（*P. glauca*），为良好木材的来源。蓝云杉（亦称科罗拉多云杉，*P. pungens*）因生长习性对称和其淡蓝色叶，可供观赏。

黑云杉（*Picea mariana*）
Grant Heilman-EB Inc.

陨石 meteorite 任何从行星际空间通过大气层陨落到地面或其他行星或卫星表面的颗粒、石质或金属物质（流星体）。其进入大气的速度至少达到了11千米/秒，通常与大气产生的*摩擦力*足以使其汽化，产生一道亮光（*流星*）。虽然每年有大量流星体进入大气层，但其中只有几百颗能降落到地表。

孕酮 progesterone 女性生殖系统分泌的*类固醇*激素，主要起调节子宫内膜（参阅*子宫*）的变化，使之为受精卵发育作好准备。如果卵子没有受精，孕酮量就会下降，子宫内层剥落，产生*月经*。如果卵子已经受精（参阅*妊娠*），胎盘就会分泌孕酮，其功能包括使乳腺为*泌乳*期作好准备。许多口服*避孕*的方式就是使用合成的孕酮。

运筹学 operations research 应用于经营和管理军事、政府、商业、工业体系的科学方法。肇始于第二次世界大战期间的英国，当时科学家与英国皇家空军合作以改善对敌机的侦测，从而协调并改善早期预警、防卫、补给的整体系统。运筹学的特点是系统取向或系统工程，其中跨学科的研究小组要以科学的方法解决必须定型的大规模的问题，而这些问题是不可能在实验室中试验取得的。其事例包括资源分配和替代、存货控制、大规模建设计划的时间安排等。

运动 exercise 旨在改善身体功能和增进身体健康的锻炼。不同形式的运动有不同的目的。有氧运动可以改善心血管功能、呼吸功能以及减重，耐重运动可以健骨，负重训练可以增强肌肉力量，而伸展运动则有助于增加灵活性。特定的运动则用于物理医学与康复。运动的益处在于可降低血压、提高高密度脂蛋白、胆固醇，增强抵抗疾病的能力并使身体保持良好状态。

运动医学 sports medicine 为运动员进行医学护理监督和治疗的学科。运动医学分为4个方面：赛前（训练）准备，使用合理饮食、锻炼和监督的行动过程来提高运动水平；预防检查任何容易引起外伤或疾病的事先部署，包括热身、伸展活动以及对保护设备的设计和使用；运动医学中发展出来的许多外科技术，尤其是医治膝盖损伤，现在也用于普通人；复原使受伤或患病的运动员在初期治疗后能够重返比赛活动。

运河 canal 为通航、灌溉、供水或排涝而兴修的水道，通常与自然水道或其他运河相连。早期的中东文明国家可能最先修建了提供饮用水和灌溉用水的运河。规模最大的灌溉运河建于今天的伊拉克，长320千米。罗马用于军事运输的运河体系延伸到整个欧洲的北部和英国。运河拦水闸是最重要的发明，约1373年由荷兰人修建。船闸的密封水槽可充水或放水，槽内的船只随水位升高或降低，这样船只就能在两个不同水位的河道上航行。在19世纪中叶发明火车之前，运河的作用非常重要。在美国，*伊利运河*、连接五大湖区的几条水道，以及五大湖区和密西西比河之间的水道都是重要的运河。现代水道工程通过缩短船只在船闸的停留时间能使大型船只的航行速度加快。参阅*苏伊士运河*和*巴拿马运河*。

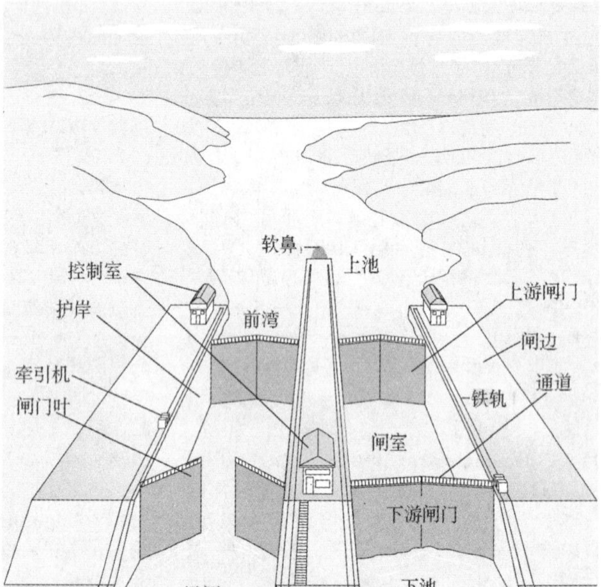

基本船闸配置的运河。左侧的船舶经由闸室（水槽）从下池往上前进到上池；往下游的船舶则利用右侧的水槽。

运河区 Canal Zone 又称巴拿马运河区（Panama Canal Zone）。巴拿马的狭长地带，1903～1979年美国在巴拿马行使管辖权的历史行政区。运河区 1940 年设立，当时巴拿马授予美国经营和控制巴拿马运河专有权，包括把巴拿马地峡分成两部分，从大西洋延伸到太平洋的运河两岸 16 千米宽的狭长土地，而美国则每年向巴拿马政府支付租金。根据 1979 年签订的条约，运河区撤销，民政权归还巴拿马。该条约同时规定美巴共同成立一个运河管理委员会作为过渡，到 2000 年运河完全由巴拿马管辖。

韵 rhyme 最后音节发音相似的两个或更多的词，由于位置靠近而产生的互相应和的现象。韵用在诗中（偶尔在散文中）来发出声音打动读者耳朵，以及统一和确定一首诗的诗节形式。尾韵（出现在一行诗的结尾以应和另一行的结尾）是最常见的，而中韵（在行尾之前）则常用来做修饰。“真正的韵”的韵式包括阳韵，即两个词的词尾具有相同的元音-子音的组合结构；阴韵（或双韵），即两个音节相押的韵；和三音节韵，即三个音节相押的韵。

韵律体操 rhythmic sportive gymnastics 和体操以及舞蹈有关的竞技体育，参赛者不论团体或个人，都借助于绳、圈、球、棒、带等轻器械编排好的固定动作表演。在评分上，艺术表现比特技更为重要。该项运动源于 18 世纪。虽然一些体操运动员从 1948 年到 1956 年就参加了奥运会，但直到 1984 年此项运动才成为正式的奥运会比赛项目。

韵律学 prosody 对语言成分，尤其是对诗歌中有助于产生节奏和听觉效果的格律的研究。英语中“传统”的韵律学基础是按照每行诗的重读音节进行的对诗歌的分类。其效果包括所采用的节奏、押头韵和类韵都会对一首诗的“声音效果”产生影响。无韵律研究有时也用在现代诗歌上，而视觉诗则是按照排字的样式来表达内容的诗歌。韵律学还包括对诗歌韵律的细微研究，对其“源流”（即所属的历史时期）、诗歌的流派以及诗人的个人风格等进行研究。

蕴 skandha 佛教中组成人的全部精神和物质存在的五种因素。它们是：色蕴（物或体）、受蕴（知觉或感觉）、想蕴（关于知觉对象的理解）、行蕴（精神结构）、识蕴（知觉或意识）。四种精神集合体为性格或自我，但实际上只是在不断的变化中产生，从属于业。人死之后，精神蕴从色蕴中分离，找到一个新的肉体，获得新生。

Z

杂技 acrobatics 一种包含了跳、身体技巧和平衡动作的艺术。源于古代，杂技演员表演跳跃、走绳索和翻筋斗等项目，在古埃及和希腊时期即有。在即兴喜剧和京戏这些剧种中，都有杂技的成分。杂技在后来又使用长竿、绷绳、秋千等器械而成为马戏团的主要表演项目，20世纪因“飞人”K. 瓦伦达的表演而更受欢迎。

杂食动物 omnivore 能吃植物性和动物性食物的动物。大部分杂食动物在取食的结构和行为方面没有明显的特化。许多通常被认为是食肉动物的动物实际上是杂食性的，例如赤狐既吃哺乳动物和鸟类也吃果实。参阅食草动物。

杂耍戏院和杂耍剧场 music hall and variety theater 流行的娱乐表演，其特点是由歌唱演员、喜剧演员、舞蹈演员和一般演员相继表演节目。这种形式起源于18～19世纪英格兰城市小旅馆的酒吧间音乐会。为了迎合工人阶级的娱乐需要，小旅馆的老板经常将周围的建筑物开设为杂耍戏院，允许饮酒和吸烟。这种英国杂耍戏院的创始人为C. 莫顿。他在伦敦经营莫顿坎特伯雷戏院（1852）和牛津戏院（1861）。其著名演艺人员包括L. 兰特里、H. 劳德（1870～1950）和G. 菲尔茨等。杂耍戏院后来演变为规模更大也更高级的杂耍剧场，例如伦敦马戏杂耍场和科洛西姆图形剧场。杂耍表演结合了音乐、喜剧表演和独幕剧，并涌现出S. 伯恩哈特与H. 特里等名人。参阅歌舞杂耍表演。

杂耍艺人 jongleur 法国中世纪时期的职业说书人或卖艺人。他们的角色包括奏乐、杂耍、杂技，吟诵韵文故事、武功歌、短诗，以及他们自己创作的韵文传奇。每逢节日必在市集上、大寺院中、贵族的城堡里表演，有时亦受到贵族长期雇用。13世纪其影响达到顶峰，14世纪因其角色被取代而逐渐衰落。

杂种 hybrid 在遗传上具有不同性状的亲代的子代。亲代可以是两个不同的种、不同的属，或不同的科（极少见）。通常使用“mongrel”（杂交种）及“crossbreed”（混交种）指称两个种族、品种、品系，或相同种的变种杂交产生的动植物。由于基本的生物不亲和性，种间的杂交，如骡（公驴和母马的杂交种），经常是不育的杂种（无法生育幼体）。不过有些种间杂交是可育的，并可繁殖。许多经济或观赏的栽培植物（如香蕉、咖啡、花生、大丽花、玫瑰、小麦、苜蓿等）都源于自然或人工杂交。杂交在生物学上很重要，因为它增加必要的种内遗传变异。

杂株 weed 生长在不需要它们生长处的植株。杂株与栽培作物争夺水、阳光和养分。牧地与牧场上的杂株不合动物胃口，甚至有毒，对其造成伤害。许多杂株是植物病原体的宿主，也是有害昆虫的藏身处。后来人们发现部分不需要的植物有原来未曾想到的优点，遂将它们剔除于杂株之列而加以栽培。有些栽培植物若移植到新气候区，则会逸出栽培地成为杂株。杂株防治已成高度专业化活动，须动用数千受过训练的人员。大学和农学院讲授杂株防治课程，工业界提供必要的技术；为使粮食和纤维作物的生产维持在目前的水平，政府与民间每天均从事杂株防治工作。

再洗礼派 Anabaptist 16世纪欧洲宗教改革运动中的激进派。该派最突出的特点在于主张惟成年受洗方为有效。他们遵循瑞士宗教改革家H. 茨温利的说法，认为婴儿不应受到罪恶的惩罚，只有到了人能够区别善恶之后才可以，那时他们才能行使自由意志、认罪悔改而接受洗礼。因为坚信他们生活在世界末日，早期再洗礼派寻求恢复早期基督教教会的机构和精神。1525年初在苏黎世郊外进行了首次成人受洗。大多数再洗礼派是和平主义者，拒绝进行公民宣誓。他们被一个又一个城市驱逐出来，许多人因此殉难。T. 闵采尔宣称，再洗礼派所生存的时代，已经是接近末世。1525年他领导图林根农民起义，不久被处死。许多再洗礼派信徒在摩拉维亚安家落户。他们强调要仿效耶路撒冷早期基督教教会的模式建立社区。他们自称胡特尔派信徒。现今仍然存在，主要分布在加拿大和美国西部。由于在全欧洲遭到日益严重的迫害，荷兰和德国北部的再洗礼派在门诺·西门的领导下形成门诺宗信徒。

再献圣殿节 Hanukkah 犹太教节日，纪念公元前164年耶路撒冷第二圣殿重新献给上帝。3年前，亚述国王安条克四世埃皮弗内兹将圣殿交付俗用。在马加比家族领导下推翻叙利亚的统治，再次占领耶路撒冷并重新奉献圣殿。传说圣殿中仅供燃烧一天的油竟然奇迹般地连续燃烧了8天，直到新的燃油接上。所以才有点多连灯烛台的习俗。再献圣殿节又称烛光节，每年12月庆祝8天，除燃烛外还互赠礼物，儿童做游戏。原本只是个小节日，但因其日期接近圣诞节，所以其庆典越来越盛大。

赞比西河 Zambezi River 非洲中南部及南部的河流，发源于赞比亚西北，向南穿过安哥拉东部和赞比亚西部至博茨瓦纳边界，然后流向东部，形成赞比亚和津巴布韦之间的边界，最后经莫桑比克中部在欣代注入莫桑比克海峡。全长约3 540千米。其航道被急流和维多利亚瀑布分为三段。河水灌溉非洲大陆的整个中南部地区。主要支流有宽多河、卡富埃河和希雷河。19世纪50年代早期由D. 利文斯敦发现。

赞比亚 Zambia 全称Republic of Zambia（赞比亚共和国），旧称Northern Rhodesia（北罗得西亚）。非洲中南部内陆国家。面积：752 612平方千米。人口：约14 530 000（2013）。首都：卢萨卡。居民几乎全部为操班图语的非洲族群。语言：英语（官方语言），以及几十种当地语言。宗教：基督教（新教、天主教和其他基督教派）、土著宗教、伊斯兰教。货币：克瓦查。国土大部分为高原，其间有赞比西河（包括维多利亚瀑布）、卡富埃河和卢安瓜河流经。班韦乌卢湖与班韦乌卢沼泽构成该国南部的大片湿地，而姆韦鲁湖和坦噶尼喀湖则与该国北部边界相连。东部的穆钦加山及东部边界处的山脉是全国最高点。西南部有珍贵的赞比亚柚木林。经济主要依靠铜矿的生产和出口。其他重要矿产资源包括铅、锌、钴、煤和金。农业也很重要，并有一些制造业。赞比亚为多党制共和国，一院制。国家元首暨政府首脑为总统。通加人的祖先早在公元第2千纪年开始时便到达该地区，而其他现代民族到了17或18世纪才从刚果民主共和国和安哥拉来到此地。18世纪初葡萄牙人建立起贸易传教区。19世纪90年代，C. 罗德斯的使者和英国南非公司与大多数赞比亚酋长签订了许多条约。该地区于1924年成为北罗得西亚之前，南非公司一直是当地的管理机构。1953～1963年属中非罗得西亚和尼亚萨兰联邦的一部分。1964年北罗得西亚成为独立的赞比亚共和国。1991年该国通过一项宪法修正案，允许各反对党派合法化。赞比亚于1964年（以北罗得西亚的名义）首次参加在东京举办的夏季奥运会。

赞德人 Zande 又称Azande。中非民族。操尼日尔-刚果语族的阿达马瓦-乌班吉语，分布在南苏丹、刚果民主共和国和中非共和国。他们分散居住，以农业和狩猎为生。父系氏族众多。现在人口约380万。

赞格威尔 Zangwill, Israel（1864～1926）英国小说家、剧作家、犹太复国主义领袖。东欧移民之子。根据对犹太人生活的深刻了解，他写出《犹太区的孩子》（1892），引起人们极大兴趣。其他作品如描写一个18世纪恶棍的惊险小说《群丐之王》（1894）和《犹太人区的梦想家》（1898），都是有关犹太名人的文章。美国就像一个熔炉，各个不同民族在这个熔炉里将被改造成一个新民族的比喻就出自他的剧作《坩埚》（1908）。他是最早用英文介绍犹太移民生活的作家之一。

赞礼员 cantor 在犹太教和基督教中，主管音乐或圣咏的教会官员。在犹太教会堂中，唱诗班领唱人（赞礼员）主持仪礼祷告和领唱圣咏。在中世纪的基督教会堂中，赞礼员负责教堂的音乐，尤其是唱诗班的合唱。该词也指教会音乐学院的校长。

赞美诗 hymn 基督教徒用于崇敬上帝的歌曲，通常由会众咏唱，以有韵律和节拍的诗节写成。此词源自希腊语hymnos（意为“赞美之歌”），不过崇敬上帝或诸神的赞美诗在所有文明中都有。基督教的赞美诗源自耶路撒冷圣殿中的诗篇咏唱。已知最早的基督教赞美诗约可追溯到公元200年。

赞美诗早期在拜占廷的礼拜仪式中居重要地位;在西方教堂中原本由会众咏唱,中世纪时改由唱诗班咏唱。宗教改革运动期间又改由会众咏唱,M.路德和其追随者创作了许多赞美诗,而加尔文宗则喜欢将诗篇配上音乐。I.瓦茨和J.卫斯理创作了许多著名的英文赞美诗。反宗教改革促使许多天主教的赞美诗作品的出现,而在20世纪60年代第二次梵蒂冈会议后,天主教恢复了会众咏唱赞美诗。

早产 premature birth 孕期不足37周的分娩。在23～24周分娩的婴儿即使存活也可能面临终身残疾的危险(如:脑瘫、眼盲或耳聋等)。早产儿占存活婴儿的8%～9%,但占死亡婴儿的2/3。其中40%～50%的早产是没有原因的,其他则有可能是因母体高血压或糖尿病、多胎或胎盘分离造成。在悉心照顾的情况下,有85%的早产儿可能幸存。早产的婴儿(在32～34周之前)会因肺部发育不全而产生呼吸窘迫综合征。他们可能会难以保持体温和防止感染。许多婴儿的死亡都是由呼吸困难、感染或肺部和脑部出血引起的。早产最大的特点是婴儿体重偏低、个头偏小、呼吸不规律、皮下脂肪过少和皮肤过薄。

早熟禾 bluegrass 早熟禾科(禾本科)早熟禾属(*Poa*)许多细长的一年生和多年生的草坪草、草原草或饲料草的统称。约250种,分布于温暖和凉爽地带,美国有50余种。通常穗小,无刚毛,排列成稀疏的簇。叶片狭窄,顶端呈船形。肯塔基早熟禾(*P. pratensis*)是美国最有名的禾草品种,北部各州常栽种为草坪草和牧草,叶呈蓝绿色,常见于开阔地及路边。得克萨斯早熟禾(*P. arachnifera*)、羊肉草(*P. fendleriana*)和平原早熟禾(*P. arida*)是美国西部重要的饲草。一年生早熟禾(*P. annua*)植株较小,呈淡绿色,被认为对草坪有害。

枣椰树 date palm 棕榈科乔木,学名*Phoenix dactylifera*。产于加那利群岛、北非、中东、巴基斯坦、印度和美国加利福尼亚。茎秆上显见剪去老叶的基桩,树冠由具美丽光泽的羽状叶构成。花穗从头年长出的叶的叶腋分枝,雌雄异株。果实通常为长圆形褐色浆果。在沙漠地区一直是主要食物,也是制造糖浆、酒精、醋和一种烈酒的来源。全株都有经济价值,可用作木材、家具、燃料、绳索和包装材料。种子有时被用作饲料。在欧洲地中海沿岸,枣椰树被用作观赏树。基督教徒于棕榈主日、犹太人于住棚节时用枣椰叶为装饰。印度生产的枣椰糖用近缘种林生海枣(*P. sylvestris*)的树液制成。

蚤 flea 蚤目小型无翅吸血昆虫,含2000个种和亚种。从北极圈至阿拉伯沙漠都可见。蚤具特化的解剖结构,故能附于哺乳类或鸟类的皮肤上吸血。虽然家猫和狗是它们重要的宿主,但哺乳动物中最常受其侵扰的是啮齿类。成蚤体长1～10毫米,寿命从几周到一年以上。其腿部肌肉有力。善跳,

蚤(*Ctenocephalides*)
William E. Ferguson

能在水平或垂直方向跳出自身体长200倍的距离。蚤类的蔓延会造成严重后果;欧洲中世纪时流行的黑死病的主要传染媒介就是蚤。

藻 algae 一类主要是水生的、能进行光合作用而无法精确定义的有机体。大小不一,包含从显微镜下的单细胞鞭毛虫,到长达60米的大型褐藻。藻类提供了地球上大部分的氧气,是几乎所有的水生生物的食物基地,并提供食品和工业产品,包括石油产品。它们的光合作用色素比植物的更为多样,它们的细胞中具有植物和动物所没有的特点。随着新的分类法信息的发现,藻类的分类也在迅速改变。以前,藻类按它们叶绿体里的色素分子分成红藻、褐藻与绿藻三类。现在辨认出的种类远远多于这3类,每一种都有共同的色素类型。从进化的意义上看,藻类彼此间的关系并不密切。某些种类与原生动物和真菌的区别只在于它们有叶绿体以及能行光合作用的能力,因此从进化上来看,它们与原生动物或真菌的关系比与其他藻类的关系更为接近。它们常见于溪流中"黏滑的"岩石上(参阅硅藻),是池塘上绿色光辉之源。利用藻类的历史或许与人类的历史一样悠久,沿海的居民食用海藻,许多餐馆里都提供藻类食品。

造船费 ship money 最初在中世纪,英国王室对沿海城市所征的税,供战时海防之需。它要求那些被征税的城市必须提供一定数量的军舰或缴付等量的金钱。到了查理一世时期(1634)再度流行以增加额外税收。他连发6个年度令状(1634～1639),将征税范围扩大到内地城镇,并试图将其设为永久性税收。因此引起人民普遍反对,进而发展为英国内战。1641年国会宣布造船费为非法税收。

噪声 noise 不想听到的声,或是本质上令人生厌的声,也可以是对所听到的声音产生干扰的声。在电子学和信息论中,噪声是指无规则的、无法预期的以及不想要的信号或者信号变化,它们会掩盖想要的信息内容。在无线电学中,这类噪声称作天电干扰;在电视中则称作雪花。白噪声是一种复杂的信号,或者说是覆盖了整个频率(或音调)范围,而且各频率的强度都相等的声音。

泽菲雷利 Zeffirelli, Franco(1923～) 原称Gianfranco Corsi。意大利导演、制片人和舞台设计师。1946年加入L.维斯孔蒂的莫雷利-斯托帕公司,任演员和舞台导演。他与维斯孔蒂在《大地在颤抖》(1948)等影片中合作后,开始致力于舞台设计。他为歌剧做的主要设计始于《意大利女郎在阿尔及尔》(1952～1953),以视觉的丰富而闻名。其他著名歌剧有《拉美穆尔的露契亚》(1959)、《波希米亚人》(1963、1981)等。他导演过电影《茶花女》(1983)和《奥瑟罗》(1986)。其他电影包括《驯悍记》(1967)、《罗密欧与朱丽叶》(1968)、《无穷尽的爱》(1981)、《简·爱》(1996)和《温馨人生》(1999)。

泽罗乌尔 Zeroual, Liamine(1941～) 阿尔及利亚总统(1994～1999)。曾接受过军事教育,后在军队中屡屡晋升,1989年成为陆军司令,1993年任国防部长。1994年由军方控制的国家高等议会任命为过渡总统,该机构在1992年取消大选,总统M.布迪亚夫遇刺后便接管了政府。1995年正式当选为总统,1999年A.布特弗利卡取代他成为总统。

泽西 Jersey 英国海峡群岛最大和最南端岛屿,英国皇家属地。1204年脱离诺曼底统治,但保持了诺曼法律和当地的习俗,只是由一位最高行政长官代为英国国王实行管理。1771年获得了立法权。现在它由一个普选的议会管理,受一个皇家指派的首席文官掌管。另有总督代表英国女王。泽西织物和泽西牛都是由此岛而得名。首府是圣赫利尔。面积118平方千米。人口约99 400(2013)。

泽西牛 Jersey 又译娟姗牛。小型短角的乳牛品种,起源于英吉利海峡的泽西岛,据说含有法国牛的血统。毛色通常是淡黄褐色或奶油色,但以较暗的色调最为普遍。1811年前后大批引进英格兰,1850年引进美国。它们能适应各种环境,因而分布于世界各地。泽西牛的奶中脂肪异常丰富,在主产黄油的地方(如新西兰和丹麦),泽西牛是很重要的一个品种。

增龄 aging 导致有机体弱化、疾病和死亡风险增高的渐变。它发生在所有生物体全部生命成熟期的细胞、器官或整个机体中,造成生物的功能及对新陈代谢压力的适应力降低。器官的变化包括官能性心血管细胞被纤维组织取代。增龄带来的影响大致有:免疫力减低,肌肉无力,记忆力和知觉感受力减退,毛发失去颜色和皮肤失去弹性。妇女在更年期以后增龄的过程会更快。

增值税 value-added tax 政府对经营厂商在生产和销售某商品时新增加的价值所课征的税。通常计算的方法是:售方首先计算出其对售出货物所征收的税款总额,然后再计算出其对购进货物时所付出的税款总额;其所征税款与所付税款之差额即为其纳税义务。增值税的负担,也像其他营业税的负担一样,最终要落在消费者身上。增值税可以是累退税,但是多数国家对必需品实行低税率而对奢侈品实行高税率。1954年开始法国是第一个大规模采用此税的国家。增值税虽然计算复杂,但对于以前的税制说来是一种改进,因为过去一种产品在生产-销售过

程中各个环节都重复征税。自从多数西欧国家采用此税种后，南美洲、亚洲和非洲的许多国家也都采用了增值税。

扎格卢勒 Zaghlul, Sad(1857～1927) 埃及政治家。最初与英国占领者合作，1912年被选入立法议会后改变了态度。第一次世界大战期间，英国宣布戒严令并解散了立法议会，他率领代表团要求英国承认他们的人民代表身份，并要求取消英国的保护国地位。这些要求遭到拒绝后，各地爆发了动乱，扎格卢勒被放逐到马耳他岛。英国企图平息埃及动乱，因而释放了扎格卢勒。根据新宪法举行的第一次选举使他于1924年就任首相。在许多英国官员和埃及的"通敌卖国者"被极端分子杀害后，扎格卢勒被迫辞职。后担任众议院议长，在此职位他能够对他的更加极端的追随者进行一些控制。

扎哈里亚斯 Zaharias, Babe Didrikson (1914～1956) 又称Babe Didrikson，原名Mildred Ella Didrikson。美国女运动员。擅长多项运动，是著名的篮球、田径和高尔夫球运动员。1930～1932年她是全美女子篮球队的队员。同期，在全国田径比赛中夺得8项冠军和一项并列第9名。在1932年的奥运会上获80米跨栏金牌和标枪金牌；跳高也获得第一名，但由于采用了一种当时认为不正规的跳法而未能得到金牌。1946年开始专门从事高尔夫球运动，并赢得多次冠军，包括美英女子业余高尔夫球联赛冠军（1946、1947）和美国女子高尔夫球公开赛冠军（1948、1950、1954）。

扎拉之围 Zara, Siege of(1202) 第四次十字军远征的重要事件，即十字军首次攻打一个基督教城市。扎拉（今克罗地亚的扎达尔）是威尼斯的一个附庸城市，1186年背叛威尼斯，并接受了匈牙利的保护。威尼斯人为重新获得扎拉，不顾英诺森三世的反对，劝说第四次十字军东征暂时不要进军巴勒斯坦和埃及，而改为攻打扎拉。该城不久宣布投降，十字军于1203～1204年继续进攻君士坦丁堡。

扎里亚 Zaria 旧称Zazzau（扎藻）。尼日利亚北部古王国和世袭酋长国。建于11世纪，为最南端的7个豪萨人城邦之一。约1456年传入伊斯兰教，16世纪初有了穆斯林豪萨统治者。一个桑海斗士在约1512年征服了扎藻。到16世纪末，扎藻改名为扎里亚，并逐渐走向衰落。约1734～1804年成为博尔努王国的属国。1804年，富拉尼人在当地统治。1835年成立扎里亚酋长国。现在仍然是尼日利亚最大的世袭酋长国之一，也是该国主要的出口棉花生产地之一。

扎托佩克 Zátopek, Emil(1922～2000) 捷克长跑运动员。1948年首次在奥运会获得10 000米跑金牌。在1952年的奥运会上，他又囊括了5 000米、10 000米和马拉松三个项目的金牌。从20世纪40年代中期到50年代中期，他共创18项世界纪录，并从1949～1954年一直保持着男子10 000米纪录。

扎伊姆 zaim 政治领袖，或为公职人员，或为权力掮客。该词专门用于黎巴嫩，指当地各种派别组织的权力掮客。

札幌 Sapporo 日本北海道城市。濒临石狩川，1871年被设计成有宽广道路、街道沿途植树的城市，1886年成为北海道首府。现为重要商业中心，以临日本海（东海）的小樽为外港。主要行业有木材加工、印刷、出版和酿造。该市为大众喜爱的滑雪及冬季运动中心，1972年在此举办过冬季奥运会。每年2月的雪节以将堆积的雪块雕刻成巨大的雕像为其特色。市内有北海道大学（1876年建）。人口约1 913 545（2010）。

乍得 Chad 全称Republic of Chad（乍得共和国）。非洲中北部国家。面积：1 284 000平方千米。人口：约12 664 000（2013）。首都：恩贾梅纳。萨拉人是最大的族群，约占全国人口的1/4，其他族群包括克比人、卡内姆-博尔努人、坦加勒人、富拉尼人和戈拉内人。阿拉伯人有许多部落，但都属于同一族群。语言：法语、阿拉伯语（均为官方语言），以及富拉语、萨拉语。宗教：伊斯兰教、基督教、传统宗教。货币：非洲金融共同体法郎。这个内陆国家的地貌是个浅盆地，以西部的乍得湖为起点地势逐渐升高。乍得湖盆地四周山岭环绕，北有提贝斯提高原火山，其中的库西山高达3 415米。盆地最低处为朱拉卜洼地，海拔175米。乍得的河流网只有沙里河和洛贡河及一些支流，从东南注入乍得湖。经济以农业为主，金矿、铀和石油储量未被全面开采。乍得为单一制共和国，一院制。国家元首是总统，政府首脑为总理。约公元800年卡内姆王国建立，13世纪初该王国的版图扩大，在该地区北部形成一个新的卡内姆-博尔努国。16世纪该王国控制了穿越撒哈拉至的黎波里贸易路线的南端终点，国力达到鼎盛时期。大约在这个时期，其对手巴吉尔米王国和瓦达伊王国也在南部发展起来。在1883～1893年的10年中，三个王国均被苏丹冒险家拉比赫·祖拜尔征服。1900年拉比赫又被法国人保护下的当地统治者推翻。法国人为扩张他们的势力，1910年宣布乍得为法属赤道非洲的一部分。1946年成为法国的海外领地。1960年乍得获得独立。随后几十年来，内战一直不断，并常受到法国和利比亚的干预，造成政治不稳定和经济欠发展。乍得于1964年首次参加在东京举办的夏季奥运会。

乍得湖 Chad, Lake 非洲中西部湖泊，位于尼日利亚、尼日尔、喀麦隆和乍得等国的交界处。20世纪中叶的湖水面积为25 600平方千米。之后湖水面积缩小，此种变化显然与严重干旱、邻近的萨赫勒地区的荒芜化以及灌溉工程有关。21世纪初，湖水面积缩小至1500平方千米。该湖有沙里河河水注入。

栅栏区 pale 划定边界同周围国土隔离或者实施不同的政法制度的地区。在18世纪晚期的俄罗斯帝国，栅栏区是犹太人准许居住的区域。到19世纪，栅栏区扩展到了俄属波兰、立陶宛、白俄罗斯、克里米亚、比萨拉比亚和乌克兰大部分地区。在第一次世界大战期间，大批犹太人逃往内陆地区，使得栅栏区不复存在，并于1917年被废止。英国人在爱尔兰也曾建有一个栅栏区，16世纪英伦三岛统归伊丽莎白一世管辖时废止。

炸药 explosive 能在极短时间内产生大量迅速膨胀气体的物质或装置。机械爆炸物是利用物理作用（如将一容器过量充入压缩空气直至其爆发），现除采矿外已很少使用。核爆炸物（参阅核武器）则利用核裂变或核聚变。化学爆炸物有两种形式，一为爆轰（高能）炸药（如三硝基甲苯和达纳炸药），能极快分解，造成高压。另一为爆燃（低能）炸药（如黑色火药和无烟火药），能很快燃烧，产生较低压力。爆轰炸药又可分初级（引爆）和高级（猛炸）两种。初级爆轰炸药要点火起爆，例如用火焰火花或撞击产生的热来引爆，而高级爆轰炸药需要引爆剂，有时还须有助爆药。现代高能炸药使用硝酸铵和燃料油或铵硝酸盐的水凝胶制成。

蚱蜢 grasshopper 直翅目蝗科（短角蝗虫）或螽斯科（长角蝗虫）善跳昆虫的统称。在热带森林、半干旱地区和草原最常见。体色从绿色到橄榄色或棕色，有时有黄色或红

短角蚱蜢（*Acrididae*），即蝗虫
Earl L. Kubis-Root Resources

色记号。以植物为食，会危害农作物。某些种类体长超过11厘米。雄虫能以前翅互相摩擦或以后足腿节的音锉摩擦前翅的隆起的翅脉而发出声音，是许多鸟类、蛙和蛇喜爱的食物。参阅树螽和飞蝗类。

斋戒 fasting 为了宗教或者道德上的原因而禁绝饮食。在古代宗教中，斋戒是崇拜者或男女祭司为了接近神灵、追寻异象、表示忏悔或平息神灵的怒气而进行自我准备的手段。世界上几乎所有主要的宗教都有斋戒规定。犹太教一年之中有几个把斋日，特别是赎罪日。基督教在复活节前为期40天的大斋期要举行忏悔斋戒，其间包括大斋首日和耶稣受难日必须斋戒。伊斯兰教的赖买丹月是忏悔之月，每日自日出至日没完全禁戒饮食。为了政治上表示抗议而禁绝饮食称为绝食，如19世纪的鼓吹妇女参政权者、圣雄甘地和20世纪末期的爱尔兰民族主义者。有时人们为了身体健康而采用有节制的戒食手段。

斋浦尔 Jaipur 印度西北部拉贾斯坦邦首府。这座围有城墙的城镇四周为山丘环绕（南部除外），1727年由大王沙怀·贾伊·辛格建立，取代安伯为斋浦尔亲王邦的首府。

以美景著称,有独特的直线规划;建筑物多为玫瑰色,故有"粉红城市"之称。为受欢迎的观光胜地。历史建筑有哈瓦马哈尔宫("风宫")、兰巴格宫和纳哈尔噶尔堡("虎堡")等。人口约2 322 575(2001)。

宅地运动 Homestead Movement 19世纪中叶美国中西部、大平原和西部地区争取自由获得土地的运动。该运动始于19世纪30年代,劳工和改革派与农民联合要求把公有土地无偿地给予定居者。1848年自由土壤党提出宅地的建议,遭到工业雇主和南方奴隶主反对,一直未形成法律。1860年在大选中获胜的共和党支持宅地议案。1862年通过《宅地法》,免费提供160英亩公共土地给在当地生活5年以上的成人公民或家长。到1900年,共有8 000万英亩土地分给了60万要求得到土地的宅地居民。

占卜 divination 能看出事件隐藏的含义并预卜未来的做法。虽然方法不同,但占卜是一种在各个社会和各个时代的文化中都可见到的活动。在西方,巫师声称天生有预告未来的能力,查天宫图、看手相、玩塔罗特牌是占卜常用的手法。其他方法包括释梦,在自然事件中发现征兆,解读动物内脏,抽签和求神谕。占卜长期以来一直被认为是先知、萨满教巫医和术士等有特殊才能的人的领域。参阅占星术。

占星术 astrology 解释恒星与行星对地球万物以及人们命运影响的占卜。在古代,它和天文学是密不可分的。占星术起源于美索不达米亚(约公元前第三千纪),并散播至印度,但在希腊化时代的希腊文明里发展为西方形式的占星术。后来占星术以希腊传统的一部分打入伊斯兰文化,中世纪时期通过学习阿拉伯学术而再度传回欧洲。根据希腊传统,天体根据黄道十二宫来划分,这些亮星轮流升起,对人类事物产生一种精神上的影响。占星术在古中国也占重要地位,在皇帝时期,每个新生儿都要去算一下天宫图和一生当中会出现的大关卡。虽然哥白尼体系驳斥了以地球为中心(占星术所需的)的世界观,但一直到现代人们对占星术的兴趣仍然不减,大家都相信占星术的种种迹象会影响人的性格。

毡合 felting 参阅缩绒。

旃陀罗笈多 Candra Gupta(公元前321?~前297?年在位) 又作Maurya。孔雀王朝创建者,第一位把印度大部分领土统一管理起来的皇帝(参阅孔雀帝国)。生在一个贫困的孔雀族移民家庭,他被卖身为奴,后被一个婆罗门政治家买去,让他接受军事战术和美术教育。旃陀罗笈多到处招兵买马并得到民众的支持,推翻了难陀王朝,在今比哈尔地区建立他自己的王朝。亚历山大大帝死后(公元前323年),他控制了旁遮普(约公元前322年),将帝国版图扩大到东至波斯边界,南达印度的南端,北至喜马拉雅山和喀布尔河流域。他的管理效法波斯的阿契美尼德王朝(公元前559~前330年)。在发生大饥荒时,他出于对子民的同情斋戒而死。

詹博洛尼亚 Giambologna(1529~1608) 又称Giovanni da Bologna(乔凡尼·达·博洛尼亚),或称Jean Boulogne(让·布洛涅)。佛兰芒-意大利雕刻家。在佛兰德斯雕刻家J.杜布罗克指导下学习,1550年去罗马,其风格受希腊化时期雕塑与米开朗琪罗作品的影响。1552年起定居佛罗伦萨。曾为梅迪契家族制作了许多重要作品。在博洛尼亚制作的《尼普顿喷泉》(1563~1566)使他名声大振。其《科西摩一世》骑马铜像(1587~1593),为佛罗伦萨第一座骑马雕像,成了全欧洲类似雕像的模式。他还以园林雕刻家享有盛名,曾为佛罗伦萨菩菩利公园和梅迪契三座别墅制作雕刻,其中就有在普拉托尼诺的巨大的《亚平宁山》(1570~1580),极受欢迎。他又是青铜小雕像的多产作者,许多作品还留存至今。他是意大利杰出的风格主义雕刻家。

詹金斯 Jenkins, Roy (Harris)(1920~2003) 后称Baron Jenkins。英国政治家。1948年选入议会,1964~1970、1974~1976年两度在工党政府里任职。他是北大西洋组织和欧洲共同体的坚决支持者,1976~1981年出任欧洲共同体的执行机构主席。1981年退出工党,并与其他持不同意见者一起组成社会民主党,1982~1983年任该党领袖。1987年他接受了终身贵族的爵位,成为新成立的社会自由民主党的上院领袖。

詹金斯的耳朵战争 Jenkins' Ear, War of 英国和西班牙的一场战争,始于1739年,最后同奥地利王位继承战争结合到一起。1738年罗伯特·詹金斯船长出席英国下议院的一个委员会,出示了他被割下来的一只耳朵。据他说,耳朵是1731年他在西印度群岛时,被登上他船的西班牙海岸警卫队员割下来的。原本舆论早就对西班牙人施加于英国船只的其他暴行十分愤怒,而这场意外事件被议会中反R.沃波尔政府的派系所利用。

詹姆森 Jameson, Leander Starr(1853~1917) 后称Sir Leander。南部非洲的英国行政长官。他代表C.罗得斯成功地通过协商取得在马塔贝莱兰和马绍纳兰(今津巴布韦)的矿产开采权,后来在1893年成为新的罗得西亚殖民地第一任行政首长。1895年他和罗得斯联合德兰士瓦威特兰人(即英国人)领袖密谋推翻P.克鲁格领导的布尔人政府。原计划虽被拖延,但詹姆森仍实行他自己的入侵计划,结果与他的所有人员一起被捕。在英格兰监禁若干月后因病重获释,返回参与南非政治活动。

詹姆斯 James, Harry (Haag)(1916~1983) 美国小号演奏家,是摇摆乐时代一个最受欢迎的大乐队领队。1937年加入B.古德曼的乐队,成为主要的独奏者之一。1938年末组成自己的乐团。通过录制F.西纳特拉的演唱、音乐名家作品集,以及以其特有的宽广颤音来演奏的民谣,在商业上取得极大的成功。1943年与电影演员B.格莱宝结婚,并开始在好几部电影中亮相。他是一个极有才艺、技巧十分纯熟的即兴表演者。20世纪40年代末起,从他的音乐中可看出对爵士乐重新燃起兴趣,他继续与他的乐团一起演出了40多年。

詹姆斯 James, Henry(1843~1916) 美国出生的英国小说家。出身纽约市一个显赫家庭,哥哥是W.詹姆斯,受私人教育。童年开始就经常到欧洲旅行。1876年后他常

H.詹姆斯,摄于1905年
Smith College Archives

住英国。其作品的基本主题是新大陆的乡土气和旺盛生机同旧世界的腐败和精明之间的冲突。《黛西·密勒》(1879)使他获得国际声誉,接着相继出版《欧洲人》(1879)、《华盛顿广场》(1880)、《贵妇的画像》(1881)。《波士顿人》(1886)和《卡萨玛西玛公主》(1886)的主题是社会改革者和革命家。在《波音顿的珍藏品》(1897)、《梅西所知道的》(1897)和《碧庐冤孽》(1898)这些小说中,他开始运用复杂的道德和暧昧的心理手法。《鸽翼》(1902)、《专使记》(1903)和《金碗》(1904)是他晚年写的最后几部伟大小说。从《小说的艺术》(1884)、他为自己的作品选集所写的序以及多篇文学评论中可看出他对小说倾注了十分的热情,把它当作一种艺术形式。他的主要技巧革新也许是把焦点聚集在中心人物的个人意识,反映出他感受到那个时代大众和集体价值的衰微。

詹姆斯 James, Jesse (Woodson)(1847~1882) 美国的不法之徒。美国南北战争期间,与哥哥弗兰克(1843~1915)一起加入南部邦联游击队。1866年组成一个抢匪集团,抢劫银行,不久开始拦劫火车和驿马车。1876年他指挥在明尼苏达州的诺斯菲尔德抢劫一家银行失败,兄弟二人逃脱,但匪帮的残余分子被杀或被捕。1881年密苏里州州长悬赏1万美金捉捕他们。1882年杰西·詹姆斯正在家中挂画时,被一名想获得赏金的同伙匪徒开枪击中后脑,随即毙命。弗兰克后来受审,三次被判无罪。后来退居自家农场,过着平静的生活。詹姆斯兄弟的冒险事迹被一些低俗小说作家和电影所浪漫化。

詹姆斯 James, William(1842～1910) 美国哲学家和心理学家。哲学作家亨利·詹姆斯(1811～1882)的长子,其弟是小说家亨利。他出生于纽约市,在哈佛大学修读医学,

W. 詹姆斯
By courtesy of the Harvard University News Service

1872年开始在那里任教。第一部重要著作是《心理学原理》(1890),他把思想和知识视为生活奋斗的工具。最出名的作品是《宗教经验的种种现象》(1902)。在《实用主义》(1907)中,他把C. S. 皮尔斯的实用主义作了一些归纳,指出任何一个观念的意义最后必然体现在这一观念所经历和导致的顺序的经验性后果中;真理和谬误只视这些后果来评断。他把实用主义应用于变化与偶然、自由、变异、多元性以及新奇的观念上。他也用实用主义来反对一元论、"宇宙板块论"、内部关系的非现实理论和一切表示现实是静止的观点。他也是功能主义心理学运动的领袖。

詹姆斯党 Jacobite 英国1688年光荣革命后,拥护流亡的斯图亚特王室詹姆斯二世及其后嗣的支持者。他们在苏格兰、威尔士和爱尔兰的势力很大,包括了天主教徒和安立甘宗托利党人。詹姆斯党(尤其是在威廉三世和安妮女王在位时)可能曾提出一种可行的轮替国王计划,并曾几次企图恢复斯图亚特王朝。1689年詹姆斯二世率兵在爱尔兰登陆,但是在博因河战役中被打败。在第三次叛乱(1715)时,由马尔伯爵(1675～1732)率领,詹姆斯党试图为詹姆斯·爱德华(老觊觎王位者)夺取王位。在第五次叛乱(1745)时,查理·爱德华占领了苏格兰,但在卡洛登战役(1746)中詹姆斯党军队被击溃。

詹姆斯敦殖民地 Jamestown Colony 英国在北美洲第一个永久性殖民点所在地,建于1607年5月,位于弗吉尼亚州詹姆斯河一半岛上。城市名称取自当时的英国国王詹姆斯一世。早先种植烟草,建立了北美大陆上第一个代议制政府(1619)。该殖民地的领袖J. 史密斯与美国土著宝嘉康蒂(据说救过史密斯)的故事被很多小说、戏剧、电影作为题材,当然其中很多情节是高度虚构的。1699年弗吉尼亚州首府迁往威廉斯堡后,开始衰败。因土壤冲蚀,至19世纪中叶时已变为河中岛屿。1936年并入科洛尼尔国家历史公园。

詹姆斯二世 James II(1430～1460) 苏格兰国王(1437～1460)。在父王詹姆斯一世被暗杀后即位。因年幼,其父所建立的强大中央政权迅速瓦解。成年后,他的第一要务就是恢复君主的权威。他与占优势且强大的道格拉斯家族相抗衡,1452年在斯特灵堡刺杀了道格拉斯伯爵威廉。詹姆斯二世因而重建了强大的中央政府,并改进司法行政管理。后来他把注意力转向英格兰,因为英格兰人重新提出统治苏格兰的要求。他袭击英格兰在苏格兰的前哨营地,在一次围攻罗克斯堡城堡时阵亡。

詹姆斯二世 James II(1633～1701) 英国国王(1685～1688)。是哥哥查理二世的继承人。英国内战期间逃往荷兰(1648)。1660年查理二世复辟后回到英格兰,任海军大臣,在英荷战争中指挥舰队作战。1668年左右改信天主教,1673年因不愿按《宗教考查法》宣誓而辞去所有职务。1678年他对天主教的支持使得人心惶惶,以致发生了一场天主教阴谋,捏造他企图暗杀查理二世,登上王位,因此连续几届的议会都取消他的王位继承权。1685年查理二世去世时,詹姆斯在少数人反对下即位,圣公会也强力支持他。一些叛乱的发生使他在军队和高官中安插了天主教徒,并延宕了充满敌意的议会会期。他的儿子的诞生意味着又是一个可能的天主教徒继承人,因而导致了1688年的光荣革命,他逃往法国。1689年他率领军队在爱尔兰登陆,企图夺回王位,但在博因河战役中被击败,只好继续在法国流亡。

詹姆斯三世 James III(1452～1488) 苏格兰国王(1460～1488)。在父王詹姆斯二世战死后继承王位。他不如父亲,在成年后未能重建强大的中央政权。由于软弱无能,遭遇两次大叛乱。他对艺术感兴趣并把艺术家收为宠臣,由此得罪了一批贵族。1488年两个强大的边境地区家族发动叛乱,并争取到他儿子(后来的詹姆斯四世)的支持,36岁时被俘并被杀死。

詹姆斯时期文学 Jacobean literature 英国国王詹姆斯一世统治时期(1603～1625)写成的作品。此时期的文学承自伊丽莎白时代文学,通常带有灰暗色彩,对社会秩序的安定提出质疑。W. 莎士比亚一些最伟大的悲剧作品约创作于此时期之初,而其他的剧作家则热衷于罪恶题材,如J. 韦伯斯特。喜剧最优秀的代表作是B. 琼森辛辣尖利的讽刺作品,以及F. 鲍蒙特和J. 弗莱彻的各式各样作品。詹姆斯时期诗包括琼森的优雅诗作和骑士诗人的作品,但也含括J. 多恩等玄学派诗歌所表达理性复杂性的诗。在散文方面,F. 培根和R. 伯顿等作家显示了一种刚柔并济的新风格。这一时代在散文方面的不朽成就则是1611年首次出版的钦定本《圣经》。

詹姆斯一世 James I(1394～1437) 苏格兰人的国王(1406～1437)。罗伯特三世之子和继承人。1406年被英格兰人俘获,送往伦敦监禁,1424年获释。在真正统治苏格兰的13年间(1424～1437),他建立了第一个强大的君主政体,此为苏格兰人近一世纪所未见。詹姆斯削弱了贵族权力,但没有完全压制苏格兰高地的贵族。他为平民大刀阔斧改革司法。后来在多明我会隐修院被一群敌对的贵族暗杀,导致一场拥护他的遗孀和6岁儿子(继承其位为詹姆斯二世)的暴乱。

詹姆斯一世 James I(1566～1625) 苏格兰国王(1567～1625,称詹姆斯六世)和英格兰斯图亚特王朝第一代国王(1603～1625)。为玛丽(苏格兰女王)和达恩利勋爵的独生子。1岁就继承玛丽的苏格兰王位,由大贵族相继摄政,成为相互斗争的阴谋家——天主教派(他们想让他的母亲复辟)和新教教派——手中的傀儡。1583年才开始亲政,他竭力与英格兰保持良好关系。伊丽莎白一世死后,他以亨利七世的玄孙资格继承了英格兰王位。他很快就结束与西班牙的战争(1604),建立和平及繁荣。1604年主持了汉普顿宫会议,拒绝了清教徒所提的改革圣公会的要求,但同意重新翻译《圣经》,即后来的詹姆斯钦定本《圣经》。他因偏袒天主教而导致火药阴谋案。1611～1621年逐渐专制,常与日趋强硬的议会发生冲突,并导致他解散议会。大臣R. 塞西尔死后,朝政落入一些无能的宠臣手中。

詹纳 Jenner, Edward(1749～1823) 英国外科医生,天花疫苗的发明者。13岁时在一名医生身边当学徒,21岁成为J. 亨特的入室弟子。亨特对他进行训练,并强调实验

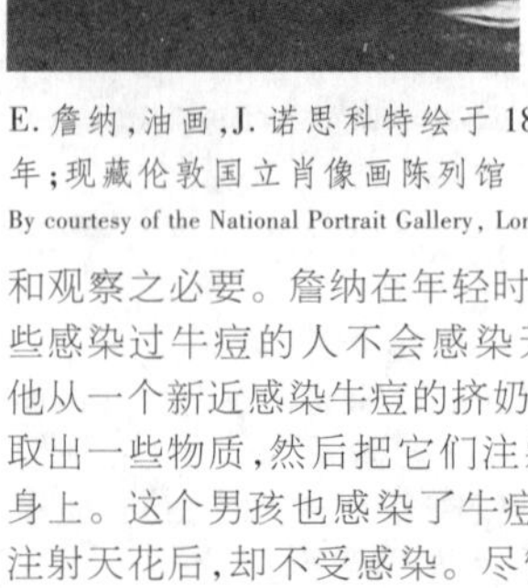

E. 詹纳,油画,J. 诺思科特绘于1803年;现藏伦敦国立肖像画陈列馆
By courtesy of the National Portrait Gallery, London

和观察之必要。詹纳在年轻时期就注意到那些感染过牛痘的人不会感染天花。1796年他从一个新近感染牛痘的挤奶女工的病灶处取出一些物质,然后把它们注射到一个男孩身上。这个男孩也感染了牛痘,但接着给他注射天花后,却不受感染。尽管早期遇到不少困难,这种方法还是传播开来了,天花的死亡率下降了。詹纳获得全世界的公认(尽管他也受到攻击和诽谤)。1815年他妻子死后,詹纳退出公职生活。

詹森 Jansen, Cornelius Otto(1585～1638) 荷兰天主教改革运动詹森主义的领袖。在卢万大学就读时,吸收了圣奥古斯丁的教义,特别是有关原罪和需要恩典的部分。1611～

1614 到法国巴约纳主持教区学院。在钻研神学 3 年后，返回卢万。1635 年担任卢万大学校长。1636 年任伊普尔主教。1638 年死于鼠疫。主要著作是《奥古斯丁论》，出版于 1640 年；1642 年教皇乌尔班八世发出通谕，禁止信徒阅读此书。

詹森主义　Jansenism　由詹森的著作引起的天主教改革运动。詹森受到圣奥古斯丁作品的影响，特别是奥古斯丁攻击贝拉基主义和自由意志的教义部分。他采用奥古斯丁的得救预定论及上帝恩典必需的论点，这种观点被罗马教堂当局视为接近加尔文主义而觉得不快，所以在 1642 年禁止信徒阅读他的书《奥古斯丁论》。1638 年詹森去世后，他的信徒在法国的波尔罗亚尔隐修院建立墓地。最著名的詹森主义者 B. 帕斯卡曾写过《给外省人》(1656 ～ 1657)，捍卫他们的教理。1709 年路易十四下令解散波尔罗亚尔隐修院。1723 年詹森的追随者创立了一座詹森派教堂，一直持续到 20 世纪晚期。

谵妄　delirium　失去判断力和思维混乱的精神障碍。患者嗜睡、坐卧不安，为想象中的灾难而害怕，有时会有幻觉。谵妄常见于引起脑损害的疾病(如发热、心力衰竭、头部外伤等)。酒精中毒性谵妄的病因不仅是饮酒过量，还包括衰竭、营养不良(特别是缺乏硫胺素)、脱水等。环境的改变可使患者进入谵妄状态，原发的躯体疾病得到治疗后，谵妄可迅速缓解。

战斗机　fighter aircraft　在空战中歼灭敌机以获取对主要空域控制的飞机。战斗机必须具有尽可能高的性能以便在飞行速度和机动性上都超过它的对手，它必须装备能击中并摧毁敌机的专门武器。早在第一次世界大战时，它就被用来与别的飞机战斗，击落轰炸机并执行各种战术任务。这些飞机大部分是双翼机，用木质机体和布质蒙皮制成，配备加上协调装置的轻机枪，穿过螺旋桨旋转的空隙而射击。在第二次世界大战中，全金属的单翼机时速超过 725 千米。当时著名的战斗机有德国的“FW-190”、美国的“P-47”和“P-51”及日本的“零式”。战争末期生产出喷气式飞机，在朝鲜战争和后来的冲突中曾大量使用，著名的有美国的佩刀式战斗机和苏联的米格战斗机。

战列舰　battleship　约自 1860 年以来直至第二次世界大战时世界各国海军的主要军舰。1860 年后战列舰开始取代木质船体的一线大型战舰，到第二次世界大战时才被航空母舰超越。战列舰既有吨位大、火力强、装甲厚的优点，同时速度又相当快，巡航半径也大。最强大的战列舰能击中 30 多千米处的目标，又能承受严重破坏而不沉没，并可以继续作战。战列舰起源于早期的装甲舰，混合使用风帆和蒸汽机驱动，如 1859 年建成的法国远洋铁甲舰“光荣”号。1906 年英国军舰无畏舰号采用汽轮机推进和装备 10 门 305 毫米大口径火炮组，使战列舰的设计发生了革命性的变化。第二次世界大战中，战列舰主要用于一些特殊任务，如在两栖战中轰击敌方海岸防御设施。波斯湾战争以后，美国最后的两艘战列舰退役。

战略防御倡议　Strategic Defense Initiative (SDI)　别称 Star War(星球大战)。美国提议的防止核袭击的战略防御系统。由美国总统 R. 里根在 1983 年提出，为的是拦截飞行中的洲际弹道导弹，以防止羽翼丰满的苏联的袭击。这一阻击包括了当时还未能完全发展起来的空基和地基激光作战站以及空基和地基导弹等技术。战略防卫计划的空中计划部分由于电影《星球大战》极受欢迎而被戏称为“星战”。虽然国会在 20 世纪 80 年代批准了首批资金，但该计划引起了激烈的争论，并遭到广泛批评，被认为是不可行的。该计划还因可能加速军备竞赛和破坏武器控制条约而受谴责。该计划早期的发展很不成功，并在苏联解体后被用于防范某一个无赖国家的小规模突袭或单个偶尔发送的导弹。1999 年美国又一次宣布将实施一个新的战略防卫计划。参阅反弹道导弹。

战争　war　两个或多个实体之间的武装冲突状态。战争是以大的个人集团有意识地施用暴力为其特征，这些集团是特意组织起来进行训练参加这种暴力行动的。依国家的标准，有些战争是国内各敌对政治派别之间的(内战)，有些是对抗外部敌人的。战争也可能是出于宗教之名、自我防卫、获得领土或资源，以及国家领导者的进一步政治目的而发生。

战争罪　war crime　由国际习惯法和某些国际条约规定的违反战争法的罪行。第二次世界大战后有 3 种违反国际法的犯罪被认为是战争罪：常规战争罪(包括杀害、虐待或放逐被占领地的平民)、反和平罪以及反人道罪(以政治的、种族的或宗教的理由，对平民进行迫害)。审判战犯的做法可以追溯很远。1945 年的《伦敦协定》包括一个审理轴心国主要战犯的国际军事法院宪章，其中除列举上述 3 种战争罪为法院管辖权的对象以外，还规定被告人所具有的国家元首或政府负责官员的地位不能成为免除罪责或减刑的理由；被告人执行政府及上司的命令，也不能作为免除罪责的理由，但可酌情从轻量刑。参阅《日内瓦公约》、灭绝种族、《海牙公约》和纽伦堡审判。

张伯伦　Chamberlain, (Joseph) Austen　(1863 ～ 1937)　后称 Sir Austen(奥斯汀爵士)。英国政治家。J. 张伯伦之子，N. 张伯伦同父异母的兄弟，1892 年进入英国下院。他担任过许多政府职务，包括财政大臣(1903 ～1905，1919 ～ 1921)、印度事务大臣(1915 ～ 1917)。作为外交大臣(1924 ～ 1929)，他帮助促使《洛迦诺公约》的签订，努力确保西欧的和平。为此，他与美国副总统 C. 道威斯共同获得 1925 年的诺贝尔和平奖。

张伯伦　Chamberlain, Joseph(1836～1914)　英国政治家和改革家。早年经商获得成功，

J. 张伯伦，油画(局部)，F. 霍尔绘于 1886 年；现藏伦敦国家肖像画陈列馆

By courtesy of the National Portrait Gallery, London

巨大的财富使他能够在 38 岁时就退出商界。1876～1906年担任议会议员，成为自由党左翼领袖。1886 年在反对爱尔兰自治的活动中，他为了击败自由党政府，与其他持不同政见的自由党人士(自由联合党)联合起来。他利用他对自由联合党的控制对新上台的保守党政府施加压力，要求采取更加进步的社会政策。1895 ～ 1903 年任英国殖民大臣，主张税制改革和一个由多个自治殖民地组成的联合帝国，帮助《澳大利亚联邦法案》(1900)在议会通过。他提出给予英帝国产品特惠关税的建议被政府断然拒绝后，辞去内阁职务。

张伯伦　Chamberlain, (Arthur) Neville　(1869 ～ 1940)　英国首相(1937 ～ 1940)。J. 张伯伦之子，A. 张伯伦同父异母的兄弟。他在伯明翰市经营的金属制造业生意兴隆，1915 ～ 1916 年担任伯明翰市市长，组建了英格兰的首家市立银行。1918 ～ 1940 年担任下院议员，并在保守党政府中担任过卫生大臣和财政大臣。作为首相(1937 ～ 1940)，他力图阻止因 A. 希特勒要求捷克斯洛伐克将苏台德割让给德国而在欧洲爆发一场大战。1938 年，他和法国总理 E. 达拉第签署了《慕尼黑协定》，同意了希特勒的大部分要求，返回英国后成为一名众望所归的英雄，大谈“我们时代的和平”。希特勒夺取捷克斯洛伐克其余的领土之后，他断然放弃绥靖政策，而当德国入侵波兰时，他宣布对德开战。派往挪威的一支英国远征军失败后，他失去了许多保守党人的支持，于 1940 年辞职。

章　sura　又作 surah。《古兰经》中的任一篇章。《古兰经》共有 114 章，每章从十余字到几页长，其内容为穆罕默德所得启示。除了 3 章其他都采用真主的指示的形式。语气为说教，要求服从超然的但是富有同情心的真主。除第 1 章《法谛哈》外，各章依次按照长度和序数的顺序排列。各章使用习俗的名字(如黄牛、蜘蛛、血块)，取自名字中所包含的意象，但不一定与名字的意义或主题相关。

章鱼　octopus　八腕目八头足动物的统称。尤指种类繁多、广泛分布于浅水中的章鱼属动物。章鱼的大小相差极大，最小的长约5

一种南非章鱼(*Octopus granulatus*)
Anthony Bannister from the Natural History Photographic Agency-EB. Inc

厘米,而最大的种可长达 5.5 米,腕展可达 9 米。章鱼的身体呈囊状,头与躯体分界不明显。每条腕均可收缩并有肉质的吸盘。口有一对尖锐的腭及锉状的齿舌,用以钻破贝壳,刮食其肉。大部分章鱼沿海底爬行,但受惊时会从体管喷出水流,从而迅速向反方向移动。遇到危险时会喷出墨汁似的物质,使水混浊,以避开捕食者。普通章鱼(*O. vulgaris*)被认为是无脊椎动物中智力最高的。

蟑螂 cockroach 又作 roach。脉翅目蜚蠊亚目昆虫,3 500多种。是现存最原始的有翅昆虫之一(3.2 亿年以来几乎不曾改变),也是最古老的化石昆虫之一。特征为身体

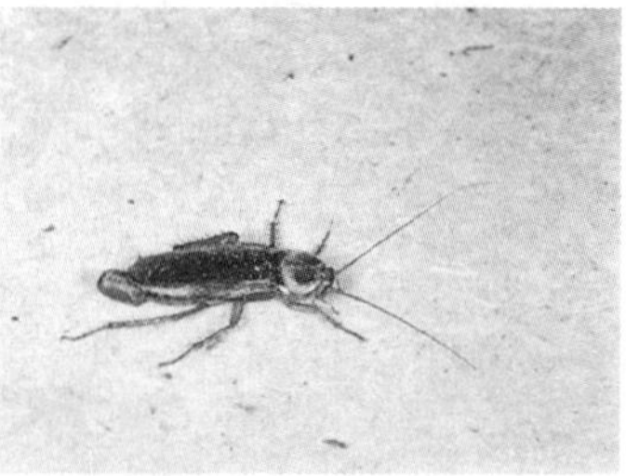

雌体蟑螂(*Periplaneta*)
Colin Butler-Bruce Coleman Ltd.

扁,卵圆形;触角长,丝状;体壁呈革质光泽,黑或棕色。喜欢温暖、潮湿、黑暗的环境,因此通常见于热带或其他气候暖和的地区,不过现在已广泛分布于有暖气设备的建筑(特别是城市公寓)、温带地区,蔓延得十分严重。仅少数种类是有害的。蟑螂既吃动物也吃植物。美国蟑螂体长 30 ～ 50 毫米。德国蟑螂长约 12 毫米,是常见的室内害虫,已被船舶带到世界各地。

长官 prefect 古罗马不同职能的高级官员,主要执掌司法和执法权。共和国初期,当执政官不在罗马期间他们指派城市长官代理政事。他们在行政长官代理职务(公元前 4 世纪中叶)后失去了一些重要性。但奥古斯都统治时期,他重新任命了 5 名长官监督市政府、消防队、粮食供给和禁卫军。禁卫军长官握有很大的权力,经常成为实际上的总理大臣。

长老制 Presbyterianism 建立在长者或长老的统治基础上的教会管理制度。管理教会的长老们按等级组成多个团体,最高权力等级是会员大会。长老由集会成员选举产生,任期固定,这种体系的目的在于确保所有基督徒的平等。长老会制这个术语也指实行长老会制的教会。现代各长老会的前身是不列颠群岛上的卡尔文派教会。在欧洲大陆该教会则统称归正宗。长老会于 1557 年由 J. 诺克斯 在苏格兰创立,其力量也以在苏格兰最为强大,不过在英格兰、威尔士和美国该组织的发展也很好。参阅加尔文主义。

障碍赛跑 steeplechase 指两种不同的体育运动项目:(1)在设置障碍物(如围栏和墙)的场地上赛马;(2)在设置障碍物的场地上赛跑3 000米,然后越过一个水沟。其名称来源于 18 世纪爱尔兰猎狐人在自然的乡间的即兴比赛,以教堂尖塔作为路标。骑马障碍赛在英国、法国和爱尔兰都很流行,但在美国不甚流行。最有名的骑马障碍赛是全国大马赛。田径障碍赛要追溯到 1850 年英国牛津大学的一种比赛。其场地和距离于 1920 年奥林匹克运动会上被规定下来。

招潮 fiddler crab 甲壳纲十足目招潮属(*Uca*)约 65 种蟹类的统称。雄体的一螯总是较另一螯大得多,有点像小提琴,故得其英文名。雌体的二螯均相当小。在温、热带海滩数量很多。生活于水下的洞穴中,穴深可达 30 厘米,取食藻类和其他有机物。北美的常见种见于北大西洋沿岸。颜色鲜亮,体长约 2.5 ～3 厘米。

昭披耶河 Chao Phraya River 又称 Me Nam River(湄南河),泰国河流。源出泰国北部边境的高地,向南流到靠近曼谷的泰国湾北部,全长 365 千米,是泰国的主要河流。历来是泰国出口产品运输的重要水道。该河形成的谷地土壤肥沃,是富饶的农产区。严格地讲,此河名仅指该河的下游河段,起于难河和宾河的汇流处,长 257 千米。

昭圣者 hierophant 古希腊埃莱夫西斯秘仪的主祭司。他的主要职责是在庆典秘仪中呈上圣物,并对初入教者解释秘义。昭圣者必须出身尤摩尔浦斯氏族(埃勒夫西斯的原始氏族之一),通常都是年高德劭、声音洪亮的独身男子。就职时,他要放弃原有的名字,此后只称"昭圣者"。

爪哇 Java 又拼 Djawa 或 Jawa。印度尼西亚岛屿,位于苏门答腊东南。系印度尼西亚的第 4 大岛,但拥有全国人口的一半以上。面积为127 570平方千米(包括近海岛屿)。雅加达既是国家首都,也是爪哇首府。岛上最高点是活火山塞梅鲁山,海拔3 676米。岛上住有 3 个主要的种族集团,即爪哇人(占人口主体)、巽他人和马都拉人。岛上曾发现直立人,或称爪哇人的化石,表明早在 80 万年以前爪哇岛已为人类活动的场所。约在公元 1 世纪印度商人来到爪哇,带来印度教的影响。1293 年在东部爪哇建立了麻喏巴歇王朝,16 世纪初逐渐消亡,此时穆斯林王国开始兴起。1619 年荷兰东印度公司迅速控制了雅加达,并把势力范围扩大。荷兰人持续统治到 20 世纪 40 年代爪哇被日军占领为止。1950 年成为新独立的印度尼西亚的一部分。人口约127 679 800(2005)。

爪哇 Java 升阳公司在 1995 年专为因特网研发的模块化面向对象的程序设计语言。爪哇的基本理念是相同的软件要在许多不同种类的计算机、消费产品及其他装置上运作,程序代码在执行时根据机器需要转译。最常看见的程序语言软件是交互式的程序称为"小程序",赋予网站活力,爪哇是万维网的标准创作工具。爪哇提供超文本标记语言的界面。

爪哇海 Java Sea 爪哇岛和婆罗洲岛之间、太平洋西部的一部分海域。东西长约1 450千米,南北 420 千米,面积433 000平方千米。属浅海,平均深度 46 米。第二次世界大战中曾在此发生海战(1942),同盟国海军在此遭挫败,日本得以入侵爪哇。

爪哇人 Java man 1891 年在爪哇特里尼尔发现的直立人化石。是最早发现的直立人种化石(不过原本把这些化石定名为直立猿人),与沿梭罗河发现的一些其他化石一起证明了直立人约在 100 万年前就出现在亚洲东部,并一直存在了至少 50 万年,甚至可能长至 80 万年。爪哇人的年代比北京人要早,因此通常被认为更原始一些。

沼铁矿 bog iron ore 包含褐铁矿、针铁矿等水合氧化铁矿物的铁砂,因流入湿地的地下水沉淀而形成。细菌作用有助于沼铁矿的形成,有经济价值的矿藏在开采后 20 年能够重生,过去被广泛作为铁的来源。

沼泽蜀葵 marsh mallow 锦葵科多年生草本植物。原产欧洲东部和非洲北部,已引种北美。常见于近海的沼泽地,叶脉明显,叶呈心形或卵形,花淡粉红色,开放在高约 1.8 米的主茎上。其根用以加工制成果汁软糖。

照明 lighting 利用人工的光源提供光亮。照明是建筑与室内设计的关键要素。居家照明主要是用白炽灯或荧光灯,并常常靠移动装置来接通插座;在厨房、浴室和走廊多用镶入式照明,在餐厅则用吊灯,而起居室常常是嵌壁形式的。非住宅建筑的照明多为日光灯。高压钠蒸汽灯效率较高,应用于工业照明。卤素灯用于居家、工业与照相方面。依据装置的形式灯具可以产生各种不同的照明状况。白炽灯放置于半透明的玻璃球会产生漫射的效果;天花板内嵌入反射装置,可以均匀地照亮墙壁或地板。带有棱镜的日光灯灯具多为嵌壁式和长方形,不过其他间接照明的凹圆形装置和把灯置于悬挂的半透明嵌板上方的发亮天花板。在工业场所、电杆上的路灯装置内和商用向上照射的灯具上,水银蒸气与高压钠蒸气灯则是放在简单的反射器中。

照相术 photography 在胶卷或感光材料上用照相机的透镜放射出的光线为物体摄取

永久影像的方法。该方法来自于19世纪两个法国人(J.-N. 尼埃普斯和L.-J.-M. 达盖尔)对艺术的热望,他们发明了第一种成功的商业性照相法,即达盖尔式照相法(1837)。而两个英国人(T. 威基伍和W. H. F. 塔尔博特)申请了正负片卡罗式照相法专利,开现代照相技术之先河。照相术对社会有深远的影响,最初用来拍摄肖像和风景。19世纪50和60年代,M. B. 布雷迪和R. 芬顿开始将摄影用于军事用途和新闻报道。相关的方法包括放射线摄影(透过X射线、电子光波和核辐射记录影像)、电视和录像带(使用电磁讯号记录光影像的传播)。

照相写实主义 Photorealism 20世纪末基于摄影术的绘画风格,这种风格将真实的景象以精密的细节加以处理。照相写实主义是普普艺术的分支。70年代流行于照相机影像的艺术家中,成为美国绘画界中的一股潮流。虽然到19世纪,像E. 德拉克洛瓦等画家就已经开始用摄影术作为真实的替代物,但照相写实主义者仍依据照片本身,以大量与实体一样的细节复制照片,然后在它之上以丙烯画为基础。照相写实主义的主题通常包括反射性的表面(镀铬的餐车、摩托车、镜面建筑物等)。它在技术上令人叹为观止的精准、明亮的颜色配置以及视觉上的复杂性,使此风格广泛流行。最著名的实践者是D. 爱迪(《给H的新鞋》,1974)、R. 伊斯特(《食物店》,1967)以及A. 傅雷克(《皇后》,1976)。

照相制版 photoengraving 任何以照相方式制造印刷的方法(参阅照相术)。通常是以涂有感光材料的版片对着胶片上的影像曝光,然后再依版片是用于凸版印刷或凹版印刷而进行不同的处理步骤。透过网点图版制版法翻拍照片时,照相凸版尤其重要。参阅胶印。

折旧 depreciation 会计上对一项资产在其经济寿命期间价值减少所计算的收费。折旧包括由于使用、年龄和自然力影响(即风吹雨打)的损耗,还包括陈旧——即由于具有同样目的的更新颖、更有效的某种新产品问世而丧失实用价值;但不包括由于火灾、事故或灾害所造成的突然的减失。折旧常用于机械、建筑物之类的有形财产,或适用于租赁权、著作权之类寿命有限的无形财产,折旧是为了课税。

折射 refraction 波动在离开一个介质而进入另一个介质时的方向变化。波(如声波和光波)在不同的介质中以不同的速率传播。当一列波以小于90°进入新的介质时,发生速率的改变,在波的一侧要比另一侧快些,造成波的偏斜,或称折射。当水波以一个角度接近较浅的水时,水波就会偏斜而与岸平行。当将一枝铅笔部分插入水中时,从水面上方看来铅笔明显倾折,这就可以用折射来解释。折射还会造成海市蜃楼的光学幻觉。

哲罗姆,圣 Jerome, St.(约347～419/420) 教堂教父和翻译家。父母为达尔马提亚富有的基督徒,他在当地和罗马受教育。约366年受洗,此后20年到各地旅行。他曾在哈尔基思的沙漠里度过2年的隐士生活。377～379年他在安条克研究圣经经文,并翻译奥利金和优西比乌斯(凯撒里亚的)的作品。382～385年间返回罗马,但因在神学问题上产生争论和有人反对他的禁欲主义,使他离开罗马,前往圣地,之后定居伯利恒,直至去世。传统上认为他是最博学的拉丁神父,他写有许多圣经评注,以及评论贝拉基主义和其他异端的论文。406年他完成拉丁文《圣经》的翻译工作。

哲学 philosophy 对一些基本信念的基础进行的检视和对表达相关信念的基本概念的分析。哲学亦被定义为反映人类经验的多样性,或对所探讨的人类极具关怀的主题予以合理的、有序的及系统的考虑。哲学的探索是有史时期诸文明之学术史的核心要素。要把这个学科的定义达成一致是极困难的,但这亦部分反映了哲学家们通常从不同领域及其意欲对不同经验范畴提出见解的现象。世界伟大的宗教均创造出影响深远的应用哲学学派。西方哲学家如托马斯·阿奎那、G. 贝克莱及S. 克尔恺郭尔将哲学视为捍卫宗教,以及消弭唯物主义与唯理论反宗教错误的工具;毕达哥拉斯、R. 笛卡儿及B. 罗素等哲人则为重要的数学家,他们对现实的观点和知识深受数学所影响;柏拉图、T. 霍布斯和J. S. 穆勒所关注的主要是政治哲学;前苏格拉底哲学家、F. 培根与A. N. 怀特海等诸多学者则是以自然界的实体组成物为理论起点。其他哲学领域还包括美学、认识论、伦理学、逻辑、形而上学、精神哲学及哲学人类学。参阅分析哲学、大陆哲学、女性主义哲学、政治哲学和科学哲学。

哲学人类学 philosophical anthropology 运用哲学方法对人类本性进行研究。关注人类在宇宙中的地位、人类生活的目的或意义和人类能否成为系统研究的对象。哲学人类学的最重要著作有M. 海德格尔的《存在与时间》(1927)。

蔗糖 sucrose 又称table sugar(砂糖)。有机化合物,溶于水带有甜味的无色晶体。蔗糖($C_{12}H_{22}O_{11}$)是双糖;由转化酶水解后产生转化糖(因为水解产物会将偏极光的平面反转而得此名),果糖和葡萄糖各半,这是两种单糖成分。蔗糖自然生成于甘蔗、甜菜、糖槭汁液、枣与蜂蜜之中。大量商业化生产(特别是甘蔗和甜菜),并几乎都用于食用。

贞德 Joan of Arc, St.(1412?～1431) 法语作Jeanne d'Arc。法国军事女英雄。她是农家女孩,从年幼起即相信自己听到米歇尔、凯瑟琳、玛格丽特等圣徒的声音。当她将近16岁时,她内在的声音开始催促她帮助法国亲王,并在英法百年战争中把法国从英国的征服企图中拯救出来。她穿着男人的衣服,拜访亲王并说服了他、他的顾问和教堂当局来支持她。她以令人信服的话把法国军队团结起来,并在1429年解除了英军的奥尔良之围。不久,她又在帕泰打败英军。亲王在兰斯为查理七世加冕,贞德随侍在侧。她的巴黎之围没有成功,1430年被勃艮第人俘获,并被卖给英国人。她遭查理放弃,被递解到鲁昂的宗教法庭(受支持英国人的法国教士把持),被判行巫和异端(1431)。她激烈地自我辩护,但最后放弃而被判终生监禁;当她再度指出她受到圣启时,她被烧死于桩上。直到1920年,她才被追谥为圣徒。

针鼹 echidna 又称spiny anteater(针食蚁兽)。单孔目针鼹科两种卵生兽类的统称。体短粗,近乎无尾,皮毛浅棕色,足具强有力的爪,体上部被毛且具棘针;吻窄,口小,舌能伸长并带黏性,以取食白蚁和蚁类。新几内亚针鼹体长45～78厘米,形似猪,肉很珍贵,数量日益减少。澳大利亚和塔斯马尼亚的针鼹体长35～53厘米。针鼹的乳汁从皮肤上的乳孔流出,供幼仔舐吮。参阅食蚁兽。

侦探小说 detective story 通俗文学体裁,描写刑事案件(通常为凶杀案)的调查和破案过程。第一篇侦探故事是E. A. 坡的《莫格街谋杀案》(1841)。此种题材很快扩充成长篇小说的篇幅。福尔摩斯是第一个成为家喻户晓的虚构侦探人物,首次出现在A. 柯南道尔的小说《血字的研究》(1887)中。20世纪30年代是侦探小说的黄金时代,以D. 哈米特的作品为代表。30年代末,由于大量发行平装书,获得广大读者的欢迎,著名的侦探小说家有G. K. 切斯特顿、A. 克里斯蒂、D. 塞耶斯、R. 钱德勒、M. 斯皮兰和G. 西默农。

珍珠港 Pearl Harbor 美国夏威夷州瓦胡岛南岸港口,位于火奴鲁鲁以西10千米处,形成与太平洋相连的被陆地包围的港口。1887年夏威夷准许美国独自将该港口当作加煤和维修站,1908年美国在此建立海军基地。1941年日本空军对珍珠港发动突袭,给美国海军造成严重损失,导致美国宣布加入第二次世界大战。现为美国太平洋舰队总部。

真蒂莱斯基 Gentileschi, Artemisia(1593～1652/1653) 意大利画家。O. 真蒂莱斯基的女儿,自小跟随父亲和风景画家A. 塔西学画。第一幅著名作品是《苏珊娜和长老们》(1610),以前却被认为是她父亲的作品。她被塔西强奸,当塔西不履行诺言娶她为妻时,她于1612年将其送进监狱。在控告期间,她被迫在痛苦的折磨中亲自出庭作证。1616年加入佛罗伦萨绘画学会,开始发展自己独特的风格,用色比其父更加鲜艳。她是卡拉瓦乔巴罗克风格的主要追随者。她的作品主题虽凶暴,但构图优雅。她喜欢的体裁如表现犹太女英雄犹滴砍掉入侵将军霍洛费内斯之头的场面,以及其他女英雄的形象。她在罗马和那不勒斯工作,并与父亲在伦敦住了一段时间。她是第一个获得国际知名度的女画家,现今因为她最早在作品中表现出女性自觉意识而受到推崇。

真蒂莱斯基 Gentileschi, Orazio(1562～1639) 原名Orazio Lomi。意大利画家。生于

O. 真蒂莱斯基的《圣母领报》(1623);现藏意大利都灵萨瓦达美术馆
Scala-Art Resource

比萨。1576 ～ 1578 年前往罗马,在各教堂作湿壁画(1590 ～ 1600)。其 17 世纪初的绘画作品明显受到**卡拉瓦乔**强烈的明暗对比和当代人像形式的影响。虽然作品比卡拉瓦乔精致,但缺乏大师级的力道和不妥协的现实主义作风。1626 年应英王查理一世邀请到英国,并留在英国作宫廷画师终其余年。他的女儿是 A. **真蒂莱斯基**。

真核生物 eukaryote 任何由一个或多个细胞组成的生物体。每个细胞都具有一个明确胞核,胞核外有核膜包裹,此外还有细胞器(小的、独立的完成特定功能的细胞组成部分)。细胞器包括线粒体、叶绿体、一个戈尔吉氏器、一个内质网和溶酶体。所有的生物体除细菌和古菌外都是真核生物;细菌和古菌属**原核生物**。

真菌 fungus 真菌界微生物,约 5 万种,包括**酵母菌**、锈菌、**黑粉病**、**霉**、**蘑菇**等。虽然过去分类为植物,而且在某些系统中仍被认为是植物,但它们没有**叶绿素**,没有根、茎、叶等有组织的植物器官。研究真菌的学科称为真菌学。真菌会促成有机物的崩解,使碳、氧、氮及磷等从死亡的动、植物体释出,进入土壤或大气中。真菌可见于世界所有地区的水、土壤、空气、植物、动物中,只要该处有足够的水分可供其生长。真菌为许多家庭和工业生产过程所必需,又可用于生产**酶**、有机酸、**维生素**和**抗生素**。真菌又能毁坏庄稼,引起**足癣**、**癣**等疾病,又会使衣服、食物等发霉、腐烂。典型真菌的原植体由菌丝体构成,细胞质在其中流动。菌丝体通常通过形成孢子进行繁殖,孢子或直接从菌丝生出或在特化的子实体内形成,一般地,那是真菌的可见部分。土壤为大量真菌种类提供理想的生境。因为真菌不含叶绿素,故不能进行**光合作用**,必须将酶分泌到它们生长环境的表面,从而将食物消化,由菌丝直接吸收。腐生的真菌生活于死亡的生物体上,对有机物质的分解具一定的作用。寄生的真菌侵入活的生物体,常引起疾病和死亡(参阅**寄生现象**)。真菌能与其他生物建立共生关系,如真菌与藻类共生形成**地衣**,与植物共生形成菌根,还可与昆虫共生。

真空 vacuum 没有物质存在的空间,或者压力极低,空间中的任何粒子在里面都感受不到任何作用。这是一种低于正常大气压力的状态,并且以压力的单位(帕)来计量。真空的产生可以利用真空泵抽除空气,或是流体高速流动来降低压力,就如伯努利定理所述。

真理 truth 在哲学中,陈述、思想或命题的性质被认为在一般性的论述中,与事实符合,或者说出了实在的情形。真理的理论至少有四种:相应理论(参阅**实在论**)、一致理论(参阅**融贯论**、**唯心主义**)、实用理论(参阅**实用主义**)和紧缩理论。紧缩理论涵盖相当广泛的各种观点,包括多余理论、非引述性理论以及替代语句理论。

《真理报》 Pravda 以前在莫斯科出版发行的全国性报纸,1918 ～ 1991 年为苏联共产党的机关报。1912 年由 V. I. **列宁**和他的两个同事创刊于圣彼得堡,为地下刊物。作为苏联的官方报纸和信息与教育的喉舌,它为人们提供科学、经济学、文化专题和文学等各方面文笔流畅的文章和分析,并向人们灌输共产主义理论和纲领。国际关系问题则由苏联政府的官方报纸《消息报》报道。1991 年苏联共产党垮台之后,其大部分读者消失,该报转为较保守的民族主义观点,1996 年停刊。

真纳 Jinnah, Mohammed Ali(1876 ～1948) 印度穆斯林政治人物、巴基斯坦国家缔造者及第一任总督(1947 ～ 1948)。他在孟买和伦敦受教育,19 岁成为律师。回到印度后,从事律师业并于 1910 年选入帝国立法会议。致力于印度自治和维持印度教徒-穆斯林间的和谐,1913 年加入穆斯林联盟并为确保**印度国民大会党**和穆斯林联盟间的政治联合而工作。他反对 M. K. **甘地**的不合作运动并退出国大党和穆斯林联盟。20 世纪 20 年代末到 30 年代初,一些穆斯林认为他太温和,而国大党人则认为他太像穆斯林。从 1937 年开始,国大党拒绝与穆斯林在各邦中组织联合政府,真纳于是开始为分割印度以建立穆斯林国家而努力。1947 年巴基斯坦成为一独立国家,真纳成为首位国家元首。1948 年去世时,被尊为国父。

真人真事小说 roman à clef 一种小说类型,其特征是不以文学性为重心,而旨在描述真实人物的故事,并对其稍加乔装,使之成为小说中的虚构人物。这种做法可追溯到 17 世纪的法国,当时贵族文人圈子中的成员把路易十四宫廷中的名人描述成历史小说中的人物。W. S. **毛姆**的《大吃大喝》(1930)是近代的真人真事小说,一般认为该书描绘的是T. **哈代**和 H. **沃波尔**。S. de **波伏瓦**的《达官贵人》(1954)属于较常见的真人真事小说类型,书中假借的人物在知情者的小圈子中能立刻被识破。

真实电影 cinéma vérité 20 世纪 60 年代法国的一种电影运动,其特点是表现日常生活情境中的人,对话真实可信,动作朴实自然。它受到英国纪录片和意大利新现实主义电影的影响。法国真实电影的代表作品是 J. 鲁什的《夏日纪事》(1961)和 C. 马克的《美好的五月》(1962)。在同一时期美国也兴起了同样的运动,这一运动被称为"直接电影",其目标则是直接捕捉人物、运动或事件的现实性,使用手提摄影机记录动作而不用叙述。如 F. 怀斯曼的《提提卡失序记事》(1967)、梅索兄弟的《销售员》(1969)。

真言宗 Shingon 日本佛教密宗派别,建立于对 9 世纪中国**佛教**解释的基础上。该宗主张可通过修炼发展**佛陀**的永恒智慧,需通过用身、口、意等特殊形式(参阅**瑜伽派**),如手印、咒语和精神的高度集中。其主要意图是让佛陀的固有性在所有生物体中能以精神方式存在。真言宗的正典《大日经》在其他佛教派别看来是不正统的。真言宗只被看作是金刚乘的一种形式。尽管**空海**对其做了较大修改,并使其系统化。

真主党 Hizbullah 又称 Hezbollah。穆斯林军事组织,1982 年针对以色列的入侵和伊朗战争(1979) 于黎巴嫩南部组建。宗旨是将以色列逐出黎巴嫩,在黎巴嫩推行伊朗什叶派共和政体。该组织的政治态度是"反西方"的,曾被怀疑策划 20 世纪 80 年代黎巴嫩境内的多起恐怖活动,包括绑架、爆炸、劫机等。90 年代真主党在黎巴嫩议会选举中赢得了数个席位。

榛 filbert 又作 hazel(nut)。桦木科榛属(*Corylus*)植物及其可食坚果,约 15 种落叶灌木和乔木,原产于北温带。欧洲榛(*C. avellana*)和大榛(*C. maxima*)及其杂交种均产优质坚果。有的品种是珍贵的绿篱和观赏树种。欧洲榛的油可供食用或制香料和肥皂,其红白色软质木材可制小件物品如工具柄及手杖等。

诊断 diagnosis 对患者所患疾病或不适进行判断的过程。诊断需要了解病史(包括家族史)、进行身体检查和常规化验以及诊断程序(如**血液分析**、影像诊断)。通过不同的诊断找出一连串可能的原因后,再做进一步检查以排除或支持某些可能性。

振动 vibration 弹性体或介质中的质点所做的周期性往复运动。几乎任何物理系统偏离其**平衡**位置后,在使其回复到平衡位置的力的作用下,都能发生振动。若系统受瞬时扰动后,无约束地运动,则产生自由振动。一切系统都有**摩擦力**,振动也有**阻尼**作用。自由振动的一个例子是悬挂在弹簧上的重物运动。在拉下并放松后,重物即持续上下弹动,其振动的幅度一次比一次小,直到最后停止。

震颤派信徒 Shaker 基督复临归一会的成员,为崇尚独身主义的千禧年教派,前身是英格兰贵格会中的一个激进支派,1774 年由文盲纺织女工 A. 李带人美国,李的追随者将她看作是耶稣的第二个化身。该运动从其纽约州奥尔巴尼附近的基地开始,传遍整个新英格兰地区，后又传到肯塔基州、俄亥俄州以及印第安纳州，最后建立了19个定居点。在定居点里，财产归公，人们奉行独身生活，追求从事生产劳动的生活。尽管有时因其和平主义和被错误地归结到他们身上的奇异信念而受到迫害，震颤派仍以他们的农场模式和有条不紊的繁荣的定居点而赢得赞誉。他们具有创造简单实用型设计的天赋，有大量发明和革新（参阅**震颤式家具**）。震颤派运动在19世纪40年代达到鼎盛，之后逐渐衰退。至21世纪初，仅一处震颤派信徒的劳动村保留下来，即缅因州新格洛斯特附近的安息日湖的定居点。

震颤式家具　Shaker furniture　18世纪最后25年在美国建立的震颤派信徒定居点设计的家具。震颤派信徒的设计反映出他们的信仰，即把一件东西制造好，其本身就是一种祈祷的行为，同时形式必须服从功能。这种态度预示着一个世纪之后产生的**功能主义**。这些用松木和其他廉价木材制成的家具，每一件的设计都与人们赋予它的功用相适应，没有任何装饰。在大多数震颤派信徒定居点解体之后，到了20世纪，震颤式家具和震颤式工艺重新引起人们的兴趣，人们如今正大量制造震颤式家具的仿制品。

震颤谵妄　delirium tremens (DTs)　在酒精戒断严重病例（参阅**酒精中毒**）所见的谵妄，并发衰竭、缺食与脱水，通常在此之前身体就因呕吐和不宁而恶化。全身发抖，有时包括痉挛、方向感错乱与幻觉。震颤谵妄持续3～10日，报告的死亡率可达20%。幻觉会独立于震颤谵妄之外发作，可持续数日到数星期。

震中　epicenter　产生**地震**的地壳扰动源头（称为震源）正上方的地表处。一般受震最为严重。

镇尼　jinni　又称genie（杰尼）。阿拉伯神话名词，即精灵，是低于天使和恶魔的超自然灵物。镇尼是用火或气造成，能变成人形或动物，可以附于地下、空中或火中的石、木、废墟等一切非生物体上。与人一样，他们有肉体需求，甚至可以被杀死，但不受肉体的限制。人往往有意无意地伤害镇尼，镇尼则最喜报复，据说许多疾病和灾祸都是镇尼作祟。能以魔法制伏镇尼的人可以役使镇尼。镇尼常是民间故事的主角，最著名的是《**一千零一夜**》里的阿拉丁。

镇痛药　analgesic　可减轻疼痛而又不阻滞神经冲动的传导、也不显著改变感觉器官功能（参阅**神经系统**）的药物。按其缓解疼痛的类型大致可分为**鸦片**类及非鸦片类两大类。前者通过直接作用于脑内神经受体抑制痛觉，后者则是通过抑制前列腺素的体内合成。前者为处方药，适用于解除各种短期、长期疼痛，但长期用药可出现耐药和成瘾。后者适用于缓解各种短期的、轻度或中度的疼痛，非处方药。非类固醇抗发炎药（NSAID）包括：**阿司匹林**、**布洛芬**、**对乙酰氨基酚**及镇热解痛剂等，这些均会抑制前列腺素，其分子可减轻次要疼痛。

争取同性恋权利运动　gay rights movement　又作homosexual rights movement。争取同性恋者、双性恋者及易性癖者拥有同等权利的运动，其宗旨在于废除有关禁止成年人之间在互相同意的情况下发生同性恋行为的法令；并结束对同性恋者在就业、信用、贷款、住房、公共设施的利用及其他生活领域中的歧视。1897年第一个同性恋者组织由M.希施菲尔德在柏林创建，到1922年在欧洲已有25个地方分会，后被纳粹查禁，第二次世界大战后也没有恢复。美国第一个同性恋者组织“马塔辛学会”约于1950年在洛杉矶创立；“比利蒂斯女儿会”于1955年在旧金山成立。欧洲主要的同性恋者组织是COC，于1966年成立，总部设在阿姆斯特丹。美国同性恋者在1969年发生“斯通沃尔骚乱”，这成了同性恋者好战的标石。每年的同性恋光荣周，在世界各城市都要举行纪念“斯通沃尔”活动。国际同性恋协会建于1978年，总部设在布鲁塞尔，为争取同性恋者的人权而进行游说，并为废除对同性恋者、双性恋者和易性癖者的歧视而斗争。

征兵　conscription　又作draft。强迫征召义务兵到国家的武装部队服役。至少从公元前27世纪的埃及古王国时期起便实施，一直实行至今，但一般都是选征兵役制，而不是普遍兵役制（后者是指征召从某一年龄段全体身体合格的人入伍，有的国家甚至征召女兵，如以色列从1948年开始男性和女性均被征召入伍服役）。美国内战时期采用征兵制，战争结束后，这种制度废除，直到1917年才再次实行这种制度。和英国一样，美国在第一次世界大战结束后也废除了征兵制，但在第二次世界大战临近时恢复。1948～1973年美国仍保留此种兵制，但现在仅保留一支志愿部队。

征服者　conquistador　16世纪参与西班牙征服美洲的探险者的统称。1519年H.**科尔特斯**率领500名士兵和16匹战马征服墨西哥**阿兹特克人**帝国。1524年P. de阿尔瓦拉多率军征服危地马拉和洪都拉斯湾。F.**皮萨罗**率180名士兵和37匹战马打败秘鲁的印加帝国；他的伙伴D. de**阿尔马格罗**率远征队去智利。进一步的探险活动使西班牙统治延伸到南美洲许多地区。虽然这些征服者以勇敢闻名，但他们更以贪婪、屠杀当地人民和毁灭当地文明而臭名远扬。很快便被西班牙来的行政官员和移民所取代。

征兆　omen　指经过观察而见到并据以预言吉凶的现象。古人所注意的征兆甚多，种类纷杂，如雷电、云的运动、鸟飞以及某些怪兽的踪迹等。各种类型的征兆，都根据其具有特殊意义的特点加以判定，例如，与观察者有关的飞鸟的种类和飞行方向等。

蒸发散　evapotranspiration　土壤的水分损失，包括土壤表面的蒸发作用与在上面生长的植物叶子的**蒸腾作用**所致。影响蒸发散速率的因素包括太阳辐射量、大气蒸气压、温度、风和土壤含水量。作物生长期间土壤水分的流失大多是因为蒸发散作用造成，因此估计蒸发散速率对于规划**灌溉**系统十分重要。

蒸汽发动机　steam engine　通过热的作用（因此是原动力），利用蒸汽动力做机械功的机器。在发动机内，通常由锅炉供应的热蒸汽在压力下膨胀，部分热能转化为功。剩余的热可以排放，或者为获得最大的蒸汽机效率，蒸汽可在单独的冷凝器中于相对较低的温度和压力下冷凝。蒸汽在发动机中膨胀后，温度必须大幅度地下降以获得高效率。最有效的性能，即相对于供给的热量所能输出的最大的功，是靠利用低的冷凝器温度和高的锅炉压强取得的。参阅**J.瓦特**。

蒸汽机船　steamboat　又称steamship。借蒸汽机推进的船舶，狭义是指19世纪时广泛在内河航行，尤其在美国密西西比河及其主要支流上航行的浅水明轮蒸汽机船。尽管美国人从1787年就开始试验蒸汽机船，但首家航行于密西西比河上的定期蒸汽机船服务公司直到1812年才开始经营。约1870年前蒸汽机船主宰美国中部的经济、农业和商务。由于明轮产生的漩涡会侵蚀狭窄的河道，内河蒸汽机船更适合在宽阔的河流中航行。蒸汽机船首次航行海上是在1809年的美国东海岸。欧洲人也迅速发展起蒸汽机船，它能够在欧洲多浪的狭窄的海上航行。1819年“萨凡纳号”完成汽船第一次跨大西洋航行，而首条商船航线**肯纳德**航线开始于1840年。19世纪晚期的航海蒸汽机船，以螺旋桨取代了明轮。参阅**定期远洋船**。

“罗伯特·李”号和“纳奇兹”号蒸汽机船由新奥尔良到圣路易斯竞赛的情形，平版画，柯里尔和艾夫斯绘

BBC Hulton Picture Library

蒸腾作用　transpiration　植物中的水分散失过程，主要通过叶片气孔。黑暗、植物体

内水分缺失及温度的极端变化，均可使气孔关闭，蒸腾减弱；光照、充足的水分、适宜的温度则能促使气孔张开，增加蒸腾。蒸腾的确切意义尚有争议。蒸腾作用可提供使水在植物体内上升的能量，又能帮助植物在阳光直接照射下散热（通过水的蒸发），但有人对此提出质疑。既然气孔的张合是气体交换必不可少的环节，那么蒸腾作用就仅仅是伴随气孔真正功能的不可避免的现象。

整体医学　holistic medicine　预防医学和治疗医学的一个学说，强调必须全面看待一个人，包括其躯体、心理、情绪和环境，而不是只看单一功能或器官。该学说提倡采用多种保健措施和治疗方法，包括针刺疗法、顺势疗法和营养，并用传统的基本常识加强“自我保健”。极端的整体医学把众多的保健和治疗方法都等同起来，其实有的是不能相互配伍禁忌的，有的甚至是不科学的。它并不否认主流的西方医学实践，但并不把它们看作是唯一有效的疗法。

整形外科　plastic surgery　与矫正畸形、恢复受损功能或修饰容貌有关的外科专业。可包括改造或移植组织来填补凹陷、覆盖伤口或改善容貌。仅仅为改善容貌的美容外科不是整形外科的主要重点。整形外科用于灼伤或手术移除肿瘤后的外形损伤治疗，或重建性手术，可包括隐藏皮肤褶皱里的切口，或使用隐秘的缝合线来缝合伤口。重建整形手术可矫正严重的功能性损伤，修正生理上的畸形，补正因外伤或手术造成的组织缺失。显微外科计算机化的影像诊断学已使该领域发生了革命性变化。

正当程序　due process　指按照各个法律制度中制定的规则和原则保护个人权利的行使的诉讼程序。正当程序要求政府按照公认的保护个人权利的保护条款，根据法律的允许和授权行使其权力。美国联邦宪法第五修正案中规定：“……未经正当法律程序，不得剥夺任何人的生命、自由或财产。”这项权利因宪法第十四条修正案（1868）而扩及各州。正当程序的本质是在政府剥夺一个人的生命、自由或财产之前要适时通知，要给予个人听取审判和保护自己权利的机会。正当程序的本质是要限制政府制定影响到人民的生命、自由和财产权的法律或规章。参阅一事不再理。

正电子放射扫描　positron emission tomography（PET）　用于诊断和生化研究的成像技术。该技术将一种可发射正电子的化学物质注射到人体，在它们同电子相混合并被其湮没时，探测器就可以测量它们的活动，经计算机分析整合之后，可在计算机上呈现被扫描的器官重组的影像。正电子放射扫描对研究脑和心脏功能特别有用。

正多面体　regular polyhedron　又作 Platonic solid。所有的面都是完全相同的正多边形、所有角度均相等的几何体。仅有5种这样的多面体。立方体是由正方形构成，十二面体由正五边形构成，四面体、八面体与二十面体由等边三角形构成。虽然是由欧几里得描述，但通常称为柏拉图体，因为柏拉图曾试图将其与当时认为构成世界的五大基本元素联系起来。

正态分布　normal distribution　在统计学中，指一类标准钟形曲线的频数分布表。它准确地表示出高度和重量等属性的最大变化。任何一种正态分布的随机变量都有一个平均值（参阅平均数、中位数与众数）和标准差，后者表示数据总体与平均值的偏离有多大。若数据都集中在平均值的周围，则标准差就比较小；而较分散数据的标准差就较大。

正统派犹太教　Orthodox Judaism　最严格地恪守传统信仰和礼俗的犹太教徒所奉的宗教。在以色列正统犹太教为国教。正统派犹太教认为，无论成文律法书（《托拉》），还是口传律法（《密西拿》所收、《塔木德》所解释），都是传之万代而皆准，至今仍是教徒生活的唯一准则。正统派一向坚持教规，例如：每日礼拜，遵守饮食禁忌，经常研读《托拉》，会堂实行男女分座，并要求严守安息日，在公众礼拜中不使用器乐。在美国正统派犹太教的主要中心是纽约市的授业座大学。

正义　justice　哲学上，关于一个人的功过（应受赏或受罚），跟降临他/她身上或配予他/她的好事坏事，两者之间的适当比例之概念。西方世界解释正义概念时，几乎都是以亚里士多德对正义德行的讨论为起点。亚里士多德认为，正义的关键要素是以类似方式处理类似事例，这一观点使得后来的思想家致力于搞清哪些相似点（需求、功绩、天赋）与正义相关。亚里士多德区分两种正义，一是分配财富或其他物品的正义（分配的正义）；一是赔偿的正义，例如某人因做错事而受罚（报应的正义）。正义观念也是正义国家观念（政治哲学的一个中心概念）的基本成分。参阅法律。

正义战争论　just war theory　欧洲中古时期的概念，意指统治者通过正式宣告并抱有正当动机，可以派武装部队到辖区以外去保卫权利、纠正错误和惩罚犯罪。这个概念早在4世纪已由圣奥古斯丁倡导。到17世纪，荷兰法学家H.格劳秀斯仍然接受它，此后不甚流行。但到20世纪，它又以某种新的形式抬头，主张国家可以利用武装部队进行自卫，也可以利用武装部队履行集体义务，以维护国际和平。

证据　evidence　法律用语，指司法或行政诉讼程序中被提出的某种物品或事实陈述（如证词、文件或实物），目的是为了确立所指称事实的真伪。为了维护法律上的正当程序，并防止陪审团遭到误导，有关处理证据的法规大量出现。在美国，所有的联邦法院与众多的州法院依循《联邦证据条例》，涵盖了证据类型、容许提出、相关性、目击者作证能力、自白与供认、专家证词、可信度等元素。审判中所获得的证据大致是目击者的口头陈述形式，其中目击者接受双方律师询问。两类重要的证据是：①直接证据，由对实情具有第一手了解的目击者（例如看见或听到的人）提供；②情节证据（或旁证）。

证券　security　证明持有人当时尚未占有但有权接受某项财产的书面证明。证券最常见的形式为股份和债券。政府、公司以及金融机构利用证券来筹集资金。股票是以权益所有权形式发行的证券。债券是采用债务形式的证券。债券是规定在某一日期支付一定数量的金额并按某一利率支付这段时间利息的承诺。大多数政府的证券都是每年支付一定利息的债券；与商业债券不同，政府债券的偿还款项是保证会获得的。股票和债券都是在有组织的交易所公开进行交易。世界上主要的交易所是纽约证券交易所、伦敦证券交易所和东京证券交易所。诸如国际问题、政府政策变更以及国外股票市场上的动向等外界因素都会对证券价格产生影响。对于个体股票而言，公司当前的和未来的财政状况，以及该行业内总趋势起着重要作用。参阅投资和储蓄。

证券交易所　stock exchange　又称stock market，在欧洲大陆又称Bourse。买卖股份、债券等证券的有组织的市场。交易由交易所的人员完成，他们充当经纪人，为其他人买卖并收取佣金。交易以不同方式完成：可能是在持续拍卖的基础上完成，也可能是通过经纪人买进卖出某种股票而完成，还可能是依靠专业人士对特定股票的操作而完成。某些证券交易所，如纽约证券交易所，把席位（交易权利）给予有限数量的会员，这些会员必须具备要求的资格。同样，股票必须符合某些要求才能上市，否则会被摘牌。各国的证券交易所在资格要求方面皆不相同，政府参与经营的程度也有所差异。例如，伦敦证券交易所是独立的机构，并不受政府立法影响；而在欧洲，证券交易所的人员常由政府官员任命，并拥有半政府的地位；在美国，证券交易所并不由政府直接经营，但受法律限制。科技进步对证券交易产生重大影响。在传统的由经纪人完全服务的交易过程中，客户向经纪人或交易所人员下指令，后者将指令传递给在交易大厅中的专业人士，由其完成买卖操作。进入21世纪人们更多地通过互联网和ECN交易平台进行交易，改变了投资世界。客户通过电子交易软件直接上线输入指令，由软件自动匹配指令实现最好的价格，无须专业人士或市场决策者介入。实际上，ECN是一个可供客户进行场外交易的平台。

证实原理　verifiability principle　与逻辑实证主义和维也纳学派有关的意义规准。M.施利克的公式“一个陈述句的意义是其证实的方法”，与实用主义和后来的操作主义观点非常接近，他们认为在命题的肯定和否定之间通过观察公开测试，只要存在原则的差别，那么一个命题就具有实际的意义。因此，道德规范、形而上学、宗教和审美学的陈述都是毫无意义的。这个有意义的证实标准部分受到A. 爱因斯坦抛弃以太假说和绝对同时性见解的启发。

政党 political party 通过选举或革命寻求政治权力的有组织团体。政党可以群众为基础，力争获得所有选民的支持；也可以干部为基础，成员都必须为活跃的精英分子。大多数政党均兼具上述两类特征。所有政党都有一套吸引支持者的意识形态。目前大多数国家都实行一党制，两党制或多党制。正式的政党于19世纪初产生在英国和美国，但在两国的宪法中都未提及政党。在美国，州一级的初选往往用来选举政党候选人。

政党会议 political convention 在美国政治中，指地方、州或全国范围的党代表会议，以选出公职候选人和决定党的政策。在选举前也通过政党会议来鼓舞士气。从19世纪30年代开始实施政党会议，而不再采用通过非正式的秘密会议来决定候选人及政策的做法。人们希望政党会议能开诚布公地处理事务，并且不受政党领袖的指挥。如今通过初选选出州和地方层级的候选人，政党会议仅对其表示认可。在国家层面上也一样，总统初选的发展意味着政党会议的权力基本上被限定在正式批准选民选出的候选人。

政府 government 用来管理和节制一群人的政治体系。不同层次的政府通常具有不同的责任。最接近受管辖者的层次是地方政府。地方政府包含了一组个别社区。理论上讲，国家政府掌控国际承认的疆界以内的所有领土，拥有次级政府所没有的责任。大部分的政府行使行政权、立法权（参阅立法机关）、司法权（参阅司法机关），而以各种不同的方式加以分别或结合。有些政府也控制人民的宗教事务，有些则避免涉入宗教。国家层级的政府形式决定了次级政府所行使的权力，这些形式包括独裁、民主、法西斯主义、君主制、寡头政治、金权政治（以财富来治理）、神权政体和极权主义等。

政教合一 caesaropapism 一种政治制度。在这种制度下，国家元首兼任教会首领，并且是宗教事务的最高裁判者。该名词通常指拜占廷帝国所施行的制度，即由皇帝主持教会会议并任命牧首。政教合一也适用于其他历史年代，包括沙皇彼得大帝的统治，他把俄国的东正教教会变为国家的一个部门；以及英格兰国王亨利八世的统治。

政治经济学 political economy 探讨个人与社会、市场和国家之间关系的一门学科，所使用的研究方法援引自经济学、政治学及社会学。这个词源于希腊文的polis（城市或邦）和oikonomos（掌理家务的人）。政治经济学所关注的是如何管理国家，且同时考虑政治及经济因素。现今这个领域包括好几种研讨范围，诸如经济关系的政治学、单一国家内部的政治和经济课题、各种政治和经济系统之间的比较研究，以及国际政治经济情势的研究等。

政治局 Politburo 苏联共产党最高决策机构，其他社会主义国家的政治局均以它为模式。1917年布尔什维克党中央委员会在俄国首创政治局，以便在起义时提供领导。布尔什维克党的夺权目的完成后，政治局随之解散。1919年召开的党代表大会要求中央委员会成立新的政治局；其权力后来很快便超过中央委员会。1952年政治局被撤销，代之以人数更多的中央委员会主席团。J. 斯大林死后，外界对"集体领导"施压，要求纠正其滥用权力的做法。1966年又恢复了政治局。其成员包括共产党总书记、国防部长、克格勃（KGB）头目以及最重要的加盟共和国或城市党部的首脑。由于1991年苏联解体，政治局不复存在。

政治行动委员会 political action committee（PAC） 在美国政治中，旨在为寻求从政的候选人筹集和分配竞选经费的组织。政治行动委员会通常是由公司、工会、行业协会或其他组织或个人建立，并将它们筹集的自愿捐款输送给参选联邦政府众议院或参议院的候选人。政治行动委员会也可以把它们的资金用于称为独立开支的事项（那些未经与竞选组织协调而支持或反对某一候选人的事项）。1971年《联邦选举法》（1974年通过其修正案）对任何公司、工会或个人能够给予候选人的赞助金额加以限制后，政治行动委员会的作用凸显。通过向数量更多的个人筹募小额捐赠，政治行动委员会还是可以规避这些限制并向候选人提供大量的竞选经费。由于这些改革，政治行动委员会的数量显著增长，20世纪70年代初大约有600个，到2010年已增加到4 000多个。在21世纪初，各类新的政治行动委员会开始发挥更大的影响力，包括领导层政治行动委员会（此类政治行动委员会通常是由谋求担任更高官位的政客们，尤其是总统职位所组成）和超级政治行动委员会。公司和工会都可以通过此类政治行动委员会从它们的常规经费中提取独立开支。

政治学 political science 研究政府与政治的学科。其研究对象包括国家的性质、政府的职能、选举人行为、政党、政治文化、政治经济和政治观点。尽管它源于柏拉图和亚里士多德的著作，但它在现代社会的发展却是伴随着社会科学的创新得以进行的。H. de圣西门和A. 孔德19世纪就发展出这门学科的科学性特征。政治学自由学院是第一所专做此方面研究的机构，1871年在巴黎成立。

政治哲学 political philosophy 哲学的分支，用来分析国家及相关概念，如政治责任、法律、社会正义以及宪法等。依照西方观点，政治哲学的第一部主要作品是柏拉图的《理想国》。亚里士多德的《政治学》是对政治制度以经验为依据的详细研究。罗马的传统被西塞罗和波利比奥斯用来作为最好的例证。圣奥古斯丁的《天主之城》开基督教政治思想之先河，圣托马斯·阿奎那又进一步发展了这一思想。N. 马基雅弗利对自然和政治权力的限度进行了研究。T. 霍布斯的《利维坦》（1651）提出了以现代形式呈现的行政义务的问题。霍布斯之后，又有B. de斯宾诺莎、J. 洛克和J.-J. 卢梭提出了社会契约论。该理论遭到D. 休姆和G. W. F. 黑格尔的否认，后者的《法哲学原理》（1821）成为19世纪政治思想的基础。黑格尔对私有财产的捍卫遭到K. 马克思的批判。J. S. 穆勒发展了J. 边沁提出的关于法律和行政机构的功利主义理论，指出这两者应与获得个人自由的要求相吻合。新近研究工作的特点是将马克思主义者和传统意义上的自由思想家相区分，但在各传统间还存在着很多差异。

支气管炎 bronchitis 肺部支气管的炎症。空气中的微生物和异物刺激支气管分泌黏液，纤毛运动将异物驱向上方并排出，引起咳嗽，所有这些正常的反应都会刺激支气管而导致炎症，肺部有其他损伤的更容易引发此病。感冒或其他短时间的感染或损伤会导致急性支气管炎，长期的反复损伤（如熏）会导致慢性支气管炎。急性支气管炎若不治疗会变成慢性支气管炎，其中一些严重的、不可逆转的损伤会使肺部对感染、纤维化、肺气肿、肺原性心脏病和肺炎等疾病敞开了大门。治疗包括用药物扩张支气管，帮助咳嗽，防止感染以及生活方式的调整（如戒烟）。

芝加哥 Chicago, Judy（1939～　　）原名Judy Cohen。美国多媒体艺术家。曾就读于加利福尼亚大学洛杉矶分校，1970年她以她家乡的名称为自己取名。她感受到艺术世界里的歧视以及与西方艺术传统的疏离，从而激励她发展出"鞘状插图法"以及"中央核心"成像等概念。其最著名的作品《晚宴》（1974～1979）是一张能坐39名重要妇女的三角形桌子，分别用画有女性形象的陶瓷盘代表她们，长条桌布上装饰着她们各自年代的绣花样式。1973年她与别人合作建立了位于洛杉矶的女权主义者工作室和妇女大厦。

芝加哥 Chicago 美国伊利诺伊州东北部城市。地处密歇根湖畔和芝加哥河沿岸。港口设施完善。在17世纪，芝加哥这个名字就与德斯普兰斯和芝加哥河流之间的一条水上运输线有联系，这些河流把圣劳伦斯河和大湖区与密西西比河连接起来。迪尔伯恩堡19世纪初建在从印第安人手中获得的一大片土地上。芝加哥在伊利诺伊-密歇根运河竣工（1848）后发展迅猛，把芝加哥与密歇根湖、伊利诺伊河进而与密西西比河连接起来，并成为美国的主要铁路中心。1871年一场大火把芝加哥焚毁后，该市迅速重建，成为1893年世界哥伦比亚博览会的举办城市。这里是19世纪末钢架结构摩天大楼的诞生地，市内有许多引以为豪的杰出建筑师，如L. H. 沙利文、F. L. 赖特和L. 密斯·范·德·罗厄的设计。1942年核科学家在芝加哥大学制作出第一个链式核反应。第二次世界大战后，芝加哥历经了另一次建筑热潮，但与美国其他大城市一样，城市人口骤减，郊区人口却反而增长。作为美国第三大城市，芝加哥现在是一个重要的工业、商业和交通运输中心，也是芝加哥商品交易所、芝加哥商业交易所的所在地。市内有多个博物馆和芝加哥艺术学院。人口约2 695 598(2010)。

芝加哥大学 Chicago, University of 美国著名的私立大学,由D.洛克菲勒捐资于1891年创办。W. R.哈珀是该校的第一任校长(1891～1906),为建立该校的声誉作出过很大贡献。R. M.哈钦斯担任校长期间(1929～1951),该校因开设许多文科课程而逐渐得到承认。1892年芝加哥大学成立了世界上第一个社会学系,由M.帕克担任系主任。1942年在E.费米的指导下,该校制作出第一个自续链式核反应。其他重大成就包括碳14年代测定法的开发和钚的离析。该校包括1个大学本部、几所专业学院以及几个高级研究中心,包括东方研究所(中东问题研究)、耶基思天文台、恩里科·费米研究所和政策研究中心。该校还承担着阿尔贡国家实验室的工作。现有注册学生约12 000人。

芝加哥学派 Chicago school 19世纪90年代利用钢架结构和电梯的双重发展,为随处可见的现代摩天大楼建设奠定基础的一批建筑师和工程师。他们的成就为芝加哥赢得了"现代建筑诞生地"的称号。该学派成员包括L.沙利文、D.伯纳姆和J. W.鲁特(1850～1891)等。

芝加哥艺术馆 Art Institute of Chicago 芝加哥的艺术博物馆。1866年建立,当时名为芝加哥设计学院,1882年改为现名,1893年该馆藏品移至密歇根大道的现址。展有欧美和东方的雕刻、绘画、版画、素描、装饰艺术品、摄影作品以及非洲和前哥伦布时期的美洲艺术品。以广泛收藏19世纪法国绘画,特别是印象派作品和20世纪绘画而著称。该馆还包括艺术馆学院、赖尔森图书馆(艺术专业)和伯纳姆图书馆(建筑专业)及古德曼剧院。

芝麻 sesame 胡麻科一年生植物,植株挺直,种类众多。学名*Sesamum indicum*。自古即栽培以及取其种子用作食物和调味品,也用于榨油。种子带壳,呈奶油色或珍珠白,体积微小,香味适度而似胡桃。在近东和亚洲烹调中广泛地使用整粒芝麻。芝麻油以稳定且能抗氧化酸败而著称,常被用作色拉油、烹调油、制作糕饼起酥油和人造奶油;也用于制造肥皂、药品和润滑剂以及化妆品。

芝诺 Zeno(?～491) 原名Tarasicodissa。东罗马皇帝(474～491)。与东罗马皇帝利奥一世(约466)的女儿结婚,被任命为军事长官,其子作为利奥二世继位(474)。但因儿子过早夭折,芝诺成为皇帝。由于政变,他被迫逃往伊索里亚,476年返回君士坦丁堡。他与阿非利加的汪达尔人缔结了和平条约,平息了小亚细亚的叛乱(484)。他指定狄奥多里克为意大利国王(489),才使东哥特人撤离东罗马帝国。为寻求调解正教基督徒与基督一性论派之间的争执,他导致了与罗马教会的分裂(484～519)。

芝诺(埃利亚的) Zeno of Elea(约公元前495～前430) 希腊哲学家和数学家,亚里士多德称其为雄辩术发明者。他尤以反论著名。作为巴门尼德的学生和朋友,他凭借自己的"悖论"回答那些认为巴门尼德的"一元论"是前后矛盾的人。他试图证明众多的事物存在于时间和空间之中的假定带给它更加严重的前后矛盾。

芝诺悖论 paradoxes of Zeno 芝诺(埃利亚的)为维护巴门尼德的"存在是唯一的、稳定的"学说而提出的论题。芝诺的论题旨在质疑与巴门尼德学说矛盾的多元及运动的观点。他最有名的论题是那些反对运动的实在性的论题。其中一个论题认为,运动的物体只有当它移动过半的时候才能到达终点;但在移动一半之前,物体必须再移动这个一半的一半。如此循环下去,物体将永远不能到达终点。

芝诺比阿 Zenobia(?～274以后) 全名Septimia Zenobia(塞蒂米亚·芝诺比阿)。罗马属下巴尔米拉殖民地的女王(公元267?～272年在位)。芝诺比阿的丈夫为统治巴尔米

芝诺比阿,胸像;现藏罗马梵蒂冈博物馆
Anderson-Giraudon from Art Resource

拉的罗马藩王,曾从波斯征服者手中收复罗马东方诸省。她辅佐儿子即位,但却自称女王。269年她夺取了埃及和小亚细亚的大部分地区,宣布脱离罗马而独立。罗马皇帝奥勒利安打败了她的军队并包围了巴尔米拉;芝诺比阿和她的儿子被俘获并被押解到罗马(272)。芝诺比阿后来嫁给了一位元老院议员。第二次叛乱没有她的参与,导致了巴尔米拉的毁灭(273)。

枝原体 mycoplasma 又译菌质体。枝原体属细菌的统称。枝原体属最小的细菌,细胞可为圆形或梨形或具分枝的细丝。革兰氏染色阴性,多数厌氧,集落生长,无细胞壁。寄生于反刍动物、食肉动物、啮齿动物和人类的关节及呼吸道、生殖道、消化道的黏膜上。细菌产生的毒性副产物在寄主组织中积累,可造成损伤。有一种在人类中造成分布广泛但罕见致死的肺炎。

知更鸟 robin 鸫科两种鸟类的俗称。美洲知更鸟(*T. migratorius*)体长25厘米,上体灰褐色,胸赭色,居住于落叶林中,有时也居于城镇中。以蚯蚓、昆虫和浆果为食。欧洲知更鸟(*E. rubecula*,亦称红胸知更鸟)繁殖遍布欧洲、西亚和北非部分地区。体长14厘米,上体橄榄褐色,腹白色,面和胸赭橙色。

知识产权 intellectual property 靠脑力劳动而得到的财产。艺术家的劳动成果是受法律保护的知识产权的观念,假定了一种著作权的概念,而且还超越了这一概念。早期的著作权法主要是要保护出版商的经济利益,而不是作者的知识权。现在的著作权法保护构思创意的劳动,而不是创意本身。在知识产权方面,发现(discovery)的概念也扮演了重要角色:专利就是用来奖励那些能够证实他们发明了某些以前不被人们所知的东西的人。关税及贸易总协定在它的知识产权的原则及规定方面,比世界知识产权组织更进了一大步。参阅商标。

肢端肥大症 acromegaly 一种生长及代谢障碍的疾病。特征为骨端增大,病因为成年后垂体患肿瘤,使得生长激素分泌过多。常伴发垂体性巨人症,病征为渐进性手、足厚大,脸部增大,皮肤粗厚,大部分内脏增大,又见头痛、多汗、血压增高等。肢端肥大症患者常会有充血性心脏衰竭、肌肉减弱、关节疼痛、骨质疏松症,常伴发糖尿病及视力问题,包括失明。若手术和放射线治疗都失败,可采用激素疗法。治疗期间会造成激素不足,所以需要补充激素的替代品,但某些自然因素也可能会造成激素分泌不足的现象。

肢解者杰克 Jack the Ripper 1888年8月7日至11月10日在英国伦敦东区的怀特查帕尔区内和附近杀死至少7名妓女的凶手所用的假名。受害者均被割断喉管,与一般作案不同的是尸体都被肢解,可见凶手具有高深的人体解剖学知识。市政当局多次收到一个自称凶手、署名肢解者杰克的奚落信,当局竭尽全力企图识别和诱捕凶手,但是凶手还是逍遥法外。公众对这例无头公案迄今记忆犹新,肢解者杰克成了许多电影与100多部书籍的主题。

织田信长 Oda Nobunaga(1534～1582) 与丰臣秀吉、德川家康一起,为日本的三个统一者之一。到1560年,他已把整个尾张置于自己统治之下,并战败邻国大名的庞大军队。1562年与德川家康结成同盟,一起攻占京都。自1573年起控制京都,推翻了足利幕府。后转向击溃好战的天台宗和尚,1571年摧毁其总部。下一个十年中,攻打狂热的佛教宗派一向宗,1580年使其军事中心大阪本愿寺停止抵抗。执政后允许耶稣会传教以遏制佛教寺院势力,但他本人对基督教的兴趣完全是政治性的。1582年征服日本中部,其后打算平定西郡,但在家臣叛变中受伤后自杀。

栀子属 gardenia 茜草科的一个观赏灌木和乔木属,多观赏植物,约140种,原产非洲和亚洲的热带和亚热带。花管状,呈白色或黄色。叶常绿。果大,浆果状,果肉橙色,有黏性。栀子(*G. jasminoides*)原产于中国,

花芬芳,常有出售。

脂肪 fat 任何源自动植物的不挥发、不溶于水而油腻的有机化合物。在化学构造上,动物脂肪和植物脂肪(参阅**油**)是相同的,主要由甘油三酯(甘油和脂肪酸反应生成的酯)组成,只有熔点和物理状态(固体或液体)有所不同,全视脂肪酸的饱和情况和碳链的长度而定。甘油酯中的脂肪酸可能只有很少几种,也可能多至 100 种(在乳脂肪中)。几乎所有的天然脂肪和油由二碳单元构成,因而仅含碳原子数为偶数的脂肪酸。天然脂肪如玉米油除了甘油三酯之外,还含有少量化合物,其中包括磷脂、植物类固醇、维生素 A、维生素 E、蜡、类胡萝卜素,以及许多其他化合物(包括这些东西的分解产物)。在食物中,脂肪来自成熟的种子和水果(玉米、花生、油橄榄和鳄梨),也来自动物的肉、蛋和奶。脂肪的每一单位重量的热量为蛋白质和碳水化合物的两倍以上。在食物中脂肪的消化(通常是部分消化)是由脂酶来进行,被分解的产物由肠子吸收进入血液,脂肪即以肉眼看不见的小滴随血液运至使用地点或贮藏地点。脂肪容易因水解而被分解(主要化为丙三醇和脂肪酸),这是应用在许多工业上的第一步骤。参阅**脂质**。

脂肪酸 fatty acid 一种有机化合物,为植物、动物和微生物**脂质**化合物中的重要成分。脂肪酸是羧酸,有一个通常是直的长烃链,是使分子成为酸性的羧基(—COOH)的第四个替代基。若分子内的碳—碳键均为单键,则称为饱和脂肪酸,人工饱和称为氢化。若有一个双键则称为一元不饱和脂肪酸,两个双键以上为多元不饱和脂肪酸,具有较强的化学反应活性。大多数不饱和脂肪在室温下均呈液态,因此食品生产者将其氢化成固态(参阅**人造奶油**)。膳食中饱和脂肪酸过多会使血液中胆固醇增加。少数脂肪酸具有支链,也有一些具环状结构(如**前列腺素**)。脂肪酸在自然界不以游离状态存在,而通常与甘油化合形成脂肪中的甘油三酯。分布最广的脂肪酸是油酸,在某些植物油(如橄榄、棕榈、花生、向日葵籽的油)中含量很高,人类脂肪含近一半油酸(不饱和,有 18 个碳原子)。多数动物,包括哺乳类动物,不能合成某些“必需”的脂肪酸;人类需从食物中摄取亚油酸、亚麻酸和花生四烯酸。

脂杨 balsam poplar 北美杨树,学名*Populus balsamifera*。原产于从拉布拉多至阿拉斯加,以及横跨美国极北处地区。常栽种为遮荫树,其芽覆有一层厚的芳香树脂,可制成镇咳糖浆。在加拿大西北部长得最好。

脂质 lipid 存在于生物体内不溶于水的各类有机化合物的统称。是血液和生物细胞中三大类物质之一,以单位重量所包含的能量(卡路里)计,脂质是**蛋白质**和**碳水化合物**的两倍还要多。脂质包括**脂肪**和食用油(如黄油、橄榄油、玉米油),脂质的主要类型是甘油三酯;磷脂(例如卵磷脂)对于细胞结构和新陈代谢很重要;动植物中提炼出来的蜡以及在脑和神经系统的组织内发现的复杂物质鞘脂。由于不溶于水的特性,所以把**胆固醇**以及与之相关的**类固醇**、类胡萝卜素、**前列腺素**以及其他化合物也归类于脂质。

蜘蛛 spider 蜘蛛目约 4.27 万种**蛛形动物**的统称,具捕食性,多数陆生,除南极洲以外,分布于全世界。蜘蛛有胸部和腹部两个主要的身体部位,8 只足、2 个螯状有毒附肢和 3 个吐丝管。体长从不及 0.5 毫米至约 9 厘米。一些种类(例如**褐隐士蛛**)的毒液对人类有害。多数种类以自吐丝管吐出的丝网捕捉昆虫猎物。蜘蛛在生长期间除体型外,其余变化不大。其种类主要以眼的数量及排列位置和蛛网的形状来加以分类。参阅**黑寡妇**、**塔兰托毒蛛**和**狼蛛**。

蜘蛛猴 spider monkey 卷尾猴科 4 种昼行性、树栖的新大陆猴的统称,分布自墨西哥到巴西。肢长,腹稍大,体长 35 ～ 66 厘米,无拇指,尾长 60 ～ 92 厘米,蓬松并能卷曲抓物。体色从灰到微红、褐或黑色不等。有时用臂和尾悠荡于树间,有时伸开手脚,从一棵树跳到或落到另一棵树上。以果实、坚果、花和嫩芽为食。容易感染疟疾,常在实验室用来研究这种疾病。虽然有时作宠物饲养,但成年个体可能会发脾气,并可能给人带来危险。

执政府 Consulate(1799 ～ 1804) 雾月 18 ～19 日政变后所创建的法国政府。《共和八年宪法》设计了由三位执政组成的行政部门,但第一执政拿破仑握有全部实权,而其他两位:E. J. 西哀士和 R. 迪科(1747 ～ 1816)则是有名无实的傀儡。代议制度与立法权优先的原则都遭弃置。行政部门获得起草新法律的权利,而立法部门只比橡皮图章好一点。选举变成精致的猜谜游戏,选民被剥夺真正的权利。拿破仑在自立为帝后废除了执政府。

执政官 archon 古代希腊早期许多城邦的首席行政官,一人或数人。在雅典,9 个执政官分掌国家事务:正职执政官(*archon eponymous*),主要领导**五百人会议**和**公民大会**;督军(*polemarch*),担任军队统帅,并在涉及外国人的诉讼案件中担任法官;司祭官(*archon basileus*),主掌国家宗教和贵族会议;其他 6 位则负责处理琐细的司法事务。原先只能由贵族担任执政官,而且是终身职,后来任期减为一年。执政官是由选举和抽签选出。到了公元前 5 世纪,执政官权力已大减,将军掌握了大部分的权力。

执政官 consul 古代罗马共和国的最高行政长官,共两名。他们有神圣的权力和几乎绝对的帝权,但他们由元老院提名,公民大会选出,任期一年。两名执政官可以否决对方作出的决定。身为国家元首,负责统帅军队,主持元老院会议,执行元老院通过的法令,并在外交事务中代表国家。任期届满后一般被任命为一行省总督。随着帝国的建立,执政官的权力日益削弱。

直布罗陀 Gibraltar 英国海外领地。在西班牙南部地中海沿岸,面积 5.8 平方千米。是英国重兵驻防直布罗陀海峡的海空军基地。位于长 5 千米,宽 1.2 千米的狭窄半岛上,通称直布罗陀岩。从东面看,直布罗陀是一大片难以到达的悬崖峭壁,因而战略地位重要。711 ～ 1462 年间摩尔人统治该地,1501 年被西班牙兼并。1704 年被英国人占领,1830 年成为英国直辖殖民地。两次世界大战中都是重要的海港。即使当地居民已于 1967 年投票通过愿继续为英国的一部分,但至今仍是英国和西班牙主权争执的中心。20 世纪 80 年代中期,西班牙解除了对直布罗陀的边境封锁。2004 年,英国、西班牙和直布罗陀政府三方间开始正式谈判,进一步缓解紧张局势。直布罗陀以柏柏里猕猴闻名,它们生活在洞穴里,而且是欧洲唯一的独立生存的猴子。人口约29 257(2007)。

直布罗陀海峡 Gibraltar, Strait of 古称 Fretum Herculeum。沟通地中海与大西洋的海峡。位于西班牙最南端和非洲西北端之间。长 58 千米,最窄处在马罗基角(西班牙)和西雷斯角(摩洛哥)之间,宽仅 13 千米。海峡最东端宽 23 千米,在直布罗陀岩海格立斯神柱与北非的两座山之间,一座是休达(西班牙飞地)附近的阿乔山(西班牙占领),另一座是摩洛哥境内的穆萨山。长期以来海峡具有重大的战略和经济价值。

直布罗陀岩
Hans Huber

直观主义 intuitionism 在元伦理学中,一种认识论认为通过一种直观的推理可以马上知道关于道德的叙述是对还是错。在 17

和18世纪,R. 卡德沃思、H. 莫尔(1614～1687)、S. 克拉克(1675～1729)和R. 普赖斯(1723～1791)是直观主义的维护者;在20世纪,其支持者中包括H.A. 普里查德(1871～1947)、G.E. 穆尔和D. 罗斯。那些可以直接理解的道德真理有各种类别,对应的直观主义也就不同。例如,穆尔认为某些事情具有道德价值这点是无须证明就明确的,而罗斯则认为我们立即能知道的就是我们有责任去做某类事情。

直立人 Homo erectus 又作"upright man"。已绝灭的早期人科成员,可能是现代智人的直接祖先。直立人活动时期距今约170万年前～20万年前,范围从非洲(或许是该种的起源地)到亚洲以及欧洲的部分地区。直立人和智人在解剖上的差异大部分在头骨和牙齿,直立人的头盖骨较低而深,脑容量约有800～1 100立方厘米,眉嵴凸出,宽鼻,上腭和下腭与大牙连接,均显示出人科动物的特征,而与类人猿不同。四肢骨骼类似智人,表明直立人的身高中等,能直立行走。直立人与阿舍利文化期工艺有关,也是第一个会使用火和穴居的人科动物。参阅人类进化和爪哇人。

直流电 direct current(DC) 方向不变的电流,由电池、燃料电池、整流器和装有整流子的发电机产生。19世纪80年代晚期,直流电在商业电源方面被交流电(AC)所取代,因为当时要把它转化为远距离输送所需的高压电很不经济。但在20世纪60年代以来,新技术克服了这种障碍,直流电已能输送到很远的距离;只是在最后配电时通常还需要把它转化为交流电。在某些用途上(如电镀)直流电仍然是不可少的。

直升机 helicopter 一种航空器,借助一副或几副由动力推动的螺旋桨或旋翼,可垂直起飞、降落、空中悬停或朝任何方向飞行。直升机是一种旋翼飞机,与习见的固定翼飞机不同。直升机是人类最早的飞行构想之一,中国人和文艺复兴时期的欧洲人已制有直升机玩具,莱奥纳多·达·芬奇也曾设计过这种飞行器。1907年法国人P. 科尔尼完成了第一次载人直升机飞行。1939年,I. 西科尔斯基成功生产出第一架原型样机,接着在美国和欧洲迅速发展起来。它被广泛地运用于民间运输、救灾工作和各种商业目的。自朝鲜战争(1950～1953)以来,直升机被军队用于运输物资、运送突击部队,以及直接攻击其他军队。

直线加速器 linear accelerator 又作linac。粒子加速器的一种,使亚原子通过一个线性结构所建立的一系列交变电场时获得一连串小的能量增加。这些小的加速累加起来使粒子得到的能量比它单独在一段的电压加速下所能得到的能量更大。世界上最长的直线加速器是斯坦福直线加速器中心的机器,长3.2千米,可以将电子加速到500亿电子伏。规模上小得多的一些直线加速器,有质子型和电子型的,已经在医学和工业上得到大量的实际应用。

植鞭毛虫类 phytoflagellate 数种具鞭毛的原生动物,有许多与典型藻类共同的特征,尤其是叶绿素及各种附属色素。有些种类虽形体相似,但缺乏叶绿素。植鞭毛虫类可由光合作用、通过体表的吸收作用,或吞吃食物颗粒等方式而获得营养。隐滴虫为其中较重要的种类之一。

植物 plant 植物界中所有生物的统称,由多细胞、真核的生命形式组成(参阅真核生物),其6项基本特征为:几乎均通过光合作用获取营养;分生组织能无限制的生长;细胞壁含纤维素,因此多少较为坚韧;缺乏运动器官;缺乏感觉器官和神经系统;有显现世代交替的生命史。没有一个定义能完全排除所有非植物的生物体或包含所有的植物。例如,许多植物并非绿色,不能进行光合作用自制养料,而是寄生于其他活的植物体上(参阅寄生现象),另一些则从死亡的生物体获取营养。许多动物具类似植物的特征,例如缺乏移动能力(如海绵)或生长方式类似植物(如某些珊瑚和苔藓虫),但一般来说这些动物缺少上述的其他植物特征。过去的一些分类系统(参阅分类学),将一些难归类的类群,如原生动物、细菌、藻类、黏菌和真菌归入植物界,但这些生物体在形态和生理上与植物有很大的不同,这使大多数科学家将它们划出植物界。

植物学 botany 生物学的分支学科,以植物为研究对象,包括所有植物的构造、特性和生化过程,以及植物分类、植物疾病和植物与自然环境之间的互相作用等。植物科学的源起可溯至古希腊-罗马时期,但一直到16世纪的欧洲才获得现代的推动力,主要通过医师和植物学者的努力,他们开始认真观察植物,并辨认那些在医学上十分有用的植物。现今植物学分成几个主要领域:形态学、生理学、生态学和系统学(鉴定植物和分类)。再下面的分支包括苔藓植物学(研究藓和苔)、蕨类植物学(研究蕨和它们的近亲)、古植物学(研究化石植物)以及孢粉学(研究现代植物和化石植物中的花粉和孢子)。参阅森林管理和园艺业。

植物学湾 Botany Bay 澳大利亚东南部南太平洋内的小海湾。位于悉尼之南,杰克逊港外,最宽处约8千米。1770年J. 库克船长在此首次登上澳大利亚大陆,因在当地发现许多新植物而命名为植物学湾。1787年被选作流放地,但这种流放地很快就转移到内地。现沿岸为悉尼郊区。

植物园 botanical garden 又作botanic garden。原本是栽种活体植物以阐明各植物类群之间亲缘关系的园地。大多数现代植物园主要强调在自然关系的规划下展示各种观赏植物。主要种植木本植物(灌木和乔木)的园地称为树木园。植物园的起源可追溯到古代中国和地中海附近的许多国家,它们通常栽种植物以供食用和药用。植物园也是优良遗传性状的储藏库,在培育新品种方面具有潜在的重要作用。另一个功能是训练园艺学家。世界最有名的植物园是基尤植物园。

殖民地 colony 古代由希腊(公元前8～前6世纪)、亚历山大大帝(公元前4世纪)和罗马(公元前4～公元2世纪)在征服地建立的新居民点。希腊的殖民地延伸到意大利、西西里、西班牙和地中海东部(包括埃及)和黑海地区。亚历山大大帝的殖民地更远至中亚、南亚和埃及。罗马的殖民地大致涵盖了前面的地区,还包括了南至非洲、西到西班牙、北到不列颠和德国广大地区。建立殖民地的原因有扩展贸易、取得原料、解决政治的不稳定和人口过剩问题、渴望获得土地和奖赏。虽然常有叛乱发生,殖民地仍维持对母国的关系和忠诚。在公元前177年后的罗马殖民地,殖民者保有罗马公民籍,享受应有的一切公民权利。古代的殖民地将希腊文化和罗马文化传布到帝国最远可达的地方常常同化了当地居民,其中若干人取得了母国的国籍。

殖民主义 colonialism 指一个强国对从属地区或人民的控制。殖民的目的包括对殖民地的自然资源进行经济开采、创建殖民者的新市场、延伸殖民者在本国以外的生活方式。欧洲国家是最活跃的殖民主义者;1500～1900年间,欧洲国家在整个南、北美洲和澳大利亚、非洲大部分地区以及亚洲许多地区以移民开垦土地或控制当地政府进行殖民。最早的殖民地是15～16世纪西班牙和葡萄牙在西半球建立的。16世纪荷兰在印度尼西亚进行殖民,17～18世纪英国则在北美洲和印度殖民,后来英国还远至澳大利亚和新西兰殖民。非洲的殖民始于19世纪80年代,但至1900年时整个非洲都受欧洲国家控制。殖民时代于第二次世界大战结束后逐渐式微;至今,仅一些小岛仍受殖民政府的管辖。参阅属地和帝国主义。

纸莎草(纸) papyrus 古代的书写材料及其所源之植物。*Cyperus papyrus*(纸莎草,莎草科)亦称纸草。这种禾草状水生植物的茎为木质,呈钝三角形,高约4.6米,生长于约90厘米深的缓流中。古埃及人用这种植物的茎制成帆、布、席子、绳,但主要是纸。纸莎草制成的纸是古埃及、希腊及罗马的主要书写材料。8～9世纪其他植物的纤维取代纸莎草成为造纸原料,现在的纸莎草常用于温暖地区或温室的池塘装饰。

指挥 conducting 领导一群演奏家的艺术。简单的协调通常不需要指挥(譬如,文艺复兴时期合唱团成员站在一起唱歌,靠彼此拍肩保持协调;录音棚里的音乐家则是靠耳机中的"咔嚓声"来协调)。约1800年,第一小提琴手通常用琴弓给出几个信号;钢琴家则是用手和头来指挥乐队。19世纪的乐队越来越庞大,音乐也越来越复杂(速度不断变化,表现力不断加强),这就需要有一个人来协调,并向乐队成员阐释音乐。第一批指挥家,如F. 门德尔松、H. 柏辽兹和R. 瓦格纳,本身就是作曲家。到19世纪末,指挥成了一门专业,大指挥家成了音乐界的明星。

指示猎狗 pointer 猎狗和蹲伏猎狗的后裔,最早记录为约1650年在不列颠,以指示猎物方向的刻板姿势为其命名。最初用于指示野兔,之后被训练为猎鸟用猎犬。肩高58～

德国短毛指示猎狗
Sally Anne Thompson

71厘米,体重23～34千克。鼻口部长,耳悬垂,尾尖细。被毛短而平滑,常为白而带黑色斑点。德国短毛指示猎狗会追踪、指示和衔回,其体型大小基本上与指示猎狗相同,被毛短带纯猪肝色或猪肝色和灰白色。

指数函数 exponential function 数学中的一种函数,其底为常数,幂为变量。指数函数被用来模仿人口的变化、疾病的扩散、投资的增长。它们也能精确地预测辐射衰变特有的衰变类型(参阅半衰期)。指数成长的基本元素和所有指数成长函数的特征是它们会在一定间隔倍增。最重要的指数函数是 e^x,即自然对数(参阅对数)函数的反函数。

指纹提取 fingerprinting 提取人按下指纹印迹的行为。由于人的指纹的唯一性,使提取指纹成为鉴别身份的方法,尤其用于警务调查。标准的指纹分类系统是英国科学家F. 高尔顿和爱德华·亨利爵士发展出来的;这套系统于1901年被苏格兰场正式启用,并迅速成为它的刑事鉴定记录的基础。联邦调查局指纹数据库保存了9 000多万人的指纹。由犯罪现场取回的指纹可与档案中所存的指纹进行比较以识别犯罪嫌疑人。脱氧核糖核酸指纹分析的技术,是分析每个人的脱氧核糖核酸的位置的方法,以此识别属于一个嫌疑犯的物证(如血液、精液、头发等)。

至点 solstice 指太阳的视路径到达赤道最北点或最南点的两个时刻之一,即太阳在这两个时刻通过黄道的两个点之一。北半球夏至为6月21或22日,冬至在12月21或22日;而在南半球,冬至和夏至则与北半球相反。参阅二分点。

至上合唱团 Supremes 美国历史上最成功的女性三重唱团体之一。最初的成员有黛安娜·罗斯(1944年生)、玛丽·威尔逊(1944年生)与弗洛伦斯·巴拉德(1939～1976),从底特律的高中毕业之后开始为车城唱片公司灌录唱片。20世纪60年代中期,她们在车城唱片公司的畅销曲经久不衰,许多歌曲是由霍兰兄弟与L. 多泽尔所写,第一首是《我们的爱去哪里了》。1966年巴拉德由辛迪·伯德桑(1939年生)取代。罗斯在1969年离开至上合唱团,威尔逊在1977年离开。巴拉德死于心脏病,去世时比较贫困。这个团体赋予百老汇音乐剧《寻梦女孩》(1981)创作灵感。罗斯独唱生涯极为成功,并担任电影主角(尤其是《魂归离恨天》(1972)),1983年中央公园免费演唱会观众人数创纪录。

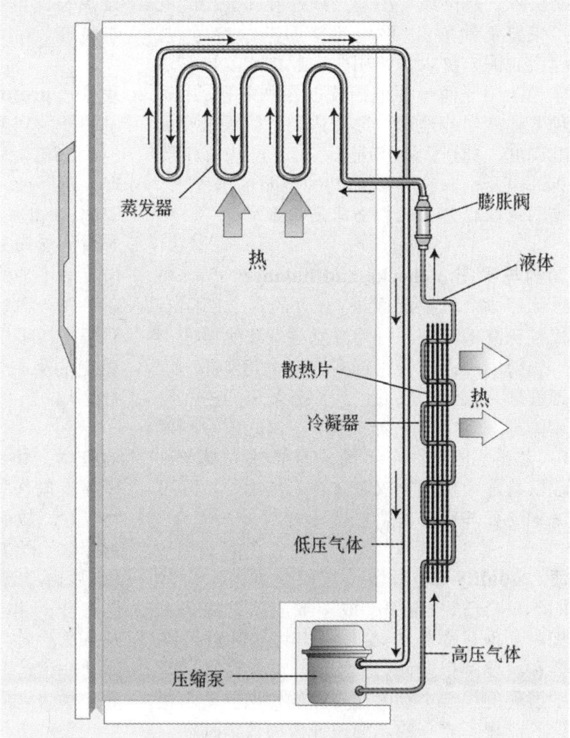

冰箱的组成部分。压缩机将制冷的气体加压、加热,使之进入制冷系统。气体在冷凝器中冷却、液化,将热量排放到外面的空气中。液体在经过膨胀阀时温度和压力降低。冷的液体经过蒸发器的盘管时,较热的冰箱内部使其蒸发,气体接着返回到压缩机,再次重复这一冷却循环。

© 2002 MERRIAM-WEBSTER INC.

《至尊法》 Supremacy, Act of(1534) 英国国会通过的法律,承认亨利八世是"英国教会的最高元首"。该法也要求英国人民承认亨利八世与安妮·布尔的婚姻、并对他誓言效忠。此法在1555年玛丽一世任内被废止,但1559年国会又在伊丽莎白一世任内通过新的《至尊法》。

志贺氏菌属 shigella 志贺氏菌属的杆状细菌的统称,通常寄居于人类肠道,能引起痢疾,即志贺菌病。志贺氏菌都是革兰氏阴性的,不形成芽孢,不能运动的细菌。痢疾志贺氏菌(*S. dysenteriae*)借污水和食物传播,具有很强的毒性,能引起极严重的痢疾,不过其他品种也可能是痢疾的病原体。

志留纪 Silurian Period 距今4.434亿年前～4.192亿年前的一段地质时期。志留纪是古生代的第三纪,继奥陶纪之后,在泥盆纪之前。它标志着首次出现陆生植物和有颌鱼类。绝大部分的志留纪期间大片汪洋覆盖了北极地区,冈瓦纳超级古大陆延伸至南极地区。沿赤道和中纬度地带有至少6个大陆呈环状排列。南美洲和非洲则很可能接近南极,而今日的巴西或是今日非洲西部处在南极点的位置。大片陆地表面都被浅海掩埋,有助于形成珊瑚丘。之前在奥陶纪时灭绝的许多动物群在志留纪中得以复生。

制冷 refrigeration 去除封闭空间或物质中的热量以降低其温度的过程。在工业化国家以及发展中国家的富裕地区,冰箱主要用来在低温下储存食品,抑制细菌、酵母和霉菌的败坏作用。许多容易腐烂的产品冷冻起来,可保持数月甚至数年,其营养和口味损失很小,外观也几乎没有改变。参阅空气调节。

制陶术 ceramics 传统上,用黏土和石英砂等天然原料制作成的物件,经塑型后再用高温烧制,使之更坚硬,不渗水。主要的陶制品是容器、餐具、砖、瓦等。参阅陶器、瓷器、陶瓷、赤陶和炻器。

制图 drafting 用图标表现某种结构、机器和它们的组成部分,用以将工程的工艺设计意图传递给生产这种产品的工匠或工人。工程图可表明一个物件的各个方面,显示该物件在空间的投影,或解释如何建造此物件。制图使用正投影图,物件沿平行线进行观察,这些平行线正交于工程图平面。正投影图包括顶视图(平面图)、正面图和侧视图(立视图)以及剖视图。透视图呈现出物件在空间的实际视觉,它使用一条水平线和几个灭点来显示人眼中的物体及其空间关系,包括尺寸的缩小及平行线的会聚于一点。制图过去是用铅笔、丁字尺、三角板、圆规和量角器等器具来完成的,现在计算机成为建筑和工程设计的主要工具。

制图学 cartography 又作mapmaking。在地图或航图上用图形表示地球自然面貌的科学和技术。它是一门古老的学科,可上溯到史前时代人们所画的渔猎地区图。巴比伦人把世界画成平的圆盘状,托勒玫于2世纪著有《地理学》8卷集,指出地球是一个圆球,为后人的研究奠定了基础。中世纪时,按照托勒玫的理论绘制的地图都以耶路撒冷为中心,并把东方画在图的上方。较精确的地图是从14世纪开始的,当时为了航海制成了航图。新大陆发现后,要求制图学采用新技术,特别是采用正确的投影技术。G. 墨卡托使用一种圆柱投影方式,视地球为一圆柱。圆柱投影法具有许多优点,但在高纬度地区常常失真。等高线地图是用线连接同等高度的点来显示地形,以平均海平面来做参考点。现代制图方法大多使用航空照相或卫星雷达作为绘制任何一种地图或航图的基础,用这种方法制作的地球地形图达到了前所未有的准确度。通过人造卫星摄影,现已能够绘制月球以及一些行星和它们的卫星的表面图。参阅地理信息系统和全球定位系统。

制约与平衡 checks and balances 一种政体原则。根据此原则,分立的各个部门有权制止其他部门的行为。这种做法使得任何一个部门都无法得到过多的高于其他部门或其管理之人民的权力。大部分多部门的立宪政体都有制约与平衡。在一党制的政治制度中,非正式的制约与平衡只有当独裁或专制政权的几个机构争权时才会起作用。参阅司法审查和三权分立。

质 quality 在哲学上指的是应用于事物的单一特质,与应用于成双或成三重的关系相对。伽利略和J. 洛克提出将质区分为主要和次要两个方面,是由于事实上现代科学所展现的关于实物内在特质的知识似乎是错误的或者不完全的。物理现象的数学阐释似乎表明多数感觉性信息似乎对认识客体毫无贡献。在这个观点中,形状、数量、运动等为主要质,是由数学所描述的事物真实特质,而气味、滋味、声音、色彩或温度等则为次要质,仅只存乎于人类意识而不属于事物本体。

质粒 plasmid 染色体外遗传因子。存在于许多菌株中。为环状脱氧核糖核酸(DNA)分子,可独立于细菌染色体复制。非细菌生活所必需,但可使细菌具有一种选择性优势。一些质粒决定能够杀死其他细菌的蛋白质的产生;其他能使细菌具有对抗生素的抗药性。质粒在分子生物学和遗传学,特别是遗传工程领域,是极为有价值的工具。

质量 mass 惯性的定量量度,或者说是物体对运动中变化的阻力。质量越大,所加外力产生的变化越小。与重量不同,物体的质量与它所处的位置无关。于是,卫星在远离地球引力的过程中,重量减少,而质量保持不变。在普通的、经典的化学反应中,质量既不能创造也不能消灭。反应物的质量之和永远等于生成物的质量之和。例如,燃烧过程中失去的木头和氧气的质量等于出现的水蒸气、二氧化碳、烟和灰的质量之和。然而,A. 爱因斯坦的狭义相对论说质量和能量是等效的,质量可以转换成能量,反之亦然。在核聚变和核裂变中,质量就转换成能量。在这些例子中,质量的转换被看作是更普遍的质能转换的一个特殊情况。参阅临界质量。

质谱法 mass spectrometry 又称mass spectroscopy。通过电场和磁场将气体离子分类,从而鉴定化学物质的分析技术。质谱计利用电方法来检测分类好的离子,质谱仪则用照相或其他非电方法来检测;两种设备都是质谱显示器。这种过程广泛地用于测量不同同位素的质量和相对丰度,分析由液相或气相色谱法所分离出来的产物,测试高真空设备的真空密封性,以及测量矿物的地质年龄等。

质子 proton 一种稳定的亚原子粒子(重子的一种),带单位正电荷,质量是电子质量的1 836倍。质子与中子都在原子核中被发现。每一种元素的原子核里的质子数总是相同的,也就是它的原子序数。质子有与它相对应的反物质(反质子),它们的质量相同,但反质子带的是负电荷。在粒子加速器中,质子作为弹射体来产生和研究原子核反应。质子是初级宇宙线的主要组分,也是放射性衰变以及原子核反应的产物之一(参阅放射性)。

治疗学 therapeutics 为战胜疾病或缓解疼痛或创伤的治疗和护理。其手段包括药物、手术、放射疗法、器械治疗、膳食疗法和精神疗法。治疗可以是积极的,即治愈疾病(康复后不需再进一步治疗)、长期治疗或创伤愈合;可以是对症治疗的,即缓解症状至免疫系统治愈身体;可以是支持性的,即保持身体功能正常至疾病结束;或是姑息治疗的,即对无法康复的病人尽可能减轻其不适。治疗学几乎总是包括预防,通常排在第三位。治疗措施依据正确诊断可选择、合并和单独设计以适合每一位病患。参阅化学疗法、整体医学、心理治疗和呼吸疗法。

致幻药 hallucinogen 使人产生只有在梦、精神分裂症或宗教狂热时才能体验到的心理感受的药物。致幻药能改变人的知觉(对一个根本不存在的客体产生的错误体验)、思维和情感。其中最引起争议的有麦角酰二乙胺、仙人球毒碱、二甲-4-羟色胺磷酸(从某些蘑菇提取)和蟾毒色胺(蟾蜍皮肤的提取物);有人认为还应加上大麻。就科学来说其作用方式仍不清楚;血清素、肾上腺素或其他大麻可能会受到影响。

掷标枪 javelin throw 田径运动项目,即以木杆或金属杆标枪比赛掷远。运动员先经过一段助跑后再将标枪掷向前方,枪尖必须先着地。原是古希腊奥林匹克竞技会五项全能运动之一,现在则是奥林匹克运动会的比赛项目(1896年开始)。1932年增加女子标枪项目。参阅十项全能和七项全能运动。

掷链球 hammer throw 田径运动项目,运动员站在投掷圈中以双手掷出固定在钢链上的金属球,球重7.26千克,链长3英尺11¾英寸。运动员以一只脚为中心,快速转体三周后将球抛出。这个运动几个世纪前源起于不列颠群岛;1866年起成为当地田径竞赛项目,1900年列入奥运会比赛项目。

掷铁饼 discus throw 田径比赛项目。现代铁饼为扁圆形,直径约220毫米,中心比周围厚;重量至少是2千克(男子项目)和1千克(女子项目)。运动员在直径2.5米的圆圈内做旋转运动投掷。古代奥林匹克竞技会以掷铁饼为五项全能运动之一。现代奥林匹克运动会掷铁饼也是一项独立的比赛项目。

痔 hemorrhoid 又称pile。肛管黏膜下或齿状线以下的皮下静脉网扩张形成团块。起因于肛门感染或腹内压增高(如妊娠、提携重物)。轻症者可用栓剂、无刺激性的缓泻药及洗浴等法治疗。若痔内形成血块、流血或疼痛,则可行手术切除。内痔因为没有什么神经,所以可不经麻醉用几种方式切除。外痔形成于皮肤底层,可局部麻醉切除。

窒息 asphyxia 大脑缺氧或氧气不充分引起的呼吸衰竭或紊乱,窒息造成的昏迷有时可导致死亡。呼吸道受伤或阻塞(如勒颈、食物堵塞气道)、溺水或一氧化碳中毒都可引起窒息。吸入食物或液体也会导致肺部皱缩和无空气的状态,这种状态称为肺不张,会加剧低氧血症。急救措施是施行心肺复苏术。

蛭 leech 蛭纲环节动物的统称,约300种。前端有较小的口吸盘,后端有较大的后吸盘。体长不一,有的极小,有的长约20厘米。主要见于淡水或陆地。有的捕食其他动

欧洲医蛭(*Hirudo medicinalis*)
Jacquess Six

物,有的以有机物碎屑为食,也有寄生者。水蛭吸食鱼、两栖类、鸟和哺乳类的血液,或取食螺类、昆虫幼虫和蠕虫。真正的陆蛭则只吸哺乳类血液。唾液中含麻醉伤口、扩张血管和抗凝血的物质。有的种类被医生用作替病人放血已有几个世纪。由欧洲医蛭提取的水蛭素已在医学上作为抗凝血剂。

智慧设计论 intelligent design 一种试图证明生命有机体在一定程度上是被"智慧设计者"创设成其目前形式的论点。智慧设计的说法最初形成于20世纪90年代,主要是在美国,它明确否认达尔文的生物进化论。基于上帝创世说的一种翻版,智慧设计论的提倡者们注意到生命有机体的一些功能部件"极为精密复杂",也就是说,移除任何一个部件都会导致整个系统的瘫痪。从这一前提出发,他们推断这样的系统根本不可能如标准的进化理论所阐述的那样,经由随机突变和自然选择的途径从原先的功能系统逐步演变而来;因此,生命有机体一定是由一名智慧设计者突然创设的。持此类观点的人通常避免将该智慧设计者等同于基督教的上帝或其他一神论宗教中的神,部分是因为他们希望能在美国的公立学校中传授此种理论,使之

与进化论一样成为合法的科学解释，而美国在宪法中规定政府不能传扬宗教。对智慧设计论持批评态度的学者则认为该理论是基于对自然选择的根本误解，完全无视众多生物体进化史中其前身系统的存在，此种学说是无法验证的，因而是非科学的。参阅**创造论**。

智力 intelligence 在教育学中，指学习、理解或者应对新的或者艰难的处境的能力。在心理学中，该用语可以更为具体地指运用知识来控制某人环境的能力，或以客观标准（例如智商测验）衡量的抽象思维的能力。智力通常被视为是遗传特点与环境（发展的与社会的）因素结合的产物。这个议题一直有很大争议，许多人试图揭示生物学（特别是基因）或环境（特别是反映社会经济等级的条件）在某种程度上是造成智力差异的全部因素。力求说明种族遗传与智力之间联系的研究一直在进行，其中大部分尚未被科学界接受。综合智力常被说成是包括各种不同的具体能力（表达能力、运用逻辑解决问题的能力等），但批评家认为：这样的分隔无法反映出认知的本质，而可能基于**信息处理**的其他模式是需要的。高智力（由测验算出）有时表现出与社会成就相关联，但大部分专家相信，其他因素也是重要的，智力并非成功的保证（缺少智力亦不表明注定会失败）。参阅**人工智能**和**创造力**。

智利 Chile 全称Republic of Chile（智利共和国）。南美洲西南部国家，与秘鲁、玻利维亚、阿根廷、德雷克海峡以及太平洋交界。面积：756 096平方千米。人口：约16 770 000（2013）。首都：**圣地亚哥**。人口中3/4为梅斯蒂索人，其余为欧洲人和阿劳坎人（马普切人）。在成为西班牙的殖民地以前，当地土著民族包括迪亚吉塔、昆皮切、马普切、维利切、佩恩切和坎科等印第安人。西班牙殖民者在16～17世纪期间来到此地，后来巴斯克人在18世纪也踏上了这片土地。一种相对单一，主要为梅斯蒂索（混血儿）的人口便发展起来。语言：西班牙语（官方语言）。宗教：基督教（以天主教为主，亦有新教和其他教派）。货币：智利比索。智利以其奇特的地形著称，为一狭长的国家，位于**安第斯山脉**和太平洋之间。从北到南长约4 300千米，最宽处仅349千米。北部有一个干旱的高原，**阿塔卡马沙漠**，以及一些海拔超过4 900米的高山，但大部分高峰在与玻利维亚和阿根廷交界的地方。该国的河流，包括重要的比奥比奥河，都比较短。境内有许多湖泊，包括**延基韦湖**。最南部海岸有许多小海湾、岛屿和群岛。**火地岛**的西半部和合恩角所在的岛屿属于智利，**胡安·费尔南德斯群岛**和**复活节岛**一些小岛屿也属于智利。因地处大洋板块主断裂带，智利受到周期性地震和海啸的严重破坏。1960年发生的9.5级地震为有记载以来最大的一次。2010年的8.8级地震又造成广泛的破坏。智利有部分发达的自由市场经济，主要依靠采矿业和制造业。智利为多党制共和国，两院制。总统是国家和政府的首脑。原始居民是包括阿劳坎人在内的印第安民族。1536年西班牙人入侵该地区。1541年，建在圣地亚哥的移民定居区受秘鲁总督管辖，但在1778年成为一个单独的总督辖区。1810年开始出现反抗西班牙的独立运动。由于圣马丁领导的阿根廷和智利军队取得查卡布科战役（1817）的胜利，智利终于获得独立。该地区随后被智利将军B. 奥伊金斯统治到1823年。在与秘鲁和玻利维亚发生的太平洋战争（1879～1883）中，智利夺得玻利维亚沿海丰富的硝酸盐田，在事实上迫使玻利维亚成为一个内陆国。第一次世界大战（1914～1918）时智利保持中立；第二次世界大战（1939～1945）期间加入轴心国，但于1942年与其他拉美国家一道对轴心国宣战。1970年S. 阿连德当选总统，成为拉丁美洲第一个公开的马克思主义者当选元首。后来由于国内经济出现混乱，他在1973年A. 皮诺切特发动的一场军事政变中被推翻。皮诺切特的军人执政委员会多年来一直严厉镇压国内所有的反对势力。1988年举行的全民公投和1989年举行的选举将皮诺切特赶下台，并使这个国家又恢复了平民统治。90年代其经济稳步发展，21世纪初为拉美国家中经济最好的国家之一。1896年智利参加了在雅典举办的首届夏季奥运会。

智人 Homo sapiens 全部现代人（*Homo sapiens sapiens*）所在的种。根据已知的遗骨化石，智人的起源约为12万年以前，而如果包括某些"古老"种类的证物，则会更早（约40万年以前）。"智人"与较早的人科动物已有许多不同的体质特征及生活习性，例如直立行走，脑容量平均约为1 350立方厘米，前额较高，牙齿及下腭骨较小，下巴内缩，能够制造和使用工具，甚至使用符号。很多学者认为现代人种的发展始于15万年以前的非洲，并且在10万年前向中东地区扩散，然后在4万～5万年前到达欧亚大陆（这种说法称为"单一起源"模式）。另一些人则主张现代人是约25万年以前由散布在欧亚大陆不同地区的古智人甚或是其他人种发展而成的（这种说法称为"多区域"模式）。根据第一种模式，世界上不同人种之间的差异发生的年代不会太久远；而根据第二种模型，不同人种的差异明显可推溯到更久远的年代。但两者都认为，在公元前11 000年，现代人已遍布全地球。参阅**克罗马农人**、**文化**、**人类进化**和**尼安德特人**。

智商 IQ 全称intelligence quotient（智力商数）。意在代表相对智力水平的数值，分数高低则根据测试对象对一系列测验题的回答而判定。智商最初按照测试对象的心理年龄与他或她的实际（生理）年龄的比率，再乘上100计算，但心理年龄概念的使用已经基本停止，智商现在一般根据分数的统计分布来评估。使用最广泛的测验是："斯丹佛-比奈测验"（1916），这是适用于儿童的测验；"韦克斯勒测验"（1939），这是最初适用于成人但现在也同样适用于儿童的测验。智商在130以上被认为具有一定的"天赋"；而智商低于70则被认为是智弱或智障。智力测验引起了很大争议，尤其是对什么样的心理能力才算智力，以及智商是否能够确切反映这种能力；此外，在试题结构和标准化程序中，还存在文化和等级上的偏见。

智者派 Sophists 公元前5世纪晚期希腊著名巡回职业教师、演说家和作家组成的团体。智者派运动兴起时，正值人们对家庭价值和生活方式的绝对本质持怀疑态度。其反面观点则在自然与习俗、传统，或法律中产生，其中习俗被认为或是自然状态的自由基础上的障碍或是自然的无政府状态的有益的、文明的克制。这两种观点智者派中都有代表者；但前者更为普遍。最杰出的代表为**普罗塔哥拉**，其他有名的代表人物有莱昂蒂尼的高尔吉亚、普罗迪科斯、希庇亚斯、安提丰、色拉西马柯斯和柯里西亚斯。公元2世纪出现第二次智者派运动。

雉 pheasant 鸡形目雉科约50种多数尾长的鸟类，主要分布于亚洲，有些种已经适应其他地方的环境。大多数栖于开阔林地和多灌木的田野，所有种类都均能发出沙哑的叫

普通雉（*Phasianuscolchicus*）
H. Reinhard-Bruce Coleman Inc.

声。其脚和下肢无羽毛覆盖。雌鸟色彩不鲜艳。多数种人类的雄鸟羽衣艳丽，有1个或多个腿距，有些种类面部有装饰用的肉质突起。雄鸟在求偶时会格斗至死。雄性的环颈雉，即普通雉（*Phasianus colchicus*）体长约90厘米，有一长束的尾羽，胸部黄铜色，颈紫绿色，具耳羽束，广布于美国北部。日本绿雉（*P. versicolor*）在地震将临时会齐声鸣叫。

中东 Middle East 又作Mideast。包括南亚和北非各国地区。这是一个非正式也不精确的名称。现在一般指环绕地中海南部和东部海岸的土地，如利比亚、埃及、约旦、以色列、黎巴嫩和叙利亚，以及伊朗、伊拉克和阿拉伯半岛上的国家。这一名称最初是西方地理学家和历史学家用来描述从波斯湾到东南亚一带的区域。

中非共和国 Central African Republic 法语作République Centrafricaine，旧称Ubangi-Shari。非洲中部的共和国。面积：622 436平方千米。人口：约5 167 000（2012）。首都：**班吉**。几乎全部中非人口最初都来自18～19世纪建立的居住区，当时不同的非洲种族为躲避奴隶贩子而逃到内陆。现在他们形成了庞杂的种族群体，班达人、巴亚人、曼吉亚人，恩巴卡人约占全部人口的2/3。语言：法语、桑戈语（均为官方语言）和几种其他语言。宗教：基督教（主要为无教派或独立派的其他教徒，也有罗马天主教和新教）、伊斯兰教、传统宗教。货币：非洲金融共同体法郎。中非共和国是一个内陆国家，境内多丘陵，大部为高原。北半部主要是稀树草原，有沙里

河的数条支流流经。南半部有许多林区。该国经济属于发展中的市场经济，国有企业与民营企业并存；农业占主导地位。国家由一个过渡政府管理。在欧洲人到来之前，该地区数个世纪一直盛行贩卖奴隶。法国人来到此地并宣布对中非拥有主权，1889 年在班吉建立了一个营地。随后他们将此地分为几个殖民地，其中的乌班吉-沙里（即后来的中非共和国）后成为法属赤道非洲的一部分，1946 年成为法国海外领地，1958 年成为法兰西共同体内的一个自治共和国。1960 年获得独立。1965 年军人推翻了文职政府，J.-B. 博卡萨上台，他于 1976 年将国名改为中非帝国。他于 1979 年下台，但是在 20 世纪 80 年代军人再次掌权。1993 年举行选举，文职政府成立。政府努力应对政治和经济的不稳定，直至 21 世纪。该政府在 2003 年的军事政变中被推翻。2004 年新宪法颁布。2005 年民选政府成立。2013 年 3 月，叛军占领了首都，政府随之倒台。此后一个临时政府成立。1968 年，该国首次参加在墨西哥城举办的夏季奥运会。

中古英语 Middle English 约 1100 ～1500 年间通行于英格兰的口头和书面语言，承接*古英语*和现代英语。中古英语可分为 3 个阶段：早期、中期和晚期。中期的特色是出现了大量盎格鲁-诺曼语借词和 14 世纪英语文学繁荣期的伦敦方言（主要是 *J. 高尔*、*G. 乔叟*等诗人使用）。中古英语方言通常分为 4 支：南部方言、中东部方言、中西部方言和北部方言。

中观学派 Madhyamika 大乘佛教传统的重要学派。其名称意为“中间”，意思取自它是介于*说一切有部*学派的唯实论和*瑜伽行派*的唯识论之间。最著名的思想家是*龙树*。

中国 China 全称 People's Republic of China（中华人民共和国）。位于北半球，亚洲东部，太平洋西岸。陆地面积约 960 万平方千米，仅次于俄罗斯和加拿大，居世界第 3 位。人口：13.71 亿（2010，包括香港 709.8 万、澳门 55.2 万、台湾 2 316.2 万）。首都：北京。陆地疆界长 2 万多千米。接壤的国家有朝鲜、俄罗斯、蒙古、哈萨克斯坦、吉尔吉斯斯坦、塔吉克斯坦、阿富汗、巴基斯坦、印度、尼泊尔、不丹、缅甸、老挝和越南。大陆海岸线北起与朝鲜交界处的鸭绿江口，南到与越南交界处的北仑河口，长约 1.8 万千米。与韩国、日本、菲律宾、马来西亚、文莱和印度尼西亚隔海相望。领土最北境在黑龙江省漠河县以北黑龙江主航道中心线，最南端在海南省南沙群岛最南端曾母暗沙附近，长约 5 500 千米。从南到北，除青藏高原高寒区外，跨越赤道带、热带、亚热带、暖温带、温带和寒温带，其中亚热带、暖温带和温带面积较广，约占全国陆地总面积的 70%。最东端在黑龙江及其支流乌苏里江汇合处，最西端在帕米尔高原。共跨 5 个时区（东五区到东九区），除新疆维吾尔自治区外，其余省、市、自治区统一以北京市所在东八区的时间作为标准时间，通称“北京时间”。中国在渤海、黄海、东海和南海中有 7 600 个以上的岛、礁、沙和滩。其中以台湾岛最大，面积 35 780 平方千米；海南岛次之，面积 32 200 平方千米；面积较大的群岛有渤海和黄海分界处的庙岛群岛，黄海北端的长山群岛，东海中的舟山群岛和台湾岛东北的钓鱼岛及其附近诸岛，台湾海峡中的澎湖列岛，南海中的东沙群岛、西沙群岛、中沙群岛和南沙群岛。

中国行政区划按省、自治区、直辖市、特别行政区划分。省、自治区分为自治州、县、自治县、市，县、自治县分为乡、民族乡、镇。至 2012 年底，共设有北京、天津、上海和重庆 4 个中央直辖市，河北、山西、辽宁、吉林、黑龙江、山东、江苏、安徽、浙江、江西、福建、河南、湖北、湖南、广东、海南、陕西、甘肃、青海、四川、贵州、云南和台湾 23 个省，内蒙古自治区、新疆维吾尔自治区、宁夏回族自治区、广西壮族自治区和西藏自治区 5 个自治区，以及香港和澳门 2 个特别行政区。其中包括 333 个地级行政单位、2 852 个县级行政单位、40 446 个乡镇行政单位。中国是世界人口最多的国家。人口分布不均衡，主要集中于东部地区的辽宁南部、黄淮海平原、山东半岛、长江中下游平原、四川盆地、东南沿海的珠江三角洲和潮汕平原等；而西北地区特别是西北干旱区、偏远山区和青藏高原人烟稀少。人口密度由东向西逐渐递减。中国有 56 个民族，除汉族外，还有壮、满、回、苗、彝、维吾尔、藏、蒙古、土家、布依、朝鲜、侗、瑶、白、哈尼、哈萨克、黎、傣、傈僳、畲、拉祜、佤、水、东乡、纳西、土、柯尔克孜、羌、达斡尔、景颇、仫佬、锡伯、撒拉、布朗、仡佬、毛南、塔吉克、普米、怒、阿昌、鄂温克、京、德昂、乌孜别克、基诺、裕固、保安、独龙、塔塔尔、鄂伦春、俄罗斯、高山、赫哲、门巴、珞巴 55 个少数民族。其中汉族占总人口数的 90% 以上，各民族呈现出一种大杂居、小聚居、相互交错的分布格局。中国语言文字丰富多样，各民族语言系属主要分属汉藏语系、阿尔泰语系、印欧语系、南亚语系、南岛语系 5 大语系，12 语族，80 余种民族语言。其中，汉语是中国的官方语言。主要宗教有道教、佛教、伊斯兰教、基督教等。此外，在少数民族中还流行有东正教、萨满教等宗教。中国是社会主义国家（自 1949 年以来，台湾的政治制度与大陆不同）。国家权力机关是全国和地方各级人民代表大会；国家设立国家主席和副主席、中央军事委员会；国务院和地方各级人民政府是国家权力的执行机关；全国人民代表大会是最高国家权力机关，全国人大和全国人大常务委员会行使立法权；国务院为最高国家行政机关，实行总理负责制。中央军事委员会为中国最高军事机构，领导中国人民解放军、中国人民武装警察部队、民兵等。中国地貌格局由中生代燕山运动奠定。在新生代喜马拉雅运动中，印度板块和太平洋板块分别从西南部和东部俯冲到欧亚板块之下，形成现在的高原、盆地、山系交错的基本地貌格局。地势西高东低，呈三级阶梯状分布。青藏高原是第一阶梯，海拔在 4 000～5 000 米以上，素有“世界屋脊”之称。中国、尼泊尔边界的喜马拉雅山主峰珠穆朗玛峰海拔 8 844.43 米，是世界最高峰。第二阶梯由一系列海拔 1 000～2 000 米的高原和盆地组成。再向东到海滨是第三阶梯，由低山丘陵和平原组成。境内山区面积广大，约占总面积的 66%，平原约占 12%。在纬度、海陆位置、大气环流和地形制约下，中国气候可分为东部季风区、西北部内陆干旱区、青藏高原高寒区。其中西南季风、东南季风、高原季风影响明显。基本上表现为冬季寒冷干燥，夏季高温多雨，年降水量由东南沿海向西北内陆递减。西北干旱区冬寒夏热，年降水量几乎都在 400 毫米以下。青藏高原高寒区风大而干燥，日照强，多冰川和积雪分布。中国江河众多，河流总长 43 万千米。流域面积 100 平方千米的河流有 5 万多条，其中长江、黄河分别为中国的第一、第二大河，京杭运河为著名的人工河。西北多内流河，如塔里木河。中国有 2 800 多个面积在 1 平方千米以上的湖泊，其中青海湖面积最大。淡水湖主要集中在长江中、下游地区，如洞庭湖、鄱阳湖、巢湖、太湖等。中国森林覆盖率 20.36%（2011），林区主要集中于东北和西南地区。物种丰富，共拥有维管束植物 353 科、3 184 属、2.715 万种。脊椎动物 4 400 多种，其中两栖类 210 种，爬行类 320 种，鸟类 1 244 种，兽类 450 种。现存孑遗植物种属有：银杏、水杉、银杉、金钱松、珙桐、喜树、观光木等。珍稀动物有大熊猫、金丝猴、台湾猴、丹顶鹤、扬子鳄等。中国探明矿种有 156 个，其中铀、钨、钼、稀土、钛、汞、铅、锌、铁、金、银、硫、磷、石墨、萤石、菱镁等储量居世界重要地位。煤炭储量约占世界煤炭地质总储量的 12%，石油和天然气主要分布在内陆盆地和沿海大陆架。中国的水能蕴藏量为 6.76 亿千瓦，其中可供开发的 3.7 亿千瓦，居世界第 1 位。中华人民共和国建立后，逐步形成了独立的比较完整的经济体系。中国经济是具有中国特色的社会主义市场经济。在所有制结构上，以公有制为主体，个体经济、私营经济、中外合资、中外合作、外国独资等多种经济成分并存。2013 年全年国内生产总值 568 845 亿元，其中第一产业产值 56 957 亿元，第二产业产值 249 684 亿元，第三产业产值 262 204 亿元。至 2013 年，中国铁路营运里程 10.31 万千米，形成了“八纵八横”的铁路运输网；公路通车里程 435.62 万千米；沿海主要港口共有生产用码头泊位约 5 675 个，其中万吨级泊位 1 607 个。上海、深圳、青岛、天津、广州、厦门、宁波、大连等港口已进入集装箱港口世界 50 强。

中国是文明古国。有文字记载的历史长达 4 000 多年。原始群居生活的标志有元谋人、蓝田人、北京人、山顶洞人。民族公社时期有代表性的仰韶文化、龙山文化、河姆渡文化、大汶口文化。先秦是中国历史上自原始社会进入文明社会的重要阶段。公元前 21 世纪，夏朝建立，使家庭、私有制、阶级和国家成为现实，标志着中国文明社会的开始。奴隶社会经历夏、商、西周，在春秋战国演进成封建社会。公元前 221 年，秦始皇统一中国，建立了中国历史上第一个中央集权的统一的多民族的国家——秦（前 221 ～前 206），宣布自己为始皇帝，确立父传子的世袭制度。继秦之后，汉高祖刘邦和汉光武帝刘秀相继建立西汉（前 206 ～公元 25）和东汉（25 ～

220)，统称汉。东汉末年豪强酿成封建割据的局面，历经三国(220～280)、西晋(265～317)、东晋(317～420)、南北朝(420～589)。三国时魏、蜀、吴鼎足天下，东晋时十六国纷争不已，南北朝时南朝与北朝长期对峙。581年杨坚建立隋朝(581～618)。618年，唐高祖李渊建立唐朝(618～907)。907年朱温篡唐为梁(后梁)，是五代(907～960)之始；同期，南方出现了并列或相继的9个小国，和北方1个小国合称十国(902～979)。960年宋太祖赵匡胤发动陈桥兵变，代后周立宋(960～1279)，结束了五代十国的分裂局面。同期，契丹人建立辽(947～1125)；党项人建立西夏国(1038～1227)。1115年，女真人建立金国(1115～1234)。金于1125年灭辽，1127年攻入宋都开封，北宋灭亡。宋高宗赵构即位，为南宋。1206年成吉思汗在漠北建立大蒙古国，先后灭西夏(1227)、灭金(1234)，兵锋直逼孛烈儿(今波兰)、马扎儿(今匈牙利)以及巴格达、大马士革城等地。1260年元世祖忽必烈即位，1271年改国号大中国大百科全书出版社供图元，1279年灭南宋，1368年元朝结束。明太祖朱元璋立国，明中叶后，中国曾受日本、西班牙、葡萄牙、荷兰等国侵扰。1616年清太祖努尔哈赤建后金，1636年皇太极改国号为清，经济在康熙、雍正、乾隆年间达到鼎盛时期。此后外国列强不断通过战争对中国进行掠夺，迫使清政府签订了一系列不平等条约。随后曾国藩、左宗棠、李鸿章和奕？掀起洋务运动；西方文化的传入和影响，导致资产阶级改良和维新运动相继出现。1911年孙中山领导的辛亥革命推翻了清王朝，1912年建立了中华民国，但很快被袁世凯等北洋军阀篡夺。1921年7月，中国共产党在上海建立。1926年6月国民政府任命蒋介石为国民革命军总司令，誓师北伐。1928年北洋政府宣告结束。1927年蒋介石、汪精卫先后发动“四一二”政变和“七一五”政变，国民革命失败。同年中国共产党领导了南昌、秋收和广东起义，后经过土地革命战争(1927～1937)、抗日战争(1937～1945)、解放战争(1945～1949)。1949年10月1日中华人民共和国成立。

中美洲 Central America 北美洲南部的一个区域，范围北从墨西哥的南部边界到哥伦比亚的西北部边界，西从太平洋到加勒比海。包括危地马拉、伯利兹、洪都拉斯、萨尔瓦多、尼加拉瓜、哥斯达黎加和巴拿马等国。有些地理学家还把墨西哥的5个州，即金塔纳罗奥、尤卡坦、坎佩切、塔瓦斯科和恰帕斯包括在内。面积：522 129平方千米。人口：约40 338 000(2006)。3/5的人口是美洲印第安人与欧洲人的混血种(在危地马拉叫拉迪诺人，其他地区叫梅斯蒂索人)。语言：西班牙语(官方语言；伯利兹以英语为官方语言)；也通行美洲印第安语。宗教：基督教(主要是天主教，亦有福音派新教)。该地区多丘陵或山脉，太平洋和加勒比海沿岸有潮湿的沼泽和低地。危地马拉西部的塔胡穆尔科火山(海拔4 220米)是中美洲最高峰。该地区约有40座火山，其中很多为活火山，经常发生严重地震。火山区有肥沃的土壤，是富饶的农业生产区。长久以来，包括**马雅人**在内的印第安土著一直在此居住，后来西班牙人于16世纪初到来并占领了这一地区，统治了大约300年。C. **哥伦布**1502年从洪都拉斯绕过大西洋海岸来到达连湾，1510年在此建立第一个欧洲人定居点。1543年西班牙把该地区(巴拿马除外)纳入危地马拉总督的管辖范围。英国人于17世纪来到此地，在后来成为英属洪都拉斯(伯利兹)的地方定居。1821年该地区摆脱了西班牙人的统治，1823年中美洲联合省成立(危地马拉、洪都拉斯、萨尔瓦多、尼加拉瓜和哥斯达黎加)。英属洪都拉斯仍为英国殖民地，未加入联盟，巴拿马仍为哥伦比亚的一部分。1824年该联盟通过一部宪法，但1838年洪都拉斯、尼加拉瓜和哥斯达黎加纷纷退出，因此联盟实际上已不存在。1923年中美洲各国举行华盛顿会议，起草了几个友好条约。1960年建立中美洲共同市场，以成立一个关税同盟并促进经济合作。2001年厄瓜多尔和萨尔瓦多采用美元为本国货币。21世纪头10年的中期，萨尔瓦多、洪都拉斯、危地马拉、尼加拉瓜和哥斯达黎加与美国一道加入中美洲-多米尼加共和国自由贸易协定(CAFTA-DR)。

中美洲文明 Mesoamerican civilization 指16世纪西班牙征服之前墨西哥和中美洲部分地区土著文化的复合体。这一文明和南美的**安第斯文明**组成了西半球新世界，与东半球的埃及、美索不达米亚和中国文明相对应。早在公元前2.1万年中美洲就有人迹。从约公元前7000年冰期末地球回暖开始，人们从狩猎和采集转向农业，至约公元前1500年完成。最早的中美洲文明是**奥尔梅克文化**，可追溯到约公元前1150年。中期形成时期(公元前900～前300)的是文化地区主义加强的时期，出现了**萨波特克人**。随后持续到公元900年左右的晚期形成时期和古典时期包括马雅文化和以**特奥蒂瓦坎**中心的文明。其后的社会还包括**托尔特克人**和**阿兹特克人**。参阅**奇琴伊察**、**米斯特克人**、**阿尔班山**、**纳瓦语**、**特诺奇蒂特兰**和**蒂卡尔**。

中美洲宗教 Mesoamerican religions 墨西哥与中美洲在前哥伦布时期的宗教，以**奥尔梅克文化**、**马雅人**、**托尔特克人**和**阿兹特克人**的最为著称。所有中美洲的宗教都是多神崇拜，必须不断地以奉献和牺牲抚慰神灵。这些宗教所共同的多层次宇宙观，到西班牙征服时期已经历5次创造和4次毁灭。中美洲宗教极度重视星体，特别是太阳、月亮和金星。他们的天文学家兼祭司所观察到的星体运动，异常详尽准确。阿兹特克人通过复杂的仪式日程，来趋近超自然。这些仪式包括歌曲、舞蹈、苦行以及专业祭司所执行的人类殉祭。而从事上述行为的信念是，宇宙的福祉要靠奉献鲜血和心脏以滋养太阳。马雅宗教同样需要人类殉祭，虽然规模略逊。有关马雅祭司在天文计算、占卜和仪式的信息，收录在《马雅古抄本》中。参阅**中美洲文明**。

中生代 Mesozoic era 地球三大地质代中的第二个代，也是今天所知大陆地块由于**大陆漂移**作用而从**劳亚古大陆**和冈瓦纳古大陆两个超级大陆分离开的时段。约在2.48亿年至6 500万年前，包括**三叠纪**、**侏罗纪**和**白垩纪**。中生代经历了极其丰富多样的高等植物和动物的进化，同早先在**古生代**期间出现的和后来在**新生代**期间出现的那些动植物都非常不同。

中石器时代 Mesolithic period 又作Middle Stone Age。西北欧**旧石器时代**和**新石器时代**之间的古代技术和文化阶段(约公元前8000～前2700)。中石器时代的猎人使用削制并磨亮的石头，以及骨制、鹿角制、木制工具等一套工具组合，比以前的人更有效率，并能够开拓出更多动植物的食物来源。移入的新石器时代农夫或许吸收了本土中石器时代的猎人和渔夫的很多技能。欧洲以外没有一个和中石器时代直接对应的阶段，现在这个术语不再用来反映假设性的世界社会文化演化的序列。

中世纪 Middle Ages 欧洲历史上的一段时期，传统上指从罗马帝国灭亡到**文艺复兴**开始这段时间。公元5世纪，西罗马帝国历经了人口、经济活力、城市的规模和主导地位等方面的衰退，同时也引发了自3世纪开始的大量人口迁移。到了5世纪，这些通称为“野蛮人”的人在衰落的西方帝国的废墟上建立起新的王国。在接下来的几个世纪中，这些王国经历了野蛮人、基督教和罗马文化、政治传统之间的逐渐融合。其中最长久的法兰克王国为后来的欧洲国家奠定了基础。它产生了中世纪最伟大的统治者查理曼皇帝，他的统治成为后几个世纪的典范。查理曼帝国的衰落和新一轮的入侵导致中世纪社会的重建。11～13世纪为中世纪文化发展的巅峰时期。教会经过改革增强了教皇在教会和社会的地位，但却引起了教皇和皇帝之间的摩擦。人口的增长、城镇和农田的欣欣向荣、商人阶级的出现和政府官僚机构的发展都是这一时期文化和经济复兴的结果。与此同时，成千上万的骑士响应教会的号召，纷纷加入**十字军**。中世纪的文明随着哥特式建筑、新的宗教秩序的出现，以及学术和大学的扩展而在13世纪达到了顶峰。教会主宰了精神生活，产生了圣托马斯·阿奎那的**经院哲学**。中世纪的衰落源自中世纪民族政府的衰亡、教会的大分裂、对中世纪神学和哲学的批评，以及因饥荒和疾病带来的人口剧减和经济崩溃。

中式风格 chinoiserie 在室内设计、家具、陶器、织品和园艺等方面，欧洲人对中国式风格的艺术处理方式。17～18世纪，与远东贸易的增长形成了一种热烈追求中国式样的时尚。1670～1671年在凡尔赛为路易十四所建的特里阿农瓷宫有豪华的中式风格内部装饰。此种风格以大面积贴金和髹漆为特点，采用蓝白色对比，不对称，不用传统的透视画法，采用东方图案和花纹。19 世纪中式风格逐渐消失，被认为有异国情调的土耳其风格和其他风格取而代之。

中太平洋铁路公司　Central Pacific Railroad　1861 年成立的美国铁路公司，投资人为包括 L. 斯坦福和 M. 霍普金斯在内的一群加利福尼亚商人。1862 年国会通过《太平洋铁路法案》，为修建这条铁路提供了土地和资金方面的援助；有数千名华人劳工受雇参与建设。1869 年 5 月 10 日在犹他州的普罗蒙特里，该铁路的轨道与联合太平洋公司的轨道相连接。从 1884 年开始，南太平洋铁路公司承租了这条铁路，1959 年中太平洋铁路公司与该公司合并。

中提琴　viola　弦乐器。提琴族中的次中音乐器，结构上与小提琴差不多，但比小提琴略大，弦的音高比小提琴低1/5。为许多室内乐合奏中不可或缺的乐器。现代交响乐团用 6～10 把中提琴。该琴的音色比小提琴低沉、富有情感和较不洪亮，很少用于独奏。18 世纪的古中提琴，有 6～7 根旋律弦，其下面有许多根共鸣弦，与旋律弦所发的音调和谐地共振。

中途岛战役　Midway, Battle of(1942-06-03～06)　第二次世界大战中美国与日本之间的大海战。日本海军在山本五十六的领导下企图同在军队人数处于劣势的美国太平洋舰队决战并夺取中途岛。由于美国情报组织破译了日本海军密码，美国已对此提前做好了准备：调动 115 架陆基飞机并集结 3 艘航空母舰。6 月 3 日，美军开始袭击日本的军舰。日本因无法抵挡美国空军的炮火而遭受重大损失，被迫放弃登陆中途岛。

中微子　neutrino　不带电荷、质量很小或无质量、自旋为 1/2 的基本粒子。中微子属于亚原子粒子中的轻子族。中微子有三类，每一类和一个荷电轻子，即电子、μ 子和 τ 子相联系。中微子是穿透力最强的亚原子粒子，因为它们与物质之间只发生弱力。由于它们不带电荷，所以不会引起电离。所有类型的中微子的质量都比它们带电伙伴的质量要小得多。

中西部　Midwest　又作 Middle West。美国北部与中部地区，位于阿巴拉契亚山脉和落基山脉之间，俄亥俄河以北。按联邦政府的定义，由伊利诺伊、印第安纳、艾奥瓦、堪萨斯、密歇根、明尼苏达、密苏里、内布拉斯加、北达科他、俄亥俄、南达科他和威斯康星等州组成。包括大平原的大部分、五大湖地区和密西西比河上游流域。

中心极限定理　central limit theorem　统计学中几种有关概率的基本定理的统称。最初称作错误法则，在经典的形式中，它规定不论个别变量本身的分布（赋予特定普通状态）如何，一组随机变量的总和将会接近正态分布。此外，正态分布的平均数（参阅平均数、中位数与众数）将会与每个随机变量的（统计）平均数的（算术）平均相一致。

中新世　Miocene Epoch　晚第三纪的一个主要分期，自距今2 300万年前延续到距今530 万年前。该时期广泛分布的陆地生物化石全面记录了中新世脊椎动物尤其是哺乳动物的发展。当时哺乳动物接近现代的形态，现代已知哺乳类的科当中足有半数存在于中新世的记录里。马的进化主要发生在北美洲，而高级灵长类动物如类人猿则主要分布在今南欧一带。在北半球的新旧大陆之间，发生了动物群的某些交换。非洲和欧亚大陆之间的交流已经成为可能，但南美洲和澳洲仍然处于隔离状态。

中亚艺术　Central Asian arts　阿富汗、阿塞拜疆、哈萨克斯坦、吉尔吉斯斯坦、蒙古、尼泊尔、土库曼斯坦、乌兹别克斯坦以及俄罗斯和中国（包括西藏）的部分地区的文学、表演和视觉艺术。该词通常指那些未受伊斯兰教影响的传统艺术。由于与印度次大陆的佛教文化有接触，从 7 世纪起，中国西藏就已有了书面文学。产生于 7～13 世纪的多数作品属从梵文翻译来的佛教经典，之后，形成了以纯藏传佛教为主体的藏族文学。蒙古文学启蒙于13 世纪的成吉思汗及其继任者的编年史，但自 16 世纪晚期始，深受佛教影响。中亚的音乐多样化，既有突厥人的经典音乐，也有西藏的宗教吟唱音乐，还有蒙古、西伯利亚和众多民族的民俗音乐。中国西藏、尼泊尔、锡金、不丹和蒙古流行两种表演艺术：一种是萨满教的，另一种是佛教的。萨满教的跳神有鼓、弦乐的伴奏，喇嘛庙内的舞蹈和道德剧的表演也有鼓和号的伴奏。突厥表演艺术因受伊斯兰教的影响而与其他的不同。中亚视觉艺术主要为游牧民族式的西徐亚-阿尔泰艺术，喜欢在皮带和珠宝上饰以动物和狩猎图案。在与希腊-罗马、印度、伊朗和中国的交流中，也留下了艺术痕迹。最为突出的是受希腊化影响的贵霜犍陀罗艺术风格。在前伊斯兰教时期，对中亚视觉艺术影响最大的当属佛教，主要表现为佛像的雕塑或浅浮雕。尼泊尔的建筑和绘画传统来自印度的印度教和佛教影响，为适应当地情况而稍加改变。8 世纪始佛教艺术传入中国西藏，从而形成了西藏独特的佛像艺术。参阅犍陀罗艺术和贵霜艺术。

中央邦　Madhya Pradesh　印度中部邦。与拉贾斯坦邦、北方邦、切蒂斯格尔邦、马哈拉施特拉邦和古吉拉特邦为邻。人口约72 597 565(2011)，面积308 252平方千米，为印度第二大邦，首府波帕尔。印度的一些最重要的河流，如讷尔默达河、达布蒂河、默哈讷迪河和韦恩根格河，均发源于中央邦境内。公元前 4～前 3 世纪为孔雀王朝的一部分，经历了许多朝代统治。11 世纪起为穆斯林控制，16 世纪并入莫卧儿王朝。1760 年时为马拉塔王国统治，19 世纪初被英国统治。1947 年印度独立后建邦，1956 年重新划定邦界。2000 年该邦东部地区成立新的切蒂斯格尔邦。该邦虽然矿产资源丰富，但经济仍以农业为主。

中央处理机　CPU　全称 central processing unit。又称中央处理器。数字计算机的主要组成部分，由控制单元、指令-解码单元和算术-逻辑单元组成。中央处理机和主存储器、外围设备（包括输入/输出设备）和储存单元相连接。控制单元整合计算机各项运作。它从主存储器中以适当顺序选择指令，将指令发到指令-解码单元，由它解读这些指令，并在适当时刻激活系统的各项功能。输入的数据经过主存储器转到算术-逻辑单元进行处理（加、减、乘、除和某些逻辑运算）。较大的计算机可以有 2 个或更多的中央处理机，不过这时中央处理机不再是"中央"单元了，故只称"处理机"。参阅多重处理。

中央高原　Massif Central　法国中南部高原地区。西面和西北面与阿基坦盆地及卢瓦尔盆地相接，东界罗讷-索恩河谷，南邻朗格多克地中海沿海地区。面积90 665平方千米，约占法国领土的 1/6 左右。大部分是海拔 600～900 米的高原，最高峰桑西山（海拔1 885米）是卢瓦尔河、阿列河、谢尔河和克勒兹河等河流的发源地。

中央谷地　Central Valley　西班牙语作 Valle Central。智利谷地，位于智利中部，在安第斯的西科迪勒拉山脉与海岸山脉之间。北起查卡布科山脉，南迄比奥比奥河，绵延约650 千米。作为智利的农业中心区，该地从16 世纪中叶开始便成为欧洲人最早的殖民中心，现在依然是大多数智利人的家园。圣地亚哥（智利的）位于中央谷地的北端。

中央情报局　Central Intelligence Agency (CIA)　美国的主要情报和反情报机构，1947 年成立，其前身是第二次世界大战时期的战略服务局（OSS）。美国法律规定该机构只能在国外活动，禁止它在美国本土收集情报，美国国内由联邦调查局（FBI）负责。该机构实际上隶属美国国防部，负责为国家安全委员会（NSC）提供分析报告。该机构的预算从不对外公开。尽管情报收集是主要工作，但中央情报局也参与了许多秘密活动，包括 1953 年把 M. 摩萨台驱逐出伊朗、试图对古巴发动猪湾入侵，但未达到目的，以及 20 世纪 80 年代对尼加拉瓜军火走私的支持等。

中央条约组织　Central Treaty Organization (CENTO)　原称 Middle East Treaty Organization 或 Baghdad Pact Organization。一个共同安全组织，最初成员有土耳其、伊朗、伊拉克、巴基斯坦和英国，该组织在美国和英国的敦促下成立，以对抗苏联向中东油田扩张的威胁。该组织的内部凝聚力一直不强。伊拉克在其反对苏联的君主政体 1959 年被推翻后，随即退出该组织。同年，美国成为非正式成员，该组织总部移到土耳其的安卡拉。巴列维国王于 1979 年倒台后，伊朗宣布退出，中央条约组织解散。

中央银行　central bank　负责管理国家货币供应量、信贷的获得和费用以及本国货币的外汇值的机构，如美国的联邦储备系统。

中央银行作为政府的财务代理人，监督商业银行系统的经营活动并实施**货币政策**。通过增加或减少货币和信贷的供应量，它们调整利率，从而影响经济。现代的中央银行通过买卖资产（通过买卖政府的有价证券）来调节货币供应量。它们也借抬高或降低**贴现率**来抑制或鼓励向商业银行借钱。中央银行利用调整储备金的需要（银行必须准备的最低现金，以避免存款负债）来紧缩或扩大货币供应量。目的是保持一个能够支持高水平就业和生产以及稳定国内物价的环境。中央银行也参与合作性的国际货币调停，目的是帮助稳定或调节参与国的外汇利率。中央银行在管辖权、自主性、职能和运作手段方面各异，但都一致加强了货币和其他的国家经济政策的互相依赖，特别是财政政策和债务管理政策。参阅**银行**和**投资银行**。

中值定理　mean-value theorems　数学中的两个定理，分别与微分学和**积分计算**相关。第一个定理指出，定义在一个区间上的任何微分函数都有一个平均值，在该点的切线与该区间上函数曲线两端的连线平行。例如，一辆汽车从静止开始在1分钟内跑了1英里，那么在这1英里的路上一定有某个点，在该点汽车的速度正好是每分钟1英里。在积分中，函数在一个区间内的平均值从本质上讲是它在这个区间内的各个值的算术平均值（参阅**平均数、中位数与众数**）。由于这些值的数目是无限的，所以不可能做实际的算术平均。这定理就告诉我们如何借助定积分来找出这个平均值。

中子　neutron　除了普通的氢以外，中子是每个**原子核**的组成粒子之一。1932年由J. 查特威克（1891～1974）发现。中子不带**电荷**，质量大约是**电子**的1 840倍。自由中子会发生β衰变，**半衰期**约10分钟，因此，除了在**宇宙线**中以外，在自然界不容易找到它们。它们是一种穿透性强的辐射形式。当受到中子轰击时，多种元素都会发生**核裂变**，释放出更多的自由中子。如果产生出足够的自由中子，就可以维持**链式反应**。这个过程导致发展出核动力和**原子弹**。在**回旋加速器**和核反应堆里产生的中子束是揭示有机物和无机物结构细节的重要探针。

中子弹　neutron bomb　又作 enhanced radiation warhead（增强辐射弹头）。一种小型的热核武器，它产生的冲击波和热量都很小，但可释放出大量的致命**辐射**。中子弹发出的冲击波和热效应只限于几百码半径的范围内；在相当大的范围内，放出大量的中子波和γ辐射，对活体组织有极大的破坏力。这样的炸弹用来对付战场上的坦克和步兵特别有效，但不会破坏数千米外的城市或居民点。中子弹可用长矛导弹携带，或用榴弹炮，甚至用强击机来发射。

中子星　neutron star　一种密度极高的**恒星**，认为主要由**中子**构成，外面有一薄层主要为铁原子和电子以及质子组成的大气。典型中子星的直径约20千米，但它们的质量大约是太阳的两倍，可见其密度之高（大约是水的密度的百万亿倍）。中子星有强度极高的**磁场**。与**黑洞**不同的是中子星有固态的表面。在这个表面下面，由于压力太高，不可能存在单个原子；质子与电子被紧压在一起成为中子。20世纪30年代初预言存在中子星，大多数研究人员认为中子星是**超新星**爆炸后形成的。1967年发现了**脉冲星**，首次证明了中子星的存在。参阅**白矮星**。

钟　bell　一般用金属制成的中空器皿，从内部以钟舌或从外部以钟槌撞击时，可发出响亮的声音。在西方，敞口钟具有标准的"郁金香"花形。虽然这种敞口钟振动模式基本上是不和谐的，但可以调音使较低的**泛音**产生出可以辨认的和弦。锻造的钟已有数千年的历史。铸钟开始出现于青铜时代，中国人是最早的铸造大师。钟承载着广泛的文化涵义，在东亚和南亚的宗教仪式中尤为重要。在基督教，尤其是俄国东正教中，钟也应用在仪式中。隐修院和教堂尖塔上的钟声用来报时，最初用以管理隐修院的日常作息，后来也对俗世起同样作用。

钟琴　glockenspiel　打击乐器。由一套定音的钢条（即金属击鸣乐器）组成，排成钢琴键盘状，用槌敲击。另一种形式的钟琴用一套真实的键盘演奏。正常音域为2.5个八度。军乐队用的是手提式的，用的是金属管，竖着安置。

肿瘤　tumor　又称 neoplasm（赘生物）。由正常细胞转化而来的一团异常组织，无明确生物功能，可自主生长。细胞异常可包括体积或数量增加，或失去其前身细胞所具有的特征。恶性肿瘤细胞的大小、形状和构造（有时则无）已扭曲变形。越不分化的细胞生长越快。恶性肿瘤侵犯局部组织并经血液或淋巴扩散（转移），转移的倾向越强，则肿瘤的恶性程度越高。除非肿瘤已压迫或侵入神经，通常并不会造成疼痛。良性和恶性肿瘤皆会压迫邻近组织、阻塞血管或增生激素，以上症状都可能致死。良性肿瘤总是聚成一硬块停留在原发部位，若部位适当可手术切除，肿瘤中可包含各种组织，也可能转成恶性肿瘤。恶性肿瘤也可能长期保持静止，但不会转变为良性。

种系发生史　phylogeny　一个种或类群的**进化史**，尤注重研究各大类群生物的世系及亲缘关系。种系发生史的基本观点是不同物种的动植物皆源自相同祖先。但此类关系的证据几乎总是不完全的，故对种系发生过程的判断大部分基于间接证据及谨慎的推测。现代**分类学**是将生物分门别类的科学，以种系发生史为基础。早期的分类系统并无理论基础，生物系根据外表上的相似来分类。提出种系发生史的生物学家，由古生物学、比较解剖学、比较胚胎学生物化学和分子生物学领域获得证据。关于种系发生史的资料和结论表明，今天的生物是历史进化过程的产物，各种系之间以及种系内部的相似程度都由其所源自的共同祖先的世袭关系程度来决定。

种子　seed　植物的繁殖器官，内含胚胎，通常带有养料（胚乳，产生于受精期），外部覆有起保护作用的种皮。胚胎有一片或多片子叶。在典型的显花植物中，种子在**传粉**和受精之后产生。种子成熟后，包在胚珠外的子房便长成含种子的果实。大多数种子都很小，不到1克；最小的种子不含养料。另一极端的则是双重椰子树的种子可重达约27千克。动物、风以及水都很适合于传播种子。环境有利时，水及氧气渗入种皮，于是新的植物体开始生长（参阅**萌发**）。种子的寿命长短差异极大，有些种子的生存萌发能力仅能维持一周左右，而另一些种子已知可在数百年乃至数千年后萌发。

种族　race　原本是体质人类学惯用的术语，指称一种人类的分支，他们共同具有族裔相传的体质特征，且是足以明显辨认的独特人类类型，例如高加索人、蒙古人、黑人等。但现在这一术语已不太具有科学意义，随着旧的分类方法（例如头发形式、体格指标）渐被淘汰，取而代之的是DNA比较分析法和基因频率，与此相关的因素，如血型测定、氨基酸分泌、遗传酶缺乏等。由于当今所有人类的基因都是极为相似的，因此大部分研究者都已放弃种族的概念，而改用渐变群的概念，意指沿着一条环境或地理转化线而产生的渐变式系列差异。这反映了这样一种新的认知：承认人类族群永远处于流动的状态，而基因不断由一个基因库流到另一个基因库，只会受限于自然和生态界限。虽然族群的相对孤立，确保了基因的差异，也使得人群在一段长时期中，可以最大限度地去适应气候和疾病；但现存的族群其实全部都是基因"混合"的，他们之间的现存差异并不足以将他们进行简单分类。今天"种族"一词基本上是社会学名词，代表拥有相同外在体质特征及文化历史共同性的一类人。参阅**种族主义**。

种族隔离政策　apartheid　（阿非利堪斯语，意为"分开"或"分离"。）南非实行的一种**隔离政策**，对非白人在政治上和经济上实行歧视。1948年这个名词第1次在国民党官方政策中首次使用；不过，此前已广泛实行。1950年的《群体区域法》为每一种族在市区建立了居住和商业的区段，并且加强了现行的"通行法"。其他一些法律禁止白人与其他种族之间的大部分社交接触，准许公共设施分隔开来，建立分别的教育标准，限制每个种族只从事一定种类的职业，限制了非白人成立工会，并不准非白人（通过白人代表）参加国家政府。创设了数个非洲**班图斯坦**。班图斯坦是在政治上和经济上仍从属于南非的部分自治的组织，因此不为国际社会承认。种族隔离政策经常是国内批评的目标，并导致多起暴力抗议、罢工和破坏的事件。种族隔离政策也遭到国际社会谴责。1990～1991年废止了为种族隔离政策提供法律依据的大多数社会立法，然而种族隔离事实上还在继续。1993年的新宪法给予黑人和其他种族公民权利，1994年的所有种族的全国大选产生了以黑人为多数派的联合政府。这些进步标志着种族隔离制度在法律上的终结,但其在社会与经济方面的鸿沟并未消除。参阅非洲人国民大会和种族主义。

种族集团 ethnic group 又译族群或民族。由共同的种族的、语言的、民族性的或文化上的纽带予以维系,并在更大的社会群体中显出与其他集团不同的社会集团或居民类型。种族多样是现代大多数社会中存在的社会复杂性的一个方面,也是政治征服和移民的结果。民族国家在传统上与种族多样是互不相容的,各民族国家常常试图消灭或驱逐种族集团。今日多数国家均采取多元主义,这种形式通常建立在容忍、互相依存和隔离主义相结合的基础上。由于自由学说、自治学说及民主学说的流行,现在种族关系这一概念较之往昔就更为重要了。参阅种族优越感和种族主义。

种族净化 ethnic cleansing 通过驱逐、强制迁徙或灭绝种族等方式,除去不想要的族群群体,以创造一个族群上同质的地理区。种族净化也伴随着破坏和亵渎纪念物、墓地和宗教崇拜场所,以除去目标群体在该区域内的实体遗迹。尽管有些人对此用语有所批评,他们认为种族净化只是灭绝种族的一种形式,然而拥护者指出,灭绝种族政策的首要意图是屠杀一个族群、种族或宗教群体,而种族净化的主要目标则是建立同一种族的地域,这可通过许多方式来完成,包括灭绝种族。20世纪90年代该用语被广泛使用,以形容南斯拉夫刚解体时,波斯尼亚人(波斯尼亚穆斯林)、克罗地亚库拉吉纳地区的塞尔维亚人和科索沃塞尔维亚人省份里的阿尔巴尼亚人在种族冲突中所受到的残酷对待。

种族优越感 ethnocentrism 以自己的文化来诠释评判其他文化的倾向。一般认为人类普遍具有这种倾向,这在西方社会显然非常普遍(尤其是在前几个世纪):西方人往往称非西方人为"野人"或"蛮人",只是因为这些社会与西方社会不同。即便是那些应该对文化差异具有敏感的人类学家,都有可能将不使用文字的民族视为缺乏宗教信仰(如J.卢布克),或认为他们的心智处于"前逻辑阶段"(如L.莱维-布吕尔),仅只是因为这些人的思考方式与西欧社会的思考方式并不一致。与种族优越感相对的是文化相对论,即从该文化现象自身的脉络中理解此现象。

种族主义 racism 一种理论或思想,认为人们在遗传上的体质特征同个性、智力或文化之间有着一种因果关系,从而认为一些种族天生就优于其他种族。对于北美奴隶制度、一些西欧人跨海扩张殖民地和打造帝国的时代,种族主义正是其核心思想,并在18世纪达到高峰。在美国南方,种族观念被创造出来夸大人群的差异:一种人是欧洲裔的美国人,另一种人则是祖先被迫来到美国为奴的非洲裔后代。主张奴隶制度的人,通过把非洲人及其子孙贬低为较次等人种,为这种剥削制度找到正当化理由;但另一方面,他们却同时把美国描写成充满自由、人权、民主、机会、平等的堡垒与殿堂。这种奴隶制度和人权思想的矛盾,在人类自由和尊严的哲学之下,似乎必须使那些奴隶失去人性。到19世纪,种族主义更加成熟并且散布到全世界。源自种族中心主义的种族主义,以体质来区分差异,并认为这些人群间的差异是不可改变的。族群认同被认为是后天得来的,族群特征是习得的行为形式,但相反的,种族则被认为是天生而且不可改变的认同形式。20世纪后半叶,世界上很多冲突被解释为种族的纷争,但其实冲突的根源只是长期以来许多人类社会的族群敌意(例如阿拉伯人与犹太人;英格兰人与爱尔兰人)。种族主义表露了对人群分裂的最深刻形式的承认,并暗示不同群体之间的差异大到无法跨越。

中毒性休克综合征 toxic shock syndrome 由一种普通的葡萄球菌——金黄色葡萄球菌(*Staphylococcus aureus*)所产生的毒素引起的细菌性疾病。1978年该病在使用有超强吸收力的阴道塞(现已不在生产)的妇女中被首次发现。高烧、腹泻、呕吐和皮疹等症状可能会发展为腹部压痛、血压降低、休克、呼吸障碍和肾功能衰竭。该病症还有其他病因,如术后感染。抗生素对该病效用不大。通过加强支持疗法(参阅治疗学),多数患者在7～10天内痊愈,但仍有10%～15%的患者死亡。许多患者会在8个月后复发,但是症状较轻。

中风 stroke 又称cerebrovascular accident(CVA)(卒中或脑血管意外)。因低氧导致的突发性脑功能障碍,可造成脑组织死亡。高血压病、动脉硬化、吸烟、高胆固醇饮食、糖尿病、老年、心房纤颤以及遗传缺陷都可增加中风的风险。由血栓形成(最通常的病因)、栓塞动脉痉挛等造成的中风导致局部出血(减少血液供应),这一类中风应该与因出血导致的中风加以区分,后一类中风往往严重且常常是致命的。中风可因其在脑中发生的不同部位产生不同影响,如失语、共济失调、局部瘫痪,或者丧失一种或数种感觉。严重的中风可导致半身瘫痪、无法说话、昏迷或者在数小时或数天之内死亡。使用抗凝血药可以缓解因血栓或栓塞造成的卒中,但如将此类药物用于因出血造成的中风却会酿成大祸。在致病点靠近脑主动脉的情况下,采用手术或许可以清除或绕过障碍。许多中风患者都可再活多年,所以病后应尽快在两天之内就开始康复和言语治疗,以便尽可能更多地保留和恢复机体功能。有些暂时性缺血中风(小中风)会使患者出现短暂的功能丧失,这是因血液流动的局部不顺畅引起的。这种小中风可多次复发并越来越严重,最后导致多发性梗塞痴呆症或中风。

中暑 heatstroke 因暴露在湿热环境下(通常是连续好几个小时)而引起的身体虚脱现象,直接受日晒引起的中暑称为日射病。此时体温达41～43℃,甚至更高,几乎停止排汗,因而导致温度急速上升、虚弱、昏迷。用冰水浴或冰袋,辅以按摩以促进循环,是抢救患者生命的急救方法。即使在体温下降后也有可能因循环障碍和脑部损伤而死。

仲裁 arbitration 仲裁是将一项争议付托第三者作出有约束力的决定,即"裁决",以作为解决争议的一种法律手段。双方通常必须同意所挑选的仲裁者,并接受仲裁者所做的决定。商事仲裁在中世纪欧洲的交易会和市场上以及地中海的海上贸易中,已经使用仲裁解决商业争议。仲裁与法院诉讼相比的优点是:解决争议较为迅速;由于仲裁员对特定行业的习俗惯例具有专业知识,可以省去一些查证的麻烦和费用;又由于仲裁的程序和结果可以不公开,有助于保全当事人的商誉。但缺点为很难被监督,因此其仲裁结果常较法庭判决更无法预期。参阅调解。

众神之母 Great Mother of the Gods 又称Cybele(赛比利)。古代地中海地区崇奉的女神。对众神之母的崇拜起源于小亚细亚弗里吉亚一带,后来传到希腊,希腊人将其与

赛比利,赤陶小塑像,公元前5世纪初作于罗得岛的卡米卢斯;现藏伦敦不列颠博物馆
By courtesy of the Trustees of the British Museum

瑞亚合而为一。公元前3世纪时传到罗马,成为罗马帝国时代最主要的崇拜体系。她在不同地区名称各异。赛比利被尊崇为众神、人类和动物之母。她的情人是丰产神阿提斯。她的祭司称为加利,须先自阉以后才能任职。在祭祀她的祭典上,加利必须将自己的血溅于她的祭坛和她神圣的松树上。

众议院非美活动调查委员会 House Un-American Activities Committee (HUAC) 隶属美国众议院的一个委员会,成立于1938年,首任主席是M.戴思,20世纪40和50年代时对凡与共产党有关的活动进行调查。许多艺术界及娱乐界人士当时都被调查过,其中包括好莱坞十人、E.卡赞、P.西格、B.布莱希特和A.米勒。40年代晚期的调查委员会中,R.尼克松是最活跃的人物,A.希斯案可能要算是委员会最著名的调查案了。很多被调查者因为拒绝回答政治立场问题而被裁定藐视国会并列入黑名单。非美调查政策后来引起了极大的争议,并被认为违反美国宪法第一修正案"赋予人民为言论而言论的自由"之权利。该委员会的影响力在60年代之后逐渐衰落,1969年更名为"内部安全委员会",1975年解散。

众赞歌前奏曲 chorale prelude 以新教圣歌或众赞歌为基础的管风琴前奏曲,最初是为了当作教堂会众唱圣歌的引子。圣歌曲子的每条谱线前面一般都有众赞歌前奏曲即兴演奏的特点。这种形式反映出唱众赞歌之前先即兴演奏引子的惯例。许多众赞歌前奏曲是由17和18世纪的路德派作曲家谱写的,其中包括J. *帕黑尔贝尔*、J. S. *巴赫*和G. P. *泰勒曼*。相关的歌曲形式有众赞歌经文歌、众赞歌变奏曲、众赞歌幻想曲和众赞歌赋格曲。

种植园 hacienda 拉丁美洲国家的大地主庄园。种植园源于殖民时期,一直残存到20世纪。劳动者大多是印第安人,理论上他们是自由的靠工资生活的人,但实际上控制了地方政府的雇主能把他们束缚在土地上,主要是通过使他们处于终身负债状况。19世纪的墨西哥,约有一半以上的农业人口就这样被日工制度所束缚。*墨西哥革命*后许多种植园被分割。种植园在阿根廷称为estancia;在巴西称为fazenda。

重读 stress *语音学*上指加大某个*音节*的强度以起到强调作用。这种强调可能没有任何意思,例如捷克语中常将第一个音节重读。也可能是区别拼写相近但读音不同的单词的方法,例如英语permit一词,重读第1个音节是名词,重读第2个音节则是动词。重读还可以用来表达句子中某个词语的重要性。参阅*语调*。

重量 weight 由像地球或月球这样的大质量物体对另一物体的吸引而产生的重力。重量是万有引力定律的后果(参阅*引力*)。显然,在同一地点,物体越大,重量就越大;而距离地球越远的物体,重量则越小。尽管物体质量保持不变,重量还是随所在地的不同而异。月球的质量和半径都比地球小,因而同样物体在月球上的重量仅及地球上的1/6。由于宇宙间存在物质,空间中的每点都有万有引力场,其数值等于在该点的重力加速度。换句话说,重量是物体的质量和引力场的乘积,或和物体所在点的重力加速度的乘积。重量的单位是牛顿(N),是力的单位而不是质量的单位。

重农主义者 physiocrat 18世纪法国建立的一个经济学派的成员,认为政府政策不应干预自然经济法则的作用,相信土地是一切财富的源泉。一般认为它是第一个科学的经济学派。重农主义派(该词在语源上意味着"自然法则")由F. 魁奈创立,他阐述了工场和农场之间的经济关系,并断定只有农场才会增加社会财富。重农主义者设想出一个成文法律和*自然法*协调的社会。他们描绘出一种农业占支配地位的社会,攻击*重商主义*,因为它强调生产和对外贸易以及大量的经济规则。魁奈的追随者包括Y. 里凯、米拉波和内穆尔(1739～1817)。1768年左右该学派开始势衰,1776年亲该学派的总审计长被免职以后,重农主义的领袖遭到流放。尽管他们的许多理论(主要是财富理论)后来被推翻,但他们为经济学引入了*科学方法论*,对这门学科产生了深远影响。

重商主义 mercantilism 16～18世纪影响欧洲的经济理论和经济政策,主张政府应控制国家经济,以损害竞争国家为代价增强自身实力。虽然这样的理论早已存在,但重商主义这个词汇则是到18世纪才创造出来,并因为A. 斯密在1776年的著作《国富论》中使用而广为流传。重商主义强调以持有金、银作为国家财富与权力的指标,因此也导致各国在制定政策时,为了通过贸易拥有贵金属,都会致力于贸易顺差(参阅*贸易差额*),意即贸易的输出额超过输入额。如果一个国家没有矿场或无法取得矿产,这种做法就更加重要。在贸易顺差的情况下,要支付货物及服务的费用,就必须使用金或银。殖民地则是母国的输出市场和原料供应地,这一政策在欧洲列强和它们的殖民地之间产生了冲突;例如在美洲殖民地激起对英国的怨恨,导致美国独立战争。重商主义偏好人口众多,以提供劳动力、购物者及士兵。他们强调勤俭和储蓄是美德,因为他们使得资本的创造成为可能。重商主义提供了资本主义早期发展的有利气氛,但是后来则受到严厉批判,尤其是来自*自由放任主义*提倡者的批判。他们主张所有的交易都是有利的,而政府严格控制则会起反作用。

重心 gravity, center of 物理学上所设想的一个物点,整个物体的重量可看作全部集中在该点。因为重量与*质量*是成比例的,这个假想的点也可以称为质心,但质心不涉及引力场。由均匀物质构成的形状对称的物体,重心与几何中心重合,但是由质量不同、中空的或形状不规则的物质构成的不对称物体,重心很可能离几何中心有一段距离,甚至是在该物体外的空间某点,例如椅脚之间的重心。

重音 accent 诗歌韵律学术语,在诗词音节上作出的节奏上有意义的重读,通常都有固定的区隔。虽然该术语常与"重读"互换使用,但一些韵律学者使用"重音"表示正常语言用法所决定的重点;使用"重读"表示韵律模式所决定的重点。

重症肌无力 myasthenia gravis 一种引起*肌肉*衰弱的慢性自体免疫疾病。由于自身抗体阻碍了肌细胞对乙酰胆碱的反应,肌肉随着反复使用而衰弱,但休息后又恢复。病症形式多样,通常与眼运动、面部表情、咀嚼、吞咽及呼吸运动有关的肌肉最先受到影响,然后是颈、躯干和四肢的肌肉。病情严重时会阻碍呼吸。抗胆碱酯酶类药物可刺激神经冲动传导,皮质类固醇可能有帮助。切除*胸腺*可缓解重症症状,有时症状会缓解数年。

重罪和轻罪 felony and misdemeanor 在英美的法律中的两类刑事犯罪。罪行级别取决于罪行的严重程度。美国法律按刑罚的等级区分重罪和轻罪,处以一年以上徒刑的罪行为重罪,只处罚金或在本地短期监禁的罪行为轻罪。犯有或定为重罪的人可能丧失某些公民权利。英国把罪行分为应予起诉罪(可能由一个陪审团审判)和简易罪(可能由一个法官而非陪审团来审判)。在欧洲法律中,把较大危险性的罪和较轻的罪加以区分。

州权 states' rights 联邦的各个州根据联邦宪法的规定保留的全部政府权利或权力。在一些联邦制国家,宪法中列举了中央政府的各项权力,除此以外便是各州的权力;在其他国家,联邦和州这两级政府的权力都有具体的宪法条文分别予以规定。在美国,一些州在19世纪宣称有权宣布联邦权力无效,并有权脱离联邦,其结果导致了*美国南北战争*爆发。在公民权利时期,州权的概念由反对公立学校中种族融合并且反对联邦政府对种族融合的推动的人提出。联邦政府甚至可以影响根据宪法属于州权范围内的政策(例如教育、当地的道路建设),如果州的决定与联邦政府的愿望不符,则截留其资金。1996年美国的福利改革反映了联邦政府体制下州的特权正受到更多的关注。

周年悼亲日 yahrzeit 又作jahrzeit。犹太教徒纪念父母或近亲逝世一周年的日子,常俗全天燃烛,男女信徒在会堂礼拜中诵卡迪什,念摩西五书,有些信徒纪念此日学习《密西拿》,从其中第6部分选取死者姓名字母相同的章节。周年悼亲日源自早期犹太人在某些领导人物逝世周年纪念日上禁食的习俗,有些犹太人至今仍如此。

周年审判日 Judgment, Day of 基督教中,指历史终结之时上帝对所有人的最后审判。发生在基督复临之际,届时所有死人都复活。这在那些千禧年教派中尤其重要(参阅*千禧年主义*)。伊斯兰教有关"周年审判日"的描述在《*古兰经*》与*圣训*中。有*转世*说法的宗教(如*印度教*)则无"周年审判日";一个人如何再生,取决于对该人此世功过的个别审判(参阅*业*)。

周期表 periodic table 所有化学元素按它们的*原子量*逐渐增加的顺序有组织地排列。它们呈现出某些特性的重复出现,由D. I. 门捷列夫在1869年首先发现。在周期表的同一栏里的元素通常具有相似的特性。20世纪,当了解*原子结构*之后,周期表可精确地反映出*原子序数*增加的顺序。表中同一族的元素的原子最外面的壳层上都有相同数目的*电子*,形成相同类型的*键合*,通常还有相同的*化合价*;稀有气体的最外层是满的,一般不形成化学键。由此周期表大大加深了对化学键和化学行为的认识。它也可以预测新的元素,并被后来发现的新元素得以证实。

洲际弹道导弹 ICBM 全名intercontinental ballistic missile。射程超过5 300千米的*导弹*。"MX和平守护者"导弹射程超过9 600千米。洲际弹道导弹包括在发射井发射的*民兵导弹*和在水下发射的三叉戟导弹。第一枚洲际弹道导弹是苏联于1958年研制成功的,但不到4年时间美国就取得了明显优势。

轴心国 Axis Powers 第二次世界大战期间,以德、意、日三国为首的军事联盟,与同盟国抗衡。该联盟源于德意两国之间的一系列协议,在1936年又有了罗马-柏林轴心宣言和德日《反共产国际协定》。德、意之间正式的《钢铁协约》(1939)和1940年这三国签订的《三方公约》巩固了这一联盟。几个其他国家,包括匈牙利、罗马尼亚、保加利亚、克罗地亚和斯洛伐克,后来也与最初的轴心国结盟。

帚石楠 heather 又称Scotch heather。杜鹃花科常绿低矮灌木,学名*Calluna vulgaris*,广布于欧洲西部及亚洲、北美以及格陵兰,是欧洲西部及北部许多荒地的主要植被。帚石楠与真正的欧石楠(有时也笼统叫帚石楠)不同,其区别是花萼裂片(参阅花)遮盖着花瓣,而欧石楠则花瓣盖着萼片。帚石楠茎紫色,小枝绿色,叶片密生,花序羽状,花钟状。帚石楠用途很广,大枝可制扫帚,短枝可扎刷子,蔓生的长枝可编篮筐。

宙 eon 漫长的地质时间尺度。在正式的用法中,宙是最长的地质时间单位(代的长度次之)。公认的宙有3个:显生宙(从现代回溯至寒武纪开始)、原生宙、太古宙。在不是很正式的场合,宙常指10亿年的时间。

宙克西斯 Zeuxis(活动时期公元前5世纪末~前4世纪初) 希腊画家,创作壁画和镶板画。虽然其作品现已无存,但他的绘画风格和题材被古代作家所记载。在技法上,他采用明暗法,其效果比旧法更为逼真。擅长小型构图,往往只画一个人物。他的题材多为神话故事和人物,如宙斯、运动员、老妇人和静物。

宙斯 Zeus 希腊宗教中的主神,天与气候之神,相当于罗马的朱庇特。他被视为司雷电与风雨的神,其传统武器为雷霆。他是克洛诺斯和瑞亚之子,命中注定要推翻他的父

投掷雷霆的宙斯,希腊多多纳出土的公元前5世纪早期青铜小雕像;现藏德国柏林国家博物馆

By courtesy of the Staatliche Museen zu Berlin, Antikenabteilung

亲。他与兄弟哈得斯和波塞冬平分世界。作为上天的统领,宙斯率领诸神战胜众提坦。他在自己的住所奥林波斯山顶上主持正义,同时也是守护神。宙斯极为好色,这使他与妻子赫拉经常发生争吵。他与许多女神以及凡间的女子都有过恋爱关系。他的子女有阿波罗、阿瑞斯、阿耳忒弥斯、雅典娜、狄俄尼索斯、海伦、赫菲斯托斯和珀耳塞福涅。在艺术作品中,宙斯的形象是一位身体魁梧、蓄须、面部表情严肃的成年人。

昼夜节律 circadian rhythm 长度约24小时的内在周期,似乎控制或启动各种生物作用,如睡眠、清醒,还有消化与激素活动。昼夜形态的自然信号是从黑暗变亮。这些体内周期作用的控制机制一般认为是下视丘。昼夜节律的改变(如时差与其他旅行相关状况)需要一段时间调整。

朱巴 Juba 南苏丹城市暨首都。为杰贝勒河西岸河港。1947年在该市召开了一个会议,来自苏丹南部和北部地区的代表同意统一一国家。随着该进程受挫,朱巴成为南方反对北方一统天下的一个中心,带来了随后几十年的冲突。2005年的一份协议给予南方某种自治权之后,朱巴发展得很快,2011年成为新独立的南苏丹首都。市内有一所大学,该市也是一个商业中心和河流航运终端。人口约82 346(2008)。

朱巴河 Jubba River 索马里的河流。发源于埃塞俄比亚南部,向南流经875千米后,在索马里的三个主要港口之一基斯马尤南面注入印度洋。它是该地区唯一用作可靠灌溉资源的河流。

朱庇特 Jupiter 又称Jove。古罗马和意大利的主神,相当于希腊的宙斯。是天空的主宰。同庙祀奉的尚有朱诺和密涅瓦,三神同祀这种传统据说是埃特鲁斯坎人传入罗马的。朱庇特和缔约、结盟及誓言有关;他是共和国和后来的皇帝的守护神。卡皮托尔山上的神庙是罗马最早供奉他的庙宇。对他的崇拜遍及整个意大利,凡被雷击之处都归他所有。栎树是他的圣树。

朱厄特 Jewett, (Theodora) Sarah Orne(1849~1909) 美国作家。出生于缅因州南贝威克,医生的女儿,她从未离开过这个州。为了捕捉正在消逝的乡土生活文化,她以现实主义的手法描写了缅因州老年人的生活方式和语言习惯,用辛辣幽默的笔触记录了其中的精髓。在她出版的20本书中,最著名的有《深港》(1877)、《白鹭》(1886)和《尖尖的枞树之乡》(1896)。

朱古达 Jugurtha (约公元前160~前104) 罗马统治下的北非努米底亚国王(公元前118~前105年在位)。在叔父米西普萨死后继承王位。朱古达和其堂弟共同执政。他杀死一位堂弟后又占领另一位堂弟的首都。罗马派兵干预,朱古达成功地击退罗马人,公元前105年被逮捕。参阅G.马略和苏拉。

朱可夫 Zhukov, Georgy (Konstantinovich)(1896~1974) 第二次世界大战中的苏军指挥官。俄国内战时参加红军,后升任满洲里苏军的最高指挥(1938~1939)。第二次世界大战中担任红军的总参谋长,并组织了列宁格勒和莫斯科的保卫战(1941)。在斯大林格勒战役(1943)中他指挥了那场突破围困的进攻,不久被任命为苏联元帅。帮助赢得库尔斯克战役之后,他又指挥苏军在白俄罗斯境内发起进攻,并下令最终攻克柏林(1945)。战后朱可夫因声誉过高招致J.斯大林的不满,被派往偏远地区当司令官。斯大林去世后,他被任命为国防部长(1955),并试图使苏联军队更加独立,但因与N.赫鲁晓夫产生冲突,1957年被解除职务。

朱拉隆功 Chulalongkorn(1853~1910) 又称Phrachunlachomklao,谥拉玛五世。暹罗国王(1868~1910年在位)。继位时年仅15岁,20岁才开始视事。这位年轻的国王采取西

朱拉隆功

BBC Hulton Picture Library

方的模式实施了一系列重大的改革,首先废除奴隶制度,改革司法和财政,创立指派的立法会议,并革除行政官僚陋习。他向那些殖民大国表明暹罗是个"文明"国家,让列强为自己的利益而互相争斗。在几十年间暹罗没有沦为殖民地。但在1907年不得不放弃它在老挝和柬埔寨西部的权利,拱手让给法国,1909年暹罗将马来半岛4个邦割让给英国。

朱利安(诺里奇的) Julian of Norwich(1342~1416以后) 又称Juliana of Norwich。英格兰女奥秘神学家。在大病痊愈后(1373),她写了两本书描述她所见到的幻象;所著《神恩的启示》是英国宗教著作中出众之作,她观察深入明确,在神学上阐述确切,文笔恺切雅致。晚年隐居诺里奇。

朱利安尼 Giuliani, Rudolph W(illiam)(1944~) 又称Rudy Giuliani。美国政治人物,1994~2002年担任纽约市市长。1970年开始在美国政府部门工作,曾任职于美国检察官办公室和司法部。1977~1981年执律师业,但后又回到司法部担任副部长(1981~1983)。1983年担任纽约南区检察官。1994年当选为纽约市市长,成为20年来担任此职的第一位共和党人。因打击犯罪、改善生活质量以及使企业赢利获得成功,于1997年连任市长之职,但也有人批评他为警察的错误行为辩护以及破坏基本程序。2001年九一一事件发生后,在危难之时所展现的稳健领导能力备受赞扬。

朱利尼 Giulini, Carlo Maria(1914～2005) 意大利指挥家。曾在罗马圣塞西利亚音乐学院学习中提琴和作曲,在做了几年中提琴手后,于1944年成为指挥家。同年被任命为意大利电台的音乐指挥。1950年组建米兰电台乐队。在担任拉斯卡拉歌剧院首席指挥数年后,于1967年在其职业生涯巅峰时离开歌剧界。之后专任交响乐队指挥。其所灌录的W. A. 莫扎特和G. 威尔地的歌剧及合唱作品受到普遍欢迎,随后在芝加哥(1968～1978)、维也纳(1973～1976)和洛杉矶(1978～1984)等管弦乐团中担任重要职务。

朱利亚学院 Juilliard School 纽约市一所享有国际声誉的表演艺术学院。该校源于音乐艺术学院(1905年设立)和研究生院(1924),这是利用金融资本家A. D. 朱利亚(1840～1919)遗赠的基金设立的。现为林肯表演艺术中心的职业教育部门。该校授予音乐、舞蹈和戏剧等学士学位及音乐研究生院的硕士学位。朱利亚弦乐四重奏团(1946年成立)对美国室内乐的发展具有重要作用。学院约有900名学生。

朱诺 Juno 罗马宗教所信奉的主要女神,其地位与朱庇特相当。她与希腊女神赫拉极其相似。朱诺与朱庇特和密涅瓦一同在卡皮托尔山受奉祀,据说崇拜她们的习俗是由埃

朱诺雕像,现存那不勒斯国家考古学博物馆
Alinari-Art Resource

特鲁斯坎人引进的。朱诺与妇女生活特别是婚后生活的各个方面有关。她被认为是女守护神,就像男人都有自己的元灵,所以每位女子都有她自己的朱诺。她在罗马的寺庙最后设为罗马铸币场,她还被认为是国家的拯救者。孔雀是她的圣鸟。

侏罗纪 Jurassic Period 距今2.103亿年前～距今1.45亿年前的一段地质年代。是中生代三大分段之一,前为三叠纪,后为白垩纪。侏罗纪时期,盘古大陆开始解体成今日我们熟知的大陆。海生无脊椎动物十分兴旺,较大的爬行类已经在许多海洋生长环境中处于支配地位。在陆地上,蕨类、藓类、苏铁类,以及球果植物类都很茂盛,有些在球果的部位发育成了花状的结构。恐龙类在陆地上已上升到至高的优势,到侏罗纪末,最大的种已经进化形成。最早的原始鸟——始祖鸟出现在侏罗纪结束以前。最早的哺乳类——像在三叠纪接近结束时出现的鼩鼱样的小动物,好不容易存活下来并在整个侏罗纪时期演进发展。

侏罗山脉 Jura 又译汝拉山脉。欧洲中部山脉,沿着法国和瑞士边境延伸230千米。最高峰内日峰(海拔1 723米)位于法国境内。其西坡是法国境内的杜河和安河的发源地。

侏儒症 dwarfism 生长停滞,以致不能达到正常成人身材的一种症状,见于多种遗传性及新陈代谢性疾病。垂体性侏儒因垂体生长激素分泌障碍引起。遗传性侏儒症包括:①软骨发育不全,躯干发育正常,但肢体极短,头较大;②软骨发育不良,症状与软骨发育不全相似,但头部大小正常;③畸形性侏儒症,特征为进行性骨骼畸形。以上类型的智力发展大致正常。有几种症的特征为智障。生命早期出现营养缺乏亦可致侏儒症。

珠饰品 beadwork 用小珠子制作的装饰物。中世纪时,珠子用于装饰刺绣品。在文艺复兴时期及伊丽莎白时期的英格兰,布饰、包、首饰匣和小型绘画上都用珠子装饰。19～20世纪珠饰品大量用于衣服装饰上。在许多民族文化,包括美洲、非洲和大洋洲土著的文化中,珠子常被当作各种物品(如衣服、面具、武器或玩偶)的装饰物。

猪 pig 野猪科有蹄类动物,包括野猪与家猪。猪为体肥腿短的杂食动物,皮厚,有稀而短的鬃,口鼻部长且可活动,尾小,蹄有四趾,仅两趾有功能。原产于欧洲、亚洲和北非森林。野猪用獠牙尖锐的末端觅食和自卫,而源自于约公元前1500年欧洲野猪的家猪,其獠牙则不如野猪发达。猪被认为有很高的智力。根据猪身可制出的主要产品来分类,家猪分为3种类型,大骨架脂肪型(脂肪层厚,宰后体重至少100千克)、咸肉型(宰后体重约70千克)和鲜肉型(宰后体重约45千克)。猪也是制造皮革的来源。如今猪几乎都是在完全封闭的环境下饲养的。参阅野猪和成猪。

猪肉 pork 猪的肉,通常在饲养到6个月至1年时宰杀。以不同的部位或制作(包括排骨、腊肠、熏火腿、咸肉、香肠或其他产品)作为食用肉出售。因为猪可能会被寄生虫引起的旋毛虫病传染,所以鲜猪肉必须加温至71°C以杀死体内寄生虫。伊斯兰教和犹太教规定禁食猪肉。

猪湾入侵 Bay of Pigs Invasion(1961-04-17) 1961年4月17日由美国中央情报局(CIA)指挥和古巴流亡分子执行的对古巴的一次失败的入侵。目的是要引发一场叛乱以推翻F. 卡斯特罗,因为美国认为他已威胁到美国在该地区的利益。但叛乱并没有发生。入侵一开始美国先轰炸古巴的军事基地,两天后一支约1 500人的部队在沿海若干地点登陆,包括猪湾。但入侵部队很快就被打败,有1 100多人被俘。结果反而造成卡斯特罗广泛宣传他的胜利,并使J. F. 肯尼迪政府十分狼狈。

猪殃殃 bedstraw 茜草科猪殃殃属(*Galium*)低矮多年生草本植物的统称,分布于潮湿林地、沼泽、河岸和海滨。叶细齿裂,经常成针状,4～8枚轮生。花小,簇生,绿色、黄色或白色。果实为两颗圆形、连生在一起的坚果。北方猪殃殃(*G. boreale*,即砧草)、沼泽猪殃殃(*G. palustre*)和鹅草(*G. aparine*)遍及欧洲,在北美部分地区已归化。香猪殃殃(*G. odoratum*)具新割干草般的气味,嫩芽干燥后可用作香料、香囊及饮品。几个品种的根可制取红色染料。

蛛形动物 arachnid 蜘蛛纲动物的通称,多为节肢动物,有着发育完善的头部、坚硬的外骨骼和4对用来行走的脚。蜘蛛、扁虱和蝎子有分节的身体,但长脚爷叔和螨则没有。体长由螨的0.08毫米至非洲黑蝎的约21厘米。蛛形动物在成熟前要蜕皮多次。大多数无法在体内消化食物,食物进入消化道前多被液化。蛛形动物散布世界各地,大多数自由生活,但许多种蜱和螨寄生,还是人和动物疾病的传播者。有些毒蜘蛛和毒蝎对人有危险;但多数蛛形动物对人无害,并因捕食害虫而有益。

竹 bamboo 早熟禾科竹亚科高大乔木状禾草类植物。分布于热带、亚热带至暖温带地区。竹为高大、生长迅速的禾草类植物,茎为木质。青篱竹属的少数几个种原产于美国南部,在该处沿河岸生长或生长于沼泽地区,形成浓密的竹丛。竹的地上茎木质而中空(竹竿),从密生的地下茎(根状茎)生出,并分支成簇状,常长成浓密的下层林丛,妨碍其他植物生长。竹的用途甚多,包括食物、牲畜的饲料、优质纸张原料、建筑材料、药材及园林观赏植物。

主保圣人 patron saint 专门保护某一个人、社会、教会、地方、职业或活动并为之代祷的圣徒。主保圣人的选定往往是根据他与守护对象的某些真实或假想的关系,如圣巴特里克就是爱尔兰的主保圣人,因为据说是他把基督教传播到爱尔兰。

主导动机 leitmotif 音乐中与人物或重要的情节有关的旋律主题。它特别与R. 瓦格纳的歌剧有关,他的大多数作品都有严密的主题式音乐结构。R. 瓦格纳之后的多数作曲家都一直运用这种音乐戏剧原则,但很少有人像他那样严格。

《主祷文》 Lord's Prayer 耶稣传给门徒的祷告词,基督教礼拜仪式中通用的祈祷词。见于《新约全书》,有两种文本,《路加福音》第11章第2～4节的短文本和《马太福音》

第6章第9～13节的长文本。后者为《登山宝训》的一部分，两者都作为祷告的范文。有时因开头的两个字而称 Pater Noster（拉丁语意为“我们在天上的父亲”）。

主的和约 Peace of God 中世纪天主教会终止私人争斗的运动。最早出现于990年法国中、南部所开的一些宗教会议中。这项和平法令禁止那些针对教会、神职人员、朝圣者、商人、女人、农民和畜牧等的私斗或暴力行为，否则开除教籍。所有生活在“主的和约”的辖区里的人必须要立誓恪守并实行这一和约。这项和约亦于利摩日会议（994）、普瓦捷会议（999）及布尔日会议（1038）中颁布。

主教 bishop 基督教一些教会中的首席教牧人员和由若干堂会组成的主教区的监理人员。从4世纪到宗教改革运动时期，主教掌有广泛的世俗和宗教权力，包括解决争端；任命神职人员；主持教会成员的坚振礼。有些基督教教堂（著名的有圣公会、天主教和东正教）还继续保持主教一职以及关于使徒统绪的教义。其他的教会，包括路德教会和卫理公会等，设有主教但不再坚持使徒统绪论；还有一些则连主教之职也一起废除了。教皇、枢机主教、大主教、牧首和都主教都是不同级别的主教。在天主教内，由教皇选择主教；在圣公会，由教区总教堂全体教士选主教；卫理公会则由宗教堂议选择主教。参阅主教制。

主教叙任权之争 Investiture Controversy 教廷与神圣罗马帝国之间关于神职人员的统治代表象征究竟属谁的问题的争论。1075年教皇圣格列高利七世谴责安排主教叙任权是世俗当局对教会的不公平主张；这个问题不仅是他与亨利四世皇帝争论的关键，也是教廷与帝国之间更大权力之争的关键。1106年英格兰的亨利一世放弃了安排主教叙任权，但交换条件是在接受神职之前要先向国王表示敬意。1122年签订的《沃尔姆斯宗教协定》在亨利五世与教皇加里斯都二世之间也达成了类似的谅解。

主教制 episcopacy 由主教掌管教会的体制。早在公元2世纪时已存在，由主教负责今日称作主教管区的一个特定地区内的布道和礼拜事宜。今日，地方会众由神父和助祭来引领，但只有主教可以授神父以圣职、主持坚振礼和授其他主教以职位。他们的职权和使徒统绪有密切关系。有些新教教会在宗教改革运动时废除了主教制度，但天主教、东正教、安立甘宗和瑞典信义会以及其他一些教会依然保留主教制。

主权 sovereignty 政治理论中，指国家决策过程和维持秩序的最高权威。在16世纪的法国，J.博丹使用主权的概念来支持国王对其封建主的权力，宣布由封建制向国家制的转变。到18世纪末，社会契约论的概念带来了盛行的主权理念，一个属于人民的通过有组织的政府实现的主权。海牙公约、日内瓦公约和联合国都遵照国际法对主权国家在国际舞台上的权力进行限制。

主显节 Epiphany 于1月6日庆祝的基督教节日，与复活节和圣诞节共为基督教历史最悠久的节日。源于东方教会，4世纪时为西方教会所采用。这个节日纪念耶稣基督第一次显现给以东方三博士为代表的非犹太人，以及耶稣在约旦河受洗并在加利利的迦拿实行第一个神迹。主显节前夕称为第十二夜，被认为是纪念三博士抵达伯利恒。

助产学 midwifery 妇女怀孕和生产期间的护理技艺。可追溯至旧约圣经、古希腊和古罗马时代。到中世纪此种技术衰落，此时欧洲第一批医学院成立。但17～19世纪又有了相当大的进展。后来，由于妇产科学的发展，多数妇女开始在医院生产，分娩时母亲和婴儿的死亡率降低。20世纪60年代，自然分娩法、女权运动和其他因素激起人们对助产士贴身照顾的兴趣。取得资格证书的注册助产士接受过助产术职业训练。注册助产士通常给予产前和产后照料，提供生育健康咨询。非专业助产士通常未受到正规的训练，也未取得资格证书。

注意力 attention 心理学中指把头脑运用到感官或思想对象的行为或状态。心理学家W.冯特可能是最早的研究者，他将依据意识的广义与狭义对“注意力”作了区分。W.詹姆斯和I.巴甫洛夫延续他的观点，前者强调刺激的积极选择，后者则提出条件反射的概念。J.B.沃森试图把“注意力”定义为对某种刺激的行为反应而不是一种“内在”程序。现代的心理学家在“适应反应能力”或“预先注意过程”的情况下考虑注意力，其身体的关联情况包括在大脑皮层电压势中和皮肤的电活动中的变化，增多的脑血流，瞳孔放大，以及肌肉紧张。参阅注意力缺乏（或多动）症。

注意力缺乏（或多动）症 attention deficit (hyperactivity) disorder (ADD or ADHD) 一种儿童行为症候群，特征是注意力不集中而容易分心，多动而无法静坐，任何时候都难以专注于某事；也就是所谓的“多动儿”。学龄儿童的患病率为5%，其中男孩的发病率是女孩的3倍。该症会直接影响学习，虽然许多患儿在学校可以有效的学习控制自己的行为。注意力障碍及多动异常的病因未知，可能结合了遗传与环境因素。某些症状会一直持续到成年。治疗方式通常是心理咨询及双亲密切的监督，还可能包括药物治疗。

柱头 capital 建筑中的柱子、墩、壁柱等的顶部，在结构上支承其上的梁、额枋、檐部或拱等构件。在古典建筑中，各种柱式区别以柱头最为明显。在塞加拉发现的最早的古埃及金字塔建筑（约公元前2890～前2686）中就有两种简单的石柱头。

祝福式 Blessingway 纳瓦霍人为使宇宙恢复和谐而举行的一系列复杂典礼中的主要仪式，包括歌咏和吟颂。它是六种仪式之一，其他为圣歌式、生活式、邪恶式、战争式和狩猎式。祝福式连续举行两夜，往往不作为独立的仪式举行，而是更大典礼中的一部分。

著作权 copyright 出版、复制或出售一种原创作品的排他性权利。著作权法保护原创者免于遭人盗用其任何发表或未发表的作品，这种作品通常是有形的媒介（包括书或手抄本、乐谱或录音、手稿或剧本、绘画或雕刻、蓝图或建筑物），但它不能保护思想、过程或系统等这些无形的东西。美国的著作权保护期限已延长到创作人死后70年。现在雇佣作品的期限从出版日期算起最长95年，或创作作品日期开始后120年。1989年美国加入国际版权协议《伯尔尼公约》。参阅知识产权、专利和商标。

铸币厂 mint 经济学中指按通常由法律规定的准确成分、重量和尺寸制造钱币的部门。第一个国家铸币厂可能是由吕底亚人于公元前7世纪建立的。这种技术通过爱琴岛传播到意大利和其他地中海国家，甚至波斯和印度。罗马人奠定了现代铸币标准的基础。公元前7世纪，中国独立地建起了铸币业并传到日本和朝鲜。在中世纪的欧洲，各个封建统领（国王、伯爵、主教、自由城）都行使铸币特权，结果铸币厂数量激增。币制的差异往往妨碍了商业发展。如今除了美国在费城和丹佛各有一家铸币厂外，绝大多数国家都只有一家铸币厂。在旧金山铸造的是供收藏家选用的成套标定硬币。有些国家不够大，或不够发达，本国不设铸币厂，而由外国铸币厂代铸硬币。许多铸币厂除完成铸币任务外，还提炼贵金属、制造奖章和印玺。参见通货和货币。

铸造 founding 熔化金属并浇铸在模具的工艺，金属凝固后即可获得与模具形状一致的铸件。许多金属制品就是这样铸造的。大规模生产的现代铸造厂的特征是高度机械化、自动化和使用机器人。微处理器可对自动化系统进行精确的控制；使用化学黏合剂，可以获得更牢固的模具和芯型，从而获得更精确的铸件；在真空条件下，精度和纯度都可以得到提高；而在零重力的太空中铸造，还能使质量进一步提高。

铸造利差 seigniorage 从运到造币厂供铸造硬币的金属块中扣除造币费后多出的部分即为铸造利差。从古代起，造币便是国王的特权。他们规定所要征收的铸造利差的数额。有时会用贱金属来代替一部分金或银，从而产生减色铸币。1666年英国取消了所有这些费用。现在发行的铸币，仅用作代币，无须具有很高的内在价值，低标准的白银或某些贱金属合金，都可以满足需求。铸币的成本与其面值之间的差额被称为铸造利差。

筑城工事 fortification 为了对付攻击而加强作战阵地所构筑的工事。几个世纪以来，对防御城市和商业中心通常都以构筑很高的城墙为主。埃及、希腊和罗马时期,城市中的城寨几乎都是古时候的要塞。古希腊时期,要塞建筑开始将防御土墙与堡垒结合在一起。2世纪时的罗马要塞多为正方形或长方形,通常以整齐的石块砌筑。在使用火炮以前,中世纪的城堡很难被攻陷。

专家系统 expert system 模仿特定学科专家的知识和推理能力的高级计算机程序。专家系统建立在从各专家(人)搜集到的知识之上,类似一个数据库,但含有可用于解决特定问题的规则。专家系统的界面允许使用者提出征兆,通过应答系统的提问来澄清一个问题。有软件工具可帮助设计人员很容易地建立一个专用专家系统。专家系统是人工智能的分支,应用范围越来越广,现已扩展到医学、人事审查和教育等领域。

专利 patent 由政府授予可以在一定期限内制造、使用或出售某种发明的独有权利。对一个新颖实用且没有疑问的工艺或方法,或对目前的工艺、机器、物质或材料的成分(包括无性繁殖的植物和基因工程的有机体)所作革新的应用等都可以授予专利。还可以授予任何产品的新颖、独创性和装饰性的设计。在美国,设计专利有14年的使用期限,而其他专利则有20年的使用权。专利属于私人财产,可以出售、赠予或转让他人。

专神祭司 flamen 古罗马宗教中专门祭祀某一位神灵的祭司,共有15位。其中以朱庇特、马尔斯和基林努斯的祭司最为重要。专神祭司自贵族中遴选,受祭司长统辖,负责主持日常祭礼,生活受严格的约束。专神祭司之妻协助祭祀事宜,也必须遵守教规。到了帝国时期,有一些专神祭司专司在罗马和外省主持对神化了的皇帝的崇拜。

专制主义 absolutism 一种政治理论和实践,指不受限制的中央集权和专制统治,特别是君主政体。其本质是统治权不受任何其他机构(无论是司法、立法、宗教、经济或选举机构)的经常监督或制约。虽然在历史上实施已久,但其形式发展以早期近代欧洲(16～18世纪)为原型。法国的路易十四即为欧洲专制主义的典型。君主也夺取宗教权力,不仅是国家元首,也是教会之主,这种论据来自“君权神授”说。参阅权力主义。

转房婚和填房婚 levirate and sororate 配偶死后(有些情况下配偶还活着)习惯法或成文法规定的婚姻。转房婚规定死者的兄弟优先成为其遗孀配偶。在古代希伯来社会,这个规定用来延续无子嗣的死者的宗嗣。与嫂子结婚的兄弟常常只是死者的代表,没有新的婚姻契约,因为所有的后代都被看作是死者的后裔。填房婚规定男子与他死去的妻子的姐妹婚姻,或者在姐妹共夫的情况里,男子在妻子的诸妹成年之后娶其为妻。姐妹共夫的习俗19世纪在美洲印第安部落中曾存在过,在澳大利亚土著民族中至今仍然存在。

转轮王 chakravartin 又作cakravartin。古代印度人有关世界统治者的概念。佛教和耆那教经籍将世俗转轮王分为3类:金转轮王(*cakravala cakravartin*),古代印度宇宙论中四大部洲的统治者;铁转轮王(*dvipa cakravartin*),统治四大部洲之一,其权力小于金转轮王;一方转轮王(*pradesa cakravartin*),统治一洲的部分地区。转轮王被认为是佛陀的世俗化身。

转世 reincarnation 又作transmigration of souls或metempsychosis。灵魂再次或多次投生为人、动物或植物。信仰转世是亚洲宗教的特点,尤其是印度教、耆那教、佛教和锡克教。它们共同信奉业报说,即今生的行为会影响来世。在印度教里,认为人只有达到彻悟的状态,才可能摆脱生与再生的轮回。佛教认为,通过修行和默念可能使追求者达到涅槃而摆脱生与再生的轮回。摩尼教和诺斯替教,还有现代的精神运动如神智学,都接受转世的概念。

法国铁甲舰“光荣”号,斯迈思根据A.W.威登的绘画制作的版画

By courtesy of the trustees of the British Museum; photograph, J. R. Freeman & Co., Ltd.

传记 biography 以某人的生平为题材的纪实文学形式。最早的传记作品可能是祭文与墓志铭。现代传记源于普卢塔克的希腊和罗马名人的行述和苏埃托尼乌斯的罗马诸帝王生平轶事。16世纪后始有普通人的传记问世。18世纪是英国传记写作最主要的发展时期,如J.鲍斯韦尔的《约翰逊传》。在现代,由于人们对维多利亚时代的沉默顺从感到不耐,加上心理分析的发展,使得传记的写法更具有洞察力,读者对传记主人公能有全面的了解。参阅自传。

转矩 torque 又称moment(力矩)。物理学中指加在物体上的力使物体转动的趋势。转矩总是相对转动轴而言的。它等于力在垂直于转动轴的平面内的力矢量乘以该轴与力分量方向之间的最短距离。转矩是影响转动运动的力;转矩越大,物体运动的变化越大。

转轮点火机 wheel lock 滑膛枪等武器内点燃火药的装置。1515年左右发明。其工作原理与现代香烟打火机相同,借助粗糙边缘的轮转动时与燧石或黄铁矿石的摩擦产生火花。参阅燧发机。

庄园制度 manorialism 又作seignorialism。一种政治、经济和社会制度,在这种制度下,中世纪欧洲的农民受缚于土地和领主,领主通过农奴制统治农民。基本单位是庄园,是一种受领主控制的自给自足的地产或领地。自由承租人向领主缴纳地租或为领主服兵役,以换取土地的使用权。农奴耕种小块土地,向领主缴纳地租并提供劳力,大部分农奴不得擅自离开领地。在西欧,这种制度到8世纪时十分昌盛,到13世纪开始衰落;而在东欧,则在15世纪后达到顶峰。

装订 bookbinding 将若干单页或折页纸张重叠在一起,装入封面内,构成图书或古书手抄本。图书装订始于手写本取代书卷的时代。早期装订往往带精美的装饰,典型的美术装订是用花纹精美的皮革,最初见于埃及科普特教会的寺院。珍稀书籍、历史文献和珍藏手稿可能用手工装订。现在,典型图书的封面(书壳)都是用机器固着在书页上。

装甲舰 ironclad 19世纪中期欧洲和美国研制的一种军舰,其特点是有铁甲炮台保护船身。在克里米亚战争(1853～1856)中,法国和英国利用“水上炮台”,即装有重炮的装甲驳船,成功地攻击了俄国的防御工事。法国于1859年建造成第一艘铁甲舰“光荣”号,铁甲厚度约11厘米,后面有大肋木支撑。英国和美国不久也造出同样的铁甲舰。美国内战爆发后,联邦军使装甲炮舰在密西西比河下水,1862年一艘小舰队攻占了亨利堡。“莫尼特”号和“梅里麦克”号之战(1862)是第一次装甲舰之间的交战。后来经过多次改进,装甲舰发展成战列舰。

装饰法 ornamentation 音乐中为表现或美学目的而添加音符的做法。举例来说,长音符可借重复或与邻音轮替(颤音)来装饰;不连续音的跳跃中,可以加入中间的音;或者可以延迟无法规避的不协和音(参阅协和音与不协和音)的处理。

装饰派艺术 Art Deco 又称Style Moderne(现代风格)。20世纪20～30年代在欧洲和美国兴起的设计、室内装饰和建筑艺术运动。得名于1925年在巴黎举行的装饰艺术和现代工业国际博览会。其产生由于受到新艺术派、包豪斯建筑派、立体主义、美洲印第安人和埃及人渊源的影响,最初是一种奢侈风格,以简单几何图形和昂贵材料(如玉、银、象牙、漆器和含铬颜料)为特色,来表现富有和考究。大萧条时代,重点强调类似电木那样容易得到的经济实惠并可大规模生产的材料。其典型主题有风格化的动物、簇叶、裸体女人和太阳光线。

装饰艺术 decorative arts 与物体的设计、装饰有关的艺术，偏重实用性而非纯粹美学观点，主要形式包括陶瓷制品、玻璃器皿、编织工艺、珠宝、金属制品、家具、纺织品、服装设计和室内设计。现今装饰艺术与美术分离已是大势所趋。

追谥圣人 canonization 基督教会正式宣布已故信徒有资格受公众崇敬并将其姓名登录在圣人名册上的行动。早期教会崇敬各地殉教烈士的事非常普遍。10世纪时，教会当局觉得谥圣有必要由罗马教廷正式确认，这项改变至13世纪教皇格列高利九世时成为定法。教皇西克斯图斯五世（1585～1590在位）决定，由罗马教廷机构专门负责主办宣福礼（此为谥圣中的一个步骤，受过宣福者即可享受有限度的公众崇敬）和谥圣。正式宣福礼有4个主要步骤：调查、推荐、教皇审核、四点明断。有关谥圣候选人的调查了解范围，包括搜集有关其人圣洁、美德的声誉的全部资料、其人的著作以及有关其人生前或逝世后所行神迹的资料。谥圣程序大致与此相同，但是，申请谥圣者必须在宣福之后又有两件神迹被发掘出来而经过核实。东正教谥圣侧重于宣布而不太注重程序。信徒对于某人产生自发的崇敬，此点即可成为谥圣的根据。

准男爵 baronet 英国的世袭爵位，1611年詹姆斯一世为了筹资而设立，表面上是为了维持阿尔斯特的军队。准男爵爵位既不是贵族爵位，也不是骑士的一个等级，其地位低于男爵，但高于除嘉德骑士之外的所有骑士。由男嗣继承。

卓别麟 Chaplin, Charlie（1889～1977）原名Charles Spencer。后称Sir Charles。英裔美国演员和导演。父母均为经济拮据的音乐厅表演者，8岁时成为一名杂耍表演者。1913年在纽约巡回演出时，他引起了M.塞纳特的注意，并签下电影演出合同。从他的第二部电影《威尼斯赛车记》（1914）开始，卓别麟就展现出他独特的装扮风格——圆顶礼帽、小得可怜的上衣、松垮的裤子、特大号的皮鞋、短髭以及一根又细又短的手杖，这成为他著名的"小流浪汉"特征。1919年与人共创联艺公司后，他在一些经典的电影里，如《淘金记》（1925）、《城市之光》（1931）、《摩登时代》（1936）、《大独裁者》（1940）、《凡尔杜先生》（1947）和《舞台春秋》（1952），担任制片人、导演和演员。由于持左派观点，不断被人骚扰，他于1952年搬到瑞士定居。1972年返回美国接受奥斯卡特别成就奖。

桌面出版系统 desktop publishing（DTP） 使用个人计算机来完成出版任务。它可以由一个人将文本、数据和图形数据综合在一份文件里，并可以在打印机或照相排版机打印出来。典型的桌面出版系统由一台个人计算机、一台高解晰度的打印机以及各种输入装置如光学扫描仪组成。文本和图形数据通常使用不同的软件程序先行创制和处理，然后将它们组合或复制到一个页面拼版的程序中。功能强的桌面出版软件程序可以提供包括文字及图形处理在内的全部功能。

桌湾 Table Bay 南非开普敦的海港。位于非洲南端附近的大西洋边。长19千米，宽12千米。虽然避风条件不比沿岸其他海湾好，但由于有充足的淡水供应，因此成为驶往印度和东方的船只停靠港。荷兰人于1652年在岸边永久定居。

桌子山 mesa mesa为西班牙语，意思是"桌子"。指顶部平坦、一面或几个侧面陡峭的台地，在美国科罗拉多高原区常见。地垛与桌子山相似，但要小一些。两者都因侵蚀作用而形成。在剥蚀（即下切和剥离）期间，高原中较坚硬的岩层构成河谷之间下层地区的平坦保护帽，而河谷里的侵蚀作用特别活跃。这种结果就造成了平台型大山（桌子山）或堡垒状山丘。

啄木鸟 woodpecker 鴷形目啄木鸟科啄木鸟亚科鸟类，约180种，几乎分布全世界，以在树皮中搜寻昆虫和在枯木中凿洞为巢而著称。大多数啄木鸟终生都在树林中度过，只有少数地上觅食的种类栖息在横枝上。通常无声，除了在春天，雄啄木鸟大声鸣叫，啄击空树。体长15～47厘米。直凿状嘴，大多数花纹是黑色、白色、黄色或鲜明的颜色。

啄羊鹦鹉 kea 啄羊鹦鹉亚科的一种大型的、粗壮的鹦鹉（*Nestor notabilis*），产于新西兰。有时会攻击绵羊，去吃它的肾脏附近的脂肪。生活在山上的栖息地里，个性好奇和顽皮。

着色玻璃 stained glass 装饰窗户和其他透光物体的彩色玻璃。常用于制造大型的、置于一铅制框架中的，用丰富的颜色拼成的各种图像。和所有彩色玻璃一样，它也是将氧化物加入熔化金属中以上颜色。作为一种纯西方现象，彩色玻璃最初是用于基督教教堂内的一种精美艺术。12～13世纪起被用于哥特式建筑中，以产生一种灿烂辉煌的动人效果。13世纪后开始衰退，当时的彩色玻璃艺术家渴望实现文艺复兴画家所追求的现实主义效果，但彩色玻璃技术无法实现这一效果，于是他们不再去挖掘玻璃最重要的折光作用。到近代，彩色玻璃艺术家又取得了新的成就——19世纪哥特复兴式的复苏时期有L.C.蒂法尼的新艺术主义设计以及20世纪M.夏加尔等艺术家的作品。

着丝点 centromere 把一对染色单体紧紧连起来的染色体结构。它是细胞分裂过程中把染色单体拉至细胞两端的结构接合点（参阅有丝分裂）。在有丝分裂中期，着丝点复制而染色单体对分开，每个染色单体成为独立的染色体。这样，当细胞分裂时，两个子细胞都有完整的染色体组。

咨询 counseling 利用标准的心理学方法（如收集病例史资料、使用个人面谈的不同技巧和测试其兴趣和能力）对个体进行专业指导。咨询顾问的目的在于引导个体把握机会以保证个人的需要和愿望能充分实现。顾问通常致力于澄清个体的思想，而不是着眼于解决具体问题。专业的顾问（如教育指导和职业咨讯）和咨询心理学家（如婚姻和丧亲的咨询顾问）常在许多团体场合以及私人诊所开展工作。参阅心理治疗。

咨议院 witan 又称witenagemot（咨议会）。在中世纪的英格兰盎格鲁-撒克逊国王的咨议机构。通常出席的人都是大贵族和主教。其主要职责是对国王垂询的各种问题提供意见。它确认国王向教会或俗人授予的土地，准许国王颁布新法律，并辅佐国王对付叛逆和有不忠嫌疑的分子。其人员构成和开会时间按国王意愿决定。

资本 capital 经济学中，指现在和将来用于生产其他物品的财力、物力资源。在古典经济学中，生产的三要素是资本、劳动和土地。资本包括人造的资源。它的含义包括建筑、工厂、设备以及生产三要素创造的库存。这就是说，资本货物可以与消费品相对。资本货物的产生意味着消费必须延迟，这就出现了储蓄。储蓄流变为投资流。教育和培训上的投入属于人力资本。金融资本是指为获取资本货物筹措资金而发行的股票和债券。

资本收益税 capital-gains tax 对出售或交换资本资产而实现的收益所征收的税。美国从实行联邦所得税以来，就对资本收益征税。有几种资本收益可享有优惠待遇，这种优惠待遇有助于投资和刺激经济成长；对资本收益按常规税率课税，会促使投资者将投资固定于目前的类型。反对者却认为：有了优惠待遇，人们为了逃避纳税会把正常收入转化为资本收益，从而产生歪曲的投资类型。参阅公司所得税。

资本主义 capitalism 又称free-market economy（自由市场经济）或free-enterprise system（自由企业制度）。一种经济制度，生产工具大多为私人所有，主要通过市场运作来指导生产和分配收入。自从重商主义结束以后，资本主义就一直主宰着西方世界。资本主义不仅受到16世纪宗教改革运动的激励（恪守艰苦工作和生活俭朴教条），也因产业革命的兴起而迅速发展，特别是16～18世纪的英国纺织工业。其发展特点与过去不同：资本主义将生产超过消费的余额用于扩大生产力，而不是用于宫殿和大教堂等非生产性项目。重商主义时代的强大的民族国家提供了资本主义发展所必需的社会条件：如统一的货币和法典。A.斯密的《国富论》（1776）表达了古典资本主义的观念，19世纪时，他的自由市场理论被广为采用。20世纪30年代的全球经济大萧条迫使多数国家终止了自由放任主义经济政策，但在前苏联和东欧国家实行的控制经济瓦解后（参阅共产主义），以及中国采取了某些自由市场原则，使资本主义在20世纪末仍保持领先地位（但并非没有问题和困扰）。

资产负债表 balance sheet 一种金融表述，描述在一个特定日期公司所控制的资产，也反映出这些资产的来源。资产负债表包含三大部分：资产（公司所拥有的有价权利）、负债（外在借主和其他债权人所提供的资金）和业主权益。在资产负债表上，总资产必须总是等于负债总额与业主权益总额之和。

资源分配 allocation of resources 生产性资产在不同用途之间的分配。资源分配之所以成为问题，是由于社会的资源（资本、劳动力、土地）供应有限，而人类欲望通常却又无限。社会设法使两者协调。资源分配的机制包括自由市场经济体中的价格制度、国有经济体和混合经济体中公共部门的政府计划。其目的都是使一定的资源组合得到最大可能的产出。

子宫 uterus 又作 womb。女性生殖系统的倒梨形器官，怀孕期间胚胎和胎儿在子宫内发育。位于膀胱后上方，长6～8厘米，宫底宽约6厘米，输卵管由此进入；在另一端，宫颈向下伸入阴道。子宫内膜为一层潮湿的黏膜，其厚度随月经周期而变化，在排卵时达到最厚，为受精卵做好准备。子宫壁大约厚2.5厘米，当胎儿在子宫内发育时，子宫壁扩张变薄。宫颈分娩时扩张到约10厘米。子宫病包括感染、良性和恶性肿瘤、子宫内膜异位症、脱垂以及子宫肌瘤（参阅肌肉肿瘤）。

子宫癌 uterine cancer 子宫的恶性肿瘤。影响子宫内壁（子宫内膜）的癌症是女性生殖道最常见的癌症。危险因素包括不孕、初经早（12岁以前）、绝经晚（52岁以后）、肥胖症、糖尿病、雌激素替补疗法，以及乳腺癌的他莫昔芬药物化疗。其他危险因素是乳腺癌或卵巢癌（40岁以上）的个人病史和子宫癌的家族病史。白人比黑人更容易患有子宫癌。主要症状为阴道出血或有其他分泌物。治疗可以先进行简易的或彻底的子宫切除术。有些子宫癌可分别通过激素疗法、放疗或化疗进行治疗。

子宫颈炎 cervicitis 子宫颈的炎症。子宫颈是细菌侵袭、生长极为适宜的场所。阴道感染很容易扩散到子宫颈。多见于妇女月经旺盛期。子宫颈炎在妊娠期可能会加重。该病没有疼痛感但可能使息肉增长。主要症状为分泌物大量增多，可能阻碍生育。治疗方法包括电烙或外科手术，以修补或切除子宫颈；此方法不会影响生育。

子宫内膜异位症 endometriosis 女性生殖系统疾病，子宫内膜生长在异常位置。子宫内膜的组织剥落可能在月经时未经阴道流出子宫却经输卵管进入肠腔，并埋植于该处结构中。宫内膜埋植最常见的部位是卵巢。该病的症状包括：①伴随月经或恰在经前的进行性严重疼痛，②性交困难（性交疼痛），③排便疼痛，④月经过多，⑤尿中带血，⑥不孕症。这种疾病最好用腹腔镜检查来诊断。治疗方式包括手术和用激素抑制排卵6～9个月。

子宫切除术 hysterectomy 切除全部子宫（子宫全切）或切除子宫保留子宫颈（子宫次全切除）的手术。用于治疗恶性肿瘤、良性纤维瘤及生长较快、体积较大、引起大量出血从而影响机体健康的良性肌瘤等。剖腹产时，如果发生不能控制的出血、严重感染或宫颈癌等并发症，也需行子宫切除术。切除子宫（通常连带卵巢）被认为可以控制不正当的性冲动和欲望因而一度被滥用。

紫癜 purpura 皮肤出血的症状，因止血功能障碍所致。这种病症的主要原因有5种：小动脉壁受损、血小板减少、凝血因子缺乏、循环中存在的各种抗凝物质和纤维蛋白质溶解。这些原因使通常休眠的系统破坏凝块。每种原因都有可能在不同情况下发生。依据发生原因的不同，要采取不同的治疗方法，如补充类固醇、输入缺少的血液成分或切除脾脏等。

紫貂 sable 鼬科食肉动物（*Martes zibellina*）。栖于亚洲北部森林，毛皮极为名贵。sable一词有时指与其有亲缘关系的欧亚种及美洲的貂。体长约32～51厘米（尾长13～18厘米不计在内），体重0.9～1.8千克。皮褐色到近乎黑色，独居，习于树栖生活，以小动物和鸟卵为食。

紫晶 amethyst 石英的透明、粗粒的变种。由于它的紫色而成为次珍贵宝石。它比其他石英变种含氧化铁（Fe_2O_3）略多一些。据认为它的紫色是由于含铁造成的。加热可

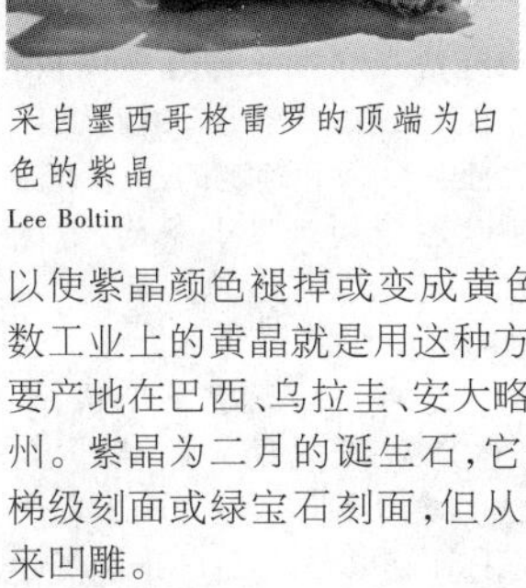

采自墨西哥格雷罗的顶端为白色的紫晶

Lee Boltin

以使紫晶颜色褪掉或变成黄色的黄晶；大多数工业上的黄晶就是用这种方法制造的。主要产地在巴西、乌拉圭、安大略和北卡罗来纳州。紫晶为二月的诞生石，它通常被加工成梯级刻面或绿宝石刻面，但从古代起就被用来凹雕。

紫罗兰 Violet 堇菜属（*Viola*），约500种，草本或矮灌木。包括株形小、花色单的紫罗兰及花较大、常为多色的堇菜类和三色堇类。许多堇菜的花分两类：不育花艳丽，春季开放；可育花不甚鲜艳，夏季开放。较著名的堇菜属种其叶心形。受欢迎的在花店出售的紫罗兰类，常称为香紫罗兰，包括多种杂品系，其中许多属香堇菜（*V. odorata*）。堇菜科植物广布全球，多为小乔木或灌木，在森林中高大的乔木下生长成低矮的植被。所谓非洲紫罗兰属苦苣苔科。

紫杉 yew 又称红豆杉。紫杉科（红豆杉科）紫杉属（红豆杉属）植物，约8种常绿观赏乔木或灌木，广泛分布北半球。两种常呈灌木状，其他种可为乔木高达25米。多分枝，叶紧贴枝条螺旋状着生，其木材坚硬沉重，木纹细腻。边材白色或乳黄色，心材琥珀色至棕色。曾普遍用于制作多种用具和家具、弓等，现多用来雕刻和旋制工艺品。其他也称yew，但不属于该科的树如粗榧和艾伯特王子紫杉（罗汉松科）。

紫式部 Murasaki Shikibu（978？～1014？）日本作家。其真名不详，有关她生平的主要资料是她在1007～1010年间所记的日记。其作品《源氏物语》（1010年完成）是一部长篇小说，主要描述源氏和他平生遇到的女人之间的爱情故事。该作品对人类感情和自然美体察敏锐，展现了她当时侍奉的皇后上东门院宫廷生活令人愉快的一面。这部作品被公认为是世界上最古老和最伟大的小说之一。

紫松果菊 echinacea 松果菊类紫松果菊属植物的统称。作围篱植物。叶和根用药可增强免疫系统，治疗风寒和流行性感冒。

紫外辐射 ultraviolet radiation 又称紫外线。位于电磁波谱中可见光区的短波长端（紫端）外侧的电磁波。紫外辐射分为三个谱带：UVA（又称黑光）、UVB（对有机体会产生影响）和UVC（不会投射到地球表面）。来自太阳的大部分紫外线均被地球的臭氧层吸收。紫外线的穿透力不强，因此它对人体的影响仅局限在皮肤表面。这些影响包括刺激产生维生素D、灼伤、晒黑、老化体征以及致癌病变。紫外辐射也用于治疗新生婴儿的黄疸病，设备消毒和制造人造光。

紫外天文学 ultraviolet astronomy 研究天体紫外光谱的一个天文学分支学科。该学科提供了大量有关星际物质、太阳以及某些其他星体（例如白矮星）的化学丰度和物理过程的信息。由于地球大气吸收了宇宙辐射源的电磁辐射的绝大部分，所以只要火箭能够把仪器运载到地球的大气层上空，紫外天文学就变得切实可行。从20世纪60年代初起，几个装有紫外光学望远镜的无人卫星天文台，包括哈勃太空望远镜，收集到了有关彗星、类星体、星云等物体以及疏松星团的紫外波长数据。

自闭症 autism 又称孤独症。一种影响身体、社交及语言技能的神经生物学性障碍。20世纪40年代L. 坎纳和H. 亚斯博格首先使用该名词。该综合征通常于两岁半之前出现。自闭症患儿对爱抚和身体接触显得冷漠或反感。他们可能学习说话很慢并常会出现阵阵狂怒或惊恐；他们还可能在听力上有问题并对某些物体表现出一种几乎是神情恍惚

的迷恋。自闭症的表现通常为有节奏的肢体运动,如来回摆动或拍手,以及非常不愿意看到日常的生活规律有改变。男性发病率较女性高 3 ～4 倍。从前认为是后天因素,如父母与儿童间的行为交感的结果,可导致该病症。现在的研究发现自闭症患者的脑结构异于常人。约 15% ～ 20% 的患者成人后在生活和工作方面能够独立。某些自闭症患者的直观思维能力非比寻常,可能具有特殊才能。

自动扶梯 escalator 移动阶梯,用作商场、机场、地铁及其他行人众多场所各层之间的传送装置。1900 年巴黎博览会场的移动阶梯首次使用该名称。现代自动扶梯用电力驱动链条和链轮运转,通过双轨保持在适当的平面上。踏板到顶部平台后,通过一个梳状装置,如果有物体卡在踏板或梳状装置之间,则会自动切断电源。

自动钢琴 player piano 一种机械钢琴,可将借助孔而记录在纸卷上的音乐用机械方法进行弹奏。原始形式称为"皮阿诺拉",1897 年由美国工程师 E. S. 沃蒂发明。该钢琴为一箱柜,置于普通钢琴之前,有一排木制

史坦威-韦尔特自动钢琴(1910),现藏英国米德尔塞克斯布伦特福德不列颠钢琴与音乐博物馆
By courtesy of the British Piano and Musical Museum, Brentford, Middlesex, Eng.

"手指"伸出在键盘上方。带记录的纸经过引导连杆,后者使气动装置排出气流,于是木制手指起动而在键盘上敲出音符;使用者可以通过杠杆和踏板控制速度和响度。不久,该装置被嵌入琴身内。后来复制的自动钢琴可以重现名家演奏的速度和力度变化的细微差别,记录纸由表演本身产生。20 世纪 20 年代之后,由于留声机的发明该乐器迅速失去市场。现代形式的自动钢琴如雅马哈自动钢琴,由计算机磁盘上的数字内存来操作。

自动化 automation 约 1946 年由福特汽车公司一位工程师杜撰的词语,指用机械、电力或计算机化系统代替人力和智能的各种广泛体系。一般来说,自动化可被定义为通过程序指令结合自动反馈控制(参阅控制系统)来确保指令的正确执行以进行运转的技术。这种结果产生的体系可在无人操作的情况下运转。

自动机理论 automata theory 构成任何机电装置(按确定程序将一种形式的信息转换为另一种形式信息的自动机)运作基础的物理原理和逻辑原理的主体。N. 维纳和 A. M. 图灵是这一领域的先锋。在计算机科学方面,自动机理论和机器人的建造(从建造基本的自动机装置开始)有关。最好的例子是电子数字计算机,其有庞大但固定的储存容量。自动电路网可设计用来模拟人类的行为。参阅人工智能和图灵机。

自动售货机 vending machine 使用硬币开动机器进行零售的方法。18 世纪初英国开始将自动售货机用于商业,出售鼻烟和烟丝。19 世纪后期被许多国家广泛使用。典型的自动售货机服务由拥有售货机的公司提供,公司将机器安装于商场、学校等地。经营者提供服务及商品,不会向放置此种机器的单位收取任何费用,有时还会向它们提供一小笔钱作为回报。

自决 self-determination 某人群建立自己的国家和政府的过程,他们通常具有某种程度的政治意识。这一思想是从民族主义衍生而来的。根据联合国宪章,一个民族有权组成国家或决定它与另一国家联合的形式。每个国家都有权选择自己的政治、经济、社会和文化等方面的制度。此外,从属领土的行政管理当局应负责保障在这些地区实现政治进步和自治的发展。

自恋症 narcissism 一种心理疾病,症状为极度自我沉溺,夸大自己的重要性,并且需要他人的注意及崇拜。最早是由英国性学家 H. 埃利斯所界定,并以爱上自己倒影的希腊神话人物那喀索斯命名。自恋症患者除了自我膨胀及沉溺幻想之外,还另有一些倾向,他们会认为指使他人是理所当然的;会故意保持冷酷及镇静,直到自恋式的信心受到威胁时,这种冷静态度才会崩溃。根据 S. 弗洛伊德的论点,自恋其实是儿童时人格发展的正常阶段,但如在青春期之后仍有此症,则会被认定是一种疾病。

自然法 natural law 哲学科学中的通用陈述,描述和(或)解释自然事件的进程(如牛顿运动定律);在法理学和政治哲学中,指对全人类共有的权利或正义体系,来自于自然界而不是来自社会法则或确定的法律。自然法这一概念可以追溯到亚里士多德,他认为"只来自自然界"的东西并不总是与"只来自法律"的东西相同。斯多葛学派(参阅斯多葛哲学)、西塞罗、罗马法官们、圣保罗、圣奥古斯丁、格拉提安、圣托马斯·阿奎那、J. 邓斯·司各脱、W. 奥康姆以及 F. 苏亚雷斯都不同形式地宣称了自然法则的存在。在近代,H. 格劳秀斯和 T. 霍布斯从"自然的状态"演绎出一套自然法则体系,接着提出社会契约论。J. 洛克将自然的状态描绘为在自然法则基础上的社会状态。J.-J. 卢梭假设了一个在道德观念上与人类社会隔离的野蛮人,只是在自我保护和同情心的激励下生活。《独立宣言》中在引用平等和其他"不可转让的"权利之前只是简单地提到"自然的法则"作为"自我证明"。法国的《人权和公民权利宣言》宣称自由、财产、安全和抵抗压迫是"不可侵犯的自然权利"。

自然流产 miscarriage 又作 spontaneous abortion。又称小产。胚胎或胎儿能在母体外独立生存之前即从子宫自然排出的一种产科疾病。60% 以上的自然流产是因为胎儿有遗传缺陷,可能会造成致命的畸形。其他因素包括急性传染病,特别是该传染病降低胎儿氧供应时更为如此;内分泌异常或躯体性损伤而造成的子宫异常;胎儿因脐带打结而死于子宫内亦可导致流产。自然流产的主要征兆为阴道出血。

自然神论 Deism 一种认为信仰上帝是基于理性而非任何特定宗教的启示或教义的宗教见解。为反抗正统基督教的一种自然宗教形式,源于 17 世纪初的英格兰。自然神论者主张理性可发现上帝以自然形式存在,上帝创造了世界,然后让世界按照他所发明的律法运行。哲学家 E. 赫伯特(1583 ～ 1648)在《论真理》(1624)中阐述了以上观点。18 世纪末,自然神论成为欧洲知识分子中占主导地位的宗教见解,同一时期也被美洲许多上流社会人士接受,其中包括美国建国初期的 3 位总统。

自然选择 natural selection 生物体通过选择性地繁衍在基因型上有变异的个体来适应环境的过程。那些增加生物体生存和繁殖概率的变异个体被保留下来,且世代繁衍,同时排除那些不利遗传性状的变异。正如 C. 达尔文提出的,自然选择是发生进化的机制。由于在生存、生育、成长频率、交配的成功或生命周期中的任何其他方面的差别都会产生变异。突变、基因流动以及遗传漂变等随机过程也改变着基因的强度。自然选择可以调节这些过程的作用,它在繁衍过程中扩大了有利的突变,而与环境相左的遗传性状则因无后代繁衍而消亡。参阅选择。

自然主义 naturalism 19 世纪末至 20 世纪初的美学运动。受到自然科学的一些原则和方法,特别是达尔文主义的启发,并使之与文学艺术相适应。在文学上,发展了写实主义传统,以更忠实、不加选择的手法反映现实,并以不带道德评价的方式表达。自然主义艺术中的人物典型性格为人类生活中遗传和环境所决定。自然主义起源于法国,主要代表者为 E. 左拉。在美国,该运动则与 S. 克莱恩和 T. 德莱塞的作品联系在一起。自然主义的视觉艺术家从生活中选择主题,捕捉住不加粉饰和未理想化的题材,因此他们的作品都带有新鲜与直接感。画家效法 G. 库尔贝的先例,开始从现实生活中选择主题,其中许多人离开画室到户外,在农民和商人间寻找主题,一旦发现便立即动笔,因此完成的油画都带有速写所特有的新鲜感和直接感。自然主义作为一个历史运动没有持续多久,但它丰富了写实主义,扩大了题材的新领域和接近生活甚于接近艺术的不拘一格的形式。

自然主义 naturalism 一种哲学学说，断言宇宙间的一切存在和发生的事件都是自然的，因此都可以用科学研究的方法完全知晓。自然主义往往被等同于**唯物主义**，然而自然主义的范围要宽得多。虽然唯物主义是自然主义的，但反过来未必正确。严格地讲，自然主义对任何具体的现实类别没有本体主义的偏见：**二元论**和**一元论**、**无神论**和**有神论**、**唯心主义**和唯物论都与自然主义和谐共存。只要所有的现实都是自然的，就不需要其他的限制。自然主义最盛行的时期是 20 世纪 30 年代、40 年代，主要在美国。自然主义的哲学家有 F. J. E. 伍德布里奇（1867 ～ 1940）、M. R. 科恩（1880 ～ 1947）、J. **杜威**、E. 内格尔（1901 ～ 1985）、S. 胡克（1902 ～ 1989）和 W. V. O. **奎因**。

自然资源管理委员会 Nature Conservancy 非营利组织，致力于环境管理及生物多样性的保存，创立于 1951 年，是世界上规模最大的私营自然资源保护系统。在美国各处拥有并管理1 500多个保护区，并延伸到中南美洲与太平洋。构成超过 380 万公顷生态重点土地。政府在计划中确认了动植物的物种与其所需栖息地的相对数量，由此，自然资源管理委员会通过赠与、交换、地役权、自然债务交换等诸方式得以合理安排濒危物种的栖息地。

自杀 suicide 故意结束自己生命的行为。自杀可能是因为个人的心理因素，例如无法面对压力或患有精神疾病；也可能是希望测试爱人的真情或想要惩罚爱人的疏远，让他们承担罪恶感。自杀也可能来自社会和文化的压力，尤其是那些想要让自己更加孤独的人，例如丧偶或独居。在不同的时期和文化背景下，对待自杀的态度各不相同。古希腊被定罪的罪犯，可获准自我终结生命；在日本，"切腹" 的习俗允许武士举行仪式来进行，以作为保持荣誉和宣示效忠的方法；犹太人在遭遇强迫他们改变宗教信仰的古罗马人和十字军时，也是宁可选择自杀。在 20 世纪，一些新宗教运动的成员，例如著名的人民圣殿教和天国之门，都曾发起集体自杀。佛教僧侣和女尼也有自我奉献的牺牲式自杀，是社会抗议的一种形式。第二次世界大战期间，日本使用的神风自杀式轰炸机，是 20 世纪末恐怖主义分子自杀式炸弹的鼻祖，尤其是以色列极端主义者最常用。但一般来说，伊斯兰教、犹太教、基督教都谴责自杀行为，而在很多国家，自杀未遂仍遭受法律惩罚。现今世界上有些社会正在寻求立法，希望准许为告别病痛而在医师协助下的自杀。安乐死于 2001 年在荷兰、2002 年在比利时得到立法通过。哥伦比亚已经可以公开执行安乐死。自 20 世纪 50 年代防止自杀组织在很多国家成立，通过利用热线电话提供即时的咨询服务。

自我 ego 精神分析理论中指的是以"自我"或"我"所做的精神体验的部分，能记忆、评价和计划，并以其他方式对周围的自然和社会世界产生反应和行动。根据 S. **弗洛伊德**的说法，自我与**本我**（精神领域中无意识、本能的部分）、超我（形成所谓的"良心"或社会道德标准的主观意识）共存。自我与**人格**或躯体并非和平共存，它更像是整合人的这部分和其他方面，如记忆、想象、行为等。自我通过建立起所谓**防御机制**而成为本我与超我的中介。

自行 proper motion 指恒星在**天球**上垂直于观测者视线的视运动，通常用角秒/年表示。任何径向运动（不论是朝太阳或背太阳）都不包括在内。E. **哈雷**是第一个发现自行的人，自行最大的星是蛇夫座**巴纳德星**，每年约 10 角秒。

自行车 bicycle 又称脚踏车。由骑车者蹬踏驱动并易于驾驭的轻便两轮车。两个轮子安装在金属框架上，前轮固定于可转动的前叉上。骑车者坐在车座上，由连接前叉的把手来操控，踩动一个连接两个曲柄的链轮，曲柄上装有脚踩的踏板。动力经由绕在两个链轮上的环形链条从这个链轮传至后轮上的第二个链轮。1818 年出现一种笨重、无踏板的两轮车，骑车者仅能以双足蹬地前进。19 世纪 40 年代初，苏格兰铁匠 K. 麦克米伦（1813 ～ 1878）制作出一种自行车，有踏板、曲柄和驱动连杆，被公认是自行车的发明者。19 世纪 60 年代初，法国的 P. 米肖和 E. 米肖引进了重要的革新，到 1865 年他们一年可生产 400 辆这种实用的脚踏车。1870 年英国生产出前轮大后轮小的更轻型自行车。19 世纪 90 年代已建立标准的自行车设计模式，并使用新型充气轮胎增加其平稳性，从而使自行车很快流行起来。20 世纪 90 年代，山地自行车成为标准车型。自行车已在世界各地广泛使用，成为基本的交通工具。

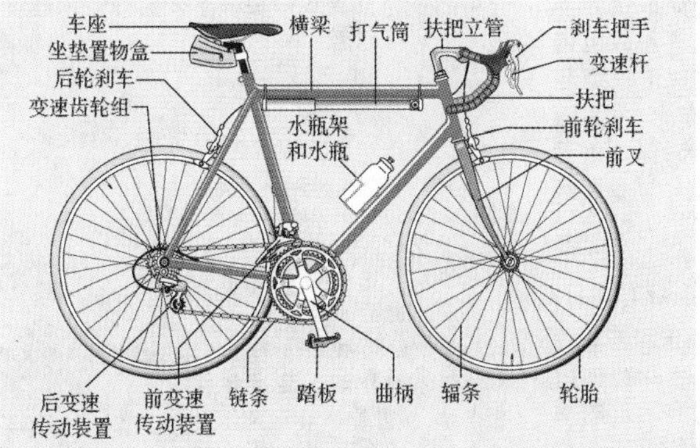

现代旅游自行车的部件
© 2002 MERRIAM-WEBSTER INC.

自行车运动 cycling 使用**自行车**进行的竞赛运动或娱乐。传统职业性比赛主要在欧洲举行，1868 年第一次在巴黎举办。基本上有两种比赛类型：道路赛和自行车道赛。美国于 1891 年首次举行自行车六日竞技赛，20 世纪再次引进欧洲，成为两人一组的竞赛，但在美国却基本上已消失。1903 年举行了最初的公路竞赛——**环法自行车赛**。业余自行车竞赛自 1896 年举办首次现代运动会以来，一直是奥运会的比赛项目之一，包括各种男子和女子的道路公开赛和环道赛。

自旋 spin 与**亚原子粒子**或**原子核**有关的角动量的量。用等于普朗克常数除以 2π 的这个量 $\hbar$（h-bar）的倍数度量。对于**电子**、**中子**和**质子**，这倍数量度是 1/2，而介子和氦核的自旋都为 0。复杂原子核的自旋是所有组成核的核子轨道角动量与内禀自旋的矢量和。质量数为偶数的原子核，这个倍数是个整数；质量数为奇数的原子核，这个倍数为半整数。

自由党 Liberal Party 英国 19 世纪中期出现的政党，前身为辉格党。1918 年以前是保守党的主要对手。其后被工党取代。1832 年的改革法给予中产阶级选举权，他们成为自由党的最初支持者。1846 年 J. 罗素的政府有时被认为是第一个自由党政府，但第一个没有异议的自由党政府是 1868 年由 W. E. 格莱斯顿组成的。1894 年以前，在格莱斯顿领导下，自由党的特征是改革。1884 年后拥护爱尔兰自治。支持个人主义、私有企业、人权和提倡社会正义；防止帝国主义扩张，是爱好和平和国际主义的党。第一次世界大战期间自由党分裂成两个阵营，分别以 H. H. 阿斯奎斯和劳合・乔治为首。自由党的少数党地位一直延续到 1988 年，后与社会民主党合并组成自由民主党。

自由党 Liberal Party 美国纽约州的小党。1944 年由美国劳工党内的温和派成立。他们反对共产党人渗入劳工党。在 1944 年的选举中，自由党帮助 F. D. **罗斯福**赢得纽约州。其后自由党通常支持民主党候选人。其中大多数成员在纽约市，对纽约市市长的选举特别有影响。

自由法国 Free French 第二次世界大战期间法国人于 1940 年在其本土军事失利后组织起来继续抵抗德国的运动。由流亡在英国的 C. 戴高乐领导的自由法国的武装部队在 1942 年随着法国地下抵抗运动的成长和许多驻扎在北非的维希法国军队倒戈而增强。在戴高乐与法国驻北非军队总司令 H. H. 吉罗将军的一场权力斗争之后，1944 年前后戴高乐成功地控制了全部法国武装力量。30 万自由法国部队参加了盟军进攻法国南部诺曼底（参阅**诺曼底战役**）的战斗，并且是盟军中首先解放巴黎的部队。

自由放任主义 laissez-faire 法语，意为"准许去做"。主张政府尽量不干涉个人和社会经济事务的一种政策。由**重农主义者**提倡，并有 A. **斯密**和 J. S. **穆勒**的强力支持。

自由放任主义在19世纪得到人们普遍相信，认为个人在寻求本人所企求的目的中，就能为其本人所处的社会取得最好成效。国家的职责在于维护秩序和安全，而不要干预个人在寻求自己既定目标时所具有的主动性。到19世纪末叶，受到欢迎的自由放任主义因证明其在处理**工业化**所带来的社会与经济问题存在不足之处而式微。参阅**古典经济学**。

自由降落　free fall　力学名词，指物体在引力作用下以任何方式作自由运动的一种状态。例如，行星可说是在太阳引力场中作自由降落。自由降落的物体是沿一条引力和惯性力的总和为零的轨道运动。参阅**引力**。

自由贸易　free trade　政府对进口商品不加歧视，对出口商品也不加干涉的政策。这种政策并不意味着国家放弃对进出口商品的一切控制和征税，而是力求避免采取诸如关税壁垒、货币限制以及进口配额等用以阻碍国际贸易的措施。自由贸易的理论根据是A.斯密的论点：国际分工导致专业化、高效率和高度集中的生产。斯密认为，促进这种劳动分工的方法就是让各国制造和销售在国际市场上有竞争力的各种产品。

自由女神像国家纪念地　Statue of Liberty National Monument　位于纽约市和新泽西州纽约港的国家纪念地，包括自由女神像[在自由岛（旧称贝德卢岛）上]和附近的**埃利斯岛**。占地23公顷。女神像的正式名称为“照耀世界的自由女神像”，由F.-A.**巴托尔迪**制作，1886年正式揭幕。这座高达93米的女性雕像手持铭板并高举火炬，为法国所赠，以纪念两国的友谊。在底座入口处的牌匾上刻有E.拉扎勒斯的诗《新的巨像》。自由女神像于1924年宣布为国家纪念地，1984年被联合国教科文组织列为世界遗产。埃利斯岛（包括埃利斯岛移民博物馆）于1965年被归入该纪念地。

自由诗　free verse　按照语言的抑扬顿挫和意象模式，而不是按照固定韵律写出的诗。它的韵律建立在音素、语词、短语、句子和段落等形式的基础上，而不是建立在音步传统格律单位上。因此，自由诗消除了很多不自然的成分和诗体表现的某些审美差距。20世纪初，在英国诗法中自由诗已经流行。参阅**韵律学**。

自由意志问题　free will problem　指人不受自然的、社会的和神的约束，有在各种抉择中选择的能力或在一定情况下活动的能力。与自然因果关系的决定性之间不一致而引起的问题。自由意志问题之所以重要是因为事实上一般认为自由意志必须以道德责任为前提，而决定性（起码在量子力学出现以前）则必须以自然科学为前提。自由意志的论据是建立在自由的主观经验、有罪的情绪、天启的宗教，以及基于法律、奖惩和动机等概念对个人行为负责的探讨。在神学中，自由意志的存在必须与神的全能、全知和至善相一致（人们有可能选择不当），必须与善行所必需的仁慈相一致。

自由之子社　Liberty, Sons of　1765年美洲殖民地居民成立的反对《印花税条例》的团体。其名称源自I.巴雷在英国议会的发言，发言中将反抗英国不公平措施的美洲移民称为“自由之子”。该组织鼓动殖民地人民反抗，制止《印花税条例》的实施。《印花税条例》撤销后，继续英国对殖民地实行的其他措施。

自由主义　liberalism　政治经济教义，强调个人的权利和自由以及需要对政府权力加以限制。自由主义的产生是对16世纪欧洲宗教战争（三十年战争）的恐怖的一种防御反应。在T.霍布斯和J.洛克的著作中，其基本观点都有正式表述。考虑到按照一个假定的社会契约而非君权神授，两位学者主张君主的权力只有取得被统治者的同意才最终具有正当性。在经济领域，19世纪的自由派人士竭力主张政府结束在社会经济生活中的干预。受A.斯密影响，他们认为基于自由市场的经济体系要比那些部分由国家控制的经济体系更有效率并带来更大的繁荣。为应对在欧洲和北美因工业革命产生的贫富差距加大和其他社会问题，自由派人士在19世纪末至20世纪初提倡有限的政府市场干预以及建立政府出资的各种社会服务，如免费的公共教育和健康保险。在美国，罗斯福总统推行的新政计划就具有现代自由主义的特点，极大地扩大了政府活动范围并强化对工商企业的管理。第二次世界大战结束后，在英国、斯堪的纳维亚和美国都出现了社会福利项目进一步增多的趋势。始于20世纪70年代末的经济停滞导致鼓励自由市场的古典自由主义立场复苏，特别是在英国和美国的政治保守派当中。当代自由主义依然致力于社会改革，包括减少不平等和增加个人权利。

自由主义　libertarianism　强调个人自由的政治哲学。自由主义者认为，在不妨害他人自由的前提下，个人应该拥有完全的行动自由。自由主义不信任政府，其根源始自19世纪的无政府主义。自由主义者不仅反对政府强迫个人履行的义务（如所得税），甚至对于通常认为有益于个人的方案（如社会保障和邮政服务）也持反对立场。他们的观点经常跨越传统的政党界线（例如他们反对枪支管制，支持违禁毒品合法化）。一些思想多变的思想家，像H.D.梭罗、A.兰德都很受自由主义者欢迎。1971年美国自由主义党成立，1980年该党候选人在全美50个州都获得了选票。

自主神经系统　autonomic nervous system　**神经系统**的一部分，能在无意识情况下调节控制内脏器官的活动。包括交感和副交感神经系统。首先，交感神经系统通过脊神经将内部器官与脑相连，受刺激时，心率增加、肌肉的血流量增加、皮肤的血流量减少。第2部分是副交感神经系统由脑神经和腰脊神经组成，受刺激时增加消化液的分泌并使心跳减慢。交感神经和副交感神经都有神经纤维，将内脏的情况反映到中枢神经系统，以保持自稳态。第3部分为肠神经系统，位于胃和肠的内壁，控制消化运动和消化液。

自主神经系统的神经冲动从大脑或脊髓的运动神经元开始。每个运动神经元都和中枢神经系统外第二运动神经元连接，以携带冲动至腺体和平滑肌。这些第二运动神经元出现在神经节（神经元聚集处），各神经节以神经互连形成脊髓两侧的链。其他的神经节在身体其他部位构成大型的神经丛。交感神经节前纤维浮起自脊髓的胸节（T）和前三个腰节（L）。源出脑干的副交感神经元的纤维随第三、七、九、十对脑神经出脑。其他的副交感纤维从脊髓的第二、三、四骶节（S）发出。

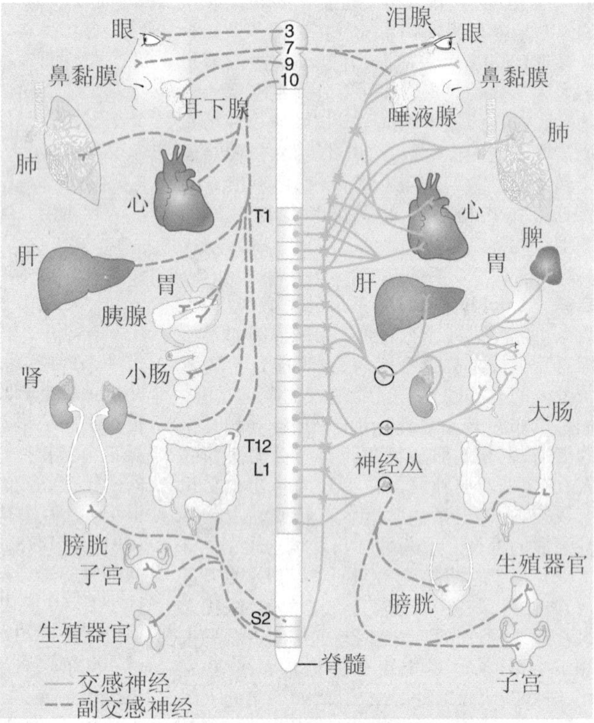

自传　autobiography　作者自己叙述的传记。古代和中世纪鲜有自传文学存在（虽然有少数例外），这种形式直到15世纪才开始出现。自传作品文体多种多样，从生前没有必要出版的隐私之作（包括信件、日记、札记、自传、回忆录）到正式的自传。这种体裁的杰作范例有**圣奥古斯丁**的《忏悔录》（约公元400）、V.**纳巴科夫**的《说吧，回忆》（1951）等。

自尊　self-esteem　个人对自我的价值和能力的感觉，是个人认同的根本部分。幼年时期的家庭关系被认为对自尊的发展起到重要作用。父母可以通过表达情感和支持，以及帮助孩子设定能够实现的目标来培养孩子的自尊，而非强加一些遥不可及的高标准给孩子。K. 霍尔尼认为低度自尊会造成过度渴望肯定和情感的人格发展，并表现出对个人成就的极端追求。根据 A. 阿德勒的人格理论，低度自尊会使人尽力想要克服自卑感或展现力量或天赋以得到补偿。

字母表　alphabet　代表语言声音的一组书写符号或字符。每个字符通常代表一个单元音，或双元音，或一或两个辅音。一个字符代表一整个音节的书写系统称为音节文字。据说北闪米特字母为现存最早的字母，其源自公元前 1700 ～前 1500 年的东地中海地区。接下来的500 年内兴起的字母表包括迦南字母表和阿拉米字母表（后来发展为现代希伯来字母和阿拉伯字母），以及希腊字母（拉丁字母的祖先），因包括元音和辅音而被认为是真正的字母表。学者们已尝试在新字母表里每个音和符号间建立一个正确的对应关系，如国际音标（IPA）。

宗教　religion　人类与上帝、诸神或者他们奉为神圣的任何对象，有时仅为超自然物之间的关系。考古证明，自第一个人类社会以来一直存在着宗教信仰。一般都是由社会共有，通过神话、教义和仪式表达共同的文化和价值观。崇拜可以说是宗教最基本的要素，但道德行为、正确的信仰和参与宗教组织等也是宗教生活的要素。宗教试图通过与圣者或超自然力量的关系，或者通过对现实的真实性质的感悟来回答关于人类内在的一些基本问题，如为什么我们遭受苦难？世界上为什么会有罪恶？我们死后会怎样？广义地讲，某些宗教关注的是外表行为（如犹太教、基督教和伊斯兰教），而另一些则关注的是内心思想（如耆那教和佛教）。

宗教改革运动　Reformation　又称 Protestant Reformation（新教改革）。16 世纪与天主教脱离并建立新教会的运动。虽然 J. 胡斯、J. 威克里夫等改革者在中世纪晚期就已经抨击了罗马天主教教廷的滥用职权，但宗教改革运动通常被认为始于 1517 年，以 M. 路德将他的《九十五条论纲》张贴在维滕贝格万圣教堂的大门上为标志。各种新教派别迅速由更加激进的改革者，如 H. 茨温利和再洗礼派建立起来。J. 加尔文在转向新教后在日内瓦建立了一个神权国。宗教改革运动很快席卷了其他欧洲国家并控制了北欧。西班牙和意大利坚持抵制新教，成了反宗教改革的中心。在英国，亨利八世在 1534 年建立了英国圣公会，他的宗教改革运动的根源是政治性而非宗教性的，主要因为教皇拒绝同意亨利的离婚。在苏格兰，加尔文派的 J. 诺克斯领导了长老宗的建立（参阅长老制）。

《宗教考查法》　Test Act（1673）　英国议会通过的一项法案，该法案规定所有担任公职的官员（包括文职官员和军官）都必须信奉国教，必须按照英格兰教会规定的仪式接受圣餐。虽然英国议会制定此项法案的初衷是为了压制天主教，但实际上却限制了所有的非新教教徒。1689 年该法案得以修改，取消了对多数非天主教徒的限制。1828 年通过的一项法令撤销了该法案所规定的限制。美国宪法第六条规定："不得以宗教考查"作为在美国担任公职的必要条件。

宗教哲学　religion, philosophy of　哲学分支，主要研究形而上学及认识论的概念、原则及宗教问题。宗教哲学所关注的范围包括神的存在和本质、与神有关知识的潜在价值、人类自由（即自由意志）、个性、永恒，以及道德、自然邪魔和苦难等问题。自然神学试图不靠启示建立神的知识。对于神的存在的传统论点包括本体论论证、宇宙论论证和意匠论。

宗祇　Sogi（1421 ～ 1502）　原名 Iio Sogi（饭尾宗祇）。日本诗人。京都禅宗僧人。30 多岁时成为职业连歌师。因其两部连歌集：《水无濑三吟百韵》（1488）和《汤山三吟百韵》（1491）而被认为是最伟大的连歌大师。在这两部集子里，由他开头，另两位诗人轮流吟短句，联成一诗，情调和倾向变化多端。作为当时最有名的诗人，他留下 90 多部著作，包括诗文选集、日记、诗歌评论和手册。

宗系遗传　descent　公认的社会家系体制，各个社会都不相同，一个人可以据此宣称和另一个人有亲属关系。宗系遗传制度的实践意义在于，一个人可以据此申明自己的权利、义务、特权或地位。当以亲属关系决定继位、遗产继承或住宅继承时，宗系遗传制度具有特殊影响。限制亲属关系之认同的方法之一是仅强调双亲中一方的种种关系。这种所谓"单系"亲属制度有两种主要类型：父系（或男系）制度强调父亲方面的种种关系；母系（或女系）制度强调母亲方面的种种关系。单系制度与所谓同族制度大不相同，根据同族制度，每一个人对父系及母系亲属负有同样的义务及责任，反过来也可以从父系及母系亲属身上指望获得同样权利和特权。同族制度比较模糊，趋向于成为工业化程度较高的国家的特性，在这些国家，个人的权利与义务日益为制度和法律所规定。

宗族　band　人类社会组织类型，为了生存和安全的目的，由几个核心家庭或相关小组织松散地组成。宗族可以整合成更大的社团或部落。宗族一般出现在人口稀少的地区。他们具备相对简单的技术，居住范围从沙漠（澳大利亚土著民族）、非洲雨林（姆布蒂人和阿卡人）到北方的育空地区（卡斯卡印第安人）。宗族也可由于较大的部落性庆典、狩猎活动或战争而偶尔结合起来。参阅狩猎和采集文化。

棕矮星　brown dwarf　质量介于行星和恒星之间的天体。棕矮星往往被说成是还够不上是正常恒星的恒星，但确信它们是按恒星方式形成的，即由星际云的碎片收缩成小而致密的星云后形成的。然而，棕矮星却没有恒星那么多的足以产生内部热的质量，而这种内部热在恒星内则能点燃氢，并建立起作为恒星能源的核聚变反应。尽管棕矮星能产生一些热和一些光，它们也迅速冷却和收缩。棕矮星在外观上和大质量行星相似，和行星的区别仅在于其形成机制。

棕榈　palm　棕榈科的显花植物，已知近 2 800种，主要为热带与亚热带乔木、灌木或藤本植物。很多种有经济价值。为热带地区土著提供食物、住所、衣服、木材、燃料、建材、纤维、淀粉、油、蜡和酒。许多种类分布范围有限，有些甚至只产于某一个岛上。棕榈生长快速，和其许多副产品吸引农业综合经营者开采雨林资源。通常具一高大圆柱形无枝主干，干顶有巨大、褶状的扇形或羽状叶，叶鞘结实、叶柄多刺，柄基在叶子掉落后仍存在，紧抱树干。茎干的高度和直径、树叶长度和种子大小变化颇大。花小，簇生成一大花序。最重要的种类有糖棕榈（*Arenga pinnata* 或 *A. saccharifera*）、椰子树、枣椰树和菜棕。

棕榈泉　Palm Springs　美国加利福尼亚州南部的度假胜地。地处科切拉谷地，最初因其温泉而得名，称为阿瓜卡连特，1872 年之前为马车驿站。1884 年 J. G. 麦卡勒姆在该地建立棕榈谷殖民地。1938 年建市以来，该城市已发展成为风景宜人的沙滩度假地和住宅区，时常有包括好莱坞影星在内的名人光顾此地。附近有约书亚树国家保护区。人口约44 552（2010）。

棕熊　brown bear　熊科，毛蓬松、棕色的动物，学名 *Ursus arctos*。有很多亚种原产于欧亚大陆和北美洲的西北部，当地常称为灰熊。欧亚大陆的棕熊类一般独居，善跑，善游泳，体长120 ～210 厘米，体重 135 ～ 250 千克。以兽类、鱼、植物和蜂蜜为食。西伯利亚棕熊体极大，接近北美灰熊。

棕枝主日　Palm Sunday　又称 Passion Sunday（受难主日）。基督教节日，圣周的第一天，也就是复活节前的星期日，纪念当年耶稣在众人欢呼簇拥下进入耶路撒冷。该节日的游行队伍通常由教友组成，他们手执棕榈枝，代表耶稣入城时人们撒在他面前的圣枝。其礼拜仪式包括对基督受难和死亡时情景的描述。早在公元 4 世纪耶路撒冷就开始庆祝圣枝主日，而西方则始于 8 世纪。

总督　proconsul　古罗马共和国执政官，其权力在一年任期终了后可被延长一定的期限。这种延长因战争等突发事件而成为必要。其任期延长原由人民投票决定，但这种权力很快被元老院取代。各行省的首脑通常是任期得到延长的行政长官。在罗马帝国时期（公元前 27 年以后），由元老院管理的行省的首脑也被称为总督。

总督　satrap　阿契美尼德王朝各省的行政长官。大流士一世（约公元前 522 ～前 486 年在位）把帝国分为 20 个每年纳贡的省。总督由国王指派，通常来自出身贵族或波斯的王族，并无限期地担任官职。他们征税，是地方司法的最高长官，并对国内安全负责，还要招募和维持一支军队。对他们权力的滥用也有相应的防范控制，但在公元前5世纪中叶后，随着中央权力的减弱，总督实际上成为一个独立的统治者。亚历山大大帝和他的继承人保留了总督体制。

总谱 score 音乐重奏中的所有乐器和歌手的乐谱，各谱表排成纵列，包含许多声部。在16～17世纪正式使用总谱前的600多年里作曲家就一直在创作多声部音乐。早期的总谱代表有圣母院乐派作品，早期的作曲家在作曲中可能使用过临时总谱，可能写在黑板上，以供每个分部的歌手抄写。

总统 president 在政府中，被赋予行使国家主要行政权力的官员。在有些国家，总统是国家元首但不是政府首脑，在这种情况下该职位主要是礼仪性的，没有或只有很小的政治权力。在其他国家，总统既是政府领导人又是国家元首。总统可以直接选出也可以间接选出，任期有限或终生。在美国，总统的主要职责是保证国家法律被忠实地执行，他为此要通过多个行政机关和其内阁的帮助来完成。他还是美国武装部队的总司令，任命美国最高法院的大法官，并与外国政府签订条约（须经参议院批准）。参阅首相。

总线 bus 计算机主机板上的装置，在中央处理器与附属装置（键盘、鼠标、光驱、影像卡等）之间提供数据的通路。就像公交车停在定点搭载或放下旅客一样，计算机总线从中央处理机接收数据，并在适当装置中将之放下，例如在随机存取存储器中的文件目录经由总线送至光驱永久储存；相反地，装置的数据信息被送回中央处理机。在网络上，总线提供各部计算机与装置之间的数据通路。参阅万用串行总线。

走锭纺纱机 spinning mule S.克朗普顿发明的多轴纺纱机（1779），使纺织业能够大量制造高品质的线。克朗普顿的机器使得一位作业员可以同时操作1 000个以上的线轴，可纺粗纱和细纱。

走鹃 roadrunner 又称chaparral cock（灌丛鸡）。杜鹃科两种地栖杜鹃的统称，分布于美国西南部和墨西哥荒漠区，尤指加利福

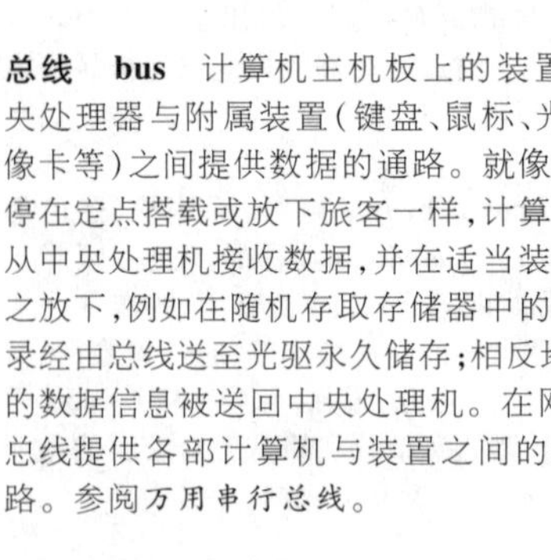

加利福尼亚走鹃（*Geococcyx californianus*）
Russ Kinne-Photo Researchers

尼亚走鹃（*Geococcyx californianus*）。体长约56厘米，羽衣褐和白色相间，有条纹。羽冠短而蓬松。眼后皮肤裸露，蓝红相间。腿粗壮，浅蓝色。尾长，向上翘。飞行笨拙且易疲乏，通常喜跑步。捕食昆虫、蜥蜴和蛇，用结实的喙将猎物啄死，然后从头部开始吞下。小走鹃（*G. velox*）产于墨西哥和中美洲，体型稍小，毛色较黄，且条纹较少。

奏鸣曲 sonata 由一件或几件乐器演奏的音乐作品的曲式，通常包含3或4个乐章。在意大利语中，这个名称指"来自乐器的声音"，原意仅仅是指非声乐的音乐，在17世纪晚期用于不同的音乐类型。17世纪50年代两种奏鸣曲合奏——教堂奏鸣曲和室内奏鸣曲得到确认。前者用于教堂表演，通常包含4个乐章，两个为慢节奏；后者通常是舞曲组曲所谓独奏的奏鸣曲（独奏——通常是小提琴，以及通奏低音）和三重奏鸣曲（两个独奏和通奏低音）成为标准。18世纪40年代开始编写独奏键盘奏鸣曲。C. P. E. 巴赫创立了3个乐章的器乐奏鸣曲作为标准，在经典时代一直保持其标准地位。二重奏鸣曲也是同样的形式，通常用于小提琴和键盘，同时变得非常流行。键盘奏鸣曲和二重奏鸣曲直到今天都是标准形式。从巴赫的时代开始，第一个乐章的速度渐快，并采用奏鸣曲式。第二个乐章的速度通常较慢。最后一个乐章通常是小步舞、回旋曲、主题和变奏。在一个四乐章的奏鸣曲中，第三个乐章一般是小步舞或诙谐曲。在这些方面，奏鸣曲和交响曲弦乐四重奏很相似。

奏鸣曲式 sonata form 又称sonata-allegro form（急速奏鸣曲式）。交响曲、协奏曲、弦乐四重奏及奏鸣曲等音乐作品类型中大多在第一个乐章以及通常在其他乐章中的表现形式。奏鸣曲形式是由如巴罗克式组曲的舞曲这样的两部分形式演变而成，通常每一个部分都会重复。第二部分一开始倾向于类似第一部分，但调的顺序颠倒，并渐渐地增加而成为具重要分量的三部分形式。其中第一部分，即呈示部，表现出通常分成两个主旋律群之基本主旋律的乐章，其第二主旋律则属调或是——如果该乐章属小调——相对属较大调。第二部分，即展开部，通常在处理前面的旋律时较为自由，常常会变换各种不同的调。当返回主音调并且所有的主旋律在主音中重复时，这将引导出最后部分，即再现部。奏鸣曲形式是从大约1760年到20世纪初期西方艺术音乐中的器乐曲中最常见的形式。

足 foot 腿的末端部分，人可以站立，包括脚跟、足弓和脚趾。其主要功能是行动。人类的足不能抓握，而是适应于奔跑和行走。人的跨步是独特的，可以用最小的能耗跨过较长的距离。足的弓形结构有助于支撑身体的重量。参阅足医术。

足球 football 又称association football（英式足球）或soccer。两队各11人，使用除手、臂以外的身体任何部分，争相把球射进对方球门的运动项目。只有守门员在球门前罚球区内，可以用手和臂触球。英式足球的第一套统一规则是1863年英国足球协会成立时制定的。职业的足球联合会在19世纪80年代开始出现，首先是在英国，然后在其他国家。1904年国际足球联合会成立，自1930年起每4年举办一次世界杯赛。足球于1908年被正式列入奥运会比赛项目。现在在所有大陆上的150个国家都有足球运动，登记的运动员在400万以上，是世界上最受欢迎的球类比赛。参阅澳大利亚规则足球、盖利克足球、美式橄榄球和英式橄榄球。

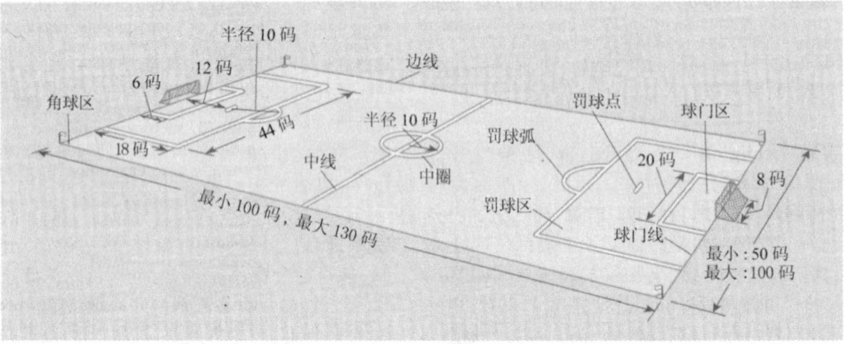

职业足球场。国际规则允许整体球场大小略有差异（宽度：50～100码/46～91米；长度：100～130码/91～119米），但是长度必须大于宽度。在中线开球，比赛开始。当球踢出边线，由对方用手扔进场内继续比赛。攻方将球踢过球门线而没有进入球门，则由守方的守门员踢门球。守方球员在罚球区内犯规，判给攻方罚点球，只剩下守门员防守。在罚球区内，守门员可以用手挡球或持球。

足癣 athlete's foot 脚部罹患的一种癣。炎症型足癣可能长期处于潜伏状态，偶尔在起水泡时变为急性，多发于脚趾之间；干型足癣多为慢性，特点是皮肤稍发红和可能与脚边及趾甲疼痛有关的干燥鳞屑，多发于跖及其侧缘，趾甲会变厚而易碎。

足医术 podiatry 又称chiropody。医学上特指人体足部疾病的诊治。足医师诊断和利用物理医学与康复、特殊的鞋子及其他机械装置、药物和小外科手术来治疗足疾病、足无力和足畸形。

族 family 土壤学中指有相似剖面的一组

土壤，包括一个或多个称为系的子族。确定近6 600种可辨识的族的主要特征是物理和化学性质，特别是它们的结构、矿物组成、温度和深度，对植物成长很重要。

族外婚与族内婚　exogamy and endogamy　规定两性关系及择偶的风习。族外婚群体要求其成员在本群体外进行婚配，有时甚至明确规定可通婚的外部群体。族外婚是以亲属的纽带，而不是以政治或地区界线为基础的。族外婚制常常是以单系继承群体为其特征，或为母系或为父系继承。在族内婚群体，与群体之外进行婚配会遭到禁止，或只是有要在一个群体内部通婚的倾向。在工业化社会里，族内婚是少数贵族集团、宗教集团和种族集团的一种婚配特征，而且也是印度种姓体制和有阶级意识而无文字社会（如东非马赛人）的特征。

阻挠议事　filibuster　美国参议院中使用的一种会议拖延战术，即当少数参议员（有时甚至只有一个参议员）试图在表决前废除或改变一个议案时，通过冗长的演说方法，使大多数参议员作出让步或撤销议案。在众议院，演说有时间限制，但参议院则容许对一个议案进行无休止的辩论，而发表的演说也可与争论的问题完全无关。用提付表决来终止辩论（须有60票，即全体参议员3/5的票），或24小时连续会议使发言的议员感到疲惫，这些都是用来挫败阻挠议事的措施。

阻尼　damping　物理学中指因能耗散使机械振荡、噪声、交流电之类的振动所受到的遏制。荡秋千的小孩除非不停地屈蹬腿，否则秋千的运动就会因阻尼而停止；阻尼借空气的摩擦会阻挠运动并转移系统的能量。黏性阻尼既可因各运动部件间存在液体润滑作用造成的能量损失而引起，也可因活塞迫使液体穿过小孔造成的能量损失而引起，像汽车避震器那样。滞后阻尼是因运动结构内部本身的能量损失而引起的，有时也称结构阻尼。其他形式的阻尼包括电阻、辐射阻尼和磁阻尼。

组曲　suite　一套器乐舞曲或似舞曲的乐章。组曲起源于14～16世纪成对的舞蹈，如帕凡舞、低步舞和萨尔塔列洛舞等。16～17世纪时，德国作曲家开始写3或4支舞的组曲，如J. H. 沙因的《音乐的宴飨》(1617)。在17世纪后期，基本的四种舞曲类型——阿勒曼德舞、库朗特舞、萨拉班德舞和季格舞——建立起组曲的标准。其他的舞蹈也同萨拉班德和季格舞穿插进行。19世纪，该词用来指从歌剧和芭蕾舞中抽取出的音乐组曲。

组织胺　histamine　在几乎所有的动物组织、微生物以及某些植物中都能发现的一种有机化合物。它的释放会引起血管扩张并更具渗透性，造成流鼻涕、流眼泪、枯草热（花粉病）的组织肿胀，以及其他一些变态反应。组织胺还影响胃液的分泌和平滑肌的收缩，甚至引起过敏性休克（参阅过敏反应）。荨麻和某些昆虫动物毒液中含有组织胺。人体中的组织胺是从组氨酸中去除了羧基后形成的。可以用抗组织胺药来抵消它的作用。

组织培养　tissue culture　一种生物学研究方法，将取自动物或植物体的小块组织转移到该组织能在其中继续生存并发挥功能的人工环境中。被培养的组织可为单个细胞、一群细胞或器官的一部分或整个器官。这种方法常用于研究正常和异常的细胞结构；其生物化学、遗传学和生殖活动；代谢、特化的功能和增龄及康复过程；物理、化学及生物因子（如药物、病毒）对细胞的影响等。一个微小的组织样体细胞能在生物原料制成的培养基（如血清和组织提取物）、合成化合物组成的培养基，或两者混合而成的培养基上生长。培养基必须含有待研究细胞所必需的营养物质，酸碱度和温度也必须适宜。培养的结果可用显微镜观察，有时可通过部分处理（如着色）来提高特定观察部位的亮度。一些病毒也会在组织培养中生长。组织培养技术在鉴定感染、酶缺陷、染色体异常、分类脑肿瘤和设计以及测验药物和疫苗方面已发挥很大作用。

组织学　histology　生物学分支学科，研究植物和动物组织的组成和结构与其特殊功能之间的关系。它的目的是要确定从细胞、细胞间质到各个器官的所有结构层次是如何组织起来的。组织学家在显微镜下检测极薄的人类组织切片，使用染料来提高细胞成分的对比度。

祖父条款　grandfather clause　美国南部7个州制定的旨在剥夺黑人选举权的法律条款(1895～1910)。该条款规定：在1867年以前享有选举权者及其直系后裔，其选举权不受教育、财产或纳税等要求的限制。由于在1870年通过宪法第十五条修正案以前，黑人并无选举权，因而黑人在事实上被排斥于选举之外，而许多贫穷和不识字的白人却仍享有选举权。1915年最高法院宣布这些条款为违宪。

祖鲁兰　Zululand　南非共和国东部的历史地区。祖鲁人的家乡，恰卡酋长曾在今夸祖鲁-纳塔尔省建立起统治地位。19世纪40年代他的国家与布尔人开战，部分领土丧失。英国人迁移到附近的纳塔尔，并于1843年吞并该地。1878年祖鲁人反抗英国人的统治，但在1879年被镇压。英国人1887年把祖鲁兰设为直辖殖民地，1897年将该地并入纳塔尔。根据种族隔离制度，20世纪70年代为祖鲁人建了一个称为夸祖鲁的班图家园，由历史上的祖鲁兰的部分地方组成。由于种族隔离制度被废除，夸祖鲁1994年再次并入纳塔尔省，该省更名为夸祖鲁-纳塔尔省。

祖母绿　emerald　绿柱石中具有鲜绿色的变种，是非常珍贵的宝石。其物理性质基本上与绿柱石相同，折射率和色散率都不高，因此琢磨过的祖母绿的辉度或火彩都不太强。祖母绿之所以有异常珍贵的颜色，大概是由于含有少量的铬。品质最佳的宝石材料产自哥伦比亚，祖母绿也产于俄罗斯、澳大利亚、南非和津巴布韦。合成祖母绿可视作天然水晶，其颜色和美丽程度可与天然祖母绿媲美。

祖斯　Zuse, Konrad(1910～1995)　德国工程师。1941年建造出第一台能够完全正常运转的程控电动机械二进制计算器，或称为Z3的数字计算机。这台机器先于H. H. 艾肯的哈佛马克Ⅰ型计算机问世，但在第二次世界大战期间被炸弹摧毁。1945年他设计出Plankalkül语言（高阶程序语言的最早尝试之一），但从未实际应用过。晚年，他成为一位颇有造诣的抽象派艺术家。

祖先崇拜　ancestor worship　人们对自己祖先亡灵的宗教性的信仰和膜拜，吟诵祷文献上祭品，曾存在于古希腊、其他地中海民族和古欧洲人社会中，在非洲传统宗教中也扮演重要角色。死者往往与这个家族、氏族、部族或村落有亲缘关系，神话的祖先也可能包括在内。祖先可能是友善的，也可能不高兴，需要安抚。有时祭祀典礼就在坟墓或墓碑处举行，包括祷文、祭品、牲礼和热闹的欢宴。对各自祖先的崇拜很普遍，可能结合崇拜的部落形式，如罗马皇帝的礼拜仪式。有英勇事迹的祖先可能会被当作神来看待。中国和日本的祖先崇拜（更准确地说，是对祖先的敬畏）已因亲族日少、亲属关系的疏远而没落。

最澄　Saicho(767～822)　谥号Dengyo Daishi（传教大师）。日本佛教天台宗创始人。13岁时出家，到中国留学，将天台宗教义传入日本。天台宗采用《妙法莲华经》。不像日本其他佛教教派，天台宗主张物质世界能够维持其意义及价值，也主张佛陀的教义很容易为大家所做到，不是只适于挑选出来的少数人。他很快就得到天皇的赞许，但时常招致日本其他佛教派别首领的憎恨，他建在比叡山上的僧院成为佛教徒修行的大中心之一。

最低工资　minimum wage　经集体谈判或政府规定，在雇佣劳工时所实行的最低工资率。法定最低工资是由政府规定的最低工资，适用于经济体中的所有工人，鲜有例外。私下谈判定的最低工资由劳资双方讨价还价的结果决定，适用于经济体中特定工人群体，通常是某个特定的行业或产业。现代最低工资伴随着劳工纠纷的强制性仲裁，于19世纪90年代首先在澳大利亚和新西兰出现。1909年英国建立劳资协商会，以确定某些行业和产业的最低工资率。美国第一项最低工资（仅适用于妇女）在1912年由马萨诸塞州颁布实行。现在大多数国家都有最低工资法令或协议。

最惠国待遇　most-favored-nation treatment　对一国提供与已作为最惠国国家同等的贸易机会（如关税优惠）的保证。是一种使原来的双边协议多边化，在各国之间建立起贸易机会均等的方法。早在17世纪初，商业条约的条款中就含有保证这种贸易机会均等的尝试性措施。1860年签署的英法条约成为以后许多协议的典范，建立了一套连锁的最惠国待遇所赋予的关税优惠（参阅关税），后来扩展到全世界。这种待遇主要是用于征收进口货物的关税上，但特定条款已使最惠国原则扩大到国际经济交往的其他领域中，以及产权、专利和版权。参阅《关税及贸易总协定》和世界贸易组织。

最小平方法 least squares method 找出最能代表两个度量（例如学校学生的身高和体重）的当直线或曲线（最佳配适线）的统计方法。当度量在图上绘制成点并似乎落在同一条直线附近，可以用最小平方法来决定最佳配适线。其方法是利用微积分技术来找出每个数据点到所设之线垂直距离之平方数的最小值。通常这个方法称为回归，若最适线是直线则称为线性回归。

罪恶 sin 恶行，尤其是违反道德或宗教法则的行为。在《旧约》中，罪恶被认为是对上帝的仇恨，或故意违反其旨意。在《新约》中，罪恶被认为是人类固有的弱点，耶稣于是来到世上来补救。基督教义将罪恶分为"实罪"和"原罪"。"实罪"包括罪恶的行为、语言和事件，实罪又被划分为道德罪恶（人故意违反上帝的旨意）和可宽恕的罪恶（不太严重的无意冒犯）。在伊斯兰教中，罪恶是对安拉指出的道路的迷失，先知们因此被派下人间将人们领回正道。在印度教和佛教中，人今生的善行和恶行将会影响到他的来生。

鳟鱼 trout 鲑科多种名贵游钓和食用鱼类的统称。原产北半球，但已被其他许多地方广泛养殖。虽然大多数品种生活在较冷的淡水中，但有几种（称海鳟，如切喉鳟）在两次产卵之间要游移到海里。有的狗鳜也称海鳟。大麻哈鱼属包括鲑和几种鳟的品种；红点鲑属包含的鳟的品种称作红点鲑。鳟的品种在解剖上、颜色上以及习性上有很大的差异。多数生活在水下物体之间或在浅滩和深潭中，以昆虫、小鱼和它们的卵以及甲壳动物为食。

左拉 Zola, Émile (-Édouard-Charles-Antoine)（1840～1902） 法国小说家和批评家，自然主义文学的奠基人。由于家境贫困，左拉在19世纪60年代在巴黎的一家出版社工作了数年，同时确立了其作家地位。在恐怖小说《黛莱丝·拉甘》（1867）中，他首次将其"科学的"理论（即性格的形成取决于遗传和生长环境）付诸实践。1870年他开始着手写长篇巨著《鲁贡-玛卡一家人的自然史和社会史》（20部，1871～1893），并一举成名。该小说通过多暴力的鲁贡家人和消极的玛卡夫妇的生活记录了法国人的生活。它包括《小酒店》（1877），一部研究酗酒问题的小说，是其最成功最普及的小说之一，此外还有《娜娜》（1880）和他的力作《萌芽》（1885）以及《衣冠禽兽》（1890）。他的其他作品还包括两部较短的小说系列和他的一些艺术理论专著，如《实验小说论》（1880）。他还因介入A.德雷福斯事件，尤其是他发表的谴责法国陆军参谋长的一封公开信《我控诉》（1898）而知名。他在睡梦中被煤气熏死，死得非常蹊跷。

左轮手枪 revolver 依靠旋转弹巢进行连射的手枪。一些早期的左轮手枪，称为胡椒盒子，有多个枪筒。但在17世纪，就开始生产用旋转弹巢向一个枪管连续装弹的手枪。第一个实用型的左轮手枪直到1835年才被设计出来，专利权由S.科耳特获得。他建立了多膛左轮手枪的标准，每一个枪膛在枪筒后相继被锁定到发射的位置，并抠动扳机发射子弹。早期的科耳特单发枪的枪筒转动而靠手把撞针扳到待发的位置。继金属子弹的出现，双发的左轮手枪的撞针则是固定的，枪筒在扣动扳机的时候自动旋转。

左派 left 政治学中指在思想上与社会主义有联系的政治派别。该词源自18世纪90年代法国革命时期的议会席位安排，当时社会主义的代表都坐在会议主持的左侧。那些参加左派的人，在政治、社会及经济生活方面，都主张扩大民权及民主，并且认为社会福利是政府最重要的施政目标。现代的自由主义可能会逐渐转变为社会主义，即世界大部分国家中左派的标准意识形态；共产主义则是更为激进并有明确定义的左派意识形态。

左旋多巴 levodopa 又作L-dopa或dopa。有机化合物（L-3,4-二羟基苯丙氨酸），身体由此制造多巴胺，帕金森氏症患者缺少的神经传导物质。每日大量服用多巴可以减轻疾病。不过使用时间过长，效用会降低，并造成异常的非自主动作（运动异常）。

佐藤荣作 Sato, Eisaku（1901～1975） 日本首相（1964～1972），他的政府使日本在第二次世界大战后重新成为一个世界强国。由于他的有关核武器的政策导致日本签订了《防止核扩散条约》，他与人分享获了1974年诺贝尔和平奖。担任首相时，佐藤改善了与其他亚洲国家的关系，并使美国将琉球群岛归还给日本。

佐伊 Zoe（978？～1050） 拜占廷女皇。君士坦丁八世之女，1028年嫁给了罗曼努斯三世（阿尔吉鲁斯）。他死于1034年（可能是被她毒死），佐伊与她的情人兼内侍结婚，此人成为迈克尔四世。他于1041年去世后，他的继任者迈克尔五世把佐伊流放到一个女隐修院；由于民众的反对，她被重新召回，迈克尔被废黜，双目失明后被流放（1042）。佐伊与她的妹妹成为共同统治者。由于姊妹之间不和，佐伊嫁给了君士坦丁九世（莫诺马库斯）以确保她的王位。她的朝廷以才智卓越而闻名。她死后不久即发生1054年教会分裂。

佐治亚 Georgia 美国东南部一州。与田纳西州、北卡罗来纳州、南卡罗来纳州、佛罗里达州和亚拉巴马州接壤，东南临大西洋。为13个英国殖民地中最晚建立的一个州，面积152 605平方千米，是密西西比河以东面积最大的州。16世纪西班牙传教团抵此时，此区由克里克人和切罗基人等印第安人居住。1733年英国人开始定居萨凡纳，当时是由J.奥格尔索普建立的一个债务人避难所。是英国最初在北美建立的第13个殖民地，也是最后一个。在美国独立战争后，欧洲人的住区加速发展，19世纪30年代印第安人被迫迁离此地。1861年佐治亚脱离联邦，南北战争时，这里战况最为激烈。1870年获准再加入联邦，是最后一个加入联邦的前南方邦联州。其地形北起蓝岭，向南绵延至与佛罗里达州共有的奥克弗诺基沼泽。在19世纪大部分时期是南方棉花帝国的中心，20世纪转以工业为主。州的人口在20世纪有所增长，尤其是首府亚特兰大特别吸引了国家企业进驻。人口约9 919 945（2012）。

作物 crop 农业上，广泛种植并收获以获取利润或维持生计的植物或植物产品。实用上，作物分为六大类：粮食作物供给人类食用（如小麦、马铃薯）；饲料作物供给牲畜食用（如燕麦、苜蓿）；纤维作物制作绳索和织物（如棉花、麻）；油脂作物作为食用或工业用途（如棉籽、玉米）；观赏作物作为造景（如茱萸、杜鹃）；工业与次要作物，提供各种个人与工业用途（如橡胶、烟草）。

坐标系 coordinate system 布置参考线或曲线来确认空间内点的位置。在二维情况时，最常见的坐标系是笛卡儿坐标系。标示点的方式是其沿着水平轴（x）与垂直轴（y）跟参考点之间的距离，参考点又称原点，以（0,0）标示。笛卡儿坐标也可用于三维（或三维以上）。极坐标系用点相对于参考方向以及距离特定点（原点）的长度来定位。这种坐标系用于雷达或声纳追踪，是方位与航程导航系统的基础。在三维情况时，就成为圆柱和球面坐标。

坐禅 zazen 佛教禅宗中的打坐参禅。信徒端坐于一间安静的房屋中，呼吸均匀平稳，双腿全跏趺坐或半跏趺坐，脊椎与头部挺直，手掌上下相叠，双眼睁开。暂停逻辑和分析思维，排除一切欲念、情感和判断，让心情处于一种放松状态。道元极力提倡坐禅，他认为坐禅不仅是达到菩提的一种方式，如果运用得当，其本身就可以形成菩提。

坐牛 Sitting Bull（1830？～1890） 美国达科他准州（今南达科他州）堤顿苏人首领，苏族在坐牛的领导下团结起来为生存而斗争。1863～1868年间，美国军队与坐牛手下的斗士们时常发生冲突，最后苏人同意接受在南达科他州西南开辟的一个保留地。19世纪70年代中期在布拉克山地区发现金矿后，情况再次恶化。在罗斯巴德战役中，坐牛迫使G.克鲁克将军的部队后撤。在其后的小比格霍恩河战役中，将G.A.卡斯特上校以及他手下的部队全部歼灭。1877年坐牛带领他的追随者们进入加拿大，但是，由于他们赖以生存的水牛几乎被捕杀殆尽，饥饿最终迫使苏人投降。从1883年起坐牛一直居住在印第安人代管区，1885年曾参加水牛比尔的西大荒演出。在此后的鬼舞道门运动中，坐牛被捕；当他的手下斗士试图营救他时，坐牛在混乱中被杀。

索　引

条目中文标题笔画索引

说　　明

1. 本索引是全书条目中文标题（即条目外文名称的中文译名）的笔画索引。如“阿拉伯语”一条第一字“阿”为七画，在七画的条目标题中查找该条。

2. 条目中文标题按第一字的笔画数由少到多的顺序排列，笔画数相同的字按起笔笔形一（横）、丨（竖）、丿（撇）、丶（点）、乛（折，包括亅ㄱ乚ㄑ𠃋等）的顺序排列。笔画数和起笔笔形相同的，按第二笔笔形的顺序排列，余类推。第一字完全相同的则按第二字，余类推。

3. 以拉丁字母、希腊字母和阿拉伯数字开头的条目中文标题，依次排在本索引的最后部分。

4. 条目中文标题后的数码和拉丁字母分别指该条目所在的页码和版面区位，如436b指第436页b区位。正文的版面区位划分如右图。

a	c	e
b	d	f

四画

五画

六画

七画

九画

十画

十一画

十二画

十四画

十五画

十六画

十七画

条目外文标题与条目中文标题对照索引

说 明

1. 本索引按照条目外文标题的字母顺序排列。

2. 条目外文标题中英文以外的字母，按与其对应形式的英文字母顺序排列。

例如：ā á â ä—a　ç—c　ë é è—e　ł—l　ï ī î—i

ñ—n　ş—s　ö ø—o　ü ú ů—u

3. 为了便于检索，本书部分条目外文标题将实质性内容的词（包括人名中的姓）放在最前面，用逗号与其他内容分开；本索引按逗号前字母顺序排列，如逗号前的词相同，则按逗号后的字母顺序排列。

例如：**White, Patrick (Victor Martindale)　怀特**

White, Stanford　怀特

White dwarf star　白矮星

4. 条目外文标题中如有括号，括号内部分不纳入字母排列顺序。

例如：**Wilson, William Julius　威尔逊**

Wilson, (Thomas) Woodrow　威尔逊

5. 夹在外文人名中的 Saint, Sir, Lord, Lady 等称号不纳入字母排列顺序。

例如：**Thomas, St.　圣多马**

Thomas, Clarence　托马斯

6. 条目外文标题中的数字前有拉丁字母时，则先按字母顺序排列再按数字顺序排列。

例如：**F-15　F-15 战斗机**

F-16　F-16 战斗机

Faber, Lothar von　法贝尔

7. 条目外文标题后的数码和拉丁字母分别指该条目所在的页码和版面区位，如 513e 指 513 页 e 区位。正文的版面区位划分如右图。

a	c	e
b	d	f

A

C

D

E

G

H

I

J

K

L

M

N

O

P

Q

T

U

V

W

X

Y

Z

《不列颠简明百科全书》中文版

主要编辑、修订、审校、审读、撰写和出版人员

主　　编 龚　莉

副 主 编 阿去克

责任编辑

阿去克　刘海英　杨寅辉　蒋丽君　朱　虹　桂云鹏　胡春玲　尤国宏

编　　辑（按姓氏笔画排列）

马汝军　刘东风　许丽君　余　会　罗小建　周　茵　韩知更　傅祚华
解惠琴

修订、审校和审读（按姓氏笔画排列）

马世元　王　秋　邓　茂　田　野　朱晓峰　刘保慧　刘福平　许　燕
杨丽珍　吴士民　邱　璐　张　析　张家巽　陈荫民　林知恩　范珊珊
易　璐　周　斌　郑伯承　单继达　施荦善　宫玉涛　贾静儒　顾英利
高　山　高杨文　鄢德平　盖　宇　彭　斌　彭胜潮　傅曾仁　富　澜

中国条目主要修订人、审校者和撰写人（按姓氏笔画排列）

于瑞玺　马汝军　王昕若　王宜梁　王海涛　王　烽　卢　红　冉井富
过茜燕　朱杰军　刘小映　刘　杭　刘　维　孙关龙　杨晓燕　李小文
李　丽　李明峰　李晓红　李淑方　李　彬　张耀芳　陈盈盈　范宝新
欧绍全　罗　鑫　屈加平　段太奇　徐世新　殷华雷　郭继艳　楼　遂

技术编辑（按姓氏笔画排列）

王　煜　田　野　罗　俭　曹　园　崇玉书

图　　片

尤国宏

地　　图

樊鸿林　尤国宏

资　　料

罗小建　严　瑾

责任印制

徐继康　乌　灵

责任校对

李　静

排　　版

黄朝辉　贾跃荣

《不列颠简明百科全书》(精粹本)中文版

主要编辑、审读和出版人员

主　　编　　龚　莉

副 主 编　　阿去克

主任编辑　　蒋丽君　马丽娜

责任编辑　　胡春玲　孙　迪　杨寅辉　尤国宏　冯　蕙　朱春燕

特约编审　　刘海英

技术编辑　　郭继艳　贾跃荣

助理编辑　　严　瑾　邹　欣　赵　鑫

责任印制　　徐继康　乌　灵

责任校对　　贾跃荣